BOUQUINS

COLLECTION DIRIGÉE PAR

GUY SCHOELLER

PUBLIÉ AVEC LE CONCOURS DU
CENTRE NATIONAL DES LETTRES

LAFFONT – BOMPIANI

LE NOUVEAU DICTIONNAIRE DES AUTEURS

DE TOUS LES TEMPS ET DE TOUS LES PAYS

I

A – F

ROBERT LAFFONT

Première édition 1980
Réimpression 1983, 1985, 1986,
1988, 1989, 1990
Nouvelle édition actualisée 1994

ISBN : 2-221-07716-4 (tome 1)
ISBN : 2-221-06888-2 (édition complète)

AVERTISSEMENT

Ce dictionnaire, bien que constituant en lui-même un ouvrage indépendant, est le complément nécessaire du *Dictionnaire des œuvres* publié en six volumes.

C'est pourquoi on trouvera, suivant les titres des œuvres citées dans le cours des articles, deux signes typographiques (*) (+) indiquant respectivement : le premier, que l'œuvre suivie de (*) fait l'objet dans le *Dictionnaire des œuvres* d'une analyse complète, le second (+) que cette œuvre est mentionnée dans les colonnes du même dictionnaire.

L'ordre des articles est strictement alphabétique. Les noms des auteurs étrangers figurent dans la graphie la plus courante en français (suivie d'une transcription scientifique pour le russe et d'une transcription en pinyin pour le chinois). Lorsqu'un écrivain est connu sous un pseudonyme, l'article le concernant est à chercher à ce pseudonyme ; le nom complet suit entre parenthèses. Des renvois, dans le cas où il y aurait quelque ambiguïté, sont destinés à faciliter la recherche.

À la suite de la plupart des notices biographiques et critiques on trouvera un certain nombre de jugements d'écrivains célèbres et de grands critiques sur l'œuvre de l'auteur étudié, ainsi qu'une liste des principaux ouvrages qui lui ont été consacrés.

Les auteurs figurant dans cet ouvrage sont nés avant 1951. Ceux nés postérieurement à cette date n'y figurent que s'ils étaient déjà décédés à l'achèvement de la présente réédition (mars 1994).

SPECIALISTES

qui ont bien voulu nous conseiller
dans la révision et la mise à jour 1994

AUCOUTURIER Michel (litt. russe).
BALAY Christophe (litt. iranienne).
BAZIN Laurent (roman populaire).
BEAUCAMP Françoise (litt. portugaise).
BHATTACHARYA France (litt. bengali).
BLAU Joyce (litt. kurde).
BONN Charles (litt. francophone du Maghreb).
BORGEAUD Philippe (litt. grecque ancienne).
BOTTERO Jean (litt. assyro-babylonienne).
BOUTET de MONTVEL Denis (roman policier).
BOYER Régis (litt. islandaise).
CACHIN Marie-Françoise (litt. anglaise).
CARBONELL Charles-Olivier (histoire).
CARELLI Mario (litt. brésilienne).
CÉARD Jean (litt. française du XVIe siècle).
CECCATTY René de (litt. japonaise).
CHAMBERT-LOIR Henri (litt. indonésienne et malaise).
CHAMPY Florent (sociologie).
CHOMARAT Jacques (litt. latine).
COMETTI Jean-Pierre (philosophie).
COUFFON Claude (litt. d'Espagne et d'Amérique latine).
COURRIOL Jean-Louis (litt. roumaine).
DUDOIGNON Stéphane S. (litt. de Turquie et du Turkestan).
DUFOURNET Jean (litt. française médiévale).
DYÈVRE Laurence (litt. polonaise).
ERTEL Rachel (litt. yiddish).
FORESTIER Georges (litt. française du XVIIe siècle).
FORESTIER Louis (litt. française du XIXe siècle).
FOULLIARON Éléna (litt. bulgare).
FUSCO Mario (litt. italienne).
GOFFETTE Guy (litt. belge).
GRESSET Michel (litt. américaine).

GRIOLET Pascal (litt. japonaise).
GRIEVE Anne (litt. anglaise).
GUILLAUME Jean-Patrick (litt. arabe).
KLEIN Gérard (science fiction).
KOVACS Laurand (litt. serbe et croate).
KRÁL Petr (litt. tchèque).
LANGLET Thanh-Tâm (litt. vietnamienne).
LAPIERRE Jean Pie (spiritualité, religion).
LAVOIX Valérie (litt. chinoise).
LECUCQ Alain (écrits sur le théâtre).
LEHMAN May-Brigitte (litt. suédoise).
LEVAN-LEMESLE Lucette (économie).
MATILLON Janine (litt. serbe et croate).
MAURUS Patrick (litt. coréenne).
MENANT Sylvain (litt. française du XVIIIe siècle).
MOPSICK Charles (litt. hébraïque).
NAKAMURA Rioji (litt. japonaise).
NICHANIAN Marc (litt. arménienne).
NIQUEUX Michel (litt. russe).
ORTLIEB Gilles (litt. grecque moderne).
OUREDNIK Patrick (litt. tchèque).
PÂRIS Alain (musique).
PAUL Corinne (litt. italienne).
PAULME Denise (anthropologie, ethnologie).
PERLEMUTTER Lili (litt. hébraïque moderne).
PIMPANEAU Jacques (litt. chinoise).
POLLET Jean-Jacques (litt. allemande).
PONROY Marie-Hélène (litt. persane).
POULSEN Carl (litt. danoise).
RENARD Pierrette (litt. francophone).
ROBERT Jacques (litt. biblique et chrétienne).
ROULET Eddy (linguistique).
SETHUPATHY Elisabeth (litt. tamoul).
SEYLAZ Jean-Luc (litt. suisse romande).
SPILAR Olga (litt. tchèque).
STRERI Arlette (psychologie).
TOULOUZE Eva (litt. hongroise, estonienne et finnoise).
VERPOORTEN Jean-Marie (litt. sanskrite).
WITKOWSKI Nicolas (sciences).

REMERCIEMENTS
à Érika Abrams, Régis Boyer, Patrick Cloux, Bernard Delvaille, Ralph Dutli, Charles-Henri de Fouchécour, Paul Fournel, Robert Heinemann, Patrick Kéchichian, Robert Kopp, Christine Jordis, André Miquel, Michel Orcel, Pierre Oster, Pierre Pachet, John Pappas, J.-B. Pontalis, Marie-Claude Porcher, Jean-Pierre Richard, Jean Roudaut, Ghislain Sartoris, Jan Vladislav, Nicole Zand.

COLLABORATEURS

Édition 1994

ABDUL WAHAB Faïza.
ACKE Daniel, chargé de recherches au F.N.R.S., Bruxelles.
ADELEN Claude, membre du comité de rédaction de la revue *Action poétique.*
ALAYRANGUES Pierre.
ALHAU Max, professeur de lettres modernes.
ALTAIRAC Joseph, enseignant.
ALUNNI Charles, chargé de recherches à l'École normale de Pise (Italie).
AMBROISE Claude, maître de conférences d'italien à l'université Stendhal-Grenoble III.
ANCET Jacques, agrégé d'espagnol, écrivain et traducteur.
ANTOINE Gérald, professeur émérite à l'université Paris III.
ANZIEU Annie, psychanalyste, membre titulaire de l'Association psychanalytique de France.
ARGYROU Terpsichore.
ASSOUN Paul-Laurent, professeur à l'université Paris VII.
AUBERT Jacques, professeur à l'université Lumière-Lyon II.
AUCOUTURIER Michel, professeur à l'université de Paris-Sorbonne.
AVRAN Ziva, agrégée d'hébreu.
BAILLY Jean-Christophe, écrivain.
BALAŸ Christophe, professeur des universités, Institut national des langues et civilisations orientales.
BALCOU Jean, professeur à l'université de Brest.
BARBARANT Olivier.
BARDOLPH Jacqueline, professeur à l'université de Nice.
BARLOW Michel, docteur ès lettres.
BARNABÉ Jean-Philippe, professeur agrégé d'espagnol.
BARRAS Vincent, historien de la médecine, facultés de médecine et de lettres, université de Genève.
BARTHELET Philippe.
BARUCH Daniel.
BAUDART Anne, agrégée de philosophie, maître de conférences à l'Institut d'études politiques de Paris.
BAYARD Pierre, maître de conférences à l'université Paris VIII.
BAZIN Laurent.
BEAUCAMP Françoise.
BEAUFILS Christophe.

BECHTEL Delphine, maître de conférences à Paris III-Sorbonne nouvelle.

BECKER Colette, professeur à l'université de Picardie.

BÉGHAIN Véronique.

BELLENGER Yvonne, professeur à l'université de Reims.

BENASSY Marie-Cécile, professeur à l'université Paris III-Sorbonne nouvelle.

BENDAVID Ariane, agrégée d'hébreu, attachée d'enseignement à l'Institut national des langues et civilisations orientales.

BENS Jacques, écrivain.

BERELOWITCH Alexis, maître de conférences de russe à l'université Paris-Sorbonne.

BERELOWITCH Wladimir, maître de conférences à l'École des hautes études en sciences sociales.

BERGALA Alain, maître de conférences à l'université Lumière-Lyon II.

BERNARD-GRIFFITHS Simone, professeur de littérature française à l'université Blaise Pascal Clermont II, directeur du Centre de recherches révolutionnaires et romantiques de l'université Clermont II.

BERTRAND Alain.

BERTRAND Dominique.

BESNIER Patrick.

BEZANOVSKA Maria, journaliste.

BHATTACHARYA France, docteur ès lettres, professeur de bengali, Institut national des langues et civilisations orientales.

BIET Christian, maître de conférences à l'École normale supérieure de Fontenay-Saint-Cloud, XVIIe siècle français.

BIRON Michel, professeur à l'université d'Ottawa (Canada).

BLAU Joyce, professeur à l'Institut national des langues et civilisations orientales.

BLAYAC Alain, professeur à l'université de Montpellier, président de la Société d'études anglaises contemporaines.

BLETON Claude, traducteur.

BLIN Richard, professeur de lettres et critique littéraire.

BLONDEAU Philippe, journaliste.

BODDAERT François.

BOISSON Madeleine, docteur ès lettres.

BOKDAM Sylviane, maître de conférences à Paris XII – Val-de-Marne.

BOLLACK Jean, helléniste et théoricien de la littérature.

BONFILS Catherine, université de Paris-Sorbonne.

BONN Charles, professeur à l'université Paris XIII-Villetaneuse.

BONNAUD Robert, agrégé d'histoire, maître de conférences à l'université Denis Diderot (Paris VII).

BOREL-LECLERCQ Chantal, diplômée de l'Institut national des langues et civilisations orientales.

BORGEAUD Philippe, professeur ordinaire à l'université de Genève.

BOSCHETTI Federica, diplômée de l'Institut national des langues et civilisations orientales.

BOTTÉRO Jean.

BOUCHARD Thierry, directeur de la revue *Théodore Balmoral.*

BOUILLIER Henry, professeur émérite à l'université de Paris-Sorbonne.

BOUREAU Alain, directeur d'études à l'École des hautes études en sciences sociales.

BOURG Dominique, philosophe, rédacteur à la revue *Esprit.*

BOURG Marie-Hélène.

BOURGUIGNON Claude, traductrice et auteur.

BOUTET de MONVEL Denis, professeur de lettres I.U.T. Paris.

BOUVIER David, chargé de cours suppléant à l'université de Genève.

BOYER Denise, agrégée, maître de conférences à Paris IV-Sorbonne.

BOYER Régis, professeur de langues, littératures et civilisations scandinaves à Paris-Sorbonne.

BREUILLARD Jean, maître de conférences à l'université de Poitiers.

BROCHIER Jean-Jacques, rédacteur en chef du *Magazine littéraire*.

BROSSE-BOISSET Mariane, professeur agrégé d'italien.

BURY Laurent, agrégé d'anglais.

CACHIN Marie-Françoise, professeur à l'université Paris VII.

CAËR Jean-Claude, poète.

CARADEC François, de l'OULIPO.

CARBONELL Charles-Olivier, professeur d'histoire à l'université Paul Valéry-Montpellier III.

CARELLI Mario, chercheur au C.N.R.S.

CARLET Yves, professeur de littérature américaine à l'université Paul-Valéry (Montpellier III).

CARN Hervé, écrivain.

CARON François, professeur d'histoire contemporaine à l'université de Paris-Sorbonne.

CASTANET Pierre Albert, compositeur, docteur en musicologie, enseignant à l'université de Rouen.

CAZÉ Antoine, maître de conférences à l'université d'Orléans.

CÉARD Jean, professeur à l'université Paris VII, président honoraire de la Société française des Seiziémistes.

CECCATTY René de, écrivain et traducteur.

CHABERT Jacques, traducteur littéraire.

CHAMBERT-LOIR Henri.

CHAMBON Simone, agrégée de l'université, maître de conférences.

CHAMPY Florent, agrégé de sciences sociales, professeur de classe préparatoire, chargé de cours à l'E.N.S.A.E.

CHAO Ramon, écrivain.

CHARLES Daniel, professeur à l'université de Nice-Sophia Antipolis.

CHAVANES Edwige de, traductrice.

CHÉRY-SOBOLEWSKI Josette.

CHEVRIER Jacques, maître de conférences de littérature générale et comparée, directeur du Centre d'études francophones à l'université Paris XII, chargé de cours de littérature africaine à l'université Paris III-Sorbonne nouvelle.

CHOMARAT Jacques, professeur émérite à la Sorbonne.

CITRON Pierre, professeur émérite de la Sorbonne nouvelle.

CLINCHAMPS Christine de, docteur de IIIe cycle en littérature et civilisation françaises.

CLOUX Patrick, libraire.

COHEN Sylvie, traductrice, enseignante.

COLAS Dominique, professeur de science politique à l'université de Paris-Dauphine.

COLDEFY-FAUCARD Anne, agrégée de l'université.

COLIN Mariella, professeur de langue et littérature italiennes.

COLLEONY Jacques, directeur de programme au Collège international de philosophie.

COLLOT Michel, professeur à l'université Paris X.

COLOMBAT Jacqueline, professeur des universités.

COLOMBAT Rémy, professeur à l'université Paris IV.

COMETTI Jean-Pierre, maître de conférences à l'université de Provence.

CONTAT Michel, directeur de recherches au C.N.R.S. (I.T.E.M., Paris).

COTTIN Gabriel, directeur d'enseignement clinique de la faculté de médecine Paris VII, psychiatre des hôpitaux.

COUFFON Claude, maître de conférences à l'université Paris IV-Sorbonne.

COUFFON Miguel, professeur et traducteur.

COULON Claude, maître de conférences à l'université Paris IV-Sorbonne.

COURRIOL Jean-Louis, professeur de langue et littérature roumaines à l'université Lyon III-Jean Moulin, président de l'Institut franco-roumain Liviu Rebreanu de Lyon.

COUSSY Denise, professeur à l'université du Maine.

COYNÉ André, agrégé de lettres, docteur ès lettres de l'université N.M. San Marco de Lima.

CROZ Véronique, ancienne élève de l'École normale supérieure, agrégée de l'université.

CYMERMAN Claude, professeur à l'université de Haute-Normandie. Président délégué du Centre d'études des littératures et des civilisations du Rio de la Plata.

DADOUN Roger, professeur à l'université Paris VII, « Sciences des textes et documents », producteur à France-Culture.

DALLEZ Gérard, agrégé, maître de conférences à l'université de Rouen.

DANCHIN Laurent, écrivain, critique d'art.

DARMONT Maurice, traducteur de l'italien, directeur de la revue *Le Cheval de Troie.*

DAROS Philippe, maître de conférences à l'université d'Amiens.

DAUZAT Pierre-Emmanuel, traducteur.

DAVREU Robert, poète, traducteur et enseignant à Paris VIII.

DÉCAUDIN Michel, professeur émérite à la Sorbonne nouvelle.

DECROUPET Pascal, musicologue.

DEDYE Kerstin, diplômée en linguistique germanique (D.E.A.).

DEGRÂCES Alyette.

DEGUISE S. Alix, professeur au Connecticut College, U.S.A.

DÉHAN Nadia, chargé d'enseignement du yiddish à l'université Paris VII.

DELAVEAU Philippe, écrivain.

DELIBES Louis, professeur agrégé de lettres modernes.

DELVAILLE Bernard.

DENOIT Nicole, docteur en littérature française.

DEPREUX Jacques, poète et essayiste.

DERIVIÈRE Philippe.

DESNÉ Roland, professeur à l'université de Reims-Champagne-Ardenne.

DIATKINE Anne, journaliste.

DOUMET Christian, agrégé, normalien, docteur ès lettres, maître de conférences à l'université Stendhal-Grenoble III.

DRAN Christine, agrégée de lettres modernes.

DUDOIGNON Stéphane A., iranologue, turcologue, allocataire de recherche au C.N.R.S.

DUFIEF Anne Simone, professeur agrégé à l'université Paris X.

DUFIEF Pierre-Jean, professeur de l'université Grenoble II.

DUFOURNET Jean, professeur à la Sorbonne.

DUGAS Guy, docteur d'État en littérature comparée, enseigne à l'université Paris XII-Val de Marne.

DUPONT Judith, psychanalyste, membre de l'Association française de psychanalyse.

DUPUIGRENET-DESROUSSILLES François, conservateur à la Bibliothèque nationale.

DURANT d'ASTÉ Vincent, sinologue.

DURIX Jean-Pierre, professeur de langue et de littérature des pays anglophones à l'université de Bourgogne (Dijon).

DYÈVRE Laurence, professeur agrégé de polonais.

ENGEL Vincent, docteur en philosophie et en lettres.

ERTEL Rachel, professeur à l'université Paris VII.

ESTEBAN Claude, professeur à l'université Paris IV.

ÉVRARD Louis.

EYDOUX Éric, maître de conférences au département finno-scandinave de l'université de Caen. Directeur de l'Office franco-norvégien d'échange et de coopération.

FABRE Michel, professeur à l'université de la Sorbonne nouvelle.

FAUCHER Philippe.

FAYET Bénédicte.

FELL Claude, professeur à l'université Paris III.

FELL Ève, professeur à l'université de Tours.

FIEROBE Claude, professeur des universités, président de la Société française d'études irlandaises.

FINNÉ Jacques, docteur en philosophie et lettres.

FLEUTIAUX Pierrette, écrivain.

FOGNINI Mireille, psychologue-psychanalyste, membre du Centre international de psychosomatique.

FOHLEN Claude, professeur émérite à la Sorbonne.

FOISIL Madeleine, ingénieur de recherches au C.N.R.S.

FONTAINE Marie-Madeleine, maître de conférences à l'université de Paris-Sorbonne.

FORESTIER Georges, professeur à l'université Paris III-Sorbonne nouvelle.

FORESTIER Louis, professeur à la Sorbonne.

FORNEROT Françoise, lectrice à la faculté des lettres de l'université de Lausanne, co-directrice de la revue *Écriture*.

FOULLIARON Éléna, docteur en littérature comparée.

FOURNEL Jean-Louis, maître de conférences à l'université Paris III.

FRAGONARD Marie-Madeleine, professeur à l'université Montpellier III.

FREIBACH Hans, écrivain.

FURLAN Francesco, université de Bourgogne.

FUSCO Mario, professeur à l'université Paris III-Sorbonne nouvelle.

GAILLARD Christian, psychanalyste, professeur à l'École nationale supérieure des beaux-arts.

GAILLARD Marina, Institut d'études iraniennes Sorbonne nouvelle-Paris III.

GAITA Michael, attaché d'enseignement et de recherche à Paris VIII.

GALLET René, professeur à l'université de Caen.

GALMICHE Xavier.

GASTINES Isabelle de.

GAUDIN Élisabeth, agrégée d'anglais, maître de conférences à Paris VII.

GENDRE André, professeur à l'université de Neuchâtel.

GÉNETIOT Alain, allocataire-moniteur-normalien à l'université de Picardie.

GIRA Dennis, docteur en études extrême-orientales (3e cycle) et diplômé de l'École pratique des hautes études (sciences religieuses).

GOFFETTE Guy.

GOLDFUSS Gabrièle, sinologue.

GOURG Marianne, maître de conférences à l'université Paris VIII.
GRABOCZ Martha, maître de conférences en musicologie à l'université Strasbourg II.
GRENIER Roger.
GRESSET Michel, professeur à Paris VII.
GRIBINSKI Michel, membre de l'Association psychanalytique de France.
GRIEVE Anne, maître de conférences à l'université Paris VII.
GRIMAL Claude.
GRODENT Michel, critique littéraire.
GUÉRIF François.
GUERRAND Anne, traductrice.
GUILLAUME Jean-Patrick, professeur à l'université Paris III.
GUILLOIS Christiane, maître de conférences à l'université de Caen.
GUITTON Édouard, professeur émérite à Rennes II-Haute-Bretagne.
GURY Jacques, maître de conférences de littérature comparée à l'université de Bretagne occidentale-Brest.
GUYARD Marius-François, professeur émérite à l'université de Paris-Sorbonne.
GUYOMARD Patrick, ancien élève de l'École normale supérieure, agrégé de philosophie, psychanalyste.
HADAS-LEBEL Mireille, professeur à l'Institut national des langues et civilisations orientales.
HAINRY François, psychologue.
HASSON Liliane, universitaire, traductrice et essayiste.
HEITZ Éric.
HELLER Michel, historien.
HÉRONNIÈRE Édith de la.
HERSANT Patrick, élève de l'École normale supérieure.
HERVIER Julien, professeur de littérature comparée.
HIMELFARB Hélène, ancien maître de conférences à l'université Paris III, chargée de conférences au musée national du château de Versailles.
HOUBERT Olivier.
HOUDARD Sophie, maître de conférences à l'université du Maine.
HUCHON Mireille, professeur à l'université de Paris-Sorbonne.
HUNYADI Mark, assistant à l'université de Genève, chercheur associé au C.N.R.S.
HURÉ Pierre-Antoine.
HUTCHINSON Mark.
IMBERT Claude, professeur à l'École normale supérieure, rue d'Ulm.
IMBERT Michel.
ISOTTI ROSOWSKY Giuditta, professeur des universités.
ITZHAKI Masha, docteur en philosophie, université de Tel-Aviv et I.N.A.L.C.O.
JACCOTTET Antoine, traducteur.
JACCOTTET Dominique.
JACQUART Jean.
JAKOB Michael, professeur assistant à l'université de Berne.
JAKUBEC Doris, professeur à l'université de Lausanne.
JAMBET Christian.
JAN Isabelle.
JAUDEAU Sylvie, écrivain.
JEHASSE Jean, professeur émérite des universités.
JOSSERAND Sylvie, enseignante à l'université Paris X-Nanterre.

JOUBERT Jean-Louis, maître de conférences à l'université Paris XIII.

JOUET Jacques, écrivain.

JUSTIN Henri, professeur à l'université d'Orléans.

KAPPLER Claude-Claire, chargée de recherches au C.N.R.S. Paris.

KÉCHICHIAN Patrick, critique littéraire au *Monde*.

KLAUSSNER Emmanuelle, critique dramatique.

KLEIN Gérard.

KOEPPEL Philippe, maître de conférences à l'université d'Orléans.

KOHLER Denis, directeur de recherches au C.N.R.S.

KOULOUGHLI Djamel-Eddine, directeur de recherches au C.N.R.S.

KOVACS Laurand, critique littéraire.

KSIAZENICER-MATHERON Carole.

LAFORGE François, ancien élève de l'E.N.S.

LAKHDARI Sadi, professeur à l'université Lille III.

LALLIER François, écrivain.

LAMBERT Létitia, agrégée d'hébreu moderne.

LAMY Jean-Claude, journaliste et écrivain.

LANGLET Thanh-Tâm, enseignante, chercheuse E.P.H.E.

LANNE Jean-Claude, professeur à l'université Lyon III.

LAPIERRE Jean-Pie, éditeur.

LAROCHE Béatrice.

LAROCHE Pierre, maître de conférences à l'université Paris III.

LAROUTIS Denise, traductrice.

LARRIÈRE Claire, maître de conférences honoraire à la Sorbonne nouvelle Paris III.

LARRIVÉE Isabelle.

LARTHOMAS Pierre, professeur honoraire à la Sorbonne.

LAUGIER de BEAURECUEIL Serge de, dominicain.

LAUNAY Marc B. de, chargé de recherches en philosophie au C.N.R.S. (Archives Husserl).

LAURIOL Claude, professeur à l'université Paul-Valéry de Montpellier, directeur du centre d'études du XVIIIe siècle.

LAVOIX Valérie, sinologue.

LECLAIR Yves, poète, essayiste, critique.

LECLAIRE Jacques, professeur à l'université de Rouen, vice président de l'Association française d'études canadiennes.

LECUCQ Alain, metteur en scène.

LECUCQ Évelyne.

LEFEBVRE Jean-Pierre, maître de conférences à l'École normale supérieure.

LEFEVRE Brigitte.

LE GUILLOU Philippe, romancier.

LEHMAN May-Brigitte, maître de conférences d'études scandinaves à l'université de Paris-Sorbonne.

LELEU Jean-Louis, professeur à l'université de Nice.

LEMAIRE Gérard-Georges, écrivain, critique d'art, directeur de la revue *L'Ennemi*.

LEMAIRE Jean-Pierre, professeur de première supérieure au lycée Henri-IV.

LEMOING Monique, traductrice.

LESTRINGANT Frank, professeur à l'université Lille III-Charles de Gaulle.

LE VAN-LEMESLE Lucette, maître de conférences à l'université Paris I.

LÉVI-VALENSI Jacqueline, professeur à l'université de Picardie-Jules Verne, présidente de la Société des études camusiennes.

LEVY Claude, professeur à l'université Paris X-Nanterre.

LEWINTER Roger, écrivain, traducteur, éditeur français de Groddeck.

LEY Francis, docteur d'État ès lettres, lauréat de l'Académie française et de l'Académie des sciences morales et politiques.

LEYRIS Pierre.

LEYVRAZ Ilse, professeur de grec au Collège de Genève.

LISSARAGUE François, chargé de recherches au C.N.R.S.

LISSORGUES Yvan, professeur à l'université de Toulouse-Le Mirail.

LIVI François, professeur de langue et littérature italiennes à l'université.

LUKINOVITCH Alexandra, chargée d'enseignement à la faculté des lettres (unité de grec ancien) de l'université de Genève.

MADELEINE-PERDRILLAT Alain.

MAGGETTI Daniel, assistant et chargé de cours à l'université de Zurich, co-directeur de la revue *Écriture*.

MAIGNE Vincenette, maître de conférences à l'université d'Avignon.

MALABOU Catherine, professeur agrégé de philosophie.

MALANDAIN Pierre, professeur à l'université Lille III.

MALROUX Claire, traductrice de littérature anglo-saxonne (fiction et poésie), poète sous le pseudonyme de Claire Sara Roux.

MANNONI Maud, psychanalyste, docteur d'État ès lettres et sciences.

MARCHAL Bertrand, maître de conférences à l'université de Reims.

MARKOWICZ André, traducteur.

MARTIN Angus, professeur à l'université de Sydney.

MARTIN Claude.

MARTIN Paul, professeur de lettres, critique.

MARTZEL Gérard, docteur ès lettres, professeur à l'Institut national des langues et civilisations orientales.

MASSON Jean-Yves, ancien élève de l'École normale supérieure, traducteur, éditeur.

MATILLON Jeannine, professeur à l'Institut national des langues et civilisations orientales.

MATTHIEUSSENT Brice, conseiller littéraire.

MAURUS Patrick, professeur à l'université Sungkyunkwan de Séoul, agrégé de lettres, traducteur.

MDARHRI-ALAOUI Abdallah, professeur à la faculté des lettres de Rabat.

MELONIO Françoise, professeur à l'université Paris X-Nanterre.

MERCIER Michel, professeur à l'université de Nantes.

MERLLIÉ Françoise, professeur de lettres.

MESLIN Michel, professeur à l'université Paris-Sorbonne.

MEYER Michel, professeur à l'université de Bruxelles.

MEZGUELDI Zohra, professeur à la faculté de lettres Casablanca I.

MICHEL Pierre, agrégé de lettres, docteur ès lettres.

MIKRIAMMOS Philippe, écrivain et traducteur littéraire.

MIRIEL Jacques-Émile.

MOATTI Christiane, professeur à la Sorbonne nouvelle, directrice de la revue des *Lettres modernes,* « Série Malraux ».

MOIROUD Chantal, professeur d'italien, traductrice.

MOLLARET-CORBEL Marie-Anne, agrégée d'italien, assistante à l'université de Besançon.

MONNIER Jean-Pierre.

MONTI Georges, éditeur.

MOPSIK Charles, chercheur au C.N.R.S.

MORAND Anne-France, helléniste, faculté des lettres, université de Genève.

MORANGE Michel, professeur à l'université Pierre-et-Marie-Curie.

MOREAU Jean-Luc, critique littéraire.

MORTIER Roland, professeur à l'université de Bruxelles, membre de l'Académie royale.

MORVAN Françoise.

MOSES Emmanuel, écrivain.

MOSSÉ Claude, professeur à l'université Paris VIII.

MOUCHARD Claude, universitaire.

MOUNIER Jacques.

MOUSSALI Bernard, maître de conférences détaché de langue, littérature et civilisation arabes à l'université François-Rabelais de Tours.

MUNIER Roger.

MYDLARSKI Henri, professeur titulaire à l'université de Calgary (Canada).

NAKAMURA Rioji, traducteur.

NAKIMOVITCH Pierre, professeur agrégé de philosophie.

NEIGE Madeleine, traductrice.

NEPOTE-DESMARRES Fanny, maître de conférences à Toulouse II.

NIARD Nadine.

NIBORSKI Itzhok.

NICHANIAN Marc, écrivain.

NIQUEUX Michel, professeur à l'université de Caen.

NIVAT Georges, professeur de littérature russe à l'université de Genève.

OHANA Monique, professeur agrégé d'hébreu au lycée Louis-le-Grand à Paris.

ORTALI Raymond, State University of New York, Albany.

ORTLIEB Gilles.

OSHIMA Hitoshi, maitre de langue à l'Institut national des langues et civilisations orientales.

OUREDNIK Patrick.

PAGEARD Robert, hispaniste, docteur de l'université de Paris.

PANAFIEU Bruno de.

PAPPAS John, professeur émérite de littérature française à Forham University, New York et Paris.

PÂRIS Alain, chef d'orchestre, musicologue, producteur à Radio-France.

PASCHOUD François, professeur à la faculté des lettres de Genève.

PASQUALI Adrien, Fonds national de la recherche scientifique, Suisse.

PASTRÉ Jean-Marc, professeur à l'université de Rouen.

PAUL Corinne.

PAULHAN Claire, éditrice, collaboratrice du *Monde des livres*.

PAULME-SCHAEFFNER Denise, directeur d'études honoraire à l'École des hautes études en sciences sociales.

PEACH Trevor, professeur de langue et littérature françaises. Saint David's University College (université du pays de Galles).

PECORARI Gérard.

PELLETIER Yannick, docteur ès lettres, écrivain, critique littéraire.

PENJON Jacqueline, maître de conférences à l'université Paris IV.

PERLEMUTER Lily, maître de conférences à l'Institut national des langues et civilisations orientales.

PÉROUSE Gabriel-André, professeur à l'université Lumière-Lyon II.

PERRET Xavier.

PERRONE-MOISES Leyla, professeur à l'université de São Paulo, Brésil.

PHILIPPOFF Éva, professeur à l'université Lille III.

PIERROT Arlette, traductrice.

PIENCIKOWSKI Robert, collaborateur scientifique à la Fondation Paul Sacher.

PIETRI Jean.

PIMPANEAU Jacques.

PLAGNOL-DIÉVAL Marie-Emmanuelle, maître de conférences.

POLLET Jean-Jacques, professeur des universités.

PONROY Marie-Hélène, docteur en études iraniennes.

PONS Alain.

POPIN Jacques, professeur à l'université Paris XII.

PORCELL Claude, maître de conférences à l'université de Paris-Sorbonne.

PORÉE Marc, maître de conférences à l'université Paris IV.

POSSENTI Antonio, professeur de langue et de littérature françaises à l'université de Macerata.

POUILLOUX Jean-Yves.

POUIVET Roger, agrégé de philosophie, docteur en philosophie.

POULSEN Karl, universitaire, directeur de la fondation danoise C.I.U.P.

PROBST-GLEDHILL Marie-Odile, traductrice littéraire.

PROGUIDIS Lakis, écrivain.

QUENOT Yvette, maître de conférences à l'université de Bourgogne.

QUESNEL Alain, agrégé de lettres modernes.

QUINT Anne-Marie, professeur de langue et littérature du Portugal et du Brésil à l'université Paris III.

RACAULT Jean-Michel, professeur à l'université de la Réunion.

RACZYMOV Henri, écrivain.

RADEVA Nadina.

RAILLARD Henri, journaliste, traducteur.

RAPPAPORT Shoshana.

RAVEZ Stéphanie, élève de l'École normale supérieure.

RAVY Christiane, maître de conférences à l'université de Rouen.

RAVY Gilbert, professeur à l'université de Rouen.

RÉDA Jacques.

REICHLER Claude, professeur et écrivain.

RÉMY Michel, professeur à l'université de Nice.

RENARD Philippe, professeur à l'université des sciences humaines de Strasbourg.

RENARD Pierrette, maître de conférences à l'université Stendhal-Grenoble III.

REPUSSEAU Patrick.

REVAULT-d'ALLONNES Myriam, philosophe.

REY André-Louis, Master of Literature.

REY François.

RICHIR Marc, chercheur qualifié au F.N.R.S. (Belgique), chargé de cours titulaire à l'université de Bruxelles, directeur de programme au Collège international de philosophie (Paris).

RIEHL Claude, traducteur.

ROBEL Léon, professeur émérite à l'Institut national des langues et civilisations orientales, membre correspondant de l'Académie nationale tchouvache.

ROBERT Jean-Noël, directeur d'études à l'École pratique des hautes études (V^e^ section).

RODARI Florian, écrivain, critique d'art.

RODARI Olivia, agrégée de grammaire.

ROGOSINSKY Jacob, enseignant à l'université Paris VIII.

ROMÉAS Nicolas, journaliste.

RONZEAUD Pierre, professeur de littérature française à l'université de Provence.

ROSENBERG Serge.

ROUDAUT François, professeur à l'université de Rouen.

ROUDAUT Jean, professeur honoraire à l'université de Fribourg (Suisse).

ROULET Eddy, professeur de linguistique française à l'université de Genève.

ROUSSET Madeleine, licenciée ès lettres, Genève.

ROY Ginette, maître de conférences à l'université Paris X.

ROZIER Gilles.

SARRABAYROUSE Alain.

SAUGE André, docteur ès lettres, Collège de Saussure, Genève.

SAVINEL Christine, maître de conférences à Paris X-Nanterre.

SCHILTKNECHT Wilfred, professeur à l'université de Lausanne.

SCHUBERT Paul, chargé de cours à l'université de Genève.

SEIDENGART Jean, agrégé de philosophie, maître de conférences à l'université Paris X-Nanterre.

SERMAIN Jean-Paul, maître de conférences à l'université de Provence.

SESÉ Bernard, professeur à l'université Paris X-Nanterre, directeur du centre de recherches ibériques et ibéro-américaines.

SETHUPATHY Élisabeth.

SEYLAZ Jean-Luc.

SICHÈRE Bernard, philosophe, écrivain.

SIMEONE Bernard, écrivain.

SION Ariel.

SOUBBOTNIK Michael.

SOULE-THOLY Jean-Paul.

SOULEZ Antonia, professeur de philosophie contemporaine du langage à Paris VII.

SOULEZ Philippe.

SOURDILLON Jean-Marc, agrégé de lettres.

SPILAR Olga.

STAROBINSKI Jean, membre de l'Institut.

STEINMETZ Jean-Luc, poète, essayiste, professeur à l'université de Nantes.

STIEG Gérald, professeur à la Sorbonne nouvell TYRAS Georges, professeur de langue et littérature espagnoles contemporaines, traducteur.

STRAUSS Janine, professeur à l'université Nancy-II.

STRERI Arlette, maître de conférences, docteur d'État ès lettres et sciences humaines.

STRUVE Nikita, professeur à l'université Paris X.

SUBERCHICOT Alain, professeur à l'université Clermont-Ferrand II.

TANDONNET Roger, jésuite.

TARPIN Michel, maître de conférences, université Toulouse II.

TAUBER Michèle, professeur agrégé.

TEMPLE Frédéric Jacques, écrivain.

THERRIEN Madeleine, professeur à l'université de Maryland.

THIERRY André, professeur émérite à l'université de Franche-Comté.

THIROUIN Laurent, maître de conférences à l'université d'Avignon.

THOMAS Hélène, diplômée de l'Institut d'études politiques de Paris, agrégée de sciences sociales.

TOMI Marianne, agrégée de lettres, ancienne élève de l'École normale supérieure de Fontenay.

TOUITOU Béatrice, ancienne élève de l'École normale supérieure de Fontenay.

TOULOUZE Éva, enseignante, traductrice.

TRIPET-PEDIS Fani.

TUNNER Érika, professeur de littérature allemande à l'université Paris XII.

TYRAS Georges, professeur de langues et littératures espagnoles contemporaines, traducteur.

TYTELL Pamela, docteur en philosophie, maître de conférences à Lille III.

UEBERSCHLAG Georges, professeur à Charles de Gaulle-Lille III.

VALADE Alain.

VALENSI Michel, éditeur.

VALLE Suzanne.

VAN Gilles de, maître de conférences de littérature italienne à l'École nationale supérieure.

VAN RENTERGHEM Marion, collaboratrice du *Monde des livres.*

VAQUIN Agnès.

VASAK Anouchka, ancienne élève de lettres à l'École normale supérieure de Fontenay-aux-Roses, agrégée de lettres modernes, critique théâtrale à *La Nouvelle Revue française.*

VASQUEZ Carmen.

VASSALLO Ligia, professeur à l'université fédérale de Rio de Janeiro, ex professeur associé à la Sorbonne nouvelle.

VASSORT Jean, agrégé d'histoire, docteur d'État.

VAYDAT Pierre, professeur à l'université Lille III.

VEISSIÈRE Michel, docteur ès lettres.

VERPOORTEN Jean-Marie, docteur en histoire et littératures orientales (Sanskrit), université de Liège, Belgique.

VESEL Ziva, C.N.R.S., Institut d'études iraniennes.

VIALA Alain, professeur à l'université Paris III-Sorbonne nouvelle.

VICHY Thérèse, professeur à l'université, traductrice.

VIDAL Jean-Pierre.

VIDO-RZEWUSKA Marie-Thérèse, agrégée de l'université.

VIGNES Jean, maître de conférences à l'université de Valenciennes.

VILLEGAS Jean-Claude, maître de conférences à l'université de Bourgogne.

VILLENEUVE Guillaume, traducteur littéraire.

VIRCONDELET Alain, maître assistant à l'Institut catholique de Paris, docteur en histoire de l'art.

VITRAY-MEYEROVITCH Éva de, docteur en philosophie, ancien professeur d'université et membre du C.N.R.S.

VLADISLAV Jan, ancien élève de l'École normale supérieure.

VOLKOVICH Michel, traducteur.

VOLSIK Paul, professeur à l'université Paris VII.

WACKENHEIM Vincent.

WAGNER Nicolas, professeur émérite de l'université Blaise-Pascal Clermont-Ferrand II.

WALBECQ Éric.

WANDELÈRE Frédéric.

WERCHOWSKI Katherine, professeur certifié d'hébreu.

WIDLÖCHER Daniel, docteur, professeur à l'université Pierre-et-Marie-Curie.

WILDEMEERSCH Georges, professeur de littérature néerlandaise à l'université d'Anvers (UIA).

WILDT François.

WITKOWSKI Nicolas, physicien, journaliste scientifique.

WOLFF Étienne, maître de conférences de latin à l'université Paris XII.

WYBRANDS Francis.

ZANCARINI Jean-Claude, maître de conférences à l'E.N.S. de Fontenay/ Saint-Cloud (littérature italienne).

ZAND Nicole, critique littéraire au *Monde*.

ZIMMERMANN Marie-Claire, professeur à l'université Paris IV-Sorbonne.

PRINCIPAUX COLLABORATEURS

Éditions précédentes

ABETTI Giorgio, professeur à l'université de Florence, directeur de l'Observatoire d'astrophysique d'Arcetri.

ADAMOV Arthur.

ALBÈRGAMO Francesco, professeur à l'université de Naples.

ALEWYN Richard, professeur à l'université libre de Berlin.

ALLODOLI Ettore.

ALONSO Dámaso, professeur à l'université de Madrid.

AMALDI Edoardo, directeur de l'Institut de physique de l'université de Rome.

AMERIO Franco, S. S., professeur à l'Athénée pontifical salésien de Turin.

ANCELET-HUSTACHE Jeanne, agrégée de l'Université, docteur ès lettres.

ANTONELLI Maria Teresa, professeur à l'université de Gênes.

AQUARONE Jean-Baptiste, maître de conférences honoraire à l'université Paul-Valéry de Montpellier.

BABELON Jean, conservateur en chef du Cabinet des médailles (Bibliothèque nationale).

BAIGNÈRES Claude.

BARBÉ Yann.

BÉGUIN Albert.

BEMPORAD Gabriella.

BERGIN Thomas G., professeur à l'université de Yale.

BERMAN Antoine.

BERNARD Marc.

BERNARD Roger, professeur à l'École des langues orientales de Paris.

BERSANO BEGEY Marina, de l'université de Turin.

BEUTLER Ernst, directeur du Goethehaus de Francfort-sur-le-Main.

BEZZOLA Reto R., professeur à l'école polytechnique de Zurich.

BIERMANN Kurt R., de l'Académie des sciences de Berlin.

BJURSTRÖM Carl Gustav.

BLOT Jean, docteur ès lettres, docteur en droit de l'université de Paris.

BOMBACI Alessio, professeur à l'Institut oriental universitaire de Naples.

BOONE Danièle.

BORGEAUD Georges.

BORNKAMM Dr Heinrich, professeur à l'université de Heidelberg.

BOTTO Oscar, chargé de cours à l'université de Turin.

BOUCHER Maurice, professeur honoraire à la faculté des lettres de Paris.
BOULLE Jacques.
BOURDON Alain.
BRENNER Jacques.
BROD Max.
BUTT John, professeur à l'université de Durham (Grande-Bretagne).
CADDEO Rinaldo.
CAILLOIS Roger.
CALÒ Giovanni, professeur à l'université de Florence.
CAMERINO Aldo.
CAMP Jean, professeur à la faculté des lettres d'Aix.
CANTAGREL Gilles.
CARN Hervé.
CAO VAN CHIEU Cao.
CAPASSO Celestino.
CAPONE BRAGA Gaetano, professeur à l'université de Florence.
CARBONARA Cleto, professeur à l'université de Naples.
CASELLA Mario, professeur à l'université de Florence.
CATALANO Franco, professeur à l'université Bocconi de Milan.
CATAUDELLA Quintino, recteur de l'université de Catane.
CATTAUI Georges.
CECCHI Emilio.
CELLINI Benvenuto, professeur à l'Institut supérieur d'économie et de commerce de Venise.
CHAIX-RUY Jules, de la faculté d'Alger.
CHAMPIGNEULLE Bernard.
CHEVALIER Jacques, correspondant de l'Académie des sciences morales et politiques, doyen de la faculté des lettres de Grenoble.
CHRISTOPHOROV Pierre, du Centre national de la recherche scientifique de Paris.
CILENTO Vincenzo, professeur à l'université de Naples, recteur du Collegio Bianchi de Naples, membre de l'Académie des Lincei.
CLARAC Pierre, inspecteur général de l'Instruction publique.
COCCHIARA Giuseppe, professeur à l'université de Palerme.
COHEN Gustave, professeur honoraire à la faculté des lettres de Paris.
COSTA Létitia, chargée de cours à l'Institut national des langues et civilisations orientales.
CORTÉS Manuel Muños.
CREMONESI Carla, chargée de cours à l'université de Pavie.
CROCE Lidia Herling.
D'AGOSTINO Nicola, professeur à l'université de Florence.
DAILLY Roland.
DAIN Alphonse, directeur d'études à l'École des hautes études, doyen de la faculté libre des lettres de Paris.
D'ANCONA Paolo, professeur à l'université de Milan.
DANIÉLOU Jean, S. J., professeur à l'Institut catholique de Paris.
DANIEL-ROPS Henri, de l'Académie française.
DE FALCO Vittorio, professeur à l'université de Naples.
DELEBECQUE Édouard, professeur à la faculté des lettres d'Aix.
DERMENGHEM Émile.
DEVOTO Daniel, ancien professeur à l'université de Cuyo (Argentine), docteur ès lettres.

DHÔTEL André.

DINO Guzine, enseignante à l'Institut national des langues et civilisations orientales.

DULIOUST Nicole.

DUMESNIL René.

DUPUIS Michel, docteur en philosophie et lettres, professeur à l'université libre de Bruxelles.

DUSSANE Béatrix, sociétaire honoraire de la Comédie-Française, professeur au Conservatoire national d'art dramatique de Paris.

DUVAL Jean.

ERNOUT Alfred, membre de l'Institut, professeur honoraire à la faculté des lettres de Paris et au Collège de France, directeur d'études à l'École des hautes études de Paris.

ETKIND Efim, professeur titulaire à l'université de Paris X.

FANO Fabio, professeur au Conservatoire de Venise.

FAUCHER Philippe.

FEDELE Benedetto, O. F. M., libero docente à l'Institut oriental universitaire de Naples.

FOUATIH Ahmed, docteur en histoire, assistant en anthropologie à l'université de Paris VII.

FOULLIARON Eléna, enseignante à l'Institut national des langues et civilisations orientales.

FRANCESCHINI Ezio, professeur à l'université du Sacré-Cœur de Milan.

FRANK Nino.

FUJIMORI Bunkichi, professeur associé à l'Institut national des langues et civilisations orientales.

GABRIELI Francesco, professeur à l'université de Rome, membre de l'Académie des Lincei.

Mgr GALBIATI Enrico, directeur de la Bibliothèque ambrosienne de Milan, docteur en science biblique.

GARIN Eugenio, professeur à l'université de Florence.

GASCHT André.

GAZAGNE Paul, archiviste-bibliothécaire de la Comédie-Française.

GEIST Stanley.

GENTILI Bruno, de l'Institut de philologie classique de l'université de Rome.

GEORGE André.

GÉRAUD Alain.

GETTO Giovanni, professeur à l'université de Turin.

GHEORGHIU Nicolas.

GIACON Carlo.

GIANNESSI Ferdinando, libero docente de l'université Bocconi de Milan.

GOYET Thérèse, professeur agrégée de l'Université, Paris.

GRAVIER Maurice, professeur à la Sorbonne, directeur de l'Institut d'études scandinaves de l'université de Paris.

GRENIER Jean.

GRESSET Michel, professeur agrégé, docteur ès lettres, professeur à l'université de Paris VII.

GUEROULT Martial, membre de l'Institut, professeur au Collège de France, professeur honoraire à la faculté des lettres de Paris.

GUIBERT Armand.

GUYOT Charly, professeur à la faculté des lettres, université de Neuchâtel.

GUZZO Augusto, professeur à l'université de Turin.

HELL Henri.

HERLAND Louis, professeur de première supérieure au Lycée de Toulouse.

HERVOUET Yves, bibliothécaire à l'Institut des hautes études chinoises de Paris, ancien membre de l'École française d'Extrême-Orient.

HUXLEY Julian, ancien directeur général de l'U.N.E.S.C.O., président de l'Association for Study of Systematics.

JACOB Monique.

JUDRIN Roger.

KALTENMARK Max, directeur d'études à l'École pratique des hautes études de Paris.

KASSAÏ George, chargé de recherches au C.N.R.S.

KAWAMURA Yoshie, lecteur à l'université de Rome.

KHAWAM René R.

KLOSSOWSKI Pierre.

LABIE Jean-François.

LABROUSSE Pierre, maître-assistant à l'Institut national des langues et civilisations orientales.

LABZINE Alexandre.

LAJARRIGE Jean, maître-assistant à l'université de Toulouse II, chargé de cours à l'université de Paris IV et à l'Institut national des langues et civilisations orientales.

LAPESA Rafael.

LAS VERGNAS Raymond, professeur à la faculté des lettres de l'université de Paris.

LATTES Dante, rabbin, directeur de la Rassegna Mensile d'Israël.

LAVAGNINI Bruno, professeur à l'université de Palerme, directeur de l'Institut italien d'Athènes.

LA VARENDE.

LAZZATI Giuseppe, professeur à l'université du Sacré-Cœur de Milan.

LE CLEC'H Guy.

LE DANTEC Yves-Gérard.

LEFEBVRE Henri.

LE HARDOUIN Maria.

LEIBRICH Louis, professeur au Lycée Louis-le-Grand, agrégé de l'Université.

LELY Gilbert.

LÉPORE Ettore, libero docente à l'université de Naples, chargé de cours à l'université de Bari.

LESCOT Roger, conseiller d'Orient.

LEVAILLANT Maurice, membre de l'Institut, professeur honoraire à la faculté des lettres de Paris.

LIND L. R., professeur à l'université du Kansas (U.S.A.).

LI OGG, docteur ès lettres, maître-assistant à l'université de Paris VII.

LIPOVETZKA MEANO Mlada.

LO GATTO Ettore, professeur à l'université de Rome.

LUGLI Vittorio, professeur honoraire à l'université de Bologne.

LUIJDJENS Adrian H.

LUPI Sergio, professeur à l'Institut universitaire oriental de Naples.

MAIER Bruno, professeur à l'université de Trieste.

MAILLARD Robert.

MANFREDI Manfredo.

MARCAZZAN Mario, professeur à l'Institut universitaire de Venise.

MARCHESI Concetto, professeur à l'université de Padoue.

MARIAS Julián, professeur à l'université de Madrid.

MAROUZEAU Jules, membre de l'institut, professeur honoraire à la faculté des lettres de Paris.

MARTINI Fritz, professeur à la Technische Hochschule de Stuttgart.

MATTALIA Daniele, libero docente à l'université de Milan.
MATILLON Janine, maître-assistant à l'Institut national des langues et civilisations orientales.
MAYOUX Jean-Jacques, professeur à la faculté des lettres de Paris.
MEI Francesco.
MESSIAEN Pierre, agrégé de l'Université, Paris.
MESZAROS István, lecteur à l'université de Turin.
MIEGGE Giovanni, professeur à la faculté vaudoise de théologie de Rome.
MILA Massimo.
MINAZZOLI Gilbert.
MINUTO Francesca, de l'université du Sacré-Cœur de Milan.
MORENO BAEZ Enrique.
MOTZO DENTICE DI ACCADIA Cecilia, professeur à l'université de Naples.
MUCCIOLI Marcello, professeur à l'Institut oriental universitaire de Naples.
MUNIER Roger.
MUSUMARRA Carmelo, professeur à l'université de Catane.
NATHAN Monique.
NATOLI Glauco, professeur à l'université de Florence.
NICOLINI Fausto, ancien inspecteur général des Archives d'État, président de l'Académie pontanienne de Naples.
NICOLL Allardyce, professeur à l'université de Birmingham.
OBERTELLO Alfredo.
OLLIVIER Albert.
ORTLIEB Gilles.
PAROI Janine, agrégée d'anglais, maître-assistant à l'université de Paris VII.
Pr PASTEUR VALLERY-RADOT, membre de l'Académie française, membre de l'Académie de médecine, professeur à la faculté de médecine de Paris.
PEEVA Antonia, assistante à l'Institut national des langues et civilisations orientales.
Mgr PENNA Angelo, docteur en science biblique, professeur à l'Institut pontifical Regina Mundi de Rome.
PERLEMUTER Lily, enseignante à l'Institut national des langues et civilisations orientales.
PERRET Jacques, professeur à la faculté des lettres de Paris.
PERROS Georges.
PERROTTA Gennaro.
PESKA Vladimir, chargé de cours à l'Institut national des langues et civilisations orientales.
PETIT Jacques, professeur à l'université de Besançon.
PICARD Raymond, maître de conférences à la faculté des lettres de Lille.
PICON Gaëtan.
R. P. PIERRE DE LA CROIX, O. C. D.
PIGHINI Giacomo, professeur de neuro-psychiatrie à l'université de Parme.
PINCHERLE Alberto, professeur à l'université de Rome, directeur de l'Institut italien de Bruxelles.
POLLET Jean-Jacques, professeur agrégé, assistant à l'université de Lille III.
POLVANI Giovanni, professeur à l'université de Milan.
POMEAU René, professeur à la faculté des lettres de Toulouse.
POPOVITCH Georges, ancien professeur à l'université de Belgrade.
PRADO COELHO Jacinto, professeur à l'université de Coïmbre.
PRAZ Mario, professeur à l'université de Rome.
PRETI Giulio, professeur à l'université de Florence.

PUGLIESE Giovanni, professeur à l'université de Milan.
QUEVAL Jean.
REMY Jean-Charles.
REUMAUX Patrick.
RHO Edmondo, libero docente à l'université de Turin.
RODRIGUEZ Jorge.
ROIG GIRONELLA Juan, S.J.
ROSATI Salvatore, professeur à l'université de Rome.
ROSSI Giuseppe Carlo, professeur à l'université de Rome.
ROSSI Mario Manlio, professeur à l'université d'Édimbourg.
ROSSI Paolo, professeur à l'université de Palerme.
ROSTAING Charles, professeur à la faculté des lettres d'Aix.
ROTTA Paolo, professeur honoraire à l'université du Sacré-Cœur de Milan.
SAFFREY H. D.
SANTANGELO Giorgio, professeur à l'université de Palerme.
SANTOLI Vittorio, professeur à l'université de Florence.
SASSO Gennaro, professeur à l'université de Rome.
SCAMUZZI Ernesto, professeur à l'université de Turin, directeur du Musée égyptien de Turin.
SCHALK Fritz, professeur à l'université de Cologne.
SCHMIDT Joël.
SCHMIDT Marie-France, professeur à l'université de Paris VIII.
SCHUHL Pierre Maxime, professeur à la faculté des lettres de Paris.
SCIACCA Michele F., professeur à l'université de Gênes.
SEELMANN-EGGEBERT Ulrich.
SÉGURET François.
SERVADIO Emilio, vice-président de la Société psychanalytique italienne.
SIEFFERT René, professeur titulaire à l'Institut national des langues et civilisations orientales.
SIGAUX Gilbert.
SPAGNOL Mario.
STEPHANOU Pelopidas, S. J., professeur à l'Institut pontifical espagnol de Rome.
STRUVE Nikita, agrégé de l'Université.
TEA Eva, professeur à l'Académie de Brera.
TERENZIO Vincenzo.
THÉRIVE André.
THOMAS Catherine, professeur à l'Institut national des langues et civilisations orientales.
TRAVERSO Augusto, de l'université de Gênes.
TROYAT Henri.
TUOMIKOSKI Inkeri.
URRUTIA Louis, docteur ès lettres, professeur à l'université de Paris VIII.
VACCARI Elena.
VALABREGA Cesare, professeur à l'université italienne de Pérouse pour les étrangers.
VALLAURI Mario, professeur à l'université de Turin.
VALLENTIN Antonina.
VALLESE Giulio, professeur à l'université de Naples.
VALSECCHI Franco, professeur à l'Institut de Milan.
VANOOSTHUYSE Michel, assistant à l'université de Lille III.
VAN TIEGHEM Philippe, professeur de littérature dramatique au Conservatoire national d'art dramatique de Paris.

VARADY Emerico, professeur à l'université de Bologne.

VERONESI Giulia.

VILLA Vincenzo Maria, de l'université Bocconi de Milan.

VINCENTI Lionello, professeur à l'université de Turin.

VLAD Roman.

WANGEN Joyce de, maître-assistante à l'Institut national des langues et civilisations orientales.

WALTER Gérard.

WASSERMAN Michel, docteur en études orientales, chargé de cours à l'Institut national des langues et civilisations orientales.

WENDEL François, professeur à l'université de Strasbourg (faculté de théologie protestante).

WHITE Kenneth, M.A., Hons. (Glasgow), docteur ès lettres (Paris).

YU TANG Lin.

ZAMORA VICENTE Alonso.

ZANETTI Emilia.

ZERBI Piero, professeur à l'université du Sacré-Cœur de Milan.

ZERJAV Borut, ancien chargé de cours à l'université de l'Europe libre de Strasbourg.

ZEVI Bruno, professeur à l'université de Rome.

DOCUMENTATION ET BIBLIOGRAPHIE
Alexandre Labzine, Michel Mourre
Bernard Noël, Maud Sissung

RÉDACTEUR EN CHEF
Jacques Brosse

Édition augmentée (1980)
sous la direction de
Paul de Roux

A

ABASÏYANÏK Sait Faik. Nouvelliste et romancier turc. Né à Adapazarï le 23 novembre 1906, mort à Istanbul le 11 mai 1954. La famille de Sait Faik vient s'installer à Istanbul à la fin de la guerre d'Indépendance ; Sait entre au lycée de garçons de la ville, dont il sort dès la classe de première – définitivement rétif à toute forme d'enseignement scolaire. Après une tentative, manquée, au département de littérature de l'université d'Istanbul, il part à Lausanne étudier l'économie. Mais c'est pour n'y rester que deux semaines : il quitte la Suisse pour Grenoble, où il entre au lycée Champollion – dont il sortira également sans le moindre titre en poche. Sait passe trois ans à voyager en France, menant une vie de bohème. De retour à Istanbul en 1935, le voilà enseignant (!) dans un orphelinat américain, puis reporter judiciaire, pendant trois mois seulement, pour le journal *Les Nouvelles* [*Haber*]. Son père, Mehmed Faik, important négociant de bois de chauffage et maire d'Adapazarï, tente, en désespoir de cause, d'introduire son fils dans le commerce de grain, là encore avec une totale absence du succès. À sa mort en 1939, Sait peut s'adonner sans mesure à une vie de dissipation, vivant seul, avec sa mère Makbule, en ville ou dans leur maison de campagne sur l'île de Burgaz, au large d'Istanbul. Auteur de poésies aujourd'hui perdues, de nombreuses nouvelles (assemblées en douze recueils) – v. *Les Derniers Oiseaux* (*) –, et de deux romans, Sait Faik écrivait en situation précaire, lorsqu'il ratait le bateau des îles, s'installant dans la salle d'attente de seconde classe sous le pont de Galata. Son indépendance et son esprit frondeur lui valurent cependant d'avoir à combattre pour ses idées. En effet Sait Faik, s'il n'était pas porté sur la politique, avait un réel courage de ses opinions : il participe dans les années 1938-39 au front antinazi informel constitué par de jeunes intellectuels autour de petites revues telles que *La Voix* [*Ses*], *Les Lettres nouvelles* [*Yeni Edebiyat*] – à une époque où les partisans de l'Allemagne nazie cultivent la provocation et l'attentat. Appelé à comparaître devant deux tribunaux à cause de l'acerbe critique sociale à laquelle il s'est livré dans son roman *La Machine à vivre* [*Medar-i Maishet motoru*] édité en 1944 puis réédité en 1952 sous le titre *Un certain nombre d'êtres humains* [*Birtakïm Insanlar*] et sa nouvelle « Mon ami le vendeur de noisettes » [*Kestaneci Dostum*], il est acquitté chaque fois. Sait Faik meurt d'une cirrhose du foie, alors qu'on commence à le reconnaître comme le plus grand nouvelliste turc en activité.

Avec Sabahattin Ali, Sait Faik est assurément un des pôles de la prose turque des années 40 et 50, une époque dont son œuvre restitue mieux que toute autre le climat. Chez Sait, en effet, le sujet, l'événement qui chez d'autres auteurs composent la trame de la nouvelle, sont rejetés à la périphérie : ce qui compte, c'est l'évocation d'un « moment » de la vie d'un homme ordinaire. Moment souvent dramatique, que Sait traite cependant avec une grande économie d'expression, mettant en œuvre son exceptionnel talent d'observation. On a d'ailleurs pu écrire de lui qu'il avait plus d'observation que d'imagination, et que dans ses nouvelles le décor compte autant que les acteurs. En quête d'une « mythologie moderne d'Istanbul » (A. Dino), amoureux de la ville dont il connaît tous les recoins, il en retranscrit le climat avec une exceptionnelle intuition du monde mental des personnages qui la peuplent, pauvres, artisans, pêcheurs, marginaux. Opposé à toute forme d'oppression, Sait Faik introduit le lecteur dans un monde de déclassés, dont il enrichit la description avec l'expérience du vécu. Recréant le monde des « misérables » (L. Mitler) de son pays, ses récits débordent d'une fraternité qui les apparente aux *Paysages humains* (*) de Nazïm Hikmet. Cependant Sait magnifie la vie quotidienne non par l'épopée populaire chère à Nazïm, mais par un récit intimiste qui évoque davantage ses modèles Maupassant et Tchekhov.

Sceau de son originalité, le style de Sait Faik est unique – au point de choquer plus d'un lecteur. Le nouvelliste emploie l'argot et les constructions grammaticales des classes qu'il portraiture, en même temps il parvient à créer une atmosphère chaleureuse, humaine, voire poétique. Des images insolites sont le seul ornement d'un récit totalement dépouillé, fondé sur le refus de toute « littérature » voulue, fabriquée, préméditée, que Sait partageait avec les poètes du *Garip* (*) et qui donne à son œuvre son exceptionnelle profondeur.

STÉPHANE A. DUDOIGNON.

RÉF. : St. I. Reycheff, *Sait Faik Abasïyanïk. The Man and his Fictional World*, Thèse, Université de Los Angeles, 1975.

ABBADIE Jacques. Théologien protestant français. Né à Nay (Pyrénées-Atlantiques) en 1654, mort à Mary-le-Bone, près de Londres, le 25 septembre ou le 6 novembre 1727. Issu d'une famille misérable, il fit pourtant de brillantes études grâce à l'aide de ses coreligionnaires, et fut reçu docteur en théologie à Sedan. Après plusieurs séjours en Hollande et en Allemagne, où il fut pasteur du temple français de Berlin, il finit par s'installer en Angleterre, où le roi Guillaume III le nomma doyen de Saint-Patrick de Dublin. Très érudit, spécialisé dans l'étude des langues anciennes, de l'Écriture sainte et des Pères de l'Église, favorisé par une grande facilité de travail, il fit paraître avec beaucoup de succès de nombreux ouvrages parmi lesquels le *Traité de la vérité de la religion chrétienne* (+) (1684) que Mme de Sévigné trouvait « le plus divin de tous les livres », le *Traité de la divinité de Jésus-Christ* (*) (1689), *L'Art de se connaître soi-même* (1692), *Le Triomphe de la Providence et de la religion* (1723), tentative de démonstration du christianisme à partir de *L'Apocalypse* (*), et *La Défense de la nation britannique* (1692), où il justifiait la révolution de 1688 contre les attaques de Bayle.

RÉF. : P.F. Marquié, *Abbadie considéré comme moraliste*, 1855. – L.P. Courtines, *Bayle's Relation with England*, New York, 1938.

ABDIAS ou OBADYA. Le quatrième des « petits prophètes », dont le nom signifie « serviteur de Yahvé ». C'est sous ce nom que nous est parvenu un écrit très court en vingt et un versets, le *Livre d'Abdias* – v. *La Bible* (*) –, dont la date de composition a donné lieu à diverses conjectures. Le texte évoque en effet une prise de Jérusalem : mais cette allusion peut se rapporter aussi bien à l'invasion des Philistins sous Joram, si Abdias est antérieur à Jérémie, ou, s'il lui est postérieur, à celle de Nabuchodonosor. Les tenants de cette dernière thèse (les plus nombreux) estiment donc que le *Livre d'Abdias* a été suscité par les premières attaques des Arabes contre les Iduméens, et ils situent la composition de la prophétie au Vᵉ siècle avant Jésus-Christ. Certains estiment au contraire qu'Abdias est antérieur à Jérémie : cette thèse, soutenue en particulier dans le *Dictionnaire de La Bible* de Vigouroux, revient à placer Abdias entre l'invasion des Philistins à la fin du règne de Joram, soit approximativement vers 865 avant Jésus-Christ, et l'apparition de Joël et d'Amos. On doit à H. de Saint-Victor un remarquable commentaire mystique du *Livre d'Abdias*.

RÉF. : H.-W. Wolff, *Obadiah and Jonah : a Commentary*, Minneapolis, 1986.

ABD UL-HAQQ HÂMID. Écrivain turc. Né le 5 février 1852 à Bebek, sur les rives du Bosphore, mort le 13 avril 1937 aux environs d'Istanbul. Sa jeunesse se passa à Istanbul ; puis, entré dans la carrière diplomatique, il représenta la Sublime Porte en Inde, au Caucase, à Londres et à Paris. Enfin, lors de la proclamation de la République turque, il fut élu à la grande assemblée nationale. Dans sa patrie, il avait étudié la littérature islamique d'expression arabe, tandis que l'Occident lui révéla la littérature européenne, qui ne fut pas sans influence sur ses œuvres. Sa parfaite maîtrise de la langue turque, son style élégant et le son humain et romantique que rendait chaque strophe de ses poésies, furent pleinement appréciés dans le petit poème intitulé *Maqbèr* (*). D'autres œuvres – et plus particulièrement les drames évoquant des faits saillants de l'histoire de l'Islam, tels que *Tarik, Eshber, Nesteren* – confirmèrent la grande maîtrise de cet écrivain, devenu rapidement célèbre auprès de ses compatriotes.

ABDULLAH BIN ABDULKADIR dit **MUNSHI.** Mémorialiste malais. Né à Malacca le 12 août 1797, mort à Djeddah en octobre 1854. D'ascendance mixte : malaise, tamoule et arabe, il appartient à ces communautés allogènes du monde malais qui eurent une grande part, au XIXᵉ siècle, dans l'ouverture au modernisme occidental. Maîtrisant cinq langues, il apprit, sous la férule de son père, le métier de copiste et travailla beaucoup, à Malacca et à Singapour, pour des étrangers : Raffles, le « fondateur » de Singapour (en 1819), pour lequel il rédige des missives et copie des documents ; des missionnaires anglais, allemands et américains, pour lesquels il traduit en malais les Évangiles et des ouvrages didactiques ; et encore des commerçants chinois, pour lesquels il accomplit un voyage dans l'État de Kelantan. Il traduit en malais la version tamoule du *Pancatantra* (*) indien, réalise la première édition des *Annales malaises* (*) et rédige un poème sur l'incendie de Singapour de 1830, ainsi que le récit de son voyage à Kelantan et surtout son *Autobiographie* (*), extraordinaire reportage sur la société malaise de la première moitié du XIXᵉ siècle.

Il meurt à Djeddah, au seuil d'accomplir le pèlerinage à La Mecque.

HENRI CHAMBERT-LOIR.

ABE Kôbô. Romancier et dramaturge japonais. Né le 7 mars 1924 à Tôkyô, mort le 22 janvier 1993 dans cette même ville. C'est, paradoxalement, le cinéma qui aura fait connaître Abe à travers le monde. L'adaptation de son roman *La Femme des sables* (*) par Hiroshi Teshigahara obtient, en effet, au Festival de Cannes, en 1964, le prix spécial du jury. Parallèlement à la carrière littéraire, Abe entretient un rapport suivi avec le cinéma et avec le théâtre. Bien que né au Japon, il a été élevé en Mandchourie, alors colonie japonaise, et il est revenu dans son pays pour terminer des études de médecine. Après avoir été militant communiste, il est exclu du parti en 1962. C'est par la publication de ses *Poèmes anonymes* [*Mumei shishû*] qu'en 1947 il entre en littérature. Il écrit *Le Panneau routier au bout de la rue* [*Owarishi michi no shiribe ni*], puis remporte le prix Akutagawa avec son recueil de nouvelles *Les Murs* (*) (1951) qui assure sa notoriété. Son univers l'apparente, de façon explicite et revendiquée, au surréalisme et Abe s'intègre au « Groupe du siècle » [Seiki no kai] au début des années 50. C'est là que naît son amitié avec Teshigahara qui portera à l'écran *Le Traquenard* [*Otoshiana*] en 1962, *La Face d'un autre* (*) et *Le Plan déchiqueté* (*). Abe collabore dès le début des années 50 à la télévision, avec *Le Purgatoire* [*Rengoku*], et au théâtre. Supportant mal l'intervention d'autrui, il est son propre metteur en scène et c'est sa pièce *Les Amis* [*Tomodachi*] qui l'imposera comme dramaturge. Il réalise également ses propres films, expérimentaux, comme *Le petit éléphant est mort* [*Kozô wa shinda*] et *La Falaise du temps* [*Toki no gake*].

Kôbô Abe est certainement le cas le plus singulier de la littérature japonaise d'après-guerre, par son parcours artistique diversifié et par son refus farouche de toute institution. Remarquablement fidèle à ses principes esthétiques, il produit une œuvre d'une qualité très homogène qui, cependant, a pu paraître, par un excès de rigueur, un peu répétitive. Lorsqu'il commence à écrire, il doit en effet s'opposer au lyrisme social de l'après-guerre et sa formation médicale l'aide à adopter un ton froid, scientifique, sans mièvrerie. Il ne cessera d'accentuer l'aspect « mathématique » de la construction de ses romans, et s'efforcera d'inscrire son imagination onirique et ses fantasmes sexuels souvent débridés dans le cadre d'une structure sans faille : contrairement à son contemporain Oe, dont il se rapproche parfois par sa thématique et ses positions politiques, il répugne au « je » subjectif, préférant une démultiplication de narrations et recourant à divers artifices : dessins, plans, photographies viennent s'insérer dans le texte et compliquer le récit, qui n'est jamais réduit à un seul point de vue. Il fait ainsi éclater la fiction japonaise, dominée par la subjectivité, le psychologisme et la conscience morale. L'influence de Kafka est manifeste dans sa description de villes modernes sous surveillance, parcourues de détectives et de personnages qui ont perdu leur identité, leur nom, parfois même leur sexe et leur apparence propre. Il n'est pas rare qu'au cours du roman le protagoniste change d'aspect, de matière, d'espèce : telle femme est une couette de coton – *Rendez-vous secret* (*) –, telle petite fille a le corps qui se liquéfie et rétrécit, tel homme est un cheval, un chien, une boîte – *L'Homme-Boîte* (*) – ou une canne – *L'Homme devenu canne* [*Bô ni natta otoko*]. Les villes sont pour Abe d'énormes hôpitaux aux murs de verre, où chacun évolue sous le regard haineux des autres, des labyrinthes dotés d'instruments de torture et de contrôle, des maisons closes ou des asiles.

La fin du monde et la conflagration nucléaire sont les thèmes majeurs de ses derniers livres. Il représente souvent l'humanité comme une bande de rescapés, terrés au fond d'une caverne et survivant dans une autarcie que menacent les conflits collectifs. C'est dans *L'Ère glaciaire numéro 4* [*Daiyon kampyôki*] qu'il aborde pour la première fois le sujet du cataclysme mondial, qu'il développera dans *L'Arche en toc* (*).

La réduction de la vie intérieure à un réseau de signes, le glissement d'une vision fantasmatique au réalisme prosaïque, les métaphores prises au pied de la lettre, tels sont les principes qui permettent à Abe de modifier profondément la narration romanesque. Ses héros sont des « hommes sans qualité », souvent présentés par de simples fiches signalétiques, et projetés dans l'aventure par une perte totale d'identité : celui de *La Face d'un autre* est défiguré par une expérience chimique, celui de *La Femme des sables* devient paranoïaque en observant des insectes rares dans un village que le sable ensevelit, celui de *Rendez-vous secret* ne sait plus s'il cherche sa femme disparue ou s'il est lui-même traqué.

Dans son recueil d'articles, *Les Baleines qui se hâtent vers la mort* [*Shi ni isogu kujiratachi,* 1986], Abe développe les idées qui sous-tendent son œuvre romanesque : la défiance à l'égard de toute collectivité, de toute reconnaissance sociale, la haine du pouvoir, du fanatisme militariste ou religieux, la hantise du danger nucléaire. Par ailleurs, il s'attarde sur la fonction du style et du langage. Bien qu'occupant volontairement une position marginale, Abe, auquel on a parfois reproché d'être « trop occidental », « trop impersonnel », « trop peu japonais », n'est pas pour autant étranger à sa propre culture. Il a prouvé dans son roman historique *Enomoto Takeaki,* consacré à un militaire qui, avec l'aide de la France, lutta contre la Restauration de Meiji, au siècle dernier, la connaissance profonde qu'il avait de l'histoire japonaise, dont il ne se réclame jamais, mais qu'il sait convoquer au besoin.

RENÉ DE CECCATTY ET RYOJI NAKAMURA.

ABE Tomoji. Romancier et critique japonais. Né dans le département d'Okayama le 26 juin 1903, mort en 1973. Spécialiste reconnu de littérature anglaise (on lui doit notamment une étude sur Melville, 1934, ainsi que des traductions de Shakespeare, Shelley et Thomas Hardy), Abe se signala dès ses premières publications par une approche très intellectualisée du fait littéraire, qui devait notamment trouver une application célèbre dans le roman *Logement hivernal* [*Fuyu no yado*, 1936]. Par la suite, après avoir exprimé dans *La Tourmente* [*Fûsetsu*, 1938] les réserves que lui inspirait le fascisme, il devait manifester un intérêt croissant pour les questions politiques, n'hésitant pas, après-guerre, à descendre dans l'arène pour assurer la défense de manifestants arrêtés, ou pour appeler à une action de solidarité internationale en faveur de la paix au Vietnam. Et, de l'itinéraire de ce grand intellectuel libéral, un roman en partie autobiographique, *Fenêtres sur le temps* (*), devait, malgré les dénégations d'ailleurs peu convaincantes de l'auteur, fournir en 1959 un tableau fort ressemblant.

ABEL Carl Friedrich. Compositeur allemand. Né à Cöthen le 22 décembre 1723, mort à Londres le 20 juin 1787. Il étudie la viole de gambe et entre à l'orchestre de la cour de Dresde (1743-58) que dirigeait alors Hasse. Puis il se fixe à Londres en 1759 où il est très bien accueilli. Lorsque Johann Christian Bach s'installe à Londres en 1762, ils y fondent ensemble une célèbre série de concerts en souscription qui fonctionnera jusqu'en 1781. Ses trente-six *Symphonies* (*), ses concertos et quatuors se ressentent de l'influence italienne, même s'il s'inscrit dans la descendance de l'École de Mannheim. La *Symphonie K 18* de Mozart lui a longtemps été attribuée à tort.

ALAIN PÂRIS.

ABÉLARD ou **ABAILARD Pierre.** Philosophe et théologien français. Né au Pallet (Loire-Atlantique) près de Nantes, en 1079, mort au prieuré de Saint-Marcel, près de Chalon-sur-Saône, le 21 avril 1142. L'un des plus grands philosophes et théologiens du XIIe siècle. De noble naissance et destiné à la carrière des armes, il fut attiré très jeune par les disciplines littéraires. Il étudia successivement à Chartres, à Loches, enfin à Paris, où sa brillante intelligence et son orgueil intraitable le dressèrent bientôt en une violente opposition, dans la vieille querelle des universaux, contre son maître de dialectique, puis de rhétorique, le réaliste Guillaume de Champeaux. Soutenant un nominalisme dérivé de Roscelin, il triompha du vieux dialecticien que ses disciples abandonnaient pour suivre le jeune philosophe. Il combattra avec la même âpreté à Laon son maître de théologie, le célèbre Anselme. À peine âgé de vingt-trois ans, il eut sa propre école, à Melun, puis à Corbeil, enfin à Paris, où il tiendra aussi plus tard la chaire de philosophie à l'École Notre-Dame. Sa renommée était devenue universelle et l'on accourait à ses leçons de tout l'Occident. Après le drame (1118) de ses amours avec Héloïse, et sa mutilation, il fit profession à l'abbaye de Saint-Denis (il n'était jusqu'alors que clerc), et continua son enseignement ; sa lutte contre Roscelin, ses tentatives d'appliquer les méthodes de la dialectique à la théologie lui valurent une première condamnation par un concile réuni à Soissons (1121), qui fit brûler son traité *De l'unité et de la trinité divine* (+). À ce moment, son œuvre, qui ne nous est pas parvenue entière et dont une partie est encore inédite, comprenait plusieurs volumes de gloses, des traités scolaires, ses chants d'amour (malheureusement perdus), des épîtres ; enfin sa *Dialectique* (*), traité de logique remarquable par sa clarté. De 1121 à 1140, Abélard continua à enseigner, au Paraclet près de Nogent-sur-Seine, à Reims, à Paris, mené de monastère en monastère par l'animosité des ennemis qu'il ne cessait de se créer et par son propre caractère inquiet. Parmi les œuvres les plus importantes de cette période, il faut signaler *Sic et Non* (*), écrit vers 1122, relevant et confrontant les contradictions apparentes de l'Écriture et des Pères de l'Église ; sa *Théologie chrétienne* (*) (env. 1123) en défense du traité condamné en 1121 ; l'*Introduction à la théologie* (*) dont les deux premiers livres remontent à 1125 environ, alors que le troisième est postérieur ; l'*Éthique ou « Connais-toi toi-même »* (*) (après 1129), remarquable par sa dissection de la valeur morale de l'acte, que l'auteur fait coïncider avec l'intention ; il faut ajouter divers ouvrages d'exposition de textes, des épîtres, trente-quatre homélies adressées à Héloïse au Paraclet (de même que quatre-vingt-treize *Hymni et Sequentiae* et les *Solutiones problematum Heloissae* sur des points de religion et d'exégèse ; et enfin l'*Historia calamitatum Abaelardi* (*) (env. 1136), qui est la source principale de renseignements sur sa vie avec ses *Epistulae ad Heloissam* – v. *Lettres d'Abélard et d'Héloïse* (*). Vers 1140, ses conceptions hardies lui attirèrent une accusation d'hérésie par-devant l'évêque de Chartres. Saint Bernard, qui l'avait déjà rencontré en 1131 au Paraclet, eut plusieurs entrevues avec lui sans parvenir à obtenir une rétractation. Abélard demanda la discussion de ses propositions devant le synode de Sens et, directement accusé d'hérésie par saint Bernard, en appela au pape. La condamnation de Sens fut confirmée par Innocent II, alors qu'Abélard s'apprêtait à se rendre à Rome. Réfugié auprès de Pierre le Vénérable, à Cluny, Abélard s'inclina, reconnut ses erreurs, se réconcilia avec saint Bernard. Il mourut moins de deux ans après. De la dernière période de sa vie datent le *Carmen ad Astrolabium,* épître morale adressée à son fils, le *Dialogue entre un juif, un philosophe et un chrétien* (*) sur la vérité de la religion, une *Professio fidei seu Apologia,* écrite après 1140.

Passionnément discuté par ses contemporains, Abélard exerça une profonde influence sur la pensée de tout le XIIe siècle. Avec son esprit lucide et vigoureux, son amour de la clarté, son besoin de s'appuyer sur la raison, non seulement il provoqua un renouvellement de la logique et de la philosophie, mais il apporta un levain nouveau dans la théologie elle-même. Tombé dans l'oubli pendant quelques siècles, le philosophe fut ressuscité par Victor Cousin qui, en publiant ses *Œuvres inédites,* le présenta comme le Descartes du XIIe siècle. Et, au cours du siècle dernier, on a voulu voir en Abélard le drapeau de la libre pensée, un Rousseau et un Kant avant la lettre, le précurseur du rationalisme ; on oubliait la foi profonde qui prime tout raisonnement et qui anima toujours Abélard : « Je ne veux pas être philosophe en contredisant saint Paul, ni être un Aristote pour me séparer du Christ... », écrivait-il à Héloïse.

« Interrogeons son rival saint Bernard, remarque Étienne Gilson, nous les trouverons peut-être moins absolument différents qu'on ne serait en droit de le supposer. »

PIERRE FERRARI.

♦ *« Le Socrate de la France, le Platon sublime de l'Occident, notre Aristote. »* Pierre le Vénérable. ♦ *« Abélard fut un homme de beaucoup d'esprit et capable de faire de grands progrès dans les sciences, s'il eût été plus docile* [...] *plus appliqué* [...] *moins passionné pour les nouveautés* [...] *Il n'est devenu qu'un sophiste orgueilleux, un mauvais raisonneur, un poète médiocre, un orateur sans force, un érudit superficiel, un théologien réprouvé. »* Dom Clément (1763). ♦ *« Le chevalier errant de la dialectique... »* Michelet. ♦ *« Le sophiste brillant du concile de Sens, le philosophe qui incuba son conceptualisme équivoque dans le grossier nominalisme de Roscelin... »* Barbey d'Aurevilly. ♦ *« La légende de l'Abélard libre penseur est à reléguer au magasin d'antiquités. »* E. Gilson.

RÉF. : Ch. de Rémusat, *Abélard, sa vie, sa philosophie et sa théologie,* Paris, 1855. – J. K. Sikes, *Peter Abailard,* Cambridge, 1932. – E. Gilson, *La Philosophie au Moyen Âge,* Paris, 1947. – *Héloïse et Abélard,* 2e éd., Paris, 1948. – Louvain et Gembloux, Universitas Catholica Lovaniensis, 1958. – J. Jolivet, *Abélard,* Paris, 1969. – R. Pernoud, *Héloïse et Abélard,* Paris, 1970. – R. Louis, J. Jolivet et J. Châtillon, *Pierre Abélard, Pierre le Vénérable,* Paris, 1975. – I. Nollier, *Abélard : le philosophe du Christ,* Paris, 1984. – J. Jolivet, *Aspects de la pensée médiévale : Abélard. Doctrines du langage,* Paris, 1987.

ABELL Kjeld. Auteur dramatique danois. Né le 25 août 1901 à Ribe, mort le 5 mars 1961 à Copenhague. Fils d'un professeur, il fit des études universitaires qui aboutirent en 1927 à un diplôme en sciences politiques, et fréquenta l'École des beaux-arts. De 1927 à 1932, il travaille comme décorateur de théâtre à Londres et à Paris, puis à Copenhague, où il entre dans une agence de publicité (1932-1934). En 1934, il débuta avec un ballet, *La Veuve dans le miroir* [*Enken i spejlet*]. Son premier grand succès fut *La Mélodie qui disparut* [*Melodien, det blev vaek,* 1935], satire de la vie bourgeoise, d'une forme résolument « moderne », au bord de la revue et de la comédie musicale, pleine d'humour et de fantaisie. *Eva fait son service d'enfant* [*Eva aftjener sin barneplight,* 1936] est de la même veine, tandis que *Anna Sophie Hedvig* (*) (1939) présente sous une forme plus grave et plus réaliste, mais néanmoins allégorique, cette question : les démocraties peuvent-elles résister au fascisme ? Ce thème est repris dans *Judith* (1940), et dans *Silkeborg* (1946), qui décrit l'occupation nazie. Dans ses dernières pièces – pas toujours bien accueillies – la forme évolue vers un vaste débat symbolique, mêlant le passé et le présent, le rêve et la réalité. Il faut citer *Journées sur un nuage* [*Dage på en Sky,* 1947] – au sujet de la bombe atomique –, *Vetsera ne fleurit pas pour tout le monde* [*Vetsera blomstrer icke for enhver,* 1959]. *Le Pékinois bleu* [*Den Blå Pekineser,* 1954] et *Le Cri* [*Skriget,* posthume, 1961], fable sur les oiseaux et les hommes où défilent toutes ses idées. Il a aussi écrit des pièces radiophoniques, des scénarios de film, des essais, des récits de voyage et un roman, *Les Trois de Minikoi* [*De tre fra Minkoi,* 1957].

CARL GUSTAF BJURSTRÖM.

ABELLIO Raymond (pseud. de Georges Soulès). Écrivain français. Né à Toulouse (Haute-Garonne) le 11 novembre 1907, mort à Nice le 26 août 1986. Il entre à l'École polytechnique en 1927 puis à l'École nationale des Ponts et Chaussées en 1930. Ingénieur, il se tourne vers la politique à partir de 1932. En 1937, il est élu membre du comité directeur de la S.F.I.O. Mobilisé en 1939, il est fait prisonnier en 1940. Il passe sa captivité en Silésie, est libéré en 1941 et entre au mouvement social révolutionnaire où il tente de concilier collaboration et socialisme. À partir de 1942, il aide la Résistance et se réfugie dans le Sud-Ouest. En 1946, il publie son premier roman, *Heureux les pacifiques* (*), qui obtient le prix Sainte-Beuve. En 1947, il passe en Suisse où il restera jusqu'en 1951. Condamné par contumace en 1948, il est acquitté en 1951. Entre-temps, il publie *Les yeux d'Ézéchiel sont ouverts* (*) (1949) et *La Bible, document chiffré* (1950). La vie de Raymond Abellio conditionne son œuvre et sa pensée. Il s'est fixé en effet de vivre d'abord, d'écrire ensuite. Il établit d'étroites corrélations entre ses romans et ses essais car, à l'Histoire de notre temps, il applique des interprétations tirées de l'étude ésotérique de livres sacrés, *Bible* (*), *Bhagavad-gita* (*) et *Kabbale* (*). Dans *Heureux les pacifiques,* à travers les événements du 6 février 1934, des révolutionnaires tentent de s'emparer du pouvoir pour imposer un gouvernement technocratique qui unirait les énergies de la matière aux puissances spirituelles. *Les yeux d'Ézéchiel sont ouverts* se déroulent pendant la guerre d'Espagne et l'occupation de la France. Dans les coulisses de la guerre, une lutte oppose des intelligences lucifériennes à d'autres intelligences en quête de sainteté. *La Fosse de Babel* (*) (1962) repose sur une anticipation occultiste. Le monde occidental est en pleine décadence. Seuls trois types d'hommes – le saint, le chef communiste et le romancier –, formant une caste sacerdotale unique, pourront le sauver – v. *Entretiens avec Abellio* (*). En 1971, Abellio donne le premier tome de ses souvenirs, *Ma dernière mémoire*, où il relate son itinéraire depuis sa petite enfance jusqu'à la période de ses choix politiques (socialisme démocratique, trotskisme, Cagoule, fascisme social). En 1973, il publie *Dans une âme et dans un corps*, son journal, où il se propose de réagir aux grands événements ou « aux petites excitations de la vie quotidienne, pâture des gens de prime saut [...] La pensée pour la première fois me vint qu'un Journal pouvait être tout autre chose qu'un registre de sensations irreliées et fortuites, toujours subjectives, mais au contraire la saisie à l'état naissant d'une pensée devenue enfin spontanément cohérente, dans sa prétention immédiate à l'universel ». Effectivement, on voit à l'œuvre ici une pensée qui se transmue en spéculations fort élevées, à propos, par exemple, de la structure absolue – v. *La Structure absolue* (*) (1965) –, la grande préoccupation d'Abellio, qui est, au sens husserlien, « constituante » et non « construite », « transcendantale » et non « naturelle ». Dans le plus petit fragment de matière, Abellio voit non seulement de la vie mais aussi de la pensée. Ces intuitions débouchent parfois sur des considérations qui ne manquent pas de surprendre, sur la voyance astrologique chez Madame Soleil, par exemple.

Dans les écrits théoriques de Raymond Abellio, on trouve les racines d'une œuvre romanesque qui étonne par sa vigueur prophétique.

GUY LE CLEC'H.

ABERCROMBIE Lascelles. Poète et critique anglais. Né à Ashton-sur-Mersey (Cheshire) le 9 janvier 1881, mort à Londres le 27 octobre 1938. Après avoir fait ses études (en partie scientifiques) à Malverne et à la Victoria University de Manchester, il publie en 1908 *Interludes et Poèmes* [*Interludes and Poems*] et en 1912 *Emblèmes de l'amour* (+) – v. *Judith, Livre de* (*) –, qui le révèlent comme un des plus importants écrivains du groupe des « géorgiens », néo-romantiques s'efforçant d'allier une inspiration métaphysique à un violent réalisme dramatique des images. Ce sont ces qualités que l'on retrouve dans le drame *Deborah,* donné en 1912, et, avec un certain mélange d'ironie, dans *La Fin du monde* [*The End of the World,* 1915], qui évoque la situation des paysans et des ouvriers anglais. Lecteur de littérature anglaise à l'université de Liverpool de 1919 à 1922, professeur à l'université de Londres de 1929 à 1935, à Oxford enfin à partir de 1935, Abercrombie a également publié divers essais : un *Thomas Hardy* (1912), *Théories de l'art* [*Theories of Art,* 1922] et *Principes de la prosodie anglaise* [*Principles of English Prosody,* 1923]. Lui-même considérait son drame en six actes : *Vente de saint Thomas* [*The Sale of St Thomas*], commencé en 1911 et terminé seulement en 1933, comme étant son œuvre la plus importante.

RÉF. : Oliver Elton, *Lascelles Abercrombie,* Londres, 1939.

ABOULAFIA Abraham. Cabaliste et philosophe juif d'origine espagnole. Né à Saragosse (Aragon) en 1240 et mort, semble-t-il, en Sicile en 1291 ou 1292. Chef de file de l'école de cabale prophétique, dont les adeptes tentaient d'accéder à l'union mystique et à la prophétie par la méthode de la combinaison contemplative des noms divins, il est l'auteur d'une cinquantaine d'ouvrages en hébreu, dont une trentaine ont été conservés. Auteur de trois commentaires sur le *Guide des égarés* (*) de Maïmonide, il a développé des techniques mystiques proches de celles en usage dans le soufisme et dans le yoga, et il décrivit ses expériences et en proposa la théorie en employant la terminologie et les concepts de la philosophie aristotélicienne médiévale. Il mena une vie d'errance et d'aventure spirituelle en quête de disciples et de révélations prophétiques. Il voyagea en Terre sainte, en Grèce, en Italie et en Sicile. En 1270, une révélation lui enjoignit de rencontrer le pape, ce qu'il tenta de faire en 1280, au péril de sa vie. Mais, le jour où il arriva devant le palais pontifical, le souverain pontife mourut subitement, ce qui lui épargna une exécution presque certaine. Après un bref séjour dans les prisons des frères mineurs, il partit en Sicile où il parvint à fonder un important cercle d'étude. Mais des opposants obtinrent la condamnation de ses idées par un grand rabbin espagnol, ce qui lui valut la mise au ban de ses écrits qui demeurent encore pour l'essentiel à l'état de manuscrits – v. *L'Épître des sept voies* (*).

CHARLES MOPSIK.

RÉF. : Moshe Idel, *L'Expérience mystique d'Abraham Aboulafia,* Paris, 1989.

ABOUT Edmond François Valentin. Écrivain français. Né à Dieuze (Meurthe) le 14 février 1828, mort à Paris le 16 janvier 1885. Ayant eu très jeune le goût de l'étude, il remporta le prix d'honneur de philosophie. Entré à l'École normale en 1848, il eut pour condisciples Taine, Sarcey et Prévost-Paradol. En 1851, il fut envoyé à l'École française d'Athènes. Trois ans plus tard, à son retour, il publia *La Grèce contemporaine* (1854), où le peuple hellénique était traité sans indulgence. Son premier roman, *Tolla,* qu'il fit paraître peu après, remporta un succès de mauvais aloi, étant, aux dires de la critique, le fruit d'un simple plagiat. Il voulut se dédommager en écrivant une comédie, qu'il intitula *Guillery* (1856). Jouée au Théâtre-Français, elle fut un échec : de quoi convaincre son auteur qu'il était fait pour autre chose que pour la scène. Il allait se montrer plus heureux dans le roman. La même année, en effet, il publiait *Les Mariages de Paris* auxquels, plus tard, feront pendant *Les Mariages de province* (1868). Puis vinrent *Le Roi des montagnes* (*) (1857), *L'Homme à l'oreille cassée* (*) (1862), *Le Nez d'un notaire* (1862), etc. Tout bon romancier qu'il fût, About se révéla surtout grand journaliste, au *Moniteur,* au *Figaro* et à *L'Opinion nationale.* Il fut d'abord bonapartiste, ensuite républicain, mais toujours anticlérical et franc-maçon. Le 2 mai 1872, en prenant la direction du *Dix-Neuvième Siècle,* il publia sa profession de foi républicaine. Celui de ses ouvrages qui lui suscita le plus d'ennemis fut *La Question romaine* (1861), essai politique où il fait cruellement ressortir les vices du pouvoir temporel. Son style est caractérisé par l'esprit frondeur, la concision et la clarté : trois qualités qui ont fait dire qu'il était le meilleur disciple de Voltaire. En 1880 parut son *Roman d'un brave homme,* que Raymond Poincaré considérait « comme un petit chef-d'œuvre de bon sens, de grâce et d'émotion contenue ». About joua aussi un rôle important comme critique d'art. Il fut élu à l'Académie française en 1884, mais la mort l'empêcha d'y être reçu.

♦ *« About refait Balzac, – audace à la Danton, / Que la critique appuie, / Mais Balzac tout meurtri dit : "J'étouffe dans ton / Fourreau de parapluie." »* Th. de Banville. ♦ *« Ou nous nous trompons infiniment, ou About est naturellement fait pour emboîter les opinions reçues. C'est un vrai Français. »* Barbey d'Aurevilly.

RÉF. : G. Berger, *Conférence sur Edmond About,* 1885. – E. Spuller, *Figures disparues. Portraits contemporains,* 3e série, 1894. – André Billy, *Les Écrivains de combat,* Nevers, 1931. – M. Thiébaut, *Edmond About,* 1936. – C. Ross, *About, un romancier dans son époque,* thèse, Bordeaux, 1982. – *Edmond About écrivain et critique d'art,* Réunion des Musées nationaux, Paris, 1985.

ABOVIAN Khatchatour. Écrivain et pédagogue arménien. Né à Kanaker (près d'Erevan) le 15 octobre 1809, disparu à Erevan le 14 avril 1848. Abovian est une figure historique pour les Arméniens au titre d'initiateur de la modernité. Après avoir fait ses études au séminaire d'Etchmiadzine et plus tard à l'université allemande de Dorpat en Estonie, il s'établit comme directeur d'école à Tiflis, puis à Erevan. Il doit affronter les persécutions de l'administration tsariste et les vexations de son entourage opposé à ses idées rénovatrices. Suicide ou enlèvement par la police tsariste, sa disparition mystérieuse en 1848 a contribué à auréoler son personnage. Sa production littéraire, presque entièrement inédite à sa mort, comprend des poèmes de jeunesse, des traités pédagogiques et des œuvres en prose écrites en arménien moderne. Son roman *Les Plaies d'Arménie* (*), écrit en 1841 et publié seulement en 1858, est considéré comme l'œuvre fondatrice de la littérature moderne chez les Arméniens.

MARC NICHANIAN.

ABRAHAM Karl. Psychanalyste allemand. Né à Brême le 3 mai 1877, mort à Berlin le 25 décembre 1925. Issu d'une famille juive établie depuis longtemps dans la ville hanséatique, fils d'instituteur, Karl Abraham obtient le diplôme de docteur en médecine en 1901. En 1904, il se rend à Zurich pour compléter sa formation de psychiatre et séjournera durant trois ans au célèbre hôpital psychiatrique Burghöltzli, dirigé par Eugen Bleuler. Il fait alors la connaissance de l'assistant de ce dernier, Carl Gustav Jung. C'est par Bleuler et Jung qu'il prend connaissance des travaux de Freud, et, comme eux, cherchera rapidement à appliquer les données de la psychanalyse au domaine des psychoses. En 1907, au moment où il doit quitter Zurich pour s'installer en médecine privée à Berlin, il fait un détour par Vienne et rencontre Freud.

Son installation à Berlin ne va pas sans difficulté. Toutefois, il réussit à rassembler un petit groupe de cliniciens acquis à la nouvelle discipline, et c'est avec eux qu'il fonde en 1910 la Société psychanalytique de Berlin, première société de psychanalyse. Très vite, il met en garde Freud contre les orientations théoriques et cliniques de Jung et contribuera activement à la rupture. Plus tard, on retrouvera également un Abraham intransigeant, soucieux de la plus stricte orthodoxie freudienne, en face des écarts d'un Rank ou d'un Ferenczi. Cette fidélité à l'orthodoxie lui vaut, outre la très grande confiance de Freud, une place éminente dans les responsabilités institutionnelles. Après la rupture avec Jung, il est désigné comme président provisoire de l'Association psychanalytique internationale. C'est lui qui organise le congrès de 1914, qui ne se tiendra qu'en 1918 à Budapest. En 1922, il est secrétaire de l'Association et élu président en 1924. Parallèlement, il joue un rôle très actif également dans le développement de la Société psychanalytique de Berlin et de son Institut de formation. Président de la Société jusqu'à sa mort, il contribue à former de nombreux élèves parmi lesquels on peut citer Helene Deutsch, Melanie Klein, Sandor Rado et Theodor Reik. Karl Abraham devait mourir à quarante-huit ans d'une pneumopathie aiguë contractée à la suite de l'inhalation accidentelle d'un corps étranger.

L'application de la psychanalyse aux états

maniaco-dépressifs et l'étude du développement précoce des pulsions demeurent ses contributions scientifiques majeures. Il défendra l'idée d'une correspondance stricte entre les différentes formes de la pathologie mentale et les stades précoces du développement libidinal — v. *Esquisse d'une histoire du développement de la libido basée sur la psychanalyse des troubles mentaux* (*) (1924). Ces vues seront reprises par ses principaux élèves, en particulier par Melanie Klein. On peut dire que l'influence de Karl Abraham s'exerce encore actuellement à travers les développements de l'école kleinienne.

DANIEL WIDLÖCHER.

ABRANTÈS Laure Junot, duchesse d' (née Saint-Martin Permon). Mémorialiste française, née à Montpellier le 6 novembre 1784, morte à Paris le 7 juin 1838. Sa mère, corse et descendante de la famille des Comnène, très liée à Laetitia Bonaparte, tenait à Paris, sous le Directoire, un salon fréquenté par le jeune général Bonaparte et ses partisans. Laure n'avait que seize ans lorsqu'elle épousa Junot, dit « La Tempête », aide de camp de Napoléon, qui le nomma duc d'Abrantès en 1808, après l'affaire d'Espagne. La jeune « générale » participe dès lors, sous le Consulat et l'Empire, à la vie de cour, dont elle sera une des femmes les plus brillantes, faisant de son salon le rendez-vous de la société impériale. Elle a donné une vivante peinture de cette époque et de ce milieu dans ses *Mémoires historiques sur Napoléon, la Révolution, le Directoire, le Consulat et la Restauration* (*). L'éloignement de Junot, qui devait sombrer dans la folie et mourut en 1813, la chute de l'Empire, limitèrent le rôle de la duchesse, qui continua cependant à accueillir dans son salon les bonapartistes, les artistes et les écrivains. Ruinée par ses prodigalités, elle résolut de vivre de sa plume et publia successivement des *Mémoires sur la Restauration, la Révolution et les premières années du règne de Louis-Philippe* (1836), *Histoire des salons de Paris sous Louis XVI et sous le Directoire* (1837-38), outre divers romans sans grande valeur littéraire et rapidement tombés dans l'oubli.

RÉF. : Henri Malo, *La Duchesse d'Abrantès au temps des amours,* 1927, et *Les Années de bohème de la duchesse d'Abrantès,* 1927. — N. Toussaint du Wast, *Laure Junot, duchesse d'Abrantès,* 1985.

ABREU Casimiro de. Poète brésilien. Né le 4 avril 1837/39 à Barra de São João (État de Rio de Janeiro), mort le 18 octobre 1860 à Nuevo Friburgo. C'est peut-être le plus romantique des poètes romantiques brésiliens. Sa très courte existence fut caractérisée par le contraste existant entre ses désirs et la réalité, contraste qui l'amena finalement à une résignation émouvante. Encore enfant, il montra une extraordinaire précocité littéraire, mais son père le destinait au commerce, et, après des études primaires à Nuevo Friburgo, il fut envoyé — à quatorze ans — à Lisbonne. Là, le jeune homme ne manqua pas de décevoir les espérances paternelles, se faisant connaître, en quatre ans de séjour dans la capitale portugaise, par sa collaboration à des journaux et surtout par un tableau dramatique en un acte : *Camoens et son Javanais* [*O Camões e o Jau,* 1856], qui fut applaudi au « Teatro São Fernando ». Revenu au Brésil en 1857, déjà miné par la phtisie, Abreu s'employa à terminer le recueil de ses poésies lyriques, *Le Printemps* (*) (1859), dans lequel se devine le pressentiment de sa fin et qui, par l'humanité qui s'en dégage, fait naître un intérêt exceptionnel non seulement pour l'art de l'auteur mais aussi pour sa vie.

ABŪ'L MUTAHHAR AL-AZDI. Auteur d'expression arabe du Xe ou du XIe siècle. Il écrivit en arabe *Abū'l-Qasim al-Baghdadi* (*), célèbre récit, le seul de ce genre qui nous soit parvenu, de la vie d'un parasite à Bagdad. L'on ne sait presque rien de l'auteur (c'est seulement à l'aide des renseignements contenus dans son œuvre qu'on déduit l'époque à laquelle il vécut), si ce n'est qu'il écrivit aussi une *Hikāya badawiyya,* récit sur les mœurs des Bédouins, qui a été perdu.

ABŪ NUWĀS Al-Ḥasan ibn Hāni', dit. Poète arabe. Né dans le Ahwāz (Iran occidental) vers 762, mort à Bagdad vers 813. Devenu orphelin de père à l'âge de deux ans, il fut plongé, dès sa jeunesse, dans l'atmosphère de bohème élégante et libertine qui régnait alors dans les milieux intellectuels et artistiques des villes iraqiennes, d'abord à Baṣra, où sa mère, dit-on, tenait un bordel de luxe, puis à Kūfa, en compagnie de Wāliba ibn Ḥabbāb, poète de second plan mais ivrogne et mécréant notoire, qui l'avait pris comme apprenti : c'était une habitude assez courante à l'époque, où la maîtrise de techniques et de règles complexes et raffinées était un préalable obligé à l'exercice du métier de poète. À l'issue de ce premier apprentissage, Abū Nuwās, selon la coutume, passa un an au désert pour perfectionner sa maîtrise de la langue au contact des Bédouins, après quoi, étant retourné à Basra, il étudia la poésie ancienne avec le philologue Khalaf al-Aḥmar. C'est seulement au terme de cette longue formation qu'il reçut, pour ainsi dire, son brevet de poète professionnel. L'essentiel de sa carrière se déroula à Bagdad, à la cour du calife Hārūn al-Rashīd (règne 786-809), puis de son fils al-Amīn (809-813), dont la protection lui permit de se livrer presque impunément aux provocations les plus outrageuses, et d'étaler ouvertement son impiété, son ivrognerie et son amour des « jeunes imberbes » : ce rôle d'histrion patenté et de parasite ordinaire était à peu près le seul, avec celui de louangeur à gages, que pût occuper alors un poète professionnel. Abū Nuwās semble d'ailleurs s'en être accommodé, grâce à ce mélange de cynisme et d'autodérision qui forme l'un des aspects de sa personnalité ; il devint même, à titre posthume, le héros d'innombrables anecdotes plus ou moins graveleuses et l'auteur de bons mots apocryphes. C'est cependant un personnage beaucoup plus complexe qui transparaît dans les meilleures pièces de son *Dīwān* (*), où la bouffonnerie et la dérision la plus énorme restent inséparables d'une sensibilité délicate et mélancolique, et où la provocation, parfois crispée jusqu'à frôler le blasphème, s'accorde avec une confiance profonde dans la miséricorde de Dieu, « infiniment plus grande que les péchés d'Abū Nuwās ».

JEAN-PATRICK GUILLAUME.

ABUTSU-NI. Poétesse japonaise. Née en 1209, morte en 1283, elle était la fille de Taira no Norishige, qui fut gouverneur de la province de Tajima. On ne connaît pas son nom. On sait qu'elle fut dame de compagnie de Ankamon-In Kuniko (1209-1283), fille du prince Morisada (1179-1223), et qu'on l'appelait alors Shijô ou Uemon no suke. Elle avait épousé Fujiwara no Tameie (1198-1275), fils du poète Fujiwara Teika, resté veuf avec deux enfants ; elle en eut plusieurs autres enfants. Après la mort de son mari (1275), elle se retira du monde et se fit religieuse bouddhiste, prenant le nom de Abutsu-ni (ni : religieuse) sous lequel elle est connue dans la littérature japonaise comme l'auteur du *Journal de la nuit du seizième jour de la lune* (*) et d'autres œuvres telles que *La Grue dans la nuit* [*Yoru no tsuru*], *Souvenirs d'un petit somme* [*Utatane no ki*], etc. On trouve également beaucoup de ses poésies disséminées dans ses propres ouvrages ou contenues dans les recueils officiels.

ACCIUS Lucius. Poète dramatique latin. Né à Pesaro, peut-être en 170 avant J.-C., mort aux environs de 85 av. J.-C. Fils d'un affranchi, il s'installa à Rome et eut pour ami Decimus Junius Brutus Gallecus, consul en 138, qui remporta une victoire sur les Lusitaniens ; il fut lié également avec Pacuvius. Alors qu'il était encore tout jeune, il se fit une réputation considérable comme poète dramatique et devint vite l'auteur préféré des Romains. De toute son importante production littéraire, il ne nous reste que quelques fragments. En dehors des quarante-cinq titres environ de ses *Tragédies*, nous avons six cent-soixante vers, auxquels il convient d'ajouter les fragments des deux « praetextae » : *Les Enéides ou Decius* (sur la mort héroïque de Decius Mus à la bataille de Sentinum, en 295 av. J.-C.) et *Brutus* (sur la chute de Tarquin le Superbe). Les allusions politiques ne manquent pas dans les « praetextae » ; il se peut même que Scipion ait été attaqué dans *Brutus* et ceci expliquerait mieux encore l'hostilité dont Lucilius faisait montre à l'égard d'Accius. Dans les *Didascalies*, qui comprennent tout au moins neuf volumes, Accius a rassemblé toute la somme de son érudition en matière d'histoire de la littérature, de critique et surtout de théâtre. Il est également question de théâtre dans les *Pragmatiques*, dont il ne reste que deux vers. Outre les *Annales* (*), écrites en hexamètres, nous savons qu'Accius composa le *Parerga*, dont le contenu reste indéterminé, une *Praxidica*, qui traitait peut-être d'agriculture, et des poèmes d'amour. Ce fut le dernier grand auteur dramatique romain ; ses œuvres continuèrent à être représentées et suscitaient encore l'enthousiasme chez les Romains de l'époque impériale. En 57 avant J.-C., pendant une représentation d'*Eurisace* où il était question de l'exil de Télamon, le public manifesta tout à coup en faveur de Cicéron alors exilé. En 44 avant J.-C., la représentation de *Brutus* fut interdite. Encore que son style ne soit point irréprochable, Accius fut admiré même par les critiques sévères de la fin de la république ; Cicéron connaît bien son œuvre et cite souvent ses vers ; Virgile l'imite parfois.

RÉF. : G. Boissier, *Le Poète Accius,* Paris, 1857. – O. Ribbeek, *Die romische Tragödie im Zeitalter der Republik,* Leipzig, 1875. – F. Leo, *De tragœdia Romana,* Göttingen 1910. – Texte et trad. angl. Warmington, *Remain of Old Latin*, t. II, Collection Loeb, 1967.

ACCURSE François (Francesco Accursio). Né à Bagnolo près de Florence en 1182, mort en 1260. C'est le plus illustre des commentateurs du droit romain. Il étudia le droit à Bologne sous la direction d'Azzoleno (ou Azzo) et enseigna à l'université de Bologne pendant près de quarante ans. Continuant l'œuvre de ses prédécesseurs, il commenta et interpréta le *Corpus de droit civil* (*) de Justinien qui avait été remis à l'honneur un peu plus d'un siècle auparavant ; d'autre part, il recueillit, en les classant de façon rationnelle, ses propres gloses et celles des maitres précédents. L'ensemble forma ce qu'on appelle la *Grande glose* (*), sorte de précis du droit romain qui devait être utilisé dans presque toute l'Europe. Bien qu'Accurse interprète de très anciennes lois et coutumes, il n'a point l'intention de faire œuvre d'historien. Il veut avant tout montrer à quel point sont nécessaires la sûreté et la rectitude du jugement, la logique et certaine sensibilité aux problèmes de la vie pratique. Bien que de moindre importance, les autres ouvrages d'Accurse eurent une fortune assez considérable, mais ils sont perdus à l'heure actuelle. Accurse se différencie de ses prédécesseurs par la sûreté de son jugement et par l'ingéniosité et la pertinence des solutions qu'il propose. Il mourut, semble-t-il, à Florence ; il fut enseveli dans l'église Saint-François, à Bologne.

ACEVEDO DÍAZ Eduardo. Écrivain uruguayen. Né et mort à Montevideo (1851-1921). Romancier, il voulut faire revivre dans ses fictions, avec une intention didactique, les grandes figures et les étapes essentielles de l'histoire de son pays en créant un ambitieux roman épique national. Il raconta en particulier la guerre d'Indépendance de 1811, menée en Uruguay par le général gaucho José Artigas, dans son chef-d'œuvre : *Ismael* (*) (1888), qui fut suivi des romans *Nativa* (1890) et *Cri de gloire* [*Grito de gloria*, 1893]. Leader politique, membre du parti Blanc, il participa aux guerres civiles de 1870-1872 et de 1897, et dut à plusieurs reprises s'exiler en Argentine, où il écrivit la plupart de ses romans. Dans *Soledad* (1894), il évoque la vie des gauchos, ses contemporains. Dans *Lance et Sabre* [*Lanza y sable*, 1914], il revient au roman historique national.

CLAUDE COUFFON.

ACHARD Marcel (pseud. de Marcel-Augustin Ferréol). Auteur dramatique français. Né à Sainte-Foy-lès-Lyon le 5 juillet 1899, mort à Paris le 4 septembre 1974. Après avoir été quelque temps souffleur dans un théâtre et journaliste, il est découvert par Lugné-Poe et Charles Dullin. Au début de sa carrière il crée des personnages pleins de fantaisie clownesque, *Voulez-vous jouer avec Môa* ? (*) (1923), ou qui semblent sortir d'une romance (*Malbrough s'en va-t-en guerre*, 1924). Tout au long de sa vie, il conserve un goût sûr pour ceux qui savent parer de poésie la vie de tous les jours ; les hommes en ont besoin : ce sont les rêves qui les consolent, qui les tirent du quotidien et qui les engourdissent délicieusement (*Domino*, 1931, *Petrus*, 1933). Au fond, ses personnages se ressemblent tous : ce sont des êtres sentimentaux et tendres, un peu naïfs, sans épaisseur, à peine marqués par la passion glissant dans un monde facile où tout finit par s'arranger. Mais le charme de Marcel Achard est indéniable : il a la pudeur de garder ses éclats pour soi et de manifester en silence, par une certaine façon de regarder le monde qui est aussi une façon de l'accepter, d'y consentir. On le trouve plus particulièrement dans *Jean de la Lune* (*) (1929), par ailleurs admirablement monté par Louis Jouvet et servi par un dialogue étincelant. Cette pièce qui n'avait rien d'une pièce à thèse posait cependant un problème psychologique : un Alceste plus aimable aurait-il su conquérir Célimène en lui faisant aimer l'image embellie qu'il s'était formée d'elle ? La conclusion est affirmative. Un dénouement optimiste du même genre se retrouve dans *La vie est belle* (1928). La fantaisie, l'humour s'approchent, et parfois de très près, d'une poésie où le cynisme se mêlerait à une certaine mélancolie. À vrai dire, il ne cherche pas à se renouveler ; servi par une technique très sûre, son art consommé joue toujours habilement sur le public (*Patate*, 1956, *L'Idiote*, 1960). On lui doit un recueil poétique : *La Muse Périgrine* (1924). Il a, par ailleurs, collaboré à de nombreux films. Il a été élu à l'Académie française le 3 décembre 1959.

DANIÈLE BOONE.

RÉF. : D. Bourdet, *Pris sur le vif*, Paris, 1957. — J. Lorcey, *Achard ou Cinquante ans de vie parisienne*, Montréal, 1977.

ACHEBE Chinua. Écrivain nigérian. Né à Ogidi le 16 novembre 1930. Après des études supérieures dans les universités d'Ibadan et de Londres, Chinua Achebe a occupé des fonctions importantes à la radio nigériane, puis est devenu professeur à l'université de Nsukka, non sans faire de longs séjours dans les universités étrangères, notamment à Amherst (Massachusetts) en tant que professeur associé. Il a fondé en 1962 la collection « African Series » chez l'éditeur anglais Heinemann, édité depuis 1971 le magazine littéraire *Okike* et obtenu, en 1973, le prix de poésie du Commonwealth. Pendant la guerre du Biafra il a été, avec d'autres écrivains, ambassadeur itinérant de ce pays en sécession. Il a publié cinq romans : *Le monde s'effondre* (*) (1958), *Le Malaise* [*No Longer at Ease*, 1960], *La Flèche de Dieu* [*Arrow of God*, 1964], *Le Démagogue* [*A Man of the People*, 1966], *Les Termitières de la savane* (*) (1987) ; deux livres de nouvelles : *L'Œuf sacrificiel et autres nouvelles* [*The Sacrificial Egg and other Stories*, 1962], *Femmes en guerre* [*Girls at War*, 1972], et un volume de poésies *Prends garde, mon frère d'âme* [*Beware, Soul Brother*, 1972].

Bien que relativement mince, l'œuvre de Chinua Achebe est sans doute la plus célèbre de l'Afrique anglophone. Rédigés en une langue claire et vibrante à la fois, ses romans et ses poèmes forment une sorte de saga qui décrit le Nigéria depuis la colonisation jusqu'à l'après-indépendance. Chaque texte s'organise autour d'un personnage qui représente la réaction (en général négative) de l'individu devant l'histoire. Le paysan intraitable du *Monde s'effondre* et le prêtre traditionnel très imbu de ses pouvoirs de *La Flèche de Dieu* sont balayés par la dynamique interne de la colonisation à laquelle ils tentent de s'opposer ; les jeunes évolués inconscients ou arrivistes du *Malaise* et du *Démagogue* sont, eux, plus ou moins piégés par la société corrompue de l'Afrique moderne tandis que le dictateur des *Termitières dans la savane* finit broyé par le système politique perverti qu'il a mis en place. Depuis quarante ans, Achebe décrit donc les bouleversements qui déferlent sur l'Afrique et déplore la nécessité triste, tragique même, de s'adapter au changement. Il a été lui-même amené à concevoir de façon différente son rôle d'écrivain au sein d'une société en pleine mouvance. Lorsqu'il a commencé à écrire, il considérait la fonction de romancier comme essentiellement « pédagogique » : « Je serais très heureux si, avec mes romans, j'étais, au moins, parvenu à faire comprendre à mes lecteurs que leur passé n'était pas une longue nuit de barbarie. » Lorsqu'en un deuxième temps il s'est penché sur la société actuelle, il a souhaité radicaliser son ton et rendre son approche plus « politique », au sens large du terme : « Je pense qu'en Afrique, actuellement, il est impossible d'écrire quoi que ce soit sans s'engager, sans lancer un message, une sorte de protestation. » La réussite exceptionnelle d'Achebe réside, en fait, dans la dualité fructueuse de sa pensée et de son discours : à la fois passéiste et prophétique, ethnologue et poète, traditionnel et moderne, il est resté le grand « maître des mots » des lettres africaines, celui qui est parvenu, avec le plus de rigueur et le plus d'émotion, à pénétrer dans « cette zone occulte d'instabilité où les coutumes meurent et les cultures naissent ».

DENISE COUSSY.

ACHILLE TATIOS. Romancier grec du IIe siècle après J.-C. Avec Chariton, Xénophon d'Éphèse, Longus et Héliodore, il est considéré comme un des fondateurs du genre littéraire du roman. Sa biographie dans la *Souda* (*) nous apprend qu'il naquit à Alexandrie en Égypte et s'y instruisit dans toutes les branches du savoir de l'époque : rhétorique, grammaire, histoire, science. La légende veut qu'il se soit converti au christianisme et soit même devenu évêque ; faits qui seront ajoutés ultérieurement à sa biographie pour justifier le grand intérêt prêté pendant toute l'époque byzantine à son principal ouvrage, *Les Amours de Leucippé et Clitophon* (*), en huit livres, intégralement conservé jusqu'à nos jours. Un livre sur l'*Étymologie*, un livre d'histoire et un ouvrage d'astronomie *Sur la sphère* étaient connus et cités sous son nom. Leur attribution devint certaine grâce à la découverte du manuscrit milanais datant du II-IIIe siècle ap. J.-C. Le politicien et écrivain byzantin du XIe siècle Michel Psellus a écrit une comparaison littéraire entre le roman d'Achille Tatios et *Les Éthiopiques* (*) d'Héliodore. Avant Psellus, le patriarche byzantin Photius (IXe siècle) avait déjà comparé Achille Tatios avec Chariton, à qui il donnait sa préférence. Mais aujourd'hui, ce serait plutôt Achille Tatios qui, avec le réalisme de ses descriptions, son sens de l'humour raffiné, ses parodies subtiles et ses connaissances encyclopédiques impressionnantes, attirerait le lecteur.

NADINA RADEVA.

RÉF. : E. Vilborg, *Achille Tatius, Leucippe and Clitophon* (éd. et commentaire), Göteborg, 1955-62. — J. Rougé, « Romans grecs et navigation : le voyage de Leucippé et Clitophon en Égypte », in *Archaeonautica*, 2, 1978. — J.-Ph. Garnaud, *Le Roman de Leucippé et Clitophon*, Paris, 1991.

ACKERMANN Louise (née Victorine Choquet). Poétesse française. Née à Paris le 30 novembre 1813, morte à Nice le 3 août 1890. Elle fut instruite par son père, qui était voltairien et disciple des encyclopédistes, puis envoyée à Berlin pour y achever ses études. Elle s'y maria, en 1844, avec Paul Ackermann, pasteur protestant, précepteur des princes et ami de P.-J. Proudhon. À Berlin elle connut Humboldt, Müller et Baeck. Après la mort de son mari, elle se retira à la campagne près de Nice, dans une solitude presque totale. La *Revue des Deux Mondes* (*) publia ses poèmes. Elle réunit plus tard ses œuvres en volumes. Havet, Caro et Deschanel les avaient déjà présentées au public et en avaient fait une critique louangeuse, avec des réserves néanmoins au sujet de son pessimisme et de son esprit négateur. Sa philosophie, en effet, est une sorte de stoïcisme athée qui se réclame de Spinoza, Kant et Schopenhauer. Ses œuvres majeures sont ses *Contes* (Nice, 1855), fantastiques et gracieux, ses *Premières Poésies* (1862) publiées à nouveau avec les *Poésies philosophiques* (*) (1874) qui sont les plus connues, et enfin les *Pensées d'une solitaire* (1883), précédées d'une autobiographie.

RÉF. : Armand de Pontmartin, « *Mme Ackermann, la poésie athée...* » in *Nouveaux Samedis,* t. XI, 1875. — Mme Ackermann, *Ma vie,* 1885, et *Journal,* 1927. — Anatole France, *La Vie littéraire,* t. IV. — Marc Citaleux, *La Poésie philosophique au* XIXe *siècle, Mme Ackermann,* 1906. — Comte d'Haussonville, « *Mme Ackermann, d'après des lettres et des papiers inédits* », dans *Femmes d'autrefois...,* 1912.

ACREMANT Germaine. Écrivain français. Née le 13 juin 1889 à Saint-Omer (Pas-de-Calais), morte à Neuilly-sur-Seine en 1986. Fille d'un médecin, élevée chez les Ursulines et chez les Bénédictines, elle fit en 1921 une entrée très remarquée en littérature avec son roman *Ces dames aux chapeaux verts* (*), satire aimable de la société provinciale, qui connut un immense succès mais qui ne doit pas faire oublier d'autres écrits, comme *La Hutte d'acajou* (1924), *Les Ailes d'argent*, *La Route mouvante*, *Les Enchanteresses*, *Gai, marions-nous* (1927), *Échec au roi* (1951) et, après une interruption de plusieurs années, un retour vers le roman, suite de son premier succès, avec *Chapeaux gris... chapeaux verts* (1970), un dernier livre enfin qu'elle écrivit à plus de quatre-vingts ans, *La Chambre de Charles IX* (1973), où Germaine Acremant montrait qu'elle n'avait perdu ni son humour ni sa verve.

ACROPOLITE Georges. Historien et diplomate byzantin. Né et mort à Constantinople (1217-1282). Comme cette cité était, sous la domination des Francs, érigée en capitale de l'Empire latin, il fut envoyé par ses parents à Nicée, à la cour de l'empereur Jean Ducas Vatatzès, auquel la famille du jeune Georges était apparentée. Là il put achever ses études sous la direction de Nicéphore Blemmydas. Sous le règne de l'empereur suivant, Théodore II Lascaris (1254-58), Acropolite fut nommé grand logothète (titre correspondant à celui de Premier ministre) et se vit confier le pouvoir, tant civil que militaire. Mais, manquant d'expérience dans l'art de conduire la guerre, il fut fait prisonnier, en 1257, lors d'une expédition contre Michel, le despote de l'Épire, et ne fut libéré que deux ans plus tard, sous le règne de Michel VIII Paléologue. Ce dernier l'ayant envoyé en ambassade auprès du pape Grégoire X (1271-76) pour débattre les conditions de la réunion des Églises, Georges Acropolite prit part au concile de Lyon (1274), et y accepta, au nom de l'empereur, tant l'adjonction au *Credo* du mot *filioque*, que la primauté du pape. Mais une violente opposition de l'Église orthodoxe, soutenue par le peuple, empêcha l'entrée en rigueur de cet accord. Acropolite, de retour à Constantinople, se vit octroyer une chaire de philosophie platonicienne et aristotélicienne à l'université de cette ville (qui avait été, entre-temps, reprise aux Latins). De tous les écrits de Georges Acropolite – poésies, oraisons funèbres, vies de saints et traités théologiques (l'un, en particulier, consacré à la procession du Saint-Esprit) –, l'œuvre la plus connue demeure sa *Chronique* (*), qui traite de l'histoire de Byzance depuis la prise de Constantinople par les Latins (1204) jusqu'à sa reconquête par Michel Paléologue, le 12 octobre 1261.

ADAM Adolphe Charles. Compositeur français. Né à Paris le 24 juillet 1803, mort dans cette même ville le 3 mai 1856. Fils de Jean-Louis Adam, pianiste de talent, il entra au Conservatoire en 1817, commença à composer des vaudevilles pour différents théâtres et, en 1829, présenta à l'Opéra-Comique une opérette en un acte, *Pierre et Catherine*. Depuis lors, il écrivit cinquante-trois autres œuvres pour le théâtre, affrontant trois espèces de compositions : le « grand opéra » qui fut pour lui un échec, le ballet avec lequel il obtint quelques résultats appréciables, et l'opéra-comique, seul domaine où il révéla pleinement son talent. L'œuvre qui obtint le plus grand succès est *Le Postillon de Longjumeau* (*), représenté en 1836 à l'Opéra-Comique. Il faut noter également, parmi ses grandes réussites, *Le Chalet* (+) (1834), *Le Brasseur de Preston* (1838), *La Reine d'un jour* (1839), *Le Roi d'Yvetot* (1842), *Cagliostro* (1844), *Richard en Palestine* (1844), *Le Toréador* (1849) et *Si j'étais roi* (*). Parmi les ballets, citons *Faust* (1832), *La Jolie Fille de Gand* (1839), *Giselle* (*) (1841), qui fut extrêmement goûtée et qui est toujours au répertoire, *Le Corsaire* (+). Son nom est surtout passé à la postérité comme auteur du fameux *Minuit, chrétiens* (1850). Membre de l'Institut de France à partir de 1844, et professeur de composition au Conservatoire à partir de 1849, Adam fut également connu comme pianiste, organiste et critique musical. Il publia ses Mémoires en deux volumes sous le titre de : *Souvenirs d'un musicien* (1857) et *Derniers souvenirs d'un musicien* (1859).

ADAM Juliette (Mme Edmond Adam, née Juliette Lamber). Femme de lettres française. Née le 4 octobre 1836, à Verberie (Oise), morte le 23 août 1936 à Callian (Var). Issue d'une famille passionnée et divisée par la politique, elle afficha dès son adolescence d'ardentes convictions républicaines, et à vingt-deux ans commença de publier des nouvelles, des romans, ainsi que des études sur Garibaldi, contre le pouvoir temporel des papes, contre l'antiféminisme de Proudhon, etc. Femme d'un sénateur inamovible de la IIIe République naissante, elle fit de son salon, à partir de 1877, un lieu de rencontres politiques où les principales personnalités du parti républicain communièrent dans l'espérance de la « revanche », qui fut la grande passion de Mme Edmond Adam. Celle-ci connut la joie, en 1919, d'être invitée par Clemenceau à assister à la signature du traité de paix. Tout en tenant ce rôle important d'égérie politique, elle ne cessa de poursuivre ses activités littéraires, fondant *La Nouvelle Revue* en 1879, et publiant à partir de 1904 les trois volumes de *Souvenirs* (*), d'un grand intérêt pour l'histoire de la IIIe République. Ses deux romans, *Païenne,* qui fit scandale en 1883, et *Chrétienne,* paru trente ans plus tard, permettent de suivre son évolution religieuse.

ADAM Paul. Écrivain français. Né à Paris le 6 décembre 1862, mort dans cette même ville le 2 janvier 1920. Il débuta à vingt-trois ans avec *Chair molle,* roman nettement naturaliste, pour lequel on lui intenta un procès dont il sortit acquitté. Son second roman, *Soi* (1886), étude psychologique d'une femme mal mariée, est au contraire tout baigné de symbolisme. Paul Adam devint le collaborateur de Moréas pour les nouvelles du *Thé chez Miranda* (1887), puis il prit part au mouvement symboliste en collaborant à des journaux d'avant-garde, et par ses romans *Être* (1891) et *En décor* (1891) ; à partir de cette date, son activité littéraire se fit plus intense avec *Robes rouges* (1891), roman sur les magistrats de province, *Le Vice filial* (1892) traitant des mœurs des « esthétisants » parisiens, *La Force du mal* (1896), sur les médecins, tandis que *Le Mystère des foules* (1895) est consacré aux problèmes sociaux et influencé par le Barrès boulangiste. *Basile et Sophie* (1899) ainsi qu'*Irène et les Eunuques* (1907) reflètent l'exotisme flaubertien de *Salammbô* (*). De toutes ces tentatives dans des directions différentes devait émerger la tétralogie *Le Temps et la Vie,* formée de quatre romans : *La Force* (*) (1899), *L'Enfant d'Austerlitz* (*) (1902), *La Ruse* (*) (1903), *Au soleil de juillet* (*) (1903) ; c'est l'épopée de la famille

Héricourt, c'est-à-dire de la famille Adam elle-même, de 1800 à 1830. On l'a surnommée le « cycle de l'énergie », et elle marque une date importante dans l'histoire des mœurs françaises, car un jeune romancier, d'abord anarchiste, s'y prend à célébrer le courage, le sacrifice, l'honneur militaire. Paul Adam donna ensuite des impressions de voyage, des romans, des critiques, des essais divers : *La Morale des sports* (1907) ; *Le Malaise du monde latin* (1910) ; *Le Trust,* roman contre la puissance du capital asservi à l'industrie (1910). Dans *Le Lion d'Arras* (1919), le romancier reprend l'histoire des Héricourt. Il convient de mentionner à part *La Ville inconnue* (1911) qui exalte l'œuvre coloniale de la France. Paul Adam laissa un ouvrage inachevé : *Le Culte d'Icare* (1923) ; de ses quelque soixante volumes, bien peu sont encore lus de nos jours.

RÉF. : F. de Homem Christo, *Les Porte-Flambeaux* (s.d.). – P. Aimond, *Paul Adam,* 1919. – A. Zévaès, *Les Procès littéraires au XIXe s.*, 1924. – J. Banville, *Études critiques,* 1927. – F. J. Destieux, *Le Dernier des encyclopédistes : Paul Adam,* 1928. – J. A. Duncan, *Les Romans de Paul Adam : du symbolisme littéraire au symbolisme cabalistique,* Berne, 1977 ; *L'Époque symboliste et le monde proustien,* Paris, 1982.

ADAM DE LA HALLE (Adam le Bossu). L'un des meilleurs trouvères de son époque. Il naquit un peu avant le milieu du XIIIe siècle à Arras, où son père, maistre Henri Le Bossu, dit de la Halle, avait un emploi auprès des échevins. Le poète mourut entre 1285 et 1289, probablement en 1288, dans le sud de l'Italie. Son nom patronymique l'avait fait surnommer « le Bossu d'Arras », aussi tint-il à préciser : « on m'apele bochu mais je ne le sui mie » (poème du *Roi de Sézile*). Ses contemporains ont peu parlé de lui, en dépit de la renommée dont il jouissait à bon droit, mais on peut glaner les éléments d'une biographie cohérente, sinon complète et chronologiquement certaine, dans ses œuvres, surtout dans cet étonnant *Jeu de la Feuillée* (*), où il se met en scène au milieu de sa famille et de ses amis avec une gaieté féroce qui n'épargne rien ni personne ; dans son *Congé* (+) écrit au moment de quitter Arras ; enfin dans quelques chansons et « jeux partis ». L'amour et le mariage avec une jolie fille lui avaient fait interrompre tout jeune ses études de « clergie ». Il les regretta bientôt et forma le projet de tout quitter pour aller faire l'« escolier » à Paris. On peut croire que son projet fut combattu et raillé, et qu'il dut provisoirement y renoncer, comme le prévoit la méchante fée Maglore du *Jeu de la Feuillée.* Les allusions de la pièce aux mesures prises contre les clercs bigames par un pape dont la mort est récente laissent libre de situer *Le Jeu* aussi bien vers 1255 que vers 1262 ou encore vers 1276. Le ton est tout différent dans *Le Congé ;* le poète adresse un adieu émouvant et passionné à sa jeune femme qui autrefois l'a « osté » de clergie, et qui consent à une séparation de quelques années pour qu'il puisse « aprendre et querre engien et art / de miex valoir... ». Le temps a manifestement passé ; Adam a longtemps subi les reproches de sa conscience (vv. 1-6) ; sa veine poétique se tarit, « li an acourchent mes eslais » se plaint-il (v. 48). Par ailleurs, dans le *Congié*, que l'on date de 1272, du malheureux poète Baude Fastoul, concitoyen et ami d'Adam, atteint de la lèpre comme déjà Jean Bodel et contraint à se retrancher du monde, Adam et son père apparaissent exilés à Douai. Les allusions aux dissensions civiles qui auraient motivé l'exil sont absentes du *Jeu*, alors qu'elles s'élèvent jusqu'à des apostrophes pleines de vigueur dans *Le Congé.* Tout porte à croire que quelques années séparent *Le Congé* du *Jeu de la Feuillée.* Celui-ci, antérieur à l'exil, aurait trait à un premier projet de retour à l'étude auquel Adam dut renoncer, alors que le *Congé* aurait trait à sa réalisation, peut-être à l'époque de l'exil qui aurait fort bien pu contribuer à créer les conditions favorables à la reprise de l'ancien projet. Henri Guy a mis en lumière deux chansons d'étudiants qui marqueraient la trace du séjour d'Adam à Paris. Il revint probablement à Arras, d'après deux de ses chansons où il dit la joie du « repairier en la douche contrée ». Cette biographie, reconstituée par H. Guy, semble tout à fait hypothétique ; elle a été remise en question par Jean Dufournet.

Entré au service de Robert II comte d'Artois, il le suivit en Italie en 1282, lors de l'expédition au secours de Charles d'Anjou après les Vêpres siciliennes. C'est peut-être en Italie qu'il mit en scène, pour le divertissement de la cour de son seigneur, *Le Jeu de Robin et de Marion* (*), délicieusement gracieux et spirituel. Il entreprit, vraisemblablement lors de la mort de Charles d'Anjou (1285), de chanter la geste de ce prince dans *Le Roi de Sézile*, poème épique en laisses d'alexandrins ; il ne nous en est parvenu que les dix-neuf premières laisses, probablement tout ce qu'il en composa. L'entrepreneur de spectacles qui rapporta d'Italie *Le Jeu de Robin et de Marion* le fit précéder, en le présentant aux spectateurs de l'Artois, d'une sorte de prologue, *Le Jeu du Pèlerin* (*), où il déplore la mort de l'auteur, « ... amé et prisié et honnerés dou conte d'Artois... » en compagnie de qui il dit avoir visité le tombeau du poète. L'œuvre d'Adam de la Halle comprend encore dix-huit « jeux partis », controverses poétiques avec un autre trouvère, jugées en général par un arbitre, sur des points de casuistique amoureuse ; trente-six chansons, seize rondeaux, sept motets, développant les thèmes habituels de la poésie courtoise, un *Dit d'Amours*, trois stances de *La Mort.* La renommée du musicien était aussi grande que celle du poète ; sa musique nous a été conservée, mais si notre goût moderne peut trouver du charme à la mélodie naïve et simple qui accompagnait les chansons et les jeux partis, nous éprouvons par contre de la difficulté à apprécier les complications harmoniques des motets et des rondels. Les deux *Jeux* d'Adam de la Halle tiennent une place tout à fait remarquable dans le théâtre profane du Moyen Âge : *Le Jeu de la Feuillée* préfigure la *sottie* des deux siècles suivants et même notre revue satirique, comme *Le Jeu de Robin et de Marion*, préfigure notre opéra-comique.

PIERRE FERRARI.

♦ *« Ce mélange de réalisme et de merveilleux, ces satires personnelles qui raillent des personnages vivants connus de tous, présents au spectacle, ces facéties licencieuses, cette ignorance de l'unité d'action à laquelle supplée l'unité de verve, où donc avons-nous déjà trouvé tous ces éléments réunis, tous ces contradictoires associés ? Dans l'ancienne comédie grecque... »* Joseph Bédier.

RÉF. : C. W. Leopold Bahlsen, *Adam de la Halle's Dramen*, thèse, Marbourg, 1885. – Henry Guy, *Essai sur la vie et les œuvres littéraires du trouvère Adam de la Halle*, Paris, 1898. – A. Guesnon, *Adam de la Halle et le Jeu de la Feuillée*, Paris, 1917. – N. R. Cartier, *Le Bossu désenchanté*, Genève, Droz, 1971. – Ch. Mauron, *Le Jeu de la Feuillée. Étude psychocritique*, Paris, 1973. – J. Dufournet, *Adam de la Halle à la recherche de lui-même*, Paris, 1974, et *Sur le Jeu de la Feuillée*, Paris 1977. – R. Berger, *Littérature et société arrageoises au* XIIIe *siècle : Les Chansons et dits artésiens*, Arras, 1981. – Jean Maillard, *Adam de la Halle. Perspective musicale*, Paris 1982.

ADAM DE ROS (ou de Ross). Probablement moine cistercien. Fin du XIIe ou début du XIIIe siècle. Il est l'auteur de l'une des versions anglo-normandes de la *Vision de saint Paul* (*), décrivant le voyage légendaire du saint dans l'Enfer. Il en existe deux autres versions à peu près contemporaines, l'une anonyme, l'autre de Henri d'Arci ; toutes dérivent de la *Visio sancti Pauli*, latine, qui divulgua en Occident le récit original grec du IVe siècle. Dans le court poème d'Adam de Ros (env. 440 vers), fruste, mais non dépourvu d'efficacité, on a voulu voir en embryon l'idée de cette justice distributive qui présidera à la majestueuse et rigoureuse ordonnance de l'enfer dans *La Divine Comédie* (*) ; et certains traits peuvent en évoquer des images. Il est fort possible que la *Vision* fût connue de Dante, ainsi d'ailleurs que quelques autres poèmes allégoriques de l'époque, *Le Purgatoire de saint Patrice* (*), par exemple, et *Le Songe d'Enfer* (*) et *La Voie de Paradis* (*) de Raoul de Houdenc, où l'on peut trouver également quelques archétypes de certains passages de *La Divine Comédie*.

RÉF. : P. Meyer, *La Descente de saint Paul en enfer*, in *Romania*, t. XXIV, 1895. – Kastner L. E., *The Vision of Saint Paul*, in *Zeitschrift für franzosische und englische Sprache und Literatur*, t. XXIX, 1906.

ADAM DE SAINT-VICTOR. Moine français d'expression latine. Appelé ainsi du nom de l'abbaye de Saint-Victor, dans les environs de Paris, à laquelle il appartenait. La date de naissance semble pouvoir être placée vers 1122 ; d'après les *Annales* de Saint-Victor, il mourut le 18 juillet 1192. Sa tombe, à l'abbaye, portait une épigraphe conservée actuellement à la bibliothèque Mazarine. Il est considéré comme l'un des plus grands poètes lyriques et religieux du Moyen Âge. Les informations biographiques que l'on possède sur lui sont peu nombreuses et incertaines. Il était probablement breton d'origine, encore que son surnom, « Brito », puisse se rapporter à l'Angleterre comme à la Bretagne. À l'époque de l'entrée d'Adam à l'abbaye, vers 1130, celle-ci était dominée par la puissante personnalité de Hugues (1096-1141), l'un des géants de la pensée mystique du Moyen Âge, à qui devait succéder Richard (?-1173 env.), autre grande figure de l'époque, mystique et exégète. Adam, formé à leur école, sut traduire dans le chant lyrique de ses *Séquences* (*) les thèmes de la doctrine de Saint-Victor, en cherchant une conciliation entre la tendance dialectique illustrée par Abélard, et les élans affectifs des antidialecticiens dont le chef de file était Bernard de Clairvaux. La « séquence » de notre auteur associe en effet les suaves accents mystiques à la hardiesse de la pensée théologique, en une atmosphère sereine de piété et de contemplation. Adam passa toute sa vie en un humble recueillement, entièrement voué à son œuvre liturgique et religieuse.

♦ *« En suivant leur inspiration la plus profonde et en laissant s'exprimer sous une forme qui leur était naturelle leurs sentiments les plus sincères, des poètes latins comme le charmant Adam de Saint-Victor faisaient mieux que recommencer l'Antiquité, ils la prolongeaient. »* Étienne Gilson.

RÉF. : *Œuvres poétiques d'Adam de Saint-Victor*, pub. par Léon Gautier, Paris, 1858-59. – Digby Wraugham, *The Liturgical Poetry of Adam de Saint-Victor*, 3 vol., Londres, 1881. – E. Misset et P. Aubry, *Mélanges de musicologie critique. Les Proses d'Adam de Saint-Victor*, Paris, 1900.

ADAM HA-COHEN (pseud. d'Abraham Dov Lebensohn). Poète lituanien d'expression hébraïque, l'un des chefs de file de la Haskala lituanienne (les Lumières hébraïques). Né à Vilna probablement en 1794, mort à Vilna le 17 novembre 1878. Il reçut l'enseignement talmudique traditionnel au heder, l'école religieuse, et n'aborda qu'à 11 ans l'étude de *La Bible* et de la grammaire hébraïque. Marié à 13 ans, il passa au foyer de son beau-père huit années durant lesquelles il continua à étudier. Il lut avec passion la poésie hébraïque, en particulier celle de Luzzatto et de Wessely, mais, à part Schiller dont certains poèmes avaient paru en hébreu, il ne connaissait pas les autres littératures. D'abord commerçant dans une bourgade, il s'installa à Vilna en 1820 ; jusqu'en 1830, il fut précepteur dans des familles ; la tuberculose l'obligea à renoncer à ce métier (il en réchappa mais la légua à son fils Mikhal) ; il vécut alors de courtage jusqu'à ce que s'ouvre en 1847 le Séminaire rabbinique gouvernemental de Vilna, où il enseigna hébreu, araméen, exégèse biblique. Il publia quelques ouvrages scientifiques dans ces domaines, mais est surtout célèbre pour ses poèmes et son drame allégorique *Vérité et Foi* (*). Ses principaux poèmes parurent dans les recueils *Poèmes en langue sainte* [*shirey sfat qodesh*, 1842 et 1856] et *Autres poèmes d'Adam* [*yeter shirey adam,* 1870]. Sa poésie est celle d'un homme mûr, plus philosophe qu'artiste, durement éprouvé par le sort dès l'enfance : tôt orphelin de mère, il perdit cinq enfants en bas âge alors qu'il était lui-même très jeune, puis le poète Mikhal et un gendre. Le plus émouvant de ses poèmes de circonstance est « Un torrent de larmes pour Mikhal » [Mikhal dimeah]. De ses méditations sur la vie et la mort, citons la plus célèbre : « La Miséricorde » [Ha-Hemlah], dont les quatre premières parties décrivent la cruauté de notre monde, tandis que la cinquième conclut, à l'image du *Livre de Job* (*), sur la parfaite harmonie de l'œuvre divine, que l'homme est incapable de comprendre tandis qu'il est lui-même responsable de la plupart des malheurs qui le frappent. Adam exerça une profonde influence sur les jeunes poètes de son temps, en particulier Mikhal et Gordon ; mais sa poésie, écrite avec le cerveau plus qu'avec le cœur, selon l'expression de Gordon, est trop ancrée dans l'esprit de son temps pour toucher profondément le lecteur moderne.

JANINE STRAUSS.

ADAMOV Arthur. Écrivain français, d'origine russe. Né le 23 août 1908 à Kislovotsk (Caucase), mort à Paris le 16 mars 1970. Issu d'une famille très aisée, il quitte la Russie à l'âge de 4 ans et apprend très tôt le français. En 1924, il s'installe à Paris, où il fait la connaissance des surréalistes et fonde le journal *Discontinuité.* C'est alors qu'il traverse une longue crise psychologique et spirituelle, qu'il raconte en 1946 dans *L'Aveu* : « Ce qu'il y a ? Je sais d'abord qu'il y a moi. Mais qui est moi ? [...] Tout ce que je sais de moi, c'est que je souffre. Et si je souffre, c'est qu'à l'origine de moi-même, il y a mutilation, séparation... » Adamov, atteint d'une sévère névrose, décrit celle-ci avec une cruelle précision, pour tenter de s'en délivrer. Pour lui, la névrose met à nu, au-delà d'elle-même, la crise spirituelle de l'époque, c'est-à-dire la perte du sacré et la dégradation générale du langage. Dans les années 60, il adhère au communisme puis — après 1968 — à divers courants d'extrême gauche. Son œuvre, dès lors, oscille entre un pôle « subjectif » et un pôle « militant ». Elle est un effort pathétique pour sortir des marécages de l'absurde.

C'est au théâtre qu'Arthur Adamov a choisi d'exprimer à la fois son univers intérieur et sa vision de la société. *La Parodie* (*), *L'Invasion* (*), *La Grande et la Petite Manœuvre* (*), *Le Sens de la marche, Le Professeur Taranne, Tous contre tous* (*), *Comme nous avons été, Retrouvailles, Le Ping-Pong* (*), *Paolo Paoli* (*), pièces recueillies de 1953 à 1955 dans les deux volumes de *Théâtre,* explorent à la fois le monde de l'absurde et celui de la lutte sociale. Adamov écrit à ce propos : « L'idée me vint de montrer sur la scène, le plus grossièrement et le plus visiblement possible, la solitude humaine et l'absence de communication. » *Le Ping-Pong,* à cet égard, est la pièce maîtresse de l'auteur : deux individus aliènent leur vie dans la fascination d'un appareil à sous, se « réifient » progressivement. *Paolo Paoli,* par contre, a pour thème les causes sociopolitiques de la Première Guerre mondiale. *Printemps 71,* publiée en 1961, est une série de tableaux sur la Commune. Adamov avait par ailleurs réuni une *Anthologie de la Commune* en 1959. Accompagné de quelques récits, *L'Aveu* est réédité en 1969 avec d'autres textes sous le titre *Je ... Ils ...* (*). En 1968 avait paru *L'Homme et l'Enfant* (des souvenirs et des pages de journal). Il faut également mentionner ses nombreuses traductions de Jung, Rilke, Dostoïevski, Strindberg, Gogol, Büchner, Gorki, Tchekhov, dans le choix desquelles on retrouverait aisément la même oscillation entre les gouffres de la subjectivité et le monde social.

Adamov a été salué par Jean Vilar, au lendemain de la guerre, comme le dramaturge qui avait su rendre au langage théâtral une certaine « netteté ». Il a su, avant tout, et avant Ionesco, exprimer les conflits d'une génération que la guerre avait psychiquement dévastée. Son œuvre, violente, âpre, déchirée, est le reflet même de cette dévastation.

ANTOINE BERMAN.

ADAMS Clifton. Écrivain américain, auteur de westerns. Né le 1er décembre 1919 à Comanche (Oklahoma). Après avoir fait des études universitaires, il est mobilisé et se distingue sur les champs de bataille européens, récoltant cinq « battle stars » pour son héroïsme. De retour aux États-Unis, Adams gagne sa vie comme batteur de jazz avant de se consacrer à l'écriture. Après quelques nouvelles parues dans les années 40, il publie une cinquantaine de westerns sous différents pseudonymes. (Le western, que Bazin appelait le « cinéma par excellence », est également un genre littéraire en vogue aux États-Unis.) Clifton Adams est un des meilleurs représentants de sa génération : son art du suspense et ses analyses psychologiques n'ont rien à envier aux auteurs de romans policiers. Outre son chef-d'œuvre *Le Desperado* (*) (1950), il faut savourer : *La Loi du flingue* [*Shorty*, 1966], *Du Rif pour le shérif* [*Tragg's Choice*, 1969], *Le Temps des charlatans* (1973) [*Hassle and the Medecine Man*, 1973].

DENIS BOUTET DE MONVEL.

ADAMS Henry Brooks. Historien américain. Né à Boston (Massachusetts) le 16 février 1838, mort à Washington le 27 mars 1918. Appartenant à l'une des plus anciennes et illustres familles de la Nouvelle-Angleterre, qui avait déjà donné aux États-Unis deux présidents et toute une série d'hommes politiques de premier plan, tout semblait le destiner, dès sa naissance, à la vie publique. Il étudia d'abord chez lui, puis à Harvard ; d'où il sortit diplômé, mais plein de doutes quant à la valeur des connaissances acquises. Hésitant dans le choix d'une carrière, il entreprit l'étude du droit civil en Allemagne, voyagea un temps en Europe, puis, de retour en Amérique, y devint le secrétaire de son père, alors représentant au Congrès, pour le suivre ensuite lorsqu'il fut nommé ministre des États-Unis en Angleterre. Ce furent peut-être les sept années qu'il passa dans ce pays, années qui coïncidèrent avec la guerre de Sécession et la période d'horreurs qui s'ensuivit, qui le confirmèrent définitivement dans la conviction qu'il ne pourrait jamais participer activement à la vie publique de son pays. Envoyé spécial de quotidiens de l'Est, il avait commencé entre-temps à se familiariser avec l'art de l'observation et du commentaire historique, tandis que la fréquentation des géologues Charles Lyell et Clarence King, avec lesquels il s'était lié d'amitié à Londres, contribuait à former son esprit et donnait un tour plus scientifique à sa pensée. Ses commentaires sur des problèmes scientifiques et économiques furent jugés si remarquables qu'ils motivèrent en 1870 son rappel en Amérique, où on lui confia la direction de la *North American Review* (qui devint grâce à lui un organe vigoureux de pensée politique indépendante) et la chaire d'histoire médiévale à Harvard. De l'histoire du Moyen Âge passant à l'étude de l'histoire générale de l'Europe et de l'Amérique, il commença d'échafauder sa théorie, qui voit dans l'histoire, non une simple succession d'hommes et d'événements, mais un drame millénaire de « forces » impersonnelles, semblables à celles qu'on retrouve dans les lois géologiques de Lyell et dans les principes évolutionnistes de Darwin, forces agissant selon des lois qui leur sont propres et contre lesquelles les hommes sont impuissants. En 1877, Henry Adams renonça à l'enseignement et s'installa à Washington, où commença cette carrière de « fidèle compagnon des hommes d'État » qui devait être désormais la sienne. Avec sa femme et un petit cercle d'illustres amis, il créa le seul « salon » brillant, peut-être, que la capitale des Éats-Unis ait jamais connu. Il publia entretemps une série d'œuvres historiques sur les États-Unis, et en 1884 le premier volume de sa monumentale *Histoire des États-Unis d'Amérique*. Il écrivit également deux romans (parus sans nom d'auteur) : *Démocratie* (1880), amère peinture de la décadence des mœurs politiques dans son pays, et *Esther* (1884), qui retrace la régression des valeurs religieuses. Mais, alors qu'il pouvait croire avoir enfin découvert sa voie, un événement vint briser sa vie : le suicide de sa femme en 1885. La douleur exalta son penchant à la méditation : il voyagea dans le Pacifique, en Orient et en Europe, à la recherche de la clé qui lui permettrait de résoudre ses incertitudes concernant la destinée de l'homme et la signification de l'histoire. En 1892, il revint à Washington, ville où il devait désormais séjourner quelques mois par an, et où son salon redevint le centre intellectuel de la capitale. Poursuivant ses études historiques, il écrivit *Le Mont-Saint-Michel et Chartres* (*), « étude sur l'unité du XIIIe siècle », et *L'Éducation de Henry Adams* (*), « étude sur la multiplicité du XXe siècle » qui contient un passage célèbre où il oppose, pour les envisager chacune dans les termes de l'auteur, la Vierge (la foi des bâtisseurs de cathédrales) et la dynamo (la force moderne). Ce dernier ouvrage n'est pas une autobiographie, mais une étude de la propre personne de l'auteur en tant qu'« exemplaire » historique. Pour exprimer sa vision tragique du monde moderne, Henry Adams eut recours à des moyens correspondant au tour aristocratique de sa pensée : stoïcisme, ironie, froide introspection intellectuelle. L'œuvre la plus connue des dernières années de sa vie est la *Lettre aux professeurs américains d'histoire* [*A letter to American Teachers of History*, 1910], dans laquelle le premier principe du « mouvement » historique est la deuxième loi de la thermodynamique : la loi de la dispersion de l'énergie. Vieillard timide, irritable et caustique, mais affable, il passa les dernières années de sa vie à étudier les chansons françaises du Moyen Âge.

STANLEY GEIST.

RÉF. : Lyle Joyce, *Henry Adams, étude sur la formation de ses idées et de son œuvre*, 1951. – Max Baym, *The French Education of Henry Adams*, New York, 1951. – J. C. Levenson, *The Mind and Art of Henry Adams*, Cambridge (Mass.), 1957. – George Hochfield, *Henry Adams*, New York, 1962. – R. P. Blackmur, *Henry Adams*, New York, 1980.

ADAMS John. Compositeur américain. Né à Worcester (Mass.) le 15 février 1947. Élève de Leon Kirchner à Harvard College, il travaille également avec David Del Tredici et Roger Sessions. Il commence une carrière de clarinettiste puis se fixe à San Francisco où il enseigne la composition au Conservatoire (1971-81) avant d'être nommé compositeur en résidence de l'Orchestre symphonique (1982-85). Adepte des techniques d'écriture minimalistes, parfois répétitives, il compose une musique directe et mélodique qui s'inscrit dans le courant réactionnaire des années 80 et rencontre vite un franc succès. Dans le domaine symphonique et choral, on lui doit *Harmonium* (1980), *Harmonielehre* (1985) et *Eros Piano* (1989). Mais c'est surtout dans le domaine lyrique qu'il s'est imposé avec *Nixon en Chine* (*) (1987) et *La Mort de Klinghoffer*

(1991) d'après le drame contemporain (1985) du paquebot « L'Achile-Lauro ».

ALAIN PÂRIS.

ADÁN Martín (pseud. de Rafael de la Fuente Benavides). Écrivain péruvien. Né à Lima le 27 octobre 1908, mort dans cette ville le 29 janvier 1985. Appartenant à une riche famille aristocratique, il fait ses études à l'école allemande de Lima, où il a en particulier comme professeur Luis Alberto Sánchez. Catholique, il songe un moment à se faire prêtre, avant d'opter pour la littérature. Grand connaisseur de la littérature classique et moderne espagnole, il lit aussi Anatole France, et surtout les Européens d'avant-garde : Joyce, Proust, Giraudoux, Cocteau. Ces derniers feront de ce Péruvien qui ne sort jamais de son pays un écrivain à la fois original et marginal, peu connu hors de ses frontières, mais auteur d'un chef-d'œuvre : *La Maison de carton* (*) (1928). Influencé à ses débuts par le poète José María Eguren, il publie ses premiers vers en décembre 1927 dans la revue *Amauta,* récemment fondée par José Carlos Mariátegui. Son œuvre poétique, baroque, souvent hermétique, révèle une profonde inquiétude existentielle : *La Rose du dizain* [*La rosa de la espinela,* 1939] ; *Travesía de extramares* (*Sonetos a Chopin*), 1947 ; *Écrit à l'aveuglette* [*Escrito a ciegas,* 1961] ; *La Main déprise* [*La mano desasida,* 1964] ; *La Pierre absolue* [*La piedra absoluta,* 1966] ; *Œuvre poétique* [*Obra poética,* 1928-1971]. Il est aussi l'auteur d'une thèse de doctorat ès lettres présentée en 1938 à l'université San Marcos de Lima : *Du baroque au Pérou* [*De lo barroco en el Perú*], et d'un *Journal* [*Diario de poeta,* 1975]. Pour se protéger d'une vie de bohème, destructrice, qui fut longtemps la sienne, Martín Adán s'était réfugié dans une maison de santé de Lima plusieurs années avant sa mort.

CLAUDE COUFFON.

ADDISON Joseph. Écrivain anglais. Né le 1er mai 1672 à Milston, dans le Wiltshire, mort à Londres le 17 juin 1719. Fils d'un ecclésiastique, il étudie à Oxford, se nourrit de classiques anciens et écrit des vers latins qui lui valent la protection du chancelier de l'Échiquier, Charles Montagu, et une coquette pension grâce à laquelle il entreprend un voyage sur le continent. De ce séjour, il rapporte ses *Remarques sur divers endroits d'Italie* [*Remarks on Several Parts of Italy,* 1705, trad. 1722], où il manifeste plus d'intérêt pour les inscriptions et les souvenirs de la Rome ancienne que pour les paysages et la peinture. Mais il abandonne la carrière d'érudit qui s'ouvrait devant lui, pour se lancer dans la vie politique, sans renoncer pour autant à exprimer par la littérature son idéal de vie ; il était lui-même un exemple d'homme équilibré et modéré, précurseur des bourgeois de l'ère victorienne. Ses goûts le portent vers le parti Whig, qu'il sert par un panégyrique opportun de Marlborough, *La Campagne* (*) (1704), qui le rend célèbre. Sa fortune politique est dès lors rapide : il devient sous-secrétaire d'État en 1708, et premier secrétaire du vice-roi d'Irlande en 1709. Il mène dans un monde aristocratique la vie détachée et digne d'un homme de lettres. Après un opéra *Rosamond* (1707) qui échoue, il s'essaie à la tragédie avec *Caton* (*), la première représentation a lieu le 13 avril 1713, et elle connaît un succès retentissant, dû dans une certaine mesure à la rivalité des deux partis politiques qui voulurent y trouver chacun des allusions favorables. Mais surtout Addison collabore au *Tatler* de Steele, dont, en dépit d'un tempérament très différent, le nom est inséparable du sien, et fonde avec lui, le 1er mars 1711, le très célèbre *Spectator* (*) dont Addison fut le principal animateur. Il trouva là, dans l'essai, son véritable moyen d'expression, auquel il sut conférer le tour propre à sa personnalité de censeur des mœurs, dont le puritanisme était tempéré par l'esprit de tolérance, et par une ironie indulgente qui annonce Dickens. Exaltant les idéaux bourgeois, et un classicisme qui est à la fois règle de vie morale et de comportement, il crée ainsi le personnage du « gentleman » moderne, avec sa crainte de l'opinion et son effacement personnel. Pour diffuser ses idées et sa conception de la vie, il fonda dans son périodique le « club » imaginaire de Mr. Spectator, contrepartie anglaise et bourgeoise du mouvement des salons et des précieuses au XVIIe siècle, immortelle galerie de figures (sir Roger de Coverley, gentilhomme campagnard idéalisé, a pris place parmi les créations les plus familières de la littérature anglaise), dans laquelle la vie sociale du XVIIIe se trouve transfigurée comme dans un microcosme poétique. Dans le *Spectator*, Addison a donné à l'essai une de ses formes les plus parfaites (les *Essais d'Elia* (*) de Charles Lamb, au siècle suivant, sont une réussite égale, mais pour des raisons différentes) et sa collaboration à ce périodique reste le chef-d'œuvre d'une vie plutôt brève, dont les dernières années furent triomphales ; il fait un riche et brillant mariage avec la comtesse de Warwickeen en 1716, ce qui lui permet de vivre dans la luxueuse atmosphère de Holland House ; il est nommé secrétaire d'État en 1717, se retire de la vie politique avec une somptueuse pension, et meurt en laissant quelques traités de piété.

RÉF. : W. J. Courthope, *Addison,* Londres, 1911. – Études de Bonamy Dobrée dans *Essays in Biography*, Londres, 1925. – P. Smithers, *The Life of John Addison*, Londres, 1968. – E. A. Bloom and L. D. Bloom, *J. Addison's Sociable Animal*, Londres, 1971.

ADE George. Humoriste américain. Né le 9 février 1866 à Kentland (Indiana), mort dans cette même ville le 16 mai 1944. Après avoir obtenu le diplôme de bachelor of Science à l'université Purdue (1887), il collabora aux journaux de Lafayette (Indiana) et plus tard au *Morning News* de Chicago, où il tenait une rubrique intitulée *The Record*, dans laquelle il publiait des notes piquantes et spirituelles sur des personnages créés par lui, notes qui, une fois réunies, formèrent trois volumes intitulés *Artie* (1896), *Pink Marsh* (1897) et *Doc Horne* (1899). Les célèbres *Contes en argot* (*) sont tirés de ces notes. Dans ces *Contes*, Ade utilise les fables d'Ésope qu'il adapte au goût américain et dont il modifie le cadre ; il les traite dans un style où la critique s'allie aux sarcasmes, et où il se révèle un moraliste impitoyable. En 1900, il se rendit en Orient et dans les îles Soulou. Ce voyage lui inspira une comédie : *Le Sultan de Soulou* [*The Sultan of Sulu,* 1902], qui obtint un grand succès à Broadway. Il écrivit d'autres comédies et des nouvelles : *Le Président local* [*The County Chairman,* 1903], *La Veuve du collège* [*The College Widow,* 1904], *Les Gens que vous connaissez* [*People You Know ; The Slim Princess,* 1907], etc. Son humour se révéla dans l'adaptation bizarre qu'il fit de l'argot américain du début du XXe siècle ; il resta dans la tradition de l'humour national représenté par des écrivains comme Josh Billings, Bill Nye et Finley Peter Dunne qui créa le personnage de Mr. Dooley.

RÉF. : T. L. Masson, *Our American Humorists,* New York, 1922. – D. R. Russo, *A Bibliography of George Ade,* Indianapolis, 1947.

ADENET LE ROI. Né vers 1240 dans le Brabant. On ignore la date de sa mort. Ménestrel de son métier, il acquit rapidement la notoriété, grâce à la qualité de son art qui lui valut d'être surnommé « le Roi » : de nombreuses enluminures de manuscrits le représentent portant la couronne de roi des ménestrels. D'abord protégé par Henri III de Brabant et par ses fils, il passa, probablement en 1269, au service de Guy de Dampierre comte de Flandre qu'il suivit, selon ce que nous apprennent certains passages de ses poèmes, dans de longs voyages à travers l'Italie jusqu'en Calabre et en Sicile. Il était encore auprès de ce seigneur en 1296. Adenet connut aussi la cour de France, où il fut bien accueilli et admiré par les souverains et par Marie de Brabant, fille de son premier protecteur, épouse de Philippe le Hardi. Versificateur habile, d'une veine facile et agréable, il fit preuve dans ses poèmes d'une grande versatilité dans le choix des sujets comme dans le style. D'une part, il remania d'anciennes chansons épiques, en les adaptant au goût du jour : ses *Enfances Ogier* (*) reprennent le début de la *Chevalerie d'Ogier de Danemarche* (*) de Raimbert de Paris – v. *Ogier le Danois* (*) ; son roman de *Berte aus grans piés* (*) est le remaniement d'une chanson de geste antérieure, et son *Bovon de Commarcis* le remaniement de l'une des chansons du cycle de Garin (ou de Guillaume d'Orange), *Le Siège de Barbastre* – v. pour l'ensemble du cycle : *Enfances Vivien* (*). Par contre, *Cléomadès*, sa dernière œuvre et peut-être la meilleure, est un roman plein d'imagination où les éléments fantastiques dominent. Inspiré probablement de légendes hispano-mauresques, il fut achevé vers 1285 à la demande de la reine de France et de Blanche, fille de Saint Louis, veuve de Ferdinand de Castille. Le héros va d'aventure en aventure, chevauchant un cheval volant d'ébène, à mouvement mécanique, don d'un roi nécromancien ; le « cheval de fust » de Cléomadès est le prototype à la fois de l'hippogriffe de l'Arioste et des avions modernes. Moins amusantes que le roman de *Cléomadès*, les chansons épiques d'Adenet, rajeunies et embellies dans la forme, mais ayant perdu la vigueur barbare des modèles, portent bien la marque de la décadence de l'épopée. Adenet y introduit souvent des éléments personnels et familiers, les descriptions des sites qu'il a connus dans ses voyages, avec une heureuse efficacité.

RÉF. : A. Henry, *Les Œuvres d'Adenet le Roi,* Bruges-Bruxelles, 5 tomes, 1951-1971. – A. Adrès, *Adenès, le dernier trouvère,* Paris, 1971.

ADÏVAR Halidé Edip. Romancière turque. Née en 1884 à Istanbul, morte le 9 janvier 1964. Elle a fait ses études au collège américain de sa ville natale. Dès 1920, elle a rejoint le mouvement nationaliste en Anatolie. À la suite de divergences politiques avec Ataturk, elle choisit avec son époux l'exil en France et en Angleterre (1926-1939). De retour en Turquie, elle enseigna la littérature anglaise à la faculté de lettres d'Istanbul. Élue député au parlement (1950-1954), elle a publié plus de vingt-cinq ouvrages. Première romancière d'envergure, Adïvar a tenté de décrire la difficile mutation d'une société tournée vers les conceptions occidentales. Comme beaucoup d'écrivains qui s'inspirèrent des sujets anatoliens pendant et après la guerre de l'Indépendance, ses romans à thématique anatolienne sont surtout de caractère patriotique, frôlant parfois chez elle le pathos et le mélodrame. Citons parmi eux *La Chemise de feu* (*) (1922) et *L'Épicerie aux mouches* (*) (1935).

ADLER Alfred. Psychologue autrichien. Né à Pensing, quartier de Vienne, le 7 février 1870, mort à Aberdeen (Écosse) le 28 mai 1937. De famille israélite, docteur en médecine en 1894, spécialiste des maladies nerveuses, il fonda en 1910 à Vienne le premier Institut de psychologie expérimentale, fut professeur à l'Institut pédagogique de Vienne et alla s'établir à New York en 1929. D'abord disciple de Freud, il avait fait paraître en 1907 ses *Études sur la déficience des organes* [*Studien über Minderwertigkeit von Organen*], mais son ouvrage principal, *Le Tempérament nerveux* (*), devait consommer sa rupture avec la psychanalyse freudienne : Adler y soulignait le rôle de l'agressivité aux dépens de la sexualité et l'importance du Moi conscient, dans ses relations sociales, aux dépens de l'inconscient. Adler devait ensuite développer les thèses de sa « psychologie individuelle » dans de nombreux ouvrages, notamment *Connaissance de l'homme* (*) et *Technique de la psychologie individuelle* [*Technik der Individual-psychologie*, 1930, 2 vol.].

MICHEL MOURRE.

ADONIS (pseud. de ʿAlī Aḥmad Saʿīd dit Isbir). Poète syrien, naturalisé libanais. Né en 1930 à Qaṣābīn (Jabal Anṣāriyya). Fils d'un paysan alaouite lettré, il poursuit ses études secondaires à Lattakié, avant d'obtenir en 1954 une licence de philosophie à Damas. Réfugié politique au Liban dès 1956, il devient journaliste, docteur en littérature arabe, puis professeur à l'université de Beyrouth en 1974, choisissant d'être le témoin des convulsions de la guerre, avant de se rendre à Paris en 1986 et d'entrer au service culturel de la Ligue arabe. Défiant les usages, il adopte dès 1948 un pseudonyme renvoyant au sens originel du mythe païen du renouveau et compose des poèmes libres de jeunesse, puis *Feuilles dans le vent* [*Awrāq fī l-rīḥ*, 1959] et surtout *Les Chants de Mihyār le Damascène* (*) en 1961. Fondateur de deux importantes revues de poésie : *Shiʿr* [*Poésie*], 1957-1963, et *Mawāqif* [*Positions*], à partir de 1968, il édite les expériences de ses pairs, tel Sayyāb, traduit Saint-John Perse et Schéhadé, médite sur l'apport métaphysique de Niffarī ou d'al-Maʿarrī et entreprend une réflexion sur l'essence du langage poétique arabe (*L'Immuable et le Mouvant* [*al-Thābit wa-l-Mutaḥawwil*, 1974-1987] et *Introduction à la poétique arabe*, trad. 1985). Hanté par la dualité fondamentale du monde, scandant les vers libres en versets ou en isolats, métamorphosant les mots en talismans ou en énigmes et proférant prophéties ou oracles, il publie en 1965 *Le Livre de la migration* [*Kitāb al-Taḥawwulāt wa-l-Hijra fī aqālim al-nahār wa-l-layl*, trad. 1982], suivi en 1968 par *Le Théâtre et les Miroirs* [*al-Masraḥ wa-l-Marāyā*, trad. partielle, *Le Verbe et l'Empreinte*, 1988]. En 1971, *Tombeau pour New York* (*) renoue avec une inquiétude politique, vite devenue ontologique, sinon eschatologique, renouvelée et prolongée ensuite par le mysticisme : *Le Temps les Villes* [*Mufrad bi-ṣīghat al-jamʿ*, 1975, trad. 1990] ; la quête d'authenticité : *Les Résonances les Origines* [*al-Muṭābaqāt wa-l-Awāʾil*, 1976, trad. 1984] et l'hymne à la vie : *Célébrations* (*). Rompre avec la tradition classique, tout en la respectant et en l'analysant, se situer dans le contexte global de l'imaginaire des civilisations sémitiques ou méditerranéennes, s'ouvrir aux expériences poétiques de l'Occident, répercuter l'écho des mystiques soufis, ne craindre ni l'hermétisme ni l'ésotérisme : tel a été le cheminement intellectuel d'un poète, tenté d'être le sourcier d'une langue nouvelle et d'une autre conception de l'univers.

BERNARD MOUSSALI.

ADORNO Theodor Wiesengrund. Philosophe et musicien allemand. Né à Francfort-sur-le-Main le 11 septembre 1903, mort le 6 août 1969 à Viège (Suisse). Fils d'un riche négociant en vins et d'une cantatrice, le jeune Adorno manifeste très tôt des aptitudes pour la musique. Il étudie également la philosophie et soutient une thèse de doctorat sur Husserl en 1923 à l'université de Francfort. L'année suivante, il prend des cours de composition à Vienne auprès d'Alban Berg et de piano auprès de Eduard Steuermann. Du point de vue philosophique, Walter Benjamin exerce sur lui une influence majeure. Adorno fuit le nazisme en 1934, tout d'abord à Oxford, puis aux États-Unis, à New York et Los Angeles, où il compte parmi ses voisins Bertolt Brecht, Max Horkheimer, Arnold Schoenberg, Thomas Mann. Il collabore aux travaux de l'Institut de recherches sociales, reconstitué par ses fondateurs en terre d'exil, rédigeant notamment avec Horkheimer *La Dialectique de la raison* (*) (1947), considérée comme un ouvrage théorique majeur de l'« École de Francfort », ainsi qu'une étude sociologique, également collective, sur les déterminants psychologiques de l'antisémitisme, *La Personnalité autoritaire* [*The Authoritarian Personality*, 1950]. Il revient à Francfort en 1949, où s'est reconstitué l'Institut de recherches sociales, dont il prend la direction à partir de 1958, après le retrait de Max Horkheimer. Par ses nombreux écrits : *Philosophie de la nouvelle musique* (*) (1949), *Prismes : Critique de la culture et société* [*Prismen : Kulturkritik und Gesellschaft*, 1951], *Minima moralia. Réflexions sur la vie mutilée* [*Minima moralia, Reflexionen aus dem beschädigten Leben*, 1951], *Introduction à la sociologie de la musique* [*Einleitung in die Musiksoziologie*, 1962], *Berg : Le maître de la transition infime* [*Berg : Der Meister des kleinstens Übergangs*], etc., souvent rédigés en aphorismes — forme privilégiée du style et de la réflexion adornienne —, il exerce une influence prépondérante sur les mouvements de la gauche radicale des années 60. Son intérêt se porte tout autant sur l'analyse des phénomènes culturels, la musique en particulier, que sur des problèmes philosophiques fondamentaux, ou encore sur l'épistémologie de la sociologie. Vers la fin de sa vie, il se voit contesté par certains groupes estudiantins, qui s'étaient pourtant inspirés de sa théorie critique de la société : il les avait lui-même critiqués comme faisant montre eux aussi de comportements manipulés socialement. Il meurt subitement d'une crise cardiaque, laissant inachevé un de ses ouvrages majeurs, *Théorie esthétique* (*) (1970). Son nom reste associé à la « théorie critique » de l'École de Francfort, dont l'ambition pourrait se résumer ainsi : récusant à la fois l'« illusion marxiste » – croire que les contradictions d'un système le font évoluer – et l'illusion de l'Aufklärung – croire au rôle libérateur de la raison –, il s'agit de dévoiler les masques sous lesquels la société cache ses rouages. Une telle démarche n'est pas exempte d'une profonde négativité, d'un « pessimisme utopique ». L'esthétique d'Adorno (tant dans ses ouvrages théoriques que dans son activité de compositeur, plus discrète, mais toujours présente dans ses préoccupations) est en rapport direct avec ses théories philosophiques et sociales. C'est en effet dans l'art que l'on peut lire le plus clairement les processus d'aliénation à l'œuvre dans et par la société, dans la mesure où celle-ci parvient à occulter le pouvoir de « protestation radicale » qui est le propre de toute œuvre authentique : il appartient donc à la théorie critique de mettre à jour le « contenu de vérité » de l'œuvre d'art, qui lui assure un caractère irrévocablement révolutionnaire. Sous-tendue par un profond sentiment d'impuissance historique, la pensée d'Adorno dénonce constamment toute compromission, déployant une rigueur logique et morale absolue.

VINCENT BARRAS.

RÉF. : M. Jimenez, *Adorno et la modernité,* Paris, 1983. – M. Jay, *Adorno,* Cambridge (Mass.), 1984. – A. Wellmer, *Zur Dialektik der Moderne und Postmoderne. Vernunftskritik nach Adorno,* Francfort, 1985 ; *Theodor W. Adorno. Der Komponist* (=Musik-Konzepte 63/64), Munich, 1989. – R. Rochlitz (éd.), *Théories esthétiques après Adorno,* Paris, 1990.

ADY Endre. Poète hongrois. Né à Ermindszent le 22 novembre 1877, mort à Budapest le 27 janvier 1919. Après des études au collège protestant de Zilah, il s'inscrivit à l'Académie de droit de Debrecen et se lança dans le journalisme. En 1900, il s'établit à Nagyvárad (aujourd'hui Oradea, Roumanie) ; c'est de cette époque que date son radicalisme politique et social. Ses premiers recueils de poèmes (1899 et 1903) ne laissent encore rien paraître du futur rénovateur de la poésie hongroise. Ce fut au cours d'un séjour à Paris (1904) que se forma sa vision poétique personnelle, au contact de l'école symboliste et d'Adèle Brüll, femme de grande culture qui lui inspira un sentiment passionné. Ses *Poésies nouvelles* (*), où il introduisait un langage poétique entièrement inédit, firent événement. L'élément le plus avancé de la nation s'enthousiasma pour Ady, mais la plupart ne virent en lui qu'un dangereux révolutionnaire. Les attaques et les accusations de ses détracteurs devenant plus violentes encore avec la parution de *Sang et Or* (*), il préféra éviter les polémiques en vivant à l'écart de sa ville natale, et en entreprenant de longs voyages à l'étranger. Il continua néanmoins à fustiger dans ses écrits son « peuple beau, adoré et assoupi », mais déjà dans le *Char d'Élie* [*Az Illés szekerén,* 1909] et *Vous devez m'aimer* [*Szeretném ha szeretnének,* 1910], on voit sa colère et ses tourments personnels s'adoucir tandis qu'il s'identifie de plus en plus au peuple de sa patrie. De famille noble, mais élevé à la campagne parmi les paysans, il était en outre un représentant authentique de la bourgeoisie des villes ; calviniste, mais attiré par le catholicisme, il était sensible aux influences aussi bien occidentales qu'orientales. La passion politique disparaît des recueils suivants : *La Vie qui fuit* [*A menekülö élet,* 1912], *L'Amour de nous-mêmes* [*A magunk szerelme,* 1913], *Qui m'a vu ?* [*Ki latott engem ?* 1914] bien que le destin de son pays lui apparaisse toujours plus sombre. Il prévit avec horreur la catastrophe de 1918 et eut la sensation que, en même temps que lui, tout le peuple magyar se précipitait vers la mort : son dernier volume est intitulé : *Devant les morts* [*A halottak élén,* 1918]. Au printemps de 1915, il épousa une jeune admiratrice, mais ne trouva aucun apaisement dans la vie conjugale. Le 27 janvier 1919, il mourut de la syphilis dans une clinique de Budapest.

EMERICO VARADY.

♦ *« Je ne suis pas venu pour être virtuose, mais pour être Tout. J'ai voulu le Tout, je peux donc accepter le Néant. »... « C'est moi le Seigneur, le poème n'est qu'un valet. »* Endre Ady. ♦ *« L'annonciateur des espoirs indicibles de la révolution. Jamais encore poète n'aura fustigé son peuple avec une fureur aussi désespérément amoureuse. »* François Fejtö.

A E : v. **Russell** George William.

AEGIDIUS ROMANUS ou Gilles de Rome (Egidio Colonna). Écrivain latin. Né à Rome vers 1243, mort en Avignon le 22 décembre 1316. Il semble improbable qu'il ait appartenu à la famille Colonna, ainsi que l'affirment les biographes anciens. Après être entré chez les ermites de saint Augustin, il suivit des cours à l'université de Paris et obtint plusieurs diplômes. Comme il avait défendu vigoureusement quelques propositions thomistes alors controversées, il fut condamné et dut se rétracter. Mais cet incident ne l'empêcha point de remplir des charges importantes dans son ordre, et d'être élu archevêque de Bourges. Il fut en excellents termes avec Boniface VIII, mais fort mal vu par Clément V. Le roi de France, Philippe III, lui confia l'éducation de son fils, le futur Philippe le Bel, et ce fut alors qu'Aegidius composa son traité *Du gouvernement des princes* (*). Il est curieux de constater que dans cette dernière œuvre Aegidius se montre favorable à des principes qu'il condamnera dans l'ouvrage suivant, *Du pouvoir ecclésiastique ou Du souverain pontife ;* l'inspiration même des deux volumes est d'autant plus différente que le premier reflète la pensée d'Aristote, et le second celle de saint Augustin. Les positions extrêmes, soutenues dans son traité *Du pouvoir ecclésiastique,* étaient en contradiction absolue avec la réalité politique européenne. Les différents commentaires qu'il fit sur les œuvres d'Aristote, sur *Le Livre des sentences* (*) de Pierre Lombard et les *Quaestiones disputatae* n'ont guère d'importance. Mais Aegidius excelle dans le domaine de la pensée politique et il s'y fit des disciples parmi les ermites de son ordre. Il fut toutefois attaqué par Dante, dans *La Monarchie universelle* (*).

RÉF. : G. Bruni, *Le opere di Egidio Romano*; Florence, 1936.

AELIUS SPARTIANUS. Écrivain latin du IVe siècle. Il est un des six auteurs de l'*Histoire auguste* (*) : on lui doit les biographies d'Adrien, d'Aelius Verus, de Didius Julianus, de Pescennius Niger, de Septime Sévère, de Geta et de Caracalla. Il affirme à plusieurs reprises avoir écrit la vie de tous les empereurs, depuis César jusqu'à Adrien, et également son désir de continuer l'œuvre jusqu'à son époque ; mais la première partie de ces écrits a dû être perdue, l'*Histoire auguste* commençant à Adrien seulement.

RÉF. : Édition E. Hohl, coll. Teubner, 1971, 2 vol. — A. Chastagnol, « Rapport sur l'Histoire auguste » dans *HA-Colloquium, 1963.*

AETIUS d'Amida. Médecin grec du VIe siècle. Il étudie à Alexandrie. Son titre de « comes obsequii », institué sous le règne le Justinien, et permettant ainsi de situer historiquement le personnage, implique qu'il possédait un titre élevé, et laisse supposer qu'il aurait exercé la médecine à la cour de Byzance. Il est l'auteur d'une vaste encyclopédie médicale en seize livres, portant sur l'ensemble des connaissances médicales disponibles à son époque — v. *Œuvres* (*) d'Aetius.

VINCENT BARRAS et ANNE-FRANCE MORAND.

RÉF. : A. Olivieri, *Aetii Amideni libri medicinales I-VIII*, Leipzig, 1935-1950.

AFRAATE ou APHRAATE, dit le Sage persan. Il est le plus ancien des théologiens de langue syriaque (milieu du IVe siècle). Païen d'origine persane, il embrassa le christianisme, se fit moine et reçut vraisemblablement la consécration épiscopale. Ses dix premières *Démonstrations* (*), ou discours [mêmrê] furent achevées en 337, et douze autres en 344. Quelques-unes sont dirigées contre les Juifs et l'exégèse de la synagogue, qu'il connaît bien. Son style est correct, mais il n'a pas cette élégance qui distingue les écrits de saint Éphrem le Syrien, et sa pensée manque parfois de clarté.

RÉF. : J.-M. Fiey, *La Démonstration XVIe d'Aphraate*, in *Le Muséon* no 81, 1968. — J. Neusner, *Aphrahat and Judaism*, Leyde, 1971.

AFRANIUS Lucius. Poète comique latin, qui vécut au IIe siècle av. J.-C., probablement au temps des Gracques. De ce fécond auteur latin, il nous reste quarante-trois titres et des fragments de *Comédies romaines* (*), mais on ne connaît pas grand-chose de sa vie. Nous le connaissons surtout par les critiques des auteurs postérieurs et par l'écho de ses succès. Ses œuvres étaient encore représentées sous Néron et Adrien. Horace rapporte sans y souscrire le jugement élogieux de ses contemporains, qui le comparent à Ménandre. Cicéron et Quintilien ne tarissaient pas de louanges sur son compte. Ce dernier pourtant lui reprocha des emprunts trop nombreux à la Grèce (hétaïres et esclaves au nom grec, introduction de divinités grecques dans les prologues, et jusqu'à l'amour pour les éphèbes). Il semble avoir été un peintre fidèle et subtil du petit peuple de son temps. Son style élégant, malgré de nombreux emprunts au latin vulgaire, échappe à la grossièreté propre à de nombreux comiques latins.

RÉF. : H. Bardou, *La Littérature latine inconnue*, t. I, Paris, 1952.

AFZELIUS Arvid August. Folkloriste suédois. Né le 6 mai 1785 à Fjällakra dans le Västergötland, mort à Enköping le 25 septembre 1871. Il fit ses études à Uppsala, fut ordonné pasteur en 1811 et nommé prédicateur à la Cour l'année suivante. Il se rallia avec enthousiasme au mouvement romantique en faveur de la renaissance de la littérature nordique, mouvement patronné par la « Ligue gothique » dont il devint membre (1811), et collabora activement à la revue *Iduna*, organe du mouvement. Il donna entre autres œuvres, à cette revue, *Le Génie des eaux* [*Necken*, 1812], modèle de poésie populaire suédoise, qui est encore en vogue. Il se consacra à rassembler des chants et mélodies traditionnels : ses *Danses populaires suédoises traditionnelles* [*Traditioner af svenska Folkdansar,* 1814-1815] et surtout les *Chants populaires suédois* (1814-1817) (*), réunis en collaboration avec E. G. Geijer et Rääf, contribuèrent à mettre à la mode en Suède la poésie folklorique. Avec le linguiste danois R. Rask, il publia le texte des deux *Chants de l'Edda* (1818) (*) ; on lui doit la traduction en vers du plus ancien. Il s'essaya également à la tragédie avec *La Dernière Génération* [*Den siste Folkungen,* 1830]. Mais il est surtout connu par ses travaux folkloriques et par les *Annales suédoises* [*Svenska polkets sagohäfder,* 1839-1870] en onze volumes, recueil dans lequel ont puisé tous les romantiques suédois.

RÉF. : A. A. Afzelius, *Minnen* (autobiogr.), Stockholm, 1901.

AGAPET. Diacre de Constantinople. On ne sait de cet auteur byzantin de la première moitié du VIe siècle qu'une seule chose : il fut clerc et diacre à la basilique de Sainte-Sophie à Constantinople. L'empereur Justinien s'étant distingué pour son zèle en faveur de la foi orthodoxe contre les hérétiques, avant même d'accéder au trône avec son oncle Justin (le 4 avril 527), Agapet composa en son honneur un traité sur les devoirs d'un prince chrétien, traité que l'on nomme généralement les *Tablettes royales* (*). Cette œuvre fut fort appréciée au Moyen Âge ; sa première édition imprimée parut à Venise, chez Zacaria Calliergi, en 1509. En France, les *Tablettes royales* connurent des honneurs royaux : la première traduction fut rédigée par Louis XIII à titre de version grecque et parut en 1612 sous le titre : *Préceptes d'Agapetus à Justinian, mis en françois par le roy très chrestien Louis XIIIe... en ses leçons ordinaires.* On a suggéré qu'Agapet fut le précepteur de l'empereur Justinien, mais cette supposition repose uniquement sur le caractère didactique de l'œuvre et sur la dédicace.

RÉF. : A. Bellomo, *Agapeto Diacono e la sua « Scheda Regia »*, Bari, 1906. – S. Vailhé, *Le Diacre Agapet*, dans les *Échos d'Orient*, t. X, 1907.

AGATHANGE [Agat'angueɫos]. Historien arménien du IVe siècle, auteur présumé de la première *Histoire des Arméniens* (*), connue également sous le titre *Livre de saint Grégoire*, du nom de l'« Illuminateur » des Arméniens. Selon les données biographiques contenues dans cette œuvre, on a longtemps cru qu'Agathange était le contemporain des événements qu'il raconte : né à Rome, il serait venu en Arménie pour devenir le secrétaire du roi Tiridate III, et aurait reçu de ce dernier l'ordre d'écrire l'histoire de la conversion des Arméniens au christianisme, au début du IVe siècle. On pense au contraire aujourd'hui que l'*Histoire* d'Agathange a été composée au Ve siècle, dans le cercle du moine Mesrob, créateur de l'alphabet et initiateur de la traduction de *La Bible* (*) en arménien. Le nom de l'auteur doit être entendu symboliquement : Agat'angueɫos est l'ange bienveillant qui apporte la bonne nouvelle de la conversion.

MARC NICHANIAN.

RÉF. : G. Thoumaïan, *Agathangelos et la doctrine de l'Église arménienne au Ve siècle*, Lausanne, 1879. – R. W. Thomson, traduction anglaise et commentaires de l'*Histoire des Arméniens* d'Agathange, Albany, 1976.

AGATHIAS le Scolastique. Poète et historien byzantin. Né à Myrine (Éolide, Asie Mineure), en 531 ou 532, mort à Constantinople entre 579 et 582. Sa première instruction lui fut donnée à Constantinople, où son père, Memnonius, enseignait la rhétorique ; il compléta ses connaissances en étudiant le droit à Alexandrie où il s'installa pour y exercer la profession d'avocat. Mais sa passion était la poésie et, plus particulièrement, l'épigramme alexandrine. Aussi entreprit-il de composer une anthologie des épigrammatistes latins, anthologie faisant suite à la *Couronne fleurie* (*) de Philippe de Thessalonique. Une partie de l'œuvre d'Agathias – qu'il publia sous le titre *Le Cycle* (+) – nous fut conservée dans l'*Anthologie palatine* (*) en même temps qu'un certain nombre d'épigrammes composées par Agathias lui-même. Plus tard, il se consacra à un genre plus sérieux ; sous le titre : *Recueil d'histoire* [Ἱστορικόν], il entreprit d'écrire la suite de l'œuvre historique de Procope de Césarée, en narrant les événements survenus entre 552 et 558. Cette œuvre, interrompue par la mort de l'auteur, ne possède ni la valeur historique, ni l'impartialité de celle de Procope.

RÉF. : Rév. William Milligan, article *sub nomine* dans le *Dictionary of Christian Biography* de W. Smith et H. Wace, Londres, 1877. – J. Suolahti, *On the Persian Sources used by the Byzantine Historian Agathias*, Helsinki, 1947. – P. Guillou, *Les Vaines Stèles d'Agathias*, 1949.

AGEE James. Poète, romancier, journaliste et critique américain. Né à Knoxville (Tennessee) le 27 novembre 1909, mort le 16 mai 1955. Personnalité attachante et prématurément disparue, dont l'œuvre n'a cessé de croître en réputation (notamment en France, où ses trois livres principaux ont maintenant paru en traduction). Après des études à Harvard, Agee publie un recueil de poèmes, *Laissez-moi voyager* (1932), puis travaille pour *Fortune* et pour *Time.* C'est le premier de ces deux magazines qui lui commande, puis lui refuse, un reportage sur la vie des paysans misérables de l'Alabama pendant la Dépression, lequel, accompagné des photographies de Walker Evans, parut en 1941 sous le titre *Louons maintenant les grands hommes* (*), qui le rendit célèbre « tant comme poète sensible au "rayonnement cruel de ce qui est" que comme ethnographe respectueux de "l'autre", qu'enfin comme humaniste courroucé par le spectacle de l'injustice et de la prétention » (Geneviève Fabre). Agee a aussi écrit deux romans, *La Veille du matin* [*The Morning Watch,* 1950], inspiré par ses années d'études dans un collège épiscopalien et qui rappelle par bien des points le Stephen Dedalus de James Joyce, et surtout *Une mort dans la famille* (*) (1957, prix Pulitzer 1958), où il se penche avec beaucoup de poésie sur son enfance sudiste et sur la mort accidentelle de son père. Jusqu'alors Agee avait surtout publié des articles de critique de cinéma dans *Nation* et dans *Time.* Ces articles firent l'objet de deux recueils posthumes, *Agee on Film* I (1958) et II (1960), qui contiennent aussi cinq scénarios originaux, dont « La Nuit du chasseur » (pour Charles Laughton) et « La Reine africaine » (pour John Huston).

MICHEL GRESSET.

RÉF. : A. T. Barson, *A Way of Seeing : A Critical Study of James Agee,* Amherst, 1972. – G. Moreau, *The Restless Journey of James Agee,* New York, 1977.

AGGÉE (Haggaï). La figure de ce petit prophète juif apparaît dès le premier verset du livre de *La Bible* qui porte son nom et dans lequel, en l'an 520 av. J.-C., il exhorte le peuple d'Israël à reconstruire le temple de Salomon :

« La deuxième année du roi Darius, au sixième mois, le premier jour du mois, la parole de Yahvé fut adressée, par l'intermédiaire d'Aggée le prophète, à Zorobabel, fils de Chaltiel, satrape de Juda, et à Josué, fils de Yéhoçadaq, grand-prêtre. » Aggée fustige l'égoïsme des Hébreux qui manquaient de courage pour rebâtir le temple (détruit en l'an 588). Il leur fait honte d'habiter « des maisons lambrissées, quand cette Maison-là est en ruine ». Les efforts d'Aggée pour secouer l'apathie du peuple juif se heurtaient à un état de malaise général (mauvaises récoltes, conséquences de la guerre, égoïsme, etc.) s'étendant jusqu'au gouvernement central de Darius. En revanche, cette situation chaotique laissait le champ libre aux initiatives d'Aggée, à qui s'était joint le prophète Zacharie. Le peuple, ému, se laissa convaincre et entreprit la reconstruction. Le prophète alors, se radoucissant, bénit ses compatriotes, leur promit la paix, la prospérité, et leur donna cette assurance entre toutes précieuse : « La gloire future de ce temple surpassera sa gloire passée » (II, 9). Quatre ans plus tard, le nouveau temple, foyer national qui, déjà, faisait présager l'ère messianique, était achevé. Sans égaler la splendeur du premier, c'était du moins le symbole de la renaissance du peuple élu.

AGNON Shmuel Yoseph (pseud. de S. Y. Tchatchkes). Écrivain israélien. Né à Buczacz (Galicie) le 17 juillet 1888, mort à Jérusalem le 17 février 1970. Initié dès sa tendre enfance à la littérature hébraïque traditionnelle et moderne par son père, disciple érudit du rabbi de Chortkov, il fut aussi très tôt familiarisé avec la littérature allemande que sa mère lui fit connaître. À l'âge de huit ans, il commença à écrire en hébreu et en yiddish. Sa première œuvre, un poème en yiddish sur rabbi Joseph Della Reina, parut en 1903. Un an plus tard, il se mit à publier régulièrement de la poésie, puis de la prose, dans diverses revues. Ses premiers écrits présentent une affinité certaine avec le néoromantisme allemand. Venu s'installer en Palestine en 1907, il vécut à Jaffa et à Jérusalem. Rejeté par les pionniers qui ne voyaient en lui qu'un bourgeois méprisé par les Juifs russes, Agnon, qui avait pourtant acquis une certaine notoriété avant d'immigrer en Palestine, vit bon nombre de ses œuvres ignorées du public. Durant ces premières années passées en terre d'Israël, il abandonna les pratiques religieuses auxquelles il était toujours resté fidèle ; cependant, il ne chercha point à s'identifier au modernisme des nouveaux habitants du pays. Arrivé en Allemagne en 1913, il y demeura près de dix ans, gagnant sa vie en enseignant et en collaborant à un journal juif allemand. Dédaigné par le cercle des écrivains juifs reconnus en Allemagne, il fut accueilli et accepté par la jeunesse sioniste, qui trouva en lui un novateur de la littérature juive. Plusieurs de ses nouvelles, publiées en traduction allemande, lui valurent une certaine renommée. Grâce à l'appui de mécènes, il put se consacrer à son œuvre et mit à profit ces années pour accroître son savoir en matière de littérature française et allemande, et pour approfondir sa connaissance du judaïsme. Mais cette heureuse période s'acheva brutalement par la destruction, dans un incendie, d'un grand nombre de ses livres et manuscrits comprenant une longue nouvelle dont la publication avait déjà été annoncée. En 1924, Agnon revint s'installer définitivement à Jérusalem. Lors des émeutes de 1929, sa maison fut pillée et beaucoup de ses livres et manuscrits rares furent détruits. Lauréat de nombreux prix (prix Bialik 1934 et 1950, prix Ussishkine 1940, prix d'Israël 1954 et prix Nobel 1966), il dut attendre le début des années 1940 pour que son œuvre soit véritablement acceptée par le public et par les critiques littéraires qui, lui donnant enfin l'interprétation qu'elle méritait, la placèrent à la tête de la littérature israélienne. Dans cette œuvre, déroutante par sa complexité, le monde de la tradition juive joue un grand rôle. Saisissant l'histoire juive au milieu du XIXe siècle, Agnon trace une fresque du judaïsme moderne et contemporain, au cœur du mouvement qui le mène de la diaspora à la création de l'État d'Israël. L'auteur construit très souvent les intrigues de ses romans ou nouvelles autour de deux pôles : Buczacz et Jérusalem. Toutefois, il ne reste pas prisonnier du microcosme juif qu'il dépeint. À travers les héros, les thèmes et les récits d'un peuple particulier, il tente d'évoquer l'homme et ses problèmes éternels, atteignant ainsi l'universel. Son œuvre teintée de réalisme et de poésie, de naïveté et d'ironie, est écrite dans une langue très particulière, chargée de réminiscences bibliques, talmudiques, aggadiques et hassidiques, dont on ne peut comprendre les nuances sans une large culture hébraïque. Elle comporte plusieurs recueils de nouvelles, de grands romans, des récits et des anthologies dans lesquelles Agnon a commenté les grandes fêtes de l'année juive. Ses premiers romans : *Ce qui était tordu deviendra droit* [*Vé-haya hé'akor lémishor,* 1912] et *La Dotation de la fiancée* [*Hakhnassat kalah,* 1931] ainsi que de nombreuses nouvelles décrivent la vie de Buczacz au XIXe siècle. Un voyage en Pologne effectué entre les deux guerres mondiales fournit à l'écrivain l'argument de l'ouvrage *Un hôte pour la nuit* (*) (1940), dans lequel il dépeint sa ville natale sur le point de mourir. Certains récits du recueil, *Le Feu et les Bois* [*Ha-'esh vé-ha-'etzim,* 1962] sont consacrés aux morts de Buczacz, victimes du nazisme. Le sionisme, thème important, apparaît surtout dans le récit du voyage d'un groupe de mystiques juifs se rendant à Jérusalem, intitulé *Au cœur des mers* (*) (1935). *Les Jours d'antan* (*) (1950) évoquent l'époque héroïque de la deuxième Aliyah, période à laquelle les Juifs d'Europe orientale, fuyant les pogromes ou l'échec de la révolution, vinrent s'installer en Palestine. Citons pour terminer : *Sur le seuil* [*'al kapot ha-man'oul,* 1923], *Ceux-ci et Ceux-là* [*'élou va'-élou,* 1942], *Proche et Visible* [*Samoukh vénir'é,* 1951], *Jusqu'à nos jours* (*) (1950).

LÉTITIA COSTA.

RÉF. : A.-J. Band, *Nostalgia and Nightmare, a Study in the Fiction of Samuel Yosef Agnon,* Los Angeles, 1968. – D. Sadan, *Al Samuel Yosef Agnon,* Tel Aviv, 1973. – D. Aberbach, *At the Handles of the Lock. Themes in the Fiction of Samuel Yosef Agnon,* New York, 1984.

AGRICOLA Alexandre. Compositeur franco-flamand. Né en Flandre vers 1446, mort à Valladolid en août 1506. Il fait carrière en Italie, notamment à Florence auprès de Laurent de Médicis, puis à la cour de France. En 1500, il entre au service de Philippe le Beau, duc de Bourgogne et roi de Castille. Il mourra en Espagne, probablement de la peste, pendant un voyage de la Cour. Il a composé des pièces profanes – chansons et œuvres instrumentales – ainsi que des messes, des motets – notamment *Transit Anna timor* (*) – et diverses pièces liturgiques. Sa musique, vivante et énergique, contraste avec le style déclamatoire plus novateur de Josquin des Prés.

ALAIN PÂRIS.

AGRICOLA Georg (Georg Bauer, dit). Savant allemand. Né à Glauchau en Saxe le 24 mars 1494, mort à Chemnitz (Saxe) le 21 novembre 1555, à la suite d'une attaque d'apoplexie provoquée, semble-t-il, par une polémique théologique avec les réformés. On le considère comme un des fondateurs de la minéralogie systématique. Ayant fait ses études de théologie et de philosophie à Leipzig, il fut nommé, à vingt-trois ans, recteur de l'école latine de Zwickau. Cinq ans après, il retourna à Leipzig pour étudier la médecine, la physique et la chimie, afin de parfaire les connaissances que réclamait son esprit universel. En 1524, Agricola quitta l'Allemagne pour compléter ses études à Bologne et à Padoue, où il obtint le titre de docteur en médecine. De retour en Allemagne, il exerça d'abord dans le centre minier de Joachimstral, où il s'intéressa à la fois aux maladies des mineurs (ce qui fait de lui l'un des précurseurs de la médecine du travail) et aux méthodes d'extraction du minerai, méthodes qu'il s'efforça d'améliorer grâce à ses connaissances minéralogiques et géologiques. Fruit de ces recherches, le *Bermannus* (+) (1530) lui valut tout de suite une certaine notoriété. Nommé médecin, minéralogiste et historien de la cour de l'Électeur Maurice de Saxe en 1531, il s'établit à Chemnitz, principal centre minier de la Saxe. Là, en dépit de la modicité des moyens mis à sa disposition, il poursuivit ses recherches scientifiques, et publia trois œuvres importantes : *De l'origine et des causes de ce qu'on trouve sous la terre* [*De ortu et causis subterraneorum,* 1544], consacré aux problèmes de géologie dynamique, le célèbre traité *De la métallurgie* (*) et le premier manuel de minéralogie : *Sur la nature des fossiles* [*De natura fossilium*]. Citons en outre une histoire de Saxe, et une étude sur les poids et mesures chez les Anciens (1530).

♦ *« Nous devons à Agricola grande reconnaissance ; il a écrit sur la minéralogie et sur les mines des ouvrages excellents. Il a par eux honoré sa patrie et tracé pour la postérité le chemin qui la conduira à la découverte des œuvres merveilleuses de la nature. Ouvrage si considérable et si clair n'avait, sur le même sujet, jamais été écrit. »* Mélanchthon.

RÉF. : L. Figuier, *Georges Agricola,* 1881. – Dr. R. Ledermann, article *400e anniversaire de Georges Agricola,* dans *La Gazette de Lausanne* du 3-12-1955. – H. Hartmann, *Georg Agricola 1494-1555, Begründer dreier Wissenschaften : Mineralogie-Geologie-Bergbaukunde,* Stuttgart, 1953. – R. Halleux, « La Nature et la formation des métaux, selon Agricola et ses contemporains », in *Revue d'histoire des sciences,* N° 27, 1974. – K. H. Ludwig, *Die Agricola-Zeit im Montangemälde,* Düsseldorf, 1979.

AGRIPPA VON NETTESHEIM Heinrich Cornelius. Savant et aventurier allemand. Né à Cologne le 14 septembre 1486, mort à Grenoble le 18 février 1535. Il est une figure classique de la Renaissance ; avec Paracelse, il a fourni à Goethe un modèle pour son *Faust* (*). Docteur en théologie, la soif d'aventures le poussa à se faire mercenaire. Il servit pendant sept ans en Italie dans les armées de Maximilien d'Autriche, du marquis de Montferrat et du duc de Savoie. Ensuite, il étudia les langues anciennes, la médecine, la philosophie et, se consacrant à l'enseignement, il répandit les théories nouvelles du néo-platonisme et de la *Kabbale* (*) en commentant, de sa chaire de Dôle (1509), le *Du Verbe admirable* (*) de Reuchlin, ce qui lui valut d'être expulsé de la ville. Il erra d'université en université, et en 1511 nous le retrouvons en Italie, où il prend part au concile schismatique de Pise, et en 1515 à Pavie, où il commente le *Poimandrès* (*) d'Hermès Trismégiste. Mais bientôt il change de nouveau de profession : en 1518, on le rencontre avocat à Metz, d'où il doit fuir pour échapper à la tempête populaire qu'il a déchaînée en osant prendre la défense d'une jeune fille accusée de sorcellerie. Il continue de vagabonder à travers l'Europe : quelque temps médecin particulier de Louise de Savoie, mère de François Ier, il tombe en disgrâce pour avoir refusé de lire dans les astres l'avenir de la France, et avoir prédit en revanche de nouveaux triomphes au connétable de Bourbon. Un grand nombre de souverains font appel à sa science médicale, et il séjourne auprès de la princesse Marguerite d'Autriche, qui gouvernait les Pays-Bas. Ce sont là peut-être les années les plus fécondes de sa vie ; c'est de cette époque en effet que datent, en dehors d'œuvres mineures comme le *Traité de l'excellence de la femme* [*De Nobilitate et praecellentia faeminaei sexus,*

Anvers, 1529] ses deux chefs-d'œuvre : *De l'incertitude et de la vanité des sciences* (+) (Cologne, 1527) et *De la philosophie occulte* (*) (Anvers et Paris, 1531), qui, en même temps que la gloire, lui valent des accusations d'hérésie et de magie. Après la mort de Marguerite d'Autriche (1530) dont il compose le panégyrique : *Oraison funèbre de Marguerite* [*Oratio in funere Margaretae,* Anvers, 1531], Agrippa se rend à Bruxelles, d'où, après avoir passé quelque temps en prison pour dettes, il repart pour Cologne et pour Bonn, où il trouve un protecteur en la personne de l'archevêque de Cologne, Hermann Wied. En France, François Ier le fait arrêter sous l'inculpation d'avoir médit de la reine mère. À peine libéré, il mourut à Grenoble, laissant plusieurs fils de ses trois femmes successives.

GIULIO PRETI.

RÉF. : Christoph Meiners, *Ueber das Leben, die Schriften und Verdienste von Cornelius Agrippa von Nettesheim,* Zurich, 1795. – Morley, *The Life of H. C. Agrippa von Nettesheim,* Londres, 1856, 2 vol. – Aug. Prost, *Les Sciences et les arts occultes au XVIe s. : Corneille Agrippa,* 2 vol., 1881-82. – Joseph Orsier, *Henri Cornélis Agrippa ; sa vie et son œuvre...,* 1911.

AGUILERA-MALTA Demetrio. Écrivain équatorien. Né à Guayaquil le 24 mai 1909, mort en 1980. Autodidacte, il a exercé les métiers les plus divers : dessinateur, journaliste, enseignant, cinéaste puis diplomate. Sa carrière littéraire se divise en deux étapes différentes. Très jeune, il forme avec Joaquín Gallegos Lara et Enrique Gil Gilbert le « groupe de Guayaquil », dont l'œuvre la plus marquante est le recueil collectif de contes *Ceux qui s'en vont* [*Los que se van*, 1930]. Le groupe s'intéresse aux travailleurs métis et dénonce l'exploitation brutale dont ils sont victimes, dans les termes les plus crus. En 1935, Aguilera-Malta publie *Canal Zone*, qui fustige l'impérialisme américain et ses complices locaux. Après une série de romans historiques sur la conquête et l'indépendance, l'écrivain semble avoir achevé son œuvre et se tourne vers d'autres activités culturelles. Mais un second souffle se manifeste à partir de 1970 avec *Sept lunes et sept serpents* [*Siete lunas y siete serpientes*], qui renvoie au réalisme magique. Vient ensuite son œuvre la plus célèbre, *La Séquestration du général* (*) (1973), qui rajeunit le vieux thème de la dictature en le replaçant dans un monde fictif, Babelandia, où les individus se changent en bêtes symboliquement et où les anges du bien tiennent momentanément en échec les forces du mal. Le grand talent de Demetrio Aguilera-Malta est d'avoir su renouveler les techniques narratives du roman politique.

ÈVE-MARIE FELL.

RÉF. : C. C. Rabassa, *Demetrio Aguilera-Malta and Social Justice : The Tertiary Phase of Epic Tradition in Latin American Literature*, Londres/Toronto, 1980 ; *En torno a Aguilera-Malta : temas épicos y negros*, Guayaquil, 1981.

AHAD HAAM (pseud. de Asher Zvi Ginsberg). Écrivain et journaliste russe d'expression hébraïque, chef de file du « sionisme spirituel ». Né le 18 août 1856 à Skira (Ukraine), mort le 2 janvier 1927 à Tel-Aviv. Élevé dans une famille hassidique, il étudie *La Bible* et le Talmud, et s'intéresse très tôt à l'hébreu. Autodidacte, il apprend le russe, le français, l'allemand et le latin. Il montre un intérêt croissant pour la pensée grecque et la philosophie occidentale, et s'éloigne de plus en plus du hassidisme. Son mariage avec la fille d'un rabbin intensifie sa solitude spirituelle. La période la plus décisive de sa vie se situe entre 1884 et 1907 où il vécut à Odessa, entouré d'intellectuels et de sionistes. Membre du comité central du principal mouvement nationaliste juif « L'Amour de Sion », c'est, selon ses propres termes, par hasard qu'il devint écrivain. Il écrit en 1888 son premier article, « Ce n'est pas la bonne voie » [Lo ze haderekh], et le signe du pseudonyme Ahad HaAm, « L'un du peuple ». Cet article contient en germe toute la philosophie du sionisme qu'il développera plus tard. Les réactions sont parfois hostiles mais jamais indifférentes. En 1891, il se rend en Palestine et rédige après ce voyage un article intitulé « La Vérité de Palestine » [Emet Mi Palestin]. Après un second voyage en 1893, il part pour Londres et Paris. En 1895 est publié le premier recueil de ses articles sous le titre significatif de *À la croisée des chemins* (*). Il devient peu après directeur d'édition, mais se heurte à de nombreuses critiques et à des problèmes financiers. Après la parution en 1896 de *L'État juif* (*) de Herzl, Ahad HaAm, déçu de l'orientation prise par le sionisme, ne participe pas au deuxième congrès sioniste. En 1903 est publié le deuxième volume de *À la croisée des chemins.* De 1907 à 1921, en exil à Londres, l'auteur mène une vie solitaire. En 1913 paraît le dernier volume de son œuvre. Il réalise enfin son rêve en s'installant en 1922 à Tel-Aviv où il meurt quelques années plus tard.

ARIANE BENDAVID.

AHLGREN Ernst (pseud. de Victoria Maria Benedictsson, née Bruzelius). Femme de lettres suédoise. Née le 6 mars 1850 dans la propriété familiale de Domme, en Scanie méridionale, morte par suicide à Copenhague le 21 juillet 1888. Elle épousa à vingt ans un veuf, père de plusieurs enfants, dont elle devait se séparer par la suite. Victoria Benedictsson se tourna alors vers la littérature et entreprit de conter en de courts récits, recueillis depuis en volumes – *Impressions de Scanie* [*Från Skåne,* 1884] ; *Brèves nouvelles sur la vie populaire* [*Folkliv och små berättelser,* 1887] –, des scènes de la vie rurale en Scanie, province qu'elle connaissait depuis son enfance. Atteinte d'un mal qui l'obligea à se servir de béquilles, elle se remit à écrire et publia, entre autres romans, *L'Argent* (*) (1885), *Marianne* (*)

(1887), où elle étudie le problème du couple dans le mariage, tel qu'il se posait alors dans les mouvements féministes et dans le drame d'Ibsen *Maison de poupée* (*). D'Ernst Ahlgren on retient surtout la franche simplicité de son style, et aussi sa fin tragique à laquelle ne fut pas étrangère une passion malheureuse pour Georg Brandès.

RÉF. : Ch. Schefer, *Une héroïne d'Ibsen, Mme Benedictsson-Bruzelius,* dans la *Revue Blanche* du 17 avril 1897. — L. Maury, *L'Amour et la mort d'Ernst Ahlgren,* Paris, 1945. — F. Böök, *Victoria Benedictsson,* Stockholm, 1950.

AHLIN Lars. Romancier et nouvelliste suédois. Né le 4 avril 1915 à Sundsvall (Suède). L'œuvre de Lars Ahlin tout entière est marquée par ses origines et ses expériences. Prolétarisé dès l'enfance, il connaît la misère puis le chômage, le vagabondage et les petits métiers dans les années 30. Il appartient en outre à la génération éprouvée par la guerre. L'humiliation et l'exclusion sont les sujets récurrents de cet autodidacte qui s'attache à en analyser les mécanismes avec, pour toile de fond, les milieux prolétariens. Il y dépeint des individus rejetés et solitaires qui se débattent dans d'inextricables contradictions. Les circonstances expliquent les difficultés de Lars Ahlin à percer ; il débute tard avec *Tobb au manifeste* (*) (1943) où il retrace la douloureuse crise de conscience d'un jeune marxiste rongé par le doute. La parution en 1945 de *Ma mort est mienne* [*Min död är min*] lui apporte enfin le succès. Il s'agit à nouveau d'un roman à thèse sur la dignité inconditionnelle de l'homme et le pouvoir salvateur de l'amour. Lars Ahlin prône la revalorisation de l'être humain et revendique une égalité absolue entre les individus indépendamment de leur situation sociale ou morale. Pourtant une telle approche — somme toute chrétienne — de l'existence ne doit pas être prise pour de la piété. L'auteur récuse en effet la foi, tout comme les idéologies, qui selon lui n'aboutissent qu'à l'avilissement de l'homme : *Meurtres fervents* [*Fromma mord,* 1952]. Réconcilié avec la vie, Lars Ahlin crée ensuite deux portraits d'une remarquable finesse psychologique dans *Bout-de-cannelle* [*Kanelbiten,* 1953] et *Le Grand Oubli* [*Stora glömskan,* 1954] qui évoquent l'un le destin d'une adolescente, l'autre celui d'un jeune garçon, tous deux d'une maturité exceptionnelle. *Nuit sous le chapiteau* [*Natt i marknadstältet,* 1957] illustre une fois encore le thème de la déchéance et de la réhabilitation. Sur le plan formel, Lars Ahlin révolutionne le roman suédois en développant une esthétique personnelle originale qu'il applique avec audace dès 1946 dans *Si* [*Om*] : pour rompre l'illusion inhérente au récit, il en fait voler en éclats la structure traditionnelle, et dialogue avec le lecteur. Avec *Écorce et Feuillage* [*Bark och löv,* 1961], Lars Ahlin mène à son extrême sa théorie du « roman ouvert » qui implique une participation approfondie de son public. Mais, après cette œuvre polémique et complexe sur le rôle social de l'écrivain, il se condamne au silence durant vingt ans et ne retrouve l'inspiration qu'en 1982 avec *Hannibal le victorieux* [*Hannibal segraren*]. Cette épopée historique, écrite en collaboration avec sa femme Gunnel, est suivie de ses mémoires — *La Sixième Bouche* [*Den sjätte munnen,* 1985] — et d'un roman bilan : *Le Fruit de ta vie* [*Din livsfrukt,* 1988]. Tout au long de son activité littéraire, Lars Ahlin a été un des plus éminents nouvellistes de son temps. Depuis *Nul regard ne m'attend* [*Inga ögon väntar mig,* 1944] jusqu'au *Feu du gardien* [*Vaktpojkens eld,* 1986], ses recueils de nouvelles sont réputés pour le regard porté sur les misérables et l'acuité avec laquelle est analysée l'atmosphère quotidienne. En 1990, Lars Ahlin a renoué avec cette veine en publiant *Ah ! ces ramoneurs !* [*De sotarna ! De sotarna !*], quatre histoires, tantôt drôles, tantôt tragiques, illustrant les forces libératrices et la magie de l'art. Lars Ahlin s'affirme comme un écrivain visionnaire dont la grandeur réside dans le message : l'individu doit briser le cadre réducteur qui l'étouffe, pour s'accepter lui-même car il recèle des trésors d'amour. Par cette leçon de sagesse, par son style également, plein de sensualité et d'humour, par son recours novateur au procédé du montage, Lars Ahlin est une des figures de proue de la littérature suédoise de l'après-guerre.

MAY-BRIGITTE LEHMAN.

AHMAD Ibrahim. Écrivain, poète et homme politique kurde. Né en 1914 à Sulaimâni (Kurdistan d'Irak), dans une famille de commerçants aisés. Il obtient son diplôme de droit à Bagdad en 1937, et publie ses premiers poèmes dans les revues kurdes *L'Appel* [*Hâwâr*, Damas, 1932-1945] et *La Vie* [*Jiyân*, Sulaimâni, 1926-1938]. Il fonde la revue culturelle *Sirius* [*Galawej*, Bagdad, 1939-1949] qui, grâce à la collaboration enthousiaste de l'élite intellectuelle, contribue de façon définitive à l'essor de la littérature kurde centrale. Un recueil de nouvelles paraît sous le titre de *La Misère* [*Körawari*, Bagdad, 1959] et *La Douleur du peuple* (*), le premier roman en kurde central, commencé en avril 1956, ne paraît qu'en 1972, à Sulaimâni. La débâcle de l'insurrection kurde en Irak, en 1975, impose à Ibrahim Ahmad un exil en Grande-Bretagne et c'est là qu'il publie à partir de juillet-août 1979 *Le Cri du Kurdistan* [*Chirikay Kurdistân*], revue trimestrielle politico-culturelle en kurde et en arabe. Un autre roman, *L'Épine et la Fleur* [*Dirk u gul*], paraît à Stockholm en 1992. Deux romans et des mémoires restent encore à paraître.

JOYCE BLAU.

AHO Juhani (pseud. de Juhani Brofeldt). Écrivain finlandais d'expression finnoise. Né à Lapinlahti, le 11 septembre 1861, mort à Helsinki, le 8 août 1921. Aho est le plus important des prosateurs finnois après Aleksis Kivi. Fils d'un pasteur protestant qui avait activement participé au réveil spirituel du pays, il passa toute son enfance à la campagne. Inscrit à l'université d'Helsinki (1880), il abrégea ses études pour se consacrer entièrement à la littérature et au journalisme. Introduit dans les milieux intellectuels, Aho découvrit Zola, Tolstoï et se familiarisa avec la nouvelle littérature norvégienne. Ses premiers récits, notamment *La Voie ferrée* [*Rautatie*, 1884], sont d'inspiration nettement naturaliste. Il donna ensuite un roman, *La Fille du pasteur* [*Papin tytär*, 1885], analyse psychologique des classes moyennes. Après avoir séjourné à Paris (1889), Aho entreprit la publication dans la presse finlandaise, sous le titre *Copeaux* [*Lastujas*], de « choses vues », recueillies en huit volumes de 1891 à 1921. Parurent ensuite les romans *La Femme du pasteur* [*Papin rouva*, 1893], qui s'apparente aux récits scandinaves ; *Panu* (1897), dont l'action se passe au XVIIIe siècle et où est dépeint le contraste entre les croyances magiques et le christianisme dans les forêts de Finlande ; *Le Printemps et l'Hiver* [*Kevät ja Takatalvi*, 1906] et *L'Écume des rapides* (*) (1911), où réalisme et romantisme se mêlent harmonieusement.

AICARD Jean François Victor. Poète et romancier français. Né à Toulon le 4 février 1848, mort à Paris le 13 mai 1921. Son père, lettré et savant, collabora au *Grand dictionnaire universel* (*) de Pierre Larousse. Jean Aicard est un écrivain assez élégant, coloré, souvent plein d'une fougue toute méridionale. Ses œuvres poétiques sont : *Les Jeunes Croyances* (1867) ; *Poèmes de Provence* (1874) ; *La Chanson de l'enfant* (1875) ; *Maternité* (1893) ; *Jésus* (1896). Ses romans : *Le Roi de la Camargue* (1890), *L'Ibis bleu* (1893), *Le Diamant noir* (1895), *Maurin des Maures* (*) (1908). Ses pièces de théâtre : *Pygmalion* (1872), *Mascarille* (1873), *Othello ou le More de Venise* (+), et surtout *Le Père Lebonnard* (1889), drame en alexandrins, traduit et joué dans différents pays. Son *Lamartine* (1883), ouvrage en vers, fut, comme les *Poèmes de Provence* et *La Chanson de l'enfant*, couronné par l'Académie française dont il devint membre ; sa réception eut lieu le 23 décembre 1909.

RÉF. : Adolphe Brisson, *Jean Aicard*, 1895. – Francisque Sarcey, *Quarante ans de théâtre*, t. VII, 1901. – G. Aubin, *Un poète provençal, Jean Aicard*, Digne, 1908. – M. Pakenham, *Les Débuts parisiens de Jean Aicard*, Toulon, 1965.

AÏGUI Guennadi Nikolaïevitch [Gennadij Nikolajevič Ajgi]. Poète russe de nationalité tchouvache né le 21 août 1934 au village de Chaïmourzino dans le sud de la Tchouvachie. Son père était instituteur. Du côté maternel, Aïgui descend d'une dynastie de prêtres sorciers mainteneurs de l'ancienne religion des Tchouvaches, peuple de langue turque descendant des Huns. À l'école du village, les aptitudes du futur poète sont remarquées. Il est admis à l'Institut pédagogique du canton. Déjà, il écrit (en langue tchouvache). Le grand poète national Péder Khouzangaï le découvre et le protège. Il sera envoyé à l'Institut Gorki de littérature de Moscou qui forme les jeunes écrivains. Maïakovski est pour lui le passeur vers la modernité. Le relisant, il découvre l'existence de Pasternak et par Pasternak celle de Baudelaire. Il apprend le français pour lire ce qui, de Baudelaire, n'est pas traduit en russe ; ayant appris notre langue, il lit avec avidité la poésie française. Entre-temps, il a fait connaissance de Pasternak (en 1956). En 1958, il sera exclu du Komsomol et de l'Institut en bonne partie pour ses liens amicaux avec Pasternak (c'est l'époque du prix Nobel et de la violente campagne anti-Pasternak).

Sur le conseil de Pasternak et de Nazim Hikmet (qui réside alors en Russie), Aïgui passe à l'écriture en langue russe. Il trouve un appui moral et intellectuel dans un groupe de poètes et d'artistes d'avant-garde dont l'activité n'est pas publique.

En 1960, deux deuils presque simultanés le frappent douloureusement : la mort de Pasternak et celle de sa mère dont l'image hantera toute son œuvre.

Pendant une dizaine d'années, Aïgui va travailler au musée Maïakovski où il est chargé d'organiser les expositions (Malévitch, Tatline, Filonov, Larionov, Gontcharova, Chagall). Pour partager ses trésors avec son peuple, Aïgui traduit en tchouvache les poètes français et publie en 1968 son *Anthologie des poètes français* qui lui vaudra un prix de l'Académie française. Mais il ne peut publier l'essentiel de son œuvre poétique écrite en russe. Elle ne paraît partiellement qu'à l'étranger : en Allemagne (1979) et surtout à Paris (1982). De longues années, il va poursuivre obstinément son œuvre, vivant à Moscou dans un isolement presque total et une grande misère matérielle. Cependant, on commence à le traduire en Tchécoslovaquie, en Pologne, en Allemagne, en Hongrie, en France où paraissent successivement *Degré : de stabilité* [*Stepenj : ostoïki*, 1976], *Festivités d'hiver* [*Zimnie kuteži*, 1978], *Sommeil-Poésie, poèmes* (*) (1984), *Le Cahier de Véronique* (*) (1984), *Le Temps des ravins* [*Vremja ovragov*, 1990]. Aujourd'hui traduit en plus de quinze langues, Aïgui est considéré comme un des plus grands poètes contemporains. Il a réalisé une synthèse très personnelle de la poésie ancestrale tchouvache de tradition orale, de l'avant-garde russe et de la poésie française du XXe siècle.

Cette œuvre est d'un abord difficile pour les lecteurs habitués aux « signes extérieurs de richesse » de la poésie. On n'y retrouve ni mètres familiers ni rimes. Sa syntaxe et sa ponctuation peuvent déconcerter. Ces moyens originaux servent à marquer la difficulté de communication en notre temps, l'inscription dans le corps même du poème de l'activité nécessaire du lecteur. Une première période d'élaboration a été suivie d'une phase de creusement, de reprise inlassable des mêmes thèmes, d'une réflexion intense du poète sur le sens de sa propre démarche, marquée par l'admirable essai sur *Sommeil-Poésie*. Il se produit alors un tournant vers la recherche d'une « simplicité essentielle » : dans *Le Cahier de Véronique*, le poète enregistre avec une attention passionnée l'éveil de la personnalité de sa fille, son sixième enfant.

Enfin reconnu dans son propre pays, Aïgui donne un premier récital public à l'Union des écrivains de Moscou le 24 janvier 1988. De nombreuses revues publient ses vers, ses essais. Deux volumes sont publiés en Russie. Son œuvre, sa grande érudition, sa riche personnalité exercent un attrait certain sur les poètes de la nouvelle génération.

LÉON ROBEL.

AIKEN Conrad. Poète américain. Né à Savannah (Géorgie) le 5 août 1889, mort à Brewster (Massachusetts) le 17 août 1973. Aiken reçoit son éducation d'abord à Concord, foyer de la tradition libérale américaine, ensuite à l'université Harvard, où il a la réputation d'un étudiant rebelle. Il se décide très tôt pour la carrière littéraire. Entre 1916 et 1922, il voyage à l'étranger où il fait la connaissance de T. S. Eliot et d'Ezra Pound. Par la suite, il partagera sa vie entre l'Angleterre et les États-Unis. Son premier livre paraît en 1914 : *La Terre triomphante* (*), mais ce n'est que deux ans plus tard, avec *Jeux de scène* [*Turns and Movies*], une sorte de *Spoon River* (voir l'article consacré à Edgar Lee Masters) du vaudeville, qu'il attire l'attention sur lui. Il publiera plus de vingt recueils, dont il convient de citer *Nocturne d'un printemps évoqué* (+) (1917), *La Rose du charnier* (+) (1918), *La Maison de poussière* (+) (1920), *Polichinelle : le menteur éternel* (+) (1921), *Priape et l'Étang* (+) (1922), *Le Cœur humain* (+) (1940). Romancier, Aiken est l'auteur d'ouvrages que l'on avait coutume de considérer comme des compléments à sa poésie, mais dont l'importance apparaît plus nettement près de vingt ans après sa mort, surtout, il faut le dire, par l'influence qu'ils exercèrent, particulièrement le premier, sur Malcolm Lowry à l'époque où il écrivait *Au-dessous du volcan* (*) : *Voyage bleu* (+) (1927), *Grand cercle* (+) (1933), *Le Roi cercueil* (*) (1935), *Un cœur pour les dieux du Mexique* (1939), et *Conversation* (+) (1940). En 1952 parut *Ushant*, roman autobiographique brillant et difficile, écrit sous la forme d'un essai poétique. Critique, notamment avec les essais de *Scepticismes* (+) (1919), c'est à lui que l'on doit le renouveau d'intérêt pour Emily Dickinson.

KENNETH WHITE.

AIMARD Gustave (Olivier Gloux, dit). Romancier français. Né à Paris en 1818 et mort à l'asile de Sainte-Anne le 20 juin 1883. Contrairement à la plupart des écrivains de son temps, Aimard puise directement le thème de ses récits à la source d'une existence mouvementée. Embarqué comme mousse à douze ans, il navigue sur les mers du Nord, puis se rend à bord d'un trois-mâts à Rio de Janeiro. Il passe ensuite de longues années en Amérique, notamment parmi les Comanches ; trappeur en Arkansas, chercheur d'or au Mexique, il participe en 1854 à l'expédition de la Sonora avec l'aventurier Raousset-Boulbon. Il en tirera plus tard une pièce, *Les Flibustiers de l'Arizona* (1864). Ses voyages qui le mènent jusqu'au Caucase alimentent en fait l'ensemble de sa production de feuilletoniste (il est l'un des fournisseurs attitrés du *Moniteur universel*). Il y exploite ses souvenirs maritimes (*La Grande Flibuste,* 1860 ; *Les Fils de la Tortue,* 1863 ; *Les Bohèmes de la mer,* 1865) et surtout son passé d'aventurier au Far-West ou au Mexique (*Les Pirates des Prairies,* 1859 ; *La Fièvre d'or,* 1860 ; *Nuits mexicaines,* 1863 ; *Les Outlaws du Missouri,* 1868 ; *La Forêt vierge,* 1870 ; *La Belle Rivière,* 1874). Des *Trappeurs de l'Arkansas,* son premier succès (1858), aux *Bandits de l'Arizona* (*), son œuvre la plus célèbre (1882), Gustave Aimard s'attache non sans redites à exalter la vie libre et audacieuse des hommes d'action aux prises avec une nature presque vierge et des populations encore sauvages. Ses récits volontiers manichéens privilégient la couleur locale à l'invention narrative ; l'aventure sentimentale se fait souvent le reflet d'une distribution socioculturelle simplifiée où le Blanc — c'est-à-dire le Français — triomphe des mauvais (l'Américain, l'Apache ou le Mexicain).

LAURENT BAZIN.

AIMERIC de Péguilhan. Troubadour. Né vers la fin du XIIe siècle à Toulouse, où son père, originaire de Péguilhan (Haute-Garonne), était marchand drapier ; mort en 1228. Le meurtre du mari d'une dame de Toulouse, sa première inspiratrice, contraignit le jeune troubadour à quitter sa ville natale. Réfugié en Catalogne auprès de Guillaume de Berguedan, il fut ensuite accueilli et honoré par Alphonse VIII de Castille et par l'infant don Ferdinand, qui lui firent présent d'argent, de robes et de harnais ; puis à la cour de Pierre III d'Aragon et de don Diego Lopez de Haio, puissant seigneur de Biscaye. Il se rendit ensuite, on ignore quand, en Italie, et les premières informations sûres que nous possédions le signalent à la cour d'Azzo VI d'Este en 1212, lors de la mort du marquis et de son fidèle allié et ami, le comte Boniface de San Bonifazio de Vérone, qu'il pleura en deux *sirventes* mélancoliques. Il demeura longtemps à la cour d'Este, soit pendant la courte seigneurie d'Aldrovando, soit sous Azzo VII, dont il célébra la fille, la très belle Béatrice, dans ses vers. Il fréquenta aussi la cour des Malaspina, et pleura la mort du marquis, Guillaume VI, survenue en 1220, à son retour de Sardaigne. Il chanta le retour de l'empereur Frédéric II – v. *Poésies* (*) –, mais n'alla jamais à sa cour. Il vécut dans l'Italie du Nord jusqu'à la fin de sa vie, successivement à la cour de Guillaume IV de Montferrat, auprès de la comtesse Emilie Traversari à Ravenne, et auprès de Jeanne d'Este. L'un de ses biographes – v. *Vies des troubadours* (*) – a accrédité le bruit suivant lequel le poète aurait terminé sa vie « en hérésie ».

RÉF. : Un certain nombre de ses poésies ont été publiées par G. Raynouard, in *Choix des poésies originales des troubadours*, 6 vol., 1816-1821. Une édition complète a été procurée dans *The Poems of Aimeric de Peguilhan*, par W. P. Shepard et F. M. Chambers, Evanston (Illinois), 1950.

AÏNI Sadr al-Dîn. Poète, nouvelliste, la plus grande figure de la littérature tadjique soviétique. Né à Saktari, près de Boukhara, le 15 avril 1878, mort à Dochambé le 15 juillet 1954. Son père, fermier et petit artisan, avait une bonne connaissance de la littérature persane, dont il donna le goût à son fils. Orphelin à onze ans, Aïni part à Boukhara et fait ses études dans différentes « madrasés ». Y déplorant l'esprit étroit et conservateur, il se joint en secret à un groupe d'étudiants s'intéressant à l'histoire, à la littérature, et à la presse, alors interdite par l'émir.

Dans les années 1890, Aïni, ayant acquis une solide culture littéraire, se met à composer des vers sous différents pseudonymes ; l'élite intellectuelle de Boukhara l'invite à ses salons littéraires. Ses premières poésies sont des « ghazals » et des satires, alors en vogue en Asie centrale.

Dès le début du XXe siècle, Aïni, conscient des problèmes sociaux, est persuadé que l'on peut améliorer les conditions de vie des gens grâce à l'étude. Il s'imprègne des lectures du grand écrivain Ahmad Dânesh, pour qui le savoir mène au progrès. Révolté contre l'obscurantisme des mollahs, Aïni pense néanmoins que l'islam est un principe fondamental, nécessaire à la littérature et aux activités pédagogiques. Désireux de réformer l'enseignement, il s'affilie au jadidisme (mouvement moderniste), auquel adhèrent les Turcs de l'empire russe. Les jadidistes ont encore à cette époque de profonds sentiments panislamiques ; ils pensent pouvoir améliorer le sort de la paysannerie miséreuse et ignorante par l'enseignement. En 1907, Aïni enseigne dans une école tatare de Boukhara et, un an plus tard, il fonde la première école tadjique. Il écrit son manuel *Éducation de la jeunesse*, mais continue à écrire des poèmes en tadjik et en ouzbek, dont les thèmes reflètent ses préoccupations sociales.

Pendant la Première Guerre mondiale, il reste actif dans l'enseignement prôné par les jadidistes, publie la seconde édition de son manuel scolaire de 1909 et écrit un autre ouvrage, *Famille fortunée* [*Khânadân-é khoshbakht*], dans lequel il explique aux jeunes la nécessité de faire des études sérieuses.

Les révolutions de février et d'octobre 1917 changent l'orientation des activités d'Aïni. Après avoir été emprisonné et battu par les hommes de l'émir, il part à Samarcande, qui est sous contrôle russe, et devient l'ardent défenseur du régime bolchevique, qu'il sert comme poète, journaliste et enseignant.

Entre 1917 et 1920, ses poésies expriment son militantisme et sa foi dans le nouveau régime. Entre 1919 et 1921, il écrit quotidiennement des articles dans le journal du parti communiste de Samarcande. Pour lui, mieux vaut un Turkestan autonome sous tutelle soviétique qu'une domination de la « bourgeoisie nationaliste ». Il fonde la première école soviétique à Samarcande, y enseigne et compose de nombreux manuels utilisés dans les écoles tadjiques et ouzbèques.

Au début des années 1920, Aïni se met à écrire de la prose, plus apte, pense-t-il, à exprimer les changements sociaux. En 1922, il termine sa première œuvre réaliste, *Les Bourreaux de Boukhara* [*Jallâdân-é Bokhara*], réquisitoire contre l'émir et son entourage. En 1924, il rédige *L'Histoire d'un pauvre Tadjik* [*Sarodacht-é yek tadjik-é kam-bajal*], mieux connu sous le nom de son héros, Odina.

La création, en 1924, de la République autonome tadjique soviétique socialiste fournit un nouveau cadre politique et social, où peut s'épanouir la littérature « nationale ». Le nouveau régime, dont le principal programme est l'industrialisation et la collectivisation, mobilise les écrivains pour promouvoir ses ambitions. En 1933, est créée l'Union tadjique des écrivains, dont Aïni est le premier président.

Après 1925, Aïni se consacre à la littérature, tout en poursuivant ses activités d'enseignant. Il écrit trois nouvelles majeures : « Dokhounda » en 1930, « Les Esclaves » (*) en 1934 en ouzbek, en 1935 en tadjik, et « La Mort de l'usurier » en 1939, ainsi que « L'Orphelin » et un poème, décrivant en termes héroïques la domestication de la rivière Vaqch, pour servir les besoins en eau des nouvelles fermes collectives.

Pendant la Seconde Guerre mondiale, Aïni clame son patriotisme dans de nombreux petits poèmes et écrits en prose. Mais, après la guerre, il préfère approfondir ses connaissances des littératures du Tadjikistan et de l'Asie centrale. En 1951, il est nommé président de l'Académie des sciences tadjique. Il entreprend la composition de ses mémoires : *Boukhara* (*) qui, à sa mort, n'avaient pas dépassé l'année 1900.

Toutes les œuvres d'Aïni sont consacrées à l'étude de l'histoire et de la société tadjiques. Il s'insurge contre les mouvements panturcs, qui prétendent que les Tadjiks sont des Turcs iranisés. Il écrit une anthologie critique, couvrant mille ans de littérature persane et tadjique, fait de courtes études sur la poésie classique de Roudaki et de Firdousi, et de grandes monographies sur Ali Chir Navâ'i et Bidil.

Aïni est le premier auteur tadjik contemporain à avoir établi les normes d'une langue moderne. Ses dialogues, nombreux dans toute son œuvre, élèvent la langue parlée au rang littéraire. Il se range, dans les années 20 et 30, aux côtés d'intellectuels qui veulent moderniser la langue tadjique, en éliminant les mots et expressions arabes et ouzbeks et en remplaçant l'alphabet arabe par l'alphabet latin. Son objectif est d'offrir aux écrivains un outil linguistique simple, facile à lire par un très vaste public. Il est d'ailleurs un pionnier en lexicographie, lorsqu'il écrit un dictionnaire de la langue littéraire tadjique.

Aïni meurt à Dochambé le 15 juillet 1954. Sa contribution à la littérature, à l'histoire et à la critique littéraire est considérable, et c'est à partir de son œuvre que l'on peut faire une étude de la littérature tadjique du XXe siècle.

MARIE-HÉLÈNE PONROY.

AINSWORTH William Harrison. Romancier anglais. Né le 4 février 1805 à Manchester, mort le 3 janvier 1882, à Reigate. Son père le destinait à la magistrature, lorsqu'il fit à Londres la rencontre du directeur de l'Opera House, John Ebers, qui l'introduisit dans les cercles littéraires et lui donna sa fille en mariage, le poussant à s'engager dans la voie des lettres. Le jugement favorable que Walter Scott porta sur son premier ouvrage, *John Chilverton* (1826), l'encouragea à écrire plusieurs autres de ces romans noirs mis à la mode par Mrs. Radcliffe et N. G. Lewis. *Rookwood* (1834) et *Jack Sheppard* (1839) remportèrent un grand succès. Ainsworth publia encore *La Tour de Londres* (1840), *Saint-Paul l'Ancienne* [*Old St. Paul's : a Tale of the Plague and the Fire,* 1841], *Le Château de Windsor* (*) (1843), *Les Sorcières du Lancashire* [*The Lancashire Witches,* 1848], etc. Plein d'imagination, mais superficiel, il vulgarisa le roman gothique à fond pseudo-historique. On peut le considérer comme un précurseur du roman policier moderne. Ses gains immenses lui permirent d'acquérir le *New Monthly Magazine,* et d'ouvrir à Londres un salon littéraire que fréquentèrent les personnalités les plus fameuses de l'époque, parmi lesquelles Dickens et Thackeray.

RÉF. : S. M. Ellis, *W. H. Ainsworth and his Friends,* Londres, 1911. – K. Hollingsworth : *The Newgate Novel (1830-1847), Bulwer, Ainsworth, Dickens and Thackeray,* Detroit, 1963.

AÏSSÉ Mlle. Née en 1693 ou 1694, morte à Paris en 1733. Fille d'un chef circassien, enlevée par les Turcs et achetée à Constantinople par le comte de Ferriol, ambassadeur de France, qui la ramena à Paris et lui fit donner par sa belle-sœur une éducation soignée. Il la présenta dans les salons où elle fit sensation par sa beauté et son esprit. Elle sut résister aux avances du Régent et échapper à la corruption du temps. C'est chez Mme du Deffand qu'elle rencontra le chevalier d'Aydie, qui fut le seul amour de sa vie. Pour elle, il abandonna sa vie de dissipation. Bien que ce fût une mésalliance, il lui proposa de l'épouser. Selon Voltaire, dont le chevalier était un ami, elle refusa. Ils eurent une fille dont le chevalier s'occupa beaucoup et qu'il maria au vicomte de Nanthia. Noble et douce de caractère, de tempérament vertueux, Mlle Aïssé eut la force de briser sa liaison avec son amant pour mener une vie chrétienne. Elle mourut phtisique à l'âge de trente-neuf ans. Ses *Lettres* (*) (1787) donnent des détails intéressants sur Mme du Deffand, Mme de Tencin et la société de son temps.

GUY LE CLEC'H.

RÉF. : Claude Ferval, *Mlle Aïssé et son chevalier,* Paris, 1930.

AÏTMATOV Tchinguiz [Čingiz Ajtmatov]. Écrivain kirghiz de langue kirghize et russe. Né le 12 décembre 1928 dans le village de Cheker (Kirghizie). Son père, responsable communiste, périt victime de la terreur stalinienne en 1937. Le petit Aïtmatov est obligé de retourner dans son village natal où il découvre la vie pastorale traditionnelle des montagnes kirghizes. Il travaille au kolkhoze ; à 14 ans, pendant la guerre, il est secrétaire du soviet de village. Il grandit dans un milieu bilingue et, plus tard, il écrira (à partir des années 70) ses romans directement en russe. Après une école de vétérinaires et l'Institut d'agriculture de Kirghizie, il travaille dans un institut de recherche. En 1956-1958, il suit les cours de l'Institut de littérature de Moscou. Il travaille comme journaliste et commence à écrire des récits. Son nom devient connu du lecteur soviétique et même européen avec *Djamilia* [*Džamilja*, 1958] grâce à la réaction enthousiaste d'Aragon. Cette nouvelle, comme par la suite *L'Œil du chameau* [*Verbljužij glaz*, 1960] et d'autres nouvelles, est écrite en kirghiz et aussitôt traduite en russe.

Dans *Le Premier Maître* [*Pervyj učitel'*, 1963] Aïtmatov oppose la vieille société féodale pénétrée de préjugés au jeune héros, un soldat de l'armée Rouge qui, à peine démobilisé après la guerre civile, vient créer une école dans son village natal. (Le metteur en scène Mikhalkov-Kontchalovski en a tiré un film où les signes sont inversés : c'est le soldat qui détruit par la force une société patriarcale.) L'histoire est vue par une jeune fille qui allait à cette école et est devenue, bien des années plus tard, un savant reconnu. Le recours aux yeux naïfs d'un enfant pour décrire les événements a été souvent repris par l'auteur.

Dès les années 60, Aïtmatov commence à

faire une carrière officielle ; il devient dirigeant de l'Union des écrivains, il reçoit des prix, entre dans de nombreux comités de rédaction. Si, par ses œuvres et par son appartenance à la rédaction de *Novy Mir* (qui publie toutes ses œuvres), Aïtmatov passe pour un écrivain « libéral », il reste, en fait, à l'écart de toutes les batailles politiques et littéraires. Il a accepté, jusqu'à ces derniers temps, le rôle officiel que lui faisait jouer le pouvoir : celui du grand écrivain kirghiz, symbole vivant de l'amitié entre la Russie et les autres nationalités, de la formidable promotion culturelle qu'a apportée à des peuples incultes le pouvoir soviétique.

Avec *Adieu Goulsary* [*Proščaj Gul'sary*, 1966], Aïtmatov oppose le bon et honnête communiste Tanabaï aux mauvais communistes, aux staliniens qui ont fait son malheur. Sa critique du système est plus radicale dans *Il fut un blanc navire* [*Belyj parohod*, 1970] où le monde innocent de l'enfant qui vit dans les légendes de son peuple est détruit par la grossièreté, la violence, la bêtise du monde qui l'entoure. À partir de ce roman, Aïtmatov a recours aux légendes, aux contes – qu'ils soient traditionnels ou qu'il les invente.

Une journée plus longue qu'un siècle [*I dol'še veka dlitsja den'*, 1980] montre un minuscule hameau au bord d'un terrain d'essais nucléaires. L'écrivain y décrit avec force le stalinisme, la destruction de la culture kazakhe par l'assimilation forcée. Dans des chapitres de science-fiction, les U.S.A. et l'U.R.S.S. se mettent d'accord pour éviter les contacts avec une civilisation supérieure qui pourrait apporter le bonheur aux Terriens. (L'idée d'une planète unique, qu'il faut sauvegarder, revient à plusieurs reprises dans cet ouvrage.)

Avec l'arrivée de Gorbatchev au pouvoir, Aïtmatov connaît d'autres fonctions officielles : membre du Conseil présidentiel, rédacteur en chef de la revue *Littérature étrangère* [*Innostrannaja literatura*]. Il est nommé en 1990 ambassadeur au Luxembourg.

Dans son roman *Les Rêves de la louve* [*Plaha*, 1986] il prend pour thème la criminalité, les jeunes drogués, et attribue les plaies sociales à la perte de la spiritualité dans la société moderne. Pour souligner son propos, l'auteur a inclus dans son livre sa propre description de Jésus et de Ponce Pilate, démarquée sans grand bonheur du *Maître et Marguerite* (*) de M. Boulgakov.

ALEXIS BERELOWITCH.

AI TS'ING [Ai Qing] (surnom de Tchang Hai-tcheng). Poète chinois. Né le 27 mars 1910 à Tsin-houa, dans la province du Tche-tsiang. Après avoir manifesté le désir d'étudier à l'Académie militaire de Whampoa, Ai Ts'ing intégra en 1928 la section de peinture de l'Institut des beaux-arts du Lac de l'ouest à Hang-tcho. Dès l'année suivante, il partit pour Paris, où il s'intéressa pendant trois ans autant aux impressionnistes qu'à la poésie russe et française, à Walt Whitman et à Émile Verhaeren. De retour en Chine, il s'initia à l'engagement politique et à ses périls ; membre de la Ligue des artistes de gauche et accusé de subversion, il fut emprisonné à Shanghai jusqu'en 1935, période durant laquelle il se consacra définitivement à la poésie. En 1936 paraît le recueil *Ta-yen heu, ma nourrice* [*Ta-yen heu, wo teu pao-mou*], avant que ne commence, sous l'occupation japonaise, la période créatrice sans doute la plus riche de sa carrière : ce sont notamment, et jusqu'en 1942, *Vers le soleil* [*Siang t'ai-yang*], *Les Torches, Il a neigé sur la terre de Chine* [*Sieue-Pouo tsai Tchong-Kouo-teu t'ou-ti-chang*], *Le Nord* [*Pei-fang*], et l'*Essai sur la poésie* [*Che-Pouen*]. Rédacteur en chef de la revue poétique *Che-k'an* [*Poésie*], Ai Ts'ing publie en 1942 un article sur les rapports entre la politique et la littérature, qui sera critiqué lors des « Causeries sur l'art et la littérature de Yen-an » présidées par Mao Tse-tong en mai de la même année. Sa fascination pour Mao et son engagement dans la lutte communiste ne seront pas démenties pour autant. Le poète voulut même prendre les armes, mais se vit plutôt confier des responsabilités académiques, auxquelles succédèrent après 1949 un certain nombre de postes officiels. Jusqu'en 1957, il publie plusieurs recueils, dont *Anguille noire* [*Hei-man*, 1955], *Le Printemps* [*Tch'ouen-t'ien*, 1956], et quelques fables en faveur de la liberté de création. Accusé d'« occidentalisme » lors de la campagne de répression anti-droitière de 1957-58, Ai Ts'ing est envoyé en rééducation et en exil au Hei-long-tsiang, puis au Sin-tsiang. Il y restera pendant vingt années, dont il n'est resté absolument aucun écrit. Après sa réhabilitation en 1979, quelque deux cents poèmes ont été publiés. La célébrité et les fonctions officielles retrouvées l'ont mené à faire de nouveaux séjours à l'étranger – v. *Poèmes de Ai T'sing* (*).

VALÉRIE LAVOIX.

AIZU Yaichi. Poète, calligraphe et historien de l'art japonais. Né à Niigata le 1er août 1881, mort le 21 février 1956. Après des études de littérature anglaise à l'université Waseda, à Tôkyô, il se tourne vers l'histoire de l'art, vouant son existence de chercheur à la ville de Nara, antique capitale de l'empire. C'est du reste à la même *Capitale du sud* (+) qu'il consacrera en 1925 son premier recueil poétique, tout entier composé en « waka », poèmes classiques de forme fixe pour lesquels il avait conçu un vif intérêt dès les études secondaires. Chargé de cours d'histoire de l'art oriental et japonais à l'université Waseda (1926), il publie en 1935 une importante thèse de doctorat sur l'architecture religieuse à Nara, et assoit définitivement sa réputation littéraire en rassemblant en 1940 quelque trente années de sa production dans *Où brament les daims* (*). Viendront ensuite en 1944 *Lumière de la* *montagne* [*Sankôshû*], en 1947 *Lanterne d'hiver* [*Kantôshû*], et en 1951 les *Poésies complètes* [*Aizu Yaichi senkashû*], pour lesquelles il se voit attribuer l'important prix Mainichi. Poète de la communion, de l'identification avec l'objet chanté, Aizu sait emprunter sans jamais se trahir la longue tradition du « waka », et notamment à ce « Maniyôshû », vaste anthologie du huitième siècle qu'il avait tant admirée dès l'adolescence.

AJAR Émile : v. Gary Romain.

AKAZOME EMON. Poétesse japonaise. Fille de Taira no Kanemori (mort en 990), elle fut adoptée par Akazome no Tokimochi, qui était « lieutenant de la garde de droite » [Uemon no jo], d'où l'appellation sous laquelle elle est connue, car on ignore son véritable nom ; on ne sait pas non plus quand elle naquit et mourut. Elle fut dame de compagnie de Tomoko, femme du tout-puissant ministre Fujiwara no Michinaga (964-1053), et considérée comme l'un des meilleurs auteurs du temps. Elle épousa Oe no Masahira (952-1012) et en eut un fils, Takachika. Un jour que celui-ci, atteint d'une grave maladie, se trouvait en danger de mort, elle se rendit au temple de Sumiyoshi, consacré aux trois divinités marines qui, selon la légende, protégèrent l'impératrice Jingo Kogo au cours de son expédition contre la Corée, et leur adressa la prière contenue dans la célèbre poésie suivante : « Échangez-le (contre la sienne) / je vous en conjure, ma vie / m'importe peu ; / Oh ! quelle douleur ce serait / de me séparer de lui ! » Son vœu fut exaucé et son fils guéri. Akazome Emon est l'auteur supposé de l'*Histoire des splendeurs* (*) ; on possède d'elle, en outre, de nombreuses poésies dispersées dans les anthologies officielles.

AKHMATOVA Anna [Anna Andreevna Ahmatova]. Poétesse russe. Née à Bolchoï Fontan, près d'Odessa, le 23 juin 1889, morte à Domodedovo, près de Moscou, le 5 mars 1966. Son père, Gorenko, est ingénieur de la marine du Tsar. Akhmatova est un pseudonyme emprunté à la grand-mère, tatare, d'Anna. Elle passe son enfance à Tsarskoïe Selo, près de Pétersbourg. Élevée au gymnase de cette ville, elle s'inscrit à la faculté de droit de l'université de Kiev, puis à la faculté de lettres de Pétersbourg. Dès son enfance, elle découvre la poésie et écrit des vers. Elle voyage en Italie, en France. À Paris, elle fait la connaissance de Modigliani qui dessine plusieurs portraits de la jeune poétesse. Un seul subsiste ; les autres seront perdus pendant la Seconde Guerre mondiale. Dès 1912, elle publie un premier recueil, *Soir* (+) [*Večer*] suivi en 1914 par *Le Rosaire* (*). Sa gloire au sein de l'élite intellectuelle est immédiate. Le mythe Akhmatova prend forme. Elle devient la Sapho russe et, malgré son destin tragique – la terreur stalinienne qui l'aura réduite au silence pendant plus de vingt ans –, elle va régner, un demi-siècle durant, sur la poésie de son pays.

En 1909, Anna Akhmatova épouse Nicolas Goumilev, l'un des chefs de file de la renaissance poétique russe du début de ce siècle que, pour faire écho au « Siècle d'or » de Pouchkine, l'on a nommé le « Siècle d'argent ». Avec leur ami Mandelstam ils vont fonder l'« Acméisme ». Le mouvement entend opposer sa « belle clarté » à l'obscurité de l'école symboliste qui triomphait alors. À la veille de la Révolution, en 1917, Akhmatova fait paraître un troisième recueil, *La Volée blanche* (*). En 1921, paraît *Le Plantain* (*). Cette même année, Goumilev, resté fidèle à la foi orthodoxe et à la monarchie, se trouve compromis dans un complot. Il est fusillé. Il laisse un fils, Lev. Akhmatova épouse en secondes noces Chileïko, un savant orientaliste. Un dernier recueil paraît en 1923, *Anno Domini MCMXXI* (*). Ensuite, Akhmatova est condamnée au silence. Très liée au couple Mandelstam, elle assistera à leur martyre, leur exil, leur déportation et les aidera de son mieux. Au cours de ces mêmes années de terreur stalinienne qu'elle peindra dans son chef-d'œuvre, *Requiem* (*) (1963), son fils est arrêté et déporté (1935). La même année, son troisième mari, l'historien d'art N. N. Pounine, est condamné à la déportation. Akhmatova doit se consacrer à des travaux de traduction. Elle entreprend aussi une réflexion sur Pouchkine, qui aboutira à des essais dont elle parviendra à faire publier certains. Dans le cadre de la nouvelle politique patriotique, adoptée en 1940, la censure autorise la publication d'une anthologie des recueils antérieurs d'Akhmatova, suivie d'un nouveau cycle de poèmes, *Le Saule* – titre définitif, *Le Roseau* (*). En 1941, la guerre mondiale la surprend à Leningrad. Elle vit le siège que soutient cette ville et dont elle chantera l'héroïsme et les souffrances. L'un de ses poèmes qui dit le courage des assiégés, *Le Serment,* sera placardé sur les murs de la ville. Évacuée à Tachkent, elle visite les hôpitaux, lit ses vers aux blessés. Elle tombe malade (du typhus) et on la croit perdue. En 1944, Akhmatova rentre à Leningrad. La politique stalinienne se durcit. Jdanov contrôle la vie culturelle du pays. Akhmatova sera l'une de ses victimes. Elle évite de justesse la déportation, mais se voit de nouveau réduite au silence jusqu'en 1958. Cette année-là, paraît une première anthologie, suivie d'une seconde en 1961. Celle-ci donne la mesure de sa gloire auprès du public soviétique, conservée malgré l'ostracisme dont elle fut la victime et les silences auxquels elle fut condamnée : les cinquante mille exemplaires d'un premier tirage sont épuisés en quelques heures. Cependant, Akhmatova compose et fait publier à l'étranger les deux grands poèmes où l'on a salué ses deux chefs-d'œuvre : le *Poème sans héros* [*Poema bez geroja*] à New York, en 1960 et le *Requiem* à Munich, en 1963. Sans jamais retrouver la faveur du régime, ni rentrer en grâce, les dernières années d'Akhmatova furent adoucies par la tolérance khrouchtchévienne. Son fils rentra des camps et de l'exil. Un prix international de poésie décerné en Italie (Etna-Taormina, 1964), un doctorat « honoris causa » de l'université d'Oxford (1965) devaient lui permettre de revoir l'Europe occidentale et ses amis qui s'y trouvaient. Akhmatova fut emportée par une crise cardiaque le 5 mars 1966.

On peut distinguer deux périodes dans l'activité poétique d'Akhmatova : la première comprend les cinq recueils parus entre 1912 et 1923 ; la seconde est illustrée par les deux grands poèmes de l'après-guerre. La première période a pour trait marquant la réaction acméiste aux excès des symbolistes qui dominent la littérature russe au début du siècle. Akhmatova affirme qu'un poète qui a perdu la fraîcheur des mots est pareil à un peintre qui aurait perdu la vue. Toute recherche dans la construction grammaticale ou la tournure, tout mot rare, toute obscurité risquent de troubler la vérité autant que le lecteur. Il faut parvenir à un tutoiement de la réalité d'autant plus souhaitable qu'il permettra de retrouver le fondateur de la poésie russe, Pouchkine, et le miracle pouchkinien. La poétique acméiste sera développée par Mandelstam. Akhmatova se contente de l'illustrer dans ses courtes poésies, où la simplicité, le style direct, dépouillé, au sein duquel les silences pèsent aussi lourd que les mots, préparent la surprise et la révélation. Ces petits drames elliptiques concernent l'amour, ses joies et ses tourments, la foi orthodoxe et sa richesse émotive, décrivent les dunes de la Baltique ou les quais de la Neva. Poésie intimiste refermée sur l'expérience concrète, elle s'impose par le bonheur naturel de ses rythmes, la qualité marmoréenne de son style.

Les deux grands poèmes, le *Poème sans héros* et le *Requiem,* ont au contraire une qualité épique et s'ouvrent à l'histoire. Le premier, drame poétique en plusieurs tableaux, constitue une sorte d'autobiographie qui conte la double histoire de la femme et du poète. De celui-ci, Akhmatova reprend l'expérience et la traite comme un matériau, parfois sans complaisance. Le *Poème* est pareil à une orchestration de l'œuvre d'Akhmatova par elle-même. De la femme, elle reprend les expériences et raconte certains épisodes de sa vie ou de celle de ses amies. Dans le bal masqué que chante le poème, défile un nombre de masques où il convient de reconnaître des poètes, acteurs, actrices qui jouèrent un rôle dans la vie d'Akhmatova. Mais c'est le siècle, « rumeur du dernier acte », la mort qu'il apporte, sa tragédie qui est le véritable héros de ce poème. Si le *Poème* s'avance masqué, c'est au contraire la nudité qui fait la grandeur du *Requiem.* Comme l'aura voulu le poète, par sa bouche, « tout un peuple a crié ». La tradition acméiste est présente : parce qu'on ne peut parler de la douleur de tous ou de la terreur comme d'un événement intime, la poésie du *Requiem* est tendue, comme le voulait l'acméisme, vers la saisie de l'image immédiate, du fait brut. Parce que le poème est tissé des « pauvres mots » que les mères ont prononcés, son art réside en la redécouverte de ces mots usés par une douleur vieille comme l'humanité. Le poète retrouve ici la tradition épique : il dit la tragédie commune par des rythmes qui viennent du cœur du peuple et des mots qu'il lui a empruntés. Par ses deux derniers poèmes qui constituent son couronnement, l'œuvre d'Akhmatova dépasse le cadre de la littérature et rend au poète son rôle de mage et prophète d'un groupe ou d'une nation à un moment de son histoire.

JEAN BLOT.

RÉF. : Vladimir Pozner, Anna Akhmatova in *Littérature russe,* Paris, 1929. – Articles in *Preuves,* mars 1962, juin 1964 ; *Esprit,* juillet 1964. – Jeanne Rude, *Anna Akhmatova,* Paris, 1968. – Éliane Bickert, *Anna Akhmatova. Silence à plusieurs voix,* Paris, 1970. – Lydia Tchoukovskaïa, *Entretiens avec Anna Akhmatova,* Paris, 1980. – Anna Akhmatova, *Poème sans héros et autres œuvres,* trad. et présentation de J. et F. Rude, Paris, 1982.

AKINARI Ueda. Cet écrivain japonais du temps des Tokugawa naquit à Ôsaka en 1734, d'une courtisane et d'un père inconnu ; il mourut en 1809 à Kyôto. Abandonné par sa mère, il fut adopté par un marchand de la ville nommé Ueda. En 1738, il contracta la variole ; sa mère adoptive fut emportée, mais Akinari lui-même fut sauvé. Il garda cependant plusieurs doigts paralysés, ce qui l'éloigna longtemps des études ; sa jeunesse se passa dans l'oisiveté et la débauche. Dégoûté des bas plaisirs, il se mit à lire beaucoup, composa des « haikai », et fit en 1760 un heureux mariage. Ueda étant mort en 1761, Akinari dut prendre sa succession, et exerça pendant dix ans un métier qu'il n'aimait guère. En 1771, après un incendie qui le ruina, il se consacra entièrement à la littérature. Mais il fallait vivre : en 1773, mettant à profit sa solide culture chinoise, il se prépara à exercer la médecine, ce qu'il fit de 1775 à 1788, avec une conscience que ses contemporains jugèrent superflue. Il publia en 1776 des *Récits du monde flottant* [*Ukiyo-zôshi*], contes frivoles d'un genre alors à la mode, signés Wayaku-tarô. Mais surtout, cette même année, fut édité son chef-d'œuvre, le recueil des *Contes de pluie et de lune* (*), sous le pseudonyme de Kenshi Kijin. Dans la préface, rédigée en chinois, l'auteur qualifie ces écrits de « propos futiles » ; en fait, Akinari avait mis huit ans à composer ces contes fantastiques inspirés des meilleures sources anciennes, alors quelque peu oubliées, et qui sont à l'origine du genre romanesque japonais des « yomibon ». Ces contes, devenus classiques (traduits en français par René Sieffert en 1956), sont remplis d'allusions littéraires chères aux lecteurs japonais ; mais le style original et personnel d'Akinari a donné à ces motifs une intensité nouvelle. Notre auteur, qui a également utilisé les pseudonymes de Ueda Muchô et Muchô Koji, a publié nombre d'autres œuvres, notamment les *Contes des pluies du printemps* [*Harusame-Monogatari*], des commentaires de textes anciens, de violents pamphlets sur des sujets de philologie contre Motoori Norigana. En 1793, il crut bien faire en allant s'installer à Kyôto, mais il y mena une vie misérable, malgré la réédition de plusieurs de ses écrits, surtout à partir de la mort de sa femme (1797). Il fut enterré au temple Saifuku-ji.

AKSAKOV Sergueï Timofeevitch [Sergej Timofeevič Aksakov]. Écrivain russe. Né le 20 septembre 1791 à Ufa, mort le 30 avril 1859 à Moscou. Une des figures les plus représentatives de la littérature russe de la première moitié du XIXe siècle. Il débuta dans les lettres par une traduction du *Philoctète* de La Harpe, parue en 1816. Sous l'influence de Gogol, son classicisme traditionnel fit place à un réalisme d'un caractère moins romantique et plus précis que celui de son maître : ses récits autobiographiques traduisent en effet une expérience réellement vécue et décrite avec fidélité. Deux ouvrages surtout ont fait sa réputation : *La Chronique d'une famille* (1856) (*) et *Années d'enfance du petit-fils Bagrov* (1858) (*). Son esprit d'observation est en partie le fruit de son nationalisme (ses fils Ivan et Constantin comptèrent au nombre des théoriciens du mouvement slavophile) et de son attachement aux traditions patriarcales de sa famille, qui le poussa d'ailleurs à une certaine idéalisation de la campagne russe dont il passa délibérément sous silence tous les aspects négatifs. Il excelle dans les descriptions de la nature : tant dans ses grandes œuvres que dans des ouvrages mineurs, tels que les *Notes sur la pêche à la ligne* et les *Notes d'un chasseur dans le gouvernement d'Orenbourg,* qui lui valurent les éloges de Tourgueniev dont les *Récits d'un chasseur* (*) (1847-1852) venaient de paraître. Mais par son analyse minutieuse des menus faits quotidiens il s'apparente plutôt à un certain goût moderne et à des auteurs comme Proust, auquel un critique l'a comparé. Aksakov fut aussi un des meilleurs critiques dramatiques de son époque.

RÉF. : P. Milioukov, *Le Mouvement intellectuel russe,* Paris, 1918.

AKURĀTERS Jānis. Écrivain letton. Né le 13 janvier 1876 à Dignaja, mort le 25 juillet 1937 à Riga. Il conserva de son adolescence passée à la campagne des impressions que l'on retrouve dans son chef-d'œuvre *L'Été d'un pauvre garçon* (*) (1908). Joignant à son activité littéraire celle de professeur, il compta vers 1905 parmi les représentants les plus en vue du mouvement néo-romantique. Contraint de se réfugier en Norvège, à la suite de sa participation au mouvement nationaliste letton, il combattit dans les tranchées, pendant la Première Guerre mondiale, pour la libération de son pays. En 1919, il fut nommé membre de l'Assemblée constituante de la Lettonie indépendante, et occupa ensuite des postes importants dans les institutions culturelles de Riga. Personnage officiel, il resta cependant fidèle au romantisme de sa jeunesse.

AKUTAGAWA Ryûnosuke. Écrivain japonais. Né et mort à Tôkyô : 1er mars 1892-24 juillet 1927. Adopté, à la suite de la folie qui frappe sa mère peu après sa naissance, par son oncle maternel, il grandit dans une atmosphère imprégnée de tradition. Possédé par une passion dévorante pour les livres, il acquiert très tôt une culture livresque impressionnante recouvrant les classiques chinois et japonais et également la littérature occidentale. Anatole France, Mérimée, Flaubert, Edgar Allan Poe et Baudelaire resteront longtemps ses références. Tout en étudiant la littérature à la faculté des lettres de l'université impériale de Tôkyô, il participe à une revue littéraire d'amateurs, *Idées nouvelles* [*Shinshichô*]. En 1915, il publie *Rashômon* (*), ce premier chef-d'œuvre qui passe d'abord inaperçu puis, en 1916, *Le Nez* [*Hana*]. Remarqué par l'écrivain Natsume Sôseki, ce récit consacre sa renommée. Akutagawa commence parallèlement à enseigner l'anglais à l'École navale de Yokosuka, poste qu'il abandonne en 1919 pour se consacrer à sa carrière d'écrivain. Il devient la même année correspondant du journal *Mainichi* pour lequel il voyagera notamment en Chine. Jusque dans les années 20, il exerce son talent de conteur et la virtuosité de sa prose dans des récits brefs dits « historiques » où la fiction, l'illusion et le recours à un lointain passé servent seulement l'expression d'une sensibilité aiguisée par le sentiment de l'ambiguïté et de la fragilité de la destinée humaine. Tandis que dans *Rashômon, Le Nez,* ou *Gruau d'ignames* [*Imogayu,* 1916], il puise son anecdote dans des textes anciens tels que le *Konjaku monogatari,* il s'inspire également des récits chrétiens japonais du XVIe siècle dans *Le Diable et le Tabac* [*Tabako to akuma,* 1916] ou *Le Martyr* [*Hôkyônin no shi,* 1918]. L'art du suspense, le génie du détail et la rigueur de la construction font de ces récits des chefs-d'œuvre de perfection formelle qui mettent en scène des personnages aux destinées dramatiquement dérisoires. D'œuvre en œuvre on assiste en fait à une subtile alchimie entre une sensibilité aiguë et un puissant intellectualisme, à laquelle renvoient les profondes correspondances entre la maîtrise du verbe et l'expression d'une insaisissable mouvance de la nature humaine, jouet d'une ironique fatalité. Une œuvre comme *Le Paravent infernal* [*Jigokuhen,* 1918] pose cependant la question fondamentale de savoir si le plein accomplissement de soi et donc une certaine forme de liberté n'existent pas dans l'acceptation totale du sort le plus horrible. Qu'il s'agisse du chef de file des quarante-sept « rônin » dans *Un jour, Oishi Kuranosuke* [*Aru hi no Oishi Kuranosuke,* 1917] ou du poète Bashô dans *Lande morte* [*Kareno-shô,* 1918], Akutagawa démythifie les renommées avec un goût égal pour la provocation, mais là encore il s'agit moins de démasquer des contradictions et des malentendus que de montrer la multiplicité découlant de mises en perspectives différentes. *Dans le fourré* [*Vabu no naka,* 1922] en est une application extrême.

Akutagawa abandonne peu à peu le recours au passé, sans pour autant délaisser la fiction. *Le Truck* [*Torokko,* 1922], conte émouvant destiné aux enfants et *Les Kappa* [*Kappa,* 1927], satire humoristique de la société humaine, caractérisent un balancement de plus en plus marqué entre la sensibilité et l'ironie. Avec les récits dits « de Yasukichi » qui débutent par les *Extraits du carnet de notes de Yasukichi* [*Yasikichi no techô kara,* 1923], l'inspiration autobiographique se mêle de façon de plus en plus manifeste à la fiction. La névrose et la hantise de la folie éclatent dans *Engrenages* [*Haguruma,* 1927], avant d'acculer Akutagawa au suicide. Échappant à l'emprise de la maladie, *Bords de mer* [*Umi no hotori,* 1925], *Mirages* [*Shinkirô,* 1927] et *La Vie d'un idiot* (*) (1927) illustrent cependant l'aboutissement d'une certaine recherche d'épuration des moyens d'expression. La fulgurante carrière d'écrivain d'Akutagawa se solde par un bilan impressionnant : quelque deux cents récits brefs, autant d'articles critiques et d'essais, une vingtaine de journaux de voyages et un grand nombre de « tanka », « haiku » et poèmes libres, ses « haiku » comptant incontestablement parmi le meilleur de son œuvre.

EDWIGE DE CHAVANES.

ALAIN Émile-Auguste (pseud. d'Émile Chartier). Philosophe français. Né à Mortagne-au-Perche (Orne) le 13 mars 1868, mort au Vésinet (Yvelines) le 2 juin 1951. Fils d'un vétérinaire, il eut une enfance banale ; elle « ne fut que bêtise », a-t-il écrit lui-même. Mais, alors qu'il était élève au collège d'Alençon, Alain perdit la foi, sans toutefois connaître la moindre crise spirituelle. Il ne brillait alors que dans les mathématiques, et songeait à entrer à Polytechnique, mais, après un échec au baccalauréat sciences, il décida de préparer Normale supérieure au futur lycée Michelet, à Vanves, où il eut pour professeur Jules Lagneau, auquel il devra son rationalisme, et surtout une figure, un exemple de philosophe qu'il n'oubliera pas *(Souvenirs concernant Jules Lagneau).* Entré tard à Normale, en 1889, à vingt et un ans, il y affirma son caractère indépendant, prit vivement parti contre les maîtres vénérés de l'époque : Sainte-Beuve, Renan, Taine, Brunetière et, appliquant déjà sa méthode de lecture intégrale des grands textes, se nourrit de Platon, d'Aristote, de Comte et surtout de Kant qu'il proclamera l'« irréprochable maître d'école ». Il débuta dans le professorat en 1892 et, quelques années plus tard, à l'occasion de l'affaire Dreyfus, dans le journalisme politique. En 1900, il fut professeur à Rouen. Sa collaboration à des revues érudites l'ayant fait remarquer, il se trouva ensuite appelé à Paris et, à partir de 1909, fut chargé des cours du collège Sévigné et du lycée Henri-IV, dans la classe préparatoire à Normale. Dès 1906, il avait commencé, pour *La Dépêche de Rouen*, la si féconde série des *Propos* (*), petits articles d'abord quotidiens, où, à propos de n'importe quel fait divers, d'impressions de rues, de promenades dans la campagne, de lectures, il révèle sa vigueur de moraliste. Au moment de la guerre de 1914, bien que non mobilisable, Alain exigea de partir aux armées, où il refusa toujours un grade supérieur à celui de sous-officier. Pendant ses loisirs, il trouva l'occasion de poursuivre sa vie d'intellectuel avec *Mars ou la Guerre jugée* (*), écrit en 1915, et le *Système des beaux-arts* (*), ces deux ouvrages publiés après l'armistice. Blessé à la jambe, réformé et démobilisé, Alain reprit ses cours qui l'imposèrent non seulement à ses élèves — dont beaucoup se firent un nom et proclamèrent leur dette à l'égard du philosophe — mais aussi à un public cultivé de plus en plus large. À partir de 1920, les disciples d'Alain publièrent une feuille hebdomadaire qui contenait ses *Libres propos*, lesquels paraissaient d'ailleurs dans d'autres revues, en particulier dans *La Nouvelle Revue française* (*). En 1933, lorsqu'il abandonna le professorat, à l'âge de soixante-cinq ans, et se fixa au Vésinet, Alain entra dans une retraite fort active, puisqu'il continua de publier divers recueils de *Propos*, et qu'il écrivit de nouveaux livres, tels que son autobiographie intellectuelle, *Histoire de mes pensées* (*), en 1936. Marié très tard, à plus de soixante-dix ans, il reçut peu avant de mourir le Grand Prix national de littérature.

Il fut d'abord un professeur, dont l'influence et la popularité ne sont guère comparables en ce siècle qu'à celles d'un Bergson, ou autrefois à celles d'un Michelet, d'un Quinet. Mais Alain dédaignait les éclats des maîtres romantiques, et il ne possédait, pour s'imposer comme un Bergson, ni l'aisance mondaine ni même une doctrine originale. Un robuste rationalisme, un kantisme étrangement promené à travers d'infatigables observations de choses et de gens, et corrigé par ses observations, voilà toute la philosophie d'Alain. Mais Alain est-il un philosophe ? Bien plutôt un éveilleur d'esprits. Il n'a pas de système à proposer, mais seulement la constante et infiniment diverse leçon de défiance à l'égard des opinions communes, des idées toutes faites. « L'esprit n'est pas une poubelle à vérités », dit-il, et encore : « Il s'agit de former son jugement par un massacre de pensées... D'abord massacrer les lieux communs. » Que cherche-t-il, et surtout que fait-il chercher à ses élèves, à ses lecteurs ? « Une intelligence plus lourde, lestée de terre, servante des yeux et des mains, étroitement collée aux choses réelles, et qui ne sépare point l'idée de l'outil. » À propos d'Alain on parle souvent de Montaigne. Mais on évoquerait aussi, toutes proportions gardées, quelque Socrate, moins léger et rusé, plus paysan. Une seule vraie passion court dans cette œuvre chaotique, informe : celle de la liberté. Alain frémit de toutes les censures, il dénonce les tyrannies, il en est même un peu obsédé. L'individu reste pour lui la seule ressource. En politique, son point de vue est celui du citoyen contre les pouvoirs ; c'est ce qu'il nomme être radical — mais ce titre, chez lui, prend un contenu mystique ; il devient la vivante protestation d'une raison volontaire dressée contre toutes les séductions de la puissance, des mythes, des honneurs, des autorités. Alain se méfie du cœur : « Ne pas craindre, rester sobre, ne rien croire, trois ressources contre le tyran » : il ne demande pas à ses élèves d'adhérer à une doctrine ou à une morale — fussent-elles les siennes — mais plutôt de le suivre dans cette ascèse laïque, perpétuelle conquête de la liberté. Une hantise des maîtres pourrait, à propos d'Alain, faire songer à Paul-Louis Courier. Mais cet indépendant ne refuse pas de se soumettre à l'ordre, pourvu qu'on lui laisse l'essentiel : sa pensée, son jugement. Puis, en même temps que le souci de « n'être jamais dupe », il éprouve le besoin de se confier, et une volonté de « tout croire de l'homme ». Ainsi ce rationaliste exaltera-t-il le romantisme viril d'un Beethoven, et ce démocrate ne semble pas si loin de professer un culte des héros : « J'ai fait mon chemin dans la compagnie de quelques grands hommes authentiques, et le reste n'a pas existé pour moi. » Alain présente trop de nuances, sinon de contradictions, pour être populaire ; son style, d'autre part, plein d'humour, abondant en formules heureuses, est concis au point de gêner parfois l'intelligence. Le rayonnement d'Alain est réduit, et il y a peu de chances pour qu'il s'élargisse ; mais d'avoir marqué profondément des élèves aussi différents que Jean Prévôt, Pierre Bost, André Maurois, Henri Massis, atteste son influence occulte sur l'intelligence contemporaine.

MICHEL MOURRE.

♦ *« On soupçonne finalement une lacune dans tant de prudence paysanne ; Alain ne tient aucun compte des passions humaines, ou plutôt ne dirait-on pas qu'il n'en soupçonne que chez le tyran... Un drôle de petit écolier de village aura persisté en lui jusqu'au bout. »* Henry Clouard. ♦ *« Ce n'est pas ton idée, Alain, que je méprise, c'est toi-même, sophiste obscur ! »* Georges Bernanos. ♦ *« J'ai connu peu de grands hommes, j'entends sans la moindre paille dans le métal... Le philosophe Alain est l'un de ceux-là, et nous sommes assez nombreux à le savoir, qui fûmes ses élèves ou ses lecteurs. »* André Maurois. ♦ *« Un moine sans Dieu : je serais tenté de proposer cette définition d'Alain, si je ne craignais de l'enfermer dans cette cathédrale désaffectée que fut la pensée morale du* XIX*e siècle et dont il a brisé les portes à grands coups de hache. »* Ramon Fernandez. ♦ *« Nous avons appris de lui que la probité et le courage sont les premières vertus de l'esprit, que chacun a l'intelligence qu'il mérite, que la sottise guette chacun de nous par humeur, par infatuation, par peur ou par manque de foi en soi-même ; que les questions les plus simples sont difficiles, si on y regarde de près ; que les problèmes les plus ardus se simplifient si l'on procède par ordre avec ténacité ; enfin que la liberté est la vertu première de l'homme. »* Gilbert Spire.

RÉF. : Ramon Fernandez, *Propos sur Alain*, 1941. — André Maurois, *Alain*, 1950, et *Destins exemplaires*, 1952. — Paul Fouquié, *Alain*, 1952. — Henri Mondor, *Alain, Souvenirs...* Paris, 1953. — Claude Mauriac, *Hommes et idées d'aujourd'hui*, Paris, 1953. — Olivier Reboul, *L'Éducation selon Alain*, Paris, 1974. — Robert Bourgue, *Alain, lecteur des philosophes*, Paris, 1987. — Didier Gil, *Alain, la république ou le matérialisme*, Paris, 1990.

ALAIN Jehan. Compositeur et organiste français. Né à Saint-Germain-en-Laye le 3 février 1911, mort à Petit-Puy, près de Saumur, le 20 juin 1940. Il fait ses études au Conservatoire de Paris (1927-39) avec Marcel Dupré, Paul Dukas et Roger Ducasse. Sa mort prématurée, pendant la Seconde Guerre mondiale, a privé la musique française de l'un de ses talents les plus prometteurs. Ses œuvres pour orgue — *Litanies* (*) (1938) — s'inscrivent dans la même ligne que les premières pages d'Olivier Messiaen. Il est aussi l'auteur de plusieurs pièces pour piano, d'un *Requiem* et d'une *Messe brève* (1938) ainsi que de la *Prière pour nous autres charnels* (1939) sur un poème de Charles Péguy.

ALAIN PÂRIS.

RÉF. : Bernard Gavoty, *Jehan Alain, musicien français*, Paris, 1945. — Marie-Claire Alain, « L'Œuvre d'orgue de Jehan Alain, conseils pour l'exécution », in *L'Organo* VI/2, 1958.

ALAIN DE LILLE (Alanus de Insulis). Théologien français. Né à Lille entre 1115 et 1120, mort à l'abbaye de Cîteaux, près de Nuits (Côte-d'Or) probablement en 1202. Ses contemporains l'avaient surnommé « le Grand » ; plus tard il fut appelé « doctor universalis », et il est peut-être la plus grande figure de l'humanisme français du XIIe siècle. Frappant exemple de cette parfaite soumission, qui est caractéristique de son époque, de la science et de la poésie à la foi, alors qu'il avait atteint les sommets de sa carrière et de la renommée, dédaignant toute récompense terrestre, il voulut entrer comme simple frère convers à l'abbaye de Cîteaux. Il avait étudié à Chartres et à Paris, où il s'attacha profondément aux idées néo-platoniciennes qui dominaient la pensée de son temps, en y introduisant des éléments aristotéliciens tirés de Boèce, en une mosaïque plutôt qu'en une synthèse des doctrines scolastiques de la première époque. Il tint école à Paris et peut-être à Montpellier. Pendant son enseignement à l'université de Paris dont il fut le recteur, il écrivit ses *Règles ou maximes théologiques*, et son ouvrage en quatre livres : *Contre les hérétiques* [*De fide catholica contra haereticos*] attaquant et réfutant respectivement, dans les deux premiers livres, les hérétiques surgis du sein même de l'Église, albigeois ou cathares, et vaudois ; dans les deux autres, les ennemis extérieurs de la chrétienté, juifs et sarrasins. Contre l'hérésie cathare où revit l'ancien dualisme manichéen des principes antagonistes du bien et du mal, et qui se réclame aussi bien de l'Écriture que de la raison ; contre les Vaudois, secouant l'autorité de l'Église et ne reconnaissant que la parole de Dieu ; contre les juifs, niant la base même du christianisme, la divinité du Christ, et à plus forte raison tous ses dogmes ; contre les mahométans enfin, dont il déclare monstrueuses la vie et plus encore la croyance et les fins, Alain s'efforce d'établir une méthode théologique apte à battre en brèche les argumentations adverses, à faire triompher l'apologétique chrétienne en la fondant sur des principes et des règles exactement définis, ainsi que cela se fait dans les mathématiques et dans les autres sciences. Principes et règles qu'Alain a d'autre part assemblés (dans ses *Règles*), en s'appuyant sur Boèce, sur Plotin, sur des écrits néo-platoniciens comme l'*Asclepius* du pseudo-Apulée ou le *Liber hermetis*, qu'il attribue l'un et l'autre à Hermès Trismégiste. Alain montre le souci constant d'une interprétation rationnelle de l'Écriture et des Pères de l'Église, « car l'autorité — ironise-t-il — a le nez de cire » et chacun veut le modeler à sa guise.

D'autres ouvrages d'Alain, son *De arte praedicatoria*, son *Liber paenitentialis*, n'ont qu'un intérêt canonique. Mais ses œuvres poétiques, le *Liber parabolarum*, et surtout *L'Anticlaudien* (*) et les *Lamentations de la nature* (*), connurent une influence importante et durable. Dans l'*Anticlaudianus* — ou *Antirufinus*, par antithèse avec le poème *In Rufinum* ou *Invectives contre Rufin*, où Claudien faisait pervertir le préfet Rufin par tous les vices assemblés —, la nature assistée de toutes les vertus et de toutes les sciences forme l'homme parfait : le voyage que le poète décrit à travers les sept cieux, sur le char des Sens, sous la conduite de la Théologie d'abord, et ensuite de la Foi, peut avoir contribué à l'inspiration de Dante. Dans les *Lamentations de la nature* (*) puisera largement, un siècle plus tard, Jean de Meung, dans sa IIe partie du *Roman de la Rose* (*), bien que l'esprit en soit fort différent. On attribuait autrefois à Alain de Lille le traité de la *Doctrine catholique et des articles de la foi,* que l'on reconnaît généralement aujourd'hui comme l'œuvre de Nicolas d'Amiens.

CARLO FALCONI.

RÉF. : A. Lecoy de la Marche. *La Chaire française au Moyen Âge*, 1886. — É. Gilson. *La Philosophie au Moyen Âge*, 1947. — Guy Raynaud de Lage, *Alain de Lille, poète du XIIe siècle*, Montréal et Paris, 1951. — R. H. Green, « Alan of Lille's *De planctu naturae* », dans *Speculum*, XXXI, 1956, 649-674.

ALAIN-FOURNIER (pseud. d'Henri Alban Fournier). Romancier français. Né le 30 octobre 1886 à La Chapelle d'Angillon (Cher), porté « disparu à l'ennemi » le 22 septembre 1914 aux Éparges, près de Verdun. Toute la vie de ce descendant d'instituteurs et de paysans ramène à ses premières années dans la compagne berrichonne, à une enfance un peu triste, mais visitée par le merveilleux, par des rêves de paradis perdu au secret de la vie intérieure, qu'Alain-Fournier ne vivra plus que pour ressusciter, faisant de tous les petits événements de son existence une suite de signes, une liturgie qui ne pourra trouver son épanouissement que dans la création littéraire. En 1903, élève à Paris au lycée Lakanal, il rencontre Jacques Rivière qui prépare comme lui le concours d'entrée à l'École normale supérieure. Toute la vie d'Alain-Fournier, pendant douze ans, ne sera plus que cette amitié incomparable, qu'on peut suivre dans leur *Correspondance* (*), et d'autant plus féconde qu'il existait entre ces deux adolescents de fortes différences de tempérament. Fournier n'a pas le goût des idées, l'intelligence critique, la frénésie livresque de son ami. Il dédaigne l'analyse dont il craint peut-être qu'elle ne vienne troubler les musiques rares et intimes qu'il porte en lui et qu'il commence à entendre. Un jour, un de leurs professeurs leur ayant lu une page d'Henri de Régnier, Alain-Fournier et son ami se trouvent acquis au symbolisme. Alain-Fournier, resté assez indifférent à Barrès dont s'enthousiasme Rivière, assouvit son goût du mystère chez Jammes, Maeterlinck et surtout Jules Laforgue, qui influenceront les poèmes réunis plus tard dans *Miracles* (*). La révélation de Claudel, en 1906, apporte à Alain-Fournier l'enrichissement, surtout émotif, d'un art de la totalité, à la fois parole et pensée, un monde extérieur et monde intérieur. Mais, un an plus tôt, sa vie avait été bouleversée, transformée par une banale aventure, qu'on ne peut même pas appeler un incident : une jeune fille aperçue sur le Cours-la-Reine, avec laquelle il n'eut jamais qu'une brève conversation insignifiante, qu'il ne revit jamais plus et dont il n'eut, de temps en temps, que quelques nouvelles, mais dont il fit la figure, soudain vivante, de son rêve. Entre-temps, il avait échoué au concours d'entrée à Normale supérieure. Il fit son service militaire, entra comme secrétaire de Claude Casimir-Perier, commença de placer quelques articles dans les journaux et des contes dans les revues. L'influence de Gide combattait en lui celle de Claudel ; celle-ci le pousse au catholicisme, dont la voie d'ascétisme et d'anéantissement effraie cependant

Fournier, qui commençait alors à mettre au jour ses secrets intérieurs : « Je veux, écrivait-il, je veux montrer mon visage ! Je veux atteindre, au milieu de la vie même, ce qui est le plus merveilleux de moi-même. » Pendant l'été de 1909 cependant, au cours d'un voyage à Lourdes, il paraît saisi par l'angoisse religieuse. Mais la guerre allait survenir, et Alain-Fournier tomber dès les premiers combats. En 1913, cependant, *La Nouvelle Revue française* (*) avait publié *Le Grand Meaulnes* (*), l'une des œuvres les plus délicates de cette génération de 1910 qui avait respiré les derniers effluves du symbolisme ; dans le mariage du réalisme et de la féerie s'exprimait le besoin d'« idéal », de « spirituel » des jeunes gens de l'époque ; c'était le type du « roman poétique », cherchant moins à bâtir une intrigue et des personnages qu'à créer un état d'âme ; il aura dans l'après-guerre une certaine postérité, chez des écrivains comme Marcel Arland ou Robert Brasillach.

♦ *« Vous irez loin, Fournier. Vous vous rappellerez que c'est moi qui vous l'ai dit. »* Charles Péguy, 16 septembre 1911. ♦ *« Il serait vain de vouloir distinguer le merveilleux spontané, dans son histoire, et celui qu'il y ajouta lui-même par la simple tournure de son imagination. Elle reste, en tout cas, « à peine réelle », tissée des aventures les moins analysables* [...] *Il faut savoir aussi combien il était sobre : matériellement d'abord (jamais il ne sembla prendre à la nourriture le moindre plaisir, il ne lui demandait que de l'entretenir en vie) ; mais surtout au spirituel : j'ai souvent admiré combien légèrement il goûtait à la réalité et c'était une surprise pour moi, à chaque fois, de voir de quelle impondérable mousse s'emplissait seulement la coupe qu'il y plongeait. »* Jacques Rivière. ♦ *« Alain-Fournier fait savoir que va naître une certaine poésie, aussi en allée que la poésie anglaise, et passant aussi près du cœur, mais d'un génie tout français, paysanne, c'est-à-dire simple et obscure, forte et délicate, ancienne et fraîche, avec l'efficace d'une chanson. Peut-être le temps vient-il des valeurs paysannes. Il y a Claudel, il y a Jammes, il y a Ramuz. Mais Alain-Fournier, à dix-huit ans, comprenait tout d'avance. Il rejetait violemment les livres et les théories. C'était bien plus beau ; il n'était que de passer dans la contrée étrange, et pour cela il suffirait d'aimer chèrement la campagne, les petites vies et leur mélancolie sans limite. »* Henri Pourrat. ♦ *« Son livre, quelques phrases déchirantes de « Miracles », voilà, avec des livres et le souvenir de Rilke, les analyses musicales de Proust et certains vers du grand tzigane Apollinaire, le plus cher trésor de notre temps, la réponse de notre temps aux mystérieux appels de cuivre de Gérard de Nerval, de Baudelaire et de Rimbaud. »* Jean Cassou. ♦ *« Cet art si sobre, si direct, si évocateur pourtant, mélange subtil de brume et de lumière, c'est le fruit d'un long effort qui résume toute la vie intellectuelle d'Alain-Fournier. »* Paul Archambault.

RÉF. : Jacques Rivière, introduction à *Miracles*, Paris, 1924. – Isabelle Rivière, *Images d'Alain-Fournier* (par sa sœur), 1928. – *Hommage à Alain-Fournier*, témoignages recueillis par Marcel Abraham, 1930. – Albert Léonard, *Alain-Fournier et le Grand Meaulnes*, Paris, 1943. – Walter-Jör, *Alain-Fournier, Le paysage d'une âme*, Neuchâtel, 1945. – Aimé Becker, *Itinéraire spirituel d'Alain-Fournier*, Paris, 1946. – Christian Dedeyan, *Alain-Fournier et la réalité secrète*, Paris, 1947. – Henri Gillet, *Alain-Fournier*, Paris 1948. Clément Borgal, *Alain-Fournier*, Paris, 1955. – Jean Bastaire, *Alain Fournier ou l'anti-Rimbaud*, Paris 1978. – Pierre Suire, *Alain-Fournier : au miroir du « Grand Meaulnes »*, Paris, 1988.

ALAMANNI Luigi. Écrivain italien. Né le 28 octobre 1495 à Florence, mort le 18 avril 1556 à Amboise (Indre-et-Loire). Un des plus parfaits exemples de la culture italienne au XVIe siècle et de son rayonnement en Europe. Il doit sa formation classique à sa fréquentation du Studio fiorentino, et sa foi républicaine à celle des Orti Oricellai, et à son amitié avec Machiavel qui lui dédia la *Vie de Castruccio Castracani da Lucca.* Comme il se trouvait compromis dans le complot contre le futur Léon X, le cardinal Jules de Médicis et que sa personne avait été mise à prix pour la somme de cinquante écus d'or, il se réfugia en France, à la cour de François Ier. Mais après la chute des Médicis en 1527, il retourna dans sa ville natale, où il participa à la vie et à la défense de la République restaurée. Favorable toutefois à des pourparlers avec Charles Quint après la paix de Cambrai qui privait sa patrie de l'appui de la France, et en désaccord avec les partisans de la défense à outrance, il quitta de nouveau la ville, ce qui ne l'empêcha pas, au retour des Médicis, de tomber sous le coup du bannissement qui frappait leurs ennemis. Dès lors, il vécut en France, jouissant de la faveur dont bénéficiaient les lettrés et les artistes à la cour de François Ier, auquel il dédia les poèmes et les satires groupés dans ses *Œuvres toscanes* [*Opere toscane,* 1532]. Il en reçut des terres (le Jardin du Roi à Aix), et des missions diplomatiques auprès de différents États italiens, et même de Charles Quint, bien qu'il eût qualifié le blason des Habsbourg d'« aigle rapace qui porte deux becs pour mieux dévorer ». Comme, à sa grande surprise, l'empereur lui citait ces vers, il répondit avec esprit qu'ils étaient l'œuvre du poète et non de l'ambassadeur. Nommé surintendant de la maison royale de Catherine de Médicis, femme du dauphin, il continua à jouir de la faveur royale sous Henri II et à cultiver la poésie, s'essayant à divers genres, mais donnant dans cet académisme qui triomphait alors avec l'imitation de l'Antiquité et la conformité aux règles tirées des littératures classiques. Son *Antigone* (+) est ainsi calquée sur la tragédie de Sophocle, et sa *Flora* (*) est un exemple parfait de comédie classique, tandis que sa célèbre *Culture des champs* (*) n'est qu'une traduction libre des *Géorgiques* (*) de Virgile. De même dans *Giron le chevaleresque* (*), écrit sur la requête de François Ier, il imite un roman français homonyme, et dans son poème épique l'*Avarchide,* publié à titre posthume, il suit le plan de l'*Iliade* (*). Mais, tout en se pliant au goût de l'époque, Alamanni trouve, pour exprimer sa douleur devant les malheurs de sa patrie, le regret de la liberté perdue, la tristesse de l'exil, des accents originaux. Il mourut à Amboise, une des résidences de la cour, où l'avait déjà précédé le grand Léonard. On lui a récemment attribué les *Stances* dédiées à Elena Bonaiuti, qui devint sa femme.

RÉF. : Henri Mauvette, *Un exilé florentin à la cour de France au XVIe siècle. Luigi Alamanni, sa vie et son œuvre,* 1903. – Fernanda Bonfà, *Luigi Alamanni poeta,* Mantoue, 1909. – L. Malagoli, *Le Contraddizioni del Rinascimento,* Milan, 1968.

ALARCÓN Pedro Antonio de. Romancier espagnol. Né à Cadix (Andalousie) le 10 mars 1833, mort à Madrid le 19 juillet 1891. D'une famille noble mais ruinée, Alarcón, tout d'abord élève au séminaire de Cadix, commença de faire son droit à l'université de Grenade, mais la pauvreté l'obligea bientôt à se tourner vers la carrière ecclésiastique. Il interrompit cependant ses études théologiques, attiré irrésistiblement par la littérature. Sa formation fut celle d'un autodidacte, et sa vaste culture le fruit du hasard. Ses livres, achetés à un prix dérisoire, provenaient de la liquidation des bibliothèques de couvents. Le manque de méthode qui caractérise sa formation se retrouve, d'ailleurs, dans son œuvre littéraire. Plein d'ardeur pour les réformes, Alarcón prit une part active aux luttes politiques de son temps. Il réprouvait toute conception trop mesquine en matière de gouvernement, mais son anticléricalisme lui attira beaucoup d'ennemis. L'écrivain, qui avait débuté au journal *El Eco de Occidente* de sa ville natale, se rendit à Madrid en 1853 pour tenter vainement sa chance, et dut regagner Cadix. Alarcón retourna plus tard dans la capitale pour prendre la direction de l'organe antimonarchiste et satirique *El Látigo.* Mais, en 1860, complètement désabusé par la lutte politique, il partit comme engagé volontaire pour la campagne d'Afrique, qu'il devait évoquer d'une façon vivante dans le *Journal d'un témoin de la guerre d'Afrique* [*Diario de un testigo de la guerra de Africa*]. Grâce à l'argent gagné avec ce livre, il effectua un voyage en Italie, et raconta ses impressions dans *De Madrid à Naples* [*De Madrid a Nápoles*]. Puis, tout en participant de nouveau à la vie politique, il s'imposa de plus en plus comme romancier avec les œuvres suivantes : *L'Enfant à la boule* (*), *Le Capitaine Veneno* [*El capitán Veneno*, 1881], *La Prodigue* [*La pródiga*], *Le Tricorne* (*) et surtout *Le Scandale* (*) (1875) : romans révélateurs de la pensée d'Alarcón. L'ancien révolutionnaire, en effet, s'était peu à peu transformé en un sincère catholique conservateur.

ALARIC II. Huitième roi des Wisigoths, Alaric II succéda à son père Euric en décembre 484. Le royaume des Wisigoths s'étendait, à la suite des conquêtes d'Euric, sur l'Espagne presque entière et sur la partie de la Gaule comprise entre la Loire, le Rhône et les Pyrénées ; sa capitale était Toulouse. Mais Alaric devait, dès le début de son règne, se trouver en face d'un adversaire aussi déterminé que redoutable, Clovis. Allié naturel de Théodoric, roi des Ostrogoths, dont il avait de surcroît épousé la fille, Alaric II, aidé par la puissante coalition qu'avait formée son beau-père, tenta de résister aux assauts du roi franc. Deux faiblesses majeures minaient son empire hétérogène : la lassitude des Wisigoths « engourdis par la paix », et l'opposition des populations gallo-romaine et hispano-romaine qu'ils dominaient. Celles-ci étaient exaspérées par les persécutions que firent subir Euric et Alaric, ariens convaincus, au clergé catholique de leur royaume. Lorsque les troupes wisigothes rencontrèrent l'armée franque assistée des Burgondes, elles subirent une éclatante défaite à Vouillé (Vocladum) en 507. Alaric II fut tué, de la main même de Clovis, dit la chronique. Avec lui s'écroula la domination des Wisigoths sur le sud de la Gaule. La ruine de la dynastie suivit de peu. Comme d'autres rois barbares, Alaric avait fait codifier pour ses sujets autrefois romains le droit en vigueur dans l'Empire ; c'est ce code qui est connu sous le nom de *Loi romaine des Wisigoths* (*) ou de *Bréviaire d'Alaric.*

ALAVI Bozorg. Écrivain iranien de langue persane, puis allemande. Né en 1904 à Téhéran. Écrivain très attaché à une écriture de combat. De langue persane mais connaissant très bien l'allemand (il résida en Allemagne de l'Est), il écrivit toute son œuvre dans les deux langues - persane et allemande. Opposant farouche au régime du Shah, membre et militant actif du parti communiste iranien [Hezb-e-tudeh], il fut arrêté après les événements d'Azerbaïdjan en 1945, jeté en prison et condamné à la peine de mort. Il réussit cependant à s'enfuir de prison et quitta alors l'Iran pour l'Allemagne de l'Est. Toutes ses œuvres furent interdites pendant très longtemps, ce qui n'empêcha en rien leur circulation « sous le manteau », en Iran. Alavi exerça de façon continue une grande influence sur certains intellectuels iraniens et, à partir de 1977, ses œuvres furent mises en vente libre dans son pays. Écrivain de grand talent, il sait mettre en concordance le réalisme social et l'esprit de synthèse pour cerner les phénomènes sociaux et les traduire dans la littérature – qui doit être, selon lui, un témoignage et un enseignement.

Son œuvre se divise en ouvrages écrits en persan : *La Valise* (+) (1935), *Les Lettres* (*) (1951), *Ses yeux* (*) (1952), *Les Feuilles déchirées* [*Aragh-E-Daftar*], *L'Écrivain Mirza,* (1978) ; et en allemand : *L'Iran combattant* (1955), *Le Pays de roses et de rossignols* (1957), *Le Mur blanc* (1960), *Histoire et évolution de la littérature turque moderne* (1964).

ALBEE Edward. Dramaturge américain. Né à Washington le 12 mars 1928. Né de parents inconnus, il est adopté par Frances et Reed Albee, richissime entrepreneur de spectacles à Broadway. Il connaît une enfance dorée mais rebelle et instable. Renvoyé de plusieurs écoles et collèges chics de la côte est, il décide pourtant qu'il deviendra écrivain. En 1949, après avoir abandonné ses études, il va mener une vie de bohème à Manhattan pendant une dizaine d'années, exerçant divers petits métiers et continuant à écrire. Ce n'est qu'en 1959 qu'il se fait connaître avec *Zoo Story* (*), pièce qui dénonce la solitude engendrée par la société américaine — il adaptera pour la scène, sur le même sujet, *La Ballade du café triste* (*) de Carson McCullers en 1963. Vient ensuite *Le Tas de sable* [*The Sandbox,* 1960], version brève du *Rêve de l'Amérique* (*) (1961), où Albee mettra en place le noyau dramatique auquel il reviendra souvent, en particulier dans sa pièce la plus célèbre *Qui a peur de Virginia Woolf* (*) (1962) : une cellule familiale bourgeoise et stérile, métaphore de l'Amérique, où l'homme est émasculé et soumis à la domination de la femme, situation où il traduit sans doute sa propre expérience d'enfant adoptif d'un couple riche et déchiré. Dans ces quelques œuvres, auxquelles il faut ajouter *La Mort de Bessie Smith* (1960), où le racisme est vu comme le symptôme plus profond d'un effondrement des valeurs humaines de la société américaine, l'univers d'Albee est déjà posé. Albee, comme les dramaturges du théâtre de l'absurde, traduit le vide de ses personnages par leur langage même. Mais, s'il joue sur les clichés, comme Ionesco, son but n'est pas de montrer un univers absurde, même si l'influence de Beckett est chez lui évidente. À travers son œuvre volontiers violente, pleine d'humour noir et d'ironie, il appelle à combattre le monde des apparences, des rêves et des fausses illusions, à tenter par le détour de paraboles de revenir au réel et de retrouver des rapports humains authentiques. Ces paraboles prendront par la suite de plus en plus d'importance dans son œuvre, notamment dans *Alice la Minuscule* [*Tiny Alice,* 1964], sorte de drame religieux sur la corruption et l'innocence qu'il définit comme un « mystère ». Son univers devient plus tourmenté, hanté par la peur, la mort et la folie, comme dans *Délicate balance* [*Delicate Balance,* 1966] qui obtient le prix Pulitzer. Albee, refusant les succès faciles, s'oriente de plus en plus vers un théâtre, souvent qualifié d'hermétique, dans lequel il approfondit sa réflexion sur l'art. C'est le cas dans *Box et citations du président Mao Tsé-toung* [*Box and Quotations from Chairman Mao-Tse-Toung,* 1968] conçu comme une tentative de théâtre total mêlant au langage musique et arts plastiques. Parmi ses pièces suivantes, où se confirment sa volonté de dépouillement et l'importance grandissante de l'allégorie, citons entre autres : *Partout* [*All Over,* 1971], *Paysage marin* [*Seascape,* 1975], *La Femme de Dubuque* [*The Lady from Dubuque,* 1980] et *L'Homme à trois bras* [*The Man with Three Arms,* 1983]. Dramaturge de la cruauté et de l'émotion, d'un monde magique et métaphorique qui s'adresse à la fois à la conscience et à l'inconscient, Albee reste une des voix les plus originales de la scène américaine.

GÉRARD DALLEZ.

ALBÉNIZ Isaac. Compositeur espagnol. Né à Camprodón en Catalogne le 29 mai 1860, mort à Cambo-les-Bains, sur la côte basque, le 18 mai 1909. Tempérament ardent et inquiet, ayant été dès l'âge de six ans élève de Marmontel, il quitta la maison paternelle pour courir le monde, donnant des concerts d'abord dans les villes espagnoles, puis en Amérique dont il revint en 1877 pour faire connaissance avec Liszt, qui l'aida de ses conseils et l'emmena avec lui à Rome et à Budapest. Quelques années plus tard, poussé par son éternelle instabilité et par des besoins d'argent, il reprit la carrière de pianiste, où son génie de virtuose lui valut de nombreux succès au Mexique, en Argentine, puis en Espagne. Entre deux concerts, il composait ; sa production comprend surtout de courts morceaux pour piano, impressions ou suggestions de danses, souvenirs de son Espagne natale — v. *Chants d'Espagne* (*), *Suite espagnole* (*). Sa manière, brillante mais souvent superficielle, sent la hâte et trahit les conditions dans lesquelles il était contraint de travailler. Il est donc naturel que peu à peu ait mûri en lui le besoin d'échapper à l'épuisante routine du pianiste pour s'adonner entièrement à la composition, seule capable de lui assurer une gloire durable. En 1894, il décida de s'établir à Paris, où il put travailler à son aise et où le contact avec une vie artistique intense lui permit de perfectionner son style. Il composa quelques comédies musicales et un opéra-comique, *Pepita Jiménez* (1897, représenté en 1905 à Karlsruhe), qui est son œuvre la plus importante. Il écrivit ensuite la rhapsodie pour orchestre *Catalogne Catalonia* (1899) et douze pièces pour piano qu'il intitula *Iberia* (*), où s'expriment avec une admirable richesse de coloris l'amour et la nostalgie de la patrie lointaine. Il mourut en laissant inachevées deux importantes compositions pour piano, *Azulejos* et *Navarra*, que Granados devait terminer.

♦ « *... Il se dégage peu à peu des influences de d'Indy, de Debussy et de Ravel, pour créer de grands poèmes de piano, imprégnés de folklore espagnol et dont on ne trouve guère l'équivalent dans toutes les littératures de cet instrument, aussi bien pour leur couleur, pour leur caractère violemment expressif que pour leur audace harmonique...* » Hugo Riemann.

RÉF. : Henri Collet, *Albéniz et Granados*, Paris, 1926. — Vladimir Jankélévitch, « Albéniz et l'état de verve », in *La Rhapsodie*, Paris, 1955 ; *La Présence lointaine, Albéniz, Séverac, Mompou, essai sur le mystère du charme de la musique*, Paris, 1983. — Gabriel Laplane, *Albéniz, sa vie, son œuvre*, Paris, 1956 (avec catalogue de ses œuvres).

ALBERT-BIROT Pierre. Écrivain français. Né à Angoulême (Charente) le 22 avril 1876, mort à Paris le 25 juillet 1967. Après avoir fait une partie de ses études à Bordeaux, il vient habiter avec sa mère cité Jarry à Paris. La vie est difficile et il doit interrompre ses études. Il rencontre le sculpteur Georges Achard et se met lui-même à sculpter. En même temps, il suit des cours en Sorbonne et au Collège de France. Il devient restaurateur de meubles et d'objets anciens pour le compte d'un antiquaire parisien. Réformé au moment où éclate la guerre de 1914, il va naître vraiment, dit-il, en 1916 quand il fonde la revue *Sic* (*), titre qui allie à la signification « oui » du mot latin l'initiale de trois termes essentiels : son, idée, couleur. Il en est d'abord le seul rédacteur, puis à partir du numéro 4 s'opère la rencontre avec Guillaume Apollinaire. Dès lors, *Sic* prend une place importante dans la littérature de cette époque avec les signatures de Drieu la Rochelle, Reverdy, Soupault, Tzara, Aragon, Breton et Raymond Radiguet. Pierre Albert-Birot fonde le « nunisme », école qui prône un art résolument neuf et s'inspire du futurisme de Marinetti. *Sic* disparaît en 1919. Auparavant, son fondateur avait participé et organisé en 1917 la représentation des *Mamelles de Tirésias* (*) de Guillaume Apollinaire, qui fit alors scandale. En 1917, Pierre Albert-Birot fait paraître son premier recueil de vers, *Trente et un poèmes de poche* avec une Préface de Guillaume Apollinaire, qui voit en lui un « pyrogène ». De 1918 à 1929, il fonde le Théâtre du Plateau où il monte ses pièces, *Matoum et Tévibar* (+) (1919), *Barbe bleue, Les Femmes pliantes* (*) (1923), théâtre antiréaliste où le merveilleux est tout pénétré d'humour et de tragique. Il ne renonce pas à la poésie. De *La Joie des sept couleurs* (1919) aux *Cent nouvelles gouttes de poésie* (1967), il publie une quinzaine de recueils parmi lesquels *Poèmes à l'autre moi* (*) (1927), particulièrement représentatifs de son besoin d'unité, de son refus de tout ce que l'on oppose : la vie, la mort, le Je et l'Autre... Il écrit en même temps *Grabinoulor* (*) (1921), *Rémy Floche, employé* (1934), *Les Mémoires d'Adam et Eve* (1948), et jusqu'à sa mort il écrivit la suite de *Grabinoulor,* autant de textes en prose d'où la poésie n'est jamais absente. Cet individualiste annonce divers courants littéraires. Dans *La Lune ou le Livre des poèmes* (1924), ses dispositions typographiques préfigurent le lettrisme, Michel Butor ou Michel Deguy. Ses pièces comiques, *L'Homme coupé en morceaux* (+) (1921) ou *Le Bondieu* (1922) fraient la voie à Tardieu et à Ionesco.

Max Jacob a parlé de l'« ingénuité profonde » de Pierre Albert-Birot, qui est résolument moderne et s'étonne et s'amuse des inventions dont notre civilisation est capable. Il les intègre au mouvement général qui emporte le monde transfiguré par la présence du soleil, maître de la lumière. Il exalte la vie et même le chagrin (*Amenpeine,* 1938) se trouve racheté par la création d'un poème. L'œuvre capitale de Pierre Albert-Birot, c'est *Grabinoulor,* à laquelle il travaille quarante ans durant. Cette « épopée » en prose est écrite d'une seule coulée, sans ponctuation. Jean Paulhan a pu la comparer à *Don Quichotte* (*). D'autres l'ont rapprochée de *Gargantua* (*), ou même y ont vu une préfiguration de *Tarzan.* Si Grabinoulor parcourt l'histoire et l'espace, c'est toujours pour vivre plus intensément son présent. Il connaît quantité d'aventures plus merveilleuses, plus invraisemblables les unes que les autres. « Vraiment la vie ne commence qu'à l'absurde, au-dessous c'est du plâtre », déclarait Pierre Albert-Birot. Et de son côté Max ajoutait que *Grabinoulor* « est à la fois gai, vivant, actuel... » et cent autres adjectifs.

GUY LE CLEC'H.

RÉF. : F. Pouey, *Entretiens avec Pierre Albert-Birot,* Bruxelles, 1958. – J. Follain, *Pierre Albert-Birot,* Paris, 1967. – M. Pons, *Connaissance Albert-Birot,* Saint-Front-sur-Lémance, 1968.

ALBERT LE GRAND (Albert von Lauingen). Moine dominicain, théologien, philosophe et savant. Né à Lauingen (Souabe), dans les premières années du XIIIe siècle (probablement en 1206), mort à Cologne le 15 novembre 1280. Avec lui, la pensée scolastique amorce la fusion de la philosophie grecque et de la doctrine chrétienne, et, en particulier, la transposition, en termes chrétiens, de la pensée aristotélicienne. Formé dans les plus célèbres universités de l'époque (Padoue, Paris, Cologne), il entra, en 1223, dans l'ordre des Dominicains, dont il avait connu le général à Padoue, et se consacra dès lors à l'enseignement dans diverses villes d'Europe. Maître de théologie à Paris, en 1245, il eut pour disciple Thomas d'Aquin, qui devint son ami et son collaborateur. Ce fut au cours de cette période qu'il écrivit et publia de nombreux ouvrages pour exposer et commenter l'œuvre d'Aristote en vue d'opérer une restauration de l'autonomie de la raison et de la philosophie à l'égard de la foi et de la théologie, et de tenter la conciliation des deux mondes intellectuels contradictoires, tentative qui devait permettre à saint Thomas une élaboration plus systématique et achevée de cette grande entreprise. Les ouvrages de vulgarisation aristotélicienne suivent fidèlement les titres et les divisions des œuvres du philosophe grec, dont ils constituent une sorte de paraphrase : traités de *Logique*, de *Physique*, de *Métaphysique* – v. *Métaphysique* (*) ; une *Éthique* [*Ethicorum libri X*] et une *Politique* [*Politicorum libri VIII*]. Citons en outre : *Du ciel et du monde* (*), *De l'âme* (*), *De l'unité de l'intelligence, contre Averroès* [*De unitate intellectus contra Averroem*], *Les Quinze Problèmes* [*Quindecim problemata contra Averroistas*], et, d'un caractère plus proprement théologique, un certain nombre de commentaires sur des livres de l'*Ancien Testament* et du *Nouveau*

Testament – v. *La Bible* (*), une *Summa de creaturis*, le *Commentaire du Livre des sentences de Pierre Lombard* [*Commentarium in quatuor libros Sententiarum*], une *Somme théologique* (*) ; enfin, au nombre des écrits mystiques : les *Commentaires du Pseudo-Denys* [*Commentarii in Dionysium Areopagitam*].

Son intérêt pour les sciences et la recherche expérimentale fit de lui un observateur pénétrant de la nature, à telle enseigne que ses découvertes lui valurent d'être soupçonné de magie. On lui attribue un ouvrage : *De l'alchimie*. On lui doit également des traités : *Sur les animaux* [*De animalibus*], *Sur les végétaux* [*De vegetalibus*], *Sur les minéraux* (*), un traité d'astronomie, *Des météores* [*Meteorum libri IV*], ainsi qu'un ouvrage sur les *Propriétés des éléments* [*De proprietatibus elementorum*]. Sa renommée fut considérable et ses contemporains le considérèrent comme une des plus hautes autorités dans le domaine du savoir, le qualifiant de « docteur universel ». Il occupa des charges importantes au sein de son ordre : élu évêque de Ratisbonne, il abandonna ses fonctions pour se consacrer de nouveau aux études et à ses voyages à travers l'Europe, souvent appelé pour organiser les « studia » de l'ordre ou en qualité d'arbitre dans des controverses théologiques et philosophiques. Il se retira, sur la fin de sa vie, dans un couvent de Cologne (où il mourut), non sans continuer à entretenir une abondante correspondance avec les grands esprits du temps. Il se déplaça une dernière fois, en 1277, chargé d'ans et malade, pour aller défendre à Paris la doctrine et la mémoire de son disciple et ami saint Thomas (mort en 1274) auquel il avait survécu.

PAOLA FADDA.

♦ *« Il faut avouer que la doctrine d'Albert le Grand n'offre pas toujours cette fermeté qui, plus tard, caractérisera l'école dominicaine. »* E. Renan.

RÉF. : O. d'Assailly, *Albert le Grand. L'Ancien Monde devant le nouveau*, 1870. – A. Van Weddingen, *Albert le Grand*, 1881. – A. Garreau, *Saint Albert le Grand*, 1932. – M.-M. Gorce, *L'Essor de la pensée au Moyen Âge, Albert le Grand, Thomas d'Aquin*, 1933. – J. Goubert et le chanoine Cristiani, *Saint Albert*, 1954. – « Albert le Grand, septième centenaire » in *Le Centième Cahier des archives de philosophie*, vol. 43, n° 4, Paris, 1980. – A. de Libera, *Albert le Grand et la philosophie*, Paris, 1990.

ALBERTI Leon Battista. Humaniste et architecte italien. Né à Gênes le 14 février 1404, mort à Rome entre le 19 et le 25 avril 1472. La singularité du parcours intellectuel d'Alberti, l'importance, la variété et l'originalité de son œuvre en font une des figures les plus extraordinaires de son époque, figure unique, certes, mais en même temps représentative des principaux intérêts et des recherches, sinon de l'évolution, de l'ensemble de sa génération intellectuelle. Fils naturel mais reconnu de l'exilé florentin Lorenzo Alberti et de Bianca Fieschi, « belle et noble veuve » génoise qui allait mourir en 1406, petit-fils de Benedetto Alberti dont la puissance et la richesse avaient fait, jusqu'à la réaction oligarchique de 1382, l'un des maîtres politiques de Florence, Leon Battista semble avoir exclusivement vécu entre le nord et le centre de l'Italie : à Venise, où son père dirigeait l'agence commerciale locale de la très puissante compagnie familiale, à Padoue, où il fréquenta la célèbre école de Gasparino Barsizza, puis à Bologne, à Rome, à Ferrare et Florence, à Mantoue... En 1428, au moment ou il obtient son doctorat en droit à l'université de Bologne, la ville de Florence annule les décrets de bannissement successifs qu'elle avait émis à l'encontre de sa famille depuis des décennies. Il est toutefois fort douteux que Leon Battista ait profité de cette levée d'interdiction pour « rentrer » immédiatement à Florence et connaître une ville dans laquelle il n'ira que « rarement », « pour de brefs séjours » et en gardant toujours, comme il aura l'occasion de le préciser dans son dernier ouvrage, *Du gouvernement* [*De iciarchia*], le sentiment d'« y être un étranger ». On manque totalement, à ce propos, de preuves et même d'indices. Il en va de même pour le voyage que d'après certains de ses biographes il aurait effectué en France, en Allemagne et en Suisse à la suite du cardinal Albergati, chargé par le pape Martin V d'une mission de paix entre la France et l'Angleterre. Son premier séjour florentin ne remonte donc vraisemblablement pas au-delà de 1434. Bien que fréquemment interrompu, ce séjour se prolongera toutefois jusqu'en 1443 et se révélera d'une importance décisive, notamment pour l'élaboration de ses théories artistiques et de son idée de la langue vulgaire, du rôle qu'elle avait à jouer et des rapports historiques qu'elle entretenait avec le latin. Liée étroitement à ses conceptions en cette matière, la tentative de mise en œuvre d'une littérature en langue vulgaire fortement enrichie dans ses genres, son lexique, ses structures mêmes à travers l'imitation des modèles classiques est à l'origine des principaux écrits italiens d'Alberti, dont la première grammaire d'une langue moderne. Elle est également à l'origine du *Certame coronario,* l'épisode peut-être le plus emblématique des tensions, voire des contradictions que la « question de la langue » soulevait au XVe siècle déjà. Conçu par Alberti, ce concours poétique réunit dans la cathédrale de Florence, le 22 octobre 1441, un petit nombre de poètes appelés à traiter *De l'amitié* dans la nouvelle langue. La publicité faite à la compétition, le patronage de Pierre de Médicis, la présence entre autres de la Seigneurie florentine et de l'ambassadeur vénitien, ainsi que le choix des juges (parmi lesquels figuraient quelques humanistes des plus connus, tels que Biondo ou Le Pogge) révèlent clairement l'espoir et les attentes suscités par la manifestation, que l'ostracisme réactionnaire des milieux intellectuels les plus intransigeants fit cependant avorter. À Rome, où il séjourna une première fois à partir au moins de 1431, Alberti était entré au service de la Curie, dans le collège des *abbreviatores,* un poste et presque une sinécure qu'il garda jusqu'à la suppression de ce collège par le pape Paul II. Il reçut aussi, par la suite, des bénéfices ecclésiastiques en Toscane : à San Martino a Gangalandi, à Borgo San Lorenzo et à Bagni a Ripoli. Ces revenus lui permirent de sortir des embarras économiques dans lesquels la mort de son père l'avait plongé en 1421, mais ne l'aidèrent pas à résoudre les différends extrêmement violents (son *Autobiographie* latine [*Vita,* 1438] va même jusqu'à évoquer une tentative d'assassinat contre lui) qui l'opposaient à sa famille, à ceux de ses proches qui étaient le moins enclins à lui verser l'héritage de Lorenzo. Revenu dans la capitale de la chrétienté en 1443, à la suite du pape Eugène IV, Alberti intensifie son activité architecturale. Ses contacts avec le patricien florentin Giovanni Rucellai ainsi que son intervention dans le programme « religieux » de celui-ci remontent toutefois, probablement, aux années 1439-1442 ; ils porteront notamment à la réalisation de la façade de Santa Maria Novella (terminée en 1470) et à la conception de la loge et de la façade du palais de Via della Vigna ainsi qu'à celle de la chapelle Rucellai (1467) dans l'église, aujourd'hui désaffectée, de San Pancrazio. Vers 1470, toujours à Florence mais exécutant une commande du marquis Ludovic Gonzague, Alberti œuvrera aussi pour la tribune de la Santissima Annunziata, qui ne sera achevée qu'en 1477. Pour ce même seigneur il avait à cette date déjà conçu l'église de San Sebastiano à Mantoue et allait l'année suivante (1471) fournir les dessins pour celle de Sant'Andrea toujours à Mantoue. Entretemps, il avait projeté pour Sigismondo Malatesta le célèbre Tempio malatestiano de Rimini, dont les travaux (1450 à 1468), confiés sur place à Matteo de' Pasti, seront interrompus par la mort du commanditaire. Il ne reste pratiquement aucune trace des autres éventuels projets et interventions d'Alberti à Ferrare (notamment pour le clocher de la cathédrale) ou à Rome (dans l'ambitieux programme urbaniste de Nicolas V).

Hormis quelques textes « littéraires » : des poèmes (*Rime,* des années 1430), une pièce (*Philodoxeos fabula,* 1424 pour la première rédaction, 1434-37 pour la seconde), les cent *Apologues* [*Apologi,* 1437] ou encore un petit nombre d'opuscules traitant de l'amour, dont *Déiphire* [*Deifira,* avant 1434] et *Écathonphile* [*Ecatonfilea,* avant 1434 ?], textes qui n'occupent qu'une place marginale dans l'ensemble de sa production, l'œuvre écrite d'Alberti s'articule autour de trois grands axes parallèles qui illustrent trois formes d'écriture divergentes : le *traité,* le *dialogue* et le *ludus.* Ils correspondent aux trois attitudes fondamentales de l'intellectuel tel que cet humaniste le conçoit et le définit. Parmi les traités on compte notamment : *De la peinture* (*), *Grammaire de la langue toscane* [*Grammatica* ou *Grammatica della lingua toscana,* 1437-41], *De l'architecture et de l'art de bien bâtir* (*), *De la statuaire* (*), *Description de la ville de Rome* [*Descriptio urbis Romae,* 1450 environ] et *De la cryptographie* [*De cifris,* ou *De componendis cifris,* autour de 1466]. Il s'agit dans tous les cas d'ouvrages novateurs et même des premiers écrits théoriques que l'on connaisse dans leurs domaines respectifs (le *De re aedificatoria* lui-même n'étant de ce point de vue qu'une exception toute relative, plus apparente que substantielle). L'importance historique ainsi que l'étendue des intérêts technico-artistiques et scientifiques d'Alberti y sont inscrites. Curieux mais moins significatifs apparaissent les *Amusements mathématiques* [*Ludi rerum mathematicarum,* 1450-1452], dont l'originalité réside, plutôt que dans des apports effectivement nouveaux, dans la volonté de montrer l'utilité concrète et donc les applications possibles des mathématiques. Ce qui caractérise le traité en tant que genre formel, ce qui l'oppose nettement aux manières du dialogue et du ludus, est l'attitude de l'auteur, qui se pose en maître de sa matière. Mais le caractère spécifique du traité albertien réside dans la recherche et l'identification d'un fondement théorique sûr, puis dans la définition d'une méthode cohérente et adaptée ainsi que dans la fidélité et la rigueur de son application. Dans l'optique épistémologique qui est celle d'Alberti, ces opérations fondent et légitiment le traité, rendant donc possible son écriture. La perspective, à laquelle est consacré le premier livre, « tutto matematico », *De la peinture,* l'ingénieux système de mensuration qui, dans le *De la statuaire,* est appelé *exempeda,* ou encore, dans le cas du *De re aedificatoria,* la théorie des nombres et des proportions, expriment le principe recherché tout en le posant sur un plan absolu, celui d'une objectivité qui anéantit ou prétend anéantir les opinions subjectives des hommes. Tout autre est la nature du dialogue, genre intimement lié depuis l'Antiquité à la spéculation philosophique et dont Alberti peut être considéré comme le véritable rénovateur. À ce genre appartiennent au moins quatre de ses ouvrages : *De la famille* (*), *Theogenius* (1438-1441), *La Tranquillité de l'âme* [*Profugiorum ab aerumna libri III,* 1441-42 environ] et *Du gouvernement* [*De iciarchia,* 1468 ou peu après]. L'auteur lui-même trouve dans ces écrits, en tant qu'interlocuteur, une place grandissante : trop jeune, lors de son premier et plus grand dialogue, pour être véritablement autre chose qu'un témoin, fût-il très intéressé, il apparaît déjà comme une autorité dans *La Tranquillité de l'âme,* où Agnolo Pandolfini peut le citer à côté des Anciens. Dans les trois livres *Du gouvernement,* enfin, il s'approprie l'*auctoritas* même de ces Anciens et devient désormais, par la valeur de son expérience, un modèle. Comme des « jeux », des « amusements », des « exutoires » ou encore des « soulagements » sont présentés par Alberti aux dédicataires ou aux lecteurs un certain nombre de ses ouvrages latins (*ludi*) marqués en réalité par le goût du paradoxe et de la critique, par la perplexité et souvent aussi par une ironie amère et profanatrice. Outre son *Autobiographie* elle-même et des écrits mineurs mais fort agréables à lire, tels que l'*Éloge funèbre pour son chien* [*Canis,* avant 1438] ou *La Mouche* [*Musca,* 1441-43], appartiennent de plein droit à ce genre le *Momus ou Du prince* (*) et les *Propos de table* (*) : l'un et l'autre rappellent parfois de près un auteur particulièrement cher à la sensibilité de la Renaissance, le grec Lucien.

FRANCESCO FURLAN.

RÉF. : P.-H. Michel, *La Pensée de Leon Battista Alberti,* Paris, 1930. – C. Grayson, « The Humanism of Leon Battista Alberti », in *Italian Studies,* XII, 1957. – G. C. Argan-C. Grayson, « Alberti, Leon Battista », in *Dizionario biografico degli italiani,* I, Rome, 1960. – *Rinascimento,* n.s., XII, 1972 (nº spécial consacré à A.). – A. Tenenti, « Le *Momus* dans l'œuvre de Leon Battista Alberti », in *Il pensiero politico,* VII, 1974. – F. Borsi, *Leon Battista Alberti, Opera completa,* Milan, 1975. – F. Furlan, « De l'alchimie ou Des sciences inutiles : Méthode et valeur de la recherche chez Leon Battista Alberti, in *Chrysopoeia,* II, 1988 ; « L'idea della donna e dell'amore nella cultura tardomedievale e in L.-B. Alberti », in *Intersezioni X,* 1990 ; « La Réception de l'œuvre d'Alberti en France », in *La Circulation des hommes et des œuvres... à la Renaissance. Actes du Colloque intern. de Paris (22-24 nov. 1990),* Paris, 1992 ; « La *Deifira* et ses lecteurs », in *Revue des études italiennes,* XXXIX, 1993.

ALBERTI Rafael. Poète et dramaturge espagnol. Né le 16 décembre 1902 à Puerto de Santa María dans la province de Cadix. Il fréquente le collège des jésuites de sa ville, des murs duquel il entrevoit la beauté de la nature environnante, mais il se révolte aussi contre l'atmosphère confinée et les inégalités sociales de ce milieu scolaire. En mai 1917, la famille Alberti s'installe à Madrid et le jeune Rafael se destine d'abord au métier de peintre. Il abandonne donc son baccalauréat pour se consacrer à son art, commençant par réaliser des copies dans les musées de la capitale. En même temps, il se sent attiré par la lecture des poètes romantiques et modernistes espagnols tels que Gustavo Adolfo Bécquer, Rubén Darío et Juan Ramón Jiménez. Sa santé délicate requiert de fréquents séjours dans la campagne andalouse et il en profite pour peindre des paysages de sa province natale, qu'il expose au Salon d'Automne de Madrid en 1920. La mort prématurée de son père lui inspire le goût de la solitude et influe sur l'éveil de sa vocation poétique. Il envoie ses premiers vers à la revue d'avant-garde *Ultra*, sans succès. En automne 1922, il donne encore une exposition. La nostalgie des paysages lumineux de Cadix lui inspire les poèmes *Mer et Terre* [*Mar y Tierra*], intitulés par la suite *Marin à terre* (*) qui lui apportent en 1925 la consécration par l'attribution du Prix national de littérature ; cette récompense lui ouvre les portes de différentes revues, notamment *La Verdad* et la *Revista de Occidente*, et le recueil couronné attire l'attention de Juan Ramón Jiménez, qui ne tarit pas d'éloges sur cette poésie populaire, de tradition bien espagnole, spontanée et achevée tout à la fois. Dans la capitale, Rafael Alberti se lie d'amitié avec poètes et artistes comme Dalí, Buñuel, García Lorca, Salinas, Jorge Guillén. À la fin de cette année 1925, il prépare dans le calme de Rute, village de la province de Cordoue, un nouveau livre : *L'Aube de la giroflée* (*) (1926-1927) ; sous le signe de la giroflée blanche, des poésies légères, tendres et mystiques, sous le signe de la giroflée noire, une poésie plus dramatique. En 1926, à Malaga, il fait la connaissance d'Emilio Prados et de Manuel Altolaguirre, qui éditent *L'Amante* (*) dans leur revue *Littoral.* Les poètes de la génération d'Alberti se regroupent bientôt pour célébrer avec éclat le tricentenaire de la mort de Góngora, et le livre de Rafael Alberti intitulé *À chaux et à chant* (*) (1926-1927) hérite du poète du Siècle d'or l'emploi des allégories et une certaine obscurité, mais des thèmes d'inspiration plus moderne y apparaissent : les moyens de transport et de communication. Le poète semble sacrifier au démon du surréalisme avec *Sur les anges* (*) (1929) et un certain nombre de contrastes qui vont marquer l'itinéraire de l'auteur se manifestent déjà dans ce recueil : va-et-vient entre passé et présent, entre clarté et obscurité, enfin recherche du Paradis perdu, qui se confirme dans une pièce de théâtre écrite en 1928-1929 : *L'Homme inhabité* [*El hombre deshabitado*], sorte d'auto sacramental négatif. Jouée en 1931, aux débuts de la République, elle prend valeur de lutte contre les tabous et interdits d'une société bourgeoise à laquelle appartenait précisément le poète. Au moment où se prépare le changement de régime, les poèmes intitulés *Sermons et Demeures* (*) (1929-1930), font intervenir une vision du salut collectif, non pas dans l'abandon aux desseins de la Providence, mais dans la prise de conscience et la lutte. Rafael Alberti s'engage alors dans le combat politique, en s'inscrivant au parti communiste espagnol. Il rencontre María Teresa León qui divorce pour l'épouser. Le 1er juin 1931, la deuxième œuvre théâtrale d'Alberti, *Fermín Galán* est représentée avec le concours de la fameuse interprète des drames de Federico García Lorca, Margarita Xirgu. Le poète y rend un hommage posthume au capitaine Galán qui a échoué dans son soulèvement contre la monarchie un an plus tôt. Pendant la première période de la deuxième République espagnole, Alberti entreprend avec son épouse des voyages à l'étranger, en France d'abord, où il rencontre écrivains et peintres espagnols et latino-américains, puis en 1932 à Berlin, Moscou et dans les pays du Nord. De retour en Espagne au moment où la situation politique se dégrade, il fonde une revue de combat, *Octubre*, en compagnie d'autres écrivains et publie *Consignes* (1933), poèmes satiriques. Puis il reprend ses déplacements à Moscou, en Turquie, Grèce, Italie, à Paris (1934), aux Amériques, en particulier au Mexique, où il achève *Te voir et ne pas te voir* (+) (1935) : il s'agit d'un interlude lyrique en hommage au célèbre torero Ignacio Sánchez Mejías, qui vient de mourir tragiquement dans l'arène. Pendant toute cette période et jusqu'en 1939, Alberti met sa plume et son action au service du peuple ; c'est ainsi que naissent successivement : *L'Élégie civique* (+) (1930), *Le Poète dans la rue* (+) (1931-1935), *La Famille* (+) (1934), *Treize bandes et quarante-huit étoiles* (+) (1935). Peu après le pronunciamiento de Franco, il est nommé secrétaire de « l'Alliance des intellectuels anti-fascistes » et, dans la revue *El Mono azul*, il publie des poèmes burlesques contre les partisans du soulèvement et des chants à la gloire de la résistance de Madrid *Capitale de la gloire* (+) (1936-1938). Parallèlement, il écrit des pièces pour le théâtre aux armées, adapte la *Numance* (*) de Cervantès aux circonstances de ce temps ; son drame *D'un moment à l'autre* (*) (1939) est l'histoire plus ou moins autobiographique d'un bourgeois en rupture avec les siens, pour se mettre au service des humbles. En 1939, la défaite des Républicains contraint Rafael Alberti et son épouse à gagner Oran puis Paris où ils gagnent leur vie comme traducteurs à la radio. Bientôt, ils s'embarquent pour l'Argentine où ils demeureront jusqu'en 1964. La poésie d'Alberti, à partir de cette époque, est un compromis entre la nostalgie du passé et l'adhésion à l'espace et au temps présents ; *Entre l'œillet et l'épée* (*), publié par Losada à Buenos Aires en 1941, *Pleine mer* (*) (1944), participent de cet esprit. *Vie bilingue d'un réfugié espagnol en France* [*Vida bilingue de un refugiado español en Francia*], écrit entre 1939 et 1940, s'efforce de concilier la lutte d'hier et l'espoir dans le futur ; la présence obsédante du sang se conjugue à celle de Madrid, du musée du Prado. Le thème du taureau comme identification de l'Espagne, après avoir symbolisé mort et défaite, signifie victoire et lumière dans *Signes du jour* [*Signos del día*, 1945-1955]. En ces années passées en Argentine, Rafael Alberti écrit également pour le théâtre : trois pièces constituent une sorte de trilogie rustique : *Le Trèfle fleuri* [*El trébol florido*, 1942], *Le Repoussoir* [*El adefesio*, 1944], *La Gaillarde* [*La gallarda*, 1944-1945]. Le thème paysan est également traité sur le mode critique dans *Chansons de Juan Panadero* [*Coplas de Juan Panadero*, 1949], l'Homme de la Terre, Jean Panadero, étant le porte-parole de l'auteur, qui attaque l'Espagne franquiste. Dans le recueil intitulé *À la peinture* (+) [*A la pintura*, 1948], il revient à sa première vocation. Lors de la décennie des années cinquante, l'évocation du pays natal est marquée par la parution de *Revenances du vivant lointain* (*), publié en 1952, et *Ballades et chansons du Paraná* (*) (1953-1954) ; Alberti y chante en superposition sa vie présente d'exilé et sa vie passée en Espagne. En 1956, le couple Alberti effectue un voyage en Europe centrale, U.R.S.S., Chine, et le poète va renouveler ses sources d'inspiration grâce à ce déplacement. Dans *Le Printemps des peuples* [*La primavera de los pueblos*, 1955-1957], il porte un regard enthousiaste sur ces terres récemment parcourues. En 1964, les Alberti quittent l'Argentine pour s'installer à Rome. L'année suivante, le poète reçoit le prix Lénine international. L'Italie, berceau de la famille Alberti, lui inspire *Rome, péril pour des voyageurs* [*Roma, peligro para caminantes*, 1964-1975]. Mais Alberti reste obsédé par la double vision de l'Espagne, passée et tragique, future et pleine d'espoir : l'épée et l'œillet demeurent les symboles de ce dualisme comme en témoignent : *Mépris et Merveille* [*Desprecio y Maravilla*, 1967-1971], *Chansons de la haute vallée de l'Aniene* [*Canciones del Alto Valle del Aniene*, 1967-1972], *Les Huit Noms de Picasso et Je ne dis que ce que je dis* [*Los ocho nombres de Picasso y no digo más que lo que digo*, 1966-1970], *Vers au fil des jours* [*Versos sueltos de cada dia*, 1982]. Depuis la mort de Franco en 1975, les œuvres d'Alberti encore non publiées en Espagne sont progressivement rééditées : c'est le cas notamment de celles comprises entre 1939 et 1975 et qui se regroupent sous le titre de *Poèmes de l'exil et de l'attente* [*Poemas del exilio y de la espera*, publiées à Madrid en 1976], *Nuit de guerre au musée du Prado* [*Noche de guerra en el Museo del Prado*], pièce politique écrite en 1956, est éditée en 1975 en Espagne. En 1977, Rafael Alberti regagne l'Espagne à la faveur de la démocratisation. Son œuvre aborde tous les genres littéraires avec une tonalité très variée : en poésie, le lyrisme dans l'évocation de la Terre-Mère de *Heure maritime* (*) (1956) peut être inspiré par la vision des terres lointaines : *Souris, Chine* [*Sonrie, China*, 1958]. Au théâtre, Rafael Alberti a écrit tant des œuvres originales que des adaptations de pièces du Siècle d'or comme *La Gentille Andalouse* [*La lozana andaluza*, 1964]. Ses ouvrages en prose méritent également d'être mentionnés : *La Futaie perdue* [*La arboleda perdida*, I (1959, puis 1975) et II (1987)], *Image première de* [*Imagen primera de*, 1945]. La plupart de ses livres sont traduits en français ; ils se placent sous le double signe de la rébellion et de la glorification de l'Homme : rébellion contre une tyrannie qui peut s'exercer dans tous les domaines, glorification de l'Homme, qui ne peut trouver son plein épanouissement que dans le marxisme.

MARIE-FRANCE SCHMIDT.

RÉF. : Claude Couffon : *Rafael Alberti*, Paris, 1966. – Robert Marrast, *Aspect du théâtre de Rafael Alberti*, Paris, 1967.

ALBINONI Tomaso. Compositeur italien. Né et mort à Venise (8 juin 1671-17 janvier 1750). Sa vie est assez peu connue ; elle se situe surtout à Venise, où il a peut-être été l'élève de Legrenzi et l'ami de Vivaldi. Quant à son œuvre, elle a conquis une immense popularité posthume, par la fortune d'un *Adagio pour cordes et orgue en sol mineur* qui est en fait une œuvre de son biographe Remo Giazotto, écrite en 1947 à partir de quelques éléments de base d'Albinoni. Le succès de cette page, agréable mais sans rapport avec l'esthétique du musicien, cache la véritable personnalité artistique de ce noble « dilettante » (c'est-à-dire économiquement indépendant). Certes, la musique de ses quelque quatre-vingts opéras et de ses nombreuses œuvres théâtrales, représentés à Venise avec grand succès, est presque totalement perdue aujourd'hui. Mais son œuvre instrumentale n'est pas moins importante en nombre, et de qualité remarquable : *Sonate a tre* op. 1 (1694), *Concerti a cinque* op. 2 (1695), op. 5 (1707), op. 7 (v. 1716), op. 9 (1722), op. 10 (1737), *Concerti grossi* (*), *Balletti a tre, Sonate a due*, op. 4, *Divertissements de chambre à deux*, op. 6 [*Trattenimenti per camera a due*], *Sonate e Ballettu a tre*, op. 8, *Sonate per violino solo, violone e basso continuo.* Musicien inventif, au tempérament lyrique et expansif, Albinoni est l'un des grands représentants de la dernière génération des baroques italiens, avec Vivaldi et Marcello. Novateur, c'est lui qui introduit le découpage en quatre mouvements, qui sera celui de la sonate et de la symphonie classique et romantique. Il contribue également à l'hégémonie du concerto de soliste, issu du concerto grosso. Trop souvent ramené au rang d'un petit maître, c'est l'une des figures majeures de son temps : ses *Concertos op. 9* sont un véritable chef-d'œuvre. J.-S. Bach ne s'y est pas trompé, qui l'admira au point de lui emprunter des thèmes.

GILLES CANTAGREL.

ALBRECHT von Scharfenberg. Poète allemand du XIIIe siècle. Au XVe siècle, le Bavarois Ulrich Futerer cite dans son *Livre des aventures* un poète de ce nom, auteur d'un *Seifrid de Ardemont* et d'un *Merlin,* et il le classe parmi les plus grands poètes de l'époque classique, aux côtés de Wolfram et de Gottfried. On a donc longtemps pensé que cet Albrecht von Scharfenberg avait été l'auteur de la continuation des fragments du *Titurel* (*). L'auteur bavarois de cette œuvre, qui se nomme lui-même Albrecht, dédie son poème à un duc Louis, comte palatin, qui ne peut être que le duc Louis II de Bavière, mort en 1294. On considère donc généralement que le *Nouveau Titurel* fut composé vers 1260-1270. Le poète se fait d'abord passer pour Wolfram (2867,1) et ne décline son propre nom que vers la fin de l'œuvre (5883,1). Il savait le latin et semble s'être inspiré du Lancelot en prose français et surtout de la fameuse *Lettre du prêtre Jean.*

ALBRECHTSBERGER Johann Georg. Compositeur autrichien. Né à Klosterneuburg (Vienne) le 3 février 1736, mort à Vienne le 7 mars 1809. Il fait ses études musicales dans sa ville natale et à l'abbaye de Melk (1749-54), puis travaille la philosophie au séminaire jésuite de Vienne. Il est organiste à Raab (Györ), puis occupe ensuite des postes analogues en Basse-Autriche et à Melk avant de devenir deuxième (1772) puis premier (1792) organiste à la cour de Vienne. En 1793, il est nommé maître de chapelle à la cathédrale Saint-Étienne de Vienne. Ami de Haydn, il faisait autorité dans le domaine du contrepoint qu'il a enseigné à Beethoven (1794-95) et à Hummel. Sa musique religieuse (trente-cinq messes, six oratorios) et sa musique d'orgues (fugues) reflètent cette parfaite maîtrise du style ancien alors que sa musique instrumentale cède parfois au style galant de l'époque. On lui doit quatre symphonies, quarante-deux quatuors à cordes, des concertos – voir *Concerto pour trombone* (*). Il est l'auteur d'importants ouvrages théoriques, notamment sa *Méthode élémentaire de composition* [*Anweisung zur Komposition*, 1790].

ALAIN PÂRIS.

ALBUQUERQUE Afonso de. Navigateur portugais. Né vers 1453 à Alhandra, près de Lisbonne, mort le 16 décembre 1515 en mer, en vue de Goa, deuxième gouverneur de l'Inde portugaise et le véritable fondateur du grand empire portugais d'Orient. Descendant d'un fils naturel du roi Dinis de Portugal, élevé à la cour du roi Afonso V, il apprit le métier des armes dès sa jeunesse et prit part à de nombreuses expéditions sur mer, sur terre, en Europe comme en Afrique (notamment dans l'aide donnée au roi de Naples contre les Turcs). Il remplit sa première mission aux Indes à la tête de trois vaisseaux, vainquit le « Samorim » de Calcutta, revint peu après à Lisbonne, fut renvoyé en Orient avec la flotte commandée par Tristão da Cunha avec la mission secrète confiée par le grand roi Manuel de prendre la suite du gouverneur Francisco de Almeida. Au cours de ce voyage, il trouva moyen de lancer pour son propre compte une violente offensive contre les Turcs, en mer Rouge et sur les côtes de l'Arabie, mettant en application l'un des principes fondamentaux qui dirigeront sa future position économique et stratégique de gouverneur : bâtir des forteresses en territoire ennemi afin de le désorganiser et d'assurer sa propre protection. De 1508 à 1509 il résista avec des fortunes diverses (il passa quelque temps en prison) à Almeida, qui refusait de lui transmettre ses fonctions. Quand il put enfin assumer le gouvernement de l'Inde, il mit tout l'Orient en mouvement, d'Aden et d'Ormuz à Malacca, aux Moluques, détruisant, construisant, établissant partout de solides bases portugaises, complétant les connaissances géographiques de l'époque. Il conquit Goa après des alternatives de succès et d'échecs tant militaires que personnels. Au moment de sa plus grande puissance, alors qu'il était malade, il revenait d'une expédition en mer Rouge faisant voile vers Goa, lorsqu'il apprit que le souverain l'avait destitué. Le chagrin hâta sa fin. Il dicta avant de mourir une de ses plus célèbres *Lettres* (*) ; c'est un document capital pour apprécier l'exceptionnelle importance de l'œuvre accomplie en vue de l'établissement de l'empire et de sa protection ; il recommandait au roi son fils naturel, enfant unique, Brás (ou Afonso) Albuquerque, l'auteur des *Commentaires*, ouvrage précieux pour la connaissance de l'œuvre accomplie par son père.

RÉF. : Brás de (ou Afonso de) Albuquerque, *Commentarios de Alfonso Dalboquerque, capitao geral e governador da India*, Lisbonne, 1557. – N. Stephens, *Albuquerque and the Early Portuguese Settlements in India*, Londres, 1892, et *Albuquerque*, Oxford, 1905. – René Bouvier, *Albuquerque. Le Lancement d'une affaire coloniale au grand siècle...*, 1932. – Elaine Sanceau, *Indies Adventure...* Londres, Glasgow, 1936.

ALBUQUERQUE Brás de (ou Afonso). Fils naturel du grand navigateur portugais Afonso de Albuquerque. Né dans la Quinta do Paraiso près d'Alhandra (Portugal) en 1500 et mort à Lisbonne en 1580. Il est aussi connu sous le nom d'Alphonse d'Albuquerque, qu'il prit à la demande du roi Manuel Ier, qui voulait qu'il ajoutât au sien le nom de son père pour en perpétuer la mémoire. D'abord commandant d'un des navires de la flotte qui conduisait l'infante Béatrice à son futur époux le duc de Savoie, il fut, en 1569, président du sénat de Lisbonne. On lui doit l'édition des *Commentaires* (*), écrits sur le modèle de ceux de César, et qui ne sont autres que les mémoires de son père qu'il put mettre au point grâce aux lettres envoyées par celui-ci au roi Manuel de Portugal, quand il était gouverneur des Indes portugaises de 1507 à 1515. Brás de Albuquerque a également laissé le manuscrit d'une œuvre de caractère généalogique consacrée à la famille d'Albuquerque.

ALCÁZAR Baltasar del. Poète espagnol. Né en 1530 à Séville, où il mourut le 16 janvier 1606. Il était le sixième des onze fils de don Luis del Alcázar et de Leonor de León Garabito. Après avoir fait ses humanités à Séville, il traduisit Horace, et subit tout particulièrement l'attrait de Martial dont il devait être l'imitateur dans ses poésies. Alcázar servit sur les galères de don Alvaro de Bazán, marquis de Santa Cruz. Fait prisonnier par les Français, puis remis en liberté, il épousa, en 1565, sa cousine María de Aguilera. Nommé par le duc d'Alcalá de Guadaira alcade du bourg de Los Morales, il y résida plusieurs années. Demeuré veuf, on suppose qu'il fut en proie à une violente passion. De retour à Séville en 1583, il devint, six ans plus tard, administrateur au service des comtes de Gelves, charge où il fut entraîné à effectuer quelques prêts, ce qui gâta ses rapports avec le comte. Alcázar se livra ensuite au commerce des perles et des tableaux, sans réussir à faire fructifier son maigre avoir. Malade, il composa, pour oublier ses maux (la goutte et la maladie de la pierre), des épigrammes et des poésies légères. Ces œuvres de pur divertissement reflètent bien la personnalité de leur auteur, et sa vie sans grandes préoccupations intellectuelles, consacrée aux plaisirs de la bonne chère. D'humeur vive et gaie, ses plaisanteries et épigrammes sont audacieuses parfois, mais jamais volontairement obscènes. Son *Souper ridicule* [*La cena jocosa*], dont on connaît deux éditions, eut une grande popularité. Alcázar, peu soucieux de se faire un nom, ne publia pas ses vers. Ils furent recueillis par le peintre Francisco Pacheco qui était de ses amis, ainsi que les poètes Gutierre de Cetina et Juan de la Cueva. Musicien habile et auteur de quelques madrigaux aujourd'hui perdus, Alcázar, dans sa jeunesse, s'était passionné pour l'astrologie et les prédictions, au point d'écrire une traduction du *Livre des sorts* dont Rodríguez Marín affirme avoir vu une copie.

RÉF. : De Sismondi, *De la littérature du midi de l'Europe*, 1813. – J. Fitzmaurice-Kelly, *Littérature espagnole*, 1904.

ALCÉE. Poète lyrique grec. Contre les dates défendues par Beloch, qui s'appuie sur un passage très discuté d'Hérodote pour déplacer la biographie du poète jusqu'au temps des Pisistratides, la critique la plus récente affirme de nouveau la recevabilité des nombreux témoignages traditionnels qui placent sa vie dans la première moitié du VIe siècle av. J.-C. Il naquit à Mytilène, dans l'île de Lesbos, entre 630 et 620, et fut le contemporain de Sappho, avec qui il est le principal représentant de la lyrique éolienne (ainsi nommée d'après le dialecte éolien parlé à Lesbos). Cette poésie, dont Alcée et Sappho ont créé les principales formes métriques, se chantait avec l'accompagnement d'un instrument à cordes, barbiton ou lyre. Alcée et Sappho furent d'ailleurs en contact, ainsi qu'en témoignent de façon émouvante ces vers adressés par Alcée à la poétesse : « Pure Sappho à la chevelure de violettes, au doux sourire, j'ai quelque chose à te dire mais la honte me retient. » Ce à quoi Sappho répondit : « Si tu avais le désir du beau et du bien, si ta langue ne méditait aucune mauvaise parole, la honte ne couvrirait pas tes joues et tu dirais franchement ta pensée. »

Alcée vécut à une époque charnière, qui vit la montée des oligarchies issues de la noblesse et l'avènement des tyrannies, ainsi que le grand mouvement de la colonisation : époque où l'horizon intellectuel de l'individu s'élargit, en même temps que se distendent peu à peu les liens familiaux et politiques qui avaient été ceux de la noblesse. C'est dans ce contexte de prise de conscience de l'individu qu'émerge le « je » lyrique dont témoigne l'œuvre d'Alcée. Les événements de sa vie sont en effet au cœur de sa poésie, et les fragments qui en restent, ainsi que des témoignages extérieurs, nous permettent de reconstituer en partie sa biographie.

Son origine noble et son tempérament viril et passionné le poussèrent à se mêler aux désordres politiques qui, avec la chute définitive des Penthilides (Penthilos fut mis à mort par Smerdis), agitèrent Mytilène jusqu'à l'avènement de Pittacos (en 590). Le gouvernement de la ville était revendiqué par différentes factions adverses. Son trop jeune âge empêcha Alcée de prendre part à la rébellion de 612 contre Mélanchros ; en revanche, ses deux frères, guidés par Pittacos, y participèrent. Pendant la guerre pour la conquête de Sigée déclarée, peu après la mort de Mélanchros, par les Mytiléniens aux Athéniens, Alcée se trouvait aux côtés de Pittacos, et, combattant malheureux, il dut abandonner son bouclier aux mains de ses ennemis, comme il le rappelle lui-même dans un poème où il annonce laconiquement à son ami Mélanippe qu'il a eu la vie sauve.

Ses *Chants révolutionnaires* [Στασιωτικά] nous éclairent sur les événements politiques qui suivirent immédiatement, quelquefois aussi ses *Poèmes symposiaques* [σκόλια], et particulièrement les chants avec les annotations anciennes reproduites dans les papyrus d'Oxyrinque — v. *Odes* (*). Malheureusement leur état très fragmentaire ne permet que rarement de déterminer sûrement la succession et la signification politique des événements auxquels il participa avec un ardent esprit de parti. De plus, la référence à un épisode déterminé n'est souvent qu'allusive, et le texte reflète davantage les sentiments qui inspirèrent l'action politique du poète : l'amertume, le sarcasme, la haine partisane, la joie causée par un succès ou la douleur cuisante de l'échec ou de l'exil. Myrsilos, qui succéda, peut-être directement, à Mélanchros, trouva en Alcée un féroce adversaire. À l'époque où, déjà, se profilait la menace du nouveau gouvernement, appartient un groupe de *Chants révolutionnaires* qui, par la métaphore d'un navire ballotté sur la mer (image très répandue dans la poésie archaïque), représentent allégoriquement le gouvernement de Mytilène. Myrsilos ayant découvert le complot dont, avec son hétairie, Alcée avait été l'instigateur, le poète fut contraint de s'enfuir en exil à Pyrrha, petite ville à l'intérieur de l'île de Lesbos. C'est à la période de ce premier exil qu'appartiennent très probablement certains fragments de *Chants révolutionnaires*, en particulier un dur et amer pamphlet contre Pittacos, traître et parjure. Il est évident que Pittacos qui, d'abord, s'était joint à l'hétairie d'Alcée, trahit en passant tout à coup au parti du Cléanactide ; il est fait très clairement allusion à une alliance entre Myrsilos et Pittacos dans le gouvernement. La mort du tyran, joyeusement saluée, ouvrit la voie à la tyrannie de Pittacos ; le poète prévoyait cet événement comme un grand danger pour sa cité. On se base très arbitrairement sur un fragment pour supposer un séjour d'Alcée en Thrace ; ce fait demeure problématique, ainsi qu'un second exil en Lydie. Deux strophes, d'où l'on déduit que les Lydiens lui offrirent une aide financière pour qu'il rentre peut-être à Mytilène avec des troupes mercenaires, ne contiennent aucune mention de ce second exil et permettent encore moins de supposer qu'il séjourna en Lydie. Il faudrait plutôt établir un rapport entre ce second exil, dont on ne sait rien de sûr, et son voyage en Égypte, que mentionne Strabon et qui, c'est l'opinion unanime de la critique, dut coïncider avec l'exil de Sappho en Sicile et l'expédition militaire de son frère Antiménide en Orient. En 590, lorsque Pittacos, à l'unanimité du « dèmos », fut élu « aesymnète » (« dictateur ») de Mytilène, Alcée était encore loin de sa patrie : preuve en est un pamphlet contre son rival, ses concitoyens et la ville entière, « débonnaire et infortunée ». Mais peu après, ou tout au moins avant 580, année où Pittacos abandonna le pouvoir, la clémence de Pittacos devait enfin libérer Alcée des tourments de l'exil : son adversaire, après s'être emparé de lui, lui rendit la liberté, disant que « le pardon vaut plus que la vengeance » (Diogène Laërce). On ignore l'année de la mort du poète et les derniers événements de son existence ; toutefois du fragment : « Sur ma tête tant éprouvée, verse le parfum, ainsi que sur ma poitrine blanchissante », on déduit qu'il dut vivre au-delà de l'âge moyen et qu'il passa ses dernières années dans la joie sereine des banquets, oublieux peut-être des fureurs et des indignations de l'homme de parti et des souffrances qui avaient inspiré sa poésie. Il faut souligner néanmoins que tout au long de son œuvre est présent le thème du vin et de l'ivresse, et qu'il est souvent chanté comme un moyen de faire face aux vicissitudes de la vie.

MADELEINE ROUSSET.

RÉF. : C. M. Browra, *Greek Lyric Poetry from Alcman to Simonides* (2), Oxford, 1961. — Texte : Th. Reinach et A. Puech, *Alcée, Sapho*, Paris, 1966 — D. L. Page, *Lyrica graeca selecta*, Oxford, 1968. — Études : D. L. Page, *Sapho and Alcaeus*, Oxford, 1965. — A. Pippin-Burnett, *Three Archaïc Poets. Archilochus, Alcaeus, Sapho*, Duckworth, Cambridge/Mass., 1983.

ALCIATO Andrea. Jurisconsulte italien. Né à Alzate, près de Milan (Lombardie), le 8 mai 1492, mort à Pavie (Lombardie) le 12 juin 1550. Fils d'un magistrat milanais, il fit ses études de droit et de lettres à Pavie et à Bologne et, à peine âgé de vingt et un ans, publia un commentaire de trois livres du *Code* de Justinien – v. *Corpus de droit civil* (*). Docteur en 1514, il préféra au métier d'avocat les travaux d'érudition juridique : deux traités de droit romain, publiés en 1518, lui valurent la chaire de droit civil à l'université d'Avignon. Rentré à Milan en 1521 à la suite d'une réduction de son traitement de professeur, il fit paraître son livre des *Emblèmes*, qui eut pendant tout le siècle de nombreuses rééditions. Ayant accepté en avril 1529 l'invitation de François Ier à ouvrir un cours de droit civil à l'université de Bourges nouvellement fondée, il y attira des élèves venus de toute l'Europe, parmi lesquels Jacques Amyot, Théodore de Bèze et Calvin. En 1533, il quitta Bourges pour Pavie où François Sforza, duc de Milan, avec une chaire à l'université lui donnait le titre de sénateur. Désormais, malgré les incertitudes des guerres alors en cours dans la péninsule, il ne quitta plus l'Italie, professeur à Bologne en 1537, à Pavie en 1541, à Ferrare en 1543, puis de nouveau à Pavie en 1546. Alciato a laissé de nombreux ouvrages de droit – commentaires sur le *Code* et les *Pandectes* de Justinien, sur les *Décrétales* –, mais il fut humaniste autant que savant jurisconsulte : le premier, il s'efforça de faire revivre le droit véritable de l'ancienne Rome, en remontant aux sources purement romaines, et en s'aidant pour ses interprétations de l'histoire et de la littérature antiques. On peut ainsi le considérer comme le fondateur de l'école historique.

ALCIDAMAS. Sophiste et rhéteur grec du IVe siècle av. J.-C. Né à Élée (Éolide), disciple de Gorgias et adversaire d'Isocrate. Purement sophiste dans sa conception négative et critique de la philosophie (« La philosophie est un bélier dirigé contre les lois et les institutions »), il se rapproche cependant de Platon par son aversion à l'égard du « discours » écrit, et sa défense de l'improvisation, position qu'il soutient dans son discours *Sur les sophistes* (*). Ces échos du *Phèdre* (*) platonicien prouvent qu'il s'agissait de quelque chose de plus important à ses yeux qu'une simple querelle d'école, la question de la rhétorique constituant d'ailleurs le plus grand problème moral, pédagogique et philosophique de la culture athénienne. Par contre, c'est d'une tendance scolastique que relèvent d'autres œuvres d'Alcidamas qui ne nous sont pas parvenues : *L'Éloge de la mort, Le Muséion* (dans lequel Hésiode est opposé à Homère), ouvrage d'un goût purement rhétorique, et *Le Messénien*, contre Isocrate, probablement écrit avant 338 av. J.-C.

ALCIPHRON. Rhéteur grec qui vécut vers la fin du IIe siècle, c'est-à-dire après Lucien de Samosate dont il subit l'influence comme on peut le reconnaître dans les *Lettres* (*) qu'il écrivit. L'ignorance complète où nous sommes quant aux événements de sa vie ne nous empêche point de déterminer la place de son œuvre qui relève de la sophistique propre à l'époque impériale (IIe siècle), tant par la langue teintée d'atticisme que par la manière dont Alciphron décrit la société athénienne telle qu'elle était cinq siècles avant lui, procédé qui révèle l'historien et le rhéteur. On sait, par ailleurs, qu'il n'avait ni goût ni disposition pour la philosophie comme le montre la vaine polémique qu'il mena contre Épicure (sur lequel il avait l'opinion qu'on eut au Moyen Âge).

ALCMAN. Poète lyrique grec. Né à Sardes (?) en Lydie vers le milieu du VIIe siècle av. J.-C., mort sans doute au début du VIe siècle, probablement à Sparte. Grâce à la présence de noms de rois de Sparte dans des commentaires à certains de ses poèmes, on sait que la fin du VIIe siècle, vers 612-609 – et non au début du VIIe siècle, comme le prétend la *Souda* (*) – qu'il faut placer la période d'apogée de l'activité d'Alcman. Il reste néanmoins le poète le plus ancien de la lyrique chorale qui nous soit connu. Il passa sans doute l'essentiel de sa vie à Sparte. À cette époque, la cité lacédémonienne voit se développer les transformations militaires, politiques et économiques qui aboutiront à l'avènement du « dèmos ». Mais dans la seconde moitié du VIIe siècle, malgré la réforme hoplitique et la distribution de terres aux nouveaux citoyens-soldats, Sparte ne connaît pas encore l'austérité et le militarisme qui la caractériseront à l'époque classique. La cité lacédémonienne est alors animée d'une vie culturelle intense, dont témoignent les nombreuses productions iconographiques et architecturales ainsi que la production musicale et poétique. C'est dans ce contexte artistique riche et productif qu'il faut situer l'activité d'Alcman, ainsi que dans le cadre de la vie politique et religieuse de la cité. En effet l'œuvre d'Alcman est essentiellement liée aux rituels pour lesquels ses chants ont été composés, rituels à rattacher souvent aux différentes phases du processus initiatique (« agogè ») par lequel jeunes gens et jeunes filles étaient amenés à l'âge adulte, dans le cadre d'une conception traditionnelle et aristocratique de l'éducation. Il est d'ailleurs probable que ce soit pour instruire des chœurs en vue des rituels et des fêtes qu'Alcman vint à Sparte. La cité lacédémonienne est alors le centre du lyrisme choral, et les grands poètes du temps, comme Thalétas de Crète, Terpandre de Lesbos, Tyrtée d'Athènes, viennent y pratiquer leur art. Alcman s'impose rapidement parmi eux. Il compose des chants destinés aux chœurs de jeunes gens lors des gymnopédies (fêtes en l'honneur d'Apollon), ainsi que des hyménées, chants de mariage entonnés par un chœur d'hommes pour accompagner le passage de la fiancée de la maison de ses parents à celle du mari. Il est aussi l'auteur – et l'inventeur de ce type de poèmes – de *Parthénées* (*), chants qui, récités par un groupe de jeunes filles et leur chorège, constituaient sans doute une phase de l'initiation des jeunes filles, dans le cadre d'un rite associé au culte d'Hélène et à celui d'Artémis Orthia. Ces chants mettent en évidence le lien très fort qui unit la lyrique chorale à la pratique rituelle. On perçoit ainsi le caractère éminemment social et institutionnel de la pratique chorale en Grèce archaïque. Les poèmes d'Alcman ont été chantés à Sparte jusqu'au IVe siècle semble-t-il, et leur auteur était estimé à Athènes au Ve siècle. Alcman fut à nouveau apprécié à l'époque hellénistique : sous le règne de Ptolémée II (285-246), le Laconien Sosibios écrivit un ouvrage « sur Alcman », les philologues alexandrins rassemblèrent ses chants, et Aristophane de Byzance en donna une édition critique en cinq volumes ; enfin on écrivit de nombreux commentaires et monographies à son propos, et des poètes de l'époque, comme Théocrite et Apollonios de Rhodes, considérèrent sa poésie comme un modèle. Il ne nous reste que des fragments de son œuvre.

MADELEINE ROUSSET.

RÉF. : Éditions : D. L. Page, *Poetae melici graeci*, Oxford, 1962 ; et *Supplementum lyricis graecis*, Oxford, 1974. – C. Calame, *Alcman. Fragmenta edidit, veterum testimonia collegit* C. C., Rome, 1983.

Bibliographie : C. M. Bowra, *Greek Lyric Poetry* 2, Oxford 1961. – J.-P. Vernant, « Thétis et le poème cosmogonique d'Alcman », in *Hommage à M. Delcourt*, Bruxelles, 1970. – C. Calame, *Rito e poesia corale in Grecia – Guida storica e critica*, Rome-Bari 1977 ; *Les Chœurs de jeunes filles en Grèce archaïque. I. Morphologie, fonction religieuse et sociale. II. Alcman*, Rome 1977. – B. Gentili, *Poesia e pubblico nella Grecia antica*, Rome-Bari, 1989.

ALCORTA Gloria. Femme de lettres argentine. Née à Bayonne en 1918. Après des études d'histoire de l'art et de sculpture, elle part en 1935 pour Buenos Aires où elle rencontre Pablo Neruda, Eduardo Mallea, Adolpho Bioy Casares. Jorge Luis Borges, qui préface son premier livre, un recueil de poèmes écrits en français, *La Prison de l'enfant* (1936), constate déjà la « part qu'on y fait au rêve », l'« atmosphère magique ou onirique de tout le volume » dans lequel « la tendresse et le surnaturel abondent ». « Gloria Alcorta a le don de convertir tout ce qu'elle touche en miracle », précise-t-il encore dans la revue *Obra* (1936). Revenue en France en 1936, elle travaille la sculpture avec Charles Despiau et Drivier, l'art dramatique avec Marcel Herrand au « Rideau de Paris », et se lie d'amitié avec Jules Supervielle, Max Jacob, Léon-Paul Fargue. En 1951, Rafael Alberti traduit en espagnol les poèmes français de son recueil *Visages* (Buenos Aires, 1951 ; réédité à Paris, prix Rivarol 1952). Après une comédie dramatique, *Le Seigneur de San Gor*, portée à la scène par Henri Rollan et jouée par Valentine Tessier et Georges Descrières, elle rentre à Buenos Aires où elle publie ses premières nouvelles fantastiques : *L'Hôtel de la lune* [*El hotel de la luna*, 1958], *Nuits de personne* [*Noches de nadie*, 1961], et un roman : *Dans la maison morte* [*En la casa muerta*, 1963]. « L'univers de Gloria Alcorta est essentiellement inquiétant, a écrit Jean Cassou. Le rêve, le meurtre et la folie y rôdent sournoisement, et l'on ne saurait manquer de pressentir qu'ils finiront par l'emporter » (Préface à la traduction française de *L'Hôtel de la lune*, 1966). Ce monde étrange, où des hommes et des femmes de la réalité quotidienne vivent des aventures cruelles comme dans les cauchemars mais que l'on sent chargées de mystérieux symboles, constitue le fascinant tissu de toutes les nouvelles écrites par Gloria Alcorta, tantôt en espagnol, tantôt en français : *L'Oreiller noir* (*) (1978), *Le Crime de doña Clara* (1989).

CLAUDE COUFFON.

ALCUIN ou **EALHWINE.** Écrivain latin d'origine anglo-saxonne. On admet généralement qu'Alcuin est né en Northumbrie aux environs de 735 et qu'il est mort à Tours vers 804. Ce qu'on connaît de lui est lié à ce mouvement de renouveau des lettres et des arts qui se produisit en Europe occidentale sous le règne de Charlemagne, mouvement de courte durée que l'on a coutume d'appeler la Renaissance carolingienne. Alcuin passa son adolescence dans le monastère d'York, où il fit ses premières études. C'est à cette époque-là que se place probablement le premier voyage qu'il fit à Rome en compagnie de son maître Albertus, lequel était en quête d'ouvrages de piété et de classiques à rapporter en Angleterre. Quant à sa vie publique, elle ne commença qu'en 781, après qu'il eut rencontré Charlemagne à Parme et qu'il eut probablement fait entrevoir au futur empereur la possibilité d'un renouveau culturel en Occident, d'une transformation qui mêlerait intimement études classiques et religion « de façon à ressusciter la splendeur d'Athènes et de l'empire d'Auguste ». De 782 à 796 (sauf les deux années qu'il employa, entre 790 et 792, au service de Charlemagne qui l'avait délégué auprès du roi de Mercie), il ne quitta guère la cour du souverain des Francs, où il s'employait non seulement à charmer les hauts dignitaires grâce à sa culture très étendue, mais encore à exécuter ce plan de réforme des études pour lequel on l'avait fait venir. Outre l'institution – d'un intérêt primordial pour la diffusion de la culture – d'écoles ouvertes à tous les enfants, auprès des évêchés et des abbayes, il fonda l'Académie du palais réservée aux nobles et aux dignitaires de la Cour, et une école dite Palatine, destinée aux jeunes gens les mieux doués de l'empire. À la Cour, où il avait été surnommé Flaccus Albinus, il n'en continua pas moins de rédiger son œuvre écrite grâce à laquelle il mérita le titre de maître de culture latine en Occident. L'Église trouva en lui un de ses défenseurs les plus fervents au concile de Francfort (794), où il se battit contre les adoptionnistes et les iconoclastes. En 796, il se retira de la Cour pour diriger l'abbaye de Saint-Martin de Tours, et se consacrer à une réforme dans la manière dont on établissait les manuscrits, en utilisant, contre l'usage établi, au lieu des caractères mérovingiens la semi-onciale, qui fut à l'origine de la lettre carolingienne, si claire. Il écrivit beaucoup en latin – v. *Œuvres didactiques* (*) – soit en prose, soit en vers – v. *Chants* (*) ; *Des rois et des saints de l'Église d'York.* Son œuvre complète fut rassemblée par l'abbé Frœben Forster sous le titre : *Beati Flacci Albini seu Alcuini opera* (Ratisbonne, 1777 ; 2 vol. in-f°) et publiée dans la *Patrologie latine* (*) de Migne (Vol. C-CI).

GIORGIO FANTELLI.

RÉF. : Francis Monnier, *Alcuin et Charlemagne,* 1863. – Abbé Hamelin, *Essai sur la vie et les œuvres d'Alcuin,* Rennes, 1873. – A. Kleinklausz, *Alcuin,* 1948. – Eleanor S. Duckett, *Alcuin, Friend of Charlemagne. His World and his Work,* New York, 1951. – M. L. Laistner, *Thought and Letters in Western Europe AD 500-900,* Londres, 1957.

ALDINGTON Richard. Poète, romancier, biographe et traducteur anglais. Né le 8 juillet 1892 à Portsmouth (Hampshire), mort le 27 juillet 1962 à Sury-en-Vaux (Cher, France). Il fit ses études au lycée de Douvres et à University College de Londres. En 1912, il fut le plus jeune d'un groupe comprenant Wyndham Lewis, T. S. Eliot, Ezra Pound, F. S. Flint et D. H. Lawrence. Avec sa femme, la poétesse américaine Hilda Doolittle (qui signait « H. D. »), il contribua à rendre célèbre le mouvement « imagiste » qui a marqué profondément la poésie anglaise comtemporaine. En 1913, il devint rédacteur en chef de la revue *The Egoist,* poste qu'il laissa à T. S. Eliot pour aller sur le front de la Somme comme simple fantassin. De son expérience de la guerre des tranchées, il exprimera toute sa vie, avec amertume, le sentiment que l'Europe s'était suicidée en 1914. Réfugié à la campagne, près de Reading, il écrivit pour le *Times Literary Supplement* des chroniques françaises qui assurèrent sa réputation, et publia des recueils de poèmes : *Images de guerre* (+), *Images de désir* (+), *Exil et autres poèmes* (+), des romans : *Mort d'un héros* (*), *La Fille du Colonel* [*The Colonel's Daughter*], *Route de gloire* [*Road to Glory*], *Tous les hommes sont ennemis* [*All Men Are Enemies*], *Les femmes doivent travailler* [*Women Must Work*], des essais et des traductions de grande qualité. Après avoir voyagé longtemps en France, en Italie, aux États-Unis et à la Jamaïque, il s'installa au Lavandou avec sa fille Catherine, née d'un second mariage. En 1950, il partit pour le Languedoc et vécut à Montpellier. Outre une biographie *D. H. Lawrence : Portrait d'un génie, mais...* [*D. H. Lawrence : Portrait of a Genius but ...*] qui est encore aujourd'hui un livre de référence, il publia des essais : *Pinorman* (1954), *Ezra Pound et T. S. Eliot* [*Ezra Pound and T. S. Eliot,* 1954], et surtout *Lawrence l'Imposteur* [*Lawrence of Arabia : A Biographical Inquiry,* 1955] qui déchaînèrent contre lui l'intelligentsia britannique. Il écrivit encore une *Introduction à Mistral* [*Introduction to Mistral,* 1956] et une importante étude sur Stevenson (1957). En proie à de graves difficultés financières, malade, découragé, il quitta Montpellier pour le Berry où l'accueillit son ami et ancien secrétaire, l'écrivain australien Alister Kershaw. Un regain de santé lui permit d'accepter l'invitation de l'Union des écrivains soviétiques à se rendre à Moscou pour fêter son 70e anniversaire. Ses livres jouissaient, en effet, d'une grande faveur dans ce pays dont il ne partageait pas pour autant l'idéologie. De retour en France, il mourut brusquement à la fin du mois de juillet 1962 et fut enterré dans le petit cimetière de Sury-en-Vaux. Sa mort passa presque inaperçue en Angleterre. Cependant, Anthony Curtis, dans le *Sunday Telegraph,* salua Richard Aldington comme « l'un des esprits véritablement indépendants et créateurs de notre époque ». Son œuvre a fait l'objet, depuis sa mort, de nombreuses études, et deux colloques, à Reading en 1986 et à Montpellier en 1992, ont réuni autour de son nom écrivains et universitaires.

FREDERIC JACQUES TEMPLE.

ALDISS Brian (Wilson). Romancier, nouvelliste et essayiste anglais. Né à East Dereham (Norfolk) le 18 août 1925. Après des études sévères qui le poussent à se réfugier dans l'imaginaire et à prôner l'insubordination, il participe dès 1943 à la reconquête de la Birmanie et de la Malaisie qui lui fourniront plus tard des paysages de jungle. Démobilisé en 1947, il devient libraire puis rédacteur en chef de l'*Oxford Mail* de 1958 à 1969. Après de nombreuses nouvelles de science-fiction, il renouvelle dans son premier roman, *Croisière sans escale* [*Non-stop*, 1958], le thème de l'arche stellaire en proie à l'anarchie. Dans *Le Monde vert* [*Hothouse*, 1962], il développe une vision baroque de la Terre dans un futur lointain et obtient le prix Hugo. *Barefoot in the Head* (1969), épopée psychédélique influencée par les recherches de James Joyce, témoigne de son penchant pour la littérature expérimentale. Ce sont pourtant deux romans classiques et autobiographiques, *Un petit garçon élevé à la main* [*The Hand-Reared Boy*, 1970] et *Soldat, lève-toi* [*A Soldier Erect*, 1971], qui lui valent le succès. Dans un essai historique et critique sur la science-fiction, *Billion Year Spree* (1973), il revient au genre auquel il consacre ensuite son œuvre maîtresse, la trilogie d'*Helliconia* (*) (1982-85). Auteur prolifique, Brian Aldiss, qui fut président de la Société des auteurs britanniques (1978-79), a largement contribué à faire évoluer la science-fiction en y introduisant rigueur et expérimentation littéraire.

GÉRARD KLEIN.

RÉF. : Maxim Jakubowski, *Le Livre d'or de Brian Aldiss*, Paris, 1982.

ALDROVANDI Ulisse. Médecin et naturaliste italien. Né à Bologne le 11 septembre 1522, mort dans cette même ville le 4 mai 1605. Il appartenait à une famille noble et riche, et fut élevé à Bologne et à Padoue. Emprisonné comme hérétique à Rome, en 1549, il fut ensuite nommé lecteur au Studio bolognese, et se consacra à l'enseignement universitaire, ce qui ne l'empêcha point de faire de nombreux voyages au cours desquels il recueillit des documents et des matériaux pour son œuvre monumentale. En 1553, Aldrovandi reçut le titre de docteur en médecine ; en 1560 il obtint la chaire de botanique à l'université, et, en 1567, il sollicita du sénat de Bologne la permission d'aménager un jardin botanique dans cette ville et installa un musée d'histoire naturelle. Il commença de publier les observations qu'il avait recueillies dans son *Histoire naturelle* (*) dont il n'acheva que les quatre premiers volumes ; puis il écrivit l'*Ornithologie* [*Ornithologiae*] en trois tomes et le *Des insectes* [*De animalibus insectis,* 1509-1602], accompagnés de nombreuses illustrations. Après sa mort, ses élèves rassemblèrent les matériaux qu'il avait recueillis ; l'ensemble forma neuf volumes : *De reliquis animalibus exsanguibus* (1606), *De piscibus* (en deux tomes, 1613), *De quadrupedibus et solipedibus* (1616), *De quadrupedibus digitatis viviparis* (1621), *Quadrupedum omnium bisulcorum historia* (1621), *Historia serpentum et draconum* (1640), *Monstrorum historia* (1642), *Misaeum Metallicum* (1648) et les deux tomes de la *Dendrologia naturalis* (1606-1668). Parmi les œuvres qui furent imprimées, il convient de noter, outre les précédentes, *Les Statues antiques de Rome* [*Le Statue antiche di Roma,* 1556, tr. fr. 1902] et l'*Antidotarii Bononiensis Epitome* (1574). Cette pharmacopée compte parmi les modèles du genre. Souvent, les descriptions qu'il fait des plantes ou des animaux se réfèrent à des analogies ou à des coutumes humaines (par exemple, il dit de certaines sauterelles qu'elles portent « un turban sur la tête »). Un pareil manque de précision dans le vocabulaire se retrouve partout dans l'œuvre d'Aldrovandi, mais il est commun à tous les travaux de cet ordre exécutés au temps où vivait le naturaliste.

RÉF. : Giovanni Fantucci, *Memorie della vita di Ulisse Aldrovandi,* Bologne, 1774.

ALEAHMAD Jalâl. Romancier, nouvelliste et essayiste iranien. Né en 1923 à Téhéran, mort en 1969 à Asâlem (Mâzanderân). L'histoire d'Aleahmad est assez typique de la crise sociale qu'a traversée l'Iran entre les deux guerres. Né d'un père mollah, dans une famille traditionaliste, Aleahmad s'est révolté dès l'adolescence contre un milieu qui lui interdisait la poursuite d'études modernes hors du cadre religieux. Pendant la guerre mondiale, il milite au parti Toudeh dès sa fondation. C'est dans ce cadre qu'il découvre sa vocation d'écrivain et se fait connaître par un premier récit, *Le Pèlerinage* [*Ziyârat*], paru en 1945, et par un premier recueil de nouvelles, *L'Échange de visites* [*Did-o bâzdid,* 1946]. Pendant vingt ans, la carrière d'Aleahmad épouse les courbes d'une vie politique dominée par la censure, alternant publications et silences. Il en résulte une œuvre très riche d'expérience : ce sont principalement deux romans, *Le Directeur d'école* (*) (1958) et *La Malédiction de la terre* [*nefrin-e zamin,* 1967] ; trois récits : *Histoire des essaims* [*sargozasht-e kandouhâ,* 1958], *La Lettre N et le calame* [*Noun va-l ghalam,* 1961], *Une pierre sur une tombe* [*sangi bar gouri,* posthume, 1981] ; outre *L'Échange de visites,* quatre autres recueils de nouvelles : *La Peine que nous endurons* [*az ranji ke mibarim,* 1947], *La Femme de trop* [*zan-e ziyâdi,* 1952], *Le Setar* [*setâr,* 1948], *Cinq histoires* [*panj dâstân,* recueil posthume, 1971] et cinq reportages et récits de voyage (Europe, Israël, La Mecque, etc.). Et enfin sept recueils d'essais dont deux ont nourri les idées révolutionnaires des années 70 : *De l'aide et de la trahison des intellectuels* [*Dar khedmat va khiânat-e rowshanfekrân*] et *L'Occidentalite* [*Gharbzadegi*]. Ce dernier exprime le désarroi et l'aliénation d'une société bloquée, écartelée entre plusieurs modèles de développement socio-économique et culturel. L'œuvre d'Aleahmad reflète à la fois son intransigeance, son insatisfaction, son angoisse et la crise de la société iranienne. Sa prose marque une étape décisive dans l'histoire de la langue persane moderne : nerveuse, mordante, haletante, syncopée jusqu'à la rupture. Le style d'Aleahmad emblématise l'Iran de la seconde moitié du XXe siècle qui s'essouffle à vouloir courir trop vite, à rattraper le temps perdu, dans une fureur de vivre qui basculera dans la révolution de 1978.

CHRISTOPHE BALAŸ.

RÉF. : (M.C. Hillmann ed.), *Iranian Society, an Anthology of Writings by J.A.A.,* Lexington, 1982 ; « Al-e Ahmad Fictional Legacy », *Iranian Studies,* IX-4. *Yâdnâmeh-ye Jalâl Al-e Ahmad,* Téhéran 1985. – *Plagued by the West,* New York, 1982. – *Gharbzadegi,* Lexington, 1982. – *L'Occidentalite,* Paris, 1988.

ALECSANDRI Vasile. Poète roumain. Né à Bacau (Moldavie), dans une famille aisée, en juillet 1821 (selon d'autres, le 14 juin 1819), mort à Mircesti le 22 août 1890. Après avoir commencé ses études dans un collège français de Jassy, il les poursuivit à Paris (1834), mais n'obtint aucun diplôme. Un séjour en Italie inspira ses premiers écrits. Nommé à la direction du théâtre national de Jassy (1845), il éprouva une romantique passion pour Elena Negri, visita avec elle Venise et la Sicile ; sa maîtresse mourut au cours du voyage et Alecsandri lui dédia une série de poèmes lyriques. Il participa ardemment à la révolution de 48 et, après son échec, s'établit à Paris où il fonda, avec Russo et Valecescu, *La Future Roumanie* [*România viitoare*], mais bientôt revenu dans sa patrie, il y soutint l'union des principautés moldave et valaque. Après plusieurs voyages en Europe, Alecsandri prit la direction de la revue *România literarà* (1853). Dès 1855, il quitta de nouveau son pays pour prendre part à la guerre de Crimée. Ministre des Affaires étrangères (1858), Alecsandri accomplit de fréquentes missions en différents pays d'Europe, pour gagner des sympathies à la cause de la jeune nation roumaine, et accompagna l'armée française dans la campagne de Lombardie. En 1878, il fut lauréat du félibrige de Montpellier avec le *Chant du monde latin* [*Cântecul gintei latine*], qui lui valut, en tant que poète, une consécration internationale. Ami de la reine Carmen Sylva, Alecsandri fut nommé en 1885 ministre plénipotentiaire de Roumanie à Paris. On lui doit encore les *Légendes variées* [*Legende-varii*, 1862-77] dont le pittoresque oriental ne doit rien à l'exotisme conventionnel. Au théâtre, Alecsandri a donné des pièces qui valent surtout du point de vue social — v. *Boyards et Arrivistes* (*), *La Fontaine de Blandousie* (*). Mais son principal mérite fut d'avoir rassemblé dans les *Ballades et chants populaires* (*), avec ses rythmes et ses images, la fine fleur du folklore poétique roumain, notamment *La Petite Brebis* [*Miorita*], ballade-symbole de la culture populaire roumaine.

RÉF. : Ion Ghica, *Scrissori catre V. Alecsandri*, Bucarest, 1905. — N. Iorga, *La Société roumaine du* XIXe *siècle dans le théâtre roumain*, Paris, 1926. — G. C. Nicolescu, *Viața lui Vasile Alecsandri*, Bucarest, 1962. — D. Curticăpeanu, *Vasile Alecsandri prozator*, Bucarest, 1977. — C. Cinchindel, *Studii și articole despre opera lui Vasile Alecsandri*, Bucarest, 1980.

ALEGRÍA Ciro. Romancier péruvien. Né le 4 novembre 1909 dans l'hacienda Quilca (province de Huamachuco), mort le 17 février 1967 à Chaclacayo. Il passe son enfance dans la propriété de son grand-père paternel, Marcabal Grande, administrée par son père au bord du Marañon et sur laquelle travaillent de nombreux Indiens. Après des études classiques au collège San Juan de Trujillo, déjà marquées par de fortes préoccupations sociales et indigénistes, il fait ses débuts de journaliste au quotidien *El Norte* de cette même ville (1928). En 1931, il devient membre du Comité exécutif de l'A.P.R.A. (Alliance populaire révolutionnaire américaine, fondée en 1924 par Haya de la Torre, parti d'inspiration marxiste favorable à l'indo-américanisme). En décembre, envoyé à Cajamarca pour y organiser un soulèvement qui échoue, il est arrêté et passe sept mois à la prison de Trujillo. Une tentative de révolution qui éclate le 7 juillet 1932 le libère pour peu de temps. Après trois mois de poursuites dans la sierra, il est repris et condamné par un tribunal de Lima à dix ans de réclusion. Gracié après l'assassinat du dictateur Sánchez Cerro en octobre 1933, il travaille comme rédacteur à *La Tribuna* de Lima, mais l'année suivante, ayant participé au soulèvement de El Agustino, il est déporté au Chili par le président Oscar Benavides (décembre). C'est là qu'il se marie avec Rosalia Amezquita (février 1935) et obtient le prix Nascimiento pour son premier roman *Le Serpent d'or* (*) (1935). Élu membre de la Société des écrivains chiliens, il est correcteur aux éditions Ercilla et traducteur pour les éditions Zig-Zag. Une grave affection pulmonaire l'oblige à passer deux ans dans un sanatorium où il écrit *Les Chiens affamés* (*) (1939). C'est un journaliste pauvre, père de deux jeunes enfants (Ciro et Alonso), vivant dans un faubourg de Santiago, qui, en 1940, compose le roman qui sera son chef-d'œuvre et obtiendra en février 1941 le prix Farrar et Rinehart de New York : *Vaste est le monde* (*). Installé dès lors aux États-Unis, il travaille aux services de propagande de guerre à Washington puis à New York, épouse sa seconde femme, Ligia Marchand, et rompt avec l'A.P.R.A. Professeur durant trois ans à l'université de Porto-Rico (1949-1952), il s'installe ensuite à La Havane où il commence *Lazare* [*Lázaro*], un roman qu'il laissera inachevé, puis à Santiago de Cuba où, enseignant à l'université, il rencontre sa troisième femme, Dora Varona. Avec elle, il voyage aux Antilles et dans le Golfe du Mexique pour se documenter sur une monumentale *Histoire du rhum* qu'il prépare pour la société Bacardí (printemps 1957). Mais surtout, invité à Lima en décembre 1957, après vingt-trois ans d'absence, à l'occasion du Festival du livre, il reçoit dans son pays, durant trois mois, un accueil triomphal qui l'incite au retour (en janvier 1960). Reprenant ses activités politiques, il appuie le parti Action populaire de Belaunde Terry, devenant député en 1963, alors que ce dernier remporte les élections présidentielles. Le 28 mai 1966, il est élu président de l'Association nationale des écrivains et artistes du Pérou. Vivant depuis 1965 avec sa femme et ses trois enfants à Chaclacayo, il meurt d'une hémorragie cérébrale le 17 février 1967, sans avoir eu le temps d'achever un dernier conte, *Le Cri* [*El grito*], ni de voir naître son dernier fils, Diego.

CLAUDE COUFFON.

RÉF. : Ciro Alegría, « Novela de mis novelas », revue *Sphinx* de l'université de San Marcos (Lima), 2e année, n° 3, 1939. — Henry Bonneville, Introduction à sa traduction des *Chiens affamés*, éd. bilingue, Aubier-Montaigne, Paris, 1974.

ALEIXANDRE Vicente. Poète espagnol. Né à Séville le 26 avril 1898, mort à Madrid le 14 décembre 1984. Son père s'installe d'abord comme ingénieur à Malaga (1900), et la famille passe les étés sur une plage de la Costa del Sol où le futur poète s'imprègne des éléments où il va puiser son inspiration : lumière méditerranéenne, mer, ciel, sable, écume. Parallèlement, l'enfant découvre le monde féerique des contes de Grimm et d'Andersen. En 1909, les Aleixandre s'installent à Madrid où le jeune Vicente va parfaire sa culture littéraire par la lecture des romanciers espagnols du XIXe siècle, en particulier Pérez Galdós, et celle du théâtre classique de son pays. Après son baccalauréat, il entreprend des études de droit et de commerce. Son premier contact avec le monde des écrivains a lieu en 1917, année où il fait la connaissance de Dámaso Alonso qui lui révèle les poèmes de Rubén Darío : cette découverte l'incite à lire des auteurs plus proches dans le temps, comme Antonio Machado et Juan Ramón Jiménez, et il se met à écrire, encouragé par leur exemple. En 1920, ses études terminées, il devient professeur adjoint à l'École de commerce de Madrid. Il complète sa formation littéraire par la lecture des romantiques espagnols tel Bécquer, et celle des poètes du Siècle d'or comme saint Jean de la Croix et Góngora. En 1925, une grave maladie interrompt ses activités et l'éloigne de Madrid. Dans la paix des champs, il rédige les poèmes de son premier livre dont certains sont publiés dans la *Revista de Occidente*, l'année suivante, sous le titre de *Nombre* [*Numéro*]. De retour à Madrid, il se lie d'amitié avec les poètes de sa génération, dite de 1927, et en 1928 paraît son premier recueil de vers, *Enceinte* (+), encore marqué par l'influence des auteurs classiques, auxquels il puise un sens constant de l'émotion et de la communication. Il écrit simultanément *Passion de la terre* (+), œuvre en prose qui restera inédite jusqu'en 1935. La maladie interrompt à nouveau la création du poète qui va achever sa convalescence dans le calme montagnard de Miraflores de la Sierra, près d'Avila. En 1932, son troisième ouvrage, *Des épées comme des lèvres* [*Espadas como labios*] se situe toujours dans la première étape de son itinéraire poétique, c'est-à-dire qu'il y chante, dans une solidarité amoureuse avec la création, le monde physique de la nature et des éléments. Trois ans plus tard voient le jour simultanément *Passion de la terre*, où le surréalisme se révèle par l'intensification des éléments visionnaires et des symboles, et *La Destruction ou l'Amour* (*) (1935), œuvre capitale qui lui vaut le Prix national de littérature (1935). Il y célèbre l'amour dans son dynamisme destructeur – dans la mesure où l'acte érotique résulte d'une fusion violente de l'amour, de la colère et de la haine. La vie et la mort apparaissent indissolublement liées. Pendant les trois années de la Guerre civile, il est à nouveau condamné au repos par la fragilité de sa santé. En 1940 commence la seconde période de l'évolution créatrice d'Aleixandre, au cours de laquelle il élargit son sens de la solidarité par la contemplation de la vie humaine : *Ombre du paradis* (*), paru en 1944, évoque un âge d'or édénique qui permet de sublimer l'angoisse de la réalité humaine : ce livre apporte une consécration à Vicente Aleixandre en tant que mentor de jeunes écrivains, et, en 1949, il est élu à l'Académie royale de la langue. L'année suivante, est publié un recueil de poèmes écrit depuis 1934-36 : *Monde solitaire* [*Mundo a solas*, 1950], peinture d'un monde de désolation qui contraste avec la joyeuse vision cosmique des œuvres antérieures. C'est l'annonce d'une nouvelle étape, qui s'ouvre avec *Dernière naissance* [*Nacimiento ultimo*, 1953], puis *Histoire du cœur* (*) (1954). Alors que le premier ouvrage fait encore état de la douloureuse sécheresse amoureuse du poète, parallèle à celle qui apparaît dans *Monde solitaire*, la deuxième met en scène l'homme dans sa vie circonstancielle, mais en tant que créature fragile, soumise au mal, et qui ne retrouvera sa place privilégiée dans le cosmos que par un rapprochement avec la nature. Dans *En un vaste domaine* [*En un vasto dominio*, 1962], Vicente Aleixandre s'efforce de concilier la vision initiale élémentaire de l'homme avec son historicité, utilisant une technique d'expression qui, de chant devient narration, mais il ne peut éviter la défiance à l'égard de la société qui pervertit notre dynamisme profond. En 1968, il reçoit le Prix de la critique pour *Poèmes de la consommation* [*Poemas de la consumación*], et sa fécondité ne se tarit pas dans les années qui suivent, puisque voient le jour successivement : *Anthologie de la mer et de la nuit* [*Antología del mar y la noche*, 1971], *Poésie surréaliste* [*Poesía Surrealista*, 1971], *Dialogues de la connaissance* [*Diálogos del conocimiento*, 1974]. Dans tous ces recueils, le poète recherche une fusion entre les thèmes et préoccupations situés dans le temps, d'une part (nature, éveil au surréalisme), et d'autre part ce qui est éternel, c'est-à-dire la communication entre les êtres : les portraits et souvenirs de ses amis intitulés *Les Rencontres* [*Los encuentros*, 1954-1958] et *Nouvelles rencontres* [*Nuevos encuentros*, 1956-1967], montrent assez l'importance qu'il confère à cette valeur essentielle et qui ne se dément pas dans son discours de réception du prix Nobel de littérature en 1977. Il y expose en effet sa propre conception de la poésie, conception constante depuis qu'il a commencé à écrire, dans une série de phrases comme celle-ci : « La poésie est une succession de questions que le poète pose. Chaque poème, chaque livre est une quête, une sollicitation, une interrogation, et la réponse [...] est donnée par le lecteur, les lecteurs, à travers le temps. » Le poème n'est plus seulement communication, mais véritable collaboration enrichissante entre le lecteur et le créateur. Ce partage s'effectue d'ailleurs aussi avec les poètes d'une tradition littéraire plus ou moins lointaine, mais Aleixandre ne se rend pas esclave de ses devanciers, et transmet un message personnel. Refusant d'être le poète d'une minorité, à l'instar d'un Mallarmé, il affirme faire partie de ceux qui s'adressent à ce qui est « permanent chez l'homme, à ce qui est primaire, à l'élémentaire humain ». Cette profession de foi se répercute sur l'évolution de son style. Délaissant l'expression achevée et parfois obscure propre au surréalisme, il adopte un lyrisme qui n'élude pas les tournures les plus familières.

MARIE-FRANCE SCHMIDT.

RÉF. : Carlos Bousoño, *La poesía de Vicente Aleixandre*, Madrid, 1950.

ALEMÁN Mateo. Écrivain espagnol. Né à la fin de septembre 1547 à Séville, mort entre 1610 et 1620 au Mexique. Fils du médecin de la prison royale de Séville, il étudia les arts et la médecine aux universités de Séville, de Salamanque et d'Alcalá de Hénarès, mais, bien qu'il portât parfois le titre de docteur, il n'exerça jamais la profession de médecin. En 1569 il épousa à Séville doña Catalina de Espinosa. (Le jeune homme se trouvait alors dans l'impossibilité de restituer au tuteur de cette dernière une somme qu'il lui avait habilement prêtée.) Deux ans auparavant, Alemán était entré dans la confraternité communément appelée « du silence » dont, quelques années plus tard, il recueillit, croit-on, les statuts en une compilation. En 1581, il fut nommé conseiller royal des finances à Séville. Si l'on en croit un de ses amis, l'enseigne Valdès, Alemán aurait été, peu de temps après, nommé percepteur suppléant. Il obtint à cette époque l'autorisation de se rendre aux Indes, mais demeura en Espagne de 1586 à 1601, résidant à Madrid où il continua d'accomplir de modestes besognes de comptabilité. En 1599, Alemán publia la première partie de *Guzmán de Alfarache* (*), roman picaresque vingt-trois fois édité en six ans et traduit en français par Jean Chapelain. Ce succès de vente sans précédent – si l'on excepte *Don Quichotte* (*) – ne suffit pas, néanmoins, à tirer l'auteur de sa détresse financière. De retour à Séville en 1601, il vécut, séparé de sa femme, avec Francisca Calderón et fut une seconde fois emprisonné pour dettes. À Séville il publia, en 1604, son *Saint Antoine de Padoue* [*San Antonio de Padua*], écrit en accomplissement d'un vœu. À Lisbonne (où Alemán s'était rendu pour surveiller la vente de son dernier livre) parut la seconde partie de *Guzmán de Alfarache* dans laquelle apparaît, dédoublé en deux personnages, l'auteur présumé d'une seconde partie apocryphe, publiée à Valence en 1602. En 1608, Alemán, accompagné de doña Francisca Calderón et de tous ses fils, s'installa au Mexique sous la protection et au service de l'évêque García Guerra, qui devait y exercer peu de temps les fonctions de vice-roi. Alemán publia son *Orthographe castillane* [*Ortografía castellana*], ouvrage dans lequel sont proposées beaucoup de réformes, puis, en 1613, *Les Actes de Fra Garcia Guerra* [*Sucesos de fray García Guerra*], apologie de l'éphémère gouvernement de son protecteur, accompagnée d'une *Oraison funèbre.* Au témoignage de don José Toribio Medina, Alemán vivait encore en 1615 au pays de Chalco. *Guzmán de Alfarache* a été imité par Lesage en 1732.

RÉF. : E. Moreno Báez, *Lección y sentido del Guzmán de Alfarache*, Madrid, 1948. – Maurice Molho, *Introduction à la pensée picaresque*, in *Romans picaresques espagnols*, Gallimard, Bibliothèque de la Pléiade, Paris, 1968.

ALEMBERT Jean Le Rond d'. Mathématicien, encyclopédiste, philosophe français. Né à Paris le 16 novembre 1717, il y mourut de la pierre le 29 octobre 1783. Fils naturel de Mme de Tencin et du chevalier Destouches-Canon, un lieutenant-général d'artillerie, il fut abandonné à sa naissance sur les marches de la chapelle Saint-Jean-le-Rond, d'où son nom de baptême. De retour à Paris, son père le mit en nourrice chez Mme Rousseau, la femme d'un vitrier, rue Michel-le-Comte, où il resta jusqu'à ce qu'une maladie l'obligeât à la quitter en 1765. À l'âge de 10 ans, il fut admis au collège des Quatre-Nations sous le nom de « Chevalier d'Aremberg », nom choisi par son père afin de pouvoir l'inscrire dans ce collège de Mazarin réservé à l'aristocratie, et que l'encyclopédiste changea plus tard en d'Alembert, sans doute pour des raisons phonétiques. Cette école janséniste voulut faire de lui un nouveau Pascal anti-jésuite (il fit même un commentaire sur saint Paul), mais ces polémiques le révoltèrent et le détournèrent définitivement de la métaphysique. Son diplôme de maître ès arts obtenu, d'Alembert étudia deux ans pour obtenir une licence en droit, puis fit un an de médecine, qu'il abandonna pour se consacrer entièrement aux mathématiques.

Après avoir envoyé plusieurs communications à l'Académie des sciences de Paris (« Du mouvement d'un corps qui s'enfonce dans un fluide », 1740 ; « Sur l'intégration des équations différentielles », 1741), qui suscitèrent les louanges des commissaires, dont Clairaut, il fut nommé adjoint astronome en 1741. Deux ans plus tard parut son *Traité de dynamique* (*), qui contient le principe qui garde son nom. L'introduction révèle sa philosophie des sciences, qui rejette la métaphysique et se base sur la méthode expérimentale et inductive préconisée par Bacon. En 1744, il publia une suite à cet ouvrage, le *Traité de l'équilibre et du mouvement des fluides.* Ces deux publications rendirent d'Alembert célèbre et lui ouvrirent la porte du salon de Mme du Deffand. Cette même année de 1744, il envoya son *Traité des vents* à l'Académie des sciences de Berlin, qui lui discerna le prix en 1746 et l'invita à être membre de ce corps. L'année suivante, il publia ce traité sous le titre de *Réflexions sur la cause générale des vents.* Pour la même Académie, il publia des *Recherches sur les cordes vibrantes* (1747) et des *Recherches* *sur le calcul intégral* (1748). En 1749 parurent ses *Recherches sur la précession des équinoxes et sur la mutation de l'axe de la terre dans le système newtonien* ; en 1752 les *Réflexions sur la théorie de la résistance des fluides*, et en 1754-1756 les *Recherches sur différents points importants du système du monde*.

Malgré un grand nombre d'ouvrages apportant des « additions » et de « nouvelles observations », qui trouvèrent leur place dans les huit volumes des *Opuscules mathématiques* (1761-1780) – il existe un neuvième volume en manuscrit –, les plus importantes des découvertes mathématiques de d'Alembert étaient terminées à la fin des années 40. Gardant toujours sa renommée de savant, à partir des années 50, il se fera une réputation comme encyclopédiste, philosophe et homme de lettres. C'est en 1745 qu'il commença à travailler au projet de traduction de l'encyclopédie anglaise de Chambers. Diderot le rejoignit l'année suivante et, en 1747, ils remplacèrent l'abbé Gua à la direction de l'*Encyclopédie* (*). Son *Discours préliminaire* (*) en 1751, écrit sous l'influence de Newton, Locke et Bacon, est un résumé de la nouvelle philosophie sensualiste de son siècle et lui valut, outre l'applaudissement général de ses contemporains, son élection à l'Académie française en 1754, grâce aux efforts de Mme du Deffand.

Bien que chargé de la partie mathématique, d'Alembert écrivit de nombreux articles sur des sujets esthétiques et polémiques et, à cause d'une maladie de Diderot, s'occupa presque seul du deuxième volume, qui contenait l'article « Certitude » de l'abbé de Prades. Cet auteur venait de défendre dans une thèse à la Sorbonne les mêmes idées sensualistes de Locke et du *Discours préliminaire* reflétées dans son article. Elle fut condamnée et de Prades exilé. Les pouvoirs y virent une preuve d'un complot des encyclopédistes contre le trône et l'autel. La position peu orthodoxe des éditeurs avait déjà suscité les critiques du journal jésuite, *Les Mémoires de Trévoux*, entre autres. Cet article paraissait leur donner raison : l'*Encyclopédie* fut supprimée en 1752. Mais les libraires risquaient trop gros : on promit de nouveaux censeurs et la publication reprit l'année suivante avec le troisième volume, muni d'une préface audacieuse et triomphante de d'Alembert, qui accablait leurs ennemis.

Vers cette époque, d'Alembert resserra ses relations avec Voltaire, à la plume de qui il recommandait ces ennemis, tel le jésuite Berthier. En 1757, le septième volume contenait, à la demande de Voltaire, l'article « Genève », qui insultait à la fois les pasteurs de Genève, appelés « de parfaits sociniens », et les catholiques, qui ne l'étaient pas assez. De plus, il soutenait le désir de Voltaire de fonder un théâtre en Suisse, ce qui provoqua la réplique de Rousseau, *Lettre à d'Alembert sur les spectacles* (1758). Le scandale mena à une nouvelle suppression de l'*Encyclopédie* en 1759. D'Alembert et Voltaire voulurent transférer l'entreprise en Prusse sous la protection de Frédéric II, mais Diderot s'y opposa et obtint une permission tacite de continuer la rédaction clandestinement. D'Alembert ne fit désormais que les articles promis sur les mathématiques, Diderot lui ayant interdit d'autres sujets, l'accusant d'avoir causé les malheurs de l'*Encyclopédie* par ses préfaces enflammées (les volumes huit à dix-sept parurent enfin en 1765). Ne pouvant répondre à l'article « Encyclopédie » de Diderot dans ses pages, d'Alembert publia en 1759 ses *Éléments de philosophie* en guise de « préface » à l'*Encyclopédie*. Il y réitère sa vision empirique et sceptique, rejetant les raisonnements par analogie prônés par son collègue. En 1761, il publia sa *Théorie des comètes* et une *Théorie mathématique de l'inoculation* qui met en doute la pratique.

Pendant cette période encyclopédique, d'Alembert publia d'autres ouvrages tels ses *Éléments de musique* (1752) basés sur les principes de Rameau, ses *Mélanges de littérature et de philosophie* (2 vol. en 1753, élargis à 4 en 1759, et un 5e vol. en 1767), et un essai important en 1753, *Essai sur les gens de lettres et les grands*. C'est un manifeste des hommes de lettres qui revendique pour les philosophes le droit de décréter les règles de l'art et du bon goût, tenu jusque-là par l'aristocratie, plus apte, dit-il, à la guerre qu'à juger des œuvres de l'esprit. Il fait appel aux écrivains, afin qu'ils se libèrent de leur rôle avilissant de courtisan et de leur asservissement aux « grands ». Son indépendance à cet égard lui valut des difficultés avec la Cour ; mais il utilisa l'estime que lui montrait Frédéric II de Prusse (qui l'invita à être président de l'Académie de Berlin et lui donna une pension) et Catherine II de Russie (qui voulait le nommer tuteur de son propre fils) pour forcer les ministres français à le respecter. À la longue, il eut gain de cause. Grâce à son influence grandissante sur Voltaire, d'Alembert devint son « lieutenant » à Paris dans le combat pour la « bonne cause » : la diffusion des lumières et le rehaussement de la position des « philosophes » dans la société. Son élection comme secrétaire perpétuel de l'Académie française en 1772 lui donna la base nécessaire pour transformer cette institution en un bastion du parti philosophe. Sa liaison avec Mlle de Lespinasse lui fut bénéfique en ce sens car, ainsi que le dit Frédéric Masson, son salon, où régnait d'Alembert, devint « l'antichambre obligatoire de l'Académie française ». Son amour pour elle a suscité des narrations assez « romantiques », mais on ne peut nier que cette amitié lui a été fort utile, ce qui lui a peut-être donné plus de patience à son égard que ne lui en aurait inspiré un amour entièrement désintéressé.

Poussé par Voltaire à prendre une part plus active dans la lutte philosophique, d'Alembert publia en 1765 (avec deux *Lettres* supplémentaires en 1767) son essai *Sur la destruction des jésuites*, qui condamne les jansénistes encore plus sévèrement que les jésuites, récemment supprimés en France. C'est vers cette époque, après la composition du *Rêve de d'Alembert* (1769, publié en 1830) par Diderot, que le géomètre devint athée ; mais il continua à affirmer publiquement le déisme voltairien qu'il avait toujours soutenu auparavant.

Les années 70 à 80 représentent la consolidation de la position de d'Alembert comme maître de l'Académie française et arbitre des questions littéraires. Sa tentative d'imposer à l'Académie des normes pour la poésie fut violemment rejetée par le public. Le but de tout écrit étant d'exprimer clairement des pensées, l'Académie jugera bon un poème lorsqu'il se rapprochera le plus de la prose, déclare-t-il dans ses *Réflexions sur la poésie* lues à l'Académie en 1760 et publiées en 1767. Fréron s'écrie contre « l'irruption des enfants d'Archimède dans le sanctuaire de la poésie. Elle expire frappée du fatal compas » ; et Diderot conclut : « Qu'il s'en tienne donc aux équations ; c'est son lot. » Par contre, ses autres discours publiques à l'Académie eurent un grand succès, et il utilisa ces occasions pour prêcher la tolérance et la philosophie. Ses *Éloges* lui acquirent la réputation de continuateur de Fontenelle, son prédécesseur dans le genre. Les *Éloges lus dans les séances publiques de l'Académie française* furent publiés en 1779, et on publia en 1785 une édition posthume de son *Histoire des membres de l'Académie française morts depuis 1700, jusqu'en 1771* en trois volumes (vols. 4 à 6 en 1786).

Pendant ses dernières années, d'Alembert remplaça de plus en plus l'aristocratie, qu'il avait toujours combattue, dans le rôle de mécène pour les jeunes littéraires, qu'il aidait dans leur carrière. Le plus illustre de ses disciples fut Condorcet, dont il fit avec Watelet son exécuteur testamentaire. Il fut inhumé comme incrédule dans une fosse commune.

JOHN PAPPAS.

♦ *« Sur cela, grands discours sur d'Alembert, grands étonnements lorsque je dis qu'il est petit de taille, pantomime et polisson au possible. On veut par force que vous soyez grand comme saint Christophe, et sérieux et barbu comme le* Moïse *de Michel-Ange. »* Abbé Galiani. ♦ *« ... un des plus beaux génies de la France. »* Frédéric II. ♦ *« Sa renommée dans les sciences, les honneurs que lui avaient rendus les étrangers, son influence dans deux Académies et dans le parti encyclopédiste, tout aidait à flatter en lui la prétention de régner dans la capitale des lettres. »* La Harpe. ♦ *« Ce que j'aime passionnément de M. d'Alembert, c'est qu'il est clair dans ses écrits comme dans sa conversation, et qu'il a toujours le style de la chose. ... Que j'aime sa précision, sa force et sa plaisanterie ! qu'il est sage et hardi ! qu'il est le contraire de Jean-Jacques ! »* Voltaire. ♦ *« ... le chef visible de l'illustre église dont Voltaire fut le fondateur et le soutien. »* Grimm. ♦ *« On frondait les puissances de Versailles, et on faisait sa cour à celle de l'*Encyclopédie*. Nous préférions un mot d'éloge de D'Alembert, de Diderot, à la faveur la plus signalée d'un prince. »* Le comte de Ségur. ♦ *« D'Alembert a trouvé le premier un principe général de la dynamique. Il a donné le premier le moyen d'appliquer ce principe au mouvement des fluides et des corps d'une figure déterminée. Il a résolu le premier... le problème des cordes vibrantes et de la précession des équinoxes : il a inventé enfin le calcul des différences partielles, calcul sans lequel on ne peut établir une bonne théorie du mouvement des fluides ou des corps. »* Cousin d'Avalon. ♦ *« ... un des savants les plus considérables de son temps, l'un de ses porte-parole intellectuels. »* Ernst Cassirer.

RÉF. : Joseph Bertrand, *D'Alembert*, Paris, 1889. – Max Forster, *Beiträge zur Kenntnis des Characters und der Philosophie d'Alemberts*, Hambourg, 1892. – Charles Larivière, *Catherine II et d'Alembert*, Paris, 1909. – Maurice Muller, *Essai sur la philosophie de J. d'Alembert*, Paris, 1926. – John Pappas, *Voltaire and d'Alembert*, Bloomington, 1962. – Roland Grimsley, *Jean d'Alembert*, Oxford, 1963. – Gilles Maheu, *La Vie et l'œuvre de Jean d'Alembert*, univ. de Paris (thèse inédite), 1967. – Thomas L. Hankins, *Jean d'Alembert : Science and the Enlightenment*, Oxford, 1970. – Angelika Schober, *D'Alembert : der vermeintliche Vater des Positivismus*, thèse, Erlangen, 1983.

ALENCAR José Martiniano de. Poète et romancier brésilien, qui fut en même temps juriste et homme politique. Né à Fortaleza (province de Ceará) le 1er mai 1829, mort à Rio de Janeiro le 12 décembre 1877. Il s'attacha au parti conservateur et se fit une place importante comme journaliste avec ses *Lettres d'Érasme* [*Cartas de Erasmo*], parvenant, encore adolescent, à la direction d'un journal de Rio de Janeiro, le *Diario*. Il fut député et, entre 1868 et 1870, ministre de la Justice. Retiré de la vie politique, il exerça la carrière d'avocat. C'est en 1856 qu'il se fit un nom en publiant une critique sévère du célèbre poème de Magalhaes, qu'il accusait de n'avoir pas su interpréter la poésie primitive des indigènes. Le culte qu'il portait aux valeurs typiques du Brésil le conduisit à enrichir la prose narrative brésilienne, en empruntant aux sujets locaux et aux traditions orales des peuples indigènes, et en y introduisant le personnage indien, qu'il idéalisa d'une manière romantique en le plaçant dans son cadre naturel, et qu'il fut le seul à décrire avec autant d'enthousiasme poétique. Au roman qui lui apporta la gloire, *Le Guarany* (*) (1857), succédèrent *Les Mines d'argent* [*As minas de prata*, 1862-1865] ; *Luciola* (1862) ; *Iracema* (1865), poème lyrique en prose ; et la série des *Vieux livres* [*Alfarrabios*], ouverte par le conte *Le Griffonnage* [*O garatuja*, 1872]. Parmi les œuvres de moindre valeur d'Alencar, mentionnons : *L'Homme du Sertão* [*O sertanejo*], *Le Gaucho* [*O gaucho*, 1870] ; *Le Tronc de Ipé* [*O tronco do Ipé*, 1871] ; *Les Fils de Tupan* [*Os filhos de Tupan*] et *La Dame* [*Senhora*, 1875] ; *L'Ermite de la gloire* [*O ermitão da gloria*] et *Ubirajara* (1877).

RÉF. : J.-F. da Silva, *Diccionário bibliográfico portuguez*, t. V. Lisbonne, 1860. – M. Pinheiro Chagas, *Novos ensaios críticos*, Porto, 1867.

— B. Costa, *Le Roman au Brésil*, 1918. — V. R. Schmidt Vasconcelos, *História e estoria na romances indianistas de J. de Alencar*. — R. R. M. Wasserman, *The Red and the White : The Indian Novels of J. de Alencar*, in PMLA, 98, 1983.

ALEXANDER Samuel. Philosophe anglais. Né le 6 janvier 1859 à Sydney (Nouvelle-Galles du Sud en Australie), mort à Manchester (Angleterre) le 13 septembre 1938. Il fit ses études à Melbourne d'abord, puis à Oxford. En 1882, il devint « fellow » à Oxford, puis, en 1893, professeur à l'université Victoria de Manchester, où il enseigna jusqu'en 1924, année où il prit sa retraite. Sa première œuvre s'intitule *Ordre moral et progrès*. Il subit l'influence des courants réalistes anglo-saxons de l'époque, et en particulier celle de G. E. Moore, ainsi qu'en témoigne son premier essai : *Le Fondement du réalisme* [*The Basis of Realism*, 1914]. Son « réalisme » s'insère cependant dans une théorie générale de l'évolution, dont les principes fondamentaux sont très semblables à ceux que Conroy Lloyd Morgan (6 février 1852-6 mars 1936) exposera dans ses œuvres : *Évolution émergente* [*Emergent Evolution*, 1923] et *Vie, Pensée et Esprit* [*Life, Mind and Spirit*, 1926]. Alexander, aussi bien que Morgan, part du postulat d'une évolution non mécaniste, d'un processus qui ne se réalise que dans la mesure où il tend à la création de formes nouvelles. La conscience en général n'est pas conditionnée par un rigide enchaînement de cause à effet ; elle est le produit d'un acte nouveau et libre issu d'une évolution temporelle. Alexander développera ce point de vue et l'organisera en système dans sa grande œuvre *Espace, temps, divinité* (*). Les formes spécifiques de la réalité, les choses, sont pour l'auteur des déterminations d'une substance spatio-temporelle. Sa conception de la réalité comme un mode de la substance le rapproche de Spinoza, mais sa conception temporelle et spatiale l'en éloigne. À Spinoza, d'ailleurs, Alexander a consacré un ouvrage : *Spinoza et le temps* [*Spinoza and Time*, 1921]. Ces théories sont traduites sur le plan esthétique dans la dernière grande œuvre qu'Alexander nous ait laissée : *La Beauté et autres formes de la valeur* [*Beauty and Other Forms of Value*, 1933]. Le système philosophique d'Alexander n'a pas été sans influencer, encore qu'indirectement, la pensée d'Alfred North Whitehead.

RÉF. : Ph. Devaux, *Le Système d'Alexander*, Paris, 1929.

ALEXANDRE de Bernay. Nous ne connaissons pratiquement rien de la vie de ce poète français de la seconde moitié du XIIe siècle, l'un des principaux auteurs de la volumineuse compilation de poèmes qu'est le *Roman d'Alexandre* (*), comprenant plus de 20 000 « alexandrins » (ainsi appelés d'après le titre du roman, bien que déjà employés auparavant, notamment dans le *Pèlerinage de Charlemagne à Jérusalem*, du début du siècle). Il semble avoir été originaire de Bernay, dans l'Eure, et avoir vécu longtemps à Paris, car il est connu également sous le nom d'Alexandre de Paris. Il fait montre d'une habileté et surtout d'une érudition supérieure à celle des poètes qu'il continue ou qu'il remanie. On lui a longtemps attribué un poème d'un autre Alexandre, inconnu du XIIIe siècle, *Athis et Prophilias*, racontant les preuves (et les épreuves) de l'amitié des deux jeunes héros, le premier grec et le second romain ; une autre version porte le titre *Le Siège d'Athènes*.

RÉF. : P. Meyer, *Alexandre le Grand dans la littérature française du Moyen Âge*, 2 vol., Paris, 1886. — E. Faral, *Recherches sur les sources latines des contes et romans courtois du Moyen Âge*, Paris, 1913.

ALEXANDRE de Hales. Théologien anglais. Né dans le comté de Gloucester, vers 1175, mort à Paris le 21 août 1245. Membre influent du clergé anglais, il vécut principalement à Paris où il fit ses études, s'inscrivant à la faculté des lettres tout d'abord (1210-1215), puis à la faculté de théologie (1212-1217). Devenu bachelier, puis maître en théologie (1220-1221), il suivit à Angers les étudiants et les maîtres sécessionnistes, pendant la crise universitaire qui éclata en 1229. Au mois d'août de l'année suivante, il fut envoyé à Rome pour y négocier, avec Guillaume d'Auxerre et quelques autres personnages considérables, l'accord conclu en 1231. Conquis par l'idéal franciscain, il prit l'habit des Frères mineurs en 1236. Son entrée dans l'ordre franciscain coïncide avec l'essor qui fut donné à l'école franciscaine de Paris, de glorieuse mémoire, avec sa longue série de maîtres fameux, parmi lesquels se sont distingués le disciple d'Alexandre, saint Bonaventure, et son compatriote Duns Scot. Au concile de Lyon, convoqué en 1245, Alexandre fit partie de la commission chargée d'examiner les miracles attribués à saint Edmond Rich de Abingdon. Alors qu'il revenait à Paris, une épidémie se déclara, et il succomba à la maladie. La réputation d'Alexandre fut liée, au cours des siècles, à la *Somme théologique* (*) qui reflète la pensée philosophique et théologique de l'école franciscaine. Des recherches très récentes, tant historiques que critiques, nous ont permis de connaître avec plus de précision le naturel génie littéraire d'Alexandre, et sa réelle contribution au développement de la scolastique. Outre un nombre important de *Quaestiones disputatae*, presque toutes inédites, composées à Paris à l'époque où il faisait ses études, Alexandre écrivit une *Glose* sur le *Livre des sentences* (*) de Pierre Lombard, qu'il adopta, le premier, comme texte de la « lectio » scolastique. Mais Alexandre n'est point, au sens strict du terme, l'auteur de la *Somme ;* il en est seulement l'inspirateur, dans la mesure où elle fut composée presque tout entière sous sa direction, et où elle fut tirée des œuvres qu'il avait déjà écrites.

♦ *« Si le détail de sa pensée nous échappe, nous pouvons admettre, sans grand risque d'erreur, qu'il a donné son impulsion première au groupe de théologiens franciscains dont l'œuvre devait être d'assimiler le savoir philosophique nouveau à l'aide des principes posés par saint Augustin. »* Étienne Gilson.

ALEXANDRE de Milet, surnommé Polyhistor à cause de son immense érudition. Historien grec. Né probablement à Milet, ou peut-être en Phrygie, mort à Rome (?) vers 75 av. J.-C. Fait prisonnier par les légions romaines au cours de la guerre contre Mithridate, Alexandre fut emmené à Rome et vendu comme esclave. Son maître, Cornelius Lentulus, l'affranchit bientôt et en fit le précepteur de ses enfants. Alexandre Polyhistor avait des connaissances fort étendues qu'il mit à profit dans un grand nombre de traités de philosophie, d'histoire et de géographie ; les plus connus sont une *Histoire des peuples de l'Orient,* un *Traité sur les Juifs* et un *Périple* (+). Plutarque, Athénée, Pline, Eusèbe de Césarée, Suidas nous ont conservé quelques fragments de cette œuvre qui connut longtemps dans le monde romain une grande faveur.

RÉF. : J. Rauch, *Vie et écrits d'Alexandre Polyhistor,* en latin, Heidelberg, 1845.

ALEXANDRE de Tralles. Médecin grec issu d'une famille de médecins et lettrés et ayant vécu sous Justinien, au début du VIe siècle. Il mentionne dans ses écrits de nombreux voyages en Italie, en Afrique, en Gaule, en Espagne, ce qui laisse supposer qu'il fut médecin militaire. Tout en assumant l'héritage de la médecine antique, il en critique certains points, et représente de ce fait une figure importante et originale de la médecine de l'Antiquité tardive — v. *Œuvres* (*) d'Alexandre de Tralles.

ANNE-FRANCE MORAND et VINCENT BARRAS.

RÉF. : Th. Puschmann, *Alexander von Tralles*, Vienne, 1879. — F. Brunet, *Œuvres médicales d'Alexandre de Tralles,* Paris, 1933-1937.

ALEXANDROU Aris (pseudonyme de Aristotelis Vassiliadis). Écrivain grec. Né en 1922 à Saint-Pétersbourg, mort le 2 juillet 1978 à Paris. Auteur disert mais témoin capital de la Grèce de l'après-guerre, Aris Alexandrou semble avoir placé sa vie et son œuvre sous l'appel de la citation d'Éluard choisie pour exergue à son second recueil : « fraternellement seul, fraternellement libre ». Né d'un père grec émigré et d'une mère russe d'origine estonienne, qui lui a fourni l'outil dont il allait faire un généreux usage en traduisant nombre d'œuvres majeures de la littérature russe, Alexandrou a en effet pris soin de se tenir à l'écart des écoles littéraires et des partis, même si son engagement individuel lui a valu, comme à Yannis Ritsos avec qui il fut étroitement lié, de nombreuses années de captivité dans l'archipel des camps grecs. Il débute dans les lettres en 1942, en joignant le comité de rédaction de la revue *Kallitechnika Nea* qui publiera ses premiers textes, et en choisissant le métier de traducteur qu'il conservera toute sa vie : outre *Anna Karénine* (*) et la plupart des romans de Dostoïevski, il traduira ainsi Ehrenbourg et Maïakovski, mais aussi quantité d'écrivains américains (Steinbeck, Caldwell, O'Neil, Faulkner) ou encore Maupassant et Voltaire. Exilé une première fois pour raisons politiques de décembre 1944 à avril 1945, il publie l'année suivante sa première plaquette, *Encore ce printemps* [*Ακόμα τούτη η άνοιξη*], où s'affirme son souci premier de l'homme, au-delà de toute préoccupation militante. Celle-ci sera plus manifeste dans les deux recueils suivants, presque entièrement composés en détention puisque l'auteur fut à nouveau interné de 1948 à 1951 dans les camps de Makronissos et d'Aï-Stratis, puis, de 1952 à 1958, relégué pour insoumission dans les prisons d'Égine et de Yaros. Feuillets sans date d'un journal de captivité, interrogation amère sur la guerre civile qui a déchiré la Grèce, ce corpus poétique, nourri des lectures de hasard que réservent les bibliothèques de prison et hanté par quelques silhouettes de poètes, apparaît transfiguré par une attention salvatrice au réel, au quotidien, à autrui. Ces trois recueils seront rassemblés en 1971 dans un volume de *Poèmes,* qui sera réédité en 1978, augmenté d'émouvants *Exercices de rédaction* écrits en français durant l'exil parisien de l'auteur : en avril 1967, le coup d'État militaire contraint Alexandrou à venir s'installer en France, emportant avec lui le manuscrit d'un récit commencé quelques mois auparavant et consacré aux errements et à l'absurdité des luttes intestines qui ont affaibli la Résistance grecque et préparé sa défaite. Mais *La Caisse* (*) (1975) n'est pas uniquement, tant s'en faut, un roman minutieusement documenté sur les revers d'une période tourmentée, ni même sur l'impuissance de l'individu devant les dogmes et les systèmes. Par la portée de son message, par sa perfection formelle aussi, ce livre est, non moins que *Le Procès* (*), *La Peste* (*), *1984* (*) et quelques autres, de ceux qui possèdent et conserveront longtemps la faculté de questionner la condition humaine.

GILLES ORTLIEB.

ALEXIS Jacques Stephen. Écrivain haïtien. Né aux Gonaïves, le 22 avril 1922, disparu en avril 1961, alors qu'il tentait un débarquement sur la côte nord-ouest d'Haïti, pour renverser le dictateur Duvalier. Fils du romancier Stephen Alexis (qui fut ambassadeur d'Haïti à Bruxelles), il a dès l'âge de 16 ans rejoint les rangs du parti communiste haïtien, fondé par le romancier Jacques Roumain. Il participe aux grèves de 1946 qui amènent la chute du président pro-américain Lescot. Après de longs séjours à Paris (où il termine ses études de médecine), son action militante le ramène à Port-au-Prince en 1957-1960, puis, après un voyage en Chine, il s'exile à Cuba. Très influencé par le mouvement de la négritude, il s'était fait remarquer au Ier Congrès des écrivains et artistes noirs, réuni à la Sorbonne en septembre 1956, par un manifeste en faveur du « réalisme merveilleux haïtien ». Ses romans : *Compère Général Soleil* (*) (1955), *Les Arbres musiciens* (1957), *L'Espace d'un cillement* (1959) s'inscrivent dans le courant de la littérature militante et visent à préparer la prise de conscience du peuple haïtien exploité ; mais la générosité d'écriture (lyrisme panique, souffle épique, sensualité heureuse, hardiesse des images vivifiées par la langue créole sous-jacente) transcende les bons sentiments. Un ultime recueil de contes poétiques, *Romancero aux étoiles* (1960), lui donne l'occasion de donner le meilleur exemple de ce qu'il entend par « réalisme merveilleux », c'est-à-dire la fidélité à l'imaginaire et à la fantaisie des conteurs populaires, dans la cadence de leurs rythmes et la saveur de leurs parures.

JEAN-LOUIS JOUBERT.

ALEXIS Paul. Romancier et dramaturge français né le 10 juin 1847 à Aix-en-Provence, mort à Triel le 29 juillet 1901. Paul Alexis est surtout connu pour le télégramme qu'il adressa d'Aix en 1891 à Jules Huret, en réponse à son *Enquête sur l'évolution littéraire* (*) : « Naturalisme pas mort. Lettre suit. » Fils d'un notaire, il fit des études juridiques et composa un recueil de poèmes *Les Vieilles Plaies* (1869) que l'un de ses amis fit passer pour des inédits de Baudelaire. Zola écrivit un article sur ces prétendus inédits ; il ne se formalisa pas de la supercherie lorsqu'elle fut découverte et se lia d'amitié avec le jeune auteur. Grâce à l'appui de Zola, Alexis collabore à de nombreux journaux : *L'Avenir, Le Corsaire, Le Ralliement ;* il fait l'éloge du naturalisme en 1877 dans des articles sur les Goncourt et sur *L'Assommoir* (*). Dans *Le Cri du Peuple* de Vallès, qui reparaît à partir de 1883, il rédige sous le nom de Trublot — un personnage de *Pot-Bouille* (*) de Zola — des chroniques naturalistes pleines d'indiscrétions, qui constituent un riche document sur l'école de Médan. Alexis compose également une étude intitulée *Émile Zola, notes d'un ami* (1882) ; il fut en effet l'ami le plus proche de Zola, dont il partagea les opinions socialistes et dreyfusardes ; ses lettres adressées à Zola de 1871 à 1900 témoignent de cette longue affection.

« Écrivain lent, parce que consciencieux, Paul Alexis a peu produit, mais son goût était sûr », déclara Zola dans son oraison funèbre. Alexis s'inspire de Dumas fils pour écrire un drame, *Celle qu'on n'épouse pas* (1879) ; il publie ensuite des nouvelles : *Après la bataille* est sa collaboration aux *Soirées de Médan* (*) (1880) ; *La Fin de Lucie Pellegrin* (1880) raconte la mort d'une prostituée au milieu de l'indifférence générale ; *Le Collage* (1883) est un tableau ironique du célibat. Paul Alexis écrivit aussi un roman de mœurs parisiennes, *Madame Meuriot* (1890), et il fit avec Oscar Méténier des adaptations théâtrales des romans des Goncourt : *Les Frères Zemganno* (*) (1890), *Charles Demailly* (*) (1893). Bien que son œuvre soit peu abondante, Alexis demeure l'un des meilleurs témoins et l'un des plus fidèles adeptes du naturalisme.

♦ *« Alexis fut une ombre de Zola ; une ombre qui, respectueusement, marchait toujours non devant, mais derrière lui. »* Henry Céard.

RÉF. : G. Lecomte, *Une époque littéraire : P. Alexis et le naturalisme,* dans *La Grande Revue* du 15-7-1905. — E. Faguet, *Notes sur le théâtre contemporain,* 1833. — B. H. Bakker, « *Naturalisme pas mort* », 1971. — J. de Palacio, « Paul Alexis, myopie littéraire et affres du style », *Cahiers naturalistes,* 1987.

ALFIERI Vittorio. Poète et dramaturge italien. Né le 16 janvier 1749 à Asti (Piémont), mort le 8 octobre 1803 à Florence. C'est le premier poète italien qui ait porté en lui-même l'inquiétude romantique, et qui se soit détaché de la société du XVIIIe siècle. Dès ses premières années d'apprentissage littéraire, il se préoccupa d'analyser les intentions humaines d'un point de vue moral — son premier petit ouvrage est satirique : l'*Esquisse du jugement universel,* 1773 — et influencé par la lecture d'écrivains français comme Helvétius, Duclos, d'Argens, Montaigne. Au terme de sa tragique aventure en 1790, il fit de lui-même un portrait très vivant dans la *Vie* (*), complétée en 1803. Dans cette œuvre, il reconstitue « a posteriori », selon un plan fixé d'avance, le développement de sa personnalité, dans lequel il tend à mettre en relief son ignorance juvénile en tout point semblable à celle des jeunes seigneurs du XVIIIe, par opposition à sa conversion littéraire survenue en 1774 ; à la suite de celle-ci, il se consacra définitivement à la poésie. Cependant, l'ancienne interprétation « volontariste » qu'on donnait de ses ouvrages, en s'appuyant sur ses propres déclarations (« J'ai voulu, j'ai toujours voulu, très fortement voulu »), est aujourd'hui dépassée par l'évaluation poétique du drame de son âme, qui se révèle à des moments divers et sous des formes différentes dans son œuvre, et trouve, dans les tragédies, son expression la plus haute et la plus naturelle. De sorte que c'est principalement à partir de son autobiographie, des nombreuses *Poésies* qui l'accompagnent comme un journal intérieur, et de ses lettres, qu'en dehors des confessions directes de ses *Journaux* [*Giornali,* 1774-75-77] nous pouvons le mieux suivre son existence jour par jour, depuis son enfance dans la maison ancestrale d'Asti, riche de pressentiments, où ressortent le culte de la beauté, la mélancolie, la solitude, un sens obscur de la mort, puis sa tendresse pour sa mère Monique Maillard de Tournon et pour sa sœur Giulia — son père mourut avant même qu'il ait un an. De 1758 à 1766 il est « enfermé » à l'académie militaire de Turin, l'un des meilleurs collèges d'Europe, où il manifeste toujours plus clairement sa difficulté à trouver un accord avec la réalité quotidienne, de sorte qu'on le dirige vers une culture classique et française superficielle. Quand il sort de l'académie, une certaine tendance à l'inquiétude et à la révolte, qui explose parfois en actes inconsidérés, marque bien sa nature préromantique, qui possède cette fougue nouvelle, exempte de douceurs et de langueurs. Il entreprend un voyage à travers l'Italie, hâtif, poussé par une sorte de « frénésie » ; partout il éprouve « satiété, ennui, douleur ». Après l'Italie c'est l'Europe qu'il veut connaître : au cours de ses voyages à Paris, à Vienne, en Prusse, en Russie, à Londres, son esprit antityrannique à la façon du XVIIIe siècle, un peu teinté également par le XVIIe, acquiert un ton libertaire qui lui est personnel. Après qu'il eut connu Louis XV, Frédéric II, la Prusse et la Russie, l'humanité lui paraît divisée en deux catégories également méprisables : les esclaves et les tyrans ; seule la Grande-Bretagne lui offre un asile de liberté. Il va, plein d'ardeur et de dédain, de la Suède horrible à l'Espagne déserte, dissipé et violent, éprouvant de vives sensations poétiques au contact de la nature triste et solitaire, au milieu d'aventures amoureuses qui se terminent par une atroce désillusion à Londres, jusqu'au moment où, rentré à Turin (1773), il fait alterner lectures, mondanités et passion pour les chevaux, avec un intérêt retrouvé à l'égard des classiques latins et italiens. Il écrit alors une première tragédie, *Cléopâtre* (+), représentée en 1774.

Le succès le pousse à abandonner la société élégante et à se renfermer en lui-même : Plutarque et Machiavel sont les maîtres de cet auteur qui fait du lettré le « réveilleur » des consciences. Jusqu'en 1790 nous sommes dans la période héroïque de son existence ; 1790 est la date à laquelle il finit de faire imprimer en France ses dix-neuf tragédies : *Saül* (*), *Mérope* (*), *Philippe* (+), *Polynice* (+), *Antigone* (*), *Virginie* (*), *Agamemnon* (*), *Oreste* (*), *Rosemonde* (*), *Octavie* (*), *Timoléon* [*Timoleone*], *Le Premier Brutus, Brutus second, Marie Stuart* (*), *La Conjuration des Pazzi, Don Garci* [*Don Garzia*], *Agis* [*Agide*], *Sophonisbe* (+), *Myrrha*, et ses écrits politiques, *De la tyrannie, L'Étrurie vengée* [*L'Etruria vendicata*], *Du prince et des lettres* [*Del principe e delle lettere*], *Panégyrique de Pline pour Trajan* (+), *La Vertu méconnue* [*La virtù sconosciuta*], *Paris débastillé*. Dans ces œuvres il exprime entièrement son drame, celui d'un homme que les connaissances acquises ne peuvent contenter, qui sent « un pouvoir invincible et inconnu » au-delà des limites de la nature humaine, toujours malheureux à cause du destin infortuné de l'homme. Les tyrans et les héros sont justement les deux pôles de son drame, des vaincus les uns et les autres. Pour apprendre à s'exprimer il étudia avec acharnement : Dante, Pétrarque, l'Arioste, le Tasse sont les noms principaux qui contribuèrent à la formation d'une langue originale qui fait de lui le seul grand poète tragique de l'Italie. Ses études sur *La Thébaïde* (*) de Stace — traduite par Selvaggio Porpora — et sur le vers de onze pieds de Cesarotti des *Poésies d'Ossian* (+) furent déterminantes. Pendant ce temps la Révolution française éclate en manifestations violentes : Alfieri se trouve à Paris avec la comtesse d'Albany, l'ex-femme de Charles-Édouard Stuart, qu'il avait connue à Florence en 1777, l'« amour digne » finalement trouvé, et il assiste avec dégoût aux scènes populaires, car ce n'était pas ce genre de plèbe qu'il avait rêvé dans ses tragédies et dans ses traités. Contraint de quitter Paris, il choisit Florence pour résidence, cette ville qu'il aime pour ses beautés artistiques, et pour la langue qui s'y parle. Alors qu'il est replié sur lui-même, vêtu de noir, ses dispositions pour la satire reparaissent encore plus amères et intolérantes : il achève les dix-sept *Satires* (*), le *Misogallo*, essaie un genre nouveau avec *Abel* (*), écrit six comédies — *L'Un* [*L'uno*], *Les Quelques-Uns* [*I pochi*], *Les Superflus* [*I troppi*], *L'Antidote* [*L'antidoto*], *Le Divorce* [*Il divorzio*], *La Lucarne* [*La finestrina*] —, compose une *Seconde Alceste* (*) (1798), imitée d'Euripide, traduit du latin et du grec, qu'il étudie avec acharnement, jusqu'à se créer « chevalier d'Homère ». L'église de Santa Croce, où devant la tombe de Michel-Ange, il s'était recueilli très jeune, et dans laquelle il médita durant ses dernières années, abrite son tombeau.

PIETRO CAZZANI.

♦ *« La persévérance et l'ardeur que mit Alfieri à s'instruire, ainsi que l'intense volonté d'application qui l'accompagna jusqu'à la tombe, n'eurent à vrai dire pas d'égales en ce siècle. Et pourtant, bien qu'en avançant en âge il ait dû nécessairement augmenter en proportion ses connaissances ; bien que la révolution survenue sous ses yeux ait dû ajouter encore au raffinement de son goût, il n'en est pas moins vrai que la suppression d'une grande partie de son œuvre n'aurait fait que rendre un appréciable service à sa renommée. »* Ugo Foscolo. ♦ *« Vittorio Alfieri d'Asti, qui, dans ses tragédies et dans tous ses vers, a ressuscité l'énergie de la langue toscane et la noblesse, et la majesté de la pensée romaine... »* André Chénier. ♦ *« Alfieri [...] a imité, sans le savoir, les Français, parce que, lorsqu'il se mit à faire des tragédies, c'était le seul théâtre qu'il connût [...] S'il eût fait de bonnes études, si à seize ans il eût connu, comme nous, son Virgile et son Sophocle, à trente, il eût méprisé la lettre de la loi et se fût élevé à son esprit ; à trente ans il eût voulu être pour son siècle ce que Sophocle fut pour le sien. Au lieu de cela, faisant ses études seulement à trente ans, il respecta trop ce qui lui donnait tant de peine à apprendre. Il fut timide avec les anciens, et par là ne les comprit jamais. Au lieu d'imiter Racine, il eût imité Eschyle... »* Stendhal. ♦ *« C'est un véritable poète tragique, et qui peut se lire avec profit, même après les tragiques grecs, même après les maîtres du théâtre classique français.* » Rémy de Gourmont. ♦ « *Ce qui fait du tort à Alfieri, c'est qu'on ne peut s'empêcher de le comparer à Racine ou à Corneille, et dès lors il est perdu. Mais pensons à nos romantiques et il reprendra ses avantages. Il est le premier architecte du drame moderne. Ajoutez des figurants ; mettez quelques décors ; développez quelques tirades, et vous ferez de chacune de ces tragédies d'Alfieri un drame tout à fait moderne. Il ne clôt pas le cycle de la tragédie, il ouvre celui du drame.* » Paul Sirven.

RÉF. : J.-C. Walker, *Historical Memoir on Italian Tragedy,* Londres, 1799. – Sismondi, *De la littérature du midi de l'Europe,* Paris, 1813-1829. – G. Chatenet, *Études sur Alfieri,* Paris, 1892. – E. Bertana, *Vittorio Alfieri, studiato nella vita, nel pensiero et nell'arte,* Turin, 1904. – S. Scandura, *Il pensiero politico di V. Alfieri,* Catane, 1919. – G. Megaro, *Vittorio Alfieri,* New York, 1930. – P. Sirven, *Vittorio Alfieri,* Paris, 1949-1954, 8 vol. – Mario Fubini, *V. Alfieri, il pensiero, la tragedia,* Florence, 1953 ; *Ritratto dell'Alfieri e altri studi alfieriani,* Florence, 1970. – U. Branca, *Alfieri e la ricerca dello stile,* Bologne, 1959. – R. Scrivano, *La nature teatrale dell'ispirazione alfieriana e altri scritti alfieriani,* Milan-Messine, 1963. – V. Masiello, *L'ideologia tragica di Vittorio Alfieri,* Rome, 1964. – W. Binni, *Saggi alfieriani,* Rome, 1969. – C. Jannaco, *Studi alfieriani vecchi e nuovi,* Florence, 1974. – J. Joly, *Études sur le théâtre d'Alfieri et de Goldoni,* Clermont-Ferrand, 1978. – S. M. Gilordino, *La tradizione ossianica nella poesia dell'Alfieri, del Foscolo e del Leopardi,* Ravenne, 1982.

ALFRED le Grand. Roi anglo-saxon. Fils d'Aethelwulf. Alfred est né en 849 à Wantage ; il succéda, en avril 871, à son frère Aethelred sur le trône du Wessex et mourut le 28 octobre 901. Dans son royaume, la paix était sans cesse troublée par les invasions danoises : contre le paiement d'une rançon, Alfred réussit à obtenir une trêve de cinq ans, période pendant laquelle les Danois consentirent à limiter leurs invasions au royaume de Mercie. Lorsque les hostilités reprirent, Alfred avait déjà réorganisé son armée, obtenu des thanes (nobles) une plus grande soumission au pouvoir royal ; le résultat de ces mesures ne se fit pas attendre, l'armée royale vainquit les Danois à Eddington et Alfred obtint par traité que la suzeraineté soit partagée entre lui et le roi des Danois. L'œuvre législative du roi Alfred est également importante : il codifia les lois existantes et en promulgua de nouvelles, combattant la routine et les coutumes périmées. Il fit appel aux moines étrangers pour relever le degré de la culture dans son pays ; lui-même est considéré comme le premier prosateur anglo-saxon. En effet, il fit rédiger à nouveau la *Chronique anglo-saxonne* (*) et la compléta personnellement par l'exposé chronologique des faits survenus pendant son règne. Il fit traduire en langue vulgaire nombre d'œuvres latines, diffusant ainsi les principaux monuments littéraires du Moyen Âge, tant chrétiens que païens, tels que *De la consolation de la philosophie* (*) de Boèce, l'*Histoire ecclésiastique des Angles* (*) de Bède le Vénérable, l'*Histoire contre les Païens* (*) d'Orose. À vrai dire, ces traductions furent plutôt des adaptations agrémentées d'interprétations et de gloses personnelles ; c'est d'ailleurs à ce titre qu'elles sont appréciées des spécialistes. Ces adaptations étaient souvent si éloignées du texte original que la version anglo-saxonne de l'*Histoire contre les païens* prit pour titre : *Histoire universelle du roi Alfred* (*) et fut longtemps considérée comme une œuvre originale, due à la plume du roi.

RÉF. : E. S. Duckett, *Alfred the Great and his England,* Londres, 1957. – H. R. Loyn, *Alfred the Great,* Londres, 1967. – J. D. Woodruff, *The Life and Time of Alfred the Great,* Londres, 1974.

ALGAROTTI Francesco. Écrivain italien. Né à Venise en 1712, mort à Pise le 3 mai 1764. Savant, critique, poète, courtisan et homme du monde, dilettante, s'intéressant à de nombreux domaines de la culture et de la littérature sur une base de formation scientifico-positive, Algarotti est un des personnages les plus brillants de la culture italienne cosmopolite du XVIIIe siècle. Sa biographie est fort intéressante. Issu d'une famille de commerçants, il étudia tout d'abord à Rome, puis à Bologne avec Eustachio Manfredi et Zanotti, qui le prirent en grande estime et publièrent deux mémoires sur les questions d'astronomie écrits par leur jeune disciple dans les *Actes de l'Institut bolonais.* Ayant terminé ses études à Bologne, Algarotti, qui alliait un intérêt pour les sciences, et particulièrement pour la physique, à l'étude approfondie de sujets artistiques et littéraires, se rendit à Florence, pour perfectionner ses connaissances linguistiques et philosophiques, puis à Rome. En 1735, nous le retrouvons en France, où il fait la connaissance de nombreuses personnalités du monde culturel français, dont Voltaire (avec lequel il entretint une abondante correspondance), et, s'inspirant de l'exemple de Fontenelle, il publie le *Newtonianisme pour dames* (1735), intitulé par la suite *Dialogues sur l'optique newtonienne* [*Dialoghi sopra l'ottica newtoniana,* éd. italienne, 1737] : cette œuvre remporta un grand succès. L'auteur se rendit ensuite à Londres, puis rentra en Italie (1737) pour s'occuper de l'édition italienne des *Dialogues sur l'optique newtonienne,* repartit de nouveau pour Londres ; en 1738-39, en compagnie et sur l'invitation de lord Baltimore, il visita Saint-Pétersbourg, la Prusse, où il fit la connaissance du prince royal Frédéric qui s'intéressa à lui, et qui devait demeurer jusqu'à sa mort un ami et un puissant protecteur. Il a raconté les souvenirs de ces voyages dans les *Lettres sur la Russie* [*Lettere sulla Russia*] – intitulées plus tard : *Voyage en Russie* [*Viaggio in Russia*] –, adressées à lord Hervey et à Scipione Maffei. En 1740, sur l'invitation formelle de Frédéric, il assiste à son couronnement à Königsberg, et se voit nommé comte et chambellan du nouveau roi. Il restera à sa cour – à l'exception d'un intermède de deux ans (1743-44) passé à la cour d'Auguste III, roi de Saxe – jusqu'en 1753, date à laquelle le mauvais état de sa santé et la rigueur du climat le contraignirent à rentrer en Italie. Il passa ses dernières années à Venise (1753-56), à Bologne (1756-62), où il fonda l'académie des « Indomptables », et enfin à Pise, s'occupant de réunir ses propres écrits, qui devaient paraître un an après sa mort (Livourne, 1765, 4 vol.) survenue à Pise. Écrivain peu profond mais très vivant, au style alerte, s'intéressant à divers problèmes de la vie culturelle et littéraire de son temps, Algarotti a touché, sinon avec beaucoup d'originalité du moins avec un esprit et un ton modernes et une grande facilité, à des thèmes et à des genres assez disparates. La forme littéraire qu'il préféra fut l'essai, conformément au goût de son temps, et la lettre, employée comme article ou essai. Le *Newtonianisme pour dames* est un des textes italiens les plus caractéristiques de la littérature de vulgarisation scientifique, propre à l'époque illuministe ; de même que les *Lettres sur la Russie*, dans un siècle qui abonde en livres et comptes rendus de voyages, sont remarquables par la vivacité du récit et par une pénétrante observation politico-sociale. Sur le plan littéraire, la position d'Algarotti est celle d'un écrivain qui, par ses contacts avec la culture européenne, et particulièrement française, est amené à défendre un programme de rajeunissement littéraire, mais sans pour cela renoncer à ce qu'il y a de vital et de personnel dans le patrimoine linguistique national. Et c'est pourquoi Algarotti, qui avec Bettinelli et Frugoni avait publié une série d'*Épîtres* [*Epistole*] en vers dans le livre bien connu *Vers choisis de trois excellents auteurs modernes* [*Versi sciolti di tre eccellenti autori moderni,* 1757], avait été mécontent de se voir entraîné dans l'intense polémique suscitée autour des *Lettres virgiliennes* [*Lettere virgiliane*] publiées par Bettinelli dans le même volume. Parmi les autres écrits d'Algarotti citons : les essais *De la nécessité d'écrire dans sa propre langue* [*Della necessità di scrivere nelle propria lingua*] ; *Sur la langue française* [*Sopra la lingua francesca*] ; *Sur la rime* [*Sopra la rima*] ; *Lettres sur la traduction de* L'Énéide *de A. Caro* [*Lettere sopra la traduzione dell'* Eneide *di A. Caro*] ; *Sur la richesse de la langue italienne en termes militaires* [*Sopra la richezza della lingua italiana nei termini militari*] ; puis *Essai sur l'architecture, Essai sur la peinture* (*), *Sur l'opéra en musique* [*Sopra l'opera in musica*], et d'autres études de caractère historique – *Sur les rois de Rome* [*Sopra i re di Roma*], *Sur la journée de Zama* [*Sulla giornata di Zama*], *Sur la gentilité* [*Sul gentilesimo*], *Sur les Incas* [*Sopra gli Inca*], etc. –, ou techniques, *Sur le commerce* [*Sopra il commercio,* 1763]. Dans le genre satirique : *Synopsis de la Neréidologie* [*Sinopsi della Nereidologia*], brillante satire de l'érudition pédantesque et froidement académique ; et le *Congrès de Cythère* [*Congresso di Citera*], aimable portrait des mœurs féminines de la société européenne de son temps, imité du *Temple de Gnide* (*) de Montesquieu. La correspondance très abondante d'Algarotti, outre un intérêt documentaire historique certain, présente une grande importance sur le plan de l'évolution des idées : il y traite de questions très diverses, scientifiques, culturelles, littéraires. Il entretint cette correspondance avec les plus hautes personnalités de son temps : Frédéric II, Benoît XIV, Eustachio Manfredi, Zanotti, Voltaire, Maupertuis, Métastase, Bettinelli, Spallanzani, Frugoni, lord Chesterfield, Hervey, etc.

DANIÈLE MATTALIA.

♦ *« S'il a des mérites comme écrivain et surtout comme critique d'art, il ne fut en somme, dans l'acception, il est vrai, la plus élevée du mot, qu'un vulgarisateur. Il nous apparaît comme une réduction de Voltaire, avec la douceur au lieu du sarcasme, plus de cœur et moins d'esprit. Par plus d'un côté encore, il rappelle Fontenelle et fait bonne figure à côté de lui. Il est de son siècle et personnifie en Italie l'influence étrangère* [...] *il n'a de patrie que celle de l'esprit et de la science. »* Rémy de Gourmont.

RÉF. : D. Michelessi, *Memorie intorno alla vita ed agli scritti del conte F. Algarotti,* Venise, 1770. – N. Dalle Laste, *Vita di F. Algarotti,* Bessano, 1774. – I. F. Treat, *Un cosmopolite italien du XVIIIᵉ siècle,* Trévoux, 1913. – C. Berardi, *Studi critici,* 1914. – B. Basile, *L'invenzione del vero. Studi sulla letteratura scientifica da Galilei ad Algarotti,* Rome, 1987.

ALGREN Nelson. Romancier américain. Né le 28 mars 1909 à Detroit, Michigan ; mort le 9 mai 1981 à Bar-Harbor (New York). La vie du prolétariat et surtout du sous-prolétariat des villes est son thème principal. Écrivain engagé, il dénonce en tableaux saisissants et vigoureux la misère, la corruption, l'indifférence qui conditionnent dès l'enfance l'existence des rejetés. Dès son premier roman *Le matin se fait attendre* (*) (1942), il se situe dans la tradition américaine du réalisme et du déterminisme social et Richard Wright peut s'écrier dans sa préface : « Vous voilà prévenus. On vous peint ici ce qui est la profonde vérité de vos vies. » En 1949, il publie *L'Homme au bras d'or* (*), son roman le plus célèbre, où le héros ne trouve que dans la mort une issue à sa révolte impuissante et à ses efforts dérisoires face à un destin inéluctable. Hauts en couleur ou pitoyables, les personnages d'Algren se détachent tragiquement sur fond d'humour grinçant et provoquent la réflexion sociale et politique.

AL-HAMADHĀNĪ : **v. Hamadhānī (al-).**

AL-ḤARĪRĪ : **v. Ḥarīrī (al-).**

'ALĪ IBN ABĪ ṬĀLIB. L'une des figures centrales de l'Islam. Né à La Mecque vers 600, mort à Kūfa (Bas-Iraq) en 661. Cousin germain de Mahomet, il fut l'un des premiers à reconnaître sa mission prophétique et resta toujours l'un de ses plus proches compagnons. En 622, l'année de l'hégire, celui-ci lui donna en mariage sa fille, Fāṭima : de cette union devaient naître al-Ḥasan et al-Ḥusayn, les seuls descendants mâles du Prophète. À la mort de ce dernier (632), tout en se considérant comme le candidat les plus légitime à la succession, 'Alī se rallia au califat d'Abū Bakr (632-634) puis de 'Umar (634-644). Sous le califat de 'Uthmān (644-656), lorsque éclatèrent les troubles qui culminèrent avec l'assassinat de celui-ci, il adopta une position ambiguë qui l'exposa aux accusations du clan omayyade, dont était issu le calife défunt, et dont le chef était le puissant gouverneur de Syrie, Mu'āwiya fils d'Abū Sufyān. 'Alī et Mu'āwiya furent simultanément proclamés califes par leurs partisans, pendant qu'un tiers parti, encouragé par 'Ā'isha, l'épouse favorite du Prophète, entrait en dissidence en Arabie. 'Alī commença par réduire celui-ci (656) avant de se tourner contre son rival. Cependant, la bataille décisive n'eut pas lieu : à Ṣiffīn (658), les deux parties convinrent de s'en remettre à un arbitrage. Celui-ci, après de longues tractations, finit par trancher en faveur de Mu'āwiya, mais dans des circonstances assez suspectes, qui incitèrent 'Alī à refuser de s'incliner. Il se retira en Iraq, sa base de pouvoir, dans l'intention de reprendre la lutte, mais il fut assassiné par un dissident de son propre parti en 661, alors qu'il dirigeait la prière dans la mosquée de Kūfa. Autour de son souvenir et de celui de ses descendants qui connurent souvent, eux aussi, un destin tragique, devait se cristalliser l'un des principaux courants constitutifs de la vision islamique, et dont le shī'isme n'est que la forme la plus radicale : ce « loyalisme 'alide » voit en son héros la personnification de toutes les vertus et de tous les mérites, honteusement bafoués et trahis par une coalition d'intérêts mesquins, mais refusant de se soumettre à l'injustice tout en méprisant d'utiliser les mêmes armes que ses adversaires. Il insiste également sur ses qualités intellectuelles, voyant en lui « le plus éloquent des hommes après le Prophète » et l'un des transmetteurs les plus éminents de son enseignement, et lui attribuant un rôle décisif dans l'invention de nombreuses sciences, notamment la grammaire, mais aussi la numérologie ; le shī'isme « organisationnel » ajoute à tout cela l'idée que 'Alī fut l'unique dépositaire de l'enseignement secret, ésotérique, du Prophète, représentant la vérité intérieure du dogme et de la loi islamiques. Ses discours, lettres et propos divers ont été rassemblés au début du XIe siècle sous le titre *La Voie de l'éloquence* (*).

JEAN-PATRICK GUILLAUME

ALIONE Giovan Giorgio. Écrivain italien. Né à Asti en 1460, d'une famille noble et aisée, et mort dans la même ville vers 1523. Il exerça des charges de référendaire au Conseil général dans les années 1503, 1511, 1515 et 1517, et de capitaine, au nom du roi de France, du château de Monte Raineri, de 1515 à 1521. C'était un homme de loi, si l'on en juge par certains aspects de son œuvre (*Farce de Nicolao Spranga*), et aussi un voyageur, car il se rendit vraisemblablement à Genève, à Florence et dans les Pays-Bas. Ses préférences culturelles et politiques allaient aux Français qui étaient alors les maîtres de la seigneurie d'Asti, et c'est en français qu'il composa un grand nombre de poésies d'inspiration amoureuse, religieuse ou historique. On cite de lui, outre *Les Macaronées* (*) écrites en latin dit macaronique, une dizaine de farces (1500-1515) en dialecte d'Asti, destinées à un public populaire. Ces farces, imitées d'œuvres françaises du même genre, témoignent d'un art médiocre, mais maintes allusions piquantes à la vie locale les animent, et l'auteur, en des vers grossiers, y proclame son peu de goût pour la comédie érudite alors en vogue.

ALISJAHBANA Sutan Takdir. Écrivain indonésien. Né le 11 février 1908 à Natal (Sumatra Nord). « Monsieur Takdir », comme l'appellent familièrement ses compatriotes, est actif, depuis soixante ans, en littérature et dans bien d'autres domaines, car rien de ce qui est intellectuel ne lui est étranger. Ayant reçu une éducation hollandaise, couronnée par une licence en droit en 1942, il se fit connaître par un premier roman à l'âge de vingt et un ans : *Accablés par le sort* [*Tak putus dirundung malang*]. Ce roman, et plusieurs autres par la suite, furent publiés par la maison d'édition coloniale Balai Pustaka, mais Takdir et ses amis créèrent en 1933 la revue *Le Nouveau Poète* [*Poedjangga Baroe*], qui allait devenir l'un des principaux foyers de la jeune littérature indonésienne. La revue fut l'animatrice d'un grand débat sur la « Polémique culturelle » [Polemik kebudayaan], qui opposa les tenants de la tradition aux partisans, dont Takdir était le champion, d'une modernisation résolument occidentale. Romancier (son œuvre la plus célèbre, *Voiles déployées* (*) date de 1936, son dernier roman, la trilogie *Grotta Azzura,* de 1968), Takdir est aussi poète, philosophe et linguiste. Surnommé « l'ingénieur de la langue indonésienne », il consacra une revue — *L'Artisan de la langue indonésienne* [*Pembina bahasa Indonesia,* 1947-1952] — et plusieurs ouvrages aux développements et aux problèmes de la langue indonésienne pour accéder au statut de langue nationale. Membre du parti socialiste indonésien, il fut député (1945-1949) et membre de l'Assemblée constituante (1950-1960). Il fut également professeur et recteur de l'université nationale. Animé par un idéal de progrès, Takdir a consacré son infatigable carrière à l'édification raisonnée de la culture nationale.

Son œuvre littéraire porte la marque de cette préoccupation : constamment didactique et rationnelle, elle est tournée vers un avenir en perpétuelle construction.

HENRI CHAMBERT-LOIR.

ALKMAR Hinrek van (ou Henri d'Alkmaer). Poète allemand d'origine hollandaise de la seconde moitié du XVe siècle. On connaît fort peu sa vie ; on croit qu'il fut conseiller du prince-évêque d'Utrecht, vers 1477, puis gouverneur de René duc de Lorraine (1485). On lui attribue le remaniement (vers 1480) du *Roman de Renart* (*), d'après les anciens textes flamands et français, dont l'adaptation en bas saxon fut publiée à Lubeck en 1498 sous le titre *Reynke de Vos* (*). On a supposé autrefois, mais sans preuves, que sous son nom se cacha le poète allemand Nicolas Baumann (né vers 1450, mort en 1526).

ALLAIN Marcel. Romancier populaire français. Né à Paris le 15 septembre 1885, mort à Saint-Germain-en-Laye le 25 août 1969. Il a créé avec Pierre Souvestre (1974-1914) le type hallucinant de Fantômas, canaille distinguée aux mille crimes « parfaits » et impunis. Devenu le secrétaire de Souvestre, Allain collabora étroitement avec ce « patron », devenu son ami, et qui avait reçu de l'éditeur Fayard la commande de cinq romans fantastiques ; en trente-deux mois, ils publièrent trente-deux volumes de *Fantômas* (*), dont le titre avait été trouvé dans le métro. Homme d'action, homme du monde, coiffé du légendaire « tuyau de poêle », pourvu de dons exceptionnels et enchanté de faire peur, Fantômas, technicien du crime, est partout et nulle part. Il adore son métier, qui est d'assassiner, et le pratique comme un sport, s'évadant de toutes les prisons. L'énumération n'est pas aisée de tous les volumes consacrés aux exploits de Fantômas et de Tigris, son frère puîné. La série des *Fantômas* fournit également onze films – les premiers films policiers – mis en scène par Louis Feuillade. La figure de Fantômas a retenu l'attention de poètes et d'écrivains tels qu'Élémir Bourges, Cocteau, Antonin Artaud, et surtout Guillaume Apollinaire qui proclama Allain « roi des surréalistes ». Elle a inspiré une célèbre complainte de Robert Desnos. On doit également à Marcel Allain l'un des premiers romans radiophoniques : *L'Homme à la tête coupée.*

♦ « *Les* Fantômas *sont même, je crois, à peu près les seuls livres que j'ai bien lus, et j'ai eu le plaisir de rencontrer nombre de bons esprits qui partageaient ce goût avec moi.* » Guillaume Apollinaire.

RÉF. : Antoinette Peské et Pierre Marty, *Les Terribles*, Paris, 1951. – « Fantômas ? c'est Marcel Allain », numéro spécial de *La Tour de feu* (88), Jarnac, 1965. – « Fantômas », numéro spécial d'*Europe*, Paris, juin-juillet 1978.

ALLAIS Alphonse. Écrivain français né le 20 octobre 1854 à Honfleur (Calvados), mort à Paris le 28 octobre 1905. Humoriste de vocation et de système, il fut toute sa vie la fantaisie en personne. On peut dire qu'il incarne vraiment la souriante anarchie qui fut le propre de la Belle Époque. Il débuta par un recueil de calembredaines : *À se tordre* (1891), et devait par la suite en donner beaucoup d'autres. Retenons : *Vive la vie !* (*) (1892), *Rose et vert pomme* (1894), *Le Parapluie de l'escouade* (1894), *Deux et deux font cinq* (1895), *On n'est pas des bœufs* (*) (1896), *Amours, délices et orgues* (1898), *L'Affaire Blaireau* (1899), et enfin le *Captain Cap* (*) (1902). Pour le théâtre, il a écrit, seul ou en collaboration, quelques savoureuses comédies : *L'Innocent Sylvéric ou les Fonds hollandais* (joué au Théâtre des Nouveautés le 7 février 1896), *Monsieur la Pudeur* (joué au Théâtre Cluny le 4 décembre 1903). Jules Renard le tenait pour un grand écrivain. Il représente une forme du « nonsense » et de l'humour noir typique de son époque et sur laquelle André Breton ne s'est pas trompé avec l'*Anthologie de l'humour noir* (*).

♦ « *Il suffit de relire aujourd'hui les pâles facéties boulevardières d'un Alphonse Allais pour apprécier l'écart et mettre Courteline à son rang.* » Pierre Brisson. ♦ « *Il s'agit de rien moins* [*pour A. Allais*] *que d'éprouver une activité terroriste de l'esprit, aux prétextes innombrables, qui mette en évidence chez les êtres le conformisme moyen, usé jusqu'à la corde, débusque en eux la bête sociale extraordinairement bornée et la harcèle en la dépaysant du cadre de ses intérêts sordides, peu à peu.* » A. Breton.

RÉF. : Mme Leroy-Allais, *Alphonse Allais, souvenirs d'enfance et de jeunesse*, 1913. – Anatole Jakovsky, *Alphonse Allais, le tueur à gags*, 1955. – D. Grojnowski, « Allais écrivain », in *La Quinzaine littéraire*, juillet 1989.

ALLAIS Maurice. Économiste français. Né à Paris le 31 mai 1911, dans un milieu de petits commerçants. Prix Nobel d'économie en 1988, Maurice Allais est le premier Français à avoir reçu cette récompense. En 1933, il sort major de Polytechnique et choisit l'École des mines comme école d'application dont il termine le cursus en 1936. De passage aux États-Unis en 1933, il est bouleversé par le spectacle de « cimetière d'usines », consécutif à la grande dépression de 1929-30, et décide de se consacrer à l'économie politique. Il appartient à la catégorie spécialement française des « ingénieurs économistes », soucieux de rénover l'économie politique française, jugée trop « littéraire » et inapte selon eux, à cause de cela, à faire face efficacement à la crise mondiale. L'introduction de la rigueur des mathématiques en économie favoriserait à la fois l'expression des problèmes et une approche rationnelle de leur solution. Ces ingénieurs ont l'occasion de mettre à l'épreuve leur méthode pour résoudre les problèmes du secteur public.

Démobilisé en 1940, il écrit son premier livre publié en 1943, *À la recherche d'une* *discipline économique.* En 1944, Maurice Allais est nommé professeur d'analyse économique à l'École nationale supérieure des mines, et l'année suivante à l'Institut de statistique de l'université de Paris. Ses activités de recherche, organisées à partir de son séminaire de l'École des mines, lui valent de devenir en 1954 directeur de recherches au C.N.R.S. En 1970, il prend la direction du centre Clément-Juglar d'analyse monétaire de l'université de Paris-X. Retraité en 1980, il poursuit ses recherches et son cours à l'École des mines. Bien que partisan de l'économie néoclassique, Maurice Allais ne veut pas isoler l'observation économique de l'étude de la société. En 1987, il est l'un des rares à avoir prévu le krach boursier. En 1992, il publie *Erreurs et impasses de la construction européenne.* Il a 77 ans quand il reçoit le prix Nobel « pour ses travaux sur la théorie des marchés et l'utilisation efficace des ressources ». Son livre essentiel est *L'Économique en temps que science* (*), paru en 1968.

LUCETTE LE VAN-LEMESLE.

ALLEGRI Gregorio. Compositeur italien. Né à Rome en 1582, mort dans cette même ville le 17 février 1652. Il fut célèbre comme compositeur de musique sacrée. De 1591 à 1596, il chanta dans une chorale que dirigeait Giovanni Maria Nanino, et qui était celle de Saint-Louis-des-Français ; il continua de chanter, mais en tant que ténor, de 1601 à 1604. De 1600 à 1607, il travailla sous la direction de Giovanni Maria Nanino. Il obtint ensuite la jouissance d'un bénéfice à la cathédrale de Fermo, puis il fut rappelé à Rome par Urbain VIII (1629) et nommé chanteur de la chapelle Pontificale, poste qu'il conserva jusqu'à sa mort. Son nom est généralement associé au célèbre *Miserere* (*) pour neuf voix et deux chœurs, qui était chanté tous les ans dans la chapelle Sixtine pendant la semaine sainte. Et telle était l'estime dans laquelle on tenait ce morceau qu'il fut interdit pendant quelque temps de le copier sous peine d'excommunication. Rappelons que, vers 1770, Mozart, alors âgé de quatorze ans, eut l'occasion d'entendre ce *Miserere* pendant un séjour à Rome, et qu'il le transcrivit de mémoire après deux auditions. En dehors du *Miserere*, l'œuvre d'Allegri, qui se voua uniquement à la musique sacrée, comprend des messes, des lamentations, des motets, un magnificat, un impropère, des psaumes. Il écrivit également quelques concerti pour instruments seuls, sans accompagnement de chœurs, et une sonate pour quatre archets. Un grand nombre de ses compositions manuscrites sont conservées à Rome dans les archives du Vatican, et à Santa Maria della Vallicella.

ALMADA-NEGREIROS José Sobral de. Écrivain et peintre portugais. Né le 7 avril 1893 à Ilha de S. Tomé et mort le 15 juin 1970 à Lisbonne. Provocateur et travailleur infatigable, Almada-Negreiros est, au Portugal, une des figures les plus marquantes du modernisme de la première moitié du XXe siècle. En 1915, il participe à la revue *Orpheu* avec Fernando Pessoa, dont il fait un des plus célèbres portraits, sinon un des plus beaux. En 1917, il collabore à une autre revue *Portugal futuriste,* saisie aussitôt par la police pour ses positions alors subversives. Il s'établit en 1919 à Paris où il travaille surtout comme graphiste. Un an plus tard, il revient à Lisbonne. Il publie, à cette époque, dans diverses revues, une quantité impressionnante de textes dont *La Repasseuse* [*A Engomadeira,* 1917, trad. 1988]. L'écriture corrosive de cette nouvelle témoigne du mépris et de la hargne que l'auteur voue à la bourgeoisie, à la médiocrité et au mensonge. Il rédige aussi quelques-uns des manifestes futuristes les plus provocateurs de son époque et crée quelques pièces de théâtre dont les thèmes tournent autour de l'authenticité de l'individu dans ses relations avec autrui. Mais c'est son roman *Nom de guerre* (*) qui, en 1938, le désigne comme le véritable précurseur du modernisme portugais. Son œuvre, graphique ou littéraire, pose le problème du lien entre l'art et la vie, dans l'anxiété fiévreuse de les mêler, de les fondre ensemble. La politique n'est évidemment pas exclue de ses préoccupations : dans un pays où le pouvoir étouffait alors toute liberté d'expression, l'œuvre d'Almada n'a cessé de protester frénétiquement « contre ». Il publie en 1958 un manifeste *La Scène de la haine* [*Cena do ódio,* trad. 1989]. Ce texte est en fait, comme le note Pierre Rivas dans la Postface de l'édition française, un « texte-manifestation plus qu'un manifeste », ce qui correspond bien à cet homme hors pair dont la réflexion appartenait déjà au domaine de l'action.

FRANÇOISE BEAUCAMP.

RÉF. : M. do Carno Gonçalves Pereira, *A obra literàrià de Almada-Negreiros,* thèse, Lisbonne, 1965. — M. M. E. Ferrat da Silva, *José de Almada-Negreiros,* thèse, Coïmbre, 1967. — J. A. França, *Almada-Neigreiros. O português semmestre,* Lisbonne, 1974. — D. Colombini, *Almada-Negreiros,* São Paulo, 1978.

ALMEIDA Manuel Antonio de. Né le 17 novembre 1831 à Rio de Janeiro, mort le 28 novembre 1861 dans un naufrage sur les côtes brésiliennes. Il fut un remarquable romancier brésilien de l'époque romantique, bien que son existence eût été difficile et remplie d'obstacles. Il commença des études classiques, qu'il dut interrompre constamment par manque de moyens ; ses goûts le poussaient vers le dessin, mais les circonstances le contraignirent à s'adonner au journalisme et il fut, pendant la presque totalité de sa courte existence, rédacteur au journal *Correio Mercantil,* où parut pour la première fois, à partir de 1853, le roman qui devait lui apporter la gloire, *Mémoires d'un sergent de milice* (*). Docteur en médecine, Almeida ne réussit pas à se frayer un chemin dans le genre d'activité qui l'attirait, la chirurgie. Il obtint ensuite un emploi au secrétariat du ministère des Finances, mais il ne sut pas développer l'histoire financière du Brésil dont il avait été chargé. Finalement, la chance parut lui sourire davantage avec la charge d'administrateur de la Typographie nationale (là il connut, protégea et secourut un humble typographe qui devait devenir le plus grand des romanciers brésiliens : Machado de Assis), et avec celle de directeur de l'Académie impériale de musique et de l'Opéra national ; peu de temps après, il perdit la vie, avec trente autres personnes, dans le naufrage du steamer qui le transportait pour aller assister, en tant qu'invité de son journal, à l'inauguration du canal de Campos à Macaé.

RÉF. : J.-M. Parker, *The Nature of Realism in « Memórias de um sargento de milícias »*, in *BHS*, 48, 1971, p. 128-150. – R. Guimarães, *O folclore na ficção brasileira : roteiro das « Memórias de um sargento de milícias »*, Rio, 1977.

ALMEIDA BOTELHO Abel Acácio de. Écrivain portugais. Né à Tabuaco le 23 septembre 1854, mort à Buenos Aires le 24 avril 1917. Il fut, au Portugal, le plus typique représentant du réalisme, faisant profession de croire à l'identité de la science et de l'art. À Lisbonne, il suivit les cours de l'Académie militaire (1871-1872) puis ceux de l'École de l'armée (1876-1878) ; il atteignit le grade de général de division. Après la proclamation de la République, il embrassa la carrière politique et devint député, sénateur, puis, finalement, ministre du Portugal en Argentine. C'est en 1885 qu'il fit son entrée dans la lice littéraire avec *Lyre insoumise* [*Lira insubmissa*], mais cette tentative poétique échoua. Il s'orienta alors vers le journalisme et collabora activement au quotidien *O Dia*, en même temps qu'il donnait au théâtre, entre autres drames, *Jucunda* (1889), *Claudina* (1891), *Vaincus de la vie* [*Vencidos da vida*, 1892], *Germano* (1896), *A Imaculável* (1897), *Fruit de saison* [*Fruta do tempo*, 1904]. Les problèmes qu'il proposa au public furent toujours audacieux et brûlants ; traités avec un réalisme brutal, ils transformèrent plus d'une fois le parterre en champ de bataille. Il développa les thèmes de ses romans dans un style identique puisqu'il se proposait d'y mettre en lumière les plaies les plus honteuses et les plus douloureuses de la société. L'un de ses cycles a pour titre général : *Pathologie sociale* ; il se compose de : *Le Baron de Lavos* (*) (1891), *Le Livre d'Alda* [*O livro de Alda*, 1898], *Cultive* [*Amanha*], *Fatal dilemme* [*Fatal dilema*] et *Heureuse fortune* [*Próspera Fortuna*, 1910]. Ses autres ouvrages tels que *Femmes de Beira* [*Mulheres da Beira*, 1898] – récits publiés d'abord dans le *Diário da Manhã*, puis réunis en volume –, *Sans remède* [*Sem remédio*, 1900], *Les Lazzari* (1904), et le roman inachevé *Amour créole* [*Amor creoulo*] paru après sa mort, ne sont pas moins caractéristiques. Almeida Botelho publia également des œuvres d'histoire parmi lesquelles il convient de citer *La Péninsule ibérique contre Napoléon* [*A peninsula ibérica contra Napoléão*, 1910].

RÉF. : Dr. João Ameal, *Panorama de la littérature portugaise*, Paris, 1949.

ALMEIDA GARRETT João Baptista da Silva Leitão de. Poète, dramaturge et romancier portugais. Né à Porto le 4 février 1799, mort à Lisbonne le 9 décembre 1854. Fils d'un fonctionnaire supérieur des douanes, il eut une enfance heureuse, bien qu'en raison de l'invasion de Junot dans son pays il dût quitter sa ville natale pour aller vivre avec les siens dans l'île de Terceira (1807). Ayant, par son esprit précoce, fait impression sur son oncle, l'évêque Alexandre, il apprit, auprès de ce dernier, à connaître non seulement les classiques portugais, mais encore les tragiques grecs, la littérature française et même un brin de philosophie allemande. Se sentant peu fait pour l'état ecclésiastique auquel le destinait son oncle, il résolut de faire son droit et entra, en 1816, à l'université de Coïmbra, laquelle venait de se convertir en foyer de libéralisme. Fanatique de liberté, le jeune homme prit feu pour les idées nouvelles et, sans plus attendre, écrivit quelques pièces de circonstance bien propres à le rendre suspect aux yeux des conservateurs. Comme son zèle ne l'empêchait pas d'avoir du goût pour le dandysme, il fut bientôt surnommé « le Divin » par ses camarades d'études. Ayant obtenu son diplôme de droit en 1821, il put entrer, l'année suivante, au ministère de l'Intérieur. Plus fidèle que jamais à l'idéal républicain, il prit aussitôt une part très active à l'âpre lutte que son parti eut à soutenir contre la réaction, tant jusqu'à la mort de Jean VI (1826) que sous le règne de dona Maria II. En raison même des coups d'État qui se succédèrent au Portugal, sa carrière politique fut un orage perpétuel. Que l'on en juge : dès l'année 1823, il vient à peine de s'installer dans son ministère qu'il se voit contraint d'émigrer. Après un bref séjour à Londres, il se fixe au Havre, et là travaille dans une banque pour subsister. Il en profite pour composer *Camoens* (*) (1825), son premier grand poème.

Faute d'avoir su garder sa place, il dut, en 1826, se rabattre sur Paris où il acheva *Dona Branca* (*) (1826), sorte de roman poétique du plus bel accent. La même année, il put rentrer dans son pays, grâce à la victoire remportée par les libéraux après la mort du roi Jean VI. Réintégré dans ses fonctions (1826), il fut contraint de s'en démettre un peu plus tard (1828) pour émigrer de nouveau. Faisant contre mauvaise fortune bon cœur, il publia l'année suivante son plus fameux recueil de vers : les *Poésies lyriques de João Minimo* (*) (1829). Après quoi, il mena, en diverses capitales, la vie d'un conspirateur, toujours si fertile en intrigues et en déceptions. En 1836, tout changea : par suite du coup d'État de Passos Manuel, il put rentrer dans son pays. Devenu député de Braga, il se révéla aux Cortes grand orateur et dès lors devint l'idole de tout le parti libéral. Mais il était loin d'oublier qu'il était d'abord un poète et un dramaturge. Voulant doter son pays d'un théâtre vraiment national, il s'attacha donc à mettre au rebut le vieux répertoire, afin de lui substituer l'esprit même de ce romantisme dont la vogue s'étendait à toute l'Europe. Il écrivit, à cet effet, trois drames qui sont restés fameux : *Un auto de Gil Vicente* [*Merope, e Gil Vicente,* 1838], *Frère Luis de Souza* [*Frei Luiz de Sousa,* 1840] et *L'Armurier de Santarém* (*) (1841). Cette période marqua l'apogée de sa carrière d'écrivain. Elle eût sans doute été plus longue si quelque nouveau coup d'État n'avait mis Garrett une fois de plus en mauvaise posture, en 1842. Par chance, il put échapper à la mort en se réfugiant à l'ambassade du Brésil. Dans l'espoir de se consoler, il écrivit un autre drame, *Cœurs héroïques* (1843) et un roman plein de digressions, imité de Sterne et de X. de Maistre, *Voyages dans ma patrie* [*Viagens na minha terra,* 1846] et, l'année suivante, revint à la poésie lyrique en publiant *Fleurs sans fruits* (1844). Bien qu'il eût fait son deuil de la vie politique, il vit la fortune lui sourire une dernière fois (en 1851) et devint alors ministre des Affaires étrangères. Rendu sage par l'expérience, il s'éteignit dans le scepticisme le plus complet, ce dont témoigne le titre de son dernier recueil : *Feuilles mortes* (1853). Dandy impénitent, séducteur, polyglotte et, par là même, cosmopolite, il n'en sut pas moins dans ses œuvres demeurer vraiment portugais. Il fait en son pays figure de chef de file, parce qu'il y fut l'introducteur du romantisme et plus tard son représentant le plus illustre avec A. F. de Castilho (1800-1875) et Alexandre Herculano (1810-1877).

♦ *« Voisin de Musset par l'espièglerie, prophète du libéralisme au même titre que Lamartine, incarnant, comme Hugo, avec une moindre puissance, toute une génération littéraire, Garrett, initiateur et modérateur du romantisme portugais, nous apparaît comme un génie tempéré, équilibré. »* G. Le Gentil.

RÉF. : Gomes de Amorim, *Garett, memórias biográficas,* 3 vol., Lisbonne, 1881-1884. – A. de Portugal de Faria, *Garrett un França,* Paris, 1894. – Teophilo Braga, *Garrett e o romantismo,* Porto, 1904 ; *Garrett e os dramas românticos,* Porto, 1905. – Latino Coelho, *Garrett e Castilho,* Lisbonne. – Fidelino de Figuereido, *História da literatura romântica,* 2e édit., Lisbonne, 1923. – V. Cerny, *Essai sur le titanisme dans la poésie romantique occidentale entre 1815 et 1850,* Prague, 1935 (en français). – G. Moser, *Les Romantiques portugais et l'Allemagne,* thèse, Paris, 1939. – R. A. Lawton, *L'Intime Contrainte,* Paris, 1966. – F. Figueiredo, *Shakespeare et Garrett,* São Paulo, 1970. – O. M. C. Paiva Monteiro, *A formação de Almeida Garrett : Experiência e Criação,* 2 vol., Coïmbre, 1971. – L. N. R. Correia Raitt, *Garrett and the English Muse,* Londres, 1983.

ALMQVIST Carl Jonas Love. Poète et romancier suédois. Né à Stockholm le 28 novembre 1793, mort à Brême (Allemagne) le 26 septembre 1866. Son œuvre immense, chaotique et d'inégale valeur reflète toutes les tendances essentielles, tous les ferments idéalistes de la pensée romantique. Descendant par sa mère de la célèbre famille Gjörwell, il fit des études supérieures à Uppsala, puis occupa divers emplois dans l'administration civile de la capitale. Esprit révolté, qui aspirait à mettre sérieusement en pratique l'évangile naturaliste de Rousseau, il abandonna très tôt la « société conventionnelle », dont il se sentait prisonnier, pour aller s'établir à la campagne, dans le Värmland, où il épousa une paysanne en 1824 et vécut du travail de la terre. Après l'échec de cette tentative de vie « primitive », il regagna Stockholm, où ses amis lui procurèrent un poste d'instituteur dans une école élémentaire. En 1837, il embrassa la carrière religieuse. Il essaya vainement d'obtenir une chaire de linguistique à l'université de Lund, et se consacra dès lors au journalisme d'opposition (dans l'*Aftonbladet*) et aux lettres. En 1851, il quitta Stockholm pour se réfugier en Amérique, sous le coup d'une plainte déposée par un usurier, von Scheven, pour faux, usage de faux et tentative de corruption. Entretemps, ses livres atteignaient une large audience : *Qu'est-ce que l'amour ?* [*Hvad är kärlek,* 1816], *Murnis* (1819), *Amorina* (1822) ; puis, de 1832 à 1840, *Le Livre de l'églantine* (*), *Ça va...* [*Det går an,* 1838], plaidoyer pour l'amour libre ; *Colombine*, 1835, écrit sur le thème de *La Dame aux camélias* (*) ; *L'Urne* [*Urnan*] et *Le Palais* [*Palatset*], contre la valeur du serment et le lien de la promesse ; *Ramido Marinesco*, sur le thème de *Don Juan* (*), ainsi que de nombreux autres récits, drames, poèmes épiques, fantaisies en prose ou en vers, légendes, visions, romans sentimentaux et récits d'aventure, sur les thèmes les plus variés, depuis la Suède des Folkungs jusqu'à la Stockholm de Gustave III, depuis l'ancienne Éthiopie jusqu'à la Bretagne du roi Artus, depuis la Sicile médiévale jusqu'à l'Espagne du XVIe siècle ; thèmes qui permirent à l'auteur de répandre ses idées sociales, politiques, littéraires, religieuses et pédagogiques, soulevant des campagnes de presse, des protestations, des polémiques et des accusations qui, négligeant d'apprécier les œuvres d'Almqvist d'un point de vue artistique, se concentraient uniquement sur sa scandaleuse personnalité d'aventurier. Il fut condamné par contumace mais, quinze ans plus tard, sous la fausse identité de Westermann, il passa des États-Unis en Allemagne, où il vécut dans l'incognito les derniers mois de sa vie.

RÉF. : Olle Holmberg, *C. J. L. Almqvist fran Amorina till Colombine,* Stockholm, 1922. – Algot

Werin, *C. J. L. Almqvist realisten och liberalen,* Stockholm, 1923. Henry Olsson, *Törnrosens diktare,* Stockholm, 1966. – Bertil Romberg, *Carl Jonas Love Almqvist,* Boston, 1977.

ALONSO Dámaso. Poète et critique espagnol. Né à Madrid le 22 octobre 1898, mort dans cette ville le 25 janvier 1990. Licencié en droit et docteur ès lettres, il publie en 1921 son recueil intitulé : *Poèmes purs et petits poèmes de la ville* [*Poemos puros y poemillas de la ciudad*] : le terme de « poésie pure » n'a pas pour lui un sens abstrait, mais se réfère aux éléments naturels et humains du monde en tant que sources d'inspiration ; la double tonalité de la tendresse et de l'humour le rattachant par ailleurs à Antonio Machado. En 1927, avec les poètes de sa génération, il redécouvre Góngora à l'occasion du tricentenaire de sa mort, et consacre à l'écrivain du Siècle d'or deux ouvrages qui font encore autorité : une édition critique des *Solitudes* (*) en 1927 et *La Langue poétique de Góngora* [*La lengua poética de Góngora,* 1935]. Son étude sur *La Poésie de saint Jean de la Croix* [*La Poesía de San Juan de la Cruz,* 1942] clôt cette période riche en tournées de conférences à travers l'Europe et les États-Unis. En 1944, paraissent ses *Essais sur la poésie espagnole* [*Ensayos sobre poesía española*] et ses deux livres de poèmes : *Obscure nouvelle* [*Oscura noticia*] et *Enfants de la colère* (*). Élu à l'Académie royale de la langue (1948), il publie bientôt son essai sur les *Poètes espagnols contemporains* [*Poetas españoles contemporáneos,* 1952], essentiellement basé sur l'analyse stylistique. La série de poèmes *Homme et Dieu* [*Hombre y Dios,* 1955] anticipe sur l'identification de l'Homme avec Dieu dans *Joie en vue* [*Gozos a la vista*].

MARIE-FRANCE SCHMIDT.

ALPHONSE X le Sage ou le Savant. Roi de Castille et de Léon. Né à Tolède (Espagne) le 22 novembre 1221, mort à Séville le 4 avril 1284. Ce prince contribua d'une façon éclatante à propager la culture castillane et à en fixer la prose. Fils de Ferdinand III le Saint et de Béatrix de Souabe, son enfance s'écoula dans la région de Burgos. Il aida son père dans la conquête de l'Andalousie, et acheva en personne celle de Murcie (1240). Monté sur le trône en 1252, son long règne fut rempli de défaites politiques. Après avoir enlevé aux Maures quelques forteresses, il dut faire face à leur révolte en Andalousie, puis à Murcie. Longtemps prétendant à la couronne impériale, il ne l'obtint pas à cause de l'opposition des papes. Alphonse, cependant, semble bien, comme quelques-uns de ses prédécesseurs, avoir voulu réaliser dans la péninsule ibérique le rêve d'un empire romain ressuscité. Soulignons à ce propos la parfaite tolérance dont jouissaient ses sujets de toutes confessions. Alphonse, en effet, se proclamait volontiers « roi des trois religions » : la chrétienne, la mahométane et la juive. Tel semble être du reste le motif essentiel de l'opposition des papes à la candidature d'Alphonse X qui ne présentait pas les garanties suffisantes quant à la préservation du caractère catholique de l'Empire. Les nobles troublèrent fréquemment son règne et, comme Alphonse tardait à désigner l'héritier de la couronne, son fils don Sanche se révolta, attristant les dernières années du roi. Les échecs politiques d'Alphonse X furent compensés par les initiatives grandioses qu'il prit dans le domaine culturel, et qui lui ont valu le surnom de Sage. Avant même d'être roi, il s'entoura de savants, chrétiens ou juifs, qu'il chargea de traduire des livres arabes ou de composer des œuvres nouvelles. C'est ainsi qu'on lui doit d'avoir préservé maints ouvrages d'Avicenne et d'Averroès. Non content de poursuivre l'œuvre entreprise par les traducteurs tolédans au XIIe siècle, Alphonse X innova, en ce sens que la plupart des ouvrages furent traduits en castillan, et non plus en latin. Alphonse traçait le plan de chaque ouvrage, signalait les sources dont ils devaient s'inspirer, et ramenait la langue castillane à sa pureté originelle. Ainsi naquirent l'admirable manuscrit *Les Sept Parties* ; une histoire d'Espagne, la *Première Chronique générale* (*), *La Grande Histoire générale* [*General e grande Estoria*], vaste compilation universelle ; des traités d'astronomie, de minéralogie et d'astrologie : *Livres du savoir astronomique* (*), *Le Lapidaire* [*Lapidario*], *Le Livre des Croix* [*Libro de las Cruces*] ; un ouvrage sur les jeux et divertissements : *Livres des tables alphonsines,* etc. En dialecte galicien, don Alphonse composa les *Cantiques de Sainte Marie* (*) et quelques poésies profanes. Parmi les traductions les plus remarquables, citons celle, en castillan, de *Kalila wa Dimna* – v. *Fables de Bidpay* (*) –, recueil d'apologues arabes, et celle, en français, de l'*Échelle de Mahomet* [*Escala de Mahoma*], confiée par Alphonse X à Bonaventure de Sienne. Dante dut avoir connaissance de cette version, ou d'une autre en latin, de l'*Échelle,* dont on retrouve des traces dans *La Divine Comédie* (*) (Brunetto Latini, son maître, avait d'ailleurs séjourné en Castille). Les successeurs d'Alphonse X continuèrent son œuvre ou la complétèrent – ainsi la *Première Chronique générale* fut achevée sous Sanche VI. La langue espagnole doit à Alphonse X d'être devenue un instrument parfaitement utilisable dans tout exposé didactique.

RAFAEL LAPESA.

RÉF. : Florián de Ocampo, *Crónica general de Alonso el Sabio,* Zamora, 1541. – Mondéjar, *Memorias históricas del rey don Alonso el Sabio, y observaciones a su crónica,* Madrid, 1777. – Evelyn S. Procter, *Alfonso X of Castille, Patron of Literature and Learning,* Oxford, 1951.

AL-QAZWĪNĪ : v. Qazwīnī (al-).

ALQUIÉ Ferdinand. Philosophe français. Né à Carcassonne (Aude) le 18 décembre

1906. Agrégé de philosophie, Alquié est maître de conférences à Montpellier puis professeur d'histoire de la philosophie moderne à la Sorbonne. En 1955, il publie *Philosophie du surréalisme* (*). « Désir d'éternité », « nostalgie de l'être », pour reprendre les titres de deux ouvrages philosophiques de l'auteur, le surréalisme a exprimé l'un et l'autre. « L'expérience surréaliste où se manifeste la non-suffisance du monde, où se déréalise le quotidien, où se fait jour le pressentiment de l'Être, où l'exigence humaine, considérée dans sa totalité, refuse de se voir limitée ou trahie, est très proche de celle qui fut la source de toutes les grandes philosophies », affirme-t-il. Pour lui, les surréalistes ont signifié à la science qu'elle a ses limites au-delà desquelles s'ouvre une métaphysique rationaliste qui réalise un équilibre entre la liberté de l'homme et sa faculté de comprendre un « ordre aperçu et accepté par la raison ». F. Alquié a également publié *Humanisme surréaliste et humanisme existentialiste* en 1948, dirigé les entretiens de Cerisy consacrés en 1966 au surréalisme. On lui doit aussi : *La Découverte métaphysique de l'homme chez Descartes* (1966), *Le Cartésianisme de Malebranche* (1974), *Le Rationalisme de Spinoza* (1981), ainsi que l'édition des *Œuvres* de Descartes (1963-1973) et des *Œuvres philosophiques* de Kant (1980-1986).

AL-SHĀFIʿĪ : v. Shāfiʿī (al-).

ALTAMIRANO Ignacio Manuel. Romancier et journaliste mexicain. Né à Tixtla (Guerrero) le 13 novembre 1834, mort à San Remo (Italie) le 13 février 1893. Ses parents étaient de purs Indiens. Grâce à une bourse, il peut faire des études au lycée littéraire de Toluca, où il devient l'élève du politicien et journaliste Ignacio Ramírez, dont il hérite les inquiétudes intellectuelles et politiques quant à l'avenir du Mexique. Il étudie le droit au collège de Letrán. Ardent patriote, il prend part à la révolution d'Ayutla, à la guerre de la Réforma et à la lutte contre les Français, qui tentent d'imposer l'empereur Maximilien au Mexique. À partir de 1867, il se consacre à l'enseignement, à la littérature – v. *Clemencia* (*) – et au service public. Il écrit dans divers périodiques et en 1869 il fonde, avec Gonzalo Esteva, *El Renacimiento,* la plus importante revue littéraire de son temps, à laquelle participent indistinctement écrivains libéraux et conservateurs, et qui entreprend une véritable rénovation des lettres nationales. Il mène une campagne de vulgarisation scientifique dans les publications de la Société mexicaine de géographie et de statistiques. En plus de ses activités comme enseignant et formateur dans divers établissements secondaires, il remplit des fonctions publiques à la Cour suprême de justice et au ministère du Développement. Député, consul général du Mexique en Espagne, il représente son pays dans des réunions internationales en Suisse et en Italie. C'est dans ce pays qu'il meurt en février 1893.

CLAUDE FELL.

RÉF. : M. González Ramírez, *Ignacio Manuel Altamirano,* New York, 1970. – G. Grudzinska, *Teoría y práctica del nacionalismo literario en Ignacio Manuel Altamirano,* in *Nationalisme et Littérature en Espagne et en Amérique latine au XIXe siècle,* Lille, 1982.

ALTENBERG Peter (pseud. de Richard Engländer). Écrivain autrichien. Né et mort à Vienne (9 mars 1859-8 janvier 1919). D'origine juive, il commence des études de droit et de médecine, mais les abandonne pour un apprentissage de libraire. Un psychiatre, consulté par son père qui s'inquiétait de son instabilité et de son manque de volonté, l'ayant déclaré inapte à exercer une profession, il s'installe dans une existence bohème qu'il mènera jusqu'à la fin de ses jours. En 1894, il fait la connaissance de Karl Kraus et, abandonnant alors son nom d'Engländer, il publie son premier recueil *Comment je vois les choses* (*), en 1896. Il devient une des figures les plus caractéristiques de la bohème viennoise, présentant un curieux mélange de vulgarité et de raffinement, de dilettantisme décadent et d'aspirations dignes d'un réformateur social, passant son temps dans les tavernes où il prêche aux filles et aux mauvais garçons les vertus de la vie au grand air. Écrivain absolument original, il s'affirma comme un maître de l'esquisse, de la brève « tranche de vie » et son génie indolent et ironique réussit, en quelques phrases, à évoquer quelque souvenir d'enfance, une figure de femme, un instantané de la vie dans les faubourgs de Vienne, qui laissent toujours une impression profonde. Parmi ses recueils, on peut citer : *Au jour le jour* (1900), *Contes de la vie* [*Märchen des Lebens,* 1908], *Vita ipsa* (1918), *Le Soir de ma vie* [*Mein Lebensabend,* 1919], *Le Précurseur* [*Prodromos*], *Images d'une petite vie, Nouvelles Vieilleries,* etc. Il fut également l'ami du compositeur Alban Berg qui écrivit, sur quelques-uns de ses textes, une de ses premières œuvres importantes, les *Altenberg Lieder* (1912). Des textes posthumes ont été publiés par Alfred Polgar en 1925, et par Marie Mauthner, sœur de l'écrivain, en 1929.

RÉF. : Friedell, *Ecce Poeta,* Berlin, 1912. K. Kraus, *P. Altenberg,* 1919. – Friedell, *Das Altenbergbuch,* 1921. – C. Schaefer, *Peter Altenberg, Ein Biografisher Essay,* Vienne, 1980.

ALTERMANN Nathan. Poète israélien. Né à Varsovie (Pologne) en juillet 1910, mort à Tel-Aviv le 28 mars 1970. Élève au lycée de Kichinev, puis au lycée Herclia de Tel-Aviv lorsqu'il s'installa en Palestine en 1925, il poursuivit par la suite des études d'agronomie à Nancy. Ses premiers poèmes parurent en 1931. À partir de 1934, il collabora à divers quotidiens, devenant à travers sa poésie le porte-parole de la lutte nationale pour l'indépendance de l'État d'Israël. Outre son caractère politique et populaire, son œuvre présente un aspect moderne et sophistiqué qui a fait reconnaître en lui l'un des chefs de l'avant-garde littéraire du pays. Parmi ses ouvrages poétiques, il convient de citer : *Étoiles au-dehors* [*Kokhavim ba-houtz,* 1938], *La Joie des pauvres* (*) (1941), *Les Plaies d'Égypte* (*) (1943) et *La Cité de la colombe* (*) (1957). Il a aussi composé des pièces de théâtre, un livre d'essais critiques, des ouvrages pour les enfants. On lui doit également des traductions du russe, de l'anglais et du français, dont les plus célèbres sont celles de pièces de Molière, Racine et Shakespeare.

ALTHEIM Franz. Professeur et historien allemand. Né à Francfort-sur-le-Main le 6 octobre 1898, mort le 17 octobre 1976 à Münster. Professeur à Halle (1936), puis à l'université libre de Berlin (1950), il est l'auteur de l'*Histoire religieuse romaine* [*Römische Religiensgeschichte*, 1931-33, 3 volumes], l'*Histoire romaine* [*Römische Geschichte*, 1951-53, 2 volumes], *Le Déclin du monde antique* (*) (1943).

ALTHUSSER Louis. Philosophe français. Né à Birmandreis (Algérie) le 16 octobre 1918, mort à Paris le 22 octobre 1990. Élève de l'École normale supérieure, agrégé de philosophie en 1948, il adhère la même année au parti communiste. En 1948 encore il est nommé répétiteur à l'École normale supérieure : il y fera toute sa carrière (maître-assistant en 1962), et son influence sur certains étudiants y sera décisive. Louis Althusser a été dans les années 60-80 au centre des débats, voire des polémiques, parfois violentes, relatives au marxisme et à la ligne politique communiste. *Pour Marx* (1965), *Lire « Le Capital »* (*) (ouvrage collectif, 1968) ont eu de ce point de vue un retentissement international. Le 16 novembre 1980, Louis Althusser tue sa femme, Hélène. Un non-lieu est prononcé, le philosophe ayant fait dès son plus jeune âge des séjours en clinique psychiatrique. Après sa mort paraissent des écrits autobiographiques, sous le titre *L'avenir dure longtemps* (1992).

ALTOLAGUIRRE Manuel. Poète espagnol. Né à Malaga le 29 juin 1905, mort à Burgos le 26 juillet 1959. Il fonde dans sa ville natale, avec son compatriote Emilio Prados, la revue *Littoral*, dans laquelle paraissent ses premiers recueils de poésie : *Les Îles invitées et autres poèmes* (*) (1926) et *Exemple* [*Ejemplo*, 1927]. Bientôt vont suivre *Poésie* [*Poesía,* 1930-31] et *Un vers pour une amie* [*Un verso para una amiga*] publié par ses soins à Paris à la même date. Il dédie à Vicente Aleixandre *Solitudes jointes* qui voit le jour à Madrid (1931) ; c'est là qu'il rencontre la poétesse Concha Méndez qu'il épouse en 1932. Le couple s'installe d'abord dans la capitale où le poète écrit des ouvrages de critique et des traductions d'œuvres françaises, puis en Angleterre (1933-1935). De retour à Madrid, il publie *Nouveaux poèmes des îles invitées* (+) et *La Lente Liberté* en 1936. Maître imprimeur, il compose avec « ses mains d'archange typographe », selon Pablo Neruda, la revue *Cheval vert pour la poésie* de ce dernier, et des éditions poétiques luxueuses. Il remplace Lorca à la tête de la compagnie de théâtre ambulant « La Barraca ». Auteur dramatique lui-même, il obtint en 1938 le Prix national du théâtre pour *Pas un seul mort* [*Ni un solo muerto*]. En 1939, il s'exile à Cuba où il écrit des vers nostalgiques sous le titre significatif de *Nuage temporel* (+). En 1943, à Mexico, grâce à Buñuel, il fait ses débuts dans le cinéma, puis réside à Tasco où paraissent ses *Autres poèmes des îles invitées* (+) (1944) et *Fin d'un amour* [*Fin de un amor,* 1949], livre marqué par sa rupture avec son épouse. De retour à Mexico, il se consacre presque exclusivement au septième art – avec cependant un intermède poétique : *Poèmes en Amérique* [*Poemas de America,* 1955]. Après le succès international de *Subida al cielo* (1952), film réalisé avec Buñuel, il présente au festival de Saint-Sébastien *Le Cantique des cantiques* [*El Cantar de los Cantares*, 1959] d'après fray Luis de León. Sur le chemin du retour à Madrid, il meurt dans un accident de voiture.

MARIE-FRANCE SCHMIDT.

ALTSWERT maître. Sous ce pseudonyme symbolique se dissimule un poète de langue allemande qui vivait vers 1380 et écrivit des poèmes allégoriques : *La Tunique* [*Der Kittel*], *Le Miroir* (*), *Le Trésor des vertus* [*Der Tugenden Schatz*]. On ne sait presque rien de lui, sinon qu'il était alsacien. Dans *La Tunique,* Altswert imagine que, rendant visite à Vénus, il fait à cette déesse la description du « nouvel amour » tel qu'on le pratique en Alsace. Maître Altswert chante, en effet, « l'amour », mais non plus à la manière chevaleresque et idéaliste des anciens Minnesänger – v. *Minnesang* (*). Ses allégories relèvent de la satire et de la caricature. Le nom de Altswert, sous lequel il est connu, et qui signifie « valeur de la vieillesse », convient à un poète qui composa un éloge des vieux amants. *Le Trésor des vertus,* cependant, est signé Niemand (Personne).

ALVAREZ QUINTERO Serafín et Joaquín. Auteurs comiques espagnols. Serafín, l'aîné, naquit le 26 mars 1871 à Utrera (Séville), et mourut le 12 avril 1938, à Madrid ; le cadet, Joaquín, naquit le 21 janvier 1873 à Utrera et mourut le 14 juin 1944 à Madrid. Les Quintero représentent un cas exceptionnel de collaboration artistique et de communion spirituelle, qui contraste avec la dissemblance de leur aspect physique et de leurs tempéraments. Serafín, plus ouvert et plus loquace, Joaquín plus renfermé et silencieux, ils furent vraiment unis dans leur art comme dans leur vie (si l'on excepte le bref épisode du mariage malheureux de Serafín). Avec une bonté sereine, les deux frères décrivent les personnages bourgeois de leurs pièces : aimables intermèdes ou comédies plus ambitieuses — v. *Les Galeotes* (*). Avec un sens très vif du pittoresque, ils décrivent l'esprit et la grâce de leurs compatriotes andalous — v. *L'Âme joyeuse* (*). Les Quintero connurent leur premier succès de théâtre à Madrid à la fin du XIXe siècle, et composèrent ensemble plus de deux cents pièces à succès, dont quelques-unes furent représentées à l'étranger. Parmi leurs œuvres les plus marquantes, citons également : *La Cour* [*El patio*, 1901], *Le Nid* [*El nido*, 1901], *L'Amour qui passe* [*El amor que pasa*, 1904], *Amours et amourettes* (1908), *Doña Clarines* (1909), *Comment on écrit l'histoire* [*Así se escribe la historia*, 1910], *Malvaloca* (1918).

RÉF. : Azorín, *Los Quintero y otras páginas*, Madrid, 1925. – Carpi, *L'Opera dei fratelli Quintero*, Rome, 1930.

ALVARO Corrado. Romancier et journaliste italien. Né le 15 avril 1895 à San Luca di Calabria, mort le 11 juin 1956. Originaire de la Calabre, il fait ses études à Naples, puis connaît l'expérience du front pendant la Première Guerre mondiale, expérience qu'on retrouvera plus tard dans son roman *Vingt ans* (*) (1930). Rallié ensuite au groupe d'écrivains réunis par Massimo Bontempelli dans la revue *Novecento* [*XXe siècle*], il publia son premier roman, *L'Homme dans le labyrinthe* [*L'Uomo nel labirinto,* 1926] où il exposait les problèmes du provincial pauvre égaré dans la grande ville moderne. *Âpremont* (*) (1930), au contraire, évoquera la vie toujours primitive de la Calabre, mais, par son style, âpre et douloureux, Corrado Alvaro affirmait sa totale indépendance à l'égard de l'école régionaliste alors florissante en Italie. Cet écrivain enraciné fut également un grand voyageur européen : correspondant de journaux italiens à l'étranger, il a particulièrement bien connu l'atmosphère du Berlin des années 1928-1930 qu'on retrouvera dans son journal publié sous le titre *Presque une vie* (*) (1950) ; en 1934, il se trouvait à Moscou, et cette expérience de la dictature s'ajoutant aux difficultés qu'il rencontrait pour écrire librement sous le régime fasciste dans son pays lui a inspiré un puissant portrait de la tyrannie : *Terreur sur la ville* [*L'Uomo è forte,* 1939]. Après le coup d'État du maréchal Badoglio en 1943, Corrado Alvaro dirigea pendant quelques mois un grand quotidien romain, mais l'occupation de la capitale par les troupes allemandes le contraignit à se cacher ensuite à Chieti. Depuis la fin de la guerre, après avoir fait une brillante rentrée littéraire avec *La Brève Enfance* (*) (1946), Corrado Alvaro exerçait une grande influence morale sur les milieux intellectuels italiens. Il s'était imposé aussi bien par l'attention passionnée qu'il manifesta toujours aux problèmes de son temps que par son besoin de liberté et son refus intransigeant de tous les conformismes totalitaires.

RÉF. : G. Antonini, étude sur Corrado Alvaro, en préface à la traduction française de *Presque une vie,* Paris, 1955.

ĀḶVĀRS. Groupe de douze saints-poètes viṣṇuites tamouls, ayant vécu entre le VIIe et le IXe siècle, et dont les œuvres ont été rassemblées au Xe siècle par Nātamuni dans le *Nālāyirattiviyappirapantam* (*). Ils représentent le bhakti viṣṇuite dans son expression tamoule dans laquelle Viṣṇu, sous ses différents aspects, est considéré comme la divinité suprême du salut.

ÉLISABETH SETHUPATHY.

ALVERDES Paul. Écrivain allemand. Né le 6 mai 1897 à Strasbourg. Fils d'officier, Alverdes a dix-sept ans lorsqu'éclate la Première Guerre mondiale. Il s'engage comme volontaire et est grièvement blessé. Rendu à la vie civile, il suit des études de droit, philologie et littérature allemande. Après avoir soutenu une thèse de doctorat sur « L'Éros mystique dans la poésie piétiste », il s'installe à Munich et vit de sa plume à partir de 1922. La publication du récit intitulé *La Chambre des siffleurs* (*) (1929), dédié à Hans Carossa, qui raconte l'estime réciproque née entre trois soldats allemands et un soldat anglais, tous cloués sur un lit d'hôpital, bardés de sondes et de canules, lui vaut un certain renom. La même éthique d'honneur, de droiture militaire imprègne *Les Volontaires* [*Die Freiwilligen*, 1934]. De 1934 à 1944, Alverdes dirige avec K. B. von Mechow le mensuel d'inspiration conservatrice *Das Innere Reich*. Auteur de nouvelles, de scénarios cinématographiques, de pièces radiophoniques, Alverdes sera membre de l'Académie bavaroise des beaux-arts à partir de 1963.

ALYPIUS. La vie et la personnalité de ce musicologue grec échappent à toute investigation. Il est l'auteur d'une *Introduction à la musique* (*) grâce à laquelle nous connaissons le système de notation grec, et n'est mentionné, parmi les Anciens, que par Cassiodore dans ses *Institutions des lettres divines et humaines* (*). Le fait qu'Alypius fixe le nombre des tons à quinze a laissé supposer que l'ouvrage était antérieur à Ptolémée (IIe s.), qui les réduisait à sept. Mais si l'on attribue à Ptolémée la définition de l'harmonique, l'*Introduction à la musique* est postérieure au IIe siècle (soit du IIIe, soit du IVe). Son premier éditeur, Jean van Meurs, identifie Alypius avec son homonyme, écrivain néo-platonicien d'Alexandrie, contemporain de Jamblique de Chalcis (280-330).

RÉF. : F. J. Fétis, article dans la *Biographie universelle des musiciens,* 1877. – H. M. Lesaar, *Alypius,* dans *Miscellanea Augustiniana,* Rotterdam, 1930. – J. Chailley, *La Musique grecque antique,* Paris, 1979.

AMADO Jorge. Romancier brésilien. Né le 10 août 1912 à Itabuna (Bahia). Grâce au charme envoûtant de ses récits exotiques et à la vision politique qui la sous-tend, l'œuvre d'Amado, qui comprend jusqu'à ce jour une trentaine de romans, a su communiquer au monde les combats et la magie du peuple de Bahia, région de son enracinement et source primordiale de son inspiration.

Au collège des jésuites de Salvador, le père Cabral détecte chez lui une inclination littéraire et l'initie aux auteurs classiques portugais. En 1927, il est déjà journaliste et il fonde avec de très jeunes intellectuels l'Académie des rebelles. Les études de droit ne l'intéressent guère, en revanche il écrit son premier roman, le *Pays du carnaval* [*O País do Carnaval*], publié à Rio en 1931. Sa première manière romanesque se dévoile avec *Cacao* [*Cacau,* 1933], récit dépouillé et intense que l'auteur, entre-temps devenu communiste, présentait en ces termes : « J'ai essayé de raconter dans ce livre, avec un minimum de littérature et un maximum d'honnêteté, la vie des travailleurs des fazendas de cacao du sud de Bahia. Serait-ce un roman prolétaire ? » Dans cette perspective, il ouvre un an après la veine urbaine de son œuvre avec *Sueur* [*Suor*]. *Bahia de tous les saints* [*Jubiabá,* 1935] possède des accents plus picaresques, en accord avec les aventures rocambolesques d'Antonio Balduino, même si le message politique conserve une place prépondérante. En 1936, Amado connaît la prison réservée aux opposants du président Getúlio Vargas, ce qui ne l'empêche pas de raconter les « histoires du port de Bahia ». « Les vieux marins qui raccommodent les voiles, les patrons de bateaux, les Noirs tatoués, les vagabonds savent ces histoires et ces chansons [...] Le peuple de Yemanjá a tant à raconter » *(Mar Morto). Les Capitaines de sable* [*Capitães da areia,* 1937], document pathétique sur les enfants abandonnés de Salvador, sera saisi et brûlé en place publique par la censure. S'il arrive à publier son évocation lyrique d'un poète romantique noir adversaire acharné de l'esclavage, *Le Bateau négrier* [*ABC de Castro Alves,* 1940], l'écrivain, exilé en Uruguay et en Argentine, ne pourra faire éditer sa biographie militante du fondateur du parti communiste, *Vie de Luís Carlos Prestes, le chevalier de l'espérance* [*Vida de Luís Carlos Prestes, o Cavalheiro da Esperança,* 1942], qu'à Buenos Aires. Pendant la guerre, Amado est assigné à résidence surveillée à Salvador. Dans *Terre violente* (*) (1942) et *La Terre aux fruits d'or* [*São Jorge de Ilhéus*, 1944], Amado revient avec un nouveau souffle sur l'épopée de la conquête des « terres nègres du cacao ». En 1945, il sera élu député en tant que représentant du parti communiste brésilien sorti pour un temps de la clandestinité. Il écrit inlassablement *Les Terres du bout du monde* [*Seara vermelha,* 1946], émouvante dénonciation des injustices sociales et des avatars du messianisme. En 1951, le prix Lénine couronnera une œuvre qui est allée jusqu'au bout de l'engagement militant. Amado continuera à explorer le « réalisme socialiste » à la brésilienne avec sa trilogie *Les Souterrains de la liberté* [*Os Subterrâneos da Liberdade,* 1951-1954]. Après les luttes, après la prison et l'exil, Amado, définitivement installé au Brésil depuis 1952, retrouve le roman : il surprend et fascine ses lecteurs avec *Gabriela, girofle et cannelle* (*) (1958) qui inaugure la grande kermesse bahianaise débordante de sensualité et d'humour n'excluant pas la satire sociale. Cette phase atteindra son sommet dans les magnifiques récits *Les Deux Morts de Quinquin-la-Flotte* (*) et *Les Vieux Marins* [*Os Velhos Marinheiros,* 1961].

La magie des cultes afro-brésiliens telle qu'elle apparaît dans la vie quotidienne des populations majoritairement noires ou mulâtres de Bahia constitue l'une des constantes de l'univers d'Amado, lui-même grand initié du « candomblé ». Ainsi dans *Les Pâtres de la nuit* [*Os Pastores da Noite,* 1966], les divinités africaines, les « orishas », se manifestent lors d'un baptême catholique. Cette scène illustre bien le syncrétisme religieux bahianais. Les romans amadiens n'ont cessé de s'enrichir d'une vision toujours plus savoureuse et amusée de la condition humaine. Dans *Dona Flor et ses deux maris* [*Dona Flor e seus dois maridos,* 1966] puis dans *Boutique aux miracles* [*Tenda dos milagres,* 1969], Amado joue sur la dualité de ses personnages qui dans des situations amusantes font craquer les carcans que leur impose la société. Dans cette veine, il crée des « femmes-héros » inoubliables telles que la prostituée luttant contre une épidémie de variole, Tereza Batista [*Tereza Batista cansada de guerra,* 1972] ou la tenancière de maison close transformée en militante écologiste, Tieta d'Agreste [*Tieta do Agreste,* 1977]. Comme Gabriela et dona Flor, elles portent en elles la vie, les couleurs, les odeurs, les saveurs, l'exubérance baroque de leur culture.

L'inspiration amadienne ne se tarit pas, il passe de la fable politique avec *La Bataille du Petit Trianon* [*Farda, Fardão, Camisola de Domir,* 1980] à l'anti-saga de la fondation d'une ville dans la région du cacao où des aventuriers marginaux de tout poil résistent à la loi qui veut les récupérer, dans *Tocaia Grande* (1984). Il évoque sa jeunesse dans *L'Enfant du cacao* [*O Menino grapiuna,* 1982] mais ne veut pas tomber dans le piège du mémorialisme, comme le montre son roman plein de fantaisie *Yansan des orages* [*O Sumiço da Santa,* 1988]. Bien que parfois malmené par la critique littéraire brésilienne, Amado est l'un des auteurs les plus traduits et il jouit d'une reconnaissance universelle.

MARIO CARELLI.

RÉF. : Roger Bastide, préface à *Deux Morts de Quinquin-la-Flotte,* Paris, 1971. – Numéro spécial (724-725) de la revue *Europe,* Paris, août-septembre 1989. – Jorge Amado, *Conversations avec Alice Raillard,* Paris, 1990.

AMARASIṂHA. Lexicographe indien, faisant partie des plus grands de l'Inde antique, dont on ne sait presque rien. En tenant compte des éléments de comparaison dont on dispose, on peut formuler l'hypothèse selon laquelle Amarasiṃha aurait vécu entre le VIe et le VIIIe siècle de notre ère. La tradition littéraire indienne rapproche son nom de ceux de Dhanvantari, Kshapanaka, Sanku, Vetalabhatta, Ghatakarpara, Kālidāsa, Vararuci et Varahamihira, en faisant le neuvième joyau intellectuel de la cour de Vikramāditya. Il était certainement un bouddhiste de l'école du « Grand Véhicule » [mahāyāna]. Son œuvre, qu'il intitula *Nāmalingānusāsana,* mais qui est plus connue sous le nom de *Amara-kośa* (*), fut l'objet de plus de cinquante commentaires et reste de nos jours l'instrument de travail indispensable pour l'étude de la lexicographie sanscrite.

AMARI Michele. Historien et orientaliste italien. Né le 7 juillet 1806 à Palerme (Sicile), mort le 16 juillet 1889 à Florence. Tout jeune, son père l'introduisit dans un milieu voltairien qui l'enthousiasma. Après la faillite de l'insurrection de Palerme, son père fut condamné à trente ans de prison. Cela ne fit que confirmer Michele dans ses sentiments révolutionnaires, et il commença son étude des Vêpres. En 1842, il publia la première édition de *La Guerre des Vêpres siciliennes* (*), qui lui valut la renommée et des ennuis ; il dut s'exiler à Paris, où il se lia d'amitié avec Pepe, Mamiani et Christine de Belgiojoso. En 1848, la révolution ayant éclaté en Sicile, il s'y rendit, et pendant un an assuma diverses charges. Lors de l'échec de la révolution, en 1849, il parvint à regagner Paris, où il obtint un petit poste à la Bibliothèque nationale. Finalement, rentré en Italie, il obtint la chaire de langue et de littérature arabes à l'Institut des hautes études, puis il fut appelé au ministère des Affaires étrangères. Il devint ministre de l'Instruction publique en 1861, et en 1864 il reprit à Florence son enseignement. À cinquante-neuf ans, il épousa Caroline Boucher, qui lui donna trois enfants. Il écrivit les trois volumes de l'*Histoire des musulmans de Sicile* [*Storia dei musulmani di Sicilia,* 1854-1872] qui, suivie d'une *Bibliothèque arabo-sicilienne* [*Biblioteca arabo-sicula,* 1880-1889, 3 vol.], mit en lumière toute une partie de l'histoire nationale italienne jusqu'alors à peu près inconnue. De Michele Amari, il convient de citer encore des *Épigraphes arabes en Sicile* [*Epigrafi arabiche in Sicilia,* 1875-1885].

RÉF. : G. Levi Della Vida, article « Amari » dans l'*Enciclopedia italiana* éditée par l'Istituto Treccani, 1929. – U. Rizzitano, « Michele Amari », dans *Dizionario biografico degli Italiani,* t. II, Milan, 1962.

AMARU, roi du Cachemire (VIIe-VIIIe s.). Il est d'autant plus malaisé de fournir des données biographiques sur ce poète que, selon les légendes hindoues qui s'y rapportent, il s'agirait en réalité du philosophe Sankara. Ce dernier, par une opération magique, aurait pris possession du corps du roi du Cachemire, Amaru, qui vivait au VIIe-VIIIe siècle de notre ère. Certains érudits voient plus prosaïquement en Amaru l'un des poètes qui gravitaient à la cour du roi Vikramaditya. Les premières références à son œuvre, l'*Amaru Śataka* (*), se trouvent chez Anandavardhana, qui florissait vers 850 de notre ère, et chez Vamana, de cinquante années postérieur au premier ; dès le Xe siècle, cette œuvre était déjà considérée comme classique et faisait l'objet de commentaires. Quatre versions différentes du texte remontent à cette époque.

AMBOISE Adrien d'. Évêque et écrivain français, né à Paris vers 1560, mort à Tréguier (Côtes-d'Armor), le 28 juillet 1616. Fils d'un chirurgien de Charles IX et d'Henri III, grâce à la protection royale il fait ses études au collège de Navarre, suit des cours de lettres et de philosophie, commence sa théologie en 1580, obtient en 1582 sa licence, puis son doctorat en théologie. C'est de ses années d'études que date sa tragédie d'*Holoferne* (+), imprimée à Paris en 1580, œuvre sacrée en vers français inspirée du livre de *Judith* (*), qui toutefois ressemble moins à une véritable action dramatique qu'à un de ces exercices d'érudition scolaire courants au XVIe siècle. Choisi comme prédicateur et aumônier particulier par Henri IV après l'entrée de celui-ci à Paris en 1594, Adrien d'Amboise reçoit encore du roi, l'année suivante, la cure de Saint-André-des-Arts enlevée au ligueur Christophe Aubry et la nomination de grand maître du collège de Navarre, poste où il sera en butte à de vives attaques de la part d'anciens ligueurs. On sait mal quelle fut son activité à Tréguier dont il fut nommé évêque en 1603 : sa présence aux États de Bretagne en 1607 est la dernière trace qu'on ait d'Adrien d'Amboise.

AMBROISE saint. Évêque de Milan. Né entre 333 et 340, presque certainement à Trèves, où son père avait la charge de préfet du prétoire dans les Gaules ; mort le 17 janvier 395 à Milan. Troisième fils d'Ambroise, haut magistrat romain, il fut élevé à Rome où il fit ses études ; sa famille, extrêmement chrétienne, s'enorgueillissait de compter ainsi parmi ses membres la vierge martyre Sotheris, victime de Dioclétien ; il vit sa sœur Marcellina faire vœu de virginité devant le pape Libère, et grandit dans une atmosphère d'extraordinaire ferveur chrétienne. Il suivit, avec son frère aîné Satyrus, des cours de grammaire et de rhétorique ; on lui confia très vite la charge d'avocat, et grâce à la protection de Sextus Petronius Probus, préfet du prétoire d'Italie, il obtint un poste administratif où il manifesta de telles qualités qu'il fut envoyé, avec le titre de « consularis », comme gouverneur des provinces de Ligurie et d'Émilie. C'est ainsi que vers 370 Ambroise s'installa à Milan, où il se rendit populaire, bien que la situation fût très difficile à cause des luttes entre païens et chrétiens et, au sein même du christianisme, entre orthodoxes et ariens. À la mort de l'évêque Auxence, le choix de son successeur fut l'occasion d'un grand débat, les uns tenant pour Arius, les autres s'en tenant à l'orthodoxie ; on trancha le problème en choisissant Ambroise, venu pour maintenir l'ordre. Ambroise accepta, reçut le baptême (qu'il avait jusqu'alors différé), le sacerdoce et, huit jours plus tard, le 7 décembre 374, fut intronisé évêque de Milan (la tradition nous a transmis là-dessus des légendes charmantes). Il fit don de ses biens à l'Église et aux pauvres, et se consacra tout entier à l'exercice de ses charges, montrant dans le gouvernement de l'Église toutes les qualités qui l'avaient fait remarquer quand il s'occupait d'affaires civiles. Il continua d'amasser des connaissances, greffant sur la culture classique qu'il avait reçue les nouvelles acquisitions du christianisme, réalisant un équilibre particulièrement harmonieux entre les enseignements du passé et ceux du présent, équilibre que l'on retrouve dans ses œuvres. Son activité se manifesta dans différents domaines, mais en fait il n'avait qu'un seul but : obtenir pour l'Église toute la liberté nécessaire à son développement.

Sa première préoccupation fut toujours son devoir de pasteur : ses œuvres, depuis les *Lettres* (*) jusqu'à ses grands traités, sont le témoignage vivant de son intense vie contemplative, de sa culture approfondie qui lui permit de remonter aux sources de la tradition orientale et monastique, de son souci d'instruire ses ouailles et de les édifier. Il ne mit pas moins de zèle à la défense de l'Église contre les hérétiques et les païens. D'apparence chétive, comme le représente le plus ancien portrait de lui qui se trouve dans la mosaïque de San Vittore in Ciel d'oro, près de la basilique ambrosienne, il apparaît comme un homme d'une indomptable énergie. Il eut à lutter contre les païens pour les empêcher de restaurer leur culte : son attitude en face de Symmaque, qui voulait rétablir au Sénat l'autel de la victoire, est bien connue. Contre les ariens, il écrivit un traité, *De l'incarnation du Seigneur*, et s'entendit avec d'autres évêques pour contrecarrer leur activité qui tendait à désorganiser le clergé. Quand Valentinien II ordonna d'ouvrir quelques églises aux hérétiques, saint Ambroise s'opposa à cette décision avec fermeté, et fut soutenu par le peuple qui occupa les édifices menacés (av. 386). Au cours de toutes ces échauffourées, saint Ambroise dut entrer en relation avec les empereurs, sur lesquels, de Valentinien Ier à Théodose, il exerça une influence décisive. En 381, il dédia au jeune Gratien deux de ses œuvres théologiques : *De la foi* (*) et *De l'Esprit saint* [*De Spiritu sancto*]. C'est lui qui élabora les principes fondamentaux sur lesquels devaient s'établir les rapports entre l'Église et l'État, à la suite de la situation créée par Constantin. Son zèle épiscopal l'incita à écrire différentes œuvres célèbres, telles que : la *Morale des ecclésiastiques et des clercs* (ou *Les Devoirs*) (*) et *Des vierges* (*). Il composa également des traités d'exégèse, comme *La Chute d'une vierge consacrée* [*De lapsu virginis consecratae*], *L'Hexaméron* (*), *Des mystères* (*), *Les Patriarches*. Il laissa, par ailleurs, quatre-vingt-onze *Lettres* (*), quelques *Hymnes* (*) inclus dans le *Bréviaire*.

Son activité infatigable qui lui laissait très peu de temps, en dépit d'un grand désir de solitude, le fait qu'il était toujours à la disposition de ceux qui avaient besoin de lui, suscitèrent l'admiration de tous, et en particulier celle de saint Augustin, qu'il aida grandement à se convertir. Il mourut d'épuisement. Son corps est conservé à la basilique ambrosienne, avec ceux des saints Gervais et Protais, martyrs, dont il avait retrouvé les reliques. Quelques siècles plus tard, il sera, avec saint Jérôme, saint Grégoire et saint Augustin, l'un des quatre grands docteurs de l'Église.

GIUSEPPE LAZZATI.

♦ *« Lue aujourd'hui, l'œuvre d'Ambroise offre un intérêt bien moindre que l'œuvre de saint Augustin ou de saint Jérôme. Il n'a ni la profondeur de l'un ni l'imagination ardente, la verve passionnée, les aptitudes scientifiques du second... C'est surtout dans l'action pratique qu'il a donné sa mesure et manifesté la lucidité et l'énergie de sa volonté. »* P. de Labriolle.

RÉF. : A. Paredi, *San Ambrogio e la sua età*, Milan, 1960. – *Ambroise de Milan, XVIe Centenaire de son élection*, dix études rassemblées par Yves-Marie Duval, Paris, 1974.

AMENEMHAT Ier (Séhétepibre Amenemhat). Roi d'Égypte, le premier de la XIIe dynastie. Placé comme plusieurs de ses successeurs sous l'invocation du dieu Amon et fondateur de la dynastie, Amenemhat Ier monta sur le trône aux environs de l'an 2000 av. J.-C. Il est probable qu'il mourut assassiné à la suite d'une conjuration qui avait peut-être pris naissance dans le harem royal. Souverain plein d'énergie, Amenemhat organisa le système politique et administratif de la nouvelle dynastie, et en particulier créa une nouvelle répartition des nomes. Ayant reconstitué l'armée nationale, il reconquit la Basse Nubie et rouvrit les routes du sud qui conduisaient aux marchés de l'encens, de l'ivoire, de l'ébène et des épices vers le fabuleux pays de Pount. À l'est, il éleva un rempart (le « mur du prince ») destiné à protéger le delta contre les invasions des Bédouins (vers l'an 24 de son règne ?). C'est vers cette époque que la capitale fut transférée de Memphis, site trop exposé, à Thèbes, la « ville d'Amon », en Haute-Égypte, à mille kilomètres du Delta. Il est également possible que les relations commerciales avec la Crète se soient développées sous son gouvernement. Il semble que l'Égypte ait été heureuse et prospère sous son règne.

À la mort d'Amenemhat Ier, longtemps cachée par son fils qui avait été co-régent dans les dernières années du règne de son père et qui lui succéda sous le nom de Sésostris Ier (Khéperkarē, Sénousret), Sinouhe, haut personnage de la cour, parce qu'il avait appris les circonstances de la conspiration, quitta son poste et l'Égypte, effrayé des conséquences possibles que pouvait avoir pour lui le fait de détenir un tel secret – v. *Le Roman de Sinouhe* (*). Quant aux *Enseignements* (*) d'Amenemhat Ier, lesquels expriment les désillusions et l'amertume de ce prince en face de la conjuration qui menaçait son pouvoir, ils sont certainement apocryphes puisqu'il est probable que le roi fut assassiné lors du complot. Ils auraient été composés pour des raisons politiques sous le règne personnel de Sésostris Ier.

RÉF. : E. Drioton et J. Vandier, *Les Peuples de l'Orient méditerranéen,* t. II, Paris, 1962.

AMENEMÔPE. Sous le nom de cet auteur égyptien on possède un recueil d'*Enseignements* – v. *Enseignements de l'ancienne Égypte* (*) – qu'il écrivit pour son plus jeune fils, connu par le papyrus n. 10474, conservé depuis 1888 au British Museum, à Londres, et que Wallis Budge publia pour la première fois en 1922. Ce papyrus, travail d'un copiste, le scribe Schenou, ainsi qu'on peut le lire à la dernière ligne de la page 28 du texte, remonterait, d'après sa graphie, à une époque antérieure à la XXIIe dynastie. De la lecture des *Enseignements* il est impossible de déduire des dates précises et, en conséquence, l'époque exacte où Amenemôpe écrivait. D'après les caractéristiques lexicologiques et syntaxiques de la langue employée, le néo-égyptien, il semble qu'on puisse sans erreur le situer à l'époque de la XXIe dynastie. L'auteur, un haut fonctionnaire, nous renseigne sur les charges qu'il assuma, dans la présentation qu'il fait de lui-même au lecteur, au début de la seconde page du texte, qui comporte trente chapitres de style poétique.

AMÉNOPHIS III (nom de couronnement : Neb-maât-rē'). Roi d'Égypte de la XVIIIe dynastie, qui régna de 1405 à 1370 av. J.-C. Fils de Thoutmosis IV et de Moutemouïa, princesse de Mitani. À l'avènement d'Aménophis III, l'Égypte, après une période d'expansion guerrière, connaissait une situation internationale particulièrement brillante ; elle était l'État le plus riche et le plus puissant de l'Orient, et tous les souverains reconnaissaient l'autorité du pharaon. Le nouveau roi, d'un caractère indolent et sous l'influence de sa première femme, Tiy, probablement une princesse cananéenne ou mitanienne, se contenta de faire, au début de son règne, une expédition en Nubie, puis entendit profiter de la paix pour vivre dans un faste et une mollesse tout orientaux. Le luxe se développa de manière considérable sous son gouvernement ; d'admirables monuments s'élevèrent, dont le palais d'Aménophis III, construit, dans le désert, à l'ouest de Thèbes, non loin de la vallée des Reines, par le célèbre architecte Amenhotep, fils d'Apou, qui fut plus tard divinisé ; le temple qu'on peut voir encore de nos jours à Louxor (Thèbes), œuvre du même architecte ; enfin le temple funéraire du roi, aujourd'hui disparu, mais dont les statues colossales qui en gardaient l'entrée, appelées par les Grecs colosses de Memnon, et qui sont encore en place, témoignent de la magnificence qu'il devait revêtir. Aménophis III avait eu de sa première femme, Tiy, un fils qui lui succéda sous le nom d'Aménophis IV, avant de prendre celui d'Akhenaton ; il épousa par la suite et successivement deux princesses de Mitani, Kiloughepas et, tout à la fin de son règne, Tadoughepa, qui devait devenir la femme d'Aménophis IV. Ce sont ses rapports fréquents avec les souverains indo-européens de Hatti et de Mitani, qui gouvernaient les populations de l'Asie Mineure, que fait revivre la correspondance diplomatique découverte à Tell el-Amârnah – v. *Lettres de Tell el-Amârnah* (*).

RÉF. : E. Drioton et J. Vandier, *Les Peuples de l'Orient méditerranéen,* t. II, Paris, 1962.

AMÉNOPHIS IV. Dixième roi de la XVIIIe dynastie égyptienne, fils d'Aménophis III, mort à quarante-sept ans, la 21e année de son règne (env. 1370-1352 av. J.-C.). Personnalité étrange, rêveuse et mystique, son règne forme un contraste saisissant avec ceux de ses prédécesseurs. Aménophis IV n'a attaché son nom à aucune entreprise guerrière, à aucune loi remarquable ni même à la construction de grands monuments, mais il consacra sa vie à une réforme religieuse sur les conséquences de laquelle les historiens s'interrogent encore et qui ne lui survécut pas. Reniant Amon de Thèbes, divinité nationale et royale de ses ancêtres, il introduisit et imposa un autre culte, ou plutôt la restauration du dieu solaire d'Héliopolis : Rê, sous son vocable d'Aton. L'iconographie officielle représenta ce dieu par un disque solaire d'où partaient des rayons terminés par des mains figurant un signe de longue vie pour les seuls membres de la famille royale. Délaissant la résidence de Thèbes en Égypte méridionale (No-Amon = la ville d'Amon, ou Diospolis suivant les Grecs), Aménophis fonda une nouvelle capitale,

Akhet-Aton (« ville de l'horizon d'Aton ») en Moyenne-Égypte où il finit ses jours. Ses vestiges ont été découverts près du village qui porte de nos jours le nom de Tell el-Amârnah, sur la rive droite du Nil. Le roi lui-même modifia son nom en conséquence : d'Aménophis (Amenhotep = Amon est satisfait), il fit, par une invocation à Aton : Akhenaton ou Ekhenaton (littéralement : il plaît à Aton ou Splendeur d'Aton). Il nous est parvenu un poème, l'Hymne à Aton, en deux textes : le *Grand Hymne* et une version réduite, la première déchiffrée dans la tombe de l'un de ses successeurs, Kheperheperourē' Aï. Une hypothèse séduisante, mais difficilement vérifiable à l'aide des seuls documents que nous possédions, attribue au souverain la composition de cet hymne. Quant à son contenu, il ne semble pas avoir reçu encore d'interprétation correcte, soit que l'on n'ait pas compris le but visé par l'initiative du roi, soit que l'on ait montré une trop facile sympathie pour le lyrisme qui en exalte plus d'une image et confère un certain relief aux événements de la vie quotidienne. Ce texte ressortit, en fait, pour une bonne part, à l'hymnologie traditionnelle dont il rappelle certains thèmes et motifs. Le passage qui se réfère à une prétendue vision universelle du roi, célébrant le dieu soleil qui illumine et fait vivre même les étrangers, semble avoir été surestimé si on le tient pour ce qu'il est réellement : la constatation de fait du pouvoir de l'Égypte et, partant, de ses dieux, étendu alors sur les peuples et sur les territoires conquis en Asie Mineure jusqu'à l'Euphrate. D'Aménophis il reste sur des tablettes d'argile, en caractères cunéiformes, une correspondance échangée avec les princes de l'Asie Mineure ; elle a été retrouvée à Tell el Amârnah à partir de 1882 — v. *Lettres de Tell el-Amârnah* (*). On doit à Clara Siemens, à Greta Auer, à Merejkovski, à Siméon Strunski, à Freud (*Moïse et le monothéisme*), à Geneviève Tabouis et à Mika Waltari diverses œuvres inspirées par la vie et la personnalité de ce roi.

ERNESTO SCAMUZZI.

RÉF. : Moret, *Rois et Dieux d'Égypte*, 1925. — E. Drioton et J. Vaudier, *Les Peuples de l'Orient méditerranéen*, t. II, Paris, 1962.

AMIEL Denys. Auteur dramatique français. Né à Villegailhenc (Aude) le 5 octobre 1884, mort à La Gaude en 1977. Écrites dans un style nerveux, véritables études de psychologie familiale et sociale, ses pièces traitent presque toutes d'histoires d'amour (adultères, liaisons, divorces, problèmes matrimoniaux, etc.). Il rappelle Ibsen ou du moins Henry Bataille dont il fut longtemps le secrétaire. On remarquera *L'Homme* (1934), *La Femme en fleurs* (1935), *La Famille Monestier* (1939), *Mon ami* (1943), *Vivre ensemble* (1955). Au début de la guerre, il composa une pièce d'actualité, *1939*, mais sa meilleure œuvre reste sans doute *La Soupirante Madame Beudet* (*), écrite en 1921 en collaboration avec André Obey.

AMIEL Henri Frédéric. Écrivain suisse d'expression française. Né et mort à Genève, 27 septembre 1821-11 mai 1881. De petite bourgeoisie protestante, il fut orphelin très jeune et élevé par son oncle au milieu de ses cousines qui étaient très nombreuses. Écolier modèle, grand liseur et ami de la solitude : tel nous apparaît Amiel au cours de son adolescence. Ses classes finies, ayant fait un héritage, il se rend en Italie (1842) où il demeure huit mois ; le séjour fut des plus fructueux : dans les musées de Rome, de Naples et de Florence, il eut tout loisir de se former le goût. De retour à Genève, il prit la décision d'aller faire en Allemagne ses années d'université, ce qui alors était le cas de maints étudiants de Suisse romande, la renommée des universités allemandes où enseignaient tant d'illustres professeurs n'étant pas encore assombrie par le développement du militarisme prussien. Amiel passera cinq années en Allemagne, de 1843 à 1848, consacrées surtout à l'étude de la philosophie, et en particulier de la philosophie hégélienne. À Heidelberg comme à Berlin, il eut le sentiment de recevoir une véritable initiation, si l'on en juge par les lettres qu'il envoyait à ses amis genevois et où s'affirme son enthousiasme. Schelling et Schleiermacher, tels sont ses maîtres après Hegel ; et, s'il lui arrive d'admirer le socialiste Proudhon, c'est parce qu'il voit d'abord en son œuvre une transposition française de la doctrine de Hegel. Quand il regagne sa ville natale, Amiel est encore sous le coup de ses découvertes passionnées de la métaphysique, de la poésie et de la musique allemandes. Genève le débilite et l'exaspère. L'année suivante (1849) il accède par concours à la chaire d'esthétique à l'Université, chaire qu'il échangera cinq ans plus tard (1854) contre celle de philosophie. Cet enseignement, comme on le sait, fut assez terne. Trop consciencieux, Amiel ennuyait son auditoire, les qualités de son esprit se prêtant mal à cette activité. Il n'en voulut pas moins conserver ses fonctions jusqu'à la veille de sa mort, mais ce fut pour lui un labeur où, comme on l'a dit, le sentiment du devoir accompli l'emportait de beaucoup sur la joie de l'accomplir. Du jour où il prit possession de sa chaire, Amiel ne quitta plus Genève que pour des cures ou des voyages de vacances. Tenu pour un original par beaucoup de ses concitoyens, il devait plaire à mainte femme, d'autant plus qu'il était bien fait de sa personne. Faute de savoir en choisir une, il resta célibataire, tout en gardant jusqu'à sa mort un large public féminin. S'il épousa quelqu'un, ce fut sa ville natale. Mariage désastreux, puisqu'il dit lui-même : « En épousant Genève, j'ai épousé la mort — celle de mon talent et de ma joie. » Cet Amiel, qui aux yeux de tous passait pour un heureux dans ce monde, fut en réalité un être déchiré parce qu'il s'était fait le bourreau de lui-même. Mais cela le public ne le sut qu'après sa mort. « S'appliquer à se connaître sans autre but que de se connaître, voilà le problème qu'Amiel s'imposait à lui-même avant sa trentième année » (Paul Bourget). Toute sa vie, il restera fidèle à ce funeste programme. En 1854, il publia un recueil de vers fort ordinaires intitulé *Grain de Mil,* qui obtint un succès d'estime. Il en fit d'autres par la suite : *Il Penseroso* (1858), *Jour à jour* (1880) et un volume de traductions, les *Étrangères* (1876). Notons, en passant, que la Suisse romande lui est redevable des paroles de son hymne : *Roulez, tambours* (1857), composé lors du conflit avec la Prusse à propos de Neuchâtel.

Tous les livres d'Amiel sont tombés dans l'oubli : au fond, il était tout, sauf un poète. Il avoue lui-même que « sa force est toujours critique » — v. *Essais critiques d'Amiel* (*). À cet égard, Robert de Traz, tout comme d'ailleurs Thibaudet, observe qu'Amiel aurait pu être un critique littéraire de premier ordre : « le Sainte-Beuve genevois de la littérature internationale ». Malheureusement, il était trop marqué par l'idéalisme hégélien pour garder longtemps un contact avec le monde extérieur. Il eut beau tenter de réagir au point d'écrire : « On me croit féru de germanisme, mais ses vilains côtés m'agacent autant qu'un Parisien », ses efforts étaient condamnés à l'échec : à ses yeux le monde n'était plus guère qu'une allégorie. Se considérant comme une simple « boîte à phénomènes », il s'enferma dans un narcissisme dont on ne connaît pas d'analogue dans notre littérature. Son *Journal intime* — v. *Fragments d'un journal intime* (*) — en est la preuve. On sait qu'il ne cessa d'y travailler dès 1839, puis régulièrement pendant trente-quatre ans (1847-1881) : l'original ne compte pas moins de dix-sept mille pages. Sa publication complète est assurée, depuis 1976, par B. Gagnebin et Ph. Monnier (L'Âge d'homme, Lausanne). Œuvre posthume, qui fait d'Amiel un des plus grands moralistes du XIXe siècle. On sait qu'à la veille de sa mort il était persuadé que son nom sombrerait dans l'oubli. Sa gloire, il la doit avant tout à l'absolue sincérité de sa confession.

ROLAND PURNAL.

♦ *« L'histoire d'Amiel a ceci de consolant qu'elle prouve que même dans les plus cruelles maladies morales l'âme peut conserver sa noblesse et agoniser sans aucune souillure. »* Paul Bourget. ♦ *« Par personne peut-être la souffrance de se connaître n'a été ressentie avec autant d'intensité à la fois et de patience. »* Jacques Rivière. ♦ *« Quoi que l'on pense du caractère d'Amiel, il n'en demeure pas moins l'homme de la plus extraordinaire tentative qui ait jamais été faite pour dire la vérité sur soi-même. »* Edmond Jaloux.

RÉF. : A. Thibaudet, *Amiel ou la part du rêve,* 1929. — J. Vuillemier, *Le Complexe d'Amiel,* 1985.

AMIHAÏ Yehuda. Poète et romancier israélien. Né à Würtzburg (Allemagne) le 3 mai 1924. Émigrant en Palestine en 1936, il s'enrôle dans l'armée britannique pendant la Seconde Guerre mondiale, et rejoint le Palmach en 1948 durant la guerre d'Indépendance. Aux côtés de Nathan Zach, chef de file du mouvement « Vers » créé dans les années 50, Amihaï et ses contemporains balaient les valeurs collectives en vogue dans la génération précédente, au nom d'une littérature du « hic et nunc », focalisée sur l'individu saisi dans son quotidien, débarrassé de toute sa gangue d'héroïsme. L'engagement du poète se définit par son aptitude à voir dans l'instant, à appréhender par les sens, ce qui se passe à l'entour sans qu'il ne puisse influer sur le monde défini comme hostile au bien-être de l'individu. Dans le poème d'Amihaï *Sur trois ou quatre dans une chambre* [*Al shlosha o -arbaa ba-heder*] le poète, seul, se doit d'observer le monde à travers la fenêtre, attitude résolument passive, car il ne peut changer à l'instar de tout autre « le déroulement des saisons, la solitude, l'injustice ». Les poètes des années 50 brisent la forme classique et dépouillent l'expression jusqu'à l'extrême, refusant tout pathos. La forme discontinue marquée par l'enchevêtrement de matériaux hétérogènes, rendant l'exégèse difficile, caractérise l'ensemble de la poésie d'Amihaï. À l'inverse de ses contemporains, il exploite la langue biblique en la réadaptant au monde présent. Dieu, personnage récurrent dans son recueil *Poésies 1943-1962* (*), apparaît comme un mécanicien réparant l'univers. Il ne se révèle pas de dos comme à Moïse mais par les semelles menaçantes de ses chaussures. L'unique préoccupation tant du prosateur que du poète est le moment présent, tel que l'illustre son recueil *Maintenant dans le tumulte* (*), aux antipodes de son roman *Ni de maintenant ni d'ici* (*). L'amour, valeur ultime chez un auteur qui a pu être surnommé par la critique « l'homme aimant », confère à l'instant présent toute son intensité. Il confesse qu'il est « handicapé pour accomplir tout labeur, apte seulement à aimer ». Cependant la suprématie de l'amour réside dans son existence éphémère, et ne peut être isolé du monde s'infiltrant insidieusement dans la chambre des amants. Dans « Berceuse 1957 » [Shir-eres 1957], les amants pour se soustraire un instant au « besoin des autres de se construire des tours », folle ambition comparable à celle des habitants de la tour de Babel, doivent « marchander », utilisant par là-même une expression mercantile propre aux conventions du monde qui les oppresse. L'individu, irréductible au monde polymorphe (recouvrant la nature et la société dont l'illustration extrême est la guerre), n'entretient avec lui que des relations antagonistes. Dans « Extrait d'une lettre » [Mitoch michtav], la société impose à l'homme son moule superficiel et réducteur dans lequel il est « jaugé, pesé, évalué », autant de qualificatifs se rattachant à l'utilitaire, opposé au désir d'aimer, donc gratuit, de l'individu. Iérosolomitain de longue date, Amihaï ne cesse aujourd'hui de produire une œuvre féconde.

KATHERINE WERCHOWSKI.

AMILA Jean (pseud. de Jean Meckert). Écrivain français. Né à Paris le 24 novembre 1910. Son père est fusillé pendant les mutineries de 1917, sa mère, internée, ne pourra plus lire ni écrire et lui-même est placé dans un orphelinat. Après avoir obtenu son certificat d'études, il entre en usine comme apprenti et exerce différents métiers. Pendant la guerre, stationné en Suisse, Meckert écrit son premier roman *Les Coups* qui sera publié par Gallimard en 1942. Ce roman, d'inspiration populiste, proche de Dabit, attire l'attention de Queneau : « On avait fait amitié, un érudit, un ouvrier » ; jusqu'en 1949, il donne encore quatre romans à la collection blanche de Gallimard. En 1950, pour des raisons alimentaires, il accepte la proposition de Marcel Duhamel d'écrire pour la « série noire » et prend le pseudonyme américanisé de John Amila francisé ensuite en Jean Amila. Un pseudonyme qui illustre ses convictions en contractant « Ami, l'anar » : « L'anarchisme, c'est la fraternité humaine et l'idée que l'individu existe. » Sur le chapitre des femmes, Amila se décrit comme un solitaire-né, marié deux fois et ayant vécu de nombreuses et malheureuses expériences de vie en couple. Il publie une dizaine de titres dont *La Lune d'Omaha* (*) en 1964. Après cinq ans de silence, on le retrouve dans la « série noire » avec un nouveau personnage : un flic hippie qu'on appelle Geronimo. En 1971, sur les conseils de Cayatte, il propose aux Presses de la Cité un livre sur Tahiti, *La Vierge et le Taureau*, qui lui vaudra un sévère passage à tabac et une amnésie qui durera sept ans. Ses manuscrits renvoyés par Gallimard, il se tourne à nouveau vers le polar et publie en 1985 son « dernier » roman : *Au balcon d'Hiroshima*, qui met en parallèle des truands, des savants et des militaires. Ces derniers lancent une bombe provoquant deux cent mille morts et l'anar Amila pose la question : « Qui sont les véritables criminels ? » À lire également : *Y a pas de bon Dieu* (1950), *Les Loups dans la bergerie* (1958), *Noces de soufre* (1964), *À qui ai-je l'honneur ?* (1974).

DENIS BOUTET DE MONVEL.

AMIR KHOSROW DEHLAVI Nâser al-Dîn. Poète indo-persan. Né à Patiali (en Inde) en 1253, mort à Delhi en 1325. Surnommé le « perroquet de l'Inde », il est le plus grand poète de l'Inde médiévale. Son père, Saïf al-Dîn, d'origine turque, a fui le Khorassân à l'époque de l'invasion mongole, et est venu servir comme officier le prince de Delhi, Chams al-Dîn Iltoutmich (1210-1236). Sa mère, indienne, est la fille de Emâd al-Molk, commissaire des guerres du royaume. Amir Khosrow montre très tôt des talents de poète, qu'encourage son grand-père maternel.

À la mort de son père, Amir Khosrow devient, jusqu'à sa mort, le panégyriste de la famille de Sultan Balbân : il accompagne son fils Boghrâ Khân au Bengale, puis son fils aîné Mohammad Qâ'ân Malek à Moltân. En 1284, Mohammad est tué dans un combat contre les Mongols, et le poète est emprisonné ; il s'évade, revient à Delhi et se met au service du gouverneur Khâtem Khân ; il va avec lui à Ouz, y reste deux ans, puis retourne à Delhi en 1289 se mettre sous la protection de Sultan Jalâl al-Dîn Qâlji. Sous le règne de celui-ci (1290-1296), Amir Khosrow reçoit une pension qu'il continue de percevoir sous le règne de son assassin, Alâ al-Dîn Qâlji (1296-1315). C'est la période la plus féconde de sa vie. Il bénéficie aussi de la faveur de Sultan Qotb al-Dîn Mobârak-Châh (1316-1320) et de Ghiyât al-Dîn Toghloq (1320-1325). En outre, il est, sa vie durant, le disciple du saint chichti de Delhi, Nizâm al-Dîn Owliyâ. Mort quelques mois après l'avènement de Sultan Mohammad Toghloq, le poète est enterré au pied de la tombe du saint.

Amir Khosrow, musicien et poète, écrit avec beaucoup de facilité et aborde tous les sujets ; connaissant l'arabe, le turc et le hindi aussi bien que le persan, son œuvre littéraire est d'une grande originalité. Dans ses « ghazals », il se réfère à Saadi, dans ses « qasidés » à Sanâ'i et à Khaqâni, et dans ses « masnavis » à Nizâmi. Il compose cinq *Divâns*, d'une grande importance, car ils contiennent de nombreux détails biographiques, ainsi que des « ghazaliyyât », ou poèmes lyriques. Entre 1298 et 1301, il écrit son *Quintette* (*), imitant l'œuvre de Nizâmi. Outre son ouvrage en prose saluant les victoires de Sultan Alâ al-Dîn Qâlji, le *Khazâ'in al-fotoh*, et son recueil des propos de Nizâm al-Dîn Owliyâ [*Afzal al-Favâ'ed*], qu'il présente au saint en 1319, il compose d'importants poèmes historiques. En 1289, il termine un « masnavi » sur la rencontre de Boghrâ Khân et de son fils Keyqobâd à Ouz, le *Qerân el-sa'dayn* ; en 1291, dans son « masnavi » *Meftân al-fotoh*, il décrit les quatre principales victoires de Jalâl el-Dîn Qâlji (faisant partie de la *Ghorrat al-Kamâl*). Mais son poème historique le plus célèbre est *Achîqa*, histoire d'amour de Khezr Khân, fils d'Alâ al-Dîn Qâlji, et de Dévaldi, princesse radjpoute, avec une suite racontant la brouille de Khezr Khân avec son père, son emprisonnement à Gwalior, et son assassinat à l'instigation de Malek Kafor (1315). En 1318, dans son « masnavi » *Les Neuf Sphères* [*Noh sepehr*], il dépeint l'éclat du temps de Sultan Qotb al-Dîn Mobârak-Châh Qâlji.

Les œuvres d'Amir Khosrow représentent le tableau le plus complet que nous possédions de la civilisation indo-musulmane, les idées de la religion, de la morale, de la culture et du goût des courtisans riches et cultivés des XIVe et XVe siècles.

MARIE-HÉLÈNE PONROY.

RÉF. : M. W. Mirza, *The Life and the Works of Amir Khusrau*, Calcutta, 1935 (rééd. Lahore, 1962). – Amir Khusrow, *Critical Studies*, Islamabad, 1975.

AMIS Kingsley. Écrivain anglais. Né le 16 avril 1922 à Clapham Common dans la banlieue sud de Londres. Après avoir fréquenté en tant que boursier la City of London School, « public school » pour externes, il obtint à dix-neuf ans une bourse de St. John's College (Oxford) où il étudia la littérature anglaise. Mobilisé en 1942 dans les Transmissions, il servit successivement en Normandie, en Belgique et en Allemagne sans participer directement aux combats. Il termina la guerre comme lieutenant. De retour à Oxford, il obtint sa licence (B.A.) en 1947, et entreprit des recherches en vue d'une thèse sur la poésie victorienne pour son lectorat mais son travail ne fut jamais publié ni le diplôme obtenu.

À Oxford, il rencontra Philip Larkin, qui reconnut en lui « un talent supérieur au mien », publia avec Michie l'anthologie *Oxford Poetry 1949,* écrivit un roman qui, à défaut d'être publié, incita John Wain à écrire *Le Laveur de carreaux* [*Hurry on Down,* 1953]. Ainsi s'esquissent dans les amitiés et les activités estudiantines les prémisses de ce que l'on appela dans les années 50 le « Mouvement ». Pour la première fois, un groupe plus ou moins cohérent s'attaquait à la mainmise sur la culture britannique de la grande bourgeoisie londonienne.

En 1948, Amis épousa Hilary A. Bardwell, dont il eut deux enfants. L'année suivante, il fut nommé assistant au département d'anglais d'University College à Swansea : « Je n'eus pas le choix ; c'est Swansea qui me choisit. » Les douze années passées au pays de Galles (1949-1960), heureuses et productives, transparaissent dans la poésie et les romans ainsi qu'en témoigne, dans *Cela me plaît ici* [*I Like It Here*], l'origine galloise du protagoniste. C'est à Swansea (en 1951) qu'Amis commença *Jim la Chance* (*) après avoir acquis, grâce à un petit héritage de sa femme, la maisonnette où Dylan Thomas était né en 1914. Si Amis ne doit pas sa célébrité à la poésie, deux opuscules, *Éclatant novembre* [*Bright November,* 1947] et *Un état d'esprit* [*A Frame of Mind,* 1953] – qu'il dédia à John Wain –, reçurent un accueil favorable. De l'un à l'autre s'affirme la personnalité d'un homme qui s'affranchit de l'influence d'Auden et d'Empson. *Jim la Chance* lui valut une réputation de révolté contre l'« establishment ». Le roman, désopilant, connut un succès extraordinaire (dix tirages en 1954, un film en 1958, invitation à Princeton la même année, etc.). En contrepartie, les œuvres suivantes furent jugées en fonction de la première : on les trouva moins comiques sans y déceler une gravité nouvelle. Evelyn Waugh en son temps avait connu la même mésaventure. Le héros, Jim Dixon, assistant d'origine modeste d'une université de province, se distingue dans le microcosme universitaire petit-bourgeois par son attitude subversive : il est « contre », contre les autorités, le folklore, l'artisanat, la prétention, à tel point que son créateur fut catalogué comme « Jeune homme en colère » [angry young man]. De fait le roman marquait un tournant de la fiction britannique qui se détournait de Londres pour s'intéresser à la province (Wain, Braine...). *Ce sentiment peu sûr* [*That Uncertain Feeling,* 1955], *Une fille comme toi* [*Take a Girl Like You,* 1960] jouèrent de ce parti pris anticonformiste en exploitant la même veine sans guère la renouveler. En 1958 *Ça me plaît ici* afficha, dans les thèmes chauvins d'une action située au Portugal, des poses systématiquement béotiennes. Initialement humoristiques, elles se durcirent au fil des ans en un conservatisme têtu et un refus de son temps qui aliénèrent au romancier la sympathie de nombre d'intellectuels. Une certaine dispersion caractérise les années suivantes. Nommé de 1961 à 1963 directeur d'études à Peterhouse, ces deux années passées à Cambridge le convainquirent de quitter l'enseignement pour se consacrer à son œuvre (malgré un séjour à Vanderbilt en 1968). Il quitta le Wiltshire où il s'était retiré, épousa la romancière E. J. Howard en 1965 et s'installa dans le quartier chic d'Hampstead à Londres.

Outre son œuvre satirique prolongée par *Un Anglais bien en chair* [*One Fat Englishman,* 1963], qui transporte le lecteur en Amérique et *J'en ai envie tout de suite* [*I Want it Now,* 1968], *Conclusion* [*Ending Up,* 1974] et *La Chose de Jake* [*Jake's Thing,* 1978], où sont analysées l'impuissance et la stérilité inhérentes au vieillissement, Amis explora d'autres genres avec bonheur, le roman d'anticipation *L'Homme vert* [*The Green Man,* 1969], le roman policier *Le Meurtre au bord de l'eau* [*The Riverside Murder,* 1976], le roman d'espionnage où, sous le pseudonyme de R. Markham, il exprima son admiration pour Ian Fleming dans *Le Dossier James Bond* [*The James Bond Dossier,* 1965] et *Colonel Sun* (1968). Sous le couvert d'une intrigue d'espionnage classique, *La Ligue contre la mort* [*The Anti Death League,* 1966] rendait hommage à l'« esprit humain autonome, preuve de la non-existence de Dieu », et attestait qu'Amis voulait être pris au sérieux. Ses *Œuvres poétiques* [*Complete Poems ; 1944-1979*] parurent en 1979, un an après son édition d'une anthologie de poésie légère, le *New Oxford Book of Light Verse.*

Kingsley Amis marquera son époque par l'intuition qu'il eut de ses pulsions profondes. *Jim la Chance* exprimait la profonde désillusion des milieux universitaires et préfigurait les révoltes des années 60. Les romans suivants contenaient les germes du thatchérisme.

Aujourd'hui il convient avant tout de saluer sa force comique, sa verve, au moment même où son rire se teinte d'amertume, où ses imitations deviennent caricaturales et grinçantes. À l'instar de Waugh, dont il n'atteint pas la stature, l'âge étouffa chez lui l'exubérance juvénile et suscita un noir désenchantement, un conservatisme agressif dont la transcription littéraire, à défaut de convaincre, ne laisse de troubler.

ALAIN BLAYAC.

RÉF. : D. Salwak, *Kingsley Amis : A Reference Guide*, Boston, 1978. – Ph. Gardner, *Kingsley Amis*, Boston, 1981.

AMMIEN MARCELLIN (Ammianus Marcellinus). Écrivain latin. Né vers 330 à Antioche (Asie Mineure), mort à Rome probablement vers 400. Avec Symmaque et Claudien, il est un des derniers grands écrivains de la Rome ancienne. Syrien d'origine, mais romain par l'esprit et la culture, il servit Rome durant une cinquantaine d'années, d'abord comme soldat dans les armées du général Ursinien et de l'empereur Julien, puis comme historien plein de sève et d'originalité. Des trente et un livres de ses *Histoires* (*), qui embrassent la période dramatique qui s'étend du règne de Nerva à la mort de Valens (96-378), seuls les dix-huit derniers, relatant les événements vécus par l'auteur, nous sont parvenus. Ils nous montrent celui-ci tout engagé dans l'action, sans retours nostalgiques vers le passé, uniquement occupé du présent. Mais ce spectateur sévère et lucide garde une entière objectivité : « J'ai écrit une œuvre, dit-il, qui a pour but la vérité, que jamais, je crois, je n'ai osé trahir en me taisant ou en mentant. » Il fait revivre le dernier acte du drame de l'Empire romain agonisant, déchiré entre deux forces antagonistes, mais visant toutes deux à l'extérieur, et la vitalité de la jeune civilisation chrétienne à l'intérieur. Ammien distribue avec équité la louange et le blâme aux grands protagonistes de l'histoire : il élève un hymne à la gloire de Julien l'Apostat, qui incarne son idéal de l'« optimus princeps », mais il lui reproche son goût immodéré pour la flatterie et l'adulation, sa faiblesse en faveur de ses amis, son intempérance, sa débauche, et surtout son intolérance à l'égard du christianisme. De Constance en revanche, qu'il n'aimait point, s'il dénonce les nombreux vices, il ne cèle pas les quelques vertus. Il flétrit les cruautés inouïes de Valentinien, mais loue sa prudence et son habileté diplomatique. Il vénère la majesté de l'empire, mais reconnaît la pureté et la sincérité de la foi chrétienne « qui n'enseigne que justice et mansuétude », et il admire la sérénité, le courage indomptable des martyrs chrétiens. On a pensé qu'il était un adepte de la nouvelle religion mais, bien qu'il ne cache pas sa sympathie pour elle, il reste essentiellement un païen, un polythéiste convaincu. Rome, où il fut peut-être, les dernières années de sa vie, élevé à la dignité de sénateur, resta toujours au centre de ses préoccupations d'historien et d'homme politique, comme la ville que « la volonté divine avait désignée pour régner dès le berceau, en lui promettant la vie éternelle ». Il eut le bonheur de s'éteindre à l'aube du IVe siècle, bercé dans ce rêve radieux.

RÉF. : G. B. Pighi, *Studia Ammianea*, 1934, etc. – E. A. Thompson, *The Historical Work of Ammianus Marcellinus*, 1947.

AMORIM Enrique. Romancier uruguayen. Né à Salto le 25 juillet 1900, mort à Buenos Aires le 28 juillet 1960. Sa vie est entièrement consacrée à la littérature. Amorim est l'un des principaux « chantres » du monde rural latino-américain, avec ses contemporains argentins Benito Lynch et Ricardo Güiraldes. *La Roulotte* (*) (1932), *Le Paysan Aguilar* [*El paisano Aguilar*, 1934], *Le Cheval et son ombre* [*El caballo y su sombra*, 1941] peignent la vie des hommes du *campo* uruguayen, confrontés à la fois aux grandes forces naturelles et aux mécanismes sociaux qui les écrasent. Dans *Le Cheval et son ombre*, un propriétaire de bétail s'oppose aux paysans qui veulent traverser ses terres, et tue un de leurs enfants. Il sera abattu à son tour par le père. Dans ses livres ultérieurs, Amorim s'est efforcé de peindre le monde industriel et les prolétaires : *La lune s'est faite avec de l'eau* [*La luna se hizo con agua*, 1944], *La victoire ne vient pas toute seule* [*La victoria no viene sola*, 1952], *Corral ouvert* [*Corral abierto*, 1956], *Tout peut arriver* [*Todo puede suceder*, 1955] et surtout *L'Embouchure* [*La desembocadura*, 1958], évocation ambitieuse de toute la vie de l'Uruguay à travers la peinture d'une « saga » familiale.

ANTOINE BERMAN.

RÉF. : Emir Rodriguez Monegal, « El mundo uruguayo de amorim », in *Narradores de est a América*, Montevideo, 1962.

AMOS. Troisième des petits prophètes de *La Bible* (*), ayant vécu dans la deuxième moitié du VIIIe siècle av. J.-C., auteur présumé du livre qui porte son nom – v. *Livre d'Amos* (*). Amos signifie « fardeau » ou « porteur ». Berger, puis bouvier et cultivateur de sycomores, il conserva la rudesse de sa terre natale dans ses apostrophes violentes à l'adresse des femmes riches et dissolues, qu'il appelle « vaches de Basan ». Il aimait son âpre travail et s'en montrait fier. En effet, il n'appartenait pas à la coterie de ces marchands d'oracles qui de père en fils faisaient de la prophétie un métier lucratif. Simple pasteur, mais que l'inspiration divine avait choisi, sa parole était comparable au rugissement du lion, aux aguets derrière un rocher : personne ne saurait prévoir le lieu ni l'heure où il se jettera sur le troupeau. Il apprit, dans ses pérégrinations, à mépriser la frivole société des villes. À Béthel, il prédit aux citadins débauchés la prochaine destruction de leur ville. Et, lorsque le prêtre Amacia, avec le consentement de Jéroboam II, roi d'Israël (env. 783-743 av. J.-C.), lui ordonna de fuir au pays de Juda, Amos lui prédit qu'il mourrait en terre étrangère et que son épouse subirait le sort des prostituées. On suppose que le prophète se retira définitivement à Tégoa, son village natal, au sommet d'une petite colline située non loin de Bethléem.

♦ *« Amos fut l'interprète des protestations de la démocratie théocratique contre les nécessités d'un monde qui échappait chaque jour au rêve. »* Renan.
♦ *« On peut dire que le premier article de journalisme intransigeant a été écrit huit cents ans avant J.-C., et que c'est Amos qui l'a écrit. »* E. Philippe.

RÉF. : G. Baur, *Der Prophet Amos erklärt*, Giessen, 1847. – E. Philippe, article *Amos* dans le t. I du *Dictionnaire de La Bible* de Vigouroux, 1895. – A. Lods, *Les Prophètes d'Israël et les Débuts du Judaïsme* et *Histoire de la littérature hébraïque et juive*..., 1950. – Ch. Hauret, *Amos et Osée*, Paris, 1970. – A. Neher, *Amos : contribution à l'étude du prophétisme*, 2e éd. , Paris, 1981. – A. Motyer, *Amos, le rugissement de Dieu*, Paris, 1982. – R. Achard, *Amos : l'homme, le message, l'influence*, Paris, 1984. – J.-M. Asurmendi, *Amos et Osée*, Paris, 1988. – J.-H. Hayes, *Amos the Eighth-Century Prophet : His Times and His Preaching*, Nashville, 1988. – P.-J. King, *Amos, Hosea, Micah – an Archaeological Commentary*, Philadelphie, 1988.

AMOUROUX Henri. Journaliste et historien français. Né à Périgueux le 1er juillet 1920. Henri Amouroux est d'abord journaliste. Il publie de grands reportages sur le Viêt-nam, l'U.R.S.S., Israël. En 1966, il est nommé rédacteur en chef du journal *Sud-Ouest*, puis en prend la direction en 1968. Après un détour par *France-Soir*, il est de 1977 à 1982 codirecteur du quotidien *Rhône-Alpes*. Passionné par son métier, c'est tout naturellement qu'il préside à partir de 1985 le jury du prix Albert-Londres. Il a également réalisé des émissions de radio sur France-Inter et de télévision pour TF1. Approfondissant sa réflexion, Henri Amouroux prolonge ses articles de politique étrangère dans divers ouvrages : *Israël, Israël* (1951), *Croix sur l'Indochine* (1955), *Le Monde de long en large* (1957), *J'ai vu vivre Israël* (1958). Après avoir donné *La Vie des Français sous l'Occupation* (1961), il va s'intéresser de plus près encore à ce thème. Peu à peu, il affine son approche – *Le 18 juin 1940* (1966), *Pétain avant Vichy* (1967) – pour aboutir à cette monumentale somme historique intitulée *La Grande Histoire des Français sous l'Occupation* (*), qui comprendra huit tomes, et débordera même du cadre imparti avec un neuvième et un dixième qui se situent « après l'Occupation ». Ce travail objectif, minutieux, sur une période si délicate à traiter, venait à point pour corriger tant d'idées reçues, et rétablir une vérité que trop souvent l'on avait travestie pour des mobiles idéologiques. C'est toute son éthique de journaliste qu'Amouroux met en jeu dans cette entreprise. Il est revenu à des sujets plus contemporains avec deux livres politiques, un pamphlet, *Ce que vivent les roses* (1983), et une biographie, *Monsieur Barre* (1986). Auteur d'une pièce de théâtre : *Et ça leur faisait très mal* (1983), Henri Amouroux a été élu en 1978 à l'Académie des sciences morales et politiques.

JACQUES-ÉMILE MIRIEL.

AMPELIUS Lucius. Pédagogue latin qui vécut probablement au IIIe siècle. Un certain Macrinus, auquel il dédia son *Mémorial* (*), lui aurait commandé l'élaboration d'un abrégé des connaissances universelles, œuvre qui nous est parvenue, probablement incomplète, en cinquante brefs chapitres. Certains ont identifié Macrinus à l'empereur qui régna de 217 à 218, d'autres au personnage cité par Sidoine Apollinaire, mais ce fut, plus probablement, un disciple ou un jeune ami d'Ampelius. Celui-ci manifeste entre autres, dans son « condensé », un certain goût pour les choses de l'art, au point d'être tenu pour un témoin, si modeste soit-il, de l'histoire de l'art antique. À noter également les chapitres VIII et X, *Miracula mundi* et *Quot fueres Joves vel alii in loco dii deaeque*, où se révèle le profond attachement de l'auteur au paganisme et à l'évhémérisme.

AMPÈRE André-Marie. Philosophe et savant français. Né à Lyon le 22 janvier 1775, mort à Marseille le 10 juin 1836. Fils d'un négociant, il passa sa première enfance dans un village voisin de sa ville natale où ses parents avaient acquis une propriété. D'une intelligence prodigieuse, il fit lui-même toute son éducation en suivant le cours spontané de ses pensées. Dès l'âge de seize ans, il lisait dans le texte nombre d'auteurs grecs et latins, voire étrangers. Quant aux mathématiques, il en savait autant que l'on en peut savoir après toute une vie d'étude. Tout en se plongeant dans l'algèbre, il ébauchait des ouvrages d'imagination : poèmes politiques, tragédies, même une épopée sur Christophe Colomb. On sait, en outre, que sa mémoire faisait merveille : ayant lu tout jeune l'*Encyclopédie* (*), il l'assimila si bien qu'il pouvait, dans sa vieillesse, en citer par cœur de longs extraits, sans oublier un seul mot. En 1793, il conçut le projet d'une langue universelle à seule fin de consolider la paix. Ce fut au cours de cette même année qu'il perdit son père : accusé d'être hostile à la Révolution, ce dernier finit en effet sur l'échafaud. Le jeune homme en ressentit une telle commotion qu'il faillit perdre la raison. Ayant néanmoins retrouvé le goût de l'étude, il poursuivit ses recherches en divers domaines. Quelques années plus tard (1799), il épousa à Lyon une jeune fille sans fortune, Julie Caron. Pour vivre, il donna alors des leçons particulières. En 1801, il obtint la chaire de physique à l'école centrale de Bourg

(Ain). Ce fut là qu'il écrivit son premier ouvrage important : *Considérations sur la théorie mathématique du jeu* (1803). Il se fit tant remarquer avec cet ouvrage qu'il obtint sans peine un poste de répétiteur à l'École polytechnique de Paris (1804). Dès lors, son ascension commence : membre consultatif des Arts et Métiers (1806), inspecteur général de l'Université (1808), professeur d'analyse à l'École polytechnique (1809), membre de l'Institut (1814) et bientôt membre de toutes les sociétés savantes de l'Europe. Souvent embarrassé de ces titres et de ces fonctions, Ampère ne se trouvait à l'aise que dans son petit laboratoire de la rue des Fossés-Saint-Victor. C'est de là qu'allait bientôt sortir une des plus grandes découvertes de la science moderne : l'électro-magnétisme. Partant d'une observation du physicien danois Oersted, il remarqua en effet (1820) que les courants électriques agissent les uns sur les autres. De là l'ouvrage qu'il publia trois ans plus tard et auquel il dut sa gloire : *Mémoires sur la théorie mathématique des phénomènes électrodynamiques uniquement déduite de l'expérience* (1823). Étant aussi bien en contact avec les savants qu'avec les penseurs et les écrivains, Ampère mena toujours de front les diverses activités du savoir humain : depuis les sciences naturelles jusqu'à la philosophie. Cette universalité même était la cause d'étranges distractions qui égayaient ses amis et ses élèves, et qui étaient devenues proverbiales. Toujours un peu embarrassé de sa personne, ignorant les usages du monde, il fut ce qu'on appelle un sage, dans toute la force du terme. Vers la fin de sa vie, il osa entreprendre un travail gigantesque, lequel devait paraître en 1834 : *Essais sur la philosophie des sciences, ou Exposition analytique d'une classification naturelle de toutes les connaissances humaines* (*).

♦ *« Il savait mieux les choses de la nature et de l'univers que celles des hommes et de la société. Il manquait essentiellement de calme, et n'avait pas la mesure et la proportion dans les rapports de la vie. Son coup d'œil, si vaste et si pénétrant au-delà, ne savait pas réduire les objets habituels. »* Sainte-Beuve.

RÉF. : J. Barthélemy-Saint-Hilaire, *La Philosophie des deux Ampère,* 1866. — C. A. Valson, *La Vie et les travaux d'A.-M. Ampère,* Lyon, 1886. — Louis de Launay, *Le Grand Ampère,* 1925. — Joseph Buche, *L'École mystique de Lyon 1776-1847,* 1935. — M. Lewandowski, *A.-M. Ampère. La science et la Foi,* 1936. — Pierre Devaux, *Les Aventuriers de la science,* 1943. — Jacques Merleau-Ponty, *Leçon sur la genèse des théories physiques : Galilée, Ampère, Einstein,* 1974.

AMROUCHE Jean. Poète et essayiste algérien. Né le 7 février 1906 à Ighil Ali, mort le 16 avril 1962. Issu d'une famille kabyle et chrétienne naturalisée française, qui émigrera en Tunisie. École normale, puis enseignement en Tunisie, où il est le professeur d'Albert Memmi, qui le représentera dans *La Statue de sel* sous le nom de Marrou. Fonde à Alger en 1944, sous le patronage d'André Gide, la revue *L'Arche,* qui s'établira ensuite à Paris. À la fin de la guerre de 1939-45, il entre à la Radiodiffusion française, et deviendra en 1958, en pleine guerre d'Algérie, rédacteur en chef du Journal parlé, et où il a animé aussi des séries d'entretiens avec des écrivains comme Paul Claudel – v. *Mémoires improvisés* (*) – ou Gide. Démissionne pour raisons politiques en 1959, puis sert d'intermédiaire entre le général de Gaulle et Ferhat Abbas. L'écrivain est connu surtout pour ses deux recueils poétiques, *Cendres* (1934) et *Étoile secrète* (*) (1937), dont la dimension mystique développe une quête de l'unité perdue de l'Être, qui est aussi nostalgie du pays perdu. Cette quête de l'origine se retrouve dans son entreprise de faire connaître les *Chants berbères de Kabylie* (1939, rééd. 1947), à l'adaptation desquels il a travaillé avec sa sœur Marguerite Taos Amrouche qui en sera aussi par la suite une vibrante interprète. Homme du dialogue entre les deux communautés que devait déchirer la guerre d'Algérie, il a néanmoins compris dès la répression sanglante des manifestations de Sétif et Guelma en 1945 que l'Algérie se séparerait inéluctablement de la France. Il a développé ces contradictions et d'autres dans un texte attachant : *L'Éternel Jugurtha* (1946).

CHARLES BONN.

AMUNDSEN Roald Engelbregt. Marin et explorateur norvégien. Né le 16 juillet 1872 à Borge, dans l'Ostfold, mort en juin 1928, près de l'île des Ours, dans l'océan Glacial Arctique. Il participa, en qualité de pilote, à l'expédition que De Gerlache, un explorateur belge, effectua dans les terres polaires antarctiques (1897-1899). Il rêvait de suivre l'itinéraire des expéditions boréales dirigées par McClure et par J. Franklin, et de passer de l'Atlantique au Pacifique par cette voie que les navigateurs avaient cherchée depuis le début du XVe siècle. Parti de Christiania (Oslo) avec six compagnons sur une petite baleinière, la « Gjöa », le 1er juillet 1903, il parvint au détroit de Béring le 30 août 1906. Une fois rapatrié, il voulut reprendre la route de Nansen en se laissant aller à la dérive à travers le détroit de Béring, dans l'océan Glacial Arctique, au nord de l'Asie ; mais, ayant obtenu du Parlement les moyens financiers et le bateau même de son compatriote (le vieux « Fram »), il renonça à gagner le pôle Nord quand il apprit que Peary l'avait déjà atteint. Et le 10 août 1910, il s'embarqua pour le pôle Sud. En juin 1911, il arriva à la baie des Baleines, et se lança avec quatre hommes, quatre traîneaux et cinquante-deux chiens à travers les plus hautes montagnes des terres antarctiques vers le pôle, qu'il atteignit avant l'explorateur Scott. Accueilli en triomphateur à son retour en Europe, il n'abandonna point son projet d'expédition au pôle Nord ; mais cette expédition, entreprise sur la « Maud », en juillet 1918, rencontra des difficultés insurmontables ; à plusieurs reprises, Amundsen décida de faire demi-tour, et l'on dut même avoir recours aux avions. Participait à l'expédition, outre Sverdrup, l'océanographe suédois F. Malmgrem, qui devait périr tragiquement dans l'expédition Nobile. Amundsen ne renonça pas pour autant à atteindre le pôle Nord en avion, en partant de Svalbard, et il eut recours à un mécène américain, Ellesworth ; il se servit tout d'abord d'avions italiens, puis effectua une nouvelle tentative sur un dirigeable commandé par le général Nobile. Il ne se contenta pas de découvrir les deux passages qui tournaient autour des pôles au nord-ouest et au nord-est : il voulut, en apprenant la catastrophe aérienne qui frappait l'Italie, porter secours aux survivants ; il disparut dans l'océan Glacial Arctique, avec l'avion que le gouvernement français avait envoyé. Il a laissé des relations de voyages : *Pôle Sud* (*) (1913) et *En avion vers le pôle Nord* [*Gjennem luften til 88º Nord,* 1925].

RÉF. : J. M. Torroja y Miret, *Roald Engelbregt Amundsen...*, Madrid, 1929. – *Amundsen par lui-même* [trad. de son livre : *My Life as an Explorer*], 1931.

AMY Gilbert. Compositeur français. Né à Paris le 29 août 1936. Élève de Messiaen et de Milhaud au Conservatoire de Paris (1955-60), il travaille également avec Boulez auquel il succède à la direction du Domaine musical (1967-73). Ses premières œuvres – *Sonate pour piano* (1957-60), *Strophe* pour soprano et orchestre (1964-77), *Trajectoires* pour violon et orchestre (1966), *Cycle* pour percussion (1966) – révèlent l'influence de Boulez, malgré une écriture orchestrale personnelle, assez fluide. Ses partitions suivantes sont plus lyriques, parfois incantatoires, tout en restant dans le système sériel post-webernien : *Cette étoile enseigne à s'incliner* pour chœur et ensemble instrumental, d'après un tableau de Paul Klee (1970), *D'un espace déployé* (*) pour soprano et orchestre (1972), *Une saison en enfer* pour soprano, piano, percussion et bande magnétique, d'après Rimbaud (1980), *Messe* (1983) ou *Orchestrahl* (1989). Il a été directeur du Nouvel Orchestre philharmonique de Radio-France (1976-81) et du Conservatoire national supérieur de musique de Lyon (depuis 1984).

ALAIN PÂRIS.

AMYOT Jacques. Écrivain français. Né à Melun le 30 octobre 1513, mort à Auxerre le 6 février 1593. De famille assez pauvre, Amyot fait pourtant des études au collège du Cardinal Lemoine, puis au collège des Lecteurs royaux, où il est élève de Pierre Danès et de Vatable. Devenu précepteur des enfants de Jacques Colin, lecteur ordinaire du roi, recommandé par ce dernier à Marguerite, sœur de François Iᵉʳ, il est nommé lecteur public de grec et de latin à l'université de Bourges (1536). Dès 1542, il entreprend sa traduction des *Vies des hommes illustres* (*) de Plutarque. Ayant quitté l'Université en 1543, il reçoit quatre ans plus tard l'abbaye de Bellozane des mains de François Iᵉʳ, à qui il avait dédié sa traduction manuscrite de la *Vie de Demetrius.* Mais Amyot, depuis longtemps, désirait se rendre en Italie, et consulter les manuscrits de la bibliothèque du Vatican. Jean de Morvilliers, ambassadeur de France à Venise, l'emmena avec lui en 1547, date où paraît la traduction par Amyot des *Amours de Théagène et Chariclée*. En 1550, Amyot est à Rome, hôte de l'évêque de Mirepoix. Un an plus tard, il est chargé de porter une lettre du roi au concile de Trente, et d'y protester contre les prétentions temporelles du Saint-Siège. Après un nouveau voyage à Venise en 1552, et la publication, en 1554, de sa traduction de Diodore de Sicile, Amyot est présenté par L'Hospital à Henri II, qui le nomme précepteur des enfants de France, les futurs Charles IX et Henri III. L'année 1559 voit paraître, ou reparaître, les principales traductions d'Amyot : réédition de *Théagène et Chariclée,* publication des *Amours de Daphnis et Chloé* (*), traduites de Longus, et surtout première édition des *Vies des hommes illustres,* dédiées au roi. À l'avènement de Charles IX, son ancien élève, Amyot, malgré une vive opposition à Catherine de Médicis, est nommé grand aumônier de France (1560), conseiller d'État, et plus tard conservateur de l'université de Paris. Désormais les éditions des *Vies* de Plutarque se succèdent. En 1570, Amyot devient évêque d'Auxerre. En 1572, il publie à Paris la traduction des *Œuvres morales* (*) de Plutarque. En 1578, Henri III le nomme commandeur de l'ordre du Saint-Esprit, lors de la fondation de celui-ci, le dispensant des quartiers de noblesse requis.

Son attitude pacifique, en ces temps de guerres de religion, lui vaut, à plus de soixante-dix ans, de pénibles aventures. Accusé d'avoir approuvé l'assassinat du duc de Guise (1588), il est en butte aux sévices des ligueurs, qui vont jusqu'à le déclarer excommunié ; tout cela l'oblige à s'éloigner quelques mois de son évêché. Mais sitôt les passions un peu calmées, il rentre, et le cardinal Cajetan, nonce du pape, l'ayant rétabli dans ses droits le 2 mai 1590, il s'adonne désormais exclusivement à l'étude de *La Bible* et des Pères.

Il suffit de lire quelques pages de Montaigne pour voir à quel point le XVIᵉ siècle a aimé chercher ses belles pensées et ses grands exemples dans l'Antiquité. Passion des lettres et passion de l'héroïsme, ces deux traits essentiels de l'époque expliquent la vogue des *Vies* de Plutarque, souvent publiées en grec ou traduites en latin au cours de la première moitié du XVIᵉ siècle. Mais Amyot va les répandre dans le large public français : sa première qualité est une passion de l'exactitude. Il a soigneusement consulté les manuscrits italiens de la Vaticane ; il s'inspire aussi des traductions latines, et ne cessera d'améliorer son texte, au fur et à mesure des rééditions, soit en ce qui concerne le style, soit en ce qui concerne l'interprétation. Ainsi présente-t-il son édition de 1565 comme « revue et corrigée en infinis passages... à l'aide de plusieurs exemplaires vieux escripts à la main, et aussi du jugement de quelques personnages excellents en sçavoir ». Pourtant, bien qu'il affirme que la tâche d'un vrai traducteur ne consiste pas seulement à rendre le sens avec fidélité, mais aussi à imiter autant que possible le style de l'auteur, Amyot reste fort loin des méthodes modernes. Il nous amuse, lorsqu'il affuble les personnages de l'Antiquité de titres modernes, donnant, par exemple, aux stratèges grecs leurs grades d'officiers dans l'armée de Henri II. Il inquiète un peu lorsqu'il bouleverse l'ordre des mots et des phrases. Il semble avoir comme recréé Plutarque. La manière touffue et embarrassée du Grec disparaît chez Amyot, avant tout soucieux de clarté, d'aisance, de rythme. Infidèle, il l'est certes, assez souvent : mais c'est parce qu'il refuse résolument les tours savants, les néologismes, les hellénismes, parce qu'il s'est juré de n'écrire que dans un français libre de toute tutelle étrangère. Que cherche-t-il ? À intéresser les lecteurs de son temps en leur plaisant. C'est d'abord l'enseignement moral de Plutarque qu'il veut mettre à la portée des contemporains. Une érudition radicalement subordonnée à la culture de l'homme, cet idéal de l'époque classique est déjà l'idéal d'Amyot. Il écrit une langue pleine de fraîcheur, merveilleusement riche, mais qui doit plus au commun parler du peuple qu'à l'érudition. Traducteur, il parvient à se faire lire comme un auteur original. Son influence fut considérable : un Montaigne, par exemple, ne prit-il pas Amyot pour « bréviaire », ne lui donna-t-il pas « la palme sur tous nos écrivains français » ? Quelque décri lui vint du XVIIe siècle. On alla jusqu'à lui reprocher d'être un plagiaire. Il garda heureusement ses fidèles, et parmi les meilleurs, l'Académie, Vaugelas, La Bruyère, Racine le louèrent, en tant qu'écrivain ayant soumis au bon sens toutes les fantaisies de style. Cinquante ans plus tard, c'est encore dans Amyot que Jean-Jacques Rousseau apprendra à lire. On ne voit guère qu'un August Wilhelm von Schlegel, l'adaptateur allemand de Shakespeare, qui, comme Amyot, se soit affirmé un écrivain de premier rang par ses seules traductions.

♦ *« Nous autres ignorants étions perdus si ce livre* [la traduction de Plutarque par Amyot] *ne nous eût relevés du bourbier ; grâce à lui nous osons à cette heure et parler et écrire ; les dames en régentent les maîtres d'école ; c'est notre bréviaire. »* Montaigne.
♦ *« Quelles obligations ne lui a pas notre langue, n'y ayant jamais eu personne qui en ait mieux su le génie et le caractère que lui, ni qui ait usé de mots et de phrases si naturellement français, sans aucun mélange des façons de parler des provinces qui corrompt tous les jours la pureté du vrai langage français. »* Vaugelas.
♦ *« ... Célèbre par son savoir, par ses ouvrages, par ses mœurs, par une vie très épiscopale. »* Duc de Saint-Simon.

RÉF. : René Sturel, *Jacques Amyot, traducteur des « Vies parallèles » de Plutarque,* 1908. – Alexandre Cioranescu, *Vie de Jacques Amyot,* 1941. – Robert Aulotte, *Amyot et Plutarque. La Tradition des « Moralia » au* XVIe *s.,* 1965. – *Fortunes de Jacques Amyot,* ouvr. collectif, Paris, 1986.

ANACRÉON. Poète grec. Né dans l'île ionienne de Téos vers 570 avant J.-C. et mort dans sa ville natale, selon la tradition rapportée par Lucien, à l'âge de 85 ans, au début du Ve siècle av. J.-C. De l'Antiquité nous sont parvenues quatre variantes du nom du père d'Anacréon dont la plus fiable paraît celle citée par la *Souda* (*), qui veut que le père du poète s'appelle Skynthios.

Anacréon était encore enfant lorsque Téos passa sous la domination du roi lydien Crésus (560 av. J.-C.), mais il était déjà adolescent et poète connu quand sa patrie tomba dans les mains des Perses (545 av. J.-C.). Pour échapper à la soumission, les habitants de Téos, dont Anacréon, s'embarquèrent pour Abdère, ancienne colonie de Clazomène sur la côte Thrace. Il semble qu'Anacréon n'y fit qu'un bref séjour parce que, appelé bientôt par le tyran Polycrate, il se rendit à l'île de Samos. Là il fut le précepteur de Polycrate, avant de devenir son favori. D'autres affirment que le tyran confia au poète l'éducation de son fils (fonction que certains attribuent à Ibycos de Rhégion). À Samos, dans une ambiance de fêtes fastueuses et au milieu d'un luxe sans exemple dans le monde grec, le rôle du poète était de chanter les banquets, les plaisirs et les amours du souverain. Polycrate semble avoir été d'une grande générosité envers son poète préféré ; une anecdote colportée par plusieurs écrivains de l'Antiquité raconte que le tyran aurait remis à Anacréon la somme considérable de cinq talents, que le poète lui rendit après deux nuits blanches de peur de perdre cette fortune. D'après une autre histoire, pour faire plaisir à son mécène, Anacréon chanta les cheveux d'or du prisonnier thrace Smerdis dont Polycrate était tombé amoureux, et il le fit si bien que le jeune garçon s'attacha au poète, suscitant la jalousie du maître de Samos. Mais le règne de Polycrate et la vie bienheureuse de son poète choisi ne durèrent pas. L'île tomba aux mains du roi perse Cambyse (522 av. J.-C.). Dans ces circonstances Anacréon n'hésita pas à accepter l'invitation du fils de Pisistrate, Hipparque, de venir à Athènes. Au dire de Platon – v. *Hipparque* (*) –, pour chercher le poète le tyran athénien aurait envoyé une galère de cinquante rameurs. Anacréon connut d'éclatants succès à Athènes et se lia avec des représentants de l'aristocratie, tels Critias, le grand-père de l'un des trente tyrans (404 av. J.-C.) du même nom, et Xanthippe, le père de Périclès. Pausanias rapporte qu'on voyait encore de son temps (IIe siècle après J.-C.), sur l'Acropole, la statue du poète en face de celle de Xanthippe. Anacréon fut également l'ami des poètes lyriques que les Pisistratides avaient attirés à Athènes, Simonide de Céos, Lasos d'Hermione et Onomacrite. Cependant, le séjour qu'Anacréon fit à Athènes ne dura pas plus longtemps que celui qu'il avait fait à Samos. Huit ans après son arrivée, en 514 avant J.-C., Hipparque fut assassiné par les Tyranoctones Harmodios et Aristogiton. Avant que le deuxième Pisistratide, Hippias, soit assassiné à son tour (510 avant J.-C.) et que la tyrannie athénienne soit définitivement tombée, Anacréon se rendit à Larissa, en Thessalie, où il devint le poète d'une nouvelle cour, celle des Aleuades, riche famille de princes indépendants. Des dernières années du poète nous savons peu de chose. Une légende, probablement née dans la comédie attique et reprise par Sophocle et Pline, veut qu'il soit mort étouffé par un pépin de raisin. Il semble que cela se soit produit dans sa ville natale, où il était revenu pour mourir. Il existe cependant une autre tradition selon laquelle Anacréon se serait réfugié une seconde fois à Abdère.

Son œuvre, éditée par le philologue alexandrin Aristarque de Samothrace, comprenait trois groupes de poésies, lyriques, iambiques et élégies, ainsi que des hymnes et des chansons d'amour. Il ne nous en est parvenu que quelques fragments — v. *Odes* (*).

En revanche, nous disposons d'un recueil d'environ soixante poèmes de l'époque hellénistique, écrits par un ou plusieurs auteurs inconnus. Ils ont été édités sous le nom d'Anacréon [« *Anacréonteia* »]. Ils imitent ses thèmes et son style poétique et sont composés en iambes. Leur dialecte est le dorien.

NADINA RADEVA.

RÉF. : *Études :* Sainte-Beuve, « Anacréon au XVIᵉ siècle », in *Revue des Deux-Mondes*, 15 avril 1842. — A.-F. Didot, *Notice sur Anacréon*, Paris, 1864. — L. A. Michelangeli, *Anacreonte e la sua fortuna nei secoli*, Bologne, 1922. — V. Martin, *Quatre figures de la poésie grecque : Hésiode, Anacréon, Euripide, Théocrite*, Neuchâtel, 1931. — M. Meunier, *Sappho, Anacréon et Anacréontiques*, Paris, 1932. — B. Gentili, *Anacréon*, Rome, 1958. — M. H. da Rocha Pereira, « Anacreon », *Das Altertum* 12, 1966.

ANAND Mulk Raj. Romancier et essayiste indien d'expression anglaise. Né le 12 décembre 1905 à Peshawar (Pakistan). Dans son roman *Coolie* (*) (1936), Anand montre les affres d'un garçon de quatorze ans, descendu de ses montagnes pour devenir à la ville un travailleur manuel très exploité. Le voici tour à tour domestique, manœuvre, porteur. Au bout d'un an de vie urbaine, il meurt. Implicitement, l'auteur fait ici le procès du système des castes qu'il avait abordé déjà dans son précédent roman *The Untouchable* (1935). Complémentairement, *Vie privée d'un prince indien* (*) (1953) met en scène un maharajah incapable de s'adapter aux mœurs sociales nées de l'indépendance. Ce prince est un enfant gâté. C'est en tout cas ce que dit de lui l'auteur, que son modèle scandaleux fascine. Anand est aussi l'auteur d'un essai — philosophique, historique, religieux — sur l'art amoureux des Indes, *Kāma-Kala* (*) (1958), de *La Vision indienne de l'art* [*The Hindu View of Art*, 1933], *Indian theatre* (1950), *La Vieille Femme et la Vache* [*The Old Woman and the Cow*, 1960], *Seven Summers* (1972) et de *Vers écrits sur un air indien* [*Lines written to an Indian Air*].

RÉF. : M. Berry, *Anand : the Man and the Novelist*, Londres, 1970. — S. Cowasger, *So Many Freedoms : a Study of the Major Fiction of Anand*, 1978. — Marlene Fisher, *The Wisdom of the Heart : a Study of the Works of Anand*, New Delhi, 1985.

ĀNANDARĀYAMAKHIN ou **Ānandarāyādhvarin.** Fils d'un certain Nārāyana. On sait seulement que cet auteur dramatique indien vécut à Tandjore au XVIIIᵉ siècle. Il est l'auteur de deux « nātaka » (comédies héroïques ayant de cinq à six actes ou « anka ») ; il s'agit là du plus important et du plus estimé des dix genres supérieurs du théâtre classique indien, genre qui remonte au IIIᵉ siècle de notre ère et a succédé, avec l'épopée savante [mahākāvya], aux déclamations des rhapsodes antiques [itihās]. Les deux pièces de notre auteur ont pour titre *Jīvānandana* (*) et *Vidyāparinaya.*

ANAXAGORE de Clazomènes. Philosophe grec. Né à Clazomènes vers 500 avant J.-C., mort à Lampsaque en 428 ou 427, ce fut un des philosophes les plus originaux de la Grèce, un de ceux dont les idées eurent le plus de retentissement sur l'avenir. Il vécut une trentaine d'années à Athènes, et fut le premier philosophe à s'y fixer et à y enseigner. Protégé par Périclès, il eut probablement pour élève Euripide. En 432, il fut accusé par Cléon d'impiété et mis en jugement ; on trouvait trop audacieuses ses théories astronomiques (il affirmait, entre autres, que le soleil est une masse de feu incandescente, plus grande que le Péloponnèse) ; mais en réalité, et autant qu'on en puisse juger maintenant, Cléon poursuivait en lui l'ami et le conseiller de Périclès. Condamné à mort, il parvint à s'enfuir et se retira à Lampsaque où il ouvrit une école et où il mourut. Il fut alors surnommé Νοῦς, c'est-à-dire « esprit », parce que, dans son système d'explication de l'univers, l'esprit occupe une place prépondérante : d'après Anaxagore, l'état originel de la nature était un mélange confus de germes ou « semences » qui, par suite d'un mouvement de rotation, se séparèrent successivement en matière ignée, en air, en terre et en astres. Ce mouvement de séparation, Anaxagore l'attribue non point à une cause mécanique et matérielle, mais à une cause intelligente, cause motrice en même temps qu'intelligence ordonnatrice, le Νοῦς. C'est cette théorie nouvelle qu'Anaxagore expose dans le *De la nature* (*). Sa doctrine réglementait sa vie intérieure. Accusé par sa famille d'avoir mal géré son patrimoine, il abandonna ses biens pour se consacrer tout entier à la contemplation de la nature et ne s'occupa plus des affaires publiques ; lorsqu'on lui demandait s'il ne regrettait point sa patrie, il répondait que si, et qu'il souffrait beaucoup d'en être éloigné ; ce disant, il montrait le ciel, son pays véritable.

♦ *« Toute cette conception* [celle d'Anaxagore] *est admirable de hardiesse et de simplicité et n'a rien de cette téléologie lourde et anthropomorphique que l'on associe souvent au nom d'Anaxagore... Combien c'est faire tort à Anaxagore que de lui reprocher cette sage abstention à l'égard de la téléologie, de parler avec dédain de son* Νοῦς *comme d'un* deus ex machina *!... L'Esprit, selon Anaxagore, est un artiste, c'est le génie tout-puissant de la mécanique et de l'architecture qui crée par les moyens les plus simples les formes les plus grandioses et une sorte d'architecture mouvante, mais toujours en vertu de cet arbitraire irrationnel qui fait le fond d'une nature d'artiste. »* Nietzsche.

RÉF. : O. Giron, *Zu Anaxagoras*, 1936. – Nietzsche, *La Naissance de la philosophie à l'époque de la tragédie grecque*, trad. G. Bianquis, Paris, 1938. – Jean Zafiropulo, *Anaxagore de Clazomènes*, Paris, 1948. – J. Burnet, *L'Aurore de la philosophie grecque*, Paris, 1952. – J.-P. Vernant, *Mythe et pensée chez les Grecs*, Paris, 1971. – J.-P. Dumont, *Les Présocratiques*, Paris, 1989. – G. Colli, *La Sagesse grecque*, Combas, 1990.

ANAXIMANDRE. Philosophe grec. Né à Milet vers 610 avant J.-C., mort en 547. Nous savons bien peu de chose sur ce grand philosophe qui appartenait à l'école des « Physiologues » ioniens, où il fut l'élève et l'associé de Thalès. On lui attribuait, dans l'Antiquité, l'invention du gnomon et la découverte de l'obliquité du Zodiaque. Il eut, pour la première fois dans l'histoire du monde, l'idée d'établir une carte de géographie, laquelle carte, selon Eratosthène, aurait été par la suite retouchée par Hécatée de Milet. Alors qu'à cette époque on imaginait la terre comme une étendue plane, il la concevait comme un cylindre immobile. Anaximandre fut aussi le premier philosophe grec à mettre en prose ses propres réflexions philosophiques, et à rechercher l'essence de tous les êtres non point dans la matière finie (l'eau, le feu, etc.) mais bien dans quelque chose d'infini, *ἄπειρον*, dans un premier principe éternel qui peu à peu se modifie et prend les différentes formes visibles – v. *De la nature* (*). En tant qu'homme politique, il semble qu'il ait assumé des fonctions très importantes : c'est à lui qu'on aurait confié le soin de conduire à Apollonie une des nombreuses colonies grâce auxquelles était résolu le problème du surpeuplement des cités ioniennes. Ses concitoyens lui élevèrent, en reconnaissance des services rendus, une statue qui fut découverte récemment dans les fouilles de Milet. Dans l'histoire des sciences naturelles et même de la biologie, Anaximandre, par ses audacieuses hypothèses, en particulier sur l'origine marine des animaux et sur les rapports entre l'anatomie humaine et l'anatomie animale, fait figure de premier précurseur de l'évolutionnisme.

♦ *« Le premier écrivain philosophe des Anciens... Style majestueux et lapidaire, où chaque phrase témoigne d'une illumination nouvelle et exprime un degré nouveau de contemplation sublime... On en arrivera à considérer avec Anaximandre que tout devenir est une émancipation coupable à l'égard de l'être éternel, une iniquité qu'il faut payer par la mort. »* Nietzsche.

RÉF. : P. Tannery, *Une nouvelle hypothèse sur Anaximandre* in *Mémoires scientifiques*, 1895. – Herm. Diels, *Anaximandros von Milet*, 1923. – J.-P. Vernant, *Mythe et pensée chez les Grecs*, Paris, 1971. – J.-P. Dumont, *Les Présocratiques*, Paris, 1989. – G. Colli, *La Sagesse grecque*, Combas, 1990.

ANAXIMÈNE de Lampsaque. Rhéteur grec. Il vécut entre 380 et 320 av. J.-C. Disciple de Diogène le Cynique et du rhéteur Zoïle, il fut théoricien de l'art oratoire et orateur lui-même. S'inspirant des orateurs les plus célèbres, il composa, plus pour exercer sa rhétorique que par nécessité, des discours de caractère parlementaire et judiciaire, ou même de genre épidictique tel que l'*Encomion d'Hélène*, qui n'est point parvenu jusqu'à nous. Son œuvre principale, la *Rhétorique à Alexandre* (*), qui laisse beaucoup à désirer en ce qui concerne la répartition logique et la symétrie, montre qu'il était un philosophe empirique. Devenu, selon la tradition, maître d'Alexandre le Grand, il l'aurait suivi dans ses expéditions guerrières en Asie, et son ouvrage, *La Geste d'Alexandre*, serait un récit de faits dont il aurait été le témoin. À cette occasion, Anaximène rendit service aux citoyens de Lampsaque : Alexandre, pour les punir de s'être alliés aux Perses, voulait détruire leur ville. Anaximène réussit à apaiser la juste colère de son jeune élève. Lampsaque lui érigea une statue dans le stade d'Olympie, qui était encore visible à l'époque de Pausanias. Anaximène également écrivit une *Histoire hellénique* [Ἑλληνικά] en douze livres, et l'*Histoire de Philippe* [Φιλιππικά].

ANCHIETA père José de. Historien portugais. Né le 19 mars 1534 (il fut baptisé le 7 avril) à San Cristóbal de la Laguna, dans l'île de Ténériffe, mort le 9 juin 1597 à Reritiba (aujourd'hui Anchieta) au Brésil, appelé l'« apôtre du Brésil ». Fils d'un noble espagnol du Guipúzcoa émigré à la suite des persécutions contre les « comuneros », il fit ses études à Coïmbre où, à dix-huit ans, il entra dans la Compagnie de Jésus. Il n'avait pas encore vingt ans qu'il fut envoyé au Brésil avec d'autres pères et, sans tarder, se consacra à l'évangélisation des indigènes de la « capitainerie » de San Vincenzo par la prédication et en faisant représenter, devant le peuple, des « comédies » (c'est-à-dire des dialogues) afin de l'instruire et de le catéchiser. Ayant fondé à douze lieues de San Vincenzo le troisième collège régulier des jésuites au Brésil (1554), il y célébra la première messe le jour anniversaire de la conversion de saint Paul (25 janvier), d'où le nom de São Paulo donné ensuite à la grande ville qui s'éleva en ce lieu. À côté du collège, Anchieta fonda un nouveau séminaire ; son activité enseignante y fut très grande. Puis, lorsque les Français attaquèrent le Brésil, il dirigea la résistance des indigènes demeurés fidèles au Portugal, intervint à maintes reprises, et toujours avec succès, pour apaiser les discordes entre les tribus indigènes, réussissant même – avec l'aide du père Manuel da Nobrega – à gagner la confiance des Tamoios particulièrement belliqueux. Nommé provincial de l'ordre pour le Brésil (1578), il se dévoua à l'œuvre de catéchisation avec un zèle accru, s'enfonçant dans l'intérieur du continent à la recherche des tribus les plus primitives ; sa persévérance, sa douceur lui valurent le surnom de « saint » donné par les Portugais, et de « médiateur » donné par les indigènes. On dut à son initiative les œuvres sociales les plus fécondes au Brésil en ce temps : collèges, maisons de repos, hospices de la Compagnie, ainsi que des textes essentiels sur l'histoire de la Compagnie – *Histoire brésilienne de la Compagnie de Jésus* (*) – et sur les indigènes pour lesquels il écrivit, aux fins d'éducation religieuse et profane, la première grammaire de la langue tupí. Ayant demandé et obtenu d'être relevé de sa charge de provincial, il se retira au collège de l'ordre à Rio de Janeiro, puis se rendit à l'invitation pressante du collège d'Espíritu Santo et s'y fixa. Il mourut dans le village qu'il avait fondé (et qui, par la suite, porta son nom), à quinze lieues de la ville. Les indigènes transportèrent ses restes à bras jusqu'à Espíritu Santo ; neuf années plus tard ils furent transférés et ensevelis à Bahia. Anchieta fut aussi poète et l'ode *Sainte Inès* (*) est souvent citée comme étant sa meilleure œuvre.

GIUSEPPE CARLO ROSSI.

RÉF. : P. de Fuentes y Valbaena, *J. de Anchieta Léon,* 1982.

ANDELY Henri d'. Trouvère de la première moitié du XIIIe siècle, dont le nom est surtout resté attaché au *Lai d'Aristote* – voir *Fabliaux* (*) –, le plus fin et le plus spirituel de ses fabliaux qui nous soit parvenu. Henri d'Andely, probablement originaire de Normandie, était sans doute clerc et fréquentait le haut clergé de Paris. On l'a supposé familier de l'archevêque de Rouen, Eudes Rigaud, et du chancelier de l'église de Paris, Philippe de Grève, pour qui il écrivit son *Dit du chancelier Philippe,* sur un ton noble et grave. Il nous reste encore de lui un curieux et spirituel poème satirique de quelque 460 vers, *La Bataille des sept arts,* ironisant sur la querelle qui divisait les écoles de Paris et d'Orléans au sujet des méthodes d'enseignement : l'engouement pour la dialectique faisait négliger à Paris l'ancien ordre d'études dit des *Sept arts* (grammaire, rhétorique, philosophie, arithmétique, astronomie, géométrie et musique, composant le *trivium* et le *quadrivium*) ; Orléans y était resté fidèle. Aussi, la « gente Grammaire » et « dame Logique » lèvent chacune leurs troupes ; « madame la haute Science », la théologie, se désintéresse de la question et va à Paris « boire les vins de son cellier ». De terribles horions s'échangent « soz Mont-Leheri lez-Linoies » et Grammaire est en fuite... provisoirement, « tant que noveles genz vendront | Qui recorront a la Grammaire | Aussi com l'en soloit faire | Quant fu nez Henri d'Andeli... ». Un autre court poème de notre auteur, *La Bataille des Vins,* fait comparaître sur la table « au bon roi qui ot nom Philippe | Qui volontiers moilloit sa pipe | du bon vin qui estoit du blanc » tous les vins de France et d'ailleurs pour y être jugés selon leur mérite. Le poète conclut philosophiquement : « Soit vin moyen, per ou personne | Buvons tel vin com Diex nous donne. »

RÉF. : A Héron, *Œuvres d'Henri d'Andeli,* Paris, 1881. – M. Delbouille, *Le Lai d'Aristote, d'Henri d'Andeli,* Paris, 1951 – M. T. Clanchy, « *Moderni* in Education and Government in England », dans *Speculum,* 50, 1975, 671.

ANDERSCH Alfred. Romancier allemand naturalisé suisse. Né à Munich le 4 février 1914, mort à Berzona le 21 février 1980. Après avoir vu de près, dans son enfance munichoise, l'écrasement dans le sang de la République des Conseils de Bavière, il s'engage à dix-sept ans dans les rangs des Jeunesses communistes ; il est arrêté après l'incendie du Reichstag et interné plusieurs mois au camp de Dachau. Placé ensuite sous la surveillance de la Gestapo, il cesse bientôt toute activité politique. Soldat sur le front d'Italie en 1944, il choisit de déserter et se rend aux Américains. Après la guerre, il fonde avec Hans Werner Richter le journal *Der Ruf,* participe à la première session du Groupe 47, dirige différents programmes radiodiffusés d'audience nationale, édite la revue *Texte und Zeichen,* dont il ouvre les pages aux écrivains étrangers de renom (Sartre, Beckett) ainsi qu'à toute une génération encore inconnue du public (Celan, Enzensberger, Heissenbüttel, Fried, Grass, Walser, Schmidt, etc.). Cette intense activité culturelle est le corollaire d'une désillusion de plus en plus irrévocable, d'une méfiance de plus en plus farouche à l'égard du politique au sens étroit, qui occulte pour lui le fait que « la littérature dépend toujours des choix personnels de ceux qui la font ». Il s'exile en Suisse dès 1958 et obtient quelques années plus tard la nationalité helvétique.

L'œuvre romanesque d'Alfred Andersch reste « classique » en ce sens où les personnages qu'elle anime n'ont pas renoncé à construire une vision globale du monde, où ils s'acharnent à se bâtir une philosophie de l'existence. Cependant les repères qu'ils se donnent, et qui varient d'une œuvre à l'autre — matérialisme dialectique, existentialisme, phénoménologie, nominalisme, théorie du hasard, l'œuvre d'Andersch étant ouverte sur tous les grands courants de pensée contemporains —, les laissent finalement toujours aussi démunis face à eux-mêmes et à l'exigence radicale de la liberté qui les habitent.

Le premier récit (à caractère autobiographique) d'Andersch, *Les Cerises de la liberté* (*) (1952), pose d'entrée la question de la désertion comme acte fondateur de l'identité. Le roman intitulé *Zanzibar* [*Sansibar oder der letzte Grund,* 1957], sur le même thème de la fuite et du refus, noue les destinées parallèles de plusieurs personnages — l'enfant, la jeune fille juive, le pasteur, l'ex-militant communiste — dans une conspiration muette, sous l'oppression nazie, pour sauver une œuvre d'art menacée et conquérir en même temps une liberté, incarnée par Zanzibar, symbole du refus de la servitude. *Le Voyage en Italie* (*) (1960), sous des dehors délibérés de roman-feuilleton, place son héroïne Franziska devant un choix comparable : le paysage italien de « misère propre », aux teintes de néo-réalisme, contre tous les apprêts et le clinquant d'une vie trop facile. Le personnage de Georg Efraim [*Efraïm,* 1967] pousse jusqu'à l'extrême limite l'éthique de la rébellion contre toute forme d'enrôlement, d'assignation à résidence existentielle : Juif d'origine, Allemand par sa naissance, Anglais d'adoption, habitant à Rome, son déracinement lui donne sans doute une distance salutaire dans l'exercice de sa profession de journaliste, mais n'en cache pas moins une blessure qu'un voyage à Berlin vient douloureusement raviver ; il hésite, puis décide enfin d'échanger le journalisme contre la littérature, décision qui se conçoit paradoxalement à la fois comme une fuite et une conquête de responsabilité supérieure. Dans son dernier grand roman, *Winterspelt* [*Winterspelt,* 1974], Alfred Andersch traduit au plan de la structure narrative elle-même son interrogation obsédante sur déterminisme et liberté. En 1944, au moment où il paraît évident que la guerre est définitivement perdue, un officier allemand, le commandant Dincklage, envisage de déposer les armes et de se rendre aux Américains ; mais l'imminence de l'offensive des Ardennes lui interdit ce geste. Fiction de ce qui aurait pu être et qui n'a pas été, au nom de l'histoire. Serait-il impossible d'échapper à ce que Andersch appelle « la dictature de l'indicatif » ? En réalité, le plan du commandant échoue non pas parce qu'il était historiquement voué à l'échec, mais simplement parce que l'histoire nous raconte qu'il a échoué. « L'esthétique de la résistance n'est rien d'autre que la résistance de l'esthétique » : telle est l'ultime vérité de toute l'œuvre d'Andersch, sa réponse à la question sans cesse ressassée de la signification politique d'une écriture fondée sur la désertion. « Partir, oui, mais il fallait arriver quelque part... » (*Zanzibar*).

JEAN-JACQUES POLLET.

RÉF. : L. Wittmann, *Alfred Andersch,* Stuttgart, 1971. — V. Wehdeking, *Alfred Andersch,* Stuttgart, 1983.

ANDERSEN Hans Christian. Écrivain danois. Né à Odense le 2 avril 1805, mort à Copenhague le 4 août 1875. Sa première enfance se passa heureuse entre un père cordonnier libre penseur et songe-creux, et une mère, plus âgée que son mari, superstitieuse et active, qui le gâtait. Après la mort de son père (1816), que le mirage des guerres napoléoniennes avait entraîné loin de sa famille, et le remariage de sa mère, il partit seul et presque sans ressources à Copenhague (1819) pour y chercher fortune. Mais il essaya en vain du chant, du théâtre et de la danse. Ses premières tentatives poétiques ne furent pas plus heureuses. En 1822, grâce à l'intérêt que lui témoignait un directeur de théâtre, J. Collin, il obtint une bourse qui lui permit de faire des études régulières. En 1830, au cours d'un voyage, il a l'expérience d'un premier amour malheureux, comme les deux autres qui suivront (pour la fille de J. Collin, Louise, et pour Jenny Lind, le fameux « rossignol du Nord »). Parmi les nombreux écrits de cette période, rappelons : *Promenade du canal de Holmen à la pointe orientale d'Amagre* [*Fordrejse fra Holmens Canal til Ostpynten af Amager*] ; le vaudeville : *Amour sur la tour de Saint-Nicolas* [*Kjaerlighed paa Nicolai Taarn*] ; les recueils de poésie : *Digte* (1830), *Fantaisies et Esquisses* [*Phantasier og Skizzer,* 1831] ; *Tableaux de voyage dans le Harz, les montagnes de la Suisse, etc., pendant l'été 1831* [*Skyggebilleder af en Rejse til Harzen, det sachsiske Schweitz, etc., i Sommeren 1831*] et le cycle poétique *Les Douze Mois de l'année* [*Arets 12 Maanader*]. En 1833-1834, il visite la France et l'Italie, s'arrêtant surtout à Paris où il écrit *Agnès et le triton,* et à Rome qui lui fournit le cadre de son fameux roman *L'Improvisateur* (*) (1835). C'est également sous le soleil d'Italie qu'éclosent les fleurs merveilleuses de ses contes, où s'allient les deux aspects du romantisme, amour du merveilleux et ironie. Le premier recueil de contes, *Contes pour enfants* [*Eventyr for Brn,* 1835], connut un succès retentissant et fut suivi presque chaque année d'un autre — v. *Contes* (*). Devenu désormais célèbre, Andersen partage son existence entre les voyages et les séjours auprès d'amis influents : extrêmement sensible aux flatteries et aux critiques, vaniteux et naïvement fier de ses succès, bien que tourmenté et peu sûr de lui, il voyagea beaucoup en quête d'images nouvelles et aussi d'une admiration et d'une compréhension que ses compatriotes ne lui avaient pas prodiguées. Il fit encore quatre séjours en Italie, dont trois à Rome, mais aucun pour lui n'eut l'importance du premier. En dehors des *Contes,* auxquels son nom reste attaché, il convient de citer ses romans : *O. T.* (1837) ; *Un simple sonneur* [*Kun eu Spillemand,* 1837] ; *Le Livre d'images sans images* (1840) (*) ; *Les Deux Baronnes* [*De to Baronesser,* 1848] ; *Être ou ne pas être* [*At vaere eller ikke vaere,* 1857] ; *L'Heureux Pierre* [*Likke Per,* 1870], tous plus ou moins autobiographiques, et les récits de voyage, *Bazar d'un poète* [*En Digters Bazar,* 1842] ; *I Ssverrig* (1851) ; *Espagne* [*Espanien,* 1853] ; *Visite au Portugal* [*Et Besg i Portugal,* 1866], etc. Ses comédies et ses vaudevilles ont une moindre valeur. Il interpréta sa propre vie à la manière d'un beau conte, dans ses autobiographies successives : *Le Livre de ma vie* [*Levnedsbogen,* 1832-1833] et *Le Conte de ma vie* (*), nouvelle version du précédent, que suivit un appendice paru au cours des années 1866-1869.

ALDA MANGHI.

♦ « *Ma vie est un beau conte. Si, encore enfant, pauvre et solitaire, j'avais, sur ma route, rencontré une puissante fée qui m'eût dit : "Choisis ta carrière ; que veux-tu devenir ? Je te conseillerai et te dirigerai", mon sort n'aurait pas été plus heureux ni plus sagement ordonné. L'histoire de ma vie enseignera au monde ce qu'elle m'a enseigné à moi-même : "Il y a un bon Dieu qui mène tout pour le mieux."* » Andersen, au début de ses souvenirs. ♦ « *Bien loin des conteurs de fabliaux italiens et français, aussi étranger à Perrault qu'à La Fontaine, il restera la plus pure incarnation du génie populaire nordique : crédule, vague, ouvert aux souffles de la nature, enclin parfois à une molle facilité, un peu moralisant, un peu prêcheur, humoristique et familial, et souvent envolé jusqu'à la plus haute poésie par un miracle de sensibilité mélancolique ou de fantaisie étincelante.* » Marcelle Tynayre. ♦ « *... cet homme, prodigieusement préservé, savait prolonger en lui les forces naïves de l'enfance et les appliquer à tout ce que lui offrait son appétit de promenade, de rêverie et de bonheur* [...] *Son amour de sa chère patrie danoise, son intimité avec un souverain bonhomme, sa lutte avec des critiques méchants, lutte dans laquelle il manifesta une si adorable susceptibilité, ses amitiés légères et ingénues avec des écrivains illustres et des femmes de grande beauté, tels sont les principaux thèmes d'une existence infiniment originale, infiniment avide et curieuse, et qui n'a jamais pu perdre le secret de tout transposer dans une atmosphère de puérile féerie.* » Jean Cassou.

RÉF. : X. Marmier, *La Vie d'un poète,* in *Revue de Paris,* oct. 1837. – H. C. Andersen, *Mit Liv,* 1850, trad. : *Le Conte de ma vie,* 1955. – G. Brandès, *Kritiker og Portraetter,* Copenhague, 1870, et *Esprits modernes,* trad. allem. Francfort-sur-le-Main, 1897. – A. Schmitz, *H. C. Andersens Marchendichtung,* thèse, Greifswald, 1925. – F. Böök, *H. C. Andersen,* Stockholm, 1938 ; trad. franç., Paris, 1942. – W. de La Mare, *Pleasures and Speculations,*, London, 1940. – B.-F. Nielsen, *H. C. Andersen,* Copenhague, 1942. – R. Godden, *H. C. Andersen,* New York, 1955. – S. Dahl, H. G. Topsøe-Jensen, *Un livre sur le poète danois, H. C. Andersen ; sa vie et son œuvre,* Copenhague, 1955. – M. Stirling, *Le Cygne sauvage. Andersen et son temps,* Pauvert, 1966. – I. Jan, *Andersen et ses contes,* Aubier, 1972. – E. Bredsdorff, *Hans Christian Andersen,* Presses de la Renaissance, 1989.

ANDERSEN NEXØ Martin. Écrivain danois. Né le 26 juin 1869 à Kristiansand, mort le 1er juin 1954. De famille très pauvre, il connut une jeunesse difficile, rendue encore plus pénible par une santé fragile. En 1894, il voyagea en Italie et en Espagne, d'où il tira un recueil de tableaux de voyage : *Jours de soleil* [*Soldage,* 1903]. Impressionné par la misère du prolétariat espagnol, il sentit s'éveiller en lui la conscience de classe ; revenu dans sa patrie, il exerça pendant quelque temps la profession d'instituteur, mais après ses premiers succès littéraires, il se consacra exclusivement à son activité d'écrivain. Au vague pessimisme des premières œuvres, *Ombres* [*Skygger,* 1898], etc., fait place une confiance inébranlable dans l'avènement de la justice sociale – v. *Pellé le conquérant* (*) –, proche de celle qu'exprima dans ses ouvrages Grundtivg. La révolution russe parut réaliser enfin les aspirations d'Andersen Nexø : il s'inscrivit au parti communiste, continuant à décrire « l'éternelle marche du prolétariat vers le pays du bonheur » dans *Ditte, fille de l'homme* [*Ditte Menneskebarn,* 1917-1921] et *Au temps de fer* [*Midt i en Jaerntid,* 1929]. Au retour d'un voyage en Russie, il composa un récit enthousiaste de ce qu'il avait vu dans *Les Passagers des places inoccupées* [*De tomme Pladsers passagerer,* 1923] et *Vers l'aurore* [*Mod Dagningen,* 1923]. On possède, en outre, de lui, une autobiographie en quatre volumes : *Une petite créature* [*Et lille Krae,* 1932] ; *Ciel ouvert* [*Under aaben Himmel,* 1935] ; *Intempéries* [*For Lud og kold Vand,* 1937] et *La Fin du chemin* [*Vejs Ende,* 1939]. Parmi les derniers écrits figurent *Mortin le rouge* [*Morten hin Røde,* 1945] et *La Génération perdue* [*Den fortabte Generation,* 1948].

RÉF. : H. Schlochower, *Three Ways of Modern Man,* New York, 1937. – V. P. Néustrojev, *Martin Andersen Nexø, sa vie et son œuvre,* Moscou, 1951, en russe. – Jacqueline Lebras-Barret : *M. Andersen-Nexø, écrivain du prolétariat,* Minard-Lettres modernes, 1969.

ANDERSON Margaret. Femme de lettres américaine. Née en 1893, morte le 18 octobre 1973. Elle est surtout connue pour avoir créé à Chicago, en 1914, le mensuel *The Little Review* (*) qui devait publier en feuilletons l'*Ulysse* (*) de James Joyce (de mars 1918 à décembre 1920 ; la publication fut interrompue par un procès intenté par le Service des postes américain), et dont le correspondant étranger fut Ezra Pound, de 1917 à 1919. C'est dire que la revue fit beaucoup pour la littérature d'avant-garde, et ce jusqu'en 1929, date à laquelle elle disparut après avoir été publiée pendant cinq ans à Paris, où vivait alors sa fondatrice. Celle-ci a raconté son expérience dans un livre, *Ma guerre de trente* *ans* (+) (1930) et dans un livre de souvenirs : *Les Fontaines de feu* (+) (1951).

ANDERSON Maxwell. Dramaturge américain. Né à Atlantic (Pennsylvanie) le 15 décembre 1888, mort le 28 février 1959. Diplômé de l'université du Dakota du Nord (où il avait passé son enfance) en 1911. Anderson fut enseignant, puis, journaliste, avant de publier sa première pièce, *Le Désert blanc* [*White Desert,* 1923], puis l'année suivante, en collaboration avec Laurence Stallings, *Qu'est-ce que ça vaut, la gloire ?* (+), qui connut sur la scène un immense succès. En 1925, il publia son unique recueil de poèmes, *Vous qui rêvez* [*You Who Have Dreams*]. Suivirent un grand nombre de pièces, soit en prose, soit en vers, qui démontrent amplement la « versatilité » du talent d'Anderson. La plupart de ses pièces sont inspirées par un événement – ainsi *Dieux de l'éclair* [*Gods of the Lightning,* 1928] et *Winterset* (*) (en vers, 1935) ont trait au procès de Sacco et Vanzetti, et *La Grande Aiguille* (*) (1938) dénonce les excès du capitalisme conquérant – ou par un personnage historique, *La Reine Élisabeth* [*Elisabeth the Queen,* 1930], *Marie d'Écosse* [*Mary of Scotland,* 1933], *Jeanne de Lorraine* [*Joan of Lorraine,* 1947]. Anderson a aussi publié deux recueils d'essais sur le théâtre : *L'Essence de la tragédie* [*The Essence of Tragedy,* 1938] et *Off Broadway* (1940). Il est enfin l'auteur de scénarios, dont celui de *Key Largo* (1939). Le théâtre de Maxwell Anderson reste à traduire.

ANDERSON Sherwood. Écrivain américain. Né à Camden (Ohio) le 13 septembre 1876, mort à Colon (Panamá) le 8 mars 1941. Sa mère était d'origine italienne et son père avait coutume d'inventer pour lui toutes sortes d'histoires imaginaires sur sa propre vie ; de l'aveu même d'Anderson, ces récits furent à l'origine de sa vocation. La famille changeait fréquemment de résidence, l'éducation du jeune garçon s'en ressentit. À quatorze ans, il interrompit ses études, suivant encore néanmoins quelques cours au Wittenberg College. Il se trouva à Cuba dans les rangs des combattants pendant la guerre hispano-américaine, et, à son retour, devint administrateur d'une fabrique de vernis à Elyria (Ohio). Il abandonna son poste sans donner d'explications et se rendit à Chicago ; il y fut accueilli par son frère Karl et trouva un emploi dans une entreprise de publicité. Il avait déjà commencé à collaborer au *Dial* et à *The Little Review* ; le « groupe de Chicago », composé d'écrivains – Floyd Dell, Carl Sandburg, Theodore Dreiser –, aida Anderson à publier ses premiers livres. *Winesburg-en-Ohio* (*) (1919), recueil de nouvelles savamment agencées en un tout, le fit connaître rapidement et le rendit célèbre, encore que *Rire noir* [*Dark Laughter*, 1925], œuvre pourtant moins exceptionnelle, ait été sa seule réussite du point de vue financier. Dans ses œuvres, Anderson aborde surtout, mais non d'une manière exclusive, les questions sexuelles, ce qui lui valut une réputation imméritée d'écrivain à la recherche du sensationnel. Au vrai, il semble qu'Anderson ait été le premier romancier américain qui, à l'époque de Whitman, se soit attaqué au problème sexuel et à ses conséquences dans la vie des adolescents, et qu'il ait traité le sujet de façon fort humaine et avec beaucoup de perspicacité. En 1921, il obtint, le premier, un prix littéraire décerné par le *Dial,* et aussitôt après se rendit en Europe, puis à La Nouvelle-Orléans, où il fut pendant quelque temps le mentor de William Faulkner, et de là à New York, où il fit partie du mouvement littéraire et social auquel se ralliaient les revues : *New Masses, The Seven Arts, The Nation* et *The New Republic ;* à ses côtés se trouvaient Van Wyck Brooks, H. L. Mencken, Waldo Frank et quelques autres. Dans un style toujours résolument simple, Anderson exprime des sentiments complexes et sa révolte contre le conformisme social ; il montre une immense tendresse pour ses personnages, sur qui paraît peser une chape d'interdits psychologiques, et qui paraissent perdus au milieu d'un monde violent et efficace, celui de l'industrialisation américaine. À partir de 1924, il dirigea deux quotidiens à Marion (Virginie) et consacra les dernières années de sa vie à cette tâche. Il se maria quatre fois. Ses œuvres comprennent : *Le Fils de Windy McPherson* [*Windy McPherson's Son,* 1916], *Pauvre Blanc* [*Poor White,* 1920], *Le Triomphe de l'œuf* [*The Triumph of the Egg,* 1921], *Des chevaux et des hommes* [*Horses and Men,* 1923] et une autobiographie, *Un conteur se raconte* [*A Story-teller's Story,* 1924]. Il exprima en ces termes son point de vue sur les devoirs de l'écrivain : « Le narrateur doit s'occuper de la vie, de la vie de son temps, de la vie comme il la sent, comme il la flaire, comme il la goûte. Il ne lui appartient certes pas de faire la révolution. »

L.-R. LIND.

♦ *« Il a été le père de la génération d'écrivains américains à laquelle j'appartiens ; il incarne la tradition que nos successeurs continueront. On ne l'a jamais estimé à sa propre valeur. Dreiser a été son frère aîné et Mark Twain, leur père à tous deux. »* William Faulkner.

RÉF. : Ray Lewis White, *Sherwood Anderson : A Reference Guide,* Boston, 1977. – Welford D. Taylor, *Sherwood Anderson,* New York, 1977. – David D. Anderson, *Critical Essays on Sherwood Anderson,* Boston, 1981. – Claire Bruyère, *Sherwood Anderson : l'Impuissance créatrice,* Paris, 1985. – Kim Townsend, *Sherwood Anderson,* Boston, 1987.

ANDOCIDE. Orateur grec. Né à Athènes vers 440 av. J.-C., mort après 391. Fils de Léogoras, il appartient à une famille riche et noble, proche des cercles oligarchiques de la haute société athénienne qui cherchaient l'alliance avec Sparte. À la veille de l'expédition en Sicile éclata le scandale de la mutilation des Hermès. Andocide fut accusé avec d'autres de l'avoir préparée, mais aussi d'avoir participé à la parodie des Mystères d'Éleusis. Selon Thucydide, « l'un des accusés », qu'on identifie avec Andocide, révéla ce qu'il savait, obtenant l'impunité pour lui-même, disculpant certains accusés, mais entraînant la perte de ceux dont il confirma la culpabilité. Les proches de ceux qu'il avait dénoncés, ses anciens amis politiques, ne lui pardonnèrent pas sa trahison. Atteint par un décret qui le visait, il se vit interdit des fonctions et des lieux publics pour cause d'impiété. Il dut s'exiler, mais tenta à deux reprises de rentrer à Athènes, sans succès : en 411 où il faillit être exécuté par le gouvernement des 400, et en 407, lorsqu'il prononça le discours *Sur son retour* [Περὶ τῆς ἑαυτοῦ καθόδου] — v. *Discours* (*) — en demandant à ses compatriotes le bénéfice de l'impunité. Ses concitoyens ne la lui accordèrent pas, et Andocide ne put rentrer qu'en 402 après l'amnistie générale. Ses nombreux voyages à l'étranger lui avaient néanmoins apporté des richesses et l'amitié de quelques souverains. En 399, il fut pourtant à nouveau accusé d'impiété ; il se défendit par son discours *Sur les mystères* [Περὶ τῶν μυστηρίων] et eut cette fois gain de cause. À partir de ce moment il participa activement à la politique jusqu'en 391. À cette date, il fit partie d'une ambassade à Sparte dans le but de conclure la paix après la guerre de Corinthe. Or, par son discours *Sur la paix* [Περὶ τῆς εἰρήνης], qui soutenait auprès des Athéniens les propositions de Sparte, Andocide fut à nouveau poursuivi en justice pour avoir trahi les directives des Athéniens et dut s'exiler une fois encore. À partir de cette date nous ne savons plus rien de sa vie. Hormis les discours mentionnés, on lui en attribue un quatrième, *Contre Alcibiade* [Κατὰ' Ἀλκιβιάδου] qui n'est pas authentique.

Les jugements sur sa valeur d'orateur ne corroborent pas toujours l'avis de Caecilius de Calè Actè qui l'avait inclus dans la liste des dix meilleurs orateurs. Peu influencé par les règles de la rhétorique et ses moyens stylistiques, il est médiocre dans la composition du récit. Sa langue simple, claire et directe, suivant parfois la spontanéité de la pensée, permet de mesurer la distance d'avec le récit bien balancé et structuré des orateurs formés sur le modèle de Gorgias.

TERPSICHORE ARGYROU.

RÉF. : G. Dalmeyda, *Discours d'Andocide* (texte et trad.), Paris, 1930 (rééd. 1966). — A. Mc Dowell, *On the Mysteries*, Oxford, 1962. — A. Missiou, *The Subversive Oratory of Andocides : Politics, Ideology and Decision-Making in democratic Athens*, Cambridge/New York, 1992.

ANDRADE Eugénio de (pseud. de José Fontinhas). Poète portugais. Né le 19 janvier 1923 à Póvoa de Atalaia, dans la province de Beira Baixa. Dans les années 30, au cours de ses études à Lisbonne, il découvre l'œuvre de Fernando Pessoa, qui l'influence. Il se détachera vite de cette dépendance adolescente et, reniant ses premiers essais poétiques, s'engagera bientôt dans sa propre voie. C'est à partir de 1948, date de publication de son recueil *Les Mains et les Fruits* [*As Mãos e os frutos*], qu'il est reconnu comme l'un des plus importants poètes de sa génération. Fonctionnaire de l'administration, il vit à Porto depuis 1950.

« Même la plus friable des paroles a des racines dans le soleil. » À première lecture, la poésie d'Eugénio de Andrade peut être qualifiée — elle le sera abondamment — de solaire et d'hédoniste. Les titres de ses recueils suggèrent parfaitement l'attention que le poète attache aux éléments premiers du monde : *Cœur du jour* [*Coração do dia*, 1958], *Mer de septembre* [*Mar de setembro*, 1961], *Écrits de la Terre* (*) (1974), *Matière solaire* (*) (1980), *Le Poids de l'ombre* (*) (1982), *L'Autre Nom de la Terre* (*) (1988) — v. *Poésies* (*) de Andrade. Brefs, économes, sans emphase, les poèmes de Andrade évoquent ces instants éclaboussés de soleil, où s'instaure l'harmonie entre les choses, les sentiments et les sens. Mais, au sein de cet équilibre, il est toujours un mot, un adverbe ou un adjectif, pour souligner une tension, pour briser l'évidence d'un paradis terrestre. La langue est musicale, limpide, les mots sont à la fois simples et d'une précision aiguë. Métaphorique, sans être jamais forcée, son écriture se fait l'écho des rumeurs du monde extérieur comme de celles du monde intérieur.

Le corps, toujours présent, est magnifique, illuminé — « la lumière est complice de la peau » — en étroite intimité avec l'Univers. Le désir sensuel, l'amour physique ne sont jamais stériles ; ils sont un don générateur de connaissance. Mais le corps n'est pas pour autant figé dans sa beauté intemporelle. Il vieillit, subit le temps, le « poids de l'ombre », il se flétrit et la lumière solaire rampe, mord, dépose sa « poussière ardente ». La mort, la finitude, si elles ne sont pas craintes, se profilent au-delà de la difficile « transparence de la lumière ».

Ainsi le chant d'Eugénio de Andrade, hymne à l'harmonie du monde, est-il sans complaisance aucune. La beauté n'y est pas vierge de la flétrissure, de l'humus où elle se décompose et renaît. « Je travaille, écrit le poète, avec l'amère et fragile matière de l'air. » De ce chant, de cette matière, la mélancolie, comme le souligne le critique Eduardo Lourenço, n'est jamais absente.

FRANÇOISE BEAUCAMP.

ANDRADE Mário de (pseud. de Mário Raúl de Moraes Andrade). Écrivain et musicologue brésilien. Né et mort à São Paulo : 9 octobre 1893 - 25 février 1945. Il fait ses études secondaires chez les frères maristes, où il aura des professeurs français et belges. Il entre à la faculté de philosophie et lettres de São Paulo, jumelée à l'université de Louvain, où il découvre la rhétorique classique et la littérature européenne de l'époque. En 1911, il entre au conservatoire dramatique et musical où il donnera ensuite des cours d'histoire de l'art et de piano. En 1917, il publie son premier recueil de poésie, *Il y a une goutte de sang dans chaque poème* [*Há uma gota de sangue em cada poema*], mélange de parnassianisme et de lyrisme emprunt d'envolées modernistes et d'élans pacificistes. 1917 est également l'année de sa rencontre avec Oswald de Andrade, qui lui permettra de publier des articles dans le *Jornal do Commercio*, et celle de l'exposition Anita Malfatti, source de son éveil à la modernité. En 1918, il entre en contact avec l'expressionnisme à travers la musique de Wagner. Il participe activement à la semaine d'Art moderne de 1922, organisée à São Paulo par les modernistes et qui aura un rôle essentiel dans la rénovation de la littérature et des arts au Brésil. Il publie alors *Paulicéia Desvairada* (*), recueil de poèmes et véritable manifeste moderniste qui suscite de vives polémiques. *L'Esclave qui n'est pas Isaura* [*A escrava que não é Isaura*], essai où l'auteur défend sa nouvelle esthétique, surgit en 1925. Puis viennent d'autres œuvres importantes comme *Losange kaki* [*Losango Cáqui*], poésie de circonstance, expérimentale, et *Premier étage* [*Primeiro andar*] en 1926 ; *Clã do Jabuti* et *Aimer, verbe intransitif* [*Amar, verbo intransitivo*], idylle, en 1927 et *Macounaïma* (*) en 1928, qui soulève de nombreuses critiques de toutes sortes. Parallèlement à son intense création littéraire, Mário de Andrade n'a jamais cessé d'écrire de nombreuses critiques musicales et d'arts plastiques. Tout au long de sa vie, il s'intéresse à la musique populaire régionale, ce qui l'amènera à effectuer différents voyages d'études dans le Minas Gerais, dans le Nord et le Nordeste qui lui permettront d'écrire plusieurs œuvres capitales dans le cadre de la musicologie, comme par exemple *Aspects de la musique brésilienne* [*Aspectos da música brasileira*], *Danses dramatiques* [*Danças dramáticas*], *L'Apprenti touriste* [*O turista aprendiz*]. Très respecté parmi les intellectuels de l'époque, il est en contact épistolaire permanent avec eux. En effet, dans sa vaste correspondance, non seulement il échange des idées avec ses amis, mais surtout il conseille de jeunes écrivains ou artistes. Avide de connaissances, il a des lectures innombrables et variées. Doté d'une extraordinaire capacité de travail, il occupe simultanément des postes de grande responsabilité liés aux problèmes culturels. Successivement il est membre de la commission responsable de la réforme de l'École nationale de musique et directeur du tout récent département de la culture de la municipalité de São Paulo, où il démocratise la culture (1935-38). On lui doit la loi qui régit le Service du patrimoine historique et artistique national (S.P.H.A.N.), pour lequel il effectue, en 1936, le classement des monuments historiques de São Paulo. En 1937, il fonde la société d'ethnographie et de folklore de São Paulo et est l'un des organisateurs du premier Congrès de langue nationale chantée. En 1938, il assume la direction de l'Institut des arts de l'université du district fédéral, à Rio de Janeiro, où il enseigne la philosophie et l'histoire de l'art. Il travaille également au projet de l'encyclopédie brésilienne, en tant que haut fonctionnaire de l'Institut national du livre. Au cours de cette période, il publie encore *Les Contes de Belazarte* [*Belazarte*, 1934] ; *O Aleijadinho* et *Álvares de Azevedo* (essais, 1935) ; *Poésies* [*Poesias*, 1941] ; *Le Bal des quatre arts* [*O baile das quatro artes*] et *Aspects de la littérature brésilienne* [*Aspectos da literatura brasileira*, essais, 1943] ; *L'Empailleur de petits oiseaux* [*O empalhador de passarinho*, essais], et *Nouveaux contes* [*Contos novos*], dans lesquels s'affirme sa maîtrise du genre. Mário de Andrade est avant tout un auteur moderne qui a su insuffler un sang nouveau à la littérature et à la culture brésiliennes.

SYLVIE JOSSERAND.

RÉF. : J. Pacheco, *Poesia e prosa de Mário de Andrade*, São Paulo, 1970. — T.-P. Ancona Lopez, *Mário de Andrade, ramais e caminho*, São Paulo, 1972. — L. Coelho de Miranda, *quelques aspects du conte chez Mário de Andrade*, thèse, Paris, 1972. — J. Dassin, *The Politics of Art : Mário de Andrade and the Case of Brazilian Modernism, 1922-1945*, Stanford, thèse, 1974. — H.-L. Alves, *Mário de Andrade*, São Paulo, 1983. — A. Saraiva, *O modernismo brasileiro e o modernismo português*, Porto, 1986.

ANDRADE Olegario Victor. Poète argentin. Né à Concepción d'Uruguay (Entrerríos) en 1841, mort à Buenos Aires en 1882. De nature humble et silencieuse (au collège on l'avait surnommé le « petit moine »), il possédait néanmoins une verve impétueuse, et participa à la vie politique de son pays ; exilé sous la dictature de Rosas, il revint dans sa patrie, où il fut successivement professeur, journaliste et député. Il soutint Urquiza contre Sarmiento, et celui-ci, quand il fut élu président de la République, se vengea en nommant Olegario Andrade fonctionnaire des douanes. Faussement accusé de fraude, il fut destitué, mais acquitté par le tribunal. Il fonda plusieurs périodiques comme *El Pueblo Argentino, La America, La Tribuna Nacional,* et collabora à beaucoup d'autres. Avec le petit poème *Atlantide,* il obtint le prix au jeux Floraux célébrés pour la première fois en Argentine en 1881. De cette même année date son ode : *Victor Hugo.* Quand il mourut, après une existence malheureuse et passionnée, son nom fut donné à un mont de la Pampa. Sa poésie se rattache à celles d'Espronceda et de Hugo : elle est profondément imprégnée de sentiments héroïques et patriotiques – v. *Le Nid de condors, Prométhée* (*) (1897) – grâce auxquels, si l'on fait abstraction de certaines influences rhétoriques, il mérita d'être appelé le « héraut de l'histoire ».

ANDRADE Oswald de (pseud. de José Oswald de Sousa Andrade). Poète, romancier, essayiste et pamphlétaire brésilien. Né et mort à São Paulo : 11 janvier 1890 - 22 octobre 1954. Très tôt il fait partie de la bohème littéraire. En 1919, il termine ses études de droit, entrecoupées d'expériences journalistiques (à partir de 1909) et de voyages en Europe. En 1911, il fonde un hebdomadaire combatif et humoristique *O Pirralho*. Il y exerce son art qui fera de lui l'un des plus brillants journalistes et polémistes de son époque. En 1920, il fonde un autre journal, *Papel e tinta*. À partir de 1911, il fait de fréquents voyages en Europe où il rencontrera peu à peu les intellectuels et les artistes du devant de la scène, comme par exemple Isadora Duncan, Blaise Cendrars, Fernand Léger, Pablo Picasso, Erik Satie, Jean Cocteau, Brancusi, Paul Morand, Jules Romains, Jules Supervielle et la Brésilienne Tarsila do Amaral. Il est l'un des principaux instigateurs de la semaine d'Art moderne de São Paulo de 1922, prônant la rupture avec les vieilles valeurs et la rébellion esthétique. En 1920, il découvre Mário de Andrade qu'il présente au public et qui s'associe pour un temps à ses recherches modernistes. En 1922, il publie *Les Condamnés* [*Os condenados*], premier roman de la série *Trilogie de l'exil* [*Trilogia do exilio*] – terminée en 1934 –, au style élaboré recherchant l'esthétisme, mais où apparaissent déjà la technique syncopée, la composition en fragments, le goût de l'ellipse, la notation rapide et le pouvoir métaphorique. En 1924, il publie *Mémoires sentimentales de João Miramar* (*), première grande expérience de prose moderniste de la littérature brésilienne. Cette même année, il lance le mouvement Pau-Brasil avec le *Manifeste Pau-Brasil* [*Manifesto Pau-Brasil*] puis avec la publication, en 1925, à Paris, d'un livre de poésie du même nom – *Pau-Brasil* (*) – où il mêle la langue ancienne des chroniqueurs et des jésuites de l'époque coloniale et le langage parlé contemporain, offrant une interprétation à la fois lyrique, ironique et humoristique de son pays, à travers une poésie délestée de tout artifice et réduite à l'essentiel. En 1928, il fonde le mouvement le plus radical du modernisme : le Mouvement anthropophage, ainsi que la *Revue d'anthropophagie* [*Revista de Antropofagia*], affirmant la nécessité de filtrer les contributions étrangères grâce à un processus de « dévoration critique » permettant d'atteindre la synthèse transformatrice, nouveau produit culturel doté de caractéristiques autochtones et qui par là même offre une dimension d'universalité. Après la Révolution de 1930, il s'écarte de la vie de bohème et des habitudes de bon vivant pour devenir un militant de gauche – aux côtés de Patricia Galvão, dite Pagu. Il participe à la lutte ouvrière et antifasciste comme rédacteur du journal *L'Homme libre* [*O Homem Livre*], dans les années qui précèdent le coup d'État de 1937. En 1933, il publie *Serafim Ponte Grande*, qui témoigne de cette phase créatrice et idéologique d'Oswald. Sérafim incarne le mythe du héros latino-américain qui part à la recherche de la libération et de l'utopie. En 1943 et 1946, il publie deux volumes de la série inachevée *Marco Zero*, où il analyse la société bourgeoise de São Paulo après la crise économique de 1930. Dans les années 40 et 50, il devient plus grave, présentant des thèses de concours à la faculté de lettres de l'université de São Paulo – où il obtient le plus haut rang en 1945 –, s'intéressant alors à la problématique spirituelle, au messianisme et à la fonction des utopies. D'une génialité explosive, Oswald de Andrade a été l'un des plus grands essayistes et pamphlétaires de la littérature brésilienne grâce à ses expériences sémantiques et à son talent de rénovateur et d'agitateur qui, dans tous les domaines, casse les barrières et détruit les valeurs surannées pour trouver un nouvel élan.

SYLVIE JOSSERAND.

RÉF. : M. da Silva Brito, *As metamorfoses de Oswald de Andrade*, São Paulo, 1972. – J. de Paiva Coda, *L'Influence des mouvements de l'avant-garde française sur l'œuvre d'Oswald de Andrade*, thèse, Montpellier, 1975. – K.-D. Jackson, *A prosa vanguardista na literatura brasileira : Oswald de Andrade*, São Paulo, 1978. – I. Moriconi, *Intelectuais, poder, nacionalidade e discurso oswaldiano*, thèse, Rio, 1980. – J. Schwartz, *Vanguarda e cosmopolitismo na década de 20 : Oliveiro Girondo e Oswald de Andrade*, São Paulo, 1983. – L. Helena, *Totens e tabus na modernidade brasileira. Símbolo e alegoria na obra de Oswald de Andrade*, Rio, 1985.

ANDRÉ, archevêque de Crète. Né à Damas (Syrie) vers 660, mort sans doute le 4 juillet 740, André de Crète fut, dans son enfance, l'objet d'un miracle. En effet, la légende raconte que, muet depuis l'âge de sept ans, il recouvra l'usage de la parole en recevant la communion. Après avoir reçu une première instruction, il fut envoyé par ses parents à Jérusalem où il prit l'habit ; le patriarche lui confia une mission auprès de l'empereur Constantin IV Pogonat. Nommé diacre de Sainte-Sophie, il se distingua, tant par la pureté de sa doctrine que par ses œuvres, et se vit confier la direction de l'hospice et de l'orphelinat. À un moment donné il avait partagé les vues des monothéistes ; il changea bientôt d'opinion et se rangea à la doctrine orthodoxe. Il fut nommé, en 712, archevêque de Crète, dignité dans laquelle il fit valoir ses talents d'orateur sacré. Ses homélies et ses panégyriques inspirés par les victoires byzantines sur les Bulgares et les Sarrasins ont été très appréciés, mais il est surtout connu comme hymnographe. On lui attribue généralement l'invention du genre de poésie sacrée connu sous le nom de « canon », hymne formée de petits poèmes dont le nombre variait de trois à neuf et dont chacun était composé de treize ou quatorze « tropes ». En 713, il composa *Le Grand Canon* (*) comportant deux cent quatre-vingts « tropes » ; cette œuvre est restée en usage dans l'Église orthodoxe jusqu'à nos jours ; elle est chantée le Jeudi saint. Lors de la querelle des iconoclastes, dont la première manifestation eut lieu en 726 sous le règne de Léon III l'Isaurien, André de Crète mena la bataille contre les iconoclastes. En 740, lorsque son diocèse était en butte aux invasions des Sarrasins et ravagé par la peste et la famine, il se rendit malgré son grand âge à Constantinople pour implorer des secours, mais lors du voyage de retour la mort le surprit à bord du navire, au large de l'île de Lesbos.

RÉF. : S. Vailhé, « André de Crète », in *Échos d'Orient,* 5, 1902.

ANDRÉ Johann. Compositeur allemand. Né à Offenbach, dans la Hesse-Darmstadt (Allemagne), le 24 mars 1741, mort le 13 juin 1799. D'abord formé pour prendre la suite de son père à la tête de la fabrique de soieries que celui-ci possédait, il apprend à peu près seul la musique et, enthousiasmé par le passage à Francfort d'une troupe d'opéra italien, s'essaie tout jeune à la composition. À vingt-deux ans, il fait représenter à Hanovre un opéra bouffe, *Le Potier* [*Der Toepfer*], prend en 1777 les fonctions de chef d'orchestre au théâtre Doebbelin à Berlin et donne des opéras-comiques comme *La Loi tatare* [*Das tatarische Gesetz,* 1779], *L'Enlèvement au sérail* (1781) – qui sera repris un an plus tard par Mozart – et *Erwin et Elmire* (*) (1782). Bien qu'il ait écrit quelque trente opéras ou opéras-comiques, c'est à ses *lieder* que Johann André doit principalement sa réputation de compositeur : *Chansons facétieuses de M. Weisse* [*Scherzhafte Lieder von Herrn Weisse,* 1774], *Bouquet de fleurs musical* [*Musikalischer Blumenstrauss*], qui contient le fameux *Chant du vin du Rhin* [*Rheinweinlied*] de Max Claudius, etc. En 1784, Johann André revient habiter Offenbach où, à côté de la fabrique de soieries, il avait déjà fondé un atelier de gravure musicale qui, continué et agrandi de père en fils, allait devenir une des plus importantes maisons d'édition d'Allemagne.

ANDREA da Barberino. Écrivain italien. Né à Barberino (Valdelsa) vers 1370, mort après 1431, date à laquelle il écrivit son testament. Nous savons seulement de lui qu'il était le fils d'un certain Jacopo de Mangabotto, et qu'il fut maître de musique et célèbre chanteur ambulant. Se réclamant d'une origine toscane et franco-vénitienne, il adapta en italien les romans chevaleresques qui venaient de France et les chanta sur les places, accompagné avec ardeur par le public populaire qui, presque jusqu'à nos jours, a continué à lire ses compositions. C'est de celles-ci que découlèrent tous les chants et poèmes italiens célébrant l'époque carolingienne. Parmi ses œuvres citons *Guerrin Meschino* (1437), *Reali di Francia* (1491), et les *Histoires narbonnaises* (+) (publiées seulement en 1864) qui furent les plus fameuses. De la plupart de ses autres œuvres, *Aspremont* (+), *Ajolfo del Barbicane,* la *Storia di Ugone d'Alvernia,* la *Descente de Guerrin aux Enfers* [*Discesa di Guerrino all' Inferno*], il ne nous reste guère qu'un ensemble d'épisodes caractéristiques. Il y a chez Andrea da Barberino une vivacité descriptive qui, bien que la narration soit lente et parfois monotone, apporte une certaine verdeur au style.

ANDREAS-SALOMÉ Lou. Femme de lettres et psychanalyste de langue allemande d'origine russe. Née le 12 février 1861 à Saint-Pétersbourg, morte à Göttingen le 5 février 1937. Louise (ou Lou) von Salomé était d'ascendance danoise par sa mère et française par son père, un Allemand des pays Baltes descendant de huguenots, devenu général de l'armée russe, conseiller d'État et, sous Alexandre II, inspecteur de l'armée. Lou naquit dans un milieu germanophone, de confession religieuse réformée, marquée par l'esprit piétiste. Outre l'héritage religieux de l'enfance, le triple patrimoine linguistique – russe, français, allemand – marquera à tout jamais son itinéraire intellectuel. La mort de Gustav von Salomé, le 23 février 1879, coïncida avec le départ de Lou d'Europe occidentale et son affranchissement croissant des codes sociaux en usage à son époque. Sa mère mourut en 1913. Sigmund Freud consacra à Lou Andreas-Salomé un éloge funèbre qui retrace, en ses axes dominants, les étapes d'une vie et d'un travail marqués par de grandes rencontres : celle du fondateur de la psychanalyse d'abord, à Vienne, en octobre 1912. On sait que Freud assignait à Lou une place tout à fait privilégiée dans l'investigation clinique et théorique de la science des âmes. Leur dialogue dans la *Correspondance* ou les écrits l'atteste. « Compreneuse par excellence » qui « comprend plus et mieux que ce qu'on lui soumet », qui défie souvent et de façon féconde le goût de l'abstraction, de la distinction, si cher à Freud par méthode, par métier, telle est bien, dès le 25 mai 1916, la perception aiguë que l'éloge de février 1937 corrobore. (Pour les textes psychanalytiques de Lou, voir *L'Amour du narcissisme* (*).) Mention est faite, en second lieu, mais de façon très allusive, de la rencontre de Nietzsche dans la basilique Saint-Pierre, à Rome, en avril 1882. À l'autre bout de la chaîne des âges, les mots du philosophe prononcés alors demeurèrent célèbres : « De quelles étoiles sommes-nous tombés pour nous rencontrer ? » Nietzsche pensait enfin avoir trouvé la personne « faite pour sa philosophie ». Lou n'avait en tête, à l'époque – elle avait vingt et un ans –, que de « brûler du feu de la vie » et d'affirmer l'unique valeur du « je ». Elle proposa à Rée et Nietzsche de constituer une sorte de « trinité » ; elle passa une grande partie de l'été à Tautenburg en compagnie de Nietzsche et commença à écrire. Convaincue du « caractère fondamentalement religieux » de leur nature, elle mesure aussi tout l'abîme qui les sépare l'un de l'autre. Les notes du *Journal de Tautenburg* donneront lieu, douze années plus tard, aux deux premières parties de l'ouvrage qu'elle consacrera à *Nietzsche : Sa personnalité / Ses Métamorphoses* [*Friedrich Nietzsche in seinen Werken,* 1894]. Elle avait compris la « valeur de la douleur en tant qu'instrument de connaissance » pour Nietzsche, perçu sa personnalité héroïque, sa « puissance extraordinaire à triompher des souffrances les plus impitoyables », sa capacité de régénération intellectuelle, sa propension à créer dans et par le tragique. À partir de novembre 1882, Nietzsche et Lou ne devaient jamais se revoir. Nietzsche donna au monde son plus beau texte après cette rencontre : *Ainsi parlait Zarathoustra* (*). La figure de l'aigle ou du serpent qui lui servait à caractériser Lou se retrouve, ô combien, dans l'ouvrage de 1883-1885. De son côté, Lou fit paraître en 1885 son premier roman *Une lutte pour Dieu* [*Im Kampf um Gott*] sous le pseudonyme d'Henri Lou, qui la rendit célèbre dans l'Europe littéraire. Le roman retrace abondamment, même sous la forme déguisée de la fiction, des pans entiers de la relation triangulaire complexe de Paul Rée, Nietzsche et elle-même.

L'éloge funèbre de Freud ne mentionne pas le mariage de Lou von Salomé, le 20 juin 1887, avec l'orientaliste Friedrich-Carl Andreas. Ce mariage eut pour originalité de n'être pas consommé mais orienta de façon définitive Lou vers la voie de l'écriture : elle se consacra à Ibsen. Les *Personnages féminins d'Ibsen* [*Henrik Ibsens Frauengestalten,* 1892] devaient être son premier ouvrage savant. Parallèlement à ces travaux littéraires, Lou, après son mariage, de 1891 à 1898 s'est adonnée à des essais sur la religion. Le texte de 1896 notamment, *Jésus le Juif* [*Jesus der Jude*], sera lu par Rilke qu'elle ne connaît pas encore. Le roman *Ruth* paru en 1895, relatant là aussi, par le déplacement de la fiction, son premier amour pour le pasteur Hendrik Gillot, affermit une nouvelle fois sa renommée.

La rencontre de Rilke, en mai 1897, est la troisième évoquée par Freud. « Elle fut à la fois la muse et la mère attentive du grand poète Rainer Maria Rilke, qui éprouvait tant de détresse dans la vie. » Âgée de trente-six ans, l'épouse d'Andreas noua avec le poète de vingt-deux ans une relation amoureuse intense, même si elle ne dura pas longtemps sous ce mode mais connut la métamorphose de l'amitié et de la tendresse jusqu'à la mort de Rilke, le 29 décembre 1926. La *Correspondance* de Rainer et de Lou (1897-1926) est à cet égard un document exemplaire : elle permet de suivre la transformation d'un lien que le temps ne disjoindra pas et l'évolution des troubles psychiques de Rilke. Rétrospectivement et à la lumière de sa pratique analytique, Lou écrit le 12 décembre 1925 : « C'est *moi* que Dieu a rendue coupable en ne me permettant pas de mettre à ta disposition, lorsque nous nous sommes connus, mon savoir et ma pénétration d'aujourd'hui. » Et pourtant, en son temps (en 1911-1912) Lou avait pesé de tout son poids pour dissuader le poète d'entreprendre une thérapie de type analytique. Rilke choisit alors de garder ses démons : « Si l'on expulsait mes démons, mes anges auraient peur. » Lou consacrera à Rilke un essai paru en 1928. Les années proches de l'« expérience de l'amour » pour Rainer donnèrent lieu à une production littéraire et psychologique intense qui préparait de plus en plus Lou à découvrir, de l'intérieur, la psychanalyse : *L'Humanité de la femme* (1899), *Réflexions sur le problème de l'amour* (1900), *L'Érotisme* (1910), écrit à la demande de Martin Buber en 1906, *Psychosexualité* (1917) – textes regroupés en français dans *Éros* (1984). Deux romans sont encore contemporains de la proximité amoureuse de Rainer : *Fénitschka* et *Une longue dissipation* [*Eine Ausschweifung,* 1898]. Le romanesque croise étrangement les écrits autobiographiques de la vieillesse – v. *Ma vie* (*). Ainsi, dans les *Carnets,* en juillet 1934, Lou écrit : « Un fait m'a souvent émue : après ma séparation d'un partenaire, son absence n'enlevait rien à l'amour que je lui portais mais lui donnait après coup une importance nouvelle car il échappait ainsi aux exagérations déformantes que l'amour surimposait à son individualité. Il recouvrait sa réalité propre. » On connaît le mot-diagnostic de Freud alors. « Savez-vous ce que c'est en profondeur ? De la froideur. »

Est-ce cette « froideur », qui aida beaucoup la psychanalyste qu'elle devint, qui la conditionna dans l'art patient et généreux de l'écoute d'autrui ? Freud conclut l'éloge funèbre par ces mots : « Sa personnalité demeure dans l'ombre. Elle était d'une modestie et d'une discrétion peu communes. Elle ne parlait jamais de sa propre production poétique et littéraire. Manifestement, elle savait où chercher les véritables valeurs de la vie. Quiconque l'approchait était très fortement impressionné par la sincérité et l'harmonie de son être. »

ANNE BAUDART.

RÉF. : H. F. Peters, *Ma sœur, mon épouse,* Paris, 1967. – Cordula Koepcke, *Lou Andreas-Salomé. Leben. Persönlichkeit. Werk. Eine Biographie,* Francfort-sur-le-Main, 1986. – Angela Livingstone, *Lou Andreas-Salomé, sa vie et ses écrits,* Paris, 1990.

ANDRÉEV Leonid Nikolaïevitch [Leonid Nikolaevič Andreev]. Auteur dramatique russe, né le 9 août 1871 à Orel (Russie), mort le 12 septembre 1919 à Kuokkala (Finlande). Andréev fut, comme conteur et comme dramaturge, l'un des écrivains les plus représentatifs de la fin du XIXe et du commencement du XXe siècle. Ayant obtenu en 1897 son diplôme de docteur en droit à l'université de Moscou, il se consacra à la littérature à l'époque où Gorki obtenait ses premiers succès ; quelques nouvelles de lui virent le jour en 1898, dans le *Courrier de Moscou* [*Moskovskij Kur'er*]. Bien vite, Andréev sut se tailler une place à part entre les deux grands courants, réaliste dont Gorki fut le représentant le plus en vue, et symboliste, qui prédominaient en Russie à cette époque. Sa vie, entièrement consacrée aux travaux littéraires, est pauvre en événements spectaculaires, si l'on en excepte une tentative de suicide à la suite de quelque peine d'amour, tentative qui eut lieu lorsque Andréev était étudiant. Certes, Andréev avait adhéré au mouvement révolutionnaire et avait même organisé des réunions clandestines dans son appartement, mais on sent bien qu'à aucun moment le « feu sacré » de l'idéal révolutionnaire ne prit chez lui le pas sur la littérature, qui l'occupait au point que l'on peut dire que son histoire personnelle est en quelque sorte inscrite dans ses personnages. L'attention du public fut attirée sur Andréev par les récits et les nouvelles parus dans diverses revues littéraires entre 1898 et 1901, mais la véritable consécration ne vint qu'en 1902, avec la parution du *Gouffre* (*) et *Dans le brouillard* [*V tumane*], nouvelles dans lesquelles l'auteur traitait des soi-disant « questions maudites » de l'« intelligentzia » russe : le problème sexuel et celui des maisons de tolérance ; celui de la prostitution est au cœur du drame *Les Jours de notre vie* (*). La guerre russo-japonaise avait suggéré à Andréev son mélodramatique *Rire rouge* [*Krasnyj smeh,* 1904], suivi, en 1906, par la nouvelle *Cela fut ainsi* [*Tak bylo*]. À partir de 1902, Andréev s'essaye dans le drame, fait paraître *La Pensée* (*) et *Vers les étoiles* [*K zvezdam,* 1905], *Savva* (1907) et *La Vie de l'homme* [*Žizn' čeloveka,* 1907], drame symbolique qui, traduit, fait connaître et apprécier Andréev à l'étranger. Ce dernier drame fut, lors de la parution, considéré comme un essai de philosophie pessimiste, mais, avec le recul du temps, il apparaît comme un jeu d'esprit tendant à l'application au théâtre des règles de la dialectique plutôt que comme une œuvre ayant une valeur philosophique. Ces mêmes remarques sont également valables en ce qui concerne d'autres drames, comme *Anatema* (1909), *Les Masques noirs* [*Černyja maski,* 1909] et *L'Océan* [*Okean,* 1911]. Signalons également le beau roman *Le Gouverneur* [*Gubernator,* 1906]. Le récit *Les Sept Pendus* est celui qui reflète peut-être le mieux les tendances sociales de l'auteur ; le réalisme dont il fait preuve dans ce récit se retrouve également dans son drame *Anfissa* (*) (1909). Les derniers en date parmi les drames d'Andréev furent également les plus souvent joués ; ce sont *Catherine Ivanovna, Le Professeur Storitsine* et *Celui qui reçoit les gifles.* Andréev acclama l'avènement de la république, mais le coup d'État bolchevique le fit émigrer en Finlande, où il mourut le 12 septembre 1919.

ETTORE LO GATTO.

♦ *« Andréev veut épouvanter, mais je n'ai pas peur. »* Léon Tolstoï. ♦ *« Léonide Nikolaévitch Andréev était talentueux de nature, organiquement talentueux ; son intuition était étonnamment fine. Pour tout ce qui touchait aux côtés sombres de la vie, aux contradictions de l'âme humaine, aux fermentations dans le domaine des instincts – il était d'une effrayante perspicacité. »* Maxime Gorki. ♦ *« Andréief est, pour ainsi dire, le fils spirituel de Tchekhov. Mais c'est un fils maladif, qui pousse aux dernières limites l'élément mélancolique. La tonalité grise de Tchekhov est devenue noire chez Andréief ; son humour un peu triste s'est transformé en une ironie tragique, son impressionnabilité subtile, en sensibilité morbide. »* Serge Persky.

RÉF. : Serge Persky, *Les Maîtres du roman russe contemporain,* Paris, 1912. – Hélène Zamoyska, Préface à : L. Andreev, *Les Sept Pendus et autres récits,* Paris, 1970. – Richard Davies, *L. Andreïev* in *Histoire de la littérature russe. Le XXe siècle. L'Âge d'argent,* Paris, 1987. – Olga Andreyev Carlisle, Richard Davies, *Les Destins de Leonid Andreyev,* Paris, 1989.

ANDREINI Giovambattista. Comédien et auteur dramatique italien. Né à Florence, entre 1576 et 1579, mort à Reggio d'Émilie (où il se trouvait de passage) le 7 ou 8 juin 1654. Fils du célèbre acteur Francesco Andreini, dit Capitaine la Terreur [Capitan Spavento], et de la non moins célèbre Isabella, il débuta, à l'âge de seize ans, dans la compagnie des Gelosi et prit le nom de Lelio. En 1601 il épousa Virginia Ramponi, connue sous le nom de Florinda, et écrivit sa première tragédie, *Florinda,* en 1603. Devenu directeur de la troupe, il joua successivement dans les grandes capitales de l'Europe : Paris, Prague, Vienne où il reçut de la part du public un accueil des plus chaleureux. Après la mort de sa femme, il épousa une autre actrice, Virginia Rotari, dite « la Belinda ». Ses œuvres reflètent des tendances singulièrement contradictoires : elles sont tantôt édifiantes et tantôt licencieuses. À sa production religieuse se rattachent les poèmes brefs de la *Divine vision* (1604), *La Madeleine* (1610), *Tecla vierge et martyre* (1623) ; un recueil de sonnets, le *Théâtre céleste* (1625), une méditation en vers, le *Christ souffrant* (1651), et surtout une nouvelle *Madeleine,* pièce en trois actes accompagnée de musique (1617), enfin *Adam* (*) qui date de 1613. Quant au côté fantaisiste, voire débridé, d'Andreini, il se manifeste dans : *La Turque* (1608) ; *Le Jeune Esclave* (1612) ; *La Vénitienne* (1619) ; *Lelio exilé,* daté de 1620 ; *L'Amour dans le miroir*

(1622) ; *Les Deux Lelio* (1622), pour ne citer que les œuvres les plus notoires.

ANDRES Stefan. Écrivain allemand. Né à Breitweis, près de Trèves, le 26 juin 1906, mort à Rome le 29 juin 1970. Après une éducation guidée par le catholicisme – soutenue un temps par l'intention affirmée d'endosser l'habit ecclésiastique –, Andres poursuit des études de théologie, d'histoire de l'art, de langue et de littérature allemandes dans les universités de Cologne, Iéna et Berlin. De nombreux voyages le mènent ensuite à travers les pays méditerranéens : l'Italie, l'Égypte, la Grèce. L'Italie devient sa patrie d'élection : de 1937 à 1949, il réside avec sa famille à Positano, près de Salerne. Il retrouve l'Allemagne de l'après-guerre, s'installant à partir de 1950 à Unkel, en Rhénanie. Mais l'attrait de la Méditerranée sera le plus fort : il retourne à Rome en 1961. C'est là qu'il s'éteindra. Toute l'œuvre de Andres est empreinte de religiosité chrétienne. Après un premier roman autobiographique, *Le Frère Lucifer* (+) (1932), deux nouvelles ont particulièrement contribué à asseoir sa renommée d'écrivain : *Le Gréco peint le Grand Inquisiteur* [*El Groco malt den Grossinquisitor*, 1936], où l'Espagne cléricale livre une parabole prophétique de l'Allemagne hitlérienne, et *Utopia* (*) (1942), l'histoire d'un moine défroqué qui, durant la guerre, fait l'expérience de la vanité des idéologies pour découvrir que Dieu a besoin des hommes, que « nous sommes tous son utopie ». De l'abondante production de l'écrivain (romans, nouvelles, pièces de théâtre, recueils de poèmes) se détachent la trilogie romanesque réunie sous le titre *Le Déluge* [*Die Sintflut*, 1949-1959], où l'histoire contemporaine est saisie à travers la symbolique biblique, ainsi que le récit de souvenirs d'enfance sur les bords de la Moselle, *L'Enfant dans la fontaine* [*Der Knabe in Brunnen*, 1953]. Aboutissement logique de l'œuvre de Andres : *L'Histoire biblique* [*Die biblische Geschichte*, 1956] est conçue comme une réécriture moderne des textes sacrés. L'itinéraire d'Andres prend un caractère exemplaire : il est le plus conséquent des nombreux écrivains allemands qui, comme lui, cherchèrent refuge, après le cataclysme hitlérien, dans l'humanisme religieux.

JEAN-JACQUES POLLET.

ANDRIĆ Ivo. Écrivain croate à ses débuts, puis serbe. Né à Dolac près de Travnik (Bosnie) le 9 octobre 1892, mort le 13 mars 1975 à Belgrade. Il fait des études d'histoire et de littérature à Zagreb, Vienne, Cracovie et Graz. Engagé politiquement dans les rangs de l'organisation révolutionnaire « Jeune Bosnie », ses prises de position lui valurent de connaître, lors de la Première Guerre mondiale, les prisons autrichiennes et l'exil. De cette expérience sortiront deux livres de méditation poétique, *Ex Ponto* (1918) et *Inquiétudes* (1920) – v. *Poésies* (*) de Andrić, où l'on trouve déjà ébauchés, avec cette simplicité et ce lyrisme subtil qui devaient marquer toute son œuvre, tous les grands thèmes d'Andrić relatifs à la fragilité de l'existence humaine. Entre 1921 et 1941, il poursuit une carrière de diplomate dans différents pays d'Europe : Italie, Roumanie, Autriche, Espagne, Suisse. Il séjourne plusieurs fois à Paris. La Seconde Guerre mondiale le trouve à Berlin, où il est alors ambassadeur. Rentré à Belgrade, il interdit la publication de ses textes lors de l'occupation nazie et se retire dans un silence laborieux. C'est pendant cette période qu'il écrira ses deux grandes œuvres romanesques, traduites en plusieurs langues et mondialement connues : *Il est un pont sur la Drina* (*) (1945) et *La Chronique de Travnik* (*), qui constituent une longue réflexion sur l'histoire tragique de la Yougoslavie et de l'Europe. Publiés au début de l'après-guerre, ces ouvrages valurent à Andrić la notoriété et marquèrent le début d'une brillante carrière littéraire couronnée en 1961 par le prix Nobel de littérature.

Député, après la Seconde Guerre mondiale, à l'Assemblée nationale de la République populaire de Bosnie-Herzégovine et à l'Assemblée fédérale de la « R.S.F.Y. », membre de la rédaction de plusieurs revues, membre de l'Académie yougoslave des sciences et des arts, lauréat de plusieurs prix littéraires en Yougoslavie même, Andrić est l'une des personnalités les plus marquantes de la Yougoslavie d'après-guerre.

Dans ses deux grands romans-chroniques, Andrić s'attache à dépeindre le passé de la Bosnie. *Il est un pont sur la Drina* retrace le destin d'une petite bourgade organisée autour d'un pont, à la frontière de la Serbie et de la Bosnie. *La Chronique de Travnik* évoque les conflits et les tragédies provoqués à l'époque napoléonienne par l'arrivée d'un consul français dans une petite ville de tradition orientale. Dépassant largement l'anecdote, ces grandes œuvres s'attachent surtout, par-delà le séculaire et le quotidien, la légende et la réalité, à rapporter les espoirs et les douleurs des populations de cette région centrale de la Yougoslavie où se côtoient plusieurs nationalités et plusieurs religions. Le thème de la rencontre de l'Orient et de l'Occident, symbolisé par l'image obsessionnelle du pont, est le thème favori d'Andrić. Mais son souci de l'humain l'apparente à Gogol ou à Tchekhov plutôt qu'aux auteurs de grandes fresques historiques romantiques. Ces traits se retrouvent dans les nombreuses nouvelles à thème historique où son talent de conteur se donne libre cours. Il convient de citer parmi ces dernières *Le Chemin d'Alija Djerzelez* (*) (1920) où l'homme est peint comme « un fétu dans la tempête », « L'Éléphant du vizir » [Priča o vezirovom slonu, 1948], où sont plus particulièrement étudiés les rapports entre la population bosniaque et une administration ottomane décadente, « Le Pont sur la Jepa »

[Most na Zepi, 1931], variation sur le thème des relations entre l'Est et l'Ouest, et enfin « L'Histoire du serf Siman » [Priča o kmetu Simanu, 1948], qui se situe au moment de la passation de pouvoir entre l'Empire ottoman et l'Empire autrichien, et inaugure le cycle des nouvelles austro-hongroises. Dans son œuvre de conteur – v. *Contes* (*) – ne comptant pas moins de six volumes, l'auteur allie la faconde et la simplicité du conteur des *Mille et Une Nuits* (*) à la finesse d'analyse du psychologue occidental.

Signalons encore les petits romans et, parmi ces derniers, *La Cour maudite* (*) (1954), roman de facture moderne où s'entrecroisent les destins des détenus de la prison d'Istanbul, et *La Demoiselle* (*) (1945), sorte de Bovary bosniaque dévorée par la passion non point des hommes mais de l'argent.

À ces œuvres de fiction, il faut ajouter les textes rassemblés sous le titre de *Sentiers, visages, contrées* [*Staze, lica, predeli*], libres réflexions ou courts essais révélant les vues d'Andrić sur l'art ou sur la création artistique.

JANINE MATILLON.

RÉF. : R. Lukić, *Ivon Andrić, Bibliografija dela, prevoda i literature*, Belgrade, 1974. – V. Lise, *Ivon Andrić, Bio-bibliografska kronologija (1892-1966)*, 1975. – B. Milanović, *Kritičari o Ivon Andrić*, Sarajevo, 1981. – D. Nedeljković, *Delo Ivon Andrić u Kontekstu evropske književnosti i kulture*, Belgrade, 1981.

ANDRIEUX François Guillaume Jean Stanislas. Poète et auteur dramatique français. Né à Strasbourg le 6 mai 1759, mort à Paris le 10 mai 1833. Venu de bonne heure dans la capitale, il fit ses études au collège du Cardinal-Lemoine, suivit ensuite les cours de l'école de droit et, en 1781, prêta serment comme avocat. Cédant alors à son penchant pour le théâtre, il écrivit, l'année suivante, une petite comédie en vers intitulée *Anaxamandre,* laquelle obtint un vif succès (1782). Devenu le collaborateur de la *Décade philosophique,* il n'en continua pas moins à écrire pour le théâtre et donna *Les Étourdis* (*) (1787) qu'on peut tenir pour son chef-d'œuvre. En 1795, il fut nommé juge du tribunal de cassation. En 1798, il fit partie du conseil des Cinq-Cents et, plus tard, du Tribunat. Revenu tout entier à la vie littéraire à partir de 1802, il devint bibliothécaire du Sénat (1804). Dix années après, il obtint la chaire de littérature française au Collège de France où il se fit jusqu'à sa mort le champion du classicisme. Toutes ses comédies sont en vers. Outre celles que l'on vient de dire, il faut citer : *Helvétius* (1802), *Le Trésor* (1804), *Le Souper d'Auteuil* (1804), et *Les Descendants du Menteur* (1805), suite de l'œuvre de Corneille, sans oublier *Le Vieux Fat* (1810) et *Les Comédiens* (1816). Quel que soit le mérite de ces pièces, Andrieux n'a guère survécu que comme auteur de contes en vers : *Le Procès du sénat de Capoue* (1796), *La Promenade de Fénelon* (1797) et surtout *Le Meunier de Sans Souci* (1797). Excellent homme, il avait le goût un peu étroit en même temps que beaucoup d'esprit. Cet esprit ne le quittait jamais. Bonaparte s'étant plaint devant lui des résistances qu'il trouvait au Tribunat, Andrieux lui répondit : « Citoyen premier consul, on ne s'appuie que sur ce qui résiste. » Membre de l'Institut dès sa création (1796), il devint, en 1829, secrétaire perpétuel de l'Académie française.

ANDRZEJEWSKI Jerzy. Romancier polonais. Né et mort à Varsovie (19 août 1909-19 avril 1983). Avant la guerre, catholique de droite, admirateur de Bernanos et de Conrad, il publia des nouvelles et un roman, *L'Harmonie du cœur* [*Ład serca*, 1937]. Y perçait déjà son sens de la tension dramatique. Pendant la guerre, il prit part à la vie littéraire clandestine. Son expérience de l'Occupation trouva son expression dans un recueil de nouvelles, *La Nuit* [*Noc*, 1945], dans les récits *Devant le tribunal* [*Przed sądem*, 1941], qui évoque la fidélité de l'amitié, et *L'Appel* [*Apel*, 1942], où il raconte l'expérience des prisonniers d'Auschwitz. *La Semaine sainte* [*Wielki tydzień*, 1943] reconstruit les conflits moraux de l'intelligentsia varsovienne. C'est après 1945 qu'Andrzejewski produisit ses œuvres les plus achevées, dénotant un changement d'orientation presque complet : il explora les tragiques conflits de l'immédiat après-guerre, s'élevant avec humour contre le patriotisme chevaleresque prôné par le gouvernement en exil à Londres et par son mouvement de résistance. Il acceptera avec un préjugé favorable les changements politiques qui se dérouleront dans son pays. Le roman *Cendres et Diamant* (*) (1947), qui brosse le tableau du clivage idéologique apparu en Pologne, cautionne le nouveau régime. S'y fait jour une conception à la fois historique et métaphysique du roman : la mort dérisoire d'un des héros, à l'issue d'un combat qu'il livre sans foi contre les communistes, traduit moins l'absurdité du monde que la vanité de toute tentative de s'opposer au déroulement inéluctable de l'histoire. Entré au parti en 1949, Andrzejewski devint le théoricien du réalisme socialiste dans sa brochure *Le Parti et la création littéraire* [*Partia i twórczość pisarza*, 1952]. Le roman *Les ténèbres couvrent la terre* [*Ciemności kryją ziemię*, 1957] témoigne de sa nouvelle crise idéologique personnelle et des tourments de ses contemporains. *Les Portes du paradis* (*) (1960), qui expriment sa crainte de la solitude, *Sautant sur les montagnes* [*Idzie skacząc po górach*, 1963], pamphlet bouffon attaquant la culture élitiste et celle réservée aux masses, nous font découvrir un romancier attentif à tous les renouvellements du style et à toutes les innovations dans la construction du récit qu'il doit en particulier au Nouveau Roman. À partir de 1964, Andrzejewski devint un membre actif de l'opposition. *Le Pourvoi*

[*Apelacja*, 1968], refusé par les maisons d'édition officielles, fut publié en France. Sa dernière œuvre, *La Pulpe* (*) (1981), présente la Pologne contemporaine à travers d'intéressantes descriptions des élites politiques, artistiques et intellectuelles. L'évolution de ce moraliste toujours engagé, catholique, communiste, puis adversaire du communisme (il soutint activement le mouvement Solidarność), est typique de sa génération.

LAURENCE DYÈVRE.

ANEAU Barthélemy. Écrivain français. Né à Bourges vers 1505, assassiné à Lyon le 5 juin 1561. Après des études à Bourges, où il suit des cours de grec fréquentés par de nombreux savants français et européens, souvent proches du courant évangélique de réformation de l'Église ou luthériens, il fait carrière à Lyon, dont les consuls lui ont toujours été favorables de 1533 à sa mort. « Régent » (professeur), puis principal du collège de la Trinité dans cette ville, il se montre un pédagogue novateur et attentif, soucieux de faire instruire les enfants en latin, grec, et toutes sciences. Quelques interruptions lui permettent de revenir à Bourges (1552-1553), dont il fait l'éloge dans la *Jurisprudentia* (1554), et surtout de travailler dans les ateliers des grands imprimeurs lyonnais. Il aide à l'édition de nombreux ouvrages, et traduit des œuvres importantes qu'il accompagne généralement d'un commentaire perspicace (Eucher, Érasme, Platina, Gesner, Flavius Josèphe, etc., et surtout les *Emblèmes* du juriste italien Alciat en 1549 et la troisième *Métamorphose* d'Ovide en 1556) ; il destine plusieurs textes à la mise en musique (*Chant natal* de 1539, puis *Genethliac* de 1559), ou à la scène (*Mystère de la Nativité*, 1539, *Lyon marchant, satire françoise*, 1542, pastorale pleine de références à l'actualité). Sa réputation de savoir et sa curiosité pour les arts de représentation le font contribuer en 1548, 1550 et 1559 aux fêtes officielles lors de l'entrée de personnages importants dans la ville. Il manifeste alors son goût pour un genre en plein essor, l'emblème, qui cumule poème et figure s'expliquant l'un l'autre : dans la lignée d'Alciat, il compose pour les figures de son imprimeur Macé Bonhomme les vers de l'*Imagination poétique*, qui paraît à la fois en latin et en français (1552), après les *Décades de la description, forme et vertu naturelle des animaulx* (1549). On lui a redonné au XXe siècle le *Quintil Horatian* anonyme de 1550, qui l'a fait mépriser bien à tort, car il y attaque le plus souvent avec lucidité la *Deffense et illustration de la langue françoyse* (*) de Du Bellay. Son chef-d'œuvre est cependant sans doute son unique roman, *Alector ou le Coq, histoire fabuleuse* (*), d'une structure nouvelle très efficace et d'une imagination qui cumule avec verve les symbolismes de son temps. Le premier livre en paraît un an avant que l'auteur soit assassiné comme hérétique lors de la procession de la Fête-Dieu de 1561 : ses goûts aventureux pour la philosophie hermétique et pour toutes sortes de savoirs ne plaisaient ni aux fanatiques catholiques, ni à Bèze ni à Calvin.

MARIE-MADELEINE FONTAINE.

ANGELL Norman (pseud. de Ralph Norman Angell Lane). Essayiste anglais. Né le 26 décembre 1874 dans le Lincolnshire, mort le 7 octobre 1967 à Croydon (Sussex). Anobli en 1931. Après des études en France et en Suisse, il gagna les États-Unis, y travailla dans un ranch puis devint journaliste, profession qu'il continua d'exercer en Europe (1905-1914) à la direction de l'édition continentale du *Daily Mail.* En 1910, il publia *La Grande Illusion* (*), ouvrage célèbre du jour au lendemain et traduit dans plus de vingt langues. L'auteur y arguait que toute guerre en Europe n'aurait pour effet que de ruiner vainqueurs et vaincus. Il fut élu député travailliste de North Bradford en 1929, mais deux ans plus tard décida de se consacrer entièrement à la cause pacifiste et aux questions internationales, d'où, outre de nombreuses conférences, une suite de livres – dont *Les Assassins invisibles* (*) (1932) – qui expliqueront au mieux son autobiographie, *Après tout* [*After All,* 1951].

RÉF. : J. D. B. Miller, *Norman Angell and the Futility of War*, Londres, 1986.

ANGELLIER Auguste Jean. Poète, érudit et universitaire français. Né à Dunkerque (Nord) le 1er juillet 1848, mort à Boulogne-sur-Mer (Pas-de-Calais) le 28 février 1911. Après de brillantes études au collège de Boulogne et au lycée Louis-le-Grand, il s'engagea pour la durée de la guerre franco-allemande ; maître d'études au même lycée, il fut reçu licencié ès lettres en 1872, puis nommé professeur au lycée Charlemagne et maître de conférences à la faculté de Douai et à celle de Lille, dont il devint plus tard le doyen. Il a laissé de savantes études sur la *Chanson de Roland* (*), sur le jeune peintre Henri Regnault, mais surtout sur la *Vie et les œuvres de Robert Burns,* volumineuse et solide thèse de doctorat (2 vol., 1893). De longs séjours en Angleterre l'avaient de bonne heure spécialisé dans la poésie d'outre-Manche. Toutefois, Angellier demeure l'homme d'un seul ouvrage, *À l'Amie perdue* (*), dans lequel il faut bien voir, en dehors de tout parti pris d'école, un de nos plus beaux livres sur l'amour grave et douloureux, dans la lignée de Pétrarque, des lyriques élisabéthains et de Ronsard. Ce recueil de 170 sonnets, publié en 1896, est l'évocation simple et pathétique d'un grand amour de l'âge mûr : de la floraison à l'acceptation, les mouvements de cette symphonie intime, tendre et grave, se déroulent parmi de purs paysages de brume ou de soleil, d'espoir et de mélancolie ; une mélodie en sourdine, des sonorités voilées, une modulation tour à tour virile et féminine, des allitérations savantes, des caresses de syllabes très symbolistes — tel se révélait l'art d'Angellier assez original pour l'époque. Avec *Le Chemin des saisons* (1903), où l'on trouve de jolis tableaux poétiques, et *Dans la lumière antique* (1907), œuvre inachevée, Angellier s'inscrit dans une tradition toute classique.

RÉF. : P. d'Hugues, *A. Angellier et « À l'amie perdue »*, Paris, 1929. — R. Allard, Léon Bocquet, etc., *A. Angellier,* Paris, 1938. — Floris Delattre, *La Personnalité d'A. Angellier,* 2 vol., thèse, Paris, 1939-1944. — J. L. Vallas, *Auguste Angellier,* thèse, Paris, 1986.

ANGELUS SILESIUS (pseud. de Johannes Scheffler). Théologien et poète allemand. Né et mort à Breslau, en Silésie (décembre 1624 - 9 juillet 1677). Il appartenait à une famille protestante et son père avait été au service du roi de Pologne. Il fréquenta le gymnase de Breslau, où il eut comme condisciple Andrea Scultetus, qui devait plus tard se convertir comme lui au catholicisme. Angelus étudia la médecine à Strasbourg, puis à Leyde et enfin à Padoue, où il fut reçu docteur en 1648. Devenu, en 1649, médecin du duc de Wurtemberg, il eut l'occasion de fréquenter le cercle du théosophe Abraham von Frankenberg et du poète Daniel von Czepko, tous deux disciples du mystique protestant Jakob Böhme. Mais petit à petit Angelus acquit la conviction que le mysticisme de l'Église catholique répondait mieux à ses aspirations et, en 1653, il quitta son emploi et retourna à Breslau, où il abjura solennellement le protestantisme. Il entra dans l'ordre du Rosaire, d'abord comme frère lai, puis, en 1661, fut ordonné prêtre. Ses polémiques firent de lui un champion de la Contre-Réforme. La plupart de ses écrits parurent sous son nom, mais il signa de son pseudonyme ses œuvres poétiques, telles que *La Sainte Joie de l'âme* (*) (1657), *Poèmes religieux* (1657). Ce dernier ouvrage, quelque peu augmenté, prit dans l'édition de 1675 le titre de *Le Pèlerin chérubinique* (*). Angelus gagna la faveur du prince-évêque de Breslau qui, en 1664, le nomma maréchal de la Cour ; mais il quitta ses fonctions pour se retirer dans un couvent. Ses dernières années s'écoulèrent dans une solitude ascétique ; il continuait à écrire des apologies de l'Église. Ses vers, riches et colorés, firent son renom ; aujourd'hui encore, on les goûte plus que ses autres ouvrages, qui reflètent un mysticisme médiéval et rigoureux, comparable au mysticisme espagnol.

RÉF. : G. Ellinger, *Angelus Silesius*, Breslau, 1927. — Henri Plard, *La Mystique d'Angelus Silesius*, 1943. — Jean Baruzi, *Création religieuse et pensée contemplative*, 1951. — Hans Ludwig Held, *Johann Scheffler. Der Geschichte seines Lebens*, Munich, 1952. — Martin Heidegger, *La rose est sans pourquoi*, Paris, 1983.

ANGIOLIERI Cecco. Poète italien. Né très probablement à Sienne (Italie) vers 1260, mort on ignore à quelle date (1313 ?). En 1281, on le trouve parmi les Siennois qui combattent contre les Turri de Maremme, et en 1288 toujours parmi les Siennois, alliés des Florentins contre Arezzo. Ce fut peut-être devant Arezzo qu'il rencontra Dante, avec lequel il eut un échange de sonnets qui dégénéra en âpre polémique. Citoyen et soldat indiscipliné, il dut quitter Sienne à deux reprises : avant 1296, peut-être pour des raisons politiques, et de nouveau vers 1300, époque à laquelle, ainsi qu'en témoigne un de ses sonnets, il habitait Rome. Il eut femme et enfants, mais celle qu'il épousa n'a certainement rien à voir avec l'« avide et médisante » Becchina — anti-Béatrice par excellence — ni avec cette autre qui « criait de l'aube jusqu'au coucher du soleil » dans ses œuvres évoquées. Ce sont là de purs thèmes littéraires qui, avec les malédictions contre la pauvreté, l'exaltation de l'argent et la haine du père, appartiennent au répertoire traditionnel de la poésie estudiantine et bouffonne du Moyen Âge, dont Angiolieri fut, notamment dans ses sonnets — v. *Canzoniere* (*) —, l'un des meilleurs interprètes. La vie dissipée qu'on lui a prêtée paraît confirmée par quelques rares détails biographiques : la vente d'une vigne (1302) et la renonciation de ses fils (1312) à l'héritage paternel.

RÉF. : B. Maier, *La Personalità e la poesia di Cecco Angiolieri,* Bologne, 1947. — M. Marti, *Cultura e stile nei poeti giocosi del tempo di Dante,* Pise, 1953. — L. Peirone, *La Coscienza dello « stilo comico » in Cecco,* Savana, 1979. — F. Suitner, *La Poesia satirica e giocosa nell' età dei Comuni,* Padoue, 1983.

ANGLEBERT Jean-Henry d'. Compositeur français. Né à Paris en 1635, mort à Paris le 23 avril 1691. Élève de Chambonnières, il est nommé organiste des jacobins et du duc d'Orléans en 1661 et, un an plus tard, claveciniste de la chambre de Louis XIV. Il a surtout composé des *Pièces de clavecin* (*), publiées à Paris en 1689, qui ont fait de lui l'un des principaux représentants de l'école française. Son fils Jean-Baptiste Henry (né à Paris en 1661, mort à Paris en 1747) lui a succédé à la Chambre royale en 1684 avant de céder sa place à François Couperin en 1735.

ALAIN PÂRIS.

ANITTA ou ANITTASH. Roi hittite (XXe siècle avant J.-C.). Il fut le fondateur du premier Empire hittite et appartenait au peuple des Nésites, hittites indo-européens, qui, d'après les suppositions de Hrozny, ayant pénétré en Asie Mineure par le Bosphore vers l'an 2000 avant J.-C., avaient ensuite gagné la Cappadoce, au centre de l'Anatolie, où ils mirent fin à la domination assyrienne. Cette région, à l'époque d'Anitta, était divisée en petits royaumes rivaux établis entre le fleuve Halys et la chaîne du Taurus ; royaumes de Koushar, de Zalpa (Zoropanos), de Nyssa, tous trois opposés au royaume de Khatti (Boghaz Keuï actuel) des Hittites asioniques indigènes (ou Khattites). Pitkhanash, le père d'Anitta, avait fait la conquête du royaume de Nissa. Mais Anitta, qui régnait vers 1930 av. J.-C., se trouva menacé par une coalition formée par le roi de Khatti, Pijushtish, et les rois de Zalpa et d'Arinna, aujourd'hui Eujuk, au N.-E. de Boghaz Keuï. Anitta s'empara des villes de Zalpa et de Khatti, qu'il ravagea complètement, et il semble avoir réussi à constituer un grand empire allant de la mer Noire à la Cilicie, sur la Méditerranée, dont l'unification était réalisée vers 1900 avant J.-C. Les *Tables d'Anitta* (*), par lesquelles nous est connue son histoire, écrites en dialecte nésite, constituent « le plus ancien texte indo-européen » (Hrozny).

RÉF. : R. Labat et al., *Les Religions du Proche-Orient asiatique*, Paris, 1970.

ANNENSKI Innokenti Fedorovitch [Innokentij Fedorovič Annenskij]. Poète et auteur dramatique russe. Né le 20 août 1856 à Saint-Pétersbourg, mort dans la même ville le 30 novembre 1909. Annenski partage avec Viatcheslav Ivanov la gloire d'avoir su allier la culture classique avec le courant symboliste caractéristique des dernières années du XIXe siècle et des premières du XXe, en Russie. Chargé du cours de littérature comparée au Cours supérieur féminin (qui correspond à l'École normale supérieure en France) de Saint-Pétersbourg, puis inspecteur de l'enseignement, il se fait connaître d'abord comme traducteur en russe des poésies de Baudelaire, de Rimbaud et de Verlaine. Il débute comme écrivain avec la tragédie : *Le Philosophe Melanippe* [*Melanippa Filosof,* 1901], suivie, en 1904, des tragédies : *Laodamie* [*Laodamija*], *Roi Ixion* [*Car'Iksion*], ainsi que d'un recueil de poésies : *Chants doux* [*Tihija pesni*]. Deux ans après, Annenski fait paraître un recueil d'articles de critique littéraire, sous le titre : *Livre de reflets* [*Kniga otraženij*], suivi, en 1909, d'un *Deuxième livre de reflets* [*Vtoraja kniga otraženij*]. Enfin, en 1910, paraît *Le Coffret de cyprès* (*), recueil de vers qui apporte à Annenski la gloire posthume ; Anna Akhmatova reconnaîtra Annenski pour maître. En 1913 voit le jour sa quatrième tragédie : *Famira, le cithariste* [*Famira kifared*], intitulée « drame bacchique ». Cette œuvre, montée en 1916 au Kamernyj Teatr de Moscou, fut l'une des rares tentatives de théâtre symboliste qui fût couronnée du succès.

RÉF. : Vsevolod Setchkarev, *Studies in the Life and Work of Innokentij Annenskij*, La Haye, 1963. – Felix Ingold, *Innokentij Annenskij,* Berne, 1970.

ANOUILH Jean. Dramaturge français. Né à Bordeaux le 23 juin 1910, mort à Lausanne le 3 octobre 1987. Ses parents – un père tailleur et une mère professeur de piano (et non pas violoniste comme on l'a beaucoup écrit) – s'installèrent à Paris alors qu'il n'avait que huit ans. Il fit presque toutes ses études au lycée Chaptal. Il découvrit le théâtre tout gamin au casino d'Arcachon, où l'on donnait surtout des opérettes. Vivre dans « une troupe » devint son rêve préféré. Ses premiers essais dramatiques remontent à sa douzième année, et ils étaient en vers. À seize ans, il imite Henri Bataille. Mais, peu après, il découvre les œuvres de ses grands contemporains, à la fois par la représentation et par la lecture. C'est la même année 1928 qu'il fait ses deux rencontres capitales : celle de Giraudoux en écoutant *Siegfried* (*) à la Comédie des Champs-Élysées et celle de Cocteau en lisant *Les Mariés de la tour Eiffel* (*). Ce qu'il découvre dans ces deux œuvres, c'est la poésie du théâtre : il décide de refuser, dans ses propres pièces, le réalisme. Il cherchera une vérité d'une autre sorte, qui ne soit pas prétendue transposée et interprétée. Il poursuit cependant des études de jeune bourgeois : après son baccalauréat de philosophie, il s'inscrit à la faculté de droit, mais il n'y passe guère plus d'un an. Ayant à gagner sa vie, il entre dans une maison de publicité où travaillent Jacques Prévert et Jean Aurenche. Il y reste deux ans avant de devenir, pour peu de temps, le secrétaire de Louis Jouvet, qu'il déteste cordialement. Toutefois, entré dans les milieux du théâtre, il ne les quittera plus, si ce n'est pour des incursions dans le monde du cinéma, qui ne l'intéressait que pour des raisons financières. Sa première pièce représentée fut *L'Hermine* (*) en 1932, à l'Œuvre. Succès suffisant pour qu'il décide de vivre désormais avec ses seuls droits d'auteur. Il se marie avec l'actrice Monelle Valentin dont il aura une fille, Catherine. Le jeune couple va connaître quelques années difficiles, car *La Mandarine* (1933) est un four (treize représentations) et *Y'avait un prisonnier* (+) (1935) ne connaît qu'une modeste carrière. Heureusement Hollywood achète les droits, pour un film qui ne sera d'ailleurs jamais tourné. En 1937, Anouilh fait deux nouvelles rencontres décisives : celle de deux grands animateurs de théâtre, Georges Pitoëff et André Barsacq. Grâce à eux, il va connaître la vie de troupe dont il rêvait enfant. Il va expérimenter « sur le terrain » toutes les possibilités de l'espace scénique. Il ne sera jamais un auteur dramatique retranché dans un cabinet de travail, il sera un « homme de plateau ». En 1937, Pitoëff monte *Le Voyageur sans bagage* (*). En 1938, c'est *La Sauvage* (*) (créée également par Pitoëff) et *Le Bal des voleurs* (*) (créé par Barsacq). Ces deux pièces avaient été écrites quelques années plus tôt : *La Sauvage* en 1934 et *Le Bal des voleurs* dès 1932. Toutes deux remportent un franc succès qui marque pour Anouilh la fin de toutes les difficultés matérielles. La première s'inscrit parmi les *Pièces noires* (*) et la seconde parmi les *Pièces roses* (*). De la même époque date *Jézabel* (*)

qui ne sera pas jouée, mais publiée plus tard dans le volume *Nouvelles pièces noires* (*). Avant la guerre, Anouilh compose encore deux pièces roses : *Le Rendez-vous de Senlis* (*) et *Léocadia* (*). C'est *Léocadia* qui sera jouée d'abord, en novembre 1940, à la Michodière, avec la distribution la plus parisienne et la plus brillante du moment : Yvonne Printemps, Pierre Fresnay, Victor Boucher, Marguerite Deval. *Le Rendez-vous de Senlis* sera créé à l'Atelier après l'armistice (en 1941) et c'est Monelle Valentin qui en sera l'interprète principale. C'est elle aussi qui créera, sur la même scène, *Eurydice* (*) (1942) et *Antigone* (*) (février 1944). Avec *Antigone*, Anouilh connaît un triomphe (cinq cents représentations). Dès sa création, on parla de cette pièce comme d'une œuvre classique, destinée à faire date dans l'histoire du théâtre en France. Les seuls reproches qui lui furent adressés concernaient sa portée morale : Anouilh avait fait de son héroïne moins le symbole de la résistance au tyran que l'incarnation d'un refus de toutes les compromissions, lequel conduisait à condamner la vie. Depuis ses débuts, Anouilh avait souvent entendu des critiques de ce genre et il ne cessait guère de les provoquer. En 1945, il prit part à la campagne de signatures en faveur de Robert Brasillach dont il n'était nullement l'ami mais qui avait toujours défendu ses pièces. « Le jeune homme que j'ai été et le jeune homme Brasillach sont morts le même jour et, toutes proportions gardées, de la même chose. » Certains auraient bien aimé qu'on inscrivît le nom d'Anouilh sur les listes noires de l'épuration. Cependant, ils ne trouvèrent rien à lui reprocher sur le plan civique.

Les premières pièces qu'il écrivit après la guerre sont encore créées chez Barsacq à l'Atelier : *Roméo et Jeannette* (*) et la première des *Pièces brillantes* (*) (1946) qui s'appelle *L'Invitation au château* (*) (1947). En 1948, la première des *Pièces grinçantes* (*), *Ardèle ou la Marguerite* (*), est jouée à la Comédie des Champs Élysées où, vingt ans plus tôt, Anouilh avait eu la révélation de Giraudoux. Mais, dans *Ardèle*, c'est l'influence de son ami Roger Vitrac qu'il déclare avoir subie. En 1950, c'est à Barrault qu'il confie *La Répétition ou l'Amour puni* (*). Il revient chez Barsacq en 1951, avec *Colombe* (*). Puis retour aux Champs-Élysées avec *La Valse des toréadors* (*) (1952). L'année suivante, Anouilh se sépare de Monelle Valentin. Il épouse une autre comédienne, Nicole Lançon, dont il aura trois enfants. Il fait jouer *Médée* (*) que le public boude, mais il connaît son plus grand succès depuis *Antigone* avec *L'Alouette* (*) (six cent huit représentations), première des *Pièces costumées* (*), et dont l'héroïne est Jeanne d'Arc. Comme cadeau de vingtième anniversaire pour sa fille Catherine, il écrit *Cécile ou l'École des pères* (*). Catherine Anouilh crée la pièce en 1954. *Ornifle* (*) voit le jour en 1955 et *Pauvre Bitos* (*) en 1956. Cette dernière pièce provoque des réactions diverses chez les critiques, car elle se situe à l'époque de la Libération et ne manque pas d'implications politiques. Pour sa part, le public applaudit très fort. Pas de création en 1957 et 1958, mais trois nouvelles pièces en 1959 : *L'Hurluberlu*, *Le Petit Molière* et surtout *Becket ou l'Honneur de Dieu* (*) qui obtint tout de suite un triomphe (six cent dix-huit représentations) et sera repris dès 1971 à la Comédie-Française. Anouilh a signé lui-même la mise en scène de *Becket* avec Roland Piétri. Désormais, il signera lui-même la mise en scène de toutes ses nouvelles pièces avec le même collaborateur. Il ne s'en tiendra d'ailleurs pas à ses propres œuvres : ainsi montera-t-il le *Tartuffe* (*) de Molière (1960), le *Victor ou les Enfants au pouvoir* (*) de Vitrac (1962), *L'Acheteuse* (*) de Steve Passeur (1963), le *Richard III* (*) de Shakespeare (1964), *L'Ordalie ou la Petite Catherine de Heilbronn* de Kleist (1967) Pendant cette période, sa production personnelle est moins abondante : *La Grotte* (1961), *La Foire d'empoigne* (*) et *L'Orchestre* (1962). Aucune création entre 1962 et 1968. Mais le règne d'Anouilh n'est pas terminé. Il revient avec *Le Boulanger, la boulangère et le petit mitron*. Puis c'est un de ses chefs-d'œuvre : *Cher Antoine* (1969), première des *Pièces baroques*, que suivront *Les Poissons rouges* et *Ne réveillez pas Madame* (1970). Toutefois, la célébrité n'est pas une garantie contre l'insuccès. Anouilh appelle même des « fours » trois pièces qui n'atteignirent pas la centième : *Tu étais si gentil quand tu étais petit* (1972), *L'Arrestation* (1975), *Le Scénario* (1976). Mais ces « fours » dans un théâtre n'empêchaient pas des succès dans un autre : *Le Directeur de l'Opéra* (1972), *Chers zoiseaux* (1976). En 1978, il fit représenter une bouffonnerie sur le problème du féminisme : *La Culotte*. Cette pièce marquait son retour au cher vieux théâtre de l'Atelier. Elle témoignait aussi que, toujours contesté, Anouilh restait le grand maître de la scène française contemporaine.

Il n'est pas un auteur de pièces à thèses ou à messages. Il se plaît aussi bien à donner des divertissements qu'à traiter de grands sujets. Il ne craint ni la charge ni la satire. Il est aussi à l'aise dans la fresque historique que dans la tragédie. Avant tout, il tient au jeu théâtral : il a dit qu'il fallait « jouer avec un sujet au lieu de le subir ». C'est par là que, jusque dans ses comédies bourgeoises, il échappe le plus sûrement au boulevard. On n'est nullement surpris qu'il ait largement contribué à faire connaître Samuel Beckett et Eugène Ionesco, en consacrant des articles enthousiastes à *En attendant Godot* (*) et aux *Chaises*. Ces pièces joignent le classicisme des sentiments à la nouveauté de la forme dramatique. Jean Anouilh est lui-même classique et novateur. Sa fécondité est également admirable et, à toutes ses qualités, il ajoute encore la modestie et la discrétion. Artiste, il ne se prétend qu'artisan.

JEAN BRENNER.

♦ *« Les amateurs de théâtre pour le théâtre ne peuvent rester insensibles à l'art avec lequel la convention est menée et malmenée, à la tendresse amère des croquis de personnages qui s'ébauchent, à cette écriture "à vue" – comme on dit des changements de décors. »* Bertrand Poirot-Delpech. ♦ *« La solitude qui résulte de l'absence, de la mort, de l'indifférence de Dieu, est commune aux existentialistes et à Anouilh. Ni les personnages de Sartre ni ceux d'Anouilh n'ont de Dieu pour les aider dans leur choix. »* Léonard C. Pronko.

RÉF. : H. Gignoux, *Jean Anouilh*, Paris, 1946. – R. de Luppé, *Jean Anouilh*, 1959. – P. Jolivet, *Le Théâtre de Jean Anouilh*, Paris, 1963. – P. Vandromme, *Jean Anouilh, un auteur et ses personnages*, Paris, 1965. – P. Ginestier, *Jean Anouilh*, Paris, 1969. – B. Beugnot, *Les Critiques de notre temps et Anouilh*, 1977.

ANQUETIL-DUPERRON Abraham Hyacinthe. Orientaliste français. Né à Paris, le 7 décembre 1731, mort à Paris le 17 janvier 1805. Frère cadet de l'historien, l'abbé Louis Pierre Anquetil, Anquetil-Duperron commença très jeune l'étude de l'hébreu, de l'arabe et du persan. En 1754, il s'engage comme soldat dans un régiment partant pour les Indes, comptant mettre à profit ce voyage pour acquérir une connaissance pratique des langues qu'il avait apprises. Une fois arrivé aux Indes, il parvient à se faire libérer de ses obligations militaires et parcourt le pays, au péril de sa vie, apprenant au passage les différentes langues de l'Inde. Lorsqu'il rentre à Paris en 1762, il acquiert très vite une réputation dans le monde savant et est nommé, en 1763, membre de l'Académie des inscriptions et belles-lettres, et interprète pour les langues orientales. Mais il n'était pas dans le caractère d'Anquetil-Duperron de se lier à une situation mondaine ; il démissionna aussitôt de ces postes, refusa les pensions qu'on voulait lui attribuer et se retira, uniquement préoccupé de ses recherches. Presque réduit à la misère par son intransigeance, il vécut extrêmement retiré, se contentant de publier peu à peu les résultats de ses travaux et de ses expériences. C'est en 1771 qu'il donne sa fameuse traduction du *Zend-Avesta, ouvrage de Zoroastre* (+), précédé d'un *Voyage aux Grandes-Indes ;* en 1778 paraît la *Législation orientale,* en 1786 les *Recherches historiques et géographiques sur l'Inde,* en 1798 *L'Inde en rapport avec l'Europe,* en 1804 enfin sa traduction latine d'une version en persan des *Veda* (*).

RÉF. : L.P. Anquetil, *Notice sur la vie de M. Anquetil du Perron,* Paris, s. d. – J. Vinson, *Les Linguistes français : Anquetil du Perron...,* Paris, 1917 – J.-L. Kieffer, *L'Inde en France au 18e siècle,* Paris, 1983.

ANSÂRI Abdollâh. Polémiste et maître spirituel musulman. Né le 4 mai 1006 et mort le 8 mars 1089 à Hérat (actuel Afghanistan). Enfant prodige, il commence très tôt à étudier les lettres arabes et persanes, mais surtout les traditions du Prophète – *Hadîth* (*) – et l'exégèse du *Coran* (*). À l'instar de ses premiers maîtres, il se fera sa vie durant le défenseur de la Révélation en sa teneur littérale, contre tous les « innovateurs », notamment les théologiens ach'arites, qu'il accuse d'adultérer la Parole de Dieu. Son volumineux *Blâme de la théologie et de ceux qui s'y adonnent* [*Dhamm al-Kalâm va-ahlih*] donne une juste idée de ces polémiques, dont la virulence lui vaudra de connaître la persécution (dénonciations, prison, exil). C'est aussi dès l'enfance que, sous l'influence de son entourage, naît son goût pour la vie spirituelle. Il est adolescent, lorsque Tâqi Sijistâni décèle la « lumière que Dieu a déposée en son cœur ». Cette révélation de sa vocation est confortée de façon décisive par la rencontre de Kharaqâni, au retour de deux tentatives infructueuses de pèlerinage (1033). Dans l'enthousiasme, il se fait des disciples, mais bientôt un incident lors d'un congrès des soufis de la région lui montre les dangers d'une mystique de l'ivresse, l'extase prêtant à équivoque. Il s'engagera désormais dans une mystique de la lucidité, prise de conscience progressive des exigences de l'unicité divine. Trois traités nous font connaître son enseignement concernant l'itinéraire spirituel : *Les Cents Terrains* (*), *Les Étapes des itinérants* (*) et *Les Déficiences des demeures* (*). Ses *Générations des soufis* (+) nous disent son opinion sur ses prédécesseurs. Enfin, ses *Cris du cœur* (*) expriment de façon lyrique et bouleversante ses sentiments les plus profonds.

SERGE DE LAUGIER DE BEAURECUEIL.

ANSELME de Cantorbéry, saint. Théologien latin. Né dans le val d'Aoste, en 1033 ou 1034, mort à Cantorbéry, le 21 avril 1109. Trois pays ont des raisons particulières de vénérer sa mémoire : l'Italie, la France et l'Angleterre. Le val d'Aoste où il naquit, d'une illustre famille apparentée à la comtesse Mathilde de Toscane et à la plus haute noblesse du Piémont, lui donna seulement le décor de sa jeunesse. Puis, au sortir d'une crise spirituelle assez éprouvante, il connut la France, ses écoles, reçut l'enseignement de maîtres renommés ; c'est en France qu'il rencontra un autre Italien illustre, le bienheureux Lanfranc, qui devait devenir son guide et son ami. Entré à vingt-six ans à la célèbre abbaye du Bec-Hellouin, en Normandie, dont Lanfranc avait la charge à cette époque, Anselme ne tarda pas à le remplacer sur le siège abbatial. C'est dans cette communauté qu'il pria, enseigna, écrivit jusqu'en 1093. En 1066, Guillaume le Bâtard, duc de Normandie – le futur Conquérant –, avait lancé outre-Manche ses troupes d'invasion. L'Angleterre ayant changé de dynastie, Lanfranc avait, en 1070, accepté des mains du vainqueur le siège épiscopal de Cantorbéry. Quand il mourut (1078), Anselme, son disciple préféré, lui succéda comme primat d'Angleterre. Il n'en résulta pour lui que des tourments et il ne put prendre possession de son siège qu'en septembre 1093. En effet, le roi, Guillaume le Roux (1087-1100), qui était loin de valoir son père, affichait à l'égard de l'Église un esprit de violence et de domination, contre lequel Anselme protesta avec courage. Le conflit tourna au drame, et l'archevêque, sachant sa vie menacée, trouva refuge en Italie, puis en France, où il mit à profit son repos forcé pour méditer et composer un vaste traité sur l'Incarnation — v. *Pourquoi Dieu s'est fait homme* (*). Après la mort de Guillaume le Roux, Anselme, de retour en Angleterre, pouvait espérer accomplir en paix sa mission ; il n'en fut rien, car Henri Beauclerc (1100-1135), plus avisé que son père, nourrissait les mêmes ambitions. Le grand prélat, ne pouvant admettre qu'un envahisseur despote fasse peser sur l'Église sa tutelle, éleva encore la voix. Âgé de soixante-treize ans, il préféra reprendre le chemin de l'exil. De France, puis de Rome, des condamnations répétées frappèrent le roi, qui dut finalement se soumettre. Vainqueur mais épuisé, Anselme, qui avait recouvré son siège, ne tarda pas à mourir. Âme douce et pensive, cœur tendre, jamais, cependant, il n'avait reculé dans les batailles livrées au nom de Dieu. Le rôle de saint Anselme comme théologien fut à la hauteur de son action apostolique. Il écrivit, en effet, pour l'école du Bec (que Lanfranc avait fondée, et à laquelle il donna tous ses soins) le dialogue *De grammatico*, empreint d'une grande rigueur logique, puis le *Monologion* (*) et le *Proslogion* (*) que l'on peut considérer comme deux ouvrages qui se complètent mutuellement. Réfutant le moine Gaunilon qui, dans sa *Défense de l'ignorant* (*), avait émis des doutes sur son fameux argument ontologique, Anselme publia l'*Apologétique* (*). Citons encore : *De fide Trinitatis et de Incarnatione ; De processione Spiriti Sancti contra Graecos ; De veritate ; De libero arbitrio ; De casu diaboli ; De conceptu verginali et de originali peccato ; De concordia praescientiae et praedestinationis necnon gratiae Dei cum libero arbitrio ; Meditationes et orationes*, sans compter sa riche correspondance, très importante pour l'étude de l'homme et de son œuvre. Anselme de Cantorbéry fut canonisé en 1496 par le pape Alexandre VI ; le pape Clément XI, en 1720, le proclama Docteur de l'Église.

♦ *« Anselme, dans son célèbre argument de l'existence de Dieu, montra le premier la pensée dans son opposition à l'être et chercha à en prouver l'identité. Il ne manqua à l'argument de saint Anselme que la conscience de l'unité de l'être et de la pensée dans l'infini. »* Hegel. ♦ *« Saint Anselme est peut-être le plus grand philosophe du Moyen Âge, entre le* VI*e et le* XIII*e siècle. »* Ch. de Rémusat. ♦ *« Saint Anselme, par cela même qu'il se détournait de la théologie vers la métaphysique, posait au* XI*e siècle, dans l'innocence et la sécurité de sa foi, les problèmes que la métaphysique agite depuis qu'elle existe, sans les résoudre. »* Barbey d'Aurevilly. ♦ *« Puissant en œuvre et en parole, il fut un phare, une lumière de doctrine et de sainteté. »* Pie X.

RÉF. : Ch. de Rémusat, *Saint Anselme de Cantorbéry*, 1853. — P. Ragey, *Histoire de saint Anselme, archevêque de Cantorbéry*, 1890. — E. Gilson, *Sens et nature de l'argument de saint Anselme*, 1934. — Karl Barth, *Saint Anselme : Fides Quaerens Intellectum, la preuve de l'existence de Dieu*, Genève, 1985.

ANSELME de Laon. Théologien français. Né et mort à Laon (Aisne), vers 1050-15 juillet 1117. Fils d'un laboureur, il fit sans doute ses études à l'abbaye du Bec, en Normandie, sous le magistère de saint Anselme de Cantorbéry, avec lequel on l'a parfois confondu. Après avoir, vers 1076, tenu à Paris une école qui jeta les fondements de l'université, il revint à Laon vers 1100 pour diriger l'école attachée à la cathédrale dont il avait été élu archidiacre. Son enseignement attira bientôt des élèves venus de toute l'Europe, parmi lesquels Guillaume de Champeaux, Gilbert de la Porée et surtout Abélard, qui fut l'élève d'Anselme vers 1113 et a laissé de lui un portrait féroce, nous le montrant fort indécis sur le fond de sa doctrine, et semblable au figuier maudit de l'Évangile, qui porte des feuilles mais ne peut donner de fruits. Il est vrai qu'Abélard avait été chassé de l'école par Anselme, pour avoir prétendu gloser lui-même sur Ézéchiel. D'une modestie exemplaire en tout cas, Anselme de Laon refusa plusieurs fois l'épiscopat et l'anoblissement de sa famille ; en 1107, il joua un rôle d'apaisement décisif lorsque la population laonnaise soulevée assassina l'évêque Gaudry, imposé par l'Angleterre. On possède de lui une *Glose explicative de l'Ancien et du Nouveau Testament* [*Glosa interlinaris in totum Vetus et Novum Testamentum*, publiée en 1502], et l'un des premiers exemples de *Livre des Sentences* systématique, dans un cadre certainement inspiré par Jean Scot Érigène, et qui a servi de modèle à Nicolas d'Amiens dans son *De la doctrine catholique* (*), à Gilbert de la Porée, et surtout à Pierre Lombard.

♦ *« Faisant de la fumée mais point de lumière. »* Abélard.

RÉF. : H. Weisweiler, *Das Schrifttum der Schule Anselms von Laon*, Munich, 1936. — É. Gilson, *La Philosophie au Moyen Âge*, Paris, 1922.

AN-SKI (pseud. de Shloyme Zanvl ou Salomon Zainwil Rapoport). Écrivain russe d'expression yiddish et russe, né à Vitebsk en Biélorussie en 1863, mort à Varsovie le 8 novembre 1920. Il reçoit une éducation juive traditionnelle, mais, à l'âge de 16 ans, il adhère aux idées de la « Haskalah », le mouvement des Lumières. Attiré par le folklore russe, il se joint aux populistes [narodniki] et travaille comme paysan, ouvrier et précepteur pour être proche du peuple, puis comme journaliste à Saint-Pétersbourg. En 1892, il est contraint à l'exil, et s'installe à Paris en 1894, où il est pendant six ans le secrétaire de l'idéologue socialiste Lavrov. À la suite de l'affaire Dreyfus, il est à nouveau sensibilisé aux souffrances du peuple juif. De retour en Russie en 1905, il se joint au parti social-révolutionnaire, et compose l'hymne du Bund « Le Serment » [Di shvue]. Il dirige l'expédition ethnographique financée par le baron Horace Ginzburg et, de 1911 à 1914, sillonne les villages juifs de Volhynie et de Podolie, accumulant des données sur le folklore juif. Ses connaissances ont inspiré sa pièce *Le Dybbouk* (*). Pendant la guerre, An-Ski organise des comités de secours aux victimes juives. À la suite de ses visites dans les communautés juives détruites, il rédigera son œuvre en trois volumes, *La Destruction de la Galicie* [*Khurbn Galitsye*]. En 1917, il est élu député « social révolutionnaire » à l'Assemblée constituante. Il doit fuir les bolcheviks à Varsovie, où il fonde une Société ethnographique juive. Ses œuvres complètes en quinze volumes ne sont publiées qu'après sa mort (1920-25). Il est enterré avec Peretz.

DELPHINE BECHTEL.

ĀṆṬĀL. Poétesse tamoule viṣṇuite du IXe siècle, appartenant au groupe des Ālvārs. Periyālvār, un brāhmaṇe de Śrivillipputtūr, lui aussi compté au nombre des douze Ālvārs, la découvrit, enfant, au pied d'un tulasī, la plante sacrée de Viṣṇu, et décida de l'adopter. Āṇṭāl a composé deux poèmes consacrés tous les deux à Kriṣṇa : le *Tiruppāvai* (*) et le *Nāycciyārtirumoli.* Elle ne voulut d'autre époux que le dieu Viṣṇu de Śriraṅgam et, le dieu l'ayant acceptée, elle se serait fondue à lui.

ÉLISABETH SETHUPATHY.

'ANTARA IBN SHADDĀD. Poète et guerrier arabe de l'époque antéislamique. Mort vers 615 en Arabie centrale. Fils d'un chef de clan de la tribu des 'Abs et d'une esclave abyssine, et condamné par conséquent à une condition servile par le code coutumier bédouin, il finit par être légitimé par son père, en reconnaissance de ses exploits guerriers. Hors cet événement, assez peu commun à l'époque, le détail de sa vie nous est mal connu ; les sources, d'époque tardive, mettent surtout en évidence ses qualités, qui forment le portrait idéal typique du héros bédouin : valeur militaire, générosité et talent poétique. Celles-ci frappèrent suffisamment l'imagination collective pour faire entrer leur possesseur dans la légende : autour de sa personnalité et de son destin s'élabora l'un des plus célèbres romans populaires arabes, le *Roman de 'Antar* (*). L'œuvre la plus célèbre de 'Antara est le long poème *(qaṣīda)* inclus dans la collection des *Mu'allaqāt* (*) ; on lui attribue également d'autres pièces, rassemblées dans un *Dīwān.*

JEAN-PATRICK GUILLAUME.

ANTELME Robert. Écrivain français. Né en 1917, mort le 26 octobre 1990. C'est en juin 1944, alors qu'il participe aux activités de la Résistance du musée de l'Homme où il travaille comme anthropologue, que Robert Antelme est arrêté par la Gestapo puis déporté en Allemagne. C'est en avril 1945 qu'il est libéré, entre la vie et la mort, du mouroir pour typhiques de Dachau. Rentré à Paris, il écrira sous la pression d'un « devoir parler » irrémissible son unique livre, *L'Espèce humaine* (*) (d'abord publié en 1947 aux éditions de la Cité universelle qu'il avait fondées en 1946 avec Marguerite Duras, son épouse, le livre sera repris en 1957, revu et corrigé aux éditions Gallimard). En 1987, son ami Dionys Mascolo fera paraître *Autour d'un effort de mémoire. Sur une lettre de Robert Antelme,* méditation sur la lettre que lui avait adressée, en juin 1945, l'auteur de *L'Espèce humaine.*

FRANCIS WYBRANDS.

ANTER Musa. Poète, écrivain et journaliste kurde. Né à Ziving, dans la province de Mardin (Kurdistan de Turquie), en 1917 ou 1918, assassiné à Diyarbekir le 20 septembre 1992. Musa Anter s'inscrit en 1941 aux cours de philosophie de l'université d'Istanbul où il milite en faveur des droits de l'homme au Kurdistan. Il publie à Istanbul les revues kurdo-turques *Aux sources du Tigre* [*Dicle Kaynagi,* 1948] et *La Revue de l'Est* [*Sark Mecmuasi,* 1950], et c'est dans le magazine *Le Pays en avant* [*Ileri yurt*], qui paraît à Diyarbekir en 1958, qu'il publie le poème *Qimil* qui fait sa renommée. *La Plaie noire* (*), pièce de théâtre réaliste en quatre actes, écrite dans la prison de Harbiya lors d'une des nombreuses incarcérations de l'auteur, paraît à Istanbul en 1965. C'est également en prison qu'il élabore un dictionnaire kurde-turc, turc-kurde (Istanbul, 1967). Il publie ses *Mémoires* [*Hatiralarim*] à Istanbul en octobre 1990 (2e éd. août 1991) et *Chronique* [*Vakayiname*], un recueil d'articles publiés entre 1987 et 1991, paraît quelques mois avant la mort de son auteur.

JOYCE BLAU.

ANTIMAQUE de Colophon. Poète et grammairien grec. On ignore tout de la vie d'Antimaque. Une tradition dont on ne conteste point généralement le bien-fondé le fait naître à Colophon où il vécut au IVe siècle av. J.-C. On ne peut contrôler néanmoins les suppositions faites par Suidas, sur le nom du père d'Antimaque qui aurait été Hipparque, et sur les relations personnelles de l'auteur grec avec Panyasis et Stésimbrote de Thasos. En ce qui concerne l'époque à laquelle vécut Antimaque, Suidas affirme que c'était avant Platon. Il est fort probable qu'on a déterminé approximativement cette époque d'après ce que nous fait savoir Cicéron (*Brutus,* 51), lequel rapporte qu'après la mort d'Antimaque Platon envoya un de ses disciples, Héraclide du Pont, à Colophon pour y rassembler les poèmes écrits par Antimaque. L'anecdote, certainement légendaire, montre en quelle estime Platon tenait le poète en question. Par ailleurs, Plutarque nous transmet une anecdote elle aussi incontrôlable, et selon laquelle Antimaque prit part à une joute poétique qui avait lieu en présence de Lysandre, lequel opposa Antimaque à un poète parfaitement inconnu, Nicératos. À une époque où les formes vieillies de la poésie épique et de la poésie lyrique semblaient ne plus répondre aux besoins qu'avait suscités la culture nouvelle et étaient presque complètement abandonnées, Antimaque écrivit un long poème épique en vingt-quatre livres : *La Thébaïde* (*), et un recueil de poèmes élégiaques auquel il donna le nom de sa femme, *Lydé* (*). Son érudition en matière d'histoire et de géographie, son style nourri de formes archaïques et de mots rares, le caractère narratif de ses élégies valurent à Antimaque l'admiration des lettrés, à l'époque alexandrine. En tant que grammairien et en tant que poète, ce fut vraiment un précurseur, et il apporta les éléments nécessaires à la formation du goût et de la technique chez les poètes grecs qui le suivirent.

RÉF. : U. von Willamowitz-Moellendorff, *Hellenistiche Dichtung in der Zeit des Kallimachos,* Berlin, 1924.

ANTIN David. Poète américain. Né le 1er février 1932 à New York City. Poète et critique d'art, David Antin a reçu une formation de linguiste et d'ingénieur. Il a d'abord été influencé par le surréalisme d'André Breton, qu'il a traduit en anglais. Par la suite, son intérêt pour la linguistique l'a conduit à élaborer une forme particulière de poésie, le « talk poem » – sorte d'improvisation orale apparemment prosaïque, mais où l'enchaînement d'épisodes « narratifs » crée comme un rythme conceptuel qui fait la qualité poétique de l'ensemble.

Aujourd'hui, Antin appartient à cette catégorie très américaine que sont les « performance artists », issus des tumultueux « happenings » des années 60. À l'instar du compositeur John Cage (1912-1992), avec lequel il partage une certaine esthétique de la provocation, Antin endosse en effet volontiers la tenue du conférencier itinérant, ce bateleur si prisé aux États-Unis depuis le XIXe siècle : régulièrement invité à participer à telle manifestation qu'organise le monde des arts (« poetry reading », inauguration de musée, galerie ou bibliothèque, etc.), il vient dérouler en public ses longs monologues semi-improvisés sur les sujets les plus variés (« sociologie de l'art », « dialogue », « l'immobilier »...). Puis, à partir des retranscriptions de ces « talks » — terme plus convivial que « speeches » —, Antin fabrique des livres s'efforçant de restituer la magie d'un « accord » fugace — « Cet acte d'écouter/parler [que j']appelle *tuning* », dit-il dans *En s'accordant* [*Tuning,* 1984] — qui a pu s'établir entre la voix qui habite les poèmes et l'oreille, souvent émerveillée, de ceux qui les ont écoutés.

Ainsi David Antin est-il passé maître incontesté dans l'art du « poème parlé », genre hybride tenant à la fois de l'improvisation jazzistique et de l'exposé didactique, du récit ou de l'enquête philosophique, de la parabole comme de l'anecdote. La poésie tout abstraite qui se dégage de telles constructions verbales évoque les collages « mystérieux et pourtant logiques » de Max Ernst, mais aussi la douce rigueur des jeux de formes et de couleurs d'un Kandinsky ou d'un Mondrian.

Sorte de Socrate du XXe siècle, comme il aime à se définir, David Antin propose au lecteur de ses « talk poems » des méditations profondes à force de légèreté et d'apparente inconséquence : « L'une des raisons pour lesquelles je préfère parler plutôt que de lire un texte, déclare-t-il, c'est que je ne veux pas que ce que je dis acquière plus de poids que des paroles » — v. *parler à la frontière* (*). Il n'en faut pourtant pas douter, derrière ce désengagement de façade se construit chez Antin toute une réflexion sur la précarité de nos représentations du réel, et sur l'inadéquation des structures syntaxiques de la langue à prendre en charge cette fluidité même. D'où la nécessité pour le poète de travailler à une « parlure » pleine d'aspérités plus qu'à une écriture lisse, d'inventer un langage conçu comme un champ de forces ouvert et en mouvement, qui puisse « nous rapprocher de ce processus qu'est le monde où nous vivons » (John Cage).

ANTOINE CAZÉ.

ANTIPHON. Orateur grec. Né à Athènes vers 480 av. J.-C., mort en 410 av. J.-C. Fils de Sophilos, d'une noble famille du dème de Rhamnunte, Antiphon est le plus ancien orateur antique et modèle de Thucydide qui l'admire beaucoup. Après une longue activité comme logographe et maître de rhétorique, Antiphon, qui est un ennemi décidé de la démocratie, s'engage dans la politique en soutenant le gouvernement oligarchique des Quatre-Cents et devient le théoricien des extrémistes. Il participe à une délégation à Sparte dans l'espoir d'obtenir le soutien de la ville aux oligarques, mais la chute du gouvernement à son retour entraîne contre lui un procès pour haute trahison. Malgré un plaidoyer que Thucydide qualifie de très brillant, Antiphon est alors condamné à mort.

L'Antiquité lui attribue soixante discours, dont vingt-cinq sont rejetés par Caecilius de Calé Acté. Il ne nous est parvenu que douze discours imaginaires divisés en *Tétralogies* (*) dont l'authenticité est encore maintenant discutée, et trois plaidoyers de procès criminels qui furent réellement prononcés. Dans le premier, un jeune homme accuse sa belle-mère d'avoir recouru à l'aide d'un esclave pour empoisonner son père ; le second, *Sur le meurtre d'Hérode* (417-414), le plus important, est la défense d'Euxitheos de Mytilène, accusé d'avoir tué l'Athénien Hérode. Antiphon s'applique, par une argumentation serrée, à établir l'invraisemblance de l'accusation ; le troisième, *Sur le choreute* (412), prend la défense d'un chorège accusé d'avoir provoqué la mort d'un choreute en lui prescrivant une potion pour améliorer sa puissance vocale. Antiphon est apprécié pour sa connaissance du droit attique et la force de son argumentation. Écrits dans un style simple et précis, ses discours témoignent de l'évolution de la rhétorique judiciaire sous l'influence des sophistes. En effet, davantage que sur les preuves externes, c'est sur la recherche de la vraisemblance [Tò εἰκός] qu'il fonde son argumentation.

Les sources anciennes prêtent au même nom des fragments de traités philosophiques. Mais des arguments de nature stylistique ont conduit l'Antiquité déjà à distinguer un autre Antiphon, contemporain de celui de Rhamnunte – dit le sophiste, d'Athènes ; sans que la question soit vraiment tranchée.

TERPSICHORE ARGYROU.

RÉF. : L. Gernet, *Discours d'Antiphon*, texte et trad. Paris, 1923. – F. Solmsen, *Antiphonsstudien*, 1931. – Anastassiou-Irmer, *Kleinere attische Redner*, Darmstadt, 1977.

ANTOINE André. Acteur, metteur en scène, directeur de théâtre et cinéaste français. Né à Limoges le 31 janvier 1858, mort au Pouliguen le 19 octobre 1943. Le nom d'Antoine évoque la fin du XIXe siècle et est suivi en général des notions de « mise en scène contemporaine » et de « naturalisme ». Or, Antoine n'invente pas la mise en scène mais est le fédérateur de pratiques et d'idées qui sont nées au XIXe siècle : salle éteinte à Bayreuth, jeu libre du théâtre des « Meiningen », déclamation dos tourné au public, figuration et objets en relief vus chez Irving à Londres... Il y ajoute « l'emploi exclusif des décors naturels et même des acteurs non professionnels ». Employé à la Compagnie du gaz, il fonde avec des camarades le Théâtre-Libre en 1887. Il y présentera une moyenne de huit spectacles par année, à raison de deux ou trois pièces par spectacle, et ce jusqu'en 1894. Il débuta avec Zola (d'où l'étiquette « naturaliste », qu'il récusera comme réductrice de sa démarche), et fit découvrir au public français Tolstoï, Tourgueniev, Ibsen, Strindberg, Hauptmann et Courteline... De 1897 à 1906, il dirige le théâtre Antoine, théâtre permanent, avec des comédiens professionnels. En 1906, il est nommé directeur de l'Odéon, direction qu'il conservera jusqu'en 1914. Malheureusement, en faillite, abandonné par les pouvoirs publics, Antoine doit s'expatrier en Turquie. Revenu en France, il ne dirigera plus jamais de théâtre mais commencera une carrière de réalisateur de films. Il en fera une dizaine, comme *La Terre* (*) d'après Zola en 1919 et *L'Arlésienne* (*) d'après Daudet en 1921. Il sera aussi critique dramatique et publiera plusieurs ouvrages de mémoires, dont *Mes souvenirs sur le Théâtre-Libre* (*) et *Mes souvenirs sur le théâtre Antoine* (1928). Il faut surtout retenir d'Antoine ses « quatre objectifs » : nouveaux auteurs, nouveau lieu théâtral, places à des prix abordables, et troupe d'ensemble.

ALAIN LECUCQ.

ĀPASTAMBA. Nom d'un sage indien semi-mythique, fondateur d'une école de spécialistes de la liturgie védique et dont le bréviaire est constitué des textes du *Yajur-Veda* (*), dans la version des *Taittirīyas.* Dans ce cénacle localisé en pays Andhra (le long de la Godāverī) se sont élaborés, entre 500 et 250 avant notre ère (?), un traité de rituel solennel (dans lequel fonctionnent trois foyers sacrificiels et de nombreux prêtres) : l'*Āpastambīya-Śrautasūtra,* en vingt-cinq livres, le plus complet, mais non le plus ancien traité de ce type ; un traité de rituel domestique qui enseigne au maître de maison ses rites et ses devoirs familiaux : l'*Āpastambīya-Gṛhyasūtra* en huit sections ; un recueil de prescriptions juridiques en deux parties, l'*Āpastambīya-Dharmasūtra.*

JEAN-MARIE VERPOORTEN.

APEL Karl-Otto. Philosophe allemand. Né le 15 mars 1922 à Düsseldorf. Dès ses études à Bonn, il subit l'influence de l'herméneutique phénoménologique. Sa thèse de 1963 porte sur *L'idée du langage dans la tradition humaniste de Dante à Vico* [*Die Idee der Sprache in der Tradition des Humanismus von Dante bis Vico*]. Enseignant à Kiel de 1962 à 1969, il découvre la philosophie analytique et réinterroge le statut de la métaphysique à travers Heidegger et Wittgenstein. Nommé à Sarrebruck en 1972, il étudie C. S. Peirce, dont il préfacera en 1975 l'édition allemande des œuvres, et accomplit le « tournant pragmatique » qui dessine à ses yeux une « transformation » de la philosophie transcendantale. En 1973, installé depuis un an comme professeur à Francfort où il rencontre Jürgen Habermas, il publie son « grand œuvre », *Transformation de la philosophie* (+) qui réordonne ses articles publiés de 1957 à 1972. Le cœur de cette transformation est la quête des fondements du « tournant linguistique » en philosophie, qui impose la tâche d'élucider réflexivement les conditions de possibilité de l'« accomplissement du monde » par le langage. Apel s'appuie sur l'idée d'un fondement ultime de nos actes transcendantaux de compréhension. Un acte de compréhension est fondé dès lors qu'il n'est réfuté par aucun contre-argument ou par lui-même, ni n'est sujet à un cercle logique de l'argumentation. Ce fondement de toute compréhension sera donc à chercher dans la reconnaissance, par tout sujet rationnel, d'une « communauté transcendantale d'argumentation ». Cela implique la reconnaissance des principes a priori d'une « éthique communicationnelle » que développe *L'Éthique à l'âge de la science. L'a priori de la communauté communicationnelle et les fondements de l'éthique* (*). Contre le scientisme, Apel met en évidence la condition ultime de chaque pratique linguistique au moyen de la « critique » du sens. Il se démarque d'une analyse herméneutique qui reste factuelle et empirique, alors qu'elle doit être pragmatico-transcendantale, donc valide a priori. L'éclaircissement de *La Controverse explication/compréhension d'un point de vue pragmatico-transcendantal* [*Die « Erklären/Verstehen » Kontroverse in transzendentale-pragmatischer Sicht*, 1979] aborde le problème des sciences sociales, déjà présent dans la *Transformation*. La poursuite de la part émancipatrice de l'œuvre des Lumières exige en effet que la philosophie du langage et de l'intersubjectivité appréhende les « a priori corporels » de la connaissance et de l'action en cherchant, d'après Marx et Hegel, la fondation philosophique et anthropologique d'une critique des contraintes sociales et individuelles que fait peser sur l'homme une « pseudo-nature » fixée par l'idéologie.

MICHAEL A. SOUBBOTNIK.

APICIUS. Écrivain latin. Surnom de M. Gavius, célèbre gastronome qui vécut sous le règne de Tibère (Ier siècle après J.-C.) et perdit dans la débauche et la gloutonnerie la plus grande partie de ses biens. Il demeure fameux également pour sa vénale complicité avec Séjan, le ministre corrompu de Tibère. Sénèque rapporte qu'ayant dépensé plus de cent millions de sesterces il en possédait encore dix millions quand il s'empoisonna, par peur de la misère. Il fut appelé Apicius pour sa ressemblance avec un autre débauché qui vivait au IIe siècle av. J.-C. Sous le nom d'Apicius nous est parvenu un traité culinaire, *Les Dix Livres de cuisine* (*), qu'il aurait composé à l'usage des cuisiniers de grandes maisons. Cet ouvrage, adapté dans la suite à un plus vaste public, subit des adjonctions qui en altérèrent profondément la teneur originelle.

APOLLINAIRE Guillaume (pseud. de Guillaume Albert Wladimir Alexandre Apollinaire de Kostrowitzky). Écrivain français. Né à Rome le 26 (ou plus probablement le 25) août 1880, mort à Paris le 9 novembre 1918. Sa mère était fille d'un noble de la Pologne russe et d'une Italienne ; son père, qui ne le reconnut pas, était un officier italien. Avec sa mère et son frère, il passe son enfance en Italie, puis à Monaco où il est élève du collège Saint-Charles, avant de continuer ses études au collège Stanislas de Cannes puis au lycée de Nice. En 1899, la famille se fixe à Paris. Un été à Stavelot dans l'Ardenne belge (1899), puis une année passée en Allemagne (1901-1902) en qualité de précepteur lui révèlent de nouvelles contrées évocatrices de légendes et de nouveaux types d'humanité. Pour gagner sa vie, il est successivement employé de banque, puis journaliste ; il sera aussi chroniqueur, échotier, polémiste, critique littéraire, critique d'art ; il fonde et dirige une première revue, *Le Festin d'Ésope* (1903-1904), et plus tard, avec André Billy, *Les Soirées de Paris* (1912-1914). Il a pour amis de nombreux écrivains : Salmon, Jarry, Max Jacob pour n'en citer que quelques-uns, et se lie avec des peintres tels que Vlaminck, Derain, Picasso, Braque, Matisse. Il célèbre l'art contemporain d'avant-garde qu'il défend contre l'incompréhension du grand public — v. *Les Peintres cubistes* (*) (1913). Il fut aussi en relation avec les futuristes italiens ; mais la signification de son manifeste *L'Antitradition futuriste* demeure ambiguë.

Par besoin d'argent et par goût de la littérature « libre », il écrit deux romans publiés sous le manteau, *Les Onze Mille Verges* (*) (1907) et *Les Exploits d'un jeune don Juan* (+) (1907 ou 1911 ?). De 1909 à 1914, il établit pour la collection « Les Maîtres de l'amour » des éditions d'ouvrages « libertins » français et étrangers (l'Arétin, Sade, Nerciat, Mirabeau...) avec des notices bien informées ; il dresse en 1913 avec Fleuret et Perceau le catalogue de *L'Enfer de la Bibliothèque nationale*. Il signe aussi des romans historiques scabreux et humoristiques, *La Rome des Borgia* (1913), *La Fin de Babylone* (1914), *Les Trois don Juan* (1914).

En 1909, il publie *L'Enchanteur pourrissant* (*), récit en prose poétique inspiré de la légende médiévale de Merlin et illustré par Derain ; en 1910, un recueil de nouvelles, *L'Hérésiarque et Cie* (*) ; en 1911, une suite de brefs poèmes illustrés par Dufy, *Le Bestiaire ou Cortège d'Orphée* (*). En septembre 1911, à la suite d'un vol au musée du Louvre, il est accusé de complicité et incarcéré à la Santé pendant cinq jours ; son innocence est reconnue et le non-lieu prononcé, mais après avoir été violemment attaqué par une presse xénophobe et menacé d'expulsion ; cette épreuve laissa en lui une trace profonde. En 1913, il réunit ses meilleurs poèmes depuis 1898 dans son premier grand recueil, *Alcools* (*).

En 1914, Apollinaire s'engage dans l'armée française et combat dans l'artillerie, puis dans l'infanterie. En mars 1916, peu de jours après avoir obtenu sa naturalisation, il est blessé à la tempe d'un éclat d'obus ; il subit en mai la trépanation. Il publie en 1916 *Le Poète assassiné* (*), recueil de nouvelles dont la première, qui donne son titre au volume, est une autobiographie mythique, tragique et ludique ; en 1917, un mince recueil de poèmes, illustré par Rouveyre, *Vitam impendere amori ;* en 1918, *Calligrammes* (*), recueil d'« idéogrammes lyriques » et de poèmes composés avant et pendant la guerre. Cependant, autour de lui, avaient commencé à se réunir de jeunes poètes appelés André Breton, Philippe Soupault, Louis Aragon, qui devaient former plus tard le noyau du groupe surréaliste ; le mot fut d'ailleurs créé par Apollinaire, mais dans une acception différente de celle qu'ils allaient lui donner. En juin 1917, il fait représenter *Les Mamelles de Tirésias* (*), « drame surréaliste », qui traite sur le ton de la farce aristophanesque la grave question de la repopulation. La même année, dans une conférence intitulée *L'Esprit nouveau et les poètes,* il exalte l'imagination créatrice et préconise l'esthétique de la surprise tout en se réclamant des valeurs de l'humanisme classique. Un autre drame, *Couleur du temps* (*), qui ne fut représenté qu'après sa mort, en novembre 1918, aboutit au règne universel de la mort. Apollinaire, dont la santé avait été atteinte par sa blessure et par les gaz asphyxiants respirés sur le front, ne résiste pas à l'épidémie de grippe espagnole de l'automne 1918. Après sa mort parurent *Le Flâneur des deux rives* (*) (1919), recueil de chroniques sur un Paris insolite, et *La Femme assise* (*) (1920), roman inachevé, nourri d'éléments disparates en partie autobiographiques. Des poèmes inédits ou publiés dans des revues furent groupés dans *Il y a* (1925), dans *Ombre de mon amour* (1947), dans *Le Guetteur mélancolique* (1952) ; des chroniques dans *Anecdotiques* (1926) ; des articles de critique d'art dans *Chroniques d'art* (1960) ; des travaux d'érudition dans *Les Diables amoureux* (*) (1964). On publia aussi une « comédie parodique », *Casanova* (1952) ; des recueils de lettres, *Lettres à sa marraine* (1948), *Tendre comme le souvenir* (*) (1952), *Lettres à Lou* (*) (1969) ; un scénario de film écrit en collaboration avec Billy, *La Bréhatine* (1971).

Non seulement dans la poésie d'Apollinaire, mais aussi dans ses textes de fiction passent, plus ou moins déguisées ou métamorphosées, des figures féminines. À Stavelot, il tourna le madrigal, parfois en wallon, pour Mareye (Marie Dubois) ; à Paris, en 1901, il dédia des « dicts d'amour » à « Linda la zézayante ». En Allemagne, sa passion pour la jeune Anglaise Annie Playden fut profonde et durable, et l'échec le laissa désemparé. Sa liaison avec Marie Laurencin, de 1907 à 1912, fut celle d'un poète avec une artiste, souvent heureuse, parfois orageuse. Pendant la guerre, il eut une aventure ardente et brève avec Lou (Louise de Coligny-Châtillon), puis se fiança avec Madeleine Pagès qu'il abandonna après sa blessure ; enfin il épousa, six mois avant sa mort, Jacqueline, la « jolie rousse ».

Même quand il se fait conteur, chroniqueur ou critique, Apollinaire ne cesse pas d'être poète, car il sait faire jaillir du réel le plus quotidien l'étincelle de l'inattendu, de la cocasserie ou de la rêverie. Son univers personnel est nourri de culture ; mythologies antiques et médiévales, érudition souvent orientée vers le rare et le marginal, poésie des siècles passés génèrent des réseaux d'images d'où, à la rencontre de l'événement ou de l'émotion, émerge le poème, parfois mélodie limpide, parfois énigme irritante et séduisante. Chez lui, le vocable appelle le vocable, le calembour devient créateur, la matière visuelle même du mot est exploitée. Son audience fut considérable et elle est loin d'être épuisée.

MADELEINE BOISSON.

♦ *« Il fut un "voyant" considérable. »* André Breton. ♦ *« Tant s'en faut que les miracles d'Apollinaire soient ingénus comme le croyait Gide ; ce sont bien plutôt les miracles délibérés d'un magicien rompu à la confection des philtres, ou d'un barman qui connaît les ressources de ses étagères. »* Pascal Pia. ♦ *« Les découvreurs des générations suivantes ont reconnu un frère et un intercesseur dans ce poète inquiet. »* P.-O. Walzer.

RÉF. : P. Pia, *Apollinaire par lui-même,* Paris, 1954. – M. Décaudin, *Le Dossier d'« Alcools »,* Genève, 1960. – P.-M. Adéma, *Guillaume Apollinaire,* Paris, 1968. – Ph. Renaud, *Lecture d'Apollinaire,* Lausanne, 1969, – C. Tournadre (C. Debon), *Les Critiques de notre temps et Apollinaire,* Paris, 1971. – C. Debon, *Guillaume Apollinaire après « Alcools »,* t. I, Paris, 1981.

APOLLODORE d'Athènes. Grammairien grec et érudit du IIe siècle av. J.-C. Il étudia à Athènes sous la direction du stoïcien Diogène de Séleucée, puis à Alexandrie sous celle d'Aristarque de Samos. Auteur de plusieurs ouvrages d'ordre philologique, historique et mythographique, dont aucun ne nous est parvenu. Souvent cité, son traité en vingt-quatre livres *Sur les dieux* (dont les fragments se trouvent réunis par Jacoby, *Die Fragmente der griechischen Historiker*, no 244) lui valut, de la part du patriarche Photius (au IXe siècle), l'attribution de la fameuse *Bibliothèque*, compendium systématique de la mythologie classique qui, elle, nous est conservée en grande partie – v. *Bibliothèque du pseudo-Apollodore* (*). Carl Robert, dans sa dissertation de 1873 (*De Apollodori Bibliotheca*), a réfuté définitivement cette attribution. L'auteur de la *Bibliothèque*, qui date vraisemblablement du IIer siècle de notre ère, reste inconnu.

PHILIPPE BORGEAUD.

APOLLONIOS de Rhodes. Poète et grammairien grec du IIIe siècle av. J.-C. Les témoignages antiques sur la vie d'Apollonios sont peu fiables et contradictoires. Les seuls éléments de biographie qu'ils permettent de reconstituer avec quelque certitude sont les suivants : Apollonios naquit à Alexandrie vers 300 av. J.-C., il eut Callimaque comme professeur de littérature, il dirigea la bibliothèque d'Alexandrie et fut précepteur de Ptolémée III Évergète vers 260, il fit une première lecture publique des *Argonautiques* (*), il quitta Alexandrie pour Rhodes (d'où son nom), il remania son poème et resta probablement dans l'île jusqu'à la fin de sa vie. Quant aux raisons de ce départ pour Rhodes, traditionnellement mises en relation avec la composition des *Argonautiques* et avec une querelle qui aurait opposé Apollonios à Callimaque, elles constituent un problème qui divise les critiques et fait couler beaucoup d'encre. Les données du problème peuvent se résumer ainsi : les sources antiques rapportent qu'Apollonios donna une première lecture des *Argonautiques* qui se solda par un échec ; critiqué et raillé par les autres poètes d'Alexandrie, il s'exila à Rhodes. Par ailleurs, à plusieurs reprises dans son œuvre, Callimaque adopte un ton polémique et affirme en particulier son aversion pour les longs poèmes cycliques consacrés à une seule action. La *Souda* (*) mentionne en outre un poème intitulé « Ibis », que Callimaque aurait composé contre un certain Ibis devenu son adversaire ; une phrase, qui semble être une addition, précise que cet adversaire est l'auteur des *Argonautiques.* Enfin, une épigramme de l'*Anthologie palatine* (*), attribuée par une mention marginale à Apollonios de Rhodes, prend Callimaque pour cible. À partir de ces éléments, les interprétations les plus variées ont été proposées. Elles oscillent entre deux positions extrêmes. La première consiste à imaginer qu'Apollonios, après sa lecture des *Argonautiques,* long poème consacré à la conquête de la Toison d'or par Jason, a été fortement critiqué par son ancien maître Callimaque et que cette attaque virulente de la part d'un poète bien en cour l'a contraint à l'exil. La seconde position, souvent adoptée dans les études récentes, consiste à avoir de sérieux doutes sur l'existence d'une querelle entre les deux poètes. Pour défendre cette dernière thèse, les critiques, tout en reconnaissant que les débats littéraires étaient sans doute nombreux à Alexandrie, avancent qu'aucun témoignage assuré ne nomme Apollonios parmi les adversaires de Callimaque ; et surtout ils mettent en évidence que *Les Argonautiques,* malgré leur longueur (plus de 5 000 vers), ne constituent pas un exemple de poème cyclique traditionnel, mais résultent de la volonté de renouveler le genre épique en accord avec les théories littéraires prônées par Callimaque.

Outre *Les Argonautiques,* seule œuvre qui nous soit parvenue, Apollonios a écrit des poèmes consacrés à la fondation de certaines cités et a rédigé, en tant que grammairien, des ouvrages de philologie.

OLIVIA RODARI.

RÉF. : A. Hurst, *Apollonios de Rhodes, manière et cohérence,* Rome, 1967. – M. Fusillo, *Il tempo delle Argonautiche,* Rome, 1985.

APPELFELD Aharon. Écrivain israélien. Né à Czernowitz (Bukovine, ancienne province de l'Empire austro-hongrois, devenue roumaine en 1919 et ukrainienne depuis 1940), le 16 février 1932. Aharon Appelfeld est l'un des écrivains les plus marquants de la « seconde vague » littéraire de l'État d'Israël. Déporté à l'âge de huit ans dans un camp de Transnistrie, il s'en est évadé très vite et a mené une vie errante et traquée dans les forêts ukrainiennes avant d'être enrôlé dans l'armée Rouge, puis de gagner Israël avec l'aide de l'organisation sioniste « Aliyath Hanoar ». Études littéraires et agricoles, service militaire précédèrent ses débuts d'écrivain. En 1962 paraît son premier recueil de nouvelles, *Fumée* [*'Ashan*]. Depuis, nouvelles, romans – *Le Temps des prodiges* (*) (1978), *Badenheim 1939* (*) (1979), *Tsili* (*) (1983) – et prix littéraires le couronnant se sont succédé régulièrement. Aharon Appelfeld enseigne la littérature à l'université de Beer Sheba.

Les héros d'Aharon Appelfeld sont des Juifs ou des demi-Juifs d'Europe centrale, imprégnés de culture germanique. Intellectuels, petits-bourgeois, commerçants et domestiques, ils représentent le destin éternel du peuple juif dont la Shoah n'est qu'un épiphénomène. Assimilés à la civilisation occidentale, ils sont amputés de leur patrimoine spirituel et sont livrés aux camps et à l'errance, l'âme nue, privée à tout jamais de l'héritage que leurs parents n'ont pas su ou pu leur transmettre. Les rescapés ne peuvent trancher le nœud gordien qui les attache à leur passé et se fuient eux-mêmes, poursuivis par leurs souvenirs perdus.

C'est à travers les petits faits de la vie quotidienne qu'Aharon Appelfeld fait monter la tension. Avec une grande économie de vocabulaire, il crée une atmosphère prenante, campe des personnages par touches impressionnistes, dans un style d'une élégance raffinée. Son œuvre est semée de symboles récurrents : trains de marchandises répugnants, aux horaires imprévus, fumées, brouillard, rafales de neige, oiseaux inconnus, végétations exubérantes sont autant de messages que ses héros ne savent pas analyser. Ceux qui sont revenus des camps ou des forêts en ont tiré une leçon : « L'homme n'est pas un insecte. La vie est précieuse, mais l'humiliation a des limites. »

ARLETTE PIERROT.

APPIA Adolphe. Scénographe, metteur en scène et théoricien du théâtre suisse d'expression française. Né le 1er septembre 1862 à Genève, mort le 29 février 1928 à Glérolle (Nyon). Totalement inconnu du public, Appia a pourtant influencé de nombreux metteurs en scène européens, et peut être considéré comme l'initiateur du constructivisme et de l'expressionnisme. Son œuvre est enfin disponible grâce aux efforts des éditions de L'Âge d'homme qui en ont publié l'intégralité en quatre volumes, avec un addenda comprenant ses dessins, ses esquisses et ses maquettes de décors. Avant quiconque, Appia, nourri de l'œuvre de Wagner, remet en question les formes théâtrales créées par celui-ci, ainsi que toutes celles de la fin du XIXe siècle. Il publie en 1895 *La Mise en scène du drame wagnérien,* et en 1899 *La Musique et la Scène.* L'idée maîtresse en est la priorité accordée au texte dramatique et à l'acteur. Il développera cette théorie dans son texte majeur, *L'Œuvre d'art vivant* (*) en 1921, y ajoutant des considérations précises sur la scène architecturée et la lumière. Ses principes sont « le bannissement, sur scène, de toute décoration maniérée et de toute toile peinte, la dominante des praticables, et le rôle actif de la lumière ». Dès 1906, Appia découvre la gymnastique rythmique de Jacques Dalcroze, dont la méthode lie l'expression corporelle à la musique. Il entretient une correspondance avec Gordon Craig, et tout deux partagent le « privilège » d'avoir une œuvre essentiellement théorique, étant également déçus par leurs réalisations. Appia a tout de même travaillé concrètement sur des opéras de Wagner, de Gluck et de Bizet, ainsi que sur des pièces de Shakespeare, d'Eschyle, d'Ibsen et de Claudel. Néanmoins, ce qui l'oppose à Craig est l'affirmation de la fonction de l'acteur en tant que premier facteur de l'acte théâtral. Précurseur d'Artaud, Appia exprime pour la première fois l'idée de l'« acte total », et appelle de ses vœux la « salle cathédrale de l'avenir qui sera le lieu par excellence où l'art dramatique fleurira avec ou sans spectateur ».

ALAIN LECUCQ.

APPIEN. Historien grec. Né à Alexandrie vers la fin du Ier siècle. Lorsqu'il y eut achevé des études de droit, il devint avocat en Égypte. Plus tard, à l'époque d'Adrien (117-138), il se rendit à Rome, où il obtint le droit de cité, et fit partie de la maison civile de l'empereur. Une fois Antonin le Pieux (138-161) monté sur le trône, il obtint de ce dernier empereur la charge si fort convoitée de procureur impérial, grâce à une lettre adressée à son ami Fronton auquel il fit présent de quelques esclaves. Sous le règne de Marc-Aurèle (161-180), il fut nommé avocat du fisc, encore qu'il fût déjà âgé au temps de l'empereur précédent. Sa participation active aux événements et la connaissance qu'il pouvait avoir des faits, étant donné qu'il se trouvait à la cour et dans les sphères officielles (il mentionne la révolte des Juifs en 116), contribuèrent à lui donner une grande sûreté de jugement pour les affaires politiques et une claire vision des choses. Ces qualités se retrouvent dans son *Histoire romaine* (*) où, au lieu de traiter la situation en analyste comme on avait coutume de le faire, et d'examiner les relations de Rome avec les différents peuples qui étaient entrés en contact avec elle, Appien se contente de réaliser une compilation en faisant un choix très judicieux de ses sources, si bien qu'il nous a laissé des éléments d'une grande valeur.

APULÉE de Madaure (Lucius Apuleius). Écrivain latin. Né vers 124 ou 125 à Madaure, aux confins de la Gétulie et de la Numidie, d'une famille assez distinguée, mort à Carthage vers 180. Après avoir étudié la rhétorique à Carthage, il s'initia, à Athènes, à la philosophie de Platon. Il voulut tout connaître : les sciences naturelles, l'astronomie, la médecine, la musique, et fit même des vers. Épris de voyages, il visita plusieurs pays et, après une absence dont on ignore la durée, revint sans doute s'établir à Carthage. L'épisode le plus connu de sa vie est un procès que lui intentèrent, à Oea (Tripoli), des parents de la riche veuve Pudentilla : ils l'accusaient d'avoir, à l'aide d'enchantements maléfiques, contraint cette femme au mariage, par cupidité. De ces accusations, il se disculpa dans son brillant et copieux ouvrage : *De la magie* ou *Apologie d'Apulée* (*), plaidoyer qu'il aurait prononcé, croit-on, entre 155 et 158, devant le tribunal du proconsul romain en Afrique, Claude Maximus. *De la magie* est l'unique témoignage d'éloquence judiciaire en latin que nous ait laissé l'époque impériale. Ce discours, que saint Augustin jugeait « très abondant et très prolixe », fut ensuite, selon la coutume des orateurs d'alors, augmenté et agrémenté d'ornements littéraires. Tel qu'Apulée dut le prononcer, il était certainement beaucoup plus bref quant à l'argumentation, moins riche en anecdotes et d'un style plus simple, car l'auteur eut à peine trois ou quatre jours pour préparer sa défense. Dans la seconde partie de sa vie, nous le retrouvons à Carthage, comblé d'honneurs, donnant par ses conférences de nouveaux exemples d'une éloquence éblouissante dont l'éclat n'avait jamais été atteint, et le public cultivé de Carthage accourait, ainsi que l'avait fait celui d'Oea, comme s'il s'était agi d'un spectacle public. Nul mieux qu'Apulée ne savait soulever l'admiration des auditeurs, capable qu'il était de parler alternativement en grec et en latin. C'est ainsi que, dans la basilique de Carthage, il avait célébré en prose et en vers Esculape, le grand dieu, après s'en être fait le panégyriste dans les villes de l'Afrique. Parmi ses écrits mineurs, citons *Platon et son dogme*, et l'opuscule *Le Démon de Socrate* dans lequel est exposée la doctrine religieuse du philosophe ; *De l'univers* [*De mundo*] et *Florida* [*Floridorum libri IV*] (recueil de vingt-trois morceaux oratoires extraits — on ne sait par qui ni à quelle époque — des conférences publiques d'Apulée). *De mundo* n'est d'ailleurs qu'une traduction remaniée du traité *Du Cosmos* [Περί χόσμου] d'Aristote. Sa plus grande renommée, l'écrivain la doit aux *Métamorphoses* (*) que les Anciens appelaient aussi *Asinus aureus* [*L'Âne d'or*], récit en onze parties, dans lequel sont décrites les aventures d'un jeune homme, Lucius, transformé en âne à l'aide d'un onguent magique et qui, après de multiples aventures, revient à sa forme humaine. *Les Métamorphoses* s'achèvent par la célébration des mystères sacrés. La onzième partie, empreinte en son début d'une craintive joie religieuse, ne cesse, jusqu'à la fin, d'être un splendide récit des visions, des extases de la liturgie mystique et des initiations sacrées. La personnalité de l'auteur s'y dessine nettement à travers le héros qui, soudain, n'est plus le Grec Lucius, mais un natif de Maudaure, autrement dit Apulée l'Africain, philosophe et même *pontifex*. Dans *Les Métamorphoses* apparaît tout le génie de l'auteur, un des écrivains les plus personnels de l'Antiquité quant au style.

CONCETTO MARCHESI.

♦ *« Son style est aussi compliqué et bizarre que celui de Pétrone est naturel ; bourré d'archaïsmes, de traits, d'antithèses, de jeux de mots, on dirait qu'il a pour principe de choisir les expressions et les termes les moins usités. »* L. Laurand. ♦ *« Ce qui frappe tout d'abord dans Apulée, c'est l'étendue ou plutôt l'universalité des connaissances, la variété des aptitudes, la souplesse d'un talent qui se prêtait à tous les genres, qui les cultiva tous et qui sut exceller dans quelques-uns... Il fut, si l'on peut dire, le Diderot de son siècle. »* Henri Lantoine. ♦ *« On lira le conte d'Apulée* [Amour et Psyché] *tant qu'il y aura des âmes avides de merveilleux et des cœurs sensibles à l'amour. »* A. Ernout.

RÉF. : G. Binder et R. Merkelback (éd.), *Wege der Forschung*, Darmstadt, 1968. – G. Angello, *Studi Apuleiani*, Palermo, 1977. – J. Tatum, *Apuleius and the Golden Ass*, Ithaka/Londres, 1979.

AQUIN Hubert. Romancier canadien d'expression française. Né et mort à Montréal (24 octobre 1929 - 15 mars 1977). Après des études en philosophie à l'université de Montréal et trois années passées à l'Institut des sciences politiques de Paris, il travaille pour Radio-Canada (1955-1959), où est diffusé son premier « téléthéâtre », avant d'entrer à l'Office national du film (O.N.F.) jusqu'en 1963 (production, réalisation et scénographie). Un temps courtier en valeurs mobilières, il se consacre avec ferveur à la cause du mouvement indépendantiste : directeur de la revue *Liberté* en 1961, il est depuis 1960 membre du Rassemblement pour l'indépendance nationale. Il en devient le vice-président en 1963 ; l'année suivante, il est arrêté pour port d'armes et interné trois mois à l'Institut psychiatrique Albert Prévost. Libéré puis acquitté en 1965, il séjourne plusieurs mois en Suisse d'où il est expulsé en décembre 1966, officiellement pour surpopulation étrangère. Dès lors il multiplie articles et essais : *Point de fuite* (recueil de 1971), *Blocs erratiques* (recueil de 1977) ; continue ses dramatiques : *Table tournante* (1968), *Double sens* (1972) ; se tourne vers l'écriture romanesque : *Prochain épisode* (1965), *Trou de mémoire* (1968), *L'Antiphonaire* (*) (1969), *Neige noire* (1974). Tour à tour professeur de littérature ou d'esthétique, réalisateur à l'O.N.F., directeur littéraire aux éditions La Presse, il manifeste encore son militantisme avec quelques gestes symboliques : il refuse en 1969 le prix du Gouverneur général du Canada ou, en 1971, démissionne de *Liberté* (subventionnée par Ottawa). Mais sa conviction paraît l'avoir déserté ; désillusion politique ou échec personnel, il se suicide en 1977. D'aucuns verront dans ce geste le dépit d'un ambitieux écarté du premier plan ; il serait sans doute plus juste d'y lire le terme d'une trajectoire intérieure dont sa vie comme ses écrits esquissent déjà le mouvement. Entre le professeur, le producteur, le courtier en valeurs et le militant, il n'y a de fait que l'espace d'une boutade : « Je suis écrivain faute d'être banquier », prétend Aquin, qui se voudrait au fond le « gestionnaire » de la cause nationaliste. Une face de son œuvre porte ainsi la trace d'une subtile didactique de l'indépendance : aux essais polémiques aussi brillants que désenchantés explorant avec acuité la « fatigue culturelle du Canada français » répondent deux premiers romans où les méandres d'une fiction baroque nourrissent une réflexion (auto)critique autour des figures entrelacées de la dépendance et de la libération, soit révolution (*Prochain épisode*) et colonialisme (*Trou de mémoire*). On ne saurait néanmoins limiter les textes d'Aquin à leurs enjeux politiques sous peine de méconnaître l'insistance avec laquelle ils ne cessent d'interroger les jeux du réel et de l'illusion. C'est donc au regard des deux autres romans (*L'Antiphonaire*, *Neige noire*) ou de récits posthumes (*Obombre*, *L'Invention de la mort*) qu'il convient de réinterpréter l'œuvre dans sa totalité — à savoir précisément une recherche effrénée, quasi charnelle, de la totalité. Les deux modes, explicites, en sont l'alchimie et l'anamorphose : d'un côté la tentative de transfigurer le multiple pour parvenir à l'unité (du sujet, de la culture, du monde), de l'autre la tentation de l'apparence et les prestiges vertigineux de la contradiction. Cette tension décisive organise un univers tout en ruptures et en dédoublements ; des narrateurs improbables y poursuivent de chimériques enquêtes, mettant à l'épreuve d'une violence mélangée d'érotisme leur indéracinable hantise du sacré. De la théologie médiévale à la phénoménologie husserlienne en passant par l'intrigue policière ou le roman d'espionnage, toutes les modalités de la quête se retrouvent ainsi convoquées au sein d'une écriture qui embrasse dans le même mouvement l'érudition, le lyrisme et la parodie. On prendra garde alors à ne pas fixer d'étiquettes sur un auteur trop fuyant pour les retenir ; Hubert Aquin n'est pas seulement ce chantre de la rébellion qu'aurait souhaité une génération aux élans d'indépendance, ni le tenant outre-Atlantique d'une déconstruction formaliste contemporaine du Nouveau Roman. Une urgence plus profonde travaille cette œuvre à mi-chemin entre une psychanalyse (conjurée) et une profession de foi (déchirée) : en somme le testament spirituel d'une conscience en mal de savoir, qui ne se lasserait pas de scander avec la même avidité douloureuse les tâtonnements entre sens et absence de l'homme déchiffrant.

LAURENT BAZIN.

ARAGON Louis. Écrivain français. Né et mort à Paris : 3 octobre 1897-24 décembre 1982. S'étendant sur plus de soixante ans d'un siècle où elle s'est voulue partie prenante, l'œuvre présente un écheveau d'apparentes contradictions qui ne peuvent se comprendre que dans leur chronologie, et restituées à l'histoire politique et littéraire. L'homme n'est pas moins mobile, et protéiforme : fils illégitime élevé dans le trucage familial et la gêne financière d'une bourgeoisie déclassée, dont la mère le fait passer pour son frère. Son nom même est un masque, où son père (Louis Andrieux, ancien préfet de police, devenu un vague « tuteur ») a imposé son prénom et une initiale en A que l'œuvre ne cessera d'essaimer. Pendant l'enfance, il a « tout lu », et déjà beaucoup écrit — en dictant d'abord à ses tantes, d'où peut-être son style vocal, le « piétinement de la syntaxe » selon la cadence du souffle — liant à jamais le « Mentir-vrai » de la littérature à la possibilité d'être soi. Bachelier en 1915, il commence des études de médecine (abandonnées en 1922), découvre la création contemporaine et fait la connaissance d'André Breton. Mobilisé en 1917, il se voit « infliger la vérité » sur son roman familial avant de partir au front. Retrouvant en 1919 Breton en compagnie de Philippe Soupault, ils fondent tous trois la revue au titre antiphrastique de *Littérature* (*). En 1920, Aragon publie avec *Feu de joie* (*) ses premiers poèmes, ajointant et brisant les influences (Rimbaud, Apollinaire, mais aussi les libertins du XVIIe siècle) pour alléger d'une ellipse les aveux biographiques. Réécriture, masque et mélodie : malgré les métamorphoses, les données essentielles de l'œuvre sont inscrites dans ce commencement.

Scandales, recherches et défis lancent alors le groupe de jeunes gens dans l'aventure aboutissant au surréalisme. *Anicet* (*) (1921) et le pastiche des *Aventures de Télémaque* (*) (1922) constituent les scintillants « romans-poèmes » de cette formation. Les poèmes du *Mouvement perpétuel* (*) (1926), les nouvelles du *Libertinage* (*) (1924) surtout manifestent la diversité de son talent, et nous montrent aujourd'hui la position paradoxale de l'un des chefs de file d'un mouvement qui, écrivant « pour se contredire », travaille toujours à le déborder. Parallèle au *Manifeste du surréalisme* (*) de Breton, *Une vague de rêves* (*) (1924) donna la théorie du surréalisme selon Aragon : moins confiant en la « voyance », attentif déjà à la description et au problème de la temporalité (contre le présent pur et le refus du roman de Breton), il y plaide pour un « merveilleux quotidien » issu du frottement de l'imaginaire au réel, dont *Le Paysan de Paris* (*) (1926) sera l'illustration. Sa « volonté de roman » le conduit au projet fou d'une *Défense de l'infini* (*), œuvre frénétique et démesurée qu'il détruira en 1927. Il traverse alors une crise très grave : après l'échec scriptural, sa liaison passionnelle avec Nancy Cunard lui fait commettre une tentative de suicide. Sinon l'homme, l'écrivain se tue avec l'exercice de démolition poétique de *La Grande Gaîté* (*) (1929). Le pamphlet du *Traité du style* (*) s'inscrit dans le bilan général du surréalisme en 1928 : ironisant sur les lieux communs de la libération individuelle (évasion, rêve, etc.), Aragon y esquisse son inflexion vers la politique (la plupart des surréalistes ayant adhéré au parti communiste en 1927). Les amis ne parleront bientôt plus la même langue : en 1932, le poème « Front rouge » expose Aragon à des poursuites judiciaires. La défense de Breton vise habilement à plaider pour l'irresponsabilité politique de la poésie et attaque le parti communiste : la réponse d'Aragon dans *L'Humanité* marquera leur rupture.

Liée depuis novembre 1928 à Elsa Triolet, qui lui fait découvrir la littérature et le pays russes, portée par les bouleversements politiques des années 30, l'activité d'Aragon est alors essentiellement militante. En 1934, les poèmes d'*Hourra l'Oural* (*) et le roman *Les Cloches de Bâle* (*) forment la renaissance de l'œuvre — avec toutes les maladresses d'une enfance — sous les couleurs du réalisme socialiste. Avec la réussite du roman *Les Beaux Quartiers* (*) en 1936, dont il fait le second volume d'un cycle appelé « Le Monde réel », la métamorphose est accomplie. L'image de nouveau peut basculer : après sa démobilisation, Aragon organise un réseau de résistance en zone Sud et publie des poèmes « de contrebande » : *Le Crève-Cœur* (*), *Les Yeux d'Elsa* (*), *Le Musée Grévin* (*)... Sa prodigieuse culture poétique et l'acceptation de sa propre mélodie — qu'il souhaitait auparavant casser — lui permettent d'emblée de réinscrire de façon moderne la tradition. Savante par ses références, sa parole est cependant immédiatement accessible, et rencontre un nombre extraordinaire de lecteurs. L'art aragonien du masque est en effet en concordance avec l'Histoire, quand tout message doit être codé. Par la réinvention du mètre et d'une rime nouvelle, l'apparente transparence convoie en fait un réseau d'images difficiles, où le lyrisme amoureux et le recours aux valeurs de la civilisation courtoise visent à contrecarrer la mythologie fasciste. À la libération, Aragon est devenu aux yeux du public le plus grand poète de la Résistance — *La Diane française* (*), *Le Nouveau Crève-Cœur* (*). Le réalisme s'est épanoui avec les deux grandes réussites du « Monde réel » : *Les Voyageurs de l'impériale* (*) (achevé en 1939) et *Aurélien* (*) (1944) où Aragon s'autorise un retour sur son enfance et sa jeunesse.

Mais l'Histoire fait injustement déraper l'accueil de ces œuvres. Devenu l'un des « maîtres à penser » de l'époque face aux existentialistes, Aragon est prisonnier des durcissements de la Guerre froide. Le poème *Les Yeux et la Mémoire* (*) (1954) et la dernière entreprise du « Monde réel », *Les Communistes* (*) (1949-1951), s'efforcent d'intégrer les thèses jdanoviennes, nouveau credo d'un Parti stalinien comme jamais. Aragon n'écrit plus que des essais : *L'Homme communiste* (1953), *Littérature soviétique* (1954). Au désarroi esthétique répond la révélation, lors d'un voyage en U.R.S.S., en 1952, de la réalité de la dictature, sur laquelle il fera cependant silence.

Évoluant toujours par cassures, dynamisée par la douleur, l'œuvre prend un nouveau virage après le XXe Congrès. L'autobiographie poétique *Le Roman inachevé* (*) (1956), le roman *La Semaine sainte* (*) (1958) et le poème *Elsa* (*) (1959) frappent les trois coups de cette nouvelle carrière, où le travail de toute une vie va permettre de déborder les genres, et d'explorer la tragédie d'être dans une écriture de plus en plus en liberté. Saisissant la trahison par quoi le réel déforme jusqu'à la caricature l'utopie qu'on y veut inscrire, Aragon défend désormais un « réalisme sans rivages » apte à en interroger les pièges et ambiguïtés. La réflexion historique amorcée dans le renouvellement romanesque se poursuit avec l'*Histoire parallèle des États-Unis et de l'U.R.S.S.* (avec André Maurois, 1962), mais aussi dans les poèmes du *Fou d'Elsa* (*) (1963) et des *Poètes* (*) (1959), où l'amour devient la fondation de la temporalité, et comme la seule promesse, au présent, de l'avenir rêvé : « L'amour que j'ai de toi garde son droit d'aînesse / Sur toute autre raison par quoi vivre est basé. » Baroques, délibérément vertigineuses et indémêlables du commentaire depuis l'entreprise des *Œuvres romanesques croisées* qui tressent les romans d'Aragon et d'Elsa (1964) – donnant lieu à une biographie critique éclatée dans les préfaces et postfaces , les dernières œuvres vont ainsi découdre ce qui apparaît comme les trois interrogations majeures d'Aragon : l'art, l'Histoire, la relation. *La Mise à mort* (*) (1965), *Blanche ou l'Oubli* (*) (1967), l'incendie final de *Théâtre/Roman* (*) (1974), mais aussi les chambres d'échos d'*Henri Matisse, roman* (*) (1971) ou des *Incipit* (*) (1969) permettent alors de comprendre à rebours l'itinéraire qu'ils déconstruisent. Confronté plus que tout autre par les circonstances à la question d'être soi, Aragon a ainsi abordé de front – et c'est en quoi le parcours nous concerne – la déchirure du Je et du Moi. L'homme et l'œuvre ont alors fonctionné par sutures successives, vantant comme issue au dédoublement infini de la personne le libre déploiement de l'imaginaire d'abord, puis l'agir politique, qui a coïncidé un temps avec la conversion à l'autre de l'amour. La totale confusion de soi et de l'engagement explique alors certains errements, sur lesquels il faut noter que les années 1968 à 1982 reviendront, obligeant Aragon (qui préface Kundera, publie Soljenitsyne) à déposer le journal des *Lettres françaises*, qu'il dirigeait depuis 1953, faute d'abonnements soviétiques (1972). Mise à nu progressive des leurres, l'écriture devient alors la seule fondation d'un sujet qui s'échappe, et revendique finalement sa perte, le « perpétuel mourir » de la syncope poétique, éclipse musicale dans « l'eau limpide de l'être ». Close avec *Les Adieux* (*) (1981), l'œuvre apparaît ainsi comme un immense poème labyrinthique, dont la seule vraie énigme réside dans sa langue, saturée de trilles, à la fois factice et efficace, où un être parvint à vocaliser son essence.

OLIVIER BARBARANT.

♦ *« Sa prodigieuse virtuosité n'est comparable – toutes choses égales – qu'à celle de Hugo. »* Philippe Soupault. ♦ *« Je me garderai de le comparer aux poètes vivants et de dire s'il l'emporte sur eux – comme je le crois. Mais je l'introduis sans effort parmi les grands du passé. »* Mauriac. ♦ *« Nul n'aura été plus habile détexteur de l'insolite sous toutes ses formes. »* André Breton.

RÉF. : Hubert Juin, *Aragon*, Paris, 1960. – Pierre de Lescure, *Aragon romancier*, Paris, 1960. – *Aragon parle avec Dominique Arban*, Paris, 1968. – Sophie Bibrowska, *Une mise à mort, l'itinéraire romanesque d'Aragon*, Paris, 1972. – Daniel Bougnoux, *Blanche ou l'Oubli d'Aragon*, Paris, 1973. – Pierre Daix, *Aragon, une vie à changer*, Paris, 1975. – *Recherches croisées*, n°s 1 et 2, Besançon, 1988 et 1990.

ARAGONA Tullia d'. Poétesse italienne. Née à Naples en 1510 (?), morte à Rome en 1556. Courtisane d'une grande beauté dans un siècle qui en avait le culte, elle se consacra, comme tant d'autres à cette époque, aux lettres et à la poésie. Elle publia un recueil de *Rimes* et un poème chevaleresque, *Il meschino,* mais son œuvre la plus connue est le *Dialogue de l'infinité de l'amour* (*) (1547). Tandis que, dans les *Rimes,* elle s'applique à décrire des scènes de la vie familière sur le ton cher à Pétrarque, on discerne dans le *Dialogue,* à côté de l'influence traditionnelle de Platon, celle de Léon l'Hébreu. Ainsi que l'ont démontré des études récentes, la pensée de ce dernier ne s'éloigne guère du platonisme, et ses contemporains la conciliaient aisément avec celle du philosophe grec.

ARAI Hakuseki. Sinologue et homme d'État japonais. Né en 1657 à Edo (Tôkyô), mort en 1725. Il apprit à écrire dès l'âge de trois ans et, à dix ans à peine, comme son style et son écriture ne différaient en rien de ceux d'un adulte, il commença d'aider son père, Masanari, qui se trouvait au service de la famille Tsuchiya, propriétaire d'un fief dans la province de Kazusa (actuelle région de Chila). En 1674, Masanari se retira et vécut modestement, ce qui n'empêcha pas Arai de continuer ses études d'histoire et de philosophie chinoises. Il avait vingt-cinq ans lorsqu'il entra au service de Hotta Masatoshi (1631-1684), premier conseiller du « Shôgun », où il resta dix ans. Pendant cette période, il devint l'élève de Kinoshita Jun an (1621-1698), philosophe célèbre et sinologue. Ayant quitté Hotta, Arai ouvrit une petite école dans le quartier d'Asakusa, à Edo, où il enseigna, en vivant difficilement, pendant deux ans. Il en avait trente-six lorsque, sur la présentation de Jun an, il fut engagé comme précepteur de Tsunatoyo (1662-1712), de la famille des Tokugawa de Kôfu. Lorsque ce dernier prit le pouvoir comme sixième « shôgun », sous le nom de Tokugawa Ienobu (1709-1712), Arai devint son conseiller, très écouté pour toutes les questions de politique intérieure ; il trouva ainsi l'occasion de réaliser une célèbre réforme monétaire, grâce à laquelle son nom demeure également important dans l'histoire du Japon. Après la mort de Ienobu (1712), son successeur Yoshimune (1716-1745) écarta Arai, lequel préféra abandonner la vie politique pour se consacrer entièrement à ses études. Il appartient à cette phalange de sinologues japonais [kangakusha], qui cultivaient le rationalisme de Zhuxi et furent très en faveur sous le régime des Tokugawa, qui les protégea et adopta leurs doctrines comme philosophie d'État. Arai, cependant, ne montra pas l'aveugle intempérance de plusieurs d'entre eux, mais en quelques occasions, au contraire, par exemple avec le père Jean-Baptiste Sidotti, entré clandestinement au Japon et aussitôt jeté en prison, il fit preuve de grand équilibre et même de tolérance. Homme de vaste intelligence et de culture étendue, sa plume domina dans les domaines les plus disparates ; il traita de problèmes d'histoire, de géographie, de philologie, d'économie, etc., dans trois cents œuvres, au moins, en majeure partie inédites. De plus, alors que les « kangakusha » écrivirent en chinois, il fut parmi la minorité qui employa de préférence sa propre langue ; ses ouvrages — v. *Histoire des daimyô du Japon* (*), *Le Livre des fagots brûlants* (*), *Notes sur l'Occident* (*), *Aperçu de l'histoire du Japon* (+) — sont rédigés dans un style clair et accessible.

YOSHIE KAWAMURA.

ARAK'EL de Siunik. Dignitaire religieux et écrivain arménien. Né dans la province de Siunik, en Arménie, vers 1350, mort en 1425. Il entra très jeune au couvent de Tat'ev, l'un des plus anciens et des plus célèbres d'Arménie. C'est là qu'il fit ses études et prit l'habit sous la férule de son oncle Grégoire, abbé de Tat'ev et évêque métropolitain de Siunik, théologien très connu et adversaire des Uniates et de l'Église catholique romaine. Du vivant de Grégoire et pour obéir à son désir, Arak'el devint abbé de Tat'ev et archevêque de Siunik en 1407. On ne sait pas grand-chose des dernières années de sa vie, ce qui n'a rien d'étonnant, étant donné l'époque : celle des invasions des hordes de Tamerlan, semant la destruction et la mort sur leur passage. L'œuvre principale d'Arak'el demeure *Le Livre d'Adam* (*), composé en 1403 sur les conseils de Grégoire de Tat'ev, et remanié par la suite à deux reprises, puisque l'on connaît trois versions de cet ouvrage. Arak'el composa également de nombreux hymnes en l'honneur de la Vierge et des saints, de la Nativité, de la Passion et de la Résurrection. On possède également de lui une sorte de *Divine Comédie* (*) orientale, *Le Livre du paradis* [*Drakhtaguirk'*], évoquant le voyage d'une âme outre-tombe, avec des descriptions du Jugement dernier, des tourments de l'enfer et des béatitudes du paradis. Parmi les œuvres en prose de cet auteur, on note une trentaine d'homélies et quelques commentaires philosophiques, en particulier sur les *Définitions de la philosophie* (*) de David l'Invincible.

MARC NICHANIAN.

ARAKIDA Rei (pseud. de Arakida Takako). Née en 1732, morte en 1806. Auteur japonais de romans et d'ouvrages historiques, dont l'un des plus connus est *Où va la lune* [*Tsuki no yukue*]. Dès l'enfance, elle aima beaucoup étudier et montra une nette attirance vers les lettres. À sept ans, en écoutant son frère qui les lisait, elle apprit par cœur les œuvres de Confucius et de Mencius. Cependant son amour pour les études était combattu par son père, prêtre du sanctuaire shintoïste d'Ise, qui considérait la culture inutile pour une femme. Toutefois, comme son oncle aimait également la littérature, Arakida alla s'installer chez lui ; il la fit étudier, et quand elle eut douze ans il l'adopta. C'est ainsi qu'elle put se donner toute à la littérature chinoise pour laquelle elle éprouvait une grande passion. À dix-sept ans, elle se rendit à Ôsaka, où, sous la direction d'un professeur, elle se consacra à la poésie japonaise et ensuite, pour la même raison, gagna Kyôto. Elle avait vingt-quatre ou vingt-cinq ans lorsqu'elle épousa Yoshishige Iemasa et, comme son mari était également passionné de littérature, elle put continuer à étudier, et à écrire des œuvres historiques et narratives qui furent très appréciées dans les milieux cultivés — v. *Herbes qui flottent sur l'étang* (*). Avant de mourir, elle adressa un adieu à la vie dans le « haïku » suivant : « Ô corps qui disparaît, / rosée des feuilles de paroles, / neige aux bords des champs ! »

ARANY János. Poète hongrois. Né à Nagy-Szalonta le 2 mars 1817, mort à Budapest le 22 octobre 1882. Avec Milhály Vörösmarty et Petöfi, il eut une influence prépondérante sur la poésie de son pays, au XIXe siècle. Il était le dernier-né d'un ménage de paysans qui avait dix enfants. De 1823 à 1833, il fit ses études dans la petite ville où il était né, et montra des dispositions artistiques précoces. À dix-huit ans, il traduisit quelques chants de l'*Éneide* (*), puis il fit quelques essais dans le domaine de la peinture, de la sculpture, de la composition musicale ; la misère dans laquelle il vivait ne lui permettant point de continuer ses études, il tenta de gagner son pain en se faisant acteur. Humilié et déçu par les insuccès, il accepta en 1839 un poste de greffier à

Nagy-Szalonta, parvint au grade de vice-secrétaire, se maria à vingt-trois ans et renonça sans amertume à ses ambitions. Sobre, plein de sagesse, porté au scepticisme en même temps qu'à la contemplation, il travaillait peu, et en 1845, quand tout le pays vivait dans l'euphorie du renouveau littéraire, Arany lança un poème satirique, *La Constitution perdue*, sur la lutte entre conservateurs et libéraux, lutte qu'il présentait comme une autre *Batrachomyomachie* (*). Il se tint à l'écart des mouvements révolutionnaires, prit à peine conscience de l'atmosphère d'exaltation dans laquelle se déroula la guerre d'indépendance, et, après la défaite de 1849, dénonça avec une sorte de cruauté, dans *Les Bohémiens de Nagyida* [*A nagyidai cigányok,* 1852], les défauts de son pays, causes principales de la catastrophe. Son premier chef-d'œuvre, auquel la Société Kisfaludy décerna un prix et que Petőfi salua avec admiration, fut le conte poétique intitulé *Toldi* (*). Les encouragements que lui valut cette œuvre et son état de professeur au gymnase de Nagykörös donnèrent une impulsion nouvelle à son activité poétique. Outre différents petits poèmes épiques — v. *Étienne le fou* (*) — il écrivit, pendant cette période féconde, *Soir de Toldi* — v. *Toldi* (*) — et la plus grande partie de ses *Ballades* (*), conçut le projet d'une trilogie qui aurait dû utiliser tout le cycle des légendes des Huns, et commença *Amour de Toldi* qui, achevé peu de temps avant sa mort, constitue la partie centrale de l'épopée consacrée à Toldi, ce héros légendaire dont l'histoire se passe à l'époque de Louis le Grand. Le premier *Toldi* faisait encore partie du programme « populaire » de Petőfi, mais déjà dans *Soir de Toldi* les thèmes populaires étaient devenus plus rares et ils disparurent absolument dans *La Mort de Buda* (*), œuvre où l'art de l'auteur est à son apogée.

En 1860, Arany s'installa à Budapest où il dirigea pendant quelque temps des revues littéraires et où, de 1865 à 1879, il fut aussi secrétaire de l'Académie des sciences. La mort de sa fille à laquelle il était très attaché, des dépressions subites, son extrême sensibilité devant les contrariétés de la vie quotidienne, et enfin une maladie grave affaiblirent sa créativité. Il écrivait peu et à des intervalles irréguliers, il était accablé par le nombre toujours croissant d'œuvres qu'il laissait inachevées. Ses facultés poétiques se réveillèrent soudain alors qu'il avait soixante-deux ans. Pendant cette brève période de grâce, il acheva *Amour de Toldi*, écrivit quelques-unes de ses plus belles ballades et s'abandonna à un lyrisme dont le rythme était ample, sourd et passionné. Ces poésies pleines de fraîcheur en dépit de leur coloris automnal lui valurent, dans l'histoire de la poésie lyrique hongroise, un place qui ne le cède en rien à celle qu'il avait déjà gagnée dans le domaine de la poésie épique. On peut dire que l'art de ce poète détermina, pendant plus d'un demi-siècle, la forme d'esprit et les tendances de la littérature hongroise.

EMERICO VARADY.

ARATOR. Rhéteur latin chrétien. Né probablement vers 490, mort à Oriondo en Ligurie (Italie) à une date incertaine. Il vécut d'abord à Milan, puis à Ravenne et à Rome. Laurentius Litta, plus tard évêque de Milan, le prit sous sa protection lorsque, encore enfant, il demeura orphelin. Ennodius, futur évêque de Pavie, Deuterius, Partenius, et de nombreuses personnalités de l'empire et de l'Église le comblèrent de faveurs et de considération. Rhéteur, puis orateur de l'ambassade dalmate envoyée auprès de Théodoric, il se vit confier par Alaric des charges à la Cour. Diacre de l'Église romaine, le pape Vigile lui accorda l'honneur d'une lecture publique, à St-Pierre-aux-Liens, de son poème *Des Actes des apôtres* (*) ; poème en deux livres, de plus de deux mille hexamètres, où l'on sent l'empreinte d'autres poètes, et particulièrement de Sedulius. L'œuvre est accompagnée de deux lettres en vers, adressées à l'abbé Florianus et à Parthenius.

RÉF. : Deproost, *L'Apôtre Pierre dans une épopée du VIe siècle, l'histoire apostolique d'Arator*, 1991.

ARATOS de Soles. Poète grec. Fils d'Athénodore et de Létophile. Né à Soles, « la ville la plus célèbre de la Cilicie », vers 310 av. J.-C., mort en Macédoine vers 254 av. J.-C. Il passa certainement sa prime jeunesse dans l'île de Cos où s'était formé autour de Philéas un cercle de poètes très renommés. C'est là qu'il se serait lié avec Théocrite qui, plus tard, dans ses *Thalysies* (98) — v. *Idylles* (*) — mettait Aratos au nombre de ceux qui avaient connu avec lui les beaux jours de Cos ; et c'est peut-être pour rendre hommage à son ancien compagnon que Théocrite reproduisit fidèlement dans l'Idylle XVII, écrite en l'honneur de Ptolémée, le début d'un poème d'Aratos. Ce dernier vécut longtemps à Athènes, où il fit des études de mathématiques et d'astronomie, de philosophie et de littérature. Peut-être même suivit-il les cours de Praxiphane de Mytilène, un péripatéticien chez qui il aurait rencontré Callimaque ; et par la suite, Callimaque, dans une œuvre de polémique dirigée contre son ancien maître, célébrait les commencements d'un art nouveau en faisant l'apologie d'Aratos. Celui-ci fut certainement le disciple de Zénon de Cittium, fondateur de l'école stoïcienne, et il se lia d'amitié avec Persée de Cittium. À Érétrie, il suivit les enseignements du philosophe Ménédème, qui recevait également à ses banquets Lycophron et Antagoras de Rhodes. On ne sait point où se produisit la rencontre d'Aratos avec le grammairien et poète Ménécrate d'Éphèse, rencontre décisive puisque Ménécrate, éditeur et imitateur d'Hésiode, fit connaître les œuvres de ce dernier à Aratos, œuvres qui influèrent grandement sur la poésie des *Phénomènes* (*). Il semble certain qu'à ce moment-là Antigone Gonatas, ami de Zénon, avait déjà rencontré Aratos à Athènes et avait reconnu la valeur du jeune poète. Après son accession au trône en 276, le roi de Macédoine attira à la cour des philosophes et des poètes comme Philonide, Alexandre de Pleuron, Antagoras de Rhodes, Timon de Phlionte ; à l'occasion de son mariage avec Phila, fille de Séleucus Nicator, le roi fit venir également Aratos. Aratos se rendit en Macédoine avec son ami Persée, et composa la première œuvre poétique dont il soit fait mention, l'*Hymne à Pan,* au dieu qui était l'artisan de la victoire remportée par Gonatas sur les Celtes en 277 av. J.-C., à Lysimachée. Cette victoire était à l'origine de l'amitié qui s'était établie entre Antigone Gonatas et Antiochus Ier de Syrie, amitié dont le mariage en question avait été la conséquence.

C'est en Macédoine qu'Aratos écrivit son œuvre majeure, les *Phénomènes,* après en avoir été prié par le roi de Macédoine qui lui fournit un sujet tiré d'un livre d'Eudoxe de Cnide, *Le Miroir* [Κάτοπτρον]. Dès son apparition, l'œuvre fut extrêmement goûtée des contemporains. Léonidas de Tarente voyait dans l'auteur un nouveau Zeus, disant qu'il avait rendu les étoiles plus brillantes, et Callimaque sentait dans les *Phénomènes* le souffle d'Hésiode et une douceur latente, beaucoup plus intense que dans les autres poèmes de l'époque. En 274, l'invasion subite de presque toute la Macédoine par les troupes de Pyrrhus dispersa le cercle littéraire qui se trouvait à la cour. Aratos se réfugia en Syrie, près d'Antiochus Ier Soter, fils de Séleucus. Docile aux conseils de Timon, il donna une première édition de l'*Odyssée* (*), édition à laquelle il avait déjà travaillé en Macédoine, et qui prit le nom d'« aratéenne ». Après la mort de Pyrrhus, Aratos regagna la Macédoine où il mourut avant son protecteur Antigone Gonatas (c'est-à-dire avant 240-39). On lui éleva un monument aux alentours de Soles, sa patrie. Son œuvre maîtresse, les *Phénomènes,* eut dans l'Antiquité une grande renommée : à Rome elle fut traduite par Terentius Varron Atacinus, par Cicéron du temps qu'il était jeune, et révisée par Germanicus et Rufus Festus Avienus.

MARIA TERESA CHIANURA.

♦ *« C'est la poésie, c'est la manière d'Hésiode ; non, le poète n'a pas suivi le moindre des aèdes, et j'ose dire qu'il s'est modelé sur ce qu'il y a de plus charmant dans l'épique. Salut, couplets subtils, fruit des veilles et des efforts d'Aratos. »* Callimaque. ♦ *« Aratos restera toujours avec le soleil et avec la lune. »* Ovide.

RÉF. : J. Martin, *Histoire du texte des « Phénomènes » d'Aratos,* Paris, 1956.

ARBASINO Alberto (pseud. de Carlo Pepoli). Narrateur, essayiste et journaliste italien. Né le 22 janvier 1930 à Voghera (Pavie). Après des études de Sciences naturelles à Pavie, puis de Sciences politiques à Paris, il obtient en 1955 son diplôme en droit à l'université de Milan. Son intérêt pour les littératures modernes (notamment fin de siècle), pour les grands auteurs français (en particulier Flaubert et Proust), se conjugue avec une dette explicite à l'égard de la tradition lombarde (Dossi, Gadda). Journaliste, chroniqueur littéraire et politique, il est élu député en 1983 sur les listes du parti républicain italien. Les avant-gardes sous toutes leurs formes, la contestation des systèmes linguistiques et culturels, la (post)modernité, nourrissent sa réflexion. Par ses romans, récits, essais, articles, Arbasino se propose de combattre le provincialisme de la culture italienne. Il publie en 1957 *Vacances brèves* [*Piccole vacanze*]; un deuxième volume de récits, *L'Anonyme lombard* [*L'anonimo lombardo,* 1959, puis 1973], reprend un sujet récurrent dans son œuvre, l'homosexualité, mais propose surtout une réflexion sur les techniques narratives. En 1963 paraît le roman *Frères d'Italie* [*Fratelli d'Italia*] (régulièrement réédité et augmenté), amusante satire des milieux intellectuels et bourgeois des années 60. Le pamphlet *Certains romans* [*Certi romanzi,* 1964] est à la fois une défense de *Frères d'Italie* et une illustration de la crise que connaît le roman. *Super-Héliogabale* (*) (1969, réécrit en 1978) le montre bien, qui fait éclater le cadre traditionnel du récit. *La Jeune Fille de Lodi* [*La bella di Lodi,* 1972] revient néanmoins à des formes romanesques plus convenues, même si la cible (la bourgeoisie lombarde) n'a guère changé. *Miroir, gentil miroir* [*Specchio delle mie brame,* 1974] relève d'une veine plus libre et légère. Son activité de journaliste, ses voyages et reportages ont nourri plusieurs volumes d'essais : *Paris, ma chère* [*Parigi o cara,* 1960] ; *Merci pour les magnifiques roses* [*Grazie per le magnifiche rose,* 1965] ; *Trans-Pacific Express* (1981), *Le Merveilleux et au-delà* [*Il meraviglioso, anzi,* 1985], etc. *Soixante positions* [*Sessanta posizioni,* 1971] réunit des portraits critiques suggérés par l'actualité ou des sympathies électives. *Fantômes italiens* [*Fantasmi italiani,* 1977], *Dans cet état* [*In questo stato,* 1978], consacré à l'affaire Moro, et *Un pays sens* [*Un paese senza,* 1968] étudient la réalité politique. Son intérêt pour le théâtre est attesté, entre autres volumes, par *L'Impolitesse théâtrale* [*La maleducazione teatrale,* 1966], somme de son expérience de metteur en scène ; *Matinée* (1983) réunit une bonne partie de ses poèmes. Truffé de citations, miroir d'une érudition considérable, le « work in progress » de cet écrivain cosmopolite est fortement tributaire des modes culturelles. Chroniqueur vif et mordant, Arbasino trouve sa limite dans sa perception mondaine de la réalité.

FRANÇOIS LIVI.

ARBAUD Joseph d'. Poète provençal. Né à Meyrargues (Bouches-du-Rhône) en 1874, mort à Aix-en-Provence le 2 mars 1950. D'Arbaud était le fils d'une poétesse qui eut son heure de célébrité et qui lui transmit le goût de la poésie provençale. Destiné à la magistrature, il se lia à Aix avec le petit groupe de poètes de langue française, Joachim Gasquet, Xavier de Magallon, Sicard, qui allait devenir, sous la direction de ce dernier, le groupe du *Feu*, du nom de la revue régionaliste aixoise dont d'Arbaud assura, après Sicard, la direction. À vingt ans, il quitte Aix, pour aller mener dans les solitudes désolées de la Camargue la vie rude d'un gardian et d'un manadier. C'est là que s'éveillera sa vocation poétique : il sera toute sa vie le poète-gardian. Malade, il devra faire un séjour en Suisse ; à son retour, il se retirera à Aix où il composera une partie de son œuvre. Il a publié *Le Laurier d'Arles* (*) en 1913, qui lui vaudra ce jugement enthousiaste de Frédéric Mistral : « Tu les dépasses tous », et le titre de majoral du félibrige en 1918 ; *Les Rameaux d'airain* [*Li Rampau d'aram*], poèmes de guerre, en 1920 ; *Le Noël gardian* [*Lou Nouvè gardian*] en 1924 ; *La Bête du Vaccarès* (*), roman – préfacé par Charles Maurras – qui fait date dans l'histoire de la prose provençale (1926) ; *La Caraque*, recueil de trois nouvelles en prose (1926) ; *La Sauvagine* (*), recueil de contes où il met en scène, à la manière de Kipling, les animaux de Camargue (1929). Entre-temps, il publiait dans *Le Feu* les poèmes qu'il avait composés en Camargue et qui seront réunis en volume après sa mort sous le titre *Les Chants palustres* (*), son chef-d'œuvre, avec *La Bête du Vaccarès*. On a publié également après sa mort *Naissance de l'automne* [*Espelisoun de l'autonada*, 1951]. D'Arbaud est le plus grand poète provençal de sa génération. Son inspiration, pleine de force dans *Les Chants palustres*, de mélancolie dans *Le Laurier*, est toujours sincère ; il a le souci de la forme et le sens de l'harmonie du vers.

♦ *« Je connais de lui de belles et puissantes élégies de passion moderne, de hautes strophes d'une mélancolie personnelle sombre et sûre, dont la psychologie, l'inquiétude de l'Immense, la vibrante espérance et aussi le désespoir maîtrisé seront éternellement dignes d'émouvoir une âme sensible à la poésie, qu'elle soit de France ou d'ailleurs : lorsque Joseph d'Arbaud entre dans ce domaine de l'Universel senti et rêvé, il y est maître... »* Charles Maurras.

RÉF. : É. Ripert, *Le Félibrige*, 1948. – M. Fouque, *Étude de « La Bête du Vaccarès » de Joseph d'Arbaud*, Paris, 1981.

ARBUTHNOT John. Écrivain anglais. Fils d'un pasteur de l'Église anglicane, il naquit à Arbuthnot, dans le Kincardineshire (Écosse) en avril 1667, et mourut à Londres le 27 février 1735. Après avoir fait ses études à Aberdeen, il passa l'examen de docteur en médecine à l'université de St. Andrews en 1696. Établi à Londres, il y donna tout d'abord des leçons de mathématiques, et se fit rapidement une vaste clientèle médicale. Ses communications savantes et, surtout, son *Essai sur l'utilité des connaissances mathématiques* [*Essay on the Usefulness of Mathematical Learning,* 1701] lui valurent le titre envié de membre de la « Royal Academy ». Alors qu'il se trouvait à Epsom, il eut la chance de soigner et de guérir le prince George, ce qui lui valut la reconnaissance et la sympathie de la famille royale, et plus tard la charge de médecin de la reine Anne (1709).

Musicologue averti, très célèbre par ses distractions, doué d'un caractère généreux et pacifique, humoriste et écrivain politique, il reste lié au personnage de John Bull, cet Anglais typique dont il est le créateur, en ayant tracé le portrait dans une série de cinq brefs ouvrages publiés en 1712, qui furent remaniés par la suite et qui parurent sous le titre : *Le Procès sans fin ou l'Histoire de John Bull* (*).

Arbuthnot fut le conseiller et l'ami de Swift, Pope, Gay et Parnell, et fonda avec eux le « Scriblerus Club », d'appartenance « tory », dont il fut l'un des animateurs, de même qu'il fut le principal sinon l'unique auteur de l'*Histoire de Martinus Scriblerus* (*).

Arbuthnot écrivit également des ouvrages scientifiques et médicaux (il fut l'un des premiers expérimentateurs dans le domaine de la diététique). À la mort de la reine Anne, il se retira de la vie publique, continuant cependant à exercer sa profession, et à faire de l'opposition politique par le moyen de ses satires ; mais il est souvent difficile de déterminer exactement dans quelle mesure il a contribué à des ouvrages qui étaient collectifs. Harcelé par les souffrances que lui causaient des calculs rénaux et accablé par la mort d'un de ses fils, il semble être devenu, dans les dernières années de sa vie, aussi misanthrope que son ami Swift, lequel écrivit un jour à Pope que, s'il avait existé de par le monde une douzaine d'Arbuthnot, il eût brûlé *Les Voyages de Gulliver* (*).

RÉF. : Georges A. Aitken, *The Life and Works of John Arbuthnot*, 1892. – L. M. Beattie, *John Arbuthnot*, Cambridge, Mass., 1935.

ARCHESTRATE de Gela. Poète grec du IVᵉ siècle av. J.-C., originaire de Gela en Sicile. On sait seulement de lui qu'il composa un traité d'art culinaire, intitulé *Les Gourmandises* (+) – v. *Les Dix Livres de cuisine* (*). De ce traité nous ne connaissons qu'une centaine de vers cités par Athénée, mais nous savons qu'il fut tenu en haute estime dans l'Antiquité et en particulier à Rome où il fut traduit par Ennius.

ARCHILOQUE. Poète grec. Le plus ancien des poètes lyriques, Archiloque est né sans doute à la fin du VIIIᵉ siècle av. J.-C. et il vécut jusque vers 645 ou 640 (ce sont du moins les dates les plus probables, la chronologie de sa vie étant difficile à fixer, bien qu'il évoque dans un poème une éclipse de soleil qu'on a pu dater de 648). Des indications sur sa vie nous sont fournies par des inscriptions gravées dans l'« Archilocheion » de Paros, sanctuaire dédié aux Muses et à leur serviteur Archiloque par ses concitoyens, qui avaient fait de lui un héros après sa mort. Mais c'est surtout par ses propres textes que nous pouvons nous faire une idée de la vie et de la personnalité d'Archiloque. Né à Paros, une des îles des Cyclades, il quitte sa patrie vers 660 pour aller s'installer dans l'île de Thasos, au nord de la mer Égée, où son père et un groupe de Pariens ont fondé une colonie une vingtaine d'années auparavant. Ce sont probablement les difficultés à vivre sur une terre ingrate (« Laisse là Paros, ses tristes figues et cette vie qu'il faut tirer des flots ») ainsi que des déceptions personnelles qui le poussent à ce départ. À Thasos, Archiloque connaît la rude vie de soldat : les colons ont à lutter contre d'autres Grecs qui cherchent à s'implanter sur cette île et sur la côte proche, où les compatriotes d'Archiloque essayent de fonder de nouveaux établissements. C'est dans ce cadre qu'Archiloque mène courageusement sa vie de citoyen et de soldat, dans la précarité de celui qui dépend de sa lance et de sa vaillance pour assurer sa maigre subsistance (« De ma lance dépend ma ration d'orge, de ma lance mon vin d'Ismaros, et je le bois appuyé sur ma lance »). On est loin, ici, de la conception idéalisée du combattant homérique, conception qu'Archiloque rejette, avec les valeurs éthiques qui lui sont liées. Pour lui, la guerre n'a plus rien d'héroïque, elle n'est qu'un devoir de citoyen, souvent pénible, et sauver sa vie est le mieux qu'on puisse en espérer. C'est dans ce sens qu'il faut comprendre le fameux fragment où Archiloque raconte avoir lâché son bouclier (« arme excellente, que j'abandonnai près d'un buisson, bien malgré moi. Mais j'ai sauvé ma vie. Que m'importe mon vieux bouclier ! Tant pis pour lui ! J'en achèterai un autre tout aussi bon ») : ce qui aurait été symbole de lâcheté dans le système de valeurs épique n'est présenté là que comme un incident qui a permis au soldat de garder la vie sauve. (Ce thème sera d'ailleurs repris par Alcée puis par les Latins.) Ainsi, c'est sa vie personnelle, faite de joies et d'épreuves, qu'Archiloque évoque dans ses poèmes. Il est le premier poète grec qui fasse apparaître le « moi », instance subjective qu'il interpelle même, comme dans le fragment où il s'adresse à son « cœur » [θύμος] : « Cœur, mon cœur, confondu de peines sans remèdes, reprends-toi... » Archiloque parle aussi de sa vie amoureuse, en particulier dans un fragment de papyrus publié en 1974, où l'évocation d'une scène d'amour se dit en termes directs et audacieux. Il dit aussi sa rage contre Lycambe, le père d'une jeune noble, Néoboulè, qui lui avait été promise mais que Lycambe, pour des raisons qui restent obscures, refuse ensuite de lui donner en mariage : contre ce parjure, l'amoureux éconduit déchaîne sa verve dans des poèmes où l'invective violente et souvent très crue va fonder le genre auquel restera lié le vers iambique utilisé là. Par la forme aussi, en effet, Archiloque se distance de la tradition, introduisant, à côté du distique élégiaque (qui doit encore beaucoup à l'épopée) et du distique épodique, le tétramètre trochaïque et surtout le iambe, mètre d'origine plus populaire. Ce dernier mètre, qui restera donc associé à l'usage qu'en fait Archiloque dans l'invective, est un vers proche de la langue parlée, propre à exprimer très directement les mouvements de la pensée et de l'humeur. Et c'est bien là ce qui caractérise Archiloque et donne une telle force à sa poésie : l'expression directe d'un homme qui ne cache ni ses joies simples ou violemment passionnées, ni ses haines et ses rancœurs, dans des textes où ne comptent pas tant les événements mentionnés que la subjectivité de celui qui les a vécus. Archiloque témoigne ainsi de l'émergence de la conscience individuelle, à une époque charnière où, à travers la colonisation et l'extension du monde à laquelle elle ouvre, se transforme l'ancienne idéologie de plus en plus périmée de l'aristocratie, au profit de nouvelles valeurs que la poésie d'Archiloque anticipe ou même dépasse.

Archiloque met aussi en scène dans certains de ses poèmes (en particulier dans les épodes) des animaux qui dialoguent, préfigurant par là le genre de la fable. Mais ces animaux représentent le plus souvent des individus particuliers, amis ou ennemis, auxquels s'en prend le poète à travers ces masques ; lui-même apparaît en général dans ces textes sous la figure du renard.

Archiloque a été hautement estimé dans l'Antiquité déjà, entre autres comme « inventeur » du iambe, et il a influencé les lyriques latins, en particulier Catulle et Horace. Son œuvre nous a été transmise de façon très fragmentaire. Il nous reste quelques fragments de ses *Élégies* (*) et de ses *Iambes* (*) (trimètres et tétramètres), et des fragments d'épodes. L'image atténuée qu'en donnait la tradition indirecte a été enrichie et corrigée par des découvertes — dont certaines récentes — de papyrus, qui restituent toute la verdeur et la verve d'un texte extrêmement vivant, qui par là nous est encore très proche.

MADELEINE ROUSSET.

RÉF. : Éditions : A. Bonnard et F. Lasserre, *Archiloque*, Paris, 1958. — M. West, *Iambi et Elegi Graeci*, I (2), Oxford, 1989.

Bibliographie : F. Lasserre, *Les Épodes d'Archiloque*, Paris, 1950. — B. Snell, *Die Entdeckung des Geistes* (3), 1955. — *Archiloque*, Entretiens de la fondation Hardt, 10, Genève, 1963. — M. L. West, *Studies in Greek Elegy and Iambus*, Bln/N.Y., 1974. — A. Pippin-Burnett, *Three Archaïc Poets. Archilochus, Alcaeus, Sapho*, Cambridge/Mass., 1983. — B. Gentili, *Poesia e pubblico nella Grecia antica*, Rome-Bari, 1984.

ARCHIMÈDE. Né à Syracuse vers 287 avant J.-C. et mort dans la même ville en 212.

Le plus grand mathématicien et physicien de l'Antiquité est né dans une famille grecque, alliée au roi Hiéron. Déjà l'imagination populaire de ses concitoyens et des Romains, puis des écrivains de l'Antiquité et enfin des Arabes avait brodé autour de sa figure, faisant de lui un héros de légende. Son père Phidias était adonné à l'astronomie, et il lui doit probablement la connaissance des premiers éléments des disciplines mathématiques dans lesquelles il devait s'élever au-dessus de tous les savants de l'Antiquité, au point d'apparaître prodigieux, « divin », même aux fondateurs de la science moderne. Il compléta ses connaissances dans ce grand centre de toute la culture hellénique et en particulier de la culture scientifique des derniers siècles qu'était l'Alexandrie des Ptolémées. Archimède y fut, vers 243, le disciple de l'astronome et mathématicien Conon de Samos pour lequel il garda toujours des sentiments de respect et d'admiration. Là-bas, il assimila la culture mathématique de cette fameuse école (le grand Euclide venait à peine de mourir) et se lia d'amitié avec d'autres grands mathématiciens dont Ératosthène, avec lequel il resta toujours en correspondance même après son retour à Syracuse. Il semblerait qu'il soit ensuite retourné en Égypte pour quelque temps, en tant qu'« ingénieur » de Ptolémée, et qu'il y ait fait sa première invention célèbre, la « cochlée », sorte de vis qui servait à soulever les eaux de manière à irriguer des régions que la crue du Nil n'atteignait pas. Mais il passa à Sycaruse toutes les années de sa maturité ; il y jouissait de la faveur du tyran Hiéron II. Il travailla à des inventions mécaniques et à des études de mécanique théorique et de hautes mathématiques, apportant dans toutes ses recherches ce même mélange d'intuition géniale et de rigueur méthodologique qui le caractérisait. Bien qu'il n'ait rien écrit sur la mécanique pratique, sauf un traité — aujourd'hui perdu, la *Sphéropée* —, ses inventions mécaniques sont nombreuses, et encore plus nombreuses celles que lui attribue la légende. Il convient de compter parmi ces dernières celle des miroirs ardents, avec lesquels il aurait incendié la flotte romaine qui assiégeait Syracuse. Mais, en dehors de la « cochlée », il est incontestablement le père de nombreuses machines de guerre qui ont assuré la défense de sa ville, d'une méthode pratique pour la détermination du poids spécifique des corps, et d'une « sphère », grand planétaire d'un mécanisme extrêmement ingénieux, qui, lors de la prise de Syracuse, fut apportée comme butin de guerre à Rome où la virent encore Cicéron et peut-être Ovide.

Sur ses inventions mécaniques circulent des anecdotes célèbres : enivré de la puissance que lui donnaient ses machines, capables de soulever ou de traîner avec un effort relativement réduit de grands poids, il aurait dit à son ami Hiéron : « Donne-moi un point d'appui et je te soulèverai la terre. » À propos de l'invention du poids spécifique (auquel il consacra également un important ouvrage, *Des corps flottants*, dont s'inspirèrent les créateurs de l'hydrostatique, entre autres Galilée), on raconte que le tyran, soupçonnant un orfèvre qui lui avait fabriqué une couronne d'or artistement travaillée d'y avoir allié une certaine quantité d'argent, demanda à Archimède d'essayer de déterminer les métaux dont elle était composée, sans la briser. Archimède réfléchit longuement à ce problème difficile ; enfin un jour, alors qu'il était au bain, il remarqua l'allégement progressif de son propre poids à mesure qu'il plongeait dans l'eau, et la solution lui apparut dans un éclair ; se précipitant alors hors du bain, il courut à la maison nu comme il était en s'écriant : « Eureka, Eureka ! »

Le récit de sa mort témoigne de la même force de concentration d'esprit et d'une grande profondeur de méditation. Tandis que les soldats de Marcellus pillaient Syracuse que le génie inventif d'Archimède n'avait pas réussi à sauver de la chute, le vieux mathématicien, oublieux de tout, méditait autour de quelque problème ardu de géométrie. Surpris par un soldat qui lui demanda son nom, il ne répondit pas ou, selon une autre version, lui répondit avec irritation de ne pas brouiller les lignes qu'il avait tracées sur le sable ; pris de colère, le soudard le tua. Marcellus en fut très affecté et lui fit dresser un monument où était inscrite la figure du traité *De la sphère et du cylindre.* C'est cette figure qui, bien des années plus tard, permit à Cicéron de reconnaître la tombe ensevelie dans l'oubli. Mais, témoignage impérissable de son génie, restèrent ses œuvres : *L'Arénaire* (*), *De la sphère et du cylindre* (*), *La Mesure du cercle* (*), *Des conoïdes et des sphéroïdes, La Quadrature de la parabole* (*), *Des spirales* (*), *Des corps flottants, Sur l'équilibre des surfaces planes, Sur les balances,* et de nombreuses autres, découvertes récemment. La première édition imprimée des œuvres d'Archimède parut à Bâle en 1544.

GIULIO PRETI.

RÉF. : Hennert, Joh. Friedr., *Dissertation sur la vie d'Archimède*, Berlin, 1766. — T. L. Heath, *Archimedes*, Cambridge, 1897. — P. H. Michel, *De Pythagore à Euclide*, Paris, 1950. — Archimède, *Œuvres*, 4 vol., texte et trad. par Ch. Mugles, Paris, 1970-72. — Arpad Szabo, *Les Débuts des mathématiques grecques*, Paris, 1977.

ARCTINOS de Milet. Poète épique grec qui aurait vécu au VIIIe siècle av. J.-C. Les Anciens lui attribuaient l'*Éthiopide* (*) et *La Destruction d'Ilion* (*), poème qui dans le *Cycle épique grec* (*) continuait l'histoire de la guerre de Troie, à partir du moment où l'*Iliade* s'était arrêtée. Il paraît beaucoup plus incertain d'en faire l'auteur de la *Titanomachie* (+), donnée par d'autres témoignages antiques pour être l'œuvre d'Eumélos de Corinthe.

ARENAS Reinaldo. Écrivain cubain. Né le 16 juillet 1943 près d'Holguin (prov. d'Oriente), il s'est suicidé le 7 décembre 1990 à New York. On lui doit des romans, nouvelles, essais, poèmes, ainsi qu'une autobiographie. D'origine paysanne très modeste, enfant illégitime, il rejoint la guérilla castriste à quinze ans. Peu après la Révolution, il obtient une bourse pour La Havane. Très vite son talent est reconnu. Il travaille dans divers organismes culturels. À vingt ans, il écrit *Le Puits* [*Celestino antes des alba*, devenu *Cantando en el pozo*, 1967], roman primé en 1965, qui inaugure le cycle dit *Pentagonie*. Outre certaines des nouvelles qui intégreront par la suite le recueil *Fin de défilé* [*Termina el desfile*, 1981], cette variation poétique inspirée de son enfance révoltée sera sa seule œuvre publiée dans l'Île. Pourtant, un an après, il obtient un nouveau prix pour *Le Monde hallucinant* [*El mundo alucinante*]. Virgilio Piñera et Lezama Lima, qui deviendront ses amis, sont au jury. Le héros est un moine mexicain rebelle du XVIIIe siècle, victime de l'Inquisition. Bravant l'interdit, Arenas autorise alors sa publication à Paris (1968). La critique est très élogieuse. Dès lors, déjà marginal en raison de son homosexualité et de son insoumission, il devient un paria. Second roman de la *Pentagonie*, *Le Palais des très blanches mouffettes* [*El palacio de las blanquísimas mofetas*, 1975], d'inspiration autobiographique, évoque la faim et la frustration sexuelle à Holguín à la veille de la Révolution.

Il tente de s'évader du pays. En 1974, sous prétexte d'un délit de droit commun, il passe deux ans en prison, puis en camp de rééducation. « Libéré », ayant perdu emploi et logement, il vit d'expédients dans les bas-fonds de La Havane, jusqu'à son exil. Fréquemment, la Sûreté saisit ses manuscrits. Il les réécrit. C'est le cas du troisième roman du cycle, *Encore une fois la mer* [*Otra vez el mar*, 1982].

En 1980, il part aux États-Unis (exode de Mariel). Après un bref séjour à Miami, où il retrouve les tares de la société cubaine, il s'installe à New York, qui l'éblouit. Il enseigne dans diverses universités, fonde et dirige la revue littéraire *Mariel*. En même temps, il revoit ses anciens manuscrits, dont *L'Assault* [*El asalto*] qui deviendra le dernier roman de la *Pentagonie*. Il complète le recueil de nouvelles *Adieu à Maman* [*Adiós a Mama*]. Ses essais littéraires ou politiques sont rassemblés dans *Besoin de liberté* [*Necesidad de libertad*, 1986].

Trois recueils de poèmes paraissent : *La Plantation* [*El central*], écrit en 1970 (Barcelone, 1981), évoque l'esclavage moderne. *Volonté de vivre en protestant* [*Voluntad de vivir manifestándose*, 1989] et *Léproserie* [*Leprosorie*, 1990] rassemblent des poèmes de diverses périodes. Le roman de 1971, *Arturo, l'étoile la plus brillante* [*Arturo, la estrella más brillante*], est dédié au jeune écrivain Nelson Rodríguez, fusillé pour détournement d'avion.

À New York, il poursuit son œuvre romanesque. *La Colline de l'ange* [*La Loma del Angel*, 1987] est une parodie du classique *Cecilia Valdés* (*) de Villaverde. *Le Portier* [*El Portero*, 1988] fustige la société new-yorkaise.

En 1987, atteint du sida, il commence son autobiographie, *Avant la nuit* (*) (posthume, 1992). Malgré la maladie qui le mènera au suicide, il continue d'écrire. *Voyage à La Havane* (*), commencé à Cuba en 1971, paraît en 1990. Plus créatif que jamais, il parvient à clore son œuvre. Un gros roman foisonnant, avant-dernier de la *Pentagonie, La Couleur de l'été* [*El color del verano*], mêle tous les genres (posthume, 1991). Trois essais sur les cultures des deux Amériques paraissent : *Méditations de Saint-Nazaire* [*Meditaciones de Saint-Nazaire* ; bilingue, publié dans cette ville en 1990]. En outre, il mène campagne contre la dictature cubaine. En 1989, avec le peintre Jorge Camacho, il lance une lettre ouverte à Castro pour exiger un référendum. Elle sera signée par des centaines de personnalités, dont plusieurs prix Nobel : *Un plebiscito a Fidel Castro* (1990).

Afin de ne pas assister à sa propre déchéance, il se suicide en laissant une lettre d'adieu terminée ainsi : « Cuba sera libre. Moi, je le suis déjà. »

LILIANE HASSON.

♦ *« Arenas était ainsi fait que pour lui une sexualité débordante (sous sa forme interdite) et l'écriture se commandaient l'une l'autre. »* Maurice Nadeau. ♦ « Avant la nuit *est l'un des témoignages les plus bouleversants écrits dans notre langue sur l'oppression et la révolte, d'où ne sont exclus ni le rire, ni la tendresse, ni l'ironie.* » Mario Vargas Llosa.

RÉF. : Roberto Valero, *El desamparado humor de Reinaldo Arenas*, Miami, 1991. – Ottmar Ette (coord.), *La escritura de la memoria. Reinaldo Arenas : Textos, estudios y documentación*, Francfort, 1992.

ARENDT Hannah. Philosophe juive allemande. Née le 14 octobre 1906 à Hanovre, morte le 4 décembre 1975 à New York. Elle fut d'abord l'élève de Heidegger, puis de Husserl et de Jaspers, sous la direction duquel elle soutint en 1928 sa thèse de doctorat en philosophie sur le concept d'amour chez saint Augustin. Elle quitta l'Allemagne nazie en 1933 pour la France, où elle résida jusqu'en 1940, s'occupant notamment de faciliter l'immigration d'enfants juifs en Palestine. En 1941, elle partit pour les États-Unis. Elle eut le statut d'apatride de 1933 à 1951, date à laquelle elle devint citoyenne américaine. À dater de 1955, elle enseigna la philosophie et les sciences politiques dans les universités de Berkeley, Princeton, Columbia, Brooklyn College, Chicago et Aberdeen (Écosse). De 1967 à sa mort, elle fut professeur de philosophie politique à la New School for Social Research (New York).

Ses deux exils successifs – le fait d'avoir été une juive chassée par le nazisme et une déracinée – sont très importants pour comprendre sa pensée. Elle écrit dans la préface de *La Crise de la culture* [*Between Past and Future,* 1961] que « la pensée elle-même naît d'événements de l'expérience vécue et doit leur demeurer liée comme aux seuls guides propres à l'orienter ». La renommée lui vint avec la publication, en 1951, de son premier livre, *Les Origines du totalitarisme* (*), qui est l'un des premiers ouvrages à analyser ce que Hannah Arendt tenait pour un phénomène entièrement inédit, que ne pouvaient appréhender les catégories de la philosophie et de la science politique traditionnelles. Très différente de celle de l'historiographie traditionnelle, la méthode du livre consiste à mettre au jour les principaux éléments du nazisme, à remonter à leurs conditions de possibilité et à découvrir les problèmes sous-jacents et non résolus de la modernité politique.

Hannah Arendt continua à explorer, en termes plus généraux et plus philosophiques, les possibilités de résistance à l'impunissable et impardonnable mal du totalitarisme car « la réalité objective elle-même dépend de l'existence du monde non totalitaire ». *La Condition de l'homme moderne* (*), publiée en 1958, voudrait donc répondre, sur les bases d'une anthropologie philosophique, à la question ouverte par *Les Origines du totalitarisme :* y a-t-il des traits perdurables de la condition humaine susceptibles d'ouvrir, de préserver ou de reconstruire un espace politique ? À quelles conditions un univers non totalitaire est-il possible ? L'analyse ne porte pas uniquement sur les conditions de la modernité mais de l'existence humaine en général, des activités et des espaces au sein desquels elles se déploient. Elle prend pour objet la « vita activa » (la vie active dans son opposition traditionnelle à ce que la philosophie appelait la vie contemplative) et l'envisage sous trois espèces différentes : le travail, l'œuvre et l'action. La réflexion est ainsi sous-tendue par une autre interrogation fondamentale d'Arendt : À quelles conditions la philosophie, qui a le plus souvent privilégié l'attitude contemplative, peut-elle appréhender véritablement le domaine public (le domaine des « affaires humaines ») alors que sa préoccupation fondamentale a été jusqu'ici de s'affranchir de la politique afin de pouvoir philosopher dans la « solidité du calme et de l'ordre » ?

Le va-et-vient entre la méditation philosophique, la théorie politique et les données de l'expérience parcourt toute l'œuvre de Hannah Arendt. La réflexion sur le mal radical, amorcée avec les analyses du totalitarisme, se poursuit dans *Eichmann à Jérusalem* [*Eichmann in Jerusalem : A Report on the Banality of Evil*] publié en 1963. On ne peut séparer les ouvrages de philosophie fondamentale des essais à caractère plus historique et politique ni même des articles publiés dans les journaux et les revues à l'occasion des événements contemporains (par exemple, le procès Eichmann, les textes autour de la création d'un État juif ou encore les écrits relatifs à l'Amérique du maccarthysme). Citons entre autres *Essai sur la Révolution* [*On Revolution,* 1963], *Vies politiques* [*Men in Dark Times,* 1968], *Du mensonge à la violence* [*Crises of the Republic,* 1972].

Il n'est pas indifférent, à cet égard, que son dernier livre, *La Vie de l'esprit* [*The Life of Mind*], publié en 1978 à titre posthume, ait été, selon les mots mêmes de l'auteur, une sorte de retour à la « philosophie pure ». Et cependant l'analyse des facultés de base de l'esprit (penser, vouloir, juger) est indissociable d'une réflexion sur l'« incapacité à penser », sur l'incapacité à juger le particulier sans le soumettre à des règles préétablies (et toujours commutables) : incapacité qui rend possible le mal absolu.

MYRIAM REVAULT D'ALLONNES.

ARÈNE Paul. Écrivain français. Né à Sisteron (Basses-Alpes) le 26 juin 1843, mort à Antibes (Alpes-Maritimes) le 17 décembre 1896. Fils d'un horloger, il fit ses études à Marseille et à Paris ; après avoir obtenu ses diplômes en lettres, il choisit l'enseignement, qu'il quitta définitivement au lendemain du succès de *Pierrot héritier* (Théâtre de l'Odéon, 1865). Il apporta son concours à la composition des *Lettres de mon moulin* (*) d'Alphonse Daudet, et il collabora à divers journaux. Il prit part à la guerre de 1870 avec le grade de capitaine, et obtint plus tard la Légion d'honneur (1884). Après *Pierrot héritier,* il donna au théâtre, entre autres œuvres, *Les Comédiens errants* (Odéon, 1873), *L'Ilote* (1875) et *Le Char,* en collaboration avec Daudet et, pour la musique, Émile Pessard. L'enfance de Paul Arène, passée au contact de la nature provençale, laissa une empreinte décisive sur son esprit, et son art en conserve le reflet. De Mistral et d'Aubanel, ses maîtres, il tira la forme et le sujet de ses œuvres, qui ont toutes pour décor sa province natale à laquelle, malgré un fort long séjour à Paris, il resta toujours très attaché. Rappelons : *Jean-des-Figues* (1870), *La Gueuse parfumée* (1876), qui contient en outre quelques récits provençaux qui soulignent, avec une gracieuse légèreté, certains aspects du caractère méridional ; les *Contes de Noël* (1879), empreints d'une douce poésie ; *Au bon soleil* (1881) ; *La Chèvre d'or* (1884), que d'aucuns considèrent comme sa meilleure œuvre ; enfin, *Le Midi bouge* (1891). Paul Arène se fit, cependant, également l'interprète du paysage de l'Ile-de-France et de certains aspects de Paris : *Paris ingénu* (1882), *Contes de Paris et de Provence* (1887), et, posthume, *Friquettes et Friquets* (1896). Il écrivit encore des livres de voyages : *Vingt* *jours en Tunisie* (1884) et *Des Alpes aux Pyrénées* (1891) ; et des vers, disséminés dans des revues et des périodiques. Lorsque Lemerre publia le premier *Parnasse contemporain* (*), Arène, en compagnie de Daudet et de quelques autres, en fit une savoureuse parodie : *Le Parnassiculet contemporain.* Un choix de ses œuvres (période 1887-1896) parut sous le titre *Vers la calanque* (*) ; *La Veine d'argile* constituait déjà une anthologie de Paul Arène, mais le choix des morceaux en était infiniment moins heureux.

RÉF. : R. Duché, *La Langue et le style de Paul Arène,* Paris, 1949, in-8°.

ARÉTÉE de Cappadoce. Médecin grec de la seconde moitié du Ier siècle. Il passe probablement une partie de sa vie à Rome. C'est le seul membre de l'école médicale pneumatique dont les écrits nous soient parvenus directement. Cette école, fondée un siècle auparavant par Athénée d'Attalie, est fortement liée au stoïcisme : elle insiste sur les rapports entre l'univers entier et l'homme, conçu comme un microcosme. C'est le « pneuma », sorte de souffle vital, qui réalise l'équilibre entre l'homme et le monde ; en conséquence, tout désordre du pneuma est susceptible d'engendrer la maladie. Cité quelquefois par les médecins grecs tardifs, c'est surtout à partir de la Renaissance, où l'on édite et traduit abondamment son œuvre, que sa réputation de « clinicien » s'affirme — v. *Des causes, des signes, de la cure des maladies aiguës et chroniques* (*).

ANNE-FRANCE MORAND et VINCENT BARRAS.

RÉF. : F. Adam, *The Extant Works of Aretaeus the Cappadocian*, Londres, 1856. — C. Hude, *Aretaeus*, Berlin, 1958. — F. Kudlien, *Untersuchungen zu Aretaios von Kappadokien*, Wiesbaden, 1963. — J. Stannard, « Materia Medica and Philosophic Theory in Aretaeus », *Sudhoffs Archiv*, 48 (1964).

ARÉTIN L' (pseud. de Pietro Bacci). Écrivain italien. Né le 19 avril 1492 à Arezzo (d'où son surnom), mort le 21 octobre 1556. Fils d'un simple cordonnier, il se rendit à l'âge de quinze ans environ à Pérouse où il anima de son tempérament exubérant et de sa verve les milieux étudiants et artistiques de cette ville. Les premiers essais qu'il fit en peinture furent malheureux, il abandonna cet art pour travailler dans la boutique d'un libraire, où il commença à se cultiver en lisant et en fréquentant les chanteurs qui s'y réunissaient. Mais Pérouse n'offrait pas les conditions voulues pour faire son chemin dans la littérature ; à peine âgé de vingt ans, Pietro Bacci se rendit à Rome où, sous le pontificat de Léon X, se développaient conjointement l'amour des arts et la corruption. L'esprit moqueur et porté à la satire du jeune homme trouva ample matière à s'exercer. Il obtint assez vite une charge à la cour d'Agostino Chigi, dit le Magnifique — marchand et banquier, l'homme le plus riche de la chrétienté — puis à la cour papale ; il gagna ainsi de hautes protections et des amitiés précieuses, mais ses écrits satiriques lui valurent des ennemis dangereux et tenaces. Tout en participant sans frein à la joyeuse et libre vie romaine, il écrivait des chansons, des articles, des poésies de toutes sortes, telles que ses féroces *Pasquinades* [*Pasquinate*] qui lui valurent la popularité, ainsi que des comédies obscènes — accueillies avec grande faveur dans le milieu corrompu de la Renaissance — tandis que ses *Pronostici* (sortes de calendriers et d'almanachs, genre fort cultivé en son temps), ses *Lettres volantes* [*Lettere volanti*], consacrées en général à des sujets politiques d'actualité, marquaient le début d'une forme de journalisme dont on peut considérer l'Arétin comme un des précurseurs. Devenu l'un des familiers du cardinal Jules de Médicis, et protégé par le marquis de Mantoue, Federigo Gonzaga, il accepta l'offre de Jean de Médicis, son ami intime, et fit partie des Bandes Noires, en qualité de secrétaire ; son astuce et son flair politique firent de lui un précieux conseiller. Son protecteur Jules de Médicis devenu pape sous le nom de Clément VII, il se rendit de nouveau à la Cour, mais tombé en disgrâce, après avoir été victime d'une tentative d'assassinat, il laissa Rome pour rejoindre les Bandes Noires qu'il ne quitta plus jusqu'à sa mort.

Il avait désormais trop d'ennemis à Rome (dont Berni et Doni) pour y demeurer sans danger, il ne lui restait pas d'autre asile que la République de Venise. Dans cette ville, il fut bien accueilli, protégé par le doge Andrea Gritti et les puissants, heureux de profiter des talents de journaliste de l'Arétin et de ses relations avec les personnages les plus hauts et les plus puissants de l'époque, dont les papes et les monarques, parmi lesquels François Ier et Charles Quint, qui lui avait alloué une riche pension annuelle. Il devint ainsi une des figures les plus curieuses et les plus influentes de Venise. Il se rendit populaire par sa bienfaisance ; l'or et les présents affluaient dans sa belle maison donnant sur la lagune, elle était fréquentée par les grands personnages de tous les milieux, surtout par les princes, désireux de se voir cités et exaltés dans ses œuvres littéraires et épargnés dans ses écrits satiriques. La lutte que menait l'Arétin contre le pédantisme lui attirait la sympathie et l'adhésion des jeunes écrivains ; certains de ceux-ci, ses disciples, dont N. Franco qui devait par la suite devenir son ennemi, cultivaient ce genre littéraire obscène et satirique, qui fut appelé après lui et d'après lui « arétinesque ». Sa maison égayée par un étonnant sérail de femmes belles et complaisantes, appelées couramment les « Arétines », était fréquentée par des nobles, des prélats, des capitaines, des commerçants ; c'était enfin un cénacle choisi d'érudits et d'artistes. Jacopo Sansovino, le Titien et l'Arétin formaient un trio inséparable.

Mais tout en menant cette vie splendide et sans frein, l'Arétin, qui avait une grande facilité pour écrire, intensifia sa production littéraire, et, abandonnant satires, poésies et genre obscène — dont un exemple est l'ouvrage intitulé *Ragionamenti* (*), œuvre originale considérée comme le bréviaire de tous ceux qui s'adonnent à la vie galante — il se mit à écrire des comédies : *Le Maréchal* (*) (1533), *La Courtisane* (*) (1534), *La Talanta* (1542), *L'Hypocrite* (+) (1542), *Le Philosophe* [*Il Filosofo,* 1546], *Horace* (*) (1546). Ces comédies ne s'inspiraient pas des modèles classiques, ainsi qu'il était d'usage à la Renaissance, mais se fondaient sur l'observation de la vie ; et à ce titre elles peuvent être considérées comme fondamentales dans l'histoire du théâtre. Par ses *Lettres* (*) et le *Dialogue des cours* (1538), miroirs fidèles d'une époque, il favorisa le développement d'un genre épistolaire parmi les lettrés, faisant alterner des écrits d'une grande fraîcheur et d'une grande originalité avec d'autres dont le style ampoulé annonce le XVIIe siècle — mais qui était alors d'une grande nouveauté. Enfin, il écrivit des « œuvres ascétiques » (*Paraphrases sur les sept Psaumes,* 1534 ; *De l'humanité du Christ,* 1534 ; *Vie de la Sainte Vierge,* 1539 ; *La Genèse* (*) 1539 ; *Vie de sainte Catherine,* 1540 ; *Vie de saint Thomas,* 1543) qui, espérait-il, lui permettraient d'être nommé cardinal, dignité à laquelle il aspirait et qui, à certains moments, parut proche de lui être accordée. Il put ainsi poursuivre jusqu'à sa mort, survenue subitement, son activité politique et littéraire. Sa figure est sans conteste digne de briller d'une lumière vive, sinon pure, dans le firmament des hommes illustres du « grand siècle » italien.

ALESSANDRO DEL VITA.

♦ *« Un* condottiere *de la littérature. »* Titien. ♦ *« L'Arétin fut à lui seul... l'opposition tout entière du XVIe siècle. Il est singulier qu'il n'ait pas été assassiné vingt fois. Un siècle plus tard, lorsque l'influence de Charles Quint eut tout avili en Italie, l'Arétin n'eût pas vécu six mois après avoir écrit... Les sots le calomnient, c'est le sort de l'opposition. Il a écrit des ouvrages fort indécents, mais moins dangereux, selon moi, que* La Nouvelle Héloïse *ou les sonnets de Pétrarque. »* Stendhal. ♦ *« Sa première qualité, c'est d'être original. Il a peu d'études, peu de lectures même. Il se fie à son génie et il n'est pas toujours mal servi par un esprit qui ne s'est cultivé que dans les cours italiennes où la grossièreté coudoyait la courtoisie... Si l'Arétin est estimable comme littérateur, il faut avouer qu'il eut un des caractères les plus bas, une des vies les plus méprisables dont fasse mention l'histoire littéraire. »* Rémy de Gourmont. ♦ *« En raison de son trop grand attachement à ce qui est bas et vil, l'Arétin n'était pas tel qu'on le considérait et vantait, et comme le considéraient et craignaient ses contemporains, un auteur satirique, car, du satirique, il lui manquait le côté idéal et la domination sur le réel à critiquer et à abattre. Il est embourbé dans ce monde qu'il vitupère, qui est son propre monde intérieur, celui de la convoitise ardente et vorace. »* Benedetto Croce.

RÉF. : Jacopo Berni, *Vita di P. Aretino,* 1537. — G.M. Mazzuchelli, *Vita di P. Aretino,* Padoue, 1741. — Dujardin, *Vie de P. Arétin,* La Haye, 1750. — J. G. Dubois-Fontenelle, *Vie de P. Arétin et de B. Tassoni,* Paris, 1768. — G. Peignot, *De Pierre Arétin. Notice sur sa fortune...,* Paris, 1836. — Philarète Chasles, *Études sur W. Shakespeare, Marie Stuart et l'Arétin,* Paris 1851. — P. Gauthiez, *L'Arétin,* Paris, 1895. — E. Hutton, *P. Aretino, the Scourge of Princes,* London 1922. — P. G. Dublin, *Le Divin Arétin,* Paris, 1938. — G. Petrocchi, *Pietro Aretino tra Rinascimento e Controriforma,* Milan, 1948. — G. Innamorati, *Pietro Aretino. Studi e note critiche,* Messine-Florence, 1957. — J. Hösle, *Pietro Aretinos werk,* Berlin, 1969. — P. Larivaille, *L'Arétin entre Renaissance et maniérisme,* thèse, Lille, 1972. — G. Ferroni, *Le Voci dell'istrione. Pietro Aretino la dissoluzione del teatro,* Naples, 1977. — C. Cairns, *Pietro Aretino and the Republic of Venice. Researchs on Aretino and his Circle in Venice (1527-1556),* Florence, 1985.

ARÉVALO MARTÍNEZ Rafael. Romancier et poète guatémaltèque. Né à Ciudad Guatemala le 27 juillet 1884, mort le 13 juin 1975. Après des études classiques, il devient professeur d'histoire littéraire et rédacteur en chef du journal *La República.* Il suit ultérieurement une carrière diplomatique. Rafael Arévalo Martínez est l'un des représentants de l'école « naturaliste » latino-américaine avec le romancier vénézuélien Rómulo Gallegos. Mais son œuvre présente également un côté politique et engagé, dans la mesure où le romancier guatémaltèque dénonce l'emprise de l'impérialisme américain sur son pays et sur l'Amérique latine en général. Son œuvre est assez brève et peu connue à l'étranger : *L'Homme qui semblait être un cheval* (*) (1915), *Monsieur Monitot* [*El señor Monitot,* 1922], *Le Bureau de paix d'Orlandia* [*La oficina de paz de Orlandia*, 1925] et *Le Signe du sphinx* [*La signatura de la esfinge*, 1933]. *Le Bureau de paix d'Orlandia* est une dénonciation politique, alors que le livre le plus connu de Rafael Arévalo Martínez, *L'Homme qui semblait être un cheval*, se situe davantage dans la lignée du roman fantastique.

ARGENS Jean-Baptiste de Boyer, marquis d'. Écrivain français. Né à Aix-en-Provence le 24 juin 1704, mort près de Toulon le 11 janvier 1771. D'une famille de magistrats lettrés (son trisaïeul était beau-frère de Malherbe), déshérité par son père lassé de ses fredaines, il tire ses ressources de *Lettres juives, chinoises, cabalistiques,* vingt et un volumes parus en Hollande de 1754 à 1759. Leur esprit « philosophique » et leur alacrité séduisent Frédéric II, qui l'appelle à Potsdam, le couvre de faveurs et, après la mort de Maupertuis et le refus de d'Alembert, en fait le directeur de son Académie. Mais c'est grâce à *Thérèse philosophe* (*), qu'on lui attribue, que survit le marquis d'Argens, dont Voltaire disait : « Ce petit drôle-là est libre. »

DANIEL BARUCH.

ARGENSON René Louis de Voyer de Paulmy, marquis d'. Homme politique et écrivain français. Né et mort à Paris (18 octobre 1694-26 janvier 1757). Fils aîné du marquis Marc-René d'Argenson, qui avait été président du conseil de finance sous la Régence et emporté dans la faillite de Law, d'Argenson fit lui-même ses débuts comme homme de loi. Conseiller au Parlement à vingt et un ans, il devient, de 1720 à 1724, intendant de justice, de police et de finance dans le Hainaut, où il fait preuve d'esprit de décision, en particulier dans l'approvisionnement des troupes, gravement compromis par la crise économique consécutive à l'affaire Law. Cet apprentissage terminé, il rentre à la Cour et prend les fonctions de conseiller d'État. Dès cette époque, il montre une certaine indépendance d'esprit en fréquentant les conférences politiques de l'Entresol — v. *Journal et Mémoires* (*) ; il se fait également remarquer du garde des Sceaux Chauvelin. D'Argenson avait une grande impatience d'arriver ; les progrès de sa carrière, gênés par la disgrâce de son protecteur Chauvelin en 1737 et plus encore par son amitié connue pour Voltaire, furent cependant assez lents. En mai 1744, il est enfin appelé comme membre du conseil de finance et, en novembre, nommé secrétaire aux Affaires étrangères, tandis que son frère tient le secrétariat de la Guerre. À cette époque de la guerre de Succession d'Autriche, d'Argenson, quoique continuant à mener une politique anti-autrichienne, forme de grands projets de paix durable : il rêve à une république italienne et même à une sorte de fédération européenne où la France jouerait un rôle d'arbitre. Ayant conclu le mariage du Dauphin avec la fille d'Auguste III de Pologne, il ne put empêcher en 1745 l'élection du grand-duc de Toscane comme empereur, et, à la suite d'une puissante cabale menée contre lui, se vit renvoyer assez brusquement en 1747. Ses dix dernières années furent toutes consacrées à l'érudition, aux travaux de l'Académie des inscriptions, dont il avait été nommé président, enfin à des relations suivies avec les meilleurs esprits du temps, ses amis, Voltaire (qui fut son condisciple), d'Alembert, Condillac, La Condamine, qu'il se plaisait à recevoir dans sa maison de campagne. « D'Argenson la bête », tel est le surnom que lui avaient donné les courtisans, qui lui reprochaient son manque de distinction, sa bonhomie trop bourgeoise. Moins injuste est la réputation d'utopiste qu'exprimait plaisamment le maréchal de Richelieu en disant qu'il aurait fait un bon secrétaire d'État dans la République de Platon. La pensée politique de d'Argenson est en effet assez hardie. Quoique ses ouvrages aient tous été publiés assez tardivement : *Considérations sur le gouvernement de la France* (1764-84), *Essais dans le goût de ceux de Montaigne* (1785), *Mémoires du ministère* (1825), *Pensées sur la réformation de l'État* (1859), ils ont, dès son temps, beaucoup circulé en manuscrits. L'originalité de d'Argenson est d'être un adversaire de la théorie des « corps intermédiaires » à la mode depuis Fénelon et soutenue particulièrement à l'époque par Boulainvilliers. Très peu attiré par le système anglais, où il ne voit qu'un équilibre fragile dû à des circonstances particulières, il méprise les parlements et veut débarrasser la France non de ses rois mais d'« une aristocratie odieuse, d'une satrapie de roture », les intendants. Pour mieux gouverner, il faut gouverner moins. Laissant à la monarchie le pouvoir politique absolu, on suscitera donc une nouvelle émancipation des communes, en abandonnant les affaires locales et cantonales à des municipalités élues. Autorité dans le gouvernement, décentralisation dans la nation, démocratie en bas, monarchie en haut, telle pourrait être la devise politique de d'Argenson.

JACQUES PATRY.

♦ *« Il avait de la fertilité d'idées, il était homme d'expédient et, parfois, d'exécution... des commencements de grand ministre, mais les obscurités, les écarts, les bizarreries de forme ou les singularités d'humeur, les préoccupations théoriques venaient bientôt compliquer la marche, entraver les combinaisons : l'or ne put jamais se dégager des scories. »* Sainte-Beuve.

RÉF. : *Journal et mémoires du marquis d'Argenson* (éd. Rathery), Paris, 1859-1867, 9 vol. — Sainte-Beuve, *Causeries du Lundi,* tomes 12 et 14. — E. Zervort, *Le Marquis d'Argenson et le ministère des Affaires étrangères,* 1880. — A. Alem, *D'Argenson économiste,* 1899. — P. Gessler, *R. L. d'Argenson 1694-1757,* Bâle, 1957. — D'Argenson, *Notices sur les œuvres de théâtre,* éd. H. Lagrave, Genève, *Studies on Voltaire,* 1966.

ARGHEZI Tudor (pseud. de Ion Theodorescu). Écrivain roumain. Né et mort à Bucarest (21 mai 1880-14 juillet 1967). Avant de trouver sa voie, il fut aide-chimiste, moine — sa vie monacale marquera son œuvre — et, à la suite d'un voyage en France, apprenti joaillier à Genève. Après la Première Guerre mondiale, il avait fait de la prison pour avoir collaboré à un journal des autorités allemandes d'occupation. Un long silence suivra la Seconde Guerre et, lorsqu'il se remet à écrire, il n'atteint plus le niveau de ses œuvres antérieures. Mieux que dans sa prose, c'est dans sa poésie que s'épanouit sa personnalité. Le poète entrevoit la route difficile qui mène de la terre au ciel et qui est parsemée d'embûches, qui sont autant d'occasions de s'arrêter et de se recueillir. Dans ses « psaumes », autant d'entretiens avec Dieu, il avoue ses péchés, s'humilie et prie, sans avoir peur de la mort, car il joue avec elle un jeu familier. Par la suite, cette pureté fait place à la souillure et il évoque des visions sordides d'une humanité de basse extraction, pour qu'enfin son lyrisme retrouve sa pureté première. Parmi ses nombreux recueils de poèmes on doit retenir : *Paroles assorties* (*) (1927), *Fleurs de moisissure* (+) (1931), *Petit livre du soir* (+) (1935), *Rondes* [*Hore*, 1939]. Parmi ses œuvres en prose, on doit rappeler ses souvenirs de la vie monacale et de la prison : *Icônes de bois*

[*Icoane de lemn*, 1939] et *La Porte noire* [*Poarta neagră*, 1930].

NICOLAS GHEORGHIU.

RÉF. : O. Micu, *Oera lui Tudor Arghezi*, Bucarest, 1965 ; *Tudor Arghezi*, Bucarest, 1972. – I. Gutan, *Tudor Arghezi*, Bucarest, 1980. – S. Cioculescu, *Argheziana*, Bucarest, 1985.

ARGUEDAS Alcides. Écrivain bolivien. Né à La Paz le 15 juillet 1879, mort à Santiago du Chili le 6 mai 1946. Il fit ses études à l'université de La Paz et au collège libre des sciences sociales, à Paris, puis entra dans la carrière diplomatique : secrétaire d'ambassade à Paris (1910), à Londres (1914), consul général à Paris (1925), ambassadeur en Colombie (1929). Journaliste, il lutta pour une plus grande justice sociale, comme il l'avait fait dans un essai de jeunesse : *Peuple malade* [*Pueblo enfermo*, 1903] ; historien, il composa une magistrale *Histoire de la Bolivie* [*Historia de Bolivia*, 4 vol., 1920-26], mais son œuvre essentielle demeure son roman *Race de bronze* (*) : source de toute une partie de la littérature sud-américaine moderne de langue espagnole, il fut traduit dans de très nombreuses langues.

ARGUEDAS José María. Romancier, poète et ethnologue péruvien. Né en 1911 à Andahuaylas (département d'Apurimac), mort à Lima le 2 décembre 1969. Fils d'un petit magistrat de la Sierra. À l'âge de trois ans, il perd sa mère, et son père se remarie en 1917 avec une veuve, riche propriétaire terrienne. Il passe son enfance chez celle-ci, à Puquio, contraint par sa belle-mère qui le maltraite à vivre avec les Indiens. Il fait de nombreuses randonnées à cheval pour accompagner son père d'humeur sombre et vagabonde. Il ne parle guère alors que le quechua. Cette expérience constituera le fond de son roman fortement autobiographique, *Les Fleuves profonds* (*) (1958). La vie errante du père l'oblige à changer souvent d'école et de collège. En 1931, il entre à la faculté des lettres de l'université de San Marcos de Lima. L'année suivante, la mort de son père le prive ainsi que son frère Arístides de tout appui économique, et pour gagner sa vie il devient employé des postes à Lima. Mais il écrit et, en 1935, son recueil de nouvelles *Agua* [*Eau*], qui révèle une infinie tendresse pour la race indienne et le mépris pour ses exploiteurs, les latifundistes, obtient à Buenos Aires le deuxième prix du Concours international organisé par la *Revista Americana*. En 1937, la visite d'un envoyé de Mussolini, le général Camarotta, provoque une protestation des étudiants à laquelle Arguedas participe. Il est arrêté avec un groupe de compagnons d'extrême gauche et passe un an à El Sexto, la célèbre prison de Lima, mêlé à des assassins, des dégénérés, des fanatiques, et aussi aux « militants politiques les plus purs, les plus éclairés et les plus sereins ». Les « scènes infernales et les conflits sexuels » auxquels il assiste lui dicteront un court roman, *El Sexto*, en 1961. Devenu professeur à Sicuani (département du Cuzco) en 1939, il se marie avec Cecilia Bustamante Vernal et se passionne pour l'ethnologie et le folklore indien. Dans le roman *Yawar fiesta* (1941) qu'il écrit alors, Arguedas évoque la « dépossession des terres de la communauté de Puquio par les Blancs ruinés par la fermeture de leurs mines, qui les obligea à se transformer en grands propriétaires terriens et en éleveurs » (Mario Vargas Llosa). En 1947, il est nommé conservateur général du folklore au ministère de l'Éducation nationale et, en 1948, il publie *Chansons et contes du peuple Quechua* [*Canciones y cuentos del Pueblo Quechua*]. Après une grave dépression nerveuse qui l'immobilise pendant deux ans, il commence des études d'anthropologie qu'il achève en 1950. Professeur de quechua au lycée national de garçons de Lima, il est nommé directeur de l'Institut d'études ethnologiques du musée de la Culture en 1953, édite la revue *Folklore Americano* et publie *Contes magiques réalistes et chansons de fêtes traditionnelles dans la Vallée du Mantaro*, suivis en 1954 du recueil de nouvelles *Diamants et Cailloux* [*Diamantes y pedernales*]. Préparant une thèse de doctorat dont le sujet est une étude comparée des communautés espagnole et péruvienne, il voyage en Espagne et en France en 1958, et obtient à son retour la chaire d'ethnologie de l'université de San Marcos qu'il occupera jusqu'en 1968. De nombreux voyages de spécialiste le conduisent à Buenos Aires (1960), au Guatemala (1961), à Berlin (congrès organisé par la revue *Humboldt*, 1962), Mexico (1964). Docteur en ethnologie en 1963, il obtient la direction de la maison de la Culture du Pérou, à laquelle il renonce en 1964, après avoir fondé les revues *Culture et Peuple* [*Cultura y Pueblo*], *Revista Peruana de Cultura*, et publié le roman *Tous sangs mêlés* (*). Directeur du Musée national d'histoire (1964), il édite le premier numéro de *Historia y Cultura*. Divorcé en 1965, il participe à de nombreux colloques littéraires, à Gênes, aux États-Unis, au Chili, en France, en Argentine, au Mexique, à Cuba (comme membre du jury des prix Casa de las Américas 1968) et se remarie avec Sybila Arredondo. Devenu chef du Département de sociologie à La Molina en 1968, mais guetté par la cécité et tourmenté par la maladie et l'insomnie, il se suicide l'année suivante, laissant un roman inédit, *Le Renard d'en haut et le Renard d'en bas* [*El zorro de arriba y el zorro de abajo*], publié en 1971.

CLAUDE COUFFON.

♦ *« Arguedas est le plus grand représentant du nouveau réalisme magique hispano-américain. On a dû lire de la même manière en Espagne l'Inca Garcilaso au* XVII*e siècle. »* Fernando Alegría.

RÉF. : Antonio Cornejo Polar, *Los universos narrativos de José María Arguedas*, Buenos Aires,

1972. — Sara Castro Klaren, *El mundo mágico de José María Arguedas*, éd. I.E.P., 1973. — Gladys C. Marin, *La experiencia americana de José María Arguedas*, éd. Cambeiro, 1973. — *Recopilación de textos sobre José María Arguedas*, La Havane, 1976. — Mario Vargas Llosa, *José María Arguedas entre Sapos y Halcones*, Madrid, 1978.

ARIÈS Philippe. Historien français. Né à Blois le 21 juillet 1914, mort à Toulouse le 8 février 1984. Issu d'une famille de moyenne bourgeoisie — son père était ingénieur — dont les ancêtres avaient fait fortune aux Antilles avant de s'y ruiner, Philippe Ariès fit ses études primaires à Blois, ses études secondaires à Paris — chez les dominicains d'abord, au lycée Janson-de-Sailly ensuite — et ses études supérieures d'histoire à Grenoble puis à la Sorbonne à la veille de la Seconde Guerre mondiale. Deux fois admissible à l'agrégation d'histoire, il est deux fois collé à l'oral. Par dépit, mais aussi à cause des circonstances — la France est occupée — et des traditions familiales, il renonça à l'enseignement et entra comme documentaliste dans un Institut consacré à l'agronomie fruitière tropicale ; il y fera toute sa carrière, au terme de laquelle, à la fin des années 60, il sera expert-consultant pour la mise en place du système international d'information dans les sciences d'agriculture (AGRIS). Parallèlement, il entre aux éditions Plon comme lecteur puis (1953) comme directeur de la collection « Civilisations d'hier et d'aujourd'hui ». Il écrit aussi, en franc-tireur, ou, comme il le dit lui-même, en « historien du dimanche ». Catholique, élevé dans un milieu maurrassien, il essaie, au lendemain de la guerre, de rénover l'Action française — tentative éphémère. Ses premières œuvres historiques n'ont guère d'écho ; elles sont trop en avance sur leur temps. *L'Histoire des populations françaises et de leurs attitudes devant la vie depuis le XVIIIe siècle* (1948) annonce l'essor et de l'histoire démographique et de l'histoire des mentalités. *Le Temps de l'histoire* (1954) explore l'histoire de l'histoire. *L'Enfant et la vie familiale sous l'Ancien Régime* (*) (1960) bouleverse les fausses certitudes sur une relation qu'on croyait aussi naturelle qu'universelle. C'est au début des années 70 que viendront la reconnaissance, la consécration et la grande série des ouvrages sur la mort. Les Nouveaux Historiens ayant labouré les mêmes champs le reconnaissent comme un des leurs. Tandis que *L'Enfant et la vie familiale* est réédité (1973), Philippe Ariès travaille aux États-Unis et publie, à Baltimore, *Western Attitudes towards Death* — traduction française, *Essais sur l'histoire de la mort en Occident*, 1975. C'est l'amorce de son grand livre *L'Homme devant la mort* (*) (1977), synthèse hardie dans laquelle il allie la qualité de l'écriture — classique —, la finesse de l'analyse — psychologique — et l'ampleur du regard. Dès lors le marginalisé pouvait être consacré : en 1978, Philippe Ariès est élu directeur d'études à l'École des hautes études en sciences sociales. Il a soixante-quatre ans. Celui qui, dans sa jeunesse, avait dit son admiration pour Marc Bloch et Lucien Febvre, dans *Le Temps de l'histoire*, est invité, au soir de sa vie, à s'asseoir aux côtés de leurs disciples. Tel fut le singulier destin de cet esprit fécond, de surcroît un homme libre.

CHARLES-OLIVIER CARBONELL.

ARIOSTE L' (Ludovico Ariosto, dit). Poète italien. Né à Reggio (Émilie) dans les premiers jours de septembre 1474 (il fut baptisé le 8), mort à Ferrare le 5 juillet 1533. Aîné des dix enfants de Nicolo Ariosto, capitaine de Ferrare, courtisan rusé et violent au service du duc Hercule d'Este, et de Daria Malaguzzi Valeri, « femme de pieuses coutumes et de parler modeste ». Nicolo quitta les districts de Reggio et de Polesine dont il était capitaine, pour venir se fixer avec les siens dans la maison familiale de Ferrare. Dans cette ville, Ludovico suivit les cours de l'université de 1489 à 1493, « traduisant textes et commentaires » — v. *Satires* (*) ; en 1494, ayant échoué aux études de droit, il obtint de son père la permission de s'occuper de ses études de prédilection : les « humanités ». L'éducation de l'Arioste se fit donc à cette époque incomparable de la Renaissance à Ferrare, sous la direction de maîtres tels que Giovanni Sadoleto, Sebastiano dell' Aquila et de ce Gregorio Elladio da Spoleto qui avait été précepteur de Jean de Médicis (le futur Léon X). L'Arioste débuta bientôt par des vers latins : *Ad Albertum Pium*, dédié à Gregorio da Spoleto ; *Pasiphile*, pour une courtisane espagnole ; *Lydia*, pour sa cousine Ippolita Teresa ; *In Lenam*, contre une entremetteuse ; *Philippae epitaphium*, badinage sur une épouse infidèle ; *Ad Philiroem ; De diversis amoribus*, etc. ; mais après 1503 le poète écrivit exclusivement en langue vulgaire, et quand Bembo lui recommanda de persévérer dans l'usage du latin, il répondit qu'il préférait « être l'un des premiers parmi les écrivains toscans que seulement le second parmi les latinisants ». Ayant perdu son père en 1500, il dut gérer le patrimoine familial et s'occuper de l'éducation de ses nombreux frères, mais ne cessa pas pour autant d'obéir à sa vocation poétique.

Entré en qualité de « gentilhomme de chambre » au service du cardinal Hippolyte d'Este, il assuma cette charge de 1503 à 1517. Hippolyte d'Este n'avait pas la vocation ecclésiastique, mais c'était un prince habile et vaillant, un diplomate adroit ; homme violent et vindicatif, il aimait la chasse, les festins, les spectacles et les femmes — Castiglione fait son éloge au liv. I ch. XIV de son *Parfait Courtisan* (*). Bien qu'il dût s'acquitter parfois des tâches les plus humbles, l'Arioste trouvait encore le temps de s'adonner à l'étude et aux amours. En 1507, il faisait partie de ce groupe d'hommes « les plus éminents en toutes facultés qui se puissent rencontrer en Italie » qu'Élisabeth Gonzague, épouse de Guidobaldo di Montefeltro, invitait de temps en temps à la cour d'Urbino. Déjà, en 1493, il avait participé comme acteur aux spectacles donnés à Pavie par Hercule Ier, et à cette époque l'Arioste avait écrit une pièce de théâtre, *La Tragédie de Thisbé* [*La tragedia di Tisbe*] que nous ne possédons plus ; tout de suite après, il donna ses premières comédies imitées des auteurs classiques : *Le Coffret* (*) et *Les Personnages supposés* (*) ; peut-être en 1505 avait-il déjà commencé *Le Roland furieux* (*), dont il lira quelques chants à Isabelle d'Este, à Mantoue, pour le plus grand plaisir de la belle et savante dame. Un fils lui était né en 1503, Giambattista, qui suivit la carrière des armes. Ce fut plus tendrement qu'il aima un autre fils, Virginio, que lui avait donné en 1509 une certaine Orsolina, qui descendait d'une modeste famille d'artisans (satire VII). Au cours de la lutte qui opposa Jules II à la famille d'Este (1509-10), le poète fut souvent chargé de missions diplomatiques importantes, allant maintes fois à Rome, parfois pour solliciter un appui, parfois pour apaiser la colère du pape. C'est avec peine qu'il put éviter la mort en fuyant lorsque, le cardinal ne s'étant pas présenté devant le Saint-Père en sa résidence d'Ostie, celui-ci ordonna que l'ambassadeur fût jeté à la mer. L'Arioste s'attendit vainement à recevoir quelque bénéfice quand le cardinal Jean de Médicis, qu'il avait connu à la cour d'Urbino, accéda au pontificat.

Une longue période de calme, de repos, suivit, et ce fut le 22 avril 1516 que sortit des presses de Giovanni Mazzocco del Bondeno, à Ferrare, la première édition du *Roland furieux*, qui fit dire au cardinal Hippolyte, après une première lecture, les paroles célèbres : « Maître Ludovic, où avez-vous puisé tant de sottises ? » En 1517, le cardinal Hippolyte, qui était évêque d'Agria, dut se rendre en Hongrie, mais l'Arioste refusa de l'y suivre sous prétexte que sa santé délicate et ses occupations l'en empêchaient. Il est probable que si l'Arioste refusa, c'est qu'il préférait voyager « sur la carte de géographie » plutôt qu'effectivement, et qu'il ne voulait pas s'éloigner de la femme aimée, Alessandra Benucci, à laquelle il dédia maints poèmes et huitains du *Roland*. Elle fut pour lui une compagne affectueuse, son inspiratrice et, s'il l'épousa secrètement en 1527, ce fut afin de ne pas perdre ses bénéfices ecclésiastiques. Le duc Alphonse Ier, successeur d'Hercule Ier au duché de Ferrare, soucieux de ne pas rabaisser l'éclat de sa maison, éleva le poète à la qualité de « familier » pensionné, l'exemptant des tâches absorbantes pour ne pas troubler ses méditations (satire III). De 1518 à 1519 fut composée sa comédie *La Scolastique* [*I Studenti*] demeurée inachevée. *Le Nécromant* (*) est de 1520 et la seconde édition du *Roland furieux* de 1521 (le succès en fut si considérable que, de 1524 à 1531, il ne s'en fit pas moins de dix-sept éditions dont plusieurs sans l'autorisation de l'auteur). Nommé gouverneur de la Garfagnana, il accepta cette charge si contraire à son tempérament à seule fin de s'assurer un revenu plus confortable (satire V) ; il s'y consacra avec beaucoup de sérieux et de zèle, écrivant au duc le 30 juillet 1524 : « Aussi longtemps que je serai en fonction, je n'aurai point d'amis sauf la seule Justice. » Il s'installa dans sa nouvelle résidence le 20 février 1522, trouva la province ravagée par les brigands et les passions politiques, mal gérée de surcroît ; mais le poète sut administrer sagement, et quand il eut terminé sa mission, en 1525, il avait réussi pour une grande part à réorganiser le pays, à alléger les souffrances de ces populations pauvres et abandonnées. L'Arioste ne convoitait pas d'autre emploi ; en 1523, il avait décliné l'offre d'une ambassade à la cour de Clément VII.

De retour à Ferrare, il s'occupa du partage entre ses frères du patrimoine familial, et put finalement acquérir une maison sur la façade de laquelle il fit graver la fameuse devise : *Parva sed apta mihi, sed nulli obnoxia, sed non – Sordida, parta meo sed tamen aere domus.* Désormais le poète pouvait se consacrer aux Muses en toute quiétude, et en 1529, sur un théâtre spécialement construit dans le palais ducal, fut représentée sous sa direction *Léna* (*), considérée de nos jours comme sa meilleure comédie. Sa renommée était assurée ; en 1528, il fut appelé à faire partie du Conseil des Sages [Maestrato dei Savi] de Ferrare, tandis qu'en 1531, ayant été envoyé à Mantoue auprès d'Alphonse d'Avalos pour demander aide contre Clément VII, il fut comblé d'honneurs et de présents de haut prix.

L'Arioste consacra ses dernières années presque exclusivement à cultiver son petit jardin et à polir son poème, dont une édition remaniée parut en 1532. Son fils Virginio dit qu'il cultivait son jardin « comme il composait ses poèmes, car il ne plantait rien qu'il ne laissât plus de trois mois à la même place, et s'il mettait en terre des noyaux de pêcher ou autres semences, il allait voir si fréquemment s'ils germaient qu'il finissait par en briser les pousses ». L'Arioste tomba gravement malade en 1532 et mourut le 5 juillet 1533. Les Este ne firent rien pour ses funérailles, et ce fut nuitamment, dans la plus grande simplicité, que ses restes, transportés à l'église Saint-Benoît, furent inhumés. En fait, ni le cardinal ni le duc n'apprécièrent son génie à sa juste valeur, et s'ils l'attachèrent à leur personne ce fut davantage pour sauvegarder leur réputation de mécènes que par respect véritable pour l'artiste et pour l'homme, qui fut toujours pauvrement rétribué, parfois humilié et même dépouillé des biens qui lui échurent à la mort de son cousin Rinaldo (1519). D'autre part, l'Arioste n'eut jamais plus de sympathie pour l'emploi de « maquignon » dont l'avait chargé Hippolyte que pour les fonctions dont l'avait investi Alphonse. Il ne cessa d'aspirer à une vie libre, paisible, même modeste, pour se dédier au culte de la poésie – v. *Poèmes latins* (*) –, souhaitant fuir les caprices du sort et les aventures périlleuses. Il tendait à s'abstraire de la terre et des choses matérielles comme il le fait dans le *Roland*, pour donner cours à sa libre imagination et pouvoir se réfugier en un monde où la servitude serait inconnue, où tout serait pureté. Il est à noter qu'il n'a jamais écrit en prose ; sa correspondance familière est négligée et ses lettres officielles sans chaleur – v. *Lettres* (*). On lui a attribué un seul ouvrage de prose : *L'Herboriste*, dans lequel un charlatan vante une drogue miraculeuse et fait l'éloge de la science médicale. Dans l'édition (posthume) de ce livre (1545), l'Arioste est appelé pour la première fois : « le divin ».

CARMELO MUSUMARRA.

♦ *« L'Arioste fait mes délices perpétuelles ; je ne puis le quitter depuis que je suis en état de l'entendre. Quel poète est plus poète que celui-ci... Plus je le lis, plus je m'y plais ; il vaudrait lui seul, à mon gré, la peine que l'on apprît la langue pour le lire. »* Le président de Brosses. ♦ *« Le seul élément sérieux de l'Arioste, sa seule passion véritable, est la perfection du style, l'acharnement, la conscience purement artistique avec laquelle il travailla dix ans sur ce poème immense* [Orlando furioso], *sans se lasser. Nous pouvons dire qu'il y trouve le rachat de sa frivolité d'homme. »* Maria Brandon-Albini. ♦ *« L'Arioste ne peut pas jouer un grand rôle parmi les lyriques ; néanmoins, de par le mystère de son style, il est le plus isolé, celui que l'on ne peut atteindre, le plus secret quant à ses intentions, ses moyens et ses véritables et ultimes effets, celui que l'on ne peut situer au point que je ne puis même être certain s'il vient de la part de l'Ange ou de celle de l'Adversaire. »* Bontempelli. ♦ *« Ce feuilleton* [Roland furieux]*... est un Bottin rythmé, où l'artiste, bien avant la fille de Pasiphaé, se complaît à l'ajustement entre eux, pour la musique poétique, de vocables étranges ou sonores... »* Audiberti.

RÉF. : Baruffaldi, *La vita di Maestro Ludovico Ariosto*, Ferrare, 1807. – Giosue Carducci, *L'Ariosto e il Tasso*, dans *Opere*, t. XIV. – Marc Monnier, *La Renaissance*, 1889. – G.-B. Pigna, *Vita di L. Ariosto*, Milano, 1903. – B. Croce, *Ariosto, Shakespeare e Corneille*, Bari, 1920. – G. Sforza, *Documenti inediti per servire alla vita di Ludovico Ariosto*, Modena, 1926. – H. Hauvette, *L'Arioste et la Poésie chevaleresque à Ferrare*, 1927. – M. Catalano, *Vita di Ludovico Ariosto, ricostruita su nuovi documenti*, Genève, 1930-31, 2. vol. – S. Keyser, *Contribution à l'étude de la fortune littéraire de l'Arioste en France*, Leyde, 1933. – A. Cioranescu, *L'Arioste en France, des Origines à la fin du XVIIIe siècle*, 1938. – Walter Binni, *Metodo e poesia di Lodovico Ariosto*, Messine, 1947. – A. Piromalli, *La cultura a Ferrara al tempo di Ludovico Ariosto*, Florence, 1953. – L. Caretti, *Ariosto e Tasso*, 1961. – Cesare Segre, *Esperienze ariotesche*, Pise, 1966. – Ludovico Ariosto, *Atti del convegno dell'Accademia dei Lincei*, Rome, 1974. – R. Baillet, *Le Monde poétique de l'Arioste, Essai d'interprétation du « Roland furieux »*, Lyon, 1978. – M. Santoro, *L'anello di Angelica*, Naples, 1983. – G. Savarese, *Il Furioso e la cultura del Rinascimento*, Rome, 1984. – Della Palma, *Le strutture narrative dell'Orlando Furioso*, Florence, 1984.

ARISTARQUE de Samos. Mathématicien grec. Aristarque « le mathématicien » est né dans l'île de Samos vers 310 av. J.-C., mais vit et travaille en Égypte, à Alexandrie – le centre culturel de la Grèce hellénistique. Il meurt en 230 av. J.-C. Élève du péripatéticien Straton de Lampsaque (grand savant encyclopédiste de l'école d'Alexandrie et son directeur pendant dix-huit ans), Aristarque s'investit surtout dans la physique et l'astronomie. Dans ce domaine, il fait des observations importantes sur les solstices d'été et le mouvement de la Terre. Dans son *Traité sur les grandeurs et les distances du Soleil et de la Lune* (*), il est le premier et le seul (avec Héraclite du Pont) à exposer les thèses du mouvement de la Terre autour de l'axe de l'équateur et de sa rotation sur le plan du zodiaque. Archimède l'appelle « le premier héliocentriste » et Cléanthe le Stoïcien l'accuse « d'avoir troublé le repos d'Hestia », c'est-à-dire la Terre, considérée alors comme le centre et le foyer du monde. Il conçut une méthode pour évaluer les distances relatives de la Lune et du Soleil par rapport à la Terre ; géométriquement juste et géniale, elle ne lui permit cependant pas, faute d'instruments d'observation, d'atteindre à des résultats corrects. Néanmoins, l'estimation des dimensions du Soleil – de diamètre sept fois et de volume trois cents fois supérieur à la Terre – à laquelle il arriva lui permit de faire la conclusion, logique et juste, que la plus petite Terre devait tourner autour de la « lanterne du monde ».

NADINA RADEVA.

RÉF. : Heath, *Aristarchus of Samos*, Oxford, 1913.

ARISTARQUE de Samothrace. Illustre philologue alexandrin (217/5-145/3 av. J.-C.). Né dans l'île grecque de Samothrace. Le peu que l'on sait sur sa vie se trouve dans la *Souda* (*). Selon cette source, Aristarque naquit lors de la 156e Olympiade et vécut à Alexandrie en Égypte sous le règne de Ptolémée Philométor dont le fils, Ptolémée Philopator, était son élève. Aristarque reprit la direction de la bibliothèque d'Alexandrie après Apollonios Eïdographe (vers 153 av. J.-C.). Vers la fin de sa vie, à la prise du pouvoir par Ptolémée Euergète II (145 av. J.-C.), il quitta Alexandrie pour Chypre, où il mourut.

On est mieux renseigné sur les ouvrages d'Aristarque – v. *Œuvres* (*) – qui consistent exclusivement en recensions critiques surtout d'Homère, mais aussi d'Hésiode, Archiloque, Alcée, Anacréon, Pindare ; en commentaires sur Homère et Hésiode, sur certains lyriques (Archiloque, Pindare), certains poètes tragiques et comiques (Eschyle, Sophocle, Aristophane) ; ainsi qu'en traités critiques sur Homère. Il est le premier à faire des éditions et commentaires philologiques proprement dits, et le premier à introduire les symboles comme le trait d'union, la parenthèse, l'astérisque, ce qui fait de lui le « père » de la philologie au sens moderne du terme. Son intelligence et son génie philologique étaient déjà reconnus dans l'Antiquité qui lui donna les surnoms de « lettrissime » et de « devin ».

Élève d'Aristophane de Byzance, Aristarque fonda son école philologique à Alexandrie ; en sont issus des élèves aussi illustres qu'Apollodore et Denys de Thrace.

NADINA RADEVA.

RÉF. : A. Ludwich, *Aristarchs homerische Textkritik*, II, Leipzig, 1884-5. – P. Mazon, *Introduction à l'Iliade*, Paris, 1948. – H. Erbse, *Zur normativen Grammatik der Alexandriner*, Glotta, 58, 1980. – A. Severyns, *Le Cycle épique dans l'école d'Aristarque*, Liège, s. d.

ARISTIDE d'Athènes, saint. Philosophe grec chrétien du IIe siècle, auteur d'une *Apologie pour les chrétiens* (*), dont on ne connut longtemps l'existence que par un témoignage d'Eusèbe de Césarée. En 1889, la découverte faite par Harris d'une version syriaque de cette *Apologie* permit d'apprendre d'une part l'origine athénienne d'Aristide et, d'autre part, le véritable destinataire de cette œuvre : l'empereur Antonin le Pieux (et non l'empereur Adrien comme on le pensait jusqu'alors). On manque de tout autre renseignement sur cet écrivain.

ARISTIDE de Milet. Nous n'avons aucun renseignement direct sur cet écrivain grec de l'époque hellénistique. Il vécut probablement avant J.-C., et il ne nous reste de son œuvre que le fragment d'un recueil de contes intitulé *Fables milésiennes* (*), traduit et remanié en latin par Cornélius Sisenna et rassemblé, également en fragments, dans cette version. Par ses essais et par le témoignage d'Ovide, de Lucien et d'Apulée, Aristide nous apparaît comme un « fabulator », qui a conté des historiettes et anecdotes de tout genre en y mettant un esprit licencieux et volontiers obscène, mais puissant et fort amusant. Les *Fables milésiennes* établirent les bases de tout un genre qui parvint jusqu'à Lucien et Apulée – v. *Métamorphoses* (*).

RÉF. : S. Trenkner, *The Greek Novella in the Classical Period*, Cambridge, 1958.

ARISTOPHANE. Poète comique grec. Né à Athènes vers 447 et mort autour de 380 av. J.-C. Il est le représentant le plus célèbre de la comédie attique de la période dite ancienne et a été considéré comme l'un des plus grands auteurs du genre comique par une tradition qui s'est poursuivie sans interruption de l'Antiquité (sa primauté a commencé à s'établir dès son vivant) jusqu'à nos jours. La période de la comédie ancienne commence avec l'organisation en 486 du premier concours officiel de comédies à l'occasion de la fête des Grandes Dionysies à Athènes, et sa conclusion est fixée conventionnellement autour de 380 av. J.-C. Aristophane est, avec son collègue et contemporain Eupolis, le poète de l'apogée et de la fin de cette période, tandis que Cratinos – le troisième nom retenu comme représentatif de la comédie ancienne par les érudits alexandrins – avait déjà commencé sa carrière avant la naissance des deux autres. Aristophane est le seul des poètes de la comédie ancienne dont nous pouvons lire des pièces complètes : des quarante-quatre comédies dont on le disait auteur (les érudits alexandrins en tenaient quatre – aujourd'hui perdues – pour non authentiques), onze nous ont été intégralement conservées : par ordre chronologique, *Les Acharniens* (*), *Les Cavaliers* (*), *Les Nuées* (*), *Les Guêpes* (*), *La Paix* (*), *Les Oiseaux* (*), *Les Thesmophories* (*), *Lysistrata* (*), *Les Grenouilles* (*), *L'Assemblée des femmes* (*), *Ploutos* (*). Notre poète est par conséquent déterminant pour l'idée que nous pouvons nous faire de l'ensemble de la production comique de cette époque. C'est depuis le IVe siècle av. J.-C. qu'on parle d'une « comédie ancienne » par opposition à la « comédie nouvelle » qui se caractérise par des innovations de contenu et de forme, et dont le grand représentant est Ménandre. Selon ceux qui acceptent une périodisation tripartite de la comédie attique, le début de la comédie nouvelle se situe autour de 320 av. J.-C., après une période intermédiaire, dite de la « comédie moyenne » (environ 380-320).

Nous sommes mal renseignés sur l'homme Aristophane et sur sa vie. Nos sources pour l'information biographique le concernant sont essentiellement ses propres comédies conservées et les quelques centaines de fragments de ses comédies perdues (citations d'auteurs anciens et trouvailles papyrologiques). À cela s'ajoutent les commentaires de l'érudition antique (arguments des pièces, scholies), la notice le concernant dans le lexique byzantin de la *Souda* (*), ainsi que quatre *Vies*, dont la principale est celle conservée dans un important manuscrit de la Bibliothèque de Saint-Marc à Venise. De telles biographies sont le fruit du travail philologique des Alexandrins : elles ont donc été établies plus d'un siècle après la mort d'Aristophane et proposent une image anecdotique du poète redevable plus souvent du sens attribué à son œuvre que de la mémoire fidèle d'événements ayant marqué son existence. Quelques autres témoignages épars et plutôt allusifs, provenant d'auteurs contemporains du poète (comme Platon) ou d'écrivains plus tardifs, nous livrent quelques maigres renseignements supplémentaires, tout aussi incertains. Néanmoins, quelques informations semblent être bien établies. Aristophane, dont le père s'appelait Philippos, naquit à Athènes, dans le dème urbain de Cydathénée, rattaché à la tribu Pandionis, dème auquel appartenait également son ennemi acharné, le démagogue Cléon. La guerre du Péloponnèse (431-404) sévissait depuis quatre ans déjà lorsqu'il débuta au théâtre, en 427, avec une pièce intitulée *Les Convives* [Δαιταλῆς, fragments conservés], qui obtint le deuxième prix. Le poète ne présenta pas personnellement son œuvre au concours, mais la confia à un metteur en scène professionnel du nom de Callistratos, dont il utilisera encore les services par la suite. Comme le poète, d'après son propre témoignage, était encore très jeune à cette époque, on en déduit qu'il devait avoir à peine une vingtaine d'années ; en conséquence, on fixe sa date de naissance autour de 447/6. Après le succès des *Convives*, pièce dans laquelle il avait traité de questions d'éducation en opposant un bon et un mauvais garçon, Aristophane présenta aux Grandes Dionysies de l'année suivante (426) *Les Babyloniens* [Βαβυλώνιοι, fragments conservés], toujours par l'entremise du même Callistratos. La pièce gagna sans doute le premier prix. Toutefois, les attaques et les sarcasmes ouverts des *Babyloniens* contre l'oppression exercée par Athènes sur ses alliés suscitèrent la colère de Cléon, chef du parti populaire belliciste et figure dominante de la scène politique athénienne de l'époque. Il accusa l'auteur d'avoir dénigré la cité et ses dirigeants devant les visiteurs étrangers. Ceux-ci assistaient en effet en grand nombre aux spectacles des Grandes Dionysies, fête qui avait lieu au mois d'élaphobolion (mars-avril), à l'ouverture de la saison de la navigation. Cette manifestation avait en outre été choisie comme occasion pour l'arrivée à Athènes des délégations des cités alliées qui apportaient le tribut et pour la présentation solennelle de celui-ci devant la foule réunie au théâtre. D'après les scholies, notamment à un passage des *Acharniens* où Aristophane évoque ses déboires avec le démagogue à la suite des *Babyloniens*, aussi bien selon une *Vie* ancienne du poète, Cléon l'aurait attaqué en justice pour injures contre les institutions de l'État, en l'accusant en outre d'usurpation illégale de la citoyenneté athénienne. Il se pourrait néanmoins que cette seconde accusation ait été lancée plus tard par Cléon, ou même qu'il s'agisse d'une simple invention. Aristophane s'en sortit apparemment sans dommage, mais il garda une violente rancune contre Cléon et l'exprima avec beaucoup de détermination dans les pièces des années suivantes : son animosité ne s'apaisa qu'après la mort du démagogue, tué au combat en l'automne 422. Quant à l'accusation d'usurpation illégale de la citoyenneté, elle a peut-être contribué à la naissance des rumeurs anciennes qui font du poète un étranger non athénien. On l'a dit rhodien, et même originaire d'Égypte. Par une méprise dans la compréhension d'un passage des *Acharniens*, d'autres ont cru comprendre qu'il tirait son origine de l'île d'Égine. Par ailleurs, une inscription datant du début du IVe siècle av. J.-C. le désigne comme prytane (membre de la commission du Conseil) de la tribu Pandionis, ce qui témoigne en faveur de sa pleine possession de la citoyenneté athénienne. On peut en dire autant pour sa participation personnelle aux concours dramatiques, s'il est vrai qu'elle était réservée, du moins à l'époque de la comédie ancienne, aux seuls citoyens.

La première des onze pièces intégralement conservées, *Les Acharniens*, fut présentée, une fois de plus sous le nom du metteur en scène Callistratos, en 425, aux Lénéennes, l'autre fête en l'honneur de Dionysos qui comportait un concours de comédies. Les Lénéennes avaient lieu au mois de gamélion (janvier-février), et les pièces y étaient jouées en présence, cette fois-ci, uniquement d'Athéniens et d'étrangers résidents (métèques), lors d'un concours qu'on avait institué autour de 445/440. *Les Acharniens* sont un plaidoyer pour la paix entre les Grecs, violemment critique à l'égard de la politique impérialiste de la démocratie athénienne. Le héros de la pièce, le paysan Dicéopolis, incarne les aspirations de la partie de la population attique la plus rudement touchée par la guerre. La pièce remporta le premier prix, ce qui conforta le poète sur la voie créatrice entreprise et l'assura du soutien d'un large public. À un moment donné de la pièce, Aristophane fait dire au chœur de charbonniers d'Acharnes leur haine de Cléon : « ... Je te hais encore plus que Cléon, dont je taillerai la peau pour en faire des semelles aux cavaliers ! » Les commentateurs ont vu dans ces vers une allusion anticipatrice des *Cavaliers*, comédie qui remporta le premier prix aux Lénéennes de l'année suivante (424). Cette hypothèse est peut-être par trop hasardeuse ; il n'en reste pas moins que ces deux vers invitent à penser qu'Aristophane berçait déjà (dès l'époque des *Babyloniens*, peut-être, si l'on interprète correctement une allusion du début des *Acharniens*) le rêve d'une alliance entre les éléments populaires désireux de paix et le corps militaire d'élite des cavaliers, composé d'hommes capables de faire face à l'entretien de leur monture, donc pour l'essentiel des rejetons de l'aristocratie ennemie des démagogues impérialistes, rêve qu'il porta sur scène dans sa comédie de 424. *Les Cavaliers* sont la première pièce qu'Aristophane présenta au concours et mit en scène personnellement, relevant apparemment le défi que lui lançaient à la fois son succès populaire et l'hostilité de Cléon. C'est avec fierté que, dans la parabase de la pièce, il proclame la nouveauté et l'originalité de sa conception poétique : son idéal est celui d'une comédie assumant le rôle éducateur politique et moral traditionnellement réservé à la tragédie. Dans cette même parabase, le poète donne une autre marque de son assurance par l'hommage rendu à ceux qu'il considère les meilleurs de ses prédécesseurs, Magnès et Cratès, et même à Cratinos, son rival âgé mais redoutable, dont il sait tout à la fois se moquer et dire le génie. Dans *Les Cavaliers*, Aristophane s'exprime donc, comme dans la plupart de ses autres pièces, sur sa poétique, et émet des jugements critiques sur ses collègues. Il ne limite du reste pas sa critique au seul genre comique : dans *Les Acharniens*, il a déjà fait apparaître sur scène son contemporain, le poète tragique Euripide, sous des traits caricaturaux et, dès le début de sa carrière, ses comédies sont truffées de parodies de vers et scènes tragiques, d'allusions moqueuses à des œuvres et à des auteurs qui ne relèvent pas seulement de la poésie dramatique (Euripide demeurant de loin sa cible préférée) mais également d'autres genres poétiques élevés. Ce riche « discours » littéraire interne aux pièces va de pair avec l'attention critique constamment portée par l'auteur aux aspects les plus techniques de l'écriture d'une comédie et de sa mise en scène. Le travail accompli par le poète sur les structures et formes traditionnelles de la comédie, qu'il a su exploiter avec un art consommé, plier à des solutions originales et enfreindre quand il le fallait, est l'un des côtés les plus frappants du théâtre d'Aristophane : il vaut donc la peine d'examiner ici brièvement ces structures et ces formes.

Dès les plus anciennes comédies du poète qui nous sont conservées, la pièce apparaît en effet définie par des règles compositionnelles qu'on retrouve appliquées d'une œuvre à l'autre, avec quelques variantes qui enrichissent souvent conséquemment le sens du spectacle : ce n'est que dans les comédies postérieures à 411, et surtout dans les deux dernières pièces conservées, *L'Assemblée des femmes* et le *Ploutos*, que ces éléments structuraux et formels montrent des signes de désagrégation. Tout d'abord, malgré la grande liberté dont jouit le poète comique dans l'invention de son sujet, malgré l'ouverture de la comédie à un monde de pure imagination qui abolit les règles et les contraintes de la vraisemblance, et malgré des intrigues assez approximatives et relâchées, riches en surprises, les actions des pièces se ressemblent toutes dans leurs grandes lignes : le héros comique (parfois il y en a plus d'un) se trouve dans une situation conflictuelle avec son milieu ou est hanté par un désir insatisfait, jusqu'à ce qu'il tombe sur une solution (s'il se trouve, extraordinaire et utopique) à son problème. Des forces hostiles et des obstacles s'opposent à la réalisation de son bonheur, mais il a vite fait d'en triompher. Après son triomphe, il arrive qu'il y ait encore quelques questions à résoudre, et une série de personnages représentant des types sociaux divers font souvent irruption sur la scène, les uns après les autres ou par couples, pour profiter de son succès ou se plaindre de la perte de leurs privilèges. La pièce se termine volontiers par des actions de réjouissance et par une fête prometteuse de toutes sortes d'amusements, surtout pour ce qui a trait aux plaisirs de la chair et de la bonne chère. Dans les pièces d'Aristophane, la rupture constante de l'illusion dramatique, les incessantes attaques personnelles lancées contre des contemporains, célèbres ou pas mais toujours nominalement pris à partie, la mordante satire politique et même religieuse, les plaisanteries concernant la sexualité et les fonctions biologiques liées au « bas corporel » (selon l'expression de Bakhtine à propos de la culture populaire carnavalesque médiévale), témoignent encore de la permanence d'une tradition qui remonte aux origines de la comédie, née à partir de farces rustiques, improvisées dans un cadre rituel. Dans sa *Poétique* (*), Aristote évoque ces débuts et définit le caractère agressif et truculent de la comédie ancienne par le terme « iambikè idéa ». Toutefois, tout en gardant ces traits archaïques, les poètes comiques s'étaient mis, sous l'influence probable de la tragédie et sans doute déjà avant Aristophane, à porter une plus grande attention à l'intrigue de leurs pièces ainsi qu'à exploiter certaines ressources théâtrales, comme les machines, les éléments fixes du décor de la scène antique, etc. Le nombre des acteurs jouant dans les pièces d'Aristophane semble avoir été limité à trois (comme dans le théâtre tragique de l'époque) : ceux-ci se répartissaient les rôles comportant des parties parlées importantes. Des acteurs supplémentaires pouvaient néanmoins assumer un rôle secondaire, et un grand nombre de participants subsidiaires étaient admis : figurants muets ou prononçant de brèves répliques, chanteurs, musiciens, danseurs et danseuses. Les acteurs portaient toujours un masque aux traits grotesques, parfois représentant caricaturalement une personne précise ; les personnages masculins étaient habituellement caractérisés par une tunique courte qui laissait à découvert un grand phallos en cuir, et portaient de gros ventres et des derrières postiches. Le chœur, dont le rôle et le déguisement donnent le plus souvent son titre à la pièce (les choreutes pouvaient même représenter des animaux ou d'autres êtres non humains), comportait vingt-quatre membres et évoluait, comme le chœur tragique, dans l'aire circulaire du théâtre, l'« orchestra » : ses danses et mouvements pouvaient être très agités. Du point de vue formel, on distingue les parties de la pièce comique qui sont jouées par les acteurs seuls, par le chœur avec les acteurs, ou par le chœur seul. Le « prologue » est joué par des acteurs qui s'expriment en trimètres iambiques : le même type de vers qu'emploie aussi le dialogue tragique et que l'on retrouve dans les autres parties de la pièce où le jeu des acteurs est prépondérant, comme dans la suite de « sketches » qui suit le triomphe du protagoniste. L'emploi du trimètre iambique est souvent varié par l'inclusion d'autres mètres (surtout avec une fonction parodique) et par de courtes monodies d'acteurs. Après le prologue, le chœur fait son entrée dans l'orchestra, d'où il ne sortira généralement plus jusqu'à la fin de la pièce : c'est l'« entrée » [parodos]. Les choreutes sont en général aussitôt engagés dans une action, qui peut devenir très violente, pour ou contre le protagoniste de l'action, selon les cas. Le chœur, tout en exécutant des mouvements de danse, fait alterner des airs chantés (en mètres lyriques, selon un système de strophes symétriques) et des récitatifs : ces derniers sont confiés au coryphée (premier choreute) qui scande des vers longs (des tétramètres iambiques, trochaïques, anapestiques), accompagné du son de l'aulos (instrument à vent et à anche), et termine ses tirades par une conclusion au rythme accéléré, dite « étouffement » [pnîgos]. Le chœur participe également au moment de l'action dite « débat, concours » [agôn]. Il s'agit d'un débat contradictoire, présidé par le chœur et mettant sur le tapis des conceptions bien arrêtées sur un sujet en rapport avec l'enjeu principal de l'intrigue. Les deux points de vue qui s'y opposent ne sont pas forcément défendus par le protagoniste de la pièce et par son antagoniste (dans *Les Nuées*, par exemple, deux personnifications étrangères à l'action principale s'affrontent, le Raisonnement Juste et le Raisonnement Injuste). L'« agôn » se distingue par une structure formelle propre, symétrique : deux sections en vers longs sont encadrées par des exhortations et par une conclusion du chœur, et par des strophes de chant choral. Dans les pièces de la dernière période, cette structure caractéristique tend à se désagréger et à disparaître, mais l'on peut néanmoins toujours repérer un moment de l'action qui rappelle un « agôn ». C'est là, en effet, un aspect constitutif fondamental du spectacle antique d'époque classique, qu'il soit comique ou tragique (brillamment explicité et mis en évidence par Vernant et Vidal-Naquet dans *Mythe et tragédie en Grèce ancienne*) : le théâtre était considéré comme une tribune où l'on discutait des questions essentielles qui se posaient à la cité et auxquelles on donnait, comme dans l'assemblée du peuple ou dans les tribunaux, la forme d'un débat contradictoire. Cela rejoint également la logique du concours comme mode d'organisation des représentations dramatiques. Dans la même perspective, il faut également envisager une autre section typique de la pièce comique : la « parabase », « avancée » (sous-entendu : du chœur vers les spectateurs). Il s'agit d'une interruption dans le déroulement de l'action : les acteurs abandonnent la scène, et le chœur reste seul avec le public. La parabase est divisée en deux parties principales, et alterne des chants choraux et des récitatifs selon une structure formelle précise. Dans une première partie, le coryphée prononce un discours (normalement en tétramètres anapestiques) où il fait l'éloge du poète, défend ses idées et critique ses adversaires (il peut aussi se transformer en simple porte-parole du poète), ou, dans des pièces de la seconde période, il fait l'éloge du rôle représenté par le chœur. Dans la seconde partie, un système symétrique de strophes et de vers longs (généralement de rythme trochaïque) engage le chœur sans doute divisé en deux demi-chœurs. Dans certaines pièces, l'« agôn » et la parabase peuvent être doublés, apparaître sous une forme incomplète, et leur ordre est parfois interverti. La « parodos », l'« agôn », la parabase et l'« exodos » (partie finale) font du chœur une composante essentielle de la comédie ancienne : lorsque son importance diminuera (vers la fin du ve siècle av. J.-C.), les structures formelles décrites disparaîtront graduellement, et la comédie subira une transformation radicale de structure et de signification.

Après la suite ininterrompue de succès de 427 à 424, Aristophane connut l'échec avec ses *Nuées*, pièce ambitieuse où il reprend le thème de l'éducation déjà traité dans sa première comédie, *Les Convives*, mais en donnant cette fois-ci à Socrate le rôle de champion de nouvelles tendances. Il présenta la pièce, sans doute personnellement, aux Grandes Dionysies de 423, mais n'obtint que le troisième prix : ce fut Cratinos, déjà fort âgé, qui fut classé premier avec sa *Bouteille* [*Πυτίνη*], une pièce autobiographique, sorte de chant du cygne du vieux poète et ultime revanche sur son jeune rival. *Les Nuées* nous sont parvenues sous une forme remaniée : dans la nouvelle parabase, écrite des années plus tard (probablement entre 420 et 417), Aristophane dit son dépit pour le mauvais accueil que le public avait alors réservé à celle qu'il dit tenir pour la meilleure de ses comédies. En 422, il présenta *Les Guêpes* aux Lénéennes, choisissant avec prudence cette fête au public plus « intime » pour mener de nouvelles attaques en force contre Cléon. La pièce se présente comme une satire serrée du système judiciaire athénien. Son metteur en scène fut peut-être Philonidès, poète comique lui-même et compagnon de dème d'Aristophane. À la même fête, Philonidès fit concourir comme sienne une autre pièce (non conservée) qui lui fut en réalité proposée par Aristophane : le *Proagôn* [*Προάγων*]. Le titre de cette comédie se réfère à la cérémonie au cours de laquelle les poètes admis aux concours se présentaient en public avec leurs acteurs, leur chœur et leur chorège (citoyen riche chargé de financer le spectacle) dans les jours précédant immédiatement le début des fêtes dionysiaques. Cette pièce se moquait des poètes tragiques, et en particulier, comme à l'habitude, d'Euripide. *Les Guêpes* obtinrent, semble-t-il, le deuxième prix après le *Proagôn*. Aux Grandes Dionysies de 421, Aristophane présenta personnellement sa *Paix* et fut classé second. *La Paix* est une comédie liée de très près aux circonstances politiques du moment : après la mort de Cléon et du roi spartiate Brasidas à Amphipolis dans l'automne de l'année précédente, privés simultanément de leurs chefs, les deux camps adverses, l'athénien et le lacédémonien, qui se battaient depuis une décennie, en étaient venus à des pourparlers qui avaient duré tout l'hiver, et enfin le traité tant attendu était prêt pour être ratifié juste après les Grandes Dionysies : il instaurait la paix dite de Nicias (du nom du négociateur athénien). Sous la pression des événements, Aristophane dut préparer la pièce dans des délais très courts. Après *La Paix* de 421, les pièces conservées ne se succèdent plus annuellement, comme c'était le cas des cinq comédies précédentes. Les *Oiseaux* datent de 414. Ils furent présentés aux Grandes Dionysies et obtinrent le deuxième prix. Callistratos en fut le metteur en scène. C'était l'époque de l'expédition athénienne de Sicile : il serait tentant de mettre en rapport le sujet de cette pièce, la fondation d'une nouvelle cité entre ciel et terre, avec l'entreprise militaire dont l'issue demeurait à ce moment-là ouverte à tous les espoirs, mais le texte offre peu de points d'appui pour une telle interprétation. *Les Thesmophories* et la *Lysistrata* furent présentées en 411 (on ignore à quelle fête elles furent présentées et quel prix elles obtinrent, mais l'on sait que la *Lysistrata* fut mise en scène par Callistratos). Précédant de peu de mois le coup d'État oligarchique de juin 411, elles reflètent le climat de tension et de conspiration de ces jours-là. Alors que *Les Thesmophories* s'en prennent à Euripide, la *Lysistrata* est inspirée une fois de plus par la nostalgie de la paix. Le sommet de la carrière d'Aristophane fut marqué par l'enthousiasme que suscitèrent ses *Grenouilles*, auxquelles fut décerné le premier prix au concours des Lénéennes de 405. Elles y avaient été présentées dans la mise en scène de Philonidès. Cette comédie fut tellement appréciée qu'on décida de la montrer une seconde fois, événement fort exceptionnel. Ce succès fut sans doute motivé par l'engagement moral et politique de la pièce, qui traite de la question de la tragédie en mettant en confrontation Euripide, le poète moderne (qui était mort une année auparavant), et Eschyle, le poète de la vieille et glorieuse Athènes des marathonomaques : cette confrontation a lieu dans l'Hadès devant le dieu du théâtre en personne, Dionysos, qui finit par reconnaître la supériorité d'Eschyle. *Les Grenouilles* sont la dernière des onze pièces d'Aristophane intégralement conservées à présenter encore indiscutablement les traits caractéristiques de la comédie ancienne. Les deux dernières pièces conservées, *L'Assemblée des femmes* et *Ploutos*, sont en effet déjà marquées par des phénomènes annonciateurs de la fin d'une époque et du début d'une autre : des lassitudes face aux polémiques politiques et, parallèlement, diminution progressive de l'importance du chœur. Ce changement suit la fin de la guerre du Péloponnèse et est sans doute motivé par la grande transformation des conditions politiques, sociales et économiques qui se produisit avec la défaite d'Athènes par Sparte. *L'Assemblée des femmes* date de 392 et *Ploutos*, la dernière comédie à avoir été personnellement présentée au concours par le poète, de 388. Les deux œuvres ont pour thème la question des différences sociales, de la pauvreté et de la richesse, à laquelle elles répondent par des solutions utopiques. Le problème social est posé dans sa généralité, et la virulence de la polémique ancrée dans l'actualité qui caractérisait les interventions idéologiques d'Aristophane dans le passé fait désormais défaut. Au début du IVe siècle av. J.-C., un fils d'Aristophane, Ararôs, se trouve engagé sur les traces de son père dans la carrière théâtrale. Il gagne le premier prix aux Grandes Dionysies de 387, sans doute avec une pièce paternelle, le *Côcalos* [fragments conservés]. Aristophane lui confie également la version révisée d'une autre de ses pièces, l'*Aiolosicôn* [fragments conservés] qu'Ararôs mettra en scène successivement. Ce fils du poète, qui du reste ne s'est pas distingué par des mérites artistiques particuliers, ne semble pas avoir présenté des pièces propres aux concours avant 375. Quant à l'*Aiolosicôn* (parodie du mythe d'Éole et ses enfants, dieux des vents) et au *Côcalos* (pièce basée sur une intrigue sentimentale), ils furent considérés dans l'Antiquité l'un comme un exemple typique de comédie de la période dite moyenne, et le second comme la pièce qui aurait ouvert la voie à la comédie nouvelle de type ménandréen. La tradition attribue à Aristophane trois autres enfants, tous également poètes comiques, dont les noms sont attestés sur des inscriptions. De ceux-ci, l'on considère Philippos (le nom est celui du père du poète) comme le plus probable ; il fut vainqueur à deux reprises aux Lénéennes et mit en scène des pièces d'Euboulos, auteur de la comédie moyenne. Aristophane mourut sans doute entre 386 et 380 environ. Dans son *Banquet* (*), écrit après 384, Platon rend un merveilleux hommage au poète comique, alors que dans l'*Apologie de Socrate* (*), œuvre de sa jeunesse, il avait fait de l'auteur des *Nuées* l'un des premiers responsables de la mauvaise réputation frappant le grand philosophe, et par conséquent de sa condamnation à mort : il a paru donc raisonnable à certains de supposer que Platon ait conçu son témoignage admiratif et serein plutôt après la mort d'Aristophane. Bien que le *Banquet* soit une fiction littéraire, l'image de l'homme Aristophane que Platon nous a transmise dans ce dialogue est selon toute probabilité conforme à la personnalité réelle du poète. Aristophane devait être en effet un homme imprégné des idées de son époque, attentif aux problèmes posés par les sophistes, et devait participer avec passion aux débats soulevés par la nouvelle culture en pleine fermentation, qui remettait en question toute idée reçue. Ses propres comédies, et surtout celles où il se moque de Socrate et d'Euripide, les principaux représentants athéniens de ce climat intellectuel novateur, en témoignent. On a pu écrire, paradoxalement, qu'Euripide était sans aucun doute le poète favori de notre comique (Sommerstein). Son idéal d'une comédie éducatrice arrachant à la tragédie le monopole du débat éthique rappelle aussi la perspective fondamentalement rhétorique, rationnelle, visant la persuasion et l'efficacité, qu'animait à l'époque la réflexion la plus moderne à propos de l'art de la parole. Cette réflexion exerça une influence profonde sur la comédie, malgré l'autonomie irréductible des lois propres à cette dernière : Aristophane fut peut-être l'auteur qui contribua le plus à ce changement de perspective. Novateur, Aristophane demeure néanmoins, c'est également vrai, attaché aux valeurs de la grande tradition démocratique de sa patrie, qui avaient leurs assises dans la résistance hellénique victorieuse à l'invasion perse, gloire principalement athénienne, et dans l'œuvre politique de Périclès. Son attachement à ces valeurs est évident malgré ses caricatures inoubliables de vieillards et autres défenseurs nostalgiques du « bon temps ancien ». C'est au nom de cette démocratie plutôt idéale et en quelque sorte aristocratique qu'Aristophane a mené son combat contre les démagogues et la corruption des institutions étatiques aussi bien que contre la crise de valeurs de son temps. Même s'il se moque des hommes du peuple qui sont les héros de ses pièces, de simples citoyens, souvent paysans, hommes âgés, on ne saurait pour autant soutenir, comme on a pu le faire, qu'il soit un partisan des idées oligarchiques, bien au contraire : son idéal est celui d'un « dêmos » libre, vivant heureux, comblé par les joies simples mais essentielles que seuls peuvent offrir aux pauvres comme aux riches un bon gouvernement garantissant la concorde interne à la « polis » et une paix panhellénique fondée sur le respect réciproque des cités. C'est cet idéal qui fait trouver au poète tout à la fois des accents d'amour passionnés et émus pour sa patrie Athènes et pour la campagne, et des propos très acerbes pour condamner les abus commis par ses compatriotes dans leurs rapports avec les alliés, les étrangers.

Poète politique vigoureux, comparable en cela à Dante, Aristophane est en même temps le poète par excellence de la joie de vivre, de la sensualité débordante, un Rabelais antique. Doté d'un profond sentiment religieux, il sait se moquer des dieux avec la plus grande liberté. Par moments, il s'élève à un lyrisme pur, sublime, surprenant dans le cadre du genre comique : si complexe et varié est l'art de celui que ses contemporains connaissaient comme « le Chauve », sobriquet auquel il fait écho lui-même à plusieurs reprises dans ses pièces.

ALESSANDRA LUKINOVICH.

♦ *« Les Grâces, cherchant un sanctuaire qui ne dût pas périr, trouvèrent l'âme d'Aristophane. »* Épigramme attribuée à Platon. ♦ *« La profonde idée destructrice qui anime toutes les comédies d'Aristophane avec sa jubilation meurtrière et son feu d'artifice dévastateur, cette idée qui, comme un arbre merveilleux d'imagination et d'ironie, étale sa frondaison toute luxuriante d'inventions, ses branchages où nichent les rossignols mélodieux et où grimpent les singes. »* H. Heine. ♦ *« L'esprit moderne ne s'ouvrit à la compréhension du prodige incomparable de la comédie d'Aristophane qu'une fois libéré du préjugé évolutionniste qui la considérait comme le prélude génial mais encore primitif de la comédie bourgeoise. »* W. Jaeger.

RÉF. : *Aristophane*, texte établi par V. Coulon et traduit par H. Van Daele, 5 vol., Paris, 1923-30. – G. Murray, *Aristophanes : A Study*, 1933. – V. L. Ehrenberg, *The People of Aristophanes ; A Sociology of Old Attic Comedy*, New York, 1962. – Th. Gelzer, « Aristophanes der Komiker », article de la *Real-Encyclopädie der classischen Altertumswissenschaft*, 1970. – K. J. Dover, *Aristophanic Comedy*, Londres, 1972. – C. W. Dearden, *The Stage of Aristophanes*, Londres, 1976. – Aristophanes, *The Comedies*, A. H. Sommerstein (ed.) 6 vol., Londres, 1980-87. – A. W. Pickard-Cambridge, *The Dramatic Festivals of Athens,* Oxford, 1988.

ARISTOTE. Philosophe grec. Né à Stagire (aujourd'hui Stavro), petite ville de la péninsule chalcidique, en 384 av. J.-C., mort à Chalcis en 322. On peut dire d'Aristote qu'il fut le plus grand génie spéculatif de l'histoire de la pensée grecque. Cette primauté ne pourrait être contestée qu'en faveur de son maître Platon. De fait, toute l'histoire de la philosophie est dominée par ces deux grandes figures, et il a été dit à juste titre que tout philosophe, même moderne, est ou platonicien ou aristotélicien, en ce sens qu'il est nécessairement plus proche de Platon ou plus proche d'Aristote puisque toute pensée spéculative digne de ce nom procède à la fois de ces deux philosophes. Mais, si le « divin » Platon reste un exemple inégalé de génie philosophique pour avoir, le premier, donné à la philosophie son véritable monde, celui de la pensée (le monde des « idées »), et l'avoir exprimé avec une passion contenue qui le place au rang des grands poètes, il n'en est pas moins vrai qu'Aristote a été et sera toujours le maître de cette pensée critique et systématique, qui est le fondement même de la science. Non qu'il nous offre d'emblée un système achevé et rigide. Bien au contraire. C'est la scolastique qui le représenta ainsi, et le dogmatisa, au service d'une doctrine d'une portée et d'une signification toutes différentes, la théologie chrétienne. Comme des études récentes l'ont montré (W. Jäger, *Aristote, Première ébauche d'une histoire de son évolution spirituelle*), la pensée aristotélicienne est le fruit d'une méditation lente et laborieuse, rien moins que paisible ; elle fut toujours déchirée par des contradictions intérieures, des inspirations opposées, ce qui permit aux penseurs des tendances les plus inconciliables de se réclamer d'elle à bon droit. Aristote était encore jeune quand il mourut, mais tout porte à croire que, même s'il était parvenu à un âge plus avancé comme son maître Platon, il n'aurait pas résolu ces contradictions inhérentes à l'attitude fondamentale de la pensée grecque en général (de telle sorte que ces contradictions mêmes rendent la position d'Aristote encore plus représentative, encore plus exemplaire). Comme toujours, les circonstances de la vie nous éclairent sur la pensée du philosophe. Le père d'Aristote, Nicomaque, était médecin. C'était même le médecin particulier et l'ami d'Amintas II, roi de Macédoine, ce qui explique en partie du moins la prédilection du fils pour les sciences biologiques (contrairement à Aristote, Platon fut plus attiré par les mathématiques). Aristote perdit tôt son père et sa mère, et il fut confié à la tutelle d'un parent, Proxène, auquel il garda une reconnaissance qui lui fit plus tard adopter le fils de celui-ci, Nicanor. Mais l'événement décisif de sa vie fut son départ pour Athènes, où il s'inscrivit à l'Académie de Platon. Il avait alors dix-sept ou dix-huit ans et il y resta jusqu'à la mort du maître (347), soit près de vingt ans. Un séjour aussi prolongé s'explique par la conscience que devait avoir Aristote de se trouver en présence d'un maître d'une valeur exceptionnelle, et par le fait que, selon l'usage des écoles de l'Antiquité, il était libre de travailler pour son propre compte, c'est-à-dire de ne pas souscrire entièrement à son enseignement. L'école était au contraire un lieu de discussion, et il semble qu'Aristote se soit fait immédiatement remarquer par la vivacité de son esprit, s'il est vrai, comme on le prétend, que Platon lui aurait donné le surnom de Νοῦς, « intelligence ».

Il convient ici de préciser un point qui éclaire non seulement sa vie, mais aussi sa philosophie. La légende, consacrée par la fameuse fresque de Raphaël, *L'École d'Athènes,* fait état d'une dissension allant jusqu'à l'inimitié entre maître et disciple, ou plutôt entre les deux maîtres. Certes, ils sont en désaccord flagrant sur la question capitale des « idées » qui, selon Platon, ont une existence propre, tandis que pour Aristote elles n'existent pas en tant que telles, mais en tant que « formes », qui rendent intelligibles les choses, dont elles constituent l'« essence ». Chaque chose, en effet, est composée de matière et de forme (c'est-à-dire une existence concrète, *ουσία*, l'essence, pour la distinguer de ses qualités ou propriétés plus ou moins changeantes, qui en sont les « accidents »). De plus, la conception platonicienne est, de ce fait même, une conception « statique », d'où la difficulté du platonisme à donner vie et mouvement à ce monde des idées (qui aux yeux de nous, modernes, n'existent évidemment qu'en fonction de l'activité de la pensée qui les pense). La conception aristotélicienne, elle, tout en ayant hérité du platonisme un caractère foncièrement statique (les « essences » des choses sont ce qu'elles sont par elles-mêmes), vise à fonder un « dynamisme » universel, en ce que le monde est conçu comme une évolution des formes qui, en passant de la puissance à l'acte, réalisent dans la matière une intelligibilité de plus en plus grande et parfaite jusqu'à cette intelligibilité absolument pure, dépourvue de matière, qui est l'objet de l'intelligence divine, laquelle ne peut ainsi que se penser elle-même comme l'unique objet digne de l'être. Donc, le désaccord existe. Mais aussi et surtout un accord fondamental, puisque Aristote, comme Platon, maintient la supériorité de l'intelligence sur le sensible, de la forme sur la matière, enfin, il est historiquement faux que ce conflit idéologique ait jamais dégénéré en inimitié ; Aristote a toujours vénéré en son maître l'expression la plus haute qu'avait atteinte la pensée jusqu'à ses jours. Même lorsqu'il polémique contre la doctrine des idées, plutôt qu'aux œuvres du maître il songe aux écrits de ses disciples, ses compagnons d'école qui, exploitant l'obscurité et les incertitudes qui avaient marqué la dernière période de l'enseignement platonicien, lorsqu'il avait cherché à établir comme un pont entre l'intelligible et le sensible par le truchement des « idées-nombres » (c'est-à-dire d'entités intermédiaires), avaient versé dans des élucubrations qui ne présentaient plus rien du caractère concret propre à la spéculation philosophique comme aux sciences mathématiques. Mais, même à l'égard de ses adversaires, sa polémique reste toujours dans les limites de la correction, comme en fait foi aussi le passage de l'*Éthique à Nicomaque* (*), déformé par la légende en « Amicus Plato sed magis amica veritas », et en réalité ainsi conçu : « Pour pénible qu'il nous soit de soulever un tel problème, en raison de l'amitié que nous portons à ceux qui ont introduit ces doctrines, chacun comprendra aisément que l'amour de la vérité parle plus fort que les considérations d'ordre privé, spécialement lorsqu'on fait profession de philosophe » (*ibid.,* I, 6). La légende, où il est question de jalousie et d'autres sentiments du même ordre, naquit de cette équivoque et du manque de sens critique apporté à l'évaluation des rapports entre les deux doctrines : elle fleurit surtout à la Renaissance, lors des querelles entre platoniciens et aristotéliciens. Revenons maintenant au jeune Stagirite devenu l'élève du grand philosophe athénien. Nous devons à Jäger la connaissance d'un fait capital : avant de critiquer la doctrine de son maître, Aristote en fut le disciple fervent. Il écrivit à la manière de Platon plusieurs dialogues animés du même esprit : mieux, si l'on en juge d'après les fragments de l'un d'eux, l'*Eudème,* il allait même plus loin que Platon, poussant le sentiment religieux jusqu'à un véritable mysticisme. Dans ce dialogue et dans le suivant qui s'y rattache, le *Protreptique* (*), on trouve, à côté de l'exaltation de la vie philosophique, des accents d'un sombre pessimisme à propos de la vie mortelle à laquelle l'homme est condamné, comme dans ce passage où il met dans la bouche d'un prisonnier du roi Midas ce propos : « La meilleure de toutes les choses est de ne pas naître et la mort est préférable à la vie » (Eud., fr. 6) ; ou bien lorsque, après avoir constaté la « vanité de tous les biens terrestres » aux yeux de celui qui a contemplé ne serait-ce que quelques vérités éternelles, il compare l'union de l'âme au corps au supplice que certains pillards étrusques infligeaient à leurs victimes, « liant étroitement face à face le vivant et le mort » (Protr., 10 b).

Après la mort de Platon, son neveu Speusippe lui ayant succédé à la tête de l'école, Aristote quitta l'Académie et fonda une école à Axos, sur la côte de la Troade, où Hermias, seigneur d'Atharnée, avait créé un petit cénacle d'élèves de l'Académie. Entre les deux hommes naquit une vive amitié qui ne devait se terminer que par la mort tragique d'Hermias, à l'occasion de laquelle Aristote composa un très bel hymne destiné à son monument funèbre. Il avait épousé sa nièce Pythias qui lui avait donné une fille du même nom. Il semblerait que sa femme soit morte peu de temps après, et il contracta une union durable, sinon légitime, avec une femme de Stagire, Erpillys, dont il eut un fils qu'il nomma Nicomaque, en souvenir de son père. C'est pour lui qu'il écrivit plus tard *l'Éthique à Nicomaque.* Après trois ans, il quitta Axos pour Mytilène, dans l'île de Lesbos, et il y ouvrit une autre école qu'il dirigea jusqu'en 343-42, lorsqu'il fut invité par Philippe, roi de Macédoine, à remplir la fonction de précepteur près du jeune Alexandre qui avait alors treize ans. Il semble que l'écrit sur les *Questions homériques* soit de cette époque, car la coutume voulait que l'on lût et commentât les poèmes d'Homère pour former les jeunes. La présence d'Aristote à la Cour et son intimité avec Philippe d'abord et Alexandre ensuite ont dû avoir une influence déterminante sur ses idées politiques, dont la *Politique* (*), qui représente en face de l'idéalisme éthique de la *République* (*) de Platon l'autre pôle de la pensée classique réaliste et « politique » au sens moderne du terme, reste le témoignage. Lorsque Alexandre devint d'abord régent, puis, à la mort de son père, roi, Aristote quitta la cour de Macédoine. En 335-34, il revint à Athènes où il fonda son fameux Lycée.

Au cours de cette période intermédiaire de voyages entre l'aller et le retour (douze ans environ : son enseignement à Athènes devait durer douze autres années), Aristote, selon les historiens et critiques modernes, a écrit de nombreux ouvrages ; toutefois, il demeure quelque hésitation sur les dates, du fait entre autres qu'il les remaniait souvent, y introduisant des additions et des corrections, alors que ses éditeurs postérieurs les classèrent selon le sujet traité, se souciant peu ou prou de la différence d'origine et d'inspiration des diverses parties. Rappelons à ce propos une circonstance qui ne laisse pas de surprendre : d'Aristote, l'Antiquité a connu surtout les œuvres de jeunesse, platonisantes, aujourd'hui perdues ; celles de la maturité, c'est-à-dire du temps du Lycée d'Athènes, semblent, après sa mort, avoir disparu de la circulation. Il avait légué ses manuscrits à Théophraste, qu'il désigna pour lui succéder au Lycée. Théophraste les laissa à son tour à Nélée, autre disciple de l'école, qui les confia à ses parents habitant à Skepsis. Une anecdote de Strabon raconte que ces derniers les rangèrent à l'intérieur de caisses, dans une cave où ils auraient été livrés aux souris pendant quelques siècles, jusqu'à ce que, du temps de l'occupation romaine, Sylla, ayant eu vent de la chose, s'en emparât et les transportât à Rome. Quoi qu'il en soit, il faut attendre le début du Ier siècle av. J.-C. pour avoir la première édition systématique et complète du « corpus » des écrits qui restaient d'Aristote, par les soins d'Andronicos de Rhodes. C'est l'Aristote que nous connaissons aujourd'hui. Ajoutons que l'œuvre aristotélicienne ne s'intégra véritablement à la culture philosophique qu'au Moyen Âge, à travers les Arabes, au début du XIIIe siècle. L'on sait aussi qu'elle fut connue d'abord dans la version orientalisée d'Averroès (« qui, dit Dante, fit le grand commentaire ») et des autres Arabes, Musulmans et Juifs. Ce fut le mérite de saint Thomas de rendre à la doctrine le sens précis des textes originaux. Si bien que notre Aristote moderne est en définitive celui décanté, et élaboré pour s'accorder avec le dogme chrétien de la philosophie scolastique. De plus, il faut tenir compte du caractère particulier de ces écrits, plans de leçons ou leçons pour la plupart ; d'où leur caractère schématique de résumés dictés par le maître ou pris en note par les élèves (bien qu'éventuellement revus par lui). Peu nombreux sont les œuvres ou les fragments écrits expressément pour la publication. Il semble avéré qu'Aristote faisait deux cours différents : l'un limité au cercle des élèves de l'école (ésotérique) ; l'autre, plus accessible, destiné à un auditoire plus vaste (exotérique). L'on dit aussi qu'il aimait dispenser son enseignement en se promenant à travers les allées qui entouraient l'édifice de l'école, d'où son nom de péripatéticienne. Ce n'est pas ici le lieu d'entrer dans le détail des dates de composition des principales œuvres d'Aristote : la question d'ailleurs est loin d'être tranchée. Nous contentant d'une approximation grossière, nous dirons que la *Physique* (*) et l'*Organon* (*) semblent avoir été écrits avant la création du Lycée. L'une a joué un rôle fondamental dans la formation de l'esprit scientifique occidental ; elle se rattache naturellement à de nombreux autres écrits appartenant à diverses périodes (dont certains des dernières années) : *Traité du Ciel* (*), *De la génération et de la corruption* (*), *Météorologiques* (*), *Histoire des animaux* (*), *Traité sur les parties des animaux* (*), *Problèmes de mécanique, Petits traités d'histoire naturelle* (*). La supériorité d'Aristote sur son maître dans ces matières est indiscutable : à la représentation mythologique de l'ordre cosmique, œuvre du démiurge de Platon, Aristote oppose l'idée de la « nature » conçue comme une réalité qui « porte en soi le principe du mouvement ». Aujourd'hui encore, après Galilée, la science, renonçant aux « hypothèses métaphysiques », se borne à étudier ce mouvement. Toutefois, chez Aristote, l'expression est prise dans une acception beaucoup plus large : elle comprend tout « changement » qui se produit, comme dirait Kant, dans le monde des phénomènes.

Mais il n'en est pas moins vrai qu'Aristote distingue très nettement les branches fondamentales de la recherche scientifique, la physique, les sciences mathématiques d'un côté, les sciences biologiques de l'autre. Les mathématiques étaient à l'honneur en Grèce depuis Pythagore ; Platon leur donnait la préférence. Aristote est vraiment le père de la mentalité biologique dont on trouve cependant une première esquisse chez les physiologues ioniens, en particulier chez Anaximandre ; il est également le fondateur de la logique : son *Organon* est resté pendant deux milliers d'années un exemple inégalé de cette science. On sait qu'après l'abus qu'en avaient fait les scolastiques, qui l'avaient réduite à un exercice purement formel et même verbal, naquit avec Bacon l'exigence d'une science de la logique plus conforme à la réalité de l'expérience, puis avec Kant l'idée d'une « logique transcendantale » reprise par Hegel qui la transforma en idéalisme absolu. Mais il s'agissait toujours là du développement d'une idée qu'Aristote avait été le premier à concevoir. Rappelons encore la *Rhétorique* (*), et la *Poétique* (*) — v. aussi *Des poètes* (*). Un critique moderne a pu écrire que les quelques pages qui restent de cet ouvrage suffiraient à faire la gloire d'un écrivain. Comme on voit, l'affirmation d'après laquelle la culture occidentale a évolué dans une voie qu'Aristote avait été le premier à indiquer n'a rien d'excessif.

Aux œuvres citées, il faut ajouter encore ses ouvrages sur l'éthique et la psychologie : on sait aujourd'hui que l'*Éthique à Eudème* (*) est une première version de celle à Nicomaque, qui est un véritable chef-d'œuvre (elle compte certainement parmi les œuvres destinées à la publication). Le but de l'homme est certes le bonheur ; mais Aristote le fait consister dans le perfectionnement de l'individu, un équilibre idéal de vertu et de plaisir, de raison et d'appétit (cependant, au-dessus du bonheur que donne l'activité pratique, il place, fidèle en cela à Platon, celui que procure l'activité spéculative, philosophique). L'ouvrage *De l'âme* (*), du moins les deux premiers livres, appartient à la dernière période (de même d'ailleurs que les *Parva Naturalia* déjà cités) : on y trouve la fameuse définition de l'âme, principe formel et actuel de la vie organique, ou, comme on dirait aujourd'hui, psychophysiologique, qui pourtant dans l'homme s'élève du sensible à l'intelligible, participant ainsi à l'intelligence divine elle-même. La question des idées religieuses est plus difficile et complexe, car dans ce domaine nous apportons inévitablement tout un héritage chrétien dont on chercherait en vain les sources en Grèce. Le christianisme comporte un dogme fondamental, celui de la création, tout à fait étranger à la pensée grecque, qui pose en principe que l'être vient de l'être, non du néant, et que partant le monde a toujours existé. D'après les penseurs grecs, Dieu fait en quelque sorte partie du monde, c'est sa partie « divine ». La perte du vaste ouvrage d'Aristote *De la philosophie,* que Jäger situe au début de la période intermédiaire, c'est-à-dire peu après 347, a été un malheur irréparable. Si l'on en juge d'après les fragments assez nombreux qui demeurent, il semble qu'Aristote y ait voulu ébaucher une philosophie de la religion, la première du genre, et qu'on y trouvât déjà en germe les idées de sa fameuse théologie, exposée dans certains chapitres du Livre VII de la *Métaphysique* (*). C'est la première vraie théologie de l'histoire de la philosophie, et elle a été interprétée en un sens chrétien, et ainsi plus ou moins déformée par les penseurs médiévaux et surtout par les philosophes scolastiques. Le point où la philosophie d'Aristote se rapproche le plus — ou s'éloigne le moins — du christianisme est dans sa conception d'un premier moteur immobile, qui, pour Aristote, n'était cependant qu'une finalité cosmique universelle. Il est vrai qu'à l'opposé de son maître, ainsi qu'on l'a noté, il avait rendu immanent à la nature le principe du mouvement, mais comme, conformément à la croyance commune de l'époque, il pensait que les astres étaient de nature divine (c'est pourquoi il les dota d'une matière éthérée, incorruptible), il devait logiquement aboutir à la conclusion qu'au-delà existait un moteur parfaitement immatériel qui réglait l'ordre cosmique en tant que finalité suprême, c'est-à-dire idéal de perfection (cause non efficiente, mais finale). Bref, étant donné qu'il pensait, avec Platon d'ailleurs, que la nature, c'est-à-dire le cosmos dans sa totalité harmonieuse, était une œuvre d'art divine (non par son origine, mais par son organisation), il devait raisonnablement et fatalement « personnifier », pour ainsi dire, le principe final en un moteur situé au-delà du mouvement physique (le remplaçant donc du mythique démiurge de Platon). Il s'agit par conséquent d'une transcendance physique et astronomique, non spirituelle, comme celle du Dieu chrétien. (De là à une interprétation panthéiste du type néo-platonicien, il n'y avait qu'un pas ; ce pas, Bruno le fit après la ruine du système de Ptolémée, alors que l'idée du caractère divin des astres était une notion depuis longtemps périmée.) Mais on ne peut nier qu'Aristote, tout païen qu'il était, fut pénétré d'un sentiment religieux sincère et profond, bien que fort éloigné du mysticisme de sa jeunesse. La *Métaphysique* est l'œuvre la plus connue d'Aristote, et le titre, qui n'est pas de lui d'ailleurs, mais d'Andronicos, évoque assez en lui-même la complexité des problèmes auxquels il s'est attaqué. Nous éviterons soigneusement de nous aventurer sur ce terrain dangereux, nous limitant à signaler dans cette œuvre l'admirable groupe des Livres VII, VIII et IX, le dernier surtout, où il fait essentiellement de la métaphysique un problème de gnoséologie.

Dans ses dernières années, Aristote, en dehors des études d'histoire naturelle proprement dite, s'était consacré également à des études historico-politiques sur la constitution des différents États. De cette série, il ne nous reste que le fragment récemment découvert sur la *Constitution d'Athènes* (*). Mais le monde politique autour de lui était en proie à la plus furieuse tempête qui eût jamais menacé la capitale de l'Hellas classique. Le rêve d'Aristote d'une unification de la Grèce, serait-ce sous la férule de la puissance macédonienne, afin qu'elle pût prendre la tête de la civilisation mondiale, s'évanouissait, tandis que dans l'autre camp, celui des « nationalistes » dirigés par Démosthène, on fulminait contre lui, le traître, ami d'Alexandre, on porta contre lui, comme contre Socrate, l'habituelle accusation d'impiété. C'était en 323. Il quitta Athènes pour éviter, dit-il aux Athéniens, « de pécher deux fois contre la philosophie ». À Chalcis, bastion de l'influence macédonienne, où il s'était retiré, il mourut l'année suivante d'une maladie d'estomac dont il souffrait depuis longtemps. Son testament se terminait ainsi : « Que là où je serai enseveli on transporte les cendres de ma femme Pythias selon qu'elle l'a souhaité. Et quand Nicanor sera heureusement rentré de son voyage, qu'il dédie, pour accomplir le vœu que j'ai fait, à Zeus et à Athéna sauveurs de Stagire, deux statues de pierre de quatre coudées de haut. » Tel fut l'homme Aristote, et tel le philosophe que le Moyen Âge chrétien d'Occident devait retrouver pour lui donner la place que l'on sait. La transmission de l'œuvre d'Aristote après la fermeture, en 529, par ordre de Justinien, de l'École d'Athènes, se fit par l'Orient où l'aristotélisme avait cherché refuge. Dès le Vᵉ siècle, plusieurs livres d'Aristote avaient été traduits en langue syriaque ; c'est sous cette forme qu'ils vinrent à la connaissance des Arabes et suscitèrent chez eux, à partir du IXᵉ siècle, traductions et études. Dans le même temps, ou un peu plus tard, un mouvement analogue s'était produit chez les Juifs d'Égypte et de Palestine. C'est par ces versions arabes et hébraïques que l'Occident chrétien prit, après les premières croisades, de l'œuvre du philosophe une connaissance plus exacte et plus complète que celle qui lui avait été transmise par les écrits inspirés par un aristotélisme néoplatonicien qui avaient eu cours jusqu'alors. Enfin, dès le début du XIIᵉ siècle, les savants eurent en main les textes grecs eux-mêmes et en entreprirent la traduction en latin ; une des premières fut celle de Guillaume de Moerbeke qu'utilisa saint Thomas d'Aquin.

ARMANDO CARLINI.

♦ *« Aristote est le prince des philosophes, celui qui – après les prophètes – avait atteint le degré le plus haut de la sagesse humaine. »* Moïse Maïmonide. ♦ *« Maître de ceux qui savent. »* Dante. ♦ *« Aristote a vu la nature mieux qu'aucun moderne, mais il s'est trop hâté de formuler ses opinions. »* Goethe. ♦ *« Les Arabes et les scolastiques n'ont fait qu'adopter les idées d'Aristote, sans les développer davantage... et souvent ils les comprennent mal ou les défigurent même. »* Michelet. ♦ *« Aristote, comme tous les Grecs, voit dans notre intelligence la mesure des choses : par là, il exclut du réel tout ce qui ne nous est pas intelligible. »* J. Chevalier. ♦ *« Dans l'ordre général de la pensée, il est le premier représentant d'une des tendances fondamentales de l'esprit humain, la tendance positive et érudite, opposée à la tendance idéaliste, géométrique et poétique de Platon... Son rôle dans l'humanité a été sans égal, et en partie causé par des circonstances extérieures à son mérite propre..., mais le mérite intrinsèque subsiste et c'est l'un des plus grands que présente l'histoire de l'esprit humain. »* A. Croiset. ♦ *« Peut-être définirait-on sans injustice Aristote en disant qu'il a été trop et trop peu philosophe : dialecticien adroit et retors, il n'est ni profond ni original... Par contre, il a été un puisant encyclopédiste et un maître professeur : il a possédé l'universalité des connaissances de son temps et il a su les systématiser avec beaucoup d'art en leçons et traités. »* L. Robin.

RÉF. : Haureau, *Grégoire IX et la philosophie d'Aristote,* 1872. – Ém. Boutroux, *Aristote (Études d'histoire de la philosophie),* 1897. – F. Brentano, *Aristoteles und seine Weltanschauung,* Leipzig, 1911. – A. E. Taylor, *Aristotle,* 2ᵉ édit., Londres, 1919. – O. Hamelin, *Le Système d'Aristote,* 1920. – W. D. Ross, *Aristote,* 2ᵉ édit., London, 1930. – L. Robin, *Aristote,* 1944. – A. Cresson, *Aristote, sa vie, son œuvre, avec un exposé de la philosophie,* 1950. – P. Aubenque, *Le Problème de l'être chez Aristote,* 1962 ; *La Prudence chez Aristote,* 1963. – J. Vuillemin, *De la logique à la théorie de la science,* 1967. – G. G. Granger, *La Théorie aristotélicienne de la science,* 1976. – V. Goldschmidt, *Temps physique et temps tragique chez Aristote,* 1982. – *Aristote aujourd'hui,* sous la dir. de M. A. Sinaceur, Paris, 1988. – *Penser avec Aristote,* sous la dir. de M. A. Sinaceur, Paris, 1992.

ARISTOXÈNE de Tarente. Né à Tarente vers le milieu du IVᵉ siècle av. J.-C., ce fut le plus grand spécialiste grec dans le domaine de la théorie musicale. Fils d'un élève de Socrate, Spintharos, il fut par son père initié à la musique et à la philosophie. Il s'intéressa aux doctrines de Pythagore avant de devenir un des principaux disciples d'Aristote. Il aspirait à la succession du maître, et le fait que Théophraste fût placé à la tête de l'école péripatéticienne lui causa une déception immense. Élien nous le dépeint comme un homme sévère, qui n'aimait point à rire, et il loue la conception rigoureuse qu'Aristoxène avait de l'existence. Bien que nous connaissions les titres d'un grand nombre de ses œuvres, nous n'avons que des fragments tirés des *Éléments harmoniques* (*) et des *Éléments rythmiques* (*) où Aristoxène expose et établit en système les éléments de la théorie musicale grecque. Ce qui est remarquable dans l'œuvre d'Aristoxène, ce sont moins les renseignements concrets sur la théorie musicale grecque (renseignements que nous possédons par d'autres sources) que les idées philosophiques et esthétiques sous-jacentes, qui ont trait à la façon dont on doit comprendre une œuvre musicale. Malheureusement, on n'a pu retrouver une des œuvres majeures d'Aristoxène : *Sur la manière d'écouter la musique,* laquelle semblait souligner le caractère actif de cette opération qui demande une attention incessante et une perpétuelle confrontation entre les sons que l'on a déjà entendus, ceux que l'on entend actuellement, et ceux que l'on va entendre.

RÉF. : G. L. Maline, *De Aristoxeno,* Amsterdam, 1793. – Ch. Ruelle, *Étude sur Aristoxène,* 1857. – L. Laloy, *Aristoxène de Tarente, disciple d'Aristote, et la musique de l'Antiquité,* Paris, 1904. – Y. Dechavannes, *Écrits harmoniques d'Aristoxène de Tarente,* Lyon, 1979.

ARLAND Marcel. Écrivain français. Né le 5 juillet 1899 à Varennes-sur-Amance (Haute-Marne), mort à Saint-Sauveur-sur-École (Seine-et-Marne) le 12 janvier 1986. On a dit de lui : « Un saint de la littérature. » Et il est vrai qu'il a consacré à la littérature toute sa vie et qu'il en a toujours défendu la conception la plus haute. Le père, de bourgeoisie rurale, adjoint au maire, meurt très jeune, en 1903. L'enfant et son frère sont élevés par la mère issue de souche paysanne. La vie du village, les champs et les bois alentour vont former la sensibilité d'Arland et tout au long de sa vie, mais aussi de livre en livre, on le verra retourner à Varennes, afin de se soumettre à son jugement et d'y puiser des forces nouvelles. Dès les bancs de l'école, le « merveilleux instituteur » remarque cet esprit rare et indépendant. En 1911, Arland entre au collège de Langres et, tandis que ses succès scolaires se confirment, il découvre sa vocation dans la lecture de Stendhal, de Baudelaire et de Barrès, mais aussi dans l'*Imitation de Jésus-Christ.* Son départ pour Paris, son entrée à la Sorbonne vont donner un tour plus précis à ses ambitions. On lui confie la partie littéraire de l'*Université de Paris,* revue où il publie ses premiers textes et notes critiques et pour laquelle il obtient la collaboration de Proust, Mauriac et Giraudoux. Élève-aspirant, Arland trouve dans son peloton de futurs écrivains, Dhôtel, Vitrac, Crevel, Limbour, séduits comme il l'est lui-même par le mouvement Dada ; il fonde avec leur aide une revue, *Aventure,* qui aura trois numéros au cours de l'année 1920, puis, après une rupture avec le groupe Breton, *Dés.* Il se lie avec Malraux duquel le rapprochent un amour de la peinture et la conviction que « tout ce qui n'est pas essentiel ne compte pas... ». C'est dans cet esprit qu'est écrit le premier livre d'Arland, *Terres étrangères,* dont la publication en 1923 lui vaudra l'amitié et l'éloge de Gide, Valery Larbaud et Rivière. Il collabore à *La Nouvelle Revue française* (*), où il publie *Sur un nouveau mal du siècle,* credo littéraire qui constitue une introduction magistrale à l'œuvre à peine entreprise, auquel Arland devait rester fidèle et qui fit grand bruit. « Je ne conçois pas de littérature sans éthique. » Enseigner la littérature, c'est la servir encore : Arland est professeur de lettres à l'école du Montcel jusqu'en 1929. Il y écrit son grand roman, *L'Ordre* (*), publié en trois volumes en 1929. Le succès du livre, le prix Goncourt, qui le couronne, assurent son indépendance et lui permettent de se consacrer entièrement à son œuvre. En 1930, il se marie : Janine, peintre, la compagne de sa vie, partout présente dans son œuvre, mais jamais aussi bien que dans *Avons-nous vécu ?* (*). La même année, ils ont une fille, Dominique. L'œuvre se modifie, se diversifie, prend de l'ampleur, se détourne du roman en faveur de la nouvelle et porte le genre à un sommet rarement atteint. Mobilisé en 1939 près de Nantes, Arland est affecté en Algérie. Démobilisé à la fin de l'année 1940, il rentre dans sa maison de Brinville, près de Paris. Drieu la Rochelle sollicite sa collaboration pour *La Nouvelle Revue française* dont il vient de reprendre la direction. Arland refuse, s'enferme à Brinville, entreprend différents travaux littéraires, dont une *Anthologie de la poésie française* (1941), des essais critiques, poursuit son œuvre : *Sur une terre menacée* (1941), *Zélie dans le désert* (1944). Après la Libération, Arland déploie une intense activité critique (*Table Ronde, Combat, Arts, Gazette de Lausanne*), où s'affirment non pas seulement la sûreté de son jugement, son souci unique de la qualité littéraire, sa conception mystique de la littérature et sa combativité à son service, mais aussi une générosité et une écoute singulièrement attentives aux jeunes talents, à toute promesse, même balbutiante, pourvu qu'elle fût pure. Arland conçoit la littérature française comme un tout : assurer la transmission de l'héritage et l'accession des nouvelles générations devient sa préoccupation majeure – v. *Essais et nouveaux essais critiques* (*) (1952). C'est dans cet esprit, presque religieux, qu'il assumera avec Jean Paulhan la direction de la *Nouvelle N.R.F.* (1953), charge qu'après la mort de ce dernier, en 1968, il assumera seul jusqu'en 1977. Lecteur, critique, directeur de revues, l'œuvre d'Arland, loin de souffrir de la multiplicité de ses activités, se développe et s'enrichit. Ce sont d'abord une suite d'essais « intimes », en partie autobiographiques, où réflexions, impressions et expériences s'entrecroisent avec une singulière harmonie : *La Consolation du voyageur* (1952), *Je vous écris* (*) (1960), *La Nuit et les Sources* (*) (1963), *Proche du silence* (*) (1973), *Avons-nous vécu ?* (*) (1977), *Ce fut ainsi* (*) (1979), *Mais enfin qui êtes-vous ?* (*) (1981), *Lumière du soir* (*) (1983). Ce sont ensuite une série d'essais critiques consacrés à la littérature, Pascal, Marivaux, mais aussi à la peinture, *Chroniques de la peinture moderne* (1949), de textes consacrés à Georges de La Tour, Rouault, Chagall, Campigli... Surtout, c'est cette forme nouvelle, découverte par Arland et qui convient le plus exactement à l'intensité et à la fluidité de son talent, les grands recueils de récits, *L'Eau et le Feu* (*) (1956), *À perdre haleine* (1960), *Le Grand Pardon* (*) (1965), *Attendez l'aube* (1970), où chaque nouvelle, sans perdre son indépendance, est traitée à la manière d'un thème qui doit concourir à l'élaboration et à l'harmonie de l'ensemble. En 1952, Marcel Arland reçoit le grand prix de littérature de l'Académie française. En 1960, le grand prix national des Lettres. En 1968, il entre à l'Académie française.

« Dieu, l'éternel tourment des hommes, soit qu'ils s'attachent à le créer ou à le détruire »... Le jeune écrivain ajoutait : « Entre le miracle et le suicide, il y a place pour une littérature. » Cette littérature sera celle de Marcel Arland et elle aura pour visée ultime non tant de combler le vide laissé par la perte de Dieu que de constituer une attente à laquelle Il lui faudra répondre à la fin des temps. Cette œuvre tragique qui dénonce dans le bonheur un visage du sommeil demeure pourtant et, de ce fait, parce que tout entière consacrée à l'intensité du moment, du sentiment, de la vie, « louange obstinée du monde ». Toute l'œuvre peut être comprise comme une montée vers la lumière, mais cette ascension serait sans valeur, contraire à la morale qui la fonde – « Je ne conçois pas de littérature sans éthique » – si elle ne partait pas de l'abîme et n'explorait pas avec cette clairvoyance toujours implacable les zones les plus obscures de l'âme, de la société et de la vie. Car, dans cette montée vertigineuse, Arland n'est jamais seul. Tout un peuple l'accompagne, auquel il appartient – « en route vers le Grand Pardon » –, et ce sont d'abord ces paysans parmi lesquels il a grandi – « Ô mon petit peuple douloureux ! Ô mes humbles compagnons... qui avez perdu l'espoir, mais non le souvenir, de la cité éternelle... » –, violents, âpres, habités encore par la nature et son mystère ; mais doués aussi d'une grâce surprenante, essentiellement française et dont Arland – Ô clarté – sera l'exemple accompli. Veuves murées dans le malheur ou le silence, filles trompées, violentées, hommes bafoués, meurtris, mais ouverts, l'espace d'un instant, à une lumière qui vient de la terre natale, « âme en veilleuse » et chacun saisi dans cet instant fulgurant où un être se révèle et découvre sa vérité ou son destin. Chacun solidaire, épaulant l'autre ou le contredisant pour former cette unité d'un peuple en marche vers la lumière. Ainsi s'élabore l'unité des grands recueils de nouvelles, appels et réponses entrecroisés qui acquièrent la solennité d'une procession ; où chaque pèlerin résolu à aller au bout de soi-même découvre non « celui-qu'on-ne-peut-atteindre », « mais qu'il suffit de le chercher ». Ce royaume des instants ne parviendrait pas à son harmonie souveraine si Arland n'excellait dans un art difficile : celui des transitions. L'admirable fluidité du récitant rétablit l'ordre dans le chaos qui habite ce talent et où, des ténèbres à la lumière, de l'abîme au sommet, il n'est toujours qu'un pas et l'épaisseur d'un instant. Cette fluidité, cette souplesse, cette grâce, ces rythmes si savants et complexes, ruptures, sauts, retours ne constituent encore que quelques-uns des mérites d'un style exceptionnel par sa qualité. Par lui, la prose est élevée à une hauteur rarement égalée, devient un art autonome ou, comme Arland l'a dit de quelques autres, « un être ». C'est cette prose autant que la générosité humaine de son propos qui font de cette marche vers la lumière une œuvre essentielle, constitutive de notre temps.

JEAN BLOT.

♦ *« Minimum de matière première, distribution des jours et des ombres, équilibre des parties, combinaison et ménagement des effets et des contrastes, recherche de limpidité, de tons assourdis, de dépouillement* [...] *Cette technique savante recouvre une sensibilité poétique d'une qualité particulièrement fine et rare. »* Valery Larbaud. ♦ *« On peut dire qu'il n'a pas écrit une ligne qui ne tende à préparer une réponse à l'une de ces deux questions : "Qu'est-ce que la vie ?" et "Comment puis-je, comment dois-je diriger ma vie ?" »* André Malraux. ♦ *« Voyez tout ce peuple admirable de villageois et de paysannes qui vont et viennent dans les récits d'Arland. Quelle simplicité, quelle humilité dans leur âme ! Le plus bel orgueil paraît grimace à côté* [...] *C'est un trait permanent de cet écrivain, cette confiance en l'homme. »* Étiemble. ♦ *« L'écriture de Marcel Arland atteint un miracle d'équilibre entre la beauté de ses éléments verbaux et l'inquiétude sans fond qu'elle traduit... »* Alain Bosquet. ♦ *« À perdre haleine... Dans toute la littérature française, il n'existe pas un plus bel ensemble de nouvelles. »* Jacques Brenner. ♦ *« Marcel Arland donne à la nouvelle sa pleine valeur de forme littéraire, par la netteté et le resserrement d'une action qui se précise avec rapidité, même si elle évoque des temps et des lieux très différents. Les êtres s'affrontent et les choses fixent leur présence dans un champ limité, non par une mesure conventionnelle, sans doute, mais par la nécessité de répondre à un besoin plus immédiat, à une attente plus exigeante que ceux que suscitent un roman ou un poème... »* Georges Anex.

ARLT Roberto. Écrivain argentin. Né le 2 avril 1900 à Buenos Aires. Mort dans cette ville en 1942. Fils d'un immigrant prussien, ancien officier de l'armée allemande et d'une Autrichienne, il eut une enfance misérable, marquée par la révolte contre l'implacable discipline paternelle. Ayant fui très jeune le toit familial, il vécut des années de pauvreté et d'abandon dans la grande ville, fréquentant le monde marginal des faubourgs, les délaissés, les délinquants. Sa brève formation de technicien le poussa à commercialiser différentes inventions qui n'eurent aucun succès mais dont on retrouve l'écho dans ses romans. Les lettres argentines cherchaient encore leur expression authentique quand Roberto Arlt, devenu journaliste et membre du groupe gauchisant *Beodo,* fit connaître, en 1926, son premier livre : *Le Jouet enragé* (*). Ce fut comme une bombe posée dans une littérature tournée vers les lettres européennes ou l'exaltation du folklore. Un tableau au vitriol d'une société plongée à tous les niveaux dans la médiocrité et incapable d'offrir à sa jeunesse, surtout populaire, autre chose que frustrations et rêves criminels. Cette vision caustique se précisa dans ses deux chefs-d'œuvre : *Les Sept Fous* (*) (1929) et *Les Lance-Flammes* (*) (1931). « Les êtres humains sont des monstres qui pataugent dans les ténèbres », affirmait-il. Les personnages qu'il inventait étaient des tricheurs, des truands, des marlous, des boutiquiers, des prostituées, une humanité dégradée, grise et lâche, qui se débattait dans un cloaque urbain qui la noyait. Les plus imaginatifs cherchaient dans un rêve impossible une échappatoire. Ce constat pessimiste fut encore développé dans *L'Amour sorcier* [*El amor brujo,* 1932], dans les nouvelles constituant *Le Petit Bossu* [*El jorobadito*, 1933], *L'Éleveur de gorilles* [*El criador de gorilas,* 1941] et dans les chroniques hebdomadaires publiées par *El Mundo* de Buenos Aires, qui révèlent un observateur subtil et sarcastique, maître de l'humour triste. Ces dernières chroniques obtinrent en Argentine un vif succès et furent réunies en plusieurs volumes : *Eaux-fortes de Buenos Aires* [*Aguafuertes porteñas,* 1958], *Nouvelles eaux-fortes de Buenos Aires* [*Nuevas aguafuertes porteñas,* 1960], *Eaux-fortes espagnoles* [*Aguafuertes españolas,* 1971]. L'écriture très originale de Roberto Arlt (il la qualifiait de « prose polyfacétique ») fait fusionner avec l'espagnol traditionnel l'argot argentin : le *lunfardo* parlé à Buenos Aires dans les années 30, le langage des romans-feuilletons et des magazines populaires, et le lexique souvent désuet des traductions, notamment russes et françaises (Dostoïevski, *Rocambole*...), qu'il aimait lire. Arlt fut aussi un dramaturge de talent. Citons parmi ses pièces : *300 millions* [*300 millones,* 1932], *Saverio le cruel* [*Saverio, el cruel,* 1936], *L'Île déserte* [*La isla desierta,* 1938], *La Fête du fer* [*La fiesta del hierro,* 1940], *Le désert entre dans la ville* [*El desierto entra en la ciudad,* 1942]. Un an avant sa mort, Arlt écrivit un court roman fantastique : *Un terrible voyage* [*Un viaje terrible*].

CLAUDE COUFFON.

♦ *« Je ne suis pas un pervers, je suis un curieux de cette force énorme qu'est la vie. »* Roberto Arlt.
♦ *« Le thème de Arlt était celui de l'homme désespéré, de l'homme qui sait – ou invente – que seule une mince et invincible paroi nous sépare tous du bonheur incontestable, qui comprend qu'il est inutile que la science progresse si nous continuons à avoir un cœur aussi dur et aussi aigre que celui des êtres humains d'il y a mille ans. »* Juan Carlos Onetti.

ARMAH Ayi Kwei. Écrivain ghanéen. Né à Takoradi en 1939. Après avoir fait ses études dans les universités américaines d'Harvard et de Columbia, il commence une vie d'errance. Tout en séjournant périodiquement aux États-Unis, il se retrouve traducteur à Alger, professeur en Tanzanie et au Lesotho et, depuis 1984, à nouveau traducteur à Dakar. Il a publié cinq romans : *L'âge d'or n'est pas pour demain* (*) (1968), *Fragments* (1970), *Pourquoi sommes-nous ainsi bénis ?* [*Why are we so Blest ?* 1972], *Deux mille saisons* [*Two Thousand Seasons,* 1973], *Les Guérisseurs* (*) (1978).

Les romans d'Armah décrivent, avec une acrimonie intense, la profonde désillusion d'un intellectuel noir devant la dégénérescence de son pays et même de son continent. Ses deux premiers récits (qui se passent au Ghana) et son troisième (qui se déroule en partie en Algérie) disent avec force la désillusion et surtout la dégradation qui ont suivi les indépendances. La cible favorite d'Armah est la petite bourgeoisie africaine qui s'accroche à des institutions dégradées dans le seul espoir d'établir ou de consolider sa réussite matérielle. Ce désir de posséder est si obsessionnel que, dans *Fragments,* il prend la forme d'une sorte de culte du cargo centré autour du personnage du « been-to », celui que l'on a envoyé à l'étranger pour qu'il revienne chargé de diplômes et de présents. À cette foule de philistins frustrés dont l'univers s'effondre sous les coups de leurs désirs inassouvis, Armah oppose quelques figures symboliques de boucs émissaires qui portent le poids des péchés du monde. La jeune femme que la drogue a rendue clairvoyante mais folle, la vieille femme à qui la cécité a donné des pouvoirs prophétiques, l'artiste qui se réfugie dans un silence de schizophrène, l'intellectuel qui refuse de se consacrer à un art élitiste sont autant de personnages voués à un échec douloureux mais qui, tout au long de leurs différents calvaires, finissent par délimiter un espoir, celui d'une régénération. Le propos d'Armah est, en effet, essentiellement thérapeutique et sa démarche est celle d'un écrivain-médecin qui tente à la fois de décrire l'étendue du mal, d'en déceler les causes et, si possible, d'y apporter des remèdes. Lorsqu'il se penche sur l'anomie contemporaine, Armah tente de sublimer son désespoir : le présent qu'il utilise systématiquement est chez lui le temps de l'horreur mais aussi de la pérennité et, à coups de répétitions incantatoires, le romancier tente de dire la résilience des êtres et des choses et de célébrer, en particulier, la beauté qui affleure sous la flétrissure. Lorsqu'il se tourne vers le passé, c'est pour y trouver une « voie » curative possible : utilisant alors la première et la deuxième personne du pluriel, l'écrivain se place au sein d'un dialogue enfin établi. En un grand mouvement prophétique Armah imagine qu'un jour les êtres ordinaires désormais solidaires se mettront enfin à l'écoute de ceux « qui prophétisent, conçoivent et se souviennent ».

DENISE COUSSY.

ARNAUD Georges (pseud. de Henri Girard). Romancier français. Né le 16 juillet 1918 à Montpellier, mort en 1987. Les romans, essais, reportages et nouvelles de Georges Arnaud sont à l'image de sa vie, tumultueuse, aventureuse. En 1940, il s'engage dans les forces combattantes bien qu'il fût réformé. Comme le Malraux des années d'occupation, il sera fait prisonnier et n'aura de cesse de s'évader ; évasion qu'il réussira. On aurait pu croire que, une fois ses études de droit finies (un doctorat en droit et la préparation au Conseil d'État), Georges Arnaud connaîtrait à son tour ce retour « gothéen à l'ordre » que persiflait Sartre. Au contraire, en 1947, après le procès retentissant qui suivit l'assassinat de son père (lui-même écrivain) et au cours duquel il dut être innocenté, Georges Arnaud préféra s'exiler en Amérique du Sud, où il subsista misérablement jusqu'en 1949. C'est de ce séjour fondamental qu'il va tirer ses trois grands romans, *Le Salaire de la peur* (*) (1949), *Le Voyage du mauvais larron* (1946-48), *Lumière de soufre* (1952) et un recueil de nouvelles, *La Plus Grande Pente* (1961). L'Amérique d'Arnaud n'a rien d'un conte de fées ; dans *Le Salaire de la peur*, c'est dans un Guatemala imaginaire que pourrissent sur place ses héros, minés par l'ennui, l'alcool, des maladies infectieuses qui rongent les volontés les plus âpres. Georges Arnaud a également écrit des reportages « engagés » : sur les prisons, *Prisons* (1953), sur des minorités opprimées, *Indiens pas morts* (1956). Dramaturge, il a écrit *Maréchal P...* (1958). Georges Arnaud est un humaniste, en ce sens qu'il a toujours pris la défense des humbles, des oubliés, des marginaux. Pendant la guerre d'Algérie, il a dénoncé les violences policières et condamné les atrocités de la guerre (notamment dans son pamphlet *Pour Djamila Bouhired*, 1958). Un de ses derniers titres résume bien les préoccupations de son œuvre : *Chroniques du crime et de l'innocence* (1982).

PHILIPPE BLONDEAU.

ARNAUD Georges-Jean. Auteur de romans policiers français. Né en 1928 à Saint-Gilles-du-Gard. Enfant, il dévore *Fantomas* (*), *Arsène Lupin,* Alphonse Daudet et Simenon. À 24 ans, étudiant, marié, il publie sous le pseudonyme de Saint-Gilles son premier roman, *Ne tirez pas sur l'inspecteur.* Écrit pendant son service militaire, ce roman lui vaut le prix du quai des Orfèvres alors que paraît *Le Salaire de la peur* (*) de son célèbre homonyme. Arnaud abandonne vite son poste de surveillant dans un lycée pour vivre de sa plume en écrivant un ou deux romans par mois. Son œuvre comporte une centaine de romans policiers, autant de romans d'espionnage, une soixantaine de romans érotiques sous le pseudonyme de Solenza, une vingtaine de romans fantastiques et de science-fiction, et une quinzaine de romans d'aventures. Ses romans policiers commencent toujours « en douceur avec des personnages un peu falots et une situation anodine » puis « l'inquiétude commence à suinter et cela va nous mener peu à peu à la frayeur ou au drame ». On lui doit des intrigues bien construites, des personnages crédibles broyés par des machinations étatiques, immobilières ou financières. Préoccupations écologiques face à une multinationale de l'industrie chimique dans *Plein la vue* (1976) ; enfer feutré des banlieues résidentielles pour cadres dans *Un petit paradis* (1974) ; *L'Enfer du décor* (1977) révèle une campagne empoisonnée et des enfants meurtriers ; le fantastique et le policier s'entremêlent dans les maisons vivantes de *La Maison piège* (1975) et de *L'Homme noir* (1975). Les régions du Languedoc-Roussillon et de la Provence fournissent souvent le décor de ses romans. Arnaud, qui écrit en moyenne vingt-cinq pages par jour, a réussi, comme Chase et Simenon, l'exploit de concilier le plus souvent la quantité et la qualité. Citons parmi ses meilleurs romans : *Enfantasme* (*) (1976), *Les Jeudis de Julie* (1978), *Le Coucou* (1980), *Ami-Ami flic* (1982).

DENIS BOUTET DE MONVEL.

ARNAUD DANIEL. Troubadour périgourdin qui vécut dans la seconde moitié du XIIe siècle et le début du XIIIe. D'après les allusions que l'on trouve dans ses chansons à des événements historiques, on peut en effet situer son activité artistique entre 1180 et 1260. Mais nous ne connaissons rien de sa vie, en dehors de ce que nous raconte une ancienne biographie provençale. D'après celle-ci, il serait né à Ribérac, dans le Périgord, au sein d'une noble famille ; après de bonnes études, la pauvreté l'aurait contraint à chercher sa subsistance dans le métier de jongleur. L'ancien biographe rapporte qu'il aima, sans d'ailleurs obtenir ses faveurs, une grande dame de Gascogne. Nous avons de lui dix-huit *Chansons* (*) qui toutes, sauf une, traitent uniquement d'amour. Exercé aux plus ingénieuses subtilités de la langue et du style, il se complut dans la composition de rimes précieuses. Arnaud Daniel est en effet le plus illustre représentant du « trobar clus », et mieux encore de ce « trobar ric » qui en est le terme le plus raffiné. Cette recherche extraordinaire dans l'expression, atteinte au moyen d'un style riche en artifices et en habileté rhétorique et verbale, lui valut la flatteuse considération dans laquelle son art fut tenu par Dante et Pétrarque. La postérité a retranché quelque chose de cette opinion, en plaçant ailleurs que dans l'habileté et dans la recherche de la forme la véritable essence de l'expression poétique. Mais il est certain qu'Arnaud Daniel eut une maîtrise exceptionnelle de la langue et fut un parfait constructeur de vers aux rimes sonores et riches dans la recherche d'un effet voulu ; cette recherche l'amène souvent à forger des images étranges, bizarres, mais dépourvues de profondeur de pensée. Un exemple caractéristique de son adresse poétique est la *sextine*, acrobatie de rimes ramenant les mêmes mots à la fin de chaque vers de tous les sizains en un ordre différent et compliqué ; il en fut le créateur et cette forme difficile de strophe fut imitée en France par d'autres troubadours, cependant que Dante et Pétrarque l'introduisaient dans la métrique italienne – v. *Rimes* (*) de Dante, *Canzoniere* (*) de Pétrarque. Sur la foi de Dante qui le place au-dessus de tous les poètes d'amour et de tous les auteurs de romans en prose, on lui a longtemps attribué le *Lancelot du Lac* (*), attribution que la critique moderne ne semble pas pouvoir ratifier. Peut-être écrivit-il des romans en prose qui ne nous sont point parvenus. Une tradition voudrait que, dans sa vieillesse, Arnaud se fût retiré du monde pour terminer sa vie dans un cloître, mais il est fort possible qu'elle soit née d'une confusion avec la destinée de deux grands troubadours contemporains d'Arnaud, Bernart de Ventadour, et Bertran de Born, qui se retirèrent sur la fin de leurs jours, l'un à l'abbaye de Dalon en Limousin, l'autre à l'abbaye de Cîteaux.

♦ *« Mieux que tous il sut forger sa langue maternelle ; il surpassa tous vers d'amour, toutes proses de roman. »* Dante (*Purgatoire* ; XXVI, 117). ♦ *« Premier entre tous Arnaud Daniel / Grand maître d'amour / Qui honore encore son pays / Par son étrange et belle poésie. »* Pétrarque (*Triomphe d'amour* ; IV, 40).

RÉF. : U. Canello, *La Vita e le opere del trovatore Arnaldo Daniello,* Halle, 1883. – R. Lavaud, *Les Poésies d'Arnaud Daniel,* Toulouse, 1910. – G. Roja, *Arnaud Daniel, Canzoni,* Florence, 1961.

ARNAUD de Mareuil. Troubadour périgourdin. Né à Mareuil en Dordogne, dans la seconde moitié du XIIe siècle, mort probablement avant 1205. Il vécut à la cour de nombreux seigneurs, Alphonse II d'Aragon, Guillaume VIII de Montpellier, le vicomte de Béziers, suivant son ancien biographe qui raconte la rivalité en amour du poète avec le roi d'Aragon et le désespoir dans lequel le jeta l'inévitable défaite. Son activité poétique se situe entre 1170 et 1200 ; il nous reste de lui vingt-six compositions lyriques, cinq courtes épîtres amoureuses, et deux petits poèmes didactiques, les « ensenhamen ». On retrouve dans ses poèmes les habituelles formules des troubadours, mais exprimées avec tant de raffinement et de délicatesse que notre troubadour mérite une place de choix au point de vue de l'élégance et de la grâce – v. *Chansons* (*). Arnaud fut probablement le premier créateur de l'épître amoureuse dans la littérature provençale, comme il fut aussi l'initiateur du genre didactique représenté par l'« ensenhamen » qui devait par la suite trouver un certain développement dans l'art des troubadours. Le but qu'il se propose semble être l'enseignement de la « courtoisie » à la société aristocratique, c'est-à-dire de tout cet ensemble de qualités et de manières qui assurent bonne renommée à celui et à celle qui les possèdent.

RÉF. : A. Jeanroy, *La Poésie lyrique des troubadours,* Paris, 1934. – R. C. Johnston, *La Poésie lyrique des troubadours, Arnaud de Mareuil,* Paris, 1935 (édit. crit. des œuvres). – P. Bec, *Les Saluts d'Amour du troubadour Arnaud de Mareuil,* Toulouse, 1961.

ARNAULD Antoine, dit le « Grand Arnauld ». Théologien français. Né à Paris le 8 février 1612, mort à Bruxelles le 7 août 1694. Il était le vingtième enfant d'Antoine Arnauld, avocat au parlement de Paris resté fidèle à la monarchie pendant les troubles de la Ligue, et depuis lors très bien vu du gouvernement. Il étudie à Paris, est reçu docteur de théologie en Sorbonne (septembre 1641) et ordonné prêtre. Sa famille était en relations avec l'abbé de Saint-Cyran, théologien partisan de Jansénius, et pour cette raison emprisonné à Vincennes en 1639. Dès 1642, Arnauld est remarqué par les réflexions qu'il donne sur les travaux de Descartes, qu'il critique sur certains points tout en marquant un fort intérêt pour sa démarche et en y relevant des liens avec la pensée de saint Augustin. En 1643, son traité *De la fréquente communion* (*), qui le lance dans une violente polémique contre les jésuites, le rend célèbre. En 1644 et 1645, il publie deux *Apologies* de Jansénius, dans le cadre de ces polémiques sur la grâce. Il devient une figure de proue, puis le penseur le plus autorisé, du cercle janséniste de Port-Royal. En 1655, le duc de Liancourt, père d'une religieuse de Port-Royal, se voit refuser l'absolution par le curé de la paroisse de Saint-Sulpice, s'il ne retire pas sa fille de ce couvent. Arnauld compose à cette occasion ses *Lettre à une personne de condition* et *Lettre à un duc et pair,* qui relancent ses attaques contre les jésuites : il est censuré par la Sorbonne et exclu de la faculté de théologie (1656). Ce fut en ces circonstances que Pascal écrivit, pour le soutenir, *Les Provinciales* (*). Arnauld s'enferme alors à Port-Royal, où il compose, en collaboration avec Nicole et Lancelot, des ouvrages d'enseignement qui eurent un grand succès : la *Grammaire générale et raisonnée* (*) et la *Logique* (*). En même temps, il poursuit sa guerre de pamphlets avec les jésuites. En 1668, lorsque prend forme l'apaisement de ces querelles appelé « Paix de l'Église », Arnauld est admis à se présenter à la Cour, au roi, au nonce du pape. Il se tourne alors contre les protestants, composant avec Nicole le *Traité de la perpétuité de la foi.* Il se trouve à ce moment-là en débat avec la fraction la plus extrémiste du jansénisme, notamment avec Martin de Barcos, neveu de Saint-Cyran, mais en revanche il est alors tenu pour un des penseurs les plus importants de son temps et jouit d'une forte notoriété. Cependant, l'apaisement des querelles jansénistes ayant été de courte durée, il est obligé de se cacher et en 1679 il passe en Belgique, d'où il continue ses polémiques, contre les protestants, les jésuites et Malebranche, tout en réaffirmant sans cesse sa fidélité au gouvernement français. Au début des années 1690, les poursuites contre lui s'apaisent, il est autorisé à rentrer à Paris, et c'est au moment où se négocie son retour en grâce qu'il meurt, peu après que son intervention eut contribué à mettre un terme à la querelle des Anciens et des Modernes, ce qui indique quel prestige et quelle autorité lui étaient reconnus dans les milieux lettrés.

Ses écrits pédagogiques ont longtemps conservé de l'audience. En revanche, ses traités et ouvrages de polémique, composés dans un style docte et d'un propos très spécialisé, ont été délaissés sitôt que les querelles autour de Port-Royal se sont achevées ; et Arnauld, considéré en son temps comme un penseur hors pair, a peu à peu pris dans l'histoire une place plus mesurée.

ALAIN VIALA.

RÉF. : Le P. Quesnel, *Histoire abrégée de la vie et des ouvrages d'A. Arnauld,* 1697. – H. Brémond, *Histoire du sentiment religieux,* t. IV, Paris, 1916. – Racine, *Abrégé de l'histoire de Port-Royal* in *Œuvres complètes,* Paris, 1951. – Sainte-Beuve, *Port-Royal* in *Œuvres,* Paris, 1955. – L. Marin, *La Critique du Discours,* Paris, 1975.

ARNAULD D'ANDILLY Robert. Né en 1589, mort le 27 septembre 1674. Aîné des fils d'Antoine Arnauld (qui avait eu vingt-deux enfants), frère du « Grand Arnauld », il paraît de bonne heure à la Cour et mène longtemps une vie mondaine, se signalant toutefois par son empressement à rendre service. À cinquante-cinq ans, il quitte le monde et se retire à Port-Royal, où il consacrera son temps à la prière, au jardinage et surtout aux lettres. Écrivain de mérite – on a de lui des *Mémoires,* écrits en 1667 et publiés en 1734, et un *Journal* portant sur les années 1614-1620, publié par Halphen en 1857 –, il fut très prisé surtout pour ses traductions des *Confessions* (*) de saint Augustin, des œuvres de sainte Thérèse d'Avila, des *Antiquités judaïques* (*) et de *La Guerre des Juifs* (*) de Flavius Josèphe, dont il refit dix fois sa version, ce qui ne l'empêchait pas, selon la coutume de son temps, de sacrifier souvent la fidélité du texte à l'élégance du style. Dans le milieu de Port-Royal, Arnauld d'Andilly apparaît comme une figure plus aimable, plus souriante que les autres, un peu plus mondaine aussi.

RÉF. : Varin, *La Vérité sur les Arnauld,* 1847, 2 vol. – Sainte-Beuve, *Port-Royal,* 1840-1859. – Paule Jansen, *Arnauld d'Andilly, défenseur de Port-Royal, 1654-1659. Sa correspondance inédite avec la Cour,* Paris, 1974.

ARNDT Ernst Moritz. Poète allemand. Né à Schoritz, près de Garz, dans l'île de Rugen qui appartenait alors à la Suède, le 26 décembre 1769, mort à Bonn, en Rhénanie prussienne, le 28 janvier 1860. Son père fut son premier éducateur ; il étudia ensuite la théologie et l'histoire à l'université de Greifswald, puis se rendit à l'université d'Iéna où il s'initia à la philosophie de Kant. Après plusieurs années de séjour en Allemagne, en Italie, en Hongrie et en France, qu'il a évoquées dans ses *Voyages à travers une partie de l'Allemagne, de la Hongrie, de l'Italie et de la France au cours des années 1798-99* [*Reisen durch einen Theil Deutschlands, Ungarns, Italiens, und Frankreichs in den Jähren 1798-99*], Arndt occupa une chaire libre d'histoire de la philosophie (1800) et, après un bref séjour en Suède, fut nommé professeur ordinaire (1805). En 1806, il publia *L'Esprit du temps* (*), ouvrage dans lequel, rompant avec l'enthousiasme de ses jeunes années pour Napoléon, il portait des jugements qui déchaînèrent la colère de l'empereur. Arndt, qui s'était réfugié à Stockholm, regagna sa patrie en 1813 pour prendre une part très active à la libération de l'Allemagne qu'il avait préparée dès 1808 en publiant sa revue mensuelle *Der Nordische Kontrolleur.* Son action, désormais, se fit plus directe. Par amour pour l'unité nationale, il surmonta l'antipathie que lui inspiraient la Prusse et Berlin, trop pénétrés à son gré de la tradition de Frédéric le Grand, et prit contact avec les patriotes prussiens les plus décidés à agir. Après avoir été pendant un an, à Saint-Pétersbourg, le secrétaire particulier du baron de Stein, incarnation de la résistance germanique à Napoléon, Arndt publia, en 1813, *Poésies* (*), chants de guerre qui enflammèrent les âmes de tous les patriotes ; à la même époque paraissait sa revue *Der Wachter,* inspirée de l'esprit de la libération. Nommé, en 1818, professeur d'histoire à la nouvelle université prussienne de Bonn, le poète ne tarda pas à être inquiété pour ses tendances libérales, et dut renoncer à ce poste. Ce ne fut qu'en 1840 que le roi Frédéric Guillaume IV l'autorisa à réoccuper sa chaire. En 1848, Arndt fut élu membre du premier parlement allemand, et fit partie de la commission chargée d'offrir la couronne impériale à Frédéric-Guillaume. Mais cette couronne, le roi la refusa parce qu'elle lui était offerte par le peuple, et non par ses pairs, les souverains régnants. Déçu par la faillite de l'idée libérale en Allemagne, Arndt se retira. On lui doit encore des mémoires : *Souvenirs de la vie publique* [*Erinnerungen aus dem äusseren Leben*, 1840].

RÉF. : G. Lange, *Der Dichter Arndt*, Berlin, 1910. – Gundolf, *Hutten, Klopstock, Arndt*, Heidelberg, 1924. – Richard Weigand, *Grundzüge der Anthropologie E.-M. Arndts*, Berlin, 1939 (thèse). – Gustav Erdmann, *Ernst Moritz Arndt – Freiheitssänger und Patriot*, Putbus / Rügen, 1960. – Manfred Herling, Horst Dieter Schroeder, *Ernst Moritz Arndt. Katalog der Ausstellung der Ernst Moritz Arndt-Universität*, Greifswald, 1969. – Karl-Heinz Schäfer, Josef Schawe, *Ernst Moritz Arndt. Ein bibliographisches Handbuch*, Bonn, 1971. – Karl-Heinz Schäfer, *Ernst Moritz Arndt als politischer Publizist*, Bonn, 1974. – Gustav Sichelschmidt, *Ernst Moritz Arndt*, Berlin, 1981.

ARNE Thomas Augustine. Compositeur anglais. Né à Londres le 12 mars 1710, l'année où Haendel apparut en Angleterre, mort à Londres le 5 mars 1778. Son père, tapissier, l'envoya à Eton, puis le plaça chez un homme de loi, espérant lui faire poursuivre une carrière juridique, mais le jeune homme était passionné de musique. Il travaillait la nuit sur son épinette dont il étouffait les sons avec des linges ; il apprit le violon. Il louait une livrée et se mêlait aux domestiques pour pénétrer à l'Opéra. Il dirigea, toujours à l'insu de son père, un petit orchestre de chambre. Sa première œuvre lyrique fut *Rosamonde* [*Rosamond,* 1733] d'après Addison. La même année, il fit jouer *Opera of Opera*, d'après Fielding, et *Didon et Énée* (+), où il réserva un rôle à son jeune frère. En 1740, il composa *Alfred*, poème lyrique destiné à commémorer l'avènement de la maison de Hanovre. C'est dans cette œuvre que se trouve le fameux chant patriotique *Rule, Britannia*, auquel son nom demeure attaché. Arne fut chef d'orchestre à Drury Lane (1745), puis à Covent Garden. La famille Arne a donné plusieurs autres musiciens et acteurs notoires.

ARNÉR Sivar. Romancier suédois. Né à Arby le 13 mars 1909. Professeur de lycée, il a quitté l'enseignement en 1948. Ses thèmes évoluent entre les questions morales et sociales – comme dans son premier roman *Portefeuille perdu* [*Plånbok bort tappad,* 1943] – et l'analyse du couple comme dans *Le Beau Temps* [*Vackert väder,* 1950] et *Lui-Elle-Personne* (*) (1951), en passant par l'introspection tourmentée de *Toi-Même* [*Du själv,* 1946], pour opérer leur fusion dans *Le Filet* [*Nätet,* 1962) et *Traverse* [*Tvärbalk,* 1963]. Avec *Vraiment* [*Verkligen*, 1965], Arnér revient à un genre où il excelle, le portrait d'une femme.

ARNIM Bettina von : v. **Brentano** Bettina.

ARNIM Ludwig Joachim dit Achim von. Écrivain allemand. Né à Berlin le 26 janvier 1781, mort à Wiepersdorf le 21 janvier 1831. D'une noble famille prussienne d'officiers et de fonctionnaires, il étudia d'abord les mathématiques et la physique à l'université de Goettingen, puis s'adonna uniquement à l'activité littéraire. Romantique, épris de vagabondage, il parcourut, même à pied, l'Allemagne, la Suisse, l'Italie du Nord, la France, l'Angleterre et la Hollande. Ayant trouvé dans le poète et romancier Clemens Brentano un esprit de sa qualité, il voyagea avec lui en Rhénanie à la recherche d'anciens chants populaires qu'ils adaptèrent et recueillirent dans *Le Cor enchanté de l'enfant* (*). Ils s'arrêtèrent ensuite à Heidelberg où résidait Joseph von Görres et où Brentano se fixa quelque temps : c'est de ce cénacle que devait sortir le second romantisme allemand. À Heidelberg, Arnim publia, en 1808, un périodique littéraire paraissant deux fois par semaine, *Le Journal pour Ermites* (*), auquel collaborèrent Görres, Tieck, Hölderlin, les Grimm, Jean-Paul, Brentano et bien d'autres. La fiévreuse activité politique et littéraire régnant à Berlin, où Arnim arriva en 1809, dans les années qui précédèrent l'insurrection antinapoléonienne lui a inspiré ses meilleurs ouvrages : les nouvelles du *Jardin d'hiver* [*Der Wintergarten,* 1809], le roman *Pauvreté, richesse, faute et pénitence de la comtesse Dolorès* [*Armut, Reichtum, Schuld und Büsse der Gräfin Dolores,* 1810] et le drame *Halle et Jérusalem* (*). En 1811, Arnim épousa Bettina Brentano, sœur cadette de Clemens, et se retira avec elle dans ses terres du Brandebourg, partageant ses jours entre l'écriture et l'agriculture. Il rédigea alors son magnifique recueil de contes – v. *Contes bizarres* (*). Mais, dans une Allemagne déchirée, occupée et n'éprouvant pour Napoléon que de la haine, se réveillait peu à peu en lui le gentilhomme prussien ; c'est ainsi qu'il fit servir le revenu d'un de ses ouvrages dramatiques à l'armement des troupes en 1813.

Après la bataille de Leipzig, Arnim revint pour quelque temps au journalisme politique, mais la faillite de ses rêves de grandeur germanique (c'est-à-dire prussienne) le ramena définitivement à la vie privée. Son idéal politique, son rêve d'un empire gibelin, il le transposa artistiquement dans des ouvrages tels que *Les Gardiens de la couronne* (*), roman demeuré inachevé (il ne fut publié qu'en 1854). Si les opinions d'Arnim l'ont alors entraîné à soutenir jusqu'au bout la politique de von Stein, nous pouvons penser avec André Breton que, « pour lui comme pour d'autres, la déception initiale (de l'espoir engendré par la Révolution française) avait dû être trop forte, l'écroulement des efforts intellectuels trop soudain, et tout à coup la misère de l'Allemagne trop grande ».

♦ *« Cette œuvre est unique en ce sens qu'en elle à la fois se consume et s'avive, sous toutes les faces qu'elle puisse revêtir au cours d'une vie, la bataille spirituelle la plus exaltante qui se livre encore et qui se soit livrée. »* André Breton.

RÉF. : H. Blaze de Bury, *Achim d'Arnim,* 1868. – R. Steig et H. Grimm, *Arnim und die ihm nahe standen,* 3 vol., 1894-1913 (contient la correspondance avec les Brentano et les frères Grimm). – R. Guignard, *Achim von Arnim,* 1936.

ARNOBE de Numidie (Arnobius). Orateur latin. Né à Sicca Veneria, ville de l'Afrique proconsulaire (aujourd'hui Le Kef, Tunisie) en 260 (?), mort en 327 (?). Sa biographie est assez pauvre. D'après saint Jérôme, qui est le seul à nous fournir des renseignements dans *Des hommes illustres* (*) et dans *Chronicon* (*), Arnobe était maître de rhétorique à Sicca Veneria sous le règne de Dioclétien (284-305). Il avait un culte pour la sagesse grecque et latine, et fut initié, comme on avait accoutumé de le faire alors, aux mystères qui eurent une si grande fortune dans le monde méditerranéen, de sorte qu'il fut tout d'abord un adversaire convaincu du christianisme. À la suite d'une vision qui le bouleversa, il changea d'attitude et demanda à l'évêque de la communauté de Sicca de l'admettre parmi les chrétiens. L'évêque voulut s'assurer de ses bonnes intentions, et lui demanda de les prouver (saint Jérôme : *Épître LXX*, 5). Arnobe écrivit une apologie du christianisme, *Contre les païens* (*), composée aux environs de 305 (?). À part cet ouvrage et les renseignements fournis par saint Jérôme, on ne connaît absolument rien de lui, pas même la date de sa mort. Mais comme saint Jérôme parle de lui dans *Chronicon* en 327, on peut penser, sans que rien puisse confirmer cette hypothèse, que c'est cette année-là qu'il mourut.

RÉF. : François Gabarrou, *Arnobe. Son œuvre*, 1921. – H. Hagendahl, *La Prose métrique d'Arnobe. Contribution à la connaissance de la prose littéraire de l'empire*, Göteborg, 1936. – J. R. Laurin, « Orientations maîtresses des apologistes chrétiens de 270 à 361 » in *Analecta Gregoriana* 61, Rome, 1954.

ARNOLD Gottfried. Théologien, mystique et historien allemand. Né le 5 septembre 1666 à Annaberg, dans le Harz saxon (Allemagne), mort à Perleberg le 30 mai 1714. Auteur d'hymnes religieux, il fut l'ami et le disciple de Philip Jacob Spener, se rallia aux tendances les plus extrêmes du piétisme, qui condamnaient l'Église luthérienne d'État comme une « Babylone », et organisa une communauté séparée, avec l'appui de puissantes familles nobles. Précepteur à Dresde, puis professeur d'histoire du christianisme à l'université de Giessen (à partir de 1697), Gottfried Arnold exposa sa conception du piétisme dans une *Histoire impartiale de l'Église et des hérétiques* (*), où il s'attaquait aux positions traditionnelles, et considérait les hérésies comme autant d'expressions de la foi chrétienne (1699-1700). Après avoir donné quelque temps dans une mystique à mi-chemin entre le gnosticisme et les doctrines de Jacob Böhme, et écrit *Le Mystère de la divine Sophia* [*Geheimnis der göttlichen Sophia,* 1700], Arnold se réconcilia avec l'Église luthérienne, devint prédicateur de la duchesse de Saxe-Eisenach à Allstädt, se maria, se trouva, en tant que pasteur, à la tête d'une paroisse, à Werben, fut nommé inspecteur ecclésiastique à Perleberg (1707), et fit preuve dans ces différentes charges de qualités insoupçonnées pour le gouvernement des âmes et de l'Église. Arnold écrivit des œuvres d'exégèse sur les *Épîtres* récitées pendant l'année liturgique, ainsi que *Le Premier amour, ou authentique portrait du christianisme dans sa vie intérieure* [*Die erste Liebe, das ist die wahre Abbildung der ersten Christen nach ihrem lebendigen Glauben und heiligen Leben,* 1696], petit ouvrage édifiant et très prisé. Il mourut à quarante-huit ans, laissant, outre les travaux déjà cités, cinquante ouvrages parmi lesquels il ne s'en trouve point de remarquables.

♦ *« Un galimatias d'erreurs et de violence. »* Goethe.

RÉF. : W. von Schröder, *Studien zu den deutschen Mistikern des 17. Jahrh.*, t. I, 1917. – E. Seeberg, *Gottfried Arnold, die Wissenschaft und die Mystik seiner Zeit,* Meerane, 1923.

ARNOLD Matthew. Écrivain anglais. Né à Laleham le 23 décembre 1822, mort à Liverpool le 15 avril 1888. Il était le fils du docteur Thomas Arnold, qui dirigeait la célèbre « public school » de Rugby où il commença ses études, ensuite poursuivies au Balliol College d'Oxford, où il se lia d'amitié avec le poète Arthur Hugh Clough (1819-1861). Il est nommé professeur à Oriel College, puis en 1851, pressé par la nécessité de s'établir (il se marie la même année avec Fanny Whigtman qui lui donnera six enfants), Arnold accepte une charge d'inspecteur des écoles qu'il continue de remplir sans interruption et qu'il n'abandonne que deux ans avant sa mort. Cette charge lui permit de faire de nombreux voyages en Europe et notamment en France et d'acquérir par là cette largeur de vue indispensable à ce qu'il se proposait de faire, à savoir tirer les Anglais de leur culture toute provinciale ; il voulait leur proposer « tout ce qui s'était dit et pensé de mieux dans le monde », et les convaincre de l'importance de l'influence que pouvait avoir l'apport de la culture classique et méditerranéenne sur la forme d'esprit romantique et imaginative des peuples du Nord. En 1861, il publie le rapport qui lui avait été commandé sous le titre *L'Éducation populaire en France* [*The Popular Education in France*]. Ces éléments contraires furent à l'origine de son inspiration la plus haute, et les œuvres qu'il publia de 1849 à 1867 parurent teintées de mélancolie et toutes méditatives, la poésie étant pour Arnold le « criticism of life » (quintessence de la vie et éthique), qui est le fondement de ses œuvres critiques et de son enseignement – v. *Le Viveur égaré* (*), *Empédocle sur l'Etna* (*), *Poésies* (*), *Mérope* (*), tragédie. En 1857 il avait été nommé à la chaire de poésie d'Oxford ; quand il abandonna Oxford, il n'écrivit plus de poèmes et se consacra à ses idées philosophiques, ses études sur la pédagogie et ses textes critiques qui allaient faire de lui le premier critique du temps, et qui eut une grande influence sur des auteurs aussi divers que Max Weber ou T. S. Eliot. Parmi ses œuvres, on peut citer : *Sur la traduction d'Homère* [*On Translating Homer,* 1861] ; *Essais critiques* (*) ; *Sur l'étude de la littérature celtique* [*On the Study of Celtic Literature,* 1867] ; *Culture et Anarchie* (*) ; *Saint Paul et le protestantisme* [*Saint Paul and Protestantism,* 1870] ; *Littérature et Dogme* [*Literature and Dogma,* 1873] ; *Derniers essais sur l'Église et la religion* [*Last Essays on Church and Religion*, 1877] ; *Études sur les États-Unis* [*Discourses in America,* 1885, trad. 1902].

♦ *« Poète et critique éminent, Matthew Arnold occupe une place très distinguée parmi les auteurs les plus représentatifs de l'ère victorienne. »* W. Lewis

Jones. ♦ *« Son invention la plus caractéristique fut un style nouveau : cette trouvaille était basée sur le travail minutieux et patient, consistant à clarifier les idées de l'époque victorienne, idées emmêlées comme des cheveux autour d'un peigne. Il ne craignait pas les longues phrases élaborées, pourvu qu'elles fussent claires. »* G. K. Chesterton.

RÉF. : G. W. E. Russell, *Matthew Arnold*, Londres, 1904. – L. Bonnerot, *Matthew Arnold, poète, essai de biographie psychologique*, 1947. – E. K. Brown, *Matthew Arnold, a Study in Conflicts*, Chicago, 1948. – T. S. Eliot, « Arnold and Pater » in *Selected Essays*, Londres, 1951. – L. Trilling, *Matthew Arnold*, New York, 1958. – D. Bush, *Matthew Arnold, A Survey of His Poetry and Prose*, Londres, 1971. – *Matthew Arnold*, essais réunis par H. Bloom, New York, 1987.

ARNOUX Alexandre. Écrivain français. Né à Digne (Basses-Alpes) le 27 février 1884, mort à Paris le 5 janvier 1973. Cet écrivain abondant a commencé par publier des recueils de vers à partir de 1906. En 1909, André Antoine monte sa première pièce à l'Odéon. Mais c'est *Le Cabaret* (1919), livre de guerre, qui le révèle au grand public. « Après la guerre, il faudra que tout change », déclarait-il. Sa création de poète, de dramaturge, de romancier obéira à cette déclaration. Ainsi transpose-t-il sur le plan du fantastique les théories d'Einstein. Il évoque aussi sa providence dans *Haute Provence* et la vie des grandes villes dans *La Nuit de saint Barnabé* (1921) et *Paris sur Seine* (1939), Lyon dans *Rhône, mon fleuve* (1944). Biographe de Merlin qu'il appelle l'« enchanteur centrifuge » et de Tristan Corbière, observateur attentif de l'art cinématographique, il fait jouer par ailleurs au théâtre plusieurs pièces d'un caractère féerique : *Huon de Bordeaux* (1923) et une adaptation en 1947 de *L'Amour des trois oranges* (*). Son meilleur roman, *Le Rossignol napolitain* (1937), montre aussi qu'Alexandre Arnoux portait un vif intérêt à la musique. On lui doit les textes chantés du *Chevalier errant* (*) de Jacques Ibert. L'écrivain était membre de l'académie Goncourt depuis 1947.

GUY LE CLEC'H.

ARON Raymond. Sociologue français. Né et mort à Paris (14 mars 1905-17 octobre 1983). Par ses cours, ses articles, ses ouvrages, Aron a fortement marqué la sociologie politique française. Dès ses premières œuvres, avec un sous-titre comme « Essai sur les limites de l'objectivité historique », la démarche de Raymond Aron se profile : une méfiance profonde à l'égard des systèmes clos, une orientation volontaire vers une recherche empirique beaucoup plus proche de la ligne anglo-saxonne que des tendances françaises, ce qui explique parfois ses polémiques avec Sartre et Althusser.

En 1930, il passe son doctorat ès lettres alors qu'il termine son séjour à l'École normale supérieure où il eut pour camarades de promotion Sartre, Nizan, Senghor, Merleau-Ponty. Il enseigne à l'université de Cologne (1930-1931) et à l'Alliance française à Berlin (1931-1933) où déjà il perçoit la montée de la « peste brune ». Il occupera le poste de secrétaire au Centre de documentation sociale à l'École normale supérieure (1934-1939) et par la suite à l'École normale de Saint-Cloud (1935-1939), qu'il quittera pour une chaire de philosophie sociale à l'université de Toulouse (1939). Pendant la Seconde Guerre mondiale, Aron rejoint le général de Gaulle en Angleterre. À Londres, il assumera lui-même le poste de rédacteur en chef de *La France libre* jusqu'à la libération de la France en 1944. L'Institut des sciences politiques va dès lors l'accueillir, ainsi que l'École nationale d'administration ; de 1955 à 1968, il restera professeur de sociologie à la Sorbonne. Aron évoluera, sur le plan journalistique, de *Combat* (1946-1947) au *Figaro* en passant par *Les Temps modernes* (*) dont il assumera la rédaction en chef avec Maurice Merleau-Ponty à l'époque où il restait très proche des intellectuels de gauche de sa génération. La rupture se fera sentir quand il s'opposera à Sartre et à ses amis à propos de leur soutien inconditionnel à la Russie soviétique – il écrit alors *L'Opium des intellectuels* (1957). Dès lors, il s'orientera vers une ligne politique nettement « atlantiste ». Dans la *Révolution introuvable* (1968), il critiqua la « démission » des universitaires français au moment de mai 1968. Néanmoins, il se retrouva toujours dans le camp des décolonisateurs et restera un adversaire acerbe de la politique gaullienne dans ses écrits (1958-1969).

Aron, brillant analyste de la société industrielle – v. *Dix-huit leçons sur la société industrielle* (*) (1962) et *Trois essais sur l'âge industriel* (*) (1966) –, a grandement contribué à faire connaître en France la sociologie de Max Weber et tout particulièrement l'importance considérable des écrits de Tocqueville consacrés aux États-Unis. Aron est de surcroît un marxologue avisé tout en n'étant pas marxiste. Selon lui, le régime de la propriété – privée ou non – des moyens de production ne suffit pas à définir économiquement et politiquement une société. D'après une citation célèbre d'Aron : « L'Europe, vue d'Asie, n'est pas composée de deux mondes fondamentalement hétérogènes, le monde soviétique et le monde occidental ; elle est faite d'une seule réalité : la civilisation industrielle. » Selon lui, la société industrielle regroupe dans un même ensemble deux types de régimes sociaux, occidental et communiste, qui, malgré leur apparente opposition, ne sont que deux types différents de fonctionnement ayant en fait certains traits communs : une activité de production nettement séparée du cadre familial, ainsi que la concentration de la main-d'œuvre, accompagnée de la division du travail et, trait plus important, l'accumulation du capital et l'orientation de la croissance. Aron insistera sur le fait que cette croissance économique suppose chez les agents sociaux l'existence d'une certitude rationnelle, d'une application intensive du calcul économique et le développement des techniques. Cependant Aron n'ignore aucunement les conflits réels qui opposent l'U.R.S.S. et les États-Unis ; à cet égard, il manifeste un extrême scepticisme quant à une possibilité d'amélioration du rapport des deux blocs.

Parmi les ouvrages de Raymond Aron les plus significatifs, citons : *La Sociologie allemande contemporaine* (1935), *Introduction à la philosophie de l'histoire* (+) (1938), *Les Guerres en chaîne* (1951), *Dimensions de la conscience historique* (*) (1961), *Paix et Guerre entre les nations* (1962), *Le Grand Débat* (1963), *La Lutte de classes, nouvelles leçons sur les sociétés industrielles* (*) (1964), *Démocratie et Totalitarisme* (*) (1965), *Les Étapes de la pensée sociologique* (1967), *Les Désillusions du progrès* (1969), *Histoire et dialectique de la violence* (1973), *Penser la guerre, Clausewitz*, deux tomes (1976), *Plaidoyer pour l'Europe décadente* (1977). Raymond Aron a publié ses *Mémoires. 50 ans de réflexion politique*, en 1983.

YANN BARBÉ.

RÉF. : G. Fessard, *La Philosophie historique de Raymond Aron*, Paris, 1980. — S. Mesure, *Aron et la raison historique*, Paris, 1984. — R. Colquhoun, *Aron*, Londres, 1986 (2 vol.).

ARON Robert. Écrivain français. Né le 25 mai 1898 au Vésinet (Yvelines), mort le 19 avril 1975 à Paris. Issu d'une famille israélite, il fit de brillantes études et prépara l'agrégation de lettres qu'il obtiendra après la guerre de 1914-18 dans laquelle il s'engagea volontairement et qu'il termina, grièvement blessé, en juillet 1918 au cours de l'ultime offensive allemande. L'enseignement ne le séduisit guère et il se tourna alors vers le journalisme et l'édition. L'historien René Doumic, directeur de *La Revue des Deux Mondes* (*), l'appela auprès de lui pour être son secrétaire. Il entra également à *La Nouvelle Revue française* (*) en devenant le collaborateur de Gaston Gallimard jusqu'à la Seconde Guerre mondiale. Ami d'Antonin Artaud, il fonda avec lui le Théâtre Alfred Jarry où il fit connaître des pièces de Claudel et de Strindberg. 1930 marqua un tournant dans la vie de Robert Aron : avec Daniel-Rops, et surtout avec Arnaud Dandieu, il fonda un mouvement, *Ordre nouveau*, qui entendait prendre conscience de la crise de civilisation qui secoue notre monde. Et c'est avec Arnaud Dandieu qu'il publia quatre ouvrages : *Décadence de la nation française* (1931), *Le Cancer américain* (1931), *Discours contre la méthode* (1933), *La Révolution nécessaire* (1933). Les deux écrivains y jugeaient en effet la crise économique comme le début d'une crise de civilisation et proposaient des remèdes fondés sur un socialisme très libéral et autogestionnaire et sur la construction d'une Europe fédérale. La guerre, l'internement dont fut victime Robert Aron pour raisons sociales, la Résistance, les fonctions qu'il exerça au gouvernement d'Alger, après avoir connu les prisons espagnoles, furent suivis pour l'humaniste et l'historien de studieuses années de recherches. Trois œuvres capitales : *Histoire de Vichy* (*) (1954), *Histoire de la Libération de la France* (*) (1959) et surtout *Histoire de l'épuration* (1967-1975) en quatre volumes connurent une très large audience. Robert Aron fit preuve sur ces sujets, qui étaient alors encore brûlants, d'une grande objectivité et d'une étonnante sérénité. Les dernières années de sa vie furent consacrées à une série de méditations sur les rapports existant entre le christianisme et le judaïsme à travers des ouvrages de foi et d'espérance parmi lesquels il convient de citer *Ce que je crois* (1955), et surtout *Lettre ouverte à l'Église de France* (1975). Il fut élu membre de l'Académie française en 1974.

JOËL SCHMIDT.

ARP Jean. Sculpteur, peintre et dessinateur français. Né à Strasbourg le 16 septembre 1887, mort à Locarno (Suisse) le 7 juin 1966. Après avoir fait des études à l'École des arts appliqués de Strasbourg, il part à l'École de Weimar (1905-1907) et ne quitte l'enseignement de Von Hofman que pour faire un séjour d'une année à Paris, où il suit les cours de l'Académie Julian (1908). Sa participation à la première exposition du Moderner Bund (Lucerne, 1911) aux côtés d'Herbin, de Matisse et Picasso, le fait connaître au public. Il entre en rapport avec Kandinsky et adhère au groupe du *Blaue Reiter* (Le Cavalier Bleu). Pacifiste résolu et français de cœur, il gagne la Suisse à la déclaration de la guerre pour ne pas combattre aux côtés des Allemands. En 1915, il rencontre Sophie Taeuber et réalise avec elle des broderies et papiers collés basés sur le rectangle et le carré, dont les formes simples, la rigueur et l'impersonnalité « agissent comme une purification ». Il fréquente le fameux Cabaret Voltaire à Zurich et participe à la fondation du mouvement Dada. Il est l'auteur du *Manifeste Dada*, d'*En Avant, Dada* (1920). Peinture et poésie sont pour lui inséparables. Sans cesse, son œuvre plastique s'épure, parvient à l'essentiel, s'élève dans la voie de la spiritualité jusqu'à une sorte de mystique de la matière (*Torses*, 1930-1931, *Concrétions humaines*, 1933-1935) tandis que l'humour de ses poèmes poursuit la destruction des faux univers anthropomorphes. À la recherche d'une « poésie synthétique », il compose selon des procédés voisins de l'écriture automatique des surréalistes. Les poèmes extravagants dominent dans le recueil *Revers de mots et astres noirs* (1953), œuvre de la période 1911-1952, et *Le Siège de l'air* (*) (1946). *Notre rêve quotidien* (1955) est composé de souvenirs, poèmes et pensées de la période 1911-1954. Les textes allemands de Arp ont été publiés en 1955 et l'ensemble de ses écrits français de 1920 à 1965 a été rassemblé sous le titre *Jours effeuillés* (*) et publié en 1966.

DANIÈLE BOONE.

RÉF. : F. Usinger, *Die dichterische Welt Hans Arps,* Wiesbaden, 1965. – R. W. Last, *Hans Arp, the Poet of Dadaism,* Londres, 1969.

ARRABAL Fernando. Auteur dramatique et cinéaste espagnol d'expression française. Né le 11 août 1932 à Mélilla (comptoir espagnol au Maroc). Arrabal est venu tôt en France. C'est un jeune homme de vingt-trois ans profondément marqué par la guerre civile espagnole qui, en 1955, s'installe à Paris. Son père, républicain, est arrêté pendant la guerre civile, sa mère est une catholique fervente avec qui il ira vivre à Madrid. Son théâtre va puiser dans cette expérience traumatisante et contradictoire ses thèmes les plus récurrents. En effet, toute son œuvre dramatique est marquée par la violence, l'antimilitarisme, l'anticléricalisme et la révolte contre le franquisme. « Le théâtre – a écrit Arrabal – est surtout une cérémonie [...] de la mise à mort et de l'exaltation de la vie. » Ses œuvres principales, *Fando et Lis* (1955), *Le Cimetière de voitures* (*) (1958), *Le Grand Cérémonial* (1956), *L'Architecte et l'Empereur d'Assyrie* (*) (1967) *Le Jardin des Délices* (1967), mettent en scène un univers traversé de fantasmes (notamment érotiques), de scènes sordides, de bouffées de violence sadomasochiste. Ainsi, dans *Le Grand Cérémonial,* Arrabal dépeint un Casanova monstrueux qui sacrifie des proies sans défense. Arrabal a qualifié son théâtre de « théâtre panique », un théâtre tragi-comique où s'enchevêtrent et s'harmonisent des éléments contradictoires : sacré et sacrilège, vulgarité et poésie. Arrabal a réalisé pour le cinéma *Viva la muerte* (1970) et *J'irai comme un cheval fou* (1973). Sa dernière création, *La Traversée de l'empire* (mise en scène par l'auteur), a été montée au Théâtre national de la Colline en 1988.

HENRI BAILLARD.

RÉF. : A. Schifres, *Entretiens avec Arrabal,* Paris, 1969. – B. Gille, *Arrabal,* Paris, 1970. – F. Raymond-Mundschau, *Arrabal,* Paris, 1972. – A. Berenguer, *L'Exil et la Cérémonie,* Paris, 1977. – A. et J. Berenguer, *Fernando Arrabal,* Madrid, 1977. – P. L. Podol, *Fernando Arrabal,* Boston, 1978. – T. J. Donahue, *The Theater of Arrabal,* New York, 1980. – F. M. Torres, *Introducción al teatro de Arrabal,* Murcia, 1981. – L. O. Arata, *The Festive Play of Arrabal,* Lexington, 1982. – A. Chesnau, *Décors et Décorum : enquête sur les objets dans le théâtre d'Arrabal,* Montréal, 1984. – D. De Ruyter-Tognotti, *De la prison à l'exil. Structures relationnelles et structures spatiales dans trois pièces d'Arrabal,* Paris, 1986.

ARREOLA Juan José. Écrivain mexicain. Né le 21 septembre 1918 à Zapotlán (État de Jalisco), d'une modeste famille d'artisans qui eut quatorze enfants. Ses premières années furent marquées par le fanatisme meurtrier de la guerre « cristera » (1926-1929). À douze ans, il entre comme apprenti chez un relieur, puis dans une imprimerie. Autodidacte, il lit Baudelaire, Whitman et ceux qu'il reconnaît comme « les principaux fondateurs de son style » : Giovanni Papini et Marcel Schwob. Faisant pour vivre différents petits métiers depuis 1930, il publie ses premiers écrits dans le journal de sa ville natale, puis dans les revues qu'il fonde avec Antonio Alatorre, *Pan,* et Rivas Sainz, *Eos.* En 1945, il rencontre à Guadalajara Louis Jouvet qui l'emmène à Paris. Apprenti comédien, il foule les planches de la Comédie-Française comme figurant, « esclave nu sur les galères d'Antoine et de Cléopâtre, sous les ordres de Jean-Louis Barrault et aux pieds de Marie Bell ». À son retour de France, il travaille aux éditions Fondo de Cultura Económica de Mexico et réunit, en 1949, ses nouvelles dans *Invention diverse* [*Varia invención*]. En 1952, un second recueil de contes humoristiques ou fantastiques, *Confabulario,* le place au premier rang de la nouvelle littérature mexicaine. Enrichie de morceaux de prose inédits, d'une pièce comique en un acte, *L'Heure de tous* [*La hora de todos,* 1954], et d'un *Bestiaire* [*Bestiario*], l'œuvre est rééditée en 1962 sous le titre *Confabulario total.* En 1963, il reçoit le prix Xavier Villaurrutia pour son roman *La Foire* (*). Après *Palindrome* [*Palíndroma,* 1971], il écrit les nouvelles de *Femmes, animaux et fantaisies mécaniques* [*Mujeres, animales y fantasías mecánicas*].

CLAUDE COUFFON.

♦ *« Dédaigneux des circonstances historiques, géographiques et politiques, Juan José Arreola, à une époque de nationalismes méfiants et obstinés, fixe son regard sur l'univers et sur ses possibilités fantastiques* [...] *La grande ombre de Kafka se projette sur le plus célèbre de ses récits, "L'aiguilleur", mais il y a chez Arreola quelque chose d'enfantin et d'allègre qu'on ne trouve pas chez son maître qui est parfois quelque peu mécanique. »* Jorge Luis Borges.

RÉF. : S. Menton, *Juan José Arreola,* La Havane, 1963. – D. C. Pulsipher, *The Use of the Fantastic, Neo-Fantastic, Animals and Humour as Vehicles of Juan José Arreola and M. Rubião,* Thèse, Univ. of Illinois, 1985. – D. M. Koch, *El micro-retrato en Mexico : J. Torri, Juan José Arreola y Augusto Monterroso,* Thèse, New York, 1986.

ARRIEN de Nicomédie. Historien grec. Né vers la fin du Ier siècle, peut-être en 95, à Nicomédie en Bithynie, où il mourut après 180. Grâce à la situation de son père, qui était déjà citoyen romain et, de plus, riche et considéré dans sa province, il put accéder au sacerdoce à vie de Déméter et de Coré. Après avoir accompli de brillantes études à Athènes, il se rendit à Nicopolis, où il eut pour maître Épictère, dont il devait recueillir les *Entretiens* (*) et le *Manuel* (*). Il choisit la carrière militaire, parcourut à ce titre la Gaule, la Numidie, les provinces danubiennes, puis entra dans les faveurs d'Adrien, qui le combla d'honneurs et en fit un de ses hommes de confiance en Orient : consul de 121 à 124, puis de 131 à 137 légat impérial en Cappadoce, il eut l'occasion de prouver ses vertus militaires en repoussant l'invasion des Alains. Il n'est pas certain qu'après le gouvernement de Cappadoce il eût également celui de la Norique et de la Pannonie. Avant la mort d'Adrien, la carrière d'Arrien était déjà finie et, en 147, sous Antonin le Pieux, il n'était plus que simple archonte d'Athènes, où il s'était retiré, se consacrant à la chasse et aux travaux littéraires. C'est là qu'il écrivit la plus grande partie de ses œuvres. Il prit modèle sur Xénophon. En Cappadoce il avait déjà écrit le *Périple du Pont-Euxin* (*) et, en 136, avant de quitter le gouvernement de la province, un *Traité de tactique* [Τέχνη ταχ τιχή], qui n'est pas parvenu jusqu'à nous. Pendant les premières années de sa retraite, il composa son chef-d'œuvre, *Les Expéditions d'Alexandre* (*), que les critiques considèrent comme l'ouvrage le meilleur qui ait été écrit sur les expéditions du grand Macédonien, *L'Inde* (*) qui en constitue l'appendice, écrit en dialecte ionique, et *La Cynégétique* (*). Il passa ses dernières années à Nicomédie, où il aurait écrit ses autres œuvres historiques : *Sur les Alains* [Ἀλανιχά], ainsi qu'un *Plan de bataille contre les Alains,* une *Histoire de la guerre des Parthes* sous Trajan [Παρθχή], une *Histoire de la Bithynie* (+) en huit livres et *Sur la succession d'Alexandre* [τά μετ᾽ Ἀλεζάνδρον] ; tous ces ouvrages sont perdus ou ne nous sont parvenus que sous forme de fragments. Arrien est un historien précis et documenté, il s'intéresse aux événements et aux problèmes d'ordre militaire, beaucoup plus que ne le faisait Xénophon, et s'y montre un expert particulièrement compétent.

♦ *« Arrien se montre historien intelligent, narrateur agréable, écrivain correct et de tradition classique, au total homme de goût et de jugement, sans aucune qualité d'ordre supérieur. »* M. Croiset. ♦ *« Il aime à s'entourer de précautions sérieuses ; il sait juger avec bon sens et il rejette avec dédain les racontars. En outre, il est curieux et instruit. Il emploie volontiers la méthode comparative et n'étale pas, mais laisse quand même sentir un savoir qui paraît immense. »* R. Cohen.

RÉF. : E. Meyer, *Arrian's Geschichte Alexand. d. Gross.*, 1898. – F. Reuss, *Arrian und Appian,* 1899. – P. Chantraine, Introduction à *L'Inde* d'Arrien, Paris, 1927.

ARRIETA Rafael Alberto. Poète argentin. Né le 28 octobre 1889, à Rauch, dans la province de Buenos Aires, mort en 1968 à Buenos Aires. Il passa son enfance en Europe et fit des études de lettres à l'université de Buenos Aires et de La Plata. Professeur de littérature, il devint après la guerre recteur du collège national de l'université de La Plata. Sa poésie est l'héritière du courant moderniste fondé par le Nicaraguayen Rubén Darío. *L'Âme et le Moment* [*Alma y momento*, 1910], *Le Miroir de la fontaine* [*El espejo de la fuente*, 1912], *Les Nuits d'or* [*Las noches de oro*, 1917], *Fugacité* [*Fugacidad*, 1921], *Été de la Sierra* [*Estío serrano*, 1926] et *Le Temps captif* (*) (1947) témoignent d'un lyrisme contrôlé et épris de concret. Arrieta a souvent été considéré dans son pays comme un esprit plus nordique que latin, plus européen que latino-américain. Ses poésies sont les confidences d'un esprit distingué, élégant et fin, qui répugne aux épanchements et aux excès. L'influence du courant symboliste européen est sensible dans ses œuvres.

ARROW Kenneth Joseph. Économiste américain. Né à New York en 1921, il mène une vie d'enseignant et de chercheur. Il enseigne successivement à Stanford, Harvard et à Cambridge dans le Massachusetts. En 1972, il partage avec l'Anglais Hicks le prix Nobel d'économie « pour leur contribution fondamentale à la théorie générale d'équilibre économique et la théorie du mieux-être ». Adepte de la théorie néoclassique de l'équilibre général (Allais), il met cependant en doute l'harmonie spontanée entre l'intérêt individuel et l'intérêt général (la logique du fumeur...). Alors, quand existe un État, comment concilier la logique des choix individuels et celle des choix collectifs ? Y a-t-il une procédure démocratique pour agréger les préférences individuelles en une fonction de « bien collectif » ? Telle est la question qu'il se pose dans son livre le plus important, *Choix collectif et préférences individuelles* (*).

Son deuxième axe de recherche concerne l'équilibre économique qui caractérise une économie décentralisée et exprime son efficacité. Avec Debreu, il construit un modèle mathématique pour établir de façon rigoureuse sous quelles hypothèses on peut affirmer l'existence d'un équilibre sur tous les marchés et dans quel cas cet équilibre est stable ou non.

Le dernier axe de sa recherche concerne la croissance. Il démontre l'importance de l'apprentissage et du progrès technique. Arrow est considéré comme un des théoriciens les plus importants de la micro-économie moderne.

LUCETTE LE VAN-LEMESLE.

ARTAUD Antonin. Écrivain français. Né à Marseille le 4 septembre 1896, mort à Ivry-sur-Seine le 4 mars 1948. À l'instar de celles de Nerval, de Poe ou de Nietzsche, l'œuvre d'Artaud se présente comme la relation d'une quête, visant un absolu pour lequel le poète brûla sa vie et sa raison. C'est dire que cette œuvre apparaît constamment frappée au sceau d'une exigence de sincérité jamais en défaut et due à l'oppression exercée par des souffrances continuelles d'ordre nerveux et physiologique, qui firent de son existence une tragédie. Cette volonté et pratiquement cette incapacité de ne pas tricher imposèrent à Artaud la forme même de ses écrits (souvent apparentés à celle de la lettre), textes courts attestant le besoin de rendre compte au plus près de ses expériences intérieures. Aussi tous ses livres — à l'exception d'une œuvre de commande, *Héliogabale ou l'Anarchiste couronné* — consistent-ils en recueils d'articles, de poèmes en prose, de messages dénués de toute préoccupation exclusivement esthétique. Lorsque, en 1924, âgé de vingt-huit ans, Antonin Artaud « monte » de Marseille à Paris avec le projet de devenir comédien (il tiendra entre autres rôles au cinéma celui du moine Massieu dans *La Passion de Jeanne d'Arc* de Dreyer et celui de Marat dans le *Napoléon Bonaparte* d'Abel Gance), il s'était déjà auparavant fait soigner pour des troubles nerveux mal définis qui le privaient de sa liberté de pensée et d'action. Il n'avait publié jusqu'alors qu'un court recueil de poèmes : *Tric-Trac du ciel* (+) (1923), et c'est presque par hasard que débute son œuvre véritable, à l'occasion du refus qui lui fut signifié de la part de Jacques Rivière, directeur de *La Nouvelle Revue française*, de publier dans cette revue quelques-uns de ses poèmes. Un dialogue épistolaire s'engage alors entre les deux hommes (juin 1923-juin 1924), Artaud acceptant d'emblée comme valables toutes les critiques que lui adresse Rivière à l'égard de ses œuvres, tout en revendiquant de sa part la reconnaissance d'un intérêt littéraire dans la mesure où les maladresses et les faiblesses mêmes qui lui sont reprochées rendent compte de l'étrange phénomène spirituel qu'il subit et qu'il décrit en ces termes : « Je souffre d'une effroyable maladie de l'esprit. Ma pensée m'abandonne à tous les degrés. Depuis le fait simple de la pensée jusqu'au fait extérieur de sa matérialisation dans les mots... il y a donc quelque chose qui détruit ma pensée. » Dans les livres qui succèdent à cette *Correspondance avec Jacques Rivière* (*) publiée en 1927, *L'Ombilic des limbes* (*) (1925), *Le Pèse-Nerfs* (*) (1925), *L'Art et la Mort* (*) (1929), Artaud s'assignera pour but de transcrire avec la plus grande fidélité cette étrangeté qui l'habite, cherchant à soumettre, en les déterminant par le verbe, ces « forces informulées » qui l'assiègent : en les localisant ainsi, il s'en désolidarise, échappant par là même au risque de se laisser totalement submerger par elles. Il peut en outre espérer, s'il parvient à rendre compte de ses troubles grâce à la magie d'une savante transcription évocatoire, obtenir du lecteur une reconnaissance de leur existence et par là même sortir de cette manière de néant où sa monstruosité psychique le place, le bannissant du monde des humains. Cependant, si l'investigation systématique que l'écrivain poursuit alors vis-à-vis de lui-même aide à mettre au jour les processus les plus subtils de la pensée (lesquels demeurent cachés à ceux qui, sains d'esprit, ne ressentent pas le manque révélateur de son essence), celle-ci débouche par ailleurs sur une contradiction fondamentale qu'Artaud ne cessera de vivre tragiquement : celle de vouloir « se déterminer, comme si ce n'était pas lui-même qui se déterminait, se voir avec les yeux de son esprit sans que ce soient les yeux de son esprit, conserver le bénéfice de son jugement personnel en aliénant la personnalité de ce jugement, se voir et ignorer que c'est lui-même qui se voit » (*Bilboquet*, publ. posth.). Sa tentative de prendre continuellement conscience du vertige psychique qui le désoriente et l'affole précipitera en fait plus avant le poète vers « un effondrement central de l'âme », un état de « bête mentale », paralysé par le regard qu'il dirige sur lui-même dans une sorte d'hypnotisme narcissique où il ne ressent, à la limite, plus « rien, sinon un beau pèse-nerfs, une sorte de station incompréhensible et toute droite au milieu de tout dans l'esprit ». Mais grâce au paroxysme engendré par cet essai de détermination de soi-même, Artaud fait l'expérience de la spontanéité transcendante de la pensée, irréductible à l'analyse et se dérobant à toute saisie d'elle-même. La véritable connaissance pour le poète doit alors passer par la recherche approximative d'« un point qui est justement à trouver » où l'inspiration se matérialise en images et se spatialise dans le cerveau, procédant à cette sorte « de fixation et de gel, de mise en mouvement de l'âme » dont il se sent prisonnier. L'impossibilité de se libérer de l'emprise de sa maladie psychique, Artaud la vivra désormais dans une sorte de rage perpétuelle, lui dictant une attitude de révolte radicale contre tout. Il est naturel de le voir, en 1924, adhérer au mouvement surréaliste, parallèlement à la poursuite de sa carrière d'acteur ; liaison de courte durée, qu'il brisera lorsque Breton optera pour un engagement marxiste, « comme si, du point de vue de l'absolu, il pouvait être du moindre intérêt de voir changer l'armature sociale du monde » (*À la grande nuit ou le bluff surréaliste*, 1927). C'est du théâtre que pour sa part cet « éternel témoin de soi-même » réclamera le salut de l'âme. Après avoir fait avec Roger Vitrac l'expérience du Théâtre Alfred Jarry qu'ils avaient fondé en collaboration, Artaud tentera à nouveau de donner corps à ses conceptions dramatiques en montant, en 1935, *Les Cenci*, pièce écrite par lui-même d'après Stendhal et Shelley. Quant aux idées qui présidèrent à la forme nouvelle de cette représentation, il les exprimera dans une série de textes réunis sous le titre : *Le Théâtre et son double* (*) (1938). Cherchant à faire de la représentation scénique un véritable acte magique, Artaud y propose, pour échapper à la cruauté « que les choses peuvent exercer sur nous », que l'acteur s'identifie à celle-ci, la maîtrisant par un savant exercice du souffle. Mais après le demi-échec des *Cenci*, de plus en plus désespéré, Artaud semble renoncer au théâtre. La pensée traditionnelle et métaphysique, telle qu'elle se trouve exprimée dans les ouvrages du grand René Guénon, requiert alors tout son intérêt et c'est auprès d'une peuplade retirée du Mexique, celle des Indiens Tarahumaras, qu'il va chercher en 1936 le secret d'une culture antique qui ouvre l'âme sur l'appréhension directe des principes qui régissent la vie et la mort. Au cours de son séjour, Artaud participe à différents rites liés à l'absorption d'une drogue sacrée hallucinogène dont il fait lui-même l'expérience : le peyotl. Il relatera ce voyage aux frontières du surnaturel dans un certain nombre de textes collationnés sous le titre : *Les Tarahumaras* (*) (1945). À la lecture de ce livre, on ressent, peut-être plus que dans aucun ouvrage antérieur du poète, les qualités qu'il attribuait lui-même au style de Sénèque le Tragique mais qui, en fait, appartiennent en propre au sien : dans ces écrits, « les forces primordiales font entendre leur écho dans la vibration spasmodique des mots. Et les noms qui désignent des secrets et des forces les désignent dans le *trajet* de ces forces et avec leur force d'arrachement et de broiement ». Mais sa santé mentale décline peu à peu. Une fois rentré en France, il publie cependant un livre très court sans y apposer de nom d'auteur : *Les Nouvelles Révélations de l'Être* (1937), sortes de prophéties inspirées par l'interprétation des tarots. Au retour d'un autre voyage, en Irlande, en 1937, il sera interné pour une longue période (jusqu'en 1946), « saison en enfer » dont il décrit les affres dans ses *Lettres écrites de Rodez* (*) (1943-1946). De sa sortie de l'hôpital psychiatrique de Rodez jusqu'à sa mort en 1948, Artaud ne cessera à tout instant d'écrire (ses *Œuvres complètes* comportent à ce jour vingt-cinq tomes, publiés entre 1956 et 1990). Ces dernières œuvres, nombreuses, témoignent de l'atermoiement perpétuel d'une âme d'autant plus supralucide à certains moments qu'elle sombre, à d'autres, dans un monde de phantasmes (entretenu peut-être, à cette époque, par une partie de son entourage). Mais c'est de cette lucidité supérieure, presque effrayante, que sont redevables en particulier (parmi beaucoup d'autres écrits restés inédits de son vivant) son poème-étude sur *Van Gogh* (*) (1947), *Artaud le Mômo* (*) (1947), la *Lettre à Jean Breton* sur Nerval, le texte écrit pour une émission radiophonique finalement interdite : *Pour en finir avec le jugement de Dieu*. Dernier message qu'il lança au monde avant de mourir d'un cancer le 4 mars 1948, il se donnera lui-même en spectacle au théâtre du Vieux-Colombier, sous prétexte d'une conférence, en tant que témoin au plus haut degré de la vie, d'une vie qui fut celle d'un perpétuel supplicié. Son existence entière, dans son désir véridique de connaissance, il l'aura crachée à la face de tous les universitaires et cuistres de tout poil de notre époque en la résumant dans cette phrase lapidaire : « Je n'ai jamais rien étudié mais j'ai tout vécu, et cela m'a appris quelque chose. »

PHILIPPE FAUCHER.

♦ *« Sa grande silhouette dégingandée, son visage consumé par la flamme intérieure, ses mains de qui se noie, soit tendues vers un insaisissable secours, soit tordues dans l'angoisse, soit le plus souvent enveloppant étroitement sa face, la cachant et la révélant tour à tour, tout en lui racontait l'abominable détresse humaine, une sorte de damnation sans recours, sans échappement possible que dans un lyrisme forcené dont ne parvenaient au public que des éclats orduriers, imprécatoires et blasphématoires... Un homme misérable, atrocement secoué par un dieu, comme au seuil d'une grotte profonde, antre secret de la Sibylle où rien de profane n'est toléré, où, comme sur un Carmel poétique, un* vates *exposé, offert aux foudres, aux vautours, dévorants, tout à la fois prêtre et victime. »* André Gide. ♦ *« Artaud est un solitaire aux prises avec des obsessions effrayantes qu'on aurait tort de lui croire réservées. Qui essaie de pénétrer dans son monde peuplé de goules et strié d'éclairs n'a pas envie de rire ou de se débarrasser de cette création par le facile coup d'épaule : "C'est de la folie !", car cette folie, dont il a bien fallu qu'il s'accommode, lui a servi à pénétrer plus loin que quiconque dans d'étranges régions où se posent les questions essentielles de notre vie à tous. La folie n'est pas un brevet de génie, mais elle n'en est pas un, non plus, d'infériorité. »* Maurice Nadeau. ♦ *« Artaud, c'était pur. C'était le cri de l'homme excédé par lui-même. C'était le grand soubresaut hurlant et nerveux de ceci ou de cela gainé, ganté dans l'horreur de notre chair, et qui s'impatiente, et qui, déchirant le gant, se déchire, à mourir... Antonin Artaud s'est à bon escient suicidé sa vie durant, sans une heure de répit, sans se préoccuper de disciples, d'imitateurs, pour notre salut. »* Audiberti. ♦ *« Le moins qu'on puisse dire d'Antonin Artaud, c'est qu'il ne s'est jamais avoué vaincu. C'est que l'érosion de la pensée, la ruine et la folie même le rejetaient plus sûrement à cette redoutable station intérieure qu'il s'agit (pour nous tous) de mûrir – à ce point mort, mais rayonnant, où l'être pourri rassemble ses vertus. Je ne sais quel empereur disait qu'il existe trois soleils dont le premier seul est visible. Je n'ai jamais douté qu'Artaud ne vît à son gré le second. »* Jean Paulhan. ♦ *« Je salue en Antonin Artaud la négation éperdue, héroïque, de tout ce que nous mourons de vivre. »* André Breton. ♦ *« Poète maudit dans toute l'acception du terme, Artaud s'est, en quelque sorte, immortalisé par sa résistance au monde extérieur. Se refusant aux lois naturelles comme aux lois humaines, il finit par s'inscrire en faux contre le langage tout entier, parce qu'il se persuadait que l'expression est condamnée à trahir toujours la pensée. Ayant fixé de bonne heure son attention sur le dedans de lui-même, il se soumit de plus en plus à son intériorité, là où il entendait des voix qui ne sont plus du monde des idées – pour reprendre ses propres mots. Visionnaire, dont le moindre texte brûle comme le vitriol, il demeure sans doute supérieur à son œuvre, laquelle fait songer aux fragments de quelque tragédie perdue. »* Roland Purnal.

RÉF. : André Gide, *Éloges*, Neuchâtel, 1948 ; *Feuilles d'automne*, Paris, 1949. – Numéro spécial de la revue *K*, 1948. – Numéro spécial de la revue *84*, 1948. – *Antonin Artaud et le théâtre de notre temps*, numéro spécial des *Cahiers Jean-Louis Barrault*, mai 1958. – Georges Charbonnier, *Antonin Artaud*, Paris, 1959. – Alain Virmaux, *Antonin Artaud et le théâtre*, Paris, 1970. – Jacques Prevel, *En compagnie d'Antonin Artaud*, Paris, 1974. – Henri Gouhier, *Antonin Artaud et l'essence du théâtre*, Paris,

1974. – Numéro spécial de la revue *Obliques*, Paris, 1975. – Thomas Maeder, *Antonin Artaud*, Paris, 1978. – Alain et Odette Virmaux, *Artaud*, Paris, 1979. – Jacques Garelli, *Artaud et la question du lieu*, Paris, 1982. – Numéro spécial de la revue *Europe*, Paris, 1984.

ARTÉMIDORE d'Éphèse. Interprète des songes grec du IIe siècle de notre ère, dont le traité *L'Onirocritique* (*), souvent nommé *La Clé des songes*, est le seul qui nous soit parvenu d'un ensemble d'ouvrages sur le même thème émanant d'auteurs d'époque impériale. Originaire d'une obscure petite cité de Lydie (Daldis), il s'attribue cependant une origine glorieuse, en signant son manuel du nom d'Artémidore d'Éphèse. Sa vie (dont nous ne savons que ce qu'il laisse entendre lui-même, allusivement) fut celle d'un érudit doublé d'un grand voyageur, enquêteur infatigable constituant ses dossiers en interrogeant les innombrables diseurs d'avenir qui tenaient boutique aux quatre coins de l'Empire, et plus particulièrement à l'occasion des grandes panégyries.

PHILIPPE BORGEAUD.

RÉF. : Artémidore, *La Clé des songes*, traduit et annoté par A. J. Festugière, Paris, 1975. – Michel Foucault, « Rêver de ses plaisirs », dans *Histoire de la sexualité 3. Le souci de soi*, Paris, 1984.

ARTSYBACHEV Mikhaïl Petrovitch [Mikhaïl Petrovič Arcybašev]. Romancier et auteur dramatique russe. Né dans un domaine des environs de Kharkov (Russie), le 18 octobre 1878, mort à Varsovie le 3 mars 1927. Artsybachev est l'un des écrivains les plus caractéristiques du premier quart du XXe siècle, période de dépression, de désillusions, de crises spirituelles et intellectuelles. Dès son jeune âge, il fit preuve de sérieuses dispositions pour la peinture et, après avoir non sans peine obtenu l'autorisation paternelle, il étudia le dessin dans une école de Kharkov ; il poursuivra ces études, dès 1900, à l'Académie des beaux-arts de Saint-Pétersbourg. Si ses premiers essais littéraires remontent à 1902, le succès ne lui vint qu'en 1904, avec la publication de la nouvelle *La Mort de Landè* [*Smert' Lande*]. En 1907, il publie le roman qui lui vaut la gloire : *Sanine* (*), œuvre qui justifie la révolte contre toute contrainte sociale et brosse un tableau particulièrement pessimiste d'une société agonisante. Lorsque le critique Mirsky prétendit que ce livre était un sermon sur le thème : « Suivez vos propres instincts », l'auteur nia cette accusation, rétorquant que, pour lui, *Sanine* resterait « une apologie de l'individualisme ». Après avoir publié deux nouvelles inspirées des événements de l'année révolutionnaire 1905 : *L'Ouvrier Chevyrev* [*Rabočij Ševyrev*, 1909] et *Pacha Toumanov* [*Paša Tumanov*, 1910], Artsybachev fut arrêté par la police impériale pour « idées subversives ». Relâché, il fit paraître en 1913 le drame *Jalousie*, dans lequel on peut trouver une nette influence de l'art de Strindberg. Le succès de cette œuvre l'incita à écrire une autre pièce de théâtre, très semblable à la première quant à l'inspiration, mais techniquement beaucoup plus faible : *Les Ennemis* [*Vragi*, 1913]. Au début de la Révolution, Artsybachev tenta de reprendre la publication de la revue littéraire *Liberté* [*Svoboda*], qu'il avait fondée lors des premières années de la guerre, mais elle fut interdite par la police impériale. Sous le régime communiste, non seulement la revue *Liberté* fut de nouveau interdite, mais toute la production littéraire d'Artsybachev fut mise à l'Index. L'écrivain, qui était avant la Révolution l'auteur russe le plus joué et le mieux payé après Leonid Andréev, dut s'enfuir en Pologne pour ne pas mourir de faim. À Varsovie, il reprit la publication de *Liberté* mais, atteint de tuberculose, mourut à l'âge de quarante-huit ans. Certains critiques ont essayé de déceler chez lui une influence de Dostoïevski, d'autres y virent celle de Maupassant ; mais ce sont là des rapprochements qui ne sont basés sur aucune constatation sérieuse. Quant à l'auteur lui-même, il reconnaissait, dans ses *Mémoires d'un écrivain* [*Zapiski pisatelja*, 1917], avoir été très influencé par Léon Tolstoï, « bien que ne partageant pas ses idées de non-résistance au mal ». Citons encore, d'Artsybachev : *À l'extrême limite* (*).

ALEXANDRE LABZINE.

RÉF. : Ettore Lo Gatto, *Histoire de la littérature russe des origines à nos jours*, Paris, 1965.

ARUṆAKIRINĀTAR. Poète tamoul du XVe siècle. Originaire de Tiruvaṇṇāmalai, Aruṇakirinātar a mené dans sa jeunesse une vie de débauche. Malade et déconsidéré, il tenta de se suicider en se jetant d'une des tours du temple de Tiruvaṇṇāmalai. Il fut sauvé par le dieu Murukan dont il devint dès lors le très ardent dévot. Il composa de très nombreux poèmes à la louange de son dieu d'élection et son œuvre s'inscrit dans le prolongement de la littérature tamoule śivaïte de bhakti du Tirumuṟai, en étant centrée non plus tant sur le dieu Śiva que sur son fils Murukan et ses différents lieux de culte au pays tamoul. Sa langue, parfois très influencée par le sanskrit, aux riches sonorités, se caractérise par l'emploi simultané de deux systèmes métriques différents, celui du tamoul et celui du sanskrit qu'il parvient à combiner d'une manière particulièrement harmonieuse. Ces poèmes sont immensément populaires et grandement appréciés pour leur qualité musicale et leur complexité rythmique. Le *Tiruppukaḻ* (*) [*La Sainte Louange*] est la pièce maîtresse de son œuvre, mais il faut citer aussi le *Kantarantāti*, le *Kantaralaṅkāram*, le *Kantaranupūti* et le *Tiruvakuppu* (incomplet).

ÉLISABETH SETHUPATHY.

ASADI Abou Nasr Ali (Asadi de Tous). Poète, linguiste et copiste persan. Né à Tous

(Khorassân) vers 999-1000, mort (en Transcaucasie sans doute) vers 1072-1073. On a cru, par erreur, qu'il fut le maître de Firdousi, en se référant à Dowlatchâh, ce qui amena certains orientalistes (H. Ethé et E. G. Browne) à penser qu'il existait deux Asadi : le père, Abou Nasr Ahmad, auteur des *Débats* [*Monazéré*], et le fils, Ali, auteur du *Livre de Garchâsp* (*) et du *Lexique persan* [*Loghat-é fors*]. En fait, il s'agit d'un seul et même auteur. Asadi passe ses vingt premières années à Tous ; ensuite il se rend à la cour du Daylamite Abou Nasr Jastân, où il copie, en 1055-1056, le manuscrit d'Abou Mansour Movaffaq de Hérat, *Le Traité de pharmacopée* [*Ketâb al-abnya 'an Haqâ'eq al-advya*], le plus ancien manuscrit persan connu. Puis il part s'établir à Nakhtchévân, en Transcaucasie, où il se met sous la protection du prince Abou Dolaf, et de là se rend à la cour du Chaddadide Manouchehr d'Ani.

Les *Débats*, tels qu'ils nous sont parvenus, sont au nombre de cinq : « Arabe et Persan », « Musulman et Guèbre », « Lance et Arc », « Nuit et Jour » et « Ciel et Terre ». Dans le premier, l'auteur traite de la supériorité des Iraniens sur les Arabes, et dans le second de celle des musulmans sur les mazdéens. L'œuvre principale d'Asadi est son *Livre de Garchâsp* (*), commencé à Nakhtchévân aux environs de 1063 et terminé en 1065-1066 ; il est dédié au prince Abou Dolaf. L'auteur conte les exploits de Garchâsp, aïeul de Rostâm, l'un des héros du *Livre des rois* (*) de Firdousi. Enfin, Asadi écrit à la fin de sa vie son *Lexique persan*, qui est le plus ancien dictionnaire de langue persane. Il donne la définition de mots rares, en se fondant sur des exemples poétiques. Ce lexique est précieux, car il mentionne de nombreux poètes du Xe siècle.

MARIE-HÉLÈNE PONROY.

ASBJØRNSEN Peter Christian. Folkloriste et naturaliste norvégien, né le 15 janvier 1812 à Christiania, mort dans cette même ville le 6 janvier 1885. Il contribua puissamment à l'avènement du mouvement romantique dans son pays, grâce à ses recueils de contes et légendes populaires, *Contes populaires norvégiens* (*), qu'il écrivit en collaboration avec Jorgen Moe. Les travaux de naturaliste d'Asbjørnsen furent également connus en Norvège. Nommé inspecteur des eaux et forêts dans la province de Trondhjem, il se consacra, à partir de 1860, à l'étude des méthodes possibles pour l'extraction de la tourbe, enrichissant par là d'une ressource nouvelle l'économie nationale [*Torv og Torvdrift,* 1868]. Grâce aux dons récoltés par les jeunes gens des écoles norvégiennes, un monument lui fut élevé dans la capitale.

ASCH Schalom. Écrivain américain d'origine polonaise et d'expression yiddish. Né à Kutno (Pologne) le 1er novembre 1880, mort à Londres le 10 juillet 1957. Le plus célèbre des auteurs yiddish de son temps. Il vécut à Varsovie, à Saint-Pétersbourg, à Berlin et à Paris (jusqu'en 1914), puis aux États-Unis. Entre les deux guerres mondiales, devenu citoyen américain, il entrecoupait ses séjours à Paris et à Nice de visites aux autres capitales d'Europe occidentale, et de voyages en Pologne, en Union soviétique, en Palestine. Rentré aux États-Unis avant la Seconde Guerre mondiale, Schalom Asch quitta ce pays au début des années 50 pour s'installer en Israël. À l'heure où révolutions, migrations et guerres imposaient aux communautés juives originaires de l'Europe orientale un éclatement sans précédent, il fut l'écrivain qui sut réinventer pour la grande masse de ses lecteurs le cadre rassurant du passé et de la tradition. En 1904, il publia *La Bourgade* [*Dos shtetl*], série de tableaux idylliques de la vie juive d'antan. Ce désir de reconstruire dans la littérature une impossible intégrité marque la plus grande partie de son œuvre et est à l'origine de son succès. Dans *Reb Salomon le Notable* [*Reb Shloyme Noged,* 1913], il reprend le thème de la bourgade pour bâtir le roman d'un patriarche, et revient à la même scène avec *Motke le Voleur* [*Motke Ganev,* 1916]. Parmi ses plus de cinquante romans, d'autres encore relèvent le défi de rendre, dans le cadre de la littérature, une unité à une histoire et un présent mouvementés, comme pour essayer de trouver la cohérence et le sens de tant de bouleversements. *Mary* [*Meri,* 1913] est le récit de la nouvelle diaspora, reflétant les vicissitudes du Juif déraciné de ses lieux ancestraux et de ses formes de vie traditionnelles. La trilogie *Avant le Déluge* (*), formée par les romans *Pétersbourg* (+) (1927), *Varsovie* (+) (1930) et *Moscou* (+) (1938), décrit l'urbanisation et l'intrusion de la modernité dans la société juive en Europe. *L'Oncle Moses* [*Onkl Mozes,* 1918], roman de la vie juive new-yorkaise, raconte le devenir de toute une bourgade polonaise transplantée en Amérique. Le thème américain revient dans *La Mère* [*Di Muter,* 1925], *East River* [*Ist River,* 1946], *Grossman et Fils* [*Grosman un Zun,* 1954], etc. Plusieurs romans historiques exaltent le passé des Juifs et leur martyrologe : *La Sanctification du nom* [*Kidesh Hashem,* 1919], *La Sorcière de Castille* [*Di Kishefmakhern fun Kastilie,* 1926], *Le Juif aux Psaumes* [*Der Tilim-Yid,* 1934], *Moïse* [*Moyshe,* 1951], *Le Prophète* [*Der Novi,* 1954]. Un cycle particulier, qui commence avec *Le Nazaréen* [*Der Man fun Natseres,* 1939], évoque, dans leur contexte juif, les origines du christianisme. Schalom Asch fut aussi auteur dramatique ; on lui doit notamment *Dieu de vengeance* [*Got fun Nekome,* 1907] et de nombreux drames à sujet biblique et historique.

ITZHOK NIBORSKI.

ASCHAM Roger. Humaniste anglais. Né à Kirby Wiske (Yorkshire) vers 1516 et mort à Londres le 30 décembre 1568. Il fit ses études à Cambridge et se consacra particulièrement au grec et au latin qu'il enseigna par la suite. Il voyagea sur le continent, en qualité de secrétaire de sir Thomas Morison, fut envoyé en ambassade auprès de Charles Quint en 1550-53, et publia un mémoire sur l'état des affaires politiques en Allemagne. C'est le plus célèbre éducateur de son temps ; grâce à lui la pédagogie prit un essor vigoureux en Angleterre. Il fut précepteur de la future reine Élisabeth, qui avait alors quinze ans, et secrétaire de Marie Tudor et d'Édouard VI. La reine Marie lui accorda, par une faveur spéciale, la permission de pratiquer le protestantisme. Influencé par la culture italienne de son temps, il sut en déceler les périls. Ses œuvres, qui sont le couronnement de son activité de pédagogue, et qui traitent de l'instruction des jeunes gens, ont un tour particulier grâce à l'élégance de leur style très raffiné où l'on retrouve la manière des auteurs latins, et spécialement celle de Cicéron et celle de Sénèque. Son premier livre le *Toxophilus* (*) lui valut une pension octroyée par Henry VIII. C'est un ouvrage sur le tir à l'arc, en tant qu'exercice physique et pratique militaire. Tandis que le second livre, *Le Maître d'école* [*The Scholemaster*, 1570], publié à titre posthume, est une œuvre brève où l'auteur prodigue des conseils à ceux qui enseignent le latin.

RÉF. : A. Katterveld, *Roger Ascham, Sein Leben und seine Werke*, Strasbourg, 1879. – L. V. Ryan, *Roger Ascham*, Londres, 1963.

ASCLÉPIADE de Bithynie. Médecin grec du IIe siècle (?) av. J.-C., mort à Rome. Si l'on en croit son nom, typique de l'Asie Mineure, il proviendrait d'une lignée de médecins. Professeur de rhétorique appauvri, il devient médecin à Rome, se lie d'amitié avec Cicéron, Crassus, et d'autres Romains influents. Ses succès médicaux contribuent à acclimater la médecine grecque à Rome. Il est considéré comme l'inspirateur d'une école médicale très controversée, mais très influente, le méthodisme, réfutant la théorie humorale alors régnante et la remplaçant par un système atomiste. Ses écrits ne nous sont parvenus que sous forme fragmentaire – v. *Fragments* (*). La thérapeutique qu'Asclépiade préconise repose sur des principes diététiques extrêmement simples, tels qu'abstinence de certains mets, prescription de vin, frictions, marche, promenades en litière. Pline rapporte que son succès se serait multiplié après qu'il eut ressuscité un mort. Quoi qu'il en soit, lui-même vécut fort vieux, exempt de maladie jusqu'à sa mort survenue par suite d'une chute dans un escalier.

ANNE-FRANCE MORAND et VINCENT BARRAS.

RÉF. : C. G. Gumpert, *Asclepiades Bithyniae Fragmenta*, Weimar, 1794. – R. M. Green, *Asclepiades. His Life and Writings*, New Haven, 1955. – J. T. Vallance, *The Lost Theory of Asclepiades of Bithynia*, Oxford, 1990.

ASGRÍMSSON Eysteinn. Moine islandais de l'ordre de Saint-Augustin. On ignore sa date de naissance, mais on croit qu'il mourut en Norvège, au mois d'avril 1361. Il est l'auteur du *Lys* (*), le poème religieux le plus remarquable qu'ait produit la culture nordique à la fin du Moyen Âge. Esprit inquiet et ardent, ce moine-poète connut une existence agitée qui symbolise assez bien les hésitations d'un monde partagé entre un idéal mystique et ascétique, et les traditions encore vivantes du paganisme germanique. Asgrímsson fut vicaire général de l'archevêché de Skalholt, puis de l'évêque Gyrd Ivarsson en Norvège, en 1355, et se rendit en Islande pour y exercer des fonctions similaires. La discipline monastique lui pesa toujours, mais il se montra prêt à s'amender ; en bref, c'était un homme tout bouillonnant de passions violentes, et d'une spiritualité aussi primitive qu'intense.

ASHBERY John. Poète américain. Né à Rochester, dans l'État de New York, le 28 juillet 1927. Il a fait des études de lettres à l'université Harvard, près de Boston, et à l'université Columbia, à New York. D'abord assistant éditorial aux Presses de l'université d'Oxford, à New York, il a ensuite occupé les fonctions de critique d'art pour l'édition européenne du *New York Herald Tribune*, à Paris, de 1960 à 1965. Après quelques années de journalisme culturel, il a commencé une carrière dans l'enseignement supérieur, et il occupe une chaire de littérature à Brooklyn College depuis 1974.

L'œuvre d'Ashbery est protéiforme, puisqu'elle embrasse la traduction littéraire, la fiction, l'écriture théâtrale, et bien sûr la poésie, qui en constitue le fondement. Ashbery occupe une place de premier plan dans la poésie américaine contemporaine. On peut le considérer comme l'héritier de Wallace Stevens, et comme un écrivain chez qui la richesse de l'imagination l'emporte sur les générosités sociales telles qu'on les rencontre chez William Carlos Williams, par exemple. L'autre précurseur d'Ashbery est W. H. Auden, le poète britannique qui a longtemps vécu aux États-Unis, et dont il se sent proche. Côté français, signalons qu'Ashbery est l'admirateur de Pierre Reverdy, au sujet de qui il a publié une étude dans le numéro spécial du *Mercure de France* de 1962 consacré à ce poète. Ashbery trouve chez Reverdy une vertu antisymbolique et un sens de l'image concrète qui constituent à son avis un apport susceptible de l'affranchir de la passion des Anglo-Américains et d'Eliot en particulier pour le symbole. Parmi ses nombreux volumes de poésie, on pourra citer, par exemple, *Le Serment du Jeu de paume* [*The Tennis Court Oath*], qui prend le titre d'un poème. Dans ce texte de 1962 n'apparaissent par encore complètement les caractéristiques de son œuvre de maturité. La base d'une telle poésie est encore narrative. La banalité du quotidien contraste fortement avec cet épisode resté célèbre de la Révolution française. Pareille intrusion de la grandeur historique dans la vie de tous les jours ne manque pas d'en faire apparaître l'aspect dérisoire. Ce sentiment va peu à peu conduire le poète, dans son œuvre ultérieure, vers une écriture dégagée du monde le plus proche. C'est alors une beauté abstraite qui est célébrée, née du jeu du langage et des fulgurances de l'imaginaire. On en trouve un bel exemple dans l'*Autoportrait dans un miroir convexe* (1975) (*), le texte le plus connu de John Ashbery. Cette allusion aux anamorphoses de la peinture italienne de la Renaissance signifie que la vocation de la poésie est de refléter le réel, à condition que le lecteur collabore à cette œuvre de reconnaissance et de savoir par sa capacité de décryptage. Ce long texte dense, et fascinant, est une défense du verbe poétique d'une nature quelque peu élitiste et refermée sur elle-même. *Galions d'avril* (*), publié en 1987, marque sans doute un retour vers une poésie de facture plus accessible, et moins marquée par la recherche de l'absolu esthétique. Plus chaleureuse et plus humaine, cette poésie allie l'art proustien de la mémoire — ces galions merveilleux des souvenirs d'enfance — à une simplicité et un naturel parfois absents de l'œuvre antérieure.

ALAIN SUBERCHICOT.

ASIMOV Isaac. Romancier, nouvelliste et essayiste américain. Né à Petrovitchi, à une centaine de kilomètres de Smolensk (Russie) le 2 janvier 1920, mort à New York le 6 avril 1992. Il émigre aux États-Unis avec ses parents en 1923, est naturalisé en 1928, étudie à l'université de Columbia, obtient un doctorat de chimie en 1948. Professeur associé de biochimie à l'université de Boston en 1955, il reçoit le titre de professeur en 1979, mais a cessé en fait d'enseigner en 1958 pour se consacrer à son œuvre. Celle-ci compte deux aspects complémentaires. Asimov est un exceptionnel informateur scientifique qui aborde presque tous les domaines des sciences et de la culture, du neutrino au cerveau en passant par *La Bible* et Shakespeare. C'est aussi un auteur de science-fiction fécond, célèbre par sa trilogie *Fondation* (*) (1951-1953), qui décrit la chute d'un Empire galactique, mais aussi par ses histoires de robots, *Les Robots* [*I, robot*, 1950], dans lesquelles il met à l'épreuve les trois lois de la robotique : « 1) Un robot ne peut blesser un être humain ou, par son inaction, permettre qu'un être humain soit blessé. 2) Un robot doit obéir aux ordres qui lui sont donnés par des êtres humains sauf quand de tels ordres s'opposent à la première loi. 3) Un robot doit protéger sa propre existence aussi longtemps qu'une telle protection ne s'oppose pas à la première ou à la deuxième loi. » Dans ses derniers romans, postérieurs à 1980, Asimov, qui a signé plus de deux cents ouvrages, s'est efforcé d'unifier son univers dans une vaste et cohérente histoire du futur.

GÉRARD KLEIN.

ASNYK Adam. Poète polonais. Né le 11 septembre 1838 à Kalisz, mort le 2 août 1897 à Cracovie. Issu d'une famille de patriotes polonais, après des études d'agronomie et de médecine, il se consacra avec ardeur à l'activité politique, ce qui lui valut d'être emprisonné à la citadelle de Varsovie puis interdit de séjour dans la partie de la Pologne occupée par les Russes. Après l'échec de l'insurrection de 1863, il dut s'exiler, d'abord en Hollande et en Suisse, puis en Italie. Après un doctorat de philosophie à Heidelberg, il rentra dans la partie de la Pologne occupée par l'Autriche.

À une époque qui ne prisait pas la poésie, il fut néanmoins reconnu comme un poète majeur. Au cours de sa première période (1864-1872), sa poésie fut marquée par un pessimisme extrême. Le thème principal en était le sort des exilés à la suite de l'échec de l'insurrection. Il fut un disciple indéniable des romantiques, en particulier de Slowacki, à l'instar duquel il souhaita rompre avec l'irréalisme du romantisme, tout en gardant le charme de son lyrisme. *Le Songe des tombeaux* [*Sen grobów*, 1865], chargé de symbolique romantique, était un règlement de comptes avec les attitudes politiques de ses compatriotes lors de l'insurrection de 1863. Ses poèmes érotiques, simples, directs, expriment sa douleur d'exister.

Son veuvage précoce l'amena à une pensée plus philosophique et à une forme qui rappelle celle des parnassiens. Il se retira à Zakopane dans les Tatras, qui lui inspirèrent les meilleurs de ses poèmes : *Dans les Tatras* [*W Tatrach*, 1878].

Au cours de sa deuxième période, ses *Poèmes* [*Poezje*, 1880-1884] sont empreints de philosophie. Il considère les idées indépendantistes du passé comme un héritage vivant qui, enrichi par le travail spirituel des nouvelles générations, contribuera à la renaissance des générations futures. *Au-dessus des abîmes* (*), cycle de trente sonnets composés entre 1880 et 1894, exprime son optimisme scientifique, mêlant descriptions de paysages de montagne et exposés sur son système philosophique. Certaines de ses œuvres lyriques sur l'amour et la nature furent même mises en musique. Élu député à la Diète de Galicie où il siégea parmi les libéraux, Asnyk fonda la « Société de l'école populaire », qui devait contribuer efficacement à l'élévation du niveau culturel des classes pauvres en Pologne. Sa poésie claire et simple, prosaïque, économe en métaphores, des rimes recherchées et la construction variée des strophes le rendirent populaire à la fin du XIXe et au début du XXe siècle. « Il faut avec les vivants aller de l'avant, / Aspirer à une nouvelle vie / Et non pas se parer la tête obstinément / D'une couronne de lauriers flétris. » Ces vers furent fréquemment cités par les positivistes qui appréciaient ses vues progressistes.

LAURENCE DYÈVRE.

ASPENSTRÖM Werner. Poète, nouvelliste et dramaturge suédois. Né le 13 septembre 1918 à Norrbärke (Dalécarlie, Suède). D'origine paysanne, Werner Aspenström débute en publiant un recueil de poèmes idéalistes, au lyrisme classique : *Préparatifs* [*Förberedelse,* 1943]. Puis, sensible aux tendances novatrices de son époque, il devient un des chefs de file du courant moderniste en Suède. Son écriture se libère, le rythme et les allégories se personnalisent, il commence à cultiver avec brio le motif des antithèses si caractéristique de toute son œuvre. En effet, il récuse toute réduction de son identité et tient à en exprimer les différents aspects, même les plus contradictoires. Pour Werner Aspenström, comme pour Lars Gyllensten, les généralisations et l'engagement politique ou religieux ne peuvent être que néfastes ou stériles. Plutôt que de sombrer dans un nihilisme amer ou dans une foi naïve, il tente non de concilier les contraires, mais de rendre leur existence plus supportable en les conjurant par des formules paradoxales – *Cri et Silence* [*Skriket och tystnaden,* 1946]. À la fois révulsé et attiré par l'angoisse que génèrent les événements de son temps, il excelle dans les visions hallucinées, d'autant plus fortes qu'elles tranchent sur les descriptions idylliques : *Légende de neige* (*) (1949), *Litanie* (+) (1952), *Les Chiens* (+) (1954). Chantre de la nature, Aspenström se distingue des autres poètes modernistes de l'après-guerre. À la manière de Harry Martinson, il cisèle des tableaux qui sont de véritables miniatures, chefs-d'œuvre de précision aux couleurs ravivées par les images concrètes et suggestives qu'il intègre dans un contexte cosmique. Dans *Poèmes sous les arbres* [*Dikter under träden,* 1956], Aspenström a momentanément surmonté son pessimisme. Il s'écarte de l'esthétique pour l'esthétique en délaissant la métaphore et compose une poésie moins chargée de symboles, plus dépouillée. En opposition avec le climat culturel des années 60, il prend la défense de l'imagination et de la fantaisie, et puise sans cesse plus nettement son inspiration dans le monde de son enfance et les valeurs de la terre. Pour énoncer des vérités qui ne peuvent être que fugitives, il joue avec les mots et passe maître dans l'art de l'éclairage inattendu du détail, toujours présenté dans une perspective universelle : *De jour de nuit* [*Om dagen om natten,* 1961], *L'Escalier* [*Trappan,* 1964], *Intérieur* [*Inre,* 1969]. Aspenström n'hésite pas cependant à dénoncer avec humour et tendresse les effets aliénants de la société de bien-être : *Entre-temps* [*Under tiden,* 1972]. Fidèle à son message empreint de sagesse orientale et de mysticisme, Werner Aspenström se montre ensuite davantage préoccupé par le rôle de la poésie et les expériences stylistiques. Tel un peintre, il travaille à faire coïncider la forme avec l'idée, en recourant, dans ses hymnes à la nature, à l'impressionnisme d'un Monet ou au naïf d'un Douanier Rousseau – *Dictionnaire* [*Ordbok,* 1976], *Tôt un matin, tard sur la terre* [*Tidigt en morgon, sent på jorden,* 1980], *Murmure* [*Sorl,* 1983]. Jusque dans ses plus récents recueils – *Les Êtres* [*Varelser,* 1988], *Particulier et général* [*Enskilt och allmänt,* 1991] –, Aspenström conserve sa méfiance viscérale envers les synthèses et privilégie l'évocation sobre et objective de l'instant. Également renommé comme prosateur et dramaturge, Aspenström a publié des souvenirs, *Le Ruisseau* [*Bäcken,* 1958], et un livre de rêves, *Le nuage rouge* [*Det röda molnet,* 1986], sorte de méditation jungienne sur l'inconscient collectif. Un subtil jeu de contrastes entre rationnel et fantasmagorique caractérise ses nombreuses pièces radiophoniques, souvent satiriques, dont *Les Araignées* [*Spindlarna,* 1966] est la plus connue : *Théâtre I-V* [*Teater I-V,* 1959-1985]. Membre de l'Académie suédoise depuis 1981, Werner Aspenström reste avant tout un poète déchiré et sceptique qui dans sa recherche inlassable de la concision et de la spontanéité atteint la vérité et la profondeur de la connaissance grâce à la magie et à la musicalité de ses émotions.

MAY-BRIGITTE LEHMAN.

ASSÁR de Tabriz, Chamsal-Dîn Mohammad. Poète persan du XIVe siècle. Mort en 1382 ou 1383 (an 784 de l'hégire). Il vécut à la cour du sultan jalaïride d'Irak, Cheïkh Uwaïs. Outre des panégyriques de son souverain, l'on connaît de lui surtout son poème *Mihr et Mochtari* (*), qui eut à l'époque un grand succès et fut traduit en turc.

ASTRUC Jean. Médecin français. Né à Sauve (Hérault) le 19 mars 1684, mort à Paris le 5 mai 1766. Fils d'un pasteur qui abjura le protestantisme après l'édit de Nantes, il fut reçu docteur à Montpellier à l'âge de dix-neuf ans, mais n'exerça pas tout de suite, étendant sa culture par des expériences et des observations continuelles. Il obtint en 1710 la chaire d'anatomie à Toulouse, chaire qu'il occupera jusqu'en 1716, date à laquelle il fut nommé à Montpellier. Ce fut le début d'une carrière très brillante : pensionné par le roi en 1720, Astruc fut nommé inspecteur général des eaux minérales du Languedoc en 1721, médecin ordinaire du duc d'Orléans en 1728, du roi de Pologne Auguste II en 1729, de Louis XV en 1730, professeur au Collège de France en 1731, et à l'École de Médecine de Paris en 1743. Il a publié de nombreux ouvrages médicaux, parmi lesquels un *Traité de la cause* *de la digestion* (1714), où il expose la doctrine de la fermentation, des dissertations sur la peste et sur les tumeurs, des ouvrages de gynécologie, et surtout *Six livres sur les maladies vénériennes* [*De morbis venereis libri VI,* 1736], où il affirme les origines américaines de la syphilis. C'est cependant à un ouvrage théologique qu'il doit d'abord d'être connu : ses *Conjectures sur les mémoires originaux dont il paraît que Moyse s'est servi pour composer le livre de la Genèse* (+), prudemment publiées à Bruxelles en 1753, concluent que la *Genèse* (*) n'est qu'une compilation de fragments empruntés à des auteurs différents, et marquent ainsi l'une des premières dates du mouvement de critique religieuse.

RÉF. : Ad. Lods, *Jean Astruc et la critique biblique au* XVIII*e siècle,* 1924. — J. de Savignan, *L'œuvre et la personnalité de Jean Astruc,* Bruxelles et Mainz, 1953.

ASTURIAS Miguel Angel. Romancier et poète guatémaltèque. Né le 19 octobre 1899 à Ciudad Guatemala, mort le 9 juin 1974 à Madrid. Originaire d'une famille libérale (père avocat, mère institutrice) opposée à la dictature de Manuel Estrada Cabrera et qui s'était réfugiée dans une hacienda familiale à Salamá, il passe son enfance dans un monde rural, entouré d'Indiens. Ayant obtenu le baccalauréat dans la capitale (1916), il fait des études de droit et devient avocat, après avoir consacré une thèse au *Problème social de l'Indien* (1923). La même année, il part pour Londres où il découvre les œuvres mayas au British Museum. À Paris, il étudie avec le professeur Georges Raynaud le *Popol Vuh* (*), le livre sacré des anciens Mayas, qu'il traduit avec González de Mendoza. De 1924 à 1933, il écrit de nombreux articles littéraires ou politiques, contes et chroniques que publie notamment *El Imparcial* au Guatemala. Ces textes seront réunis plus tard dans *Romans et contes de jeunesse* [*Novelas y cuentos de juventud,* 1970] et *Paris 1924-1933* (Coll. Archivos, 1988). De retour au Guatemala en 1933, il est, sous la présidence libérale de J. J. Arévalo, attaché culturel à Mexico (1946-47), à Buenos Aires (1948), devenant ministre conseiller d'ambassade en Argentine (1950), à Paris (1952), et ambassadeur à San Salvador (1953). En 1954, après la chute du gouvernement progressiste d'Arbenz, il est de nouveau contraint à l'exil et même privé de ses droits de citoyenneté. Il vivra de longues années à Buenos Aires, puis à Paris, en Italie, à Gênes, travaillant comme journaliste. Mais la célébrité croissante de son œuvre lui permet de retrouver son pays ; en 1966, il est nommé ambassadeur du Guatemala à Paris et, en 1967, le prix Nobel de littérature vient récompenser une œuvre déjà mondialement admirée. Miguel Angel Asturias est tout à la fois un poète et un romancier, bien qu'il soit plus connu pour ses romans. On peut dire qu'avec lui naît ce qu'on appelle la grande littérature latino-américaine, celle qui sait à la fois exprimer la réalité culturelle de l'Amérique latine et se hausser au niveau des grandes littératures mondiales du passé et du présent. Avec Asturias, l'« indigénisme », c'est-à-dire la peinture toujours un peu schématique et extérieure des Indiens et des métis latino-américains, est définitivement dépassé. D'autres « géants » comme Alejo Carpentier, García Márquez, Juan Rulfo, Roa Bastos, José María Arguedas, Vargas Llosa, confirmeront cette « percée » décisive du roman latino-américain. Après avoir publié une adaptation lyrique des traditions de son pays dans les *Légendes du Guatemala* (*) (1930), Asturias publie un premier chef-d'œuvre, *Monsieur le Président* (*) (1946), qui est le roman d'une dictature fictive (bien qu'on puisse y reconnaître celle du président Estrada Cabrera). L'atmosphère en est étouffante, tragique, et également grotesque. Le dictateur n'est presque jamais présent dans le livre, mais son ombre domine les vies et les actes de tous les personnages. Dans la peinture de ce monde dominé par le tyran invisible, Asturias atteint une grandeur réellement shakespearienne. Il utilise tous les procédés littéraires des romanciers modernes — monologue intérieur, description de la conscience et de l'inconscient de ses personnages, etc. — avec un talent poétique qui contraste parfois avec l'image du monde corrompu, cruel et dément qu'il dépeint. On a pu dire que le romancier guatémaltèque retrouvait ici la force magique du *verbe* dont parlent les anciens textes mayas.

La trilogie *L'Ouragan* (*) (1949), *Le Pape vert* (*) (1954) et *Les Yeux des enterrés* (*) (1960) se situe dans la même ligne et poursuit un roman légèrement antérieur, *Hommes de maïs* (*) (1949) qui décrit les luttes des Indiens contre les Blancs et les métis. Les Indiens sont des « hommes de maïs » : ils cultivent le maïs uniquement pour se nourrir et le vénèrent presque religieusement, alors que les « criollos », les Blancs et les métis, le cultivent pour faire du commerce. Asturias intègre dans son livre des éléments légendaires et imaginaires — correspondant à la culture indienne — pour mieux montrer la vision des indigènes. *L'Ouragan, Le Pape vert* et *Les Yeux des enterrés* peignent les luttes des paysans contre les grandes compagnies bananières qui veulent les chasser de leurs terres. D'abord passifs et soumis, ils finissent par s'organiser, se politiser et affronter leurs oppresseurs. L'œuvre d'Asturias devient ici directement politique : elle dénonce aussi bien la dictature de Jorge Ubico que les compagnies américaines comme l'« United Fruit » qui veulent faire de son pays une « République bananière ». Le mélange de la critique sociale et politique et des éléments traditionnels de la culture indigène donne ce qu'on a appelé le « réalisme magique » latino-américain, dont Asturias est l'un des meilleurs représentants avec García Márquez.

Week-End au Guatemala [*Week end en*

Guatemala, 1956] retrace directement l'invasion du Guatemala en 1956 : cette année-là, une armée de mercenaires soutenus par les États-Unis envahit le Guatemala pour renverser le régime du colonel Arbenz, qui voulait faire une réforme agraire et limiter les domaines de l'« United Fruit ». En quelques jours, Arbenz fut chassé, et une impitoyable répression s'abattit sur le pays (qui contraignit, nous l'avons vu, le romancier à un long exil).

La Flaque du mendiant [*El alhajadito*, 1961] est une œuvre poétique où Asturias se penche sur son enfance, sur le « vert paradis des amours enfantines ». *Une certaine mulâtresse* (*) (1963), *Le Larron qui ne croyait pas au ciel* [*Maladrón*, 1969] et *Vendredi des Douleurs* [*Viernes de Dolores*, 1972] s'inspirent des mythes indigènes, qu'ils tentent d'actualiser. Ce retour aux sources mythiques profondes de son peuple est accompagné chez Asturias d'un débordement de l'imagination, qui défie la logique et bouleverse les structures spatio-temporelles. *Le Larron qui ne croyait pas au ciel* est l'histoire du passage entre l'Atlantique et le Pacifique, où se mêlent le fantastique, l'onirisme, le vieux fond animiste indien, les utopies de la Renaissance et l'hétérodoxie religieuse. Dans *Trois des quatre soleils* (*) (1971), l'auteur a voulu démonter le mécanisme de cette écriture baroque, de cette imagination à la fois surréaliste et profondément enracinée dans une tradition, qui fait la vérité profonde de son œuvre.

Asturias, romancier, est également le traducteur des textes sacrés des Mayas — dont le *Popol Vuh* —, qui n'avaient jusqu'à lui été traduits qu'en anglais ou en français. Il faut également mentionner son œuvre poétique : *Tempe d'alouette* [*Sien de alondra*, 1949], *Exercices poétiques en forme de sonnets sur des thèmes d'Horace* [*Ejercicios poéticos en forma de soneto sobre temas de Horacio*, 1951] témoignent d'une poésie qui se veut simple et populaire. *Messages indiens* (1958), *Claireveillée de printemps* [*Clarivigilia primaveral*, 1965] et *Poèmes indiens* (1990) — comme les romans — s'enfoncent dans l'épaisseur du monde tellurique latino-américain, à un niveau où les règnes minéraux et végétaux sont vécus de manière mythique. Dans l'histoire de la littérature moderne latino-américaine, Asturias comptera sans doute comme celui qui, plus qu'aucun autre, a su récupérer et développer les racines profondes de la culture populaire.

ANTOINE BERMAN.

♦ *« Asturias, comme Carpentier, comme d'autres Latino-Américains de cette génération... obtient la coexistence de la réalité et de la magie, de la fantaisie et de la circonstance quotidienne... L'écrivain guatémaltèque dans presque toute son œuvre — poèmes et prose — recompose partialement la réalité, non pour l'améliorer, mais pour l'enraciner dans l'histoire... »* Carlos Meneses. ♦ *« Miguel Angel Asturias eut la chance de devoir peindre un monde encore indompté. Comme il en avait le respect, il ne fit aucune concession dans la description qu'il en a laissé et qui met à l'honneur, avec les richesses secrètes de l'âme, une façon non apprise de percevoir formes et énergies, de les éprouver pour ainsi dire de plein fouet, avec une ardeur, une complicité parfois proches du délire et de la vision. »* Roger Caillois. ♦ *« L'originalité la plus originale d'Asturias ne fut pas de chanter l'Indien dans ses poèmes, de l'avoir fait vivre, avec ses dieux, dans ses récits, mais le* métis, *né de la rencontre torride de l'Espagnol, de l'Indienne, mais aussi de l'Africaine. Ou inversement. »* Léopold Sedar Senghor.

RÉF. : Atilio Jorge Castelpoggi, *Miguel Angel Asturias*, Buenos Aires, 1961. — G. Bellini, *La narrativa de Miguel Angel Asturias*, Buenos Aires, 1969. — Claude Couffon, *Miguel Angel Asturias*, Paris, 1970. — Carlos Meneses, *Miguel Angel Asturias*, Madrid, 1975. — J. Saenz, *Genio y figura de Miguel Angel Asturias*, Buenos Aires, 1975. — Marc Cheymol, *Miguel Angel Asturias dans le Paris des Années Folles*, Grenoble, 1987. — Claude Couffon, « Miguel Angel Asturias ou le double sang d'un poète », in M.A.A., *Poèmes indiens*, 1990.

AŚVAGHOṢA. Philosophe bouddhiste indien, fils d'une certaine Suvarnaskshi, de la caste des brahmanes, ce contemporain de l'empereur Kaniska (début du IIᵉ siècle) naquit à Saketa, aux environs d'Ayodhya (aujourd'hui Oudh, Inde). Il eut pour maître Parsva ou son disciple direct Punyayasas ; il adhéra donc à l'école philosophique dite du « Petit Véhicule » [Hinayana] ; par la suite il devint, sinon le fondateur, tout au moins un partisan convaincu et un propagandiste de la théorie du « Grand Véhicule » [Māhāyana]. Le philosophe Yi-tsing, qui effectua un voyage aux Indes entre 671 et 695, parle d'Aśvaghoṣa comme de l'un des Maîtres les plus illustres de l'antiquité bouddhique. Afin de donner à ses œuvres un plus grand lustre, Aśvaghoṣa écrivait en sanskrit (qui, à son époque, était déjà une langue morte) ; son style fleuri et sa rhétorique parfaite étaient encore fort appréciés du temps de Yi-tsing. L'attrait du nom d'Aśvaghoṣa fit que nombre d'écrivains postérieurs lui attribuèrent leurs propres écrits, ce qui rend considérable le nombre d'apocryphes qui circulent encore maintenant sous le nom d'Aśvaghoṣa. Lui appartiennent d'une façon certaine : les poèmes épiques réunis sous les titres de *Buddhacarita* (*) et *Saundaranda-Kāvya*, le drame épique *Sāriputra-Prakaraṇa*, les traités philosophiques *Vajrasūci* et *Māhāyanaśraddhotpādaśāstra*, un traité de rhétorique, *Sūtralamkāra*, ainsi qu'un certain nombre de légendes bouddhistes.

ATAÇ Nurullah. Essayiste et critique littéraire turc. Né à Istanbul en 1898, mort en 1957. Cet autodidacte exceptionnellement doué acquit de vastes connaissances au cours d'un long séjour en Suisse durant la Première Guerre mondiale. Ses goûts littéraires le portèrent tout naturellement à une connaissance parfaite de la langue française. Il a été l'un des fondateurs du bureau de traduction (1939) qui entreprit, grâce à un travail d'équipe, la traduction systématique des plus grands chefs-d'œuvre de la littérature mondiale pour le compte du ministère de l'Éducation nationale. Il devint aussi chef du bureau de traduction à la présidence de la République. Son activité principale consista à animer le mouvement d'épuration de la langue turque des éléments arabo-persans, tout en écrivant des articles critiques en faveur d'une littérature d'avant-garde. Ses goûts littéraires l'ont amené à défendre aussi bien les conceptions poétiques de la littérature du *Divan* (*) que celles du surréalisme — v. *De fil en aiguille* (*). Il fut le premier à faire connaître en Turquie des auteurs tels que Michaux. La tendance poétique turque qui eut son soutien inconditionnel fut celle du trio Veli, Anday, Rifat, créateur d'une poésie insolite du quotidien, exprimée en un langage parlé d'une pureté exceptionnelle. Ataç fut le critique impitoyable de tous les poncifs, de toutes les platitudes et idées reçues qui foisonnaient autour de lui. Il a laissé une œuvre critique des plus importantes.

A TCH'ENG [A Cheng] (nom de plume de Tchong A-tch'eng). Romancier chinois. Né en 1949. Fils d'un intellectuel, il fut envoyé pour cette raison à la campagne pendant les dix années de la « révolution culturelle », dans la province du Chan-si, en Mongolie intérieure et au Yun-nan. Son premier récit, *Le Roi des échecs* (*), fut très remarqué lors de sa parution en 1984. Suivi du *Roi des enfants* [*Hai-tse-wang*] et du *Roi des arbres* [*Chou-wang*] en 1985, il institua A Tch'eng comme l'un des principaux représentants de l'école « Siun-ken-p'ai » [à la recherche des racines].

VALÉRIE LAVOIX.

ATHANASE saint, dit le Grand. Père de l'Église grec. Né à Alexandrie d'Égypte vers 295, mort dans cette même ville le 2 mai 373. Enfant, il reçut une éducation soignée, mais où la science profane n'eut qu'une part secondaire et subordonnée à l'étude des saintes Écritures. Jeune homme, il fut pendant six ans lecteur de l'Église d'Alexandrie ; ce fut vers cette époque (316-318) qu'il écrivit ses deux premières œuvres apologétiques : *Contre les Grecs* (*) et *Discours sur l'Incarnation du Verbe* (*). Lorsque, entre 318 et 320, éclata la controverse arienne, Athanase prit nettement position en souscrivant à la lettre pastorale que saint Alexandre, patriarche d'Alexandrie, adressa à ses collègues. Athanase suivit son évêque, en qualité de secrétaire, au concile de Nicée ; plus tard, le 8 juin 328, il lui succéda sur le trône patriarcal. Si, du vivant de l'empereur Constantin, les attaques des ariens et des mélétiens n'inquiétèrent pas beaucoup le jeune évêque, après la mort de son protecteur les choses changèrent et Athanase fut exilé dans les Gaules. Ce premier exil (11 juillet 335-23 novembre 337) fut suivi de quatre autres, toujours provoqués par les ariens. C'est ainsi qu'après les dix années de tranquillité relative qui suivirent son second exil (du 16 avril 339 au 21 octobre 346), Athanase fut de nouveau expulsé d'Égypte par un édit de l'empereur Constance, favorable à l'arianisme ; il demeura ainsi éloigné de son siège du 9 février 356 au 21 février 362, date à laquelle il bénéficia de l'édit de l'empereur Julien rappelant tous les évêques bannis sous le règne précédent. Mais le nouvel empereur, déjà prévenu contre le christianisme en général, ne put supporter l'immense popularité dont le patriarche bénéficiait en Égypte. Son dépit apparaît nettement dans la lettre qu'il écrivit à Ecdicius, préfet d'Égypte : « Je n'apprendrais rien de ce que tu fais qui me fût plus agréable que l'expulsion de l'Égypte de ce misérable Athanase, qui a osé, sous mon règne, baptiser des femmes grecques de distinction. » Mais ce nouvel exil ne dura que du 24 octobre 362 au 5 septembre 363. L'avènement de Jovien permit à Athanase non seulement de regagner son siège épiscopal, mais d'adresser à l'empereur, sur sa demande, une *Épître à Jovien sur la foi* [Πρός Ἰωβιανόν περί πιστεως]. Mais Jovien mourut subitement et l'empereur Valens, qui lui succéda, édicta le bannissement de tous les évêques déposés naguère par Constance et rappelés par Julien. Ce triomphe de l'arianisme ne fut toutefois guère de longue durée, du moins en ce qui concerne l'Égypte ; sous la pression populaire, qui exigeait le retour de son évêque, Valens dut composer et le patriarche, « désormais trop grand pour être persécuté ou protégé par l'empire » (ainsi que le note l'un de ses biographes), regagna après quatre mois d'exil sa ville natale, le 31 janvier 366, pour ne plus la quitter jusqu'à sa mort. Outre les œuvres apologétiques de jeunesse déjà mentionnées, Athanase d'Alexandrie écrivit (vers 357) ses *Apologies* (*) et trois *Discours contre les ariens* (*) ; on en connaît quatre qui circulèrent sous son nom, mais le quatrième est aujourd'hui considéré par les exégètes comme apocryphe, œuvre d'Apollinaire de Laodicée. On possède également d'Athanase treize *Lettres* (*) écrites entre 324 et 343 et dont le texte, traduit en syriaque, fut retrouvé en 1848, ainsi que la *Vie de saint Antoine* (*), le Cénobite. Si le fameux *Symbole de saint Athanase*, connu également par le premier mot de son texte latin : *Quicumque*, n'est pas d'Athanase, mais, d'après les exégètes modernes, de l'évêque Fulgence de Ruspe (qui l'aurait composé vers 533), par contre l'*Exposition de la foi* [''Εχδεσως πί στεως] est bien de saint Athanase. Homme de caractère entier, impétueux et tenace, il se fit des admirateurs enthousiastes et des ennemis acharnés. Il fut un lutteur opiniâtre et exempt de crainte, tel que les temps troublés de son époque le réclamaient. En consacrant évêque saint Prudence, il fonda ce qui devint, un peu plus tard, l'Église d'Éthiopie.

ALBERTO PINCHERLE.

RÉF. : J. A. Möhler, *Athanase le Grand et l'Église de son temps en lutte avec l'arianisme*, 3 vol., 1840. – F. L. C. Cross, *The Study of Saint Athenasius*, Oxford, 1945. – H. I. Marrou, *L'Église de l'Antiquité tardive*, Paris, 1963. – *Politique et théologie chez Athanase d'Alexandrie* (actes du colloque de Chantilly), Paris, 1974. – J. Roldanus, *Le Christ et l'homme dans le théologie d'Athanase d'Alexandrie*, Leyde, 1977.

ATHÉNAGORE. Apologiste chrétien du IIe siècle, écrivant en grec. Il est connu grâce à son *Ambassade pour les chrétiens* (*) appelée également *Supplique au sujet des chrétiens,* écrit adressé vers 177 aux empereurs Marc Aurèle et Commode, ainsi que pour son traité appelé communément *Sur la résurrection des morts* [Περὶ ἀναστὰσεως]. Ces deux ouvrages furent mentionnés pour la première fois par Méthode d'Olympe (vers 400), mais si le second texte ne nous est pas parvenu, le premier fut découvert et copié, en 914, pour l'archevêque de Césarée, Aréthas, par son secrétaire Baanès. C'est cette copie qui reste dorénavant la seule source d'étude de l'œuvre d'Athénagore. On ne sait rien de lui, si ce n'est qu'il naquit à Athènes ; la seule notice que nous avons de lui remonte à Philippe de Side en Pamphilie, qui le mentionne dans son *Histoire chrétienne* dont seuls quelques fragments sont arrivés jusqu'à nous. Certains érudits, tel l'Allemand Théodor Zahn, voient en lui ce même Athénagore auquel le philosophe alexandrin Boethos a dédié vers la fin du IIe siècle son traité *Sur quelques expressions obscures de Platon* [Περί τ ώνπαρά πλάτων ἀπορουμένων λεξεων], traité mentionné par Photius dans sa *Bibliothèque.* La *Supplique au sujet des chrétiens* reflète une connaissance sérieuse de la culture et de la philosophie païennes et témoigne même d'une compréhension et d'une certaine sympathie de la part du scripteur envers la culture païenne. Le style et la langue révèlent une éducation attique. Dans l'exposé de la doctrine trinitaire, Athénagore se rapproche des conceptions de saint Justin et des autres apologistes des deux premiers siècles : le Fils qui est « esprit et verbe de Dieu » réside dans le Père de toute éternité, « non pas qu'Il soit créé » mais engendré par le Père. Athénagore donne de l'unité de Dieu et de la résurrection des morts une démonstration rationnelle et insiste sur la haute valeur éthique du christianisme.

RÉF. : Chaudouard, *La Philosophie du dogme de la résurrection de la chair au IIe siècle,* Lyon, 1905. – G. Bardy, Introduction à la traduction française de la *Supplique au sujet des chrétiens,* 1943. – B. Pouderon, *Athénagore d'Athènes : Philosophe chrétien,* Paris, 1989.

ATHÉNÉE. Rhéteur et grammairien grec. Nous ne savons rien de la vie d'Athénée en dehors des quelques données fournies par son œuvre. Il est né à Naucratis en Égypte, il se rendit à Rome au temps de l'empereur Commode, mentionné comme son contemporain, et il lui survécut de nombreuses années ; son « akmé » se place entre la fin du IIe et le début du IIIe siècle ap. J.-C. Il a écrit un volume *Sur les rois de Syrie* et une étude sur un passage des *Poissons* [Ἰχθύες] du comique Archippos : ces ouvrages aujourd'hui perdus sont mentionnés par l'auteur lui-même dans son œuvre principale et la seule conservée (sous une forme abrégée toutefois) : *Les Deipnosophistes* (*) ou *Le Banquet des savants* que l'on peut à peu près dater. En effet, si le grammairien Ulpien, président du banquet et atticiste rigide, est à identifier avec Ulpien de Tyr, le juriste qui effectua les réformes d'Alexandre Sévère et fut tué au cours d'une mutinerie de la garde impériale en 228 ap. J.-C., l'ouvrage fut complété après cette date, puisqu'Athénée fait allusion à la mort d'Ulpien, en en taisant cependant les tragiques circonstances. L'œuvre se rattache à la tradition du genre symposiaque, illustrée par *Le Banquet* (*) de Platon et continuée par *Le Banquet* (*) de Xénophon, *Les Symposiaques ou Questions de table* de Plutarque – v. *Moralia* (*), *Le Banquet* (*) de Lucien. À l'exemple des dialogues platoniciens, le texte d'Athénée est présenté comme un dialogue rapporté. Si Platon et Xénophon ne se réfèrent qu'à un seul moment du festin, celui des libations (« symposion » veut dire en grec « réunion où l'on boit »), Athénée, au contraire, saisit également celui qui le précède, c'est-à-dire le festin proprement dit. Les conversations rapportées se seraient déroulées à Rome, à l'occasion de la fête des Parilia, au cours de plusieurs rendez-vous successifs d'un même groupe de convives. L'originalité d'Athénée réside dans l'extension considérable de son ouvrage (dans sa forme originaire, il comportait trente livres !) et dans le rapport qu'il établit entre la forme et la thématique choisies : les convives passent en revue, dans l'ordre, tout ce qui a trait au banquet, de sorte qu'il en résulte un gigantesque « Banquet sur le banquet », autrement dit une encyclopédie systématique de la sphère symposiaque au sens large – celle du plaisir [ἡδονή] – en forme de dialogue symposiaque. La convergence entre le cadre fictif du dialogue et la thématique traitée offre nombre d'occasions de jeux de mots basés sur des métaphores, comme « banquet de mots », « faim de savoir », « friandises littéraires », etc. Les intérêts d'Athénée sont principalement d'ordre linguistique, philologico-historique et littéraire, c'est pourquoi il puise ses informations et ses matériaux exclusivement dans des livres : le narrateur des *Deipnosophistes* et les personnages protagonistes des entretiens qu'il rapporte s'expriment à coups de références et de citations textuelles puisées chez d'innombrables auteurs de la littérature grecque de toutes les époques et de tous les genres depuis Homère, ainsi que chez d'innombrables auteurs d'ouvrages érudits. Cet aspect fait des *Deipnosophistes* une source fondamentale pour les hellénistes, car cet ouvrage a conservé un très grand nombre de fragments et d'informations permettant de nous faire une idée sur une production littéraire et savante considérable qu'autrement nous ignorerions tout à fait ou dont nous n'aurions gardé que de simples noms d'auteurs et des titres (Athénée est entre autres la source fondamentale pour les fragments de la comédie attique). D'une manière générale, il s'agit d'une mine précieuse pour la connaissance d'une sphère culturelle et sociale qui joue un rôle fondamental dans la civilisation grecque : celle du plaisir, qu'il s'agisse des plaisirs de la table, du vin, de l'éros, de la musique ou encore de l'entretien symposiaque, avec ses genres poétiques, ses modes et règles de l'échange verbal, sa conception hédoniste de la culture et de l'érudition. Dans ce cadre, Athénée livre un matériel extrêmement riche non seulement pour l'étude de la langue et de la littérature grecque, mais aussi pour l'archéologie, l'histoire des religions et des civilisations antiques, l'histoire des sciences naturelles.

ALESSANDRA LUKINOVICH.

RÉF. : K. Mengis, *Die schriftstellerische Technik im Sophistenmahl des Athenaios*, Paderborn, 1920. – Ch. B. Gulick, *Athenaeus, « The Deipnosophists »*, London, Cambridge (Mass.), 1927-1941. – A.-M. Desrousseaux, Ch. Astruc, *Athénée, « Les Deipnosophistes »*, t. I : *Livres I-II*, Paris, 1956. – B. P. Réardon, *Courants littéraires grecs des IIe et IIIe siècles ap. J.-C.*, Paris, 1971.

ATTA Titus Quintius. Poète comique latin. Nous ne savons rien de lui, sinon qu'il mourut en 78 avant J.-C., et qu'il fut enterré sur la via Prenestina, aux portes de Rome. Son nom est lié au déclin de la *togata* – v. *Togatae* (*) – dont il fut le dernier poète. Quant à son œuvre, le peu que nous en connaissons, douze titres et quelques rares fragments, ne nous permet pas de porter un jugement. Des témoins parlent de ses succès et de l'interprétation très appréciée que l'acteur Roscius donnait de ses personnages. Il avait encore au temps d'Auguste des admirateurs enthousiastes. Varron loue le relief qu'il savait donner à ses caractères, et Fronton la verve avec laquelle il décrivait la vie des femmes.

RÉF. : H. Bardon, *La Littérature latine inconnue*, t. I, 1952.

ATTAIGNANT (ou ATTAINGNANT) Pierre. Compositeur et éditeur de musique français. Né probablement à Douai vers 1494, mort à Paris en 1552. Son nom est passé à la postérité pour ses innovations dans le domaine de l'édition (notamment l'impression en une seule fois des notes et des portées). Libraire à Paris sous le règne de François Ier (1515-47), il expérimente de nouveaux genres musicaux qu'il publie dans ses *Chansons nouvelles* (1527-28). Il publie ensuite de nombreuses pièces en tablature pour luth, sept livres de messes (1532), des motets (1535) et les *Danceries à quatre et à cinq parties* (*) (1547-57, édition achevée par sa veuve). En 1537, il est nommé imprimeur officiel de la musique du roi et conservera cette fonction jusqu'à sa mort. La chanson française du XVIe siècle lui doit sa large diffusion.

ALAIN PÂRIS.

ATTÂR Farîd al-Dîn Mohammad b. Ibrahîm. Poète mystique persan. Né et mort à Nichapour (1142 ?-1220 ?). Son surnom de Attâr (l'apothicaire) vient du métier exercé par son père près de Nichapour, ville célèbre du Khorassân. Lui-même était médecin et durant toute son existence il exerça sa profession de droguiste. Mais « son vrai métier, écrit Louis Massignon dans sa préface à la traduction française du *Livre divin* (*), est d'analyser et de distribuer des élixirs, des contrepoisons pour le réconfort immortel des âmes amoureuses [...] Il a fait des découvertes sur l'efficacité ennoblissante, sacralisante, de la douleur, et c'est ce qui donne à toute son œuvre sa saisissante originalité ». « L'univers de l'amour, dit-il, n'a que trois chemins : le feu, les larmes et le sang. » C'est son maître spirituel, Hossein Mansour Hallâj, dont il raconte le martyre dans le *Mémorial des saints* (*), qui a ouvert son cœur, dit Attar, « comme une cible à la flèche du divin archer ».

Un autre saint exerça une grande influence sur Attâr : Najm al-Dîn Kobra, mort lors de l'invasion des Mongols et qui fut le maître de Bahâ-al-Dîn Valad, père du plus grand poète mystique de l'Iran, Jalâl al-Dîn Roumi. Lorsqu'il dut quitter Balkh avec sa famille, ils passèrent par Nichapour, ville où résidait Attâr. Ce dernier se hâta d'aller à leur rencontre et fut très frappé par la sainteté précoce du jeune Jalâl al-Dîn. Il exprima au père de celui-ci l'admiration qu'il éprouvait pour l'enfant, lui disant, rapportent ses biographes : « Ton fils ne tardera pas à enflammer le cœur de ceux qui ont déjà reçu l'empreinte brûlante de Dieu. » Après quoi, il offrit au jeune Jalâl al-Dîn un exemplaire de son *Livre des secrets* [*Asrâr-nâmé*]. De son côté, Roumi avait coutume de dire : « Attâr a parcouru les sept cités de l'amour, tandis que j'en suis toujours au tournant d'une ruelle. »

On a attribué à Attâr d'innombrables ouvrages. On a parlé de cent à deux cent mille vers – dont certains ne seraient manifestement pas de lui. En revanche, huit œuvres poétiques, outre le *Mémorial des saints* (*) en prose, sont tenues pour authentiques. Il s'agit du *Livre divin* (*) ; du *Langage des oiseaux* (*) ; du *Livre des secrets* [*Asrâr-nâmé*] ; du *Livre des conseils* [*Pand-nâmé*], traduit en français par Silvestre de Sacy en 1819 ; du *Livre des douleurs* [*Mossibat-nâmé*] ; des *Vers choisis* [*Mokhtar-nâmé*] ; du *Livre de Khosrow* [*Khosrow-nâmé*] ; et du *Recueil des Odes* [*Divân*]. Deux autres livres en vers n'ont pas été retrouvés : le *Livre* *des joyaux* [*Jawhar-nâmé*] et le *Commentaire sur le cœur* [*Sharhol Qalb*].

À l'instar des autres mystiques musulmans, Attâr est partisan de la doctrine de l'unité de l'existence [*Wahdat al-Wudjûd*] qu'il considère comme le sens profond et véritable du « Tawhîd » (unicité divine). Dans son *Langage des oiseaux,* il écrit : « Le firmament et le monde sont seulement une image, il n'existe que Lui (Dieu et tout le reste n'est qu'un nom. / Regarde bien ! Ce monde et l'autre sont Lui. Il n'existe rien d'autre que Lui ; si quelque chose existe, c'est Lui. / ... Ô Toi qui Te manifestes dans les choses multiples, mais qui es caché, le monde entier c'est Toi ; ce qui se manifeste n'est que Toi. / L'âme est cachée dans le corps et Tu es caché dans l'âme, ô Secret des secrets, ô Âme de l'âme. » Et, dans le *Livre des secrets* : « Tu es la réalité, sauf Toi n'existent que les noms. » Il défend ces mêmes idées dans toutes ses œuvres, et notamment dans son *Divân.*

Ainsi que le rappelle à juste titre le traducteur du *Livre divin,* « l'ensemble des thèmes développés par Attâr dans ses œuvres est d'une ampleur frappante ». Écrivant en 1500, le grand écrivain Djâmi déclare : « On ne peut trouver ailleurs que dans les odes et poèmes d'Attar le dévoilement d'autant de mystères de l'unification, l'explication d'autant de vérités spirituelles, la révélation d'autant de secrets de l'état extatique. »

Sans renoncer à sa profession, Attâr effectua de nombreux voyages et aurait fait le pèlerinage à La Mecque. Comme nous l'avons dit, la date et les circonstances de sa mort sont très incertaines. Il aurait été tué lors d'un massacre perpétré par les hordes mongoles, à un âge sans doute avancé, puisqu'il parle, dans le *Livre divin,* de ses cheveux « devenus blancs dans la foi de l'islam »... Sa vie, en tout cas, fut exemplaire et ses ouvrages présentent une importance particulière dans la littérature mystique du monde musulman.

EVA DE VITRAY-MEYEROVITCH.

ATTERBOM Per Daniel Amadeus. Poète et historien suédois, né le 19 janvier 1790 à Azbo, dans l'Östergötland, mort à Uppsala le 21 juillet 1855. Génie très précoce, il se forma à l'école des préromantiques suédois et des mystiques et esthètes allemands : Schleiermacher, Tieck, Schlegel et Schelling, écrivains qu'il connut personnellement pendant un voyage en Allemagne et en Italie (1817-1819) ; il dirigea, en même temps que le cénacle littéraire qu'il avait fondé, l'*Auroraförbundet,* la polémique romantique montée contre le rationalisme et le classicisme français. Professeur à Uppsala, de philosophie en premier lieu, d'esthétique et de littérature ensuite, il traita, dans ses poèmes romantiques écrits à la manière de Tieck, *L'Oiseau bleu* [*Fågel blå,* 1814] et *L'Île de la félicité* (*), les thèmes les plus mélancoliques et les plus enluminés du romantisme auxquels s'ajoutèrent les sujets que lui avait inspirés son séjour en Italie. Dans des périodiques tels que *Phosphore* [*Phosphoros,* 1810], *Calendrier poétique* [*Poetisk Kalender,* 1810-22], *Journal suédois de littérature* [*Svensklitteraturtidning,* 1813-24], il expose avec beaucoup de soin sa pensée éclectique, où se mêlent christianisme et hellénisme, goût superstitieux pour la tradition et théosophie. Dans ses ouvrages sur la littérature suédoise, *Penseurs et Poètes suédois* [*Svenska siare og skalder,* 1841-55], *Essais d'esthétique* [*Hesthetiska afhandlingar,* 1826], paraît également ce qui fut sa qualité majeure, une grande sensibilité au rythme et à la musique des mots, et un beau lyrisme.

RÉF. : E. Beauvois, article *Atterbom* dans le t. IV de la *Grande encyclopédie.* – E. Tykesson, *Atterbom. En levnadsteckning,* Stockholm, 1954.

ATTICUS Titus Pomponius. Historien latin. Né en 109, mort en 32 avant J.-C. Condisciple de Cicéron et uni à lui par des liens familiaux (sa sœur Pomponia épousa Quintus, frère cadet de Cicéron), Atticus, banquier et épicurien, quitta Rome au moment où sévissait la guerre civile provoquée par l'antagonisme de Marius et de Sylla, pour se rendre à Athènes. Il y vécut de longues années, et y acquit une connaissance si parfaite de la langue grecque qu'elle lui valut le surnom d'Atticus sous lequel il est connu. Ce n'est que lorsque le calme fut rétabli qu'Atticus, qui s'était tenu à l'écart du conflit, consentit à revenir à Rome. Sa famille, sa réputation, tout semblait le destiner à la carrière des honneurs. Il refusa cependant toutes les charges qui lui furent offertes, mais n'en conserva pas moins l'amitié et l'estime des hommes les plus éminents et les plus puissants de la République, dont Sylla, Cinna, Pompée, César, Antoine, Cicéron, Brutus et Octave, bien qu'ils fussent ennemis les uns des autres. C'est à l'amitié constante qui l'unissait à Cicéron, dont il fut l'éditeur, que nous devons les plus belles des *Lettres* (*) de celui-ci ; nous n'avons par contre aucune des réponses d'Atticus. Il a, cependant, écrit une œuvre historique fort remarquable au témoignage de ses contemporains et des générations suivantes, le *Liber Annalis* – v. *Annales* d'Accius (*) – aujourd'hui perdue. C'était une chronologie de l'histoire romaine, établie sur des bases scientifiques. Cornelius Nepos a écrit une *Vie d'Atticus.*

ATWOOD Margaret. Poète, romancière, nouvelliste et essayiste canadienne. Née le 18 novembre 1939 à Ottawa (Ontario). En 1946, sa famille s'établit à Toronto. Pour les recherches de son père, entomologiste, professeur à l'université de Toronto, de nombreux étés se passent dans le nord de l'Ontario et du Québec. Elle y acquiert une connaissance intime de la nature sauvage menaçante et menacée, qui va demeurer, face à la ville américanisée, l'un des pôles de son univers artistique, marqué par la dualité. En 1961, elle obtient la licence d'anglais à Victoria College, université de Toronto, puis sa maîtrise d'anglais, en 1962, à Radcliffe College, Harvard, U.S.A., et elle poursuit des études en vue d'une thèse de doctorat à Harvard et à l'université de Colombie britannique à Vancouver. En 1966, elle épouse James Polk. Elle enseigne dans plusieurs universités canadiennes, occupe des postes de responsabilité dans la maison d'édition Anansi. En 1972-73, elle est écrivain en résidence à l'université de Toronto. En 1973, elle divorce de James Polk et s'établit à Alliston, Ontario, avec le romancier Graeme Gibson, connu en 1970. Depuis 1980, ils vivent à Toronto avec leur fille Jess, née en 1976. Margaret Atwood devient présidente de l'Union des écrivains canadiens en 1982-83. Elle a séjourné à Boston, New York, Vancouver, Montréal, Berlin, en Angleterre, et voyagé dans le monde entier. Elle a reçu des doctorats de nombreuses universités et de nombreux prix littéraires, notamment la plus haute distinction du Canada, le prix du Gouverneur général, en 1966, pour *Faire le cercle* [*The Circle Game*] et, en 1986, pour *La Servante écarlate* (*).

En 1961, Margaret Atwood publie *Perséphone double* [*Double Persephone*] et reçoit le prix James Pratt de poésie. Suivent, en 1966, *Faire le cercle* puis, en 1970, deux importants volumes de poésies, *Les Carnets de Susanna Moodie* [*The Journals of Susanna Moodie*] et *Procédures souterraines* [*Procedures for Underground*]. En 1971, *Le Jeu de la domination* [*Power Politics*] aborde l'un des thèmes centraux de son œuvre : « qui peut faire quoi à qui impunément ».

En 1969, elle se tourne vers le roman avec *La Femme comestible* [*The Edible Woman*]. En 1972 paraissent deux œuvres complémentaires, *Faire surface* (*) et l'*Essai sur la littérature canadienne* [*Survival : A Thematic Guide to Canadian Literature*]. Pour la romancière, influencée par Northrop Frye, la survie est le mythe central du Canada et de sa littérature. Les protagonistes de *Faire surface* illustrent les quatre attitudes qu'une victime peut adopter : négation de l'état de victime, acceptation du rôle, refus du rôle, attitude créatrice de celle qui échappe à l'état de victime. Désormais, ses héroïnes, intellectuelles marquées par le féminisme des années 60, vont progresser de la première à la quatrième position.

Lady Oracle [*Lady Oracle,*1976] raconte la multiplicité cocasse de Joan Foster, maîtresse d'un artiste détraqué, d'un politicien de gauche jaloux, poétesse célèbre écrivant en secret des romans d'horreur gothique, double svelte de l'obèse qu'elle fut dans sa jeunesse, auteur de la mise en scène de sa disparition et de sa mort supposée. *Les Danseuses* [*Dancing Girls,* 1981] est un recueil de nouvelles. Le titre de *La Vie avant l'homme* [*Life Before Man,* 1979] désigne aussi bien les dinosaures du Musée royal de l'Ontario que ceux, bien vivants, que sont les prédateurs, hommes, femmes ou enfants, de la vie professionnelle ou familiale. Pour Nate, Elizabeth et Lesje, la vie passe avant l'homme, elle est, avant tout, combat pour l'intégrité et fuite en avant. *Marquée au corps* [*Bodily Harm,* 1981] est l'histoire d'une jeune journaliste de Toronto, Rennie Wilford, qui va chercher le repos récupérateur dans la petite île St. Antoine, dans les Caraïbes, mais y découvre un monde de violence dans lequel il faut réapprendre la survie, face à l'appétit de pouvoir sexuel et politique. La fin ambiguë laisse le lecteur entre le réel et l'imaginaire. Cette œuvre importante est suivie, en 1983, de *L'Œuf de Barbe-Bleue* [*Bluebeard's Egg*], nouvelles en partie autobiographiques, et du recueil de poèmes *Meurtre dans la nuit* [*Murder in the Dark*].

La Servante écarlate (1985), roman d'anticipation négative (dystopie) situé à Harvard à la fin du XXe siècle, décrit l'oppression des femmes dans la République théocratique de Gilead. À l'inverse, *Œil-de-Chat* [*Cat's Eye,* 1988] peint, apparemment avec réalisme, les années de formation d'une artiste peintre célèbre. Parvenue à l'âge mûr, Elaine Risley s'interroge, à travers une symbolique très personnelle, sur la transmutation du quotidien en objet d'art, elle prend ses distances vis-à-vis du mouvement féministe et des critiques incapables de comprendre que l'œuvre est radicalement créatrice. Ces deux derniers romans présentent finalement le même jeu du pouvoir et de l'esquive, la même quête de l'identité et de l'intégrité qu'accompagne une réflexion sur le fonctionnement mimétique ou métaphorique du langage et sur la narrativité. Une ironie parfois féroce, soutenue par une imagination foisonnante et un style volontiers épigrammatique, démasque inlassablement le mensonge à autrui et à soi. Une très grande virtuosité technique, un sens des problèmes qui préoccupent les contemporains et une sensibilité aiguë complètent une palette très riche.

JACQUES LECLAIRE.

RÉF. : L. Sandler, *Margaret Atwood, A Symposium,* Victoria, 1977. — S. Grace, *Violent Duality,* Montréal, 1980. — A. et C. Davidson, *The Art of Margaret Atwood,* Toronto, 1981.

AUB Max. Écrivain espagnol. Né à Paris en 1903, de mère française et de père allemand. Mort à Mexico le 23 juillet 1972. À onze ans, avec la Première Guerre mondiale, il vient s'installer avec sa famille à Valence, en Espagne. Son éducation trilingue ne l'empêchera pas d'être attiré précocement par l'écriture unique en espagnol. Poète, essayiste, auteur dramatique, il fut néanmoins essentiellement un romancier. Il fut un des piliers du surréalisme espagnol et de la déshumanisation de l'art ortéguien. À la fin de la Guerre civile, il partit en exil, au Mexique, après un pénible séjour dans les camps français et une déportation à Alger. Il mourut dans la capitale aztèque où parut l'essentiel de ses œuvres. De l'influence d'Ortega et de ses amis de la *Revista de Occidente* sur Max Aub, il reste peu de choses en comparaison avec les trente années de création intense en Amérique.

Sous le titre général du *Labyrinthe magique* (+), Max Aub a conçu une série de cinq romans obsédés par le mot « champ » ou « camp » : *Champ clos* (*) (1940), *Champ ouvert* (*) (1941), *Champ sanglant* (*) (1942), *Terre des champs, champ français.* Les deux derniers changèrent de structure et d'appellation : *Histoires vraies* [*Cuentos ciertos*] et *Ce ne sont pas des histoires* [*No son cuentos*], auxquels s'ajouteront deux nouveaux champs ou camps : *Champ du Maure* et *Champ des amandiers* en 1963. Max Aub a prétendu nous donner, avec cette série, une vision personnelle de la tragédie espagnole. Avec le *Champ des amandiers* à Alicante, « la guerre est finie » et la série aussi. Deux autres romans importants, *Les Bonnes Intentions* [*Las buenas intenciones*] et *Rue Valverde* [*La Calle Valverde*], ne nous font pas oublier la biographie d'un peintre inventé et inconnu, *Jusep Torres Campalans* (*) (1958), ni l'invention surréaliste de ses nouvelles (*Crimes exemplaires, La Véritable Histoire de la mort de Francisco Franco*). La supercherie ne fut pas découverte que par l'aveu de son auteur. Picasso, Jean Cassou, Juan Gris et Alfonso Reyes ne pipèrent mot. Dalí était dépassé. Le roman contenait néanmoins une remarquable chronique artistique de l'entre-deux-guerres. Son œuvre théâtrale mérite d'être étudiée plus profondément depuis *Narcisse* [*Narciso*, 1928] ; *Le Miroir de l'avarice* [*Espejo de avaricia*, 1934], et son *Théâtre incomplet* jusqu'aux textes mexicains : *Désirée* [*Deseada*, 1948] ; *Non* [*No*] ; *Saint Jean* [*San Juan*, 1943], sur le drame alors contemporain des juifs victimes du nazisme, tous ces livres exprimant l'idéal humanitaire de Max Aub.

LOUIS URRUTIA.

AUBANEL Théodore. Poète provençal. Né et mort à Avignon : 26 mars 1829-31 octobre 1886. Aubanel descendait d'une vieille famille d'imprimeurs français qui, depuis le XVIIIe siècle, portait le titre d'« imprimeurs de Sa Sainteté » ; la famille de sa mère (née Seyssan) prétendait remonter à un « capitaine grec » que notre poète chantera dans un sonnet célèbre où il affirme tenir de cet ancêtre « son amour des femmes et du soleil ». Aubanel est en effet le grand poète lyrique et dramatique de la littérature provençale moderne. Poète de l'amour et de la mort, il a chanté dans *La Grenade entrouverte* (*) (1860) son amour pour Zani, la jeune Jenny Manivet qui se fit religieuse : il y a là des accents de douleur et de sincérité qui font d'Aubanel le Musset provençal ; mais il avait conçu d'abord les poèmes comme *Le Neuf Thermidor* inspirés par un goût un peu morbide. Cette double inspiration se retrouve dans son second recueil lyrique, *Les Filles d'Avignon* [*Li fiho d'Avignoun,* 1885] où, à côté de l'ardente sensualité qui caractérise *La Vénus d'Arles* ou *La Vénus d'Avignon,* on peut lire des poèmes comme *La Chanson de l'an qui vient* ou *Les Vieux,* dominés par la violence et la tristesse. Mais la coterie bien-pensante d'Avignon ne pardonna pas au poète cet hommage à la beauté. *Li fiho d'Avignoun,* édité cependant à 300 exemplaires « seulement pour les amis », fut traité de « livre infâme » et soumis à l'archevêque qui, ne comprenant pas le provençal, ne sentit pas la beauté et l'harmonie des vers et somma le poète de détruire son livre ou d'abandonner son titre d'imprimeur du pape. Aubanel se soumit, mais en mourut l'année suivante. L'œuvre lyrique d'Aubanel comporte également *Le Soleil d'outre-tombe* (*) publié en 1899 par son ami Ludovic Legré : nous y retrouvons la même inspiration, un peu plus assagie. Le tempérament d'Aubanel l'a attiré tout naturellement vers le drame. Il a publié, en 1882, *Le Pain du péché* (*), sombre mélodrame joué à Montpellier le 28 mai 1878, mais il avait laissé deux autres œuvres dramatiques, *Le Rapt* [*Lou raubatori*] et *Le Berger* [*Lou pastre*], qui l'emportent sur la première par la violence des passions et l'enchaînement de l'action. Elles ont été publiées après sa mort, *Le Rapt* en 1828, *Le Berger* en 1944 dans l'édition complète de ses œuvres. Aubanel est, après Mistral, le grand poète de la renaissance provençale. Il a donné à la Provence une poésie lyrique aux accents sincères et profonds et des œuvres dramatiques puissantes que l'absence de troupes professionnelles jouant en provençal n'a pas permis de diffuser comme elles le méritaient.

CHARLES ROSTAING.

RÉF. : J. Vincent, *Théodore Aubanel. La vie et l'homme,* Avignon, 1924. – L. Larguier, *Théodore Aubanel,* Avignon, 1946.

AUBER Daniel François Esprit. Compositeur français. Né à Caen le 29 janvier 1782, mort à Paris le 12 mai 1871. Élève de Boieldieu et de Cherubini, il vécut dans le sillage de Rossini ; son unique préoccupation fut de développer les aventures romanesques des sujets qu'il traitait, sans jamais se soucier d'approfondir la psychologie des personnages. Il trouva en Eugène Scribe, qui écrivit pour lui de nombreux livrets, le collaborateur dont l'habileté théâtrale était digne de son solide métier. En 1805, il composa son premier opéra-comique en un acte, écrit pour un théâtre d'amateurs : *L'Erreur d'un moment ;* il fut suivi de *Julie*, qui fut également représentée sur une scène privée (au château de Chimay). Vers cette époque, Auber avait déjà composé quelques romances, un *Trio* avec piano et différentes pièces pour violoncelle, dont quatre *Concertos* que lui avait commandés son ami le violoncelliste Hurel de Lamare ;

celui-ci n'étant pas capable de mettre sur le papier ses intuitions musicales, il se faisait aider par le compositeur et présentait ensuite les concertos sous son propre nom. Après *Julie*, Auber composa quarante-six opéras et opéras-comiques. Son principal opéra, *La Muette de Portici* (*), fut représenté à l'Opéra de Paris le 29 février 1828 et repris aussitôt par tous les plus importants théâtres d'Europe. Les deux plus réussis de ses opéras-comiques sont : le célèbre *Fra Diavolo ou l'Hôtellerie de Terracino* (*), donné pour la première fois à l'Opéra de Paris le 28 février 1830, et *Le Domino noir*, représenté au même théâtre le 2 décembre 1837. Mentionnons d'autres ouvrages qui connurent un succès particulier : *Le Maçon* (1825), *La Fiancée* (1829), *Les Diamants de la Couronne* (1841), *L'Enfant prodigue* (*) (1850), *Zerline* (1851), *Marco Spada* (1852 et transformé en ballet en 1857), *Jenny Bell* (1855), *Manon Lescaut* (*) (1856), *La Circassienne* (1861), *La Fiancée du roi des Garbes* (1864), *Le Premier Jour de bonheur* (1868), *Rêves d'amours* (1869). Auber succéda en 1829 à Gossec comme membre de l'Institut et, en 1842, il fut nommé par Louis-Philippe directeur du Conservatoire de Paris. En 1857, Napoléon III le nomma maître de chapelle de la cour impériale.

♦ *« Petite musique, oui, mais d'un grand musicien. »* Rossini. ♦ *« [*La Muette de Portici*] est un moment unique non seulement dans l'histoire de la musique française d'opéra, mais dans la création artistique d'Auber lui-même. »* Richard Wagner. ♦ *« Les qualités bien françaises d'Auber, la grâce, le charme, la légèreté ne se retrouvent à un si haut degré que chez Boieldieu. »* H. Riemann.

RÉF. : B. Jouvin, *D.-F.-E. Auber, sa vie et ses œuvres*, Paris, 1864. – E. de Mirécourt, *Auber*, Paris, 1867. – A. Deléhelle, *Auber*, Paris, 1871. – Richard Wagner, *Souvenirs sur Auber*, trad., 1873. – Charles Malherbe, *Auber*, Paris, 1911.

AUBIGNAC François Hédelin, abbé d'. Écrivain français. Né à Paris le 4 août 1604, mort à Nemours le 25 juillet 1676. Il est fils d'un avocat parisien féru de poésie mais médiocrement fortuné. Après des études de droit, il exerça quelque temps la profession d'avocat à Nemours, où son père était devenu lieutenant général, puis vint à Paris, embrassa l'état ecclésiastique, ce qui lui valut la petite abbaye d'Aubignac près de Bourges (vers 1627), et surtout devint précepteur du neveu de Richelieu. Auprès du cardinal, en 1637, il rencontra Chapelain qui l'initia aux milieux littéraires dont il tenta de devenir une figure. Ses ambitions se portèrent donc sur le théâtre, qui était à la mode. Richelieu le chargea de réécrire une partie de la *Penthée* de Tristan L'Hermite et l'invita à une répétition de *Mirame* de Desmarets de Saint-Sorlin. Dès 1640, il entamait – à l'instigation du cardinal ? – une poétique du théâtre qui devait établir définitivement les théories des « réguliers ». Mais, frustré de l'Académie pour avoir écrit une critique virulente de la *Roxane* de Desmarets, il retarda longtemps la parution de sa *Pratique du théâtre* (*) (1657). Et cet ouvrage qui constitue sans conteste pour nous une étape essentielle dans la formation de la doctrine classique ne lui apporta pas toute la reconnaissance attendue. Il a tâté de tous les genres : ses trois tragédies en prose, rigoureusement conçues selon les règles, *Cyminde*, *Zénobie* et *La Pucelle d'Orléans*, ne lui attirèrent dans les salons que des moqueries, à juste titre, mais sa production romanesque est immense et, quoique parfois entachée de lourdeurs didactiques, ne manque pas d'intérêt – v. *Macarise* (*) (1664). Il fut aussi de tous les grands débats littéraires du temps. On connaît notamment sa polémique contre Gilles Ménage à propos de Térence. Avant Molière, il tourna en dérision les précieuses dans sa *Nouvelle histoire du temps, relation véritable du royaume de Coquetterie*. Les corrections de sa *Pratique* reflètent ses polémiques avec Pierre Corneille. L'intelligence de son esprit critique se marque particulièrement dans ses *Conjectures académiques ou Dissertation sur l'Iliade* (*), publiées à titre posthume en 1715, à l'époque des discussions sur Homère entre Mme Dacier et Houdar de la Motte : il s'efforce d'y démontrer, au nom des « règles », la médiocrité des poèmes homériques et avance l'hypothèse selon laquelle Homère n'aurait pas existé. Érudit incontestable, il est aussi un homme de salons qui refuse l'étiquette de pédant. Son académie, dont il tenta vainement de faire une rivale de la grande, se manifesta surtout en faveur de la science et du rationalisme.

LOUIS DELIBES.

AUBIGNÉ Théodore Agrippa d'. Poète et historien français. Né le 8 février 1552 près de Pons en Saintonge, mort le 9 mai 1630 à Genève. Engagé de façon active dans les guerres et paix par lesquelles la monarchie française essaie de résoudre la difficile cohabitation des religions catholique et réformée, Aubigné est également le plus grand poète de sa génération. Son activité militante comme son œuvre ne se comprennent que par un engagement sans hésitation dans la foi protestante et par une fidélité déçue envers Henri IV dont il fut le compagnon.

Il est le fils de Jean d'Aubigné, juriste, bailli d'Antoine de Pons, et de Catherine de l'Estang. Ce ne sont point des origines nobles, malgré ses efforts et ceux des généalogistes de sa petite-fille, Mme de Maintenon, pour se rattacher aux d'Aubigné d'Anjou ; mais une vie politique et militaire active (conspiration d'Amboise, commandement en second au siège d'Orléans) a promu Jean d'Aubigné avant sa mort en 1563. Son fils, à qui il fait promettre de venger les morts d'Amboise, suivra la voie militaire en s'échappant à seize ans (1568) de chez son tuteur, vie « noble » où il porte le titre d'écuyer, accède au grade de maréchal de camp, et adopte les préjugés, revendications et valeurs de la noblesse traditionaliste. Sa vie est liée au service d'Henri de Navarre depuis 1568 — relations orageuses souvent, car d'Aubigné a la critique rude et peu diplomatique. Il échappe de peu à la Saint-Barthélemy (1572). Revenu à la Cour en 1573, comme écuyer d'Henri, il fréquente l'Académie du palais et côtoie les jeunes seigneurs (dont Bussy d'Amboise et le duc de Guise), et arrive à faire évader son maître en 1576. Mis à part quelques phases de paix ou de diplomatie à la cour de Navarre alors installée à Nérac, d'Aubigné participe à toutes les guerres (de Jarnac et Montcontour en 1569, à Coutras en 1587 et Ivry en 1590) et s'y fait remarquer par son audace, ainsi qu'il le raconte tant dans *Sa vie à ses enfants* (*) que dans l'*Histoire universelle* (*). En 1590, il est nommé gouverneur de Maillezais. Il se montre constamment hostile aux alliances politiques avec les catholiques, même si cela doit faciliter l'accession d'Henri au trône de France. Après la conversion d'Henri IV, dès 1593, d'Aubigné participe activement aux assemblées des protestants qui obtiennent des places fortes de sûreté, des députés permanents auprès du roi, mais restent déçus par l'édit de Nantes publié en 1598. La paix qui s'ensuit est pour d'Aubigné l'occasion de s'initier à la controverse théologique (contre l'évêque Du Perron en 1601) et de commencer ses travaux historiques à la demande du synode de Gap (1603). Après l'assassinat d'Henri IV, les réformés veulent obtenir de nouveaux gages de sûreté (assemblées de Saumur et Thouars, 1611) ; leur mécontentement les incite à suivre dans leurs soulèvements politiques (1614, 1616) le prince de Condé, puis le duc de Rohan (1620). D'Aubigné, qui par son intransigeance a gagné le surnom de « bouc du désert », est de plus en plus mal vu de la reine Marie de Médicis : successivement ses pensions sont supprimées, ses places fortes menacées, puis lui-même proscrit ; il s'enfuit à Genève en septembre 1620. De là, il participe tant aux tensions internes de la France qu'aux préliminaires de la guerre de Trente Ans en Valteline : il conseille les fortifications de Berne, et songe encore à reprendre les armes ; il est en relation avec Mansfeld, avec les Vénitiens, avec l'Angleterre, activités bien compromettantes pour les Genevois, jusqu'à sa mort en 1630.

Sa vie familiale n'est pas toujours sereine. Marié en 1583 avec Suzanne de Lezay dont il est éperdument amoureux, et que le roi de Navarre lui obtient, malgré leur différence de naissance et de fortune, il a d'elle trois enfants : deux filles, et un fils, Constant, qui est l'objet de tous ses soins et répond mal à ses attentes : pour être mieux en cour, il abjure (1617 ?), se dissipe, assassine sa première épouse infidèle (1619) ; réconcilié avec son père en 1623, il trahit aussi vite en espionnant en Angleterre les préparatifs d'aide à La Rochelle assiégée. De ce fils agité naîtra une fille, Françoise, future épouse de Scarron et marquise de Maintenon. Les appuis de la vieillesse de d'Aubigné seront son fils bâtard Nathan, parti comme lui à Genève, et Renée Burlamachi, qu'il épouse en 1621.

D'Aubigné a eu une éducation exceptionnellement poussée : ses précepteurs dès quatre ans l'instruisent en latin, grec et hébreu ; à dix ans, il est à Paris à l'école de Matthieu Béroalde (avec Pierre de l'Estoile) ; puis son tuteur l'envoie au collège de Genève (de 1565 à 1566), alors dirigé par Théodore de Bèze. Malgré sa vie militaire, il vient à la création littéraire, sous l'influence de Ronsard, fréquente les poètes de la cour d'Henri III, puis de la cour de Nérac, continue à lire les œuvres modernes et anciennes. Son activité littéraire est intense et ininterrompue, même si les dates de parution semblent reporter à son âge mûr l'apogée de son activité intellectuelle. C'est en effet à partir de 1616 que paraissent l'admirable « poème héroïque », *Les Tragiques* (*) (commencé en 1577) et l'*Histoire universelle*, qui tous deux racontent l'épopée du parti protestant, les picaresques *Aventures du baron de Faeneste* (*) (en 1617 deux livres, le troisième en 1619, le quatrième en 1630 à Genève, censuré !), et enfin *Les Petites Œuvres mêlées* (1630 : *Méditations sur les psaumes, Hiver, pièces épigrammatiques*). Cette part publiée lui vaut surtout des ennuis, l'*Histoire* est condamnée et brûlée, *Les Tragiques* lui valent d'être accusé de « républicanisme », il se brouille avec Condé pour ce qu'il dit des « fils dégénérés », avec Épernon pour ce qu'il dit des Gascons fanfarons et des mignons... Encore n'a-t-il fait circuler qu'en manuscrit ses pamphlets (*La Confession catholique du sieur de Sancy*, contre Harlay de Sancy, converti en 1597, *Le Caducée ou l'Ange de Paix*, contre les « prudents » du parti) et les traités politiques (*Du debvoir mutuel des Rois et des Sujets, Traité sur les guerres civiles*, 1622 ?). Il laisse divers ouvrages sans les publier : *Sa vie à ses enfants*, destinée à sa seule famille, le recueil de poésies amoureuses du *Printemps* (*) (œuvre de jeunesse), des épigrammes latines et un recueil préparé de près de deux cents lettres. Si l'on ajoute qu'il a conçu le projet du *Ballet comique de la reine*, qu'il fait allusion à des traités de théologie perdus, il semble avoir touché à tous les genres littéraires modernes. Son style très particulier, violent, exacerbé, mais qui peut aller du sublime au comique, alliant *La Bible* à la mythologie, et la satire aux grandes visions, a souvent été utilisé comme prototype du style « baroque » ; sa valeur poétique a été sous-estimée jusqu'à la première (et seule) édition intégrale par Réaume et Caussade (1873 à 1895). Nous y reconnaissons maintenant au contraire une exceptionnelle personnalité.

MARIE-MADELEINE FRAGONARD.

♦ « *Un très bon livre en son genre si on en avait retranché quelques discours qui sentent trop le Huguenot* », Charles Sorel. ♦ « *Le type vivant, l'abrégé de son siècle* », Sainte-Beuve. ♦ « *Ce Titan solitaire qui à lui seul révèle sans pudeur ce qu'il y avait de prométhéen, dans l'impatience du français du* XVI*e siècle* », Marc Fumaroli.

RÉF. : A. Garnier, *Agrippa d'Aubigné et le parti protestant*, 3 vol., Paris, 1928. – H. Weber, *La création poétique au* XVI*e siècle en France*, Paris, 1955. – J. Bailbé, *A. d'Aubigné, poète des Tragiques*, Caen, 1968. – M. M. Fragonard, *La Pensée religieuse d'A. d'Aubigné et son expression*, Paris, 1986. – Th. A. d'Aubigné, *Sa vie à ses enfants*, Paris, 1986.

AUBREY John. Écrivain anglais. Né le 12 mars 1625 à Easton Pierce (comté de Wiltshire), mort au début de juin 1697 à Oxford. Enfant fragile, John Aubrey fut éduqué par un précepteur jusqu'à l'âge de huit ans ; il suit alors les cours d'un élève de Thomas Hobbes qui lui fait rencontrer ce dernier. Une amitié s'ensuit entre l'enfant et le quinquagénaire, qui durera de longues années. L'adolescence d'Aubrey se passe dans une solitude qu'il qualifiera d'« érémitique ». Mais déjà sa curiosité insatiable lui fait trouver de l'intérêt à toute chose et à tout individu. Le travail des artisans, l'astrologie, les légendes locales le passionnent. Il lit très tôt les *Essais* (*) de Bacon. À seize ans, il entre au Trinity College d'Oxford. La guerre civile éclate, qui lui fait quitter précipitamment le collège en octobre 1644. Deux ans plus tard, il s'inscrit à l'école de droit de Middle Temple, à Londres. C'est l'époque où il s'adonne à l'archéologie. Il découvre le site d'Avebury en 1648, et y fait venir Charles Ier. À la mort de son père, en 1652, Aubrey hérite des terres et des dettes. Il commence son *Histoire naturelle du Wiltshire* [*Natural History of Wiltshire*], qui témoigne d'un sens de l'observation peu commun. Il mène, vers cette époque, une vie personnelle agitée, aggravée par des procès et un endettement qui le mènera à la ruine. Sa réputation d'archéologue (on disait alors "antiquaire") le fait élire à la prestigieuse Royal Society. Il se lie avec un personnage aussi étonnant que lui, Samuel Pepys. En 1667, il rencontre le professeur Anthony Wood, dont le rôle est capital dans l'élaboration des *Vies brèves* (*). C'est en effet sous l'impulsion de cet érudit hautain que Aubrey va collecter les anecdotes dont il va truffer ses petites biographies. Sa vie est partagée entre le labeur et la flânerie : il compose ses *Vies brèves, Vestiges du gentilisme et du judaïsme* [*The Remains of Gentilism and Judaism*] et une *Pérambulation dans le comté de Surrey* [*Perambulation of the County of Surrey*]. En 1673, sa situation financière est si catastrophique qu'il est arrêté pour dettes. Pepys tente de le faire entrer à l'Amirauté. Puis William Penn lui offre des terres au Nouveau Monde, mais Aubrey, nonchalant, refuse toutes ces occasions. Son vieux maître et ami, Hobbes, meurt en 1679 ; le biographe rédige à sa mémoire sa plus longue et sa plus belle *Vie brève*. Le professeur Wood décède en 1695, John Aubrey deux ans plus tard. Longtemps après, on découvrira sur le registre de St. Mary Magdalen d'Oxford l'inscription suivante : 1697, JOHN AUBERY, Un Étranger fut Enterré, le 7 Juin. Le génie de cet écrivain (mais est-ce véritablement ce que l'on a l'habitude d'appeler ainsi ?) tient pour l'essentiel dans sa manière de mettre en scène les personnages illustres dont il parle. Il va droit au détail crucial, souvent irréel avec le temps, pour dégager l'originalité de son sujet. Les œuvres, les pensées l'intéressent, certes, mais les hommes lui semblent mieux témoigner de leurs œuvres que leurs travaux. Aubrey, dont l'influence est souterraine, est par maints aspects typiquement britannique ; il est l'initiateur d'un genre qui va fleurir avec succès outre-Manche : que l'on songe à Samuel Johnson ou à Boswell. En France, seul Marcel Schwob aura reconnu la singularité de ce biographe étonnant.

FRANÇOIS BODDAERT.

AUBRY Octave. Historien français. Né et mort à Paris (1er septembre 1881 - 27 mars 1946). Docteur en droit et licencié en histoire, il suivit d'abord la carrière administrative aux ministères de l'Intérieur, de la Justice, puis de l'Instruction publique, où il accéda au grade de chef de cabinet en 1911. Dès 1904 cependant, il avait fait paraître un recueil poétique qu'allait suivre une série de romans historiques : *La Face d'airain* (1906), *Sœur Anne* (1912), etc. Octave Aubry abandonna ce genre au moment même où, pendant les années d'après-guerre, il connaissait une grande vogue, pour aborder l'histoire, d'abord anecdotique, avec *Marie Walewska* (1925), *Le Roman de Napoléon* (1926), *Le Lit du roi* (1926), sur les amours de Louis XV ; puis l'histoire véritable, en mettant à jour l'époque encore mal connue du second Empire, avec *Napoléon III* (1929) et *L'Impératrice Eugénie* (1931). *Le Roi de Rome,* qui renouvelait complètement le sujet, en 1932, grâce à une importante documentation inédite, permettait à l'auteur d'affirmer sa maîtrise dans un genre original, conciliant la rigoureuse exactitude de la documentation, et l'attachement passionné au romanesque individuel et historique. On en trouvera d'excellentes illustrations dans *Napoléon* (1936) et surtout dans *Sainte-Hélène* (+) (1935), consacré à la captivité de l'Empereur. Mentionnons encore *Le Second Empire*. Élu à l'Académie française le 14 février 1946, au fauteuil du cardinal Baudrillart, Octave Aubry mourut avant d'avoir pu être reçu, laissant en train une importante étude sur *La Révolution française*, dont deux volumes ont pu être publiés.

AUDEN Wystan Hugh. Poète anglais. Né à York le 21 février 1907, naturalisé américain, mort à Vienne le 29 septembre 1973. Après quelques années passées à l'école de Gresham, il compléta ses études à Oxford (Christ Church). Là, un professeur demandant au nouveau venu ce qu'il comptait faire, « Être poète, répondit-il. – Dans ce cas, lui dit le professeur, des études de littérature ne vous feront pas de mal. – Vous ne comprenez pas, reprit le jeune homme. Je veux être un grand poète. » Et c'est ce qu'il devint : un grand poète ! Après avoir séjourné en Allemagne à différentes reprises et enseigné en Angleterre et en Écosse, puis travaillé quelque temps dans les équipes de cinéma documentaire de Greerson (il écrivit le commentaire du film *Night Mail*), il allait s'imposer comme le poète le plus influent d'un groupe résolu tout à la fois à rénover la prosodie anglaise et à changer le monde. À son exemple, les efforts convergents de Stephen Spender, Cecil Day-Lewis, Louis MacNeice et de plusieurs autres écrivains des années trente tendaient – à des degrés divers et avec quelques nuances – à changer la société bourgeoise et traditionnelle en une société égalitaire libérée de nos préjugés et conventions. Auden participa à la Guerre civile espagnole comme brancardier. Il partit pour les États-Unis à l'automne 1938 et s'y établit, enseignant dans les collèges et les universités – notamment à celle d'Ann Arbor, dans le Michigan. Vers la fin de la Seconde Guerre mondiale, il servit dans l'armée américaine et se retrouva en Allemagne avec les forces d'occupation. En 1948, il reçut le prix Pulitzer. Il fut le « professeur de poésie » d'Oxford, de 1956 à 1961 (cinq années constituant la période statutairement fixée pour ce poste, surtout honorifique), tout en passant de longues semaines chaque été en Italie, puis, à partir de 1958, en Autriche. De sa bibliographie abondante et compliquée, on ne peut retenir ici que les grandes lignes. Les premiers recueils *Poèmes* [*Poems*] et *Les Orateurs* (*) sont respectivement de 1930 et 1932. On y trouve trace des idées du psychologue et anthropologue Layard que le poète avait rencontré à Berlin. En 1937, à la suite d'un voyage en compagnie de Louis MacNeice, les deux poètes écrivirent une *Lettre d'Islande* où, les genres étant fort mélangés, ou niés, Auden introduisit une brève autobiographie versifiée. Avec son ami Isherwood, il composa trois pièces, dont le ton allègre récuse la révolte métaphysique et sociale : *Le Chien sous la peau* (*) (1935), *L'Ascension de F 6* (*) (1936), *Sur la frontière* (*) (1938). L'œuvre d'Auden avant son départ pour les États-Unis se complète d'une pièce en vers, *La Danse de mort* (*) (1933), où il fait la satire de la société anglaise de son temps, et de deux recueils poétiques : *Regarde, étranger* [*Look, Stranger,* 1936] et *Espagne* [*Spain,* 1937]. De la période « américaine » (entre guillemets parce qu'elle n'est aucunement coupée de l'Europe, comme les séjours et les écrits eux-mêmes le font comprendre), on retiendra les recueils : *Une autre fois* (*) (1940), *Lettre du Nouvel An* (*) (1941), *Pour l'instant* (+) (1944), *L'Âge de l'angoisse* (*) (1948), *Le Bouclier d'Achille* (*) (1955), *Hommage à Clio* (*) (1960), *Dans la maison* (*) (1965). Dans l'ensemble, une œuvre de poète, prolifique et inégale. On peut, on doit cependant l'accueillir telle quelle, avec son va-et-vient, avec ses ouvertures, ses retouches. Auden vécut sa poésie toute sa vie durant, faisant corps avec elle, et la corrigeant sans cesse. Il avait fait sien le mot de Valéry : « Un poème n'est jamais fini, il est seulement abandonné. » Auden vivait aussi la poésie des autres ou, pour mieux dire : leur littérature, vers ou prose. En 1935, il avait composé une première anthologie, *La Langue du poète* [*The Poet Tongue*], et une autre en 1938, dite de vers légers – il faut comprendre : poésie burlesque, satirique, épigrammatique, etc. –, *The Oxford Book of Light Verse* (remodelée en 1978, suivant une autre approche par Kingsley Amis). Il a présenté aussi un choix de poèmes de Walter de la Mare et de Louis MacNeice et un choix des essais de Chesterton. Il a expliqué le *Don Juan* (*) de Byron et certaines sagas, et proposé des points de vue éclairants sur cent auteurs et sujets divers dans *La Main du teinturier* (*) (1963). Il dit là, en explorateur à l'esprit toujours vif et au courant de tout, pourquoi Thomas Hardy l'influence, et son admiration pour le poète D. H. Lawrence, pour Robert Frost et Marianne Moore. Il y donne aussi son avis sur Dante et Jules Verne, sur la musique dans Shakespeare, sur les livrets d'opéra. Ce dernier domaine l'occupa beaucoup dans ses dernières années et, avec Chester Kallman, il écrivit le texte de *La Carrière du libertin* (*) (1948), inspiré de Hogarth, et dont Stravinsky composa la musique. Il collabora aussi avec Benjamin Britten. Il existe plusieurs recueils généraux de la poésie d'Auden : de son vivant parut celui des poèmes relativement brefs [*Collected Shorter Poems,* 1927-1957-1966], puis celui des poèmes relativement développés [*Collected Longer Poems,* 1968]. La première tentative posthume d'édition générale de l'œuvre distingue l'Auden « anglais » de l'Auden « américain ».

ROLAND DAILLY.

RÉF. : R. Hoggart, *Auden : an Introductory Essay,* Londres, 1951. – M. K. Spears, *The Poetry of Auden : The Disenchanted Island*, Oxford, 1963. – John Blair, *The Poetic Art of W. H. Auden,* Princeton U.P., 1965. – John Fuller, *A Reader's Guide to W. H. Auden,* Londres, 1969. – F. Buell, *Auden as a Social Poet,* Cornell U.P., 1973. – Joseph Brodsky, « Pour plaire à une ombre... » in *Loin de Byzance,* Paris, 1988.

AUDIBERTI Jacques. Écrivain français. Né à Antibes le 25 mars 1899, mort à Neuilly-sur-Seine le 9 juillet 1965. Après des études sans gloire particulière au collège d'Antibes, il devient greffier au tribunal de sa ville natale, où il copie des « grosses » à la main. Un ami de collège l'appelle à Paris pour le faire entrer dans le journalisme. Audiberti débute au *Journal* puis passe au *Petit Parisien* qui était alors le plus lu de tous les quotidiens. « Pendant quinze ans, j'appris en quoi consistent les crimes, les incendies, les tabassages, toute la poésie de la banlieue. » Durant ce même temps, il se perfectionne dans l'art des vers. Il publie un premier livre de poèmes, qui est remarqué par Valery Larbaud, Jean Paulhan, *L'Empire et la Trappe* (1930), chez un éditeur confidentiel. Son second recueil paraît huit ans plus tard et cette fois à *La Nouvelle Revue française* (*) et c'est *Race des hommes* (1937). L'année suivante, Audiberti fait ses débuts de romancier avec *Abraxas* (*). Dans le roman comme en poésie, il offre le spectacle le plus splendidement baroque que l'on ait pu admirer depuis longtemps. Il a eu des débuts tardifs, mais sa production va être désormais d'une extraordinaire abondance. Le titre d'un recueil poétique, paru en 1941, est tout un programme : *Des tonnes de semence* (*). Dans tous les genres littéraires, Audiberti va donner des preuves de son génie : après la poésie et le roman, il vient à l'essai, aux souvenirs et surtout au théâtre. C'est par hasard qu'il débute comme auteur dramatique. Quand il écrivit *Quoat-Quoat* (1945), il n'y voyait qu'un texte composé de répliques et ne le destinait nullement à la scène. Deux jeunes comédiens lui apprirent que c'était une pièce et décidèrent de le jouer, ce qu'ils firent. *Quoat-Quoat* fut créé par Catherine Toth et André Reybasz au petit Théâtre de la Gaîté-Montparnasse et, si elle ne remporta pas un grand succès, elle donna à Audiberti le désir d'écrire d'autres dialogues et, cette fois, en pensant à des représentations possibles. En 1947, *Le mal court* (*) est joué au théâtre de la Huchette. Georges Vitaly animait cette salle de quatre-vingts places qui allait devenir un des hauts lieux de l'art dramatique contemporain. La pièce connaît un relatif succès malgré les éreintements des « grands critiques » : Gautier du *Figaro* et Kemp du *Monde*. C'est à la reprise, huit ans plus tard, qu'elle connaîtra un triomphe. Dans l'intervalle, Audiberti avait écrit une dizaine d'autres pièces, sans parvenir d'ailleurs à les faire jouer toutes. Parmi les plus réussies, citons : *La Fête noire* (*) (1949), *Les Naturels du Bordelais* (*) (1953), *Le Cavalier seul* (1955), *La Hobereaute* (*) (1956), *Boutique fermée* (*) (1962). Son plus grand succès public, après la reprise du *Mal court*, fut *L'Effet Glapion* (*) (1959). Il pensa que *La Fourmi dans le corps*, jouée à la Comédie-Française, lui apporterait une consécration (1962). La pièce fut scandaleusement chahutée lors de sa première représentation aux « mardis habillés ». Audiberti se disait surpris de dérouter certains spectateurs par son langage : « Le scandale autour de mon nom, affirmait-il, ne provient pas d'une excessive originalité de style, mais au contraire de la fidélité de celui-ci à des rythmes et à des normes qui firent leurs preuves. » Il faut ajouter que « ... la ou les réponses qu'il (Audiberti) tente d'apporter font de ce théâtre une fête déceptive [...]. Ne sont ici prévus ni salut dans un au-delà, ni lendemains qui chantent, ni même cette sortie de secours que représente le grand rire nihiliste » (Roubine). Peu d'auteurs se sont pliés comme Audiberti à des règles établies par de grands devanciers, tout en renouvelant les formes : « La phrase audibertienne [...] s'apparente à un creuset qui malaxe en des rythmes échevelés et syncopés toutes les langues, un français grand siècle et l'argot le plus débraillé, l'archaïsme et le néologisme, l'onomatopée et l'idiolecte, etc. Les sonorités cascadent les unes sur les autres et font bouger, comme par diffraction, le sens » (Roubine). L'année 1962 le vit accéder à une situation de premier plan au théâtre. En plus de *La Fourmi dans le corps*, il put faire représenter deux autres pièces, *Pomme-pomme-pomme* et *La Brigitta*. Le théâtre ne l'avait pas fait renoncer au roman. De *La Nâ* (*) (1944) aux *Tombeaux ferment mal* (*) (1963), il en a publié huit, dont l'autobiographique *Monorail* (*) (1946), *Marie Dubois* (*) (1952), *Les Jardins et les Fleuves* (*) (1954) et *La Poupée* (*) (1956), dont il tira le scénario d'un film (1962). Dans le domaine poétique, il publia aussi plusieurs recueils, de *Toujours* (1944) à *Ange aux entrailles* (*) (1964), en passant par *Rempart* (1953). Sa dernière œuvre devait être le pathétique *Dimanche m'attend* (1965), journal qu'il tint de fin 1963 à la veille de sa mort. Pendant cette période, il avait subi deux graves interventions chirurgicales et se sentait, disait-il, « flotter dans l'au-delà ». Dans ce journal, il mêle les temps, évoque mille souvenirs et réfléchit sur la vie, qu'il avoue ne pas comprendre. Ce n'est pas faute d'avoir formé et formulé mille hypothèses. Et même il avait inventé une philosophie nouvelle, « l'abhumanisme » – v. *L'Ouvre-Boîte, essai sur l'abhumanisme* (1955) –, dont il disait qu'elle s'amuse à considérer que l'homme n'est pas un être à part, mais que la nature et lui ne font qu'un. « Ceci par opposition avec l'humanisme qui s'attache à démontrer la suprématie et l'autorité de l'homme, pour ainsi dire, à côté de l'ordre universel. » Mais cet ordre universel est finalement un désordre dont il a exploré l'infinie richesse.

JACQUES BRENNER.

♦ *« Tels ceux de Hugo, les azurs d'Audiberti gardent un envers sombre. Comme chez Hugo aussi, de l'énorme jeu verbal se dégage une sorte de brume stellaire. »* Jean Follain. ♦ *« Tumultueux comme un débat de meeting, dans un pandémonium d'images traversé de trouvailles éclair, Audiberti, ce précieux naïf, est en même temps la viole et la cymbale, le hennissement et le fracassement, la stridulation et le ramage. Même son humeur noire a de la bonne humeur. »* Paul Morand. ♦ *« Audiberti avait reçu le plus général don du langage que l'on ait probablement vu parmi nos contemporains français. »* André Pieyre de Mandiargues.

RÉF. : M. Arland, *Lettres de France,* 1951. – A. Deslandes, *Audiberti,* 1964. – M. Giroud, *Jacques Audiberti,* Paris, 1967. – J.-Y. Guérin, *Le Théâtre d'Audiberti et le Baroque,* Paris, 1976. – *Audiberti le trouble-fête,* Colloque de Cerisy 1976, Paris, 1979. – C. Touloudis, *Jacques Audiberti,* Boston, 1980. – R. Koren, *L'Anti-Récit. Les Procédés de style dans l'œuvre d'Audiberti,* Genève, 1983. – G.-D. Farcy, *Les Théâtres d'Audiberti,* Paris, 1988.

AUDISIO Gabriel. Romancier, poète et essayiste français. Né à Marseille le 27 juillet 1900, mort à Issy-les-Moulineaux (Hauts-de-Seine) le 26 janvier 1978. Il a passé toute son enfance à Alger et y a suivi des études orientales. Il est appelé en France en 1918 pour y faire son service militaire, mais, dès 1920, il regagne l'Afrique du Nord, et ne cessera plus, dès lors, de voyager entre Paris et Alger. Animateur de ce que l'on a parfois appelé l'« École d'Alger » il a consacré presque toute son œuvre à la Méditerranée. Surtout connu pour son œuvre poétique : *Hommes au soleil* (1923), *Ici-Bas* (1927), *Blessures* (1940), on lui doit aussi de nombreux essais : *Visages de l'Algérie* (1953), *Jeunesse de la Méditerranée* (1935), *Sel de la mer* (1937), *Algérie, Méditerranée : feux vivants* (1958), *Ulysse ou l'Intelligence* (*) (1945). Il est également l'auteur de *Misère de notre poésie* (1943) et de *Hannibal* (1964).

AUDOUX Marguerite (pseud. de Marguerite Donquichotte). Romancière française. Née à Sancoins (Cher) le 7 juillet 1863, morte à Saint-Raphaël (Var) au début de l'année 1937. Elle s'est racontée elle-même dans son livre *Marie-Claire* (*) (1910), qu'aimait Charles-Louis Philippe, et qui fut préfacé et lancé par Octave Mirbeau. On y découvre son enfance triste et terne dans un orphelinat, éclairée seulement par la douce affection d'une religieuse, sa vie de bergère et de servante dans une ferme de Sologne où elle avait été placée à treize ans par la supérieure jalouse. La révélation de l'art lui fut donnée par *Les Aventures de Télémaque* (*), qu'elle avait trouvées au grenier. Mais une idylle très pure entre elle et le fils de la fermière lui attira des humiliations ; elle dut fuir et la voici à dix-huit ans seule et sans le sou à Paris. Elle fait de la couture, en journées chez des particuliers ou dans sa chambre, si petite, rapporte Mirbeau, que pour s'installer à la machine il lui fallait déplacer le mannequin ; sombres années où elle lutte contre la misère et la faim. Par surcroît elle souffre des yeux, et la couture lui est interdite sous peine de devenir aveugle ; elle écrit alors ce livre qui est un émouvant chef-d'œuvre. Elle en a écrit un second : *L'Atelier de Marie-Claire* (1920, réimprimé en 1927), puis d'autres romans : *De la ville au moulin* (réimprimé en 1926) et *Douce lumière* (publié en feuilleton dans *Le Journal* en 1937), ainsi qu'un recueil de contes, comprenant, entre autres, *Le Chaland de la reine* et *La Fiancée* (1910). Malgré ses succès littéraires, elle mourut pauvre et oubliée à l'hôpital de Saint-Raphaël.

RÉF. : J. Ithurbide, *Celle qui fut Marie-Claire ; étude sur la vie et l'œuvre de Marguerite Audoux,* 1937. – G. Reyer, *Marguerite Audoux. Un cœur pur,* Paris, 1942. – L. Lanoizelée, *Marguerite Audoux,* Paris, 1954.

AUDRAN Edmond. Compositeur français. Né à Lyon le 11 avril 1842, mort à Bazincourt-sur-Epte (Eure) le 17 août 1901. Fils d'un musicien, directeur du conservatoire de Marseille, il fait ses études à l'école de musique religieuse fondée par Niedermeyer, et s'établit à Marseille, en 1861, en même temps que son père, comme maître de chapelle à l'église Saint-Joseph. Seize ans plus tard, il revient à Paris, obtient un premier grand succès en faisant représenter *Le Grand Mogol* (*) (1876), et se consacre désormais à des œuvres légères (bien qu'il ait également composé une messe et un oratorio). De nombreuses productions, en particulier *La Mascotte* (*) (1880), *Gillette de Narbonne* (*) (1882) et *Miss Helyett* (1890), font de lui un des plus célèbres compositeurs d'opéras bouffes et d'opéras-comiques. Audran est un héritier d'Offenbach mais, selon la tendance générale de l'opérette à l'époque, il dédaigne les effets outranciers pour se rapprocher de l'opéra-comique.

AUDUBON John James (pseud. de Jean Jacques Fougère). Ornithologue américain d'origine française. Né dans une plantation des Cayes, dans l'île de Saint-Domingue (actuellement Haïti), le 26 avril 1785, baptisé le 28 octobre 1800, mort à New York le 17 janvier 1851. Fils de Jean Audubon, capitaine au long cours et marchand français, et d'une créole, Mlle Rabier selon les uns, Fougère selon les autres. En 1789, Jean Audubon revint à Nantes avec son fils, qu'il légitima en 1794, et qui reçut un accueil chaleureux d'Anne Audubon, que le capitaine avait épousée en France. L'éducation de John, surveillée par sa belle-mère, fut influencée par le goût qu'on avait à l'époque pour les sciences de la nature : à quinze ans, il possédait toute une collection de dessins d'oiseaux. Il étudia le dessin avec David, à Paris, en 1802-1803, puis se rendit dans la propriété que son père possédait en Amérique : « Mill Grove », près de Philadelphie, où il vécut sans autre occupation que celle d'étudier les oiseaux et de les baguer (ce qui n'avait jamais été fait auparavant), pour connaître les lois de leurs migrations. Il se maria en 1804 et, en 1808, fonda une maison de commerce à Louisville, dans le Kentucky, en s'associant avec un certain Ferdinand Rozier. En 1810, les deux collaborateurs transportèrent leur affaire à Henderson, également dans le Kentucky. Ce fut là que John Audubon rencontra Daniel Boone et Alexander Wilson, le plus célèbre ornithologue américain de l'époque. Après avoir essuyé différents mécomptes avec sa maison de commerce, il fut condamné pour dettes en 1819 et, pour gagner sa vie, commença de peindre des portraits. Puis il empailla des oiseaux à Cincinnati, pour le Western Museum de cette ville, fondé par Daniel Drake. Il se rendit ensuit à La Nouvelle-Orléans, où il enseigna le dessin tandis que sa femme trouvait un poste de gouvernante. Il avait déjà alors exécuté un grand nombre de dessins représentant des oiseaux qui furent publiés à Londres, en 1827, sous le titre : *L'Oiseau d'Amérique* [*Bird of America*] en un grand in-folio. En octobre 1830, Audubon partit avec sa femme pour Édimbourg, où il commença d'écrire sa *Biographie ornithologique* [*Ornithological Biography or an account of the birds of the U.S.A.*], texte qui expliquait *Bird of America* ; l'édition complète fut imprimée en 5 volumes, en 1831-1839. En 1831, Audubon retourna en Amérique, où il était désormais tenu pour le plus grand naturaliste de son pays. Il fut élu sociétaire de l'Académie américaine et explora la Floride, les côtes du Texas et du Labrador ; c'est de ce dernier voyage qu'il tira les matériaux pour son *Journal*, qui ne fut publié in extenso qu'en 1929. Son œuvre comprend en outre : *Les Oiseaux d'Amérique* (*), sorte de catalogue descriptif, et *Les Quadrupèdes vivipares de l'Amérique du Nord* [*Viviparous Quadrupeds of North America*], ouvrage écrit en collaboration avec le révérend John Bachman et qui resta inachevé, Audubon étant mort. Les planches en couleurs de ce dernier volume furent publiées par le fils d'Audubon, John Woodhouse Audubon (1812-1862) entre 1846 et 1853. La réputation de John Audubon a été fort attaquée ; ses dessins ont été critiqués : on leur a reproché d'être trop voisins de la photographie, sans doute ne méritaient-ils pas toutes les louanges qu'on leur avait d'abord prodiguées. Audubon, en fait, n'avait aucune formation scientifique, et il ne connaissait pas même le nom latin des oiseaux. Mais on peut le considérer comme un aventurier extrêmement habile et imaginatif, ayant vécu au milieu d'une société très mêlée. L'Amérique eut en lui l'un de ses premiers naturalistes, et qui ne manquait pas de pittoresque.

L.-R. LIND.

♦ « *L'intérêt d'Audubon est multiple. Il n'est pas seulement un grand peintre d'oiseaux, d'animaux et de plantes. Il est aussi un témoin : le témoin d'une époque héroïque aux États-Unis... Je ne lui appliquerai pas l'épithète de savant ; on me la chicanerait, peut-être. Mais, ce que nul ne peut contester, c'est qu'il fut un grand homme.* » Maurice Constantin-Weyer.

RÉF. : Francis H. Herrick, *Audubon, the naturalist, a history of his life and time,* 2 vol., New York, 1917. – Maurice Constantin-Weyer, *Dans les pas du naturaliste,* Paris, 1950.

AUERBACH Berthold (Moses Baruch, dit). Écrivain allemand. Né le 28 février 1812 à Nordstetten-sur-le-Neckar (Allemagne), mort le 8 février 1882 à Cannes. Né dans une famille de commerçants juifs, destiné à devenir rabbin, il fit ses études classiques à Karlsruhe, puis étudia la théologie hébraïque. Plus tard, il étudia également la philosophie à l'université de Tübingen et à celle de Heidelberg. Attiré par les idées libérales, il fut arrêté en 1837, et passa deux mois en prison. Ses premières œuvres, *Spinoza*, biographie romancée du philosophe dont il traduisit ensuite les œuvres, et *Poète et Marchand* [*Dichter und Kaufmann*], roman historique sur l'époque de Moïse Mendelssohn, se ressentent de l'influence de la « Jeune Allemagne ». Ses origines rendirent ses débuts littéraires difficiles. Voulant se consacrer entièrement à la littérature, il abandonna, non sans une douloureuse crise de conscience, la carrière de rabbin, mais il continua toute sa vie à lutter pour l'indépendance de son peuple. La renommée lui vint avec les *Récits villageois de la Forêt-Noire* (*), nouvelles d'une simplicité recherchée et précieuse. Il publia ensuite, en 1845 et 1846, un almanach populaire de tendance libérale : *Le Compère* [*Der Gevattersmann*]. Il vécut ensuite à Dresde, puis à Berlin, toujours plus estimé des cercles littéraires. S'écartant de son monde rustique, il voulut se conformer aux exigences spirituelles de son temps, mais les œuvres de cette période, dont il convient de citer les romans *Au sommet, Waldfried* (3 vol., 1874) et *Brigitta* (1880), furent plutôt des échecs. Auerbach revint aux personnages de la Forêt-Noire dans un dernier recueil de nouvelles.

RÉF. : Anton Bettelheim, *Auerbach, der Mann, sein Werk, sein Nachlass,* Stuttgart, 1907. – M. I. Zurck, *Berthold Auerbach sozialpolitischer und ethischer Liberalismus*, Stuttgart, 1933. – T. Scheuffelen, *Berthold Auerbach*, Morbach, 1986.

AUERBACH Erich. Critique et philologue allemand né le 9 novembre 1892 à Berlin, mort à Wallingford (Connecticut) le 13 octobre 1957. Professeur de philologie romane à l'université de Marburg, il fut révoqué de ses fonctions par le régime nazi en 1935. Il émigra alors à Istanbul où il occupa, pendant une dizaine d'années, une chaire de langues romanes. C'est là, pendant la guerre, qu'il écrivit son principal ouvrage, *Mimésis* (*), généralement considéré, depuis sa parution à Berne en 1946, comme l'un des classiques de la critique littéraire moderne. À partir de 1947, il enseigna aux États-Unis, d'abord à l'université de Pennsylvanie, puis, de 1950 à sa mort en 1957, à l'université de Yale.

Comme son contemporain Léo Spitzer, Erich Auerbach est d'abord philologue. Il consacre d'ailleurs à la philologie l'un de ses premiers livres, *Introduction aux études de philologie romane* (1944), qui se veut avant tout un manuel méthodologique. On y voit délimité l'ambitieux champ de la discipline, qui s'étend au français, au provençal, à l'italien, à l'espagnol, au portugais, au catalan, au roumain, au sarde et au rhétoroman. La philologie aura pour charge de mettre au jour la parenté qui unit les littératures de ces langues, entre autres par la technique de l'explication de texte. Sur ce point, Erich Auerbach apporte de précieuses mises au point, fixant au traditionnel exercice scolaire des enjeux nouveaux. Il s'agit pour lui d'éclairer les textes par tout ce que peuvent nous apprendre ce qu'on nommera bientôt les « sciences de l'homme ». À leur tour, les textes confrontés les uns aux autres deviennent d'irremplaçables instruments pour la compréhension d'une époque de la civilisation « romane ».

Mimésis, essai sur la représentation de la réalité dans la littérature occidentale (1946) illustre de façon magistrale cette technique de l'éclairage réciproque des époques et des textes. Les vingt études qui le composent convergent, sans qu'on soit mis en présence d'une théorie explicite, vers quelques « idées directrices » qui constituent à la fois les clefs d'une histoire de la représentation littéraire, et les principes de toute analyse future de la « mimésis ».

Un certain nombre d'ouvrages d'Erich Auerbach, publiés peu avant ou après sa mort, n'ont pas encore été traduits en français. Parmi eux figurent *Scènes dramatiques de la littérature européenne* [*Scenes from the Drama of European Literature,* 1959] et *Etudes sur Dante* [*Studi su Dante,* 1963]. *La langue littéraire et son public dans l'Antiquité tardive et au Moyen Âge* [*Literatursprache und Publikum in der lateinischen Spätantike und im Mittelalter,* 1958] revient sur la définition de la philologie romane. L'auteur y confirme le sens de ses préoccupations ; l'urgence éprouvée, face à une culture européenne dont se laisse entrevoir la fin prochaine, d'en dresser un tableau « lucide et cohérent ».

CHRISTIAN DOUMET.

AUGIER Émile Guillaume Victor. Auteur dramatique français. Né à Valence (Drôme) le 17 septembre 1820, mort à Croissy (Seine-et-Oise), le 25 octobre 1889. Petit-fils de ce remuant Pigault-Lebrun, dont il défendit la mémoire, il fut loin d'avoir une vie semblable à la sienne. Augier n'eut jamais, en effet, d'autre histoire que celle de ses œuvres. Sa famille étant venue se fixer à Paris en 1828, il entra au collège Henri-IV où il se fit rapidement remarquer par sa vive intelligence. Il s'y lia, d'ailleurs, avec le duc d'Aumale dont il devait un jour devenir le bibliothécaire. Sa philosophie terminée, il entra chez un avoué pour complaire à sa famille, car on le destinait au barreau. Mais, ayant senti bien vite que sa vocation était ailleurs, il résolut de la suivre par tous les moyens. Il s'en faut pourtant qu'il ait su trouver sa voie du premier coup. Ébloui par Ponsard qui s'était fait le champion de « l'école du bon sens » pour faire échec au romantisme, le jeune Augier se crut poète, et fort longtemps puisque, avant d'en venir à la prose, il écrivit huit pièces en vers : *La Ciguë* (1844), *L'Homme de bien* (1845), *L'Aventurière* (*) (1848), *Gabrielle* (1849), *Le Joueur de flûte* (1850), *Sapho* (+) (1851), *Diane* (1852) et *Philiberte* (1853). Toutes furent jouées, souvent au Théâtre-Français, et obtinrent des succès divers. De tout ce théâtre en vers, ou plutôt en prose rimée où l'on ne voit que la main d'un disciple de Ponsard, un trait s'accuse avec vigueur à partir de *L'Aventurière,* le meilleur de tous ces ouvrages : la tendance à exalter les passions bourgeoises contre l'amour romantique tel que l'avait chanté Hugo. Du fait qu'Augier par la suite l'accentue encore, il se conciliera l'estime de la bourgeoisie alors toute-puissante. En 1853, il aborde le théâtre en prose avec *La Chasse au roman,* puis la *Pierre de touche.* Écrites en collaboration avec Jules Sandeau, ces deux comédies n'eurent qu'un succès douteux. C'est en 1855 qu'Augier prendra enfin possession de la scène par un coup de maître : *Le Gendre de Monsieur Poirier* (*), pièce écrite en collaboration avec Jules Sandeau. De là date l'énorme influence qu'il allait exercer longtemps sur le public. Il fit jouer la même année le *Mariage d'Olympe* et *Ceinture dorée.* Ensuite, ces trois autres comédies de mœurs que sont *Les Lionnes pauvres* (*) (1858), *Un beau mariage* (1859) et *Maître Guérin* (1864), belle étude d'un notaire de campagne retors et candide. En plus de ses comédies de mœurs, il faut citer ses comédies sociales et politiques : *Les Effrontés* (1861) et la pièce qui lui fait suite : *Le Fils de Giboyer* (*) (1862). Tout en soulevant bien des colères, chacun de ces ouvrages obtint un succès considérable. De ce même genre relève la *Contagion* (1866). Ajoutons-y, pour mémoire, *Lions et Renards* (1869).

Étant de la même génération que Dumas fils, auquel il disputait la faveur du public, Augier s'en différencie beaucoup par l'esprit ; bourgeois autant que l'autre était anarchiste, il se voulut toujours respectueux de l'ordre et champion des droits de la famille. Homme du second Empire, Augier n'a pas réussi à survivre à ce régime. En effet, les trois pièces qu'il fit jouer par la suite sont assez décevantes : *Jean de Thommeray* (1873), *Madame Coverlet* (1876), *Les Fourchambault* (1878) avec laquelle il fit ses adieux au public. On y sent par trop, en effet, l'influence de Dumas fils. Il reste qu'Émile Augier demeure au XIXe siècle notre plus robuste auteur dramatique. Il a su redonner à la comédie le sérieux dont elle avait besoin. Son observation, exempte de toute amertume, garde jusque dans la satire ce fond de chaleur humaine où se reconnaît l'art classique. Il a apporté au théâtre des êtres bien vivants ; d'une psychologie un peu courte, ils n'en ont pas moins beaucoup de relief. Enfin, l'on découvre en lui un véritable écrivain. Il fut reçu à l'Académie française en 1857.

ROLAND PURNAL.

♦ *« Augier est le poète sans idéal et sans profondeur. C'est essentiellement le poète du bourgeois. Il le rend heureux. »* Barbey d'Aurevilly. ♦ *« Augier a le meilleur style courant de théâtre qu'on écrive de son temps : le contraire d'un poète, mais un écrivain, même dans ses pièces en vers, et une rondeur à la Molière. »* Thibaudet.

RÉF. : J. Barbey d'Aurevilly, *Les 40 médaillons de l'Académie,* 1864. – J. Claretie, *Émile Augier,* 1882. – Morillot, *Émile Augier,* 1901. – Gaillard, *Émile Augier et la comédie sociale,* 1911.

AUGIÉRAS François. Écrivain français. Né le 18 juillet 1925 à Rochester (États-Unis), mort le 13 décembre 1971 à Périgueux. Rarement une œuvre s'est autant nourrie de la vie de son auteur, la première transfigurant la seconde, en lui insufflant la magie du rêve, à tel point qu'Augiéras est devenu de son vivant l'hôte de sa propre légende. Tour à tour jeune indigène parmi les tribus du désert saharien, moine apprenti au milieu des ermites du mont Athos, ou dernier homme parmi les indigènes d'un hospice, il s'invente une biographie imaginaire en même temps qu'il se met à l'écrire. De nombreuses photographies le montrent déguisé en Lawrence d'Arabie ; d'autres le font ressembler à quelque sage errant, prêtre ou alchimiste des temps modernes, directeur de conscience d'une secte immatérielle.

Cette vie partagée entre l'aventure et le secret de l'art fut marquée par de multiples voyages, par des rencontres passionnées aussi, dont celle avec Gide, qui montra un vif intérêt pour le premier texte d'Augiéras, *Le Vieillard et l'Enfant* (*) (1954). Ce récit d'une beauté troublante ouvrait la voie pour une littérature nomade, où l'individu s'interroge sur son devenir, en instaurant un nouveau dialogue avec l'univers. Cette orientation génétique s'exprime également sur un plan culturel ; le rejet d'une « civilisation dégradée » conduira Augiéras à rechercher les sources vives d'une « esthétique barbare ». Une « Communauté Augiéras » s'organise alors autour de la revue *Structure,* créée par Frédérick Tristan dans les années 50, et à l'occasion de différents périples initiatiques, notamment le séjour des Eyzies, en compagnie de Paul Placet, ce jeune instituteur en Périgord qui deviendra le biographe d'Augiéras. Après *L'Apprenti sorcier* (*) (1964), il se consacre à une autobiographie très classique dans son ordonnance chronologique, d'abord publiée en 1968 sous le titre *Une adolescence au temps du maréchal* – voir *La Trajectoire* (*). En fait, l'auteur se cache sous des masques successifs, et il se prend au jeu d'une narration plus ou moins fidèle à la réalité, incarnant à lui seul plusieurs figures symboliques, tous ces personnages qui mettent en scène la fiction théâtrale d'« Augiéras-l'écrivain barbare en Occident ».

Le thème de la réincarnation se retrouve dans *Un voyage au mont Athos* (1970), dernier livre publié du vivant d'Augiéras, qui est né d'un séjour en Grèce, parmi des moines orthodoxes. Approfondissant son expérience de la spiritualité, de la vie mystique, du point de vue de la sensualité, il y exalte surtout la purification de l'âme par la jouissance corporelle, qui permet d'accéder au royaume des énergies fondamentales. *Domme ou l'Essai d'occupation* (1982), livre posthume, nous révèle un Augiéras obsédé par la destruction de l'Occident périmé des voix chrétiennes. À travers sa peinture aussi, nous sentons qu'il se rapproche du monde païen ; ses lavis, ses huiles abritent des personnages comme détachés du temps, dont le regard semble hésiter entre l'indifférence et la colère. Les « icônes modernes » d'Augiéras ressemblent à ses livres : elles témoignent d'un même désir sauvage et nocturne de recréer l'enfance du monde, à travers le sourire émerveillé de son silence.

OLIVIER HOUBERT.

RÉF. : Christian Rodier et Georges Monti (dir.), *Cahier François Augiéras,* Cognac, 1984. – Paul Placet, *François Augiéras : un barbare en Occident,* Périgueux, 1988.

AUGUSTE (Caius Julius Caesar Octavius Augustus). Empereur romain. Né à Rome le 23 septembre 63 av. J.-C. (an 691 de Rome), mort à Nole le 19 août 14 apr. J.-C. (an 767 de Rome). Fils du chevalier Caius Octavius qui fut élevé à la préture à la suite de son mariage avec Atia, elle-même fille de Julia, sœur de Jules César, il était donc par sa mère le petit-neveu du dictateur. D'abord appelé Octave, le jeune garçon, qui perdit son père en 59 et fut adopté par son grand-oncle dont il prit le nom, Caius Julius Caesar, faisait ses études en Grèce et attendait la venue de César en Apollonie lorsqu'il apprit son assassinat (25 mars 44 av. J.-C.). Accouru aussitôt à Rome pour y revendiquer l'héritage de celui qui était son père adoptif, Octave qui n'avait que dix-huit ans aurait dû rencontrer l'opposition de tous, à la fois du parti des meurtriers de César et de celui d'Antoine. Mais déjà le culte de César, auquel la plèbe et les vétérans étaient restés fidèles, s'était organisé, et Cicéron, inspirateur du parti dit pompéien, croyant trouver en ce très jeune homme un allié docile, commit la faute de s'allier à lui et de le pousser contre Antoine. César mourut en mars, en mai Octave était à Rome. Antoine, alors consul, voulut l'empêcher d'entrer en possession de son héritage. Octave leva aussitôt une armée en Campanie. Les hostilités étaient commencées. Lorsque Antoine fut remplacé au consulat par Hirtius et Pansa, Octave, revêtu par le Sénat de l'imperium proconsulaire, le poursuivit devant Modène et le battit (avril 43). Le Sénat décréta Antoine ennemi public et, les consuls étant morts, ne put empêcher

Octave de prendre le commandement de l'armée et d'apparaître comme seul vainqueur. Mais celui-ci voulait plus encore. Il réclama le consulat et, comme le Sénat le lui refusait, il marcha sur Rome (juillet 43), se fit élire consul avec Pédius (août) et se fit attribuer des pouvoirs d'exception. Dès lors, ce jeune homme d'à peine vingt ans était le maître de Rome et allait le rester. Aussitôt, Octave se rapprocha d'Antoine et exigea sa réhabilitation. En novembre 43, les deux hommes avancèrent vers Rome avec leurs armées et en compagnie de Lépide. Les trois généraux se firent nommer « tresviri reipublicae constituendae ». Il s'agissait maintenant de décapiter le parti pompéien. La victoire de Philippes remportée contre Brutus et Cassius assura aux triumvirs la maîtrise. Au cours des partages qui suivirent, Octave fit en sorte de conserver la mainmise sur les provinces vitales du monde romain ; à la paix de Brindes (août 40), il se voyait attribuer l'Occident, l'Orient revenant à Antoine. Bien que, pour confirmer cette entente, Octave ait donné sa sœur Octavie en mariage à Antoine, la rivalité entre les deux hommes ne pouvait que grandir. Octave, prudent, soignait sa popularité à Rome et s'efforçait de confondre sa cause avec celle de l'Italie. Lorqu'on en vint aux hostilités ouvertes, il fit prêter serment de fidélité en son nom par tous les citoyens romains d'Italie (32). Il devenait de ce fait princeps. Après avoir définitivement battu son seul rival Antoine à Actium (1er août 31), Octave régla les affaires d'Orient mais ne s'attarda pas dans cette partie du monde où s'étaient perdus Alexandre le Grand, Pompée et Antoine.

À partir de 31, Octave est consul tous les ans, en 30 il reçoit la puissance tribunicienne à vie puis, à une date inconnue, la censure. Il cumule désormais la plupart des attributs de la souveraineté. L'État restauré, il renonce à ses pouvoirs extraordinaires et rétablit la république. Mais, sur la demande du Sénat, il accepte de gouverner seul les provinces qui avaient besoin d'un régime militaire et se voit conférer le titre d'augustus, titre qui rappelait qu'en 43, prenant les auspices, il avait bénéficié d'un présage exceptionnel (augustum augurium), comparable à celui qu'avait obtenu Romulus et qui lui annonçait l'empire du monde. En 23, Auguste abdique le consulat ; on lui offre la dictature, le consulat à vie, il les refuse mais il conserve à Rome la puissance tribunicienne, magistrature populaire qui lui conférait l'inviolabilité, et l'imperium sur les provinces. En 19, il prend cependant les attributions de consul à vie. À partir de 18, il partage son pouvoir avec Agrippa, son plus ferme soutien dans les temps difficiles, devenu son gendre et dont il adopte les enfants, Caius et Lucius. À la mort d'Agrippa (12), il concède à ses beaux-fils, les fils de Livie, Drusus et Tibère, une part de l'imperium. Plus tard (6), Caius et Lucius furent associés au pouvoir comme « princes de la jeunesse ». Leurs morts successives, l'exil de leur mère Julie, fille d'Auguste, dont la mauvaise conduite faisait scandale depuis longtemps, amènent Auguste à se rapprocher de son beau-fils survivant, Tibère, qu'il adopte et avec qui il partage le pouvoir (4 apr. J.-C.).

Au cours de ces multiples remaniements constitutionnels, Auguste avait réussi à exercer pratiquement tous les pouvoirs, en évitant systématiquement le titre de roi qui avait porté malheur à César. Si, à Rome, Auguste n'était que princeps, il était dans les provinces imperator. Les contemporains ne s'y trompèrent pas, qui virent dans son règne la fondation d'une véritable monarchie. L'habileté d'Auguste fut de se laisser considérer comme un de ces hommes providentiels, tels qu'il en est apparu quelques-uns dans l'histoire de Rome, et de faire à plusieurs reprises comprendre à quel point il était indispensable. Plutôt qu'un monarque, il entendait se faire passer pour un héros. C'était, sans en avoir l'air, préparer sa divinisation. Auguste n'en garda pas moins une très grande simplicité de mœurs qui devait rassurer ses concitoyens. Il habitait avec Livie une modeste maison au Palatin, ne portait que des vêtements tissés à son foyer et adoptait tout le comportement et la dignité d'un citoyen de l'ancienne Rome.

Intelligent, lucide, prudent, peu homme de guerre, mais grand diplomate et véritable politique, Auguste était un homme fort cultivé. Il comprit tout le parti qu'il pouvait tirer des lettres et des arts. C'est incontestablement à lui personnellement qu'on doit la renaissance littéraire et artistique qu'on désigne sous le nom de « siècle d'Auguste ». Dans son *Testament politique* (*), il énumère avec complaisance les innombrables monuments qu'il a édifiés ou restaurés à Rome, devenue grâce à lui la capitale intellectuelle et artistique du monde. À la préciosité alexandrine, si goûtée de la haute société romaine, il voulut substituer un art national qui refléterait la rénovation morale dont il se fit le champion et puiserait son inspiration dans les antiques traditions. Auguste s'intéressa personnellement aux travaux de ceux qui se firent les instruments de ce dessein, Virgile et Tite-Live. Il fonda des bibliothèques, l'Octavienne dans le portique d'Octavie et la Palatine dans le temple d'Apollon, favorisa la formation de cercles littéraires dont Valerius Messala et Asinius Pollion furent les animateurs, tandis que Mécène protégeait Horace. Enfin — et c'est un signe des temps — tous les grands écrivains grecs qui ont laissé un nom, les historiens Timagène et Denys d'Halicarnasse, le géographe Strabon, le rhéteur Apollodore de Pergame, vécurent à Rome sous Auguste. Il suffit d'ailleurs de citer les noms des écrivains latins qui s'illustrèrent sous son règne : Virgile, Horace, Tite-Live, Properce, Ovide, Tibulle, Vitruve, pour comprendre que le siècle d'Auguste fut une réalité. À quoi il convient d'ajouter cette restriction que les plus grands d'entre eux (Virgile, Horace et Tite-Live) étaient nés sous la République et avaient atteint l'âge d'homme au début du règne et que la seconde génération, celle qui était contemporaine d'Ovide, marque un net recul avec un retour au maniérisme et à la rhétorique. Observons enfin que, après Tite-Live, la prose, qui n'était plus soutenue par l'éloquence politique, sombra irrémédiablement dans la décadence.

Auguste avait écrit lui-même une *De vita sua* qu'il mena jusqu'aux guerres cantabriques. Cet ouvrage ne nous est point parvenu. Nous possédons par contre un compte rendu officiel des actions de son règne qui fut affiché devant son mausolée et dont nous connaissons les copies, l'inscription du temple de Rome et d'Auguste à Ancyre, en Galatie (en latin et en grec), celles d'Apollonie de Pisidie (en grec) et d'Antioche de Pisidie (en latin). C'est ce texte qu'on appelle habituellement le *Testament politique d'Auguste.*

JACQUES BROSSE.

♦ *« Au commencement de février, Junon protectrice vit s'élever pour elle un nouveau temple, près de celui de la mère des dieux. Mais en vain vos regards cherchent maintenant sa place : demandez au temps qui détruit tout. Le même désastre était à craindre pour les autres, sans la providence d'un héros sacré : mais, sous son règne, la vieillesse n'imprimera pas ses rides au front des temples, et ses bienfaits s'étendent à la fois sur les hommes et sur les immortels. Auguste fondateur, saint restaurateur des monuments religieux, puissent les habitants de l'Olympe, s'ils entendent mes vœux, te rendre à leur tour des soins mérités ! Puissent-ils ajouter à tes jours les années dont tu prolonges l'existence de leurs demeures, et veiller sans relâche au bonheur de ta maison ! »* Ovide. ♦ *« Et toi, qui peux à ton gré prendre rang parmi les dieux, choisis, César : veux-tu, protecteur de nos villes et de nos campagnes, régner sur l'univers ? L'univers est prêt à révérer en toi l'auteur des fruits qu'il produit, le maître des saisons, et à ceindre ton front du myrte maternel* [...] *Favorise mes efforts et mon audace... »* Virgile. ♦ *« Ta grandeur n'admet pas un humble style... »* Horace. ♦ *« Il était d'un bel extérieur, et conserva cet avantage à tous les âges, quoiqu'il négligeât entièrement toute espèce d'art, et qu'il fût peu soucieux du soin de sa chevelure ; au point que souvent il occupait à la hâte plusieurs coiffeurs à la fois, et que tantôt il se faisait couper la barbe, tantôt la faisait raser, ce qui ne l'empêchait pas de lire ou d'écrire quelque chose en même temps. Soit qu'il parlât, soit qu'il se tût, son visage était tranquille et serein* [...] *Il avait l'œil vif et brillant, et il voulait que l'on crût que son regard avait quelque chose de la puissance divine, aussi voyait-il avec plaisir, en regardant fixement quelqu'un, que l'on baissât les yeux comme pour éviter l'éclat du soleil ; mais, dans sa vieillesse, sa vue s'affaiblit de l'œil gauche. Auguste avait peu de dents, elles étaient petites et couvertes de tartre, sa chevelure était légèrement bouclée et de couleur jaunâtre ; ses sourcils se rejoignaient, ses oreilles étaient de moyenne grandeur ; il avait le nez élevé à la partie supérieure, pointu vers le bas, son teint tenait le milieu entre le brun et le blanc. Sa taille était petite* [...] *mais ses membres étaient si bien faits, si bien proportionnés, qu'on ne s'apercevait de ce qui manquait à sa stature que quand une personne plus grande se mettait à côté de lui. »* Suétone. ♦ *« Je crois qu'Octave était le seul de tous les capitaines romains qui ait gagné l'affection des soldats en leur donnant sans cesse des marques d'une lâcheté naturelle* [...] *S'il avait d'abord montré une grande âme, tout le monde se serait méfié de lui, et s'il eût eu de la hardiesse, il n'aurait pas donné à Antoine le temps de faire toutes les extravagances qui le perdirent. »* Montesquieu. ♦ *« Auguste était un fort méchant homme, indifférent au crime et à la vertu, se servant également des horreurs de l'un et des apparences de l'autre, uniquement attentif à son seul intérêt, n'ensanglantant la terre et ne la pacifiant, n'employant les armes et les lois, la religion et le plaisir que pour être le maître et sacrifier tout à soi-même. »* Voltaire. ♦ *« Auguste, après avoir soumis ses concitoyens et détruit ses rivaux, régit durant quarante ans le plus grand empire qui ait existé : mais tout cet immense pouvoir l'empêchait-il de frapper les murs de sa tête et de remplir son vaste palais de ses cris, en redemandant à Varus ses légions exterminées ?* [...] *L'infortuné voulut gouverner sa maison ! »* Jean-Jacques Rousseau. ♦ *« Auguste, héritier de César, n'était pas de cette première race d'hommes qui font les révolutions ; il était de cette race secondaire qui en profite, et qui pose avec adresse le couronnement de l'édifice dont une main plus forte a creusé les fondements : il avait à la fois l'habileté et la médiocrité nécessaires au maniement des affaires, qui se détruisent également par l'entière sottise ou par la complète supériorité. »* Chateaubriand.

RÉF. : L. Homo, *Auguste*, Paris, 1935. – K. Hönn, *Augustus*, Vienne, 1937. – *Gli studi stranieri sulla figura e l'opera di Augusto e sulla fondazione dell'impero romano,* Rome, 1937. – Paribeni et collab., *Augustus*, Rome, 1938. – Laugier, Nicolet, Petit, etc., *Rome au temps d'Auguste*, Paris, 1967. – Schmitthenner et alii, *Augustus*, Wege der Forschung, Darmstadt, 1969.

AUGUSTIN saint (Aurelius Augustinus). Théologien latin. Le plus illustre des Pères de l'Église latine est né à Thagaste (aujourd'hui Souk-Ahras), petite ville de Numidie, le 13 novembre 354, il est mort à Hippone le 14 août 430. Il était fils d'un païen, Patricius, et d'une chrétienne, Monique. Il fit ses premières classes dans sa ville natale, puis alla étudier la rhétorique dans la cité de Madaure. Il se passionna pour le latin et la littérature latine, mais il n'aimait pas le grec, dont il semble qu'il n'ait assimilé que les quelques rudiments nécessaires pour comparer une traduction avec le texte original. Sa mère, quoique fort pieuse, ne le fit pas baptiser, aussi resta-t-il catéchumène. Rentré à Thagaste, il y mena pendant une année (369-370) une vie dissipée, dont il se repentira amèrement, comme en témoignent *Les Confessions* (*). Il put poursuivre ses études, comblant ainsi le vœu de son père, grâce à la libéralité du mécène Romanianus, ami et lointain parent de la famille. C'est ainsi qu'il partit pour Carthage, où il fréquenta l'école d'éloquence, sans oublier les plaisirs du théâtre et les jeux du cirque, dont il était avide. Il connut une jeune fille de très humble condition, qui fut sa compagne pendant douze ans, et à laquelle il fut fidèle « comme à une épouse légitime ». De leur union naquit un fils, Adeodat (A Deo datus, donné par Dieu, Dieudonné), chéri sinon désiré, et à l'éducation duquel ils consacrèrent tous leurs soins. Entre-temps, Augustin continuait à travailler avec acharnement, à la fois par goût, par ambition, par nécessité et par reconnaissance à l'égard de son bienfaiteur. À dix-huit ans, la lecture de l'*Hortensius* de Cicéron l'éveilla à la philosophie. Dès lors, il se mit en quête de la vérité qui l'expliquerait lui-même à lui-même. L'étude de la sagesse païenne l'amena à prendre connaissance de la doctrine chrétienne : il lut les Écritures. Elles le déçurent et il ne les comprit pas. Hésitant, il adhéra en tant que simple « auditeur » au manichéisme, une des innombrables sectes chrétiennes de l'époque. Deux raisons surtout guidèrent son choix : l'impossibilité d'accepter une foi imposée, non fondée sur la raison, et le problème du mal qui le préoccupera toute sa vie. Ses études une fois terminées, il rentra avec sa femme et son fils à Thagaste où, s'étant consacré à l'enseignement de la rhétorique et à la diffusion du manichéisme, il s'attacha des disciples (dont Licentius, fils de Romanianus, Euloge, Nebridius, etc.) qui le suivirent à Carthage. Entre 380 et 381, il écrivit son premier ouvrage, un traité en deux ou trois volumes, *De pulchro et apto* [*Sur la beauté et la convenance*], déjà perdu au moment où il écrivait *Les Confessions.* Lorsqu'arriva de Rome à Carthage l'évêque Faustus, célèbre docteur manichéen, Augustin l'accueillit comme l'homme qui devait lever tous ses doutes. Il fut déçu : Faustus lui apparut comme un habile orateur, mais ignorant, et incapable de faire la lumière sur le moindre problème. Son ardeur manichéenne s'en trouva refroidie. Peu après, il décida de se rendre à Rome, dans l'espoir d'y conquérir des lauriers et quelque aisance. Sa mère ne voulait pas le laisser partir ou du moins désirait qu'il l'emmenât (son père était mort en 379) : elle le suivit en pleurant jusqu'à la mer. Rome ne remplit pas son attente : il tomba gravement malade, et l'enseignement de la rhétorique s'avéra peu lucratif. Un poste de professeur de rhétorique s'étant trouvé libre à Milan, il se présenta et fut agréé grâce à l'intervention de ses amis manichéens auprès de Symmaque, préfet de Rome. Il avait alors trente ans. L'amélioration de sa situation lui permit de faire venir sa femme et son fils ; l'année suivante arrivèrent sa mère, puis ses disciples.

Bien qu'il fût désormais assuré de son avenir immédiat, l'inquiétude subsistait en Augustin mais elle était de nature spirituelle ; à Rome il avait été attiré pendant un temps par le scepticisme des académiciens, d'Arcésilas plutôt que de Carnéade. Il écoutait maintenant les prédications de saint Ambroise, le grand évêque de Milan. Mais trois choses retenaient encore Augustin loin de la foi et de la discipline de l'École catholique : l'impossibilité de concevoir une substance absolument immatérielle, l'impossibilité d'expliquer l'origine du mal, l'impossibilité de se passer des femmes. Les deux premiers obstacles furent les plus facilement franchis : il lut les « platoniciens » (ou plutôt les néoplatoniciens, très probablement Plotin) et il y trouva sur l'essence divine et la nature du mal des notions qui lui ouvrirent des voies nouvelles. Il comprit que Dieu est lumière, substance spirituelle dont tout dépend et qui ne dépend de rien. Quant au problème du mal, la solution lui en apparut dans le fait que, les choses étant subordonnées à Dieu, elles ne possèdent ni l'être ni le non-être absolu : elles sont puisqu'elles tiennent leur existence de Dieu, elles ne sont pas absolument, puisqu'elles ne sont pas Dieu. Aussi ne sont-elles corruptibles que dans la mesure où elles participent de la bonté divine ; si elles étaient dépourvues de bonté, elles ne pourraient même se corrompre. La corruption n'est donc que perte d'un bien ; tout ce qui est est bon ; le mal n'est pas substance, mais absence de bien, non-être. Dès lors il était dans l'état d'un homme convaincu de la vérité, mais cela ne put l'empêcher de vivre encore dans le péché. Sur les instances de sa mère qui voulait le marier à une jeune fille de bonne famille, il avait renvoyé sa compagne, mais ce fut pour reprendre une autre concubine. C'est alors qu'eut lieu la crise décisive : un jour qu'il était allé chercher la solitude et le calme sous un bosquet de son jardin, il crut entendre une voix qui lui disait : « Tolle, lege » (Prends, lis). Pleurant, il y vit un ordre divin ; il courut vers son ami Alypius près de qui il avait laissé les *Épîtres* de saint Paul ; il les ouvrit au hasard et tomba sur ce passage : « Ne passez pas votre vie dans les festins et les soûleries ni dans la débauche et les coucheries, ni dans la compétition et la rivalité, mais revêtez-vous de Notre-Seigneur Jésus-Christ et gardez-vous de satisfaire les désirs déréglés de la chair. » Touché par la grâce, il décida de se retirer dans la maison de son ami Verecundus en Lombardie avec ses amis et disciples, sa mère Monique et son fils. Là, ils passaient leur temps en prières, études et discussions. C'est là que virent le jour ses fameux dialogues philosophiques : *Contre les philosophes de l'Académie* (*), *De la vie heureuse* (*), *De l'ordre* (*), *Les Soliloques* (*), les trois premiers en 386 et le dernier au début de 387. Après les vacances, il donna sa démission de professeur de rhétorique et, dans la nuit du 24 au 25 avril 387, il reçut de saint Ambroise le baptême. Entièrement consacré désormais au service de Dieu, il écrivit à Milan *De immortalitate animae.* L'été suivant, il partit pour Rome ; il connut à Ostie une extase partagée avec sa mère Monique, regagna Rome après la mort de celle-ci quinze jours plus tard ; il resta encore à Rome jusqu'à l'été 388 ; à l'automne il revint pour toujours en Afrique. Au cours de ce séjour, il soutint le pape Sirice dans sa lutte contre les manichéens, en écrivant *De moribus manichaeorum* et *De moribus Ecclesiae catholicae,* qui marquent le début de son immense œuvre apologétique. C'est à Rome encore qu'il écrivit *De la grandeur de l'âme* (*), œuvre mystique où éclatent ses dons de psychologue, et le premier livre (il devait composer les autres en Afrique, en 395) *Du libre arbitre* (*), où il aborde le problème du mal. Après un très court séjour à Carthage, l'automne 388 le trouve de nouveau à Thagaste. Il y vendit le peu de biens qu'il possédait et en distribua le produit aux pauvres ; et, comme il le raconte lui-même, il exigea de ceux qui désiraient le suivre qu'ils en fissent autant. Au cours de ces deux années environ de retraite à Thagaste, il termina *Contre les manichéens* (+) et écrivit *Le Maître* (*), *De la musique* (*) et en 390 *De la vraie religion* (*), et, à la veille de son ordination à Hippone (391), il reprit et développa les arguments du *Contre les philosophes de l'Académie.*

À Carthage, puis à Thagaste, il vécut dans un petit groupe, les « Serviteurs de Dieu » [*Servi Dei*], pour qui il rédigea la *Regula ad servos Dei.* Nommé coadjuteur de Valerius, le vieux et pieux évêque d'Hippone, il se vit confier la mission de prêcher qu'il remplit avec ardeur et succès presque jusqu'à sa mort. Les hérétiques, donatistes (à la tête desquels se trouvait l'énergique Proculeianus) et manichéens (dont un certain Fortunatus) étaient nombreux dans la ville. Ayant eu le dessous dans une controverse publique (28-29 août 392) avec les catholiques, Fortunatus quitta Hippone. Le récit de la controverse fait l'objet du *Contra Fortunatum manichaeum liber unus.* Ce n'est là qu'un des épisodes du combat acharné qu'Augustin mena sur tous les fronts contre les hérésies et les schismes qui menaçaient l'orthodoxie catholique ; les manichéens qui niaient l'unité et la mission de l'Église ; les pélagiens qui niaient la nécessité de la grâce et le péché originel ; les païens qui blasphémaient encore contre le Christ. Il écrivit *De l'utilité de croire* (+), suivi des deux livres *De duabus animabus* (392-393), *De genesi ad litteram liber imperfectus* (393) – v. *Genèse* (*) –, *Contra Adimantum* (394) et l'admirable *De sermone Domini in monte* (394). Au concile des évêques catholiques d'Afrique, à Hippone, convoqué par Aurelius, évêque de Carthage, il prononça contre les donatistes le sermon *De fide et symbolo*, et tout de suite après écrivit *Contra epistolam Donati haeretici*, qui a été perdu. Vers la fin de l'année 395 ou le début de 396, après la mort de Valerius, il fut acclamé évêque d'Hippone. Il s'acquitta de tous les devoirs de sa charge avec un zèle exemplaire : il fut à la fois pasteur, administrateur, orateur sacré et juge. Les quelque trois cents sermons qui sont parvenus jusqu'à nous ne représentent qu'une faible partie de ceux qu'il a prononcés. Certains d'entre eux – v. *Sermons* (*) – sont parmi les plus belles exégèses que possède l'Église, comme les *Enarrationes in psalmos* et les deux traités de 416, *In Johannis evangelium* et *In epistolam Johannis.* La masse de *Lettres* (*) adressées à des adversaires, à des amis, à des étrangers, à des religieux, à des laïcs, n'est pas moins imposante. En 396, il compléta le recueil *De diversis quaestionibus*, et dès son accession à l'épiscopat il écrivit *De agone christiano ;* il poursuivit la polémique antimanichéenne avec le *Contra epistulam fundamenti* (inachevé) où il réfutait un traité de Manès, et rédigea une partie de la *Doctrine chrétienne* (*). En 400, il publia le *De catechizandis rudibus* ; en 401, les treize livres de ses *Confessions* (*). Quelques années auparavant avaient paru les trente-trois livres du *Contra Faustum manichaeum* (inspiré par un écrit de Faustus contre l'Ancien Testament qui lui était tombé par hasard entre les mains) et le *De fide rerum quae non videntur.* En 404, après la controverse avec le manichéen Félix qui s'était terminée par l'abjuration de ce dernier (*De actibus cum Felice manichaeo*), il dirigea ses derniers traits contre cette secte dans deux ouvrages : *De natura boni* et *Contra secundinum manichaeum.* Vers 400, il avait entrepris la rédaction de son grand traité philosophique et théologique *Sur la Trinité* (*), auquel il travailla quinze années durant. Une fois le danger manichéen écarté, il se jeta plus ardemment dans la lutte contre le péril plus menaçant encore que constituaient pour l'unité de l'Église les donatistes. Il participa aux conciles antidonatistes de Carthage en 403 et 411, où il soutint presque à lui seul le poids de la discussion. À cette lutte, qui s'achèvera par la défaite des hérétiques, il consacra un grand nombre d'écrits, dont les plus importants parmi ceux qui nous restent sont : *De baptismo contra donatistas* (401) ; *Contra litteras Petiliani donatistae* (401-405) ; *Contra donatistas epistola* ou *De unitate Ecclesiae* (405) ; *Liber contra donatistas post collationem* (413). Entre-temps, le 2 août 410, les Goths d'Alaric étaient entrés à Rome, où pendant trois jours ils s'adonnèrent au pillage. Les réfugiés affluèrent en masse en Afrique, semant la panique et colportant des bruits qui rendaient le christianisme responsable des malheurs de Rome. C'est contre ces accusations que s'insurge Augustin dans *La Cité de Dieu* (*) ; mais cette œuvre, qui reste la plus vaste conception de l'histoire humaine vue par un chrétien, déborde largement les limites de l'événement qui l'a fait naître. Parmi les réfugiés se trouvait Pélage, un moine de Grande-Bretagne qui répandait sa doctrine favorable à la liberté humaine et réduisant le rôle de la grâce divine. Il devait passer peu après en Orient, mais il laissa à Carthage son compagnon et disciple Celestius qu'Augustin, déjà vieux, combattit avec acharnement par la prédication, dans des conciles (Carthage et Milevis en 416, Carthage en 418) et par la plume. De ces circonstances naquirent les grands ouvrages antipélagiens : *De natura et gratia contra Pelagium* (413-415) ; *Liber de perfectione justitiae hominis contra Celesti definitiones seu ratiocinationes* (415-416) ; *De gestis Pelagii* (417) ; *Contra Julianum haeresis pelagianae defensorem* (423) ; *Opus imperfec-*

tum contra Julianum (429-430), que la mort empêcha Augustin d'achever. Il écrivit aussi dans un esprit plus théorique et moins polémique le *De gratia et de libero arbitrio* et le *De corruptione et gratia* (426). Contre les semi-pélagiens de la Gaule, il lança le *De praedestinatione sanctorum* (?) et le *De dono perseverantiae* (429). Les ariens n'échappèrent pas non plus à ses critiques : en 419, il écrivit *Contra sermonem quemdam arianorum liber*, et, dix ans plus tard, il soutint avec l'évêque arien Maximin une controverse publique dans le *Contra Maximinum arianorum episcopum*. En 429, il composa encore les deux livres *De haeresibus* et entreprit une vaste révision de tous ses écrits, révision dont les *Rétractations* (*) nous apportent le témoignage malheureusement incomplet. Les invasions barbares n'épargnèrent pas l'Afrique romaine et chrétienne : en 429, les Vandales de Genséric franchirent le détroit de Gibraltar. Bientôt les églises de Carthage, de Cirta et d'Hippone restèrent seules debout au milieu des ruines ; au cours du troisième mois du siège de sa ville épiscopale, Augustin tomba malade et mourut le 14 août 430.

À la raison qui lui demande (dans les *Soliloques*) : « Que veux-tu connaître ? » Augustin répond : « Dieu et l'âme. – Rien d'autre ? – Rien d'autre. » Pour Augustin, poser le problème de l'homme c'est poser le problème de Dieu. Le monde trouve bien une place dans sa spéculation, mais il centre celle-ci sur Dieu et sur l'homme ; le monde extérieur ne l'intéresse que par rapport à l'homme qui joue en quelque sorte le rôle de médiateur entre lui et Dieu. D'où le caractère essentiellement spiritualiste (et par là vraiment chrétien) de sa pensée, en opposition avec la tendance constamment cosmologique de la philosophie grecque. Le problème de la personne humaine, inséparable de celui de Dieu et de ses rapports avec la création, voilà ce qui fait l'unité d'une pensée que seuls des observateurs superficiels ont pu juger fragmentaire. La philosophie de saint Augustin est un dialogue ardent et ininterrompu entre la créature et le créateur, entre l'homme qui cherche Dieu et Dieu qui vient à sa rencontre, un voyage spirituel de l'être fini vers l'être infini. Se connaître soi-même dans la véritable essence de son être, c'est savoir que Dieu existe et le rencontrer par la « charitas » (amour). Itinéraire du cœur donc, mais qu'on ne s'y trompe pas : l'homme est pour Augustin un être pensant puisqu'il participe de la vérité ; Dieu est vérité, il est la Vérité. C'est pourquoi « intellectus valde amat » : faire de saint Augustin un « anti-intellectualiste », au sens qu'a de nos jours cette expression, serait trahir sa pensée, aller contre la lettre et l'esprit d'une philosophie qui est rigoureusement dans la ligne de l'idéalisme platonicien, dont elle est la transposition chrétienne. Mais qu'on se garde également de l'erreur opposée, celle de faire d'Augustin un logicien abstrait et formaliste ; la vérité n'est pas pour lui une vision de l'esprit, mais sa vie même ; la vérité n'est pas un objet sur lequel on spécule de l'extérieur, comme autour d'une chose distincte de nous, mais elle se pense et se vit intérieurement, elle ne fait plus qu'un avec l'homme. « Philosopher », pour Augustin, c'est rentrer en soi-même pour se trouver et y trouver une vérité qui nous transcende : « Noli foras ire, in te ipsum redi, in interiore homine habitat veritas, et si tuam naturam mutabilem inveneris, transcende et te ipsum. »

Saint Augustin est des Pères de l'Église celui autour duquel le monde chrétien a le plus âprement disputé : catholiques et protestants, jansénistes et jésuites se sont également abrités derrière son autorité pour faire triompher leurs doctrines. La pensée même de saint Augustin, qui malgré son unité fondamentale affectait, du fait des luttes dans lesquelles il se trouva engagé et de la diversité des adversaires qu'il avait à combattre, un caractère souvent contradictoire (il se rétracta plus d'une fois au cours de sa longue carrière), se prêtait d'ailleurs à d'inépuisables interprétations : il n'est pas jusqu'à l'Inquisition qui ne se soit réclamée de lui, en raison de sa définition détaillée de l'usage des supplices en matière religieuse. Mais le point de sa doctrine qui a alimenté de tous temps les polémiques les plus véhémentes est celui de la prédestination et de la grâce. Avant saint Augustin, tous les Pères de l'Église s'accordaient à penser que Dieu a prédestiné les hommes à la félicité ou à la damnation, en ce sens qu'Il avait « prévu » les récompenses et les châtiments que leur vaudraient les actions qu'ils accompliraient par leur volonté propre, la prescience divine n'étant en aucun cas la cause de ces actions. L'Église grecque, qui n'a jamais accepté le dogme du péché originel imposé à l'Église d'Occident par saint Augustin (condamnation du pélagianisme par le concile d'Éphèse en 431), reste fidèle à cette doctrine. En effet si, lorsqu'il combat les manichéens qui insistent sur la nature essentiellement mauvaise de l'homme, saint Augustin fait encore une part à la liberté humaine, dans sa controverse avec les pélagiens et suivant en cela peut-être une préférence secrète, il réduit l'homme à une impuissance qui l'asservit entièrement à la grâce divine. La solution qu'il propose au problème du péché d'Adam et de la déchéance de sa postérité, ainsi que de la grâce qui doit la sauver, implique la prédestination. L'humanité est à ses yeux si radicalement enfoncée dans le péché que sa nature, devenue « massa peccati, massa corruptionis, massa perditionis », lui interdit toute aspiration vers le bien. Le salut ne peut donc être que l'œuvre de Dieu seul. Ainsi Dieu refuse aux uns ce qu'il accorde gratuitement aux autres : il manifeste sa miséricorde en ceux qu'il élit pour le salut, et sa justice en ceux qu'il abandonne à la damnation. En fait cette doctrine, qui, poussée à ses extrêmes conséquences, réduit à néant la valeur des œuvres – un des plus riches trésors de l'Église –, n'a jamais été intégralement admise par le catholicisme qui, s'il n'ose point y toucher chez saint Augustin, tente de l'interpréter et de l'atténuer, comme l'ont fait les jésuites lorsqu'ils cherchent avec Molina à concilier le libre arbitre et la grâce. Parmi les réformés, Luther soutint la prédestination, et Mélanchthon sur ce point se sépara de lui, voyant dans le salut l'effet d'une coopération entre l'homme et Dieu ; Calvin, lui, formula le dogme avec une impitoyable logique, et c'est là la source d'innombrables conflits entre les différentes sectes réformées.

On sait que Jansenius, évêque d'Ypres, par son *Augustinus* (*) fut à l'origine de la querelle qui au XVIIe siècle opposa sur ce problème les gens de Port-Royal et les jésuites.

MICHELE FEDERICO SCIACCA.

XIIe siècle ♦ « *Le plus grand magistère après les Apôtres de l'Église.* » Pierre le Vénérable.

XVIe siècle ♦ « *Parmi les Pères, Augustin a, sans contredit, la première place... Augustin me plaît plus que tous les autres. Il a enseigné une pure doctrine, et soumis ses livres, avec l'humilité chrétienne, à la Sainte Écriture... Il est le premier Père de l'Église qui ait traité du péché originel... Tout Augustin est avec moi.* » Luther.

XVIIe siècle ♦ « *L'incomparable Augustin, ce maître si intelligent et, pour ainsi dire, si maître... cet Aigle des Pères... ce Docteur des Docteurs... Il n'y eut jamais aucune dispute sur* [son] *autorité. Elle est demeurée inviolable à toute l'École.* » Bossuet. ♦ « *Saint Augustin est le premier des Pères latins. Toutes ses paroles sont des effusions de sa vertu. Ce sont des livres qui sortent de sa chaleur.* Unde ardet, inde lucet. » Saint-Cyran. ♦ « *Celui des Pères de l'Église qui a le plus contribué à... rendre les théologiens sectateurs de M. Descartes a été saint Augustin, qui avance en cent endroits comme incontestable le principe de notre philosophie par lequel il fait consister l'essence de la matière dans l'étendue. Il parle toujours conformément à l'idée du corps qu'ont les cartésiens et jamais selon l'idée qu'en ont les nouveaux aristotéliciens... Je reconnais et je proteste que c'est à saint Augustin que je dois le sentiment que j'ai avancé sur la nature des idées... Je soutiens que, suivant les principes de saint Augustin, on est obligé de dire que c'est en Dieu qu'on voit les corps.* » Malebranche. ♦ « *Saint Augustin parle quelquefois d'une manière qu'il semble ou qu'il ait emprunté ses paroles de M. Descartes, ou M. Descartes de lui-même.* » Le P. Poisson, 1670. ♦ « *Il est vrai que saint Augustin a écrit dans un mauvais temps pour le goût. Sa manière d'écrire s'en ressent. Il a écrit sans ordre, à la hâte, et avec un excès de fertilité d'esprit, à mesure que les besoins d'instruire ou de réfuter le pressaient. Platon et Descartes n'ont eu qu'à méditer tranquillement, et qu'à écrire à loisir pour perfectionner leurs ouvrages ; cependant ces deux auteurs ont leurs défauts... Si on rassemblait tous les morceaux épars dans les ouvrages de saint Augustin, on y trouverait plus de métaphysique que dans ces deux philosophes. Je ne saurais trop admirer ce génie vaste, lumineux, fertile et sublime.* » Fénelon.

XVIIIe siècle. ♦ « *Il avait beaucoup d'esprit, mais il avait encore plus de zèle et, autant il donnait à ce zèle (car il lui donnait beaucoup), autant ôtait-il au solide raisonnement et aux pures lumières de la vraie philosophie.* » Bayle. ♦ « *Saint Augustin accrédita le premier cette étrange idée* [le péché originel] *digne de la tête chaude et romanesque d'un Africain débauché et repentant, manichéen et chrétien, indulgent et persécuteur, qui passa sa vie à se contredire lui-même.* » Voltaire.

XIXe siècle. ♦ « *Le saint évêque Augustin se montre sous les traits d'un Cicéron chrétien, parlant, il est vrai, un autre langage, mais mêlant aussi la rhétorique à une philosophie encore plus inquiète et plus ardente à la poursuite de la vérité ; possédant pareillement de vastes connaissances historiques, auxquelles se joignent des vues profondes et de grandes idées sur la politique ; penseur, en outre, plus profond, et génie plus surprenant que le vieux citoyen de la république expirante.* » Friedrich Schlegel. ♦ « *Puissant génie, dont les paroles vénérées des siècles et consacrées par l'approbation de l'Église sont comme la voix de la Tradition.* » Lamennais. ♦ « *Le style de saint Augustin n'est autre que du style bas-empire. Mais quand on en est là, le pur style romain est à jamais perdu, et, le retrouvât-on par hasard en écrivant, il paraîtrait désormais trop nu et trop simple.* » Sainte-Beuve.

XXe siècle. ♦ « *Augustin, quel que soit l'apport de ses devanciers, demeure l'initiateur et l'animateur de la pensée* catholique *et de la philosophie* chrétienne. » Maurice Blondel. ♦ « *Nul ne s'est assujetti plus résolument, plus humblement que lui aux données de sa foi ; nul cependant n'a eu plus que lui la volonté de ne pas subir sa foi, mais de la penser et d'en inventorier tout le contenu.* » P. de Labriolle. ♦ « *Saint Augustin ne cesse jamais de faire leçon. En paradis, devant Dieu, il ouvrira un cours sur le larmoiement. Il fera bâiller le Père. Il est tendu et mou ; il rabâche à perte de vue... Il trempe de pleurs la guimauve filandreuse de l'argument... Ce Tunisien de Rome ou, si l'on veut, cet Italien de Tunis est le moins grec des hommes.* » André Suarès. ♦ « *Le secret de sa grandeur comme écrivain, et aussi comme penseur, réside en ceci qu'il vit ce qu'il médite et sent profondément ce qu'il dit... Les problèmes les plus élevés, il les a rapportés à son propre moi, il a intériorisé la théologie, il a fait fondre la pensée abstraite dans le creuset de son cœur, il a volé jusqu'au firmament de l'idéologie, mais avec des ailes de feu... Par cet appel à l'expérience intérieure de l'individu, autant que par son inquiétude passionnée, on peut dire, avec les réserves voulues, qu'il est le premier romantique de l'Occident, le premier homme moderne.* » Giovanni Papini.

RÉF. : Tillemont, *Mémoires pour servir à l'histoire ecclésiastique*, tome XIII, Paris, 1710. – E. Portalié, article *Saint Augustin* in *Dictionnaire de Théologie Catholique* de Vacant et Mangenot, Paris, 1903. – C. Boyer, *Christianisme et néoplatonisme dans la formation de saint Augustin*, Paris, 1920. – P. Batiffol, *Le Catholicisme de saint Augustin*, Paris, 1920. – André Suarès, *Martyre de saint Augustin*, Liège, 1929. – Maurice Blondel, article sur le « Centenaire de la mort de saint Augustin », in *Revue de Métaphysique et de Morale*, 1930. – Giovanni Papini, *Saint Augustin*, Paris, 1930. – H. I. Marrou, *Saint Augustin et la fin de la culture antique*, Paris, 1937. – G. Bardy, *Saint Augustin*, Paris, 1940. – Étienne Gilson, *Introduction à l'étude de saint Augustin*, Paris, 1943. – F. Cayré, *Initiation à la philosophie de saint Augustin*, Paris, 1947. – Étienne Gilson, *Philosophie et incarnation selon saint Augustin*, Paris, 1947. – Peter Brown, *La Vie de saint Augustin*, 1967, trad. 1971. – Henry Chadwick, *Augustin*, 1986, trad. 1987. – Erich Przywara, *Augustin, passions et destins de l'Occident*, 1934, trad. 1987. – F. Ferrier, *Saint Augustin*, Paris, 1989.

AULARD François Victor Alphonse. Historien français. Né à Montbron (Charente) le 19 juillet 1849, mort à Paris le 23 octobre 1928. Il enseigna successivement aux facultés des lettres d'Aix, Montpellier, Poitiers, puis, de 1885 à 1922, il occupa la chaire d'histoire de la Révolution à la Sorbonne. À partir de 1888, il dirigea la revue *La Révolution française,* qui accomplit un important travail de renouvellement et de vérification des travaux existant sur le sujet ; la contribution personnelle d'Aulard à cette besogne fut immense : il s'occupa de l'important recueil de documents *Recueil des actes du Comité de salut public* (26 vol., 1889-1924) ; il fit des recherches sur *L'Éloquence parlementaire pendant la Révolution française* (3 vol., 1882-1885) ; il écrivit des ouvrages sur *Danton* (1884), sur *La Révolution française et le régime féodal* (1919) et sur *Le Christianisme et la Révolution* (1925). Mais son œuvre la plus importante demeure l'*Histoire politique de la Révolution française* (*), qui le montre historien précis, soigneux, bien informé, mais peu capable d'effectuer la synthèse des résultats de son enquête. En marge de son activité d'historien, il faut rappeler son activité journalistique (il était membre du parti radical et collabora à *La Justice, L'Ère nouvelle, La Dépêche, Le Quotidien*), critique (*Essai sur les idées philosophiques et l'inspiration poétique de G. Leopardi,* 1887, tiré de sa thèse sur Leopardi de 1877) et, finalement, de traducteur non dépourvu de dons littéraires et d'habileté philologique, *Poésies et œuvres morales de Leopardi* (3 vol., 1880).

RÉF. : Augustin Cochin, *La Crise de l'histoire révolutionnaire : Taine et M. Aulard,* 1909. – G. Belloni, *Aulard, historien de la Révolution française,* 1949.

AULNOY, Marie Catherine Le Jumel de Barneville, baronne, dite comtesse d'. Femme de lettres française à la réputation d'aventurière. Née vers 1650 à Barneville, morte à Paris le 14 janvier 1705. Issue d'une famille normande alliée à des officiers commensaux de la maison du roi, elle est mariée à seize ans (Paris), à François de La Motte, baron d'Aulnoy, de trente ans son aîné, qui ruine le ménage et doit accepter un office subalterne chez Condé. Aidée de sa mère, Mme d'Aulnoy tente alors de se débarrasser de ce mari par une fausse accusation de lèse-majesté (1669). Confondue, elle s'exile pendant une quinzaine d'années (Flandre, Angleterre, Espagne) que ses qualités personnelles, sa curiosité politique et son acuité culturelle transforment en enrichissante propédeutique (étude des langues, observation des milieux de cour, pratique des arts...). Aussi, dès son retour en France (1685), est-elle à même de tenir, dans sa maison de la rue Saint-Benoît, un salon à la fois savant et politique (soupçonné par la police d'être un foyer d'espionnage) qui, cultivant moins l'honnêteté que le savoir-vivre, annonce ceux du XVIIIe siècle. De fait, Mme d'Aulnoy, par ailleurs membre de l'Académie des Ricovrati de Padoue, s'affirme presque journaliste – contribution anonyme probable au *Mercure galant* (*) –, à tout le moins gazetière, avec sa *Relation du voyage en Espagne* (1690), ses *Mémoires* de cours (Madrid, 1690, Londres, 1695) et un récit de la guerre de Hollande (1693). Tous ouvrages qui ne l'empêchent pas de romancer les amours de personnages historiques (*Hippolyte, comte de Douglas,* 1690 ; *Jean de Bourbon,* 1692 ; *Le Comte de Warwick,* 1703), et de témoigner d'un goût croissant pour la fiction qui la conduit à se consacrer à huit volumes de contes : *Les Fées à la mode* (+) et *Les Illustres Fées* (*) (1696-1698). N'aurait-elle donc pas, ce faisant, remonté les aléas de sa vie vers un cœur fictif et enfantin ? Impliquée dans une tentative d'assassinat (1699), elle mourra quelques années plus tard, âgée de cinquante-cinq ans.

FANNY NÉPOTE DESMARRES

AULU-GELLE. Grammairien et critique du IIe siècle de l'ère chrétienne, qui vivait à Rome entre 130 et 175. Il fut l'ami et l'admirateur de l'orateur Fronton (M. Cornelius Fronton), égal pour lui de Cicéron, et dont les propos, les écrits, « remarquables par la pureté de la langue et de la doctrine », avaient fait les délices de son adolescence. À Rome, il eut pour maîtres le grammairien carthaginois Sulpice Apollinaire, le rhéteur Antonius Julianus, Titus Castricius et, plus tard, le sophiste grec Phavorinos avec lequel il passait des journées entières, « subjugué par son doux langage ». De Rome il passa à Athènes, attiré par une sophistique nouvelle où s'harmonisaient l'atticisme et le génie latin. Aulu-Gelle fréquenta le platonicien Calvitius Taurus, le philosophe cynique Peregrinus et le célèbre rhéteur Hérode Atticus, prince de la culture de son temps, chargé d'honneurs par l'empereur Antonin. Au contact de tels maîtres, le brillant esprit d'Aulu-Gelle, dilettante du savoir, si ouvert aux modes littéraires nouvelles, ne voulut rien ignorer en quelque matière que ce fût : grammaire, rhétorique, philosophie, histoire, mathématiques, archéologie, politique ou religion. Et surtout, il avait une prédilection marquée pour ce qui n'est pas commun. C'est dans ces conditions que naquirent les *Nuits attiques* (*), ouvrage en vingt livres, composé à Athènes pendant les soirées d'hiver, et qui ne nous est pas intégralement parvenu. L'écrivain y recueille le fruit de ses études, de ses lectures, de ses doctes entretiens et, comme il le dit lui-même, ce sont, au gré de l'inspiration, les miettes éparpillées des nourritures de son esprit. Mais, dans leur désordre même, les *Nuits attiques* sont une mine précieuse pour la connaissance de l'Antiquité. Elles révèlent, en outre, la passion sincère d'Aulu-Gelle pour la culture de l'ancienne Rome, et sa recherche du rare, que viennent toujours tempérer la justesse, le naturel dans l'expression.

RÉF. : Silvia Jannaccone, *Studi Gelliani*, Milan, 1947. – R. Marache, *La Critique littéraire de langue latine et le développement du goût archaïsant au IIe siècle*, 1950, thèse.

AURIC Georges. Compositeur français. Né à Lodève (Hérault) le 15 février 1899, mort à Paris le 23 juillet 1983. Il a travaillé aux conservatoires de Montpellier et de Paris, et à la Schola cantorum, avec Vincent d'Indy. Précocement doué, il a à peine vingt ans lorsque se constitue le Groupe des six, avec lui et ses amis Poulenc, Milhaud, Honegger, Durey et Tailleferre, sous le parrainage de Cocteau. Se réclamant de Chabrier, de Satie, de Debussy et de Stravinski, il prône et compose une musique éminemment française, d'harmonie raffinée et de mélodie claire, musique franche, charmeuse et élégante – mais qui sait parfois se faire tragique et puissamment lyrique (*Phèdre*). Dès 1924, il écrit pour les Ballets russes de Serge de Diaghilev *Les Fâcheux* (*), *Les Matelots* (+) (1925) ; puis pour la scène *L'Éventail de Jeanne*, 1927 ; *Phèdre*, 1950 ; *Chemin de lumière*, 1952 ; *Le Bal des voleurs*, 1960, tout en assurant diverses chroniques musicales dans la presse (*Les Nouvelles littéraires, Paris-Soir, Marianne*), rédigées en un style vif et souvent teinté d'humour. Malgré une abondante production vocale (*Huit poèmes de Jean Cocteau* (*), 1918) et instrumentale (*Sonatine pour piano* (*), 1922 ; *Imaginées* pour diverses combinaisons instrumentales, 1969-76), qui a même touché aux recherches modernes, il connaît sa plus grande popularité grâce à ses partitions pour le cinéma, depuis *Le Sang d'un poète* (*) de Cocteau (1931) et *À nous la liberté* (René Clair, 1932) jusqu'à *Moulin Rouge* (John Huston, 1953) et *Aimez-vous Brahms ?* (Anatole Litvak, 1961). Auric a été président de la Société des auteurs, compositeurs et éditeurs de musique (1954), administrateur de la Réunion des théâtres lyriques nationaux (1962-1967) et président de l'Académie du jazz. Il est membre de l'Institut depuis 1961. Il avait épousé le peintre Nora Auric.

GILLES CANTAGREL.

AUROBINDO GHOSE. Philosophe indien d'expression anglaise. Né à Calcutta le 15 août 1872, mort à Pondichéry le 4 décembre 1950. Nourri de culture occidentale à l'université de Cambridge, il choisit cependant la cause de l'indépendance indienne, mais cessa toute action politique dès 1910 et se retira à Pondichéry où il fonda en 1926 son fameux « açram », sorte de phalanstère religieux. Son enseignement, principalement résumé dans *La Synthèse des yogas* (*) et dans *La Vie divine* (1947), est d'inspiration universaliste et syncrétiste ; pour Aurobindo, la Vérité s'exprime dans le temps, dans des synthèses successives toujours appelées à être dépassées vers un « yoga intégral » qui rassemblerait le meilleur des grandes traditions spirituelles mondiales. Par son souci des problèmes pratiques, par son éloignement de l'acosmisme traditionnel issu des *Upanisad* (*), Aurobindo, comme Gandhi, a beaucoup contribué à orienter la pensée indienne vers une morale active de solidarité humaine.

MICHEL MOURRE.

AUSEKLIS. Poète letton. Appelé également Mikus Krogzemju (pseud. de Mikelis Krogzems). Né le 18 septembre 1850 à Ungurpils Sipoli (Lettonie), mort le 6 février 1879 à Saint-Pétersbourg, c'est le poète le plus original de la renaissance nationale lettonne. Élevé au séminaire de Valka qu'avait fondé et que dirigeait J. Cimzenoto, lequel se vouait également à la formation de chorales, il se trouva plongé dans une atmosphère tout idéaliste qui fut à l'origine de son inspiration tournée entièrement vers des songes patriotiques et le culte du passé national. Ayant achevé ses études en 1871, il se consacra à l'enseignement. En 1873, il publia son premier recueil de poésies, parmi lesquelles se trouve sa célèbre chanson à boire : *Trimpula* (*). Mais ses idées révolutionnaires lui valurent l'hostilité d'un milieu qui était profondément conservateur, de sorte qu'il s'installa à Saint-Pétersbourg et commença à enseigner dans un établissement privé. Avant même d'avoir publié son second livre, il tomba gravement malade et mourut du typhus. Sa dépouille fut rapatriée et il fut enterré à Aloja, lieu pour lequel il avait une prédilection particulière parce que c'était là qu'il avait passé son enfance.

AUSONE (Decimus Magnus Ausonius). Poète, grammairien et rhéteur latin. Né à Burdigala (Bordeaux) vers 310, mort après 393 probablement dans les environs de cette même ville. Fils d'un sénateur, Ausone étudia, puis enseigna la rhétorique dans sa ville natale, il fit ensuite une très brillante carrière dans l'administration de l'Empire romain. Nommé par Valentin Ier précepteur de son fils Gratien, l'année même où celui-ci fut associé au trône (367), Ausone s'installa à la cour impériale qui résidait alors à Trèves. Il semble y avoir joui d'une grande considération. Les empereurs successifs lui confièrent de très hautes charges ; il fut questeur du palais en 375, préfet du prétoire en 376-379, consul en 379, et gouverna successivement l'Italie, l'Afrique et les Gaules. Cependant Ausone n'était peut-être pas un administrateur hors pair, c'est sans doute la raison pour laquelle, alors qu'il était préfet des Gaules, on lui adjoignit son fils, plus apte que lui à remplir cet office. Ausone termina sa carrière de magistrat comme proconsul de l'Asie ; à la mort de Gratien, tué par Maxime en 383, il se retira dans un domaine situé près de Burdigala. Ausone a été le grand poète de cette époque de désordres et de décadence. Au sein même de ses occupations officielles, il polissait des écrits pleins d'élégance et d'esprit ; deux de ses poèmes seulement sont inspirés par les circonstances de sa vie : *Bissula*, qui porte le nom d'une prisonnière de guerre, et *La Moselle* (+), hommage à la cité de Trèves où ses charges le firent séjourner. Une bonne partie de ses œuvres sont étroitement liées à ses activités de rhéteur, tels les *Souvenirs aux professeurs de Bordeaux* (+), l'*Épitaphe des héros qui ont pris part à la guerre de Troie* (+), *L'Ordre des villes célèbres, Sur les douze Césars*, ou encore, dans un genre un peu différent, les *Éphémérides* (*) et l'*Éclogarium* – v. *Œuvres* (*) d'Ausone. Par contre, on trouve dans les *Petits poèmes* ou *Idylles* (+) des accents plus personnels qui montrent en Ausone, derrière le versificateur de cour et le rhéteur, un authentique tempérament de poète. Ausone était chrétien, cependant son inspiration est toute païenne, et il n'est pas surprenant qu'il n'ait pu comprendre la vocation de son plus cher disciple, Meropius Pontius Anicius Paulinus, qui devint évêque de Nole et fut canonisé. Ausone chercha de tout son pouvoir à décourager cette vocation et éprouva un très grand chagrin de la retraite de Paulin, chagrin dont nous trouvons un écho dans les trois épîtres en vers adressées à son disciple.

♦ *« Écrivain ingénieux, spirituel, brillant, versificateur adroit, qui n'a pas le souffle de Claudien, mais qui excelle dans tous les artifices de la métrique et dans tous les raffinements du style, Ausone est le produit le plus distingué de la rhétorique gauloise, de cette rhétorique qu'il enseigna lui-même avec tant de succès. »* A. Puech. ♦ *« La poésie est pour lui un jeu d'esprit. Mais c'est un lettré délicat, et, lorsqu'un sentiment sincère l'anime, il se montre vraiment poète. »* J. Humbert

RÉF. : Martino, *Ausone et les commencements du christianisme en Gaule*, Alger, 1906. – De Labriolle, *La Correspondance d'Ausone et de saint Paulin de Nole*, Paris, 1910. – C. Aymonnier, *Ausone et ses amis*, Bordeaux, 1935. – Robert Étienne, « Chronologie d'Ausone et de sa famille », in *Bordeaux antique*, 1962.

AUSTEN Jane. Femme de lettres anglaise. Née le 16 décembre 1775 à Steventon (Hampshire, Grande-Bretagne), morte le 18 juillet 1817 à Winchester. Toute sa vie s'écoula parmi les siens, de sorte que les événements qui la concernent : séjours plus ou moins prolongés à Londres, à Bath, à Southampton, à Chawton près d'Alton, concernent également le reste de sa famille. Après la mort du révérend Austen, son père, au début de 1805, l'atmosphère où elle évoluait s'appauvrit, les relations d'une veuve et de ses filles célibataires se limitant à des personnes de situation analogue. Jane était la dernière de cinq enfants ; les garçons avaient quitté la maison familiale pour servir dans la marine ; à la mort de la femme d'Edward (1808), Jane, avec sa sœur préférée Cassandra, se chargea de l'éducation de ses onze neveux et nièces. Jane était intarissable en trouvailles pour amuser les enfants ; ce fut d'ailleurs le désir de distraire le cercle de famille qui la poussa tout d'abord à écrire : c'est ainsi qu'elle composa quelques scènes burlesques, un recueil de récits sous forme épistolaire : *Amour et Amitié* [*Love and Friendship*], et sous cette même forme qu'avait mise en vogue Samuel Richardson, le roman (perdu) d'*Elinor and Marianne* (antérieur à 1796) qui fut ensuite refondu en un récit intitulé : *Raison et Sensibilité ou les Deux Manières d'aimer* [*Sense and Sensibility*, 1811, trad. 1815]. C'est aussi pendant cette période que doit avoir été composé *Lady Susan*, son autre roman épistolaire. *Orgueil et Préjugés* (*), qui dans la version primitive avait pour titre : *Première impression* [*First Impression*], fut commencé en 1796, refusé par un éditeur en 1797, et revu avant sa publication, qui n'intervint qu'en 1813. En 1797-98, Jane Austen écrivit *Catherine Morland ou l'Abbaye de Northanger* (*), qu'elle prépara pour l'impression en 1803, mais qui ne parut qu'en 1818. Découragée de ne pas trouver d'éditeur, elle avait cessé d'écrire, lorsque l'acceptation de *Raison et Sensibilité* et de *Orgueil et Préjugés* la poussa de nouveau à travailler : de cette impulsion naquirent *Mansfield Park* (*), paru en 1814, et *Emma* (*), écrit entre 1814 et 1815, publié en 1816. Ce dernier roman, dédié au prince régent, provoqua un curieux échange de correspondance entre l'auteur et le bibliothécaire du régent, le révérend J. S. Clarke, qui suggéra à Jane Austen (mais elle ne le prit pas au sérieux) d'écrire un roman historique inspiré par les vicissitudes de la maison régnante. En été ou en automne 1815, Jane Austen commença *Persuasion* (*), publié en 1818 en même temps que *L'Abbaye de Northanger*. Son ultime roman (connu dans sa famille sous le nom de *Sanditon*) fut écrit durant les six derniers mois de sa vie, et demeura à l'état de fragments (paru seulement en 1925). En mars 1817, l'état de santé de Jane Austen s'aggrava (elle était phtisique) ; en mai, elle se rendit, avec sa sœur Cassandra, à Winchester, pour recourir à l'art d'un médecin connu : elle y mourut. *Lady Susan* et *The Watsons* (fragments) furent publiés par James Edward Austen Leigh, neveu et premier biographe de la romancière, dans la seconde édition (1871) de ses *Souvenirs de Jane Austen* [*A Memoir of Jane Austen*].

Bien que Walter Scott ait rendu compte favorablement du roman *Emma* (paru en 1816) dans la *Quarterly Review*, le succès de Jane Austen, de son vivant, fut très modeste. C'est seulement à partir de 1890 que se multiplièrent les biographies et les critiques élogieuses, mettant en relief l'art classique de Jane Austen, cet art de peindre, à traits sobres et souvent malicieux, le petit monde provincial dans lequel s'écoula sa vie monotone et brève. Un peu rigide, mais non sans charme, mordant d'expression mais tendre de cœur, cet écrivain aristocratique ressent toute l'aversion d'une créature fine et raisonnable pour ce qui est sans mesure, désordonné ou exubérant. Les conditions exceptionnelles dans lesquelles elle travailla, et que relate son neveu, montrent bien son équilibre inné : « Il est surprenant qu'elle ait réussi à écrire ses romans, car elle n'avait pas de cabinet où elle pût s'isoler, et une grande partie de son œuvre doit avoir été composée dans la commune salle de séjour, à la merci de toutes les interruptions fortuites. Elle veillait à ce que son activité ne fût soupçonnée ni des domestiques, ni des visiteurs, ni de quiconque, sauf des membres de la famille. »

MARIO PRAZ.

♦ *« Son ciel est un peu bas, un peu vide ; mais quelle délicatesse dans la peinture des sentiments ! Si nul démon majeur n'habite Jane Austen, en revanche, une compréhension d'autrui jamais en défaut, jamais défaillante. La part de satire est excellente et des plus finement nuancée. Tout se joue en dialogues et ceux-ci sont aussi bons qu'il se puisse. Certains chapitres sont d'un art parfait. »* André Gide.

RÉF. : M. Lascelles, *Jane Austen, her Mind and Art,* Londres, 1939. – B. C. Southam (éd.), *Jane Austen : The Critical Heritage,* Londres, 1968. – Tony Tanner, *Jane Austen,* Harvard U.P., 1986. – Vladimir Nabokov, *Littérature,* Paris, 1987. – J. M. Harris, *Jane Austen's Art of Memory,* Cambridge, 1989.

AUSTER Paul. Écrivain américain. Né le 3 février 1947 à Newark, New Jersey. Après être sorti diplômé de Columbia University, puis avoir vécu de 1970 à 1974 en France, dont il maîtrise la langue, Paul Auster publie d'abord des articles de critique littéraire et de la poésie : *Unearth* [1974], *Murales* [*Wall Writing,* 1976], *Effigies* [1977], *Fragments du froid* [*Fragments of Cold,* 1977], *Dans la tourmente* [*Facing the Music,* 1980]. Il vit difficilement en faisant des traductions (Sartre, Mallarmé, Blanchot, du Bouchet), si difficilement, même, qu'il écrit, pour gagner un peu d'argent, un « polar » qu'il publie sous le pseudonyme de Paul Benjamin : *Fausse balle* [*Squeeze Play,* 1982]. Il ambitionne toutefois depuis longtemps d'écrire des romans. Deux événements, en décembre 1978 et janvier 1979, vont débloquer la situation : un spectacle de danse qui lui inspire une courte œuvre en prose, *Espaces blancs* [*White Spaces,* 1980], et surtout la mort de son père. Ce décès change la vie de Paul Auster, non seulement en lui apportant les moyens matériels de se consacrer au roman, mais en agissant, du point de vue littéraire, comme un véritable détonateur. Si bien que, en 1982, sa carrière commence vraiment aux États-Unis avec la publication de son anthologie de poésie française moderne [*The Random House Book of Twentieth Century French Poetry*], d'un recueil d'essais, *L'Art de la faim* [*The Art of Hunger*] et de *L'Invention de la solitude* (*). Dans la lancée de ce livre fondateur, Auster écrit une *Trilogie new-yorkaise* (+) composée de *Cité de verre* (+) (1985), *Revenants* [*Ghosts,* 1986] et *La Chambre dérobée* [*The Locked Room,* 1986]. Ce très brillant tour de force, dans lequel l'auteur réussit à combiner tout à la fois diverses influences littéraires (Kafka, Beckett, *Don Quichotte*), un jeu de miroirs où il s'inclut lui-même (il y a un « Paul Auster » dans *Cité de verre*), des clins d'œil au roman policier, des « théories à la noix sur l'Amérique et la tour de Babel », et bien d'autres données encore, assure à Auster un fracassant succès en France. L'écrivain enchaînera avec d'autres livres empruntant largement à sa propre vie sans pour autant avoir de visée autobiographique : *Le Voyage d'Anna Blume* [*In the Country of Last Things,* 1987], *Moon Palace* [1989] et *La Musique du hasard* (+) [1990]. Des espoirs sont permis quant à la suite de cette œuvre qui participe au renouveau de la littérature américaine en fin de XXe siècle. « La carte n'est encore qu'ébauchée, actuellement elle comporte de nombreux trous, de nombreux territoires inexplorés. Mais si je persévère assez longtemps, les blancs finiront peut-être par être tous remplis. » (*L'Art de la faim*). *Léviathan* (1992) contribue à entretenir cette promesse.

PHILIPPE MIKRIAMMOS.

AUSTIN John Langshaw. Philosophe britannique. Né le 26 mars 1911 à Lancaster, mort le 8 février 1960 à Oxford. Après des études de philologie classique à Oxford (Balliol College) qui feront de lui un traducteur d'Aristote, il devient « Fellow » d'All Souls College en 1933 puis « tutor » en philosophie à Magdalen College dont il sera le « Junior Proctor » de 1949 à 1950 avant d'être nommé professeur de philosophie morale en 1952. Membre des Services secrets pendant toute la durée de la Seconde Guerre mondiale, son héroïsme lui vaut plusieurs décorations, anglaises, américaines et françaises. Au cours de sa brève carrière, Austin ne publia aucun livre, mais son enseignement exerce encore une influence profonde sur la philosophie anglo-saxonne. Son œuvre écrite comporte quelques articles réunis après sa mort sous le titre d'*Essais philosophiques* [*Philosophical Papers,* 1961] et deux ouvrages posthumes, *Quand dire c'est faire* (*) et *Le Langage et la Perception* [*Sense and Sensibilia,* 1962, traduit en 1971]. Austin pensait que le terme « philosophie » avait toujours couvert un ensemble de recherches hétérogènes quant à leurs objectifs et quant à leurs méthodes. Contestant la validité de tout terme technique dont aucune règle d'usage ne pût être dérivée du langage commun, non pas « dernier » mais « premier mot » de la recherche théorique, il avait mis au point une sorte de « technique de laboratoire » qu'il baptisait « phénoménologie linguistique », pour appréhender les problèmes relatifs à la nature du langage et qu'il considérait comme sa contribution la plus importante à la philosophie sans jamais manquer de souligner l'« amusement » [fun] qu'elle lui procurait. Elle consistait à choisir un domaine de discours, si possible délaissé par les grandes discussions philosophiques traditionnelles, et à mener une recherche systématique, toujours collective, sur les mots et expressions du langage commun pour enfin comparer les résultats avec les thèses des « philosophes ». Cette méthode d'analyse est mise en œuvre tant dans les articles que dans les fameuses conférences de Harvard en 1955 et de Berkeley en 1958 qu'Urmson devait réunir dans *Quand dire c'est faire*. Austin s'y fait le pionnier de la théorie des actes de langage (que nous accomplissons « en » parlant), ouvrant sur un remaniement des conceptions traditionnelles de la signification et de la vérité. Dans *Le Langage et la Perception*, il s'attaque à la notion de « sense datum » devenue, depuis Moore et Russell, la pierre angulaire d'un empirisme qui présuppose que les expériences des sens peuvent être conçues indépendamment des choses dans le monde. Il démonte en particulier l'argument de l'illusion et analyse de façon nouvelle les termes « réel » et « percevoir », anticipant certains résultats de la grammaire transformationnelle.

MICHAEL A. SOUBBOTNIK.

AUTOLYCUS. Mathématicien grec. Né à Pitane en Éolie (Asie Mineure) vers 360 av. J.-C. On possède deux traités de lui, *De la sphère en mouvement* (+) et *Des levers et couchers des astres*, qui ont été traduits en latin par Dasypodius (Strasbourg, 1572) et en français par Forcadel (Paris, 1572).

AVA Frau. Née dans la seconde moitié du XIe siècle, morte le 6 ou 7 février 1127 au couvent de Melk, en Autriche. On ne sait rien de la vie de cette femme dont le nom n'est cité qu'à la fin du poème *La Vie de Jésus* (*), écrit en moyen haut allemand. On sait seulement qu'elle avait deux fils, dont l'un mourut jeune. Il s'agit vraisemblablement d'une « recluse » que mentionnent les annales du couvent de Melk. On a supposé que ses fils étaient moines et qu'ils collaborèrent au livre de leur mère. Certains, au contraire, ont voulu voir dans l'un d'eux le poète Heinrich von Melk. Si la poétesse est bien la recluse en question, son œuvre aurait été écrite entre 1120 et 1125. On lui attribue en outre : *Jean-Baptiste l'Antéchrist* (*), *Le Jugement universel*.

AVELINE Claude (pseud. d'Eugène Avtsine). Écrivain français. Né le 19 juillet 1901, à Paris, de parents d'origine russe fuyant la ségrégation raciale et installés en France depuis 1892, mort à Paris le 4 novembre 1993. Après avoir fait des études au lycée Henri-IV, puis au lycée Hoche de Versailles et à Janson-de-Sailly, il publie en 1919 ses premiers poèmes, signés Claude Aveline, dans les jeunes revues *Les Feuilles libres* et *Vita*. La même année, il rencontre Anatole France, qui l'accueillera dans son intimité jusqu'à sa mort en 1924 et dont il ne cessera de servir l'œuvre et la mémoire (*Anatole France*, introduction et choix par C. A., 1948 ; *Vers les temps meilleurs. Trente ans de vie sociale*, 1949 et 1953). En 1920, secrétaire d'Ad. Van Bever, fondateur de la collection pour bibliophiles « Les Maîtres du Livre », il fait son apprentissage d'éditeur d'art, devenant lui-même, en 1922, le « plus jeune éditeur du monde ». Durant huit ans, il publiera une cinquantaine de beaux livres classiques et modernes (Saint-Évremond, Voltaire, Diderot, Renan, France, Remy de Gourmont, Maeterlinck, Gide, Valéry, Duhamel...), vingt inédits d'auteurs français, les premiers essais sur Honegger, Darius Milhaud, Stravinski, le jazz... Installé à La Charité-sur-Loire, où il se marie en 1923 avec une jeune fille de la ville, Hélène Bernot, il écrit un livre d'initiation aux sources du bouddhisme, *La Merveilleuse Légende de Siddhârtha Çâkya-Mouni Bouddha* (publié en 1928), le roman d'une ville de France : *Petite histoire de La Charité* (1924), deux courts essais : *Molène* (illustré par Steinlen, 1923) et *Antoine Bourdelle* (1924). Atteint d'une infection pulmonaire en 1925, il choisit le sanatorium universitaire de Leysin (Suisse) pour sa convalescence. Divorcé en 1926, il y rencontre une jeune Roumaine, Creatza Athanasiu, également handicapée, et part avec elle pour Font-Romeu, où ils vivront durant quatre ans. L'écrivain, qui collabore à la revue musicale *Arts phoniques*, révèle son originalité dans des poèmes (*Io Hymen*, 1925) et des essais apparemment divers mais dans lesquels il introduit une vision novatrice : *Steinlen* (1926), *Les Muses mêlées* (1926), *Rodin* (1927) ; également dans de brefs récits soit humoristiques (*« Les Désirs » ou le Livre égaré*, 1926), soit insolites (*Le Postulat*, 1928) et un premier roman en quatre épisodes inspiré par l'enfance à Versailles, *Le Point du Jour* (1928). En 1930, Claude Aveline renonce à l'édition pour se consacrer définitivement à une œuvre romanesque dont la critique unanime souligne très vite les qualités : *Madame Maillard* et *La Fin de Madame Maillard* (première partie d'une trilogie annoncée sous le titre *La Vie de Philippe Denis*), *Trois histoires de la nuit* (récits fantastiques, 1931). Passionné du cinéma parlant qui vient de naître, il collabore comme critique à la *Revue hebdomadaire*, la *Revue bleue* et *Commune*, et donne au roman policier ses lettres de noblesse avec *La Double Mort de Frédéric Belot* (1932) où il affirme dans une préface fracassante : « Il n'y a pas de mauvais genres, il n'y a que de mauvais écrivains. » Un voyage en Espagne avec le peintre Berthold Mahn lui inspire *Routes de Catalogne ou le Livre de l'amitié* (1932) et un séjour d'un mois en Égypte, *La Promenade égyptienne* (1934). Durant les années 1934-1939, fertiles en agitations politiques et sociales, Aveline s'associe aux actions menées par l'extrême gauche française, mais sans adhérer au parti communiste. Il assiste au procès des mineurs d'Oviedo (1935), fonde *Ciné-Liberté*, participe à la constitution des maisons de la culture, intervient à Valence et à Madrid pendant le deuxième congrès international des écrivains antifascistes (1937). Ces expériences seront consignées plus tard dans *Les Devoirs de l'esprit* (1945). En 1936, il publie *Le Prisonnier* (*), un livre antiraciste pour enfants racontant une mystérieuse histoire d'amitié entre un petit Noir et un petit Blanc : *Baba Diène et Morceau-de-Sucre* et, en 1937, un nouveau roman policier, *Voiture 7 Place 15*, futur composant d'une *Suite policière* qui comprendra *L'Abonné de la ligne U* (1947), *Le Jet d'eau* (1947) et *L'Œil-de-Chat* (1970). Mobilisé comme ambulancier en 1939, réformé après une congestion pulmonaire, il fonde en août 1940 avec Jean Cassou et Marcel Abraham un groupe qu'il baptise les « Français libres de France », en écho à ceux de Londres, et qui s'intègre bientôt au mouvement *Résistance*, organisé au musée de l'Homme par deux jeunes chercheurs, Boris Vildé et Anatole Lewitsky. Le réseau étant démantelé par la Gestapo, il retrouve Louis et Simone Martin-Chauffier dont il partagera le destin pendant trois ans dans le Lyonnais. Entré dans la clandestinité sous le nom de Louis-Marie Martin, il participe à la fondation de *Combat* chez Rémi Roure, écrit des articles pour les *Cahiers de la Libération*, un récit : *Le Temps mort* (publié sous le pseudonyme de Minervois, 1944), *Avec toi-même* (1944) et un essai sur les *Lettres de la religieuse portugaise* : ... *Et tout le reste n'est rien* (1947). Chaleureux défenseur de la Yougoslavie de Tito depuis 1948, il voyage dans ce pays en 1950 et devient membre du conseil exécutif de la Société européenne de culture dont le but est d'instaurer, en pleine guerre froide, le dialogue entre tous les peuples. Après avoir étudié les rapports du romancier et de ses personnages dans *Plus vrais que soi* (1947) et donné une suite à *La Vie de Philippe Denis* avec *Les Amours et les Haines* (1952) et *Philippe* (1955), il s'intéresse plus particulièrement à un « art nouveau, l'art radiophonique » et concrétise ses recherches dans *C'est vrai, mais il ne faut pas le croire* (prix Italia, 1955), préparant de nombreux textes après la tentative réussie de *Bestiaire inattendu* (1954). En 1957, après *Les Mots de la fin*, réunissant sept cent cinquante paroles de mourants célèbres, il propose aux meilleurs peintres de tous pays et de toutes tendances d'illustrer à leur manière le poème qu'il vient d'écrire : *Portrait de l'Oiseau-qui-n'existe-pas*. Près de deux cents artistes se prêteront à l'expérience pour une donation au musée d'Art moderne de Paris. Remarié en novembre 1964 avec Jeanne Barusseaud, il acquiert à l'Île-aux-Moines (1968) une maison dont il fait sa retraite d'été et où il situe le début de son roman *Hoffmann Canada* (*) (1977). En même temps qu'il découvre, selon sa propre expression, la « peinture au feutre », Aveline poursuit une œuvre variée de précurseur et de critique lucide et polémiste dans *Le Haut Mal des créateurs ou le Complexe d'un siècle inexistant* (1973) et dans un livre de Mémoires, *Moi par un autre* (avec la participation de Nicole Toussaint du Wast, 1988). À Langle-en-Céné (Morbihan), une école, suivant pour son enseignement la méthode Freynet, porte son nom depuis 1990.

CLAUDE COUFFON.

RÉF. : Jean Lescure, « Claude Aveline ou une poétique de la prose », Paris, 1960. – Florentin Mouret, *Les Ouvrages de Claude Aveline*, Paris, 1961 ; *Hommage à Claude Aveline*, Paris, 1970.

AVENARIUS Richard Heinrich Ludwig. Philosophe allemand. Né à Paris le 10 novembre 1843, mort à Zurich le 18 août 1896. La vie de ce professeur de philosophie est pauvre en événements extérieurs et vouée tout entière à l'élaboration et à la diffusion de l'« empiriocriticisme » dont Avenarius fut en même temps que Mach, et bien que leurs travaux eussent été menés à part, le fondateur. Il fit des études à Leipzig et, sans en être chargé officiellement, commença de faire des cours à partir de 1876. Il fut au nombre des fondateurs de l'*Akademisch-Philosophische Verein* et fut le premier directeur du *Vierteljahrschrift für wissenschaftliche Philosophie*, qui devint l'organe de son école. C'est à Leipzig qu'il écrivit et publia sa première œuvre qui le rendit très vite célèbre : *La Philosophie comme pensée du monde*. Appelé en 1887 à l'université de Zurich, il y enseigna jusqu'à sa mort. C'est là qu'il composa ou donna leur aspect définitif à d'autres œuvres importantes, telles que la *Critique de l'expérience pure* (*), publiée entre 1888 et 1890, et la *Conception humaine du monde*, publiée à Leipzig en 1891. Ses thèses font l'objet des critiques de Husserl dans les *Recherches logiques*, et Lénine, dans *Matérialisme et empiriocriticisme*, attaqua violemment ses idées et celles de Mach.

AVERROÈS (Abu l-Walīd Muḥammad ibn Rushd, connu en Occident sous le nom d'). Philosophe médiéval de langue arabe. Né à Cordoue en 1126, mort à Marrakech le 10 décembre 1198. Il était issu d'une grande famille de notables religieux de Cordoue, à l'époque la principale métropole culturelle de l'Occident musulman. Comme son compatriote et contemporain Maimonide (Cordoue, 1135 – Le Caire, 1204), il fut tout à la fois philosophe et médecin tout en exerçant des responsabilités importantes au sein de sa communauté, occupant notamment le poste de grand cadi (juge selon la loi musulmane) de Cordoue, où il succéda à son père et à son grand-père. Toutefois, contrairement à son homologue juif, qui fut contraint de s'exiler à la suite de la conquête almohade en 1148, il sut gagner la faveur de la nouvelle dynastie, dont le second souverain, Yūsuf ibn ʿAbd al-Muʾmin (1163-1184), l'encouragea à rédiger ses *Commentaires d'Aristote* (*), et le prit à son service comme médecin. Cette situation se poursuivit un temps sous le règne de son fils, Yaʿqūb ibn Yūsuf (1184-1199), malgré la pression des éléments les plus obscurantistes du mouvement almohade, viscéralement hostiles à toute spéculation intellectuelle. Ceux-ci finirent par avoir gain de cause : après un séjour en prison en 1195, le philosophe fut exilé à Marrakech où il mourut. À l'opposé d'Avicenne qui, par le biais du néoplatonisme, s'efforce d'établir un terrain d'entente entre la réflexion philosophique et l'expérience religieuse, s'exposant par là aux attaques d'al-Ghazālī dans la *Réfutation des philosophes* [*Tahāfut al-falāsifa*], Averroès, qui répondra à cet ouvrage par la *Réfutation de la réfutation* (*), entend revenir à un aristotélisme strict retrouvant, en les radicalisant, les positions d'al-Fārābī : la révélation ne fait que représenter, sous forme d'images et de métaphores, les vérités rationnelles de la philosophie. Chacune des deux a, par conséquent, sa sphère autonome : la philosophie est destinée à l'élite sociale et intellectuelle, et ne doit à aucun prix en sortir, tandis que la masse doit se contenter d'une acceptation littérale des images et des métaphores présentées par la révélation. Ces positions représentent en fait une tentative de compromis entre la philosophie et l'almohadisme dominant, où l'obscurantisme officiel coexistait avec un élitisme clandestin pratiqué par l'élite dirigeante ; Averroès, pourrait-on dire, s'est appliqué à donner une légitimation philosophique à cette dichotomie, justifiant notamment l'interdiction, édictée par le nouveau pouvoir, de toutes les tentatives pour approfondir le sens obvie de la révélation coranique, que ce soit par le biais de la spéculation théologique ou par celui de la quête mystique. Toutefois ce projet, basé sur des conditions purement locales, n'eut guère d'impact en terre d'islam, où l'héritage philosophique resta le plus vivace dans les courants mystiques et illuministes se réclamant souvent d'Avicenne. En revanche, l'Occident médiéval, où la dichotomie entre élite savante et masse inculte avait des bases institutionnelles beaucoup plus stables, réserva un accueil infiniment plus favorable à la pensée d'Averroès ; traduites en hébreu, puis en latin, ses œuvres exercèrent à partir du XIIIe siècle une influence considérable, notamment sur l'école franciscaine d'Oxford (Guillaume d'Ockham, Roger Bacon, Duns Scot).

JEAN-PATRICK GUILLAUME.

RÉF. : M. Bouyges, *Averroès ou Grand commentaire de la métaphysique d'Aristote*, Paris, 2e éd. 1974. – R. Lerner, *Averroès ou Plato's Republic : Translated with an Introduction and Notes*, Londres, 1974. – G. C. Anawati, *Bibliographie d'Averroès*, Alger, 1978. – *Multiple Averroès : Actes du Colloque international organisé à l'occasion du 850e anniversaire de la naissance d'Averroès*, Paris, 1978. – *Convegno internazionale d'Averroismo in Italia*, Rome, 1979. – K. P. Bland, *The Epistle on the Possibility of Conjunction with the Activ Intellect by Ibn Rushd... A Critical Edition and Annotated Translation*, New York, 1982. – C. Genequand, *Ibn Rushd's Metaphysics : A Translation with Introduction of Ibn Rushd's Commentary on Aristotle's Metaphysics, Book Lām*, Leiden, 1984. – B. S. Kogan, *Averroès and the Metaphysics of Causation*, Albany, 1985.

AVIANUS. On ne sait rien de précis sur ce fabuliste latin. Si le Théodose auquel il dédia ses quarante-deux *Fables* (*) est Macrobe Ambroise Théodose, auteur des *Saturnales* (*), Avianus a dû vivre entre la fin du IVe et le début du Ve siècle ap. J.-C. Ses tournures de style et sa métrique correspondent d'ailleurs à celles d'un écrivain de la dernière époque. Son nom lui-même a été l'objet de discussions, et la variante Avienus de certains manuscrits l'a fait confondre avec Rufus Festus Avienus, le traducteur des *Phénomènes* (*) d'Aratos de Soles.

RÉF. : Léopold Hervieux, *Les Fabulistes latins, depuis le siècle d'Auguste jusqu'à la fin du Moyen Âge*, 1893-99, tome 3 : *Avianus...*

AVICEBRON (Salomon ben Judah ibn Gabirol). Philosophe et écrivain juif d'Espagne. Né en 1020 à Malaga, mort vers 1057-1058 à Valence (Espagne). On ne sait pas grand-chose des premières années de sa vie. Ayant perdu très tôt ses parents, il vint à Saragosse ; la maladie et de nombreux malheurs familiaux lui donnèrent précocement une vision sombre de l'existence, qui allait s'exprimer dans sa poésie profane. Après l'assassinat de Jekutiel ibn Hasan, son meilleur ami et protecteur, la jalousie et les persécutions de personnages haut placés obligèrent ibn Gabirol à fuir Saragosse et à errer de ville en ville. À Grenade, Samuel Ha-Nagid (993-1055) devint son protecteur. On ne sait encore rien sur les dernières années de sa vie ; il mourut jeune, vers l'âge de trente-cinq ans.

En tant que poète, Avicebron est considéré comme un grand rénovateur pour avoir introduit dans la poésie hébraïque profane les formes et l'esprit littéraires propres à la littérature arabe et dans la poésie religieuse la philosophie néo-platonicienne. L'œuvre la plus connue dans ce domaine reste *La Couronne royale* (*), où le lyrisme des *Psaumes* (*) et le système métaphysique néo-platonicien se fondent en un poétique et suggestif élan vers Dieu. Sa poésie profane laisse transparaître des éléments autobiographiques, ainsi écrivit-il une élégie en cent vers sur Jekutiel ibn Hasan, des élégies sur son père, des complaintes sur la communauté juive de Saragosse. Il y décrit même ses maladies. De ce point de vue, Avicebron est considéré comme un poète moderne qui n'hésite pas à exprimer ses sentiments.

Comme philosophe, il est surtout connu pour son ouvrage *Source de vie* (*), suite de cinq traités écrits sous forme de dialogues entre un maître et son disciple. Avicebron est l'auteur de deux traités de morale, *Le Perfectionnement des mœurs de l'âme* [*Tikkun middot ha-nefesh*] et *Choix de perles* [*Mivhar Peninim*].

RÉF. : E. Bertola, *Salomon ibn Gabirol, Vita, oper e pensiero*, Padoue, 1953. – J. Schirmann, *Salomon ibn Gabirol, sa vie et son œuvre poétique*, in *Revue des études juives*, 131, 1972.

AVICENNE (Abū ʿAlī Ḥusayn ibn Sīnā, connu en Occident sous le nom d'). Philosophe et médecin médiéval d'expression arabe et secondairement persane. Né près de Boukhara en 980, mort à Hamadan (Iran occidental) en juin 1037. Issu d'une famille de petits notables provinciaux proches du shiʿisme ismaélien, il suivit tout d'abord le cursus scolaire classique de l'époque, basé sur l'apprentissage du *Coran* (*) et de la littérature arabe, puis du droit musulman. Il reçut sa première formation philosophique et mathématique dans les milieux ismaéliens, où l'héritage philosophique hellénique, en particulier le néo-platonisme, occupait une place importante. Mais c'est surtout d'al-Fārābī, et de sa lecture du corpus aristotélicien, qu'il devait rester tributaire. Parallèlement à ses études philosophiques, Avicenne aborda l'apprentissage de la médecine, où, comme ailleurs, il fit preuve d'une précocité prodigieuse, accomplissant dès l'âge de seize ans des cures remarquables. Sa célébrité dans ce domaine lui permit d'entrer au service du prince samanide de Boukhara, Nūḥ ibn Manṣūr, et surtout de fréquenter sa bibliothèque où se trouvaient de nombreux ouvrages rares qui lui permirent de compléter sa formation : chose importante à une époque où seules les sciences religieuses et philologiques faisaient l'objet d'un enseignement un tant soit peu public. Le reste de sa carrière se déroula selon le même modèle : la situation politique de l'Orient musulman à cette époque, marquée par une succession de dynasties éphémères régnant sur des domaines aux frontières variables, lui permit toujours de trouver des souverains désireux de s'attacher un médecin aussi prestigieux. Il exerça même, pendant un temps, la fonction de vizir auprès du prince de Hamadan. La tâche, qu'il cumulait avec son travail de médecin, ne semble pas l'avoir enchanté ; c'est pourtant à cette époque que, pour occuper ses nuits, il commença à dicter l'un de ses ouvrages principaux, *La Guérison de l'erreur* (*). Emprisonné après la mort de son protecteur en 1021 (événement alors quasi inévitable dans la carrière d'un vizir), il commença à rédiger sa célèbre somme médicale, *Le Canon de la médecine* (*). La fin de sa carrière se déroula auprès de l'émir d'Ispahan, qui forma autour de lui une sorte d'académie de savants ; c'est lors d'un voyage en compagnie de ce dernier qu'il mourut à Hamadan d'une dysenterie aiguë. Il laissait derrière lui une œuvre particulièrement abondante : elle ne compte pas moins de deux cent soixante-seize titres, dont beaucoup, il est vrai, correspondent à de courts opuscules. Si la réflexion philosophique d'Avicenne marqua profondément l'Occident médiéval (en particulier Duns Scot et Thomas d'Aquin), son influence est en revanche plus difficile à évaluer dans le monde musulman, où la « falsafa », la philosophie d'héritage hellénique, disparut assez rapidement en tant que discipline publique, même si une part de son enseignement, et notamment la logique, fut assimilée par les sciences islamiques, sous l'influence de théologiens comme al-Ghazālī. Cette évolution se perçoit déjà dans l'œuvre d'Avicenne qui, contrairement à al-Fārābī, ne pose plus la falsafa en projet culturel global et potentiellement hégémonique, mais s'applique au contraire à rapprocher celle-ci de la tradition islamique, notamment par la réévaluation de la personnalité prophétique. Il est ainsi amené à élaborer une psychologie de la révélation qui ne fut pas sans influencer les grands maîtres de la mystique musulmane, notamment Ibn ʿArabī, qui allèrent souvent jusqu'à le considérer, de façon peut-être un peu exagérée, comme l'un des leurs.

JEAN-PATRICK GUILLAUME.

RÉF. : E. R. Harvey, *The Inward Wits : Psychological Theory in the Middle Ages and the Renaissance*, Londres, 1975. – D. Gutas, *Avicenna and the Aristotelian Tradition*, Leiden, 1988.

AVIENUS Rufus Festus. Poète latin du IVᵉ siècle. Né à Volsinium, en Étrurie. Il nous a laissé divers renseignements sur sa vie dans une inscription dédiée à Nortia, déesse étrusque de la fortune. Il vécut à Rome, menant une vie domestique heureuse, entouré de nombreux enfants. Il fut appelé deux fois au proconsulat : une fois en Afrique (366) et une autre fois en Achaïe (372). Descendant du philosophe stoïcien Musonius Rufus, il fut également sensible aux idées stoïciennes, demeurant un païen convaincu dans le domaine de la religion. Dans sa vie de bon père et d'honnête citoyen, la poésie fait figure d'activité de dilettante. On a conservé de lui deux petits poèmes géographiques : *Description de la Terre* (*) et *Les Régions maritimes*, une traduction des *Phénomènes* (*) d'Aratos de Soles, et un chant en hexamètres adressé à un ami du nom de Flavien. Nous savons également par Servius qu'il avait mis en vers iambiques toute l'*Énéide* (*) et toute l'*Histoire romaine* (*) de Tite-Live.

RÉF. : Lemaire, *Poetae latini minores*, 1825, t. V. – F. Plessis, *La Poésie latine*, 1909, p. 667.

AVIT saint (Sextus-Alcimius Ecdicius Avitus). Écrivain latin. Né vers 450, mort en 518 environ. D'une illustre famille d'Auvergne (celle de ce Flavius ou Marcus Meocilius

Avitus qui, préfet du prétoire des Gaules sous Valentinien, se fit proclamer à Toulouse empereur d'Occident vers 455), il fut évêque de Vienne (en Dauphiné) en 490. Après avoir présidé plusieurs conciles, saint Avit eut part à la conversion de Clovis, roi des Francs. Ayant tenté en vain de faire abjurer l'arianisme à Gondebaud, roi des Burgondes, il le fit mettre à la raison par ce même Clovis : la Bourgogne fut dévastée de fond en comble. Instruit par ce terrible exemple, Sigismond, fils de Gondebaud, embrassa la foi catholique. Dès lors, Avit devint un des chefs les plus influents du clergé des Gaules. Ses œuvres principales sont : *Contre l'hérésie eutychienne*, *Dialogue avec le roi Gondebaud contre les ariens*, *Lettres* (*), *Homélies* (*), *Écrits contre les ariens* (*). Ses poèmes, *Des faits importants de l'histoire spirituelle* (*), longtemps oubliés, le placent au premier rang des poètes de la littérature gallo-romaine. Ils sont au nombre de six : *Sur la création* (325 v.), *Sur le péché originel* (423 v.), *Sur le jugement de Dieu* (425 v.), *Sur le déluge* (658 v.), *Sur le passage de la mer Rouge* (721 v.), enfin *Sur la virginité* (666 v.).

RÉF. : Denkinger, *Avitus, évêque de Vienne*, Genève, 1890. — Goelzer, *Le Latin de saint Avit*, Paris, 1909. — *Opera quae supersunt*, éd. R. Peiper, *M.G.H., AA VI*, 2, Berlin, 1983.

AVVAKUM. Archiprêtre russe (protopòp). Né en 1620 au village de Grigorovo, dans la région de Nijni Novgorod, mort en avril 1682 sur le bûcher à Pustozersk, bourgade du nord-est de la Russie. Son autobiographie — v. *La Vie de l'archiprêtre Avvakum* (*) —, l'un des premiers en date parmi les ouvrages marquants de la littérature russe, vaut non seulement par son exceptionnelle valeur humaine, mais par la spontanéité originale de l'expression, à une époque où tous les écrits étaient strictement conformes aux canons de la littérature ecclésiastique traditionnelle. L'autobiographie contient seulement la description du douloureux voyage que fit l'auteur dans la seconde période de son exil en Sibérie. Avvakum, dont l'intelligence et la culture étaient exceptionnelles, n'avait pas craint de s'opposer, ainsi que plusieurs de ses amis, aux réformes introduites dans l'Église par le patriarche Nikon. Dénoncé comme hérétique, il fut condamné à rejoindre l'expédition commandée par Pachkov pour la conquête de la Transbaïkalie. Condottiere valeureux, mais au cœur dur, Pachkov traita cruellement l'infortuné schismatique qui demeura neuf ans en Sibérie. Lorsque tomba le patriarche, Avvakum, qui aurait pu revenir à Moscou, se refusa à tout compromis et fut de nouveau condamné par le synode de 1666-67. En résidence à Pustozersk, il se montra tenace au service de sa foi au point d'adresser au tsar une lettre dont la violence ne pouvait lui valoir que le martyre. C'est ce qui advint, et Avvakum mourut en compagnie de ses plus fidèles compagnons, le moine Éphiphane et le prêtre Lazare.

RÉF. : Pierre Pascal, *Avvakoum et les débuts du Raskol*, Paris - La Haye, 1963.

AXELOS Kostas. Philosophe français d'origine grecque. Né le 26 juin 1924 à Athènes. Jusqu'en 1945, date de son installation à Paris, Kostas Axelos fait des études juridiques et économiques, après avoir fréquenté l'Institut français et l'École allemande dans sa ville natale. La guerre l'oriente vers la politique et il prend une part active à la résistance et à la guerre civile (1941-1945) en tant qu'organisateur et théoricien communiste (mais il sera exclu du P.C. et condamné à mort par le gouvernement de droite). Il étudie la philosophie à la Sorbonne avant d'entrer au C.N.R.S. (1950-1957) puis à l'École pratique des hautes études comme attaché de recherches, jusqu'en 1959. Il soutient ses thèses de doctorat sur *Marx penseur de la technique* et *Héraclite et la philosophie*, en 1959 — elles seront publiées respectivement en 1961 et 1962, formant les deux premiers volets d'une première trilogie, « Le Déploiement de l'errance », complétée par *Vers la pensée planétaire* (1964). Parallèlement, il est rédacteur en chef de la revue *Arguments* (*) (1957-1962), publiée aux éditions de Minuit où il fonde en 1960 une collection portant le même nom. En 1966 paraît en allemand *Einführung in ein künftiges Denken* [*Introduction à une pensée future*]. Ensuite vont se succéder deux autres trilogies : « Le Déploiement du jeu » (*Contribution à la logique*, 1977, *Le Jeu du monde* (*), 1969, *Pour une éthique problématique*, 1972) et « Le Déploiement d'une enquête » (*Arguments d'une recherche*, 1969, *Horizons du monde*, 1974, *Problèmes de l'enjeu*, 1979). Outre un livre de jeunesse écrit en grec et paru à Athènes, *Essais philosophiques* (1952), Kostas Axelos publiera un court volume d'*Entretiens* (1974) et deux autres livres : *Systématique ouverte* (1984) et *Métamorphoses* (1991). Chargé de cours de philosophie à la Sorbonne de 1962 à 1973, il déploie une grande activité de conférencier qui le mène dans le monde entier. L'ironie marque l'œuvre et la pensée d'Axelos : présent à et dans l'époque, il lui retire ses assises par l'insistance intempestive de son questionnement ; faisant signe vers une pensée future, il interroge les prodromes préphilosophiques de la métaphysique (avec Héraclite) ; sensible aux ruptures, il accuse les continuités (et complicités) inaperçues (Marx, Nietzsche et Heidegger encore prisonniers de ce qu'ils pensent avoir « dépassé ») ; pratiquant une écriture volontiers brisée, il reste à distance des engouements faciles pour les nouveautés ; penseur du jeu, il n'a cessé de rappeler l'époque aux exigences de la pensée.

FRANCIS WYBRANDS.

AXIONOV Vassili Pavlovitch [Vasilij Pavlovič Aksenov]. Écrivain russe. Né le 20 août 1932 à Kazan. C'est le fils d'un responsable du parti et de la communiste Evguénia Guinzbourg, tous deux victimes de la période stalinienne. Sa mère, après de nombreuses années de camp, vivra en relégation dans la capitale de l'Archipel du goulag, Magadan, où le jeune Axionov viendra la rejoindre jusqu'à une nouvelle arrestation en 1951 – il décrira ce séjour dans son roman *Une brûlure* (*) (1980). Libérée, E. Guinzbourg écrira des Mémoires : *Le Vertige* et *Le Ciel de la Kolyma* [*Krutoj maršrut*, 1967-69].

Après l'avoir étudiée à Leningrad, Axionov exerce la médecine. Il publie son premier roman *Les Collègues* [*Kollegi*, 1960] dans la revue *Jeunesse* [*Junost'*] qui réunit alors tous les jeunes talents de la génération du « dégel ». Axionov devient rapidement l'auteur le plus populaire de cette « génération du XXe Congrès », qui comptait des écrivains comme A. Gladiline, A. Kouznetsov, G. Vladimov, V. Voïnovitch, etc. Il entre au comité de rédaction de *Jeunesse*.

Les protagonistes de ses romans sont des jeunes gens d'aujourd'hui, parlant l'argot (cette langue a particulièrement indigné certains critiques), aimant le jazz et les vêtements occidentaux (le « jean » devient alors le signe de ralliement d'une jeunesse en rupture avec les générations précédentes). Ce sont le plus souvent de jeunes savants – *Le Billet pour les étoiles* [*Zvezdnyj bilet*, 1961] –, parfois des géologues – *Les Oranges du Maroc* [*Apel'siny iz Marokko*, 1963]. Sportif, prêt à se battre pour défendre son bon droit mais aussi la veuve et l'orphelin, le héros d'Axionov aime le mouvement, le changement, l'aventure, l'exotisme, tout ce qui s'oppose au monde figé de l'époque stalinienne. Il s'oppose donc au monde des aînés et à ses valeurs. L'orientation résolument antistalinienne d'Axionov, son exigence d'une plus grande démocratisation provoquent de nombreux heurts avec la censure et les autorités. Il est ainsi obligé de quitter la rédaction de *Junost'*. Néanmoins, l'écrivain restera toujours, à la différence d'un Vladimov ou d'un Voïnovitch, dans la sphère officielle, même s'il se trouve à la périphérie de celle-ci.

Dès *Les Oranges du Maroc*, où le même événement est raconté à la première personne par divers personnages, Axionov rompt avec la narration du roman russe et soviétique classique. Dans *Surplus en stock-futaille* [*Zatovarennaja bočkotara*, 1968], il se tourne vers le grotesque, le fantastique, comme vers les formes les plus adéquates pour exprimer la vie soviétique. (Un groupe de personnages, réunis à l'arrière d'un camion, commence un voyage tout à fait ordinaire qui dérapera rapidement dans l'irréalité.) À l'exception d'un roman historique de commande, *L'Amour de l'électricité* [*Ljubov' k električestvu*, 1971] sur le bolchevik L. Krassine, toutes les œuvres ultérieures de Axionov procéderont de cette veine. Ce n'est donc pas un hasard si un voyage onirique à travers la Russie a pour titre *À la recherche du genre* [*V poiskah žanra*, 1978]. Le roman *Une brûlure*, véritable bilan de sa génération, allant du stalinisme aux années 70, ne peut paraître qu'en Occident. Pour avoir été un des organisateurs de l'almanach *Metropole* [*Metropol*, 1979] qui, contre les interdits, voulait affirmer la liberté de l'artiste, Axionov a de plus en plus de mal à se faire publier et, en 1980, il est amené à émigrer. Il vit depuis lors aux États-Unis, où il enseigne la littérature russe. Après avoir publié des ouvrages écrits en U.R.S.S. mais restés inédits, comme le roman de politique-fiction *L'Île de Crimée* [*Ostrov Krym*, 1981], où il imagine une Crimée qui ne serait pas devenue soviétique, Axionov écrit des romans qui tiennent compte de son expérience américaine et utilisent une langue volontairement riche en anglicismes.

ALEXIS BERELOWITCH.

AYDEMIR Shevket Süreyya. Écrivain et économiste turc. Né en 1897, mort en 1976. Il fit ses études universitaires à Moscou. Celles-ci terminées (1923), il rentra en Turquie. Il essaya d'avoir une activité révolutionnaire clandestine et fut arrêté. Aydemir fut ensuite très vite récupéré par le mouvement kémaliste et il devint l'un des experts du régime pour les questions économiques et les problèmes de l'instruction publique. On lui doit des biographies d'Atatürk – *L'Homme seul* (*) –, d'Inönü, d'Enver Pacha, et divers autres ouvrages.

AYMÉ Marcel. Écrivain français. Né à Joigny (Yonne) le 29 mars 1902, mort à Paris le 14 octobre 1967. Ses parents étaient tous deux originaires du Jura, et de leur mariage naquirent six enfants. Marcel, le plus jeune, perdit sa mère à l'âge de deux ans. Il connut à peine son père, maréchal-ferrant de son état qui, devenu veuf, mit ses aînés en pension et confia les cadets à sa belle-famille. Ainsi Marcel vécut de sa deuxième à sa huitième année à Villers-Robert, chez ses grands-parents qui exploitaient une tuilerie. Le village était assez semblable à celui qu'il décrivit plus tard dans *La Jument verte* (*) et les habitants y connaissaient des passions politiques et religieuses (et antireligieuses) fort vives. La grand-mère attendit la mort du grand-père, en 1908, pour faire baptiser son petit-fils, celui-ci avait alors sept ans. Peu après, un nouveau décès, celui d'une tante qu'il aimait beaucoup, amena le garçonnet à proférer des blasphèmes « pour marquer au ciel sa désapprobation ». Il perdit sa grand-mère en 1910. Après avoir vécu quelques mois chez un oncle meunier, où il fut très heureux, il fut placé, à la rentrée d'octobre, comme pensionnaire au collège de Dôle, où il fut inscrit en classe de septième.

Deux fois par mois, il allait passer la fin de semaine au moulin de l'oncle. Une de ses tantes habitait Dôle ; devenue veuve en 1911, elle s'empressa de prendre le jeune garçon à sa charge, ainsi qu'une petite-nièce. La tante Léa était employée de magasin. En 1912, Marcel réussit le concours des bourses et le regretta vite car, chaque fois qu'il obtenait de mauvaises notes, on lui reprochait de gaspiller l'argent de l'État. Il retournait maintenant au village chaque samedi et y passait ses grandes vacances, pendant lesquelles il gardait les vaches avec d'autres bergers. Médiocre élève, il assura être devenu un cancre pendant la guerre de 1914. Il aimait mieux lire qu'étudier. En 1918, il obtient toutefois son baccalauréat de mathématiques élémentaires et une bourse d'internat qui lui permet d'entrer, en 1919, au lycée de Besançon, dans la classe préparatoire de mathématiques spéciales. Il pense pouvoir devenir ingénieur. C'est alors qu'une grave maladie l'oblige à abandonner ses études. Quand il est de nouveau sur pied, il doit accomplir son service militaire : on l'envoie en Allemagne occupée (1922-1923). Libéré, il vient à Paris. Il s'essaie dans divers métiers : employé de banque, agent d'assurances, journaliste dans une agence de presse. Il assure avoir été mauvais journaliste, dans la mesure où il ne rapportait rien d'autre que ce qu'il avait vu lui-même. En 1925, il tombe à nouveau malade, et c'est alors qu'il rédige son premier roman. Il avait déjà écrit de petites choses, mais pour son plaisir et sans l'idée de devenir un véritable écrivain. Cette fois, c'est différent. *Brûlebois* sera publié aux « Cahiers de France » en 1926. Marcel Aymé a vingt-quatre ans. Il écrit un deuxième roman, *Aller-Retour,* qu'il présente à un grand éditeur (Gallimard). Le roman est accepté et paraît en 1927. Dès lors, Marcel Aymé donnera une nouvelle œuvre chaque année : un roman, un recueil de nouvelles, voire un essai. À partir de 1930, il cesse de considérer la littérature comme un passe-temps. Elle devient un métier. Et c'est un métier qui devient rentable dès 1933 où *La Jument verte,* saluée comme un ouvrage licencieux, obtient de beaux tirages. La même année d'ailleurs, Marcel Aymé commence à travailler pour le cinéma. Marié et devenu père de famille après la naissance d'une fille, il ne déteste pas du tout les « commandes ». Il songeait aussi au théâtre, et c'est dès avant-guerre qu'il écrivit *Vogue la galère* qui ne sera jouée qu'en 1947. Pendant l'Occupation, il continuera de travailler pour le cinéma. Il fit notamment équipe avec un réalisateur d'extrême gauche, Louis Daquin, pour deux films qui remportèrent un grand succès : *Nous les gosses* et *Le Voyageur de la Toussaint* (d'après Simenon). Dans le même temps, il n'hésite pas à donner des nouvelles et des romans aux journaux de la « Collaboration », mais on ne trouve dans ses textes nulle trace d'un engagement politique quelconque ; si bien qu'il ne figurera sur aucune liste noire à la Libération, et les épurateurs ne l'inquiéteront pas. C'est l'inverse qui se produit plutôt : il fait campagne pour obtenir la grâce de Robert Brasillach que de Gaulle laissera fusiller. À partir des représentations de *Vogue la galère,* Marcel Aymé entreprend une carrière théâtrale et il obtient de francs succès avec *Lucienne et le boucher* (1947), *Clérambard* (*) (1950), *La Tête des autres* (*) (1952). Entre-temps, il fut invité aux États-Unis. Le genre de vie américain ne lui plut pas et devait lui inspirer deux pièces : *La Mouche bleue* (1957) et *Louisiane* (1961), qui ne comptent pas parmi ses chefs-d'œuvre. Marcel Aymé fit un retour au roman avec *Les Tiroirs de l'inconnu* (1960), mais ses dernières œuvres furent des pièces de théâtre. La dernière, *La Convention Belzébir,* fut créée quelques mois seulement avant sa mort prématurée.

Marcel Aymé a connu de grands succès commerciaux. Il était un écrivain très connu et possédait même sa légende : homme taciturne abrité derrière des lunettes noires, paysan du village de Montmartre (il habitait rue Paul-Féval). Mais on le considérait plutôt comme un auteur divertissant que comme un grand écrivain. Or son œuvre s'affirme comme une des plus neuves, des plus fortes et probablement des plus durables de notre époque. Elle est très variée, tantôt d'inspiration réaliste, tantôt d'inspiration satirique et tantôt d'inspiration fantastique. Mais il passe parfois d'un registre à l'autre dans le même ouvrage en maintenant une unité de ton. Il est bon peintre de la campagne, des petites villes et de la capitale. Parmi ses romans campagnards, on citera *La Table aux crevés* (*) (1929) et *La Vouivre* (*) (1943). Parmi les romans de la province, *Le Moulin de la sourdine* (1936). Parmi les œuvres parisiennes, *Le Bœuf clandestin* (*) (1939) et *Travelingue* (*) (1941). Ce dernier roman est le premier volet d'une trilogie d'histoire contemporaine, dont le deuxième volet s'appelle *Le Chemin des écoliers* (*) (1946) et se situe pendant l'Occupation, et dont le troisième volet, *Uranus* (*) (1948), décrit les lendemains de la Libération. Les recueils de nouvelles d'Aymé sont tous de premier ordre, tels *Le Passe-Muraille* (*) (1943) et *Le Vin de Paris* (*) (1947). Et il faut mettre hors de pair *Les Contes du chat perché* (*) qui commencèrent de paraître en 1934 sous forme d'albums pour enfants. Ils firent tout de suite les délices des parents. Bon observateur des mœurs, Marcel Aymé est un ami de la fantaisie qui nous délivre de la pesanteur du quotidien. Il ne nous donne aucune leçon, ne nous adresse aucun message et on lui a cherché une mauvaise querelle en lui attribuant les pensées d'un des personnages du *Confort intellectuel* (*) (1949), où il se plaçait dans une pure tradition moliéresque. De même, dans *La Tête des autres,* qui déclencha un scandale, il ne cherchait à rien prouver : il mettait en lumière certains aspects du monde contemporain. Il s'est voulu absent de son œuvre, mais y est toujours présent par son style inimitable.

JACQUES BRENNER.

RÉF. : Jean Cathelin, *Marcel Aymé,* 1958. – Pol Vandromme, *Aymé,* 1960. – Roger Nimier, *Journées de lecture,* 1965. – A. L. Dumont, *Marcel Aymé et le Merveilleux,* Paris, 1970. – Cahiers Marcel Aymé, 1981. – M. Lécureur, *La Comédie humaine de Aymé,* Lyon, 1985.

AYTOUN William Edmondstoune. Poète écossais. Né à Édimbourg le 21 juin 1813, mort à Blackhills, près d'Elgin, le 4 août 1865. Il montra dès sa naissance un penchant très vif pour la poésie, encouragé en cela par sa famille. À dix-sept ans, il publia son premier volume de vers. Après des études de droit, il exerce à contrecœur la profession d'avocat qui était celle de son père. Il donne des poésies et des traductions au *Blackwood's Magazine,* dont il deviendra plus tard un collaborateur régulier, et où il fait paraître d'abord la plus grande partie de son œuvre. En 1841, il se lie d'amitié avec Theodore Martin ; ils publieront en collaboration *Les Ballades du bon Gaultier* (*), sorte de pastiche des poètes contemporains, qui remporta un grand succès. Les *Chants des cavaliers écossais* [*Lays of the Scottish Cavaliers,* 1849] et *Firmilian* (1854) jouirent également de la faveur du public. Nommé en 1845 professeur de rhétorique à l'université d'Édimbourg, et sheriff d'Orkney en 1852, Aytoun n'abandonna pas pour autant son activité poétique. On lui doit encore deux volumes de *Ballades d'Écosse* [*The Ballads of Scotland,* 1858] et un roman de mœurs écossaises en trois volumes, en partie autobiographique, *Norman Sinclair* (1861). Écrivain brillant et facile, il a inspiré la poésie burlesque postérieure, et en particulier W. S. Gilbert.

RÉF. : Sir Theodore Martin, *Memoir of W. E. Aytoun,* Londres, 1867. – Mark A. Weinstein, *W. E. Aytoun and the Spasmodic Controversy,* Yale, 1968.

AZEVEDO Aluízio Gonçalves de. Écrivain brésilien. Né le 14 avril 1857 à São Luiz (capitale de l'État de Maranhão) au Brésil, mort le 21 janvier 1913 à Buenos Aires, l'un des plus éminents représentants de la littérature naturaliste brésilienne. Fils d'un Portugais, vice-consul au Maranhão, et d'une Brésilienne, il essaya dès sa jeunesse de se livrer au commerce, l'abandonnant bientôt pour se consacrer à l'étude. Il ambitionna de se faire un nom dans la peinture et reçut dans sa ville natale les premières leçons d'un Italien, Domenico Tribusi. Après la mort de ce dernier, il se rendit à Rio de Janeiro où il fréquenta l'École des beaux-arts et ne tarda pas à se faire connaître comme caricaturiste. À la mort de son père, en 1879, il revint à São Luiz, tenta vainement d'obtenir une bourse d'études en Italie, tandis qu'il débutait dans les lettres ; son activité littéraire se manifesta par la collaboration à divers journaux et la rédaction de ses premiers romans. Lassé de ces tâches ingrates dans la capitale du Maranhão, il revint à Rio de Janeiro en 1881 et poursuivit sa carrière littéraire ; il publia, en 1885, son roman le plus estimé : *L'Homme* (*), soutint d'ardentes polémiques surtout avec le clergé, et entra dans la carrière diplomatique. Il parcourut le monde en tous sens, d'Espagne en Italie, du Japon à l'Argentine, donnant ainsi libre cours à son tempérament remuant. Parmi les autres romans d'Azevedo, citons : *La Ruche* [*O Cortico,* 1890], *Le Mulâtre, Une larme de femme* [*Una lagrima de mulher*] et *Le Mystère de Tijuco.*

RÉF. : Benedicto Costa, *Le Roman au Brésil,* 1918. – R. S. Sayers, *The Negro in Brazilian Literature,* New York, 1956. – J. Y. Merian, *Les Débuts du naturalisme au Brésil,* in *Recherches et Études comparatistes ibéro-françaises,* Paris, 1981, n° 3, p. 27-37.

AZEVEDO Manoel-Antonio Álvares de. Poète brésilien. Né le 12 septembre 1831 à São Paulo, mort le 25 avril 1852 à Rio de Janeiro. Fils d'un avocat, il fait ses premières études à Rio de Janeiro, devient bachelier ès lettres et commence des études de droit remarquablement brillantes, qu'il ne pourra cependant achever, ayant été frappé par la mort à l'âge de vingt et un ans. Dès son enfance s'étaient révélés ses dons poétiques : c'est l'influence des grands romantiques européens, Byron, Shelley, Heine, Musset, qu'on retrouve dans le recueil de vers intitulé *La Lyre de mes vingt ans* (*), publication posthume. Si le jeune poète y prend des allures affectées de bohème littéraire initié aux audaces du vice, il faut aussi lui reconnaître, avec Le Gentil, « la fougue, l'inspiration, la couleur, l'humour, une rare délicatesse toujours prête à se dissimuler, enfin le sens tragique de la vie et la hantise de la mort ».

RÉF. : F. Wolff, *Le Brésil littéraire,* 1863. – Le Gentil, *Histoire de la littérature portugaise,* Paris, 1935, nouv. éd., 1951. – J.-M. Machado de Assis, *Crítica literária,* Rio, 1936, p. 112-117. – A. Soares, *A morte : senso e contra-senso na. « Lira dos vinte anos »,* in RBLL, 6, 1984, n° 12, p. 15-20.

AZIZ NESIN (pseud. le plus utilisé de Mehmet Nusret). Humoriste, nouvelliste et dramaturge turc. Né à Istanbul le 20 décembre 1915. Aziz Nesin, qui est l'un des écrivains turcs contemporains les plus populaires dans et à l'extérieur de son pays, accumule les rééditions de ses œuvres en Turquie, et bénéficie de nombreuses traductions dans toutes les langues européennes, de l'espagnol au russe. Qui est donc cet écrivain mondialement apprécié, mais dont la gloire n'a pas atteint la France au jour où nous écrivons ces lignes, malgré une première traduction encourageante (*Un fou sur le toit,* 1969) ? Orphelin de mère à l'âge de douze ans, le jeune Mehmet fit sa scolarité au Dârüshshafaka (école de l'Assistance publique) d'Istanbul, puis dans des lycées militaires – seuls établissements accessibles, dans la Turquie kémaliste, aux adolescents défavorisés. Il reçoit un diplôme d'ingénieur de l'Académie militaire en 1935, et sert dans l'armée jusqu'à son expulsion en 1944 pour « utilisation illégale de ses prérogatives ». Aziz Nesin a en effet commencé sa carrière littéraire sous l'uniforme, en signant d'abord ses nouvelles humoristiques d'un pseudonyme féminin, Vedia Nesin, puis sous une myriade de signatures fantaisistes, avant de s'arrêter à celle d'Aziz Nesin (litt. « Qui es-tu mon ami ? »), car son style, immédiatement identifiable, rend rapidement caduque toute tentative de dissimulation. Engagé par le journal *Tan,* Aziz Nesin y assume les rubriques les plus diverses. L'après-guerre est l'âge d'or de l'humour turc : le pays connaît des temps difficiles, et le régime éprouve une croissante impopularité, que concrétisera la victoire du parti démocrate aux élections de 1950. Dans une ambiance tendue de conflits sociaux et politiques, Aziz Nesin connaît une gloire fulgurante, en même temps que des déboires répétitifs avec les autorités des différents régimes qui se succèdent à Ankara. Un article paru en 1947 dans le journal satirique *Marko Pasha,* et co-signé avec Sabahattin Ali, lui vaut une peine de dix mois de prison assortie de treize mois d'exil. Les périodes de détention et les intimidations organisées se succéderont désormais à un rythme soutenu – celui de la production littéraire d'Aziz Nesin. L'écrivain est en même temps obligé, pour nourrir sa famille, d'exercer divers métiers. En 1953, il ouvre une librairie, dans un quartier périphérique d'Istanbul, à laquelle est adjoint un studio de photographie : Aziz Nesin fabrique les premiers romans-photos de Turquie ! L'année suivante marque l'intensification de son travail d'écrivain : de nombreux journaux et revues sollicitent la signature multiforme de ses pseudonymes. Son premier livre, *La Queue du chien* (*), paraît en 1955. La reconnaissance internationale ne se fait pas attendre : Aziz Nesin remporte la palme d'or de la Nouvelle humoristique en Italie deux années de suite, en 1956-57. Dès lors les gratifications se succèdent, dans toute l'Europe. Chroniqueur dans de nombreux quotidiens, Aziz Nesin continue de brocarder les tares de la société turque dans une quantité exceptionnellement importante de nouvelles. Ses activités littéraires comprennent bientôt l'édition de l'*Annuaire littéraire Aziz Nesin* [*Aziz Nesin Edebiyat Yïllïghï*], publié depuis 1976, et son *Anthologie littéraire de la période républicaine.* Une grande part de ses droits d'auteur est versée à la Fondation Nesin, établie en 1972 pour l'éducation des enfants défavorisés. Le style simple et attachant d'Aziz Nesin plaît à tous. L'action est le plus souvent développée sous la forme de dialogues très vivants où la façon de s'exprimer de chaque personnage trahit immanquablement la classe sociale à laquelle il appartient. Dans les œuvres de ce conteur moderne, le reflet des problèmes contemporains est souvent pimenté d'un coup d'œil littéraire : Aziz Nesin adapte ainsi l'essence des « tekerleme », cette formule d'introduction du conte turc, qui traditionnellement visait à créer un effet d'éloignement en plongeant le lecteur dans un univers invraisemblable – le procédé ésopien permet d'échapper à la censure. Les sujets sont empruntés à la vie de tous les jours, et les réalités les plus angoissantes du monde contemporain sont traitées avec un humour parfois gogolien : le rire d'Aziz Nesin ne dissimule jamais un profond sentiment de détresse ou d'indignation. Dans une nouvelle autobiographique, « Sisyphe à huit pattes » [Sekiz ayaklï Sizif], l'écrivain exprime son angoisse devant la page blanche, alors que l'écriture est pour lui avant tout le moyen de nourrir sa famille. Dans « Le peuple se réveille » [Halk uyanïyor], un intellectuel progressiste, pourchassé par la police de son pays, se rend compte que la gentillesse des commerçants du quartier à son égard n'est due qu'à leur hypocrisie et leur mesquinerie. La police constitue d'ailleurs une source d'inspiration privilégiée pour l'humoriste, qui ridiculise le zèle poussé jusqu'à l'absurde de ses agents dans « Comment fut capturé Hamdi l'éléphant » (Palme d'or 1956 en Italie). Aziz Nesin n'épargne pas l'inefficacité généralisée de l'appareil administratif, la corruption et le népotisme à tous les niveaux : dans « Comment nous avons fait la Révolution » [Ihtilâlï nasïl yaptïk], il décrit un jeune et bouillant fonctionnaire, épris de réforme, nommé et renvoyé de son poste par le seul jeu du « piston ». L'attitude cynique des classes dominantes est illustrée dans « Le Cocktail du chaudron » (Palme d'or italienne en 1957), où l'auteur retranscrit les propos qui fusent dans les différents coins d'une réception à laquelle ont accouru les très élitaires pique-assiettes de la capitale – sur fond de misère du prolétariat turc. La conclusion est sans appel : la concussion règne dans toutes les sphères de la société, et le système, tout entier construit à la faveur d'une caste de profiteurs, est pourri à sa base. Aziz Nesin est cependant pessimiste sur ses chances d'évolution, car le pouvoir le plus abject peut durer très longtemps si ceux qui le subissent s'y résignent, comme le montre son « Âne décoré », symbole du citoyen capable de supporter tous les malheurs en courbant l'échine.

STÉPHANE A. DUDOIGNON.

AZORÍN (pseud. de José Martínez Ruiz). Critique, essayiste et romancier espagnol. Né à Monóvar (province d'Alicante) le 11 juin 1874, mort le 2 mars 1967 à Madrid. Issu d'une famille aisée, il fut d'abord élève au collège des Escolapios à Yecla (province de Murcie) d'où les siens étaient originaires. Il devait s'imprégner vivement de l'atmosphère de cette ville, comme en témoignent le premier livre qu'il publiera et même quelques autres. Devenu bachelier ès lettres en 1890, il se rendit à Valence pour y suivre les cours de la faculté de droit – études qu'il alla terminer à Madrid. Bien qu'il aimât mieux les taureaux et les théâtres que le *Code théodosien*, il obtint son diplôme de droit en 1896. Cédant à son penchant pour la littérature, il en fit l'apprentissage au prix de mille privations. Peu partisan de la monarchie, il put bientôt collaborer à divers journaux républicains (comme *Revista Nueva, El Imparcial, El Globo, Juventud*, etc.). Sous divers pseudonymes, il fit paraître, en outre, quantité de brochures d'un caractère social ou littéraire. Il obtint ainsi peu à peu l'audience des lettrés. Il n'avait que vingt-six ans quand il fit paraître l'ouvrage qui, d'emblée, le rendit célèbre : *L'Âme castillane* (*) (1900). Dès ce moment, il ne laissera plus ralentir sa production : *La Volonté* [*La Voluntad*, 1902], *Antonio Azorín* (*) (1903), *Mémoires d'un petit philosophe* [*Las confesiones de un pequeño filósofo*, 1904]. S'emparant alors du nom du héros qu'il avait créé, l'écrivain en fera toujours son pseudonyme. Bien qu'il fût peu enclin à l'action, Azorín se sentait trop républicain pour se soustraire au désir de briguer la députation. Élu aux Cortès en 1907, il réussit à s'y maintenir jusqu'en 1919. (Il devait même devenir un jour sous-secrétaire à l'Instruction publique.) Ce long intervalle marque en partie l'apogée de sa carrière d'écrivain. De la vingtaine d'ouvrages qu'il allait faire paraître, il faut retenir : *L'Itinéraire de Don Quichotte* [*La ruta de Don Quijote*, 1905], *Espagne* [*España*, 1909], *Castille* (*) (1912), *Lectures espagnoles* [*Lecturas españolas*, 1912], *Classiques et Modernes* [*Clásicos y modernos*, 1913], *Les Valeurs littéraires* [*Los valores literarios*, 1914], *En marge des Classiques* (*) (1915), *Le Licencié de verre* [*El licenciado Vidriera*, 1915], *Fantaisies et Rêveries* [*Fantasías y desvaneos*, 1920], *Don Juan* (1922) et *Doña Inés* (1925). Une année avant la publication de ce dernier livre, Azorín avait été reçu à l'Académie espagnole (1924). Contrairement à son vieil ami Pío Baroja, Azorín eut toujours peu de goût pour les voyages, hormis ceux qu'il fit sans relâche à l'intérieur de son pays. Sa vie fut toujours peu fertile en événements : l'exact reflet de ses ouvrages.

Dès 1926, il eut l'intention de modifier sa manière : *Felix Vargas* (1927) en est la preuve. De 1928 à 1934, on le voit se tourner vers le théâtre. Il donne alors plusieurs pièces : *Brandy, mucho brandy ; Old Spain ; La Guerrilla*, sans oublier une trilogie intitulée *L'Invisible* [*Lo Invisible*]. Bien qu'elles fussent assez attrayantes, la plupart d'entre elles ne virent jamais les feux de la rampe. Et pour cause : Azorín manquait autant que possible de ce tour de main particulier que réclame l'art de la scène. Contraint de quitter son pays lors de la prise du pouvoir par Franco (1936), il chercha refuge à Paris où il devait rester trois ans. De retour en Espagne en 1939, il eut le courage de reprendre la plume.

Parmi ses derniers ouvrages, citons : *Espagnols à Paris* [*Españoles en París*, 1939], *Valencia* (1941), *L'Écrivain* [*El escritor*, 1942], *Capricho* (1943), *Maria Fontan* (1944), *Mémoires immémoriaux* [*Memorias inmemoriales*, 1946], etc. Bien qu'elle se présente sous divers aspects, l'œuvre copieuse d'Azorín offre un caractère d'unité vraiment remarquable. Tout ici relève, en effet, d'un seul sentiment : la fidélité que l'auteur garde à l'Espagne. Azorín sut se montrer original en évoquant une Espagne pure de tout espagnolisme. Bannissant de son propos toute couleur locale, il s'est efforcé de faire sentir l'âme véridique de son pays à travers les types d'humanité que l'on voit vivre dans les petites villes de province – à commencer par la Castille. Dans ses romans et ses nouvelles, il est beaucoup moins réaliste qu'impressionniste. Il est l'instaurateur d'un certain genre d'écrire que l'on peut caractériser de cette façon : toute châtiée qu'elle soit, sa prose suave et subtile conserve toujours un admirable naturel. Dans le domaine de la critique littéraire, Azorín témoigne des mêmes qualités : par son emploi systématique de la phrase courte, il se trouve avoir détruit la rhétorique assez pesante du monde universitaire. Avec Pió Baroja, Valle-Inclán et Ramiro de Maeztu, il représente avec éclat cette « génération de 1898 », dont Ganivet et Miguel de Unamuno avaient été les précurseurs.

ROLAND PURNAL.

♦ *« Ce grand poète en prose dont l'œuvre rayonne d'attention, de ferveur et de bonté. »* Jean Cassou.
♦ *« C'est tout le contraire d'un philosophe de l'histoire ; c'est un sensitif de l'histoire et tout son art consiste à revivre cette sorte de sensibilité fondamentale de l'homme à travers les époques. »* Ortega y Gasset.

RÉF. : J. Ortega y Gasset, *El Espectador*, t. II. Madrid, 1916. – Werner Mullertt, *Azorin*, Halle, 1926. – Gómez de la Serna, *Azorín*, Madrid, 1930. – J. Alfonso, *Azorín : de su vida y de su obra* ; Valence, 1931. – H. Denner, *Das Stilproblem bei Azorín*, Zurich, 1931. – M. Granell, *Estética de Azorín*, Madrid, 1949.

AZUELA Mariano. Écrivain mexicain. Né à Lagos de Moreno (État de Jalisco) le 1er janvier 1873, mort à Mexico le 1er mars 1952. Étudiant à l'École de médecine de Guadalajara, il interrompit ses études pour s'occuper d'une hacienda qu'il possédait aux environs de sa ville natale et ne passa son doctorat qu'en 1908, exerçant ensuite sa profession à Lagos. Ses premiers romans offrent une vision grave et angoissée du Mexique du dictateur Porfirio Díaz, dans lequel des bouleversements dont on ne connaît pas l'issue vont intervenir. *María Luisa* (1907) présente la vie des étudiants à Guadalajara ; *Les Ratés* [*Los fracasados*, 1908] exposent la condition misérable de l'homme du peuple mexicain livré au double joug d'une administration étatique inepte et d'un clergé corrompu, son allié ; *Mauvaise herbe* [*Mala yerba*, 1909] pose le problème agraire et montre les abus du caciquisme bafouant la justice rurale. En 1911, Mariano Azuela publiait le premier « roman de la Révolution », *Andrés Pérez, madériste*, une vision pessimiste de la première phase de la Révolution puisque la cible en était Francisco Madero, dont la politique peu réaliste et les réformes timides trahirent les espoirs de ceux qui l'avaient porté au pouvoir. En 1912, Azuela entrait dans la politique locale et, en 1913, s'engageait comme médecin militaire dans les troupes du chef révolutionnaire Julián Medina, qui lui inspira sans doute le personnage de Demetrio Macías, protagoniste de son chef-d'œuvre : *Ceux d'en bas* (*). Le roman fut écrit en 1915, à El Paso (Texas), alors que Mariano Azuela avait dû se réfugier aux États-Unis, après l'échec de son parti qui l'avait fait directeur général de l'Instruction publique dans le gouvernement révolutionnaire de Jalisco, en 1914. L'œuvre passa presque inaperçue jusqu'à sa réédition en feuilleton en 1925, qui la rendit très populaire. Rentré dans son pays en 1917, Azuela reprit à Mexico ses activités de médecin tout en écrivant de nouveaux romans comme *La Malhora* (1923), histoire d'une fille du bas peuple dans le Mexique du début du siècle. Les critiques ont parfois reproché à Azuela « un pessimisme presque inhumain ». « C'est qu'en effet, explique Valery Larbaud, ses descriptions, ses peintures, ne rentrent dans aucun système tout fait de morale ou de philosophie. Il ne juge pas les actes de ses personnages, ne sous-entend, n'indique jamais ce qu'il pense et ce qu'il voudrait que nous pensions des gens et des actions qu'il nous fait voir. Tout son effort consiste à nous les faire voir tels qu'ils lui apparaissent. Et c'est là que se trouve sa morale : dans la recherche de la juste expression de la vérité vivante qu'il appréhende. » L'écriture de Mariano Azuela est sobre, sans fioritures lyriques, émouvante par son vérisme sans grandiloquence et sa sincérité. Les personnages y parlent un langage réel, un langage qui les différencie et les caractérise. Les impropriétés mêmes et les localismes y sont respectés.

CLAUDE COUFFON.

B

BÂ Amadou Hampaté. Écrivain malien. Ce grand écrivain traditionaliste, qui est mort à Abidjan, dans sa maison de Marcory, le 15 mai 1991, était né à l'orée du siècle, en 1901, à Bandiagara, ancienne capitale de l'empire toucouleur du Macina, fondé par El Hadj Oumar en 1862. Orphelin de père à l'âge de deux ans, il est adopté par un chef de province que sa mère avait épousé en secondes noces, puis à douze ans requis d'office par l'école française qu'on appelait encore à l'époque l'« école des otages ». Il continue néanmoins de suivre les cours de l'école coranique de Bandiagara, sous la direction de son maître spirituel Tierno Bokar, et reste ainsi attaché à la tradition de ses ancêtres. Apparemment sans conflit : « Pour moi, commente-t-il, c'étaient deux chemins parallèles et sans interférence. »

Après avoir passé avec succès son certificat d'études primaires, Hampaté Bâ réussit le concours d'entrée à l'École normale de Gorée, mais sa mère s'oppose à son départ : une défection qui lui vaut, à titre disciplinaire, une nomination en qualité d'« écrivain auxiliaire temporaire » à Ouagadougou, en Haute-Volta... Il y restera dix ans, de 1922 à 1932, avant d'occuper à Bamako, puis à Dakar, différents postes de commis et d'interprète dans l'administration coloniale.

Nommé ambassadeur du Mali en Côte-d'Ivoire au lendemain de l'indépendance de son pays, Amadou Hampaté Bâ n'a en fait jamais cessé de mener, parallèlement à sa carrière administrative, une série de travaux à caractère historique, religieux, anthropologique et littéraire, qui en font aujourd'hui l'un des plus illustres champions de la défense de la tradition orale africaine. Celui qui proclamait « en Afrique, chaque vieillard qui meurt, c'est une bibliothèque qui brûle », a en effet contribué à sauver de l'oubli les trésors de la mémoire populaire en recueillant et en publiant un certain nombre de récits initiatiques, parmi lesquels *Koumen, textes initiatiques de pasteurs peuls* (1961), *Kaïdara* (1964), *L'Éclat de la grande étoile* (1974) et *Njeddo Dewal, mère de la calamité* (1985). On lui doit également un ouvrage historique consacré à *L'Empire peul du Macina* (1955-1962) et un essai consacré à *Tierno Bokar, le sage de Bandiagara* (1957).

Enfin Amadou Hampaté Bâ a fait œuvre de romancier et de mémorialiste dans *L'Étrange Destin de Wangrin* (*) (1973) et *Amkoullel, l'enfant peul* (*), publié à titre posthume en 1991.

JACQUES CHEVRIER.

REF. : H. Heckmann, *Dossier Amadou Hampaté Bâ*, Paris, 1985.

BAADER Franz Benedict von. Philosophe allemand. Né et mort à Munich (27 mars 1765 - 23 mai 1841). Il fit d'abord ses études de médecine à Vienne et à Ingolstadt et pratiqua cet art — avec son père — dans sa ville natale. Bientôt, néanmoins, il décida — sans que l'on sache pourquoi — de changer de profession, étudia la minéralogie et la chimie et se consacra aux études minières. De cette époque date sa première œuvre : *De la calorification* [*Vom Wärmestoff*, 1786] qui, bien qu'étant une étude purement technique, laisse entrevoir le mode de raisonnement du futur philosophe. Ayant terminé ses nouvelles études à Fribourg, von Baader se rendit, en 1792, en Angleterre et en Écosse où, tout en se perfectionnant dans les connaissances techniques, il entreprit avec passion l'étude de la philosophie. De retour à Munich, il fut nommé, en 1798, conseiller des Mines et des Monnaies. Admis en 1801 à l'Académie bavaroise (classe de philosophie) en qualité de membre associé, il fut, en 1808, promu membre titulaire de première classe. Trop pris par ses travaux scientifiques, von Baader ne put publier sa première œuvre philosophique qu'en 1809 ; celle-ci parut sous le titre : *Contribution à la philosophie dynamique, oppo-*

sée à la philosophie mécaniste [*Beiträge zur dynamischen Philosophie im Gegensatze der Mechanischen*] et peut être considérée comme étant l'exposition de son credo philosophique, tel qu'il sera développé dans toutes ses œuvres à venir. Entre 1815 et 1822, il fit paraître un certain nombre d'écrits théosophiques et mystiques, parmi lesquels il convient de citer : *De l'Eucharistie* [*Ueber die Eucharistie*] ; *Du ternaire originel* [*Ueber den Urternaar*] ; *De l'extase* [*Ueber die Ekstase*] et *De la notion du temps* [*Ueber den Begriff der Zeit*]. Nommé, en 1826, professeur honoraire à l'université de Munich, von Baader y organisa des cours consacrés à l'étude de la philosophie religieuse en général et de celle de Böhme en particulier. Ces cours eurent un grand retentissement et virent affluer à Munich des auditeurs venant non seulement des diverses principautés allemandes, mais également de France, d'Angleterre, de Hongrie, de Pologne et même de Russie. À partir de 1827, von Baader publia un certain nombre d'écrits sur des questions théologiques, dans lesquels, tout en critiquant les positions protestantes au nom de la dogmatique catholique telle qu'elle fut exposée par saint Anselme, il opposait le catholicisme chrétien au césaropapisme romain. Parmi ces écrits, les plus connus sont ses *Conférences sur la dogmatique spéculative* et *Du catholicisme oriental et occidental* [*Ueber den morgen-und abend-ländischen Katholicismus*, 1838]. Les théologiens modernes ayant perdu, selon von Baader, l'intelligence de la tradition christique originelle, il s'efforça non seulement d'en permettre la reconstitution en utilisant les écrits des Pères de l'Église, mais encore de mettre cette philosophie traditionnelle retrouvée en accord avec la philosophie moderne et, en particulier, avec les écrits de Kant et de Hegel. Mais, tout en formulant ses critiques et en indiquant les positions traditionnelles, qu'il tenait pour seules vraies, von Baader s'interdisait de formuler un système philosophique personnel, estimant qu'il était préférable de suggérer aux hommes un désir de connaître plutôt que d'imposer des idées toutes faites — v. *Ferments de pensée* (*). Ayant souffert dans son enfance d'accès de somnambulisme, il s'est beaucoup occupé par la suite de ce phénomène et du magnétisme animal ; ses œuvres fourmillent d'observations à ce sujet. Une édition complète des œuvres de von Baader parut à Leipzig en 1851-1860 ; elle comporte seize volumes. Des *Lettres inédites* de Franz von Baader furent publiées en français par Eugène Susini en 1942.

♦ *« Il a voulu unir la philosophie et la théosophie, pour constituer une véritable philosophie de la nature. »* F. Picavet.

RÉF. : J. Sauter, *Die Sozialphilosophie F. von Baaders,* Innsbruck, 1926. — Spreckelmeyer, *Die philosophische Deutung des Sündenfalls bei Franz von Baader,* Würzburg, 1938, thèse. — E. Susini, *Franz von Baader et le romantisme mystique,* Paris, 1942, thèse. — K. Hemmerle, *Franz von Baaders philosophischer Gedanke der Schöpfung*, Hambourg et Munich, 1963. — S. Helberger-Frobenius, *Macht und Gewalt in der Philosophie Franz von Baaders*, Bonn, 1969. — G. K. Kaltenbrunner, étude sur Baader dans *Der schwierige Konservatismus. Definitionen, Theorien, Porträts,* Herford/Berlin, 1975.

BABEL Isaac [Isaak Emmanuilovič Babel']. Romancier soviétique. Né à Odessa le 13 juillet 1894, mort à Moscou le 27 janvier 1940. Ce n'est guère qu'en 1924, assez soudainement, que Babel apparut comme l'un des plus brillants et des plus originaux représentants de la jeune génération littéraire russe issue de la révolution d'Octobre. Son enfance s'était écoulée dans un milieu de marchands juifs fort attachés à leurs traditions. Dans l'établissement secondaire où il fit ses études, il se passionna pour la littérature française, dont on retrouve aisément l'influence à travers son œuvre. Ses premiers contes parurent en 1916 dans la revue de Gorki, *Letopis.* Leur érotisme agressif provoqua des poursuites judiciaires et Gorki refusa les productions suivantes du jeune écrivain. Disparaissant alors de la vie littéraire, celui-ci prit part à la guerre civile, fut même membre de la Tcheka, et fit ensuite, sous le commandement de Boudienny, la campagne de Pologne de 1919-20 ; s'étant remis à publier en 1923, c'est de ces expériences militaires qu'il tira *Cavalerie rouge* (*) (1926). Ses *Contes d'Odessa* (*) (1931) sont également en partie autobiographiques, mais ils se rapportent aux souvenirs plus anciens de la vie provinciale juive dans la Russie prérévolutionnaire et dont on trouve d'autres peintures dans ses pièces de théâtre, parmi lesquelles il faut citer *Le Crépuscule* [*Zakat,* 1928]. Le grand événement de la vie de Babel a été la révolution d'Octobre : il l'a vécue sous ses aspects les plus sauvagement romantiques, avec son amour naturel de l'outrance, de l'exubération qui ira, à l'occasion, jusqu'à l'exaltation de la cruauté et du sadisme (particulièrement remarquable, à ce point de vue, est le goût qu'il marque, à travers ses livres, pour les descriptions d'exécutions sommaires). Devenu rapidement célèbre, Babel connut la disgrâce pendant l'ère stalinienne, à l'époque du plan quinquennal et de la réaction contre l'individualisme romantique des débuts de la Révolution. Arrêté en mai 1939, il a été fusillé à Moscou le 27 janvier 1940.

RÉF. : Vladimir Pozner, *Panorama de la littérature russe contemporaine,* Paris, 1929. — Judith Stora-Sandor, *Isaac Babel. L'homme et l'œuvre,* Paris 1968. — Boris Souvarine, *Souvenirs sur Isaac Babel, Panaït Istrati, Pierre Pascal,* Paris, 1985.

BABITS Mihály. Poète hongrois. Né à Szekszárd le 26 novembre 1883, mort à Budapest le 4 août 1941. Il passa son enfance au collège des cisterciens de Pécs, étudia les lettres à l'université de Budapest, enseigna en 1905 dans différents lycées de province, puis à Budapest, et quitta l'enseignement pour se consacrer entièrement à la littérature. De nature studieuse, il vécut très retiré et publia ses premières œuvres en 1907 dans une anthologie d'écrivains lyriques d'avant-garde (*Holnap*). Dans ses jeunes années, il se camouflait volontiers sous les styles et les cultures les plus diverses et montrait dans l'art du pastiche une rare maîtrise. Par la suite, des affinités naturelles le conduisirent à se rapprocher de Swinburne et Browning, et plus encore de János Arany. Ses premiers recueils : *Feuilles de la couronne d'Iris* [*Levelek Irisz koszorújából*, 1909] et *Prince, et si l'hiver aussi venait* [*Herceg, hátha megjön a tél is !*, 1911] furent accueillis défavorablement par la critique conservatrice. Ces œuvres procédaient, lui semblait-il, de cet esprit « subversif » que l'on reprochait à son grand contemporain Endre Ady. Babits, cependant, était tout au plus comparable à Ady pour avoir compris à son tour qu'il fallait libérer la littérature hongroise de sa grisaille du XVIIIe siècle, et pour avoir eu lui aussi la vision tragique du destin magyar. Mais, nullement combatif, il n'était pas homme à prendre position, hormis lorsque éclata la Première Guerre mondiale, et il la condamna inexorablement. Les années de guerre, il les emploie à traduire Dante, Shakespeare et le *Projet de paix perpétuelle* * de Kant. Quant à sa poésie, de plus en plus philosophique, elle exprime, tant dans *Récitatif* [*Recitativ,* 1916] que dans *La Vallée de l'inquiétude* [*Nyugtalanság völgye,* 1920], la détresse de l'esprit dans un monde en déroute qui s'abandonne au plus mesquin matérialisme. Seul un mariage heureux l'incita à se laisser aller à la simple poésie lyrique, mais cet abandon n'eut qu'un temps. Après quoi, le poète fit une part de plus en plus grande à sa croyance catholique, et les consolations de la foi l'aidèrent à supporter les longues souffrances causées par un cancer du larynx auquel finalement il succomba. Ses études sur la littérature hongroise et les deux volumes de son *Histoire de la littérature européenne* [*Az európai irodalom története*] sont des modèles du genre. Parmi ses romans, citons : *Le Fils de Virgile Thimár* (*) et *Les Fils de la mort* [*Halál fiai,* 1927]. En 1930, il devint le copropriétaire et le rédacteur du périodique littéraire *Nyugat* [*Occident*].

BABRIUS. Poète grec, dont on ne sait rien ou presque. Il est difficile de le situer chronologiquement ; on a cru reconnaître Alexandre Sévère (208-235) dans l'Alexandre de ses *Fables ésopiques* (*), et, d'autre part, la diffusion que celles-ci connurent dans les écoles au début du IIIe siècle fait supposer qu'il vécut au IIe. Ses *Fables* révèlent l'influence de la culture, de la langue et de la métrique latines, mais le contenu en est oriental.

RÉF. : B. E. Perry, *Babrius and Phaedrus*, Londres et Cambridge, Mass., 1965. – F. R. Adrados *et al.*, *La Fable*, Genève, 1984. – F. R. Adrados, *Historia de la fábula greco-latina*, Madrid, 1985 (2 vol.). – M. J. Luzzato, A. La Penne, *Babrii Mythiambi Aesopei*, Leipzig, 1986.

BÂBUR Zahîr al-Dîn Muhammad. Écrivain et poète, fondateur de la dynastie des empereurs moghols de l'Inde. Né le 14 février 1483, mort à Agra le 26 décembre 1530. Le jeune prince, descendant de Tamerlan par sa mère et de Genghis Khan par son père 'Umar Shaykh, succède à ce dernier comme mîrzâ de Ferghânâ dès juin 1494. Il est issu de l'aristocratie guerrière turque qui se dispute alors le contrôle des villes caravanières et des régions fertiles de l'Asie centrale, dont la vallée irriguée du Ferghânâ est un des fleurons. La lutte avec ses parents, abondante de péripéties, commence dès novembre 1497. Puis Bâbur et ses partisans sont rapidement marginalisés en Asie centrale par l'expansion de l'Empire ouzbek. Ce soldat de fortune à l'étonnante souplesse d'esprit, devenu en 1504 maître de Kâbul, se tourne vers l'Inde du Nord musulmane, qu'il conquiert en 1526 à la faveur de conflits dynastiques – inaugurant une lignée dont les héritiers étendront progressivement la domination à l'ensemble du sous-continent. Comme si l'extraordinaire fortune de ses armes ne devait pas suffire à immortaliser son nom, le récit qu'il offre de sa vie dans son autobiographie *Le Livre de Bâbur* (*) lui assure une place de choix dans l'histoire des littératures turciques. Bâbur raconte avec précision, et sans dissimuler ce qu'il estime être ses défauts ou ses erreurs, les nombreuses péripéties de son existence, depuis son accession au fragile trône de Ferghânâ, à l'âge de onze ans, aux toutes dernières années de sa vie. L'ouvrage, « le plus vivant de toute la littérature turque » (A. Bombaci), vaut par les étonnantes capacités d'observation et l'esprit analytique de son auteur. Rédigé dans une langue simple mais classique, servi par un style vif, naturel, *Le Livre de Bâbur* est resté dans l'histoire comme un exemple inégalé de prose tchaghatay. Outre deux petits traités en vers, de prosodie et de droit hanafite, Bâbur laissa également un *Dîvân* en turc, qui comprend cependant plus de vingt compositions en persan. Les poèmes, classés sans ordre apparent, sont de formes variées. La langue, d'une haute tenue littéraire, où l'on discerne parfois l'influence bien assimilée de Navâ'î, reste toujours d'une grande simplicité. Des poèmes sur des thèmes quotidiens voisinent avec des odes soufies érotiques et bachiques. Celles-ci témoignent de l'intérêt pour la mystique de Bâbur, qui traduisit en 1528-29 *L'Épître pour le père* [*Risâle-yi vâlidiyye*], petit poème écrit à la demande du père de Bâbur par le fameux saint 'Ubaydullâh Ahrâr (m. 1490), qui avait été le directeur spirituel des derniers Timurides, et que vénéraient tout particulièrement 'Umar Shaykh et son fils Bâbur.

STÉPHANE A. DUDOIGNON.

BACCHELLI Riccardo. Romancier et auteur dramatique italien. Né à Bologne le 19 avril 1891, mort à Monza le 8 octobre 1985. De famille très aisée, il entreprend des études universitaires qu'il n'achève pas, car, vite tenté par la poésie, il fait ses débuts dans le groupe florentin de *La Voce.* Officier d'artillerie valeureux pendant la guerre, il participe à Rome, en 1919, à la fondation de la revue *La Ronda,* et deviendra l'un des protagonistes du « retour aux classiques » préconisé par cette publication. Loin de persister comme ses compagnons dans leur goût du texte court et poétique, le « fragmentisme », auquel il sacrifie pourtant, avec un humour mordant, dans les textes de ses débuts, tel *Le thon seul le sait* [*Lo sa il tonno,* 1923], il va se révéler bientôt comme un romancier robuste et de longue haleine, exceptionnel dans une littérature généralement primesautière. Dès lors, sa carrière se poursuivra avec un succès officiel constant, dont témoignent les prix Viareggio (1936), Marzotto (1936 et 1939), Penna d'Oro (1963), et son entrée à l'Académie d'Italie, pendant l'époque fasciste, l'accademia della Crusca et puis plus tard à l'accademia dei Lincei. Son œuvre de romancier est abondante, inspirée principalement par l'histoire, ou plus exactement, à travers l'histoire, par des « héros » anonymes, autour de Michel Bakounine et de sa vaine révolte fomentée en 1874, à Bologne, dans *La Folie Bakounine* (*) (1927), par les vicissitudes d'une famille entre 1812 et 1918, dans *Les Moulins du Pô* (*) (1938-1940), par le contexte de la mort de Jules César, dans *Les Trois Esclaves de Jules César* [*I tre schiavi di Giulio Cesare,* 1962], etc. À ses premiers poèmes, péchés de jeunesse, il sied d'ajouter un témoignage poétique intéressant, *La Nuit du 8 septembre 1943,* publié en 1945. Pour l'auteur dramatique, illustré surtout par la radio, signalons les deux volumes de son *Théâtre,* parus en 1964. On trouve enfin dans *Je ne t'appellerai plus « Père »* [*Non ti chiamerò più padre,* 1962] – qui oppose le bon sens à l'idéalisme irréel de François d'Assise – une sorte de proclamation testamentaire.

NINO FRANK.

RÉF. : M. Saccenti, *Riccardo Bacchelli,* Milan, 1973.

BACCHYLIDE. Poète lyrique grec. Nous ne savons pas la date de sa naissance mais seulement qu'il naquit à Iulis dans l'île de Céos, d'une sœur du poète Simonide. Selon Eusèbe qui fixe son akmé vers 468, Bacchylide serait né aux environs de l'an 500 av. J.-C., auquel cas il serait plus jeune que Pindare d'une vingtaine d'années seulement. La critique moderne pense qu'il convient de reculer cette date jusqu'aux environs de 518, ce qui fait naître Bacchylide presque à la même date que Pindare et quelque quarante ans après l'oncle de Bacchylide lui-même, Simonide. Quoi qu'il en soit, le jeune homme dut accompagner très tôt le frère de sa mère, qui fut aussi son maître, dans ses voyages d'une cour à l'autre et de ville en ville. Il est probable que Bacchylide se rendit en Thessalie, dont les princes s'étaient toujours montrés accueillants aux poètes, à Athènes et à Égine, en Grande Grèce enfin. Ce qui est certain, c'est que sur l'invitation de Hiéron, tyran de Syracuse, il vécut dans cette ville à l'époque même où Pindare y était. Les deux poètes, qui illustraient un genre semblable, se trouvèrent constamment en rivalité et, en plus d'une occasion, ils célébrèrent ensemble les mêmes événements. C'est ce qui advint lors de la victoire remportée par Hiéron aux jeux Olympiques de 476 dans la course de chevaux montés, victoire qui inspira à Pindare la Ire *Olympique* – v. *Épinicies* (*) – et à Bacchylide la Ve *Ode*, toutes deux des odes développées. De même, lors de la victoire remportée par le même Hiéron aux jeux Pythiques à la course de chars, quatre ans plus tard, Pindare composa la Ire *Pythique* et Bacchylide une pièce brève, la IVe *Ode.* Par contre, lorsque plus tard, en 468, Hiéron fut vainqueur une nouvelle fois à la course de chars à Olympie, Bacchylide seul célébra cet événement. Il se peut qu'il ait ainsi triomphé de son rival. Des relations entre les deux hommes, nous ne savons rien ; seule une allusion de Pindare aux « corbeaux croassants qui s'attaquent en vain à l'oiseau divin de Zeus », et que les critiques appliquent à Simonide et à Bacchylide, montre que l'opposition entre les trois hommes peut être allée jusqu'à l'injure poétique. Il est probable qu'à la mort de son protecteur Hiéron, en 467, Bacchylide regagna la Grèce. Plutarque fait allusion à un exil auquel le poète aurait été condamné, mais nous ignorons sa cause, et sa date, entre 466 et 452, n'est pas certaine, non plus que sa durée exacte. Il n'est pas impossible que Bacchylide n'ait pu, en quittant Syracuse, rentrer dans sa patrie qui était passée entretemps dans le camp de la démocratie athénienne et qu'il se soit rendu dans le Péloponnèse, allié traditionnel des tyrans siciliens. Toujours est-il que nous savons qu'il vivait encore en 452, car il composa cette année-là sa VIe *Ode* en l'honneur d'un de ses compatriotes de Céos qui avait remporté une victoire à Olympie. Il semble qu'il mourut peu après, donc vers 450. Nous ne connaîtrions guère mieux l'œuvre de Bacchylide que sa vie si l'on n'avait découvert en 1897 en Égypte un papyrus contenant vingt poèmes, représentant près de quatorze cents vers. Outre quatorze *Épinicies* ou *Odes triomphales* (*), ce recueil comprend des fragments importants de six *Dithyrambes*, dont deux consacrés à Thésée sont bien conservés. La poésie de Bacchylide se caractérise par une douce harmonie qui n'exclut pas, par passages, une authentique grandeur, qualité qui confirme l'appréciation que portait sur lui-même le poète qui aimait à s'appeler le « rossignol de Céos à la voix douce comme le miel ».

JACQUES BROSSE.

♦ *« Cet artiste habile était vraiment un charmant poète, moins original que Simonide, son maître et son modèle, moins grand que Pindare, qu'il imite aussi parfois, mais d'une invention curieuse et abondante, d'une imagination vive, d'un style fluide et brillant, d'une richesse verbale vraiment remarquable. »* A. Croiset.

RÉF. : Maehler, *Die Lieder des Bakchylides*, Leyde, 1982 (t. I, *Épinicies*). – A. P. Burnett, *The Art of Baccylides*, Cambridge, Mass., 1985.

BACH Carl Philipp Emanuel. Compositeur allemand. Né le 8 mars 1714 à Weimar, mort le 14 décembre 1788 à Hambourg (Allemagne). Second fils de Johann Sebastian, connu comme le « Bach de Berlin » ou le « Bach de Hambourg ». Il se destinait d'abord à l'étude du droit ; son père paraît, de ce fait, avoir quelque peu négligé son éducation musicale ; c'est ce qui explique que son œuvre soit tout à l'opposé de celle de Johann Sebastian, dont elle ne se rapproche que par la richesse mélodique. Carl Philipp Emanuel a le style contourné et galant des clavecinistes français, ses maîtres. Mais son apport propre au patrimoine musical est cependant considérable : c'est lui en effet qui a fixé la sonate dans sa forme classique (allegro – andante, ou adagio – allegro). – v. ses *Sonates pour clavecin* (*). En 1738, il se rendit à Berlin, et fut nommé deux ans plus tard claveciniste de Frédéric II, ce qui lui permit de ménager entre son père et le prince une entrevue restée célèbre. En 1767, après la guerre de Sept Ans, il demanda son congé pour aller prendre, à Hambourg, la succession de Telemann. C'est dans cette ville qu'il mourut, phtisique. Il n'était pas seulement estimé, mais célèbre au point d'éclipser son père, et d'avoir été surnommé, de son temps, « le grand Bach ».

♦ *« Le représentant par excellence du règne de la sensibilité. »* Riemann. ♦ *« Compositeur habile et pianiste distingué. »* Fétis.

RÉF. : Carl Philipp Emanuel Bach, *Essai sur la vraie manière de jouer des instruments à clavier*, Paris, 1979.

BACH Johann Christian (dit « Bach de Milan » ou « Bach de Londres »). Compositeur allemand. Septième fils de Johann Sebastian Bach. Né à Leipzig où il fut baptisé le 7 septembre 1735, mort à Londres le 1er janvier 1782. Il avait quinze ans quand mourut son père, son premier professeur. Confié à son frère, Carl Philipp Emanuel, le « Bach de Berlin », il en fut à la fois l'élève, le copiste et le répétiteur. L'enseignement de ce maître du clavecin, de cet adepte du style « galant », détermina ou favorisa le penchant de Johann Christian pour une musique linéaire, ornée, relevant de l'esthétique baroque qui fut souveraine durant toute la deuxième moitié du XVIIIe siècle. Manifestement doué, il reçut à la cour du roi de Prusse un accueil favorable et exprima sa reconnaissance en dédiant une ode, *L'Olympe*, à Frédéric II, et des pièces de clavecin à la princesse Amélie, sœur du roi. Sensible à l'ambiance musicale de son époque, nourrie d'œuvres italiennes ou italianisantes et particulièrement de musique d'opéra, il composa quelques arias pour les cantatrices d'outre-monts de passage à Berlin, et rêva d'acquérir tous les moyens d'un art efficace au pays même des auteurs à la mode, Porpora, Jomelli, Pergolèse, Paisiello et Piccini. Aidé par un ancien élève de son père, il gagna Milan en 1754 et, après un séjour chez Grassi, professeur de chant dont il devait plus tard épouser la fille, la cantatrice Cecilia Grassi, il fut engagé au service d'un noble milanais, le chevalier comte Litta. Le plus grand bénéfice de son voyage fut sans doute celui qu'il tira de l'enseignement du Padre Martini, maître de chapelle à Bologne de l'église des Franciscains, éminent pédagogue auprès duquel Mozart, à son tour, perfectionnera sa science du contrepoint. Sous l'influence du père, Johann Christian se convertit au catholicisme et écrivit quelques œuvres religieuses comme le *Requiem* et le *Te Deum*, durant son séjour à Milan, alors qu'il était organiste à la cathédrale de cette ville (1760-1762). Mais c'est grâce à la représentation de ses opéras *Caton à Utique* (+) (Milan 1758 ; Naples, 1761), *Artaxerxès* (Turin, 1761) et *Alexandre aux Indes* (Naples, 1762) qu'il retint l'attention du public et plus spécialement celle de l'aristocratie anglo-saxonne, laquelle, en la personne du duc de Mecklembourg-Strelitz, beau-frère du roi d'Angleterre George III, l'invita à s'établir à Londres. De vrai, ses origines, sa formation et ses goûts le désignaient comme le successeur légitime (ou le moins indigne) du grand Haendel, l'illustre Saxon, anglais d'adoption, en qui chacun avait reconnu un maître de l'école napolitaine.

Les opéras bouffes et les « pasticcios » (pots-pourris) que Johann Christian Bach présenta, à son arrivée à Londres en 1762, manifestaient sa remarquable souplesse d'adaptation, mais le compositeur d'opéras « sérieux » attendait la consécration de ce nouveau public. Il l'obtint en 1763 avec la représentation d'*Orion* à Covent Garden, et surtout avec celle d'*Adrien en Syrie* (1763-64), opéra composé sur un livret de Métastase. Nommé maître de musique de la reine – à laquelle il dédia son premier recueil de *Concertos pour clavecin* – et des enfants royaux, il fit à la Cour la connaissance d'un ancien élève de Johann Sebastian Bach à Saint-Thomas, Carl Friedrich Abel, claveciniste et compositeur, mais surtout remarquable interprète à la viole de gambe. Cette rencontre fut à l'origine des célèbres concerts Bach-Abel qui, inaugurés en 1764, devaient bientôt constituer le foyer de la vie musicale londonienne, et se poursuivre pendant vingt ans avec un égal succès. Lors de ses concerts qui furent donnés, à partir de 1775, dans les salles du Hanover Square et devinrent hebdomadaires à l'exemple du Concert spirituel organisé par Philidor à Paris, Johann Christian offrit la primeur de plusieurs de ses œuvres, notamment celle des six *Trios pour clavecin et cordes.* Autre rencontre mémorable : celle de Mozart (1764) qu'une carrière d'enfant prodige conduisait alors dans toutes les capitales européennes, et dont Johann Christian devint le maître et l'ami. Plus tard, Mozart reconnaîtra en son maître de Londres l'un des plus précieux initiateurs, bien que le mérite des acquisitions dont celui-ci le fit bénéficier revienne plutôt à ces autres promoteurs du style nouveau, Pergolèse et Stamitz.

Actif impresario de lui-même, Johann Christian Bach fut toujours attentif aux caprices de la mode et aux fluctuations de son propre prestige. Il fut l'un des premiers musiciens à composer pour le pianoforte tout récemment inventé (concertos, sonates pour violon et piano). La nécessité de se mesurer avec ses grands rivaux – morts ou vivants – le poussa à produire un oratorio, *Joas, roi de Judée* (1770), contre ceux de Haendel, joués avec succès par les organisations concurrentes, un assez médiocre *Orphée* (+) contre celui de Gluck, dont l'étoile réapparaissant au firmament londonien menaçait de faire pâlir la sienne. Le souci de maintenir sa réputation au niveau européen l'incita à de nombreux voyages sur le continent : à Mannheim où, hôte des Wendling, il donna son *Thémistocle* (1772) et eut l'occasion d'apprécier, sous la direction de Cannabich, le meilleur orchestre de son époque ; à Paris où l'opéra qui lui avait été commandé, *Amadis de Gaules* (+), sur un livret repris de Quinault, obtint un succès seulement honorable... De retour à Londres, il connut ses derniers ennuis (financiers), son dernier succès avec son dernier opéra, *La Clémence de Scipion*, et l'ultime honneur de compter au nombre de ses derniers élèves le prince de Galles. Il mourut à Londres le 1er janvier 1782. « Vous savez sans doute, écrivait Mozart à son père, que M. Bach de Londres est mort. Quelle triste perte pour le monde de la musique ! »

L'œuvre de Johann Christian Bach est considérable, tant par le nombre des opus que par la variété des genres illustrés. H. Riemann y dénombre : seize opéras italiens, quatre français, beaucoup d'airs de cantates, des chœurs, des canzonettes, deux oratorios, œuvres auxquelles il faut ajouter une quantité innombrable de compositions instrumentales de tous genres : près de quatre-vingt-dix symphonies, pièces concertantes dont certaines pour deux orchestres, trente-cinq concertos pour clavier, des concertos pour différents instruments de l'orchestre, des quintettes, des quatuors, des trios, avec et sans piano, des sonates de violon et de clavecin – v. *Sonates pour clavecin* (*), un sextuor avec piano, ainsi qu'une longue série de pièces pour le piano. Johann Christian Bach, auteur d'opéras qui brigua les suffrages du public, est aujourd'hui oublié. Le compositeur de musique instrumentale, longtemps victime d'un absurde et inévitable rapprochement, a récupéré lentement son autonomie et connaît de nos jours un plus juste sort. L'avènement d'une nouvelle sensibilité consomma la rupture entre l'art du fils et celui du père. Toutefois, si encombrant, si inavouable même que pût paraître, à l'époque de Johann Christian, l'héritage spirituel du grand Bach, l'influence paternelle se devine au souci de construction qui fit du Bach de Londres l'un des principaux inventeurs de l'écriture moderne. Ce dernier sut, avec quelques autres, découvrir les structures justifiant l'aspect essentiellement mélodique de la nouvelle manière, les caprices et les subtilités du marivaudage musical – éviter, par la fermeté, la franchise, la logique allègre de son style, l'écueil, si redoutable en cette période « rocaille », du maniérisme.

GILBERT MINAZZOLI.

♦ *« Il a droit à une place d'honneur parmi les promoteurs du style nouveau instauré par J. Stamitz... À vrai dire, « l'allegro chantant » que Mozart lui emprunta remonte bien plutôt à Pergolèse, et lorsque Burney prétend que Bach introduisit le premier le contraste systématique des thèmes dans la musique instrumentale ... il oublie que le mérite en revient unique à J. Stamitz. »* Hugo Riemann.

RÉF. : Charles Burney, *Histoire de la musique*, IV. – Georges de Saint-Foix, « À propos de J. Chr. Bach », *Revue de Musicologie* X, Paris, 1926. – Charles Sandford Terry, *John-Christian Bach*, Londres, 1929. – Karl et Irène Geiringer, *Bach et sa famille*, Paris, 1955.

BACH Johann Sebastian. Compositeur allemand. Né le 21 mars 1685 à Eisenach (Saxe-Weimar), mort le 28 juillet 1750 à Leipzig. Bach, dont l'œuvre demeura dans une certaine pénombre pendant les quatre-vingts ans qui suivirent sa mort, fut ensuite unanimement reconnu comme l'un des plus grands musiciens du monde. Sa famille, originaire de Thuringe, était de très ancienne tradition musicale, et comprenait des maîtres tels que Johann Christoph et Johann Michael, cousins de son père Ambrosius. De sa femme Elisabeth Lämmerhirt, ce dernier eut huit fils, dont Johann Sebastian, qui reçut ses premières leçons de son père, musicien de la ville à Eisenach, puis fut confié à son frère aîné Johann Christoph, organiste à Ohrdruf, qui ne semble pas avoir compris la précocité du génie de Johann Sebastian. Bach ne bénéficia pas d'une formation à proprement parler, mais fit lui-même son apprentissage en étudiant les œuvres de ses prédécesseurs, et les techniques musicales qui avaient cours en Europe, s'assimilant les procédés des meilleurs interprètes, surtout des organistes qu'il écoutait passionnément, notamment Böhm à Lunebourg où il se rendit en 1700, entrant dans la chorale de la Michaelisschule. Plus tard, il devait aller à

Hambourg où il entendit Reinken, ensuite à Lübeck où il connut Buxtehude. De Lunebourg, il se rendit maintes fois à la cour du duc de Hanovre, et peut-être fit-il partie de la maîtrise ; quoi qu'il en soit, il acquit une solide pratique du clavecin, et put étudier la technique des maîtres français, Lully et Couperin en particulier. Il suivit des cours de culture générale au lycée d'Ohrdruf, puis à Lunebourg, apprit assez de latin, ainsi que l'on peut en juger dans plusieurs de ses lettres où l'on trouve un curieux mélange d'allemand et de latin. Ce sont les études de théologie qui paraissaient avoir marqué le plus profondément ce bon luthérien orthodoxe. Il acquit bientôt une grande virtuosité en divers domaines : clavecin, orgue, violon, direction des chœurs, ce qui lui procura bien vite des emplois officiels. En 1703, après le séjour à Lunebourg, il passa quelques mois à Weimar, violoniste d'abord, puis, sans doute, organiste de la chapelle privée du duc de Saxe-Weimar. Pendant l'été de la même année, Bach s'en vint à Arnstadt en qualité d'organiste de la « Nouvelle Église » et assuma cette fonction jusqu'en 1707. De cette époque datent ses premières compositions de valeur, comme le *Capriccio sur le départ de son frère bien-aimé*, écrit en 1704 à l'occasion du départ pour la Suède de son frère Johann Jacob, et sans doute aussi quelques partitions pour orgue et la première de ses *Cantates* (*) religieuses sur les paroles : « Tu ne laisseras point mon âme en enfer. » Il partit d'Arnstadt en 1705 pour un voyage à pied (plus de 400 km), avec l'intention d'écouter le célèbre organiste et compositeur Dietrich Buxtehude, dont les soirées musicales *(Abend Musiken)* jouissaient d'une grande vogue. Il est certain que cette rencontre avec Buxtehude (qui lui donna sans doute des leçons) eut d'heureuses conséquences pour le développement de son génie, pour son perfectionnement à l'orgue, l'étude du style des préludes et des fugues, de la passacaille, de la chaconne.

Bach resta éloigné d'Arnstadt pendant quatre mois, jusqu'en février 1706, bien au-delà du congé qui lui avait été accordé. Pour de multiples raisons – celle-là entre autres – ses rapports avec les autorités d'Arnstadt devinrent difficiles. On ne sévit pas immédiatement, mais les avertissements, les reproches devinrent incessants ; en 1707, Bach quitta cet emploi ingrat, et accepta le poste d'organiste à l'église Saint-Blaise à Mühlhausen, où il dut également s'occuper de musique vocale ; il participa à la restauration des orgues, réorganisa l'orchestre et les chœurs, et inaugura son enseignement (il eut pour élève J. M. Schubert, qui devait lui vouer un attachement durable). Enfin, ce fut à Mühlhausen qu'il fonda son foyer, épousant en octobre 1707 sa cousine au troisième degré Maria Barbara, fille du musicien déjà cité Johann Michael Bach, qu'il avait connue à Arnstadt. Elle lui donna sept fils dont les deux aînés devinrent des musiciens de valeur : Wilhelm Friedemann (1710-1784) et plus encore Carl Philipp Emanuel (1714-1788), qui contribua pour une large part au perfectionnement de la sonate. Ce fut pendant ce séjour à Mühlhausen, qui dura près d'un an, que Bach composa plusieurs cantates religieuses, dont la plus importante est dite *Actus tragicus* (BWV 106). Il revint se fixer à Weimar en 1708, cette fois comme organiste et musicien de chambre *(Kammermusikus)* de la chapelle du palais du duc régent, violon solo *(Konzertmeister)* et maître de chapelle suppléant, enfin chef d'orchestre de la Cour. Ce fut à l'époque weimarienne qu'il se lia d'amitié avec l'éminent professeur et compositeur Johann Gottfried Walther, auteur d'un lexique musical apprécié. Cette amitié fut précieuse pour l'art de Bach, car il bénéficia de l'expérience de Walther dans le domaine du contrepoint et du choral. Au cours de cette seconde période weimarienne, Bach écrivit de nombreuses pièces pour orgue – v. *Toccatas* (*), *Préludes et Fugues* (*) –, ce qui découlait de son emploi principal d'organiste et lui était facilité par le merveilleux instrument dont il disposait. Il composa des morceaux pour clavecin et quelques-unes de ses plus belles cantates ; l'influence qu'eurent sur lui Neumeister et Salomon Franck, la part faite à l'aria et au récitatif amenèrent un certain rapprochement avec l'écriture italienne de l'époque. Du reste, il faut se souvenir que Bach allait plus avant dans la connaissance de l'écriture italienne, surtout dans le domaine instrumental, ainsi qu'en témoignent ses transcriptions pour orgue et clavecin des partitions de Frescobaldi – on possède une copie de ses *Fleurs musicales de compositions diverses* (+) de la main de Bach, qui est datée de 1714, de Legrenzi, Corelli, Albinoni, Vivaldi, etc. De Weimar, Bach entreprit de nombreux voyages pour essayer des orgues ou pour d'autres motifs artistiques et professionnels. Il se rendit à Kassel, Leipzig, Halle, Dresde ; ce fut dans cette dernière ville qu'une compétition entre lui et le Français Louis Marchand, organiste et claveciniste (1717), tourna court, dit-on (mais les avis sont partagés), par suite de la dérobade de Marchand devant la maîtrise dont Bach avait fait preuve en improvisant. Enfin, toujours à Weimar, Bach déploya une intense activité dans le professorat, formant des élèves comme Joh. Caspar Vogler, Joh. Gotthilf Ziegler, son propre neveu Joh. Bernhard Bach, Joh. Tobias Krebs. À propos du nom de ce dernier on prête à Bach un jeu de mots : « Je n'ai trouvé qu'une écrevisse (Krebs) dans mon ruisseau (Bach). »

En 1717, il abandonna la cour de Weimar pour celle du prince Léopold d'Anhalt-Cöthen, dont il devint maître de chapelle, fonction que, contre son attente, il s'était vu refuser à Weimar à la mort de son titulaire Samuel Drese. Il disposa d'un excellent ensemble instrumental, et son inspiration trouva une nouvelle vigueur. Il écrivit des œuvres pour orchestre, des *Sonates* (*), *Suites* et *Partitas ou Suites allemandes* (*), pour violon, pour violoncelle et pour clavecin, des sonates pour violon avec accompagnement de clavecin, pour basse de viole et clavecin, les *Concertos brandebourgeois* (*) et sans doute les quatre *Ouvertures* ou *Suites pour orchestre*. Parmi les œuvres capitales de cette période, on cite encore les *Inventions* (*) à deux ou trois voix (les *Inventions* à trois voix dites à l'origine *Sinfonie*), les *Suites françaises* (*), toutes compositions pour clavecin ; il y manque les cantates et des pièces pour orgue mais, en revanche, c'est à Cöthen que furent écrits le *Magnificat* – v. *Oratorios* (*) – et la *Passion selon saint Jean* (*). Rappelons encore les expériences faites par Bach dans la fabrication d'instruments spéciaux, en particulier son invention de la « viola pomposa » à cinq cordes. Il fit encore de nombreux voyages ; en 1717, il se rendit à Leipzig pour la réception d'un orgue, en 1719 à Halle, où il manqua de peu de rencontrer Haendel (ce qui advint une deuxième fois dix ans plus tard). L'année suivante, revenant d'un voyage à Karlsbad en compagnie du prince, il trouva sa femme morte. Un an plus tard, soucieux du sort des quatre fils qui lui restaient sur les sept qu'il avait eus, il se remaria avec Anna Magdalena Wülken, excellente musicienne douée pour le chant, qui fut pour lui une bonne compagne et une collaboratrice (il reste plusieurs œuvres de Bach qui sont écrites de sa main). Elle lui donna treize enfants dont le dernier, Johann Christian (1735-1782), dit « le Milanais » ou « le Londonien » d'après les lieux où il exerça son activité, fut un compositeur de talent dont la manière italienne ne fut pas sans influencer Mozart, et dont le renom, à l'époque, dépassa celui de son père (cf. l'article précédent). Pour achever cette revue des principaux faits de la vie de Bach dans sa période de Cöthen, rappelons un voyage à Hambourg où il revit son vieux maître Reinken, qui reconnut en lui un organiste de grande classe.

De 1723 jusqu'à sa mort, Bach fut, à Leipzig, le successeur de Johann Kuhnau au poste de « Cantor » (c'est-à-dire à peu près : maître de chapelle) de la « Thomasschule », école dépendant de l'église Saint-Thomas, fonction comportant des activités multiples : compositeur, directeur de la musique de l'église, directeur du chœur des élèves de l'école, directeur de la musique de l'université, etc. Ce fut la période la plus féconde de la vie de Bach ; les difficultés, les oppositions ne lui firent pas défaut, mais son inspiration musicale ne tarit pas, surtout dans le domaine de la musique religieuse à laquelle appartiennent ses chefs-d'œuvre comme la *Passion selon saint Matthieu* (*), l'*Oratorio de Noël* – v. *Oratorios* (*) –, la *Messe en si mineur* (*), la plupart des cantates ; parmi les partitions pour clavecin rappelons : *Fantaisie chromatique et fugue* (*) ; la seconde partie du *Clavecin bien tempéré* (*) ; pour l'orgue, de nombreux *Chorals* (*), *Préludes et Fugues*, plus des *Concertos pour clavecin et orchestre* (*), etc. Au cours de sa période de Leipzig, Bach ne voyagea pas moins qu'auparavant. Il se rendit maintes fois à Dresde, où il rencontra plusieurs compositeurs dont, en 1741, le célèbre Joh. Adolph Hasse et sa femme la cantatrice italienne Faustina Bordoni, qui lui rendirent souvent visite à Leipzig ; artistes et amateurs venaient aussi le voir. Il se rendit encore à Hambourg, à Weimar, etc. Tout ceci explique bien à quel point sa renommée avait grandi, bien qu'elle ne fût pas en rapport avec l'ampleur de son génie, car on considérait surtout en lui l'organiste, le claveciniste, le virtuose plutôt que le compositeur ; les critiques de Mattheson et de Scheibe témoignent de cette équivoque. Son action pédagogique ne fut pas moindre à cette époque ; ses élèves préférés furent, outre son fils Johann Christoph et d'autres parents comme son gendre Altnikol : J. F. Agricola, Doles, Goldberg auquel il dédia le célèbre *Air* avec trente variations, connu sous le titre de *Variations Goldberg* (*), Muthel, son dernier élève, etc. En 1747, Frédéric II l'invita à Potsdam où se trouvait son fils Carl Philipp Emanuel. À cette occasion, Bach composa l'*Offrande musicale* (*), et fut à même d'essayer un modèle de pianoforte à marteaux construit par Silbermann. Peu après, Bach perdit la vue par suite de son surmenage ; on tenta une opération qui le laissa aveugle. Malgré son infirmité, il put encore écrire *L'Art de la fugue* (*). Il recouvra un peu de vision dix jours avant sa mort, à laquelle assistèrent ses familiers : sa femme, ses enfants (des vingt enfants qu'il avait eus de ses deux mariages, neuf seulement vivaient encore : six garçons et trois filles), son gendre et disciple Altnikol, son élève Muthel. Son œuvre géante fut transmise à la postérité grâce au culte de ses fils et d'un petit noyau de disciples. Relativement méconnue pendant longtemps, elle fut exaltée au début du XIXe siècle par la biographie que publia Forkel et surtout par les travaux de Mendelssohn, qui dirigea la première exécution intégrale de la *Passion selon saint Matthieu* en 1829, un siècle exactement après sa composition.

FABIO FANO.

♦ *« Ce grand homme ferait l'admiration de toutes les nations s'il avait plus d'agrément et s'il ne gâtait pas ses compositions par trop d'enflure et de confusion ; et si, par excès d'art, il n'en obscurcissait les beautés. »* Scheibe (1737). ♦ *« Les caractères distinctifs des compositions de J.-S. Bach sont : une originalité soutenue, un style élevé, une teinte mélancolique, une mélodie quelquefois bizarre, mais sublime ; une harmonie plus hardie que correcte, mais pleine d'effets. »* J. Fétis. ♦ *« Les œuvres de Bach reflètent l'histoire de la vie la plus intime de l'esprit allemand. »* Richard Wagner. ♦ *« Œuvre immense, sorte de cathédrale gothique dont les proportions colossales et les merveilleuses ciselures confondent l'imagination. »* Saint-Saëns. ♦ *« Avec J.-S. Bach, la technique, et, par surcroît, l'expression, atteignent à un degré de maîtrise qui n'a pas été dépassé. »* J. Combarieu. ♦ *« ... L'un des plus grands maîtres de tous les temps, l'un de ceux qui ne peuvent être surpassés, parce qu'ils personnifient en quelque sorte la science et le sentiment musicaux d'une époque. Bach acquiert en plus une importance spéciale, parce qu'il sert de point de contact entre les styles de deux époques différentes, qui parviennent simultanément en ses œuvres à leur plus haute expression. »* Hugo Riemann. ♦ *« Quelle force, quelle égalité de maîtrise dans les pages en apparence les plus légères, et combien cette sorte de logique musicale (à laquelle le contraint la méthode de contrepoint) nuit peu à l'affirmation de sa pensée. »* André Gide. ♦ *« Au fond, J.-S. Bach était un penseur mystique. Le mysticisme, voilà la source vive d'où jaillissait sa piété. »* Albert Schweitzer.

RÉF. : Philipp Spitta, *Johann Sebastian Bach*, Leipzig, 1873-80 ; 2 vol. – Albert Schweitzer, *J.-S. Bach, le musicien-poète*, Leipzig, 1905 ; trad., Lausanne, 1951. – T. Gérold, *Jean-Sébastien Bach : Biographie critique*, 1925. – Julien Tiersot, *Jean-Sébastien Bach*, 1934. – Paul Collaer, *Jean-Sébastien Bach*, Bruxelles, 1936. – Boris de Schlœzer, *Introduction à Jean-Sébastien Bach, essai d'esthétique musicale*, Paris, 1947. – Johann Nikolaus Forkel, *Vie et travaux de J. S. Bach*, Leipzig, 1802, trad. Paris, 1981. – André Pirro, *L'Esthétique de J. S. Bach*, Paris, 1907. – Norbert Dufourcq, *J. S. Bach, le maître de l'orgue*, Paris, 1948. – Karl et Irène Geiringer, *Bach et sa famille*, Paris, 1955. – Jacques Chailley, *Les Passions de J. S. Bach*, Paris, 1963. – Karl Geiringer, *Jean-Sébastien Bach*, Paris, 1970. – Pierre Vidal, *Bach et la machine-orgue*, Fontenay-sous-Bois, 1973. – Jean-Sébastien Bach, *Les Écrits*, Paris, 1976. – Gilles Cantagrel, *Bach en son temps*, Paris, 1982. – Philippe et Gérard Zwang, *Guide pratique des cantates de Bach*, Paris, 1982. – Roland de Candé, *Jean-Sébastien Bach*, Paris, 1984. – Alberto Basso, *Bach*, Paris, 1984-1985. – Ralph Kirkpatrick, *Le Clavier bien tempéré*, Paris, 1985.

BACH Wilhelm Friedemann. Fils aîné de Johann Sebastian surnommé le « Bach de Halle ». Né à Weimar le 22 novembre 1710, mort à Berlin le 1er juillet 1784. Disciple de son père, il fit également des études juridiques à Leipzig. J. S. Bach écrivit à son intention de nombreux recueils, notamment le *Clavierbüchlein* (1720), l'*Orgelbüchlein* (1708-1717), et les *Inventions* (*). En 1733, il est nommé organiste à l'église Sainte-Sophie de Dresde. Puis il se fixe à Halle en 1746 comme cantor à la Liebfrauenkirche. Il conservera ce poste jusqu'en 1764, pour mener alors une carrière de musicien indépendant avec le titre de Hofkapellmeister de la cour de Darmstadt. En 1770, il se fixe à Braunschweig puis, en 1744, à Berlin. Il avait acquis une brillante réputation d'organiste mais, sous l'emprise de la boisson, tomba dans une vie de bohème et finit ses jours dans la misère. La musique qu'il compose à partir de l'époque de Halle révèle un talent novateur que la musicologie a ignoré jusqu'à une époque assez récente, notamment ses *Concertos* (*), sonates et *Polonaises* pour clavier. Il a largement contribué à l'élaboration de la forme sonate.

ALAIN PÂRIS.

BACHAUMONT François Le Coigneux, seigneur de Bois-Chaumont, dit de. Écrivain français. Né et mort à Paris (1624-1702). Fils du président du Parlement Jacques le Coigneux, il en hérita la charge de conseiller au parlement de sa ville natale ; mais, après la Fronde (c'est Bachaumont, semble-t-il, qui lui donna ce nom), il vendit sa charge pour vivre librement selon ses goûts de libertin et de bel esprit. Ami intime de Chapelle, il se rendit avec ce dernier, en 1656, aux eaux d'Encausse, dans les Pyrénées, d'où ils rapportèrent, écrit et publié en commun, ce *Voyage en Languedoc* (*) (1663) qualifié par Voltaire de « charmant badinage », et qui devait susciter quantité de relations de voyages de même genre, en prose mêlée de vers. Il se maria, en 1665, avec une veuve, la mère de la célèbre marquise de Lambert, dont il contribua, semble-t-il, à former l'esprit et le goût. Il revint, sur la fin de sa vie, à de meilleurs sentiments religieux. Faiseur de bons mots et de petits vers, il écrivit nombre de chansons et d'épigrammes, dirigées en particulier contre Mazarin, qui se sont perdues toutefois dans l'anonymat des recueils de l'époque.

RÉF : Sainte-Beuve, *Causeries du Lundi*, t. IV et XI. – M. Souriau, *Le voyage d'Encausse*, 1901. – J.-M. Pelous, « Le *Voyage* de Chapelle et Bachaumont », dans *La Découverte de la France au XVIIe siècle*, 1980. – L. Godard de Donville, « La Relation galante », dans *Marseille*, n° 120, 1980.

BACHAUMONT Louis Petit de. Écrivain français. Né et mort à Paris (1690-1771). Avec Sainte-Palaye, Chauvelin, Voisenon, Piron, il fut l'un des principaux habitués du salon d'hommes de lettres que tenait à Paris, sous le règne de Louis XV, la veuve d'un riche commerçant, Mme Doublet. Dans ce salon, chaque jour, dès 1740, on rédigeait une sorte de compte rendu des petites nouvelles de la ville, sous le nom de *Nouvelles à la main*. Bachaumont en prit la suite, avec un journal historique et littéraire allant de 1762 à 1771, relatant bien des anecdotes curieuses mais qui doivent être prises avec réserve. Ce journal ne commença à paraître qu'après la mort de l'auteur et celle de Mme Doublet, chez un libraire de Londres, à partir de 1777, sous le titre de *Mémoires secrets pour servir à l'histoire de la république des lettres en France* (*). Ils forment en tout trente-six volumes, car ils furent continués par Pidansat de Mairobert, puis, après le suicide de celui-ci, par Moufle d'Angerville, jusqu'à l'année 1787.

RÉF. : *Mémoires secrets de Bachaumont*, éd. A. Van Bever, Paris, 1912, 2 vol. – E. et J. de Goncourt, *Portraits intimes du XVIIIe siècle*, t. I. – R. S. Tate Jr., *Petit de Bachaumont, his Circle, the « Mémoires secrets »*, Genève, *Studies on Voltaire*, 1968.

BACHELARD Gaston. Philosophe français. Né à Bar-sur-Aube (Aube) le 27 juin 1884, mort à Paris le 16 octobre 1962. Petit-fils de paysans champenois, fils d'un cordonnier, il fit des études secondaires et entra dans l'administration des P.T.T. en qualité de surnuméraire à Remiremont (1903-1905), puis de commis à Paris (1905-1913). Mais Gaston Bachelard n'avait cessé d'apprendre seul à la veillée après le travail du jour. Ce sont ces soirées laborieuses, cette solitude méditative qu'il évoque dans son dernier livre *La Flamme d'une chandelle* (1961). En 1912, le jeune autodidacte obtient sa licence de mathématiques.

Après la coupure de la guerre, il entre dans l'enseignement secondaire et reste de longues années professeur de physique et chimie au collège de Bar-sur-Aube. Marié et bientôt veuf, il vit seul avec sa fille Suzanne et se charge de son éducation. Il n'en poursuit pas moins son ascension universitaire. Agrégé de philosophie en 1922, il est docteur ès lettres en 1927. Sa thèse : *Études sur l'évolution d'un problème de physique : la propagation thermique dans les solides* marque déjà par son sujet et son esprit la place qu'il occupera dans l'évolution de la philosophie contemporaine. En 1927, il publie l'*Essai sur la connaissance approchée*, où il examine en savant et en philosophe la connaissance « dans sa tâche d'affinement, de précision, de clairvoyance ». Avec cet ouvrage apparaissait « dans la sphère de la philosophie française un style insolite, mûri dans le travail solitaire, loin des modes et des modèles universitaires ou académiques, un style philosophique rural » (G. Canguilhem). Dans *La Valeur inductive de la relativité* (1929), c'est en tant que « méthode de découverte progressive » qu'est étudiée la théorie de la relativité, grâce à laquelle on est passé « d'un enseignement réaliste à un enseignement relativiste ».

Enfin, Bachelard entre à l'Université, il est nommé en 1930 professeur de philosophie à la faculté des lettres de Dijon, poste qu'il occupe dix ans. De 1940 à 1955 il est titulaire de la chaire de philosophie des sciences à la Sorbonne. Devenu en 1955 professeur honoraire, Bachelard dirige l'Institut d'histoire des sciences et est élu membre de l'Académie des sciences morales et politiques. En 1961, il reçoit le Grand Prix national des lettres.

Après avoir tenté d'insérer les nouveaux concepts de la chimie au sein de la philosophie des sciences élargie qu'il s'efforce de promouvoir dans *Le Pluralisme cohérent de la chimie moderne*, Bachelard aborde un domaine tout nouveau, l'analyse philosophique des œuvres littéraires, avec *L'Intuition de l'instant. Études sur la « Siloë » de Gaston Roupnel* (1932). Il conçoit son étude comme une explication des thèmes de l'œuvre, comme l'exposé des résonances de ceux-ci dans la méditation du lecteur philosophe. *Les Intuitions atomistiques (Essai de classification)* (1933) ouvrent une autre section de la pensée bachelardienne : l'étude archéologique et psychanalytique de la pensée scientifique en évolution. C'est déjà sur l'élémentaire, ici la poussière, que Bachelard met l'accent. Cet ouvrage annonce à la fois une œuvre magistrale du philosophe et historien des sciences, *La Formation de l'esprit scientifique : contribution à la psychanalyse de la connaissance objective* (+), étude systématique de quelques-uns des concepts aujourd'hui périmés sur lesquels ont vécu les sciences au XVIIe et au XVIIIe siècle, et la série consacrée à l'étude des éléments à travers les écrivains et les poètes qui le fit connaître des non-philosophes et qui débute la même année (1938) avec *La Psychanalyse du feu* (*).

Mais si Bachelard se retourne ainsi vers le passé c'est pour mieux montrer la non-fixité des positions acquises par la science, affirmer sa mobilité nécessaire. Aussi en 1934, dans *Le Nouvel Esprit scientifique* (*), souligne-t-il que les anciennes théories ne sont jamais que des cas particuliers de théories nouvelles plus vastes et qui les englobent. Poursuivant son enquête épistémologique sur les conditions intellectuelles qui déterminent la marche en avant de la pensée scientifique, le philosophe examine successivement *L'Expérience de l'espace dans la physique contemporaine*, puis, en 1951, *L'Activité rationaliste dans la physique contemporaine*. Rassemblant les résultats acquis au fur et à mesure de l'élaboration de ses travaux précédents, Bachelard pose les bases de la nouvelle philosophie des sciences. Dans *Le Rationalisme appliqué*, il expose le primat théorique de l'erreur : « Un vrai sur fond d'erreur, telle est la forme de la pensée scientifique » ; dans *La Philosophie du non* (*), le caractère tout provisoire de l'utilité de l'intuition : « Les intuitions sont très utiles : elles servent à être détruites. » Enfin, *Le Matérialisme rationnel* (+) (1953) reconsidère « le matérialisme de la matière » et annonce l'avènement d'un nouveau rationalisme matérialiste, d'un matérialisme ordonné, déjà sous-jacent dans la science contemporaine.

C'est avec cinq ouvrages parus de 1938 à 1948 : *La Psychanalyse du feu* (*), *L'Eau et les Rêves* (*) ; *L'Air et les Songes* (*) ; *La Terre et les Rêveries de la volonté* (*) ; *La Terre et les Rêveries du repos* (*) et également grâce à ses cours de Sorbonne auxquels assistaient, à côté des étudiants, quelques-uns des écrivains et des artistes les plus éminents, que Gaston Bachelard exerça une influence qui dépassa de beaucoup le cadre de l'Université. À cette série d'études sur la rêverie spontanée qui donne naissance à l'œuvre littéraire se rattachent naturellement *La Dialectique de la durée*, « propédeutique à une philosophie du repos » au moyen de la « rythmanalyse », *La Poétique de l'espace* (*) et *La Poétique de la rêverie* (*), dans lesquels la pensée de Bachelard, sans rien perdre de sa prudence critique, aboutit à une ample méditation sur l'universel.

JACQUES BROSSE.

RÉF. : P. Ginestier, *La Pensée de Bachelard*, Paris, 1968. – D. Lecourt, *L'Épistémologie historique de Gaston Bachelard*, Paris, 1969. – J. C. Margolin, *Bachelard*, Paris, 1974. – Actes du colloque « Bachelard » de Cerisy-la-Salle, Paris, 1974.

BACHELIN ou Basselin Olivier. Chansonnier français à qui on doit la création d'un genre littéraire nouveau, le « Vau de Vire » – v. *Vaux de Vire* (*) – ou chansons à boire, genre qui devait avoir une singulière fortune plus tard au théâtre sous le nom de vaudeville. La définition exacte de ces sortes de poèmes a été donnée par Lefèvre de Saint-Marc, en commentaire au vers fameux de Boileau : « Le Français né malin créa le Vaudeville », c'est, dit-il, « une sorte de chansons faites sur des airs connus auxquelles on passe toutes les négligences imaginables, pourvu que les vers en soient chantants, et qu'il y ait du naturel et de la saillie ». Quant à son créateur, on ne sait à peu près rien de lui et la sagacité des érudits n'a pu tout à fait percer le mystère de sa personnalité. Il s'agirait d'un foulon en draps natif de Vire et qui demeurait dans un moulin dont il se servait pour son industrie, situé à proximité de la rivière de Vire, au pied d'un coteau qu'on appelle les Vaux. Ce Basselin serait mort avant 1450. Mais peut-être y eut-il deux Olivier Basselin, le premier se serait illustré contre les Anglais au XVe siècle et serait devenu presque un personnage légendaire. Le second, appelé plus exactement Olivier Basselin, aurait été un chansonnier et navigateur du XVIe siècle ; c'est lui qui aurait inventé le genre. Toujours est-il que le nom du créateur du « vau de vire » se trouve mentionné dès la fin du XVIe siècle et que les *Vaux de Vire* furent publiés pour la première fois en 1610 par Jean Le Houx, poète et avocat de Vire, qui peut-être les modernisa et, en tout cas, y ajouta les chansons que lui-même avait composées dans ce genre.

RÉF. : A. Asselin, *Discours préliminaire sur la vie et les ouvrages d'O. Basselin*, Avranches, 1811. – J. Travers, *Les Vaux-de-Vire, édités et inédits d'O. Basselin et de J. Le Houx, poètes virois avec discours préliminaires*, Avranches, 1833. – P.-L. Jacob, *Avertissement* en tête de l'édition des *Vaux-de-Vire*, Paris, s. d.

BACHMANN Ingeborg. Écrivain autrichien. Née à Klagenfurt le 25 juin 1926, morte à Rome le 17 octobre 1973. Ingeborg Bachmann demeure jusqu'à l'âge de dix-neuf ans dans sa ville natale, qui lui fournira le premier décor de son inspiration poétique. Elle évoque son enfance dans ses poèmes, dont les premiers remontent sans doute à 1942, dans ses nouvelles, en particulier *Jeunesse dans une ville autrichienne* (dans *La Trentième Année),* et dans ses romans. Bachmann commence en 1945, à Innsbruck puis à Graz, des études de philosophie qu'elle achèvera en 1950 en soutenant sa thèse de doctorat sur la *Réception critique de la philosophie existentiale de Martin Heidegger.* Entre-temps, elle s'est installée en 1946 à Vienne, pour y étudier, parallèlement à la philosophie, la germanistique et la psychologie. La psychologie et la psychothérapie prennent une grande importance dans la vie de Bachmann, qui effectuera d'ailleurs en 1947 un stage à l'hôpital psychiatrique de Steinhof près de Vienne, et occupent une place fondamentale dans son œuvre, en particulier dans le roman *Franza* – voir *Malina* (*). En 1951, elle travaille pour la radio, comme rédactrice mais aussi comme auteur de pièces radiophoniques. La première, *La Boutique des rêves* [*Ein Geschäft mit Träumen*], sera diffusée en 1952. Cette même année est marquée par sa rencontre avec le Groupe 47, sur une invitation de Hans Werner Richter. Bachmann se verra décerner le prix du Groupe 47 l'année suivante. L'année 1952 est aussi celle du premier contact avec l'Italie, pays où elle demeurera de 1953 à 1957. Ces années italiennes verront la publication, en Allemagne et en Italie, de nombreux poèmes : *Le Temps en sursis* [*Die gestundete Zeit,* 1953], *Invocation de la Grande Ourse* [*Anrufung des Grossen Bären,* 1956] et la diffusion en Allemagne de la pièce radiophonique *Les Cigales* [*Die Zikaden,* 1955]. En 1957, l'écrivain travaille comme dramaturge pour la télévision de Munich. Sa dernière pièce radiophonique, *Le Bon Dieu de Manhattan* [*Der gute Gott von Manhattan*], sera diffusée en 1958. Pendant quatre ans, Bachmann partage son temps entre Rome et Zurich avec l'écrivain suisse Max Frisch. Le recueil de nouvelles *La Trentième Année* [*Das Dreissigste Jahr*] est publié en 1961. Ingeborg Bachmann séjourne à Berlin en 1963. L'année suivante, elle entreprend un voyage en Égypte et au Soudan. Ces deux pays serviront de toile de fond à la troisième partie du roman *Franza.* Il faut attendre 1971 pour voir publier le roman *Malina* (*) qui est le premier d'un cycle inachevé comprenant également *Franza* et *Requiem pour Fanny Goldmann* – voir *Malina* –, les deux derniers titres étant des publications posthumes ayant nécessité un patient travail de déchiffrage des manuscrits. Les trois romans sont regroupés sous le titre *Todesarten,* c'est-à-dire « Différents genres de mort ». Le recueil de nouvelles *Trois sentiers vers le lac* [*Simultan*] est publié en 1972.

À la fin de l'année 1965, Ingeborg Bachmann retourne vivre à Rome. Le 26 septembre 1973, elle est gravement brûlée dans son appartement. Elle entre dans le coma et meurt le 17 octobre. Elle sera enterrée en Autriche, au cimetière de Klagenfurt-Annabichl.

L'œuvre d'Ingeborg Bachmann se compose donc de poèmes, de pièces, de nouvelles et de romans. Il convient également de mentionner ses écrits théoriques sur la philosophie et la littérature, telles les *Leçons de Francfort* [*Frankfurter Vorlesungen*] et ses livrets d'opéra, moins connus, mis en musique par Hans Werner Henze.

Toute l'œuvre d'Ingeborg Bachmann, des poèmes de jeunesse aux dernières lignes des romans inachevés, est une quête. Cette œuvre exprime la recherche vitale d'un univers possédant un réseau de références parfois complexe mais cohérent, un univers où serait préservé le sens originel de chaque chose, qu'il s'agisse des objets, des lieux ou des actes de l'être humain, un monde régi par des lois tacites et où une morale naîtrait du respect de la vocation de ces objets, de ces lieux et de ces actes. Cet univers idéal s'oppose au monde dans lequel l'homme vit aujourd'hui et où se commettent quotidiennement les crimes consistant à détourner les choses de leur vocation, par exemple à piller ou à profaner des lieux consacrés non à un dieu mais à un peuple ou à une famille, et qui portent (ou recèlent) les marques, les racines de ce peuple ou de cette famille, ces marques étant la seule persistance possible de l'être humain au-delà de sa mort. Dans cet univers où tout est signe, le choix de ces références et le sens donné à un mot, à un lieu, sont souvent subjectifs ou conventionnels, mais l'important est la recherche pour soi des signes, et le respect de leur sens, car ils donnent eux-mêmes un sens à l'existence.

L'écriture d'Ingeborg Bachmann, qui exprime cette quête douloureuse, est spontanée, haletante, avec de longues phrases où s'enchaînent de multiples propositions. Elle peut devenir hermétique, voire frôler la mystification. Elle trahit l'obsession de la mort, de la cruauté et de la souffrance provoquée.

MIGUEL COUFFON.

BACHOFEN Johann Jakob. Philologue et historien suisse d'expression allemande. Né le 22 décembre 1815 à Bâle (Suisse), où il mourut le 25 novembre 1887. De famille noble, il étudia la philologie et le droit dans sa ville natale, puis à Göttingen et à Berlin, où ses maîtres furent Savigny, Eichorn, Böckh. En 1841, il fut nommé professeur de droit romain à l'université de Bâle, et en 1844 conseiller à la Cour d'appel. Ami et admirateur du savant philologue zurichois Jean-Gaspard Orelli (1787-1849), italianiste fervent, Bachofen accomplit divers voyages en Italie et se rendit deux fois, en 1843 et en 1851, à Naples, où il connaissait des intellectuels, parmi lesquels l'archéologue Agostino Gervasio, avec lequel il demeura longtemps en correspondance. Il publia tout d'abord de nombreuses dissertations sur le droit romain, élaborées selon la méthode philologique rigoureuse de Savigny. Après la parution de l'*Histoire de Rome* (*) de Mommsen, Bachofen publia son *Histoire des Romains* [*Geschichte der Römen*], dans laquelle il entame une polémique contre la philologie méthodique. En 1858, il confia à l'imprimeur son œuvre considérable *Du règne de la mère au patriarcat* (*), qui parut en 1861 ; elle comporte une découverte des plus importantes pour l'ethnologie et la sociologie : l'idée du matriarcat, qui met à l'origine de la famille la mère, facteur indiscutable de la génération, et postule une culture primitive féminine, opposée à la plus tardive culture masculine. Bachofen publia en outre l'*Essai sur la symbolique des tombeaux dans l'Antiquité* (*). Il a lié, à la pierre qui marque le lieu de la sépulture, le culte le plus antique, à la construction sépulcrale le plus antique édifice religieux, à l'embellissement de la tombe l'origine de l'art et de l'ornementation. Ses idées demeurèrent longtemps ignorées, puis elles furent reprises par l'Américain Lewis H. Morgan dans son ouvrage *La Société antique* [*Ancient Society,* 1877], et ensuite par les théoriciens du marxisme Engels, Kausky et Bebel, dans leurs ouvrages sur l'origine de la famille et de la propriété. Des études ethnologiques ultérieures ont mis en relief les erreurs de Bachofen, néanmoins les philosophes et sociologues du Cercle de Munich, Schuler et Klages, ont pu trouver dans ses théories un argument en faveur de leur anti-intellectualisme.

MARIO SPAGNOL.

RÉF. : J.-J. Bachofen, *Autobiographische Rückschau,* München, 1923. – G. Schmidt, *Johann Jakob Bachofens Geschichts-philosophie,* München, 1929. – H. Barth, *Grands hommes de la Suisse,* Lausanne, 1945. – K. Kérényi, *Bachofen und die Zukunft des Humanismus,* Zürich, 1945. – A. Cesana, *J.J. Bachofens Geschichtsdeutung,* Bâle, 1983.

BACON Francis, baron de Verulam. Philosophe anglais. Né dans le Strand, près de Londres, le 22 janvier 1561, mort à Londres le 9 avril 1626. Il est l'auteur d'une vaste encyclopédie du savoir, fondée sur l'observation expérimentale et la méthode inductive, qui visait en dernier ressort à mettre la nature au service de l'homme. Ses conceptions l'opposent à la scolastique médiévale, sévèrement critiquée dans son œuvre. Son père Nicolas Bacon était garde des Sceaux de la reine Élisabeth, et sa mère Anna Cook une femme extrêmement cultivée et d'une grande piété. C'est d'elle sans doute qu'il tint son amour inné du savoir ; en tout cas elle stimula son ardeur à étudier. La position de son père lui valut en revanche de participer à la vie politique de son pays et d'être très jeune admis à la Cour, de prendre goût enfin aux fastes et aux honneurs, toutes circonstances qui ne tardèrent pas à éveiller en lui l'ambition et la volonté de puissance. Toute la vie de Bacon est en effet caractérisée par ces deux passions fondamentales : amour du savoir et soif de puissance, qui dominèrent tour à tour son âme et font de lui une des figures les plus complexes de l'histoire moderne, un exemple de l'instabilité de la fortune, qui l'a comblé à la fois d'honneurs et d'infamie. Au cours de sa carrière d'homme politique et de courtisan, Bacon fut chargé de gloire et de richesses, mais il connut aussi les affres de la défaite, la honte des accusations ignominieuses, l'horreur de la misère. Ce fut dans les études qu'il trouva un réconfort et un refuge contre l'adversité, et dans le jugement unanime de l'histoire intellectuelle une source d'impérissable renommée. Ce dualisme qui éclaire les vicissitudes de l'existence de Bacon est aussi comme la clef de sa pensée : si savoir et ambition se disputent son âme, ces deux passions se fondent dans sa conception philosophique en un équilibre supérieur, en vertu duquel l'humanité trouve dans la science un instrument pour conquérir la puissance. En 1573, Bacon fut envoyé à l'université de Cambridge pour achever ses études, et fréquenta le Trinity College pendant trois ans : il n'y conquit aucun diplôme, mais découvrit la philosophie aristotélicienne, dont il comprit les lacunes par rapport aux exigences de la nouvelle culture. En 1576 il se rendit en France, chargé d'une mission auprès de l'ambassadeur d'Angleterre à Paris. Il y resta jusqu'en 1579, et la fermentation intellectuelle qu'il connut dans les milieux culturels parisiens ne fut pas sans effet sur sa formation. Rappelé dans sa patrie à la mort de son père, il fut contraint, étant donné les difficultés financières de sa famille, d'étudier la jurisprudence pour exercer la profession d'avocat. En 1580 il entra au Gray's Inn, collège destiné à la formation des juges et des avocats, dont il resta membre toute sa vie. Devenu avocat en 1582, il s'employa activement à trouver un poste lucratif, sans renoncer pour autant à ses aspirations scientifiques, ainsi qu'en témoignent ses œuvres de jeunesse où s'ébauchait déjà, comme dans *Temporis partus maximus* qui a été perdu, le renouvellement radical du savoir dont il rêvait.

En 1584, Bacon entre à la Chambre des communes comme représentant du comté de Middlesex, mais il n'en résulta pour lui aucun avantage matériel, car son activité dans l'opposition et son vote, entre autres, contre la demande de subsides formulée par la Couronne au Parlement à l'occasion de la guerre contre Philippe II d'Espagne, lui valurent l'inimitié d'Élisabeth. Il rechercha d'abord la protection de son oncle, le Grand Trésorier Burleigh, puis celle de Robert Devereux, comte d'Essex, ministre et favori de la reine. Il obtint quelques charges, mais qui n'étaient guère rémunératrices. Sa situation matérielle devint si précaire qu'en 1598, bien que la publication l'année précédente de ses *Essais* (*) lui eût conquis une renommée d'écrivain, il fut contraint de recourir à des usuriers, ce qui le conduisit à la prison pour dettes. En 1601, Bacon vit dans la disgrâce qui avait frappé à l'improviste son bienfaiteur le comte d'Essex, accusé d'avoir comploté contre Élisabeth, l'occasion de regagner la faveur de la reine. Avocat de la Couronne, il accusa Essex avec une telle véhémence que celui-ci fut condamné à mort et décapité le 25 février de la même année. Chargé par la reine de rédiger la défense du procès, il n'hésita pas à flétrir la mémoire du condamné par une *Déclaration des trahisons du comte d'Essex* [*Declaration of the Practices and Treasons*, etc., *of the Earl of Essex*], où le disparu était représenté sous les traits les plus noirs. C'est là un sinistre épisode de la vie de Bacon : lui-même, en une apologie parue un an après la mort d'Élisabeth, essaie de justifier sa conduite, la mettant sur le compte des devoirs de sa charge et de sa fidélité à la Couronne. Mais aucun plaidoyer ne pourra le laver de la tache que jette sur sa vie un tel déploiement de forces oratoires dirigées contre l'existence, puis contre la mémoire d'un bienfaiteur. Une fois encore l'esprit devenait instrument de puissance, mais au prix peu honorable de l'ingratitude.

Bacon ne recueillit d'ailleurs pas les fruits de sa mauvaise action : la *Déclaration* ne parut pas assez énergique à la reine ; le public, lui, jugea l'accusateur digne d'exécration. Mais la fortune parut sourire à Bacon avec l'avènement au trône de Jacques Ier en 1603. Protégé par le roi et par son favori George Villiers, duc de Buckingham, il fut élevé au sommet des honneurs en récompense des services rendus au Parlement et à la Couronne : il obtint d'abord deux pensions ; fut nommé Sir ; fait conseiller ordinaire de la Couronne en 1604 ; solicitor general en 1607 ; attorney general en 1613 ; conseiller privé de la Couronne en 1616 ; lord garde des Sceaux en 1617 ; lord chancelier et baron de Verulam en 1618 ; vicomte de Saint-Alban en 1621. Au cours de ces années, Bacon poursuit ses recherches scientifiques, ainsi qu'en témoignent ses nombreuses œuvres. Le projet qu'il avait conçu dès les années de Cambridge de cette *Grande restauration des sciences* (*), destruction du passé et fondation d'une science nouvelle, prend alors corps. Le traité en anglais, *De la dignité et de l'accroissement des sciences* (*), publié en 1605, traduit en latin avec des additions, et le *Novum organum ou Éléments d'interprétation de la nature* (*) en constituent respectivement la première et la deuxième partie. Toujours dans la même période, Bacon écrivit un grand nombre d'œuvres, comprises ou non dans le plan de la « grande restauration » : *De la sagesse des Anciens* [*De sapienta veterum*, 1609] ; *Parasceve ad historiam naturalem et experimentalem* (1620) ; *Histoire du règne du Roi Henry VII* [*The History of the Reign of King Henry the Seventh*, 1622]. Les ouvrages suivants ont paru à titre posthume : *Lecture savante sur le statut des mœurs* [*The learned reading upon the statute of uses*, 1600] ; *Valerius Terminus* (1603) ; *Partis secondae Delineatio et Argumentum* (1606-1607) ; *Pensées et vues sur l'interprétation de la nature* (*) (1607) ; *Redargutio philosophiarum* (1609) ; *De principiis atque originibus* (1611-1620) ; *Descriptio glogi in intellectualis* (1612), etc. Pour Bacon, le chemin des honneurs ne devait pas être très long. Fidèle à la Couronne et lié aux aristocrates, il soutint sans hésitation les visées absolutistes du roi, prenant la défense des usurpations progressives de pouvoir effectuées aux dépens du Parlement. Mais le mécontentement couvait ; l'opposition méditait sa revanche. Et quand l'opportunité se présenta, le Parlement, qui ne pouvait s'attaquer au roi en personne ni à son favori Buckingham, mit Bacon en état d'accusation. L'affaire ayant été portée devant la Chambre des lords, on lui fit un procès pour vénalité et concussion. Au cours du jugement le philosophe, cédant peut-être aux prières du roi et de son favori, n'essaya pas de se décharger sur ceux qu'il avait servis, mais reconnut en partie ses torts et s'en remit à la clémence de la Chambre. Le 3 mai 1621, la sentence fut prononcée : Bacon était condamné à une amende de 40 000 livres, à être emprisonné dans la Tour de Londres pour le temps qu'il plairait au roi, à être banni de la Cour et privé de toute charge. La grâce royale atténua la rigueur de cet arrêt, et rendit un mois plus tard la liberté au philosophe, qui chercha dans les études une consolation à ses malheurs.

Au cours des dernières années de sa vie, il publia une *Historia naturalis et experimentalis ad condendam philosophiam sive Phaenomena universi* (1622), et une *Histoire de la vie et de la mort* (1623). La mort le surprit tandis qu'il achevait ce vaste répertoire scientifique qu'est *Sylva sylvarum* (*), paru à titre posthume en 1627. Il était tombé malade pour avoir voulu, par un jour de grand froid, observer l'efficacité de la neige pour préserver les chairs contre la putréfaction. Dans son testament il en appelait à la postérité pour l'honneur de son nom. En ce qui concerne la science, son vœu fut exaucé.

CLETO CARBONARA.

♦ *« Le chancelier Bacon ne connaissait pas encore la nature ; mais il savait et indiquait tous les chemins qui mènent à elle. Il avait méprisé de bonne heure ce que les fous en bonnet carré enseignaient sous le nom de philosophie dans les petites maisons appelées collèges ; et il faisait tout ce qui dépendait de lui afin que ces compagnies, instituées pour la perfection de la raison humaine, ne continuassent pas de la gâter par leurs* quiddités, *leurs horreurs du vide, leurs formes substantielles, et tous ces mots que non seulement l'ignorance rendait respectables, mais qu'un mélange ridicule avec la religion avait rendus sacrés. »* Voltaire.

♦ *« Bacon est le prophète des vérités que Newton est venu ensuite révéler aux hommes. »* Horace Walpole.

♦ *« Je ne sais comment je me suis trouvé conduit à lutter mortellement avec le feu chancelier Bacon. Nous avons boxé comme deux* forts de Fleet Street, *et, s'il m'a arraché quelques cheveux, je pense bien aussi que sa perruque n'est plus à sa place. »* Joseph de Maistre.

♦ *« Excommunié par de Maistre, qui croyait, peu accueilli par les héritiers de ce Descartes,* qui ne doutait de rien, *restez, vous, ce que vous étiez – un libre et hardi investigateur de toute noble étude, un amateur éclairé de toute connaissance et de toute belle pensée, un écrivain éclatant et perçant, dont les mots honorent tous les sentiers où vous avez passé, et avec qui l'on trouve à s'enrichir chaque jour, dans quelque voie que l'on s'engage. »* Sainte-Beuve.

RÉF. : Lord Macaulay, *Critical and Historical Essays*, Leipzig, 1850. – C. de Rémusat, *Bacon, sa vie, son temps et son influence jusqu'à nos jours*, 1857. – André Cresson, *Francis Bacon, sa vie, son œuvre*, Paris, 1948. – B.W. Vickers, *Francis Bacon*, Londres, 1978. – *Francis Bacon, science et méthode*, colloque de Nantes, Paris, 1985. – Jean-Marie Pousseur, *Bacon : inventer la science, 1561-1626*, Paris, 1988.

BACON Roger. Philosophe anglais d'expression latine. Surnommé le « Docteur admirable ». Né aux environs de Ilchester (Somerset) vers 1214, mort à Oxford le 11 juin 1294. Entré dans l'ordre franciscain, il reçut à Oxford l'enseignement d'illustres maîtres tels que Adam de Marsh et Robert Grosseteste, auquel il voua une irréductible admiration et qui lui inspira certaines de ses conceptions audacieuses sur le caractère mathématique des sciences de la nature. Esprit vaste, novateur et profond – certainement un des plus grands savants de son époque –, passionné de sciences naturelles, il étudia les langues et les mathématiques : *Miroir des Mathématiques* [*Specula mathematica*], l'astronomie, la philosophie, la médecine : *Des moyens de retarder les infirmités de la vieillesse et de conserver nos sens* [*De retardandis senectutis accidentibus et sensibus confirmandi*], la physique et la chimie : il découvrit que le calendrier julien était erroné, fit d'intéressantes découvertes en optique : *Traité de perspective et d'optique* [*Perspectiva*], décela les points faibles du système de Ptolémée et fut l'un des premiers à secouer le joug d'Aristote. Familier de l'alchimie : *Miroir de l'Alchimie* [*Speculum alchimiae*] mais adversaire de la magie : *Des œuvres secrètes de la Nature et de l'Art et de la nullité de la Magie* [*De secretis operibus artis et natura et de nullitate magiae*], il n'en fut pas moins soupçonné de sorcellerie et de commerce avec le diable. Ardent polémiste, il s'attaqua aux plus célèbres de ses contemporains, entre autres Albert le Grand, au point de se rendre suspect à l'université et à son ordre. Quittant alors Oxford, il se rendit à l'université de Paris, où il poursuivit ses études de 1242 à 1250 environ, ne tirant profit, semble-t-il, que de l'enseignement du logicien Guillaume de Shyreswood, pour retourner ensuite à Oxford, où, en butte aux antipathies, soupçons et persécutions, il enseigna cependant jusqu'en 1257. Frappé de l'interdiction d'enseigner et de publier, il regagna le siège de l'ordre à Paris, où il fut l'objet d'une étroite surveillance. Mais un de ses amis et admirateurs, Guy Foulques, devint pape en 1265, sous le nom de Clément IV, et le prit sous sa protection, lui demandant en outre de rédiger une œuvre qui pût servir de base à une réforme de l'enseignement ecclésiastique des sciences. Il écrivit ainsi, entre 1267 et 1268, ses trois célèbres ouvrages : l'*Opus majus* (*), l'*Opus minus* (*) et l'*Opus tertium* (*), qui lui valurent une renommée retentissante ainsi que de nouvelles inimitiés : celles-ci ne se manifestèrent sérieusement qu'en 1277 (Clément IV étant mort depuis 1269), année où certaines de ses thèses furent condamnées par Girolamo de Ascoli, général de l'ordre des franciscains, et par l'évêque de Paris, Étienne Tempier. Il se peut qu'il ait alors été emprisonné. Il aurait été libéré en 1292. À cette date, il composa son dernier ouvrage : *Compendium studii theologiae*.

♦ *« Parmi les choses qui le rendirent recommandable, il faut premièrement compter sa prison, ensuite la noble hardiesse avec laquelle il dit que tous les livres d'Aristote n'étaient bons qu'à brûler ; et cela dans un temps où les scolastiques respectaient Aristote beaucoup plus que les jansénistes ne respectent saint Augustin. »* Voltaire. ♦ *« Roger Bacon fut un des génies les plus surprenants que la nature ait produits, et un des hommes les plus malheureux. »* Diderot.

RÉF. : Émile Charles, *Roger Bacon, sa vie, ses ouvrages, ses doctrines,* 1861. – Raoul Carton, *La Synthèse doctrinale de Roger Bacon,* 1924 ; *L'Expérience mystique de l'illumination intérieure chez Roger Bacon,* 1924. – J.-B. Scott, *Roger Bacon, Life and Letters,* London, 1924. – Albert Garreau, *Roger Bacon, frère mineur,* 1942. – Stewart C. Easton, *Roger Bacon and his Search for Universal Science,* Oxford, 1952. – C. Bérabé, *De la philosophie à la sagesse chez saint Bonaventure et Roger Bacon,* Rome, 1976.

BACULARD D'ARNAUD François Thomas Marie de. Écrivain français. Né et mort à Paris : 15 septembre 1718-9 novembre 1805. Issu d'une famille anoblie par la promotion de son père au poste de « secrétaire du Roi » en 1717, il fait ses études au collège d'Harcourt, et devient à partir de 1736 le protégé de Voltaire. Il est nommé correspondant littéraire de Frédéric II de Prusse en 1748 ; celui-ci l'accueille à Berlin en 1750. Mais la jalousie de Voltaire et des doutes sur son honnêteté le font renvoyer de Prusse en novembre 1750. Revenu à Paris, il rejoint le clan de Fréron dans les années 50. Figure majeure du mouvement antiphilosophique, il essuie nombre d'attaques, dont celles de Beaumarchais à l'occasion de l'affaire Goëzman (1773-1774). Il meurt dans la misère, malgré une œuvre immense, aubaine des libraires. Après quelques incartades libertines (dont *L'Art de f...*, 1741, qui lui vaut un séjour à la Bastille), son œuvre est toute morale. On en retient d'abord *Les Dégoûts du Théâtre*, épître polémique (1746), *Coligni* (1740), *Les Amants malheureux ou le Comte de Comminge* (*) (1764), *Fayel* (1770), *Mérinval* (1774), drames et tragédies. Un roman tiré d'une cause célèbre, *Les Époux malheureux* (1745), et des recueils de nouvelles, dont *Les Épreuves du sentiment* (*) (1764-1780), et les *Nouvelles historiques* (1774-1784) sont ses principales œuvres romanesques. Baculard dramaturge est fidèle à la tragédie en vers ; il admire Corneille et Racine : mais il discute parfois les règles du classicisme, marquant le besoin d'adapter le genre à l'ère contemporaine. Pour cela, il propose de s'inspirer des anciens et de Shakespeare. Il se réclame aussi d'auteurs modernes : Crébillon père, Voltaire, Richardson et Young. À partir de ces influences, il veut élaborer des pièces que la pantomime et les décors spectaculaires rendraient fascinantes. La sensibilité extrême qu'il met à l'honneur dans ses drames anime le reste de son œuvre : elle règne dans son genre de prédilection, la nouvelle. Il y célèbre des valeurs traditionnelles éclairées par l'esprit des Lumières : vertu, bienfaisance, religion. L'amour en est le carrefour idéologique, entre le respect de l'ordre et la défense des aspirations individuelles. Baculard expose toutes sortes d'infortunes avec une complaisance larmoyante habilement justifiée par ses intentions morales. L'exploitation de la mode semble avoir pesé sur son écriture au point d'en faire un système qui rebute souvent le lecteur moderne. Elle a pourtant ravi les adeptes des « cabinets de lecture », et même l'aristocratie. Les rééditions et adaptations de ses écrits attestent un succès européen jusqu'au début du XIXe siècle. Puis Baculard tombe progressivement dans l'oubli. Pendant longtemps, on n'a donné de ses œuvres qu'une image caricaturale. Des travaux modernes ont enfin déterminé son rôle dans la littérature du XVIIIe siècle.

BÉATRICE TOUITOU.

RÉF. : Robert Dawson, *Baculard d'Arnaud : Life and Prose Fiction,* 2 vol., Banbury, 1976.

BADE Josse [Jodocus Badius]. Écrivain et imprimeur d'origine belge. Né à Asche, près de Bruxelles en 1462, mort à Paris vers 1535-1537. Fondateur d'une célèbre famille d'imprimeurs, il avait passé sa jeunesse en Italie où on l'avait initié à la typographie, après qu'il eut appris le grec à Florence. Établi à Lyon en 1491, il y enseigna les littératures antiques, tout en remplissant les fonctions de correcteur auprès de l'imprimeur Jean Trechel, dont il devint le gendre et l'associé. Robert Gaguin, général des Trinitaires, l'appela à Paris vers 1499 pour prendre la direction d'un *Compendium de l'Histoire de France,* achevé un an plus tard. Josse Bade créa alors une imprimerie vite renommée, sous le nom de « Proelum Ascensianum », pour l'excellence de ses éditions classiques, annotées par Bade lui-même : Horace, Perse, Térence, Juvénal, Théocrite, Salluste, etc. Bade, tenu en haute estime par Érasme, a d'ailleurs composé plusieurs ouvrages originaux : un traité de grammaire, une vie de Thomas a Kempis, et des satires mordantes comme *Le Sens des « Nefs des fous »* (+) – v. *La Nef des fous* (*). C'est cette même verve polémique, dirigée cette fois contre le pape et les catholiques, qu'on retrouvera chez le fils de Josse, Conrad, converti de bonne heure au protestantisme.

BADIAN Seydou (Seydou Badian Kouyaté). Écrivain malien. Né à Bamako, dans l'ex-Soudan français, le 10 avril 1928. Après avoir achevé ses études de médecine à Montpellier, il rentre dans son pays en 1956 pour y mener, de front, sa carrière médicale et sa carrière militante au sein du Rassemblement démocratique africain (R.D.A.). Mais en 1962 il abandonne ses fonctions de médecin généraliste pour se consacrer à la politique, et il devient l'un des plus proches collaborateurs du premier président de la jeune république du Mali, Modibo Keita. Il sera successivement ministre de l'Économie rurale, puis ministre du Plan, avant de démissionner en 1966. Arrêté à la suite du coup d'État militaire de novembre 1968 qui met fin au régime de Modibo Keita, Seydou Badian est alors déporté puis incarcéré au camp de détention de Kidal, dans des conditions particulièrement inhumaines. Il en sera libéré en 1975, pour raisons de santé, et depuis lors il a pratiquement toujours vécu en exil, soit en France, soit au Sénégal ou au Congo.

Auteur d'un essai sur le pouvoir intitulé *Les Dirigeants africains face à leur peuple* (1964) et d'une pièce de théâtre, *La Mort de Chaka* (1961), Seydou Badian est surtout connu par son premier roman, *Sous l'orage* (1957), dans lequel il évoque les conflits qui naissent de l'affrontement des générations dans une Afrique en pleine mutation. Le roman, qui porte en sous-titre *Kany*, relate en effet les difficultés rencontrées par l'héroïne éponyme pour mener à bien un projet de mariage fondé sur un amour librement consenti, et qui se heurte naturellement au choix des Anciens.

Dans *Le Sang des masques* (1976), son second roman, Seydou Badian revient sur l'opposition entre la ville et le village, mais s'il souligne avec force détails le poids de l'éthique Bambara dans le destin de son héros, Bakary, c'est toujours en se montrant soucieux de « prendre le pas convenable aux pistes nouvelles », et en évitant tout manichéisme primaire. *Noces sacrées* (*) paraît en 1977.

JACQUES CHEVRIER.

RÉF. : S. Battestini, *Seydou Badian : Écrivain malien*, Paris, 1968.

BAENA Juan Alfonso de. Érudit et poète espagnol. Né en 1406, mort en 1454. On sait peu de chose de sa vie sinon qu'il était d'origine juive, se convertit au catholicisme et devint le secrétaire de Juan II de Castille. C'est pour ce prince, ami des lettres, qu'il édifia l'œuvre à laquelle il doit sa gloire : Baena est, en effet, l'auteur du plus ancien des recueils de poésie castillane connu sous le nom de *Cancionero de Baena* (+) — v. *Cancioneros* (*). Publié vers 1445, cet ouvrage demeure le plus précieux que l'on possède : il contient des compositions de cinquante-cinq poètes, y compris Baena lui-même.

BAGRATOUNI Arsène. Écrivain, traducteur et savant arménien, de la congrégation des mekhitaristes de Venise. Né à Constantinople le 21 août 1786, mort à Venise, au monastère de Saint-Lazare, le 24 décembre 1866. Bagratouni est le représentant le plus éminent du mouvement de restauration littéraire de la langue classique (grabar) au XIXe siècle chez les Arméniens. Helléniste averti, il traduisit en arménien classique Homère et Sophocle, et, parmi les œuvres modernes, *Le Paradis perdu* (*) de Milton. Il est l'auteur d'une importante grammaire du grabar, parue en 1852, et d'un manuel qui a connu huit éditions entre 1848 et 1875. Il a fait un énorme travail d'édition des auteurs classiques arméniens. Voulant doter son pays d'une épopée nationale, il composa un grand poème épique, intitulé *Hayk le héros* (*), publié en 1858 et consacré à la gloire du premier roi légendaire d'Arménie. Cette œuvre, bien que manquant de chaleur poétique, est écrite dans une langue remarquable, qui draine les alluvions de quinze siècles d'arménien classique.

MARC NICHANIAN.

BAGRIANA Elissavéta. Poétesse bulgare. Née le 29 avril 1893 à Sofia, morte dans la même ville le 23 mars 1991. Apparentée à l'un des premiers poètes de la Renaissance, D. Tchintoulov, et à l'archimandrite Guérassim, abbé du monastère d'Arap, Bagriana grandit dans une atmosphère intellectuelle, plusieurs membres de sa famille étant des enseignants. C'est en 1915 que le nom de Bagriana (de son vrai nom Beltcheva) apparaît dans la littérature bulgare. En 1927, elle publie son premier recueil de poèmes *L'Éternelle et la Sainte* (*), qui produit l'effet d'une véritable explosion, tant cette poésie est neuve et puissante. On a comparé l'œuvre de Bagriana à celle de la poétesse russe Anna Akhmatova. Comme la poésie d'Akhmatova, celle de Bagriana est un journal de sa vie, un « séismogramme du cœur ». L'originalité de Bagriana est dans son souffle panthéiste, dans sa vitalité débordante, conjuguée avec une concentration intérieure, d'où l'effet d'une profonde harmonie, d'une joyeuse sérénité et d'amour pour l'univers. Bagriana est l'auteur de très beaux poèmes d'amour. Certains de ses vers cernent la lutte de la femme pour le libre choix de son destin.

D'autres chantent l'exaltation de la jeunesse, l'ivresse de la poursuite d'horizons nouveaux. Parmi les plus beaux poèmes de Bagriana se trouvent ceux qui lui furent inspirés par son amour du voyage. Quelques-uns sont le fruit de la rencontre de la poétesse avec la France — v. le cycle *Bretagne* [*Bretan*]. Très exigeante envers son œuvre, Bagriana a publié relativement peu. Citons parmi ses meilleurs recueils de poèmes : *L'Éternelle et la Sainte, l'Étoile du marin* (*) (1932) et *Un cœur d'homme* (*) (1936). Le recueil *Contrepoints* [*Contrapounkti*, 1972] réunit une cinquantaine parmi les derniers poèmes d'Elissavéta Bagriana.

ANTONIA PÉEVA.

BAHR Hermann. Écrivain autrichien. Né à Linz (Haute-Autriche) le 19 juillet 1863, mort à Munich (Bavière, Allemagne) le 15 janvier 1934. Tout jeune, il montra une grande vivacité d'esprit, et, à peine adolescent, commença à écrire. Il était passionné de théâtre et voulait devenir acteur. Cependant il fréquenta l'université, étudia le droit à Vienne, à Graz et à Czernovitz, puis les sciences politiques à Berlin où il séjourna de 1884 à 1887, s'occupant plus de littérature que d'études. Il se lia d'amitié avec Arno Holz et devint écrivain naturaliste. Dès lors, on le rencontra dans chaque nouveau mouvement littéraire, toujours passionné, changeant, actif. Un voyage à Paris en 1888 l'enthousiasma ; il se rendit ensuite en Espagne, au Maroc, enfin en Russie quelques années plus tard. Entre-temps il avait assumé la rédaction de la revue *Tribune libre* [*Freie Bühne*], organe des véristes berlinois, fondé en 1890 ; il y publia ses premiers romans. En 1892 il se fixa à Vienne où il ranima le mouvement littéraire ; entre autres, il fréquentait Hofmannsthal et Schnitzler. À Vienne, Bahr écrivit des drames, s'occupa de critique littéraire artistique, toujours prompt à combattre pour les nouvelles tendances intellectuelles. Ses comédies représentent la meilleure part de sa période viennoise : *Das Tschaperl* (1898) ; *Der Krampus* (1901) ; *Franzl* (*) et *Le Concert* [*Das Konzert*, 1909]. Les polémiques se multiplièrent avec les années. En 1909 Bahr épousa Anna Mildenburg, une chanteuse de l'Opéra de Vienne, et se consacra à l'horticulture. À Salzbourg, citadelle du catholicisme autrichien, où il était venu résider, la crise spirituelle qu'il traversait le ramena à la foi catholique. Après la guerre, il se rendit de nouveau à Munich et y demeura jusqu'à la fin de ses jours. Bahr ne fut pas un esprit original ; mais ses œuvres ne manquent pas de pages brillantes. Un contemporain disait : « Ce poète a des airs de journaliste et ce journaliste a des airs de poète. » C'est pourquoi l'essentiel de son œuvre si vaste se trouve sans doute dans ses essais critiques, recueillis en de nombreux volumes — v. *Critique des modernes* (*).

RÉF. : Hermann Bahr, *Autoportrait* [*Selbstbildniss*, 1923]. – Heinz Kindermann, *Hermann Bahr*, Graz, 1954 (en allemand). – Donald G. Daviau, *Der Mann von Übermorgen-Hermann Bahr*, Vienne, 1984.

BAÏF Jean-Antoine de. Poète français. Né à Venise le 19 (?) février 1532, mort à Paris à la fin d'octobre 1589. Fils naturel de l'humaniste Lazare de Baïf (1496-1547), alors ambassadeur à Venise de François Ier, Jean-Antoine est confié après son retour en France (1534) aux soins des meilleurs maîtres : Charles Estienne, Ange Vergèce, puis Jacques Toussaint, tous éminents humanistes qui lui transmettent une solide connaissance des lettres grecques et latines. Dès 1544, l'helléniste Jean Dorat vient parachever cette formation : logé chez Lazare, il découvre à son élève les « détours du Parnasse » ; Baïf lui devra, comme Ronsard et Du Bellay qui l'ont rejoint, l'épanouissement de sa vocation poétique. C'est d'ailleurs dans ce milieu des étudiants parisiens qu'il publie ses premiers essais : modestes vers liminaires inclus dans les ouvrages de ses amis. Contrairement à ses condisciples (plus âgés, il est vrai), il tarde à offrir au public ses propres travaux. Il faut attendre 1552 pour voir paraître *Le Ravissement d'Europe,* récit mythologique imité de Moschos, et surtout les *Amours* (+) d'inspiration pétrarquiste, dédiées à une imaginaire Méline. Devant le peu de succès de ses vers, Baïf va connaître plusieurs années d'errance et d'hésitations. Le voici d'abord à Poitiers, où il rencontre en 1554 Françoise de Gennes, à qui il offrira l'année suivante les *Quatre livres de l'amour de Francine* (+). Il séjourne ensuite dans le Maine, où il traduit Pic de La Mirandole, puis en Normandie chez son ami Vauquelin. Il voyagera encore en Italie, après quelques mois passés à Trente, dans la suite d'un des évêques envoyés au concile.

Clerc tonsuré, Jean-Antoine a d'abord vécu de bénéfices ecclésiastiques (il est prieur de Marignac dès l'âge de 11 ans). Il s'emploie en outre à gagner les faveurs des princes : après avoir chanté en 1558 les noces du futur François II avec Marie Stuart, il obtient de celui-ci une pension qui lui sera reconduite par Charles IX et Henri III. Baïf connaît ainsi les grandeurs et les servitudes de la vie de cour avant de devenir, sous le titre de secrétaire de la Chambre du Roy, l'un des principaux poètes officiels des Valois. Aussi les vers de circonstance tiennent-ils une large place dans l'édition collective des *Œuvres en rime* (*) parue en 1572-1573, qui réunit toute sa production antérieure. Baïf y dévoile tardivement la multiplicité de ses talents et l'étonnante variété de son inspiration : féru de mythologie dans les *Poèmes* (+), esprit scientifique dans *Le Premier des Météores* (+), poète pastoral dans les *Églogues,* satirique et volontiers grivois dans les *Passetems* (+), il se révèle aussi comme l'un des initiateurs du théâtre humaniste *(Antigone, Le Brave, L'Eunuque).*

Ces *Œuvres en rime* sont pourtant une page tournée dans la carrière de Baïf : abandonnant pour un temps le vers rimé, il entend se consacrer désormais tout entier à la « poésie mesurée à l'antique », dans le cadre de l'académie de poésie et de musique qu'il a créée en 1570 avec le musicien Thibault de Courville. Fondée sur l'alternance des syllabes longues et brèves, et conçue pour s'épanouir dans le chant polyphonique, cette poésie inspirera aux musiciens collaborateurs de Baïf des œuvres encore estimées comme les *Chansonnettes mesurées* mises en musique par Jacques Mauduit en 1586, et surtout *Le Printans* de Claude Le Jeune (1603). Sur le papier toutefois, le rythme des vers mesurés se perçoit assez mal, et l'orthographe déconcertante adoptée par Baïf pour ses *Etrénes de poézie fransoêze an vêrs mezurés* (1574) contribue à détourner les lecteurs d'une expérience pourtant musicalement convaincante.

Sans doute assombri par ce relatif échec, comme par les troubles civils qui déchirent le pays et par la maladie qui mine sa vieillesse, Baïf demeure pourtant fidèle à sa vocation poétique, qu'il met au service de sa foi et de ses convictions humanistes : parallèlement à ses traductions des *Psaumes* (en vers mesurés et en vers rimés), il offre dans les *Mimes, enseignemens et proverbes* (*) une curieuse anthologie morale versifiée où se mêlent poésie sentencieuse et proverbes rimés, invectives satiriques et sombres prophéties. Dans cette œuvre ultime, comme dans l'ensemble de sa production, c'est l'audace de Baïf qu'on retiendra, comme son esprit toujours novateur : il s'est essayé à tous les genres avec une hardiesse qui n'a d'égale que son goût de l'invention formelle, et son souci de variété. Il laisse une œuvre immense, assurément imparfaite et insuffisamment relue, mais foisonnante de trouvailles poétiques, l'une des plus riches de son siècle.

JEAN VIGNES.

RÉF. : M. Augé-Chiquet, *La Vie, les idées et l'œuvre de Jean-Antoine de Baïf,* Paris-Toulouse, 1909.

BAILLON André. Romancier belge d'expression française. Né à Anvers le 27 avril 1875, mort à Saint-Germain-en-Laye le 7 avril 1932. Après avoir fait du journalisme, il se fixa en France et se consacra exclusivement au roman, surtout autobiographique. Subissant d'abord l'influence de Charles-Louis Philippe, il publia *Moi, quelque part* (1919), qu'il réédita en 1922 sous le titre de *En sabots.* Son talent s'affirma avec l'*Histoire d'une Marie* (1921), *Zonzon Pépète* (1923), *Par fil spécial* (1924), etc. Son réalisme à la fois rude, licencieux et un peu gauche n'est pas exempt de maniérisme, mais contient beaucoup de traits justes. Néanmoins, il est possible que l'avenir retienne plutôt les ouvrages dans lesquels Baillon raconte les mois d'hôpital que lui valut son aliénation mentale : *Un homme si simple* (+) (1925), *Chalet N° 1* (+) (1926), *Le Perce-oreilles du Luxembourg* (*) (1928) et enfin *Délire* (+) (1931). Chacun d'eux constitue, en quelque sorte, l'un des chapitres d'une terrible confession. André Baillon s'est suicidé en 1932.

RÉF. : A. Baillon, *Le Neveu de Mlle Autorité* (autobiographie, 1930) et *Roseau* (également autobiographie, 1932). – G. D. Périer, *André Baillon,* Bruxelles, 1931. – R. de Lannay, *Un bien pauvre homme : André Baillon,* 1945. – M. de Vivier, *La Vie tragique d'André Baillon,* Liège, 1946. – M. William, *La Haute Solitude de André Baillon, précurseur de l'existentialisme,* Bruxelles, 1951.

BAINVILLE Jacques. Historien et homme politique français. Né à Vincennes, le 9 février 1879, mort à Paris, le 9 février 1936. Issu d'une famille bourgeoise de tradition républicaine, il fait ses études au lycée Louis-le-Grand, se dirige dès l'adolescence vers la littérature et en 1900 rapporte d'un voyage en Allemagne un essai sur *Louis II de Bavière.* Ce voyage a eu d'autre part des conséquences décisives pour l'évolution de Jacques Bainville qui restera toute sa vie comme obsédé par la pensée de la présence, à côté de la France, d'une masse allemande deux fois plus nombreuse : d'où la nécessité, en France, d'une armée et d'un État forts, nécessité que Bainville avait déjà découverte grâce aux livres de Barrès et qui lui est confirmée, en avril 1900, par la rencontre de Charles Maurras avec lequel il va collaborer à la revue *L'Action française.* Lorsque celle-ci se transformera en quotidien, au printemps 1908, Bainville se chargera des rubriques de politique étrangère, participant, avant 1914, aux campagnes du journal pour une préparation militaire de la France (*Le Coup d'Agadir et la Guerre d'Orient,* 1913) et, après 1918, avouant immédiatement son scepticisme à l'égard de la Société des Nations et du traité de Versailles qu'il définit dans une formule : « Trop doux pour ce qu'il a de dur. » Bainville et ses amis rêvent en effet d'un retour à la situation créée par le traité de Westphalie et d'une division politique de l'Allemagne ; celle-ci, comme il l'a exposé dans l'*Histoire de deux peuples*, parue en 1915, est à ses yeux un danger continuel à travers l'histoire de France, qui n'a pu être contenu que par la politique d'équilibre monarchique mais que la doctrine révolutionnaire et impériale des nationalités a déchaîné depuis un siècle et demi – v. *Histoire de trois générations* (*). Après avoir fait paraître en 1920 *Les Conséquences politiques de la paix,* livre dont on a pu dire que le destin en a « appliqué page à page les déductions, entre deux guerres de l'univers », Jacques Bainville, la même année, prend avec Henri Massis et Jacques Maritain la direction de *La Revue universelle.* Son influence est alors à son apogée et ses articles, pour une grande partie de l'opinion dépassant largement le cercle de ses amis royalistes, sont considérés comme le meilleur diagnostic quotidien de la politique mondiale. Aussi bien Bainville s'efforce-t-il de ne pas se laisser emprisonner dans la politique, publiant des études historiques, *Histoire de France* (*) (1924) et *Napoléon* (1931), ouvrages de seconde main mais qui obtinrent un succès considérable, des critiques littéraires *(Lectures)*, des contes qu'on peut rapprocher de ceux de Voltaire (*Jaco et Lori*, 1927, *La Tasse de Saxe,* 1928). Très ému par l'arrivée au pouvoir du national-socialisme qui confirmait ses prévisions pessimistes sur l'Allemagne, Bainville continue à suivre attentivement la politique mondiale, publie en 1935 *Les Dictateurs* (*) et *La Troisième République* (+) où il montre comment le régime, bien qu'il ait toujours réussi à trouver un sauveur dans les moments difficiles, est menacé, dans l'avenir, par le double danger d'une nouvelle invasion allemande et d'une révolution nationale. Quelques mois avant sa mort, en mars 1935, Bainville est élu à l'Académie française au fauteuil de Poincaré. On a souvent reproché à ses livres historiques leur manque d'impartialité : aussi, de même que ses analyses politiques restent justes, même si les remèdes qu'il proposa sont dépassés (et l'étaient peut-être de son temps même), des études comme l'*Histoire de France* (*) valent moins par l'érudition que par les nombreuses vues politiques qu'elles offrent à chaque page, et où l'on reconnaît rapidement un moraliste de la race de Machiavel, non pas désespéré, mais décidé à ne pas se laisser duper, attentif à rechercher, à travers l'Histoire, les constantes humaines qui permettent de maîtriser en partie la Fortune.

MICHEL MOURRE.

♦ « *D'une science conjecturale, Bainville a fait une science exacte.* » F. Mauriac.

RÉF. : *Hommage à J. Bainville*, nº spécial de *La Revue universelle*, mars 1936. – Massis, *Maurras et notre temps*, 2 vol., 1951-52.

BAIRD Tadeusz. Compositeur polonais. Né à Grodzisk Mazowiecki le 26 juillet 1928, mort à Varsovie le 4 août 1981. Il étudie la composition avec Kazimierz Sikorski et Piotr Perkowski à Varsovie (1947-51) et fonde, en 1949, le Groupe 49 avec Jan Krenz et K. Serocki. Leur objectif consiste à écrire une musique simple et expressive dans la ligne idéologique du réalisme socialiste. Il compose alors la suite pour orchestre *Colas Breugnon* (+) (1951) et le *Concerto pour orchestre* (1953). En 1956, il participe à la fondation de l'Automne musical de Varsovie, le premier grand festival de musique contemporaine, et s'oriente alors vers une écriture sérielle – *Quatre essais pour orchestre* (*) (1958) ; *Variations sans thème*, 1962. Il est nommé professeur à l'École supérieure de musique de Varsovie et s'impose rapidement, avec Lutosławski et Penderecki, à la tête de l'avant-garde polonaise. Au-delà de l'influence déterminante de Debussy et de Webern, sa musique évolue dans un univers sombre et poignant qui le rapproche, lorsqu'il découvre les limites du dodécaphonisme, à la fin de sa vie, de l'expressionnisme postromantique et d'Alban Berg (*Concerto lugubre* pour alto et orchestre, 1975 ; *Quatuor à cordes*, 1978). La majeure partie de son œuvre est destinée à l'orchestre, notamment ses trois symphonies. Il a aussi beaucoup écrit pour la voix, des mélodies et un drame musical, *Demain* [*Jutro*, 1966].

ALAIN PÂRIS.

BAÏUS Michel [Michel de Bay]. Théologien belge d'expression latine. Né à Melin, dans le Hainaut, en 1513, mort le 16 septembre 1589. Des études brillantes le conduisent, à peine âgé de trente et un ans, à être membre du Conseil de l'université de Louvain. Mais il ne put accéder aussi rapidement à la chaire de théologie, par suite des soupçons que faisait peser sur lui son amitié pour Jean Hessels (1522-1566). L'université de Louvain était alors célèbre pour son ardeur fanatique contre les protestants. Or, les deux suspects voulaient créer un mouvement qu'on pouvait soupçonner de partialité bienveillante à l'égard des thèses des hérétiques. Ils se proposaient de revenir à l'Écriture et aux textes des anciens Pères de l'Église, surtout saint Augustin – pour qui les protestants manifestaient une prédilection –, et de traiter les questions que ceux-ci avaient estimées essentielles. Sous prétexte de débarrasser l'enseignement des Pères de toutes les additions ultérieures, ils se trouvèrent amenés à laisser de côté plusieurs points importants de la doctrine scolastique. À cette époque, la pensée de Baïus tenait en quelques minces volumes : *De libero hominis arbitrio et ejus potestate* ; *De justitia et justificatione* et *De sacrificio* – v. *Opuscules* (*) –, livres fort répandus, surtout dans les couvents des frères Mineurs. Envoyés par leur université au concile de Trente, les deux amis n'échappèrent à une condamnation qu'en leur qualité de théologiens du roi très catholique et à la faveur de la hâte qu'avaient les évêques de clore le concile. Malgré une condamnation par la faculté de théologie de la Sorbonne de certaines de leurs propositions, ils persévérèrent dans la défense de leurs idées. C'est ainsi que Baïus écrivit quatre autres ouvrages, qui furent publiés à Louvain en 1563 ; ce sont *De prima hominis justitia et virtutibus impiorum* ; *De sacramentis in genere* (contre Calvin) ; *De meritis operum* et *De forma Baptismi* – v. *Opuscules* (*). Mais, en décembre 1567, Pie V par la bulle *Ex omnibus affectionibus* condamna soixante-sept propositions de Baïus et de ses partisans. À partir de ce moment Baïus passe à travers des alternances de soumission et de défense de ses thèses, qui ne nuisent d'ailleurs pas le moins du monde à sa carrière (il devient chancelier de l'Université en 1575), tant son prestige est grand. Le père Tolet, venu à Louvain pour lui porter une bulle de condamnation du pape Grégoire XIII, s'en retourna en disant : « Nihil Baio doctius, nihil humilius. » Si bien qu'il obtint du pape qu'il lui envoyât par la suite une missive bienveillante. Baïus ne peut être considéré ni comme hérétique ni comme sectaire, sa soumission à la discipline ne doit pas être confondue avec une adhésion mentale.

CARLO FALCONI.

RÉF. : J.-B. Duchesne, S. J., *Histoire du baïanisme ou de l'hérésie de Michel Baïus...*, Douai, 1731. – Abbé Fr. Ilharat de La Chambre, *Traité historique et dogmatique sur la doctrine de Baïus...*, 1739. – X. Le Bachelet, article *sub nomine* dans le *Dictionnaire de théologie catholique* de Vacant et Mangenot, 1905.

BAKHTINE Mikhaïl Mikhaïlovitch [Mihail Mihajlovič Bahtin]. Philosophe et théoricien russe de la littérature. Né le 16 novembre 1895 à Orel, mort le 7 mars 1975 à Moscou. Deuxième fils d'un employé de banque issu d'une famille de vieille noblesse, Mikhaïl Bakhtine a suivi ses parents d'Orel à Odessa, où il a fait ses études secondaires. En 1918, au terme de ses études de lettres aux universités d'Odessa-Novorossiisk, puis de

Saint-Pétersbourg, il est nommé professeur au gymnase (rebaptisé « École unifiée du travail ») de Nevel, petite ville de province proche de l'ancienne capitale ; il y participe activement aux discussions littéraires et philosophiques d'un petit cercle d'intellectuels pétersbourgeois, la pianiste Maria Ioudina (1899-1970), le philosophe Matveï Kagan (1889-1970), les jeunes philologues Valentin Volochinov (1895-1935) et Lev Poumpianski (1894-1940), qui animent la vie culturelle locale. En 1920, avec la majorité d'entre eux, auxquels se joignent le futur historien de la littérature Pavel Medvedev (1892-1938) et le futur musicologue Ivan Sollertinski (1902-1970), il s'installe à Vitebsk (Biélorussie), foyer important de l'avant-garde post-révolutionnaire ; il y enseigne à l'Institut supérieur d'éducation (École normale), mais exerce surtout une grande activité de conférencier auprès de multiples institutions d'éducation populaire mises en place par la Révolution.

Atteint d'une ostéomyélite qui entraînera en 1938 l'amputation d'une jambe, il doit cesser en 1924 ses activités d'enseignement. De retour à Leningrad, il y retrouve bientôt la plupart de ses amis de Nevel et de Vitebsk, et fréquente avec eux des écrivains non conformistes, marginalisés par l'évolution de la société soviétique (le poète paysan Kliouiev, le poète et prosateur Vaguinov) ; il travaille à temps partiel pour l'Institut d'État d'histoire de l'art et les éditions d'État. La publication de ses travaux philosophiques se heurtant aux interdits de la censure, il fait paraître en 1925-1929 une série d'ouvrages consacrés à l'épistémologie des sciences humaines sous le nom de ses amis et disciples Volochinov (*Le Freudisme* [*Frejdizm*, 1925], *Marxisme et philosophie du langage* [*Marksizm i filosofija jazyka*, 1929]) et Medvedev (*La Méthode formelle en science de la littérature. Introduction à la poétique sociologique* [*Formal'nyj metod v literaturovedenii. Vvedenie v sociologičeskuju poetiku*, 1928]). Critiquant la psychanalyse, la linguistique saussurienne et le « formalisme russe » à partir de positions se réclamant (abusivement selon la critique « orthodoxe ») du marxisme, tous ces travaux développent une interprétation sémiotique de la connaissance qui rejoint la phénoménologie par sa critique du psychologisme. Il ne peut publier sous son nom, en 1929, qu'un important essai, *Problèmes de l'œuvre de Dostoïevski* [*Problemy tvorčestva Dostoevskogo*], qui, à partir de certaines suggestions de la critique symboliste russe (notamment de Viatcheslav Ivanov), met en œuvre une conception du « roman polyphonique » qui fera date dans l'interprétation des relations entre l'art et la pensée du grand romancier, et plus généralement dans l'histoire de la théorie du roman.

Arrêté en 1929 en raison de ses relations avec des cercles clandestins de réflexion religieuse, Bakhtine est exilé à Koustanaï, à la limite de la Sibérie et du Kazakhstan. Ses réflexions épistémologiques et ses préoccupations éthiques convergent autour de la notion de dialogue, dont il fait la structure fondamentale de la pensée ; elles le mènent à s'interroger sur les origines et le développement de ce genre essentiellement « non officiel » et « dialogique » qu'est selon lui le roman et à s'intéresser en particulier à l'œuvre de Rabelais. En 1936, il est nommé à la chaire de littérature générale de l'Institut pédagogique de Mordovie, à Saransk. L'année suivante, il se rapproche de Moscou en s'installant à Kimry, dans la banlieue, mais ses travaux continuent à se heurter aux obstacles de la censure sous toutes ses formes : le manuscrit d'un ouvrage sur le « Erziehungsroman » allemand du XVIIIe siècle, accepté par les éditeurs, se perd au cours de la guerre ; des communications sur la théorie du roman, prononcées en 1940 et en 1941 devant l'Institut de littérature de l'Académie des sciences, ne seront publiées qu'après 1954 – v. *Esthétique et théorie du roman*. Sa thèse sur Rabelais, achevée en 1940, n'est soutenue qu'en 1946 (et sanctionnée seulement par le grade de « candidat ès sciences », inférieur à celui de docteur) et ne sera publiée qu'en 1965 – v. *L'Œuvre de François Rabelais* (*).

En 1946, Bakhtine retrouve sa chaire à l'Institut pédagogique (devenu en 1950 université) de Saransk, en Mordovie, qu'il occupera jusqu'à sa retraite, en 1970. Après 1956, à la faveur du dégel, son œuvre est redécouverte par de jeunes chercheurs de l'Institut de littérature mondiale de l'Académie des sciences (S. Botcharov, V. Kojinov). La réédition, en 1963, de son livre sur Dostoïevski – sous le titre nouveau de *Problèmes de la poétique de Dostoïevski* ; trad. *La Poétique de Dostoïevski* (*) – ouvre la voie à la publication progressive de ses nombreux inédits, qui lui apportent tardivement une célébrité mondiale.

MICHEL AUCOUTURIER.

RÉF. : Katerina Clark, Michael Holquist, *Mikhaïl Bakhtin*, Harvard University Press, Cambridge (Mass.), Londres, 1984. – Tzvetan Todorov, *Mikhaïl Bakhtine : Le Principe dialogique*, Paris, 1981.

BAKIN Kyokutei (pseud. de Takizawa Kai). Écrivain japonais. Né à Edo (maintenant Tôkyô), dans le quartier de Fukagawa, en 1767, mort en 1848. À sept ans, il entra à l'école de Koshiba Nagao, et fut l'élève du calligraphe Mitsui Shinna (1700-1782). Deux ans plus tard mourait son père, Okizo, intendant *karo* dans une grande maison seigneuriale. À douze ans, Bakin sortit de l'école et s'initia au métier des armes qu'il abandonna d'ailleurs assez vite, car il s'était senti une vocation soudaine pour la littérature. À quinze ans, il composa un « haibun » (œuvre comique) et prit pour maître Chikuan Gozen († 1787), un des écrivains les plus en vogue. Par ailleurs, il se mit à étudier les classiques chinois et japonais. En 1790, il alla se présenter à Kyoden, le romancier le plus célèbre de son temps, et devint son élève.

L'année suivante, Bakin publia alors sa première nouvelle : *La Farce de celui qui en plus de vingt jours gaspilla quarante « ryô » et resta avec deux « bu »* [*Hatsuka amari ni shi-juryo, tsukai-hatashite nibu kyoden*] qu'il signait « Taiei sanjin, élève de Kyoden ». La nouvelle était calquée sur une farce qui avait justement été présentée avec un grand succès à Eidaiji, le temple bouddhiste d'Edo, alors qu'on exposait la statue de Benzaiten. Mais la nouvelle fut loin de recevoir le même accueil que la farce, et Bakin, désespérant de se faire connaître dans le domaine des lettres, abandonna Kyoden et résolut de chercher un emploi à Kyôto. Il interrompit le voyage qu'il avait commencé et s'installa pour cinq mois à Kanagawa où il gagna sa vie comme devin et maître d'école. Puis il regagna Edo au moment même où Kyoden, condamné à cinquante jours de prison et aux fers, à cause des livres licencieux qu'il avait écrits, achevait de purger sa peine. Après avoir publié quelques livres sous le nom de Kyoden, livres qui eurent du succès, il trouva un emploi dans la librairie Tsutaya, celle-là même qui éditait les livres de Kyoden. En 1793, il prit le pseudonyme sous lequel il est connu et épousa Hyaku, une femme d'une trentaine d'années, veuve d'un fabricant de socques. Les problèmes matériels de son existence furent résolus du même coup, et il eut toute licence de se consacrer à la littérature. Bien entendu, il ne s'entendait guère au commerce, si bien qu'il fut heureux de se décharger du soin de ses affaires sur son gendre, dès qu'il eut une fille en âge d'être mariée. En 1824, il vint habiter avec son fils unique, Sohaku, médecin du « daimyô » (seigneur féodal) de Matsumae. Lorsque mourut Sohaku, en 1835, Bakin se trouva au seuil de la vieillesse avec sa belle-fille et un petit-fils à charge, et sans autres ressources que les maigres revenus que lui procurait son travail d'écrivain. En 1837, à l'occasion de son soixante-dixième anniversaire, il suivit les conseils de son éditeur et institua des réunions publiques où se rencontraient peintres et écrivains qui improvisaient à la demande des visiteurs. Avec le produit de ces réunions et avec ce que lui rapportaient ses livres, Bakin fut en mesure d'acheter une patente de « gokenin » (samouraï au service du shôgun) ; il continua dès lors à écrire et à élever son petit-fils, dans sa maison du quartier de Yotsuya. En 1841, il perdit sa femme, mais l'année précédente il avait déjà été douloureusement frappé : il était devenu aveugle. Il ne renonça point à écrire et se fit aider par sa belle-fille qui ne connaissait pas les caractères chinois et que désolait sa propre incapacité — ce que Bakin rapporte dans son autobiographie, en appendice au *Nansô Satomi hakkenden* (*). Néanmoins, l'*Hakkenden,* considéré comme son chef-d'œuvre et auquel il avait travaillé pendant vingt-huit ans, fut achevé. Bakin écrivit en outre deux cent vingt ouvrages, surtout des romans pour la plupart assez volumineux — v. *Shinsetu Yumi-hari-zuki* (*). Il mourut à quatre-vingt-deux ans et fut enseveli dans le cimetière du Shinkoji, temple bouddhiste de Tôkyô.

MARCELLO MUCCIOLI.

BAKOUNINE Mikhaïl Alexandrovitch [Mikhaïl Aleksandrovič Bakunin]. Écrivain et sociologue russe. Né le 18 mai 1814 dans la propriété familiale de Prémukhino (province de Tver', Russie), mort le 1er juillet 1876 à Berne (Suisse). Élevé à l'École des cadets de Saint-Pétersbourg, puis officier d'artillerie dans une petite ville de province, Bakounine reçut sa première initiation philosophique en lisant un opuscule de l'écrivain russe Vénévitinov, mort prématurément, à l'âge de vingt-deux ans : *Lettre à la comtesse N. N. sur la philosophie* [*Pis'mo k grafine N.N. o filosofii*], œuvre qui, tout en s'appuyant sur les données de la philosophie transcendantale de Kant, de Fichte et de Schelling, lui fit entrevoir l'intérêt d'une recherche de l'unité dans les connaissances acquises, d'une synthèse philosophique des sciences analytiques. Cet engouement pour le schellingianisme devait durer chez Bakounine jusqu'à l'automne 1842, époque à laquelle il se lia avec les radicaux allemands. La rencontre, en novembre 1841, lors d'un long séjour en Allemagne (il avait donné sa démission de l'armée et vivait depuis près de trois ans à Berlin, à Dresde ou à Bad Ems), avec Arnold Rüge, qui éditait à l'époque, à Dresde, les *Deutsche Jahrbücher,* lui fit découvrir ce qu'était la politique active. Bakounine vit s'ouvrir devant lui ce qu'il avait toujours cherché : un avenir d'action, une possibilité, comme dira l'un de ses historiographes, Hepner, « de s'arracher du monde artificiel des concepts, transcender son combat dans l'arène de la vie, identifier son salut avec celui de l'humanité ». Aussi voyons-nous Bakounine, au cours de cette deuxième période de sa vie, se muer en agitateur, être expulsé de plusieurs pays, participer avec enthousiasme à la révolution de février 1848 à Paris, aux émeutes de juin 1848 à Prague et de mai 1849 à Dresde. Cette dernière participation à l'« action directe » se termina mal pour l'ardent révolutionnaire qui fut arrêté, enfermé d'abord à la forteresse de Königstein et, ensuite, après une condamnation à mort (en avril 1850), gracié mais extradé et livré à la police politique de Nicolas Ier de Russie qui, en attendant son procès, l'enferma dans les casemates de la forteresse de Schlüsselburg. Cette année 1850 ouvrit la troisième période de la vie de Bakounine. Il écrivit — fut-ce de son propre gré ? fut-ce sur ordre du tsar ? — une *Confession,* qui ne fut rendue publique qu'en 1919, lorsque les archives secrètes de l'Empire furent publiées. Condamné à la réclusion perpétuelle, peine commuée le 14 février 1857 en une déportation en Sibérie, Bakounine s'évada en 1861 et, par le Japon et les États-Unis, retourna en Europe et s'installa en Angleterre. Là, reniant ses idées slavophiles, il élabora une nouvelle théorie révolutionnaire, celle de l'anarchisme. S'étant rapproché de Karl Marx, il prit part à de nombreux congrès révolutionnaires, mais fut peu suivi, les délégués des divers organismes révolutionnaires internationaux distinguant nettement ce qu'il y avait d'utopique dans les idées de Bakounine, qui réclamait une révolution mondiale immédiate et la destruction de toutes les formes d'autorité gouvernementale. Cette période d'agitation intense dura de 1864 à 1867, année où Bakounine s'installa définitivement en Suisse et se consacra, sauf pendant une courte période marquée par sa participation à la commune de Lyon de 1871, aux travaux littéraires. De cette dernière période datent : le *Plan de Fédération internationale* [*Plan internacional'noj federacii,* 1864], *La Révolution sociale ou la dictature militaire* [*Social'naja revoljucija ili voennaja diktatura,* 1871], et *Fédéralisme, socialisme et antithéologisme* (*), œuvre écrite directement en français. Sous la direction d'Arthur Lehning, huit volumes des *Œuvres complètes* de Bakounine ont paru en 1973-1982.

ALEXANDRE LABZINE.

RÉF. : H. Arvon, *M. Bakounine ou la Vie contre la science,* Paris, 1966. – M. Confino, *Violence dans la violence. Le débat Bakounine-Nečaev,* Paris, 1973. – *Bakounine. Combats et débats,* Paris, 1979. – Madeleine Grawitz, *Michel Bakounine. Biographie,* Paris, 1990.

BALAGUER CIRERA Victor. Homme politique et écrivain catalan. Né à Barcelone le 11 décembre 1824, mort à Madrid le 14 janvier 1901. Après avoir fait ses études de droit, il devient professeur d'histoire à Barcelone et archiviste-historiographe de cette ville, charge qui lui permit de commencer à rassembler les documents nécessaires à une histoire de la Catalogne. Membre du parti libéral, il dut émigrer en France en 1887, et ne rentra en Espagne qu'après la fuite de la reine Isabelle. Excellent orateur, il devint en 1872, et pour quelques semaines, ministre des Travaux publics, puis, de 1880 à 1888, ministre des Colonies, poste qu'il abandonna lors de la restauration monarchique (bien qu'il eût fini par suivre l'évolution de son parti et par se rallier à la monarchie). À partir de ce moment, il se trouva éloigné des nationalistes catalans avancés qui avaient salué avec enthousiasme sa très partiale *Histoire politique et littéraire des troubadours* [*Historia politica y literaria de los trovadores*, 6 vol., 1878-1880]. Éditeur de diverses chroniques de villes espagnoles (en particulier Monserrat), Balaguer a également donné plusieurs drames, dont il emprunte les sujets soit à l'histoire catalane (*Ausias March, Juan de Padilla*), soit à l'Antiquité – *Annibal, Sapho* (+), *La Mort de Néron* (+), *Coriolan* (+), etc. Il a également composé des poésies où l'on décèle l'influence très nette de Byron, et le poème dramatique de la trilogie musicale de Felipe Pedrell, *Les Pyrénées* (*) (1897-1902).

BALAKIREV Mily Alexéevitch [Milij Alekseevič Balakirev]. Compositeur russe . Né le 2 janvier 1837 à Nijni-Novgorod, mort le 29 mai 1910 à Saint-Pétersbourg. Des années passées dans sa ville natale, ce chef de file génial de la musique moderne russe a gardé une coloration folklorique. Les années passées au service du critique musical et grand mélomane Alexandre Oulibichev (1794-1858) lui permirent, grâce à la très riche bibliothèque de ce dernier, de compléter son éducation musicale théorique. Grâce à cette préparation, cet autodidacte était, lorsqu'il arriva à Saint-Pétersbourg, suffisamment préparé pour s'imposer et imposer ce qu'il considérait devoir être un art musical nouveau. Encouragé par Glinka et César Cui, il élabora, avec ce dernier, les bases du programme esthétique qui, par la suite, et avec la collaboration de Moussorgski, de Borodine et de Rimski-Korsakov, devint le drapeau révolutionnaire du « groupe des Cinq ». Ce fut Balakirev qui dirigea les premiers pas de ses jeunes amis vers une musique typiquement russe et, en ce qui concerne sa forme, antiacadémique : de plus, avec l'aide du critique musical Stassov, il fit entrer le « groupe des Cinq » dans le mouvement de renaissance intellectuelle qui, vers 1860-1870, se fit jour en Russie. Mais l'hostilité des milieux artistiques en place, une certaine émancipation de ses élèves par rapport à leur maître et, surtout, une crise de mysticisme éloignèrent Balakirev de la création musicale et lui firent même accepter une place d'employé aux chemins de fer. Aussi, lorsqu'il fut nommé directeur des chantres de la chapelle du palais impérial, se sentit-il très seul, étant l'unique survivant de tout son groupe, et ayant perdu l'influence prépondérante qu'il avait exercée jadis sur la nouvelle génération de musiciens. À partir des dernières années du XIXe siècle, Balakirev se consacra entièrement à la composition. Non moins exigeant envers lui-même qu'il l'était envers les autres, il composa très lentement ; rien d'étonnant que, si le nombre de ses œuvres est restreint, leur qualité était telle qu'elles connurent rapidement une grande notoriété. Parmi les plus appréciées du public, il convient de citer une fantaisie pour piano, *Islamey* (*), *Le Roi Lear* (+) et, surtout, le poème symphonique *Thamar* (*), qu'il mit quinze ans à écrire.

♦ *« Balakirev fut le premier représentant du mouvement musical rénovateur en Russie. »* H. Riemann. ♦ « Islamey *est, avec* Thamar, *une des sources ravissantes de notre renouveau.* » V. Jankélévitch.

RÉF. : A. Strelnikoff, *Balakirev*, Leningrad, 1922. – G. Abraham, *Balakirev and Tchaïkowsky*, Londres, 1935. – R. Hofmann, *Un siècle d'opéra russe*, Paris, 1946. – V. Seroff, *Le Groupe des Cinq*, Paris, 1949.

BAL'AMI Abou Ali. Vizir et historien persan. Né dans un village près de Merv, mort en 996. Il appartient à une famille célèbre, dont les membres sont au service des gouverneurs de Transoxiane et du Khorassân. Son père, Abol-Fazl, était vizir de l'émir samanide Ismâ'el ben Ahmad (892-907) et de son petit-fils, Nasr II ben Ahmad (913-942). Abol-Fazl fut, en outre, un grand mécène, encourageant lettrés et poètes, notamment Roudaki, considéré comme le premier grand poète persan.

Abou Ali Bal'ami est, quant à lui, nommé vizir de l'émir samanide Abd al-Malek I Mansour ben Nouh (954-961) et de son successeur Mansour I ben Nouh (961-976), qui lui donne l'ordre en 963 de traduire la *Chronique* (*) de Tabari, historien persan ayant écrit en langue arabe. Abou Ali commence son travail en 963-964. Le résultat est un ouvrage nettement plus court que l'original (quatre volumes dans la traduction française de Zotenberg, contre quinze volumes de l'édition de Leyde d'al-Tabari). Mais ce n'est pas qu'un abrégé de l'œuvre d'al-Tabari, car Bal'ami fournit des informations additionnelles substantielles. Selon le savant allemand B. Spluler, Bal'ami n'a pas de simples intentions culturelles, mais son but est de montrer que le destin de la nation iranienne est lié à l'Islam orthodoxe.

La traduction de la *Chronique* (*) de Tabari présente l'avantage de ne pas être, à proprement parler, une traduction, mais une adaptation très libre. Il serait plus juste de la considérer comme une œuvre originale inspirée de la *Chronique* de Tabari, car on n'y sent nullement l'influence du modèle arabe ; le style donne l'impression d'un parfait naturel et d'une relative aisance. « C'est, en somme, un excellent exemple de la langue littéraire persane, proprement dite, à ses débuts » (G. Lazard).

L'ouvrage a été connu dès le XIXᵉ siècle en Europe, grâce à l'excellente traduction française commencée par L. Dubeux et achevée par H. Zotenberg (Paris, 1867-1874).

MARIE-HÉLÈNE PONROY.

BALASSA baron Bálint. Poète hongrois. Né en 1551, mort à Esztergom (Hongrie), le 26 mai 1594, c'est le premier grand poète lyrique qui soit originaire de la Hongrie. Il appartenait à une riche et puissante famille protestante, et fut initié aux études classiques par son précepteur Péter Bornemisza, un prédicateur luthérien, poète et écrivain fécond. Peu à peu, Balassa acquit une solide culture littéraire, de sorte qu'il connaissait non seulement les poètes lyriques de l'Antiquité et Pétrarque, mais encore les humanistes, les poètes italiens contemporains et la poésie populaire hongroise, polonaise et allemande. Esprit inquiet, bizarre et spontané, il brilla, dès son plus jeune âge, dans les cours de Vienne, de Transylvanie et de Pologne, et, rêvant de gloire militaire, se distingua dans la lutte contre les Turcs. Mais les démarches qu'il fit pour obtenir le commandement d'une forteresse demeurèrent sans succès ; ce fut pour lui une désillusion encore plus grande que le refus d'Anne Losonczy qu'il aimait passionnément. S'étant retiré dans ses propriétés, il s'abandonna à toutes sortes de désordres, et plus tard épousa une de ses cousines. La famille de sa femme l'accusa bientôt d'inceste, lui fit un procès, et l'affaire se termina par l'annulation du mariage et par la ruine du poète. Il passa les dernières années de sa vie en Pologne, contraint de s'humilier jusqu'à vendre du vin. Toutes ses entreprises ayant échoué, il retourna dans sa patrie en automne 1593 et mourut, comme simple soldat, en défendant Esztergom. Les pénibles contradictions de son caractère et les tiraillements de son existence ne purent se résoudre que dans sa poésie ; ses expériences spirituelles les plus profondes furent le remords, le repentir et un grand désir de paix et de pureté, de réconciliation avec Dieu. Par la suite, on le considéra longtemps comme le maître du chant religieux (*Cantiques*), cependant que dans les poèmes d'inspirations diverses il se révéla comme un poète véritable et comme un novateur hardi. Personne avant lui n'avait célébré en langue hongroise la beauté de la vie militaire, et aucun poète de son pays n'eut aussi profondément le sens de la nature. On peut reconnaître des apports d'origine étrangère dans ses poèmes d'amour — v. *Chants d'amour* (*) —, mais ce sont les seuls, et jamais Balassa ne devint esclave de la mode qui était à un pétrarquisme finissant. *Les Belles Histoires d'Euryale et de Lucrèce* lui sont également attribuées.

BALBASTRE (ou Balbâtre) Claude-Bénigne. Organiste et compositeur français. Né à Dijon le 22 janvier 1727, mort à Paris le 9 mai 1799. Il reçoit sa formation musicale dans sa ville natale, puis à Paris, où il se fixe vers 1750 et où il travaille avec Rameau. Il est organiste au Concert spirituel (1756-1782), à Saint-Roch (à partir de 1756) et à Notre-Dame de Paris (à partir de 1760), où ses improvisations attirent des foules considérables. À partir de 1766, il est organiste de Monsieur, frère du roi (le futur Louis XVIII), maître de clavecin de la reine Marie-Antoinette et du duc de Chartres, et organiste de la chapelle Royale. Pendant la Révolution, il joue des hymnes patriotiques sur les orgues de Notre-Dame, désaffectée. Il meurt dans la misère et l'oubli. Son œuvre se compose essentiellement de quatre suites de pièces pour clavecin ou pianoforte (dont le premier livre a été publié en 1759) aux titres descriptifs, à la façon de Rameau, et des *Noëls* (*) qu'il jouait à la messe de minuit à l'orgue de Saint-Roch et qui ont assuré sa célébrité. Il a aussi composé quatorze concertos pour orgue, genre qu'il a introduit en France, des sonates et des quatuors.

ALAIN PÂRIS.

BALCHIN Nigel. Romancier anglais. Né dans le Wiltshire le 3 décembre 1908, mort à Londres le 17 mai 1970. De formation scientifique, il se consacra à la recherche, tout en menant une vie d'homme d'affaires, écrivant pendant ses loisirs. Il est l'auteur de romans vifs et adroits dont plusieurs furent adaptés au cinéma. Citons les principaux : *La Mort apprivoisée* (*) (1943), récit de recherches poursuivies en temps de guerre et qui semblent vouées à l'échec, et que justifierait à lui seul un dénouement superbe, *Mon propre bourreau* (+) (1945), *Le Testament des Borgia* [*The Borgia Testament,* 1948], *La Traversée de la nuit* (*) (1951).

BALDWIN James Arthur. Écrivain noir américain. Né le 2 août 1924 à Harlem (New York), mort le 1er décembre 1987 à Saint-Paul-de-Vence. La vie de James Baldwin est bien connue, au moins pour sa division en deux, dans le temps et dans l'espace, puisque à partir de 1949 il vint vivre en France, y passant huit ans en grande partie pour fuir la ségrégation qui sévissait encore à l'époque aux États-Unis, puis retournant aux États-Unis en 1957 – au début des années chaudes de l'intégration des Noirs (l'abolition de la ségrégation dans les écoles avait été décidée par la Cour suprême en 1954). Après ces années, Baldwin revint en France, tantôt à Paris, tantôt en Provence, où il mourut.

« La réussite artistique de Baldwin, écrit Michel Fabre, correspond point par point à sa situation historique : il parle au nom d'une révolution authentique et visible qu'il réclame. Mais, comme Henry James, il lui restait à faire vivre les pénétrantes intuitions de ses essais, à créer des personnages dont la subtilité égale celle du narrateur omniscient. Comme romancier, Baldwin demeure paradoxalement prisonnier de son étonnante sensibilité qui a fait de lui un observateur hors pair de notre devenir social. »

Les premières œuvres de Baldwin sont des romans et des essais alternés : d'abord un roman, *Les Élus du seigneur* [*Go Tell It on the Mountain,* 1953], puis un essai, *Chronique d'un pays natal* [*Notes of a Native Son,* 1955], puis un roman, *Giovanni, mon ami* (*) (1956), un essai, *Personne ne sait mon nom* [*Nobody Knows My Name,* 1961], un roman, *Un autre pays* [*Another Country,* 1961], un essai, *La Prochaine Fois, le feu* (*) (1963), etc. N'oublions pas non plus deux pièces de théâtre, *Blues pour Mister Charlie* [*Blues for Mister Charlie,* 1964] et *Le Coin de l'Amen* [*The Amen Corner,* 1968], et un recueil de nouvelles, *Face à l'homme blanc* [*Going to Meet the Man,* 1965].

Il serait peut-être injuste de dire que le nom de Baldwin restera davantage dans l'histoire des idées que dans l'histoire de la fiction américaine ; et pourtant, quoique au départ il soit apparu comme le successeur à la fois de Richard Wright et de Ralph Ellison, les événements tragiques des années 50 et 60 ont fait de lui l'intellectuel noir le plus en vue aux États-Unis, et c'est surtout comme essayiste radical et brillant qu'il suscite encore l'admiration. Ses romans, en comparaison, sont traditionnels quant à la forme et humanistes quant au fond. Dira-t-on que l'élément homosexuel s'y donne libre cours ? C'est vrai de *Giovanni, mon ami* – peut-être, de toutes ses œuvres romanesques, celle qui mérite de rester. Mais le lien entre ses illustres prédécesseurs, incontestablement meilleurs romanciers que lui, et l'Eldridge Cleaver des Black Panthers et de *Soul on Ice* (1968), c'est lui. La meilleure preuve en est le chapitre virulent que Cleaver lui a consacré sous le titre sarcastique « Un enfant du pays », dont l'argument principal est celui-ci : « Il y a dans la vision de Baldwin une paille qui fait toute la différence et qui correspond à la relation qu'il entretient avec le peuple noir et avec la masculinité. » Aux analyses de celui que Cleaver appelait « le Noir réticent » étaient préférées, malgré leur emphase, celles d'un Blanc, Norman Mailer, dans son essai « Le Nègre blanc ».

MICHEL GRESSET.

RÉF. : Carolyn Sylvander, *James Baldwin,* New York, 1980. – Therman O'Daniel ed., *James Baldwin et son œuvre,* Paris, 1980. – Michel Fabre, *La Rive noire,* Paris, 1985.

BALLANCHE Pierre Simon. Écrivain et penseur français. Né à Lyon le 4 août 1776, mort à Paris le 12 juin 1847. Imprimeur comme son père, puis éditeur, il était de constitution maladive, attristé dès sa jeunesse par un amour malheureux, mais sa foi catholique lui fut toujours d'un grand secours (*Essai sur le sentiment,* 1801), ce qui ne l'empêcha pas de s'abandonner souvent à la tristesse (*Fragments,* 1808). En 1812, il se prit d'un amour platonique pour Mme Récamier qui s'était réfugiée à Lyon et il la suivit à Paris où elle le persuada de s'installer. Dans son poème en prose *Antigone* (1813), il développa ses idées mystiques, sans abandonner cependant la muse de l'Abbaye-aux-Bois. Absorbé dans un rêve inquiet, assoiffé de compréhension et d'espérance, il imagina, sous l'influence de la philosophie allemande, de Vico et de l'ésotérisme lyonnais, une *Palingénésie sociale* (*) dont il écrivit l'introduction (1818), les prolégomènes (1827) et la première partie. L'humanité, après le péché originel, ne peut se racheter que par l'expiation ; historiquement, la Révolution et l'Empire représenteraient les ultimes étapes, et la Restauration l'aboutissement suprême de cette expiation. L'ouvrage, d'un style brillant et d'une poétique douceur, eut un grand retentissement, mais la révolution de 1830 ébranla la confiance de l'auteur dans sa thèse. Il s'était entre-temps ruiné, en essayant d'inventer une nouvelle machine à vapeur ; le gouvernement lui accorda une pension et, en 1842, il entra à l'Académie, sans cesser d'écrire et de vivre dans ses rêves. Mme Récamier veilla affectueusement sur ses dernières années et voulut être enterrée près de lui.

♦ *« Méprisant les causes secondes et découvrant du divin partout, Ballanche s'exposait aux objections des âmes pieuses, qui lui en voulaient de profaner les saints mystères en les employant à tous les services, tandis que les gens d'un esprit rassis le traitaient de rêveur sublime. C'est le malheur des théosophes ; ils sont à la fois en délicatesse avec le bon Dieu et avec le bon sens. »* V. Cherbuliez. ♦ *« Tocqueville a le style triste, Ballanche a un style pontifical. »* Sainte-Beuve.

RÉF. : C. Huit, *La Vie et les œuvres de Ballanche,* 1904. – A. Marquiset, *Ballanche et Mme d'Hautefeuille...,* 1912. – A.-J. George, *Pierre Simon Ballanche, Precursor of Romanticism,* Syracuse, U.S.A., 1945. – J. Roos, *Aspect littéraires du mysticisme philosophique et l'influence de Boehme et de Swedenborg au début du romantisme...,* Strasbourg, 1951 (thèse). – J. Roos, *Les Idées philosophiques de Victor Hugo : Ballanche et Victor Hugo,* 1958. – P. Emmanuel, *L'homme est intérieur,* 1962.

BALLARD J(ames) G(raham). Romancier britannique, né à Chang-Hai (Chine) le 15 novembre 1930. Après une enfance marquée par la détention dans un camp japonais, rapatrié en 1946, il entame des études médicales qu'il abandonne pour la littérature. Servant au Canada dans la R.A.F., il découvre la science-fiction et publie des nouvelles dans la revue *New Worlds* (1956). Ses premiers romans décrivent avec une précison surréaliste des cataclysmes planétaires, *Le Vent de nulle part* [*The Wind from Nowhere*, 1962], *Le Monde englouti* [*The Drowned World,*, 1962], *Sécheresse* [*The Burning World*, 1964], *La Forêt de cristal* [*The Crystal World*, 1966]. Puis il emploie, dans des textes courts et des romans, une forme expérimentale, ironique, en prise sur l'actualité (guerre du Viêt-nam, banlieues tentaculaires, surinformation éclatée, violence motorisée, désastres urbains, érotisation de la technique, détérioration du quotidien, spectacle et consommation) pour illustrer une apocalypse du monde moderne : ainsi dans *La Foire aux atrocités* [*The Atrocity Exhibition*, 1970], *Crash* [1973], *L'Île de béton* [*Concrete Island*, 1974], *I.G.H.* [*High-Rise*, 1975]. Un des thèmes de Ballard est celui de la « zone intermédiaire » et son œuvre est pareillement située entre la science-fiction et la littérature générale. Un roman classique inspiré de son enfance, *L'Empire du Soleil* [*Empire of the Sun*, 1984], lui vaut la notoriété. Mais il n'a nulle part exprimé mieux que dans *Vermilions Sands* (*) (1971) l'avènement d'une société réglée par l'esthétisme, au-delà des convulsions du monde contemporain.

GÉRARD KLEIN.

RÉF. : *Le Livre d'or de J. G. Ballard,* présentation et biblio. de Robert Louit, Paris, 1980.

BALLIF Claude. Compositeur français. Né à Paris le 22 mai 1924. Élève d'Olivier Messiaen au conservatoire de Paris, de Boris Blacher à Berlin et de Hermann Scherchen à Darmstadt, il travaille avec Pierre Schaeffer au Groupe de recherches musicales de la R.T.F. (1959-1961), puis est nommé professeur d'analyse aux conservatoires de Reims (1964) et de Paris (1971), où il enseigne également la composition à partir de 1982. Novateur indépendant, il cherche à se situer en dehors du dilemme tonalité-atonalité, et crée un langage personnel, la métatonalité, qui tend à réaliser une synthèse entre ces deux formes de langage. Plusieurs de ses œuvres portent des titres surréalistes qui reflètent son sens de l'humour : *Airs comprimés* et *Pièces détachées* pour piano (1953), *Voyage de mon oreille* (1957-1973) et *À cor et à cri* pour orchestre (1962).

Profondément croyant, il accorde une part importante à la musique d'inspiration religieuse : *Quatre antiennes à la Sainte Vierge* (*) (1952-1965) ; deux symphonies mystiques. Il est également l'auteur de quatre sonates pour orgue, de cinq quatuors et d'œuvres aux titres génériques qui exploitent les possibilités des instruments solistes, *Solfegietto*, et les diverses combinaisons instrumentales, *Imaginaire* (*).

ALAIN PÂRIS.

RÉF. : C. Ballif, *Introduction à la métatonalité*, Paris, 1956. – « Claude Ballif : Essais, études, documents », in *La Revue musicale*, n° 263, Paris, 1968. – C. Ballif, *Voyage de mon oreille*, Paris, 1979. – « Claude Ballif, musicien français du XXe siècle », in *La Revue musicale*, nos 370-371 (1984). – C. Ballif, *Économie musicale, souhaits entre symboles*, Paris, 1988.

BALLINGER Bill. Auteur de romans policiers américain. William Sanborn Ballinger est né à Oskaloosa (Iowa) le 13 mars 1912 ; il est mort le 23 mars 1980 à Tarzana (Californie). Ayant obtenu son doctorat de droit, il devient « county concilor » à New York. Il exerce ensuite différentes activités : il vend des gravures, compose des couvertures de magazines, fait de la publicité radiophonique, produit des shows et commence à écrire des romans policiers. Son premier roman *Ne gigote plus* [*The Body in the Bed*] paraît en 1948 ; l'extraordinaire *Version originale* (*) est publiée en 1950. Très populaire à cette époque, traduit en vingt-huit langues, Ballinger est fort apprécié par Jean Cocteau. Sous son nom et sous divers pseudonymes, il publie une vingtaine de romans. Il écrit ensuite plus de cent cinquante scénarios pour des séries télévisées et obtient en 1960 l'Edgar du meilleur film de suspense. Outre *Version originale* il faut lire : *On frappe à la porte* [*The Darkening Door*] ; *Changement de décor* [*Rafferty*, 1953] et *À gorge déployée* [*The Longest Second,* 1957].

Toutes ces œuvres, très, très noires, bénéficient d'une construction originale, d'une chute surprenante et d'un suspense sans temps mort.

DENIS BOUTET DE MONVEL.

BALLY Charles. Linguiste suisse, né le 4 février 1865 à Genève, mort le 10 avril 1947. Après des études de latin et de grec à Genève et à Berlin, où il soutient une thèse de philologie classique en 1889, Bally enseigne dès 1893 dans des écoles secondaires de Genève et donne quelques heures à l'Université, en particulier aux étudiants étrangers du séminaire de français moderne ; il publie en 1905 un *Précis de stylistique française* et en 1909 un *Traité de stylistique,* qui sont directement issus de cet enseignement et qui suscitent un vif intérêt par l'attention accordée à la dimension affective de la langue. À la même époque, Bally rencontre F. de Saussure, dont il suit les cours de sanskrit et de grammaire comparée. À la mort de Saussure, en 1913, Bally lui succède dans la chaire de linguistique générale et comparaison des langues indo-européennes, qu'il occupera jusqu'à sa retraite, en 1939. Il se consacre alors à l'édition du *Cours de linguistique générale* (*) de Saussure, à la rédaction d'articles, dont plusieurs sont réunis dans le recueil intitulé *Le Langage et la Vie* (1913, 3e éd. augm. 1952), et de son œuvre majeure : *Linguistique générale et linguistique française* (1932, éd. entièrement refondue 1944) (*). Combinant la vision à la fois synchronique et systématique de la langue esquissée par Saussure et son propre intérêt constant pour la dimension subjective du langage, Bally y développe une théorie de l'énonciation qui fait de lui un précurseur des recherches actuelles de pragmatique linguistique (voir en particulier la théorie de l'énonciation de Ducrot).

EDDY ROULET.

BALMES Jaime. Publiciste et philosophe catholique espagnol. Né à Vich (Catalogne) le 20 août 1810, mort dans cette même ville le 9 juillet 1848. Il commença ses études dans sa ville natale et les poursuivit à l'université de Cervera. Ordonné prêtre le 20 septembre 1834, son esprit et son caractère se mûrirent d'abord dans l'étude, la souffrance et le silence. Il commença par écrire un roman et quelques vers assez médiocres. Son talent se révéla en 1838. Le journal *La Paz* publiait alors un article élogieux sur l'*Histoire de la civilisation* (+) de Guizot ; Balmes proposa au journal d'ouvrir sur le sujet une controverse serrée et documentée. Cette offre lui fut refusée. Mais il continua à approfondir le sujet, et en fit son œuvre maîtresse : *Le Protestantisme confronté avec le catholicisme...* [*El protestantismo comparado con el catolicismo...*]. Plus tard, la revue *El madrileño católico* ouvrit un concours pour la meilleure monographie sur le thème suivant : « Le célibat des prêtres catholiques prescrit par les lois canoniques et civiles, considéré du point de vue politique, moral et religieux, est-il préférable, pour le bien de la société, au mariage admis par les protestants ? » Il remporta le prix, avec une étude exhaustive du sujet... Dès lors, il travailla intensément. En mars 1840, il termina les *Observations sociales, politiques et économiques sur les biens du clergé* [*Observaciones sociales, políticas y económicas sobre los bienes del clero*]. Entre les mois de mai et de juin de la même année, il rédigea les *Considérations politiques sur la situation de l'Espagne* [*Consideraciones políticas sobre la situación de España*]. Il avait occupé à Vich une chaire de mathématiques. En février 1841, il fut élu membre de l'Académie des belles-lettres de Barcelone, et fonda la revue *La Civilisación.* Le premier tome de son *Protestantisme* date de 1842. En 1843, il fonda une autre revue, *La Sociedad*, qu'il rédigeait seul. Les autres volumes du *Protestantisme*, qui est une véritable philosophie de l'histoire, parurent au cours des années suivantes. Pendant l'insurrection contre le gouvernement d'Espartero (1843), Balmes passa des moments difficiles à Barcelone. Il se réfugia à Prat-de-Dalt et, en quinze jours, écrivit *Art d'arriver au vrai. Philosophie pratique* (*), une autobiographie intellectuelle. À Madrid, en 1844, il fonda la revue *El Pensamiento de la nación*, et en 1846, il publia la *Philosophie fondamentale* [*Filosofía fundamental*] qui annonçait la renaissance néo-scolastique du XIXe siècle. Les années suivantes parurent *Lettre à un incroyant* [*Cartas a un escéptico en materia de religión*] et, en 1847, un *Cours de philosophie fondamentale* et le célèbre opuscule sur Pie IX, dans lequel Balmes traite du problème de la liberté, et prend position entre l'absolutisme et le libéralisme, ce qui lui valut de violentes attaques. Il se fixa définitivement à Vich en 1848, et mourut peu après.

RÉF. : *Pensamiento*, 1947. – Actes du Congrès international de philosophie, Barcelone, 1948.

BALMONT Constantin Dmitriévitch [Konstantin Dmitrievič Bal'mont]. Poète russe. Né à Gumniščy, dans le district de Vladimir (Russie), le 15 juin 1867, mort à Paris en 1943. Dès son jeune âge, Balmont fait preuve d'un caractère peu équilibré, allant jusqu'aux tentatives de suicide. Inscrit, en 1886, à la faculté de droit de l'université de Moscou, il en est renvoyé peu de temps après « pour opinions subversives ». Devenu l'un des chefs du mouvement symboliste de la poésie russe, il fait paraître, à Paris, un recueil intitulé *Chants du vengeur* [*Pésni mstitelja*], ce qui a pour effet de lui interdire le retour en Russie jusqu'à l'amnistie générale de 1913. En 1914 nous le voyons chantre enthousiaste de la guerre « patriotique » ; en 1920, dans le poème *Prédiction* [*Predvozveščenié*], il acclame la révolution communiste, mais, ayant été envoyé par le gouvernement soviétique en mission culturelle en Europe, il « choisit la liberté ». Son premier recueil de vers [*Sbornik stikhov*] avait paru à Jaroslavl' en 1890, suivi, en 1894, d'un autre, intitulé *Sous le ciel du Nord* [*Pod sévernym nébom*]. À partir de 1895 apparaît dans ses vers la tendance symboliste qui fera place, en 1900-1903, à ce que la critique russe avait baptisé « amoralisme esthétique », tendance qui trouve son point culminant dans le recueil intitulé *Soyons comme le soleil* [*Budem kak solnče*], traduit en français sous le titre : *Visions solaires* (*). Balmont fut, en outre, très apprécié en Russie pour ses traductions des œuvres de Shelley (1893-1895), Ibsen (1894) et Hauptmann (1900).

RÉF. : *Histoire de la littérature russe. L'Âge d'argent.* Ouvrage collectif, Paris, 1987.

BALTHASAR Hans Urs von. Théologien suisse d'expression allemande. Né à Lucerne le 12 août 1905, mort à Bâle le 26 juin 1988. Élevé chez les bénédictins, Hans Urs von Balthasar fait ses études à Munich, Vienne et Berlin. En 1929, il soutient une thèse de philosophie sur l'histoire du problème eschatologique dans la littérature allemande moderne et il entre chez les jésuites : au cours de ses années de noviciat à Feldkirch (Autriche), de philosophie à Pullach près de Munich et surtout de théologie à Lyon Fourvière (de 1933 à 1937), où il se lie d'amitié avec les pères Daniélou et de Lubac, ses dons exceptionnels et une activité prodigieuse lui font acquérir une vaste culture dans le domaine occidental ; il publie quatre-vingt-trois traductions du grec, du latin, de l'espagnol et surtout du français (Bloy, Péguy, Claudel, Bernanos). Ordonné prêtre en 1936, il est nommé aumônier d'étudiants à Bâle, où il rencontre Karl Barth auquel il consacrera un livre. Il crée le Johannes Verlag, sa propre maison d'édition, pour participer activement au débat intellectuel (comme il sera plus tard un des promoteurs de la revue *Communio*) et pour publier les œuvres d'Adrienne von Speyr (1902-1967) ; cette dernière, médecin protestante convertie par le père von Balthasar en 1940, fut sa véritable inspiratrice : elle lui dicta, en quinze ans, une soixantaine de volumes de « visions » ; avec elle il fonde en 1945 la communauté Saint-Jean qui le conduira à quitter la Compagnie de Jésus en 1950 pour devenir simple prêtre. Extrêmement prolifique, il a signé plus de soixante-dix ouvrages. Cet ensemble (parfois polémique) est dominé par la monumentale trilogie inaugurée avec *La Gloire et la Croix* (*) et dont la publication s'est échelonnée sur plus de vingt-cinq ans. S'il n'enseigna jamais, s'il fut un solitaire, le père von Balthasar mourut reconnu, créé cardinal par le pape Jean-Paul II en 1988.

JEAN-PIE LAPIERRE.

BALTRUŠAITIS Jurgis. Historien d'art français d'origine lituanienne. Né à Vilkaviškis (Lituanie) en 1903, mort à Paris le 25 janvier 1988. Fils d'un poète et diplomate, il eut un temps pour précepteur Boris Pasternak, fit ses études à la Sorbonne puis enseigna quelques années à l'université de Kaunas, dans son pays natal. Il consacrera alors ses premières recherches aux origines de l'art médiéval en Transcaucasie, qui lui donnent l'occasion de définir pour la première fois, à l'aide d'un parallèle entre *Art sumérien et art roman* (1934), un concept clé dans son œuvre : celui de stylistique ornementale, construit sur deux idées — celle d'analogies des principes et celle de règles ornementales. Dans le même ordre d'idées, on peut également citer *Le Problème de l'ogive et l'Arménie* et *L'Église cloisonnée en Orient et en Occident.* À son arrivée en France, il travaillera sous la direction d'Émile Mâle avant de devenir l'un des plus proches collaborateurs d'Henri Focillon. Ses travaux donneront lieu à plusieurs publications fondamentales de « morphologie comparée », dont *Formations, déformations* (1931, 1986), consacré à la stylistique ornementale dans la sculpture romane, et deux essais sur les « avatars » du gothique et le réveil des monstres à l'« automne du Moyen Âge », ou « comment l'art se renouvelle par le retour au passé » : *Le Moyen Âge fantastique : antiquités et exotisme* (1955) et *Réveils et prodiges : le gothique fantastique* (1960). Alors que, suivant une conception linéaire de l'histoire, la tendance était à associer gothique avec scolastique, transparence et clarté mathématique, Baltrušaitis exhume dans l'art, la littérature, mais aussi la médecine (Ambroise Paré) de cette époque, tout un bestiaire dont le grotesque ne le cède en rien au roman. Certaines formes temporairement méprisées se réfugient aux marges de l'art officiel avant de resurgir de manière inattendue au premier plan. Opposé au roman, le gothique en suscite des renaissances partielles, mais modifiées, suivant un mouvement de flux et de reflux qui enjambe les siècles, mais aussi les civilisations, voire les traditions religieuses. Le « dialogue » Orient-Occident fut d'emblée au centre de l'œuvre de Baltrušaitis et apparaît, avec le recul, comme le fil conducteur de ses recherches.

Trente ans plus tard, après avoir apporté une contribution décisive aux études médiévales, il entamera une nouvelle phase de recherches qui le conduiront à son « grand œuvre » réuni sous le titre générique *Les Perspectives dépravées* (*) (1957-1967), triptyque auquel il convient de rattacher *Le Miroir. Révélations, science-fiction et fallacies* (1978), où il s'agit moins de retracer l'histoire d'un objet, que d'évoquer, à l'instar du Bachelard de *La Psychanalyse du feu* (*), l'histoire d'une légende scientifique, le destin accidenté d'une science du miroir, la catoptrique, d'Archimède aux fours solaires du XXe siècle en passant par Euclide et Buffon.

PIERRE-EMMANUEL DAUZAT.

BALZAC Honoré de. Romancier français. Né à Tours le 20 mai 1799, mort à Paris le 18 août 1850. Sa famille paternelle était originaire du Tarn, et son véritable nom était Balssa ; sa mère, née Sallambier, appartenait à une famille de la bourgeoisie parisienne. Le père, Bernard-François Balzac, tout jeune, était venu à pied de sa province méridionale ; devenu clerc de procureur, puis plus tard secrétaire au conseil du roi, il n'est mort qu'en 1829. Honoré fut un enfant sans mère et en souffrit beaucoup : Laure Sallambier lui préféra toujours un frère dont la naissance était douteuse, fit élever Honoré loin d'elle, et, jusqu'à la mort de son fils, restée sa créancière, se montra d'une singulière âpreté.

De 1807 à 1813, pensionnaire au collège oratorien de Vendôme, Balzac ne revint pas une seule fois dans sa famille. Il a évoqué ces années de collège dans *Louis Lambert* (*). À partir de 1814, il poursuit ses études dans une pension à Paris, puis à la faculté de droit. Il fait un stage chez un avoué, Me Guyonnet de Merville, qui servira de modèle au Derville de ses romans. Mais, appelé par la vocation littéraire et certain de son propre génie, il s'installe, à vingt ans, dans une mansarde, rue Lesdiguières, et écrit, entre autres, un assez pitoyable *Cromwell* en vers. Il prêtera à plusieurs de ses personnages ces débuts austères d'écrivain. En 1810, il habite chez ses parents à Villeparisis et y fait la connaissance d'une femme qui aura une influence décisive sur sa formation : Mme Laure de Berny, de vingt-deux ans son aînée, qui fut pour lui une mère, une maîtresse, et la plus généreuse des amies, jusqu'à sa mort en 1836. Balzac l'avait surnommée « la Dilecta » ; il la fit beaucoup souffrir, mais lui garda une profonde tendresse.

Balzac a été à la fois un écrivain précoce et tardif. La première œuvre signée de son nom, *Les Chouans* (*), ne parut qu'en 1829, suivie de près par *La Physiologie du mariage* (*) (qui avait été composée et partiellement imprimée plusieurs années auparavant). Mais il avait gardé en portefeuille deux romans philosophiques, *Sténie* et *Falthurne* (écrits en 1820-1821), et publiés entre 1821 et 1826 sous divers pseudonymes (A. de Villerglé, lord R'Hoone, Horace de Saint-Aubin), toute une série de romans faciles, historiques ou populaires, qu'il avait écrits seul ou avec la collaboration d'une équipe de fabricants de littérature : *Les Deux Hector, Michel et Christine, L'Héritière de Birague, Jean-Louis ou la Fille trouvée, Clotilde de Lusignan ou le Beau Juif, Le Vicaire des Ardennes, L'Excommunié, Argow le Pirate, Wann-Chlore* (+), etc. Dès 1822, dans une lettre à sa sœur Laure, il parlait d'un de ces ouvrages comme d'« une véritable cochonnerie littéraire ». Il refusa toujours de les republier sous son nom, mais il est certain qu'à cette fabrication il « se fit la main » et qu'ainsi, quand fut venu le temps de son œuvre véritable, il était entraîné à la technique romanesque.

Ce temps, pourtant, n'était pas encore arrivé. En 1825, Balzac tenta d'assurer sa fortune par d'autres moyens : il s'improvisa éditeur, fonda une imprimerie (dans l'actuelle rue Visconti, en face de la maison de Racine), puis une fonderie de caractères (qui, reprise par les enfants de Mme de Berny, devint la célèbre fonderie Deberny). Ce furent autant d'échecs cuisants et de faillites, où Balzac compromit les ressources de sa famille, et celles de « la Dilecta ». Jusqu'à la fin de sa vie il devait traîner le poids des énormes dettes contractées dans ces aventures commerciales.

Les Chouans, en 1829, ouvrent la période de quelque vingt ans au cours de laquelle Balzac composa, remania sans cesse, et publia environ quatre-vingt-cinq romans, longs ou brefs. Cette prodigieuse production littéraire, qui semblerait dépasser les forces d'un seul homme, ne l'empêcha pas de mener une vie mondaine très active, de faire de grands voyages, d'avoir des aventures amoureuses, de tenter sa chance (sans succès) dans la politique, et d'échafauder encore les plus extravagantes combinaisons financières. L'écho rencontré par *Les Chouans,* et plus encore le bruit fait par *La Physiologie du mariage* lui avaient ouvert la porte des salons parisiens et des salles de rédaction. Lié avec la duchesse d'Abrantès, dont il rédigea en partie les *Mémoires* (*), reçu chez Mme Récamier, chez Sophie Gay, chez la princesse Bagration et le baron Gérard, il fréquentait aussi le milieu des demi-mondaines et des gens de théâtre. Il collaborait activement aux journaux d'Émile de Girardin, *La Silhouette, La Mode, Le Voleur,* et surtout à *La Caricature,* dont il fut le principal rédacteur.

Ses œuvres se succèdent rapidement. Au début de 1830, Balzac publie les *Scènes de la vie privée,* recueil de six nouvelles : *La Vendetta* (*), *Gobseck* (*), *Le Bal de Sceaux* (*), *La Maison du Chat-qui-pelote* (*), *Une double famille* (*), *La Paix du ménage* (*), qui constituent comme la première cellule de *La Comédie humaine* (*) et qui, du jour au lendemain, font de lui un romancier célèbre. Dès lors, s'il rencontre la résistance de la critique et des censeurs patentés, il est lu par toutes les femmes et par un public croissant. *La Peau de chagrin* (*), en 1831, confirme sa célébrité et, tout en composant les ouvrages plus difficiles qui entreront plus tard dans les *Études philosophiques,* Balzac est un peu grisé par sa gloire. C'est l'époque de son dandysme : tilbury et chevaux, domestiques en livrée, cannes à pommeau d'argent ciselé (en attendant le pommeau d'or serti de turquoises), loge personnelle à l'Opéra. La folie de l'ameublement, qui lui coûtera si cher, apparaît dans son appartement de la rue Cassini, qu'il fait installer somptueusement. Il travaille la nuit, revêtu de son fameux froc blanc en cachemire, la cafetière de porcelaine toujours à portée de la main. Il commence les *Contes drolatiques* (*), où il s'amuse à écrire la langue du XVIe siècle. Et, libéral teinté de saint-simonisme jusque-là, il se rallie au parti légitimiste, devient le défenseur du trône et de l'autel.

Il s'est épris depuis peu de la marquise de Castries, qui se joue de lui, le traîne à sa remorque à Aix-les-Bains et à Genève en 1832, puis l'abandonne sèchement. Il s'en vengera en écrivant *La Duchesse de Langeais* (*) (1833). Datent de la même époque, entre autres, *Le Curé de Tours* (*), *Le Colonel Chabert* (*), *Ferragus* (*), *La Fille aux yeux d'or* (*), *Le Médecin de campagne* (*), *Eugénie Grandet* (*), c'est-à-dire des ouvrages très divers évoquant les milieux aristocratiques et petits-bourgeois de Paris et de province, développant des thèses politiques et sociales, compliquant à plaisir les intrigues les plus romanesques et cédant parfois au goût des conspirations et des influences occultes.

Cependant, à la fin de 1832, Balzac a reçu une lettre anonyme lui exprimant l'admiration éperdue d'une femme. Il arrivera à découvrir l'identité de celle qu'il devait appeler « l'Étrangère » : la comtesse polonaise Eveline Hanska, avec qui s'engage une longue correspondance et qui ne deviendra qu'en 1850 Mme Honoré de Balzac. Il la rencontre une première fois, avec son mari, M. Hanski, à Neuchâtel, en Suisse, en septembre 1833, puis passe quelques semaines avec elle à Genève au début de l'année 1834. Cela n'empêchera pas Balzac de reprendre à Paris sa vie mondaine et de nouer, cette même année 1834, une liaison durable avec la comtesse Guidoboni-Visconti, née Sarah Lovell. Il achève *Seraphita* (*) et *Le Père Goriot* (*), inaugurant dans ce dernier livre son système des personnages reparaissant de roman en roman, mais sans concevoir encore le plan d'ensemble de *La Comédie humaine.*

Tout en conservant son appartement de la rue Cassini, il en a fait aménager un second, secret, rue des Batailles, à Chaillot. En mai 1835, il est à Vienne auprès de Mme Hanska et, au début de 1836, fait, pour défendre les intérêts des Guidoboni-Visconti dans une affaire d'héritage, un voyage en Italie où l'accompagne la jeune Mme Caroline Marbouty, déguisée en page. Il publie *Le Lys dans la vallée* (*) et fonde une revue, *La Chronique de Paris,* qui va lui coûter cher. Sa situation financière se complique, il est poursuivi par son éditeur, Werdet, et doit vivre caché pour éviter la contrainte par corps. Mais il n'en achète pas moins la villa des Jardies, près de Ville-d'Avray, qu'il fait rebâtir et installer magnifiquement (1837). Au cours d'un nouveau voyage en Italie, il a rencontré Manzoni. Au début de 1838, le voici en Sardaigne, à la recherche des mines d'argent de l'Antiquité, qu'il a projeté de remettre en exploitation. Paraissent *César Birotteau* (*), *La Vieille Fille* (*), le début des *Illusions perdues* (*), la première partie de *Splendeurs et misères des courtisanes* (*) (ces deux romans majeurs ne seront achevés respectivement qu'en 1843 et 1847), un peu plus tard *Béatrix* (*) et *Le Curé de village* (*). Un drame, *Vautrin,* échoue en 1840 à la Porte-Saint-Martin. Quelque temps auparavant, Balzac a tenté, à Bourg-en-Bresse, de sauver la tête d'un condamné à mort, l'assassin Peytel, qu'il avait connu dans les milieux du journalisme parisien.

Cependant, il a fondé à nouveau une revue, la *Revue parisienne,* qu'il rédige à lui seul et qui ne dépassera pas le troisième numéro ; il y publie deux articles restés célèbres : la critique féroce du *Port-Royal* (*) de Sainte-Beuve, et l'éloge de *La Chartreuse de Parme* (*) de Stendhal. Contraint de vendre sa propriété des Jardies, il s'installe à Passy, rue Basse. À la fin de 1841, il met sur pied le vaste plan de *La Comédie humaine* et signe un traité avec quatre éditeurs associés pour soutenir l'entreprise. Il rédige le programme ou *Avant-Propos* qui figurera en tête du premier volume, et qui est la proclamation de ses ambitions littéraires, la charte de son empire personnel. Les romans les plus importants de cette période sont *Ursule Mirouet* (*), *Un ménage de garçon* (*), *Albert Savarus* (*), *Honorine* (*), *Modeste Mignon* (*).

M. Hanski est mort à la fin de 1841. Mais c'est deux ans plus tard seulement que Balzac peut faire le voyage à Saint-Pétersbourg, où il revoit « l'Étrangère », et revenir en visitant les villes d'Allemagne. Désormais, il a une idée fixe : épouser Mme Hanska. Et il redouble de travail pour lui assurer une existence digne d'elle, tout en faisant appel en plus d'une circonstance à la fortune de l'amie lointaine. Il la rejoint en 1845 à Dresde, l'emmène en Italie, puis à Paris, en Hollande, en Belgique. Sa servante-maîtresse, Louise Breugnot, dite Mme de Brugnol, fait main basse sur les lettres de l'Étrangère et menace Balzac d'un chantage. En 1846, Mme Hanska accouche à Dresde d'un fils mort-né, Victor-Honoré. C'est pour Balzac un coup terrible, dont il ne se relèvera pas.

Il a acquis en 1846 une maison rue Fortunée (actuelle rue Balzac), qu'il installe à grands frais pour y recevoir Mme Hanska, et se ruine chez les antiquaires. *La Cousine Bette* (*) et *Le Cousin Pons* (*) sont achevés et publiés en 1846-1847. Ce sont les dernières grandes œuvres. À partir de cette date, Balzac, malade, épuisé, sent ses facultés créatrices décroître. Il n'en échafaude que plus de projets de romans, et de plus en plus vastes, mais n'en termine aucun. De septembre 1847 à février 1848, il séjourne en Ukraine, à Wierzchownia, chez Mme Hanska, dont la famille essaye d'empêcher le mariage avec Balzac. Elle-même semble hésiter, effrayée par le gaspillage balzacien. Nouveau séjour ukrainien à la fin de l'année 1848. Balzac échoue aux élections législatives et, par deux fois, à l'Académie, où il n'obtient que les voix de Lamartine et de Victor Hugo. Sa santé décline rapidement.

Au début de 1850, il n'en part pas moins pour Kiev, où il retrouve Mme Hanska, sa fille et son gendre. Le 14 mars, à Berditcheff, il épouse son amie, et au mois de mai suivant M. et Mme Honoré de Balzac reprennent le chemin de Paris, à petites étapes, parce que la santé du romancier exige des précautions. Lorsque, le 21 mai, ils arrivent rue Fortunée, où Balzac avait tout fait préparer pour leur entrée dans la maison du bonheur, personne ne répond à leurs coups de sonnette. Le gardien chargé de les recevoir avait perdu la raison et se cachait, prostré, dans un coin de la demeure illuminée ! Balzac ne manqua pas de voir là un funeste présage. À peine arrivé, il est forcé de s'aliter, pour ne plus se relever. En juillet, ses souffrances deviennent atroces. Au début d'août, les étouffements commencent. Il entre en agonie le 18. Ce jour-là, Victor Hugo est venu le voir, et il a raconté cette dernière visite dans *Choses vues* (*). Mme de Balzac se tenait loin de la chambre du moribond. L'enterrement eut lieu le 21 août, après un office à Saint-Philippe-du-Roule, au cimetière du Père-Lachaise, ce haut lieu de l'œuvre balzacienne, d'où le jeune Rastignac avait jeté son défi à Paris : « À nous deux maintenant », où gisaient Esther Gobseck, Lucien de Rubempré, tant d'autres personnages. Victor Hugo prononça l'éloge funèbre du romancier, qui est une page magnifique.

Trente ans de préparation dans l'ombre et le silence ; dix-huit ans de création effervescente, au milieu des soucis, des aventures de toute sorte et des divertissements ; trois ans de progressif déclin : la vie de Balzac ressemble à celle de ses personnages préférés. L'imagination y joue un rôle décisif, commande les folies, les excès, les réussites et les échecs. Persuadé qu'il est des recettes pour vivre très longtemps, et ayant hérité de son père cette préoccupation de la longévité, Balzac vécut de telle sorte qu'il n'avait dépassé que de peu la cinquantaine lorsqu'il mourut, épuisé. L'un des thèmes majeurs de son œuvre entière est la consommation de l'énergie vitale par tous les usages qui en sont faits, et tout particulièrement par les activités de l'esprit. L'existence qu'il a menée, se croyant le maître de ses forces et les dépensant sans la moindre prudence, illustre tragiquement cette philosophie de l'énergie. Peu d'hommes ont fait preuve d'une telle démesure, et gaspillé avec autant d'imprévoyance des forces immenses. Mais l'œuvre est là, pour compenser tant de déraison. C'est à elle, finalement, que Balzac a sacrifié toute prudence. Non pas avec l'avarice de soi qui l'eût confiné dans son cabinet de travail : le résumé même le plus succinct de ses travers suffit à montrer que cet homme a vécu généreusement et n'a rien refusé des sollicitations de l'existence. Mais, tout assoiffé qu'il était de jouissances, de spectacles, d'activités multiples et de plaisirs renouvelés, il revenait fidèlement à son écritoire. Dans une vie singulièrement dispersée, il reste une unique constante : le travail. Et un travail qui n'était pas seulement, comme trop souvent on l'a imaginé, celui de l'invention fébrile — *Le Père Goriot* (*) écrit en trois jours et trois nuits, chez ses amis Margonne, au château de Saché — mais aussi celui, patient et humble, de la mise au point minutieuse, des pages sans cesse reprises, remaniées, corrigées. Cette œuvre géante, qui demeure si vivante alors que le monde qu'elle évoque est depuis longtemps rentré dans l'ombre du passé, doit autant au labeur qu'à la générosité de nature. Elle a été payée par beaucoup de souffrances. L'enfant sans mère, le collégien solitaire dévoré d'angoisse métaphysique, l'imaginatif conscient de son extraordinaire génie, celui qui se considérait comme le Napoléon et le Geffroy Saint-Hilaire de la littérature, l'amoureux rêveur d'une princesse lointaine, le causeur ivre de sa propre parole, l'inventeur malheureux et l'aventurier d'affaires n'ont été que les incarnations successives ou simultanées d'un même prodigieux créateur de personnages et d'événements. Longtemps dédaignée par les délicats, méconnue ensuite par ceux qui n'y surent voir que la copie servile d'une réalité historique, l'œuvre issue de cette existence magnifique et douloureuse n'a cessé de fasciner de nouveaux lecteurs. Il n'en est pas qui soit, après un siècle, aussi vivante, aussi étrangement contemporaine de la postérité qui continue à s'y alimenter.

ALBERT BÉGUIN.

♦ « *Goethe dit de* La Peau de chagrin *qu'on peut attaquer chaque détail, trouver à chaque page des péchés de facture, des extravagances, en un mot qu'il s'y trouve plus d'imperfections qu'il n'en faudrait pour abîmer un bon livre et que, cependant, il est impossible d'y méconnaître l'œuvre d'un talent plus qu'ordinaire et de la lire sans intérêt.* » Goethe, cité par Fréd. Soret.

♦ « *M. de Balzac était un des premiers parmi les plus grands, un des plus hauts parmi les meilleurs. Tous ses livres ne forment qu'un livre, livre vivant, lumineux, profond, où l'on voit aller et venir, marcher, et se mouvoir, avec je ne sais quoi d'effaré et de terrible, mêlé au réel, toute notre civilisation contemporaine ; livre merveilleux, que le poète a intitulé comédie et qu'il aurait pu intituler histoire, qui prend toutes les formes et tous les styles, qui dépasse Tacite et qui va jusqu'à Suétone, qui traverse Beaumarchais et qui va jusqu'à Rabelais ; livre qui est l'observation et qui est l'imagination ; qui prodigue le vrai, l'intime, le bourgeois, le trivial, le matériel, et qui par moments, à travers toutes les réalités largement et brusquement déchirées, laisse tout à coup entrevoir le plus sombre et le plus tragique idéal. À son insu, qu'il le veuille ou non, qu'il y consente ou non, l'auteur de cette œuvre immense et étrange est de la forte race des écrivains révolutionnaires.* » V. Hugo.

♦ « *Dire d'un homme de génie qu'il était essentiellement bon, c'est le plus grand éloge que je sache faire. Toute supériorité est aux prises avec tant d'obstacles et de souffrances, que l'homme qui poursuit avec patience et douceur la mission du talent est un grand homme, de quelque façon qu'on veuille l'entendre. La patience et la douceur, c'est la force : nul n'a été plus fort que Balzac.* » G. Sand.

♦ « *Il avait tout en lui : grandeur de génie et grandeur morale, immense aristocratie de talent, immense variété d'aptitudes, universalité de sentiment de soi-même, exquise délicatesse d'impressions, bonté de femme, vertu mâle dans l'imagination, rêves d'un dieu toujours prêt à décevoir l'homme... tout enfin, excepté la proportion de l'idéal au réel. Tous ses malheurs, et ils furent grands, comme son caractère, ont tenu à cet excès de grandeur dans son génie ; ils dépassaient, non pas son esprit infini et universel, mais ils dépassaient le possible ici-bas... C'était un aigle qui n'avait pas dans sa prunelle la mesure de son vol. »* Lamartine.

♦ *« Quoique cela semble singulier à dire en plein* XIXe *siècle, Balzac fut un voyant. Son mérite d'observateur, sa perspicacité de physiologiste, son génie d'écrivain ne suffisent pas pour expliquer l'infinie variété des deux ou trois mille types qui jouent un rôle plus ou moins important dans* La Comédie humaine. *Il ne les copiait pas, il les vivait idéalement, revêtait leurs habits, contractait leurs habitudes, s'entourait de leur milieu, était eux-mêmes tout le temps nécessaire. »* Th. Gauthier.

♦ *« J'ai maintes fois été étonné que la grande gloire de Balzac fût de passer pour un observateur ; il m'avait toujours semblé que son principal mérite était d'être* visionnaire, *et visionnaire passionné. Tous ses personnages sont doués de l'ardeur vitale dont il était animé lui-même. Toutes ses fictions sont aussi profondément colorées que les rêves. Chacun, chez Balzac, même les portières, a du génie. Toutes les âmes sont des âmes chargées de volonté jusqu'à la gueule. C'est bien Balzac lui-même. Et comme tous les êtres du monde extérieur s'offraient à l'œil de son esprit avec un relief puissant et une grimace saisissante, il a fait se convulser ses figures : il a noirci leurs ombres et illuminé leurs lumières. »* Baudelaire.

♦ *« Il reste prouvé que Balzac n'est pas seulement un grand poète, un faiseur dans le sens antique du mot, un vrai génie de création et de découverte... mais que de plus il est aussi, et est surtout, un penseur d'une force et d'une variété infinies, qui se joue dans les généralités les plus hautes et ne se diminue pas dans les aperçus les plus fins. Pour tout dire en un mot, il restera prouvé qu'en hachant, n'importe où, une page de Balzac, en tronquant cet ensemble merveilleux d'une page, on aura, avec des teintes nouvelles et l'originalité la plus profonde, quelque chose comme* Les Caractères *de La Bruyère, les* Maximes *de La Rochefoucauld,* les Pensées *de Vauvenargues et de Joubert, et les* Aphorismes *de Bacon. »* Barbey d'Aurevilly.

♦ *« Il est aussi impossible d'isoler des détails chez Balzac que dans un tableau de Rembrandt ou de Delacroix. Chez lui comme chez eux, la grandeur réside dans la stupéfiante richesse des valeurs dont le va-et-vient éternel, semblable à celui de la nature elle-même, finit par constituer une gamme complète. Chez Homère ou chez Goethe, les personnages ressemblent à des dieux s'avançant, solitaires, et le secret de leur origine est impénétrable ; chez Balzac, ils sont comme les notes d'une gigantesque symphonie : leur naissance nous paraît plus compréhensible, nous croyons porter dans notre sang les éléments qui composent leurs sombres cœurs, et il nous semble que nous respirons ces éléments dans l'air des grandes villes. »* Hugo von Hofmannsthal.

♦ *« Aucun poète n'a jamais été plus complètement absorbé dans son œuvre, et n'a jamais, plus que lui, eu foi dans ses propres rêves ni éprouvé une hallucination aussi proche de la limite du piège qu'il a lui-même dressé... »* Stefan Zweig.

♦ *« Balzac, je l'ai lu à l'âge où les petits garçons dévorent les romans d'aventures... Je revois la grande pièce aux quatre fenêtres drapées de vieux caramani aux belles couleurs... Mon Dieu, qu'elle était profonde, secrète, sûre, faite pour qu'on y subît le prestige du magicien de génie, du visionnaire assiégé par le rêve auquel il a donné la vie et qui veut, qui exige de nous, avec une espèce de cruauté magnifique, que nous courions son risque, que nous partagions, malgré nous, l'angoisse du cauchemar lucide qui l'assaillait de toutes parts, sans seulement faire chanceler sa haute raison. »* Georges Bernanos.

♦ *« J'admire comme les pensées de Balzac sont cosmologiquement justes. Telle est la part de sa forte tête dans ses créations, qu'il entre dans les lieux communs et les rend vrais. »* Alain.

♦ *« Balzac n'est pas un précurseur. Il est le créateur du monde moderne. C'est pourquoi tout jeune auteur d'aujourd'hui doit passer par lui. »* Blaise Cendrars.

♦ *« Jusqu'où, dans tous les ordres, Balzac a poussé l'audace, quels sujets il n'a pas craint de toucher, bien avant André Gide et Marcel Proust, aucun prospecteur de* La Comédie humaine *n'a encore osé le découvrir jusqu'au fond... Plus étroitement attaché aux puissances de chair qu'aucun des jeunes dandies féroces qui peuplent ses livres, nous savons pourtant que Balzac a su embraser* La Comédie humaine *d'une surnaturelle lumière... Il a eu le pressentiment de tout, et même de ce fleuve souterrain, de ce courant de grâce qui parcourt invisiblement le monde. »* François Mauriac.

♦ *« Une création créant son auteur, un homme qui n'existe que comme l'enfant de son œuvre. »* Gaétan Picon.

♦ *« L'historien des mœurs ne s'est pas contenté de représenter la société telle qu'il l'a vue. À ses descriptions se trouve associée la volonté de proposer des remèdes aux maux dont elle souffre. Il existe une morale balzacienne, qui ne s'attache guère, comme la morale classique, à définir, dans l'absolu, le Bien et le Mal, mais qui prend appui sur l'analyse sociale et tend à élaborer un programme de salut collectif. »* Pierre-Georges Castex.

RÉF. : Alain, *Avec Balzac,* 1927. — E.R. Curtius, *Balzac,* 1933. — Ph. Bertault, *Balzac et la religion,* 1942. — Ramon Fernandez, *Balzac,* 1943. — André Billy, *Vie de Balzac,* 2 vol., 1944. — Bernard Guyon, *La Pensée politique et sociale de Balzac,* 1947. — St. Zweig, *Balzac, le roman de sa vie,* trad. 1950. — Albert Béguin, *Balzac visionnaire,* 1950. — F. Marceau, *Balzac et son monde,* 1955. — Gaétan Picon, *Balzac par lui-même,* 1956. — J. H. Donnard, *Les Réalités économiques et sociales dans « La Comédie humaine »,* 1961. — P. Laubriet, *L'Intelligence de l'art chez Balzac,* 1961. — Per Nykrog, *La Pensée de Balzac,* 1966. — M. Fargeaud-Ambrière, *Balzac et la recherche de l'absolu,* 1968. — P. Barbéris, *Balzac et le mal du siècle,* 1970. — R. Fortassier, *Les Mondains dans « La Comédie humaine »,* 1974. — J.-L. Tritter, *Le Langage philosophique dans les œuvres de Balzac,* 1976. — A. Michel, *Le Mariage chez Honoré de Balzac : amour et féminisme,* 1978. — M. Bardèche, *Balzac romancier,* rééd. 1980. — N. Mozet, *La Ville de province dans l'œuvre de Balzac,* 1982. — M. Ménard, *Balzac et le comique dans « La Comédie humaine »,* 1983. — R. Chollet, *Balzac journaliste,* 1983.

Consulter aussi l'édition de *La Comédie humaine* dirigée par P.G. Castex, Gallimard, bibl. de la Pléiade, et l'édition de la *Correspondance* par R. Pierrot (5 vol. Garnier ; plus les *Lettres à Madame Hanska,* Robert Laffont, coll. Bouquins).

BALZAC Jean Louis Guez, seigneur de. Écrivain français. Né et mort à Angoulême (mai ou juin 1597-18 février 1654). Après avoir étudié chez les jésuites et fait un voyage en Hollande, il suivit à Rome, en 1621, le cardinal de la Valette, fils du duc d'Épernon, et y devint assez vite son agent d'affaires. C'est d'Italie qu'il commença d'écrire ces *Lettres* (*) qui devaient un jour lui assurer la gloire. D'emblée, ou peu s'en faut, il s'acquit l'admiration de la haute société française. C'est dire que lorsqu'il revint à Paris, l'année suivante (1622), il se vit déjà célèbre. L'un après l'autre, tous les grands personnages se mirent à le rechercher ; Richelieu lui-même fit tout ce qu'il put pour s'en faire bien voir, tant il tenait à s'attacher un esprit aussi remarquable. Néanmoins, Guez de Balzac ne voulut pas se fixer dans la capitale. Féru de solitude, il préférait se retirer dans ses terres, sur les bords de la Charente. Il n'en fut pas moins nommé par Richelieu conseiller d'État et historiographe de France. En 1634, il fut élu parmi les premiers membres de l'Académie. Il y fonda ce « prix d'éloquence », que l'Académie décerne encore tous les deux ans et dont Mlle de Scudéry fut la première lauréate en 1671.

Comme Balzac paraissait rarement à l'hôtel de Rambouillet, ses *Lettres* y étaient attendues, commentées avec passion et admirées sans réserve. Il en fit lui-même un recueil qu'il publia à Paris en 1624. On sait qu'elles sont très nombreuses, puisqu'elles n'occupent pas moins d'un volume sur deux de l'édition de ses *Œuvres complètes* (1665). On constate que la plupart sont adressées à ceux que Balzac savait gens capables de goûter son style jusqu'au tréfonds : Chapelain, Conrart et quelques autres. Sitôt qu'il vit le jour, le recueil obtint un succès prodigieux : non seulement en France, mais dans toute l'Europe. Il devait valoir à l'auteur la réputation de grand épistolier. Il faut avouer, pourtant, que l'on est loin d'y trouver des modèles du vrai style épistolaire. Cela, pour la raison très simple que le naturel y fait défaut. Trop soucieux de correction, Guez de Balzac se garde toujours d'improviser. N'osant pas être simple, il alourdit tout ce qu'il touche et donne volontiers dans l'emphase. Il n'empêche que partout sa phrase est construite à la perfection. En somme, Guez de Balzac a rendu à la prose le même service que Malherbe à la poésie. Il a préparé l'éclosion de la prose classique. Voilà pourquoi ses *Lettres* demeurent un document de premier ordre pour l'histoire de la langue française.

Mais le grand épistolier tint de bonne heure à prouver qu'il était capable d'écrire des ouvrages de longue haleine. Il publia d'abord *Le Prince* (*) (1631) qui n'est autre qu'un panégyrique de Louis XIII : peinture fort idéalisée qui fut, d'ailleurs, censurée par la Sorbonne. Vingt ans après, *Le Socrate chrétien* (*) (1652), dissertation fort érudite sur l'excellence de la religion. En 1657 paraissent les *Entretiens.* Il faut ajouter *Aristippe ou De la Cour* (*), belle dissertation sur la politique, qui ne fut publiée qu'après la mort de l'auteur (1658). Si l'on veut lire en entier un de ces ouvrages, on ne tarde pas à éprouver quelque fatigue, tant la tension du style est partout présente. Il est visible que pour Guez de Balzac la prose est loin de « ce chant naturel qu'on trouve dans celle de saint François de Sales, chez Théophile ou chez Agrippa d'Aubigné ». Il n'empêche que, si l'on s'en tient aux *morceaux,* on en trouvera plus d'un dont la solidité ne laisse pas de rappeler Sénèque. C'est dire que l'on se montre injuste envers Guez de Balzac quand on se refuse à voir en lui autre chose qu'un admirable phraseur. Encore une fois, sa gloire, il la doit à ses *Lettres.* Mais c'est néanmoins dans *Le Prince* que l'on trouve les meilleures pages qu'il ait écrites. Outre les volumes déjà cités, Balzac a composé une satire intitulée *Le Barbon* (1648) et un recueil de vers latins : *Tres libri carminorum* (1650). Rappelons enfin que, sur ses vieux jours, l'auteur dut essuyer les attaques du père Goulu, supérieur général des Feuillants, qui l'accusait tout à la fois de plagiat, de mensonge et d'immoralité. Guez de Balzac se défendit avec tant de loyauté qu'il se concilia aussitôt toute l'opinion.

ROLAND PURNAL.

♦ *« Homme éloquent, et le premier qui fonda un prix d'éloquence. La langue française lui a une très grande obligation. Il donna le premier du nombre et de l'harmonie à la prose. Il eut de son vivant tant de réputation qu'un nommé Goulu, général des Feuillants, écrivit contre lui deux volumes d'injures. »* Voltaire. ♦ *« Les louanges qu'il prodiguait aux autres devaient servir de véhicule à sa propre réputation. »* J. de Maistre. ♦ *« Il fut toute sa vie le grand* épistolier *de France. »* Sainte-Beuve. ♦ *« Certes, je m'indignais d'entendre Pierre* [*Louÿs*] *nommer Guez de Balzac "Balzac le Grand" par mépris pour l'auteur de* La Comédie humaine ; *mais pourtant il était dans le vrai lorsqu'il m'invitait à mettre les questions de forme au premier rang de mes préoccupations. »* André Gide. ♦ *« On ne peut dire qu'il crée sa phrase. Il l'emprunte à Du Vair pour lui donner une construction plus ferme et plus méthodique. Ainsi transmet-il à Bossuet un instrument auquel rien ne manque, sinon la chaleur du génie. »* Marcel Arland.

RÉF. : Hippeau, *Étude sur J. L. Guez de Balzac* in *Mém. de l'Acad. de Caen,* 1855. – Declareuil, *Les Idées politiques de Guez de Balzac,* 1906. – J.-B. Sabrié, *Les Idées religieuses de J. L. Guez de Balzac,* 1913. – G. Guillaumie, *J. L. Guez de Balzac et la prose française...,* 1927. – F.-E. Sutcliffe, *Guez de Balzac et son temps,* Paris, 1959. – R. Zuber, *Les « Belles Infidèles » et la Formation du goût classique. N. Perrot d'Ablancourt et Guez de Balzac,* Paris, 1968. – Z. Youssef, *Polémique et littérature chez Guez de Balzac,* Paris, 1972. – J. Jehasse, *Guez de Balzac et le génie romain,* Saint-Étienne, 1977.

BAMM Peter (pseud. de Curt Emmrich). Écrivain allemand. Né le 20 octobre 1897 à Hochneukirch (Saxe), mort le 30 mars 1975 à Zurich. Médecin militaire de la marine, Bamm sillonne le monde, de la Chine au Mexique, de l'Amérique du Sud à l'Afrique. Il s'installe ensuite comme chirurgien à Berlin (1938-1940), puis participe à la campagne de Russie pendant la Seconde Guerre mondiale. Il vécut le reste de ses jours en Suisse.

Pendant presque vingt ans, Bamm tint une chronique hebdomadaire, d'abord au *Deutsche Allgemeine Zeitung* (de 1923 à 1933), puis au *Deutsche Zukunft* (de 1934 à 1940). Si l'auteur aborde les sujets les plus divers, les plus anodins, le ton badin, enjoué, dont il ne se départit jamais ne doit pas tromper sur le propos. Quoi qu'en ait dit Bamm lui-même (qui prétend « ne parler de rien »), on n'évoque pas innocemment l'usage du tabac, le caractère féminin, la richesse de l'Amérique, etc. D'aucuns découvrent ici une sagesse humaniste, d'autres stigmatisent un esprit chauvin, profondément conservateur. Au-delà de sa réputation de chroniqueur brillant, Bamm conquit ses galons d'écrivain avec *Sous l'étendard invisible* (*) (1952), ouvrage dans lequel il rapporte son expérience de la campagne de Russie.

RÉF. : R. Riedler, *Drei Gespräche, L. Rinser, Peter Bamm, J. M. Simmel,* Donauwörth, 1974.

BĀṆA ou **BĀṆABHAṬṬA.** Écrivain indien. Brahmane śivaïte. Né à Pritikuta, sur les rives de Hiranyabahu (Sona) en 585, mort en 650. Il descendait d'un certain Pasupata, neveu d'Arthapati, fils de Citrabhauu et de Rajyadevi. Sa mère étant morte lorsqu'il était encore en bas âge, son père l'éleva avec tous les soins possibles, mais mourut lui-même quelques années plus tard, laissant le jeune Bāṇa orphelin à quatorze ans. Demeuré seul au monde, Bāṇa abandonna son village natal et vagabonda de village en village, se liant parfois avec des compagnons d'une réputation douteuse. De retour au pays natal, il fut appelé à la cour de Kriṣṇa, frère de Harṣa (appelé aussi Harṣavardhana), qui fut le dernier grand monarque indien à régner sur l'Inde septentrionale avant l'invasion musulmane (606-647). Accueilli d'abord avec froideur, il sut gagner la faveur du roi et devenir son ami et son conseiller. Il avait formé le projet de devenir l'historiographe de Harṣa, mais son *Harṣacarita* (*) n'est pas autre chose qu'un récit romancé, dont tout le mérite réside — tant pour les descriptions que pour la partie historique — dans sa valeur poétique. Un autre roman de Bāṇa, la *Kādambarī* (*), demeuré inachevé, mais repris par son fils Bhusanabhatta (appelé aussi Bhatta Pulina), est l'un des chefs-d'œuvre de la littérature hindoue. Une légende romantique est attachée à ce roman : on dit que Bāṇa est mort en décrivant la peine qui était celle de l'héroïne, Kādambarī, lorsqu'elle se vit obligée de se séparer de son amant, Candrapida. On attribue également à Bāṇa la *Candīçataka,* petit ouvrage théologique qui présente une plus grande valeur littéraire que religieuse. Les avis sur la valeur littéraire de Bāṇa diffèrent sensiblement. Certains dénoncent des défauts de style, mais la plupart voient en lui l'un des maîtres de la prose « kāvya ».

♦ *« Bāna s'est avéré un fidèle portraitiste, un incomparable connaisseur des réalités contemporaines. Son style atteste une maîtrise rarement égalée. »* Louis Renou.

RÉF. : R.-D. Karmarkar, *Bāṇa,* Dharwar, 1964. – N. Sharma, *Bāṇabhaṭṭa, a Literary Study,* Delhi, 1968. – K. Krishnamoorthy, *Bāṇabhaṭṭa,* Delhi, 1976. – R.-A. Hueckstadt, *The Style of Bāṇa,* Lanham, 1985.

BANCES CANDAMO Francisco Antonio de. Dramaturge espagnol. Né à Avilés (prov. des Asturies) en 1662, mort à Lezuza (prov. d'Albacete) en 1704. D'une famille noble et ancienne, il fit ses études à l'université de Séville et se mit très jeune à écrire pour le théâtre. Quand il vint s'établir à Madrid (vers 1685), il était déjà célèbre. Aussi obtint-il du roi Charles II une pension de mille ducats, à charge pour lui de travailler pour le théâtre de la Cour. Ayant, plus tard, occupé un emploi dans la haute administration (1698), il devait s'y comporter avec tant de désintéressement qu'il ne se procura même pas l'aisance à laquelle il pouvait prétendre. Sur son lit de mort, il se vit réduit à demander à son curé qu'on l'enterrât par charité. Appartenant à l'école de Calderón, il est le dernier dramaturge qui ait vraiment su conserver le grand style du Siècle d'or. Son véritable domaine est la comédie héroïque. La plupart de ses œuvres sont tombées dans l'oubli — en raison même de l'influence dont il vient d'être question. Il n'en faut pas moins citer : *La Pierre philosophale* [*La piedra filósofal*], *Le Tailleur du petit champ* [*El sastre del campillo*], *Le Duel contre sa dame* [*El duelo contra sa dama*], *L'Esclave aux chaînes d'or* [*El esclavo en grillos de oro*] et *Macias, l'Espagnol très aimant et très malheureux* — v. *Persévérer jusqu'à la mort* (*). Ayant eu, par ailleurs, une grande préparation théologique, il put donner beaucoup d'ampleur à ces pièces religieuses que l'on appelle en Espagne les « autos sacramentales ». Citons : *Le Grand Alchimiste du monde* [*El gran quimico del mundo*], *Les Paliers de la fortune* [*Las mesas de la fortuna*] et *Le Premier Duel* (ou : *deuil*) *du monde* [*El primer duelo del mundo*]. Bances Candamo est, en outre, le plus grand critique théâtral du Siècle d'or, comme en témoigne son *Théâtre des théâtres des siècles passés et présents* [*Teatro de los teatros de los pasados y presentes siglos*, 1901]. Dans cet ouvrage de longue haleine, il réhabilite les auteurs que le jésuite Camargo avait condamnés sans appel. Signalons enfin que Bances Candamo s'est révélé fort bon disciple de Góngora dans un recueil posthume de vers intitulé *Œuvres lyriques* [*Obras liricas*, 1720].

BANCROFT George. Historien américain. Né à Worcester (Massachusetts) le 3 octobre 1800, mort à Washington le 17 janvier 1891. Diplômé à Harvard en 1817, il poursuivit ses études à Berlin et à Göttingen, où il obtint en 1820 le titre de docteur en philosophie. Il fut un des premiers Américains qui aient obtenu un diplôme en Allemagne, et qui aient rendu visite à Goethe à Weimar. Plus tard, il fit la connaissance, à Livourne, de Byron et de la comtesse Guiccioli. En Amérique il fut d'abord prêtre à Boston, professeur à Harvard, et directeur d'un établissement scolaire qu'il avait fondé à Northampton (Massachusetts) avec Joseph Green Cogswell. Son système éducatif, inspiré de celui qu'il avait connu en Allemagne, était hardi pour l'époque. En 1831, renonçant à l'enseignement, il commença à écrire pour des revues, comme la *North American Review*, et se lança dans la politique. Le premier des dix volumes de son *Histoire des États-Unis depuis la découverte du continent américain* (*) parut en 1834 ; les neuf volumes de la traduction française furent publiés en 1861-1864. Dans un style vigoureux qui lui conquit immédiatement la faveur du public, George Bancroft fit preuve d'une sympathie partisane pour Andrew Jackson. Comme il déploya une grande activité en faveur du parti démocrate, le président Martin Van Buren le nomma, en 1837, précepteur du port de Boston. Il devint plus tard secrétaire à la Marine dans le gouvernement du président Polk, et fonda l'Académie navale américaine à Annapolis. Secrétaire de la Guerre en 1845, ce fut lui qui donna au général Zachary Taylor l'ordre de franchir avec ses troupes la frontière du Texas, déclenchant ainsi la guerre contre le Mexique. Il ordonna en outre au commodore Sloat d'occuper San Francisco et d'autres villes de Californie. En 1846, il fut nommé ministre des États-Unis en Grande-Bretagne et passa les trois années suivantes en Europe, partageant son temps entre les devoirs de sa charge et des recherches historiques destinées à son grand ouvrage. Rentré à New York il publia, entre 1844 et 1867, les six derniers volumes de son *Histoire*. Il prit parti pour Abraham Lincoln pendant la guerre civile, et rédigea le discours inaugural du président Andrew Johnson en 1865. Nommé ambassadeur des États-Unis en Allemagne (1867), il eut l'occasion, au cours de cette charge qu'il conserva jusqu'en 1874, de puiser dans les archives allemandes, et d'y trouver ainsi les matériaux qui devaient lui servir pour la rédaction du dixième volume de son *Histoire*, publié en 1874. En Allemagne, il fit la connaissance de Bismarck, de Moltke, de Ranke et de Mommsen. Il fut nommé docteurs ès lettres ad honorem de l'université de Göttingen, et docteur en droit ad honorem de celle d'Oxford. En 1874, il vint habiter Washington. En 1876, il fit paraître une édition révisée, en six volumes, de son *Histoire* (l'« édition du Centenaire »), et en 1882 les deux volumes de l'*Histoire de la formation de la Constitution des États-Unis*. Il publia en outre *Mélanges littéraires et historiques* [*Literary and Historical Miscellanies*, 1865] et *Martin van Buren* [*Martin Van Buren to the End of his Public Career*, 1889]. On le considère encore aujourd'hui comme le père de l'histoire américaine. Ses collections de documents, conservées à la Bibliothèque publique de New York, sont des modèles du genre.

RÉF. : T. H. Hittell, *George Bancroft and His Services to California*, San Francisco, 1893. – M. A. De Wolfe Howe, *The Life and Letters of George Bancroft*, Londres, 1908. – R. H. Canary, *George Bancroft*, New York, 1974. – L. Handlin, *G. B., The Intellectual as Democrat*, New York, 1984.

BANDEIRA Manuel. Poète brésilien. Né à Recife le 19 avril 1886, mort à Rio de Janeiro le 13 octobre 1968. Après des études d'ingénieur-architecte à Recife, interrompues par la tuberculose, il se rend en Suisse où il réside plusieurs années. De retour au Brésil, il s'établit à Rio de Janeiro et devient professeur de littérature. Bandeira est considéré comme l'un des meilleurs poètes de sa génération ; c'est également un excellent prosateur – il a publié son autobiographie sous le titre : *Itinéraire de Pasargades* (*) (1954). En 1917, il publie un premier recueil de poésies, *La Cendre des heures* (+), suivi en 1919 de *Carnaval* (+). *Le Rythme rompu* (+) et *Libertinage* (*) paraissent respectivement en 1924 et en 1930. Ces recueils seront suivis de *L'Étoile du matin* [*Estrêla da Manhã*, 1936], du *Livre des cinquante ans* [*Livro dos Cinqüent'anos*, 1940], de *Poèmes traduits* [*Poemas traduzidos*, 1945] et autres ouvrages mineurs. La poésie de Manuel Bandeira frappe par son caractère simple et direct, presque désincarné et éthéré. Une tension interne, parfois presque insupportable, emplit ses vers. Grand aîné de la poésie moderne brésilienne, il a exercé une influence indéniable sur la génération plus récente, et sur un poète comme Vinicius de Moraes.

RÉF. : E. de Moraes, *Manuel Bandeira*, Rio, 1962. – S. Michel, *Manuel Bandeira*, Paris, 1965. – A. Ada Costa, *La Poésie de Manuel Bandeira. Essai d'analyse structurale et stylistique*, Paris, 1972. – G. Pontieri, *Manuel Bandeira*, Rio, 1986.

BANDELLO Matteo. Écrivain italien. Né en 1485 à Castelnuovo Scrivia (près de Tortona, Piémont), mort en 1561 à Agen (Lot-et-Garonne). Il fit ses études universitaires à Padoue, entra chez les dominicains en 1501, puis les quitta en 1506 pour s'adonner à la politique. Il prit part à la guerre entre les Français et les Espagnols et vit ses biens confisqués. Proscrit, il erra de ville en ville, prenant parti pour les uns et pour les autres, fit la connaissance de Machiavel, et arriva en France où il se vit confier par Henri II l'évêché d'Agen (1550), qu'il laissa gérer par l'évêque de Grasse afin de pouvoir continuer ses travaux. Il écrivit *Chants XI des louanges de Madame Lucrèce de Gonzague* [*Canti XI delle lodi della signora Lucrezia Gonzaga*, 1536-38] ; *Les Trois Parques* [*Le tre Parche*, 1531] ; traduisit en latin le conte de Boccace *Tito et Gisippo*, et en italien l'*Hécube* (*) d'Euripide ; il composa également un *Chansonnier* [*Canzoniere*] extrêmement riche, dédié à Marguerite de France (1544). Mais son œuvre principale consiste en deux cent quatorze *Nouvelles* (*), tirées de nouvelles italiennes et étrangères, anciennes et contemporaines, mais présentées comme originales et actuelles. Bandello s'y attache à une donnée concrète, et à la réalité ou vraisemblance des faits ; doué d'un grand sens de l'action narrative, du mouvement, pourrait-on dire, « scénique » des personnages, il n'atteint cependant que rarement la poésie.

RÉF. : Morellini, *Matteo Bandello, novellatore lombardo,* Sondrio, 1900. – Picco, *Études italiennes,* t. I, 1919. – T. G. Griffith, *Bandello's fiction,* Oxford, 1955. – A. Fiorato, *Bandello entre l'histoire et l'écriture,* Florence, 1979. – *Bandello, narratore europeo,* Actes du colloque international sur Bandello de Tortona, 1982.

BANERJI Bibhūti Bhūṣaṇ (en bengali Bandyopādhyāy). Romancier et nouvelliste bengali. Né à Muratipur, district de 24-Parganā, Bengale occidental (Inde) le 12 septembre 1894, mort à Ghāṭśilā, Bihār, le 1er novembre 1950. Auteur d'une dizaine de romans, de plus de douze recueils de nouvelles, de livres pour enfants et de récits de voyage, Banerji est connu hors du Bengale surtout par les films que Satyājit Ray a réalisés à partir de trois de ses romans : *Pather Pāncālī* (*), *L'Invaincu* (*) et *Tonnerres lointains* [*Aśaṇi saṃket*]. Les deux premiers sont largement autobiographiques. L'enfance du romancier se passa dans un village du delta du Gange, au bord de l'Ichāmatī. Il fréquenta l'école de son village et suivit son père, récitant professionnel, dans ses tournées. Il alla à Calcutta faire des études supérieures. Un premier mariage se termina par la mort tragique de sa jeune épouse. Il quitta alors Calcutta et les études pour enseigner dans des écoles rurales. En 1922, une revue célèbre, *Prabāsī*, publia sa première nouvelle. Ce fut le début d'une carrière littéraire réussie. En 1924, il résida dans une région boisée du Bihār où il fut chargé de veiller à l'exploitation d'une forêt. Il y écrivit *Pather Pāncālī*, publié en volume en 1929. La même année, il revint à l'enseignement et s'installa de nouveau à Calcutta. En 1932, il publia en deux volumes la suite de son roman sous le titre *L'Invaincu*. Son séjour dans la forêt lui donna le sujet d'un autre roman célèbre, *La Forêt* (*), qui fut publié en 1937. L'amour de la nature, qui va jusqu'à la passion, et une foi indestructible en la vie caractérisent toute l'œuvre de Banerji, peu marquée par les modes et les recherches formelles. Parmi ses romans, il faut encore mentionner *Ādarśa hindu hoṭel*, 1940, et *Ichāmatī*, 1950.

FRANCE BHATTACHARYA.

BANERJI Mānik (pseud. de Prabodh Candra Bandyopādhyāy]. Romancier et nouvelliste bengali. Né à Dumkā, Santāl Parganā, Bihār (Inde) le 19 mai 1908, mort à Calcutta le 3 décembre 1956. D'un tempérament fougueux et rebelle, Mānik Banerji refusa les valeurs de son milieu bourgeois dès sa jeunesse. Alors qu'il étudiait les sciences à l'université de Calcutta, il écrivit une nouvelle, *Tante Atasī* [*Atasī māmī*], qu'il envoya à une revue sous un nom de plume qu'il conserva ensuite. La nouvelle fut publiée et son auteur devint célèbre. Il décida d'abandonner ses études et de se consacrer à la littérature. Le succès qu'il rencontra ne lui assura pas de quoi vivre bien qu'il écrivît plus de trente romans et seize recueils de nouvelles. En 1936, il publia ses deux chefs-d'œuvre : *Padmā nadīr mājhi* (*), intitulé en français *Le Batelier de la Padma*, et *L'Histoire des marionnettes* (*). Certaines de ses nouvelles aussi sont remarquables par la précision de l'analyse psychologique, le froid détachement du narrateur et le choix des sujets qu'il traite. Influencé par Freud dès le début de sa carrière, il accorde au sexe une importance que la littérature bengali ne reconnaissait pas avant lui. *Préhistorique* [*Prāgaitihāsik*], publié en 1937, est considéré comme son meilleur recueil de nouvelles. Le marxisme le marqua profondément à partir de 1942, et il milita dans l'aile culturelle du parti communiste indien. Toute son œuvre fut ensuite destinée à éclairer la situation de l'Inde à la lumière des analyses marxistes. Parmi ses autres romans importants, mentionnons *Le Poème du jour et de la nuit* [*Dibārātrir kāvya*, 1935], *La Banlieue* [*Śahartalī*] en deux volumes publiés en 1940 et 1941, *Le Rectangle* [*Catuṣkoṇ*, 1948] ; parmi les recueils de nouvelles : *Histoires maigres et grosses* [*Mihi o moṭā kāhinī*, 1938], *Curcuma brûlé* [*Holudpoḍā*, 1945].

FRANCE BHATTACHARYA.

BANERJI Tārā Śaṅkar (en bengali Bandyopādhyāy). Romancier et nouvelliste bengali. Né à Labhpur, district de Birbhum, Bengale occidental (Inde) le 25 juillet 1898, mort à Calcutta le 14 septembre 1971. Cet auteur a produit un certain nombre de chefs-d'œuvre qui font de lui l'un des meilleurs romanciers bengalis. Né dans une famille de propriétaires terriens dans une région du Bengale qui a préservé beaucoup de sa riche culture traditionnelle, le romancier a su décrire la société rurale aussi bien dans sa continuité que dans ses changements. Son enracinement dans le Bengale des villages ne s'est jamais démenti. Banerji aime sa terre et ses habitants – hindous, musulmans ou tribaux – avec passion, et cet amour l'a mené à participer dès son adolescence au mouvement pour l'indépendance de l'Inde. Toute sa vie, il resta fidèle à l'idéal d'action politique non-violente lancé par Gandhi en 1921 et ne fut attiré ni par le terrorisme ni par le marxisme. En 1930, ses activités politiques le menèrent, un temps, en prison. Très jeune, il avait écrit des nouvelles, après un essai avorté en poésie. À partir de 1929, ses nouvelles, puis ses romans parurent de façon régulière, et le succès lui fut assuré. Il est l'auteur de très nombreuses nouvelles : *Le Salon de musique* [*Jalsāghar*], filmé par

Satyājit Ray, *La Sorcière* [*Dāinī*], *Tāriṇi le batelier* [*Tāriṇi mājhi*], *La Bohémienne* [*Bedenī*], *La Femme et la Serpente* [*Nārī o nāginī*] sont parmi les plus belles. Toutes les classes de la société rurale sont représentées dans ses romans. Parmi ceux qui ont marqué leur époque il faut mentionner *Rādhā au lotus* (*) (1935), *Dhātrīdevatā* (1939), *Le Peuple-Dieu* (*) (1943), *Pañcagrām* (1944), *Le Poète de village* [*Kavi*, 1944], et *La Légende du méandre en collier* (*) (1951). Plusieurs d'entre eux sont de véritables œuvres épiques où l'on sent passer le souffle de l'histoire, et où la passion humaniste de l'écrivain et sa connaissance de la société bengali sont les plus sensibles.

FRANCE BHATTACHARYA.

BANG Herman. Écrivain danois. Né à Als (Jutland) le 20 avril 1857, mort le 29 janvier 1912 à Ogden (Utah) aux États-Unis, où il s'était rendu pour une tournée de conférences. Arraché par la guerre prusso-danoise à la sereine atmosphère du presbytère de son père, pasteur à Als, et depuis son jeune âge orphelin de mère, il eut toute sa vie le sentiment d'avoir été frustré d'un bien qui lui était dû, ce qui le poussa à présenter son cas comme un symbole de ces *Familles sans espoir* [*Haablose Slaegter*, 1880], titre qu'il donna à son premier roman. Après avoir voulu être acteur, il se consacra au journalisme littéraire. Un grand nombre de ses articles furent rassemblés en volume : *Réalisme et Réalistes* [*Realism og realister*, 1879] ; *Études critiques* [*Kritiske Studier*, 1880] ; *Chez nous et à l'étranger* [*Herhjemme og derude*, 1881]. Le naturalisme français marque ses premiers récits, mais bientôt, sous l'influence de J. Lie, il évolua vers un impressionnisme plus conforme à sa sensibilité. Nature morbide, non exempte toutefois d'un certain humour, il se plaît à décrire dans ses romans des existences manquées ou malchanceuses : *Les Existences tranquilles* (1886), *Au bord de la route* (1886) (*), *Stuc* [*Stuk*, 1887] ; *Tine*, où percent, sous une forme mi-ironique, mi-pathétique, des allusions autobiographiques, comme dans *Sous le joug* [*Under August*, 1890], *Mikael* (1904), *Les Sans-Patrie* [*De Unden Faedreland*, 1906]. D'autres romans : *Dix ans* [*Ti Aar*, 1891], *La Maison blanche* [*Det Hvide Hus*, 1898], *La Maison grise* [*Det Graa Hus*, 1901], sont purement autobiographiques. Les œuvres d'Herman Bang ont été souvent adaptées au cinéma : *Mikael* par Stiller en 1916 et par Dreyer en 1924, *Tine* par Thomsen en 1964, la dernière en date, *Katinka* – v. *Au bord de la route* (*) – en 1988, est la première mise en scène de Max von Sydow.

RÉF. : E. Fog, *Les Littératures danoise et norvégienne d'aujourd'hui*, trad. 1904. – Emil Ludwig, *Genie und Charakter*, Berlin, 1920.

BANKS John. Auteur dramatique anglais. Né vers 1650, à Londres, où il mourut en 1706. Il fut un dramaturge de médiocre valeur. Dans l'atmosphère agitée de la Restauration anglaise, ses huit tragédies n'atteignirent certes jamais un niveau littéraire élevé, mais *Les Rois rivaux* [*The Rival Kings*, 1677] et *La Destruction de Troie* [*The Destruction of Troy*, 1678] représentent tout à fait le goût, alors prévalent, pour la tragédie héroïque et pour les horreurs grand-guignolesques. John Banks retourna par la suite à ce type de tragédie avec *Cyrus le Grand* [*Cyrus the Great*, 1696]. Dans ses autres drames, il traite de préférence des faits tragiques réels de l'histoire anglaise, s'intéressant plutôt aux intrigues amoureuses et sentimentales, ce qui fit dire par la critique que Banks était un précurseur de Nicholas Rowe. Il remporta un succès certain avec *Le Favori malheureux ou le Comte d'Essex* [*The Unhappy Favourite*, 1682] et *La Vertu trahie ou Anne Boleyn* [*Virtue betrayed*, 1692], considérés en général comme ses meilleurs œuvres. *L'Usurpatrice innocente ou la mort de lady Jane Gray* [*The Innocent Usurper*] fut écrite en 1683, mais la censure en interdit la représentation pour immoralité. La même chose étant arrivée l'année suivante aux *Reines de l'Ile* – v. *Marie Stuart* (*) –, cette même tragédie, revue par Banks et quelque peu modifiée, fut acceptée sous le titre *Les Reines d'Albion* [*The Albion Queens*] le 6 mars 1704 par le Drury Lane Theatre ; sa représentation ne souleva aucune difficulté.

RÉF. : Théophilus Cibber, *The Lives of the Poets of Great Britain and Ireland to the time of Dean Swift*, t. III, London, 1753. – Sir Edmund Gosse, article « Banks » dans le t. III du *Dictionary of National Biography*, London, 1885.

BANVILLE Théodore de. Poète français. Né à Moulins (Allier) le 14 mars 1823, mort à Paris le 13 mars 1891. Appartenant à l'école littéraire de 1830, il se rattache moins à Baudelaire qu'à Victor Hugo, à Gautier et aux Parnassiens. Amoureux de la forme autant que des couleurs, il se montra leur digne élève tout au long d'une production assez copieuse. Son premier recueil de vers, *Les Cariatides* (*), date de 1842. S'étant acquis par là l'estime des lettrés, Banville fit paraître un second recueil en 1846 : *Les Stalactites* (+). Le succès fut encore plus grand. Devenu le critique dramatique du *Pouvoir* (1850), puis du *National* (de 1869 à 1870), le poète montra qu'il savait manier la prose aussi bien que les vers. Il ne connut pourtant la véritable notoriété que le jour où il publia ses fameuses *Odes funambulesques* (*) (1857), où l'acrobatie se donne carrière avec tant de bonheur que Sainte-Beuve lui-même dut crier merveille. Des autres recueils de vers que Banville publia par la suite, les *Exilés* (*) (1867) sont le meilleur – celui où le poète a mis le plus de lui-même. Partout son clair optimisme s'inscrit en faux contre le pessimisme de Leconte de Lisle. De la douzaine de pièces que comprend son théâtre, citons : *Le Cousin du Roi* (1857), *Les Fourberies de Nérine* (1864), *La Pomme* (1865), *Florise* (1870), *Socrate et sa femme* (1885). Mais seul demeure *Gringoire* (*) (1886), pièce en prose dédiée à Victor Hugo. Que, d'ailleurs, Banville écrive en prose ou en vers, il est impossible de voir en lui autre chose qu'un poète. Outre son *Petit traité de poésie française* (*) (1872), qui foisonne en aperçus des plus ingénieux, il convient de citer : *Trente-six ballades joyeuses* (1875), où il fait revivre à merveille l'esprit de Villon, *Mes souvenirs* (1882), recueil d'étincelantes causeries, *Madame Robert* (1887), volume de contes pleins d'humour, et même un roman, *Marcelle Rabbe* (1891). Ajoutons *Critiques,* ouvrage posthume (1917), où l'on retrouve ses articles de critique littéraire. Banville est le dernier venu des romantiques et, sans contredit, le plus amusant. Fort de son talent de ciseleur, il a fait de la poésie une affaire de mots et non pas de sentiments ou d'idées. Idolâtrant la rime, il en fait l'unique raison d'être du vers : « Elle est tout le vers, écrit-il, parce que dans un vers on n'entend que le mot qui est à la rime. » Mais il ne réduit pas toute la poésie à un exercice de bouts-rimés. Il a prétendu être le premier qui ait cherché à traduire le comique par la magie toute-puissante de la rime. Son meilleur titre de gloire, c'est d'avoir ressuscité les anciens petits poèmes à forme fixe en même temps que l'ode funambulesque.

ROLAND PURNAL.

♦ *« Sans repos je me suis voué / Au destin d'embraser les âmes / Peut-être ai-je encor secoué / Trop peu de rayons et de flammes. »* Th. de Banville. ♦ *« Th. de Banville est exclusivement poète ; pour lui la prose semble ne pas exister* [...] *De naissance, il eut le don de cette admirable langue que le monde entend et ne parle pas ; et de la poésie, il possède la note la plus rare, la plus haute, la plus ailée, le lyrisme. »* Th. Gautier. ♦ *« Pour dire tout ce que nous croyons être la vérité, Th. de Banville doit être considéré comme un original de l'espèce la plus élevée. »* Ch. Baudelaire. ♦ *« Mon poète, c'est le divin Théodore de Banville, qui n'est pas un homme mais la voix même de la lyre. »* S. Mallarmé. ♦ *« Th. de Banville est le poète du rhythme* (sic). *»* J. Barbey d'Aurevilly. ♦ *« Quand Th. de Banville n'est pas le poète funambule, il est le poète virtuose par excellence. On a dit justement qu'il fut le dernier des romantiques et le premier des parnassiens. »* Anatole France. ♦ *« Dans un siècle pratique et triste, Banville nous offre l'exemple extravagant d'un homme qui n'a vécu que de mots comme les divines cigales se nourrissent de leur chant. »* Jules Lemaître.

RÉF. : Sainte-Beuve, *Causeries du Lundi,* t. XIV. – C. Baudelaire, *Réflexions sur quelques-uns de mes contemporains.* – Max Fuchs, *Théodore de Banville,* 1911. – Ed. Rivarol, *La Poésie parnassienne d'après Banville,* 1915. – J. Charpentier, *Théodore de Banville,* 1925.

BÂQÎ (Mahmûd 'Abd ul-Bâqî, dit). Poète turc ottoman. Né et mort à Istanbul (1525/26-1600). Honoré de son vivant du titre de « sultan des poètes », Bâqî est le plus grand représentant de la poésie lyrique ottomane, dans la veine érotico-mystique qui la caractérise. Fils d'un modeste muezzin de la mosquée de Fâtih, à Istanbul, Bâqî a une enfance pauvre. Il commence à travailler assez tôt comme apprenti sellier ; cependant, à force de ténacité, il réussit à faire des études approfondies dans une medersa où se côtoyaient quelques-uns des esprits les plus brillants de son époque. Avide d'honneurs et de reconnaissance, il se fait connaître de la cour par une *qasîde* en l'honneur de Soliman le Magnifique, composée au retour du sultan d'une campagne en Perse (1555). Bâqî entre aussitôt dans les bonnes grâces du souverain, à la protection duquel il devra d'occuper des postes de plus en plus élevés dans l'enseignement et l'appareil judiciaire. La mort de Soliman en 1566 l'affecte profondément ; il lui dédie l'éloge funèbre qui est son chef-d'œuvre. Poursuivant son ascension dans la carrière des oulémas, avec quelques intervalles de disgrâce, il ne parvient pas à accéder à la dignité de *sheykh ül-islâm,* rang suprême dans la hiérarchie religieuse ottomane, et rêve de sa vie. Aigri, et très affecté par une longue maladie dont il se remet à peine, il succombe à un violent accès de colère (1600). C'est avec des honneurs solennels qu'il est enterré, le *sheykh ül-islâm* en titre se déplaçant pour lui rendre l'hommage du prône funéraire. Type presque idéal du poète de cour, Bâqî avait parmi ses contemporains la réputation d'un parfait homme du monde, cultivé et ambitieux, à l'esprit vif et volontiers mordant. Il laissa différents écrits religieux qui représentent la rançon de son « cursus honorum » (et dont on notera le « style naturel, sans fioritures et bien équilibré » [Fahir Iz]), et un *Dîvân* (*) composé en ottoman, mais qui comprend également des vers en persan et en arabe. La Turquie républicaine honore Bâqî comme l'un des plus grands auteurs nationaux – bien que l'évolution considérable, en ce pays, de la langue et du goût littéraires le rende aujourd'hui difficilement lisible.

STÉPHANE A. DUDOIGNON.

BARAHONA DE SOTO Luis. Poète et médecin espagnol. Né en 1548 à Lucena (Cordoue), mort à Antequera (Malaga) en 1595. De famille noble mais pauvre, ses années d'études furent difficiles, mais il se glorifia toujours autant de son origine que des conditions dans lesquelles il vécut. Dans ses œuvres, on trouve des détails autobiographiques à côté d'allusions à des personnages de l'époque tels que le capitaine Alonso de Céspedes, Diego Hurtado de Mendoza, Hernando de Acuna, Télez Girón duc d'Osuna, et d'autres encore. Barahona de Soto fut en relation avec de nombreux Sévillans et Castillans, souvent grâce à une correspondance poétique. À son ami Herrera il adressa un sonnet rimé à la manière de ce poète, révélant ainsi une rare facilité d'assimilation. À Antequera, considérée comme la petite Athènes du temps, il eut pour maître Vilches, savant humaniste et poète. Affecté par sa mort, il se rendit à Grenade (1567), combattit contre les Maures de l'Alpujarras qui s'étaient soulevés en 1568. À Grenade, il fréquenta les milieux littéraires réunis autour d'Alonso de Granada Verragas, connut la fleur des talents de l'époque, et lia une étroite amitié avec le poète Silvestre, qui lui reprocha tout d'abord son imitation de Pétrarque. On connaît leur échange de sonnets. Après la mort de son ami (1569), Barahona se rendit à Osuna, où il fréquenta l'Académie de Sandoval où il donna lecture, entre autres, de ses épitaphes latines. Il poursuivit ses études médicales, et en 1571 reçut à Séville le grade de docteur. Ce fut à Archidona qu'il exerça, cumulant sa profession de docteur avec la fonction de « regidor ». Barahona exprime à merveille la fusion de la Renaissance et du Baroque. Certains de ses poèmes parurent dans le recueil de Pedro de Espinosa : *Anthologie des poètes illustres*. Il écrivit des sonnets, une chanson, des élégies, des madrigaux qui se ressentent de l'influence des poètes italiens et latins. Imaginatif, descriptif, il révèle diverses réminiscences gongoristes dans *Églogue des hamadryades* [*Egloga de las hamadriades*] et dans *Angélique* (*), imitée de L'Arioste, ouvrage loué par Lope de Vega dans *Le Laurier d'Apollon* (*) et par Cervantès. Dans les *Fables de Vertumno* [*Fábulas de Vertumno*] et dans *Actéon*, traductions quasi littérales d'Ovide mais augmentées, où ne manquent pas les allusions à des faits réels, Barahona montre son goût de la mythologie. Il écrivit en outre des satires et le *Dialogue de la chasse* [*Los diálogos de la montería*] qui ne manque pas d'intérêt.

RÉF. : Rodríguez Marín, *Luis Barahona de Soto*, Madrid, 1903.

BARANAUSKAS Antanas. Philologue lituanien. Né le 16 janvier 1835 à Anykščiai (Lituanie orientale), mort le 26 novembre 1902 à Seinaï (Lituanie méridionale). Fils d'un paysan, il fit ses débuts dans la vie comme écrivain public, étudia ensuite au séminaire de Varniaï où il enseigna plus tard le lituanien. En 1858 il fut envoyé à l'Académie catholique de Pétersbourg. Ordonné prêtre en 1862, après deux années d'études à Innsbruck, Munich et Rome, il devint professeur à la même Académie de Pétersbourg où il avait étudié. Mécontent de sa situation, il revint en Lituanie en 1867, et enseigna au séminaire de Kaunas, où il devint inspecteur en 1874. En 1883 le pape le nomma évêque auxiliaire, et en 1897 évêque de Seinaï. Il s'intéressait surtout à la philologie, et ses essais : *Textes de la Lituanie orientale* [*Ostlitauische Texte*, 1882], *Contribution à la dialectologie lituanienne* [*Zur litauischen Dialektforschung*, dans *Kuhns Zeitschrift für Vergleichende Sprachforschung*, VIII et IX] et *Observations sur la langue et le vocabulaire lituaniens* [*Zametki o litovskom jazykè i slovarè*, en russe, 1898], sont encore utiles pour l'étude de la langue lituanienne. Mais la renommée de Baranauskas en tant qu'écrivain est due surtout au poème *Le Bois d'Anykščiai* (*), complainte sur les ravages du déboisement et de l'industrialisation de son pays, où l'on relève l'influence du *Messire Thaddée* (*) de Mickiewicz. Le recueil *Chants du laboureur* [*Artoju giesmes*, 1860] contient de courtes poésies et des hymnes religieux. Le poème *Voyage à Pétersbourg* [*Kelione Petarbukan*, 1859], dans lequel l'auteur évoque avec orgueil l'époque (XIVᵉ siècle) où une partie de la Russie appartenait à la principauté lituanienne, lui fournit une occasion de médire de la Russie.

BARANTE Aimable Guillaume Prosper Brugière, baron de. Diplomate et historien français. Né le 10 juin 1782 à Riom (Puy-de-Dôme), mort le 21 novembre 1866 au Dorat (Puy-de-Dôme). Barante débuta tôt dans les lettres, en collaborant à *La Décade philosophique* et au *Publiciste ;* en 1805 il concourut pour un prix de l'Académie française avec un *Tableau de la littérature française au XVIIIᵉ siècle ;* bien que n'ayant pas obtenu le prix, il publia, en 1808, ce travail qui eut un très grand succès de librairie. Malgré ses sympathies libérales, il occupa des fonctions importantes sous le premier Empire, comme préfet en Vendée (1809) et dans la Loire-Inférieure (1813). Louis XVIII, dont il sut également se faire apprécier, le nomma Pair de France. Député et collaborateur de Decazes, il combattit l'extrémisme de droite et plus tard la politique cléricale de Villèle ; il adhéra à la révolution de 1830, fut envoyé en 1831 comme ambassadeur à Turin où il se lia avec les libéraux italiens, parmi lesquels se trouvait Cavour. En 1835 on le trouve ambassadeur à Pétersbourg. Ayant abandonné la carrière diplomatique après la révolution de 1848, il se consacra à des écrits sur la Révolution, à des traductions de drames de Schiller. Mais il convient surtout de citer l'œuvre à laquelle il doit sa renommée d'écrivain : l'*Histoire des ducs de Bourgogne, de la maison de Valois* (*), qui témoigne d'un goût romantique pour les reconstitutions historiques, et des dons réels de narrateur.

RÉF. : G. Moulin, *Notice biographique sur M. de Barante*, 1867. — *Souvenirs du baron de Barante* (8 volumes publiés par son petit-fils en 1889-1901).

BARAT'AŠVILI Nikoloz. Écrivain géorgien. Né le 4 décembre 1817 à Tiflis (Géorgie), mort le 21 octobre 1845 à Gandja (province d'Azerbaïdjan). Il est le représentant le plus important du romantisme dans la littérature géorgienne. Élevé à Tiflis (1817-1835), sa trop grande pauvreté l'obligea de renoncer à la carrière militaire, et il dut entrer dans l'administration judiciaire. En 1844, il fut envoyé à Gandja, alors infesté de brigands et dont le climat était très malsain. Il contracta la malaria, et mourut d'un refroidissement pris au cours d'une expédition contre les bandits. Dès l'école il avait commencé d'écrire des poésies, mais ses premières œuvres sont en grande partie perdues.

Ses meilleures poésies furent écrites lorsqu'il se trouvait à Tiflis dans l'Administration : *Pensées sur les rives du Kur* [*Dumy na beregakh Kury*], *La Boucle d'oreille* [*Serezka*], *Âme solitaire* [*Odinokaja duša*, 1839], *Merani* (1842), *L'Esprit du mal* [*Dukh zla*], *Le Destin de la Géorgie* (*) ; elles sont toutes inspirées par la vie et par la nature, dont aucun poète géorgien, à l'exception peut-être de Rustaveli, ne posséda un sentiment aussi vif. Barat'ašvili introduisit dans la littérature géorgienne le goût de l'observation réaliste et de l'analyse psychologique. Malgré son dédain du sentimentalisme facile, malgré son attitude positive et énergique devant la vie, son œuvre est empreinte d'un profond pessimisme et révèle la tristesse de son existence, en particulier *Merani*, qui décrit le conflit entre les nobles aspirations de l'homme et la réalité.

RÉF. : Article *sub nomine* (en russe) in *Grande Encyclopédie soviétique.*

BAR BAHLÛL. Médecin et lexicographe syriaque. Né au début du Xe siècle à Awana, petit village du diocèse de Tithan, auteur du célèbre *Lexique syriaque* (*). Son nom complet est Abu 'l-Hasan Isa bar Bahlûl. On ne sait presque rien de sa vie sinon qu'il était médecin et qu'il appartenait à l'Église nestorienne. En 963, il proposa d'élire 'Abd-isho « Katolikos » de cette Église. Sa grande érudition apparaît dans son *Lexique* (*). Elle rivalisa avec celle de Isho bar 'Ali, autre lexicographe nestorien du IXe siècle.

BARBERINO Francesco da. Poète italien. Né à Barberino dans le Val d'Elsa en 1264, mort à Florence en 1348. Fils de Francesco di Neri di Ranuccio, il préféra, suivant l'usage du temps, le nom de son lieu de naissance à son patronyme. De famille modeste mais non pas sans avoir, il put suivre à Florence les cours des « Sept Arts » et ses bonnes dispositions le poussèrent à se rendre à Bologne où il fut reçu docteur en droit. Sa qualité de notaire ne l'empêcha pas de fréquenter les milieux littéraires et il se sentit une vocation artistique. Sa renommée fut aussi prompte que grande. Revenu à Florence, il se lia d'amitié avec Dante et Cavalcanti ; tandis qu'à leur exemple il composait des poèmes inspirés par l'amour d'une dame, une certaine Constance qu'il n'a pas été possible d'identifier, il se consacrait aussi à la peinture ; son manuscrit des *Documents d'amour* [*Documenti d'amore*] en conserve des témoignages appréciables. De 1309 à 1313, il acheva cet ouvrage et élargit considérablement le champ de ses expériences avec une vivacité d'esprit et une curiosité aiguë dont témoigne *De la conduite et des coutumes des femmes* (*). Ses autres ouvrages sont perdus ; nous n'en connaissons que le titre : *Fiori di Novelle* et un *Officiolo* (livre d'offices) illustrés de miniatures de sa main. Revenu à Florence, veuf et ayant à sa charge une nombreuse famille, il se consacra au notariat plus qu'aux beaux-arts. Une réputation de probité, de zèle, vint s'ajouter à sa renommée littéraire : les chroniques du temps le montrent homme du monde, fin, d'une grande honnêteté, souvent appelé pour trancher de questions difficiles à résoudre sans une extraordinaire pénétration d'esprit et de vastes connaissances. Il fut en somme un esprit attaché au réel, apte aussi bien à rêver qu'à réfléchir. Il mourut à l'âge de quatre-vingt-trois ans durant la célèbre peste dont Boccace a laissé la description dans le *Décaméron* (*).

BARBEY D'AUREVILLY Jules-Amédée. Écrivain français. Né le 2 novembre 1808 à Saint-Sauveur-le-Vicomte (Manche), mort à Paris le 23 avril 1889. Ses origines et son enfance mettent d'abord en relief les deux traits essentiels de cet écrivain solitaire et original : il est normand et il est noble — de fraîche date il est vrai par son père, mais, par sa mère, descendant probablement d'un bâtard de Louis XV. Ses premières années s'écoulent dans un milieu familial austère, raidi dans tous les préjugés de l'ancienne France, tenant à des soucis désuets d'étiquette mais aussi à une éternelle exigence de vraie grandeur, milieu replié sur lui-même depuis la tourmente révolutionnaire, abondant en personnages originaux qu'on retrouvera plus tard dans les romans de Barbey. Au sortir du collège (1824), le jeune garçon vint à Valognes où il vécut pendant plusieurs années. C'est là qu'il connut les derniers survivants de la chouannerie qu'il s'efforcera plus tard de réhabiliter. Dès l'adolescence, Barbey commence à composer des vers. À dix-neuf ans, il va faire ses humanités à Paris, au collège Stanislas, où il devient l'ami de Maurice de Guérin. Une fois bachelier, en 1829, il s'installe à Caen comme étudiant en droit et rencontre le libraire Trebutien qui lui voue un attachement passionné et qu'il chargera plus tard de mille besognes d'édition, de correction d'épreuves, etc. En 1832, les deux amis lancent la *Revue de Caen,* dont l'ambition est de « réveiller la Normandie et arracher Caen à sa torpeur ». Cette revue meurt après son premier numéro dans lequel paraît sa première nouvelle, *Léa.* À cette époque, en vive réaction contre l'atmosphère familiale, Barbey d'Aurevilly sympathise avec les idées libérales et s'affirme républicain ; c'est alors qu'il publie son premier livre, *Amour et Haine,* recueil de poèmes politiques (1833). La même année, après avoir passé sa thèse, il revient à Paris grâce à une rente que lui fait son oncle, s'ennuie, voyage et, quatre ans plus tard, reparaît dans la capitale, mais complètement transformé : il n'est plus du tout républicain, adjoint à son nom de Barbey celui de d'Aurevilly qui lui vient de son oncle, mène une vie élégante et désordonnée de dandy coureur de femmes, fort aimé d'elles, et dont les journées passent en promenades, arrêts au Tortoni, dîners fins dans les restaurants à la mode en compagnie de ses amis, le vicomte de Brassard – dont il fera l'un des héros des *Diaboliques* (*) – et Roger de Beauvoir. Littérairement, il ne produit à peu près rien, mais fait d'immenses lectures, qui lui permettent de débuter dans la critique au *Globe* en 1842, puis aux *Débats* sur la recommandation de Chateaubriand, au *Constitutionnel,* à *La Revue de Paris* (*), à *La Presse* d'Émile de Girardin. En 1838, il avait publié un recueil de *Sonnets,* mais c'est seulement son premier roman, *L'Amour impossible* (1841), qui marque sa véritable entrée dans la littérature.

À ce moment, les excès d'alcool et d'opium mettent en danger la santé de Barbey ; c'est l'occasion, pour le dandy, d'une crise de conscience et, en quelques mois, il se trouve retourné, converti au catholicisme le plus intransigeant (quoique encore très extérieur), à l'ultramontanisme, à l'absolutisme, et devenu le plus acerbe des polémistes. Grâce à son ami Trebutien, il avait publié en 1843 une sorte de poème en prose, *La Bague d'Annibal* (*), et une étude sur George Brummel, héros et doctrinaire du dandysme, *Du Dandysme et de G. Brummel.* Il lance maintenant une *Revue du monde catholique* qui, au cours de son existence éphémère, n'épargnera personne, et les catholiques tièdes et libéraux moins que n'importe qui ! Cependant, sous l'influence d'une amie, la baronne Rafin de Bouglon, l'« ange blanc » qui l'arrache à l'alcool, Barbey approfondit son catholicisme qui avait été jusqu'alors plus d'attitudes que de cœur. *Une vieille maîtresse* (*), en 1851, fait pourtant crier au scandale ; mais, six ans plus tard, *Les Prophètes du passé,* études sur Chateaubriand, J. de Maistre, Bonald, Lamennais, et violent réquisitoire contre la démocratie et la « libre pensée », placent Barbey d'Aurevilly au premier rang des écrivains catholiques. Réconcilié maintenant avec sa famille et sa province, c'est à la chouannerie normande qu'il demande l'inspiration de *L'Ensorcelée* (*) (1854) et du *Chevalier Des Touches* (*) (1864). À côté de ses romans, il mène, dans le *Pays,* journal de l'Empire, auquel il est attaché dès 1851, et qu'il quitte à la suite d'une polémique, en 1861, une besogne considérable de critique littéraire, une critique courageuse, trop mordante, trop partiale aussi, qui le fait souvent exclure des rubriques : s'il félicite Hello, il attaque les grands hommes du jour, Cousin, Émile Augier, Michelet, Sainte-Beuve et les « fossiles » de *La Revue des Deux-Mondes* (*), Victor Hugo et ses *Misérables* (*). Il est contre l'Académie, contre Flaubert, il sera contre le Parnasse et contre Zola débutant, il vomit les bourgeois comme Scribe et Dumas fils, et les incroyants comme Renan. Le journalisme lui assure une très relative aisance ; il s'est installé au 25 de la rue Rousselet, dans une chambre meublée qu'il appelle son « tournebride de sous-lieutenant » et où se pressent, après la guerre de 1870, de jeunes amis qui le vénèrent comme un maître : Léon Bloy, Georges Landry, François Coppée, Bourget. C'est aussi la période des grandes œuvres : *Les Diaboliques* en 1874, *Un prêtre marié* (*) en 1865, *Histoire sans nom* (*) en 1882, auxquelles succèdent *Les Ridicules du temps* (1883) et *Ce qui ne meurt pas* (1884). Notons enfin les différents *Memoranda* (*), écrits à la demande de ses amis, et les nombreuses lettres adressées à Trebutien et Léon Bloy, entre autres. Fin de vie assez heureuse, que Barbey, soigné par une nouvelle égérie, Mlle Louise Read, occupe aussi à écrire et à classer ses innombrables articles de critique littéraire qui formeront la série *Les Œuvres et les Hommes* dont les quinze volumes verront le jour entre 1860 et 1895.

Ses contemporains n'ont pas fait à Barbey la place qu'il méritait : son aristocratisme et son royalisme effrayaient un siècle bourgeois. On reprochait à l'écrivain son affectation, ses bravades. En fait, l'intransigeance de Barbey et son dandysme (il disait avec fierté : « J'ai parfois, dans ma vie, été bien malheureux, mais je n'ai jamais quitté mes gants blancs ») apparaissent comme une défense contre la vulgarité de l'époque. Cet artiste noble, affamé de grandeur, était hanté par le sentiment de la décadence : aussi voulut-il s'enraciner et ce n'est qu'en retrouvant la Normandie qu'il devint vraiment lui-même. C'est par leurs envoûtantes évocations de la campagne que valent surtout ses romans, pleins d'histoires effrayantes, d'étrangeté et de passion, d'images fortes, de caractères tourmentés et déséquilibrés. Barbey ne semble guère à l'aise que dans l'extraordinaire, le légendaire qui, avec sa conversion, trouvèrent leur véritable nom : le surnaturel. Telle est en effet son originalité : il accepte le surnaturel comme un fait, une évidence. L'intrusion d'un monde supérieur dans la psychologie lui semble une chose habituelle. Mais que restera-t-il des mesures humaines ? *Une vieille maîtresse* a été dénoncée comme immorale, *Les Diaboliques* comme sadiques, et l'on ne pouvait prendre au sérieux la foi chrétienne d'un écrivain aussi complaisant pour des indécences aussi outrées. Barbey se refusait simplement à mutiler l'homme : « Ou il faut renoncer à peindre le cœur humain, disait-il, ou il faut le peindre tel qu'il est. » C'est une leçon de liberté qu'a retenue un écrivain comme Mauriac. Sans doute, il y a une part de réalisme chez Barbey : observation de l'individu, description des paysages ; on n'oublie pas la force avec laquelle il décrit certains êtres d'exception aussi bien que la terre normande : il n'est pas douteux que le Maupassant d'*Une vie* doit autant à Barbey qu'à Flaubert. Mais il y a également, chez l'auteur de *L'Ensorcelée,* une interrogation inquiète sur le Bien et le Mal. L'expérience du Mal, sa présence palpable, est pour lui une conviction réelle : d'où le satanisme et le fantastique qui baignent ses œuvres, ses romans en particulier qu'on aurait tort de négliger au seul profit des *Diaboliques*. Enfin, Barbey d'Aurevilly a été un témoin lucide et parfois virulent de son temps. Ses chroniques du *Gaulois,* du *Réveil,* du *Nain jaune* portent aussi bien sur la littérature que la politique ou la philosophie. Elles ont été regroupées dans les vingt-six volumes du *XIXe siècle : les œuvres et les hommes.* On y décèle sa perspicacité à l'égard de Baudelaire ou de jeunes inconnus comme Maurice de Guérin, Léon Bloy, Huysmans. Barbey fut un épistolier considérable : sa correspondance générale est en cours de publication par les soins du Centre Jacques-Petit de l'université de Besançon. Par son style, par son inquiétude devant le sacré, par son goût des limites et de leur transgression, il a ouvert la voie à la décadence qui dominera les vingt dernières années du siècle.

MICHEL MOURRE.

♦ *« C'est le duc de Guise de la littérature. »* Lamartine. ♦ *« M. Barbey d'Aurevilly est un superbe sans ambition et sans timidité qui, d'un geste bienveillant de sa cravache armoriée, écarte de lui bourgeois et princes, parce que les uns et les autres manquent désormais de cette distinction dont il ne saurait se passer et que les plus naïfs mendiants du bon Dieu montrent encore quelquefois dans leurs guenilles. »* Léon Bloy.

RÉF. : Jean Canu, *Barbey d'Aurevilly*, Paris, 1965. – P. J. Yarrow, *La Pensée politique et religieuse de Barbey d'Aurevilly,* Genève, 1962. – J. Petit, *Barbey d'Aurevilly critique,* Paris, 1963. – H. Hofer, *Barbey d'Aurevilly romancier,* Berne, 1974. – Ph. Berthier, *Barbey d'Aurevilly et l'imagination,* Genève, 1978. – N. Dodille, *Le Texte autobiographique de Barbey d'Aurevilly : Correspondances et journaux intimes,* Genève, 1987. – P. Tranouez, *Fascination et narration dans l'œuvre romanesque de Barbey d'Aurevilly,* 1987.

BARBIER Auguste. Poète français. Né à Paris le 29 avril 1805, mort à Nice (Alpes-Maritimes) le 13 février 1882. Fils d'un avoué, il fit ses études au lycée Henri-IV et prit ensuite ses inscriptions à la faculté de droit. En 1830, à vingt-cinq ans, il publia en collaboration avec Alphonse Royer *Les Mauvais Garçons,* satire morale virulente mais déguisée sous la forme d'un roman historique. C'est au lendemain de la révolution de Juillet qu'il se révéla soudain, par de véritables pamphlets en vers publiés par *La Revue de Paris* (*), où il dénonçait avec un souffle incontestable les clichés politiques alors à la mode, les flatteurs du nouveau régime, l'idolâtrie de la légende napoléonienne, etc. Ces pièces (*Le Lion, Quatre-vingt-treize, L'Émeute, La Popularité, L'Idole,* etc.) furent réunies en 1831 dans le recueil des *Iambes* (*), qui obtint un succès considérable. Les œuvres poétiques suivantes de Barbier furent cependant si faibles que l'on insinua que le poète n'avait été que le prête-nom de Brizeux, l'auteur de *Marie* (*). Barbier publia encore des traductions de diverses œuvres de Shakespeare, de Coleridge, de Boccace, un recueil de nouvelles et, avec L. de Wailly, il composa le livret de *Benvenuto Cellini* (+), opéra de Berlioz qui fit une chute retentissante à l'Opéra en septembre 1838. Élu à l'Académie française en 1869, Barbier demanda à être dispensé de la visite à l'Empereur.

♦ *« Il a du talent, mais il ne domine pas ce talent ; il y va sans direction et en tâtonnant, il ne sait plus bientôt où il en est, il s'y noye presque, comme un homme qui voudrait marcher dans l'eau en y étant jusqu'au menton* [...] *C'est un poète de hasard. »* Sainte-Beuve. ♦ *« Chez Auguste Barbier, naturellement poète, et grand poète, le souci perpétuel et exclusif d'exprimer des pensées honnêtes et utiles a amené peu à peu un léger mépris de la correction, du poli et du fini, qui suffirait à lui seul pour constituer une décadence. »* Baudelaire.

RÉF. : Sainte-Beuve, *Portraits contemporains,* t. II, Paris, 1846. – H. Blaze de Bury, article in *Revue des Deux Mondes,* octobre 1882. – Léon Séché, *Annales romantiques,* Paris, 1905. – H. D. Cohen, *Barbier,* thèse, Berkeley, 1968.

BARBIER Edmond Jean François. Avocat français. Né à Paris le 16 janvier 1689, mort le 29 janvier 1771. Issu d'une famille d'avocats, il fait ses études de droit et, en 1708, à dix-neuf ans, est reçu avocat au parlement de Paris, auquel il restera attaché jusqu'à sa mort. Homme de loi renommé, intime de plusieurs grands seigneurs comme d'Argenson et le maréchal de Saxe, Barbier représente assez bien le type du bourgeois éclairé du XVIIIe siècle, ce qui donne un grand prix à son *Journal historique et anecdotique* (*), tenu de 1718 à 1763, mais publié seulement en 1847-56.

BARBIER Paul-Jules. Auteur dramatique français. Né le 8 mars 1825 à Paris, où il mourut le 16 janvier 1901. À treize ans il composa un hymne : *Voix de France.* Il écrivit ensuite de nombreuses pièces de théâtre : *L'Ombre de Molière* (1847), *Amour et Bergeries* (1847), *André Chénier* (1849), *Jenny l'ouvrière* (1850) en collaboration avec Decourcelle, *Laurence* en collaboration avec Barrière. Ses autres travaux et adaptations datant de cette période sont : *Jeanne d'Arc, Mignon* (*), *Mireille* (*), *Les Contes d'Hoffmann* (*). Il travaille à d'autres livrets d'opéra dont les plus célèbres sont ceux de : *Faust* (*) (pour Gounod), *Galatée, Roméo et Juliette* (*), *Paul et Virginie* (+), *Polyeucte, Francesca de Rimini, Bianca Capello, La Reine de Saba,* pour Gounod, Delibes, Massé, Thomas, d'autres encore. Meyerbeer mit en musique son œuvre, *Le Pardon de Ploërmel.* Jules Barbier composa en outre diverses œuvres dont les plus connues sont deux recueils de poèmes : *Le Franc-Tireur* (1871), *La Gerbe* (1874), et les deux volumes de *Théâtre en vers* (1879).

BARBOUR John. Poète écossais. Né peut-être à Aberdeen (Écosse) en 1316, mort le 13 mars 1395. Il est généralement considéré comme le père de la poésie écrite en dialecte écossais, et comme l'un des meilleurs poètes de son temps. Il est toutefois impossible de se faire une idée de sa personnalité à l'aide des notions très vagues que l'on possède sur sa vie. Certains documents permettent de croire qu'il étudia et peut-être enseigna à Oxford et à Paris. En 1373, il obtint une charge de conseiller au Trésor. Il reçut, en 1377, la somme de dix livres du roi Robert II d'Écosse, et en 1378 une pension à vie de vingt livres. De nouveau conseiller au Trésor en 1382-84, il fut attaché en 1388 à l'office des douanes d'Aberdeen. Son œuvre la plus importante est un poème, l'*Histoire de Robert Bruce* (*). Il semble que Barbour ait aussi écrit deux poèmes aujourd'hui perdus, l'un sur la généalogie des Stuarts et l'autre sur Brutus. (Quelques érudits sont tentés de croire qu'il s'agit d'une œuvre unique.) En outre, deux fragments d'un poème retrouvé à Cambridge font supposer que, à l'instar d'autres écrivains de son temps, il aurait chanté les événements de la guerre de Troie. On le croit également l'auteur d'un long poème intitulé *Légendes des saints* [*Legends of the Saints*] qui retrace en 33 596 vers la vie de cinquante saints. L'œuvre n'est pas signée de lui, mais une certaine ressemblance avec l'*Histoire de Robert Bruce* lui en fait attribuer la paternité.

RÉF. : George Neilson, *John Barbour, Poet and Translator,* Londres, 1900.

BARBU Ion (pseud. de Dan Barbilian). Poète roumain. Né à Câmpulung (Valachie) le 19 mars 1895, mort à Bucarest le 11 août 1961. Savant mathématicien, ayant fait des études à Bucarest et en Allemagne, il enseigne dans différents lycées avant d'être nommé professeur à la faculté des sciences de Bucarest. Ses premiers poèmes, d'allure parnassienne, se font remarquer par leur rigueur et leur vocabulaire serré. Le poète jugera cette période de sa création comme périmée. Dans une nouvelle phase, sa poésie se passe d'objet pour créer d'une façon plus ou moins hermétique le lyrisme absolu, lequel conduit le poète à renoncer au pittoresque et à la rhétorique, et à faire appel parfois à la prosodie populaire ou à la mélopée orientale. Sa poésie devient ainsi un jeu difficile et précis, un « jeu second », comme il l'a appelé lui-même, se mouvant entre forces réelles et images ineffables. Son œuvre poétique tient en deux recueils : *En ramassant des escargots* (1921) et *Jeu second* (*) (1930). Un volume de *Poésies* [*Poezii*, 1970] réunit ces deux recueils, les poèmes du début désavoués par l'auteur, et des inédits.

RÉF. : D. Pillat, *Ion Barbu,* Bucarest, 1969, 2e éd. 1982. – T. Vianu, *Ion Barbu,* Bucarest, 1970. – S. Foartă, *Eseu auspra poeziei lui Ion Barbu,* Timisoara, 1980.

BARBUSSE Henri. Écrivain français. Né à Asnières (Seine) le 17 mai 1873, mort à Moscou le 30 août 1935. Enfant assez précoce, il fit du journalisme dès la sortie du collège (1889). S'étant cru tout d'abord une vocation de poète, il fréquenta divers milieux littéraires où il fit la rencontre de la plus jeune fille de Catulle Mendès, qu'il devait bientôt épouser. En 1895, il publia un recueil de vers intitulé *Les Pleureuses* (+). En 1903, un roman, *Les Suppliants* (+), et cinq ans après un autre roman, *L'Enfer* (*) (1908), dont la hardiesse fit sensation. En 1914, âgé de quarante et un ans, il s'engagea comme soldat, se distingua, et reçut le grade de lieutenant. En 1916, il publia *Le Feu, Journal d'une escouade* (*), roman qui obtint, en 1917, le prix Goncourt, mais n'en souleva pas moins de furieuses protestations, car l'auteur osait peindre la guerre dans toute son horreur. S'étant acquis, de ce fait, la célébrité, Barbusse apparut comme un guide à beaucoup d'anciens combattants. Devenu farouchement pacifiste, et transposant sa rébellion sur le plan social, il fut de plus en plus séduit par la pensée de Lénine, au point d'aller s'établir en Russie. Bien résolu à faire d'abord de la politique militante, il fit paraître néanmoins successivement un roman : *Clarté* (1919) ; des nouvelles : *Quelques coins du cœur* (1922) ; *Force* (1926) ; *Les Judas de Jésus* (1927), etc. Il faut, en outre, mentionner les essais suivants : *Paroles d'un combattant* (1921), *La Lueur dans l'abîme* (1921), *Le Couteau entre les dents* (1922), *Voici ce qu'on a fait de la Géorgie*, et une biographie : *Staline* (1935).

RÉF. : H. Coulon, *Anatomie littéraire,* 1921. – D. Charachidzé, *H. Barbusse, les Soviets et la Géorgie,* 1930. – Luc Durtain, *D'homme à homme,* 1932.

BARCLAY John. Écrivain écossais d'expression latine. Né le 28 janvier 1582 à Pont-à-Mousson (Meurthe-et-Moselle), mort le 15 août 1621 à Rome. Fils du jurisconsulte écossais William Barclay, il fit ses études au collège de sa ville natale, dirigé par des jésuites qui s'efforcèrent vainement de faire entrer le jeune homme dans leur ordre. Après un premier séjour en Angleterre en 1603, il revint en France, à Angers, puis à Paris – où il épousa la fille d'un payeur de l'armée, elle-même poète et excellente latiniste –, puis s'installa définitivement en Angleterre où il publia, sous le pseudonyme d'Euphormio, les deux parties (1603-1607) de son *Satyricon* [*Euphormionis Satyricon*], ouvrage en latin qu'il devait défendre dans son *Apologie d'Euphormio* [*Apologia Euphormionis,* 1610] qui contient des pointes ironiques contre ses contemporains, particulièrement contre les jésuites. C'est également à Londres que fut publié l'*Icon animarum,* essai de description et de classification des caractères d'après leurs signes extérieurs et qui annonce de loin les fameuses théories de Lavater. En 1616, Barclay fut glorieusement accueilli à Rome par le pape, qui avait pourtant fait interdire ses ouvrages, et il reçut de lui une pension. Son œuvre principale, l'*Argenis* (*), parue en 1622, qui fut traduite dans la plupart des langues européennes, trouva des admirateurs de la qualité de Richelieu et de Leibniz. Elle aurait inspiré *Les Aventures de Télémaque* (*) de Fénelon.

RÉF. : Dupond, *L'Argenis de Barclay*, Paris, 1875 – J. Dukas, *Étude biographique et littéraire sur le Satyricon de J. Barclay*, Paris, 1880. – D. Bush, *English Literature in the Early Seventeenth Century*, Oxford, 1962.

BARCLAY Robert. Théologien écossais. Né à Gordonstown, près d'Elgin, le 23 décembre 1648, mort à Ury, près d'Aberdeen, le 3 octobre 1690. Il fit ses études à Paris et, immédiatement après son retour en Écosse, il entra dans une secte de quakers, la « Society of Friends ». Il eut à subir, à cause de cela, de nombreuses persécutions, et fut emprisonné à plusieurs reprises. Un débat public sur son œuvre *Theses theologiae*, imprimée en anglais, en français, en latin et en hollandais, fut tenu à Aberdeen le 14 mars 1675 et, pour la défense de cette œuvre, il écrivit ensuite l'*Apologie de la vraie théologie chrétienne* (*) (1676) qui est la première analyse importante qui ait été faite de la doctrine quaker. La vie de Barclay fut des plus mouvementée. Il fit divers voyages en Europe, soit seul, soit en compagnie de Penn et de George Fox, et enfin se fixa définitivement en Écosse. Au cours des dernières années de son existence, il eut une grande influence sur Jacques II, qui, lorsqu'il n'était encore que duc d'York, avait donné à une douzaine de membres de la « Society of Friends », sous la direction de Penn, la permission de répandre leur foi dans la province de l'East New Jersey, au moment où Barclay en était lui-même le gouverneur (1682-1688). On dit aussi qu'il aurait été en rapport avec ce même Jacques II pour obtenir un accord à l'amiable avec Guillaume d'Orange quand l'arrivée de celui-ci en Angleterre fut imminente.

BARDESANE d'Édesse. Écrivain religieux de langue syriaque. Né à Édesse le 11 juillet 154, mort dans cette même ville en 222. Converti au christianisme par l'évêque local, Ouschtasp, il fut séduit par les théories gnostiques, mais ne tarda pas à se désolidariser des uns et des autres ; il fonda une secte personnelle, dont les thèses, suivant l'opinion d'Eusèbe de Césarée, n'étaient pas éloignées des dogmes chrétiens, contrairement à ce que nous pourrions croire en lisant les philippiques enflammées de saint Éphrem. En effet, Bardesane rejette nettement le fatalisme déterministe des astrologues chaldéens, ainsi d'ailleurs que les opinions contraires de certains philosophes, qui affirmaient que l'homme est entièrement libre. D'après sa doctrine, l'homme est soumis à une influence triple : celle de la nature ou, parlant en langage moderne, l'influence somatique ; celle du destin – qui influence l'être au moment de sa naissance suivant la position des astres à cet instant précis – et, enfin, la volonté consciente et éclairée de l'homme averti : du « gnostique » au sens propre du mot. Il est très difficile de pénétrer exactement la pensée de Bardesane, car tous ses ouvrages ont été perdus, à l'exception d'un seul, dont le texte complet avait été découvert dans le manuscrit syriaque 987 du British Museum et publié par Cureton, en 1855, sous le titre : *Livre des lois du pays* (*). Il paraît toutefois, d'après les renseignements que l'on peut glaner chez Eusèbe de Césarée et saint Épiphane, que le titre original de l'œuvre en question (écrite en syriaque, mais traduite immédiatement en grec par les disciples de Bardesane) aurait été : *Dialogue sur le destin* [Περί τής είμαρμένης]. Parmi les ouvrages perdus de Bardesane figuraient quelque cent cinquante hymnes, une Histoire d'Arménie – pays qu'il aurait tenté d'évangéliser – et un livre sur l'Inde, composé d'après des renseignements recueillis auprès des ambassadeurs indiens, envoyés, vers 220, en mission auprès de l'empereur Héliogabale. Un écrit arabe, mais de beaucoup postérieur à Bardesane, lui attribue trois autres traités philosophiques : le *Livre de la lumière et des ténèbres*, le *Livre du mouvant et du stable* et le *Livre de l'esprit de la vérité*, mais cette attribution n'a pas été confirmée.

RÉF. : Abbé F. Nau, *Une biographie inédite de Bardesane l'Astrologue*, 1897, et article *Bardesane* dans le t. II du *Dictionnaire de la théologie catholique*, 1905. – F. Haase, *Zur bardesanischen Gnosis*, Leipzig, 1910.

BAREA Arturo. Écrivain espagnol. Né à Badajoz le 20 septembre 1897, mort à Faringdon (Angleterre) le 24 décembre 1957. De famille très modeste, il passa son enfance à Madrid et y connut toute la misère du sous-prolétariat ; il s'instruisit seul et devint employé de bureau. En 1931, il participa à la fondation du Syndicat des employés et, au début de la Révolution, à l'organisation des milices populaires. Entré ensuite au service de presse, il publia son premier livre : *Courage et Peur* [*Valor y miedo*, 1938], recueil de scènes de la guerre civile. Réfugié en Angleterre en 1939, il participa aux émissions en langue espagnole de la B.B.C. et publia de nombreux articles et nouvelles dans les revues anglaises. Son roman autobiographique, *La Forge* (*) (1938), d'abord publié en anglais et traduit en huit langues, ne parut en espagnol qu'en 1951 ; il fut suivi de deux autres livres, également autobiographiques : *La Route* (+) (1939) et *La Flamme* (+) (1944).

RAYMOND ROLLIN.

BAR HEBRAEUS (Yuhanna Gregorius Abā l-Farag Bar Ebraya, dit). Écrivain sacré de l'Église jacobite syrienne. Né en 1225-26 à Mytilène (Égée), mort à Maragha (actuellement Iran), le 30 juillet 1286. Fils d'un médecin juif du nom d'Aaron, converti au christianisme (d'où son surnom : « Bar Hebraeus » qui signifie « fils de juif »), il reçut au baptême le prénom de Jean. Dès son plus jeune âge, il s'adonna avec ferveur aux études de philosophie, de théologie et de médecine et, lorsque sa famille – pour ne pas rester sous la domination mongole – émigra à Antioche, sous la protection des Croisés, il se rendit à Tripoli pour parfaire ses études de médecine et apprendre la logique. À l'âge de vingt ans, le 14 septembre 1246, il fut sacré évêque de Goubos par le patriarche jacobite Ignace II ; c'est à cette occasion qu'il prit le nom de Grégoire. Lors des troubles qui se produisirent au sein de l'Église jacobite à l'occasion de l'élection d'un nouveau patriarche (1252), Bar Hebraeus reçut de l'un des deux candidats en présence le siège d'Alep, mais ne put y exercer son ministère, les habitants de la ville étant partisans de l'autre candidat au siège patriarcal. Les choses finirent néanmoins par s'arranger, et Bar Hebraeus put retourner à Alep en 1258 et, en 1264, il fut élevé au rang de « maphrien » ou primat de l'Église jacobite, titre qu'il conserva jusqu'à sa mort. Il ne connaissait pas la langue grecque, mais lisait et écrivait couramment l'arabe ; or, la littérature arabe de son temps avait déjà assimilé beaucoup d'aspects de la pensée grecque, principalement dans le domaine de la philosophie, et c'est ainsi que nous pouvons trouver dans les écrits de Bar Hebraeus des phrases entières empruntées aux écrivains grecs. Véritable polygraphe, Bar Hebraeus composa des commentaires sur les Écritures, des écrits dogmatiques, comme par exemple *Le Candélabre des sanctuaires* (*) ou le *Livre des splendeurs*, des poésies, des livres de droit et de morale (dont le *Nomocanon*), des traités d'astronomie, des « clés des songes » et même des contes facétieux. Toutefois, il fut surtout connu par ses traités philosophiques, dont le plus important est *La Crème de la science* (*). Il composa également une encyclopédie des connaissances philosophiques, copiée sans vergogne sur un écrit analogue d'Avicenne.

RÉF. : W. Wright, *A short History of Syriac Literature*, London, 1894. – R. Duval, *La Littérature syriaque*, 1907. – P. Sbath, *Le Traité sur l'âme par Bar Hebraeus*, Le Caire, 1928. – H. Koffler, *Die Lehre des Barhebraeus von der Auferstehung der Leiber*, Rome, 1932. – E. Honigmann, *Le Couvent de Barsauma et le patriarcat jacobite d'Antioche et de Syrie*, Löwen, 1954.

BARIE Giovanni Emanuele. Philosophe italien. Né à Rome le 19 octobre 1894, mort à Milan le 3 décembre 1956. Issu d'une famille aristocratique, ce penseur débute dans la vie par des exploits héroïques en 1915-1918, en tant qu'officier de la cavalerie, puis pilote. Enseignant la philosophie (histoire, puis théorétique) à partir de 1923, aux universités de Gênes, puis de Rome (1939) et enfin de Milan (1940), il fonde et dirige la revue *Il Pensiero.* D'abord attaché à un « idéalisme transcendant » dans la lancée de Leibniz et de Kant, qu'il oppose au néo-hégélianisme italien, il évoluera vers une adhésion à « l'actualisme » de Gentile, concrétisant ses thèses dans son « néo-transcendantalisme ». L'œuvre principale de sa première période a pour thème *La Spiritualité de l'Être et de Leibniz* [*La Spiritualità dell'essere e Leibniz,* 1933]. Somme de sa pensée définitive, *Le Moi transcendantal* (+) [*L'Io trascendentale,* 1948], trouve son prolongement dans *Le Concept du transcendantal* (*) et l'étude sur *Le Néo-Transcendantalisme* [*Il Neo-Trascendentalismo*], ces deux derniers titres parus (après la mort du philosophe) en 1957.

BARING Maurice. Romancier anglais. Né le 27 avril 1874 à Londres, mort le 15 décembre 1945 à Beauly (Écosse). Quatrième fils du banquier lord Revelstoke, il fait ses études à Eton, puis au Trinity College de Cambridge, et entre dans la carrière diplomatique en 1899. Attaché d'ambassade à Paris, puis à Copenhague et à Rome, il donne sa démission en 1905 et entre alors dans le journalisme, au *Morning Post,* qui l'envoie comme correspondant en Mandchourie et en Russie (1905-1908) et à Constantinople en 1909. Son séjour en Russie lui a inspiré ses premiers livres : *Le Peuple russe* [*The Russian People,* 1911], *Les Origines de la Russie* [*The Mainsprings of Russia,* 1914] ; il a également publié l'anthologie oxonienne de la poésie russe. Envoyé du *Times* dans les Balkans pendant la guerre de 1912, Maurice Baring sert dans l'état-major de l'aviation anglaise de 1914 à 1918 et reçoit la Légion d'honneur – voir ses souvenirs de guerre : *R.F.C.H.Q. 1914-18.* Auteur d'essais critiques : *Lettres du Proche-Orient* [*Letters from the Near East,* 1909], *Sarah Bernhardt* (1933) et d'un *Recueil de poèmes* (1925), il commence après la guerre à publier les « romans-fleuves » qui lui valurent une grande célébrité, particulièrement *« C »* (+) (1924), *Daphné Adeane* (*) (1926), *La Princesse Blanche* [*Cat's Cradle,* 1926]. À côté de leurs qualités purement littéraires : aisance remarquable à évoquer la complexité des sentiments, alliance du réalisme le plus quotidien avec un sens délicat des nuances du rêve et de la poésie, on y retrouve la sincérité de l'écrivain catholique ami de Chesterton et de Hilaire Belloc, en réaction contre le romantisme au nom d'une morale du renoncement.

RÉF. : Edmond Jaloux, *Au Pays du roman,* Paris, 1931. – Raymond Las Vergnas, *Portraits anglais,* Paris, 1937.

BARJAVEL René. Écrivain français. Né à Nyons le 24 janvier 1911, mort à Paris le 24 novembre 1985. Fils de boulanger, il exerce plusieurs métiers, employé, journaliste, chef de fabrication d'un éditeur, avant de se tourner vers la littérature. Son premier roman, *Ravage* (1943), qui décrit la disparition inexpliquée de l'électricité, l'effondrement d'une civilisation technicienne de l'avenir proche puis le retour à la terre et à la simplicité édénique, est un succès immédiat. *Le Voyageur imprudent* (*) (1944) confirme sa place parmi les maîtres de la science-fiction : le narrateur, empruntant une machine à voyager dans le temps, explore le passé et l'avenir pour finir par tuer un de ses ancêtres, ce qui le condamne à la disparition ; mais, s'il n'existe pas, il n'a pu tuer son aïeul. À côté de romans plus classiques comme *Tarendol* (1944), Barjavel persévère dans la science-fiction avec *Le diable l'emporte* (1946), récit d'une fin nucléaire du monde, *Colomb de la Lune* (1962), où le premier astronaute de l'histoire est français, *La Nuit des temps* (1968), qui évoque une ancienne civilisation ayant laissé sous la calotte antarctique un mausolée et deux survivants, et *Le Grand Secret* (1973) qui est celui de l'immortalité. Également scénariste et auteur dramatique, René Barjavel n'a cessé de manifester une fascination angoissée à l'égard de la modernité technologique qu'il refuse et de prôner sans nuances un écologisme militant et le retour à des valeurs ancestrales présumées naturelles.

GÉRARD KLEIN.

BARLACH Ernst. Sculpteur et écrivain allemand. Né à Wedel dans le Holstein le 2 janvier 1870, mort à Güstrow (Mecklembourg) en 1938. Cet artiste fait d'abord ses études à l'académie des beaux-arts de Dresde, sous la direction de Diez, puis à Paris. Après un voyage en Russie en 1906, il s'installe dans une région proche de sa province natale, à Güstrow, qui sera désormais sa résidence habituelle. Sculpteur, et surtout sculpteur sur bois, il renouvelle magnifiquement le style pathétique du Moyen Âge allemand, retrouvant dans son expérience spirituelle personnelle les vieilles sources du mysticisme chrétien. Dès l'avant-guerre, il débute dans la littérature par un drame, *Le Jour mort* (+) (1912) ; après l'armistice, il va participer à l'explosion de sensibilité révolutionnaire connue sous le nom d'expressionnisme. Avec Hasenclever, Kasimir Edschmid, Kokoschka, etc., il collabore en 1920 à la revue *Notre chemin* [*Unser Weg*], publiée par l'éditeur esthète Paul Cassirer et l'un des principaux organes du groupe. Les drames de Barlach, *Le Pauvre Cousin* (+) (1918), *L'Enfant trouvé* (+) (1922), *Le Déluge* (*) (1924), intéressent donc d'abord comme documents de cette époque tumultueuse. Mais le profond sentiment religieux de Barlach lui permet bientôt de se dégager de l'incohérence expressionniste, d'affirmer son originalité dans un réalisme vigoureux parfois traversé d'humour. Il aime montrer des êtres découvrant soudain leur moi essentiel et meilleur : ainsi le personnage vulgaire, banal de *Boll le Bleu* [*Der Blaue Boll*] sera soudain éveillé à la vie mystique par une misérable fille. Barlach a également publié en 1928 son autobiographie sous le titre : *Une vie racontée par elle-même* [*Ein selbsterzähltes Leben*].

RÉF. : K. D. Carls, *Ernst Barlach*, 1950. — E. Jansen, *Ernst Barlach ; Werk und Wirkung*, Francfort, 1972. — I. Kleberger, *Der Wanderer im Wind, Ernst Barlach*, Berlin, 1984.

BARNABÉ saint. Personnage du Nouveau Testament — v. *La Bible* (*) —, natif de Chypre (fin du Ier siècle), nommé Joseph, mais surnommé Barnabé (en araméen : Bar Nebūāh, qui signifie « fils de consolation ») par les apôtres. Cousin de Marc, il vendit l'un de ses champs dont il remit le produit aux apôtres, auxquels il présenta Paul de Tarse. Bien plus, envoyé à Antioche, il se mit en quête de saint Paul afin que ce dernier l'aidât, puis il l'accompagna dans son premier voyage missionnaire. Plus tard, saint Paul ne désirant pas emmener de nouveau Marc avec lui, et Barnabé ne voulant point quitter celui-ci, saint Paul et saint Barnabé se séparèrent, sans que pour autant leur amitié fût rompue. Des légendes et des traditions postérieures, sans fondement, font résider saint Barnabé soit à Alexandrie, soit à Rome ou à Milan, comme premier évangélisateur de la ville, ou en font un martyr à Salamine de Chypre. En outre, on lui attribua certains écrits : Tertullien le tient pour l'auteur de l'*Épître aux Hébreux* (*), très caractéristique de saint Paul quant au fond, mais non quant à la forme ; on parle également d'un Évangile de saint Barnabé, apocryphe, et il circule sous son nom une *Épître* (*) qui n'est certainement pas de lui, mais d'un Alexandrin ou d'un Syriaque converti du judaïsme ; il s'agit d'une œuvre écrite vraisemblablement après 115, peut-être tout de suite après 130, mais de toute façon avant 140. L'auteur y manifeste son humilité, et aussi ses préoccupations de « pasteur d'âmes » : d'une certaine manière, il abaisse le ton de ferveur mystique de l'enseignement de saint Paul en ce qui concerne les rapports entre l'Ancien et le Nouveau Testament, et, d'autre part, il le complique par une exégèse allégorique ; il conclut par les réprimandes morales de la « doctrine des deux voies ».

RÉF. : Braunsberger, *Der Apostel Barnabas*, Mainz, 1874. — L. Duchesne, *Saint Barnabé*, dans *Mélanges G. B. de Rossi*, 1892.

BARNAVE Antoine Pierre Joseph Marie. Homme politique français. Né à Grenoble, le 22 novembre 1761, mort à Paris, le 29 novembre 1793. Le discours qu'il prononça au parlement de Grenoble, sur la séparation des pouvoirs, le fit remarquer. En 1788, il siège aux états du Dauphiné, l'année suivante aux états généraux. C'est un modéré sans diplomatie. Il reconnut très vite en Mirabeau un adversaire redoutable par son éloquence, qui savait ménager sa popularité et obtenir des succès immédiats. Il ne lui épargna pas ses attaques ; la plus violente fut celle de mai 1790 à propos de la déclaration de guerre et de paix ; ce fut un triomphe pour lui. Mirabeau mourut le 2 avril 1791 ; Barnave songea peut-être à lui succéder. Mais il était entré en contact avec la famille royale après la fuite de Varennes, et il inclinait à être son soutien — cf. *Correspondance secrète* (juillet 1791-janvier 1792) *entre Marie-Antoinette et Barnave,* publiée par A. Söderhjelm, dans les *Classiques de la Révolution française.* Il prononça, le 15 juillet, un discours contre la faction républicaine qui se groupait autour de La Fayette, et il se trouva ainsi à la tête du parti bourgeois. Des papiers trouvés aux Tuileries, compromettants pour lui, motivèrent son arrestation (15 août 1792). Il fut oublié pendant un certain temps dans les cachots de Grenoble, puis transféré dans d'autres prisons. Il refusa de demander sa mise en liberté à la Convention, il fut envoyé à la guillotine par le tribunal révolutionnaire. Ses *Œuvres posthumes* en quatre volumes contiennent une *Introdution à la Révolution* et ses *Discours sur le droit de paix et de guerre* (*). Elles furent publiées en 1842.

RÉF. : De Heidenstamm, *Marie-Antoinette, Fersen et Barnave,* 1913. — Welvert, *Le Secret de Barnave,* 1920. — A. Barnave, *De la Révolution et de la Constitution,* éd. P. Gueniffey, Grenoble, 1988. — *Orateurs de la Révolution française,* éd. F. Furet et R. Haléri, tome I, Paris, Gallimard, « Bibliothèque de la Pléiade », 1989.

BARNES Djuna. Femme de lettres américaine. Née à Cornwall-on-Hudson (New York) le 12 juin 1892, morte le 18 juin 1982 à New York City. Elle grandit dans une famille bohème et divisée, porte le nom de sa grand-mère paternelle, Zelda Barnes, journaliste militante qui se chargera en partie de son éducation. De son enfance, elle gardera, outre une relation ambiguë avec sa mère, une haine pour un père excentrique et un sentiment d'isolement et de singularité. Dès 1913, elle étudie les beaux-arts à New York City, collabore à de nombreux journaux. Ses chroniques, ses portraits de gens ordinaires, son audace et ses illustrations — inspirées de Beardsley — s'imposent dans un Greenwich Village en pleine effervescence artistique, tandis que son premier livre, *Le Livre des femmes répulsives* [*The Book of Repulsive Women,* 1915], ajoute à sa notoriété. Déjà transparaît son sens de l'humour, incisif et récalcitrant, non dénué de sauvagerie paillarde. Son arrogance, ses silences, sa longue silhouette élégante, contribueront également à sa légende.

Après avoir participé à la création de la compagnie théâtrale des Provincetown Players, avec Eugene O'Neill et Edna St. Vincent Millay, à l'instar des expatriés américains, elle parcourt l'Europe de l'entre-deux-guerres, de Paris à Berlin, puis à Londres. Elle y côtoie les chantres de l'exil, Ezra Pound, Gertrude Stein, T. S. Eliot, et Joyce dont elle est grande admiratrice, elle fréquente Sylvia Beach — Shakespeare & Co. —, Peggy Guggenheim, le salon littéraire de Natalie Barney, *L'Amazone.* En quelques années, un recueil de poèmes, nouvelles, saynètes et dessins, *Un livre* [*A Book,* 1923], deux romans, *Ryder* (1928), chronique luxuriante et pseudo-élisabéthaine de sa famille, et *L'Almanach des dames* [*Ladies Almanach,* 1928], exhortation anonyme aux lesbiennes expatriées à Paris, puis des nouvelles, *Une nuit chez les chevaux* [*A Night Among Horses,* 1929] reprise dans *La Passion* [*Spillway*] en 1962, lui assurent une place parmi ces écrivains exilés. En 1931, au terme de dix années d'une liaison tourmentée avec Thelma Wood, américaine et sculpteur, elle entreprend l'écriture du roman qui la fera connaître d'un plus large public, *Le Bois de la nuit* (*), s'inspirant de Thelma pour créer le personnage de Robine Vote. Le livre, publié en 1936, sera préfacé avec enthousiasme par T. S. Eliot. Surprise par la guerre, elle rentre à New York à contrecœur, en 1940, s'installe à Patchin Place dans le Village, où elle vit en recluse durant plus de quarante années, dans une situation financière et psychologique parfois critique. Elle expose ses dessins et ses peintures à la galerie Guggenheim, entreprend, à la mort de sa mère, en 1945, la rédaction de *Antiphon* [*The Antiphon*], drame lyrique, obscur et tragique, qui ne sera monté qu'en 1961, à Stockholm, puis en 1990, à Paris. Elle publie encore quelques nouvelles, *Fumée et autres premiers récits* [*Smoke and Other Early Stories,* 1982], et un recueil de comptines, *Créatures en alphabet* [*Creatures in an Alphabet,* 1982].

Djuna Barnes fut essentiellement reconnue par les écrivains, néanmoins plusieurs de ses textes furent réédités en 1972, au moment du mouvement féministe, dont elle devint, à son insu, une figure mythique. Chroniques journalistiques, nouvelles, poèmes, romans, pièces de théâtre, illustrations, peintures... son œuvre est éclectique, ses influences multiples. Grande admiratrice de Synge et de Joyce, très imprégnée de littérature anglaise classique (Chaucer), Djuna Barnes s'inscrit tout aussi bien dans la lignée des poètes décadents et du symbolisme de la fin du XIXe siècle qu'elle participe au modernisme du XXe siècle. Son œuvre est obscure, complexe, ses histoires étranges. On y rencontre les entrelacs fantastiques du grotesque, où formes humaines et animales sont souvent mêlées. Sa prose bouleverse les conventions littéraires. Trame et évolution des personnages sont subordonnées aux fragments de sensations, aux images insolites et percutantes, dont l'intensité éclipse le fil du récit : ce sont les éclairs d'une vérité par essence insaisissable. « Une image, nous dit Djuna Barnes, est une halte que fait l'esprit entre deux incertitudes. » Son style compte autant par ses silences, ses éclipses – des vies entières évoquées par des allusions rapides – que par ses surcharges, son sens de l'humour et son horreur de la vie. Amoureuse de la langue, sensible à l'essence poétique des mots, ses phrases ont souvent la beauté d'une orfèvrerie mystérieuse. Elle montre un goût prononcé pour les aphorismes et les épigrammes, préfère l'implicite à l'explicite. Mais la qualité énigmatique de sa prose a une raison d'être : ce goût pour le fragment, l'obscur, les arcanes, réaffirme l'instabilité essentielle de la condition humaine, vouée à la perplexité et à une incompréhension fondamentale. Tenter de dévoiler les mystères de la vie et de la mort est dangereux. Ses personnages sont âpres, privés de racines, ils n'ont de certitude que le refus. À travers leurs paroles décousues et énigmatiques, ils sont parfois d'une lucidité féroce, prophètes malgré eux, blessés, suspendus entre le monde sensible et primitif et celui de la conscience, voire de la spiritualité, ne trouvant de recours illusoire que dans la dérision, où le tragique et le comique sont les miroirs déformants l'un de l'autre. Ils côtoient la folie et la violence dont l'intensité est préférable à l'horreur absolue de l'habitude, et la mort, dont la beauté paraît éclatante alors que la vie est sordide. Le sens de l'humain n'est pas acquis une fois pour toutes, le minéral, le végétal et l'animal veillent en chacun de nous et menacent de reprendre possession au moindre signe d'abandon. Les femmes, tout particulièrement, ont accès à ces réminiscences de l'archaïsme. Privées de repos, car il est trahison de l'urgence intérieure surgie de la chair, elles vivent dans un état d'exacerbation où la violence du primitif distille une brûlure sauvage et néanmoins une conscience. Horrifiés par la reconnaissance de leur être fragmenté, ses personnages guettent leur salut dans l'univers paradoxal de la nuit. Celle-ci – et ses avatars : les forces du mal, la décadence – est en effet le refuge d'un désir extrême de pureté et d'exorcisme. L'exploration de ses limbes donne aux écrits de Djuna Barnes la force troublante et poétique d'une rage maîtrisée.

CHRISTIANE GUILLOIS.

RÉF. : James B. Scott, *Djuna Barnes,* Boston, 1976. – Louis F. Kannenstine, *The Art of Djuna Barnes,* New York University Press, New York, 1977. – Andrew Field, *Djuna Barnes,* Paris, 1983.

BARNET Miguel. Écrivain cubain, né à La Havane le 28 janvier 1940. Après une thèse sur les religions africaines à Cuba, il a travaillé durant cinq ans à l'Institut d'ethnologie et de folklore de l'Académie des sciences de La Havane et comme professeur dans les écoles d'instructeurs d'art. Depuis, il a exercé différentes fonctions dans des organismes culturels nationaux, à l'Institut du livre et à l'U.N.E.A.C. (Union des écrivains et artistes de Cuba). En 1966, il s'est révélé par une biographie originale, écrite à partir des souvenirs d'un ancien esclave noir de cent quatre ans, Esteban Montejo, et traduite en français sous le titre *Esclave à Cuba* (*). Unissant dans ses fictions littérature et ethnologie, Barnet écrit des « romans-témoignages » étudiant la société cubaine au XXᵉ siècle. *La Chanson de Rachel* [*Canción de Raquel,* 1969] présente une chronique mondaine de l'île entre 1900 et 1920. *Le Galicien* [*Gallego,* 1981] raconte la dure existence d'un émigrant arrivé à Cuba à l'âge de seize ans et y faisant tous les métiers avant de rejoindre l'Espagne en 1936 et de combattre comme milicien durant la guerre civile ; réfugié en France après celle-ci, Manuel Ruiz connaît l'enfer du camp de concentration d'Argelès-sur-Mer avant de pouvoir regagner La Havane. En 1986, *La Vie réelle* [*La vida real*] est consacrée à un autre problème humain, celui de l'émigration cubaine aux États-Unis. Pour y faire fortune, Julián Mesa s'exile à New York, mais voit son rêve de fortune se transformer en nostalgie de la terre natale. Dans *Métier d'ange* [*Oficio de ángel,* 1989], le romancier mêle à l'imaginaire des éléments biographiques pour évoquer la vie d'un jeune Cubain ayant vécu la dictature et la Révolution, dans la période allant de 1940 à 1962. Poète, Miguel Barnet a publié plusieurs recueils liés à l'identité cubaine (*La sagrada familia,* 1967) ou à ses promenades dans La Havane et quelques grandes villes d'Europe (*Carta de noche,* 1982).

CLAUDE COUFFON.

BARO Balthazar. Écrivain français. Né à Valence vers 1590, mort probablement en 1650, à Paris ou à Montpellier. Docteur en droit de l'université de Valence, où son père, Hercule Baro, était professeur, il rencontre, jeune encore, Honoré d'Urfé dont il devient le secrétaire. À la mort de d'Urfé en 1625, c'est lui qui publie la quatrième partie de *L'Astrée* (*) (1627), sans qu'on sache la part qu'il a prise dans la rédaction de ce volume, puis qui rédige, à partir des notes de d'Urfé, la cinquième partie (1628). La célébrité qu'il retire de cette collaboration au plus prestigieux roman français de la première moitié du XVIIᵉ siècle lui ouvre les portes des milieux littéraires ainsi que des théâtres et, entre 1629 et 1650, il fait jouer une douzaine de pièces, essentiellement des tragédies et des tragi-comédies (dénomination qu'il se refuse à utiliser et à laquelle il préfère les termes de « poème héroïque » ou « poème dramatique »). Membre de l'Académie française (probablement dès 1636), ses rapports avec Richelieu demeurent confus : il aurait encouru son hostilité pour avoir été reçu chez la duchesse de Chevreuse ; mais il doit au ministre d'avoir été admis comme gentilhomme de la maison de la Grande Mademoiselle, et surtout d'avoir obtenu (entre 1634 et 1639) la charge de procureur du roi au présidial de Valence. Dans la décennie suivante, il obtint en outre la charge de trésorier de France à Montpellier. Quoique plus âgé que la génération des Modernes qui apparaît à partir de 1628-1629 (Mairet, Scudéry, Corneille, Rotrou, Du Ryer...), il participe à leur mouvement de rénovation du théâtre, probablement considéré comme un initiateur par ces jeunes écrivains qui puiseront un si grand nombre de sujets de tragi-comédies dans *L'Astrée.* D'ailleurs, il se voudra lui-même un innovateur : avec *Célinde* (*) (1629), il introduit en France le procédé du « théâtre dans le théâtre » ; avec *La Clorise* (1632), son unique pastorale, il adopte les principes réguliers revendiqués par Mairet dans sa *Silvanire* (*), mais va plus loin que lui en bannissant de sa pièce tout élément merveilleux ; enfin avec *Saint Eustache martyr* (représentée en 1637 ; publiée en 1649), il est le premier à faire représenter – à la demande, dit-il, d'une « autorité souveraine » – une « tragédie sainte » sur un théâtre professionnel, ouvrant ainsi la voie à de nombreuses pièces qui apparaîtront dans la décennie suivante, au premier rang desquelles *Polyeucte* (*) et *Le Véritable saint Genest* (*).

GEORGES FORESTIER.

RÉF. : É. Mellier, *Le Secrétaire de d'Urfé* [...], *B. Baro,* dans Bulletin de la Société départementale d'archéologie et de statistique de la Drôme, XXXI, 1897. – H.-C. Lancaster, *A History of the French Dramatic Literature in the XVIIth Century,* 1929. – L. Maranini, *La Commedia in Commedia* [contient *Célinde*], 1974.

BAROJA Y NESSI Pío. Romancier espagnol. Né à Saint-Sébastien (Guipuzcoa) le 28 décembre 1872, mort à Vera-de-Bidassoa le 30 octobre 1956. Fils d'un ingénieur des mines de race basque et d'une mère d'origine italienne, son enfance suivit d'une ville à une autre les hasards de la carrière de son père, ce qui permit au futur romancier d'être en contact tout jeune avec les divers paysages humains de l'Espagne. Il garda toute sa vie un souvenir très vif de l'atmosphère des guerres carlistes et du bombardement de sa ville natale au cours de ces opérations. Emmené à Madrid, où son père avait été nommé attaché à l'Institut de géographie et de statistiques, il séjourna ensuite à Pampelune (où il a situé plusieurs de ses livres), puis de nouveau à Madrid, où il commença ses études de médecine qui furent achevées à Valence : il participa intensivement à la vie universitaire de cette ville et il l'a évoquée plus tard dans *L'Arbre de la science* [*El árbol de la ciencia,* 1911]. C'est à Madrid qu'il passa son doctorat en médecine en 1893. Bien qu'à cette époque il ait commencé à collaborer à diverses revues, il demanda une charge de médecin municipal à Cestona (Guipuzcoa) et ses relations quotidiennes avec la population misérable de ce village renforcèrent les liens affectifs naturels qui l'attachaient déjà au pays basque. La vie monotone de la campagne convenait mal néanmoins aux rêves impétueux de sa jeunesse. Ayant donné sa démission après un séjour d'un an et demi à Cestona, Baroja passa quelques mois à Saint-Sébastien où il essaya d'exercer comme médecin privé, mais les difficultés extrêmes qu'il rencontra l'inclinèrent à aller s'établir à Madrid. Le jeune docteur sans fortune s'aperçut alors qu'il était plus malaisé encore dans la capitale qu'en province d'ouvrir un cabinet ; il se décida à accepter l'offre imprévue qui lui fut faite d'exploiter une boulangerie avec son frère.

Cette curieuse expérience dura sept ans et sans doute eut-elle une importance décisive dans la carrière de Baroja : elle permit en effet à ce dernier de fréquenter les travailleurs madrilènes, de découvrir la misère des grandes villes et c'est à elle qu'il faut faire remonter l'inspiration non seulement de la trilogie intitulée *Les Bas-Fonds de Madrid* [*La lucha por la vida*], mais aussi cette révolte devant la condition humaine asservie par le monde moderne qui est au cœur de toute l'œuvre de Baroja. Après son affaire de boulangerie, celui-ci se jeta dans quelques autres aventures commerciales, mais sans aucun succès. À cette époque, il donnait également des articles à des périodiques : *El País, El Imparcial, La Revista Nueva,* etc., mais son agressive indépendance d'esprit, son nietzschéisme, son anticléricalisme subversif, son style « non savant » surtout, lui faisant le plus grand tort auprès des élites intellectuelles consacrées. Après une randonnée à travers l'Europe, par Paris (où il séjourna en 1898), l'Italie, la Suisse, l'Allemagne, la Hollande, ayant compris qu'il était parfaitement inapte à tous les genres de commerce, il décida alors de se consacrer entièrement à la littérature, « autant dire à ma fantaisie, écrit-il, puisque je m'étais aperçu qu'en Espagne la littérature est un moyen de vivre sans situation ». En 1900 parut *Vies dans l'ombre* [*Vidas sombrías*], un recueil de poèmes, le premier des quelque soixante-dix volumes qu'allait composer Baroja pendant son existence de célibataire retiré de la société, indifférent à la mode, aux écoles littéraires, à la politique (sauf pendant quelques mois de 1910 au cours desquels il milita dans les rangs du parti républicain). Il passait l'hiver à Madrid et l'été dans une vieille maison du pays basque, à Vera-de-Bidassoa. C'est là que pendant l'été 1936 il fut surpris par le soulèvement du général Franco. Poussé par la curiosité, comme il le raconte, Baroja se rendit alors à Pampelune pour assister à l'entrée des troupes phalangistes dans la ville. Il fut reconnu, arrêté, emprisonné, menacé même d'être fusillé, bien que peu auparavant il eût fait paraître dans le journal argentin *La Nación* un article où il condamnait la République espagnole et prenait position en faveur d'un régime autoritaire qu'il considérait comme un « moindre mal ». Il se peut que cette arrestation ait été un malentendu ; mais toute l'œuvre de Baroja ne le désignait-elle pas comme un libéral intransigeant ? Son virulent anticléricalisme lui avait également attiré de nombreux ennemis dans les milieux intellectuels de la droite espagnole. Relâché après quelques semaines d'internement, Baroja put gagner la France et s'installa dans la maison espagnole de la cité universitaire à Paris. Après la dernière guerre il retourna en Espagne et vécut désormais complètement retiré dans sa maison de Vera-de-Bidassoa.

Dans son œuvre monumentale, de dimension comparable à celle de Benito Pérez Galdós, Baroja a repris et renouvelé la tradition picaresque. De tous ses héros, le plus typique est assurément Eugenio de Aviraneta, révolutionnaire et aventurier du siècle dernier, dont Baroja a raconté la vie abondante en péripéties dans les *Mémoires d'un homme d'action* (*) (1918-35), roman-fleuve en vingt volumes dont les plus importants sont : *L'Apprenti conspirateur* (+) (1913), *Les Chemins du monde* (+) (1914), *La Isabelina* (1919), *Le Goût de la vengeance* (+) (1921), *Les Figures de cire* (+) (1924), *Les Mascarades sanglantes* [*Las mascaradas sangrientas*, 1928], *La Voie douloureuse* [*La senda dolorosa*, 1928]. Baroja, qui a écrit également plusieurs volumes d'essais et de critique : *Mes paradoxes et moi* (*) (1917), *Les Heures solitaires* [*Las horas solitarias*, 1918], *La Caverne de l'humour* [*La caverna del humorismo*, 1919], etc., et trois tomes de mémoires, d'une âpre sincérité, sous ce titre général : *Après le dernier détour du chemin* [*Desde la última vuelta del camino*, 1944-49], a construit son œuvre romanesque en trilogies, dont la publication s'est faite à un rythme étonnant : *Terre basque* [*Tierra Vasca*, 1900-09] — avec *La Maison Aizgorri* (1900), *Le Seigneur de Lahaz* (1903), *Zalacaïn l'Aventurier* (*) (1910) ; *La Vie fantastique* [*La vida fantástica*, 1900-06] — où prend place le volume intitulé *Paradoxe Roi* [*Paradox rey*, 1906], dans lequel on a vu parfois une autobiographie de Baroja ; *La Race* [*La raza*, 1908-11] ; *Les Bas-Fonds de Madrid ou la Lutte pour la vie* (1904), avec *À l'aventure* [*La busca*], *Mauvaise herbe* [*Mala hierba*] et *Aurore rouge* [*Aurora roja*] ; *Le Passé* [*El pasado*, 1905-07] ; *Les Cités* [*Las ciudades*, 1910-20] ; *La Mer* [*El mar*, 1911-30] ; *Les Agonies de notre temps* [*Las agonías de nuestro tiempo*, 1924-27] ; *La Forêt obscure* [*La selva oscura*, 1930-32] ; *La Jeunesse perdue* [*La juventud perdida*, 1934-36]. Œuvre typiquement espagnole, mais très personnelle aussi et animée d'un bout à l'autre par l'anarchisme agressif de l'auteur, dressé contre tout ce qui pourrait imposer une limite à l'individu : religion, convenances sociales, engagement politique même, car Baroja n'aspire pas à une révolution, peut-être parce qu'il a réussi, tout en restant dans le domaine de l'art, à exprimer son besoin de liberté totale, soit par l'effrayante franchise qu'il met dans ses descriptions des souterrains de la « comédie humaine », soit par l'indépendance de son style dédaigneux des formes consacrées de la rhétorique et même de la syntaxe, maintes fois condamné par les lettrés qui le jugeaient « populacier », bien qu'il ait ses exigences propres, non d'élégance, mais de sobriété et de précision dans la vérité.

C'est bien souvent dans les bas-fonds que Baroja va chercher ses héros mais il ne faudrait pas voir dans cette prédilection l'expression d'un pessimisme systématique. Comme son maître Dostoïevski, Baroja découvre en effet dans la misère un « élément divin de l'humanité ». Les masses obscures et méprisées lui ont toujours paru être la source de tout ce qu'une nation peut rêver et faire de grand. Sans doute, à la différence de son inspirateur russe, ne croit-il nullement aux vertus rédemptrices de la douleur. Celle-ci serait plutôt pour lui un défi dont la pointe rend l'action plus vigoureuse et l'action est la seule valeur, au fond, que reconnaisse Baroja : « L'action pour l'action, écrit-il, est l'idéal de l'homme saint et fort. » C'est-à-dire que l'action, dans son œuvre, se confond avec l'aventure et même avec le vagabondage, puisque à ses yeux le vagabond pourrait bien être le dernier aventurier du monde moderne. Ce culte stendhalien de l'énergie est aussi le secret de l'art de Baroja, de cette rapidité, de ce mouvement infatigable, qualités essentielles de ses romans. La vaste expérience qu'il avait acquise au cours de ses « années d'apprentissage » en Espagne et en Europe lui a permis d'inventer des centaines de personnages riches en couleur et en pittoresque qu'il a promenés à travers des milieux sociaux, des paysages et des époques très différents : les luttes contre Napoléon, les guerres carlistes ou le monde moderne, l'Andalousie dans *L'Arriviste sentimental* [*La feria de los discretos*, 1905], la Castille et Madrid dans *La Lutte pour la vie*, Londres dans *La Cité du brouillard* [*La ciudad de la niebla*, 1909], Naples dans *Le Labyrinthe des sirènes* [*El laberinto de las sirenas*, 1923] et surtout, terres où s'est nourrie l'œuvre entière de Baroja, les provinces basques.

LOUIS GAUDRAN.

BARON Deborah. Romancière israélienne. Née à Ozdah (Biélorussie) le 4 décembre 1887, morte à Tel-Aviv le 20 août 1956. Issue d'une famille juive religieuse, elle immigra en Palestine en 1911 et devint rédactrice des pages littéraires du journal *Ha-Poel hatzaïr*. Les thèmes essentiels de son œuvre sont empruntés à la vie des communautés juives d'Europe orientale. Elle est une des rares femmes de lettres à connaître les sources de la tradition juive d'une manière aussi approfondie. Son style, influencé par la littérature du XIXe siècle, combine réalisme et impressionnisme. Première lauréate du prix Bialik pour le recueil de nouvelles : *Histoires* [*Sipourim*, 1937], elle fut aussi récompensée pour les ouvrages : *À l'instant présent* [*Lé-' et 'ata*, 1937] et *Commentaires* [*Parshiyot*, 1951]. Citons encore : *D'hier* (*) (1954) et *En passant* [*'agav 'orkha*, 1960].

BARON Michel (Michel Boyron, dit). Poète comique français. Né et mort à Paris (8 octobre 1653 - 22 décembre 1729). Molière le découvrit dans la troupe des petits comédiens du dauphin, le prit avec lui dans sa propre maison, auprès de sa jeune femme. Boyron réussit à la scène avec une exceptionnelle facilité, heureusement servi par un visage noble, une taille élevée et une voix sonore et harmonieuse. Il avait trente-huit ans quand il abandonna tout à coup le théâtre (1691) pour y revenir tout aussi à l'improviste beaucoup plus tard (1720) ; il y resta jusqu'à sa mort. Après la mort de Molière, il était passé à l'Hôtel de Bourgogne où il avait succédé au plus grand acteur tragique de la génération précédente, Floridor. Après la création de la Comédie-Française (1680), il en devint le principal acteur, reprit les œuvres de Rotrou, Corneille, Racine, Molière, et présenta le nouveau répertoire : Marivaux, Crébillon et Voltaire jusqu'en 1729, malgré l'asthme dont il souffrait. On lui doit une dizaine de comédies parmi lesquelles la plus connue est : *L'Homme à bonne fortune* (*), dont la paternité lui fut un moment contestée après sa mort.

RÉF. : B. E. Young, *Michel Baron*, Grenoble, 1904. – G. Mongrédien, *Dictionnaire biographique des comédiens français du XVIIe siècle* (2 vol.), Paris, 1961-1971.

BARONIUS (Cesare Barone). Homme d'Église italien. Né le 30 octobre 1538 à Sora (Campanie), mort à Rome le 16 août 1607. Il étudia le droit à Rome, où il prit l'habit ecclésiastique en 1567, après avoir passé neuf années à réconforter et à soigner les malades de l'hôpital San Siro, par pur esprit humanitaire. Disciple préféré de saint Philippe de Néri, il fut l'un des Pères de la fameuse congrégation de l'Oratoire. Excellent prédicateur, son activité apostolique fut intense et, en 1593, le saint le désigna comme son successeur. Baronius assista fidèlement le grand Maître en ses derniers moments. En 1597, il fut nommé bibliothécaire de la Vaticane, et le pape Clément VIII le fit cardinal, au grand regret de Baronius qui voulut, par la fuite, se soustraire à cet honneur. Pour l'obliger à l'accepter, le pape dut le menacer d'excommunication. Mais Baronius continua de vivre dans la pauvreté, refusant richesses et faveurs. Il menait une existence intègre qui contrastait avec les habitudes de la cour papale et celles du propre neveu du pape, Pietro Aldobrandini, ce qui le fit mal voir de ce dernier. Il fut mal vu également des Espagnols, car il lutta contre leur politique, s'efforçant d'influencer Clément VIII, dont il était devenu le conseiller et le confesseur. Il favorisa au contraire la conversion d'Henri IV de France, trouvant qu'il fallait mettre fin aux luttes religieuses et à la politique ecclésiastique du moment. Il arriva à mettre en doute la légitimité de la monarchie des Deux-Siciles, et l'Espagne se vengea en empêchant par tous les moyens son accession au trône pontifical. Il eut pour ami très cher le cardinal Federico Borromeo. Suivant une inspiration de saint Philippe de Néri, et se conformant aux principes de son ordre, il voulut répandre l'histoire de l'Église : en se fondant sur des sources diverses et sur les vies des saints, il écrivit *Les Annales de l'Église* (*), publiées de 1588 à 1607 à Rome, en douze volumes retraçant l'histoire de l'Église de l'an 1 à l'an 1198. L'œuvre originale, entièrement écrite de la main de Baronius, est conservée à la bibliothèque vaticane. C'est une apologie de la tradition catholique contre les doctrines luthériennes ; écrite dans une belle prose humaniste, sa documentation manque souvent de clarté, mais Baronius y expose, avec une limpide simplicité apostolique, un sujet de première importance pour l'histoire de la Contre-Réforme.

RÉF. : L.-E. Du Pin, *Histoire de l'Église et des auteurs ecclésiastiques du* XVIe *siècle*, 1701-03, 5 vol. – Cloyseault, *Recueil des vies d'oratoriens*, t. III, 1883. – G. Squilla, *Cesare Barone e gli « Annali »*, Sora, 1932. – A. G. Roncalli, *Il cardinale Cesare Barone*, Rome, 1961.

BARRAQUÉ Jean. Compositeur français. Né à Puteaux le 17 janvier 1928, mort à Paris le 17 août 1973. Il fait ses études au conservatoire de Paris avec Langlais et Messiaen (1948-51). Ses premières œuvres, la *Sonate pour piano n° 1* (*) (1950-52) et *Séquence* (1950-55), montrent son penchant pour les formes de grande envergure et un souffle lyrique qui donne vie à son langage sériel. Il mène une vie retirée et accepte, à partir de 1961, un poste de chercheur au C.N.R.S. dans le domaine de l'esthétique musicale. Dès 1956, il s'était consacré à une vaste paraphrase musicale sur le roman de Hermann Broch, *La Mort de Virgile* (*), dont il n'a terminé que trois parties : ... *Au-delà du hasard* (1959), *Chant après chant* (1966), et *Le Temps restitué* (*) (1968). Avec le *Concerto pour clarinette* (1968) et la *Sonate pour piano n° 2* (publiée en 1976), ces œuvres témoignent d'une démarche centrée sur la grandeur et la beauté, préoccupée avant tout par le caractère mortel de l'homme. L'originalité de cette approche créatrice a exercé une grande influence sur toute une génération de compositeurs français.

ALAIN PÂRIS.

RÉF. : A. Hodeir, *La Musique depuis Debussy*, Paris, 1961. – « Jean Barraqué, propos impromptu », in *Le Courrier musical de France*, n° 26, Paris, 1969.

BARRAUD Henry. Compositeur français. Né à Bordeaux le 23 avril 1900. Élève de Caussade, Dukas et Aubert au Conservatoire de Paris. Directeur de la musique à la radio, puis de la chaîne nationale de l'O.R.T.F. (1944-66), il donne à la radio française un éventail inégalé en faisant appel aux compositeurs de toutes tendances. Raffinée et solidement structurée, sa musique reste en marge des courants dominants. Elle prête à la méditation : *Offrande à une ombre* pour orchestre (1942), *Une saison en enfer* (+) (1968), sans manquer pourtant d'humour : *La Farce de maître Pathelin* (+), opéra-comique (1937-38). Ses meilleures œuvres sont destinées à la voix, mélodies, oratorios : *Le Mystère des saints Innocents* (+) (1946), d'après Péguy, ou opéras : *Numance* (+) (1949-52), dont il a tiré une symphonie, *Tête d'or* (+) (1980), d'après Claudel.

ALAIN PÂRIS.

BARRÈS Maurice. Écrivain et homme politique français. L'auteur de *La Colline inspirée* (*) naquit à Charmes (Vosges), sur les « bastions de l'Est », le 19 août 1862 ; il mourut le 4 décembre 1923 à Neuilly-sur-Seine. Issu d'une famille de bourgeoisie aisée, il avait une double hérédité lorraine et auvergnate. D'abord l'« enfant des femmes », élevé avec une douceur presque excessive par une mère charmante, deux événements vinrent cependant le blesser pour la vie : d'abord la forte émotion ressentie, lors de la guerre de 1870, au spectacle de la défaite ; puis l'entrée comme pensionnaire à l'institution nancéienne de la Malgrange, où il souffrit du contact de ses camarades. Élève au lycée de Nancy, il suit les cours de Burdeau – le futur panamiste, dont il fera le Bouteiller de *Leurs figures* (*) – et de Lagneau ; mais au kantisme universitaire il préfère les poètes, qu'il découvre en cachette avec son ami Stanislas de Guaita. En 1883, il se rend à Paris, assiste nonchalamment aux cours de la faculté de droit, se passionne surtout pour les lettres, rédige tout seul une petite revue éphémère, et rend visite à ses héros, à ses maîtres : Leconte de Lisle, chez qui il voit un jour Victor Hugo, Taine, Renan – dont il se moque à l'occasion – v. *Huit jours chez M. Renan* (*). Il se fait connaître par de petits livres, d'abord réputés obscurs, et qui sont moins des romans que des expériences psychologiques, dans lesquels, comme issue au nihilisme de sa génération, il propose le « culte du moi », c'est-à-dire la culture du moi et la recherche de l'exaltation, afin de « sentir le plus possible en analysant le plus possible ». Il s'agit en somme d'une poursuite par chacun de sa vérité personnelle, de son être particulier, des lois qui conditionnent cet être, et des forces élémentaires qui le régissent. Aussi ce mouvement, qui débute par l'opposition aux « barbares », c'est-à-dire à tous les êtres d'une autre « patrie psychique » – v. *Sous l'œil des Barbares* (*) –, se poursuivra-t-il, avec *Un homme libre* (*), par une première découverte de la Lorraine, et une aspiration vers la communion avec un groupe, plus large et plus profond que l'individu, avec l'âme populaire et, au-delà encore, avec l'inconscient primordial symbolisé par la jeune fille du *Jardin de Bérénice* (*) ou le chien Velu de *L'Ennemi des lois* (*). Entre-temps, Barrès s'est lancé dans la politique. Alliant dans son programme le nationalisme et le socialisme, il est élu député de Nancy en 1889, siège à l'extrême gauche, mais se mêle au tumulte boulangiste, et méprise le parlementarisme bientôt compromis dans le scandale de Panamá – v. *Leurs figures* (*). Sa pensée politique, rejoignant sa démarche d'esthète, le pousse peu à peu à encadrer sa personnalité dans les limites fécondes d'une province, d'une nation, à la fois pour opposer aux jeux du parlementarisme les réalités de la tradition, et pour enrichir son « moi » de toutes les émotions historiques de sa race. Désormais, il va mener de front, l'une confirmant, enrichissant l'autre, une action de chef politique et une méditation d'artiste, d'où naîtra l'unité difficile de son caractère avide de s'enrichir au contact des héros, des villes d'art, des « maîtres » (surtout Pascal), ou par la contemplation passionnée des paysages lorrains, ou bien encore par les jouissances nerveuses que lui offre la « corrida » parlementaire. De ce point de vue, les « paysages passionnés » que sont *Du sang, de la volupté et de la mort* (*) et *Amori et dolori sacrum* (*), où l'on voit Barrès, dans les villes d'Espagne et d'Italie, en particulier Venise, chercher l'exaltation dans la contemplation des beautés d'une civilisation déjà prise par la mort, complètent exactement *Le Roman de l'énergie nationale* : c'est toujours en effet l'enrichissement du « moi » que l'auteur a en vue lorsqu'il prône le retour à la province – *Les Déracinés* (*) –, ou lorsqu'il décrit, à travers l'agitation boulangiste, l'effort « qu'une nation dénaturée par les intrigues de l'étranger tente pour retrouver sa véritable direction » – v. *L'Appel au soldat* (*).

Mais le boulangisme a échoué ; puis les antidreyfusards, dont Barrès fut l'un des chefs, ont été vaincus (*Scènes et doctrines du nationalisme*). Au lieu de s'entêter, comme certains de ses amis, à modifier un régime qu'il méprise, Barrès préfère devenir poète du nationalisme ; s'il patronne *L'Action française* naissante, il en refuse le royalisme, par souci d'unir toutes les familles spirituelles de la France en face de la menace étrangère. Barrès en effet, figure typique de la « génération de la revanche », est littéralement obsédé par l'Allemagne, d'autant plus que, alors même qu'il la combat par patriotisme, toute sa sensibilité est attirée vers elle : *Au service de l'Allemagne* (+) – v. *Colette Baudoche* (*) et, après la guerre, *Le Génie du Rhin*. Dès avant 1914, Barrès se considérait comme mobilisé : aussi, la guerre venue, faisant taire ses scrupules d'artiste, il ne voulut plus être, dans ses *Chroniques* quotidiennes, qu'un propagandiste au service de nos armées ; en 1918, il eut la joie d'entrer dans Metz reconquise. Mais avec ce triomphe commença l'éclipse de l'influence barrésienne qui avait été incomparable entre 1900 et 1914 ; la jeunesse, qui trouvait ses maîtres chez Gide, Proust et Breton, et demandait la « démobilisation de l'intelligence », s'éloigna de Barrès, oubliant l'artiste pour ne plus voir en lui que le symbole d'un patriotisme « cocardier ». Après sa mort allait pourtant paraître son meilleur livre peut-être, avec *La Colline inspirée, Mes cahiers* (*) où, depuis 1896, il recueillait les « musiques » si diverses qui le sollicitaient, véritable journal d'une âme, et l'un des plus sincères que l'on connaisse. Ce qui séduit chez Barrès — et en même temps peut éloigner —, c'est la complexité, la richesse : menant de front, sans toujours les concilier parfaitement, préoccupations littéraires et servitudes politiques, à la fois enraciné et rêvant à un « ailleurs », à un Orient poétique, désespéré en métaphysique et défenseur du catholicisme, nationaliste français mais pénétré d'influences germaniques, aspirant à l'ordre classique mais irréductiblement fidèle à ses maîtres romantiques. Son trait le plus marquant, c'est sans doute une lucidité morne qu'il a voulu tourner en action, en culte de l'énergie, ce qui le rapproche de Stendhal, mais fait aussi de lui le maître des écrivains contemporains de l'héroïsme, de l'ascétisme et de la mort, comme un Montherlant, un Drieu La Rochelle, un Malraux.

MICHEL MOURRE.

♦ *« Il n'y a pas eu de plus néfaste éducateur, et tout ce qui reste marqué par son influence est déjà moribond, déjà mort. »* André Gide. ♦ *« En somme, là où Gide a échoué, Barrès réussit en nous donnant toujours le total de lui. Barrès a passé sa vie, pour ainsi dire, à s'accorder. Gide, au contraire, s'établit dans le désaccord. »* François Mauriac. ♦ *« De Barrès s'inspireront toujours les jeunes gens que tiraillent dans le même sens ces deux forces : un sang qui demande l'action, un esprit qui veut rester libre. »* Henry de Montherlant. ♦ *« L'art barrésien, son souci de la cadence, son absence de liberté, nous l'admirons, mais nous sentons qu'il n'est pas plus d'accord avec l'art (ou l'absence d'art) de notre temps que l'art de Flaubert. »* Robert Brasillach.

RÉF. : A. Thibaudet, *La Vie de M. Barrès,* 1921. — H. Brémond, *Maurice Barrès,* 1924. — Ramon Fernandes, *Barrès,* 1943. — R. Lalou, *Maurice Barrès,* 1950. — J.-M. Domenach, *Barrès par lui-même,* 1954. — J. Godfrin, *Barrès mystique,* Neuchâtel, 1962. — *Maurice Barrès. Actes du colloque,* Nancy, 1963. — F. Carassus, *Barrès et sa fortune littéraire,* Bordeaux, 1970. — R. Soucy, *Fascism in France. The Case of Maurice Barrès,* Berkeley, 1972. — Z. Sternhell, *Maurice Barrès et le Nationalisme français,* Paris, 1972 ; 2e éd. 1985. — P. Ouston, *The Imagination of Maurice Barrès,* Toronto, 1974. — M. Davanture, *La Jeunesse de Barrès,* Lille, 1975. — J. Foyard, *Le Style poétique du Maurice Barrès,* Lille/Paris, 1978. — T. Field, *Barrès, A Selective Critical Bibliography, 1948-1979,* Londres, 1982. — I. M. Frandon, *Barrès précurseur,* Paris, 1983. — *La Nouvelle Revue de Paris,* n° 7, 1986.

BARRIE sir James Matthew. Romancier et auteur dramatique anglais. Né à Kirriemuir en Écosse le 9 mai 1860, mort à Londres le 19 juin 1937. Poussé par sa mère vers la carrière des lettres, il écrivit, encore sur les bancs de l'université d'Édimbourg, plusieurs romans, et se fit connaître par des articles publiés dans la fameuse *London Gazette.* Il se fixa à Londres en 1885 et, six ans plus tard, se rendit célèbre avec *Le Petit Ministre* [*The Little Minister,* 1891], *Margaret Ogilvy* (1896), *Sentimental Tommy* (1896), *Tommy and Grizel* (1900), charmants récits alliant le sentiment au réalisme humoristique, dans la meilleure tradition de Dickens, mais également influencés par Meredith, Stevenson et les grands Russes. Doué pour le théâtre, Barrie y a apporté l'art délicat, la fantaisie charmante qui caractérisent ses récits. On lui doit en ce genre *L'Admirable Crichton.* Le théâtre de sir James Barrie est un monde d'imagination enfantine, d'évasion et de féerie, « de jeux de cache-cache avec les anges », qui exprime un des aspects les plus constants de l'âme anglaise : le ton de mélancolie nostalgique de l'« humour », qui est peut-être l'unique sentiment original du théâtre de Barrie, où l'on sent d'autre part un mélange d'influences assez variées (Wilde, Shaw, Maeterlinck et les Russes). *Peter Pan* (*), fantaisie originale, couronna la carrière théâtrale de Barrie. Fruit de son association avec l'impresario Charles Frohman et l'actrice Maud Adams, *Peter Pan* connut un immense succès et demeure l'une des œuvres favorites du public anglais. Sir James Barrie fit un mariage malheureux avec une actrice dont il se sépara en 1909. Son divorce semble être à l'origine d'une légende imprécise qui se forma autour de lui, le représentant comme un Peter Pan vieilli et sans illusions, moitié sage, moitié fou, taciturne et fuyant les réalités en fumant éternellement sa pipe. Barrie eut une vieillesse sereine, riche en amitiés et en honneurs, mais son univers de féerie se transforma, avec *Cher Brutus* [*Dear Brutus,* 1917], et *Mary Rose* (1920), en un monde lugubre, peuplé d'infirmes et de douloureux fantômes, victimes d'une réalité trop cruelle et désormais privée de fantaisie.

RÉF. : Denis Mackail, *The Story of J. M. Barrie,* Londres, 1941. — J. Dunbar, *Life of J. M. Barrie,* Londres, 1970. — Jacqueline Rose, *The Case of Peter Pan, or the Impossibility of Children's Fiction,* Londres, 1986.

BARRIOS Eduardo. Romancier chilien. Né le 25 octobre 1884 à Valparaiso, mort le 13 septembre 1963 à Santiago. Élevé à Lima, au Pérou, il mène une vie aventureuse et exerce les métiers les plus divers, commerçant, chercheur d'or ou artiste de cirque. Les œuvres de jeunesse de Barrios sont surtout des pièces de théâtre, où l'auteur montre une grande préoccupation pour les problèmes sociaux. Toutefois, ce sont ses romans qui l'ont consacré comme écrivain. En 1915, Barrios publie *L'Enfant qui devint fou d'amour* (*), roman où il étudie avec un soin digne des naturalistes français l'amour maladif d'un enfant de dix ans pour une femme, amour qui finit par le conduire à la folie. *Un désaxé* (+) (1917) confirme l'attirance du romancier pour les cas psychologiques anormaux. *Mon frère l'âne* (*) (1922), plus ambitieux, évoque un moine franciscain, Fray Lázaro, déchiré entre l'amour charnel et l'amour profane. *Tamarugal*, publié beaucoup plus tard, décrit la vie misérable des ouvriers qui travaillent dans les mines de nitrate du nord du Chili. Avec *Un grand monsieur et les coupe-diables* [*Gran Señor y Rajadiablos*, 1948], Barrios nourrit un projet plus ambitieux : offrir au lecteur un panorama de toute la vie du Chili depuis le siècle dernier à travers la peinture d'un propriétaire terrien progressiste, truculent, cynique et grand « viveur ». Cette œuvre, que l'auteur a voulu monumentale, ou en tout cas exhaustive, pèche cependant par trop de verbalisme. Dans l'un de ses derniers livres, *Les Hommes de l'homme* [*Los hombres del hombre*, 1950], Barrios est revenu au genre naturaliste et surtout psychologique qui était celui de ses débuts : il décrit les souffrances d'un homme qui ne sait pas si son fils est vraiment de lui. Avec le Vénézuélien Rómulo Gallegos et le Guatémaltèque Rafael Arévalo Martínez, Barrios est considéré comme l'un des maîtres du roman naturaliste latino-américain.

ANTOINE BERMAN.

BARROS João de. Écrivain et historien portugais. Né vraisemblablement à Viseu en 1497, mort dans le domaine de S. Lourenço, près de Ribeira de Litém, le 20 octobre 1570. Entré au service du prince dom João, plus tard roi sous le nom de João III, il fut nommé par ce dernier trésorier de la *Casa da India* (ministère des Colonies). La peste le contraignit, en 1530, à se retirer dans son domaine de S. Lourenço ; il revint à Lisbonne en 1533 et fut promu gouverneur de la *Casa da India*. Il conserva cette charge (sauf durant un séjour au Brésil au cours duquel il perdit une bonne part de sa fortune) jusqu'en 1567, lorsqu'il se retira une nouvelle fois et définitivement à S. Lourenço. Déjà son premier ouvrage, un livre de chevalerie, la *Chronique de l'empereur Clarimond* (*) (1520), révélait les tendances épiques du futur historien qui entendait exalter et soutenir de sa plume l'Empire portugais. Moraliste dans *Rhopica Pneuma* ou *Trafic spirituel* [*Mercadoria espiritual*, 1532], auteur d'un *Petit abécédaire pour apprendre à lire* [*Cartinha para aprender a ler*] – sorte de syllabaire publié en 1539 –, et de la seconde grammaire de la langue portugaise (1540), son nom est attaché aux trois *Décades asiatiques* (*) publiées en 1552, 1553 et 1563, source précieuse de renseignements quant aux découvertes portugaises, à la géographie physique et à l'ethnographie des pays conquis par le Portugal. Bien qu'il soit encore imbu des idées médiévales, en particulier en ce qui concerne l'intervention de la Providence dans l'évolution de l'histoire, Barros adopte, dans son exposition, la manière et le ton de Tite-Live. Il sut s'y tenir de telle sorte que son œuvre, par l'ampleur de son mouvement, la noblesse du style sobre et viril, fut en harmonie avec l'élévation du sujet choisi. Il suit les auteurs latins, surtout dans la construction de la phrase, tandis que le vocabulaire, enrichi de termes exotiques, se maintient dans la ligne populaire du Moyen Âge. Plus riche, plus éloquente aussi, est la prose des *Panégyriques* [*Panegiricos*] de l'infante doña Maria et de dom João III. Enfin l'œuvre de Barros doit être également considérée comme une des sources des *Lusiades* (*) de Camoens.

♦ *« Barros est un écrivain de culture encyclopédique, un cerveau puissant qui domine les ensembles. Il se meut avec facilité dans plusieurs domaines. »* G. Le Gentil.

RÉF. : Manuel Severim de Faria, *Vida de João de Barros*, Lisboa, 1624. – F. Sotero dos Reis, *Curso de literaturas portugueza e brazileira*, t. II, Maranhão, 1867. – F. de Figueiredo, *História de literatura classica, 1502-1580*, Lisboa, 1922.

BARROW sir John. Voyageur et géographe anglais. Né le 19 juin 1764 au village de Dragley Beck (Lancashire), mort à Londres le 23 novembre 1848. Il commença sa carrière comme modeste employé, et enseigna quelque temps les mathématiques. Protégé par sir George Staunton, il eut la bonne fortune de faire partie de la première ambassade anglaise en Chine. Il en apprit parfaitement la langue, et devint un expert assez apprécié pour les questions d'Extrême-Orient. En 1797, il se rendit à la colonie du cap de Bonne-Espérance pour étudier les conditions de vie de la population, et en 1805 fut nommé Second secrétaire de l'Amirauté, charge qu'il conserva pendant quarante ans. Le roi le nomma baronnet. On lui doit plusieurs livres de voyages, entre autres *Voyages en Chine* [*Travels in China*, 1804], et le fameux *Les Révoltés du Bounty* (*) où, dans un style très vivant et en restant très respectueux de la vérité, il raconte un épisode bien connu dans l'histoire de la marine anglaise.

RÉF. : Sir John Barrow, *An Autobiographical Memoir*, Londres, 1847.

BARTH John. Romancier américain. Né le 27 mai 1930 à Cambridge (Maryland). Il fait ses études à la Juilliard School of Music à New York et à Johns Hopkins University (Baltimore). Il enseigne dans plusieurs universités et dirige aujourd'hui à Johns Hopkins des séminaires d'écriture. C'est l'un des romanciers contemporains « post-modernistes » les plus intéressants. De romans relativement traditionnels – *L'Opéra flottant* (*) [*The Floating Opera,* 1956], *Fin de parcours* (*) [*The End of the Road,* 1958], *Le Producteur de tabac* [*The Sot-Weed Factor,* 1967] – il est passé à une expérimentation extrême dans *L'Enfant bouc* (*) [*Giles Goat Boy,* 1966], *Perdu dans le labyrinthe* [*Lost in the Funhouse,* 1968] et *Lettres* [*Letters,* 1979]. *La Croisière du Pokey* [*Sabbatical,* 1982] poursuit une veine plus conventionnelle tandis que *Le Dernier Voyage du marin Quelqu'un* [*The Last Voyage of Somebody the Sailor,* 1991] continue l'expérimentation sans toutefois que ni l'un ni l'autre de ses livres ne se départissent de ce sens du comique, de ce goût de l'excès, du touffu, si typiques de toute son œuvre.

Barth, dans sa fiction comme dans ses importants essais critiques – *La Littérature de l'épuisement et du renouveau* [*The Literature of Exhaustion, and The Literature of Replenishment,* 1982] –, a mis l'accent sur l'impasse où se trouve aujourd'hui la littérature contemporaine et sur l'usure des formes narratives. Ayant une conscience aiguë du « déjà-dit », il se refuse, lui, à la mimésis, et voit dans la subversion littéraire un moyen d'engendrer une œuvre neuve et vivante.

Le personnage favori de Barth est Shéhérazade, figure idéale du conteur-écrivain toujours condamné à se renouveler pour ne pas échouer. C'est elle l'héroïne d'une nouvelle de *Chimère* [*Chimera,* 1972], c'est elle qui reparaît dans son plus récent roman, *Le Dernier Voyage* [*The Tidewater Tales,* 1987], et dans *Contes des marais*, où Barth emprunte aux *Mille et Une Nuits* leurs décors et (une fois de plus) leur structure en récits enchâssés qu'il affectionne.

Il reste que les œuvres de Barth vont jouer différemment avec quelques thèmes obsédants, et épuiser différents genres avant de les renouveler. *L'Opéra flottant* tourne en dérision les mythes fondateurs de la nation et quelques ruminations nihilistes, sur fond de suicide jamais accompli et de construction de bateaux. *Fin de parcours* s'annonce comme une sorte de parodie existentialiste et évoque les multiples possibilités qui s'offrent au mouvement comme à la pensée ; cependant, si toutes les routes sont ouvertes, aucune ne semble valoir la peine d'être prise. *Le Producteur de tabac,* remarquable pour sa virtuosité, est un pastiche des styles du XVIIe et XVIIIe siècles ; c'est l'épopée d'un Candide américain dans une Amérique qui ne saurait être le jardin d'Éden qu'elle rêvait de devenir. *L'Enfant bouc* s'essaye à l'allégorie univers-université, accumule sur sept cents pages tous les modes narratifs, tous les tons, et invente un ordinateur géant qui avale les personnages. *Lettres* pastiche le roman épistolaire du XVIIIe siècle. Le livre, en rassemblant la correspondance des personnages déjà créés par Barth, s'affiche comme un jeu et comme un bilan de l'œuvre de l'auteur.

En littérature, Barth pratique l'« épuisement » et la « réinjection d'énergie » mentionnés par le titre de ses deux essais critiques, *La Littérature de l'épuisement, La Littérature du renouveau.* Il « épuise » de vieilles formes, des thèmes rabâchés, des personnages connus, etc., et « réinjecte » de l'énergie avec l'utilisation de la parodie, la complexification des formes, l'ironie narrative. Ses fictions, enrichies par un discours métafictif et une culture encyclopédique, réussissent à être à la fois intellectuellement très ambitieuses et profondément drolatiques.

CLAUDE GRIMAL.

BARTH Karl. Théologien suisse d'expression allemande. Né à Bâle le 10 mai 1886, mort dans cette ville le 10 décembre 1968. D'abord pasteur à Safenwil (Aargau) en 1911, il devient professeur de théologie, exerce à Göttingen (en 1921), Münster (1925) et Bonn (1930). Son opposition à l'hitlérisme, comme initiateur (avec Dietrich Bonhoeffer et Martin Niemöller) de « l'Église confessante » [Bekennende Kirche], mouvement protestant de résistance contre la politique du nazisme relativement à l'Église, lui vaut d'être destitué de ses fonctions en 1935. Il enseigne à partir de ce moment à l'université de Bâle.

Son interprétation originale de *L'Épître aux Romains* [*Der Römerbrief,* 1919] inaugure ce que l'on a appelé la « théologie dialectique » ou « théologie de la crise » : le texte de Paul est lu à la lumière de Nietzsche, de Kierkegaard et Dostoïevski. S'opposant résolument à une tendance « historisante » de l'exégèse moderne, Karl Barth maintient un dualisme absolu entre Dieu et le monde. Eschatologie radicale qui s'oppose à toute identification entre le principe divin et les formes historiques du christianisme. « Si j'ai un système, écrit-il, il consiste en ce que je maintiens devant les yeux, avec toute la constance possible, dans sa signification négative et positive, ce que Kierkegaard a appelé la "différence qualitative infinie du temps et de l'éternité". Dieu est au ciel et toi sur la terre. Le rapport de ce Dieu à cet homme, le rapport de cet homme à ce Dieu est pour moi le thème de *La Bible* (*) et le résumé de la philosophie tout ensemble. Les philosophes appellent cette crise du savoir humain l'origine. *La Bible* voit à cette croisée des chemins Jésus-Christ. » Cette déclaration, qui figure dans la Préface à la seconde édition, constitue la clé du livre. Barth affirme le Dieu inconnu, étranger, le « Tout-Autre ». Cette doctrine de pure transcendance implique une interprétation originale de la signification du Christ : « Jésus-Christ n'est pas le but que nous trouverions à la fin de nos histoires de cœur, de conscience ou de conversion. Jésus-Christ n'est pas une figure de notre histoire avec qui nous pourrions acquérir des "rapports". Et surtout Jésus-Christ n'est pas un objet d'expériences religieuses ou mystiques. » Karl Barth se démarque à la fois du piétisme et de la théologie optimiste du protestantisme libéral.

Le radicalisme de la « théologie de la crise » cède ensuite le pas, dans l'évolution de la pensée barthienne, à une « théologie de l'existence » développée dans sa *Dogmatique ecclésiastique* (*), ouvrage monumental dont les premiers volumes paraissent en 1932 : « Une dogmatique ecclésiastique doit être christologique dans son ensemble et en chacune de ses parties. Car son seul critère est la Parole de Dieu révélée, attestée par l'Écriture sainte et prêchée par l'Église ; et cette parole révélée est justement identique à Jésus-Christ. Quand la dogmatique ne se comprend pas et ne sait pas se faire comprendre comme christologie, alors elle est certainement tombée sous une domination étrangère, elle est en train de perdre son caractère de dogmatique ecclésiastique. » Cette affirmation essentielle gouverne l'ordonnance de l'ouvrage, qui présente successivement la doctrine de Dieu, la doctrine de la Création, la doctrine de la Réconciliation, la doctrine de la Rédemption finale, suivant une structure parallèle à celle du dogme de la Trinité. Karl Barth conçoit désormais que l'action divine, sans perdre sa transcendance, s'incarne dans une continuité humaine. Le temps n'est pas vide et nous ne pouvons pas le remplir arbitrairement. Ce qui implique, pour le chrétien, des responsabilités à prendre dans le monde, qui englobent même le domaine politique. Karl Barth lui-même ne s'est pas dérobé à cette exigence, à travers un grand nombre d'essais contemporains de la *Dogmatique.* Entre autres : *L'Eglise réformée derrière le « rideau de fer »* [*Reformierte Kirche hinter dem « eisernen Vorhang »,* 1948], *Une voix suisse* [*Eine Schweizer Stimme,* 1945], *L'Église entre l'Est et l'Ouest* [*Die Kirche zwischen Ost und West,* 1949], etc. Karl Barth restera dans l'histoire comme celui qui osa écrire, en septembre 1938, au moment des Accords de Munich : « Tout soldat tchèque qui combattra et souffrira le fera aussi pour nous, et je le dis aujourd'hui sans réserve, il le fera aussi pour l'Église de Jésus-Christ qui, dans l'atmosphère des Hitler et Mussolini, ne peut que succomber ou bien au ridicule ou bien à l'extermination. Curieuse époque, que celle où l'homme sensé ne peut dire qu'une chose, c'est que la foi commande de rejeter résolument au second plan la crainte de la violence et l'amour de la paix, et de placer résolument au premier la crainte de l'injustice et l'amour de la liberté. » Position prise — c'est là le prix de la pensée barthienne — non en vertu de « préférences » politiques, mais au nom du message évangélique, d'une réflexion sur l'Incarnation : le Verbe s'est fait chair, le Verbe s'est fait temps.

JEAN-JACQUES POLLET.

♦ *« Karl Barth vit et travaille un peu plus d'un siècle après Schleiermacher* [...] *et tout porte à croire qu'il aura pour notre siècle une importance analogue à celle de Schleiermacher pour le précédent* [...] *La position de chaque théologien se précise aujourd'hui par son attitude vis-à-vis de Barth. Et aucun n'écrit sérieusement sur des questions théologiques sans se confronter de quelque manière à lui.* » H. Berkhof.

RÉF. : J. Hamer, *K. Barth, L'Occasionnalisme théologique,* Paris, 1949. — H. Urs von Balthasar, *Karl Barth, Darstellung und Deutung seiner Theologie,* 1951. — M. Neeser, *Karl Barth, l'homme de l'Arête,* Paris, 1952. — J. Rilliet, *Karl Barth, théologien existentialiste ?* Paris, 1952. — O. Weber, *La Dogmatique de Karl Barth. Introduction et analyse,* 1954. — H. Bouillar, *Karl Barth, Genèse et Évolution de la théologie dialectique,* 1957. — D. Cornu, *Karl Barth et la politique,* Paris, 1968. — H. Delhougne, *Karl Barth et la rationalité,* Paris, 1983. — P. Gisel, *Karl Barth : Genèse et réception de sa théologie,* trad. de l'allemand, Paris, 1987. — K.-P. Blaser, *Karl Barth : combats, idées, reprises : 1886-1968,* Paris, 1987.

BARTHÉLEMY Jean-Jacques. Érudit et homme de lettres français. Né à Cassis, le 20 janvier 1716, mort à Paris, le 30 janvier 1795. Il eut une jeunesse studieuse et réfléchie, partagée entre l'étude des langues orientales, l'histoire ecclésiastique et la composition de vers latins et français. Il sortit du séminaire, après quelques prédications en arabe faites aux maronites de Marseille, avec la réputation d'un orientaliste distingué, mais ne reçut pas les ordres et s'en alla vivre à Aubagne avec sa famille. En 1744, venu à Paris, il y devint le collaborateur de Gros de Boze, directeur du Cabinet des médailles, qui l'introduisit dans la société de Réaumur, de Caylus, de Louis Racine et de Duclos, et auquel il succéda. En 1755, Choiseul-Stainville, ambassadeur à Rome, l'invita en Italie, lui donnant ainsi l'occasion d'étudier les ruines de Paestum, d'Herculanum et de Pompéi. Devenu ministre des Affaires étrangères, Choiseul ne cessa de le combler de faveurs au point que Barthélemy se constitua une honnête fortune, tout en faisant preuve d'une certaine délicatesse. C'est ainsi qu'il rétrocéda à Marmontel le privilège du *Mercure* (se montant à vingt mille livres), lorsque ce privilège lui fut offert après la disgrâce de son confrère. Cependant, il enrichissait la collection de monnaies du roi et publiait plusieurs mémoires d'archéologie. La Révolution le destitua et il fut emprisonné aux « Madelonnettes » d'où il sortit en 1793 pour être réintégré dans sa charge de conservateur des médailles, et il passa en paix les quinze mois qui lui restaient à vivre, à s'occuper de l'étude de l'Antiquité à laquelle il avait dédié sa vie. C'est de cette érudition et de cette méditation sur les objets d'art et les textes antiques que naquit ce fameux *Voyage du jeune Anacharsis en Grèce, dans le milieu du IVe siècle avant l'ère vulgaire* (*) auquel il travailla de 1757 à 1788 ; cet ouvrage, publié en 1788, connut un immense succès et lui ouvrit les portes de l'Académie française en 1789.

♦ *« Si l'on avait conservé les lettres ou plutôt les gazettes que l'abbé Barthélemy écrivait de Chanteloup à Mme du Deffand, et où il rendait compte du mouvement de société jour par jour, on aurait de vrais mémoires sur un intérieur de grand monde au* XVIII*e siècle.* » Sainte-Beuve.

RÉF. : L. J. B. Mancini-Nivernais, *Essai sur la vie de J.-J. Barthélemy,* 1795. – Sainte-Beuve, *Causeries du lundi,* t. VII. – M. Badolle, *L'Abbé Barthélemy et l'hellénisme en France dans la deuxième moitié du* XVIII*e siècle,* 1926. – A. Dupont-Sommer, *J.-J. Barthélemy et l'ancienne Académie des inscriptions,* Paris, l'Institut, 1971.

BARTHES Roland. Essayiste français. Né à Cherbourg le 12 mars 1915, mort à Paris le 26 mars 1980. Chez un écrivain comme Roland Barthes, quelles relations entretiennent la vie et l'œuvre ? Il s'est lui-même posé cette question dans le *Roland Barthes par Roland Barthes* qu'il a écrit en 1975. Il y dit la mort de son père alors qu'il avait un an à peine, l'enfance à Bayonne, dans une bourgeoisie provinciale désargentée, les études à Paris... Il passe, juste avant la guerre, une licence de lettres classiques à la Sorbonne, s'intéresse au théâtre. La fin de ses études et le début d'une carrière professorale sont interrompus par de longs séjours en sanatorium. Il est ensuite lecteur de français à Bucarest et à Alexandrie, avant d'entrer à l'École pratique des hautes études. En 1976, élu au Collège de France, il y crée la chaire de sémiologie littéraire, et y donne un enseignement en rupture avec les normes scientifiques et didactiques. Une mort accidentelle interrompt son œuvre en 1980. Ces informations ne prennent sens que si l'on interprète certains éléments. La présence de la maladie durant toute la jeunesse de Barthes peut nous permettre de comprendre un peu le sentiment d'exclusion qu'il a éprouvé jusque dans la plus grande notoriété, mais aussi, par une sorte de compensation, le goût des choses concrètes et le sens du corps, qui apparaissent dans toute son œuvre. Le lien d'affection à la mère induit dans les textes de Barthes diverses figures : on ne peut pénétrer ce qu'il dit de la langue ou de la photographie sans prendre en considération ce lien. Enfin, le constant porte-à-faux entre le désir d'une écriture libre de toute contrainte et l'ambition universitaire livre aussi une des entrées de l'œuvre, dans ses tensions et ses contradictions.

Dans ce même ouvrage, Barthes propose de diviser son œuvre en quatre périodes : « mythologie sociale », « sémiologie », « textualité », « morale ». On peut utiliser cette classification, malgré l'ironie qu'y met l'auteur. Elle permet de présenter une œuvre sinueuse, et accompagne le mouvement des idées en France durant trente années. La première période est placée sous l'influence de Bachelard (l'imaginaire) et de Brecht (la critique sociale). Elle compte deux œuvres marquantes : *Le Degré zéro de l'écriture* (*) (1953) et *Les Mythologies* (*) (1957). Vient ensuite la découverte de la linguistique saussurienne et de la sémiologie structurale. Deux orientations se dessinent : une visée scientifique, caractérisée par la tentative de décrire les données sociales en termes de signification (*Éléments de sémiologie,* 1964, *Système de la mode*, 1967) et l'ambition de fonder une « science de la littérature », puis une « science du texte » ; et, d'autre part, des prises de position esthétiques qui conduisent Barthes à expliquer et à défendre l'art et la littérature de son temps : le Nouveau Roman, la musique de Boulez, la photographie, la peinture non figurative. Il se déporte ensuite vers une critique de la prétention de scientificité dans les sciences humaines et met en avant les notions de « jouissance » et d'« écriture », d'« intertexte » et de « signifiance », dans des livres comme *L'Empire des signes* (*) (1970), *S/Z* (*) (1970), ou *Le Plaisir du texte* (1973). L'« écrivain » est exalté aux dépens de l'« écrivant », pour la capacité qui serait la sienne de transgresser les conventions, de « tricher la langue » et de se perdre dans l'auto-engendrement du langage. Cet achèvement du structuralisme dans une conception du langage comme libre jeu de codes indéfiniment déplacés marque la fin d'une doctrine qui s'était voulue un instrument de description rigoureux. Les derniers livres, notamment les *Fragments d'un discours amoureux* (1977) et *La Chambre claire* (*) (1980), montrent un affranchissement complet des règles universitaires, dans une invention formelle remarquable. Barthes y retrouve une voix toute personnelle, sans jamais imposer l'image d'un moi souverain. Plusieurs recueils, dont certains posthumes, rassemblent les textes brefs, fort nombreux, qui traitent de littérature, d'arts plastiques, de musique.

Y a-t-il une unité dans cette œuvre qui touche tous les domaines de l'essai, dans ce parcours fait de ruptures successives ? On peut répondre oui, et souligner trois attitudes fondamentales. Le « détachement » d'abord, perceptible dans la critique idéologique, mais aussi dans les travaux sémiologiques où la science est jouée, simulée plutôt que proclamée ; ce détachement commande une morale et une philosophie (que Barthes nomme « neutres »), une esthétique de la mise à distance et de la fragmentation. L'« amour du langage » ensuite, qui fait des textes de Barthes une des plus brillantes écritures essayistiques de l'époque. Le « goût du concret » enfin, le sens des saveurs matérielles, dont les mots font partie, qui entraîne une si vive nostalgie du réel.

CLAUDE REICHLER.

♦ *« Un Valéry, si l'on veut, mais en beaucoup plus pervers. »* Jacques Bersani. ♦ *« Bien plus qu'un idéologue ou un philosophe, Barthes est avant tout un poète. »* Michel Butor. ♦ *« Cette écriture mouvante et somptueuse, retorse, insistante, érotique... »* Alain Robbe-Grillet. ♦ *« La parole de Barthes portait en elle le mariage de l'abstrait et du concret. »* Edgar Morin.

RÉF. : *Tel Quel*, nº 47, automne 1971. – *Poétique*, nº 47, septembre 1981. – L.-J. Calvet, *Roland*

Barthes, Un regard politique sur le signe, Paris, 1973 ; *Roland Barthes*, Paris, 1990. – C. Reichler, *La Diabolie*, Paris, 1979. – B. Comment, *Roland Barthes, vers le neutre*, Paris, 1991.

BARTÓK Béla. Compositeur hongrois. Né à Nagyszentmiklós, dans la Transylvanie sud-occidentale, le 25 mars 1881, mort à New York le 26 septembre 1945. Apôtre de la musique traditionnelle, il a consacré l'essentiel de sa vie à recueillir des chants populaires dont les contours rythmiques et mélodiques constituent l'ossature de son langage musical. Sans jamais citer textuellement ses sources, il crée un langage imprégné de ses recherches et transcende les mélodies traditionnelles. Bartók s'est affirmé à cet égard comme l'un des nationalistes les plus authentiques et comme l'un des grands novateurs du XXe siècle. Assidûment surveillé par ses parents, qui pratiquaient et enseignaient la musique, il eut une enfance active et studieuse. À l'âge de cinq ans, il reçut de sa mère sa première leçon de piano ; à dix ans, il se présentait en public, jouant une pièce composée par lui et intitulée *Le Cours du Danube*, où étaient évoquées, au moyen de chants locaux, les terres traversées par le grand fleuve. Devenue veuve lorsque Béla Bartók n'avait que huit ans, sa mère se fixa avec lui à Bratislava, où il acheva ses études secondaires ; en 1899, il s'inscrivit à l'Académie nationale de musique de Budapest. S'enthousiasmant pour l'idéal politique de l'indépendance nationale hongroise, il écrivit un poème symphonique, *Kossuth*, destiné à célébrer la malheureuse insurrection de 1848-49 contre l'empire des Habsbourg. Liszt était alors son modèle pour la musique hongroise dont il rêvait, mais Beethoven restait et demeura toujours son grand amour ; il connut par ailleurs d'inévitables influences passagères pendant sa jeunesse : Wagner, Brahms et – crise momentanée – Richard Strauss. La *Rhapsodie* op. 1 pour piano et orchestre (1904) et les deux *Suites pour orchestre* op. 3 (1905) et op. 4 (1905-1907) représentent cette première période de sa renommée, sous les auspices de Liszt et de Richard Strauss. La technique pianistique de Bartók lui ouvrait, d'autre part, les voies du succès. Cependant, en 1905, concourant à Paris pour le prix Rubinstein, il fut devancé pour l'exécution par Blackhaus, et pour la composition par l'Italien Brugnoli. Il ne semble pas être alors entré en contact avec l'impressionnisme musical français, que lui fit connaître, peu après, de retour en Hongrie, son ami Zoltán Kodály. Celui-ci fut aussi son compagnon et guide dans une autre découverte, celle de l'authentique chant populaire hongrois, conservé dans les milieux paysans les plus humbles, et très différent de la musique tzigane, falsifiée et occidentalisée, à laquelle se bornait, au fond, l'inspiration nationale de Liszt. Ces deux révélations déterminèrent un tournant décisif dans la création de Bartók. Nommé professeur de piano à l'Académie nationale de Budapest en 1907, marié à son élève Martha Ziegler en 1909, il délaissa la carrière de concertiste pour s'engager totalement dans la composition et se consacrer à l'étude scientifique du folklore musical des pays danubiens. De cette époque datent le premier quatuor (1908) – v. *Quatuors* (*) –, un groupe serré d'œuvres pour piano, dont le célèbre *Allegro barbaro* (*) (1911) est la plus marquante, et l'opéra en un acte *Le Château de Barbe-Bleue* (*). Dans ces ouvrages, Bartók met totalement à profit l'expérience de l'impressionnisme français, et prend activement contact avec les nouveaux courants musicaux. Mais, surtout, il prête l'oreille à la leçon du chant populaire. C'est de cette vive attention dirigée vers le peuple que son art tirera, finalement, cette saveur d'authenticité, d'immédiate vitalité, qui le rend unique dans le panorama musical contemporain. À cette tentative appartiennent de nombreux morceaux pour piano composés sur des mélodies paysannes, parmi lesquels le recueil *Pour les enfants* [*Für Kinder*, 1908-09] et la *Sonatine* [*Sonatine für Klavier*, 1915]. Le ballet *Le Prince de bois* [*A fából faragott királyfi*] sera représenté en 1917 à l'Opéra de Budapest, sous la direction d'un Italien, Egisto Tango, qui portera également à la scène, l'année suivante, l'opéra en un acte *Le Château de Barbe-Bleue* composé en 1911. L'année 1916 voit la composition de la *Suite pour piano*, op. 14 ; en 1917, il termine le *Quatuor n° 2* et, en 1919, c'est le tour de l'hallucinant ballet expressionniste *Le Mandarin merveilleux* (*).

Après l'effondrement de l'empire des Habsbourg, les meilleurs musiciens hongrois adhérèrent au gouvernement populaire de Béla Kun ; Bartók forma alors, avec Dohnányi et Kodály, une sorte de directoire musical qui exerça une précieuse action d'intégrité professionnelle en renouvelant les instituts musicaux de la nation. Après la chute du gouvernement populaire, Bartók se referma sur lui-même et, comme par réaction, son art toucha alors aux pointes extrêmes du modernisme international, effleurant les expériences atonales et dodécaphoniques avec les deux *Sonates* pour violon et piano (1921 et 1922), les *Quatuors n° 3* (1927) et *n° 4* (1928) ; ce dernier est considéré comme l'un de ses chefs-d'œuvre. En 1923, la *Suite de danses* (*) pour orchestre, exécutée aux fêtes célébrant le cinquantième anniversaire de l'union des villes de Buda et de Pest, avait imposé son nom à l'admiration de ses compatriotes. La même année, après une dure crise intérieure, il divorçait d'avec sa première femme et épousait une autre de ses élèves, Dita Pásztory, excellente pianiste ; par elle, il fut ramené à la carrière de concertiste, du moins au service de ses propres œuvres. De nombreuses tournées à l'étranger permirent à sa réputation de s'affirmer. Au cours d'une phase passagère de style néoclassique parurent la *Sonate pour piano* (1926) et le *Concerto pour piano et orchestre n° 1*, suivi d'un second en

1931 ; un troisième, destiné précisément à sa femme, sera l'avant-dernière œuvre laissée par le compositeur. En 1928, le *Quatuor nº 3* obtint, ex aequo avec la *Sérénade* [*Serenata*] de Casella, le prix Coolidge à Philadelphie : ce fut la consécration définitive de l'art de Bartók sur le plan international. Les chefs-d'œuvre se succédèrent en une splendide apogée de création : la classique *Cantate profane* (*) (1930), où vibre sourdement le thème de l'indignation du citoyen ; le *Quatuor nº 5* (1934) ; la *Musique pour cordes, percussion et célesta* (*) (1936) ; la *Sonate pour deux pianos et percussion* (1937), le *Concerto pour violon nº 2* (1938) ; le *Divertimento* (*) pour cordes (1939). Cette existence acheminée dans la voie d'une féconde maturité fut bouleversée par la nouvelle guerre. La Hongrie tomba dans l'orbite du nazisme. Bartók ne sut ni ne voulut pactiser. Abandonnant maison, situation sociale, fils, famille, travail, il partit, avec sa femme, pour l'Amérique, tel un pauvre émigrant. Vers la fin de 1940, le couple s'établit dans le voisinage de New York et affronta courageusement la tâche de se refaire une existence. Les Bartók donnèrent des concerts. Béla Bartók prononça des conférences, enseigna, et obtint une charge à Columbia University. Contraint par sa santé à réduire le nombre de ses concerts, il se remit avec plus d'intensité à la composition : outre la difficile *Sonate pour violon seul* (*), le *Concerto pour orchestre* (1944), le *Concerto pour piano nº 3* (1945) et le *Concerto pour alto*, resté inachevé et terminé par son élève Tibor Serly, sont devenus ses œuvres les plus populaires, à cause de leur langage clarifié et simplifié, et revenu en partie des incursions les plus avancées qu'il effectua dans le domaine d'une modernité agressive et intransigeante.

MASSIMO MILA.

♦ *« Son effort vers le classicisme est contrecarré par les exigences d'un tempérament d'une prodigieuse violence, qui a fait dire de lui qu'il transformait son piano en char d'assaut. »* André Hodeir.

RÉF. : Zoltán Kodály, *Béla Bartók* in *La Revue musicale*, Paris, 1921. – André Cœuroy, *Béla Bartók and the Balkans*, New York, 1922, et *Panorama de la musique contemporaine*, 1928. – Gisèle Brelet, *Béla Bartók. Musique savante et musique populaire* in *Contrepoints*, 1946. – Janos Demény, *Bartók Béla, Levelek, Fénykepék, Kéziratok, Kották*, Budapest, 1948. – Serge Moreux, *Béla Bartók, sa vie, ses œuvres, son langage*, Paris, 1949. – Bance Szabolczi, *Bartók, sa vie et son œuvre*, Budapest, 1960. – Pierre Citron, *Bartók*, Paris, 1963. – Jean Gergely, « Béla Bartók, compositeur hongrois », *La Revue musicale* nºs 328-335, Paris, 1980. – Béla Bartók, *Musique de la vie*, autobiographie, lettres et écrits réunis par Philippe A. Autexier, Paris, 1981. – Yann Queffélec, *Béla Bartók*, Paris, 1981. – Jean Gergely, *Béla Bartók vivant*, Paris, 1984.

BARUCH [en hébreu Barouk : « le Béni »]. Il vécut au VIᵉ siècle av. J.-C., au moment de la guerre désespérée des Juifs contre l'Empire assyrien. C'était un savant réputé, disciple de Jérémie, dont il avait recueilli le message et dont il soutint le courage dans sa lutte contre des chefs incapables. Ceux-ci détestaient Baruch mais n'osaient pas s'adresser directement à lui. Ils répétaient à Jérémie que ce n'était pas l'Éternel qui l'avait envoyé pour leur annoncer les malheurs qui allaient fondre sur Israël, mais bien Baruch, fils de Nériqya (en grec Nérias), qui l'avait incité à se livrer aux Chaldéens. Entraîné en Égypte par des fugitifs, Baruch estima qu'il était de son devoir de rejoindre ses coreligionnaires en exil, pour leur porter la parole de Dieu. Et c'est ainsi qu'il écrivit le livre qui porte son nom – v. *Baruch* (*) *(Livre de)* – à Babylone, en 581, cinquième anniversaire de la prise de Jérusalem. Et c'est là également qu'il eut la vision de la patrie renaissante ; ses dernières paroles furent : « Vraiment, c'est Dieu lui-même qui conduit Israël, / Plein de joie dans l'éclat de sa majesté, / Par un effet de sa propre justice. Et de sa propre miséricorde » (V, 9).

RÉF. : J. Le Moyne, « Prophètes », *Supplément au Dictionnaire de la Bible*, col. 724-736, 1969.

BASHÉVIS SINGER Isaac (pseud. d'Isaac Singer). Écrivain américain d'expression yiddish. Né à Léoncin (Pologne) le 14 juillet 1904 ; mort à Miami le 24 juillet 1991. Quelques années après sa naissance, sa famille quitta Léoncin pour séjourner à Radzymin, son lieu de naissance officiel, puis s'installa à Varsovie. Durant la Première Guerre mondiale, Bashévis Singer passa près de quatre ans à Bilgoray, où son grand-père était rabbin, et il y acquit l'expérience de la vie des petites villes, de l'agriculture et des animaux. Fils et petit-fils de rabbins, il dut faire ses études au séminaire rabbinique de Varsovie, où était dispensé un enseignement à la fois traditionnel religieux et général ; il y apprit, en outre, l'hébreu moderne. Il s'intéressa aussi à l'étude de la Kabbale. Rompant avec la tradition familiale, il préféra la carrière littéraire à celle de rabbin, suivant ainsi la voie tracée par son frère aîné : Israël Yéhoshoua Singer, écrivain yiddish célèbre. Il composa ses premières œuvres en hébreu, mais très vite choisit d'écrire dans sa langue maternelle : le yiddish. À partir de 1925, il commença à publier, dans quelques revues yiddish, des nouvelles qu'il signa de pseudonymes divers (Tsé, I. Bashévis, I. Varshawsky et D. Segal) afin d'éviter toute confusion possible avec son frère aîné. En 1935, il s'établit à New York où il collabora à certaines revues juives, écrivit des nouvelles et composa des pièces de théâtre radiophoniques. À partir de 1943, le quotidien yiddish *Der Forverts* se mit à publier régulièrement des nouvelles de Bashévis Singer ainsi que ses premiers romans sous forme de feuilleton. (En volumes, les romans de Singer ont souvent été publiés d'abord en traduction anglaise : dans ce cas, nous indiquons dans le présent article le titre anglais.) La destinée littéraire de l'auteur fut considérablement influencée par son choix d'écrire en yiddish, langue en voie de disparition. Sa carrière littéraire prit une orientation nouvelle lorsque les premières traductions anglaises de certaines de ses œuvres virent le jour en 1950 ; accueillies avec enthousiasme par les lecteurs américains, elles furent suivies de traductions dans d'autres langues, et l'auteur acquit rapidement une renommée internationale. Couronnée à deux reprises par le prix Louis Lamed et, en 1978, par le prix Nobel, cette œuvre d'une grande richesse comporte de nombreux romans et nouvelles qui présentent une grande diversité. Puisant ses thèmes dans l'histoire du peuple juif ou dans sa tradition, dans ses souvenirs d'enfance ou dans son expérience d'écrivain yiddish installé aux États-Unis, Bashévis Singer fait preuve d'un talent de conteur remarquable. Réalisme et naïveté caractérisent son art dans lequel le réel côtoie le surnaturel, et les démons et esprits malins font de fréquentes apparitions ; deux éléments y jouent un rôle essentiel : le monde de la tradition juive et celui de la sexualité. À travers l'histoire de personnages particuliers, évoluant dans un monde en voie de disparition, l'écrivain évoque l'éternel problème du destin de l'individu juif qui, sans cesse en proie au doute, déchiré par les désirs contradictoires de respecter la tradition et d'assouvir ses passions, cherche la voie dans une société où il n'a pas sa place. Son premier roman, *La Corne du bélier* (*) (1935), retrace l'expérience malheureuse vécue par la communauté de Goray à l'époque du faux messie Sabbataï Zevi. Chronique réaliste de la vie d'une famille juive polonaise à la fin du XIXe siècle, *Le Manoir* [*Der Hoyf*, 1953-55] constitue la première partie d'une trilogie qui comporte aussi *La Famille Moskat* (*) (1950) et *Le Domaine* [*The Estate*, 1970]. *Le Magicien de Lublin* (*) (1960) met en scène un personnage extraordinaire qui décide, après avoir mené une vie dissolue, de vivre en ermite et de se consacrer à l'étude de la Loi. Semblable par certains côtés à ce magicien, le héros du roman *Ennemies* [*Enemies, A Love Story*, 1972] est un rescapé de l'holocauste nazi, victime des événements et des hommes, qui se retrouve marié à trois femmes. Le traumatisme causé par les persécutions nazies joue un rôle essentiel dans ce roman. Par leur caractère autobiographique, les nouvelles du recueil *Le Confessionnal* [*Mayn Tatn's Beys-Din Shtub*, 1950] présentent un intérêt particulier. Citons encore *Gimpel l'imbécile et autres contes* [*Gimpel The Fool and Other Stories*, 1957], *L'Esclave* (*) (1962), *La Couronne de plumes* (*) (1973), *Passions* [*Passions*, 1975], *Shosha* (1978), *Le Pénitent* [*The Penitent*, 1983]. Les *Nouvelles* (*) ont été réunies en 1982, avant la publication de *La Mort de Mathusalem* [*The Death of Methuselah*, 1987].

LÉTITIA COSTA.

RÉF. : I. Malin ed., *Critical Views of Isaac B. Singer*, New York, 1969. – I. Malin, *Isaac Bashévis Singer*, New York, 1972. – « Isaac Bashévis Singer », n° 93 de *L'Arc*, Aix-en-Provence, 1984. – L. S. Friedman, *Understanding Isaac Bashévis Singer*, Columbia, 1988.

BASHKIRTSEFF Marie [Marija Konstantinovna Baškirceva]. Femme de lettres et peintre russe. Née le 11 novembre 1860 dans un domaine près de Poltava, morte à Paris le 31 octobre 1884. Russe d'origine mais française d'éducation – sa famille se fixa à Nice quand elle avait douze ans et s'installa à Paris en 1871 –, elle est surtout connue pour son *Journal* (*) publié en français. Très douée, elle s'adonna surtout à la peinture, et plus spécialement à l'art du portrait, sous les pseudonymes de Marie Konstantinovna Russ et d'Ondrey. Son *Journal* révèle un esprit précoce, une âme enthousiaste mais facilement portée au découragement, une intelligence vive nourrie d'une culture hâtive, mais choisie et raffinée, un violent désir de vivre et de s'imposer, contrastant singulièrement avec la fragilité d'un organisme miné par la phtisie. Entrée à l'académie Jullian en 1877, Marie Bashkirtseff exposa pour la première fois ses peintures en 1880, mais ce n'est qu'en 1883 qu'elle obtint son premier succès. Une exposition complète de son œuvre peinte eut lieu à Amsterdam en janvier 1887. Plusieurs de ses tableaux furent achetés par le musée Alexandre III à Saint-Pétersbourg. En 1890, le Premier ministre anglais Gladstone publiait un article dans la revue *Nineteenth Century*, où il faisait un vif éloge du *Journal*, l'une des œuvres les plus remarquables du siècle, selon lui.

RÉF. : Anatole France, *La Vie littéraire*, t. I. – Émile Henriot, *Le Visage enfantin de Marie Bashkirtseff*, 1922. – C. Cosnier, *M. Bashkirtseff. Un portrait sans retouches*, Paris, 1985.

BASHÔ Matsuo. Poète japonais. Né en 1644 à Ueno dans la province d'Iga, mort à Ôsaka en 1694. Bashô appartenait à une famille de guerriers, tenanciers héréditaires des daimyo de la ville de Tsu. La mort du fils de son seigneur, avec qui il avait passé son enfance et entretenait des rapports très amicaux, l'amena à renoncer au monde et à cultiver les lettres qu'il avait déjà étudiées en compagnie de son ami, Kitamura Kigin, disciple de Teitoku, lui-même initiateur de la renaissance du haikai (ou plus exactement haiku, tercet composé de vers de cinq, sept et cinq syllabes), avait fondé l'école Teimon ou Kofu dont Bashô devint l'élève et d'où devait sortir l'école Danrin. Le jeune homme étudia aussi avec Zengin et forma sa propre philosophie au contact du bouddhisme zen. À la mort de Zengin (1667), Bashô se rendit à Kyôto où il travailla quelque temps comme fonctionnaire du bureau des canalisations, puis à Edo (aujourd'hui Tôkyô) (1672). Là, il se perfectionna dans sa connaissance des règles poétiques auprès des maîtres qui s'y trouvaient groupés. Les précédentes écoles de poésie, Teimon et Danrin, dont Bashô s'était d'abord inspiré, tombaient en décadence. Il créa bientôt sa propre école, dite Shôfû, dont l'originalité se définit par les trois termes de « sabi, shiori et hosomi » ; le premier faisant allusion à la sobriété résultant de l'état d'esprit qui naît de la calme méditation du poète devant la nature, le second désignant plus particulièrement l'harmonie, règle d'or du poème, et le troisième la quiétude attentive qui résulte de la contemplation poétique. Par rapport aux écoles antérieures, celle de Bashô se recommandait par l'abandon du formalisme et des règles paralysantes au profit de l'expression de sentiments sincères et profondément humains. De jeu d'esprit qu'il était auparavant, le haikai rejoignait avec cette forme d'expression la plus haute essence de la poésie.

La publication d'un premier recueil, *Kai-ôi*, valut à Bashô une réputation qui dépassa largement Edo. Peu après, Enomóto Kikaku, qui devait s'illustrer lui-même plus tard, s'attacha à Bashô comme disciple. Petit à petit, des admirateurs fervents, de jeunes poètes séduits par la vie tout imprégnée de poésie que menait le maître, se groupaient autour de lui. Bashô allait de ville en ville sans domicile fixe, recrutant sans les chercher des disciples et trouvant partout audience, même auprès des hommes les plus simples. Enfin, il s'établit dans le district de Fukagawa, au bord de la Sumidagawa, près de Edo, dans une cabane appelée Bashô-an parce qu'elle était située en face de bananiers (Bashô veut dire bananier) et qui lui valut le nom sous lequel il devint célèbre. Dans sa retraite studieuse, le poète se perfectionnait dans la connaissance et la pratique du bouddhisme zen. En 1682, l'incendie qui dévora Edo détruisit la pauvre cabane qui abritait sa couche, son bol de riz et une statue de Bouddha. Deux des disciples, Kikaku et Sodô, aidèrent le maître à réédifier son ermitage mais, de plus en plus impressionné par le caractère aléatoire de toute possession, attiré de nouveau par la magnificence des paysages et les féeries de la nature, Bashô quitta sa demeure en 1684 et prit le bâton de pèlerin. De cette longue randonnée qu'il commençait alors, il nous a laissé un remarquable journal de pèlerinage, ses *Notes de voyage* (+). Il y dépeint sa vie toute consacrée à l'extase poétique, occupée à contempler un univers merveilleux et toujours divers et à le chanter non pour de l'argent et des honneurs mais pour lui-même et pour en exprimer le suc des beautés découvertes une à une. Couchant dans de méchantes auberges ou en plein air, parfois accueilli par de riches amateurs dont il n'acceptait qu'un bol de riz, Bashô se remettait en route dès l'aube, jamais lassé de spectacles qu'il savait goûter dans leur essence. En 1685, un nouveau disciple s'adjoignit à lui et le suivit dans ses pérégrinations, Mukai Kyorai (1561-1704) qui, comme Kikaku, devait faire partie du petit nombre des héritiers et intimes désignés sous le nom des dix Sages (Jittetsu). En 1687, nouveau voyage avec Kawai Sora (1649-1710), un autre des dix Sages, qui les conduisit à Kashima, puis à Sarashina avec Otchi Etujin (né en 1656). Il suffisait d'ailleurs qu'on évoquât devant lui la beauté du clair de lune sur tel étang, les jeux de lumière dans tel bois de pins près d'un temple pour que Bashô se mit aussitôt en route. Après chacun de ses déplacements, il revenait au Bashô-an mais, en 1689, il abandonne définitivement ce dernier point d'attache et part en compagnie de Sora pour une longue randonnée dans le Nord. C'est au cours de ce voyage qu'il mit la dernière main à un nouveau recueil, *Okuno hosomichi* (+). Jusqu'en 1694, Bashô parcourut les provinces, faisant de courtes escales à Ise, Omi, Nara, etc., en quête de sensations neuves, de spectacles, de sons et de parfums. Cette vie errante l'entretenait dans un continuel progrès sur soi-même ; son esprit toujours plus dépouillé, sans cesse épuré, parvenait à un état d'innocence retrouvé tout proche de l'enfance dont il avait la fraîcheur de sentiments et d'impressions. Son style – bien qu'il ne soit pour lui qu'une préoccupation secondaire – y gagnait encore en puissance d'évocation, en concision ; abandonnant le fushimono, vocabulaire particulier au genre haikai, il en vint à n'employer plus qu'un langage d'une très grande simplicité, accessible à tous. Au hasard des haltes se formaient ainsi les multiples et brefs recueils qui font sa gloire : le *Genjûanno ki* (+), le *Fukagawa-shu* (écrit en l'honneur du district où s'élevait sa cabane), le *Journal de voyage* (+), d'autres encore.

En 1694, Bashô, malade, dut interrompre son voyage. Il s'installa à Ôsaka où ses disciples qui ne l'avaient pas quitté, parmi lesquels Kyorai, Kagami, Shikô (1665-1731), Naito Jôsô (1662-1704) et Otsuyu, le soignèrent avec dévouement et tendresse. Kikaku, ayant appris la maladie de son maître, accourut en toute hâte et assista à ses derniers instants. Bashô s'éteignit doucement, en composant un ultime haikai : « Tombé malade en voyage / En rêve, je me vois errant / Sur la plaine morte. » On l'ensevelit dans le jardin du temple Yoshinakadera, à Ôsaka, et l'on planta sur sa tombe un bananier, arbre qu'il chérissait particulièrement et qui était devenu son symbole. Bashô occupe une place de tout premier plan dans la littérature du Japon non seulement en raison de son œuvre même, mais à cause de sa personnalité exemplaire qui servit de modèle à des générations entières de poètes, et de ce qu'est devenu entre ses mains le haikai, dont ses dix disciples conservèrent la tradition qu'ils transmirent à leurs propres élèves. Bashô a débarrassé d'artifices un des genres poétiques les plus artificiels qui soient, il a fait du poème une effusion directe pleine de subtilité entre le monde naturel et l'âme du poète, effusion qui doit être revécue et ressentie à nouveau par le lecteur. Cet état de communication est une réussite si rare en littérature qu'elle vaut à Bashô une gloire particulière qui n'a peut-être pas d'équivalent exact dans toute l'histoire des lettres.

JACQUES BROSSE.

♦ *« La forme du hai-kai étant admise, il est difficile de prétendre qu'on aurait pu en tirer mieux que ce que Bashô en a tiré. »* W. G. Aston.

RÉF. : E. Steinilber-Oberlin, *Introduction*, et Kuni Matsuo, *Avertissement* à l'édition des *Haikai de Bashô et de ses disciples*, Paris, 1936.

BASILE Giambattista, comte de Torine. Écrivain italien. Né à Naples en 1575, mort à Giugliano le 23 février 1632. Il fut soldat à Venise (1600-1604), et courtisan à Mantoue auprès de Ferdinand Gonzague (1612-1613). Revenu à Naples, il devint gouverneur féodal. Son œuvre en italien est oubliée. En revanche ses voyages en dialecte napolitain sont demeurés célèbres. Il y fait preuve d'un amour compréhensif pour tout ce qui est beau, bon, naïf et populaire ; il est sensible à la musique, mais son âme incline au pessimisme. Après la préface de la *Vaiasseide* de Cortese, cinq essais divertissants sous forme de lettres, il écrivit *Les Muses napolitaines* [*Le Muse napolitane*], neuf dialogues en vers, série de petits tableaux moraux et satiriques sur la vie napolitaine, imprimée à titre posthume. Il consacra un recueil aux fables populaires napolitaines, intitulé *Le Conte des contes* (*), la plus belle œuvre du genre, où il se montre pétillant d'esprit, riche en trouvailles inattendues et cocasses.

♦ *« On a dit que Basile est le Boccace de Naples : en effet, son livre offre un faux air de ressemblance avec le* Decamerone, *et puis Basile est le premier prosateur de Naples ; il a fixé le langage napolitain, comme Boccace a fixé l'italien. »* G. Ferrari.

RÉF. : G. Ferrari, *De la littérature populaire en Italie* in *Revue des Deux Mondes,* 1839-40. – K. Kaiser, *Handwirterbuch des deutschen Märchens,* t. I, 1930. – G. Getto, *Barocco in prosa e in poesia,* 1969.

BASILE de Césarée, dit le Grand. Docteur de l'Église. Né à Césarée en Cappadoce vers 330, mort dans sa ville natale le 1er janvier 379. Fils d'un rhéteur, il eut pour frères Grégoire, le futur évêque de Nysse, et Pierre, qui devint évêque de Sébaste. Il fit ses études d'abord à Constantinople où il fut l'élève du fameux rhéteur Libanius, à Athènes, où il lia connaissance avec Grégoire de Nazianze. À la mort de son père, vers 356, il revint à Césarée pour y enseigner la rhétorique, et se fit baptiser. Il visita alors les centres de l'ascétisme chrétien en Syrie, en Mésopotamie et en Égypte. À la suite de ce voyage, il vendit ses biens, en distribua le prix aux pauvres et alla vivre en cénobite dans une campagne éloignée de tout centre ; vers 358, Grégoire de Nazianze vint l'y rejoindre, et ils rédigèrent ensemble les textes épars d'Origène, qui sont connus sous le titre de *Philocalia ;* un peu plus tard, saint Basile commença à élaborer les *Regulae ;* d'abord les *Quatre règles* [*Longiores* ou *Regulae fusius tractatae*], puis les *Petites règles* [*Breviores* ou *Regulae brevius tractatae*] – v. *Œuvres ascétiques* (*). Ces *Règles,* qui comprennent des préceptes d'Eustache de Sébaste, alors intime de Basile, mais avec lequel il devait rompre par la suite, se trouvent encore aujourd'hui à la base du monachisme oriental. Entre-temps Eusèbe, devenu évêque de Césarée depuis 362, avait entraîné Basile dans la lutte contre l'hérésie arienne et à la résistance contre l'empereur Julien (c'était Eusèbe qui avait ordonné Basile prêtre) ; mais, des dissensions s'étant élevées entre ce dernier et l'évêque, Basile retourna à la vie retirée, avant de revenir à Césarée sur les instances de Grégoire de Nazianze. La polémique s'étant rallumée avec l'empereur Valens, Basile écrivit, vers 364, le traité *Contre Eunome* (*), et succéda à Eusèbe dans la chaire épiscopale, tandis que Valens réduisait l'étendue de sa province ecclésiastique. Il s'employa jusqu'à sa mort à élaborer des formules concernant le dogme de la Trinité, au moyen desquelles il chercha à se rallier les semi-ariens, pour sévir davantage contre les ariens extrémistes. C'est ainsi qu'il distingue entre « essence » [δυσία] et « existence individuelle » [ὑποστασίς] pour parvenir à la conclusion que les trois personnes sont identiques dans l'essence et distinctes en tant qu'individualités ; en même temps, par égard pour les semi-ariens, il accepte de remplacer le terme « consubstantiel » par la formule « semblable dans l'essence immuablement ». Ces définitions, et la position théologique de Basile, ressortent plus clairement de la lecture de ses *Lettres* (*) que de ses écrits théologiques, *Traité du Saint-Esprit* (*), *Œuvres dogmatiques* (*), et de ses exégèses, dont les neuf homélies sur la création – v. *Hexameron* (*) –, dix-huit, dont treize authentiques, sur les *Psaumes* (*) et une vingtaine d'autres exégèses authentiques. Son *Discours aux jeunes gens sur l'utilité qu'ils peuvent retirer de la lecture des auteurs profanes* [Ομιλία πρσς τέούς νέους δ'πως ἄν ἐξ ἑλληνιχῶν ὠφελοίντο λόγων] est important en tant que document sur l'attitude des chrétiens envers la culture classique. D'autres écrits le sont moins, et l'authenticité de certains est contestable. *De la virginité* [Περὶ της ὲν παρθενία αλήθους εὐφοριας] semblerait plutôt l'œuvre de son homonyme et contemporain l'évêque d'Ancyre, qui fut l'un des chefs du parti semi-arien. Basile fut en outre le créateur de la liturgie qui porte son nom et qui, modifiée, est encore en usage dans le rite grec.

GIUSEPPE GIARRIZZO.

RÉF. : E. Fialon, *Étude historique et littéraire sur saint Basile,* 1869. – P. Allard, *Saint Basile,* 1899. – M. Jugie, *Saint Basile, évêque de Césarée,* 1929. – Y. Courtonne, *Saint Basile et l'hellénisme...,* 1934. – Abbé S. Giet, *Les Idées et l'action sociale de saint Basile,* 1941. – J. M. Ronnat, *Basile le Grand,* Paris,

1955. – P. Humbert-Claude, *La Doctrine ascétique de saint Basile de Césarée,* Paris, s.d. – P. J. Fedwick, *The Church and the Charisma of Leadership in Basil of Caesarea,* Toronto, 1978.

BASIN Thomas. Historien français. Né en 1412 à Caudebec-en-Caux, mort à Utrecht, le 3 décembre 1491. Après avoir fait ses études à l'université de Paris, puis à Pavie et à Louvain, Thomas Basin embrassa la carrière ecclésiastique. Des voyages nombreux le conduisirent en Hollande, puis à Ferrare et à Florence où il assista au concile qui se tint dans cette ville en 1438-1439, enfin en Hongrie (1439). De retour dans sa ville natale, ses études universitaires, ses relations avec les grands personnages qu'il avait rencontrés en Italie, dont le pape Eugène IV, lui valurent d'être nommé chanoine de la cathédrale et vicaire général, puis, en 1447, il n'avait que trente-cinq ans, évêque-comte de Lisieux. La Normandie était encore en grande partie anglaise. Lorsqu'en 1449 l'armée française parut sous les murs de Lisieux, Basin se rallia immédiatement à Charles VII, entraînant à sa suite plusieurs évêques normands, et il reçut solennellement le roi quand celui-ci visita la Normandie reconquise. Il jouit désormais de la faveur de la Cour. Nommé conseiller du roi, il prit part au gouvernement. Mais, pour n'avoir pas soutenu Louis, dauphin de Viennois, et avoir donné son appui à son frère Charles, il encourut les rigueurs du rebelle devenu roi sous le nom de Louis XI. Contraint de se réfugier auprès du duc de Bourgogne, Basin accepta cependant les avances du roi de France, désireux de se réconcilier avec lui, et devint chancelier de Roussillon, mais ce poste lui parut peu sûr et il se décida à rompre définitivement. Il vécut désormais en exil à Louvain, à Trèves, où il écrivit son *Histoire de Charles VII* (+), et à Utrecht.

En son absence, le siège de Lisieux avait été proclamé vacant et un nouveau prélat désigné à la place de Thomas Basin qui, en guise de consolation, se vit nommer par Sixte IV archevêque de Césarée. Outre son *Histoire de Charles VII* et son *Histoire de Louis XI* (+) qui constituent d'importants témoignages sur son temps, Thomas Basin laissait un certain nombre d'ouvrages presque tous écrits en latin. Citons : *La Consultation pour la révision du procès de Jeanne d'Arc*, où il soutient la nullité du procès de Rouen (1453), le *Mémoire pour la réforme de la procédure en Normandie* (1455), l'*Avis de M. de Lisieux* (1464), en français, pour le rétablissement de la Pragmatique Sanction, deux œuvres autobiographiques : l'*Apologie* et le *Breviloquium peregrinationis et mansionum.*

RÉF. : J. Quicherat, *Thomas Basin. Sa vie et ses écrits*, 1841-1842. – Ch. Samaran, *Thomas Basin, Histoire de Charles VII, Histoire de Louis XI*, 5 vol., Paris, 1933-1972.

BASSANI Giorgio. Romancier, nouvelliste et poète italien. Né le 4 mars 1916 à Ferrare. L'œuvre de Bassani est centrée sur la représentation des modes de vie, des habitudes et de l'histoire de la communauté juive de Ferrare. Il est vrai que c'est dans cette cité qu'il passa sa jeunesse et son adolescence. L'auteur fit ses études à une quarantaine de kilomètres de là, à Bologne, et parmi ses maîtres il eut notamment Roberto Longhi, l'un des plus célèbres critiques d'art italiens. Pendant la guerre, il participa à des mouvements de résistance contre le régime, ce qui lui valut d'être incarcéré en 1943. C'est à lui qu'on doit, alors qu'il était directeur de collection chez Feltrinelli, la publication du *Guépard* (*) de Giuseppe Tomasi di Lampedusa.

Parlant du *Roman de Ferrare* – v. *Les Lunettes d'or* (*) – lors d'une interview de septembre 1985 au quotidien *Libération,* l'auteur fut amené à dire : « Il y est question des juifs sans aucun cléricalisme, sans prosélytisme ni mystique, avec la seule volonté d'expliquer objectivement ce qui s'est passé. Cela m'a d'ailleurs valu la haine des juifs de chez moi, des cercles dans lesquels je me trouvais, puisque le vrai scandale consiste à dire aujourd'hui que les juifs italiens – à commencer par mon père – ont soutenu les fascistes, et que l'atrocité de Buchenwald n'en est que plus insupportable. »

Il est vrai que ses œuvres, des *Histoires de Ferrare* [*Cinque storie ferraresi,* 1956] à *Derrière la porte* [*Dietro la porta,* 1964] en passant par *Les Lunettes d'or* (*) (1958) et le fameux *Jardin des Finzi-Contini* (*) (1962), fourmillent d'exemples de personnalités ferraraises de confession juive qui – lors de la mise en place par Mussolini des mesures antisémites de 1938 – se trouvèrent totalement désorientées et désarmées : dès la fin de la Première Guerre mondiale, elles avaient en effet résolument pris fait et cause pour la droite révolutionnaire, puis pour les fascistes, par crainte des socialistes.

Ces exemples mettent en relief le total désarroi d'une communauté incapable, faute d'avoir su ou pu analyser la nature profonde du régime, de comprendre les conséquences du *Manifeste pour la défense de la race* de Mussolini. C'est précisément cette sombre expérience d'isolement, de rejet graduel, que Bassani nous fait vivre dans ses romans. Les personnages du *Jardin des Finzi-Contini* en sont probablement les modèles les plus évidents, jeunes gens qui se voient peu à peu rejetés de toute vie associative.

Le thème de l'exclusion est repris avec force dans *Les Lunettes d'or.* Il s'agit cette fois de la déchéance sociale d'un médecin vénitien installé à Ferrare et dont l'homosexualité, d'abord soupçonnée et tolérée par la population, devient l'objet d'un scandale à la suite d'une liaison présumée avec un étudiant.

Abandonné de ses patients, rejeté, l'homme se suicidera.

L'écriture de Bassani est d'une grande subtilité psychologique, souvent à caractère intimiste. Le projet essentiel de l'auteur semble avoir été de préserver le souvenir d'une époque et d'un lieu que les bouleversements de l'histoire ont en grande partie défigurés. La nostalgie perceptible dans l'œuvre de Bassani, son caractère « sentimental », tout en consacrant son succès populaire, firent de lui l'une des cibles des écrivains de la néo-avant-garde.

En dehors des romans déjà cités, on peut noter *Le Héron* [*L'airone,* 1968] et *L'Odeur du foin* [*L'odore del fieno,* 1972]. En 1974, l'auteur a repris ses principaux romans pour constituer le cycle du *Roman de Ferrare* [*Il romanzo di Ferrara*].

ALAIN SARRABAYROUSE.

BASTIAT Frédéric Claude. Économiste et homme politique français. Né à Mugren (Landes) le 30 juin 1801, mort à Rome le 24 décembre 1850. La nécessité de seconder un oncle dans son négoce l'empêcha tout d'abord de poursuivre ses humanités, mais, son père lui ayant laissé quelque bien, il s'adonna à ses études préférées : la philosophie et l'histoire. Après avoir connu tour à tour les découragements du scepticisme et l'exaltation de la foi, Bastiat trouva chez les économistes classiques anglais la source de grandes satisfactions intellectuelles. En 1830, il s'enthousiasma pour la révolution, dans l'espoir qu'elle ferait triompher les idées qui lui étaient chères. Ayant échoué aux élections législatives de 1832, il ne s'en intéressa pas moins à la chose publique. C'était le temps où s'organisait en Angleterre, ardemment défendue par l'économiste Cobden, l'association pour le libre-échange qui devait entraîner, en 1846, l'abolition du régime protectionniste. Bastiat mena une ardente campagne pour répandre la théorie du libre-échange dans la presse française, en particulier dans le *Journal des économistes* et, en 1845, publia un livre sur *Cobden et la Ligue.* Après un voyage en Angleterre, Bastiat fit paraître un autre ouvrage en faveur du libre-échange, *Sophismes économiques* (1845) et, l'année suivante, fut fondée à Bordeaux une association libre-échangiste. Bastiat, cependant, n'obtint pas la chaire qui lui eût permis de propager son enseignement. C'est alors qu'il résolut de donner gratuitement des leçons d'économie politique aux étudiants en droit et en médecine. Mais sa campagne antiprotectionniste fut interrompue par la révolution de 48, et Bastiat dut se convaincre qu'elle était inspirée par des idées contraires aux siennes. À la lutte contre le protectionnisme il joignit la lutte contre le socialisme, contre Louis Blanc, Pierre Leroux et Proudhon (*Propriété et Loi,* 1848 ; *Capital et Rente,* 1849 ; *Justice et Fraternité,* 1850, etc.). Sa discussion avec Proudhon reste célèbre ; publiée au jour le jour dans *La Voix du peuple,* entre le 19 novembre 1849 et le 10 février 1850, elle a fait ensuite, en 1850, l'objet d'une double édition ; l'une, inspirée par Bastiat, portait le titre *Gratuité du crédit* et l'autre, inspirée par Proudhon, s'intitulait *Intérêt et Principal.* À cette époque, Bastiat en arriva même à se détacher de l'école anglaise qui l'inquiétait en raison de ses concessions au socialisme tel que le concevaient les physiocrates du XVIIIe siècle. Entre 1848 et 1850, Bastiat rédigea *Les Harmonies économiques* (*), le plus marquant de tous ses ouvrages, et quelques pamphlets politiques, parmi lesquels il convient de noter *Incompatibilités parlementaires,* qui reste toujours d'actualité, et *Baccalauréat et Socialisme* où il fait le procès de l'enseignement classique. Retiré à Rome pour raison de santé en 1850, il y mourut et fut inhumé à Saint-Louis-des-Français.

RÉF. : C. Brunel, *Bastiat et la réaction contre le pessimisme économique,* 1901. – C. Gide, *La Morale de Bastiat,* 1903. – E. Le Senne, *F. Bastiat et l'extension du rôle de l'État,* 1906. – C. Imbert, *F. Bastiat et le socialisme de son temps,* 1913. – L. Bruel, *Bastiat et le libre-échange,* 1931.

BASTIDE Roger. Sociologue et ethnologue français. Né à Nîmes dans une famille protestante en 1898, mort à Paris en 1974. Agrégé de philosophie, il enseigne dans le secondaire avant de partir en 1938 pour le Brésil où il occupera la chaire de sociologie à l'université de São Paulo jusqu'en 1953. Ses rencontres avec Claude Lévi-Strauss, Alfred Métraux et divers anthropologues américains l'amènent à étudier la société brésilienne sous différents aspects : l'ethnologie religieuse, les phénomènes d'acculturation, la psychiatrie sociale. Nommé directeur d'études à la VIe section de l'École pratique des hautes études (devenue en 1968 l'École des hautes études en sciences sociales), il soutient sa thèse en 1957 et succède à Marcel Griaule en 1959 comme professeur d'ethnologie générale en Sorbonne. L'analyse des religions venues d'Afrique au Brésil, notamment du candomblé – en 1958 est publié son ouvrage *Le Candomble de Bahia* (*) –, conduit Bastide à voir en celles-ci non pas de simples résidus ou des survivances, mais un remaniement profond des valeurs culturelles dans une situation d'inégalité raciale et sociale qu'il dénonce. Bastide est le premier à avoir vu dans la possession beaucoup plus qu'une manifestation pathologique, un moyen de guérison : c'est une catharsis soumise à l'observance d'un code précis. Au carrefour de l'Afrique tropicale et du Brésil, l'œuvre de Bastide aborde les multiples réseaux où s'entrecroisent les civilisations. Étudiants et chercheurs venus de partout se sont pressés nombreux à ses cours, attirés par son accueil chaleureux, sa grande ouverture d'esprit, ses intérêts littéraires. Son livre *Les Religions* *africaines au Brésil* (*) fait date dans l'histoire de l'ethnologie.

DENISE PAULME.

BATAILLE Georges. Écrivain français. Né le 10 septembre 1897 à Billom, mort le 8 juillet 1962 à Paris. Après des études à Reims, il entre au séminaire à Saint-Flour. Peu de temps après, il abandonne le séminaire et devient archiviste-paléographe. En 1920, il séjourne chez les bénédictins de l'île de Wight, et pense de nouveau se faire prêtre. Au terme du séjour à l'île de Wight, il perd définitivement la foi. En 1924, il est nommé au Cabinet des médailles de la Bibliothèque nationale. En 1929, il dirige la revue *Documents* (*), collabore à la *Critique sociale* (*). De 1931 à 1932, il suit les cours d'Alexandre Kojève sur Hegel. En 1935, il fonde avec Breton, Éluard, Klossowski, Péret et Tanguy le groupe « Contre-Attaque ». Un an plus tard, il crée le « Collège de sociologie sacrée » avec Caillois et Michel Leiris, destiné à étudier l'existence sociale et les manifestations du sacré dans la société. Il fonde également la revue *Acéphale* (*). Il n'a encore publié aucun ouvrage sous son vrai nom. Après la publication de *Madame Edwarda* (*) (1941) – sous le pseudonyme de Pierre Angélique –, il quitte Paris pour des raisons de santé, et s'installe en 1943 à Vézelay. Il sera ensuite successivement bibliothécaire à Carpentras et à Orléans. En 1946, il fonde encore la revue *Critique* (*).

La vie de Georges Bataille se confond avec son énorme influence intellectuelle et son œuvre. De 1925 jusqu'à sa mort, il a connu tous les mouvements intellectuels, littéraires et philosophiques de son temps, y prenant une part à la fois occulte et active. L'œuvre, rassemblée à partir de 1970 dans les divers tomes des *Œuvres complètes* (« Premiers écrits », « Écrits posthumes », « Œuvres littéraires », « La Somme athéologique », etc.), est vaste et difficile.

Bataille a publié un certain nombre de récits ou de textes sous divers pseudonymes et plus tard sous son vrai nom : *Histoire de l'œil* (*) (1928), *L'Anus solaire* (*) (1931), *Le Petit* (*) (1943), *L'Archangélique* (*) (1944), *Le Coupable* (+) (1944), *Alleluiah* (*) (1947), *L'Abbé C.* (*) (1950), *Le Bleu du ciel* (*) (1957), *Les Larmes d'Éros* (*) (1961), etc. À cela s'ajoutent des textes de « réflexion » comme *Sur Nietzsche* (+) (1945), *Méthode de méditation* (+) (1947), *Lascaux ou la naissance de l'Art* (*) (1955), *Manet* (*) (1955), *La Littérature et le Mal* (*) (1957), *L'Érotisme* (*) (1957), *Le Procès de Gilles de Rais* (1959), *L'Impossible* (*) (1962) ; on a publié en 1966 un récit posthume, *Ma mère* (1966). Mais l'essentiel du « message » de Bataille peut être situé dans *L'Expérience intérieure* (*) (1943) et *La Part maudite* (*) (1949).

La « pensée » de Bataille – qui a touché les domaines les plus divers, de la mystique à l'économie – a pour centre ce qu'il appelle en 1943 *L'Expérience intérieure.* On pourrait également lui donner pour titre *L'Impossible.* Mais on ne peut comprendre ces termes hors du sens que Bataille leur donne. « J'appelle expérience un voyage au bout du possible », écrit-il dans *L'Expérience intérieure.* Toute sa pensée – mais il ne s'agit pas d'une pensée théorique, d'une pensée de philosophe – est un « voyage au bout du possible », où la subjectivité éclate dans l'excès, lequel est à la fois souffrance et jouissance, ou, pour reprendre une de ces expressions synthétiques dont il a le secret, « joie suppliciante ». Bataille est au plus près de Nietzsche, pour qui la « pensée » devait devenir danse, affirmation et négation du monde et du sujet. Il est proche également des mystiques et de leur « expérience ». Comme eux, il se voit plongé dans une « nuit » qui est attente, déchirement, submersion dans l'Inconnu. Mais cette « nuit », à la différence de celle de sainte Thérèse ou de maître Eckart, est immanente à elle-même : elle ne débouche sur aucun absolu, aucun « Autre » divin. Pour Bataille, il n'y a pas d'au-delà de la « nuit ». C'est l'expérience « a-théologique ». Par suite, il s'agit d'une expérience où l'homme va jusqu'au bout de lui-même, selon des catégories que Bataille a cherché, sans les systématiser, à élaborer : « rire », « excès », « fêlure », « dépense », « jouissance », « érotisme », « inconnu », « mort », « souveraineté », « transgression », « négativité », « angoisse », « ouverture ». La liaison de ces catégories n'est évidemment pas logique : il s'agit toujours de notions qui désignent un certain « éclatement » de la subjectivité. Bataille ne décrit pas une pure expérience individuelle : il transmet, dans ses « méditations » comme dans ses « récits » et ses poèmes, ce franchissement des limites par lequel l'homme à la fois se dépasse et s'effondre. Ce qui caractérise le « sujet », c'est la faille, la blessure : « Il n'est pas d'être sans fêlure. » Hegel avait déjà dit : « Pour la conscience de soi, mieux vaut un bas déchiré qu'un bas reprisé. » Cette énigmatique formule signifiait que le propre de la conscience est la négativité, non la positivité animale. Mais cette négativité, chez le philosophe allemand, devenait moteur dialectique de la construction du « monde de l'esprit ». Bataille, lui, parle de « négativité sans emploi ». La blessure – le « bas déchiré » – est ce qui ouvre le sujet à l'infini des possibles. D'où les catégories de l'excès, de la « dépense » : « Vivre en excès, c'est vivre à perte, c'est dépenser. » L'érotisme – comme le montrent les magnifiques récits de Bataille, *Madame Edwarda* ou *L'Abbé C.* – est un tel excès, une telle dépense, un tel franchissement des limites : « De l'érotisme, il est possible de dire qu'il est approbation de la vie jusque dans la mort. » Chacune des catégories que nous avons citées ouvre sur la même expérience : celle où le sujet blessé « défaille », s'illimite dans l'excès et l'approche de la « souveraineté », sans que jamais pourtant cette « souveraineté » soit atteinte et à plus forte raison possédée. C'est aussi la « transgression », l'une des catégories les plus difficiles de Bataille, que l'on a pu caractériser comme une énergétique de la démesure et de la violence. Il s'agit, bien sûr, de cette violence que le sujet opère sur son « être clos » en s'ouvrant, dans le désir, dans l'ivresse, dans le rire, dans la débauche, dans l'exercice du « mal », à « l'infini des possibles ». C'est dans cette optique, nullement moralisante, que Bataille a retracé l'aventure sanglante et perverse de Gilles de Rais. Cette expérience de la « dépense » est, en un sens, révolutionnaire : Bataille, dans des textes consacrés à l'économie et aux mondes primitifs, l'oppose au capitalisme moderne, fondé, selon lui, sur l'accumulation, l'épargne et l'économie. Toutes les sociétés primitives dépensent un certain excédent d'énergie et de biens, comme l'a montré *L'Essai sur le don* (*) de Mauss ; seule la société capitaliste – et c'est ce qui la condamne – a pris le chemin opposé. La pensée de Bataille, peu orthodoxe du point de vue économique, a influencé ici des sociologues modernes comme Baudrillard.

Les écrits de Bataille font voler en éclats les divisions traditionnelles entre philosophie, poésie, roman, méditation religieuse, confession, etc. En cela, ils se rapprochent des derniers « fragments » de Nietzsche. Les lire, c'est se soumettre à l'impulsion violente qui leur a donné naissance, ce n'est pas parcourir un simple corps de textes linéaires. Leur outrance, leur extrémisme, leur immédiateté sont sans égal dans la littérature et la pensée contemporaines. Bataille, naturellement, en était conscient, et s'est lui-même comparé à un « saint » et à un « feu ». Relativement ignoré de son vivant, il a exercé après sa mort une influence considérable sur de jeunes penseurs comme Michel Foucault, Philippe Sollers et Jacques Derrida.

Influence qui ne peut se comparer, au XXe siècle, qu'à celle d'Antonin Artaud : dans les deux cas, une expérience extrême, transmise avec des moyens verbaux extrêmes, bouleverse le cours de la littérature et de la pensée, vient instituer un « avant » et un « après » : Bataille et Artaud, par l'exigence presque inhumaine de leurs réflexions, ont marqué un tournant.

ANTOINE BERMAN.

♦ *« Après avoir été l'homme impossible que fascinait ce qu'il pouvait découvrir de plus inacceptable... Bataille élargit ses vues... et, sachant qu'un homme n'en est totalement un que s'il cherche sa mesure dans cette démesure, se fit l'homme de l'Impossible, avide d'atteindre le point où – dans le vertige dionysiaque – haut et bas se confondent, et où la distance s'abolit entre le Tout et le Rien. »* Michel Leiris.

RÉF. : P. Klossowski, *Un si funeste désir,* Paris, 1963. – *Critique,* numéro spécial sur Bataille, Paris, 1963. – *Bataille,* n° 32, *L'Arc,* Aix-en-Provence, 1967. – Maurice Blanchot, *L'Entretien infini,* Paris, 1969. – Lucette Finas, *La Crue,* Paris, 1972. – Jacques Chatain, *Georges Bataille,* Paris, 1973. – Denis Hollier, *La Prise de la Concorde,* Paris, 1974. – Daniel Hawley, *Bibliographie annotée de la critique sur Georges Bataille,* 1929-1976, Genève et Paris, 1976. – Jean Duranson, *Georges Bataille,* Paris, 1976. – Francis Marmande, *Georges Bataille politique,* Lyon, 1985. – Michel Surya, *Georges Bataille : la mort à l'œuvre,* Paris, 1987.

BATAILLE Henry Félix. Poète et auteur dramatique français. Né à Nîmes le 4 avril 1872, mort à Rueil-Malmaison le 2 mars 1922. Fils de Léopold de Bataille, un magistrat de l'Empire fort intègre, il fit à Paris ses humanités. S'étant cru la vocation de peintre, il fréquenta l'académie Jullian, où il se distingua bientôt. Mais, féru déjà de théâtre, il fit jouer un peu plus tard une féerie qu'il avait écrite avec R. d'Humières : *La Belle au bois dormant* (1894). Cette pièce ayant subi un échec, il publia l'année suivante un recueil de vers : *La Chambre blanche (*)* (1895), qui obtint un certain succès. Il revint cependant au théâtre pour donner un drame en vers libres : *La Lépreuse* (1896). Mais ses vrais débuts de dramaturge datent de *Ton sang* (1897). Il attendra néanmoins jusqu'en 1904, année où il publie les poèmes du *Beau Voyage* (*), pour s'acquérir l'audience du grand public, avec *Maman Colibri.* Devenu le champion d'un théâtre où le pathétique se fonde sur l'état morbide des personnages, Bataille fera de l'amour l'unique ressort de ses pièces, en exploitant les faits divers les plus scabreux fournis par l'actualité. Outre *La Marche nuptiale* (*) (1905), son chef-d'œuvre, on peut citer : *Poliche* (1905), *La Femme nue* (*) (1908), *Le Scandale* (1909), *La Vierge folle* (1910), *L'Enfant de l'amour* (1911), *Le Phalène* (1913), *Les Flambeaux* (représentée pour la première fois au théâtre de la Porte-Saint-Martin, le 26 novembre 1912, publiée en 1913), *L'Amazone* (1917), *Les Sœurs d'amour* (1919), *L'Animateur* (1920), *L'Homme à la rose* (*) (1920), *La Tendresse* (1921), *La Possession* (1922), *La Chair humaine* (1922). Ayant le goût de la sentimentalité, comme d'ailleurs celui de l'esthétisme, et les faisant valoir aux dépens de tout le reste, Bataille connut plus que tout autre les moyens de tirer des larmes du public. Du point de vue de l'expression, il fait trop volontiers usage d'un style flasque et précieux en même temps que déclamatoire. Il serait injuste, cependant, de lui dénier toute force dramatique. Son œuvre demeure un document sur l'état d'esprit de ce temps qu'on nomme « la belle époque ». En tant que poète néo-symboliste, il a laissé trois autres recueils de vers : *Le Beau Voyage* (*) (1904), *La Divine Tragédie* (1917), et *La Quadrature de l'amour* (1920).

♦ *« Cet auteur exerce un attrait si complexe, si captieux, ses qualités les plus dangereuses voisinent de si près avec ses défauts les plus séduisants, il a tant de prestige et d'habileté, que la critique doit imiter tous les détours auxquels l'œuvre se plaît... »* Jacques

Copeau. ♦ *« Personne ne manie d'une main plus subtile que M. Bataille tous les ressorts, et, s'il le faut, toutes les ficelles du théâtre. Personne ne prévoit et ne calcule plus exactement le sens, la puissance, la durée d'un effet. »* Léon Blum.

RÉF. : Denys Amiel, *Henry Bataille,* 1909. – A. van Bever et Paul Léautaud, *Poètes d'aujourd'hui,* t. I., 1911. – Gérard de Catalogne, *Henry Bataille, ou le Romantisme de l'instinct,* 1925. – J. L'Héritier, *La Vie et l'œuvre d'Henry Bataille,* 1930. – Baron E. Sellière, *L'Évolution morale dans le théâtre d'Henry Bataille,* 1936.

BATES Herbert Ernest. Romancier anglais. Né le 16 mai 1905, à Rushden (Northamptonshire), mort le 29 janvier 1974 à Canterbury. Il a fait ses études à la « grammar school » (lycée) de Kettering. Après avoir tenu différents emplois de bureau, il se décide, très jeune encore, à gagner sa vie en écrivant. Ce sont d'abord des nouvelles consacrées à la vie à la campagne qui le font connaître. Pendant la guerre, il sert dans la R.A.F., qui lui inspire de nouveaux recueils de nouvelles. Après guerre, il élargit considérablement son audience grâce à des romans tels que *Bon vent vers la France* (*) (1944), *La Mission du Breadwinner* (*) (1946), qui a suscité une comparaison flatteuse de cet auteur avec Kipling et Conrad, et *Un instant* (*) (1964). En racontant l'épopée domestique de ruraux pleins de bonhomie rusée, Bates est retourné à sa première source d'inspiration.

RÉF. : Dennis P. Vaunatta, *Herbert Ernest Bates,* Boston, 1983.

BATESON Gregory. Anthropologue anglais. Né à Cambridge en 1904, mort à San Francisco en 1980. Son père étant un zoologiste de réputation internationale, Bateson fait d'abord des études de zoologie qui le mèneront aux Galapagos sur les traces de Darwin avant de se consacrer à l'anthropologie sociale sous la direction, notamment, de B. Malinowski. Envoyé en Nouvelle-Guinée en 1927, il y séjournera six années sur le cours moyen du fleuve Sepik, accumulant une masse de documents sur les mythes, les traditions sociales, le régime de parenté des Iatmul ; surtout, il entreprend sur le symbolisme rituel les recherches qui le mèneront à son œuvre, *La Cérémonie du naven* (*). Bateson combine ici l'analyse d'un rituel de travestissement avec une réflexion critique sur la nature de l'explication des faits socio-culturels. Dépassant le fonctionnalisme et sa vision trop utilitaire, l'auteur apporte une interprétation sociologique du rituel par l'étude de ses aspects logiques et affectifs, portant toute son attention sur les phénomènes d'interaction entre les individus à l'intérieur des formations sociales. Après *Naven,* Bateson centre ses recherches sur la gestualité. Ayant épousé l'ethnologue américaine Margaret Mead rencontrée en Nouvelle-Guinée, tous deux vont s'installer pour deux années (1936-38) dans un petit village des montagnes balinaises. Lui photographie les habitants, elle les interroge ; étonnante complémentarité des analyses de comportement où Bateson trouve la confirmation des thèses forgées précédemment : gestuelles et verbales, les interactions permettent aux membres d'une communauté d'assimiler, d'intérioriser, leur culture.

Nommé au Veterans Hospital de Palo Alto (Californie), Bateson s'y consacre à l'étude des familles de schizophrènes ; son approche qui tient autant de l'anthropologie que de la cybernétique lui permet d'appréhender la pathologie mentale comme le résultat d'un dysfonctionnement du système de communication familiale : la pathologie n'est plus limitée au domaine individuel, elle dépend de l'interaction familiale dans son ensemble, le produit d'un « double bind ». L'expression désigne la structure de communications contradictoires, enfermant par exemple un enfant psychotique que ses parents à la fois attirent et repoussent (« Je t'aime, moi non plus »). Au cours des années 60, Bateson appliquera ses idées au domaine de la communication animale, notamment chez les dauphins et les poulpes. Ses deux derniers livres, *Vers une écologie de l'esprit* (1972), et *Esprit et Nature* (1979), proposent une vision nouvelle de la structure et de l'évolution du vivant, fondée sur l'analyse des processus de différenciation et de communication.

DENISE PAULME.

BATIOUCHKOV Konstantin Nikolaevitch. Poète russe. Né à Vologda (Russie), le 18 (29) mai 1787, mort dans cette même ville le 7 (19) juillet 1855. Il naît dans une famille d'ancienne noblesse ; après des études dans divers pensionnats de Pétersbourg, il embrasse la carrière militaire, qu'il quitte dès la fin de la campagne de Suède en 1807. Bouleversé par la guerre de 1812 – il consacre un de ses meilleurs poèmes, « A Dachkov » [Daškovu], à la destruction de Moscou qui l'a marqué d'une manière indélébile –, il revient dans l'armée en 1813, participe à la bataille de Leipzig puis à la campagne de France, qu'il évoquera dans de nombreux autres poèmes, comme « L'Ombre de l'ami » [Ten' Druga, 1814] ou « Le Passage du Rhin » [Perexod čerez Reïn, 1816]. À la fin de la campagne de 1814, il quitte définitivement l'armée et commence une carrière de diplomate – qu'il abandonne, à Naples, en 1821 pour raison de santé. Il brûle tous ses derniers poèmes cette même année, tente par trois fois de se suicider en 1823 et sombre dans une folie dont il ne sortira plus. En 1817, son ami Nikolaï Gnéditch avait publié en deux volumes l'ensemble de ses œuvres sous le titre *Essais en vers et en prose* (*).

« Vis comme tu écris ; écris comme tu vis », écrivait Batiouchkov. Il est le premier lyrique russe, le premier à faire sortir le « je » de ses poèmes du carcan des genres classiques — certaines de ses œuvres se présentent comme des confessions, parfois entièrement personnelles, voire intimes. Le personnage qu'elles créent, celui d'un rêveur, de plus en plus désespéré au fur et à mesure que les années passent, est une des premières incarnations du romantisme en Russie.

Batiouchkov est un des membres les plus actifs du cercle littéraire « Arzamas » qui prône le dépassement du classicisme et regroupe les forces de la nouvelle poésie : Joukovski, Viazemski, Davydov, puis Pouchkine. Pourtant, à la différence de Joukovski, tourné vers les romantismes « nordiques » (allemand et anglais), Batiouchkov reste fasciné par le Sud (la France et, surtout, l'Italie). Il prône une libération progressive de la langue par un travail sur les genres « légers » (ainsi récrit-il en les traduisant des poèmes de Parny). C'est en 1816 qu'il prononce son « Discours sur l'influence de la poésie légère sur la langue » [Reč o vlijanii ljohkoj poezii na jazyk] : la poésie légère, dit-il, ne doit d'exister qu'aux seuls mérites de la langue, à l'élégance, à l'harmonie, la musique pure des mots. Ce sont les mots, et les mots seuls, qui y créent l'émotion — elle est donc le vrai domaine de la littérature. Enfin, la poésie légère traite non pas des passions abstraites, mais des hommes — elle est une école de connaissance, d'humanisme.

Fasciné par l'Italie, et en particulier par la figure du Tasse — « Le Tasse mourant » [Umirajuščij Tass, 1817] —, il essaie de donner à une langue russe encore en formation la souplesse, la musicalité de la langue italienne. Le premier, il construit les vers de ses élégies — comme « La Tauride » [Tavrida, 1817] — sur la recherche pure de la sonorité. Laissant presque de côté le sens littéral des mots, il cherche la fluidité, évite les sons « rugueux » de la langue russe, cherche, dans la langue même, à italianiser son pays.

Batiouchkov est aussi le premier poète de l'inquiétude — de la béance. Non pas une inquiétude abstraite devant l'infini, mais celle, toute physique, toute moderne, devant le chaos de la langue, ou de la vie, qu'il faut faire entrer dans l'oreille, filtrer, et qui ne cesse de prendre le dessus. Ses poèmes de 1818-20, tirés de l'*Anthologie palatine* (*), sont de courtes élégies, de huit, dix vers. Fasciné, dès ses premiers essais, par le fragment, le silence, il va vers une concentration extrême — vers une tension de plus en plus insupportable. Et cette tension le brise peu à peu.

Figure tragique, emblématique, du romantisme russe, il écrivait : « À quoi bon parler de mes poèmes ! Je suis comme cet homme qui n'a pas atteint son but alors qu'il portait sur la tête un beau vase, rempli d'on ne sait quoi. Le vase s'est renversé, il s'est cassé en mille morceaux. Allez savoir ce qu'il contenait, à présent. » Mais sa tentative même, sa nostalgie pour la musique perdue, cette recherche acharnée de la finesse, de la pureté, sa lutte, finalement, avec l'abîme, lui assurent une place à part : il reste le contemporain des poètes du xxe siècle, qui, tous, d'une façon ou d'autre, se réclament de lui — de Mandelstam, Akhmatova à un poète aussi « moderniste » que Guennadi Aïgui, qui le considère non seulement comme un maître mais comme un interlocuteur toujours présent.

ANDRÉ MARKOWICZ.

BAT-MYRIAM Yocheved. Poétesse israélienne. Née à Képlitz (Biélorussie) le 3 mai 1901, morte à Tel-Aviv en 1980. Après avoir fréquenté les universités d'Odessa et de Moscou, elle quitta la Russie, en 1928, pour s'installer en Palestine. Ses poèmes parurent, dès 1923, dans des revues littéraires et son premier recueil de poésies fut édité en 1932. Son œuvre reflète à la fois la tragédie juive de l'entre-deux-guerres et son expérience de la vie en Russie et de son installation en Palestine. Influencée par la poésie symboliste russe, elle s'inspire du monde de l'enfance et de la nature. Citons parmi ses recueils de poèmes : *La Terre d'Israël* ['*eretz Israël*, 1937], *Chants du ghetto* [*Shirim laghetto*, 1946], *Figures à l'horizon* (*) (1962), et *Poèmes* [*Shirim*, 1963].

BATTEUX Charles. Critique français. Né le 6 mai 1713 à Allend'huy, près de Reims, mort le 14 juillet 1780 à Paris. Il entra dans les ordres et devint professeur de littérature et de rhétorique au collège de Lisieux et de Navarre. L'indépendance de Batteux à l'égard des règles se fondait sur une adhésion préalable à l'idéal classique, ainsi qu'en témoigne son discours *De gustu veteris in studiis litterarum,* prononcé à l'occasion d'une distribution des prix en Sorbonne, le 12 août 1750, et dont le succès lui valut d'entrer au Collège de France comme professeur de philosophie grecque et latine. En 1754, il fut appelé à faire partie de l'Académie des inscriptions et, en 1761, il franchissait le seuil de l'Académie française. Parmi ses essais littéraires, il convient de citer : *Parallèle de la Henriade et du Lutrin* (1746), *Traité de la construction oratoire* (1763), *Cours de belles lettres* (1765), *Les Quatre Poétiques d'Aristote, d'Horace, de Vida, de Despréaux avec les traductions et les remarques* (1771). Ce n'est pourtant pas à ces œuvres que son nom doit d'avoir été retenu par l'histoire des théories esthétiques mais bien grâce à un autre de ses ouvrages : *Les Beaux-Arts réduits à un même principe* (*), paru en 1746. Cette œuvre critiquée par Diderot obtint un réel succès en Allemagne, où les études esthétiques étaient alors très en faveur, et fut reprise par Lessing dans l'élaboration de sa doctrine. On doit également à Batteux deux ouvrages philosophiques, *La Morale d'Épicure tirée de ses propres écrits* (1758) et une *Histoire des causes premières* (1769).

BATY Gaston. Metteur en scène français. Né et mort à Pelussin (Loire) (26 mai 1885-13 octobre 1952). Son éducation chez les dominicains le formera à une esthétique catholique qui est une donnée fondamentale de sa doctrine théâtrale. Il se passionne pour le théâtre très rapidement, écrivant plusieurs pièces, préparant des mises en scène, voyageant (il rencontre à Berlin Max Reinhardt), avant de venir à Paris en 1919, pour collaborer avec Firmin Gémier. À partir de cette époque, Baty ne cessera plus de faire des mises en scène, publiant en même temps des textes théoriques dont certains seront regroupés dans *Rideau baissé* (1949), qui est pour lui la somme de ses récits essentiels. Nous pouvons distinguer quatre époques chez Gaston Baty. Les années des « Compagnons de la Chimère » (1921-1924) : « La Chimère n'est pas une affaire mais une œuvre... n'a pas de capitaux mais une foi » ; les années du Studio des Champs-Élysées (1924-1928), où il présentera quatorze spectacles dont *La Cavalière Elsa* (*), d'après Mac Orlan, *Maya* de Gantillon et *Le Dibbouk* (*) d'An-Ski ; au Théâtre Montparnasse, Gaston Baty ouvre sa saison en 1930 avec *L'Opéra de quat' sous* (*) de Brecht. Suivront au cours des années : *Crime et Châtiment* (*), *Madame Bovary* (*), *Faust* (*), *Dulcinée, Phèdre* (*), *Hedda Gabbler* (*) avec Marguerite Jamois comme comédienne fétiche. Il restera directeur de ce théâtre jusqu'à la fin de ses jours. Mais, à partir de 1943, Gaston Baty consacra de plus en plus de temps aux marionnettes avec lesquelles il pense s'approcher le plus de son rêve d'« irréalité », dont la source peut être cherchée dans sa passion de jeunesse pour les poètes romantiques allemands. Baty, membre du « Cartel » (avec Copeau, Jouvet, Pitoëff et Dullin) se considérera comme un « marchand d'oubli qui fait de la scène un tremplin à rêve ».

ALAIN LECUCQ.

RÉF. : *Revue d'histoire du théâtre*, n° 1-2 (consacré à Gaston Baty), Paris, 1953. – Clément Borgal, *Metteurs en scène*, Paris, 1963.

BAUCHAU Henry. Écrivain, poète et auteur dramatique belge d'expression française. Né à Malines le 12 janvier 1913. Son œuvre, inspirée par certains événements traumatisants de l'enfance, est tout entière placée sous le signe de la « déchirure » intérieure. Elle s'offre comme une tentative de reconstruction par le verbe d'une identité déchirée et douloureuse. En 1914, première expérience marquante : l'incendie de Louvain par les Allemands auquel l'auteur, momentanément éloigné de ses parents, assiste, horrifié. On retrouve des échos de ce drame tout au long de l'œuvre, en particulier dans *La Sourde Oreille ou le Rêve de Freud* (1981). De santé fragile, Henry Bauchau est souvent séparé des siens, ce qui accentue la difficile relation qu'il entretient avec sa mère – voir *La Déchirure* (+) (1966). La lecture, le sport de compétition et les voyages l'aident à s'affirmer. Il entreprend des études de droit à l'université de Louvain et devient, en 1936, avocat au barreau de Bruxelles. Maquisard dans les Ardennes pendant la Seconde Guerre mondiale, il est blessé le jour de l'arrivée des Américains. De 1945 à 1951, il travaille dans l'édition, puis s'installe à Paris en 1946. Là, il commence une cure psychanalytique avec Blanche Jouve et reste lié avec les Jouve jusqu'à leur mort. En 1950, il écrit les premiers poèmes qu'il juge valables et qui, rassemblés, formeront son premier livre, *Géologie* (*), publié en 1958 grâce à Jean Paulhan. Dirigeant à Gstaad, en Suisse, un établissement d'enseignement privé, il y écrit sa première pièce de théâtre, *Gengis Khan* (1960), qui ne sera véritablement mise en scène qu'en 1988. À partir de 1975, il travaille à Paris comme psychothérapeute dans un hôpital de jour pour adolescents en difficulté. Chargé de cours à l'université de Paris VII, il parle des rapports de l'art avec la psychanalyse à travers son expérience personnelle. Il est élu en 1990 à l'Académie royale de littérature de la Communauté française de Belgique.

Tard venu à l'écriture – il a quarante-cinq ans lorsque paraît son premier livre –, Henry Bauchau s'est essayé à tous les genres avec un égal bonheur d'expression. Outre les livres déjà cités, il convient de mentionner, à côté de nombreuses collaborations littéraires et psychanalytiques, en poésie : *L'Escalier bleu* (1964), *La Pierre sans chagrin* (1966), *La Dogana* (1967), *Célébration* (1972), *La Chine intérieure* (1975) et *Poésie 1950-1986* (1986) qui réunit les précédents recueils et les complète de nombreux inédits ; pour le roman : *Le Régiment noir* (*) (1972) et *Œdipe sur la route* (1990) ; pour le théâtre : *La Machination* (1969) ; pour l'essai : *Essai sur la vie de Mao Zedong* (1982) et *L'Écriture et la Circonstance* (1988).

Mêlant la mythologie à l'Histoire, l'imaginaire au réel le plus intime, l'œuvre de Bauchau, tantôt portée par une fougue épique, tantôt par une voix sourde et brûlante, dessine, dans un style coloré dont la force ne le cède en rien à la gravité du thème, le parcours contrasté d'une âme en quête de son nom.

GUY GOFFETTE.

BAUDELAIRE Charles Pierre. Poète français. Né et mort à Paris : 9 avril 1821-31 août 1867. (Sa maison natale, détruite lors de la percée du boulevard Saint-Germain, s'élevait au 13 de la rue Hautefeuille à l'emplacement actuel de la librairie Hachette.) Il était issu du second mariage de Joseph-François Baudelaire (né à La Neuville-au-Pont, près de Sainte-Menehould, le 10 février 1758, mort le 10 février 1827 à Paris), peintre, ancien prêtre assermenté, puis chef des bureaux du Sénat, avec Caroline Archenbaut-Defays, ou

Archimbaut-Dufays (née à Londres le 27 décembre 1793, morte à Honfleur le 16 août 1871, d'origine normande). D'une première union, contractée en 1803 avec Jeanne-Justine-Rosalie Janin, François Baudelaire avait eu un fils, Claude-Alphonse, né en 1805, qui fit carrière de magistrat et dont la seule affinité avec son demi-frère fut de mourir comme lui à quarante-six ans de paralysie générale. La mère du poète, dès le 18 novembre 1828, épousait en secondes noces le commandant Jacques Aupick ; l'enfant, puis l'homme ne se résignèrent jamais à l'intrusion de ce militaire sans souplesse (si ce n'est diplomatique, puisqu'il acheva sa carrière de général de division comme ambassadeur). Les goûts artistiques du jeune Charles, déjà formés par des promenades dans les musées en compagnie de son vieux père, s'accrurent trop vite au gré de son subrogé-tuteur. Après de bonnes études au collège royal de Lyon, puis à Louis-le-Grand, il s'installe à la pension Lévêque-Bailly (11, place de l'Estrapade), où il connaît les poètes Ernest Prarond et Gustave Le Vavasseur, qui prennent avec lui leurs inscriptions à l'École de droit. Ses premiers vers déjà caractéristiques remontent à la dix-septième année : c'est le paysage orageux d'« incompatibilité », rapporté des vacances de 1838, passées dans les Pyrénées. Deux ans plus tard, il s'éprend de la Juive Sarah, dite Louchette, et lui dédie des strophes d'un fougueux réalisme à la Pétrus Borel (« Je n'ai pas pour maîtresse une lionne illustre... ») et, peut-être, la courte invective : « Tu mettrais l'univers entier dans ta ruelle », qui sera la plus ancienne des pages retenues dans *Les Fleurs du mal* (*). Alarmé par cet esprit d'indépendance, le général Aupick obtient du conseil de famille les subsides nécessaires à l'embarquement de son beau-fils sur le « Paquebot des mers du Sud », qui devait appareiller de Bordeaux le 9 juin 1841 pour Calcutta. Ce voyage de dix mois, entrepris sans enthousiasme, allait profondément marquer le tempérament de celui qui, à côté de Leconte de Lisle, pourra provisoirement passer pour l'un des maîtres de la poésie exotique. Il en rapporte du moins l'ébauche de « L'Albatros » et le gracieux sonnet « À une Créole », inspiré par la femme de son hôte à l'île Maurice et qui sera le premier poème imprimé sous son nom, quatre ans plus tard. La rencontre de Jeanne Duval dut avoir lieu peu de temps après son retour en France, sur les planches d'un petit théâtre du quartier Latin, où il assistait à la représentation d'un vaudeville, *Le Système de mon oncle,* en compagnie de Félix Tournachon, qui allait s'illustrer comme aéronaute et photographe sous le nom de Nadar. Liaison plus que charnelle qui, bien que traversée d'épreuves diverses, de brouilles, de disputes, durera toute la vie du poète et a laissé dans son œuvre un sillage décisif.

Quant aux débuts poétiques et littéraires de celui-ci, ils sont encore discutés : outre des collaborations anonymes dont l'attribution à Baudelaire est douteuse, on peut citer une chanson écrite en commun par Baudelaire et Le Vavasseur, mais non signée (« Un soutien du valet de trèfle », 1841). Baudelaire, qui signe alors Baudelaire-Dufays, élit domicile dans l'île Saint-Louis, d'abord quai de Béthune, puis, après un bref passage rue Vaneau, quai d'Anjou, à l'hôtel Pimodan. De cette année 1842 datent ses premières connaissances littéraires et artistiques : Théophile Gautier, Théodore de Banville, Sainte-Beuve (à qui il écrira bientôt une belle épître en vers pour se placer sous l'égide de Joseph Delorme et d'Amaury, le protagoniste de « Volupté »), Fernand Boissard de Bois-Denier et Émile Deroy, jeunes peintres de grand talent, morts prématurément, et dont le second a peint du beau dandy une effigie vigoureuse et séduisante. Sous les lambris dorés de la vieille demeure des Lauzun lui apparaît pour la première fois Apollonie Sabatier, dont il fera « la Muse et la Madone » dans le premier chapitre des *Fleurs du mal,* juste après la guirlande vouée à la Vénus noire, son mauvais ange. L'année suivante voit paraître un recueil simplement intitulé *Vers,* sous les noms obscurs de Le Vavasseur, Prarond, Argonne, recueil auquel Baudelaire devait primitivement collaborer. Si nous en croyons les souvenirs de Prarond, une vingtaine des pièces qui devaient appartenir aux *Fleurs du mal* étaient composées, sinon dans leur forme définitive, dès cette même année 1843. Le jeune poète, à qui, lors de sa majorité, l'héritage de son père (75 000 francs) avait été remis, commence de l'écorner assez sérieusement pour donner à sa famille de nouvelles inquiétudes : vie fastueuse, raffinements vestimentaires, acquisition de tableaux, de beaux livres qu'il fait revêtir de somptueuses reliures, mais, surtout, entretien d'une maîtresse en titre, de race à tout le moins quarteronne... Le général coupe court à ces folies en convoquant le conseil de famille, qui désigne un conseil judiciaire, Narcisse-Désiré Ancelle (septembre 1844). Ancelle, notaire à Neuilly, brave homme totalement fermé à la littérature, s'acquitta de sa tâche avec les plus louables scrupules mais sans perdre un instant de vue l'intérêt du patrimoine. La correspondance du poète porte un témoignage presque quotidien des tortures qui lui furent ainsi imposées pendant les vingt-deux années qui lui restaient à vivre au cours desquelles, malgré la misère, la maladie, les dettes, la faim souvent, il put néanmoins « par un décret des puissances suprêmes » et contre les persécutions des sots, édifier une œuvre sublime. Sa première publication, signée Baudelaire-Dufays, est *Le Salon de 1845,* plaquette de soixante-douze pages ; parue en avril de la même année, elle passe naturellement inaperçue, sauf des jeunes chroniqueurs (Auguste Vitu, Marc Fournier), qui surent y déceler déjà un grand esthéticien, continuateur de Diderot et Stendhal. Quelque temps auparavant et un mois après, quatre sonnets sont imprimés dans *L'Artiste* – que dirigeait Arsène Houssaye, le futur dédicataire du *Spleen de Paris* (*) –, trois sont signés Privat d'Anglemont (sont-ils de Baudelaire comme on l'a dit ?), l'autre Baudelaire-Dufays, *À une Créole.* Le jeune critique continue d'essayer négligemment sa plume dans les petites gazettes ; après avoir donné comme de son cru la traduction d'une nouvelle médiocre de Croly, trouvée dans un keepsake, *Le Jeune Enchanteur,* il publie deux brillants essais de morale ironique : *Choix de maximes consolantes sur l'amour* et *Conseils aux jeunes littérateurs.* Puis, en mai 1846, c'est un second *Salon,* où sa maturité, sa perspicacité s'accusent, où sa doctrine infaillible s'impose ; Delacroix y est mis au premier rang des peintres de tous les âges, Horace Vernet plus bas que terre. Il annonce enfin son volume de vers, *Les Lesbiennes,* et un troisième traité de morale qui ne fut jamais écrit : *Le Catéchisme de la femme aimée.* Mais voici le moment où Edgar Poe est révélé au public français par de honteux démarquages anonymes ou de détestables adaptations. Tandis que le *Bulletin de la société des gens de lettres* vient d'insérer *La Fanfarlo,* le seul conte que Baudelaire ait jamais composé, petit chef-d'œuvre d'analyse autobiographique, à mi-chemin entre Mérimée et Balzac, notre poète lit en feuilleton une traduction honnête du *Chat noir* par Isabelle Meunier (janvier 1847). C'est de cette lecture, selon Charles Asselineau, l'un de ses meilleurs amis et son premier biographe, que partirent son enthousiasme pour l'auteur de *Ligeia* et du *Corbeau* et son dessein de le traduire. Cette tâche, à la fois fervente, appliquée et, du reste, relativement lucrative, se poursuivra dix-sept ans ; elle demeure un des plus beaux titres de gloire et d'amour fraternel que jamais poète ait assumés. Quelques mois plus tard, sur la scène de la Porte-Saint-Martin, où l'on joue un mélodrame inspiré de Mme d'Aulnoy, Marie Daubrun lui apparaît sous les traits de la Belle aux Cheveux d'Or ; cette fille ravissante inspirera quelques-uns des plus purs poèmes d'amour des *Fleurs du mal,* dont l'« invitation au voyage » et « Chant d'automne » ; liaison intermittente mais tendrement sincère, qui durera quelque dix ans, jusqu'au jour où Banville supplantera son vieil ami dans les faveurs de la « madone ». Les journées de février 1848 fournissent au jeune dandy l'occasion de montrer son esprit d'indépendance et sa sympathie gentiment méprisante pour les bouleversements sociaux ou politiques ; on le voit sur les barricades, armé d'un fusil tout neuf, coiffé d'un chapeau tromblon et ganté de frais ; on lit même son nom parmi les rédacteurs d'une petite feuille pamphlétaire, *Le Salut public,* où quelques colonnes peuvent être de son encre au vinaigre... Mais il revient vite aux affaires sérieuses : le premier texte traduit de Poe, *Révélation magnétique,* paraît dans une revue républicaine et fouriériste : *La Liberté de penser.* On ne voit sa signature qu'une fois en 1849 (simple réimpression de *La Fanfarlo*). Il travaille à naturaliser son grand homme, qui, à ce moment même (5 octobre), trouve une mort atroce, ignominieuse pour ses compatriotes, à Baltimore. Au début de 1850, les poèmes sont copiés par un calligraphe ; le titre des « Lesbiennes » est abandonné, comme trop voyant peut-être, en tout cas comme en majeure partie inexact (Jeanne Duval n'a inspiré ou n'inspire tout de même qu'une vingtaine de pièces sur cent) ; ce sera « Les Limbes », étiquette pâlotte, mais où la théologie de l'auteur trouvait son compte. C'est elle que Baudelaire adopte encore en tête de onze sonnets, qui forment un feuilleton du *Messager de l'Assemblée,* en avril 1851 ; cette feuille avait déjà accueilli, un mois plus tôt, l'étude intitulée *Du vin et du haschich comparés comme moyens de multiplication de l'individualité,* première mouture d'un chapitre des futurs *Paradis artificiels* (*), et résultat d'une expérience sans lendemain, tentée à l'hôtel Pimodan, où le Club des Haschichins tenait ses séances. L'année 1852 se montre fertile en événements, non seulement pour Baudelaire, mais pour Leconte de Lisle, qui donne ses *Poèmes antiques* (*) (et avec qui notre poète entretiendra des rapports cordiaux quoique distants et partagera une profonde antipathie pour les élégiaques, Musset en tête), et pour Gautier, qui rassemble ses *Émaux et Camées* (*) ; c'est à celui-ci, son aîné de dix ans mais le seul poète qu'il tutoie, que seront dédiées, avec l'ex-dono pompeux et surprenant que l'on sait (« Au parfait magicien ès lettres françaises... »), *Les Fleurs du mal ;* en attendant, c'est vraisemblablement cette année-là qu'il lui adresse deux paquets de poèmes en le chargeant de les caser dans les revues où le bon Théo est en cour (« Protège-moi ferme ! » dit le billet joint aux manuscrits dont nous possédons une partie, dans des versions très différentes du texte futur). En mars-avril, une grande étude sur Edgar Poe, état primitif des notices qui figureront en tête des deux recueils d'*Histoires extraordinaires,* sort dans *La Revue de Paris.* Et c'est fin 1852 qu'Apollonie Sabatier, chez qui il dîne depuis deux ans tous les dimanches avec Flaubert, Gautier, Sainte-Beuve, Maxime Du Camp, Reyer, Houssaye..., reçoit la première épître amoureuse de Baudelaire, non signée, d'une écriture contrefaite et accompagnée des strophes les plus audacieuses, « À une femme trop gaie » (si audacieuses qu'elles seront, en 1857, l'une des pièces proscrites). Il est d'ailleurs très plausible que ce poème ait d'abord été destiné à Marie Daubrun, qui, dans le ballet des « Fleurs animées » d'après Granville, portait des toilettes aux « retentissantes couleurs » ; alors que celle que ses commensaux appelaient la Présidente se vêtait sobrement, en bonne demi-mondaine soucieuse de sa respectabilité. Ce fut une passion soudaine, partagée, mais sans lendemain, si ce n'est l'admirable litanie dite « à la nouvelle madone » et qui trouvera place entre le « cycle de la Vénus noire » et le « cycle de la Femme aux yeux verts » (Marie Daubrun) ; cependant, ils restèrent amis, sans rancœur, sinon sans regrets. La traduction des œuvres de Poe se poursuit assez régulièrement ; quelques spécimens en voient le jour dans les périodiques, dont *Le Corbeau ;* un éditeur, Victor Lecou, accepte de publier un volume ; mais le malheureux traducteur, harcelé par ses créanciers, chassé par sa logeuse faute de paiement du loyer, égare son manuscrit et se voit contraint de recommencer la besogne ! Au début de 1854, il écrit longuement à Tisserant, acteur à la Gaîté, pour lui exposer un projet de drame populaire, *L'Ivrogne,* où Marie Daubrun obtiendrait le premier rôle ; de cette tentative, il ne reste qu'un canevas très sommaire et les strophes du « Vin de l'assassin », de composition plus ancienne. Six mois après, *Le Pays,* « journal de l'Empire », entame la publication des *Histoires extraordinaires ;* le premier feuilleton s'ouvre sur une magnifique lettre-dédicace à Maria Clemm, tante et belle-mère d'Edgar Poe.

L'année 1855 va être fertile en manifestations décisives ; c'est celle de la grande Exposition universelle, ouverte le 15 mai et qui marqua l'apogée de la puissance française ; Baudelaire y est chargé de rendre compte des salons de peinture : *Le Pays,* où la série des trente-cinq nouvelles de Poe venait de se clore, insère trois études magistrales, *Méthode de critique, Eugène Delacroix* et *Ingres ;* elles attestent la puissance, la profondeur, l'acuité des jugements de celui qui ne s'est jamais trompé dans le choix des valeurs durables, ni sur la caducité de tout art entaché d'une préoccupation utilitaire ; c'est dans le préambule que Baudelaire exprime définitivement sa théorie antiprogressiste et déclare que le « progrès indéfini » est « un mode de suicide incessamment renouvelé ». Mais, poétiquement parlant, le grand événement de 1855 demeure la première impression du titre, désormais flamboyant, *Les Fleurs du mal,* dans le fascicule du 1er juin de *La Revue des Deux Mondes,* en tête des dix-huit poèmes appartenant à toutes les manières de l'auteur et dont le premier, *Au lecteur,* sera maintenu comme prologue dans le volume complet. Rappelons que cette trouvaille n'est pas due à Baudelaire, qui tenait toujours pour « Les Limbes » faute d'un meilleur symbole, mais à son ami le romancier et chroniqueur Hippolyte Babou. Au cours des mois qui suivirent parurent encore deux des plus beaux poèmes en prose dans un recueil collectif intitulé *Fontainebleau* (hommage à Denecourt, défricheur de la forêt), le subtil essai *De l'essence du rire* – préfiguration du *Rire* (*) de Bergson – et une excellente esquisse du célèbre artiste dramatique Philibert Rouvière. Une seule publication importante est à signaler en 1856, celle du premier tome des *Contes du grotesque et de l'arabesque* (*). Baudelaire réservait alors le meilleur de son activité à parfaire et à classer ses poèmes, en vue de l'édition de son grand livre, qu'Auguste Poulet-Malassis, chartiste, bibliophile éminent et imprimeur à Alençon, consentait à prendre en charge. Une longue et minutieuse correspondance s'engage en vue de régler la présentation, l'établissement du texte et mille détails typographiques. *Les Fleurs du mal* sortent enfin des presses et sont annoncées le 11 juillet 1857, bien que le service en soit fait depuis quelques jours. Un libelle aussi virulent que stupide, d'un certain Gustave Bourdin, dans *Le Figaro,* déchaîna les « foudres » de la justice. Malgré un article très élogieux d'Édouard Thierry dans *Le Moniteur* (le *Journal officiel* de l'Empire) – ceux de Barbey d'Aurevilly et Charles Asselineau ayant été censurés – et la plaidoirie très noble de Me Chaix-d'Est-Ange, la sixième chambre correctionnelle, par arrêt du 20 août, sur un réquisitoire du procureur impérial Ernest Pinard, condamne Baudelaire et son éditeur à 300 et 200 francs d'amende pour « outrage à la morale publique et aux bonnes mœurs », ainsi qu'à la suppression de six poèmes (« Le Léthé », « Les Bijoux », « Femmes damnées », « Lesbos », « À celle qui est trop gaie », « Les Métamorphoses du vampire »). Ce jugement n'a été cassé par la Cour suprême que le 31 mai 1949 (mais, pratiquement, toutes les éditions des *Fleurs du mal,* depuis 1911, contiennent les pièces condamnées).

Les trois années suivantes ne sont guère marquées que par la publication de la traduction des *Aventures d'Arthur Gordon Pym* (*), roman d'Edgar Allan Poe, d'abord imprimé dans *Le Moniteur ;* par des études sur le haschich, sur la caricature, dans les revues ; et par l'importante monographie de *Théophile Gautier,* où Baudelaire trace, en réalité, son propre portrait en tant que poète conscient et soucieux de son art. Il faut cependant signaler le tirage en placards, à Honfleur, du *Voyage* (suivi de *L'Albatros*). C'est le dernier en date des grands poèmes qui compléteront, dans la seconde édition des *Fleurs du mal,* le livre mutilé par la justice impériale. Après *Les Paradis artificiels,* livre inégal mais magnifique, bien qu'en partie emprunté à De Quincey, Baudelaire donne tous ses soins aux nouvelles *Fleurs,* qui passent vite de six à vingt, pour atteindre finalement le chiffre de trente-cinq. La présentation de 1861, où presque tous les poèmes de 1857 sont remaniés, accroît la renommée d'un jeune maître, que Swinburne, son premier et glorieux disciple, saluera d'un retentissant dithyrambe. Peu après, c'est le savant et courageux panégyrique de *Richard Wagner et Tannhäuser,* où le génie méconnu prend la défense du génie bafoué et fait honte à ses compatriotes. Ses rancœurs, il va commencer, au même moment, de les déverser dans un traité qu'il veut terrible et qu'il intitule déjà *Mon cœur mis à nu* (*). Tel qu'il nous est parvenu, sous forme de notes éparses, c'est là son vrai testament de poète, d'homme souffrant et de profond mystique. Toutefois, la notoriété dont il jouit le pousse à un geste inattendu : il se présente au fauteuil académique de Lacordaire. Candidature jugée par les uns (Vigny, Flaubert) légitime, par les autres (le prudent et jaloux Sainte-Beuve) inopportune, par beaucoup de petits chroniqueurs, intempestive, sinon scandaleuse, et finalement retirée avant le scrutin (février 1862). Quelques mois plus tard, Arsène Houssaye accepte d'insérer dans *La Presse* les vingt premiers *Petits poèmes en prose,* précédés d'une lettre-dédicace à son nom. Cet autre chef-d'œuvre lyrique ne verra le jour qu'à titre posthume, aucun éditeur n'en ayant voulu du vivant de l'auteur, malgré un article pertinent de Banville. En 1863, Baudelaire donne ses deux derniers grands morceaux de critique d'art : *L'Œuvre et la vie d'Eugène Delacroix* (mort en août) et *Le Peintre de la vie moderne* (Constantin Guys, qui lui doit toute sa gloire).

Puis, brusquement, en avril 1864, las de l'imperméabilité de la France à des valeurs par trop hardies, il part pour Bruxelles, où son ami Malassis s'est déjà mis à l'abri de ses créanciers et où il espère trouver plus de liberté, plus de loisirs et même un éditeur pour ses œuvres anciennes ou inédites. Amère déception, dès son arrivée ; plusieurs conférences sur Delacroix, Gautier, les paradis artificiels, au Cercle des Arts, n'ont aucun succès. Un voyage à Anvers, Malines, Bruges, Liège, Gand a pour résultat l'accumulation de notes volumineuses en vue d'un pamphlet contre la Belgique, où il voit une caricature de la France ; mais c'est surtout les Bruxellois qu'il fustige d'une plume cruelle dans ces pages tantôt justes, tantôt outrées, que, naturellement, aucune firme française n'acceptera d'imprimer, et qui ne seront d'ailleurs jamais mises au point. À la publication d'*Eurêka* (*), puis des *Histoires grotesques et sérieuses,* traduits d'Edgar Poe, de quelques nouveaux admirables chapitres du *Spleen de Paris* (titre définitif des poèmes en prose), succèdent deux courtes fugues à Paris et à Honfleur, chez sa vieille mère toujours aimée et torturée, sa seule joie et son remords quotidiens. Le 4 février 1866, Baudelaire, accompagné de son nouvel ami Félicien Rops et de Poulet-Malassis, fait une chute lors de sa visite de l'église Saint-Loup à Namur : première atteinte grave de la paralysie générale, bientôt suivie d'une attaque d'hémiplégie et de la perte de la parole. Le transfert dans une clinique religieuse de Bruxelles coïncide avec les publications presque simultanées d'une livraison du *Parnasse contemporain,* dirigé par Catulle Mendès et qui contient les *Nouvelles Fleurs du mal* (dont l'auteur a encore pu corriger les épreuves), et des *Épaves de Charles Baudelaire,* clandestinement imprimées par le fidèle Malassis (les pièces condamnées en sont le meilleur chapitre). Le 1er juillet, le pauvre infirme, dont l'intelligence demeure intacte, est ramené à Paris par Mme Aupick et le peintre Alfred Stevens. Admis à la maison de santé du docteur Duval, rue du Dôme, il y connaîtra une agonie d'un an, soigné avec un dévouement absolu par sa mère, enfin consciente du génie de l'enfant prodigue, et entouré de ses meilleurs amis, Nadar, Banville, Leconte de Lisle, Asselineau, Mme Paul Meurice, qui lui apportera la consolation de la musique wagnérienne. Charles Baudelaire est enfin délivré de « la vie, de l'insupportable vie » le 31 août 1867 ; il avait demandé et reçu les sacrements en pleine lucidité. Service à Saint-Honoré-d'Eylau et inhumation à Montparnasse, aux côtés du général Aupick (mort le 27 avril 1857), le 2 septembre ; allocutions belles et déchirantes d'Asselineau et Banville. Un an après, Michel Lévy, qui avait obstinément repoussé les offres de l'auteur, commence l'édition (préfacée par Gautier et corrigée par Banville et Asselineau) des *Œuvres complètes* en sept volumes, une fois racheté les droits pour la somme de 1 500 francs.

YVES-GÉRARD LE DANTEC.

♦ *« La poésie de M. Baudelaire, profondément imagée, vivace et vivante, possède à un haut degré ces qualités d'intensité et de spontanéité que je demande au poète moderne. Il a les dons rares, et qui sont des grâces, de l'évocation et de la pénétration. Sa poésie, concise et brillante, s'impose à l'esprit comme une image forte et logique. »* Ch. Asselineau (1857). ♦ *« Il y a du Dante dans l'auteur des* Fleurs du Mal, *mais c'est du Dante d'une époque déchue, c'est du Dante athée et moderne, du Dante venu après Voltaire, dans un temps qui n'aura point de saint Thomas. »* J. Barbey d'Aurevilly (1857). ♦ *« Vous êtes, Monsieur, un noble esprit et un généreux cœur. Vous écrivez des choses profondes et souvent sereines. Vous aimez le Beau. Donnez-moi la main. Et quant aux persécutions, ce sont des grandeurs. Courage ! »* Victor Hugo (1859). ♦ « Fleurs du mal : *livre très médiocre, nullement dangereux, où il y a quelques étincelles de poésie, comme il peut y en avoir dans un pauvre garçon qui ne connaît pas la vie et qui en est las parce qu'une grisette l'a trompé. »* Mérimée (vers 1860). ♦ *« Ce que vous ne saurez pas, c'est avec quel plaisir je lis à d'autres, à des poètes, les véritables beautés de vos vers encore trop peu appréciés et trop légèrement jugés. »* Alfred de Vigny (1862). ♦ *« Il faut admirer en Baudelaire un des plus grands hommes de ce temps et qui, si nous ne vivions pas sous le règne intellectuel de Victor Hugo, mériterait que nul poète contemporain ne fût mis au-dessus de lui. »* Th. de Banville (1862). ♦ *« La profonde originalité de Charles Baudelaire, c'est, à mon sens, de représenter puissamment et essentiellement l'homme moderne... tel que l'ont fait les raffinements d'une civilisation excessive : l'homme moderne avec ses sens aiguisés et vibrants, son esprit douloureusement subtil, son cerveau saturé de tabac, son sang brûlé d'alcool, en un mot, le bilio-nerveux par excellence, comme dirait Hippolyte Taine. Cette individualité de sensitive, pour ainsi dire, Charles Baudelaire la représente à l'état de type, de héros, si vous voulez bien. »* Verlaine (1865). ♦ *« Il se proclama décadent et rechercha, on sait avec quel parti pris de bravade, tout ce qui, dans la vie et dans l'art, paraît morbide et artificiel aux natures plus simples* [...] *Il était un homme de décadence. C'est peut-être le trait le plus inquiétant de cette inquiétante figure. »* Paul Bourget (1883-90). ♦ *« Dans l'œuvre de Baudelaire, les derniers liens qui rattachaient encore le lyrisme romantique à l'humanité sont rompus, et le monstrueux orgueil du poète n'est fait que du mépris de ses semblables. »* F. Brunetière (1892). ♦ *« Poe et Baudelaire sont les deux seuls critiques modernes.* » Paul Claudel (1905 ; cité par Gide). ♦ « *Trop chrétien pour être cynique, et trop peu pour être humble. Riche de sens et de péché, hardi à s'ouvrir les entrailles, trop libre pour être hypocrite. Grand poète, sans abondance ni facilité, il fut plus artiste en vers qu'on n'avait été avant lui, depuis Racine.* » André Suarès (1911). ♦ « *L'ensemble de ces jugements* [de critique d'art] *fait de Baudelaire l'annonciateur clairvoyant d'un mouvement artistique qui ne devait éclore que dans les dernières années de sa vie* [...] *Cette divination n'était pas seulement due à l'instinct inné de l'originalité, à l'aptitude au discernement de la valeur technique ; elle était due surtout à une conception coordonnée de la critique d'art, à une philosophie de l'évolution artistique* [...] *On pourrait extraire de ses* Salons *un mince recueil d'axiomes et d'anticipations dont la lecture prouverait qu'aucun de nos récents écrivains d'art n'a rien inventé, ou cru inventer, que le poète des* Fleurs du Mal *n'eût déjà formulé plus parfaitement.* » Camille Mauclair (1917). ♦ « *On voit assez que Baudelaire a recherché ce que Victor Hugo n'avait pas fait, qu'il s'abstient de tous les effets dans lesquels Victor Hugo était invincible ; qu'il revient à une prosodie moins libre et scrupuleusement éloignée de la prose ; qu'il poursuit et rejoint presque toujours la production du charme continu, qualité inappréciable et comme transcendante de certains poèmes — mais qualité qui se rencontre peu, et ce peu rarement pur, dans l'œuvre immense de Hugo. Baudelaire, quoique romantique d'origine, et même romantique par ses goûts, peut quelquefois faire figure d'un classique. Il y a une infinité de manières de définir, ou de croire définir le classique. Nous adopterons aujourd'hui celle-ci : classique est l'écrivain qui porte un critique en soi-même, et qui l'associe intimement à ses travaux. La poésie de Baudelaire doit sa durée et cet empire qu'elle exerce encore à la plénitude et à la netteté singulière de son timbre. Cette voix, par instants, cède à l'éloquence, comme il arrivait un peu trop souvent aux poètes de cette époque ; mais elle garde et développe presque toujours une ligne mélodique admirablement pure et une sonorité parfaitement tenue qui la distinguent de toute prose.* » Paul Valéry (1929). ♦ « *La noblesse et la grandeur humaine de Baudelaire viennent en grande partie de son horreur du laisser-aller. La veulerie, l'abandon, la détente lui paraissent des fautes impardonnables. Il faut se brider, se tenir bien en main, se concentrer.* » Jean-Paul Sartre (1947). ♦ « *Voici le maître livre de notre poésie :* Les Fleurs du Mal. *Jamais la vérité de parole, forme supérieure du vrai, n'a mieux montré son visage.* » Yves Bonnefoy (1971).

RÉF. : A. C. Swinburne, article anonyme sur *Les Fleurs du Mal,* dans *The Spectator,* 6 novembre 1862. — Paul Verlaine, *Charles Baudelaire,* 1865. — Charles Asselineau, *Charles Baudelaire, sa vie, son œuvre,* Paris, 1869. — Eugène et Jacques Crépet, *Charles Baudelaire, étude biographique,* 1887 et 1907. — Nadar, *Charles Baudelaire intime,* 1911. — Maurice Barrès, *La Folie de Ch. Baudelaire,* 1926. — Georges Blin, *Baudelaire,* Préface de Jacques Crépet, 1939, et *Le Sadisme de Baudelaire,* 1947. — J.-P. Sartre, *Baudelaire,* 1947. — Maurice Blanchot, *L'échec de Baudelaire,* dans *La Part du Feu,* 1949. — M. Eigeldinger, *Le Platonisme de Baudelaire,* 1951. — Jean Prévost, *Baudelaire, essai sur l'inspiration et la création poétique,* 1953. — P. Emmanuel, *Baudelaire,* 1967. — M. A. Ruff, *L'Esprit du mal et l'esthétique baudelairienne,* nlle éd. 1972. — J.-P. Richard, *Poésie et profondeur,* nlle éd. 1976. — D. Rince, *Baudelaire et la modernité poétique,* 1984. — Cl. Pichois et J. Ziegler, *Baudelaire,* 1987.

BAUDHĀYANA ou **Bodhāyana.** Fondateur indien d'une école de rituel védique rattachée au *Yajur-Veda* (*) (école des *Taittirīyas*). C'est dans ce milieu, peut-être localisé sur le moyen Gange (Kuru-Pañcāla) que s'est élaboré entre 600 et 300 avant notre ère (?) un grand « système » [Kalpa] rituel composé de trois traités : le *Baudhāyana-Śrautasūtra* (*), le *Baudhāyana-Gṛhyasūtra* et le *Baudhāyana-Dharmasūtra.*

JEAN-MARIE VERPOORTEN.

BAUM Vicki. Romancière autrichienne. Née le 24 janvier 1888 à Vienne, morte le 29 août 1960 à Hollywood. Après des études musicales, Vicki Baum devient en 1926 rédactrice auprès des éditions Ullstein à Berlin. Son roman *Grand Hôtel* (*) (1929) remporte un succès considérable. L'adaptation cinématographique de l'ouvrage conduit Vicki Baum à Hollywood (1931), où elle décide de s'établir. Elle acquiert en 1938 la nationalité américaine, et poursuit sa carrière littéraire en écrivant en anglais. Intrigues sentimentales au sein de la haute société oisive, personnages pétris de bonne volonté, situations conflictuelles effacées grâce aux bons sentiments : les romans de Vicki Baum sont à la limite de ce que les Allemands appellent « Trivialliteratur » — la littérature de « consommation ». Ce qui ne signifie pas pour autant futilité radicale : Vicki Baum fut interdite sous le nazisme.

BAUMANN Émile. Romancier français. Né à Lyon le 24 septembre 1868, mort à Vernègues (Bouches-du-Rhône) le 24 novembre 1941. Catholique, il milita passionnément toute sa vie en faveur de son Église. Il débuta par *L'Immolé* (*). Vinrent ensuite *La Fosse aux lions* (1911), *Trois villes saintes* (1912), *La Paix du septième jour* (1918), *Le Fer sur l'enclume* (1920), *Job le Prédestiné* (1923) et *L'Excommunié* (1939). Il faut bien dire que chacun de ces romans baigne dans une atmosphère de cauchemar ; l'intention apologétique y a le pas sur le vraisemblable. Le public a pu voir pourtant en l'auteur un des plus grands romanciers catholiques de son temps. Agrégé de l'Université, Baumann a collaboré à diverses revues et laissé un recueil de critiques : *Intermèdes* (1927), ainsi que des ouvrages d'histoire religieuse dont : *L'Anneau d'or des grands mystiques, de saint Augustin à Catherine Emmerich* (1927) et *Histoire des pèlerinages.*

♦ « *Il fait de l'univers un vaste système d'expiation.* » Henri Clouard.

BAUR Ferdinand Christian. Théologien allemand. Né à Schmiden près de Kannstadt (Wurtemberg, Allemagne) le 21 juin 1792, mort à Tübingen le 2 décembre 1860. Orienté vers les études théologiques, il fréquenta le séminaire de Blaubeuren et se rendit ensuite à Tübingen où, entre autres professeurs, enseignait Beugel ; la formation intellectuelle que Baur y reçut était conforme aux vieilles règles de cette école. En 1817, il retourna au séminaire de Blaubeuren en qualité de professeur et publia ses premiers essais à cette époque. L'influence de Schelling et de Schleiermacher lui inspira son premier ouvrage important : *Symbolique et mythologie, ou la religion naturelle de l'Antiquité* [*Symbolik und Mythologie, oder die Naturelligion des Altertums*, 1825], qui lui valut d'être appelé à l'université de Tübingen, où il créa la nouvelle école à laquelle appartinrent Zeller, Hilgenfeld, etc. Citons, parmi ses œuvres suivantes : *La Gnose chrétienne* [*Die christliche Gnosis, oder die christliche Religionsphilosophie in ihrer geschichtlichen Entwicklung*, 1835]. Viennent ensuite : *La Doctrine chrétienne de la Rédemption* [*Die christliche Lehre von der Besohnung in ihrer geschichtlichen Entwicklung bis auf die neuste Zeit*, 1838] ; *La Doctrine chrétienne de la Tri-Unité et de l'Incarnation de Dieu, dans son développement historique* [*Die christliche Lehre von der Dreieinigkeit und Menschwerdung Gottes in ihrer geschichtlichen Entwicklung*, 1841-1843] *; Histoire de l'Église aux trois premiers siècles* (*) et enfin *Histoire de l'Église chrétienne* [*Geschichte der christlichen Kirche*], publiée en cinq volumes entre 1853 et 1863. Rappelons en outre certaines œuvres importantes, où le théologien protestant expose ses thèmes de prédilection, en particulier sur le christianisme originel : *La Religion manichéenne* [*Das manichaische Religiosystem*, 1831] *; Les Prétendues Épîtres pastorales de l'apôtre Paul* [*Die sogenannten Pastoralbriefe des Apostels Paulus*, 1835], qui inaugurent une suite d'écrits importants parus dans le *Tübinger Zeitung für Theologie : Recherches critiques sur les Évangiles canoniques...* [*Kritische Untersuchungen über die kanonischen Evangelien*, 1847] *; Paul, l'apôtre de Jésus-Christ ; contribution à une étude critique de l'histoire du christianisme primitif* [*Paulus, der Apostel Jesu Christi, ein Beitrag zu einer kritischen Geschichte des Urchristentums*, 1845].

RÉF. : G. Frädrich, *J. Chr. Baur, der Begründer der Tübinger Schule, als Theologe, Schriftsteller und Charakter*, 1909. – P. C. Hodgsen, *The Formation of Historical Theology. A Study of F. C. Baur*, New York, 1966. – H. Harris, *The Tübingen School*, Oxford, 1975. – F. W. Graf « F. C. Baur », *Klassiker d. Theologie. Hrg. H. Fries/G. Krestschmar, Bd2*, Munich, 1983.

BAYER Raymond. Philosophe et esthéticien français. Né à Paris le 2 septembre 1898, mort à Paris le 15 juillet 1960. Il fait ses études aux collèges Colbert et Chaptal puis à l'École normale supérieure de Saint-Cloud et à la Sorbonne. Agrégé de philosophie et docteur ès lettres, il enseigne d'abord aux collèges Colbert et Chaptal puis à l'université de Caen et enfin à la Sorbonne. Il a écrit de nombreux ouvrages, mais il s'est surtout consacré à l'esthétique. Son livre le plus connu dans ce domaine est *L'Esthétique de la grâce* (*) (1933), mais on lui doit aussi un *Essai sur la méthode en esthétique* (1953). Il est également l'auteur d'*Épistémologie et logique depuis Kant à nos jours* (1954) et de *L'Esthétique de Bergson*. Il s'est attaché à réaliser une *Bibliographie de la philosophie* ainsi qu'un *Corpus des philosophes français*.

BAYHAQI Abol-Fazl. Historien persan. Né en 995 dans la région de Bayhaq (aujourd'hui Sabzevâr dans le Khorassân), mort en 1077 à Ghazna. Après des études à Nichapour, il entre au service des Ghaznévides comme secrétaire de chancellerie, à Ghazna, où il passe la majeure partie de sa vie. Il est nommé adjoint d'Abou Nasr Mouchkân, directeur de la chancellerie, et est chargé de rédiger et de copier certains des documents officiels envoyés par Mahmoud le Ghaznévide (999-1030) et son fils et successeur, Mas'oud (1030-1041). Abou Nasr Mouchkân meurt en 1039, remplacé par Abou Sahl Zowzani, avec qui Bayhaqi n'est pas en très bons termes. Sous le règne de Abd al-Rachîd (1049-1051), Bayhaqi est nommé directeur de la chancellerie, mais pour très peu de temps, car il est emprisonné sous le prétexte de ne pas avoir liquidé la dot de sa femme. Lorsque l'usurpateur Toghril Birâr s'empare du pouvoir en 1051, Bayhaqi est, avec d'autres courtisans détenus, envoyé dans une forteresse. Une fois libéré, il ne cherche plus d'emploi à la cour, à partir de 1059.

Bayhaqi est l'auteur d'une histoire de la dynastie ghaznévide, qu'il dit avoir commencée en 1018 ; mais la plus grande partie de son œuvre, comportant trente volumes, a disparu, subsistant néanmoins dans les emprunts faits par les historiens postérieurs jusqu'au XVe siècle. Ce qu'il en reste ne concerne que le règne de Mas'oud, et est généralement appelé *Histoire de Bayhaqi* (*). Il semble qu'il ait composé d'autres œuvres, dont l'une est un recueil des souvenirs que lui avait racontés son premier chef de chancellerie, le *Maqâmât-é Abu Nasr Mushkân*, et l'autre un manuel de style. Ses œuvres sont citées par d'autres auteurs, notamment par Owfi.

MARIE-HÉLÈNE PONROY.

BAYLE Pierre. Critique et philosophe français né au Carlat (dans le comté de Foix ; actuellement : Ariège) le 18 novembre 1647, mort à Rotterdam le 28 décembre 1706. Enfant précoce et assez maladif, il n'eut d'abord d'autre maître que son père, lequel était ministre de l'Église protestante. Ayant appris de bonne heure le grec et le latin, il fut placé à neuf ans au collège de Puylaurens et, plus tard, chez les jésuites de Toulouse où il fit sa philosophie. Là, son inquiétude religieuse le poussa à se convertir au catholicisme, mais son zèle se refroidit, et il retourna à la foi protestante. Il se rendit alors à Genève, où il fut chargé de l'instruction des fils d'un syndic de la République. Rentré en France, il trouva à Rouen une place de précepteur, séjourna quelque temps à Paris et se fixa enfin à Sedan : il venait, en effet, d'obtenir la chaire de philosophie à l'Académie protestante. Là, il se lia avec le célèbre Jurieu. En 1681, l'Académie fut supprimée : Bayle se vit aussitôt appelé à Rotterdam, pour y occuper une chaire de philosophie. L'année suivante (1682), il publia son premier ouvrage important : *Pensées sur la comète* (*). Sans crier gare, Bayle s'élève contre les préjugés qui attribuent aux comètes quelque influence sur les événements de la terre. Passant en revue tous les excès commis par la superstition, il en conclut que l'athéisme, dans ses effets, se montre souvent moins funeste que l'idolâtrie. Un tollé général s'éleva contre Bayle. Les esprits s'échauffèrent plus encore quand, peu après, il fit paraître sa *Critique de l'histoire du calvinisme du P. Mainbourg*, où les adversaires de la Réforme étaient durement malmenés. Il s'ensuivit que les jésuites obtinrent du roi un ordre pour faire brûler le livre de la main du bourreau. Bayle répliqua en publiant la *France toute catholique sous le règne de Louis le Grand* (1685). Outre ces ouvrages inspirés par les événements, Bayle rêvait depuis longtemps de fonder une revue pour faire concurrence au *Journal des savants* dont le patron était Denis de Sallo, conseiller au parlement de Paris. Il l'intitula les *Nouvelles de la République des Lettres* ; le premier numéro parut en mars 1684 et le dernier en février 1687. Bayle y analysait les ouvrages scientifiques, y donnait la biographie des grands écrivains disparus, le tout mêlé de curieuses digressions. Ayant, d'autre part, la passion de la tolérance, il était souvent blessé de la conduite qu'il voyait tenir aux protestants, au milieu desquels il vivait. Grand liseur, habitué à confronter toutes les opinions, il considère qu'il est absurde de prétendre posséder toute la vérité et de l'imposer aux autres par la violence. C'est pourquoi il entreprit de formuler les principes généraux de la tolérance, dans un ouvrage qui s'élèverait au-dessus des querelles de secte et de doctrine, ouvrage en quatre volumes, que Bayle donnait comme traduit de l'anglais et imprimé à Cantorbéry : *Commentaire philosophique sur les paroles de Jésus-Christ : « Contrain-les* (sic) *d'entrer »* (1686-1688). Il demande que chacun soit libre de professer la religion qu'il croit vraie. Cette idée suscita les pires colères chez les protestants eux-mêmes. Bayle dut essuyer les coups de son vieil ami Jurieu. Par les magistrats d'Amsterdam, il se vit, en fin de compte, privé de sa chaire de philosophie. Mais il ne s'émut pas trop de cette mesure. Ayant toujours vécu de peu, il crut pouvoir se suffire avec le travail de sa plume.

C'est alors qu'il commença l'œuvre que le temps avait mûrie : son *Dictionnaire historique et critique* (*) (1695-1697), œuvre qui fut vraiment le couronnement de sa carrière. Elle obtint, comme on sait, un énorme succès (au moins dix éditions avant 1760). Elle avait été entreprise avant tout pour combler les lacunes des dictionnaires antérieurs. Bayle, en effet, se donne mission de tout remettre en question. Sa prodigieuse érudition lui permet de passer en revue tous les problèmes de morale, de théologie et d'exégèse ; de canaliser, en quelque sorte, toute la libre pensée des siècles précédents. À cet égard, son *Dictionnaire* est un trésor de renseignements. En outre, Bayle y fait œuvre de critique littéraire à la manière de Sainte-Beuve : nul dogmatisme, rien que le jeu de la curiosité la plus avide. N'acceptant que ce qui est fondé sur un fait indubitable, il applique à toute chose l'esprit historique. C'est à juste titre qu'on le considère comme un précurseur de la critique moderne. Mais son style diffus, sa passion du détail et, parfois, son goût pour l'inconvenance, semblent appartenir bien plus à la Renaissance qu'à son propre siècle. Travailleur infatigable, Bayle fut toute sa vie un apôtre de la tolérance et de la liberté de pensée.

♦ *« C'est par son excellente manière de raisonner qu'il est surtout recommandable, non par sa manière d'écrire, trop souvent diffuse, lâche, incorrecte, et d'une familiarité qui tombe quelquefois dans la bassesse. »* Voltaire. ♦ *« Bayle possédait l'instinct, la vocation critique dans le sens où nous la définissons. Ce génie, dans son idéal complet (et Bayle réalise cet idéal plus qu'aucun autre écrivain), est au revers du génie créateur et poétique, du génie philosophique avec système, il prend tout en considération, fait tout valoir, et se laisse d'abord aller, sauf à revenir bientôt. »* Sainte-Beuve. ♦ *« Bayle aimait-il Dieu ? Aimait-il le diable ? Peut-être les a-t-il aimés tous les deux, l'un par rapport à l'autre, l'un par opposition à l'autre. Il recherche les contradictions et la lutte. Son goût le porte à la grande farce. Il aime à voir les choses s'embrouiller. Il n'est parfaitement chez lui que dans l'absurde. C'est sa demeure. D'ailleurs il y est bien à l'abri, sachant toujours, quoi qu'il arrive, voir les choses en avant... Bayle est un Faust sans âme ou un Faust dont l'âme tout au moins ne se trouve pas engagée dans le pacte qu'il conclura avec le diable. »* Bernard Groethuysen.

RÉF. : Des Maizeaux, *Vie de Pierre Bayle*, Amsterdam, 1730. – J. Devolvé, *Religion critique et Philosophie positive chez Pierre Bayle*, Paris, 1906. – P. Dibon, *Pierre Bayle, le philosophe de Rotterdam*, Paris, 1959. – E. Labrousse, *Inventaire critique de la correspondance de Pierre Bayle*, 1961 ; *Pierre Bayle, Du pays de Foix à la cité d'Érasme*, 1963 ; *Pierre Bayle, hétérodoxie et rigorisme*, La Haye, 1964. – P. Rétat, *Le Dictionnaire de Bayle et la Lutte philosophique au XVII*e *siècle*, Paris, 1971.

BAZIN Hervé. Romancier et nouvelliste français. Né le 17 avril 1911 à Angers (Maine-et-Loire). Il s'appelle en réalité Jean-Pierre Hervé-Bazin, avec deux traits d'union. Banquier et directeur de journal, son grand-père maternel, Ferdinand-Jacques Hervé, signait Charles Saint-Martin ses romans – tels que *Rouget le Braconnier* ou *La Mort d'un forçat*. Sa femme, Marie Bazin, sœur de l'académicien français René Bazin, publia, sous un nom d'homme, Jacques Bret, des romans feuilletons. C'est en 1870, à l'occasion de son mariage, que Ferdinand-Jacques Hervé ajouta au sien le nom de son épouse pour se différencier de ses frères et cousins. Cette adjonction fut légalisée en 1922 par le Conseil d'État. C'est l'éditeur Bernard Grasset qui, en supprimant d'autorité les prénoms, fit de Hervé Bazin l'auteur que l'on connaît depuis la parution, en 1948, de *Vipère au poing* (*). L'année précédente, il avait obtenu le prix Apollinaire pour son recueil de poésie *Jour*. Élevé par sa grand-mère jusqu'au retour de Chine de ses parents, il se heurtera violemment à sa mère, la fameuse Folcoche de son roman. Ses études furent mouvementées et il exerça divers métiers (il fut marchand forain), avant de faire ses débuts de journaliste, notamment de critique littéraire à *L'Écho de Paris* et *L'Information*. Grâce au succès de *Vipère au poing* (inspiré de ses démêlés familiaux quand il était adolescent), Hervé Bazin devient ensuite un écrivain de notoriété internationale, son œuvre étant traduite en une quarantaine de langues. Outre son premier roman qui scandalisa Colette — « La fille de Sido ne peut pas donner sa voix au fils de Folcoche », s'exclama-t-elle au moment du vote pour le prix Goncourt — il a, en effet, publié plus d'une vingtaine de livres, en particulier, *La Tête contre les murs* (*) (1949), *La Mort du petit cheval* (1950), *Le Cri de la chouette* (1972), *Le Matrimoine* (1967), *Madame Ex* (1975). Élu membre de l'académie Goncourt en 1958, il en devint le président en 1973, après la mort de Roland Dorgelès. Best-seller en U.R.S.S., le gouvernement soviétique lui décerne le prix Lénine en 1980. Marié quatre fois, Hervé Bazin est père de sept enfants.

JEAN-CLAUDE LAMY.

BAZIN René. Écrivain français. Né à Angers (Maine-et-Loire) le 20 décembre 1853, mort à Paris le 20 juillet 1932. Après de brillantes études, il devint professeur de droit à l'université catholique de sa ville natale (1875). Brûlant bientôt de quitter l'enseignement pour se consacrer à la littérature, il débuta en 1884 en publiant un roman intitulé *Stéphanette*. De ceux qui suivirent on peut retenir : *Ma tante Giron* (1886), *Une tache d'encre* (1888), *La Sarcelle bleue* (1889), *De toute son âme* (1897). Collaborant d'abord au *Journal des Débats*, il fut introduit par Brunetière à *La Revue des Deux Mondes* (*) en 1891, mais n'eut vraiment du renom qu'à la parution de *La Terre qui meurt* (*) (1899), renom que devait accroître la publication de deux autres romans : *Les Oberlé* (*) (1901) et *Le Blé qui lève* (*) (1907). Ces trois romans forment le meilleur de son œuvre considérable. Possédant un style aisé, un sentiment très vif de la nature, il excelle à peindre la vie des paysans, ou mieux, à exprimer le lien qui attache l'homme à son terroir. En moraliste il cherche moins à distraire le lecteur qu'à lui donner l'occasion de réfléchir. On lui doit une *Vie du père de Foucauld* (1920). Depuis 1904, René Bazin était membre de l'Académie française.

♦ *« Entre vos mains, le roman social ne cessera jamais d'être du roman et de l'art. »* Ferdinand Brunetière ♦ *« Peintre de la vie provinciale, dont tant d'autres n'ont su voir que les tares ou les ridicules, il en faisait goûter le charme de paix et de recueillement. Du paysan, dont on* [*Zola, dans* La Terre] *venait de nous donner une brutale caricature, il dégageait le type véritable. »* René Doumic.

RÉF. : H. Bordeaux, *Les Écrivains et les Mœurs*, Paris, 1900. — A. de Bersaucourt, *René Bazin, biographie critique*, Paris, 1910. — Mgr F. Vincent, *R. Bazin, l'homme et l'écrivain*, 1940. — C. Baussan, *René Bazin*, 1941. — Mary Aline Gelson, *An Analysis of the Realistic Elements in the Novels of René Bazin*, Washington, 1942. — M. Souriau, *René Bazin*, Paris, 1945. — J. M. Blais, *The Novels of René Bazin : realistic or utopian ?*, thèse, Université catholique d'Amérique, 1976. — J. P. Chauveau, B. Chochon, in *Les Angevins et la littérature*, Angers, 1979.

BÉALU Marcel. Écrivain français. Né le 30 octobre 1908 à Selles-sur-Cher, mort à Paris le 19 juin 1993. Poète et prosateur, Béalu est avant tout l'auteur de courts récits à mi-chemin entre le poème en prose et le conte dont le charme inquiétant le situe dans la plus pure lignée des romantiques allemands. D'origine humble, il doit commencer très jeune à travailler ; il remplira successivement les fonctions d'employé de sous-préfecture, de chapelier, d'antiquaire, pour finir libraire à Paris. Autodidacte, c'est, semble-t-il, à son absence de formation universitaire qu'il devra pour une part la sorte de grâce inanalysable qui habitera ses meilleures œuvres et dont Max Jacob, dès 1937, pressent l'éclosion. C'est un Jean Paulhan admiratif qui publiera alors en 1941, chez Gallimard, *Mémoires de l'ombre* (*), le premier recueil de ces courts textes étranges et « dérangeants » dont on retrouve le climat insolite dans ses œuvres ultérieures, *Journal d'un mort* (1947), *L'Araignée d'eau* (*) (1948), *La Pérégrination fantasque* (1951), *Les Messagers clandestins* (*) (1956). Une inspiration identique anime ses deux romans, immenses nocturnes de l'âme prise au piège de sa propre fatalité : *L'Expérience de la nuit* (*) (1945), peut-être son chef-d'œuvre, et *L'Aventure impersonnelle* (1954). Conjointement à ces écrits en prose, Béalu compose de nombreux poèmes qui témoignent d'une spontanéité bien rare chez les poètes contemporains, pièces volatiles et transparentes où se fait jour un appel insensé à un bonheur total — *Poèmes : 1936-1960* (1976), *Poèmes : 1960-1980* (1981).

Ce sont cependant ses récits qui traduisent sans doute le mieux le don extraordinaire de Béalu pour restituer l'ambiance même du rêve, la docilité avec laquelle les images et les scènes se substituent d'elles-mêmes les unes aux autres en développant insidieusement un climat, tout à la fois étrange et naturel, qui est celui de notre moi le plus intime et qui finit par imprégner et engloutir le lecteur, nouveau Narcisse noyé par l'eau de ses propres songes. L'ingénuité apparente de ces textes renforce ainsi l'impression d'écœurement suscitée par une familiarité excessive avec soi, contrastant avec l'expérience sans cesse renouvelée d'un au-delà qui se dérobe toujours. Seul Béalu, dans toute la littérature française, peut être comparé au Nerval d'*Aurélia* (*) pour l'aisance souveraine à rendre compte de la genèse souterraine des sentiments et des pensées chez l'homme.

PHILIPPE FAUCHER.

BÉATRICE, comtesse de Die (Beatritz de Dia). Bien qu'elle soit peut-être la plus célèbre des femmes qui, en Provence, au Moyen Âge, cultivèrent la poésie, on ne sait pas grand-chose de sa vie. Selon l'ancienne biographie provençale (et l'on sait que les renseignements fournis par celle-ci ne peuvent être acceptés qu'avec beaucoup de réserve), elle aurait été la femme de Guillaume (I ou II) de Poitiers, et aimée du troubadour Raimbaut d'Orange. En ce cas, il faudrait la situer entre la seconde moitié du XIIe siècle et le début du XIIIe. Mais la ville de Die ne faisait pas partie du domaine de Poitiers, et n'était pas fief de la Béatrice qui épousa Guillaume Ier. Selon les dires de Francesco da Barberino, on l'a identifiée à d'autres personnes, mais ces suppositions sont également gratuites et inacceptables, parce qu'elles se rapportent à une époque plus tardive. Si bien que la personnalité de cette poétesse, la plus délicate et la plus distinguée des femmes de son temps qui s'adonnèrent à la poésie, reste entourée de mystère — v. *Chansons* (*).

RÉF. : Jules Chevalier, *La Comtesse de Die* in *Bulletin de la Société départementale d'archéologie... de la Drôme*, Valence, 1893. — G. Kussler-Ratyé, « Les Chansons de la Comtesse de Die » dans *Archivum romanicum*, t. I., 1917, p. 161-184. — A. Jeanroy, *La Poésie lyrique des troubadours*, Paris, 1934, t. I. p. 311-317. — J. Véran, *Les Poétesses provençales du Moyen Âge et de nos jours*, Paris, 1946. — W. T. Pattison, *The Life and Works of the Troubadour Raimbaut d'Orange*, Minneapolis, 1952, p. 27-30.

BEAUMANOIR Philippe de Rémi, sire de. Juriste et poète français. Né en 1247 dans le Beauvaisis, ou à Lorris en Gâtinais, mort au manoir de Moncel, près de Pont-Sainte-Maxence (Oise) vers 1297. Issu d'une famille de militaires et d'hommes de loi, fils d'un bailli, il passa sans doute son adolescence en Angleterre, entra en 1279 au service de Robert de Clermont, un des fils de Saint Louis, en tant que bailli de Clermont et exerça cette charge de mai 1279 à mai 1282. C'est pendant cette période qu'il rédigea ses *Coutumes du Beauvoisis* (+), où il expose non seulement le droit particulier à cette région, mais les principes fondamentaux du droit privé de son temps. Entré en 1283 dans le corps des officiers du roi, il fut sénéchal de Poitou de novembre 1284 à février 1288, sénéchal de Saintonge en 1288, sénéchal de Vermandois de 1289 à 1290, bailli de Touraine en 1292 et enfin, de 1293 à sa mort, bailli de Senlis. Outre son traité de droit il a laissé une importante œuvre poétique (plus de 20 000 vers) — v. *Poèmes* (*) — comprenant en particulier les deux romans intitulés : *Manekine* (+) (vers 1270) et *Jehan et Blonde* (+). En fait, il y aurait deux Philippe de Beaumanoir, le père, au milieu du XIIIe siècle, qui serait l'auteur des œuvres poétiques et romanesques, le fils, à la fin du XIIIe siècle qui rédigea les *Coutumes du Beauvoisis.*

RÉF. : A. Morel, *Étude historique sur les « Coutumes du Beauvoisis »,* Paris, 1851. — H. Bordier, *Philippe de Rémi, sire de Beaumanoir,* 2 vol., Paris, 1869-1873. — H. Suchier, notice in édition des *Œuvres poétiques,* 2 vol., Paris, 1884. — *Ph. de Beaumanoir, sa vie, son œuvre, son temps,* et *Ph. de Beaumanoir et les Coutumes du Beauvoisis,* Beauvais, Groupe d'étude des monuments et œuvres d'art du Beauvaisis, 1983.

BEAUMARCHAIS Pierre Augustin Caron de. Écrivain français. Né le 24 janvier 1732 à Paris et mort, également à Paris, le 18 mai 1799. La vie de Beaumarchais fut si mouvementée et sa personnalité si riche que ni l'une ni l'autre ne se laissent facilement circonscrire. Il a été, comme on l'a dit, « horloger, harpiste, courtisan, munitionnaire, sous-traitant, spéculateur, négociant, négrier, entremetteur, forestier, plaideur et juge-mage, démarcheur, agent double, détective, maître chanteur, diplomate, armateur, pamphlétaire, auteur dramatique, philanthrope, démagogue, patriote, ministre de l'Intérieur (ou presque) ». Prodigieusement doué (beauté physique, adresse manuelle — il invente un système d'échappement pour les montres et perfectionne la harpe —, sens musical, intelligence extrême, grande sensibilité, puissance de travail peu commune et beaucoup de courage), il a pu écrire : « Ma vie est un combat » et aurait pu dire comme son Figaro : « J'ai tout vu, tout fait, tout usé », même s'il n'a pu être toujours « supérieur aux événements ».

Il est né à Paris en 1732 dans une famille de la bonne bourgeoisie : son père, André-Charles Caron, a abjuré en 1727 la religion protestante, ce qui lui a permis d'être reçu maître horloger. De son mariage avec Marie-Louise Pichon naîtront dix enfants dont quatre mourront en bas âge. Pierre-Augustin sera le seul garçon, chéri de ses sœurs et toujours très attaché à sa famille qu'il protégera et parfois fera vivre. Le jeune Caron est d'abord apprenti dans l'atelier paternel, tout en faisant par ailleurs des études assez sommaires. Mais, passionné de musique et déjà très ambitieux, il se soucie peu de succéder à son père. En 1755, il achète une charge de contrôleur de la maison du Roi à un nommé Franquet qui meurt peu après et dont il épouse la veuve. Il se fait dès lors appeler Caron de Beaumarchais, du nom d'une terre que possédait sa femme – qui meurt en 1757. Il poursuit son ascension sociale : en 1759, il est déjà familier de Mesdames, les filles du Roi, auxquelles il enseigne la musique et rend de petits services. Cette même année, il fait la connaissance d'un grand financier, Pâris-Duverney, qui l'associe à ses affaires et fera sa fortune en lui permettant d'acheter une nouvelle charge qui lui confère la noblesse. Devenu noble sans jamais l'être vraiment aux yeux de certains qui se souviendront qu'il est fils d'un horloger, il souffrira toute sa vie de cette « disconvenance sociale ». Homme d'affaires (« négociant », comme on disait alors), il appartient à cette classe qui assure au pays sa prospérité, mais jusqu'à la Révolution, souffrira de n'être pas considérée à sa juste valeur. En 1764, il obtient l'autorisation d'aller en Espagne, où il doit marier une de ses sœurs aînées qu'un certain Clavijo a compromise, et s'acquitter de missions semi-officielles. Mais Clavijo n'épousera pas Lisette et les projets grandioses échouent. De retour en 1765, il épouse en 1768 Geneviève-Madeleine Watebled, qui lui donne un fils Augustin et en 1770 une fille, Aimable-Eugénie, qui ne vit que quelques jours. Mme de Beaumarchais meurt la même année, en novembre, et Augustin en 1772, à l'âge de trois ans et huit mois. Ces malheurs domestiques durent affecter vivement l'homme sensible qu'était Beaumarchais. Par ailleurs, il commençait à être connu comme auteur dramatique grâce à deux drames joués à la Comédie-Française : *Eugénie* (*) (1767) qui eut beaucoup plus de succès que *Les Deux Amis* (+) (1770) dont les péripéties financières furent peu appréciées du public.

La mort de Pâris-Duverney en 1770 entraîna de très graves difficultés. Le vieux financier laissait dans son testament une forte somme à son protégé, qui la réclama à l'héritier direct, le comte de la Blache. Celui-ci contesta l'acte. Il y eut procès, gagné d'abord par Beaumarchais, puis perdu en appel. L'affaire fut portée devant le parlement Maupeou et le dossier confié au juge Goëzman qui fit un rapport défavorable. Par l'arrêt du 6 avril 1773, Beaumarchais perdait son procès, ce qui pratiquement le ruinait, et de plus, en juin, le juge portait plainte contre lui pour tentative de corruption. Contre cette accusation qui pouvait le conduire aux galères, Beaumarchais répondit par quatre mémoires qui s'adressaient à la fois au Parlement et à l'opinion publique. Sans doute parce que celle-ci fut en faveur de l'accusé, la condamnation fut relativement modérée et si les quatre mémoires furent brûlés sur les marches du Palais et leur auteur blâmé en février 1774, l'arrêt de blâme fut cassé en novembre de la même année, et l'affaire portée devant le parlement d'Aix-en-Provence. Celui-ci, tenant compte de deux nouveaux mémoires écrits par l'accusé, rendra en 1778 un arrêt qui lui sera entièrement favorable.

C'est aussi en 1774, l'année des périls, qu'il fait la connaissance de Thérèse de Willer-Mawlas qui devient sa compagne et lui donne en 1775 une fille, Eugénie. Il ne l'épousera qu'en 1786.

Prié, après l'affaire Goëzman, de quitter Paris et de se faire oublier, il devient agent secret du gouvernement. Il est d'abord chargé de retrouver et de détruire des pamphlets écrits contre la famille royale ; il parcourt l'Europe, de l'Angleterre où il a des démêlés avec le chevalier d'Éon à Vienne où l'impératrice Marie-Thérèse, le soupçonnant d'être un espion, le fait assigner à résidence durant plus d'un mois. Relâché à la demande de Paris, il garde avec les autorités des relations étroites, comme en témoignent divers écrits, en particulier sa correspondance, récemment publiée, avec Vergennes. Farouche partisan de l'indépendance des États-Unis, il permettra au gouvernement français, grâce à la fondation en juin 1778 de la maison de commerce Roderigue Hortalez et Cie, d'envoyer, plus ou moins secrètement, des secours aux Insurgents. Il arme une flotte, commerce avec l'Amérique, et parcourt la France pour charger ses navires dont plusieurs sont coulés par les Anglais. Les années qui précèdent la Révolution sont marquées par une activité intense : magnifique édition des œuvres de Voltaire, de 1783 à 1790, création d'un comité qui deviendra notre Société des auteurs dramatiques. Les acteurs de la Comédie-Française avaient superbement joué *Le Barbier de Séville* (*) en 1775. Ils devront attendre 1784 pour jouer *Le Mariage de Figaro* (*). La pièce, terminée dès 1778, était réclamée par la Cour et la ville, mais le roi interdisait la représentation d'une œuvre qu'il jugeait dangereuse. La première, le 27 avril, fut triomphale. En 1787, *Tarare,* opéra dont Beaumarchais avait écrit le livret et Salieri composé la musique, connut aussi un grand succès.

La Révolution devait le surprendre comme elle surprit tous ses contemporains. Sa richesse, peu discrète (il s'était fait construire près de la Bastille une demeure somptueuse), le faisait suspecter et il fut obligé de se défendre. En 1790, l'opéra est repris avec une suite, *Le Couronnement de Tarare*, qui fait scandale. En juin 1792, une pièce que l'auteur qualifie de « drame intrigué », *La Mère coupable* (*), est jouée au théâtre du Marais sans trop de succès. Mais d'autres soucis accaparent l'écrivain. Toujours soucieux d'aider son pays, il s'efforce de fournir à la République les armes qui lui manquent. C'est l'affaire des fusils de Hollande, qu'il expose dans des mémoires écrits à Londres, qui constituent un document précieux sur la Révolution. Emprisonné en 1792 à l'Abbaye, il échappe de peu aux massacres de Septembre, est obligé de s'enfuir, revient pour se disculper, quitte à nouveau la France en juin 1793, et bien que chargé en principe d'une mission officielle, est inscrit sur la liste des émigrés. Il se réfugie alors en Allemagne, où il connaît dans la misère un exil pénible. Ce n'est qu'en 1795, que rayé de la liste, il peut rentrer en France. Après avoir marié sa fille à Paris, il consacre ses quatre dernières années, qu'une surdité totale rend difficiles, à refaire un peu sa fortune. Il meurt d'une attaque d'apoplexie dans la nuit du 17 au 18 mai 1799.

Sur bien des points, cette existence mouvementée demeure obscure et il reste beaucoup à découvrir. L'œuvre elle-même est souvent ignorée, à l'exception des deux chefs-d'œuvre que beaucoup d'ailleurs ne connaissent qu'indirectement, par l'entremise de Mozart et de Rossini. Beaumarchais a beaucoup écrit, chansonnettes ou livrets d'opéra, pamphlets pour se défendre ou mémoires sur les sujets les plus divers. La correspondance, très abondante, est en cours de publication. Elle révèle quel admirable prosateur fut Beaumarchais. De ce point de vue, les *Mémoires contre Goëzman* (*) sont un chef-d'œuvre d'ironie et de comique qui mériterait d'être mieux connu. Reste l'ensemble des œuvres dramatiques qui paraissent tout d'abord inégales et disparates. Beaumarchais avait d'abord écrit, dans les premières années 1760, pour un théâtre de société, des parades, courtes pièces qui bravent l'honnêteté. Il serait resté un amuseur des gens du monde s'il n'avait été en même temps disciple de Diderot, disciple soucieux de surpasser son maître en écrivant des drames. Après *Eugénie* et *Les Deux Amis*, et dans un tout autre genre, *Le Barbier de Séville* parvient à retrouver les secrets d'un comique qui avait disparu de la scène française. *Le Mariage de Figaro,* œuvre plus complexe et plus profonde, assure la transition avec *La Mère coupable,* dernier volet de la trilogie (1792), dont « l'intrigue de comédie est fondue dans la pathétique d'un drame ». Entre les deux dernières œuvres en prose, *Tarare,* livret d'opéra, bien que pauvrement rimé, mérite d'être lu avec attention parce qu'il résume la philosophie politique de l'auteur.

On peut se demander quelle importance attachait Beaumarchais à ses œuvres dramatiques qu'il a qualifiées à plusieurs reprises de « rêveries de son bonnet de nuit ». L'étude des manuscrits infirme ce jugement et montre quel travail acharné a permis d'obtenir cette apparente facilité qui donne aux deux chefs-d'œuvre leur efficacité dramatique. Les textes théoriques, dont trop souvent on ne mesure pas l'importance, justifient leur dramaturgie : l'*Essai sur le genre dramatique sérieux* qui sert de préface à *Eugénie,* reprend et précise les idées de Diderot, et le manifeste qui présente *Tarare, Aux abonnés de l'Opéra qui voudraient aimer l'opéra,* plaide en faveur d'une nouvelle forme musicale, celle que Wagner illustrera.

La postérité est injuste à l'égard de l'homme. On cède trop à la tentation de le confondre avec son personnage le plus populaire, Figaro. Comme ce dernier, il était vaniteux, aimait l'argent et l'intrigue. Mais il fut aussi un ami sûr, un homme généreux, un mari, sinon fidèle, toujours aimant, un frère et un père dévoués. Il eut sans cesse deux grands desseins : défendre les femmes dont la condition lui paraissait à bien des égards humiliante ; dénoncer les disconvenances sociales dont il estimait avoir été lui-même victime. C'est la conscience de ces injustices qui donna son sens à sa vie et assure, au-delà des différences, l'unité de l'œuvre.

PIERRE LARTHOMAS.

♦ « *Je crois, comme La Harpe, qu'il avait plus de talents encore pour la comédie que pour le drame ; mais il avait un fond de moralité qui le ramenait toujours à peindre des situations pathétiques.* » Gudin de la Brenellerie. ♦ « *Sous mon règne, un tel homme eût été enfermé à Bicêtre. On eût crié à l'arbitraire, mais quel service c'eût été rendre à la société !* » Napoléon. ♦ « *Beaumarchais était après tout une belle et vaillante espèce d'homme.* » Carlyle. ♦ « *Corneille, Molière, Beaumarchais* [...] *les trois grands génies caractéristiques de notre scène.* » Hugo.

RÉF. : Louis de Loménie, *Beaumarchais et son temps,* Paris, 1856. – Eugène Lintilhac, *Beaumarchais et ses œuvres,* Paris, 1887. – Gudin de la Brenellerie, *Histoire de Beaumarchais,* Paris, 1888. – René Pomeau, *Beaumarchais ou la Bizarre Destinée,* Paris, 1987. – Beaumarchais, *Œuvres,* la Pléiade, Paris, 1988. – Gunnar et Mavis von Proschwitz, *Beaumarchais et le Courrier de l'Europe,* Oxford, 1990.

BEAUMONT Francis. Dramaturge anglais. Né à Grace-Dieu (Leicestershire) en 1584, mort à Londres le 6 mars 1616. Il quitta sa famille à seize ans (son père, d'ascendance noble, était magistrat) pour se rendre à Oxford, emportant dans ses bagages ses premières tragédies. Il abandonna Oxford sans diplôme, s'inscrivit à l'Inner Temple de Londres, mais se voua bientôt à sa passion pour la poésie et le théâtre. Admirateur du célèbre Ben Jonson, il rencontra chez celui-ci, semble-t-il, le jeune John Fletcher. Selon des témoignages contemporains, les deux jeunes gens vécurent dès lors en commun, partageant le gîte, le couvert, les plaisirs, et surtout le travail. De cette collaboration, la plus célèbre du théâtre élisabéthain (elle se ralentit en 1613, par suite du mariage de Beaumont avec Ursule, fille de Henry Isley of Sundridge), naquit une quantité de comédies et de tragédies. La première de ces pièces, dans le genre héroï-comique : *Le Misogyne* [*The Woman Hater*], serait due au seul Beaumont ; elle fut suivie, entre autres, d'une comédie parodique, *Le Chevalier du Pilon ardent* (*), *Quatre pièces en une* [*Four Plays in One,* 1608], *La Tragédie de la jeune fille* (*), *Philaster* (*), *Un roi sans être roi* [*A King and No King,* 1611], *Coxcomb* (1612). On tient Beaumont, à juste titre, avec Fletcher, comme le fondateur de la comédie d'intrigue en Angleterre. Le réalisme et la puissance d'expression dramatique se tempèrent dans leurs pièces d'une musicalité vaporeuse, d'une atmosphère proche de celle de la féerie. Il est difficile de distinguer la part respective de Beaumont et de Fletcher ; il est indéniable cependant que Fletcher fut un poète plus facile, d'un lyrisme moins intense, moins soutenu. Cette collaboration couvrit la majeure partie de la courte vie de Beaumont, vie brillante et agitée qui le consuma. Un portrait nous a conservé ses traits léonins, empreints d'une mâle sérénité et de cette aura juvénile qui est au cœur de son inspiration poétique.

RÉF. : W. W. Appleton, *Beaumont and Fletcher*, Londres, 1956. – C. Leech, *The John Fletcher Plays*, Londres, 1962. – Lee Bliss, *Francis Beaumont*, Boston, 1987.

BEAUSSANT Philippe. Musicologue et romancier français. Né le 6 mai 1930 à Caudéran (Gironde). Philippe Beaussant a d'abord enseigné en France et en Suisse avant d'être professeur de littérature française à l'université d'Australie du Sud, à Adélaïde, en 1965. En Australie, il est président de l'Alliance française et crée la Maison de France d'Adélaïde en 1968. En même temps, il fait des tournées de concerts et crée l'ensemble instrumental et vocal *The Armidian Players* qui se consacre à la musique française baroque. Voyageant dans le Sud-Est asiatique, en particulier au Cambodge, à Java et à Bali, il s'intéresse à la musique et à la danse traditionnelles. De retour en France, il organise des concerts au château de Versailles, et fonde en 1977 l'Institut de musique et danse anciennes, qui donne lui-même naissance à plusieurs ensembles aujourd'hui internationalement reconnus, tels que *La Chapelle royale* et la troupe de danse *Ris et danceries*. Producteur à Radio-France/France-Musique depuis 1974, Philippe Beaussant a assuré de nombreuses émissions, en particulier dans le cadre du *Matin des musiciens*. Il est également conseiller artistique du Centre de musique baroque de Versailles, dont le but est de faire du château et de la ville de Versailles un centre international consacré à la musique et à la danse de l'époque baroque.

Depuis un premier livre sur l'art roman, *Le Jeu de la pierre et de la foi* (1962), l'œuvre de Philippe Beaussant s'étend dans deux directions distinctes, la fiction romanesque d'une part, la musicologie d'autre part. De la première relèvent *Le Biographe* (1978), *L'Archéologue* (*) (1979) et *La Belle au bois* (1990). De la seconde, une série d'ouvrages tous consacrés – à l'exception de *Musique et danse au Cambodge* (1971) – à la musique française des XVIIe et XVIIIe siècles : *Versailles-Opéra* (1982), *Rameau de A à Z* (1983), *François Couperin* (1986) et plus récemment *Vous avez dit « baroque » ?* (*) (1988), *Vous avez dit « classique » ?* (1991) et *Lully ou le Musicien du soleil* (1992).

Du musicologue, on retient plus qu'une érudition sans faille et une précision rigoureuse du propos : une ferveur de ton, la chaleur d'un engagement personnel qui reflète la forme d'intérêt que porte Philippe Beaussant à la période de la musique à laquelle il se consacre. Par son action, par sa parole, par sa connaissance des interprètes, par le retentissement de ses ouvrages auprès du grand public, Philippe Beaussant apparaît aujourd'hui comme l'un des principaux acteurs de la renaissance de la musique baroque en France, ces vingt dernières années.

CHRISTIAN DOUMET.

BEAUVAU Loys de. Écrivain français. Fils de Pierre de Beauvau et de Jeanne de Craon, né vers 1410, mort vers 1462. Il fut successivement conseiller, grand chambellan, sénéchal d'Anjou, grand sénéchal de Provence, gouverneur et capitaine de la tour de Marseille. Il prit part, avec le duc d'Alençon, à la campagne dirigée contre les Anglais (1442) et à la conquête de la Normandie (1449-1450). Il fut chargé de différentes missions diplomatiques, spécialement auprès du pape Pie II, et fut ambassadeur au Vatican (1462). Il laissa des œuvres brèves et des manuscrits, dont une version poétique du *Pas d'armes de la bergère* (1449), publiée avec les *Œuvres* du roi René (1825), et une traduction du *Philostrate* (*) de Boccace et qu'il intitula *Livre de Troïlus* – v. *Troïlus et Cressida* (*) –, et que l'on attribua faussement à son père.

RÉF. : A. Coville, *La Vie intellectuelle dans les domaines d'Anjou-Provence de 1380 à 1435*, 1941.

BEAUVOIR Simone de. Écrivain français. Née et morte à Paris : 9 janvier 1908-14 avril 1986. Elle appartient à une famille aisée, de religion catholique. À six ans, elle entre au cours Désir et observe les rites chrétiens, mais perd la foi à quatorze ans. Elle passe l'agrégation de philosophie en 1929. Trois ans auparavant, elle a rencontré Jean-Paul Sartre. Nommée professeur de philosophie, elle enseigne et voyage beaucoup. En 1943 paraît son premier roman, *L'Invitée* (*). Elle quitte l'université. En 1945, elle appartient au premier comité de rédaction des *Temps modernes* (*). Elle reprend ses voyages et se lie aux États-Unis avec l'écrivain Nelson Algren. En 1949, elle fait paraître *Le Deuxième Sexe* (*). En 1954, son roman *Les Mandarins* (*) remporte le prix Goncourt. Elle participe aussi au congrès du « Mouvement de la paix » à Helsinki, voyage en Chine. Au cours des années 1956-1962, elle mène de front la rédaction de ses Mémoires et des voyages (Cuba, Brésil, U.R.S.S.). À mesure que se développe l'œuvre, la littérature proprement dite – à part deux courts récits, *Les Belles Images* (1966) et *La Femme rompue* (1967) – cède la place à l'essai et aux Mémoires. Deux ouvrages, de courts traités, avaient déjà permis à Simone de Beauvoir de préciser sa pensée tout en restant fidèle à l'existentialisme. Dans *Pyrrhus et Cinéas* (*) (1944) et *Pour une morale de l'ambiguïté* (*) (1947), on trouve les idées qui sont à la base de toute l'œuvre. « Se vouloir libre, c'est aussi vouloir les autres libres. » « Ma liberté exige pour s'accomplir de déboucher sur un avenir ouvert : ce sont les autres hommes qui m'ouvrent l'avenir. » Dans *L'Invitée,* elle parut prendre le contrepied de ce principe. L'épigraphe empruntée à Hegel affirme que « chaque conscience poursuit la mort de l'autre ». Mais ce n'est que le premier moment de l'œuvre. *Le Sang des autres* (*) (1945), *Tous les hommes sont mortels* (1946), deux romans, puis la pièce *Les Bouches inutiles* (1945) prennent en compte la responsabilité de l'homme envers son prochain et donnent la première place à l'engagement dans la vie quotidienne. L'éthique humaniste allait voler en éclats au contact de l'Histoire. Et c'est ce constat d'échec que l'on trouve dans *Les Mandarins,* roman à clefs qui pose le dilemme des intellectuels de gauche : Faut-il dénoncer les camps de concentration soviétiques au risque de nuire à la révolution ? *Les Mandarins* annoncent déjà l'œuvre de mémorialiste de Simone de Beauvoir, qui se développe sur deux plans. Celui de l'essai d'abord. Et c'est là sans doute l'apport essentiel de l'auteur du *Deuxième Sexe* – et il est considérable – à l'existentialisme. Défense et illustration du féminisme, cet ouvrage donne à ce mouvement un essor décisif et durable en France. À travers « Les Faits et les Mythes », titre du premier volume, elle dresse un constat : « L'homme, au long de l'Histoire, est le maître, la femme, l'esclave. » Dans le second volume, « L'Expérience vécue », elle se livre à une série d'enquêtes sur la condition de la femme depuis l'enfance jusqu'à la vieillesse. L'ouvrage a été contesté et attaqué, à la différence des Mémoires, qui font l'unanimité. Se suivent *Les Mémoires d'une jeune fille rangée* (*) (1958), *La Force de l'âge* (*) (1960), *La Force des choses* (*) (1963), *Une mort très douce* (*) (1964) et *Tout compte fait* (1972), où elle parle de sa vieillesse pour répondre au public qu'avait ému son essai sur *La Vieillesse* (1970). L'épreuve de la mort de Jean-Paul Sartre en 1980 lui fait écrire la bouleversante *Cérémonie des adieux* (1981). Son œuvre a exercé une forte influence sur le cours de la littérature française. Elle a contribué, surtout par ses essais, à donner le pas aux sciences humaines sur l'imaginaire.

GUY LE CLEC'H.

♦ *« La méthode de Mme de Beauvoir conduit en effet seulement à ébaucher des raisonnements et à les développer dans un style relâché pour faire vécu. »* Jacques Laurent. ♦ *« Simone de Beauvoir, la pieuse, élevée au cours Désir, qui communiait trois fois par semaine, est devenue cette adversaire implacable et méprisante, mais qu'il nous est impossible de ne pas admirer, de ne pas aimer. »* François Mauriac. ♦ *« Éternelle étudiante, éternelle révoltée cherchant partout la misère cachée, la duperie, la statistique sinistre, la rencontre enrichissante, Mme de Beauvoir peut nous agacer parfois, elle nous touche toujours. »* François Nourissier. ♦ *« Ici, la poésie, c'est la vérité. Ici, personne ne triche. »* Dominique Aury.

RÉF. : G. Hourdin, *Simone de Beauvoir et la liberté,* Paris, 1962. – F. Jeanson, *Simone de Beauvoir ou l'Entreprise de vivre,* Paris, 1966. – L. Gagnebin, *Simone de Beauvoir ou le Refus de l'indifférence,* Paris, 1968. – S. Lilar, *Le Malentendu du Deuxième Sexe,* Paris, 1969. – A.-M. Lasocki, *Simone de Beauvoir ou l'Entreprise d'écrire,* La Hague, 1971. – C. Moubachir, *Simone de Beauvoir ou le Souci de l'indifférence,* Paris, 1972. – C. Cayron, *La Nature chez Simone de Beauvoir,* Paris, 1973. – M. Descubes, *Connaître Simone de Beauvoir,* Paris, 1974. – R. Cottrell, *Simone de Beauvoir,* New York, 1975. – J.-R. Audet, *Simone de Beauvoir face à la mort,* Lausanne, 1979. – C. Francis et F. Gontier, *Les Écrits de Simone de Beauvoir,* Paris, 1979. – J.-J. Zephir, *Le Néoféminisme de Simone de Beauvoir,* Paris, 1982. – T. Keefe, *Simone de Beauvoir, a Study of Her Writings,* Londres, 1984. – A. Schwarzer, *Simone de Beauvoir aujourd'hui,* Paris, 1984. – C. Francis et F. Gontier, *Simone de Beauvoir,* Paris, 1985. – F. Rétif, *Simone de Beauvoir et Ingeborg Bachmann, Tristan ou l'Androgyne ?,* Berne, 1989.

BEBEL August. Homme politique allemand. Né le 22 février 1840 à Cologne, mort à Passug (Suisse) le 13 août 1913. Fils d'un sous-officier prussien, resté très tôt orphelin, Bebel apprend le métier de tourneur. Socialement, Bebel n'est pas un prolétaire. D'origine petite-bourgeoise, il débute comme artisan et deviendra patron d'une petite usine. Il choisit sous l'influence de Wilhelm Liebknecht l'engagement marxiste, optant contre la doctrine lassallienne. En 1869, Bebel et Liebknecht fondent le parti social-démocrate. En 1870, devenu député au Reichstag de la Confédération de l'Allemagne du Nord, Bebel s'abstient de voter les crédits pour la guerre contre la France. En 1872, il est condamné à trois ans de prison pour s'être prononcé contre la poursuite de la guerre et l'annexion de l'Alsace-Lorraine. De 1878 à 1890, à l'époque des lois antisocialistes de Bismarck, Bebel continue de siéger au Reichstag. Il réussit, grâce à ses dons d'organisateur et d'orateur, à préserver l'existence du S.P.D., dont le militantisme se renforce et qui ne cesse de gagner des voix. La conviction de Bebel est que le parti doit, sans se départir d'une ligne conforme à la doctrine marxiste, respecter la légalité, de manière à réunir la majorité des suffrages lorsque se produira l'effondrement, décrété inévitable, du capitalisme. Bebel est un homme d'ordre, ce qui ne l'empêche pas de se proclamer l'« ennemi mortel » de l'État bourgeois. Mais il consacre en fait l'essentiel de son activité à l'amélioration du sort des masses ouvrières. Il prend position fermement contre le révisionnisme. La postérité lui reprochera de s'être cantonné dans une opposition commode. Son livre le plus connu, *La Femme et le Socialisme* (1883), en était dès 1910 à sa dixième édition.

PIERRE VAYDAT.

RÉF. : August Bebel, *Aus meinem Leben*, Stuttgart, 1910-1914. – Helmut Hirsch, *August Bebel, Sein Leben in Dokumenten, Reden und Schriften*, Cologne, Berlin, 1968. – William Harvey Maehl, *August Bebel,*

Shadow Emperor of the German Workers, Philadelphie, 1980. — Brigitte Seebacher-Brandt, *Bebel, Künder und Kärrner im Kaiserreich*, Bonn, 1988.

BECCADELLI Antonio, dit Il Panormita. Humaniste italien. Né à Palerme (Sicile) en 1394, mort à Naples le 19 janvier 1471. Son nom de Panormita lui vient de sa ville natale. En 1419, il se rendit sur le continent pour y effectuer des études de droit civil ; on ignore s'il arriva jusqu'au doctorat, mais il fréquenta diverses universités comme celles de Sienne, Pistoie, Florence, Bologne et Pavie. Devenu célèbre grâce à *L'Hermaphrodite* (*), en 1429 il fut appelé à Milan par Philippe Marie Visconti, dont il devint le poète aulique et l'historiographe, sans préjudice de sa charge (formelle) de rhétoricien à l'université de Pavie ; charge qui non seulement lui procurait de quoi vivre, mais plaisait à son indolence d'épicurien. En 1432, il fut publiquement couronné poète par l'empereur Sigismond. Toutefois, n'ayant pas répondu aux espérances de Visconti et voyant son traitement passer de quatre cents à trente florins, il quitta Pavie et, ayant obtenu une protection sûre à Naples auprès d'Alphonse d'Aragon, il devint son ambassadeur et son secrétaire, ce qui lui permit de recueillir maintes anecdotes qu'il rassembla en quatre volumes intitulés *Des dits et faits d'Alphonse roi d'Aragon* [*De dictis et factis Alphonsi regis Aragonum*]. Sa réputation d'humaniste élégant et spirituel est également due à la fondation de l'académie Antonine (qui fut, plus tard, appelée Pontamine, d'après le nom du plus grand des poètes humanistes, Pontano), et à ses *Lettres* [*Lettere*], encore en partie inédites.

BECCARIA Cesare Bonesana, marquis de. Juriste italien. Né à Milan le 15 mars 1738, mort dans cette même ville le 28 novembre 1794. Après avoir étudié au collège des jésuites de Parme, il fut, en 1758, reçu docteur en droit à l'université de Pavie. La même année, il se lia d'amitié avec les frères Verri (Pietro, Alessandro), avec lesquels il fonda une académie plaisamment surnommée « Société des poings », et *Le Café* [*Il Caffè*, 1764-1766], feuille périodique publiée à Milan, traitant de littérature et de philosophie, et qui connut la plus grande vogue. Lecteur assidu des encyclopédistes, Beccaria s'inspira en partie de leurs idées sur le droit et l'économie. Et ces idées étaient passionnément discutées dans le salon des frères Verri, l'un des plus brillants de l'aristocratie milanaise. Beccaria écrivit d'abord un essai : *Des désordres et des remèdes concernant les monnaies dans l'État de Milan en 1762* [*Dei disordini e dei rimedi delle monete nello Stato di Milano nel 1762*], publié à Lucques la même année, et, deux ans plus tard (juillet 1764), paraissait, sous le couvert de l'anonymat, un petit ouvrage : le traité *Des délits et des peines* (*) qui devait modifier le droit criminel. Le succès fut immédiat. Commenté par l'abbé Morellet, le livre reçut la pleine approbation de Voltaire, fut loué par d'Alembert, le baron d'Holbach, Diderot, Buffon, etc., et se répandit rapidement dans l'Europe cultivée, au point d'intéresser Catherine II, qui tenta en vain d'attirer Beccaria. L'écrivain, par contre, répondant à l'invitation des encyclopédistes, se rendit avec empressement à Paris en 1766. Dès sa parution, son ouvrage fut attaqué, notamment par les jésuites, anciens maîtres de l'auteur ; certains de ses adversaires le jugeaient coupable d'offense à la religion et à la société. Les frères Verri répliquèrent par une *Réponse* [*Risposta*], alors attribuée à Beccaria. À son retour de Paris, ce dernier devint titulaire d'une chaire d'économie politique aux écoles Palatines de Milan (1768), chaire spécialement créée pour lui par le gouverneur autrichien Kaunitz, soucieux d'éviter que le célèbre criminaliste n'acceptât d'enseigner à l'étranger. Beccaria fut nommé, trois ans plus tard, membre du Conseil suprême de l'économie, puis du Conseil pour la réforme du système judiciaire et criminel (1791). On lui doit en outre *Les Éléments d'économie publique* [*Elementi di economia pubblica*, 1804], publication posthume de ses leçons aux écoles Palatines, ouvrage où il se révèle un précurseur des théories d'Adam Smith, de David Ricardo, de Saint-Simon et d'Auguste Comte. Ajoutons deux essais littéraires, d'abord publiés dans *Le Café* : le *Fragment sur le style* [*Frammento sullo stile*], suivi de *Recherches autour de la nature du style* [*Ricerca intorno alla natura delle stile*, 1770].

RÉF. : Cesare Cantù, *Beccaria e il diritto penale*, Firenze, 1862. — E. Bouvy, *Le Comte Pietro Verri (1728-1797). Ses idées et son temps*, 1889. — E. Landry, *Cesare Beccaria, scritti e lettere inedite...*, Milan, 1910. — C. A. Vianello, *La vita e l'opera di Cesare Beccaria...* Milano, 1938. — M. T. Maestro, *Voltaire and Beccaria as Reformers of Criminal Law*, New York, 1942 (thèse). — F. Venturi, *Settecento riformatore. Da Muratori a Beccaria*, Turin, 1969.

BECHER Johannes Robert. Écrivain allemand. Né à Munich le 22 mai 1891, mort à Berlin le 11 octobre 1958. Fils de juge, il entreprend des études de droit et de médecine, qu'il abandonne bientôt pour se consacrer à la littérature. En 1912, il collabore à la revue *Die Aktion*, avant d'éditer sa propre revue, *Die Neue Kunst*. De cette période dite « expressionniste » de Becher, on retiendra les œuvres suivantes : *Celui qui se débat. Hymne à Kleist* [*Der Ringende, Eine Kleist-Hymne*, 1911], *Terre* (+) (1912), *La Grâce d'un printemps* [*Die Gnade eines Frühlings*, 1912] ; poésie ou prose, le ton est celui de la résignation, de l'aspiration à la mort. Mais le style de Becher va évoluer avec les séismes de l'histoire. Le poète accueille avec enthousiasme la Révolution russe de 1917, adhère l'année suivante à la Ligue spartakiste et plus tard, dès sa fondation, au parti communiste allemand : Becher devient alors, avec éloquence, le chantre du pacifisme, de la fraternisation : *La Légion sacrée* [*Die heilige Schar*, 1918], *Poèmes pour un peuple* [*Gedichte für ein Volk*, 1919], *À jamais en révolte* [*Ewig im Aufruhr*, 1920], *Pan contre le temps* (*) (1918). Avec l'avènement du nazisme, Becher doit s'exiler, tandis que ses livres sont brûlés et que la nationalité allemande lui est retirée. Il s'installe à Moscou jusqu'à la fin de la guerre. Revenu en Allemagne en 1945, il fonde les « Éditions Aufbau » et la revue *Sinn und Form*. Il devient une personnalité officielle de la R.D.A. : auteur de l'hymne national, ministre de la Culture (1954). Ses derniers livres, comme les *Sonnets* (*) (1956), sont salués comme des pièces exemplaires de l'orthodoxie littéraire.

JEAN-JACQUES POLLET.

RÉF. : H. Haase, *Johannes R. Becher. Sein Leben und Werk*, Berlin, 1981.

BECK Béatrice. Femme de lettres française. Née le 30 juillet 1914 à Villars-sur-Ollon (canton de Vaud, Suisse). La jeunesse de Béatrice Beck est marquée par une succession de drames familiaux. Son père, l'écrivain belge Christian Beck, fondateur de la revue *Antée*, est tué à la guerre en 1916. Mariée en 1936, Béatrice Beck perd son mari à la guerre de 1940. Dès lors, seule, sans ressources, Béatrice Beck fera mille « petits métiers » pour subsister : ouvrière d'usine, employée de bureau, femme de ménage et, à partir de 1950 — et jusqu'à la mort de celui-ci —, secrétaire d'André Gide. C'est de ces expériences traumatiques qu'elle nourrira son inspiration, au point de donner naissance à un double littéraire (Barny). Ses premiers récits (*Barny*, 1948 ; *Une mort irrégulière*, prix des Neuf 1951) mettent en scène les difficultés que rencontre Barny, mariée puis veuve d'un jeune apatride, Vim Aronovitch. Avec *Léon Morin, prêtre* (*) (prix Goncourt 1952), le lecteur retrouve Barny dans une petite ville de province, pendant la Seconde Guerre mondiale. Barny, fascinée par la beauté d'une collègue de travail, mais aussi attirée par le jeune prêtre Léon Morin, finira par retrouver le chemin de la foi. Le thème de la passion homosexuelle et de la foi chrétienne est à nouveau présent dans son roman de 1954 *Des accommodements avec le ciel*. Béatrice Beck entreprend dans ses romans de faire remonter à la surface de l'écriture des tentations et des images à demi conscientes qui à la fois l'épouvantent et la fascinent. Béatrice Beck a enseigné dans plusieurs universités américaines (Berkeley, Hollins College). Elle a obtenu le prix Prince de Monaco pour l'ensemble de son œuvre.

PHILIPPE BLONDEAU.

BECKER Howard. Sociologue américain. Né en 1928 à Chicago (Illinois). Son père travaillait dans la publicité. Il fait toutes ses études à Chicago où il obtient son doctorat en 1951 et où il est nommé professeur en 1965. Ayant fait ses études à l'époque où y enseignait encore Robert Park, le fondateur de l'« École de Chicago », il se situe directement dans cette filiation. Musicien de jazz lui-même, ayant joué comme pianiste dans les orchestres de Chicago, il fit de son activité d'élection un sujet d'études, ce qui le conduira à la publication de son premier livre important, *Outsiders*, sous-titré *Études sociologiques de la déviance*, en 1963. Dans *Les Mondes de l'art* (*), publié en 1982, Becker étudie comment, « dans tous les arts, la production, la diffusion, la consommation, l'homologation esthétique et l'évaluation des œuvres mobilisent les acteurs sociaux appelés à coopérer selon un certain nombre de procédures conventionnelles au sein de réseaux » (Pierre-Michel Menger) qui constituent les « mondes de l'art ». Les concepts qu'il utilise font de cet ouvrage une bonne introduction à la sociologie interactionniste.

BECKER Jurek. Romancier allemand. Né le 30 septembre 1937 à Lodz (Pologne). Une enfance incarcérée, d'abord dans le ghetto de Lodz, puis dans les camps de concentration de Ravensbrück et Sachsenhausen. Il n'apprend l'allemand qu'en 1945, lorsqu'il échoue à Berlin avec ses parents. Études de philosophie, débuts littéraires sous l'égide de l'Union des écrivains. La rupture avec le régime de R.D.A. intervient en 1976, à la suite de la protestation signée par Jurek Becker contre l'exclusion du chanteur-poète Wolf Biermann. À partir de 1977, Becker, avec l'accord des autorités de R.D.A., s'installe à Berlin-Ouest.

Survivre, mais au prix de quelle affabulation ? Tel est l'enjeu, à chaque fois, de l'écriture romanesque de Jurek Becker, posé dès la première œuvre, *Jakob le Menteur* (*) (1969), à travers l'histoire de Jakob Heym qui, dans le ghetto, invente pour lui et ses frères un poste de radio qui annonce « la bonne nouvelle » de l'avancée des troupes soviétiques. Le héros de *L'Histoire de Gregor Bienek* [*Irreführung der Behörden*, 1973], dans la société socialiste de R.D.A., a choisi de « donner le change » (titre allemand original : « L'Autorité abusée ») en poursuivant consciencieusement ses études de droit ; ce qui lui permet, dans le privé, de sacrifier à son plaisir de « raconter des histoires ». Le fragile équilibre entre l'imaginaire et le principe de réalité se rompt, paradoxalement, lorsque la fiction est enfin reconnue (le jour où Gregor signe un contrat avec un éditeur) : s'ouvre l'ère du compromis, de la résignation, du malentendu — « Quand on n'a pas l'intention de se séparer de quelqu'un, lui dit-elle, est-on obligé de lui en donner tous les jours l'assurance ? ». À la différence de Jakob Heym, Aron Blank dans *Le Boxeur* [*Der Boxer*, 1976] a survécu au ghetto et au camp de concentration ; mais ceci l'expose, tout autant qu'une victime, au besoin de (se) mentir : à la recherche des traces de sa vie passée, il retrouve quelqu'un qui pourrait être son fils Marc, bien qu'il porte un autre nom aujourd'hui ; Aron, en tout cas, va faire comme si et jouer auprès de lui le rôle paternel ; son « fils » s'en ira quand même ; sa dernière lettre viendra d'Israël, peu avant la guerre des Six Jours. Killian, le journaliste de *L'Ami de tout le monde* [*Aller Welt Freund,* 1982], choisit la solution ultime, quand il ne reste apparemment plus aucune raison de se mentir ; la question n'est pas pour lui de savoir pourquoi il veut se suicider, mais simplement pourquoi il devrait continuer de vivre : il croit profiter de l'absence de sa logeuse pour organiser minutieusement son suicide au gaz ; mais sa mise en scène échoue lamentablement ; transporté à l'hôpital avec un bras cassé, il va être obligé d'affronter les questions et de « se raconter », quoi qu'il en ait. Dans *Les Enfants Bronstein* [*Bronsteins Kinder,* 1986], Hans Bronstein doit se défendre, lui, de passer pour « le fils d'une victime du fascisme » ; mais l'histoire paternelle le rejoint irrévocablement, fût-ce de manière grotesque.

L'œuvre romanesque de Jurek Becker parvient à raconter le pire avec humour. Sa manière « d'interviewer » les personnages sur leur vie, au-delà d'une distanciation, introduit une forme de dénonciation subtile : on joue ici avec une réalité qui n'a rien de ludique. L'affabulation est encore la seule chose sérieuse.

JEAN-JACQUES POLLET.

BECKER Lucien. Poète français. Né à Metz le 31 mars 1912, mort à Nancy le 25 janvier 1984. Ses premiers poèmes ont été publiés en revue dès 1927. Il faudra attendre 1938 pour que paraisse *Passager de la terre*, qui reflète d'une façon marquante la poésie et la pensée de l'auteur. À cette époque sa conception du monde, de l'existence est déjà formée : au centre de paysages urbains, l'homme connaît la solitude, le désespoir. Nul aveuglement, aucune illusion chez ce poète. Par la suite, d'autres titres viendront confirmer cette impression d'une douleur persistante, d'une blessure que rien, pas même l'écriture, ne fermera.

Menant une vie discrète de fonctionnaire au ministère de l'Intérieur, le poète Lucien Becker exprime avec *Le Monde sans joie* (1945) la détresse de l'homme confronté sans cesse à la mort et que la recherche de l'amour ne parvient que temporairement à atténuer. Au reste l'écriture, constituée de vers libres, dépouillée de tout lyrisme mais foisonnante d'images denses, traduit cet enfermement. Si, par ailleurs, persiste le souvenir de paysages nostalgiques de l'enfance, la poésie de Lucien Becker n'en est pas moins celle de la ville. Dans *Rien à vivre* (*) (1947), le tragique de la condition humaine est confirmé avec une sobriété exemplaire autant que le thème lancinant de la souffrance. Ce n'est qu'en 1954 que *Plein amour* (*) révèle un aspect déjà en germe dans certains poèmes des recueils précédents : la célébration de la femme, qui représente le seul refuge contre la détresse, la solitude, la mort. Avec des accents d'une sensibilité émouvante, ces poèmes sont auréolés d'une lumière fragile.

Figure discrète mais remarquable de la poésie contemporaine, Lucien Becker est le représentant lucide d'une génération qui a exprimé sa difficulté d'être avec une sincérité dépourvue de tout artifice.

MAX ALHAU.

BECKER Nicolaus. Poète allemand. Né le 8 octobre 1809 à Bonn, mort le 29 août 1845 à Hunshoven près de Gelsenkirchen. Il était fils d'un commerçant, fit ses études dans sa ville natale et devint magistrat. *Le Rhin allemand* (*), poème patriotique publié en 1840 dans le *Journal de Trèves* et reproduit dans presque toute la presse allemande, le rendit célèbre du jour au lendemain. Son succès tenait moins à la valeur de l'œuvre qu'au fait qu'il exprimait les sentiments nationalistes antifrançais de l'époque. Il y eut bientôt floraison de poèmes sur le Rhin, dont le plus célèbre est *Le Rhin allemand* (*) de Musset, qui est une réponse à Becker. De nombreux compositeurs se présentèrent pour mettre en musique les vers de Becker. Ce poème eut aussi ses détracteurs : Heine, par exemple, dans *L'Allemagne, un conte d'hiver* (*), le déclare stupide et exécrable. Encouragé par son succès, Becker publia d'autres vers, mais qui passèrent inaperçus. C'est peut-être par déception qu'il mena une vie assez désordonnée.

BECKETT Samuel. Écrivain irlandais d'expression anglaise et française. Né à Dublin le 13 avril 1906, mort à Paris le 22 décembre 1989. Issu d'une famille protestante, il est successivement pensionnaire à la « Portora Royal School » d'Einiskillen, puis élève du « Trinity College » de Dublin, où il étudie le français. En 1928, Beckett est nommé lecteur d'anglais à l'École normale supérieure de Paris, et fait la connaissance de James Joyce. En 1930, il traduit avec Alfred Péron *Anna Livia Plurabelle* de Joyce, fragment de la future *Finnegans Wake* (*). De 1931 à 1937, il effectue de nombreux voyages, résidant tantôt en France, tantôt en Angleterre. Mais à partir de 1938, il se fixe définitivement à Paris. Jusqu'à la guerre, Beckett avait écrit ses livres — *Dante... Bruno... Vico... Joyce* [*Dante... Bruno... Vico... Joyce,* 1929], *Whoroscope* (1929), *Proust* (*) (1931), *Plus de coups d'épingle que de coups de pied* (*) (1934), *Our Exagmination round his Factification for Incamination of Work in Progress,* et *Murphy* (*) (1938) — en anglais. Après 1945, il commence à traduire ses ouvrages antérieurs — et notamment *Murphy* — en français, et à écrire des poèmes et les nouvelles dans cette langue. En 1953, *En attendant Godot* (*) est représenté à Paris au Théâtre de Babylone, dans une mise en scène de Roger Blin. Cette pièce connaît immédiatement un immense succès et signale le début de la carrière théâtrale de Beckett. C'est également grâce à ses pièces que Beckett acquiert une réputation croissante, qui conduit en 1969 à l'attribution du prix Nobel de littérature.

L'œuvre de Samuel Beckett est très abondante. Citons d'abord les romans et les récits (pour la plupart écrits en français) : *Murphy, Molloy* (*) (1951), *Malone meurt* (*) (1952), *L'Innommable* (*) (1953), *Walt* (*) (1953), *Nouvelles et textes pour rien* (*) (1955), *Comment c'est* (*) (1961), *Imagination morte, imaginez* (+) (1965), *Têtes mortes* (*) (1967), *Premier amour, Mercier et Camier* (*) (1970), *Le Dépeupleur* (1971), *Film,* suivi de *Souffle* (1972), *Pas moi* (1975), ainsi que divers textes comme *Acte sans paroles, Assez, Cascando* (*), *Cendres* (*) (1958), *Dis Joe, D'un ouvrage abandonné, Va et Vient* (1966), *Pour finir encore et autres foirades* (+) (1976), *Compagnie* (*) (1980), *Mal vu mal dit* (+) (1981), *Soubresauts* (+) (1989). Les pièces de théâtre, moins nombreuses, sont mondialement connues : *En attendant Godot, Fin de partie* (*), *Tous ceux qui tombent* (*) (1957), *La Dernière Bande* (*) (1958), *Oh les beaux jours* (*) (1963), *Comédie* (*) (1963), *Comédie et actes divers* (*) (pièce radiophonique, 1964), *Pas,* suivi de *Quatre esquisses* (1978), *Catastrophe et autres dramaticules* (*) (1982).

Œuvre « théâtrale » et œuvre « romanesque » témoignent chez Beckett de la même visée centrale : atteindre une nudité de langage, ou plus exactement de parole, qui dise comme à ras de terre la condition humaine – tout comme, d'ailleurs, les rares *Poèmes suivi de Mirlitonnades* (*). C'est cette visée qui donne à ses textes à la fois leur vérité universelle et un dépouillement presque abstrait. Qu'il s'agisse des pièces, des romans ou des nouvelles, la thématique est apparemment la même, apparemment indéfiniment répétitive : le temps humain, l'attente, la quotidienneté, la solitude, l'aliénation, la mort, l'errance, la non-communication, la déchéance, et aussi – plus rarement – l'espoir, le souvenir, le désir. Beckett ne parle « que » de cela. Mais ce ne sont pas ces thèmes qui définissent son œuvre, son écriture : c'est le langage employé pour les dire, les « mettre en scène ». Certes, l'œuvre propose, surtout en ses débuts, des « histoires », des personnages : le théâtre, en particulier, nous présente une galerie de clochards, d'errants, de vieillards, de clowns ou de malades qui sont devenus aussi célèbres que le roi Lear ou Hamlet de Shakespeare. Mais ces personnages n'ont pas de psychologie, pas d'individualité au sens classique : ce sont des ombres, des figures, des incarnations d'une certaine condition humaine, et surtout, ce sont des *voix*. Tout texte de Beckett est d'abord l'émergence, sur une certaine scène, dans un certain espace (et de là sa parenté profonde avec le théâtre), de *voix*, voix qui peuvent être uniques, ou multiples, ou quasi anonymes, mais qui ne cessent de parler, comme si parler, pour elles, équivalait à être, à subsister, à continuer malgré l'effondrement de tout. Ces voix ne rompent pas le silence universel qui les entoure, elles *sont*. Elles ne disent rien, ne proposent rien, ne racontent rien : elles parlent comme les bouches respirent. Ainsi parle la voix de *L'Innommable* : « Il faut donc continuer, je vais donc continuer, il faut dire des mots, tant qu'il y en a, il faut les dire, jusqu'à ce qu'ils me trouvent, jusqu'à ce qu'ils me disent, étrange peine. Il y a complète désintégration. Pas de Je, pas de Avoir, pas de Être, pas de nominatif, pas d'accusatif, pas de verbe. Il n'y a pas moyen de continuer [...] À la fin de mon œuvre, il n'y a rien que poussière : "le nommable...". » Et dans *Textes pour rien* : « C'est avec mon sang que je pense [...] C'est avec mon souffle que je pense [...] Les mots aussi, lents, le sujet meurt avant d'atteindre le verbe, les mots s'arrêtent aussi. Mais je parle plus bas, chaque année un peu plus bas. Peut-être. Plus lentement aussi, chaque année un peu plus lentement... » Cette voix à ras de terre, à ras de corps et – pour employer un paradoxe – à ras de parole, paraît éternellement sur le point de se taire, de s'éteindre, de s'engloutir dans le silence, c'est-à-dire dans le néant. Et pourtant, elle resurgit : « La voix qui s'écoute comme lorsqu'elle parle, qui s'écoute se taire, ça fait un murmure, ça fait une voix, une petite voix, la même voix petite, elle reste dans la gorge, revoilà la gorge, revoilà la bouche. » De là vient que la nudité de plus en plus désolée de ces textes, la pauvreté de plus en plus accusée de leurs thèmes fassent toucher à une sorte d'universel et dégagent, à mesure même que l'œuvre se resserre et se répète dans son espace, une sensation de vie et d'espoir. On a cherché dans les livres et les pièces de Beckett une « métaphysique de la condition humaine ». Bien qu'il y ait chez lui, certes, une véritable intensité métaphysique « existentielle », il faut la chercher là où elle se trouve, c'est-à-dire au niveau du langage. Dans *Têtes mortes*, Beckett fait ce surprenant aveu : « J'ai l'amour du mot, les mots ont été mes seuls amours, quelques-uns. » Ailleurs, il évoque ce qui pourrait être sa tâche la plus secrète : « Issu de l'impossible voix l'infaisable être. » Pour exprimer son expérience de la nudité du langage et de l'existence, il a créé un néologisme anglais, pratiquement intraduisible : la *Lessness* (la « Sanséité », la « Moinsité »). Beckett avance, creuse dans le « moins », mais ce « moins » n'est jamais équivalent à un « rien ». La même voix devient, au fil des textes, de plus en plus petite, elle s'approche de plus en plus du silence, devient silence sans cesser d'être voix : « C'est le silence et ce n'est pas le silence, il n'y a personne et il y a quelqu'un. » *(Textes pour rien).* Rarement écrivain a été aussi rigoureux, aussi fidèle à l'espace vital dans lequel il écrit. Rarement écriture a été aussi proche de la voix et du corps, et en même temps aussi abstraite (sans jamais être intellectuelle). Joyce, le lointain maître de Beckett, écrivait dans *Ulysse* (*) : « L'Histoire est un cauchemar dont je souhaite m'échapper. » Beckett, dans son œuvre, a échappé à l'Histoire : tout ce qui se passe dans ses textes s'est réduit aux dimensions d'un être qui n'est nulle part, insituable et insitué, au-delà ou en deçà de l'Histoire. Peut-être a-t-il été aidé en cela par le passage de l'anglais au français, phénomène sans doute rarissime dans la littérature mondiale : cas singulier que celui d'un écrivain qui abandonne sa langue maternelle et en adopte une autre pour s'exprimer et bâtir son œuvre. Le français de Beckett, du reste, est comme sans lien avec le français des œuvres littéraires de ce siècle. Venue d'ailleurs, l'œuvre de Beckett ne saurait s'insérer dans l'histoire de la littérature moderne française : comme la voix qu'elle laisse parler, comme ses personnages égarés ou agonisants, elle est sans lieu : en ceci, elle est bien l'image de l'universel déracinement moderne, et c'est ce qui explique l'insolite succès qu'elle a connu, en dépit de la singularité de sa démarche et de la relative difficulté de ses textes. Il n'y a sans doute qu'un seul écrivain, en ce siècle, que l'on pourrait comparer à Beckett (ou dont l'œuvre soit entourée de la même solitude), et c'est Henri Michaux. Mais dans l'œuvre de Michaux, c'est encore et toujours Michaux qui nous parle, du fond de son essentielle étrangeté. Dans l'œuvre de Beckett, ce qui nous parle, ce n'est pas un certain Samuel Beckett, né à Dublin, etc., mais une voix qui est d'une certaine manière la Voix de tous, la Voix de l'Homme, des Hommes, de Tous les Hommes : « J'ai à parler, écrit Beckett dans *L'innommable*, n'ayant rien à dire, rien que les paroles des autres. » Avoir su écrire les « paroles des autres », de n'importe quel autre, en n'importe quel pays, dans le nulle part de l'existence souffrante et profonde, telle est la grandeur de cette œuvre.

ANTOINE BERMAN.

♦ « *La force corrosive de Beckett* [...] *ne saurait procéder de l'affirmation d'une quelconque conviction ou illustration d'une conception philosophique ou métaphysique. Il ne croit rien, il ne pense rien, il montre. Et ce qu'il montre, c'est l'homme privé de toute illusion, débarrassé des sentiments, croyances, pensées qui servent à lui masquer la réalité de son supplice, attaché à vivre intensément ce supplice, c'est-à-dire à souffrir, décapé jusqu'à l'os...* » Maurice Nadeau.

RÉF. : Ludovic Janvier, *Pour Samuel Beckett*, Paris, 1966, et *Beckett par lui-même*, Paris, 1969. — Jean Onimus, *Beckett*, Paris, 1967. — Olga Bernal, *Langage et fiction dans le roman de Beckett*, Paris, 1969. — *Beckett* « Cahiers de l'Herne », n° 31 (avec bibliographie), Paris, 1976. — Deirdre Blair, *Samuel Beckett*, Paris, 1979. — *Samuel Beckett*, « Revue d'esthétique », Paris, 1986.

BECKFORD William. Écrivain anglais. Né à Londres le 29 septembre 1760, mort à Bath (Somerset) le 2 mai 1844. Son père, William Beckford (1709-1770), dont l'immense fortune provenait de plantations de sucre à la Jamaïque, fut élu deux fois lord-maire de Londres, et mourut quand son fils avait à peine dix ans. Celui-ci fut élevé par une série de précepteurs privés, et par sa mère, membre de l'aristocratique famille des Hamilton, une calviniste quelque peu tyrannique qu'il appelait « la Bégum ». Âgé de cinq ans, Beckford aurait joué du piano avec le jeune Mozart, et il écrivit lui-même plus tard un opéra. Plus importante fut l'influence d'Alexander Cozens, personnage extravagant qui se disait le fils naturel du tsar de Russie, et qui l'initia au dessin ainsi qu'à la littérature orientale, en particulier aux *Mille et Une Nuits* (*), dont la traduction française avait paru au début du XVIIIe siècle. En 1777, Beckford, accompagné de son précepteur Lettice, voyagea en Suisse, où il rencontra Voltaire, le peintre Huber, et l'alpiniste de Saussure ; il rédigea son premier récit oriental, *La Vision* [*The Vision,* ou *The Long Story*], publié seulement en 1930, et en français en 1990. Ce récit initiatique décrit le voyage d'un jeune homme à travers des montagnes escarpées et des caravanes profondes à la recherche de la sagesse. On y découvre déjà la nostalgie d'un âge d'or, et le désir de se réfugier avec quelques êtres d'élite dans un monde enchanté, mêlant toutes les mythologies de l'Orient, qui caractérisent l'auteur. En 1779, de retour en Angleterre, Beckford tombe amoureux d'un jeune garçon de onze ans, William Courtenay, qui sera plus tard, en 1784, à l'origine d'un scandale qui mettra fin pour lui à tout espoir d'une carrière politique, et le condamnera à l'exil. En 1780 paraît anonymement *Vies authentiques de peintres imaginaires* [*Biographical Memoirs of Extraordinary Painters*], une amusante satire contre les petits maîtres hollandais qui témoigne déjà d'une grande connaissance de la peinture. Beckford, toujours accompagné par Lettice, s'embarque pour son « grand tour » et parcourt la Hollande, puis l'Allemagne et l'Italie, qui lui inspireront *Voyage d'un rêveur éveillé* (*), publié en 1783. En 1781, il fêta Noël et ses vingt et un ans en s'enfermant trois jours à Fonthill avec Cozens, de Louterbourg, l'inventeur de l'« Eidophusikon », un appareil qui produisait des effets magiques de lumière, sa cousine Louisa, qui était sa maîtresse, et le jeune Courtenay. Cette fête voluptueuse lui inspira son chef-d'œuvre, le conte oriental *Vathek* (*), rédigé en français en quelques jours à peine, dit-il, et publié contre sa volonté dans une version anglaise due à son précepteur Henley en 1786, puis dans sa version française en 1787. *Les Épisodes* viendront s'y ajouter dans des éditions plus tardives, et d'autres contes orientaux dans la même veine, pour la plupart également rédigés en français, seront retrouvés parmi ses manuscrits à la Bodleian

Library d'Oxford, et publiés en 1992, sous le titre *Suite de contes arabes.* En 1783, Beckford se maria avec lady Margaret Gordon, dont il eut deux filles, et qui mourut en couches en 1786. Commença alors pour lui une vie de voyage et d'exil, au Portugal, en Espagne et en France, jusqu'à son retour en Angleterre en 1796. Il développa son importante collection de meubles et de tableaux, se mit à écrire des parodies de romans à la mode : *Le Roman Moderne, ou l'Élégante enthousiaste* [*Modern Novel Writing or the Elegant Enthusiast,* 1796], et *Azemia* (1797), puis des souvenirs de voyage : *Journal intime au Portugal et en Espagne* [*Italy, with Sketches of Spain and Portugal,* 1834], et *Excursion à Alcobaça et Batalha* [*Recollections of an Excursion to the Monasteries of Alcobaca and Batalha,* 1835]. Il commença la coûteuse construction de l'abbaye de Fonthill, dont l'immense tour octogonale de quatre-vingts mètres de haut fit l'étonnement des visiteurs, y compris l'amiral Nelson, et s'effondra en 1835. Beckford avait vendu Fonthill l'année précédente, et s'était installé à Bath, à Landsdowne Tower. « Le fils le plus riche de l'Angleterre », comme l'appelait lord Byron, perpétuellement à la poursuite de quelque chimère littéraire ou architecturale, y termina sa vie en reclus, entouré de ses tableaux et de quelques amis fidèles.

ANN GRIEVE.

♦ *« Quelque chose de fatal ou comme d'inhérent à une loi hâte du pouvoir aux enfers la descente faite par un prince, accompagné de son royaume ; seul au bord du précipice... »* Mallarmé, préface à *Vathek.* ♦ *« Il me semble qu'il faut considérer* Vathek *et ses* Épisodes *comme une sorte de biographie fantastique de Beckford, de "vie imaginaire" où se réalise dans le rêve ce que la réalité n'a pas accompli. »* Marcel Brion. ♦ *« N'est-ce pas une singulière aberration du goût, en même temps qu'une étrange dépravation morale que la prédilection de l'auteur pour les scènes dégoûtantes, pour les portraits hideux et repoussants, pour l'idéal du difforme ? »* L. Mézières.

RÉF. : C. Redding, *Memoirs of William Beckford of Fonthill,* Londres, 1859. – L. Melville, *The Life and Letters of William Beckford,* Londres, 1910. – J. W. Oliver, *The Life of William Beckford,* Londres, 1932. – G. Chapman, *Beckford,* Londres, 1937. – A. Parreaux, *William Beckford, auteur de Vathek,* thèse, Paris, 1960. – A. Boyd, *England's Wealthiest Son, a Study of William Beckford,* Londres, 1962. – M. Chadourne, *Eblis, ou l'Enfer de William Beckford,* Paris, 1967. – J. Lees-Milne, *William Beckford,* Londres, 1976. – B. Sichère, *Je, William Beckford,* Paris, 1984. – E. Mavor, *The Grand Tour of William Beckford,* Londres, 1986.

BECQUE Henry François. Auteur dramatique français. Né et mort à Paris (28 avril 1837-12 avril 1899). D'une famille modeste, il fit de médiocres études et dut très jeune se mettre en quête d'un gagne-pain. Employé d'abord dans les bureaux des Chemins de fer du Nord (1854), il passa ensuite à la Chancellerie de la Légion d'honneur (1855), pour devenir enfin commis d'agent de change (1856). Après son service militaire, il éprouva un besoin de liberté, et vécut de peu en donnant des leçons particulières. Vers sa trentième année (en 1867), il débuta au théâtre avec un livret d'opéra, *Sardanapale* (+), mis en musique par Victorin de Joncières, son compagnon de bohème. L'année suivante (1868), Becque fit représenter *L'Enfant prodigue,* vaudeville assez ordinaire, et deux ans plus tard *Michel Pauper* (1870), drame en cinq actes plutôt diffus et plein de préoccupations sociales. Après avoir servi pendant la guerre de 1870, il revint au théâtre en donnant un drame en trois actes intitulé *L'Enlèvement.* Il essuya un tel échec que, doutant de sa vocation, il se garda de présenter toute pièce nouvelle, et jugea celles des autres : de 1872 à 1878, il devint chroniqueur dramatique au journal *Le Peuple.* Revenu enfin au théâtre en qualité d'auteur, il fit jouer, en 1878, une comédie en un acte, *La Navette,* où sa maîtrise s'affirme avec éclat, et deux ans plus tard un autre acte tout aussi réussi : *Les Honnêtes Femmes* (1880). Désormais sûr de lui, Becque fit jouer au Théâtre-Français la pièce qui est tenue pour son chef-d'œuvre, *Les Corbeaux* (*) (1882), et enfin *La Parisienne* (*) (1885). Il voulut ensuite écrire quelque grande comédie sur le monde de la finance : *Les Polichinelles.* Faute d'avoir la plume facile, et victime de ses scrupules, il y travailla pendant quatorze années sans pouvoir jamais l'achever. De son manuscrit, Henry de Noussanne a tiré une pièce en quatre actes, s'efforçant de conserver le style de l'original. Si Henry Becque est le père de ce théâtre noir (« la comédie rosse ») d'où devait sortir bientôt le Théâtre-Libre d'Antoine, il demeure surtout le restaurateur de la grande comédie réaliste du XIXᵉ siècle. Son mérite le plus éclatant est, en effet, d'avoir porté un coup fatal à toute la convention incarnée par Scribe, Sardou et Dumas fils. « Nos prédécesseurs, dit Becque, n'étaient que des moralistes : nous, nous sommes des observateurs. » D'un pessimisme continu, il n'avait toutefois rien d'un révolté. Soutenu par un grand talent d'écrivain, il détestait les ornements et l'imbroglio. Grâce à sa cruelle concision, il donnait un relief admirable à ses figures. Outre son théâtre, Becque nous a laissé trois volumes d'études : *Querelles littéraires* (1890), *Souvenirs d'un auteur dramatique* (1895) et *Études sur l'art dramatique* (1926). Il convient d'y ajouter ses *Sonnets mélancoliques* (1887), et enfin sa *Correspondance* (posth., 1926), qui forme le tome VII de ses *Œuvres complètes.*

♦ *« Malgré son génie, Becque ne trouva jamais de quoi vivre au théâtre [...] Même jouées, ses pièces ne rapportaient guère [...] Elles choquaient les goûts du public d'alors, son amour pour le théâtre factice, sa haine de la vérité. »* Fernand Vandérem. ♦ *« C'est grâce à sa sévérité, à sa défiance envers lui-même, c'est pour n'avoir rien emprunté mais tout créé de son propre fonds, littérairement (lui dont on veut faire un réaliste), que Becque est un inventeur original, et qu'il a placé dans son œuvre des personnages essentiellement vrais, qui n'existaient nulle part que là, et ne cesseront pas d'y exister.* » Jacques Copeau.

RÉF. : Georges Pellissier, *Henry Becque et l'Académie,* 1908. – H. Dawson, *Henry Becque,* Paris, 1923. – Alexandre Arnaoutovitch, *Henry Becque,* 2 vol. 1927 (thèse). – M. Descotes, *Henry Becque et son théâtre,* Paris, 1962.

BÉCQUER Gustavo Adolfo. Poète et prosateur espagnol. Né à Séville le 17 février 1836, mort à Madrid le 22 décembre 1870. Né dans une famille d'artistes, orphelin dès l'âge de onze ans, Bécquer reçut une formation de dessinateur et de peintre dans les meilleurs ateliers sévillans, mais il s'orienta vite vers la poésie. Celle-ci fut d'abord conforme aux modèles éclectiques de l'académisme local tout en se distinguant déjà par sa fine musicalité.

En 1854, Bécquer se rendit à Madrid dans les conditions les plus risquées pour y conquérir la célébrité. Jusqu'en décembre 1860, il vécut dans l'instabilité, animé d'une ardente foi poétique qui se traduisit, sous l'influence des traductions de poèmes de Heine par Sanz (1857) et sous celle du mouvement de valorisation de la lyrique populaire (Trueba), par l'invention d'une poésie intime et dépouillée centrée sur l'amour et le sentiment de l'éphémère. Les 79 poèmes qui devaient former plus tard le recueil des *Rimas* (*) furent écrits à cette époque. Entre 1857 et 1859, Bécquer dirigea la publication de *Histoire des temples d'Espagne* [*Historia de los templos de España*] dont seul le tome I consacré à Tolède vit le jour ; dans ses propres apports, spécialement dans les monographies de Saint-Jean-des-Rois et de Sainte-Léocadie, il créa en Espagne, influencé par Chateaubriand, un modèle ordonné de prose poétique mise au service de l'illustration du patrimoine architectural. En ces temps d'enthousiasme personnel, il tenta de renouveler le genre de la critique théâtrale et musicale (« Crítica literaria », « El maestro Herold », *La Epoca,* été 1859). Le fastueux et dramatique récit *Le Prince aux mains rouges* [*El Caudillo de las manos rojas,* 1858] témoigne de l'intérêt qu'il porta à la culture de l'Inde.

De fin 1860 à février 1865, Bécquer fit partie de l'équipe d'un nouveau journal, *El Contemporáneo,* créé par le parti modéré du général Narváez et de Luis González Bravo. Il y publia des légendes – v. *Légendes espagnoles* (*) –, des récits, des articles de mœurs, de satire politique, de critique littéraire et artistique, tout ceci anonyme, tantôt grave, tantôt amer, parfois pétillant et malicieux, toujours alerte. Quatre légendes signées parurent dans *La América* (1863). Cette période s'achève par un texte fondateur de la littérature poétique de tourisme et de défense de la vie coutumière, la série des *Lettres de ma cellule* [*Cartas desde mi celda*], écrites en 1864 pour *El Contemporáneo* à l'occasion d'un long séjour médical au monastère désaffecté de Veruela (Haut Aragon).

De 1865 à 1868, la fortune de Bécquer suit celle du parti modéré. Censeur des romans en 1865, il est congédié en juin de la même année. Il commence peu après à collaborer à la revue illustrée *El Museo Universal* qu'il dirige de janvier à août 1866, redevient censeur jusqu'à la révolution de septembre 1868, passe une difficile année à Tolède avec son frère, le peintre Valeriano Bécquer (1833-1870), puis fonde en janvier 1870 la revue *La Ilustración de Madrid.* L'élan pris est magnifique mais l'effort sans doute excessif. Une courte maladie terrasse Valeriano en septembre 1870 ; Gustavo Adolfo ne lui survit que de trois mois. Pour aider des familles privées de ressources et pour faire connaître le talent des frères Bécquer, leurs amis organisent une souscription et font éditer en 1871 deux volumes d'*Œuvres* [*Obras*] regroupant les *Rimas* et une partie des textes de Gustavo Adolfo dispersés dans la presse.

L'association des textes de Gustavo Adolfo et des dessins de Valeriano fut fréquente dans *El Museo Universal* et *La Ilustración de Madrid* entre 1865 et 1870. Parmi les évocations du passé et les tableaux de mœurs les plus séduisants, il faut citer dans *El Museo Universal* « La Nuit des morts » [La noche de difuntos, 1865] et « La Foire de Séville » [La feria de Sevilla, 1869], ainsi que les commentaires des dessins de Valeriano, tel celui de « Les Joueuses de cartes » [Las jugadoras, 1866] ; et dans *La Ilustración de Madrid* en 1870 « Le Mendiant. Type tolédan » [El pordiosero. Tipo toledano] et « Le Pilori d'Ocaña » [La picota de Ocaña].

Les *Rimas* n'ont cessé d'inspirer les plus grands poètes du monde hispanique, depuis Rubén Darío jusqu'au mouvement dit de « réhumanisation poétique », en passant par Jiménez, Machado, Cernuda, Aleixandre et bien d'autres. On redécouvre actuellement le charme et le caractère novateur des textes en prose de Bécquer.

ROBERT PAGEARD.

BEDDOES Thomas Lowell. Poète anglais. Né à Clifton, près de Bristol, le 20 juillet 1803, mort à Bâle (Suisse) le 26 janvier 1849. Il était le fils d'un grand médecin, Thomas Beddoes ; sa mère était la sœur de la romancière Maria Edgeworth. Il perdit son père alors qu'il était âgé de cinq ans, et eut pour tuteur son oncle, également médecin. Il fit ses études au collège de Charterhouse, puis à Oxford. Il était très doué, mais tapageur, violent et indiscipliné. Très jeune encore, il envoya des vers au *Morning Post*, et publia à dix-huit ans *La Tragédie de l'épouse* [*The Bride's Tragedy*]. Il partit pour l'Allemagne en 1825, et fut pendant quatre ans étudiant en anatomie à Göttingen, d'où il se fit renvoyer pour inconduite. Ce fut à Göttingen qu'eut lieu sa première tentative de suicide. À Wurtzbourg, il se mêla de politique et écrivit des articles dans le *Volksblatt*, ce qui le fit expulser de Bavière. Il se rendit alors, en 1835, à Zurich, où il demeura jusqu'en 1840, se constituant une bibliothèque scientifique de plus de quatre cents volumes et participant d'une façon très active à la politique locale, prenant parti pour les libéraux, quelquefois au péril de sa vie. Au cours des séjours plus ou moins longs qu'il faisait en Angleterre, il se montrait à ses amis de plus en plus nerveux et même déséquilibré. Une piqûre mit ses jours en danger ; il s'en remit cependant, mais mourut peu de temps après à Bâle. On pense qu'il s'est suicidé en absorbant du poison. Il est connu par son étrange et sombre poème : *Livre des plaisanteries de la Mort* (*), qui ne fut publié qu'en 1850, et qu'il appelait un « poème de style gothique ». Il a encore écrit *L'Homme perdu* [*The Lost Man*], *La Flèche empoisonnée de l'Amour* [*Love's Poisoned Arrow*], et bien d'autres poésies dont la plupart furent réunies dans un volume de *Poèmes posthumes* [*Poems by the Late Thomas Beddoes*, 1851].

♦ *« Le dernier des Élisabéthains. »* Lytton Strachey.

RÉF. : L. Strachey, *Books and Characters*, Londres, 1922. – Donner, *Thomas Lowell Beddoes : the Making of a Poet*, Londres, 1935. – James R. Thompson, *T. L. Beddoes*, Boston, 1985.

BÈDE le Vénérable. Moine et historien anglais. Né près de Wearmouth, probablement en 673, mort le 26 mai 735 à Jarrow dans le comté de Durham. Le titre de « vénérable », réservé généralement aux abbés, lui fut donné dès le IXe siècle. Originaire du comté de Durham, où l'abbé Benedict Biscop avait fondé, en 674 et 682, les abbayes de Wearmouth et de Jarrow, orphelin, il passa son enfance et sa jeunesse dans ces communautés, ayant pour maîtres, d'abord Benedict Biscop, puis l'abbé Ceolfrid. Il fut diacre à dix-sept ans et prêtre à trente. Il se fixa définitivement à Jarrow, où il étudiait, enseignait et écrivait (*semper aut discere aut docere, aut scribere dulce habuit*, ainsi résume-t-il son existence). Il transcrivait, traduisait les textes, remontait aux sources, commentait, élaborait des programmes scolaires avec un souci d'objectivité comparable à celui des méthodes modernes. Il eut des élèves nombreux et remarquables, tels Hyaetbert et Cuthbert qui furent après Ceolfrid abbés du monastère où il vivait, Nothelm qui fut archevêque de Canterbury et bien d'autres qui furent ses collaborateurs et à qui il dédia plusieurs de ses œuvres. Parmi ceux-là on peut citer Alcuin. L'œuvre la plus notoire de Bède est l'*Histoire ecclésiastique des Angles* (*) à laquelle il travailla jusqu'à la fin de ses jours. Il voulut traduire en langue vulgaire l'Évangile selon saint Jean, mais la mort le surprit à la fin du VIe chapitre.

Bède occupe une place de tout premier plan dans l'histoire de la culture médiévale. Bien que ses écrits n'apportent guère d'éléments nouveaux, sa vaste érudition historique et scientifique – v. *De la division du temps* (*), *De la nature des choses* (*) –, sa formation philosophique nourrie de l'enseignement des Pères de l'Église lui permirent de transmettre aux générations qui le suivirent les principes du savoir traditionnel dont les représentants, à son époque, ne constituaient qu'une infime minorité.

♦ *« Ces vastes tableaux d'ensemble [le* De natura rerum *et le* De temporibus *de Bède], dont aucun trait, à peu d'exceptions près, ne vient de l'expérience directe et personnelle, où presque tout vient de la tradition (et en particulier de Pline l'Ancien)... »* É. Bréhier.

RÉF. : *Prolegomena* de l'édition des œuvres de Bède, in Migne, *Patrologia latina*, t. XC. – Montalembert, *Les Moines d'Occident*, t. V, Paris, 1867. – G. F. Browne, *The Venerable Bede*, Londres, 1879. – A. H. Thompson, *Bede, his Life, Times and Writings*, Oxford, 1935. – Eleanor S. Duckett, *Anglo-Saxon Saints and Scholars*, New York, 1948. – G. H. Brown, *Bede the Venerable*, Boston, 1987.

BEDEL Maurice. Romancier et journaliste français. Né à Paris le 30 décembre 1883, mort à Thuré (Vienne) le 15 octobre 1954. Reporter international, il obtient le prix Goncourt en 1927 avec *Jérôme 60° latitude nord* (*), donne une satire amusante des milieux royalistes dans *Molinoff, Indre-et-Loire* (1928) et une critique aiguë de l'Italie mussolinienne dans *Fascisme an VII* (1930), mais trouve sa meilleure réussite dans sa spirituelle description du Poitou et de la Touraine, *Géographie de mille hectares* (1937). Il devient en 1948 président de la Société des gens de lettres.

JACQUES PATRY.

BÉDIER Joseph Charles Marie. Écrivain, professeur et romaniste français. Né à Paris le 28 janvier 1864, mort à Grand-Serre (Drôme) le 29 août 1938. Ayant passé son enfance à l'île de la Réunion où sa famille était fixée depuis longtemps, il entra à l'École normale en 1883, et y fut l'élève de Gaston Paris et de Brunetière. Agrégé de lettres en 1886, il devait occuper, trois ans plus tard (1889), la chaire de philosophie romane à l'université de Fribourg (Suisse). Un peu après il publia son premier livre : l'édition critique du *Lai de l'ombre* (1890). De retour en France, il devint maître de conférences à la faculté des lettres de Caen ; ensuite à l'École normale. En 1895, il fit paraître un remarquable essai sur les *Fabliaux* (+). En 1903, il remplaça au Collège de France son maître Gaston Paris dans la chaire de littérature française du Moyen Âge : poste qu'il devait occuper jusqu'en 1936. Bédier toucha le grand public dès 1900 avec son *Roman de Tristan et Iseut* (*), adaptation très ingénieuse des textes originaux. Ce fut alors qu'il se mit à écrire ce qu'il tenait pour son œuvre capitale : *Les Légendes épiques (Recherches sur la formation* *des chansons de geste)* (*) (1908-1915), ruinant ainsi toutes les théories relatives à ce problème difficile, y compris celle de son maître, Gaston Paris. Par cet ouvrage considérable, où l'intelligence s'allie à la plus stricte érudition, Joseph Bédier devait acquérir une renommée universelle. Outre sa belle édition critique de la *Chanson de Roland* (*), parue en 1921, il a dirigé avec Paul Hazard la publication d'une grande *Histoire illustrée de la littérature française* (*). Reçu à l'Académie française le 3 novembre 1921, Bédier fut nommé administrateur du Collège de France en novembre 1929. Il prit sa retraite en 1936.

RÉF. : Ferdinand Lot, *Joseph Bédier*, 1939. – E. Vinaver, *Hommage à Bédier*, 1942. – Talvart et Place, *Bibliographie des auteurs modernes de langue française*, t. II.

BEDNY Demian (pseud. de Efim Pridvorov). Poète russe. Né le 1er avril 1883 à Goubovka (gouvernement de Kherson), mort le 25 mai 1945 à Moscou. Fils d'un pauvre paysan, il a fait ses études à l'École sanitaire de Kiev, puis à l'université de Pétersbourg (1904-1908). Ses premières publications datent de 1899. Depuis le premier numéro du journal bolchevique *Pravda*, il fut collaborateur de ce quotidien et s'adonna alors à une poésie de propagande ; il s'acquit une grande notoriété grâce à ses *Fables* (dont le premier recueil parut en 1912), ses épigrammes mordantes et ses chansons révolutionnaires. Parmi ses œuvres importantes, notons le poème *La Grande Rue* [*Glavnaja ulica*, 1922] sur la révolution d'Octobre 1917 à Petrograd. Bedny a su bien utiliser le folklore russe et plusieurs de ses poèmes sont devenus, à leur tour, des chansons populaires – v. *Poésies* (*).

BEECHER STOWE Harriet Elizabeth. Femme de lettres américaine. Née le 14 juin 1811 à Litchfield (Connecticut), morte le 1er juillet 1896 à Hartford (Connecticut). Son père, le révérend Lyman Beecher, évangéliste militant et défenseur de l'orthodoxie puritaine dans la tradition de Jonathan Edwards, l'éleva dans une atmosphère de rigorisme religieux. Elle en conserva un spiritualisme passionné qui l'apparente, par certains côtés, à sa contemporaine, la poétesse Emily Dickinson. En 1832, le révérend Beecher s'établit à Cincinnati, à la frontière de l'Ohio, pour y fonder un séminaire théologique ; ses enfants l'accompagnèrent. Harriet écrivit alors ses « scènes et types des descendants des Pèlerins » publiés ensuite sous le titre *La Fleur de mai* [*The Mayflower,* 1843, trad. 1853]. En 1836, elle épousa un collègue de son père, le révérend Calvin Stowe, dont elle eut six enfants. De plus en plus attirée par le mouvement antiesclavagiste, elle anima ses convictions d'une ferveur apocalyptique qui lui inspira *La Case de l'oncle Tom* (*). Ce livre, qu'elle estimait avoir écrit sous la dictée de Dieu et qui avait été suscité par la loi sur les esclaves fugitifs de 1850, eut un retentissement international. Après la publication en 1852, elle effectua alors deux voyages triomphaux en Europe, composa un ouvrage polémique en réponse aux critiques formulées par le Sud, écrivit une suite à la *Case de l'oncle Tom,* mais de qualité bien inférieure, intitulée : *Dred, histoire du grand marais maudit* [*Dred : A Tale of the Great Dismal Swamp,* 1856, trad. 1857] ; elle publia enfin de nombreux écrits didactiques et polémiques, entre autres un ouvrage où elle accusait lord Byron d'inceste : *Lady Byron vengée* [*Lady Byron Vindicated,* 1870], ainsi qu'une longue série de romans consacrés à la peinture des mœurs et de la vie spirituelle de la Nouvelle-Angleterre puritaine, dont le plus remarquable demeure *La Fiancée du ministre* (*).

♦ *« Ses livres étaient avidement absorbés par des millions de lecteurs, tant dans son pays qu'à l'étranger, car elle offrait aux classes moyennes une image de la vie qu'ils croyaient vivre et des pensées que le* XIXe *siècle croyait être les siennes. »* Catherine Gilbertson.

RÉF. : Forest Wilson, *Crusader in Crinoline : The Life of Harriet Beecher Stowe.*

BEERBOHM Maximilian, dit Max. Écrivain et caricaturiste anglais. Né à Londres le 24 août 1872, mort le 20 mai 1956 à Rapallo (Italie). Anobli en 1937. Fils de Julius E. Beerbohm et d'Eliza Drajer. Le fameux acteur, sir Albert B. Tree, est son demi-frère. Il fit ses études à Charterhouse, au Merton College et, ensuite, à l'université d'Oxford. Avant même d'avoir définitivement abandonné les études, il s'était fait une réputation d'essayiste avec *L'Incomparable Beauté du vêtement moderne* [*The Incomparable Beauty of Modern Dress*], paru en juin 1893 dans la revue universitaire *The Spirit Lamp.* En 1896, sa renommée se consolida ensuite notablement, tant par les articles publiés dans la revue bien connue *The Yellow Book* – dont les collaborateurs, à cette époque, avaient nom Wilde, Moore, Symonds et autres – que par ceux donnés dans *The Saturday Review* de Londres, où il finit par succéder à Bernard Shaw pour la critique dramatique (1898-1910). Beerbohm ne s'est jamais attardé à indiquer quels furent ses auteurs préférés, ceux qui contribuèrent à sa formation littéraire, mais il est facile de comprendre que son ton frais et humoristique, son style équilibré et intellectuel, parfois émaillé de citations grecques ou latines, dérivent directement de la tradition anglaise du XVIIIe siècle. C'est pour cette raison que nous croyons à son influence sur Aldous Huxley et les autres écrivains de la même famille. Son court et très célèbre récit *L'Heureux Hypocrite* (*) (1897) demeure probablement le meilleur ouvrage de cet auteur peu fécond. Il épousa en 1910 l'actrice américaine Florence Kahn, et, hormis les années de guerre, le couple vécut à Rapallo. Beerbohm devait encore publier d'autres essais, des parodies, des portraits imaginaires et un roman satirique, *Zuleika Dobson* (*) (1911), dont l'action est située à Oxford. Ce dandy devint presque populaire en 1935, à la suite de causeries à la B.B.C. Parmi ses autres ouvrages, citons *More* (1899), *Sept hommes* [*Seven Men,* 1919], *Et même maintenant* [*And Even Now,* 1920], et *Le Terrible Dragon de Hay Hill* [*The Dreadful Dragon of Hay Hill,* 1928].

RÉF. : Ira Grushow, *The Imaginary Reminiscences of Max Beerbohm,* Athens, Ohio, 1984. – Laurence Denson, *Max Beerbohm and the Act of Writing,* Oxford, 1989.

BEETHOVEN Ludwig van. Compositeur allemand. Né le 16 décembre 1770 à Bonn (Palatinat) d'une famille d'origine flamande, mort le 26 mars 1827 à Vienne. Son grand-père, prénommé comme lui Ludwig, né à Anvers le 22 décembre 1718, s'était installé en 1733 à Bonn où il devint maître de chapelle de la Cour. Le plus jeune fils de ce dernier, Johann, né à Bonn à la fin de 1739, entra lui aussi à la chapelle de la cour de l'Électeur Palatin, mais, quelque peu désœuvré et, dit-on, adonné à la boisson, il fit une carrière moins brillante. De sa femme, Marie-Madeleine Kerevich, de six ans plus jeune que lui et d'une famille assez distinguée, il eut sept fils, dont quatre moururent en bas âge. Ludwig, le cadet, était l'aîné des survivants. Il montra de bonne heure des dispositions pour la musique, mais son père chercha moins à les cultiver qu'à les exploiter, espérant renouveler les succès d'enfant prodige de Mozart. À supposer même – et cela semble probable – que l'on ait exagéré l'odieuse dureté de son père, il est certain que l'enfance de Beethoven fut bien différente de celle de Mozart qui reçut une éducation soignée. Les tracas, le besoin, la solitude et l'hostilité du monde laisseront, dès les premières années, leur empreinte sur le caractère de Beethoven. Confié tout d'abord à un musicien ambulant, un certain Tobias Pfeiffer, puis à l'organiste Van den Eeden et au cousin de celui-ci, le violoniste Revantini, Beethoven rencontra enfin un vrai maître en la personne de l'organiste Neefe (1782). Neefe, qui avait eu pour professeur un élève de Bach et conservait le culte du maître de Leipzig, n'était pas seulement un bon musicien, mais un esprit noble et cultivé, écrivain estimable en matière musicale, correspondant de diverses gazettes. Ayant deviné l'exceptionnelle valeur du jeune garçon confié à ses soins, il lui donna une excellente formation musicale, le guida affectueusement dans sa formation spirituelle, en le conseillant dans ses lectures. Surtout il encouragea son aptitude à la composition, lui fit publier les *Variations sur une marche de Dressler*, et leur consacra un entrefilet flatteur dans le *Magazin der Musik* (1783). Outre ce bon maître, quelques amitiés fidèles adouciront l'amère adolescence de Beethoven à Bonn. Celle, en particulier, de Stefan von Breuning et de sa sœur Éléonore procure au jeune homme l'agrément d'un paisible milieu familial et l'occasion d'ardentes discussions intellectuelles. Dans le cercle des fidèles de Beethoven, les Breuning vont former, avec le pasteur Amenda et Gerhard Wegeler, futur mari d'Éléonore, le quatuor des amis de Bonn. En 1787, Beethoven fit un premier et bref séjour à Vienne, où il joua devant Mozart qui lui adressa des paroles élogieuses qui ont été différemment rapportées. À son retour (17 juillet 1787), le jeune Beethoven perdit sa mère ; son père se retira (1789), et c'est désormais Ludwig qui assuma pratiquement, à l'égard de ses deux jeunes frères, la responsabilité de chef de famille. Jouant de l'alto dans l'orchestre du théâtre de la Cour, il se familiarisa avec le répertoire des opéras du temps : Mozart, un peu de Gluck, Paisiello, Cimarosa, Sacchini, Gugliemi, Sarti, Grétry, Dalayrac, Monsigny. À ce moment, il était déjà l'auteur de diverses compositions instrumentales qu'apprécia Joseph Haydn, lors de son passage à la cour de Bonn sur le chemin de Londres (Noël 1790). Mais l'épisode – ce qui n'est pas prouvé – ne date peut-être que du voyage de retour de Haydn (en 1792).

Grâce à l'aide de ses amis et de mécènes locaux, notamment du comte Waldstein, Beethoven franchit le pas décisif de sa vie lorsque, en novembre 1792, il se rendit dans la capitale de l'empire d'Autriche où régnait la plus grande activité artistique et théâtrale. Officiellement, il accomplissait ce voyage pour se perfectionner dans la composition sous la direction de Haydn. Cependant, il prit des leçons chez un certain Johann Schenck, qui lui avait fait remarquer certaines négligences matérielles de Haydn dans la correction de ses compositions d'harmonie, des leçons d'Albrechtsberger, très savant théoricien, et d'Antonio Salieri, pour la composition dramatique, la conduite des voix et la récitation italienne. Beethoven ne tarda pas à se faire une place dans la vie musicale viennoise, grâce à son étonnante impétuosité de pianiste et à sa puissance d'improvisation. Le succès lui sourit, et son séjour d'étude se transforma en une résidence définitive. Ce sont les seules années heureuses de son existence. Déjà, ses nombreuses compositions, bien qu'inspirées de la tradition de Haydn et de Mozart, surprennent par leur facture très personnelle et une vigueur inusitée ; on y devine la présence d'une force morale et physique qui ne tardera pas à l'emporter sur les routines de la musique du XVIIIe siècle. Les passages lents acquièrent peu à peu un climat de mélancolique, d'affectueuse tendresse, laissant paraître une connaissance toujours plus approfondie de la douleur, particulièrement dans les adagios et les lentos. Que ces deux extrêmes – l'énergie morale et la douleur – viennent à se rencontrer, alors jaillit le drame de l'héroïsme beethovénien : la *Pathétique* (*Sonate pour piano en do mineur*, op. 13) – v. *Sonates* (*) – avec sa véhémente insolence, laisse prévoir dès 1798 ce qui, dans l'œuvre du musicien, sera le plus remarqué : cette deuxième des trois manières successives que distingue De Lenz dans l'art de Beethoven. Mais, pour le moment, la force va de pair avec la gaieté, la sérénité avec la mélancolie. Ce sont les compositions de la première manière beethovénienne, celles des années heureuses de son séjour viennois, jusque vers 1800 : les deux premiers *Concertos pour piano et orchestre*, op. 15 (1797) et op. 19 (1800) – v. *Concertos pour piano et orchestre* (*) –, « cartes de visite » que le jeune virtuose et compositeur adresse au public de la capitale ; le lied *Adélaïde* (1796) et l'amusant *Septuor*, op. 20 (1799), qui connurent une rapide popularité ; les *Trios* de l'op. 1 (1795) et de l'op. 11 – v. *Trios* (*) – la *Sérénade*, op. 8 (1796) et les trois *Trios à cordes* de l'op. 9 (1797) ; les six *Quatuors* de l'op. 18 (1799), les cinq premières *Sonates* pour violon et piano, les deux premières pour violoncelle et piano, puis, anticipant toujours un peu dans la manifestation d'états d'âme exceptionnels et dans l'élaboration d'un nouveau lexique musical, les douze premières *Sonates pour piano* (*) ; la *Symphonie n° 1 en ut majeur*, op. 21 – v. *Symphonies* (*).

Puis le ciel s'assombrit sur l'activité et la joyeuse énergie du jeune homme. L'existence, qui se fait plus difficile, est compliquée en outre par le caractère orgueilleux et bizarre de Beethoven, très conscient de sa valeur et persuadé que l'artiste est supérieur à toute autre créature. Son ardent besoin de solidarité humaine ne trouve pas à qui s'adresser : en plein succès, adulé par les plus beaux noms de l'aristocratie viennoise, il reste profondément seul. Il subjugue par la puissance de son génie, mais ses manières excentriques éloignent les jeunes filles auxquelles il tenta peut-être d'exprimer son ardent désir de félicité conjugale : la comtesse Giulietta Guicciardi, dédicataire de la *Sonate « Au clair de lune »*, ses cousines Joséphine et Thérèse Brunswick (à qui serait adressée l'émouvante lettre « à l'immortelle bien-aimée »). Cette condamnation à la solitude se renforce encore lorsque, de 1794 à 1796, se manifestent les premiers symptômes de ses maux d'oreilles, qui se transforment peu à peu, après 1800, en une surdité commençante, devenue totale après 1814. Ce tragique tournant de la vie de Beethoven et de son art lui a inspiré un écrit pathétique, le *Testament de Heiligenstadt* (du nom d'un faubourg de Vienne). C'est une lettre datée de 1802, adressée prétendument à ses frères, mais en fait à l'humanité, pour lui révéler le mal implacable dont il est affligé, et qui le rend bourru et revêche, lui si avide de communication humaine. Beethoven décrit la tragique crise de désespoir dans laquelle il a failli sombrer (il avait pensé au suicide), crise qu'il a héroïquement surmontée. Et, bravant le destin, il transforme sa douleur en grandeur morale, en beauté artistique, en une affection inépuisable pour l'humanité. Cette tragédie intime, jointe aux autres mécomptes sentimentaux et physiques de Beethoven, devient en quelque sorte le catalyseur de son art. L'immense énergie qui débordait, insouciante, de ses premières compositions, trouve dès lors à se dépenser, et aux étincelles qui en jaillissent s'éclairera, pendant une année, le drame de Titan de l'héroïsme beethovénien qui inspira la seconde manière. Compte tenu de quelques infidélités ou tentatives d'évasion (la *Sonate pour piano en la bémol,* op. 26, les deux *Sonates pour piano,* op. 27, les récitatifs insérés dans l'allegro de la *Sonate pour piano,* op. 31, n° 2), Beethoven a trouvé, dans la sonate, le moule qui va convenir à son génie tant que durera cette période déterminante de sa vie spirituelle, où il affronte un destin hostile. Lorsque, lentement, il aura recouvré la paix et surmonté son malheur, le dualisme harmonique auquel se prête la sonate ira en s'atténuant, pour faire place à une renaissance du contrepoint. Pour l'instant, le passage de la sérénité de la jeunesse à la gravité douloureuse qu'exprime sa seconde manière, est indiqué par quelques travaux de transition comme le *Concerto pour piano n° 3,* op. 37 en ut mineur, d'une tonalité qui caractérise excellemment le drame héroïque de Beethoven, la *Symphonie n° 2* et les *Sonates pour piano* des années 1801 et 1802. Viennent ensuite, dans toute leur plénitude, les chefs-d'œuvre typiques du « second style » : les *Symphonies n° 3, « Héroïque »* et *n° 5* (la *Symphonie n° 4* représentant un provisoire retour à la sérénité) ; le *Concerto en ré majeur pour violon et orchestre*, op. 61 (*) et le *Concerto pour piano n° 4 ;* les ouvertures de *Coriolan* (*) et d'*Egmont* (*), les trois *Quatuors « Razumovsky »,* op. 59 – v. *Quatuors* (*) –, la *Sonate à Kreutzer* – v. *Sonates pour piano et violon* (*) – et aussi la *Sonate,* op. 30, n° 2 en do mineur, la troisième *Sonate pour violoncelle et piano,* op. 69 (1808), les *Trios,* op. 70 (1808), les *Sonates pour piano* op. 53 *(Aurore)* et 57 *(Appassionata),* toutes deux de 1804 et plusieurs fois reprises et remaniées, l'opéra *Fidelio* (*), écrit en 1805.

Avec la *Symphonie n° 6, « Pastorale »* (*), le grand incendie s'apaise. Son existence, désormais, sera peut-être plus triste encore, sa surdité devenant totale, les conséquences politiques des guerres napoléoniennes rendant souvent précaires les ressources que lui assurait surtout l'intelligent mécénat de quelques seigneurs autrichiens, notamment de l'archiduc Rodolphe. Sa solitude même se fera plus lourde ; Teresa Malfatti se dérobe à sa demande en mariage en 1810, Bettina Brentano, avec sa coquetterie d'ambitieuse intellectuelle, va et vient entre lui et Goethe. Néanmoins, dans l'esprit de Beethoven, la grande crise est surmontée, et il saura trouver une compréhension plus humaine auprès de la cantatrice Amalia Sebald. La mort de son frère Charles (1815) laisse à Beethoven le soin d'élever un neveu auquel il porte une affection presque maladive, et qui lui causera maints déboires par ses méfaits et une tentative de suicide (1826). Cependant, pour cruelles que soient ses épreuves, son esprit s'est libéré, son art plane dans une sphère plus haute où l'antique lutte contre le destin est surmontée. Un souffle religieux, désormais, l'anime ; il rêve d'une solidarité universelle, et dans l'homme son idéalisme reconnaît un frère. Ce sentiment de fraternité c'est, pour lui, au sens le plus large du mot, la « joie ». Mais comment y accéder ? – Par l'intermédiaire de la nature qui, dans les moments de la plus noire désolation, fut un baume pour son âme ulcérée. Grâce à cette émotion que lui donne la nature, et qui s'exprime dans la *Pastorale*, le génie de Beethoven s'ouvre à la joie telle qu'elle se dégage de certains mouvements des dernières symphonies, les uns imprégnés d'une tumultueuse et dionysiaque ivresse – v. *Symphonie n° 7* (*) –, les autres d'un bonheur familier et comme teinté d'humour – v. *Symphonie n° 8* (*) –, d'autres enfin d'un enthousiasme religieux qui a retrouvé la source de la fraternité universelle – v. *Symphonie n° 9* (*). L'autre œuvre magistrale, qui consacre ce moment où Beethoven surmonte l'ancien dualisme dramatique dont il semblait jusqu'alors prisonnier, est la *Missa Solemnis,* op. 123 (*). Dans la musique instrumentale, Beethoven, désormais, s'arrache aux habitudes stylistiques du temps, et son inspiration, que la surdité semble presque alléger de toutes les servitudes de la matière sonore, se maintient sur les sommets. La dialectique précise à laquelle se prêtait la sonate et qui, dans l'opposition calculée des tensions tonales, ressortissait encore un peu à l'esprit de géométrie du XVIIIe siècle, laisse insensiblement la place à une conception musicale moins artificielle, plus proche de la vie et de l'histoire : le sens harmonique des accords et des cadences est éclipsé par le contrepoint qui n'a, certes, rien de scolaire ni d'archaïque, mais semble, au contraire, énoncer d'avance le principe de composition selon lequel la musique doit perpétuellement se renouveler, sans artifice de symétrie ou de retour sur soi-même. Mais, parfois, la complication du contrepoint, à l'extrême de la fureur et de l'exaspération dans la grande *Sonate « Hammerklavier » à cordes,* op. 106, et dans la *Fugue,* op. 133, pour quatuor *(Grande fugue)*, cède la place à des mélodies célestes, au long souffle, à peine soulignées d'un accompagnement que l'on ne saurait imaginer plus nu ni plus banal. Les cinq sonates pour piano, qui sont le digne accompagnement des trente-trois *Variations sur une valse de Diabelli*, et les cinq derniers *Quatuors* sont le testament de l'artiste : ils représentent, dans l'histoire de la musique, une anticipation extraordinaire qui ne se réalisera, en une savante continuité, qu'avec Brahms, puis dans le *Parsifal* (*) de Wagner et les œuvres de compositeurs contemporains tels que Bartók, et les maîtres viennois, Schoenberg, Berg et Webern. Le véritable romantisme musical du XIXe siècle – de Weber à Mendelssohn, de Schubert à Schumann, de Berlioz à Liszt – s'est pratiquement développé à partir du second style beethovénien.

La vie de Beethoven, dans la dernière phase de son activité créatrice, se libère de plus en plus de l'habitude et des conventions sociales. Au congrès de Vienne, il reçoit les derniers rayons de la gloire mondaine. En présence des souverains et des princes venus de toute l'Europe dans la capitale de l'Autriche pour régler la succession napoléonienne, il dirige encore personnellement une composition de circonstance, *La Victoire de Wellington*, qui célèbre à grand renfort de coups de canon et d'onomatopées, imitant les décharges de fusillade, la victoire des Alliés à Leipzig. Des musiciens viennois consacrés s'étaient distribué humblement les parties d'orchestre, en signe d'hommage au compositeur, car Beethoven avait fini par imposer le respect à ceux-là mêmes qui ne parvenaient pas à le comprendre. En 1814, la reprise de *Fidelio* dans une version nouvelle et définitive est donnée avec succès. Depuis lors, la surdité de l'artiste s'aggrave jusqu'à le priver de toute communication avec autrui, et son caractère devient encore plus morose, et plus défiant. Outre ses nobles protecteurs, tels l'archiduc Rodolphe, le prince Lobkowitz, le comte Kinsky, la comtesse Erdödy et autres représentants de l'aristocratie austro-hongroise, un cercle de disciples se presse autour de lui, s'efforçant d'atténuer les difficultés de sa vie matérielle et d'adoucir l'amertume de son infirmité : ainsi Anton Schindler, son premier biographe, et Carl Czerny, qui fut son continuateur dans l'art du piano. Du monde entier, et en particulier d'Angleterre, des touristes lui rendaient visite dans le désordre indescriptible de ses logements de célibataire, dont il changeait toujours, insatisfait et inquiet. Les *Cahiers de conversation*, sur lesquels les visiteurs posaient leurs questions, gardent le témoignage de ces pénibles entretiens. Rossini au faîte de la gloire vint le voir et fut bouleversé par tant de misère. Beethoven lui dit quelques mots aimables sur *Le Barbier de Séville* (*) et lui conseilla de cultiver le genre comique. Ses dernières années furent encore attristées par les frasques de son neveu et par une procédure judiciaire avec la mère de ce dernier, qui fut finalement déchue de son autorité maternelle. À la surdité s'ajoutent bientôt d'autres maladies, déterminées peut-être par les tares héréditaires, mais favorisées à coup sûr par le grandiose désordre du mode de vie de Beethoven. Les premiers troubles du foie étaient apparus en 1821, mais c'est seulement à la fin de 1826 que se manifesta clairement le mal qui devait le conduire à la tombe : une cirrhose hépatique accompagnée d'hydropisie. Il subit avec courage quelques douloureuses interventions chirurgicales, tout en se sachant condamné. Le 3 janvier 1827, il rédigea son testament ; le 23 mars il y ajouta un codicille et, le lendemain, reçut les sacrements. Il expira dans l'après-midi du 26 mars, à 5 h 34, alors qu'un orage éclatait sur Vienne. Une foule immense assista à ses funérailles et une allocution fut prononcée sur sa tombe par Grillparzer, le poète et dramaturge avec lequel il avait été en rapport à propos d'un nouvel opéra, *Mélusine*. Exhumés une première fois en 1863, ses restes furent transférés, en 1888, du cimetière de Währing au cimetière central de Vienne.

MASSIMO MILA.

♦ *« Beethoven sait composer, Dieu merci ! C'est tout ce qu'il sait faire au monde. »* Beethoven (lettre à Ries). ♦ *« Il manque à Beethoven une éducation esthétique et le sens du beau. »* L. Spohr (1784-1859). ♦ *« Je n'ai jamais encore vu aucun artiste plus puissamment concentré, plus énergique, plus intériorisé. »* Goethe. ♦ *« Ce qui distingue les compositions de ce grand homme, c'est la spontanéité des épisodes par lesquels il suspend dans ses beaux ouvrages l'intérêt qu'il a fait naître, pour lui en substituer un autre, aussi vif qu'inattendu. Cet art lui est particulier, et c'est à lui qu'il est redevable de ses plus beaux succès. »* F. J. Fétis. ♦ *« L'effort humain tout entier s'accomplit autour de Beethoven avec le mécanisme d'une horloge. Lui seul tire librement de lui-même ce qui n'a jamais encore été créé, ni pressenti. »* Bettina von Arnim. ♦ *« La musique que Beethoven a libérée des chaînes de la mode. »* Richard Wagner. ♦ *« Beethoven tâtonne sans fin avant de décider sous quelle forme et à quel moment précis la voix surgira comme la déesse ionienne de la mer instrumentale. »* R. Rolland. ♦ *« Ce qui distingue Beethoven de Haydn ou de Mozart, c'est la grande liberté de l'homme qui a derrière lui la Révolution, et la forte tension intérieure de son œuvre. »* Hugo Riemann. ♦ *« Voici un des plus grands créateurs de la musique qui passa toute sa vie à implorer l'assistance de ce don qui lui faisait défaut* [le don de la mélodie]. *En sorte que cet admirable sourd a développé ses facultés extraordinaires à proportion de la résistance que lui opposait la seule qui lui manquât, comme l'aveugle développe dans la nuit l'acuité de son sens auditif. »* I. Stravinski. ♦ *« Les esquisses multiples qui nous font saisir l'effort de Beethoven en vue du perfectionnement d'un motif ou d'un thème ne sont autre chose que la mise au point définitive d'une base solide pour l'ensemble de l'œuvre, base à partir de laquelle il est donné au musicien de tenir ses engagements à l'égard de son inspiration même... Beethoven ou le génie de la prévision. »* R. Leibowitz. ♦ « [Chez Beethoven] *la mélodie n'est plus choisie arbitrairement (instinctivement, diraient certains), elle s'intègre dans une évolution logique exprimée par un enchaînement rationnel des intervalles. C'est dire que l'intervalle joue un rôle fonctionnel : c'est d'après un ordre préalablement choisi que s'organise la polyphonie. »* J. Barraqué.

RÉF. : Biographies : Anton Schindler, *Biographie von Ludwig van Beethoven*, Münster, 1840 (trad. *Histoire de la vie et de l'œuvre de Beethoven*, Paris, 1865). – A. W. Thayer, *Ludwig van Beethovens Leben*, Leipzig, 1866-1917 (achevé par Hugo Riemann). – Alexandre Oulibicheff, *Beethoven, ses critiques et ses glossateurs*, Paris, 1857. – Richard Wagner, *Beethoven*, 1870 (trad., Paris, 1948). – Victor Wildner, *Beethoven*, Paris, 1903. – Romain Rolland, *La Vie de Beethoven*, Paris, 1903. – Édouard Herriot, *La Vie de Beethoven*, Paris, 1928. – Romain Rolland, *Beethoven, les grandes époques créatrices*, Paris, 1929-1949. – André Jolivet, *Ludwig van Beethoven*, Paris, 1955. – Brigitte et Jean Massin, *Ludwig van Beethoven*, Paris, 1960. – André Boucourechliev, *Beethoven*, Paris, 1963. – Brigitte et Jean Massin, *Recherche de Beethoven*, Paris, 1970. – Maynard Solomon, *Beethoven*, New York, 1977 (trad., Paris, 1985).

Sur les œuvres : Jean Chantavoine, *Les Symphonies de Beethoven*, Paris, 1932. – J.-G. Prod'homme, *Les Symphonies de Beethoven*, Paris, 1906 ; *Les Sonates pour piano de Beethoven*, Paris, 1944. – Jacques Lonchampt, *Les Quatuors à cordes de Beethoven*, Paris, 1956. – Joseph Kerman, *The Beethoven's Quartets*, Londres, 1967 (trad., *Les Quatuors de Beethoven*, Paris, 1974). – Paul Loyonnet, *Les 32 Sonates, ou le Journal intime de Beethoven*, Luynes, 1977. – Paul Badura-Skoda et Jörg Demus, *Die Klaviersonaten von Ludwig van Beethoven*, Wiesbaden, 1970 (trad. *Les Sonates pour piano de Beethoven*, Paris, 1981).

Carnets de conversation : Ludwig van Beethoven, *Carnets intimes*, Paris, 1941. – J.-G. Prod'homme, *Beethoven, Cahiers de conversation*, Paris, 1946. – Luigi Magnani, *Les Carnets de conversation de Beethoven*, Neuchâtel, 1972.

BÉGUIN Albert. Écrivain suisse d'expression française. Né le 17 juillet 1901 à La Chaux-de-Fonds, mort à Rome le 3 mai 1957. C'est en 1937, après un premier livre sur *Gérard de Nerval* (1936), que paraît la thèse d'Albert Béguin, *L'Âme romantique et le rêve* (*), qui aura une influence considérable sur la critique littéraire et sur l'histoire de la pensée européenne. Cet ouvrage capital servira de référence pour comparer les influences ou les oppositions relatives au rêve chez les romantiques allemands et dans la poésie française. Écrivain de la Suisse romande et germaniste averti – il a traduit Hoffmann, Mörike, Jean-Paul, Tieck... –, Albert Béguin est capable de comprendre les différents courants qui dominent la littérature occidentale et il peut être considéré comme le père de la littérature comparée. Catholique converti, ouvert aux idées de la gauche, il dirige pendant la guerre *Les Cahiers du Rhône* pour faire entendre la voix de la pensée dans la nuit du nazisme et, après la guerre, il prend la tête de la revue *Esprit* (*). Il s'intéresse également aux écrivains mystiques dans des ouvrages tels que *Léon Bloy, mystique de la douleur* (1948), *Pascal* par lui-même (1952), *Bernanos* (1954). Mais son inlassable activité intellectuelle se tourne tout aussi bien vers une édition de Gérard de Nerval, et vers une étude consacrée à *La Prière de Péguy* (1942). Ses études sur Balzac ont été réunies après sa mort dans *Balzac lu et relu* (1965), tandis que *Poésie de la présence* (1957) réunit des articles sur la poésie, de Chrétien de Troyes à Pierre Emmanuel.

RÉF. : G. Poulet, J. Rousset, J. Starobinski et P. Grotzer (éd.), *Albert Béguin et Marcel Raymond*, Paris, 1979.

BÉHAINE René (pseud. de René Behenne). Romancier français. Né à Vervins (Aisne) le 17 juin 1880, mort à Villefranche-sur-Mer le 3 janvier 1966. Auteur d'une vaste chronique en dix-sept volumes, *L'Histoire d'une société* (*) (1904-1964), il décrit sans complaisance la vie bourgeoise d'avant 1914. Au cours du récit, évoluent les milieux les plus divers, allant des paysans aux cercles littéraires de la vie parisienne. Mais ce roman gigantesque affirme aussi une conquête de soi et analyse le drame de l'unité perdue : l'individu, privé de son support naturel qu'est la famille, forme sociale du couple, est plus éloigné que jamais de l'unité désespérément recherchée et s'insurge contre la société et contre lui-même. Pourtant, la psychologie n'est pas un but pour lui, elle n'est qu'un moyen d'accès aux régions où s'élabore la pensée qui est à ses yeux la totalité de l'homme. René Béhaine a été très injustement méconnu du grand public, sauf peut-être pour le volume intitulé *Sous le char de Kâli* (*) (1947) qui a fait l'objet de critiques élogieuses de Léon Daudet.

BEHAN Brendan. Dramaturge irlandais. Né et mort à Dublin : 9 février 1923 - 21 mars 1964. Volontaire à quatorze ans dans l'armée républicaine irlandaise (I.R.A.), il est arrêté deux ans plus tard en Angleterre et envoyé à la maison de redressement de Borstal. En 1942, il sera condamné à quatorze ans de détention par le tribunal militaire de Dublin (pour être libéré en 1948). Ces faits, d'une vie impossible à retracer dans tout son détail vrai et imaginaire, sont mentionnés par lui dans ses deux autobiographies, *Un peuple partisan* (*) (1958) et *Confessions d'un rebelle irlandais* [*Confessions of an Irish Rebel*, 1965]. De son propre aveu, Behan n'aimait rien tant que boire et parler, et sa réputation comme son audience s'en sont accrues. Ce qui n'est pas nier la vérité de son talent dru, drôle, émouvant qui se manifeste dans deux pièces de théâtre : *Le Client du matin* (*) (1955) et *Deux otages* (*) (1958). *Le Client du matin* revient sur l'expérience de la maison de détention, la dramatise comme il convient ; la pièce est dépouillée autant que cocasse, et l'on croirait que l'auteur invente un langage. Mais le moment sans doute le plus extraordinaire de la vie de Brendan Behan fut celui où, tout jeune terroriste, il fut arrêté par la police britannique à Liverpool avec un chargement d'explosifs. Il comptait, apparemment, faire sauter les chantiers navals ! Plus tard, il se fera beaucoup d'amis et trouvera même certains mérites à ses anciens ennemis. Il a laissé le souvenir d'un homme animé d'une impétuosité généreuse et sans aucune complaisance pour lui-même.

RÉF. : R. Jeffs, *Brendan Behan, Man and Showman*, Londres, 1966.

BEHN Aphra née **Amis.** Écrivain anglais. Née à Wye (Kent) en juillet 1640, morte à Londres le 16 avril 1689. Il est difficile de démêler la part de légende et la part de vérité qui composent le personnage indépendant et dénué de scrupules de celle qui fut la première femme de lettres professionnelle de la littérature anglaise. Il n'est pas impossible que sa déclaration, suivant laquelle son père aurait été vice-gouverneur de Surinam, et non un humble barbier comme il avait été supposé, corresponde à la réalité. Quoi qu'il en fût, Aphra Behn passa son enfance et son adolescence au Surinam dans les Indes occidentales. Après être retournée à Londres, elle rencontra, dans sa dix-huitième année, un certain Mr. Behn, riche marchand, qui lui donna son nom et le moyen d'entrer dans la société brillante et licencieuse de la Restauration. Aphra Behn fut alors à même de déployer ses grâces et de remporter les succès dont elle était avide. Une fois son mari mort, elle intrigua tant et si bien qu'elle fit scandale. Il est difficile de savoir avec exactitude quels hommes influents elle parvint à séduire, et quels rapports elle entretint avec le roi Charles II, difficile de déterminer les activités clandestines qu'elle exerça en Hollande (1666) et la façon dont sa fortune déclina. Vers 1670, Aphra Behn se trouva dans la misère et dut, pour pouvoir vivre, utiliser, en plus de son expérience de globe-trotter, son talent d'écrivain. C'est ainsi que naquirent les comédies amoureuses, pleines de hardiesse : *Le Mariage forcé* [*The Forc'd Marriage,* 1670] ; *Le Petit Maître* [*The Town-Fop,* 1677] ; *La Bonne Fortune* [*The Lucky Chance,* 1686] ; *Le Pirate* [*The Rover,* 1677-80], etc., les drames, les romans, parmi lesquels il faut mentionner les *Aventures curieuses et intéressantes d'Oroonoko, prince africain* (*), livre qui préfigure le réalisme de Defoe.

RÉF. : V. Sackville-West, *Aphra Behn, the Incomparable Astrea,* London, 1927. — C. et W. Jerrold, *Five Queer Women,* London, 1929. — E. Hahn, *Aphra Behn,* Londres, 1951. — Maureen Duffy, *The Passionate Shepherdess,* Londres, 1977. — Mary Ann O'Donnell, *Aphra Behn : an Annotated Bibliography of Primary and Secondary Sources,* New York, 1986.

BEK Alexandre Alfredovitch [Aleksandr Al'fredovič Bek]. Écrivain russe. Né à Saratov le 3 janvier 1903, mort à Moscou le 2 novembre 1972. Fils d'un médecin militaire, il participe dès l'âge de seize ans à la guerre civile en tant que volontaire, puis devient journaliste. Son premier livre est *Kourako* (1934), biographie légendaire d'un célèbre ouvrier de haut fourneau. Le roman *La Chaussée de Volokolamsk* (*) (1943-1944) est l'un des meilleurs ouvrages de la littérature soviétique sur la dernière guerre. Bek y parle de la défense de Moscou en 1941 sans grandiloquence ni sentimentalité, en traitant de problèmes éthiques et psychologiques très complexes. L'auteur a donné une suite à ce livre dans deux romans publiés en 1960, *Quelques jours* [*Neskolko dnei*] et *La Réserve du général Panfilov* [*Rezerv generala Panfilova*]. *La Vie de Berejkov* [*Žizn' Berežkova*, 1956] est une biographie romancée d'un constructeur d'avions. Le roman *La Nouvelle Affectation* [*Novoïe naznačenie*, 1965] dont le héros est Tevossian, le ministre de la Sidérurgie à l'époque de Staline, fut interdit en U.R.S.S. jusqu'en 1987, après avoir paru en Occident en 1972.

EFIM ETKIND.

BELCARI Feo. Écrivain italien. Né et mort à Florence (4 février 1410-1484). Très dévoué à l'Église, il ne renonça pas pour autant à la vie publique, dans laquelle son amitié avec les Médicis lui permit d'occuper des postes dont il se tira avec honneur. Il fit partie des « Buoni Uomini » en 1451, et des chefs de l'Art de la laine en 1458 ; gonfalonier des Compagnies, il en devint en 1454 prieur laïc. Parmi les écrivains de son temps Belcari se distingue par la simplicité et la naïveté de son talent, par sa variété aussi, car si dans les *Laudes* il est poète lyrique, par contre dans les *Représentations* et dans *Abraham et Isaac* (*), considéré comme son chef-d'œuvre, toutes pièces inspirées de l'Écriture sainte et de l'hagiographie, il apparaît comme un des pionniers de la forme dramatique. Citons aussi d'autres œuvres en prose et en langue vulgaire, mais d'une grande clarté : *Annonciation de Notre-Dame ; La Vie du Bienheureux Colombin* et *Le Pré spirituel.*

BELINSKI Vissarion Grigoriévitch [Vissarion Grigorjevič Belinskij]. Écrivain russe. Né à Svéaborg (Finlande) le 30 mai 1811, mort le 26 mai 1848 à Moscou. Fils d'un médecin de la marine militaire russe, Belinski, ses études secondaires terminées, prit ses inscriptions à l'université de Moscou. Membre assidu des « cercles littéraires » que fréquentaient les étudiants, Belinski compose, à la fin de l'année 1830, une tragédie, *Dimitri Kalinine*, inspirée des *Brigands* (*) de Schiller. Sans intérêt au point de vue littéraire, cette tragédie, remplie de tirades passionnées contre le servage, fit scandale ; à la première occasion, Belinski fut renvoyé de l'université « pour incapacité ». Il se lança dans le journalisme, collabora au *Télescope* de Nadejdine, puis, après la suppression de cette feuille (1836), dirigea jusqu'en 1839 *L'Observateur moscovite* [*Moskovskij nabljudatel'*], dont le propriétaire était alors le fameux Bakounine. C'est à l'époque de sa collaboration au *Télescope*, plus exactement en 1834, qu'il écrivit ses articles les plus connus : *Les Rêveries littéraires*, articles qui firent connaître le nom de Belinski dans toute la Russie. En 1840, Belinski quitta Moscou pour s'installer à Saint-Pétersbourg, où il s'imposa rapidement par ses articles de critique littéraire et de polémique, accueillis par les *Annales de la Patrie* [*Otečestvennyja Zapiski*]. Jusqu'à cette époque, Belinski professait des idées libérales, mais, sous l'influence des théories hégéliennes, il se mit à soutenir le pouvoir établi, prétendant que la vie d'un philosophe n'est en rien modifiée par le régime. Ce ne fut, d'ailleurs, qu'une parenthèse assez brève ; par ses articles il recommença bientôt à soutenir les écrivains partisans des réformes sociales et fit servir la dialectique hégélienne à la défense et à l'exaltation de la foi en un progrès continu se manifestant dans tous les domaines de la vie sociale. Marié en 1843 à une institutrice, il fit paraître en 1844 sa *Vie du poète Koltsov* [*Žizn' poèta Kol'cova*] et, deux ans plus tard, une *Étude sur les œuvres de Polévoï* [*Očerk proizvedenij N. A. Polevogo*]. Il collaborait en même temps comme critique littéraire au *Contemporain* [*Sovremennik*], revue fondée par Pouchkine et que Panaïev et Nekrassov venaient d'acheter. Belinski y prit avec fougue la défense de l'école naturaliste, dont Gogol fut le premier représentant au sein de la littérature russe. Dans ses articles, lus avidement par toute l'intelligentzia et surtout par la jeunesse universitaire, Belinski dénonçait les méfaits du servage (sans toutefois s'attaquer au principe de celui-ci), déplorait la situation de la femme dans la famille, fustigeait l'apathie russe, la routine administrative, le manque de culture, l'absence de vertus telles que l'honnêteté, l'humanitarisme et le civisme. En 1847, atteint déjà par la maladie qui devait bientôt lui être fatale, Belinski rédige sa violente *Lettre à Gogol* (*), où il attaque l'auteur de la *Correspondance avec des amis* [*Perepiska s druz'jami*]. Le texte de cette *Lettre* circulait en des milliers de copies manuscrites parmi la jeunesse, qui en avait fait une véritable profession de foi ; la censure impériale n'en autorisa la publication intégrale que cinquante-huit ans plus tard, en 1905. La première édition de ses œuvres complètes (en russe) parut en 1859.

RÉF. : P. Milioukov, *Le Mouvement intellectuel russe*, Paris, 1918.

BELLARMIN Robert, saint. Théologien italien. Né à Montepulciano dans le Val de Chiana le 4 octobre 1542, mort à Rome le 7 septembre 1621. Sa mère était sœur du pape Marcel II. En 1557 Robert devint l'un des premiers élèves du collège des jésuites à Montepulciano. Le 20 septembre 1560, il entrait dans la Compagnie de Jésus. Au cours des années qui suivirent, il étudia la philosophie puis la théologie, d'abord à Padoue, puis à Louvain. Encore étudiant, il engagea une polémique avec Baïus, professeur à l'université qui soutenait des doctrines condamnées par le Saint-Siège. Épuisé par le travail, il revint à Rome, au collège romain, où il occupa onze ans la chaire créée spécialement pour l'exposé et la critique des nouvelles doctrines qui fleurissaient dans le reste de l'Europe. Le résultat de cet enseignement est son chef-d'œuvre : *Controverses du christianisme au sujet des hérétiques de ce temps* (*), tandis qu'il écrivait d'autres œuvres de moindre importance, de philosophie et d'histoire politique. Il accompagna le légat envoyé en France par

Sixte-Quint pour apaiser la lutte entre la Ligue et Henri de Navarre, et se trouva à Paris lors du terrible siège qui coûta la vie à plus de trente mille personnes. Il fut successivement recteur du collège romain, supérieur de la Province napolitaine de son ordre, théologien pontifical et enfin nommé cardinal par Clément VIII. Il devint le conseiller intime du pape. Exilé à Capoue par suite de divergences avec les cardinaux au sujet du népotisme du pape, il revint à Rome en 1611, où il connut Galilée. Il s'intéressa à ses expériences et, dans la polémique sur la conception héliocentrique dite contraire aux Écritures saintes, il déclara qu'il fallait être prudent dans l'interprétation des textes de l'Écriture se rapportant à ce sujet. Le Saint-Siège n'en condamna pas moins la doctrine de Copernic en 1616. Dans ses dernières années, Bellarmin écrivit quelques traités sur l'ascétisme. Il mourut à soixante-dix-neuf ans. Par la suite il fut déclaré saint et docteur de l'Église.

RÉF. : J.-B. Couderc, S. J. *Le Vénérable Cardinal Bellarmin,* 1893, 2 vol. – J. Thermes, *Le Bienheureux Robert Bellarmin,* 1923. – E. A. Ryan, *The Historical Scholarship of Saint Bellarmine,* 1936. – A. di Giovanni, *La Grazia del primo uomo e la perdita di essa nelle « controversie » di Roberto Bellarmino,* Messine, 1941. – J. Brodrick, *Roberto Bellarmine, Saint and Scholar,* Londres, 1961.

BELLEAU Rémy. Poète français. Né à Nogent-le-Rotrou en 1528, mort à Paris le 6 avril 1577. Né dans une famille modeste du Perche, clerc du diocèse de Chartres, il doit sans doute à ces origines géographiques l'appui du poète Hugues Salel, qui séjourne à Chartres, et de Nicolas Denisot, du Mans, tous deux susceptibles de le mettre en relation avec ceux qui seront dorénavant ses amis : Olivier de Magny, Marc-Antoine Muret et Étienne Jodelle d'abord, puis Ronsard, Du Bellay et tous les membres de la Pléiade auxquels il reste profondément attaché toute sa vie. Ils feront de ses funérailles une manifestation d'amitié et de solidarité littéraire. Outre le bénéfice d'une cure (près de Loches en 1561), son existence a été assurée par deux familles successives : les Choiseul d'abord, puis la toute-puissante famille des Guise-Lorraine. L'abbé Christofle de Choiseul, qui jouit de plusieurs bénéfices dans le Bassigny (Haute-Marne), l'entretient au moins de 1550 à 1560, et lui permet de résider longuement à Paris. En 1553, Belleau joue dans la *Cléopâtre captive* (*) de Jodelle comme il le fera plus tard dans le *Brave* de Baïf, et participe aux fêtes qui ont marqué les premiers succès des élèves des collèges de Boncourt et Coqueret ; dans les années suivantes, il contribue comme ses amis à la traduction des vers cités dans la *Dialectique* (*) de Ramus (1555) et publie dans les œuvres de Ronsard ses premiers poèmes, les *Petites inventions* de 1554 et 1555, avant de les joindre, augmentées de six poèmes, à sa traduction des *Odes d'Anacréon* (1556) : ce recueil, dans lequel Belleau manifeste déjà sensualité et érudition, fait immédiatement sa célébrité. Les Choiseul, proches des Guise et de leur château de Joinville, sont dans la dépendance effective des princes de Lorraine. C'est tout naturellement que Belleau entre définitivement en 1563 au service de René de Lorraine, marquis d'Elbeuf, comme gouverneur de son fils, neveu du cardinal Charles de Lorraine et du duc François de Guise ; il avait auparavant tenté, sous le commandement de René, une carrière militaire dans la cavalerie lors de la campagne d'Italie de 1556-1557. Rentré rapidement à Paris, il rédige le *Commentaire* du *Second Livre des Amours* de Ronsard (1560). À la mort de René de Lorraine et de sa femme (1566), le cardinal de Lorraine lui garde sa confiance, et fait du poète le superintendant de son neveu, charge qu'il conserve jusqu'à sa mort. Lorsque commencent véritablement, en 1560, les guerres de religion, Belleau réprouve l'arrestation du prince calviniste Louis de Condé, pris au piège des Guise en 1561, et se félicite de sa libération dans trois longs poèmes anonymes, aussitôt traduits en latin par l'un de ses amis réformés, Florent Chrestien. Mais devant le spectacle dramatique donné au cours de l'année 1562 par les prises et sacs de villes, du fait des reîtres allemands introduits par les chefs réformés (Rouen, Le Havre, Caen, Poitiers, etc.), Belleau obéit à l'invitation expresse de Ronsard et se range définitivement du côté des Guise : son *Dictamen metrificum de bello Huguenotico*, conçu au début de 1563, est écrit en accord avec les discours violents composés en 1562 et 1563 par son ami. Peu belliqueux cependant, le poète préfère au style pamphlétaire de Ronsard la verve grotesque des vers macaroniques (illustrés naguère par des Italiens et des Provençaux) ; ces neuf pages assurent sa survie aux XVIIe et XVIIIe siècles, mais Belleau n'avait accepté de les imprimer qu'en 1571 (augmentées de quelques lignes en 1574, sous la poussée d'une actualité toujours plus terrible). Composée dans la même période (1563), une comédie plus modérée, partagée entre les deux religions, *La Reconnue* (*), est publiée après sa mort sans avoir reçu les dernières corrections nécessaires. Le grand talent de Belleau se manifeste essentiellement dans une sorte de pastorale raffinée conçue pour le château de Joinville, *La Bergerie* (*), dont la *Première journée* paraît en 1565, remaniée en 1572 et augmentée d'une *Seconde journée.* « Peintre des formes naturelles », des fêtes et des beaux objets, Belleau les décrit en artiste gourmand dans la première vraie prose poétique française, qui insère des poèmes aux mètres recherchés. Le lapidaire poétique des *Amours et nouveaux eschanges des pierres précieuses, vertus et propriétés d'icelles* (*) (1576) continue, sous la forme de petits hymnes variés, l'éloge savant des pierres aux propriétés magiques, mêlant descriptions et récits mythiques comme il l'avait fait dans ses

Petites inventions : avec la plus gracieuse précision.

MARIE-MADELEINE FONTAINE.

RÉF. : Sandor Eckhart, *Rémy Belleau, sa vie, sa « Bergerie »*, Budapest, 1917. – Doris Delacourcelle, *Le Sentiment de l'art dans « La Bergerie », de Rémy Belleau*, Oxford, 1945. – Madeleine Jurgens, *Ronsard et ses amis*, Archives nationales, Paris, 1985. Voir aussi les ouvrages sur La Pléiade.

BELLESSORT André. Écrivain français. Né le 12 mars 1866 à Laval (Mayenne), mort le 22 janvier 1942 à Paris. Militant d'Action française, catholique fervent, il commence par un recueil poétique, *Mythes et Poèmes* (1894). De ses voyages, il rapporte *Chili et Bolivie* (1897), *De Ceylan aux Philippines* (1899), *La Société japonaise* (1901), *La Roumanie contemporaine* (1905)... Il a traduit et adapté avec succès *La Saga de Gösta Berling* (*) et deux autres romans de Selma Lagerlöf. Il reprend ses cours en 1914 aux lycées Janson-de-Sailly et Louis-le-Grand où il a comme élèves Robert Brasillach et Daniel-Rops. Il dirige un temps la Librairie académique Perrin. Conférencier, il laisse sur son auditoire une impression profonde. Parmi ses ouvrages, on peut citer son *Saint François-Xavier* (1917), *Le Rôle des intellectuels dans l'avènement de la IIIe République* (1930), *La Société française sous Napoléon III* (1933), *Études et figures, variétés littéraires* (*) (1920), suite d'études qui vont de Cervantès à Brunetière. Secrétaire de *La Revue des Deux Mondes* (*), il fut élu à l'Académie française en 1935.

GUY LE CLEC'H

BELLINI Vincenzo. Compositeur italien. Né à Catane le 3 février 1801, mort à Puteaux près de Paris, le 28 octobre 1835. Il s'adonna très tôt à l'étude de la musique ; il n'avait guère que sept ans lorsqu'il entreprit ses premiers essais de composition. En 1819, il demanda et obtint des subsides afin de pouvoir se rendre à Naples où il étudia au Conservatoire Saint-Sébastien, et eut pour maître Zingalleri. Il y resta six ans, pendant lesquels son activité de compositeur ne se ralentit pas ; il écrivit alors des pages de musique sacrée et instrumentale ainsi que sa première œuvre dramatique, *Adelson et Salvini* (1825), petit opéra qui fut représenté sur la scène du Conservatoire, et dans lequel s'exprime avec assez de fraîcheur un mysticisme juvénile et romantique. Bellini était beau, d'une beauté aimable et fascinante mais quelque peu efféminée. Il avait peur de la vie et de l'avenir, et son œuvre tout entière se ressentira du sentiment intense de l'instabilité et de la précarité du bonheur qui faisait le fond de son caractère. Les idées et les thèmes musicaux qui paraissent dans les œuvres de ses débuts seront de nouveau utilisés dans les opéras de la maturité comme *Les Capulet et les Montaigu* (+), *L'Étrangère, Bianca.* En 1826, le Conservatoire de Naples recommandait au théâtre San Carlo un mélodrame de Bellini, *Carlo duc d'Agrigente*, plus tard revu et rebaptisé sous le nom de *Bianca et Fernando.* Avec le succès de cette œuvre commença la fortune théâtrale de Bellini qui, aussitôt après, fut invité à composer, pour le théâtre de la Scala de Milan, *Le Pirate* (*), sur un livret de Felice Romani, dont il fit la connaissance à ce moment. De 1827 à 1831, sa renommée ne cessa de croître. Il composa sept ouvrages lyriques que couronnèrent deux chefs-d'œuvre, *La Somnambule* (*) et *Norma* (*). *Norma* connut d'abord un échec retentissant, mais l'artiste conscient de la valeur de son œuvre attendait sa revanche qui ne tarda pas, car *Norma* eut, peu de temps après, un succès triomphal sur les principales scènes d'Italie et d'Europe. Au mois de mai 1833, Bellini se rendit à Londres où il avait été invité à diriger ses œuvres. Ce séjour dans la capitale anglaise marque la période la plus heureuse de sa courte existence. Il y connut non seulement la gloire mais l'amour. L'année suivante, Carlo Pepoli lui offrit à Paris le livret des *Puritains* (*), et, entre le printemps et l'automne de 1834, dans la villa de l'Israélite anglais Lewys, à Puteaux près de Paris, il termina son dernier chef-d'œuvre, représenté le 25 janvier 1835 au Théâtre des Italiens à Paris, où il remporta un succès triomphal. Huit mois plus tard, Bellini mourait de la maladie intestinale qui le minait depuis longtemps.

VINCENZO TERENZIO.

♦ *« Au moment où Beethoven léguait au monde des richesses dues en partie* [*au*] *refus du don mélodique, un autre compositeur* [Bellini], *dont les mérites n'ont jamais été égalés à ceux du maître de Bonn, semait à tous vents, avec une infatigable profusion, des mélodies magnifiques et de la plus rare qualité, les distribuant gratuitement comme il les avait reçues, sans même penser à se reconnaître le mérite de les avoir enfantées. »* I. Stravinski.

RÉF. : V. Labat, *Bellini*, Bordeaux, 1865. – Arthur Pougin, *Bellini, sa vie, ses œuvres*, Paris, 1868. – F. Florino et M. Scherillo, *Album Bellini*, Naples, 1886. – Salvatore Pagliatti, *Chopin e Bellini*, Messine, 1952. – Olivier Merlin, *Quand le bel canto régnait sur le boulevard*, Paris, 1978. – Pierre Brunel, *Bellini*, Paris, 1981. – Rodolfo Celetti, *Histoire du bel canto*, Paris, 1987.

BELLMAN Carl Michael. Poète suédois. Né le 4 février 1740, à Stockholm, mort dans cette même ville le 21 février 1795. Il fut élevé dans une atmosphère dévote, au milieu de gens cultivés, et commença très tôt, après un bref séjour à l'université d'Uppsala, d'écrire pour lui-même. Il entra tour à tour, comme employé, dans différentes administrations (dans une banque, à la Manufacture royale, à la direction générale des Douanes, à la Loterie), mais, comme il ne pouvait point s'adapter à l'aride travail de bureau, il chercha dans la vie plaisante d'une Stockholm entichée d'art rococo et qui vénérait comme des divinités les pères du *Vaux de Vire* (*), Basselin et Le Houx, de quoi nourrir ses songes de poète. Ce fut le premier grand poète lyrique suédois. Dédaignant la littérature mystique et didactique qui avait jusqu'alors connu la faveur des poètes de son pays, il tira son inspiration de la réalité et célébra l'amour, la femme, le chant et l'ivresse. Cette poésie, qu'il qualifia lui-même de « musicale », est liée à une mélodie intérieure qui ne peut prendre son véritable sens et toute son ampleur que si elle s'exprime par la voix humaine (« La musique et le chant forment un tout – écrit Kellgren – de sorte qu'il est difficile de déterminer qui des deux est le plus indispensable à l'autre, quand on veut obtenir la perfection »). Néanmoins Bellman ne composa pas la musique qui devait accompagner ses poèmes lyriques ; il se contenta d'adapter des mélodies populaires, des petites chansons françaises, des airs d'opéra et même des chants liturgiques, le tout emprunté à Haendel, Gluck, Haydn, Grétry, Pergolèse et quelques autres. Il n'écrivait pas un vers qu'il n'eût au préalable scandé sur un thème musical ou sur un air de danse. Ses premières œuvres circulèrent tout d'abord en édition populaire, et sans nom d'auteur. C'étaient des parodies de *La Bible* (*) (petits tableaux spirituels avec des personnages tirés des Écritures saintes : la chaste Suzanne, Joseph et la femme de Putiphar, etc.), des chants pour les banquets, des odes, des idylles, des lettres en vers, des épîtres dans lesquelles il campait un Bacchus rustique qui semblait sorti des toiles de Rubens et de Jordaens. Sa réputation lui valut très vite la protection et les libéralités de Gustave III. Bien qu'il eût épousé en 1777 la fille d'un épicier, Lovisa Frederika Grönlund dont il eut trois enfants, il ne cessa point de mener une vie assez fantaisiste, écrivant des poèmes et faisant bonne chère dans des familles amies, hantant les cabarets qui furent son véritable royaume. Ses œuvre poétiques, *Épîtres de Fredman* (*) et *Chansons de Fredman* [*Fredmans sånger*], enfin rassemblées en deux recueils, parurent entre 1790 et 1791 et lui valurent un prix de cinquante thalers d'argent, décerné par l'Académie suédoise ; c'était pour lui une consécration officielle, mais qui ne l'empêcha point de courir à sa perte. En dépit de l'aide généreuse de ses amis, il vécut criblé de dettes, et se trouva dans une situation des plus précaire entre 1780 et 1791. Ses dernières lettres, qui datent de 1790 environ, sont encore vives et colorées, bien qu'envahies par une mélancolie grandissante.

RÉF. : Paul Britten Austin, *The Life and Songs of Carl Michael Bellman. Genius of the Swedish Rococo, Malmö,* 1967. Traduction : *Carl Michael Bellman. Hans liv, hans miljö, hans verk,* Ystad, rééd. 1979. – Carl Larsson och Magdalena Hellquist, *Ordbok till Fredmans epistlar,* Lund, 1967. – Carl Fehrman, *Vin och flickor och Fredmans stråke : Bellman och visans vägar,* Stockholm, 1977.

BELLO Andrès. Écrivain chilien d'origine vénézuélienne. Né à Caracas (Venezuela) le 29 novembre 1781, mort à Santiago du Chili le 15 octobre 1865. Il fut l'un des plus éminents humanistes américains, et l'un des plus grands génies du monde hispanique. Ayant reçu les bases de sa formation à Caracas, il y demeura vingt-neuf ans, jusqu'en 1810, année où il se rendit à Londres en compagnie de Simon Bolivar – le futur libérateur – et de Luis Lopez Mendez, chargés d'une mission diplomatique auprès de la cour d'Angleterre. Il resta dix-neuf ans à Londres en qualité de chargé d'affaires du Venezuela, et en profita pour se livrer à des études philologiques très poussées. De Londres, il se rendit au Chili où il finit ses jours, se dévouant à son plus grand idéal : celui de travailler par tous les moyens en son pouvoir au progrès des nations sud-américaines libérées depuis peu. En 1842 il fonda l'université du Chili dont il fut recteur à vie ; il s'intéressa au droit, rédigea des journaux, soutint toutes les entreprises culturelles qui ressortissaient à sa zone d'influence. Son nom devint synonyme de maître du peuple chilien et, par extension, de toutes les nations hispano-américaines. Il laissa à sa mort une œuvre considérable ; sa bibliographie est très importante, et embrasse tous les besoins intellectuels de son temps ; elle est consacrée à l'épanouissement de la civilisation du Nouveau Monde. Parmi les œuvres capitales de Bello figurent sa célèbre *Grammaire espagnole* [*Gramática de la lengua castellana*, 1850] qui n'a pas été dépassée, le *Code civil chilien* [*Proyecto de Código Civil*], une *Cosmographie* [*Cosmografia o Descripción del universo conforme a los ultimos descubrimientos*, 1848], une *Philosophie de l'entendement* [*Filosofia del entendimiento*]. Dans le domaine littéraire, ses essais révèlent un sens critique et historique de tout premier ordre ; ils sont écrits en un style clair, élégant, correct, qui rappelle les meilleurs auteurs classiques. Marcelino Menendez y Pelayo le nomma prince des poètes américains, louant l'inspiration poétique si délicate et réfléchie qui fait le charme de ses *Silvas* (+) et de *Allocution à la poésie*, publié sous le titre : *Discurso prononciado por el rector de la Universidad de Chile en el aniversario solemne de 29 de octubre de 1848.* Citons enfin *Poésies* (*), *Poèmes du Cid* – v. *Le Cid* (*) – et quelques traductions d'œuvres françaises, faites en collaboration avec Anicet Bourgeois.

RÉF. : Francisco Contreras, *Les Écrivains contemporains de l'Amérique espagnole*, 1920. – Max Daireaux, *Panorama de la littérature hispano-américaine*, 1930. – R. Caldera, *Andrès Bello, Philosopher, Poet, Philologist, Educator, Legislator, Statesman*, Londres, 1977. – A. de Avila Martel, *Andrès Bello. Su vida y su obras*, Santiago du Chili, 1981.

BELLOC Hilaire. Écrivain anglais. Né le 27 juillet 1870 à La Celle-Saint-Cloud et mort le 16 juillet 1953 à Guildford. Fils d'un avocat français et d'une suffragette irlandaise, Hilaire Belloc grandit dans un entourage catholique. Il fit ses premières études à Birmingham. Après avoir accompli son service militaire à Toul, dans l'artillerie, en tant que citoyen français, il obtint un diplôme d'histoire à Oxford. En 1896, il épousa Elodie Hogan, une américaine. Naturalisé anglais en 1902, il fut membre du Parlement britannique de 1906 à 1910, d'abord aux côtés des Libéraux, puis des Indépendants. Il fut critique littéraire au *Morning Post* avant de fonder son propre journal, *The Eye-Witness* (« le témoin oculaire ») en 1911. Ses premiers poèmes apparurent en 1895. En 1896 parut *Le Bestiaire d'un méchant enfant* (*). Hilaire Belloc devait encore donner en 1907 *Contes de prudence* (+), autre recueil pour enfants – et pour adultes – où il parodie la morale victorienne. C'est sur ces textes « enfantins » que repose aujourd'hui la popularité d'Hilaire Belloc. Historien et biographe, on lui doit des vies de Danton, Robespierre, Napoléon et Cromwell, entre autres. Il écrivit aussi des romans satiriques, comme *Emmanuel Burden* en 1904 ou *L'Élection de M. Clutterbuck* en 1908. De tous ses romans, c'est *Belinda* (1928) qu'il préférait, histoire d'amour où l'ironie se mêle au romantisme. On lui doit des récits de voyages comme *Sussex* (1906) ou *Les Pyrénées* (1909). Il publia en 1902 *Sur la route de Rome* [*The Path to Rome*], narration d'un pèlerinage de Toul à Rome à pied, illustrée par l'auteur, agrémentée de commentaires sur l'histoire de l'Europe, d'anecdotes et de dialogues imaginaires entre « Lecteur » et « Auteur ». La ferveur de son catholicisme entraîna parfois Belloc à des inexactitudes historiques dans des ouvrages comme *L'Europe et la Foi* [*Europe and the Faith,* 1920]. De 1925 à 1931 parurent les quatre volumes de son *Histoire de l'Angleterre.* Une controverse l'opposa à H. G. Wells, auteur de *Outline of History. Les Quatre Hommes* [*The Four Men*], publiés en 1912, racontent une promenade dans le Sussex, en y ajoutant diverses réflexions philosophiques et historiques. En 1925 parut *La Croisière du « Nona »* [*The Cruise of the Nona*]. Avec la collaboration de G. K. Chesterton il produisit divers ouvrages dirigés contre le socialisme de Bernard Shaw et de H. G. Wells, notamment *L'État servile* [*The Servile State,* 1912]. Son goût pour le paradoxe le pousse à écrire des textes comme *Le Guide du lettré* [*Caliban's Guide to Letters,* 1903], signé « Caliban », pseudonyme emprunté à *La Tempête* (*) de Shakespeare, et *À propos de rien* [*On Nothing,* 1908]. Par un anticonformisme plus ou moins volontaire, Hilaire Belloc défendit la religion à une époque de laïcisation croissante, et se fit le chantre de l'ancien régime au XXe siècle.

LAURENT BURY.

RÉF. : R. Haynes, *Hilaire Belloc,* 1953.

BELLORI Giovan Pietro. « Antiquaire » italien. Né à Rome en 1615, mort dans cette même ville en 1696. Dès son enfance, il se passionna pour les arts et la littérature, et acquit de vastes connaissances. Ses études et la contemplation des œuvres d'art le menèrent à la conception d'un idéal néo-classique avant la lettre. Précurseur de Winckelmann, il publia, en collaboration avec le graveur romain Pietro Santo, un ensemble d'essais : *En admirant les antiquités romaines et les vestiges de la sculpture antique* [*Admiranda romanarum antiquitatum ac veteris sculpturae vestigia*, 1693]. Sa culture lui valut d'être nommé bibliothécaire de Christine de Suède et antiquaire de Rome. En cette qualité, il prononça en 1664 un discours académique : *L'idée du peintre, du sculpteur et de l'architecte, choisie parmi les beautés supérieures à la nature* [*L'idea del pittore, dello scultore e dell'architetto, scalta dalle bellezze naturali superiore alla natura*], qui servit de préface aux *Vies des peintres, sculpteurs et architectes modernes* (*). Bellori exprima son culte pour Raphaël dans sa *Description des images peintes par Raffaello d'Urbino dans les chambres du Palais épiscopal du Vatican* [*Descrizione delle immagini dipinte da Raffaello d'Urbino nelle camere del Palazzi Apostolico Vaticano,* 1695].

BELLOW Saul. Romancier américain. Né à Lachine (Québec) le 10 juin 1915, de parents juifs récemment émigrés de Russie. Études de sociologie et d'anthropologie à Chicago (1933-1937), puis carrière d'enseignant, seulement interrompue par la guerre et, plus tard, par son activité littéraire. Celle-ci commence avec *L'Homme en suspens* [*Dangling Man,* 1944], qui doit beaucoup à Kafka et peut-être au Sartre de *La Nausée* (*), et se poursuit avec *La Victime* [*The Victim,* 1945], où l'auteur analyse en profondeur la relation entre Juif et non-Juif. Ces deux premières œuvres sont très tenues et très serrées, à la manière européenne (Flaubert, etc.). Mais c'est avec *Les Aventures d'Augie March* (*) (1953), livre de facture très différente, que commence le succès (sous la forme du « National Book Award »). Désormais, Bellow va faire preuve, et même montre, d'une étonnante invention verbale mêlée à une grande versatilité stylistique. Ici, par exemple, il parodie le roman picaresque du XVIIIe siècle tout en s'inscrivant dans une tradition typiquement américaine, celle de la formation d'un adolescent : ainsi, le titre même du roman ne se cache pas de renvoyer au chef-d'œuvre de Mark Twain. Mais il y a dans le livre un élément qui n'est américain que depuis peu : c'est l'humour juif, dont la composante essentielle est peut-être le sens de la valeur de la souffrance.

Après *Au jour le jour* [*Seize the Day,* 1956], petit roman accompagné de trois nouvelles et d'une pièce en un acte, dont la publication ne démentit pas le succès du précédent, *Le Faiseur de pluie* (*) (1959) vint confirmer avec éclat le nouveau caractère, presque baroque, de la création littéraire chez Bellow : c'est le récit époustouflant des aventures tragicomiques, mais toujours (et parfois excessivement) chargées de symbolisme, d'un millionnaire du Connecticut dans une Afrique ici envisagée comme l'envers, ou le négatif, des États-Unis. Avec *Herzog* (*) (1964) vint la grande réputation internationale qui, en 1976, devait aboutir au prix Nobel, mais aussi une nouvelle phase, plus directement centrée sur le moi, de l'itinéraire littéraire de Saul Bellow. Il s'agit en effet d'une sorte de biographie intellectuelle et spirituelle, dont le héros est un intellectuel juif d'âge moyen empêtré dans ses relations avec deux épouses et quelques autres femmes, avec ses enfants, avec un ami qui le trahit, et avec sa double carrière d'enseignant et d'écrivain : on voit que la matière est assez proche de celle d'une autobiographie. Poussé jusqu'au bord du suicide, Herzog découvre in extremis la valeur du refus : refus des conséquences (psycho)logiques de sa névrose tout comme de l'Amérique moderne, laquelle a fait de lui une victime, et affirmation du simple bonheur d'être. Cependant cet ultime optimisme s'atténue quelque peu dans le roman suivant, *La Planète de M. Sammler* (*) (1970), où Bellow se montre plus sceptique à l'égard du moi, convaincu que la mort seule permet de connaître le sens de la vie, et non moins convaincu de la mort prochaine de la civilisation occidentale.

Le Don de Humboldt [*Humboldt's Gift,* 1975] fut moins bien accueilli que les romans précédents, quoique les thèmes en soient peu différents : il s'agit encore de l'écrivain, à la fois poète et faiseur — celui qui a reçu le don du verbe (que possède si éminemment son auteur). Mais on ne trouve pas ici l'humour qui sauvait superbement Herzog du désespoir narcissique, ni le sens de l'humanité qui régnait sur la planète de M. Sammler. Vinrent ensuite *L'Hiver du doyen* [*The Dean's December,* 1982], les nouvelles de *La journée s'est-elle bien passée ?* [*Him with his Foot in his Mouth,* 1984], *Le Cœur à bout de souffle* (*) (1987). Saul Bellow a écrit aussi des pièces de théâtre, qui ont généralement échoué : ainsi, *La Dernière Analyse* [*The Last Analysis,* 1964] et *Trente-sixième dessous* [*Under the Weather,* 1966], divers essais et conférences, et une traduction, importante parce qu'elle manifeste, s'il en était besoin, à quel point Bellow doit être considéré comme un écrivain « judéo-américain » : il s'agit de *Gimpel the Fool and Other Stories* (1957), de l'excellent écrivain « yiddischophone » Isaac Bashévis Singer. Aux charmes généreusement déployés du style, ou plutôt des styles de Saul Bellow, on peut préférer l'économie rigoureuse de Bernard Malamud, l'autre grand écrivain judéo-américain des deux dernières décennies ; il n'en reste pas moins que, avec ou sans le prix Nobel, Saul Bellow s'est taillé une part de lion dans la littérature moderne de langue anglaise.

MICHEL GRESSET.

♦ *« Obligé de choisir entre la plainte et la comédie, j'ai choisi la comédie, qui est plus énergique, plus sage et plus mâle. C'est pourquoi je n'aime plus mes premiers romans, que je trouve plaintifs, presque geignards. Dans* Herzog, *la plainte tourne au comique. »* ♦ *« Nos amis français voient toujours les réponses aux grandes questions, c'est-à-dire à toutes les questions de vérité, comme quelque chose de formidable, d'écrasant, d'hostile. Mais il est possible que la vérité ne soit pas, en tout cas toujours, si punitive. C'est ce que j'ai essayé de dire dans mes livres. Il y a peut-être des vérités qui sont du côté de la vie. »* Saul Bellow (interview, 1965). ♦ *« La réussite de Bellow réside en ce qu'il a imposé une idée d'ordre aux éléments conflictuels qui constituent son univers fictif : la vie et la mort, l'optimisme et le désespoir, la raison et le sentiment, le moi et la fraternité* [...] *Le paradoxe suprême est que le désordre qu'il voit partout reste intact et comme pris dans le cadre de l'ordre qu'a voulu l'artiste. »* Ghester Eisinger.

RÉF. : Tony Tanner, *Saul Bellow,* New York, 1965. – Earl Rovit, *Saul Bellow,* Minneapolis, 1967. – Keith M. Opdhal, *The Novels of Saul Bellow : An Introduction,* Pennsylvania State University Press, 1967. – Pierre Dommergues, *Saul Bellow,* Paris, 1967. – *Critical Essays on Saul Bellow,* éd. par S. Trachtenberg, Boston, 1979. – M. Bradbury, *Saul Bellow,* Londres, 1982. – *Saul Bellow,* éd. par M. Bloom, New York, 1986.

BELLOY Dormont de (pseud. de Pierre Laurent Buirette). Auteur dramatique français. Né le 17 novembre 1727 à Saint-Flour (Cantal), mort à Paris le 5 mars 1775. Demeuré orphelin à l'âge de six ans, il fut élevé par un de ses oncles, avocat au parlement de Paris, qui lui fit faire ses études de droit. Mais les goûts du jeune homme le portaient vers une tout autre vocation. Très doué pour la poésie et pour le théâtre, il abandonna la carrière judiciaire et, sous le nom de Dormont de Belloy, il se joignit à une troupe théâtrale. Ainsi commença pour lui la vie errante et mouvementée d'un comédien, d'ailleurs particulièrement recherché par la noblesse à cause de sa personnalité. Il se rendit en Russie où il reçut partout un accueil très favorable, et la tsarine Élisabeth le combla de faveurs. Espérant que sa gloire d'auteur dramatique avait désarmé son oncle, il revint à Paris en 1758, afin d'y faire représenter la tragédie *Titus.* Mais l'oncle implacable essaya d'abord de le faire arrêter ; n'y pouvant réussir, il mit tout en œuvre pour faire échouer la pièce. Dormont de Belloy, désespéré, retourna en Russie où il demeura jusqu'à la mort de son oncle (1761). Il monta la tragédie *Zelmire*, qui eut un grand succès (1762). En 1765, il présenta *Le Siège de Calais* (*), son chef-d'œuvre, qui suscita une véritable révolution et le classa parmi les meilleurs poètes tragiques. Il lui valut, en outre, de recevoir la médaille du roi et d'être nommé citoyen d'honneur de la ville de Calais. Dormont de Belloy écrivit et fit représenter successivement *Gaston et Bayard* qui rencontra un succès égal au *Siège de Calais* et lui ouvrit les portes de l'Académie française (1771), *Gabrielle de Vergy,* qui ne put être jouée et *Pierre le Cruel* que le public accueillit assez mal. Cet insuccès abrégea, dit-on, la vie de l'auteur, par ailleurs éprouvé par la misère, à un point tel que le roi Louis XVI dut lui faire parvenir, peu avant sa mort, une cinquantaine de louis.

RÉF. : De Belloy, *Le Siège de Calais*, dans *Théâtre du* XVIIIe siècle, éd. J. Truchet, Tome II, Paris, 1974. – E. Zimmermann, *P. L. Buirette de Belloy, sein Leben und seine Tragedien*, Leipzig, 1911. – C. D. Brenner, *L'Histoire nationale dans la tragédie française du XVIIIe siècle*, Berkeley, 1929. – C. Biondi, « Le Siège de Calais... ragioni di un successo », *Intorno a Montesquieu*, Pise, 1970.

BELY Andreï [Andrej Bélyj, pseud. de Boris Nikolaïevitch Bougaev]. Poète russe. Né et mort à Moscou (26 octobre 1880 - 7 janvier 1934). Fils de Nikolaï Bougaev, professeur de mathématiques à l'université de Moscou, le jeune Bougaev est, dès sa jeunesse, écartelé entre deux tendances contraires. Il y a en lui l'être épris de musique et de mysticisme ; celui qui s'enthousiasme pour des théories occultistes, les religions de l'Inde, qui lit Dostoïevski, Ibsen, Nietzsche et Vladimir Soloviev. Par contre, une autre partie de lui-même, rejetant tout ce qui est fumeux, informulé et décadent, se passionne pour les constructions logiques de Kant, de Stuart Mill, de Spencer. Pour complaire à cette seconde tendance, le jeune Bougaev s'inscrit en 1899 à la faculté des sciences de l'université de Moscou, étudie Darwin et Lamarck, mais continue néanmoins à fréquenter les cercles littéraires des Soloviev, des Merejkovski. En 1902 paraît la première œuvre d'Andreï Bely : *La Symphonie dramatique* [*Dramatičeskaja simfonija*], première des quatre *Symphonies* écrites par Bely. Ayant, après la mort de son père (1903), lié connaissance avec Brioussov et Balmont, puis, un peu plus tard, avec Ivanov et Blok, Bely devient membre du comité de rédaction de la revue symboliste *Vésy*, publie *Cendre* [*Pépél*, 1909], *L'Urne* (*) [*Urna*, 1909] et, en prose, *La Coupe des tempêtes* [*Kubok mjatelej*, 1908] et *La Colombe d'argent* (*). En 1910-1911, Bely voyage en Italie, visite l'Égypte et la Palestine. En 1912, il fait la connaissance de Rudolf Steiner, le fondateur de l'École anthroposophique, et il est absorbé pendant un an par l'étude de cette doctrine. En 1912, Bely fit paraître son roman *Pétersbourg* (*), suite de *La Colombe d'argent ;* c'est l'œuvre qui contient les meilleures pages de cet écrivain, pages qui rappellent les écrits fantastiques de Gogol. Ce roman est considéré par la plupart des critiques comme l'un des plus grands chefs-d'œuvre de la prose russe du XXe siècle. Ce second volet du triptyque *Orient et Occident* fut, en 1914, suivi par *Kotik Letaev* (*). Si la révolution de 1905 – sous l'influence de Vladimir Soloviev et surtout de celle, plus directe, de Merejkovski et de son *Avènement du Cham* – fut ressentie par Bely comme « une invasion de hordes asiatiques, venues noyer la Russie dans un océan de sang », son acceptation de la révolution de 1917 fut totale. Il prit part à tous les organismes culturels officiels, donna des conférences, organisa la section théâtrale du Commissariat à l'éducation populaire, ainsi que l'Association pour la libre philosophie. En 1921, Bely sembla étouffer à Moscou et il s'arrangea pour avoir l'autorisation de quitter la Russie. Il vécut à Berlin pendant deux ans, mais, déçu de l'esprit qui régnait dans une partie de l'émigration, rentra de nouveau en Russie. Pendant ces deux années, Bely ne publia que ses *Souvenirs sur A. A. Blok* [*Vospominanija o A. A. Bloke*], parus en 1922-1923 dans la revue berlinoise éditée en langue russe, *Epopéja*. Après son retour à Moscou, Bely n'écrivit qu'un seul roman, d'ailleurs paru inachevé : *Moscou*. Il se consacra presque exclusivement à un travail de mémorialiste et de critique littéraire, faisant paraître *Rythme en tant que dialectique* [*Ritm kak dialektika*, 1929] et *À la frontière de deux siècles* [*Na rubeže dvuh stoletij*, 1929]. Après sa mort, les éditions de l'État firent paraître : *L'Art de Gogol* [*Masterstvo Gogolja*, 1932], *Début du siècle* [*Načalo veka*, 1932] et *Entre deux révolutions* [*Meždu dvuh revoljucij*, 1933]. La *Correspondance entre Alexandre Blok et André Bely* [*A. A. Blok i Andrej Belyj, perepiska*] fut éditée dans le tome VII des *Annales du musée littéraire de l'État* (Moscou, 1940).

ALEXANDRE LABZINE.

RÉF. : Georges Nivat, *Andreï Bely* in *Histoire de la littérature russe. Le XXe siècle. L'Âge d'argent*, Paris, 1987.

BEMBO Pietro. Cardinal et humaniste italien. Né à Venise le 20 mai 1470, mort à Rome le 18 janvier 1547. À la suite de son père, Bernardo, ambassadeur vénitien – d'abord à Florence (1478-80), puis à Ferrare (1498) –, il fut à même de connaître la cour de Laurent le Magnifique et celle d'Este, où les écrivains étaient tenus en haute estime. Ses premières expériences à la Cour coïncidèrent avec des études classiques, très poussées, d'abord à Messine avec Constantin Lascaris (1492), puis à Padoue, sous la direction de Nicolò Leonico Tomeo. Bembo avait l'intention de se retirer à l'abbaye de la Croce dell'Avellana, près d'Urbino, mais le bienveillant accueil de Guidobaldo de Montefeltro et de sa femme, Élisabeth Gonzague, l'incita à y renoncer. Il leur dédia un éloge estimé. Bembo – qui fut maintes fois comparé à Pétrarque, non seulement pour sa manière mais encore pour ses tendances et les péripéties de son existence – n'était pas fait pour l'humilité monastique. Déjà à Urbin (1506-1512) il avait connu le cardinal Jean de Médicis, le futur pape Léon X, qui le réclamera à Rome pour rédiger les bulles pontificales en pur latin cicéronien. La période romaine (1512-1519) est dite, précisément, « cicéronienne », de même que la période des *Azolains* (+), dédiés à Lucrèce Borgia qu'il connut et aima à Ferrare, et des premiers essais de la *Prose en langue vulgaire* (*) ; ce fut le moment où le classique érudit ne demeura point sourd aux appels de la poésie en langue vulgaire, et où il opéra un rapprochement admirable entre les thèses opposées sur la langue, affirmant qu'il importait de conférer toute sa dignité au parler vulgaire, afin de le rendre semblable au latin dans sa perfection. Tandis qu'il achevait sa *Prose*, entre 1521 et 1525, il criblait de commentaires la nouvelle édition aldine du *Canzoniere* (*) de Pétrarque. À Rome il connut Faustina della Morosina qui lui donna trois fils, mais qu'il n'épousa pas pour ne point perdre ses bénéfices ecclésiastiques. De sa liaison, longtemps entourée de mystère, avec Marie Savorgnan, il a laissé un témoignage dans ses *Lettres* [*Carteggio*, 1500-1501], récemment éditées par les soins de Dionisotti. Il s'établit à Padoue où il devint historiographe de la Sérénissime (1530) et conservateur de la bibliothèque Nicena, aujourd'hui Marciana. En qualité d'historiographe de la Sérénissime, il reprit l'œuvre commencée par Sabellico, écrivit en latin l'*Histoire de Venise* de 1487 à 1513, qu'il traduisit ensuite en langue vulgaire. En 1529 parurent les *Rimes* (*), et en 1539 Paul III nomma Bembo cardinal (la Morosina était morte le 13 août 1535, et Bembo avait plus de soixante ans). Dans la dernière période de sa vie il fut comblé d'honneurs, reçut les évêchés de Gubbio (1541) et de Bergame (1544) avec dispense d'y résider ; il retourna ensuite à Rome où il fut considéré comme l'un des plus probables candidats au trône pontifical. La postérité lui refusa une grande partie des éloges dont ses contemporains le comblèrent, mais les plus récents critiques tendent à lui restituer ses mérites de prosateur et de poète, et surtout à souligner son intérêt historique considérable, voyant en lui l'animateur de cet « humanisme vulgaire » qui était l'aboutissement naturel et nécessaire de la Renaissance.

CARMELO MUSUMARRA.

♦ *« Nous devons être reconnaissants à Bembo d'avoir épuré notre langue de toutes les scories des siècles passés. »* Varchi. ♦ *« C'est un écrivain tiède, et, dans ses vers, il n'avance que d'un pied tremblant, derrière les empreintes de Pétrarque. »* Foscolo. ♦ *« César du XVIe siècle. »* Léopardi. ♦ *« Pietro Bembo, à la fois imitateur de Boccace et de Pétrarque, considéré alors comme le prince de la prose et du vers. »* De Sanctis.

RÉF. : E. Kohler, *Le Provençalisme de Pietro Bembo et l'élaboration des* Prose della volgar lingua, 1934. – P. de Nolhac, *Pietro Bembo et Lazare de Baïf* (s. l. n. d.). – G. Santangelo, *Il Bembo critico il principo d'imitazione*, Florence, 1950. – P. Floriani, *Bembo e Castiglione*, Rome, 1976.

BENAVENTE Y MARTÍNEZ Jacinto. Auteur dramatique espagnol. Né à Madrid le 12 août 1866, mort dans cette même ville le 14 juillet 1954. Fils d'un médecin, après son baccalauréat il commença d'étudier le droit, mais en 1885, à la mort de son père, il abandonna tout pour la littérature. Son premier ouvrage, intitulé *Théâtre fantastique* [*Teatro fantastico*, 1892], fut suivi de *Vers* [*Versos*, 1893] et d'un recueil de contes, *Duvet de fleurs de coton* [*Vilanos*, 1893]. *Terres cuites* [*Figulinas*, 2e édit. 1905] appartient au même genre, et ces nouvelles ainsi que *Blanc et Noir* [*Blanco y Negro*] parurent toutes dans des revues, revêtant parfois la forme d'un dialogue. Benavente voyagea à travers toute l'Europe et jusqu'en Amérique. C'est en 1922 que Benavente obtint le prix Nobel de littérature, alors que depuis dix ans il était membre de l'Académie d'Espagne.

Sa renommée d'auteur dramatique date de 1894 avec *Le Nid d'autrui* [*El nido ajeno*] et ne fit que s'amplifier durant les années suivantes et culmina avec : *La Mal-Aimée* [*La malquerida*, 1913], drame passionnel et policier, *Les Intérêts d'autrui qu'il est bon de servir* (*) (l'une de ses plus grandes réussites dans le genre commedia dell'arte), *La Nuit du sabbat* [*La noche del sábado*, 1903], *Pepa Doncel* (1928), *Roses d'automne* [*Rosas de otoño*, 1905] et *Chemins croisés* [*Vidas cruzadas*, 1925]. Benavente toucha également au journalisme, dirigea en 1899 la *Vida literaria* et plus tard *Madrid cómico*, et collabora à de nombreuses publications : la *Ilustración española*, etc. ; il tâta de la politique, mais ne demeura pas longtemps député. Malgré son grand âge il continua d'écrire, et c'est à sa dernière manière qu'appartiennent : *La Noble Dame* [*La infanzona*, 1945] ; *Oiseaux et Oisillons* [*Aves et pajaros*, 1940] ; *L'Incroyable* [*Lo increíble*, 1940] ; *Don Magin de la magie* [*Don Magín el de las magias*, 1940] ; *Titania* (1946). On fêta le cinquantième anniversaire du *Nid d'autrui* en accordant à son auteur la grand-croix de l'ordre d'Alphonse le Sage, en 1944.

RÉF. : J. V. Horne, *The relations between the Llays of Benavente and his dramatic criticism*, Chicago, 1906. – G. L. de Palacio, *J. de Benavente* in *La Société nouvelle*, Mons, 1914. – S. Estevan, *Jacinto Benavente y su teatro*, Barcelona, 1954. – M. Peñuelas, *Jacinto Benavente*, New York, 1968. – J. Mathias, *Benavente*, Madrid, 1969. – R. L. Sheehan, *Benavente and the Spanish Panorama 1894-1954*, Madrid, 1976. – H. Tzitsikas, *La supervivencia existencial de la mujer in las obras de Benavente*, Barcelone, 1982.

BENDA Julien. Écrivain français. Né à Paris, le 26 décembre 1867, mort à Fontenay-aux-Roses, le 7 juin 1956. Après être passé par l'École centrale, puis par la faculté des lettres, il débuta dans la littérature au moment de l'affaire Dreyfus, à la *Revue blanche*. Il collabora ensuite aux *Cahiers de la Quinzaine* (*) de Charles Péguy et publia, en 1910, *L'Ordination*. Benda participe alors au mouvement de réaction antiromantique de l'époque, dénonce le bergsonisme et les ravages du sentiment dans l'intelligence moderne. Journaliste pendant la guerre – *Les Sentiments de Critias* –, il publie en 1919 *Belphégor*, critique des tendances littéraires contemporaines à préférer la religion de l'émotion et de l'action à la spéculation pure. C'est encore le thème, en 1927, de son livre le plus connu, *La Trahison des clercs* (*), où il accuse les intellectuels d'avoir trahi la cause de l'esprit en cédant aux attraits de l'engagement politique – ce qui ne signifie d'ailleurs pas, dans la pensée de Benda, que le clerc doive se désintéresser des affaires temporelles. Lui-même, vers 1936 et pendant la Seconde Guerre mondiale, milite avec les intellectuels « antifascistes ». Il n'a pas cessé de défendre le rationalisme démocratique entre l'appel à l'élémentaire, à la « Vie », ou d'attaquer la littérature d'aujourd'hui au nom d'un classicisme un peu sec – v. *La France byzantine* (*). Mais Julien Benda néglige quelque peu la contrepartie positive. Ce n'est pas un philosophe mais un polémiste, avec ses qualités : mordant, agressivité ; mais aussi ses défauts : impuissance à comprendre la pensée d'autrui qui touche parfois au sectarisme.

♦ « *Ce qui fait la valeur des livres de Benda, c'est précisément le contraire de ce qu'il prône ou annonce : la passion, non pas la logique, l'humeur, non pas la sérénité, la pureté et la saveur de la forme, non pas la rigueur et l'importance du fond. Il n'est pas de littérateur plus authentique que cet ennemi des littérateurs.* » Gaétan Picon.

RÉF. : C. Bourquin, *Julien Benda, ou le Point de vue de Sirius*, 1925. – F. Lefèvre, *Entretiens avec Julien Benda*, 1925. – P. Brodin, *Maîtres et témoins de l'entre-deux-guerres*, New York, s.d. – J. Sarocchi, *Julien Benda*, Paris, 1968.

BENEDETTI Mario. Romancier, conteur, poète, essayiste et journaliste uruguayen. Né à Pasos de los Toros le 14 septembre 1920. Le cadre de plusieurs de ses romans et de ses contes est l'univers aliénant d'une administration ou d'une entreprise dans une ville uruguayenne ou latino-américaine. Dans ce domaine, *La Trêve* (*), son meilleur roman, *L'Étincelle* [*Gracias por el fuego*, 1965], ainsi que les contes intitulés *Montévidéens* [*Montevideanos*, 1964], sont particulièrement représentatifs. Benedetti dénonce, avec un sens aigu de la psychologie de ses personnages et un réalisme non dépourvu d'humour, l'insupportable conformisme de la société, l'absurde routine quotidienne, les conflits mesquins dans la famille ou le lieu de travail, les frustrations et les désillusions qui sont le lot commun. La charge n'a pas la causticité amusée de *Messieurs les ronds-de-cuir* (*), mais on y relève la même observation lucide de la réalité quotidienne. L'engagement politique et l'exil, d'autre part, ont influencé la production de l'écrivain par des ouvrages où transparaissent ses sympathies pour les opprimés et pour la révolution cubaine, tels *La Maison et la Brique* [*La casa y el ladrillo*, poésies, 1977], *Printemps au miroir brisé* [*Primavera con una esquina rota*, roman, 1982] ou *Géographies* [*Geografías*, contes, 1984]. Benedetti a empreint d'une même lucidité sans complaisance son œuvre critique ou journalistique. Méritent d'être cités, dans ce domaine : *Le Pays de la mauvaise conscience* [*El país de la cola de paja*, essai, 1960], *Le Recours du suprême patriarche* [*El recurso del supremo patriarca*, critique littéraire, 1979] et *Le Désexil et autres conjectures* [*El desexilio y otras conjeturas*, chronique journalistique, 1984]. La langue de Benedetti sait refléter avec humour les sentiments et les inflexions de personnages simples et vrais.

CLAUDE CYMERMAN.

RÉF. : Hugo Alfaro, *Mario Benedetti*, Montevideo, 1986.

BENET Juan. Écrivain espagnol. Né en 1927 à Madrid. Ingénieur des Travaux publics, il a mené parallèlement son métier de constructeur de routes, ponts et barrages dans le León, les Asturies, le pays Basque, et sa vocation d'écrivain. Dès son premier recueil de nouvelles intitulé *Tu n'arriveras jamais à rien* [*Nunca llegarás a nada*, 1961], il a refusé les principes littéraires du réalisme social cher à sa génération pour imaginer un univers fictionnel complexe étudiant le mystère et l'irrationalité de l'homme contemporain. Grand lecteur de Faulkner, il a créé comme celui-ci, depuis sa nouvelle *Baalbec, une tache* [*Baalbec, una mancha*, 1958], un lieu géographique imaginaire, Región, microcosme mythique de l'Espagne meurtrie par la guerre civile et ses suites, et devenu le cadre de ses meilleurs livres : *Tu reviendras à Región* (*), son premier roman, *Une tombe* [*Una tumba*, 1971], *L'Autre Maison de Mazon* [*La otra casa de Mazón*, 1973], ainsi que d'une fiction policière, *L'Air d'un crime* (*) (1980). Son écriture, proche de celle du nouveau roman français, l'a longtemps marginalisé dans son pays, mais le place aujourd'hui parmi les novateurs espagnols les plus brillants, avec notamment *Les Lances rouillées* [*Herrumbrosas lanzas*, prix de la Critique 1984] et *Dans la pénombre* [*En la penumbra*, 1989]. Sa réflexion critique sur la littérature et l'histoire accroît encore la résonance de son œuvre romanesque : *L'Inspiration et le Style* [*La inspiración y el estilo*, 1965], *Porte de terre* [*Puerta de tierra*, 1970], *Que fut la Guerre civile* [*Qué fue la Guerra Civil*, 1976], *L'Automne à Madrid* (1989). La même singularité inventive caractérise son théâtre : *Max* (1953), *Anastasa ou l'Origine de la constitution* [*Anastasa o El origen de la constitución*, 1958], *Agonia confutans* (1966), *Un cas de conscience* [*Un caso de conciencia*, 1967]. Marié à la poétesse Blanca Andreu.

CLAUDE COUFFON.

♦ « *Les qualités les plus immédiates et concrètes du roman de Benet sont fondamentalement au nombre de deux : la richesse et le pouvoir de fascination du style et la force tragique et symbolique – d'une violente amertume peu fréquente chez nous – du monde romanesque qu'il crée.* » Pere Gimferrer. ♦ *« L'écriture même de Benet échappe aux conventions de l'époque : par l'exubérance adjectivale, par la longueur des phrases et leur complexité syntaxique ; par la continuelle tension entre la rigueur scientifique et la suggestivité poétique ; par les contradictions qu'elle énonce sans les résoudre ; parce qu'elle fonde une poétique de l'ambiguïté qui, faisant vaciller la réalité conventionnelle, ouvre sur une autre réalité infiniment plus riche.* » Claude Murcia.

BENÉT Stephen Vincent. Écrivain américain. Né à Bethleem (Pennsylvanie) le 22 juillet 1898, mort à New York, le 13 mars 1943. Il appartenait à une famille d'officiers qui étaient aussi des poètes et des lettrés. Son enfance s'écoula dans les diverses villes de garnison de son père, un colonel, mais surtout à Benicia sur le golfe de San Francisco. Stephen Benét acheva ses études à l'université de Yale, et écrivit un premier volume de vers à l'âge de dix-sept ans. En 1919, il vint à Paris dans l'intention de suivre des cours à la Sorbonne. Il y rencontra Rosemary Carr, qui était alors attachée à la rédaction de l'édition de Paris du *Chicago Tribune,* et qui devait devenir sa femme (très douée, elle traduisit par la suite Colette en anglais). Rentré aux États-Unis, Benét ne chercha pas à exercer un emploi ; il voulait vivre de sa plume, et écrivait de nombreuses nouvelles et des romans ; il traversa alors une période assez difficile matériellement, et moralement aussi, car il se trouvait mécontent de sa production. Hanté par les récits militaires qui composaient la bibliothèque de son père, il désirait exprimer les sentiments exaltants qui s'en dégageaient. Il réalisa ses aspirations dans son fameux poème *L'Exécution de John Brown* (*), qu'il écrivit en 1927 à Paris, où il avait pu revenir avec sa famille grâce à une bourse qui lui avait été accordée. Ce poème, sorte d'épopée ou de ballade en plusieurs chants, où souffle une ardente foi patriotique, est aussi d'une parfaite exactitude historique ; il devint vite très populaire et obtint le prix Pulitzer de poésie en 1929. Un succès à peu près égal accueillit *Le Diable et Daniel Webster* (*) (1939) dont on a même fait un opéra. Stephen Benét a écrit des romans et de nombreuses nouvelles, dont les meilleures sont réunies dans les *Histoires de treize heures dans plusieurs mondes* (+) (1937), mais le public américain a surtout retenu son œuvre poétique — v. *Ballades et Poèmes* (*) (1931). Son frère aîné, William Rose Benét, officier et écrivain, disait de lui « qu'il avait la poésie dans le sang » et aussi qu'il était un poète « qui refuse de s'enfermer dans une tour d'ivoire ».

RÉF. : Ch. A. Fenton, *Stephen Vincent Benét : The Life and Time of an American Man of Letters, 1898-1943,* New Haven, 1958. — L. Benét, *When William Rose, Stephen Vincent and I Were Young,* New York, 1976.

BENGTSSON Frans Gunnar. Écrivain suédois. Né à Tossjö (Scanie) le 14 octobre 1894, mort le 19 novembre 1954 à Stockholm. Profondément déçu par son époque, Bengtsson tourne son regard vers le passé et se complaît dans un esthétisme anachronique. Dès ses premiers recueils de poèmes, *Le Lancer du dé* [*Tärningkast,* 1923] et *La Légende de Babel* [*Legenden om Babel,* 1925], il perpétue une tradition orale toujours vivante en Suède. Dilettante talentueux et cultivé, il s'inspire de la mythologie antique et des exploits des grands hommes pour composer des poèmes de facture classique, à la recherche de l'« extase lyrique ». Ces tentatives à rebours du modernisme connurent un médiocre succès et Bengtsson délaissa la poésie pour l'essai, qui lui valut un cercle de lecteurs sans cesse plus enthousiastes. Marqué par les parodies estudiantines de sa jeunesse à Lund, il excelle dans un genre dérivé de la causerie, où il dénonce avec humour la condition de l'individu dans la société moderne par le biais de réflexions volontiers historiques (*Les Mérovingiens aux longs cheveux* [*De långhåriga merovingerna,* 1933], *Compagnie pour un ermite* [*Sällskap för en eremit,* 1938]). Son intérêt pour l'histoire et son admiration pour les destins exceptionnels lui inspirent également une étude monumentale et sciemment subjective sur *La Vie de Charles XII* [*Karl XII : s levnad,* 1-2, 1935-1936]. Le culte du héros, qui caractérise l'ensemble de l'œuvre de Bengtsson, amènera finalement l'auteur à créer son véritable chef-d'œuvre, le roman *Orm le Rouge* (*) (1941-1945). S'insurgeant contre la grisaille du récit réaliste et l'engouement pour les analyses psychologiques, Bengtsson imagine une épopée viking dans la plus pure tradition des sagas islandaises et des grands romans d'aventures. Par sa volonté systématique de se différencier, de se forger un style recherché et spirituel, de mettre son érudition au service de la morale, Bengtsson représente un phénomène atypique du paysage littéraire suédois contemporain.

MAY-BRIGITTE LEHMAN.

RÉF. : Ivar Harrie, *Legenden om Bengtsson,* Stockholm, 1971.

BÉNICHOU Paul. Critique français. Né à Tlemcen le 19 septembre 1908. Après avoir enseigné en France jusqu'en 1942, il fut contraint par l'Occupation allemande d'émigrer en Argentine où il demeura jusqu'en 1949. À Buenos Aires, en compagnie de Roger Caillois, il fonda l'Institut français. Invité à Harvard en 1958, il y exerça sa carrière jusqu'en 1979 comme professeur permanent.

Peu de critiques, peu d'historiens des idées auront su se montrer dans leur œuvre aussi méthodiques que Paul Bénichou. Partant du XVIIe siècle pour parvenir au « coucher du soleil romantique », il se livre à un vaste déchiffrement des courants de pensée et de sensibilité qui sous-tendent la production des grandes œuvres littéraires. *Morales du Grand Siècle* (*) (1948) donne le ton à l'ensemble. Il s'agit de reconnaître les fondements « moraux » qui unissent les œuvres de Corneille, de Pascal, de Racine et de Molière aux conditions sociales dans lesquelles elles voient le jour. La rigueur de la démarche, la vision synthétique et pénétrante qui jamais ne néglige la complexité des textes, s'appuient sur une érudition infaillible, mais sans pesanteur. Ces qualités resteront distinctives de toute l'œuvre de Paul Bénichou.

Cependant, au principe encore un peu hasardeux d'une suite d'essais, si brillants soient-ils, Paul Bénichou préférera peu à peu les constructions plus homogènes. Ses livres, concentrés sur des périodes plus brèves, offriront désormais l'évidence d'une unité plus stricte. Après *L'Écrivain et ses travaux* (1967) et deux essais sur le romancero publiés à Madrid en espagnol, *La Création poétique dans le romancero traditionnel* [*Creación poética en el romancero tradicional*] et *Le Romancero judéo-espagnol de Marruecos* [*Romancero judeo-español de Marruecos*, 1968], *Le Sacre de l'écrivain, 1750-1830* (1973) montre comment le romantisme triomphant réussit à promouvoir la littérature au rang de pouvoir spirituel. Poursuivant son investigation à travers le premier XIXᵉ siècle, Paul Bénichou exhume, dans *Le Temps des prophètes* (*) (1977), la floraison de systèmes doctrinaux qui, chez Benjamin Constant, Saint-Simon, Pierre Leroux, Lamennais, Fourier et tant d'autres figures moins connues, a accompagné la littérature de création. *Les Mages romantiques* (+) (1987) achèvent l'histoire philosophique du romantisme français en s'attachant à trois personnalités représentatives du « prophétisme » romantique : Lamartine, Vigny et Hugo. *L'École du désenchantement* (1992) parcourt l'autre versant du siècle, celui qui, avec Sainte-Beuve, Nodier, Musset, Nerval et Gautier, achemine l'idéologie de la création littéraire vers le désenchantement baudelairien.

Ce sont ainsi deux grandes époques foisonnantes de la littérature (le XVIIᵉ et le XIXᵉ siècle) dont l'œuvre de Paul Bénichou propose une compréhension devenue désormais classique.

CHRISTIAN DOUMET.

BENJAMIN Walter. Écrivain et essayiste allemand. Né le 15 juillet 1892 à Berlin, mort le 27 septembre 1940 à la frontière entre la France et l'Espagne, près de Port-Bou. Benjamin a connu le Berlin du tournant du siècle, c'est-à-dire une capitale culturelle véritablement européenne, assurant en outre un passage effectif entre les cultures de l'Est, celles de l'Ouest et le monde des Balkans. Sa famille faisait partie de cette bourgeoisie commerçante aisée, libérale dans ses opinions, et dont le judaïsme s'était peu à peu érodé au profit de l'assimilation sans toutefois qu'il ait disparu de l'horizon culturel immédiat : en effet, le monde culturel juif de Berlin a connu son apogée véritable durant cette période qui va de la fin des années 1880 à la Première Guerre mondiale. Jamais il n'y a eu autant de revues, de journaux et de débats consacrés à la constellation des questions juives (les conditions de l'assimilation, la question de l'essence du judaïsme, la continuation du courant de la « science du judaïsme », l'apparition des premiers mouvements sionistes, la formation d'un socialisme juif messianique, la relecture de la tradition, etc.). Benjamin a fait des études classiques au lycée, interrompues par un séjour de deux ans en pension. Au début de 1912, il entre à l'université pour y étudier la philosophie. Ce cursus le conduira à Fribourg, Berlin et Munich (1916), puis à partir de 1917 à Berne, en Suisse, où il soutint sa thèse en 1919 : *La Notion de critique d'art dans le romantisme allemand* (*). « Durant mes études, écrit-il dans un de ses "curriculum vitae", je n'ai cessé de relire en particulier Platon et Kant, puis pour finir Husserl et l'école de Marbourg. Peu à peu, mon intérêt pour le contenu philosophique des écrits poétiques devint prédominant et trouva une première conclusion dans ma thèse. » Benjamin s'est également très directement intéressé à la philosophie du langage et à l'histoire de l'art : on trouve un écho direct de ces études dans le premier livre qu'il fit paraître à Heidelberg en 1923, la traduction des « Tableaux parisiens » de Baudelaire, précédée d'un texte célèbre sur les « Tâches du traducteur » [Die Aufgabe des Übersetzers]. « Dès le début, mon intérêt pour la philosophie du langage a été prédominant par rapport à mes intérêts pour l'esthétique. Lorsque j'entrai à l'université de Munich, j'ai eu l'occasion de m'intéresser aux études sur le Mexique ; cette décision a pour origine ma rencontre avec Rilke qui lui aussi avait étudié, en 1915, le mexicain. Mon intérêt pour la linguistique allait de pair avec mon attirance croissante pour la littérature française. Dans ce domaine mon attention a tout d'abord été retenue par la théorie du langage telle qu'elle émane des œuvres de Stéphane Mallarmé. »

En 1913, Benjamin avait déjà fait un séjour à Paris. Il a pris une part active à un mouvement d'étudiants où il a rencontré, outre Gershom Scholem qui restera son ami pour toujours, sa première femme, Dora Pollack, dont il a eu un fils, à Berne, en 1918. C'est à cette époque également qu'il y a rencontré Ernst Bloch. Son intérêt pour la critique littéraire l'a conduit à écrire, en 1915, un essai sur Hölderlin, puis, en 1921-1922, le texte sur *Les Affinités électives* (*) de Goethe où il expose la conception d'une lecture immanente de l'œuvre, conception dont Theodor Adorno, avec qui il se lie alors d'amitié, s'inspirera très largement. Scholem cherchera en vain à faire venir Benjamin en Israël pour enseigner à l'université de Jérusalem qui était en train de se créer. En 1924, à Capri, Benjamin rencontre l'actrice Asja Lacis, dont il tombera amoureux et qui l'initiera au marxisme. Il travaille à son ouvrage *Origine du drame baroque alle-*

mand (*) qu'il tentera en vain de faire accepter comme thèse d'État. Il part à Moscou passer l'hiver 1926-1927 avec Asja Lacis qui néanmoins le repoussera. Hofmannsthal publie le travail sur Goethe, l'éditeur Rowohlt le livre sur le drame baroque, et Benjamin entreprend la traduction de *À la recherche du temps perdu* (*), ce qui lui donne à nouveau l'occasion de faire plusieurs séjours à Paris où il fait la connaissance de nombre d'écrivains : Gide, Jouve, Cassou, Jouhandeau. La *Frankfurter Zeitung* et la revue *Literarische Welt* publieront sous sa plume nombre de comptes rendus et de chroniques informant le public allemand de la vie intellectuelle parisienne. En 1930, il divorce d'avec Dora Pollack. « L'époque de l'entre-deux-guerres se divise pour moi tout naturellement en deux périodes : avant et après 1933. Pendant la première, j'ai fait de longs voyages qui m'ont permis de découvrir l'Italie, les pays scandinaves, la Russie et l'Espagne [...] mon travail consista, durant ces années, en une série d'analyses des œuvres d'écrivains et de poètes représentatifs de notre époque ; en font partie les études importantes que j'ai consacrées à Karl Kraus, Franz Kafka, Bertolt Brecht, Marcel Proust, Julien Green et aux surréalistes. Un recueil d'aphorismes a été publié à la même époque sous le titre *Sens unique* (*). » Benjamin quitte l'Allemagne en 1933. Il était alors proche du groupe qui, par la suite, sera connu sous la dénomination d'« École de Francfort » et qui, un temps, sera domicilié à Paris avant de partir pour les États-Unis. Benjamin séjourne à Ibiza, va rendre visite à Brecht en exil au Danemark, fait un voyage en Italie et devient membre de l'Institut de recherches sociales (organe de l'école de Francfort qui publie la fameuse *Zeitschrift für Sozialforschung* où paraîtront plusieurs essais de Benjamin, notamment l'article sur « L'Œuvre d'art à l'ère de sa reproductibilité technique » (1936). En 1936 et 1938, Benjamin ira deux fois au Danemark rendre visite à Brecht. Durant cette période, Benjamin travaille à un grand œuvre qui demeurera inachevé, *Paris, capitale du* XIX*e siècle* (*), qui cherche à développer la sociologie de l'art en en faisant un des axes privilégiés de lecture d'une époque. C'est ce même souci qui le fait s'intéresser au cinéma comme à la photographie et à leur développement à partir d'une certaine forme de peinture et d'une mutation culturelle de la conscience individuelle. Benjamin ne cherche pas seulement à tirer profit de ce que l'histoire d'une société permet de considérer comme autant de « produits » représentatifs, les œuvres reflets de leur temps, il inverse la relation méthodologique et cherche à montrer comment les œuvres, au terme de leur lecture immanente, sont tout autant des outils d'analyse de la société qui les a vus naître. Ce retournement de la conception « marxiste » lui vaudra de constants reproches de la part de ses amis et confrères de l'Institut de recherches sociales. En 1938-1939, il rencontrera pour la dernière fois son ami Adorno à San Remo avant d'être interné de septembre à novembre 1939 au camp de Nevers. En 1940, il travaille à ses Thèses sur la théorie de l'histoire. Grâce à Max Horkheimer, directeur de l'Institut de recherches sociales, il reçoit un laissez-passer et un visa pour les États-Unis. En juin, Benjamin quitte Paris et se rend à Lourdes pour tenter de franchir les Pyrénées. Après un premier échec, Benjamin tente une nouvelle fois de franchir la frontière. Le 27 septembre, après qu'un alcade l'avait menacé d'une arrestation, Benjamin, dépressif et impressionné, se suicide. Il est enterré à Port-Bou sans qu'on sache exactement où est sa tombe.

MARC B. DE LAUNAY.

♦ *« Les cabalistes avaient élaboré durant des siècles la technique de l'interprétation allégorique avant que Benjamin ne découvrît l'allégorie comme clef de la connaissance. »* Jürgen Habermas. ♦ *« Les écrits de Benjamin tentent de rendre philosophiquement fertile – par des voies constamment renouvelées – tout ce qui n'a pas été hypothéqué par de grandes intentions* [...] *il convient donc d'avoir une pensée à la fois dialectique et non dialectique. »* Theodor W. Adorno. ♦ *« L'idée messianique qui, en se métamorphosant, continue à jouer dans la dernière partie de sa vie un rôle primordial revêt chez lui un caractère profondément apocalyptique et destructeur. »* Gershom Scholem.

RÉF. : Hannah Arendt, *Vies politiques,* Paris, 1974. – Jean Lacoste, *La Théorie esthétique de Walter Benjamin,* Paris, 1976. – Gershom Scholem, *Walter Benjamin, Histoire d'une amitié,* Paris, 1981. – *Revue d'esthétique,* nouv. série, n° 1, *Walter Benjamin,* Paris, 1981. – Rolf Tiedemann, *Études sur la philosophie de Walter Benjamin,* Arles, 1987. – Pierre Missac, *Passage de Walter Benjamin,* Paris, 1987. – *Walter Benjamin et Paris,* Paris, 1989.

BEN JELLOUN Tahar. Poète, romancier et essayiste marocain d'expression française. Né le 1er décembre 1944 à Fès (Maroc), prix Goncourt 1987 pour *La Nuit sacrée.* Héritier d'une double culture, arabe et française. Après des études secondaires à Tanger puis philosophiques à l'université de Rabat, il écrit son premier poème, *L'Aube des dalles,* sous l'effet d'une « blessure », la répression brutale des manifestations populaires de mars 1965 à Casablanca. Influencé alors par la poésie surréaliste puis par Baudelaire, Verlaine et Rimbaud mais aussi par Nietzsche, Maïakovski, Nazim Hikmet et les cinéastes Buñuel, Fellini, Ozu, il collabore de 1968 à 1970, avec Laâbi et Khaïr-Eddine, à la revue *Souffles.* L'écriture-cicatrice des poèmes et proses poétiques réunis ensuite dans les recueils : *Cicatrices du soleil* (1972), *Le Discours du chameau* (1974), *Les amandiers sont morts de leurs blessures* (1976), *À l'insu du souvenir* (1980) évoque la blessure du corps arraché à sa terre, la tension du désir, les fissures de la mémoire d'où surgit l'image des villes aimées. Elle joue sur un matériau varié – géographie affective, bestiaire symbolique, personnages mythiques – qui réapparaîtra dans la prose d'*Harrouda* (1973). L'arrivée à Paris, en 1971, élargit l'inspiration de Ben Jelloun : la soutenance, en 1975, d'une thèse en psychiatrie sociale lui fournit la matière d'un essai, *La Plus Haute des solitudes* (1977) – sur la solitude sexuelle et affective de l'émigré –, d'une œuvre de fiction, *La Réclusion solitaire* (1976), roman-poème du désespoir, puis d'une pièce, *Entretien avec M. Saïd Hammadi ouvrier algérien* (mise en scène d'Antoine Vitez, 1982). Aspects d'une réflexion sur le corps-langage d'exil qui ira se diversifiant, se greffant sur la dénonciation des nouvelles féodalités nationales (*Moha le fou, Moha le sage,* 1978), du racisme (*Hospitalité française,* 1984), de toutes les formes d'oppression y compris la mafia (*L'Ange aveugle,* 1992). Se fondant sur la quête d'identité, une nouvelle problématique se développe dans les grands récits : introspection, interrogation sur l'écrivain et sur l'écriture. Sans renoncer au fonds culturel ni aux formes de la littérature maghrébine (rhétorique de l'oralité, contes, métaphorisation, onirisme et imaginaire), Ben Jelloun rejoint le projet de l'écrivain moderne. Quel que soit, en effet, le prétexte narratif : traversée imaginaire du Maroc (*La Prière de l'absent,* 1981), semi-autobiographie (*L'Écrivain public* [*], 1983), détournement d'identité (*L'Enfant de sable,* 1985, *La Nuit sacrée,* 1987), relecture d'une vie (*Jour de silence à Tanger,* 1990), rêve et quête du trésor (*Les Yeux baissés,* 1991), le narrateur donne à lire la solitude existentielle, l'interrogation sur le sens, le travail sur l'espace et la mémoire (*Marseille comme un matin d'insomnie,* 1986, *Sahara,* 1987), la fuite du réel et l'irréversibilité de la parole. Cette recherche angoissée est tout enveloppée du bonheur d'écrire et de la séduction d'une voix particulière, murmurée, poétique et lumineuse.

PIERRETTE RENARD.

BENN Gottfried. Poète et essayiste, sans aucun doute l'une des figures les plus importantes du lyrisme allemand au XXe siècle. Né à Mansfeld (Prusse) le 2 mai 1886, mort à Berlin le 7 juillet 1956. Fils d'un pasteur protestant de la région de Francfort-sur-l'Oder, il entreprend des études de théologie et de lettres avant de se diriger vers la médecine. Il est un temps médecin militaire (1911-1912) avant d'exercer à Berlin comme spécialiste des maladies de la peau et des maladies vénériennes. C'est précisément l'époque où le jeune Benn, sorti du ciel éthéré de la théologie pour découvrir sans transition l'univers trop humain de l'anatomie, devient poète. Son premier recueil, intitulé *Morgue* (*), paraît en 1912, suivi bientôt de *Fils* (+) (1913) et de *Chair* (*) (1917). Ces trois œuvres, très proches par le sujet et la forme, ont valu à Benn d'être considéré comme l'un des maîtres incontestés – avec Heym et Trakl – du lyrisme expressionniste. À travers les différents poèmes, c'est au fond toujours le même thème de la dégradation qui est exposé. Le propos n'est certes pas particulier à Benn : nombreux sont les écrivains qui ont ressenti la Première Guerre mondiale comme la ruine d'un monde ancien. Mais l'originalité subversive de la poésie de Benn, le scandale qu'elle provoque tiennent à ce que la dégradation ne se réduit pas pour lui à un problème philosophique, à un désarroi intellectuel devant l'effondrement de certaines valeurs. La dégradation, chez Benn, entame les corps. Ce sont les chairs boursouflées, les entrailles déchirées qui bafouent l'humanisme. Caractéristique de cette manière d'écrire, le poème intitulé « Belle Jeunesse » [Schöne Jugend], traduction expressionniste de l'image rimbaldienne d'Ophélie (également reprise par Heym dans *Ophelia*) : « On ouvrit le thorax : la trachée était trouée. / Sous le diaphragme, dans une alvéole, / On découvrit un nid de jeunes rats. / Un des petits était mort. / Ses frères se nourrissaient du foie, des reins, / Buvaient le sang glacé et vivaient ici / Une belle jeunesse. » Précision cynique du vocabulaire médical : ce n'est plus l'étrange Ophélie flottant au gré des eaux et du vent, mais la chair d'un cadavre de noyée sur la table d'autopsie ; ironie suprême : les seules expressions traduisant une émotion sont réservées aux animaux de la putréfaction ! Le poète renvoie l'homme à son néant : « Le plus beau fleuron de la création, ce cochon, l'homme : / Frayez donc avec d'autres animaux ! / À dix-sept ans des morpions ! » La vérité chirurgicale s'oppose à la vanité « poétique » : « Un livreur de bière noyé fut hissé sur la table / Quelqu'un lui avait coincé entre les dents / Un aster mauve clair-foncé. »

Parallèlement à ces premiers poèmes, Benn publie un ouvrage en prose sous le titre *Cerveaux* (*) (1916), composé de plusieurs nouvelles qui mettent en scène le personnage de Rönne, médecin comme l'auteur, et qui vit une « catastrophe schizoïde », divorce entre le moi et le monde qui le rend littéralement étranger à tout ce qui l'entoure. L'ouvrage s'ouvre sur ces lignes : « Rönne, un jeune médecin ayant autrefois beaucoup manié le scalpel, voyageait en direction du nord à travers l'Allemagne méridionale. Il avait été employé pendant deux ans dans un institut de pathologie, ce qui signifie qu'environ deux mille cadavres lui étaient passés entre les mains sans qu'il y prenne garde... Il regardait à présent défiler le paysage. Ainsi, se disait-il, nous traversons un pays de vignobles. Je vais m'acheter un carnet et un crayon ; à partir de maintenant, je veux noter le plus possible, de façon que tout ne s'écoule pas ainsi... » Tout le drame de Rönne (c'est-à-dire de Benn) est résumé ici : le scalpel a tranché l'« innocente », l'immédiate relation au monde. Il ne reste que l'écriture pour tenter de se sauver. D'autres recueils, *Décombres* (+) (1924), *Étourdissement* (+) (1925), *Fracture* (+) (1925) clôturent la période dite « expressionniste » de Benn.

Lui-même décrit en ces termes l'essence de ce « mouvement » : « Il ne restait plus qu'une caricature de réalité : lotissements, produits industriels, inscriptions hypothécaires..., ensuite la guerre, la famine, les humiliations historiques, l'illégalité, l'impuissance. L'esprit se tourna vers sa réalité intérieure, son être, sa biologie, sa structure, ses interférences entre le physiologique et le psychologique, sa créativité, son rayonnement... »

Nietzschéisme qui devait conduire Benn à la « grande erreur » : en avril 1933, il lit à Radio-Berlin un essai intitulé *L'État nouveau et les intellectuels* [*Der neue Staat und die Intellektuellen*], bientôt suivi de la publication de *L'Art et le Pouvoir* [*Kunst und Macht*, 1934], écrits à travers lesquels le poète se rallie au national-socialisme. Cet engagement a fait couler beaucoup d'encre, au point que Benn est devenu, pour certains, le symbole de l'artiste dévoyé par le nazisme. Les choses ne sont cependant pas aussi simples. Benn n'est pas un opportuniste qui prend par intérêt le parti des gens en place. Son engagement est plus profond et par là, d'une certaine manière, peut-être plus dangereux : de son propre aveu, Benn a cru à « une régénération du peuple allemand qui permettrait d'échapper au rationalisme, au fonctionnalisme, qui permettrait de sortir la civilisation de sa léthargie ». C'est au fond le refus de toute conception dialectique de l'histoire, de l'idée de progrès (source de l'affinité de Benn avec Nietzsche) qui a aveuglé le poète. Il faut convenir, pour sa défense, qu'il ne tarda pas à reconnaître son erreur : dès 1936 apparaissent les premières dissensions avec les autorités, Benn est bientôt exclu de la « Chambre des écrivains » et frappé de l'interdiction de publier (1938).

Commence alors, pour Benn, un long silence de dix ans. Le recueil des *Poèmes statiques* (*), publié en 1948, marque l'avènement d'un style nouveau, que lui-même appelle la « phase II de l'expressionnisme » : une poésie intellectuelle, d'une grande rigueur, placée sous l'exergue « la forme seule est foi et action ». Il n'y a pas véritablement de rupture, comme on l'affirme quelquefois dans les anthologies ou les histoires littéraires, entre cette seconde « manière » de Benn et le style de ses premiers écrits. La poésie est toujours pour Benn tentative de formulation du néant. « L'homme est cri vers l'expression. » Mais le culte de la forme, présenté maintenant comme seule affirmation possible d'une transcendance, ne va pas sans une certaine ironie désabusée : tous les poèmes ne parlent en définitive que de solitude, et Benn connaît le prix de l'esthétisme : « Les barreaux sont en place, / Mieux : le mur est bouché. / Tu t'es mis à l'abri, certes : / Mais qui as-tu mis à l'abri ? » Ou encore : « Cet accord de harpe, frémissement, / souffle parfumé, robe à la légèreté ailée / dont ils parlent, qu'ils utilisent / comme s'ils étaient immuables, / est douteux pour d'autres oreilles : / un pot-pourri artificiel, faux / l'agonie de l'âme reste incrédule. »

Benn, dans les dernières années, est unanimement reconnu et honoré. Paradoxe pour celui qui, selon ses propres termes, « a été traité de porc par les nazis, d'imbécile par les communistes, de prostitué spirituel par les démocrates, de renégat par les émigrants, de nihiliste pathologique par les croyants ». Il reçoit le prix Georg Büchner en 1951. Ses conférences, ses écrits théoriques, comme par exemple *Problèmes du lyrisme* [*Probleme der Lyrik*, 1951] ou *La Littérature doit-elle changer la vie ?* [*Soll die Dichtung das Leben bessern ?* 1956] influencent profondément la nouvelle génération des poètes de l'après-guerre. Le lyrisme allemand, sans Benn, ne serait pas ce qu'il est aujourd'hui.

JEAN-JACQUES POLLET.

♦ *« Il est mort comme il a vécu : avec rigueur ; et cette grandeur, la rigueur, nous unissait. Pour nous deux jadis le monde était trop étroit. Nous restions tous deux solitaires dans la foule... »* Johannes R. Becher.

RÉF. : D. Wellershoff, *G. Benn. Phänotyp dieser Stunde. Einer Studie über den Problemgehalt seines Werkes*, 1958. – G. Losse, *Die Asthetik G. Benns*, 1961. – E. Lohner, *Passion und Intellekt. Die Lyrik G. Benn*, 1961. – P. Garnier, *G. Benn. Un demi-siècle vécu par un poète allemand*, 1959. – J. C. Lombard : *Gottfried Benn*, Paris, 1965. – J. M. Ritchie, *Gottfried Benn, The Unreconstructed Expressionist*, Londres, 1972. – H. Brode, *Benn Chronik. Daten zu Leben und Werk*, Munich/Vienne, 1978. – J. Dyck, *Gottfried Benn*, Stuttgart, 1989.

BENNETT Arnold. Écrivain anglais. Né le 27 mai 1867 aux environs de Hanley (Staffordshire), mort à Londres le 27 mars 1931. Il étudie le droit, l'abandonne en 1893 pour faire du journalisme, dirige une revue féminine : *Woman*, puis à partir de 1900, se consacre définitivement à la littérature. Il passe les huit années suivantes en France, s'y marie et débute comme romancier, en faisant paraître en 1898 : *Un homme du Nord* [*A Man from the North*]. Bennett s'imposa à l'attention des critiques avec *Anna des cinq villes* (*), peinture du milieu pauvre de sa province, l'un des principaux thèmes de son œuvre féconde mais inégale. De ses meilleures œuvres se détache *Un conte de bonnes femmes* (*), suivi de la trilogie : *Clayhanger* (*) (1910), *Hilda Lessways* (*) (1911), *Ces deux-là* (+) (1916), et de *L'Escalier de Riceyman* [*Riceyman Steps*, 1923] ; citons encore l'*Hôtel Impérial* [*Imperial Palace*, 1930], étude de caractères qui suivit la période des romans à sensation ou humoristiques tels que : *Le Grand Hôtel Babylone* [*The Grand Babylon Hotel*, 1902], *Amour profane, amour sacré* [*Sacred and Profane Love*, 1905], *L'Enterré vivant* [*Buried Alive*, 1908], *La Belle Dame* [*The Pretty Lady*, 1918]. Bennett adapta certaines de ses œuvres pour le théâtre, écrivit des comédies, dont *Ce que désire le public* [*What the Public Wants*, 1909] ; *Lune de miel* [*The Honeymoon*, 1911], *Bornes kilométriques*

[*Milestones,* 1912], *Le Titre* [*The Title,* 1918], et diverses études d'esprit journalistique. L'originalité de son œuvre semble limitée à ses premiers romans ; sa personnalité, malgré des influences étrangères sensibles (Dostoïevski), et une tendance au naturalisme (souci constant du document), se manifeste par une consciente épuration des thèmes réalistes, ce qui le rattache à la tradition des romanciers anglo-saxons.

RÉF. Mrs. Arnold Bennett, *Arnold Bennett,* Londres, 1925. – G. Lafourcade, *Arnold Bennett, a Study,* Londres, 1939. – Margaret Locherbie-Goff, *La Jeunesse d'Arnold Bennett : 1867-1904,* Avesnes-sur-Helpe, 1939. – J. Hepburn, *The Art of Arnold Bennett,* Londres, 1963. – Margaret Drabble, *Arnold Bennett,* Londres, 1974. – Olga R. R. Broomfield, *Arnold Bennett,* Boston, 1984.

BEN NO NAISHI. Poétesse japonaise. On ne connaît ni ses dates de naissance et de mort ni même son véritable nom. Ben no Naishi était la fille du peintre et poète Fujiwara no Nobuzane (1177-1265), descendant du lettré Fuyutsugu (775-826) qui fut ministre sous les empereurs Kammu (781-806), Heijo (806-09) et Saga (809-23). Elle fut dame de la cour de l'empereur Go Fukakusa (1246-60) après son abdication (1260), et l'une des poétesses les plus appréciées de l'époque de Kamakura (1186-1232). Elle avait, en effet, hérité de son père et de son grand-père un remarquable talent poétique et, vers dix-sept, dix-huit ans, elle était déjà très estimée et aimée à la Cour. On lui attribue le *Ben no Naishi Nikki* (*) bien connu, simplement parce qu'il contient de nombreuses poésies écrites par elle. En tout cas, ce journal doit être une œuvre de jeunesse. Nombreuses sont les poésies de Ben no Naishi qui figurent dans les recueils officiels.

BENOIT Pierre. Romancier français. Né le 16 juillet 1886 à Albi (Tarn), mort le 3 mars 1962 à Ciboure (Pyrénées-Atlantiques). Fils d'un officier supérieur, il fit des études à l'université d'Alger, puis à celles de Montpellier et de Paris où il arriva en 1908. Licencié ès lettres, il devint le secrétaire de Léon Bérard – lui-même sous-secrétaire d'État aux Beaux-Arts dans les cabinets Poincaré, Briand et Barthoux. De 1914 à 1921, Pierre Benoit fut rédacteur et bibliothécaire au ministère de l'Instruction publique. Il avait débuté dans les lettres par un recueil de poèmes, *Diadumène* (1914), dédié à Maurice Barrès. Mais son premier roman *Kœnigsmark* (*) (1918) obtint un immense succès et, pendant quarante années, Pierre Benoit écrira quarante romans ; parmi lesquels on peut citer *L'Atlantide* (*) (1919), *Mademoiselle de La Ferté* (1923), *La Châtelaine du Liban* (1924), *Le Puits de Jacob* (1925), *Soleil de minuit* (1930), *Les Environs d'Aden* (1940), *Lunegarde* (1942), *Aïno* (1948), *Ville perdue* (1954), *Fabrice* (1956), *Montsalvat* (1957) *La Sainte Vehme* (1958). Mais il faudrait presque tous les citer, tant les films qui se sont inspirés de leur trame sont devenus célèbres. Les romans de Pierre Benoit se passent dans des régions ou des pays parfois excentriques où l'auteur avait généralement voyagé. La richesse de son imagination, son goût pour un fantastique modéré, pour le suspense et le mystère, son sens de la fatalité qui s'insère dans les amours et les destins humains, les décors exotiques soigneusement peints qui révèlent une documentation précise font de tous ces livres des modèles de romans d'aventures, même si l'on a pu reprocher à Pierre Benoit ses plans systématiques : même nombre de pages par exemple, artifices divers, dont le plus connu fait que tous les noms des héroïnes de ses romans commencent par la lettre A : Aurore de *Kœnigsmark*, Antinea de *L'Atlantide*, Allégria de *Pour don Carlos* (1920), Annabel du *Lac salé* (1921), Antiope dans *La Chaussée des géants* (1922), Angélica dans *Les Compagnons d'Ulysse* (1937). Pierre Benoit connaît parfaitement son métier et ne cache pas qu'il le pratique en professionnel. À cette question que lui avait posée Paul Guimard : « Ce métier-là, comment le concevez-vous ? », il répondit : « Comme une chose qui n'existerait pas sans un amour, une soumission, une dévotion de tous les instants. » Il fut élu à l'Académie française en 1931.

JOËL SCHMIDT.

BENOÎT de Nursie, saint. Patriarche des moines d'Occident. Nous connaissons sa vie par les dialogues de saint Grégoire le Grand, source historique digne de foi, mais écrits alors que Benoît était déjà entré dans la légende. Né, dit-on, vers 480 en Nursie (actuelle province d'Ombrie), il mourut à l'abbaye du Mont-Cassin le 23 mai 547. Il appartenait à une noble famille qui le fit élever à Rome, avec le désir de lui voir embrasser la carrière des lettres et des arts ; il en profita d'ailleurs plus qu'on ne le croit généralement. Mais vers sa vingtième année, écœuré de la corruption qu'il remarquait autour de lui, il décida d'abandonner le monde pour se consacrer entièrement à la prière et à la vie intérieure. Laissant clandestinement la ville, et après un court séjour à Enfida, il se retira dans une grotte près de Subiaco ; il vécut ainsi ignoré de tous dans une austère pénitence jusqu'au printemps de 503. Découvert par suite de l'indiscrétion d'un prêtre, il consentit à devenir le supérieur d'un groupe de moines près de Vicovaro. Mais la sévérité de la règle qu'il avait instaurée les mécontenta et ils voulurent l'empoisonner. Ces intrigues ayant été déjouées, Benoît, avec un véritable génie, réussit à rallumer l'enthousiasme de tous ceux qui étaient venus à lui et fonda dans la région une douzaine de monastères qui furent très rapidement peuplés de moines vivant d'après la règle de saint Basile qu'il leur avait fixée. Attirés par sa renommée, arrivèrent de Rome deux patriciens, qui lui confièrent la garde de leurs fils, Placide et Maur, qui devaient devenir les plus ardents disciples et collaborateurs de Benoît. Mais la paix et la sérénité ne durèrent pas longtemps. La désunion se mit parmi les moines et un prêtre de Subiaco, jaloux de Benoît, tenta de semer le désordre dans la congrégation. N'ayant pas réussi à empoisonner Benoît, il tâcha de le frapper d'une manière plus infâme, non plus dans sa personne même, mais dans celle de ses jeunes novices qu'il soumit à la plus dure des tentations. La punition ne se fit pas attendre et le prêtre indigne périt sous l'écroulement de sa propre maison. Mais, prenant avec lui quelques-uns de ses moines, Benoît s'éloigna de Subiaco et se dirigea à travers la Campanie vers le lieu qu'il devait rendre fameux à jamais, le mont Cassin, sur lequel s'était élevée autrefois une prospère colonie romaine, tombée depuis en ruine sous les coups des Barbares. Le jour de Pâques 529, Benoît détruisit l'autel d'Apollon que vénérait encore une population païenne et y substitua des oratoires dédiés à saint Jean et à saint Martin, donnant ainsi naissance à ce qui deviendra le monastère du Mont-Cassin, « l'Archicoenobium Casinense ». C'est là qu'il passa les années qui lui restaient à vivre. C'est là qu'il mourut en 547 et fut enterré au côté de sa sœur jumelle sainte Scolastique. Ce monastère devint la tête de son ordre et il y rédigea sa *Règle monastique* (*), où il adapte de façon géniale, aux inclinations et aux exigences spécifiques des peuples de l'Occident, des règles qui en Orient avaient donné une si extraordinaire floraison de saints à l'Église catholique. Saint Grégoire le Grand en loue surtout la discrétion et l'équilibre ; et c'est à ces qualités qu'il faut attribuer, indiscutablement, l'immense succès qu'eut à travers les siècles ce monument de la sagesse chrétienne auquel est liée une si grande part de la vie religieuse au Moyen Âge.

EZIO FRANCESCHINI.

RÉF. : A. L'Huillier, *Le Patriarche saint Benoît*, 1905. – S. du Fresnel, *Saint Benoît. L'œuvre et l'âme du patriarche*, Maredsous, 1926. – L. Chaussin, *Saint Benoît de Nursie*, 1929. – P. Schmitz, *Histoire de l'ordre de saint Benoît*, 7 vol., Maredsous, 1948-56. – A. de Vogüé, *Saint Benoît, sa vie et sa règle*, Éditions monastiques, 1981.

BENOÎT de Sainte-More. Trouvère. Il vécut vers le milieu du XIIe siècle, et joua un rôle important dans la littérature française du Moyen Âge, comme auteur d'un des premiers romans d'argument classique de cette période : *Le Roman de Troie* (*) (vers 1165). On sait cependant fort peu de chose sur sa vie et encore le peu que l'on en connaît est-il fort incertain. Il était probablement originaire de Sainte-More, en Touraine, mais il vécut à la cour d'Aliénor d'Aquitaine, devenue épouse d'Henri Plantagenêt après son divorce d'avec Louis VII de France. C'est, semble-t-il, à elle que se rapporte l'allusion élogieuse à une « riche dame » qui se trouve dans le *Roman de Troie.* En fait pour plaire à Henri II Plantagenêt qui lui accordait sa protection, ou mieux encore sur son ordre, Benoît composa la *Chronique des ducs de Normandie* (+). Cet ouvrage très long (43 000 vers) s'arrête à Henry Ier, et ne nous donne donc pas d'informations, qui auraient pu être intéressantes, sur une période plus récente, ni sur les événements contemporains de l'auteur.

RÉF. : Franz Settegast, *Benoît de Sainte-More*, Breslau, 1876. – Clemens Fischer, *Der altfranzösiche « Roman de Troie » de Benoît de Sainte-More...*, Paderborn, 1883. – E. Baumgartner, *Le Roman de Troie de Benoît de Sainte-Maure*, Paris, 10/18, 1987.

BENSERADE Isaac de. Poète et dramaturge français né à Lyons-la-Forêt près de Rouen en 1612, mort le 20 octobre 1691 à Gentilly. Issu de la petite noblesse protestante, il reçoit le baptême catholique à Paris le 5 novembre 1613, après la conversion de son père. Il étudie la théologie à la Sorbonne, mais néglige ses études pour se tourner vers le théâtre : il fait jouer en 1634 *Iphis et Iante,* comédie inspirée des *Métamorphoses* (*) d'Ovide. Amoureux d'une actrice, la Bellerose, il écrit pour elle une tragédie, *Cléopâtre* (1635), dédiée à Richelieu, ce qui lui vaut une pension de six cents livres. On lui doit aussi les tragédies de *La Mort d'Achille* (1636) et de *Méléagre* (1641), et une tragi-comédie, *Gustaphe* (1637). Reçu à l'Hôtel de Rambouillet, il y fréquente aussi bien les doctes Conrart, Ménage et Chapelain que les galants Voiture, Godeau et Sarasin, composant au gré des modes diverses poésies légères. On le voit également dans les cabarets libertins en compagnie de Saint-Amant, Boisrobert, Chapelle et Colletet. Introduit à la Cour, il entre au service de la reine Anne d'Autriche, de Monsieur (Gaston d'Orléans) qui lui donne un appartement aux Tuileries, et de Mazarin qui le dote de nombreux et riches bénéfices ecclésiastiques. En 1648-1649, une querelle oppose les partisans de son *Sonnet de Job* (*) à ceux du *Sonnet d'Uranie* de Voiture – v. *Poésies* (*) de Voiture –, divisant la République des Lettres et manifestant des clivages politiques au début de la Fronde. Séducteur galant aux cheveux roux, il fréquente les ruelles précieuses et la chambre des filles d'honneur de la reine pour qui il compose des poésies de circonstance sur leurs intrigues amoureuses – v. *Poésies* (*) de Benserade. Organisateur des ballets du roi – v. *Ballets* (*) de Benserade – depuis sa *Mascarade de Cassandre* (1651), il compose des vers de ballet jusqu'en 1681, participant avec Molière aux *Plaisirs de l'Île enchantée* (*) (1664). Poète courtisan, il répond à la commande de Louis XIV qui souhaite, pour l'instruction du Dauphin, des *Métamorphoses d'Ovide en rondeaux* (1676), puis des *Fables d'Ésope en quatrains* (1678). Élu à l'Académie française en 1674, il se consacre au dictionnaire et se querelle avec Furetière. Luttant contre l'élection de Boileau mais pour celle de La Fontaine, il est du parti de Perrault dans la querelle des Anciens et des Modernes. Vieilli et retiré dans sa maison de campagne à Gentilly, il compose des prières et une paraphrase des psaumes inédites, et meurt de la gravelle en 1691. En 1697, paraît une édition partielle de ses *Œuvres* en deux volumes, *Poésies* et *Ballets*.

ALAIN GÉNETIOT.

RÉF. : A. Mennung. « Der Sonettenstreit und seine Quellen », dans *Zeitschrift fur französischen Sprache und Literatur,* XXIV, 1902. – C. I. Silin, *Benserade and His Ballets de Cour,* 1940. – R. Finch, « *Je suis dehors* », dans *French Studies,* 33, 1979. – M. Moog Grunewald, *Metamorphosen der « Metamorphosen »,* 1979. – J. Jehasse, « Benserade et La Fontaine », dans *Mélanges G. Couton,* 1981.

BENTHAM Jeremy. Jurisconsulte et philosophe anglais. Né le 15 février 1748 à Houndsditch, l'un des faubourgs de Londres, mort à Londres le 6 juin 1832. Enfant prodige, il apprit à lire le grec et le latin dès l'âge de trois ou quatre ans ; à cinq ans, on le surnommait déjà « le philosophe », et vers l'âge de sept ans il étudiait *Les Aventures de Télémaque* (*) dans le texte. Cette lecture fit sur lui, d'ailleurs, une impression très profonde, puisqu'il avoua, des années plus tard : « Ce roman peut être considéré comme ayant formé mon caractère ; il fut le point de départ de toute ma carrière. » Après cinq années passées à l'école de Westminster, il fut admis, le 28 juin 1760, à Oxford, bien que ses conceptions religieuses l'eussent fait hésiter longuement avant de signer son adhésion à l'Église anglicane, condition « sine qua non » de son admission dans cette école d'élite. Trois ans plus tard, en 1763, il fut reçu bachelier et, tout en travaillant dans une étude, prépara les examens pour le diplôme de « magister artium », examens qu'il subit avec succès en 1766. Il fut, nous dit un de ses biographes, « le plus jeune diplômé qu'eussent jamais vu les universités anglaises ». Ce diplôme lui ouvrait la carrière d'avocat, carrière à laquelle il ne parvint jamais à s'intéresser. En effet, pour cet esprit clair et logique, le droit coutumier anglais, qui présentait un magma d'ordonnances souvent contradictoires et jamais codifiées, était une étude à laquelle il ne voulut pas se résoudre ; en revanche, il s'intéressa vivement à la chimie, et commença à jeter les bases de ce qui devait être, quelques années plus tard, le système philosophique connu sous le nom d'« utilitarisme ». La première œuvre de Bentham, publiée sans nom d'auteur, *Fragment sur le gouvernement* [*A Fragment on Government, being an Examination of what is delivered on the Subject of Government in general*, 1776], fut une réfutation mordante du livre de sir William Blackstone (1723-1780) intitulé *Commentaire sur les lois anglaises* [*Commentaries on the Laws of England*, 4 vol., 1765-69]. Bentham reprochait sévèrement à Blackstone ses tendances absolutistes et théocratiques ; rejetant, pour la première fois dans l'histoire du droit, la fiction du contrat originel, il décrétait qu'un gouvernement ne peut être justifié que par son utilité. Il censurait, en outre, Blackstone pour son aversion à l'égard de toute réforme, même la plus urgente et nécessaire. Les critiques de Bentham, par-delà le but qui leur fut primitivement assigné par leur auteur, exercèrent une influence déterminante sur les réformes subséquentes de la législation anglaise. À la même époque, vers 1775, Bentham travaillait à un traité qui ne vit le jour qu'en 1811, dans la traduction française d'Étienne Dumont : *Théorie des peines et des récompenses* (le manuscrit de Bentham était intitulé *Rationale of Punishments and Rewards* ; il ne fut publié en anglais qu'en 1825). Le *Fragment sur le gouvernement* l'ayant vivement impressionné, lord Shelburne (1737-1805), ministre dans le deuxième cabinet Pitt, invita Bentham chez lui, et ce dernier devint bientôt un commensal de cet homme politique influent. Bentham doit beaucoup à cette amitié qui, pour la première fois de sa vie, lui permit de « se sentir quelqu'un », selon sa propre expression. Ce fut également chez lord Shelburne que Bentham fit la connaissance du bibliothécaire de ce dernier, le citoyen de Genève Pierre-Étienne-Louis Dumont (né à Genève le 18 juillet 1759, mort à Milan le 29 septembre 1829). En la personne de Dumont, Bentham acquit non seulement un disciple fervent, mais un traducteur, grâce au labeur désintéressé duquel la majeure partie des écrits de Bentham fut publiée en français avant de l'être en anglais. L'année 1787 vit la parution de la *Défense de l'usure*, suivie, en 1789, de l'*Introduction aux principes de morale et de législation* (*), composée vers 1780. Trois ans plus tard, en 1792, Bentham perdit son père et hérita d'une somme qui lui assura une complète indépendance financière. Le 23 août 1792, l'Assemblée législative française, sur la proposition du citoyen Brissot, décerna à Bentham le titre de citoyen français, en récompense des ouvrages sur l'administration coloniale et sur les réformes à accomplir dans l'administration pénitentiaire, ouvrages dont Bentham avait fait hommage à l'Assemblée constituante en 1791. Ce fut, en effet, dans le domaine des réformes pénitentiaires que Bentham travailla avec le plus d'acharnement, n'hésitant pas, pour se documenter, à effectuer des voyages à l'étranger (il alla jusqu'en Russie). Le résumé de ses théories dans ce domaine particulier est consigné dans son *Panoptique ; mémoire sur un nouveau principe pour construire des maisons d'inspection et nommément* (sic) *des maisons de force* [*The Panopticon or Inspection House*], ouvrage édité à Paris en 1791 et adopté par la Commune de Paris, qui l'aurait mis en pratique sans l'insurrection de 1792. En 1802, toujours grâce à Étienne Dumont, furent publiés à Paris les trois volumes des *Traités de législation civile et pénale* ; en 1816 parut à Genève la *Tactique des assemblées législatives* suivie de *Un livre des sophismes* (*), qui fut presque immédiatement traduit dans la plupart des langues européennes. Mentionnons encore *Déontologie ou Science de la morale* (*). Bentham mourut le 6 juin 1832 ; voulant se rendre utile même après sa mort, cet apôtre de l'utilitarisme exigea que son corps fût disséqué ; bien que cela fût absolument contraire aux mœurs de son époque, son vœu fut respecté. Son squelette, habillé des vêtements qu'il avait l'habitude de porter, repose maintenant dans la crypte de la chapelle principale de l'université d'Oxford. La meilleure édition générale des œuvres de Bentham est celle de Bowring (Édimbourg, 1838 - 1843), car ses onze volumes comportent également les *Mémoires* de Bentham et sa correspondance. Ses manuscrits, dont beaucoup d'inédits, se trouvent à la bibliothèque de l'University College, où ils remplissent quatre-vingts caisses. Si l'influence de Bentham ne se fit pas remarquer en Angleterre de son vivant, elle inspira profondément le libéralisme anglais, dont les plus hautes expressions furent Stuart Mill et Cobden.

ALEXANDRE LABZINE.

♦ *« Bentham est parmi les philosophes ce que son compatriote Martin Tupper est parmi les poètes. Le lieu commun raisonneur, voilà la philosophie de l'un et la poésie de l'autre... Dans aucun pays, à aucune époque, personne, pas même le philosophe allemand Christian Wolff, n'a tiré autant de parti du lieu commun. Il ne s'y plaît pas seulement, il s'y pavane. Le fameux principe d'utilité n'est pas de son invention. Il n'a fait que reproduire sans esprit l'*esprit *d'Helvétius et d'autres écrivains français du* XVIII*e siècle. »* K. Marx. ♦ *« Ce* citoyen de l'univers, *comme on se plaisait à l'appeler, était simple, de commerce agréable, de mœurs sévères et d'un désintéressement parfait. »* Léon Sagnet. ♦ *« Il agit par voie indirecte ; mais si vif est le rayonnement de son influence que l'Angleterre démocratique du* XIX*e siècle porte sa marque reconnaissable, et qu'on en peut suivre les traces bien loin à l'étranger. »* L. Cazamian.

RÉF. : Elie Halévy, *La Formation du radicalisme philosophique*, 1901-04. – Atkinson, *Bentham*, Londres, 1905. – C. W. Everett, *The Education of Jeremy Bentham*, New York, 1931. – David Baumgardt, *Bentham and the ethics of to day*, Princeton, New York, 1952 (thèse). – M. Mack, *Jeremy Bentham : An Odyssey of Ideas*, Londres, 1962.

BENTIVOGLIO Guido. Cardinal italien. Né le 17 octobre 1579 à Ferrare (Émilie), mort le 7 septembre 1644 à Rome. De très grande famille, il fut élevé à la cour d'Este et se rendit à Padoue pour étudier le droit. Il y passa des années paisibles, avec une brève interruption : à la mort d'Alphonse II, il dut retourner à Ferrare pour s'occuper de ses biens menacés par le changement politique. Ayant terminé ses études à Padoue sous la direction de Carlo Salice, il se rendit à Rome où, ayant embrassé la vie religieuse, il devint camérier secret du pape. Il se fit remarquer par son intelligence aiguë et son amour de l'étude, malgré les nombreux devoirs de sa charge. À cette époque, il fut l'élève de Traiano Boccalini. Paul V le nomma référendaire, archevêque de Rhodes, puis nonce apostolique dans les Flandres. Ce fut le début de sa carrière diplomatique au milieu de l'agitation causée par les féroces luttes religieuses et par la guerre entre Espagnols et Hollandais. En 1609, Bentivoglio parvint à faire signer une trêve de douze années entre les deux armées ennemies. De mœurs rigides, il fut un parfait gentilhomme et un fin diplomate. Revenu à Rome, il tomba malade ; à peine remis il fut nommé nonce apostolique en France. Accueilli avec honneurs et très respecté, il se trouva malgré lui mêlé aux intrigues d'alcôve du turbulent Henri IV, qui eurent de graves répercussions sur la politique, et finirent par la mort prématurée du roi. Louis XIII nomma Bentivoglio protecteur de la France. Revenu à Rome et fait cardinal en 1621 par Pie V, il devint chef suprême de l'Inquisition, et ce fut en cette qualité qu'il souscrivit à la condamnation de Galilée, ce dont il se disculpa plus tard. En 1641, il fut nommé évêque de Préneste. Trois ans plus tard, à la mort d'Urbain VIII, il paraissait devoir monter sur le trône pontifical, lorsque, pris d'un grave malaise pendant le Conclave, il mourut. Son œuvre d'historien et de politicien est fort importante ; elle nous montre la subtilité et la pénétration d'esprit d'un des principaux représentants de la Rome du XVIIe siècle. Ses *Relations au temps de ses nonciatures* (*) nous donnent un tableau très clair de l'intense vie politique européenne de cette époque, de même que ses *Mémoires* [*Memorie,* 1642-48], écrits dans les dernières années de sa vie, éclairent les faits et les personnages avec toute la puissance d'un jugement pénétrant et sûr. Son histoire *De la guerre des Flandres* [*Della guerra di Fiandra*] est plus rhétorique ; il y décrit les luttes religieuses des funestes années 1569-1609, avec un grand don d'observation ; il est sensible aux hommes et aux choses qui sont en jeu dans la lutte entre un ancien et un nouveau monde. Cette manière de participer en acteur et en spectateur à tant d'événements variés rend intéressantes également ses *Lettres diplomatiques* (+), dont quelques-unes, encore inédites, furent publiées récemment (1947).

RÉF. : L. von Ranke, *Histoire de la papauté pendant les* XVI*e et* XVII*e siècles,* tr. fr. 1848. – H. J. Elias, *La Nonciature de Guido Bentivoglio, archevêque de Rhodes, à Bruxelles* in *Bulletin de l'Institut belge de Rome,* 1928. – L. von Pastor, *Histoire des papes depuis la fin du Moyen Âge,* t. XIII et XIV, trad. 1931-33.

BENVENISTE Émile. Linguiste français. Né à Alep (Syrie) le 27 mai 1902, mort à Versailles le 3 octobre 1976. Agrégé de grammaire en 1922, docteur ès lettres en 1935, il enseigne la grammaire comparée, d'abord à l'École pratique des hautes études (à partir de 1927), puis au Collège de France jusqu'à sa mort. En 1960 il avait été élu membre permanent de l'Académie des inscriptions et belles-lettres. Les recherches mondiales en linguistique iranienne, en grammaire comparée des langues indo-européennes et en linguistique générale ont été profondément marquées par la personnalité de ce chercheur hors pair. Plusieurs volumes de Mélanges lui ont été offerts : *Étrennes linguistiques offertes à Émile Benveniste* (1975), *Langue, discours et société* (1977) et *Mélanges linguistiques offerts à Émile Benveniste.* Dans ce dernier recueil, le lecteur pourra trouver une bibliographie complète de ses travaux. Benveniste s'est tout particulièrement attaché à l'étude de l'iranien ancien. On lui doit notamment, dans ce domaine, outre une modernisation de la grammaire du vieux perse : *Les Infinitifs avestiques* (1935), *Titres et noms propres en iranien ancien* (1966), *Vrtha et Vrthagna* (avec L. Renou, 1936). Au niveau des institutions indo-européennes, Benveniste a livré les résultats d'une vaste enquête publiée en 1969 dans deux volumes : Volume I, *Économie, parenté, société,* Volume II, *Pouvoir, droit, religion.* C'est le premier essai d'une recherche sur un certain nombre de grandes catégories de la pensée sociale à partir du lexique d'une famille linguistique. En fait, Benveniste n'avait pas envie de faire école ; il était essentiellement chercheur. Les essais publiés sous le titre *Problèmes de linguistique générale* (*) (I, 1966 et II, 1974) conserveront une influence déterminante dans le monde linguistique. Saussure, père de la linguistique du XXe siècle, définissait la langue comme un système de signes et le signe linguistique comme l'association de deux concepts, celui de signifiant et celui de signifié. Saussure enseignait que le signe linguistique est arbitraire ; Benveniste sera le seul à remettre en question cette analyse unanimement acceptée. Linguiste d'une stature exceptionnelle, Émile Benveniste a ouvert de nombreuses voies pour les chercheurs futurs.

YANN BARBÉ.

BÉRANGER Pierre Jean de. Célèbre chansonnier français. Né à Paris le 19 août 1780, mort dans cette ville le 16 juillet 1857. D'une famille qui se prétendait noble et n'avait d'autre fortune que son nom, il fut élevé chez son grand-père, à cause de la séparation de ses parents. Mis par la suite, en 1789, dans une pension du faubourg Saint-Antoine, il assista à la prise de la Bastille « du haut du toit de la maison ». Quelque temps après, son grand-père l'envoya auprès d'une tante qui tenait une auberge à Péronne. Grâce à cette femme de cœur qui se fit sa mère adoptive, l'enfant put apprendre à lire, à écrire et à calculer. Il suivit en outre les cours de l'Institut patriotique organisé selon les principes de Jean-Jacques Rousseau. À quatorze ans, il entra dans l'atelier d'un imprimeur. On sait qu'avec son patron il y faisait déjà des vers. Deux ans après, en 1796, son père venant de fonder une maison de banque à Paris, il dut aller le rejoindre. Devenu commis, il montra vite quelque aptitude dans ce genre de travail. Pourtant, fort de sa vocation qu'il sentait naître, il se mit bientôt à écrire, se laissant séduire par les genres les plus divers : d'abord, en ébauchant une comédie satirique (*Les Hermaphrodites*), ensuite un poème épique (*Clovis*), enfin des odes d'un caractère religieux (*Le Jugement dernier,* etc.). Mal satisfait de ces tentatives, d'autant qu'il menait une vie misérable, il voulut, en 1802, partir pour l'Égypte où Bonaparte venait de faire son expédition. Détourné de ce projet par son entourage, il se mit à esquisser ses premières chansons. En 1805, il fut employé par le peintre Landon à la rédaction des *Annales du Musée.* Sa vie précaire ne prit fin que le jour où il entra en qualité d'expéditionnaire dans les bureaux de l'Université (1809). Se sentant à l'abri du besoin, Béranger composa alors quelques-unes de ses pièces les plus joyeuses : *Roger Bontemps, La Gaudriole, La Bacchante.* En 1813, reçu membre de la Société du Caveau, que présidait Désaugiers, il s'y fit applaudir pour sa verve. En 1815, la publication de son premier recueil de *Chansons* (*) lui valut de la part de ses chefs une sévère admonestation. Fort de sa popularité, Béranger n'en tint aucun compte. Si, dans ses chansons nouvelles, il chante toujours le plaisir, il n'en accorde pas moins la place prépondérante à la politique pour attaquer à la fois le trône et l'autel. Quand paraît son deuxième recueil (1821), il est destitué de son poste, traduit en cour d'assises et condamné à trois mois de prison. S'il put faire paraître sans accroc son troisième recueil (1825), il devait s'attirer, par contre, un procès retentissant lorsqu'il publia le quatrième (1828) : neuf mois de prison, sans parler de l'amende. Sa peine, il la subit à la prison de la Force. C'est dire que, quand vint l'explosion de 1830, Béranger devait jouer un rôle décisif. « Ta part fut belle en ces grandes journées », dira-t-il plus tard de lui-même. Par l'irrésistible effet de ses chansons, son influence sur la jeunesse et sa liaison avec les chefs du parti libéral, il a contribué largement à la chute des Bourbons. Après la victoire, il se retira de la scène, jugeant que son rôle était terminé. En 1833, il publia son dernier recueil de chansons. Fier d'être parisien jusqu'à la moelle des os, ce républicain de vieille date repoussa toujours les honneurs et les pensions. Il était tenu en haute estime par Talleyrand, Chateaubriand et Lamartine. Sa mort mit en relief son caractère de poète national ; ses obsèques furent célébrées aux frais de l'État. Il s'est trouvé plus d'un critique pour voir en lui un faux bonhomme. Quoi qu'il en soit, il eut le mérite de faire plus d'une chanson qu'on peut relire encore aujourd'hui. Signalons enfin son œuvre posthume : *Ma biographie,* parue en 1852. La

« gloire de Béranger » est un curieux phénomène littéraire qui trouve son explication moins dans le talent du poète que dans son aptitude à épouser les goûts de ses contemporains et dans son habileté à jouer les libéraux persécutés.

ROLAND PURNAL.

♦ *« Béranger me rappelle constamment Horace et Hafiz qui, tous deux, se sont élevés au-dessus de leur temps et qui, s'attaquant par leurs railleries et leur badinage à la corruption des mœurs, en ont fait leur thème littéraire. Béranger, dans son milieu, occupe la même situation. Mais, comme il est sorti d'une condition plus humble, il ne dédaigne pas trop le côté graveleux et vulgaire, et même il le traite avec une certaine complaisance. »* Goethe. ♦ *« J'ai reparcouru dernièrement le recueil des* Chansons *de Béranger, sans y rien trouver qui ne me paraisse vulgaire, banal et rebutant. »* A. Gide.

RÉF. : P.-J. de Béranger, *Ma biographie,* 1852, et *Procès fait aux chansons de P.-J. de Béranger... avec le réquisitoire... le plaidoyer...,* 1821. — J. Bernard, *J. Béranger et ses chansons,* 1858. — A. Arnould, *Béranger, ses amis, ses ennemis et ses critiques,* 1864, 2 vol. — J. Brivois, *Bibliographie de l'œuvre de P.-J. de Béranger,* 1876. — M. de Baillehache, *Grands bonapartistes...,* 1899. — A. Zevaès, *Les Procès littéraires au* XIX*e siècle,* 1924. — J. Touchard, *La Gloire de Béranger,* 1968. — S. Dillaz, *Béranger,* 1971.

BERBEROVA Nina Nikolaïevna. Romancière et journaliste russe naturalisée américaine. Née à Saint-Pétersbourg le 26 juillet (8 août) 1901, morte le 26 septembre 1993 à Philadelphie. Son père, d'origine arménienne, était un haut fonctionnaire des Finances, « Russe européen » libéral. Sa mère, d'esprit victorien, fut un contre-modèle pour Nina Berberova, très tôt éprise d'indépendance. Après la révolution d'octobre 1917, Nina Berberova, fraîche émoulue d'un bon lycée pétersbourgeois, suit sa famille à Moscou puis à Rostov-sur-le-Don et regagne Petrograd en 1921. Elle y fréquente des poètes du cercle de N. Goumilev (acméistes), qui fortifieront en elle le goût de la clarté et de la précision du mot qui caractérise ses nouvelles. C'est là qu'elle rencontre le poète Vladislav Khodassévitch (1886-1939), avec lequel elle émigrera en juin 1922, et qu'elle quittera en 1932 : tous deux vivent d'abord dans l'entourage de Gorki, sur lequel ils ont laissé de précieux souvenirs, à Berlin puis à Sorrente. En avril 1923, ils s'installent à Paris et mèneront une vie difficile mais riche de rencontres avec tous les écrivains de l'émigration, dont Nina Berberova tracera de vivants portraits dans son autobiographie, *C'est moi qui souligne* (*), rédigée en 1960-1966. Nina Berberova travaille comme journaliste au quotidien de l'émigration russe *Les Dernières Nouvelles* [*Poslednie Novosti*], où elle publie, entre 1930 et 1940, des scènes de la vie des émigrés – *Fêtes de Billancourt* [*Bijankurskie prazdniki*]. Elle commence une œuvre romanesque inspirée par l'expérience de l'émigration. Le premier récit parut en 1928 (*Zoïa Andréievna,* daté de mai 1927). Il sera suivi par six autres, qui seront réunis en volume en 1949 sous le titre *L'Allègement du destin* (*). En même temps, Nina Berberova publie des romans, qu'elle jugera sévèrement par la suite : *Les Derniers et les Premiers* [*Poslednie i pervye,* 1930] sont un roman à thèse (sur le retour à la terre d'ouvriers russes de Paris), mais *La Souveraine* [*Povelitel'nica,* 1932] reste intéressant pour son analyse psychologique presque proustienne d'une jeune femme libre. Les deux autres romans de Nina Berberova, *Sans déclin* [*Bez zakata*], paru initialement sous le titre *Le Livre du bonheur* [*Kniga o ščast'e,* 1938], et *Le Cap des tempêtes* [*Mys bur',* 1950-1951] ne seront guère remarqués par la critique, qui leur préféra les récits. Nina Berberova écrivit aussi des biographies de musiciens (*Tchaïkovski,* 1936 ; *Borodine,* 1938) dans lesquelles l'homme est au premier plan, et celle du poète Alexandre Blok (*Alexandre Blok et son temps,* publié directement en français en 1947).

Après l'Occupation, passée dans les environs de Paris, l'écrivain travaille au quotidien *La Pensée russe* (fondé en 1947) : elle y rédige la page littéraire hebdomadaire, et en 1949 donne les comptes rendus d'audience du procès intenté par Victor Kravtchenko, auteur de *Pourquoi j'ai choisi la liberté,* contre *Les Lettres françaises,* qui l'avaient diffamé. Mais l'attitude pro-soviétique de l'intelligentsia parisienne, la dispersion du milieu littéraire russe, les difficultés matérielles et l'échec de la vie privée de Nina Berberova (qui avait épousé en 1936 le peintre V. Makeiev pour divorcer en 1947), la poussent à émigrer en 1950 aux États-Unis. Après différents petits métiers (et sa naturalisation en 1954 à la suite d'un mariage blanc), Nina Berberova enseignera la littérature russe à l'université de Yale puis de Princeton, où elle a pris sa retraite en 1971. Elle publia deux nouveaux récits en 1958 : *Le Roseau pensant* [*Mysljaščij trostnik,* publié en français sous le titre *Le Roseau révolté*] et *À la mémoire de Schliemann* [*Pamjati Šlimana*], et un dernier en 1959, *Le Mal noir* [*Černaja bolezn'*]. Après la parution de son autobiographie en 1972 (en russe), N. Berberova s'attacha à faire revivre une aventurière russe, compagne de Gorki puis de H. G. Wells, dans l'*Histoire de la baronne Boudberg* (*). Le goût de l'investigation historique se retrouve dans son dernier ouvrage, *Gens et Loges. Les francs-maçons russes du* XX*e siècle* [*Ljudi i Loži,* 1986], écrit à partir de documents d'archives.

Nina Berberova n'a été découverte par le public français qu'en 1985, par la publication de *L'Accompagnatrice* – v. *L'Allégement du destin* (*) –, suivie peu à peu par celle de la majeure partie de son œuvre. En 1988, Nina Berberova commença à être publiée dans son pays natal, dans lequel elle est revenue passer deux semaines en 1989 après soixante-sept ans d'un exil difficile mais créateur et sans nostalgie.

MICHEL NIQUEUX.

BERCEO Gonzalo de. Écrivain espagnol. Né à Madriz, village de la Rioja, vis-à-vis de Berceo, vers 1195, mort sans doute postérieurement à 1264. Il est le premier poète castillan dont le nom et l'œuvre nous aient été conservés. Il étudia au monastère de San Millán de la Cogolla, et s'il ne devint pas moine, il n'en demeura pas moins en rapports étroits avec le monastère, dans les archives duquel on le trouve maintes fois nommé comme témoin. Il reçut le diaconat en 1220, la prêtrise en 1237 et en 1264 il vivait encore. San Millán de la Cogolla était un centre d'études possédant une tradition culturelle vivace ; il était situé non loin de la route de Saint-Jacques-de-Compostelle, si fréquentée par les pèlerins de tous les pays d'Europe. Ainsi les nouvelles parvenaient-elles à Berceo ; on les trouve mêlées dans son œuvre à des épisodes purement espagnols, voire riojains. Il possédait le grade de maître, connaissait le latin, mais pas assez cependant pour écrire en cette langue ; c'est pourquoi son œuvre est en langue vulgaire. Elle est tout inspirée de thèmes religieux. Il utilisa toujours la métrique et la strophe particulière au *Mester de clerecia* (poésie savante, genre littéraire cultivé par les lettrés au Moyen Âge), c'est-à-dire l'alexandrin en quatrains monorimes ; sa versification est savante. Son ouvrage le plus ancien paraît être *La Vie de saint Dominique de Silos* [*Vida de Santo Domingo de Silos,* 1230 ?], suivie de l'*Histoire de saint Émilien* [*Vida de San Millán de la Cogolla*, 1234 ?], du *Sacrifice de la Messe* [*Sacrificio de la Misa*] écrit sans doute lorsqu'il prit les ordres (antérieurement à 1237), enfin *Le Martyre de saint Laurent* [*Martirio de San Laurençio*, 1252]. Il aborda plus tard les thèmes mariaux avec *Les Miracles de la Vierge*, recueil de 25 récits précédés d'une fort belle introduction allégorique ; *Douleur de la Vierge* [*Milagros de Nuestra Señora*], poème d'un pathétique intense qui abonde en traits populaires. Les *Louanges de Notre-Dame* [*Loores de Nuestra Señora*], *Des Signes qui apparaîtront avant le Jugement* [*De los signos que aparecerán ante del Juicio*], ainsi que la traduction de trois hymnes liturgiques, sont de dates incertaines. Berceo était âgé lorsqu'il écrivit *Vie de sainte Oria* (*), livre plein de douceur. L'un des manuscrits du *Livre d'Alexandre* (*) mentionne Berceo comme étant l'auteur de ce poème, ce qui semble peu probable étant donné les différences de psychologie et de procédé littéraire. Berceo est un poète très attachant : simple et humble, il s'en tient fidèlement à ses sources, mais il sait leur donner de l'ampleur grâce à une foule de détails pittoresques auxquels il communique la flamme de sa gentillesse.

RÉF. : John D. Fitz-Gerald, *Versification... as found in Berceo's « Vida de Santo Domingo de Silos »*, New York, 1905. – Richard Becker, *Gonzalo de Berceos « Milagros... »*, Strasbourg, 1910, en allemand.

BERCHET Giovanni. Poète patriotique italien. Né à Milan en 1783, mort à Turin en 1851. Après diverses traductions de l'anglais et de l'allemand, il fait paraître, en 1808, *Les Funérailles* [*I funerali*] et *Amour* [*Amore*], œuvres satiriques dans la veine de Parini. Lorsque éclate en 1816 la polémique entre classiques et romantiques, Berchet publie la *Lettre semi-sérieuse* (*), document fondamental du romantisme lombard. Il participe à la fondation du *Conciliatore,* auquel il collabore par de nombreux articles, et oriente plus nettement son activité littéraire vers des fins politiques, donnant naissance, en 1819-20, aux *Réfugiés de Parga* [*I profughi di Parga*], inspirés d'un récent épisode de l'histoire de la Grèce. En décembre 1821, il échappe à une arrestation et prend le chemin de l'exil. Après un bref séjour à Paris, il s'installe à Londres où il écrit diverses *Romances* directement inspirées de la réalité politique italienne. De 1829 à 1843, il est précepteur en Belgique et se consacre à des travaux d'érudition. Il regagne enfin l'Italie. Élu député du Piémont après les événements de 1848, il prend une position modérée, presque conservatrice.

BERDIAEV Nicolas [Nikolaj Aleksandrovič Berdjaev]. Philosophe russe né à Kiev (Russie) le 9 mars 1874, mort à Clamart, en France, le 23 mars 1948. Issu d'une famille appartenant à la noblesse russe, Berdiaev avait également du sang français dans les veines, puisque son aïeule maternelle était une Choiseul. Ayant terminé ses études secondaires dans une « école des cadets », Berdiaev prit ses inscriptions à l'université de sa ville natale ; il eut comme condisciple Léon Chestov, avec lequel il se lia d'amitié. Ayant, comme tant d'autres jeunes gens de cette époque, fréquenté les milieux révolutionnaires, Berdiaev fut impliqué, en 1898, dans un « complot », jugé, exclu de l'université et déporté dans une petite ville du nord de la Russie. Son premier article, consacré à Th. Lange, parut pendant l'instruction de son affaire en 1899 dans la revue allemande *Die Neue Zeit ;* en 1901, lorsqu'il était encore en résidence forcée, il fit paraître son premier livre, consacré au critique russe Mikhaïlovski : *Subjectivisme et Individualisme dans la philosophie sociale* [*Subjektivizm i individualizm v obščestvennoj filosofii*]. Dans cet essai, Nicolas Berdiaev tend à faire une synthèse, en conciliant les thèses de l'idéalisme philosophique avec celles de la critique marxiste ; cette œuvre de jeunesse se ressent encore de l'influence des révolutionnaires marxistes qui se trouvaient être déportés dans la même ville que Berdiaev et qu'il avait nécessairement beaucoup fréquentés. Dès sa libération, Berdiaev se rend à Heidelberg, où il étudiera la philosophie, ayant Windelband pour maître. De retour en Russie, il s'installe dans la capitale, prend une part active à la fondation d'une « Union pour la Libération », et rédige, avec Serge Boulgakov, la revue *Questions de la vie* [*Voprosy Zizni*, 1904-1905]. Attiré de plus en plus vers la religion et la philosophie religieuse orthodoxe, Berdiaev publie un certain nombre d'articles qui, réunis en 1907 en volume sous le titre *Sub specie aeternitatis,* forment le fond doctrinal de la « Société philosophico-religieuse », qui fut fondée la même année, et dont l'influence dans les années qui précédèrent la Première Guerre mondiale fut en Russie prépondérante chez les intellectuels non marxistes. En 1911, Berdiaev publie *La Philosophie de la liberté* [*Filosofija svobody*], suivie, en 1912, de la monographie *A. S. Khomajakov,* consacrée à ce grand slavophile. Si, à cette époque, Berdiaev s'est entièrement réconcilié avec la foi orthodoxe, il dénonce d'autant plus violemment les tendances réactionnaires du haut clergé. Aussi n'échappe-t-il que de justesse — grâce à une amnistie promulguée à l'occasion de l'entrée en guerre de la Russie — à un nouvel emprisonnement pour avoir publié un article intitulé *Les Éteignoirs de l'esprit* [*Gasiteli duha*], violente diatribe dirigée contre les tendances obscurantistes du Saint-Synode, la plus haute instance ecclésiastique russe de l'époque. En 1916, Berdiaev publie un livre très important pour la compréhension de l'évolution de sa pensée philosophique. Il s'agit du *Sens de l'acte créateur. Essai d'une justification de l'homme* [*Smysl tvorčestva. Opyt opravdanija čeloveka*]. Dans cette œuvre, il pose comme postulat que le sens et le but de la vie humaine ne sont pas seulement la recherche du salut personnel, mais la continuation de l'œuvre créatrice divine, la tragédie inhérente à cette activité créatrice réside dans la non-concordance de la réalisation avec l'intention créatrice. Pour Berdiaev, l'œuvre créatrice est tout le contraire de l'évolution, c'est le règne du déterminisme, des conséquences ; l'acte créateur, par contre, c'est la liberté qui rappelle l'acte primordial. En effet, le monde n'a pas fini de se faire ; il n'est pas achevé, sa création continue. C'est en 1919 que Berdiaev fonde une « Académie libre de culture spirituelle » (qui ne subsistera que jusqu'en 1922). Pendant les années révolutionnaires, il compose quatre livres, mais trois d'entre eux ne verront le jour qu'en émigration. Seule la *Philosophie de Dostoïevski* [*Filosofija Dostoevskago,* 1922] pourra paraître à Leningrad. En 1922 Berdiaev fait partie d'un groupe de plusieurs professeurs et savants qui, jugés indésirables en U.R.S.S., doivent prendre le chemin de l'exil. Berdiaev reçoit un très bon accueil à Berlin, où il fait paraître, au cours de l'année 1923, les trois livres qui n'avaient pu voir le jour en Russie. Ce sont : *L'Esprit de Dostoïevski* [*Mirosozercanie Dostoevskago,* trad. 1932], *Le Sens de l'histoire* [*Smysl istorii,* trad. 1949] et *La Philosophie de l'inégalité* [*Filosofija neravenstva,* trad. 1976]. En 1924, Berdiaev quitte Berlin, s'installe dans la banlieue parisienne, à Clamart, fait paraître une revue consacrée à la philosophie de la religion : *Put'* [*La Voie*], et se révèle au monde occidental par un livre retentissant, *Un nouveau Moyen Âge* (*). Dans cette œuvre, Berdiaev affirme que l'humanisme, qui signifiait primitivement la libération de l'activité créatrice de l'homme, s'est transformé, de nos jours, en autodivinisation de l'homme, devenant, par ce fait même, un antihumanisme, tel qu'il apparaît, par exemple, chez Marx et chez Nietzsche. L'irruption des masses dans le domaine culturel transforme la culture de fond en comble, abaisse sa qualité par une spécialisation excessive et détruit l'intégrité de l'être humain, en l'abaissant au rang d'une simple fonction. La pensée de Berdiaev a exercé un grand rayonnement, non seulement dans les milieux de l'émigration russe, mais sur des intellectuels catholiques français, tels que Jacques Maritain et Emmanuel Mounier. Malgré un amour fervent pour son pays natal, Berdiaev repoussera toujours les offres de retour faites par les dirigeants soviétiques, ses positions spirituelles étant inconciliables avec le communisme — v. *Les Sources et le sens du communisme russe* (*). Reçu, après la Libération, docteur « honoris causa » de l'université de Cambridge, il mourut subitement dans sa petite maison de Clamart le 14 mars 1948.

Berdiaev a écrit plus de vingt-cinq livres et des centaines d'articles. On peut citer, parmi les plus importants de ses ouvrages, *Esprit et Réalité* (*) (1937) et *Essai de métaphysique eschatologique* [*Opyt eshatologičeskoj metafiziki,* 1946], véritable synthèse de sa pensée. Bien qu'il ait été largement traduit en français et en quatorze autres langues (dont le japonais), sa pensée demeure d'un accès difficile. Elle déroute le lecteur occidental, non pas tant par ses sources (qui sont empruntées en partie au christianisme orthodoxe et en partie à l'idéalisme allemand), que par son dédain des procédés rationnels, logiques, par une confusion volontaire des données philosophiques avec des postulats de la religion, et par son appel continuel à une expérience intérieure. C'est une pensée d'inspiration essentiellement religieuse, mais quelque peu gnostique. En effet, le vrai maître de Berdiaev paraît être le mystique allemand Jakob Böhme, auquel il emprunta ses théories de l'*Ungrund* et surtout celles de la *Sophia* : la Gnose. On y trouve aussi une violente réaction contre le rationalisme, auquel Berdiaev reproche d'avoir ravalé la connaissance en soumettant l'esprit au monde naturel, acte que Marx déjà avait qualifié d'« aliénation de la nature humaine ».

ALEXANDRE LABZINE.

♦ *« Je me considère comme un représentant de l'existentialisme religieux et spiritualiste. »* Nicolas Berdiaev. ♦ *« Je considère cette philosophie non pas comme une théorie, mais comme une impulsion à une vie nouvelle.* » Hermann Keyserling. ♦ « *Nicolas Berdiaev est le premier des penseurs russes ayant su se faire écouter non seulement dans sa propre patrie, mais à l'étranger.* » Léon Chestov. ♦ « *Un des rares hommes, à la fois libre et créateur, créateur parce que libre. Un penseur qui émerge de la quotidienneté et lutte avec violence contre la médiocrité et l'objectivation. Un doux et un violent à la fois. Un philosophe qui veut changer le monde par la puissance de l'esprit.* » M. -M. Davy.

RÉF. : Jean-Louis Segundo, *Berdiaeff. Une réflexion chrétienne sur la personne,* Paris, 1963. – Marie-Madeleine Davy, *Nicolas Berdiaev. L'Homme du huitième jour,* Paris, 1964. – *Colloque Berdiaev* (éd. par J.-C. Marcadé), Paris, 1978. – Marko Markovic, *La Philosophie de l'inégalité et les idées politiques de Nicolas Berdiaev,* Paris, 1978. – Nicolas Berdiaev, *Essai d'autobiographie spirituelle,* Paris, rééd. 1979. – *Bulletin de l'Association Nicolas Berdiaev,* Paris.

BERDICZEWSKI Micha Yosef. Écrivain et penseur d'expression hébraïque. Né le 19 août 1865 à Médgibodg (Polodia), mort le 18 novembre 1921 à Berlin. Né dans le berceau du hassidisme, descendant d'une lignée de rabbins, il s'affranchit de la pure tradition à dix-sept ans à travers la lecture de la littérature hébraïque des Lumières. En 1890, il part étudier la philosophie en Allemagne, et réside définitivement à Berlin dès 1911. Berdiczewski se distingue tout d'abord comme penseur, pourfendeur de vieilles idéologies véhiculées par une tradition, figée selon lui, prônant un *Changement de valeurs* (*), titre de l'ouvrage polémique qu'il publie en 1900. Il tente de définir comme critique littéraire l'essence intérieure du créateur, identifie le poète au prophète portant en son âme une « tristesse existentielle », héritier en cela de Schopenhauer. Il est enfin un conteur prolixe. Ses nouvelles et ses courts romans reflètent la « déchirure intérieure » de la jeunesse hébraïque cultivée errant dans un monde étranger mais fascinant, où se mêlent dans une confession poétique la tristesse individuelle et celle de la nation. Dans ses histoires, il décrit avec nostalgie la bourgade juive fourmillant de personnages hétéroclites, tout en privilégiant les passions humaines qui les agitent. Une place particulière est octroyée à la jeune femme juive cultivée mise à l'honneur dans son roman *Miriam* (*) (1921). Sa concision stylistique, ses descriptions psychologiques elliptiques, sa dynamique propre, font songer souvent à la narration biblique.

KATHERINE WERCHOWSKI.

BERENSON Bernard. Historien d'art américain. Né le 26 juin 1865 à Vilna (Lituanie), mort à Florence, à quatre-vingt-quatorze ans, le 6 octobre 1959. À dix ans, il émigra en Amérique avec ses parents, et passa sa jeunesse à Boston. Diplômé de Harvard en 1887, une bourse d'études lui permit de parcourir l'Europe occidentale, fréquentant université, écrivains et artistes, et de pousser jusqu'à Berlin, Dresde et Budapest ; puis, décidant de se consacrer à l'étude de l'art italien (de Giotto et Duccio à la fin du XVIe siècle) il se fixa à Florence. En 1900 il épousa une de ses compatriotes, de Philadelphie, et cinq ans après il acheta, à Ponte a Mensola, près de Florence, une villa qu'il enrichit peu à peu d'œuvres d'art et d'une vaste bibliothèque. Il publia, au cours de ces années, les diverses études qui furent groupées en édition définitive à Oxford en 1932 sous le titre *Les Peintres italiens de la Renaissance* (*), et d'autres travaux qui devaient avoir une grande influence dans le domaine de la critique d'art, tels que : *Lorenzo Lotto, un essai de critique d'art constructive* [*Lorenzo Lotto, an Essay in Constructive Art-Criticism,* 1895] ; *L'Étude et la critique de l'art italien* [*The Study and Criticism of Italian Art* ; trois séries : 1901, 1902, 1916] ; *Dessins des peintres florentins* (*) (1903, édition revue et augmentée, 1938) ; une étude : *Sassetta, un peintre siennois de la légende franciscaine* [*A Sienese Painter of the Franciscan Legend,* 1909, trad. 1948] ; des *Études sur la peinture du Moyen Âge* [*Studies in Medieval Painting,* 1930] ; *Essai sur l'étude de la peinture siennoise* [*Essays in the Study of Sienese Painting,* 1918]. En 1949, à New York et à Londres paraît *Esquisse pour un autoportrait* (*), autobiographie très vivante qui, du point de vue littéraire, est la meilleure œuvre de Berenson ; il y regrette d'avoir consacré tant d'années de sa vie à l'étude archéologique de l'art, se faisant ainsi une grande réputation d'expert. C'est pourtant à cette renommée qu'il dut de pouvoir réaliser l'idéal d'existence auquel il aspirait depuis l'adolescence, idéal formulé par Walter Pater : étude, voyages, collection d'œuvres d'art et de livres. Sa féconde expérience se manifesta dans la production des dernières années, partagée entre des ouvrages techniques : études sur Piero della Francesca, 1950, le Caravage, 1951, écrits divers publiés en Italie : *Méthode et Attributions* [*Metodo e attribuzioni,* Florence, 1947] ; *Voir et Savoir* [*Vedere et Sapera,* Milan, 1951] ; et des ouvrages où les considérations sur l'art et la vie ont une large part ; citons : *Esthétique et histoire dans les arts visuels* (*) [*Aesthetics and History in the Visual Arts,* New York, 1948, trad. 1952] ; *Échos et Réflexions* [*Rumor and Reflection,* New York, 1952].

RÉF. : *Homage to Bernard Berenson in Horizon,* New York, octobre 1949. – Bernard Halda, *Berenson et André Malraux,* Paris, 1964.

BERG Alban. Compositeur autrichien. Né et mort à Vienne (9 février 1885 - 24 décembre 1935). D'une famille aisée, originaire de Nuremberg, il fit dans sa ville natale des études régulières jusqu'à l'université, en même temps qu'il commençait, seul, l'étude de la musique. L'année 1904 devait être décisive pour la vie et l'art de Berg. La mort de son père l'avait obligé à quitter l'université et à accepter un modeste emploi dans un bureau quand il rencontra Schoenberg, à l'automne de la même année. Tout de suite, il se sentit uni avec le maître autrichien, théoricien de la musique dodécaphonique. Une profonde affection et de nombreuses affinités firent bientôt deux amis du maître et du disciple. Berg devait toujours reconnaître l'influence qu'eut sur lui Schoenberg, à la fois en tant qu'homme et en tant qu'artiste. Ce lien profond n'empêcha nullement le développement de ses propres qualités personnelles. C'est de cette première époque que datent la *Sonate pour piano* [*Klaviersonate*, op. 1, 1908], les 4 *Lieder*, op. 2 (1908-1909), le *Quatuor*, op. 3 (1910), qui témoignent d'une relative incertitude dans la manière du jeune musicien, incertitude qui n'est peut-être que le reflet de l'évolution que subissait alors Schoenberg : celui-ci, en effet, passait de l'ample chromatisme postwagnérien à la formulation de la théorie des douze sons. Déjà dans les 5 *Altenberg Lieder*, op. 4 (1912) (*), dans les 4 *Pièces pour clarinette*, op. 5 (1913) et dans les 3 *Pièces pour orchestre*, op. 6 (1913-1914) (*) s'affirme ce goût des contrastes, qui devait conduire Berg à écrire des œuvres dramatiques et qui demeure l'un des aspects les plus personnels de sa musique. 1914 marque une autre époque fondamentale dans la vie de Berg. C'est cette année-là qu'il lut le *Woyzeck* (*) de Georg Büchner et, peu après, connut l'existence amère de la mobilisation en temps de guerre. Ces deux expériences se complétèrent et donnèrent naissance à son chef-d'œuvre *Wozzeck* (*) (1922), tragédie de la désolation infinie, exprimant « avec une puissance lyrique hallucinante », l'irrémédiable solitude humaine. Entre-temps, Berg entreprenait de nombreux ouvrages dans lesquels il montre de plus en plus de sûreté et de cohérence dans l'usage qu'il fait de la technique dodécaphonique. Citons le *Concerto de chambre* [*Kammerkonzert*] pour piano, violon et treize instruments (1923-25) (*), écrit pour le 50e anniversaire de Schoenberg, et la *Suite lyrique pour quatuor à cordes* [*Lyrische Suite für Streichquartett*, 1926], une des œuvres les plus profondes et les plus intimes de Berg ; en avril 1928, il commençait l'adaptation de *L'Esprit de la terre* (*) et de *La Boîte de Pandore* (+) de Franz Wedekind, qui devaient servir de livret à son nouvel opéra *Lulu* (*). L'air de concert sur un poème de Baudelaire traduit par Stefan George : *Le Vin* [*Der Wein*], composé en 1929, peut être considéré comme une étude préliminaire à la composition de cet opéra. Bien que Berg ait travaillé à la composition de *Lulu* avec une vivacité qui contrastait avec son habituelle lenteur, il n'eut pas le temps d'y mettre la dernière main. En 1935 mourait à dix-huit ans Manon Gropius, fille d'Alma Mahler, veuve de Gustav Mahler, et sa grande amie dans les bons comme dans les mauvais jours. Il lui dédia le *Concerto pour violon et orchestre à la mémoire d'un ange* (*) [*Violinkonzert*, 1935], qui est peut-être l'œuvre la plus émouvante qu'il ait écrite. Ce grand chagrin hâta la fin du compositeur, déjà miné par la maladie. Il mourut la veille de Noël 1935. *Lulu* ne fut représentée que le 2 juin 1937, au Théâtre municipal de Zurich.

♦ *« Nous avons vu combien de fois toutes choses sont déterminées par une* mémoire en avant. *Ce* Zeitlos *est la condition naturelle de l'inconscient, pour lequel avenir et passé sont identiques* [...] *Tout* [dans l'œuvre de Berg] *est ainsi suspendu d'avance, comme une apparition. »* P.-J. Jouve. ♦ *« Büchner lui-même eut l'intuition d'une action statique indépendante de la continuité des événements, et si Berg rétablit artificiellement dans* Wozzeck *un découpage orienté, son souci est constant de situer son œuvre dans une sorte d'espace-temps. Étrange paradoxe d'un langage éminemment dramatique que régit une structure dont toute raison corrélative est exclue. »* M. Fano. ♦ *« Si l'on met à part quelques pages comme* l'allegro misterioso *de la* Suite lyrique, *Berg ne fait qu'utiliser le système sériel sans en saisir la portée véritable... La sensibilité de Berg s'accommode mieux des cadres formels qu'il a su s'imposer dans* Wozzeck, *avec un sens génial des structures. »* A. Hodeir.

RÉF. : Willi Reich, *Alban Berg*, Vienne, 1937. — Humphrey Searle, *Alban Berg's early Works*, Londres, s. d. — Aaron Copland, *Our New Music*, New York et Londres, 1941. — René Leibowitz, *Schoenberg et son école ; l'étape contemporaine du langage musical*, 1947. — Étienne Barilier, *Berg*, Lausanne, 1978. — Mosco Carner, *Alban Berg*, Paris, 1979. — Dominique Jameux, *Berg*, Paris, 1980. — Alban Berg, *Écrits*, Paris, 1985. — Theodor W. Adorno, *Alban Berg, le maître de la transition infime*, Paris, 1989.

BERGAMÍN José. Poète et essayiste espagnol. Né à Madrid en 1897, mort à Saint-Sébastien en 1983. Ami d'Alberti, de García Lorca, de Guillén (il publie le *Cántico* de ce dernier en 1936). Son catholicisme, à la Maritain ou Max Jacob, le mènera à la fondation de la revue *Cruz y Raya*, une des grandes publications des années 30, ouverte à toutes les formes nouvelles de pensée et d'art. Parti en exil après la guerre civile, cet ami de Mounier, Mauriac et Bernanos partagera son existence entre l'Amérique et la France, où il enseignera à Paris et à Poitiers dans les années 70. Prosateur original, il manie l'aphorisme et le jeu d'esprit dans *La Fusée et l'Étoile* [*El cohete y la estrella*, 1923], qui frôle parfois l'arbitraire et la pirouette paradoxale. Il en est ainsi dans ses jeux dramatiques : *Trois scènes en angle droit* [*Tres escenas en ángulo recto*], *Ennemi fuyant* [*Enemigo que huye*] ou dans son interprétation de Don Juan, *Variation et Fugue sur une ombre* [*Variación y fuga de una sombra*]. Après sa série de portraits intitulés *Caractères*, et *L'Art de birlibirloque* (*) (1934), deux livres marquent son art critique, *Mangas y capirotes* et *La cabeza a pájaros*, au titre intraduisible, remarquable critique personnelle du théâtre du Siècle d'or. Sous le titre de *Trajectoire espagnole* [*Disparadero español*, 1936], il consacre une étude à *Lope de Vega* pour son tricentenaire et d'autres à *L'Impor-*

tance du diable [*La importancia del demonio*, 1936] et à *La Pensée hermétique dans les arts* [*El pensamiento hermético de las artes*, 1936]. Il poursuit sur le même ton, en Amérique, son œuvre critique avec *Le Puits d'angoisse* [*El pozo de la angustia*, 1941], *Le Passager* [*El pasajero*, 1943], à la recherche des racines et valeurs éternelles de l'Espagne. Cette sagesse en profondeur, cette angoissante recherche passionnée de l'homme invisible le rapprochent à nouveau de la poésie et de l'expression dramatique. Ce sont *Les Frontières infernales de la poésie* [*Fronteras infernales de la poesía*, 1959], où sont examinés et disséqués Sénèque, Dante, La Célestine, Shakespeare, Cervantès, Quevedo, Sade, Byron, Nietzsche... D'autres essais sont encore réunis sous le titre de *Lazare, Don Juan et Sigismond* [*Lázaro, Don Juan y Segismundo*] et *À mon retour* [*Al volver*] qui ne sont qu'une part de l'immense production originale d'essais spirituels d'un artiste au style sobre et conceptuel, d'un maître du catholicisme progressiste.

LOUIS URRUTIA.

BERGELSON Dovid. Écrivain russe d'expression yiddish né le 12 août 1884 à Okhrimovo en Ukraine, mort exécuté à Moscou le 12 août 1952. Orphelin de père à huit ans, il est éduqué avec ses frères à Kiev, Odessa, et Varsovie, reçoit une éducation traditionnelle ainsi que des cours de russe. En 1907-08, il est étudiant externe à Kiev, mais échoue aux examens. Il commence à écrire en russe et en hébreu. Ses premières nouvelles, « Vide » [Reikut] en hébreu et « Le Sourd » [Der toyber] en yiddish sont refusées par plusieurs revues. Il publie alors à compte d'auteur *Autour de la gare* [*Arum Vokzal*, 1909], qui a un succès immédiat. Son roman *Quand tout est fini* (*) (1913), salué comme une œuvre maîtresse, est suivi de *Dans une ville grossière* [*In a fargrebter shtot*, 1914], *Départ* [*Opgang*, 1921], *Joseph Schur* [*Yoysef Shur*, 1923]. Bergelson évoque, dans ses récits impressionnistes raffinés mus par une esthétique du vide et de l'obscur, le lent déclin de la bourgeoisie juive dans les bourgades de province, et le vide du temps passé dans l'inaction. Membre du groupe de Kiev depuis 1912, il est l'un des fondateurs de la « Kultur Lige » établie juste après la Révolution russe. Il coédite deux de ses revues les plus prestigieuses, *Oyfgang* (1919) et *Eygns* (1920).

En 1920, Bergelson émigre à Berlin où il coédite, avec Der Nister, la revue *La Grenade* [*Milgroym*]. En 1926, après un voyage en U.R.S.S., il se déclare « écrivain soviétique ». Il continue de faire la tournée de l'Europe et des États-Unis, écrit comme correspondant des journaux communistes *Emes* de Moscou, et *Morgn-Frayhayt* de New York. En 1934, il s'installe à Moscou. Il publie un Bildungsroman en partie autobiographique, *Près du Dniepr* [*Baym Dniepr*, 1932-36]. Pendant la guerre, il est actif dans le comité antifasciste, dont il rédige la revue *Unité* [*Eynikait*]. De ses deux pièces, *Nous vivrons* [*Mir viln lebn*, 1941] est interdite en U.R.S.S., mais *Prince Reuveni* [*Prints Reuveni*, 1941], qui décrit l'imposteur Reuveni cherchant à sauver les juifs de l'oppression des chrétiens au XVIe siècle comme un bolchevik avant l'heure, est jouée à Moscou. Ses œuvres témoignent d'une adaptation croissante aux principes du réalisme socialiste. En 1948, victime de la répression antisémite, il est incarcéré, avec la plupart des écrivains yiddish soviétiques, et exécuté en 1952.

DELPHINE BECHTEL.

BERGENGRUEN Werner. Écrivain allemand. Né à Riga le 16 septembre 1892, mort le 4 septembre 1964 à Baden-Baden. Fils de médecin, Bergengruen fait des études supérieures de théologie, d'histoire de l'art à Marbourg (1911), puis à Munich (1913). De 1920 à 1922, il dirige le journal *Ost-Information*, puis devient rédacteur en chef du journal *Baltische Blätter*. Il abandonne ensuite progressivement ses activités journalistiques pour « se consacrer à ses propres préoccupations ». Il est exclu en 1937 de la Chambre des écrivains. Il s'arrête successivement à Munich, Zurich (1946), Rome (1948-49), avant de s'installer définitivement à Baden-Baden à partir de 1958.

L'œuvre de Bergengruen appartient à la littérature d'inspiration catholique qui s'est développée en Allemagne entre les deux guerres, courant auquel se rattachent, par exemple, Gertrud von Le Fort et Elizabeth Langgässer. Cet œuvre est considérable : romans, nouvelles, poésies, traductions. Parmi les ouvrages les plus connus, retenons les romans historiques, comme *L'Empire en ruines* (+) (1927), *Charles le Téméraire* (+) (1930), *Le Grand Tyran* (*) (1935), *Sur la terre comme au ciel* [*Am Himmel wie auf Erden*, 1940]. Chaque situation choisie par le romancier illustre les rapports entre le pouvoir et la justice, la morale et le droit. C'est au nom de l'humanisme chrétien que l'Histoire est jugée. Dans ses nouvelles, par exemple le recueil intitulé *Le Diable au palais d'Hiver* [*Der Teufel im Winterpalais*, 1933], Bergengruen prend généralement pour sujet un événement insolite et construit sa narration autour de ce qu'il appelle lui-même la « pointe métaphysique ». Des recueils lyriques, le plus célèbre est *Dies irae* (+) (1945), diffusé clandestinement sous le troisième Reich, et dans lequel le poète a stigmatisé en la personne des nazis les suppôts de l'Antéchrist.

JEAN-JACQUES POLLET.

RÉF. : H. Bänziger, *Werner Bergengruen Weg und Werk*, Berne-Munich, 1983.

BERGER Gaston. Philosophe français. Né à Saint-Louis du Sénégal le 1er octobre

1896, mort à Longjumeau (Seine-et-Oise) le 13 novembre 1960. Influencé par M. Blondel, Le Senne et Husserl, il passa brillamment sa thèse de doctorat avec ses *Recherches sur les conditions de la connaissance* et publia la même année son étude sur *Le Cogito dans la philosophie de Husserl.* Sa carrière de professeur se déroula entièrement à Aix-en-Provence où il enseigna au lycée, puis à la faculté des lettres. Parti de la phénoménologie et de l'examen des éléments psychologiques et logiques du problème de la connaissance, il s'orienta ensuite vers la caractérologie : *Traité pratique d'analyse du caractère* (*) et *Caractère et personnalité* (1954). Membre de l'Académie des sciences morales et politiques, il était également directeur de l'*Encyclopédie française* à laquelle il donna plusieurs études et préfaces.

BERGER Yves. Écrivain français. Né à Avignon le 14 janvier 1934. Après des études secondaires au lycée d'Avignon, Yves Berger entreprend une licence d'anglais à la faculté des lettres de Montpellier, puis à Paris. Il sera enseignant à Neuilly-sur-Seine et à Sceaux jusqu'en 1959, date à laquelle il entre comme critique littéraire à *L'Express*, tout en collaborant à la *La Nouvelle Revue française* (*). À partir de 1960, il travaille aux éditions Grasset, dont il deviendra directeur littéraire. La même année, il publie son premier ouvrage, un essai sur l'écrivain russe Boris Pasternak. Mais ce méridional, qui a hérité de son père, transporteur routier, l'amour du voyage, va dès son premier roman, *Le Sud* (*), exprimer sa fascination pour l'Amérique, une Amérique mythique, imaginaire, totalement réinventée, dont il précisera les contours avec *Le Fou d'Amérique* (1976) : le Sud avant la guerre de Sécession, les Indiens, l'épopée des premiers pionniers. Yves Berger excelle à peindre, dans une langue baroque, incantatoire, les paysages immenses du Sud car, comme il le dit lui-même : « Tout ce que j'écris ne peut s'exprimer que par le biais d'une imagerie américaine. » Dans cette quête de ce qu'il appelle l'« indianité », il donnera également de beaux albums, notamment *Les Indiens des plaines* (1978). Sur le Sud proprement dit, il y aura *La Nouvelle-Orléans* (1982). *Entre ciel et terre* (1989) évoque la Louisiane. Ses romans prennent de plus en plus la forme de longs poèmes : *Les Matins du Nouveau Monde* (1987) ; *La Pierre et le Saguaro* (1990) auquel fait pendant *L'Attrapeur d'ombres* (prix Colette 1992). Berger met par ailleurs le Sud français à l'honneur dans l'album intitulé *Les Luberons* (1979). On retrouve son enthousiasme pour les minorités nord-américaines dans les préfaces qu'il a écrites pour les ouvrages de Dee Brown ou McLuhan, concernant directement les Indiens d'Amérique.

JACQUES-ÉMILE MIRIEL.

BERGHOLTZ Olga Fiodorovna [Olga Fëdorovna Berggol'c]. Poétesse russe. Née à Saint-Pétersbourg, le 16 mai 1910, morte à Leningrad le 13 novembre 1975. Fille d'un médecin, elle fit ses études à la faculté des lettres de Leningrad (1930) puis devint journaliste au Kazakhstan et à Leningrad. Ses deux premiers recueils, *Poésies* [*Stikhotvorenija*, 1934] et *Livre des chansons* [*Kniga pesen*, 1936], inspirés par l'enthousiasme des premiers plans quinquennaux, la rendirent célèbre. En 1938, son mari, le poète Boris Kornilov, fut arrêté et fusillé ; elle-même, enceinte, passa par la prison et la torture. Elle resta fidèle au parti qui l'avait exclue en 1937 et réhabilitée en 1940, mais ce fut un loyalisme tragique. Pendant le blocus de Leningrad (1941-1944), Bergholtz parlait régulièrement à la radio, récitant des poèmes qui encourageaient la population mourant de faim et lui rendaient l'espoir ; ces poésies extraordinaires formèrent *Le Journal de février* (+) (1942), *Le Poème de Leningrad* (*) (1942) et le recueil *Ici Leningrad* [*Govorit Leningrad*, 1946]. Ses œuvres principales de l'après-guerre sont la tragédie en vers *La Fidélité* [*Vernost'*, 1946-1954] et un livre de souvenirs *Les Étoiles de jour* (*) (1959). Bergholtz essayait de marier sa sincérité lyrique, son honnêteté incontestable avec la politique du parti communiste qu'elle haïssait tout en lui réservant son dévouement sans bornes.

EFIM ETKIND.

BERGMAN Bo. Poète et nouvelliste suédois. Né et mort à Stockholm (6 octobre 1869 - 17 novembre 1967). Fils d'un inspecteur des Postes, il dut en 1889, pour des raisons de santé, renoncer à ses études universitaires, pour embrasser la carrière de son père. Il demeura fonctionnaire assez modeste de l'administration des postes jusqu'à la retraite en 1934, tout en poursuivant une carrière littéraire paisible qui, commencée en 1903 avec le recueil *Les Marionnettes* (*), devait le mener à l'Académie suédoise en 1945. Son pessimisme apparemment blasé, qu'il partage avec son ami Hjalmar Söderberg, cache un humanisme qui s'exprime dans *Un être humain* [*En människa,* 1908] ou dans *En dépit de tout* (*) (1931), et un individualisme s'opposant au collectivisme aussi bien qu'aux dictatures soviétique et nazie dans *Les Dieux anciens* (*) (1939) et *Le Royaume* [*Ricket,* 1944]. Poésie mélodieuse, volontairement simple, usant volontiers de l'« understatement », elle devient, vers la fin de sa vie, plus rude et concentrée dans « Le Dernier Coup de ciseau » comme dans *Moments* [*Stunder,* 1952] ou *Attente* [*Väntan,* 1957]. Les nouvelles — le premier recueil était *Le Rêve* [*Drömmen,* 1904] — décrivent volontiers, à la manière d'un Herman Bang, des êtres solitaires et désillusionnés dans une ville que l'auteur connaît bien, Stockholm. Bo Bergman a publié également cinq romans, le premier étant *Un bilan* [*Ett bokslut,* 1942], et quatre pièces en un acte réunies dans *Le Jeu éternel* [*Det eviga spelet,* 1963] : elles rappellent qu'il ne fut pas seulement, à partir de 1905, critique littéraire dans le quotidien *Dagens Nyheter,* mais aussi critique dramatique et auteur de monographies de comédiens.

CARL GUSTAF BJURSTRÖM.

BERGMAN Hjalmar. Auteur dramatique et romancier suédois. Né le 10 octobre 1883 à Orebro, mort à Berlin le 1er janvier 1931. Il étudia à Uppsala et, après un voyage en Italie, se fixa à Rome pendant deux ans, de 1909 à 1911. En épousant Stina Lindberg en 1908, il s'était allié à une célèbre famille d'artistes de théâtre. Parmi ses œuvres assez nombreuses *Marie, mère de Jésus* [*Maria, Jésu Moder,* 1905] est la première de celles qu'il écrivit pour le théâtre. On lui doit aussi des drames et des comédies remarquables tels que *Jeu des marionnettes* [*Marionettespel,* 1917], *Parisina* (*), *Le Prix Nobel, La Canaille* [*Patraskct,* 1928]. Mais c'est dans le roman qu'il trouva le moyen d'expression le mieux adapté à son talent. Analyste de la vie amer et subtil, à l'instar de Dostoïevski, il fut également influencé par Freud, ainsi qu'en témoignent : *Savonarole* [*Savonarola,* 1909], *Le Testament de Son Altesse* [*Hans nåds testamente,* 1910], *Les Markurell* (*) (1919). Toutefois la partie la plus attachante de son œuvre demeure celle qui fait une part importante aux coutumes et au folklore suédois, comme les *Comédies de Bergslagen* [*Komedier i Bergslagen,* 1914], *La Grand-Mère et Notre-Seigneur* [*Farmor och Vå Herre,* 1921]. Ailleurs il sut montrer la désagrégation de la volonté et de la raison humaine à travers le jeu des passions et des instincts : *La Directrice madame Ingeborg* [*Chefen fru Ingeborg,* 1924], *L'Amour à travers une fenêtre* [*Kärlek genom ett fönster,* 1929, nouvelles], *Le Clown Jac* [*Clownen Jac,* 1930].

RÉF. : Erik Hjalmar Linder, *Sju världars herre,* Stockholm, 1962, *Kärlek och fadershus,* Stockholm, 1973 ; *Se, fantasten,* Stockholm, 1983.

BERGMAN Ingmar. Réalisateur de cinéma suédois, né le 14 juillet 1918 à Uppsala. Fils de pasteur, Bergman a connu une enfance partagée entre les punitions humiliantes, l'interdit familial qui pesait sur l'extériorisation des émotions et des sentiments et une imagination féconde qui lui permettait d'échapper, par le truchement d'une lanterne magique ou d'un petit théâtre de marionnettes, à l'austère atmosphère familiale. Sa première vocation sera le théâtre, et toute sa vie Bergman n'a pratiquement jamais cessé de mettre en scène ses auteurs préférés et en premier lieu Strindberg et sa pièce maîtresse, *Le Songe* (*). Pendant longtemps, le cinéma n'a été pour Bergman qu'une activité saisonnière : il consacre l'essentiel de l'année à son métier de directeur et de metteur en scène de théâtre et ce n'est que pendant le bref été suédois qu'il tourne ses films, au rythme de un par an. C'est avec *Sourires d'une nuit d'été,* son seizième film, qu'il acquiert en 1956 une notoriété internationale de grand cinéaste, via la France où la jeune critique découvre à retardement *Monika* dont François Truffaut et Jean-Luc Godard vont faire un de leurs films fétiches. *Les Fraises sauvages,* deux ans plus tard, confirment l'universalité de ce cinéaste cent pour cent suédois. Au cours des années 60, alors qu'il vient de découvrir avec l'île de Farö son « paysage mental » – qui sera désormais un lieu de vie et un décor de prédilection pour ses films –, Bergman rejoint le courant bouillonnant qui est en train de bouleverser esthétiquement le cinéma et expérimente, avec des films d'introspection comme *Le Silence* ou *Persona,* ce qu'il a appelé lui-même un cinéma des « états psychiques ». Dès 1973, il fait partie des rares grands cinéastes qui ont vu dans la télévision l'occasion de relever un nouveau défi : il écrit et tourne en deux mois les six épisodes de *Scènes de la vie conjugale,* film qui connaîtra un succès considérable dans la plupart des pays où il a été diffusé. En 1976, suspecté à tort de fraude fiscale, profondément humilié par cette accusation injuste dont la presse fait grand bruit, Bergman choisit de quitter la Suède et de s'exiler à Munich où il réalise *L'Œuf du serpent,* film international qui lui laissera un goût amer. En 1982, il va réaliser son œuvre maîtresse, celle qui va rassembler et sublimer l'ensemble de ses expériences humaines, théâtrales et cinématographiques : *Fanny et Alexandre,* qu'il annonce être son dernier film de cinéma. Il écrit ensuite son autobiographie, *Laterna magica* (*), dont les qualités d'écriture font un livre à part entière. Il y scrute sans la moindre complaisance, avec la lucidité de celui qui n'a jamais cessé de s'auto-analyser dans ses films, l'homme Bergman dont les tensions extrêmes prennent naissance dans cette enfance dont il confesse qu'elle a toujours été son « fournisseur privilégié ».

ALAIN BERGALA.

BERGMANN Anton. Écrivain flamand. Né à Lier (province d'Anvers, Belgique) le 29 juin 1835, mort dans sa ville natale le 21 janvier 1874. Après avoir terminé ses études de droit à Bruxelles et à Gand, Bergmann prit, en 1858, son inscription au barreau et s'établit à Lier. Il se passionna pour l'histoire du mouvement flamand en Belgique, mais ses souvenirs et les notes consacrées à ce sujet ne parurent à Gand qu'après sa mort, en 1895, sous le titre : *Les Mémoires du père Bergmann* [*Uit Vader Bergmann's Gedenkschriften*]. En 1873, il publia, sous le pseudonyme de Tony, une autobiographie déguisée, débordante d'humour : *Ernest Staas, avocat* (*). Auparavant Anton Bergmann ne s'était encore fait connaître que par ses *Deux nouvelles d'un voyage* *rhénan* [*Twee reisnovellen van den Rijn,* 1870]. D'autres nouvelles, publiées du vivant de l'auteur dans différentes revues, furent réunies à Gand, en 1875, en volume, sous le titre *Esquisses et nouvelles éparses* [*Verspreide Schetsen en Novellen*].

RÉF. : A. W. Stellwagen, *Mr. Tony Bergmann,* Haarlem, 1883. — Fr. Verschoren, *Tony Bergmann,* Antwerpen, 1936. — A. Lens, *Anton Bergmann 1835-1874,* Anvers, 1974.

BERGSON Henri Louis. Philosophe français. Né à Paris le 18 octobre 1859, mort le 4 janvier 1941. Bergson fit en qualité d'externe de brillantes études au lycée Condorcet. Il eut le prix de rhétorique au concours général, mais aussi le prix de mathématiques, et ses maîtres le destinaient à une carrière scientifique (il avait même résolu, encore élève, le « problème des trois cercles » dont Pascal parlait à Fermat). Bergson se présenta néanmoins à l'École normale, section lettres, où il entra en 1878, condisciple de Jaurès et de Blondel. Parmi ses professeurs se trouvaient Ollé-Laprune et Boutroux. Il fut reçu deuxième, derrière Jaurès, à l'agrégation, et commença sa carrière de professeur au lycée d'Angers, de 1881 à 1883, puis au lycée de Clermont-Ferrand, où il resta jusqu'en 1888, donnant également des conférences à la faculté des lettres de cette ville. Il publie dans ces années des *Extraits de Lucrèce* (1884) pour l'enseignement secondaire. Et il prépare ses thèses qu'il soutient en 1889. La thèse principale est l'*Essai sur les données immédiates de la conscience* (*). La thèse complémentaire, latine, qui était alors d'obligation, a pour titre : *Quid Aristoteles de loco senserit.* Après Clermont-Ferrand, Bergson avait été nommé à Paris, à Rollin, puis au lycée Henri-IV. C'est dans ce dernier établissement qu'il donna cet enseignement brillant dont beaucoup gardèrent le souvenir. En 1897, il publie *Matière et Mémoire, Essai sur la relation du corps à l'esprit* (*). Avec ces deux premiers grands ouvrages, voici complètement formée la pensée philosophique de Bergson, qui est d'ailleurs tout le contraire d'un système. Car Bergson n'acceptait pas de parler de son œuvre comme d'un tout. Et n'aimant ni réfuter ni bâtir des théories, il s'efforçait seulement de « regarder naïvement en soi et autour de soi ». Cette pensée qui est avant tout un effort, une lutte contre les habitudes intellectuelles, venait au juste moment dans les dernières années du siècle. Car la philosophie qui avait cours alors semblait avoir renoncé à toute ambition métaphysique. D'une part, c'était le « positivisme », issu des travaux d'Auguste Comte, le « scientisme », fondé sur les sciences physiques, les idées de Darwin et la psychologie associationniste, et l'une et l'autre de ces deux conceptions postulaient le déterminisme et rejetaient toute explication du réel autre que celle, plus ou moins limitée, que peut nous donner la méthode mathématique. D'autre part, en opposition avec ces doctrines, mais sans vigueur ni véritable invention, on rencontrait un « spiritualisme » qui s'efforçait de maintenir les notions de providence, d'âme et de libre arbitre ; un courant « néo-criticiste » et « pragmatiste » qui, à la suite de Kant, envisageait l'espace et le temps comme de simples formes de la sensibilité humaine, et, accusant par conséquent le scientisme d'être lui aussi une métaphysique, cherchait la vérité dans une sagesse ; un « idéalisme », enfin, pour lequel la conscience restait la réalité absolue. L'importance des premiers ouvrages de Bergson a été de rendre le mouvement à cette pensée immobilisée.

Il commence par une vigoureuse critique des points de vue du scientisme. Pour autant en effet qu'il admire Spencer (dont l'évolutionnisme se proposait d'expliquer le registre entier du réel, depuis les combinaisons les plus humbles de la matière jusqu'aux plus hautes sociétés humaines), il ne veut en retenir que l'esprit d'observation et le souci de la vue directe des choses, et il repousse ainsi la conception mécaniste que Spencer et les scientistes se font des opérations de la nature. D'une façon générale, il faut que l'esprit s'oriente vers l'absolu, par une intuition qui dépasse toute analyse et devient une sorte de sympathie intellectuelle permettant de se transporter à l'intérieur de l'objet pour saisir ce qu'il a d'essentiel et de permanent. On peut reconnaître dans cette intuition un souvenir de l'« aperception immédiate interne » de Maine de Biran, et aussi de l'« expérience interne » de Schopenhauer. Et l'on voit de quelle conséquence a été cette nouvelle méthode, puisqu'elle fait de la pensée une expérience de l'esprit qui va immédiatement à celui-ci comme à son objet, et libère ainsi la recherche philosophique de l'encombrement des réflexions sur l'histoire qui en étaient venues vers 1880 à tout obstruer. On a comparé Bergson à Debussy. C'est qu'il invite à écouter une « mélodie intérieure ». Le fruit de cette méthode, et la découverte que Bergson considérera toujours comme l'essentiel de son œuvre, est sa théorie de la « durée ». L'homme est durée purement qualitative, devenir. Il est un « élan vital » qui est d'ailleurs l'âme même de l'univers. Cette philosophie sans programme, mais vouée à la profondeur, a exercé aussitôt une influence déterminante sur de nombreux esprits. La théorie de la durée, a remarqué Jean Wahl, se trouve à l'origine de la pensée de Whitehead, de Sorel, de Péguy, de Marcel Proust. La théorie des images, dans *Matière et Mémoire*, ouvre la voie des recherches de William James et du néo-réalisme américain.

En 1898, Bergson est maître de conférences à l'École normale supérieure. En 1900, il est nommé au Collège de France, où il occupe d'abord la chaire de philosophie ancienne (il étudie alors dans son cours les *Ennéades* (*), retenant de Plotin ses intuitions du temps, de la mémoire, du mouvement, de l'éternité), puis, à partir de 1904, celle de philosophie moderne, dans laquelle il succède à Gabriel Tarde. Il donne ses leçons le vendredi. Elles sont très suivies, à la fois par les étudiants et le grand public. Bergson a en effet une extrême séduction de parole ; ses improvisations ont un caractère de perfection ; sa mesure et sa discrétion emportent l'adhésion et gagnent les cœurs. Et ce sont là des qualités analogues à celles de son style, précis et clair, tout en étant nuancé et harmonieux, et qui porte aisément les pensées les plus hardies et les aperçus les plus difficiles. Il faut remarquer d'ailleurs que ce style, qui n'est certes pas en philosophie une des moindres innovations de Bergson, a certainement fini par nuire au prestige de sa pensée, car cette profondeur si aisément accessible a pu passer pour banale. Mais au début du siècle Bergson est universellement illustre. À ses ouvrages publiés s'ajoute le retentissement de ses mémoires sur l'*Idée de cause*, présenté au Congrès de Paris de 1900, sur le *Parallélisme psycho-physique* (Congrès de Genève, 1906), sur l'*Intuition philosophique* (Congrès de Bologne, 1911). L'année où il est entré en fonctions au Collège de France, Bergson a aussi publié *Le Rire, essai sur la signification du comique* (*).

En 1907, il publie *L'Évolution créatrice* (*). Les deux premiers ouvrages, *Données immédiates* et *Matière et Mémoire*, avaient posé le problème de la nature de l'intelligence, et *L'Évolution créatrice* s'attache à le résoudre en considérant dans sa totalité le phénomène de la vie et de l'évolution. Deux traditions relatives à l'intelligence se partagent la pensée philosophique. La plus ancienne reconnaît en elle une faculté purement contemplative, dont l'acte est de saisir des essences éternelles : mais dans ce cas on comprend mal le rapport qu'elle peut avoir avec l'individu dans lequel elle est apparue. L'autre tradition relie l'intelligence à la vie. Mais encore faut-il distinguer le point de vue des sceptiques (ou de Nietzsche) qui la réduisent ainsi à un rôle pratique en opposant la vie au réel et l'acte de vivre à la connaissance théorique, et celui des néoplatoniciens, chez lesquels la vie, qui est dispersion à partir de l'unité primordiale, est aussi conversion, mouvement de retour vers l'Un. L'intelligence est alors le premier moment de ce double mouvement, lorsque, faute de pouvoir concevoir l'unité comme telle, l'esprit fragmente le réel. Ces deux points de vue sont réunis d'une façon originale dans *L'Évolution créatrice*. Au chapitre II, l'intelligence y est reconnue comme une fonction pratique qui fait l'identité de l'« homo faber » et de l'« homo sapiens ». C'est alors qu'elle connaît la matière inerte dans ses formes et ses schèmes. Mais l'intelligence ne cesse pas aussi de devenir spéculative, ce qui est un mystère eu égard aux fins quotidiennes de l'homme, mais s'explique dans une conception plus profonde de la vie. Celle-ci est un élan, qui s'efforce de se séparer de la matière dans laquelle il ne cesse de se perdre, pour se saisir enfin lui-même et ainsi pour s'accomplir. L'intelligence est alors la procession qui prépare la conversion, laquelle sera la connaissance proprement mystique, et cette religion à laquelle Bergson lui-même commence à accorder toute son attention.

Ces années de l'immédiat avant-guerre sont les plus actives de la carrière publique de Bergson. Il donne des articles à la *Revue philosophique*, à la *Revue de métaphysique et de morale*, au *Vocabulaire philosophique* que dirige et anime André Lalande ; en 1912, il part en mission aux États-Unis, où son cours (à l'université Columbia de New York) a pour sujet *La Spiritualité et la Liberté*. Élu en 1914 à l'Académie française, il n'y est reçu que le 24 janvier 1918, après son second séjour (1917) aux États-Unis, où il joue alors un rôle important, car, illustre, connaissant à fond la langue anglaise, pourvu de nombreux amis, il est reçu par Wilson qu'il informe de la situation en Europe ; il contribue sans doute à la décision d'entrée en guerre. Quand le conflit sera terminé, il présidera la Commission de coopération intellectuelle de la S.D.N. Au Collège de France, il s'est fait suppléer dès 1914 par Le Roy, qui le remplace définitivement en 1921. En 1919, Bergson a publié *L'Énergie spirituelle* (*). Puis, s'intéressant aux théories qu'Einstein vient de formuler, il écrit son étude, *Durée et Simultanéité* (*) (1922). La maladie l'accable alors, et il doit se retirer de la vie publique, sans pourtant cesser le moins du monde de travailler. En 1928, le prix Nobel lui est attribué. En 1932 paraissent *Les Deux Sources de la morale et de la religion* (*). *Les Deux Sources* sont le dernier ouvrage de Bergson et l'ultime étape de sa pensée. Il constate d'abord l'opposition entre l'obligation morale qu'impose la société à ses membres, et la morale « ouverte » du héros. Cette seconde morale n'est pas le développement de la première, mais une invention, un saut par lequel la vie, enlisée dans les formes stables, reprend son élan. À l'opposition de la morale close et de la morale ouverte correspond d'ailleurs celle de la forme statique et de la forme dynamique des religions. D'un côté, c'est le dogme, le rite, le culte ; de l'autre, l'invention généreuse des mystiques et des saints, tels que Thérèse d'Avila, François d'Assise ou Pascal. Tous ceux-ci ont retrouvé le contact avec cet effort créateur qui caractérise la vie, et qui est « de Dieu, si ce n'est pas Dieu lui-même ». *Les Deux Sources de la morale et de la religion* doivent beaucoup aux recherches de l'ethnologie et de la sociologie, et aussi à l'enseignement des événements contemporains, car la guerre avait montré tous les dangers de la régression morale qui ramenait l'individu de l'universel au groupe. Mais l'expérience la plus profonde que contiennent *Les Deux Sources* est celle qui rapproche alors Bergson de l'expérience mystique proprement chrétienne. Il lit les études de Delacroix sur la mystique, de Baruzi sur Jean de la Croix. Et, sans renier ses origines juives, il en vient à penser que quelque chose de divin s'est incarné dans Jésus, et il donne au christianisme une adhésion « de volonté » qui lui permettra de retrouver la foi la plus humble, celle, non pas du philosophe, mais du berger. En 1934, Bergson publie encore un recueil d'anciens articles, dont l'introduction a valeur de biographie intellectuelle : *La Pensée et le Mouvant* (*). Maintenant presque paralysé par la maladie, il mène une vie sédentaire, l'hiver à Paris, l'été en Touraine. Il s'effraie des progrès de l'hitlérisme. Il meurt le 4 janvier 1941.

JEAN DUVAL.

♦ *« M. Bergson parlait* [au Collège de France] *avec la ténuité audacieuse, neuve et profonde qui lui est demeurée propre, sans négligence et pourtant sans aucune affectation, composant et proposant, mais n'étalant jamais une idée, fût-elle capitale, et fût-elle profondément révolutionnaire. »* Ch. Péguy. ♦ *« Le bergsonisme est une de ces rares philosophies dans lesquelles la théorie de la recherche se confond avec la recherche elle-même, excluant cette espèce de dédoublement réflexif qui engendre les gnoséologies et les méthodes. »* Vladimir Jankélévitch. ♦ *« D'emblée, ce philosophe du XXe siècle s'introduit modestement mais sûrement dans le dialogue qui s'est institué, il y a vingt-cinq siècles, entre Zénon d'Elée et Héraclite. Par sa critique de l'idée de néant, on le dirait un continuateur de Parménide. Par sa théorie du mouvant il est un héraclitéen. Peut-être un jour verra-t-on (ce dont Heidegger se rend compte) que les prestiges d'un Platon, l'art consommé qu'eut Aristote de rédiger et d'approfondir les idées du sens commun, la sévère méditation cartésienne, l'idéalisme kantien, la dialectique hégélienne ont été autant de moyens pour écarter l'esprit du réel. Comme un Berkeley ou un Biran dans leurs meilleurs moments, Bergson très souvent nous ramène vers lui. Ce serait un beau rêve, et qui n'est pas une impossibilité, que les post-bergsoniens rejoignent les anté-socratiques. »* Jean Wahl. ♦ *« Henri Bergson a médit de l'intelligence, mais c'était pour éviter qu'elle se détournât de la vie et qu'elle réduisît en esclavage l'esprit dont elle n'est que l'outil. »* Louis Lavelle. ♦ *« Son erreur a peut-être été de penser que les hommes valaient que l'on fût leur ami. Très haute, très pure, très supérieure figure de l'homme pensant, et peut-être l'un des derniers hommes qui auront exclusivement, profondément et supérieurement pensé... Bergson semble déjà appartenir à un âge révolu, et son nom le dernier grand nom de l'intelligence européenne. »* Paul Valéry. ♦ *« L'œuvre de Bergson s'élève semblable à une cathédrale, mais à une cathédrale dont le plan se serait précisé, développé, spiritualisé, au cours de sa réalisation : cathédrale inachevée, dont l'essence peut-être est de demeurer telle, mais qui, en sa perspective d'infini, traduit une aspiration religieuse, très proche des faits positifs et cependant transcendante à eux, prudente et hardie, docile aux leçons de l'expérience et y assurant son élan, par un accord fondamental de l'esprit avec le réel, où elle retrouve son principe et sa fin. »* Jacques Chevalier. ♦ *« Ce qui nous frappe dans la philosophie de Bergson, c'est la valeur qu'il donne à l'homme..., mais aussi la conscience aiguë qu'il a des risques de la condition humaine. »* Émile Bréhier.

RÉF. : J. Maritain, *La Philosophie bergsonienne*, Paris, 1914 (rééd. 1948). — A. Thibaudet, *Le Bergsonisme*, Paris, 1923. — V. Jankélévitch, *Bergson*, Paris, 1931. — G. Deleuze, *Le Bergsonisme*, Paris, 1966. — D. Janicaud, *Une généalogie du spiritualisme français*, 1969. — P. Trotignon, *L'Idée de vie chez Bergson et la critique de la métaphysique*, Paris, 1969. — P. Souley, *Bergson politique*, Paris, 1989. — A. de Lattre, *Bergson. Une ontologie de la perplexité*, Paris, 1990.

BERIO Luciano. Compositeur italien. Né à Oneglia (Ligurie) le 24 octobre 1925. Issu d'une famille de compositeurs, il travaille avec son père, puis entre au Conservatoire de Milan, où il est l'élève de Giorgio Ghedini, Giulio Paribeni et Antonino Votto. Il découvre les méthodes sérielles avec Luigi Dallapiccola, à Tanglewood, en 1951. Après quelques œuvres marquées par le néo-classicisme stravinskien, comme le *Magnificat* pour deux sopranos, chœur et instruments (1949), il pratique une écriture sérielle agréable. À la même époque, une page comme *Opus Number Zoo* pour quintette à vent (1950-1951), véritable pièce de musique légère d'avant-garde, laisse éclater un humour qui restera souvent en filigrane dans ses œuvres ultérieures les plus sérieuses. Il effectue des recherches dans le domaine de la musique électronique à partir de 1952 et fonde, en 1954, le Studio de phonologie à la R.A.I. de Milan, en compagnie de Bruno Maderna. De cette période, on retiendra sa première œuvre électro-acoustique importante, *Thema* [*Omaggio a Joyce*, 1958]. Entre 1955 et 1958, il dirige la revue et les concerts *Incontri musicali* qui deviennent l'un des pôles d'attraction de la musique contemporaine en Europe. Son style se ressent des contacts qu'il entretient avec d'autres compositeurs comme Stockhausen ou Boulez : *Allelujah II* (1965-1968) est une réponse aux *Gruppen* de Stockhausen. Toutes les œuvres qu'il compose au cours des années 50 révèlent une écriture souple et spontanée et l'importance qu'il accorde à la linguistique. La première caractéristique s'illustre parfaitement dans sa série des *Sequenza* pour différents instruments solistes (*) (1958-1980), certaines de ces pièces étant à l'origine d'œuvres ultérieures plus importantes comme *Chemins II* (1967) pour neuf instruments et *Chemins III* (1968) pour grand orchestre, tirés de la *Sequenza VI* pour alto (1967). Dès 1960, il enseigne à Darmstadt, Darlington, Tanglewood et, entre 1965 et 1972, à la Juilliard School of Music de New York, où il fonde le Juilliard Ensemble, une formation de musique contemporaine. Il prend ensuite la direction du département d'électro-acoustique de l'I.R.C.A.M. à Paris (1973-1980). De retour en Italie, il dirige l'antenne milanaise de cet organisme.

Passionné par la voix humaine (il a été marié à la cantatrice Cathy Berberian), Berio recherche une fusion de la musique et de la langue. Une série de métamorphoses du verbe et du son lui permet de créer une sorte de réciprocité entre le son verbal et le son instrumental, entre le sens linguistique et la signification musicale. Cette approche s'illustre dans *Circles* pour soprano, harpe et deux percussionnistes (1960), *Epifanie* (*) pour orchestre et voix de femme (1959-1961), *Laborintus II* (*) pour voix, instruments et bande magnétique (1965), *Sinfonia* (*) pour huit voix et orchestre (1968-1969) et *Coro* pour chœur et orchestre (1974-1976). Pour la scène, il a d'abord écrit une première œuvre qui relève davantage du théâtre musical que de l'opéra, *Passagio* pour soprano, double chœur et instruments (1962) ; puis *Opera* (1969-1971, révisé en 1977) opère un retour aux sources. Viennent ensuite *La vera storia*, opéra en deux actes (1977-1978), créé à la Scala de Milan en 1982 et *Un re in ascolto* (*) (1979-1983), action musicale en deux parties, créé au Festival de Salzbourg en 1984. Dans ses œuvres les plus récentes, Berio semble abandonner la voix pour l'orchestre symphonique traditionnel, tout en gardant à son écriture instrumentale un caractère essentiellement vocal (*Formazioni*, 1985-1987 ; *Festum*, 1989). Il a également réalisé des arrangements de chansons populaires et d'œuvres de compositeurs allant de Monteverdi à Mahler, John Lennon ou Paul McCartney. Mais, avec son étonnante palette sonore, il reste avant tout le musicien de l'expression et peut difficilement renier ses racines italiennes.

ALAIN PÂRIS.

♦ *« Jamais la musique ne quitte l'univers de Berio. Elle lui permet de toucher à des aspects humains et poétiques d'une grande simplicité, à l'âme qu'il est convenu d'appeler populaire. »* Antoine Goléa.

RÉF. : Luciano Berio, *Entretiens avec Rossana Dalmonte*, Paris, 1983. — « Luciano Berio, chemins en musique » (éd. Ivanka Stoïanova), *La Revue Musicale*, n° 375-377, Paris, 1985.

BERKELEY George. Philosophe anglais. Né en Irlande, près de Thomastown, le 12 mars 1685, mort à Oxford le 14 janvier 1753. Il étudia au Trinity College de Dublin où, en 1707, il devint professeur. En vue des réunions d'une société scientifique de jeunes gens, il annotait des ouvrages scientifiques et philosophiques disparates — v. *Notes philosophiques* (*) — parmi lesquels figurait l'*Essai philosophique concernant l'entendement humain* (*) de Locke ; c'était l'œuvre qui représentait les courants philosophiques dominants du XVIIe siècle — le monde se compose de deux éléments, à savoir : la matière considérée du seul point de vue quantitatif, et le mouvement. En 1709, Berkeley donne l'*Essai d'une nouvelle théorie de la vision* (*) dirigé contre le cartésianisme, et, en 1710, dans son *Traité des principes de la connaissance humaine* (*), il expose son « principe nouveau » : *Esse est percepi*. Il n'est pas compris par ses contemporains et il publie les *Trois dialogues entre Hylas et Philonous* (*), en 1712, pour expliquer ses conceptions et démontrer en quoi elles diffèrent, en dépit des apparences, de celles de Malebranche. Berkeley entretemps est devenu ministre de l'Église anglicane et prend position dans la lutte politique, défendant l'« obéissance passive » des Tories, comme le matérialiste Hobbes l'avait fait avant lui. Cette position déplut aux Irlandais, et Berkeley dut émigrer à Londres. Là, il délaisse la philosophie au profit de la morale pratique, écrivant dans *The Guardian* une série d'essais où il ne fait aucune allusion à l'immatérialisme. En 1713, il abandonne cette activité pour devenir le précepteur ou le chapelain de jeunes Anglais de la haute société qui désirent visiter l'Italie ; il y voyagera jusqu'en 1721 (à l'exception de la période 1714-16, qu'il passera à Londres). De retour à Londres, il rédige en latin un essai sur le mouvement, pour un concours de l'Académie des sciences de Paris ; il y fait bon marché de ses précédentes théories, et y admet l'existence de la pensée comme de la matière. Ensuite, nouvelle volteface, Berkeley se jette dans la polémique religieuse, il attribue tous les maux de son pays à l'incrédulité, et, pour y remédier, se fait missionnaire, et part pour les Bermudes. Il reste trois ans là-bas, mais ses projets échouent, il ne fondera pas le collège missionnaire dont il rêvait. De son passage en Amérique, il rapporta l'*Alciphron* (*), une série de dialogues contre la libre pensée. Deux ans après son retour en Grande-Bretagne, il publie sa *Théorie de la vision ou Revendication d'un langage visuel* (*), par laquelle il donne sa forme définitive à sa philosophie de jeunesse, dont il écarte l'immatérialisme qui, vingt ans auparavant, constituait l'un de ses arguments fondamentaux. Pendant ce temps il gravissait les échelons de la hiérarchie ecclésiastique, et en 1734 il était nommé évêque de Cloyne (Irlande). La défense des intérêts de son diocèse l'amena à défendre les intérêts des Irlandais opprimés par l'Angleterre en des articles politiques et économiques, puis, durant la famine et l'épidémie de peste qui sévirent entre 1739 et 1741, il se dévoua aux malades qu'il essaya de soigner avec de l'eau de goudron, remède dont il espéra des résultats miraculeux pour d'autres maladies et qu'il tenta d'expliquer par une suite de réflexions philosophico-scientifiques, publiée trente-deux ans après l'élaboration du système philosophique qui avait occupé sa jeunesse, et en nette opposition avec lui (1746). Six ans après, en 1752, Berkeley, âgé et malade, renonça à l'épiscopat et se retira à Oxford où il mourut.

MARIO MANLIO ROSSI.

♦ *« Berkeley a été un des plus profonds écrivains qui aient défendu le christianisme...* [il] *est le dernier qui ait prétendu, par cent sophismes captieux, prouver que les corps n'existent pas* [...] *De sorte que, selon ce docteur, dix mille hommes tués par dix mille coups de canon ne sont, dans le fond, que dix mille appréhensions de notre entendement ; et quand un homme fait un enfant à sa femme, ce n'est qu'une idée qui se loge dans une autre idée, dont il naîtra une troisième idée* [...] *Le paradoxe de Berkeley ne vaut pas la peine d'être refusé. »* Voltaire. ♦ *« Si j'ai moi-même donné à ma théorie le nom d'idéalisme transcendantal, cela ne peut autoriser personne à le confondre avec l'idéalisme empirique de Descartes* [...] *ou avec l'idéalisme mystique et extravagant de Berkeley (pour lequel, ainsi que pour d'autres chimères de la même espèce, notre critique renferme précisément l'antidote spécial). »* Kant. ♦ *« Berkeley est le premier philosophe qui ait critiqué avec vigueur la notion de matière ; il a fait faire un grand progrès à l'idéalisme, en montrant combien de confusions renfermait cette idée de matière, si universellement acceptée. Après lui, aucun penseur digne de ce nom n'a pu s'occuper de l'existence objective des choses sans tenir compte de ses travaux. »* Georges Fonsegrive. ♦ *« Ce que l'idéalisme de Berkeley signifie, c'est que la matière est coextensive à notre représentation ; qu'elle n'a pas d'intérieur, pas de dessous ; qu'elle ne cache rien, ne renferme rien ; qu'elle ne possède ni puissances, ni virtualités d'aucune espèce ; qu'elle est étalée en surface et qu'elle tient tout entière, à l'instant, dans ce qu'elle donne. Le mot "idée" désigne d'ordinaire une existence de ce genre, je veux dire une existence complètement réalisée, dont l'être ne fait qu'un avec le paraître, tandis que le mot "chose" nous fait penser à une réalité qui serait en même temps un réservoir de possibilités : c'est pour cette raison que Berkeley aime mieux appeler les corps des idées que des choses. »* Henri Bergson. 1911. ♦ *« Le plus fameux des idéalistes, Berkeley, et un des plus fous, était un évêque, à qui le dîner venait tout fait ; et le plus fort, c'est que cet évêque alla en Amérique pour une mission à fonder, ne réussit point, et revint, toujours doutant de la rugueuse existence des choses ; mais c'est qu'aussi il fut porté par un navire où il n'était point matelot ; et son travail d'évêque était de persuader par des paroles. Aussi se persuada-t-il lui-même, par des paroles, que le monde des choses n'est pas un monde de choses. Cet exemple fait caricature ; mais combien d'hommes ignorent que les choses n'attendent point et n'ont point de pitié. »* Alain.

RÉF. : G. Berkeley, *Memoirs*, Londres, 1776, posth. – R. Gourg, *Le Journal philosophique de Berkeley : Commonplace Book*, 1907. – J. Didier, *Berkeley*, 1911. – A. Joussain, *Exposé critique de la philosophie de Berkeley*, 1920 (thèse). – Numéros spéciaux consacrés à Berkeley in *Revue internationale de philosophie*, Bruxelles, 1er semestre 1953, et *Revue philosophique de la France et de l'étranger*, avril-juin 1953. – A. Leroy, *George Berkeley*, Paris, 1959. – G. Brykman, *Berkeley : philosophie et apologétique*, Paris, 1984

BERKES Niyazi. Sociologue turc. Né à Chypre en 1908. Il fit ses études secondaires à Istanbul, étudia d'abord la philosophie à l'université d'Istanbul, puis la sociologie aux États-Unis. À son retour en Turquie, il enseigna à l'université d'Ankara et collabora à la revue *La Patrie et le Monde* [*Yurt ve Dünya*] qui polarisait alors les idées progressistes des intellectuels turcs. Une vive polémique mit bientôt aux prises le groupe de cette revue avec les éléments conservateurs qui firent campagne pour l'élimination de Berkes et de ses compagnons de l'université. Procès et persécutions administratives se succédant, Berkes décida de s'expatrier. Il enseigna de longues années à l'université de McGill au Canada et poursuivit (depuis 1974) ses travaux en Angleterre. Sa vision philosophique, sociologique et historique donne à ses œuvres une vigueur de pensée incontestable. Citons parmi ses œuvres importantes : *Le Développement du sécularisme en Turquie* (*) (1964), *Cent questions sur l'histoire de l'économie turque* (en turc, 1969, 1972), *Deux siècles de déstabilisation, pourquoi ?* (1965), *Occidentalisme, nationalisme et révolution sociale* (1965).

BERKOVITCH Itshak Dov ben Ezriel. Nouvelliste et romancier israélien. Né à Slotsk en Russie blanche le 15 octobre 1885, mort à Tel-Aviv le 23 mars 1967. Issu d'une famille juive traditionnelle, il acquiert une parfaite connaissance de la littérature russe. En 1903, il publie dans la revue hébraïque de Varsovie *Ha Tsofé* ses premières nouvelles dont *Déraciné* (*) et *Moshkeïlé-le-Cochon* [*Moshkeïlé-hazir*], qui remporte le premier prix au concours littéraire organisé par cette revue. Deux ans plus tard, il rencontre l'écrivain yiddish Cholem Aleïchem à Vilnius, dont il traduira l'œuvre en hébreu. En 1914, il s'installe aux États-Unis et collabore à des revues yiddish new-yorkaises. Il s'établit en Palestine en 1928. En 1938, il est élu membre de l'Académie de la langue hébraïque. Berkovitch est apparenté au mouvement littéraire de la « renaissance », lié au judaïsme d'Europe orientale. Les causes socio-historiques qui ébranlent la bourgade juive (les pogroms, la Révolution russe, le déclin du pouvoir religieux) donneront naissance à la nouvelle hébraïque réaliste, dans l'art de laquelle Berkovitch excellera. L'objectivité de son style évoque celui de Tchekhov. Ses premières nouvelles restituent la tragédie des Juifs de la bourgade en Russie, contraints à l'émigration vers le Nouveau Monde. Durant sa période américaine, il contera le déracinement de ces nouveaux immigrés. En Palestine, il décrira la vie des pionniers dans deux romans historiques, *La Période messianique* [*Yémot-ha-Mashiah*] et *Ménachem Mendel en terre d'Israël* (*).

KATHERINE WERCHOWSKI.

BERL Emmanuel. Journaliste, historien, essayiste et romancier français. Né au Vésinet le 2 août 1892, mort à Paris le 22 septembre 1976. Issu d'un milieu de grands bourgeois israélites, libres penseurs et humanistes, des industriels du côté paternel, des universitaires du côté maternel, il est apparenté à Bergson et à Henri Franck. Tout jeune, il part pour Berne suivre les cours de Husserl. Il fréquente Barrès et la comtesse de Noailles. En 1912, il passe en Sorbonne sa licence de lettres avec une thèse sur *Le Quiétisme de Fénelon* à qui il emprunte une ligne de conduite qu'il suivra jusqu'à sa mort : ne rien faire qui ne vous soit donné. Il rencontre, peu avant la Première Guerre mondiale, une jeune fille qui lui inspirera plusieurs livres dont le superbe roman autobiographique *Sylvia* (*) publié en

1952. Il part pour le front en 1914, mais est réformé deux ans plus tard. Retiré alors dans le Béarn, il compose sa première œuvre : *Recherches sur la nature de l'amour* (+) (1923). En 1917, il se lie d'amitié avec Marcel Proust qui lui enseigne la « solitude de l'homme et la fatalité des passions ». Leur complet désaccord sur ce dernier sujet les brouille au bout de cinq semaines. En 1924, Drieu la Rochelle vient le tirer de sa retraite ; ils fondent ensemble en 1926 un petit journal hebdomadaire aux accents apocalyptiques : *Les Derniers Jours.* « Nous sentions bien, écrit Berl dans *Sylvia,* que les commandes du progrès étaient lâchées, les hommes submergés. Mais nous le sentions sans y croire tout à fait. » En 1925 paraissent ses *Méditations pour un amour défunt* et en 1927 *La Route n° 10.* Journaliste, il collabore à *Monde* de Barbusse et à *Europe* sous la direction de Jean Guéhenno. La publication en 1929 de *Mort de la pensée bourgeoise,* suivie de *Mort de la morale bourgeoise* (1930) qui marque son entrée à *La Nouvelle Revue française* (*), le rend célèbre pour ses dons d'observateur aigu de la société française et pour ses prises de position peu conformistes. Gaston Gallimard le charge de diriger *Marianne,* hebdomadaire politique et artistique qui aura, de 1932 à 1937, une grande influence sur les milieux intellectuels de l'entre-deux-guerres. Fort isolé, à gauche comme à droite, Berl rédige et publie seul, de 1937 à 1939, *Pavés de Paris.* Entre-temps, il a publié plusieurs livres : *Le Bourgeois et l'Amour* (1931), *Lignes de chance* (1935), *Discours aux Français* (1935), *Le Fameux Rouleau compresseur* (1937). S'il rédige en juin 1940 les deux premiers discours de Pétain, il rompt dès le mois d'août avec le régime de Vichy. Réfugié en Corrèze avec sa femme, le compositeur Mireille, il se consacre à une *Histoire de l'Europe* en deux volumes (1946 et 1947). Ensuite, il alternera essais politiques, livres d'humeur et récits avec une verve et une intelligence pleines de charme : *Présence des morts* (1956), *Rachel et autres grâces* (1965), *Nasser tel qu'on le loue* (1968), *La Fin de la IIIe République* (1968), *À contretemps* (1969), *Le Virage* (1972) et *À venir* (1974). Peu de temps avant sa mort, il répond aux questions de Patrick Modiano dans *Interrogatoire,* suivi de *Il fait beau, allons au cimetière* (1976). On y retrouve le pamphlétaire courtois, l'intellectuel impétueux, le pacifiste ami de Malraux, le grand styliste, le vieux renard solitaire mais toujours aux aguets, bref, Emmanuel Berl tel qu'il fut et demeure dans ses écrits : la jeunesse même.

GUY GOFFETTE.

RÉF. : B. Morlino, *Emmanuel Berl, les tribulations d'un pacifiste,* Lyon, 1990. – J. d'Ormesson, *Tant que vous penserez à moi,* entretien avec Emmanuel Berl, Paris, 1992.

BERLIOZ Hector. Compositeur français. Né à La Côte-Saint-André (Isère) le 11 décembre 1803, mort le 8 mars 1869 à Paris. Après de médiocres études dans sa bourgade natale, au cours desquelles il montre une certaine inclination pour la poésie et la musique, il est envoyé à Paris pour y faire sa médecine. La vie de théâtre et de concerts fait naître en lui une vocation musicale. Mais, attiré par un art d'expression tragique et passionnée, il n'a que dégoût pour les frivolités de l'opéra-comique et la pompeuse rhétorique de l'opéra. Il trouve dans le sévère Lesueur un maître qui sait le comprendre et l'initie tardivement à la musique, d'abord en particulier, puis dans sa classe de composition au conservatoire. Son père insiste, cependant, pour qu'il continue ses études médicales et met plusieurs fois à exécution sa menace de suspendre la rente qu'il lui verse chaque mois. Berlioz n'en fréquente pas moins les milieux littéraires romantiques, où il est particulièrement lié à Vigny, Hugo, Lamartine, Alexandre Dumas, Balzac. Le théâtre de Shakespeare, qu'une compagnie anglaise fait triompher en septembre 1827 à l'Odéon, est pour lui une révélation. Avec une propension bien romantique à confondre l'art et la vie, il s'éprend d'Ophélie et de Juliette, en même temps que de l'actrice qui en tient les rôles, Harriett Smithson, et cette dernière se montre tout d'abord insensible à ses supplications. Nouvelle crise d'enthousiasme, lorsque Berlioz entend exécuter les *Symphonies* (*) de Beethoven au Conservatoire sous la direction de Habeneck, puis, quelque temps après, *Le Freischütz* (*) de Weber. C'est sous l'influence de ces œuvres qu'il compose, de septembre 1928 à janvier 1929, *Huit scènes de Faust, tirées de Goethe*, qui contiennent en germe la future *Damnation de Faust* (*). Il connaît alors un bref et fulgurant amour pour la pianiste Camille Moke. Il tente de nouveau, mais en vain, de fléchir Harriett Smithson ; il décide alors de transposer l'histoire romantique de son amour déçu dans une grande œuvre symphonique : la *Symphonie fantastique* (*) qui, exécutée le 5 décembre 1830, déchaîne l'enthousiasme. Entre-temps, l'artiste, qui avait plusieurs fois concouru en vain, obtient le Grand Prix de Rome et s'installe à la villa Médicis, mais il est moins séduit par la musique italienne que par les paysages et les coutumes populaires. Il y apprend le mariage de Camille Moke avec Camille Pleyel. En 1832, alors qu'il devait séjourner encore un an à Rome, il revient d'Italie, ayant achevé les ouvertures du *Roi Lear* (+) et de *Rob Roy*, et donné une suite à la *Symphonie fantastique* intitulée *Lélio ou le retour à la vie.* Harriett Smithson se montre enfin favorable. Il l'épouse le 3 octobre 1833 et, pour vivre, fait de la critique musicale, d'abord dans des journaux de second ordre, puis au *Journal des Débats* (*). Les articles publiés depuis par Berlioz ont été recueillis dans trois volumes, *Les Soirées de l'orchestre* (*), *Les Grotesques de la musique* (+) et *À travers chants* (+). Il prépare cependant une grande œuvre symphonique et descriptive,

Harold en Italie (*), exécutée le 23 novembre 1834 devant un public choisi d'écrivains et d'artistes romantiques. L'ampleur des moyens sonores déjà sensible dans *Harold* est encore plus manifeste dans la *Grand-Messe des Morts* – v. *Requiem* (*) – à la mémoire des victimes des journées de Juillet, exécutée lors d'une cérémonie patriotique, le 5 décembre 1837. L'œuvre exige un effectif orchestral considérable, avec huit paires de timbales et un chœur en proportion. Mais Berlioz songe au théâtre, unique moyen, pense-t-il, de remporter à Paris un succès durable. Cependant le 10 septembre 1838, *Benvenuto Cellini* (+) tombe irrémédiablement. C'est seulement six ans plus tard qu'il présente avec succès une ouverture tirée de cet opéra sous le titre de *Carnaval romain* (*), et ses difficultés financières ne sont que momentanément surmontées grâce au fastueux don de vingt mille francs que Paganini lui fait parvenir après avoir dirigé un concert de ses œuvres (16 décembre 1838). Après *Roméo et Juliette* (*), symphonie dramatique avec chœurs et solistes, tirée du drame shakespearien, Berlioz donne une œuvre nouvelle dans le genre monumental, la *Symphonie funèbre et triomphale* – v. *Symphonies* (*) – à l'occasion du dixième anniversaire de la révolution de Juillet.

Mais la vie à Paris lui pèse chaque jour davantage, malgré sa nomination au poste de bibliothécaire du Conservatoire, qu'il avait tant méprisé comme la citadelle du classicisme bourgeois. Quant à sa vie de famille, elle est navrante : Harriett Smithson, vieillie, querelleuse et s'adonnant à la boisson, se révèle bien différente de la céleste Juliette et de l'Ophélie qu'il avait connue quinze ans plus tôt. En septembre 1842, Berlioz fait une véritable fugue avec la médiocre cantatrice Marie Recio qui l'accompagne dans une tournée musicale en Allemagne. C'est l'époque où il compose son plus beau cycle de mélodies, les *Nuits d'été* (*). Fraternellement protégé par Mendelssohn et Schumann, il connaît alternativement des hauts et des bas, les succès les plus grisants et l'incompréhension la plus décourageante. De retour à Paris, il reprend son feuilleton au *Journal des Débats* et publie le *Grand Traité d'instrumentation et d'orchestration modernes* (*) qui, du point de vue critique, est une œuvre magistrale et compose l'ouverture du *Corsaire* (+). Ce sont ensuite de nouveaux succès en 1845-46, au cours d'un voyage à Vienne, Prague et Budapest. Puis Berlioz met la dernière main à l'oratorio *La Damnation de Faust* qu'il transformera plus tard en opéra. Ruiné pour l'avoir fait jouer à ses frais à l'Opéra-Comique, le 6 et le 20 décembre 1846, il doit se résoudre à une nouvelle tournée de concerts en Russie (1847). Là, comme en Hongrie et en Bohême, la musique de Berlioz soulève chez les jeunes artistes un enthousiasme délirant. Fêté comme l'apôtre d'un art nouveau, il va devenir, ainsi que Liszt, le père spirituel des écoles nationales russe et tchèque. En 1847 et 1852, Berlioz doit se rendre à Londres pour renflouer ses finances qu'ont mises à mal les exigences dévorantes de Harriett Smithson et Marie Recio. Liszt vient généreusement à son secours en organisant une « semaine Berlioz » à Weimar. À la mort de Harriett Smithson (1854), Berlioz épouse Marie Recio et, semble-t-il, éprouve quelque relâche. Il écrit alors l'oratorio *L'Enfance du Christ* (*) (1854), dont l'humble et affectueuse simplicité contraste avec le caractère tumultueux de ses autres compositions. Son avant-dernière œuvre, l'opéra *Les Troyens* (*) (1857-1860), reflète une parfaite maîtrise de son génie. Inspirée de *L'Énéide* (*), elle se déroule en deux soirées *(La Prise de Troie* et *Les Troyens à Carthage).* Berlioz l'a conçue un peu comme une réplique latine et méditerranéenne à la sombre mythologie nordique de *L'Anneau des Nibelungen* (*). Des deux parties, Berlioz ne vit représenter que la seconde (1863). L'autre ne fut portée à la scène qu'en 1899. Enfin, de 1860 à 1862, Berlioz compose, d'après *Beaucoup de bruit pour rien* (*) de Shakespeare, un opéra-comique, *Béatrice et Bénédict* (*), œuvre brillante et joyeuse, avec d'admirables moments lyriques. Elle est représentée au festival de Bade, où Berlioz est invité pendant plusieurs années. Marie Recio mourut en 1862 et le musicien passa ses dernières années dans une amère solitude et dans d'atroces souffrances physiques. En 1856, il a été finalement élu à l'Institut, alors qu'il n'y tenait plus. Il voyage de nouveau en Autriche, en Allemagne et en Russie (1868), fêté comme un maître par les musiciens du groupe des Cinq.

MASSIMO MILA.

♦ *« Beethoven disparu, il n'y avait plus que Berlioz qui pouvait le faire revivre. »* Paganini. ♦ *« Il faut voir Berlioz conduire son orchestre pour comprendre combien l'artiste créateur peut se transfigurer lui-même et imposer son âme à ce qui l'entoure. »* Th. de Banville.

RÉF. : O. Fouqué, *Les Révolutionnaires de la musique*, Paris, 1862. – Th. Gautier, *Histoire du romantisme*, 1874. – Alfred Ernst, *L'Œuvre dramatique d'Hector Berlioz*, Paris, 1884. – J. Tiersot, *Hector Berlioz et la société de son temps*, Paris, 1904. – Adolphe Boschot, *Hector Berlioz*, 3 vol., Paris, 1912, rééd. en 1949. – Guy de Pourtalès, *Berlioz et l'Europe romantique*, Paris, 1939. – Jacques Feschotte, *Hector Berlioz*, Paris, 1951. – Henry Barraud, *Hector Berlioz*, Paris, 1955. – Claude Ballif, *Berlioz*, Paris, 1968. – Michel Guiomar, *Le Masque et le Fantasme*, Paris, 1970. – Fred Goldbeck, *Défense et illustration de Berlioz*, Paris, 1976. – Gérard Condé, *Hector Berlioz, cauchemars et passions*, Paris, 1981. – Hugh J. MacDonald, *Berlioz*, Londres, 1982. – D. Kern Holoman, *Berlioz*, Cambridge, 1985. – David Cairus, *Berlioz, la naissance d'un artiste*, Paris, 1991.

BERMUDEZ Jerónimo (connu sous le pseud. d'Antonio di Silva). Poète tragique espagnol. Né en Galice vers 1530, mort en 1589. Il voyagea beaucoup, non seulement en Espagne, mais en Afrique, en France et au

Portugal. Il était dominicain et enseigna la théologie à l'université de Salamanque. Son œuvre comporte une touche originale d'austérité, et une certaine inspiration lyrique de tradition galicienne. Représentant du théâtre humaniste de la Renaissance, opposé au multiforme théâtre national, il tenta d'acclimater en Espagne la tragédie grecque classique et des mètres latins comme le vers saphique. Il se servit du chœur antique et s'intéressa aux principes de l'aristotélisme. Sous le pseudonyme d'Antonio di Silva, il adapta en une tragédie en cinq actes, intitulée *Nise infortunée* (*), l'*Inès de Castro* (*) du portugais A. Ferreira ; la deuxième partie de l'ouvrage est au contraire originale : *Nise couronnée* (*) ; si la première renferme quelque beauté, la seconde est dénuée de toute valeur artistique. Bermudez écrivit également une œuvre, aujourd'hui perdue, relative au duc d'Albe, et en son honneur le poème *Hesperoida*, en distiques latins.

BERNANOS Georges. Écrivain français. Né à Paris le 20 février 1888, mort à Neuilly-sur-Seine le 5 juillet 1948. Bernanos a eu une carrière littéraire très brève, n'ayant débuté, de façon éclatante, qu'avec *Sous le soleil de Satan* (*), en 1926, donc au seuil de la quarantaine.

Ses ascendances paternelles étaient lorraines, tandis que la lignée maternelle venait du Berry. Son nom et la tradition familiale lui ont fait attribuer de lointaines origines espagnoles, peut-être légendaires. De souche villageoise, son père, tapissier et décorateur, avait acquis une certaine fortune. Georges Bernanos fut élevé dans des collèges catholiques, à Paris et en province, fit ensuite des études de lettres et de droit, entra de bonne heure dans le combat politique et le journalisme. En 1913-1914, il dirigea à Rouen un hebdomadaire monarchiste dans lequel il prit à partie le philosophe radical Alain. Engagé volontaire, il fit toute la guerre de 1914 dans un régiment de cavalerie, fut blessé et décoré. Au retour, marié et père d'un premier enfant – il en aura six – il renonça à son ancienne activité et devint inspecteur d'une compagnie d'assurances à Bar-le-Duc.

C'est pendant ses tournées, dans les wagons de chemin de fer et les buffets de gare, qu'il composa son premier roman, dont le succès lui permit de quitter les assurances pour vivre de sa plume. Dès lors, il changea souvent de résidence, allant des Pyrénées en Normandie, puis en Provence, et poursuivant un écrasant labeur littéraire. Deux autres romans, *L'Imposture* (*) et *La Joie* (*) (prix Fémina 1929), suivirent bientôt, puis un pamphlet, *La Grande Peur des bien-pensants* (*) (1931). Redevenu journaliste par intermittence, il s'engagea en 1932 dans une polémique demeurée célèbre avec ses anciens maîtres de l'Action française. Mais l'année suivante il reprenait son œuvre romanesque et écrivait une partie du roman qui ne paraîtra qu'en 1943 sous le titre de *Monsieur Ouine* (*), après avoir été souvent interrompu. Il le fut une première fois par un terrible accident de motocyclette qui le laissa infirme pour le reste de ses jours.

De 1934 à 1937, il vécut avec sa famille à Palma de Majorque. Ce furent des années d'une extraordinaire fécondité littéraire. Au prix d'un travail acharné, il écrivit presque simultanément *Un crime* (*), *Un mauvais rêve* (*) (publié seulement après sa mort), *Le Journal d'un curé de campagne* (*), *La Nouvelle Histoire de Mouchette* (*) et plusieurs chapitres de *Monsieur Ouine*.

Survint la guerre d'Espagne ; les sympathies politiques de Bernanos l'inclinèrent d'abord vers les insurgés franquistes mais les horreurs de la répression à Majorque et le rôle qu'y jouèrent certains prélats le bouleversèrent profondément. Rentré en France, il publia un grand livre vengeur, *Les Grands Cimetières sous la lune* (*), qui en appelait à la conscience des catholiques, et dont l'influence fut immense.

En juillet 1938, obéissant à un rêve qui datait de son adolescence, Bernanos s'embarqua avec toute sa famille pour le Paraguay ; il ne devait y rester que quelques jours, et c'est au Brésil qu'il se fixa pour de longues années, d'abord à Rio, puis très loin à l'intérieur, à Pirapora, et enfin dans la ferme de la Croix-des-Âmes, près de Barbacena, dans l'État de Minas. Il devait achever, au printemps 1940, *Monsieur Ouine*. Mais la guerre avait éclaté en Europe ; l'ancien combattant exilé en suivit les péripéties avec passion et se voua désormais à des écrits de combat qu'annonçaient déjà, avant les hostilités, *Scandale de la vérité* et *Nous autres Français* (*). Multipliant les articles dans la presse brésilienne, publiant *Lettre aux Anglais* (*), écrivant *Les Enfants humiliés* (journal de l'année 1939-1940, l'un de ses plus beaux livres, publié seulement en 1949), il fut l'un des grands animateurs spirituels de la Résistance française.

En juin 1945, il quitta ses amis brésiliens pour venir poursuivre le combat dans la France délivrée. Ses derniers écrits d'exil, *La France contre les robots, Le Chemin de la Croix-des-Âmes,* ses articles dans la presse de la Libération, ses conférences, constituent, face à l'évolution de l'après-guerre et aux grandes puissances matérielles, la plus éloquente protestation pour la liberté de l'homme et pour une civilisation chrétienne, conçue d'ailleurs sans aucun esprit de retour en arrière. Mais Georges Bernanos devait s'exiler une fois encore. C'est en Tunisie qu'il passa ses deux dernières années, et, alors qu'il était déjà atteint d'un mal mortel, il composa son ultime chef-d'œuvre, les *Dialogues des carmélites* (*) qui ont été joués sur toutes les scènes du monde après la mort de l'auteur.

Mort à l'hôpital américain de Neuilly, où on l'avait ramené d'urgence, en juillet 1948,

Bernanos reste l'une des plus grandes figures de la littérature contemporaine, et son nom n'a cessé de croître.

ALBERT BÉGUIN.

♦ *« Demain le premier livre, le premier roman d'un jeune écrivain, M. Georges Bernanos, sera dans toutes les mains, et M. Georges Bernanos, auteur de* Sous le soleil de Satan, *sera célèbre. Je dirai de lui, comme je disais naguère de Marcel Proust, qu'une grande force intellectuelle et imaginative apparaît au firmament des lettres. Ne nous y trompons pas une minute. La façon dont est traité le sujet classe immédiatement M. Georges Bernanos sur le plan d'un Balzac ou d'un Barbey d'Aurevilly. Ce que je suis le premier à annoncer ici ce matin, avec une sécurité absolue, sera bientôt banal et courant. »* Léon Daudet, article du 7 avril 1926 qui révéla Bernanos au public. ♦ *« Il m'a fait penser à du Villiers de l'Isle-Adam, quelquefois à du Claudel, plus souvent aux* Diaboliques *de Barbey d'Aurevilly, au* Désespéré *de Léon Bloy et plus souvent aux* Frères Karamazov *et aux* Possédés *de Dostoïevski. Mais tous ces rapprochements ne l'étouffent pas. Il est de force à les supporter. Il reste lui-même. »* André Bellessort. ♦ *« Son talent de pamphlétaire fait merveille. Il n'a pas plus à s'occuper de la réalité. Il monologue, il divague superbement. Il dit n'importe quoi avec magnificence ; il le rabâche avec somptuosité. Il est incapable de suivre une idée un peu claire ou un peu abstraite ; mais, pour entasser des images et des visions, il est sans égal... C'est l'artiste qui nous intéresse, non le paladin. Et l'artiste en somme est remarquable. Un merveilleux caricaturiste et, mieux encore, un créateur d'images symboliques ou lyriques, plus ou moins justes, mais toujours frappantes. »* André Thérive. ♦ *« Depuis que j'ai été en Espagne, que j'entends, que je lis toutes sortes de considérations sur l'Espagne, je ne puis citer personne, hors vous seul, qui, à ma connaissance, ait baigné dans l'atmosphère de la guerre civile espagnole et y ait résisté. Vous êtes royaliste, disciple de Drumont — que m'importe ? Vous m'êtes plus proche, sans comparaison, que mes camarades des milices d'Aragon — ces camarades que pourtant, j'aimais. »* Simone Weil, lettre à Bernanos, 1937. ♦ *« Il n'a aucun goût pour la vérité, ce qui est intolérable chez un polémiste. On peut se demander s'il sera longtemps possible de lire Bernanos. La réponse est douteuse. »* Kléber Haedens. ♦ *« Bernanos est le préposé au dégoût : il n'est pas obligé, lui, de ravaler son fiel. Atrocement injuste à l'égard des individus, il ne l'est pas à l'égard de son époque, qui est une basse époque, il faut en convenir : il est bon que ce vieil ange, irrité à temps et à contretemps, nous le crie. »* François Mauriac, 1946. ♦ « [Bernanos avait] *cette qualité royale, la force, cette domination magistrale des événements et des figures, et ce don spécial du romancier qui est ce que j'appellerai le don des ensembles indéchiffrables et des masses en mouvement. »* Paul Claudel.

RÉF. : F. Lefèvre, *Georges Bernanos,* Paris, 1926. — A. Thérive, *Galerie de ce temps,* Paris, 1931 ; *Moralistes de ce temps,* Paris, 1948. — R. P. Bruckberger, *Lignes de faîte,* Paris, 1942. — L. Estang, *Présence de Bernanos,* Paris, 1947. — G. Picon, *Bernanos,* Paris 1948. — *Georges Bernanos,* recueil collectif, Paris, 1949. — H. Massis, *Charles Maurras et son temps,* tome I, Paris, 1951. — C. Moeller, *Littérature du XXe siècle et Christianisme,* tome I, Paris, 1953. — A. Béguin, *Bernanos par lui-même,* Paris, 1954. — L. Chaigne, *Georges Bernanos,* Paris, 1954. — H. Urs Von Balthasar, *Le Chrétien Bernanos,* Paris, 1956. — M. Estève, *Le Sens de l'amour dans les romans de Bernanos,* Paris, 1959. — G. Gaucher, *Georges Bernanos ou l'Invincible Espérance,* Paris, 1962. — W. Bush, *Souffrance et Expiation dans la pensée de Bernanos,* Paris, 1962. — H. Deblüe, *Les Romans de Georges Bernanos ou le Défi du rêve,* Neuchâtel, 1965. — Y. Bridel, *L'Esprit d'enfance dans l'œuvre romanesque de Georges Bernanos,* Paris, 1966. — W. Burkhard, *La Genèse de l'idée du mal dans l'œuvre de Georges Bernanos,* Zurich, 1967. — J. Jurt, *Les Attitudes politiques de Georges Bernanos jusqu'en 1931,* Fribourg, 1968. — B. Fitch, *Dimensions et structures chez Bernanos,* Paris, 1969. — W. Bush, *Georges Bernanos,* New York, 1969. — *Georges Bernanos, Colloque de Cerisy,* Paris, 1972. — H. Guillemin, *Regards sur Bernanos,* Paris, 1976. — Y. Rivard, *L'Imaginaire et le Quotidien,* Paris, 1978. — P. le Touzé, *Le Mystère du réel dans les romans de Bernanos,* Paris, 1979. — M. Gosselin, *L'Écriture du surnaturel dans l'œuvre romanesque de Georges Bernanos,* Lille / Paris, 1979. — J. Jurt, *La Réception de la littérature par la critique journalistique. Lecture de Bernanos 1926-1935,* Paris, 1980. — M. Estève, *Georges Bernanos, un triple itinéraire,* Paris 1981. — A. R. Clark, *La France dans l'histoire selon Bernanos,* Paris, 1983. — L. Peeters, *Une prose du monde : Essai sur le langage de l'adhésion dans l'œuvre de Bernanos,* Paris, 1984. — P. Gille, *Bernanos et l'angoisse,* Nancy, 1984.

BERNARD Claude. Savant et philosophe français. Né à Saint-Julien (Rhône) le 13 juillet 1813, mort à Paris le 10 février 1878. Fils d'un vigneron bourguignon de situation très modeste, il apprend le latin avec le curé de son village et va ensuite faire des études secondaires aux collèges de Villefranche-sur-Saône et de Thoissey, dans l'Ain ; mais la pauvreté de sa famille le contraint, à l'âge de seize ans, à prendre un emploi d'aide-pharmacien à Lyon-Vaise. À cette époque, il croit avoir une vocation littéraire et, trois ans plus tard, en 1832, il arrive à Paris, apportant avec lui les manuscrits d'un vaudeville, *Rose du Rhône,* et d'une tragédie en cinq actes, *Arthur de Bretagne,* qu'il va soumettre au critique Sant-Marc Girardin : celui-ci déclare tout net qu'il n'a aucun tempérament dramatique et lui conseille de choisir un métier. Quelques jours plus tard, Claude Bernard s'inscrit comme étudiant à l'École de médecine. N'ayant pour vivre que le produit de quelques leçons particulières, il est reçu en 1837 à l'externat et entre à l'Hôtel-Dieu dans le service de Magendie, professeur au Collège de France ; ce maître, à l'abord assez rude, aura une influence décisive sur la formation intellectuelle de Claude Bernard ; de Magendie, empiriste convaincu, on a pu dire en effet que « nul ne poussait aussi loin, peut-être trop loin, le culte absolu du fait brut, et ne montrait, contre les tentations prématurées d'induction ou de synthèse, une irritation plus bougonne » (Henri Mondor).

Claude Bernard devient bientôt le préparateur attitré de son maître, tout en poursuivant ses études universitaires, sans réussite remarquable d'ailleurs : en 1839, il est reçu de justesse (26e sur 29) à l'examen de l'internat ; en 1843, il obtient le doctorat en médecine après une soutenance de thèse *Sur le suc gastrique et son rôle dans la nutrition.* La même année paraît son premier mémoire scientifique : *Recherches anatomiques et physiologiques sur la corde du tympan.* En 1844, il échoue à l'agrégation, à cause de la leçon assez terne qu'il avait faite sur le sang, et qui témoignait seulement de ses difficultés croissantes à se soumettre aux cadres universitaires et de l'impatience de son génie créateur avide de recherches originales. Enfermé dans le laboratoire qu'il a installé dans un réduit de la rue Saint-Jacques, délivré du souci des examens, Claude Bernard peut désormais se consacrer entièrement à de continuelles expériences dont il envoie les comptes rendus à la Société de biologie, à l'Académie de médecine ou à l'Académie des sciences. La protection fidèle de Magendie va d'autre part favoriser sa carrière : en 1847, il entre au Collège de France, suppléant de son ancien maître, et, à la mort de celui-ci (1855), il lui succède comme professeur. En 1854, année de sa découverte de la glycogénie hépatique, on crée pour lui une chaire de physiologie générale à la Sorbonne et il est reçu à l'Académie des sciences, au fauteuil rendu vacant par la mort du chirurgien Roux.

De 1855 à 1859 paraissent en librairie plusieurs séries de ses leçons : *Leçons de physiologie expérimentale* (2 vol., 1855-56), *Leçons sur les effets des substances toxiques et médicamenteuses* (1857), *Leçons sur la physiologie et la pathologie du système nerveux* (2 vol., 1858) et *Leçons sur les propriétés physiologiques et les altérations pathologiques des liquides de l'organisme* (2 vol., 1859). Mais Claude Bernard, qui avait le sentiment de son originalité révolutionnaire (« La médecine scientifique, que j'avais mission de vous enseigner, n'existe pas... » : c'est par ces mots que, simple suppléant encore, il avait ouvert son cours au Collège de France), songeait depuis 1850 à un grand *Traité de physiologie opératoire.* En 1865, contraint à un long repos à la suite d'une entérite chronique, peut-être d'origine cholérique, il va passer sa convalescence dans son pays d'enfance et y achève sa célèbre *Introduction à l'étude de la médecine expérimentale* (*) (1865) qui devait être, dans ses projets, la Préface méthodologique, soit du *Traité de physiologie opératoire* (publication posthume sous le titre de *Leçons de physiologie opératoire,* 1879), soit de l'ouvrage dogmatique intitulé *Principes de médecine expérimentale,* commencé en 1864, laissé inachevé, et dont les fragments retrouvés ont été publiés en 1947 sous le titre choisi par Claude Bernard. Après l'immense succès de l'*Introduction,* saluée par un fervent article de Pasteur dans *Le Moniteur universel* et dont le professeur Henri Mondor a pu écrire qu'elle « apporte à la médecine un grand titre de noblesse et une charte », Claude Bernard, à l'occasion de l'Exposition universelle et sur la prière du ministre de l'Instruction publique, rédige un *Rapport sur les progrès et la marche générale de la physiologie générale en France* (1867). Il ne rentre à Paris qu'en 1868 ; nommé à cette date professeur de physiologie comparée au Muséum, il abandonne sa chaire de Sorbonne à son disciple Paul Bert. De nouveaux honneurs (sa nomination de sénateur par décret impérial ; son entrée à l'Académie française, au fauteuil de Flourens, le 27 mai 1869), des difficultés d'ordre privé (en 1869 il se sépare de sa femme, épousée en 1844, qui, semble-t-il, n'essaya jamais de le comprendre), enfin la profonde tristesse ressentie par Claude Bernard lors de la défaite de 1870, ne ralentissent pas le puissant rythme de sa vie de travail. Ses dernières années sont consacrées à la mise au point de la publication de ses diverses leçons : *Leçons de pathologie expérimentale* (1871), *Leçons sur les anesthésiques et l'asphyxie* (1874), *Leçons sur la chaleur animale* (1876), *Leçons sur le diabète et la glycogénèse animale* (1877), *Leçons sur les phénomènes de la vie communs aux animaux et aux végétaux* (1878). À sa mort, survenue à la suite d'une congestion rénale, le gouvernement, sur proposition de Gambetta, lui accorde des obsèques nationales. Outre les volumes déjà mentionnés, plusieurs inédits de Claude Bernard ont été publiés par le docteur Delhoume : *Pensées* (1938), *Le Cahier rouge* (1942).

Une puissance tenace, l'équilibre, l'unité : voilà d'abord les traits caractéristiques de la figure de Claude Bernard. Sa carrière n'a pas eu à vaincre d'oppositions violentes, elle n'a pas été marquée par des querelles bruyantes, des découvertes retentissantes. Sa vie est une vie exemplaire de savant, tout intérieure. Claude Bernard pouvait aller parfois en société, aux dîners Magny, chez la princesse Mathilde, où il rencontrait Renan, Berthelot, les Goncourt, ou bien encore à Compiègne où l'invitait Napoléon III et, ces jours-là, il étonnait par ses dons de brillant causeur. Mais son état habituel, naturel en quelque sorte, c'est la méditation et le silence. Il est l'homme des laboratoires. Il y a en lui un besoin vital de la recherche, une passion de l'expérience, une ivresse impatiente de la preuve, de la découverte, qui l'entraînait souvent à poursuivre ses vivisections d'animaux à son domicile même, à l'effroi et au scandale de sa famille.

Claude Bernard ne cache pas son mépris pour ces « faux savants qui s'intitulent généralisateurs », car, à son avis, on ne peut atteindre aux généralisations fécondes qu'après « avoir été élevé et avoir vécu dans les laboratoires » et « qu'autant qu'on aura expérimenté soi-même et remué, dans l'hôpital, l'amphithéâtre ou le laboratoire, le terrain fétide ou palpitant de la vie ». Et ceci vaut pour l'entreprise philosophique elle-même, du moins telle que Claude Bernard entend la philosophie. Il restera toujours, dans cet ordre, un autodidacte. Il n'a pas reçu de culture philosophique universitaire. Des grandes œuvres du passé, il ne connaît guère bien que celles de Bacon et de Descartes, celle aussi de son contemporain Auguste Comte, qu'il annote tout en écrivant son *Introduction à l'étude de la médecine expérimentale.* Mais sa méthodologie dit peu de chose aux livres : son immense valeur reste d'être intrinsèquement liée à la pratique, de n'être, en somme, que la traduction logique des expériences de laboratoire de Claude Bernard. Aussi, à côté des autres traités de logique, elle se distingue, et s'impose, et charme, selon les mots de Paul Jamet, par un « sentiment précis et vivant de la réalité ». Il faut d'ailleurs souligner que, tout en s'opposant vivement aux « généralisateurs », Claude Bernard ne professe pas l'idolâtrie du fait brut de son maître Magendie. Contre Bacon, et même contre Auguste Comte qui pensait que l'hypothèse ne devait plus jouer dans les sciences qu'un rôle subalterne, Claude Bernard maintient la nécessité de l'hypothèse et l'impossibilité, sans une théorie anticipée, de pratiquer des expériences, sinon à l'aventure. Seulement, la méthode hypothétique exige des correctifs : ce sera d'abord la résolution de ne tolérer que des hypothèses « prochaines », c'est-à-dire celles-là seules qui se trouvent liées par l'analogie aux faits observés ; ce sera ensuite l'habitude d'un doute radical à l'égard des théories, des déductions hâtives aussitôt qu'elles apparaissent en contradiction avec un fait : « Je n'aime pas affirmer, écrit Claude Bernard ; le doute est l'oreiller du savant. »

La connaissance scientifique comporte donc des limites sévères. Il faut que le savant se résigne à ignorer le « pourquoi » des choses et à se contenter du « comment ». « L'obscure notion de cause doit être reportée à l'origine des choses [...] elle doit faire place dans la science à la notion du rapport des conditions. » Mais, à l'intérieur de ces limites acceptées une fois pour toutes, Claude Bernard va pouvoir démontrer — contre le préjugé encore très fort de son temps, chez un Cuvier par exemple, selon lequel la matière vivante, dans son infinie complexité, doit résister invinciblement à l'analyse de l'expérimentateur — que la méthode expérimentale, qui fait ses preuves en physique et en chimie, donc sur les corps bruts, est également applicable en physiologie, sur les corps vivants. Elle y exige, naturellement, un grand perfectionnement des techniques d'investigation : quoi qu'il en soit cependant de la complexité de l'objet étudié, la différence entre les activités scientifiques reste toujours du côté de l'objet, non du processus intellectuel, non de l'esprit, fondamentalement un. Mais la rigueur de la méthode expérimentale ne va-t-elle point établir une coupure entre la science d'une part et la philosophie de l'autre ? C'est exactement l'inverse que se propose Claude Bernard : la création d'une philosophie nouvelle, non spéculative mais pratique. Il a pu exclure la métaphysique de la science, il ne la méprise pas. Il est remarquable, au contraire, que tout en répétant l'impossibilité pour la raison d'atteindre le « pourquoi » des choses, il ne cesse, dans un tour d'esprit assez kantien, d'en poser l'existence.

Il y a, chez un savant aussi rigoureux que Claude Bernard, un respect de l'inconnu, qui s'exprime dans des lignes comme celles-ci : « Cette ignorance de la cause des causes fait le poète, le philosophe, quelque chose de vague et de mystérieux que je ne comprends pas, et j'en suis bien aise, car si je savais tout, je ne pourrais plus vivre. » C'est là un trait important de sa personnalité intellectuelle : toujours il s'efforce de conserver la plus grande liberté à l'égard de sa propre méthode. La fierté de cet esprit, infatigable collecteur de faits, ordonnateur d'expériences, avide de preuves, et qui proclame la nécessité scientifique du doute, se concilie ainsi avec une humilité spirituelle qui reconnaît que toutes nos connaissances sont enracinées dans un non-savoir fondamental qui est peut-être leur condition même. Claude Bernard échappe donc complètement à l'absolutisme « scientiste » de son temps et, plus qu'Auguste Comte lui-même, il incarne l'idéal comtien de l'esprit « positif ».

MICHEL MOURRE.

♦ *« Pasteur veut diriger la nature : moi, je me laisse diriger par elle ; je la suis* [...] *Moi, je suis le secrétaire de la nature. Pasteur et les aprioristes veulent lui dicter ses réponses selon leurs idées. »* Claude Bernard. ♦ *« Il est si intéressant à entendre et agréable à regarder, ce Claude Bernard ! Il a une si belle tête d'homme bon, d'apôtre scientifique ! Puis il a encore un : "On a trouvé", un On si distingué pour parler de ses propres découvertes. »* Les Goncourt. ♦ *« On n'a rien écrit de plus lumineux, de plus complet, de plus profond sur les vrais principes de l'art si difficile de l'expérimentation. L'influence qu'il exercera sur les sciences médicales, sur les progrès, sur leur langage même, sera immense. »* Pasteur, article du *Moniteur universel* sur *L'Introduction*, novembre 1866. ♦ *« Sa vie, toute consacrée au vrai, est le modèle que nous pouvons opposer à ceux qui prétendent que, de notre temps, la source des grandes vertus est tarie. »* Renan. ♦ « L'Introduction à la médecine expérimentale *est un peu pour nous ce que fut, pour le* XVIIe *et le* XVIIIe *siècle, le* Discours de la Méthode. *Dans un cas comme dans l'autre nous nous trouvons devant un homme de génie qui a commencé par faire de grandes découvertes et qui s'est demandé ensuite comment il fallait s'y prendre pour les faire : marche paradoxale en apparence et pourtant seule naturelle, la manière inverse de procéder ayant été tentée beaucoup plus souvent et n'ayant jamais réussi. Deux fois seulement dans l'histoire de la science moderne, et pour les deux formes principales que notre connaissance de la nature a prises, l'esprit d'invention s'est replié sur lui-même pour s'analyser et pour déterminer ainsi les conditions générales de la découverte scientifique. »* Henri Bergson. ♦ *« Voir où les autres ne voient pas, pénétrer jusqu'où ils ne savent aller, s'empresser tandis qu'ils hésitent, obéir avec intrépidité aux plus audacieux développements du problème, ce n'est qu'une part de ses supériorités. Lire sans erreur, sans enjolivement, sans omission, la réponse d'une expérience, enregistrer ses étapes avec l'enivrante exactitude de la perfection, opter sans cesse, même contre les mouvements les plus entraînants de son invention, pour la vérité, et puis s'exprimer avec clarté, modestie, grandeur, voilà, jusqu'à la sublimité, d'autres traits de sa démonstration.* » Henri Mondor.

RÉF. : Pasteur, article in *Moniteur universel,* novembre 1866. – E. Renan, *Discours de réception à l'Académie française,* 1879. – Van Thiegem, *Notice sur la vie et les travaux de Claude Bernard,* Académie des sciences, 12 décembre 1910. – J. L. Faure, *Claude Bernard,* Paris, 1925. – H. Mondor, notice in *Grands Médecins, presque tous,* Paris, 1943. – R. P. Sertillanges, *La Philosophie de Claude Bernard,* Grenoble, 1945. – R. Millet, *Claude Bernard ou l'Aventure scientifique,* Paris, 1945. – P. Mauriac, *Claude Bernard,* Paris, 1954. – J. Schiller, *Claude Bernard et les problèmes philosophiques de son temps,* Paris, 1967. – A. Prochiantz, *Claude Bernard, la révolution physiologique,* Paris, 1990.

BERNARD Marc. Écrivain français. Né à Nîmes en septembre 1900, il est mort dans la même ville en novembre 1983. De son enfance d'orphelin pauvre à Nîmes, il nourrira les pages de son roman *Pareils à des enfants* (1941) qui obtient le prix Goncourt en 1942. Dès onze ans, il quitte l'école primaire pour entrer en apprentissage puis travaille successivement dans une pâtisserie, une droguerie, une fabrique de chaussures avant de suivre des cours de comédie au conservatoire de Marseille. Après son service militaire en Allemagne occupée, il est cheminot. Militant syndical, il entre au parti communiste qu'il quittera quelques années plus tard, dégoûté des mots d'ordre et du stalinisme (*Salut, camarades,* 1955). Il découvre le surréalisme dont on sent l'influence dans son premier roman *Zig-Zag* (1929). Journaliste à *Monde* d'Henri Barbusse, il a enfin trouvé le métier qu'il exercera pendant la plus grande partie de sa vie tant dans la presse qu'à la radio (et notamment en Espagne pendant la guerre civile). Désormais sa vie se confond avec la littérature, il publie des romans : *Au secours* (1931), *Anny* (prix Interallié 1934), *Les Exilés* (1939), *La Cendre* (1949) et *Une journée toute simple* (1950) ; des nouvelles : *Rencontres* (1936), *Vert-et-Argent* (1945), *La Bonne Humeur* (1957) ; des essais : *Conquête de la Méditerranée* (1939), *Sarcellopolis* (1964) ; du théâtre : *Les Voix* (1946) ; des récits de voyage en Espagne et à Majorque et une étude sur Zola, au total une bonne vingtaine de volumes d'une écriture simple mais pleine de charme. Sa rencontre en 1938 avec Else Reichmann, une émigrée juive autrichienne, leur bonheur sans nuages jusqu'à la disparition de celle-ci en 1969, lui inspirent sa trilogie finale, trois récits d'une beauté poignante où les souvenirs « remont(és) au hasard » se mêlent à des réflexions sur la mort et sur l'au-delà : *La Mort de la bien-aimée* (*) (1972), *Au-delà de l'absence* (+) (1976) et *Tout est bien ainsi* (+) (1979). Après sa mort paraît encore *Au fil des jours* (1984), où l'auteur revient, avec humour et délicatesse, sur ses déchirements et sur les petites misères du grand âge.

GUY GOFFETTE.

BERNARD Paul dit **Tristan.** Romancier et auteur dramatique français. Né à Besançon (Doubs) le 7 septembre 1866, mort à Paris le 7 décembre 1947. Fils d'un architecte bientôt appelé à Paris par ses travaux, il suivit les cours du lycée Fontanes, puis obtint une licence en droit et s'inscrivit au barreau de Paris. Après son service militaire, il dirigea, dans l'Oise, une fabrique d'objets en aluminium. Mais il était peu fait pour ce genre de vie et il devint même, un jour, directeur du vélodrome Buffalo.

Il débuta dans les lettres en 1891 en publiant un article dans *La Revue blanche.* Dès ce moment, il abandonna son prénom de Paul et signa *Tristan.* Après avoir fait paraître en collaboration avec P. Véber un recueil de contes : *Vous m'en direz tant* (1894), il donna seul au théâtre, l'année suivante, *Les Pieds nickelés* (1895), qui obtinrent un vif succès. Dès lors, sa verve ira croissant, toujours avec le même bonheur, dans le domaine de la comédie : *Le Fardeau de la liberté* (1897), *L'Anglais tel qu'on le parle* (*) (1899), *L'Affaire Mathieu* (1900), *Daisy* (1901), *Triplepatte* (1905), *Les Jumeaux de Brighton* (1908), *M. Codomat* (1909), *Le Danseur inconnu* (1910), *Le Costaud des Épinettes* (1910), *Le Petit Café* (1911), *L'Accord parfait* (1911), *On naît esclave* (1912), *Jeanne Doré* (1913), *L'École du piston* (1916), *La Volonté de l'homme* (1917), *Le Sexe fort* (*) (1917), *Les Petites Curieuses* (1920), *Jules, Juliette et Julien* (1929), etc. Tout comme Bernstein, Tristan Bernard offre l'exemple d'une carrière pure de tout échec. Ce fait est d'autant plus remarquable que chez lui l'homme de théâtre était doublé d'un romancier plein d'humour et d'invention. Citons : *Les Mémoires d'un jeune homme rangé* (1899), *Amants et Voleurs* (1905), *Secrets d'État* (1908), *Les Veillées du chauffeur* (1909), *Mathilde et ses mitaines* (1920), *L'Enfant prodigue du Vésinet* (1921), *Féerie bourgeoise* (1924), *Autour du ring* (1926), etc. En ironique observateur de la vie très quotidienne, Tristan Bernard s'est plu surtout à nous montrer que le caractère est loin d'être l'apanage de l'homme.

♦ *« M. Tristan Bernard n'est pas, comme tel ou tel autre, un amuseur de profession, un plaisantin volontaire, détenant et exploitant le secret de divertir interminablement le public par les mêmes tours. Il est un écrivain-né, probablement un grand écrivain, dont l'œuvre vaut ce que valent sa pensée et sa personne, qu'on ne peut juger ou même goûter pleinement sans le comprendre, et que l'on ne comprendra jamais si l'on ne détermine au préalable sur quel système précis d'idées ou de sensibilité s'appuie son œuvre facile et diverse.* » L. Blum.

RÉF. : T. Bernard, *Souvenirs épars d'un ancien cavalier,* 1917. – P. Souday, *Tristan Bernard et le roman policier* in *Les Livres du temps,* t. I. – H. Bordeaux, *La Vie au théâtre,* 1910-21. – R. Blum, *Tristan Bernard,* Monaco, 1925. – P. Blanchart, *Tristan Bernard, son œuvre,* Château-Thierry, 1932. – J. J. Bernard, *Mon père Tristan Bernard,* Paris, 1955.

BERNARD Valère. Poète provençal. Né à Marseille le 10 février 1860, mort dans cette même ville le 8 octobre 1936. Attiré par la peinture, il vint à Paris en 1881 et étudia à l'École des beaux-arts, dans l'atelier de Cabanel. Il travailla aussi avec Puvis de Chavannes et Félicien Rops. Retourné à Marseille en 1888, il y mena une vie simple et modeste, tout entière consacrée à l'art et à la littérature provençale. Élu majoral du Félibrige en 1893, il en devint le Capoulier en 1909, et occupa cette haute fonction jusqu'en 1919. Sa vocation de poète provençal s'était manifestée de bonne heure : lors de son séjour à Paris il publia (1883) une plaquette de vers, *Les Ballades d'airain* [*Li Ballado d'aram*], et une autre en 1884, *Les Charniers* [*Li Cadaraù*]. Il donna ensuite à Marseille (1893) *La Guerro,* recueil de poèmes qu'il illustra lui-même de 15 eaux-fortes, et dans lequel il stigmatise les horreurs de la guerre. Puis il se tourne vers la misère du peuple, de la populace des vieux quartiers de Marseille : il évoque ces déclassés dans le roman noir *Bagatouni* (*) (1894), mot intraduisible qui désigne l'un de ces vieux quartiers, et dans les poèmes lancinants de *La Pauvraille* [*La Pauriho,* 1899]. Il publie ensuite *Le Long de la mer latine* [*Long la mar latino,* 1908], recueil de poèmes, puis le roman *Les Bohémiens* [*Lei Boumian,* 1910], où il met en scène un peintre et un anarchiste qui mènent la vie errante des gitans pour rompre avec la société. En 1913 il fait paraître, en édition bilingue, *L'Arbre en fleur* [*L'Aubre en flour*] où il reprend les poèmes de ses deux premiers recueils ; en 1935 paraît *L'Étoile du Matin* [*Lugar*], conte en vers écrit en occitan comme *La Legenda d'Esclarmonda* (1936) et *Lindaflor* (1938) ; ce dernier recueil est posthume comme *La Sauvagine* [*La Feruno,* 1938], nouvelles en prose où nous retrouvons l'inspiration de *La Pauriho,* et *Letanio* [*Litanies,* 1946], poèmes. On a comparé V. Bernard aux grands hommes de la Renaissance, et il est vrai qu'aucun domaine de l'art ne lui était inconnu. Plein d'amour et de pitié pour les déshérités, il ressent profondément les souffrances des autres, mais son réalisme, pour noir qu'il soit, n'a rien de conventionnel ni de fatal. V. Bernard en effet reste toujours sensible à la forme, à la couleur et à l'harmonie, et en évoquant les bas-fonds de Marseille il a apporté à la littérature provençale une note originale qui lui manquait.

RÉF. : Ch.-P. Julian et P. Fontan, *Anthologie du Félibrige,* 1920-21, 2 vol. — Joséphine Taladoire, *Valère Bernard,* Aix-en-Provence, 1935.

BERNARD de Clairvaux, saint. Docteur de l'Église. Né au château de Fontane-lez-Dijon (Côte-d'Or) au printemps de 1090, mort en son monastère de Clairvaux (Aube) le 20 août 1153, canonisé par Alexandre III en 1174. Fils d'un chevalier du duc de Bourgogne, Tiescelin-le-Saure, il renonce au monde à vingt-deux ans, en entraînant avec lui à l'abbaye de Cîteaux trente postulants, parmi lesquels tous ses frères et un oncle. Plus tard, son père et sa sœur suivront aussi son exemple. Là commence une étonnante existence, hors des mesures humaines, multiforme, pleine d'antithèses, qui marquera profondément toute son époque. Bernard est de faible constitution ; il est miné par les rigueurs de la vie ascétique, mais il déploie une activité dévorante : trois nouveaux monastères cisterciens surgissent en trois ans ; troisième, Clairvaux, dans la vallée d'Absinthe, dont Bernard est nommé abbé. Clairvaux donnera à son tour successivement la vie à soixante-dix monastères. Réformatrice, sa règle sévère se répand en dehors de son ordre et provoque un regain d'austérité non seulement dans la vie des cloîtres, mais dans celle du clergé séculier et des prélats. Bernard est un mystique ardemment assoiffé de contemplation et d'ascèse ; mais sa vie se passe à courir le monde, à arbitrer les querelles des puissants, à assurer la défense de l'Église contre le schisme, contre l'hérésie, contre les infidèles. Bernard est brûlant d'amour, d'amour pour le Christ et d'amour pour les hommes dans le Christ ; mais il est dur, inflexible, implacable, lorsque l'Église est menacée. Humble moine, il commandera aux papes, homme de paix, il prêchera la guerre. De 1130 à 1137, l'Église est ébranlée par l'élection de l'antipape Anaclet II contre Innocent II. Bernard est l'âme de la lutte, il gagne à la cause d'Innocent les princes, les rois, l'empereur, il en arbitre les conflits, il en secoue l'indifférence, met en marche les armées jusqu'à la mort de l'usurpateur. Ensuite il lui faut faire face à l'erreur, à l'hérésie : en Albigeois, c'est Pierre de Bruys, puis son successeur Henri (qu'il affrontera en 1145) ; à Paris, après Abélard dont les hardiesses théologiques apparaissent dangereuses et qu'il attaque et fait condamner à Sens (1140), c'est Arnaud de Brescia, élève d'Abélard, qui après avoir soulevé Rome contre Innocent II, avait dû s'enfuir (1143) et qui, réfugié en France, prêche contre l'Église ; ce sera encore Gilbert de la Porrée dont les thèses seront portées (1148) devant le concile de Reims qui toutefois ne les condamnera pas. En 1144, le royaume chrétien de Terre sainte, créé par la première croisade un demi-siècle auparavant, est menacé de ruine. Édesse tombe sous les assauts des infidèles, Byzance ne s'émeut pas. Sollicité par le roi de France, le Pape Eugène III, cistercien, autorise Bernard, dont il est le fils spirituel, à prêcher la croisade. À Vézelay (Pâques 1146), ensuite à Spire en Allemagne, Bernard enflamme par sa parole princes, nobles, roturiers ; ses lettres rallient les absents ; l'expédition s'ébranle en un enthousiasme immense vers un immense désastre, dû à l'impréparation, aux rivalités, aux erreurs politiques, aux trahisons. Saint Bernard, quoi qu'en dise la plaque indicatrice de la place qui porte son nom à Dijon, le désignant, avec une précision laïque, comme « homme d'État », ne l'était pas à proprement parler, ou, si l'on aime mieux, il était l'homme d'État mystique, l'homme d'État de la cité de Dieu. La responsabilité de la débâcle ne saurait lui être imputée ; l'échec ne l'abat point et son énergie reste entière. Encore en 1153, mortellement atteint, il se met en voyage pour aller arrêter la guerre entre les Messins et le comte de Bar. Il meurt à son retour à Clairvaux.

L'encyclique de Pie XII, à l'occasion du huitième centenaire de la mort de saint Bernard, *Doctor mellifluus,* en retraçant sa figure, sanctionne son surnom scolastique qui définit si bien son esprit, sa recherche du « miel » de la dévotion dans la « cire » de la révélation. De son œuvre écrite il nous reste un nombre important de *Lettres* (*), près de 450 ; presque autant de *Sermons,* près de 300, dont 85 sur le *Cantique des cantiques ;* ses « sermons sur la Vierge Mère » qui sont parmi les plus beaux, préludent à la mariologie dont saint Bernard est l'un des fondateurs. Ses traités théologiques, une douzaine, en général de peu d'étendue, mais de grand intérêt, quelques opuscules moraux ou polémiques complètent son œuvre. Nous citerons le traité des *Degrés de l'humilité et de l'orgueil* (*) écrit vers 1127, commentant la règle de saint Benoît comme une initiation à la vie mystique ; le *Traité de l'amour de Dieu* (*), de la même époque, identifiant la vie chrétienne avec la vie mystique fondée sur l'amour dû à Dieu créateur et sauveur ; l'opuscule *Sur la grâce et le libre arbitre* (vers 1127), chapitre important de la doctrine de saint Bernard ; *Des devoirs des évêques* [*De officio episcoporum*], sur la vie spirituelle des évêques, écrit à la demande de l'archevêque de Sens ; une *Apologie* écrite après la croisade ; enfin le traité *De la considération* (*) (1149-1152), guide de perfection pour les souverains pontifes, dédié à Eugène III. Nous ne possédons malheureusement aucun de ses sermons pour la croisade qui étaient probablement en langue romane.

PIERRE FERRARI.

♦ *« Là, Là, guerrier fougueux ! est-ce ainsi qu'un moine doit combattre ? »* Apologétique de l'écolâtre Bérenger, contre saint Bernard. ♦ *« Un homme vraiment pieux et inspiré de la grâce du Seigneur. »* Luther. ♦ *« Il ne dédaignait ni les plus pauvres, ni les plus abjects... il n'épargnait ni les princes, ni les potentats, ni les évêques, ni les cardinaux, ni les papes... »* Bossuet : *Panégyrique de saint Bernard.* ♦ *« Dernier des Pères, mais non inégal aux premiers... »* Mabillon. ♦ *« ... Il serait difficile de trouver dans l'histoire un pareil maroufle, à la fois traître et politique...* [il] *ne protégeait que la plus épaisse bêtise monacale... et toutes ses qualités se bornaient à la prudence et à l'hypocrisie... »* Schiller (lettre à Goethe, 17 mars 1802).

RÉF. : É. Vacandard, *Vie de saint Bernard,* Paris, 1895 ; rééd. 1927. – É. Gilson, *La Théologie mystique de saint Bernard,* Paris 1934. – D. Rops, *Saint Bernard et son message,* Paris, 1943. – J. Calmette et H. David, *Saint Bernard,* Paris 1953. – *Bernard de Clairvaux,* Paris, 1953. – *Saint Bernard théologien,* Paris-Rome, 1953. – T. Merton, *Saint Bernard de Clairvaux, le dernier des Pères,* Paris, 1954. – J. Leclercq, *Nouveau visage de Bernard de Clairvaux. Approches psycho-historiques,* Paris, 1976, et *Saint Bernard et l'Esprit cistercien,* 1966.

BERNARD de Tours ou Bernardus Silvestris. Écrivain et rhéteur français. On n'a, sur ce personnage du XIIe siècle, auteur du *Megacosmus et Microcosmus* (*), un des documents les plus significatifs sur l'humanisme médiéval, que des renseignements rares et auxquels on ne peut accorder qu'un crédit limité. Le *Megacosmus* fut attribué pendant quelque temps à Bernard de Chartres ; de toute évidence, les idées et le style de Bernard de Tours relèvent de l'école de Chartres. Il est probable que Bernard de Tours fut l'élève du frère cadet de Bernard de Chartres. Il est probable également qu'il se lia d'amitié avec Bernard de Chartres et lui dédia le *Megacosmus* en lui confiant entièrement le sort de son livre : « Viderit ergo discretio vestra, si prodire palam, si venire debeat in commune : Si interia vestro presentetur aspectui, judicio correctionique tranmittitur, non favori. » Le surnom « de Tours » qu'il s'applique à lui-même à différentes reprises dans ses œuvres lui vient de ce qu'il y est né. À Tours, Bernard professa les doctrines de ses maîtres de Chartres et la rhétorique, et composa un traité d'inspiration pythagoricienne et néo-platonicienne, intitulé *De mundi universitate*, dédié à Thierry de Chartres. Mathieu de Vendôme parle de lui comme de son maître en cette matière, et Pierre de Blois lui attribue la grande *Somme* de Tours sur l'art d'écrire des lettres, *Somme* qu'on sait maintenant devoir à Bernard de Meung. Les autres œuvres de Bernard de Tours sont un *Liber de metrificatura*, et l'adaptation en prose mêlée de vers d'un *Experimentarius* traduit de l'arabe par Hermann de Dalmatie, bien qu'un manuscrit de cette œuvre précise : « *Experimentarius* Bernardini Silvestri, non quia inventor fuit, sed fidelis ab arabico in latinum interpres. » Bernard de Tours fut également en relation avec les savants de Toulouse qui traduisaient de l'arabe des œuvres d'arithmétique et d'astronomie.

RÉF. : C. S. Barach, *Bernardi Silvestris Megacosmus et Microcosmus*, Innsbruck, 1876. – Abbé Clerval, *Les Écoles de Chartres au Moyen Âge*, Paris, 1895. – B. Haureau, *Le « Mathematicus » de Bernard Silvestris*, 1928. – Étienne Gilson, *La Cosmogonie de Bernard Silvestris*, 1929. – Article in *Dictionnaire d'histoire et de géographie ecclésiastiques de Baudrillart*, tome 8, Paris, 1935. – A. Vernet, *Bernardus Silvestris et sa Cosmographia*, Paris, 1937.

BERNÁRDEZ Francisco Luis. Poète argentin. Né à Buenos Aires le 5 octobre 1900, mort dans cette ville en 1979. De 1920 à 1925, il vit en Espagne et au Portugal, où il s'adonne à la peinture. De retour dans son pays, il devient directeur de la revue *Proa* et entre à l'Académie argentine des lettres. Il vit ensuite retiré à la campagne dans la province de

Buenos Aires. Son œuvre, assez abondante, s'apparente d'une certaine manière à celle de Paul Claudel. Ses premiers recueils – *Lever* [*Orto*, 1922], *Bazar* (1922), *Kindergarten* (1924) et *Alcándara* (1925) – sont marqués par l'influence des « ultraïstes » : Bernárdez écrit alors une poésie heurtée, aux rythmes durs. Mais son évolution personnelle vers le catholicisme et plus particulièrement vers le thomisme le conduit à préférer une forme d'écriture plus classique et plus équilibrée, partagée entre le sonnet et le verset. *Le Vaisseau* [*El buque*, 1935] est un grand poème théologique. *Ciel de terre* [*Cielo de tierra*, 1937], *La Cité sans Laure* [*La Ciudad sin Laura*, 1938], les *Poèmes élémentaires* (*) (1942), *Les Poèmes de chair et d'os* [*Poemas de carne y hueso*, 1943], *Le Rossignol* [*El ruiseñor*, 1945], *La Fleur* [*La flor*, 1951], et enfin *Coupe d'eau* [*Copa de agua*, 1963], témoignent d'une profonde religiosité et d'un grand amour de la terre natale. On a pu ranger Francisco Luis Bernárdez dans la famille poétique de saint Jean de la Croix, Lope et les troubadours ibériques.

ANTOINE BERMAN.

BERNARDIN DE SAINT-PIERRE Jacques-Henri. Écrivain français. Né au Havre le 19 janvier 1737, mort à Eragny-sur-Oise le 21 janvier 1814. Bien qu'il se soit paré du titre de chevalier, il a longtemps souffert d'une naissance qu'il avouera plus tard « honnête mais commune ». Si l'« enfance inoubliée » (Édouard Guitton) est bien l'un des ressorts secrets de l'œuvre, celle de Bernardin, sous la tutelle d'un père indifférent, puis de prêtres sévères, n'a pas été heureuse, sinon dans les rêveries romanesques qu'alimente la lecture de *Robinson Crusoé* (*) et des *Vies des saints*. De son séjour dans les collèges religieux, à Caen puis à Rouen, il conservera l'aversion de l'existence collective et un anticléricalisme tenace. Seule échappée, mais décevante : un voyage à la Martinique, à douze ans, en compagnie de son oncle. Sorti du collège avec un prix de mathématiques, il entre en 1757 à l'École des ponts et chaussées. Nanti d'un brevet d'ingénieur obtenu dans des circonstances obscures après une scolarité incomplète, il sert en Allemagne (1760), puis à Malte (1761). Partout il entre en conflit avec ses supérieurs et ses collègues, qui contestent à la fois ses titres nobiliaires et ses diplômes. Sans emploi, il part en Hollande, puis en Russie (1762), où il trouve des protecteurs et est présenté à l'impératrice, séjourne en Pologne (1764), puis à Dresde, Berlin, Vienne, et revient enfin à Paris en 1766, aussi démuni qu'il en était parti. Ces pérégrinations aventureuses comportent quelques zones d'ombre liées à des activités occultes d'agent de la diplomatie secrète. C'est de cette période que datent ses premiers écrits. En Russie, il présente à Catherine II un plan de république idéale située près de la mer d'Aral, première mouture d'une longue série de projets de communautés utopiques. Dans les *Voyages dans le Nord* (1767), il s'essaie à la réflexion politique à la manière de Montesquieu, dont il récuse cependant le déterminisme climatique. Engagé comme ingénieur pour l'expédition secrète de colonisation de Madagascar que projette le comte de Maudave, mais brouillé avec ce dernier dès le départ de Lorient, il débarque à l'île de France (actuelle île Maurice) où il séjourne deux ans (1768-1770), peu séduit par la luxuriance de la nature tropicale, écœuré surtout par la médiocrité de la population blanche, les horreurs de l'esclavage et les querelles internes à l'administration de l'île. D'abord protégé par l'intendant de la colonie, le naturaliste Pierre Poivre, il s'aliène sa bienveillance pour avoir tenté de séduire son épouse. Après un bref séjour à l'île Bourbon voisine (La Réunion), où il croit trouver un modèle de bonheur pastoral dont il restera durablement marqué, il regagne Paris en 1771, de nouveau sans situation et sans argent. Alors s'ouvre une période difficile sous le signe de la pauvreté et de l'échec : il fait le siège des bureaux pour obtenir des secours, essaie de s'introduire auprès des encyclopédistes, avec qui il rompra bientôt (1779), devient l'ami de Rousseau, sur qui il a laissé un émouvant témoignage. La publication du *Voyage à l'île de France* (*) (1773) passe inaperçue ; matrice d'une bonne partie de l'œuvre ultérieure, cette relation vaut à la fois par la netteté de ses positions anti-esclavagistes, par le mélange singulier de reportage documentaire et de confession personnelle, et par le sentiment de la nature qui s'affirme d'une façon très nouvelle dans quelques belles pages descriptives. La publication des *Études de la nature* (*) (1784) lui apporte enfin la sécurité matérielle et la reconnaissance sociale. Cet ample ouvrage, dont on n'a généralement retenu, pour s'en moquer, que le finalisme anthropocentriste, s'inscrit par son ambition systématique dans la perspective de l'*Encyclopédie* (*), mais s'en distingue par son optique spiritualiste et providentialiste, son refus de la démarche analytique, son attention aux résonances harmoniques du spectacle de la nature et du cœur humain, qui l'apparentent à la « Philosophie de la nature » du premier romantisme. *Paul et Virginie* (*), annexé à la troisième édition (1788), n'en illustre pas seulement les thèses sur le mode fictionnel ; à la lisière du roman et de la pastorale, ce récit, qui introduit véritablement l'exotisme dans la littérature française, est lisible à plusieurs niveaux : sous la « naïveté » un peu mièvre de l'idylle enfantine, qui fit son succès et plus tard justifia son discrédit, le texte est d'une singulière richesse. Dans cette paraphrase de la Genèse, le couple enfantin, dont l'amour est à la fois innocent et interdit puisque symboliquement incestueux, s'identifie tour à tour à Adam et Ève, à l'Androgyne platonicien, aux Dioscures

Castor et Pollux. Au paradis terrestre initial du royaume d'enfance, que l'irruption de la tentation sensuelle de l'adolescence voue à une inévitable dégradation, fait écho l'incorruptible splendeur du paradis final retrouvé dans la mort. Le succès du livre fait de Bernardin un personnage officiel couvert d'honneurs et de prébendes. Homme d'ordre, indifférent d'ailleurs à la chose politique, il fait allégeance aux régimes successifs, sans pour autant aliéner sa liberté intérieure. S'il n'est plus le paria mis en scène dans le conte philosophique *La Chaumière indienne* (*) (1791), c'est toujours dans la solitude et le repli sur la vie privée qu'il conçoit le bonheur. La Révolution, dont il traverse sans les voir les péripéties, protégé par une heureuse indifférence au monde et une tardive installation dans la vie conjugale — en 1793 il a épousé Félicité Didot, la fille de son imprimeur —, le nomme intendant du Jardin des Plantes (1792), puis professeur de « morale républicaine » à la toute récente École normale supérieure, enfin membre de l'Institut, où son déisme spiritualiste l'oppose au « parti athée » des héritiers des encyclopédistes. Remarié après la mort de sa femme à une jeune fille de vingt ans, Désirée de Pelleporc (1800), il se rallie à Napoléon, entre à l'Académie française, en devient même le président (1807). À sa mort, en 1814, il laisse une énorme masse de manuscrits dont son secrétaire Aimé-Martin tirera la matière des douze volumes d'*Œuvres complètes* publiés en 1818. Travail contestable voire suspect — les textes ont souvent été tronqués ou réécrits — et qui ne répond guère à son titre, puisqu'il ne recueille que des fragments épars des grands continents narratifs auxquels Bernardin consacra des années de son existence : *L'Arcadie*, sorte d'épopée en prose à la manière du *Télémaque*, ou encore *L'Amazone*, énorme roman utopique, sont demeurés inachevés et sans doute inachevables. La contradiction entre la fragmentation du matériau littéraire et une volonté de totalisation du monde et de l'expérience humaine explique l'échec des *Harmonies de la nature* (*), la plus intéressante des œuvres posthumes : en une étonnante rencontre avec le système de Fourier, il y envisage la nature non comme un ensemble d'objets à décrire séparément selon l'ordre analytique, mais comme un immense réseau de correspondances unissant chacun d'eux à tous les autres, combinatoire infinie que nulle écriture ne saurait épuiser. Porte-parole trop complaisant du conformisme politique, « vieux sage » désagréablement pontifiant, savant contestable et moqué, Bernardin est aussi un visionnaire à redécouvrir et un poète secret de l'unité cosmique.

JEAN-MICHEL RACAULT.

♦ *« Il partage à vif ses lecteurs ; on l'aime, on le déteste. Je ne puis le supporter. »* Étiemble. ♦ *« De nos jours, la fortune de ce petit livre est doublement étrange : d'un côté, l'attachement un peu superstitieux que l'on voue aux contes pour enfants ; de l'autre, le dédain presque unanime des historiens, des éditeurs et des critiques, qui ne semblent guère sensibles qu'à la fadeur et à la pompe d'une œuvre dont leur échappent l'émotion et la beauté. »* Robert Mauzi.

RÉF. : M. Souriau, *Bernardin de Saint-Pierre d'après ses manuscrits*, Paris, 1905. — L. Roule, *Bernardin de Saint-Pierre et l'harmonie de la nature*, Paris, 1930. — A. Duchêne, *Les Rêveries de Bernardin de Saint-Pierre*, Paris, 1935. — D. Tahhan Bittar, *Bernardin de Saint-Pierre romancier*, Paris, 1970. — H. Hudde, *Bernardin de Saint-Pierre : « Paul et Virginie ». Studien zum Roman und seiner Wirkung*, Munich, 1975. — P. Robinson, *Bernardin de Saint-Pierre. « Paul et Virginie »*, Londres, 1986. — J.-M. Racault (éd.), *Études sur « Paul et Virginie » et l'œuvre de Bernardin de Saint-Pierre*, Paris, 1986. — *Revue d'Histoire littéraire de la France*, numéro spécial Bernardin de Saint-Pierre, n° 5, 1989.

BERNART DE VENTADOUR. Troubadour limousin. Il vécut au XIIe siècle ; on ne sait rien de précis et de certain sur son existence. Seules quelques allusions qu'il a faites dans ses poèmes à des personnages qui étaient ses contemporains permettant de le situer approximativement dans le temps. En effet, le « Reis Engles » est Henri II Plantagenêt, lequel épousa en 1154 Éléonore d'Aquitaine, mariée en premières noces à Louis VII ; le seigneur de Beaucaire est Raymond V, comte de Toulouse, qui gouverna son domaine à partir de 1148. Une vieille biographie provençale tient Bernart pour fils d'un serf et d'une boulangère appartenant au château de Ventadour. C'est à la vicomtesse de Ventadour qu'il offrit les prémices de son cœur et ses poèmes les plus passionnés. Contraint de s'éloigner de Ventadour parce que le vicomte avait découvert son manège et que négligeant ce pauvre rival il avait sévèrement réprimandé la vicomtesse, il fut accueilli à la cour d'Éléonore et se serait pris une nouvelle fois d'amour, écrivant pour la belle ses *Chansons* (*). Il est difficile de découvrir dans les poèmes de Bernart de Ventadour les éléments nécessaires à une biographie bien documentée. Les images dont son œuvre est nourrie retracent-elles la réalité ou appartiennent-elles au domaine de la fiction ? Quoi qu'il en soit, nous restons en possession d'une œuvre exquise, traversée d'éclairs et de visions prenantes. Et si ses contemporains et successeurs immédiats ne le surent point apprécier (Dante le méconnut lui aussi), la critique lui a assigné, depuis le romantisme jusqu'à nos jours, la place d'honneur qui lui revenait, parmi les troubadours.

RÉF. : C. C. Fauriel, *Histoire de la poésie provençale*, t. 2, 1846. — Hans Bischoff, *Biographie des troubadours Bernhard von Ventadorn*, Berlin, 1873 ; thèse. — J. M. Smith, *The Troubadours at Home ; their Lives*, New York, 1899. — M. Lazar, *Les Poésies de Bernard de Ventadour*, Paris, 1970.

BERNHARD Thomas. Écrivain autrichien. Né à Heerlen (Pays-Bas) le 10 février 1931, mort à Gmunden (Haute-Autriche) le

12 février 1989. La naissance illégitime et la petite enfance de Thomas Bernhard l'ont sans doute marqué pour toute sa vie. Son père, menuisier et fils de paysans, ne le reconnaît pas et s'enfuit après avoir incendié la ferme paternelle. Sa mère, pour éviter l'opprobre qu'une telle naissance n'aurait pas manqué d'attirer sur la famille dans son petit village du pays salzbourgeois, va accoucher auprès d'une amie en Hollande. (L'enfant reste de longs mois en nourrice sur un bateau de pêche mouillé dans le port de Rotterdam.) Au retour, en 1932, elle s'installe chez ses propres parents à Vienne, où la famille vit pauvrement du travail des deux femmes. Le grand-père de Bernhard s'appelle Johannes Freumbichler et exerce une activité d'écrivain qui ne lui vaudra qu'en 1937 une certaine reconnaissance avec le Prix national autrichien. Le nom que porte Bernhard n'est celui d'aucun membre de la famille : c'est celui du premier mari de la grand-mère, que Freumbichler n'épouse que sur le tard et qui transmet donc ce patronyme à sa fille et à son petit-fils.

Dans ses textes autobiographiques, Bernhard décrit sa première enfance, vécue auprès des grands-parents à Vienne d'abord, puis dans un petit village des lacs salzbourgeois, comme un paradis fugitif. Mais en 1938, sa mère, qui a épousé un coiffeur en quête de travail, va s'installer en Bavière, à Traunstein. C'est l'époque du nazisme triomphant et, aux yeux de Bernhard, le début de l'enfer malgré la présence des grands-parents qui rejoignent le jeune couple en se fixant dans un village très proche. Bernhard construit ici un monde binaire où, à l'unique réconfort de l'idylle campagnarde, représentée par le grand-père, s'opposent une multitude d'expériences négatives : celles de l'école, de la société où la nazification va bon train, des rapports violents avec une mère qui aurait reporté sur le fils, lui-même difficile, les rancœurs laissées par le père disparu, de la guerre et de la mort enfin. En 1943, le grand-père, après avoir envisagé pour son petit-fils une formation commerciale, le place dans un internat de Salzbourg, où l'adolescent vivra la fin de la guerre et le passage du totalitarisme nazi au totalitarisme catholique. L'un et l'autre resteront, sa vie durant, ses bêtes noires.

L'après-guerre le confronte beaucoup plus directement à la maladie et à la mort. Maintenant élève du lycée, Bernhard le quitte de son propre chef en 1947 pour la « direction opposée », celle d'une épicerie en sous-sol dans une « cité » populaire de la périphérie de Salzbourg où il vit au contact de la misère, mais aussi de la chaleur humaine. Il contracte une pleurésie qui, mal soignée ou plutôt aggravée par la contamination, semble-t-il, à l'hôpital et en maison de repos, est suivie d'une tuberculose. Placé au milieu de mourants, le jeune homme de dix-huit ans fait encore une expérience décisive, intérieure cette fois : il refuse la mort et décide de vivre. Même au sanatorium de Grafenhof où il est envoyé en 1950, qu'il décrit comme une autre forme d'univers concentrationnaire, il résiste grâce à l'amitié, à la musique et au chant, à la lecture. Et il finit une fois encore par s'échapper, au moment où sa mère meurt, en 1950. Le grand-père est lui-même mort de tuberculose l'année précédente.

Cette enfance et cette adolescence sont relatées dans cinq volumes, qu'il faut considérer comme une mythologie autobiographique et dont la série circulaire commence avec l'internat : *L'Origine* [*Die Ursache*, 1975], *La Cave* [*Der Keller*, 1976], *Le Souffle* [*Der Atem*, 1978], *Le Froid* [*Die Kälte*, 1981], *Un enfant* [*Ein Kind*, 1982].

Désormais seul, Bernhard vit à Vienne (1951) où il obtient une bourse de l'Académie de musique, puis à nouveau à Salzbourg où, de 1952 à 1957, il poursuit au Mozarteum des études de musique et de théâtre qu'il conclura par un travail sur Brecht et Artaud. Il a repris, en effet, l'activité artistique dans laquelle il s'était engagé dès son adolescence (violon, chant), mais il se tournera désormais essentiellement vers la littérature où il avait fait ses premiers pas d'enfant en écrivant des poèmes. Parallèlement à son activité de chroniqueur judiciaire au *Salzburger Demokratisches Volksblatt*, il commence à publier des récits ainsi que des poèmes marqués par un mysticisme religieux – *Sur la terre comme en enfer* [*Auf der Erde wie in der Hölle*, 1957], *In hora mortis* (1958), *Sous le fer de la lune* [*Unter dem Eisen des Mondes*, 1958]. Ces années sont entrecoupées de voyages, qui le conduiront en 1960 à Londres où il travaille brièvement, peut-être, à l'Institut autrichien.

C'est son premier grand roman *Gel* [*Frost*], publié en 1963, qui le fera connaître hors des frontières et lui permettra de se consacrer désormais entièrement à l'écriture. Il achète une grande et belle ferme carrée dans un village de Haute-Autriche, Ohlsdorf, où il vit en compagnie d'une vieille amie rencontrée en sanatorium et qu'il appelle sa « tante », tout en passant les hivers sous des climats moins rudes pour ses poumons et son cœur considérablement mis à l'épreuve par les traitements archaïques de la tuberculose. Et c'est effectivement d'une maladie cardiaque qu'il meurt en février 1989, à tout juste cinquante-huit ans. Depuis son entrée sur la grande scène littéraire, sa biographie connue se confond pratiquement avec sa création d'une part, et ses rapports avec l'opinion publique et les institutions de l'autre. Très vite, il est couvert des prix les plus paradoxaux (tel celui de l'Industrie autrichienne) et les plus prestigieux (prix Büchner, 1970), alors qu'il ne cesse d'attaquer, de provoquer les institutions, le public, et avant tout l'Autriche.

L'histoire de l'enfance et de l'adolescence n'est pas sans intérêt. C'est là qu'il puise sans doute la plupart des matériaux et des figures emblématiques de son œuvre : les grands-oncles à demi fous ou suicidaires se fondent avec le grand-père écrivain-philosophe pour former ces personnages constants de chercheurs d'absolu ; la maladie, les tentatives de suicide et la fréquentation de la mort se transforment en une vision des « ténèbres » comme fond sur lequel apparaît le grotesque absolu de la vie ; et toute l'œuvre n'est en quelque sorte qu'une quête de l'identité qui nécessite la liquidation d'un héritage, la lutte incessante et désespérée de l'esprit contre la nature. Elle prend la forme d'une construction de type musical, en thèmes et variations.

Cette œuvre suit les lignes de deux « genres » distincts, les romans et récits d'une part, et le théâtre de l'autre. Si les thèmes, les personnages, les emblèmes ne sont pas différents, l'écriture, en revanche, n'est pas la même, et on a pu dire (J.-Y. Lartichaux) que le théâtre était comme la marionnettisation et la face grotesque des romans. Ceux-ci mettent le plus souvent en scène un ou plusieurs « chercheurs » dont la logorrhée paranoïde et très contrôlée n'a d'autre but que de repousser, d'anéantir, d'effacer l'objet de la recherche (le monde) en même temps que le sujet. Cette entreprise inaugurée par *Gel* se poursuit par *Perturbation* (*) (1967), *La Plâtrière* (+) (1970) et atteint en 1975 avec *Corrections* (*) une ligne de crête qui commence par l'enregistrement d'un échec mais trouvera après *Oui* [*Ja,* 1978], *Béton* [*Beton,* 1982], *Maîtres anciens* [*Alte Meister,* 1985] un aboutissement magistral dans *Extinction* (*), où l'œuvre romanesque s'éteint en effet peu avant l'auteur (1986). À côté de cette grande forme à la phrase longtemps tourbillonnante, étourdissante, Thomas Bernhard est un maître du tout petit récit, comme ceux de *L'Imitateur* [*Der Stimmenimitator,* 1978].

Entre 1970 et 1988, Bernhard, auteur extrêmement prolifique malgré une qualité qui ne se dément pas, écrit une vingtaine de grandes pièces de théâtre et quelques « dramuscules ». En correspondance avec les romans, les pièces s'organisent autour d'une figure d'« artiste » (de la cantatrice à l'homme politique et même au S.S.) dansant sur le fil de l'échec et de la mort. Mais ici, l'écriture est brisée, elliptique dans sa répétitivité, et la structure musicale est encore plus nette. Il est impossible de résumer ces constructions – *La Force de l'habitude* (+) (1974), *Le Réformateur* (+) (1979), *Le Faiseur de théâtre* (*), *Place des Héros* (*) dont l'essence réside précisément dans des relations d'éléments plus que dans des rapports de personnages.

N'ayant guère eu d'exemple, mais bien tentant pour les imitateurs, Bernhard a créé un style, et malgré ses liens étroits avec toute une tradition autrichienne, il restera sans doute comme l'un des auteurs les plus originaux et les plus grands de ce siècle.

CLAUDE PORCELL.

♦ *« Il était le plus grand écrivain vivant, aujourd'hui. »* Michel Cournot. ♦ *« La forme singulière de son ironie et sa particulière sincérité témoignaient de sa grandeur ; par là, il se place à côté des écrivains de langue allemande les plus éminents, Thomas Mann et Franz Kafka, Günter Grass et Peter Handke. »* John Updike.

RÉF. : Claude Porcell (éd.), *Dossier*, in Th. Bernhard, *Ténèbres,* Paris, 1986. – Hervé Lenormand et Werner Wögerbauer, « Thomas Bernhard », in *L'Envers du Miroir*, n° 1, Nantes, 1987. – Chantal Thomas, *Thomas Bernhard*, Paris, 1990.

BERNI Francesco. Poète italien. Né à Lamporecchio (Italie) vers 1497 (?), mort à Florence le 26 mai 1535. Il étudia à Florence et, en 1517, entra au service du cardinal Bibbiena, auteur de la *Calandria* (*). Lorsque ce dernier mourut à Rome, en 1520, Berni fut engagé par d'autres prélats, Angelo Dovizi, puis Giovanni Matteo Gilberti, évêque de Vérone ; il fut aussi dataire de Clément VII, auprès duquel il demeura jusqu'en 1532 (à une courte interruption près), voyageant et assistant notamment au sacre de Charles Quint à Bologne en 1529. Berni passa ensuite au service d'Hippolyte de Médicis, obtint un canonicat du duc Alexandre, connut une période heureuse, mais disparut tragiquement – empoisonné, pense-t-on, par le cardinal Cibo, pour avoir refusé de se mêler aux ténébreuses intrigues de la Cour. Berni, auteur, s'était d'abord manifesté par son *Dialogue contre les poètes* [*Dialogo contro i poeti,* 1527], très animé, qui traite du style dont il fut un virtuose – parfois non dépourvu d'une certaine pédanterie ; puis vient le très célèbre *Remaniement du « Roland amoureux »* (+) de Boiardo, achevé vers 1530 à Padoue, aux effets si comiques que la parodie fut longtemps plus connue que l'original. Citons encore les *Capitoli* (*) et les *Sonnets* (*), dans lesquels Berni reprit la tradition, populaire au XVe siècle, de rimer sur n'importe quel sujet : la maison pauvre, le pot de chambre, la peste, le mulet, et qui sont de complètes réussites. Sa critique des « pétrarquisants » de l'époque est très fine, et il fait preuve d'une extraordinaire fécondité dans l'invention de situations comiques ; ce sont donc ses poèmes (y compris ceux qu'il écrivit en latin) qui donnent l'idée la plus juste de sa personnalité ; sa farce rustique conforme au goût du temps : *La Catrina* subit trop visiblement l'influence de ses modèles, *La Beca* de Pulci et *La Nencia da Barberino* de Laurent le Magnifique.

RÉF. : Antonio Virgili, *Francesco Berni, con documenti inediti,* Firenze, 1881. – Guido Mazzoni, *Tra libri e carte,* Roma, 1887. – A. Sorrentino, *Francesco Berni poeta della scapigliatura del rinascimento,* Florence, 1933. – M. Marti, *Francesco Berni,* in Letteratura italiana, I minori, Marzarati, II, Milan, 1961. – D. Romei, *Berni e berneschi del Cinquecento,* Florence, 1984.

BERNSTEIN Henry Léon Gustave. Auteur dramatique français. Né et mort à Paris

(20 juin 1876-27 novembre 1953). Fils du financier Marcel Bernstein, il eut très jeune des dispositions pour le théâtre. Étant soldat (1897), il se révèle farouche antimilitariste : après quelques mois de service, il abandonne son unité et se réfugie à Bruxelles. Amnistié, il rentre en France et se met à écrire des pièces. Découvert par André Antoine, fondateur du Théâtre-Libre, il fait jouer d'abord *Le Marché* (1900), puis *Le Retour* (1902) et *Le Bercail* (1904), qui obtiennent un certain succès. Son tempérament véritable se révèle dans *La Rafale* (1905) que suivent *Le Voleur* (1906), *Samson* (1907), *Israël* (1908) et *L'Assaut* (1912). En sûr technicien de la scène, l'auteur mène l'action à son paroxysme par le moyen d'une mécanique impitoyable. Choisissant ses héros dans l'élite la plus douteuse, il met à nu toute la misère des passions charnelles corsées par les jeux de la Bourse et les dessous de la politique. Ce théâtre brutal agit plus sur les nerfs que sur l'esprit du spectateur. Mais *Le Secret* (*) (1913) marque un tournant dans la carrière de Bernstein. Sans tempérer, certes, sa manière, l'auteur l'élargit jusqu'à l'étude de caractère. En 1914, il est mobilisé dans l'armée d'Orient, où il gagne l'estime de ses chefs. Il en rapportera le sujet de *Judith* (*), beau drame biblique représenté en 1922. L'évolution amorcée dans cette pièce allait dès lors se poursuivre sans interruption : c'est d'abord *La Galerie des glaces* (+) (1924) puis *Le Venin* (+) (1927), *Mélo* (1929), *Espoir* (1935) et *Elvire* (1939). Dédaignant de plus en plus l'intrigue au profit de la psychologie, la forme violente de sa dramaturgie s'efface au risque de tomber dans un formalisme boulevardier. Orgueilleux, difficile, conscient de sa valeur et susceptible à l'excès, il prenait mal toute critique de ses œuvres. On sait du reste qu'il eût une douzaine de duels retentissants ; le dernier en date fut celui qui l'opposa à Édouard Bourdet, alors administrateur de la Comédie-Française. Remarquable épéiste, Bernstein eut souvent le dessus. Durant toute la guerre de 1940, il vécut aux États-Unis. De retour à Paris, il y fit jouer de nouvelles pièces, en tous points semblables aux précédentes et avec le même succès. Retenons *La Soif* (1950). Mais il s'agit en fait d'un succès à la mémoire de l'auteur passé. Le prestige de Bernstein va déclinant ; la découverte du théâtre de Pirandello ou de Giraudoux, notamment, le promet à l'oubli peu après sa mort ; Bernstein n'est plus, aux yeux de la critique d'alors, qu'un « bon faiseur ». Il n'en reste pas moins qu'il sut être représentatif, avec courage, du début du XXe siècle.

ROLAND PURNAL.

♦ « Espoir, *de Bernstein, au Gymnase. Là comme dans toutes ses pièces, Henri Bernstein se roule dans les situations gênantes comme un cheval dans l'herbe.* » Julien Green. ♦ *« Dans la chronique du* Temps, *de Brisson, lettre de Bernstein qui donne assez exactement la mesure de sa valeur. Ne pas comprendre la valeur esthétique de l'*honnête homme, *quelle infirmité ! Mais Bernstein écrit : "Nous sommes des touristes en quête fiévreuse de pittoresque." D'où, dans ses drames, cette esthétique des Buttes-Chaumont.* » André Gide. ♦ *« Il possède à un degré supérieur le don de passionner la foule. On peut critiquer ses œuvres, on peut les discuter, prendre parti à droite et à gauche ; on va les voir. »* Pierre Bathille. ♦ *« En vérité, on peut dire qu'au purin des écuries d'Augias de ce qu'on appelle la vie parisienne M. Henry Bernstein a largement ajouté. »* Victor Basch.

RÉF. : P. Bathille, *Henri Bernstein*, Paris, 1931. – J.-P. Sarrazac, *Henry Bernstein et le mouvement théâtral*, thèse, Paris III, 1969. – G. Bernstein Gruber et G. Maurin, *Bernstein le Magnifique, Cinquante ans de théâtre, de passion et de vie parisienne*, Paris, 1988.

BERNSTEIN Leonard. Compositeur et chef d'orchestre américain. Né à Lawrence (Massachusetts) le 25 août 1918, mort à New York le 14 octobre 1990. Issu d'une famille juive d'origine russe, il étudie avec Walter Piston et Edward Burlingame Hill à Harvard (1935-1939), puis avec Fritz Reiner, Randall Thompson et Isabelle Vengerova au Curtis Institute de Philadelphie (1939-1941). Il travaille également la direction d'orchestre avec Koussevitzky à Tanglewood (1940-1943). En 1943, il fait ses débuts en remplaçant Bruno Walter à la tête de l'Orchestre philharmonique de New York, dont il deviendra le directeur musical (1958-1968). Il enseigne également à Tanglewood, Brandeis et dans le Massachusetts. Entre 1954 et 1962, les émissions de télévision qu'il anime sur le programme Omnibus ont un impact pédagogique étonnant. Tout en poursuivant une carrière internationale de chef d'orchestre, Bernstein s'impose comme l'un des compositeurs les plus éclectiques de son temps. Il refuse d'adhérer à la moindre école et s'illustre aussi bien dans la musique de film, la comédie musicale, la mélodie ou les grandes formes classiques. Sa première œuvre importante, la *Sonate pour clarinette et piano* (1942), fait à présent partie du répertoire de l'instrument. Ses trois symphonies (no 1, « Jeremiah », 1941-1944 ; no 2, « Age of Anxiety » pour piano et orchestre, 1947-1949 ; no 3, « Kaddish » avec solistes et chœurs, 1961-1963) proposent une confrontation entre les questions morales et religieuses contemporaines. *Le Banquet* (*) de Platon lui inspire la *Sérénade pour violon, cordes et percussion* (1954). Sa musique religieuse révèle un homme préoccupé d'œcuménisme et de mysticisme, qui ne renonce jamais à un sens théâtral inné, jugé parfois blasphématoire : *Chichester Psalms* (1965), *Messe* (1971). Pour la scène, il écrit un ballet sur une chorégraphie de Jerome Robbins, *Fancy Free* (1944), dont il tire sa première comédie musicale, *On the Town* (Broadway, 1944). Toujours dans le domaine de la comédie musicale, il compose *Wonderful Town* (1953), *Candide* (*), d'après le conte de Voltaire (1956), et *West Side Story* (*), son plus grand succès (1957). À l'opéra, il donne *Trouble in Tahiti* (1951) et *A Quiet Place* (1983-1984). De ses mélodies, on retiendra *La Bonne Cuisine* sur des recettes d'Émile Dutoit (1947). Son langage, qui emprunte au jazz, aux songs, à la musique religieuse comme à la musique populaire, à Stravinski comme à Richard Strauss, lui a permis de toucher le plus vaste public.

ALAIN PÂRIS.

♦ *« Le musicien le plus éclectique ayant fait le plus en ce siècle pour la reconnaissance de la musique américaine. »* Sir Georg Solti.

RÉF. : Leonard Bernstein, *The Joy of Music*, New York, 1959. – David Ewen, *Leonard Bernstein : A Biography for Young People*, New York, 1960. – Leonard Bernstein, *Young People's Concerts*, New York, 1962 ; *The Infinite Variety of Music*, New York, 1966 ; *Question without Answer*, Cambridge, Mass., 1966 (trad. *La Question sans réponse*, Paris, 1982). – M. Cone, *Leonard Bernstein*, New York, 1970. – Jack Gottlieb, *Leonard Bernstein : A Complete Catalogue of His Works, Celebrating His 60th Birthday*, New York, 1978. – Leonard Bernstein, *Findings*, New York, 1982.

BÉROALDE DE VERVILLE François. Écrivain français. Né à Paris le 28 avril 1558, mort à Tours peut-être en 1629. Fils de Mathieu Béroalde, théologien et historien protestant, il assista enfant aux guerres civiles et perdit sa mère, en 1562, dans la peste qui ravagea Orléans. Il étudia toutes les sciences de son temps, et publia à vingt ans un *Théâtre des instruments mathématiques et mécaniques de Jacques Besson, Dauphinois.* Puis il se lança dans la poésie avec *Les Appréhensions spirituelles* (1586), et y revint en 1600 avec un ambitieux poème sur le ver à soie, la *Sérodokimasie,* ouvrage polémique truffé d'épigrammes. Mais le roman était le genre littéraire qu'il préférait, et il en écrivit plusieurs dans un style diffus et maniéré conforme au goût du temps : *La Pucelle d'Orléans* (1593), *Les Aventures de Floride* (1593-1594), *Le Cabinet de Minerve* (1596), *Les Amours d'Asionne* (1597), *L'Histoire d'Hérodias* (1600), *Le Voyage des princes fortunés* (1610), etc. Il se lança également dans la politique en imitant *L'Utopie* (*) de Thomas More dans *L'Idée de la République,* traduisit les *Lamentations* (*) de Jérémie (*Les Ténèbres,* 1599), et remania la traduction du *Songe de Polyphile ou Hypnérotomachie* (*) de Colonna, faite par Jacques Martin (1600). On attribue aussi à ce polygraphe *Le Palais des curieux,* mélange philosophique et littéraire, paru en 1612. Le seul ouvrage qui le rendit célèbre parut anonyme ; c'est *Le Moyen de parvenir* (*) imprimé sous le titre de *Salmigondis* (1610), dialogue entre une foule de personnages, où l'on parle de tout au hasard dans un style souvent licencieux et plein de verve. Reprenant le cadre du banquet, cette œuvre s'apparente à la « ménippée » antique, alliant la satire à une grande liberté formelle. Béroalde l'aurait écrite après avoir abandonné le protestantisme et s'être fait prêtre. Il mourut chanoine de Saint-Gatien-de-Tours (il l'était devenu en 1583 grâce à la protection de son élève d'Aubigné). Béroalde vénérait l'alchimie comme la science des sciences. Il prétendait avoir découvert la pierre philosophale, le mouvement perpétuel et la quadrature du cercle.

RÉF. : V. L. Saulnier, *Béroalde de Verville* in *Bibliothèque d'Humanisme et Renaissance,* 1944, t. V. – I. Zinguer, *Structures narratives du « Moyen de parvenir » de Béroalde de Verville,* Paris, 1979.

BERQUIN Arnaud. Pionnier de la littérature enfantine. Né à Bordeaux, baptisé le 25 septembre 1747, mort à Paris le 21 décembre 1791. Berquin débute à Paris dans sa carrière littéraire par des extraits de périodiques anglais (*Choix de tableaux*, 1775) et par des ouvrages en vers largement imprégnés de la sensibilité en vogue à l'époque : des *Idylles* pastorales (1775), une imitation (1775) du *Pygmalion* de Jean-Jacques Rousseau, des *Romances* (1776), dans de belles éditions illustrées. C'est en 1782-83 qu'il publie les vingt-quatre tomes de la série qui a fait sa célébrité, *L'Ami des enfants* (*), suivi en 1784-85 d'un *Ami des adolescents* et de traductions d'ouvrages étrangers pour enfants, en particulier par l'Anglais Thomas Day (1786). Sous la Révolution, il commence à écrire pour un public campagnard avec sa *Bibliothèque des villages* (parue mensuellement à partir de juillet 1790), tout en poursuivant sa principale vocation d'éducateur domestique dans le *Livre de famille* (1791). À la veille de sa mort, il a été proposé sans succès au poste de précepteur du fils de Louis XVI et a été soupçonné de tendances girondines. Ses contes et ses petits drames, moralisateurs peut-être à l'excès pour le goût moderne, mais bien adaptés à l'expérience des jeunes lecteurs, ont connu longtemps une remarquable diffusion à l'échelle européenne, et ont servi de modèle à d'autres auteurs pour enfants au XIXe siècle.

ANGUS MARTIN.

BERRYMAN John. Poète américain. Né le 25 octobre 1914 à McAlester, Oklahoma, mort le 7 janvier 1972 à Minneapolis, Minnesota. On voit volontiers en John Berryman un écrivain difficile, un « poète pour poètes » se complaisant dans le maniérisme et les obscurités, tant verbales que référentielles, qui encombrent son œuvre. Pourtant, son humour caustique et son style brillant à force d'artificialité en font un poète original, dont la carrière – à laquelle son suicide mit un terme en 1972 – fut marquée par une exigence d'écriture tenant presque de la torture intellectuelle.

Berryman a 12 ans quand son propre père se suicide. Il en sera très marqué, et sa vie privée restera instable : trois mariages, alcoolisme chronique, et la fin que l'on sait. Après des études à l'université Columbia à New York, il obtient un diplôme de l'université de Cambridge en 1938. De retour aux États-Unis, il enseigne à Harvard, Princeton, et à l'université du Minnesota.

Lors de son séjour en Angleterre, il écrit beaucoup de poésie et se dit très influencé par Dylan Thomas. C'est pourtant à G. M. Hopkins et à W. B. Yeats que ses poèmes font le plus souvent penser, tant par leur recherche stylistique – *Les Sonnets de Berryman* [*Berryman's Sonnets,* 1960] –, que par leur thème central : la construction d'un moi poétique créateur d'un monde. Pourtant, et à la différence de ces poètes anglais et de toute la tradition romantique qu'ils poursuivent, le monde de Berryman n'est pas idéal. Berryman entend ne rien nous épargner du réel (« Je ne renonce à rien, pas même aux coups d'œil délabrés, aux petites dents »), et la force de son œuvre tient pour partie à cette tension qu'il a su créer entre la confession impudique de sa déchéance personnelle et l'extrême maîtrise formelle de ses poèmes.

Ainsi, qu'il ait mêlé sa voix à celle d'une célèbre poétesse américaine du XVIIe siècle dans *Hommage à Mistress Bradstreet* [*Homage To Mistress Bradstreet,* 1953], ou qu'il l'ait dédoublée en créant le « personnage » de Henry dans *77 Chants de rêve* (*), Berryman a navigué sans cesse entre le naturel débridé et la sophistication prosodique. Héritier pervers de Wordsworth, il a partagé avec son ami et confrère Robert Lowell ce don peu commun : savoir préserver « l'autorité » littéraire d'une parole poétique enracinée dans le quotidien.

ANTOINE CAZÉ.

RÉF. : J.-M. Linebarger, *John Berryman,* Boston, 1974. – J. Haffenden, *The Life of John Berryman,* Boston, 1982. – S. Mattesson, *Berryman and Lowell,* Londres, 1988.

BERTAUT Jean. Poète français. Né à Caen en 1552, mort à Séez le 8 juin 1611. Bertaut reçut de son père, professeur de sciences, une solide formation première qui le rendit familier des auteurs grecs et latins. À seize ans, nous dit-il dans le *Discours sur la mort de M. de Ronsard,* il s'engoue des œuvres du chef de la Pléiade et de Desportes. L'un et l'autre devaient encourager le jeune poète ; le second l'introduisit à la Cour et resta toute sa vie son ami fidèle. Doucement mais sûrement, Bertaut franchit les étapes d'une carrière de courtisan ; nommé par Henri III précepteur du comte d'Angoulême, fils naturel de Charles IX, puis, de 1575 à 1589, secrétaire et lecteur ordinaire du roi aux côtés de Du Perron, il devint, dès cette époque, le poète de service tissant sur chaque événement des vers mélodieux où se font jour parfois les accents d'une mélancolie naturelle qui ne manquent point de charme. Les titres seuls et les sujets de ces poèmes sont assez, par eux-mêmes, expressifs : une longue pièce de vers sur la mort de Lysis (Anne de Joyeuse) déplorée par Daphnis (Henri III) (1587), *Complainte sur la mort du feu Roy* (Henri III) *faite peu après son trespas* (1589), *Cantique sur la conversion du Roy* (Henri IV) *fait au nom et par le commandement de feu madame de Bourbon, tante de Sa Majesté* (1593), *Discours présenté au Roy allant en Picardie combattre l'Espagnol* (1596), *Prière prophétique pour la grandeur et prospérité de Monseigneur le Dauphin* (le futur Louis XIII) (1601). Aussi dévoué à Henri IV qu'il l'avait été à Henri III, il acheva sous le premier Bourbon la carrière commencée sous le dernier Valois. En 1594, il reçut l'abbaye d'Aulnay ; en 1600, il était aumônier de la reine, Marie de Médicis ; mais ce n'est qu'en 1607 qu'il est ordonné prêtre, afin de pouvoir accéder à l'épiscopat ; nommé évêque la même année, il va prendre possession de son siège à Séez, ce qui ne l'empêche pas d'être quelques semaines plus tard à la Cour où il compose : *Pannarette ou fantaisie sur les cérémonies du baptême de Monseigneur le Dauphin,* ainsi que des cartels et mascarades, où il se fit apprécier comme librettiste et metteur en scène. La plupart de ces œuvres furent regroupées dans le *Recueil des œuvres poétiques* (1601) et le *Recueil de quelques vers amoureux* (+) (1602), tous deux publiés par son frère. C'est dans le second de ces recueils que figurent les *Élégies* (*). En prose, Bertaut a laissé des *Sermons sur les principales fêtes de l'année.* Quoique se réclamant de Ronsard, quoique disciple de Desportes, il fut aux côtés de Du Perron l'un de ces « poètes du Louvre » qui par leur souci de rigueur, de clarté et d'harmonie préludent à Malherbe.

♦ *« Les autres au rebours accusent ta sagesse / Et ce hautain désir que te fait mépriser / Plaisirs, trésors, grandeurs pour t'immortaliser. »* M. Régnier. ♦ *« Bertaut s'est fait un chemin particulier entre Ronsard et Desportes. Il a plus de clarté que le premier, plus de force que le second et plus d'esprit et de politesse que les deux autres ensemble. »* Mlle de Scudéry.

RÉF. : A. Chenevière, *Introduction* aux *Œuvres poétiques* de Bertaut, 1891. – G. Grente, *Jean Bertaut,* Paris, 1903. – T. D. J. Allot, *The Poetry of Bertaut,* Oxford, 1959. – L. Terreaux, édition du *Recueil de quelques vers amoureux,* Paris, 1970.

BERTHELOT Pierre Eugène Marcelin. Chimiste et homme politique français. Né et mort à Paris (25 octobre 1827-18 mars 1907). Fils d'un médecin, il montra de bonne heure des aptitudes remarquables pour les travaux de laboratoire, qui lui permirent d'ailleurs de faire une rapide carrière malgré les opinions républicaines non déguisées qui l'opposaient à l'Empire. À dix-neuf ans, il recevait un prix d'honneur de philosophie, mais il s'orienta immédiatement vers la science et suivit les cours de Regnault et de Balard en 1854, préparant le doctorat ès sciences. Nommé, en 1859, professeur de chimie organique à l'École supérieure de pharmacie, l'Académie des sciences lui décernait, en 1861, le prix Jecker pour ses travaux sur la synthèse organique. Les travaux auxquels il se livra à cette époque lui valurent une telle notoriété que le Collège de France créa tout exprès pour lui une chaire de chimie organique. Élu membre de l'Académie de médecine de Paris, il reçut en 1870, pendant le siège de Paris, la direction du Comité scientifique. Trois ans plus tard, l'Académie des sciences lui ouvrait ses portes et, en 1877, il était appelé au poste d'inspecteur de l'enseignement supérieur. Tout, semble-t-il, le destinait à faire dans la politique une carrière brillante : ses découvertes et ses travaux, la dignité de sa vie et son honnêteté, enfin les idées qu'il avait toujours affichées. Élu sénateur inamovible en 1881, il entrait en 1886 dans le ministère Goblet, où il eut le portefeuille de l'Instruction publique et devint plus tard, de 1895 à 1896, ministre des Affaires étrangères. Enfin, en 1901, l'Académie française couronnait son œuvre en l'accueillant parmi ses membres. À sa mort, à la suite d'une crise cardiaque survenue quelques minutes après la mort de sa femme, Paris lui fit d'imposantes funérailles et sa dépouille fut transportée au Panthéon.

L'activité de Berthelot fut prodigieuse. Ses recherches sur les glycérines sont considérées comme classiques. Il obtint par synthèse : l'alcool éthylique (en provoquant la réaction de l'acide sulfurique sur l'acétylène) et les hydrocarbures (1856). Ses expériences dans le domaine de la thermodynamique sont fondamentales, en particulier celles qui portent sur les réactions endothermiques. Il inventa la bombe calorimétrique. Mais sa vaste intelligence s'attachait à toutes sortes de problèmes. Suivant la pensée des philosophes grecs, Berthelot était convaincu de l'existence d'éléments fondamentaux (peut-être aussi d'un élément unique) dont découlaient tous les autres éléments. Il croyait possible de recomposer par synthèse toute substance chimique en partant justement de cet élément fondamental. Ses théories conquirent Ernest Renan qui exprima son adhésion aux idées de Berthelot dans *L'Avenir de la science* (*). Berthelot soutenait que la science, en rendant l'homme plus heureux, le rendrait meilleur. C'était désormais à la science qu'incombait la charge de fonder la morale.

On lui doit de nombreux ouvrages : *La Chimie organique fondée sur la synthèse* (1860) ; *Leçons de synthèse en chimie organique* (1861) ; *Les Méthodes générales de synthèse en chimie organique* (1864) ; *Leçon sur l'isométrie* (1866) ; *La Synthèse chimique* (1876) ; *Traité élémentaire de chimie organique* (1898-1904). Citons encore, à propos de ses concepts sur le bonheur des hommes dû à la science, *Science et Philosophie* (*) (1886) ; *Science et Morale* (1897) ; *Science et Éducation* (1903) ; *Science et libre pensée* (1906). Ces œuvres constituèrent en quelque sorte le credo scientifique de Berthelot. Il eut en outre, au point de vue politique, des vues réellement prophétiques, notamment en ce qui concerne l'avenir de l'Italie pour laquelle il se montra plus perspicace que Renan, ainsi que le prouve leur célèbre *Correspondance* (*) (1898).

JULES CHAIX-RUY.

♦ *« Il avait dix-huit ans et déjà l'esprit philosophique, l'ardeur concentrée, la passion du vrai et la sagacité d'invention. »* Ernest Renan. ♦ *« À ses origines, à ses études, à ses contacts littéraires Berthelot doit cette aptitude, si remarquable en lui, à étendre jusqu'à l'ordre philosophique les découvertes que le laboratoire ou la réflexion lui ont révélées. »* Éd. Herriot. ♦ *« La synthèse chimique de Berthelot est le prélude de la catalyse d'aujourd'hui. »* Charles Richet.

RÉF. : A. Boutaric, *Marcelin Berthelot,* 1927. – É. Herriot, *Berthelot ou la Beauté de l'intelligence,* 1928. – É. Perrin, *Marcelin Berthelot,* 1928. – J. Jacques, *Berthelot : 1827-1907, autopsie d'un mythe,* 1987.

BERTHOLLET Claude Louis. Chimiste français. Né à Talloires (Haute-Savoie) le 9 décembre 1748, mort à Arcueil (Seine) le 6 décembre 1822. Après avoir acquis le titre de docteur en médecine à Turin, il alla étudier la chimie à Paris en 1770. D'abord partisan de la théorie de la phlogistique, il se rallia, après 1786, à la doctrine de Lavoisier, dont il devint l'ami. Il enseigna la chimie à l'École normale, et à partir de 1784 à l'École polytechnique. Il accompagna également Napoléon en Égypte comme membre d'une commission scientifique. On lui doit d'importantes découvertes dans le domaine de la chimie industrielle, spécialement en matière de teintures, où il introduisit l'emploi du chlore pour blanchir les fibres textiles et le papier, découvrit les hypochlorites alcalins et le chlorate de potassium, et fit des recherches sur l'ammoniaque, l'hydrogène sulfuré et l'acide cyanhydrique. En 1789, il avait fondé avec Fourcroy et Guyton de Morveau les *Annales de Chimie,* et fit partie avec eux du comité pour la révision de la nomenclature chimique. Sa contribution la plus importante à la chimie est représentée par ses théories sur l'affinité, qu'il développa dans les *Recherches sur les lois de l'affinité* (1801), réunies ensuite, en 1803, en un essai intitulé *Essai de statique chimique* (*). Corrigeant les idées de Bergmann sur l'affinité, Berthollet introduisit dans les réactions chimiques le concept de masse, et remit en question le principe des rapports constants entre les constituants dans les corps composés. S'élevant contre les conclusions fausses d'un principe juste, Joseph-Louis Proust réussit à démontrer que Berthollet avait traité des mélanges et non des composés définis. Berthollet fonda la société d'Arcueil qui, de 1807 à 1817, publia ses plus importants travaux de chimie.

BERTRAN DE BORN. Troubadour périgourdin. Né fort probablement aux environs de 1137-1140, mort peut-être au monastère de Dalon en 1208 et certainement avant 1215. Quoi qu'il en soit, son activité, sur le plan de la politique et de la poésie, activité dont font foi les documents et les œuvres qu'il a laissés, peut se situer entre 1181 et 1194. C'est un des poètes les plus intéressants de la fin du

XIIe siècle. Dante a fait de lui dans *L'Enfer* (XXVIII, 130) – v. *La Divine Comédie* (*) – un portrait assez effrayant et plein de puissance ; il le montre, portant sa tête coupée parmi les fauteurs de désordre. Seigneur du château de Hautefort, en Périgord, il réussit à spolier son frère Constantin qui se mit sous la protection de Richard Cœur de Lion. Assiégé dans son château, Bertran de Born fut obligé de s'avouer vaincu, mais il redevint cependant un peu plus tard seigneur de Hautefort. Au reste, une biographie ancienne rapporte qu'il était toujours en guerre avec ses voisins. Dans les graves démêlés qu'eurent entre eux les membres de la famille royale d'Angleterre, Bertran de Born prit parti pour Henri Court-Mantel, et l'aida dans la lutte qu'il menait contre son père et son frère, Richard Cœur de Lion. Mais quand Henri Court-Mantel mourut en 1183, Bertran de Born se rallia sans vergogne au parti de Richard Cœur de Lion qu'il soutint contre ses ennemis. Ses poésies, au nombre d'une quarantaine, comprennent des poèmes d'amour sans grand intérêt, et surtout des sirventes politiques, moraux et guerriers, tout embrasés par la passion qui agitait l'auteur dès qu'il s'agissait de guerre, de coups d'épée, de carnage et de riche butin – v. *Sirventes* (*). C'est par là que sa poésie, échappant aux motifs conventionnels et monotones de l'amour courtois, est originale et chargée d'intensité. Figure solitaire et indifférente aux joutes littéraires de son temps, il ne cherche pas la nouveauté dans des artifices de rhétorique ; il a un style qui lui est propre : rapide, concis, plein de force dans l'expression et les images. La seule difficulté que présente son œuvre réside dans l'interprétation qu'il convient de donner à ses vers, dans l'identification des personnages et dans une compréhension claire des allusions faites aux événements historiques.

RÉF. : C. C. Fauriel, *Histoire de la littérature provençale,* t. 2, 1846. – Rochat, *Bertran de Born ; étude sur un poète du XIIe siècle,* Vevey, 1857. – Clédat, *Du rôle historique de Bertran de Born,* 1879. – Albert Stimming, *Bertran de Born, sein Leben und seine Werke*, Halle, 1879. – Vicomte H. de Grimouard, *Un champion de la liberté, Bertran de Born,* Poitiers, 1922. – C. Appel, *Bertran de Born, Leben und Werke,* Halle, 1931. – W. D. Paden, *De l'identité historique de Bertran de Born,* dans *Romania,* 101, 1902. – W. D. Paden, T. Sankovitch et P. H. Stablein, *The Poems of the Troubadour Bertran de Born,* Berkeley-Los Angeles, 1986.

BERTRAND Louis Jacques Napoléon, dit Aloysius. Poète français. Né à Ceva (Piémont) le 20 avril 1807, mort à Paris le 29 avril 1841. Le nom d'Aloysius Bertrand reste attaché désormais à la naissance du poème en prose, genre qui semble être venu instinctivement sous sa plume et qu'illustre son seul recueil, *Gaspard de la nuit* (*). Né dans le Piémont, Bertrand passera la plus grande partie de sa vie dans la bonne ville de Dijon qu'évoquent à l'occasion ses textes ; la place du Morimont, les églises de Saint-Jean et de Saint-Bénigne, les tilles (les rivières) se retrouvent dans ses pages, et c'est sur les remparts mêmes de la vieille cité qu'il feint d'avoir reçu des mains d'un inconnu (qui n'est autre que le diable) le manuscrit de l'unique livre qu'il composa. Fort tôt, Bertrand a montré ses talents d'écrivain, quand il participait à l'une de ces sociétés littéraires provinciales si importantes alors pour l'éclosion des jeunes talents. De 1826 à 1828, lors de séances de la Société d'études de Dijon, il récite une cinquantaine de ses premières compositions, parmi lesquelles des « bambochades », c'est-à-dire l'équivalent poétique de petits tableaux familiers peints dans la manière du Hollandais Pierre de Laer (surnommé Bambochio). Son mode d'expression était déjà trouvé. Le journalisme à tendance politique le sollicite ensuite. En 1828, il fonde *Le Provincial,* qui ne dure que deux mois. Il en profite pour y publier d'autres poèmes. Attiré par la capitale, il va venir l'année suivante à Paris où on le voit fréquenter la rue Notre-Dame-des-Champs (Hugo et les collaborateurs de *La Muse française*) et les salons de l'Arsenal (Nodier). Il est certain que son talent y fut suffisamment reconnu pour retenir un Sainte-Beuve, par exemple. Cependant, la misère le menaçant, il regagne Dijon où, de nouveau, il s'intéresse au journalisme, gérant *Le Spectateur* en 1830 (les journées de Juillet le soulèvent d'enthousiasme), puis fondant en 1831 *Le Patriote de la Côte-d'Or* qui témoigne librement de ses idées avancées. Des différends éclateront, du reste, entre ce dernier journal et *Le Spectateur* d'allure plus modérée. Tenté par le théâtre, l'une des ressources des poètes nécessiteux de ce temps, il n'en retirera que déboires avec son vaudeville *Le Sous-Lieutenant de hussards* et son drame *Daniel*, refusé par Harel. C'est en 1833 que, plutôt mal inspiré, il décide de s'installer définitivement à Paris. Il y exerce des fonctions mal connues, mais qui, de toute façon, semblent avoir été insuffisantes pour subvenir même à ses plus indispensables besoins. De ses amours on ne sait rien qu'une liaison très passagère avec une certaine Célestine. Seule éclaircie dans cette pauvre vie : l'acceptation par Renduel, l'éditeur attitré des romantiques, de son recueil *Gaspard de la nuit. Fantaisies à la manière de Rembrandt et de Callot.* Encore cette publication sera-t-elle retardée « sine die ». Bertrand atteint de phtisie tombe bientôt gravement malade ; il traîne d'hôpital en hôpital (la Pitié, Saint-Antoine) pour finir, en véritable exemple du poète infortuné déjà chanté par Gilbert, à l'hôpital Necker en avril 1841. Éditée par les soins de Victor Pavie à Angers, son œuvre, unique, ne paraîtra que posthume, en novembre 1842. Elle connaîtra vite un précieux renom, et Baudelaire, puis Mallarmé s'en réclameront.

À son tour André Breton la comptera au nombre de ses préférences.

JEAN-LUC STEINMETZ.

♦ *« Bertrand me fait l'effet d'un orfèvre ou d'un bijoutier de la Renaissance ; un peu d'alchimie par surcroît s'y serait mêlée, et à de certains signes et procédés Nicolas Flamel aurait reconnu son élève. »* Sainte-Beuve. ♦ *« Dans la nuit de Gaspard, qu'importe s'il faut étendre longtemps la main pour sentir tomber une de ces pluies très fines qui vont donner naissance à une fontaine enchantée ! »* André Breton.

RÉF. : Henri Chabeuf, *Louis Bertrand et le romantisme à Dijon*, Dijon, 1889. – Cargill Spriestma, *Louis Bertrand (1807-1841) dit Aloysius Bertrand*, Paris, 1926. – Fernand Rude, *Aloysius Bertrand*, Paris, 1971. – Henri Corbat, *Hantise et imagination chez Aloysius Bertrand*, 1975.

BERTRAND Anthoine de. Compositeur français. Né à Fontanges (Cantal) vers 1530-1540, mort à Toulouse, vers 1581. On sait qu'il a appartenu, vers 1560, à un groupe d'humanistes toulousains que fréquentaient aussi Robert Garnier et P. de Brach. Il bénéficiait de la protection des Bourbon. Il a peu écrit ; ses quatre-vingt-quatre chansons révèlent une influence italienne et sont conçues à la façon des madrigaux avec un large usage du chromatisme, à la manière de Cipriano de Rore. La plupart sont écrites sur des poèmes de Ronsard, notamment *Les Amours de Ronsard* (*). Malgré son appartenance à la religion catholique, il a aussi composé de la musique sacrée en vernaculaire.

ALAIN PÂRIS.

RÉF. : Jean-Michel Vaccaro, *Anthoine de Bertrand*, Tours, 1965.

BERTRAND de Bar-sur-Aube. Poète français. Il vécut au début du XIIIe siècle, et fut l'auteur d'une célèbre chanson de geste, *Aimeri de Narbonne* (*) ; *Girart de Vienne* (*) lui est également attribué. C'est lui qui, en quelques vers restés célèbres, s'avisa de faire une classification dans le cycle épique carolingien, désignant chacun des groupes sous le nom de « geste » du roi, geste de Doon de Mayence et geste de Garin de Montglane ; les deux œuvres citées se rattachent à la dernière de ces gestes.

BÉRULLE Pierre de. Cardinal français. Né au château de Sérilly, près de Troyes (Aube) le 4 février 1575, mort à Paris le 20 octobre 1629. D'une famille de parlementaires, il dut à sa cousine, Mme Acarie, dont l'hôtel fut, au seuil du XVIIe siècle, ce que devait être plus tard Port-Royal, d'entrer rapidement en contact avec le milieu dévot de Paris. Élève des jésuites, il subit profondément l'influence de la spiritualité ignatienne. Il se montre homme d'action résolu, se fait le défenseur ardent du catholicisme contre les protestants. Il introduit en France l'ordre des Carmélites avec qui, par la suite, il aura des démêlés. Il fut surtout le fondateur de l'ordre des Oratoriens, destiné à lutter contre les aspects mondains qu'avait pris le sacerdoce. Il intervient encore dans la réforme d'un certain nombre d'autres ordres religieux. Il joue aussi un certain rôle politique. Il conseille à Richelieu le siège de La Rochelle et est à l'origine du rapprochement franco-espagnol de 1627, ce qui lui valut le chapeau de cardinal. Ces diverses activités ne doivent pas faire oublier l'écrivain mystique. Ami de François de Sales, de Vincent de Paul, de Saint-Cyran, il donne avec le *Discours de l'état et de la grandeur de Jésus pour l'union ineffable de la divinité avec l'humanité* (1623), qui fit dire au pape que son auteur méritait d'être appelé « l'apôtre des mystères du Verbe incarné », une des grandes œuvres spirituelles de l'époque. Sa doctrine, où s'amalgament les influences du néo-platonisme, de Pic de La Mirandole, des mystiques rhéno-flamands, de saint Bernard et de saint Ignace, est centrée sur le Christ, Verbe incarné, sans qui l'homme n'est que pur néant. C'est à lui d'aller à la rencontre de Jésus, d'intégrer dans son âme les événements de la vie du Christ, d'y adhérer, de les revivre de façon que le cœur s'imprègne des énergies divines qui en découlent. Ce mystique, cet homme d'action, portait aussi un vif intérêt aux gens de lettres. Il fit lever les obstacles qui empêchaient l'impression de *La Bible polyglotte* de Lejav et encouragea Descartes à poursuivre ses travaux, fort en honneur chez les oratoriens. Les *Œuvres complètes* (*) du cardinal de Bérulle furent publiées pour la première fois en 1644 et sa correspondance rassemblée en 1937-1939.

GUY LE CLEC'H.

RÉF. : J. Dagens, *Bérulle et les origines de la restauration catholique*, Paris, 1952. – J. Orcibal, *Le Cardinal de Bérulle : évolution d'une spiritualité*, Paris, 1965.

BERWALD Franz (Adolf). Compositeur suédois. Né et mort à Stockholm : 23 juillet 1796-3 avril 1868. Sa famille est originaire d'Allemagne du Nord. Fils de musicien, il est admis très jeune au sein de l'orchestre de la chapelle royale. Il commence à composer sans avoir reçu d'instruction formelle. Il part pour Berlin en 1829 où il ouvre un institut orthopédique. Le succès qu'il remporte à Vienne en 1841 l'incite à écrire pour orchestre, notamment la *Sinfonie sérieuse* (*) (1842) et des poèmes symphoniques, *Le Jeu d'elfes* (1841) et *Wettlauf* (1842). Son séjour en Suède, entre 1842 et 1846, est l'époque la plus féconde de sa carrière : il compose notamment la *Sinfonie singulière* (*) (1845). Après une période où il dirige une scierie et une verrerie tout en composant beaucoup de musique de chambre, il voyage et connaît le succès au cours des dix dernières années de sa vie après la création de son opéra *Estrella di Soria* à l'Opéra royal de Stockholm (1862). Un an avant sa mort, il est nommé professeur de composition à l'Académie royale de musique. Berwald est le plus grand compositeur suédois et le symphoniste le plus original qu'ait connu la Scandinavie avant Sibelius. Sa musique n'a été reconnue qu'au début du XXe siècle. Elle possède une spontanéité rafraîchissante et s'avère souvent prophétique. Son style reflète la spécificité nordique, même s'il reste avant tout classique et s'intéresse peu à la musique traditionnelle.

ALAIN PÂRIS.

BESSA LUÍS Agustina. Écrivain portugais, né le 15 octobre 1922 près d'Amarante, au nord du Portugal. Elle publie son premier roman *Monde fermé* [*Mundo fechado*] en 1948 mais c'est en 1954 qu'elle est reconnue par la critique littéraire pour son roman *La Sibylle* (*). Figure littéraire portugaise peu banale, cette intarissable conteuse a publié des romans – dont l'un d'entre eux, *Fany Owen*, paru en 1979, sera porté au cinéma par Manoel de Oliveira sous le titre de *Francisca* –, des biographies romancées, des pièces de théâtre, des chroniques. Son œuvre, considérée comme complexe, obscure, est sous-tendue par un scepticisme profond. Distante et ironique, Agustina Bessa Luís est paradoxalement devenue très populaire au Portugal. Elle s'est engagée politiquement aux côtés des conservateurs et a dirigé le grand quotidien de Porto *O Primeiro de Janeiro* dont elle démissionnera pour des raisons éthiques dira-t-elle. En 1991, elle prend la direction du théâtre Maria II de Lisbonne. Son œuvre, imprégnée d'histoire, tente de transmettre le sens mystérieux de la vie dans un style toujours classique. Elle ne dédaigne pas l'aphorisme et pratique souvent une ironie mordante.

FRANÇOISE BEAUCAMP.

BETI Mongo (pseud. d'Alexandre Biyidi). Écrivain camerounais. Né le 30 juin 1932 dans un village proche de M'Balmayo, au sud du Cameroun. Dans cette région fortement marquée par l'influence missionnaire, le jeune Biyidi fréquente naturellement l'école catholique, mais il en est exclu pour « insubordination ». Il envisage alors de se consacrer à la culture du cacao, mais opte finalement pour le lycée Leclerc de Yaoundé où il obtient son baccalauréat en 1951. Il achèvera sa formation supérieure en France, d'abord à Aix, puis à Paris où, en 1966, il passe avec succès l'agrégation de lettres.

Affecté dans un lycée de Rouen, Mongo Beti se consacre depuis lors à l'écriture : en témoigne la publication de neuf romans – *Ville cruelle* (1954), *Le Pauvre Christ de Bomba* (*) (1956), *Mission terminée* (1957), *Le Roi miraculé* (*) (1958), *Remember Ruben* (1974), *Perpétue et l'habitude du malheur* (1974), *La Ruine presque cocasse d'un polichinelle* (1979), *Les Deux Mères de Guillaume Ismaël Dzewatama, futur camionneur* (1983), *La Revanche de Guillaume Ismaël Dzewatama* (1984) –, d'un pamphlet dirigé contre le régime de l'ex-président Ahidjo, *Main basse sur le Cameroun* (1972), et le lancement d'une revue, *Peuples noirs, Peuples africains*, dont il demeure le principal animateur.

Écrivain de l'exil – il n'est revenu au Cameroun qu'en de rares occasions –, Mongo Beti s'est attaché dans un premier temps à décrire les contradictions et les drames engendrés par la colonisation et ses avatars : contradictions entre Blancs et Noirs que tout oppose, la religion, les mœurs, mais également contradictions au sein même de la communauté africaine tiraillée entre une tradition parfois tyrannique et les mirages de la société occidentale, comme en témoigne d'ailleurs *Ville cruelle*, son premier roman, dans lequel il évoque les déboires d'un paysan venu vendre son cacao à la ville.

Après un silence de plus de dix ans, Mongo Beti a renoué avec le genre romanesque par une série de récits qui évoquent à la fois les désillusions nées de l'indépendance du Cameroun et les difficultés engendrées par le mariage mixte. Dans cette seconde série, d'inégal intérêt, on retiendra surtout *Perpétue et l'habitude du malheur*, un roman attachant dans lequel le destin douloureux de l'héroïne, Perpétue, pourrait bien symboliser la tragédie d'une Afrique livrée par ses nouveaux maîtres à la misère, à la tyrannie et à l'injustice.

JACQUES CHEVRIER.

RÉF. : Th. Melone, *Mongo Beti, l'homme et le destin*, Paris, 1971.

BETJEMAN John. Poète anglais né à Londres le 28 août 1906, mort à Trebetherick le 19 mai 1984. Il fit ses études à la « Public School » de Marlborough puis à Oxford. Betjeman était populaire dès l'avant-guerre pour sa défense à la radio de l'architecture religieuse victorienne. Il a publié différents recueils de poèmes, le premier dès 1937 ; lorsqu'ils furent rassemblés dans ses *Poésies complètes* (*), en 1958, ils rencontrèrent un immense succès. Betjeman publiera deux ans plus tard un long poème autobiographique, *À l'appel des cloches d'Oxford* [*Summoned by Bells*]. Il a été anobli en 1969 et nommé poète lauréat en 1972. Cet anglican pieux écrivait avec une facilité et une drôlerie qui expliquent la très large audience de son œuvre.

BETTELHEIM Bruno. Psychanalyste américain d'origine juive autrichienne. Né le 28 août 1903 à Vienne, mort à Los Angeles (U.S.A.) le 13 mars 1990. Bruno Bettelheim a passé les trente-cinq premières années de son existence dans sa ville natale. Il a connu dans son enfance la Vienne impériale, qui était alors, après Paris, la seconde capitale intellectuelle et artistique de l'Europe. Avant la Grande Guerre, Vienne réunit en effet bon nombre de personnalités illustres : Freud, Robert Musil,

Hugo von Hofmannsthal, Klimt, Mahler, Schönberg, Kokoschka, Stefan Zweig... L'époque est encore marquée par le romantisme allemand qui avait pris tout son essor un siècle auparavant, et dont les aspirations se retrouveront, sous forme nostalgique, dans les futures œuvres de Bettelheim, qu'il nomme ses « voyages initiatiques ». Goethe aura, comme sur beaucoup d'hommes de langue allemande de cette génération, une influence marquante sur les orientations de Bettelheim en tant que psychanalyste d'enfants. Ainsi, il accordera une grande importance à l'« environnement », fondamental pour lui dans le traitement des enfants autistes à l'école orthogénique de Chicago. Au moment de la naissance de Bettelheim, Freud vient de publier la *Psychopathologie de la vie quotidienne* (*). En 1902, il fonde la « Société psychologique » qui deviendra la « Société psychanalytique » de Vienne. En 1910, l'« Association psychanalytique internationale » est créée. Otto Rank, Adler, Ferenczi, Abraham, Stekel et Jones, psychanalystes de la première génération, sont alors en vogue. Tous s'éloigneront plus ou moins de la trajectoire théorico-affective de Freud, abandonnant, chemin faisant, les principes de base de ce qui fondait, et fonde encore aujourd'hui, les théories de la psychanalyse et la reconnaissance de fait de l'existence de l'inconscient freudien. Bruno Bettelheim, quant à lui, sera toujours partagé, même avant la Seconde Guerre mondiale, entre une orthodoxie freudienne à laquelle il aura du mal à se plier et des orientations plus « environnemento-éducatives ».

Dès qu'il comprit que la liberté individuelle était menacée dans son pays, Bettelheim envisagea d'émigrer aux États-Unis. La prévision de son départ lui facilitera plus tard son installation. Mais, à cause de ses origines, il est déporté en 1938 à Dachau, puis à Buchenwald, et il ne pourra s'exiler aux États-Unis, où il prendra la nationalité américaine, qu'au moment de sa libération, en 1939. « L'impuissance de [son] père à s'adapter à un monde différent » et sa propre impuissance à « s'attacher à autre chose qu'à ce qui est inaliénable, à savoir la liberté de pensée » sont les justifications qu'il donne à cet exil. Ce choix, à la fois renoncement et affirmation de son identité comme de sa filiation, est à rapprocher de son suicide par asphyxie, le 13 mars 1990, jour anniversaire de l'invasion de l'Autriche par les nazis, cinquante-deux ans plus tôt. On pourra se reporter aux articles consacrés à sa mort dans la *Nouvelle revue de psychanalyse* (*) n° 43, au printemps 1991 : « Document avec et sur Bruno Bettelheim », « Le Suicide d'un survivant », « L'Accusation », et l'ultime conversation entre Bettelheim et David James Fisher.

Son « expérience de l'extrême », dans laquelle l'histoire personnelle et l'Histoire se confondent, aura une influence déterminante sur ses choix futurs, le conduisant à une approche très personnalisée du travail auprès des enfants autistes. Ainsi peut-il être considéré comme l'un des tenants de l'« Ego psychology », ou « Psychologie du moi », chère aux Américains mais étrangère aux approches des psychanalystes freudiens, lacaniens, de l'« École hongroise » ou des études menées au Québec par Julien Bigras. Son expérience des camps de concentration le conduira à l'écriture d'un premier ouvrage : *Comportement individuel et Comportement de masse dans les situations extrêmes* [*Individual and Mass in Extreme Situations*, 1943], qui le rendra célèbre aux États-Unis grâce à Einsenhower (le président le donnera en effet à lire à tous ses officiers...). Suivent ensuite *Le Cœur conscient* [*The Informed Heart*, 1960], et *Survivre* [*Survival*, 1979] qui analyse la dégradation morale du déporté.

Aux États-Unis, il est, dès 1944, professeur de psychologie de l'éducation et prend, la même année, la direction de l'Institut Sonia Shankman. Il modifiera l'axe de travail de cet institut en l'orientant vers sa conception de l'« enfant-roi ». Il est nommé directeur de l'école orthogénique de Chicago de 1947 à 1973. Sa plus proche collaboratrice, Jaqui Sanders, lui succédera. Parallèlement, en 1963, il devient professeur de psychiatrie à l'université de Chicago. Il décrira le type d'intervention effectuée auprès des enfants accueillis dans son centre orthogénique dans le livre *Un lieu où renaître* [*A Home for the Heart*, 1974]. Il y montre l'importance qu'il attache au décor, à un environnement accueillant, à l'investissement du personnel soignant, au respect à avoir pour ces « enfants fous », à la suppression de toute hiérarchie. Enfin il est conduit à exprimer avec force cette idée nodale : « Il est important d'être capable, ou plutôt d'avoir le sentiment d'être capable, d'agir sur le cours des événements qui forment la trame de notre vie. » Dans *Les Blessures symboliques* [*Symbolic Wounds*, 1954], traduites en 1969, il fait une analyse des théories anthropologiques et psychanalytiques des rites d'initiation, et plus particulièrement de *Totem et Tabou* (*) de Freud.

Mais c'est la traduction de *The Empty Fortress* (1967), en 1969, sous le titre *La Forteresse vide* (*), qui fait connaître en France ses idées sur la psychanalyse infanto-juvénile, et le rend célèbre, entraînant autant d'approbations que de critiques. En 1973 paraissent *Les Évadés de la vie* [*Truants from Life*, 1955], quatre monographies psychanalytiques sur des traitements réussis d'enfants autistiques. Bettelheim y fait référence aux travaux de Freud, de Aiehorm et d'Erikson. *Les Enfants du rêve* [*The Children of the Dream*, 1969] évoquent les expériences de vie dans les kibboutz israéliens, et affirment ses positions théoriques proches de la « psychologie du moi ». *Dialogues avec les mères* [*Dialogues with Mothers*, 1962] reprend les points forts de ses interventions auprès des mères d'enfants autistes traités à l'école orthogénique. Son importante *Psychanalyse des contes de fées* [*The Uses of Enchantement*, 1976] décrit avec beaucoup de finesse ce qui « est en jeu » chez l'enfant et favorise la libération de ses émotions dans la découverture des contes : thèmes insuffisamment traités dans les milieux psychanalytiques. Enfin, la série d'émissions télévisuelles, d'une grande qualité, de Daniel Karlin, *Un autre regard sur la folie* (1975), consacrée à l'œuvre et la personnalité de Bruno Bettelheim, a permis au grand public français de mieux les connaître.

Bruno Bettelheim aura été très controversé en France dans les milieux spécialisés, mais son œuvre reste l'une des pierres de touche de la psychiatrie et de la psychanalyse infantiles.

GABRIEL COTTIN.

RÉF. : Geneviève Bersihand, *Bettelheim*, Paris, 1986. — Geneviève Jurgensen, *La Folie des autres*, Paris, 1973.

BEYATLÏ Yahya Kemal. Poète et diplomate turc. Né à Üsküb (aujourd'hui Skoplije), en Macédoine, le 2 décembre 1884, mort à Istanbul le 1er novembre 1958. Yahya Kemal reçut son éducation primaire à Skoplije puis à Salonique, avant d'être envoyé par son père à l'école libre des Sciences politiques de Paris, en 1903. Malgré son échec aux examens en 1908, il reste à Paris quatre autres années, participant à la vie de bohème du Paris de la Belle Époque. Il se familiarise alors avec Verlaine, Baudelaire et Mallarmé, les auteurs dont l'influence marquera le début de son œuvre poétique. Albert Sorel, son professeur d'histoire à Sciences po, l'encourage à s'intéresser à la culture de son propre pays, aussi le jeune Yahya Kemal se lance-t-il dans l'étude du passé ottoman. Rentrant à Istanbul en 1912, pour enseigner à l'université l'histoire de la littérature médiévale européenne et turque, il se lie au pan-turquiste Ziyâ Gökalp, pour rallier plus tard les nationalistes, à la fin de la guerre d'Indépendance (1923).

Ses poèmes publiés dans la presse, surtout à partir de la fin de la Première Guerre mondiale, aux conséquences catastrophiques pour l'empire ottoman, le font connaître comme le plus grand apologue des vertus nationales des Turcs. Le régime républicain lui en est reconnaissant : délégué de la Turquie à la Conférence de Lausanne, Yahya Kemal est ensuite élu député au premier parlement nationaliste, et commence en 1926 une carrière d'ambassadeur qui le conduit successivement à Varsovie, Madrid, Lisbonne et Karachi, son dernier poste, dont il revient en 1949. Après sa mort commence l'édition en volumes de ses œuvres poétiques, qu'il avait refusée de son vivant (à l'exception de l'édition en tirage limité des *Vingt-quatre poèmes et Leyla,* en 1932). Le défenseur de l'orgueil national est statufié près du Palais des sports, une Société des amis de Yahya Kemal voit le jour à Istanbul, et l'institut Yahya Kemal s'occupe désormais de la publication des œuvres en vers et en prose du poète (le premier recueil publié est *Notre propre coupole,* édité en 1961) — v. *Istanbul aimée* (*). Dernier grand représentant de la prosodie ottomane classique en mètre quantitatif (*'arûz*), Yahya Kemal en renouvelle cependant de façon radicale l'esthétique et les thèmes ; il laisse un héritage poétique important et varié, où se rencontrent en écho les plus grands courants littéraires européens de la fin du XIXe siècle et du début du XXe siècle, et qui a accompagné toute la gestation de la poésie turque moderne.

STÉPHANE A. DUDOIGNON.

BEYS Charles. Poète et dramaturge français, né et mort à Paris : 1610 - 26 septembre 1659. Poète précoce, reçu chez Piat Maucors dans les années 1620, ses vers de jeunesse écrits avant l'âge de quatorze ans ne furent publiés qu'en 1651 — v. *Œuvre poétique* (*) de Beys. En 1652 paraissent les *Odes d'Horace en vers burlesques* (*). Accusé en 1636 d'être l'auteur d'un pamphlet contre Richelieu (*La Milliade*), il est embastillé six mois. Lié aux libertins, il est l'ami de Tristan L'Hermite, Colletet, Saint-Amant, et de Scarron — qui le cite dans son *Roman comique* (*) (I, 8). On lui doit des tragi-comédies : *Céline ou les Frères rivaux* (1633), *Le Jaloux sans sujet* (1634) et *L'Hôpital des fous* (1635), remanié en 1653 sous forme de comédie, *Les Illustres Fous* (*).

ALAIN GÉNETIOT.

RÉF. : A. Lebois, *XVIIe siècle. Recherches et portraits,* 1966. — G. Forestier, *Aspects du théâtre dans le théâtre au XVIIe siècle,* 1986.

BÈZE Théodore de. Théologien français. Né à Vézelay le 24 juin 1519 d'une famille ancienne, mort à Genève le 13 octobre 1605. Orphelin de mère, il fut élevé par son oncle Nicolas de Bèze, conseiller au parlement de Paris ; celui-ci confia très tôt le soin de son éducation à l'helléniste Melchior Wolmar, qui le prit même en pension chez lui à Orléans pendant sept ans. Dans la maison de Wolmar, luthérien fervent, il connut Calvin et d'autres représentants du protestantisme, mais la littérature classique, surtout Tibulle et Catulle, l'attirait alors plus que la théologie ; il composa ses premiers vers latins à quinze ans. Devenu docteur en droit à l'âge de vingt ans, il vint à Paris où il vécut pendant dix ans et publia en 1548 un recueil de poèmes, *Juvenilia*, qui le firent considérer par ses contemporains comme le meilleur poète latin de son temps. En 1544, s'étant épris d'une jeune fille, Claudine Denosse, il avait contracté avec elle un « mariage de conscience », car il ne voulait pas renoncer aux deux bénéfices ecclésiastiques dont il vivait.

Plus tard, s'étant rallié à la cause des réformés, il se rendit à Genève où Calvin bénit son mariage et l'aida à se procurer du travail. Son drame sacré *Abraham sacrifiant* (*) date de cette époque. Alors qu'il projetait de fonder une imprimerie, on lui offrit la chaire de grec à l'académie de Lausanne qu'on venait de fonder. En 1558, à la suite d'un différend avec les autorités de Lausanne, il revint à Genève où l'appui de Calvin lui valut une chaire de théologie et la charge de pasteur. Mais la situation politique et religieuse ne tarda pas à le rappeler en France où il prit part aux guerres de Religion comme pasteur dans l'armée huguenote. Au colloque de Poissy (1560), il joua un rôle de premier plan, en se déclarant contre la présence réelle. La fin de la guerre le ramène à Genève près de Calvin, désormais vieux et affaibli ; à la mort de ce dernier (1564) il le remplace comme recteur de l'académie, « modérateur de la vénérable compagnie des pasteurs » (jusqu'en 1580) et chef du protestantisme français. Il préside le synode de La Rochelle (1571), où s'organise l'Église réformée, et par son livre *De jure magistratuum* élève une protestation indignée contre le massacre de la Saint-Barthélemy (1572). Cette intense activité politique et ecclésiastique va de pair avec une abondante production littéraire. Citons les traductions des *Psaumes* (*), la *Confession de la foi chrestienne* et sa défense de Calvin contre Castellion, où, après le supplice de Servet, il prône l'intolérance religieuse (*De haereticis a civili magistratu puniendis*, 1554). À la période genevoise se rattachent : la publication, avec traduction latine, du fameux manuscrit grec de l'Ancien Testament qu'il découvrit à Lyon et dont il fit don à l'université de Cambridge (1565) ; la *Vie de Calvin* (*), écrite immédiatement après la mort du réformateur ; les *Icones virorum illustrium* (1580), et l'*Histoire ecclésiastique des Églises réformées au royaume de France* (*). Il quitta sa chaire en 1600 et mourut peu après.

RÉF. : H. M. Baird, *Theodore Beza, the Counsellor of the French Reformation*, New York, 1899. – A. Picard, *Théodore de Bèze, ses idées sur le droit d'insurrection et son rôle pendant la première guerre de Religion*, thèse, Cahors, 1906. – Paul F. Geisendorf, *Théodore de Bèze*, Genève, 1949.

BEZRUČ Petr (pseud. de Vladimír Vašek). Poète tchèque (nommé « artiste national » en 1945). Né le 15 septembre 1867 à Opava, mort le 17 février 1958 à Olomouc. Son père, professeur de lycée, lui lègue non seulement son goût de la philologie mais surtout un patriotisme silésien ardent (anti-allemand et anti-polonais), exacerbé par ses séjours au pays natal, dont il mesure la situation nationale et sociale de plus en plus désespérée. Il interrompt ses études à l'université de Prague, et se contente d'un poste d'employé des Postes à la gare de Brno (où il est arrêté, en 1915, par la police autrichienne pour un poème prétendûment envoyé à Paris). Hormis plusieurs récits et poèmes, notamment *La Noctuelle bleue* [*Stužkonoska modrá*, 1930], il reste l'auteur de l'extraordinaire recueil des *Chants silésiens* (*). Ce cri poignant du barde d'un peuple menacé garde intacte toute sa puissance poétique et humaine.

BHARTṚHARI. Écrivain indien (première moitié du VIIe siècle ?). Il passe pour être l'auteur de trois recueils de poésie – v. *Bhartṛhari-Śataka* (*) – qui ont respectivement pour thèmes l'amour, la sagesse et le renoncement et qui font de lui l'un des plus grands poètes du Moyen Âge indien. On lui attribue également un *Traité sur la phrase et le mot* [*Vākyapadīya*] dont le contenu ardu se révèle plus philosophique que linguistique et a fait l'objet de plusieurs commentaires.

BHĀSA. Dramaturge indien (IVe siècle ?). Jusqu'en 1910, date à laquelle Ganapati Sāstri découvrit dans le couvent de Manalikkara, près de Padmanabhapura, treize de ses drames dans un manuscrit sur feuilles de palme et en caractères « malayala », ce grand dramaturge indien n'était connu qu'indirectement par les éloges que lui avaient décernés les autres poètes. Jayadeva l'avait surnommé « rire de la poésie », Kālidāsa le traitait de « poète fameux ». Bāṇa en louait « la mesure » et Gandavaha le plaçait parmi ses écrivains préférés. Aucun des treize drames découverts ne portait le nom de son auteur, mais on put l'identifier indiscutablement grâce à la citation d'un passage par Rajesekhara, auteur du Xe siècle après J.-C. Il est difficile de situer même approximativement l'époque de Bhāsa. Ganapati Sāstri, qui découvrit le manuscrit, croit avoir prouvé qu'il vécut entre le IIIe et le IVe siècle av. J.-C. D'autres au contraire, reconnaissant dans le Rajasimha, à qui il souhaite bonheur et prospérité à la fin de chaque drame, le roi Rudrashimha Ier, pensent devoir le situer dans les dernières années du IIe siècle après J.-C. Mais l'étude de son style et le rapprochement entre les expressions employées par lui et celles d'Aśvaghosa convainquirent Jacobi que Bhāsa vécut à une époque encore plus récente. Il paraît en effet probable qu'il faut le situer vers la seconde moitié du IVe siècle après J.-C. et, bien qu'une légende le représente comme un « dhavaka », c'est-à-dire un homme de très humble condition, il fut certainement un brahmane vichnouite. Le style de ses drames est simple, à la fois dépourvu de rhétorique et élégant. Il s'essaya, le premier, dans un genre nouveau, le drame bourgeois et haut en couleur. On chercherait en vain chez lui le conflit des passions et le mouvement ; les qualités principales de ses œuvres, inspirées de l'épopée et du *Brihat-Kathā,* sont l'élégance de la forme, la beauté des images et la diversité des épisodes. Parmi les plus beaux drames, citons : *Svapnavāsavadattā* (*), *Cārudatta* ou *Daridracārudatta* (*), *Bālacarita, Avimāraka, Pañkarātra, Dūtavākya, Karnabhāra.*

RÉF. : G. Sāstri, *Bhāsa and the Authorship of the Thirteen Trivandrum Plays,* Calcutta, 1926. – A. D. Pusalker, *Bhāsa, a Study,* Delhi, 1968. – N. P. Unni, *A Survey of Bhāsa,* Delhi, 1982. – T. Ganapati Sāstri, *Bhāsa's Plays, a Critical study,* Delhi, 1985. – V. Venkatachalam, *Bhāsa,* Delhi, 1986.

BHĀSKARA. Mathématicien et astronome indien du XIIe siècle. L'arithmétique et l'algèbre étaient connues aux Indes dès les temps les plus reculés, avec Aryabhatta (né en 476), qui enseignait l'extraction des racines carrées et cubiques, avec Brahamagupta et d'autres. Quant à Bhāskara, surnommé Acharya (« le Maître »), il écrivit un traité consacré aux sciences astronomiques et mathématiques. Quatre parties de ce traité ont été traduites en anglais et éditées à Londres en 1817. L'une de ces quatre parties, surnommée *Lilāvatī* (*), d'après le nom de la personne à laquelle elle fut dédiée, est l'œuvre la plus ancienne actuellement connue, comportant une exposition systématique basée sur la numération décimale. Une deuxième partie, intitulée *Biyaganita* (*), est un exposé rhétorique des règles d'algèbre, dans lequel apparaissent pour la première fois les symboles utilisés maintenant dans les sciences mathématiques et, en particulier, le symbole correspondant à l'X des mathématiciens modernes. Les polynômes sont rangés en ordre décroissant ; quant aux développements d'une quantité d'équations du second degré, dont la solution dépend d'une seule grandeur trouvée par approximations successives, ils annoncent une méthode qui ne fut découverte, en Europe, pour la solution des équations semblables, que vers 1800, par Lagrange. Les troisième et quatrième parties, *Siddhāntasiromani* (+), traitent des connaissances astronomiques.

RÉF. : L. V. Gurjar, *Ancient Indian mathematics and Vedha,* Poona, 1947. – N. Kanickaidaikkadar, *Bhāskara's Mathematical Works,* thèse, Londres, 1961.

BHAVABHŪTI. Ce poète et écrivain dramatique indien du VIIIe siècle naquit, dit-on, à Padmapura (Padampur), d'une famille de brahmanes appelée Udumbara et originaire du Deccan. Ses aïeux avaient appartenu à l'école dite de Taittiriya, qui enseignait selon les principes du *Yajur-Veda* (*), et l'un d'eux, dénommé Mahākavi, avait jadis pris part au grand rite de « Vajepeya ». Le nom du grand-père de Bhavabhūti était Bhattagopāla ; celui de son père, Nīlakantha et celui de sa mère, Jatukarnī. Le sien propre était en réalité Srikantha Nilakantha ; Bhavabhūti ne serait donc qu'un pseudonyme. Élève du vénérable Jnananidhi (et peut-être même celui de Kumarila Bhatta), il fit preuve en maintes circonstances d'une remarquable connaissance des doctrines des *Upanishad* (*), du *Vedānta* – v. *Veda* (*) –, des *Yoga-sūtra* (*), etc. Une strophe de la *Rājatarangini* qu'il cite dans ses œuvres prouve qu'il fut un contemporain de Vākpatirāja et qu'il vécut à la cour des rois de Kynyakubja (aujourd'hui Kanaudj), avant que le roi Yaçovarman (qui avait accédé au trône vers 731 de notre ère) ne soit vaincu et détrôné par le roi du Cachemire Miktapida-Lalitāditya, vers l'an 750. La description vivante que Bhavabhūti présente d'Ujjayini nous permet de croire qu'il avait séjourné longtemps dans cette région – peut-être en quête d'une formule nouvelle – et que celle-ci devint très familière. Il fut un çivaïte convaincu, ainsi qu'il l'affirme lui-même. Trois de ses drames : l'*Uttarāramacarita,* le *Mahāviracarita* et le *Mālatīmādhava* (*) furent représentés à l'occasion de fêtes données en l'honneur de Çiva. Toutefois, Bhavabhūti ne peut être considéré comme un adepte orthodoxe d'aucune secte ; il fait plutôt preuve dans ses conceptions religieuses d'un syncrétisme assez marqué. Outre les drames précités, on lui attribue généralement un recueil de treize stances, intitulé *Gunaratna.* Il atteint, sinon comme dramaturge, du moins en tant que poète, à la hauteur du grand Kālidāsa ; ses stances descriptives sont aussi pittoresques qu'empreintes d'un grand lyrisme. Son style est emphatique, parfois exubérant, mais le pathétique de ses situations, l'ardente et profonde émotion qui se dégage de ses écrits riches de spiritualité, font de Bhavabhūti l'un des plus grands poètes sanskrits de l'Inde.

♦ *« Bhavabhūti est, après Kālidāsa, le plus grand nom du théâtre indien. »* L. Renou.

RÉF. : A. Borooah, *Bhavabhūti and His Place in Sanskrit Literature,* Calcutta, 1878, 2e éd. 1971. – R.-G. Harshe, *Observations on the Life and Works of Bhavabhūti,* Delhi, 1974. – V.-V. Mirashi, *Bhavabhūti,* Delhi, 1974. – P.-B. Acharya, *The Tragicomedies of Shakespeare, Kālidāsa and Bhavabhūti,* Delhi, 1978. – G.-K. Bhat, *Bhavabhūti,* Delhi, 1979.

BIALIK Haïm Nahman. Poète et écrivain russe d'expression hébraïque. Né le 9 juin 1873 à Radi, village de Volhynie, mort le 6 juillet 1934 à Vienne. Huitième enfant d'une famille modeste, il vit une enfance solitaire. Cette période, dont il gardera un souvenir très fort, s'achève lorsque sa famille s'installe dans les faubourgs de la ville voisine, Jitomir ; il a alors six ans, et va au Heder, école juive, où il s'entend mal avec ses maîtres. Il n'a que sept ans à la mort de son père, et sa mère le confie à son grand-père. L'enfant vit alors dans une atmosphère sclérosée. Après sa bar-mitzva – communion juive – il consacre de longues heures à la lecture de philosophes juifs du Moyen Âge, ou d'auteurs de la Haskala, mouvement rationaliste juif, fondé par Moïse Mendelsohn au XVIIIe siècle. Alors naissent en lui les premiers doutes. En 1890, il part étudier dans la célèbre Yeshiva (école talmudique) de Vologin, espérant que ce séjour ne sera qu'une étape avant des études plus approfondies à Berlin. Il écrit en 1891 son premier poème « À l'oiseau » [El Hatsipor], dont le succès l'incite à quitter la Yeshiva pour s'installer à Odessa. Connaissant déjà le russe, il apprend l'allemand. Il s'enthousiasme pour Schiller, dont il traduira en hébreu le *Guillaume Tell* (*) (publié en 1923 dans l'édition corrigée de ses œuvres complètes), Lessing, Pouchkine, Dostoïevski, et Frug, poète juif russe ; il lit les plus grands auteurs européens traduits en russe. Il vit alors des revenus modestes de leçons particulières. En 1893, année du décès de son grand-père, il se marie et s'installe chez son beau-père qui l'initie au commerce. Mais son mariage ne rompt pas sa solitude. Nostalgique, il écrit ses premiers poèmes sur l'enfance, la nature : « Dans le champ » [BaSadeh, 1894], l'amour : « Elle m'a écrit une petite lettre » [Mikhtav katan li katva, 1897], ainsi que ses poèmes célèbres sur l'école talmudique : « Au seuil de la maison d'études » [Al Saf Beth HaMidrash, 1894] — v. *Poèmes* (*). Dès le premier congrès sioniste, il s'engage aux côtés d'Ahad HaAm dans la lutte pour le succès de l'idée nationaliste, et reproche à ses contemporains leur passivité face à la détresse de son peuple. Il rédige sa première nouvelle en prose « Arieh le Corpulent » [Arieh Baal Gouf] avant de retourner à Odessa. C'est là, entre 1900 et 1907, que son œuvre atteint son apogée. En 1901 paraît son premier recueil de poèmes. Bialik consacre parallèlement beaucoup de temps à l'édition (il fondera et dirigera la maison Dvir), et entame une étude de la Mishna. Pourtant, c'est dans cette période aussi que, profondément déçu par sa génération, ébranlé par le pogrom de Kishinev (1903) — auquel il consacre deux poèmes : « Tuerie » [Al HaShekhita, 1903] et « Dans la ville du massacre » [BeIr HaHarega, 1904] —, bouleversé par la ruine tant extérieure qu'intérieure du judaïsme, il sombre dans le désespoir. En 1905, il rédige un imposant poème en prose, « Le Rouleau de feu » [Megilat HaEsh], et en 1907 paraissent les premiers chapitres de sa nouvelle autobiographique « Regain » [Safiah]. Après la parution, en 1908, de son second recueil de poèmes, il se rend en Palestine. En 1913, il publie une traduction du *Don Quichotte* (*) de Cervantès. Après la révolution russe, il parvient à quitter la Russie, aidé par Maxime Gorki. Il passe alors quelques années en Allemagne, et s'installe enfin en 1924 à Tel-Aviv. Là, très estimé, il participe activement à la vie culturelle du pays. En 1933 est créé en son honneur le prix Bialik de littérature. Malade, il meurt dans un hôpital de Vienne.

ARIANE BENDAVID.

BIAŁOSZEWSKI Miron. Poète, prosateur et auteur dramatique polonais. Né le 30 juin 1922 à Varsovie, mort le 17 juin 1983 dans la même ville. Marginal solitaire, écrivain du « Lumpenproletariat », comme le veut un critique, il se tint à l'écart de la vie politique et s'adonna à l'écriture sans se soucier d'être publié. Il créa chez lui un théâtre expérimental qui devint rapidement populaire dans les milieux littéraires et intellectuels ; ses propres textes y seront joués. En 1956, année du dégel, parut son premier recueil de poèmes, d'un anticonformisme étonnant, *Les Circonvolutions des choses* [*Obroty rzeczy*], qui marqua son entrée tardive en poésie et qui connut un succès foudroyant, bientôt suivi d'un nouveau recueil, *Compte velléitaire* [*Rachunek zachciankowy*, 1959]. *Émotions trompeuses* [*Mylne Wzruszenia*, 1961], sorte de chronique domestique et de journal intime, révéla une rupture avec ses œuvres précédentes. Sa « poésie linguistique », composée des faits les plus humbles de la vie quotidienne, de conversations entendues dans la rue, de rêves, de souvenirs, de faits divers, désorienta la critique. Il mit fin à sa carrière d'auteur dramatique en 1963.

Sa situation changea du tout au tout avec la parution, en 1970, du *Journal de l'insurrection de Varsovie* (*), dans lequel il raconte avec un réalisme non dénué d'humour son expérience de simple spectateur du soulèvement. Ce récit fit scandale mais n'en rencontra pas moins un très vif succès auprès du public et fut traduit dans de nombreuses langues. Il permit la publication de son œuvre théâtrale, *Théâtre à part* [*Teatr osobny*, 1973], de plusieurs recueils de prose : *Dénonciation de la réalité* [*Donosy rzeczywistości*, 1973], *Bruissements, collages, séries* [*Szumy, zlepy, ciągi*, 1976] et *Infarctus* [*Zawał*, 1977], ainsi que d'un volume de poèmes, *Détachez-vous* [*Odczepić się*, 1978]. Quelques œuvres poétiques parurent encore en 1980.

Il fut l'un des phénomènes les plus importants et les plus originaux de la littérature polonaise d'après-guerre. Parlant sans retenue de ses émotions et de ses expériences les plus intimes d'une manière non conventionnelle, avec un humour subtil et froid, il faisait poésie de tout objet, fût-il le plus vulgaire. Son intérêt pour le langage parlé et toutes ses incorrections sémantiques, syntaxiques et stylistiques, ce qu'on appelle le sous-langage, recouvrait une ambiguïté certaine : à la fois parodie et confiance dans ce qui lui permit de trouver une nouvelle expression lyrique ou narrative. On observe le même phénomène dans sa prose.

♦ *« On pourrait le comparer à Céline pour sa "petite musique" et à Gertrud Stein pour sa médiation entre l'expression traditionnelle et le "bruit" des nouveaux médias. »* Constantin Jelenski.

RÉF. : K. Wyka, *Na odpust poezji*, Varsovie, 1956. — A. Sandauer, *Poezja rupieci*, Varsovie, 1971. — S. Barańczak, *Język poetycki Mirona Białoszewskiego*, Wrocław, 1974.

BIANCIOTTI Hector. Écrivain français d'origine argentine. Né le 18 mars 1930 dans la province de Cordoba (Argentine) au sein d'une famille d'immigrants piémontais. Ce romancier et nouvelliste de langue espagnole s'est lui-même naturalisé écrivain français en 1981, année de sa naturalisation officielle, lorsque le français s'est imposé à lui pour écrire « La Barque sur le Neckar », l'une des nouvelles de *L'amour n'est pas aimé* (1988). Désireux d'étudier et d'écrire, Hector Bianciotti entre au séminaire des franciscains où il s'adonne plus à son penchant pour la littérature qu'il ne se prépare à la prêtrise. Deux découvertes le marquent profondément : celle du poète nicaraguayen Rubén Dario et, à 15 ans, celle de quelques textes de Paul Valéry publiés en Argentine, qui l'incitent à étudier seul le français à l'aide d'un dictionnaire et du premier volume de *Variété*. À 18 ans, il abandonne le séminaire, gagne sa vie comme employé de bureau en province puis à Buenos Aires. En 1955, il quitte – espoir enfin réalisé – l'Argentine. Après l'Italie et l'Espagne, il se fixe à Paris en 1961. Maurice Nadeau publie dans sa collection « Lettres nouvelles » les premiers romans de Bianciotti : *Les Déserts dorés* (1967), *Celle qui voyage la nuit* (1969), *Ce moment qui s'achève* (1972). *Le Traité des saisons,* prix Médicis étranger 1977, le révèle au grand public. En 1985, il obtient le prix Femina pour *Sans la miséricorde du Christ* (*), rédigé directement en français. Dans une écriture subtile et maîtrisée, une construction savante et précise, l'œuvre de Bianciotti organise souvenirs personnels et appels de l'imaginaire pour traquer et amener à la conscience l'essentiel de la trame de notre condition métaphysique.

YANNICK PELLETIER.

BIBBIENA (Bernardo Dovizi, dit communément, d'après son lieu d'origine). Cardinal et écrivain italien. Né le 4 août 1470, mort à Rome le 9 novembre 1520. Il entra de bonne heure comme employé à la chancellerie des Médicis, où travaillaient déjà deux de ses frères. En 1492, il faisait partie de l'ambassade florentine qui alla complimenter le nouveau pape Alexandre VI. En 1494, on l'envoya auprès d'Alphonse de Naples pour conclure des traités d'alliance avec Naples et Rome, contre Charles VIII qui était sur le point d'envahir l'Italie. Pendant la campagne de Romagne, il devint l'homme de confiance de Pierre de Médicis, et demeura avec l'armée alliée jusqu'à sa défaite qui entraîna la chute des Médicis, dont les frères Dovizi partagèrent l'exil ; le cardinal Jean emmena Bernardo comme secrétaire à Rome. Bibbiena séjourna ensuite quelque temps à la cour d'Urbino où *La Calandria* (*) fut jouée le 6 février 1513 (avec un prologue de Castiglione). Bibbiena s'occupait alors du retour des Médicis à Florence (démarches auprès de Ludovic le More à Milan, congrès de Mantoue en qualité de représentant de Jules II) ; ayant réussi, il s'attacha à faire élire pape Jean de Médicis (Léon X) à la mort de Jules II ; ce nouveau succès lui valut de grands honneurs et le chapeau de cardinal. Il domina, alors, la politique vaticane pendant des années : en 1515, il conclut une alliance entre le pape et l'empereur Maximilien, mais refusa, l'année suivante, l'ambassade qui lui était offerte à la cour de ce souverain. Il jugea plus opportun d'aller pacifier la noblesse de la région de Modène. La même année, il aida le pape, qui tenta de faire passer le duché d'Urbino de la famille des della Rovere à son neveu Laurent ; enfin en 1518, révisant son opinion sur la France, il y partit pour organiser une campagne contre les Turcs. Il regagna l'Italie, malade, et ne tarda pas à mourir – mais ne fut pas, comme on l'a dit, empoisonné. On possède de cet esprit brillant, de cet écrivain élégant, une volumineuse correspondance très remarquable aux points de vue politique et littéraire, car elle contient des informations précieuses, et ignorées jusqu'ici, sur les événements et les personnalités du temps.

RÉF. : B. Croce, « La Calandria », in *La Critica* 28, 1930. – A. Fontes-Baratto, *Les Fêtes à Urbino en 1513 et « La Calandria » de Bernardo Dovizi da Bibbiena,* in *Les Écrivains et le Pouvoir en Italie à l'époque de la Renaissance,* Paris, 1974.

BIBESCO Marthe, princesse (née Lahovary). Écrivain français d'origine roumaine. Née à Bucarest le 28 janvier 1886, morte à Paris le 28 novembre 1973. Après un mariage décevant avec le prince roumain Georges Bibesco, elle débute à Paris une carrière de femme de lettres. Elle publie d'abord les *Huit paradis* (1908), récit d'un voyage en automobile effectué en Asie Mineure au printemps 1905 avec son mari, alors chargé de mission auprès du Shah de Perse. Si Maurice Barrès s'enthousiasme pour cette première œuvre, c'est Robert de Montesquiou – cousin par alliance de Marthe Bibesco – qui lance sa réputation par un long article dans *Le Figaro*. Devenue l'une des personnalités les plus marquantes de Paris, amie de Paul Claudel, de l'abbé Mugnier dont elle fait son directeur de conscience, portraiturée par Boldini, très liée à ses cousins Antoine et Emmanuel Bibesco eux-mêmes intimes de Marcel Proust, elle laissera des romans qui dépeignent l'aristocratie cosmopolite parisienne : *Le Perroquet vert* (1925), *Catherine-Paris* (1927) ; d'abondantes biographies romancées : *Alexandre asiatique* (1912), *Théodora, le cadeau de Dieu* (1953), *Churchill ou le Courage* (1956) ; des souvenirs : *La Nymphe Europe* (1960). Ses volumes de témoignages consacrés à ses amitiés littéraires forment toutefois la plus intéressante part de son œuvre : *Au bal avec Marcel Proust* (*) (1929), *Le Voyageur voilé : Marcel Proust* (1947), *La Vie d'une amitié* (sur l'abbé Mugnier ; trois volumes, 1951-57), *Échanges avec Paul Claudel* (1971).

CHRISTOPHE BEAUFILS.

RÉF. : G. de Diesbach, *La Princesse Bibesco, la dernière orchidée,* Paris, 1986.

BICHAT Marie François Xavier. Anatomiste et physiologiste français. Né à Thoirette-en-Bresse le 14 novembre 1771, mort à Paris le 22 juin 1802. Après avoir fait ses classes à Nantua et à Lyon, il étudia la médecine à l'hôpital de Lyon, où il suivit les cours de chirurgie de Marc-Antoine Petit. Son père, médecin également, lui avait dès l'enfance inspiré cette passion pour l'anatomie qui restera l'intérêt dominant de sa vie : aussi remarqua-t-on tout de suite le jeune Bichat à l'école de Petit. Le service militaire interrompit pendant un temps sa carrière, mais, comme il exerça de 1791 à 1793 les fonctions de chirurgien militaire, cette expérience non plus ne lui fut pas inutile. Redevenu civil, il se rendit en 1793 à Paris, où il fréquenta la célèbre école de clinique chirurgicale fondée par Desault. Il devint bientôt l'ami et le collaborateur du maître, et assuma même la direction du *Journal de Chirurgie* fondé par celui-ci quelques années auparavant. À la mort de Desault (1795), Bichat publia ses œuvres et prit la succession de sa chaire. Mais, vers 1799, l'intérêt scientifique de Bichat se fixa sur l'anatomie, l'histologie (dont il est, malgré son inexplicable aversion pour le microscope, considéré comme un des fondateurs) et la physiologie. C'est à ces disciplines que sont consacrés ses ouvrages les plus célèbres : le *Traité des membranes* (*) (1800), les *Recherches physiologiques sur la vie et la mort* (1800), et enfin la classique *Anatomie générale appliquée à la physiologie et à la médecine,* suivie quelques années plus tard par son traité : *Anatomie descriptive* (1805). Bien que n'ayant jamais acquis le titre de docteur en médecine, Bichat avait été nommé, le 26 janvier 1801, « médecin expectant du Grand Hospice de l'Humanité » (Hôtel-Dieu). Vers la fin de sa vie, Bichat se consacra à des recherches d'anatomie pathologique, effectuant à cette fin un grand nombre d'autopsies, et rédigeant un plan de leçons. Mais la mort interrompit ces activités.

RÉF. : Launois, *Xavier Bichat,* 1902. – M. Genty, *Bichat et son temps,* 1935.

BÎDIL (Mirza Abdol-Qâder Bîdil-é Dehlavi). Poète persan de l'Inde. Né à Azîmâbâd (aujourd'hui Putna) en 1644-45, et mort à Delhi en 1721. Sa langue maternelle était le bengali, mais il connaissait également le sanskrit, l'ourdou et peut-être le turc djaghataï, en raison des origines turco-mongoles de sa famille. Il apprit le persan, langue de son œuvre, à l'école. Ayant perdu son père très tôt, le jeune Abdol-Qâder est élevé par ses oncles, qui, très liés aux derviches majzoubi, lui inculquent les fondements de la pratique du soufisme. Se pliant aux exigences de sa confrérie, Bîdil part sur les chemins de l'Inde du Nord, fréquentant de nombreux couvents soufi [khânegâ]. Après un bref passage (en 1670-71) dans l'armée du prince moghol Mohammad A'zam, traditions familiales obligent, il poursuit ses pérégrinations solitaires jusqu'à son installation définitive à Delhi en 1685-86. La seconde moitié de sa vie sera consacrée à l'enseignement et à l'écriture. L'œuvre poétique exceptionnellement abondante de Bîdil a été recueillie dans l'édition de ses *Œuvres complètes* [*Kulliyât*], publiées à Bombay en 1881-82, et composées de seize tomes contenant, outre d'importants ouvrages en prose, quelque cent quarante mille vers.

Successeur et émule de Sâ'eb-é Tabrizi, Bîdil porte le « style indien » [sabk-é hindi] de la poésie persane à un apogée, et réforme le langage poétique classique par de multiples nouveautés. Mais plus importante encore est l'introduction dans la poésie persane de sujets qui en étaient jusqu'alors absents, ainsi que de nouveaux concepts. « Philosophe-poète », Bîdil aborde nombre de questions fondamentales avec la plus grande liberté d'esprit. Dans son masnavi *L'Océan suprême* [*Muhît-i a'zam*], écrit à trente-sept ans, Bîdil exprime une volonté de rapprochement des philosophies islamique et indienne, et, dans la lignée de Kabîr, il prône l'égalité des musulmans et des hindous, ceux-ci étant alors en butte à l'oppression des derniers empereurs moghols. Bîdil exprime des conceptions soufi clairement influencées par la pensée d'Ibn al-Arabi et de Mawlânâ Jalâl al-Dîn Roumi. Il se distingue toutefois de ses maîtres par la place centrale qu'il accorde, dans sa cosmologie, aux « phénomènes d'une nature démythifiée » [Bausani] ; le *Sinaï de la connaissance* [*Tûr-i ma'rifat,* écrit vers 1687] et la *Gnose* (*), son œuvre majeure, témoignent de cette puissante originalité.

Si la poésie de Bîdil n'a exercé que peu d'influence en Inde, et si elle demeure totalement inconnue en Iran (et donc en Occident), où la précède une réputation tenace d'obscurité, elle bénéficia par contre d'une très large audience en Asie Centrale persanophone, où les vers de Bîdil étaient récités dans les écoles primaires jusque dans les années 20 de ce siècle. Les fondements rationnels de la cosmologie bîdilienne, ainsi que les implications sociales et politiques de sa poésie ont séduit les poètes et les penseurs musulmans réformistes d'Asie Centrale, au premier rang desquels Dânesh. Au Tadjikistan soviétique, la critique contemporaine a surtout été séduite par ce qu'elle nomme les aspects « matérialistes » de l'œuvre de Bîdil.

STÉPHANE A. DUDOIGNON.

BIDPAY. Nom d'un brahmane (imaginaire ?) auquel est attribué un recueil de *Fables* (*) dont se sont inspirés un grand nombre de fabulistes orientaux et européens dont La Fontaine. Selon la tradition, rapportée par Ali-ben-Alchah-Faresi, Bidpay aurait vécu peu après l'époque d'Alexandre (IVe-IIIe siècle av. J.-C.), sous le règne d'un prince Dabchélim. Ayant reproché à celui-ci sa cruauté, il aurait été mis en prison pendant plusieurs années, et libéré seulement un jour que le prince souhaitait obtenir de lui certaines réponses à des problèmes astronomiques. Dabchélim aurait été si enchanté de ces réponses qu'il aurait alors confié à Bidpay le gouvernement de son royaume, et l'aurait chargé de composer un recueil des plus sages préceptes de politique et de morale. Bidpay aurait rédigé son livre en sanskrit afin de conserver à l'Inde le privilège de sa sagesse. La plus ancienne rédaction connue, sous le titre de *Pañcatantra* (*), fut traduite en moyen persan par le médecin Barzeuyeh, sous le règne de Chosroès Anouchirvan (531-572), et servit de base à toutes les traductions effectuées depuis.

BIERBAUM Otto Julius. Écrivain allemand. Né à Grünberg (Silésie), le 28 juin 1865, mort à Kötzschenbrode près de Dresde le 1er février 1910. Il était fils d'un pâtissier. Après avoir fait son droit, il se lança de bonne heure dans le journalisme à Munich, à Berlin et à Dresde. Il fonda avec Heymel et Schroder la revue *Die Insel*, d'où devait plus tard sortir une grande maison d'édition. Il s'occupa de théâtre, écrivit des comédies, des livrets et dirigea même, pendant une courte période, le théâtre Trianon à Berlin. Son roman, *Le Prince Coucou*, fit moins pour sa réputation que ses œuvres humoristiques et ses petits poèmes satiriques et populaires composés dans le ton qui régnait à l'« Überbrettl », cabaret littéraire. Il réunit dans le *Labyrinthe d'amour* (*) quelques-unes de ses chansons légères, sentimentales et humoristiques à la fois, qui plaisaient à l'époque.

RÉF. : D. Stankovitch, *Otto Julius Bierbaum. Eine Werkmonographie,* Berne-Francfort, 1974.

BIERCE Ambrose Gwinett. Écrivain américain. Né dans une hutte de troncs d'arbres à Horse Cave Creek dans le comté de Meigs (Ohio) le 24 juin 1842, disparu au cours de la guerre civile du Mexique en 1914, alors qu'il avait rejoint les troupes de Pancho Villa. Il ne reçut aucune instruction en dehors de la lecture des livres que possédait son père, paysan du Connecticut. Lorsque éclata la guerre de Sécession, il s'enrôla dans le 9e régiment d'infanterie de l'Indiana, prit part à de nombreuses campagnes et se distingua dans les batailles de l'Ouest. Après la guerre, on lui confia l'administration des biens confisqués et abandonnés à Selma (Alabama). En 1866, il donna sa démission et s'établit à San Francisco, où il collabora aux hebdomadaires de la côte du Pacifique, l'*Argonaut* et le *News Letter* dont il devint rapidement le directeur. L'*Overland Monthly* (où, bien des années plus tard, devaient paraître les premiers récits de Jack London) publia en 1871 sa première nouvelle : « La Vallée hantée » [The Haunted Valley]. Tout de suite après, Bierce se maria et partit pour l'Angleterre, où quatre années durant il fit partie de la rédaction londonienne du *Fun*, donnant également à d'autres périodiques anglais des tableaux humoristiques qu'il réunit plus tard en trois volumes. Revenu à San Francisco en 1876, il recommença de collaborer aux journaux, rédigeant entre autres une des rubriques du *San Francisco Examiner* de W. R. Hearst. Il ne tarda pas à être considéré comme le meilleur écrivain de la côte du Pacifique. Mais il n'aimait pas le journalisme, dont il se délassait en écrivant de brèves nouvelles qui furent groupées en 1891 en un volume intitulé *Tales of Soldiers and Civilians* – v. *Morts violentes* (*). *Histoires impossibles* (*) qui suivit est un recueil de nouvelles sur le thème des terreurs surnaturelles. En 1896, Bierce entra au service de Hearst à Washington et devint le correspondant de l'*American* de New York. Il publia encore *Fables fantastiques* (*) (1899), *Le Dictionnaire du diable* (*) en 1906 et *Œuvres complètes* [*Collected Works,* 1909-1912] ; mais aucun de ces livres ne fut un succès financier. En 1914, il disparut au Mexique, où la guerre civile faisait rage. Ses *Lettres* nous révèlent qu'il attendait, qu'il appelait même de tous ses vœux la mort qu'il ne pouvait manquer de trouver, lui semblait-il, dans l'un ou dans l'autre camp. Le mystère de sa fin n'est pas encore éclairci et figure au nombre des petites énigmes de l'histoire littéraire américaine, dont l'écrivain mexicain Carlos Fuentes s'est inspiré pour son roman *Le Vieux Gringo* (*).

RÉF. : Mary Grenander, *Ambrose Bierce,* New York, 1971. – Edward Wagenknecht, *The Stories and Fables of Ambrose Bierce,* Owing Mills (Maryland), 1977. – Cathy Davidson, *Critical Essays on Ambrose Bierce,* New York, 1982 ; *The Experimental Fictions of Ambrose Bierce : Structuring the Ineffable,* Lincoln (Nebraska), 1984.

BILDERDIJK Willem. Écrivain hollandais. Né le 7 septembre 1756 à Amsterdam, mort à Haarlem le 18 décembre 1831. Doté d'une vaste érudition, il écrivit énormément (plus de deux cent mille vers et une trentaine d'ouvrages d'érudition). En 1785, il s'établit comme avocat à La Haye où, orangiste fervent, il participa à la vie politique, et se consola de ses infortunes conjugales en inventant un arbre généalogique qui le faisait descendre d'Elius, le Chevalier au Cygne. Tel est le thème de sa jolie romance *Elius* (1785). Exilé à la suite de la révolution de 1795, il se réfugia à Londres, où il entra au service du Staathouder, puis s'établit à Brunswick (1797-1806). Il avait l'Allemagne et les Allemands en horreur ; aussi fut-il très heureux de rentrer en Hollande lorsque Louis-Napoléon, bien qu'il le sût orangiste, fit de lui son professeur de hollandais. Un de ses meilleurs poèmes didactiques, *Le Mal des savants* [*De ziekte der geleerden*, 1807], date de cette époque. En 1809, il composa les cinq premiers chants (sur les vingt projetés) d'une épopée : *La Fin du premier monde* (*), curieuse interprétation d'un passage de la *Genèse* (*). Le retour des Orange en 1814 marqua le début de sa fortune. Devenu professeur d'histoire à Leyde (1817-1827), il fut l'idole de ses élèves, qui devaient plus tard former les cadres du mouvement antirévolutionnaire et ultra-calviniste. Les treize volumes de son *Histoire de la Patrie* [*Geschiedenis des Vaderlands*] datent de cette époque, mais ne virent le jour qu'après la mort de Bilderdijk, entre 1832 et 1853. Son influence sur les idées courantes en ce qui concerne la formation de la langue hollandaise a été très grande, mais ses théories manquent de tout fondement.

BILLETDOUX François. Auteur dramatique, comédien, romancier, chansonnier, journaliste et homme de radio français. Né et mort à Paris (7 septembre 1927-26 novembre 1991). Après des études au lycée Condorcet où il fit partie d'une troupe de théâtre « Les Mascarilles », Billetdoux suit les cours de l'école d'art dramatique Charles Dullin, puis ceux de l'I.D.H.E.C. (Institut des hautes études cinématographiques). À 19 ans, il entre au Club d'essai de Radio-France dirigé par Jean Tardieu où il travaillera avec Pierre Schaeffer, et où sa pièce *Les Ânes rouges* sera diffusée. « La radio m'a tenu lieu d'université », avait-il coutume de dire. Il y devient ensuite responsable des « variétés », et fait débuter des artistes tels que Yves Robert, Jeanne Moreau et les frères Jacques. À partir de 1946, il collabore à diverses revues dont *Les Lettres françaises* et *Opéra*. En décembre 1948, chargé de la direction du poste de radiodiffusion de Fort-de-France (Martinique), il y demeure jusqu'en 1951. De retour en métropole il y reprend, grâce à Francis Claude, ses activités de production radiophonique : « Les Vertiges de M. Flute », « La roue tourne »... En 1953 débute sa collaboration avec la revue *Art*. Il produit et anime en 1954 « De qui se moque-t-on ? » et « C'est pas tous les jours dimanche » (musique, chants, poèmes, sketches) sur Paris-Inter. De façon continue depuis son retour en France, il écrit de nombreux monologues et sketches destinés au cabaret et qu'il joue lui-même, notamment à L'Écluse, au Lapin agile, et chez Milord l'Arsouille. Sa première véritable pièce de théâtre sera *À la nuit la nuit,* créée en 1955 au Théâtre de l'Œuvre : « Mon premier insuccès d'estime », dira-t-il, suivi de *Les Plus Beaux Métiers du monde,* à l'Œuvre également, qui fut un échec. La même année il rédige son premier roman : *L'Animal.* En 1957, il publie chez Robert Laffont son second roman, *Royal Garden Blues,* dans lequel une fête foraine, organisée par des aristocrates, tourne mal. Le narrateur en est ainsi défini : « Trente ans d'âge, cent ans de regrets, mille ans de mensonges. »

Tchin-Tchin (*) créé en 1959 par Billetdoux lui-même, avec Katharina Renn et Claude Berry au Théâtre de Poche Montparnasse, connaît un véritable triomphe. Cette pièce douce-amère raconte la descente aux enfers de l'alcoolisme de Pamela et Cesaro, abandonnés par leurs conjoints qui convolent ensemble. Elle sera représentée trois cents fois, créée à Londres, à Broadway, traduite en dix-neuf langues, jouée dans vingt-huit pays. Après le Poche-Montparnasse, elle sera reprise au Théâtre moderne, puis en 1984, par Peter Brook et Maurice Benichou au Théâtre Montparnasse (avec Marcello Mastroianni et Natasha Parry). En 1960, *Le Comportement des époux Bredburry,* « comédie burlesque et philosophique », inspirée d'un fait divers (une femme veut vendre son mari par amour), connaît un relatif échec au Théâtre des Mathurins. Mais dès l'année suivante *Va donc chez Törpe* (*) permet à Billetdoux de renouer avec le succès. Cette pièce, dont l'action se déroule dans une singulière auberge où les clients viennent pour mourir, et qui donne lieu à un étrange dialogue entre un inspecteur de police et la tenancière du lieu, fut unanimement saluée par la critique. Billetdoux publie ensuite son troisième roman : *Brouillon d'un bourgeois.* En 1962, il participe, avec *Pour Finalie*, à une trilogie commandée par Antoine Bourseiller pour le Théâtre des Champs-Élysées, avec Ionesco et Vauthier : *Les Chemises de nuit.* En 1964, sa pièce *Il faut passer par les nuages,* sous-titrée « Le Poème d'une chatte de gouttière », est créée à l'Odéon-Théâtre de France par Madeleine Renaud et Jean-Louis Barrault.

En mars de la même année, Billetdoux met en scène son « western métaphysique » : *Comment va le monde, môssieur ? Il tourne, môssieur !* (*) au Théâtre de l'Ambigu (Prix de la jeune critique). En juillet 1967, dans le cadre du Festival d'Avignon, Antoine Bourseiller monte ce que l'auteur appellera « Un prospectus prématuré de mai 68 » : *Silence ! l'arbre remue encore...* avec Serge Reggiani. *Pitchi Poï,* écrit pour l'Eurovision, sera produit la même année, mais non diffusé. Commence alors une période de remise en question des cadres de la dramaturgie : « Si le théâtre a encore un sens de nos jours, c'est en moi que je dois retrouver son origine. » Il s'engage alors dans une suite de travaux « sur les matériaux élémentaires » (voix « sans écriture », canevas de type forain, jeu avec de grandes marionnettes, monologues, généalogies de clowns, etc.) : *Quelqu'un devrait faire quelque chose* (1969), *7 + Quoi*, retiré de l'affiche du Gymnase après deux représentations (1969), *Femmes parallèles*, sa première pièce jouée au Français, mise en scène par J.-P. Roussillon (1970), *Rintru pa trou tar hin* (1971), *Ne m'attendez pas ce soir au Petit Odéon* (1971), *Les Veuves* (1972). La même année « carte blanche » lui est donnée pour une soirée poétique salle Richelieu. Il est nommé président de la Société des gens de lettres et s'attelle à l'épineux problème des droits d'auteur. En

1973 il devient membre du Haut Conseil de l'audiovisuel. L'année suivante, J.-P. Miquel lui passe commande d'un texte pour les comédiens-français, ce sera : *La Nostalgie camarade,* représentée trente fois. C'est alors que celui qui se définissait comme le « pauvre griot du monde occidental » cesse momentanément d'écrire pour le théâtre : « Si je me suis arrêté de produire des œuvres nouvelles, c'est comme un compositeur auquel on aurait obstinément interdit l'accès à l'instrumentation, et qui en outre se serait fait trop souvent rabrouer parce qu'il tape comme un sourd sur le piano. » En 1974 *Les Veuves* sont créées au Round House de Londres. En 1981, Roger Blin monte au Petit Montparnasse une pièce que Billetdoux avait écrite pour la radio : *Ai-je dit que je suis bossu ?* En 1983, *L'Arlequin du doute* est publié. Billetdoux rompt enfin son long silence dramaturgique en 1988, grâce à une commande de Jorge Lavelli pour le Théâtre de la Colline qui donnera : *Réveille-toi, Philadelphie,* avec Denise Gence, triomphalement accueilli par le public et la critique (prix de la Littérature dramatique de la Ville de Paris, prix du Syndicat de la critique dramatique et musicale). L'œuvre et l'auteur sont couronnés par le Molière du meilleur auteur dramatique 1989, et par le grand prix de l'Académie française, la même année. En 1992, de façon posthume est publié un recueil de textes et chants initialement prévu pour plusieurs médias (radio, disque, livre et télévision) accompagné de sa seule version discographique, *Appel de personne à personne.*

NICOLAS ROMÉAS.

♦ *« Ce par quoi Billetdoux échappe aux définitions commodes, c'est précisément ce qui fait sa valeur d'homme de théâtre : sa verve, sa virtuosité et son abondance verbale. Entre le spectateur et lui, Billetdoux fait s'élever, à la façon d'un rideau de fumée, ce chatoiement des mots, ces monologues parfaits qui sont le charme de ses pièces. »* François Nourissier.

RÉF. : J.-M. Lhote, *Mise en jeu de François Billetdoux,* Paris, 1988.

BILLY André. Écrivain français. Né le 13 décembre 1882 à Saint-Quentin (Aisne), mort le 11 avril 1971 à Barbizon (Seine-et-Marne). Il fait des études au petit séminaire, au collège de la Providence à Amiens, au collège de l'Immaculée Conception à Saint-Dizier. Cette éducation religieuse, par ses excès, rendra peut-être André Billy agnostique, mais elle lui donnera une sensibilité vive et un intérêt passionné pour autrui, que l'on retrouve dans ses livres. Dès 1907 il publie son premier roman, *Benoni* (+). C'est surtout en qualité de journaliste qu'il se fait connaître. Il entre en 1910 à la rédaction de *Paris-Midi,* emploi qu'il occupe jusqu'en 1914, tout en collaborant en 1912 à *L'Homme libre,* puis il écrit dans *L'Œuvre* de 1917 à 1940 et, dans le même temps, il entre au *Figaro,* en 1930, en qualité de critique littéraire et collabore à de grandes revues, tels *Les Annales* et *Le Mercure de France* (*). Il avait connu dans sa jeunesse de nombreux écrivains et il resta jusqu'à la fin de sa vie le témoin d'un passé littéraire prestigieux, en même temps qu'un critique sagace des écrivains du XXe siècle. Mais l'œuvre critique considérable d'André Billy ne doit pas cacher l'œuvre de l'essayiste et du romancier, notamment ses études sur *La Vie de Diderot* (1943), *La Vie de Balzac* (1944), *Sainte-Beuve, sa vie et son temps* (1954), *Les Frères Goncourt* (*) (1954), *Ce cher Stendhal* (1958), sur *Un singulier bénédictin : l'abbé Prévost* (1968), sur *Joubert énigmatique et délicieux* (1969). Plus de soixante volumes jalonnent la longue existence de cet écrivain toujours soucieux d'écrire en une prose classique et parfois remplie d'humour. Critique, il a porté sur les écrivains des jugements à la fois vifs et nuancés, tâche dans laquelle il était aidé par une étonnante mémoire. Cette faculté de se souvenir avec une facilité prodigieuse lui a permis également de raconter sa vie passée dans *La Terrasse du Luxembourg* (1945), *Le Pont des Saints-Pères* (1947), *Le Balcon au bord de l'eau* (1949), *Sur les bords de la Veule* (1965). André Billy a écrit aussi des livres de fiction dont les titres indiquent ses préoccupations religieuses bien qu'il ait eu le sentiment d'avoir perdu la foi : *L'Approbaniste* (+) (1937), *Introïbo* (*) (1939), *Le Narthex* (1950). On lui doit encore *Le Badaud de Paris et d'ailleurs* (1959), *L'Allegretto de la Septième* (1960), *Hortense et ses amants* (1961), *Le Jardin des délices* (1962), *Du noir sur du blanc* (1963). Deux grands prix littéraires devaient couronner cette œuvre à la fois éclectique et érudite, le grand prix de l'Académie française en 1944, et le grand prix national des Lettres en 1954, tandis que l'académie Goncourt accueillait l'écrivain en 1943.

JOËL SCHMIDT.

BINDING Rudolph Georg. Écrivain allemand. Né à Bâle le 11 août 1867, mort à Starnberg le 4 août 1938. Fils du juriste Karl Binding, il fit ses études de droit et fut quelque temps avocat. Officier de hussards et passionné de cheval, il importa des pur-sang d'Angleterre. Ce n'est qu'à quarante ans qu'il commença sa carrière littéraire par des traductions. Il voyagea en Italie et en Grèce. La Première Guerre mondiale lui inspira un livre dépouillé et réaliste, *Sur la guerre* (*), et d'autres œuvres de caractère plus littéraire comme *Orgueil et Douleur*. Bien qu'il n'ait jamais été inscrit au parti national-socialiste, il crut devoir prendre sa défense en répondant à Romain Rolland *(Réponse d'un Allemand au monde).* Il publia également un *Voyage sentimental sur la Moselle* (1932), une autobiographie intitulée *Vie vécue,* des nouvelles *(La Légende du temps, Le Violon).* En 1950 parurent, à titre posthume, ses lettres à la femme qui figure dans *Le Sacrifice* sous le nom de Joie.

RÉF. : H. Millotat, *Bindings erzählerisches Werk*, Marbourg, 1939, thèse. – M.-L. Harnist, *L'Œuvre lyrique de Rudolf G. Binding*, 1943, thèse. – R.L. Cole, *The Ethical Foundations of R.G. Binding's Gentleman-Concept*, La Haye, 1966.

BINET Alfred. Psychologue français. Né le 8 juillet 1857 à Nice, mort le 18 octobre 1911 à Paris. Fils d'un médecin et d'une artiste peintre, il possède un esprit ouvert à de nombreux domaines de l'activité scientifique et philosophique. Après avoir fait des études de droit et obtenu sa licence en 1878, Binet entreprend des études de sciences naturelles, mais il est surtout attiré par la psychologie. Sa collaboration avec Charcot à la Salpêtrière et son admiration pour la psychologie anglo-saxonne déterminent ses orientations de recherche. Ses travaux portent à la fois sur les conduites sensorielles, perceptives et intelligentes des individus, et sur les phénomènes de conscience, d'affectivité et de pathologie. À l'âge de 29 ans (1886), son premier livre est publié : *La Psychologie du raisonnement.* Il écrit ensuite dix ouvrages et plus d'une centaine d'articles sur des sujets aussi éclectiques que *Le Magnétisme animal* (1887), *Les Altérations de la personnalité* (1892), *La Fatigue intellectuelle* (1898) avec Victor Henri, *La Suggestibilité* (1900). Mais c'est surtout l'*Étude expérimentale de l'intelligence* (1903) qui est son ouvrage le plus remarqué. Travailleur acharné, il peut mener ses recherches au laboratoire de psychologie physiologique à la Sorbonne qu'il dirige depuis 1894 et composer des pièces de théâtre qui ont à l'époque du succès. Il crée la revue *L'Année psychologique* en 1894. Binet est surtout connu pour ses travaux avec le docteur Simon sur la mesure du développement de l'intelligence – v. *Mesure du développement de l'intelligence chez les jeunes enfants* (*). En 1900, la « Société libre pour l'étude psychologique de l'enfant » fut créée, devenue la « Société Alfred Binet » après sa mort.

ARLETTE STRERI.

BINET Étienne. Jésuite et écrivain français. Né en 1569 à Dijon, mort le 4 juillet 1639 à Paris. Après avoir séjourné en Champagne et à Lyon, Binet fut recteur du collège des jésuites de Rouen. Ami du cardinal Bérulle et de saint François de Sales, il occupa la charge de provincial de son ordre, avant d'être recteur du collège de Clermont à Paris. Ce « théologien en belle humeur, ami du ton burlesque » (J. Calvet) est l'auteur de vies de saints, d'une *Consolation des malades,* d'une *Fleur des Psaumes,* du *Chef-d'Œuvre de Dieu ou les Souveraines Perfections de la Sainte Vierge,* et surtout d'un *Essay des merveilles de Nature* (*) paru en 1621 à Rouen (et souvent réédité : plus de vingt éditions entre 1621 et 1657) sous le nom de François René (= bis né). Binet est un théologien « aimable » qui entend s'intéresser aux soucis de l'humanité : loin des jansénistes, il est l'exemple même de l'esprit « jésuite ». Pascal le cite dans la neuvième lettre des *Provinciales* (*). Après avoir sombré dans un oubli total, Binet a été redécouvert au début de ce siècle, en particulier par Henri Bremond dans son *Histoire littéraire du sentiment religieux en France* (*).

FRANÇOIS ROUDAUT.

BINKIS Kazys. Poète et critique littéraire lituanien. Né le 4 novembre 1893 à Gudeliai, mort à Kaunas le 27 avril 1942. L'évolution de cet écrivain, qui a joué un rôle important dans la vie culturelle de la Lituanie pendant l'entre-deux-guerres, offre trois phases radicalement différentes. Dans son premier recueil de poèmes, *Les Vers* (1920), il reste fidèle aux formes d'écriture classiques et aux thèmes traditionnels du lyrisme : traduction des sentiments familiers, toujours nuancés d'une grande douceur, peintures de la vie simple et champêtre, etc. Dans son second recueil, *Cent printemps* (1926), il affirme au contraire des tendances nettement révolutionnaires, apparentées au mouvement futuriste européen, et devient l'animateur du groupe des jeunes poètes de la revue *Les Quatre Vents*. Très vite cependant il fait un retour à son inspiration première, mais approfondie cette fois par une connaissance de la littérature folklorique lituanienne. En 1930, en collaboration avec le peintre Simonis, il publie le recueil des *Dainos* (*), chants populaires nationaux. Il a donné par la suite plusieurs ouvrages pour les enfants et s'est également essayé au théâtre.

RÉF. : J. Mauclère, *Panorama de la littérature lituanienne*, Paris, 1938. – V. Kuzmickas, *Kazys Binkis, Gyvenimas ir kuryba*, Kaunas, 1985.

BION Wilfred Ruprecht. Psychanalyste anglais. Né à Muttra (Inde) le 8 septembre 1897, mort le 8 novembre 1979 à Oxford (Angleterre) au retour d'un séjour de onze ans à Los Angeles. Président de la société britannique de psychanalyse (1962-1965) dont il devient membre en 1950, il dirige et préside des centres de soins et de formation psychanalytiques, à Londres entre 1945 et 1968. Ce penseur éminent, au charisme notoire, psychanalyste de la troisième génération, laisse une œuvre originale dont la portée historique et les effets d'après-coup sur le mouvement psychanalytique n'ont pu être encore évalués ; mais sa fécondité conceptuelle côtoie celle de pionniers comme Sigmund Freud et Mélanie Klein, dont Bion affine et articule avec brio les modèles métapsychologiques. Entrecroisant les apports des sciences, de la philosophie, de l'art, de l'histoire et des religions, il abstrait une métathéorie – container et module – du corpus psychanalytique qui, nourrie d'observations cliniques et théoriques, devient un outil exploratoire de sa propre méthodologie, de son éthique et de son épistémologie. Il propose un modèle psychique fondé sur la croissance de la pensée et de la personnalité qui, du fait de l'équipement immature et inadéquat de l'espèce humaine, en subit les vicissitudes de développement et d'usages ; son issue la plus heureuse réside en la capacité d'« apprendre de l'expérience » malgré la « résistance aux changements », tandis que son plus grave échec s'exprime en la psychose. Toujours sous-tendus par la complexité émotionnelle des liens réciproques de l'individu aux groupes, les ouvrages théoriques de Bion étoffent et approfondissent sa *Théorie de la pensée* (*) : *Recherches sur les petits groupes* [*Experience in Groups and other Papers,* 1961], *Aux sources de l'expérience* [*Learning from Experience,* 1962], *Élements de psychanalyse* [*Elements of Psychoanalysis,* 1963], *Transformations* [*Transformations,* 1965], *Réflexion faite* (+), *L'Attention et l'Interprétation* [*Attention and Interpretation,* 1970]. Conférences, séminaires et *Cogitations* (1992) témoignent d'une remise en perspective de ses propres écrits, et rappellent la force des « turbulences émotionnelles ». Son triptyque *Une mémoire du futur* [*A Memoir of the Future,* 1975-79], sorte d'essai-fiction, dévoile un auteur au style parfois pirandellien, qui livre le conflit autobiographique de ses émotions de pensées dans une personnification animée de ses abstractions théoriques. Les publications autobiographiqes posthumes – *Le Long Week-End 1897-1919* [*The Long Week-End 1897-1919,* 1982] et *All my Sins Remembered. The Other Side of Genius* (1985) – dépeignent l'homme d'auto-observation et d'action, hors du commun. Diplômé d'Oxford, médecin médaillé d'or de chirurgie, Bion fut décoré du D. S. O. et chevalier de la Légion d'honneur lors de la Première Guerre mondiale. Au cours de la Seconde, officier psychiatre de l'armée britannique, il y crée les groupes thérapeutiques. Élevé dans le climat des écoles anglaises, loin des siens, après huit premières années passées dans sa famille restée en Inde, éprouvé par la guerre de 14-18, marié en 1940 à l'actrice Betty Jardine, père et veuf en 1945, remarié en 1951 et père de deux autres enfants, la dernière période de sa vie apporte un plein épanouissement à sa personnalité.

MIREILLE FOGNINI.

BION de Smyrne. Poète bucolique grec du IIe siècle av. J.-C. Né à Phlossa, près de Smyrne, contemporain de Moschos. Nous ne savons quasiment rien sur lui, sinon sa ville natale et sa mort (suicide ou empoisonnement) à laquelle fait allusion « Le Chant funèbre en l'honneur de Bion » [᾿Επιτάφιος Βίωνος], attribué à Moschos. Le peu qui nous est parvenu de son œuvre représente dix-sept fragments. Les plus longs d'entre eux sont « Le Chant funèbre en l'honneur d'Adonis » [Ἀδώνιδος ἐπιτάφιος] (quatre-vingt-dix-huit hexamètres) et « L'Épithalame d'Achille et de Déidamie » [᾿Αχίλλεως ἐπιθαλάμιος], qui furent longtemps et faussement attribués à Théocrite – v. *Idylles* (*). Les plus brefs fragments sont tirés, d'après le témoignage de Stobée, de bucoliques.

Les sujets traités par le poète varient de frivoles et érotiques à sérieux et sentencieux, et sont interprétés avec une émotion parfois sincère, mais plus souvent conventionnelle.

NADINA RADEVA.

RÉF. : Von Willamowitz, *Textgeschichte der griechischen Bukoloker*, Berlin, 1906. – Ph. E. Legrand, *La Poésie alexandrine*, Paris ; *Bucoliques grecs*, Paris, 1967.

BIOY CASARES Adolfo. Écrivain argentin. Né à Buenos Aires le 15 septembre 1914. Fils de riches propriétaires terriens dont il a hérité le patrimoine, une solide formation littéraire, essentiellement française, et surtout la passion de la littérature, le jeune Bioy, encouragé par son père, publie son premier ouvrage à l'âge de quatorze ans, *Vanidad* (1928), suivi l'année d'après de *Prologue* [*Prólogo*, 1929]. De son amitié avec Borges qu'il rencontre en 1932 naîtront plusieurs ouvrages de collaboration signés sous les pseudonymes de H. Bustos Domecq ou de B. Suarez Lynch et surtout la découverte par Bioy Casares de la littérature étrangère principalement anglaise mais aussi de la littérature argentine fondatrice. Avec Borges, il figure parmi les collaborateurs de la revue *Sur* (*), que dirige Victoria Ocampo et dont il épousera la sœur cadette, l'écrivain et poétesse Silvina Ocampo – v. *Faits divers de la terre et du ciel* (*) de S. Ocampo – en 1940. Avec la publication de *L'Invention de Morel* (*) (1940), roman rapidement traduit dans plusieurs langues, Bioy Casares est reconnu comme un des plus talentueux écrivains de son temps. Robbe-Grillet s'en inspirera pour écrire son *Année dernière à Marienbad.* Suivent un nombre important d'ouvrages où alternent nouvelles et romans autour de deux thèmes chers à l'auteur et qu'il manie à la perfection, le fantastique et l'amour. Citons parmi ceux-ci : *Le Songe des héros* [*El sueño de los héroes*, 1954], *Journal de la guerre au cochon* (*) (1969), *Le Héros des femmes* [*El héroe de las mujeres*, 1978], *Histoires démesurées* [*Historias desaforadas*, 1986]. Adolfo Bioy Casares a obtenu le prix Cervantès 1990 pour l'ensemble de son œuvre.

JEAN-CLAUDE VILLEGAS.

RÉF. : O. Kovacci, *Adolfo Bioy Casares*, Buenos Aires, 1963. – S. J. Levine, *Guía de Bioy Casares*, Madrid, 1982. – A. Avellaneda, *El habla de la ideología*, Buenos Aires, 1983. – M. I. Tamargo, *La Narración de Bioy Casares*, Madrid, 1983.

BIRD Robert Montgomery. Écrivain américain. Né à New Castle (Delaware) le 5 février 1806, mort à Philadelphie (Pennsylvanie) le 23 janvier 1854. Professeur de médecine et pharmacologie au Medical College de Pennsylvanie, il se consacra néanmoins à la littérature et au théâtre. En 1831 il fit représenter *Le Gladiateur* (+), première pièce américaine à succès. En 1832 il écrivit un autre drame : *Oralloosa,* dont l'action se déroule au Pérou à l'époque de Pizarro ; ce furent encore les contrées du Sud, pour lesquelles il manifestait une prédilection, qu'il choisit comme cadre de son meilleur drame : *Le Banquier de Bogota* (*), qui connut un succès retentissant lors de sa représentation à New York en 1834. Dépouillé de ses droits d'auteur par son interprète Edwin Forrest, à qui ces drames rapportèrent une fortune considérable alors que lui ne touchait en tout et pour tout que mille dollars, Bird se tourna vers la nouvelle : *Calavar ou le Chevalier de la conquête* [*Calavar or the Knight of the Conquest,* 1834], *L'Infidèle ou la Chute de Mexico* [*The Infidel or the Fall of Mexico,* 1835], récits romantiques qui se déroulent à l'époque de la conquête de Cortés ; *Les Faucons de Hawk Hollow* [*The Hawks of Hawk Hollow,* 1835] qui ont pour cadre la Pennsylvanie, et sont le meilleur de tous ces récits ; *Sheppard Lee* (1836) est un essai sur la métempsycose ; citons encore *Le Démon des bois* (*) ; *Peter Pilgrim* (1838), recueil de petits tableaux, et *Les Aventures de Robin Day* [*The Adventures of Robin Day,* 1839], roman picaresque. En 1840, la santé de Bird le contraignit à se retirer dans une ferme du Maryland, mais il trouva encore le temps et la force de donner des cours au Pennsylvania Medical College et de se consacrer à la politique. En 1847 il devint directeur littéraire du *North American* de Philadelphie. Par suite de l'opposition, d'ailleurs illégale, de Forrest, ses pièces ne furent imprimées qu'en 1917 ; trop tard pour que Bird pût jouir d'un triomphe mérité.

RÉF. : C. E. Foust, *Life and Dramatic Works of Robert Montgomery Bird,* New York, 1919 (nouv. éd. 1971). – A. H. Quinn, *A History of the American Drama,* t. I, Londres et New York, 1923. – C. Dahl, *Robert Montgomery Bird,* New York, 1963.

BIRINGUCCIO Vannoccio. Savant italien. Né à Sienne en 1480, mort peut-être à Rome en 1538 ou 1539. Protégé par Pandolfo Petrucci, seigneur de Sienne, il fut nommé directeur de la Monnaie et des Mines, mais à la mort de Petrucci on le chassa de la ville, sous l'inculpation d'avoir falsifié l'alliage des monnaies. Lorsque les Petrucci reprirent le pouvoir à Sienne, Biringuccio fut à nouveau comblé de charges et d'honneurs, mais en 1526 il dut s'enfuir une nouvelle fois pour passer au service de Florence, où il fut préposé à l'artillerie. Revenu à Sienne en 1530, il fut nommé architecte de la commune, et en 1538 Paul III le fit venir à Rome pour lui confier la fonte et la direction de l'artillerie papale. On ne possède pas sur lui d'autres renseignements, si ce n'est qu'en 1539 il était mort. Il est l'auteur d'une *Pyrotechnie ou Art du feu* (*), ouvrage classique qui connut une grande diffusion, et dont le principal mérite est d'avoir cherché à dégager l'étude des procédés techniques de fabrication des métaux et de leurs alliages de tout le fatras des recherches alchimiques, pour se borner aux seules données de l'expérience.

RÉF. : A. Mieli, Préface à l'édition critique du *De la pirotechnia,* Bari, 1914.

BIRŪNĪ (al-) Abu Rīḥān Muḥammad. Scientifique et historien médiéval d'expression arabe. Né à Khiva (Ouzbekistan actuel) en 963, mort à Ghazni (Afghanistan actuel) après 1050. Esprit universel, il étudia les mathématiques, l'astronomie, la médecine et les sciences naturelles, s'intéressa à l'histoire, et fut un précurseur de l'étude comparée des religions. Outre le persan et l'arabe, qu'il maîtrisait parfaitement, il apprit le sanskrit et possédait de solides notions de grec. Contemporain d'Avicenne, avec qui il entretint de bons rapports, il fréquenta la cour de plusieurs souverains indépendants d'Iran et d'Asie centrale avant d'entrer au service du sultan Maḥmūd de Ghazni (règne : 998-1030), qui venait de se tailler un vaste empire dans la région et cherchait à rassembler les esprits les plus brillants de son époque : c'est à lui que Firdūsī dédia le *Livre des rois* (*), qui marqua la renaissance culturelle de la langue persane. Al-Birūnī, quant à lui, préféra rédiger son œuvre en arabe, qui était alors l'une des principales langues scientifiques mondiales. Comme beaucoup d'astronomes médiévaux, il exerçait la fonction officielle d'astrologue de la Cour et composa même un ouvrage sur cette discipline, où il avoue cependant à mots couverts son profond scepticisme quant à la possibilité de prédire l'avenir par de tels moyens. Il rédigea une œuvre abondante (plus de cent vingt titres), dont une grande partie a disparu ; il y figure un monumental traité d'astronomie, ainsi que divers ouvrages consacrés à la médecine, aux sciences naturelles, aux mathématiques et à la physique. Ses deux œuvres les plus célèbres se rattachent toutefois à un domaine assez différent : les *Monuments des siècles révolus* [*Al-āthār al-bāqiya 'ani l-qurūn al-khāliya*] sont une tentative pour élaborer une chronologie universelle sur des bases mathématiques ; quant à l'*Histoire de l'Inde* (*), il s'agit d'une description de la société indienne au début du XIe siècle. Esprit indépendant et libre de préjugés, al-Birūnī, qui par ailleurs passa toujours pour un bon musulman en dépit de son admiration pour le philosophe « libre penseur » al-Rāzī, est sans doute l'un des personnages les plus représentatifs du grand mouvement scientifique qui atteint son apogée dans l'islam médiéval entre le IXe et le XIe siècles.

JEAN-PATRICK GUILLAUME.

BISHOP Elizabeth. Poétesse américaine. Née le 8 février 1911 à Worcester (Massachusetts), morte à Boston, le 6 octobre 1979. Ses parents étaient d'origine canadienne. Son père meurt peu après sa naissance. Elle a quatre ans lorsque sa mère est placée dans un hôpital psychiatrique – elle en fera le récit beaucoup plus tard dans « Au village » [In the Village] qui se trouve au cœur de son recueil de poèmes *Questions de voyage* [*Questions of Travel*, 1965]. Elizabeth Bishop est élevée par ses grands-parents en Nouvelle-Écosse, paysage qui marquera son œuvre, puis par une tante. De santé fragile, elle ne fréquente l'école qu'irrégulièrement mais lit énormément (beaucoup de contes de fées notamment, Grimm et Andersen). Elle découvre la poésie à travers l'anthologie des poètes modernes d'Harriet Monroe que lui passe une camarade de colonie de vacances. Elle lit Hopkins dès 1927. Mais c'est avec son inscription au Vassar College de New York que commence sa carrière littéraire. Mary McCarthy est au nombre de ses condisciples. En 1934, elle rencontre Marianne Moore par l'entremise de la bibliothécaire du collège. C'est le début d'une amitié de quarante années. Ses études terminées, commence la période des voyages qui joueront un si grand rôle dans sa vie : elle est en Bretagne et à Paris en 1935, puis en Afrique du Nord et en Espagne. Elle achète une vieille maison à Key West où elle résidera plusieurs années. Ses poèmes commencent à paraître dans des revues comme *Poetry* (*). Elle fait en 1943 un long séjour au Mexique, où elle rencontre Pablo Neruda. Ce n'est qu'en 1946 que paraît son premier recueil *Nord & Sud* [*North & South*]. Ce recueil, écrit dans un vers proche de la prose – Elizabeth Bishop tient beaucoup à garder dans ses vers l'ordre des mots le plus naturel – mais plein d'une fantaisie qui fait parfois penser, dans ses poèmes parisiens, au surréalisme d'un René Clair, fut bien accueilli, notamment par Randall Jarrell.

Après cette première publication, Elizabeth Bishop fut peu à peu reconnue comme l'un des meilleurs poètes de sa génération. En 1947, elle obtint une bourse Guggenheim, puis fut nommée à la bibliothèque du Congrès, et au collège de Bryn Mawr en 1951. C'est cette même année qu'elle part pour l'Amérique du Sud et le Brésil où elle allait vivre la plus grande part des vingt années suivantes. En 1955 elle recueille dix-sept poèmes qui vont venir augmenter le recueil précédent *Nord & Sud. Une source froide* [*North & South. A Cold Spring*] va lui valoir le prix Pulitzer. Ayant appris le portugais, elle s'intéresse à la littérature du Brésil qu'elle traduit (en particulier Joao Cabral de Melo Neto et Carlos Drummond de Andrade). Les poèmes qu'elle écrit elle-même sur son séjour au Brésil paraîtront dans *Questions de voyage* (1965), où apparaissent aussi d'autres lieux – « Ailleurs » [Elsewhere] et « Visite à sainte Elizabeth », qui conte sa visite à Ezra Pound. Nommée successivement dans plusieurs universités américaines et en particulier à Harvard, elle quitte le Brésil et s'installe à Boston en 1974, où elle publie encore *Géographie III* (*) avant sa mort soudaine en 1979. Un premier volume recueillant l'ensemble de son œuvre poétique était paru en 1969, mais ses *Œuvres poétiques complètes* [*The Complete Poems*, 1927-1979] sont publiées à New York en 1983 et ses *Œuvres en prose* [*The Collected Prose*] en 1984.

♦ *« Le grand sujet d'Elizabeth Bishop, c'est l'impression constamment renouvelée de découvrir l'étrangeté, l'irréalité de la réalité au moment même où on la saisit comme réalité. »* John Ashberry.
♦ *« Les vers d'Elizabeth Bishop sont habités par certaines sonorités profondes qui, selon Robert Frost, existent avant que n'existent les mots, et qui vivent dans la caverne de la bouche. »* Seamus Heaney.

RÉF. : A. Stevenson, *Elizabeth Bishop*, New York, 1966. – L. Schwartz et S. P. Estess (éd.), *Elizabeth Bishop and Her Art*, Ann Arbor, 1983.

BISMARCK Otto Eduard Leopold von. Homme d'État allemand. Né le 1er avril 1815 à Schönhausen, petit village du Brandebourg, mort à Friedrichsruh (Schleswig-Holstein) le 30 juillet 1898. Descendant d'une vieille famille de « Junker » de la marche brandebourgeoise, il était le fils d'Alexander, capitaine de cavalerie, et de Luise Menken, fille du célèbre professeur de philosophie de l'université de Leipzig. Après avoir étudié le droit à Göttingen et à Berlin, il entra dans l'armée d'abord comme magistrat, puis comme officier. Cependant son caractère autoritaire supportait mal la discipline militaire, et au bout de deux ans il se retira en Poméranie, où il s'occupa d'agriculture dans les propriétés familiales. En 1846, il fut élu membre de la Diète prussienne, début d'une carrière qui dura une quarantaine d'années. Dès le commencement de son activité d'homme politique, il se soucia fort peu de la popularité ; au contraire, il afficha de n'en tenir aucun compte : en effet, au « Landtag » convoqué par le roi Frédéric-Guillaume en février 1847, il prit la défense des positions les plus conservatrices. De même, la révolution de l'année suivante le trouva décidément dans l'opposition la plus rigoureuse. Bientôt la révolution fut vaincue, et Bismarck put reprendre alors son rôle de soutien intransigeant des droits de l'État absolutiste et de la monarchie de droit divin. Après une première période où il défendit l'Autriche, dont il partageait les tendances réactionnaires et le désir d'étouffer complètement l'esprit révolutionnaire, à la Diète de Francfort en 1851, comme ministre de la Prusse, il donna le départ à sa politique qui devait aboutir, au cours des années suivantes, à exclure l'Autriche de la Confédération germanique. En 1859, il fut envoyé à Saint-Pétersbourg comme représentant de la Prusse, puis, en 1862, à Paris, d'où il fut rappelé par le roi qui, en conflit permanent avec le Parlement, ne vit pas d'autre moyen d'en sortir que de se fier à l'énergie de Bismarck. Accueilli avec hostilité, le Premier ministre agit sans hésitation : il gouverna contre la Diète prussienne à majorité libérale et imposa la réforme de l'armée que celle-ci refusait de financer. À la mort du roi du Danemark Frédéric VII, Bismarck ne fut pas long à profiter de l'occasion pour présenter les revendications allemandes au sujet des deux duchés de Schleswig-Holstein. Il aurait voulu les annexer à la Prusse, mais il fut contraint, pour des raisons de politique intérieure, de demander son concours à l'Autriche. La guerre qui s'ensuivit se termina, en 1864, par la victoire des deux alliés, et la convention de Gastein sanctionna l'annexion des deux duchés à la Prusse et à l'Autriche. Cette période, d'ailleurs, avait marqué un temps de pause dans l'action politique de Bismarck, dominée par la lutte contre l'Autriche ; mais tout de suite après, Bismarck recommença de tendre son piège pour expulser l'empereur d'Autriche de l'Allemagne, et substituer l'hégémonie des Hohenzollern à celle des Habsbourg. Dans ce but, avec une grande habileté diplomatique, il réussit à obtenir la neutralité de la France et à s'allier avec l'Italie, anxieuse de résoudre le problème de la Vénétie : il eut ainsi la possibilité de commencer la guerre contre l'Autriche, qui se termina comme il le désirait. L'Autriche éliminée, l'Allemagne était menacée par la France, qui redoutait l'émergence d'un État puissant et unifié à ses frontières de l'Est. Napoléon III perdit la guerre de 1870, et la France épuisée ne put s'opposer aux intentions du chancelier prussien qui, le 18 janvier 1871, proclama à Versailles l'Empire allemand. Après ces victoires, et presque satisfait des résultats obtenus, Bismarck inaugura une politique d'équilibre européen, se rapprochant de l'Autriche et donnant naissance, avec l'Italie, à la « Triplice » (1883). Au siècle du libéralisme, et au moment où d'autres peuples se constituaient en nation par des plébiscistes et l'adhésion spontanée des populations, Bismarck réalisa au contraire l'unité allemande par la force et « d'en haut ». De 1872 à 1878, il combattit l'Église catholique, ce fut le « Kulturkampf » ; cette lutte se termina par un échec, de sorte que lui-même, en 1879, l'abandonna complètement. Ce fut également par un échec que se solda l'action menée, avec la dureté habituelle, de 1878 à 1890 contre les socialistes. À l'avènement du nouveau roi Guillaume II, Bismarck, comte en 1865, prince en 1877, fut éloigné du pouvoir en 1890 avec le titre de duc de Lauenburg, et passa ses dernières années dans une solitude méprisante. En plus de quatorze volumes de discours et d'une volumineuse correspondance, il laissa un volume de *Mémoires, pensées, souvenirs* (*), publié entre 1898 et 1921, document de premier ordre sur la vie politique allemande et européenne du siècle dernier.

RÉF. : Wilhelm Mommsen, *Otto von Bismarck in Selbstzeugnissen und Bilddokumenten*, Hambourg, 1966. – Lothar Gall, *Bismarck / Der weisse Revolutionär*, Berlin, 1980. – Ernst Engelberg, *Bismarck*, Berlin, 1985 (2 vol.) – Otto Pflanze, *Bismarck and the Development of Germany,* Princeton, 1990 (3 vol.).

BISSON Alexandre. Auteur dramatique français. Né à Briouze (Orne) le 9 avril 1848, mort à Paris le 26 janvier 1912. En 1869, il vint à Paris comme employé au ministère de l'Instruction publique ; mais il quitta son service pour se consacrer au théâtre. Très cultivé, particulièrement dans le domaine musical (il collabora même pendant quelques années au groupement d'éditions musicales dirigé par Laporte), ce fut néanmoins le théâtre comique qui lui apporta la renommée ; tout en imprimant à ses travaux un caractère franchement comique, il sut éviter la vulgarité des « pochades » ; les comédies d'intrigue, les vaudevilles qu'il donna au théâtre, démontrent clairement qu'il possédait les qualités dramatiques innées. Doué d'une imagination facile et d'une veine comique spontanée, il leur donnait un aimable ton caricatural, et assez souvent un rythme satirique savoureux. Il ne se posait nul problème : son but était de divertir, et il y réussissait parfaitement. Parmi celles de ses œuvres qui furent les plus célèbres, citons : *Le Député de Bombignac* (1844) ; *Les Surprises du divorce,* en collaboration avec Antony Mars (1888) ; *Le Contrôleur des wagons-lits* (*) ; *Les Erreurs du mariage ; 115, rue Pigalle ; Mission délicate ; Le Péril jaune.* Observateur délicat, il fut attiré par la comédie de caractère : *Monsieur le Directeur* (1895), *Jalouse* (1897), etc. Au cours de ses dernières années, il fut également tenté par le drame : *La Femme X* (1910).

BITOV Andreï [Andrej Georgievič Bitov]. Écrivain russe. Né le 27 mai 1937 à Leningrad. Andreï Bitov est né dans une famille d'architectes. Il poursuit des études supérieures à l'Institut des mines de Leningrad (de 1955 à 1962) avec une interruption pour le service militaire. Il travaille quelques années comme géologue avant de devenir écrivain professionnel. Il commence à publier dès 1959. Son premier recueil de récits paraît en 1963, il est reçu à l'Union des écrivains d'U.R.S.S. en 1965. En 1967, il suit les cours supérieurs de scénariste.

Par sa date de naissance, Andreï Bitov fait partie des plus jeunes écrivains appartenant à ce qu'on a appelé la « génération du XXe Congrès », c'est-à-dire des écrivains qui se sont formés dans l'atmosphère du « dégel » poststalinien.

De fait, son œuvre principale *La Maison Pouchkine* (*) (1978) recrée l'atmosphère de cette période, avec le retour des détenus victimes du stalinisme, la libération des esprits, les nouvelles modes. Le héros, qui appartient à la grande noblesse russe, est un spécialiste de l'histoire littéraire et il incarne la permanence de la tradition culturelle russe, mais également ses ruptures. La sensibilité à l'histoire, à la culture, est caractéristique d'Andreï Bitov qui se dit, tout comme Brodski, formé par sa ville : Pétersbourg-Leningrad. Le deuxième « roman », qui, comme le premier, est fait d'un assemblage de nouvelles et de fragments, *Monakhov sur le départ* [*Uletajuščij Monahov*, 1976], révèle un maître de l'analyse psychologique. L'intérêt de Bitov pour les infimes mouvements de l'âme (qu'on découvre également dans ses nouvelles), pour la transformation des sentiments, de même qu'une certaine résistance à l'« engagement » et au moralisme propres à la littérature russe, amènent les critiques littéraires soviétiques à le rattacher au roman psychologique occidental (et en particulier à Proust) et, d'autre part, à Nabokov.

L'amour pour le jeu littéraire, visible dans *La Maison Pouchkine*, qui est pour une bonne part un roman sur le roman, est également manifeste dans *Le Professeur de symétrie* [*Professor simetrii*, 1987], traduction imaginaire d'un livre anglais imaginaire sur l'écrivain Urbino Vanoski.

Alors que la littérature dominante au cours des années 70 était celle des écrivains ruralistes, soulignant leurs racines terriennes et glorifiant la vie paysanne patriarcale, Andreï Bitov se réclame de la tradition intellectuelle et cultivée des pétersbourgeois, et peint un héros, proche de l'auteur, se livrant continuellement à l'autoanalyse. Son dernier roman *L'Homme dans le paysage* [*Čelovek v pejzaže*, 1987] dénote une tendance vers la réflexion philosophique. Parmi les œuvres les plus intéressantes de Bitov, il faut évoquer ses récits de voyages, notamment *Un Russe en Arménie* [*Uroki Armenii*, 1967-1969], qui, reprenant la tradition « caucasienne » de la littérature russe, donne un tableau plein de compréhension et d'amour pour ce pays.

Longtemps censuré dans son propre pays, Andreï Bitov est maintenant reconnu comme un des meilleurs écrivains russes vivants. Avant tout attentif au style et à la forme, il ne fait pas partie des écrivains « faiseurs d'opinion » mais c'est, à coup sûr, un écrivain qui restera.

ALEXIS BERELOWITCH.

BIZET Alexandre César Léopold (connu sous le prénom de **Georges**). Compositeur français né à Paris le 25 octobre 1838, mort le 3 juin 1875 à Bougival (Yvelines). Son père, qui était professeur de chant, lui enseigna les premiers rudiments de l'art musical ; dès l'âge de quatre ans, il exécutait les plus difficiles dictées musicales, et à neuf ans il était admis à la classe de piano de Marmontel au Conservatoire de Paris. Six mois plus tard, il obtenait un premier prix de solfège. Parallèlement à ses études instrumentales, il travaillait la composition avec Zimmermann que suppléait alors Charles Gounod. En 1852, un premier prix de piano récompensa son jeu brillant et fougueux ; en 1854, il se vit attribuer un prix d'orgue dans la classe de Benoît, alors qu'il venait de s'inscrire à la classe de composition de Jacques-Fromental Halévy, le célèbre auteur de *La Juive* (*). L'Institut de France devait lui décerner en juin 1857 le premier Grand Prix de Rome pour sa cantate *Clovis et Clotilde* et, le 28 janvier 1858, le jeune Bizet arriva dans la Ville Éternelle avec l'ardent désir de se pénétrer de cette culture latine dont toute sa musique sera le reflet. Le premier de ses trois envois réglementaires à l'Institut fut un opéra-bouffe écrit sur un livret italien : *Don Procopio*. Bizet s'attaqua ensuite à une vaste symphonie avec chœurs sous-titrée *Vasco de Gama*, où il manifeste son admiration pour Bach et Beethoven. Enfin, il acheva une suite d'orchestre en trois mouvements, dont il devait reprendre le *Scherzo* dans ses *Souvenirs de Rome*, et la *Marche funèbre* dans *Les Pêcheurs de perles* (*). Déjà il montrait sa personnalité vigoureuse par une invention mélodique originale, et un sens de la couleur orchestrale qui le fera longtemps passer à tort pour un disciple de Wagner. À son retour de Rome, il perfectionna son métier de compositeur lyrique, en transcrivant pour le piano des opéras français, italiens et allemands qui furent publiés sous le titre *Le Pianiste chanteur*. En même temps, il préparait un opéra-comique, *La Guzla* (+), dont les répétitions commencèrent Salle Favart en 1863. Mais l'auteur, soucieux de ne présenter au public que des partitions dont il fût totalement satisfait, préféra renoncer à la création de cet ouvrage, et présenter au Théâtre Lyrique *Les Pêcheurs de perles* qu'il venait d'achever. *Les Pêcheurs* reçurent un accueil assez frais, qui renforça encore les scrupules de Bizet. En 1865, il retira de l'affiche son nouveau drame lyrique *Ivan IV* (*), et le succès de ses *Souvenirs de Rome* aux concerts Pasdeloup ne lui fit pas oublier le demi-échec de *La Jolie Fille de Perth* (+), dont la danse bohémienne est demeurée célèbre. Six mélodies : *Feuilles d'album*, inspirées par des vers de Musset, Lamartine, Ronsard, Millevoye et Victor Hugo, précédèrent le remaniement des *Souvenirs de Rome* qui devinrent la suite *Roma* (*Allegro, Andante, Scherzo* et *Carnaval*).

Le 3 juin 1869, Bizet épousait Geneviève Halévy, fille de son ancien professeur. La même année, il composait *Djamileh* (+), opéra-comique dont l'argument était tiré du *Namouna* (*) de Musset, et où il pouvait manifester son goût pour un exotisme tour à tour suave, chaleureux et passionné. Le cantabile d'Haroun, le chant des bateliers, le duo final demeurent les meilleures pages de cette partition qui fut exécutée pour la première fois le 22 mai 1872. Quelques mois plus tard, *L'Arlésienne* (*) d'Alphonse Daudet, pièce pour laquelle Bizet avait écrit une importante musique de scène, était représentée au Vaudeville. Ici, le compositeur quittait l'Orient pour retrouver le soleil, les parfums poivrés, la tristesse fière de la Provence. Et sa route devait le conduire jusqu'en Espagne. Mais avant de livrer *Carmen* (*) au public, le 3 mars 1875, il tira une petite suite d'orchestre intitulée *Jeux d'enfants* (+) de douze morceaux pour piano à quatre mains (*Toupie*, impromptu ; *Berceuse ; Trompette et tambour*, marche ; *Petit mari, petite femme*, duo ; *Bal*, galop). Georges Bizet fut très sensible aux sarcasmes qui menacèrent la réussite de *Carmen*. Dès la cinquième représentation pourtant, il pouvait entrevoir le futur triomphe de son chef-d'œuvre. Mais, profondément affecté par les violentes et injustes critiques, il devait mourir le 3 juin 1875, à Bougival où il comptait passer l'été, le soir de la trente-troisième représentation de *Carmen*. Peu de temps auparavant, il avait détruit la plupart de ses manuscrits qu'il hésitait à confier à un éditeur, et notamment les esquisses du *Cid* qui devait, l'année suivante, être présenté Salle Favart. Il demeure un des maîtres de l'art lyrique français par la concision de sa pensée, sa puissance de suggestion, la variété de son vocabulaire harmonique, la richesse et la force de son orchestration.

CLAUDE BAIGNÈRES.

♦ *«* [Sa musique] *est cruelle, raffinée, pleine de fatalisme : elle demeure quand même populaire – son raffinement est celui d'une race. »* Nietzsche. ♦ *« M. Georges Bizet est un de ces ambitieux qui veulent que la Lyre chante, souffre et pleure, vive avec notre âme et nous ouvre le monde invisible, et qui ne contentent pas des* turlurettes... *Pour ces nouveaux venus, la musique, même au théâtre, doit être non pas un amusement, une manière de passer la soirée, mais un langage divin, exprimant les angoisses, les folies, les célestes aspirations de l'être qui, pétri de fange et d'azur, est ici-bas un passant et un exilé. »* Th. de Banville. ♦ *« Bizet est un des musiciens qui font le plus d'honneur à l'art français* [...] *Il y a un poète antique auquel il fait penser : c'est Virgile* [...] *Comme Virgile, Bizet, tout en ayant un style personnel et bien à lui, pratique la méthode classique de l'abeille : il a des réminiscences, il fait peut-être des emprunts secrets, il prend de-ci de-là la fleur des choses ; il rapproche et unifie, non pour un travail de mosaïque, mais en restant toujours fidèle au principe de la convenance de l'expression et en faisant de l'harmonie. »* Combarieu.

RÉF. : H. Imbert, *G. Bizet*, Paris, 1899. – Paul Landormy, *Bizet*, Paris, 1924. – Mina Curtiss, *Bizet et son temps*, Paris-Genève, 1961. – Frédéric Robert, *Georges Bizet*, Paris, 1965. – Michel Cardoze, *Bizet*, Paris, 1982. – Jean Roy, *Bizet*, Paris, 1983. – Georges Bizet, *Lettres*, Paris, 1989.

BJÖRLING Gunnar. Poète finlandais d'expression suédoise. Né et mort à Helsinki (31 mai 1887-11 juillet 1960). Après ses études universitaires, il était déjà un personnage du monde littéraire quand il débuta, assez tard, avec *Jour au repos* [*Vilande, dag,* 1922], et il eut de la peine à se faire reconnaître, publiant à compte d'auteur des recueils comme *La Croix et la Promesse* [*Korset och löftet,* 1925] et *Kiri-ra* (*) (1930). Il était en effet un auteur « difficile », ayant éliminé de la langue tout ce qui lui paraissait inutile et faisant passer le souci de densité avant celui de la grammaire traditionnelle. Ce langage abrupt, concentré et précis comme celui d'un poème chinois et surprenant comme dada, tend à saisir un monde inachevé, dont la seule réalité est le dynamisme. En 1937, Björling reçut enfin une sorte de consécration avec une anthologie composée par son cadet Rabbe Enckell. Il a lui-même opéré un choix dans ses nombreux recueils – publié sous le titre *Et joue avec les ombres dans le sable* [*Och leker med skuggorna i sanden,* 1947]. Il a eu une importante influence sur les poètes suédois des années 40.

BJØRNEBOE Jens. Écrivain norvégien. Né le 9 octobre 1920 à Kristiansand, mort le 10 mai 1976 sur l'île de Veierland. Ce fils de la bourgeoisie, qui éprouve une répulsion fascinée pour la violence et tout spécialement les exactions nazies, met le problème du mal au centre de son œuvre et s'emploie inlassablement à dénoncer toute forme d'autorité qui en est à l'origine. Sa bête noire est l'« homme tutélaire », celui qui, prétendant régenter la conduite des autres, fait œuvre d'oppression. Après son premier roman, qui traite des expérimentations médicales dans les camps de la mort, *Avant le chant du coq* [*Før hanen galer,* 1952], il déclenche une vaste polémique en publiant *Jonas* (1955) où, à propos d'un garçonnet atteint de mutité, il s'en prend avec virulence à un système scolaire cruellement rigide et dépersonnalisant. Puis, en 1960, paraît *Le Mauvais Pasteur* [*Den onde Hyrde*] qui, avec la même violence, met en cause une justice et un système pénitentiaire incapables de ramener les jeunes délinquants dans le droit chemin. Après l'aimable et alimentaire *Sans un fil* [*Uten en tråd,* 1966], qui lui valut les foudres de la justice, l'auteur revient à son propos et nous donne son œuvre majeure, la trilogie *Histoire de la bestialité* (*) (entre 1966 et 1973), un terrifiant florilège de la cruauté humaine. Son œuvre romanesque se termine avec *Les Requins* (*) (1974), mais Bjørneboe a également écrit des poèmes, des pièces de théâtre et des essais polémiques.

ÉRIC EYDOUX.

BJØRNSON Bjørnstjerne. Poète norvégien. Né le 8 décembre 1832 à Kwikne dans l'Osterdalen (Norvège), mort à Paris le 26 avril 1910. D'ancienne souche paysanne, il fit ses premières études à Molde, lisant avec avidité les vieilles légendes des rois de Norvège, les romans d'Ingemann et de Scott, et les contes folkloriques d'Asbjørnsen. Républicain ardent, il partagea les enthousiasmes de 1848. Entré à l'Université, il l'abandonna bientôt pour se consacrer à la littérature et à la critique théâtrale, et alla habiter Copenhague. Il fut directeur du théâtre de Bergen (1857-1859), de celui de Christiania (1865-1867), et posséda enfin à Christiania son propre théâtre (1877-1882). Il effectua de longs séjours en Italie, aux États-Unis, en France et en Allemagne. Romantique norvégien, il prône un retour aux sources nationales et au folklore paysan contre la domination danoise ; c'est sous cet aspect qu'il convient d'envisager ses premiers écrits : *Synneuve Solbakken* (*) (1857), *Halte-Hulda* (1858), *Arne, Le Roi Sverre* [*Kong Sverre,* 1861], *Marie Stuart d'Écosse* (+) (1864), *Sigurd Slembe* (1861), où le ton de la légende se mêle à l'idylle sentimentale et à un moralisme à la Schiller. Plus tard, sous l'influence de Georg Brandès, Bjørnson écrivit des pièces et romans à thèse sur des sujets d'actualité ; les drames : *Les Jeunes Mariés* [*De nygift,* 1865], *Le Journaliste* [*Redaktören,* 1875], *Un échec* [*En fallit,* 1875], *Leonarda* (*) (1879), *Un gant* [*En handske,* 1883], *Au-delà des forces humaines* (*) ; les nouvelles et romans : *La Fille du pêcheur* (*) (1868), *Capitaine Mansana* [*Kaptein Mansana,* 1875] et, enfin, le chef-d'œuvre de sa vieillesse, *Paul Lange et Tora Parsborg* (1898). Le meilleur de l'œuvre de Bjørnson ne se trouve toutefois pas dans les passages en prose de ces écrits (exception faite de la première partie d'*Au-delà des forces humaines*), mais dans les chansons et poèmes qu'ils contiennent, et qui furent publiés en recueil en 1870 sous le titre *Poèmes et Chansons* [*Digte og Sange*], ainsi que dans quelques contes, purs de toute intention polémique ou didactique, et dans quelques comédies légères et spirituelles, telles qu'*Amour et Géographie* [*Geografi og Kaerlighed,* 1885] et *Quand fleurit le vin nouveau.* En tant que journaliste, Bjørnson appartenait à l'aile modérée de l'opposition démocratique, hostile à l'union de la Norvège avec la Suède. Son éloquence calme et vigoureuse ne fut pas sans effet dans la solution pacifique du conflit, et dans la conquête de l'indépendance politique de la Norvège, officiellement sanctionnée par le plébiscite de 1905. En 1903, Bjørnson reçut le prix Nobel de littérature.

RÉF. : E. Fog, *Littératures danoise et norvégienne d'aujourd'hui,* trad. 1904.

BJØRNVIG Thorkild. Poète et essayiste danois. Né à Aarhus le 2 février 1918. Docteur ès lettres en 1964 et membre de l'Académie danoise en 1960. Le titre de l'un de ses recueils, *Figure et Feu* [*Figur og Ild,* 1959], traduit bien la thématique essentielle de l'œuvre : trouver la médiation entre la figure (la forme, la réflexion, l'élément intellectuel) et le feu (la passion, l'élément émotionnel). Ils se fécondent mutuellement et permettent à la vie de se réaliser à son plus haut niveau ; séparés, ils sont tous deux porteurs de destruction. La mort est un autre thème important chez Bjørnvig. Elle est celle nécessaire à toute évolution au sens de Goethe : meurt et devient, mais aussi expression nihiliste, état d'esprit (très répandu) où la réflexion empêche l'épanouissement harmonieux des sentiments. L'être perd alors la faculté de s'abandonner spontanément, et le moi, au lieu de s'ouvrir, se referme sur lui-même et se coupe de ce qui le nourrit et le régénère : la nature, le cosmos, tout ce qui n'est pas de lui : l'Autre qui, au lieu d'être source de vie, en vient à inspirer la peur, transformant le désir en désir de mort. Toute cette problématique se retrouve dans *Le Corbeau* (*) (1968) où un homme, menacé par la dissolution de son moi, lentement retrouve son identité. Dans les années 70, sous l'influence de la crise, le thème de la nature, bien que présent dès le début, vient dominer l'œuvre de Bjørnvig sous forme de longs et passionnés poèmes-essais.

KARL E. POULSEN.

BLACKMORE Richard Doddridge. Poète et romancier anglais. Né le 7 juin 1825 à Longworth (Berkshire), où son père était pasteur, mort à Teddington, près de Twickenham, le 20 janvier 1900. Après avoir achevé ses études à Oxford, en 1852, il exerça quelque temps la profession d'avocat qu'il abandonna pour l'enseignement, jusqu'au jour où un héritage lui permit de réaliser le rêve de sa vie en se retirant à Teddington, où il passa le reste de son existence à écrire et à cultiver son jardin. Épris de poésie, il inaugura sa carrière littéraire par la publication de deux volumes de vers, qui ne témoignent cependant pas de grands dons poétiques. Il se tourna alors vers le roman, où il se fit immédiatement connaître avec *Clara Vaugham* (1864), suivi de *Cradock Nowell* (1866). Mais ce n'est que par *Lorna Doone* (*), publié en 1869, qu'il connut un grand et durable succès. Malgré la publication d'une douzaine d'autres romans, dont certains remarquables, comme *La Fille de Sker* [*The Maid of Sker,* 1872] et *Springhaven, récit de la grande guerre* [*Springhaven, a Tale of the Great War,* 1887], son nom reste lié à l'œuvre qui le rendit célèbre.

RÉF. : Quincy G. Burris, *R. D. Blackmore*, 1930.

BLAGA Lucian. Poète, auteur dramatique et philosophe roumain. Né à Lancrăm (Transylvanie) le 9 mai 1895, mort à Cluj le 6 mai 1961. Diplômé de la faculté de théologie de Sibiu, il passe son doctorat en philosophie à Vienne et, entré dans la diplomatie, est envoyé successivement dans plusieurs pays d'Europe. Nommé professeur de philosophie de la culture à l'université de Cluj, il est bientôt envoyé comme ministre plénipotentiaire à Lisbonne, mais le dernier conflit mondial le ramène à sa chaire. Après la guerre, il est l'une des victimes les plus célèbres de l'épuration des intellectuels. Il est d'abord professeur à l'Institut d'histoire et de philosophie de Cluj, pour se retrouver ensuite modeste chercheur à la filiale de l'Académie roumaine de cette même ville. Les sources qui nourrissent aussi bien sa poésie que son théâtre et sa philosophie sont l'inconnu et le mystère. Le poète cherche et des portes s'ouvrent devant lui, il pénètre dans les abîmes de la connaissance et crée un monde nouveau où chaque être rejoint un état éternel et universel. Il convient de citer parmi ses nombreux recueils de poésie : *Les Poèmes de la lumière* (*) (1919), *Les Pas du prophète* [*Pasii profetului*, 1921], *Le Grand Passage* [*In marea trecere*, 1924), *Éloge du sommeil* (+) (1929), *Au partage des eaux* (+) (1933), *Les Préaux nostalgiques* [*La Curtile dorului*, 1938], *Les Marches secrètes* (+) (1943) ; parmi ses pièces de théâtre : *Zamolxis* (+) (1921), *Les Eaux troublées* (+) (1923), *Maître Manole* (*) (1927), *La Croisade des enfants* (+) (1930) ; parmi ses multiples ouvrages de philosophie, ces trois séries essentielles : *La Trilogie de la connaissance* (*) (1931-1934), *La Trilogie de la culture* (*) (1935-1937), *La Trilogie des valeurs* [*Trilogia valorilor*, 1941-1942] ; parmi ses œuvres posthumes : *La Chronique et le chant des âges* (*) (1965), *La Pensée roumaine en Transylvanie au* XVIIIe *siècle* [*Gândirera românească în Transilvania în secolul al XVIII - lea,* 1966].

NICOLAS GHEORGHIU.

RÉF. : D. Micu, *Lirica lui Lucian Blaga*, Bucarest, 1967 ; *Estetica lui Lucian Blaga*, Bucarest, 1970. — N. Corteanu-Loffredo, *Profili di estetica europea. Lucian Blaga, Gaston Bachelard, Carl Gustav Jung*, Rome, 1971. — L. Gáldi, *Contributions à l'histoire de la versification roumaine. La prosodie de Lucian Blaga*, Budapest, 1972. — I. Pop, *Lucian Blaga, universel liric*, Bucarest, 1981.

BLAIR Robert. Poète écossais. Né à Édimbourg (Écosse) en 1699, mort à Athelstaneford le 4 février 1746. Il fit ses études à l'université d'Édimbourg et en Hollande, puis, en 1731, il obtint le bénéfice ecclésiastique d'Athelstaneford, où il passa le reste de ses jours, occupé à étudier la poésie anglaise et à jardiner, son passe-temps favori. On se souvient de Blair en tant qu'auteur d'un poème didactique, en vers blancs, *La Tombe* (*) (1743), qui connut une vaste popularité, particulièrement en Écosse. Blair ne publia rien d'autre dans son existence, sinon quelques vers dépourvus d'intérêt.

BLAKE William. Poète anglais. Né à Londres le 28 novembre 1757, mort dans cette même ville le 12 août 1827. Son père était mercier et semble avoir appartenu à une secte de disciples de Swedenborg. En 1771, William Blake fut placé en apprentissage auprès du graveur James Bazire ; en 1780, il fit la connaissance du sculpteur néo-classique John Flaxman, qui lui fit apprécier la sûreté et la précision des contours dans le dessin. Durant la première période de son existence, qui s'étend jusqu'à son mariage (en 1782 avec Catherine Boucher, qui se révéla pour lui une épouse idéale), à la publication des *Esquisses poétiques* [*Poetical Sketches*] en 1783, Blake accomplit son noviciat en poésie et en arts figuratifs : il étudia l'art grec, Raphaël, Dürer, et surtout Michel-Ange que, faute d'en pouvoir assimiler la puissance plastique et volumétrique, il traduisit en valeurs linéaires, se rapprochant ainsi, inconsciemment, du jeu curviligne des anciens miniaturistes irlandais. Il partageait sa passion pour Michel-Ange avec le peintre suisse H. Fuseli (Füssli), qui se fixa en Grande-Bretagne en 1770, et devint conservateur de la Royal Academy ; il exerça une influence certaine sur Blake qui, d'autre part, subit celle du gothique, copiant des monuments tels que Westminster Abbey et d'autres églises anciennes. Flaxman l'introduisit dans le salon de Mrs. Mathew, où l'on apprécia également ses qualités de poète : il composait des vers depuis 1768-1769. Bien qu'il n'eût pas fait d'études régulières, il avait énormément lu et surtout Shakespeare, Milton, *La Bible* (*) et Ossian, et, tandis qu'il s'inspirait du style des élisabéthains, il ne cachait pas son mépris pour l'affectation et pour la netteté des poètes du XVIIIe siècle. C'est aux frais de Flaxman et du révérend Henry Mathew que les *Esquisses poétiques* furent publiées en 1783 ; mais ce geste de mécène ne devait pas être très bien vu de Blake, soit à cause des paroles de protection condescendante prononcées auparavant par Mathew, soit à cause du titre même, du mot *Sketches* (terme employé d'ordinaire par Blake dans un sens péjoratif), sur lequel il ne fut pas consulté. On remit à Blake la totalité des volumes édités — il n'en avait même pas corrigé les épreuves — afin qu'il en disposât à son goût ; il se borna à en distribuer quelques exemplaires parmi ses amis, et ne parla plus jamais du livre.

La seconde période (1783-1803) est l'époque où mûrirent simultanément ses vocations de poète et de peintre. En 1784, il ouvrit un atelier de gravure, qu'il exploita jusqu'à la mort de son frère Robert ; puis il travailla pour le compte d'autrui : d'abord chez Thomas Butts, qui l'aida généreusement et fut toujours son ami, puis (en 1800) chez William Haylet, gentilhomme qui se piquait de poésie et de mécénat : ce dernier lui donna pour résidence un « cottage » situé à Felpham, sur la côte du Sussex, où Blake passa trois années de sa vie à composer au calme des vers, qui comptent parmi ses plus beaux et ses plus hermétiques. De 1793 à 1800, il habita Lambeth, dans les faubourgs de Londres. Au cours de la dernière période (1803-1827) passée à Londres, on remarque une extravagance croissante en poésie, suivie de vingt années d'un silence presque ininterrompu, puis de sa pleine affirmation en tant qu'artiste. À Londres, tout d'abord, il tomba entre les mains de Richard Cromek qui l'exploita ; enfin, après la rupture avec celui-ci, il travailla pour John Linnel (1813), peintre paysagiste, le meilleur de ses patrons, pour qui il grava les *Inventions sur le Livre de Job,* son chef-d'œuvre, et quelques illustrations pour *La Divine Comédie* (*) ; pendant les dernières années de sa vie, il se forma autour de lui un cercle d'amis et de disciples.

Ces événements extérieurs ne rendent pas compte du caractère extraordinaire de Blake, extrêmement irritable et capable de donner de l'importance à une affaire privée au point d'écrire des livres sur des sujets aussi personnels et de leur donner une véritable signification cosmique ; en théorie, révolutionnaire – il fut fortement impressionné par les révolutions française et américaine, à l'occasion desquelles il composa *Le Chant de la liberté* (+) (1790), *La Révolution française* (+) (1791), *L'Amérique* (+) (1793) –, ayant en haine les rois et les lois, son tempérament violent se révélait dans son aspect physique : de taille au-dessous de la moyenne, de larges épaules carrées, une grosse tête hautaine, c'était le type même des hommes de la Révolution française. D'autre part, il était doué d'une fraîcheur d'impressions, d'une faculté de bonheur et d'un sens de l'innocence dignes d'un éternel enfant ou d'un primitif : son imagination était si vivante que ses créations se présentaient à lui comme des réalités matérielles ; peut-être que l'événement le plus remarquable de sa vie fut le jour où pour la première fois, à peine âgé de dix ans, il vit sur un arbre une multitude d'anges, et qu'à partir de ce moment il eut des conversations avec des prophètes et des saints, en chair et en os. La lecture des textes, qui composaient la littérature des mouvements occultistes et mystiques avec lesquels il fut en rapport, le confirma dans sa croyance au bien-fondé de ses propres expériences de visionnaire. Son idée essentielle devint la défiance absolue à l'égard de la raison, conçue comme organisation des perceptions des sens : les sens sont une barrière qui exclut l'âme de la sagesse et de la joie éternelles. Niant le monde sensible, Blake ne voit pas les choses telles qu'elles apparaissent, mais, en elles, il distingue seulement les types, les idées éternelles, bien plus que les choses elles-mêmes : pas les agneaux, mais l'Agneau, pas les tigres, mais le Tigre.

Ces archétypes se présentent à sa vue avec un relief particulier qui se traduit dans la manière brutale de ses dessins. Car, en tant qu'artiste, Blake est typiquement « maniériste », comme Fuseli : en lui s'accomplit la dissolution des formes classiques sans que l'équilibre romantique se soit encore trouvé. La plupart des ouvrages de Blake furent publiés sous une forme qu'il avait inventée et commencé d'employer vers 1788 ; son procédé de l'« illuminated printing » (gravure enluminée) consistait à porter le texte et les illustrations qui l'accompagnent, à l'envers, sur des plaques de cuivre, avec une substance inattaquable par les acides (une sorte de vernis). Les plaques étaient alors gravées à l'eau-forte, jusqu'à ce que le dessin apparaisse en relief. On tirait les épreuves, que l'artiste peignait ensuite délicatement à l'aquarelle, de sorte que chaque exemplaire avait son propre cachet. C'est au moyen de ce procédé que furent imprimés les *Chants d'innocence* (*) (1789) et les *Chants d'expérience* (*) (1794). Vers 1798, il apporta une modification au procédé original qu'il employa conjointement avec l'autre procédé pour presque tous les ouvrages gravés après cette date, tels les deux grands poèmes : *Milton* (*) (1804) et *Jérusalem* (*) (1804-20). Selon cette méthode, la plaque était tout d'abord recouverte d'un « fond » ; les parties à graver, c'est-à-dire les contours du dessin, étaient enlevées à l'aide d'une pointe ; l'espace destiné au texte était ensuite débarrassé du « fond », et le texte était transcrit sur le métal comme dans l'autre procédé. Finalement, l'ensemble de la plaque était gravé à l'acide. La personnalité de Blake était trop exceptionnelle pour qu'il puisse se glisser dans la tradition anglaise et faire école (il eut pourtant quelques adeptes en peinture, comme Samuel Palmer), mais il eut une très grande renommée posthume, après que les préraphaélites l'eurent à nouveau découvert en 1863. La plupart des œuvres de Blake furent regroupées sous un titre unique, en 1904, les *Livres prophétiques* (*). Rappelons qu'André Gide a donné une traduction du *Mariage du Ciel et de l'Enfer* (*).

MARIO PRAZ.

♦ « *Blake est un personnage réel, je vous l'assure, et c'est un homme bien extraordinaire, s'il est encore vivant* [...] *Il peint d'étranges et merveilleuses aquarelles – des visions de son esprit – qu'il assure avoir vraiment vues. Elles ont de grands mérites. Je dois le considérer comme un des plus extraordinaires personnages de cette époque.* » Charles Lamb. ♦ « *L'astre Blake étincelle dans cette reculée région du ciel où brille aussi l'astre Lautréamont. Lucifer radieux, ses rayons revêtent d'un éclat insolite les corps misérables et glorieux de l'homme et de la femme. Rayons d'autant plus maléfiques que paraissant chargés de bénédictions. Blake louait Milton : authentique poète, disait-il, parce que du parti du démon sans le savoir. De même Blake ; mais qui, lui du moins, le savait. Il savait aussi l'oublier : de là sa force.* » André Gide. ♦ « *William Blake ne voulait pas que son œuvre fût un divertissement et il préférait le respect à la gloire* terrestre. *Il n'attendait rien de ceux qui vivaient en même temps que lui parce qu'il ne cherchait ni à les étonner ni à les séduire. Il ne comptait pas davantage sur la postérité. Peu lui importait que son œuvre pérît ! Il l'a élaborée avec une peine infinie, mais sans but précis. Il ne pouvait probablement pas faire autrement.* » Philippe Soupault. ♦ « *Blake montre qu'avec de bons sentiments, pourvu qu'ils atteignent une intensité qui fait qu'ils se situent au-delà du bien même, et s'approprient l'énergie du mal, on peut faire de la poésie, et l'image que nous conservons de lui est celle d'un Dante révolté qui précipite son Virgile aux Enfers et le mène, repentant, vers le Paradis ; d'un ennemi de la spectrale raison, tout rayonnant de l'éclat des Émanations qui croisent leurs jeunes feux au-dessus de sa tête. Il découvre l'âme loyale et pure de Lucifer et la bénit.* » Jean Wahl.

RÉF. : A. C. Swinburne, *William Blake*, Londres, 1868. – W. M. Rossetti, *Rossetti Papers,* Londres, 1903 ; *D. G. Rossetti, his Family Letters,* Londres, 1905. – G. K. Chesterton, *William Blake,* Londres, 1912. – G. Keynes, *A Bibliography of William Blake,*

New York, 1921. – S. Forster Danon, *William Blake, his Philosophy and Symbols,* Boston, 1924. – Philippe Soupault, *William Blake,* Paris, 1928. – Denis Saurat, *William Blake,* Paris, 1954. – A. Blunt, *The Art of William Blake,* Columbia, 1960. – P. F. Fisher, *The Valley of Vision, Blake as Prophet and Revolutionary,* Toronto, 1961. – J. Bronowski, *William Blake and the Age of Revolution,* New York, 1965. – F. Leaud, *William Blake,* Paris, 1968. – J. Blondel, *William Blake, émerveillement et profanation,* Paris, 1968. – D. V. Erdman, *Blake, Prophet against Empire,* Princeton, 1970. – P. Boutang, *William Blake,* Paris, 1970. – R. N. Essick et D. Pearce, *Blake and his Time,* Bloomington, 1978. – C. Gallant, *Blake and the Assimilation of Chaos,* Princeton, 1978. – S. Crehan, *Blake in Context,* Dublin, 1984. – H. Lemaître, *William Blake, Vision et Poésie,* Paris, 1985. – R. Rorschach, *Blake to Beardsley, the Artist as Illustrator,* New York, 1988. – D. Fuller, *Blake's Heroic Argument,* Londres, 1988. – J. King, *William Blake, his Life,* Londres, 1991.

BLANC Carlo Alberto. Paléontologiste italien. Né à Chambéry le 30 juillet 1906, mort à Rome le 3 juillet 1960. D'origine savoyarde mais de famille italienne, il fait ses études à Turin et se spécialise de bonne heure dans la paléontologie – plus exactement, dite à l'italienne, la « paléthnologie » – dont il donnera pendant longtemps un cours à l'université de Rome. La nuance est importante, car Blanc s'est surtout intéressé à l'étude des sociétés primitives, qu'il va pouvoir explorer sur le terrain, grâce aux fouilles occasionnées par la création, sous le fascisme, de la province nouvelle de Latina, dans le Latium : ses recherches se situeront principalement dans la région du Monte-Circeo, où il effectue des découvertes importantes concernant les peuplements préromains (civilisations villanoviennes, heurts avec d'autres Indo-Européens inhumants ou avec les Italiotes de la côte et des Apennins). Ouvrages principaux : *La Cosmolyse* (*) (1943), *Le Sacré chez les primitifs* (+) (1945), *Origine et développement des peuples chasseurs et ramasseurs* [*Origine e sviluppo dei popoli cacciatori e raccoglitori,* 1946], *Développement par lyse des formes distinctes* [*Sviluppo per lisi delle forme distinte,* 1946], *De l'abstraction à l'organisation* (+) (1958).

BLANC Jean Joseph Louis. Publiciste, historien et homme politique français. Né le 29 octobre 1811 à Madrid (Espagne), mort le 6 décembre 1882 à Cannes (Alpes-Maritimes). Il fit ses études au collège de Rodez, puis à Paris au milieu de grandes privations, et fut un certain temps précepteur à Arras, où il remporta quelques prix littéraires. Mais la passion politique s'empara de lui avec l'étude de la Révolution et de ses philosophes qui, ainsi que les théoriciens du socialisme, lui inspirèrent les idées de son premier livre : *Organisation du travail,* paru en 1839 ; il collabora à divers journaux de tendance républicaine, dont le très radical *La Réforme*, fonda lui-même la *Revue du progrès*, participa aux mouvements ouvriers contre le chômage, et écrivit, avec son *Histoire de dix ans, 1830-1840* (*), un violent réquisitoire contre la monarchie de Louis-Philippe. La Révolution de 1848, le faisant ministre du gouvernement provisoire, lui permit de faire abolir la peine de mort et lui offrit l'occasion de mettre en pratique ses projets de nationalisation des grands organismes économiques (banques, chemins de fer, mines, etc.) qu'il pensait réaliser grâce à une Commission du Travail dont faisaient partie, outre les délégués patronaux, des représentants ouvriers. Mais les éléments modérés du gouvernement, comme Lamartine, n'étaient pas favorables à de tels bouleversements, d'ailleurs prématurés. En vue des élections du 23 avril 1848, il avait fondé la « Société centrale des ouvriers », pour lesquels il réclamait vingt-quatre sièges à Paris sur les trente-quatre prévus. L'échec des projets de Blanc provoqua, de la part des ouvriers, des actes de violence tels que l'émeute du 15 mai 1848, actes qu'il chercha à arrêter au péril même de sa vie. Accusé par la réaction triomphante de les avoir au contraire encouragés, il fut contraint de fuir et dénonça dans *Appel aux honnêtes gens* (*) la trahison de la Révolution, tandis que la Cour de Bourges le condamnait, le 7 mars 1849, à la déportation. Réfugié en Angleterre, il s'y maria avec une Allemande et entreprit une *Histoire de la Révolution française* (+), tout en envoyant régulièrement au *Temps* ses *Lettres sur l'Angleterre*, qui furent publiées en 1865-1867 en quatre volumes sous le même titre, et réimprimées, en 1879-1881, en dix volumes, sous le titre : *Dix ans de l'histoire d'Angleterre.* En désaccord avec Mazzini, il eut des relations cordiales avec Garibaldi, à qui il adressa en 1864 une lettre sur les rapports entre la France et l'Italie. Revenu en France après Sedan, et élu député à l'Assemblée nationale en février 1871, il fut partisan de la défense de Paris, mais opposé à la Commune, tout en prônant un accord entre celle-ci et le gouvernement de Versailles. Il combattit toujours les conservateurs mais n'adhéra jamais à l'extrême gauche, se contentant d'ajouter aux revendications radicales des revendications de caractère socialiste, jusqu'au jour où Jaurès constitua un parti socialiste autonome. Citons encore, de Blanc : *La Révolution de février au Luxembourg* (1849) ; *Le Socialisme. Droit au travail* (1849) ; *Catéchisme des socialistes* (1849) ; *Histoire de la révolution de 1848* (2 vol. 1870) ; *Histoire de la constitution du 25 février 1875* (1882) et le tract : *Ce qu'étaient autrefois les confréries ouvrières* (1873).

♦ *« Ses travaux historiques, il les fait comme A. Dumas ses feuilletons. Il étudie seulement le matériel pour le chapitre suivant* [...] *Cela donne à son récit une certaine fraîcheur. Car tout ce qu'il raconte est, pour lui, au moins aussi nouveau que pour le lecteur. »* K. Marx.

RÉF. : A. Barbou, *Les Amis du peuple. Louis Blanc, sa vie, ses œuvres*, 1880. – Barbey d'Aurevilly, *Polémiques d'hier*, 1889. – J. Tchernoff, *Louis Blanc*, 1904. – M. de Casanove, *Louis Blanc*, 1912. – Éd. Renard, *La Vie et l'œuvre de Louis Blanc*, Toulouse, 1922.

BLANCHARD Maurice. Poète français. Né le 14 avril 1890 à Montdidier (Somme), mort le 19 mars 1960 dans la même ville. Maurice Blanchard a passé son enfance dans sa ville natale ; ses parents se séparèrent après sa naissance et l'enfant fut « gardé » par la mère. Enfant blessé et sauvage qui, à huit ans déjà, se sauve tout brûlant de fureur poétique : « À huit ans, premier poème, en descendant la colline, à toute vitesse, par un soir de grand vent... » Pourtant le précoce fugueur, avide de se sauver dans le poème de la vraie vie, ne peut échapper aux humiliantes nécessités du travail : dès 12 ans, Maurice Blanchard exerce le métier d'apprenti serrurier et de maréchal-ferrant avant de rejoindre, de 16 à 18 ans, les « bagnes industriels de Paris et d'ailleurs ». Puis le tout jeune homme s'engage dans la marine de guerre, prépare le concours des ingénieurs-mécaniciens où il est reçu premier, et rejoint (à pied) son unité basée à Toulon. Blanchard navigue alors de port en port, et surtout de livre en livre... Lorsque la guerre éclate, il est pilote de chasse dans l'escadrille aéronavale de Dunkerque. En 1917, l'ingénieur-mécanicien, détaché au ministère de l'Air, travaille à la conception d'hydravions, fondant même les « Constructions aéronautiques Blanchard » à Saint-Cloud : pour Blanchard, créer un prototype, c'est comme écrire un poème avec cette « petite différence toutefois [qu'] une faute peut tuer l'équipage »... Mais l'ingénieur-calculateur, qui créa de nombreux avions et torpilleurs, ne prend la parole qu'en 1929, publiant à compte d'auteur, sous le fantomatique pseudonyme d'Erskine Ghost, un premier recueil d'inspiration rimbaldienne, *Lys qui pourrissent.* Les premiers contacts avec les surréalistes datent de 1932 ; René Char lui dédie l'un des poèmes du *Marteau sans maître* (*). L'ingénieur pilote poète récidive en 1934, mais cette fois sous son vrai nom en publiant *Malebolge,* chants au lyrisme dévastateur rappelant ceux de Lautréamont, et dont le titre s'inspire de la « mâle bête sauvage » qui fait trembler Dante au début de *L'Enfer.* C'est à cette époque que le poète Joe Bousquet devient son interlocuteur privilégié. Maurice Blanchard publie alors coup sur coup *Solidité de la chair* (1935) et *Sartrouville* (1936) au caractère plus autobiographique. 1937 est une année féconde : *Les Barricades mystérieuses* (*) et *Les Périls de la route* paraissent dans deux petites collections prestigieuses chez Guy Lévis Mano, aux côtés de Breton, Éluard, Jouve, Leiris, Tzara... Deux recueils où se fait entendre la meilleure voix de Maurice Blanchard, plus cinglante que jamais. Deux ans plus tard, ce seront les proses de *C'est la fête et vous n'en savez rien* dont le titre ironique annonce la noire jubilation. En 1941, Maurice Blanchard entre en contact avec les jeunes surréalistes de *La Main à plume,* réunis autour de Noël Arnaud et de Jean-François Chabrun. Le poète est bientôt accueilli dans leur collection « Les Pages libres de la Main à plume » où paraît, en 1943, *Les Pelouses fendues d'Aphrodite* (avec un dessin d'Yves Tanguy et un avertissement de Noël Arnaud). *La Création* voit le jour la même année. Esprit révolté et absolument affranchi, Maurice Blanchard signera deux tracts surréalistes (« Nom de Dieu » en mai 1943 et « À la niche les glapisseurs de Dieu » en 1948) qui dénoncent les tentatives de récupération idéologique et religieuse de la cause surréaliste. Après la guerre, retourné à l'usine, loin du monde littéraire, le poète est quelque peu oublié malgré de nouvelles publications (la réédition de sa traduction de *Douze sonnets de W. Shakespeare* chez GLM en 1947, la reprise des *Pelouses fendues d'Aphrodite* et de *La Création* dans *La Hauteur des murs* (GLM, 1947), la parution des grandes fables de *L'Homme et ses miroirs* (1949) grâce à Fernand Verhesen, ainsi que celle de *Le Monde qui nous entoure* (La Part du Sable, dirigée par E. Jabès et G. Henein, Le Caire, 1951). Son dernier recueil rassemblant de magnifiques poèmes en prose parus en revue verra le jour sous le titre *Le Pain la lumière* chez Guy Lévis Mano, en 1955. Une grande solitude marqua la fin de la vie de Maurice Blanchard. Il faudra attendre une quinzaine d'années avant que les éditions Plasma ne recueillent et ne ressuscitent cette œuvre si souveraine (*Débuter après la mort* 1977, *C'est la fête et vous n'en savez rien,* suivi de *La Hauteur des murs,* 1979, *Les Barricades mystérieuses,* 1982).

YVES LECLAIR.

RÉF. : Pierre Peuchmaurd, *Maurice Blanchard,* Paris, 1988.

BLANCHOT Maurice. Écrivain français. Né le 22 décembre 1907 à Quain, en Saône-et-Loire. Après des études universitaires, il commence une carrière de journaliste au *Journal des débats* (*) (1933), à *Combat* (1936), à *L'Insurgé* (1937), aux *Écoutes* (1938). De 1941 à 1944, il tient la chronique littéraire du *Journal des débats.* Bien que, dans sa jeunesse, il ait incliné vers la « jeune droite », il refuse pendant la guerre de collaborer avec le régime vichyste, et se retire progressivement de toute vie publique. C'est le début d'un long exil intérieur où Blanchot se consacre à son œuvre et à sa réflexion sur la littérature. Il signe néanmoins en 1960 le « Manifeste des 121 » et, en mai 1968, entre au Comité des écrivains et des étudiants.

L'œuvre de Maurice Blanchot, peu connue du grand public, bénéficie, à l'égal de celle de Georges Bataille ou de Pierre Klossowski, d'une autorité considérable dans le monde intellectuel. Cette œuvre, qu'il faut classer – selon des critères que la pensée de cet auteur, il est vrai, remet en cause – en « romans » et en « essais », est d'un accès difficile, et requiert une lecture exigeante. L'œuvre romanesque, moins connue que l'œuvre « critique », comprend une série de « romans » et de « récits » qui, comme tous les grands exemples du genre au XXe siècle, sont inclassables. *Thomas l'obscur* (*) (1941), *Aminadab* (*) (1942), *Le Très-Haut* (*) (1948), *L'Arrêt de mort* (*) (1948), *Le Ressassement éternel* (*) (1951), *Au moment voulu* (*) (1951), *Celui qui ne m'accompagnait pas* (*) (1953), *Le Dernier Homme* (*) (1957), *L'Attente, l'oubli* (*) (1962), *La Folie du jour* (1973), témoignent d'une évolution romanesque qui va vers toujours plus de dépouillement et de nudité ; parti d'un roman que Sartre – assurément à tort – a pu qualifier de « fantastique », *Thomas l'obscur*, Blanchot élimine peu à peu, par un patient travail d'écriture, tout ce qui, dans sa prose, se rattachait encore à des formes traditionnelles (personnages, intrigues, histoire, décor, etc.). Néanmoins, le sens profond de cette évolution romanesque, visant à obtenir un texte de plus en plus « neutre », de plus en plus anonyme et exsangue, ne peut s'éclairer que par la réflexion que Blanchot a menée dans une longue série d'articles, articles régulièrement rassemblés en essais : *Faux pas* (*) (1943), *Lautréamont et Sade* (*) (1949), *La Part du feu* (*) (1949), *L'Espace littéraire* (*) (1955), *La Bête de Lascaux* (+) (1959), *Le Livre à venir* (*) (1959), *L'Entretien infini* (*) (1969), *L'Amitié* (*) (1971) et *Le Pas au-delà* (*) (1973), *L'Écriture du désastre* (*) (1980), *La Communauté inavouable* (1984). Signalons d'ailleurs que, dans les derniers ouvrages cités, la « forme critique » et la « forme romanesque » finissent par se rejoindre. Blanchot n'est pas à proprement parler un « critique » ou un « théoricien » ; encore moins peut-on le considérer comme un philosophe. C'est un homme qui s'interroge sur l'écriture, ou la littérature, en tant que « scène » d'une expérience humaine essentielle. Tous ses romans, tous ses récits, mais aussi tous ses articles tournent autour de cette question : qu'est-ce qu'écrire ? Qu'est-ce que cette « force » qui constitue la littérature ? Ou – pour employer son langage (un langage qui possède une cohérence et une vigueur propres) – qu'est-ce que l'« espace littéraire » ? Pour correspondre, plutôt que répondre, à cette question, Blanchot a interrogé les œuvres majeures de la littérature contemporaine de Mallarmé à Artaud, de Kafka – v. *De Kafka à Kafka* (1981) – à Bataille, etc. La réponse est à la fois personnelle et universelle : écrire, c'est chercher ce point, ce moment où quelque chose comme une « œuvre » deviendrait possible, c'est « entrer dans l'affirmation de la solitude où menace la fascination ». La littérature est pour ainsi dire le « négatif » de l'expérience « diurne » du monde : dans cette dernière, l'homme produit, travaille, construit, vit dans le projet et le temps créateur. La littérature a ceci de fascinant et d'essentiel qu'elle est la « contestation » absolue : « Contestation du pouvoir établi, contestation de ce qui est (et du fait d'être), contestation du langage et des formes du langage littéraire, enfin contestation d'elle-même comme pouvoir. » Une telle contestation, on le voit, est par essence « subversive » : mais elle ne se cristallise jamais en « projet subversif » (comme dans la Révolution). Elle est la part de ce que Bataille a appelé la « négativité sans emploi », ou ce que Blanchot appelle encore plus fortement le « ruissellement du Dehors éternel ».

Dans ses derniers écrits, Blanchot avance encore plus loin dans cette interrogation, et – influencé par Emmanuel Lévinas – s'engage dans une réflexion sur l'« inconnu » et l'« autre ». L'« autre » n'est pas mon « alter ego », mais l'« inconnu » radical. Cette expérience de l'altérité – qui ne cède à aucun humanisme facile – est fortement exprimée dans des ouvrages comme *L'Amitié* et *Le Pas au-delà*. Elle signale le point extrême d'une réflexion marquée à la fois par sa rigueur et par un goût de la fascination que tout lecteur de Blanchot a pu à son tour éprouver.

ANTOINE BERMAN.

♦ *« L'œuvre de Maurice Blanchot est d'une importance majeure, pas seulement parce qu'elle est celle d'un écrivain au langage admirable, d'un analyste qui sut porter la "critique" à une profondeur jusqu'alors jamais atteinte, mais parce qu'il a libéré l'art de l'esclavage du naturalisme et de la psychologie, en instituant un mode nouveau, qui n'est ni roman, ni récit, ni essai, "genre" qui ne porte pas de nom, mais qui amène à chercher, à écrire selon une dimension nouvelle : celle du Neutre, dimension encore peu explorée, encore qu'elle le fût jadis par Héraclite, et qui amènera un jour à répondre de manière entièrement nouvelle à la question : "Qu'est-ce que penser ?" »* Roger Laporte.

RÉF. : Sartre, *Situations I*, Paris, 1947. – *Critique* (numéro spécial), Paris, 1966. – Françoise Collin, *Maurice Blanchot et la question de l'écriture*, Paris, 1971. – Daniel Wilhem, *Maurice Blanchot, la Voix narrative*, Paris, 1974. – *Gramma* (numéros spéciaux), *Blanchot I* et *Blanchot II*, Paris, 1976.

BLANCO-FOMBONA Rufino. Écrivain et homme politique vénézuélien. Né à Caracas le 17 juin 1874, mort à Buenos Aires le 16 octobre 1944. Tempérament combatif et aventureux, il se trouve en 1891 parmi les « guerrilleros » qui sous les ordres du général Fernández se soulèvent contre le président de la République vénézuélienne et s'emparent du pouvoir. Plus tard, il occupe des postes auprès des consulats de Philadelphie, de Saint-Domingue et de Boston. Un séjour à New York se solde par une forte amende pour avoir pris part à une rixe entre policiers et jeunes hispano-américains. En 1900, nommé gouverneur de l'État de Zulia, il doit faire face à une révolte fomentée par le gouverneur Benjamín Ruiz et, pour se défendre, tue un colonel ; il est emprisonné mais aussitôt libéré par la foule. Il est alors nommé consul à Amsterdam, avant d'être ramené à Paris où il réside régulièrement jusqu'en 1905. Il retourne au Venezuela où il vient d'être désigné comme gouverneur de l'Amazonas, territoire du haut Orénoque où il entreprend de réformer des traditions injustes : le pouvoir central n'approuve pas son action, le fait arrêter et le traduit en justice, mais la Haute cour fédérale l'acquitte. En 1909 – alors qu'il est secrétaire du Parlement national – il suscite une insurrection contre le dictateur Gómez, échoue, fait un an de prison et part en exil. Il se rend à Madrid où il fonde la maison d'édition « Editorial América » et crée diverses collections de textes, dans le but, d'ailleurs atteint, de faire connaître l'histoire de l'Amérique du Sud et, en particulier, la figure de Simon Bolivar qui paraît dans tous ses ouvrages. Il a personnellement expérimenté tous les genres littéraires, et son œuvre, inégale, sans doute, est très étendue ; en outre, il collabora activement à des journaux et à des revues. Deux ouvrages se détachent nettement de l'ensemble, *L'Homme de fer* (*) (1905) et *L'Homme d'or* (*) (1915).

BLANZAT Jean. Critique et romancier français. Né à Domps (Limousin) le 6 janvier 1906, mort le 6 novembre 1977. Ancien directeur littéraire des éditions Bernard Grasset, il fut l'un des fondateurs, dans la clandestinité, du Comité national des écrivains. Il est l'auteur de récits : *Septembre* (1936), *La Gartempe* (1957), *Le Faussaire* (*) (1964), d'une psychologie amère, dans lesquels les grands rythmes de la nature sont souvent présents, et de *L'Iguane* (*) (1966). Il a obtenu le grand prix du roman de l'Académie française pour *L'Orage du matin* (1942), et le prix Fémina pour *Le Faussaire* (1964). Dans cette œuvre qui fait une grande part au fantastique, il a analysé avec émotion une âme d'adolescent, reprenant ainsi un thème qui l'intéresse particulièrement (*Enfance*, 1930).

BLASCO IBÁÑEZ Vicente. Romancier espagnol. Né à Valence (Andalousie) le 28 janvier 1867, mort à Menton (Alpes-Maritimes) le 28 janvier 1928. Fils d'un petit commerçant d'origine aragonaise, il fit ses premières études dans sa ville natale, où il se signala autant par son intelligence précoce, que par sa combativité et sa passion de liberté. Désertant le toit familial dès l'âge de seize ans (1883), il se rendit à Madrid, dans l'espoir d'y vivre de sa plume. Après y avoir fait ce qu'on nomme l'apprentissage de la misère, il put tâter du journalisme (1885). Devenu peu après le secrétaire de Fernández y González (1830-1888), feuilletoniste alors très en vogue dont la manière rappelait celle de Dumas père, il s'initia aux dessous de la composition romanesque, sans malheureusement apprendre en même temps l'art de châtier son style : défaut dont Blasco Ibáñez ne se guérit jamais par la suite. Si tenté que fût le jeune homme par la carrière d'écrivain, il devait se faire connaître d'abord dans le domaine politique. Hostile à la monarchie, il fut, dès sa majorité (1889), compromis dans quelque mouvement révolutionnaire et par là même contraint de chercher refuge à Paris. Amnistié en 1891, il revint dans sa patrie, mais, loin de tempérer sa fougue, il fonda un journal, *Le Peuple*, organe qu'il saura maintenir pendant dix ans. En 1892, il fut élu député de Valence, sa ville natale. Ce n'est donc qu'après s'être acquis un nom dans la politique militante qu'il débuta dans les lettres en publiant un recueil de nouvelles où il évoque la vie des habitants de la *huerta* de Valence : *Contes valenciens* (1899). Avec ce recueil « aux couleurs fortes et d'une faconde un peu vulgaire » (P. Baroja), l'auteur inaugurait la série de romans régionaux qu'il allait donner par la suite sans désemparer : *Riz et Tartane* [*Arroz y tartana*, 1894], *Fleur de mai* (*) (1895), *Terres maudites* (*) (1899), *Dans les orangers* (1900), et enfin *Boue et Roseaux* (*) (1902). Tout en écrivant ces romans, l'auteur n'avait rien relâché de son action révolutionnaire. Dès le début de l'année cruciale (1898), s'étant élevé violemment contre l'entrée en guerre de l'Espagne, il fut jeté en prison et n'en sortit qu'à l'heure même où fut consommé le désastre qu'il avait prévu.

Vers sa trente-cinquième année, désireux de se renouveler, il aborde le roman social : *Dans l'ombre de la cathédrale* [*La catedral*, 1903], *L'Intrus* [*El intruso*, 1904], *La Cité des futailles* [*La bodega*, 1905], *La Horde* (*) (1905), *Arènes sanglantes* (*) (1908). Peu après la parution de ce dernier roman (1909), le fameux agitateur renonce à la politique pour se rendre en Argentine et en divers autres pays de l'Amérique espagnole. Ce séjour lui fournira l'occasion d'enrichir sa matière romanesque, comme en témoignent le roman intitulé *La Terre de tous* [*La tierra de todos*, 1912], *Les Argonautes* [*Los argonautas*, 1914], et plusieurs nouvelles pleines de vigueur. Si loin qu'il fût de l'Europe, Blasco Ibáñez allait pourtant y revenir au début de la grande guerre de 1914-1918 pour s'y faire le farouche défenseur de la France et de ses Alliés. De là sa fameuse trilogie qui, traduite en de nombreuses langues, obtint un succès fabuleux : *Les Quatre Cavaliers de l'Apocalypse* (*) (1916), *Mare Nostrum* (1918), *Les Ennemis de la femme* [*Los enemigos de la mujer*, 1919]. En 1920, il fut reçu docteur « honoris causa » de l'université George Washington. Plus que jamais fidèle à l'idéal de sa jeunesse, il osa s'opposer, en 1923, à la dictature que le général Primo de Rivera avait instaurée en Espagne avec l'assentiment du roi Alphonse XIII. Contraint de quitter son pays, il alla s'installer en France, sur la Côte d'Azur. C'est là qu'il écrivit ses derniers ouvrages : *Le Maître de la mer* [*El Papa del* *mar*, 1925], *Le Tour du monde d'un romancier* [*La vuelta al mundo de un novelista*, 1927] et enfin un livre posthume intitulé *À la recherche du grand Khan* [*En busca del gran Khan*, 1929]. Quoique, de fait, il appartienne à la fameuse « génération de 1898 » et que son œuvre se recommande du réalisme, Blasco Ibáñez n'en conserve pas moins la figure d'un romantique, tant dans le domaine des lettres que dans son rôle d'agitateur. Chez lui, l'instinct valait mieux que l'intelligence. Dynamisme, couleur, violence : tels sont ses moyens d'expression, lesquels étaient assez puissants pour faire oublier parfois la négligence du style.

ROLAND PURNAL.

♦ *« Prestige de l'éloignement, fascination de l'inconnu, goût de l'exotique, tout cela est de notre fait et non de celui de l'auteur. Il ne s'agit pas davantage exclusivement d'un intérêt né de la rencontre d'êtres très réels, mais pourtant exceptionnels de dessin et d'aspect physique ou moral. Il s'agit surtout d'un don de vie merveilleux, d'une façon énergique, sobre et toute-puissante de faire valoir les choses, d'un choix du détail accusant le relief des personnes et des sites avec la dernière vigueur, d'une expression condensée et large qui est en littérature analogue à la touche des meilleurs peintres espagnols. Ce sont parfois les scènes de Sorolla y Bastida, autre peintre des pêcheurs de la côte, mais avec moins de mouvement et plus de vie, une vie plus grave, plus rude et moins gesticulante. Certains traits évoquent instantanément des figures de Zuloaga, mais dans beaucoup plus de soleil, car le paysage de Zuloaga est gris et castillan. »* W. Ritter.
♦ *« Seuls le connaissent ceux qui l'ont lu en espagnol et ce sont ceux-là qui savent le juger. »* C. Pitollet.
♦ *« Ce besoin ingénu de battre des records, cette passion du risque, cette vitesse cinématographique, tous ces traits sont bien péninsulaires, et on les a trop souvent négligés pour ne voir chez Blasco qu'un disciple attardé du naturalisme français. Ce cosmopolite, il faut le rendre à sa patrie et voir désormais en lui un type magnifique et achevé de l'*homo hispanicus. » J. Cassou.

RÉF. : Camille Pitollet, *Blasco Ibáñez, ses romans et le Roman de sa vie*, Paris, 1921 ; *Blasco Ibáñez à Valence*, Lille et Paris, s. d. ; *A propos de Blasco Ibáñez*, Bordeaux, 1928. – J. M. Carretero, *Tartarin révolutionnaire. La Triste Histoire actuelle de Blasco Ibáñez*, Paris, 1925. – Annedörte Greine, *Vicente Blasco Ibáñez, der spanische Zola ?* Iéna, 1932.

BLAVATSKI Helena Petrovna (née Hahn). Née le 31 juillet 1831 à Ekatérinoslav, morte le 8 mai 1891 à Londres. Cette théosophe russo-américaine montra dès l'enfance un tempérament plus qu'original. À dix-sept ans, elle épouse le conseiller d'État Blavatski qui en a quarante-deux, ils se séparent au bout de trois mois et elle s'enfuit à Constantinople : elle restera alors dix ans hors de Russie.

Pourtant l'Europe ne lui suffit pas, ni l'Égypte ; elle part pour visiter les Peaux-Rouges, les Noirs et La Nouvelle-Orléans et, par le Mexique, gagne les Indes, son but est de pénétrer au Tibet. Elle ne réussira qu'à sa deuxième tentative en 1855. Partout elle étudie les pratiques magiques, les cultes secrets, les doctrines spiritualistes. Immobilisée longtemps par un accident, en Russie, elle reprend ses vagabondages en 1863 et décide de se fixer aux États-Unis. Elle y reste six ans, y rencontre le colonel Olcott et, tout à fait gagnée à ses idées, fonde avec lui la « Theosophical Society » (1875). Pour défendre ses opinions, elle publie *Isis dévoilée* en 1876. Désormais elle s'occupe de la diffusion de ses théories, elle voyage encore jusqu'au moment où elle s'installe à Londres en 1887. Elle y fonde une revue et y prépare son grand ouvrage *La Doctrine secrète* (*), qui commence à paraître en 1888. Elle donnera encore *La Clef de la théosophie* (1889-1892) et quelques opuscules de moindre intérêt.

BLICHER Steen Steensen. Écrivain danois. Né à Vium près de Viborg, le 11 octobre 1782, mort à Spentrup le 26 mars 1848. Très pauvre, il doit s'engager comme précepteur pour faire ses études universitaires de 1799 à 1809, devient ensuite maître suppléant à l'école latine de Randers, travaille quelques mois comme fermier en 1817, avant d'être nommé pasteur à Thorning en 1819, puis, en 1825, à Spentrup, où il restera jusqu'à sa mort. Père de onze enfants, ayant de plus à sa charge un fils adoptif et trois neveux, Blicher connaîtra une vie d'un bout à l'autre extrêmement difficile et se verra plusieurs fois menacé de la vente de ses meubles pour payer ses créanciers. Écrivain venu du romantisme, traducteur d'Ossian, Blicher a évolué vers un réalisme très original. Dans ses différents recueils de poésie (1814-1817, 1835, 1847) et de nouvelles (7 vol., 1846-1847), il a chanté les landes du Jutland et la vie populaire des habitants de ce pays. Son œuvre principale reste les *Fragments du journal d'un bedeau de campagne* (*) (1824). Blicher aborda également le théâtre avec plusieurs comédies et une tragédie *Jane Grey* (1825), mais sans beaucoup de succès.

RÉF. : J. Aakjaer, *Steen Steensen Blicher,* 3 vol., 1903-1906. – Hélène Wyss-Neel, *Le Jutland dans l'œuvre de S. S. Blicher,* P.U. de Caen, 1971.

BLIXEN Karen Christence (pseud. de Karen Dinesen, baronne Blixen-Finecke). Nouvelliste danoise. Née à Rungsted le 17 avril 1885, morte dans la même ville le 7 septembre 1962. Elle appartenait à une famille ayant des goûts littéraires prononcés : son père, le capitaine Wilhelm Dinesen, était également écrivain sous le pseudonyme de Bogdanis et son frère, Thomas Dinesen, a également, à travers une vie aventureuse, publié des souvenirs, des essais et des nouvelles. Dès 1907-1909, elle publia quelques contes sous le pseudonyme d'Osceola. Élève à l'École des beaux-arts entre 1903 et 1906, elle poursuivit des études artistiques à Paris en 1910 et à Rome en 1912 et séjourna longuement à Paris et en Angleterre avant d'épouser, en 1914, son cousin suédois, le baron Blixen-Finecke (dont elle divorça en 1922). De 1914 à 1931, elle vécut au Kenya, où elle possédait une plantation de café, de même que son frère. Ruinée, elle revint au Danemark, où elle se consacra à son œuvre littéraire, mais faisant également du journalisme : à Genève auprès de la Société des Nations en 1935, à Berlin en 1940, en Finlande en 1941. Son premier recueil, *Sept contes gothiques* (*) (1934), écrit en anglais et publié sous le pseudonyme d'Isak Dinesen, remporta un vif succès en Angleterre et aux États-Unis. Elle le traduisit elle-même en danois l'année suivante. Elle continua à écrire, en règle générale en anglais, et à se « traduire » en danois, publiant en Angleterre sous le nom d'Isak Dinesen, au Danemark sous celui de Karen Blixen. Vinrent ainsi *La Ferme africaine* (*) (1937), un deuxième livre de contes, *Contes d'hiver* [*Winter's Tales,* 1942], et un roman noir dans le goût romantique, *Les Voies de la vengeance* (*) (1944), publié sous le pseudonyme de Pierre Andrézel. Écrivant souvent pour des magazines de langue anglaise, comme le *Saturday Evening Post* ou le *Ladies Home Journal,* elle réunit un nouveau volume de *Derniers contes* [*Last Tales,* 1957] qui fut suivi du *Dîner de Babette* (*) (1958). Elle revint aux souvenirs africains avec *Ombres sur la prairie* (*) (1958). Ont été publiés après sa mort *Ehrengard* (1963) et des *Contes posthumes* [*Efterladte fortaellinger,* 1975] contenant des contes de diverses époques de sa vie, certains inédits, d'autres publiés en revue ou en plaquette.

CARL GUSTAF BJURSTRÖM.

RÉF. : Judith Thurman, *Karen Blixen,* Seghers, 1986.

BLOCH Ernest. Compositeur suisse naturalisé américain. Né à Genève le 24 juillet 1880, mort à Portland (États-Unis) le 15 juillet 1959. Il appartenait à une famille de commerçants, mais il montra, dès l'enfance, d'évidentes dispositions artistiques. Il étudia le violon sous la direction de Louis Rey, et l'harmonie et le contrepoint sous celle de Jaques-Dalcroze. En 1896, il fut envoyé à Bruxelles pour poursuivre ses études instrumentales avec Eugène Ysaÿe puis, par la suite, dans divers conservatoires allemands et au Conservatoire de Paris pour la composition. Durant quelques années, pourtant, il ne pratiqua la musique qu'en marge d'une activité commerciale, mais les représentations de son opéra *Macbeth* (d'après Shakespeare) à l'Opéra-Comique de Paris, en 1910, attirèrent sur son talent l'attention de la critique. De 1911 à 1931, il occupa divers postes d'enseignement au Conservatoire de Genève puis aux États-Unis. Par la suite, un mécène lui assura une pension lui permettant de se livrer entièrement à la composition. Son œuvre tend à exprimer les profonds sentiments religieux de l'âme juive. Il a écrit de la musique symphonique : *Schelomo* (*), rhapsodie pour violoncelle et orchestre, la symphonie *Israël* (1916), deux concertos grossos, de la musique de chambre : quatuors, quintettes, la suite *Baal Schem* (1923) pour alto et piano, de la musique de piano, un important *Service sacré hébraïque* (1930), des mélodies.

ROGER COTTE.

RÉF. : Ernest Bloch – Romain Rolland, *Lettres 1911-1933* (Lausanne, 1984).

BLOCH Ernst. Philosophe et historien allemand de la philosophie. Né le 8 juillet 1885 à Ludwigshafen, mort le 4 août 1977 à Tübingen. Il fait partie, avec Lukács, Adorno, Benjamin, Marcuse, de ces penseurs qui reconnaissent leur dette envers Marx mais qui prétendent en même temps, chacun dans une perspective originale, délivrer le marxisme de tout caractère dogmatique et totalitaire et restaurer son pouvoir subversif. La bibliographie de Bloch est exemplaire de cette situation « en marge ». Auteur de plusieurs ouvrages d'importance, *L'Esprit de l'utopie* (*) (1918), *Thomas Münzer, théologien de la Révolution* (*) (1921), *Traces* [*Spuren*, 1930], il se rallie après la guerre au régime de la République démocratique allemande, enseigne à Leipzig, où il publie son célèbre livre *Le Principe espérance* (*) (1954). Mais de graves dissensions se font bientôt jour avec les autorités culturelles de la R.D.A., et Bloch se voit accusé, à propos notamment de son essai *Différenciations dans le concept de progrès* [*Differenzierungen im Begriff Fortschritt*, 1957], de corrompre la jeunesse. Éclate alors « l'affaire Bloch », qui se termine par l'expulsion du philosophe. À partir de 1961, il est professeur à l'université de Tübingen et continue de publier des ouvrages qui soulèvent controverses et polémiques tant à l'Est qu'à l'Ouest : *L'Ontologie de l'Être-à-venir* [*Zur Ontologie des Noch-Nicht-Seins*, 1961], *Sur Karl Marx* [*Über Karl Marx*, 1968].

S'il se réfère à la pensée de Marx, Bloch prend soin de privilégier les « textes de jeunesse », époque du prophétisme révolutionnaire, où le socialisme représente l'utopie par excellence. Bloch soutient que le but ultime du marxisme authentique est l'abolition de toute forme d'aliénation, et non pas de s'ériger en conception totalitaire du monde. La révolution ne se fait pas seulement en vertu des lois « sacrées » du matérialisme dialectique : il lui faut l'âme du « principe espérance ». Bloch est convaincu du messianisme de la pensée marxiste : elle est pour lui, sous sa forme la plus pure, explication de la différence entre ce qui est et ce qui n'est pas encore. Bloch, en matière de philosophie politique, tire toutes les conséquences de ces prémisses. Son analyse historique du nazisme, par exemple, révèle de manière exemplaire l'originalité de sa pensée : si la « réussite » de l'hitlérisme repose essentiellement sur l'« ignorance » des masses des mécanismes économiques, il convient, selon Bloch, de ne pas méconnaître la responsabilité du « marxisme vulgaire et libre penseur » qui se fait le champion de la raison et abandonne aux forces réactionnaires le domaine de l'émotion, du mythe. Le vieux rêve de l'« âge d'or », débarrassé de ses scories romantiques, pourrait devenir une force révolutionnaire irrésistible. Telle est l'utopie d'Ernst Bloch.

JEAN-JACQUES POLLET.

RÉF. : T. Adorno, *Blochs Spuren*, in *Noten zur Literatur II*, 1963. – H. Bütow, *Philosophie und Gesellschaft im Denken Ernst Blochs*, 1963. – K. Kränzle, *Utopie und Ideologie, Gesellschaftskritik und politisches, Engagement im Werk Ernst Blochs*, 1970. – Laënnec Hurbon, *Ernst Bloch, utopie et espérance*, Paris, 1974. – A. Münster, *E. Bloch, messianisme et utopie*, Paris, 1989.

BLOCH Jean Richard. Écrivain français. Né et mort à Paris (25 mai 1884-15 mars 1947). Il commence d'abord une carrière universitaire mais s'en dégage bientôt pour se consacrer à la littérature et à la politique. Son premier livre, *Lévy* (1912), est un recueil de nouvelles. Mais c'est dans la fresque balzacienne d'... *Et Cie* (*) (1918) – histoire de l'ascension d'une famille d'industriels alsaciens – que Bloch affirme l'originalité de son talent passionné, fiévreux même, exalté par la puissance de la vie moderne, et en même temps inquiet et rêveur, prophétique, tel qu'il se manifestera en 1925 dans l'exotisme violent et tragique de *La Nuit kurde*. À cette époque, J. R. Bloch est déjà engagé dans la politique, il collabore à l'hebdomadaire communiste *Clarté* : dès avant la guerre, influencé par Romain Rolland – avec lequel il fonde la revue *Europe* (*) –, Élie Faure, Georges Sorel, il avait fondé à Poitiers, où il enseignait, *L'Effort libre*, revue qui combattait la gratuité de l'art. À ses yeux, il ne peut en effet y avoir d'art véritable que supporté par une grande foi humaine ; la littérature ne se renouvellera qu'en annexant les passions sociales modernes – c'est-à-dire, pour J. R. Bloch, prolétariennes et communistes. De là l'inspiration politique qu'on trouvera non seulement dans des essais de combat comme *Espagne, Espagne !* (1936), *Naissance d'une culture* (1936), dans son théâtre révolutionnaire : *Le Dernier Empereur* (1926), *Danton* (1946), mais encore dans *Sybilla* (1932), livre à clefs, où cette constante se mêle curieusement à l'évocation d'Isadora Duncan.

RÉF. : Mme G. Pierre-Brossolette, Éloge de J. R. Bloch prononcé au Conseil de la République, *Journal Officiel* du 19 mars 1947. – Article *sub nomine* dans le *Dictionnaire de Biographie française* de Prévost et d'Amat. – *Europe*, n° 446, juin 1966. – J. Albertini, *Avez-vous lu Bloch* ?, Paris, 1981.

BLOCH Marc. Historien français. Né à Lyon (Rhône) le 6 juillet 1886, mort près de Lyon le 16 juin 1944. Fils d'un professeur d'histoire romaine à la Sorbonne, il passa son agrégation d'histoire après avoir fait ses études à l'École normale, et alla achever sa formation en Allemagne, où il suivit les cours de Bücher et de Harnack pendant les années 1909-1912. Professeur au lycée de Montpellier, puis à Agen, il se vit confier, au lendemain de la Première Guerre mondiale, une chaire d'histoire médiévale à la faculté de Strasbourg, qu'il occupera jusqu'en 1936. Après sa thèse, présentée en Sorbonne en 1920, sur l'attitude des rois de France envers leurs serfs, il se consacra à la fois à l'étude de la condition paysanne, avec *Les Caractères originaux de l'histoire rurale française* (1931), et à l'histoire des institutions politiques du Moyen Âge avec *Les Rois thaumaturges* (1924), essai sur le caractère surnaturel de la fonction royale, et *La Société féodale* (*) (1939-1940). Fondateur, avec Lucien Febvre, rencontré à Strasbourg, des *Annales d'histoire économique et sociale*, il succéda en 1936 à Henri Hauser à la chaire d'histoire économique de la Sorbonne. Très préoccupé alors des problèmes de la réforme de l'enseignement, intéressé à la politique depuis les accords de Munich, il fut mobilisé en 1939, et se réfugia après l'armistice en zone sud où il obtint un poste à la faculté de Strasbourg, repliée à Clermont-Ferrand, puis à celle de Montpellier. Entré dans la Résistance en 1943, il devait être arrêté au printemps de 1944 et fusillé peu après le débarquement allié. Son livre posthume, *Le Métier d'historien*, a confirmé encore la valeur de Marc Bloch comme l'un des historiens français les plus originaux de l'époque contemporaine.

BLOCK Lawrence. Auteur de romans policiers américain. Né à Buffalo, dans l'État de New York, le 24 juin 1938. Il commence à écrire des nouvelles policières dès le collège, devient directeur littéraire chez Scott Meredith et se consacre à l'écriture à partir de 1958. Auteur d'une trentaine de romans, il se dit influencé par Ed Mac Bain et, comme lui, il aime bien poursuivre les aventures de ses héros favoris de livre en livre : Tanner, l'espion insomniaque qui apparaît dans sept romans à partir de 1966 ; Chip Harrison, un privé créé en 1971 en hommage à Rex Stout (Chip a un patron : Léo Haig qui reste chez lui à contempler ses poissons tropicaux et à réfléchir sur l'enquête grâce aux données collectées par son adjoint) ; Bernie Rhodenbarr, un gentleman cambrioleur très malchanceux, qu'on retrouve dans trois romans à partir de 1977, et Matt Scudder, un héros très proche de l'auteur, créé en 1975, qui apparaît notamment dans *Huit millions de morts en sursis* (*) (1982). Ce livre trace un superbe portrait de New York où habitait Lawrence Block avant de déménager en Floride. Il écrit ses romans en travaillant le matin pendant deux ou trois mois. Ses intrigues sont prenantes et il se révèle, comme son ami Westlake, très doué pour l'humour.

Il faut lire : *L'Aquarium aux sirènes* [*The Topless Tulip Carper,* 1974] ; *Vol et Volupté* [*The Burglar who likes to quote Kipling,* 1979] ; tous les Matt Scudder et les nouvelles recueillies sous le titre : *Des fois ça mord* [*Sometimes they bite,* 1983].

DENIS BOUTET DE MONVEL.

BLOEM Jakobus Cornelis. Poète hollandais. Né à Oudshoorn le 10 mai 1887, mort à Kalenberg le 10 août 1966. Juriste, Bloem n'en a pas moins une âme vagabonde : il voyage, change souvent de métier et de lieu de résidence. Comme poète, il appartient à la génération de Gossaert, Van Eyck et Roland Holst. Comme chez ces derniers, sa poésie est le théâtre d'un conflit constant entre les désirs de l'âme et ceux des sens. Pour lever les contradictions, Bloem ne peut se résoudre, comme l'a fait Roland Holst, à fuir la réalité en se créant un paradis artificiel : le conflit cyclique entre les aspirations idéalistes et la réalité se solde par la résignation. Après le style élaboré, souvent archaïque, qui caractérise *Le Désir* [*Het Verlangen,* 1921] — v. *La Nostalgie* (*) — les recueils suivants font preuve d'une sobriété et d'une concision croissantes. Citons *Media Vita* (+) (1931), *La Défaite* (+) (1937), *Scories* [*Sintels,* 1945], *Quiet though Sad* (1947), *Soir* [*Avond,* 1950] et *Au revoir* [*Afscheid,* 1957]. Bloem est aussi l'auteur d'essais sur la poésie et de recueils d'aphorismes : *Pensées* [*Verzamelde beschouwingen,* 1950], *Aforismen* (1952) et *Rétrospective du chemin parcouru* [*Terugblik op de afgelegde weg,* 1954].

RÉF. : A. L. Söteman, *Over de dichter Jakobus Cornelis Bloem,* Amsterdam, 1974.

BLOK Alexandre Alexandrovitch [Aleksandr Aleksandrovič Blok]. Poète russe. Né et mort à Saint-Pétersbourg (28 novembre 1880-7 août 1921). Le plus grand représentant du symbolisme poétique russe naquit dans la famille d'un professeur de droit, dont les ancêtres émigrèrent en Russie venant d'Allemagne. Le jeune Blok eut à lutter contre une très lourde hérédité : son grand-père paternel mourut dans un asile d'aliénés et ses parents — divorcés peu de temps après sa naissance — durent se soigner à plusieurs reprises pour des maladies nerveuses. La prime jeunesse du poète eut comme cadre la riche demeure et la propriété de campagne de son grand-père maternel, A. N. Beketov, recteur de l'université de Saint-Pétersbourg et champion convaincu de l'instruction féminine. Sa mère s'étant remariée en 1889 avec un officier, le jeune Blok dut vivre dans une caserne et suivre les classes dans une école populaire qui, suivant son propre aveu, « ne correspondait ni à ses idées ni à ses manières ni à ses sentiments ». La poésie fut toujours son passe-temps favori ; d'après son propre témoignage, il avait commencé à composer des poèmes dès qu'il sut écrire, mais le début de son activité créatrice remonte à l'époque où il étudiait à l'université — aux alentours de 1898. Après avoir fait trois années de droit, Blok changea d'avis et recommença ses études universitaires à la faculté des lettres, études qu'il termina en 1906. Ses poésies parurent pour la première fois en 1903, dans la revue *Novyj Put',* dirigée par les époux Mérejkovsky. En cette même année 1903, Blok se maria avec la fille de l'illustre chimiste Mendeleïev. En 1905 parut son premier recueil : *Poèmes de la Belle Dame* (+) — v. *Poésies* (*) de Blok. Bien qu'accueilli avec enthousiasme par les cénacles littéraires russes d'avant-garde — tel le cénacle des « Argonautes », ou encore celui qui se réclamait de Vladimir Soloviev —, ce premier recueil n'apporta pas au jeune poète la popularité et la gloire qui vinrent néanmoins couronner son drame lyrique *Baraque de foire* (+), représenté en 1906, et son second recueil de poésies : *Joie inattendue* [*Nečajannaja radost',* 1907]. Blok s'était enthousiasmé pour la révolution de 1905, mais celle-ci ayant avorté, le poète se moque, dans la *Baraque de foire* et dans son autre drame lyrique, *Le Roi sur la place publique* [*Korol' na ploščadi*], de sa propre mystique révolutionnaire. Comme corollaire à cette désillusion, la pure figure de la Belle Dame (du poème du même nom), qui était une entité symbolique comparable à la *Sophia* de Vladimir Soloviev, devient un être de chair, traînant dans son sillage toutes les passions déchaînées ; si elle symbolise encore quelque chose, ce n'est plus un être immatériel, mais la Russie, batailleuse et prête à tous les sacrifices, comme dans le poème *Sur le champ de bataille de Koulikovo* [*Na pole Kulikovom,* 1908]. L'amour chevaleresque réapparaîtra toutefois dans le drame lyrique *La Rose et la Croix* [*Rosa i krest,* 1915] (*), écrit dans la première manière, typiquement symboliste, de Blok. La révolution de 1917-1918 voit le poète redevenir le chantre de la liberté ; il accepte même un emploi officiel — pourtant nettement contraire à sa nature — et fait pendant quelques mois partie d'un organisme chargé d'enquêter sur l'activité passée d'anciens ministres de l'empire.

En janvier 1918, Blok écrivit *Les Douze* (*), poème polyphonique qui met en scène le déchaînement du peuple révolutionnaire mystérieusement sanctifié, et *Les Scythes* (*), reflet d'un messianisme néo-slavophile. Ensuite, le poète cessa d'entendre les « sons de la révolution », de la révolution politique et spirituelle dont il avait cru voir l'avènement, et il mourut « par manque d'air », comme il le dit de Pouchkine dans un discours prononcé peu de temps avant sa mort, sans avoir pu obtenir à temps l'autorisation d'aller se soigner à l'étranger. « Blok fut enterré par une foule immense. Ce poète, qui avait commencé sous le signe de l'élitisme, était devenu poète national » (G. Nivat).

RÉF. : Sophie Bonneau, *L'Univers poétique d'Alexandre Blok*, Paris, 1946. – Nina Berberova, *Alexandre Blok et son temps*, Paris, 1947, Arles, 1990. – Sophie Laffitte, *Alexandre Blok*, Paris, 1958. – Angelo Maria Ripellino, *Les Chemins du merveilleux. Essais sur la littérature russe*, Paris, 1977. – Numéro spécial de la *Revue des études slaves* (1982). – Georges Nivat, « Alexandre Blok » in *Histoire de la littérature russe. Le XXe siècle. L'Âge d'argent*, Paris, 1987.

BLOMBERG Erik. Poète et critique suédois. Né le 7 août 1894 à Stockholm, mort le 8 avril 1965 à Izmir (Turquie). Agrégé d'histoire de l'art à l'université d'Uppsala en 1919, il avait publié son premier recueil de poésie, *Les Chants de la solitude* [*Ensamhetens sånger*], un an plus tôt. De son œuvre poétique, on retiendra surtout *Le Dieu enchaîné* (*) (1927). Souvent décrit comme une sorte de pendant de Pär Lagerkvist, dont il semble partager les préoccupations métaphysiques, à la recherche d'un dieu plus proche de l'« invisible king » de H. G. Wells que de celui de la religion traditionnelle, un dieu de la solidarité, il n'est pas comme Lagerkvist un « moderniste » de la forme, et sa poésie reste ancrée dans la tradition. Pour ce « représentant typique de l'idéalisme des années 20 », le premier mot est « solitude », le dernier étant toujours « communauté » – a-t-on dit –, mais c'est un sentiment de solitude et d'angoisse qui le plus souvent prédomine. Il a laissé aussi une œuvre importante de traducteur, allant de la poésie chinoise aux poèmes en prose de Baudelaire, de la poésie américaine à Hölderlin. Critique dans plusieurs quotidiens de Stockholm dès 1920, il a exercé avec finesse et perspicacité, et non sans vigueur, une analyse d'inspiration socialiste. Son œuvre de critique d'art n'est pas moins importante et comprend plusieurs monographies d'artistes, couronnées par un ouvrage monumental sur le peintre suédois *Ernst Josephson* (1951-1959).

CARL GUSTAF BJURSTRÖM.

BLONDEL Maurice. Philosophe et professeur français. Né à Dijon le 2 novembre 1861, d'une famille bourguignonne de tradition catholique, mort à Aix-en-Provence le 4 juin 1949. Il fit ses premières études dans sa ville natale, où il obtint le baccalauréat ès sciences et la licence de lettres et de droit. L'intervention de Mgr Rivet, évêque de la ville, vint à bout des hésitations de sa famille et permit à Blondel de se présenter et d'être reçu au concours de l'École normale supérieure. À l'influence du philosophe A. Bertrand (disciple de Maine de Biran et de H. Joly), qui avait marqué sa première jeunesse, vint alors s'ajouter celle d'Émile Boutroux et surtout de L. Ollé-Laprune. L'intensité de la foi chrétienne de ce dernier conquit dès l'abord le jeune disciple dont il devait plus tard devenir l'ami. Ses thèses française et latine de doctorat (1893) sur l'action : *L'Action, Essai d'une critique de la vie et d'une science de la pratique* (*) et sur le « lien substantiel » chez Leibniz [*De Vinculo substantiali apud Leibnitium*] sont les premiers fruits de cette profonde conviction chrétienne qui devait nourrir toute la recherche philosophique de Blondel. Mais le milieu académique encore tout pénétré d'une tradition rationaliste n'était certes pas disposé à accueillir des thèses qui affirmaient la valeur philosophiquement décisive de la pratique chrétienne. La discussion singulièrement acharnée du 7 juin 1893 le montra bien. Blondel n'en sortit pas vaincu, loin de là, mais les conséquences pratiques se firent immédiatement sentir et il se vit refuser la chaire de professeur. L'année suivante, grâce aux démarches actives de Boutroux, Raymond Poincaré, ministre de l'Instruction publique, s'arrangea pour que le veto fût levé, et Blondel fut nommé maître de conférences à l'université de Lille, puis, l'année suivante, à Aix-en-Provence où il resta jusqu'à la fin de ses jours. Aucun autre événement extérieur ne marquera désormais sa vie, consacrée entièrement à l'étude et à l'enseignement, mais assombrie par une lutte continuelle contre une santé fragile et, dans les derniers temps, contre la cécité. Le cours des années n'est marqué que par la parution successive de ses œuvres. La *Lettre sur les exigences de la pensée contemporaine en matière d'apologétique, L'Illusion idéaliste, Le Principe élémentaire d'une logique de la vie morale, Histoire et dogme* achèvent de mettre en lumière la pensée du philosophe que *L'Action* avait déjà révélée. Il se rallie aux doctrines modernistes et polémique avec leurs adversaires, sans toutefois se lancer à corps perdu dans la mêlée ; après la parution de l'encyclique *Pascendi*, il se plonge encore plus profondément dans la méditation. S'il participe à la vie culturelle et spirituelle de son temps par des écrits divers, il ne révèle que tardivement les résultats de tant d'années de méditation et de recueillement. Ce n'est qu'en 1934 qu'il rompt le silence et, dans le court espace de trois années, il publie les deux ouvrages, *La Pensée* (*) (1934), et *L'Être et les êtres* (*) (1935) qui avec *L'Action* forment une trilogie, suivie de deux volumes sur *La Philosophie et l'esprit chrétien* qui viennent couronner son œuvre spéculative de philosophe chrétien. Ces produits de sa maturité soulèvent eux aussi des polémiques qui ne visent cependant pas l'orthodoxie de Blondel. Sa figure, au contraire, prend place peu à peu parmi les penseurs chrétiens classiques, tandis que s'accroît chaque jour la troupe des disciples plus ou moins fidèles à son enseignement. Il s'éteint pendant qu'il prépare le troisième volume de *La Philosophie de l'esprit chrétien* et que paraît son dernier volume sous le titre d'*Exigences philosophiques du christianisme.*

MICHEL MOURRE.

♦ *« La doctrine de M. Blondel est une doctrine de l'élan spirituel, mais qui se distingue de toutes les doctrines avec lesquelles on pourrait être tenté de la confondre ; car, au lieu de considérer cet élan comme le principe immanent du devenir, elle nous découvre en lui la présence et l'appel d'une puissance transcendentale sans laquelle nous ne pourrions ni sentir ce qui nous manque, ni dépasser ce que nous sommes, ni nous éveiller à une vie intérieure qui n'est faite que de virtualités et de promesses, ni enfin réaliser, par une option sans cesse renouvelée, la destinée qui nous est propre. »* Louis Lavelle. ♦ *« La grandeur de l'œuvre blondélienne réside dans le rare équilibre de deux ordres : celui de l'intelligence et celui de charité. »* Jean Lacroix. ♦ *« L'originalité de M. Blondel est d'avoir toujours uni le souci scrupuleux à cette exactitude et à cette cohérence qui peuvent seules conférer à nos affirmations un caractère inéluctable. »* Paul Archambault.

RÉF. : P. Archambault, *L'Œuvre philosophique de M. Blondel*, 1928. – H. Bouillard, *Blondel et le christianisme*, Paris, 1961. – *Maurice Blondel, une dramatique de la modernité* (colloque d'Aix-en-Provence), Paris, 1990. – Y. Perico, *Maurice Blondel, genèse du sens,* Paris, 1991.

BLONDIN Antoine. Journaliste et romancier français. Né et mort à Paris (11 avril 1922-7 juin 1991). La parution, en 1949, de *L'Europe buissonnière* (*) fit l'effet d'une provocation. Son auteur, un jeune homme de vingt-sept ans, non seulement n'y prenait pas la guerre qui venait de s'achever au sérieux, mais en parlait même avec une désinvolture que l'on ne pouvait guère attendre d'un garçon qui, après d'honnêtes études de philosophie, avait passé plus de deux ans dans un camp de travail nazi.

Ce roman partiellement autobiographique attira sur Antoine Blondin l'attention et l'amitié de Marcel Aymé, puis celles de Roger Nimier. Ces deux hommes allaient énormément compter dans sa vie.

Dès lors, c'est-à-dire pendant les quarante années qui suivirent, la vie d'Antoine Blondin fut gouvernée par plusieurs passions parallèles, et parfois contradictoires : l'amitié (aux deux noms qui précèdent, il faut ajouter ceux de Michel Déon, Jacques Laurent, Albert Vidalie, Kléber Haedens, Paul Morand et beaucoup d'autres) ; le sport (il suivit vingt-sept Tours de France et couvrit sept jeux Olympiques pour le journal *L'Équipe* – v. *L'Ironie du sport* (*) –) ; la littérature, et l'alcool.

Cette dernière passion, dont il a admirablement parlé dans *Un singe en hiver* (*) (1959) et *Monsieur Jadis* (*) (1970), lui a donné, auprès d'une certaine presse, une réputation de mauvais aloi. Il s'agit pourtant là d'une sorte d'« acquiescement aux limites », dont le sens tragique et la démesure même forcent le respect.

Antoine Blondin est l'auteur de quatre romans – *Les Enfants du bon Dieu* (*) (1952), et *L'Humeur vagabonde* (*) (1955), s'ajoutant aux titres cités – et de deux recueils de nouvelles – *Monsieur Jadis* et *Quat' saisons* (+) (1975). On y retrouve des personnages qui se ressemblent beaucoup, sans doute parce qu'ils ressemblent à leur auteur : très juvéniles, au bord de l'irresponsabilité même, ils traversent les événements avec une sorte de passivité, ou mieux, d'indifférence, qui en fait presque des êtres d'un autre monde.

Cette élégante désinvolture, mais aussi une écriture transparente et malicieuse donnent à ces romans un charme auquel certains lecteurs ne résistent pas, mais qui en a fortement agacé d'autres. Jointes à une aversion marquée de leur auteur pour la chose politique, en un temps (les années 50) où le cœur de l'intelligentsia française battait à gauche, elles ont valu une solitude réputation d'homme de droite à cet écrivain qui ne se situait lui-même nulle part. Il est vrai que plusieurs de ses amis déjà nommés affichaient des positions sans nuances pour l'Indochine et l'Algérie françaises, auxquelles Antoine Blondin s'est parfois rallié, plus par esprit de provocation sans doute que par conviction véritable.

Auteur d'un assez petit nombre d'ouvrages de fiction, mais de plusieurs milliers d'éblouissantes chroniques, surtout sportives, mais aussi littéraires, Antoine Blondin est à la fois une des figures les plus attachantes du second demi-siècle et un de ses écrivains les plus personnels, un cavalier seul dont l'« humeur vagabonde » aura intrigué, séduit et fait rêver trois générations de lecteurs.

JACQUES BENS.

BLOY Léon. Écrivain français. Né à Périgueux le 31 juillet 1846, mort à Bourg-la-Reine, le 3 novembre 1917. Fils d'un fonctionnaire des Ponts-et-Chaussées, second d'une nombreuse famille, Léon Bloy fit de brèves études ; à quatorze ans, il quitte le collège pour étudier le dessin et, dès 1864, il travaille à Paris où il est commis d'architecte. La rencontre de Barbey d'Aurevilly, en 1867, détermine sa conversion, ou plutôt son retour au catholicisme et le confirme dans ses ambitions littéraires. Mais la guerre le ramène à Périgueux et, démobilisé (il a combattu dans l'armée de la Loire), il décide d'y demeurer. En 1873, il revient à Paris et occupe divers emplois : copiste chez un notaire, commis à l'enregistrement, dessinateur aux Chemins de fer du Nord, tandis qu'il fait ses premières et difficiles tentatives littéraires ; *L'Univers,* journal de Veuillot, *La Restauration,* la *Revue du monde catholique*... acceptent mal son intransigeance religieuse et sa violence ; il ne peut publier ni *La Méduse-Astruc,* poème en prose inspiré par un buste de Barbey, ni *La Chevalière de la mort,* étude poétique et mystique sur Marie-Antoinette. Il lui faudra attendre 1882 pour trouver dans un petit journal, *Le Chat noir,* la liberté d'écrire. Les quelques années qui précèdent sont pour lui des années fort importantes, marquées par la rencontre avec Anne-Marie Roulé (on renverra ici au *Désespéré* (*) : le drame vécu par Caïn Marchenoir et Véronique fait mieux saisir que tout récit cette aventure où le mysticisme peu à peu l'emporte sur la sensualité), par la mort de son père, en mai 1877, par celle de sa mère, en septembre, par les séjours à la Grande Trappe de Soligny, où il fait de vains essais de vie monastique, par les pèlerinages à La Salette où l'entraîne Tardif de Moidrey. Léon Bloy dira plus tard de ce prêtre qu'il « tenait de lui le meilleur de ce qu'il possédait intellectuellement », l'idée même de ce « symbolisme universel », qu'il allait appliquer à l'histoire, aux événements contemporains et à sa propre vie. Dès cette époque, il écrit *Le Symbolisme de l'apparition* qui ne sera publié qu'en 1925.

En juin 1882, Anne-Marie Roulé, devenue folle, doit être internée. « Je suis entré dans la vie littéraire à trente-huit ans, après une jeunesse effrayante et à la suite d'une catastrophe indicible qui m'avait précipité d'une existence purement contemplative », dira plus tard Léon Bloy. C'est en 1884, en effet, qu'il publie ses deux premiers livres, *Le Révélateur du globe* (*), étude sur Christophe Colomb qui, malgré l'élogieuse préface de Barbey, passe à peu près inaperçu, et les *Propos d'un entrepreneur de démolitions* (*) ; recueil des articles donnés depuis la fin de 1882 au *Chat noir*, ce second ouvrage provoqua par la violence de ses attaques quelque scandale ; il en fut de même au *Figaro* où Bloy accueilli avec éclat se vit très vite refuser ses articles ; il créa alors son propre journal, *Le Pal*, dont la publication fut interrompue après quatre numéros. Commencé à cette époque – il parut en 1887 – *Le Désespéré* (*) donne, à travers la transposition romanesque, l'image la plus juste de la vie de Bloy jusqu'à cette date ; ce mode d'expression, à demi autobiographique, lui convient alors et il envisage bientôt d'écrire un second roman, *La Désespérée* : l'héroïne en serait Berthe Dumont qu'il a rencontrée en 1884 et qui mourut en 1885. Mais, pour vivre, il revient au journalisme, publie dans le *Gil Blas*, en 1888 et 1889, des articles repris plus tard dans *Belluaires et Porchers* (*), collabore ensuite à *La Plume*. En avril 1889 meurt Barbey d'Aurevilly, en août Villiers de l'Isle-Adam, avec qui Bloy était fort lié depuis quelques années. À la fin de cette même année, il rencontre Jeanne Molbech, fille d'un poète danois, qu'il épouse l'année suivante. Déçu par ses échecs, il quitte la France en février 1891 pour le Danemark où il fera des conférences. C'est à Copenhague que naît, en avril, sa fille Véronique. Ce séjour est aussi le moment de la rupture avec Huysmans dont le prétexte fut l'attitude inamicale de ce dernier, et la vraie raison la publication de *Là-Bas* (*) où Bloy retrouvait ses idées (et sa personne) caricaturées. Il revient en septembre 1891 au moment du procès que Péladan lui avait intenté pour un article. Quelques mois plus tard, les derniers amis connus auprès de Barbey : Buet, Landry, Louise, Read... le « lâchent » à leur tour.

En 1892, paraît *Le Salut par les Juifs* (*), l'un de ses ouvrages auquel il attachait le plus d'importance ; écrit pour répliquer à Drumont, il est au centre de la pensée et des rêves de Bloy qui ordonne l'histoire du monde autour d'Israël. La même année, il rentre au *Gil Blas* auquel il donne des récits inspirés par la guerre de 1870, repris en 1893 dans *Sueur de sang* (*), et une série de nouvelles, *Histoires désobligeantes* (1894). Une polémique où il défendit Tailhade mit fin à cette collaboration ; *Léon Bloy devant les cochons* raconte les détails de cette affaire.

Léon Bloy revient alors au projet ancien de roman ; mais l'année 1895 lui est particulièrement douloureuse ; en janvier, son fils André, né en février 1894, meurt subitement ; Pierre, qui naît en septembre, meurt lui aussi quelques semaines plus tard. Bloy évoquera ces événements dans *La Femme pauvre* (*) où, comme dans *Le Désespéré*, est reprise, transposée, sa propre vie. La rédaction de ce récit est achevée en mars 1897. En mars également naît sa fille Madeleine. Depuis 1892, il tenait régulièrement, sans intention littéraire, son journal ; il eut, en 1895, l'idée d'y puiser la matière d'un livre ; cette relecture fit naître le projet d'une publication pour laquelle il reprit le texte, l'allégeant, le récrivant parfois. *Le Mendiant ingrat* (1892-1895) (*) fut publié en 1898 ; sept autres volumes devaient suivre. Ni *La Femme pauvre* ni *Le Mendiant ingrat* n'ayant obtenu le succès espéré, Bloy décide de quitter à nouveau la France pour le Danemark ; il y passe dix-huit mois avec sa famille. En lisant *Fécondité* (*) de Zola que *L'Aurore* publiait en feuilleton, il prit les notes d'où il tira *Je m'accuse...*, pamphlet où la critique de Zola se mêle à des réflexions sur la politique française et l'affaire Dreyfus. Il écrit aussi au Danemark *Le Fils de Louis XVI*. De retour en France, en 1900, il publie ces deux ouvrages et travaille à l'*Exégèse des lieux communs* (*) qui paraît en 1902 ; il poursuivra dans une « deuxième » série (1912) cet inventaire, « livre terrible sous son apparente cocasserie », où sont analysées une à une ces expressions toutes faites par quoi se traduit la « sottise bourgeoise ». La polémique se fait à nouveau plus directe dans *Les Dernières Colonnes de l'Église* (+), études sur les écrivains catholiques admis : Coppée, Brunetière, Bourget, Huysmans... En 1904, paraissent *Mon Journal* (1896-1900) (*) en 1905, *Quatre ans de captivité à Cochons-sur-Marne*, récit des quatre années passées à Lagny, après le retour du Danemark, et *Belluaires et Porchers*, recueil d'articles parfois anciens ; certains datent de 1888. Désormais la vie de Bloy se confond avec son œuvre ; du moins peut-on se contenter d'une énumération de titres, d'une énumération aussi des amis, de plus en plus nombreux qui l'entourent à cette époque : Jacques et Raïssa Maritain, Van der Meer, Rouault, Ricardo Vinès, Georges Auric... pour ne citer que quelques-uns parmi les plus connus ; plusieurs ont été convertis par Bloy. À Montmartre, de 1904 à 1911, puis à Bourg-la-Reine, où il mourra, il écrit *L'Épopée byzantine* (reprise plus tard sous le titre de *Constantinople et Byzance*), rêverie historique à propos d'un ouvrage de Schlumberger ; *Celle qui pleure* (*) (1908), consacrée à l'apparition de la Vierge aux bergers de La Salette ; *L'Invendable* (1909), journal des années 1904-1907, *Le Sang du pauvre* (1909) qui est, avec *Le Salut par les Juifs,* un des livres où se condense sa pensée. *Le Vieux de la montagne,* cinquième volume du journal, paraît en 1911 ; en 1912, *L'Âme de Napoléon* (*), et la deuxième série de l'*Exégèse des lieux communs ;* en 1914, *Le Pèlerin de l'absolu* (*). Bloy regrettera de n'avoir pas donné ce titre à l'ensemble de son journal.

La guerre marque profondément les dernières œuvres, les deux volumes du journal, *Au seuil de l'apocalypse* (1916) et *La Porte des humbles,* publiée après la mort de Bloy ; plus encore *Jeanne d'Arc et l'Allemagne* (*) (1915), les *Méditations d'un solitaire en 1916* et le livre auquel il travaillait au moment de sa mort, *Dans les ténèbres.* De cette œuvre, les polémiques surtout ont frappé — et irrité — les contemporains ; elles expliquent en grande partie l'insuccès sur l'instant, cette « conspiration du silence » dont se plaignait Bloy. Avec le recul, elles n'ont gardé que leur vigueur et souvent leur saveur, et s'intègrent dans l'ensemble de l'œuvre. La violence, plus que colère à l'égard de ceux qu'il jugeait, était pour Bloy un mouvement naturel, une manière d'aborder le réel, un élan que l'on retrouve par ailleurs et qui donne à son style son éclat et sa force. L'unité de cette œuvre est religieuse ; il faut la chercher dans la quête de l'absolu, dans la dénonciation des apparences, que l'œuvre romanesque ou historique rend plus sensibles encore que les « méditations » des dernières années. Dans l'histoire de Napoléon ou de Louis XVII, comme à travers ses personnages romanesques ou, dans son journal, à travers les événements de sa propre vie, Bloy cherche à saisir le sens d'un destin. Tout à ses yeux est symbole, ce qui est une affirmation de mystique, mais aussi de poète. Il savait bien que les sujets — romanesques ou historiques —, que les œuvres des autres n'étaient que prétextes à retrouver les grands thèmes et les figures qui le hantaient. Il l'a reconnu souvent : « ... le fils de Louis XVI, c'est moi-même, c'est-à-dire [...] que je l'ai vu en moi, dans la grande glace noire qui est au fond de mon cœur. » Cette image lui est familière : la réalité (l'histoire, le monde, soi-même...) est un « grand miroir aux énigmes » que l'écrivain a mission d'interroger.

JACQUES PETIT.

♦ *« C'est un esprit plein de feu et d'enthousiasme* [...] *polémiste de talent, fait pour toutes les luttes, tous les combats, toutes les mêlées... »* Barbey d'Aurevilly. ♦ *« ... C'est bien notre monde qu'il annonce et les auditeurs subjugués le distinguent vaguement à travers les images et les symboles de ce style d'une opulence byzantine, comme on voit entre les puissants piliers de l'Arc de Triomphe descendre un soleil rouge. »* Georges Bernanos. ♦ *« Quand on lit Bloy, on est transporté aussitôt dans ces régions surnaturelles où il se promène comme sur une grand'route en y faisant sonner des souliers à clous. »* Julien Green. ♦ *« Il détient un génie comique auquel je suis plus sensible dans son œuvre qu'à ses aspects d'Apocalypse* [...] *Sa vision des êtres, cette pulsation de la bêtise quotidienne* [...] *voilà ce qui est unique chez Bloy. »* François Mauriac.

RÉF. : *Œuvres complètes,* établies par J. Bollery et J. Petit, dont le 15e et dernier volume a paru en 1975. — H. Colleye, *L'Âme de Léon Bloy,* 1930. — P. Termier, *Introduction à Léon Bloy,* 1932. — S. Fumet, *Mission de Léon Bloy,* 1935. — A. Béguin, *Léon Bloy l'impatient,* 1944. — M.J. Lory, *Léon Bloy et son époque,* 1944. — J. Petit, *Léon Bloy,* 1944. — J. Bollery, *Léon Bloy,* 3 vol., 1947-1954. — G. Cattaui, *Léon Bloy,* 1954. — H. Juin, *Léon Bloy,* 1957, — J. Petit, *Léon Bloy devant Dieu,* 1967. — M. Dereu, *Le Style de Léon Bloy. — Léon Bloy,* L'Herne, 1988. — Une dizaine de volumes de correspondance ont été publiés, dispersés chez différents éditeurs.

BLUM Léon. Homme politique français. Né à Paris le 9 avril 1872, mort à Jouy-en Josas (Yvelines) le 30 mars 1950. Issu d'une famille de négociants, il passe par l'École normale (section lettres) et entre au Conseil d'État en 1905. Mais, dès l'époque de l'affaire Dreyfus, il a débuté dans la littérature comme critique à *La Revue blanche* des frères Natanson. En 1901, il publie ses *Nouvelles Conversations de Goethe avec Eckermann ;* en 1914, son étude sur *Stendhal et le beylisme.* Sa personnalité s'affirme : celle d'abord d'un esthète « décadent », comme on disait alors, de sensiblilité féminine, admirateur du premier Barrès et ami de Gide ; puis d'un libertaire, qui publie en 1907 *Du mariage* (*), livre qui fit scandale en préconisant pour les femmes les expériences préconjugales ; enfin d'un idéaliste, qui, sous l'influence de Lucien Herr, adhère au socialisme dès 1899, participe en 1904 à la fondation de *L'Humanité* et entre dans la politique active lors de l'assassinat de Jaurès. Désormais, négligeant la littérature, Blum confond sa vie avec celle de son parti : il se dresse, en 1920, contre la fraction communiste, lance *Le Populaire,* se mêle aux luttes de l'après-guerre contre Poincaré et Doumergue. En 1936, la victoire du Front populaire l'installe à la présidence du Conseil, où il fait des réformes sociales retentissantes ; mais, dès l'année suivante, aux prises avec les difficultés économiques, il doit abandonner le pouvoir. Pendant l'Occupation, il est traduit devant la cour de Riom, puis interné au Portalet et en Allemagne. Après son retour en 1945, malgré une brève étape ministérielle, il vit dans une demi-retraite politique, évoluant vers un humanisme libéral qu'il s'efforce, dans *À l'échelle humaine* (1945), de concilier avec le marxisme.

♦ *« Blum me paraît être demeuré (car il l'a toujours été) beaucoup plus utopique et même mystique que je ne consens à l'être. »* André Gide.

RÉF. : Colette Audry, *Léon Blum ou la politique du juste,* Paris, 1970. – Jean Lacouture, *Léon Blum,* Paris 1977.

BLUNDEN Edmund. Poète et critique anglais. Né à Yalding (comté de Kent) le 1er novembre 1896, mort le 1er janvier 1974, à Long Melford (comté du Sussex). À la « Blue Coat School », où étudièrent au siècle précédent de nombreux poètes et prosateurs – Coleridge, Lamb, etc. – qu'il devait célébrer plus tard dans ses écrits critiques, il se distingua en latin et en grec. Il obtint une bourse pour Oxford en 1914, mais devait être bientôt mobilisé et servir en France. De retour à Oxford en 1919, il s'y trouva peu à l'aise, et devait l'année suivante amorcer une carrière efficace et discrète dans le journalisme littéraire. Cependant, alors qu'il était encore écolier, il avait publié deux plaquettes de vers à compte d'auteur, que bien d'autres devaient suivre. Un recueil incomplet paraîtra en 1957, *Poèmes de maintes années* (+). Cette poésie est consacrée à la nature et d'une métrique subtile – jamais mieux venue, de l'avis même de l'auteur, que dans *Coquillages au bord d'un ruisseau* (*) (1944). Élu en 1966 au poste semi-honoraire de professeur de poésie à Oxford, Blunden y renonça deux ans plus tard pour raison de santé. Il avait auparavant enseigné la littérature anglaise à Tokyo puis à Hong Kong. Il a contribué à faire connaître des poètes du XIXe siècle considérés à tort comme marginaux – Christopher Smart, John Clare, etc. – et laisse une œuvre en prose – critique et souvenirs – considérable.

RÉF. : Graham Vesmond, *The Truth of War : Owen, Blunden, Rosenberg,* Manchester, 1984.

BOBROWSKI Johannes. Poète et romancier allemand. Né à Tilsit le 9 avril 1917, mort à Berlin le 2 septembre 1965. Fils d'un employé de chemin de fer, il passe son enfance dans la région de la Basse-Vistule, à la frontière germano-lituanienne. Arrivé en 1928 à Königsberg, il fréquente le lycée où il a un temps. Wiechert parmi ses professeurs. Il entreprend ensuite des études d'histoire de l'art à Berlin (1937), avant d'être incorporé dans l'armée. Il est prisonnier en Union soviétique de 1945 à 1949. Rendu à la vie civile, il devient lecteur des éditions Union-Verlag, à Berlin-Est. C'est en 1954 que Bobrowski fait ses premiers pas dans la carrière littéraire, en publiant quelques poèmes remarqués dans la revue *Sinn und Form.* Mais ce n'est que sept ans plus tard que paraît son premier recueil lyrique, *Le Temps sarmate* (*) (1961), suivi de *Pays d'ombre les fleuves* (*) (1962) et de *Signes du temps* [*Wetterzeichen,* 1967] ; un quatrième volume *Dans les buissons du vent* [*Am Windgesträuch*] paraîtra posthume en 1970. Le paysage poétique de Bobrowski se compose presque toujours des mêmes éléments « naïfs » – la forêt, le vent, le fleuve, le sommeil... – liés pour lui au monde de l'enfance vécue en « Sarmatie ». Mais chaque poème est en même temps une interrogation sur le pouvoir du verbe, prise de conscience du caractère irrémédiablement ludique de la parole poétique.

Si Bobrowski a commencé à retenir l'attention comme poète, c'est incontestablement son œuvre de romancier qui lui a valu sa renommée. Son premier roman, paru seulement un an avant sa mort, *Le Moulin à Lévine* (*) (1963), raconte une histoire qui est censée se dérouler en 1874, dans un petit village des bords de la Vistule où la vie quotidienne est marquée par les rivalités ethniques entre Juifs, Allemands, Polonais et Bohémiens : le riche propriétaire d'un moulin, membre de « l'aristocratie » allemande du village, fait détruire un moulin concurrent appartenant à un Juif nommé Lévine ; celui-ci intente en vain un procès, mais gagne la sympathie de tous les « exploités », au-delà des distinctions ethniques. Fable qui serait simpliste sans l'art de raconter propre à Bobrowski : le récit est mis dans la bouche du petit-fils du riche propriétaire, procédé qui autorise tous les sous-entendus de la fausse ingénuité : « Mon grand-père, un homme – un vrai –, un Allemand... » Avec son second roman, *Les Pianos de Lituanie* (*) (1966), Bobrowski a une autre ambition : évoquer l'attitude allemande à l'égard des populations slaves de l'Est. Un professeur et un compositeur décident, en 1936, d'écrire un opéra sur la biographie du poète lituanien du XVIIIe siècle Christian Donelaitis. Le romancier jongle avec la chronologie, alterne les différents niveaux narratifs pour nous faire reconnaître finalement que Donelaitis pourrait vivre en 1936. Loin du réalisme socialiste, Bobrowski occupe sans aucun doute une place à part dans la littérature allemande de l'après-guerre.

JEAN-JACQUES POLLET.

RÉF. : G. Wolf, *Beschreibung eines Zimmers,* Berlin, 1971. – C. Meckel, *Erinnerung an J. Bobrowski,* Düsseldorf, 1978.

BOCCACE Jean (Giovanni Boccaccio). Écrivain italien. Né en 1313 à Certaldo (Italie) ou à Paris, mort le 21 décembre 1375 à Certaldo. Une légende, accréditée par les vagues allusions autobiographiques dont il a parsemé ses œuvres de jeunesse, veut qu'il soit né à Paris, des amours de son père, banquier, avec une noble parisienne, voire une princesse de sang royal ; de même il aurait été, à Naples, aimé de la belle Fiammetta, fille illégitime de Robert d'Anjou. Mais rien de tout cela n'est prouvé. S'il est vrai que son père, Boccaccio da Chellino, agent de la puissante compagnie financière des Bardi, se soit trouvé à Paris en 1312-1313, il n'en est pas moins vraisemblable que Giovanni fut le fruit d'une union illégitime contractée à Certaldo, ou même à Florence. Il passa son enfance dans le quartier de Saint-Pierre-Majeur à Florence, entre son père et sa belle-mère, Margherita dei Mardoli, de la famille des Portinari (celle même de Béatrice), et c'est à elle, ainsi qu'à son premier maître, Giovanni Mazzuoli da Strada, qu'il doit peut-être le culte de Dante qui dominera toute sa vie. Il paraît avoir à peine douze ans lorsque son père l'envoie faire un stage à Naples dans la banque des Bardi, qui avaient la haute main sur les finances de la cour d'Anjou. Mais étant donné son inaptitude au commerce, puis au droit canon que son père, en désespoir de cause, avait voulu lui faire étudier, Boccace se consacra entièrement à la littérature, sous la direction des plus illustres érudits de la cour de Naples : Paolo da Perugia et Andalo da Negro, et d'amis comme Dionigi da San Sepolcro, Barbarato da Sulmona, etc., qui faisaient miroiter devant ses yeux la gloire déjà brillante de Pétrarque. Mais il fut surtout impressionné par la vie voluptueuse et raffinée de la cour angevine, carrefour des civilisations italienne, française, arabe et byzantine. C'est dans ce cadre, où l'ambition effrénée se mêlait aux expériences d'une vie sensuelle et facile, que Boccace a placé son grand roman d'amour, concentrant dans la changeante et ensorceleuse figure de Fiammetta, et enrichi des ornements littéraires les plus brillants les diverses aventures qui avaient enivré sa jeunesse. Cette Fiammetta, dont il trace déjà un heureux portrait dans *La Chasse de Diane* (1334 ?), rayonnera directement ou indirectement dans tous les écrits qui ont précédé son chef-d'œuvre : *Le Philocope* (*) (1336 ?), *Le Philostrate* (*) (1338 ?), *La Théséide* (*) (1339-40), *Ameto* (*) (1341), *La Vision amoureuse* (*) (1342-1343), qu'il récrivit dans sa maturité, *Fiammetta* (*) (1343-1344).

La crise de la compagnie des Bardi contraignit Boccace à rentrer à Florence (1340) où, ainsi qu'en témoigne le ton amer des écrits et lettres de cette époque, il retrouva de pénibles conflits domestiques. Mais loin de le détourner de son œuvre, ce dur contact avec les nécessités de l'existence lui révéla des aspects plus immédiats et plus concrets de la vie sociale, et particulièrement de ce milieu de marchands entreprenants et rusés auquel il appartenait. Après de courts séjours à Ravenne, à la cour d'Ostasio da Polenta (1345-1346) et à Forli, chez Francesco Ordelaffi (1347), Boccace retourna à Florence, en 1347, où il assista à la terrible épidémie de peste qu'il décrit dans l'introduction de son chef-d'œuvre. Il avait, peu auparavant, dans *La Nymphée de Fiesole* (*) (1344-1346 ?), chanté en vers octosyllabiques des amours nobles et pures. Il prépare maintenant le *Décaméron* (*) (1349-51), splendide couronnement de ses expériences juvéniles, aboutissement de son œuvre en prose, dans lequel la nouvelle du Moyen Âge devait atteindre son plus haut degré de perfection. Après la mort de son père (1349) Boccace dut plus que jamais prendre soin de la fortune compromise de sa famille. En même temps sa renommée littéraire, désormais établie, le faisait désigner par ses concitoyens pour remplir plusieurs missions de confiance. En 1350, il fut envoyé comme ambassadeur auprès des seigneurs de Romagne et, mission plus agréable, chargé de remettre dix florins d'or à la fille de Dante – sœur Béatrice – à titre d'indemnité pour les dommages de guerre subis par sa famille. En 1351, Boccace fut élu « camerlengo » de la commune, et représentant de la République florentine à Prato, et auprès de Ludovic de Bavière. En 1354 et 1365, il fut désigné comme ambassadeur en Avignon auprès d'Innocent IV et d'Urbain V, et en 1367 il présenta l'hommage des Florentins à Urbain V, de retour à Rome. Mais ces missions honorifiques ne le tirèrent pas de la pauvreté dans laquelle l'avait plongé la ruine des Bardi. C'est pourquoi, encouragé en outre par les heureux souvenirs de sa jeunesse, et par l'amitié de Niccolò Acciaiuoli, alors tout-puissant à la cour d'Anjou, il se rendit à Naples en 1362 et en 1370, avec l'espoir d'y obtenir un poste lucratif. Mais il ne rencontra que des déceptions, qui le firent rentrer plein d'amertume à la maison familiale de Certaldo, où il s'était retiré dès 1362. Mais plus importante du point de vue littéraire fut, au cours de ces années, l'évolution de sa culture en un sens humaniste et religieux. Cette conversion, déjà amorcée dans *Le Songe ou le Labyrinthe d'amour* (*) (1354), puis confirmée par la *Lettre de consolation à Pino de' Rossi* [*Lettera consolatoria a Pino de' Rossi*, 1362], éclate après sa rencontre avec Pétrarque, la rencontre la plus féconde et la plus décisive de la littérature italienne et même européenne du XIVe siècle. Boccace avait approché Pétrarque pour la première fois en 1350, lorsque impatient de le voir il avait couru au-devant de lui bien en dehors des portes de Florence, et l'avait accueilli sous son toit. Il avait eu des conversations inoubliables en 1351 dans la maison de Pétrarque à Padoue ; il fut de nouveau son hôte en 1359 à Milan et en 1369 à Venise ; mais, en dehors de ces contacts trop rares à leur gré, une correspondance ininterrompue, un échange continuel de livres et de nouvelles littéraires, une communication constante par l'intermédiaire de fidèles amis communs, firent d'eux, selon la propre expression de Pétrarque, « une même âme dans deux corps ».

Après 1360 surtout, la maison de Boccace devint un des foyers de l'humanisme naissant, où se formèrent Salutati, Villani, Marsilli, et tant d'autres humanistes de la première génération, qui contribuèrent à répandre à travers l'Italie et l'Europe les nouvelles découvertes littéraires (de Varron à Martial, de Tacite à Apulée) et l'étude du grec, que Boccace avait été un des premiers à apprendre de son ami Leonzio Pilato (1360-1362). Ce fut cet humanisme avant la lettre qui marqua de son empreinte toutes les œuvres de sa maturité, qu'il ne cessa de corriger jusqu'à sa mort et dont il existe plusieurs versions : *De la* *généalogie des dieux* (*), *Chant bucolique* (*), *Des dames de renom* (*), *Mésaventures des nobles dames et gentilshommes illustres* (*), *Des montagnes, des bois, des fontaines, des lacs, des fleuves, des étangs ou des marais et des noms de la mer* (*). Influencé d'autre part par le christianisme de Pétrarque, Boccace, reniant les doutes et les écarts de sa jeunesse, donna dans la dévotion : il reçut les ordres mineurs puis, en 1360, l'autorisation d'avoir charge d'âmes dans une cathédrale. Il se consacra également, et avec plus d'enthousiasme que jamais, au culte de Dante, dont il rédigea une vie — *Vie de Dante* (*). Chargé par la seigneurie de Florence de commenter dans un cours public *La Divine Comédie* (*) en l'église de San Stefano de Badia, il s'arrêta au chant XVII de l'*Enfer*, pour des raisons de santé et parce qu'il se reprochait de vulgariser la pensée de l'auteur. D'ailleurs la mort de Pétrarque, survenue en octobre 1374, au moment même où Boccace exaltait publiquement le génie de Dante, creusa dans le cœur de Boccace un vide que rien ne put combler, et tous ses écrits ne furent plus qu'une lamentation sur la perte du grand ami, et l'abandon spirituel dans lequel elle l'avait jeté. Aussi, quand il s'éteignit, resta-t-il pour ses contemporains figé dans l'attitude hiératique de dernier survivant des « trois couronnes », tel que le représenta Sacchetti pleurant dans sa mort la mort de la poésie.

VITTORE BRANCA.

♦ *« Entre les livres simplement plaisants, je treuve, des modernes, le* Décaméron *de Boccace, Rabelais, et les* Baisers *de Jehan Second... »* Montaigne. ♦ *« Obscène en tout, impie, versificateur le plus inepte. »* Baldassare Bonifacio, 1652. ♦ *« Il y a des endroits dans cet auteur qui font bien voir qu'il a été moins scrupuleux à violer les règles de la pureté des mœurs, que nous avons reçues de Dieu même, qu'à choquer celles de la pureté du langage qui ne sont nées que du caprice ou de la volonté des hommes. »* Préface de la *Grammaire italienne* des MM. de Port-Royal. ♦ *« Je chéris l'Arioste et j'estime Le Tasse ; / Plein de Machiavel, entêté de Boccace, / J'en parle si souvent qu'on en est étourdi... » « À Rome, on ne lit point Boccace sans dispense : / Je trouve en ses pareils bien du contre et du pour. / Du surplus (honni soit celui qui mal y pense !) / Je me plais aux livres d'amour. »* La Fontaine. ♦ *« L'un des plus polis et des plus doctes écrivains de son siècle. »* Pierre Bayle. ♦ *« Son style latin est fort au-dessous de celui de Pétrarque pour la force du discours et la propriété des mots et des expressions ; en revanche, il l'a beaucoup surpassé dans la prose italienne, dont toute la beauté lui est due, selon quelques-uns. »* Moreri. ♦ *« Boccace fixa la langue toscane ; il est encore le premier modèle en prose pour l'exactitude et pour la pureté du style, ainsi que pour le naturel de la narration. La langue, perfectionnée par Boccace et Pétrarque, ne reçut plus d'altération, tandis que tous les autres peuples de l'Europe, jusqu'aux Grecs mêmes, ont changé leur idiome. »* Voltaire. ♦ *« Boccaccio est comme Giorgione. Dans les couleurs et dans les mots filtrent* [chez eux] *des rayons d'un soleil de mai. »* E. d'Ors. ♦ *« L'un des traits les plus séduisants de Boccace est son extrême modestie et le sentiment qu'il avait de son infériorité, non seulement devant Dante, mort glorieux, mais devant son contemporain Pétrarque... Il se jugeait si loin de lui qu'il n'osa point, pendant fort longtemps, lui envoyer son* Décaméron. » Gabriel Fauré.

RÉF. : N. Caducci, *La Fontaine imitateur de Boccace*, s. d. — H. Hauvette, *Musset et Boccace*, s. d., *Boccace, étude biographique et littéraire*, Paris, 1914. — U. Bosco, *Il* « Decameron », Rieti, 1929. — G. Petronio, *Il* « Decameron », Bari, 1935. — V. Branca, *Boccace medievale*, Florence, 1956 ; *Tradizione delle opere di Giovanni Boccacio*, Rome, 1958. — G. Getto, *Vita di forme e forme di Vita nel* « Decameron », 1958. — *Studi sul Boccacio*, dirigés par V. Branca, Florence, 1963. — H. Hauvette, *Études sur Boccace*, Turin, 1968. — M. Buratto, *Realtà e stile nel* « Decameron », Venise, 1970. — T. Todorov, *Grammaire du* « Décaméron », Paris-La Haye, 1970. — *Boccace en France*, Ouvrage collectif, Paris, 1975. — V. Branca, *Giovanni Boccacio : profilo biografico*, Florence, 1977. — G. Padoan, *Il Boccacio, le Muse, il Parnasso e l'Arno*, 1978. — V. Branca, *Boccacio medievale e nuovi testi su Boccacio*, Florence, 1981. — R. G. Ricci, *Studi nella vita e le opere del Boccacio*, Milan, 1985.

BOCCHERINI Luigi. Compositeur italien. Né à Lucques le 19 février 1743, mort à Madrid le 28 mai 1805. Son premier maître est, au séminaire de sa ville natale, l'abbé Vanucci. Il étudie ensuite le violoncelle et la composition à Rome, et fait de nombreuses tournées avec son ami le violoniste Manfredi. Il est à Paris en 1768, où il est bien accueilli et où il publie ses premiers trios (*Six trios à deux violons et violoncelle*, op. 2) et ses premiers quintettes [*Sei quintetti per due violini, viola e due violoncelli*, op. 10]. Toujours avec Manfredi, il se rend à Madrid où il devient « virtuose et compositeur de musique de chambre » de l'Infant Don Luiz, frère du roi. De 1785 à 1797, il joue et compose pour Frédéric-Guillaume de Prusse. À la mort du souverain (1797), la pension qu'il touchait est supprimée et il connaît des heures difficiles. Son dernier protecteur est, à Madrid, de 1799 à 1802, Lucien Bonaparte. Quand celui-ci quitte son ambassade en 1802, Boccherini vit dans la gêne et meurt trois ans plus tard. Il est enterré à Madrid, mais ses restes seront transportés à Lucques dans l'église Saint-François, en 1927. Boccherini est un compositeur extrêmement fécond : on possède de lui plusieurs centaines d'œuvres instrumentales, dont plus de 50 sonates, 42 trios à cordes, 92 *Quatuors* (*), 179 *Quintettes* (*), 16 sextuors, 2 octuors, 30 symphonies et 11 concertos pour violoncelle dont le plus célèbre, en si bémol majeur (*), est un arrangement réalisé au XIXe siècle. Pendant longtemps, le nom de Boccherini est resté indissociable du fameux *Menuet en la majeur* (*) qui limitait l'idée que l'on se faisait de sa musique à un charme décadent. La découverte de sa musique de chambre a permis d'apprécier en lui un précurseur des grandes formes qui trouveront leur équilibre, dans ce domaine, au XIXe siècle, notamment dans le domaine du quintette. Il a écrit également un opéra, *Clementina* (1765), des oratorios, *Giuseppe riconosciuto* (« Joseph reconnu »), et *Gioas* (« Joas »), tous deux composés vers 1765, un *Stabat Mater* (1800), une *Messe* (1800), quelques cantates et quelques grands airs, toutes œuvres riches en inventions mélodiques et dont la grâce nous donne une image charmante du XVIIIe siècle.

♦ *« Jamais compositeur n'eut plus que Boccherini le mérite de l'originalité : ses idées sont tout individuelles, et ses ouvrages sont si remarquables sous ce rapport, qu'on serait tenté de croire qu'il ne connaissait pas d'autre musique que la sienne. »* F.-J. Fétis. ♦ *« La vision d'art de Boccherini demeura toujours calme, sillonnée de temps en temps par une veine de mélancolie romantique, surtout dans les « andante ». Les bases de son style furent toujours la grâce et la clarté. »* Cesari.

RÉF. : Germaine de Rothschild, *Luigi Boccherini*, Paris, 1962. – Yves Gérard, *Thematic, Bibliographical and Critical Catalogue of the Works of Luigi Boccherini*, Londres, 1969. – Luigi Della Croce, *Il divino Boccherini. Vita, opere, epistolario*, Padoue, 1988.

BODARD Lucien. Journaliste et romancier français. Né le 9 janvier 1914 à Tchong-King en Chine. « Né dans la Chine des seigneurs de la guerre, je ne me suis jamais vraiment occidentalisé », écrivit Lucien Bodard, et en effet le fils du vice-consul de France Albert Bodard restera à jamais un homme de l'Orient. Il racontera l'aventure de cette enfance chinoise dans son roman *Monsieur le consul* (*) paru en 1973, récit à peine modifié d'une enfance « princière » passée au milieu du tumulte de la décolonisation. Bodard rejoindra la France en 1926, écolier ne connaissant que le chinois que ses camarades de classe traitaient de « sale jaune », avant de connaître l'horreur de la guerre de 40. Il devient ensuite journaliste, « par hasard » dit-il, puis grand reporter, domaine dans lequel il excellera et connaîtra un immense succès : « J'étais le vautour des calamités. » Après une carrière brillante et mouvementée passée à courir la planète, Bodard, écœuré de la violence et de la misère du monde, abandonne le journalisme. « J'ai pris ma retraite dans la littérature. J'ai commencé par des documents et puis j'ai écrit des romans. » Parmi ces documents citons *Le Massacre des Indiens*, témoignage sur le génocide des derniers Indiens du Brésil, publié en 1969.

Auteur au souffle profond et puissant, Bodard puisera une bonne partie de son matériau littéraire dans ses souvenirs d'enfance et leurs prolongements. Il est l'auteur de plusieurs essais sur la Chine : *La Chine de la douceur* (1957), *La Chine du cauchemar*, *Mao* écrit en 1970 avec Marie Cardinal, puis le roman-fleuve *Monsieur le consul*, épopée quelque peu autobiographique qui obtint le prix Interallié en 1973. Un procès lui sera à ce sujet intenté par la famille Montpezat, dont un membre est décrit dans le livre comme un colonisateur impitoyable et sans scrupule. Il plonge ensuite dans l'histoire de la Chine du XIXe siècle avec *La Vallée des roses* (1977), qui relate les tout débuts des colonisations anglaise et française. *Anne-Marie*, publié en 1981, est un hymne d'amour et de haine envers sa mère, la femme du consul, personnage central de sa vie d'enfant et d'adolescent.

NICOLAS ROMÉAS.

BODART Roger. Poète et essayiste belge d'expression française. Né à Falmignoul le 10 mars 1910, mort à Bruxelles le 2 juin 1973. Ses poèmes, autant que des recueils d'essais ou d'impressions de voyage comme les *Dialogues européens*, les *Dialogues africains* ou *Mes Amériques*, sont l'œuvre d'un humaniste soucieux de l'universalité de la pensée moderne. Son premier livre de vers, *Les Mains tendues* (1930) fut préfacé par Léon Daudet. Librement classique dans *Office des ténèbres* (1937), sa poésie a évolué vers la forme pleine de *La Tapisserie de Pénélope* (1945) avant de se contracter en vers brefs dans *Le Nègre de Chicago* (*) (1958) et surtout *La Route du sel* (1965). Outre de nombreux essais qui n'ont pas été recueillis en volume, Bodart a écrit des monographies sur Montherlant, Du Bos, Maeterlinck, Plisnier, Thiry, Libbrecht ou Amédée Ponceau, et également sur des peintres et sculpteurs belges contemporains. Fonctionnaire au Service des lettres, il fut membre de l'Académie royale de langue et de littérature.

BODEL d'Arras Jean (appelé aussi Bodiaus ou Bordiaus). Trouvère et ménestrel français. On l'a identifié aussi avec l'auteur de fabliaux, Jehan Bedel. Il vécut à Arras dans la seconde moitié du XIIe siècle et mourut en 1210. Il était probablement clerc, et sa multiforme activité poétique était goûtée et appréciée par ses concitoyens. Vers 1205, alors qu'il s'apprêtait à partir pour la Terre sainte, il se trouva atteint de la lèpre. Obligé de se retrancher tout vivant du monde des vivants, il adressa à ses amis un émouvant chant d'adieu, ses *Congés* (*), dont les stances sont dédiées tour à tour à ses bienfaiteurs, à ses compagnons (« com plus les aim plus les eschive... »), à la ville entière (« Anuis ki en mon cuer abonde / salue moi à la reonde / Arras et toute la kemune... »). Une stance est dédiée à un Baudin Fastoul, le même Baude Fastoul vraisemblablement qui devait connaître un sort identique et qui écrira à son tour un *Congé* imité de celui de Jean Bodel, comme l'imitera plus tard Adam de la Halle – v. *Le Jeu de la Feuillée* (*) – quittant Arras pour d'autres raisons. Jean Bodel créait là un nouveau genre de composition poétique dont les plus beaux aboutissements seront *La Repentance Rutebeuf* – v. *Poésies* (*) de Rutebeuf – et les *Testaments* (*) de Villon. Mais si *Li Congiés* est sa dernière œuvre poétique, il nous reste de lui un poème épique qui ne manque pas de grandeur, la *Chanson des Saisnes* (*), sur la lutte de Guiteclin de Saxe contre Charlemagne. Le théâtre du Moyen Âge lui doit *Le Jeu de saint Nicolas* (*), l'une des premières œuvres dramatiques marquant la transition entre le miracle purement religieux et la représentation profane, probablement composé à la requête d'une confrérie ou d'un collège pour être joué à l'occasion de la fête du saint. On connaît aussi de Jean Bodel des chansons et des pastourelles ; on y trouve, comme dans d'autres pastourelles de l'époque, le couple de Robin et de Marion que portera sur la scène avec tant d'esprit et de fraîcheur Adam de la Halle un demi-siècle plus tard, dans son *Jeu de Robin et de Marion* (*). Enfin si l'identification de Jean Bodel avec Jehan Bedel est exacte, comme il est vraisemblable, il serait l'auteur de nombreux *Fabliaux* (*), alertes et sans longueurs, parmi lesquels *Barat, Haimet et Travers*, amusante histoire de trois voleurs et d'un jambon qu'ils se subtilisent tour à tour les uns aux autres ; *Brunain, la vache au prestre*, malicieuse application profane de la pieuse maxime « centum pro unum accipietis », bien innocente à côté de celle, beaucoup plus directe et irrévérente, qu'en fera Franco Sacchetti dans le conte 234 de ses *Trois cents nouvelles* (*) ; *Gombert et les deux clercs*, dont le sujet sera presque identiquement repris par Boccace dans la nouvelle VI, IXe journée du *Décaméron* (*) ; les *Deux Chevaux*, charmant tableautin plein de vivacité, autour d'un défi entre un convers et un vilain sur la force de leurs « roncins », etc. Dans ce dernier, l'auteur cite sept de ses fabliaux, dont un ou deux ne nous sont pas parvenus.

PIERRE FERRARI.

RÉF. : O. Robnström, *Étude sur Jean Bodel*, 1900. – M. Ungureanu, *La Bourgeoisie naissante : Société et littérature d'Arras aux XIIe et XIIIe siècles*, Arras, 1955. – Ch. Foulon, *L'Œuvre de Jean Bodel*, Paris, 1958. – A. Henry, *Le Jeu de saint Nicolas de Jean Bodel*, 3e éd., Bruxelles, 1980.

BODENSTEDT Friedrich Martin von. Poète et écrivain allemand. Né à Peine (Hanovre) le 22 avril 1819, mort à Wiesbaden le 18 avril 1892. Il était doué pour les langues et étudia la philologie et l'histoire à l'université de Göttingen, puis à Berlin et à Munich. Il fit à vingt-deux ans un premier voyage en Russie et y rencontra Lermontov, puis resta deux ans à Moscou en qualité de précepteur, ce qui lui permit de pénétrer dans les milieux aristocratiques. Il voyagea dans le Caucase, séjourna un an à Tiflis pour étudier les mœurs et le folklore de cette région, et apprit le tartare, le géorgien, le persan et l'arménien ; il se lia à Tiflis avec un Persan, Mirza Schaffy, sous le nom de qui il publia ses propres poèmes six ans plus tard en Allemagne – v. *Les Chants de Mirza Schaffy* (*). À son retour en Allemagne, après avoir traversé la Turquie et l'Italie, Bodenstedt publia un livre sur le Caucase : *Les Peuples du Caucase et leur guerre d'indépendance contre la Russie...* [*Die Völker des Kaukasus und ihre Freiheitskampfe gegen die Russen*, 1848] et se maria. Il revint ensuite en Italie où il séjourna quelque temps, tout en continuant à écrire des poèmes, des récits, des essais, et à donner des traductions, qui lui valurent l'estime de l'élite intellectuelle de son temps. Protégé par le roi de Bavière, Maximilien, il fut nommé professeur de langues slaves à l'université de Munich, ce qui ne l'empêcha pas de s'occuper également de littérature anglaise et de fonder la Société Shakespeare. Le duc de Meiningen le nomma intendant de son théâtre et l'anoblit. Mais fatigué, il se retira à Wiesbaden, où il passa les dernières années de sa vie. Il fit encore un voyage aux États-Unis, où son fils unique avait émigré. Son œuvre, vaste et diverse, vaut plus par ses études sur le monde slave – et en particulier par ses traductions de Pouchkine, Lermontov et Tourgueniev – que par sa poésie personnelle.

RÉF. : Gustav Schenk, *Fr. Bodenstedt. Ein Dichterleben in seinen Briefen : 1850-1892*, Berlin, 1893. – Ludwig Fränkel, article *Bodenstedt* dans le t. XLVII de l'*Allgemeine Deutsche Biographie*, Leipzig, 1903. – J. Mundhenk, *F. B. und Mirza Schaffy in der Aserbaidschan. Literaturwissenschaft*, Hambourg, 1971.

BODIN Jean. Magistrat, philosophe et économiste français. Né à Angers en 1529 ou 1530, mort de la peste à Laon en juin 1596. De nombreux détails de sa biographie sont douteux et contestés. Une légende sans preuves veut qu'il ait été fils d'une juive convertie. Il étudia d'abord à Angers, puis à Paris, entre 1545 et 1547 au moins. Faut-il l'identifier au « Jehan Baudin » qui en 1548 fut poursuivi à Paris pour hérésie ? au « Jehan Bodin de Saint-Amand », établi en 1552 à Genève, où il se maria ? En tout cas, Bodin étudia le droit à Toulouse et publia, en 1555, une traduction de la *Cynégétique* (*) d'Oppien. Dans cette dernière ville, il prononça en 1559 un important discours sur l'éducation des jeunes gens et dispensa un enseignement de droit romain. Il la quitta en 1561 pour aller exercer à Paris la profession d'avocat et prêta en 1562 le serment de catholicité requis de tous les gens de justice. Puis il entra au service du roi. Il fut, en 1569-1570, emprisonné dix-huit mois sur le soupçon de protestantisme. En 1570 Charles IX le nomma procureur des eaux et forêts de Normandie : il s'y montra zélé à défendre les droits du roi contre la noblesse. En 1571, selon Bayle, il est conseiller au service d'un des frères du roi, le duc d'Alençon, qui occupait le poste dangereux de chef du parti des « politiques », partisans d'une tolérance religieuse suspecte, pendant que l'on préparait le massacre de la Saint-Barthélemy. Le ralliement de Bodin au parti des « politiques » est si évident qu'on a pu l'impliquer dans le complot de La Mole et Coconas. Bientôt cependant il gagna les faveurs du nouveau roi Henri III. Sa pensée politique naît d'une préoccupation immédiate et concrète : le besoin pour la France, déchirée par les factions, d'une monarchie forte et centralisée. Ses *Six livres de la République* (*) visent, à partir d'une théorie extrêmement méditée de la souveraineté, à définir les conditions d'un régime équilibré et à montrer comment résoudre la crise des institutions françaises. En 1576, Bodin est élu député du tiers état du Vermandois aux états généraux de Blois. La même année il épouse une veuve, sœur d'un procureur au présidial de Laon, auquel, à sa mort, Bodin succéda. Entre-temps, aux états généraux de Blois, il s'élève contre l'intransigeance religieuse de la Ligue, qui a pour chef et représentant le roi en personne ; il s'oppose aux demandes de subsides exigés par le roi pour combattre les huguenots et à l'aliénation du domaine royal. Une telle attitude lui ferme la voie de toute carrière politique. Il s'en rend compte et, pour se remettre en selle, lie de nouveau son sort à celui du duc d'Alençon, qu'il suit en Angleterre et en Flandre. Mais la mort du duc lui porte un coup définitif ; il ne lui reste plus désormais qu'à se montrer dévoué à la Ligue triomphante. Sa soumission ne lui évite pas toutefois l'accusation d'hérésie lancée contre lui en 1587. L'avènement de Henri IV ranime les espoirs de Bodin et des autres « politiques », mais la mort le surprend à Laon où il s'était retiré pour se consacrer à ses études. Il avait publié les *Six livres de la République* en 1576, œuvre précédée, en 1566, de sa *Méthode de l'histoire* (+), qui, déjà, lui avait valu la célébrité. Bodin y combattait la théorie des quatre empires chère à l'historiographie allemande et lui substituait une philosophie de l'histoire fondée à la fois sur l'idée d'un progrès naturel et d'une histoire régie par un ordre cosmique. La tolérance religieuse qui apparaît déjà dans la *Méthode* et dans la *République* s'affirme dans une œuvre qui lui est généralement attribuée : l'*Heptaplomeres* ou *Colloque des secrets cachez des choses sublimes entre sept savans* (*), qui annonce le théisme. La *Démonomanie des sorciers* (1580), sorte de manuel à l'usage des juges dans les procès de sorcellerie, s'accorde bien à la physique qu'expose la dernière de ses œuvres publiées : l'*Universae naturae theatrum* (1596). Rappelons enfin une œuvre d'économie politique, la *Response au paradoxe de M. de Malestroict touchant le faict des monnoies et l'enrichissement de toutes sortes* (1568), où Bodin traite le problème de l'augmentation des prix.

♦ *« L'œuvre qui porte son nom lui assigne en France une place en importance semblable à celle que Machiavel occupe en Italie ou Hobbes en Angleterre. Comme théoricien du pouvoir absolu, Bodin se présente en introducteur du XVIIe siècle français. »* F. L. Lefort.
♦ *« Bodin, ce précurseur de Montesquieu* [...] *Ainsi Bodin se voit lié à ce monde qu'il ne peut délaisser pour se réfugier dans la contemplation. Il accepte la condition humaine. Pourtant il ne saurait détourner le regard de cet autre monde, le monde des Anges et des Démons. Pour ce nouveau Faust, qui, combattant le diable, s'est mis au service de Dieu, les deux mondes demeurent étrangement entremêlés. Tout est plein de prodiges. »* Bernard Groethuysen.

RÉF. : H. J. L. Baudrillart, *J. Bodin et son temps*, 1853. – Fournol, *Bodin, précurseur de Montesquieu*, 1896. – P. Mesnard, « La Pensée religieuse de Bodin », dans *Revue du XVIe siècle*, 16, 1929, p. 77-121. – Moreau-Reibel, *J. Bodin et le Droit public comparé dans ses rapports avec la philosophie de l'histoire*, 1934. – *Actes du colloque d'Angers : Jean Bodin*, Angers, 1985.

BODMER Johann Jakob. Écrivain suisse d'expression allemande. Né le 19 juillet 1698 à Greifensee (Suisse), mort le 2 juin 1783 dans sa propriété aux environs de Zurich. Son père, professeur d'histoire au collège de Zurich, assuma également des charges administratives. Johann Jakob Bodmer abandonna les études de théologie qu'il avait entreprises, ainsi que le commerce auquel il avait semblé vouloir s'intéresser, et se rendit en Italie, où il vécut quelque temps à Bergame ; il fit la connaissance de Calepio, avec lequel il entretint une correspondance assidue, et qui lui donna l'occasion de prendre contact avec la culture italienne, et particulièrement avec les nouvelles tendances esthétiques de Muratori et de Gravina. En 1719, Bodmer rentra à Zurich, où il se voua à l'étude, puis au professorat. En collaboration avec Breitinger, il publia un hebdomadaire, *Discours de peintres*, dans lequel il entreprit une campagne de critique en faveur d'une forme de poésie où prédominerait l'imagination, sur le modèle de Milton, et contre le rigide classicisme des Français (Boileau) et de leur disciple en Allemagne : Gottsched. Bodmer produisit en outre de nombreux écrits parmi lesquels nous citerons son poème *La Noachide* [*Die Noachide*, 1765], dont la traduction française partielle, publiée en 1797, porte comme titre : *Tableaux du déluge*, ainsi que son *Traité critique du merveilleux* (*) (1740). Lorsque Klopstock fit paraître les premiers chants de *La Messiade* (*), Bodmer fut enthousiasmé, salua le nouveau, le vrai poète allemand, et l'invita à Zurich, pour qu'il pût se consacrer dans le calme à la suite de son poème. Mais le « chérubin » le déçut parce qu'il préférait les excursions en barque et les promenades en compagnie de belles Zurichoises, enthousiastes elles aussi du jeune poète, aux chambres closes et aux anges. De Bodmer on connaît, plus encore que ses compositions poétiques, ses tentatives pour faire connaître la poésie médiévale allemande, domaine alors presque ignoré ; on lui doit la publication, en 1757, de la *Chanson des Nibelungen* (*), découverte en 1755 dans un château du Tyrol sous le titre de *Chriemhilden Rache*.

RÉF. : G. de Reynold, *Bodmer et l'école suisse...*, Lausanne, 1912. – Max Wehrli, *Grands hommes de la Suisse*, Lausanne, 1945. – Elisabeth Flueler, *Die Beurteilung J. J. Bodmer in der deutschen Literaturgeschichte und Literatur*, Salzbourg, 1951. – W. Bender, *J. J. Bodmer und J. Jakob Breitinger*, Stuttgart, 1973.

BOÈCE (Anicius Manlius Torquatus Severinus Boetius). Homme d'État, philosophe latin. Né à Rome vers l'an 480 après J.-C., mort en 524. Il nous a lui-même donné un bref résumé de sa vie dans le premier livre de son plus célèbre ouvrage *De la consolation de la philosophie* (*). Il descendait de l'ancienne famille des Anicius ; chrétienne depuis plus d'un siècle, elle avait rendu à l'Empire d'importants services. Son père, qui avait été consul en 487, mourut très tôt, et le jeune Boèce trouva un maître et un ami en la personne de Quintus Aurelius Symmaque pour qui il éprouva toute sa vie une profonde vénération, et dont il épousa plus tard la fille Rusticienne. Possédant une vaste culture (il avait une parfaite connaissance du grec), il s'adonna tout d'abord à l'étude, et conçut le dessein grandiose, qu'il ne réalisa que partiellement, de traduire en latin tout Platon et tout Aristote, dans le but de montrer que les différences de leurs systèmes philosophiques ne sont qu'apparentes. Puis il entra dans la carrière des honneurs ; il y connut un rapide et singulier succès : il fut questeur, puis consul à plusieurs reprises (510, 511), il avait à peine trente ans. Jusqu'à ce moment, il l'avoua lui-même, son bonheur fut parfait. Tenu en grande considération par Théodoric, estimé et aimé des hommes les plus illustres de son temps, dont Cassiodore et Ennodius, comblé de l'affection d'une famille idéale, envié pour sa culture et sa puissance, il semblait qu'il n'eût plus rien à désirer. Or, en très peu de temps, son sort changea ; la chute fut encore plus rapide que ne l'avait été l'ascension. Après avoir défendu à Vérone, en présence de Théodoric lui-même, le sénateur Albin accusé de trahison en faveur de l'empereur de Byzance Justin Ier, il se trouva impliqué dans l'accusation, et emprisonné à Pavie, condamné à mort et exécuté au milieu des plus atroces supplices en 524. Ce fut de toute évidence une condamnation politique ; mais bien vite elle prit une signification religieuse. Le condamné fut considéré comme un saint et honoré comme un martyr. En tant qu'homme politique, Boèce mérite une place dans l'histoire d'Italie, pour avoir essayé par tous les moyens de mettre d'accord et d'unir les Romains et les Goths. Seul un brusque retour de barbarie dans l'esprit de Théodoric fit échouer sa généreuse tentative, qu'il paya de sa vie. Mais Boèce occupe une place encore plus grande dans l'histoire de la culture et de la civilisation européennes : dans l'histoire de la culture, pour avoir rendu accessibles au monde occidental les sources grecques du savoir grâce à ses traductions de certains traités fondamentaux de philosophie (les *Catégories, Sur l'interprétation* et d'autres écrits sur la logique d'Aristote, et l'*Isagogé* de Porphyre) et des arts du quadrivium – v. *Institutions* (*) –, fournissant ainsi aux savants d'indispensables instruments de recherche ; dans l'histoire de la civilisation, pour avoir donné à méditer aux générations futures ce *De la consolation de la philosophie*, écrit en prison, qui fut, après *La Bible* et *La Règle monastique* (*) de saint Benoît, l'ouvrage le plus lu au Moyen Âge. Même dépouillée des éléments légendaires qui bien vite s'y superposèrent, la figure de Boèce demeure l'une des plus significatives de la fin de la latinité. C'est à juste titre qu'elle fut choisie comme symbole du déclin d'une civilisation et du début d'une ère nouvelle, celle dont est née, après une laborieuse et féconde fusion d'éléments antiques et récents, la civilisation moderne.

EZIO FRANCESCHINI.

RÉF. : Gaston Boissier, « Le Christianisme de Boèce » in *Journal des Savants*, 1889. – Gustave Bardy, *Boèce*, 1945.

BOGAN Louise. Poétesse américaine. Née à Livermore Falls (Maine) le 11 août 1897, morte à New York le 4 février 1970. Après des études à l'université de Boston, Louise Bogan poursuit une carrière littéraire qui l'amène à la chaire de poésie de la bibliothèque du Congrès. Poète lyrique, ses thèmes sont les raisons du cœur et le passage du temps : des émotions personnelles exprimées avec sobriété. En 1951, elle publie un livre de critique qui eut une certaine influence : *Réflexions sur la poésie américaine : 1900-1950* (+), et continue ce travail de réflexion avec *Critique, poésie et prose* (+) (1955) et *Alphabet d'un poète* [*A Poet's Alphabet*, 1970]. Parmi ses recueils de poèmes, il convient de citer *Corps de cette mort* (+) (1923), *Sombre été* (*) (1929), *Furie endormie* (+) (1937), *Poèmes et Nouveaux Poèmes* (+) (1941). Un volume de *Poésies complètes* (+) (1923-1953) a été publié en 1954.

BOGDANOV Alexandre Alexandrovitch (pseud. de Malinovski) [Aleksandr Aleksandrovič Bogdanov (Malinovskij)]. Médecin, dirigeant révolutionnaire, philosophe et romancier utopiste russe. Né le 10 (22) août 1873 à Sokolka (gouvernement de Grodno), mort le 7 avril 1928 à Moscou. Fils d'un fonctionnaire de l'éducation nationale, Alexandre Malinovski s'engage dans l'action révolutionnaire au cours de ses études de sciences physiques, puis de médecine, à l'université de Moscou, puis de Kharkov (1892-1899). Populiste converti au marxisme, il publie en 1897 sous le pseudonyme de Bogdanov, qu'il adopte désormais, une brochure de vulgarisation *Cours abrégé de science économique* [*Kratkij kurs ekonomičeskoj nauki*] qui sera l'une des bases de la propagande marxiste parmi les ouvriers. Arrêté dès 1894, il est plusieurs fois condamné à la relégation administrative : à Toula, puis à Kalouga (1900), puis à Vologda (1901-1903). En 1904, il fait la connaissance de Lénine et, entré au Comité central du parti social-démocrate, devient à ses côtés l'un des chefs de la fraction bolchevique pendant la révolution de 1905. Cependant, dès 1907, il entre en conflit avec Lénine qui, en juin 1909, le fait exclure de la rédaction de l'organe bolchevik, *Le Prolétaire* [*Proletarij*], et du Comité central du parti.

Dès 1904-1906, Bogdanov a fait paraître les trois volumes d'un traité philosophique, *L'Empiriomonisme* (*), où, s'inspirant de l'« empiriocriticisme » de Mach et d'Avenarius, il propose de réviser le marxisme en substituant la réalité empirique concrète de la sensation à la notion métaphysique de matière, et en mettant l'accent sur l'activité du sujet dans la construction (ou « organisation ») du savoir, au détriment de la notion de « vérité » objective. L'empiriomonisme sert par là à fonder une attitude politique volontariste, qui séduit beaucoup de militants rebutés par le fatalisme déterministe du marxisme orthodoxe (incarné en Russie par Plekhanov). D'autre part, le rejet de l'opposition matière/esprit le mène à privilégier l'activité culturelle face à l'action proprement politique, d'où l'importance qu'il donne à l'élaboration, par le prolétariat, de la culture qui doit prendre la place de la culture bourgeoise. La création d'une « culture prolétarienne » au sein même d'une société dominée par la bourgeoisie doit préparer et faciliter la conquête du pouvoir. C'est dans cette perspective qu'il fonde en 1909, avec Gorki et Lounatcharski, l'école d'été de Capri (renouvelée en 1910-1911 à Bologne), où une dizaine de jeunes militants ouvriers reçoivent la formation générale qui doit faire d'eux l'embryon d'une nouvelle « intelligentsia prolétarienne ». Le groupe social-démocrate « En avant » [Vperiod], qu'il fonde avec Lounatcharski, se propose de travailler à l'accouchement de cette « culture prolétarienne » nouvelle, émanation spontanée de la psychologie ouvrière protégée de toute influence bourgeoise. Il expose sa conception de la « science prolétarienne » dans *Tectologie. La science universelle de l'organisation,* 3 vol., 1913-1922 (*), et sa vision de l'avènement du communisme dans deux romans utopiques, *L'Étoile rouge* (*) (1907), et *L'Ingénieur Menni* (*) (1913).

Au lendemain de la Révolution, les idées de Bogdanov servent de base au mouvement de masse de la « culture prolétarienne » [Proletkult], qui se développe en 1917-1920, se donne en 1918 une organisation calquée sur celle du parti communiste, et élit Bogdanov (jusqu'en 1921) à son Praesidium. L'hostilité de Lénine à la philosophie de Bogdanov (exprimée dès 1909 dans *Matérialisme et Empiriocriticisme*) et à sa conception de la culture prolétarienne aboutit dès 1920 à la mise au pas du Proletkult, placé sous la direction des organismes d'État.

Mobilisé en 1914 comme médecin, Bogdanov n'a jamais renoncé à la pratique médicale. En 1926, il fonde un Institut scientifique d'État pour la transfusion sanguine – pratique « collectiviste » qui doit permettre, selon une conception exposée dans *L'Étoile rouge* (*), de renouveler la vie individuelle par un apport constant de sang nouveau –, et meurt au cours d'une expérience.

MICHEL AUCOUTURIER.

BOGDANOVIĆ Milan. Critique serbe. Né et mort à Belgrade (4 janvier 1892-2 février 1964). Il participe aux guerres balkaniques et à la Première Guerre mondiale, où il est grièvement blessé. Après des études tardives à l'université de Belgrade, il devient directeur du Théâtre national serbe de Novi-Sad (1923-1924) puis, de 1949 à 1962, directeur du Théâtre national de Belgrade. Il fut le directeur ou le collaborateur de plusieurs publications, parmi lesquelles il faut citer surtout *La République* [*Republika*, 1920-1930] et des revues telles que *Aujourd'hui* [*Danas*, 1934], *Le Courrier littéraire serbe* [*Srpski književni glasnik*, 1928-1932], *Notre littérature* [*Naša književnost*, 1945-1946], et *Les Nouvelles littéraires* [*Književne novine*, 1949-1950]. Il excelle dans l'analyse suggestive des valeurs essentielles de la littérature et l'applique aussi bien au romantisme qu'au réalisme et aux diverses tendances surgies après la Seconde Guerre mondiale – v. le recueil de ses essais critiques publiés en cinq volumes, de 1931 à 1956, intitulé *Anciens et Nouveaux* (*).

BOGDANOVITCH Hippolyte Fedorovitch [Ippolit Fedorovič Bodganovič]. Poète russe. Né à Perevoločno, en Ukraine, le 3 janvier 1744 (23 décembre 1743 d'après le calendrier russe), mort à Koursk le 18 janvier 1802. Il écrivait des vers dès sa plus tendre enfance et ils furent publiés, grâce à l'appui du poète Kheraskov, lorsqu'il n'avait que quatorze ans. En 1761, après avoir terminé ses études à l'université de Moscou, il y trouva une place comme surveillant. En 1764, il eut un poste au ministère des Affaires étrangères et, de 1766 à 1769, fut envoyé comme secrétaire d'ambassade à Dresde. En 1775, il composa une nouvelle en vers, *Douchenka* (*), inspirée d'une fable de La Fontaine ; cette nouvelle, imprimée en 1783, eut un succès immense (quinze rééditions avant la mort de l'auteur). On lui doit en outre un certain nombre de poèmes et surtout les *Proverbes russes* [*Russkija poslovicy*, 1785], œuvre dans laquelle tous les proverbes russes sont présentés en distiques. Mais *Douchenka* fut la seule œuvre de Bogdanovitch qui laissa une trace dans l'histoire de la littérature russe.

BÖHM-BAWERK Eugen von. Économiste et homme politique autrichien, né à Brünn le 12 février 1851, mort à Vienne le 28 août 1914. Il fit partie de l'école psychologique autrichienne avec Menger, Wiesere et Sax, et enseigna aux universités de Vienne, d'Innsbruck et d'Iéna. À plusieurs reprises, Böhm-Bawerk fut appelé à Vienne au ministère des Finances, notamment en 1889, pour l'élaboration d'un projet de réforme des impôts directs qui donna naissance à un nouvel impôt sur le revenu. Dans les dernières années de sa vie, il déclina toutes les offres du gouvernement pour se consacrer entièrement à ses recherches. Ses ouvrages principaux : *Éléments de la théorie de la valeur économique des biens* [*Grundzüge der Theorie des wirtschaftlichen Guterwertes*, 1866] ; *La Théorie positive du capital* (+) (1889) ; *Capital et Intérêt* (*), son livre le plus important ; et enfin *Force ou loi économique* (+) (1900). Étudiant le capital et l'intérêt, Böhm-Bawerk considère le problème de la plus-value dans la production économique d'un autre point de vue que son prédécesseur Karl Marx. Il fait une distinction entre le capital productif et le capital lucratif, puis, analysant la fonction du capital productif, il la considère comme positive, comme avantageuse pour la production. Le système capitaliste selon Böhm-Bawerk comporte un sacrifice de temps, que viendra compenser une production plus avantageuse. Quant à l'intérêt produit par le capital, Böhm-Bawerk l'envisage également par rapport à la durée, et comme découlant d'elle essentiellement, le capital accumulé n'étant rien d'autre que du temps épargné. La plus-value, en conséquence, se révélera aussi indispensable que le temps lui-même.

RÉF. : Article *sub nomine* in *Neue Oesterreichische Biographie*, t. II, Vienne, 1925. – J. A. Schumpeter, *Ten Great Economists from Marx to Keynes*, Londres, 1952.

BÖHME ou **Behmen Jakob.** Mystique allemand. Né en 1575 à Alt-Seidenberg (Silésie, Allemagne), mort le 17 novembre 1624 à Görlitz. Fils de paysans aisés, il fut élevé dans la rigueur de la religion luthérienne. Il fréquenta quelque temps l'école de Seidenberg, puis fut mis en apprentissage, à quatorze ans, chez un cordonnier de la ville. Blessé, semble-t-il, dans sa précoce sensibilité religieuse par la rudesse de ce milieu, il entreprit des voyages à travers l'Allemagne, lisant Paracelse et maints ouvrages de mystique, d'alchimie, d'astrologie, étudiant *La Bible* (*) avec toute l'indépendance de son jugement. En 1594, il s'établit à Görlitz où, devenu maître cordonnier en 1599, il épousa la fille d'un boucher. En 1600, l'aspect d'un plat d'étain brillant d'un reflet du soleil le fit tomber en extase, et lui parut un fragment de la divine lumière dont il se sentait brûler. Il continua toutefois à mener la vie tranquille et ignorée d'un artisan, dans la maison qu'il avait achetée de ses épargnes, et où grandissaient ses quatre enfants. Personne, à Görlitz, devant cet homme appliqué à rajuster des semelles et à pousser l'alène, ne se douta qu'il avait l'esprit occupé de la pensée de Dieu et des fins dernières, jusqu'au moment où parut, en 1612, copié à la main et répandu par des amis, *Aurore naissante ou la Racine de la philosophie* (*), expression encore fragmentaire de ce tourment spéculatif. Mais les autorités ecclésiastiques luthériennes du temps virent en Böhme un dangereux hérétique. Emprisonné, il fut remis en liberté, mais avec l'interdiction d'écrire par la suite. Pendant cinq ans, il borna à la méditation le développement de ses théories, puis il reprit la plume pour composer, sans les faire connaître cependant, une vingtaine de traités qui se succédèrent à peu d'années de distance jusqu'à sa mort. Parmi les principaux, rappelons : *Psychologia vera* (1620) ; *Six points théosophiques* [*Sex puncta theosophica*, 1620] ; *Six points mystiques* [*Sex puncta mystica*, 1620] ; *De la signature des choses* [*De signatura rerum*, 1622] ; *Mysterium magnum* (*) ; *Clés* [*Clavis*, 1624]. En 1624 seulement, Böhme se décida à publier *La Voie vers le Christ* (*), s'attirant de nouveau les persécutions de l'autorité religieuse qui le contraignit à quitter la ville. À Dresde, où il se réfugia, il trouva un milieu plus bienveillant, mais, étant tombé malade, il fut ramené à Görlitz où il mourut au cours de la même année. Le pasteur de sa paroisse refusa de présider à ses funérailles, qui furent célébrées par un diacre. Brisant l'harmonieuse conception néo-platonicienne qui avait donné à la vision chrétienne du monde sa profonde unité, Böhme introduit dans ses idées le jeu de grandes forces antithétiques cherchant à s'équilibrer. Partant de l'essence divine, qui est le « rien », l'« abîme » — en ce sens qu'elle reste au-delà de toute détermination —, il procède ainsi, par vastes antithèses, jusqu'à la nature sensible, décrite en symboles paracelsiens. Le dualisme, et la volonté de conciliation de la théorie de Böhme, le firent considérer comme un précurseur par les philosophes de l'idéalisme germanique (Hegel, Schelling), tandis qu'Angelus Silesius, le piétisme, et, en France, Louis-Claude de Saint-Martin (qui fut son traducteur) s'inspirèrent de sa mystique. Il fut appelé par les Allemands le « philosophus teutonicus ».

GIOVANNI MIEGGE.

♦ *« Dans l'eau vit le poisson, sur la terre la plante / Et l'oiseau dans l'air, le soleil au firmament ; / Le feu maintient en vie la noire salamandre / Mais pour Böhme l'élément vital est le cœur divin. »* Angelus Silesius. ♦ *«* [On peut] *voir dans la pensée de Boehme un des éléments constitutifs du grand mouvement de la philosophie postkantienne, ainsi que reconnaître l'influence de Boehme non seulement sur Schelling et les romantiques, mais encore sur Hegel et Fichte. »* A. Koyré. ♦ *« Jacob Böhme doit être reconnu comme l'un des plus grands gnostiques chrétiens. »* Nicolas Berdiaev.

RÉF. : Fr. De la Motte-Fouqué, *J. Böhme, ein biographisches Denkmal*, 1821. – É. Boutroux, *Le Philosophe allemand Jacob Böhme* in *Comptes rendus de l'Académie des sciences morales et politiques*, 1888. – P. Sédir, *Le Bienheureux Jacob Böhme, le cordonnier philosophe*, 1901. – W. E. Peuckert, *Das Leben J. Böhmes*, 1924. – A. Koyré, *La Philosophie de Jacob Böhme*, 1929. – A. Faust, *Jacob Böhme*, 1942. – N. Berdiaev, *Deux études sur Jacob Böhme*,

1945. – *Jacob Böhme ou l'Obscure Lumière de la connaissance mystique*, Paris, 1979.

BOHR Niels. Physicien danois. Né et mort à Copenhague : 7 octobre 1885-18 novembre 1962. Spécialisé dans les recherches sur la physique atomique. Docteur « honoris causa » de plusieurs universités, membre actif ou membre d'honneur de nombreuses académies et sociétés savantes. Après ses premières études, il suivit les cours de l'université de Copenhague où enseignait alors son père, Christian Bohr, professeur de physiologie, et à laquelle appartenait son frère, Harald Bohr, en tant que professeur de mathématiques. Docteur ès sciences en 1909, il compléta ensuite sa formation intellectuelle à Cambridge et à Manchester. Son doctorat en philosophie, passé à Copenhague avec une thèse, *Studier over Metallernes Elektronteori* (1911), fut suivi par des travaux entrepris à Cavendish sous la direction de sir J. J. Thomson, prix Nobel de physique 1906, et à Manchester sous la direction de sir E. Rutherford, prix Nobel de physique 1908, pionniers qui firent participer à leurs recherches sur la radioactivité de nombreux physiciens qui devaient eux-mêmes atteindre plus tard à une renommée mondiale. La carrière de Bohr fut ensuite marquée par son activité de maître de conférences à l'Alma Mater de Copenhague (1913), de lecteur à Manchester (1914-1916), de professeur de physique théorique à l'université de Copenhague (1916) et, dans la même ville, de directeur de l'Institut de physique théorique (1920). Les dons extraordinaires de Bohr, apparus et remarqués de bonne heure (un de ses travaux, dans les *Transactions of the Royal Society*, 1909, fut couronné d'un prix), trouvèrent un terrain d'élection, l'interprétation du spectre dans la théorie des quanta (1913), qui le conduisit à une hypothèse particulièrement hardie et fructueuse sur la genèse et la structure de l'atome, dans *Quantum Theory of Line-spectra* (1918) par exemple. Que le 10 décembre 1922, jour où Einstein obtenait le prix Nobel de physique pour 1921, Niels Bohr ait pu recevoir le même prix pour l'année 1922, nous trouvons là une signification symbolique (en songeant aux travaux d'Einstein sur les théories quantiques) : la théorie de la relativité d'Einstein s'étant avérée « la pierre terminale et le couronnement de l'édifice de la physique classique » et Bohr, avec le modèle atomique et le principe de correspondance, ayant posé « les bases d'une alliance cohérente de la théorie quantique avec la théorie classique » (Planck). Ses travaux ultérieurs – en grand nombre, parmi lesquels *Théorie du spectre et constitution atomique* [*Theory of Spectra and Atomic Constitution*, 1922], *Om Atomernes Bygning* (1923), qui dominent une bibliographie fort riche – s'attachent aussi bien à l'élargissement et au perfectionnement de son système de pensée qu'à l'interprétation de ses conséquences dans la théorie de la connaissance : *Wirkungsquantum und Naturbeschreibung* (1929) ; *Théorie atomique et description de la nature* [*Atomtheorie und Naturbeschreibung*, 1931] ; *Du contenu de la causalité et de la complémentarité* [*Uber die Begriffe Kausalität und Komplementarität*, 1948], efforts comparables à ceux de Jeans, Jordan, Heisenberg en particulier. Il ne fut pas permis à Niels Bohr de poursuivre paisiblement son œuvre dans sa patrie : en 1943 il dut s'enfuir, d'une manière assez aventureuse, de son pays occupé et gagna les États-Unis où il devint conseiller dans les questions de recherche de l'énergie à partir des réactions atomiques. Rentré au Danemark après la guerre, il vit désormais dans sa ville natale où il occupe un poste de professeur à l'« École de Copenhague », dans la vieillesse approchante, gardant encore, par mainte intervention importante, son influence sur la marche en avant de la physique nouvelle et sur la représentation de l'univers qu'elle est en train de se former. Niels Bohr appartient à une lignée de grands pionniers de la théorie des quanta, Planck, Einstein, de Broglie, Schrödinger, Heisenberg, Dirac et Pauli, comme eux « assignant, en des formules aiguës, des directions générales aux vastes complexes de l'expérience » (Einstein).

KURT BIERMAN.

BOIARDO Matteo Maria. Poète italien. Né en 1441 près de Reggio, à Scandiano, fief de sa famille, mort à Reggio en décembre 1494. Sa mère, une Strozzi, l'emmena encore enfant à Ferrare. Il y vécut dans un milieu de gens cultivés, dont plusieurs membres de sa famille maternelle qui favorisèrent son penchant pour l'art et la poésie. Son père mort, et presque aussitôt après son grand-père, il passa à Scandiano plusieurs années à se débattre contre ses voisins pour défendre ses droits et ceux de la commune, et contre ses parents pour le partage des biens de famille. Ce partage eut lieu en 1474, sur l'ordre du duc Hercule Ier. Boiardo ne quittait ses terres que de temps en temps pour se rendre à Ferrare, lorsqu'il y était appelé pour prendre part aux fêtes de la Cour, ou lorsqu'une mission lui était confiée. En 1469, il est attaché, avec d'autres gentilshommes, à la suite de l'empereur Frédéric III, hôte à Ferrare de Borso d'Este. De 1471 à 1480, il reste attaché au service de la famille d'Este, puis est nommé capitaine du duc à Modène et ensuite à Reggio. Il avait épousé, en 1479, Taddea, de la famille des comtes de Gonzague de Novellara, dont il eut cinq enfants. D'un naturel très doux, ennemi des ennuis de l'administration auxquels il se trouva cependant mêlé par les circonstances, il aurait désiré se consacrer à l'étude en toute tranquillité, ce qui ne lui fut guère possible ; dans le monde humaniste de son époque, sa figure n'offre pas un très grand relief. Il rendit accessible au public Cornélius Népos et Apulée et, en se servant de traductions en latin, les

Histoires d'Hérodote, la *Cyropédie* de Xénophon, *Lucius ou l'Âne* de Lucien ; pour une représentation théâtrale, il en fit une réduction en tercets, *Timon* (*), qui se terminait par un cinquième acte moralisateur. Il composa en latin, à la louange de la famille d'Este, des poèmes de mètres variés et, en imitant Virgile, dix églogues dont cinq allégoriques et laudatives, et cinq traitant de l'amour. En langue italienne, il reprit plus tard — entre 1471 et 72, et 1482-83 — le style pastoral, utilisant dans dix autres églogues des représentations allégoriques où il célébrait Hercule d'Este et Alphonse d'Aragon, ses espoirs et ses désillusions d'amour. L'œuvre de Boiardo offrant le plus de relief et la seule véritablement importante, est son *Canzoniere* (*) qui s'inspire des tendres émotions, des espoirs trompés et des mélancoliques souvenirs de la passion que le poète éprouva de 1469 à 1471 pour Antonia Caprara, et surtout son roman de chevalerie le *Roland amoureux* (*). Ce poème — où l'auteur mêle avec bonheur l'aventure des preux francs et les thèmes des poèmes bretons — fut commencé en 1476 ; les deux premiers livres, comprenant soixante chants, étaient terminés en 1482 ; il fut interrompu à la vingt-cinquième strophe du neuvième chant de la troisième partie en 1494, lorsque les armées de Charles VIII entrèrent en Italie.

FRANCESCO PICCOLO.

RÉF. : Belsani, *I rifacimenti dell' « Innamorato »*, 1902-03. — E. Santini, *Matteo Maria Boiardo*, 1914. G. Reichenbach, *Boiardo*, Bologne, 1929. — C. von Chledowski, *Der Hof von Ferrara*, Munich, 1934. — E. Bigi, *La Poesia del Boiardo*, Florence, 1941. — P. V. Mengaldo, *La Lingua del Boiardo lirico*, Florence, 1963. — G. Ponte, *La Personnalità e l'opera del Boiardo*, Gênes, 1972. — R. Alhaique Pettinelli, *L'Immaginario cavalleresco nel Rinascimento ferrarese*, Rome, 1983. — C. Micocci, *Zange e parole. Studi su Matteo Maria Boiardo*, Rome, 1987. — M. Praloran, M. Tizi, *Narrare in ottave. Metrica e stile dell « Innamorato »*, Pise, 1988.

BOIE Heinrich Christian. Poète et critique allemand. Né et mort à Meldorf, Holstein, (19 juillet 1744-3 mars 1806). Après avoir fait ses études de droit à Iéna, il arrive en 1769 à Göttingen où il publie, d'abord en collaboration avec son condisciple de l'université Gotter, puis, de 1771 à 1775, seul le célèbre *Almanach des Muses* (*) qui devait paraître jusqu'en 1803. Admirateur de Klopstock, animateur d'un mouvement de réaction contre le style français de Wieland, Boie, avec Voss, Bürger, le poète et romancier Miller, Stolberg, Hahn, Cramer, etc., fonde ensuite à Göttingen le « Hainbund » (l'union du bosquet, allusion au bosquet sacré où Klopstock avait logé les bardes qu'il opposait au Parnasse grec). Ayant abandonné en 1776 la rédaction de l'*Almanach*, Boie lance le *Musée allemand* [*Deutsches Museum*, 1776-1791] où les rêves d'une nouvelle littérature se mêlent aux premières affirmations d'une volonté politique nationale allemande.

RÉF. : Weinhold, *Heinrich Christian Boie*, Halle, 1868.

BOIELDIEU François Adrien. Compositeur français. Né à Rouen le 15 décembre 1775, mort à Jarcy (Essonne) le 8 octobre 1834. Il doit sa renommée à ses opéras-comiques qui ont connu, en leur temps, un succès considérable. Après avoir pris des leçons de musique avec l'organiste Broche, il débuta à dix-huit ans avec l'opéra *La Fille coupable*, représenté au Théâtre des Arts, à Rouen, le 2 novembre 1793. Cette œuvre fut suivie de *Rosalie et Myrza*, jouée le 28 octobre 1795 au même théâtre. Puis Boieldieu vint à Paris, où il se fit immédiatement connaître par les *Deux Lettres* (Opéra-Comique, 1796), et *La Famille suisse* (Théâtre Feydeau, 1797). En 1803, il fut nommé directeur de l'Opéra de Saint-Pétersbourg, ville où il vécut huit ans. Revenu à Paris au début de 1811, il succéda en 1817 à Méhul à la chaire de composition au Conservatoire, où il eut Auber et Fétis comme élèves. Sa production théâtrale comprend en tout trente-neuf opéras, dont le plus célèbre est de loin *La Dame blanche* (*), représenté pour la première fois à l'Opéra-Comique le 10 décembre 1825, et repris depuis d'innombrables fois ; *Zoraïme et Zulnare* (Théâtre Favart, 1798), *La Prisonnière* (Théâtre Montansier, 1799) en collaboration avec Cherubini ; *Le Calife de Bagdad* (*) (Opéra-Comique, 1801), *Jean de Paris* (Opéra-Comique, 1812), *Le Petit Chaperon rouge* (Théâtre Feydeau, 1818) connurent également un grand succès. La partie proprement musicale des œuvres de Boieldieu trahit l'influence de Rossini, mais elle est écrite avec finesse ; la partie dramatique accuse une prédilection pour les sujets d'aventures, et contient une ébauche de développement psychologique. Le 29 novembre 1817, Boieldieu fut élu membre de l'Institut, au fauteuil de Méhul. Dans le domaine instrumental, on lui doit plusieurs sonates pour le pianoforte et de la musique pour harpe, notamment le fameux *Concerto en ut majeur* (1795) qui figure au répertoire de tous les harpistes.

♦ *« Personne assurément n'a su donner à sa musique, mieux que Boieldieu, une couleur particulière, un style approprié à l'objet qu'il se proposait de réaliser. »* J. Fétis. ♦ *« La grâce qu'il sut répandre dans chacune de ses productions était celle de toute sa personne ; la douceur de ses chants était celle de ses mœurs, et la pureté de son style — celle de sa belle âme. »* Berton.

RÉF. : A. Refeuvaille (André Reloi), *Boieldieu, sa vie, ses œuvres*, Rouen, 1836. — A. Adam, *Souvenirs d'un musicien*, 1857. — G. Héquet, *Boieldieu*, 1864. — E. Duval, *Boieldieu*, Genève, 1883. — R. A. Mooser, *L'Opéra-Comique en Russie au XVIIIe siècle*, Genève, 1932. — Arthur Pougin, *Boieldieu, sa vie, ses œuvres, son caractère, sa* *correspondance*, Paris, 1875. – Georges Favre, *Boieldieu, sa vie, son œuvre*, Paris, 1944-1945.

BOIGNE Charlotte Louise Adélaïde d'Osmond, comtesse de. Mémorialiste française. Née à Versailles le 19 février 1781, morte à Paris le 10 mai 1866. Élevée à la cour de Versailles, elle fut emmenée en émigration par sa famille (1792) et vécut à la cour de Naples, où elle se lia avec la future reine Marie-Amélie, épouse de Louis-Philippe. Après un mariage malheureux avec le général de Boigne, conclu en 1798 et définitivement rompu en 1804, elle rentra en France sous l'Empire, ouvrit un salon à Paris, puis séjourna en Angleterre où son père était ambassadeur de Louis XVIII. À partir de 1830, amie de la reine, du chancelier Pasquier, de Guizot, la comtesse de Boigne exerça une influence importante dans les coulisses de la monarchie de Juillet. Elle a laissé de remarquables *Mémoires* (*), auxquels on peut joindre ses deux romans posthumes, autobiographiques : *La Maréchale d'Aubener* (1866) et *Une passion dans le grand monde* (1867).

♦ *« Une personne* [...] *qui portait l'esprit de justesse jusqu'à la rigueur... »* Sainte-Beuve.

RÉF. : Guizot, *La Comtesse de Boigne*, 1867.

BOILEAU Nicolas dit Boileau-Despréaux. Poète et critique français, né et mort à Paris (1er novembre 1636-13 mars 1711). Orphelin de mère depuis sa petite enfance, ayant de surcroît subi à 12 ans une opération de la pierre qui interrompt momentanément ses études et le mutile, ce quinzième des seize enfants d'une famille de la bourgeoisie de robe suit, du collège d'Harcourt à la faculté de droit, un cursus traditionnel de futur robin, au terme duquel il est reçu avocat à 20 ans. Mais, très tôt, ses goûts et ses talents littéraires s'affirment (au collège de Beauvais où il reprend ses études, à 13 ans, il se signale par ses ébauches versifiées) et l'inscrivent sur une trajectoire parallèle. De fait, dès 1657, le tout jeune avocat s'occupe moins de plaider que de poser la première pierre, polémique (future Satire I) — v. *Satires* (*) de Boileau — et conceptuelle – début de la traduction du *Traité du sublime* (*) – d'un vaste édifice littéraire auquel la mort de son père, la même année, lui permet de se consacrer sans souci financier. Il hésite seulement sur la voie à suivre : celle des ordres, dans le sillage d'un frère aîné prêtre (il se fait tonsurer en 1662), ou celle du monde, aux côtés d'un autre aîné, protégé de Chapelain, Gilles, avec qui il fréquente (1659-1663) les cercles littéraires et mondains colbertistes, en même temps qu'il fait preuve d'inclination pour des personnages moins conformistes (Furetière ou Patru), voire libertins (Des Barreaux, Chapelle...). Cet esprit d'indépendance ne plaît pas aux tenants des institutions, et Nicolas, non plus que Gilles, ne font partie des gratifiés de 1663. Aussi, continuant de laisser libre cours à sa plume (*Stances sur « L'École des femmes »*, puis Satire II à Molière, 1663), Boileau, âgé de 27 ans, se retourne contre Chapelain (Satires VII, 1663 et IV, 1664). Comme ce comportement n'empêche pas le roi de concéder des éloges au talent du satiriste de la noblesse (Satire V, 1664), non seulement celui-ci donne de nouvelles satires (VI et III), mais avec l'aide de Racine, Chapelle et Furetière, il attaque encore – *Chapelain décoiffé*, 1665, parodie du *Cid* (*) –, et fréquente même l'Hôtel de Nevers, foyer d'opposition à Colbert. C'est pourquoi la première édition, anonyme, qu'il donne de ses *Satires* (1666) est prise pour cible par les amis du ministre et de son homme de confiance. Cette hostilité vaut à Boileau l'appui de la sérieuse Académie Lamoignon (1667) dans la sérénité de laquelle le « poète d'humeur » peut « se faire poéticien » et esquisser un tableau des rapports entre politique, littérature et religion. En effet, s'il écrit encore (1666-67) la Satire IX pour répondre aux querelles déclenchées par l'édition de 1666, la Satire VIII (1667) prend le tour plus général d'une réflexion sur l'homme, tandis que la deuxième édition des *Satires* (1668) est accompagnée d'un *Discours* d'analyse du bien-fondé des critiques « ad hominem », puis (1669) d'une *Dissertation sur Joconde.* Mais surtout, à l'abri d'une déclaration d'allégeance au roi (Épître I, 1669) deux fois renouvelée (Épîtres IV et VIII, 1672, 1675), – v. *Épîtres* (*) –, Boileau développe ses positions dans les termes d'une critique (*L'Arrêt burlesque*, 1671, le début du *Lutrin* (*), 1672, les *Épîtres*) et d'une poétique (achèvement de la traduction du *Traité du sublime* et *L'Art poétique* (*), 1672), toutes deux mondanisées. Cette évolution porte ses fruits et, bien que Colbert lui refuse encore en 1673 un privilège d'édition globale pour son œuvre, Boileau est aspiré dans la sphère du pouvoir : protégé de Mme de Montespan, il est présenté au roi (1674) et obtient même, dès la mort de Chapelain, le privilège attendu, qui lui permet de publier ses *Œuvres diverses* (1674). À 41 ans enfin, après avoir soutenu Racine dans la querelle de *Phèdre* (*), (Épître VII), il est nommé avec lui historiographe du roi. Cette première consécration officielle entrave cependant l'écrivain qui se contente d'une nouvelle édition plus complète de ses *Œuvres* (1682-83) et de rares compositions de circonstance (opéra ou comédie, 1683). Quasiment imposé par le roi à l'Académie française (1684), Boileau entre également à l'Académie des inscriptions et médailles (1685). Mais, au moment où il atteint ces sommets, les belles-lettres n'ont plus dans l'État la place dont elles jouissaient jusque dans les années 1670, et c'est un appareil en train de se figer dans lequel entre le poète.

Le 27 janvier 1687, lors d'une séance à l'Académie, *Le Siècle de Louis le Grand* (*), poème de Charles Perrault, fait éclater les tensions inhérentes à ce qui est en train de devenir le « classicisme » : c'est le début de la querelle des Anciens et des Modernes. Boileau ne contre-attaque qu'en 1693 avec l'*Ode au roi sur la prise de Namur,* de style pindarique, qui devait démontrer la supériorité des Anciens, mais c'est un échec. Et même s'il refuse d'abord d'être relégué au rang de « nouveau Chapelain des lettres », revenant à l'attitude combative de ses débuts (Satire X contre les femmes, *Réflexions critiques* sur Longin (1694), *Épigrammes* diverses), il comprend que le goût a évolué et que le temps joue contre lui ; il accepte de se réconcilier avec Perrault (1694). Le ton des Épîtres X et XI « À mes vers » et « À mon jardinier » (1697) traduit l'apaisement. Mais avec l'Épître XII « Sur l'amour de Dieu » (1697) et la Satire XII « Contre l'équivoque » (1706), Boileau fait preuve d'une austérité religieuse qui n'est plus de mise, et l'entourage jésuite du roi interdit la publication de cette dernière. De plus en plus marginal, malgré les places officielles qu'il occupe, Boileau travaille pour la postérité à des éditions toujours plus élaborées de son œuvre : fin 1698, il projette avec Brossette une édition commentée (elle sera posthume, 1716), puis entreprend, à 65 ans, une nouvelle édition, dite favorite, complétée et dotée d'une nouvelle Préface des *Œuvres diverses* (1701) et réagira encore avec vigueur à la critique du *Journal de Trévoux* (1703) (nouvelles épigrammes) ; mais à partir de 1709, s'il se bat encore, c'est seulement pour publier sa Satire XII sur l'équivoque ; toutefois, les jésuites l'emporteront, jusqu'à sa mort.

FANNY NÉPOTE-DESMARRES.

RÉF. : G. Lanson, *Boileau,* Paris, 1892. – René Bray, *Boileau, l'homme et l'œuvre,* Paris, 1942. – Jules Brody, *Boileau and Longinus,* Genève, 1958. – Pierre Clarac, *Boileau,* Paris, 1964. – Bernard Beugnot et Roger Zuber, *Boileau, visages anciens, visages nouveaux, 1665-1970,* Montréal, 1973. – Bernard Bray, « Le Classicisme de Boileau », *XVIIe siècle,* n° 143, Paris, 1984.

BOILEAU-NARCEJAC. Ce double nom est celui de deux écrivains français, auteurs de romans policiers : Pierre Boileau, né et mort à Paris (28 avril 1906-16 janvier 1989) et Thomas Narcejac (pseud. de Pierre Ayraud, né à Rochefort le 3 juillet 1908). Quand ils se sont rencontrés et associés en 1948, Pierre Boileau avait obtenu en 1938 le grand prix du roman d'aventures pour *Le Repos de Bacchus* et Narcejac le même prix en 1948 pour *La mort est du voyage.* Ils avaient pris goût à la littérature policière en lisant très jeunes les œuvres d'Agatha Christie, de Maurice Leblanc, de Conan Doyle. Les rôles sont bien répartis : « maître horloger du mystère », Boileau se charge de l'intrigue ; Narcejac étoffe les personnages, rédige et tape le roman à la machine. Ils privilégient le milieu provincial (Narcejac restera d'ailleurs jusqu'à sa retraite professeur de lettres à Nantes) et ils condamnent le genre « série noire » dans un pamphlet intitulé *La Fin d'un bluff, le roman noir* qui a paru en 1949. Auteurs de quarante-trois romans, d'une centaine de nouvelles et de livres pour la jeunesse, ils auront la chance d'inspirer de bons cinéastes comme Clouzot qui porte à l'écran en 1954 *Celle qui n'était plus* (*) rebaptisé *Les Diaboliques.* Hitchcock adapte en 1957 *D'entre les morts* sous le titre de *Vertigo* traduit en France par *Sueurs froides.* Scénaristes à leur tour, Boileau-Narcejac adapteront en 1959 le roman de Jean Redon pour le très beau film de Franju *Les Yeux sans visage.*

DENIS BOUTET DE MONVEL.

BOISGUILBERT Pierre Le Pesant de Boisguillebert, ou. Économiste français. Né et mort à Rouen (17 février 1646-10 octobre 1714). Descendant d'une noble famille, il acquit en 1686 la charge de lieutenant général civil de sa ville, qu'il conserva sa vie durant et transmit à son fils. Administrant lui-même ses terres, il put constater de ses propres yeux la misère du peuple, aggravée encore par les impôts. De ses observations est né *Le Détail de la France, la Cause de la diminution de ses biens et la Facilité du remède, en fournissant en un mois tout l'argent dont le roi a besoin et enrichissant tout le monde* (1695-96) ; dans cet ouvrage, un examen approfondi des réalités économiques de son temps le conduit à s'élever contre les doctrines mercantilistes de Colbert, et à soutenir ouvertement des théories libérales qui annoncent les physiocrates, voire Smith. Ses projets ne reçurent pas un accueil favorable, mais il n'en poursuivit pas moins son œuvre avec une ténacité digne d'admiration, publiant le *Traité de la nature culture, commerce et intérêt des grains, les Causes de la rareté de l'argent et Éclaircissement des mauvais raisonnements du public à cet égard* (1707) et la *Dissertation sur la nature des richesses, de l'argent et des tributs* (*). La France sombrant de plus en plus dans le chaos administratif, la rage du désespoir lui dicta *Le Factum de la France* (1706), qui lui valut une audience bienveillante du contrôleur général des Finances, Michel de Chamillard qui, à ses idées réformatrices, objecta cependant l'état de guerre où se trouvait le pays. Boisguilbert écrivit alors le *Supplément au Détail de la France* par lequel il signait sa disgrâce définitive sanctionnée, en mars 1707, par une courte période d'exil à Brive-la-Gaillarde.

RÉF. : J.-E. Horn, *L'Économie politique avant les physiocrates,* 1867. – J. Cadet, *P. de Boisguilbert, sa vie, ses œuvres, son influence,* 1870. – A. Talbot, *Les Théories de Boisguilbert,* 1903. – R. Durand, *Essai sur les théories monétaires de Boisguilbert,* 1932. – A. Sauvy, *Pierre de Boisguilbert ou la Naissance de l'économie politique,* 1966 (Œuvres et Études).

BOISMORTIER Joseph Bodin de. Compositeur français. Né à Thionville le 23 décembre 1689, mort à Roissy-en-Brie le 28 octobre 1755. Après avoir vécu à Nancy et à Perpignan, il se fixe à Paris vers 1724, où il s'impose comme l'un des compositeurs de musique instrumentale les plus prolifiques de son temps. On lui doit notamment plus d'une centaine de sonates pour flûte à bec ou pour flûte traversière. Il est le premier compositeur français à avoir fait usage du terme italien « concerto » dans ses *Six concertos pour cinq flûtes et basse* (1727). Il a également signé trois opéras-ballets, *Les Voyages de l'amour* (1736), *Don Quichotte chez la duchesse* (+) (1743) et *Daphnis et Chloé* (+) (1747), ainsi que des cantates et motets.

ALAIN PÂRIS.

BOISROBERT François Le Métel, abbé de. Poète, dramaturge et abbé de cour. Né à Caen en 1589, mort à Paris le 30 mars 1662. Fils d'un avocat protestant rouennais, François Le Métel de Boisrobert débute comme avocat, mais plutôt que de plaider, il préfère écrire des vers. Introduit à la Cour par Du Perron, il collabore avec Théophile de Viau, Saint-Amant et Charles Sorel, au livret du ballet des *Bacchanales,* représenté au Louvre le 26 février 1623. Parfait courtisan, il trouve le moyen d'appartenir à la suite d'Henriette de France lors de son mariage avec Charles Ier d'Angleterre, mais se fait un ennemi en la personne de lord Holland et doit quitter Londres. En 1627, nous le voyons à Paris, amusant le cardinal de Richelieu par ses talents de mime et de conteur, et se chargeant d'une partie de sa correspondance. En 1630, de passage à Rome, Boisrobert charme par son esprit le pape Urbain VIII, qui le récompense en lui accordant le prieuré de Nozay, en Bretagne. De retour en France et converti au catholicisme depuis 1621, il reçoit les ordres, mais ce fut un bien étrange ecclésiastique, aimant passionnément le jeu et les plaisirs de la table. Ainsi qu'il le dira plus tard lui-même : « S'il faut parfois que je soutienne / Ou le repons ou bien l'antienne, / Je n'en saurois venir à bout : / Je mets le désordre partout. » Ses occupations auprès de Richelieu lui valurent l'abbaye de Châtillon-sur-Seine et la charge de conseiller d'État ordinaire. C'est à Boisrobert que l'on doit sans doute la fondation de l'Académie française, dont il fut l'un des premiers membres : il en élabora les statuts et recruta lui-même vingt-huit des quarante premiers académiciens. Ami de Pierre Corneille, il demande à Richelieu de faire cesser la polémique contre *Le Cid* (*) en 1637, sa position lui permettant d'intercéder en faveur de ses amis. Ses poèmes furent publiés dans les recueils collectifs de 1619 à 1630, mais il fit également œuvre religieuse (*Paraphrase des sept psaumes de la pénitence,* 1627) et encomiastique (*Le Sacrifice des muses, Le Parnasse royal,* 1635). Les deux volumes de ses *Épîtres en vers* (1646-1659) constituent son recueil poétique majeur, dans lequel il se fait le chroniqueur de la vie mondaine. Dramaturge membre des « Cinq Auteurs », on lui doit dix-huit pièces de théâtre, dont *Pyrandre et Lysimène, ou l'Heureuse Tromperie* (1633), *L'Aveugle de Smyrne* (1638), *La Vraye Didon* (1643), *La Jalouse d'elle-même* (1650), *La Folle Gageure* (1653) ainsi qu'un roman, l'*Histoire indienne d'Anaxandre et d'Orazie,* paru en 1629, et *Les Nouvelles héroïques et amoureuses* (*) (1657).

♦ *« Plus célèbre par sa faveur auprès du cardinal de Richelieu et par sa fortune que par son mérite. Il composa dix-huit pièces de théâtre qui ne réussirent qu'auprès de son patron. »* Voltaire.

RÉF. : A. Magne, *Le Plaisant Abbé de Boisrobert,* Paris, 1909. – Cauchie éd., *Épistres en vers,* Paris, 1921-1927. – J. Carcopino, *Boisrobert,* Paris, 1963.

BOISSIER Marie Louis Antoine Gaston. Historien français. Né le 15 août 1823 à Nîmes, mort le 10 juin 1908 à Viroflay (Yvelines). De vieille famille bourgeoise, il entra à l'École normale supérieure, puis il fut nommé professeur à Angoulême en 1846 ; il enseigna ensuite à Nîmes (1847). En 1857, il passa son doctorat en Sorbonne avec deux thèses sur Plaute et sur Accius ; la même année, il fut nommé au lycée Charlemagne de Paris. En 1859, il obtint le prix Bordin avec un mémoire sur Varron. En 1861, il suppléa Havet à la chaire d'éloquence latine au Collège de France, puis il devint maître de conférences à l'École normale (1865) et la même année suppléa Sainte-Beuve au Collège de France (chaire de littérature latine) ; à la mort de celui-ci, il en devint titulaire. Il fut également directeur de l'École des hautes études, et membre du Conseil supérieur de l'instruction publique. Le 8 juin 1876, il entra à l'Académie française, et dix ans plus tard à l'Académie des inscriptions et belles-lettres. Il ne se retira de l'enseignement qu'en 1906. Très informé sur les études allemandes et françaises concernant l'histoire et la civilisation romaines, et sur les récentes découvertes archéologiques et épigraphiques, il étudia le monde romain avec beaucoup de goût et de sensibilité ; sa manière de décrire les personnages, les lieux et les faits est extrêmement vivante et intéressante. L'influence de Renan et de Fustel de Coulanges apparaît dans son œuvre, sans pour cela ôter l'originalité de vue et de conception. Parmi ses nombreux travaux, citons : *Le Poète Attius* (1857), *Étude sur la vie et les ouvrages de M. T. Varron ; M. T. Varron* (1861), *Cicéron et ses amis* (*) (1865), *La Religion romaine d'Auguste aux Antonins* (1874), *L'Opposition sous les Césars* (1875), *Promenades archéologiques, Rome et Pompéi* (1880), *Nouvelles promenades archéologiques, Horace et Virgile* (1886), *La Fin du paganisme* (*) (1891), *L'Afrique romaine*

(1895), *Tacite* (1903), *La Conjuration de Catilina* (1905).

RÉF. : L. Gautier, *Vingt nouveaux portraits,* Paris, 1878 ; *Portraits du XIXe siècle,* Paris, 1894. – Article in *Revue des Deux Mondes,* 15 juillet 1908 ; in *Normale,* 1909. – G. Perrot, *Notice sur la vie et les travaux de G. Boissier,* 1908. – A. Beaunier, *Éloges,* Paris, 1909. – De Monzie, article in *Revue pédagogique,* tome II, 1933.

BOITO Arrigo. Poète et compositeur italien. Né à Padoue, le 24 février 1842, mort à Milan le 10 juin 1918. Après avoir fait ses études musicales au conservatoire de Milan, il se rendit à Paris, où il connut Rossini, Berlioz et Verdi. Il voyagea également en Allemagne et en Angleterre, et de là revint à Milan. Il prit une part active à la vie artistique de la capitale lombarde, en tant que poète et critique musical. Son œuvre poétique (*Le Livre de vers*) fut élaborée entre 1862 et 1867. C'est au cours de cette année-là (qui marqua la fin de la troisième guerre de l'indépendance italienne, pendant laquelle il combattit avec les volontaires de Garibaldi) qu'il commença la composition de *Méphistofele* (*). Sa culture et ses voyages semblaient le prédisposer à s'inspirer de la grande tradition romantique allemande. Dans *Méphistofele,* il tente de se libérer des formes conventionnelles. Représenté à la Scala en 1868, cet opéra fut un échec. Sept ans plus tard, Boito entreprit de le refaire et de le dépouiller de certains éléments superflus ; il fut exécuté à Bologne où il obtint du succès. Par la suite, Boito parut s'en tenir à la composition d'ouvrages littéraires et de livrets d'opéras qu'il fournit à Franco Faccio : *Hamlet* ; à Ponchielli : *La Gioconda* (*) ; à Mancinelli : *Héro et Léandre* ; à Verdi : *Othello* (*) et *Falstaff* (*). Mais il travaillait en secret à *Néron* (*), sa meilleure œuvre. En 1901, il publia le texte de ce drame lyrique, mais l'opéra même ne fut représenté qu'après sa mort, en 1924.

RÉF. : A. Pompeati, *Arrigo Boito,* Florence, 1919. – C. Ricci, *Arrigo Boito,* Milan, 1919. – P. Nardi, *Vita di Arrigo Boito,* Vérone, 1942. – U. Ojetti, *Cose viste,* 2e série, Milan, 1924. – W. Pöschl, *A. Boito,* 1939.

BOITO Camillo. Architecte, critique et écrivain italien, né le 30 octobre 1836 à Rome, mort le 28 juin 1914 à Milan. Ce frère aîné d'Arrigo Boito étudia l'architecture en Allemagne et en Pologne, puis, de retour en Italie, à Padoue et enfin à Venise où il obtint, très jeune, une chaire. Poursuivi par la police autrichienne pour ses opinions, il se vit contraint, en 1859, de se réfugier à Milan. Il y obtint, à la Brera, la chaire qu'il devait occuper pendant quarante-huit ans. Comme architecte, on lui doit, outre plusieurs projets, divers textes théoriques qui lui ont valu la réputation de véritable fondateur des études d'histoire de l'architecture. Il collabora régulièrement, en tant que critique littéraire, aux périodiques *Lo Spettatore* et *Il Pungolo,* et publia, en tant qu'écrivain, les *Histoires vaines* [*Storielle vane,* 1876] et *Senso, Nouvelles histoires vaines* (*) (1883).

BOJER Johan. Écrivain norvégien. Né à Orkedalsøren près de Trondheim le 6 mars 1872, mort le 3 juillet 1959 à Oslo. Orphelin recueilli et élevé durement par des pêcheurs, la misère et une volonté acharnée d'indépendance façonnent son caractère, avant même qu'il ait subi la discipline de l'école. Élève de l'école commerciale et de l'école des sous-officiers de Trondheim, puis acteur, il fut seul l'artisan de sa propre culture. L'ennui lui fait quitter la Norvège pour voyager en Angleterre, en France, en Italie. Paris le retient longtemps : de 1902 à 1907, « les années les plus riches de ma vie », dira-t-il plus tard. Il débute par le drame *Une mère* (1894). Il est tout de suite remarqué à Christiania et à Copenhague, où il est beaucoup plus difficile de passer inaperçu qu'à Paris ou à Londres. Les nouvelles et les romans qui suivent ce premier drame sont hautement loués, si bien qu'avant d'atteindre la trentaine, il devient un écrivain connu dans les pays nordiques. De là, sa réputation franchit les frontières : il est traduit en Allemagne et en France.

Toute l'œuvre de Bojer est marquée par sa qualité d'autodidacte et sa vie d'aventures, cas fréquent chez les écrivains norvégiens. Ses mœurs vagabondes ont développé sans doute son vigoureux naturalisme, son goût de l'action, son sens du romanesque et cette vaste curiosité qui lui interdit l'isolement et donne à ses descriptions des mœurs locales une portée et un intérêt généraux. Sa production très abondante comprend des pièces de théâtre : *Theodora* (1902), *Brutus* (1904), et des romans qui presque tous traduits en français ont connu un succès retentissant. Dans *La Puissance de la foi* [*Troens magt,* 1903], traduit en français sous le titre *La Puissance du mensonge* (*), l'un des plus célèbres romans de Bojer (il fut couronné par l'Académie française), l'auteur applique à l'étude d'un milieu paysan les procédés essentiels du roman psychologique. Ce roman de mœurs rurales, austère et émouvant, est totalement dépourvu de ces descriptions pittoresques qui caractérisent en France les œuvres du même genre. Citons encore : *Une migration du peuple* [*Et folketag,* 1896] ; *Le Prisonnier qui chantait* [*Fangen som sang,* 1913] ; *Vie* [*Liv,* 1911], traduit en français en 1914 sous le titre *Les Nuits claires ; La Grande Faim* [*Den store hunger,* 1916] ; *Le Dernier des Vikings* (*) (1921) ; *Les Émigrants* (1924). Les personnages de Bojer sont honnêtes jusque dans le crime ; ils ignorent la perversité et ont une conscience dont ils se préoccupent fort ; leur orgueil survit à la dépravation. Cette forme d'esprit très nordique donne à toute l'œuvre de Bojer une saveur d'ingénuité ; en outre ses qualités de dramaturge apparaissent jusque dans les romans :

certaines scènes paraissent écrites et découpées en vue du théâtre.

RÉF. : Carl Gad, *Johann Bojer, the Man and his Works,* New York, 1920. – P. G. La Chesnais, *Johan Bojer,* 1930.

BOLGAR Boyan. Écrivain bulgare. Né le 15 juin 1907 à Sofia, il y termine ses études au lycée français de commerce. En 1926, il part pour Paris où il reste trois ans. Bolgar est le fondateur et le rédacteur en chef des éditions Péroun. Après 1944, il se consacre entièrement à la littérature. Son premier livre, *Mosaïques parisiennes* [*Parijki mosaiki*], paraît en 1933. Auteur de nombreux romans, de pièces de théâtre, de scénarios, d'essais – *Près de la terre* (*) (1939) –, il est connu également comme traducteur d'œuvres littéraires françaises. En 1977, ont paru ses œuvres choisies, en deux volumes.

BÖLL Heinrich. Écrivain allemand. Né à Cologne le 21 décembre 1917, mort à Bornheim-Merten le 16 juillet 1985. Écrivain de renommée internationale, le plus lu des auteurs allemands contemporains. Prix Nobel de littérature en 1972. Dans un essai autobiographique, *Sur moi-même* [*Über mich selbst,* 1958], Böll cite deux instances décisives qui permettent de le situer « sociologiquement » : une famille libérale, ouverte au monde de l'art (le père est sculpteur, ébéniste) et la ville de Cologne, avec son contraste entre la bourgeoisie catholique et le prolétariat « rouge ». Böll a quinze ans lorsque les nazis pénètrent dans Cologne. Il fréquente alors le lycée et se refuse à entrer dans les rangs des Jeunesses hitlériennes : « Pas seulement pour des raisons morales ou politiques, mais aussi pour des raisons esthétiques : je n'aimais pas leur uniforme, et la marche à pied m'a toujours laissé indifférent. » Après le baccalauréat, Böll entre en apprentissage chez un libraire. En 1938-39, il est enrôlé au service du Travail, puis appelé sous les drapeaux dès le début des hostilités. Les hasards de la guerre le conduisent, six ans durant, sur tous les fronts dans des wagons sous l'étiquette « six chevaux ou quarante hommes » : Pologne, France, Russie..., avant d'être fait prisonnier par les Américains. En 1945, Böll retrouve Cologne en ruine. Il s'inscrit à l'Université, aide son frère dans l'atelier familial, travaille au bureau de recensement de la ville... Il vit de sa plume depuis 1951. C'est dans l'atmosphère de désarroi, d'impuissance, d'irrémédiable gâchis de l'immédiat après-guerre que Böll devient écrivain. De 1945 à 1947, il écrit « environ une soixantaine de nouvelles, publiées dans une dizaine de journaux différents » : avec *Le train était à l'heure* [*Der Zug war pünktlich,* 1949], les meilleures d'entre elles seront éditées sous le titre *Voyageur, viens-tu vers...* [*Wanderer, Kommst du nach Spa...,* 1950]. Le genre de la nouvelle convient particulièrement à l'état d'esprit de l'époque : une forme fragmentaire, témoignant de l'impossiblilté (du refus) de livrer une interprétation globale et rassurante du réel, forme privilégiée pour rendre compte du quotidien dans un langage dépourvu d'artifice. Böll utilise avec métier toutes les ressources du genre pour construire ses variations sur un même sujet : l'ironie du sort, l'impuissance de l'individu devant l'Histoire. Ces récits lui valent de recevoir, en 1951, le prix du Groupe 47 : début de la notoriété. Le premier roman de Böll, *Où étais-tu, Adam ?* [*Wo warst du, Adam ?* 1951], traite encore de la guerre. La guerre vue comme une peste qui afflige l'humanité, métaphore peut-être suspecte aux yeux de certains. Un livre qui, en tout cas, constitue une transition, du point de vue de la manière d'écrire, avec l'œuvre à venir : l'intrigue n'est plus concentrée sur un seul témoin, mais se dessine au contraire dans un réseau « d'histoires parallèles ». Avec les romans suivants, *Rentrez chez vous, Bogner* [*Und sagte kein einziges Wort,* 1953] et *Les Enfants des morts* [*Haus ohne Hüter,* 1954], l'écrivain se tourne vers « l'après » : de la difficulté à recommencer pour ceux qui n'ont plus de père, de modèle, qui ne se « trouvent » plus, même avec le secours des idéologies ou de la religion. Dans *Les Deux Sacrements* [*Billard um halbzehn,* 1959], Böll soutient un projet plus ambitieux : raconter l'Histoire contemporaine à travers l'histoire privée d'une famille. La technique narrative élaborée à cet effet fut diversement appréciée. D'aucuns citèrent par exemple le « nouveau roman », tandis que d'autres jugèrent « artificielle cette manière de projeter sur la famille Fähmel des références à l'Allemagne wilhelmienne, fasciste ou fédérale ».

On aurait pu croire que Böll resterait prisonnier du misérabilisme de la « littérature des ruines » [Trümmerliteratur], partagé par toute une génération d'écrivains. Or son œuvre prend un essor nouveau avec *La Grimace* (*) (1963). Le romancier prend ici ses distances à l'égard de la « restauration » en République fédérale : bonne conscience et conformisme intellectuel sur fond de miracle économique. Le héros, Hans Schnier, préfère la sincérité du clown à l'hypocrisie de l'honnête homme : il affirme la prétention inouïe de vouloir préserver sa liberté d'individu sous le costume du bouffon. Attitude qui est le fruit d'une vision désabusée de la société, quelque forme qu'elle emprunte : le clown caricature avec la même virulence la bourgeoisie catholique rhénane et les fonctionnaires politiques de la République démocratique. Attitude narcissique : le clown est entouré de miroirs où il ne rencontre que sa propre image. Böll dessine ici un portrait résigné de l'artiste.

Il est caractéristique de l'écrivain qu'au moment où il prend fait et cause, dans ses romans, pour l'individu, il cherche en même temps, par ses essais, ses discours, ses articles, à conjurer la solitude de l'artiste : « uni à mes contemporains, mais sans allié ». Il prend ouvertement position pour le parti social-démocrate (notamment lors des élections décisives de 1972) tout en ne lui ménageant pas ses critiques, en particulier en ce qui concerne son attitude vis-à-vis des extrémistes politiques. Il soutient le combat des écrivains des pays de l'Est pour la liberté d'expression tout en menant en même temps une polémique féroce contre le groupe de presse Springer. Produit de cette immixtion dans l'actualité : le récit *L'Honneur perdu de Katharina Blum, ou Comment peut naître la violence et où elle peut conduire* (*) (1974), dont Schlöndorff réalisa dès 1975 l'adaptation cinématographique. L'avertissement révèle la portée de la fable : « L'action et les personnages de ce récit sont imaginaires. Si certaines pratiques journalistiques décrites dans ces pages offrent des ressemblances avec celles du journal *Bild,* ces ressemblances ne sont ni intentionnelles ni fortuites, mais tout bonnement inévitables. » Intrigue exemplaire : une jeune femme, victime d'une campagne de presse menée par un journal à sensation, assassine le journaliste responsable de la diffamation. Ce meurtre se situe non à la fin, mais paradoxalement au début du récit. Nous suivons l'enquête d'un narrateur soucieux d'objectivité qui cherche à reconstruire le processus de la violence. Il apparaît très vite que le sujet premier est ici le langage, comme instrument démagogique, véhicule de la violence elle-même. Plaidoyer pour retrouver le poids des mots.

Dans *Portrait de groupe avec dame* (*) (1971), Böll met en scène un personnage féminin, Léni, qui, de l'aveu de l'auteur, n'est pas sans analogie avec le clown Schnier : même expérience du dénuement, vécue ici au cours de trente années de la vie d'une femme. Mais si Hans Schnier, à la fin du livre, reste désemparé et solitaire en voyant passer devant lui la foule indifférente du carnaval, Léni trouve quelques éboueurs qui empêchent qu'elle soit expulsée de son logement : symbole d'une solidarité des individus, même dérisoire. Le personnage de Léni, qui traverse les périodes les plus sombres de l'histoire allemande contemporaine « sans dommage, avec une relative innocence », serait-il le modèle d'une intégrité naïve, d'une humanité sensible et « instinctive » ? Une madone moderne ? Certains ont comparé le roman à une hagiographie sécularisée, soulignant la valeur mythique de l'héroïne. L'originalité du livre est peut-être que cette dimension symbolique contraste avec une écriture documentaire, allant parfois jusqu'à la parodie du discours scientifique, réalisée par la mise en scène d'un narrateur explicite faisant fonction d'expert et d'archiviste. Ce style documentaire constitue une sorte « d'effet de distanciation » qui garde le récit de tomber dans le mélodrame sentimental. Avant sa mort en 1985, Böll publiera encore des entretiens avec René Wintzen, *Une mémoire allemande* (1975), des nouvelles, *Le Destin d'une tasse sans anse* [*Gesammelte Erzählungen,* 1981] et deux romans : *Protection encombrante* [*Fürsorgliche Belagerung,* 1979], *Femmes devant un paysage fluvial* [*Frauen vor Flusslandschaft,* 1985].

Les romans de Böll actualisent un sens particulier du « réalisme » : ils ne visent pas à représenter le réel tel qu'il est, mais tel qu'on le perçoit communément. « Des discours qu'on reconnaît » : la formule de Diderot leur sied parfaitement. C'est peut-être ici le secret de tout le paradoxe de Böll : un écrivain qui réussit à être populaire avec des livres qui ne font aucune concession à la littérature de consommation. Jamais prix Nobel ne fut, en ce sens, autant justifié.

JEAN-JACQUES POLLET.

♦ *« Aucun écrivain allemand de cette lignée depuis Karl Kraus. »* Theodor Adorno. ♦ *« Son "vécu" n'est pas spécifiquement allemand, ce qui explique peut-être pourquoi ses livres ont recueilli un si grand succès à l'étranger : son "vécu" est commun à tous ceux qui, comme lui, ont été entraînés dans la guerre au sortir de l'adolescence. »* Henri Plard. ♦ *« C'est la poétique de Böll, le fait que chacun de ses récits obéit à la structure profonde d'une légende, qui constitue la principale raison de son énorme succès. »* C. Amery.

RÉF. : W. J. Schwarz, *Der Erzähler Böll, Seine Werke und Gestalten,* 1967. – M. Reich-Ranicki, *In Sachen Böll. Ansichten und Einsichten,* 1968. – M. Durzak, *Der deutsche Roman der Gegenwart,* 1971. – R. Nägele, *Heinrich Böll, Einführung in das Werk und in die Forschung,* 1976. – H. Herlyn, *Heinrich Böll und Herbert Marcuse, Literatur als Utopie,* Lampertheim, 1979. – J. Vogt, *Heinrich Böll,* Munich, 1987.

BOLLAND ou BOLLANDUS Jean. Hagiographe latin d'origine belge. Fondateur de la société scientifique dite des bollandistes, d'après son nom. Né le 13 août 1596 à Julémont, près de Liège, mort à Anvers le 12 septembre 1665. Après des études classiques à Maastricht, il entra le 26 septembre 1612 comme novice dans la Compagnie de Jésus à Malines, étudia la philosophie à Louvain et termina ses études à Anvers. Les années d'enseignement qu'il passa dans divers collèges avant d'être ordonné prêtre lui permirent d'achever sa formation d'humaniste et de se perfectionner dans la connaissance des langues européennes vivantes. Il exerçait depuis cinq ans au collège de Malines les fonctions de préfet des études lorsque, à la mort du père Héribert Rosweyde (1629), il fut invité à se rendre à Anvers pour examiner la documentation hagiographique que le père Rosweyde avait laissée. S'étant rendu compte de sa valeur, il proposa de s'occuper de sa publication, et jusqu'à sa mort, à l'exception de quelques publications d'œuvres de ses confrères, il se consacra uniquement aux *Actes des saints* (*). Il eut aussi le premier l'idée, qui fut réalisée avec sa collaboration, de rédiger l'*Imago primi saeculi societatis Jesu,* destinée à célébrer le premier centenaire de la Compagnie de Jésus. Son disciple Geoffroy Henschen, qu'il avait choisi pour collaborateur de sa grande entreprise, bouleversa la technique de ce travail, qui était déjà en partie composé et, avant de mourir, Bolland assista au succès retentissant des cinq premiers volumes de son œuvre, qui lui valut entre autres une invitation à Rome du pape Alexandre VII (mais seul Henschen s'y rendit, accompagné du nouveau collaborateur D. van Papebroch). L'immense correspondance que Bolland entretint avec des savants de tous les pays d'Europe mérite également d'être citée.

RÉF. : D. van Papebroch, *Vita Joannis Bollandi,* in *Vita Sanctorum.* — Dom Pitra, *Étude sur la collection des Actes des saints, par les RR. PP. jésuites bollandistes,* 1850 — J. J. Thonissen, article *Bolland* in *Biographie nationale,* t. I, Bruxelles, 1868. — Sommervogel, *Bibliothèque des écrivains de la Compagnie de Jésus,* t. I, Bruxelles, 1890. — H. Delehaye, *À travers trois siècles, l'œuvre des bollandistes, 1615 à 1915,* Bruxelles, 1920. — *Dictionnaire d'histoire et de géographie ecclésiastique,* t. VII, p. 618-635, Paris, 1937. — R. Algrain, *L'Hagiographie, ses sources, ses méthodes, son histoire,* Paris, 1953.

BOLLNOW Otto Friedrich. Philosophe allemand. Né le 14 mars 1903 à Stettin. Professeur à Giessen (1939), Mayence (1946), Tübingen (1953). Auteur de : *Les Tonalités affectives* (*) (1943), *Philosophie existentielle* (+) (1953), *Rilke* (1951), *La Pédagogie du romantisme allemand* [*Die Pädagogik der deutschen Romantik,* 1952], *Nouvelle sécurité de l'âme, Le problème du dépassement de l'existentialisme* (+) (1955), *Philosophie existentielle et pédagogie* [*Existenzphilosophie und Pädagogik,* 1959], *Mesure et démesure de l'Homme* [*Mass und Vermessenheit des Menschen,* 1961], *Homme et Espace* [*Mensch und Raum,* 1963]. Toutes les œuvres de Bollnow constituent en quelque sorte une polémique ininterrompue contre l'existentialisme moderne. Bollnow se refuse à ériger l'angoisse en catégorie existentielle supérieure. La relation au réel implique pour lui une autre donnée fondamentale, ce qu'il appelle la « sécurité de l'âme » [Geborgenheit], qui traduit son optimisme pédagogique.

BOLZANO Bernhard. Mathématicien et philosophe tchèque. Né à Prague le 5 octobre 1781, mort dans cette même ville le 18 décembre 1848. D'origine italienne, il étudia la philosophie et les mathématiques à l'université de Prague, puis la théologie ; il entra dans les ordres et, à la suite d'un concours, occupa la chaire de religion à l'université de Prague, où il commença ses cours le 19 avril 1805 : il avait dans l'intervalle obtenu son doctorat en philosophie, indispensable à l'exercice du professorat. Bientôt son rationalisme suscita des critiques et des controverses, et finalement, en 1820, il fut destitué de sa chaire, mesure qui fut suivie par l'interdiction d'enseigner. On alla même, sous la menace, jusqu'à lui demander une rétractation publique de ses thèses religieuses, mais il refusa d'abjurer des « hérésies » qu'il n'avait pas enseignées, malgré la défense qu'on lui signifia de publier ses œuvres et de confesser les fidèles. Il s'était réfugié chez un ami et ex-élève, en mars 1823, à Těchobuz près de Prague, et y demeura jusqu'en 1841 ; puis il rentra à Prague même et vécut ses sept dernières années auprès du seul frère qui lui restât, consacrant tous ses loisirs à ses études et à la composition d'œuvres importantes. Husserl considérait Bolzano « comme l'un des plus grands logiciens de tous les temps ». On sait que Bolzano approuvait dans ses grandes lignes *La Monadologie* (*) de Leibniz, qu'il épurait, en supprimant les éléments secondaires ; il a d'ailleurs exposé sa « logique pure », dont la sphère était celle du pur pensable, dans sa *Doctrine de la science* (*). Sa puissance exceptionnelle de raisonnement lui permet d'occuper une place importante dans l'histoire de la science : dans son ouvrage *Paradoxes de l'infini* [*Paradoxien des Unendlichen,* publié à titre posthume en 1851], abordant le problème de l'infini et de l'infinitésimal, il fait un grand pas vers la théorie des « ensembles » qui est, de nos jours, après les travaux de Cantor et de Dedekind, à la base du calcul infinitésimal. Citons pour terminer quelques-unes de ses autres œuvres : *Athanasie ou les Preuves de l'immortalité de l'âme* [*Athanasia oder Gründe für die Unsterblichkeit der Seele,* 1827] ; *Théorie des fonctions* [*Functionenlehre*] ; *Théorie des nombres* [*Zahlentheorie*] ; *Du meilleur État* [*Von dem besten Staate*] ; *Geometrische Arbeiten*, toutes œuvres publiées d'après les manuscrits de Bolzano par la Société des sciences de Prague (1930-32).

RÉF. : Philipp Schwarz, *Bolzano's Vorstellungstheorie...,* Göttingen, 1911. — Bernard Bolzano, *Autobiographie,* en tchèque, Prague, 1913. — H. Fels, *Bernhard Bolzano, sein Leben und sein Werk*, Leipzig, 1929. — Ed. Winter, *Religion und Offenbarung in der Religions philosophie Bernhard Bolzanos,* Breslau, 1932. — Ed. Winter, *Bernhard Bolzano und sein Kreis,* Leipzig, 1933.

BONALD Louis Gabriel Ambroise, vicomte de. Publiciste et philosophe français. Né et mort au château de Monna, près de Millau (2 octobre 1754 - 23 novembre 1840). Élevé par sa mère dans la foi catholique la plus stricte, il fit sa rhétorique et sa philosophie chez les oratoriens, puis s'engagea dans le corps des mousquetaires, au nombre desquels il resta jusqu'en 1776. Au moment de la Révolution, il était maire de sa ville natale. Mais bientôt il dut émigrer, et se fixa à Heidelberg où il composa, contre *L'Esprit des lois* (*) et le *Contrat social* (*), son premier ouvrage : *Théorie du pouvoir politique et religieux dans la société civile, démontrée par le raisonnement et par l'histoire.* Rentré en France, où ses biens avaient été vendus, il fut inquiété après le 18 fructidor, et pendant deux ans il dut se cacher dans Paris. Ce fut alors qu'il écrivit *Du divorce considéré au XIXᵉ siècle relativement à* *l'état domestique et à l'état public de la société,* condamnation du divorce ; l'*Essai analytique sur les lois naturelles de l'ordre social* et *La Législation primitive considérée dans les derniers temps par les seules lumières de la raison* (*) (1802). Tous ces livres réagissent contre le rationalisme du siècle précédent et contre l'esprit révolutionnaire, aidant ainsi à la formation du mouvement traditionaliste qu'illustrèrent également Joseph de Maistre, et, un peu plus tard, Lamennais. Bonald nie le prétendu état de la nature, l'origine terrestre du pouvoir, le contrat social tel qu'il a été imaginé par Rousseau, et il prône l'unité d'un pouvoir absolu fondé sur la religion. C'est l'hérésie protestante qu'il découvre à l'origine de tous les errements du siècle précédent. Le fondement philosophique de cette pensée sociale est exprimé plus particulièrement dans les *Recherches philosophiques* (1818). Le fait primitif sur lequel notre pensée peut s'appuyer, c'est le don du langage au premier homme. Le langage ne peut être d'invention humaine, ce qui prouve à la fois l'existence de Dieu, auteur du langage, et la nécessité de la société humaine, qui conserve le langage et perpétue ainsi la révélation première des lois données à l'homme par Dieu. Et, de même que le langage est l'intermédiaire entre les idées et notre esprit, le pouvoir légitime est l'intermédiaire entre Dieu et l'homme : ce qui d'ailleurs, dans l'esprit de Bonald, fait du pouvoir nécessairement absolu le contraire d'une autorité arbitraire et le soutien du peuple contre l'oppression. Bonaparte, qui avait goûté cette théorie du pouvoir, nomma Bonald en 1810 conseiller de l'Université. Celui-ci accueillit pourtant avec joie la Restauration, mais fut déconcerté par la Charte. Louis XVIII le nomma successivement ministre d'État, pair de France (1823), et membre de l'Académie française. Charles X le chargea de présider la commission de censure, établie en 1827, et qui fut l'objet de vives attaques, en particulier de Chateaubriand. Bonald écrivit alors : *De l'opposition dans le gouvernement et de la liberté de la presse,* pour justifier la censure. Après 1830, il donna sa démission de pair de France et se retira dans le château de ses ancêtres. Les œuvres complètes de L. de Bonald ont été publiées en 1817-1830 et 1857-1875 (en 7 volumes).

♦ *« Il était l'honnête et éloquent apôtre d'une espèce de théocratie sublime et nuageuse qui serait la poésie de la politique, si Dieu daignait nommer lui-même ses vice-rois et ses ministres sur la terre. »* A. de Lamartine.

RÉF. : Vte V.M.E. de Bonald, *De la vie et des écrits de M. le vicomte de Bonald,* Avignon, 1853. – L. Dimier, *Les Maîtres de la contre-révolution au* XIXe *s.,* 1907. – Chr. Maréchal, *La Philosophie de Bonald,* dans : *Annales de philosophie chrétienne,* 1910. – H. Moulinié, *De Bonald,* 1915. – J. R. Derré, *En marge de la Sainte-Alliance. Lettres de Bonald au comte de Senfft,* Paris, Les Belles Lettres, 1967. – J. Gritti, *Bonald, la Révolution française et le réveil religieux,* Paris, Blond et Gay, 1969.

BONAVENTURE saint (Giovanni Fidanza). Théologien italien d'expression latine. Né à Bagnorea près de Viterbe en Toscane en 1221 ou 1222, mort à Lyon le 15 juillet 1274. Il était de famille noble – le nom de Bonaventure sous lequel il se fit connaître lui aurait été donné par saint François d'Assise lui-même, alors qu'il n'était encore qu'un enfant. Vers 1240, il entra dans l'ordre franciscain et fit, de 1243 à 1245, ses études théologiques à la Sorbonne, où il devint bientôt un des meilleurs élèves d'Alexandre de Halès et un des derniers qu'il ait formés. Bachelier en 1245, à vingt-sept ans il était déjà professeur à Paris au moment même où saint Thomas d'Aquin y enseignait. Il écrivit alors le *Commentaire aux quatre livres des Sentences* [*Commentarii in IV libros Sententiarum*] dont il donna, en 1257, une sorte de résumé dans *Le Bréviloque* (*). Le clergé séculier et les chanoines ne voyaient pas sans déplaisir les ordres mendiants s'infiltrer dans l'enseignement. Il fallut une décision pontificale pour que les portes de la jeune université de Paris s'ouvrissent le 23 octobre 1257, aux deux amis et rivaux. Mais Bonaventure était appelé à de plus hautes fonctions. En cette même année 1257, à l'âge de trente-six ans, il fut élu général des franciscains. Il eut à assumer cette lourde responsabilité au moment où deux tendances adverses s'affrontaient : celle des partisans fidèles de l'idéal de saint François et celle des frères qui s'en écartaient déjà, en composant avec le siècle. Il sut calmer, réconcilier, faire tout rentrer dans l'ordre et l'on vit bientôt entre les mains de tous les frères et des clarisses la fameuse *Vie de saint François d'Assise* (*) qu'il venait à peine de terminer. Il se retira en 1259 en Auvergne pour écrire dans la solitude son chef-d'œuvre : *L'Itinéraire de l'âme à Dieu* (*) qui fut bientôt suivi par *De la réduction des arts à la théologie...* [*De reductione artium ad sanctam theologiam*]. Bonaventure était désormais célèbre. Malgré son humilité, il fut nommé cardinal par Grégoire X. Le concile de Lyon dans lequel devaient être discutées des questions capitales comme celle de la réconciliation avec l'Église grecque et celle de la lutte contre l'empire romain germanique usa ses dernières forces. Il fut canonisé par Sixte IV en 1482 et Sixte V, en 1587, le proclama Père de l'Église et docteur séraphique.

♦ *« Le conservatisme de Bonaventure ne fait pas de lui l'esclave du passé. Il relève l'erreur chez Aristote et les Arabes, et même chez son maître Pierre Lombard...* [Mais], *bien qu'il ait défendu jusqu'à la fin les doctrines organiques de l'ancienne école, il n'est pas trace dans ses ouvrages d'une opposition directe aux innovations thomistes. »* M. de Wulf. ♦ *« Saint Bonaventure est essentiellement un mystique mais c'est en même temps un philosophe parce qu'il a conçu le projet de systématiser le savoir et les choses en fonction de la mystique ; et c'est même un grand philosophe parce que, comme tous les grands philosophes il a conduit jusqu'au bout l'expérience qu'il tentait sur une idée.* » É. Gilson.

RÉF. : Fr. Prosper, *La Scolastique et les traditions franciscaines...*, Amiens, 1885. – Le P. Eusèbe Clop, *Saint Bonaventure*, 1922. – M. De Wulf, *Histoire de la philosophie médiévale*, t. I, Louvain, 1924 ; rééd. Paris, 1935. – E. Longpré, article, *Saint Bonaventure*, t. IX, du *Dict. d'histoire et de géographie ecclésiastique*, 1937. – É. Gilson, *La Philosophie de saint Bonaventure*, 3e éd., Paris, 1953. – J. G. Bougerol, *Introduction à l'étude de saint Bonaventure*, Paris, 1961 ; *Saint Bonaventure et la sagesse chrétienne*, Paris, 1963. – E. H. Weber, *Dialogue et Discussions entre saint Bonaventure et saint Thomas d'Aquin à Paris*, Paris, 1974.

BONAVIRI Giuseppe. Romancier, nouvelliste et poète italien. Né le 11 juillet 1924 à Mineo (Sicile). Fils d'un tailleur, il quitte sa ville en 1936 pour Catane, achève en 1949 ses études de médecine. Il vit actuellement à Frosinone au sud de Rome et a longtemps exercé la profession de cardiologue. Issu de la même ville que Capuana, il appartient à la génération des Sciascia, Pasolini, Volponi. Sa vocation littéraire est péremptoire : dès 9 ans, il écrit sur sa propre mort des vers qui manifestent déjà pour Thanatos une fascination qui ne le quittera plus. Puis, à partir de 14 ans, ce sont des romans, des nouvelles, des récits. En 1976, l'auteur a exhumé *Folie* [*Follia*], poème dramatique écrit en 1946, qui déjà, en plein néoréalisme, raconte l'histoire d'un mort dissous dans le cosmos et qui communique de plus en plus difficilement avec le monde extérieur.

La chance de Bonaviri est d'avoir été reconnu par Vittorini, le grand découvreur, qui publie en 1954 *Le Tailleur de la grand-rue* [*Il sarto della stradalunga*] dans la fameuse collection des « Gettoni » de Einaudi et souligne « le sens délicatement cosmique de l'œuvre ». Par rapport à *Folie*, il y a pourtant un reflux de Bonaviri sur des positions plus conformes à l'air du temps : la fin du réalisme d'après-guerre. Ce ton imprègne d'ailleurs tous les premiers récits : *Le Murmure des oliviers* [*La contrada degli ulivi*, 1958], *Le Poids du temps* (*), écrit entre 1955 et 1960. On retrouve dans ses récits tous les éléments habituels du néoréalisme (société agraire, dénonciation de l'injustice, pauvreté, faim, révolte) et ses procédés (l'enquête sociologique) avec en plus, et c'est une nouveauté, une atmosphère de rêve : les éléments se mettent à parler, un ton de fable anime parfois la phrase...

C'est avec *Martedina* [*Martedina*], récit écrit en 1960 et publié en 1976, que Bonaviri décolle et pas seulement au sens propre : il s'agit, comme par hasard, de l'aventure d'un médecin, marié, père de deux enfants qui, pris de dégoût pour la vie d'hôpital, s'embarque sur un vaisseau spatial en direction du Centaure : nous assistons à la jonction entre une scientificité toujours en alerte et une imagination débridée puisant dans la magie, l'alchimie, l'animisme, mélangeant Einstein, Empédocle, Planck et Théocrite. L'enjeu du voyage n'est d'ailleurs rien d'autre que l'immortalité !

C'est le pari impossible et souvent tenu d'un fantastique métaphysique – quête d'une nouvelle pierre philosophale – qui donne sa stature à cet écrivain unique en Italie même si Buzzati – celui du *Secret du Bosco Vecchio* (*) – est d'une inspiration parfois comparable. Le choix du mot rare, les créations linguistiques sont portés à leur maximum d'incandescence dans la seconde partie du livre *Le Dire céleste* [*Il dire celeste*] qui condense en des poèmes brefs les proses précédentes, fournissant des précipités (des météorites) parfaitement étrangers à toute vision réaliste ou rationaliste. Même si la poésie comme la prose naît de la réalité familiale – *Quark* (1982) exhume des pièces des années 40, *L'Asprura* (1986) évoque le cocon de Mineo –, c'est dans ses poèmes que Bonaviri poussera le plus loin une recherche de sourcier des sons où le sens s'aliène et se dilue dans le phonème écholalique (*O corpo sospiroso*, 1982).

Si *Le Fleuve de pierre* (*) (1964) marque un certain retour dans le giron réaliste et *Les Armes d'or* [*Le armi d'oro*, 1964-65, publié en 73] une digression mythologique pour la jeunesse, *La Divine Forêt* [*La divina foresta*, 1969] renchérit sur *Martedina*. Conjuguant avec humour Empedocle et Darwin, Bonaviri nous initie de l'intérieur à l'évolution de la vie : du non-temps et du non-espace au premier vautour. Pourquoi cet oiseau sinon peut-être comme signe de ce qu'on peut appeler le complexe de l'ange chez Bonaviri : planer au-dessus de la mêlée ! D'autant plus que, tel un ange, la création bonavirienne est jusque-là d'une chasteté apparente qui peut surprendre, même si le roman est une universelle copulation métaphorique où attractions et amours sont à l'origine des métamorphoses de la nature – jusqu'au déchaînement érotique de *C'est un rougeoiement de pêchers et d'abricotiers* [*E' un rosseggiar di peschi e d'albicocchi*, 1986].

La quête cosmogonique se mue bientôt en quête biologique dans *Des nuits sur les hauteurs* [*Notti sull'altura*, 1971]. Si *Le Tailleur de la grand-rue* était un hommage rendu au père, *Des nuits sur les hauteurs* est une mythisation de son absence prodigieuse qui ne permet d'autre choix qu'une recherche systématique des restes psychiques du géniteur emporté par l'oiseau de Thanatos. Outre le filon matrilinéaire, évident, il y a aussi chez Bonaviri un filon patrilinéaire ; c'est sans doute la raison pour laquelle il a tenu à publier lui-même les poésies du tailleur. Un thème nouveau apparaît cependant, celui de la ville omniprésente, un fantasme aussi, celui de la greffe possible entre l'homme et les plantes pour arracher le premier à sa vocation prédatrice. *L'Île amoureuse* [*L'isola amorosa*, 1973] est un refuge contre la ville, *La Farcerie* [*La beffaria,* 1975] en est une satire féroce. Car on ne saurait abandonner impunément le rocher de Camuti près de Mineo – autre figure du père – dont les radiations inspirent les poètes paysans – v. *Les Commencements* [*L'incominciamento*]. La fête du verbe continue avec *Dolcissimo* (1978), *Contes sarrasins* (*) (1980) où se déploie tout l'imaginaire arabe de Bonaviri, et *Le Demi-Sommeil* [*Il dormiveglia,* 1988], roman dont les scènes se situent entre la Sicile, la lune et New York et qui hante les royaumes mystérieux des états entre veille et assoupissement.

La parabole s'achève, à ce jour, comme elle avait commencé, sur le roman familial, avec *Ghigò* (1990), premier mot prononcé par le petit-fils de l'écrivain ; si des textes comme *Le Train bleu* [*Il treno blu,* 1978], *Les Commencements* (1983) mettent plutôt l'accent sur la société de Mineo et ses drames, celui de l'émigration entre autres, *Ghigò* se concentre sur la relation étroite entre la mère, qui relate son histoire dans la première partie du récit, et son fils, à qui elle passe le relais de la parole dans la seconde. Après les vols transgressifs dans le fantastique, Bonaviri retrouve toujours le chaud giron de la famille qui est la pierre de touche de toute son œuvre.

PHILIPPE RENARD.

BOND Edward. Écrivain anglais. Né à Holloway (Londres) le 18 juillet 1934. La « Colère », qui définit un des mouvements littéraires les plus féconds des années 60 en Grande-Bretagne, ne sera jamais pour Edward Bond un simple parti pris esthétique : c'est plutôt une énergie primitive convertie en représentation théâtrale. Beaucoup de pièces de Bond sont conçues comme des « happenings », en vue de montrer au spectateur une réalité que la morale de l'« establishment » réprouve et cherche à étouffer.

Edward Bond est né dans un faubourg du nord de Londres : un univers déshumanisant que l'on retrouvera, directement ou non, dans ses pièces. Comme tant d'autres, il quitte Londres pendant la guerre. C'est en assistant en 1948 à une représentation de *Macbeth* (*) que Bond ressent son premier choc théâtral. En 1949, il quitte l'école pour des « jobs » en usine ou dans les bureaux. Mais il se passionne pour le renouveau du théâtre anglais d'après-guerre, centré autour des travaux de Joan Littlewood et du Royal Court Theatre ; c'est là qu'il soumet ses premières pièces, qui lui vaudront d'être intégré en 1958 au « Writer's Group » (Groupe d'auteurs) animé par William Gaskill. Mais c'est seulement en 1962 que sa pièce *Le Mariage du pape* [*The Pope's Wedding*] est mise en scène. À travers la relation d'un couple avec un ermite, la pièce esquisse les thèmes de prédilection de Bond : par la violence des rapports du couple, par la présence en contrepoint d'une figure masculine angélique, *Le Mariage du pape* apparaît comme une première version de *Sauvés* (*) (1965). La pièce ayant été censurée, *Sauvés* est d'abord un succès de scandale. Accompagnée d'une Préface, abondamment commentée par l'auteur, elle est pourtant plus qu'une pièce à sensation : *Sauvés* marque la première étape d'une œuvre explicitement engagée. Après l'intermède du *Blow up* d'Antonioni dont il conçut le scénario (1966), Bond va progressivement s'éloigner d'un naturalisme militant. *Demain la veille* [*Early Morning,* 1967], qui intègre des personnages historiques d'époques différentes, est encore une mise en scène de la violence des rapports sociaux à travers l'image dominante du cannibalisme. *Route étroite vers le Grand Nord* [*Narrow Road to the Deep North,* 1968] est déjà une parabole. *Lear* (*) (1971), réécriture de la pièce de Shakespeare, retrace sur le mode épique un itinéraire politique et spirituel : d'oppresseur qu'il était, Lear devient le symbole presque martyr d'une humanité consciente de ses actes. Même s'il situe ses pièces dans des époques indéterminées ou lointaines, *Restauration* [*Restoration,* 1981], c'est toujours de nous, de notre temps que Bond nous parle.

Sans doute, Edward Bond a-t-il progressivement pris des distances avec ses premières prises de position concernant le rôle social de l'artiste : « L'art doit être l'équivalent du hooliganisme dans les rues. » Mais la violence restera longtemps le moteur de ses pièces. C'est que Bond, en socialiste convaincu, veut éveiller la conscience du spectateur. Mais son « théâtre épique et rationnel », dont *Lear* est le chef-d'œuvre, transcende un réalisme parfois sordide. Si le message de *Sauvés* ne manque pas d'ambiguïté, le combat de Bond, dont Lear est la figure emblématique, a la noblesse des causes perdues.

ANOUCHKA VASAK.

RÉF. : John Russell Taylor : *The Second Wave, British Drama of the Sixties,* Londres, 1971 et 1978. – « Le Roman et le théâtre en Grande-Bretagne », 1970-1980, nº spécial d'*Études anglaises.*

BONDEVILLE Emmanuel. Compositeur français. Né à Rouen le 29 octobre 1898, mort à Paris le 26 novembre 1987. Il reçoit une formation d'organiste et se fixe à Paris où, à partir de 1923, il travaille la composition avec Jean Déré. Il participe à la fondation du Triton, l'une des plus célèbres sociétés de musique de chambre parisiennes de l'entre-deux-guerres. Après avoir travaillé à la radio à partir de 1935, il est directeur de l'Opéra-Comique (1948-51) puis directeur de la musique de l'Opéra de Paris (1951-69). En 1959, il est élu à l'Institut où il est secrétaire perpétuel de l'Académie des beaux-arts (1964-86). En dehors des trois poèmes symphoniques d'après *Les Illuminations* (*) de Rimbaud : *Le Bal des pendus* (1929), *Ophélie* (1931) et *Marine* (1933), c'est pour la scène qu'il a écrit ses pages les plus importantes : *L'École des maris* (*), opéra bouffe d'après Molière (1935), *Madame Bovary* (*), drame lyrique d'après Flaubert (1951), et *Antoine et Cléopâtre* (*), opéra d'après Shakespeare (1974). Doué d'un indéniable instinct théâtral, Bondeville parvient à transformer ces trois chefs-d'œuvre de la littérature en chefs-d'œuvre lyriques dans une langue qui prolonge à la fois l'apport de Massenet et celui de Debussy.

ALAIN PÂRIS.

BONER Ulrich. Écrivain et prédicateur suisse du XIVe siècle. Né à Berne où des documents attestent sa présence de 1324 à 1349. Nous savons seulement qu'il fut l'auteur d'un recueil de cent fables versifiées, inspirées de celles d'Ésope et d'Avianus. Ces fables, écrites dans une langue riche d'expressions dialectales suisses, sont réunies en une œuvre intitulée *La Pierre précieuse* (*), composée avant 1340. Son style est pur, simple et vif. Elle fut redécouverte par Breitinger, et Lessing l'inclut dans son étude sur la fable. *La Pierre précieuse* est peut-être le premier livre imprimé en Allemagne, précisément à Bamberg, en 1461, dans l'atelier d'Albrecht Pfister.

BONIFACE saint (Winfrid). Moine anglo-saxon. Né dans le Wessex (Angleterre) vers 675, mort en Frise le 5 juin 754. Entré encore jeune au couvent d'Adescancastre, puis transféré à Nhutschelle, où il acheva son éducation sous la direction de l'abbé Wynbert, il paraissait destiné à devenir un de ces enseignants qui sont à l'origine de la solide tradition culturelle à laquelle devait s'abreuver plus tard la renaissance carolingienne. Mais le désir de répandre l'Évangile en Allemagne, parmi les gens de sa race, l'amena sur le continent. C'est là qu'il devint saint Boniface, apôtre de la Germanie. Il se rendit d'abord auprès des Frisons (716) ; rentré dans sa patrie sans avoir obtenu de résultat appréciable, il l'abandonna de nouveau, et cette fois définitivement. En 719 il reçut à Rome, du pape Grégoire II, les pleins pouvoirs pour évangéliser les Germains. Ce fut alors le début de sa mission officielle auprès des « Immanissimi Germaniae populi » comme il les nomme lui-même. Indiquons rapidement les principales étapes de son apostolat : en 722 il est sacré évêque à Rome, de 724 à 731 il parcourt la Thuringe, prêchant, réorganisant et créant des diocèses et des couvents d'hommes et de femmes ; Grégoire III le nomme archevêque en 732 ; en 745, il occupe en cette qualité le siège de Mayence ; en 754, à un âge avancé, il retourne en Frise, théâtre de son premier apostolat, et là il est tué par des païens, rendus furieux par sa prédication. On peut juger de l'ampleur de l'œuvre accomplie en Allemagne par Boniface dans ses *Lettres* (*), l'un des documents les plus importants pour la connaissance de l'Europe au VIIIe siècle. Saint Boniface introduisit dans la civilisation de l'Occident latin les Germains, qui devaient en devenir une des forces les plus vives. Le monastère de Fulda, dont il fut le véritable fondateur, même s'il ne fut matériellement organisé que par son disciple Sturmi, devint en effet le plus puissant centre de la vie religieuse, intellectuelle et culturelle de la Germanie. C'est là – où repose le corps de Boniface – que se trouve le berceau du peuple allemand, en tant que membre de la communauté catholique et européenne.

RÉF. : Éleanor S. Duckett, *Anglo-Saxon, Saints and Scholars,* New York, 1948. – C. H. Talbot, *The Anglo-Missionaries in Germany,* Londres, 1954. – David Keep, *Saint Boniface and his World,* Exeter, 1979. – John C. Sladden, *Boniface of Devon, Apostle of Germany,* Exeter, 1980 – E. W. F. Tomlin, *The World of Saint Boniface,* Exeter, 1981.

BONNEFOY Yves. Poète français. Né à Tours (Indre-et-Loire) le 24 juin 1923. Son père était employé des chemins de fer et sa mère institutrice, fille elle-même d'un instituteur d'origine paysanne. Après avoir passé les baccalauréats de mathématiques et de philosophie au lycée Descartes de Tours, Yves Bonnefoy poursuit des études de mathématiques, d'histoire des sciences et de philosophie dans les classes préparatoires de son lycée, à l'université de Poitiers puis à la Sorbonne. Il reçoit à Paris l'enseignement des philosophes Gaston Bachelard et Jean Hyppolite. Sous la direction du philosophe et poète Jean Wahl, il prépare un mémoire de maîtrise, depuis lors détruit, sur Kierkegaard et Baudelaire. Il se familiarise en particulier avec les œuvres de Plotin, Hegel, Chestov, qu'il lit dans la traduction de Boris de Schloezer. Pendant trois ans, Yves Bonnefoy est attaché de recherche au Centre national de la recherche scientifique pour une étude de la méthodologie critique aux États-Unis.

Adolescent, Yves Bonnefoy a découvert la poésie par la lecture de Paul Valéry, auquel il ne s'attachera pas. Baudelaire, Rimbaud, Mallarmé le marquent plus profondément et deviennent pour lui les représentants de la condition moderne de la poésie. Il les évoquera souvent dans ses textes critiques. À son arrivée à Paris, il découvre les auteurs et les peintres surréalistes. Parmi les textes qui ont compté pour lui, il mentionnera plus tard : *Pleine marge* (*), *L'Immaculée Conception* (*), *L'Homme approximatif* (*). Durant l'été 1946, il rencontre régulièrement André Breton et les membres ou les sympathisants de son groupe, parmi lesquels il nouera des amitiés fidèles, particulièrement avec Christian Dotremont, Gilbert Lely et Georges Henein. À l'égard de l'orthodoxie du groupe, Yves Bonnefoy est resté néanmoins réservé. Lors des préparatifs de l'exposition surréaliste de 1947, refusant d'endosser les tendances occultistes du manifeste *Rupture inaugurale*, il rompt avec André Breton. Des textes écrits à cette époque et publiés dans des revues confidentielles (*La*

Révolution la nuit, Les Deux Sœurs, Troisième convoi), Yves Bonnefoy n'a repris ultérieurement, en les modifiant, que les poèmes parus en 1947 sous le titre *Anti-Platon* (+). Il évoque et juge ses ouvrages de jeunesse dans les *Entretiens sur la poésie* (1990). La brève expérience du surréalisme comme plus tard la rencontre de Pierre Jean Jouve ont été le point de départ d'une réflexion sur les pouvoirs et les périls de l'image, ainsi que sur la nécessité, pour la parole, de détruire les maléfices qui la séparent de la vie réelle. Il en résulte une première œuvre, le recueil poétique *Du mouvement et de l'immobilité de Douve* (*) (1953), qui attire aussitôt une large attention. On y perçoit une fiction sous-jacente : Bonnefoy a repris dans ses poèmes les éléments d'un récit, qu'il a préféré détruire, mais dont il a laissé substituer la dernière partie : celle-ci paraît en 1975 sous le titre *L'Ordalie* (*). Elle sera reprise avec diverses proses de fiction ou de libre recherche, parmi lesquelles *L'Arrière-Pays* (*), rassemblées sous le titre *Récits en rêve* (*). D'autres recueils poétiques ont fait suite : *Hier régnant désert* (*) (1958), *Pierre écrite* (*) (1964), *Dans le leurre du seuil* (*) (1975). Constituant un ensemble cohérent, les quatre premiers recueils ont été regroupés dans *Poèmes* (*) (1978). Ont paru ultérieurement : *Ce qui fut sans lumière* (*) (1987), *Début et fin de la neige* (+) (1991).

L'œuvre poétique d'Yves Bonnefoy va de pair avec une œuvre considérable de traducteur. On lui doit, dès 1951, la traduction d'un ensemble de textes de Shakespeare : *Henry IV* (première partie), *Jules César* (*), *Hamlet* (*), *Le Conte d'hiver* (*), *Vénus et Adonis* (*), *Le Viol de Lucrèce* (*). S'y ajouteront *Le Roi Lear* (*), *Roméo et Juliette* (*), *Macbeth* (*). Il faut mentionner aussi, publiées d'abord en revue, de superbes traductions de Keats. En 1989 paraissent *Quarante-cinq poèmes de Yeats*. Dans l'introduction de ce volume, Bonnefoy a défini les principes qui le guident dans son activité de traducteur : « Fidélité absolue », mais « au plus près du débat qu'ont eu les mots dans le texte avec les données d'une vie ou les chiffres d'une pensée ou d'un rêve » ; il faut savoir risquer la « nécessaire violence de l'explicitation ».

Dans de nombreuses études historiques et critiques, à partir de 1954, Yves Bonnefoy a interrogé les artistes et les poètes sur le sens qu'ont revêtu pour eux le recours au langage, les problèmes de la représentation, l'emploi de la couleur. Des voyages en Méditerranée et surtout la rencontre dans les villes et les campagnes italiennes avec l'art de la Renaissance et du baroque ont constitué une incitation de première importance. Bonnefoy a été particulièrement sensible à la qualité de signe ou de présence révélée par des lieux, des édifices, des œuvres figuratives. À une étude sur la peinture murale gothique en France ont succédé des ouvrages où un persistant souci de poétique fondamentale s'attache à des œuvres et à des expériences artistiques très diverses, de Piero della Francesca à Balthus, de *La Chanson de Roland* à Louis-René Des Forêts. Les principaux ouvrages qui en portent témoignage s'intitulent : *L'Improbable* (*) (1959), *Arthur Rimbaud* (+) (1961), *Un rêve fait à Mantoue* (+) (1967), *Rome, 1630* (1970), *Le Nuage rouge* (*) (1977), *La Vérité de parole* (*) (1988), *Sur un sculpteur et des peintres* (1989), *Entretiens sur la poésie* (+) (1990), *Alberto Giacometti : biographie d'une œuvre* (1991). Yves Bonnefoy a été l'un des rédacteurs de la revue *L'Éphémère* (*) (1966-1972).

Après avoir enseigné dans plusieurs universités françaises et, au titre d'invité, à Genève et aux États-Unis, Yves Bonnefoy est élu en 1981 au Collège de France, pour y occuper la chaire d'études comparées de la fonction poétique.

Les déchirements de la conscience contemporaine dans son rapport au monde, et la fonction que peuvent remplir de nos jours la poésie et l'art : telles sont les questions que l'œuvre d'Yves Bonnefoy affronte depuis ses débuts. Elle y apporte réponse de manière libre et toute personnelle, mais avec le souci de communiquer un sens qui puisse être largement partagé. Bonnefoy part du constat d'un péril. La séparation, à notre époque, prévaut sous divers aspects : clôture de l'individu sur lui-même, repliement du langage sur ses pouvoirs autonomes, fuite de la pensée dans l'univers des essences et des concepts, piège que tendent les images à notre rêve et qui nous font oublier l'ici et le maintenant de notre destin. Il refuse de se rallier aux résurgences modernes de la pensée gnostique. Toute perfection uniquement esthétique adviendrait au détriment de la « vraie vie ». Pour avoir perçu ce péril en lui-même, Bonnefoy engage une lutte qui sera incessante, en prenant passionnément le parti de la finitude. Passer par l'acceptation de la mort est dès lors une étape indispensable. Celui qui ose affronter la limite obscure retrouve, sur une autre rive, les choses simples en qui se ranime la manifestation de l'être ; la demeure habitée, la lumière, le feu, la pierre, le feuillage, la neige... À partir du théâtre emblématique et violent de *Douve*, la poésie de Bonnefoy, sans se départir de sa première inquiétude, s'est développée jusqu'à un point de maturité où une légitimité est rendue aux paroles confiantes de l'amour, de l'acquiescement à l'existence mortelle. La poésie peut s'employer à la célébration d'une « terre seconde » qui est celle même où nous vivons. Dans une forme qui n'oublie pas les mètres traditionnels, mais qui les assouplit par l'enjambement et qui demeure ouverte, irrégulière, désireuse de répondre aux surgissements de l'inconscient, la poésie d'Yves Bonnefoy, avec une rare intensité, se porte vers un sacré indépendant de toute théologie ou mythologie positives.

JEAN STAROBINSKI.

♦ *« S'il est une œuvre qui, nous approchant de l'essence du poème, suscitant notre besoin d'interroger, de connaître, de définir, et lui répondant, est telle qu'elle nous retient dans sa parole comme dans une grâce qui se suffit [...] c'est bien celle d'Yves Bonnefoy. »* Gaétan Picon. ♦ *« La poésie de Bonnefoy ne se confine pas dans l'immanence, mais s'oriente vers une région de l'être plus lointaine, plus sacrée, plus désirée, qui est celle de la transcendance. »* Georges Poulet. ♦ *« Il est certain que dans la poésie de Bonnefoy existe une très intense nostalgie de l'harmonie, mais que celle-ci est toujours brisée à un moment donné, comme s'il voulait dire : [...] tout chant trop sonore serait un mensonge, il y a, il doit y avoir une ombre étendue sur la poésie d'aujourd'hui. »* Philippe Jaccottet.

RÉF. : John E. Jackson, *Yves Bonnefoy*, Paris, 1976. – Jérôme Thélot, *Poétique d'Yves Bonnefoy*, Genève, 1983. – John T. Naughton, *The Poetics of Yves Bonnefoy*, Chicago, 1984. – Mary Ann Caws, *Yves Bonnefoy*, Boston, 1984. – Richard Vernier, *Yves Bonnefoy ou les mots comme le ciel*, Tübingen-Paris, 1985. – Gérard Gasarian, *Yves Bonnefoy : la poésie, la présence*, Seyssel, 1986. – Michèle Finck, *Yves Bonnefoy : le Simple et le sens*, Paris, 1989. – Richard Stamelman, *Lost beyond telling*, Ithaca et Londres, 1990. – *L'Arc* n° 66, 1976. – *World Literature Today* n° 53, 1979. – *Sud* n° 15, 1985 (importante bibliographie). – *Poetry World* n° 3, automne 1990.

BONNET Charles. Philosophe et naturaliste suisse d'expression française. Né à Genève le 13 mars 1720, mort dans cette même ville le 20 mai 1793. Il descendait d'une famille huguenote émigrée en 1572 à Genève pour échapper aux méfaits d'une guerre civile née de l'intolérance religieuse. Bien que destiné par ses parents à la carrière juridique, Charles Bonnet, dès sa plus tendre enfance, ne montra de goût que pour l'étude de la nature. À vingt ans, il fit sa première découverte – sur la reproduction des pucerons – bientôt suivie d'études sur l'appareil respiratoire des chenilles et des papillons, travaux qui lui valurent le titre de membre correspondant de l'Académie des sciences de Paris (1741) et de la Royal Society de Londres. Ces études figurent dans son *Traité d'insectologie,* paru à Paris en 1745. Mais les sciences naturelles amenèrent bientôt Bonnet à s'intéresser à des problèmes plus vastes : en 1754, il fit paraître un *Essai de psychologie* et, en 1760, à Copenhague, un *Essai analytique sur les facultés de l'âme* (*). Parti du postulat de l'influence du physique sur le moral, il conclut à l'existence chez l'homme d'un organe matériel qui régirait l'exercice de l'intelligence par un concours incessant d'associations d'idées, dont la source doit être recherchée dans les sens. Dans sa *Contemplation de la nature* parue à Amsterdam en 1764-1765, Bonnet étudie la progression des échelons divers que l'on remarque au sein de la nature. Mais, entraîné par le principe – indiscutable selon lui – de l'immortalité et de l'immatérialité de l'âme, il va jusqu'à promettre une vie future aux animaux, et cela dans sa *Palingénésie philosophique ou Idées sur l'état passé et l'état futur des êtres vivants* dont les deux volumes parurent à Genève en 1769-1770. Bonnet poussa l'audace jusqu'à pratiquer la fécondation artificielle sur une chienne, ainsi qu'en témoigne sa lettre à Malesherbes, datée du 5 mars 1782.

La franchise, la modestie et la simplicité de Charles Bonnet ne l'empêchèrent pas d'être attaqué par quelques savants français, qui ne lui pardonnaient point d'avoir discuté certaines idées arrêtées de Buffon.

RÉF. : Jean Trembley : *Mémoire pour servir à l'histoire de la vie et des ouvrages de Charles Bonnet,* Berne, 1794. – Ch. Bonnet, *Mémoires autobiographiques,* éd. R. Savig, Paris, 1948. – G. Bonnet, *Ch. Bonnet,* Paris, 1929. – R. Savioz, *La Philosophie de Ch. Bonnet de Genève,* Paris, 1948. – J. Marx, *Ch. Bonnet contre les Lumières, 1738-1750,* Oxford, 1976.

BONNETAIN Paul. Écrivain français. Né à Nîmes en 1858, mort à Hong (Laos) en 1899. Bonnetain découvre les pays exotiques (Guyane, Antilles) dans l'infanterie coloniale où il passe cinq ans. Atteint de paludisme, il est renvoyé en France où il fait de petits métiers.

En 1883, il publie un roman naturaliste, *Charlot s'amuse...* (*), qui prétend traiter médicalement du problème de l'onanisme ; cette œuvre au sujet scabreux n'a guère de succès, même si elle scandalise les contemporains. Cependant, Bonnetain se détache de l'esthétique naturaliste et de la peinture des bas-fonds illustrées par *Charlot s'amuse...* ; il prend l'initiative du « Manifeste des Cinq », signé aussi par Paul Margueritte, Joseph-Henri Rosny, Gustave Guiches, Louis Descaves ; dans ce texte dirigé contre *La Terre* (*) de Zola et paru dans *Le Figaro* le 18 août 1887, les cinq écrivains dénonçaient la vulgarité de l'inspiration et la trivialité du langage chez Zola.

Bonnetain collabore à de nombreux journaux, *L'Écho de Paris, Gil-Blas, La Revue indépendante ;* il est engagé comme correspondant au *Figaro* en janvier 1884 et part pour le Tonkin alors en guerre ; puis il entre dans l'administration des colonies ; il est nommé au Laos où il se suicide. Bonnetain a écrit des nouvelles et des romans colorés et désenchantés sur la mer, le Tonkin, le Soudan. En 1883, le romancier publie *Une femme à bord. Au Tonkin* (1885) a beaucoup de succès et est réédité à plusieurs reprises. *L'Opium* (1886) présente une vision négative de la colonie et met en scène un jeune administrateur qui se drogue par amour déçu. *Dans la brousse* (1895) souligne les difficultés de la vie au Soudan. Toutes ces œuvres, loin d'exalter la vie dans les pays exotiques, en soulignent les désagréments ; comme Loti, Bonnetain n'est guère favorable à la politique coloniale engagée par le gouvernement Ferry. L'écrivain a aussi composé une œuvre théâtrale : *Au bord du fossé* (1884), *Après le divorce* (1890).

PIERRE-JEAN DUFIEF.

BONONCINI Giovanni (Battista). Compositeur italien. Né à Modène le 18 juillet 1670, mort à Vienne le 9 juillet 1747. Issu d'une famille de musiciens, il est le fils du compositeur Giovanni Maria Bononcini (1642-1678). Dès la mort de son père, il se fixe à Bologne où il étudie avec Colonna, et est admis à la fameuse Accademia Filarmonica. En 1687, il devient maître de chapelle de San Giovanni in Monte. Puis il part pour Rome en 1691 où il fait représenter son premier opéra, *Xerxès* (+) en 1694. Après un séjour à Naples, il est nommé compositeur à la cour de Vienne en 1698. Il y compose notamment, en 1701, l'oratorio *La conversione di Maddalena* (+). Entre 1702 et 1704, il est attaché à l'opéra de Charlottenburg, à Berlin, où il fait jouer son *Polyphème* (+) – v. *Acis et Galathée* (*) – puis revient à Vienne. En 1711, il retourne en Italie ; en 1720, il part pour Londres où il devient le rival le plus important de Haendel. On trouva sa trace à Paris (1732-1735), Lisbonne (1735-1737) et, à nouveau, Vienne. Il a laissé un nombre considérable d'opéras, sept oratorios et un *Te Deum* (1740).

ALAIN PÂRIS.

BONSTETTEN Charles Victor de. Écrivain suisse d'expression française. Né à Berne le 3 septembre 1745, mort à Genève le 3 février 1832. Il appartenait à une famille noble. Il eut à remplir des fonctions publiques, étant par exemple, de 1795 à 1797, inspecteur des communes du canton du Tessin, mais la prise de Berne par les Français (1798) l'incita à s'en démettre. Il quitta la Suisse, et se rendit à Copenhague où il resta jusqu'en 1801. En 1802 et 1803, il voyagea en Allemagne et en Italie, puis revint se fixer à Genève. Mme de Staël était alors à Coppet, et le groupe des littérateurs qui l'entouraient intéressa Bonstetten. D'autre part, il avait été dans sa jeunesse un disciple fervent du naturaliste et philosophe Charles Bonnet. L'influence de celui-ci apparaît particulièrement dans ses *Études de l'homme* qui cependant tendent vers le spiritualisme. Le *Voyage sur la scène des six derniers livres de l'Énéide* (1804) a, malgré sa facture traditionaliste, un ton romantique. Ce livre contient quelques pages sur la campagne romaine, qui sont comme une anticipation de la célèbre lettre de Chateaubriand. *L'Homme du Midi et l'Homme du Nord* (*) est de 1824. *La Scandinavie et les Alpes* (1826) apportèrent de nombreuses révélations sur la poésie et la mythologie nordiques. Ces œuvres n'atteignent pas à une synthèse originale, mais elles indiquent avec bonheur comment le romantisme du début du XIXe siècle a pris la place de l'illuminisme et du classicisme du XVIIIe siècle.

RÉF. : Ch. de Bonstetten, *Voyage sur la scène des six dernier livres de l'Énéide,* Lausanne, Bibl. romande, 1971. – A. Steinlen, *Charles-Victor de Bonstetten,* Lausanne, 1860. – Sainte-Beuve, *Causeries du lundi,* t. I, Paris, 1860. – Morell, *Charles-Victor de Bonstetten,* 1861. – M. L. Herking, *Charles-Victor de Bonstetten, Lausanne,* 1921. – Willy, *Karl v. Bonstetten,* Berne, 1899. – Schnorf, *Sturm und Drang in der Schweiz,* Zurich, 1913.

BONTEMPELLI Massimo. Romancier et auteur dramatique italien. Né à Côme le 12 mai 1878, mort à Rome le 21 juillet 1960. Après des études universitaires, ses débuts à la fois dans l'enseignement et dans une littérature qui sacrifie à la mode conventionnelle de l'époque, à la manière d'Anatole France – poèmes des *Églogues* [*Egloghe,* 1904], contes du *Socrate moderne* [*Socrate moderno,* 1908] et les *Sept sages* [*Sette savî,* 1901] – ne laissent guère prévoir son destin de novateur et de chef d'école. Il l'inaugure, à la fin de la guerre, par une adhésion passagère au futurisme, poèmes du *Pur sang* [*Puro sangue,* 1919], puis il renonce à l'enseignement. Ce destin d'apôtre d'un « réalisme magique » comme il disait –, version péninsulaire d'un modernisme, commun pendant les années 20, à toute une littérature européenne, parallèle à certains égards au « fantastique social » exploré par Pierre Mac Orlan – il est préfiguré dans les livres de sa période milanaise : *La Vie intense* [*La vita intensa,* 1919], *La Vie laborieuse* [*La vita operosa,* 1920], *Voyages et Découvertes* [*Viaggi e scoperte,* 1921], manifestations d'un humour impassible et corrosif dans le tohu-bohu de l'après-guerre. Quittant Milan pour Rome, Bontempelli va fonder, en 1925, la revue *900* (Vingtième siècle) qui deviendra le centre de toute une jeune école littéraire, en nette opposition avec les tendances « archipaysannes » favorisées par le fascisme : la revue, paraissant d'abord en français, finira par être supprimée par le gouvernement de Mussolini, d'où, pour Bontempelli, une alternance d'honneurs (il est membre de l'académie d'Italie en 1935) et de difficultés (il est « confiné » à Venise en 1938 à la suite notamment de ses protestations contre les lois raciales). C'est au cours des deux décennies 20 et 30 que, dans l'œuvre de Bontempelli, le « réalisme magique » connaît son plein épanouissement : d'abord, dans un mode qui tend vers un certain fantastique, animé par une fantaisie constante, ainsi que par la rigueur du style et du rythme : *L'Échiquier devant le miroir* [*La Scacchiera davanti allo specchio,* 1922], *Ève ultime* [*Eva ultima,* 1923], *La Femme de mes rêves* [*La donna dei miei sogni,* 1925]. Puis, c'est un « retour à l'humain », où l'inspiration défaille quelque peu : *Le Fils de deux mères* [*Il Figlio di due madri,* 1929], *La Famille du forgeron* [*La Famiglia del fabbro,* 1932], *Des gens dans le temps* (*) (1937). Citons aussi l'auteur dramatique : *Notre déesse* [*Nostra dea,* 1925] est créée à Rome au Théâtre des Arts, que Bontempelli dirige avec Pirandello. En 1945, l'écrivain adhère au Parti communiste et est désigné comme sénateur. Mais il renonce vite à cette charge, de même qu'il cesse d'écrire. Signalons encore l'œuvre du théoricien, son bilan de *L'Aventure « novécentiste »* [*L'Avventura novecentista,* 1938], ainsi que ses *Introductions et Discours* [*Introduzioni e discorsi,* 1945], contenant les textes frondeurs qui l'avaient signalé à la vindicte fasciste.

NINO FRANCK.

BONVESIN DE LA RIVA. Poète italien, originaire de Riva di Trento. Né à Milan entre 1240 et 1242 ; mort dans cette même ville entre le 5 janvier 1313 et le 12 mars 1315. « Doctor in gramatica », dit son épitaphe, à Milan, qui eut en lui un historien soigneux et orgueilleux dans son *Des magnats de la ville de Milan* [*De Magnatibus Urbis Mediolanensis,* 1288]. Il dirigeait une école de grammaire, dans laquelle il donnait une démonstration de ses théories sur les auteurs latins et leur traduction (par exemple sur celle des *Disticha de moribus* de Caton) ; il s'adonnait à l'enseignement avec une telle passion qu'il consigna son expérience pédagogique dans *La Vie scolastique* (*). Il avait réuni une petite bibliothèque qu'il destina d'abord (1304) à une communauté de religieux de Milan, puis, après son double veuvage, il désigna pour ses héritiers les « pauperes verecundi » de la ville. Lui-même tertiaire de l'ordre des « Humiliés », il consacra une partie de son activité littéraire à l'édification morale et, en langue vulgaire, écrivit le *Livre des trois Écritures* [*Il Libro delle tre Scritture*], où, sous forme de dialogues, anecdotes, discussions familières, il a rassemblé les éléments principaux sur lesquels étaient fondées les prédications du temps. Sous un style souvent lourd, on découvre un observateur attentif de la nature et des sentiments humains, soucieux de les traduire avec un certain réalisme, comme par exemple, dans *Des aumônes* [*De elemosinis*]. Rappelons aussi son curieux manuel des bonnes manières : *La Courtoisie à table* [*De la zinquanta cortexie da tavola*].

RÉF. : Tiraboschi, *Vetera humiliatorum monumenta,* Milano, 1766. – G. Contini, *Le opere volgari di Bonvesin da la Riva,* Rome, 1941. – M. Corti, *Le meraviglie di Milano,* Milan, 1974.

BORATAV Pertev Naili. Né en 1907, cet éminent spécialiste du folklore turc a fait des études à Istanbul, puis en Allemagne ; il créa la chaire des études folkloriques turques à l'université d'Ankara. Sa chaire ayant été supprimée pour des raisons politiques, il émigra en France (1952) où il travailla au C.N.R.S. jusqu'en 1977. Boratav a le grand mérite d'avoir entrepris des recherches systématiques dans le domaine de la littérature populaire traditionnelle – *Contes turcs* (*) (1955), *Le Tékerléme* (*) (1963), et il faut signaler son importante contribution au second volume de *Philologiae Turcica Fundamenta,* sur la littérature orale turque (en français), qui constitue une source de référence unique pour le folkloriste francophone (1965). Par ses nombreux articles publiés aussi bien dans les grandes encyclopédies que ses interventions et communications aux colloques et congrès internationaux, Boratav a pu rendre compte des vastes richesses de la littérature populaire turque dans son ensemble, englobant aussi bien les pays balkaniques que l'Asie Mineure et certains pays arabes qui ont fait partie de l'Empire ottoman.

BORATYNSKI Evgueni Abramovitch [Evgenij Abramovič Boratynskij ou Baratynskij]. Poète russe. Né le 2 mars 1800 à Podvoïskoïe, domaine familial situé dans le district de Smolensk, mort le 11 juillet 1844 à Naples. Après la mort de son père (1810), Boratynski fut placé comme interne au corps des pages à Saint-Pétersbourg. De cette époque datent ses premiers vers connus, écrits en français (« Je voudrais bien, ma mère... »). En avril 1816, un vol au préjudice du père de l'un de ses condisciples le fit exclure de l'école avec interdiction de rentrer au service de l'État. Cette décision eut une répercussion énorme sur le psychisme de l'enfant qui resta longtemps malade et fut à deux pas du suicide. Il fallut que sa famille entreprenne de nombreuses démarches pour le faire admettre même comme simple soldat dans l'armée ; lorsque cette « grâce » fut enfin accordée en 1818, Boratynski dut effectuer deux ans de service avant d'être promu sous-officier ; envoyé en garnison en Finlande, il attendit encore cinq ans avant d'être nommé officier. En 1826 Boratynski donna sa démission de l'armée et se maria ; l'année suivante parut son premier récit : *Eda.* En 1829-1830 il écrivit un autre long poème en ïambes, qu'il intitula *Concubine* [*Naložnica*]. Cette œuvre, remaniée, fut publiée en 1842 sous un nouveau titre : *La Bohémienne* (*) ; prévoyant qu'elle serait critiquée comme immorale, Boratynski écrivit, en guise de préface, une plaidoirie « pro domo », dans laquelle il examinait la question de l'immoralité en matière d'œuvres littéraires. La critique de l'époque rendit à Boratynski la vie impossible ; il s'expatria et partit pour un long voyage, visitant la France et l'Italie. Il mourut lors de sa visite à Naples. Si toute la critique russe jusqu'à Belinski condamna, bien que pour des raisons différentes, l'œuvre de Boratynski, les symbolistes russes du début du XXe siècle le considèrent comme un précurseur.

BORCHARDT Rudolf. Poète, romancier, essayiste et traducteur allemand. Né à Königsberg le 9 juin 1877, mort à Trins (Tyrol autrichien) le 10 janvier 1945. Issu d'une vieille famille prussienne d'origine juive convertie au protestantisme, Rudolf Borchardt passe son enfance à Moscou où son père est courtier en importation de thé, avant de suivre, à Berlin puis à Bonn, des études secondaires et supérieures classiques qui font de lui un philologue complet formé à l'archéologie et aux langues anciennes. C'est l'immense culture classique acquise alors – complétée par une parfaite connaissance de l'italien et de l'anglais – qu'il va mettre au service d'une œuvre multiforme dont l'orientation très conservatrice ne saurait dissimuler la complexité ni les tensions. Le choc esthétique fondamental par lequel Borchardt découvre la modernité lui vient de la lecture des poèmes de Hugo von Hofmannsthal, en 1898. Un *Discours sur Hofmannsthal* [*Rede über Hofmannsthal*], prononcé à Göttingen en 1902 et publié en 1907, inaugure la vie littéraire de Borchardt. Texte complexe, écrit dans une langue extrêmement travaillée, il est appelé à un très grand retentissement et transforme l'esthète Hofmannsthal en porte-drapeau d'une renaissance des lettres allemandes. Ce dernier, d'abord effrayé, se laissera peu à peu conquérir par Borchardt et, malgré des tensions, lui vouera toujours une amitié fidèle. Avec le poète et traducteur Rudolf-Alexander Schröder, fondateur des éditions Insel, ils feront paraître pendant quelque temps, à la veille de la Première Guerre mondiale, la revue *Hespérus*, où se concrétise leur rêve d'une « restauration conservatrice » à laquelle Hofmannsthal, ayant pris goût à l'action publique, donnera plus tard une tonalité pro-européenne. Chose plus importante peut-être, le *Discours sur Hofmannsthal* était le premier acte d'une défense de la poésie (entendue comme essence radicalement différente de la « littérature ») que Borchardt voyait menacée de disparition dans le siècle à venir et qu'il importait de sauver en une époque dominée par les « littérateurs ». Cette violence et cette générosité, cette intransigeance à défendre la fonction du poète sont le meilleur de l'œuvre critique de Borchardt, que Hofmannsthal, solidaire de ses prémisses mais ayant renoncé à la poésie après 1905, ne verra pas sans un certain scepticisme quant à ses possibles résultats.

Brillant traducteur (il accumulera au fil des années des traductions de Pindare, Platon, Dante, Swinburne, Homère, Rossetti, Cicéron, Tacite... qui sont de véritables merveilles), Rudolf Borchardt est avant tout poète. L'échec de sa première publication dans ce domaine, *Le Livre de Joram* (*) (1908), va le priver d'éditeur jusqu'en 1920. *Joram* déconcerte par la tentative de ressusciter, sous la forme d'une sorte de livre biblique apocryphe, la langue de Luther. Nul ne perçoit, derrière le tour de force stylistique, l'angoisse métaphysique du drame qui s'y joue. À plus d'un titre, la poésie de Borchardt pourra être caractérisée avec justesse comme une poésie « alexandrine », c'est-à-dire faite de divertissements érudits, de jeux formels ; mais à côté des pastiches d'épopées médiévales et d'ouvrages rhétoriques dignes des jeux floraux, on y trouve des poèmes classicisants d'une très grande beauté (*Iambes,* 1935).

Déçu par l'accueil de son œuvre, Borchardt fuit de plus en plus souvent vers l'Italie. Il séjourne à Pise, à Volterra, puis à Lucques où il finira par se fixer définitivement à partir de son mariage avec la nièce de Schröder en 1920. Après la Première Guerre mondiale et la chute de l'Empire, le monarchiste convaincu qu'il est ne peut que regarder d'un œil critique la République de Weimar. Scandalisé par ce qu'il voit, l'érudit sort de sa retraite et donne en 1929 un recueil de quatre nouvelles consacrées à la vie contemporaine, *La Génération désespérée* (+), qui lui vaut enfin une certaine reconnaissance publique. La première d'entre elles et la plus longue, *Déshonneur* (*), décrit l'éclatement d'une famille aristocratique qui ne peut résister à la corruption de l'époque, symbolisée par un séducteur de passage.

Borchardt n'est pas un réactionnaire étroit : il reproche au régime de Weimar son laxisme, mais il reprochait à l'Empire son autoritarisme borné et sa méconnaissance des particularismes allemands, préconisant dès 1903 la restitution de la Lorraine à la France. Or, tout son drame historique tient dans la prise de conscience, à partir de 1931, du fait que sa pensée, sa critique de l'argent, son nationalisme qui se voudrait « bien compris », son goût de l'autorité, sa défense de la tradition font pour une part le lit du nazisme. Il a conscience de la faillite historique que représente celui-ci, mais il est trop lucide pour ne pas voir combien certains de ses arguments risquent d'être récupérés. Le régime hitlérien une fois installé, Rudolf Borchardt cesse de publier en Allemagne et n'y retournera plus jamais. Il continue ses travaux de traduction, donne avec une monographie sur l'histoire de Pise telle qu'il la rêve la synthèse de sa pensée sur le salut par l'humanisme – v. *Pise* (*) –, s'attaque enfin à un ouvrage de botanique, *Le Jardinier passionné* [*Der Leidenschaftlische Gärtner*], qui est l'un de ses textes les plus inclassables et les plus beaux. Il y construit patiemment le jardin idéal où pourrait s'épanouir une humanité pacifiée, dans une nature devenue l'écrin de la plus haute culture ; par plus d'un aspect, c'est aussi le livre d'un homme qui sait en quoi il s'est trompé, et un admirable « livre de raison ».

Sa mort a valeur de symbole : lorsque la République mussolinienne de Salò fait rechercher en 1944 tous les citoyens allemands pour les rapatrier en Allemagne, Borchardt et sa famille sont arrêtés puis conduits à Vérone, et parviennent à s'échapper du convoi qui les conduit à Innsbruck. Réfugié dans un petit village tyrolien, Borchardt meurt, épuisé par cette épreuve, dans les bras de son fils, oublié de toute actualité littéraire. La Préface, critique mais admirative, que Theodor Adorno consacre à un choix de ses poèmes en 1968, au grand scandale de ses amis, révèle Borchardt à toute une génération et témoigne, au moment où achèvent de paraître ses *Œuvres complètes* [*Gesammelte Werke in Einzelbänden,* 1955-

1968] qu'il n'est pas besoin de partager ses convictions pour s'intéresser à l'itinéraire d'un esprit prodigieusement suggestif qui est aussi, et peut-être avant tout, un grand artiste.

JEAN-YVES MASSON.

♦ « *Les récits de Borchardt ont une grande force, parfois une force démoniaque – et je crois que c'est cette forme plus terrestre de son pouvoir créateur qui doit attirer à lui un public.* » Hugo von Hofmannsthal. ♦ « *Borchardt alliait un rejet du rationalisme et des espérances démesurées quant au pouvoir de la poésie, avec une intransigeance qui allait jusqu'à glorifier son abstention politique et son repli sur la vie intérieure – en un temps où l'on aurait eu besoin d'une politique raisonnable et d'un intérêt pour la société, pour survivre dans la dignité.* » Wolf Lepenies.

RÉF. : Werner Kraft, *Rudolf Borchardt,* Hambourg, 1961. – Theodor W. Adorno, introduction au *Choix de poèmes* de Rudolf Borchardt, Francfort, 1968. – *R. Borchardt/A. W. Heymel/R. A. Schröder,* catalogue de l'exposition des Archives nationales allemandes, Marbach-am-Neckar, 1978. – Jacques Grange, *Rudolf Borchardt, contribution à l'étude de la pensée conservatrice et de la poésie en Allemagne,* Berne, Francfort, New York, 1983. – *Rudolf Borchardt,* colloque de Pise 1985, édité par H. A. Glaser et E. De Angelis, Francfort, 1987. – Wolf Lepenies, *Les Trois Cultures* (traduction d'Henri Plard), Paris, 1990.

BORDEAUX Henry. Romancier français. Né le 29 janvier 1870 à Thonon-les-Bains, en Savoie, province qui sert de cadre à nombre de ses romans, mort à Paris le 29 mars 1963. Venu étudier le droit à Paris mais attiré par les lettres, il fréquente le café Vachette, rencontre Moréas, Boylesve, Maurras, se lie avec son véritable maître Paul Bourget, et se fait remarquer par une biographie parue à Gand en 1891 : *Villiers de l'Isle-Adam*, ainsi que par une série d'articles de critiques, *Âmes modernes*, parue en volumes en 1894. C'est vers 1900 qu'il commence sa véritable carrière de romancier : *Les Roquevillard* (*) (1906), *La Robe de laine* (1910), *La Neige sur les pas* (*) (1912), *La Peur de vivre* (*) (1921), sont les titres les plus connus d'une œuvre très féconde qui comporte soixante-quinze autres romans, des ouvrages critiques et plusieurs pièces de théâtre, dont *L'Écran brisé*, monté à la Comédie-Française le 22 juin 1908, et *Un médecin de campagne*, drame créé au théâtre de l'Œuvre le 6 mai 1911. Une vie sans grands événements, sinon une guerre très glorieuse en 1914-18, et l'élection à l'Académie française le 22 mai 1919, existence qui évoque assez le calme bourgeois de l'œuvre de Bordeaux, romancier de la famille, de la province et de la religion. Cet écrivain fort soucieux de morale combat au nom de la tradition contre les forces du désordre, peint des sentiments « naturels », et campe imperturbablement des héros bourgeois ou paysans, bien étrangers au monde habituel de la littérature moderne. Aussi n'a-t-il guère été épargné par l'ironie de nombreux critiques, qui lui reprochaient ses poncifs moraux, en oubliant que la révolte a aussi ses poncifs.

♦ « *Ce romancier n'est pas seulement un peintre savoureux des mœurs locales et un intellectuel dressé aux meilleures disciplines. Il est aussi... un traditionnel.* » Paul Bourget. ♦ « *Je ne crois pas qu'il y ait beaucoup d'œuvres plus attaquées que celles de M. Henry Bordeaux qui est un romancier qui... un romancier que... Oui, mais enfin un romancier, n'est-ce pas ? Et voilà ce que personne ne songe à contester.* » Pierre Benoit.

RÉF. : H. de Régnier, *Portraits d'hommes,* t. II, 1924. – Paul Bourget, *Quelques témoignages,* t. I, 1928. – Jules Bertaut, *Henry Bordeaux*, 1930. – Pierre Benoit, *Henry Bordeaux*..., 1931.

BORDEWIJK Ferdinand. Romancier hollandais. Né à Amsterdam le 10 octobre 1884, mort à La Haye le 29 avril 1965. Il fit des études de droit et fut avocat successivement à Rotterdam et à Schiedam. Un début en poésie, *Champignons* [*Paddestoelen*, 1916], reste sans succès. Par la suite, il se consacre exclusivement au roman et à la nouvelle. Ses *Récits fantastiques* (+) (1919, 1923, 1924) sont, dans le domaine, encore assez traditionnels et rappellent Hoffman et Poe. Une certaine psychologisation des éléments fantastiques annonce cependant les expériences ultérieures de Bordewijk dans la voie du récit psychomachique, notamment dans *Le Sarment* [*De Wingerdrank*, 1937]. Il apparaît ici comme un précurseur du réalisme magique tel qu'il se développera en Flandre après 1940. À côté d'un intérêt parfois morbide pour le misérabilisme, les bas quartiers et certains types de monstres humains, il met ici au point une technique originale, rassemblant en une unique formule des éléments issus de l'expressionnisme et du surréalisme. La peinture des personnages fait penser aux toiles de Ensor, Permeke et Willink, tandis que la mimésis réaliste s'assortit de la projection, au sein du récit et sans discontinuité, d'éléments insolites qui ne sont autres que la matérialisation, aux niveaux épique, dramatique et descriptif, d'un contenu purement psychique. C'est ainsi qu'il faudra lire la plupart des nouvelles à tendance fantastique comme *La Cigogne* [*Heteiberschild*, 1949] ou *Récits d'au-delà* [*Vertellingen van generzijds*, 1950]. Mais les années 30 ont vu naître chez Bordewijk d'autres tentatives de renouvellement formel. Son « roman » anti-utopiste *Blocs* (+) (1931) est un chef-d'œuvre de maîtrise technique où l'auteur s'efforce de transposer à tous les niveaux de la narration des principes empruntés au cubisme et au constructivisme.

Après le procès du collectivisme, ce sont la technologie et l'éducation disciplinaire qui sont l'objet de deux courts romans : *Bêtes qui ronflent* [*Knorrende beesten*, 1932] et *Bint, le roman d'un prophète* (+) (1934). Dès 1931, Bordewijk perfectionne un style qui lui restera propre : des phases ultra-courtes, une expression lapidaire, des images dures font penser à la fois à la poésie expressionniste et au « synthétisme » prôné en Russie par Zamiatine et ailleurs par les ressortissants de la « Neue Sachlichkeit ». En 1936 et 1938, il publie deux romans de plus d'ampleur, *Le Palais rouge* (+) et *Caractère* (*), dans lesquels il réalise une synthèse du roman traditionnel et de ses précédentes incursions dans le domaine de l'avant-garde. Les œuvres suivantes s'inscrivent dans le prolongement de ces quelques données fondamentales. Signalons les romans *Apollyon* (1940), *Les Chênes de Dodonne* (1946), *Aurore boréale* [*Noordelicht*, 1948], *Les Fonts baptismaux* [*De doopvont*, 1952], *Rameau en fleur* [*Bloesemtak*, 1955], *Message de loin* [*Tijding van ver*, 1961] et *Les Goblertons* (1965).

MICHEL DUPUIS.

RÉF. : M. Dupuis, *Ferdinand Bordewijk*, Nimègue/Bruges, 1980.

BOREL Jacques. Écrivain français. Né à Paris le 17 décembre 1925. Orphelin de père quatre mois après sa naissance, il est élevé par ses grands-parents paternels dans une petite ville de Haute-Garonne, Saint-Gaudens, la « Mazerme » de ses livres, le lieu mythique par excellence de son récit *Le Retour* (*), publié en 1970. Il ne rejoint sa mère à Paris qu'en 1935. Boursier, il fait ses études secondaires au lycée Henri-IV, puis entre à la Sorbonne où il obtient, en 1949, un diplôme d'études supérieures d'anglais avec une thèse sur le poète Gerard Manley Hopkins. Professeur d'anglais, il enseigne tour à tour en France et en Angleterre. À partir de 1967, il sillonne avec sa famille les États-Unis et multiplie les conférences dans plusieurs universités du pays. Lecteur aux éditions Gallimard, de 1969 à 1974, il devient directeur, en 1979, de la collection « Le Commerce des idées » chez André Balland. Entré en 1984 comme attaché culturel à l'ambassade de France en Belgique, il prend sa retraite en 1986 pour se consacrer désormais entièrement à son œuvre littéraire.

Avant d'obtenir le prix Goncourt pour son premier livre *L'Adoration* (*) (1965), imposante autobiographie d'un homme à la recherche de lui-même et de ses racines, Jacques Borel s'était déjà fait remarquer par ses études critiques, publiées en revue, sur des poètes qu'il défendra toujours — Verlaine (dont il établira l'édition des *Œuvres complètes* pour le Club de meilleur livre, en 1958-1959, et celle de la Pléiade en deux volumes, 1962 et 1972), Morhange, Jaccottet, Pessoa, Perros, etc. — ainsi que par un texte, *Mort des images* (1960), qui préfigure ses *Commémorations* publiées trente ans plus tard. Après une petite incursion réussie dans le théâtre, avec *Tata, ou De l'éducation* (1967), Jacques Borel fait paraître *Le Retour* et, en 1973, *La Dépossession (Journal de Ligenère)* (*) qui poursuivent, sur des modes quelque peu différents, le travail d'investigation de la mémoire commencé avec *L'Adoration*. Entreprise titanesque et forcenée qui fait son exaltation et son drame à la fois : fouillant son passé pour en exorciser les ombres, il ne peut échapper, sinon par intermittence, et par la grâce de l'écriture, à l'emprise du remords, de la tristesse, de la nostalgie. Ce cercle vicieux, « labyrinthe dont il est en même temps le prisonnier anxieux et le maniaque constructeur » (P. Jaccottet), fonde l'œuvre singulière de Borel et impose sa voix forte, musicale et d'une sensibilité toute verlainienne. Qu'il propose des essais comme *Marcel Proust* (1972), *Commentaires* (1974), *Poésie et Nostalgie* (1979) qui regroupe une petite partie de ses nombreuses préfaces et études critiques sur des poètes, qu'il traduise Hopkins ou Joyce, écrive des poèmes : *Sur les murs du temps* (1990) ou un « caprice » : *Un voyage ordinaire* (1975), Jacques Borel n'en finit pas d'être lui-même, pour le bonheur du lecteur qui, entré dans son univers, s'y découvre, fasciné, avec son vrai visage humain : celui du passant que la vie défait et dépossède à chacun de ses pas, sans consolation. *Histoire de mes vieux habits* (1979), *Petite histoire de mes rêves* (1981), *L'Enfant voyeur* (1987), *L'Attente. La Clôture* (1989), sans oublier les pages publiées en revue et non encore rassemblées, achèvent de composer, provisoirement, le portrait du « Saugrenu » que Jacques Borel ne cesse d'être, vertigineusement.

GUY GOFFETTE.

♦ *« Jacques Borel : un lointain descendant du Dostoïevski des* Notes d'un souterrain, *le vrai « De Profundis » des temps modernes ;* [...] *Bourreau de lui-même, toujours, ou presque, blessé, douloureux, distordu ; néanmoins extraordinairement attentif aux choses, aux êtres comme, dans son registre critique, aux œuvres, surtout à celles qui l'aident à ne pas succomber. »* Philippe Jaccottet.

RÉF. : François Nourissier, *Le Grand Je*, Genève, 1980. — Paule Constant, *Expression et communication dans « L'Adoration » de Jacques Borel*, Bordeaux, 1967. — Collectif, *Jacques Borel, La Nouvelle Revue française*, Paris, 1991.

BOREL Pétrus dit le Lycanthrope. Poète et romancier français. Né le 29 juin 1809 à Lyon, mort le 17 juillet 1859 à Mostaganem (Algérie). Image presque caricaturale du « guignon », Pétrus Borel le Lycanthrope s'impose déjà par les particularités qui entourent son nom. Le prénom de Pétrus (et non de Pierre comme on l'a dit trop souvent) lui fut donné par son père dès la naissance. Quant à son surnom d'« homme-loup », il s'en dota plus tard — autant par sarcasme que par conviction profonde. Dès l'âge de onze ans, Borel vit dans la capitale, après avoir passé son enfance à Lyon (dont se souvient *Dina*, l'une des nouvelles de son *Champavert*). Il voudra embrasser la carrière d'architecte. Dans ce milieu, il connaît ses premiers camarades, vite révoltés contre leurs maîtres tout inspirés de néo-classicisme. Sa rébellion veut aussi s'exprimer par la plume. Autour de lui et du sculpteur Jehan Duseigneur se forme en 1829 le Petit Cénacle, pour faire pendant à l'illustre Cénacle hugolien. Ce sont tous jeunes gens en colère, férus de couleur locale et bientôt, lors des journées de juillet 1830, de républicanisme. On compte dans leurs rangs des étoiles mineures : Alphonse Brot, Augustus Mac-Keat (Maquet), Philothée O'Neddy (Théophile Dondey), mais aussi des personnalités appelées à connaître la gloire : Gautier et Nerval (que l'on appelle encore Gérard). En ces années, Borel commence à publier des poésies dans l'*Almanach des Muses* ou les *Annales romantiques*. En 1832, il fait paraître le volume de ses *Rhapsodies* (*) dont la préface incendiaire est un véritable acte de foi en faveur de la liberté de création. C'est alors que se constitue la passagère Camaraderie du Bousingo qui compte publier en plusieurs volumes les *Contes du Bousingo* (*Onuphrius* de Gautier, *La Main de gloire* de Nerval devaient en faire partie). En 1833, Borel publie un recueil de nouvelles, *Champavert. Contes immoraux* (*). Il les présente dans une étrange préface où il les attribue à un certain Champavert, réplique en plus sombre de lui-même. Le livre obtient quelque succès de scandale. Attentif aux arts, Borel donne cette même année un article, *Des artistes penseurs et des artistes creux*. Il se lance aussi dans la traduction de *Robinson Crusoé* (*), qui, d'abord publié en fascicules, sort en deux volumes en 1836. Mais la franche misère s'empare de lui. Vivant en concubinage et père d'un jeune enfant, Justus, il doit quitter Paris et s'installer dans le triste hameau du Bas-Baizil (Haute-Marne) où il continue d'écrire le grand roman qu'il a sur le métier : *Madame Putiphar* (*), narrant le lamentable et sublime amour de deux Irlandais, Patrick et Déborah. Après bien des complications, le livre paraît enfin, en 1839, mais il est aussitôt éreinté par le redouté Jules Janin. C'en est à peu près fini de la carrière littéraire de Borel, qui ne renonce pourtant pas. Il collabore aux *Français peints par eux-mêmes* de Curmer avec deux types, *Le Gniaffe* (le cordonnier) et surtout *Le Croque-Mort*, fort apprécié de Balzac. Il publie des nouvelles historiques, *La Nonne de Peñaranda* (*Revue de Paris*, juin 1842) ou le mystificateur *Trésor de la caverne d'Arcueil* (même revue, avril 1843). Il fonde l'éphémère *Revue pittoresque*, tient la chronique théâtrale du *Commerce* (10 avril-15 juillet 1844) et dirige momentanément *Le Satan* où il donne un Salon en six feuilletons (1844). Enfin il met en chantier deux romans : *Madame Hélène* et *Mon ami Panturier* (dont nous avons le plan). Sur les conseils de Gautier toutefois, il sollicite un poste dans l'administration coloniale et part en Algérie, où il est d'abord secrétaire du maréchal Bugeaud, puis inspecteur de la colonisation à Mostaganem. Son ancienne maîtresse est venue le rejoindre avec sa belle-fille, Gabrielle, qu'il va épouser le 2 septembre 1847. Il publie encore quelques textes dans l'*Akhbar*, auquel il confie, en l'adaptant, un de ses anciens récits, *Daphné*, sous le titre *Un Anglais en Afrique*. À Mostaganem il se fait construire une maison flanquée d'une tour, son « Castel de Haute-Pensée », mais il s'estime désormais « littérateur *in partibus* » placé loin de l'« ingrate patrie ». Le mauvais sort s'acharne sur lui, car il est destitué de ses fonctions après la révolution de 1848, puis réintégré loin de sa famille dans le département de Constantine. Il rejoint Mostaganem en 1851, exerce quelque temps les fonctions de maire à Blad-Touaria, mais, bien vite, des différends l'opposent au sous-préfet, le vicomte de Gantès, et au préfet d'Oran, Louis Majorel. Sa tentative pour les accuser de malversation tournera court ; il sera révoqué définitivement le 27 août 1855. Il va désormais se contenter, comme un simple colon, de vivre du produit de ses terres. Le 14 avril 1857 lui naît un fils, Aldéran. Court moment de bonheur. Il rime encore quelques gracieux poèmes pour les filles de Otten, le nouveau sous-préfet de Mostaganem, mais le 17 juillet 1859, sans doute frappé d'une insolation, il meurt subitement dans ses champs.

JEAN-LUC STEINMETZ.

♦ *« Il y a dans tout groupe une individualité pivotale [...] Pétrus Borel était cet astre. »* Théophile Gautier.
♦ *« Sans Pétrus Borel, il y aurait une lacune dans le romantisme [...] Pétrus Borel fut l'expression la plus outrecuidante et la plus paradoxale de l'esprit des Bousingots ou du Bousingo. »* Charles Baudelaire.
♦ *« Pétrus Borel est peut-être le seul auteur français par qui nous pouvons nous faire une idée de ce qu'on appelait, au début du XIXe siècle, le genre frénétique. »* André Breton.

RÉF. : Jules Claretie, *Pétrus Borel le Lycanthrope*, Paris, 1865. — Aristide Marie, *Pétrus Borel le Lycanthrope, sa vie, son œuvre*, Paris, 1922. — Enid Starkie, *Pétrus Borel en Algérie*, Oxford, 1950 ; *Pétrus Borel the Lycanthrope. His Life and Times*, Londres, 1954. — Jean-Luc Steinmetz, *Pétrus Borel, un auteur provisoire*, Lille, 1986.

BORGEAUD Georges. Romancier et essayiste français d'origine suisse. Né à Lausanne (Suisse) le 27 juillet 1914, d'une mère valaisanne. Il vit à Paris depuis 1948. Les trois romans de Georges Borgeaud, rayonnant d'un foyer intime, sont disposés autour de l'expérience personnelle du héros-narrateur. L'identité problématique et douloureuse du personnage autorise des rapprochements que la critique a volontiers établis avec la tradition romande de l'introspection protestante s'ouvrant sur l'effusion poétique. Mais il ne faut pas négliger l'autre versant de l'œuvre, celui du plaisir, du bonheur beaucoup plus sensuel que sexuel d'ailleurs — l'univers de Borgeaud étant, sans affectation ni pruderie, plutôt chaste — mais le champ des émotions est vaste et peut s'enflammer d'un coup. Le monde de Borgeaud, selon l'excellente formule de Jacques Chessex, « c'est l'éveil de l'éveil ».

Dès la parution du *Préau* (*) (1952), l'œuvre romanesque de Borgeaud semble aimantée par les énigmes de l'identité. *Le Préau* et les deux romans qui suivront – *La Vaisselle des évêques* (1959) et *Le Voyage à l'étranger* (1974) – sont des réaménagements d'une autobiographie de l'auteur : tous appartiennent à la catégorie des romans d'entrée dans la vie, d'initiation au monde. Sous des identités certes changeantes : Maurice Passereau (*Le Préau*), Pierre Lorétan (*La Vaisselle des évêques*), Jean Noverraz (*Le Voyage à l'étranger*), chacun des trois héros-narrateurs transpose dans l'univers de la fiction, par une écriture au passé, un moment central de l'expérience personnelle de l'auteur. Dans *Le Préau*, c'est la fin de l'enfance. Dans *La Vaisselle des évêques*, la fin de l'adolescence mêlée aux demi-teintes amères du premier amour. Ce titre fait expressément allusion à une somptueuse argenterie perdue dans les eaux du Léman et, s'interprétant comme métaphore de l'œuvre, entraîne le lecteur dans une narration qui alterne les atmosphères nocturnes, liquides, orageuses, et celles de pleine lumière. *Le Voyage à l'étranger*, de son côté, s'ouvre sur un autre temps, celui d'une redécouverte, d'une renaissance au monde, après l'expérience d'un noviciat au couvent, hors du temps. L'étranger c'est ici la Belgique, mais c'est aussi l'expérience de l'étrangeté, celle de la distance sociale, intellectuelle, sensible, qui sépare le héros-narrateur du monde dans lequel il évolue.

À ces romans, il faut ajouter l'œuvre de l'essayiste : les notes de voyage en Italie (*Italiques*, 1969), *Le Soleil sur Aubiac* (1987) qui évoque une région du Quercy où l'auteur passe la belle saison depuis les années 60, et enfin plusieurs essais sur la peinture.

FRÉDÉRIC WANDELÈRE.

BORGEN Johan. Romancier, nouvelliste et auteur dramatique norvégien. Né le 28 avril 1902 à Oslo, où il meurt en 1979. Fils d'un avocat, issu d'une famille bourgeoise aux idées conservatrices, il gardera toujours le contact avec ses origines, même quand il sera attiré par le marxisme. Après le baccalauréat, il tâta du journalisme, mais s'orienta surtout vers la littérature, publiant en 1925 un premier recueil de nouvelles. Après un séjour en France, il devint journaliste pour de bon et travailla au *Dagbladet* de 1930 à 1941. Ses chroniques brillantes, signées du pseudonyme « Mumle Gåsegg », emprunté aux contes populaires, révélèrent un humoriste et un satirique. Elles furent l'arme dont il se servit contre l'occupant dès 1940, ce qui lui valut d'être interné au camp de Grini en septembre 1941. Relâché, il travailla dans la presse clandestine et se réfugia ensuite en Suède. Il avait alors publié un premier roman, *Tout compte fait* [*Når alt kommer til alt,* 1934] et donné des pièces comme *En attendant* (*) (1938) et la joyeuse comédie *Les Andersen* [*Andersens,* 1940], mais c'est avec les nouvelles de *L'Esprit de l'enfance* [*Barnesinn,* 1947] qu'il s'imposa. Depuis la guerre, Borgen a publié moins de neuf recueils de nouvelles, dont *Histoires d'amour* (*) (1948) et *Nouvelles nouvelles* [*Nye noveller,* 1965], grand prix de Littérature du Conseil nordique. Il fallut attendre le succès de la trilogie *Lillelord* (*) (1955), *Les Sources sombres* [*De Mørke Kilder,* 1956] et *Le Voici* [*Vi har ham nå,* 1957] pour qu'il soit reconnu également comme romancier. Il désorienta ses lecteurs avec un roman expérimental, *Moi* [*Jeg,* 1959], suivi de *Blåtind* (1964), *Le Brouillard rouge* [*Den Røde Tåken,* 1967] et de *Mon bras, ma tripe* [*Min arm, min tripe,* 1972] et finalement d'*Exemples* [*Eksempler,* 1974]. Il a aussi poursuivi son œuvre dramatique et travaillé comme metteur en scène. Critique littéraire, il a dirigé la revue *Vinduet* (1954-1960). Lus à la radio, ses souvenirs, *Le Royaume de l'enfance* [*Barndommens rike,* 1965], ont remporté un grand succès.

CARL GUSTAF BJURSTRÖM.

RÉF. : Régis Boyer, *Littérature de Norvège*, *Europe*, n° 695, 1987.

BORGES Jorge Luis. Écrivain argentin. Né le 24 août 1899 à Buenos Aires. Mort le 14 juin 1986 à Genève. Borges est issu d'une famille aisée et cultivée. Il est élevé par une gouvernante anglaise et apprend l'anglais avant même de savoir parler l'espagnol. En 1914, on l'envoie faire ses études supérieures à Genève, où il apprend l'allemand et le français. De 1919 à 1921, il réside en Espagne. De retour dans son pays, Jorge Louis Borges s'intègre à l'avant-garde littéraire argentine, le mouvement dit « ultraïste ». Son grand maître à penser est l'écrivain Macedonio Fernández. En 1955, il est nommé directeur de la Bibliothèque nationale de Buenos Aires, poste qu'il conservera jusqu'à ce qu'une cécité presque totale l'oblige à abandonner ses fonctions. Cette cécité n'empêche cependant pas l'écrivain de voyager et de donner des cours, tant dans son pays qu'en Europe et en Amérique. L'œuvre de Borges – l'une des plus connues d'Amérique latine en Europe et dans le monde – est multiple et déroutante. Borges est d'abord un poète ; mais c'est aussi un conteur et un essayiste. Toutefois, aucun de ces noms ne lui convient vraiment, car il a une manière totalement à lui d'être poète, conteur ou essayiste. D'un côté, c'est un cosmopolite incorrigible ; de l'autre, un amoureux de sa ville, Buenos Aires, et de son pays. Les premières œuvres de Borges se signalent précisément par un lyrisme sentimental et nostalgique : *Ferveur de Buenos Aires* [*Fervor de Buenos Aires*, 1923], *Lune d'en face* [*Luna de enfrente*, 1925], *Cahier San Martín* [*Cuaderno San Martín*, 1929], *La Dimension de mon espérance* [*El tamaño de mi esperanza*, 1926], *La Langue des Argentins* [*El idioma de los argentinos*, 1928] et *Evaristo Carriego* (1930).

Cette veine sentimentale et nostalgique ne sera d'ailleurs jamais complètement absente du reste de son œuvre, et particulièrement de ses poèmes ultérieurs. Mais dès 1925, Borges inaugurait le genre du conte-essai qui allait le rendre célèbre, avec ses *Enquêtes* (*).

Énumérons ici la majeure partie de ces livres : *Discussion* (*) (1932), *Histoire universelle de l'infamie* (*) (1935), *Histoire de l'éternité* (*) (1936), *Le Jardin des sentiers qui bifurquent* [*El jardín de senderos que se bifurcan*, 1941], *Fictions* (*) (1944), *L'Aleph* (*) (1949), *L'Auteur et autres textes* (*) (1960). Aucune de ces œuvres — composées d'histoires ou d'essais généralement très courts — ne peut être séparée des autres : l'ensemble constitue le « cosmos » propre de Borges, un cosmos déroutant, sophistiqué et métaphysique qui n'a pas son pareil dans la littérature mondiale, à l'exception peut-être de celui d'Edgar Poe. L'un des contes les plus fameux de Borges s'appelle « La Bibliothèque de Babel » (in *Fictions*). L'auteur imagine une bibliothèque infinie, contenant la totalité des livres possibles, y compris leurs innombrables variantes. Dans ce cauchemar spéculatif, une race d'hommes angoissés erre à travers les salles, cherchant le Livre des Livres, le livre qui répondrait à toutes les énigmes. Cette quête dure également depuis une éternité, et dans leur désespoir, les hommes ont parfois brûlé des livres : qui sait, demande Borges, si le fameux Livre des Livres existe encore ? Oui, bien entendu, chaque livre est unique. Ce petit conte, l'un des plus parfaits de son œuvre, est comme la métaphore de celle-ci. D'autres contes nous introduisent dans des labyrinthes, des espaces de miroirs, dans des mondes où les « moi » ne savent plus s'ils existent ou s'ils sont rêvés (comme dans « Les Ruines circulaires » in *Fictions*) par quelque « Dieu » inconnu. Dans *Enquêtes*, un personnage d'ailleurs réel, Pierre Ménard, passe sa vie à réécrire *Don Quichotte...* (*) en espagnol, au début du XXe siècle. Borges s'amuse à comparer les deux *Don Quichotte*, qui sont pourtant formellement identiques. Dean Funes, dans *Fictions*, a une mémoire tellement développée qu'il met une journée à se rappeler la journée antérieure. L'œuvre de Borges s'enfonce ainsi dans un labyrinthe de sophismes vertigineux, dont on ne sait jamais s'ils sont purement verbaux ou métaphysiquement profonds. Les références — souvent distraites, malgré leur érudition — à des philosophes du solipsisme comme Berkeley, Hume, Schopenhauer, Kant ou Benedetto Croce ne doivent pas nous faire confondre ces « enquêtes » avec des « enquêtes » philosophiques : Borges n'est ni essayiste, ni philosophe, mais son jeu avec les notions et les êtres a quelque chose de grisant et de glacé. Un style élégant, froid et cérémonieux, paraissant d'une logique imperturbable, transmet au lecteur les plus folles spéculations, à une distance elle-même infinie de la vie « ordinaire ». Mais à n'importe quel moment, dans le conte ou l'essai le plus étrange, l'autre Borges — celui de Buenos Aires, de ses rues, de ses maisons, de ses cours, de ses faubourgs qui se perdent dans l'immense pampa — réapparaît, perdu cette fois dans un autre vertige, celui de la nostalgie d'un passé personnel ou national qui, peut-être, n'a jamais existé. L'œuvre peut donc emplir d'angoisse ou ravir l'intellect, ou angoisser et ravir à la fois, selon le lecteur. Il est évident qu'elle n'est pas « facile », pas « populaire ». Parée des prestiges d'une érudition peut-être en partie feinte — Borges n'ayant pas lu tout « Babel » —, elle semble éloignée du réel, du charnel, et également des sentiments : elle est en blanc et noir, polarité sur laquelle l'auteur — devenu aveugle comme le bibliothécaire de l'un de ses récits — a également écrit de belles pages. On a parlé à propos de Borges d'« esthétique de l'intelligence », d'hédonisme, mais cet esprit labyrinthique résiste à toutes les définitions et à toutes les classifications : semblable à quelque mollusque marin, il a créé un coquillage d'une complexité merveilleuse dont le plan, le projet initial resteront à jamais incompréhensibles. La poésie de Borges — *Poèmes 1923-1958* (*), rassemblés dans les *Œuvres complètes*, publiées en 1964, et *L'Or des tigres* [*El oro de los tigres*, 1974] — ne peut pas être séparée du reste de son œuvre. Les mêmes thèmes s'y retrouvent : le labyrinthe, le chaos du monde, les doubles, la transmigration des âmes, l'annulation du moi, la coïncidence de la biographie d'un homme avec celle de tous les autres hommes, le panthéisme, l'éternel retour, la mémoire ; et la même oscillation entre un univers intellectualisé et pour ainsi dire bardé de citations, et un univers nostalgique où Borges évoque soudain le Río de la Plata, un faubourg de Buenos Aires, l'immensité déroutante de la pampa. Ici, naturellement, ces thèmes prennent la forme d'images qui sont obsessivement répétées de poème en poème, de recueil en recueil. L'auteur a longtemps écrit des sonnets extrêmement travaillés du point de vue formel. La cécité l'a obligé — en dictant ses poèmes et ses contes — à revenir à des formes plus simples, plus populaires et plus « orales ». C'est ainsi que ses contes, qui étaient auparavant des merveilles de sophistication, se rapprochèrent de plus en plus des contes de la tradition littéraire argentine (comme ceux d'Horacio Quiroga). Borges a eu une énorme influence sur la littérature de son pays, et notamment sur un écrivain plus jeune comme Julio Cortázar. Son unicité, naturellement, l'empêche d'avoir une postérité. Au milieu des romanciers argentins engagés dans la réalité sociale et politique convulsée de leur temps, il paraît comme figé dans l'éternité de ses obsessions et de ses fantasmes. Il est vrai que ses opinions notoirement conservatrices ne transparaissent aucunement dans ses livres. On a parfois accusé Borges d'être cosmopolite, d'être étranger à la réalité latino-américaine. Mais, bien qu'il soit fort peu intéressé, par exemple, par les mythologies préhispaniques – alors qu'il donne des cours à Buenos Aires sur les mythologies celtes et nordiques –, il est encore latino-américain, paradoxalement, par son sens du cosmos, du fantastique, de l'immensité spatiale et temporelle, et il ne serait sans doute pas très difficile de retrouver dans l'œuvre d'un García Márquez, par ailleurs si différente, des obsessions analogues. Son cosmopolitisme lui-même n'est pas n'importe quel cosmopolitisme : c'est celui de Buenos Aires, la grande ville des immigrés, ouverte à la fois sur l'Europe et sur l'Amérique, et séparée de cette Europe et de cette Amérique par les deux immensités de la mer et de la pampa. Durant les dernières décennies de sa vie, Borges avait multiplié les livres d'entretiens : avec Georges Charbonnier (1967), Richard Burgin (1972), Jean de Milleret (1967), María Esther Vázquez (1977), Willis Barnstone (1982), Osvaldo Ferrari (1984). Ses deux derniers recueils : *Le Chiffre* [*La cifra*, 1981] et *Les Conjurés* [*Los conjurados*, 1985] sont dédiés à María Kodama, avec laquelle il se maria en avril 1986.

ANTOINE BERMAN.

♦ *« Génie systématique, le génie de Borges ne s'enferme point dans un seul système. Mais avec une verve diaboliquement infatigable, il systématise en tous sens et à perpétuité, en sorte qu'il n'oppose pas à notre système un contre-système... mais une étourdissante possiblité de systèmes qui ne peuvent que nous paraître absurdes. Sans cesse, impitoyablement, il dérange le moindre aspect de ce qui, pour nous, est l'ordre des choses, bouscule notre relation au temps et à l'espace, notre relation à la vie et à la mort. »* Jean Cassou.

RÉF. : *Jorge Luis Borges*, numéro spécial des *Cahiers de L'Herne*, Paris, 1964, Nouv. éd. 1981. – E. R. Monegal, *Borges par lui-même*, 1970. – Guillermo Sucre, *Jorge Luis Borges*, Paris, 1971. – Gerardo Mario Goloboff, *Leer Borges*, Buenos Aires, 1978. – Emir Rodríguez Monegal, *Jorge Luis Borges*, Paris, 1983. – Maria Esther Vazquez, *Borges : images, dialogues et souvenirs*, Paris, 1985. – J. P. Mourey, *Jorge Luis Borges : vérités et univers fictionnels*, Liège, 1989. – S. Champeau, *Borges et la Métaphysique*, Paris, 1990.

BORNE Alain. Poète français. Né le 12 janvier 1915 à Saint-Pont (Allier), mort le 21 décembre 1962 à La Palud (Vaucluse). En 1922, il quitte Saint-Pont pour Montélimar, où il achève ses études en 1934. En novembre 1934, il commence son droit à Grenoble, tout en suivant des cours de lettres : c'est durant cette période que Borne découvre sa véritable vocation de poète. Ses premiers vers paraissent en 1937 dans la revue de Théophile Briant, *Le Goéland*. Licencié en droit en 1938, le poète voit son premier recueil publié l'année suivante par Jean Digot, à Rodez : *Cicatrices de songes*. Mobilisé une première fois en 1938 puis réformé, le poète finit son diplôme d'études juridiques, prêtant son serment d'avocat en avril 1939. Mais la guerre le rappelle en octobre. En 1941, Pierre Seghers publie l'un des recueils le plus réussis, *Neige et 20 poèmes*. Quant à *Contre-Feu* (1942), poème contre la guerre, il verra le jour grâce à Albert Béguin. Alain Borne est salué comme l'un des grands poètes de l'amour, de la transparence et de la nudité quand paraissent l'admirable petite plaquette *Regardez mes mains vides* (1945) et les trois recueils *Terre de l'été* (*) (1945) ; *Poèmes à Lisléi* (1946) et *L'Eau fine* (1947). Continuant à exercer son métier d'avocat en province, il sera publié désormais chez des éditeurs provinciaux : les recueils qui paraîtront alors, *OP 10* (1950), *En une seule injure*, *Orties* (1953), *Demain la nuit sera parfaite* (1954), *Treize* (1956), *Adresses au vent* (1957), *Encore* (1959), *Encres* (1960), se feront de plus en plus amers : « Le / masque / s'il glisse / méfie-toi / il emporte / le visage / et toute la tête. » Le lyrisme de l'enfance foisonnante laissera peu à peu place à l'angoisse croissante du vide et de l'absence, à une parole plus âpre et plus claire, plus tendue et plus précaire : « Plus j'avance et plus m'échappe le chiffre de l'énigme et plus l'énigme m'est dérisoire. » Après la mort de son père en 1951, Alain Borne se retrouve seul avec sa mère, continuant sa carrière d'avocat. Bâtonnier de l'ordre de 1955 à 1957, le poète donne quelques conférences dans les villes de province, en Suisse et en Italie, se passionne pour la peinture et pour le palais idéal du *Facteur cheval* (1969). Pourtant sa vie est de plus en plus minée par la solitude et l'angoisse : « Je sais que tout est néant. Mais j'aime ce néant et je le chante. » La mort de sa mère en 1961 laisse le poète désemparé. Il abandonne l'appartement familial et s'adonne à l'alcool. « Je pense que tout mon espoir tout mon bonheur / est de devenir enfin aveugle sourd et insensible. / Je pense que tout est fini », écrit-il dans les ultimes vers du dernier recueil publié de son vivant (*L'amour brûle le circuit*, 1962). Alain Borne est tué le 21 décembre 1962 dans un accident de la circulation à La Palud, alors qu'il se rendait à une plaidoirie. Depuis, son œuvre qui chante dans un fervent désenchantement la femme, la terre, l'amour et l'horreur de la mort ne cesse de susciter l'intérêt, comme en témoignent les nombreuses éditions posthumes : (*La Dernière Ligne* (1963), *La nuit me parle de toi* (1964), *Les fêtes sont fanées* (1965), *Vive la mort* (1969), *Indociles* (1971), *Le Plus Doux Poignard* (1971). *Le Livre gris* (1974), *Complaintes* (1974) ainsi que les récentes rééditions de ses *Œuvres poétiques* complètes, en deux volumes.

YVES LECLAIR.

RÉF. : Paul Vincensini, *Alain Borne*, Paris, 1974.

BORNEMISZA Péter. Humaniste hongrois. Né le 22 février 1535 à Pest, mort le 24 juin 1584. Grande figure de la Réforme en Hongrie : disciple de Luther, ardent propagandiste de la foi nouvelle, il eut une vie orageuse. Á peine âgé de dix-huit ans, il dut fuir à l'étranger la persécution. Après huit années d'études en Italie, en France et en Allemagne, on le trouve successivement pasteur dans un village, surintendant du culte protestant, prédicateur et conseiller des grands seigneurs, précepteur du futur poète Bálint Balassa, typographe, propriétaire terrien et vagabond. Il se maria quatre fois, perdit en une seule année quatre enfants, fut mis deux fois en prison, et dut changer souvent de résidence, chassé même une fois par ses propres fidèles. Il sut cependant amasser un patrimoine considérable, dont il dépensa une partie dans ses nombreux voyages forcés, tandis qu'il consacrait l'autre à la publication de ses livres, écrits polémiques et prédications, qui ne représentent pas moins de huit mille pages de papier imprimé. Sa première œuvre, publiée en 1558 : *Tragédie en langue hongroise* (+), est une adaptation libre de l'*Électre* (*) de Sophocle. Humaniste et érudit, admirateur de Sénèque, il connaissait également à fond le folklore hongrois, pour l'étude duquel ses ouvrages constituent encore une source précieuse. Superstitieux, voyant partout la main du diable, il se considérait lui-même comme un jouet entre les mains de Satan, et il intitula un de ses recueils de prédications : *Des tentations du diable* [*Ordögi kisírtetekröl,* 1578].

BORODINE Alexandre Porfirievitch [Aleksandr Porfir'jevič Borodin]. Compositeur russe. Né le 31 octobre 1834 à Saint-Pétersbourg, mort le 15 février 1887 en cette même ville. Aussi grand savant que remarquable musicien, il ne se résolut jamais à choisir entre ces deux vocations. Fils naturel d'un noble géorgien, le prince Imérétinski, il connut une enfance aisée, et put de bonne heure apprendre à jouer de divers instruments, étudier le contrepoint et s'essayer à composer. Il s'inscrivit pourtant à l'Académie de médecine et de chirurgie en 1850, et conquit en quelques années une réputation de savant de mérite, spécialement en chimie organique, dont il obtint une chaire universitaire dès 1864. En musique, en revanche, il se trouvait encore un dilettante lorsque, par l'intermédiaire de Moussorgski, il fut admis dans l'intimité de Balakirev dont il devint l'élève. Mais ses dons naturels, joints à une réflexion qu'avait développée l'étude d'autres disciplines, lui permirent de s'affirmer rapidement comme un artiste original et en possession d'une solide technique. Un certain penchant à l'indolence et le peu de temps dont il disposait concoururent à restreindre le nombre de ses productions, sans nuire toutefois à leur qualité. Suivant en cela les prédilections du groupe des « Cinq », il fit ses premières armes au théâtre. Il projeta de mettre en musique un livret tiré de la tragédie de Mey, *L'Épouse du tsar* [*Carskaja nevesta*], mais il y renonça pour donner au théâtre, sous le couvert de l'anonymat, l'opéra-bouffe : *Le Preux* [*Bogatyr'*], sur un livret de Krylov. Représenté au Théâtre Bolchoï de Moscou, le 6 novembre 1867, cet ouvrage fut un échec, mais lorsque, à une date récente, on identifia son auteur, les critiques russes les plus autorisés s'élevèrent contre l'injustice d'un tel accueil et, outre d'ingénieuses parodies du répertoire en vogue, ils y relevèrent des traits du meilleur humour borodinien. Entre-temps (1867), Borodine composait sa *Symphonie nº 1*, en mi bémol majeur, qu'il exécuta en public en 1869, véritable baptême artistique qui marque le début d'une création lente, capricieuse, discontinue et néanmoins féconde. La série de mélodies qui exercèrent une influence jusque sur l'impressionnisme français, les deux *Quatuors* (*), les symphonies (il composa la seconde en 1880 et en laissa une troisième inachevée), l'esquisse symphonique *Dans les steppes de l'Asie centrale* (*), autant de réussites où Borodine sut traduire des impressions et des sentiments propres à sa race, en structures sonores à la fois solides, claires et pénétrées d'une ardente imagination. *Le Prince Igor* (*) n'est pas une œuvre moins originale : commencé en 1863, abandonné et repris d'innombrables fois, il est resté définitivement inachevé après qu'une attaque eut terrassé le musicien. Son art, dont le caractère, plus lyrique que dramatique, est encore souligné par sa fidélité aux formes traditionnelles de l'opéra composé d'une série de morceaux indépendants, évoque les gestes légendaires dans la lumière crue d'une époque barbare et heureuse, il inspira tous les compositeurs de son pays jusqu'à Stravinski.

EMILIA ZANETTI.

♦ *« Votre instinct artistique est tel, que vous ne devez pas craindre d'être original. »* Liszt. ♦ *« Borodine n'a pas besoin de chercher la musique russe : il la sue. »* Jadoul. ♦ *« Borodine est un coloriste merveilleux. »* J. Combarieu.

RÉF. : Wladimir Stasov, *Alexandre Borodin*, 1889, en russe. – Alfred Habets, *Alexandre Borodine, sa vie et ses œuvres*, Paris, 1893. – G.E.H. Abraham, *Borodin, the Composer and his Music*, Londres, 1927. – Victor Serov, *Le Groupe des Cinq*, Paris, 1949. – Nina Berberova, *Borodine*, Arles, 1989.

BOROWSKI Tadeusz. Poète, prosateur et journaliste polonais. Né le 12 novembre 1922 à Żytomierz, mort le 3 juillet 1951 à Varsovie. Il débuta en 1942 avec un petit recueil clandestin de poèmes désespérés, *Où que soit la terre* [*Gdziekolwiek ziemia*]. Arrêté en février 1943, il fut déporté à Auschwitz puis dans deux autres camps. Libéré par les Américains en 1945, il résida un an à Munich. Dans une brochure, *Recherches* [*Poszukiwania*], et un recueil de poèmes « concentrationnaires », *Les Prénoms du courant* [*Imiona nurtu*], parus en 1945, il exprima son sentiment de culpabilité d'avoir survécu ; il collabora également à une anthologie de récits sur la vie dans les camps nazis, *Nous étions à Auschwitz* [*Byliśmy w Oświęcimiu*, 1946]. Il rentra en Pologne en juin 1946. En 1948 parut une sélection de ses nouvelles concentrationnaires dans *L'Adieu à Marie* (*) puis *Le Monde de pierre* (*), qui reprenait le même thème. Dans un style âpre, il étudiait la dégénérescence des valeurs morales dans l'univers des camps et montrait la fragilité de la frontière entre bourreau et victime : il fallait savoir vivre dans ce monde de cruauté qui n'était que négation de la vie. Cette vision, qui n'est que l'expression d'une souffrance profonde, lui attira de violentes accusations de cynisme et de nihilisme.

La même année, il adhéra au parti communiste. Devenu propagandiste de la doctrine du réalisme socialiste, il fut l'un des organisateurs du Congrès mondial des intellectuels de Wrocław. Il attaqua violemment les plus grands écrivains et philosophes, qu'il qualifiait de fascistes, et les « ennemis intérieurs » : l'Église catholique, les koulaks et la bureaucratie. On a vu en lui un phénomène exemplaire des ravages accomplis dans la conscience des intellectuels européens par le fascisme hitlérien et le communisme stalinien. « Celui qui avait été l'un des plus grands espoirs de la littérature polonaise devint le plus grand espoir du parti communiste, son adepte, son apôtre et son inquisiteur » (Jan Kott). Ses *Récits de livres et de journaux* [*Opowiadania z książek i gazet*, 1949], essais, nouvelles et articles, condamnaient en bloc tout le monde occidental, capitaliste. De 1949 à mars 1951, il fut correspondant de presse à Berlin et en même temps agent de renseignements du ministère de la Sécurité publique. Une crise idéologique le poussa au suicide.

Ses œuvres posthumes : *Petites chroniques de grandes causes* [*Mała kronika wielkich spraw*, 1951], *Aux abords* [*Na przedpolu*, 1952], *Mai rouge* [*Czerwony maj*, 1953], consacré à la vie de Dzerjinski, respirent le sectarisme, avec toutes les conséquences artistiques que cela entraîne : instrumentalisation idéologique de l'expression, limitation des thèmes et des moyens d'expression, atrophie de l'imagination et recours aux slogans.

LAURENCE DYÈVRE.

BORROMÉE Charles, saint (Carlo Borromeo). Théologien italien. Issu d'une illustre famille de Lombardie – il était fils du comte Gilbert Borromée et de Marguerite de Médicis –, Carlo Borromeo est né le 2 octobre 1538 au château de Rocca d'Arona, au bord du lac Majeur, et mort à Milan, le 3 novembre 1584. Appelé à Rome par son oncle Angelo de Médicis, devenu pape en 1559 sous le nom de Pie IV, il fut fait cardinal alors qu'il avait moins de vingt-trois ans (1560), le pape le chargeant, malgré son jeune âge, de la réforme de la curie romaine et de l'exécution des décisions du concile de Trente qui tenait ses dernières séances. Le cardinal Borromée exerça sur les ultimes travaux du Concile une influence prépondérante ; on lui doit en particulier la rédaction du célèbre *Catéchisme de Trente* (1566). À Rome, placé à la tête du Saint-Office, il organisa la réaction contre la Réforme et les abus de la cour pontificale, il prit une part décisive dans l'épuration de la ville elle-même, tâche dont personne n'avait pu encore venir à bout, et s'acquit de ce fait un immense prestige. Nommé archevêque de Milan, le cardinal Borromée se démit de toutes ses charges et donna l'exemple en allant résider dans son diocèse. Excellent administrateur, pasteur exemplaire, il fut un modèle de vertu et rétablit la discipline sérieusement compromise. Une tentative d'assassinat fomentée par l'ordre des Umiliati, qu'il avait tenté de réformer, montra toute la popularité qu'il avait acquise dans son diocèse. Désireux de regagner à l'orthodoxie les cantons suisses où triomphait le calvinisme, Charles Borromée fonda à Milan le Collegium helveticum et jeta les bases de la Ligue d'or ou Ligue Borromée, conclue après sa mort, en 1586, entre les cantons de Lucerne, d'Uri, de Schwyz, d'Unterwalden, de Zug, de Fribourg et de Soleure. Lorsque se déclara la terrible épidémie de peste qui devait désoler Milan, saint Charles, absent, regagna aussitôt le siège de son archevêché et ne le quitta point, mettant ses services et sa vie même à la disposition des fidèles. Épuisé par les privations, il s'éteignit à l'âge de quarante-six ans, laissant un souvenir ineffaçable. Saint Charles a laissé un certain nombre d'œuvres théologiques, parmi lesquelles il faut citer les *Instructions aux confesseurs* (+), les *Actes de l'Église de Milan* [*Acta Ecclesiae Mediolanensis*, 1582] ainsi que des *Sermons* et des *Lettres*. Charles Borromée fut canonisé dès 1610 par Paul V.

RÉF. : C. Sylvain, *Histoire de saint Charles Borromée* 3 vol., Lille, 1884. – J. Susta, *Die römische Kurie und das Konzil von Trient, unter Pius IV*, Vienne, 1904-1914. – L. Celier, *Saint Charles Borromée*, Paris, 1912. – C. Orsenigo, *Vita di C. Borromeo*, Milan, 1929. – H. Jedin, *Il Tipo ideale di vescovo secondo la riforma cattolica*, Brescia, 1950.

BORROMINI (Francesco Castello, dit). Architecte italien. Né à Bissone, près de Lugano, en 1599, mort à Rome en 1667. En 1614, à l'insu de son père, il s'échappait de Milan vers Rome. Le tailleur de pierre Lione Garuo, parent de sa mère, le fit admettre, pour de menues tâches, aux travaux de Saint-Pierre où il reçut l'enseignement bienveillant de Carlo Maderna qui travaillait à la façade et le fit bientôt passer aux chantiers du palais Barberini. On retrouve Borromini à Saint-Pierre, après la mort de Maderna en 1629, collaborant avec Bernin à l'édification du baldaquin. À ce moment s'élève entre les deux maîtres l'âpre inimitié, due probablement à des questions d'argent, mais aussi et surtout à leur diversité de tempérament artistique et moral, qui rendit plus difficiles à Borromini les contacts avec les milieux officiels romains et donc l'obtention de commandes. Il ne déploie toute sa grandeur d'architecte, déjà prouvée par sa première création, l'église de Saint-Charles-aux-Quatre-Fontaines, qu'au moment où la fortune de son rival subit une éclipse sous le pontificat d'Innocent X (1644-55). Il la manifeste alors en des œuvres de vaste portée, telles que la réfection de Saint-Jean-de-Latran, l'achèvement du collège de la Propagation de la Foi, du palais Carpegna, et surtout la façade de Sainte-Agnès. C'était un esprit indépendant, passionné de son art, qu'il imposa à toute l'Europe occidentale ; il vécut dans une solitude triste qui aboutit tragiquement à son suicide, précédé de la destruction de presque tous ses dessins. Ce qui en survécut fut plus tard édité par Sebastiano Giannini dans l'*Œuvre d'architecture du chevalier Francesco Borromini* (*).

RÉF. : P. Portoghesi, *Borromini nelle cultura europea,* Rome, 1964 ; *Borromini,* Rome, 1966. – P. Marconi, *La Rome du Borromini,* 1968. – A. Blunt, *Borromini,* Cambridge (Mass.), Londres, 1969. – P. Portoghesi, *Borromini, architecture, langage,* Paris, 1969.

BORROW George. Écrivain anglais. Né à East Dereham (Norfolk) le 5 juillet 1803, mort à Oulton, le 26 juillet 1881. Il vécut successivement en Écosse – il fit ses études à Édimbourg –, en Irlande, puis à Londres où il devint l'élève du philologue William Taylor. Ensuite, poussé par le goût des voyages, il visita la France, l'Allemagne, l'Espagne, la Russie et l'Orient, au titre d'agent de la fameuse *English and Foreign Bible Society*, puis de correspondant du *Morning Herald.* En 1840 il se marie. Ses gains d'auteurs lui permettent d'acheter une propriété à Oulton Broad, où il passera le restant de sa vie. Borrow est un écrivain original, un voyageur qui allia une vive curiosité pour les langues à une passion pour la vie primitive et les mœurs des peuples lointains. Sa vigoureuse personnalité romantique n'est pas sans rappeler celles de Browning et de Lawrence, par les idées et les vertus dont il se fit le champion. Ses œuvres les plus célèbres sont *Lavengro* (*) (1851), roman autobiographique qui traduit l'enthousiasme de son auteur pour la boxe et la vie au grand air ; *Les Zingaras, ou Rapport sur les gitans d'Espagne* [*The Zincali, or Account of the Gypsies in Spain,* 1841], et la *Bible en Espagne* (*), récit pittoresque de ses aventures en Espagne et au Portugal. La suite de *Lavengro : Le Bohémien gentilhomme* (+) (1857), *Romano Lavo-lil* (1874) et *Les Galles sauvages* [*Wild Wales,* 1862] ont aussi pour point de départ des souvenirs de voyage. *Targum,* par contre, paru à Saint-Pétersbourg en 1835, est né des vastes connaissances linguistiques de Borrow : c'est une série de traductions en trente langues et dialectes ; y figurent le Nouveau Testament en chinois, publié à Saint-Pétersbourg en 1835, l'Évangile selon saint Luc en gitan, publié à Madrid en 1837, des *Ballades romantiques traduites du danois* [*Romantic Ballads translated from the Danish,* 1826].

RÉF. : C. K. Shorter, *George Borrow and his Circle,* Londres, 1913. – E. Capelin, *La Vie errante de George Borrow,* 1937. – S. Dearden, *The Gypsy Gentleman,* Londres, 1939. – R. Fréchet, *George Borrow, sa vie, son œuvre,* Paris, 1956 (thèse). – D. Williams, *A World of his Own,* Oxford, 1982. – Michael Collie, *George Borrow, Eccentric,* Cambridge, 1982 ; et *George Borrow : a Bibliographical Study,* Winchester 1984.

BOSCH Juan. Écrivain et homme politique dominicain. Né le 30 juin 1909 à La Vega. Fils de maçon, à douze ans, il écrit ses premiers contes et durant les années 1925-1929 en publie dans les journaux et revues de province, ainsi que des poèmes, sous le pseudonyme de Rigoberto de Fresni. Envoyé par ses parents à Barcelone, il y fonde une compagnie théâtrale, part avec elle pour Caracas et, ayant échoué dans son entreprise, survit en déchargeant la nuit des camions de fruits au marché San Felipe. De retour en République dominicaine, il constitue avec quelques jeunes poètes (Héctor Incháustegui Cabral, Manuel del Cabral, Franklin Mieses Burgos...) qui se réunissent chez l'écrivain Rafael Américo Henríquez, le groupe littéraire La Cueva. Peu de temps après la publication de son premier recueil de nouvelles, *Grand' Route* [*Camino Real,* 1933], il est accusé de conspirer contre le régime du président Rafael Trujillo et est emprisonné. Libéré en janvier 1934, il se marie avec Isabel García Aguiar (1935), collabore à la revue *Bahoruco,* dirige la section littéraire du journal *Listín Diario* et écrit *Indiens, notes historiques et légendes* [*Indios, apuntes históricos y leyendas,* 1935] et *La Mañosa,* le « roman des révolutions » (1936). Proposé à la députation par Trujillo, il décide de s'exiler à Porto Rico (1938) où il travaille à la préparation des Œuvres complètes de Eugenio María de Hostos, auquel il consacre une étude : *Les Femmes dans la vie de Hostos* [*Mujeres en la vida de Hostos,* 1938] et une biographie : *Hostos le Semeur* [*Hostos, el sembrador,* 1939]. À Cuba, où il arrive en janvier 1939, il rencontre Carlos Prío Socarrás, dirigeant du parti révolutionnaire cubain, et fonde sur son modèle le parti révolutionnaire dominicain dont le premier congrès se tiendra à La Havane en avril 1943 ; pour le représenter, il voyage au Mexique (1941), au Guatemala et au Venezuela (1944-1945), se liant d'amitié, à Caracas, avec le romancier Rómulo Gallegos et le poète Andrés Eloy Blanco. Divorcé en 1943, il se remarie à La Havane avec Carmen Quidiello. Le 28 septembre 1947, il participe à l'expédition militaire de Cayo Confites contre la dictature de Trujillo, qui échoue après l'intervention de la marine de guerre cubaine. Soupçonné d'avoir participé à l'assaut de la caserne Moncada à Santiago (26 juillet 1953), il est interné dans la forteresse La Cabaña ; relâché, il gagne Costa Rica, alors sous la présidence de son ami José Figueres, puis la Bolivie et le Chili où il rencontre Salvador Allende. Poursuivant son œuvre littéraire, il publie entre-temps *Huit contes* [*Ocho cuentos,* 1947] et, en 1955, *Judas Iscariote, le calomnié* [*Judas Iscariote, el calumniado*], *La Fille de La Guayra* [*La muchacha de La Guaira,* nouvelles], *Cuba, l'île fascinante* [*Cuba, la isla fascinante*], *David, biographie d'un roi* [*David, biografía de un rey,* 1956, édité en 1963], non sans s'interroger sur le genre littéraire qu'il préfère dans *Notes sur l'art d'écrire des contes* (1958). Nommé professeur à l'Institut d'éducation politique de Costa Rica en avril 1961, il regagne la République dominicaine le 20 octobre après l'assassinat de Trujillo, et vingt-quatre ans d'exil. Le 20 décembre 1962, alors que l'on vient de publier *Contes écrits en exil* [*Cuentos escritos en el exilio*] et *Autres contes écrits en exil* [*Más cuentos escritos en el exilio*], il est élu président de la République. Renversé par un coup d'État militaire, le 25 septembre 1963, il s'exile à nouveau à Porto Rico, où il rédige *Saint-Domingue, crise de la démocratie en Amérique latine* [*Crisis de la democracia de América en la República Dominicana,* 1966]. Séjournant en Espagne en 1966-1967, il y prépare des écrits politiques exposant sa vision de l'histoire antillaise et son idéologie : *Composition sociale dominicaine* [*Composición social dominicana,* 1970], *De Christophe Colomb à Fidel Castro* [*De Cristóbal Colón a Fidel Castro*], *Le Pentagonisme* [*El pentagonismo, sustituto del imperialismo,* 1969]. En 1968, il visite la Yougoslavie, invité par le maréchal Tito ; en 1969, il réside quelques mois à Paris où il achève *Thèse de la dictature avec l'appui populaire* [*Tesis de la dictadura con respaldo popular*], et, en 1969-1970, voyage en Corée, au Cambodge, au Viêt-nam et en Chine. Rentré en République dominicaine en avril 1970, il fonde, en décembre 1973, le parti de la libération dominicaine, réunit ses *Contes écrits avant l'exil* [*Cuentos escritos antes del destierro,* 1974] et publie plusieurs brochures polémiques ou en faveur de l'éducation populaire. En janvier 1976, il préside à Rome la troisième réunion du Tribunal Russell et reçoit dans son pays le prix national du roman pour *L'Or et la Paix* [*El oro y la paz*]. L'action politique menée en vue de l'élection à la présidence de la République lui dicte depuis cette date essais ou pamphlets : *De la concorde à la corruption* [*De la concordia a la corrupción,* 1976], *Le Napoléon des guérillas* [*El Napoleón de las guerrillas,* 1976], *Voyage aux antipodes* [*Viaje a los antípodas,* 1978], *La Guerre de la Restauration* [*La guerra de la Restauración,* 1982], *Les Classes sociales en République dominicaine* [*Las clases sociales en la República Dominicana,* 1982], *Capitalisme, Démocratie et Libération nationale* [*Capitalismo, democracia y liberación nacional,* 1983], *L'État, ses origines et son développement* [*El Estado, sus orígenes y desarrollo,* 1987], *Poker d'effroi dans les Caraïbes* [*Poker de espanto en el Caribe,* 1988]. En 1988 a paru en France un choix de quatorze nouvelles appartenant à différents recueils, sous le titre français *Vers le port d'origine* (*). En 1989, ses quatre-vingts ans sont fêtés avec un grand faste international dans la capitale de la République dominicaine, où l'on commence à publier ses Œuvres complètes.

CLAUDE COUFFON.

BOSCO Henri. Écrivain français. Né le 16 novembre 1888 à Avignon, mort le 4 mai 1976 à Nice. L'un des auteurs français parmi les plus discrets, les plus secrets. On pourrait dire que la musique de sa prose merveilleuse, ou les thèmes de sa musique d'une « fréquence » si insolite, si personnelle sont destinés à ceux dont l'âme ne craint pas l'exaltation : l'âme, le maître mot de son œuvre, avec son pendant matériel, la terre, et l'ombre aussi parce que dans son Midi règne un soleil quasi insoutenable. Il est probable qu'à un style unique réponde une vision singulière : fusion des contraires, entente des adversaires. Ils ont nom paganisme fécondant et christianisme salvateur. Dieu et les dieux, l'Éden à retrouver et l'Olympe à restaurer. Bosco maintient cette délicate balance et le regard intérieur de notre psyché est hypnotisé par un tel « projet » supporté par un tel art. L'univers de Bosco est marqué d'une modernité, d'une contemporanéité qui s'appuie sur le passé. Le lecteur se meut ici dans un climat redoutable et exorcisé, dont une Provence privilégiée, élue, est le symbole. Parmi les principales œuvres, dont la plupart sont des épures inspirées de la nature et des offrandes dédiées à une surnature, il faut citer *Le Sanglier* (1932), *L'Âne Culotte* (*) (1937), *Hyacinthe* (+) (1940), *Le Mas Théotime* (*) (1945) pour lequel il obtient le prix Renaudot ; *Le Jardin d'Hyacinthe* (*) (1945), *Monsieur Carré-Benoît à la campagne* (*) (1947), *Malicroix* (*) (1948), *Un rameau de la nuit* (1950), *L'Antiquaire* (1954), *Sabinus* (1957) et *Le Récif* (1971). Des livres de souvenirs, comme *Un oubli moins profond* (1961), rédigés lors des vingt dernières années de sa vie, en marquent les étapes. Cette vie fut modeste dans ses apparences : naissance à Avignon, licence ès lettres et agrégation d'italien, enseignement à l'université de Belgrade, puis successivement à Grenoble, à Naples et surtout de 1931 à 1955, à Rabat, où Bosco fonda l'Alliance française au Maroc. L'œuvre de Bosco fut couronnée par diverses distinctions : le grand prix national des Arts et Lettres en 1953, le grand prix littéraire de la Méditerranée en 1965 et le grand prix de littérature de l'Académie française en 1968. L'écrivain repose à Lourmarin, au pied du Lubéron, pays qu'il aimait tant. De sa fraîcheur native et intacte malgré les ans, il avait su extraire également une trilogie de livres pour enfants, dernières pages d'une œuvre qui par son exigence et son originalité rappelle celle de certains romantiques allemands.

JEAN-CHARLES RÉMY.

♦ *« Henri Bosco s'avance aux confins d'un étrange domaine où la rêverie de l'homme s'ouvre aux songes parfois monstrueux de l'univers. »* Cl. Girault.

RÉF. : J. Lambert, *Un voyageur des deux Mondes,* Paris, 1952. – J.-P. Canvin, *Henri Bosco et la poétique du sacré,* Paris, 1974. – J.-C. Godin, *Henri Bosco, une poétique du mystère,* Montréal, 1968. – *Renaissance de Fleury,* cahiers consacrés à Henri Bosco, rédigés par différents auteurs et publiés à Saint-Benoît-sur-Loire : « La Spiritualité de Henri Bosco », 1970 ; « Henri Bosco, la terre et le royaume », 1976. – *L'Art de Henri Bosco,* colloque international de Nice, Paris, 1981.

BOSCOVICH Ruggero Giuseppe. Savant dalmate, d'expression latine. Né le 18 mai 1711 à Raguse, en Dalmatie, mort le 13 février 1787 à Milan. Il revêtit l'habit de jésuite à Rome le 13 octobre 1725, et se consacra à des études littéraires, philosophiques et théologiques, ainsi qu'à des recherches de physique et de mathématiques sous la direction du père Borgondio. Il parvint rapidement à une grande notoriété et, en 1740, il succéda au père Borgondio à la chaire de mathématiques du Collège romain. Son activité, véritablement encyclopédique, embrassa les domaines les plus divers, depuis le génie civil jusqu'à l'architecture et l'hydrographie. Il se vit confier d'importantes missions diplomatiques à l'étranger, pour le compte de la ville de Raguse et du pape, et parcourut ainsi l'Europe entière. Alors qu'il s'apprêtait à se rendre au Brésil pour y effectuer des recherches de géodésie sur la demande du Portugal, il fut retenu à Rome par Benoît XIV qui lui confia une mission semblable : mesurer, en collaboration avec le père Maire, le degré italien et refaire les cartes de l'État pontifical. Il s'acquitta de cette tâche entre 1750 et 1753 et publia le résultat dans un livre intitulé *De litterarias expeditione...* Ce livre contribua, en 1757, à l'abolition du décret de la congrégation de l'Index contre le système de Copernic. Après une importante mission diplomatique à Vienne, en 1757, où il soutint les droits de la ville de Lucques contre la Toscane dans la question des eaux du lac Bientino, et où il publia la *Philosophie naturelle* (*) (1758), il fut nommé professeur de mathématiques à Pavie en 1763, et l'année suivante invité par les jésuites de Brera à dessiner les plans du nouvel observatoire de Milan. Riche des connaissances astronomiques qu'il avait acquises à l'étranger, et notamment à Greenwich, il entreprit cette œuvre, dans laquelle il engagea même une partie de sa fortune personnelle, s'inspirant de ce qui se faisait dans cette matière à Paris et à Londres, et suivant les enseignements de Galilée, importés en France par Cassini. À la suite d'un différend avec le père Lagrange, de Marseille, qui dirigeait l'Institut depuis le début des travaux, il quitta Milan et accepta la charge de directeur de l'Optique pour la Marine à Paris, service créé pour lui, et se consacra à des recherches sur les lentilles achromatiques. Mais de nouveaux dissentiments, avec les savants parisiens cette fois, l'amenèrent à quitter également cette ville et à se retirer à Bassano, où il s'occupa de ses vastes travaux astronomiques et optiques, qu'il acheva en 1785 et publia en cinq volumes sous le titre : *Opera pertinentia ad opticam et astronomiam maxima ex parte nova et omnia huiusque inedits.* Il passa les dernières années de sa vie dans le voisinage de l'observatoire de Brera, reprenant contact avec les astronomes, jusqu'à ce qu'une attaque pulmonaire l'emportât. On le mit au rang des plus grands savants de son époque, et il eut l'immense mérite de contribuer à la diffusion et au triomphe des théories de Newton en Italie.

GIOVANNI ANDRISSI.

RÉF. : C. Sommervogel, *Biblioteca Soc. Jesu,* t. I. – N. N. Ricca, *Elogio storico del l'abate R. G. Boscovich,* Milan, 1789. – Delambre : *Histoire de l'astronomie au* XVIII*e siècle,* 1827.

BOSIO Antonio. Archéologue italien. Né à Malte en 1575, mort à Rome en 1629. Il fit ses études à Rome et y obtint, à peine âgé de dix-neuf ans, le doctorat en droit civil et droit canon. Amené bientôt à rencontrer, parmi les relations d'un oncle érudit et de grande piété, les disciples de saint Philippe de Néri, il put ainsi connaître le cardinal Baronius et se lier d'amitié avec Ugonio et d'autres chercheurs qui, comme De Winghe et Heroux, fréquentaient l'Oratoire. Il se dédia ardemment aux investigations dans les cimetières anciens, commençant, en compagnie d'Ugonio, par les catacombes de Domitilla sur la Via Ardeatina. Il devait consacrer encore trente-six années d'inlassable labeur à l'exploration systématique des catacombes, y passant parfois des journées et même des nuits entières. Environ trente cimetières suburbains, certains très vastes, furent ainsi reconnus par le « Christophe Colomb de la Rome souterraine », comme l'appela De Rossi. Il fut surpris par la mort tandis qu'il rédigeait la description de tous les hypogées alors connus dans le sous-sol de la campagne romaine. Son œuvre parut quelques années plus tard sous le titre, devenu classique, de *Rome souterraine* (*).

BOSQUET Alain (pseud. d'Anatole Bisk). Écrivain français d'origine russe. Né le 28 mars 1919 à Odessa. Il est le fils du poète russe Alexandre Bisk (né à Kiev en 1884). Condamné à mort pendant la Révolution, Bisk quitte la Russie avec sa famille, séjourne en Bulgarie puis s'installe à Bruxelles. Alain Bosquet accomplira donc ses études d'abord à Uccle, ensuite à l'université libre de Bruxelles et à la faculté des lettres de Paris. En 1939, il est à la tête d'une revue littéraire, *Pylône,* dans laquelle il publie son *Anthologie des poèmes inédits en Belgique* (1940). Affecté dans l'armée française en 1940, il réussit plus tard à gagner New York. Secrétaire de rédaction de *La Voix de la France* (en 1942 et 43), il collabore également aux revues surréalistes *VVV* d'André Breton et *View* de Charles-Henry Ford. À cette époque paraissent ses deux premiers recueils de poèmes, *L'Image impardonnable* (1942) et *Syncopes* (1943). Alain Bosquet s'engage dans l'armée américaine et participe aux opérations jusqu'en Allemagne ; de 1945 à 1951, il sera chargé de mission au conseil de contrôle quadripartite à Berlin. Il poursuit en même temps son travail littéraire : parution d'un nouveau recueil, *La Vie clandestine* (1945), création la même année de la revue *Accord*. En 1948, il s'occupe d'une revue littéraire de langue allemande, *Das Lot*. Bosquet est en effet un grand polyglotte : il aurait pu choisir de devenir un écrivain allemand, mais c'est finalement la France et la langue française qu'il a élues pour bâtir son œuvre. Il s'établit définitivement à Paris en 1951 — si l'on excepte un séjour de deux ans aux États-Unis (1958-59) où il est professeur de littérature française à l'université Brandeis. Il enseigne à la faculté des lettres de Lyon la littérature américaine les deux années suivantes (1959-60).

L'œuvre d'Alain Bosquet est extrêmement diverse et abondante : poésie, essais, romans et des milliers d'articles dans la presse. Le plus important à ses yeux reste la poésie : *Langue morte* (1953), *Quatre testaments* (*) (1967), *Cent notes pour une solitude* (1970), *Sonnets pour une fin de siècle* (1981). C'est une poésie née du malaise de la guerre, influencée au début par le surréalisme, et qui prend la forme, selon l'expression de Pieyre de Mandiargues, d'un « grand charroi verbal », mais que discipline un attachement à l'alexandrin classique. Contre le mal, l'absurde, Bosquet veut opposer les mots : « Le langage est de pierre. / Le langage est de feu... » comme il l'écrit. Cette incantation permet au poète de conjurer la mort. À côté de ses propres recueils, Alain Bosquet s'est intéressé à la poésie des autres ; dans la collection des « Poètes d'aujourd'hui » de Pierre Seghers, il a consacré des essais à Saint-John Perse (1953), Emily Dickinson (1957), Pierre Emmanuel (1959), Roger Caillois (1971). Quant à ses nombreuses anthologies, elles font preuve d'une très vaste érudition : *Anthologie de la poésie américaine* (1956), *Anthologie de la poésie roumaine* (1968), *Les Cent Plus Beaux Poèmes du monde* (1979), *La Poésie française depuis 1950 : une anthologie* (1979). Alain Bosquet a commencé à publier des romans en 1952 avec *La Grande Éclipse*. On peut citer entre autres *La Confession mexicaine* (prix Interallié 1965), *Les Tigres de papier* (1968), romans qui décrivent de façon réaliste, avec une touche de cynisme, le monde actuel, dans un style qui bannit cependant tout prosaïsme. *Une mère russe* (*) (1978) marque un tournant dans la production romanesque de l'écrivain : on y retrouve la même cruauté, mais maintenant il s'agit d'une introspection impitoyable, qui formera un tout autobiographique avec *Ni guerre ni paix* (1983), *Les Fêtes cruelles* (1984), *Lettre à mon père qui aurait eu 100 ans* (1987, prix Saint-Simon). Alain Bosquet, membre du jury Renaudot, a reçu le prix Chateaubriand pour l'ensemble de son œuvre en 1986.

JACQUES-ÉMILE MIRIEL.

BOSSUET Jacques-Bénigne. Prélat et écrivain français. Né à Dijon le 27 septembre 1627, mort à Paris le 12 avril 1704. La famille Bossuet était originaire de Seurre sur la Saône, où le nom se trouve mentionné dès 1428 ; la noblesse de robe lui était acquise avec Antoine, le bisaïeul ; elle portait « trois roues d'or sur champ d'azur ». Le grand-père, Jacques Bossuet, prit parti contre la Ligue et Mayenne, pour Henri IV ; il fut membre du parlement de Bourgogne exilé de Dijon, puis élu deux fois « maïeur » de cette ville. Avec cet homme d'action paraissent les traditions familiales d'ordre et de dévouement à la royauté. Son fils Bénigne, avocat au parlement, contribue à apaiser la sédition des vignerons *Lanturelu* en 1630. La famille était solidement implantée par ses alliances en Bourgogne et dans le milieu parlementaire, à tel point que Bénigne, ne pouvant être conseiller à Dijon, entra, en 1638, au parlement de Metz, transféré à Toul. Il retrouvera plus tard à Metz son fils chanoine Jacques-Bénigne, qui ne l'avait pas suivi en 1638. Jacques-Bénigne et son frère plus âgé, Antoine, restés à la garde de leur oncle Claude Bossuet, seront élevés ensemble. Avec ce frère seulement — le père de l'abbé Jacques-Bénigne Bossuet, futur évêque de Troyes — se révèle la tendresse familiale. Sa mort en 1699 sera un rude coup pour l'évêque de Meaux, qui a rarement parlé de ses affections. Du pays natal il ne dit rien non plus. On peut trouver dans son éloquence l'héritage d'un tempérament bourguignon, mais il a quitté sa province à quinze ans, pour n'y revenir qu'à de rares occasions. Toutefois, d'une province ravagée par la guerre civile et étrangère, il a pu emporter le désir d'un pouvoir central fort et de frontières consolidées — la marche de Franche-Comté ajoutée en 1674 comblera ce dernier désir — et une famille où l'on fait ses affaires très normalement en se poussant l'un l'autre, a pu lui donner la conception d'une société conservatrice. Il y a peu d'événements dans la vie de Bossuet, et il n'y a pas d'accident : on dirait que les circonstances tracent le cours de son génie et jamais carrière déterminée par les contingences ne parut mieux servir une vocation de la nature.

Né le septième enfant, quatrième survivant, il est destiné à l'Église. Son grand-père et parrain, Jacques Bossuet, n'avait-il pas écrit le jour de sa naissance, sur le livre de raison, ces paroles du *Deutéronome : Circumduxit eum, et docuit, et custodivit quasi pupillam oculi ?* Tonsuré à huit ans, pourvu à treize d'un canonicat à Metz, il fait de bonnes études dans le collège des jésuites (attenant à la maison de son oncle) où sa ténacité lui vaut le surnom d'un calembour célèbre : *bos suetus aratro*. Sa mémoire heureuse, excitée par son oncle, lui fait retenir des vers de Virgile, « sans nombre ». Mais la découverte intellectuelle de sa jeunesse sera en même temps la joie de son cœur : ce fut une *Bible* latine sur laquelle, vers l'âge de quatorze ans, il mit la main dans le cabinet de son père et qu'il eut la permission d'emporter, illumination qu'il se rappellera toute sa vie.

Il vient à Paris en octobre 1642, pour faire les deux années de sa philosophie, dans le célèbre collège de Navarre, où les études de théologie suivront sa maîtrise ès arts. Avec des intervalles passés dans son canonicat, il est dix ans étudiant à Paris, dans un Paris en pleine fermentation politique et intellectuelle. À son arrivée il a vu rentrer Richelieu mourant ; et quand il quitte Paris, on est en pleine Fronde des princes. L'étudiant Bossuet ne manque pas d'ouvertures sur le monde : à seize ans, il a « prêché » à minuit à l'Hôtel de Rambouillet, et il fréquente aussi les meilleurs milieux de l'érudition parisienne. Il sera, comme dit Rébelliau, « un théologien à l'air libre ». Mais deux influences vont l'engager : d'une part, celle de son maître, Nicolas Cornet, « docteur de l'ancienne marque, de l'ancienne simplicité, de l'ancienne probité » (oraison funèbre de Cornet, par Bossuet, 1663), esprit ferme qui a découvert les cinq propositions condamnables dans l'*Augustinus* (*), mais esprit modéré. L'autre rencontre est celle de saint Vincent de Paul ; sous sa direction il fera sa retraite de prêtrise à Saint-Lazare, avant d'être ordonné le 16 mars 1652. En suite de quoi, il choisira l'*action* du ministère apostolique. Ce n'est pas que le monde lui ait jamais fait illusion ; il n'a pas eu besoin de conversion. Dieu s'est toujours imposé à lui, comme le choix du bonheur. À Langres, à la veille du sous-diaconat (le 20 septembre 1648), il prononce : « Ma carrière est de quatre-vingts ans tout au plus [...] Et si cette vie est si peu de chose parce qu'elle passe, qu'est-ce que les plaisirs qui ne tiennent pas toute la vie, et qui passent en un moment ? Cela vaut-il bien la peine de se damner ? » Cette dialectique eudémoniste conduira toute la vie de Bossuet : « Tout le but de l'homme est d'être heureux. Jésus-Christ n'est venu que pour nous en donner le moyen. » Ainsi s'introduisent les *Méditations sur l'Évangile*, vers 1695, et ce désir du bonheur essentiel explique encore son inquiétude devant les raffinements du pur amour, proposés par Fénelon, qu'il prend pour du quiétisme, et sa défense acharnée de l'espérance théologale.

Mais dans le cœur de cet ambitieux du divin, l'exemple de saint Vincent de Paul a fait passer la charité. Il s'ensuit un enrichissement – imprévisible – de son humanité. Parce qu'il veut être utile, sa vie se confond, profondément, avec son œuvre, et son œuvre est variée pour répondre aux divers besoins de son prochain. Cet homme de *La Bible* a été un humaniste autant par devoir que par attrait. De 1652 à 1659, il est principalement dans son canonicat de Metz ; il soutient les missions populaires de saint Vincent et prêche lui-même devant des auditoires variés. Il rencontre les juifs et les protestants ; et sa toute première œuvre est une *Réfutation du catéchisme du sieur Paul Ferry* (1655). La controverse s'engage dans la courtoisie et sur un plan très élevé. De même, sa direction spirituelle est large, plus religieuse que moraliste. La quatrième lettre à une demoiselle de Metz a pour sujet l'Église, ou « Jésus-Christ répandu et communiqué » – v. *Lettres de piété et de direction* (*). Enfin, comme il vit retiré, il lit assidûment les Pères de l'Église, et la lecture des Pères grecs en particulier vaudra à son éloquence, surtout dans la période suivante, une allégresse et une sorte de suavité métaphysique, à peu près inconnues dans la prose française.

Vers 1659, il est à peu près fixé à Paris, et sa réputation croissante l'amène dans les chaires les plus renommées : les Minimes (Carême de 1660), les Carmélites de la rue Saint-Jacques (1661), le Louvre (1662) devant le Roi – v. *Sermons* (*) de Bossuet. C'est à l'amour de Dieu qu'il tente d'attacher le cœur du jeune souverain, avide de bien d'autres bonheurs, en lui rappelant ses devoirs actifs du roi. Le Carême du Louvre est le moment le plus adapté à son goût, le plus riche de tendresse humaine et religieuse à la fois. Nous le connaissons, ainsi que l'ensemble des sermons, non tel qu'il a été prononcé, mais tel que Bossuet l'a préparé dans ses manuscrits, car il n'a fait imprimer que ses discours officiels. C'est dans l'édition des *Œuvres oratoires* établie sur les originaux et dans l'ordre chronologique par l'abbé Lebarq, et revue par Urbain et Lévesque, qu'il faut suivre l'évolution de Bossuet. Devant l'indocilité des libertins, il se raidit parfois, ou il menace. Mais sa carrière de prédicateur parisien s'achève sur deux pièces solennelles qui sont des sommes : l'*Oraison funèbre de la reine d'Angleterre* (1669), leçon que la Providence donne aux rois par le moyen de l'histoire ; et celle de *Madame, duchesse d'Orléans*, sa fille (1670) – v. *Oraisons funèbres* (*) – symphonie des douleurs, car elle veut « dans un seul malheur déplorer toutes les calamités du genre humain, et dans une seule mort faire voir la mort et le néant de toutes les grandeurs humaines ».

Le préceptorat du dauphin (1670-1680) se passe dans le silence. Bossuet renonce à son évêché de Condom pour remplir son devoir à la Cour ; l'*Exposition de la doctrine de l'Église catholique* (+) (1671), qui convertit Turenne, est son livre le plus vendu. Cependant les nécessités de l'enseignement ont véritablement renouvelé sa pensée : pour former un honnête homme et un roi compétent, Bossuet s'est fait philosophe et historien. Il n'aura pas le temps de publier lui-même ses ouvrages de politique et de philosophie, mais le *Discours sur l'histoire universelle* (*) (1681) est une synthèse décidée de l'ordre de Dieu et de l'activité humaine. Quoique frappé par la mort des « empires », l'historien fait confiance au « bon sens qui est le maître de la vie humaine » – v. également *Politique tirée des propres paroles de l'Écriture sainte* (*), *Traité de la connaissance de Dieu et de soi-même* (*). Malgré son goût des retraites (à la Trappe chez Rancé), Bossuet ne se dérobe pas à la société de son temps : une élite intellectuelle se groupe à la Cour autour de lui (dont La Bruyère) ; le 8 juin 1671, il est reçu à l'Académie française et après le préceptorat, il sera nommé président aumônier de la dauphine (1680), puis de la duchesse de Bourgogne (1697), conseiller d'État (1697). L'opinion lui décernerait le chapeau de cardinal, mais Louis XIV ne s'en avise pas. Cet homme qui « dit ce qu'il veut » (Valéry) ne fait pas ce qu'il veut, et son bon sens échoue souvent dans l'action. On dirait même qu'il manque de prise sur ses contemporains les plus proches, autant qu'il en a sur le verbe humain. Combien de fois la Cour l'a dupé ! L'Assemblée du clergé (1681-1682) dont il a la responsabilité intellectuelle s'achève dans une impasse. Les protestants, convaincus par lui d'avoir varié – v. *Histoire des variations des Églises protestantes* (*) (1688) –, s'éloigneront davantage par des variations plus résolues.

Le diocèse de Meaux qu'il administre avec une vigilance paternelle (1681-1704), outre des tracas comme ceux de l'abbaye de Jouarre, lui donne bien des consolations affectives : il publie pour son clergé des commentaires latins *Liber Psalmorum* (1691), *Libri Salo monis* (1693), et avec ses religieuses il médite l'Évangile – v. *Méditations sur l'Évangile* (*) (1695) – et les Mystères – v. *Élévations à Dieu sur tous les mystères de la religion chrétienne* (*) –, ou encore il donne aux plus intimes dirigées ses épanchements et ses vers sur le *Cantique des Cantiques* (*). Il se récrée dans sa campagne de Germigny aux horizons ouverts, où même il a reçu l'amitié, chargée d'espérance, de Fénelon. Car ses pires adversaires n'étaient point ses ennemis : Fénelon, Richard Simon, rencontrés sous une autre incidence, auraient été ses auxiliaires. La désolation intime de son cœur et l'illusion de cette vie étreinte par le péché, Bossuet l'a exprimée dans une méditation sur la première *Épître de saint Jean* (*), qu'il n'a point publiée – v. *Traité de la concupiscence* (*). Mais c'est par la logique et par la raillerie qu'il a écrasé Fénelon en cour de Rome (avec l'appui du roi et l'alliance de Mme de Maintenon), par la force qu'il a réduit Richard Simon, qui respectait trop peu saint Augustin et ne sentait pas la poésie du style biblique. Bossuet lutte à la proue, mais lui-même il est mal vu à l'Assemblée du clergé de 1700, qu'il essaie de mener à la fois contre les jansénistes doctrinaux, contre les casuistes relâchés et contre les jésuites trop tolérants des cérémonies chinoises. Quel beau champ il laisse ouvert aux quolibets des philosophes !

Son tempérament robuste l'avait toujours soutenu. Quand, au début de 1703, il constate qu'il a la pierre, il est désemparé. Il se traîne encore à Versailles pour demander – vainement – son neveu comme successeur. Il ne retourne pas à Meaux, afin de recevoir les soins des médecins de Paris. Il compose encore une *Explication de la prophétie d'Isaïe sur l'enfantement de la Sainte Vierge*, et un *Commentaire du Psaume XXI* (sur la passion et le délaissement de N.-S.). Il se fait relire de ses œuvres celles qui nourrissent son cœur, et, sans se lasser, l'*Évangile de saint Jean* (*). La mort lui montre son visage affreux, qu'il avait tant appréhendé pour les autres : « Ah ! mon Dieu ! qu'est-ce que ceci ? Il faut donc se résoudre. » Dans son domicile rue Sainte-Anne, il se résout avec simplicité, le 12 avril 1704, laissant une œuvre à moitié inédite et le renom d'un honnête homme, peu entendu à ses affaires, d'un savant, d'un « Père de l'Église » (La Bruyère). C'est la postérité qui devait découvrir dans l'orateur le poète quasi involontaire, et dans l'expression d'une foi dogmatique et traditionnelle, l'originalité d'une nature.

THÉRÈSE GOYET.

XVIIe siècle. ♦ *« L'homme le plus honnête, le plus droit, le plus doux et le plus franc qui ait jamais été mis à la Cour. »* Mme de La Fayette. ♦ *« Doux, humain, affable, de facile accès, humble, aimable... »* Saint-Simon. ♦ *« Vous parlez de majesté, vous parlez d'élévation, eh bien ! je soutiens qu'il y en a plus dans ce livre* [Le Discours sur l'histoire universelle] *que dans Thucydide. »* Charles Perrault, s'adressant aux défenseurs des Anciens.

XVIIIe siècle. ♦ *« On sent que son génie a besoin de la plus grande liberté pour se déployer dans toute sa vigueur et que les entraves d'un goût sévère, les détails d'une correction minutieuse et la sécheresse d'une composition léchée ne feraient qu'énerver cette éloquence brûlante et rapide. »* D'Alembert.

XIXe siècle. ♦ *« Bossuet imite les prophètes hébraïques. Prophète lui-même, il donne à sa langue la hauteur, l'autorité, l'antiquité et quelquefois la divinité du Vieux Testament. L'accent de l'hébreu et ses âpres images passent avec lui dans le français, et en font une langue d'airain* [...] *Le français se moule, au besoin, rude, âpre, disproportionné, colossal, fruste, sur le génie incorrect et démesuré de ce Michel-Ange de notre langue. »* Lamartine. ♦ *« Bossuet, c'est l'esprit qui embrasse le mieux, le plus lumineusement, le plus souverainement un corps, un ensemble de doctrines morales, politiques, religieuses, qui excelle à l'exposer avec clarté et avec éclat, avec magnificence, en se plaçant au point de vue le plus élevé ou au centre ;* [...] *mais en même temps c'est un esprit qui n'en sort pas, de cette nef, de cette sphère si bien remplie qui ne sent pas le besoin d'en sortir, qui n'invente rien au fond, qui n'innove jamais : il hait la nouveauté, l'inquiétude et le changement ; en un mot, c'est le plus magnifique et le plus souverain organe et interprète de ce qui est institué primordialement et établi. »* Sainte-Beuve.

XXe siècle. ♦ *« Bossuet rugirait en voyant aujourd'hui l'Église se montrer si accommodante et d'entendre parler de son évolution. Il la veut immuable, et toutes les "variations" appartiennent à l'hérésie. »* A. Gide. ♦ *« Tout le monde connaît le* Bossuet *du*

Louvre ; [...] *ce monumental portrait est peut-être la cause d'une erreur d'optique grave. Sur la foi de cette pompeuse machine, on va se figurant que le modèle, en son vivant occupait une place correspondante, en rapport avec tant de génie et de magnificence* [...] *Le contraste entre le Bossuet des manuels, celui de Brunetière et de Lanson, et le Bossuet des contemporains, est d'autant plus piquant qu'il est moins notre ouvrage ;* [...] *ce rôle de prophète et de pontife, de conscience de la nation, c'est assurément celui qu'il souhaitait pour lui-même. »* Louis Gillet. ♦ *« Dans l'ordre des écrivains, je ne vois personne au-dessus de Bossuet, nul plus sûr de ses mots, plus fort de ses verbes, plus énergique et plus délié dans tous les actes du discours, plus hardi et plus heureux dans la syntaxe et en somme plus maître du langage, c'est-à-dire de soi-même. Trois siècles de changements très profonds et de révolution dans tous les genres, un nombre énorme d'événements et d'idées intervenues rendent nécessairement naïve, ou étrange, et quelquefois inconcevable à la postérité que nous sommes, la substance des ouvrages d'un temps si différent du nôtre. Mais autre chose se conserve... »* Paul Valéry. ♦ *« Bossuet est le plus grand maître de la prose française, qui est infiniment supérieure à tout ce qu'on est convenu d'appeler notre poésie. Son langage contient tous les* canons *de notre parler et remplit magnifiquement notre bouche et notre poitrine. C'est quelque chose comme la* Messe royale *de Dumont, si bien adaptée aux poumons de nos vieux chantres. D'autre part, Bossuet est dans notre langage le plus grand des docteurs de la catholicité. Ses ouvrages théoriques sont d'une force, d'une clarté et d'une majesté qui baignent l'âme de lumière et la transportent de joie et d'admiration. »* P. Claudel. ♦ *« L'auteur de l'*Histoire des variations *tient bien moins de place dans les nourritures intellectuelles et morales de notre époque que celui des* Provinciales *et des* Pensées. *Brunetière n'a pas eu de successeur dans son zèle oratoire et pugnace pour M. de Meaux* [...] *On le salue respectueusement quand on le rencontre, mais on ne se dérange pas de son trottoir pour venir lui presser chaleureusement les deux mains. »* Thibaudet. ♦ *« Au Bossuet qui se possède et se dompte parfois jusqu'à s'éteindre, nous préférerons d'abord le Bossuet qui se cherche, puis le Bossuet qui se trouve ou plutôt se retrouve et qui, sûr de lui-même, libre de toute convention et de toute contrainte, s'abandonne à sa piété et à son génie. »* Abbé Brémond.

RÉF. : Abbé François Ledieu, *Mémoires et Journal*, 1855-1857. – A. Floquet, *Études sur la vie de Bossuet*, 1855. – J. Lebarq, *Hitoire critique de la prédication de Bossuet*, 1888. – A. Rébelliau, *Bossuet, historien du Protestantisme*, 1891. – Urbain et Lévesque, *Chronologie de la vie de Bossuet*, t. XV de la *Correspondance*, 1925. – A. Virely, *Bossuet, essai d'iconographie*, Mâcon, 1938. – J. Calvet, *Bossuet, l'homme et l'œuvre*, 1941. H. A. – G. Martimort, *Le Gallicanisme de Bossuet*, 1956. – J. Truchet, *La Prédication de Bossuet*, Paris, 1960 ; *Bossuet panégyriste*, Paris, 1962. – T. Goyet, *L'Humanisme de Bossuet*, Paris, 1965. – J. Truchet, *Politique de Bossuet*, Paris, 1966. – J. Le Brun, *Bossuet*, Paris, 1970 ; *Les Opuscules spirituels de Bossuet*, Nancy, 1970 ; *La Spiritualité de Bossuet*, Paris, 1972. – R. J. Hesbert, *Saint Augustin, maître de Bossuet*, Paris, 1980. – Actes du colloque *Journées Bossuet. La prédication au XVIIᵉ siècle*, Paris, 1980.

BOSWELL James. Écrivain écossais. Né à Édimbourg le 29 octobre 1740, mort à Londres le 19 mai 1795. Fils de lord Alexander Auchinleck. Grâce à la richesse de sa famille, il put, après des études de droit à Édimbourg, aller mener à Londres la vie la plus conforme à ses goûts, qui le poussaient à rechercher la compagnie des grands hommes. Ce désir, qui le conduisit très jeune à se consacrer au journalisme et à entretenir une vaste correspondance, n'était pas chez lui simple manie mais relevait d'un besoin plus noble : celui de se découvrir lui-même au contact d'esprits supérieurs. Il possédait en fait des qualités d'observateur et d'écrivain qui font de lui l'un des meilleurs biographes de Grande-Bretagne. À Londres, il ne tarda pas à se faire admettre dans les joyeux clubs fréquentés par les nobles et les poètes, mais le grand événement de sa vie fut sa rencontre, en 1763, avec Samuel Johnson, dictateur incontesté des lettres anglaises, mais dont le mauvais caractère s'adoucira pour lui. Boswell devint rapidement son meilleur ami, et se laissa convertir par lui à un « christianisme rationnel ». En 1763 Boswell partit, comme tout Anglais, faire son voyage sur le continent, prenant soin de choisir une terre originale comme pouvait l'être la Corse romantique et démocratique de Pascal Paoli. De ce voyage, et surtout de la rencontre avec ce dernier, naquirent la *Relation sur la Corse ; Journal d'un voyage à cette île* avec les *Mémoires de Pascal Paoli* [*An Account of Corsica ; the Journal of a Tour to that Island and Memoirs of Pascal Paoli*, 1768]. Le *Journal* (*) intime des années suivantes mentionne le mariage de Boswell, son admission au fameux club de Johnson, son voyage en Écosse avec ce dernier, la mort de son père, ses tentatives pour jouer un rôle politique, ses difficultés financières, les beuveries dans lesquelles il oubliait les soucis de l'existence. Mais la meilleure partie de son temps, il la consacrait à noter avec une vivacité étonnante la conversation, les jugements, les boutades, les éclats, les humeurs, à nous restituer enfin dans son intégrité toute la personnalité du docteur Johnson qui, dans ses propres œuvres, disparaît un peu sous les ornements du style. Le succès du *Voyage dans les îles Hébrides* (*), où Boswell raconte, après Johnson, le séjour qu'ils firent ensemble dans cette région, et de la *Vie de Samuel Johnson* (*) (1791), revue et augmentée en 1793, qui mettait en lumière un homme et toute une époque, adoucit les dernières années troublées de Boswell. Son *Journal londonien* [*London Journal*], qui fait partie de ses *Private Papers* et dont la traduction française parut pour la première fois en 1951, confirme sa réputation d'un des écrivains les plus séduisants du XVIIIᵉ siècle anglais.

♦ *« Il n'y a pas plus de certitude à dire que Homère fut le plus grand des poètes héroïques, que Shakespeare le plus grand des auteurs dramatiques, que Démosthène le plus grand des orateurs, que Boswell le plus grand des biographes. Il n'a pas d'égaux. »* Macaulay. ♦ *« Ces 1300 pages* [du Journal] *se lisent sans presque aucun moment de fatigue ou d'ennui. »* André Gide.

RÉF. : Peter Quennel, *Four Portraits*, Londres, 1946. – Frank Brady, *James Boswell : the Later Years (1769-1795)*, New York, 1984. – Frederick A. Pottle, *James Boswell : the Earlier Years (1740-1769)*, New York, 1985. – Harold Bloom (éd.), *Dr Samuel Johnson and James Boswell*, New York, 1986.

BOTEV Cristo. Poète et patriote bulgare. Né le 25 décembre 1848 (ancien style) à Kalofer, mort en combattant contre les Turcs près de Vratza (Bulgarie) le 20 mai 1876. Il est le poète et le héros national bulgare le plus célèbre de la lutte pour la libération contre la domination ottomane. Fils d'un instituteur patriote, il fut envoyé à quinze ans en Russie, à Odessa, pour y achever ses études secondaires. Dès son entrée au lycée, il fut séduit par les idées révolutionnaires du socialisme utopiste russe. Revenu dans sa patrie, il suivit la carrière et l'exemple de son père, et entreprit une action révolutionnaire intense auprès de la jeunesse, se compromettant à un tel point qu'il dut partir en exil. Il se réfugia en Roumanie, où il poursuivit son œuvre de conspirateur et d'animateur parmi les exilés bulgares. Il voulut tenter une insurrection ; après avoir réuni un groupe d'ardents compatriotes, il passa le Danube avec eux, à bord d'un vapeur autrichien, il tenta une action qui devait entraîner la révolution générale, mais il fut presque aussitôt attaqué par une troupe importante de gendarmes turcs et au cours d'un combat inégal sur le mont Vol près de Vratza, il tomba en héros, comme ce heiduque *Hadži Dimităr* (*) qu'il glorifia et immortalisa dans l'une de ses *Poésies* (*) les plus belles, les plus pathétiques et les plus populaires.

RÉF. : Article *sub nomine* (en russe) dans la *Grande encyclopédie soviétique*. – St. Dimitrov, *La Vie et l'œuvre de Cristo Botev*, Grenoble, 1941. – V. Topenčarow, *Cristo Botev*, Paris, 1977.

BOTTA Dan. Poète, essayiste et auteur dramatique roumain. Né à Adjud (Moldavie) le 26 septembre 1907, mort à Bucarest le 13 janvier 1958. Il passe à Bucarest sa licence ès lettres (grec-latin) et sa licence en droit, signe des chroniques littéraires dans différents périodiques, artistiques et musicaux, et dirige le comité de rédaction de l'*Encyclopédie de la Roumanie* [*Enciclopedia României*, 4 vol., 1938-1943]. En poésie, il trouve son style propre sous l'empire de l'émotion ou de l'incantation. L'obscurité de ses premiers poèmes, due surtout à une contraction de l'expression, fait place par la suite à une sérénité classique, à une structure ample, explicite. Ses essais évoquent l'importance des valeurs collectives : mythes primitifs, langue, coutumes, style de vie sont pour lui autant de principes explicatifs de la culture.

Dans le théâtre de Botta, les héros de la mythologie ou de la poésie populaire roumaine définissent une idée ou un climat moral. Le seul recueil de poèmes publié de son vivant est *Eulalies* (*) (1931), titre que sa formation classique lui avait permis de forger des mots grecs εὐ (bien, bon) et λαλέω (parler). Il convient de citer également ses essais : *Limites* [*Limite*, 1936], *Charmion ou De la musique* [*Charmion sau despre muzică*, 1941], et ses pièces de théâtre : *La Comédie des fantasmes* [*Comedia fantasmelor*, 1939], *Alkestis* (1939), *Deliana* et *Le Soleil et la Lune* [*Soarele si Luna*], ces deux dernières publiées pour la première fois, avec d'autres pièces posthumes, dans ses *Œuvres* [*Scieri*, 4 vol., 1968].

NICOLAS GHEORGHIU.

BOTTO Ján. Poète slovaque. Né à Nižný Shálnik le 27 janvier 1829, mort à Banská Bystrica le 28 avril 1881. Il fit ses études à Ozd'any, à Levoča (alors centre des jeunes disciples de Štúr, le chef du mouvement séparatiste slovaque) et à Budapest. Il exerça ensuite la profession d'ingénieur à Banská Štiavnica, et après 1870 à Banská Bystrica. Il fut, avec Samo Chalupka et Janko Král', le plus grand représentant de l'école poétique slovaque qui, suivant les préceptes de Štúr, s'inspirait de la poésie populaire. Il n'est pas en effet d'œuvre de Botto qui ne reprenne un des thèmes ou des rythmes du folklore. Parmi ses ballades, citons *Légende danubienne* [*Báj na dunaji*, 1846], *Le Lys jaune* [*Žltá l'alia*, 1849], *Légende du château de Magina* [*Báj Magin hradu*, 1849]. Mais l'œuvre principale de Botto est le poème en neuf chants intitulé *La Mort de Jánošík* (*) qui, en vers ciselés et mélodieux, évoque la figure d'un fameux « zbojnik » (brigand), défenseur des humbles et ennemi des tyrans, qui fut exécuté à Liptovský Svätý Mikuláš en 1713, figure qui revient souvent, entourée d'un halo de légende, dans les chants populaires et dans la littérature slovaques.

BOUCHER DE CRÈVECŒUR DE PERTHES Jacques. Archéologue français. Né à Rethel le 10 septembre 1788 ; mort à Abbeville le 2 août 1868. Érudit, écrivain, amateur d'antiquités, « accoutumé dès l'enfance à entendre parler des fossiles », Boucher de Perthes était directeur des douanes à Abbeville lorsqu'il put extraire, vers la fin de 1838, des « assises du diluvium » les premières haches « diluviennes », et publia, en 1838-1842, à Abbeville, les cinq volumes de son premier ouvrage : *De la création, essai sur l'origine et la progression des êtres*. Cet ouvrage fut suivi, en 1847, par le premier des trois volumes de ses *Antiquités celtiques et antédiluviennes, mémoire sur l'industrie primitive et les arts à leur origine* (*), ouvrage où il affirmait que les outils retrouvés démontraient la très haute antiquité de l'homme, bien supérieure aux dates tirées de *La Bible* et généralement admises de son temps : « Dans leurs imperfections, ces pierres grossières n'en prouvent pas moins l'existence de l'homme aussi sûrement que l'eût fait tout un Louvre. » De semblables hypothèses ne pouvaient que soulever les ricanements du public et une violente hostilité de la part des officiels. Boucher de Perthes passa pour un illuminé, et deux camps se formèrent parmi les savants ; quelques-uns soutinrent l'audacieux découvreur, mais la plupart, ayant à leur tête le secrétaire perpétuel de l'Académie des sciences, Élie de Beaumont, s'occupa à réduire à néant des inductions hasardeuses qui mettaient en péril des idées jusqu'alors indiscutées. Toutefois, les découvertes se multipliaient et, en 1859, plusieurs savants éminents d'Angleterre se ralliaient au point de vue de Boucher de Perthes, dont le géologue Gyell, qui écrivit alors son ouvrage intitulé *L'Ancienneté de l'homme prouvée par la géologie.* L'opposition persistait malgré la publication par Boucher des deux derniers volumes des *Antiquités celtiques* (1860 et 1864), et de la monographie *Des outils de pierre* (*) en 1865. La paléontologie humaine était fondée en tant que science (le mot fut pour la première fois employé par Serres en 1853). Jusqu'à la fin de sa vie, Boucher de Perthes demeura méconnu ; à sa mort même, sa famille fit mettre au pilon ses ouvrages. En 1875, Victor Meunier, dans l'*Histoire de l'homme fossile*, racontait le martyre que dut subir le grand savant français. Le livre fut imprimé mais, au dernier moment, l'éditeur effrayé en supprima le tirage, et l'édition de cette réhabilitation ne fut publiée qu'en 1900. On a depuis rendu à Boucher de Perthes l'hommage qu'on lui devait. Outre les ouvrages d'archéologie, Boucher de Perthes fit paraître un dictionnaire alphabétique, très curieux, des passions et des sensations, intitulé *Hommes et choses* (1851, 4 vol.), plusieurs relations de voyages, et même une tragédie : *Constantine* (1850).

RÉF. : Turpin de Sansay, *Bibliographie de M. Boucher de Crèvecœur de Perthes*, 1848. – A. Ledieu, *Boucher de Perthes, sa vie, ses œuvres*, Abbeville, 1885. – L. Aufrère, *Essai sur les premières découvertes de Boucher de Perthes et des origines de l'archéologie primitive (1838-1844)*, Paris, 1936.

BOUCHET André du. Poète français. Né le 7 mars 1924 à Paris. Il appartient à la génération qui s'est fait connaître après la Seconde Guerre mondiale. Après avoir séjourné dix ans aux États-Unis où il a fini ses études puis enseigné la littérature anglaise, il revient en France en 1949 où il rencontre Reverdy dont il partage l'aversion contre les procédés « racoleurs » du surréalisme. Il collabore à plusieurs revues (*Les Temps modernes* (*), *Les Lettres nouvelles, Botteghe Oscure*) et publie son premier livre de poèmes, *Air*, en 1951. Ce livre sera repris avec d'importantes modifications dans *Air 1950-1953* (1977). André du Bouchet revient en effet souvent sur son œuvre passée pour la recomposer et l'épurer. La lecture de ses carnets de notes, dont une partie a été publiée par Michel Collot en 1989 (*Carnets – 1952-1956*), jette un jour particulièrement éclairant sur la genèse et la gestation de certains poèmes de son deuxième livre, *Dans la chaleur vacante* (*) (1961). L'élaboration des notations brutes passe soit par une reconstruction, soit par une dislocation des éléments premiers. Plus tard, il juxtaposera des notes anciennes à d'autres, plus récentes, comme dans *Rapides* (1980) ou *Défets* (1981), créant une poésie d'un genre nouveau reposant sur une succession de fragments dont les lacunes et les discontinuités sont soulignées par la typographie : blancs, points de suspension au début des notations, décrochements, etc. Dès ses premiers livres apparaissent des préoccupations qui seront celles de toute son œuvre. Sa poésie ne vise pas à fabriquer des poèmes. Elle est une manière de vivre sa pensée et sa relation au monde. Relevant plus du vécu que du faire, c'est une poésie de la présence et de l'existence, qui refuse de subir passivement les contradictions qu'elle assume et qu'elle revendique. La constance des thèmes et des attitudes donne à l'œuvre une unité et une rigueur exceptionnelles. Les livres qui ont suivi *Dans la chaleur vacante : Ou le soleil* (1968), *Qui n'est pas tourné vers nous* (*) (1972), *Laisses* (1979), *L'Incohérence* (*) (1979), *Rapides* (*) (1980), comme les plus récents – *Peinture* (*) (1983), *Ici en deux* (*) (1986), *Une tache* (1988), *... désaccordée comme par de la neige* (1990), *Le Surcroît* (1990), *Axiales* (1992) – ne feront qu'accentuer, en les portant à d'autres extrémités, les tendances manifestes ou latentes de ce texte fondateur de 1961. André du Bouchet rejette toute distinction tranchée entre prose et poésie, ne voyant entre elles que des « degrés divers d'intensité », et quand il écrit sur des peintres et des sculpteurs comme Giacometti, Tal Coat ou Bram van Velde, c'est, à travers eux, le monde de sa propre méditation qu'il parcourt. L'artiste est le médiateur de son rapport au monde et à soi. Parole poétique, peinture, dessin, participent d'ailleurs d'une même recherche de l'être, et dans *L'Éphémère* (*), revue qu'il a dirigée de 1966 à 1971, avec notamment Paul Celan, Jacques Dupin, Yves Bonnefoy et Louis-René Des Forêts, une grande place était faite aux reproductions. Certains de ses livres publiés en éditions de luxe sont le fruit d'une collaboration étroite entre l'éditeur, le dessinateur et l'auteur qui a toujours apporté le plus grand soin à la mise en page et à la présentation matérielle de ses œuvres. Celle-ci n'est jamais arbitraire et les « blancs », par exemple, qui frappent immédiatement le lecteur, ne sont pas simplement destinés à marquer une ponctuation ou une pause dans la voix. Le blanc connote l'incertitude fondamentale de toute parole en un temps de désintégration du langage où tous les repères sont perdus. En ce sens, il est le signe du manque, de ce qui est refusé à l'homme d'aujourd'hui, mais dans l'effort que fait le langage pour retrouver une place – effort dont la trace est l'irrégularité des blancs – le signe du manque se renverse et acquiert une valeur positive : il se révèle alors que rien ne manque. Il est aussi la matérialisation du vide en tant que support muet de la parole. C'est le rôle moteur du vide (« Le Moteur blanc » est le titre d'une suite de quinze textes de *Dans la chaleur vacante*) qui s'inscrit dans le concret de la page, de même que dans le *Tao tô king* (*) c'est le vide médian qui fait tourner la roue. « Le moyeu brûle », écrit André du Bouchet soulignant ainsi l'ardeur motrice du vide face à la « relation compacte appelée monde ». Cette compacité, il la nomme épaisseur : c'est celle de la terre, de la mutité ou de la langue, qui se donne pour intraversable mais qu'il est possible de franchir en prenant appui sur elle ou en utilisant un défaut, un interstice souvent nommé « embrasure ». Pour se rejoindre et pour entamer l'épaisseur, le poète doit s'éloigner dans le dehors : « ... A-t-il un nom, c'est le vent, pour le dire aller dehors. » Le dehors, en effet, lieu où « manque le monde » est l'« espace de la parole ». Point soustrait à l'espace, instant retiré à la durée, il est à la fois la source silencieuse de la parole et le lieu par rapport auquel la parole prend du recul. L'éloignement dans le dehors et l'espacement sans lequel aucune relation n'est possible s'insèrent dans une dialectique du continu et du discontinu qui, loin de s'opposer, sont complémentaires, comme en témoignent les « jointures qui déchirent » et la « déchirure qui rive ». L'ouverture de l'épais se fait à partir d'un point qui peut s'étirer en trait ou s'élargir en étendue dans un mouvement inséparable du temps : « ... Je ne vois pas autrement que dans la durée du temps. » Le temps est lui-même épaisseur dans laquelle le présent ouvre une brèche : « Le présent : une / séparation... » Ces méditations sur l'espace et le temps ne font cependant pas de la poésie d'André du Bouchet une métaphysique. Son écriture est aussi éloignée du discours que du lyrisme et son vocabulaire reste profondément ancré dans la réalité concrète et naturelle, même s'il annexe des termes le plus souvent utilisés par la pensée conceptuelle. Pour lui, écrire est une expérience et il revendique pleinement la paternité de sa parole (« Quand je parle, c'est moi qui parle »), aussi bien dans ses propres textes que dans ses traductions (il a traduit notamment Shakespeare, Hölderlin, Joyce, Mandelstam et Paul Celan.)

JACQUES DEPREUX.

♦ *« À la parole d'André du Bouchet (bien antérieure et survivant à l'écriture) on peut appliquer ce qu'Héraclite dit de l'Un : "Un toutes choses – Un séparé de tout". »* Henri Maldiney.

RÉF. : Pierre Chappuis, *André du Bouchet*, Paris, 1979. – Jacques Depreux, *André du Bouchet, ou la Parole traversée*, Seyssel, 1988. – *Autour d'André du Bouchet*, Actes du Colloque de 1983, PENS Littérature, 1986.

BOUCHET Guillaume, sieur de Brocourt. Écrivain et libraire-imprimeur français. D'après les pièces liminaires de l'édition, posthume, du IIe livre des *Sérées* (*), on peut fixer la date de sa mort à quatre-vingts ans révolus, vers 1593-1594, ce qui place sa naissance vers 1513. Imprimeur et libraire à Poitiers, il exerça après 1573 les fonctions de juge-consul des marchands. Érudit, poète lui-même, il rechercha l'amitié des poètes, groupant peut-être dans sa librairie le jeune cénacle littéraire poitevin ; d'une dizaine d'années ses cadets, Baïf, Vauquelin de la Fresnaye, Scévole de Sainte-Marthe, Boiceau de la Borderie, Jean de la Péruse, Jacques Tahureau furent de ses amis. Plus qu'à ses vers, dont il nous reste une *Complainte du cerf* (1561), plus qu'à son *Recueil de tous les oyseaux de proye qui servent à la vollerie et fauconnerie* (1567), le nom de Guillaume Bouchet est attaché à ses *Sérées* (1584), propos de table et d'après-dîner de braves bourgeois de Poitiers ; un peu pédantes, mais enjouées, parfois une bonne satire, les *Sérées* connurent le succès, et l'auteur prépara une suite qui ne vit le jour qu'après sa mort (IIe livre en 1597 ; IIIe livre en 1598).

RÉF. : Alfred Richard, *Notes sur les Bouchet, imprimeurs et procureurs à Poitiers au XVIe siècle*, Poitiers, 1912. – J. Plattard, *Les Récréations littéraires d'un juge-consul de Poitiers, en 1584, les* Sérées *de Guillaume Bouchet*, Poitiers, 1928. – G. Pérouse, *Nouvelles françaises du XVIe siècle*, Genève, 1977, chap. XVII.

BOUDIER-BAKKER Ina. Romancière hollandaise. Née à Amsterdam le 15 avril 1875, morte à Utrecht le 26 décembre 1966. Auteur d'une œuvre assez considérable qui connut un vif succès populaire, elle ne s'écarta jamais de la tradition réaliste du XIXe siècle. Elle est l'un des représentants les plus typiques du réalisme bourgeois en Hollande. Son œuvre reste cependant très limitée par la pauvreté de sa problématique et une vision psychologique assez rudimentaire. Citons *Enfants* [*Kinderen*, 1905], *Pauvreté* (*) (1909), *Le Petit Miroir* [*Het Spiegeltje*, 1917], *La Rue* [*De Straat*, 1924], *On frappe à la porte* [*De klop van de deur*, 1930], *Madame Jacob* [*Vrouw Jacob*, 1935], *Le long de la grand'route* [*Aan den grooten weg*, 1939], *Petite croisade* [*Kleine kruisvaart*, 1935] et *Finale* (1957).

BOUDJEDRA Rachid. Romancier algérien de langue française et de langue arabe. Né le 5 septembre 1941 à Aïn Beïda (Est algérien), il fait ses études au collège Saddiki à Tunis. Maquisard du F.L.N. pendant la guerre d'Indépendance, il obtient ensuite une licence de philosophie à Paris et un D.E.S. sur Louis-Ferdinand Céline. Après avoir été enseignant dans le secondaire en Algérie puis au Maroc, il est, à partir de 1977, conseiller au ministère de l'Information et de la Culture à

Alger, lecteur aux éditions nationales et scénariste de cinéma.

Boudjedra dit écrire ses romans en arabe depuis *Le Démantèlement* (1982), et les faire traduire en français. Quoi qu'il en soit son œuvre est une des plus importantes de la littérature algérienne actuelle, même si ses romans déjà nombreux reviennent souvent de manière quasi obsessionnelle aux mêmes thèmes, presque tous présents dès le premier, *La Répudiation* (*) (1969) ; le viol de la mère, le père patriarche phallique et monstrueux, la Révolution trahie, la mémoire travestie. Il apparaît ainsi à la fin des années 60 comme celui qui dit le non-dicible scandaleux d'une société où l'hypocrisie religieuse et le refoulement sexuel sont les plus sûrs garants de l'oppression politique. En 1975, cependant, *Topographie idéale pour une agression caractérisée* introduit la figure de l'émigré victime du métro parisien et, en 1977, *L'Escargot entêté* décrit l'univers rétréci d'un petit bureaucrate.

Le travail sur la mémoire et la possibilité de raconter des souvenirs obsédants comme les atrocités de la guerre sera la dimension essentielle de textes comme *Le Démantèlement* et *Le Désordre des choses* (1991). Les textes récents sont également une relecture par l'auteur de son propre travail d'écriture : c'est le cas de *La Macération* (1985) – où le père tant vilipendié dans *La Répudiation* et *L'Insolation* (1972) devient presque objet de culte sur son lit de mort – et de *La Pluie* (1987), qui fait sous une forme beaucoup moins boursouflée que les autres romans un parallèle séduisant entre écriture et féminité.

Dans la vie culturelle algérienne, Boudjedra est souvent au centre de polémiques. Les deux plus récentes sont le scandale soulevé en 1991 par ses déclarations accusant l'émir Abdelkader d'avoir collaboré avec la colonisation, et la publication en 1992 de son vigoureux pamphlet contre les islamistes : *FIS de la haine*.

CHARLES BONN.

RÉF. : Charles Bonn, *Le Roman algérien de langue française*, Paris, 1984 – Hafid Gafaiti, *Boudjedra ou la Passion de la modernité* (entretiens), Paris, 1987.

BOUDON Raymond. Sociologue français. Né le 27 janvier 1934 à Paris. Il s'est illustré par ses écrits sur l'éducation, et notamment *L'Inégalité des chances* (*), par ses travaux sur les méthodes statistiques en sciences sociales, et surtout par la promotion du paradigme de l'individualisme méthodologique dans la sociologie française. Ce paradigme suppose que tout phénomène social ne peut être expliqué que comme conséquence d'actions individuelles. Boudon récuse donc les approches qui hypostasient les collectifs, et notamment l'analyse marxiste : pour cet auteur, les classes sociales n'existent pas en elles-mêmes ; on ne peut qu'observer le comportement d'individus et reconstruire leurs motivations, à partir de leurs intérêts et de leurs ressources. La référence au calcul rationnel des acteurs, qui est un emprunt à l'utilitarisme d'auteurs comme Bentham (1748-1832), rapproche la sociologie de Boudon des économistes néo-classiques de la fin du XIXe siècle (Walras, 1834-1910, notamment). On lui a donc reproché, comme à ces auteurs, de décrire des individus totalement désincarnés et atomisés, soustraits à toute détermination par l'environnement, notamment culturelle : les individus sont parfaitement libres, mais aussi identiques et interchangeables, puisque ce ne sont que le lieu d'arbitrages économiques. Les structures sociales n'interviennent dans l'explication que dans la mesure où elles modifient les données des calculs rationnels, et notamment le rendement que les acteurs peuvent attendre de l'utilisation de leurs ressources. Mais, en dépit de la simplicité de sa conception de l'individu – ou peut-être grâce à elle –, son travail est particulièrement fécond pour expliquer comment l'agrégation de comportements individuellement rationnels peut produire des « effets pervers », c'est-à-dire collectivement irrationnels : les conséquences sociales des comportements individuels peuvent être contraires aux objectifs de chacun. Le modèle du dilemme du prisonnier, très pédagogiquement exposé dans *La Logique du social* (1979), fournit un exemple simple : deux complices lors d'un méfait, voulant chacun minimiser sa peine, avouent lors d'interrogatoires séparés et, prouvant ainsi leur culpabilité, augmentent la durée des peines qu'ils auront à subir. Boudon a publié : *L'Analyse mathématique des faits sociaux* (1967) ; *Effets pervers et ordre social* (1977) ; *La Place du désordre* (1984) ; *L'Idéologie, ou l'Origine des idées reçues* (1986) ; et avec François Bourricaud le *Dictionnaire critique de la sociologie* (1982).

FLORENT CHAMPY.

BOUDOT Pierre. Écrivain français. Né à Besançon le 22 septembre 1930, mort à Lyon le 9 avril 1988, des suites d'un accident de la route. Professeur de philosophie (qu'il enseignait en dernier lieu à l'université de Paris I), Pierre Boudot a débuté dans les lettres avec *L'Algérie mal enchaînée* (1961), un livre inspiré par son expérience de la guerre. Il a consacré plusieurs ouvrages à Nietzsche : *Nietzsche et l'au-delà de la liberté* (1970), *L'Ontologie de Nietzsche* (1971), *Nietzsche en miettes* (1973), *Nietzsche, la momie et le musicien* (1981). Il a été également retenu par la figure de sainte Thérèse : *La Jouissance de Dieu ou le Roman courtois de Thérèse d'Avila* (1979). Mais ce sont peut-être plus encore ses romans qui ont suscité l'intérêt de la critique : *La Matasse* (*) (1966), *Le Cochon sauvage* (1968), *Les Sept Danses du tétras* (1972), *Le Mal de minuit* (1972), *La Louve* (1981).

BOUGAINVILLE Louis Antoine, baron de. Navigateur français. Né à Paris le

11 avril 1729, mort à Paris le 31 août 1811. Doué d'une intelligence vive et souple, il fit de brillantes études de droit en devenant avocat selon les désirs de son père, notaire au Châtelet. Cela ne l'empêcha point d'acquérir une excellente culture littéraire et mathématique : il publia en 1754-56 la première partie d'un *Traité de calcul intégral* qui lui valut une flatteuse réputation de savant. Attiré par la carrière des armes, il était entré en 1753 au bataillon de Picardie ; il devint ensuite aide de camp de Chevert. En 1756, secrétaire d'ambassade à Londres, il reprit du service pour suivre Montcalm au Canada, où il se battit avec bravoure, à Frontenac, au fort d'Oswego, etc., et fut promu au grade de colonel. Après la paix de 1763, il devint officier de marine et obtint l'autorisation de fonder une colonie aux îles Malouines qu'il gagna avec l'« Aigle » de vingt canons et le « Sphinx » de huit canons. Mais, trois ans plus tard, les Malouines furent cédées par la France à l'Espagne. Il entreprit alors la longue et hasardeuse expédition d'où devait naître son *Voyage autour du monde* (*), publié en 1771. Parti de Brest avec la frégate « La Boudeuse » et la flûte « L'Étoile », il rejoignit les mers du Sud par le détroit de Magellan, visita la Nouvelle Cythère (Tahiti), les Grandes Cyclades (Nouvelles Hébrides), la Nouvelle-Bretagne (îles Bismarck), la Nouvelle-Guinée ; enfin par les Moluques, l'île Maurice et le cap de Bonne-Espérance, il rentra à Saint-Malo, après une navigation de deux ans et demi. Sa relation du voyage, très vivante, connut un grand succès. Diderot, qui en fit un compte rendu, y trouva aussi le point de départ pour son *Supplément au voyage de Bougainville* (*) (1773), dialogue polémique sur la morale et la religion, qui circula dès ce moment, mais qui ne fut publié que longtemps après la mort de son auteur, en 1796. Bougainville fut appelé à faire partie de l'Académie de marine et fut nommé secrétaire du roi. Il s'illustra par la suite dans la guerre de l'Indépendance américaine, où il prit part à de nombreux combats, entre 1778 et 1782. Tombé en disgrâce après la bataille des Saintes, il se retira près de Sénart. Il reprit du service au début de la Révolution, mais démissionna bientôt ; il nourrissait le projet d'un nouveau voyage, à la découverte du pôle Nord. Emprisonné sous la Terreur, il retrouva la liberté avec Thermidor. Il dédia ses dernières années aux études mathématiques ; il fut nommé par Napoléon sénateur et comte de l'Empire.

PIERRE FERRARI.

♦ « B – [...] *de la philosophie, du courage, de la véracité ; un coup d'œil prompt qui saisit les choses et abrège le temps des observations ; de la circonspection, de la patience ; le désir de voir, de s'éclairer, de s'instruire...* A – *Et son style ?* B – *Sans apprêt : le ton de la chose, de la simplicité et de la clarté...* » Diderot *(Supplément au Voyage de Bougainville).*

RÉF. : R. de Kerallain, *La Jeunesse de Bougainville,* Paris, 1896. – J. Dorsenne, *La Vie de Bougainville,* Paris, 1930. – Charles de La Roncière, *Bougainville,* Paris, 1942. – E. Martin-Allanic, *Bougainville navigateur et les découvertes de son temps,* Paris, 1964. – C. Taillemite, *Bougainville et ses compagnons autour du monde, journaux de navigation,* Paris, 1977.

BOUHOURS père Dominique. Critique et grammairien français. Né à Paris le 15 mai 1628, mort dans cette ville le 27 mai 1702. Il fait ses études au collège de Clermont, entre, le 11 septembre 1644, dans la Compagnie de Jésus et enseigne d'abord dans plusieurs maisons de son ordre. À Rouen, où il prononce ses vœux en 1662, il est chargé de l'éducation des princes de Longueville, puis envoyé comme aumônier à Dunkerque que les troupes du roi viennent de reprendre aux Anglais. Là, il attire l'attention de Colbert en rédigeant un mémoire sur cette ville et devient précepteur du fils aîné du ministre, le marquis de Seignelay. Suit une rapide ascension parisienne : en 1666, il devient le supérieur du collège de Clermont, enthousiasme les mondains par son brio, fréquente les salons, rencontre Bossuet, Bourdaloue, Mme de Sévigné, le père Rapin et Racine, qui lui demande parfois de « marquer les fautes qu'il pouvait avoir faites contre la langue ». Son admiration et son amitié pour Bussy-Rabutin, exilé depuis la Fronde, font qu'il en publie la correspondance et vante son style léger et naturel. Il écrit des vies de saints (saint Ignace en 1679, saint François Xavier en 1682), une épitaphe pour Molière et s'acharne, dans de nombreuses publications (dont les *Pensées chrétiennes* en 1669), contre les jansénistes. C'est contre la traduction de l'*Imitation de Jésus-Christ* (*) d'Isaac de Sacy qu'il fulmine dans le deuxième *Entretien* et c'est contre Arnauld et Nicole qu'il écrit sa *Lettre à un seigneur de la cour* (1668). Ses *Doutes sur la langue française* (1674), ses *Remarques nouvelles sur la langue française* (1675-1676) et la *Suite des remarques nouvelles* (1692) s'attachent à stigmatiser les archaïsmes et la rhétorique de Port-Royal. Il est alors le plus connu des mondains défenseurs du bel usage qui contribuèrent à épurer la langue française, lorsqu'il publie les *Entretiens d'Ariste et d'Eugène* (*), en 1671. Ses livres, défendant les positions de Vaugelas, s'écartent cependant du côté didactique et pesant des *Remarques* pour adopter le ton de la conversation – *La Manière de bien penser dans les ouvrages de l'esprit* (*). Pour ce « puriste », le style doit être fondé sur l'« exactitude » et la « délicatesse » d'une langue parvenue à son apogée, parfaite, soumise à la perfection de son monarque et dirigée par lui. La Bruyère, Saint-Évremond, le père Jouvency, jésuite de Rome, ont vanté ses écrits, jusqu'à Voltaire, qui l'inclut dans son *Temple du goût.*

CHRISTIAN BIET.

♦ *« Au panier les Bouhours ! »* V. Hugo. ♦ *« Notre langue lui doit plus qu'à aucun auteur, sans excepter Vaugelas. »* E. Quélennec.

RÉF. : Georges Doncieux, *Un jésuite homme de lettres au XVIIe siècle, le père Bouhours*, 1886.

BOUILHET Louis Hyacinthe. Poète et auteur dramatique français. Né à Cany (Seine-Maritime) le 27 mai 1821, mort à Rouen le 18 juillet 1869. Fils du directeur principal des hôpitaux de l'expédition de Russie, il suivit les classes de l'école primaire près du Havre. Après quoi il fut mis au collège de Rouen, où il devait rencontrer Gustave Flaubert. Sa vive intelligence lui valut maints succès scolaires, y compris le prix d'honneur de rhétorique. Pour obéir à sa famille, il dut entrer à l'école de médecine de cette ville. Cinq ans après, il était interne à l'Hôtel-Dieu sous la direction du fameux chirurgien Flaubert, père de Gustave. Mais, comme il se croyait la vocation de poète, il abandonna soudain la médecine pour se faire professeur de lettres. En 1851, il publia sa première œuvre poétique, *Melaenis, conte romain*, dont la dédicace porte le nom de Gustave Flaubert – comme celle de *Madame Bovary* (*) portera plus tard celui de Bouilhet. Cette amitié réciproque devait durer jusqu'à la mort. Fier du succès qu'il avait obtenu, et attiré par le théâtre, Bouilhet se rendit à Paris pour tenter d'y faire jouer un drame en cinq actes et en vers : *Madame de Montarcy*. Il fut loin de le regretter : montée au second Théâtre-Français le 6 novembre 1856, la pièce reçut un accueil triomphal. Conscient de ses capacités, il quitta Paris pour s'installer à Mantes-sur-Seine. C'est là qu'il écrivit ses autres grands drames en vers, d'un lyrisme exubérant, qui tous furent joués par la suite avec un certain succès à l'Odéon, au Théâtre-Français et à la Porte-Saint-Martin. Retenons surtout : *Hélène Peyron* (1858), *L'Oncle Million* (1860), *Dolorès* (1862), *Faustine* (en prose) (1864), et *La Conjuration d'Amboise* (1866), son meilleur ouvrage théâtral. Ajoutons-y la féerie intitulée *Le Château des cœurs* (*). Écrite en collaboration avec Flaubert et le comte d'Osmoy, elle ne fut jamais représentée. (Sa parution en revue date de 1880.) Outre *Melaenis, conte romain*, son œuvre poétique comporte : *Festons et astragales* (1859), *À une femme* (1859), *Les Fossiles* (1859) et *Dernières chansons* (1872).

ROLAND PURNAL.

♦ *« Pur de toute agression, de toute haine, de toute ambition, n'ayant été mêlé à rien de ce qui rapetisse les âmes, n'ayant combattu que le noble combat, Louis Bouilhet n'a été, n'a voulu être qu'un poète. »* Th. de Banville.

RÉF. : A. Angot, *Un ami de G. Flaubert, Louis Bouilhet, sa vie, ses œuvres*, 1885. – L. Letellier, *Louis Bouilhet*, 1919. – G. de Beaurepaire, *Deux Normands : Louis Bouilhet, Pierre Corneille*, 1936.

BOUKHARINE Nikolaï [Nikolaj Ivanovič Buharin]. Théoricien marxiste et homme politique russe né le 27 septembre (9 octobre) 1888 à Moscou, mort (fusillé) à Moscou entre le 13 et le 15 mars 1938. Séduit dès sa jeunesse par l'« harmonie logique » du marxisme, Boukharine devint dès 1905 le dirigeant clandestin des étudiants bolcheviks. Dans l'émigration de 1911 à 1917, il acquiert une réputation de polémiste et de théoricien de l'économie marxiste, avec ses deux premiers ouvrages : *L'Économie politique du rentier* [*Političeskaja ekonomika rant'e*, 1914] et *L'Économie mondiale et l'Impérialisme* [*Mirovoe hozjaistvo i Imperializm*, 1915]. De retour à Moscou en mai 1917, il entre au Comité central du parti bolchevik en juillet. En 1918, il défend avec les « communistes de gauche » un radicalisme révolutionnaire et va devenir l'un des principaux théoriciens du système d'étatisation et de militarisation instauré en 1918-1920 et désigné par la suite du nom de « communisme de guerre » – *L'Économie de la période de transition* [*Ekonomika perehodnogo perioda*, 1920]. Avec E. Préobrajenski, il rédige l'*ABC du communisme* (*). En 1921 se produisit, selon l'expression de Boukharine, l'« effondrement de nos illusions » : révolte de Kronstadt, soulèvements paysans, échec de la révolution allemande. Lénine instaure la N.E.P. (Nouvelle politique économique) dont Boukharine, revenu de sa « folie gauchiste » (dixit Lénine), va devenir le plus ardent défenseur. Il est maintenant partisan d'une « paix civile », d'une économie mixte, d'une alliance [smytchka] avec la paysannerie, encouragée à produire (« Enrichissez-vous ! » lance Boukharine en avril 1925) pour parvenir (« à pas de tortue ») au socialisme « à travers des relations de marché » et « dans un seul pays ». En 1925 Staline s'allie à Boukharine contre Trotski et la « gauche » qui préconisent au contraire une industrialisation rapide financée par le « pompage » de la paysannerie. La crise des collectes de blé, fin 1927, va inciter Staline à revenir à la politique coercitive du communisme de guerre et à se lancer dans la collectivisation forcée (1929) : il rompt avec Boukharine et la « droite » après avoir éliminé la « gauche ». Commencée à l'automne 1928, la campagne publique contre Boukharine, qui dénonce l'« exploitation militaro-féodale » de la paysannerie menée par « Staline-Gengis-Khan » aboutit en avril 1929 à l'éviction de Boukharine de la *Pravda* (dont il était le rédacteur en chef depuis décembre 1917) et du Komintern (Internationale communiste), puis à son exclusion du Bureau politique, le 17 novembre 1929 : il n'y a plus d'alternative au stalinisme. Boukharine capitulera une semaine plus tard et reconnaîtra de nouveau ses « fautes » en janvier 1933. En 1934, il est nommé rédacteur en chef des *Izvestia* et il rédige la partie juridique de la Constitution « stalinienne » de 1936. En août 1934, il présente au premier congrès des écrivains soviétiques un rapport sur la poésie dans lequel il s'élève contre la « bureaucratisation des processus de création » et donne la préférence à Pasternak plutôt qu'à Maïakovski ou D. Bedny. Mandelstam dut à Boukharine, selon sa femme, « toutes les éclaircies de sa vie ». Dans ses articles sibyllins des années trente, Boukharine défend l'« humanisme prolétarien » contre le « fascisme » et représente une ligne modérée qui va être emportée par la Grande Terreur déclenchée par Staline après l'assassinat de Kirov, le 1er décembre 1934. Boukharine est arrêté le 27 février 1937 et il est le principal accusé du « troisième procès de Moscou », celui de « bloc antisoviétique des droitiers et des trotskistes », en mars 1938. Boukharine accepte de reconnaître sa « responsabilité générale » par fidélité au parti et dans l'espoir de sauver sa jeune (et troisième) femme, Anna Larina (née en 1914) et son fils (né en 1936). A. Koestler, qui s'est inspiré de Boukharine pour le personnage de Roubachof dans *Le Zéro et l'Infini* (*), et M. Merleau-Ponty dans *Humanisme et Terreur* (*), tenteront de percer les motivations de Boukharine. Condamné à mort le 13 mars 1938, son exécution sera annoncée le 15 mars. Ainsi disparut celui dont Lénine, dans son « Testament » de décembre 1922, avait dit qu'il était un « théoricien extrêmement précieux et éminent » quoiqu'« un peu scolastique », « légitimement considéré comme le préféré de tout le Parti ». Boukharine n'a été réhabilité qu'à la faveur de la « perestroïka » : réhabilitation pénale le 4 février 1988, puis réintégration dans le Parti le 21 juin 1988. Boukharine incarne tous les « grands tournants » de la révolution bolchevique. Son drame fut d'avoir cherché jusqu'au bout « son salut auprès de son propre bourreau » (Anna Larina).

MICHEL NIQUEUX.

RÉF. : Stephen Cohen, *Nicolas Boukharine*, Paris, 1979. – Anna Larina Boukharina, *Boukharine ma passion*, Paris, 1989.

BOULANGER Daniel. Romancier, poète, nouvelliste, scénariste et dialoguiste français. Né à Compiègne (Oise) le 24 janvier 1922. Après un passage par le petit séminaire de Compiègne, qu'il quitte à l'âge de dix-sept ans, il se retrouve dans la Résistance (maquisard, il participera à des actions de sabotages). Il est emprisonné, puis envoyé au S.T.O. (Service de travail obligatoire). Cette jeunesse tumultueuse ne s'arrêtera pas avec la fin de la guerre. À son retour d'Allemagne, il se lance dans un périple autour du monde et fait de nombreux petits métiers pour vivre. Expérience du lointain, de l'exotique, dont l'écho se fait sentir dans son récit *Le Gouverneur polygame* (1980). C'est l'histoire d'un ancien gouverneur des colonies, qui a « mangé du chien » et qui, à quatre-vingt-treize ans, achève son existence en province. Personnage hors du commun, dont la pétulance détonne dans la petite ville de Saint-Clerc, il a réuni autour de lui un cénacle de treize jeunes femmes à qui il narre ses aventures de baroudeur mais aussi de bon vivant et d'amant hors pair. Ce cénacle libertin se livre à des « agaceries bihebdomadaires » qui font les délices du gouverneur. Ce goût de Daniel Boulanger pour les histoires racontées, les « fables » – terme qu'il affectionne particulièrement – font de lui un narrateur exceptionnel qui, à l'instar de son « gouverneur polygame », sait captiver ses lecteurs, ses « treize amoureuses ». À partir de 1958, il se retire à Senlis, et se consacre à la littérature. Dès lors, il ne cesse de publier, notamment des nouvelles, genre qui le fascine : *Les Noces du merle* (1964), *Le Chemin des caracoles* (*) (1966), *Le Jardin d'Armide* (1969), *Mémoires de la ville* (1970), *Vessies et Lanternes* (1971), *Les Princes du quartier bas* (1974), *L'Enfant de bohème* (1978), *Un arbre dans Babylone* (1979). Dans ses nouvelles, Daniel Boulanger est « à l'affût » : il traque les petits riens de la vie, ces imperceptibles grains de sable qui enrayent la mécanique de l'existence et nous restitue des destins là où il ne serait que trop facile de ne rien voir, de ne rien observer. Attentif, méticuleux, il sait frapper l'imagination par l'emploi d'images sensuelles, de descriptions savoureuses, de personnages croqués par des adjectifs inattendus (le duc de Clairvoie, personnage de la nouvelle *Un destin* : « Sa prodigieuse nullité n'avait d'égale que sa politesse que seule la dame des toilettes appréciait encore... »). Poète, Daniel Boulanger a publié de nombreux recueils : *Retouches* (*) (1976), *Tirelire* (1979), *Les Dessous du ciel* (1973). Poésies à la forme brève (brièveté qu'il appelle ses « retouches ». Lettres d'amour réduites à l'essentiel). Cet art de la concision qui innerve toute son œuvre (ses romans : *Le Téméraire*, 1962 ; *Connaissez-vous Maronne*, 1981 ; *Mes coquins*, 1990), il le mettra au service du cinéma en tant que scénariste et dialoguiste de nombreux films. Daniel Boulanger est membre de l'académie Goncourt depuis 1983.

PHILIPPE BLONDEAU.

BOULEZ Pierre. Compositeur et chef d'orchestre français. Né à Montbrison le 26 mars 1925. Après des études de mathématiques, il se consacre définitivement à la musique, suivant l'enseignement d'Olivier Messiaen (harmonie, analyse), Andrée Vaurabourg-Honegger (contrepoint) et René Leibowitz (dodécaphonisme). Ses premières compositions se situent en marge des esthétiques en vogue au lendemain de la Seconde Guerre mondiale (néo-classicisme stravinskien et dodécaphonisme schoenbergien) : Boulez projette d'intégrer des structures rythmiques à l'écriture dodécaphonique, prenant pour modèle les dernières œuvres d'Anton Webern et les techniques qu'Olivier Messiaen a tirées de son observation du *Sacre du printemps* (*) : *Sonatine pour flûte et piano* (1946), *Première* et

Deuxième sonate pour piano (1946 et 1948), *Livre pour quatuor* (1948). Cet objectif va se précipiter par réduction des composantes sonores à leur plus simple expression : hauteur, durée, timbre, intensité, contrôlées au moyen du sérialisme généralisé : *Polyphonie X* (1949-1951), *Premier livre de structures* pour deux pianos (1951-1952). De cette rigueur ascétique naît l'idée d'organiser la structure interne du timbre afin de lier de manière réversible le son à la forme musicale — notion préfigurée par le son organisé d'Edgard Varèse et le piano préparé de John Cage. Après d'infructueuses tentatives dans le domaine de la musique concrète, et dans l'attente de disposer d'une technologie adaptée à ses besoins, Boulez transposera cette recherche dans le domaine instrumental en imaginant des blocs sonores à densité variable dont les sons sont fonction de l'œuvre, solution à mi-chemin entre l'artisanat de Cage et la technologie électronique à laquelle Stockhausen s'essayait au même moment : *Le Marteau sans maître* (*) (1955). En conséquence, la forme musicale devait être réalisée en fonction de la mobilité de densité des structures sonores : œuvres « ouvertes », dont le parcours relève d'une part d'indétermination et dont l'agencement est laissé à discrétion de l'interprète : *Troisième sonate* pour piano (1956-1957), *Deuxième livre de structures* pour deux pianos (1956-1961), *Pli selon pli* (*) (1957-1962).

Heinrich Strobel, alors directeur du Südwestfunk, l'invite à Baden-Baden pour y réaliser une composition mêlant ensembles orchestraux et bande magnétique : *Poésie pour pouvoir* (1958). Boulez s'y installe l'année suivante, ce qui lui fournira l'occasion de perfectionner sa pratique de la direction d'orchestre à la tête de l'orchestre de la radio. Pianiste de formation, c'est en 1946 que Jean-Louis Barrault l'avait engagé comme directeur de la musique de scène de la compagnie qu'il venait de fonder avec Madeleine Renaud. Fort de l'expérience acquise sur le terrain, Boulez inaugure en 1954 une série de concerts qui deviendra bientôt célèbre sous le nom de *Domaine musical*. Là se font jouer les jeunes compositeurs de l'époque : Karlheinz Stockhausen, Henri Pousseur, Bruno Maderna, Luigi Nono, Luciano Berio, entre autres. Au cours des années 60, la notoriété de Boulez ira croissant, l'amenant à la tête des formations les plus renommées (première production française du *Wozzeck* (*) d'Alban Berg à l'Opéra de Paris et célébration du cinquantenaire du *Sacre du printemps* [1963]), ce qui aboutira à sa nomination comme directeur musical du B.B.C. Symphony Orchestra (1971-1975) et du New York Philharmonic (1971-1977). Déjà invité à Bayreuth pour y diriger les représentations de *Parsifal* (*) (1966-1970), c'est à lui que seront confiées les célébrations du centenaire de la *Tétralogie* (*) dans la mise en scène de Patrice Chéreau (1976-1980).

Parallèlement à la composition, Boulez a publié nombre d'écrits qui ont été réunis sous forme de recueils : *Penser la musique aujourd'hui* (*) (1963), *Relevés d'apprenti* (*) (1966), *Points de repère* (*) (1981). Après une période de controverses où il affirmait son désir d'affranchissement des archaïsmes de ses aînés, l'auteur précise au fil des ans ses objectifs techniques et stylistiques en formulant des notions nouvelles, telles celles d'« objet sonore » (à propos de la musique électronique) et de « formants » d'une œuvre (pour les formes à parcours variable). Par la suite, conséquence de l'extension de ses activités, les textes tendent à se diversifier, traitant non seulement de questions compositionnelles (domaine privilégié de son enseignement à Darmstadt, Bâle et Harvard au tournant des années 60), mais aussi de problèmes d'intérêt plus général, tels ceux rencontrés au cours de ses activités de direction, ou encore relatifs à l'organisation institutionnelle de la vie musicale.

Malgré l'hostilité des milieux officiels, consécutive à ses démêlés avec Malraux au sujet d'une nouvelle organisation de la musique en France, la notoriété internationale de Boulez incitera le président Georges Pompidou à lui confier la direction d'un centre de recherches dans le cadre du centre Beaubourg : l'I.R.C.A.M. (Institut de recherche et de coordination acoustique / musique, fondé en 1970). Une formation instrumentale spécialisée dans la musique du xxe siècle, l'Ensemble Intercontemporain, sera créée à son intention afin de rendre publiques les recherches effectuées dans l'institut, ainsi que de familiariser l'auditoire à la musique contemporaine. Disposant désormais des moyens qu'il réclamait pour la musique depuis près de vingt ans, Boulez peut réaliser la liaison entre instruments traditionnels et sons électroniques grâce aux perfectionnements apportés par l'informatique. Après s'être efforcé d'approcher ce but par le biais d'une transposition dans le domaine instrumental : *Figures-Doubles-Prismes* (1958-1963-1968), *Eclat/Multiples* (1965-1970), *Domaines* (1968-1969), *Cummings ist der Dichter...* (1970 ; rév. 1986), *... explosante-fixe...* (1972), *Rituel* (1974-1975). *Répons* (1981-1984) apportera la preuve qu'il est désormais possible de réaliser la transformation du son en temps réel sur une grande échelle. Depuis 1976, Pierre Boulez est également professeur au Collège de France.

Porter un jugement impartial sur l'œuvre et la carrière de Boulez pourrait paraître prématuré, voire présomptueux, ne serait-ce qu'en raison des réactions extrêmes que sa forte personnalité n'a pas manqué de susciter — aussi ne s'est-on pas privé de verser dans l'excès, dans la louange comme dans le blâme. Selon le point de vue, on admirera la multiplicité et le brillant de ses dons, ou l'on fustigera le pouvoir démesuré de son ambition totalitaire. Demeure qu'il figure, parmi quelques compositeurs de sa génération, l'un des musiciens qui aura le plus contribué à donner à l'art de la seconde moitié du siècle une impulsion irréversible vers la modernité.

ROBERT PIENCIKOWSKI.

RÉF. : D. Jameux, *Pierre Boulez*, Paris, 1984.

BOULGAKOV Mikhaïl [Mihail Afanasevič Bulgakov]. Romancier, nouvelliste et dramaturge russe. Né le 2 mai 1891 à Kiev, mort le 10 mars 1940 à Moscou. Le père de Mikhaïl Boulgakov est professeur à l'Académie de théologie de Kiev. Le jeune homme fait des études de médecine et exerce durant quelques années (à Viazma, à Kiev). En 1919, il abandonne la médecine pour se consacrer à la littérature. Cependant son expérience donnera matière aux *Récits d'un jeune médecin* [*Zapiski Junogo vrača*] publiés en revues dans les années 20.

De 1920 à 1921, Boulgakov est à Vladicaucase, où il prend une part active à la vie culturelle aux côtés de l'écrivain Slezkine. Les *Notes sur les manchettes* [*Zapiski na manžetah*] publiées dans divers almanachs portent témoignage de cette période. Il semble qu'à cette époque Boulgakov, qui optait pour un monarchisme tempéré et que les scènes de violence vues durant la Révolution avaient profondément marqué, ait songé à l'émigration. En 1921, il s'installe à Moscou, où il collabore à diverses revues, écrit des « feuilletons », sortes de sketches comiques inspirés de l'actualité quotidienne. Signalons entre autres son passage à la revue des cheminots, *Le Sifflet* [*Gudok*] ; il y rencontre un certain nombre de futures célébrités (Kataev, Olecha, Ilf, Paoustovski). Ces travaux alimentaires seront évoqués dans *Le Roman théâtral* (*), écrit en 1936. Plus gratifiants sont ceux qu'il exécute pour la revue *Nakanune,* éditée à Berlin par des émigrés soucieux de rester en contact avec la mère patrie. Son premier roman *La Garde blanche* (*) (1925) est partiellement publié dans l'éphémère revue *Russie.* Au travers des destinées d'une famille de l'intelligentsia proche des Blancs, Boulgakov y évoque les événements révolutionnaires à Kiev. Chronique d'une apocalypse, *La Garde blanche* donne à voir, dans la tradition tolstoïenne, la tragédie des individus pris dans le tourbillon aveugle de l'Histoire. De ce roman largement autobiographique Boulgakov tirera une pièce *Les Journées des Tourbine* (*) qui restera l'un des grands succès du Théâtre d'Art en dépit des attaques dont elle fit l'objet de la part des « écrivains prolétariens » de la R.A.P.P. La pièce *L'Appartement de Zoïka* [*Zoikina kvartira,* 1926] fut jouée en 1926 et 1927. Pour évoquer la faune des tripots, des maisons de rendez-vous et des fumeries d'opium clandestines qu'avait fait ressurgir la N.E.P., elle allie la satire et la farce à une vision que l'on pourrait parfois qualifier de surréaliste. Dans le même temps, Boulgakov écrit de nombreux récits dans une veine satirico-fantastique. Seul le recueil *Diablerie* [*Diavoliada*] sera publié en 1925. L'auteur y montre la bureaucratisation de la vie, la destruction de la culture, le chaos, les désastres dus au volontarisme. De la même époque date *Cœur de chien* [*Sobačje serdce*], brillante nouvelle où, dans la veine gogolienne, Boulgakov évoque la transformation d'un bon chien en méchant homme... La pièce *La Fuite* [*Beg,* 1926-1927] met en scène sur un mode semi-onirique la vie tout à la fois drôle et tragique des émigrés. Dans *L'Île pourpre* (*) (1928), Boulgakov parodie le théâtre de gauche. En 1929-1930, la situation de l'écrivain semble désespérée. Ni publié ni joué, soumis au feu roulant de la critique, il est profondément déprimé. Il écrit alors à Staline une série de lettres pour lui demander à s'expatrier. Celui-ci lui téléphonera le 18 avril 1930. À la suite de cette conversation où, pris de cours, il est largement perdant (il ne s'en rendra compte que bien plus tard), Boulgakov va obtenir un modeste emploi d'assistant-metteur en scène au Théâtre d'Art. Adaptations et travaux alimentaires se succèdent. Sa pièce sur Molière *La Cabale des dévots* [*Kabala sviatoš*] sera presqu'aussitôt retirée de l'affiche. Son *Don Quichotte* ne verra pas le jour de son vivant. La pièce qu'il consacre à Pouchkine, *Les Derniers Jours* [*Posledije dni*] sera également interdite. En 1936, Boulgakov quitte le Théâtre d'Art pour le Bolchoï ; il écrit des livrets d'opéra. En 1938, cédant au désir fallacieux d'établir un contact avec les « instances supérieures », Boulgakov écrira *Batoum* [*Batum*], une pièce sur la jeunesse de Staline qui sera également refusée. On peut penser que cette démarche fut dictée par le souci de pouvoir présenter aux autorités sa grande œuvre, *Le Maître et Marguerite* (*), commencée en 1928, et à laquelle l'écrivain travailla jusqu'à ses tous derniers jours. Il y donne sa pleine mesure, alliant satire, sens théâtral et poésie à une grande méditation sur le bien et le mal saisis au travers de la problématique de l'écrivain face au pouvoir totalitaire.

Pratiquement exclu de la vie littéraire de son temps, Mikhaïl Boulgakov est l'un des plus grands écrivains russes du XXe siècle. Satiriste incisif, styliste nerveux et brillant dont la prose tout entière est marquée par sa passion du théâtre, il s'inscrit dans la lignée des grands classiques qu'il prolonge avec une vigoureuse originalité.

MARIANNE GOURG.

BOULGAKOV Serge [Sergej Nikolaevič Bulgakov]. Philosophe et théologien russe. Né le 16 juillet 1871 dans une petite bourgade de la province d'Orel (Russie), mort le 13 juillet 1944 à Paris. Serge Boulgakov, fils d'un prêtre orthodoxe, après avoir terminé ses études primaires, entre au séminaire. Une crise religieuse lui fait abandonner ses études de théologie ; il entre à la faculté de droit de l'université de Moscou et se consacre entièrement à l'étude des questions économiques et sociales. Marxiste convaincu, il soutient en 1900 une thèse intitulée *Capitalisme et Agriculture* [*Kapitalizm i Agrikul'tura,* Saint-Pétersbourg, 1900], dont les deux gros volumes sont consacrés à la possibilité d'appliquer dans le domaine de l'agriculture les principes sociologiques et économiques énoncés par Marx. Une nouvelle évolution spirituelle lui fait retrouver la voie de l'idéalisme et le réconcilie avec la religion. Les étapes de cette évolution sont consignées dans le volume intitulé *Du marxisme à l'idéalisme* [*Ot marksizma k idealizmu,* Saint-Pétersbourg, 1903] et prennent définitivement corps dans l'ouvrage fondamental de cette période de la vie de Boulgakov : *La Lumière sans déclin* [*Svet nevečernij,* Moscou, 1917]. En 1918, alors que commencent déjà les persécutions religieuses, il se fait ordonner prêtre ; en 1923, banni de la Russie soviétique, il arrive à Prague où il se voit confier la chaire de théologie et de droit canon. En 1925, il fonde à Paris, avec d'autres professeurs exilés ou émigrés, l'Institut de théologie orthodoxe, dont il est élu doyen *ad vitam.* C'est à Paris que l'œuvre théologique du père Boulgakov s'épanouit : deux trilogies, dont la première comprend *Le Buisson ardent,* consacré à la mariologie, *L'Ami de l'époux,* sur la personnalité et le rôle de saint Jean-Baptiste, et *L'Échelle de Jacob* où il expose sa doctrine sur les anges. Sa dernière trilogie, son œuvre fondamentale, porte le titre général : *La Sagesse divine et la Théanthropie* (*). Le premier volume de cette œuvre, *Du Verbe incarné ou de l'Agneau de Dieu,* a soulevé une polémique véhémente dans certains milieux orthodoxes, qui allèrent jusqu'à taxer, à tort d'ailleurs, la doctrine sophiologique du père Boulgakov d'hérésie, et le condamnèrent lors de ces réunions synodales qui se tinrent en 1935 et 1936. Boulgakov a donné enfin une interprétation de l'*Apocalypse* (*) qui constitue son testament spirituel. Atteint dès 1939 d'un cancer du larynx, privé de ses cordes vocales, le père Boulgakov eut le courage de rééduquer sa voix et finit par pouvoir réciter les offices et même faire des conférences devant un auditoire réduit.

RÉF. : B. Zenkovski, *Histoire de la philosophie russe,* t. II, Paris, 1955. – Kliment Naumov, *Bibliographie des œuvres de Serge Boulgakov,* Paris, 1984.

BOULLE Pierre. Romancier français. Né en Avignon le 20 février 1912, mort à Paris le 31 janvier 1994. Muni d'un diplôme d'ingénieur de l'École supérieure d'électricité, il se lance dans une vie aventureuse en Extrême-Orient : de 1936 à 1939, il est planteur de caoutchouc en Malaisie. Il s'installe ensuite en Indochine, mais en 1941 retourne en Malaisie, où il s'engage dans les Forces françaises libres. Après l'invasion japonaise, il se bat en Birmanie, en Chine et en Indochine. Fait prisonnier, il s'évade en 1944 et regagne la France. L'Asie et l'expérience de la guerre constitueront pour Pierre Boulle une source principale d'inspiration, comme en témoigne *Le Pont de la rivière Kwaï* (*) (1958), qui lui apportera la notoriété et sera adapté au cinéma. *Le Sacrilège malais* (1951), *Un métier de seigneur* (1960) se rattachent aussi à cette période de sa vie, sur laquelle il reviendra dans son autobiographie *Aux sources de la rivière Kwaï* (1966). Pierre Boulle implique ses personnages dans des situations bizarres et impossibles à résoudre, par exemple dans *Le Photographe* (1967) ou *La Face* (1963), qui met en scène un procureur confronté à un cas de conscience inextricable. Ses romans de science-fiction s'inscrivent dans la tradition propre aux auteurs français de ce genre : *La Planète des singes* (*) (1963) aux allures de conte philosophique, ou encore *Le Jardin de Kanashima* (1964). Certaines de ses nouvelles touchent de près ou de loin à ce même domaine (*E=MC2,* 1957), ou bien inaugurent un nouveau style de fantastique avec ses *Contes de l'absurde* (prix de la Nouvelle 1953). Cette œuvre abondante et diverse est dominée par le sentiment de l'absurde, un goût prononcé pour la logique irrationnelle, le paradoxe, et exprime un pessimisme teinté d'ironie ; l'auteur, cependant, distille sa fantaisie philosophique avec aisance dans des intrigues habilement agencées qui exaltent l'héroïsme et le courage.

JACQUES-ÉMILE MIRIEL.

BOUNINE Ivan Alexéevitch. [Ivan Alekseevič Bunin]. Poète et romancier russe. Né à Voronèje (Russie) le 22 octobre 1870, mort à Paris le 8 novembre 1953. Il est issu d'une famille de gentilshommes campagnards qui a donné à la Russie nombre de personnages illustres ; son enfance ainsi que son adolescence et la plus grande partie de sa jeunesse se passèrent à la campagne dans les propriétés paternelles. Le servage est aboli, mais le milieu qui l'entoure est encore plein des souvenirs de cette époque. Cette connaissance de la nature et des paysans aura une très grande influence sur son œuvre. « Dès sept ans, écrira-t-il, ma vie a été liée aux champs, aux isbas des moujiks. » Il est musicien et manifeste toujours ce goût très vif pour la peinture qui apparaît dans son œuvre littéraire. Il écrivit sa première poésie à huit ans ; celle-ci parle d'une vallée de montagnes et des esprits qui s'y promènent par une nuit de lune. Ses parents, loin de contrarier sa vocation poétique, l'encouragent dans cette voie, et surtout sa mère, dont il se souviendra comme d'un être exceptionnel. Le 17 mai 1887, dans l'hebdomadaire *Patrie,* paraît la première poésie qu'il ait publiée : il a dix-sept ans. Deux ans plus tard, il se rend à Kharkov, trouve un emploi dans le *zemstvo,* vit à Orel, puis à Poltava, où il est correspondant de quelques journaux provinciaux. Il passe un an et demi à Odessa, où il fait partie d'un cercle d'artistes russes du Sud. Son premier recueil de vers paraît à Orel en 1890. Jusqu'en 1894, lisons-nous dans ses *Carnets intimes,* il n'était en relation avec aucun écrivain et ne faisait partie d'aucun cercle littéraire. Sa première rencontre avec Tolstoï a lieu en janvier 1894. L'année suivante, il se rend à Saint-Pétersbourg, où il fait connaissance des rédacteurs de la revue, *Richesse russe,* où il avait déjà publié ses premiers récits et qui représentait une des grandes tendances littéraires de l'époque. Il fait paraître à cette époque des recueils de vers, sous le titre modeste de *Tome I, II* et *III.* Son recueil de 1901, *Chute des feuilles,* marque le début de sa célébrité en Russie. Le critique Tchoukovski écrit de lui en 1914 : « Si Moscou et Saint-Pétersbourg avaient été détruits, pas une ligne de son œuvre n'eût été changée » : le vent, la fonte des neiges, la chute des feuilles sont les seuls événements qui comptent pour lui. Ses premiers écrits importants en prose datent de 1900, année où ses récits commencent à paraître régulièrement dans la revue de Gorki *La Connaissance.* Il a immédiatement pris dans la littérature une place particulière que l'Académie des sciences a reconnu en le nommant membre en 1909. Il y siège aux côtés de Tolstoï, il a trente-neuf ans, fait unique dans les annales de la littérature russe. Son élection coïncide aussi avec la parution de son premier roman, *Le Village* (*) (1909), premier d'une série où, avec un âpre réalisme, il représente la pauvreté matérielle et culturelle de la campagne russe d'avant la Révolution. Dans les années qui précèdent la guerre, il voyage en Turquie, dans le Proche-Orient, en Grèce, à Ceylan, en Europe, surtout en Italie. De ces voyages, il rapporte beaucoup de récits de caractère descriptif ; mais ses observations font naître en lui aussi des méditations dont s'inspirent ses récits de cette époque : *Frères* (1914), *Le Monsieur de San Francisco* (*) (1915). Au cours de la Première Guerre mondiale, il publie *Les Oreilles en boutonnière* et *Les Rêves de Tchang.* Lorsque la Révolution éclate, il quitte Moscou pour la Russie méridionale. En 1920, il se réfugie en France. Au cours de ces années d'exil, qu'il partage entre Paris et Grasse, il publie *La Nuit* (*) (1925), *Le Sacrement de l'amour* (*) (1925), *La Vie d'Arseniev* – v. *À la Source des jours* (*) (1935) – et *Lika* (*) (1939). Bien que coupé pendant de longues années de sa patrie, Bounine en conserva un souvenir si vif et si précis que les ouvrages qu'il écrivit sur la Russie pré-révolutionnaire à l'étranger frappent par l'extraordinaire vérité de l'observation. Il est le seul auteur émigré dont les ouvrages continuent à être lus et appréciés en U.R.S.S. Le 9 novembre 1933, Bounine reçoit le prix Nobel de littérature pour l'ensemble de son œuvre. En 1938-1944, Bounine compose un recueil de nouvelles, *Les Allées sombres* (*), et dira de ce livre qu'il est le meilleur qu'il ait jamais écrit.

MARIO LEVI.

♦ *« Son culte pour Tolstoï me gêne autant que son mépris pour Dostoïevski, pour Saltykov-Chtchédrine, pour Sologoub. Décidément, nous n'avons pas les mêmes saints, les mêmes dieux. »* André Gide. ♦ *« Un talent excellent, austère. »* Maxime Gorki.

RÉF. : Charles Ledré, *Trois romanciers russes. Ivan Bounine, Alexandre Kouprine, Marc Aldanov,* Paris, 1935. – Serge Kryzytski, Ivan Bounine, in *Histoire de la littérature russe. Le XXe siècle. L'Âge d'argent,* Paris, 1987. – Nina Berberova, *C'est moi qui souligne,* Arles, 1989.

BOUNOURE Gabriel. Critique littéraire français. Né à Issoire (Puy-de-Dôme) en 1889, mort en 1969. Après des études qui le mèneront à l'agrégation, l'auteur commence sa carrière de professeur à Quimper, mobilisé en 1914, démobilisé en 1919, c'est à Guéret, où il connaît Jouhandeau, qu'il reprend son enseignement. Ses premières critiques paraissent alors. La vie de province ne lui convenant que fort peu, il décide de partir pour les « pays du Levant ». Le 1er octobre 1923, il se retrouve à Beyrouth, où il occupe le poste d'inspecteur d'enseignement secondaire, premier d'une série dans l'administration culturelle et éducative. Il contribuera par ses conférences et la création de l'École supérieure des lettres au rayonnement de la culture française dans la région. Ses amitiés littéraires nombreuses – André Suarès, connu dès les années 20, Max Jacob, Pierre-Jean Jouve, dont il est un des premiers à parler, dans *La Nouvelle Revue française* (*), Joë Bousquet, Henri Michaux, Georges Schehadé, Salah Stétié, Louis Massignon, Edmond Jabès, Jacques Derrida, pour ne citer que certains noms –, la qualité de ses essais critiques, sa rigueur intellectuelle, la sûreté de son jugement font de lui un des grands « initiateurs à la poésie » de son époque. Il rejoint la France libre en décembre 1941, au Liban ; en 1952, il dénonce la répression en Tunisie et est obligé de passer en Égypte, au Caire, où il enseigne jusqu'en 1958, il termine sa carrière au Maroc. C'est en Bretagne dans le Finistère, qu'il s'éteint.

L'œuvre de Gabriel Bounoure, qui n'a cessé de disperser avec générosité ses études dans différentes revues (avant tout la N.R.F. – dont il devint, sous la direction de Jean Paulhan, le grand lecteur de poésie – mais aussi *Le Mercure de France, Mesures...*), se limite à un livre publié en 1958 à l'instigation de Salah Stétié et de Cioran : *Marelles sur le parvis* (*) (malheureusement mis au pilon deux ans après sa publication !). Depuis 1985 ont été republiées certaines études sous forme de plaquettes (sur Henri Michaux, Pierre-Jean Jouve, Edmond Jabès, René Char, Rimbaud). Homme secret, Bounoure laisse une correspondance abondante qui mériterait d'être publiée, ainsi qu'une œuvre poétique demeurée inédite. Grâce à la magie de son « verbe arc-en-ciel », ainsi que le qualifiait Max Jacob, Gabriel Bounoure aura su porter la critique de la poésie au rang des plus hautes créations de l'esprit.

FRANCIS WYBRANDS.

BOURBAKI Nicolas. Pseudonyme collectif désignant un groupe de mathématiciens, dont les premières publications, les *Éléments de mathématiques* (*), datent de 1939. Si l'on connaît les principaux initiateurs de l'entreprise, les mathématiciens H. Cartan, J. Dieudonné ou A. Weil, leurs successeurs ont toujours respecté la clause du secret. On sait que le groupe a compté entre dix et vingt membres, tenus de s'en retirer une fois la cinquantaine passée, pour la plupart français et issus de l'École normale supérieure.

NICOLAS WITKOWSKI.

BOURDALOUE Louis. Prédicateur français. Né à Bourges le 20 août 1632, mort à Paris le 13 mai 1704. « Le plus célèbre prédicateur du temps », comme disent ses contemporains, était entré à seize ans dans la Compagnie de Jésus. Il sortait d'une famille de petits commerçants, de « bourgeois marchands » ; mais son père était avocat. Après une quinzaine d'années d'études, et après avoir accumulé tout un fonds de belles-lettres et de culture antique qu'il mettra plus tard au service de sa prédication, il fut nommé professeur de rhétorique, de philosophie, de théologie morale, dans divers collèges des jésuites. Ses supérieurs découvrent son talent d'orateur et l'envoient aussitôt prêcher en Picardie, en Normandie, en Bretagne, où il obtient un tel succès qu'il est bientôt appelé à Paris. « À peine eut-il paru, raconte un témoin, que de tout Paris et de la Cour même, une foule prodigieuse accourut. » On trouve également, dans les *Lettres* (*) de Mme de Sévigné, bien des échos de cette notoriété si rapide. En 1669, à trente-sept ans, Bourdaloue passe de la ville à la Cour sur la demande de Louis XIV. Il prêche devant le roi l'Avent de 1670, le Carême de 1672, quatre autres Carêmes entre 1674 et 1682, quatre Avents de 1684 à 1693 ; en tout dix séries de *Sermons* (*) à la Cour, alors qu'habituellement, le même prédicateur n'y était guère rappelé plus de trois fois. Après la révocation de l'édit de Nantes, Louis XIV envoie Bourdaloue enseigner les nouveaux convertis du Languedoc, et le jésuite se fait rapidement admirer et aimer par sa douceur et son esprit de tolérance. Toute sa vie d'ailleurs, en marge de sa prédication, il s'était dépensé pour visiter les malades, assister les agonisants, et surtout porter des secours spirituels aux prisonniers. Ayant abandonné la chaire de Versailles en 1696, Bourdaloue, pendant ses sept dernières années, se voue aux œuvres de charité et aux hôpitaux. On peut dire cependant qu'il prêcha jusqu'à son dernier souffle. On ne cessait de le demander pour des discours de fête, des sermons de circonstance. Douze jours avant sa mort, le 1er mai 1704, il prenait encore la parole à une cérémonie de vêture de carmélite.

Un prédicateur favori des Grands. Et pourtant une vie banale, terne, tout intérieure, de religieux fervent à accomplir tous ses devoirs. On peut le résumer comme le fit Sainte-Beuve : « Il avait prêché. » À en croire Voltaire, aussitôt Bourdaloue apparu, Bossuet cessa de régner sur la chaire. C'est inexact ; mais il reste vrai que, bien souvent, ses contemporains le mirent au-dessus de l'évêque de Meaux. L'évêque et le religieux sont d'ailleurs des hommes, sinon de tempérament, du moins de formation semblable. Bourdaloue est plus froid, mais comme Bossuet nourri d'Écriture sainte, formé par un long commerce avec les auteurs de l'Antiquité, auxquels il ne demande d'ailleurs pas des parures de discours mais toujours quelque illustration morale. De Bossuet, il présente aussi le zèle apostolique audacieux, impitoyable. Il n'est certes pas homme à acheter faveur et popularité chez les Grands par des complaisances à leurs vices : en pleine époque des désordres du roi, il choisit comme sujet de sermon le thème de l'impureté, « frappant comme un sourd, disant des vérités à bride abattue », selon le témoignage de Mme de Sévigné, il a la rudesse, la liberté souveraine d'un homme conscient d'accomplir une mission divine ; il n'hésite pas à entremêler son discours de mille allusions à des faits ou à des personnages contemporains, et même à bâtir des portraits que toute la Cour pouvait aisément reconnaître ; tantôt, à propos de la médisance, c'est le Pascal des *Provinciales* (*) ; ou, sur l'hypocrisie, le *Tartuffe* (*) de Molière ; à propos de la prière, il aborde le cas délicat du mysticisme fénelonien ; une autre fois, il s'en prendra à Arnault et à ses outrances de doctrine. En lisant ses portraits, on pense aux *Maximes* (*) de La Rochefoucauld, aux *Caractères* (*) de La Bruyère, parfois même à certains personnages de Molière. Derrière le prédicateur, reparaît alors le professeur de rhétorique : en homme de son siècle, Bourdaloue dédaigne le cas individuel, il crée des types, il s'occupe de l'âme éternelle, de l'Homme. Mais tandis qu'à travers toute l'œuvre de Bossuet court le frémissement des commencements tumultueux de l'époque classique, Bourdaloue paraît toute rigueur, austérité, jusqu'à l'excès même : ses sermons, bien construits certes, n'ont pas la richesse ni surtout le mouvement qui emporte chez Bossuet. Point de fleurs, point de traits saillants, point de gestes même, car ce jésuite, pour éviter toute distraction, gardait les yeux baissés tout le temps de son prêche et avançait dans son discours, rigide comme insensible. Dédaignait-il de séduire ? Il ne voulait pas toucher, mais convaincre. Être sensible, affectueux, lui eût paru sans doute un début de complaisance – et l'on comprend que Fénelon n'ait guère prisé sa manière. Bourdaloue comptait sur la seule raison, sur les « certitudes impassibles » qui réduisent l'adversaire à la contradiction. Logicien parfois brutal, « il s'empare sur-le-champ de l'esprit de l'auditeur et le frappe, comme d'un coup de massue, du bloc des sévères et irrésistibles doctrines qu'il va lui développer ». Que si, ensuite, l'émotion voulait paraître, Bourdaloue ne la rejetait point ; mais, il ne faisait rien pour la flatter, il ne la tolérait, semble-t-il, que comme le résultat de l'illumination des esprits. Le style de Bourdaloue marque une fin bien plus qu'un commencement : c'est l'instant où la rigueur raisonnable atteint un point de telle tension qu'elle devient intolérable — ou, plus simplement, qu'elle commence à fatiguer, à ennuyer. Tandis que mourait Bourdaloue, Massillon l'avait déjà remplacé dans la chaire française et, au classicisme impétueux, presque féroce du jésuite, avait substitué une douceur et une onction dignes de Fénelon.

JACQUES PATRY.

♦ *« J'aime mieux les redites du père Bourdaloue que les choses nouvelles d'un autre. »* Louis XIV. ♦ *« Un des premiers qui étala dans la chaire une raison toujours éloquente fut le père Bourdaloue. »* Voltaire. ♦ *« On a dit de Bourdaloue que c'est Nicole éloquent. Je dirai aussi : c'est le Despréaux de la chaire : mais un Despréaux en prose et dont les qualités essentielles et rassises, séparées de l'accent et de l'action, n'ont conservé aucune vivacité, aucune fraîcheur* [...] *Cependant, quand on prend la peine de l'étudier, on y retrouve les plus sérieux mérites. »* Sainte-Beuve. ♦ *« Malgré les trois points de ses sermons — ces trois piquets de tente où l'orateur sacré s'abritait pour parler une heure —, Bourdaloue le sermonnaire et le théologien est un immense moraliste, en pleine humanité et en pleine âme. »* Barbey d'Aurevilly.

RÉF. : Sainte-Beuve, *Causeries du lundi*, t. I et t. X. — Anatole Feugère, *Bourdaloue, sa prédication et son temps*, 1876. — R. P. Lourds, *Bourdaloue, sa vie et ses œuvres*, 1881. — Eugène Griselle, *Histoire critique de la prédication de Bourdaloue*, 2 vol., 1901. — Ethna Byrd, *Bourdaloue*, 1929. — R. Daeschler, *Bourdaloue*, 1929. — R.P. d'Hérouville, *Bourdaloue*, 1947. — Actes du colloque de 1977 à Dijon, *Journées Bossuet. La Prédication au XVIIe siècle*, Paris, 1980.

BOURDET Édouard. Auteur dramatique français. Né à Saint-Germain-en-Laye le 26 octobre 1887, mort à Paris le 18 janvier 1945. Esprit hardi et cultivé, ayant eu très jeune le goût du théâtre, il débuta par une comédie, *Le Rubicon*, qui obtint un vif succès lors de sa création au théâtre Michel, le 17 janvier 1910. Il ne revint à la scène que dix ans après pour donner successivement *La Cage ouverte* (1920), *L'Heure du berger* (1922) et *L'Homme enchaîné* (1923). Il dut pourtant attendre jusqu'à la quarantaine pour s'acquérir toute l'audience à laquelle son très grand talent lui donnait droit. Ce fut avec *La Prisonnière* (1926) (*) : grâce à la maîtrise de l'auteur, l'honnête y savait prévaloir sur le scabreux. Dans toutes les pièces qui suivirent : *Vient de paraître* (*) (1927), *Le Sexe faible* (*) (1929), *La Fleur des pois* (1932), *Les Temps difficiles* (1934) et *Fric-Frac* (*) (1936), Bourdet confirma cette maîtrise. Étant né pour la comédie psychologique, Bourdet a peint sans indulgence les mœurs de son temps. S'il cultive les sujets audacieux, il ne le fait pas moins « avec tous les scrupules de la conscience la plus droite ». Son style incisif fait merveille et ce n'est point tomber dans l'exagération que de voir en lui un petit-fils de Beaumarchais. Rappelons enfin qu'Édouard Bourdet fut administrateur général du Théâtre-Français de 1936 à 1940 ; il y fit preuve d'une grande activité réformatrice, dans laquelle il fut secondé par des collaborateurs de tout premier plan, tels que Jacques Copeau, Charles Dullin, Louis Jouvet et Gaston Baty, dont il sut s'entourer. Après avoir donné sa démission, il écrivit encore deux pièces à succès : *Hyménée* (1941) et *Père* (1944).

RÉF. : D. Bourdet, *Édouard Bourdet et ses amis*, 1946. — J. Nels, « Bourdet, témoin et moraliste », *Les Annales*, n° 184, 1966.

BOURDIEU Pierre. Sociologue français né à Denguin (Béarn) le 1er août 1930. Ancien élève de l'École normale supérieure, agrégé de philosophie, Pierre Bourdieu est élu à la chaire de sociologie du Collège de France en 1985. L'œuvre de Bourdieu commence par une double critique des approches structuralistes de l'anthropologie et de la phénoménologie et par leur dépassement. Dans un projet de réflexion sur les pratiques, il puise à plusieurs sources théoriques, philosophiques et sociologiques (Kant, Wittgenstein, Heidegger, Merleau-Ponty, Durkheim, Marx, Weber ...) pour parvenir à une nouvelle théorie du monde social. Celle-ci prend en compte les conditions sociales de production des différents discours des sciences humaines, repoussant l'illusion qui consisterait, pour le philosophe comme pour le sociologue, à prétendre dévoiler la réalité sociale de manière neutre, « objectivée ». Pour ce faire, le savant devra expliciter la position qu'il occupe lui-même dans le monde social, car il n'échappe pas à ses déterminations et doit envisager les effets qu'elles produisent sur ses intérêts et méthodes de recherche : il devra « objectiver l'objectivation ». On peut envisager cette œuvre comme une tentative d'élaborer sans cesse de nouveaux concepts. Les premiers travaux de Bourdieu, à base ethnographique, portent sur les paysans du Béarn et sur l'Algérie où il enseigna dans les années 60 : *Sociologie de l'Algérie* (1961), *Travail et travailleurs en Algérie* (1963). On y trouve l'ébauche des concepts de « champ » et d'« habitus ». L'habitus est une série de « dispositions acquises, conscientes ou inconscientes » qui vont déterminer les principes d'action et de représentation des agents sociaux au cours de leur existence. C'est un concept qui reconstruit la notion durkheimienne de socialisation et marque l'inscription du social dans chaque individu. Il ne s'agit pas pour autant d'un déterminisme qui permettrait de dévoiler a priori l'ensemble des conduites des agents de manière mécanique puisque chacun possède une capacité de choix à partir de cette détermination : Ce sont les « stratégies » mises en évidence à propos du mariage kabyle – voir *Esquisse d'une théorie de la pratique* (1972). Bourdieu va ensuite centrer son attention sur la sociologie de l'éducation – *Les Héritiers* (*) (1964), *La Reproduction* (1970) en collaboration avec Passeron, *La Noblesse d'État* (1990) et la sociologie de la culture : *Un art moyen* (1964), *L'Amour de l'art* (1966). Dans tous ces ouvrages, Bourdieu met en évidence des phénomènes de domination, ce qui lui permet de classer les goûts pour l'art ou les choix pour les études comme légitimes ou dominés. La culture légitime est celle qui est socialement instituée comme telle par les classes dominantes dans les champs économique et social. Il y jette aussi bien les analyses objectivantes, qui naturalisent le social, que les analyses subjectivistes, prédominantes en matière de goût artistique. Ainsi, à l'analyse d'inspiration marxiste des phénomènes de domination économique et sociale des classes supérieures sur les classes inférieures, redoublée par une domination idéologique, il substitue la notion de domination symbolique. Celle-ci permet d'envisager les goûts et les dégoûts en matière d'art ou d'idées comme des acquis constitués en rapport avec les déterminations sociales des conduites des agents. Le dominé l'est certes parce qu'il dispose d'un « capital » social, économique et culturel faible, mais c'est surtout parce que le dominant va réussir par l'effet de la « violence symbolique » à obtenir du dominé l'adhésion au principe de sa soumission. Bourdieu systématisera son analyse dans *La Distinction* (*) avant de l'appliquer au champ littéraire et au champ du pouvoir politique (le champ se définissant comme un espace structuré de positions en lutte les unes contre les autres).

HELÈNE THOMAS.

BOUREANU Radu. Écrivain roumain. Né à Bucarest le 9 mars 1906. Après des études d'art dramatique, il joue des rôles secondaires sur certaines scènes, fait également de la peinture et devient rédacteur en chef de la vieille revue littéraire *La Vie roumaine* [*Viata românească*]. Sa poésie est une tentative pour concilier tradition et modernisme. C'est ainsi que des paysages autochtones semblent indéterminés et que des légendes du pays prennent une dimension universelle. Parmi ses recueils de poèmes, il convient de citer : *Vol blanc* (+) (1932), *Le Golfe du sang* (*) (1936), *Chevaux d'apocalypse* [*Cai de apocalips*, 1939], puis, après une période de poésie militante, *La Mort des moulins à vent* [*Moartea morilor de vânt*, 1961], *Le Cœur dessiné* (+) (1964), *La Nuit solaire* [*Solara noapte*, 1969], *Les Pyramides du froid* [*Piramidele frigului*, 1970].

BOURGEOIS Anicet (Auguste Bourgeois, dit). Auteur dramatique français. Né à Paris le 25 décembre 1806, mort le 12 janvier 1871. Cet auteur dramatique a écrit, seul ou en collaboration, près de deux cents vaudevilles et drames historiques, entre autres *Masers de Latude ou Trente-cinq ans de captivité* (*) (1834), en collaboration, et *La Nonne sanglante* (*) (1835) dont les ténébreux épisodes se déroulent notamment dans un monastère d'Allemagne. La supérieure, qui fut la maîtresse du major Conrad de Waldorf, sachant que la fiancée de ce dernier est réfugiée dans son couvent, fait tout pour que la jeune fille prononce ses vœux. Conrad poignarde la supérieure qui, devenue fantôme, envoûte son ancien amant ; *La Bouquetière des Innocents* (*) (1862), dont l'action se passe sous Henri IV, avec pour héros Jacques Bonhomme, joviale incarnation du peuple de Paris ; *Les Pilules du Diable* (*) (1867), féerie où l'un des personnages est changé par une sorcière en dindon. Bourgeois est l'auteur, avec Paul Féval, de l'adaptation pour le théâtre (1862) du roman de ce dernier, *Le Bossu* (*).

BOURGES Élémir. Romancier français. Né à Manosque (Alpes de Haute-Provence) le 26 mars 1852, mort à Auteuil le 13 novembre 1925. Enfant précoce dont les parents avaient vécu, en qualité de précepteurs, dans l'aristocratie hongroise, il fit de bonnes études au lycée de Marseille, où il fut condisciple de Ferdinand Brunetière. Curieux de tout, il montrait déjà ce goût de la lecture qui fera dire plus tard à quelqu'un : « Quand il a cinq minutes, il relit l'Encyclopédie. » Arrivé à Paris en 1874, il dut d'abord gagner sa vie dans divers journaux. S'étant lié avec Bourget, Barbey d'Aurevilly et Mallarmé, il fonda, avec Signoret, *La Revue des chefs-d'œuvre* (1881-1886). Devenu chroniqueur dramatique (1881-1883), il entra au *Gaulois* en 1885, et pendant un an y tint le rôle de secrétaire de rédaction. S'étant rendu à Prague, il y avait pris femme (en 1883) : mariage qui exerça sur son œuvre la plus salutaire des influences. En 1886, ayant fait un petit héritage, il alla se fixer à Samois, dans la forêt de Fontainebleau ; il y resta jusqu'en 1902. Ensuite il vécut à Versailles, et enfin à Auteuil. Il était, depuis 1902, membre de l'académie Goncourt. S'étant mis très jeune à l'école de Sophocle, de Dante, de Shakespeare et des Élisabétains, sans oublier Saint-Simon, Stendhal et même Richard Wagner, Bourges fut possédé toute sa vie par le démon de la création. Faute de trouver la grandeur dans la vie moderne, il fit de l'art un sacerdoce, et de la solitude son bien le plus précieux. S'il s'est consacré tout entier au roman d'imagination, c'est parce que ce genre est le domaine où se peut le mieux assouvir le goût des constructions grandioses. Son œuvre entière, jaillie au déclin du naturalisme, ne comporte que trois romans : *Le Crépuscule des Dieux* (*)

(1884), *Sous la hache* (1885), *Les oiseaux s'envolent et les fleurs tombent* (*) (1893). Ajoutons *La Nef* (*) (1904-1922), épopée métaphysique à laquelle il travailla quelque trente années. Créateur d'un monde à la fois sombre et féerique, Bourges fut un très grand prosateur. Si, par le trop de contention, il manque parfois de naturel et de simplicité, il y substitue le sens du tragique et la leçon des grands modèles. Fervente autant que laborieuse, et loin du marché littéraire, sa vie fut une des plus nobles qu'un écrivain puisse mener.

♦ *« Je viens de lire* Le Crépuscule des Dieux *et je vous dirai que cette lecture m'a donné sur les personnages modernes que vous faites revivre une sorte de vision shakespearienne ; une vision qui m'a pris et charmé par quelque chose de la grandeur folle et de la fantaisie démoniaque des rois et des princes du merveilleux imaginateur anglais. »* Edmond de Goncourt, lettre à É. Bourges, 18 mars 1884. ♦ *« Élémir Bourges, ne lâchant aucune partie de l'œuvre* [Le Crépuscule des Dieux], *nous choque et nous fatigue quelquefois par la disproportion du sujet et l'importance qu'il lui attribue, mais aussi, dans ses belles pages, atteint à une ampleur peu commune. M. Élémir Bourges, de l'aveu de tous, est au premier rang des jeunes écrivains déjà connus. Et si l'on peut attendre de lui une œuvre prochaine de premier ordre – dès aujourd'hui, c'est un noble talent, de ceux dont l'attitude honore les travaux de l'esprit. »* Maurice Barrès, 1885. ♦ *« Son œuvre est bien haute pour notre temps et en quelque sorte bien trop protégée contre l'esprit du jour. Elle est classique en ce sens qu'elle ne s'adresse qu'à l'essentiel de l'homme, et romantique parce qu'elle fait une immense part au lyrisme et qu'elle est profondément révoltée sous son apparence sereine. La mode, qui est capricieuse, a négligé Bourges comme elle a négligé Villiers de l'Isle-Adam. »* Edmond Jaloux.

RÉF. : Raym. Schwab, *La Vie d'Élémir Bourges,* 1948 (thèse). – Marcel Arland, *Lettres de France,* 1951. – André Lebois, *Les Tendances du symbolisme à travers l'œuvre d'Élémir Bourges,* 1953. *La Genèse du « Crépuscule des Dieux »,* Paris, 1954. – Alexandre Arnoux, *Études et Caprices,* 1953. – G. Marie, *Elémir Bourges ou l'Éloge de la grandeur,* Paris, 1962.

BOURGET Paul Charles Joseph. Écrivain français. Né à Amiens (Somme) le 2 septembre 1852, mort à Paris le 25 décembre 1935. Fils de Justin Bourget, un éminent mathématicien, qui fut recteur des académies d'Aix et de Clermont, il montra de bonne heure un goût très vif pour la lecture, en même temps qu'il recevait d'excellentes leçons de choses. Venu à Paris au sortir du lycée, il suivit les cours de l'École des hautes études et obtint sa licence ès lettres (1874). Disciple de Taine et de Sainte-Beuve, il fut d'abord professeur libre. Bien qu'il fût surtout alors attiré par la critique, il débuta dans les lettres par trois recueils de vers : *La Vie inquiète* (1874), *Edel* (1878) et *Les Aveux* (1882), où il évoque les détours d'un cœur en quête de lui-même. Il révéla bientôt sa maîtrise en publiant un livre qui fera sensation : *Essais de psychologie contemporaine* (*) (1883). Cette œuvre de moraliste, qu'allaient enrichir de *Nouveaux Essais* (1855), dénotait, en effet, une rare rigueur d'esprit. Bourget fut loin de s'en tenir là dans le domaine de la critique, ainsi qu'en témoignent les beaux livres qu'il fit paraître par la suite : *Physiologie de l'amour moderne* (1890), *Sensations d'Italie* (1891), *Outremer ; notes sur l'Amérique* (1895), *Études et Portraits* (1906) et enfin *Pages de critiques et de doctrine* (1912 à 1922). Mais, dès la trentaine, l'auteur aspirait à devenir romancier. En fils spirituel de Benjamin Constant, il brûlait de s'inscrire en faux contre la platitude naturaliste et de régénérer le roman par l'intelligence. Au roman physiologique dont Zola s'était fait le champion (Zola, « la matière faite homme »), il répondrait par le roman psychologique, lequel consiste, comme chacun sait, dans l'analyse des états d'âme et des crises de conscience. Se faisant d'abord le peintre de la vie mondaine, il fit paraître, coup sur coup, *Cruelle énigme* (1885), *Un crime d'amour* (1886), *André Cornélis* (*) (1887) et *Mensonges* (1887). Devenu ainsi le « sauveur » qu'attendait le public lettré, Bourget s'acquit une gloire aussi soudaine qu'éclatante. Après *Le Disciple* (*) (1889), dont Brunetière fut le grand défenseur, Bourget se plut à analyser les maux dont souffrait son époque. D'où la longue suite de romans où la religion, la morale et la sociologie tiendront une place toujours plus grande : *Un cœur de femme* (1890), *Terre promise* (1892), *Cosmopolis* (*) (1892), *Une idylle tragique* (1896), *La Duchesse bleue* (1898), et surtout *L'Étape* (*) (1902), *Un divorce* (*) (1904), *L'Émigré* (1907), *Le Démon de midi* (*) (1914), *Le Sens de la mort* (*) (1915), *Némésis* (*) (1918), *Un drame dans le monde* (1921), *Cœur pensif ne sait où il va* (1924), *Nos actes nous suivent* (1927). Tenu longtemps pour le maître du roman psychologique, Bourget fut, pourtant, loin de faire œuvre de psychologue au sens rigoureux du mot. En lui sommeillait, en effet, un moraliste. Pour son malheur, il permit à ce dernier de se substituer au psychologue plus que de raison. Ce défaut est surtout sensible dans les romans où il fait le procès de l'époque. Chose d'autant plus regrettable que le romancier pèche souvent du côté de la composition. Aussi le sent-on plus à l'aise dans la nouvelle. Dans ce domaine, où il excelle, il faut citer : *Pastels* (1889), *Un scrupule* (1893), *Voyageuses* (1897), *Complications sentimentales* (1898), *Un homme d'affaires* (1900), *Monique* (1902), *L'Eau profonde* (1902), *Les Détours du cœur* (1908), *L'Envers du décor* (1911), *Le Justicier* (1919), *Anomalies* (1920). Tout comme Brunetière, son compagnon de jeunesse, Bourget use d'un style oratoire, souvent lourd, mais qui se sauve par son mouvement même. Il était entré à l'Académie française en 1894.

♦ *« ... L'art curieux, subtil et savant, avec lequel M. Paul Bourget mêle ensemble la description des lieux et l'analyse aiguë des états d'âme de ses personnages.*

L'analyste, en lui, se double d'un peintre ou d'un poète. » F. Brunetière. ♦ « *Ce romancier sans muscles ni cartilages.* » Léon Bloy. ♦ « *Il manque de frivolité. Et il manque d'esprit. On ne songeait pas à en faire la remarque, si parfois il ne se plaisait pas à égayer ses récits de traits agréables ; dans ce cas, les plaisanteries des anas, les à-peu-près, les confusions de mots des illustrés et les cuirs lui semblent du meilleur goût... C'est une nature de travailleur appliqué, consciencieux et un peu lourd.* » René Doumic. ♦ « *En face du naturalisme triomphant, et qu'il a sans tapage contribué à ruiner, il est venu proclamer que l'âme existe aussi, et d'innombrables lecteurs et lectrices lui on su un gré infini d'avoir remis cette vérité en honneur.* » Victor Giraud. ♦ « *Si ce grand ouvrier des lettres a prolongé jusqu'à la vieillesse une production très régulière, le* Démon de midi *a mis le point final au meilleur de son œuvre. Sa forme et sa substance romanesque appartiennent au passé. Mais pendant trente ans Bourget a été un original témoin du roman français, tel que l'avaient constitué Balzac et George Sand.* » Thibaudet.

RÉF. : Ch. Du Bos, *Appoximations,* 1992. – L. Bertrand, *Bourget-le-Reconstructeur,* 1927. – E. Seillière, *P. Bourget, psychologue et sociologue,* 1937. – A. Feuillerat, *Paul Bourget,* 1938. – M. Arland, *Essais,* 1952. – M. Mansuy, *Un moderne, Paul Bourget,* 1960.

BOURIN Jeanne. Romancière française. Née le 13 janvier 1922 à Paris. Elle est fille d'un conservateur d'hypothèques et l'épouse d'André Bourin, journaliste et homme de lettres. Elle fait ses études au lycée Victor Duruy et entre à la Sorbonne. En 1963, elle publie son premier roman : *Le bonheur est une femme* qui évoque les amours de deux poètes du XVIe siècle, Ronsard et Agrippa d'Aubigné. *Très sage Héloïse*, qui fait revivre l'amante d'Abélard, paraît en 1966, et *La Dame de Beauté* en 1970 : Agnès Sorel, favorite de Charles VII, reçut du roi la seigneurie de Beauté-sur-Marne, d'où vient son surnom. Jeanne Bourin consacre ensuite plusieurs années à la préparation de son roman *La Chambre des dames* (*) (1979), chronique d'une famille au XIIIe siècle. *Le Jeu de la tentation* (1981) en est la suite. *Le Grand Feu* (1985) se situe aux confins du XIe et du XIIe siècle, dans la vallée du Loir et à Blois. *Les Amours blessées* (1987) sont celles de Cassandre et de Ronsard. *Les Pérégrines* (1989) et *Les Compagnons d'éternité* (1992) se passent au temps des croisades – les pérégrines étant les femmes qui suivaient les croisés : les « aventurières de Dieu ». Jeanne Bourin a également écrit un livre de cuisine médiévale, *Les Recettes de Mathilde Brunel* (1985), l'héroïne de *La Chambre des dames* ; un conte d'enfants, *Le Sanglier blanc* (1987), et un ouvrage sur les jardins médiévaux et leurs plantes, *La Rose et la Mandragore* (1990). Elle est conférencière et collabore à divers journaux. C'est un Moyen Âge familier que décrit Jeanne Bourin : le bourg, la rue, le verger, les métiers. Ces romans se présentent comme des histoires vraies. Ils se déroulent au sein même de la vie quotidienne et le bonheur y est le plus souvent présent.

CHRISTINE DE CLINCHAMPS.

BOURLA Yéhudad. Romancier, critique et traducteur israélien. Né et mort à Jérusalem (18 septembre 1886-4 novembre 1969). Issu d'une famille séfarade installée en Palestine depuis trois cents ans, Bourla consacra toute son œuvre à sa communauté d'origine. Il fut le premier écrivain moderne à doter le monde de la culture orientale juive d'une existence littéraire à part entière. Après des études dans divers établissements religieux de Jérusalem, il devint professeur. À partir de 1930, il dirigea le département arabe de la Fistadrut et remplit différentes missions à l'étranger. Dès la parution de son premier ouvrage *Lunah* (1930), pour lequel il reçoit les encouragements de Brenner, il fait preuve de grandes qualités de sensibilité. Tout en rendant particulièrement attachantes les figures de ses personnages, il décrit de manière réaliste et saisissante les misères de la vieille communauté ottomane. Parmi ses œuvres, il convient de citer : *L'Épouse haïe* (*) (1928), *La Difficulté de vivre* (*) (1929), *Sans étoile* [*Beli Kokhav*, 1937], *L'Épopée d'Aqabia* (*) (1939), *Le Notable* [*Ba'al be-'Amav*, 1962], ainsi que deux romans historiques : *À l'horizon* [*Ba-Ofek*, 1943] et *Les Voyages de Judah Halevi* [*Elleh Musei Yehudah Halevi*, 1959].

MONIQUE JACOB.

BOURSAULT Edme. Auteur dramatique français. Né à Mussy-sur-Seine en octobre 1638, mort à Montluçon le 15 septembre 1701. Son œuvre est des plus diverses : comédies, tragédies, romances, épigrammes. Secrétaire de la duchesse d'Angoulême, il dirigea une gazette manuscrite en vers qui plaisait à la haute société. Polémiste spirituel, il savait se défendre quand il était attaqué. Croyant se reconnaître dans le personnage de Lysidas de la *Critique de l'École des femmes* (*), il écrivit *Le Portrait du peintre ou la Contre-Critique de l'École des femmes* (+). Il s'attira une réponse non seulement de Molière – v. *L'Impromptu de Versailles* (*) –, mais aussi de Boileau. Sa critique de *Britannicus* (*) de Racine provoqua des réactions violentes et des allusions peu flatteuses à la médiocre tragédie dont il était lui-même l'auteur, *Germanicus*. Ses meilleures comédies sont *Le Mercure galant ou la Comédie sans titre* (*), *Ésope à la ville* (*), *Ésope à la Cour* (*), où sa verve satirique s'exerce heureusement. Il écrivit aussi un roman par lettres, *Lettres à Babet* (1669), qui fut trouvé charmant, et plusieurs romans qui réussirent, *Artémise et Poliante* (1670), et surtout *Le Prince de Condé* (1675) qui lui procura un renom européen.

RÉF. : Niceron, *Histoire de la vie et des ouvrages de Boursault* in *Mémoires pour servir à l'histoire des hommes illustres de la République des Lettres,* t. XIV,

Paris, 1727-45. — Saint-René Taillandier, *Un poète comique au temps de Molière, Boursault, sa vie et ses œuvres,* Paris, 1881. — Pierre Brun, *Autour du XVIIe siècle,* les libertins, Grenoble, 1901. – Alfred Hoffmann, *Edme Boursault d'après sa vie et ses œuvres,* thèse, Metz, 1902. — J. Allott, *Les Fables d'Ésope,* Ekates, 1988.

BOUSQUET Joë. Écrivain français. Né le 19 mars 1897 à Narbonne et mort le 28 septembre 1950 à Carcassonne. Après une jeunesse provinciale agitée, il est très gravement blessé le 27 mai 1918 à Vailly (sur le front), et se trouve désormais condamné à une existence grabataire jusqu'à sa mort. Dans sa retraite de Carcassonne, il commence à écrire et noue de nombreuses amitiés : avec le philosophe Louis Claude Estève, les surréalistes (et particulièrement Paul Eluard), Jean Cassou, Alquié, Jean Paulhan. Des personnalités littéraires comme Gide et Valéry viennent également lui rendre visite, ainsi que des peintres. Dans sa solitude provinciale — dans la solitude de sa chambre — Joë Bousquet entretient également des « amitiés » féminines. (Les correspondances qu'il a eues avec ces femmes ont été parfois publiées.) L'œuvre de Bousquet, assez vaste, est faite de romans, de poèmes, d'essais, de lettres et de *Journaux* (*). Citons ici *La Fiancée du vent* (1930), *Il ne fait pas assez noir* (*) (1932), *Rendez-vous d'un soir d'hiver* (1933), *Une passante bleue et blonde* (1934), *L'Une, l'autre, l'une et l'autre* (1935), *Tisane de sarments* (*) (1936), *Traduit du silence* (*) (1941), *Iris et petite fumée* (1930), *Le Médisant par bonté* (1945), *Connaissance du soir* (*) (1947), *Le Meneur de lune* (*) (1946), *Le Fruit dont l'ombre est la saveur* (1947). Ont été également publiés après sa mort : *La Neige d'un autre âge* (1952), *Lettres inédites* (1963), *Lettres à Poisson d'or* (*) (1967), *Langage entier* (1967), *Notes d'inconnaissance* (1967), *Le Sème-Chemin* (1969), *D'une autre vie* (1970), *Lettres à Jean Cassou* (1970), *L'Homme dont je mourrai* (1974).

Pour comprendre l'œuvre — et la pensée — de Joë Bousquet, il faut remonter à cette blessure qui, en 1918, l'a littéralement couché pour toujours, alors qu'il avait jusque-là mené ce qu'on appelle une vie de « bon vivant ». Bousquet a vu dans cette blessure un véritable destin, son destin. Non une malheureuse « blessure de guerre », mais le symbole d'une blessure quasi ontologique, marquant l'humanité tout entière : « Je dois à ma blessure d'avoir appris que tous les hommes étaient blessés comme moi. » Plus encore : cette blessure l'aurait introduit à un univers existentiel qu'il désirait au fond de lui depuis longtemps. En ceci, Joë Bousquet est très proche de Novalis, qui a vu dans la mort de sa fiancée, et dans le pressentiment de sa mort précoce, l'accomplissement de son destin. Cette comparaison, Joë Bousquet lui-même — qui s'est longuement penché sur l'idéalisme magique de Novalis — a dû la faire. Ainsi a-t-il transformé ce qui n'était qu'un tragique accident (aux yeux des autres) en une condition poétique et en pouvoir de rayonnement. Sa pensée et sa poésie (car toute son œuvre, même romanesque, est poésie) sont celles d'un homme couché. Mais c'est lui qui nous apprend ce qu'est « être couché ». Si l'on a parlé à propos de Novalis d'idéalisme magique, il faut parler à propos de Bousquet de réalisme magique. Son œuvre tisse subtilement — jusqu'à l'hermétisme — le langage, le rêve, la subjectivité et le monde. « Je suis le rêve de mes rêves. » « Je cherche une clarté qui change tous les mots. » « La poésie est la langue naturelle de ce que nous sommes sans le savoir. » Ces formules énigmatiques indiquent la dimension fondamentale dans laquelle se situe Bousquet au sein de sa *Nuit d'inconnaissance.* « La matière existe à peine au regard de ce que l'esprit est capable de matérialiser », affirme-t-il, plus proche que jamais de Novalis. Regard et objet, amour et être aimé, âmes et rêves se mêlent, se renversent, l'homme est et n'est pas son double, toute la pensée de Bousquet s'enfonce dans la nuit de ces propositions obscures, qu'on ne comprend certes pas, mais qu'on suit avec une espèce d'enchantement fasciné. Ce n'est pas un hasard si une foule d'hommes et de femmes se pressaient autour de la couche de ce lumineux malade, autour de sa présence, de son regard, de sa parole, puisqu'ici présence, regard et parole ne faisaient plus qu'un.

ANTOINE BERMAN.

♦ *« Il avait été donné à Bousquet de se rendre familier avec cet état où l'homme sait de science sûre, voit de voyance évidente que la chaleur et la glace, le joyeux bourdonnement des pensées et les mots figés, la profusion et le mécanisme ne font plus qu'une seule œuvre. »* Jean Paulhan.

RÉF. : André Suzanne, *Joë Bousquet,* Paris, 1972. — Hubert Juin, *Joë Bousquet,* Paris, 1972. — René Nelli, *Joë Bousquet,* Paris, 1975.

BOUSSENARD Louis. Romancier français. Né à Écrennes (Loiret) le 4 octobre 1847, mort à Orléans le 11 septembre 1910. Collaborateur du *Journal des voyages*, Boussenard a publié maints volumes pour la jeunesse où l'aventure se déroule aux quatre coins du globe : le plus célèbre est *Le Tour du monde d'un gamin de Paris* (*) (1880). Citons parmi ses autres ouvrages : *À travers l'Australie, Les Dix Millions de l'opossum rouge* (1879), *Les Robinsons de la Guyane* (1882), *Aventures périlleuses de trois Français au Pays des diamants* (1884), *De Paris au Brésil par terre* (1885), *2 000 lieues à travers l'Amérique du Sud* (1885).

BOUTANG Pierre. Philosophe et romancier français. Né à Saint-Étienne le 20 septembre 1916. Il est élève au lycée de Saint-Étienne et au lycée du Parc à Lyon, puis, en 1935, il entre à l'École normale supérieure ; agrégé de philosophie, il enseigne à Clermont-Ferrand puis à Rabat. En 1939 il écrit dans *L'Action française.* La quête métaphysique lui paraît ordonnée par l'urgence politique, elle exige cette réflexion préalable sur les conditions mêmes de sa possibilité ou de son empêchement : c'est *La Politique considérée comme souci* (titre d'un essai publié en 1948) qui rapproche Boutang du nationalisme défini par Maurras comme appartenance à une communauté médiatrice. La réflexion ne se sépare pas de l'action et de l'engagement personnels : mobilisé en 1940, Pierre Boutang participe à la campagne de France, puis il est nommé chef de cabinet à l'Intérieur du gouvernement Giraud en Afrique du Nord (1943). À sa demande il est rappelé dans les unités combattantes, le 1er spahis marocain puis le 4e spahis tunisien en 1944. Sa participation au gouvernement Giraud lui vaut d'être l'objet après la guerre d'une mesure extraordinaire de révocation de l'université sans pension, assortie d'une interdiction d'enseigner. Dès lors Pierre Boutang va s'occuper de journalisme : il écrit dans la revue *Fédération* (1946-1949), *Les Cahiers de la Pléiade* (1946), *Aspects de la France* (1947-1954) ; de 1955 à 1967, il est directeur politique de *La Nation française.* Que si la métaphysique est inséparable d'une réflexion sur la politique, celle-ci n'a d'autre fondement que poétique : d'où l'urgence de retrouver et ressaisir « le juste parler, la parole vivante (qui) sont toute la morale et le corps des autres biens ». C'est redire autrement que « La sûreté des trônes se fonde sur la poésie » (Gneisenau). Cet usage congru de sa langue, Pierre Boutang va le défendre et l'illustrer par le roman ou le récit (*La Maison un dimanche,* 1947 ; *Quand le furet s'endort...,* 1948 ; *Le Secret de René Dorlinde,* 1958 — dont Jean Paulhan disait que « c'est ça, la littérature » ; et *Le Purgatoire* (*) (1976) ; la critique littéraire (*Les Abeilles de Delphes,* 1952 ; *La Satire Ménippée,* dans l'ouvrage collectif *Tableau de la littérature française,* 1962 ; *Le Suicide de Stavroguine,* in *Cahier de l'Herne,* Dostoïevski, 1973) ou poétique (*Commentaires sur 49 dizains de « La Délie »,* 1953 ; *William Blake,* 1970 puis 1990 ; *La Fontaine politique,* 1981 ; *Art poétique,* 1988 ; *Karin Pozzi ou la Quête de l'immortalité,* 1991) et enfin par la traduction, philosophique (*Apologie de Socrate,* 1948 ; *Le Banquet* de Platon, 1972) ou littéraire (*Chansons et Mythes* de William Blake, 1989 ; *L'Auberge volante* de Chesterton, 1990). S'il ne dédaigne pas la polémique lorsque les circonstances le sollicitent (*La République de Joanovici,* 1949 ; *Sartre est-il un possédé ?,* 1950 ; *La Terreur en question,* 1958 ; *Précis de foutriquet,* 1980), Pierre Boutang est conduit par ces circonstances mêmes à s'interroger sur la nature du pouvoir, l'origine et la forme de sa légitimité (*Court traité du pouvoir légitime à l'usage des Français d'aujourd'hui,* 1958 ; *Reprendre le pouvoir,* 1977). En 1967 le général de Gaulle le réintègre dans l'université : successivement professeur au lycée Turgot à Paris (1967-1969) puis au lycée de Saint-Germain-en-Laye (1969-1974), il est nommé maître de conférences à l'université de Bretagne occidentale à Brest (1974-1977) avant d'occuper à la Sorbonne (Paris-IV) la chaire d'ontologie et métaphysique (1977-1986). En 1973, il publie sa thèse d'État, *Ontologie du secret* (*), puis en 1979 *Apocalypse du désir,* stèles capitales d'une odyssée métaphysique non achevée, qui se nourrit de dialogues avec ses maîtres (*Gabriel Marcel,* 1977) et surtout Maurras (*Maurras, la destinée et l'œuvre,* 1984) où Pierre Boutang retrouve dans l'énigme d'une vie et de ses tribulations l'union essentielle de la poésie, de la politique et de la métaphysique.

PHILIPPE BARTHELET.

BOUTELLEAU Gérard. Romancier français. Né à Paris le 27 mai 1911, mort à Paris le 2 novembre 1962. Fils du romancier Jacques Chardonne, il passa presque toute sa jeunesse en Angleterre, se lia avec Gide vers 1940, milita dans la Résistance, fut déporté par les Allemands, relâché, arrêté à nouveau en 1944, et devint à la Libération rédacteur en chef de l'hebdomadaire *Carrefour.* Il fit alors plusieurs reportages internationaux puis eut un poste de direction aux éditions Stock. Parmi ses romans, citons *Intimités anglaises* (1947), où il évoquait ses souvenirs de Londres, *Ventriloques* (1950), étude des milieux de la presse et de la politique, *La Barre d'appui* (1953), consacrée au monde de la danse, *Le Grand Ensemble* (*) (1962), qui évoque les problèmes humains créés par la construction d'un centre d'habitat moderne.

JACQUES PATRY.

BOUTENS Peter Cornelis. Poète néerlandais. Né à Middlebourg, province de Zélande (Pays-Bas) le 20 février 1870, mort à La Haye le 14 mars 1943. Après avoir fait des études supérieures à l'université d'Utrecht, il passe en 1899 sa thèse de doctorat sur *Les Archaniens* (*) d'Aristophane et devient professeur de littérature à Voorschoten, puis à La Haye, à partir de 1904. Traducteur de Sophocle, de Platon, d'Omar Khayyam, de Goethe, de Novalis, de Wilde et des poèmes de Louise Labbé, Boutens fut lui-même un grand lyrique et l'un des meilleurs représentants de la « génération de 1895 » ; son art, nourri d'une expérience religieuse dégagée de tout dogme mais empreinte de piétisme, affectionne cependant quelque préciosité. Par son culte de la beauté aimée comme un reflet divin sur l'univers, il se rapproche de l'école du *Nouveau Guide* [*Nieuwe Gids*]. Ses principaux recueils poétiques sont publiés entre 1895 et 1914, *Carmina, Chansons oubliées, Les Voix* [*Stemmen,* 1907] et *Nuages d'été* (*) (1922). La légende médiévale de *Sœur Béatrice* (*) lui a également inspiré en 1908 un petit poème, *Le Chant de Béatrice* (*).

RÉF. : J. van Ginneken, *Studieën, Taaltechniek van Boutens*, Nimègue, 1919. – A. Reichling, *Het Platoonisch Denken bij P. C. Boutens*, Maastricht, 1926. – A. A. M. Stols, *Bibliogr. van het werk v. Boutens*, Maastricht, 1926-1930.

BOUTERWEK Friedrich. Philosophe et littérateur allemand. Né le 15 avril 1765 à Oker, près de Goslar (dans le Harz), mort le 9 août 1828 à Göttingen (Hanovre), où il avait terminé ses études, et où s'écoula toute sa carrière universitaire. D'abord disciple de Kant, il se rallia ensuite à Jacobi, et adopta enfin un rationalisme modéré. Son « virtualisme » n'a pas été sans influence sur Schopenhauer. Son œuvre capitale est l'*Histoire de la poésie et de l'éloquence nouvelle* (+) – v. *Histoire de la littérature espagnole* (*) –, parue en douze volumes de 1801 à 1819. Il y consacre un grand nombre de pages à la littérature espagnole, et, de ce fait, peut être considéré comme un précurseur des romantiques allemands qui le lurent avec profit. Il s'occupa aussi d'esthétique et de philosophie : *Esthétique* [*Aesthetik*, 1806, 2 vol.], *Aphorismes présentés aux amis de la critique et de la raison d'après le système de Kant* (1793), *Essai d'une apodictique* (1799), *Les Époques de la raison* (1802), écrivit des poèmes sous le pseudonyme de Bajacco Romano, quelques romans qui révèlent son univers sentimental et ses théories esthétiques (citons entre autres : *Graf Donamar*, 1791-93, 3 vol.) ; des drames, des nouvelles, tous plutôt faibles. Ajoutons son *Histoire de la poésie et de l'éloquence depuis la fin du XIIIe siècle* (+).

RÉF. : G. Struck, *F. Bouterwek. Sein Leben, seine Schriften und seine philosophischen Lehren*, thèse, Rostock, 1919.

BOUTHOUL Gaston. Sociologue français. Né en 1896 à Monastir en Tunisie, mort à Paris en 1980. Après des études universitaires, il se consacre à la sociologie et publie un *Traité de sociologie* en trois volumes (1946-1951-1954) où il montre en particulier son intérêt pour l'histoire des mentalités, intérêt qu'il complétera par un petit livre, *Les Mentalités* (1952), dans lequel il classe les sociétés selon le concept de l'espérance de vie ; puis à travers une série de raisonnements sur l'organisation et la désorganisation des structures sociales, il lui apparaît que le phénomène de la guerre est un des plus importants dans l'évolution de la condition humaine. Il faut, selon lui, étudier ce phénomène non plus d'une manière passionnelle, politique, idéologique ou mythique, mais d'une façon scientifique, c'est-à-dire désacraliser la guerre. On pourrait résumer le dessein de Gaston Bouthoul par cette formule : « Si tu veux la paix, connais la guerre. » Constatant qu'il existe des Instituts du cancer ou de la tuberculose, maladies qui font moins de ravages que la guerre, Gaston Bouthoul a fondé pour sa part l'Institut français de polémologie (*Polemos* = guerre, en grec) et, grâce aux chercheurs, aux étudiants qui travaillent sous sa direction et à ses propres investigations, il a publié une série d'ouvrages dans lesquels il prouve que la guerre n'est pas le produit ou le résultat automatique de la surpopulation ou la conséquence fatale des crises économiques ou des ambitions personnelles : elle est bien plutôt et bien plus à ses yeux un phénomène psychologique, une impulsion agressive, un état d'âme « sui generis » dans le comportement humain, qu'il convient d'étudier en s'entourant de toutes les précautions et de toutes les hardiesses de la science et des sciences humaines. On doit ainsi à Gaston Bouthoul : *Huit mille traités de paix* (1948), *La Guerre* (1953), *Sauver la guerre* (*) (1961), *Le Phénomène-Guerre* (*) (1962), *Avoir la paix* (1967), et un ouvrage dense en statistiques, rédigé en collaboration avec le général René Carère, *Le Défi de la guerre (1740-1971)*, paru en 1976 et *Guerres et Civilisations* (1980). Pour souligner l'importance et la nouveauté de son approche originale d'un phénomène très général et très particulier à la fois, Gaston Bouthoul écrivait dans son ouvrage primordial, *Les Guerres, éléments de polémologie* (1951) : « Vouloir interdire les guerres par des lois, avant de les mieux connaître scientifiquement, paraît aussi vain que d'interdire par décret les épidémies ou l'éruption des volcans. »

JOËL SCHMIDT.

BOUTROUX Étienne Émile Marie. Philosophe français. Né le 28 juillet 1845 à Montrouge, mort le 23 novembre 1921 à Paris. Il fut un des représentants les plus éminents en France de l'opposition au courant positiviste, dont il critiqua les présupposés d'ordre scientifique, en rappelant l'irréductible contingence du réel et de ses lois. Après avoir commencé ses études à Montrouge, il suivit les cours du lycée Henri IV à Paris, et entra plus tard à l'École normale supérieure. Il était fort attiré par les leçons de Jules Lachelier dont le spiritualisme, né des enseignements de Ravaisson, exerça une notable influence sur son orientation philosophique. Ayant obtenu en 1868 le titre d'agrégé de philosophie, il se rendit, pour parachever ses études, à Heidelberg, en Allemagne, où il fréquenta assidûment les cours de Zeller. Plus tard, d'ailleurs, il traduisit partiellement *La Philosophie des Grecs* de Zeller. Une fois rentré en France, il obtint la chaire de philosophie au lycée de Caen. Les thèses qu'il présenta à la Sorbonne – *De veritalibus aeternis apud Cartesium*, en latin, et *De la contingence des lois de la nature* (*) – furent à l'origine de sa réputation. Envoyé peu après à l'université de Montpellier, puis à celle de Nancy, c'est dans cette dernière ville qu'il fit connaissance de la sœur d'Henri Poincaré et l'épousa. En 1877, il fut nommé « maître de conférences » à l'École normale, et, huit ans plus tard, fut chargé des cours d'histoire de la philosophie moderne à la Sorbonne, où il devint ensuite professeur titulaire. Un de ses cours les plus remarquables est celui qu'il fit de 1892 à 1893, et qui fut publié sous le titre : *De l'idée de la loi naturelle dans la science et la philosophie contemporaine* (*). Les *Études d'histoire de la philosophie,* qui parurent en 1897, contiennent ses essais les plus importants dont une monographie sur Pascal, auteur dont Boutroux était particulièrement féru. Les quelques conférences que Boutroux fit, de 1888 à 1895, à l'école de Fontenay-aux-Roses, furent recueillies dans les *Questions de morale et d'éducation.* Son mauvais état de santé le contraignit, en 1902, à se retirer de l'enseignement, mais ne l'arrêta point dans sa tâche et ne diminua en aucune façon ses activités. Outre le volume intitulé *Science et religion dans la philosophie contemporaine* (1908), dans lequel le spiritualisme de Boutroux confine au mysticisme, outre une grande quantité de mémoires, articles, essais, conférences, dont une partie fut rassemblée peu après sa mort, dans *Morale et Religion* (1925), il écrivit *La Nature et l'Esprit* (1926) et *Nouvelles Études d'histoire de la philosophie* (1927). Boutroux dirigea la Fondation Thiers, présida l'Académie des sciences morales et politiques et, en 1914, fut reçu à l'Académie française.

RÉF. : A. Beaunier, *Visages d'hier et d'aujourd'hui,* 1911. — P. Bourget, *Nouvelles pages de critique et de doctrine,* 1922. — R. Thamin, *Notice sur la vie et les travaux de M. Émile Boutroux,* 1925.

BOUVERESSE Jacques. Philosophe français. Né le 20 août 1940 à Épenoy dans le Doubs. Professeur à la Sorbonne et ancien élève de la rue d'Ulm, dès ses premiers travaux, Jacques Bouveresse s'est détourné des lieux communs de la philosophie française d'alors, celle des années 60, marquée par le structuralisme et le marxisme. Il s'en explique dans un texte publié en anglais, au titre évocateur : *Why I am so very Unfrench* (1983). Ses choix le portent alors vers la philosophie analytique anglo-saxonne, et plus particulièrement vers l'œuvre de Wittgenstein. S'il avait été certes précédé, pour ce qui concerne ce genre de choix et d'intérêt, par d'autres philosophes dont on peut le tenir pour proche (Gilles Granger et Jules Vuillemin, notamment), l'un des aspects majeurs de sa contribution en philosophie aura certainement été celui d'une ouverture à laquelle les habitudes intellectuelles et universitaires françaises n'étaient pas préparées. Son premier livre : *La Parole malheureuse* (1973) a constitué un pas important qui devait conduire l'auteur à se tourner encore davantage, et de façon presque exclusive pendant plusieurs années, vers l'œuvre de Wittgenstein. On lui doit, sous ce rapport, les premiers travaux de réelle importance qui aient été consacrés à l'auteur du *Tractatus logico-philosophicus* (*) et des *Recherches philosophiques* (*). Deux livres marquent en particulier ce parcours : *Wittgenstein, la rime et la raison* (1973) et *Le Mythe de l'intériorité* (*) (1976). Ces deux ouvrages trouvent un prolongement dans un grand nombre d'études publiées dans diverses revues, ainsi que dans la Postface, particulièrement éclairante, que Bouveresse a écrite pour la traduction française des *Remarques sur le « Rameau d'or » de Frazer* (1982). Mais l'approfondissement en est surtout poursuivi dans les travaux que l'auteur a entrepris, ces dernières années, en s'attaquant à la réflexion de Wittgenstein sur les mathématiques et au problème des « règles ». C'est peut-être dans ce volet des textes laissés par Wittgenstein que se font jour les problèmes les plus décisifs qu'il ait été donné à la philosophie de poser (*La Force de la règle,* 1987, *Le Pays des possibles,* 1988).

Au fil des années, toutefois, l'intérêt de Bouveresse pour Wittgenstein s'est enrichi d'une attention portée à des auteurs qui, comme Robert Musil ou Karl Kraus, en furent intellectuellement ou moralement proches. Un tel intérêt s'accompagne chez lui d'une conviction essentielle qui concerne aussi bien les choix de la philosophie que la manière de philosopher. Sous ce double rapport, la pensée de Wittgenstein contraint le philosophe à des choix que même ses lecteurs ont parfois tendance à sous-estimer. Cette conviction qui, pour Bouveresse, situe la « leçon » de Wittgenstein dans les débats de l'heure, s'exprime dans deux ouvrages délibérément polémiques, mais dont les enjeux philosophiques n'ont peut-être pas été estimés à leur juste valeur : *Le Philosophe chez les autophages* (1984) et *Rationalité et Cynisme* (1984).

JEAN-PIERRE COMETTI.

BOUVIER Nicolas. Écrivain et photographe suisse d'expression française. Né à Genève le 6 mars 1929. En 1953, après des études de lettres et de droit, il part à l'aventure : sa traversée des Balkans, puis de l'Asie jusqu'à l'Inde et à Ceylan d'où il rejoindra le Japon, durera trois ans. Depuis cette époque, les voyages constituent les temps forts de son existence. Outre des reportages qu'il publie dans des revues, Bouvier rapporte de ses pérégrinations des images qui enrichissent ses archives d'iconographe professionnel ; mais la route lui a surtout donné les éléments autour desquels s'articulent ses chroniques et ses poèmes. Son premier récit, *L'Usage du monde* (*) (1963), est consacré aux émerveillements de jeunesse, ceux qui jalonnent le parcours entre Genève et l'Afghanistan. À côté des mille détails qui restituent fidèlement un monde et des civilisations sur le point de disparaître, absorbés par le mode de vie occidental, le lecteur y découvre les premières bribes d'une philosophie du voyage : Bouvier suggère que la discrétion et l'effacement du moi offrent les seules chances de se trouver, ne fût-ce qu'un instant, en accord avec les rythmes de la nature. Davantage attentif aux aspects socio-culturels d'un pays, *Japon* (1967), refondu plus tard en *Chronique japonaise* (1975), dresse un tableau à la fois subjectif et parfaitement documenté de la vie nippone ; de multiples renvois à l'histoire, à la mythologie, à la littérature, permettent à Bouvier, qui les intègre à sa propre expérience, de saisir avec une rare justesse les mécanismes d'un univers que caractérise à nos yeux une irréductible altérité. Ce récit présente déjà de nombreuses réflexions plus intimes du narrateur, qui s'y interroge sur le sens de son entreprise tout en exprimant ses doutes et ses angoisses existentielles. *Le Poisson-Scorpion* (*) (1981), qui raconte les mois difficiles de maladie et de découragement vécus dans une auberge minable de la bourgade ceylanaise de Galle, place ces questions au centre du texte ; l'écriture de Bouvier ne véhicule plus essentiellement la découverte du monde, elle est aussi un moyen pour la découverte de soi. Les pages du *Journal d'Aran et d'autres lieux* (1990), qui explorent l'Irlande, la Corée et la Chine, confirment cette tendance, et adoptent une forme qui, du moins en apparence, se prête tout spécialement à la transcription du mouvement introspectif. Quant au recueil de vers intitulé *Le Dehors et le Dedans* (1982), Bouvier y réunit dans une première section (« Le Dehors ») des instantanés qui cristallisent des étapes de ses voyages, et dans une seconde (« Le Dedans »), des poèmes réflexifs, aux teintes plus sombres, qui sondent des problématiques d'ordre universel.

L'originalité des écrits de Bouvier est liée avant tout à leur variété, qui traduit, par une adaptation des genres, la diversité des voyages dont les grandes lignes sont retracées. D'autre part, la dualité de sa démarche, qui combine le récit d'événements et la méditation tant sur l'errance que sur l'écriture, confère à ses textes un degré exceptionnel d'aboutissement. Dans son style, Bouvier allie une certaine préciosité élégante à un sens de l'humour très marqué ; il sait exploiter plusieurs registres et truffe ses chroniques de références érudites, sans pourtant jamais tomber dans le pédantisme. Il peut être considéré comme l'un des maîtres contemporains du récit de voyage.

DANIEL MAGGETTI.

BOVE Emmanuel (pseud. de Bobovnikoff). Romancier et nouvelliste français. Né le 20 avril 1898 à Paris, où il est mort le 13 juillet 1945. Redécouverte et très largement rééditée après avoir été occultée pendant près d'un demi-siècle, l'œuvre de Bove semble avoir désormais acquis la place qui lui revient, singulière et essentielle, dans la littérature contemporaine. « Il n'y a pas de sujet », notait-il en 1936, bien avant les théoriciens de l'*Ère du soupçon*, « il n'y a que ce qu'on éprouve. J'éprouve avec force par exemple l'inaction, ce sera une action dans un livre ». Il aurait aussi bien pu dire le goût de l'échec ou l'inaptitude à vivre, tant ses personnages semblent condamnés, par leurs insuffisances et leur lucidité même, à n'avoir aucune prise sur le monde qui les entoure. La biographie de Bove présente de vastes zones d'ombre que, par discrétion naturelle, il s'est toujours gardé d'éclairer. On sait toutefois que, né d'un père russe sans profession fixe, et d'une mère luxembourgeoise d'origine modeste, bientôt délaissée pour une Anglaise fortunée, il a été vivement marqué par cet écartèlement familial entre deux milieux inconciliables (qu'il évoquera de façon saisissante, à peine transposée, dans le roman *Le Beau-Fils*, 1934). Partagé durant son adolescence entre Paris et Genève avant d'être envoyé en Angleterre pour y achever ses études, il décide très tôt d'écrire et exerce indifféremment des métiers aussi divers que précaires. En 1921, après trois années d'un service militaire qui lui aura épargné le front, et nombre de romans populaires composés sous le pseudonyme de Jean Vallois (« Un métier totalement étranger à celui d'un écrivain », dira-t-il plus tard), il se marie et quitte la France pour aller s'installer près de Vienne, en Autriche. C'est là que, s'aventurant rétrospectivement dans un passé récent hanté par l'expérience du dénuement et de la pauvreté, il entame la rédaction de ses premiers récits et ébauche les personnages qui peupleront l'œuvre à venir. Rentré en France avec sa famille dont il ne tardera pas à son tour à se séparer, il publie son premier texte sous le nom de Bove en 1924 – « Le Crime d'une nuit », repris dans *Henri Duchemin et ses ombres* (*). La nouvelle attire l'attention de Colette, à qui il confie un manuscrit au titre tristement moqueur, *Mes amis* (*) (1924), portrait pathétique et dérisoire d'une solitude. La parution du livre est vivement saluée par la critique, et marque pour Bove le début d'une période féconde puisque, après un second roman, *Armand*, et un essai sur Bécon-les-Bruyères – « qui existe à peine » et où les maisons sont plus immobiles qu'ailleurs – il publiera au cours de la seule année 1928 pas moins de six romans et recueils de nouvelles. Citons *Un père et sa fille, Cœurs et Visages, Une fugue, La Mort de Dinah* et *L'Amour de Pierre Neuhart* (*) où le style de Bove, par une absolue neutralité qui souligne d'autant l'opacité des mobiles et des situations, atteint sa forme la plus dépouillée. La plupart de ses personnages apparaissent, sinon comme des marginaux qui s'efforcent laborieusement de sauver les apparences, comme des êtres voués à l'immobilisme ou à une vaine agitation intérieure par une médiocrité pour ainsi dire ontologique, victimes consentantes de rapports sociaux ou affectifs qui les renvoient infailliblement à eux-mêmes. Se prévalant de l'exemple de Proust ou de Balzac qui ont bâti leur œuvre autour des mêmes figures, Bove estimait en effet qu'un « roman ne doit pas être une chose achevée, une chose réussie en soi : on ne devrait pas pouvoir isoler un roman de l'œuvre de son auteur, pas plus qu'on ne peut détacher un beau vers d'un poème ». On a été tenté de voir, dans cette description crépusculaire d'un monde qui semble échapper aux repères chronologiques habituels, une illustration avant l'heure de la philosophie existentialiste de l'après-guerre. C'est ne pas tenir compte de l'ironie cachée, qui confine parfois à la perversité, avec laquelle Bove « laisse » agir ses personnages et amène malgré lui le lecteur, par des détails d'autant plus convaincants qu'ils n'ont aucune utilité apparente dans le récit, à partager leur vision entravée du monde et leur détresse soupçonneuse et butée. De 1930 à 1940, après un second mariage, Bove continuera de mener une existence incertaine et nomade, marquée par de nombreuses collaborations aux journaux de l'époque, par la composition de nouveaux *Petits Contes* ou romans (*Journal écrit en hiver*, 1930, *Un célibataire*, 1932, *Le Pressentiment*, 1935, *Adieu Fombonne*, 1937, *La Dernière Nuit*, 1939, *Un homme qui savait* (*), écrit en 1942, publié en 1985) et même par quelques incursions dans le roman policier (*Le Meurtre de Suzy Pommier*, 1933). Démobilisé peu après la déclaration de guerre, et refusant toute offre de collaboration littéraire dans la France occupée, il quitte la métropole pour l'Algérie en 1942, dans l'espoir de rejoindre les milieux de la Résistance à Londres. Il n'y parviendra pas et c'est à Alger — où il sera l'un des membres fondateurs du Comité national des écrivains —, dans la fréquentation des artistes et intellectuels groupés notamment autour de la revue *Fontaine*, qu'il écrit ses trois derniers romans, d'ores et déjà promis à une indifférence générale : *Le Piège* (1945), *Départ dans la nuit* (1945) et *Non-lieu* (1946), où les milieux troubles de la collaboration et les incertitudes de l'époque servent de dernière toile de fond à une difficulté d'être qu'il n'aura cessé, à travers une trentaine de livres et de nombreux textes encore inédits, d'explorer. De santé longtemps fragile, très affaibli par une maladie infectieuse contractée durant son exil algérois, Emmanuel Bove est mort à l'âge de 47 ans, quelques mois après son retour en France.

GILLES ORTLIEB.

♦ *« Emmanuel Bove : il a comme personne le sens du détail touchant. »* Samuel Beckett. ♦ « Un père et sa fille *est un des plus beaux livres que je connaisse. »* Max Jacob. ♦ *« Sa manière se caractérise par un divorce absolu entre le sordide des situations évoquées et l'écriture totalement déculpabilisée qui les restitue, entre le désespoir du constat et l'allégresse de sa narration. »* Raymond Cousse.

RÉF. : *Emmanuel Bove*, Flammarion, 1983 (textes établis et rassemblés par Raymond Cousse ; plaquette hors commerce).

BOVELLES Charles de [en latin : Carolus Bouillus]. Philosophe et mathématicien français d'expression latine. Né à Saint-Quentin, en 1479, mort et enterré à la chartreuse du Mont-Regnaud-lès-Noyon (Oise), en 1566. Au collège du Cardinal-Lemoine, il se distingua par une intelligence précoce, et en 1495 il devint disciple de Jacques Lefèvre d'Étaples, qui lui inspira l'amour des belles-lettres. Il publia en 1503 un opuscule sur l'arithmétique de Boèce, une introduction à la géométrie, une étude sur la quadrature du cercle et la duplication du cube. Chercheur infatigable, il accomplit de longs voyages pour visiter les couvents, se procurer des manuscrits, écouter les savants. En 1503, il se rendit en Suisse et en Allemagne, en 1505 à Bruxelles, et l'année suivante en Espagne et à Rome, où il eut une controverse avec le savant juif Bonet de Lates sur la vérité du christianisme, et où il fit la connaissance du cardinal Ximénès. En 1510-1511, Henri Estienne publia de lui une série d'opuscules philosophiques intitulés *Liber de intellectu, Liber de sensu, Liber de nihilo, Ars oppositorum, Liber de sapiente* — v. *Le Sage* (*) —, dans lesquels Bovelles expose une philosophie intellectualiste et illuministe qui, par sa théorie de la connaissance et par son caractère métaphysique et mystique, se rattache aux doctrines de Nicolas de Cues et des néo-platoniciens florentins. Les sept dialogues des *Questiones theologicae,* dédiés, en 1513, à l'évêque de Noyon, dans le diocèse duquel il reçut un canonicat, et ses *Dialogi tres de animae immortalitate, de resurrectione, de mundi excidio et illius instauratione,* publiés en 1551, sont également importants. On lui doit aussi la première *Géométrie en françoys* (1511), deux ouvrages de parémiologie et un très important traité à la fois théorique et lexicographique sur la langue française, *La Différence des langues vulgaires et la variété de la langue française* (*) (1533).

♦ *« Ainsi un nouvel Homme-Dieu est né, qui tient toute sa dignité de cette terre. L'art florentin l'a annoncé et Ficin et Pic de la Mirandole ont chanté ses louanges. Mais c'est dans la métaphysique de Bouillus, du grand penseur de la Renaissance française, que l'Homme nouveau semble prendre pleine conscience de lui-même. »* B. Grœthuysen.

BOWEN Elizabeth. Romancière et nouvelliste anglo-irlandaise. Née à Dublin le 7 juin 1899, morte à Londres le 22 février 1973. Fille unique d'un avocat propriétaire du somptueux domaine de Bowen's Court, en Irlande, don de Cromwell à un de ses officiers, le colonel Bowen, d'origine galloise. Très jeune, elle est éduquée en Angleterre, notamment dans le Kent, où elle va vivre avec sa mère lorsque son père est atteint d'une grave dépression nerveuse. (Ce traumatisme provoqua chez elle un bégaiement dont elle ne se défit jamais.) Elizabeth retrouvait Bowen's Court pendant les vacances, et hérita du domaine à la mort de son père.

En 1923, elle épouse Alan Cameron et réside d'abord à Oxford. L'année de son mariage, son premier recueil de nouvelles — six autres allaient suivre — paraît sous le titre de

Rencontres (*). Son premier roman, *L'Hôtel* (*), datant de 1927, témoigne d'un talent pour la comédie et la satire sociale, mais aussi d'un très vif sentiment du vide de l'existence menée par les représentants du monde fortuné et oisif qu'elle décrit, dans la tradition de Henry James ou d'Edith Wharton. *Septembre dernier* (*) (1929), *Amis et Parents* (*) (1931) précèdent les quatre romans qui ont fait sa célébrité et dans lesquels s'exercent son humour mordant, son sens profond des lieux, ses préoccupations morales, sa connaissance de la psychologie des enfants et des adolescents. Dans chacun elle s'applique à déceler les « fêlures à la surface de la vie ». Ce sont : *Emmeline* (+) (1932), *La Maison à Paris* (*) (1935), qui explore les conséquences d'une ancienne histoire d'amour sur deux enfants, *Les Cœurs détruits* (*) (1938), description à la fois humoristique et poignante de trois vies ravagées par une adolescente, et *L'Ardeur du jour* (*) (1949), livre centré sur la vie à Londres pendant le Blitz. Entre-temps, en 1935, Elizabeth Bowen s'est fixée dans cette ville : la demeure qu'elle occupe à Clarence Terrace, donnant sur Regent's Park, est au cœur de nombre de ses œuvres. Hôtesse spirituelle et pleine de charme, elle y reçoit beaucoup, noue des amitiés avec Virginia Woolf, Cyril Connolly et lord David Cecil, et devient une figure de premier plan de la scène littéraire londonienne.

Après avoir exercé des fonctions au ministère de l'Information pendant la guerre, Elizabeth Bowen retourne en Irlande, à Bowen's Court, qu'elle doit néanmoins vendre en 1959. Elle achèvera sa vie en Angleterre. Trois derniers romans, *Un monde d'amour* [*A World of Love*, 1955], *Les Petites Filles* [*The Little Girls*, 1964] et *Eva Trout* (1969), s'attachent à analyser les incidences du passé sur le présent et marquent un nouveau départ, une tentative pour s'affranchir de certaines conventions des livres précédents. Mais Elizabeth Bowen n'a pas le temps de poursuivre dans cette nouvelle voie et meurt d'un cancer en 1973. Outre ses dix romans et ses sept recueils de nouvelles, il faut signaler une évocation de sa demeure familiale, *Bowen's Court* (1942), deux récits autobiographiques, *Sept hivers* (*) (1942) et *Images et Conversations* [*Pictures and Conversations*, 1975], ainsi qu'un récit de voyage, *Un séjour à Rome* [*A Time in Rome*, 1960].

CLAIRE MALROUX.

RÉF. : Victoria Glendinning, *Elizabeth Bowen : Portrait of a Writer*, Londres, 1977. – Hermione Lee, *Elizabeth Bowen : an Estimation*, Londres, 1981. – Dominique Gauthier, *L'Image du réel dans les romans d'Elizabeth Bowen*, Paris, 1985.

BOWLES Jane. Écrivain américain. Née le 22 février 1917 à New York, morte le 4 mai 1973 à Malaga (Espagne). Jane Auer fut élevée dans des écoles privées en Amérique et en Suisse. C'est en français qu'elle compose son premier roman (jamais publié et aujourd'hui disparu). En 1938, elle épouse le romancier Paul Bowles. Le couple voyage beaucoup en Amérique Centrale, en Europe, au Mexique avant de s'installer en 1947 à Tanger au Maroc. Jane Bowles est l'auteur d'un seul roman, *Deux dames sérieuses* (*), publié en 1943. Le roman connut peu de succès auprès du grand public mais intéressa vivement un certain nombre d'écrivains (Truman Capote, Tennessee Williams, Alan Sillitoe...). La seule pièce de Jane Bowles, *Dans la maison d'été* [*In the Summer House*], fut jouée à New York en 1953. Le reste de son œuvre consiste en une série de nouvelles écrites dans les années 40. Jane Bowles cessa ensuite toute activité littéraire, paralysée par un sentiment d'échec chaque fois qu'elle commençait une œuvre.

Les histoires de Jane Bowles concernent toutes des personnages féminins prisonniers de situations sentimentales et matérielles diverses auxquelles ils tentent d'échapper. Ces femmes se tournent alors vers le monde extérieur mais recréent une fois de plus d'étranges et masochistes rapports avec autrui. Truman Capote a bien vu que « si la vision tragique est essentielle à son œuvre, Jane Bowles est aussi une humoriste ». Il est vrai que ses histoires parlent de l'échec sur un mode souvent comique, tout en faisant preuve — toujours selon Capote — de la « compréhension la plus subtile vis-à-vis de l'excentricité et la solitude humaines ». Ses œuvres complètes ont été réunies en 1966 et 1979.

CLAUDE GRIMAL.

BOWLES Paul. Romancier et nouvelliste américain. Né le 30 décembre 1910 à New York (New York). En 1920, âgé de neuf ans, Paul Bowles commença *Le Carré, opéra en neuf chapitres,* un ensemble de mélodies et de textes composés par ses soins, et qu'il n'acheva jamais. Toute son existence fut vouée à cette double vocation : la musique et la littérature. Sans oublier les voyages. Car dès 1929, et à l'insu de ses parents, il s'embarque pour la France, après avoir publié, dans la revue *Transition* (*), un long poème d'inspiration surréaliste. En 1930, de retour aux États-Unis, il rejoint le compositeur américain Aaron Copland dans une fondation américaine ouverte aux artistes. En 1931, il rencontre à Paris Gertrude Stein, qui lui conseille de renoncer à la poésie ; il part ensuite pour Berlin avec Copland, puis pour Tanger, au Maroc, qu'il découvre avec ravissement. Paul Bowles, qui ne cesse alors de voyager entre les États-Unis, l'Europe, l'Afrique du Nord et l'Amérique du Sud, se consacre de plus en plus à la musique : compositions personnelles, mais aussi innombrables collaborations pour la scène, avec Orson Welles, Joseph Losey, William Saroyan, son ami Tennessee Williams, etc. En 1937, il rencontre Jane Auer qui, l'année suivante, devient Mme Jane Bowles. Le couple voyage beaucoup, fréquente les célébrités du monde artistique new-yorkais, s'installe momentanément à Mexico. Jane Bowles écrit (un recueil de nouvelles, une pièce de théâtre, un roman), et encourage Paul à l'imiter. Dès lors, l'écriture prendra le pas sur la composition musicale. En 1947, après la rédaction de quelques nouvelles, Bowles commence *Un thé au Sahara* (*), publié d'abord à Londres puis à New York en 1949. Le couple est désormais installé à Tanger, ce qui n'empêche pas Paul Bowles d'acheter une île au large de l'Inde (île bientôt revendue) et de continuer à voyager. En 1952, il publie *Après toi le déluge* [*Let It Come Down*] ; en 1955, *La Maison de l'araignée* [*The Spider's House*] ; et en 1966, *La Jungle rouge* [*Up Above the World*]. Ces romans se situent respectivement à Tanger, à Fèz et en Amérique du Sud. Aux antipodes d'un exotisme facile et factice, les textes de Bowles montrent souvent des voyageurs occidentaux confrontés à l'étrangeté radicale d'une culture autre, d'un mode de pensée inaccessible, d'où naissent malentendus, quiproquos, décalages d'abord imperceptibles, mais qui mettent en branle comme une machine infernale dont les héros de Bowles deviennent bien vite les victimes inconscientes. Ses nouvelles en particulier, « L'Écho », « Le Scorpion », « Un thé sur la montagne », « Réveillon à Tanger » – v. *L'Écho* (*) –, sont extraordinaires de concision pour évoquer l'atmosphère visuelle et auditive du Maroc, de l'Asie ou de l'Amérique du Sud.

Jane Bowles est morte en 1973 à Malaga, en Espagne. Paul Bowles vit toujours à Tanger.

BRICE MATTHIEUSSENT.

BOWRA Maurice (C.M.). Essayiste et critique anglais. Né à Kiukiang sur le Yang-tse (Chine) le 8 avril 1898, mort à Oxford le 2 juillet 1971, il fut fait *Sir* Maurice Bowra en 1951. Études à la « Public school » de Cheltenham, puis à Oxford où il enseignera avant de devenir « warden » (approximativement : directeur) de « Wadham College » en 1938, puis professeur de poésie de l'université (poste surtout honorifique) de 1946 à 1951. Il fut un savant humaniste et exerça une influence considérable sur le milieu universitaire oxfordien. Un livre collectif d'hommages posthumes lui fut consacré par des écrivains qui avaient été ses étudiants : John Bejteman, Anthony Powell, etc. Ses œuvres concernent en premier lieu la littérature classique grecque : l'*Iliade* (*), Sophocle, etc., et il sera le coauteur d'une anthologie de poésie grecque. Il a beaucoup écrit aussi sur les auteurs modernes, notamment *L'Héritage du symbolisme* (*) (1943), *L'Expérience créatrice* (+) (1949), *L'Imagination romantique* (+) (1950), *Inspiration et Poésie* [*Inspiration and Poetry,* 1955].

BOYCE William. Compositeur anglais. Né à Londres en septembre 1711, mort à Londres le 7 février 1779. Formé à la maîtrise de la cathédrale St. Paul, il est organiste de la chapelle du comte d'Oxford en 1734, puis de la chapelle royale en 1736, où il compose son premier oratorio, les *Lamentations de David sur Saül et Jonathan* (1736) – v. *Saül* (*). En 1757, il est nommé maître de la musique du roi, fonction qui l'oblige à composer deux odes par an, pour le nouvel an et pour l'anniversaire du roi. Elles sont généralement précédées d'assez longues ouvertures instrumentales qui constituent la base de ses huit symphonies (1760) et de ses douze *Ouvertures* (1770). Atteint de surdité, il cesse progressivement de jouer de l'orgue et se consacre à une gigantesque compilation de deux cents ans de musique liturgique (*Cathedral Music*, 3 vol. 1760-1773) qui constituera longtemps la base du répertoire de musique d'église en Angleterre.

ALAIN PÂRIS.

BOYE Karin. Écrivain suédois. Née le 26 octobre 1900 à Göteborg, morte le 24 avril 1941 à Alingsås (Suède). Écartelée entre des aspirations contraires qui la font osciller entre une farouche volonté de se réaliser pleinement et des tendances autodestructrices, Karin Boye mena une existence ponctuée de crises psychologiques graves et de plusieurs tentatives de suicide. N'ayant pu trouver la paix intérieure qu'elle recherchait avec beaucoup de courage et de rigueur morale, elle finit par se donner la mort en 1941. C'est dans cette lutte de tous les instants pour sauvegarder l'intégrité de sa personnalité que Karin Boye a puisé son inspiration particulièrement féconde : avant tout poète – v. *Poèmes* (*) –, elle a publié aussi des romans et des nouvelles et participé activement aux débats idéologiques de l'entre-deux-guerres dans les journaux et les revues. Esprit grave épris de vérité, Karin Boye fait preuve de maturité en se passionnant dès l'adolescence pour la philosophie orientale et la pensée de Schopenhauer. Très jeune, elle est tourmentée par les problèmes métaphysiques mais, à dix-huit ans, la révélation du christianisme lui procure un réconfort passager. La délivrance viendra cependant de la découverte de la psychanalyse qui lui ouvre les yeux sur sa véritable nature et l'incite à accepter sa différence sexuelle. Karin Boye devient une ardente adepte de Freud, dont elle défend en Suède les théories, notamment dans le mouvement Clarté entre 1925 et 1932. Elle collabore aussi à la création puis à la rédaction de la revue *Spektrum* (1931-1933), prenant fait et cause pour le modernisme. Karin Boye obtient le succès dès la parution de son premier opuscule de poèmes, *Nuages* [*Moln,* 1922], vers libres empreints de mysticisme et d'extase esthétique. La même intensité caractérise le lyrisme de ses deux autres recueils de jeunesse,

Pays cachés [*Gömda land,* 1924] et *Âtres* [*Härdarna,* 1927]. Pour Karin Boye, sans cesse obligée de dominer le chaos qui l'habite, la liberté, le droit à l'épanouissement individuel constituent des thèmes obsédants. Avec *Pour l'amour de l'arbre* [*För trädets skull,* 1935], Karin Boye atteint la parfaite maîtrise de son art. Pour chanter l'amour et sa confiance retrouvée, elle s'est forgé une *Langue au-delà de la logique* [*Språket bortom logiken,* 1932, essai], au symbolisme dépouillé. Enfin, dans *Les Sept Péchés capitaux* [*De sju dödssynderna,* 1941], elle élève une magnifique cantate, sous l'influence nietzschéenne, pour souligner le rôle nécessaire du mal dans la dynamique de la création. Autant la poésie de Karin Boye demeure marquée par des images lumineuses, autant, par contraste, sa prose s'avère d'une facture plus terne, comme si l'auteur voulait refouler une sensualité excessive. Karin Boye écrit pour surmonter ses propres difficultés et campe des personnages en pleine métamorphose, mais ceux-ci restent bien souvent des abstractions dans des romans à thèse : *Astarte* (1931), *Mérit s'éveille* [*Merit vaknar,* 1933], *Trop peu* [*För lite,* 1936]. Deux romans cependant — *Crise* [*Kris,* 1934] et *La Kallocaïne* (*) (1940) — font exception. Le premier, où Karin Boye retrace le combat intérieur qu'elle mena lorsqu'elle découvrit vers 1920 son attirance pour les femmes, est remarquable par la finesse de l'analyse psychologique. Dans le second, Karin Boye a parfaitement intégré ses angoisses face à la dictature dans un récit de science-fiction qui dénonce avec audace le totalitarisme nazi et stalinien. Les nouvelles de Karin Boye sont à rapprocher de ses romans par le style limpide et direct, le recours à des confessions voilées et le désir marqué de prendre position : *Conflits* [*Uppgörelser,* 1934], *Hors d'état* [*Ur funktion,* 1940], *Annonciation* [*Bebådelse,* 1941]. Cette femme de lettres à la sensibilité exacerbée, assoiffée de pureté et d'harmonie mais sans cesse torturée par un sentiment de honte et de culpabilité, a donné à la littérature suédoise quelques-uns de ses plus beaux poèmes modernistes ainsi qu'un roman superbe par son engagement éthique et son intuition visionnaire.

MAY-BRIGITTE LEHMAN.

RÉF. : Margit Abenius, *Karin Boye,* Stockholm, 1956.

BOYER Claude. Auteur dramatique français (qui portait le titre d'abbé) né à Albi en 1618, mort à Paris en 1698. Il écrivit vingt-trois pièces en cinquante ans de carrière (essentiellement des tragédies), de *La Porcie romaine* en 1645 à *Judith* en 1695. Après de bons débuts dans le sillage de Corneille, il eut un milieu de carrière qui le fit considérer par ses contemporains comme le meilleur auteur tragique après Corneille (ce qui lui valut d'être élu à l'Académie française en 1667), avant que ses vingt dernières années ne soient assombries par l'hostilité permanente d'une partie de la critique, liée au clan de Racine, dont il avait été le détracteur puis l'imitateur, et qui le considérait comme son plus encombrant rival, puis, au moment de la querelle des Anciens et des Modernes, liée au parti des Anciens. L'éreintement dont il a été victime dans *L'Art poétique* (*) de Boileau (1674) l'a condamné à passer devant la postérité pour un auteur froid et de troisième ordre, alors que plusieurs de ses pièces sont d'un niveau bien supérieur à celles de ses rivaux directs, Quinault et Thomas Corneille. On retiendra tout particulièrement *Oropaste ou le Faux Tonaxare* (*), *Les Amours de Jupiter et de Sémélé* (*), l'un des fleurons du genre de la tragédie « à machines », et *Agamemnon* (1680), l'un des plus grands succès de la fin du siècle.

GEORGES FORESTIER.

RÉF. : Ernst Göhlert, *Abbé Claude Boyer, ein Rivale Racines,* Leipzig, 1915. — Clara Carnelson Brody, *The Works of Claude Boyer,* New York, 1947. — Chr. Delmas, *Recueil de tragédies à machines,* Toulouse, 1985. — Chr. Delmas et G. Forestier, *Boyer : Oropaste ou le Faux Tonaxare,* Genève, 1990.

BOYLE Kay. Romancière et nouvelliste américaine. Née à Saint Paul (Minnesota) le 19 février 1903. Kay Boyle a passé trente ans de sa vie en France et, de 1946 à 1953, elle a été correspondante du magazine *New Yorker* à l'étranger. Elle a produit une œuvre abondante, qui se divise à peu près également en romans et en recueils de nouvelles. Parmi les romans, on peut citer le premier, *Les Méfaits du rossignol* [*Plagued by the Nightingale,* 1931], et le second, *Avant-hier* (*) (1932). La plupart ont trait à l'Europe (notamment à l'Allemagne), soit pendant, soit après la Seconde Guerre mondiale. Le treizième, *La Femme clandestine* [*The Underground Woman*], a paru en 1975. Mais c'est peut-être surtout par ses nouvelles qu'elle est connue : depuis *Nouvelles* [*Short Stories,* 1929] jusqu'à *Rien ne se brise jamais, hormis le cœur* [*Nothing Ever Breaks Except the Heart,* 1966], elle en a écrit suffisamment, et d'excellentes, pour se faire un nom parmi les meilleurs techniciens de cet art si florissant aux États-Unis.

BOYLE Robert. Savant anglais. Né le 25 janvier 1627 à Lismore Castle (Irlande), mort à Londres le 30 décembre 1691. Fils de Richard, comte de Cork, il fut élevé à Eton, où il manifesta très tôt de grandes dispositions artistiques, et cette intense ferveur religieuse qui marqua toute sa vie au point qu'on le surnomma le « saint savant ». Il passa l'hiver de 1641 à Florence, où il entra en contact avec les disciples de Galilée qui exercèrent sur lui une profonde influence, l'orientant vers l'étude des sciences expérimentales, « nouvelle philosophie » à laquelle se consacra cet « invisible collège » devenu en 1663 la Royal Society, dont il fut le créateur (1644) et l'animateur.

Établi à Oxford en 1654, il y organisa un laboratoire scientifique où, à l'aide de son assistant Robert Hooke (1635-1703), il entreprit l'étude des corps gazeux. Il publia un premier essai intitulé *Nouvelles expériences physico-mécaniques concernant l'élasticité de l'air et les effets de celle-ci* [*New Experiments Physico-Mechanical touching the Spring of the Air and its Effects,* 1660], essai dans lequel il attribuait les phénomènes produits par la machine pneumatique à l'élasticité de l'air, suivant en cela la théorie de Torricelli sur la pression atmosphérique. En 1661, il fit paraître *Le Chimiste sceptique* [*Chymista scepticus, vel Dubia et paradoxa chymico-physica, cirea spagyricorum principia...* Rotterdam, 1662], ouvrage consacré à la chimie, sa science préférée. La même année fut publiée une critique de cet essai, due à la plume du père François Linus, jésuite de Liège ; pour y répondre, Boyle effectua de nouvelles expériences, qu'il décrivit dans sa *Defence against Linus* (1662), et grâce auxquelles il découvrit que la pression d'une masse gazeuse donnée à température constante est inversement proportionnelle à son volume (loi de Boyle). En 1668, il se rendit à Londres où, malgré une santé fragile et une mémoire incertaine, il poursuivit ses études scientifiques et approfondit ses connaissances théologiques, apprenant l'hébreu, le grec et l'arabe, afin de pouvoir lire les textes sacrés dans l'original ; il finança plusieurs traductions de *La Bible* (*) (en particulier celles en gallois et en erse) et composa des ouvrages de théologie et de philosophie tels que : *De la nature comme telle* (*), *Recherche sur les causes finales des choses naturelles* (*) (1688), ou : *L'Excellence de l'amour divin et les motifs qui nous y peuvent porter* [*Some Motives and Inventives to the Love of God,* 1665, trad. 1671]. Ses œuvres complètes, réunies en cinq volumes in-folio, furent publiées par Thomas Birch, précédées d'une biographie [*The Works of the Honourable Robert Boyle,* Londres, 1744].

RÉF. : Louis Figuier, *Robert Boyle,* 1876. – M. S. Fischer, *Robert Boyle, devout Naturalist. A Study in Science and Religion in the* XVIIth *Century,* Philadelphie, 1945. – Peter Alexander, *Ideas, Qualities and Corpuscles : Locke and Boyle on the External World,* Cambridge, 1985. – Steven Shapin, *Leviathan and the Air-princip : Hobbes, Boyle and the Experimental Life,* Princeton, 1985.

BOYLESVE René (pseud. de René Tardiveau). Romancier français. Né à La Haye-Descartes (Indre-et-Loire) le 14 avril 1867, mort à Paris le 14 janvier 1926. Ayant suivi les cours de l'École des sciences politiques, puis ceux de l'École du Louvre, il débuta dans les lettres vers la trentaine en publiant *Le Médecin des dames de Néans* (1896). Par ce roman, il se révélait subtil observateur de la bourgeoisie provinciale, et le demeura dans les livres qui suivirent : *Mademoiselle Cloque* (1899), *La Becquée* (1901), *L'Enfant à la balustrade* (*) (1903), *La Jeune Fille bien élevée* (1912), etc. Tous ces ouvrages constituent des documents sur ce que l'auteur nomme lui-même « l'ingrate beauté du conservatisme ». En même temps, Boylesve peignit les désordres causés par la passion de l'amour : *Sainte-Marie des Fleurs* (1897), *Mon amour* (1908), et surtout *Le Parfum des îles Borromées* (1898). Il se présenta enfin sous un tout autre aspect lorsqu'il laissa courir sa plume : *La Leçon d'amour dans un parc* (*) (1902), etc. Psychologue très original, au style plein de naturel, Boylesve se désintéresse des règles de la composition pour suivre uniquement son caprice. D'inspiration toute française et peu soucieux de la publicité, il demeura toute son existence un modèle de modestie. En 1919, il était devenu membre de l'Académie française.

♦ *« Il avait un esprit vigoureux, qui n'a pas tout entier passé dans ses livres, au son délicieux et discret, réfléchi, peu fait pour la foule. »* Émile Henriot. ♦ *« Je crois que je représentais pour lui les péchés qu'il n'avait pas osé commettre (en littérature s'entend)... Il n'était pas si bourgeois qu'il le paraissait d'abord, mais chez lui tout était discret ; sa sensibilité n'en paraissait que plus exquise. »* A. Gide.

RÉF. : J. Bertaut, *Les Romanciers du nouveau siècle,* t. I, 1912. – F. Lefèvre, *Une heure avec René Boylesve,* 1924. – R. Martineau, *Types et Prototypes,* 1931. – G. Truc, *Introduction à la lecture de René Boylesve,* 1931. – A. Bourgeois, *René Boylesve, l'homme, le peintre de Touraine,* 1945 ; *La Vie de René Boylesve,* Paris, 1958. – E. Lefort, *La Touraine de René Boylesve,* Tours, 1949 ; *René Boylesve et le problème de l'amour,* Genève, 1950. – J. Ménard, *L'Œuvre de René Boylesve,* Paris, 1956.

BRACCIOLINI Poggio, dit par abréviation le Pogge. Humaniste italien. Né le 11 novembre 1380 à Terranova (Toscane), mort le 30 octobre 1459 à Florence. Chercheur avide et heureux de manuscrits d'œuvres classiques, aimant l'Antiquité, il toucha à de nombreux genres : philologie, linguistique, invective, anecdote humoristique, épistolographie, dialogue, histoire. Après avoir fait des études classiques, protégé par Coluccio Salutati, chancelier de la Seigneurie de Florence, il fut nommé grâce à lui écrivain apostolique à la Curie romaine. En cette qualité il assista au concile de Constance (1414) et au supplice de Jérôme de Prague qu'il décrivit avec talent dans la célèbre *Lettre du Pogge sur la mort de Jérôme de Prague* [*Epistola Pogii de morte Hyeromini Pragensis*], adressée à Leonardo Bruni. Il mettait à profit son temps libre pour rechercher dans les couvents les manuscrits anciens ; à cet effet, après la déposition du pape Jean XXIII, il se rendit en France et en Suisse, puis en 1418 en Angleterre où il reçut les ordres mineurs. En 1423, revenu à Rome, il reprit son poste auprès du pape Eugène IV qu'il suivit fidèlement. En 1453, il fut nommé chancelier de la République de Florence. Entièrement écrite en latin, l'œuvre de Bracciolini est très vaste : une traduction de *La Cyropédie* (*) de Xénophon et de quelques opuscules de Lucien ; un opuscule de stylistique épistolaire, *Manière d'écrire des lettres* [*Modus epistolandi*] ; une vaste correspondance, très intéressante, car dans les épîtres on traitait alors de nombreuses questions ; une *Histoire de Florence* [*Historia fiorentina*] écrite dans les dernières années de sa vie ; *Descriptions des bains de Bade ;* des traités sous forme de dialogue de genres divers tels que *De l'avarice* [*De avaritia,* 1428] ; *Livre de la noblesse* [*De nobilitate liber,* 1440], dialogue rempli de vives critiques contre les préjugés et les mœurs des nobles ; *Du malheur des princes* [*De infelicitate principum,* 1440], de ton moralisateur et ascétique ; *Du changement de la fortune* [*De varietate fortunae,* 1431-1448] ; *Contre l'hypocrisie* [*Contra hypocrisim,* 1447], polémique anti-ecclésiastique dirigée particulièrement contre les moines ; *De la misère de l'humaine condition* [*De miseria humanae conditionis,* 1455]. Mais l'œuvre de Bracciolini la plus connue et la meilleure fut *Facéties* (*) (1438-52), recueil de mots d'esprit, d'anecdotes, dont certains dépourvus de préjugés, écrits dans un latin vivant et léger. Parmi les manuscrits découverts par Bracciolini citons : *L'Institution oratoire* (*) de Quintilien, *Argonautiques* (*) de Valerius Flaccus, *De la nature* (*) de Lucrèce, des remarques du grammairien Pedianus sur quelques oraisons de Cicéron, *Les Puniques* [*Punica*] de Silvius Italicus ; *Les Silves* (*) de Stace, *Histoires* (*) d'Ammien Marcellin, *L'Économie rurale* (*) de Columelle, *Les Astronomiques* (*) de Manilius, *Des eaux* [*De acquis*] de Frontin, *Les Mathesis* (*) de Firmicus Maternus, et divers discours de Cicéron.

DANIELE MATTALIA.

RÉF. : William Shepherd, *Vie de Poggio Bracciolini...,* tr. fr. 1819. – Ch. Nisard, *Les Gladiateurs de la République des lettres,* t. I, 1860. – E. Walser, *Poggius Florentinus. Leben und Werke,* Leipzig, 1914. – R. Fubini, S. Caroti (ac. di), *Poggio Bracciolini nel IV centenario della nascita. Codice e documenti fiorentini,* Florence, 1981 ; *Poggio Bracciolini, 1380-1980,* Florence, 1982.

BRADBURY Ray(mond Douglas). Nouvelliste et romancier américain. Né à Waukegan (Illinois) le 22 août 1920. Après des études au lycée de Los Angeles, il vend des journaux jusqu'en 1943, année où il devient écrivain à plein temps. Ses premières histoires fantastiques et macabres paraissent surtout dans le magazine spécialisé *Weird Tales.* Il se tourne à partir de 1946 vers une science-fiction poétique, lyrique plus que scientifique. Plusieurs de ses nouvelles, réunies en recueil, les *Chroniques martiennes* (*) (1950) obtiennent un succès immédiat et lui ouvrent les revues les plus prestigieuses. D'autres contes sont réunis par un mince fil conducteur dans *L'Homme illustré* [*The Illustrated Man,* 1952], puis dans *Les Pommes d'or du soleil* [*The Golden Apples on the Sun*, 1953] et *Le Pays d'octobre* [*The October Country*, 1955]. En 1953, un roman, *Fahrenheit 451,* vient ponctuer cet ensemble que l'auteur ne dépassera guère (malgré d'autres recueils et quelques romans hésitant entre le fantastique et le policier). Bradbury représente le cas exceptionnel d'un auteur dont toute la réputation est fondée sur des nouvelles et presque sur un seul livre. Il a transposé dans les *Chroniques martiennes* l'univers du Middle West et la nostalgie des années de son enfance. Dans *Fahrenheit 451,* il exprime la crainte d'une société conformiste d'où la culture est bannie et où les pompiers sont chargés de brûler les livres. Son succès est dû à la poésie de son style, et, s'il a contribué à la popularité de la science-fiction, son œuvre est demeurée à la lisière du genre.

GÉRARD KLEIN.

BRADLEY Francis Herbert. Philosophe anglais. Né à Clapham (Grande-Bretagne) le 30 janvier 1846, mort à Oxford le 18 septembre 1924. Il fit ses études à Oxford, où il demeura de 1870 à sa mort comme « fellow » du Merton College. Il s'adonna à la philosophie en un moment où les milieux intellectuels de Grande-Bretagne étaient engoués de Kant et de Hegel, et il resta marqué toute sa vie tant par la méthode critique de Kant que par la dialectique hégélienne. Son idéalisme, qui tend aux affirmations d'une foi transcendentale, emprunte cependant des voies qui se rapprochent de celles du scepticisme : la vie de l'esprit reste dominée chez lui par l'idée de relation. En dernier ressort, la seule réalité reste à ses yeux celle que livre l'expérience concrète, sur laquelle viennent se greffer des concepts nés des nécessités de l'action. Ce pragmatisme, qui l'apparente aux disciples de William James, correspond à une tendance profonde de l'esprit anglo-saxon, qui a toujours cherché à justifier sur le plan psychologique la suprématie de la pratique. Aussi, tout en restant fidèle à l'idéalisme, Bradley détestait-il l'obscurité de Fichte, de Schelling et même de Hegel, et confessait-il n'avoir pas lu Kant en entier ; d'autre part il appréciait hautement Hume et Herbert. Agnostique en matière de religion et peu enclin, à la suite d'expériences personnelles dans la secte religieuse *Simeon Truth,* à apprécier l'élévation morale du christianisme, il nourrissait, à la manière des meilleurs idéalistes, un véritable culte pour le devoir et la culture, qu'il servit toute sa vie. Éducateur et guide de la jeunesse studieuse de son collège, il incarne cet idéal de grandeur laïque qui fut l'un des nobles mythes du XIXe siècle. Parmi ses œuvres citons : *Apparence et Réalité* (*) (1893), *Essais sur la vérité et la réalité, Études d'éthique* et *Principes de la logique.* En outre, il fit paraître dans la revue *Mind* un certain nombre d'essais qui furent publiés en 2 volumes, en 1935, sous le titre : *Collected Essays.*

RÉF. : S. V. Keeling, *La Nature de l'expérience chez Kant et chez Bradley*, Montpellier, 1925. – T. S. Eliot, *F. H. Bradley* dans *Selected Essays*, Londres, 1934. – F. Mikhail : *La Connaissance et l'inconnaissance dans la philosophie de F. H. Bradley*, 1956 (Thèse). – R. Wollheim, *F. H. Bradley*, Londres, 1959. – A. Manser and G. Stock (eds), *The Philosophy of F. H. Bradley*, Oxford, 1984. – Don Mac Niven, *Bradley's Moral Psychology*, Lewiston, 1987.

BRAGA Joaquim Teófilo Fernandes. Homme politique et écrivain portugais. Né dans l'île San Miguel, Açores, le 24 février 1843 ; mort à Lisbonne, le 24 janvier 1924. Dès l'époque de ses études de droit à l'université de Coïmbre, il fait paraître divers recueils de poèmes, *Feuilles vertes* [*Folhas verdes,* 1859], *Une vision des temps* (*) (1862), *Les Tempêtes sonores* [*Tempestades sonoras,* 1864], *L'Ondine du lac* [*Ondina do Lago,* 1866] qui l'imposent, à sa vingtième année seulement, comme chef d'école littéraire. Ayant passé son doctorat en droit en 1868, il est nommé professeur d'économie nationale au lycée de Lisbonne, puis en 1872, obtient par concours la chaire d'histoire de la littérature à la faculté de Lisbonne. Positiviste convaincu en philosophie, lorsqu'il s'intéresse à la politique, c'est vers le parti républicain qu'il se dirige naturellement. Il en deviendra un des chefs. Élu député de Lisbonne en 1909, il fait sur lui la quasi-unanimité des partis dans les premiers mois de la République et se voit choisi en octobre 1910 comme président provisoire, charge qu'il exercera jusqu'au 24 août 1911, date de l'élection du Dr Arriaga, et de nouveau pendant quelques mois lors de la démission de ce dernier, le 27 mai 1915. Outre les poèmes déjà cités (auxquels il faut ajouter, un peu postérieurs, *Les Mirages séculaires* [*Miragens seculares,* 1884], Braga a publié une *Histoire du droit portugais* et deux importants ouvrages de critique : *Histoire de la littérature portugaise,* en vingt volumes (1878, et suiv.) et *Les Idées modernes dans la littérature portugaise* (*) (1892).

RÉF. : T. Bastos, *Theophilo Braga,* 1892.

BRAHÉ Tycho. Astronome danois. Né le 14 décembre 1546 à Knudstrup, dans le comté de Schonen (Danemark), d'une noble famille suédoise établie au Danemark, mort à Prague le 14 octobre 1601. Son penchant pour les études astronomiques se manifesta, tandis qu'il était encore jeune, avec toute la force d'une vocation. Mais il dut vaincre les résistances de sa famille qui, considérant l'astronomie comme une science peu séante pour la noblesse, l'envoya étudier le droit à l'université de Copenhague, où un précepteur s'acquitta en outre avec zèle de la mission qui lui avait été confiée : s'opposer aux goûts scientifiques du jeune étudiant. Ces efforts ne parvinrent cependant pas à arrêter les progrès extraordinaires que Brahé accomplissait en matière d'astronomie. Dès 1563, observant une conjonction de Jupiter et de Saturne, il remarquait que les *Tabulae prutenicae* contenaient des erreurs considérables, ce qui l'amena à concevoir et à faire construire des instruments destinés à perfectionner les observations astronomiques. Entre-temps, il entra en rapport avec des savants de nombreux pays européens. Après la mort de son père, en 1570, il revint dans son pays où, devant sa rapide renommée, sa famille avait fini par se laisser convaincre et par lui permettre de poursuivre son métier d'astronome. En novembre 1572, il observa la fameuse étoile nouvelle apparue cette année-là dans la constellation de Cassiopée. À la même époque, il fit la connaissance d'une femme d'humble condition, une certaine Christine, mais on ignore si leur union fut jamais légalisée. Il enseigna quelque temps à l'université de Copenhague, fit un voyage en Allemagne, puis le roi Frédéric II de Danemark mit à sa disposition la petite île de Hveen dans le détroit du Sund, lui allouant en même temps des crédits considérables pour fonder un observatoire. Celui-ci fut baptisé Uranibord (château du ciel) ; il se dressait au milieu d'un vaste jardin entouré de hautes murailles, et possédait de grandes terrasses et des locaux aménagés pour contenir des sextants, des sphères armillaires et des instruments parallactiques, les uns en bois et les autres en métal, des horloges de diverses espèces. Parmi les nombreux visiteurs de l'île figure Jacques VI d'Écosse, le futur Jacques Ier d'Angleterre, qui en cette circonstance offrit à Brahé de riches présents, et écrivit quelques vers en son honneur.

Le travail astronomique accompli par Brahé durant les vingt années qu'il passa dans son observatoire comprend une série importante et complète d'observations plus exactes que toutes celles faites jusque-là. En 1577, il observa la brillante comète apparue cette année-là, et établit qu'elle ne pouvait, comme le voulait la croyance générale, appartenir à l'atmosphère de la Terre. Fort de ses expériences, il écrivit en latin un traité complet d'astronomie : *Introduction à la nouvelle astronomie* (*). Mais les frais considérables occasionnés par le fonctionnement de l'observatoire et l'achat des instruments, les disputes continuelles auxquelles l'entraînait son caractère irritable, enfin la mort de son mécène, suivie de la suspension des crédits qui lui étaient alloués, le contraignirent à abandonner non seulement l'île, mais aussi le Danemark. Accueilli en Bohême par l'empereur Rodolphe II, il publia à Prague le traité *Des triangles plans et sphériques* [*Triangulorum planorum et sphaericorum praxis arithmetica,* 1595]. Citons encore de lui : *Second livre sur les récentes apparitions dans le monde céleste* (+) (1588), et *Mécanique de la nouvelle astronomie* (+) (1598). Vers la fin de 1599, il s'établit au château de Benatèk, près de Prague, où il put monter quelques-uns de ses instruments les moins importants. Là, il fut rejoint par le jeune Kepler qui, lorsqu'il lui succédera, reprendra un certain nombre de ses travaux.

GIORGIO ABETTI.

RÉF. : P. Gassendi, *Tychonis Brahei, equitis Dani, astronomorum coryphaei, vita,* 1654. – J. R. Friis, *Tyge Brahe, en historisk Fremstilling,* Copenhague, 1871. – J. L. E. Dreyer, *Tycho Brahe, a Picture of Scientific Life and Work in the* XVIth *Century,* Edimbourg, 1890. – John Gade, *The Life and Times of Tycho Brahe,* New York, 1947.

BRAHMS Johannes. Compositeur allemand. Né le 7 janvier 1833 à Hambourg, mort le 3 avril 1897 à Vienne. Fils de musicien, la vocation se manifeste en lui dès l'enfance, et ses parents hésitent à l'orienter vers la carrière de pianiste virtuose ou le guider sur les chemins plus longs qui conduisent à la composition ; le conseil du maître Marxsen, sévère contrapuntiste de l'ancienne école, prévaut, et Brahms sera compositeur. Pendant ce temps, il travaille comme il peut pour arrondir le maigre budget familial : il donne quelques concerts, accompagne des chanteurs et des solistes de passage, et joue de l'orgue dans les églises ; le soir, il « tape » des airs de danse dans les cabarets du port, tout en ayant sur son pupitre des livres de philosophie et de littérature empruntés à la bibliothèque. C'est à vingt ans que se présente pour lui la grande aventure qui ouvre les portes de l'avenir : un jeune violoniste hongrois, Remenyi, curieux type de tzigane romantique, l'emmène comme accompagnateur pour une tournée en Allemagne du Nord (mai 1853) ; à Göttingen, il lui fait connaître Joachim, autre violoniste, très jeune, mais déjà parvenu au rang des plus grands. L'amitié entre Brahms et Joachim naît immédiatement et durera toute leur vie : Joachim sera le premier interprète des œuvres pour violon de Brahms et son conseiller pour la technique des cordes. Avec une lettre de Joachim, Brahms se présente à Liszt, à la cour de Weimar, mais leur rencontre est un échec, malgré l'impeccable courtoisie de Liszt ; plus tard, les deux hommes deviendront des adversaires, Brahms s'opposant au mouvement de la « jeune école allemande », à la musique à programme de Liszt et de Berlioz, au drame musical wagnérien, pour se faire le champion de la tradition instrumentale classique, et du symphonisme pur. Pendant ce temps, Remenyi disparaît de l'horizon de Brahms qui, au cours de l'été 1853, continue seul ses pérégrinations à travers l'Allemagne, usant des lettres de recommandation de Joachim. Il arrive ainsi chez Schumann à Düsseldorf. C'est la rencontre décisive de sa vie d'artiste : Schumann écoute les premières compositions de Brahms, le *Scherzo,* op. 4, et les *Sonates,* op. 1 et 2, *pour piano* – v. *Sonates* (*) – qui le persuadent sur-le-champ qu'il a trouvé celui qui maintiendra très haut le flambeau de la saine tradition instrumentale ; il lui ouvre sa maison, et le lance dans le monde musical par son sensationnel article *Voies nouvelles* paru dans la *Neue Zeitschrift für Musik* de Leipzig le 28 octobre 1853, article dans lequel il affirme que Brahms est le Mozart du XIXe siècle. L'année suivante, Schumann donne ses premiers signes de déséquilibre mental et tente de se suicider ; Brahms accourt à Düsseldorf près de Clara Schumann à laquelle le lie une tendresse respectueuse et toujours plus affectueuse. Il continue, durant ce temps, à composer assidûment des *Lieder* (*), des pièces pour piano (*Variations sur un thème de Schumann,* op. 9) et des *Ballades* (op. 10), vivant des revenus de son activité de concertiste. En 1856, Schumann meurt dans la maison de santé où il avait été hospitalisé à Bonn : dans ce malheur, l'amitié de Brahms pour Clara se montre plus que jamais précieuse et prévenante, mais lorsque le deuil se terminera et que viendra l'instant de tirer des conclusions pratiques du culte de tendre admiration rendu à la femme incomparable, Brahms hésitera, et, trait typique de sa psychologie, renoncera. Il restera toute sa vie un ami fidèle et généreux de Clara Schumann, mais à ce moment crucial, il s'en éloigne et accepte un poste de professeur de piano et de chef des chœurs à la cour de Lippe-Detmold (1857). Pendant trois ans, son existence est partagée entre cette ville, Hambourg, et ses concerts de pianiste donnés spécialement à Göttingen, Hanovre et Leipzig. À cette époque, il aborde la musique symphonique et la musique de chambre, et il joue, avec un succès incertain, en 1858, le *Concerto pour piano n° 1 en ré mineur,* op. 15 – v. *Concertos pour piano et orchestre* (*) ; en 1860 naissent les *Sérénades pour orchestre,* op. 11 et 16, et le *Sextuor en si bémol majeur,* op. 18 ; en 1861, c'est le tour des *Quatuors avec piano,* op. 25 *et* 26 – v. *Quatuors* (*) –, et bien entendu de nombreux lieder et pièces pour piano : *Variations et fugue sur un thème de Haendel,* op. 24, *Variations sur un thème de Paganini,* op. 35 (1862-63). En septembre 1862, il se rend une première fois à Vienne et s'y fixe l'année suivante, comme directeur de la Singakademie. Brahms a la trentaine, à peine, et pourtant, dès cette époque, son existence est engagée sur une voie définitive : l'été est consacré à la composition, dans quelque résidence agréable, l'hiver à une participation intense à la vie musicale, comportant l'exécution des ouvrages écrits pendant l'été. Jusqu'alors son activité créatrice s'était toujours orientée vers la musique de chambre et vers les mélodies – ses *Liebesliederwalzer* (*) de 1868 sont célèbres –, ou vers d'importantes œuvres symphoniques et chorales – le *Requiem allemand* (*), daté de 1868 mais commencé en 1866 après la mort de sa mère, lui vaudra une notoriété universelle et consolidera définitivement sa position matérielle ; puis, avec les *Variations sur un thème de Haydn,* op. 56, de 1873, il abordera de nouveau la production orchestrale qu'il poursuivra en donnant ses quatre symphonies (*), op. 68 en do mineur (1876), op. 73, en ré majeur (1877), op. 90 en fa mineur (1883), op. 98 en mi mineur (1885). Pendant cette période, il écrira également le *Concerto pour violon et orchestre en ré majeur* (*), 1878, le *Concerto pour piano n° 2,* op. 83 (1881), l'*Ouverture académique*, op. 80, et l'*Ouverture tragique*, op. 81 (*) (1880), et enfin, le *Double concerto pour violon et violoncelle,* op. 102 (1887). Il ne renonce pas à son activité dans le domaine de la musique de chambre et du lied, et compose des chefs-d'œuvre tels que les trois sonates pour violon et piano, op. 78 en sol majeur, op. 100 en la majeur, op. 108 en ré mineur, les deux sonates pour violoncelle, op. 38 en mi mineur, et op. 67 en si bémol majeur — v. *Sonates* —, les quintettes à cordes, op. 88 en fa majeur et op. 111 en sol majeur, l'admirable *Quintette avec clarinette,* op. 115, et les *Intermezzos, Fantaisies et Rhapsodies pour piano* — v. *Pièces pour piano* (*). Dans ses œuvres, l'expression d'états d'âme intimes dominés par un idéalisme qui touche à l'abstraction et par une résignation lasse et élégiaque caractéristique de l'atmosphère de son époque, s'affine toujours plus. Après cinquante ans, Brahms abandonna la carrière de pianiste pour n'apparaître plus en public qu'en tant que chef d'orchestre. L'aisance acquise lui permit de réaliser plusieurs fois le rêve longuement caressé de la « Wanderung », du pèlerinage en Italie : il y vint au printemps en 1878 et en 1881, en automne en 1882, et de nouveau au printemps en 1888 et 1890, en compagnie de vieux amis. De 1872 à 1875, il avait dirigé la Gesellschaft der Musikfreunde de Vienne, faisant étudier et exécuter la plus belle musique classique et, par là, évoluer le goût du public viennois ; la pédanterie n'était pas pour autant son fait, et il s'amusait comme un enfant en écoutant les mélodies des tziganes et les valses de son très cher ami Johann Strauss. La régularité de son existence bien remplie ne fut jamais troublée par des événements extérieurs saillants. Ses sympathies féminines qui l'attirèrent tantôt vers des chanteuses, comme Élisabeth von Herzogenberg, ne rompirent jamais l'équilibre de sa vie intérieure ; le culte voué à Clara Schumann demeura l'affection la plus forte de son existence, et la mort de sa vieille amie, en 1896, fut un coup douloureux qui hâta sa propre fin ; atteint d'un cancer au foie, il disparut l'année suivante.

MASSIMO MILA.

♦ *« Je pensais qu'il surgirait — qu'il devait surgir un jour, brusquement, quelqu'un qui incarnerait, sous une forme idéale, la suprême expression de son époque, quelqu'un qui n'atteindrait pas à la maîtrise par un développement progressif, mais qui jaillirait tout armé, comme Minerve du cerveau de Jupiter. Et il est venu. Il s'appelle Johannes Brahms. Il porte tous les signes qui annoncent l'élu. Dès qu'il s'assied au piano, il nous entraîne dans les régions merveilleuses. Saluons-le à son premier pas dans le monde, où il doit recevoir des blessures, sans doute, mais aussi des lauriers et des palmes, et souhaitons la bienvenue au vaillant lutteur... »* Robert Schumann, article de la *Neue Zeitschrift für Musik* du 23 octobre 1853. ♦ *« Je vous remercie de m'avoir fait connaître ce jeune audacieux si timide qui s'avise de faire de la musique nouvelle. Il souffrira beaucoup... »* Berlioz, lettre à Joachim, 9 décembre 1853. ♦ *« Je ne saurais préciser l'impression que Brahms m'a faite. Pour le salon, il n'est pas assez gracieux ; pour le concert, pas assez fougueux ; pour la campagne, pas assez primitif ; pour la ville, pas assez génial. J'ai bien peu de foi dans ces natures-là ! »* Rubinstein, lettre à Liszt, 1856. ♦ *« Ce qui peut être dit de Brahms aujourd'hui c'est que ses premières productions ont de la fantaisie et qu'elles indiquent chez leur auteur une rare intelligence musicale. »* F. J. Fétis. ♦ *« Sa musique a la mélancolie de l'impuissance. »* Nietzsche. ♦ *« Je serai tant qu'on voudra pour Wagner contre Brahms ! »* Saint-Saëns. ♦ *« De toute l'œuvre assemblée de Brahms, rien d'assez puissamment victorieux ne se dégage qui puisse nous courber au-delà d'une considération distinguée... Dans tous les cas, il est manifeste que tant d'efforts pour nous le faire apprécier et aimer restent vains. »* Gabriel Fauré, 1904. ♦ *« Tout être doué de sens artistique doit avoir pour Brahms du respect ; mais il n'est pas facile de l'aimer, car ses œuvres, si honnêtement composées qu'elles soient, rayonnent bien rarement de ce charme vrai qui touche notre cœur et le fait vibrer. »* Vincent d'Indy. ♦ *« Ses admirateurs, nombreux en Allemagne, l'ont mis sur le même rang que Bach et Beethoven. De tels rapprochements sont indiscrets et pénibles* [...] *Beethoven est un musicien poète et penseur ; Brahms n'est qu'un musicien. Entre les deux, il y a la même différence qu'entre Goethe et Ibsen, Corneille et Quinault. »* J. Combarieu. ♦ *« Brahms, le classique, le traditionaliste, a été un grand innovateur dans le royaume du langage musical, et, en fait, il a été un grand progressiste. »* Arnold Schoenberg. ♦ *« La musique de Brahms m'échappe. J'y constate une fausse grandeur qui s'étire, une fausse sensibilité qui larmoie, d'immenses rabâchages dans les développements qui m'assomment. »* Darius Milhaud. ♦ *« Brahms ne cherche pas la perfection dans l'extraordinaire. Sa grandeur et sa nouveauté tiennent simplement à ce qu'il a su délivrer, en usant du vocabulaire commun, un message admirablement personnel. Il a nourri d'idées neuves les formes anciennes et* [...] *en disciplinant les forces d'une imagination fantaisiste, il unit les puissances contradictoires du classicisme et du romantisme en une unité supérieure* [...] *Brahms est un prodigieux inventeur de musique qui a su plier le lyrisme le plus fécond à l'ordre le plus splendide. »* Roland-Manuel.

RÉF. : Paul Landormy, *Brahms*, Paris, 1948. — Claude Rostand, *Johannes Brahms*, Plon, 1954-1955. — Romain Goldron, *Johannes Brahms, « le vagabond »*, Paris, 1956. — José Bruyr, *Brahms*, Paris, 1965. — Bernard Delvaille, *Johannes Brahms*, Paris, 1965. — Yvonne Tiénot, *Brahms*, Paris, 1968. — Karl Geiringer, *Brahms, sa vie, son œuvre*, Paris, 1982. — John Horton, *La Musique d'orchestre de Brahms*, Arles, 1989. — Éric Sams, *Les Lieder de Brahms*, Arles, 1989. — Marie-Louise Audiberti, *Brahms*, Paris, 1991.

BRÄKER Ulrich. Écrivain suisse d'expression allemande, né le 22 décembre 1735 à Näbis, mort le 11 septembre 1798 à Wattwill. Fils de pauvres paysans, il est d'abord berger, puis ouvrier agricole. Las de mener une vie misérable dans sa région natale, le Tockenburg, l'une des plus déshéritées de la Suisse, il décide de chercher fortune ailleurs. Il entre au service d'un noble polonais, dont il s'aperçoit bientôt qu'il est officier recruteur de l'armée prussienne. Il se laisse emmener imprudemment en Brandebourg où, malgré la promesse de son maître, il est incorporé de force dans l'armée de Frédéric II. Il déserte au cours de la bataille de Lobositz (1756) et rejoint son pays. Il y devient à force de travail propriétaire d'une petite entreprise de fabrication de drap et de cotonnades. Soucieux de se cultiver, il adhère en 1776, malgré l'opposition de certains bourgeois qui lui reprochent la bassesse de ses origines, à la « Société morale de Lichtensteig ». De 1781 à 1785, il rédige ses Mémoires, intitulés *Vie et aventures du pauvre homme du Tockenburg* (*). Il est également l'auteur d'un *Journal* qu'il a tenu de 1768 à 1798. Vers la fin de sa vie, il refusera de condamner totalement la Révolution française.

PIERRE VAYDAT.

RÉF. : S. Voellmy, *Ulrich Bräker*, Zurich, 1923. – K. Müller, *Autobiographie und Roman. Studien zur literarischen Autobiographie der Goethe-Zeit*, Tübingen, 1976. – H. Böning, *Ulrich Bräker. Leben, Werk und Zeitgeschichte*, Königstein/Taunus, 1985.

BRANCATI Vitaliano. Écrivain italien. Né le 24 juillet 1907 à Pachino, dans la province de Syracuse qu'il évoquera souvent dans ses œuvres, mort à Turin le 25 septembre 1954. Dès l'âge de dix-sept ans, le lycéen à Catane publie des poèmes dans des journaux et revues, très influencés par les excès dannunziens, malgré les mises en garde de son professeur de grec, Francesco Guglielmino, qu'il ne comprendra que plus tard, et adhère d'enthousiasme au mouvement fasciste, pour son nationalisme, son culte de l'énergie et son hédonisme. Cet itinéraire était alors suffisamment exemplaire pour que le romancier G. A. Borgese en fît dès 1921 le trajet de l'antihéros de son roman *Rubè*. Brancati en fera une lecture d'abord équivoque, mais elle contribuera à amorcer en 1927 son détachement de l'expérience dannunzienne, sans pour autant cesser de céder au puissant mythe de Mussolini, qui le reçut en 1931, et que Brancati mit en scène dans son roman *L'Ami du vainqueur* [*L'amico del vincitore,* 1932]. Mais plus le fascisme perd son caractère de mouvement pour devenir un régime arrogant et opportuniste, plus Brancati développe un art de la satire. Cette crise morale se concrétise en juillet 1933 autour d'une correspondance avec Borgese. Il se fait dès 1934-1936 le peintre des vies velléitaires que la Sicile fasciste engendre et écrase dans *Les Années perdues* [*Gli anni perduti,* 1941], roman où un groupe de jeunes gens désœuvrés projettent de construire une tour. Chroniqueur de « l'ennui de 1937 », il s'achemine vers un maniement de l'ironie réaliste proche de Gogol. En 1940, il écrit *Don Juan en Sicile* (*), roman qui sera de fait le premier volet d'une trilogie sur le « gallisme » (de « gallo » : coq) : comportements masculins d'affirmation de séduction si ostentatoires que le verbal l'emporte sur le physique, finement articulés aux avatars idéologiques, politiques et sociaux de l'histoire sicilienne et romaine. Les bombardements de la Sicile et la chute du fascisme finiront de libérer douloureusement sa plume – voir, par exemple, ce récit de 1944 qui raconte les grotesques aventures d'un fasciste malgré lui et qui donnera plus tard son titre à un recueil de nouvelles, *Le Vieux avec les bottes* [*Il vecchio con gli stivali,* 1958], ou ces essais, *Les Plaisirs* [*I piaceri,* 1943] et *Les fascistes vieillissent* [*I fascisti invecchiano,* 1946]. À partir de 1946, il s'installe plus durablement à Rome, tient de 1947 à 1954 dans la tourmente de l'après-guerre son *Journal romain* [*Diario romano,* 1961], publie en 1949 *Le Bel Antonio* (*), son deuxième roman sur le gallisme, et le plus célèbre, avant le troisième, *Les Ardeurs de Paolo* (*) (1955), qu'il commence en 1952. Un roman qui devait marquer une évolution vers une écriture plus grave, mais que, surpris par la mort, il laisse inachevé. Leonardo Sciascia, qui l'eut pour professeur, a souvent écrit pour aider à une plus juste évaluation de l'importance majeure de cet écrivain.

MAURICE DARMON.

BRANDÃO Raul. Écrivain portugais. Né le 12 mars 1867 à Foz do Douro au nord du Portugal et mort le 5 décembre 1930 à Lisbonne. Après des études de lettres à Porto, il met rapidement fin à une carrière militaire entreprise sans vocation et se consacre au journalisme. Il fréquentera, pendant quelques temps, un groupe de « bohèmes symbolistes ». Sa conscience douloureuse devant l'humanité exploitée, son profond malaise d'être installé dans un confort, non seulement matériel mais aussi psychologique et affectif, marque profondément son œuvre. Ce malaise trouve dans les pages de *Mémoires* [*Memória,* 1919, 25, 33] et du roman *Le Mendiant* [*Pobre de pedir,* 1933], son expression la plus bouleversante. En 1903 et 1906, il publie respectivement *La Farce* [*A farça*] et *Les Pauvres* [*Os pobres*]. Imprégnés de rêves, d'un temps éclaté, du sentiment latent de l'absurde, ces récits, anarchisants et populistes, sont avant tout de longs poèmes en prose. Mais c'est avec *Humus* (*), publié en 1917, que Raul Brandão donne toute la dimension de son art de prosateur poétique et met en relief son évidente modernité : il n'a peur ni du grotesque, ni du vulgaire mêlé au plus pur tragique. On remarquera sa grande habileté stylistique dans la description des paysages et des mœurs populaires *Les Pêcheurs* [*Os pescadores,* 1923] et *Îles inconnues* [*Ilhas desconhecidas,* 1926]. Il écrivit également deux pièces de théâtre.

FRANÇOISE BEAUCAMP.

BRANDES Georg Morris Cohen. Écrivain danois. Né le 4 février 1842 à Copenhague d'une famille de commerçants juifs non pratiquants, et mort dans la même ville le 17 février 1927. Influencé d'abord par la philosophie hégélienne introduite au Danemark par Heiberg, il se convertit bientôt à la méthode psychologique de Sainte-Beuve et à la méthode critique de Taine, qui fit l'objet de sa thèse de doctorat : *L'Esthétique française contemporaine* [*Den Franske Aesthetik i vore dage,* 1870]. Rappelons encore, datant de cette première période, les *Études esthétiques* [*Aesthetiske Studier,* 1868] ; *Critiques et Portraits* [*Kritiker og Portraetter,* 1870]. Après un voyage en Angleterre, en France et en Italie (1870-1871), au cours duquel il rencontra John Stuart Mill (dont il avait traduit en danois l'essai *L'Assujettissement des femmes*), Taine, Renan, Ibsen, il commença en 1871 ses célèbres cours sur la littérature du XIXe siècle, qui firent immédiatement de lui le guide incontesté des jeunes générations. La revue *Det Nittende Aarhundrede,* qu'il dirigea en collaboration avec son frère Edvard de 1874 à 1878, contribua considérablement à la diffusion de ses idées. S'étant vu refuser la chaire d'esthétique à l'Université, il s'établit à Berlin en 1877, mais en 1882 il rentra à Copenhague. En dehors de son œuvre *Les Grands Courants de la littérature européenne du XIXe siècle* (*) (1872-1890), citons encore *Lassalle* (1881) ; *Impressions de Pologne* [*Indtryk fra Polen,* 1888] ; *Impressions de Russie* [*Indtryk fra Rusland,* 1889] ; *Berlin, capitale de l'Allemagne* [*Berlin som tysk Rigshovedstad,* 1885]. Dans ses essais littéraires : *Personnalités danoises* [*Danske personligheder,* 1877] ; *Søren Kierkegaard* (1877) ; *Tegner* (1878) ; *Holberg* (1884) ; *Les Esprits novateurs modernes* [*Det moderne Gjennembruds Moend,* 1883], on remarque un intérêt toujours croissant pour l'individu qui l'amènera, sous l'influence de Nietzsche, à un radicalisme aristocratique et au culte du héros, comme en témoignent des œuvres telles que : *Shakespeare* (1895-1896) ; *Heine* (1897) ; *Ibsen* (1909). En 1902, un ministère de gauche lui alloua un traitement, sans lui imposer l'obligation de faire des cours. Ses récits autobiographiques, *Enfance et Jeunesse* [*I Barndom og Ungdom,* 1905] ; *Dix ans* [*Et Tiaar,* 1907] ; *Prisons et Horizons* [*Snaevringer og Horizonter,* 1908] datent de ces années plus tranquilles de sa vie. La guerre mondiale, pendant laquelle il entra en polémique avec Clemenceau avec *La Guerre mondiale* [*Verdenkrigen,* 1916], marqua un regain de son activité littéraire. C'est l'époque des grandes biographies : *Goethe* (1915) ; *François de Voltaire* (1916-17, 2 vol.) ; *Napoléon et Garibaldi* (1917) ; *Michel-Ange* (1921). À la fin de la guerre, il exprima sa sympathie pour la révolution russe dans *Le Deuxième Acte de la tragédie* [*Tragódiens anden del,* 1919], et écrivit dans un esprit rationaliste un essai sur Jésus : *La Légende de Jésus* [*Sagnet om Jesus,* 1925]. Il mourut dépassé, à l'écart du mouvement intellectuel de sa patrie, à l'éveil duquel il avait pourtant si puissamment contribué.

ALDA MANGHI.

RÉF. : Georg Brandes, *Écrits autobiographiques.* – Ola Hansson, *Das junge Skandinavien,* Dresden, 1891. – Conard Simonsen, *Georg Brandes ; moderner Geist in Dänemark,* Leipzig, 1914. – Francis Bull, *Henrik Ibsen et Georg Brandes,* 1930. – Henning Fenger : *Georg Brandes et la France. La formation de son esprit et ses goûts littéraires (1842-1872),* P.U.F., 1963.

BRANDYS Kazimierz. Prosateur polonais. Né le 27 octobre 1916 à Łódź. Collaborateur de la revue littéraire marxiste *Kuźnica*, qui se situe dans le courant des « règlements de comptes » qui font suite à la guerre, il adhère au parti communiste et fait son entrée en littérature avec le roman *Le Cheval de bois* [*Drewniany koń*, 1946], dans lequel il brosse le portrait ironique d'un jeune intellectuel bourgeois que l'occupation nazie conduit à un échec moral et politique. Ce roman lui vaudra d'être officiellement célébré par la Pologne populaire et inaugura sa compromission avec le réalisme socialiste. Ses héros « positifs » seront toujours communistes. Suivirent *La Ville insoumise* [*Miasto niepokonane*, 1946], récit romancé de l'insurrection de Varsovie ; une tétralogie, *Entre-deux-guerres* [*Między wojnami*], qui se compose de *Samson* (1948), *Antigone* (1948), *Troie, ville ouverte* [*Troja, miasto otwarte*, 1949] et *L'homme ne meurt pas* [*Człowiek nie umiera*, 1951], dans laquelle il dépeint la vie et les idées des intellectuels bourgeois pendant la montée du fascisme, sous l'occupation allemande et après guerre ; dans *Citoyens* [*Obywatele*, 1956], des lycéens traquent la « décadence bourgeoise » chez leurs professeurs.

Après le dégel, en 1956, il critique les « erreurs et les errements » dans ses œuvres antérieures. *La Défense de Grenade* [*Obrona Grenady*, 1956] et un court roman, *La Mère des Król* [*Matka Królów*, 1957], sur une famille ouvrière cruellement blessée par le communisme, dénoncent les compromissions morales et l'opportunisme politique. Il se tourne peu à peu vers la réflexion esthétique comme en témoignent ses fameuses *Lettres à Madame Z.* (*) (1958-1962), qui abordent des thèmes existentiels et abondent en réflexions sur les devoirs de la littérature et les problèmes de la vie contemporaine. La conviction que l'individu peut et doit agir sur son propre destin apparaît dans *Le Joker* [*Dżoker*, 1966], *La Place du marché* [*Rynek*, 1968], *Une bonne idée* [*Pomysł*, 1974]. La publication des *Variations postales* [*Wariacje pocztowe*, 1972] marque son entrée dans l'opposition et déchaîne les attaques de la presse. *En Pologne, c'est-à-dire nulle part* [*Nierzeczywistość*, 1977] étudie les rapports entre la fiction littéraire et la réalité. Brandys est alors interdit de publication en Pologne pendant plus de dix ans.

En 1981, il s'installe définitivement en

France, où paraît son journal, *Carnets de Varsovie, 1978-1981* ; *Carnets Paris-New York-Paris, 1982-1984* ; *Carnets Paris, 1985-1987* [*Miesiące*], fait de notes et de réflexions suscitées au jour le jour par les réalités politiques. Son roman *Rondo* (*) (1989) démontre l'influence du contexte socio-historique sur le destin de l'individu. Brandys est aussi l'auteur de pièces de théâtre, de souvenirs, *Petit livre* [*Mała Księga*, 1970], et de scénarios cinématographiques.

LAURENCE DYÈVRE.

BRANNER Hans Christian. Romancier danois. Né le 23 juin 1903 à Ordrup, mort le 24 avril 1966 à Copenhague. Fils d'un proviseur, il s'essaya, après le baccalauréat, comme comédien, puis travailla dans une maison d'édition, comme préposé au stock, entre 1923 et 1932. Son premier roman, *Jouets* [*Legetøj*], parut en 1935 et fut suivi de *L'enfant joue sur la plage* [*Barnet leger ved stranden*, 1937]. Le premier, qui décrit les intrigues dans une firme de jouets, se trouve dans la lignée du réalisme des années 30, le deuxième, influencé par la psychanalyse, témoigne de la finesse psychologique de l'auteur, qu'on retrouvera dans les recueils de nouvelles *Sous peu, nous serons partis* [*Om lidt er vi borte*, 1939] et *Deux minutes de silence* [*To Minutters Stilhed*, 1944] ainsi que dans le roman *L'Histoire de Børge* [*Historien om Børge*, 1942], écrit pour la radio et consacré, comme beaucoup de ses nouvelles, au monde de l'enfance. Ses romans majeurs, *Le Rêve d'une femme* (*) (1941) et surtout *Le Cavalier* (*) (1949) sont à la fois des études psychologiques et des romans « symboliques » abordant, à travers les conflits individuels, les problèmes sociaux et politiques. C'est ainsi que *Le Cavalier* peut également être lu comme une parabole de l'Occupation et de la Collaboration, thème qui revient dans le roman *Personne ne connaît la nuit* [*Ingen kender natten*, 1958] et les pièces de théâtre *Frère et Sœur* [*Søskene*, 1952] et *Les Thermopyles* [*Thermopylae*, 1958]. Branner a également publié plusieurs pièces radiophoniques, des essais, dont *Promenade le long du fleuve* [*Vandringer langs floden*, 1956], contenant des éléments autobiographiques, et revint à la nouvelle avec *Ariel* (1963).

CARL GUSTAF BJURSTRÖM.

BRANT Sebastian. Poète et jurisconsulte allemand. Né à Strasbourg en 1458, mort dans cette même ville le 10 mai 1521. Son père était hôtelier à l'enseigne du « Lion d'or » et conseiller communal. Étudiant en philosophie et en droit à Bâle, il y obtint son doctorat en jurisprudence, y professa ensuite et fut nommé, en 1492, doyen de la faculté de droit. Il compte parmi les humanistes les plus notoires de la Haute-Rhénanie. Il traduisit des auteurs latins, et composa des poèmes religieux en latin et en allemand. *La Nef des fous* (*), son œuvre la plus connue, est une satire des mœurs de son temps, écrite en dialecte alsacien ; elle fut imprimée par lui et largement diffusée. Pendant son séjour à Bâle, qui était alors un centre d'imprimerie et d'édition, il fut en rapport étroit avec les érudits qui s'y trouvaient réunis et y fit quelques travaux d'édition. Il quitta Bâle en 1500 lors du rattachement de cette ville à la Confédération helvétique ; il était en effet resté fidèle à l'empereur Maximilien. Il retourna avec sa famille à Strasbourg où il continua à professer. Il fut nommé syndic, puis conseiller impérial. C'est pendant cette période, en 1506, qu'il remania et imprima *Discernement* (*) de Freidank. Au moment de la Réforme, il resta fidèle au catholicisme. Son ouvrage, *La Nef*, plein d'intentions moralisatrices, eut une très grande influence ; le personnage de Grobianus qu'il a créé est devenu un type et fut repris maintes fois, en particulier par Dedekind et Scheidt.

RÉF. : E. H. Zeydel, *Sébastian Brant*, New York, 1967. – A. Gendre, *Humanisme et folie chez Sebastian Brant, Erasme et Rabelais*, Bâle / Stuttgart, 1978.

BRANTÔME Pierre de Bourdeille, abbé et seigneur de. Mémorialiste français. Né à Brantôme (Dordogne), vers 1540, mort le 15 juillet 1614 à Paris. Il était destiné par le rang de sa famille à la vie frivole du courtisan, par son esprit hardi et turbulent aux aventures guerrières qui s'offraient nombreuses au cours d'un demi-siècle fort agité. Son enfance s'était passée à la cour de Navarre, il avait été étudiant à Paris et à Poitiers (1555) ; tout jeune, il avait été nommé abbé commendataire de Brantôme par Henri II, qui honorait ainsi les services du frère puîné, Jean, tombé à Hesdin (1553). Depuis il avait voyagé, il s'était battu, il avait bavardé et fleureté dans les antichambres et dans les ruelles. Il a près de cinquante ans et il s'est retiré aigri et désabusé dans ses terres, lorsque à la fin de 1583 une chute de cheval lui brise les reins, le cloue pendant des années dans un lit et lui fait découvrir sa vocation de mémorialiste. Les contemporains en ont très peu parlé ; lui-même ne nous a pas laissé dans ses *Mémoires* une autobiographie suivie. Mais au travers des faits d'armes et des histoires d'alcôve – v. *Vies des dames galantes* (*), *Vies des dames illustres* (*), *Vies des hommes illustres et des grands capitaines* (*) –, il se met en scène, ici et là, au hasard des événements, « en écrivant à la cavalière » ; et cette série décousue d'instantanés vigoureux et colorés campe une figure singulièrement vivante et attachante du personnage.

Dès 1557 il parcourt l'Italie (où son père, « un homme scabreux, haut à la main et mauvais garçon », a servi sous Bayard) ; il y manque être aveuglé « par un accident d'une arquebusade [...] une fois à Portefin près de Gesnes ». Et il est soigné de galante façon par

« une fort belle dame de là mesme [qui] sçachant guérir du fœu, auquel le laict d'une femme est très propre, [lui] jettoit dans les yeux du laict de ses blancs et beaux tétins ». Attaché à François de Guise, grand prieur de France, il le suit en Italie en 1559. À la mort de François II, il escorte en Écosse sa jeune veuve, Marie Stuart. Entre-temps il a paru à la cour. Il est le témoin plus ou moins direct de tous les événements, il connaît tout le monde. Où ne s'est-il pas battu ? Contre les huguenots, à Blois, à Bourges, à Rouen, à Dreux (1562) ; contre les Turcs en Afrique, sous don Garcia de Tolède ; il en revient par Madrid et Lisbonne. Il va au secours de Malte (1565), puis décide d'aller combattre le Turc en Hongrie : la mort de Soliman (1566) l'arrête à Venise. L'année suivante, il se bat à Saint-Denis. En 1569 (troisième guerre de Religion), il est à Brantôme, malade : défait à Moncontour, l'amiral de Coligny s'y fait recevoir avec sa suite au milieu de laquelle le jeune Henri de Béarn apprend le métier des armes ; le futur Henri IV sera en 1573 parmi les assiégés, lorsque Brantôme suivra son ami Strozzi au siège de La Rochelle où il lui arrivera de deviser la nuit, dans la tranchée, de belles et honnestes dames avec le sévère Monluc.

Cependant, « de moyens et de grades point, comme aucuns de mes compagnons [...] qu'aujourd'huy je les vois advancez comme potirons et fort aggrandis », se plaint-il, reste simple gentilhomme ordinaire de la chambre d'Henri III, comme il l'a été de Charles IX. Et en 1582, Henri III lui ayant refusé la survivance de la charge de sénéchal du Périgord pour le jeune fils de son frère aîné qui vient de mourir, il abandonne la cour avec éclat. Ayant quitté le roi avec une insolente riposte, il rencontre quelques amis : « Je conte tout et dis et jure, renie et proteste, que quand j'aurois eu mille vies, je n'en employerois jamais une pour roys de France [...]. Sur ce je maugrée le ciel, je maudis ma fortune, je déteste la grâce du Roy [...]. J'avois par cas à la seinture pendue la clef dorée de la chambre du Roy : je l'en destache, je la prends et la jecte du gué des Augustins dans la rivière. » Dans sa rancune il projeta de se donner aux Guises, de passer au service du roi d'Espagne. Il ne semble plus avoir paru à la cour. Après sa chute de cheval, il vécut à Brantôme ou auprès de sa belle-sœur, Mme de Bourdeille, veuve de son frère aîné ; il était auprès d'elle en 1588, quand elle refusa de livrer ses gens, réfugiés en son château de Mathas, au prince de Condé menaçant. Devant la fière réponse de Jacquette de Montbron, Condé hésita ; sa mort, survenue peu de jours après, termina l'affaire. Les années s'écoulent. Brantôme partage son activité entre ses *Mémoires*, la construction de son nouveau château de Richemond et d'innombrables procès. Il meurt le 15 juillet 1614, et est inhumé à Richemond. Son testament prévoyait dans tous les détails l'édition luxueuse de ses œuvres, à faire après sa mort. Mais celles-ci ne virent le jour que cinquante ans plus tard. Superficiel, naïf, léger, préoccupé du détail anecdotique plus que du sens historique des faits, Brantôme n'a rien de l'historien, sauf l'impartialité. Mais combien de charme dans cette causerie à bâtons rompus avec son lecteur, sans ordre, primesautière (en apparence), avec sa verve fanfaronne, ses boutades, ses tours de phrases inoubliables. Le même esprit, le même bonheur dans l'expression se retrouvent tout du long des *Mémoires*, trop peu connus dans leur ensemble, à cause de l'injuste préférence donnée aux *Vies des dames galantes.*

PIERRE FERRARI.

♦ *« ... cavalier d'honneur, vrai François, nay d'illustre maison, nourry des roys mes père et frères, parent et familier amy des plus galantes et honnestes femmes de nostre temps... »* Marguerite de Valois. ♦ *« ... Ce n'est point dans Mézeray, mais dans Montluc, Brantôme... etc., que l'on se fait une idée du français au* XVI*e siècle. Le style de ces auteurs contemporains en apprend autant que leurs récits. »* Mérimée. ♦ *« Supposez l'œuvre de Brantôme perdue, notre connaissance de l'histoire politique n'y perdrait presque rien, celle de l'histoire des mœurs serait singulièrement mutilée. »* P. Villey.

RÉF. : Monmerqué, *Notice sur Brantôme*, dans le t. I de son édition des *Œuvres de Brantôme*, 1822. – Louis Lalanne, *Lexique des œuvres de Brantôme*, 1880. – René Doumic, *Brantôme et l'« Honnête » Galanterie*, dans *Études sur la littérature française*, t. II, 1890. — [illegible], *Brantôme*, 1934. — J. C. Stevens, *La Langue de Brantôme*, 1939.

BRAQUE Georges. Peintre, sculpteur et graveur français. Né à Argenteuil le 14 mai 1882, mort à Paris le 31 août 1963. Il suit ses parents au Havre en 1890 où il entre au lycée en 1893. Il s'inscrit à l'École des beaux-arts de la ville et se lie d'amitié avec Raoul Dufy et Othon Friesz. Il s'installe à Paris en 1900 et fréquente les cours d'art municipal des Batignolles et de l'académie Humbert où il rencontre Marie Laurencin, Apollinaire, Derain et Picabia. Après s'être rallié à l'école impressionniste, il peint dans cette manière « fauve » à l'élaboration de laquelle il participait depuis 1905 avec Matisse, Vlaminck et Derain. Un *Nu* en 1907, les *Maisons à l'Estaque* en 1908 et enfin *Les Paysages de La Roche-Guyon* marquent sa rupture avec le fauvisme. Entre-temps, il a rencontré Picasso et a vu *Les Demoiselles d'Avignon,* qui ont marqué le départ de nouvelles recherches. *Maisons à l'Estaque,* présenté au Salon des Indépendants de 1908, est refusé et qualifié de représentation de « petits cubes » ; c'est ainsi que naît le terme « cubisme ». Réduisant sa palette au noir et au blanc qu'animent des ocres et des gris-bleu, il collabore alors étroitement avec Picasso. C'est à cette époque que Braque se persuade que sa peinture n'aura plus à reconstituer un « fait anecdotique » mais à créer au contraire un « fait pictural ». Il l'écrit en 1917 dans la revue de Reverdy, *Nord-Sud*

(*). Progressivement, il introduit des éléments en trompe-l'œil (faux bois, faux marbre), puis il mélange les matières (sable, colle), finalement il insère dans la toile des morceaux de papier, de journal, etc. C'est l'époque du « cubisme analytique » et des papiers collés (1911-1914). Dès lors, et jusqu'aux tout derniers mois de la vie du peintre, son œuvre ne cessera de se développer à travers diverses recherches menées avec une grande rigueur. Outre son œuvre sur toile, qui en fait l'un des plus grands maîtres de son temps, on doit à Braque des décors et des costumes de théâtre (*Les Fâcheux,* 1924, *Zéphyre et Flore,* 1925), ainsi qu'une série de plaques de plâtre et de galets peints, *Les Oiseaux* (1955-1963), les vitraux de l'église de Varangeville et le plafond de la salle Henri-II au Louvre. Tout au long de sa carrière, Braque a écrit et publié des maximes et des pensées qui forment des recueils d'un ton et d'une saveur remarquables : *Cahiers 1916-1947* (1947), *Le Jour et la Nuit* (*) (1952), *Mon tableau* (1959), *Six pensées* (1963).

DANIÈLE BOONE.

RÉF. : Stanislas Facret, *Braque,* Paris, 1941. — J. Paulhan, *Braque le patron,* Genève, 1946. — Pierre Reverdy, *Une aventure méthodique,* Paris, 1950. — Jean Leymerie, *Braque,* Genève, 1961. — Raymond Cogniat, *Braque,* Paris, 1970. — Serge Fauchereau, *Braque,* Paris, 1987.

BRASILLACH Robert. Écrivain français. Né à Perpignan le 31 mars 1909, fusillé le 6 février 1945 au fort de Montrouge. Fils d'un officier tué pendant les combats du Maroc en 1914, il arrive à Paris vers 1926, suit les cours d'André Bellessort à Louis-le-Grand et fait un brillant passage à l'École normale supérieure. À sa sortie de l'École, il se lance dans le journalisme, se fait remarquer par une enquête sur la « fin de l'après-guerre » et se voit confier, à vingt-trois ans, par Charles Maurras, le feuilleton littéraire de *L'Action française* qu'il tiendra de 1932 à 1939 et dont il a réuni les meilleures chroniques dans son livre *Les Quatre Jeudis* (1944). Il écrit plusieurs romans, *L'Enfant de la nuit* (1934), *Le Marchand d'oiseaux* (1936), *Comme le temps passe* (*) (1937), où dominent les influences de Giraudoux et d'Alain-Fournier, mêlant la féerie à la réalité, pénétrés d'un sentiment nostalgique de l'adolescence, de rêves de vacances, de la simple poésie éveillée par de longues promenades dans les quartiers populaires de Paris. Critique théâtral, ami fervent des Pitoëff, Brasillach se passionne aussi pour le cinéma et publie, en collaboration avec son beau-frère Maurice Bardèche, une *Histoire du cinéma* (1935). Engagé dans la politique active à partir du 6 février 1934, il participe à l'évolution de nombreux intellectuels de droite vers le fascisme ; il s'exalte de la guerre d'Espagne (*Le Siège de l'Alcazar*, 1939, et *Les Cadets de l'Alcazar*, 1936) ; l'émerveillement qu'il éprouve en 1937 en assistant à un congrès de Nuremberg (*Les Sept Couleurs*, 1939) est un événement décisif de sa vie qui va le conduire, quelques années plus tard, à être un des journalistes le plus en vue de la collaboration. Arrêté en 1944, condamné à mort par la Cour de justice, il sera fusillé le 6 février 1945. Dans la *Lettre à un soldat de la classe soixante* et surtout dans *Notre avant-guerre* (1941) il a laissé des confessions politiques et intellectuelles où il témoigne souvent pour toute sa génération.

RÉF. : Dominique Pado, *Maurras, Béraud, Brasillach, trois condamnés, trois hommes, trois générations*, Paris, 1945. — J. Isorni, *Le Procès de Robert Brasillach*, Paris, 1946. — P. Vandromme, *Robert Brasillach, l'homme et l'œuvre*, Paris, 1956. — P. Sérant, *Le Romantisme fasciste*, Paris, 1960. — B. George, *Robert Brasillach*, Paris, 1968. — C. Ambroise-Colin, *Un procès de l'épuration. Robert Brasillach*, Tours, 1971. — G. Sthème de Jubécourt, *Robert Brasillach, critique littéraire*, Lausanne, 1972. — P. D. Tame, *La Mystique du fascisme dans l'œuvre de Brasillach*, Paris, 1986. — J. Baldran, C. Bochurberg, *Brasillach ou la Célébration du mépris*, Paris, 1988. — P. Louvier, *Brasillach ; l'illusion fasciste*, Paris, 1989. — P. Pellissier, *Brasillach... le maudit*, Paris, 1989.

BRASSAÏ Gyula (pseud. de Gyula Halasz). Écrivain, peintre, photographe et sculpteur français d'origine hongroise. Né à Brasso (Transylvanie) le 9 septembre 1889, mort à Nice en 1984. Fils d'un professeur de littérature française, il passe un an à Paris à l'âge de quatre ans. Il y revient en 1924 après avoir étudié l'art à Budapest et à Berlin. Il est d'abord peintre et partage la bohème d'Henry Miller, Henri Michaux et bien d'autres. Initié à la photographie par André Kertesz, il devient célèbre en faisant ses premiers clichés de *Paris la nuit* (1933). Il publie dès lors ses photographies dans de nombreuses revues, *Le Minotaure* (*), *Verve, Harper's Bazaar.* La photographie et la sculpture sont ses deux modes d'expression préférés. Il commence à écrire en 1943. La plus remarquable de ses œuvres demeure la savoureuse *Histoire de Marie* (*) (1949). On lui doit également des *Conversations avec Picasso* (*) (1965) et un *Henry Miller, grandeur nature.*

BRAUDEL Fernand. Historien français. Né à Luméville (Meuse) le 24 août 1902, mort à Paris le 28 novembre 1985. Le père était instituteur et directeur d'école. Un des grands-pères était lorrain, l'autre nîmois (il fut communard). Le jeune Fernand Braudel fit ses études en Seine-et-Oise et à Paris, où son père avait été nommé. Il fut reçu à l'agrégation à 21 ans, envoyé au lycée de Constantine, puis à Alger (il s'y maria, y écrivit ses premiers textes). Il retourna ensuite à Paris, professeur dans divers lycées. Il se fit nommer, pour trois ans, à São Paulo, au Brésil. Il avait lié, dès cette époque, des amitiés précieuses aux *Annales d'histoire économique et sociale,* avec Lucien Febvre surtout, et à la *Revue historique,* et décidé de son sujet de thèse (d'abord la politique méditerranéenne de Philippe II, puis la Méditerranée à l'époque de Philippe II : le changement en disait long sur les orientations qui étaient désormais les siennes).

Lieutenant d'artillerie en 1939-1940, il est fait prisonnier, pour cinq ans. Il écrit dans son camp, de mémoire, sur des cahiers d'écolier, les chapitres successifs de *La Méditerranée,* et les envoie à Lucien Febvre. Celui-ci, après la guerre, le soutiendra efficacement, fera de lui son successeur au Collège de France. La thèse sur *La Méditerranée et le monde méditerranéen à l'époque de Philippe II* (*) est publiée en 1949, et la même année Braudel devient président du jury de l'agrégation d'histoire, nomination qui facilitera beaucoup la diffusion de la « nouvelle histoire » dans la recherche et l'enseignement. Simultanément, Braudel et Charles Morazé organisent la Sixième section (« Sciences économiques et sociales) de l'École pratique des hautes études (fondée par Victor Duruy en 1867). Fernand Braudel est désormais chef d'école, chef d'un chantier qui va s'élargissant, jusqu'à la fondation de l'École des hautes études en sciences sociales et de la Maison des sciences de l'homme, dans les dernières années 60 et les premières années 70. Il est, pour quelques décennies, comme Camille-Ernest Labrousse et Pierre Renouvin, un « grand patron » de la corporation historienne.

L'univers braudélien est centré sur la Méditerranée (« J'ai passionnément aimé la Méditerranée, sans doute parce que venu du Nord, comme tant d'autres, après tant d'autres »), une Méditerranée fortement ibérique, espagnole et portugaise, élargie aux Amériques de même langues, ouverte au monde grec et ottoman, aux sémites de tous les siècles, pénétrée d'influences nordiques, d'apports transsahariens. Avant la guerre, transformant ses vacances d'été en campagnes documentaires, Braudel photographie, de dépôt en dépôt, les vieux papiers qui l'intéressent, prélève ses échantillons, butine à travers la plus vaste des Méditerranées. Après la guerre, c'est un autre butin qui l'emporte (bien que le goût des archives n'ait jamais abandonné notre auteur), le butin bibliographique, les lectures illimitées — historiens, géographes, sociologues, anthropologues, économistes, théoriciens...

Appétit de faits, amour des idées, éclat du style écrit et oral... Les trois ingrédients de l'« histoire parfaite » se trouvent chez Fernand Braudel. Il se laissera tenter, après Georges Duby, par l'Académie française (1985), sera célébré, sur le tard, par les médias. Sans doute la trilogie intitulée *Civilisation matérielle, économie et capitalisme* (*) (1979) est-elle pour quelque chose dans cette reconnaissance. Sans doute aussi le succès de ce livre, le deuxième chef-d'œuvre braudélien, doit-il quelque chose à la montée de la consommation d'histoire et à la popularité de cette discipline depuis 1968 et 1975, et à un des thèmes nouveaux de la pensée braudélienne, l'apologie de l'économie de « marché » (mais celle-ci se distingue du « capitalisme », s'oppose à lui). Il est bien vrai que Braudel, mort au moment où le gorbatchévisme, en U.R.S.S., s'apprête à entrer en action, peut passer pour un annonciateur, un prophète. Et il faut ajouter que la crise de longue durée dans laquelle le monde est entré en 1973-74 confirme les intuitions des fondateurs de l'histoire des conjonctures (Simiand, Kondratieff...), renforce leurs problématiques, permet au vieux Braudel de dire des choses neuves, en face d'économistes trop souvent égarés par les Trente Glorieuses et désarçonnés par le retour de la Dépression.

L'Identité de la France est le dernier livre de Fernand Braudel (1986). Il est inachevé. La partie que l'auteur a eu le temps d'écrire n'est probablement pas la plus originale de l'ensemble projeté. Braudel ne sera pas jugé là-dessus. Ni même sur ses réalisations institutionnelles, domaine où son caractère impérieux et son esprit caustique firent merveille (mais occasionnèrent bien des querelles, et les petitesses de la « débraudélisation »).

Il sera jugé sur ses ambitions scientifiques, sur son amour des grands sujets, sur sa conception exigeante du déterminisme, sa vision de conjonctures souveraines qui ne laissent à l'individu, fût-il grand, qu'un rôle subordonné. Il sera jugé sur les théories, les ébauches de théorisation qu'il a proposées, et sur les orchestrations superbes qui les accompagnent. Il sera jugé sur son projet épistémologique majeur, celui d'un « marché commun » des sciences humaines, où toutes commerceraient avec toutes, sous la houlette de l'histoire, la fédératrice. Peut-être, après avoir donné des résultats excellents, ce projet apparaît-il comme timide, insuffisant, susceptible d'autoriser le retour aux spécialisations les plus débilitantes, et même aux micro-histoires les plus traditionnelles. Peut-être est-ce vers des théories unificatrices du champ entier des phénomènes spécifiques de l'homme, vers une construction unitaire systématique, que doit tendre aujourd'hui le braudélisme vivant.

ROBERT BONNAUD.

BRAUTIGAN Richard. Romancier et nouvelliste américain. Né le 30 janvier 1935 à Tacoma (Washington), mort le 24 octobre 1984 à Bolinas (Californie). Richard Brautigan est toujours resté très discret sur les détails de son existence. On sait néanmoins qu'il a d'abord vécu en Californie dans les années 60, à l'époque où la « contre-culture » et le mouvement hippie attiraient une bonne part de la jeunesse américaine ; il partit ensuite s'installer dans un ranch du Montana, à Paradise Valley, où s'était installée une communauté d'artistes, d'écrivains, de réalisateurs et d'acteurs de cinéma. Puis il retourna vivre en Californie, à Bolinas, effectua un voyage au Japon (évoqué dans *Tokyo-Montana*

Express), un autre en Europe, et se suicida à quarante-neuf ans en 1984.

Il publia, non sans mal au début, une douzaine de courts romans ou recueils de nouvelles, dont *Le Général sudiste de Big Sur* [*A Confederate General from Big Sur,* 1964], *La Pêche à la truite en Amérique* (*) (1967), *Sucre de pastèque* [*Watermelon Sugar,* 1968], *La Revanche de la pelouse* [*Revenge of the Lawn,* 1971], *Le Monstre des Hawkline* [*The Hawkline Monster,* 1974], *Willard et ses trophées de bowling* [*Willard and His bowling Trophies,* 1974], *Retombées de sombrero* (*) (1976), *Un privé à Babylone* [*Dreaming of Babylon,* 1977] et *Tokyo-Montana Express* [*Tokyo-Montana Express,* 1980].

Les fictions de Richard Brautigan se présentent comme des parodies tendres et cocasses de genres établis : *Un privé à Babylone* pastiche le roman policier, au point que son héros parfaitement niais et dépourvu de toute épaisseur vivote dans une intrigue presque inexistante ; dans *Le Monstre des Hawkline,* deux cow-boys de pacotille secourent une jeune fille désespérée par la disparition de son père et par les bruits étranges qu'elle entend dans le sous-sol de sa demeure : ici, dans son entreprise humoristique de démolition généralisée, c'est au western et au roman gothique que s'en prend Brautigan ; *Willard et ses trophées de bowling* pastiche le roman érotique et l'enquête policière. Et avec *Le Général sudiste de Big Sur,* notre auteur détruit joyeusement tous les mythes ronflants de la geste militaire.

Par ailleurs, il n'y a pas de récit à proprement parler dans ces livres où il serait vain de chercher le moindre fil conducteur : l'anecdote, le détail, la digression, l'image souvent surréaliste débordent sans cesse un plan d'ensemble réduit au simple prétexte. De même, les personnages ne sont que le support falot de rôles conventionnels que l'auteur se plaît à démonter comme un mécano. Le non-sens, le délire pudique, le clin d'œil, le coq-à-l'âne, la caricature, la force des images caractérisent toutes ces fictions où la tendresse est sous-jacente.

BRICE MATTHIEUSSENT.

BRAZZA Pierre Savorgnan, comte de. Explorateur français, né à Castel Gandolfo, près de Rome, le 25 janvier 1852, mort à Dakar le 14 septembre 1905. Descendant d'une illustre famille italienne, il fut envoyé très jeune en France pour suivre, selon le vœu de ses parents, des études ecclésiastiques. Mais il devait bientôt les abandonner, pour satisfaire à son goût profond qui le poussait vers les voyages et l'aventure. S'étant inscrit à l'École navale de Brest, il obtint, bien qu'étranger, d'entrer dans la marine de guerre. Ayant adopté en 1873 la nationalité française, il s'embarque à Bordeaux, en compagnie de deux autres savants, pour l'Afrique (1875) et remonte, avec eux, le cours de l'Ogooué sur deux cents kilomètres environ. Après un bref séjour en Europe, où il est revenu pour préparer une nouvelle expédition qu'il envisage cette fois plus longue et plus difficile, il repart en 1879 pour la même région : remontant à l'intérieur des terres, il fonde tout d'abord la colonie de Franceville, descend l'Alima, dont il est le premier à relever le cours, puis, ayant rejoint le Congo, là où il forme le lac Stanley-Pool, édifie une cité qui allait porter, par la suite, son nom : Brazzaville, et qui, aujourd'hui, avec ses 350 000 habitants, est la capitale du Congo. Grâce à une politique intelligente et soucieuse des intérêts des indigènes, Brazza sut conquérir pour la France les quelque 2 300 000 km² que représente l'A.E.F. sans qu'une goutte de sang ait été versée. Cela lui valut d'être nommé commissaire général de ces territoires. Malheureusement, il devait être rappelé en France à la suite d'attaques et d'accusations malveillantes. Cependant, quelques années plus tard, justice devait lui être rendue, puisqu'il fut envoyé de nouveau à Brazzaville avec la charge d'étudier de nouvelles formules d'administration en harmonie avec les conditions propres au pays. Bien que souffrant d'une maladie tropicale, il put mener à bien sa tâche ; mais il devait mourir à Dakar lors du voyage de retour. Conformément au désir qu'il avait formulé de reposer en terre africaine, il fut enterré à Alger. Brazza a laissé de ses voyages une relation vivante et pittoresque, *Explorations dans l'Ouest africain* (*), essentielle pour la connaissance de son œuvre de colonisateur pacifique.

RÉF. : Général de Chambrun, *Brazza,* Paris, 1930. – René Maran, *Savorgnan de Brazza,* Paris, 1951.

BRÉBEUF Georges de. Poète français. Né à Thorigny (Calvados) en 1618, mort à Venoix (près de Caen) en 1661. Issu d'une famille de vieille noblesse, mais sans grande fortune, il fit ses études à Caen puis à Paris. Il prit un emploi comme précepteur du futur maréchal de Bellefonds, en même temps qu'il essayait de se faire connaître par ses écrits. Dans sa province normande d'origine, il eut l'occasion de faire la connaissance de Pascal et de Corneille, qu'il admira beaucoup ; à Paris, il entra en relation avec Conrart, Ménage et Chapelain, qui jouissaient d'une autorité reconnue dans le milieu littéraire, et avec l'historien Mézeray, normand lui aussi. Il se fit connaître auprès du public qui fréquentait les salons grâce à *La Gageure*, recueil de cent cinquante madrigaux et épigrammes contre les femmes trop fardées. Mais ses principaux succès tinrent à des traductions burlesques : *L'Énéide travestie* (1650), *Lucain travesti en vers enjoués* (1656). Puis il donna une traduction poétique soutenue de *La Pharsale* (*) de Lucain, en 1658. La même année, il rassemblait en un volume ses *Poésies diverses* (*). Il eut aussi une abondante activité de poète courtisan, composant des vers d'éloge pour Fouquet, Mazarin, Louis XIV, et à l'occasion des batailles gagnées par la France, celle des Dunes en particulier, ou de la paix des Pyrénées et du mariage de Louis XIV (*Panégyrique de la paix*) ; il en réunit la plupart dans ses *Éloges poétiques* (1661). Mais sa carrière de poète de cour ne remplit pas ses attentes ; son amertume et son pessimisme chrétien s'expriment dans ses *Entretiens solitaires* (+) ; il se retira auprès de son frère, curé de Venoix, et acheva là un recueil de *Lettres* et une *Défense de l'Église romaine* (publiés posthumes par son frère). Il fut estimé durant les années de sa carrière parisienne, assez souvent critiqué ensuite, notamment par Boileau, pour les excès de ses images et de son ton. Les manuels de rhétorique du début du XVIIIe siècle le citent encore assez souvent, pour fournir des exemples de figures de style. Il est surtout représentatif de la poésie burlesque, et d'une veine d'écriture baroque ou maniériste, active en France au plein cœur du XVIIe siècle.

ALAIN VIALA.

RÉF. : René Harmand, *Essai sur la vie et les œuvres de Georges Brébeuf*, Paris, 1897.

BRECHT Bertolt. Poète et dramaturge allemand. Né le 10 février 1898 à Augsbourg (Bavière), mort à Berlin-Est le 14 août 1956. Son père était un petit industriel. Sa mère, comme le rappelle l'un de ses plus célèbres poèmes, était originaire de la Forêt-Noire. Il fréquenta le lycée protestant de sa ville natale. Ses études de médecine, entreprises à Munich, furent interrompues par la guerre qu'il fit en 1918 comme infirmier. De retour à Munich en 1919, il participa à la révolution démocratique issue du désastre. L'échec de ce mouvement, le désarroi de l'après-guerre expliquent la férocité, la gouaille désespérée et le cynisme (qui n'est ici qu'une forme de l'honnêteté) des premières œuvres de Brecht : une série de poèmes qu'il récitait et chantait lui-même en s'accompagnant à la guitare et qu'il recueillit en 1927 sous le titre : *Les Sermons domestiques* (*) ; trois pièces de caractère post-expressionniste : *Baal* (*), *Dans la jungle des villes* (*) et *Tambours dans la nuit* (*). Cette dernière, drame d'un ancien combattant qui, attiré par le mouvement spartakiste, n'a pas la force d'y prendre une part active, lui valut le prix Kleist en 1922. À Berlin, qu'il gagna peu après, il fut engagé en qualité de « dramaturge » au Deutsches Theater. Assistant de Max Reinhardt et d'Erwin Piscator, il fit l'expérience du « théâtre politique » et commença, avec des musiciens comme Kurt Weill et Hanns Eisler, une collaboration qui devait se prolonger. C'est en 1928 que fut représenté le célèbre *Opéra de quat'sous* (*), au Schiffbauerdamm Theater de Berlin, sous la régie d'Erich Engel et dans une mise en scène de Caspar Neher, avec la participation de Kurt Weill pour la musique des chansons. Cette pièce connut un grand succès en Allemagne et dans le monde entier. De cette période date également *Homme pour homme* (*) (1926), une satire de l'impérialisme. En 1927, Brecht et Weill avaient présenté au festival musical de Baden-Baden un « Singspiel », *Mahagonny*, qui, en 1930, fut développé en trois actes sous le titre *Grandeur et décadence de la ville de Mahagonny* (+). Dès 1929, Brecht s'était sensiblement rapproché du mouvement marxiste et y avait trouvé l'inspiration de ses *Pièces didactiques* (*), courtes œuvres en un acte, explicitement éducatives, conçues différemment suivant l'âge des élèves auxquels il les destinait — élèves qu'en l'occurrence les acteurs et les spectateurs devaient être. Ces pièces, dont quelques-unes devaient fournir à Kurt Weill, à Hindemith, à Hanns Eisler, la matière d'œuvres proprement musicales, furent jouées dans quelques écoles du « Land » à direction socialiste ou communiste. Mais c'est au sein de la compagnie théâtrale qu'il forma avec sa femme, l'actrice Hélène Weigel, en vue de la représentation de ses propres œuvres, que Brecht put à son gré faire la synthèse de ses multiples activités d'auteur, de régisseur et d'éducateur. Cette troupe monta notamment *La Mère*, très libre adaptation du roman de Gorki, dont les représentations furent à plusieurs reprises interrompues par la police et bientôt réduites à une simple lecture publique de la pièce.

Adversaire du régime nazi, Brecht dut prendre, en 1933, le chemin de l'exil, la représentation et la diffusion de ses œuvres ayant été interdites dans son pays. Il avait, entre-temps, réuni et ordonné le meilleur de sa production dans une série de volumes portant le titre général de *Recherches* [*Versuche*]. Cet exil le conduisit d'abord en France, où il créa *Les Fusils de la mère Carrar* (+) (1932), pièce de circonstance en un acte écrite pour les volontaires allemands de la guerre d'Espagne ; au Danemark, où fut représentée une pièce antinazie, *Têtes rondes et têtes pointues* (*) ; puis en Finlande où fut écrit *Maître Puntila et son valet Matti* (*) (1940), pièce inspirée des récits d'un écrivain local ; de là, en Union soviétique, où il put assister à la représentation que Tairov donna de l'*Opéra de quat'sous ;* enfin aux États-Unis, où il séjourna jusqu'en 1946. Quelques-unes de ses pièces y furent créées : *Grande peur et misère du Troisième Reich* (+), *La Bonne Âme de Se-Tchouan* (*), *La Vie de Galilée* (*) ; cette dernière, interprétée par Charles Laughton, obtint un certain succès. À la même époque étaient représentés à Zurich *Mère Courage* (*) et *Maître Puntila.* En outre, Brecht écrivit, pour une station de radio américaine, *L'Interrogatoire de Lucullus* [*Das Verhör des Lukullus*], avec Paul Dessau devenu dans l'intervalle son collaborateur musical. Ce texte fut remanié pour la scène et représenté en 1952 à Berlin sous le titre : *Le Procès de Lucullus* (*).

À la fin de la Seconde Guerre mondiale,

Brecht, jugé indésirable en Allemagne occidentale, acquit la nationalité autrichienne et s'établit, en 1948, à Berlin-Est. C'est là qu'il dirigea jusqu'à sa mort, avec sa femme et ses collaborateurs, Elisabeth Bergner, Ernst Busch, Erich Engel, Caspar Neher, la troupe du Berliner Ensemble, au répertoire de laquelle figurent notamment *Mère Courage, Maître Puntila* et *Le Cercle de craie caucasien* (*). Au cours de ses dernières années, Brecht reçut le prix Staline, fut délégué au Congrès de la Paix et accompagna le Berliner Ensemble lors de sa triomphale tournée à Paris. Sa production s'était enrichie sensiblement pendant ses années d'exil et compte encore des pièces inédites et non représentées : *La Résistible Ascension d'Arturo Ui* (*), *Le Brave Soldat Schweyk, La Mesure, Sainte Jeanne des abattoirs* (*). Citons également ses courtes nouvelles et ses récits : *Histoires de monsieur Keuner* (*), *Les Affaires de monsieur Jules César* (*) et *Histoires d'almanach* (*).

D'inspiration marxiste mais inassimilable à la pure transposition artistique d'une théorie, l'œuvre de Brecht met en question la structure actuelle de la société où l'homme ne peut ni s'abstenir d'agir sans se renier, ni agir sans perpétuer l'injustice. Réduit à son hypothétique nature, il n'est plus rien que ce que les circonstances le font : c'est la leçon d'*Homme pour homme.* Dans *L'Exception et la Règle* (*) (1930), une action généreuse (en fait, dictée par la peur) constitue une tricherie inadmissible, une exception coupable, la règle étant que l'homme est l'ennemi de l'homme. À cette situation, Brecht ne voit d'issue individuelle que dans le compromis, la volonté de circonscrire le mal, de « limiter les dégâts » – *La vie de Galilée, La Bonne Âme de Se-Tchouan* –, voire dans le sort même réservé à l'opprimé, celui-ci occupant une position privilégiée en ce sens qu'elle l'astreint, par sa cruauté et sa précarité, à une lucidité constante, à une analyse impitoyable de la conduite du maître, en un mot, à l'élaboration d'une pensée – *Monsieur Puntila et son valet Matti.* Par ailleurs, Brecht a exposé les principes de son art dramatique dans un court ouvrage didactique, *Petit organon pour le théâtre* (*) (1948) – v. *Écrits sur le théâtre* (*). Refusant les valeurs et les procédés « magiques » du théâtre traditionnel, il entend que spectateur et acteur demeurent à distance des personnages présentés et qu'ils ne puissent se départir d'une attitude critique devant la réalité qui leur est dévoilée – cet « effet de distanciation » « Verfremdungs-effekt » autorisant la prise de conscience dont tout spectacle, s'il n'est pas de pur divertissement, doit être l'occasion.

RÉF. : Numéro spécial de la revue *Sinn und Form*, 1949. – René Wintzen, *Bertolt Brecht*, Paris, 1954. – Geneviève Serreau, *Bertolt Brecht*, Paris, 1955. – Revue *Europe*, Paris, 1957. – B. Dort, *Lecture de Brecht*, Paris, 1960. – J. Desuché, *Bertolt Brecht*, Paris, 1963. – C. Demange, *Bertolt Brecht*, Paris, 1967. – K. Schuhmann, *Der Lyriker B. Brecht*, Munich, 1974. – C. Pietzeker, *Die Lyrik des jungers Brecht*, Francfort-sur-le-Main, 1974. – W. Benjamin, *Versuche über Brecht*, Francfort-sur-le-Main, 1975. – J. Knopf, *Brecht Handbuch*, Stuttgart, 1980-1984.

BRÉHIER Émile. Philosophe et historien français de la philosophie, né à Bar-le-Duc (Meuse) le 12 avril 1876 ; mort à Paris le 3 février 1952 ; professeur à la Sorbonne de 1919 à 1946 ; directeur, durant de nombreuses années, de *La Revue philosophique* et membre de l'Académie des sciences morales et politiques, ainsi que la British Academy, de l'Académie des Lincei, de l'Académie de Belgique. Il est peu d'hommes qui, par la clarté de leur esprit et la riche objectivité de leur enseignement, aient exercé une aussi profonde influence qu'Émile Bréhier. Bien qu'il n'ait exposé sa pensée personnelle qu'à travers celle des philosophes auxquels le rattachait son sentiment commun du Logos unifiant de la pensée partout opérante et partout régulatrice, elle se dégage d'articles très denses comme *L'Unique Pensée d'A. Schopenhauer* (*Revue philosophique*, octobre 1938), *Doutes sur la philosophie des valeurs* (*Revue de métaphysique et de morale*, juillet 1939), *Liberté et métaphysique* (*Revue internationale de philosophie*, août 1948) et d'ouvrages tels que : *La Philosophie et son passé* (2e éd., 1950) ; *Transformations de la philosophie française* (Flammarion, 1950), *Thèmes actuels de la philosophie* (Presses universitaires, 1951). Ses maîtres furent : Philon, Chrysippe, Plotin et Schelling. Plus proche d'un rationalisme mystique que d'un rationalisme abstrait, il ne crut pas pouvoir adhérer à une conception théiste. Il aimait à s'appliquer le mot de Plotin : « Je m'efforce de ramener le divin qui est en moi au divin qui est en l'univers. » Il en arriva à la fin de sa vie à voir dans le champ « la réalité universelle qui dépasse la distinction de la matière et de l'esprit ». Jusqu'à la fin de sa vie, défiant à l'égard des formes morbides de l'existentialisme, il tint à opposer les disciplines de la pensée à l'exaltation du sentiment et au culte de l'irrationnel : « La vocation de la philosophie, affirme-t-il, est encore, comme elle l'a toujours été, d'introduire le sang-froid et la réflexion. » Il ne voulut pas désespérer de notre temps : estimant qu'un effort de méditation et de volonté reste possible, il en appelait à la sagesse contre la pratique, à la sagesse qui est « indépendance du jugement, tolérance, sincérité, maîtrise des passions ». L'œuvre de l'historien est immense : une *Histoire de la philosophie* (*) en sept volumes (1926-1932), une édition critique, avec traduction, des *Ennéades* (*) de Plotin, un *Chrysippe et l'ancien stoïcisme* (1910), sa thèse de doctorat, les *Idées philosophiques et religieuses de Philon d'Alexandrie* (1901), *Schelling* (1912), la *Philosophie de Plotin* (1928), une *Histoire de la philosophie allemande* (1921). Une discussion assez vive l'opposa à Maurice Blondel (étude : « Existe-t-il une philosophie chrétienne ? », *Revue* *philosophique*, 1930). Émile Bréhier fut élu en 1944 à l'Académie des sciences morales dont il devint président en 1950. Ses articles épars dans diverses revues (dont *Sophia*) vont être prochainement réunis en volume.

J. CHAIX-RUY.

BREITBACH Joseph. Écrivain allemand naturalisé français, de langues allemande et française. Né à Coblence (Allemagne) le 20 septembre 1903, d'un père d'origine lorraine et d'une mère d'origine tyrolienne. Mort à Munich le 9 mai 1980. Dès son jeune âge, il est parfaitement bilingue. Adolescent, il adhère au parti communiste. Son premier livre, *Le Liftier amoureux*, paraît à Moscou en traduction russe, en 1928. Le même livre n'est publié en langue allemande qu'en 1929, sous le titre *Rot gegen Rot* (il ne sera traduit en français qu'en 1948). Breitbach opte pour la France en 1928 ; après une année à Toulon, il s'installe à Paris en 1929. Il rompt avec les communistes et s'engage dans une carrière commerciale : il s'occupe activement d'un trust de grands magasins, tout en écrivant le roman *Die Wandlung der Susanne Dasseldorf*, publié en Allemagne en 1932, puis en France, sous le titre *Rival et Rivale*, en 1936. Il y raconte l'occupation américaine en Rhénanie qu'il a connue dans son adolescence. Il abandonne bientôt sa situation commerciale, mais ne cessera de traiter des affaires financières. Engagé volontaire dès le début de la Seconde Guerre mondiale, il quitte l'armée d'armistice pour entrer dans la Résistance. Après la libération, il partage sa vie entre Paris et Munich. En 1960, sa comédie populaire *La Jubilaire* est créée à Paris au théâtre Hébertot. En 1962, son roman *Bericht über Bruno* paraît en Allemagne. Il établit lui-même la traduction française : *Rapport sur Bruno* (*) (1964). Une comédie satirique, *Derrière le rideau*, écrite en 1962, est créée en 1975 au théâtre de la Renaissance, à Paris. En 1970, Breitbach avait écrit une autre pièce, *Requiem pour l'Église*, qui n'a jamais été jouée en France, mais a été représentée sur plusieurs scènes en Allemagne et au Canada. Un roman en langue allemande, *Das blaue Bidet (Le Bidet bleu)*, a vu le jour en 1978.

JACQUES BRENNER.

BREITINGER Johann Jakob. Critique et érudit suisse d'expression allemande. Né et mort à Zurich (Suisse) (1er mars 1701-13 décembre 1776). Il enseigna au lycée de sa ville natale, et collabora avec Bodmer, aux *Discours de peintres*. Comme Bodmer il réagit contre l'influence dominante de Gottsched, défenseur de l'idéal classique selon Boileau, et tous deux soutinrent les nouveaux courants littéraires venus de France, d'Italie et d'Angleterre, préconisant la fantaisie et la sensibilité. Son œuvre principale est intitulée *Poétique critique* (*). Dans un autre ouvrage : *Essai critique sur la nature, les buts et l'emploi de la métaphore* [*Kritische Abhandlung von der Natur, den Absichten und dem Gebrauch des Gleichnisse*, 1740], il défend comme l'avaient déjà fait Gravina et Muratori en Italie, l'imagination de l'artiste. Il connaissait le grec et donna une édition de *La Bible* (*) (1772). Breitinger s'intéressa également à l'histoire et l'antiquité suisses.

RÉF. : W. Bendes, *J. J. Bodmer und Johann Jakob Breitinger*, Stuttgart, 1973.

BREMOND abbé Henri. Critique français. Né à Aix-en-Provence le 31 juillet 1865, mort à Arthez (Basses-Pyrénées) en 1933. Il entra tout jeune dans la Compagnie de Jésus, et accomplit son noviciat et ses études philosophiques en Angleterre. Il enseigna en France de 1892 à 1899, et fit partie de la rédaction d'*Études*, célèbre revue jésuite où parurent ses premiers essais de critique littéraire. En 1904, il fut « écarté » de la Compagnie de Jésus et se fit prêtre séculier, ce qui lui permit de se consacrer exclusivement aux études. Il publia d'abord le premier volume de *L'Inquiétude religieuse* (1901) (le second volume parut en 1909), œuvre qui annonce déjà ce mouvement de renaissance du spiritualisme catholique français, philosophique et surtout littéraire, dont le rôle devait être si grand au XXe siècle. En 1905-1906 il publia quatre volumes consacrés à Newman ; en 1912 parut sa *Sainte Chantal* ; accueillie avec faveur par le public, ce livre fut mis à l'Index en 1913 sur les instances des visitandines d'Annecy. Il se consacra ensuite à sa grande œuvre restée inachevée : *Histoire littéraire du sentiment religieux en France depuis la fin des guerres de religion jusqu'à nos jours* (*), œuvre d'une grande pénétration esthétique et psychologique. Il connut son heure de succès pendant le premier après-guerre, avec la publication de l'essai *Pour le romantisme* (1923) et de deux études encore plus célèbres : *La Poésie pure* et *Prière et Poésie* (1927), où il prend position contre l'intellectualisme et le néo-classicisme, et soutient que la poésie est un phénomène entièrement irrationnel, fruit d'une « intuition » instinctive de l'univers, qui se confond parfois avec l'intuition religieuse des mystiques. Élu en 1923 à l'Académie française, il fut reçu le 24 mai 1924 ; sa lecture en séance publique des cinq Académies sur *La Poésie pure* souleva une controverse retentissante dans les milieux littéraires, notamment avec Paul Valéry.

RÉF. : Henri Bordeaux, *Un sourcier, Henri Bremond*, 1924. – M. Martin du Gard, *Henri Bremond*, 1927. – A. Loisy, *George Tyrrell et Henri Bremond*, 1936. – F. Hermans, *L'Humanisme religieux de l'abbé Bremond, 1865-1933*, Paris, 1965. – *Bremond, Actes du Colloque d'Aix, 1966*, Gap, 1967. – C. Moisan, *Les Débuts de la critique littéraire d'Henri Bremond*, Paris, 1967. – A. Savignano, *Henri Bremond*, Perugia, 1980.

BRENNER Yosef Ḥayyim. Écrivain hébraïque et yiddish. Né le 11 septembre 1891 à Novi Mlini (Ukraine), mort le 2 mai 1921 dans le district d'Abou Kabir (Galilée). L'un des premiers écrivains hébreux à avoir une approche psychologique de la littérature, il dépeint les souffrances mentales d'antihéros incapables de supporter une existence dénuée de signification. L'influence très marquée de Dostoïevski, Tolstoï et Nietzsche est à cet égard très éloquente. Sa première nouvelle « Une miche de pain » [Pat leḥem] paraît en 1900. Trois ans plus tard, il publie *En hiver* [Baḥoref] un court roman dans lequel émerge sa thématique de l'errance et de la quête : un jeune villageois juif part étudier en yéshiva (école talmudique) dans une grande ville. Là, il sera « éclairé » et rejoindra l'intelligentsia juive affranchie. En 1909, Brenner émigre en Palestine. En 1911 paraît une longue nouvelle, *Nerfs* (*), qui relate le périple puis l'arrivée, à la fois douloureux et enthousiastes, de pionniers juifs en route pour la Terre sainte. Dans *Deuil et Échec* (*), roman assez dense publié en 1920, Brenner dépeint la vie d'un pionnier juif en Palestine : ne parvenant pas à s'adapter aux conditions de vie d'une colonie agricole, le héros décide de s'installer en ville, mais sans plus de succès. L'errance est l'un des thèmes récurrents de ces œuvres et du même coup le déracinement, éponyme d'un mouvement littéraire hébraïque de l'époque dont Brenner est l'un des représentants les plus caractéristiques. Les personnages changent constamment de lieu, croyant en vain pouvoir changer leur destin. Leur quête inaboutie les mène ainsi du village à la ville (*En hiver*), de la diaspora à la terre d'Israël (*Nerfs*) et finalement en Palestine même, du village à la ville : *Deuil et Échec* (*). Chose paradoxale, le désespoir de Brenner a incité ses lecteurs à une vie nouvelle et créatrice, et il est aujourd'hui considéré comme l'un des générateurs de l'énergie pionnière en terre d'Israël.

MICHÈLE TAUBER.

BRENTANO Bettina (Élisabeth). Écrivain allemand. Née à Francfort-sur-le-Main le 4 avril 1785, morte à Berlin le 20 janvier 1859. Elle était la fille du riche négociant Pietro Brentano, originaire de Tremezzo, au bord du lac de Côme, et de Maximiliane de La Roche, dont la mère, Sophie de La Roche, est une romancière célèbre. Sœur de Clemens Brentano, un des poètes majeurs du romantisme allemand, Bettina a la plume jolie et facile mais n'embrasse que relativement tard une carrière d'écrivain. En 1811, elle épouse l'ami intime de Clemens, le poète prussien Achim von Arnim, dont elle aura sept enfants. Veuve après vingt ans de mariage, elle commence à se consacrer sérieusement à l'écriture. Utilisant ses souvenirs de Goethe dont elle fut, un temps, pendant sa jeunesse, une interlocutrice privilégiée (encore que celui-ci ait toujours été quelque peu réticent face à la ferveur exubérante de son admiratrice), elle publia en 1835 un ouvrage à succès sous le titre *Correspondance de Goethe avec une enfant* (*), mélange de fiction et de vérité, où elle s'immortalise elle-même sous les traits de l'« enfant-lutin » aux pieds de son maître. Elle continue ensuite dans le genre du roman épistolaire, alliant toujours la réalité autobiographique à l'imagination poétique : en 1840 paraît son livre-souvenir *Günderode* (*), où elle évoque son amitié de jeunesse avec la poétesse Caroline de Günderode qui s'était suicidée en 1806 ; puis, en 1844, *La Couronne printanière de Clemens Brentano tressée à partir de ses lettres de jeunesse et telle qu'il l'avait lui-même souhaité par écrit* — v. *Couronne printanière* (*) —, ouvrage consacré à ses relations avec son frère, suivi en 1848 d'un roman par lettres, *Illius Pamphilius et Ambroisie* [*Illius Pamphilius und Ambrosia*], inspiré de sa correspondance amoureuse avec l'étudiant Philipp Nathusius : confrontation de deux générations où Bettina paraît parfois un peu didactique, toujours exaltée, sacrifiant au badinage érotique et spirituel. Parallèlement, elle se propose des buts plus ambitieux. En 1840, Frédéric-Guillaume IV monte sur le trône et tous les espoirs des libéraux se tournent vers le nouveau roi de Prusse : va-t-il surmonter l'ère metternichienne ? Bettina se voit investie d'un rôle de « partenaire » du roi, celle qui peut être amenée à tout moment à prendre la parole devant lui au nom des autres. Dans *Ce livre appartient au roi* — v. *Le Livre du roi* (*) — qui date de 1843, elle expose un programme de rénovation politico-sociale. En dédiant son ouvrage au roi de Prusse, elle entend tout d'abord déjouer la censure et n'y parvient qu'à demi, mais elle fait fi aussi de la bureaucratie et de l'entourage royal, rappelant au souverain que son rôle est de passer contrat avec son peuple et non avec une caste intéressée et servile. En 1852, elle publie une suite à ce livre : *Entretiens avec les démons* (*). Ce n'est qu'en 1962 qu'un texte important de Bettina, non publié de son vivant, a été redécouvert : *Le Livre des pauvres* [*Das Armenbuch*], d'une écriture engagée, sur le paupérisme à Berlin. Jusqu'à sa mort, elle devait rester une ardente propagandiste d'idées généreuses et élevées.

ERIKA TUNNER.

♦ *« Elle se prend pour un rossignol et ce n'est qu'un serin. »* Goethe — ♦ *« Aujourd'hui on considère Bettina comme une vraie poétesse, digne — de par sa sensibilité capricieuse, de par sa vivante fantaisie, son humour joyeux et son exquise originalité — du surnom de la "Sibylle du romantisme", qui lui fut donné par ses contemporains. »* A. Musa.

RÉF. : Ingeborg Drewitz, *Bettina von Arnim*, Düsseldorf, 1969. — Gisela Dischner, *Bettina von Arnim*, Berlin 1977. — Marie-Claire Hoock-Demarle, *Bettina von Arnim, romantisme et révolution*, Syros, 1981. — Marie-Claire Hoock-Demarle, *La Femme au temps de Goethe*, Stock, 1987. — Helmut Hirsch,

Bettina von Arnim mit Selbstzeugnissen und Bilddokumenten, Reinbek, 1987.

BRENTANO Clemens. Écrivain allemand. Né à Ehrenbreitstein près de Coblence le 9 septembre 1778, mort à Aschaffenburg le 28 juillet 1842. Fils du riche négociant Pietro Brentano, originaire de Tremezzo, et de Maximiliane de La Roche, Brentano est né dans la splendide demeure de ses grands-parents maternels, Georg Michael de La Roche, chancelier du prince électeur de Trèves (qui est le parrain de Clemens Brentano), et Sophie de La Roche, cousine et ex-fiancée du célèbre écrivain Wieland, une des premières femmes de lettres allemandes qui s'était imposée par son roman *Mademoiselle de Sternheim* (*) (1771). Brentano lui-même a toujours considéré le 8 septembre comme le jour de sa naissance, la faisant coïncider à dessein avec la fête de la Nativité de la Vierge. On cite parmi ses prénoms celui de Maria, qui lui fut particulièrement cher, et qu'il choisit comme pseudonyme pour la publication de ses premiers écrits, mais il est douteux qu'il l'ait vraiment porté. Nature impulsive et imaginative comme sa sœur Bettina, il est aussi une âme profondément religieuse. Très vulnérable sous une apparente désinvolture, bavard et secret, il aime les outrances autant que les délicatesses, passe d'un extrême à l'autre et ne trouve que rarement la juste mesure. Sa vie fut tourmentée et instable.

N'ayant aucun goût pour le commerce, il fait des études à Halle (1797), puis à Iéna (1798) où il fréquente les premiers groupes romantiques, et s'éprend de l'épouse d'un professeur de droit, Sophie Mereau, femme de lettres qui, de huit ans plus âgée que lui, lui rappelle irrésistiblement l'image adorée de sa mère. Après une liaison orageuse, Sophie finit par divorcer et se marie avec Brentano en 1803. Le couple s'installe à Heidelberg où Sophie meurt en couches le 31 octobre 1803, choc que Brentano ne surmontera jamais tout à fait. C'est dès son séjour à Iéna que le poète se révèle vraiment en lui : en 1801, il publie la première partie de son roman *Godwi ou la Statue de la mère* (*), inspiré en partie du *Wilhelm Meister* (*) de Goethe. Œuvre d'une grande richesse d'invention, pleine de poésie mais aussi d'ironie, *Godwi* retrace par ailleurs des souvenirs d'enfance, des rêves et obsessions de jeunesse. Une seconde partie, inachevée, paraît peu après : on y trouve la célèbre ballade de la *Lore Lay,* créée de toutes pièces par le poète et destinée à devenir une véritable figure mythologique. Belle magicienne et femme fatale, elle inspirera de nombreux poètes : Einchendorff en 1812, Loeben en 1821, puis Heine en 1823, dont la version est la plus populaire. En France, nous la retrouvons chez Nerval (*Lorely. Souvenirs d'Allemagne,* 1852), chez Jean Lorrain (*Lorély,* 1892) et, dans une adaptation assez littérale du poème de Brentano, chez Apollinaire (*Lore Lay,* 1904).

En 1801, à Göttingen, lors d'une réception organisée par les étudiants en l'honneur d'une visite de Goethe, Brentano fait la connaissance du poète Achim von Arnim, son ami le plus cher, qui épousera sa sœur Bettina en 1811. La même année, il rédige une singulière comédie, *Ponce de Leon* (*) qu'il envoie sans succès à un jury présidé par Goethe et Schiller. En 1802, il écrit en quatre jours une pièce en vers, *Les Joyeux Musiciens* [*Die lustigen Musikanten*] pour laquelle E.T.A. Hoffmann composera une musique et organisera une représentation à Varsovie en 1805. La même année, à Heidelberg, Brentano travaille avec Achim von Arnim au *Cor enchanté de l'enfant* (*), recueil de chants allemands populaires et anciens, qui devait apporter une sève nouvelle à la poésie allemande : dédié à Goethe qui l'appréciait beaucoup, il paraît en 1805, avec la date de 1806 ; un deuxième, puis un troisième volume suivent en 1808. Brentano collabore aussi au *Journal pour Ermites* [*Zeitung für Einsiedler*] que dirige Arnim, et fréquente Görres, professeur à l'université de Heidelberg, sur le point de publier le plus important manifeste théorique du groupe romantique de Heidelberg, un ouvrage sur les *Livres populaires allemands* [*Teutsche Volksbücher*], dédié à Brentano. Celui-ci reprend un récit commencé en 1802, *La Chronique d'un écolier itinérant* [*Die Chronika eines fahrenden Schülers*] dont seule la seconde version, considérablement élargie, paraîtra du vivant de l'auteur, en 1818. En 1807, Brentano contracte un nouveau mariage, avec l'excentrique Auguste Bussman, âgée de seize ans, dont la mère avait épousé en secondes noces le comte de Flavigny, si bien qu'Auguste se trouve apparentée à la comtesse d'Agoult, l'amie de Liszt et mère de Cosima Wagner. Le couple ne tient pas, le divorce sera prononcé en 1812, après plusieurs tentatives spectaculaires de suicide de la jeune femme.

En 1810, Brentano s'installe pour deux ans à Berlin, rencontre Chamisso, La Motte Fouqué, collabore – comme son ami Arnim – au journal de Kleist, *Les Feuillets du soir* [*Die Berliner Abendblätter*], un des premiers quotidiens de Berlin, et fait partie de la *Société de la table ronde germano-chrétienne* [*christlich-teutsche Tischgesellschaft*], violemment antinapoléonienne et favorable à l'unification de l'Allemagne sous l'hégémonie de la Prusse. Après avoir rédigé des *Contes italiens,* inspirés de près de Basile, il se met à écrire des *Contes rhénans* (+). Durant l'hiver 1811-12, il est à Prague, ébauche un drame, *Aloys et Imelde,* compose une pièce importante, *La Fondation de Prague* [*Die Gründung Prags*], exaltant la figure mythique de Libussa, et termine sa vaste épopée lyrique, *Les Romances du rosaire* [*Die Romanzen vom Rosenkranz*], où l'invention du rosaire est liée à la rédemption. Puis il séjourne à Vienne, puis de nouveau à Berlin où il est mêlé au mouvement du réveil piétiste. La poétesse Luise Hensel, fille de pasteur, repousse sa demande en mariage, ce qui provoque chez Brentano une véritable crise existentielle. Bien qu'il travaille d'arrache-pied, écrivant ses plus belles nouvelles dont l'*Histoire du brave Gaspard et de la belle Annette* (*), rien ne peut le consoler de sa vie manquée, même pas son œuvre poétique qu'il estimait vaine. Après une confession générale et un retour officiel à l'Église catholique en 1817, il quitte Berlin en 1818 et passe six ans à Dülmen, en Westphalie, au chevet d'une religieuse stigmatisée, Anne Catherine Emmerick, notant ses visions qu'il provoque parfois par des lectures d'ouvrages mystiques et des suggestions personnelles. Après la mort de la nonne, en 1824, il recommence une vie errante.

En 1827, il se rend à Paris, en compagnie du conseiller municipal de Coblence, catholique militant, afin de visiter des couvents, hôpitaux et orphelinats. Pendant le voyage de retour, il s'arrête à Nancy pour voir le couvent des Sœurs de Charité de Saint-Charles, auxquelles il consacrera une grande étude qui paraîtra en 1831. Vivant successivement à Coblence, Francfort, Ratisbonne, il achève *La Douloureuse Passion de Notre Seigneur Jésus-Christ d'après les visions de Anne Catherine Emmerick* (*) qu'il publiera en 1833 sans nom d'auteur. L'ouvrage connaît un succès immense : bien que l'Église catholique se montre très sceptique à son égard, il compte bientôt parmi les livres de piété les plus recherchés de l'époque. *La Passion* ne constitue que la dernière partie d'une vaste trilogie dont Brentano rédige encore *La Vie de la Vierge Marie* [*Leben der heiligen Jungfrau Maria*], publiée à titre posthume en 1852, et *Les Années de prédication de Jésus* [*Lehrjahre Jesu*], dont le manuscrit est presque achevé en 1838-39 sans que Brentano puisse se décider à le publier : en 1835-36 a paru, avec un succès retentissant, *La Vie de Jésus* [*Das Leben Jesu*] de David Friedrich Strauss, dont la conception est diamétralement opposée à celle de Brentano. Des extraits des *Années de prédication* seront publiés, avec beaucoup de modifications, en 1858-60 par le père K. Schmöger, sous le titre *La Vie de Notre Seigneur et Sauveur Jésus-Christ* [*Das Leben unseres Herrn und Heilandes Jesu Christi*].

En 1833, Brentano s'installe à Munich qui était alors le centre du conservatisme allemand. Il retrouve son ami Görres, professeur d'histoire à l'université de Munich. Emilie Linder, artiste peintre d'une famille patricienne de Bâle, est l'objet de sa dernière passion : il la demande en mariage mais subit un nouvel échec. Sa production lyrique reste intense ; puis il reprend ses *Contes* et élabore notamment une version amplifiée de *Gockel, Hinkel et Gackeleia* (*) qui paraît en 1838. Dès 1840, sa santé commence à s'affaiblir. En 1842, l'hydropisie se déclare. Son frère Christian le ramène à Aschaffenburg où il meurt le 28 juillet 1842, assisté dans ses derniers moments par Emilie Linder. D'un tempérament essentiellement lyrique, auteur de nombreux poèmes qui comptent parmi les chefs-d'œuvre de la poésie allemande, Brentano a tout autant excellé dans la prose et fut aussi un remarquable traducteur. Comme l'avait prédit Sophie de La Roche à Sophie Mereau, dès 1799 : Brentano n'a jamais su être médiocre.

ERIKA TUNNER.

♦ « *Ma vie est la plus merveilleuse des poésies, mais elle n'a pas reçu mon approbation, ni celle des hommes, ni celle de Dieu.* » Brentano sur lui-même. ♦ « *Ton royaume est dans les nuages et non point ici-bas ; et chaque fois qu'il entrera en contact avec la terre, il y aura des larmes.* » La mère de Goethe à Brentano. ♦ « *Que Dieu, dans sa miséricorde, lui donne la paix que son âme inquiète fut incapable de trouver sur terre : ni dans la poésie, ni dans l'amour et l'amitié, ni même, hélas, dans la religion.* » Melchior Diepenbrock. ♦ « *Une des étoiles de première grandeur, dont le retour se mesure en siècles, vient de traverser le ciel de la poésie allemande.* » Guido Görres. ♦ « *Derrière la multiplicité des phénomènes apparemment incohérents, on découvre chez Brentano deux constantes aux aspects divers : l'imagination poétique et le sentiment religieux.* » Erika Tunner.

RÉF. : René Guignard, *Un poète romantique allemand, C. Brentano,* Paris, 1933. – Werner Hoffmann, *Clemens Brentano. Leben und Werk,* Berne-Munich, 1966. – Bernhard Gajek, *Homo Poeta. Zur Kontinuität der Problematik bei Clemens Brentano,* Francfort-sur-le-Main, 1971. – Wolfgang Frühwald, *Das Spätwerk Clemens Brentanos (1815-1842),* Tübingen, 1977. – Erika Tunner, *Introduction aux romantiques allemands,* Paris, 1973 ; *Clemens Brentano. Imagination et sentiment religieux,* Lille-Paris, 1977. – Konrad Feilchenfeldt, *Brentano-Chronik,* Munich, 1978. – Gabriele Brandstetter, *Erotik und Religiosität. Zur Lyrik Clemens Brentanos,* Munich, 1986.

BRENTANO Franz. Philosophe allemand. Né à Marienberg (Allemagne) le 16 janvier 1838, mort à Zurich (Suisse) le 17 mars 1917. Il appartenait à une famille célèbre dans les annales de la littérature, puisqu'elle compte, entre autres, Clemens Brentano, Savigny, Bettina Brentano, etc. Catholique de naissance et par choix, il fut ordonné prêtre en 1864. Il avait auparavant étudié la philosophie à Berlin et à Munich. Son libéralisme en matière de religion l'amènera, après la proclamation du dogme de l'infaillibilité du pape (1870) et la prise de position intransigeante de l'Église, à déposer l'habit sacerdotal en 1873. En même temps, en tant que philosophe, il évolue vers un aristotélisme moderne, nettement empirique dans ses principes et ses méthodes. Un grand nombre de ses travaux sont d'ailleurs consacrés à la philosophie aristotélicienne ; citons : *Des diverses significations de l'être d'après Aristote* [*Von der mannigfachen Bedeutung des Seienden nach Aristoteles,* 1862] ; *La Doctrine d'Aristote sur l'origine de l'esprit humain* [*Aristoteles Lehre vom Ursprung des menschlichen Geistes,* 1911].

En 1866, Franz Brentano fut chargé de cours dans diverses universités ; en 1874, il fut nommé professeur à Vienne, où il acquit une grande renommée et se fit de nombreux disciples parmi lesquels on compte Kraus et Husserl. Le premier volume de son chef-d'œuvre, *Psychologie du point de vue empirique* (*), dont l'essentiel sera l'objet quelques années plus tard de sa *Classification des phénomènes psychiques* (1911), date de 1874. Mais en 1870 il fut contraint de quitter Vienne par suite de dissensions politiques et religieuses qui l'opposaient aux autorités, et aussi des polémiques philosophiques qui dressaient contre lui certains de ses confrères. Il continua pourtant à enseigner en Autriche jusqu'en 1895, année où il prit définitivement congé de ce pays dans un écrit célèbre : *Mes derniers vœux pour l'Autriche* [*Meine letzten Wünsche für Österreich,* 1895]. Il passa le reste de ses jours à Florence.

RÉF. : O. Kraus, *Franz Brentano,* Leipzig, 1919. — S. Kanarsch, *Feanz Brentanos Lehre vom Urteil,* Zurich, 1934. — O. Most, *Die Ethik Franz Brentanos und ihre geschichtliche Grundlagen,* 1936. — L. Gilson, *La Psychologie descriptive selon F. Brentano,* Paris, 1955. — *Revue internationale de philosophie,* nº 78, Bruxelles, 1966.

BRETON André. Poète français. Né à Tinchebray le 18 février 1896 et mort à Paris le 28 septembre 1966. La vie de Breton se confond pratiquement avec celle du mouvement dont il est sans doute le principal représentant littéraire : le surréalisme. Fortement influencé par Paul Valéry, dont il fait la connaissance en 1914, Breton rencontre successivement Jacques Vaché (1916) puis Apollinaire. En 1919, il publie ses premiers poèmes. C'est alors qu'il fonde avec Louis Aragon et Philippe Soupault la revue *Littérature* (*), et y publie (en collaboration avec Soupault) le premier texte surréaliste, *Les Champs magnétiques* (*). De 1919 à 1921, il participe au mouvement Dada, et étudie (influencé par Freud, qu'il rencontre en 1921) l'« automatisme psychique ». En 1924 paraît le premier *Manifeste du surréalisme* (*). Breton et ses amis fondent en même temps un « Bureau de recherches surréalistes » et une revue appelée *La Révolution surréaliste* (*). En 1930 paraît le *Second Manifeste* (*). Breton définit ainsi le terme « surréalisme » : « Automatisme psychique pur par lequel on se propose d'exprimer soit verbalement, soit de toute autre manière, le fonctionnement réel de la pensée... » Définition qui ne rend qu'imparfaitement compte du « programme » surréaliste, lequel, pareil en cela au romantisme allemand, aspire à « réconcilier » le rêve et la réalité, et à promouvoir une « libération totale » de l'être humain. Bien que Breton ne soit pas le seul surréaliste, il est — et de loin — la figure de proue du mouvement. Figure discutée, parfois autoritaire et sectaire, perpétuellement en lutte contre les « déviations » : ainsi successivement de Tzara (l'un des fondateurs du mouvement Dada), d'Artaud (qui prône une « révolution » plus métaphysique), d'Éluard et d'Aragon, qui se rallient au programme révolutionnaire marxiste. Jusqu'à sa mort, Breton incarnera l'« orthodoxie » surréaliste avec une fougue et une passion qui lui sont propres. Entre-temps, il aura su donner à son mouvement une ampleur quasi mondiale, tout en le dégageant des équivoques de l'engagement politique (le poète, en 1935, met fin à son « idylle » avec le parti communiste français, et s'oriente vers une pensée plus libertaire).

L'œuvre de Breton ne saurait être distinguée de sa personne et de son action. Poèmes, proses littéraires, essais, manifestes tournent tous autour d'un même centre. Certes, Breton veut être — entre autres choses — le théoricien du mouvement : bien que les *Manifestes* (*) aient été rédigés collectivement, il est facile d'y reconnaître son style. Cette ambition théorique s'exprime dans d'autres œuvres également : *Introduction au discours sur le peu de réalité* (+) (1927), précédé par la magnifique *Lettre aux voyantes* (1925) et par *Légitime défense* (1926), *Le Surréalisme et la Peinture* (*) (1928), *Misère de la poésie. L'affaire Aragon devant l'opinion publique* (*) (1932), *Position politique du surréalisme* (1935), *Notes sur la poésie* (*) (1936), *Dictionnaire abrégé du surréalisme* (1938), *Anthologie de l'humour noir* (*) (1940), *Prolégomènes à un troisième manifeste du surréalisme ou non* (1942), *Arcane 17* (*) (1944), *La Clé des champs* (*) (1953), *Entretiens avec Breton* (*) (1952), *Du surréalisme en ses œuvres vives* (+) (1953), *Constellations* (*) (1959), *Poésie et autre* (+) (1960), *L'Écart absolu* (1965). Breton a également été un grand fondateur de revues : depuis *Littérature* et *Le Surréalisme au service de la révolution* (*) (1930), jusqu'à *Le Surréalisme, même* (1954) et *La Brèche, action surréaliste* (1961). L'œuvre poétique n'est pas moins féconde : *Mont de Piété* (*) (1919), *Les Champs magnétiques* (1920), *Clair de Terre* (*) (1923), *Ralentir travaux* (*) (1930), *Le Revolver à cheveux blancs* (*) (1932), *L'Air de l'eau* (*) (1934), *Point du jour* (*) (1934), *L'Amour fou* (*) (1937), *Trajectoire du rêve* (1938), *Fata Morgana* (1942), *Ode à Charles Fourier* (*) (1947), *La Lampe dans l'horloge* (1948). L'œuvre en prose a été rendue fameuse par *Poisson soluble* (*) (1924), *Les Pas perdus* (*) (1924), *Nadja* (*) (1928), *L'Immaculée Conception* (*) (1930), *L'Union libre* (1931), *Les Vases communicants* (*) (1932), *Flagrant délit* (*) (1949). Parmi les nombreux textes de Breton sur l'art (et surtout la peinture), il faut citer *L'Art magique* (1957).

Dans ses essais comme dans ses proses littéraires, Breton reste avant tout un poète. Mais la poésie de sa prose est bien différente de celle de ses poèmes ; si ces derniers se caractérisent par un déferlement d'images — comme toute la poésie surréaliste —, la prose de Breton est à la fois baroque et classique. De longues phrases surchargées de métaphores, fréquemment sinueuses et interminables, colorées et très travaillées, habillent la pensée. On a parfois reproché au Breton théoricien d'être « fumeux » ; le reproche est injuste, mais il est vrai que le poète répugne à livrer ses pensées nues ; il aime les entourer d'un foisonnement de mots et de périodes. On retrouve le même foisonnement dans l'un des premiers textes de Breton, *Poisson soluble,* l'un des seuls à répondre au concept d'« écriture automatique ». « Fiez-vous au caractère inépuisable du murmure », a écrit une fois le poète. *Poisson soluble* est à coup sûr un texte « irrationnel » du point de vue de la prose classique, mais le désordre de ses associations verbales trahit une logique cachée, donnant en quelque sorte raison à Lacan quand il affirme que l'« inconscient est structuré comme un langage ». On connaît également la fameuse déclaration de Breton selon laquelle les mots doivent désormais « faire l'amour ». Cette connotation amoureuse — plus qu'érotique — vaut d'ailleurs pour toute son œuvre : Breton, qui se proclame l'héritier des romantiques allemands, de Nerval, de Rimbaud, de Lautréamont, n'est pas un poète « déchiré » comme Apollinaire et Éluard, c'est au fond le chantre du bonheur et de la femme. Les quelques pages d'*Arcane 17* consacrées aux femmes comptent parmi les plus belles qui aient sans doute été consacrées par un homme à l'éloge de la « féminité ». On en dirait autant des pages de *La Clef des champs*, où Breton compare la place Dauphine à un sexe féminin. Cet amour de la vie, cette santé foncière n'ont pas échappé à Artaud, qui — au plus fort du conflit l'opposant aux surréalistes — n'a voulu voir dans Breton qu'un « bourgeois repu ». Et il est vrai que ce dernier est loin des abîmes de l'auteur du *Théâtre et son double* (*). Mais c'est justement cette vitalité, cette passion de vivre et de lutter qui ont donné à Breton cette aura et cette autorité uniques dans le monde littéraire de l'entre-deux-guerres. Dans un siècle bouleversé, assailli par des totalitarismes adverses, il a su réveiller pour un temps la flamme éternellement jeune du Romantisme. Nous trouvons aujourd'hui suspectes, et en effet confuses, ses élucubrations sur la magie, l'occultisme, les automatismes inconscients. Mais il ne faut jamais oublier qu'il a été capable de créer un « champ magnétique » qui a modifié durablement le destin de la poésie, et d'ailleurs aussi celui de la peinture. Le monde n'est plus tout à fait ce qu'il était avant le surréalisme, même si celui-ci est passé à l'Histoire. Citons, pour finir, ces quelques vers du poète qui, mieux que tout commentaire, expriment sa passion et son espoir : « L'étreinte poétique comme l'étreinte de chair / tant qu'elle dure / défend toute échappée sur la misère du monde. »

ANTOINE BERMAN.

♦ *« Breton a fait de nous des êtres neufs ; son exemple, sa parole nous précipitent à corps perdu vers une vie dont nous sommes de jour en jour plus altérés... Il existe des œuvres qui sont objet de rêverie ou de méditation. La pensée et la présence au jour le jour de Breton nous sont un sujet d'exaltation. Son œuvre est le noyau d'un monde en formation. »* Jean-Louis Bédouin.

RÉF. : Julien Gracq, *André Breton, quelques aspects de l'écrivain,* Paris, 1948. — Jean-Louis Bédouin, *André Breton,* Paris, 1950. — Ferdinand Alquié, *Philosophie du surréalisme,* Paris, 1955. — Marguerite Bonnet, *Les critiques de notre temps et André Breton,* Paris, 1970. — Sarane Alexandrian, *André Breton,* Paris, 1971. — Henri Béhar, *André Breton, le grand indésirable,* Paris, 1990. — *André Breton,* catalogue de l'exposition du Centre G. Pompidou, Paris, 1991.

BRETÓN DE LOS HERREROS Manuel. Auteur dramatique espagnol. Né à Quel (province de Logrono) le 19 décembre 1796, mort à Madrid le 8 novembre 1873. Venu dans la capitale à l'âge de dix ans (1806), il y fit de fort bonnes études chez les jésuites. Bien qu'il fût loin d'avoir l'humeur belliqueuse, il combattit par la suite comme volontaire dans la dernière phase de la guerre de l'Indépendance. Dès 1814, séduit par la vie littéraire, il se mit à fréquenter les cénacles de Madrid tout en collaborant à diverses revues. Il se fit connaître d'abord par un grand nombre de *letrillas,* poésies humoristiques dans le goût d'Iglesias et de Meléndez Valdés : genre dans lequel il excellait et qu'il cultiva toute sa vie. Néanmoins, c'est au théâtre qu'il allait devoir sa renommée. Il ne put guère s'y consacrer tout à fait que vers 1828, ayant dû remplir jusque-là des charges dans l'Administration, tant à Madrid qu'à Javita et à Valence. Contrairement à maints écrivains de sa génération (Espronceda, Gorostiza et Martinez de la Rosa), il se garda de prendre part aux révolutions de toute sorte dont l'Espagne fut le théâtre durant le premier tiers du XIXe siècle. Son genre de vie assez paisible lui permit de devenir le plus fécond des hommes de théâtre de son siècle. Outre, en effet, une soixantaine de traductions (Racine, Voltaire, Schiller, etc.), il a produit cent soixante-quinze comédies originales. Bien qu'il ait fait ses premières armes en pleine époque romantique, il fut toujours rétif aux mots d'ordre de l'école. Sa contribution du Romantisme se réduit à quelques ouvrages, d'ailleurs médiocres, comme *Don Fernando* (1837). Possédant naturellement le goût de l'observation, il se tourna vers la peinture des mœurs de son temps : avant tout, celles de la société madrilène (en particulier — la classe moyenne). Il convient de citer, parmi ses meilleures comédies : *Les Deux Neveux* [*Los dos sobrinos,* 1828], *Je retourne à Madrid* [*A Madrid me vuelvo,* 1828], *Marcelle ou Lequel des trois* [*Marcela o Cuól de los trés ?,* 1831], *Un tiers en litige* [*Un tercero en discordia,* 1833], *Un fiancé pour la jeune fille* [*Un novio para la niña,* 1834], *Tout est farce en ce monde* [*Toto es farsa en este mundo,*

1835], *La Rédaction d'un journal* [*La redacción de un periodico,* 1836], *Meurs et tu verras...* (*) (1837), *La caque sent toujours le hareng* [*El pelo de la dehesa,* 1840], *L'École du mariage* (*) (1852). Tout ce théâtre se signale par la précision du trait et la sûreté du métier comme par la vertu comique. Sans viser à la profondeur, Bretón de los Herreros atteint souvent dans l'analyse des passions un rare degré de pénétration. Bien que de nature il soit assez pessimiste, il n'en donne pas moins le change par un certain don du rire qui purifie tout. Ajoutons qu'il dépasse tous ses contemporains dans l'art de montrer les détours du cœur féminin. Conservateur de la Bibliothèque nationale (depuis 1847), Bretón de los Herreros devint, l'année suivante, secrétaire perpétuel de l'Académie espagnole.

ROLAND PURNAL.

RÉF. : Marquis de Molins, *Biografía de don Manuel Bretón de los Herreros,* Madrid, 1868. – M. Molins et marquis Roca de Togores, *Bretón de los Herreros. Recuerdos de su vida y de sus obras,* Madrid, 1883.

BREUIL abbé Henri. Savant français. Né le 28 février 1877 à Mortain (Manche), mort à l'Isle-Adam, le 14 août 1961. Passionné dès son enfance d'entomologie et de botanique, il rencontra au séminaire de Saint-Sulpice un professeur qui lui fit découvrir la préhistoire dans les ouvrages de Cartailhac et de Mortillet. À la même époque, il fut présenté à Capitan, effectua un séjour dans la région des Eyzies où, après de nombreuses autres excursions, il découvrit en 1901, avec Capitan et Peyrony, la fameuse grotte des Combarelles. Ce fut aux Eyzies encore qu'il fit, en 1902, la connaissance de Cartailhac ; les deux savants explorèrent ensemble les grottes des Pyrénées, puis firent un voyage à la caverne d'Altamira, découverte en Espagne en 1879. Ce fut l'occasion pour Henri Breuil de faire paraître, en collaboration avec Cartailhac, son premier grand livre, *Caverne d'Altamira* (*) (1906). Il alla ensuite étudier et copier les dessins d'une quinzaine de grottes découvertes en 1906 dans la région de Santander, explorant également la Sierra Morena, les grottes d'Algésiras, les abris peints de l'Aragon, où il recueillit les éléments de son livre sur les *Cavernes et roches ornées de France et d'Espagne* (1912). En 1929, Henri Breuil effectua son premier voyage en Afrique du Sud, région qui allait passer au premier plan de la recherche préhistorique, et où il découvrit les traces d'un passage des Sumériens. Plus qu'aucun autre chercheur français, l'abbé Breuil, alors qu'au début du siècle beaucoup ne voyaient encore qu'une mystification dans les peintures préhistoriques, a contribué à en imposer l'authenticité, montrant dans l'humanité paléolithique supérieure une véritable « civilisation morale », très évoluée.

RÉF. : H. Breuil, *Exposé de titres et bibliographie,* Lagny, 1929.

BREZA Tadeusz. Romancier et essayiste polonais. Né le 31 décembre 1905 à Siekierzyńce (Volhynie), mort le 19 mai 1970 à Varsovie. Après s'être essayé à la poésie, il écrivit des romans : *Les Murailles de Jéricho* [*Mury Jerycha,* 1946] et *Ciel et Terre* [*Niebo i ziemia,* 1949-1950], qui analysent la mentalité et l'évolution politique de la Pologne d'avant-guerre. Avec un détachement de sceptique, Breza maniait à la perfection les conventions du réalisme socialiste : *Le Festin de Balthazar* [*Uczta Baltazara,* 1952]. Observateur plein de finesse, doué du sens de l'ironie et du paradoxe, il tira profit de son séjour à Rome comme conseiller culturel de 1955 à 1959, en écrivant des chroniques consacrées aux dessous de la politique du Vatican, *La Porte de bronze* [*Spiżowa brama,* 1959], qui reçurent un accueil assez favorable de la part des catholiques, et *La Démarche* (*) (1961). Sa volonté d'être un témoin objectif de son temps et des milieux dans lesquels il évoluait donna naissance à une langue simple et élégante. Apprécié de Sartre, il sut, comme on a pu le dire, « adroitement osciller entre le Charybde de l'Ouest et le Scylla de l'Est ».

LAURENCE DYÈVRE.

BŘEZINA Otokar (pseud. de Václav Ignác Jebavý). Poète tchèque né le 13 septembre 1868 à Počátky, en Bohême méridionale, mort à Jaroměřice nad Rokytnou le 26 mars 1929. Après des études à Telč, il fut nommé instituteur d'école communale en Moravie occidentale. Un séjour qu'il fit à Nová Říše (1888-1901) eut une grande influence sur son développement spirituel. Il dut également beaucoup à l'amitié du maître Fr. Bauer, musicien fervent, et à l'affection d'Anna Pammrová (1860-1945), adeptes des théories théosophiques. À partir de 1901, Březina enseigna à l'école de Jaroměřice nad Rokytnou, où il demeura jusqu'à sa mort dans une solitude méditative, interrompue seulement par de rares voyages à Chýnov auprès du sculpteur Fr. Bílek, et à Tasov auprès du poète Jakub Deml. Březina commença par publier, sous le pseudonyme de V. J. Banzovský, des récits psychologiques et des poèmes réalistes. Il écrivit, en 1890-1891, un long roman naturaliste selon la mode du temps, le *Roman d'Édouard Brunner* [*Román Eduarda Brunnera*] qu'il détruisit par la suite. En 1892, sous l'influence des poètes français et de l'esthétique de Schopenhauer, il se convertit au symbolisme. Sous le nom de Březina, il publia, en 1895, le recueil de vers *Les Lointains mystérieux* (+), dont le pessimisme plaintif est parfois traversé de lueurs mystiques. Dans son recueil suivant, *Aube à l'occident* (*), le poète atteint, par-delà le monde des phénomènes et des sens, dans la conscience du mouvement dramatique de l'univers, une sereine fraternité avec les êtres souffrants. Le troisième livre de Březina, *Vents des pôles,* dans lequel la

Création est conçue comme un accord mystérieux de toutes les substances, baigne dans la pure spiritualité. En revanche, dans le quatrième recueil : *Les Constructeurs du Temple* (*), le poète prête à nouveau l'oreille aux voix de la réalité, aux cris des sens, aux doutes de la matière. Dans le dernier volume, *Les Mains* [*Ruce*, 1901], reparaissent les thèmes de la solidarité cosmique et de l'optimisme évolutionniste. Březina est également l'auteur d'un précieux volume d'essais, *Musique des sources* [*Hudba pramenů*, 1903].

RÉF. : V. Zelinka, *O. Březina*, Prague, 1924. – J. Bukaček, *Březina a Dante*, Bruno, 1934. – R. Habrina, *Březina a Nietzsche*, Olomouc, 1935. – B. Sokolov, *Silhouettes tchèques* in *Les Cahiers blancs*, 1936. – M. L. Hirsch, article in *Le Divan*, 1935.

BRIÇONNET Guillaume. Évêque français de Lodève (Hérault), puis de Meaux (Seine-et-Marne), à ne pas confondre avec son père Guillaume, devenu cardinal. Né probablement en 1470 à Tours (Indre-et-Loire), mort à Esmans, près de Montereau (Seine-et-Marne), le 24 janvier 1534. Fils d'un riche marchand tourangeau qui fut conseiller de Charles VIII, élève au collège de Navarre à Paris, notre Guillaume Briçonnet fut nommé évêque de Lodève le 24 avril 1489 et s'occupa directement de ce diocèse à partir de 1495. À la même date, il était président de la Cour des comptes à Paris. En 1507, il fut le défenseur officiel de Louis XII face à Jules II, à Rome. La même année, il devint abbé commendataire de l'abbaye bénédictine parisienne de Saint-Germain-des-Prés et y entreprit aussitôt une réforme de la vie monastique. C'est là qu'il accueillit Lefèvre d'Étaples et d'autres humanistes parisiens. À côté de son père, le cardinal, il prit une part active au concile gallican de Pise-Milan (1511-1512). Le 31 décembre 1515, il fut nommé évêque de Meaux comme successeur de Louis Pinelle, son ancien maître au collège de Navarre. François Ier l'envoya en ambassade auprès de Léon X pour négocier la dernière phase du concordat de Bologne qui régit l'Église en France pendant plusieurs siècles. Dès 1517, Briçonnet vint résider dans son diocèse de Meaux, composé de deux cent neuf paroisses, qu'il visita une à une, s'employant à la rénovation chrétienne de ses ouailles en incitant ses curés à la résidence (deux de ses « discours synodaux », 1519 et 1520, ont été imprimés) et en promouvant une prédication régulière, alimentée par la parole de Dieu. En 1521, il devint le directeur spirituel de la sœur de François Ier, Marguerite d'Angoulême, et leur *Correspondance (1521-1524)* (*) a été conservée. C'est en 1521 également que l'évêque de Meaux accueillit dans son diocèse Lefèvre d'Étaples et un groupe de ses amis (Roussel, Vatable, d'Arande, Masurier, Farel), le « Groupe de Meaux ». Ils épaulèrent Briçonnet pour son œuvre de renouveau, par la traduction du Nouveau Testament en français (Lefèvre, Vatable) et par une prédication évangélique. À ce moment où les idées de Luther déferlaient en France, les « bibliens » de Meaux furent suspectés par la faculté de théologie de Paris. Guillaume Briçonnet se sépara nettement des luthériens (1523, départ de Farel), résista aux rigoristes catholiques et soutint les Bibliens jusqu'au parlement de Paris. La défaite de Pavie (1525), puis la captivité de François Ier en Espagne privèrent Briçonnet de l'appui royal. Le Parlement en profita pour mettre brutalement fin, en octobre 1525, à la vie du Groupe de Meaux ainsi qu'à l'espérance qu'il avait fait naître. Pendant une dizaine d'années encore, Briçonnet, usé par les épreuves, privé de l'aide de ses amis dispersés, resta sur place. Il continua à subvenir au besoin de ses diocésains, soucieux des plus pauvres. En définitive, Guillaume Briçonnet a plus agi qu'écrit, et c'est une des raisons pour lesquelles on ne l'a pas assez considéré comme il le méritait. Il a pourtant été au premier rang des évêques de France au début du XVIe siècle. Bourgeois, gallican, médiéval, oui. Mais aussi, ouvert à l'humanisme, à la mystique, à *La Bible*, cherchant continuellement les moyens de renouvellement de la vie chrétienne de ceux qui lui étaient confiés, à Saint-Germain-des-Prés comme à Meaux. Il a été l'un des acteurs de la réforme catholique en France près de trente ans avant la grande entreprise du concile de Trente (1545-1563).

MICHEL VEISSIÈRE.

RÉF. : Michel Veissière, *L'Évêque Guillaume Briçonnet (1470-1534)*, Provins, 1986.

BRIDGES Robert Seymour. Poète anglais. Né à Walmer dans l'île de Thanet le 23 octobre 1844, mort à Oxford le 21 avril 1930. Il fit ses études à Oxford et au St. Bartholomew's Hospital, où il devint docteur en médecine. Après avoir longtemps exercé la médecine à Londres, il l'abandonna pour se consacrer entièrement à la littérature. Il écrivit de courtes poésies, de longs poèmes, des drames en vers et des études critiques, dont un essai sur Milton (1893) et un sur Keats (1895). Il fonda la Society for Pure English et, en 1924, se rendit en Amérique pour y faire des conférences. En 1918, il édita le recueil des poèmes de G. M. Hopkins dont il avait été l'ami. Ses œuvres personnelles *Poésies brèves* (*) (1894), *Œuvres poétiques* [*Poetical Works*, 1898-1905], *Octobre et autres poèmes* [*October and other Poems*, 1920], *Nouveaux Poèmes* [*New Verse*, 1925], *Le Testament de la beauté* (*), témoignent d'une connaissance approfondie des classiques, surtout de Lucrèce et de Milton, et d'une science subtile de la technique du vers, dont il réforma la prosodie. Il écrivit aussi huit drames, dont *Prométhée donneur de feu* (+) (1883), *Le Retour d'Ulys-*

se (+) (1885-1893) et *Achille à Scyros* (+) (1898).

RÉF. : J. G. Ritz, *R. Bridges and G. M. Hopkins (1863-1889),* Londres, 1960.

BRIEUX Eugène. Auteur dramatique français. Né à Paris le 19 janvier 1858, mort à Nice le 6 décembre 1932. Fils d'un ouvrier ébéniste, il fut employé de commerce avant de faire du journalisme. Fort attiré par le théâtre, il s'y est essayé dès l'âge de vingt ans en faisant jouer au Théâtre Cluny, le 21 décembre 1879, un drame en un acte en vers, *Bernard Palissy,* écrit en collaboration avec G. Salandri. Le 21 mars 1890, il fit jouer au Théâtre Libre sa première grande comédie : *Ménages d'artistes.* Deux années plus tard, le 2 février 1892, il fit jouer également au Théâtre Libre *Blanchette* (*), pièce qui fonda sa réputation. Il sut fort bien la maintenir en donnant *M. de Reboval* (1892), puis *L'Engrenage* (1894), *L'Évasion* (1896), *Les Trois Filles de M. Dupont* (1897) et *Le Berceau* (*) (1898). En 1900, il obtint le plus grand succès de sa carrière avec *La Robe rouge* (*). De la production qui suivit, on peut retenir *Les Avariés* (1901), *Maternité* (1903), *Les Hannetons* (1906), *Simone (*1908), *La Foi (*1912), *La Femme seule* (1912), *Le Bourgeois aux champs* (1914), *La Famille Lavelette* (1926), etc. Homme courageux et probe, connaissant bien son métier, Brieux représente essentiellement la comédie sociale dont la voie avait été ouverte par Dumas fils et par Augier. Moraliste quelque peu conformiste, mais souvent éloquent, il a fait du « théâtre utile » dans toute la force du terme. On ne peut que lui reprocher le manque de vie de ses personnages. Il a été élu à l'Académie française le 8 mars 1910.

♦ « *Obéissant d'instinct aux exigences d'une génération nouvelle, M. Brieux a substitué au culte du mélodrame d'intrigue celui du mélodrame d'idées. Il possède, en effet, une remarquable aptitude à entrer, et à faire entrer avec lui les disciples qu'il prêche, dans des problèmes de peu d'éléments. Ces problèmes il ne les crée pas, du fait de sa personnalité : il adopte ceux qui sont « dans l'air », à la portée de tous. Il n'aborde aucune question qui ne soit d'avance résolue par le sentiment du public.* » Jacques Copeau.

RÉF. : A. Benoist, *Le Théâtre de Brieux,* Toulouse, 1907. – A. Bertrand, E. Brieux, 1910. – W. H. Scheifley, *Brieux and Contemporary French Society,* New York, 1917. – M. P. Byrnes, *Brieux, humanitaire et patriote méconnu,* 1967.

BRIGADERE Anna. Femme de lettres lettonne. Née le 1er octobre 1861 à Tervete (Lettonie), morte dans cette même ville le 25 juin 1933. Devenue très jeune orpheline de père, elle connut une adolescence pénible, et ses souvenirs de cette époque lui ont inspiré les quatre livres de son autobiographie, dont le plus connu est le premier : *Dieu, Nature, Travail* [*Dievs, Daba, Darbs*]. Après avoir suivi des cours de pédagogie à Riga, elle enseigna en 1882 dans des familles nobles, et eut l'occasion de connaître les cercles intellectuels et artistiques de l'époque. Après le succès remporté par ses premiers récits (1896), elle se consacra entièrement à la littérature, continuant à vivre à Riga chez son frère et sa belle-sœur, eux-mêmes artistes connus. Elle se tourna ensuite vers le théâtre, pour lequel elle écrivit d'abord une tragédie : *Tom Pouce* (*) et, ensuite, une comédie : *Chez le millionnaire letton* [*Pie Itaviešu miljionara,* 1909]. Émigrée à Moscou au cours de la Première Guerre mondiale, elle retourna à Riga en 1918. Son art avait désormais atteint sa pleine maturité. En 1922 elle reçut, en don du gouvernement letton comme « meilleure interprète de l'âme nationale », une merveilleuse villa à Tervete, sa ville natale. C'est là que la mort vint la prendre à l'improviste au cours d'un séjour solitaire.

RÉF. : E. Andersone, *Raksti literaturas vèsturei,* Riga, 1939, en letton.

BRIGITTE de Suède, sainte (Birgitta Persson). Mystique suédoise d'expression latine. Née près de Norrtälje (Suède), probablement en 1303, morte à Rome le 23 juillet 1373. Elle appartenait à une illustre famille suédoise. Son père, Birger Persson, était un personnage important, et sa mère était apparentée à la famille régnante des Folkungar. On la maria à l'âge de quatorze ans, pour des raisons politiques, à Ulf Gudmarsson, dont elle eut huit enfants (parmi lesquels Katharina, qui, bien que jamais canonisée, jouit d'un culte autorisé, en 1482, par Sixte IV). Brigitte choisit comme confesseur Mathias, chanoine de Linköping, connu par un commentaire de *L'Apocalypse* (*), et fut en relation avec des hommes comme Nicolaüs Hermansson, évêque de Linköping, le prieur Pierre d'Alvastra, et le prieur du couvent de l'Esprit-Saint, Pierre de Skenninge. Ces deux derniers devinrent ses biographes, et relatèrent les révélations de la sainte – v. *Révélations* (*). Elle se rendit à la cour de Magnus qui, en 1335, avait épousé Blanche de Namur, et entreprit, en compagnie de son mari, le traditionnel pèlerinage de Saint-Jacques-de-Compostelle (1341-1343). En traversant l'Allemagne et la France, elle prit conscience des grands problèmes politiques de l'heure : la lutte entre la papauté et l'empereur, la guerre de Cent Ans et la captivité des papes en Avignon. Sur le chemin du retour, une grave maladie de son mari leur parut à tous deux un signe de la volonté divine et un appel à la vie monastique. Ulf se retira au couvent d'Alvastra, où il mourut en 1344, avant d'avoir prononcé ses vœux. Brigitte vécut dans la méditation religieuse. Pendant ses années d'extase et de révélation, elle conçut une réforme de l'Église ; ses critiques n'épargnaient même pas le pape Clément VI. Elle s'éleva contre la captivité d'Avignon, et voulut créer un nouvel ordre religieux dont le siège serait à Vadstena ; elle reçut pour ce couvent de riches donations du roi. Pour obtenir la reconnaissance de cet ordre par la Curie, et sans doute attirée aussi par le jubilé de 1350, elle quitta la Suède pour Rome en compagnie de son fils Birger, de Pierre d'Alvastra, de Pierre de Skenninge, et passa vingt-trois ans en Italie, s'adonnant à la méditation, à l'étude, aux œuvres pies et aux pèlerinages. Ce fut en 1370 qu'elle obtint du pape Urbain V non pas la reconnaissance de son ordre, mais l'autorisation de fonder à Vadstena un couvent augustinien destiné à des religieux et à des religieuses. Deux ans plus tard, elle partit en pèlerinage pour la Terre sainte ; c'est là que son fils Birger fut fait chevalier de l'ordre du Saint-Sépulcre. Revenue à Rome gravement malade, elle y mourut l'année suivante. Ses restes furent transportés au couvent de Vadstena. Elle fut canonisée par Boniface IX le 7 octobre 1391. Citons d'elle, encore, le *Livre de l'empereur du ciel adressé aux rois.*

RÉF. : E. Binet, *La Vie admirable de sainte Brigitte*, Lille, 1634. – Comtesse de Flavigny, *Sainte Brigitte de Suède, sa vie, ses révélations et son œuvre*, 1910. – F. Vernet, article *sub nomine* dans le *Dictionnaire de spiritualité*, 1937. – S. Stolpe, *Birgitta* (2 vol.), Stockholm, 1973.

BRIK Ossip Maksimovitch [Osip Maksimovič Brik]. Critique et dramaturge russe. Né et mort à Moscou : 16 janvier 1888 - 22 février 1945. Il fit ses études à l'université de sa ville natale. Sa première publication date de 1915. C'est à cette époque que Brik devint un des organisateurs de l'O.P.O.I.A.Z. (Société pour l'étude du langage poétique) et éditeur de recueils sur la poétique (1915-1916) – v. *Théorie de la littérature* (*). L'article de Brik qui fit école portait le titre *Les Répétitions sonores* [*Zvukovye povtory*, 1917] et fut suivi, dix ans plus tard, d'un autre texte, *Le Rythme et la Syntaxe* (1927). Brik collaborait étroitement avec son ami Maïakovski ; il était coéditeur du journal *L'Art de la commune* [*Iskusstvo kommuny*, 1918-1919], des revues *L.E.F.* (1923-1925) et *Nouveau L.E.F.* [*Novyj L.E.F.*, 1927-1928], partisan fervent de la littérature du fait, basée sur la réalité et non sur l'imagination de l'auteur.

BRILLAT-SAVARIN Anthelme. Magistrat et littérateur français. Né à Belley (Ain) le 12 avril 1755, mort à Paris le 2 février 1826. Issu d'une famille vouée depuis longtemps aux charges de la magistrature, il fut d'abord avocat dans sa ville natale, puis successivement député à l'Assemblée constituante, président du tribunal civil du département de l'Ain et membre de la Cour de cassation. Homme équitable et conciliant, il s'appliquait à tempérer tous les excès produits par le fanatisme révolutionnaire. C'est ainsi qu'à la fin de 1793 il s'opposa de toutes ses forces à l'introduction de la Terreur dans la ville de Belley dont il était maire. Contraint alors de se réfugier en Suisse, il s'installa à Lausanne, où il vécut dans le clan des émigrés français. Peu soucieux de sa propre situation, bien qu'il fût dénué de ressources, il s'occupait avant tout de gastronomie en donnant l'exemple du courage à ses compagnons d'infortune. Il partit ensuite pour New York (1794). Pendant deux années que dura son séjour, il vécut tout à la fois de ses leçons de langue française et de la place qu'il occupait dans l'orchestre d'un théâtre. De retour en France, en 1796, il devint, sous le Directoire, secrétaire de l'état-major des armées de la République (en Allemagne), puis commissaire du gouvernement à Versailles. Après le 18 Brumaire, il obtint la charge de conseiller à la Cour de cassation. Épicurien, homme d'esprit et se portant à ravir, il accepta toujours avec indifférence les vicissitudes de l'heure, « rien n'étant capable, comme il dit, de troubler ses digestions ». Très féru de la cuisine autant que des lettres, il a consacré son temps disponible à la composition d'un seul ouvrage : *Physiologie du goût ou Méditations de gastronomie transcendante* (*) (1825). Que d'un tel code il ait su faire un chef-d'œuvre littéraire montre toutes les ressources de son esprit. De là, sans doute, la renommée universelle que son auteur s'est acquise.

RÉF. : H. de Balzac, in *Œuvres diverses*, Paris, 1839. – Ch. Monselet, *Notice* au début de l'édition *de la Physiologie du goût*, Paris, 1880. – E. Henriot, *Esquisses et Notes de lecture*, Paris, 1928. – R. Malpart, *Brillat-Savarin et la médecine*, Paris, 1929. – M. Des Ombiaux, *La Physiologie du goût de Brillat-Savarin*, Paris, 1937. – Brillat-Savarin, *Physiologie du goût*, présenté par J.-Fr. Revel, Paris, 1965.

BRION Marcel. Romancier et essayiste français. Né le 21 novembre 1895 à Marseille (Bouches-du-Rhône), mort à Paris en 1984. Licencié en droit, il s'inscrit au barreau de sa ville natale mais, dès l'âge de trente ans, il se lance dans la carrière des lettres et devient un spécialiste reconnu de la Renaissance italienne qu'il illustre, entre autres, par des ouvrages sur *Giotto* (1927) et sur *Machiavel* (1943). Sa connaissance de l'art lui permet d'écrire trois études : *Art abstrait* (1956), *Art fantastique* (1961), *Art romantique* (1963). Mais c'est surtout au romantisme allemand qu'il consacre son talent en publiant quatre volumes sur *L'Allemagne romantique* (*) vue à travers ses écrivains, mais également à travers les thèmes du voyage initiatique : il unit la littérature allemande des voyages aux thèmes de la conquête du monde et de soi-même ainsi qu'aux grands mythes et aux cycles antiques et médiévaux (1962-1978). Marcel Brion s'est essayé avec succès au roman fantastique avec *La Folie Céladon* (*) (1935), *Château d'ombres* (1974), *La Fête de la tour des âmes* (1974), *Le Château de la princesse Ilse* (1981). Il a été élu membre de l'Académie française en 1964.

RÉF. : M.-S. Maurin, *L'Univers fantastique de Marcel Brion*, Paris, 1981.

BRIOUSSOV Valeri Jakovlevitch [Valerij Jakovlevič Brjusov]. Poète et critique littéraire russe. Né et mort à Moscou (13 décembre 1873 - 9 octobre 1924). Après avoir terminé ses études secondaires au lycée Polivanov, pépinière d'hommes célèbres, il s'inscrivit à la faculté d'histoire et de philologie de Moscou, ayant dès l'enfance décidé de devenir écrivain. Fils de commerçants aisés, il put faire paraître à compte d'auteur les trois petits volumes des *Symbolistes russes* [*Russkie simvolisty,* 1894-1895] qui, tout en choquant la plupart des idées reçues en matière de poésie, lui apportèrent du jour au lendemain la notoriété. Lorsque, en 1899, la maison d'édition « Scorpion » fut créée à Moscou dans le but de publier les œuvres des poètes et écrivains d'avant-garde, Brioussov fut invité à faire partie du comité de rédaction et en devint bientôt le directeur virtuel. À la fin du siècle dernier, il avait déjà publié deux recueils de vers : *Me meum esse* (1897) et *Tertia vigilia* (*) (1900) ; un troisième recueil, *Urbi et Orbi,* parut en 1903. En 1904, ayant créé la revue symboliste *Vésy,* Brioussov devint le leader de tout ce que la Russie comptait comme écrivains symbolistes ; des poètes tels qu'Alexandre Blok et Andreï Bely le considéraient comme leur maître. C'est de cette époque que date son premier roman, *L'Ange de feu* (*), et le recueil de vers *Stéphanos* (1906). L'engouement du public pour les œuvres de Brioussov fut tel que, vers 1908, ses vers étaient publiés jusque dans les revues les plus conservatrices et, entre 1910 et 1912, il fut même chargé de la direction littéraire de la revue très connue *La Pensée russe* [*Russkaja mysl'*]. En 1912, il fit paraître un livre d'essais critiques, d'une grande pénétration, sur la poésie russe : *Les Lointains et les Proches* [*Dalekie i blizkie*], suivi d'un second roman : *L'Autel de la victoire* (1913). Il fit la guerre de 1914 en qualité de correspondant de plusieurs journaux. Se désintéressant de la politique, Brioussov n'eut aucune activité lors de la révolution de 1905 ; par contre, celle de 1917 trouva en lui un supporter enthousiaste. Il fut même nommé chef de la censure, mais ne conserva pas longtemps ce poste, étranger à sa nature. En 1919, il devint membre du parti communiste ; on lui confia la création à Moscou de l'Institut littéraire. Dans la dernière période de sa vie, Brioussov publia trois nouveaux recueils de poésies : *Derniers rêves* [*Poslednija mečty,* 1920], *L'Instant* [*Mig,* 1922] et *Mea* (1924). On lui doit un grand nombre de traductions en vers, parmi lesquelles il convient de mentionner celle des *Romances sans paroles* (*) de Verlaine (1894) et celle de *Pelléas et Mélisande* (*) de Maeterlinck (1907). Il traduisit également une grande partie de l'œuvre poétique de Verhaeren.

RÉF. : K. Močul'ski, *Valerij Brjusov,* Paris, 1962. — J. D. Grossman, *V. Briusov and the Ridde of Russian Decadence,* Berkeley - Los Angeles, 1985.

BRISSET Jean-Pierre. Penseur français. Né à La Sauvagère (Orne) en 1837, mort à Angers en 1923 (?). Aîné de cinq enfants, Jean-Pierre Brisset, dès l'âge de douze ans, a dû travailler pour vivre. Engagé volontaire en 1851, il fera carrière dans les armées du second Empire et participera aux campagnes d'Italie et d'Orient. Après la défaite de Sedan (1870), il est captif plusieurs mois en Allemagne, puis il démissionne de l'armée avec le titre de capitaine. Pendant dix ans, alors, il s'adonne minutieusement à l'étude des langues : français, italien, allemand, et publie à Magdebourg une méthode de l'enseignement de la langue française (rédigée en allemand). Commissaire de surveillance à la gare Saint-Serge, puis à la gare Saint-Laud à Angers où il vit, il va désormais consacrer tout son loisir (et son argent) à écrire et publier des ouvrages grammaticaux tout à fait singuliers. En 1878 il fait imprimer à Paris une *Grammaire logique* (quarante-cinq pages), introuvable de nos jours, dont il publie en 1883 une seconde édition considérablement augmentée et pourvue d'un sous-titre ronflant, où il annonce la possibilité de connaître par la seule « analyse de la parole la formation des langues et celle du genre humain ». Persuadé de détenir la vérité, Brisset n'hésite pas à concourir pour le prix Archer-Despeurisses de l'Académie française — sans succès, on s'en doute. Cependant, un soir de cette même année 1883, il sent un « homme invisible » qui tombe du ciel et qui le pénètre tout entier. Ce n'est autre que le Christ venu pour l'instruire des secrets du langage. De cette révélation capitale, il résultera un autre ouvrage, *Le Mystère de Dieu est accompli* (1890), en vente à la gare d'Angers. Brisset se démène pour qu'on en parle et prononce deux conférences à Paris devant un public que l'on devine plus que clairsemé. En 1900, année de *La Science des rêves* de Freud, il publie, de son côté, sa *Science de Dieu, ou la Création de l'homme* (*), nous donnant pour ancêtres les grenouilles. Il fait annoncer l'ouvrage par des crieurs sur la voie publique qui vendent une feuille due à sa plume, *La Grande Nouvelle.* Il ne passera d'ailleurs pas tout à fait inaperçu, puisque *Le Petit Parisien* du 29 juillet 1904 l'évoque dans un article au titre tristement prometteur : « Chez les fous ». Le journaliste, en l'occurrence, parle d'« affolante philosophie » qui menace notre intégrité mentale. En 1906, Brisset étend le champ de ses révélations avec *Les Prophéties accomplies* (*Daniel et l'Apocalypse*) encore imprimées à Angers, mais annoncées par un prospectus tiré à deux mille exemplaires, et une conférence que l'auteur prononce à Paris, à l'Hôtel des Sociétés savantes, le 3 juin 1906, devant moins de cinquante auditeurs. Déçu, il ne renonce pas cependant et, toujours à Angers, fait imprimer une seconde édition entièrement nouvelle de *La Science de Dieu* sous le titre *Les Origines humaines ;* mais la vieillesse le contraindra à laisser sur le métier son « opus » le plus grandiose : un dictionnaire de toutes les langues. Le 13 avril 1913, il est l'objet d'un vaste canular dont Jules Romains, auquel il avait fait parvenir l'un de ses livres, sera l'instigateur. Un certain nombre de jeunes écrivains, parmi lesquels Georges Duhamel et Charles Vildrac, s'entendent alors pour le couronner fort solennellement « prince des penseurs », et la presse se fait l'écho de l'événement. En 1923, Brisset meurt, non sans – fidèle à ses rêves aqueux – avoir publié un *Manuel de natation.*

André Breton dans son *Anthologie de l'humour noir* (*) se montrera fort intéressé par la « cabbale phonétique » de Brisset et la rapprochera de la méthode paranoïa-critique de Dalí. La vogue de la linguistique et l'évolution de la psychanalyse attireront également l'attention sur cet original, auquel du reste une thèse sera consacrée.

JEAN-LUC STEINMETZ.

♦ *« Avec lui se développe, sur un fond pansexualiste d'une grande valeur hallucinatoire, et à l'abri d'une rare érudition, une suite vertigineuse d'équations de mots. »* André Breton. ♦ *« Brisset est juché en un point extrême du délire linguistique* [...] *Tout ce qui est oubli, mort, lutte avec les diables, déchéance des hommes, n'est qu'un épisode dans la guerre pour les mots que les dieux et les grenouilles se livrèrent jadis au milieu des roseaux bruyants du matin. »* Michel Foucault.

RÉF. : André Breton, *Anthologie de l'humour noir,* Paris, 1940. – Michel Foucault, préface à la *Grammaire logique,* Paris, 1970. – Michel Pierssens, *La Tour de Babil,* Paris, 1976. – Marc Decimo, *Jean-Pierre Brisset* (biographie), Paris, 1986. – Philippe Cullard, *Jean-Pierre Brisset, un paraphrène au XIXe siècle,* Strasbourg, 1988.

BRISSOT DE WARVILLE (Jacques Pierre Brissot dit). Homme politique, journaliste et pamphlétaire français. Né à Chartres le 14 janvier 1754, mort à Paris le 31 octobre 1793. Après avoir fait du droit, il se sentit attiré par les théories de Rousseau, dont il reprit quelques idées fondamentales pour les transférer sur un plan juridique. En effet, dans son ouvrage *Recherches philosophiques sur le droit de propriété et sur le vol, considérés dans la nature et dans la société* (*), on trouve le même recours aux lois de la nature, la même condamnation de la propriété considérée comme un vol. Il publia, l'année suivante, *Les Moyens d'adoucir les rigueurs des lois pénales en France,* dont le sujet était plus strictement juridique. En 1788, il fonda la société des « Amis des Noirs », dont le but était de contribuer à l'abolition de l'esclavage. S'étant rendu aux États-Unis, il y fréquenta, ainsi que le rapporte Jaurès, les quakers, et crut avoir trouvé là une société qui correspondait pleinement à son idéal : en 1787, il avait fait paraître son premier ouvrage sur les États-Unis, dans lequel il les citait en exemple à la France (*De la France et des États-Unis*), et en 1791, il donna le second récit d'un nouveau voyage en Amérique (*Nouveau voyage dans les États-Unis de l'Amérique septentrionale,* en trois volumes). Aussitôt que la Révolution éclata, il fonda un journal : *Le Patriote français,* qui parut jusqu'en 1793, et il fut élu député de l'Eure-et-Loir. Brissot, qui avait été l'un des écrivains les plus hardis de l'Ancien Régime (au point d'être embastillé en 1784 à cause d'un de ses ouvrages : *Le Diable dans un bénitier*), évolua peu à peu vers la droite. Chef des girondins, appelés aussi brissotins, il éleva de vives protestations contre la tentative de le faire passer pour un ennemi de toute propriété, et il s'opposa, en janvier 1793, à la décision de la Convention qui décréta la mort du roi. Il avait été favorable à la guerre, espérant qu'elle amènerait une paix définitive dans la liberté universelle et sauverait le roi, mais tous ses plans échouèrent, et il ne lui resta plus qu'à attendre la tempête qu'il prévoyait. Accusé par les jacobins, il fut guillotiné en octobre 1793, et ce ne fut qu'en 1830 que parurent ses *Mémoires sur ses contemporains et la Révolution française,* dans lesquels il vise à donner de lui-même une image modérée.

RÉF. : J. P. Brissot : *Mémoires... (1754-1793),* 1830-1832, 4 vol. – A. Lichtenberger, *Le Socialisme au XVIIIe siècle,* 1895 et *Le Socialisme et la Révolution française (Études sur les idées socialistes en France de 1789 à 1796),* 1899. – J. Jaurès, *Histoire socialiste de la Révolution française : la Gironde,* 1909. – H. A. Goetz Bernstein, *La Politique extérieure de Brissot et des Girondins,* 1912.

BRITTEN Benjamin. Compositeur anglais. Né le 22 novembre 1913 à Lovestoft, dans le Suffolk, mort à Alderburgh le 4 décembre 1976. Doué et précoce, il étudia très tôt la composition et le piano. À dix-neuf ans, encore au collège, il publia sa première œuvre, une *Sinfonietta.* Son premier succès important fut la commande, pour le festival de Salzbourg de 1937, de *Variations sur un thème de Frank Bridge.* Ce n'est pourtant pas dans le domaine de la musique instrumentale qu'il faut chercher le génie particulier de Britten. À l'exception de la *Sinfonia da Requiem* (1940) (*) dédiée à la mémoire de ses parents et de *The Young Person's Guide to the Orchestra* (*) (1946), on n'y trouvera que quelques pièces de circonstance et des exercices d'école, comme la *Simple Symphony* (1934) (*). L'essentiel de son œuvre a été composé pour la voix. Dans ce domaine, sa production est abondante et variée. Il nous a laissé plusieurs opéras ; les plus célèbres sont *Peter Grimes* (*) (1944), *Billy Budd* (*) (1951) et *Mort à Venise* (*), tous trois des drames où la mer sert de toile de fond à la cruauté des hommes. Le couronnement de la reine Élisabeth II lui donna l'occasion d'écrire, en 1953, un grand opéra à décor historique, *Gloriana.* C'est encore dans la grande tradition de l'opéra qu'il faut placer son adaptation du *Songe d'une nuit d'été* (*) de Shakespeare (1960). Mais, dès 1946, il avait fondé un petit groupe composé d'une douzaine de chanteurs et d'un orchestre de chambre, dans le but de restaurer la tradition de l'opéra de chambre qui avait été une des gloires de l'Angleterre baroque. C'est avec cet « English Opera Group » qu'il réalisera le plus grand nombre de ces œuvres à partir de cette date : *Le Viol de Lucrèce* [*The Rape of Lucretia*, 1946] d'après Shakespeare, *Albert Herring*, adaptation discutable du *Rosier de madame Husson* (1947), *Le Tour d'écrou* [*The Turn of the Screw*, 1953] d'après Henry James qui est peut-être son chef-d'œuvre. Il faut ajouter à cette production trois « opéras d'église », tentative de renouveler la tradition des mystères médiévaux : *La Rivière du courlis* [*Curlew River*, 1964], *Les Adolescents dans la fournaise* [*The Burning Fiery Furnace*, 1966] et *Le Fils prodigue* [*The Prodigal Son*, 1968]. Son œuvre la plus populaire dans le domaine de la musique sacrée est *Une célébration de Noël* [*A Ceremony of Carols*]. Mais une place à part doit être faite à son *War Requiem* (*) de 1962, où il superpose trois niveaux d'expression différents, solistes masculins et orchestre de chambre pour dire la douleur des hommes, soprano, chœur et grand orchestre pour la liturgie de la messe, orgue et chœur d'enfants pour exprimer la vision d'un paradis lointain. Cette capacité d'utiliser des combinaisons variées de voix et d'instruments est une des caractéristiques essentielles du style de Britten. On la retrouve dans *Les Illuminations* (1939) (*), la *Sérénade* pour ténor, cor et cordes (1943) (*), la *Symphonie de printemps* [*Spring Symphony*, 1949], le *Nocturne* pour ténor et cordes (1958). Il faut y ajouter d'innombrables pièces pour piano et chant, de facture plus classique, où Britten refuse à la fois la tentation du néo-classicisme et tout modernisme technique systématique, permettant ainsi une mise en valeur très précise des textes employés.

JEAN-FRANÇOIS LABIE.

♦ *« La manière de Britten est une synchrèse de styles plutôt qu'un style ; elle le met à même de faire face avec pertinence, avec bonheur, à n'importe quel projet expressif, mais elle n'est pas pour autant un instrument d'expression personnelle. »* Ernest Ansermet. ♦ *« Britten a tiré la musique britannique de son interminable académisme. »* Lucien Rebatet.

RÉF. : Imogen Holst, *Britten*, Londres, 1966. – D. Herbert, éd., *The Operas of Benjamin Britten*, Londres, 1979. – D. Herbert, éd., *The Music of Benjamin Britten*, Londres, 1979. – Christopher Headington, *Britten*, Londres, 1981. – Christopher Palmer, éd., *The Britten Companion*, Londres, 1984.

BRITTING Georg. Nouvelliste, romancier et poète allemand. Né le 17 février 1891 à Regensbourg, mort le 27 avril 1964 à Munich. Engagé volontaire pendant la Première Guerre mondiale, Britting est grièvement blessé. Il s'installe à Munich en 1920, édite en collaboration avec J. Achmann la revue *Die Sichel* (1919-1920). Nombreux voyages en Europe et en Afrique. Membre de l'Académie bavaroise des beaux-arts, Britting reçoit le prix Immermann en 1953.

Après deux recueils de nouvelles dans le style de l'expressionnisme, *Job ridiculisé* (+) (1921) et *Michel et la demoiselle* (+) (1927), Britting publie un roman remarqué, *Histoire d'un gros homme qui s'appelait Hamlet* (*) (1932), qui présente le héros shakespearien comme un bon vivant indolent qui termine ses jours au couvent tandis qu'Ophélie se suicide. D'autres recueils de nouvelles, comme *L'Épouse fidèle* [*Das treue Eheweib*, 1933], confirmeront l'habileté de Britting dans ce genre littéraire : montrer la « profondeur » du quotidien en bannissant l'abstraction et la glose psychologique. La poésie de Britting, *Jour terrestre* [*Der irdische Tag*, 1935], *Éloge du vin* [*Das Lob des Weines*, 1942], inspirée par le paysage de l'Allemagne méridionale, relève du « lyrisme de la nature » (« Naturlyrik ») que l'on retrouve, au sein de la même génération d'écrivains, chez Oskar Loerke ou Wilhelm Lehmann. Mais la densité de l'expression, le mélange de la forme dialectale et du maniérisme savant ont sans aucun doute influencé le lyrisme allemand « d'avant-garde », par exemple G. Eich ou K. Krolow.

JEAN-JACQUES POLLET.

RÉF. : D. Bode, *G. Britting. Geschichte eines Werkes*, Stuttgart, 1962.

BRIZEUX Auguste Julien Pélage. Poète français. Né à Lorient le 12 septembre 1806, mort à Montpellier en mai 1858. Après quelques essais obscurs, il obtint soudainement l'audience des lettrés grâce à un recueil d'églogues qui demeure son meilleur ouvrage : *Marie* (*) (1831-40). Il fit ensuite un voyage en Italie en compagnie d'Auguste Barbier, et en rapporta la matière d'un nouveau recueil de vers : *La Fleur d'or* (1841). Il convient de signaler, en outre, sa belle épopée rustique, *Les Bretons* (1845), qui fut couronnée par l'Académie française, ainsi d'ailleurs que ses *Histoires poétiques* (1856). Breton épris de son terroir, Brizeux cultive une poésie sobre et discrète, tout imprégnée du parfum des genêts. Son inspiration, limitée, vaut surtout par la fraîcheur. Il fut un disciple de Lamartine ; mais il faut avouer que, même dans *Marie*, il ne rappelle que d'assez loin l'auteur de *Jocelyn* (*). Il a également publié un volume de chants en langue bretonne : *Télen Armor* [*Harpe d'Armorique*] et une *Histoire des Indo-Armoricains* (1854). On peut également mentionner sa traduction – en prose – de *La Divine Comédie* (*) (1841).

RÉF. : C.A. Sainte-Beuve, *Portraits contemporains*, t. II, 1831 et t. III, 1841. – Saint-René Taillandier, *Notice* au début de l'édition des *Œuvres*, Paris, 1861. – J. Barbey d'Aurevilly, *Les Œuvres et les Hommes*, t. III, Paris, 1862. – T. Gautier, *Portraits contemporains*, Paris, 1874. – Abbé Lecigne, *Brizeux, sa vie et ses œuvres*, Paris, 1898. – M. A. Smith, *L'Influence des lakistes sur les romantiques français*, Paris,

1920. – *Mélanges Brizeux,* n° spécial de la *Revue de Bretagne,* juillet-août 1953.

BROCH Hermann. Romancier et essayiste autrichien. Né à Vienne le 1er novembre 1886, mort à New Haven (U.S.A.) le 30 mai 1951. Fils d'un industriel en textiles, Broch a une vie d'enfant luxueuse. Le père, qui ne peut concevoir pour son fils d'autre destin que celui qu'il lui a fixé, oriente autoritairement ses études vers l'industrie et le commerce. Après avoir obtenu le titre d'ingénieur, Broch dirige l'entreprise paternelle. Il mène cependant très vite une double existence : à côté de ses activités professionnelles, il suit à l'université des cours de philosophie, de mathématiques, de psychologie, et fréquente la brillante intelligentsia viennoise. Il se consacre enfin entièrement à la littérature. Avec l'arrivée des troupes hitlériennes, Broch, comme d'autres intellectuels juifs, est arrêté. Il doit sa libération, après cinq semaines d'incarcération, à l'intervention de ses traducteurs anglais et de l'écrivain James Joyce. Fin juillet 1938, il gagne Londres, puis les U.S.A. Il trouve accueil dans les cercles universitaires. Sa réputation, ses recherches scientifiques sur la psychologie des masses lui valent l'obtention de nombreuses bourses. Il devient même titulaire d'une chaire de littérature allemande à l'université de New Haven. Le 30 mai 1951, il meurt d'une crise cardiaque sur le manuscrit de son dernier roman.

L'œuvre de Broch commence avec la trilogie romanesque *Les Somnambules* (*) (1928-31), dont le propos est parent de celui du grand roman de Robert Musil, *L'Homme sans qualités* (*), qui paraîtra un an après : illustrer la « décadence des valeurs ». Le premier volume, *1888, Pasenow ou le Romantisme* (+), se conçoit comme une parodie du réalisme bourgeois à la manière de Theodor Fontane ; il raconte comment un jeune hobereau prussien, héritier des traditions de sa classe, découvre le monde moderne : Pasenow cherche par tous les moyens à fuir le réel, suivant une attitude typiquement « romantique » consistant à postuler le caractère absolu et métaphysique de valeurs périmées. Le second roman, *1903, Esch ou l'Anarchie* (+), se situe en 1903 : August Esch, petit-bourgeois, comptable consciencieux, est un jour mis à pied par la faute d'un supérieur malhonnête ; lui qui a toujours cru en un ordre du monde découvre soudain l'injustice ; pour trouver le salut, Esch s'invente une mère idéale, s'érige en syndicaliste vertueux : mais la mère idéale n'est en réalité qu'une matrone tenancière de café et le syndicalisme une duperie ; même lorsqu'il se décide finalement à « faire comme les autres », à exploiter sans scrupules son prochain, Esch demeure tragiquement dérisoire : il devient organisateur de combats de « catch » féminin ! Sa détresse est sans recours. Le troisième volet de la trilogie, *1918, Huguenau ou le Réalisme* (+), représente le temps du cynisme et du mépris : Huguenau, chevalier d'industrie dénué de toute conscience morale, ruine et tue Pasenow et Esch, les témoins du passé. L'éclatement de l'intrigue romanesque en plusieurs récits parallèles correspond à l'atomisation de toutes les valeurs.

Commencée en Autriche et achevée en exil, l'œuvre magistrale de Broch, *La Mort de Virgile* (*), paraît en 1946. Roman difficile d'accès, puisque ne respectant aucune loi du genre : long monologue intérieur qui raconte les dernières heures de la vie du poète latin. L'intrigue est mince : Virgile détruira-t-il, avant de mourir, le manuscrit de l'*Énéide* (*) ? Broch, au moment où il compose son livre, a reconnu les limites de l'écriture narrative traditionnelle, en particulier son impuissance à saisir la totalité de l'instant, la « simultanéité » de l'expérience, soumise qu'elle est à la linéarité d'une syntaxe. Il lui préfère ce qu'il appelle l'« attitude lyrique », seule susceptible de résoudre le problème de la simultanéité. Raison pour laquelle *La Mort de Virgile* obéit à une organisation rythmique : quatre parties, placées respectivement sous le signe de l'eau, du feu, de la terre et de l'Ether, se répondent par la variation des mêmes motifs. L'ensemble compose une méditation, une interrogation sur le temps, la mort, le salut. Aucune action dramatique, aucune évolution psychologique ne fait progresser le récit : nous suivons seulement les « épiphanies » successives du poète, « ces instants ouverts sur l'infini », avant-coureurs de la révélation ultime, saisis en larges périodes d'une extension presque démesurée. Les moyens stylistiques nouveaux inventés par Broch répondent au projet ambitieux de donner une forme littéraire à l'expérience individuelle de la mort. En même temps, *La Mort de Virgile* livre le diagnostic d'une époque : la situation historique du poète Virgile, à la frontière entre deux cultures, prophète païen du christianisme, reflète le désarroi moral et religieux vécu par Broch et certains écrivains de sa génération. Les plus avertis – Aldous Huxley, Thomas Mann, entre autres – ne s'y sont d'ailleurs pas trompés : dès sa publication, ils ont salué *La Mort de Virgile* comme une œuvre clef de la littérature du XXe siècle.

Les deux derniers romans de Broch, sans doute moins novateurs dans la forme, illustrent une fois encore le propos primordial de l'écrivain – la dégénérescence des valeurs –, mais sur un registre nouveau : c'est l'histoire contemporaine de l'Allemagne qui est ici analysée et jugée. Avec *Les Irresponsables* (*) (1950), Broch prétend montrer qu'il faut chercher l'origine profonde des désordres politiques dans la dépravation morale des individus, cachée sous le voile de leur bonne conscience : à la fin du récit, les oripeaux hitlériens flottent sur la ville. Roman posthume et inachevé, *Le Tentateur* (*) (1953) – dont la première ébauche est contemporaine de la gestation de *La Mort de Virgile* – raconte comment un personnage assoiffé de pouvoir mystifie la population d'un petit village autrichien. Cette parabole de la montée de l'hitlérisme s'allie à un certain messianisme, un retour aux mythes naturistes.

Broch n'a pas écrit que des romans. Longtemps méconnue, son œuvre d'essayiste sort lentement de l'ombre. Les textes les plus significatifs ont été réunis sous le titre *Création littéraire et connaissance* (*) (posthume 1955). À travers la diversité des sujets abordés se manifeste une préoccupation constante, sans cesse reformulée : penser l'esthétique en relation avec les exigences de l'éthique. C'est en vertu de ce principe que Broch, par exemple, fait le procès, dans un texte célèbre, du « kitsch ». Roman ou essai, Broch ne cesse, en définitive, de s'interroger sur la légitimité de l'écriture. C'est cette lucidité qui fait le prix de son œuvre.

JEAN-JACQUES POLLET.

♦ *« Diversité des styles et des langues, inquiétante pour nos vieilles conceptions romantiques qui nous font chercher, dans le ton de l'écrivain, je ne sais quoi d'unique... Broch, par la discontinuité de la forme, ne cherche pas seulement à rendre plus manifeste un monde de morceaux et de débris. Ce n'est pas non plus qu'il s'intéresse à la technique pour elle-même... mais comme il essaie désespérément de savoir où va le monde et d'en devancer le destin, il se confie à tous les modes d'expression – narratifs, lyriques, discursifs – afin que son livre parvienne à un point plus central, que lui-même dans sa petite conscience individuelle ne discerne pas. »* Maurice Blanchot. ♦ *« La* Mort de Virgile *est l'une des œuvres les plus essentielles, les plus modernes de notre temps..., de conception hardie, originale, surprenante, elle envoûte, tient irrévocablement sous son charme celui qui l'aborde. »* Thomas Mann. ♦ *« Une œuvre cyclopéenne, inégale, discutable, mais dont le témoignage pour notre époque est à la fois un symptôme et un diagnostic. »* Michel Habard.

RÉF. : M. Blanchot, *Broch*, in : *Le Livre à venir*, 1959. – T. Collmann, *Zeit und Geschichte in Hermann Brochs Roman « Der Tod des Vergil »*, 1966. – M. Durzak, *Hermann Broch. Der Dichter und seine Zeit*, 1967. – J.-P. Bier, *Hermann Broch et « La Mort de Virgile »*, 1974. – P.M. Lützeler, *Hermann Broch, Eine Biographie*, Francfort, 1987.

BROCKES Berthold Heinrich. Poète allemand. Né à Hambourg le 22 septembre 1680, mort dans cette ville le 16 janvier 1747. Son autobiographie, publiée en 1847, le présente comme un personnage pédant et ambitieux, dévoré du désir, lui simple bourgeois, de fréquenter les nobles et les gens de cour. Son talent poétique n'est pas des plus évident et pourtant son œuvre a exercé une influence marquée sur la littérature de son temps. Il était le fils d'un riche commerçant, mort jeune encore en 1694. Sa mère ne sut pas lui imposer une stricte discipline dans ses études et le laissa suivre son penchant pour les arts : dessin, musique et poésie. Il s'inscrivit cependant, à vingt ans, à l'université de Halle pour y faire son droit, mais il négligea ses cours et se mit à voyager à travers l'Allemagne, la Suisse, la France, l'Italie et la Hollande. Ces voyages formèrent son goût et lui permirent de nouer des amitiés précieuses. En 1704, il termina rapidement ses études à Leyde, car sa mère, qui venait de perdre sa fille, le rappelait. Revenu dans son milieu familial à Hambourg, active cité d'affaires, il n'en continua pas moins à vivre en oisif et en amateur d'art. Il espérait faire un riche mariage et obtenir une charge publique. Il se découvrit poète en écrivant d'abord des vers dédiés à un ami qui se mariait, puis un oratorio, *Jésus martyrisé et mourant pour les péchés du monde* [*Der für die Sünden der Welt gemartete und sterbende Jesus*], qui fut mis en musique par Haendel. Il déclara bientôt que « la poésie qui ne se propose pas un but utile et défini n'est qu'un vain jeu qui ne mérite aucune attention » et il se décida « de ne choisir comme sujets que ceux qui soient édifiants et honnêtement divertissants ». De ces bonnes intentions naquit *Le Plaisir terrestre en Dieu* (*), recueil qui lui valut l'enthousiaste approbation de ses contemporains. Ses autres ambitions se réalisèrent : il épousa une riche héritière en 1704 et fut anobli en 1730 ; conseiller en 1740, il fit partie, à ce titre, de nombreuses missions diplomatiques.

RÉF. : A. Brandl, *Berthold H. Brockes*, Innsbrück, 1878. – F. von Manikowski, *Die Welt und Lebensanschauung in dem « Irdischen Vergnügen in Gott »*, thèse, Greifswald, 1914. G. Guntermann, *B. H. Brockes. « Irdisches Vergnügen in Gott » und die Geschichte seiner Rezeption in der deutschen Germanistik*, Bonn, 1980.

BROD Max. Écrivain tchèque de langue allemande. Né à Prague le 27 mai 1884, mort à Tel-Aviv le 20 décembre 1968. Ami intime, biographe, interprète de Franz Kafka [*Franz Kafka* (*), 1945], Max Brod appartient à la brillante intelligentsia praguoise d'expression allemande qui, au début du siècle, compte dans ses rangs des noms prestigieux : Rainer Maria Rilke, Franz Werfel, Hugo Steiner, Gustav Meyrink, etc. Après des études de droit, il est un temps fonctionnaire de la monarchie vieillissante. Il devient critique d'art au journal *Prager Tageblatt*. Il se consacre bientôt tout entier à la cause sioniste et émigre en 1939 en Israël, à Tel-Aviv. Il devient collaborateur du « Théâtre Habimah ». C'est là qu'il s'éteint à l'âge de quatre-vingt-quatre ans.

Les œuvres de jeunesse de M. Brod reflètent l'esthétisme décadent caractéristique de l'atmosphère « fin de siècle », comme par exemple *Une servante tchèque* [*Ein Tschechisches Dienstmädchen*, 1909], *Femmes juives* [*Jüdinnen*, 1911]. Après différentes fictions d'inégale valeur, M. Brod trouve enfin le terrain qui sied le mieux à son talent, qui l'oblige à maîtriser sa facilité : le genre du roman historique. Trois ouvrages composent la trilogie intitulée *Le Combat pour la vérité* [*Kampf um Wahrheit*] : *Le Chemin de Tycho Brahé vers Dieu* (+) (1916), qui raconte l'histoire d'un savant qui, sous le règne de l'empereur Rodolphe II, choisit l'humilité, laissant la gloire à l'astronome Kepler ; *Rubeni, prince des Juifs* (+) (1925), qui a pour héros le faux messie juif de la Renaissance ; *Galilée en prison* (+) (1948), qui relate le combat du physicien contre l'Inquisition. Tous ces ouvrages sont empreints d'une même conviction, exprimée, théorisée dans *Paganisme, christianisme, judaïsme* [*Heidentum, Christentum, Judentum*, 1921] : que le judaïsme est seul capable de réconcilier l'ici-bas et l'au-delà. Le meilleur livre de Max Brod est peut-être *Stephan Rott ou l'Année décisive* (*) (1931), roman d'éducation et « roman d'idées » dans la lignée de Thomas Mann et de Robert Musil : un adolescent partagé entre un idéal ascétique chrétien et sa passion païenne de la vie dans l'atmosphère de déclin de la ville de Prague. Max Brod mérite d'être reconnu comme écrivain, pas seulement comme l'éditeur de Kafka.

JEAN-JACQUES POLLET.

RÉF. : B. W. Wessling, *Max Brod*, Gerlingen, 1984.

BRODSKY Joseph Alexandrovitch. Poète russe naturalisé américain d'expression russe et anglaise. Né le 24 mai 1940 à Leningrad. À l'inverse d'Evgueni Evtouchenko, tribun de l'époque du dégel, Joseph Brodsky appartient à la génération du silence, à ces écrivains qui furent interdits en U.R.S.S. avant la pérestroïka et vécurent, de fait, dans une quasi-clandestinité.

Issu d'une famille modeste, Brodsky abandonne ses études à l'âge de seize ans. Il est essentiellement autodidacte : il apprend seul le polonais, et surtout l'anglais. Il rencontre bientôt de jeunes poètes comme Evgueni Reïn, qui le présente à Anna Akhmatova. Celle-ci, impressionnée par la puissance de ses premiers textes, le consacre déjà comme le poète le plus remarquable de sa génération. Alors que sa popularité ne fait que croître auprès du public restreint qui peut entendre ses lectures, il est victime d'une dénonciation dans la presse, emprisonné et, après un procès scandaleux, condamné à sept ans de relégation pour « parasitisme ». Son procès, en mai 1964, marque le début de longues années de poursuites contre les « dissidents ». Brodsky est envoyé dans la région d'Arkhangelsk. Il rentre à Leningrad un an plus tard, mais, sans possibilité de publication, constamment surveillé, il est expulsé d'U.R.S.S. en juin 1972. Après un bref séjour à Vienne, où il est accueilli par W. H. Auden, il se fixe aux États-Unis. Là, comme Nabokov, il écrit en anglais des articles qui entreront dans son recueil *Loin de Byzance* (*), et qui sont publiés dans les plus grandes revues des U.S.A., compose des poèmes en anglais, traduit ses poèmes russes. Ces traductions, dans lesquelles il parvient à recréer en anglais les acrobaties verbales du russe, sont d'une exceptionnelle vigueur. Citoyen américain, donnant des cours de poétique et des conférences dans le monde entier, il est une des personnalités les plus marquantes du monde intellectuel new-yorkais. Il a reçu le prix Nobel de littérature pour l'année 1987.

Dans son discours de réception, Joseph Brodsky mentionne quatre poètes aux sources de son travail : Akhmatova, Tsvétaéva, Frost et Auden – la poésie russe et la poésie de langue anglaise. Ces quatre noms sont réunis, chacun d'une manière spécifique, par une seule origine : celle du classicisme – d'une tradition de hiératisme, renouvelée, inscrite dans son temps et, par là, éternelle. Brodsky, poète classique de la fin du XXe siècle, trouve le moyen, même s'il évolue sans cesse, de n'utiliser qu'un seul genre dans toute son œuvre, celui de l'ode monumentale.

Dès ses premiers poèmes, tels que « La Grande Élégie à John Donne » [Bol'šaja élégia Džonu Donnu] ou « Les Collines » [Holmy], il associe deux éléments contraires, donc envoûtants dans leur union. Le premier est un regard d'épervier (« Le Cri d'automne de l'épervier » [Osennij krik jastreba, 1975]) : les objets et les hommes, décrits dans leurs détails les plus infimes, ne sont pas distingués et forment un même monde fourmillant et froid ; le second est un recours à une incantation directe, brûlante, basée sur des procédés simples, dont les deux principaux sont l'anaphore et la répétition de rythmes aussi martelés qu'intangibles. Il résulte de cette réunion une impression de machine en mouvement dans un monde en sommeil – les premiers mots de « La Grande Élégie » sont « John Donne s'endort. Tout dort autour de lui » –, impression qui n'est compensée que par l'ironie d'un double décalage : d'abord celui de l'intonation, qui est le plus souvent celle d'une conversation familière ; ensuite celui de la forme, presque toujours complexe, digne d'Auden ou des poètes élizabéthains, qui fait jouer rejets, contre-rejets, jeux de rimes finales et intérieures, ou strophes de plus en plus alambiquées, et qui contraste avec l'aspect sciemment banal, presque balourd, du discours exprimé. L'union de ces éléments produit un effet bizarrement épique, mais d'un épique « absolu », ignorant l'homme, où ce qu'on pourrait prendre pour symboles ou métonymies n'est que grandi à la loupe, poussé vers le regard pour ce qu'il est, de la matière agglomérée. Depuis son exil, Joseph Brodsky tend à effacer le côté trop voyant de l'incantation, à refuser les rythmes réguliers et à faire de son discours une sorte de fleuve, où « la voix de Muse [sonne] plus retenue, intime » (« Quatrième églogue, d'hiver »). Les strophes de Brodsky sont autant d'images de ce fleuve, qui est aussi, bien sûr, celui du temps.

Le classicisme ignore l'espace et le temps. Banni de son pays, contemporain de son histoire, Brodsky ne peut se permettre ce luxe. C'est pourtant ce qu'il fait.

De même que le mot employé dans un poème contient la somme de ses emplois passés, et parfois celle de ses emplois futurs, de même Brodsky utilise souvent un masque d'Antiquité, toujours latine – « Post aetatem nostram » (1970) – pour évoquer non seulement un présent stylisé en passé, mais un futur abstrait – comme dans sa pièce *Le Marbre* (+) (1983) –, non seulement ses propres souvenirs, mais ceux d'un homme qui confond, comme dans *Les Élégies romaines* (+) (1982) « Cynthie, Lesbie, Julie » et « Micheline », d'un homme dans l'absolu. Il est « orphelin, apatride, hors-la-loi, parasite » – v. *Uranie* (*) (1987). Il ne conçoit l'amour que comme une séparation, et le corps comme un assemblage, pas toujours bien ficelé, d'organes et de tissus.

Cet homme, ce citoyen de l'Empire, d'un empire absolu, lui aussi (qui n'est pas forcément celui de l'Est), est une ruine parmi les ruines. Il tend à se confondre avec le paysage, lequel, même lorsqu'il est végétal (comme dans le « Divertissement mexicain »), est architectural, temples ou statues, arrêté dans la pierre, toujours en ruine. Le bâtiment complet (ainsi, ses descriptions de Rome), lui, est inconcevable : « Le squelette vaut mieux que le gars complet », écrit Brodsky dans un texte de *Partie du discours* (*) (1977).

Le dernier recueil de Brodsky, dédié à la muse de la géographie, *Uranie*, et qui, de fait, contient des poèmes écrits dans le monde entier, porte son nom par antiphrase : on ne sort pas de l'empire, on tourne en rond, comme les deux prisonniers de la Tour, dans *Le Marbre*, on reste sur place, « à vie ». Plutôt, la seule forme de voyage, c'est celle de la langue, celle du voyageur à l'intérieur du texte – du déplacement du sens par le jeu sur la langue et sur les procédés traditionnels de la poésie que sont en russe la strophe, l'accent tonique et la rime. Le déplacement de la plume sur la page. De là vient aussi la chaleur. Dans le monde hyper-matérialiste de Brodsky, la langue est aussi matérielle, elle est l'encre – qui fait de la lumière quand on la mélange à la nuit comme dans *Les Élégies romaines* (VIII). Elle est le signe cyrillique où le « Ж » (J) représente un buisson ou une mouche, et le « Г » (G) pas seulement une potence mais une façon de se dissoudre : dans « La Tamise à Chelsea », Brodsky dit vivre comme un G entre deux O ; en russe, le g entre deux o, devient un V.

Cette lumière émise par le noir, cette tache noire que fait l'homme sur le blanc suprématiste de la neige, ou sa capacité de « faire des plis » (« Nudités et plis, c'est cela, le monde... »), donc d'arrêter la mer, ou de remarquer qu'une toge peut imiter la mer, et réciproquement (*Énée et Didon,* 1969 ; *Le Marbre*), bref tous ces éléments imprévisibles, fluctuants, papillonnants (« Le Papillon », 1972) permettent d'ouvrir non des chemins nouveaux, mais la bouche (« Fin-de-siècle », 1989), et donc, encore, d'entonner l'ode : « Aussi longtemps que ma bouche n'a pas été remplie d'argile / Elle ne pourra dire que la gratitude », écrivait Brodsky le jour de son quarantième anniversaire, le 24 mai 1980.

Cette louange-là, distante et obstinée, fait sa grandeur.

ANDRÉ MARKOWICZ.

BRÓDY Sandor. Écrivain hongrois. Né à Eger (Autriche-Hongrie) le 23 juin 1863, mort à Budapest le 12 août 1924. Il fut un des premiers représentants en Hongrie de cette génération d'intellectuels juifs chez lesquels s'éveillait la conscience de leur identité et il introduisit dans la littérature hongroise des thèmes et des milieux typiquement juifs. Il débuta en 1884 par un recueil de nouvelles, *Misère* [*A nyomor*], que suivirent une trentaine de volumes : romans, comme *La Chèvre d'argent* (*), ou récits, qui tout en témoignant d'une imagination brillante sont écrits dans un style négligé. De par son tempérament, il était plutôt un romantique, bien qu'il se qualifiât lui-même de naturaliste et disciple de Zola, dont l'influence se révèle, à peine transposée, dans son art. Les succès retentissants remportés par quelques-uns de ses drames – *L'Institutrice* (*), *Timar Lisa* (1914), *Lea Lyon* – n'ont pas été moins éphémères que ceux de ses récits.

BROGLIE Louis Victor, prince de. Physicien français. Né à Dieppe, le 15 août 1892, mort à Paris le 19 mars 1987. Il est le plus jeune dans la branche aînée de cette illustre famille ducale qui donna à la France tant de maréchaux, d'hommes d'État et d'écrivains. Bachelier de mathématiques et de philosophie en 1909, licencié ès lettres (histoire) en 1910, sa famille le destinait à la diplomatie. Il vint à la physique par la philosophie des sciences, sous la particulière influence des livres d'Henri Poincaré. En 1911-1913, il passe la licence ès sciences physiques et s'oriente peu à peu vers ce qui sera sa vocation vraie. Le service militaire, puis la guerre, qu'il fait dans le génie (radiotélégraphie), le détournent (oct. 1913 août 1919) de ses réflexions. Il avait, en effet, commencé de concentrer son attention sur les quanta dont l'irruption (déc. 1900) révolutionnait de plus en plus la physique et qui dressaient leur énigme devant les spécialistes. Au premier congrès Solvay (1911), les maîtres de la nouvelle physique en avaient disputé et le jeune étudiant s'était d'autant plus passionné pour ces assises que son frère aîné, Maurice, duc de Broglie (1875-1960), savant déjà connu, en avait été le secrétaire. Dès sa démobilisation, Louis de Broglie reprend ses recherches. Il fréquente assidûment le laboratoire des rayons X, fondé et dirigé par son frère qui exerce alors sur lui une réelle influence. Elle contribue à lui donner cet esprit expérimental qui manque à tant de théoriciens ; ses premières notes à l'Académie des sciences (1920-1921) ont trait surtout à la spectroscopie X.

Mais ses préoccupations profondes le fixent sur un problème essentiel. Il restait vivement frappé de l'orientation décisive imprimée dès 1905 par Einstein aux idées quantiques. La notion de l'émission de corpuscules revenait en théorie de la lumière, sous la forme des quanta de lumière (photons). Louis de Broglie admet résolument le dualisme des ondes et des corpuscules. Des considérations mathématiques (analogie formelle de la mécanique analytique et des théories ondulatoires) renforcent son intuition. Brusquement, a-t-il écrit, vers la fin de l'été 1923, ses idées se cristallisent. Il pose dès lors les bases de la mécanique ondulatoire dans trois notes fondamentales à l'Académie des sciences (sept.-oct. 1923). La dernière établissait une correspondance analytique désormais célèbre entre le principe de moindre action de Maupertuis pour le mouvement d'un corpuscule et le principe de Fermat appliqué à la propagation de l'onde qu'il convenait d'associer au corpuscule. Finalement, il rassemble ses résultats dans une thèse de doctorat, *Recherches sur la théorie des quanta*, soutenue en Sorbonne le 25 novembre 1924. Dans le jury figurait P. Langevin, dont le nouveau docteur suivait au Collège de France les cours sur la plus moderne physique. La thèse dépassait en réalité l'importance d'un parfait travail universitaire. L'auteur y développait, dans l'esprit et le langage mathématique de la relativité, une vaste synthèse des ondes et des corpuscules, embrassant et réunissant la physique de la matière et celle de la lumière. Il prévoyait en effet pour tout corpuscule, même matériel, l'électron par exemple, l'existence d'une onde associée ; il en formulait la longueur d'onde et suggérait que l'on pût la détecter expérimentalement. Langevin ayant envoyé une copie de la thèse à Einstein, celui-ci répondit en affirmant que Louis de Broglie « avait soulevé un coin du grand voile » ; un peu plus tard, il déclarait à Émile Meyerson que la découverte était un véritable « coup de génie ». En 1926, Schrödinger précisait la forme mathématique de la mécanique ondulatoire et en donnait l'équation de propagation. Dès le printemps 1927, la confirmation éclatante de l'expérience survenait : MM. Davisson et Germer à New York, G. P. Thomson en Angleterre, obtenaient des diffractions d'électrons, vérifiant ainsi toutes les prévisions conceptuelles et numériques de L. de Broglie sur l'analogie totale, en pareil cas, de la matière et de la lumière. Le prix Nobel consacrait en 1929 cette sanction triomphale de l'expérience.

À la création de l'Institut Henri-Poincaré (faculté des sciences de Paris), il fut chargé d'un cours de théories physiques. Inauguré en novembre 1928, cet enseignement dure encore. Louis de Broglie n'a cessé de donner chaque année un cours original, explorant successivement toutes les avenues que la nouvelle mécanique avait ouvertes. Comme il rédige chaque fois ses leçons et les publie presque toujours, il en a résulté toute une série d'ouvrages magistraux, dont le premier est *l'Introduction à l'étude de la mécanique ondulatoire* (*) (1930). C'est cet enseignement qui l'amena à dresser son second édifice, sa théorie de la lumière, connue sous le nom de « théorie du photon de Louis de Broglie » où, partant des récents travaux de l'Anglais Dirac, il construisait un système qui, à la différence de tous autres antérieurs, rendait compte de l'ensemble des phénomènes, corpusculaires ou ondulatoires, dus à la lumière ou d'une manière plus générale au rayonnement. Cette théorie, moins populaire que la mécanique ondulatoire, ne le lui cède en rien cependant par la rigueur, l'harmonieuse cohérence mathématique, et la puissance explicative au point de vue physique. Son auteur l'a généralisée en un vaste ensemble qui s'étend à toutes les particules à spin (1939-1944).

Il prit ensuite pour objet d'études l'application *De la mécanique ondulatoire à la théorie du noyau* (*), titre des trois volumes publiés en 1943-1946. Enfin, l'*Optique électronique* ou plus largement *corpusculaire* – instaurée par la mécanique ondulatoire et dont des instruments nouveaux comme le microscope électronique ou le télescope électronique montrent l'étonnante fécondité – fit l'objet de ses cours pour 1946-1950. Encore n'est-ce là qu'un reflet très rapide et affaibli d'une incessante activité dont les expressions multiples et complètes exigeraient de longs développements techniques. Mentionnons du moins ces *Problèmes de propagation guidée des ondes électromagnétiques* (1941), qui résumaient les travaux sur les ondes ultra-courtes dont il avait été chargé pendant la guerre, en 1939-1940.

Mais il est un ordre de recherches qui formera sans doute le troisième grand monument théorique auquel le nom Louis de Broglie demeurera attaché. Il s'agit de l'interprétation de la mécanique ondulatoire et du sens à donner au dualisme ondes-corpuscules qu'elle généralisait. En 1927, il avait fait une dernière tentative pour conférer à cette interprétation un sens classique, avec représentation rigoureuse des phénomènes dans l'espace-temps. Un article (*Journal de physique,* mai 1927) menait assez loin la tentative (théorie de la *double solution* de l'équation des ondes). Mais au fameux congrès Solvay d'octobre 1927, les idées opposées de MM. Bohr, Born, Heisenberg, Pauli l'avaient emporté, entraînant la physique atomique dans cette doctrine probabiliste, « indéterministe », qui, de plus en plus dogmatique, est devenue l'orthodoxie pour la plupart des théoriciens actuels, à la notable exception d'Einstein et Schrödinger. Louis de Broglie s'y était rallié et fut l'un des plus brillants représentants de la nouvelle tendance, dans son enseignement comme dans ses livres généraux. Consacrant, après plus de vingt ans, au redoutable problème de l'interprétation son enseignement des années 1949-1951, il essayait encore, non sans quelque gêne, de soutenir le point de vue « probabiliste », comme toujours depuis 1927. À la fin de l'automne 1951, de jeunes théoriciens, D. Bohm (Princeton) et J. P. Vigier (Paris) reprirent ses idées de 1927 (théorie de la « double solution ») et l'incitèrent à les développer. Après une période d'hésitation (fin 1951, début 1952), il a de plus en plus fermement approfondi son point de vue classique et apporté à son mémoire de 1927 des améliorations progressives. Il est aujourd'hui convaincu que la voie était bonne et valait d'être de nouveau suivie. Des difficultés demeurent, mais si la théorie parvenait à se formuler tout à fait mathématiquement et à surmonter les derniers obstacles, elle pourrait, sans doute, se montrer efficace dans la théorie du noyau, rendre raison de la structure des particules complexes, bref, constituer la « véritable microphysique de l'avenir » selon sa propre expression, et d'ailleurs assurer entre la relativité générale et les quanta ce lien si nécessaire mais qu'aucune tentative n'a encore su former.

Les plus grands honneurs n'ont cessé de marquer cette admirable carrière. En 1933, L. de Broglie, déjà lauréat Nobel, était élu à l'Académie des sciences, section de mécanique (au fauteuil même qu'occupa le général Bonaparte) ; en janvier 1942, et sur les instances répétées de ses confrères, il remplaçait Emile Picard au Secrétariat perpétuel ; en octobre 1944 il était élu à l'unanimité par l'Académie française, en remplacement aussi d'Émile Picard. Il était promu grand officier de la Légion d'honneur en mars 1954. La biographie de Louis de Broglie est pour ainsi dire purement intellectuelle. Tout jeune, une fois certain de sa vocation, il prit le parti souvent héroïque de ne plus connaître qu'elle. Son existence, toute de concentration et de solitude, ne se détourna de la recherche et de la méditation que pour deux tâches professionnelles : d'une part son enseignement, l'inspiration et la direction des travaux de ses élèves ; d'autre part, le Secrétariat perpétuel de l'Académie des sciences et tout ce qu'il entraîne.

Historiquement, le rôle essentiel du prince de Broglie restera d'avoir ramené au pays des Laplace, des Ampère, des Poincaré, la grande théorie physique, disparue chez nous. De plus, il offre l'exemple rare aujourd'hui mais qui renoue aussi une tradition glorieuse, d'un savant génial capable d'exprimer en beau et clair langage l'essentiel de ses découvertes ou de mettre au point celles des autres. Excellent écrivain, penseur, et souvent historien, il a donné depuis son premier livre fameux en ce genre, *Matière et Lumière*, toute une série d'ouvrages qui font rentrer la plus moderne physique dans les lettres françaises. Grand classique de tendances et d'expression, sa vie et son œuvre en font l'une des plus hautes et des plus pures figures françaises de tous les temps.

ANDRÉ GEORGE.

♦ *« Saluons bien bas l'effort d'un esprit merveilleusement encyclopédique et synthétique, d'un esprit qui se montre capable de repenser les travaux parfois discordants des autres hommes et de les nouer tous ensemble par la vigueur de son génie. »* G. Duhamel. ♦ *« L'idée géniale, et il faut le dire audacieuse, qu'a eue L. de Broglie en 1924 d'associer une onde à tout corpuscule, a eu des conséquences considérables sur le développement des sciences ».* F. et I. Joliot-Curie. ♦ *« Le génie de Louis de Broglie n'a pas seulement illuminé la théorie et la philosophie de la physique, mais a orienté le développement de la science et de la technique dans beaucoup de voies qui n'auraient jamais pu être prévues il y a vingt-cinq ans. »* G. P. Thomson. ♦ *« La pensée exprimée par L. de Broglie en 1936 que les quanta de lumière doivent être aussi considérés comme des édifices composés, conduit à des problèmes de principe de la même importance que ceux soulevés par la découverte célèbre des ondes de matière. »* W. Heinsenberg. ♦ *« La prévision et la formulation mathématique de la nature ondulatoire de la matière par L. de Brogolie en 1924 ont joué un rôle de première importance dans l'établissement de la mécanique pratique. »* Yudawa.

NOTE BIBLIOGRAPHIQUE : Les ouvrages techniques cités au texte et ceux qu'a déjà mentionnés le *Dictionnaire des Œuvres* représentent le principal. Il faut y ajouter les livres de philosophie scientifique : *Matière et Lumière* (1937), *Continu et Discontinu en physique moderne* (1941), *Physique et Micro-Physique* (1947), *Nouvelles perspectives en micro-physique* (1956), importants recueils d'articles ou de conférences, dans lesquels l'auteur expose sans mathématiques ses vues toujours nouvelles sur les faits et les idées scientifiques ; le dernier retrace précieusement l'évolution de ses idées sur le sens profond de la mécanique ondulatoire et donne l'état actuel de la théorie classique d'interprétation dont nous venons de parler. – *Savants et Découvertes* (1951) groupe aussi des notices ou discours sur des œuvres ou des savants d'aujourd'hui.

RÉF. : André George, *L'Œuvre de L. de Broglie et la physique d'aujourd'hui*, 1931. – *Discours de réception du prince L. de Broglie à l'Académie française et réponse du duc de Broglie*, 1945. – L'ouvrage essentiel sur L. de Broglie est le recueil d'hommages pour son 60e anniversaire : *Louis de Broglie physicien et penseur*, 1952. – *Louis de Broglie que nous avons connu*, Fondation Louis de Broglie, Paris, 1988.

BROMFIELD Louis. Romancier américain. Né le 27 décembre 1896 à Mansfield (Ohio), dans une famille de fermiers, mort le 18 mars 1956 à Columbus (Ohio). Il poursuit ses études à l'université de Cornell, puis à celle de Columbia. Pendant la Première Guerre mondiale, il s'engage comme conducteur d'ambulance dans l'armée française et est décoré de la croix de guerre. Revenu aux États-Unis, il devient journaliste et critique dramatique. Il fait partie de la rédaction du magazine *Time* dès sa fondation. Son premier roman, *Le Laurier vert* [*The Green Bay Tree,* 1924], raconte la vie quotidienne d'une petite ville du Middle West. Après *Possession* en 1925 paraît *Précoce automne* [*Early Autumn*], qui lui vaut le prix Pulitzer en 1926. Suit toute une série de romans dont certains sont consacrés aux Indes et particulièrement *La Mousson* (*) (1937) qui connut une large audience. En 1943, la sortie de *Mrs. Parkington* produit un regain de popularité. Il publie *La Belle Vallée* [*Pleasant Valley*, 1945], livre en partie autobiographique. Citons encore *Colorado* (1947) et *Mr. Smith* (1951), ainsi que deux recueils de nouvelles : *Cela devait arriver* [*It had to happen*] et *Il faut de tout pour faire un monde* [*It takes all Kinds*], publiés en 1938 et 1939. Après avoir longtemps vécu en France, Louis Bromfield retourne aux États-Unis et s'achète une ferme de mille arpents, qu'il appelle Malabar, dans l'Ohio. Abondamment traduits, notamment en France, ses romans se caractérisent par leur sens dramatique et des intrigues bien construites, sur fond de bourgeoisie riche ou de dépaysement.

JEANINE PAROT.

BRONIEWSKI Władysław. Poète polonais. Né le 17 décembre 1897 à Płock, mort le 10 février 1962 à Varsovie. Issu d'une famille de la bourgeoisie intellectuelle, il s'engage dès 1915 dans les légions organisées en Galicie par Józef Piłsudski et combat jusqu'en 1917 dans les rangs autrichiens. Interné de 1917 à 1918, il prend part par la suite à la guerre polono-soviétique de 1920 et quitte l'armée en 1921 pour faire des études de philosophie à l'université de Varsovie. Il se lie alors avec des militants de la gauche révolutionnaire, devient communiste, et collabore aux revues de gauche, *La Nouvelle Culture* [*Nowa Kultura*] et *Le Mensuel littéraire* [*Miesięcznik Literacki*], ce qui lui vaudra d'être arrêté en 1931. En 1925, il publie, avec S. R. Stande et W. Wandurski, *Trois Salves* [*Trzy salwy*], premier recueil-manifeste de la poésie prolétarienne en Pologne. Dès lors, la poésie de Broniewski se veut militante : *Fumées sur la ville* [*Dymy nad miastem*, 1927], *Chant et Douleur* (*) (1933), *Le Dernier Cri* [*Krzyk ostateczny*, 1938], d'une forme très classique, écrits dans une langue volontairement mais discrètement populaire, sont avant tout, malgré de profonds accents personnels, des poèmes de combat, inspirés par l'internationalisme prolétarien. La guerre y ajoutera l'expression d'un ardent patriotisme, surtout dans *Baïonnette au canon* [*Bagnet na broń*], publié à Jérusalem en 1943. Surpris à Lwów par la guerre, Broniewski est arrêté par la police soviétique à la suite d'une dénonciation et passe vingt mois en prison avant d'être incorporé dans la première armée polonaise et de se retrouver au Proche-Orient. Revenu en Pologne en 1945, il sera dès lors une sorte de poète officiel, fêté et vénéré jusqu'à sa mort, acceptant parfois de composer des œuvres de circonstance, *Strophes sur Staline* [*Słowo o Stalinie*, 1953], mais revenant aussi à un lyrisme plus personnel dans *Mazowie* [*Mazowsze*, 1952], rêverie sur les paysages de sa province natale, ou dans *Anne* [*Anka*, 1956], écrit après la mort de sa fille. Poète d'une calme puissance, faisant appel aux émotions simples sans se laisser aller à la grandiloquence, très classique dans son utilisation des formes et des rythmes poétiques, Broniewski est sans doute le seul grand poète de la Pologne communiste.

JEAN LAJARRIGE.

BRONTË Charlotte. Née à Thornton (Yorkshire) le 21 avril 1816, morte à Haworth le 31 mars 1855.

Emily Jane. Née à Thornton le 20 (?) août 1818, morte à Haworth le 19 décembre 1848.

Anne. Née à Thornton le 25 mars 1820, morte à Scarborough le 28 mai 1849.

Le pseudonyme de ces trois femmes de lettres anglaises était Bell (Ellis, Currer et Acton), les initiales des prénoms supposés correspondant aux prénoms réels. Elles étaient les filles du révérend Patrick Brontë, qui avait quitté la ferme paternelle et l'Irlande pour faire ses études à Cambridge. Il accepta d'abord une cure dans l'Essex, et, ensuite, à Hartford, où il épousa Maria Branwell qui lui donna six enfants. Il resta veuf (1821) peu après la naissance d'Anne, et son humeur déjà bizarre devint tyrannique ; il confia le soin de s'occuper de la maison à la sœur de sa femme, et ne tarda pas à placer quatre de ses cinq filles à l'institution de Cowan Roe, tout récemment fondée pour les enfants d'ecclésiastiques ; le régime matériel y était d'une telle dureté que les deux aînées, Mary et Elisabeth, furent rapidement emportées par la tuberculose. La vie n'était guère plus douce à la maison Brontë, mais les enfants y jouissaient au moins de la liberté de courir et de se détendre dans les bruyères et les landes, qui serviront de toile de fond à toutes leurs œuvres. Emily et Charlotte quittèrent Cowan Roe, et pendant plusieurs années, à peine instruites par leur père, vécurent entièrement livrées à elles-mêmes. Pour Charlotte, il y eut une année d'interruption dans ce vagabondage, celle qu'elle passa à l'école de Roe Head — où, en 1835, elle devait retourner comme institutrice. C'est, sans doute, de ces années de liberté que datent les histoires fantastiques et les récits « noirs » connus sous le titre de *Légendes d'Angria* [*Legends of Angria*], et qui sont le fruit de la collaboration des trois sœurs et de leur frère Branwell. On comprend qu'une telle adolescence ait exacerbé la sensibilité naturellement très vive de ces enfants, privés d'affection et de soins dès la disparition de leur mère. Charlotte et Emily décidèrent de se rendre indépendantes en gagnant leur vie ; la seule voie possible leur paraissant l'enseignement, elles partirent pour Bruxelles afin de s'y perfectionner en français. Rappelées en Angleterre par la mort de leur tante, seule Charlotte reviendra au pensionnat Heger, et tirera de son séjour le sujet du *Professeur* (+) — v. *Vil-*

lette (*). Son stage terminé, Charlotte rentre à Haworth et, avec Emily et Anne, qui s'était placée entre-temps comme gouvernante, tenta d'ouvrir une école. Mais elles durent bientôt fermer, faute d'élèves. Il est probable que la réputation déplorable de leur frère, dont les débauches étaient connues dans tout le pays, ne fut pas étrangère à cet échec. Que tenter, sinon d'écrire ? Elles en avaient toujours eu le goût toutes trois ; elles se mirent au travail et, à compte d'auteur, parurent en 1845 les *Poésies des sœurs Brontë* (*) : nouvel échec. Elles s'essayèrent alors dans le roman, et simultanément donnèrent, Charlotte : *Le Professeur* — refusé par les éditeurs ; Emily : *Les Hauts de Hurle-Vent* (*) et Anne : *Agnès Grey* (+) ; ces deux derniers livres furent acceptés. Charlotte ne se découragea pas devant cette nouvelle déconvenue ; elle sentait en elle des possibilités d'authentique écrivain (elle était d'ailleurs la plus douée des trois sœurs) et en 1847 elle écrivit *Jane Eyre* (*) ; le succès fut cette fois foudroyant et le nom de Currer Bell passa au premier plan de l'actualité littéraire. On eut tôt fait de dévoiler alors la personnalité qui se cachait derrière le pseudonyme, et Charlotte fut sollicitée de toutes parts ; mais, au moment où elle eût pu enfin jouir de son triomphe, commença une période douloureuse au cours de laquelle elle perdit successivement Emily, puis Branwell, emporté par une crise de delirium tremens, et enfin Anne, qui eut le temps de mettre la dernière main à *La Dame du château de Wildfell* (*) avant de mourir. Charlotte refusa de quitter son pays sauvage ; le travail devint son refuge et, en 1849, parut *Shirley* (*), œuvre un peu moins convaincante que les précédentes, mais encore intéressante, car elle révèle d'autres aspects de la personnalité de son auteur. Charlotte n'aura écrit que des romans autobiographiques : *Villette*, son chef-d'œuvre publié en 1853, montre d'ailleurs avec quelle simplicité et quelle habileté naturelle elle sut se renouveler. La même année, le révérend Brontë mourut ; en 1854, Charlotte épousa le révérend Nichols, suppléant de son père à la cure de Haworth, mais, rongée par la maladie, elle s'éteignit à son tour quelques mois après.

♦ *« Qu'Emily Brontë ait été une mystique ne fait pas l'ombre d'un doute ; aucun doute non plus qu'elle atteignit à la vision de l'ultime réalité, de la suprême expérience, et connut ou imagina des extases dans cette secrète et immatérielle consommation avec l'amant spirituel dont elle parle »... « Charlotte trouve dans sa propre vie les matériaux nécessaires à la construction de ses romans d'amour. Son œuvre est essentiellement autobiographique, même si parfois légèrement déguisée »... « Anne Brontë se dresse contre tous les dogmes victoriens et contre toutes les traditions ; contre saint Paul ; contre les vœux d'obéissance des femmes dans le saint état du mariage. »* A. L. Wells. ♦ « Les Hauts de Hurlevent *est le meilleur roman qu'une femme ait jamais écrit. »* Swinburne. ♦ *« La façon la plus concise pour définir l'apport important de Charlotte Brontë à la littérature me semble être la suivante : elle a atteint l'expression du romantisme le plus élevé à travers le réalisme le plus bas. »* G. K. Chesterton.

RÉF. : E. Gaskell, *La Vie de Charlotte Brontë*, 1857. — A. L. Wells, *Les Sœurs Brontë et l'Étranger, étude des influences européennes sur leur pensée et sur leur œuvre*, 1937. — J. Debü-Bridel, *Le Secret d'Emily Brontë*, 1950. — M. Spark, D. Stanford, *Emily Brontë, Her Life and Works*, Londres, 1953. — J. Blondel, *Emily Brontë, expérience spirituelle et création poétique*, Paris, 1955. — W. Gerin, *Anne Brontë*, Oxford, 1959 ; *Branwell Brontë*, Oxford, 1961 ; *Charlotte Brontë*, Oxford, 1967 ; *Emily Brontë*, Oxford, 1972. — J. Hewish, *Emily Brontë, a Critical and Biographical Study*, Londres, 1969. — J. P. Petit, *Emily Brontë*, Londres, 1973 et *L'Œuvre d'Emily Brontë, les visions et les thèmes*, Lyon, 1977. — M. Allott, *The Brontës*, Londres, 1974. — M. Peters, *An Enigma of Brontës*, New York, 1974, et *Unquiet Soul, a Biography of Charlotte Brontë*, Londres, 1975. — E. L. Duthie, *The Foreign Vision of Charlotte Brontë*, Londres, 1975, et *Brontë and Nature*, 1986. — P. J. Scott, *Anne Brontë, a New Critical Assessment*, Londres, 1983. — E. Chitham, *A Life of Emily Brontë*, Oxford, 1987. — R. Fraser, *Charlotte Brontë*, Londres, 1988. — T. Winniforth, *A New Life of Charlotte Brontë*, Londres, 1988. — E. Chitham et T. Winnifroth, *Charlotte and Emily Brontë*, Londres, 1989.

BROOK Peter. Metteur en scène et cinéaste anglais. Né le 21 mars 1925 à Londres. La vie, l'œuvre et la pensée de Peter Brook peuvent être définies par les termes de mobilité et de recherche. En effet, il reçoit tout d'abord une culture britannique (il est Master of Arts de la faculté d'Oxford) et fait des débuts remarqués de metteur en scène professionnel dans le saint des saints shakespeariens : Stratford-upon-Avon, avec *Peines d'amour perdues* (*) ; mais sa famille est d'origine russe et, depuis 1970, c'est à Paris qu'il dirige le théâtre des Bouffes du Nord, et crée le Centre international de recherche théâtrale. Les nombreux voyages qu'il a entrepris à travers le monde (Japon, Inde, Afrique noire, Iran, États-Unis, Russie, etc.) lui ont par ailleurs permis d'aller à la rencontre de cultures non européennes. Son travail théâtral est une perpétuelle remise en cause des formes figées, des méthodes inébranlables, et par là même de toute tradition ayant perdu son ancrage. Bien qu'il sache rendre compte avec une grande clarté des expériences et des constats que ses confrontations avec des publics divers, sa connaissance des théoriciens précédents et sa propre sensibilité de spectateur l'ont amené à faire — voir ses ouvrages *L'Espace vide* (*) ou *Points de suspension* [*The Shifting Point*, 1987] — il manifeste expressément son refus des chapelles. « Je serais contre tous les principes que j'essaie d'exprimer si je devenais dogmatique là-dessus », ou « Il n'existe pas de forme, en commençant par nous-mêmes, qui ne soit soumise à la loi fondamentale de l'Univers : celle de la disparition. C'est merveilleux. Toute religion, toute connaissance, toute tradition, toute sagesse accepte la naissance et la mort », dit-il dans son livre, au titre évocateur, *Le diable c'est l'ennui* (1991). C'est ainsi que son parcours nous apparaît en tous points ouvert : outre sa qualité d'homme de théâtre, il est également cinéaste (citons seulement *Moderato cantabile* (*) d'après Marguerite Duras, 1960, *Marat Sade* (*), 1967, *Rencontres avec des hommes remarquables* (*) d'après Gurdjieff, 1976), et monte des opéras : *La Tragédie de Carmen* fut un remarquable travail sur *Carmen* (*) de Mérimée. Parmi le grand nombre de ses mises en scène, nous trouvons des textes d'auteurs dits classiques comme de contemporains : Ibsen, *La Dame de la mer* (*) en 1945 ; Sartre, *La P... respectueuse* (*) en 1947 ; Genet, *Le Balcon* (*) en 1960 ; Peter Weiss, *Marat Sade* en 1964 ; Tchekhov, *La Cerisaie* (*) en 1981 ; mais aussi à ses débuts, Roussin, *La Petite Hutte* en 1950, et Anouilh, *Colombe* (*) en 1952, *L'Alouette* (*) en 1955. Un dramaturge est néanmoins pour Brook un « modèle à suivre » : Shakespeare, dont il a monté *Le Roi Jean* (*) en 1945, *Roméo et Juliette* (*) en 1947, *Mesure pour mesure* (*) en 1950 et 1978, *Conte d'hiver* (*) en 1951, *Titus Andronicus* (*) et *Hamlet* (*) en 1955, *La Tempête* (*) en 1957, en 1968 et en 1990, *Le Roi Lear* (*) en 1962, *Le Songe d'une nuit d'été* (*) en 1970, *Timon d'Athènes* (*) en 1974, et *Antoine et Cléopâtre* (*) en 1978. Si Peter Brook reconnaît à l'écriture de Shakespeare des qualités uniques et essentielles : « Il vise toujours au sacré, au métaphysique, sans jamais faire l'erreur de rester trop longtemps sur les sommets. Il sait combien il nous est difficile de côtoyer l'absolu, et c'est pourquoi il nous ramène constamment sur terre » *(L'Espace vide)*, nous pouvons y retrouver les orientations de sa propre création. Point n'est besoin alors d'une reconnaissance culturelle pour ressentir avec bonheur, à la vue de ses spectacles ou à la lecture de ses livres, toute la vitalité de son théâtre et en recevoir l'incitation à un renouvellement permanent.

ÉVELYNE LECUCQ.

RÉF. : Arts du spectacle, Les voies de la création théâtrale, t. 10, *Krejca-Brook,* Paris, 1982 ; t. 13, *Brook,* Paris, 1985.

BROOKE Rupert. Poète anglais. Né à Rugby le 3 août 1887, mort dans l'île grecque de Scyros le 23 avril 1915, pendant la Première Guerre mondiale. Sa destinée tragique, sa beauté et le charme d'une conversation brillante font de lui une figure légendaire de la littérature anglaise. Élevé à Rugby et au King's College de Cambridge, il consacra un certain nombre d'années à des études capricieuses et à de longs voyages. De retour d'une de ses randonnées en Allemagne et en Italie, il publia un mince volume de vers : *Poems* (1911). En 1913, il partit pour l'Amérique du Nord et les mers du Sud, et il rapporta ses impressions dans ses *Lettres d'Amérique* [*Letters from America,* 1913]. À la déclaration de la guerre, il s'engagea dans la « Royal Navy Division », corps d'élite de la marine britannique. Il servit à Anvers et, en 1915, il s'embarqua avec les troupes qui participaient à l'expédition de Gallipoli. Il mourut de septicémie dans l'île de Scyros, tandis que paraissait son deuxième volume de poésies, inspirées cette fois par la guerre : *1914 et autres poèmes* [*1914 and other Poems,* 1915]. Deux essais, sur les auteurs élisabéthains John Webster et John Donne, ainsi que l'édition complète des *Poèmes* (*), furent publiés à titre posthume.

RÉF. : Christopher Hassall, *Rupert Brooke,* Londres, 1964. – Thérèse Vichy, *Le Poète et ses masques : Rupert Brooke (1887-1915),* Valenciennes, 1986 (thèse). – Paul Delany, *The Neo-Pagans : Rupert Brooke and the Ordeal of Youth,* New York, 1987.

BROOKNER Anita. Romancière anglaise. Née le 16 juillet 1928 à Londres. Rien, à première vue, ne destinait cette brillante universitaire à la littérature. De famille bourgeoise, originaire pour une part d'Europe centrale, elle fit des études de lettres classiques. Diplômée de l'Institut d'art Courtauld, elle enseigne dans diverses universités, avant d'être nommée en 1977 professeur d'histoire de l'art à New Hall, Cambridge. Spécialiste du XVIIIe siècle français, son premier livre, *Watteau* (1968), la place au premier rang de sa spécialité. Entre 1971 et 1974, d'autres études suivirent, sur la critique d'art française de Diderot à Huysmans, sur Greuze et David. Son premier roman : *Un début dans la vie* [*A Start in Life,* 1981] attira sur elle l'attention de la critique. En quatre ans, quatre romans : *Providence* (1982), *Regardez-moi !* (*) (1983), *Hôtel du Lac* (1985), *Sofka* [*Family and Friends,* 1985] firent d'elle un auteur à succès. Néanmoins, *Hôtel du Lac* obtint un Booker Prize assez controversé. À partir de cette date, les romans se succèdent : son œuvre, centrée sur la vie intérieure de la femme, s'inscrit dans une tradition romanesque anglaise, et on évoque à son propos Charlotte Brontë. Comme elle, Anita Brookner aborde frontalement un thème victorien : la frustration d'une femme intelligente qui ose rêver d'amour sans posséder les moyens de le conquérir. *Regardez-moi,* sans doute son meilleur livre à ce jour, est aussi l'appel qui traverse toute l'œuvre. À cette plainte, la société que décrit Anita Brookner, une intelligentsia elle-même plus ou moins frustrée, n'a d'autre réponse qu'un ricanement cruel. Pas de secours non plus dans l'éthique ; regardez-moi peut se retourner : je me regarde et ne trouve que le vide, l'illusion du dévouement, la honte du sacrifice. Pour l'âme intelligente et sensible, il n'y a place que dans la création, un objectif qui se fait lointain, abstrait et souvent synonyme de fuite. La manière minutieuse et concrète de Brookner, son écriture claire, évitent le caractère démonstratif d'une œuvre un peu monotone, profonde dans l'analyse, étroite dans le propos. Son dernier roman, *Fraude* [*Fraud,* 1992], poursuit le même thème, renforçant l'impression d'une œuvre obsessionnelle, où la précision d'une artiste essentiellement visuelle lui permet de disposer, sous de multiples angles, une nature morte qui masque et révèle à la fois le désarroi d'un personnage récurrent et d'une seule conscience.

ISABELLE JAN.

BROSSES Charles de. Magistrat, érudit et écrivain français. Né à Dijon le 7 février 1709, mort à Paris le 7 mai 1777. Dès 1730 il devint conseiller au parlement de Bourgogne. Lecteur passionné de Salluste, il réédita *La Conjuration de Catilina* (*) et *La Guerre de Jugurtha* (*), puis il tenta, à l'aide des fragments existants, une reconstitution intégrale (d'après Salluste) de l'*Histoire de la République romaine dans le cours du* VII*e siècle* (de la fondation de Rome). Pour rendre son œuvre plus parfaite, grâce à une connaissance directe des lieux, il fit avec des amis, du 30 mai 1739 au 15 avril 1740, un voyage en Italie, dont les péripéties ont donné naissance au récit plein de vivacité de ses *Lettres familières écrites d'Italie en 1739 et 1740* (*), dont la première édition, parue en l'an VII, s'intitulait : *Lettres historiques et critiques sur l'Italie.* Certains ont affirmé que, à l'exception de neuf d'entre elles, elles avaient été écrites une vingtaine d'années après la date indiquée, et ne furent en réalité rédigées qu'à l'aide de notes prises pendant le voyage et d'après les originaux gardés par les destinataires. Devenu, en 1741, président à mortier au parlement de Bourgogne, une vive querelle avec le commandant militaire de cette province valut en 1744 à de Brosses d'être exilé une première fois dans ses terres. En 1746, il fut nommé membre correspondant de l'Académie des inscriptions ; en 1750, il publia ses *Lettres sur l'état actuel de la vie souterraine d'Herculée et les causes de son ensevelissement sous les ruines du Vésuve* ; en 1756, les deux volumes de l'*Histoire des navigations aux Terres australes* ; en 1765, le *Traité de la formation méchanique* (sic) *des langues et des principes physiques de l'étymologie,* où certains, à cause de la théorie sur l'origine monosyllabique du langage, ont voulu voir un emprunt inavoué à *La Science nouvelle* (*) de Vico (1725-1744), alors que la source véritable, et à l'égard de laquelle l'auteur reconnaît pleinement sa dette, est l'*Essai sur les hiéroglyphes* de Warburton (1737). En 1770, Voltaire, pour des raisons d'intérêt, fit échouer la candidature de Brosses à l'Académie française. La même année, indigné par la tyrannique réforme des parlements imposée par Maupeou, de Brosses jeta à son valet de chambre sa toque et sa toge en s'écriant : « Tenez ! il n'y a plus que les laquais qui les puissent porter » ; geste qui lui valut un second exil, mais aussi la charge de premier président, en 1775, lorsque le parlement de Bourgogne fut rétabli dans la plénitude de ses prérogatives.

♦ *« Nul plus que lui n'eut le goût fin et délicat des arts, la sensibilité italienne unie à la malice et à la naïveté gauloises. »* Sainte-Beuve. ♦ *« De Brosses est une image du vieil esprit français et surtout bourguignon, franc, vif et salé, poussant sa pointe sans vergogne jusqu'à la gaillardise, frondeur en religion et même en politique, nullement impie ou séditieux, prenant en paroles les plus grandes libertés, goguenard et conservateur. »* Rigault.

RÉF. : Th. Foisset, *Le Président de Brosses, histoire des lettres et des parlements au* XVIII*e siècle,* 1842. – H. Mamet, *Le Président de Brosses, sa vie et ses ouvrages,* Lille, 1874. – Giuseppe de Socio, *Le Président Charles de Brosses et l'Italie,* Rome, 1923. – Yvonne Bézard, *Le Président de Brosses et ses amis de Genève,* 1939. – Y. Florenne, *Le Président de Brosses,* Paris, 1964. – H. Harder, *Le Président de Brosses et le voyage en Italie au dix-huitième siècle,* Genève, 1981.

BROWN Charles Brockden. Romancier américain. Né le 17 janvier 1771 à Philadelphie, mort le 22 février 1810 en la même ville. Originaire d'une famille quaker de Philadelphie, Charles Brockden Brown fut le premier écrivain américain à désirer vivre de sa plume. Inspiré par le socialisme utopique de William Godwin, en 1798, il publie *Alcuin*, un dialogue sur les droits des femmes. Puis, entre 1798 et 1800, il écrit ses quatre principaux romans : *Arthur Mervyn ou Mémoires de l'année 1793* [*Arthur Mervyn, or Memoirs of the Year 1793,* 1799], *Wieland, ou la Voix mystérieuse* (*), *Ormond, ou le Témoin secret* [*Ormond, or The Secret Witness,* 1799] et *Edgar Huntly, ou les Mémoires d'un Somnambule* (*) (1799). Après la publication en 1801 de deux romans mineurs, *Clara Howard* et *Jane Talbot,* Brown est contraint par l'insuccès commercial de ses œuvres à se lancer dans les affaires tout en poursuivant sa carrière de journaliste.

Malgré le manque d'intérêt des tout jeunes États-Unis pour la fiction en général et l'œuvre de Brown en particulier, l'importance de cette dernière est désormais largement reconnue. Si l'on excepte les descriptions minutieusement réalistes d'une épidémie de fièvre jaune à Philadelphie dans *Arthur Mervyn*, qui ont fait à tort considérer Brown comme un écrivain naturaliste, le souci essentiel de l'auteur était d'adapter la terreur gothique aux exigences de la réalité américaine. Au merveilleux, Brown substitue le pathologique, et sa plongée dans l'âme humaine en ce qu'elle a de plus noir insinue le doute au cœur du matérialisme triomphant de l'Amérique naissante. Tout en empruntant au roman gothique mais aussi à Richardson, au « Bildungsroman » et à la confession romantique, Brown cependant innove et s'impose comme le pionnier de la littérature américaine, ouvrant ainsi la voie à Edgar Poe, qui l'estimait apparemment au plus haut point, et à Hawthorne, qui le plaçait dans son « Panthéon de l'Imaginaire » aux côtés d'Homère, de Shakespeare, de Fielding et de Walter Scott.

Quant à Leslie Fiedler : « Brown a donc instauré dans le roman américain une tradition qui est celle de l'exagéré et du grotesque [...] tels qu'ils correspondent par leur nature à nos peurs et à notre culpabilité profondes, projetées dans nos rêves ou vécues dans des “situations extrêmes”. »

MARC AMFREVILLE.

RÉF. : David Lee Clark, *Charles Brockden Brown, Pioneer Voice of America,* Durham (N.C.) 1952. – D. A. Ringe, *Charles Brockden Brown,* New York, 1966. – *Le Romantisme noir,* Cahier de l'Herne dirigé par L. Abensour et F. Charras, Paris, 1978.

BROWN Frederic William. Écrivain américain. Né le 29 octobre 1906 à Cincinnati (Ohio), mort le 12 mars 1972 à Tucson en Arizona. Sa mère meurt d'un cancer quand il a quatorze ans et il perd son père peu après. À partir de 1922, il travaille pour gagner sa vie : deux ans dans une société de services et deux ans dans un cirque. Après un bref passage à l'université, il épouse en 1929 Hélène Brown et devient correcteur d'épreuves pour différents journaux. En 1938, sa première nouvelle policière paraît dans *Detective Story,* et en 1941 on publie sa première nouvelle de science-fiction. *Crime à Chicago* [*The Fabulous Clipjoint*], d'abord refusé par douze éditeurs, obtient l'Edgar du meilleur premier roman en 1947. Divorcé, il épouse Élisabeth Charlier en 1948 et ils vont vivre à Taos, au Nouveau-Mexique, où Frederic Brown découvre le plaisir de peindre. En 1952, ils déménagent en Californie puis, fuyant le brouillard, ils s'installent en 1954 à Tucson. À partir de 1963, souffrant d'emphysème et buvant beaucoup, Brown cesse d'écrire. Il est encore plus connu comme auteur de science-fiction que comme auteur de romans policiers. Grand maître de la nouvelle brève, il l'utilise parfois comme point de départ pour un roman. Le décor de ses livres est toujours emprunté à des milieux qu'il connaît bien (journalisme, fêtes foraines, etc.) ; ses personnages sont souvent comme lui de grands buveurs amateurs de parties de poker (il aimait également beaucoup le jeu d'échecs), des funambules quelque peu poètes et humoristes. Il restera fidèle dans six autres œuvres aux héros de son premier roman : Ed et Ambrose Hunter. Ed (18 ans), dont le père vient d'être assassiné, se sent très proche de son oncle Ambrose, un forain qui va se découvrir des talents de détective. On peut compter parmi les meilleurs romans policiers de Brown : *La Belle et la Bête* (*) (1949) ; *La Fille de nulle part* [*The Far Cry,* 1951] (Un homme tombe amoureux d'une femme morte huit ans plus tôt) ; *La Bête de miséricorde* [*The Lenient Beast,* 1956] ; *Ça ne se refuse pas* [*Knock three, one two,* 1959] ; *Meurtres en filigrane* [*His Name was Death,* 1954] ; et dans le domaine de la science-fiction, il faut lire : *L'Univers en folie* [*What Mad Universe,* 1950] et *Martiens go home* [*Martians go home,* 1955]. Ce dernier roman décrit l'invasion de la Terre par soixante milliards de Martiens qui appellent tout le monde « Toto » ou « Chouquette » et qui ont la mauvaise habitude de dire la vérité partout où ils se trouvent.

DENIS BOUTET DE MONVEL.

BROWNE sir Thomas. Médecin et écrivain anglais. Né à Londres le 19 octobre 1605, mort à Norwich (Norfolk) le 19 octobre 1682. Fils d'un riche mercier, il étudia les humanités à Winchester et à Oxford, puis la médecine à Montpellier, Padoue et Leyde, où il passa son doctorat (1633). À son retour en Angleterre, avant de se consacrer à l'exercice de sa profession, il écrivit son premier livre, *Religio medici* (*). En 1637, il s'établit à Norwich où il passa le reste de sa vie, une vie calme et heureuse où rien ne se reflète des troubles de la guerre civile qui ensanglanta l'Angleterre, ni des fléaux qui s'abattirent sur sa ville. Il perdit bien quelques-uns de ses enfants, mais c'était chose courante à l'époque, et ceux qui lui restaient l'entourèrent d'une tendre affection ; l'un même lui succéda brillamment dans la profession médicale. Son œuvre la plus célèbre et la plus curieuse demeure la *Religio Medici* déjà citée, qui connut immédiatement une telle popularité qu'elle fut traduite en hollandais, français, latin et allemand. En 1646 il publia son essai *Pseudodoxia epidemica* (*), où il se propose de critiquer et de rectifier les erreurs courantes, mais malgré des connaissances approfondies, sa science n'était pas exempte de préjugés : il se refuse par exemple à admettre le système de Copernic, place la terre au centre du monde, croit à la sorcellerie et à l'alchimie, et l'on prétend – mais la chose a été contestée – qu'il causa par son témoignage de médecin la condamnation à mort de deux femmes accusées de sorcellerie. Esprit religieux, voire mystique, il est frappé surtout par les limites étroites de la science : il est l'auteur d'une *Hydriotaphia* – v. *Les Urnes funéraires* (*) (1658) –, très belle méditation érudite sur la mort, inspirée par la découverte d'un champ d'urnes contenant des ossements, et qui s'élargit en une évocation cosmique. Si ses thèmes habituels sont ceux de *L'Ecclésiaste* (*) et des sermonnaires : vanité de la gloire et de la science devant la proximité de la mort, il les renouvelle par une érudition singulière dans toutes les branches du savoir – il s'intéressait, entre autres, aux fouilles et aux antiquités – et se plaît à évoquer le passé le plus lointain de l'histoire. Citons encore de lui *Le Jardin de Cyrus* (*), dissertation sur les quinconces, où le nombre cinq affecte une valeur mystique qui lui permet de donner libre cours à sa fantaisie, non d'ailleurs sans une pointe d'humour.

♦ *« Il y avait en lui un beau mélange de l'humoriste, de l'homme de génie et du pédant. Pour lui une bibliothèque était un monde vivant, et chaque livre un homme en chair et en os. Et la gravité avec laquelle il rapporte des opinions contradictoires est délicieuse.* » Samuel Taylor Coleridge. « *Étrange médecin, ennemi de la superstition, ne s'en plaisant pas moins à la sorcellerie, à la magie, à l'astrologie. Il aborda toutes sortes de sujets, divagua au hasard, à la manière de Montaigne, avec force citations à la Burton. Il est remarquable aussi par l'harmonie, la mélodie caressante de sa phrase, l'une des mieux rythmées du siècle. Passionné de musique, Browne en imprégna son style.* » Nicolas Ségur.

RÉF. : Sir Edmund Gosse, *Life of sir Thomas Browne*, Londres, 1905. – E. S. Merton, *Science and Imagination in sir Thomas Browne*, New York, 1949. – J. Bennett, *Sir Thomas Browne*, Cambridge, 1962. – C. A. Patrides (ed.), *Approaches to sir Thomas Browne : the Ann Arbor Tercentenary Lectures and Essays*, Columbia, 1982.

BROWNING Elizabeth Barrett. Poétesse anglaise. Née à Coxhoe Hall, Durham, le 6 mars 1806, morte à Florence le 29 juin 1861. Enfant maladive, issue d'une famille nombreuse et riche, elle vécut de longues années à la campagne, puis à Londres, soumise à la tendresse tyrannique de son père, étudiant et traduisant les classiques tout en écrivant des poésies qui, publiées à partir de 1820, lui attirèrent l'amitié d'hommes tels que Wordsworth et Landor. Le recueil de ces poésies, publié en 1844, et divers essais en prose lui valurent une certaine notoriété, due en particulier au poème intitulé *La Plainte des enfants* (*). Elle continua néanmoins à mener une vie de recluse, jusqu'au jour où, en 1845, au terme d'une brève correspondance née d'une mutuelle admiration, elle fit la connaissance de Robert Browning. Celui-ci l'incita à défier les conventions sociales et la volonté paternelle, lui proposant de l'épouser en secret et de l'enlever. La révélation de cet amour inspira à Elizabeth ses célèbres *Sonnets* (*). Le couple s'établit en 1846 à Florence, où Elizabeth vécut le reste de ses jours dans un « suprême bonheur », entre son mari et son fils, qu'elle mit au monde en 1849. En 1851, le couple passa l'été en Angleterre ; lors du voyage de retour, en traversant Paris avec Carlyle, les Browning firent la connaissance de George Sand et Joseph Milsand. Elle écrivit des poésies inspirées par le Risorgimento, par son admiration pour Napoléon III, et par des problèmes moraux, sociaux et politiques de l'époque : *Les Fenêtres de Casa Guidi* [*Casa Guidi Windows*, 1851] ; *Poésies avant le congrès* [*Poems before Congress*, 1860]. Elle publia en outre, en 1855, un long roman en vers : *Aurora Leigh* (*).

RÉF. : Germaine-Marie Merlette, *La Vie et l'Œuvre d'Elizabeth Browning*, 1906. – K. E. Rayds, *Elisabeth Barrett Browning and her Poetry*, Londres, 1912. – A. Hayter, *Mrs. Browning*, Londres, 1962. – Helen Cooper, *E. B. Browning, Woman and Artist*, Londres, 1988.

BROWNING Robert. Poète anglais. Né à Camberwell, un des faubourgs de Londres, le 7 mai 1812, mort à Venise le 12 décembre 1889. Son père était un personnage peu commun : lorsqu'il fut envoyé par son propre père (le grand-père du poète) à la Jamaïque, pour y administrer les plantations appartenant à la famille, il s'empressa de libérer tous les esclaves qui y travaillaient. Furieux, le chef de famille lui envoya une facture de toutes les dépenses qu'il lui avait occasionnées, en commençant par celles de sa naissance, et en terminant par la « dernière folie ». Browning père régla la note entièrement ; c'était peut-être de ce père que notre poète, Robert Browning junior, tenait une horreur presque instinctive de la moindre dette et son amour – non moins instinctif – de l'économie. Ce dernier trait de caractère ne tirait pourtant pas son origine de l'avarice, car Robert Browning ne tenait pas du tout à l'argent ; en effet, il refusait constamment d'envoyer ses poèmes à des revues, prétextant qu'il trouvait injuste d'obliger quiconque à lire sa poésie, uniquement parce qu'on avait acheté ces revues. Ce fut également de son père que Browning hérita son extraordinaire facilité pour la versification (Browning senior avait composé une grammaire latine en vers de mirliton, dans le seul but de faciliter les études de son fils) ; le jeune Robert « parlait en vers » avant de savoir écrire. À l'école, il composa plusieurs pièces en vers, qui furent jouées par ses condisciples, et, à l'âge de douze ans, écrivit un volume de poésies qu'il intitula *Incondita*. Ces vers furent très appréciés par une amie de Browning, la future Mrs. Adams, elle-même poète ; elle en fit une copie, qui subsista jusqu'en 1871, date à laquelle elle fut détruite par l'auteur lui-même. Le premier poème publié par Browning fut *Pauline ;* il l'écrivit en 1833, à la suite d'un séjour qu'il avait effectué à Saint-Pétersbourg, comme hôte du consul général de Grande-Bretagne en cette ville. La publication, en 1835, de son *Paracelse* (*) lui valut l'amitié de Carlyle, de Landor, de Hunt et, plus tard, celles de Dickens et de Wordsworth. Par contre, *Sordello* (*), paru en 1840, ne fut pas apprécié par le public ; c'est de la publication de ce poème que date la réputation d'« obscurité » attachée à la poésie de Browning. S'étant lié d'amitié avec le célèbre acteur anglais Macready, le poète écrivit pour lui *Strafford*, sa première pièce de théâtre, qui fut représentée au théâtre de Covent Garden en mai 1837, mais n'eut que cinq représentations. Entre 1841 et 1846, Browning composa huit ouvrages, dont les plus connus sont *Pippa Passes* (1841), *Une tache sur le blason* [*A Blot in the Scutcheon*] – pièce dont la première représentation eut lieu le 11 février 1843 –, *Lyriques dramatiques* et *Luria* (*). Ces huit œuvres, bien que très diverses, furent, en 1846, réunies en volume, dont le titre *Cloches et Grenades* devait, dans l'idée de Browning, « indiquer une alternance de poésie et de pensée ». Ce fut en cette même année 1846 que Browning fit la connaissance d'Elizabeth Barrett, dont il avait admiré les poèmes.

L'enlèvement d'Elizabeth et leur mariage secret, qui eut lieu le 12 septembre 1846, furent le prélude romanesque à une union qui dura – sans un nuage – jusqu'à la mort d'Elizabeth, quinze ans plus tard. Les époux quittèrent Londres et vécurent presque constamment à Florence, avec tout au plus quelques voyages occasionnels à Paris et à Londres. L'année 1849 fut une année importante dans la vie de Robert Browning ; le 9 mars il fêta la naissance de son fils, qui reçut les prénoms de Robert (comme tous les premiers-nés de la famille depuis des générations) et de Wiedemann, nom du grand-père maternel du poète. Malheureusement, quelques jours plus tard, Browning apprit la mort de sa mère, qu'il adorait, nouvelle qui le plongea dans une dépression qui dura plusieurs mois. Ce fut également en 1849 que vit le jour, à Londres, la première édition – en deux volumes – des œuvres du poète. En 1850 parut le poème, *Veille de Noël et jour de Pâques* (*), suivi, en 1855, du recueil *Hommes et Femmes* (*) : les deux seules œuvres de quelque importance publiées par Browning pendant ses quinze années de mariage.

Sa femme mourut le 29 juin 1861, et le poète, tout à sa peine, s'enferma chez lui, refusant de voir quiconque ou d'écrire la moindre ligne. Puis, tout à coup, il décida que cette douleur exagérée n'était qu'un sentiment morbide et qu'il se devait à son enfant. Il repartit pour l'Angleterre – laissant, il est vrai, son fils à Florence – et partagea dorénavant son existence entre Paris et Londres. Il recommença à écrire et fit paraître, en 1864, *Dramatis personae* (*), recueil qui comprenait, entre autres écrits, « L'Abbé Vogler » et *Prospice* (*). Ce recueil fut suivi, en 1868-1869, des quatre volumes de *L'Anneau et le Livre* (*) et, en 1872, de *Fifine à la foire* (*). C'est de cette époque que date l'engouement du public anglais pour les œuvres de Browning ; en quelques années, il en devint l'idole, au même titre que Tennyson. Entre 1875 et 1880, c'est-à-dire après la publication de *L'Album de l'Auberge* [*The Inn Album*], et, surtout, après la parution des *Idylles dramatiques* (*), sa gloire devint universelle, allant jusqu'à la constitution, en 1881, d'une *Browning Society* internationale. En 1884, l'université d'Édimbourg lui conféra le diplôme de docteur « honoris causa » et, en 1886, il fut nommé membre de la Royal Academy. Mais, en 1889, il contracta coup sur coup plusieurs bronchites qui, mal soignées, dégénérèrent en pneumonie ; celle-ci se déclara lors d'un séjour de Robert Browning à Venise, auprès de son fils. Il mourut le 12 décembre 1889, le jour même où les libraires de Londres mettaient en vente son dernier recueil de poésies lyriques, *Asolando* (*). On lui fit à Venise des funérailles grandioses ; puis son corps fut exhumé et transféré à la fameuse abbaye de Westminster, où il repose maintenant.

NICOLA D'AGOSTINO.

♦ « *Si la poésie de l'un, Tennyson, était semblable à un tapis de velours, celle de l'autre, Browning, ressemblait au lit rocheux d'un fleuve dont chaque aspérité témoigne de l'ampleur et de l'impétuosité du torrent intellectuel qui l'a creusé.* » Gosse. ♦ « *Les accidents et les événements étaient pour lui irréels ou insignifiants. Il fit de l'âme la protagoniste de la tragédie de la vie, et il considéra l'action comme le seul élément non dramatique du drame.* » O. Wilde. ♦ « *Nul autant que Browning n'a fait jouer devant notre assentiment les multiples possibilités de la noblesse humaine, et, autant dire : de la joie. Son prismatique univers intérieur laisse, à chacun des êtres qu'il crée, sa part de rayons multicolores dont le faisceau formera Dieu.* » André Gide. ♦ « *Ses meilleures choses sont ses brefs et ardents poèmes d'amour, ou, pour mieux dire, ses petits drames amoureux. Il réalisa quelque chose de vraiment original et de remarquable : il réussit à parler en vers des détails de l'amour moderne et l'amour est la chose la plus réaliste du monde. Il remplaça par "le chemin avec les persiennes vertes" le jardin fané de Watteau et par l'"éclair bleu d'une allumette qui s'enflamme" la monotonie de l'étoile du soir.* » G. K. Chesterton.

RÉF. : Edmund Gosse, *Robert Browning, Personalia*, Londres, 1890. – G. K. Chesterton, *La Vie de Robert Browning*, Londres, 1903, trad. 1930. – N. B. Crowell, *The Triple Soul : Browning's Theory of Knowledge*, Londres, 1968. – Bernard Brugière, *L'Univers imaginaire de Robert Browning*, Paris, 1979 (thèse). – Clyde de Ryals, *Becoming Browning : the Poems and Plays of Robert Browning*, 1833-1846, Columbus, 1983.

BRUCH Max. Compositeur allemand. Né à Cologne le 6 janvier 1838, mort à Friedenau (Berlin) le 20 octobre 1920. Il fait ses études musicales à Cologne et à Leipzig, avant d'occuper divers postes de chef d'orchestre et de chef de chœur à Mannheim, Coblence, Berlin, Liverpool et Breslau entre 1862 et 1890. Il est ensuite nommé directeur de Musikhochschule de Berlin (1891-1910). Il a composé beaucoup de musique chorale destinée aux diverses institutions qu'il a dirigées, notamment des oratorios profanes dont le genre était encore inédit : *Frithjof* (1864), *Odysseus* (1872), *Arminius* (+) (1875), *Achilleus* (1885), *Gustav Adolf* (1898). On lui doit aussi un opéra, *Die Loreley* (+) (1863). En dehors de son pays natal, il est surtout connu par trois œuvres concertantes qui sont restées au répertoire et qui s'inscrivent dans la continuité de Mendelssohn : le *Concerto pour violon nº 1* (*) (1868), la *Fantaisie écossaise* pour violon et orchestre (1880) et la rhapsodie hébraïque *Kol Nidrei* pour violoncelle et orchestre (1880).

ALAIN PÂRIS.

BRUCKNER Anton. Compositeur autrichien. Né le 4 septembre 1824 à Ansfelden en Haute-Autriche, mort le 11 octobre 1896 à Vienne. Talent précoce, il fit ses premières études musicales avec son père, maître d'école, secrétaire municipal et organiste, puis à Horsching avec son cousin J. B. Weiss, qui lui apprit l'orgue et la basse continue ; plus tard, à Vienne, il étudia la composition avec Simon Sechter, la théorie des formes et l'instrumentation avec Otto Kitzler. Entre-temps, il avait exercé la profession d'instituteur et d'organiste au Collège de Saint-Florian près de Linz (1845-1856), et d'organiste de la cathédrale de Linz jusqu'en 1868. Il s'était déjà fait remarquer par des compositions musicales, dont deux *Requiem* et une *Messe* (*). À cette époque, il entreprit des voyages à Munich, où en 1865 il entendit *Tristan et Isolde* (*) et connut personnellement Wagner ; entre cette année et la suivante, il composa la première de ses *Symphonies* (*) et la *Messe en mi mineur*. En 1868, il s'installa à Vienne où il demeura jusqu'à sa mort, exerçant différentes activités : professeur d'harmonie, contrepoint et orgue au conservatoire ; membre de l'orchestre de la cour ; professeur adjoint de piano et orgue à l'École normale de femmes de Sainte-Anne ; lecteur d'harmonie et contrepoint à l'Université, dont en 1891 il fut promu docteur « honoris causa ». Il fit diverses tournées artistiques, donnant des concerts d'orgue à Nancy, Paris, Londres ; il se rendit plusieurs fois à Bayreuth, où il assista en 1876 à la première exécution de la *Tétralogie* de Wagner, et en 1882 à celle de *Parsifal* (*) ; il effectua quelques voyages dans d'autres villes allemandes et un en Suisse (1880). Pendant son long séjour à Vienne, il composa ses œuvres les plus importantes : les autres *Symphonies et Messes*, les *Psaumes* (*), le *Te Deum*, d'autres œuvres chorales, etc. Si, à l'observateur superficiel, sa carrière artistique peut paraître facile et heureuse, elle fut en réalité dure et tourmentée : d'une naïveté maladroite envers les femmes, il accumula les échecs sentimentaux ; il eut à souffrir de l'hostilité de musiciens tels que Brahms, Bülow et Joachim, et de critiques tels que Hanslick ; en revanche, il jouit de la sympathie et de l'estime de Wagner et de Liszt, et fut entouré d'un cercle de disciples fidèles comme Mahler et le grand chef d'orchestre Nikisch, qui s'employèrent activement à la diffusion et au succès de ses œuvres. Longtemps ignorée dans les pays non germaniques, sa musique n'a été véritablement reconnue à sa juste valeur dans le monde entier que dans le dernier quart du XXe siècle. La puissance de ses symphonies, l'ampleur de ses phrases musicales, la naïveté de certaines de ses mélodies qui se mêlent parfois à des lignes intenses ou à des motifs héroïques en font l'un des symphonistes les plus originaux de son siècle. Son écriture pour orchestre évoque souvent celle de l'orgue, notamment par la superposition de plans sonores aux couleurs très caractérisées qui s'apparentent aux registrations. L'édition monumentale de ses œuvres, entreprise sous les auspices de la Société Bruckner de Vienne, a permis de connaître les différents états de ses symphonies et de découvrir, derrière les versions usuelles, un compositeur beaucoup plus original qui avait dû renier une grande part de sa personnalité sous la pression et les conseils de son entourage.

♦ *« Sa symphonie est une épique de l'âme paysanne autrichienne, catholique et mystique »*, Ernest Ansermet. ♦ *« Bruckner a inventé de nouvelles [combinaisons sonores] pour en cimenter ses amples symphonies dont chacune est animée intérieurement par la foi et par la gloire de Dieu. »* Armand Machabey. ♦ *« Bruckner développe et instrumente en organiste, et ce qui est pire, en organiste décadent, épigonal, par grandes surfaces sonores indéfiniment opposées. »* Antoine Goléa. ♦ *« Si purement musicien qu'il fût, si éloigné de toute association d'idées qu'apparût, chez lui, le flot symphonique issu des sources élémentaires de la musique, Bruckner n'en demande pas moins une disposition d'âme particulière pour être compris et aimé. »* Bruno Walter.

RÉF. : Armand Machabey, *La Vie et l'Œuvre d'Anton Bruckner*, Paris, 1945. – Leopold Nowak, *Anton Bruckner Musik und Leben*, Vienne, 1964. – Michel Lancelot, *Bruckner*, Paris, 1964. – Jean Gallois, *Bruckner*, Paris, 1971. – Paul-Gilbert Langevin, *Bruckner*, Lausanne, 1977. – « Le Siècle de Bruckner », *La Revue musicale*, n° 298-299, Paris, 1977.

BRUCKNER Ferdinand (pseud. de Theodor Tagger). Dramaturge autrichien. Né le 26 août 1891 à Vienne, mort le 5 décembre 1958 à Berlin. Bruckner fait ses études (philosophie, droit, médecine, musique) à Vienne et à Paris. Très vite attiré par le théâtre, il fonde en 1923, à Berlin, le « Renaissance Theater », qu'il dirige jusqu'en 1928. La montée du nazisme lui fait prendre le chemin de l'exil : Vienne (1933), Zurich (1934), Paris (1935), enfin les États-Unis (1936). De retour en Europe en 1947, il s'installe à Berlin où il prête son concours à divers théâtres (Schiller Theater, Schlosspark-Theater), sans toutefois retrouver le rôle prédominant joué dans les années 20.

Bruckner reste associé à l'étonnante richesse de la vie théâtrale sous la République de Weimar. Après quelques essais de facture expressionniste, il connaît la célébrité grâce à deux pièces, *Mal de la jeunesse* (*) (1926) et *Le Criminel* [*Der Verbrecher*, 1928], considérées comme les modèles d'un style original que l'on a baptisé « Nouvelle objectivité » [Neue Sachlichkeit] : loin des allégories expressionnistes, il s'agit de redonner au théâtre le sens du concret (ce qui recouvre à la fois les conflits sociaux et les dérèglements psychiques) à travers une technique inédite tirant profit, entre autres, de l'art cinématographique – comme dans l'utilisation de la « scène simultanée », divisée en compartiments éclairés tour à tour. Bruckner s'oriente vers les sujets historiques : *Élisabeth d'Angleterre* (*) (1930), *Napoléon I*^{er} (1936), *Simon Bolivar* (1945), etc. Le dessein de ces différentes pièces est identique : démythifier le héros, baisser le masque du « grand homme ». À son retour en Allemagne après l'exil américain, Bruckner se fait le défenseur d'un nouveau « classicisme », scrupuleusement aristotélicien dans la forme (respect des unités, emploi du chœur, etc.) : *Pyrrhus et Andromaque* (1951), *La Mort d'une poupée* [*Tod einer Puppe*, 1956]. Il est généralement admis qu'en dehors de Brecht, la littérature dramatique allemande de l'entre-deux-guerres comporte peu d'écrivains de premier rang. Bruckner prouve le souci d'une recherche scénique qui n'emprunte pas obligatoirement la voie du théâtre épique.

JEAN-JACQUES POLLET.

BRUNEAU Alfred Louis Charles Bonaventure. Compositeur français. Né le 3 mars 1857 à Paris, mort dans cette même ville le 15 juin 1934. Il était issu d'une famille de musiciens : son père avait fondé à Paris une maison d'édition qui publia un grand nombre d'œuvres de l'école de Franck. À seize ans, Alfred Bruneau s'inscrivit au Conservatoire, où il étudia le violoncelle avec Franchomme, l'harmonie avec Savard, et plus tard la composition avec Massenet. En outre, Franck l'aida de ses conseils. En 1881, il obtint le second prix de Rome. En 1889, il devint critique musical de divers journaux et revues parisiens, activité qu'il poursuivit pendant plus de quarante ans et qui lui fournit la matière de plusieurs livres non dépourvus d'intérêt. À vingt et un ans déjà il s'essayait à l'opéra, avec une *Jeanne d'Arc ;* à trente-quatre ans il donna *Le Rêve* (*), d'après le roman de Zola, représenté à l'Opéra-Comique en 1891. Il convertit le public parisien à un nouveau genre théâtral qui, repris ensuite par Gustave Charpentier, donna à la France des œuvres naturalistes, fort éloignées de la tendance qu'avait fait triompher *Carmen.* Mais au contact prolongé de l'œuvre de Zola, si l'aspect polémique, « naturaliste » des compositions de Bruneau se trouva accentué, le musicien n'aboutit pas, sur le plan artistique, aux mêmes réussites. Abandonnant même parfois la versification au profit de la prose, il mit en musique, entre 1893 et 1916, six autres livrets tirés de Zola : *L'Attaque du moulin*, qui dépassa encore le succès du *Rêve, Messidor* (*), *L'Ouragan* (+), *L'Enfant-Roi, Naïs Micoulin, Les Quatre Journées*, sans compter la musique de scène pour *La Faute de l'abbé Mouret* (*) et un *Lazare* inédit. La mort de son inspirateur, auquel il portait un véritable culte, ne le détermina pas pour autant à abandonner le théâtre. Toutefois les sujets qu'il choisit, qu'ils fussent proprement mélodramatiques, comme celui d'*Angelo, tyran de Padoue* (1928), dont le thème est le même que celui de la *Gionconda* (*) de Ponchielli, ou comiques, comme ceux du *Roi Candaule* (1920) et de *Virginie* (1931), montrent que sa veine poétique était épuisée.

RÉF. : A. Hervey, *Living Masters of Music*, Londres, 1907. – A. Bruneau, *À l'ombre d'un grand cœur*, autobiographie, 1931. – Alfred Boschot, *La Vie et les œuvres d'A. Bruneau*, 1937.

BRUNER Jérôme Seymour. Psychologue américain. Né le 1er octobre 1915 à New York (États-Unis). D'un père polonais, homme d'affaires, Bruner fait des études à l'université de Duke, puis son service armé comme psychologue dans les divisions du général Eisenhower pendant la Seconde Guerre mondiale. De retour chez lui, il soutient son doctorat en 1947 à l'université d'Harvard. En 1960, il fonde le « Centre des études cognitives » à Harvard, qu'il dirige jusqu'en 1972, puis s'installe à l'université d'Oxford. Il est ensuite invité à entrer comme professeur à l'École nouvelle en recherches sociales à New York en 1981. Brillant enseignant et chercheur, Bruner diversifie ses intérêts de recherche. Connu tout d'abord pour ses idées sur la pédagogie : *Vers une théorie de l'instruction* [*Towards a Theory of Instruction*, 1966], Bruner participe au mouvement appelé le « New Look perceptif » dans les années 60. Il considère que la façon dont on regarde le monde dépend de la façon dont on le pense. Nos attitudes, nos valeurs, nos émotions, nos espérances orientent donc notre perception en sélectionnant l'information. Ce point de vue s'oppose à la fois aux principes gestaltistes qui nient toute activité du sujet dans l'acte perceptif et au behaviorisme de F. B. Skinner. Passionné par les stratégies de pensée des individus, et à partir des travaux de Piaget, Bruner étudie le développement de l'intelligence chez l'enfant dans ses rapports avec le langage et la connaissance : *Sur la connaissance : Essai pour la main gauche* [*On Knowing : Essays for the Left Hand*, 1979], *Études sur le développement cognitif* (*) (1966), *Les Processus du développement cognitif : le bébé* [*Processes of Cognitive Growth : Infancy*, 1968].

ARLETTE STRERI.

BRUNETIÈRE Ferdinand Vincent-de-Paul Marie. Critique français. Né le 19 juillet 1849 à Toulon, mort le 9 décembre 1906 à Paris. Nommé maître de conférences à l'École normale supérieure en 1886, il collabora dès 1875 à *La Revue des Deux Mondes* (*) dont il devint directeur en 1895. Adepte d'un classicisme rationaliste dont il retrouvait la parfaite expression au XVIIe siècle, Brunetière, avec son goût des vastes synthèses et des idées générales, est en réalité tributaire du positivisme, même lorsqu'il est amené à proclamer la « banqueroute de la science ». Sa célèbre théorie de l'« évolution des genres » est de filiation darwiniste lorsqu'il conclut à une identité entre les sciences naturelles et l'histoire littéraire. Adversaire de nombreuses écoles littéraires de son époque, il écrivit contre Zola *Le Roman naturaliste* (*). Publié en 1898, son *Manuel de l'histoire de la littérature française* (+) lui valut une renommée européenne déjà préparée par ses œuvres précédentes, et que ne firent qu'accroître les suivantes : *L'Évolution de la critique* (1890), *Évolution de la poésie lyrique en France au dix-neuvième siècle ; Histoire de la littérature française classique* (*) ; *Histoire du théâtre français* (1891-92) ; *Évolution des genres dans l'histoire de la littérature ; Études critiques sur l'histoire de la littérature française* et enfin son étude sur *Honoré de Balzac* (1905), dans laquelle il revenait sur certains jugements émis dans sa jeunesse sur cet écrivain. D'abord libre penseur, Brunetière publia en 1895 un article intitulé *Après une visite au Vatican,* par lequel il affirmait son évolution vers le catholicisme, et qui suscita de nombreuses controverses. Ce rapprochement avec la religion est encore attesté par : *Sur les chemins de la croyance* (1904), et par ses écrits posthumes *Discours de combat* (1907) et *Lettres de combat* (1912).

♦ *« Ferdinand Brunetière fut un critique qui avait des idées générales et qui même, si l'on peut trop en avoir, en avait trop. Assez instruit et admirable surtout pour faire croire qu'il l'était extrêmement, très laborieux du reste à travers les mille occupations diverses qu'il s'imposait, trouvant le temps de lire beaucoup, de réfléchir vite et de se faire des idées auxquelles il fallait que les faits se pliassent, il abondait en prestiges qui séduisaient et en paradoxes auxquels il excellait à donner l'air de vérités éternelles. »* Émile Faguet. ♦ *« Ce qu'il soutient n'est pas toujours très juste ; mais toujours très solidement établi. Oserait-on dire même : d'autant mieux établi que moins juste. »* André Gide.

RÉF. : J. A. Chollet, *La Théologie de Brunetière,* Arras, 1907. — W. Jequier, *Ferdinand Brunetière et la critique littéraire,* Lausanne, 1922. — L. J. Bondy, *Le Classicisme de Ferdinand Brunetière,* Anvers, 1930. — V. Giraud, *Brunetière,* 1932. — J. Van der Lugt, *L'Action religieuse de Ferdinand Brunetière,* Bruges, 1936. — A. Autin, *Ferdinand Brunetière,* 1945. — J. Clark, *La Pensée de Ferdinand Brunetière,* 1954.

BRUNHES Jean. Géographe français. Né à Toulouse le 25 octobre 1869, mort à Boulogne-sur-Seine le 25 avril 1930. Issu d'une famille d'universitaires (ses parents sont professeurs de physique), c'est l'un des fondateurs de la géographie humaine en France et dans le monde. Il se fait connaître par un monumental essai, *Géographie humaine, Essai de classification positive, principes et exemples* (*) (1910). Cet ouvrage est suivi de *Géographie humaine de la France* (1926), de *Géographie politique et géographique du travail* (1926), écrit en collaboration avec Georges Deffontaines. En 1930, peu de temps avant sa mort, il publie encore *Les Races,* écrit en collaboration avec sa fille, Mme Raymonde Delamarre. Jean Bruhnes est un ennemi convaincu de ce que l'on a appelé le déterminisme géographique. Pour lui, les faits géographiques n'expliquent pas l'action de l'homme et la structure des différentes cultures : l'homme modifie son milieu et son environnement pour créer un autre milieu à sa mesure, un milieu, justement, humain et culturel. C'est dans cet esprit que Brunhes a conçu ses principaux ouvrages.

BRUNI Leonardo, dit Leonardo Aretino. Humaniste italien. Né à Arezzo (Toscane), en 1370, mort à Florence le 9 mars 1444. Adolescent, il fut fait prisonnier par les Gibelins exilés, qui rentrèrent à Florence avec l'appui des Français, puis enfermé au château de Quarate. Après sa libération, il se rendit à Florence où il se trouvait déjà en 1396, se consacra en premier lieu à l'étude de la jurisprudence, et, après l'arrivée à Florence de Grisolora, à l'étude du grec sous la direction de ce dernier ; Malpaghini fut aussi l'un de ses maîtres, et Coluccio Salutati lui accorda son amitié. En 1405, Innocent III le nomma secrétaire apostolique, charge que lui conservèrent les successeurs de ce pontife, et que Bruni occupa jusqu'en 1414, à l'exception d'un court intervalle de 1410 à 1411, durant lequel il fut secrétaire de la seigneurie. En 1414, il accompagna Jean XXIII, l'antipape napolitain Baldasserre Cossa (1410-1415), au concile de Constance, et à son retour, en 1416, se fixa définitivement à Florence qui lui décerna le droit de citoyenneté (1416) après la publication de son premier livre : *Histoire de Florence* (*). En 1426, il suivit l'ambassade de Francesco Tornabuoni. La parution du neuvième livre de l'*Histoire de Florence* lui valut la nationalité à titre honoraire, avec dispense des impôts. On lui fit des obsèques solennelles. À part l'*Histoire* déjà citée, où un sens critique aigu et l'intérêt politique l'induisent à saisir le sens des événements et à fixer son attention, moins sur les faits militaires que sur la constitution, l'organisation interne de la ville, il a laissé des *Commentaires* [*Commentari*], qui racontent les événements auxquels il a pris part, quelquefois au premier rang.

RÉF. : H. Baron, *From Petrarch to Leonardo Bruni. Studies in Humanistic and Political Literature,* Chicago, Ill., Londres, 1968. — F. P. Luiso, *Studi sur l'epistolario di Leonardo Bruni,* Rome, 1980.

BRUNNER John (Killian Houston). Romancier et nouvelliste anglais. Né à Preston Crowmarsh (Oxfordshire) le 24 septembre 1934. Il découvre la science-fiction dès l'enfance et publie ses premières nouvelles à dix-neuf ans. Après avoir travaillé comme rédacteur technique puis chez un éditeur londonien, il se consacre à l'écriture en 1958 et épouse Marjorie Sauer. Prolifique, il aborde tous les genres populaires, policier, « fantasy », fantastique, mais réserve à la science-fiction l'essentiel de ses efforts. *La ville est un échiquier* [*The Squares of the City,* 1965] marque un tournant vers une exigence intellectuelle et littéraire plus grande. Ses œuvres majeures forment une tétralogie prospective qui aborde de façon documentée, et souvent originale dans la forme, les problèmes de la fin du siècle : la surpopulation et les affrontements Nord-Sud dans son chef-d'œuvre *Tous à Zanzibar* (*) (1968), qui lui vaut le prix Hugo ; la désagrégation urbaine dans *L'Orbite déchiquetée* [*The jagged Orbit*, 1969] ; la pollution et les catastrophes écologiques dans *Le Troupeau aveugle* [*The Sheep look up*, 1972] ; les menaces que font peser sur les libertés les systèmes informatiques dans *Sur l'onde de choc* [*The Shockwave Rider*, 1975]. La production abondante de John Brunner, souvent mise au service de ses convictions pacifistes, écologistes et antinucléaires, mais jamais antiscientifiques, exprime une vision assez sombre de l'avenir proche ou lointain de l'humanité, tempérée par une ironie très britannique.

GÉRARD KLEIN.

BRUNO Giordano. (Giordano est un prénom pris en religion ; Bruno se prénommait réellement Filippo.) Philosophe italien. Né à Nola (province de Naples) en 1548, il fut brûlé vif à Rome le 17 février 1600. À quatorze ans, on l'envoya à Naples pour y faire ses études et, en 1565, il entra comme novice au couvent de Saint-Dominique ; ordonné prêtre en 1572, il fut nommé docteur en théologie en 1575. Dans les monastères, où il demeura jusqu'à l'âge de vingt-huit ans, il fut tourmenté par des problèmes d'exégèse biblique, et surtout par la possibilité d'accorder la théologie chrétienne avec l'« émanatisme » néo-platonicien. Le moyen qu'il envisageait consistait à considérer les trois personnes de la Trinité comme trois attributs – puissance, savoir et amour – du Dieu unique qui, en tant qu'Entendement, est supérieur à la Nature, mais comme Intellect est, dans la nature, celui qui sème, et, comme Esprit, l'âme universelle elle-même. Il dut fuir de Naples à cause d'un procès en hérésie intenté contre lui, et de Rome par crainte qu'on ne lui imputât un assassinat dont il n'était pas responsable. Il se réfugia en Ligurie, puis à Turin ; ensuite, par le Pô, alors navigable en entier, il atteignit Venise où parut son premier ouvrage, aujourd'hui perdu.

De Venise, Bruno gagna Bergame, puis la Savoie et, de là, se rendit à Genève, la Rome calviniste. Il y fut accueilli par un Napolitain calviniste, puis s'étant inscrit à l'université et à l'Église calvinistes, il ne tarda pas à se rebeller contre ses maîtres, et fut privé de la sainte communion. Il ne resta pas longtemps à Genève et se rendit en France ; on lui confia une chaire à Toulouse, qu'il occupa deux ans, puis il vint à Paris et dédia au roi Henri III *Des ombres des idées* (*), l'un des ouvrages de mnémotechnique édités dans la capitale française au cours du premier séjour qu'il y fit. Il devint professeur extraordinaire à Paris, mais l'indiscipline des étudiants le poussa à suivre en Angleterre l'ambassadeur de France auprès de la reine Elizabeth.

Les deux ans et demi passés entre Londres et Oxford sont parmi les plus importants de son existence, puisque c'est alors qu'il composa et fit paraître les deux trilogies des Dialogues italiens. *Le Banquet des cendres* (*) est presque encore une comédie (*Boniface et le Pédant* (*), précédemment publié en France, était une véritable comédie) ; l'auteur y décrit un banquet dans la maison d'un gentilhomme londonien, le soir du mercredi des cendres. *Cause, principe et unité* (*), qui est de nos jours l'ouvrage le plus lu de Bruno, veut fonder la nouvelle philosophie « de Nola », en proposant le concept d'une matière vivante qui se donne à elle-même des formes en nombre infini, les quittant ensuite successivement. *L'Infini, l'Univers et les mondes* (*) critique la physique et la cosmologie aristotéliciennes, y substituant une conception de l'univers infini par extension et par le nombre de mondes (les astres) qui le composent. Dans la seconde trilogie, *Le Débit de la bête triomphante* (*) est une comédie mythologique, publiée à Paris en 1584, et dans laquelle les dieux décident de faire pénitence en expulsant du ciel les ours et les scorpions, et en mettant à leur place les signes des vertus. *La Cabale du cheval Pégase accompagné de l'âne d'Arcadie* contient une satire de la « sainte asinité », c'est-à-dire de l'humilité et de la simplicité recommandées par le christianisme. Les *Fureurs héroïques* (*) exaltent, en vers et en prose, l'amour de l'esprit pour le divin objet qui est la vérité. Lorsque Bruno retourna en France, il se mit à exposer, avec le plus grand soin, les œuvres d'Aristote dans certains de ses écrits, et à les critiquer dans d'autres ; de nouveaux « chahuts » d'étudiants le firent se réfugier en Allemagne, à Wittenberg et à Holmstädt où il enseigna, puis à Francfort où il se rendit pour s'occuper de la publication des trois poèmes latins qu'il avait composés entre-temps, et qui constituent le second groupe de ses œuvres maîtresses. *Du triple minimum et de la mesure* (*) propose le concept du minimum physique, l'atome, et du minimum mathématique, le point, considéré comme la plus petite sphère. *De la monade, du nombre et de la figure* (*) (qui ressemble sur quelques points aux écrits sur la magie de son auteur) montre l'unité qui s'ouvre en dualité, et se complique ensuite en triade, tétrade, etc., jusqu'à la décade. *De l'immense et des innombrables ou De l'Univers et des mondes* (*) reprend le thème de *L'infini,* avec une connaissance neuve des progrès de l'astronomie en un temps dominé par Tycho Brahé.

Ce fut à Francfort que Bruno rencontra le libraire qui lui transmit l'invitation de Giovanni Mocenigo à se rendre à Venise pour lui enseigner la mnémotechnique (et peut-être la magie). Bruno accepta, mais Mocenigo, insatisfait de son enseignement et frappé par les discours hérétiques de son hôte, le dénonça au Saint-Office. Lorsque l'Inquisition romaine pria le sénat vénitien de lui envoyer le prisonnier à Rome, le sénat obtempéra parce qu'il s'agissait d'un procès entamé longtemps auparavant, et que Bruno n'était pas citoyen de la sérénissime République. Dans son cachot romain du Saint-Office, Bruno, à de grands intervalles, était interrogé par les Inquisiteurs : il écrivait des mémoires, et son humeur bizarre frappait ceux qui entendaient les paroles qu'il prononçait. Sa mort atroce est connue ; quelques-uns rapportent que, un crucifix lui ayant été apporté, il détourna la tête ; d'autres, au contraire, qu'il déclara mourir en martyr et volontiers, que son âme s'envolerait avec la fumée jusqu'au paradis.

On a voulu voir en Giordano Bruno le symbole de la libre pensée qui se révolte contre le dogme religieux, revient joyeusement au naturalisme antique « ressuscité » dans les temps modernes, soutient sa croyance dans tous les pays d'Europe devant les puissants et savants de toutes les nations, et finalement, après huit ans de cachot, préfère la mort à la rétractation de sa pensée. Vu sous ce jour, Bruno est vanté comme le plus sublime héros de l'humanité résolue à revendiquer et à défendre, même au prix de la vie, son droit à penser selon une raison indépendante et purement philosophique. En disant : « Prenons l'évidence pour juge unique du vrai ; et si l'évidence nous manque, sachons douter », Giordano Bruno préparait le monde moderne à recevoir l'enseignement de Descartes. Un retour à la réalité historique devrait faire remarquer que si Bruno, encore jeune homme, se fit volontairement dominicain, sa déclaration à l'Inquisition vénitienne démontre que son esprit était déjà rempli de doutes à l'égard des dogmes principaux, celui de la Trinité et celui de l'Incarnation, dogmes auxquels il tendait à donner une interprétation rationaliste et naturaliste. D'autre part, il est intéressant de noter qu'il ne fut jamais persécuté, même dans les pays catholiques ultramontains où il voyagea, à cause de sa fuite du couvent et des idées énoncées dans ses livres ; que, lorsqu'il revint en Italie, il disait à tout le monde qu'il n'avait rien à craindre de l'Inquisition et qu'il voulait au contraire faire amende honorable et regagner le « sein de l'Église » catholique. Les discussions autour de sa personnalité et de sa doctrine sont bien loin d'être closes : ce qui est indiscutable, c'est la valeur de l'enthousiasme intellectuel avec lequel il célébra, comme divine, l'infinie diversité de formes de la nature universelle.

AUGUSTO GUZZO.

♦ *« Un homme de beaucoup d'esprit qui employa mal ses lumières. »* P. Bayle. ♦ *« Son inconstance n'a d'autre mobile que son enthousiasme magnanime ! Le vulgaire, le petit, le fini, ne lui convenait pas ; il s'est élancé à l'idée sublime de la substance universelle. »* Hegel. ♦ *« Bruno est une des manifestations les plus marquantes du courant naturaliste qui fut une des composantes de la Renaissance. »* J. Dopp.

RÉF. : F. W. J. von Schelling, *Bruno, oder über das göttliche und natürliche Prinzip der Dinge,* Berlin, 1802. – Annie Besant, *Le Message de Giordano Bruno au monde moderne,* 1911. – J. R. Charbonnel, *L'Éthique de G. Bruno et le Deuxième Dialogue du Spaccio,* 1919. – Ernest Lenoir, *Trois novateurs, trois martyrs : Vanini, Campanella, Giordano Bruno,* 1939. – Angelo Mercati, *Il Sommario del processo di Giordano Bruno,* Vaticano, 1942. – Paul-H. Michel, *Giordano Bruno, philosophe et poète,* 1952. – E. Namer, *La Pensée de Giordano Bruno et sa signification dans la nouvelle image du monde,* Paris, 1959. – Paul-H. Michel, *La Cosmologie de Giordano Bruno,* Paris, 1962. – H. Vedrine, *La Conception de la nature chez Giordano Bruno,* Paris, 1967. – G. Galli, *La Vita e il pensiero di Giordano Bruno,* Milan, 1973. – A. Ingegno, *La Sommersa nave della religione : studio sulla polemica anticristiana del Bruno,* Naples, 1985.

BRUNOT Ferdinand. Linguiste français. Né à Saint-Dié (Vosges) le 6 novembre 1860, mort à Paris le 31 janvier 1938. Membre de l'Académie des inscriptions et belles-lettres, professeur d'histoire de la langue française à la Sorbonne depuis 1900, il s'était fait connaître dès 1891 par la publication de sa thèse *La Doctrine de Malherbe.* Les qualités de grammairien et d'historien dont il fait preuve dans cet ouvrage se trouvent portées à leur perfection dans la monumentale *Histoire de la langue française* (*) (1905-1943), demeurée inachevée mais continuée ensuite par Charles Bruneau. Réformateur de la linguistique, il exposa ses théories dans *La Pensée et la Langue* (1927) ; il dénonce les erreurs de la grammaire traditionnelle dans *Observations sur la grammaire de l'Académie française* (1932).

RÉF. : Ch. Petit-Dutaillis, *Institut de France, Discours à l'occasion de la mort de M. Ferdinand Brunot,* 1938. – G. Antoine, « Ferdinand Brunot : l'homme et l'œuvre » in *Bulletin de la Société philomathique vosgienne,* 1986.

BRUNSCHVICG Léon. Philosophe français. Né et mort à Paris (10 novembre 1869-18 février 1944). Auteur de nombreux ouvrages d'histoire de la pensée scientifique et philosophique dans lesquels, d'ailleurs, les lignes générales de sa position spéculative originale apparaissent nettement. On pourrait définir celle-ci comme un idéalisme critique qui laisse une grande place aux instances de la physique et des mathématiques – *Les Étapes de la philosophie mathématique* (1912), *L'Expérience humaine et la causalité physique* –, mais les dirige vers une conception humaniste de l'existence, dans laquelle les exigences morales et religieuses finissent par prendre le dessus, réaffirmant la valeur proprement spirituelle de la liberté et de l'amour en tant que fondements de la société humaine. Tous les ouvrages de Brunschvicg viendront étayer cette théorie, notamment : *L'Idéalisme contemporain* (*) (1921) et *Progrès de la conscience dans la philosophie occidentale* (1927). Brunschvicg étudia d'abord au lycée Condorcet, à Paris, où il fut élève du professeur Alphonse Darlu, dont l'enseignement influa de façon décisive sur sa carrière. Il entra ensuite à Normale supérieure, et, reçu premier à l'agrégation de philosophie en 1891, il devint alors professeur de philosophie dans différents lycées de province, à Lorient (1891-1893), à Tours (1893-1895), à Rouen (1895-1900). Il passa son doctorat ès lettres en 1897, en soutenant une thèse sur *La Modalité du jugement.* Revenu à Paris, il enseigna à Condorcet de 1900 à 1903, puis à Henri-IV, où il fut chargé de la préparation à Normale supérieure. À partir de 1909, il professa à la Sorbonne. Élu membre de l'Académie des sciences morales et politiques de Paris en 1919, à partir de 1924 il fit partie de la Société royale de Danemark ; dès 1923, il était docteur « honoris causa » de l'université de Durham. Enfin il était membre de la Société française de philosophie et rédacteur de la *Revue de métaphysique et de morale,* dans laquelle parurent un grand nombre de ses articles, comptes rendus et études critiques. En tant que penseur, Léon Brunschvicg montra un esprit ouvert aux problèmes culturels et humains les plus ardus, les plus divers ; aucune idée ne le laissait indifférent ; aucun mouvement d'idées dont il ne voulût saisir le sens et la valeur, en le confrontant avec ses propres conceptions. En tant qu'homme, formé sur le modèle des grands esprits avec lesquels il avait vécu en étroit contact, il était animé d'une profonde sagesse : les cruelles épreuves de ses dernières années — écrit Berger à son sujet — ne réussirent ni à troubler sa méditation, ni à altérer son objectivité, ni à détruire son infaillible confiance en la raison et en la justice.

CLETO CARBONARA.

♦ *« Par plus d'un trait il ressemble à Montaigne, pour lequel il éprouve tant de sympathie* [...] *Il est remarquable que les qualités que M. Brunetière aime le plus dans Montaigne sont ces qualités de sincérité et de douceur que l'on ne peut aimer sans les pratiquer. »* Louis Lavelle.

RÉF. : R. P. Messaut, *La Philosophie de Léon Brunschvicg,* 1938. — L. Lavelle, *La Philosophie française entre les deux guerres,* 1942. — M. Deschoux, *La Philosophie de Léon Brunschvicg,* Paris, 1949. — R. Boirel, *Brunschvicg, sa vie, son œuvre,* Paris, 1964.

BRYANT William Cullen. Poète et publiciste américain. Né à Cummington (Massachusetts) le 3 novembre 1794, mort à New York le 12 juin 1878. Fils d'un médecin ami des lettres et d'une mère profondément religieuse, il reçut une éducation rigoureuse ainsi qu'une formation classique. Très précoce, il publia dès 1808 une satire de Jefferson, alors président, *The Embargo.* La lecture de Gray et de Cowper lui inspira la première version de *Thanatopsis* — v. *Poésies* (*) de Bryant —, poème qu'on a qualifié de « chant funèbre puritain », et qui représente sans doute l'œuvre la plus dense de Bryant.

Devenu docteur en droit, le jeune homme commença en 1815 à exercer la profession d'avocat, sans pour autant renoncer à la littérature. Il écrivit ainsi en 1821 l'un de ses meilleurs poèmes, que des générations d'écoliers américains allaient réciter : « À un oiseau aquatique » (« To a Waterfowl »). Mais l'essentiel de son activité était ailleurs : après avoir renoncé au barreau, il se tourna vers le journalisme et se fit le défenseur des causes « libérales », abolitionnisme compris. Il effectua également plusieurs voyages dans le Sud et l'Ouest américains, à Cuba et en Europe, qu'il évoque dans *Lettres d'un voyageur* [*Letters of a Traveller,* 1850]. Après 1848, il soutint, dans l'*Evening Post* dont il était le directeur, le mouvement antiesclavagiste, et s'inscrivit enfin au parti républicain, qui venait d'être fondé. Cependant, il continuait à écrire ; mais aucun des poèmes composés à la fin de sa vie n'approche la vigueur de ses premiers recueils, même si son activité révèle, jusqu'au bout, une belle énergie : il avait plus de soixante-dix ans lorsqu'il traduisit l'*Illiade* (*) (1870) et l'*Odyssée* (*) (1871-1872).

RÉF. : Albert McLean, *William Cullen Bryant,* New York, 1964. — Charles H. Brown, *William Cullen Bryant,* 1971.

BRYCE ECHENIQUE Alfredo. Écrivain péruvien. Né à Lima, le 19 février 1939. Famille de banquiers et de grands propriétaires terriens. Son trisaïeul, Pío Tristan, fut le dernier vice-roi du Pérou. Son bisaïeul, José Rufino Echenique Tristan, fut président de la République de 1850 à 1855. Études primaires au collège nord-américain du Cœur-Immaculé de Lima (1944-1951), et secondaires à l'internat anglais San Pablo de la même ville (1951-1956). C'est un étudiant parfaitement bilingue qui suit les cours de droit et de lettres à l'université San Marcos (1957-1964). En 1964, il prépare à Paris son doctorat consacré aux *Thèmes principaux du théâtre de Henry de Montherlant,* présenté en 1967 à l'université San Marcos. Son premier livre, *Je suis le roi* [*Huerto cerrado*], obtient en 1968 le prix de la Nouvelle décerné à La Havane par la Casa de Las Américas. Dans cette suite de douze nouvelles centrées sur un personnage unique, Manolo, adolescent de la bourgeoisie péruvienne, l'auteur révèle ce qui deviendra une constante de son œuvre future : les aliénations involontairement burlesques de l'homme devant l'amour, la solitude et la mort. Vivant désormais en Europe, Bryce Echenique y exerce une carrière d'enseignant à l'université de Nanterre (1973), puis de Vincennes (jusqu'en 1980), avant de devenir professeur associé à l'université Paul-Valéry de Montpellier (1980-1984). En 1970, il publie *Julius* [*Un mundo para Julius*], vision critique et ironique de la déchéance d'une puissante famille liménienne et, en 1977, *La Passion selon San Pedro Balbuena* [*Tantas veces Pedro*]. Empruntant la plupart de ses thèmes à des expériences personnelles, il laisse sa verve et son humour, sa cocasserie souvent amère, s'épancher dans ses nouvelles : *La felicidad Ah ! Ah ! Ah !* (1974), *Tous les contes* [*Cuentos completos,*

1980], *Une lettre à Martín Romaña* (*) (1986), Martín Romaña étant également le héros d'une saga romanesque pleine d'ingénieux épisodes : *La Vie exagérée de Martín Romaña* (*) (1981), *L'Homme qui parlait d'Octavia de Cadix* (+) (1985). En Espagne, où il s'installe d'abord à Barcelone (1985), puis à Madrid (1989), il se marie en 1989 avec Pilar de Vega. Collaborant à la presse espagnole, notamment à *El País,* il poursuit son œuvre romanesque : *L'Ultime Déménagement de Felipe Carrillo* (*) (1988), *Deux dames bavardent* [*Dos señoras conversan,* 1990].

CLAUDE COUFFON.

RÉF. : Wolfgang Luchting, *Alfredo Bryce Echenique, humores y malhumores,* Lima, 1973. – Wanda Lauterbaum, *El humor en la vida exagerada de Martín Romaña,* Lima, 1977. – Rafael Conte, Ana María Moix, Manuel de Lope..., *Alfredo Bryce Echenique,* Madrid, 1981.

BRYENNE Nicéphore. Homme d'État et historien byzantin. Né à Andrinople en 1080 (?), mort à Constantinople en 1136/37 (?). Son père faillit être associé au trône par l'empereur Michel Ducas, se révolta contre lui, mais fut vaincu par les armées d'un autre usurpateur, Nicéphore Botoniate, et eut les yeux crevés (1080). Nicéphore le Jeune, homme beau et très cultivé, épousa Anne Comnène, la fille d'Alexis Ier, et reçut de ce dernier les titres de César et de panhypersébaste (généralissime en chef), titres d'ailleurs largement mérités par les services rendus à l'Empire. C'est ainsi qu'il défendit Constantinople en 1098 contre les croisés de Godefroy de Bouillon, conclut, en 1108, le traité de paix avec Bohémond de Tarente, et sa stratégie contribua largement à la victoire des troupes byzantines sur celles du sultan d'Iconium (1116). Cette même année, il conclut un accord longtemps désiré avec les Manichéens. Il fut d'une loyauté rare dans les annales de Byzance, ignorant volontairement les intrigues de sa femme et de sa belle-mère, qui voulaient lui faire usurper la couronne d'Alexis Comnène. Sa mort, survenue en 1140, interrompit l'œuvre littéraire à laquelle Bryenne consacrait ses rares instants de liberté. De cette œuvre, *Histoire des empereurs Isaac Comnène, Constantin Doucas, Romain Diogène et Michel Parapinace* (*), commencée sur les instances de sa belle-mère, l'impératrice Irène, Bryenne ne put composer que les prolégomènes et mener le récit de 1070 à 1079, arrêtant l'histoire à la fin du règne de Nicéphore Botoniate, prédécesseur d'Alexis Ier Comnène. Sa femme, Anne Comnène, reprit le projet interrompu et l'acheva – v. *Alexiade* (*).

BRZECHWA Jan. Écrivain polonais. Né le 15 août 1900 à Żmeryniec (Ukraine), mort le 2 juillet 1966 à Varsovie. Juriste de formation et longtemps membre de la Commission internationale du droit d'auteur, Jan Brzechwa a publié sur la propriété littéraire des ouvrages qui font autorité. Ses débuts littéraires prennent la forme de vers d'un lyrisme suggestif : *Visages inventés* [*Oblicza zmyślone,* 1926], *Le Troisième Cercle* [*Trzeci krąg,* 1932], ou *L'Absinthe et le Nuage* [*Piołun i obłok,* 1935]. Mais ce sont ses poèmes pour enfants qui l'ont rendu célèbre. Sans chercher à faire œuvre de pédagogue ni de moraliste, Brzechwa introduit ses jeunes lecteurs dans un monde fantastique où les objets et les animaux pensent, parlent, et vivent des aventures que colorent un humour et une fantaisie délicats. Ces événements sont allègrement contés en vers malicieux dont le rythme et les sonorités s'imposent à la mémoire enfantine sans jamais bêtifier ni tomber das la mièvrerie. Outre *Un canard bien bizarre* (*) (1939), il faut citer *L'aiguille dansait avec le fil* [*Tańcowała igła z nitką,* 1938], *Cent fables* [*Sto bajek,* 1958] et surtout *Brzechwa pour les enfants* [*Brzechwa dzieciom,* 1953].

BRZĘKOWSKI Jan. Poète, prosateur et critique d'art polonais. Né le 18 décembre 1903 à Wiśnicz Nowy, mort le 3 août 1983 à Paris. Pendant ses études de littérature et de pharmacie à Cracovie, il se lia avec la première Avant-Garde, mouvement littéraire, qui, dans sa revue *L'Aiguillage* [*Zwrotnica*], combattait le sentimentalisme et la rhétorique de deux autres courants, la Jeune Pologne et Skamander, et préconisa le « constructivisme poétique » et la « métaphorisation de la réalité », c'est-à-dire une poésie plus intellectuelle que sensible. *Zwrotnica* édita son premier recueil de poèmes, *Le Pouls* [*Tętno,* 1925]. Établi à Paris en 1928, Brzękowski y fonda en 1929 une revue bilingue, l'*Art contemporain,* à laquelle collaborèrent ses amis Mondrian, Seuphor, Arp, Léger et Ernst, qui illustrèrent certains de ses recueils. Il publia des essais sur l'art : *Kilométrage de la peinture contemporaine* (1931). Dans sa poésie, il s'intéressa surtout à l'ellipse, élément essentiel de la construction poétique : *Sur la cathode* [*Na katodzie,* 1929], *À la seconde personne* [*W drugiej osobie,* 1933], *Odyssées* [*Odyseje,* 1948]. Il écrivit également des vers en français, dont *Spectacle métallique* (1937), *Les Murs du silence* (1966). Il évolua vers ce qu'il appelait le « métaréalisme » – v. *Poèmes choisis* (*) – puis vers le surréalisme : *L'Épopée du pain noir* [*Razowy epos,* 1946], *Science-Fiction* (1964), *Janvier* [*Styczeń,* 1970], *Nouvelle cosmogonie* [*Nowa kosmogonia,* 1972]. Outre quelques romans expérimentaux, il laissa de précieux souvenirs : *L'Imagination débridée* [*Wyobraźnia wyzwolona,* 1966] et *À Cracovie et à Paris* [*W Krakowie i w Paryżu,* 1968].

LAURENCE DYÈVRE.

BRZOZOWSKI Stanisław. Critique littéraire, philosophe et romancier polonais. Né le 28 juin 1878 à Maziarnia, mort le 30 avril 1911 à Florence. Cet écrivain fécond est l'auteur de plusieurs romans d'une veine moderniste :

Sous le fardeau de Dieu [*Pod ciężarem Boga,* 1901], *Tourbillons* [*Wiry,* 1904-1905] et *Les Flammes* (*) (1908). *Seul parmi les hommes* [*Sam wśród ludzi,* 1911], inachevé, abordait les « transformations philosophico-politiques » de la conscience européenne entre 1830 et 1878. Ses ouvrages critiques influencèrent fortement la pensée littéraire polonaise, qui fit de lui une référence, positive ou négative : *Le Roman polonais contemporain* [*Wpólczesna powieść polska,* 1906], *La Critique littéraire contemporaine* [*Wspólczesna krytyka literacka,* 1907] et surtout *La Légende de la Jeune Pologne* (*) (1910), vaste essai littéraire, philosophique et social. Philosophe de l'action, inspiré par Nietzsche, Fichte et Kant, Brzozowski critiqua le naturalisme positiviste dans *Culture et Vie* [*Kultura i życie,* 1907]. Il évolua ensuite vers la « philosophie du travail », attribuant au prolétariat un rôle prométhéen, puis vers la philosophie irrationnelle de la vie, sous l'influence de Sorel et de Bergson. Il exprima sa souffrance morale et physique (il mourut de la tuberculose) dans des essais philosophiques : *Les Idées* [*Idee,* 1910], *Des voix dans la nuit* [*Glosy wśród nocy,* 1912].

Ce philosophe hautement original, attaqué par la droite comme par la gauche pour ses idées novatrices, fut réhabilité en 1956. Il est désormais considéré comme l'un des penseurs polonais les moins conventionnels.

LAURENCE DYÈVRE.

BUBER Martin. Philosophe et écrivain israélien, d'origine autrichienne. Né le 8 février 1878 à Vienne, mort le 13 juin 1965 à Jérusalem. Cette existence est placée sous le signe de l'ambivalence germanique et juive. Issu d'une famille de lettrés – son grand-père, Salomon Buber, fut un grand savant talmudiste –, il passe sa jeunesse à Lemberg. Il fait ses études supérieures dans les universités de Vienne, Berlin et Leipzig. Sioniste convaincu, il assure la rédaction de différentes revues acquises à ce mouvement : *Die Welt* (à Vienne, en 1901), *Der Jude* (à Berlin, de 1916 à 1924), *Die Kreatur* de 1926 à 1930 (en collaboration avec von Weizsäcker et Wittig). Professeur de sciences et d'histoire des religions à l'université de Francfort de 1924 à 1933, il est contraint de s'expatrier à l'avènement du nazisme. À partir de 1938, il occupe une chaire à l'université de Jérusalem.

Toute la vie, toute l'œuvre de Martin Buber sont dominées par la cause du sionisme. Il est en ce sens l'initiateur, avec Franz Rosenzweig, de la philosophie juive moderne, qui rompt avec la tradition libérale et réformiste encore incarnée, à l'aube du XXe siècle, par Hermann Cohen, par exemple. Martin Buber servit d'abord le sionisme en recueillant et en traduisant les récits, légendes et chroniques, transmis souvent par la tradition orale, qui entouraient les maîtres du hassidisme et leurs disciples. Cette mystique populaire, qui prend ses racines à l'époque biblique, fleurit au Moyen Âge en Rhénanie et connaît une ampleur particulière au XVIIIe siècle parmi les populations juives de Galicie : *Les Récits du rabbi Nachmann* [*Die Geschichten des Rabbi Nachmann,* 1906], *La Légende du Baal-Schem* [*Die Legende des Ball Schem,* 1907], *Les Livres hassidiques* [*Die chassidischen Bücher,* 1928], réédités et augmentés en 1949 sous le titre *Les Récits hassidiques* (*). Il ne s'agit pas seulement de constituer un florilège, de sauver un patrimoine en péril. Martin Buber débarrasse le hassidisme de ses fantaisies folkloriques et l'érige en doctrine : *Confessions extatiques* [*Extatische Konfessionen,* 1909], *Mon chemin vers le hassidisme* [*Mein Weg zum Chassidismus,* 1918], *Je et Tu* (*) (1923), *Le Message du hassidisme* [*Die chassidische Botschaft,* 1952], etc. Le hassidisme comme le comprend M. Buber devient une sorte de philosophie existentialiste moderne, dont le principe suprême est que la rédemption est œuvre humaine. Le thème fondamental de la pensée bubérienne est la relation, le face-à-face, la rencontre (symbolisée par le privilège de Moïse de voir la face de Dieu). Par cette « situation religieuse » (radicalement différente de l'aspiration à la « fusion » de la mystique traditionnelle), le sujet participe au devenir divin. L'homme répond en quelque sorte pour le divin. Quand il prend exceptionnellement la plume du romancier, avec *Gog et Magog* (*) (1943), M. Buber illustre cette « mystique humaniste » : il y décrit les communautés hassidiques contemporaines des guerres napoléoniennes à travers les deux principaux Tsaddikim, le voyant de Lublin, et le saint Juif, dit le Juif, Yehoud : tandis que le premier consent à la compromission avec le mal dans la lutte pour l'avènement du « Messie » et ne craint pas le recours aux pratiques magiques, le second fait au contraire de la pureté la meilleure arme dans la construction de l'ère messianique, étant entendu que l'ère messianique n'est pas la descente du divin dans le monde, mais la transformation de ce monde par l'action morale des hommes. Autrement dit, l'absolu est à construire en ce monde. Sionisme et hassidisme s'articulent ici : la politique, chez Buber, est la conséquence directe de cet appel à la responsabilité divine qu'il adresse aux hommes. *Les Chemins de l'utopie* [*Pfade in Utopia,* 1950] font du socialisme israélien le modèle de la communauté vraie, de la sociabilité véritable.

L'œuvre d'anthologiste et de philosophe de Martin Buber se complète par une réflexion sur le texte biblique : traduction de l'*Ancien Testament* – v. *La Bible* (*) – en collaboration avec Rosenzweig, et surtout son livre sur *Moïse* (*) (1946) qui reflète une conception originale du texte sacré, supposant un véritable travail philologique : Buber tient pour inexacte l'opinion communément admise selon laquelle le texte biblique proviendrait en majeure partie de la fusion de sources différentes (Yaviste,

Elohiste, etc.). Il soutient au contraire, au sujet de la plupart des récits bibliques, qu'il y a eu une élaboration de la tradition qui, au cours des générations, a subi de multiples remaniements ; il appartient ainsi à l'exégète de distinguer les éléments anciens et les éléments tardifs pour remonter aussi loin que possible de la tradition remaniée à la tradition orale dont elle est issue.

JEAN-JACQUES POLLET.

♦ *« Acculée dans ses retranchements ultimes, la pensée de Buber n'est, en fin de compte, pas très éloignée de celle des rationalistes juifs du* XIX*e siècle. Après un détour assez long, qui l'a fait se tremper dans les nervures nouvelles du sionisme et la philosophie de l'existence, la pensée juive se retrouve, avec Buber, au niveau de l'humanisme optimiste et universel du* XX*e siècle. »* André Neher. ♦ *« Toute la philosophie de Buber est peut-être moins une réflexion sur l'apostrophe lancée à l'homme par Dieu, qu'un appel du philosophe adressé aux hommes pour qu'ensemble ils abolissent l'exil, et s'aperçoivent que les Portes de la Demeure sont grandes ouvertes. »* Robert Misrahi.

RÉF. : H. Kohn, *Martin Buber, sein Werk und seine Zeit, Ein Versuch über Religion und Politik*, 1930. – G. Bachelard, *Préface à « Je et Tu »*, 1938. – R. Misrabi, *Martin Buber, philosophe de la relation*, 1968. – Th. Dreyfus, *Martin Buber*, Paris, 1981. – *Revue internationale de philosophie* n° 126, Paris, 1982. – A. Marciano, *Au commencement est la relation. La philosophie du « Je et Tu » de Martin Buber*, Paris, 1984. – « Martin Buber » in *Archives de philosophie*, vol. 50, n° 2, Paris, 1988.

BUCHANAN George. Le plus grand humaniste écossais. Né près de Killearn (Stirlingshire) en février 1506, mort à Édimbourg le 28 septembre 1582. Ses parents étaient nobles, mais pauvres. À l'université de Paris en 1520, il y retourna de 1525 à 1527 après avoir étudié à Aberdeen. (Sa première élégie décrit la vie misérable des étudiants parisiens.) Lorsqu'il rentra en Écosse, Jacques V l'incita à écrire un libelle contre les franciscains, ce qui lui valut d'être jeté en prison par le cardinal Beaton. Il s'évada et gagna Bordeaux, où il enseigna le latin au collège de Guyenne ; Montaigne y fut un de ses élèves. Il écrivait à cette époque des pièces en latin qu'il faisait jouer par les étudiants. Pendant quelques années, on le perd de vue ; il était probablement malade. On le retrouve en 1548 à Coïmbre (Portugal) dirigeant le collège. Traduit devant le tribunal de l'Inquisition, il fut enfermé dans un monastère pendant deux ans. Libéré, il passa en France où il se révéla résolument calviniste, mais fut néanmoins le professeur de Marie Stuart. Après l'assassinat de Darnley il devint son ennemi et, lors de son procès, son impitoyable accusateur. On l'a même soupçonné d'avoir forgé de toutes pièces les lettres qui avaient motivé l'arrestation de la reine, ce qui est peu probable. Contre la volonté de Marie Stuart, il fut nommé précepteur de Jacques VI (Jacques Ier d'Angleterre). Il devint lord du Sceau privé, puis membre du Parlement en 1579. Il écrivait surtout en latin. Son *Histoire d'Écosse* [*Rerum Scoticarum historia*] le fit comparer aux historiens de l'Antiquité. Un de ses ouvrages, *Du droit de royauté en Écosse* (+), dont on dirait aujourd'hui qu'il était de tendance démocratique, fut brûlé publiquement à Oxford. On doit aussi à Buchanan une tragédie, *Jephté ou le Vœu* (+), et des paraphrases poétiques des *Psaumes* (*). Il exerça une grande influence sur la culture de son pays.

RÉF. : P. H. Brown, *George Buchanan, Humanist and Reformer*, Édimbourg, 1890. – I. D. McFarlane, *Buchanan*, 1981.

BÜCHNER Georg. Écrivain allemand. Né à Goddelau le 17 octobre 1813, mort à Zurich le 19 février 1837. Georg a trois ans lorsque la famille Büchner vient s'installer à Darmstadt en Hesse, où il fera ses études secondaires. Au cours de ces années, rien ne laisse prévoir le futur écrivain de génie que sera Büchner : ni poésies ni premiers essais, le seul manuscrit conservé étant celui du discours qu'il prononce au lycée sur Caton d'Utique, « défense » du suicide accompli au nom de la liberté.

Fidèle à la tradition de la famille, où l'on est médecin depuis plusieurs générations, Georg va étudier la médecine et s'inscrit à Strasbourg. Il y fait la connaissance de celle qui deviendra sa fiancée, Minna Jaegle, il est introduit dans une corporation d'étudiants, ses intérêts et tendances politiques se précisent, comme en témoigne le discours qu'il tient le 24 mai 1832 devant la corporation Eugenia sur la situation politique de son pays, ainsi que ses réactions à l'annonce du « putsch de Francfort », tentative d'insurrection avortée menée par une poignée d'étudiants nationalistes et révolutionnaires : tout en justifiant l'usage de la violence, seule susceptible à ses yeux de faire plier un régime fondé lui-même sur la violence, Büchner affirme sa conviction selon laquelle aucune révolution ne peut aboutir si elle ne s'appuie sur la masse du peuple.

À la suite d'un décret, Georg doit s'inscrire dans une université allemande. Le voilà donc à Giessen, dans le grand-duché de Hesse-Darmstadt. La séparation d'avec Minna Jaegle, l'« absence d'horizon » dans cette petite ville universitaire étriquée d'un État féodal et policier, le font écrire des lettres à la fois désespérées et révoltées, préfiguration de l'œuvre à venir. Lui, qui de Strasbourg jugeait avec distance les « enfantillages révolutionnaires » des étudiants hessois, va s'engager dans une activité politique de subversion de plus en plus dangereuse. Il fonde ainsi, en mars 1834, une « Société des droits de l'homme », véritable organisation dont l'objectif est de mobiliser les masses en vue d'une action révolutionnaire.

Quelques mois auparavant, Büchner avait

fait la connaissance de celui qui était en Hesse l'un des moteurs des cercles d'activistes : le pasteur Weidig. Fin mars 1834, Büchner rédige un tract de plusieurs pages intitulé *Le Messager hessois* [*Der hessische Landbote*], portant en exergue « Paix aux chaumières ! Guerre aux palais ! », destiné à être distribué parmi la population paysanne. Il s'agit du premier écrit littéraire de Büchner, en même temps que du premier texte révolutionnaire de langue allemande. Écrit dans une langue aux images fortes, émaillée de références à *La Bible* (*) (dues aussi à des ajouts du pasteur Weidig), *Le Messager hessois* est un discours enflammé imprégné des idées de la Révolution française et dénonçant un régime dans lequel les pauvres sont affamés pendant que les princes mènent grand train à la Cour, « teintent leurs beaux habits » avec la sueur du peuple et « découpent leurs rubans » dans la peau de ses ampoules.

Une dénonciation entraîne l'arrestation de plusieurs amis de Büchner, les tracts déjà imprimés sont saisis, Georg n'a que le temps de se constituer un alibi, le redoutable juge de l'université, Georgi, fait perquisitionner sa chambre, mettre son armoire sous scellés. Le père de Georg ordonne à son fils de rentrer à Darmstadt. Au cours de cet hiver 1834-35, Georg Büchner, censé travailler sa médecine à la maison, se plonge dans l'histoire de la Révolution française. Dans une lettre à sa fiancée, il se dit « anéanti par l'épouvantable fatalisme de l'histoire », tourmenté par l'idée des forces obscures qui « poussent l'homme à mentir, tuer et voler ». De ces lectures, de cet état d'esprit, du sentiment d'échec aussi après l'aventure révolutionnaire de Giessen, jaillit le drame qui, d'un coup, fait de Büchner l'un des plus grands dramaturges allemands de l'époque moderne : *La Mort de Danton* (*). Drame du révolutionnaire et drame de la révolution, *La Mort de Danton* est aussi une œuvre dont la force dramatique et la technique, plus shakespearienne que classique, marqueront pour longtemps le théâtre de langue allemande. Büchner y exprime surtout ses interrogations sur l'histoire, sur les forces qui la régissent et qui, en définitive, échappent à ceux qui les ont ébranlées, sur l'homme et sa destinée, sur la misère du peuple auquel est offert, en guise de pain, le sang du spectacle de la guillotine.

Le juge Georgi n'avait pas perdu Büchner de vue. Le 13 juin 1835, un mandat d'arrêt est lancé contre lui. Il s'est enfui entre-temps à Strasbourg. Reprenant ses études de médecine, il se révèle, dans cette activité scientifique, un génie tout aussi précoce, et mène de front les deux activités : il traduit deux drames de Victor Hugo, *Lucrèce Borgia* (*) et *Marie Tudor* (*), entame la nouvelle *Lenz* (*), et entreprend une étude sur le système nerveux des poissons qui lui vaudra, quelques mois plus tard, d'être promu au grade de docteur de l'université de Zurich, où il va s'installer, donnant sa première leçon au début de novembre 1836. Il a exactement... 23 ans. Les œuvres littéraires se succèdent en quelques mois : la nouvelle *Lenz*, seule œuvre en prose de Büchner et restée inachevée, lucide mais minutieuse description d'un esprit entraîné vers la folie, à la fois observation « clinique » et création esthétique. La comédie romantique *Léonce et Léna* [*Leonce und Lena*] est écrite au cours de l'été 1836. À la fin de cette même année 1836, Büchner écrit sa dernière œuvre dramatique, *Woyzeck* (*), inspirée cette fois d'un fait divers. Suite de scènes que n'enchaîne pas un lien dramatique rigoureux, fulgurants aperçus d'une destinée, celle du soldat Woyzeck acculé à l'égarement et au meurtre de son seul bien, Marie, la femme qui lui a donné un enfant. La force tragique de *Woyzeck* est exceptionnelle d'intensité, le drame exprime ce qui demeure l'essentiel de la pensée de Büchner : la compassion révoltée pour l'individu victime de forces qui, en lui, dans sa nature humaine, et hors de lui, dans la société, le dominent, l'égarent et finalement l'écrasent.

Le 2 février 1837, Georg Büchner tombe malade. Une fièvre, prise au début pour un simple refroidissement, s'avère être le typhus, qui l'emporte quinze jours plus tard. Celui qui devait, en quelques œuvres, marquer si profondément la littérature allemande sera enterré à Zurich le 21 février. Il avait 24 ans.

GILBERT RAVY.

♦ *« Je ne connais guère d'œuvre dont le langage, aux limites de son propre désastre, soit plus* [que Lenz] *nécessairement issu d'un frémissement de tout l'être au contact du néant. Le dramaturge de la* Mort de Danton *était littéralement possédé de ce sentiment de l'absurde dont témoigne* Lenz. » A. Béguin.
♦ *« Dépassant de loin une époque dont la plus grande hardiesse consistait à nier la réalité et à exalter le rêve, démasquant le tragique par l'humour et l'humour par le tragique, se sentant infiniment responsable et infiniment faible, Büchner nous rejoint directement par-delà une littérature qui d'abord a supprimé la réalité en la niant, et qui ensuite l'a supprimée en la copiant. À égale distance du romantisme et du naturalisme, il a donné corps à cette union indissoluble du monde visible et de l'invisible, qui est à l'origine du théâtre et reste sa seule raison d'exister. »* M. Robert et A. Adamov.

RÉF. : Wolfgang Martens (Hg), *Georg Büchner*, Darmstadt, 1965 (recueil de 25 articles). – Erwin Kobel, *Georg Büchner. Das dichterische Werk*, Berlin, 1974. – Gerhard P. Knapp, *Georg Büchner*, Stuttgart, 1984.

BÜCHNER Ludwig. Philosophe allemand. Né à Darmstadt (Hesse), le 28 mars 1824, mort dans cette même ville le 30 avril 1899. Frère de Georg Büchner. Il fit ses études de médecine dans diverses villes d'Allemagne et à Vienne, et devint privatdocent à Tübingen. Son premier ouvrage : *Force et Matière* (*) (1855), lui valut d'être exclu de l'enseignement. Il se consacra alors à l'exercice de la médecine dans sa ville natale, et à la rédaction de nombreux écrits philosophiques d'allure scientifique. Büchner est l'un des représentants les plus marquants de ce matérialisme outrancier du siècle passé, qui prétendait ramener toutes les manifestations de l'homme, même la conscience et la pensée, au domaine de la matière et de l'énergie. Outre l'ouvrage déjà cité, Büchner écrivit : *Nature et Esprit* [*Natur und Geist,* 1876] ; *L'Homme et sa place dans la nature* [*Der Mensch und seine Stellung in der Natur,* 1889] ; *La Vie future et la science moderne* [*Das künftige Leben und die moderne Wissenschaft,* 1889] ; *L'Âge d'or, ou la Vie dans l'histoire* [*Das goldene Zeitalter, oder das Leben in der Geschichte,* 1891] ; *Darwinisme et Socialisme* [*Darwinismus und Socialismus,* 1894], etc. Après sa mort, son frère Alexandre publia quelques textes inédits précédés d'une biographie, sous le titre : *Au service de la vérité* [*Im Dienste der Wahrheit,* 1900].

RÉF. : Georges Brandès, *Ludwig Büchner,* Munich, 1903. – P. Berglar, *Der Neue Hamlet. Ludwig Büchner in seiner Zeit,* Darmstadt, 1978.

BUCK Pearl. Romancière américaine. Née le 26 juin 1892 à Hillsboro (West Virginia), morte le 6 mars 1973 à Danby (Vermont). Son père, Absalom Sydenstricker, missionnaire, l'emmène en Chine où elle passe son enfance. Diplômée du collège féminin Randolph Macon à Lynchburg (Virginie), elle enseigne à l'université de Nankin après avoir épousé le Dr Buck (1917) et séjourné en Chine du Nord. Dès 1923, elle envoie nouvelles et articles à des magazines américains et son premier roman : *Vent d'Est, Vent d'Ouest* [*East Wind, West Wind*] paraît en 1929. En 1931, c'est la célébrité avec *La Terre chinoise* (*), le prix Pulitzer (1932) et la médaille de l'Académie américaine des arts et des lettres. Deux nouveaux romans complètent son récit : *Les Fils de Wang Lung* (+) (1932) et *La Famille dispersée* (+) (1935). La trilogie conte l'histoire d'un paysan chinois et de sa femme-esclave et leur ascension. Elle forme une sorte de documentaire sur divers aspects de la vie chinoise, de l'humble et dure condition paysanne à celle de « seigneur de la guerre ». Le lecteur a l'illusion de pénétrer familièrement l'existence quotidienne des personnages. La sympathie qu'exprime l'auteur, l'émotion suscitée, un goût pour l'exotisme lui valent une audience internationale. Ses romans sont largement traduits. En 1938, le prix Nobel couronne l'ensemble de son œuvre. Après son divorce (1934) et son remariage avec un éditeur new-yorkais, Pearl Buck se fixa aux États-Unis où elle écrivit des romans, *Le Patriote* [*The Patriot,* 1938], *Graine de dragon* [*Dragon Seed,* 1942], des nouvelles, des livres d'enfants, les biographies de ses parents, *L'Ange combattant* [*Fighting Angel*], *L'Exilée* [*The Exile,* 1936], *L'Enfant qui ne grandit jamais* [*The Child who never grew,* 1950], consacré à sa fille handicapée, et son autobiographie, *Mes mondes* [*My several Worlds,* 1954].

JEANINE PAROT.

BUDDHA. L'« Éveillé », l'« Illuminé », « Celui qui a atteint la clairvoyance », sont les équivalents du mot sanskrit qui, plus universellement que tout autre, désigne le fondateur du bouddhisme ; terme riche en signification mystique dans la mesure où il révèle une renaissance spirituelle et rejette dans un oubli presque complet les autres noms de ce dernier, liés à ses précédentes vicissitudes terrestres. Historiquement, le Buddha vécut vers 500 ou 480 avant J.-C. dans la région nord-orientale de l'Inde ; il naquit dans une famille princière et reçut le nom de Siddhartha ; on l'appella également Gautama qui est un nom noble. Les événements de sa vie sont bien connus ; en fait de dates saillantes se détachent : sa vingt-neuvième année où il abandonna les richesses et les aises au milieu desquelles il avait jusque-là vécu et se consacra à une existence de pénitence ; la nuit mémorable au cours de laquelle, après sept ans de débats et d'épreuves, l'énigme du monde lui apparut résolue ; et finalement sa mort, à quatre-vingts ans, qui le couronna d'une gloire immortelle. Le chemin spirituel parcouru, les phases de son développement progressif et le but atteint font entrer la figure du Buddha dans le cadre d'une vision qui la détache presque du temps et l'immortalise dans la conception suggestive du « nirvana ». Mais le Buddha vécut et agit, et sa personnalité fait preuve, en premier lieu, d'une extraordinaire et indépendante faculté de spéculation par le seul fait que, partant de bases religieuses traditionnelles et orthodoxes, il les désagrège et les anéantit par la force de son raisonnement, et, ne recourant qu'à cette seule force, établit une doctrine religieuse sans divinité : ce système était une anomalie et une hérésie dans un milieu, comme le milieu védique, totalement imprégné du sentiment du divin. Le Buddha vécut dans une période de l'histoire de la pensée hindoue au cours de laquelle, sur les bases de nouvelles suppositions doctrinales – la première étant la croyance à la transmigration –, l'ancienne religion védique, avec son culte rendu aux dieux et son exaltation du sacrifice comme acte méritoire sans égal et tout-puissant dans ses effets, avait perdu toute valeur, l'unique réalité, inéluctable et effrayante, qui terrorise l'homme, étant son éternelle renaissance et son éternelle disparition à travers une interminable succession d'existences plus ou moins heureuses suivant les mérites ou les blâmes acquis, mais toujours éphémères et fugitives et se terminant toutes par la douleur qui accompagne immanquablement la mort. Couper le cycle de ses différentes naissances, s'éloigner définitivement de l'océan sans limites de ses existences mortelles est la fin suprême à laquelle aspire toute créature vivante, le bonheur suprême et éternel, diversement conçu par les différentes théories qui se sont développées durant cette période d'active et féconde recherche philosophique et religieuse qui précède et voit l'avènement du bouddhisme.

La figure historique et légendaire du Buddha se dresse, lumineuse, au-dessus de toutes les autres, du Buddha qui prêcha et diffusa sa doctrine de salut – v. *Discours* (*) –, qui institua une communauté de disciples astreints à des règles spéciales, qui observa lui-même celle du séjour dans des lieux adéquats [vihara] où des foules pouvaient se rassembler pour écouter sa parole, qui favorisa dès le début une activité missionnaire efficace, qui, en somme, fonda une religion qui fait encore retenir le nom de son créateur lointain dans de nombreuses et vastes régions du continent asiatique. Le Buddha est un personnage exceptionnel, même dans l'histoire de l'Inde, non seulement par sa réalité historique – qui contraste souvent avec l'aspect légendaire sous lequel la tradition culturelle indigène présente les créateurs, religieux, philosophes et auteurs éminents de tous âges – qui est un jalon de la chronologie antique, mais aussi par les caractéristiques qui marquent (en le distinguant des autres mouvements spirituels contemporains) son chemin vers la lumière. L'ascèse [tapas] avec les mortifications et les souffrances physiques qu'elle comporte était depuis longtemps en grand honneur auprès des sages de l'Inde, et le Buddha en fit l'expérience personnellement, mais sans résultat ; il l'abandonna rapidement, réalisant, dans une intuition géniale et réaliste, les liens indissolubles qui unissent la force et les facultés spirituelles et intellectuelles à la santé et la vigueur matérielle du corps. C'est alors qu'en condition de parfait équilibre et de juste balance entre énergie intellectuelle et énergie physique le Buddha entreprit la recherche de la vérité qui finit par se révéler une nuit où il se trouvait en méditation au pied d'un figuier.

Une conception désolée et pessimiste de la vie se trouve essentiellement à la base de tout l'édifice doctrinal bouddhique : éphémères les joies de la jeunesse, de la santé, de la vie, parce que la vieillesse, les maladies, la mort arrivent inéluctablement ; la douleur domine dans toute existence et plane éternellement dans l'éternelle pérégrination de vie en vie. On ne peut obtenir l'anéantissement de la douleur que par l'anéantissement du désir, avec l'extinction de la conscience individuelle [nirvana]. C'est l'ignorance et le besoin de plaisirs, c'est-à-dire l'attachement à la vie, qui sont cause de la renaissance. Cette divination que le Buddha eut du mystère qui entoure l'homme est comprise dans les paroles mémorables qu'il aurait prononcées la nuit de la révélation [bodhi] ; « J'ai parcouru le cycle de plusieurs vies, sans repos, cherchant le constructeur de la maison (ou cause de la renaissance) : constructeur de la maison, tu es découvert, tu ne bâtiras plus aucune maison, tes poutres sont rompues et le toit de la maison est détruit. Le cœur, libéré, a étouffé tout désir. » Le testament spirituel contenu dans les brèves et solennelles recommandations faites à ses disciples par le Buddha mourant forment une émouvante mais claire synthèse de tout son enseignement. Ses dernières paroles sont une exhortation à une calme résignation, au détachement, à une ardente activité sur le chemin de la libération : « Je vous exhorte donc, ô disciples, à penser que tout ce qui existe est sujet à la mort. Cherchez donc votre salut. »

Sa personne que ses disciples avaient pourtant tant aimée n'est rien : ses traits humains auxquels ils s'étaient tant attachés se décomposaient à jamais, et le Buddha, à ses derniers moments, en donne un témoignage clair à ses fidèles désolés qui l'assistaient : il réclame pour lui, dans la postérité, ignorance et oubli. Son unique héritage fut sa doctrine du salut.

MARIO VALLAURI.

♦ *« Il n'y a pas de Buddha en dehors du cœur. Hors la réalité du cœur tout est imaginaire. Le cœur est Buddha et Buddha est le cœur. Imaginer un Buddha en dehors de son cœur, se figurer qu'on le voit dans un lieu extérieur, c'est du délire* [...] *Chacun est Buddha pour soi ; chacun est son propre Buddha... »* Bodhidharma, VIe siècle. ♦ *« L'action spéciale que cette religion de la substance a exercée sur le caractère des nations qui l'ont embrassée, c'est d'avoir éveillé en elles un besoin bien marqué de s'élever au-dessus de la conscience immédiate, individuelle. L'élévation au-dessus des désirs, de la volonté individuelle et déréglée, l'absorption dans la vie intérieure, dans l'unité, est la conséquence immédiate de la conception de l'Un comme être substantiel. L'image de Buddha est dans cette attitude contemplative, les pieds et les bras superposés de telle façon qu'un doigt de pied entre dans sa bouche. C'est l'image du retour sur soi-même, de l'absorption en soi-même. Les traits caractéristiques des nations qui professent cette religion sont le calme et la douceur, l'obéissance, toutes choses qui élèvent au-dessus des désirs, des mouvements déréglés de l'âme... »* Hegel. ♦ *« Si je voulais voir dans ma philosophie la mesure de la vérité, je devrais mettre le bouddhisme au-dessus de toutes les religions. En tout cas, je me réjouis de constater un accord si profond entre ma doctrine et une religion qui, sur terre, a la majorité pour elle, puisqu'elle compte le plus d'adeptes* [...] *Nos religions ne prennent ni ne prendront dans l'Inde ; la sagesse humaine ne se laissera pas détourner de son cours pour une aventure arrivée en Galilée. Non, mais la sagesse indienne refluera encore sur l'Europe et transformera de fond en comble notre savoir et notre pensée. »* Schopenhauer. ♦ *« Vouloir, c'est-à-dire entrer dans l'engrenage des obstacles et des résistances, risquer la défaite, prendre la mesure de sa faiblesse, ouvrir le gouffre de l'insatiable désir, me fait peur depuis bien longtemps. Mon initiation constante a été le renoncement, le détachement, c'est-à-dire l'extirpation du désir. Mais le désir du bien fait souffrir, comme tout autre désir, puisqu'il n'est jamais satisfait. J'ai donc été quiétiste et bouddhiste, spontanément. Ce n'est pas là le point de vue chrétien. »* Amiel. ♦ *« Le bouddhisme* [...] *dont on a jusqu'à ce jour si mal compris le sens* [...] *n'est point un mouvement puritain, par exemple comme l'islam et le jansénisme, ni une réformation comme le mouvement dionysien en regard de l'apollinisme, ni une religion nouvelle ou, en général, une religion, comme celles des Védas et de l'apôtre Paul, mais une dernière mentalité laïque, purement pratique, de grands citadins épuisés, qui n'ont plus derrière eux qu'une culture achevée et devant eux aucun avenir. Il est le sentiment fondamental de la civilisation hindoue, et, par conséquent, "contemporain" et équivalent du stoïcisme et du socialisme... »* Oswald Spengler. ♦ *« Moins ambitieux qu'une religion et plus étendu qu'une philosophie, le bouddhisme est... une discipline. Buddha ne se préoccupe que du salut ; il se borne à indiquer le chemin qui y conduit. Cette limitation volontaire fait à la fois sa force et sa faiblesse. »* Henri Arvon.

RÉF. : H. Oldenberg, *Le Bouddha, sa vie, sa doctrine, sa communauté,* Berlin, 1881 ; trad. franç. Paris, 1894. – La Vallée-Poussin, *Bouddhisme,* Paris, 1925. – R. Guyon, *Anthologie bouddhique,* 2 vol., Paris, 1925. – R. Grousset, *Sur les traces du Bouddha,* Paris, 1929. – E.-B. Allo, *Plaies d'Europe et baumes du Gange,* Paris, 1931. – Masson-Oursel, *La Philosophie en Orient,* Paris, 1938. – H. von Glasenapp, *Brahma et Bouddha,* Paris, 1938. – Albert Schweitzer, *Les Grands Penseurs de l'Inde,* Paris, 1945. – J. Bacot, *Le Bouddha,* Paris, 1947. – Coomaraswamy, *Hindouisme et Bouddhisme,* Paris, 1949. – A. Foucher, *La Vie de Bouddha,* Paris, 1949. – Henri Arvon, *Le Bouddhisme,* Paris, 1951, 12e éd., 1988. – W. Rahula, *L'Enseignement du Bouddha d'après les textes les plus anciens,* Paris, 1961. – L. Silburn, *Le Bouddhisme,* Paris, 1977. – M. Wijayaratna, *Sermons du Bouddha,* Paris, 1988.

BUDÉ Guillaume. Humaniste français. Né le 26 janvier 1468 à Paris, mort dans cette même ville le 20 août 1540. D'une famille noble, qui exerçait des charges de trésorerie et de chancellerie, il était destiné à cette carrière ; il commença à apprendre le droit sans beaucoup de goût et fit quelques folies de jeunesse. Soudain, à vingt-quatre ans, il reprit entièrement son instruction, dans toutes les branches du savoir, avec une passion telle qu'il fut victime de lésions nerveuses dont il souffrira toute sa vie. Il commença à traduire en latin plusieurs traités de Plutarque, puis, en 1508, publia ses *Annotations aux pandectes* (*), qui allaient renouveler les études juridiques. En 1514, paraissent ses *Libri V De asse et partibus eius*, traité des monnaies et mesures anciennes aux différentes époques, dont, sur la demande du roi, il écrivit un abrégé en français : *Sommaire ou épitomé du livre De asse* (+) (1522). Nommé par Charles VIII secrétaire du roi, il est ensuite envoyé comme ambassadeur à Rome (1515), mais, s'opposant au pape Léon X, il demande à être rappelé. Il va désormais accompagner continuellement François Ier, en particulier à l'entrevue du camp du Drap d'or, en 1520. Grâce à la protection royale, et malgré l'échec de longues négociations avec Érasme, sous son impulsion est fondé en 1530 le Collège des trois langues, qui devait devenir le Collège de France. Il était également depuis 1522 maître des requêtes, charge qui le mêla à plusieurs procès, comme celui de l'hérétique Louis de Berquin, brûlé en 1529, au cours duquel il montra toute sa modération. Ami des hommes les plus savants de son temps, d'Érasme (avec lequel il se brouille à la suite de l'affaire du Collège des trois langues), de Thomas Morus, d'Étienne Dolet, de Rabelais, il entretenait avec eux plusieurs correspondances, de préférence en grec et en latin car, malgré les efforts déployés par le roi en faveur du français, Budé écrivit toujours assez maladroitement la langue nationale. Nommé, en 1522, maître de la librairie de Fontainebleau transportée plus tard à Paris et devenue la Bibliothèque nationale, il continuait à publier sur les questions les plus diverses : des dissertations philosophiques comme celle intitulée *Du mépris des choses fortuites* [*De contemptu rerum fortuitarum*, 1521], un traité *De l'institution du prince* publié en 1547, des encouragements à la jeunesse érudite, un plaidoyer en faveur des savants (*De philologia*, 1532), de doctes *Commentaires sur la langue grecque* (*) (1529), et un recueil fragmentaire de lettres écrites dans le grec le plus pur. Sa curiosité était inlassable, allait aussi bien à la littérature qu'à la numismatique, à l'économie politique, à la vénerie, à la législation, à la pédagogie, aux mathématiques, à la philosophie. Premier helléniste français, c'est lui qui imposa l'étude du grec, et non sans luttes. Il fut à la fois une figure exemplaire de la Renaissance et un homme de tradition ; si par exemple il substituait au « trivium » et « quadrivium » médiéval un plan d'études plus rationnel, c'était la thèse essentielle de tout l'humanisme médiéval qu'il reprenait lorsqu'il montrait que la philosophie, loin d'être un danger pour la foi, était une préparation à l'Évangile.

♦ *« Le prodige de la France... »* Érasme. ♦ *« Si Rabelais a plus de verve, de fantaisie, de largeur de vue et, pour tout dire en un mot, de génie, Budé, fils de Paris, apporte son tempérament propre : la mesure, le goût, la hauteur de pensée. Il est, avec tout ce que cela comporte de don à autrui et d'originalité, un initiateur. »* R. Barroux.

RÉF. : R. Rebitté, *G. Budé, restaurateur des études grecques*, 1846. – E. de Budé, *Vie de G. Budé*, 1884. – J. Plattard, *G. Budé et les Origines de l'humanisme français*, 1923. – M.-M. de La Garanderie, *Christianisme et Lettres profanes (1515-1535)*, 1976.

BUERO VALLEJO Antonio. Dramaturge espagnol. Né en septembre 1916 à Guadalajara (province de Castilla la Mancha). Buero Vallejo est un homme de convictions. Son engagement dans les rangs républicains pendant la Guerre civile espagnole lui a coûté six ans de prison dans les geôles franquistes. Son théâtre est à l'image de cet homme au destin mouvementé. Un théâtre âpre, aux teintes tragiques où les problèmes de la condition humaine sont traités avec grandeur d'âme. Avant la guerre civile, Buero Vallejo étudie les beaux-arts, à Madrid. Il rêve de se consacrer au dessin et à la peinture. Après ses années de prison, il décide d'abandonner la peinture et de se consacrer au théâtre. C'est en 1949 que Buero Vallejo fait son entrée sur la scène théâtrale espagnole. Il reçoit le prix de l'Association des amis du théâtre pour son œuvre *Les Paroles de sable* [*Las palabras de arena*], mais surtout il voit couronner sa deuxième création, *Histoire d'un escalier* – v. *Théâtre* (*) de Buero Vallejo –, du prix Lope de Vega de la mairie de Madrid. Représentée au Théâtre espagnol, *Historia de una escalera* eut un très grand succès. Ses œuvres les plus importantes jalonnent la décennie des années 50 et des années 60 : *Dans l'ardente obscurité* [*En la ardiente obscuridad,* 1950], *La Tisseuse de songe* [*La tejadora de suenos,* 1952], *Presque un conte de fées* [*Casi un cuento de hadas*] et *Petits matins* [*Madrugadas,* 1953], *Las meninas* (1960), *El concierto de San Ovidio* (1962), *L'Arrivée des dieux* [*Llegada de los dioses,* 1971]. Buero Vallejo a aussi traduit des œuvres étrangères : *Hamlet* (*), (1961) et écrit un livre d'essais : *Trois maîtres face au public* [*Tres maestros ante el publico,* 1973]. Buero Vallejo a été élu à la Real Academia en 1971. Il est aussi membre de la Hispanic Society of America.

PHILIPPE BLONDEAU.

BUFFON Georges Louis Leclerc de. Naturaliste et écrivain français. Né le 7 septembre 1707 au château de Montbard, près de Semur, mort à Paris le 16 avril 1788. Il était fils de Benjamin-François Leclerc (1682-1773) et d'Anne-Christine Maslier (1680-1731). Buffon semble avoir eu une jeunesse assez agitée. Il fait ses études au collège des jésuites de Dijon, où autrefois Bossuet a été élève. Il montre des dispositions certaines pour les mathématiques, il est licencié en droit et se lie avec un jeune Anglais, le duc de Kingston, dont le précepteur, Hinckmann, lui communique son goût pour l'histoire naturelle. À partir de 1730, les deux jeunes gens parcourent l'ouest et le sud de la France – à Angers, où ils séjournent plusieurs mois, Buffon aurait suivi les cours de l'École de médecine –, visitent l'Italie, reviennent en France par la Suisse et partent tous deux pour l'Angleterre. Buffon y retourne en 1738 ; il passe alors trois mois à Londres et s'y plaît autant que deux illustres Français qui l'y avaient précédé de peu, Voltaire (entre 1726 et 1729), Montesquieu en 1730-1731. Mais, en France, Buffon s'était déjà fait connaître par ses travaux ; il avait donné quelques mémoires de mathématiques et de physique (dans l'un d'entre eux, il prouvait expérimentalement la réalité des miroirs ardents d'Archimède), et d'économie rurale qui lui avaient valu d'être nommé dès 1733 – à vingt-six ans – membre adjoint de l'Académie des sciences (classe de mécanique). En 1735, il publie une traduction de l'ouvrage de l'Anglais Hales, *La Statique des végétaux,* particulièrement remarquable par les recherches sur la nutrition des plantes ; le traducteur, dans son Introduction, définissait avec clarté les conditions et les méthodes des sciences expérimentales que lui-même pratiquait : à Montbard, il avait entrepris de vérifier les lois de la botanique en faisant de nombreuses expériences dans les pépinières qui lui appartenaient, et il avait publié plusieurs mémoires, en collaboration avec Duhamel de Monceau, sur la formation et la résistance des bois. En 1740, il devait donner une autre traduction, celle de la *Méthode des fluxions* (+) de Newton. Mais, en 1739, Buffon entre à l'Académie des sciences, cette fois dans la classe de botanique, et est nommé intendant du Jardin du Roi (actuel Jardin des Plantes). C'est là que l'intérêt encore sporadique qu'il avait manifesté pour l'histoire naturelle devient sa principale préoccupation et qu'il conçoit le dessein et le plan de son *Histoire naturelle générale et particulière* (*). Dès 1744, il annonce que l'œuvre comprendra quinze volumes ; en fait, elle en aura trente-six et demeurera inachevée.

Tout d'abord, Buffon réorganise et développe le Jardin du Roi. Il acquiert des terrains, les fait planter, construit des cages et des volières, augmente les collections ; mais c'est plus encore sur l'enseignement qu'il fait porter son effort ; grâce à ses réformes, les cours donnés par des démonstrateurs attireront un public de plus en plus nombreux. Parallèlement, Buffon entreprend une œuvre qu'il veut aussi vaste et universelle que celle de ses modèles, Aristote, Théophraste et Pline. Placé à la tête d'une documentation unique, ayant toute facilité de l'accroître et de la vérifier par les travaux que faisaient parvenir à cet établissement des correspondants de tous les pays, entouré de savants dont il allait faire ses collaborateurs directs, Buffon organise la mise en route de ce tableau de la nature entière comme il a organisé le futur Muséum. Le médecin Louis Daubenton (1716-1799) se chargera plus spécialement de la partie anatomique et à cette occasion fondera une science nouvelle, l'anatomie comparée ; collaborateur immédiat de Buffon dans son *Histoire* dont il eut l'honneur de signer seul les premiers tomes avec lui, Daubenton fut la personnalité la plus remarquable du groupe qu'il quittera en 1753. Les autres collaborateurs, Guineau de Monthéliard (1720-1785) et surtout l'abbé Gabriel Bexon (1745-1784) à qui sera confiée la description des oiseaux, se contenteront d'être les aides obscurs du maître et demeureront anonymes jusqu'au jour où Buffon voudra bien révéler qu'il avait eu recours à leurs talents. En fait, Buffon est l'âme de tout l'ouvrage : non seulement il en écrit une grande partie et s'y réserve les vastes aperçus généraux, mais ce sont ses idées que mettent en œuvre les collaborateurs dont il corrige les écrits. L'intendant du Jardin du Roi avait acquis les moyens de réaliser un aussi ambitieux projet. Il s'était donné, avant d'entrer en fonction, une solide formation mathématique et mécanique ; il s'était livré à de multiples expériences, non seulement de physique, mais aussi de botanique appliquée ; enfin la lecture assidue des anciens et des écrivains du XVIIe siècle – il admirait particulièrement la langue et de Bourdaloue et de Massillon –, un goût très tôt développé chez lui pour la grandeur, la régularité du style, un penchant très net pour la forme oratoire par quoi il se distingue de ses contemporains – v. *Discours sur le style* (*) – avaient fait de lui un écrivain très conscient et très scrupuleux, soucieux avant tout d'exactitude.

Dès 1744, Buffon adopte une règle de vie qui lui est imposée par le souci de consacrer le plus de temps possible à la rédaction de son *Histoire,* et dont il ne se départira pas jusqu'à sa mort. Chaque année, il passe huit mois à Montbard. Il s'y occupe de ses domaines, des fonderies et des forges qui y sont installées, mais surtout il y travaille ; levé dès cinq heures, il se promène, reste quelques instants au milieu de ses volières d'oiseaux rares, puis dicte pendant quatre heures, ne consacre qu'une demi-heure à son déjeuner, se remet au travail jusqu'à deux heures, dîne et donne ses soins à ses devoirs de grand propriétaire. À cinq heures, il retourne au travail et consacre sa soirée à des lectures. Exigeant avec lui-même, il passe un temps considérable à polir et repolir son style et reprend de cinq à six fois le même texte. À Paris, où il ne passe que quatre mois par an, il se donne à ses tâches officielles, fréquente peu de salons, où sa conversation, au témoignage de ses contemporains, est négligée et pesante. Tous ces traits de caractère, son indifférence aux polémiques, aux modes et aux passions de son temps, son indépendance, sa solidité, sa dignité, sa probité, une certaine raideur enfin, devaient lui attirer l'hostilité des Encyclopédistes.

En 1749, Buffon donne les trois premiers volumes de l'*Histoire naturelle* qui contiennent le *Discours de la manière d'étudier l'histoire naturelle,* la *Théorie de la terre* (+), le *Discours sur la nature des animaux, L'homme,* ainsi que des articles consacrés à un certain nombre de quadrupèdes. Le quatrième volume paraît en 1753. Les autres devaient suivre régulièrement, sauf une interruption de deux années, causée par une longue maladie de Buffon, jusqu'en 1789. Après 1751, année marquée par la condamnation en Sorbonne du premier volume de l'*Histoire* qui vient de paraître, censure à laquelle l'auteur se soumet, l'histoire de la vie de Buffon est celle de la publication des tomes de son ouvrage. Signalons cependant quelques étapes marquantes : en 1752, mariage de Buffon avec Marie-Françoise de Saint-Belin ; en 1753, Buffon, sans avoir fait les visites traditionnelles, est reçu le 25 août à l'Académie française ; son discours de réception – v. *Discours sur le style* – est, contrairement aux habitudes, applaudi par l'assemblée ; en 1764, naissance de son fils qui sera guillotiné en 1794 – avant d'expirer, il aurait adressé au peuple ces simples mots : « Citoyens, je m'appelle Buffon. » Tandis que, secondé par une équipe de secrétaires qui pour lui dépouillent les renseignements venus de tous les pays, ordonnent et classent, préparent le travail, entouré de ses collaborateurs directs, Buffon, inlassable, poursuit la publication de son œuvre. De 1753 à 1767 est publiée en onze volumes la suite des Quadrupèdes, de 1770 à 1783 les neuf volumes des Oiseaux, de 1783 à 1788 les cinq volumes des Minéraux ; de 1774 à 1789, Buffon fait paraître parallèlement sept volumes de suppléments – le tome V de ces Suppléments contient les *Époques de la nature* (+) (1778). Les honneurs affluent de toute l'Europe : Louis XV le nomme comte en 1777 ; on érige sa statue par Pajou dans le Jardin du Roi avec l'inscription *Majestati naturae par ingenium* ; la grande Catherine enfin lui demande son buste. La Sorbonne cependant n'oublie pas son droit de regard sur l'œuvre et sa portée philosophique. Elle renouvelle en 1779, à propos de la parution des *Époques de la nature,* la condamnation de 1751 qui vise la *Théorie de la terre ;* cette fois cependant, l'humiliation de 1751 est épargnée à Buffon, le veto royal intervient.

Peu d'hommes furent plus fêtés, plus comblés d'honneurs et de distinctions que Buffon en son temps. Il eut les faveurs du pouvoir, l'audience de l'étranger, l'admiration des humbles et celle des grands, le respect et l'estime universelles. La vogue que connurent les sciences naturelles fut en partie son fait, au point qu'on ne peut plus démêler si c'est lui qui l'introduisit ou si c'est de cette vogue qu'il bénéficia. Mais peu de penseurs de ce temps surent aussi bien se préserver des périls qu'impliquait un renom si public et qui ne se démentit pas. Jamais Buffon ne modifia son mode de vie ni ses habitudes de travail. L'*Histoire naturelle* fut un des plus grands succès de librairie du temps, passant devant *La Nouvelle Héloïse* – v. *Julie ou la Nouvelle Héloïse* (*) – et l'*Encyclopédie* (*) ; les éditions, les traductions s'en multiplièrent ; après la mort de Buffon, la suite que devait lui donner Lacépède prolongea longtemps encore le succès de l'œuvre. L'engouement du public pour les sciences de la nature ne suffirait pas à expliquer cette éclatante réussite mais, en son temps, Buffon fut considéré plutôt comme un philosophe et un écrivain que comme un savant – ce qui n'était d'ailleurs que justice. Ses œuvres suscitèrent chez les penseurs du temps une vive émulation et, malgré leurs divergences de vues, Diderot et Condillac furent partiellement tributaires de son œuvre. Aussi bien est-ce l'idée directrice qui demeure ce qu'il y a de plus estimable dans cette immense synthèse. Cependant, dans l'histoire des sciences, le mérite de Buffon ne fut pas mince. Les progrès réalisés dans les sciences naturelles par ses successeurs, même lorsqu'ils contredisent les conclusions de Buffon, sont à mettre à son crédit, ne serait-ce que parce qu'il fut le premier à oser poser les problèmes dans leur ensemble avec une audace intellectuelle qui force encore l'admiration.

JACQUES BROSSE.

♦ « *Le grand phrasier.* » D'Alembert. ♦ « *Pas si naturelle que cela.* » Voltaire (à propos de l'*Histoire naturelle*). ♦ « *On a trouvé dans les montagnes de la Hesse une pierre qui paraissait porter l'empreinte d'un turbot et sur les Alpes un brochet pétrifié : on en conclut que la mer et les rivières ont coulé tour à tour sur les montagnes. Il était plus naturel de soupçonner que ces poissons apportés par un voyageur, s'étant gâtés, furent jetés et se pétrifièrent dans la suite des temps, mais cette idée était trop simple et trop peu systématique.* » Voltaire. ♦ « *On retrouve dans ses erreurs l'empreinte de son génie... Souvent, après avoir recueilli des faits jusqu'alors isolés et stériles, il s'élève et arrive aux résultats les plus inattendus...* » Vicq d'Azyr. ♦ « *Il paraissait commander à ses idées plutôt qu'être entraîné par elles.* » Condorcet. ♦ « *Beaucoup d'écrivains avaient écrit sur la physique ; mais Buffon fut le premier qui, des immenses richesses de cette science, ait fait celles de la langue française, sans corrompre ou dénaturer ni l'une ni l'autre.* » La Harpe. ♦ « *La partie de son ouvrage la plus parfaite, celle où il restera toujours l'auteur fondamental, c'est l'*Histoire des quadrupèdes. » Cuvier. ♦ « *Trop majestueux, trop monotone, trop ostentatoire, surtout trop peu sensible, Buffon décrit et n'émeut jamais.* » A. de Lamartine. ♦ « *Le* Discours sur le style *n'est que la confidence un peu apprêtée d'un grand artiste.* » Villemain. ♦ « *Buffon est le premier qui, dans les temps modernes, a traité ce sujet* [l'origine des espèces] *au point de vue essentiellement scientifique.* » Darwin. ♦ « *Je ne sais où l'on a pris que le style de Buffon a de l'emphase ; il n'a que de la noblesse, de la dignité, une magnifique convenance, une clarté parfaite.* » Sainte-Beuve. ♦ « *J'ai été émerveillé de trouver dans les préceptes de style du sieur Buffon nos pures et simples théories sur l'art.* » Flaubert.

RÉF. : Chevalier Aude, *Vie de Buffon*, 1788. – *Éloges* de Lacépède, 1789 ; de Condorcet, 1790. – R. Heim et coll. *Buffon*, Paris, Museum, 1952. – J. Roger, *Les Sciences de la vie dans la pensée française du XVIIIe siècle*, Paris, 1963. – M. Foucault, *Les Mots et les Choses*, Paris, 1966. – L. Hanks, *Buffon avant l'Histoire naturelle*, Paris, 1966. – M. Duchet, *Anthropologie et histoire au siècle des Lumières*, Paris, 1971, rééd. Flammarion, 1977. – D. Brahimi, « La Sexualité dans l'anthropologie humaniste de Buffon », *Dix-huitième siècle*, N° 12, Paris, 1980. – P. Gascar, *Buffon*, Paris, Gallimard, 1983. – C. Rosso, « Buffon, la fin des loteries et la peur de souffrir », dans *Les Tambours de Santerre*, Pise, 1986. – *Buffon, 1788-1988*, Paris, Imprimerie nationale, 1988.

BULL John. Organiste et compositeur anglais. Né vers 1563 dans le Somerset, mort le 12 ou 13 mars 1628 à Anvers. Il reçoit son éducation musicale à la Chapelle royale de la reine Elizabeth. Organiste de la cathédrale de Herford en 1582, il y est nommé, l'année suivante, maître des enfants. Après lui avoir donné les titres de Gentleman de la Chapelle royale et de Doctor of music à l'université d'Oxford, la reine Elizabeth crée pour lui une chaire de musique au Gresham College, charge qu'il occupe jusqu'en 1607. En 1612 paraissent sept de ses pièces pour virginal dans *Parthenia* (*), qui rassemble également des compositions de Byrd et Gibbons. Pour des raisons en partie religieuses (il était catholique), John Bull quitte la Grande-Bretagne en 1614 et se réfugie à Anvers. Il y devient organiste de la cathédrale en 1617, poste qu'il conservera jusqu'à sa mort. Son œuvre comprend quelques pièces vocales et instrumentales (voix et luth, violes), mais c'est surtout celle pour clavier qui est essentielle, composée principalement avant 1613. Fantaisies, pavanes, gaillardes témoignent de la virtuosité de l'artiste, et illustrent parfaitement le génie de l'école des virginalistes anglais. Les trente *Walsingham Variations*, le *Quadran pavan and galliard* et le *In nomine*, particulièrement connus, figurent dans le *Fitzwilliam virginal book* (*).

DOMINIQUE JACCOTTET.

BULÖW Bernhard Heinrich Karl von. Homme d'État allemand. Né à Klein Flottbeck près d'Altona le 2 mai 1849, mort à Rome le 28 octobre 1929. Il combattit pendant la guerre franco-allemande de 1870, puis entra dans la carrière diplomatique dont il franchit rapidement les échelons : attaché d'ambassade à Athènes (1877), secrétaire à Paris (1879), conseiller à St-Pétersbourg (1885), ambassadeur à Bucarest d'abord, puis à Rome en 1894. Il fut rappelé en Allemagne en 1897 pour être secrétaire d'État aux Affaires étrangères. Il succéda en 1900 comme chancelier au vieux prince de Hohenlohe-Schillingfürst. Il avait la confiance de Guillaume II et aussi son amitié. Il obtint, cette même année, la location à l'Allemagne, pour 99 ans, du port de Kiao-Tchéou en Chine. Il avait déjà fait acquérir à l'Allemagne les îles Carolines, les Mariannes et une partie des Samoa. Ces succès lui valurent le titre de comte. Sa politique suscita maintes critiques : on lui reprocha de favoriser le réarmement naval, ce qui inquiétait l'Angleterre, de ne pas rechercher l'alliance anglaise, de n'avoir pas su éviter l'échec de l'Allemagne à la conférence d'Algésiras. Au moment du scandale Eulenbourg (1909), il ne se fit pas, devant le Reichstag, le défenseur acharné de l'empereur, ce qui blessa profondément Guillaume II. Le bloc des conservateurs et des libéraux, soutien de son gouvernement, fut mis en minorité, et il dut démissionner. Il fut encore une fois envoyé en Italie au début de la Première Guerre mondiale, en qualité d'ambassadeur extraordinaire : il s'agissait d'éviter la rupture de la Triple Alliance. Il vécut presque constamment à Rome après la guerre. Il avait épousé une Italienne, la princesse de Camporeale. Ses *Mémoires* (*) parurent en 1930, après sa mort par conséquent. Il avait déjà publié en 1916 un volume intitulé *La Politique allemande* (+).

RÉF. : Friedrich Thimme, *Front wider Bülow. Staatsmänner, Diplomaten und Forscher zu seinen Denkwürdigkeiten*, Munich, 1931. – Friedrich Hiller von Gaertringen, *Fürst Bülows Denkwürdigkeiten. Untersuchungen zu ihrer Entstehungsgeschichte und ihrer Kritik*, Tübingen, 1956.

BULTMANN Rudolf. Philosophe et théologien allemand. Né le 20 août 1884 à Wiefelstede, dans l'ancien grand-duché d'Oldenburg, mort le 31 juillet 1976 à Marburg. Il fut l'initiateur de la « démythologisation » du christianisme, dont la pensée inspire l'actuelle génération de ceux qu'on appelle « les théologiens de la mort de Dieu ». Fils d'un pasteur luthérien, Bultmann fit ses études à Tübingen, Berlin et Marburg. Sa carrière universitaire sans faille – habilitation comme « Privatdozent » en histoire du Nouveau Testament à Marburg (en 1912), professeur ordinaire à Giessen (1920-1921), puis à Marburg (1921-1951), sorte de haut lieu du débat théologique depuis Luther et Zwingle – ne l'empêcha pas, aux heures sombres du nazisme, de prendre ouvertement position contre le régime hitlérien.

La fécondité des analyses de Bultmann repose sur l'opposition qu'il dresse entre la pensée grecque – selon laquelle le ciel et la terre, les dieux et les hommes seraient régis par la toute-puissance de rapports rationnels – et la pensée biblique, qui laisserait place à ce qu'il désigne comme « l'inobjectivable » (le Tu humain et divin, l'événement, la rencontre avec l'Autre). C'est cette dualité qui guide sa lecture originale du *Nouveau Testament*, développée à travers toute son œuvre : *Nouveau Testament et Mythologie* (*), *L'Évangile de Jean* (+) (1941), *L'Interprétation du Nouveau Testament* (*) (1953), *Jésus. Mythologie et démythologisation* (1968), seul ouvrage important de Bultmann paru jusqu'à ce jour en français, et qui réunit sous un titre commun les traductions de *Jésus* (1926) et *Jésus Christ and Mythology* (1958).

Selon Bultmann, les écrivains bibliques, pour rapporter l'apparition de Jésus de Nazareth, écrire « sa biographie surnaturelle », ont cherché à élaborer un langage nouveau, différent de la pensée rationnelle des Grecs. Mais leur langage a été parfois subrepticement contaminé par un matériel conceptuel inadéquat, hérité de la tradition grecque, et qui tend à objectiver, rationaliser la Révélation. Ici commence, selon Bultmann, la mythologisation du christianisme : « Le mythe objective l'Au-delà en un en-deçà et par là même en une réalité disponible. » Il ne s'agit pas, comme certains en ont accusé Bultmann, de sélectionner aujourd'hui les textes, ou de rayer le merveilleux biblique. Il convient au contraire de retrouver l'intention spécifique du Nouveau Testament, de garder ce qu'il veut dire et de juger avec lucidité la manière dont il le dit, en considérant que les catégories de pensée en usage dans la communauté palestinienne et la communauté hellénistique à l'époque biblique devaient nécessairement se révéler inadéquates pour traduire authentiquement la Parole de Dieu. « La démythologisation est d'abord une exigence de la foi elle-même. » De cette approche originale des Évangiles, Bultmann déduit une critique de l'institution « ecclésiastique » : l'Église, avec sa hiérarchie, ses sacrements, « objective », c'est-à-dire en définitive dégrade le divin en réalité mondaine, dégradation qui culmine dans le système papal, mais qui touche également certaines formes du protestantisme. Position qui vaut à Bultmann de trouver des détracteurs aussi bien parmi les exégètes catholiques que parmi les conservateurs luthériens.

JEAN-JACQUES POLLET.

RÉF. : André Malet, *Mythos et Logos, La pensée de R. Bultmann*, 1963, et *Bultmann et la mort de Dieu*, 1968. – W. Schmithals, *Die Theologie Rudolf Bultmanns*, 1966. – E. Jüngel, *Glauben und Verstehen. Zum Theologiebegriff Rudolf Bultmanns*, Heidelberg, 1985.

BULWER-LYTTON Edward George, earl Lytton-Bulwer. Écrivain anglais. Né à Londres le 25 mai 1803, mort à Torquay le 18 janvier 1873 ; il est enterré dans l'abbaye de Westminster. Il s'appelait Bulwer ; il ajouta à son nom celui de Lytton, puis ayant hérité de la propriété de Knebworth, il fut, en 1866, nommé baron Lytton de Knebworth. Au cours de sa longue carrière, la versatilité de l'écrivain, qui lui permit d'aborder tous les genres littéraires et de traiter de multiples aspects de l'esprit et de la mode du XIXe siècle dans plus de cent ouvrages, contrasta avec la cohésion sincère du politicien et de l'homme d'État. Lecteur passionné depuis l'enfance, il brilla, à Cambridge, dans les compositions poétiques ; amant malheureux, il conserva longtemps le souvenir d'un premier et tragique amour et connut ensuite une douloureuse expérience conjugale, que termina rapidement une séparation. Il débuta avec un recueil de poésies, qui parut, en 1820, sous le titre *Ismael et autres poèmes* [*Ismael and Other Poems*]. En 1828, il publia *Pelham ou les Aventures d'un gentleman* (*) – peinture satirique du grand monde. Bulwer-Lytton fut un voyageur curieux, et connut des aventures extraordinaires parmi les bandits et les bohémiens d'Écosse ; il raconta ces événements dans deux romans de ton byronien : *Paul Clifford* et *Eugène Aram* (1832), dont le thème est la criminalité et l'injustice sociale. Ensuite, il passa aux romans historiques dans la tradition de Walter Scott, parmi lesquels ont subsisté : *Les Derniers Jours de Pompéi* (*) – actuellement le plus connu –, *Harold, le dernier des rois saxons* (*), *Rienzi ou le Dernier des tribuns* (*). On lui doit aussi les romans d'épouvante et de mystère comme *Zanoni* (1842) et *Une histoire étrange* [*A Strange Story*, 1862] ; des récits réalistes, tels *La Famille Caxton* [*The Caxtons*, 1849] et *Mon roman* [*My Novel, or Varieties in English Life*] publié en 1851-1852 en quatre volumes, sous le pseudonyme de Pisistratus Caxton ; des fantaisies utopiques comme *La Race future* (*) ; enfin des romans sociaux, par exemple *Kenelm Chillingly* (1873). Bulwer-Lytton entra au Parlement le 30 avril 1831 et y brilla pendant dix ans par son ardent radicalisme et son art oratoire ; plus tard, en 1852, il se fit élire de nouveau, mais comme conservateur et conserva son siège jusqu'en 1866. En 1858-1859, lors de son passage au secrétariat pour les colonies, il en créa deux nouvelles : le Queensland et la Colombie britannique. Son fils, Edward Robert, le futur comte de Lytton (1831-1891), fut, lui aussi, un écrivain et un homme d'État réputé à son époque ; il écrivit sous le pseudonyme d'Owen Meredith.

ALFREDO RIZZARDI.

RÉF. : Victor A. G. R. Lytton, *The Life of Edward Bulwer, First Lord Lytton,* Londres, 1913. – C. N. Stewart, *Bulwer-Lytton as Occultist,* Londres, 1927. – S. B. Liljegien, *Bulwer-Lytton's Novels and Isis Unveiled,* Upsala, 1957. – Allan C. Christenson, *Edward Bulwer-Lytton, the Fiction of New Regions,* Athens, Géorgie, 1976.

BUNTING Basil. Poète anglais. Né le 1er mars 1900 à Scotswood on Tyne (Northumberland), mort le 19 avril 1985 à Hexham. Fils de médecin et quaker, le jeune Basil fait, à dix-huit ans, six mois de prison pour objection de conscience. Après des études à la London School of Economics, il mène la vie de bohème à Paris. Brièvement secrétaire de rédaction de la *Transatlantic Review* de F. M. Ford, ses fréquentations s'appellent Hemingway, Tzara, Brancusi. Mais la grande rencontre, c'est Ezra Pound, dont il va devenir « un des disciples les plus enragés », dira Yeats. Quand, en 1924, Pound part s'installer à Rapallo, Bunting le suit et va vivre plusieurs années dans la proximité du poète américain et de sa femme Dorothy. Bunting n'a qu'un souhait : apprendre sous la férule de Pound, à qui il montre ses premiers écrits, *Redimiculum Matellarum* (Milan, 1930). La même année, il épouse une Américaine. Aux États-Unis, il fait la connaissance d'un autre émule de Pound, Louis Zukofsky. Ils sympathisent et cette amitié vaudra à Bunting d'être parfois considéré, à tort, comme le cinquième objectiviste (ou l'objectiviste anglais). Bunting est de toutes les publications poundiennes : le numéro objectiviste de *Poetry* (1931), l'anthologie *Profile* (1932), l'*Active Anthology* (1933). Pound, de son côté, se réfère maintes fois à Bunting dans son œuvre. Il est cependant certain que le disciple ne partage en rien l'antisémitisme du maître. En 1933, Bunting part vivre aux Canaries, tout en apprenant le persan classique depuis qu'il a eu, l'année précédente, la révélation du *Livre des rois* (*) de Firdûsî. En 1939, Bunting s'engage dans la R.A.F. et accomplit en Iran certaines missions pour l'Intelligence Service. En 1948, il se remarie avec une Iranienne et il est le correspondant du *Times* à Téhéran jusqu'à son expulsion par Mossadegh en 1952. Entre-temps, un recueil intitulé *Poèmes 1950* [*Poems 1950*] a paru, presque à son insu, à Galveston, Texas, contenant entre autres le beau poème « Chomei à Toyama ». Rentré au pays, Bunting travaille pendant douze ans comme rédacteur adjoint du *Morning Chronicle* de Newcastle. Plus connu comme poète outre-Atlantique, il y enseigne et fait des tournées de lectures. Paraissent, en 1965, *Les Conquêtes* [*The Spoils*], *Premier livre d'odes* [*First Book of Odes*], *Loquitur,* et, en 1966, son chef-d'œuvre, *Briggflatts* (*). On trouve une amusante anecdote, qui date de 1967 et montre bien le caractère de Bunting, dans un livre consacré à Allen Ginsberg : celui-ci tombe des nues quand Bunting lui apprend qu'il détruit tous ses brouillons et qu'il a jeté une centaine de lettres de Pound... En 1968 paraissent *Poèmes réunis* [*Collected Poems*]. De 1968 à 1970, Bunting donne un cours de poésie à l'université de Durham et à celle de Newcastle, dont il est fait docteur ès lettres en 1971. Il sera aussi, dans ses dernières années, président de la Poetry Society et du Northern Arts Council.

PHILIPPE MIKRIAMMOS.

RÉF. : Ezra Pound, *A.B.C. de la lecture,* 1934 ; *La Kulture abrégée,* 1938 ; *Cantos 74, 77, 81 et 110,* 1959. – B. Bunting, *Descant on Rawthey's Madrigal* (conversations avec Jonathan Williams), 1968 ; *Poèmes,* Amiens, 1986 ; *Uncollected Poems,* 1991. – Jane Kramer, *Allen Ginsberg in America,* 1969. – *Basil Bunting : Man and Poet,* Carroll F. Terrell éd., National Poetry Foundation, 1981 et *Paideuma,* vol. 9, no 1, printemps 1980.

BUNYAN John. Écrivain anglais. Né à Elstow dans le Bedfordshire, le 28 novembre 1628, mort à Londres le 31 août 1688, il fut l'un des plus grands auteurs religieux d'Angleterre. D'humble origine, c'est à peine s'il fréquenta l'école primaire. De seize à dix-neuf ans, il servit dans l'armée du Parlement. S'étant marié, la lecture qu'il fit par hasard de deux ouvrages de dévotion appartenant à sa femme fut à l'origine d'une conversion qu'il décrivit, avec ses doutes et ses remords (il était hanté par le sentiment de la culpabilité), dans *L'Afflux de la grâce* (*), sorte d'autobiographie spirituelle. Entré dans la congrégation baptiste de Bedford où il se consacra à la prédication, il fut arrêté au retour des Stuarts et gardé en prison pendant douze ans, jusqu'au jour où la Déclaration d'indulgence de Charles II (1672) lui permit de prêcher à nouveau. Il devait cependant être incarcéré une deuxième fois pour six mois en 1685 lorsque, après la révocation de la Déclaration, on retira aux non-réformistes la permission de prêcher. Pendant ses années de prison, il écrivit son autobiographie et la première partie du *Voyage du Pèlerin* (*), qu'il acheva de publier en 1684. La profondeur du sentiment religieux, la vigueur du style et la beauté des images, font de ce dernier livre un des chefs-d'œuvre de la littérature religieuse de tous les temps, le livre le plus lu en Angleterre après *La Bible* (*). Auteur d'une soixantaine d'autres écrits, Bunyan se rattache par la finesse de l'intuition psychologique aux moralistes du XVIIIe, et par le caractère visionnaire de ses œuvres, toutes conçues sous forme de rêve ou parabole, aux mystiques primitifs. Ce dernier trait est particulièrement frappant dans *Vie et mort de* *monsieur Badman* [*The Life and Death of Mr. Badman*, 1680] et *La Guerre sainte* [*The Holy War*, 1682].

♦ *« Il avait découvert par accident* [...] *le véritable emploi de ses facultés. Il ne soupçonnait nullement, à la vérité, qu'* [*en écrivant son* Voyage du Pèlerin] *il fût en train de faire un chef-d'œuvre ; il ne pouvait deviner quelle place son allégorie occuperait dans la littérature anglaise, car il ne savait rien de la littérature anglaise. »* Lord Macaulay.

RÉF. : W. Y. Tindall, *John Bunyan, Mechanick Preacher*, New York, 1934. – Henri A. Talon, *John Bunyan, l'homme et l'œuvre*, 1948. – R. Sharrock, *John Bunyan*, Londres, 1954. – Christopher Hill, *A Turbulent, Seditious and Factious People : John Bunyan and his Church, 1628-1688*, Oxford, 1988. – Mark Harrison, *John Bunyan : une biographie*, Chalon-sur-Saône, 1990.

BUONARROTI Filippo Michele. Révolutionnaire italien. Né à Pise en 1761, mort à Paris en 1837. Descendant de Michel-Ange, il passa son adolescence et sa jeunesse en Italie dans l'entourage du grand-duc de Toscane. S'étant fait remarquer par un enthousiasme jugé excessif pour les idées de la Révolution française, il dut prendre le chemin de l'exil. Réfugié en Corse, il publia un journal intitulé *L'Ami de la liberté italienne*. En 1792, il se rendit à Paris, où il participa activement à la vie politique, fréquentant le club des Jacobins. Chargé par la Convention de différentes missions, on lui décerna le titre honorifique de citoyen français. Emprisonné lors de la réaction thermidorienne, il n'en reprit pas moins ensuite son activité révolutionnaire (1795). Aux côtés de Babeuf, il présida aux réunions du Club du Panthéon, qui attirait des auditoires populaires nombreux. Mais la police veillait et le Club fut fermé par ordre du Directoire en 1796. Alors il se consacra, toujours avec Babeuf, à mettre sur pied une organisation clandestine qui devait demeurer, jusqu'au milieu du XIXe siècle, le modèle des sociétés secrètes. Un espion, le capitaine Grisel, ayant réussi à s'infiltrer jusque dans les organismes de direction, les conjurés furent arrêtés et traduits devant la Haute Cour de justice de Vendôme (1797). Le verdict fut des plus sévères : la mort pour Babeuf, la déportation pour Buonarroti. Sitôt connue la sentence qui frappait son ami, Buonarroti intervint dans la salle même des audiences pour lui promettre solennellement de défendre et sa mémoire et la cause pour laquelle il mourait. Buonarroti devait tenir parole, et c'est ce qui nous a valu le récit de cette *Conspiration des Égaux, dite de Babeuf* (*) qui vit le jour en Belgique en 1828. Si, contrairement à la sentence qui l'avait frappé, Buonarroti ne fut pas déporté en Guyane, il connut par contre les prisons de Cherbourg et de l'île d'Oléron. Libéré aux alentours de 1812, il se réfugia d'abord à Genève, puis en Belgique (1815). Il ne devait revenir en France qu'après la Révolution de 1830. Il passa ses dernières années à Paris, dans la tranquillité retrouvée, faisant figure de patriarche, resté fidèle à ses convictions premières.

RÉF. : Walter Haenish, *La Vie et les luttes de Philippe Buonarroti*, Paris, 1937. – Samuel Bernstein, *Buonarroti*, Paris, 1949. – Armando Saitta, *Filippo Buonarroti*, Rome, 1950.

BURCHIELLO (Domenico di Giovanni). Poète italien. Né à Florence en 1404, mort en 1448 à Rome. Aîné d'une famille nombreuse et pauvre, il exerçait à grand-peine l'art du rasoir, et peut-être aussi celui de la lancette, comme c'était alors l'usage. En 1432, son nom figure dans l'annuaire de la corporation, preuve qu'à cette date, il tenait boutique. Ce fut tout de suite après que commença la longue série de ses malheurs : sa femme, légère, le quitta ; il mena lui-même une vie déréglée, tomba malade, et, ayant exprimé dans quelques sonnets son opposition aux Médicis, fut obligé de quitter Florence lorsqu'ils en devinrent les maîtres. Sa déchéance physique et morale s'accentua dès lors rapidement, mais il ne cessa pas de rimer, et son étrange mais géniale veine poétique se manifesta à propos de la mauvaise nourriture, des vêtements décousus, des draps remplis de « punaises, puces et de nombreux poux » ; puis, tout à coup, il donna libre cours à une amère mélancolie, à une curieuse extravagance métrique dans laquelle on veut voir, de nos jours, une forme de surréalisme – v. *Rimes* (*).

Burchiello s'était réfugié à Sienne où il vivotait en qualité de barbier, et plaignit, dans un sonnet très célèbre, sa Florence soumise. Pour un vol insignifiant, qui devait cacher une aventure galante, il fit de la prison ; il y réclama une plume et de l'encre pour écrire, et ses pétitions en vers le firent rapidement libérer. Ensuite, il semble qu'après être passé dans de nombreuses villes d'Italie, il se soit fixé à Rome où il mourut.

RÉF. : G. A. Papini, *Lezioni sopra il Burchiello*, Florence, 1733. – M. Fubini, *Studi sulla letteratura del Rinascimento*, 1948. – D. de Robertis, *Carte d'identità*, Milan, 1974. – A. Tartaro, *Il manifesto di Guittone*, Rome, 1974.

BURCKHARDT Carl Jacob. Historien et essayiste suisse d'expression allemande. Né le 10 septembre 1891 à Bâle, mort le 3 mars 1974 à Genève. Après des études supérieures d'histoire et de philosophie menées à Munich, Göttingen et Zurich, il est nommé attaché à l'ambassade à Vienne, de 1918 à 1921, où il se lie d'amitié avec Hugo von Hofmannsthal. Sa *Correspondance* [*Briefwechsel*, 1956] avec ce dernier, son livre *Souvenirs de Hofmannsthal et lettres du poète* (+) (1943) comptent parmi les documents les plus révélateurs sur le grand écrivain autrichien – v. *Lettres* (*). Burckhardt poursuit ensuite une carrière universitaire (il est titulaire, à partir de 1932, d'une chaire d'histoire à l'université de Genève) et diplomatique : haut-commissaire de la Société des Nations à Dantzig (1937-1939), président de la Croix-Rouge internationale (1944-1948), ambassadeur à Paris (1945-1949). Son ouvrage majeur, en quatre volumes, est consacré à *Richelieu* (1935-1967) et s'inspire d'une conception « classique » et humaniste de l'histoire. Le style, l'impartialité sont pour Burckhardt les qualités premières de l'historien.

BURCKHARDT Jakob. Historien d'art suisse d'expression allemande. Né à Bâle le 25 mai 1818, mort dans cette ville le 8 août 1897. Fils d'un pasteur, il étudia d'abord la théologie, mais également l'histoire et l'histoire de l'art, à l'université de sa ville natale. De 1839 à 1843, il alla poursuivre sa formation intellectuelle en Allemagne, à Berlin, où il se lia avec Ranke, Kuglet et J. Grimm, puis à Bonn. Rentré dans sa patrie après un court séjour à Paris (1843), il passa son agrégation d'histoire à Bâle (1844) et l'année suivante fut nommé professeur extraordinaire d'histoire à l'université de cette ville. Après avoir occupé, de 1855 à 1858, une charge au Polytechnikum qui venait d'être fondé à Zurich, il revint à l'université de Bâle, comme professeur titulaire, et ne cessa d'y enseigner de 1858 à 1893, année de sa retraite. Les premiers travaux de Burckhardt avaient été consacrés à l'histoire des pays germaniques au Moyen Âge : *Les Œuvres d'art des villes belges* [*Die Kunstwerke der belgischen Städte*, 1842], *Jakob von Hochstaden, archevêque de Cologne* [*Jakob von Hochstaden, Erzbischof von Köln*, 1843] et *L'Archevêque Andreas von Krain et le dernier concile de Bâle (1482-1484)* [*Erzbischof Andreas von Krain und die letzte Konzilsversammlung in Basel (1483-1484),* 1852]. Mais plusieurs voyages en Italie (le premier date de 1849) le dirigèrent vers l'étude de la Renaissance, quoique son ouvrage sur *L'Époque de Constantin le Grand* (1856) dut être, dans la pensée de l'auteur, une introduction à des travaux ultérieurs sur le déclin de l'Antiquité. *Le Cicerone, guide de l'art antique et de l'art moderne en Italie* (*) (1855, trad. 1892) ouvrit la série des célèbres études de Burckhardt sur les XIVe, XVe et XVIe siècles italiens, et fut suivi de *La Civilisation en Italie au temps de la Renaissance* (*) (1860, trad. 1885), *Histoire de la Renaissance en Italie* (+) (1867), *Contributions à l'histoire de l'art en Italie : les décorations d'autels ; le portrait dans la peinture ; les collectionneurs* [*Beiträge zur Kunstgeschichte von Italien. Das Altarbild, das Porträt in der Malerei, die Sammler*, publ. posthume, 1898]. Citons encore, dans le domaine de la philosophie de l'art : *Souvenirs d'étude sur Rubens* [*Erinnerungen aus Rubens*, posthume, 1898], *Histoire de la culture grecque* [*Grieschische Kulturgeschichte*, 3 vol., posthume, 1898-1900], et dans le domaine de la philosophie de l'histoire : *Considérations sur l'histoire du monde* (*) (posthume 1905, trad. 1938). L'importante correspondance de Burckhardt est encore en cours de publication ; ont paru la *Correspondance avec Heinrich von Geymüller* [*Briefwechsel mit H. von Geymüller*, 1914], *avec Paul Heyse* (1916), *avec Wölfflin* (1948). Le professeur de Bâle demeure le plus grand historien d'art du XIXe siècle : formé à l'école allemande, il reçut d'elle le sens de la relativité historique et du « devenir » des civilisations, qu'il applique audacieusement à l'étude de cette culture gréco-romaine et classique, à laquelle on avait accordé jusqu'alors une valeur absolue. Voyant dans chaque art le reflet d'une civilisation particulière et dans l'histoire de l'art une expression de l'histoire universelle, Burckhardt, replaçant les phénomènes esthétiques dans leur contexte historique, a grandement contribué à détruire le mythe de la « génération spontanée » de la Renaissance encore reçu à son époque. Il faut noter enfin l'influence importante qu'il exerça sur Nietzsche, son collègue à l'université de Bâle, qui le tenait pour le meilleur connaisseur de la Grèce.

RÉF. : Trog, *Jakob Burckhardt, biographische Skizze*, Bâle, 1898. — V. Rehm, *Jakob Burckhardt*, Frauenfeld, 1930 (avec bibliographie). — Karl Löwith, *Jakob Burckhardt, der Mensch inmitten der Beschichte*, 1936. — E. Grisebach, *Burckhardt als Denker*, Berne, 1943. — H. Knittenmayer, *Jakob Burckhardt*, Zurich, 1943. — W. Kaegi, *Jakob Burckhardt*, 2 vol., Bâle, 1946-1950. — E. M. Janssen, *Jakob Burckhardt-Studien*, Assen, 1979.

BÜRGER Gottfried August. Poète allemand. Né à Molmerswende dans le Harz, le 31 octobre 1747, mort à Göttingen le 8 juin 1794. Fils d'un pasteur, il commença ses études théologiques à l'université de Halle. Mais la littérature l'attirait. Plus tard, tout en faisant son droit à Göttingen, il fréquenta un groupe de jeunes écrivains qui devait devenir le « Göttinger Hain » auquel appartenaient Bole, Holty, Voss, etc. et publia en 1774 une ballade, *Lénore* (*) — v. ce titre et *Ballades* (*) —, qui le rendit célèbre. Il était devenu, entre-temps, juge de paix d'une petite ville voisine et s'était marié. Une tragédie à trois personnages s'ensuivit, car il s'était violemment épris de la jeune sœur de sa femme. Celle-ci mourut phtisique en 1784, et il épousa sa belle-sœur qui mourut en couches l'année suivante. Il avait quitté son emploi et était retourné à Göttingen, où il avait accepté la direction de l'*Almanach des Muses* [*Musenalmanach*] (*) où il publiera, en 1786, sa ballade du *Féroce Chasseur* (*). Il faisait aussi un cours libre d'esthétique qui devait lui valoir, quelques années plus tard, une chaire à l'université. C'est pendant cette période qu'il se lia avec Schlegel. Il se maria une troisième fois en 1790 mais sa femme, sensiblement plus jeune que lui, le trompait si ouvertement qu'il dut divorcer. Très atteint par ce drame intime (et aussi par la sévère critique que Schiller fit de la nouvelle édition de ses poèmes), miné par la tuberculose, il se pendit. La Révolution française, qu'il avait saluée avec enthousiasme, n'était pas achevée et il était le seul survivant du « Sturm und Drang ». Bürger a également donné une excellente édition des *Aventures du baron de Münchhausen* — v. *Histoire des merveilleux voyages* (*).

♦ *« Bürger avait bien quelque affinité de talent avec moi ; seulement, l'arbre de sa culture morale plongeait ses racines dans un tout autre sol et poussait dans un sens tout différent. En outre, et grâce à son talent peu commun, il s'était acquis un public qu'il satisfaisait pleinement et, par conséquent, il n'avait aucune raison de s'enquérir des qualités d'un concurrent qui ne l'intéressait pas. »* Goethe.

RÉF. : F. Baldensperger, *Études d'histoire littéraire : « Lénore » de Bürger dans la littérature française,* 1907. — Christian Janentzky, *G.A. Bürger Æsthetik,* Berlin, 1909. — Paul Zaunert, *Bürger Verskunst,* 1909. — L. Filippi, *La poesia di Bürger,* 1920. — H. Schöffler, *Bürgers Lenore,* 1947.

BURGESS Anthony (pseud. de John Anthony Burgess Wilson). Romancier anglais. Né à Manchester le 25 février 1917, mort à Londres le 25 novembre 1993. Burgess se plaît à rappeler qu'il s'est habitué à l'idée que son inconscient lui dicte les thèmes et symboles de ses romans comme les noms de ses personnages. Il prétend avoir découvert, quinze ans après, que le nom de R. Ennis (personnage de *Depuis les remparts* [*A Vision of Battlements,* 1965]), se lit « Sinner, (pécheur), à l'envers. Aussi finit-il par reconnaître, non sans lassitude, que ses romans tournent toujours autour du même thème, « à savoir que l'homme est un pécheur, mais pas au point de mériter toutes les calamités qui s'abattent sur lui ». D'où chez cet écrivain comique, à la « vis comica » souvent énorme même, la persistance d'une autre veine dont l'inspiration lui est plus consubstantielle, celle du grotesque triste, désenchanté. Influencé à ses débuts par Evelyn Waugh, maître de la comédie cruelle — c'est l'époque où il rédige de 1956 à 1959 la *Trilogie malaise* [*The Long Day wanes*] —, il n'en demeure pas moins obsédé par certains thèmes quasi religieux, qui lui viennent de son éducation catholique, dont la transposition romanesque au début du roman *Un agent qui vous veut du bien* [*Tremor of Intent,* 1966] laisse aisément entrevoir le caractère oppressant et terrifiant à la fois. Élevé dans la crainte de Dieu, il abjure la religion catholique mais reste marqué de manière indélébile par la question du mal. Préoccupé, à la façon des jansénistes, par la séparation entre nature et grâce, et plus pénétré de la certitude de la dépravation innée de l'homme que de l'éventualité d'une bonté transcendante, il s'apparente, de par son pessimisme augustinien, à des écrivains comme Baudelaire, T. S. Eliot et surtout Graham Greene, dont on retrouve l'influence à l'œuvre dans *L'Orange mécanique* (*). Homme-orchestre, pourrait-on dire, par analogie avec ses réels talents de compositeur, et dont le roman musical *La Symphonie Napoléon* (*) donne une magistrale idée, il se retrouve à la tête d'une œuvre immense, qui compte plus de soixante livres dont il ne rougit pas de dire que certains furent alimentaires. Mais surtout, aucun genre ne lui est étranger. La critique journalistique, à laquelle il n'a cessé de s'adonner, au point de publier en 1986 l'intégralité de ses chroniques littéraires et autres réunies sous le titre *Hommage à Qwert Yuiop* [*Homage to Qwert Yuiop,* 1986]. L'autobiographie, à travers le premier tome de ses mémoires, *Le Petit Wilson et le grand Dieu* [*Little Wilson and Big God,* 1987]. L'essai biographique et littéraire est une autre de ses passions : les auteurs qui passent entre ses mains sont tous des monstres sacrés de la littérature, pour lesquels il revendique le droit de pratiquer une critique d'humeur, d'affect et d'affinité. On le voit tour à tour s'intéresser à Shakespeare, Hemingway, Joyce — peut-être l'auteur dont il aimerait se sentir le plus proche, en raison de son habileté à mêler histoire et mythologie et à croiser inconscient et langage —, plus récemment D. H. Lawrence. En dépit de ses sympathies affichées pour le roman expérimental, de son goût prononcé pour les manipulations lexicales débridées, son œuvre reste conventionnelle dans sa forme. Son destin, mais il s'en accommode somme toute fort bien, est d'être boudé par les critiques et ses propres confrères romanciers, qui lui reprochent son extraordinaire virtuosité langagière, sur laquelle pèse le soupçon de gratuité, voire de vulgarité, son trop grand éclectisme, synonyme de dispersion, ainsi que la nature semi-picaresque de ses romans, qui précipite un personnage dans un tourbillon d'incidents plus ou moins drolatiques, sans réel souci de cohérence interne, et nécessite de ce fait le recours à des codes extérieurs à la pratique romanesque, ainsi l'anthropologie structurale dans *MF* (1971). Avec les années 80, ses grandes fresques historiques passablement boursouflées, comme *Les Puissances des ténèbres* [*Earthly Powers,* 1980] ou *Le Royaume des mécréants* [*The Kingdom of the Wicked,* 1985], finissent par lasser. Quant à ses idées, non progressistes, elles ne peuvent prétendre trouver grâce auprès des modernes, ses contemporains. Burgess, qui vit à Monaco, et se plaint sans cesse de l'insularité du roman anglais, n'en a cure, sûr du succès que lui vaut par exemple sa saga d'Enderby, *Enderby mondain* [*Enderby Outside,* 1968], *Enderby intime* [*Inside Mr. Enderby,* 1963], *Enderby et la dame de l'ombre,* [*Enderby and the Dark Lady,* 1982] du nom de ce poète entre deux âges, qui ne peut composer que dans les cabinets, où sophistication intellectuelle et perversité des sens font bon ménage, ne serait-ce que par l'intermédiaire du plaisir « palimpsestuel » que son écrivaillon ne cesse de traquer. De fait, la rouerie de la littérature au second degré n'a plus de secret pour cet incorrigible et angoissé farceur qu'est Burgess, dont le seul crime est de détourner les auteurs qu'il aime, lui qui s'ingénie à voir derrière chaque mot, derrière chaque situation, la trace trafiquée d'une citation, le souvenir parasite d'une référence, qu'il lui appartient, et c'est tout le thème du *Roman des derniers jours* [*The End of the World News,* 1983], de relancer dans un nouveau circuit de sens, autant pour le divertissement qu'une telle manipulation procure que pour l'assurance – toujours précaire – que le patrimoine culturel de l'humanité ainsi réactivé ne sombrera pas tout à fait dans l'oubli. À charge pour son lecteur de distinguer, dans ses fictions où l'allusion se joue souvent de tout, jusques et y compris de l'intrigue, l'apparence de la réalité, le travestissement de l'original – pas toujours aussi évident que dans *1984-1985* (*). Burgess, ou l'esprit de jeu appliqué à la littérature.

MARC PORÉE.

♦ *« J'écris des romans comiques sur la condition tragique de l'homme. »* Anthony Burgess.

RÉF. : R. K. Morris, *The Consolations of Ambiguity, An Essay on the Novels of Anthony Burgess,* University of Missouri Press, 1971. – A. A. De Vitis, *Anthony Burgess,* Twayne, 1972. – R. Mathews, *The Clockwork Universe of Anthony Burgess,* Burgo Press, 1972. – G. Aggeler, *Anthony Burgess, The Artist as Novelist,* University of Alabama Press, 1979. – S. Coale, *Anthony Burgess,* Ungar, 1981.

BURKE Edmund. Écrivain et homme politique irlandais. Né probablement à Dublin le 12 janvier 1729, mort le 9 juillet 1797 à Beaconsfield. De père protestant et de mère catholique, il entra en 1743 au Trinity College de Dublin ; étudiant appliqué et ambitieux, ainsi qu'en témoignent ses lettres à son premier maître Shaket, il connaissait les auteurs grecs et latins et s'intéressait à la philosophie, à la politique et à la morale. En 1748, il passa son diplôme ; en 1750 il se rendit à Londres pour y étudier le droit, tout en se consacrant à des travaux littéraires. En 1756 il écrivit la *Défense de la société naturelle* [*Vindication of Natural Society*] et la *Recherche philosophique sur l'origine de nos idées du sublime et du beau* [*Inquiry into the Origin of our Ideas on the Sublime and Beautiful*]. L'année suivante, il fit paraître la première partie de son *Essai d'un résumé de l'histoire anglaise* [*Essay towards an Abridgment of the History of England*] – qui ne fut jamais terminé. La même année, le besoin d'argent le poussa à se lancer dans la vie politique, où il fit carrière. Nommé en 1765 secrétaire privé de Rockingham, premier lord du Trésor, et, en 1766, élu au Parlement, il s'occupa tout particulièrement de la question coloniale – v. ses discours *Sur l'impôt américain* [*On American Taxation,* 1774], et *Sur les moyens de conciliation avec l'Amérique* [*On Conciliation with America,* 1775] –, sans négliger pour autant certains problèmes métropolitains comme les droits du peuple irlandais, auquel il appartenait. De 1792 à 1795, il soutint la cause de l'Inde. En 1773, il avait connu à Paris, dans le salon de mademoiselle de Lespinasse, les Encyclopédistes ; mais il rentra en Angleterre plus conservateur que jamais. « Paymaster » en 1783 dans le gouvernement Portland, il se retira un peu de la vie politique après le triomphe de Pitt, l'opinion publique et le Parlement lui étant hostiles. En 1787, il présenta à la Chambre l'acte d'accusation contre Hasting qui entraîna le procès de celui-ci. C'est à cette époque que remontent ses premiers désaccords avec Fox, qui devaient aboutir en février 1790 à une rupture définitive, Burke, hostile à la Révolution française, ayant publié ses *Réflexions sur la Révolution française* (*). La position de Burke, incertaine après qu'il se fut détaché de son parti, le parti Whig, se trouva raffermie en 1792 à la suite de la déclaration de guerre contre la France. En 1794, Burke se retira du Parlement, tout en continuant à participer à la vie politique ; en 1796, à la veille de sa mort, il travaillait à une série de lettres intitulée *Pensées sur une paix régicide* [*Thoughts on a Regicide Peace*]. Ses œuvres, publiées en trois volumes en 1792, furent rééditées en 1827 en huit volumes, parmi lesquels figurent des ouvrages posthumes.

MARIA-LUISA STRINGA.

♦ *« J'admire son éloquence, j'approuve sa politique, j'adore sa chevalerie, et j'en suis presque à excuser son respect pour les établissements religieux. »* Gibbon.

RÉF. : Peter Burke, *The Public and Domestic Life of the Right Hon. Edmund Burke*, Londres, 1853. – Th. Macknight, *History of the Life and Times of Edmund Burke*, Londres, 1858. – J.-F. Stephen, *Burke and de Tocqueville on the French Revolution,* Londres et New York, 1892, 3 vol., et *The Works of Burke*, Londres et New York, 1892, 3 vol. – T. W. Copeland, *Our Eminent Friend Edmund Burke*, New Haven, 1949. – Yves Chiron, *Edmund Burke et la Révolution française*, Paris, 1987.

BURNETT Frances Elisa Hodgson. Romancière américaine d'origine anglaise. Née le 24 novembre 1849 à Manchester, morte à Knoxville (Tennessee) le 24 octobre 1924. Après 1865, elle se fixa en Amérique en même temps que sa famille, et s'y rendit populaire comme auteur de livres pour enfants. Elle divorça d'avec son premier mari, le docteur Swann M. Burnett, en 1898, et deux ans plus tard épousa le docteur Stephen Townsend, conservant le nom de son premier mari pour des raisons professionnelles. *Le Petit Lord Fauntleroy* (*), qu'elle écrivit en prenant son fils pour modèle, connut un grand succès, et fut suivi d'une longue série de romans, pour la plupart destinés à la jeunesse. Rappelons, parmi ses livres pour les adultes : *La Jolie Barbare* [*A Fair Barbarian,* 1881] ; *Dans une administration* [*Through One Administration,* 1883] ; *Une dame de qualité* [*A Lady of Quality,* 1896], et son autobiographie : *Celle que je connais le mieux* [*Whom I know best of all,*

1893]. Frances Burnett est un auteur facile, sentimental, qui possède un style élégant, et un don pénétrant d'observation qui rend la lecture de ses ouvrages intéressante, même au point de vue psychologique et social.

BURNEY Frances, dite **Fanny**. Femme de lettres anglaise. Née à King's Lynn le 13 juin 1752, morte à Londres le 6 janvier 1840. Fille cadette du musicologue Charles Burney, elle fut mêlée très jeune à la société élégante de Londres et devint l'amie intime des personnages les plus illustres de son époque. Elle composa en secret un roman par lettres, *Evelina ou l'Entrée d'une jeune personne dans le monde* (*), dans lequel elle se révéla une psychologue pleine de finesse et d'intuition féminine. Vint ensuite (1782) *Cecilia ou les Mémoires d'une héritière* [*Cecilia or Memoirs of an Heiress*]. Attachée pendant cinq ans à la personne de la reine (1786-1791), elle épousa en 1791 le général d'Arblay, émigré français, et au milieu de la tourmente napoléonienne s'en alla vivre à Paris jusqu'en 1812, pour revenir ensuite définitivement en Angleterre. On lui doit encore *Camilla* (1796) et *La Vagabonde* [*The Wanderer*, 1814] de style plus châtié, mais dénué de fraîcheur. Elle remania les mémoires de son père (1832) et laissa un *Journal* et de nombreuses lettres qui firent l'objet d'une même publication. Le *Journal* (1768-1818) témoigne de facultés d'observation et d'une force de style peu communes.

L'œuvre narrative de Fanny Burney, comme celle de sa contemporaine Jane Austen, est entièrement construite à partir de thèmes classiques du XVIIIe siècle anglais. Sa personnalité riche et vivante a pourtant su dépasser certaines des conventions propres à l'humour de son temps.

RÉF. : M. Masefield, *The Story of Fanny Burney*, 1927. – Joyce Hemlow, *The History of Fanny Burney*, Londres, 1958. – Kristina Strand, *Divided Fictions : Fanny Burney and Feminine Strategy*, Lexington, 1987. – Julia Epstein, *Fanny Burney and the Politics of Women's Writing*, Bristol, 1989.

BURNIAUX Constant. Romancier belge d'expression française. Né le 1er août 1892 à Bruxelles où il est mort le 9 février 1975. Enseignant, il se voua aux enfants handicapés, qu'il retrouva après avoir participé comme brancardier à la Première Guerre mondiale. Son livre *La Bêtise* (1925), paru chez Rieder et reproduit en partie dans *Europe* (*) et dans *L'Humanité,* mobilisa l'attention des pédagogues aussi bien que de la critique. Retraité pour raisons de santé en 1937, il se consacra tout entier à son œuvre, publia *La Grotte* (1939) et entreprit la rédaction de son œuvre maîtresse, *Les Temps inquiets* (*) (cinq volumes de 1944 à 1952). On lui doit encore, outre divers romans, des recueils de nouvelles où revivent son expérience scolaire, ses souvenirs de guerre, mais aussi sa jeunesse et le visage de son époque. Citons notamment *L'Aquarium* (1933), *L'Autocar* (1955), *La Vie plurielle* (1965) ou *L'Amour de vivre* (1969), ainsi que de nombreux poèmes en prose et en vers. Il fut membre de l'Académie royale de langue et de littérature françaises.

BURNS Robert. Poète écossais. Né à Alloway, près d'Ayr, en Écosse, le 25 janvier 1759, mort à Dumfries Ellisland le 21 juillet 1796. Fils de pauvres paysans, il grandit dans une atmosphère atroce, condamné par une législation cruelle à émigrer avec sa famille continuellement d'un point à un autre. Cette vie fatigante éprouva son tempérament nerveux, et fit de lui un adolescent rebelle et mélancolique, avide d'évasion et de sympathie. Tout en se rendant à l'école, il trouvait encore le moyen d'étudier seul, lisant les poèmes rustiques de Ramsay et de Fergusson, et composait ses premiers vers tout en labourant, s'accompagnant de rythmes toujours nouveaux. Son père mourut phtisique quand le poète avait vingt-cinq ans, laissant sa famille dans la misère, et Robert Burns continua le dur labeur paternel, mais en jurant dans son cœur de réussir « en dépit du diable, du monde et de la chair ». Il s'était aperçu qu'il n'était pas du tout l'ennemi de la société ; sa vitalité impétueuse et gaie lui faisait apprécier les plaisirs de ce XVIIIe siècle d'Arcadie que, en même temps, suivant une autre et violente impulsion de son âme, il aurait aimé voir livré à une révolte sanglante. En attendant, il sacrifiait à la Vénus agreste et à l'Éros du XVIIIe siècle « changeant comme le ciel d'avril », et chantait ces amours courtes et passionnées en des pièces lyriques — v. ses *Chants* (*) et *Poésies* (*) — à la fraîcheur primitive, au réalisme dramatique mêlé d'un pessimisme gai, d'une ironie légère et fantasque. Mais, tandis qu'il chantait les jeunes filles, les mendiants, les prostituées, les ivrognes, les souris et les marguerites, ses affaires allaient de mal en pis. Le père de Jean Armour, jeune fille qu'il avait séduite, eut recours à la loi. Burns était prêt à émigrer à la Jamaïque, quand la publication de son premier volume (*Poésies,* imprimées à Kilmarnock) le rendit célèbre du jour au lendemain. Les milieux littéraires et élégants d'Édimbourg l'accueillirent avec enthousiasme et fêtèrent son talent, mais l'argent tardait à venir, et les journées de succès s'achevèrent dans une misérable mansarde. Ce bref contact avec une société élégante fut plus nuisible à Burns que les cruelles privations de sa jeunesse : son talent perdit sa fraîcheur et sa force, son caractère s'aigrit et, incapable de supporter sa misère, il se mit à boire plus que de raison et s'aliéna enfin, par des déclarations farouchement révolutionnaires, une société à laquelle il s'était un moment imposé. Il retourna à la campagne dans une ferme d'Ellisland (1788) où il se maria, mais il ne parvint plus à reprendre en main sa destinée. Il quitta la ferme pour un emploi de bureau à Dumfries et s'éteignit peu de temps après, consumé par une vie sordide et chargée d'excès. Il avait composé en outre *Les Deux Chiens* (*), *Les Joyeux Mendiants* (+) et *Tam O'Shanter* (+).

NICOLA D'AGOSTINO.

♦ *« Prenez Burns. Pourquoi est-il grand, sinon parce que les vieilles chansons de ses aïeux vivaient dans la bouche du peuple* [...] *et que la haute perfection de ces modèles s'était si bien incorporée à lui qu'il avait là un vivant point d'appui où prendre son essor. »* Goethe.

RÉF. : Auguste Angellier, *Robert Burns,* 1893, 2 vol. – Catherine Carswell, *The Life of Robert Burns,* Londres, 1930. – F. B. Snyder, *The Life of Robert Burns,* New York, 1932. – De Lancey Ferguson, *Pride and Passion. Robert Burns,* New York, 1939. – David Daiches : *Robert Burns,* Londres, 1952. – R. T. Fitzhugh, *Robert Burns, the Man and the Poet,* Londres, 1970. – Mary Ellen Brown, *Burns and Tradition,* Londres, 1984. – Carol McGuirk, *Robert Burns and the Sentimental Era,* Athens, Georgia, 1985. – Raymond J. S. Grant, *The Laughter of Love : a Study of Robert Burns,* Calgary, 1986.

BURROUGHS William Seward. Écrivain américain. Né le 5 février 1914 à Saint Louis (Missouri). Petit-fils du premier William Seward Burroughs, inventeur de la machine comptable enregistreuse et fondateur de ce qui est devenu la puissante « Burroughs Corporation », William Burroughs mènera assez longtemps la vie plutôt facile d'un fils de bonne famille : « Bachelor of Arts » à Harvard (1936), études médicales sans suite à Vienne (Autriche), petits métiers du temps de guerre reflétant plus une indécision personnelle que le besoin de gagner sa vie coûte que coûte, bref séjour dans l'armée (réformé, 1942). Jusqu'au jour de 1944 où, fréquentant certains bas-fonds new-yorkais où la bohème se frotte à la petite pègre, Burroughs fait la rencontre de ce qui sera déterminant dans sa vie et son écriture : la drogue. On peut, sans avoir à grossir le trait, dire que la drogue sera à l'origine d'une longue errance géographique (Texas, La Nouvelle-Orléans, Mexico, Amérique du Sud, Tanger, Paris et Londres, entre 1945 et 1974), du meurtre accidentel de sa femme Joan, que Burroughs tue d'un malencontreux coup de pistolet (Mexico, 1951) et d'une douzaine d'années d'intoxication croissante, culminant de 1954 à 1956 à Tanger, où Burroughs a vécu sous le signe de la seringue et des jeunes garçons.

Sauvé, clamera toujours Burroughs, par un produit nommé l'apomorphine, celui qu'à Tanger on avait surnommé « El hombre invisible » tirera de cette douloureuse expérience son chef-d'œuvre, *Le Festin nu* (*) (1959). Dès lors, Burroughs se consacrera exclusivement à l'écriture. Ses livres suivants seront extrêmement expérimentaux, ayant été « écrits » selon certaines techniques comme le « cut-up », qui consiste à découper des textes et à les réécrire après avoir mélangé les morceaux, procédé mis au point par le peintre Brion Gysin (1916-1986), que Burroughs a connu à Tanger et auquel une grande amitié le liera : *La Machine molle* [*The Soft Machine,* 1961], *Le Ticket qui explosa* [*The Ticket That Exploded,* 1962], *Nova Express* [1964]. Burroughs modérera ensuite cette tendance expérimentale dans des livres d'accès progressivement moins difficile : *Les Garçons sauvages* (*) (1971), *Havre des saints* [*Port of Saints,* 1973].

À partir de 1975, le culte confidentiel qui entourait Burroughs (que beaucoup croyaient d'ailleurs mort et enterré) se change en vedettariat transatlantique, la France et les États-Unis rivalisant pour porter au pinacle cet ex-maudit – et il y a là un exemple unique de rivalité entre les deux pays à propos d'un écrivain américain, Hemingway, Faulkner ou Gertrude Stein eux-mêmes n'ayant pas fait l'objet de pareilles tentatives d'appropriation. Ici : colloque de Tanger à Genève (septembre 1975), lecture virant à la bagarre générale (Centre Pompidou, juin 1977), mondanité bien parisienne (soirée au Palace, octobre 1982), remise de la médaille de chevalier des Arts et Lettres (avril 1984), inauguration du Salon du livre aux côtés du ministre de la Culture (mars 1990) ; là-bas, « Nova Convention » new-yorkaise (décembre 1978), accession au statut d'idole de la jeunesse à la page prisant le rock (on ne compte plus les chanteurs ou groupes de rock revendiquant l'influence de Burroughs) et un certain art d'avant-garde (collaboration de Burroughs avec Laurie Anderson ou Robert Wilson, dont il écrit le livret de l'opéra *The Black Rider*) ; enfin, adaptation cinématographique du *Festin nu* par David Cronenberg (1991).

S'étant finalement installé à Lawrence (Kansas), il a commencé à peindre et a écrit une trilogie composée de *Cités de la nuit écarlate* [*Cities of the Red Night,* 1981], *Parages des voies mortes* [*The Place of Dead Roads,* 1983] et *Les Terres occidentales* [*The Western Lands,* 1987].

PHILIPPE MIKRIAMMOS.

BURTON Robert. Écrivain anglais. Né à Lindley dans le Leicestershire, le 8 février 1576, mort à Oxford le 25 janvier 1640. Descendant d'une ancienne famille, il étudia au Brasenose College d'Oxford, devint pasteur de l'église St. Thomas de cette ville ; il passa le reste de sa vie solitaire à s'occuper de ses propriétés et se plonger dans les lectures les plus hétéroclites. Avant 1621, il ne donna qu'une médiocre comédie (*Philosophaster,* 1606) et quelques vers ; en 1621 il fit paraître, sous le pseudonyme de Démocrite Junior, sa grande œuvre ésotérique intitulée *L'Anatomie de la mélancolie* (*), qui par-delà son énorme érudition révèle chez lui l'inquiétude de l'humaniste déjà touché, comme sir Thomas Browne et Rabelais, par les problèmes de la science nouvelle. « Ecclésiastique de profession mais médecin par vocation », ainsi qu'il se définit lui-même, Burton unit, en un travail chaotique et génial, la méthode scolastique et la curiosité du psychologue, y mêlant son goût baroque de la digression et d'innombrables citations tirées de toutes les sources : *Bible* (*), classiques, écrivains élisabéthains. Étrange figure d'érudit, Burton a eu une certaine influence sur Milton, Lamb, Keats (qui s'inspira de lui dans *Lamia* (*) et dans l'« Ode sur la mélancolie » (+) — v. *Odes* (*) de Keats —, et fut le précurseur de bien des découvertes de la psychologie moderne.

RÉF. : J. R. Simon, *Robert Burton et « l'Anatomie de la mélancolie »*, Paris, 1965. — Nicholas K. Kiessling, *The Library of Robert Burton*, Oxford, 1988.

BUSCH Wilhelm. Humoriste allemand. Né à Wiedensahl (Hanovre) le 15 avril 1832, mort à Mechtshausen (Harz) le 9 janvier 1908. D'extraction modeste — son père, issu d'une famille paysanne, tenait une petite boutique de mercerie dans un village —, mais intelligent et doué, il fut d'abord envoyé dans un institut technique à Hanovre, puis à l'école des beaux-arts de Düsseldorf. Il voyagea en Belgique et en Hollande, où il vit les chefs-d'œuvre des grands maîtres de la peinture, et entra ensuite à l'académie des beaux-arts de Munich. Il avait vingt-sept ans quand la revue *Fliegende Blätter* publia sa première histoire dessinée, qui eut beaucoup de succès. Ce fut désormais son mode d'expression habituel. Le dessin, caricatural, est d'un style très personnel, le texte, souvent en vers légers, est un chef-d'œuvre d'humour gai, plein de trouvailles. Le ton en est volontairement grave et sentencieux, mais la plaisanterie éclate, irrésistible. Ses deux héros *Max et Maurice* (*) sont de 1865, *Hélène la pieuse* (+) de 1872 et *Tobie Knopp* de 1877. Ces amusantes satires de la bourgeoisie ne sont pas cruelles, mais n'épargnent ni les hypocrites ni ceux qu'on appelait alors en Allemagne les philistins. Il ne mit qu'une fois son talent au service d'une cause : ce fut au temps de la lutte de Bismarck contre l'Église (« Kulturkampf »), avec *Pater Filucius* (+), satire contre les jésuites. Après vingt ans d'activité et de succès, il se retira à la campagne. Il y élevait des abeilles et méditait paresseusement. Il dessinait encore, écrivait des poèmes, et philosophait avec une bonhomie désabusée. Sa mentalité était, au fond, celle de la bourgeoisie allemande libérale et laïque qui se reconnaissait dans son œuvre et lui fit son succès.

RÉF. : D. P. Lotze, *Wilhelm Busch, Leben und Werk*, Stuttgart-Zurich, 1982.

BUSONI Ferruccio Benvenuto. Compositeur italien. Né le 1er avril 1866 à Empoli (Italie), mort le 27 juillet 1924 à Berlin. Artiste éminemment représentatif de la musique moderne, il conquit la célébrité en grande partie grâce à son talent de pianiste, et ce fut seulement au cours des dernières années de sa vie que l'on commença de rendre justice au compositeur, dont l'œuvre avait si fortement influé sur les tendances musicales au début du XXe siècle. Jamais, en effet, l'intense activité pianistique n'empêcha Busoni de produire, et il laisse une œuvre abondante, depuis les morceaux pour piano écrits à onze ans, jusqu'à l'opéra inachevé *Docteur Faust* — v. *Faust* (*) —, qui fut représenté à Dresde après sa mort. À Trieste, où il passa son enfance, Busoni reçut une éducation musicale soignée sous la direction de son grand-père maternel, Joseph Weiss, tandis que ses parents (Ferdinand, clarinettiste, et Anna, pianiste) effectuaient leurs tournées. Ce fut dans cette même ville que Ferruccio Busoni se présenta pour la première fois en public avec ses parents, à l'âge de sept ans ; début d'une carrière surprenante qui devait se poursuivre durant un demi-siècle. Après avoir enseigné le piano au Conservatoire de musique d'Helsingfors (Helsinki), Busoni fut nommé, en 1891, au New England Conservatory de Boston. En 1895, le musicien s'installa à Berlin où il déploya la plus grande partie de son activité. Lorsque éclata la Première Guerre mondiale, il résida à Zurich, puis à Bologne comme directeur du lycée musical Rossini. De retour à Berlin en 1920, il fut nommé professeur de composition à l'Académie de musique. Dans ses nombreux écrits, grand admirateur de Mozart, il se prononce en faveur d'un « néo-classicisme », d'un art dans lequel la mélodie dominant toutes voix — s'harmoniseraient l'ancien et le neuf, l'idéal romantique et la classique perfection des formes. Si, dans son œuvre imposante, Busoni n'a pas toujours atteint ce but, du moins y recueille-t-on plus d'une suggestion intéressante, maints émouvants témoignages de ses aspirations et de son tourment. Cette constatation vaut surtout pour les œuvres de la maturité : depuis la *Sonate pour violon et piano nº 2* (1904) et le monumental *Concerto pour piano et orchestre* avec chœur final (1906), jusqu'à l'opéra *Arlequin ou les fenêtres*, aux *Sonatines pour piano* (1910-1919), à la *Fantasia contrappuntistica* pour piano (1920), à la *Fantaisie indienne* [*Fantasia Indiana*] pour piano et orchestre (1919) et l'opéra *Docteur Faust*, que termina son fidèle élève Philipp Jarnach. Citons en outre ses nombreuses *Transcriptions* et *Turandot* (*).

BÜSSER Henri. Compositeur français. Né à Toulouse le 16 janvier 1872, mort à Paris le 30 décembre 1973. Fils d'un pianiste et organiste d'origine suisse, il fut admis à sept ans à la maîtrise de sa ville natale, composa à douze ans une messe, poursuivit ses études musicales à l'école Niedermeyer (1885) et au Conservatoire de Paris où il fut l'élève de César Franck et de Charles-Marie Widor, pour l'orgue, d'Ernest Guiraud, pour la composition. Organiste à Saint-Cloud dès 1892, prix de Rome en 1893 pour sa cantate *Amadis de*

Gaule, il devint chef des chœurs à l'Opéra-Comique. Professeur au Conservatoire de 1902 à 1949, il y dirigea une classe d'ensemble vocal (1904-38), puis y fut chargé en 1931 d'une classe de composition. Par la suite, chef d'orchestre à l'Opéra, il assuma la direction musicale de ce théâtre de 1947 à 1951. Henri Büsser avait été élu membre de l'Institut (section des beaux-arts) en 1938. Parmi ses œuvres figurent notamment trois opéras : *Daphnis et Chloé* (+) (1897), *Colomba* (+) (1920) et *Les Noces corinthiennes* (1922) d'après un poème d'Anatole France ; les opéras-comiques *La Pie borgne* (1929), *Le Carrosse du Saint-Sacrement* et *Rotelane* (1948) ; un ballet, *La Ronde des saisons* (1905) ; une suite d'orchestre, *À la Villa Médicis ;* des poèmes symphoniques : *À la lumière, Minerva* (ouverture), *Hercule au jardin des Hespérides* (+) (1901) et un grand nombre de pages pour instruments à vent solistes et pour piano.

BUSSOTTI Sylvano. Compositeur, librettiste, peintre et poète italien. Né à Florence le 1er octobre 1931. Il est tout d'abord élève de Lupi et de Dallapiccola. Influencé par Stravinski, Hindemith, puis Boulez et Cage, il se complaît dans une écriture avant-gardiste volontairement provocante utilisant principalement des complexes de graphismes brouillons parfois colorés. Dans ses œuvres d'art total, qu'il dirige et pour lesquelles il conçoit les costumes et la mise en scène, il n'a pas hésité à mettre en lumière son homosexualité (*The Rara Requiem,* 1969). Un don évident pour la vocalité méditerranéenne se trouve aussi bien dans ses opéras (*Le Racine,* pianobar pour Phèdre, 1980 ; *Fedra,* 1988) que dans ses mélodrames (*Lorenzaccio,* 1972), mystère de chambre (*La Passion selon Sade* (*), 1965) et madrigaux (*Cinq Fragments à l'Italie,* 1967). Artiste complet, il a fondé en 1984 l'École-spectacle B.O.B., « Bussoti Opera Ballet ».

PIERRE-ALBERT CASTANET.

BUSSY Dorothy. Femmes de lettres anglaise. Née en 1866, morte en 1960. Fille de sir Richard et lady Strachey, sœur de Lytton Strachey, l'auteur de *Victoriens éminents* [*Eminent Victorians*]. Elle épouse en 1903 le peintre français Simon Bussy et se partagera dès lors entre Roquebrune (Var) et Londres où elle fréquente le groupe de Bloomsbury. Ayant rencontré André Gide à Cambridge en 1918, elle devient sa traductrice attitrée et échange avec lui une longue *Correspondance* (+) qui a été publiée en 1979. En 1946, elle publie à Londres, anonymement, son unique roman, *Olivia* (*), récit transposé de ses jeunes années.

BUSSY-RABUTIN (Roger de Rabutin, comte de Bussy, dit). Officier et écrivain français, né à Épiry le 13 avril 1618, mort à Autun le 9 avril 1693. Issu d'une famille de noblesse d'épée bourguignonne, familière des rois et lettrée, ce cousin de Mme de Sévigné, neveu de sainte Jeanne de Chantal, aurait dû être une figure politique de son siècle ; or il n'a cessé de s'en démarquer. Après une enfance bourguignonne et studieuse, Bussy, qui poursuit depuis 1629 ses études à Paris (collège de Clermont), les suspend (1634-35) pour assurer la charge du régiment de son père, nommé lieutenant-colonel du roi en Nivernais, puis les arrête (1635) pour suivre la carrière militaire. Il s'y fait remarquer par son héroïsme (Arras, 1640) autant que par des soucis galants et une inconscience répétée de ses responsabilités qui le font embastiller (1641). Apparemment assagi, il se marie (1643), achète une charge de capitaine-lieutenant de chevau-légers (1644), succède à son père dans sa charge, puis devient conseiller d'État (1646). Mais, après la mort de sa femme (1647) qui lui a donné trois filles, s'il poursuit sa montée en grade (mestre de camp de la cavalerie légère, 1653), il recommence ses excès (brouilles successives avec les Grands sous qui il sert, Condé en 1651, puis Turenne en 1653 et 1656) et se couvre de gloire (1658). Une satire des dames de l'aristocratie *(Carte du pays de Braquerie)*, écrite avec Conti, prélude dès 1654 à l'expression d'un libertinage ostentatoire, autant privé (liaison alors qu'il est remarié et orgie en 1659) que politique (amitié avec la Grande Mademoiselle et divulgation d'un pamphlet contre la Cour, *Histoire amoureuse des Gaules* (*), 1661-65). Les marques d'attention du jeune Louis XIV qui, par exemple, ratifie son entrée à l'Académie française (1665) ne le tempérant pas, Bussy est destitué de sa charge, embastillé puis exilé sur ses terres à 48 ans. Il pose alors au gentilhomme campagnard soucieux de son cadre de vie (il aménage son château), de sa vie familiale, de ses affaires, et entre dans la vie littéraire (rédigeant ses *Mémoires* (*) dès 1667, en même temps qu'il correspond avec plus de deux cents personnes dont Mme de Sévigné, les pères Rapin et Bouhours...). Au terme de six ans de démarches, il est autorisé par le souverain à de brefs séjours à Paris, mais n'est pas agréé dans la charge d'historiographe du roi qu'il ambitionnait (1677). Ses qualités littéraires font cependant de lui une autorité reconnue et consultée en matière de critique, si bien que Louis XIV l'autorise à revenir à la Cour (1682). Mais, après quelques visites éclairs, comprenant qu'il n'a pas de prise sur la société de cour louis-quatorzienne, il se contente d'un rappel de principe de la place de la noblesse d'épée dans le royaume (*Généalogie de la maison de Rabutin,* 1685), et se cloître orgueilleusement chez lui jusqu'à sa mort.

FANNY NÉPOTE-DESMARRES.

RÉF. : J. Orieux, *Bussy-Rabutin, le libertin galant homme,* Paris, 1958. – C. Rouben, *Bussy-Rabutin épistolier,* Paris, 1974.

BUSTĀNĪ (al-) Fu'ād Afram. Écrivain libanais. Né le 15 août 1907 à Dayr al-Qamar, dans le sud du Liban. Après des études sérieuses et personnelles, il fut professeur dans plusieurs universités à Beyrouth (université orientale, université Saint-Joseph, École des sciences politiques). Puis il dirigea l'École normale libanaise de 1953 à 1973, devint ensuite recteur de l'université libanaise. Ses activités d'enseignement l'amenèrent à composer des manuels scolaires, à donner de nombreuses conférences au Liban et à l'étranger, à diriger une « Collection de classiques arabes » [al-Rawā'i'], avec pour chaque auteur : Introduction, extraits, annotations, jugement d'ensemble (une cinquantaine de volumes ont paru). Puis il s'occupa de la parution d'une *Encyclopédie en langue arabe* [*Dā'irat al-ma'ārif*] dont il écrivit les principaux articles. Tout cela s'est développé dans la tradition de la famille Bustānī, véritable dynastie du royaume des lettres depuis au moins trois générations. Parallèlement à cette activité de direction pédagogique et d'action normative, Fu'ād Afram al-Bustānī a été le rédacteur en chef de la revue culturelle arabe *al-Machriq* (Beyrouth). Il a aussi écrit de nombreux articles d'érudition ou de critique littéraire dans différents journaux et revues. Il a donné deux livres sur l'*Histoire du Liban*, une vaste étude sur le Liban sous la dynastie des émirs Chihâb (du XVIe au XIXe siècle) (3 volumes). Un volume spécial concerne l'émir Fakhr al-Dīne (1585-1635). Le folklore vivant de cette période est présenté par l'auteur dans deux livres savoureux : *Au temps de l'émir* (*) (1926, puis 1940), recueil de contes, et *Pourquoi ?* (*) (1930), roman sur la difficile construction politique du Liban.

RENÉ KHAWAM.

BUTLER Joseph. Évêque de Durham. Né à Wantage (comté de Berks, Angleterre) le 18 mai 1692, mort le 16 juin 1752 à Bath (comté de Somerset). Issu d'une famille presbytérienne, il fit ses études à l'académie « non conformiste » de Tewkesbury, où il se convertit à l'anglicanisme. Il devint par la suite secrétaire de George II et évêque de Durham (1750). L'apologétique anglicane atteint avec lui son point culminant. En 1726 il publie des *Sermons* qui exposent ses idées morales, et en 1736 son œuvre maîtresse : *L'Analogie de la religion naturelle et révélée, avec l'ordre et le cours de la nature* (*), rigoureuse réfutation du déisme, dans laquelle Butler repousse les accusations portées contre la religion naturelle, en affirmant que l'expérience et la connaissance empirique nous permettent d'atteindre aux vérités religieuses et universelles. L'œuvre de Butler, qui exerça une profonde influence, ouvre les portes au pragmatisme moderne.

RÉF. : Terence Penelhum, *J. Butler*, Londres, 1985.

BUTLER Samuel. Poète anglais. Né à Strensham, dans le comté de Worcester, au début de 1612 (il fut baptisé le 8 février), mort à Londres le 25 septembre 1680. Fils d'un cultivateur aisé, il étudia à l'école de Worcester, mais il ne semble pas qu'il ait jamais fréquenté aucune université. En 1628, nous le trouvons à Wrest, dans le Bedfordshire, au service de la comtesse de Kent. C'est chez elle qu'il lui fut permis de connaître le grand érudit et juriste John Selden (1584-1654), qui s'intéressa à lui, et d'étudier la peinture avec Samuel Cooper. Il passa, ensuite, au service de divers gentilshommes, parmi lesquels sir Samuel Luke, un des généraux d'Olivier Cromwell, et vécut quelque temps en France et en Hollande. Après la Restauration il devint le secrétaire de Richard Vaugham, comte de Carbery, qui le nomma majordome de Ludlow Castle, poste qu'il abandonna après son mariage avec une riche veuve. Mais la dot de celle-ci étant venue à manquer, à la suite de spéculations malheureuses ou d'indélicatesses d'avocats, il est possible que Butler ait appartenu un temps au personnel de George Villiers, second duc de Buckingham. La publication de son poème héroï-comique *Hudibras* (*) le rendit célèbre, mais ne réussit pas à le tirer de la misère dans laquelle il était tombé, en dépit d'un don de trois cents livres sterling que lui avait fait Charles II, qui admirait son poème au point d'en faire son livre de chevet.

RÉF. : J. Veldkamp, *S. Butler*, 1923. – George R. Wasserman, *Samuel Butler and the Earl of Rochester : a Reference Guide*, Boston, 1986.

BUTLER Samuel. Écrivain anglais. Né le 4 décembre 1835 aux environs de Bingham dans le comté de Nottingham, mort le 18 juin 1902 à Londres. Il fut à la fois « écrivain philosophique », humoriste et romancier, sans délaisser pour autant peinture, musique et biologie. Poussé vers les études religieuses par tradition familiale, à la suite d'une crise spirituelle il partit pour la Nouvelle-Zélande, où il se consacra pendant quatre ans à l'élevage du mouton (1860-1864). Rentré à Londres, à l'instigation de son amie Mary Anne Savage, l'« Alethea » d'*Ainsi va toute chair* (*), il se mit à écrire des ouvrages (presque tous publiés à compte d'auteur) dans lesquels il faisait une satire cruelle des traditions religieuses et morales de la société victorienne – v. *Erewhon ou De l'autre côté des montagnes* (*), et *Nouveaux voyages en Erewhon* (*) – ainsi que des méthodes d'éducation dont il avait lui-même souffert – v. son roman autobiographique *Ainsi va toute chair*. Butler était un homme ordonné et solitaire (il demeura célibataire et, fait curieux pour un Anglais, n'appartint jamais à aucun club). Il voyagea beaucoup, surtout en Italie, pays dont il décrivit avec sympathie les coutumes, les mœurs et les œuvres d'art dans : *Alpes et sanctuaires du*

Piémont [*Alps and Sanctuaries,* 1881] et *Ex-Voto* (1888). Esprit fantasque, dans ses études de biologie, poursuivies en amateur, il affirma son indépendance en s'opposant aux théories évolutionnistes de Darwin dans *La Vie et l'Habitude* (*) (1877). Dans ses études sur des questions philologiques, il avança l'hypothèse paradoxale que l'*Odyssée* (*) est l'œuvre d'une Sicilienne : *Origine trapanaise de l'Odyssée* [*On the Trapanese Origin of the Odyssey,* 1893] ; *L'Auteur de l'Odyssée* [*The Authoress of the Odyssey, where and when she wrote, who she was, the Use she made of the Iliad, and how the Poem grew under her Hands,* 1897]. Admirateur de Haendel, il composa également de la musique, le plus souvent des oratorios dans le style de son maître. Considéré comme un dilettante et un touche-à-tout par ses contemporains, il fut revalorisé par Bernard Shaw. Son influence se répandit plus ou moins directement chez Galsworthy, Walpole, Wells et Orwell, sans oublier Valery Larbaud, qui entre 1922 et 1924 traduisit en français *Ainsi va toute chair, La Vie et l'Habitude* et les deux livres de l'*Erewhon.* Samuel Butler est, de nos jours, considéré comme un classique, comparable à Sterne ou à Swift.

LAURA FUÁ.

♦ *« Butler s'efforçait toujours de faire sortir la pensée humaine de son inertie habituelle, de sa crédulité et de sa soumission aux idées conventionnelles ; il attaquait toute autorité qui pesait sur les esprits et combattait l'hypocrisie. »* W. T. Young.
♦ *« Aux cours de mon travail de traduction, j'ai été frappé de certaines ressemblances fortuites ; je me suis souvent dit que si Épicure avait vécu de notre temps, ou s'il était réincarné de nos jours, il aurait écrit bien des choses que Samuel Butler a écrites et aurait enseigné presque tout ce que Samuel Butler a enseigné. »* Valery Larbaud.

RÉF. : C. G. Stillman, *Samuel Butler, a Mid-Victorian Modern,* 1932. – J. B. Fort, *Samuel Butler, étude d'un caractère et d'une intelligence,* Paris, 1936. – G. D. H. Cole, *Butler and « The Way of All Flesh »,* Londres, 1947. – P. N. Furbank, *Samuel Butler,* Cambridge, 1948. – J. J. Jones, *The Cradle of Erewhon,* Londres, 1959. – Ralf Norrman, *Samuel Butler and the Meaning of Chiasmus,* Londres, 1986.

BUTOR Michel. Romancier, essayiste et poète français. Né à Mons-en-Barœul (Nord) le 14 septembre 1926. Les éléments sociaux fondamentaux de la biographie de Michel Butor sont peu nombreux, mais ils jouent un rôle essentiel dans l'œuvre. On peut compter parmi eux le fait d'être le troisième enfant d'une famille de sept. De *Passage de Milan* (*) à *Degrés* (*), l'œuvre exprimera une très grande attention au problème des relations familiales, des réseaux complexes qu'elles constituent. La famille étant installée à Paris dès 1929, Michel Butor y fera ses études à l'école paroissiale, il est ensuite pensionnaire dans un collège de jésuites à Évreux lors de la « drôle de guerre » (le monde des représentations chrétiennes sera toujours présent en son œuvre), puis étudiant à Louis-le-Grand (hypokhâgne, 1943-1944) et à la Sorbonne (philosophie). Il prépare l'agrégation (1949-1950) après avoir rédigé sous la direction de Gaston Bachelard un mémoire sur « Les Mathématiques et l'idée de nécessité » (1947). Il est déjà lié à des artistes, Zanartu, Masurovsky avec qui il construira des livres, et il a publié sa première étude « Hommage partiel à Max Ernst » (1945). Il a rencontré André Breton (1946), et ses premiers poèmes, recueillis dans *Travaux d'approche* en 1972, sont marqués par l'esthétique surréaliste.

Michel Butor va mener de front une existence double, de voyageur et d'écrivain, nourrissant la littérature de sa vision du monde, organisant ses déplacements en songeant à leur profit pour son œuvre. Professeur à Minieh (Haute-Égypte) en 1950, il commence la rédaction de *Passage de Milan* (publié en 1954). À Salonique (1954) où il enseigne, il écrit *L'Emploi du temps* (*) (publié en 1956), qui transforme un séjour à Manchester (1951). En 1956 à Genève, il rédige *La Modification* (*) (publié en 1957) ; il y est professeur à l'École internationale, où il connaît Marie-Jo, qui deviendra sa femme et la mère de ses quatre filles. À cette époque, ses voyages se limitent encore au bassin méditerranéen (*Le Génie du lieu*, 1958). Ils vont être planétaires, ceinturant la terre (*Réseau aérien*, 1962), puis explorant systématiquement les continents américains (*Mobile*, 1962 ; *6 810 000 litres d'eau par seconde*, 1965), australien (*Ou*, 1971), brésilien et japonais. La série de ces grands voyages ne pourra se clore que lorsque les textes en seront venus à couvrir l'espace terrestre entier.

Michel Butor est un écrivain en mouvement : il bouge sans cesse d'un aéroport à l'autre, répondant à une invitation, se rendant à une manifestation, bien qu'il ait été professeur à l'université de Genève jusqu'en 1991 ; il donne plus encore le sentiment du mouvement en circulant sans cesse entre les domaines artistiques différents : la peinture (*Illustrations* 1964-1976), la musique (*Dialogue avec 33 variations de Ludwig van Beethoven*, 1971). Dans le domaine particulier des classifications de la littérature, c'est la notion même de genre que sans cesse il transgresse, construisant des poèmes spatiaux (*Description de San Marco*, 1963), regroupant de façon imprévisible des textes de nature différente (*Ou*), associant critique, fiction et poésie (*La Rose des vents*, 1970).

Cette œuvre donne au lecteur l'impression de répondre à un projet presque antérieur à sa publication régulière. Elle est à la fois variée et organisée. Les ouvrages se regroupent en blocs de cinq livres, certains achevés (*Répertoire* [*], *Matière de rêves* [+]), d'autres en cours (*Illustrations, Le Génie du lieu, Envois*), d'autres, enfin, à leurs débuts (la série des *Improvisations sur...*). Or ces « pentateuques » s'organisent progressivement en pentaèdres, qui eux-mêmes se mettront un jour en place pour constituer un « mobile » plus vaste. Il

y a ainsi chez Michel Butor la vision, et la construction d'une œuvre en continuelle expansion (comme l'était *La Comédie humaine* [*]) et aux rapports multiples (car *Un coup de dés jamais n'abolira le hasard* [*]...). Les livres de Michel Butor obéissent dans leur construction à une logique identique : a) le point de départ en est un élément banal, ce que chacun par conformisme et par lassitude considère comme allant de soi ; b) ce fait de savoir, de culture, ou de conduite, est développé dans ses conséquences jusqu'à ce qu'éclatent ses contradictions, et qu'il soit bien évident qu'une telle situation ne se perpétue que par aveuglement ; c) cette critique est élaborée par juxtaposition, confrontation, intégration d'éléments qu'on avait pu tenir pour distincts, séparés. La délimitation d'un champ de savoir, ou de réflexion le rend faux ; il importe de resituer un élément qui, isolé, serait inintelligible, dans l'ensemble le plus vaste possible pour avoir chance de mesurer sa portée, de connaître son pouvoir ; d) l'ensemble (le monde du savoir occidental : *Degrés* ; le monde terrestre : *Le Génie du lieu*, etc.) donne sens au particulier, mais il n'est pas dénombrable ; le fait qu'il ne puisse être ni énuméré, ni circonscrit, fait que tout développement doit présenter les signes d'un inachèvement fondamental, qui ne manifeste rien d'autre que notre caractère mortel ; e) du fait même qu'est entreprise l'écriture d'un livre, le projet se déforme, car il ne peut se réaliser hors du temps, mais prend du temps pour être mené à bonne fin (*L'Emploi du temps*).

L'œuvre tend à se constituer sous la forme d'une sculpture régulière qui ne serait pas en trois dimensions, mais construite et défaite par le temps qui l'oriente. L'œuvre romanesque n'est pas proposée au lecteur comme un modèle fini, mais lui est adonnée avec charge pour lui de la poursuivre.

Tout aux premiers temps de son activité littéraire, Michel Butor émettait le souhait, d'une façon qui passa pour provocante à l'égard des valeurs défendues par le surréalisme, de voir le roman évoluer vers « une espèce nouvelle de poésie à la fois épique et didactique » (*Répertoire I*). Si la musique se développe par un jeu de contraintes formelles, il faut rapprocher la littérature de Michel Butor d'un art de la fugue. Le roman est didactique par son souci d'explorer progressivement un état reçu pour en faire valoir les présupposés, et conduire à une liberté plus grande. Il peut également être tenu pour épique : toutes nos relations (nos images et notre langage) étant sociales, nous ne pouvons espérer améliorer notre sort particulier que par un changement collectif de conscience. La littérature touche de ce fait au politique (en envisageant l'établissement d'un nouveau contrat social), et au religieux (en contribuant à l'édification d'un imaginaire collectif). Elle n'a pas pour objet de nous proposer une résolution symbolique des conflits auxquels nous nous affrontons, mais de nous permettre de mieux en prendre conscience.

JEAN ROUDAUT.

BUXTEHUDE Dietrich. Organiste et compositeur allemand d'origine danoise. Né à Oldesloe (Holstein), vers 1637, mort à Lubeck le 9 mai 1707. Fils d'un organiste, il passa son enfance en Suède et c'est à la Marienkirche d'Hälsingborg qu'il obtint son premier poste d'organiste. En 1660, il retourne au Danemark, pour prendre l'orgue, tout nouvellement construit, de l'église allemande d'Elseneur. En 1668, il devient organiste de la Marienkirche de Lubeck, épousant suivant l'usage la fille de son prédécesseur Franz Tunder. Il trouve à Lubeck une vie musicale active. La coutume voulait en particulier que, certains soirs, on se réunît pour entendre à l'église de la musique, instrumentale ou chantée, en dehors de tout office. Le nouvel organiste décide de donner à ces « musiques du soir » (« Abendmusiken ») une allure plus solennelle en organisant, à partir de 1873, de véritables concerts, le soir des cinq dimanches précédant Noël. Après le prêche de l'après-midi, on alternait pièces d'orgue et cantates. Certains textes plus longs, véritables oratorios, virent leur réalisation étendue sur plusieurs soirées. Ainsi en fut-il du *Mariage de l'agneau* [*Die Hochzeit des Lammes,* 1678], de *La Joie des âmes* [*Himmlische Seelenlust,* 1683], du *Fils prodigue* [*Der verlorene Sohn,* 1688]. Un seul de ces oratorios nous est parvenu, *Le Jugement dernier* [*Das jüngste Gericht,* 1688]. Par contre, nous avons conservé plus d'une centaine de *Cantates* (*) de Buxtehude. Très différentes des cantates de J.S. Bach où le chœur joue un rôle important, ce sont des pièces pour une ou plusieurs voix et instruments, suites d'arias au contenu contemplatif, mais à la technique vocale très ornée. Leur influence sur les musiciens du XVIIIe siècle a été grande. Le rôle de Buxtehude comme organiste n'est pas moins important. Il a réalisé une synthèse entre le jeu des Allemands du Sud, marqué d'italianisme, et l'éclatante rigueur des organistes de l'Allemagne du Nord. Il a été un des premiers à faire un usage intensif du pédalier, ce que Bach reprendra après lui. Son jeu est souvent brillant et presque mondain ; ce n'est que dans les préludes — v. *Toccatas, préludes et fugues* (*) — destinés au culte qu'une intériorité réelle se fait sentir. La réputation de Buxtehude était si grande que le jeune Bach fit, en 1705, trois cents kilomètres à pied pour venir l'écouter. La succession de Buxtehude lui fut offerte, assortie de la condition d'usage : épouser la fille de son prédécesseur. Anna Margreta avait douze ans de plus que Bach. Il refusa. Comme avaient refusé deux ans plus tôt Haendel et Mattheson, tous deux candidats au poste d'organiste. Par ailleurs, Buxtehude nous a laissé des pièces de musique de chambre (notamment les *14 Sonates en trio* publiées à

Lubeck en 1694-96) dont certaines ont longtemps passé pour être de la main de Bach et ont même été complétées par lui. Entre Schütz et Bach, Buxtehude a une position de transition qui ne doit pas nous cacher sa brillante individualité.

JEAN-FRANÇOIS LABIE.

BUYSSE Cyriel. Écrivain belge d'expression flamande. Né le 20 septembre 1859 à Nevele près de Gand, mort le 25 juillet 1932 à Deurle, dans les environs de Gand. Il débuta comme disciple de Zola et de Camille Lemonnier, en peignant, dans un style violemment naturaliste, la vie des ouvriers et des paysans de la région comprise entre Bruges et Gand. Ce fut *Le Droit du plus fort* [*Het Recht van den Sterkste,* 1890]. Mais bientôt, son interprétation de la vie des pauvres se fait moins unilatérale, en se rapprochant de celle de Maupassant. En 1893, il fonde avec Vermeylen, de Bom et Prosper Langendonck la revue *Van Nu en Straks* dont l'importance, pour la culture flamande, égale presque celle de la *Nieuwe Gids* pour la culture hollandaise. Quelques années après, Buysse se détacha de ce groupe et fonda, en 1903, en Hollande, avec Couperus et Van Nouhuys, la revue *Groot Nederland.* Parmi ses romans, il faut citer : *La Vie de Rose van Dalen* (*), *La Petite Boule* [*Het Bolleken,* 1906] et *Le Petit Âne* [*Het Ezelken,* 1910]. Buysse a écrit aussi pour le théâtre, et, assez fréquemment, ses pièces sont tirées de ses romans ; il en est ainsi pour *Marie* (1900), composée sur le canevas du *Droit du plus fort.* Parmi ses autres œuvres théâtrales, signalons *La Famille van Paemel* [*Het Gezin Van Paemel,* 1903], considérée comme le drame social flamand le plus puissant ; *La Justice* [*Het Recht,* 1908] ; *Jan Bron* (1921) ; *Le Défenseur* [*De Plaatsvervangende verdediger,* 1930]. Il s'agit d'un théâtre haut en couleur, au dialogue concis, mais dont l'action n'est pas toujours bien construite.

♦ *« Buysse est notre Maupassant, d'une santé imperturbable et magnifique. »* M. Maeterlinck.

RÉF. : M. Galle, *Cyriel Buysse,* Bruges, 1966.

BUZURA Augustin. Romancier roumain. Né le 22 septembre 1938 dans le village de Berinţa, département du Maramureş, en Transylvanie. Fils d'ouvrier, il fait ses études secondaires à Baia-Mare puis entre à la faculté de médecine de Cluj. Il obtiendra son diplôme de médecin en 1964. Il réalise ainsi le rêve de celui qui est son maître à double titre, en tant que romancier et en tant que compatriote transylvain, Liviu Rebreanu. Comme la plupart des écrivains de cette période, il fait ses débuts à travers les revues et journaux littéraires dans lesquels il publie dès 1960. Devenu secrétaire général de la revue de Cluj *Tribuna*, il collabore également à presque tous les organes de la presse culturelle de province ou de Bucarest. Citons, entre autres, *România Literarà, Luceafàrul, Vatra, Convorbiri Literare.* Son premier roman paraît en 1963 et a pour titre *Le Cap de Bonne-Espérance* [*Capul Bunei Speranţe*], titre ambigu qui donne déjà le ton de ce que sera toute l'œuvre romanesque d'Augustin Buzura, une patiente remise en cause souterraine d'abord, allusive, puis de plus en plus directe, de l'ordre établi. Viendront ensuite un recueil de nouvelles, *Là où le vautour ne vole pas* [*Unde nu zboarà vulturul,* 1966], les romans *Les Absents* [*Absenţii,* 1970], *Facettes du silence* [*Feţele tàcerii,* 1974], *Orgueils* [*Orgolii,* 1977], *Les Voix de la nuit* (*) (1980). Un volume de réflexions et d'essais, *Bloc-notes* [*Bloc notes,* 1981], précédera le premier tome d'une série romanesque ouverte par *Refuges* [*Refugii,* 1984] et *Le Chemin de cendres* [*Drumul cenuşii,* 1987]. Il y a chez Augustin Buzura, comme chez tous les écrivains roumains qui saisissent intelligemment et avidement la petite chance de s'exprimer que leur donne la déstalinisation roumaine des années 60-70, une véritable stratégie du titre. Ceux de tous les romans d'Augustin Buzura parlent déjà, avant même que l'on ouvre le livre : ils sont, avec le temps, de plus en plus désespérés, annonciateurs de catastrophes, d'absence, de vide, de ténèbres. Ses romans se présentent, presque toujours, sous la forme du monologue ou de dialogues entrecroisés commentant des vies peu à peu sondées dans leurs recoins les moins ragoûtants. Ce sont des romans d'exploration sociale impitoyable où, à travers le prisme protecteur et révélateur d'un ou plusieurs personnages, se cristallise une image foncièrement sombre, notamment de la classe ouvrière. Tous les intellectuels qui, pour diverses raisons (souvent obscures), doivent vivre dans ce milieu trouble, interlope, perdent insensiblement le peu de culture qu'ils possédaient pour se trouver confrontés à une jungle atroce bien éloignée de la description messianique de l'idéologie dominante. Les méthodes du roman réaliste, renouvelées par la connaissance approfondie de la prose occidentale moderne, sont utilisées pour miner de l'intérieur, avec ses propres armes retournées contre elle, toute l'imagerie de la classe ouvrière rédemptrice. Se débarrassant lentement de l'indispensable arsenal de brouillage qui donne à tous les romans de cette époque l'apparence de sommes narratives laborieuses et désordonnées tout à la fois, Augustin Buzura, dans ses derniers livres, dépouille l'intrigue de ses paravents destinés à dérouter ou plutôt à aider la censure. Il dresse inlassablement l'acte d'accusation du système défunt en 1989. Il dirige aujourd'hui la Fondation culturelle roumaine avec le même courage anticonformiste.

JEAN-LOUIS COURRIOL.

BUZZATI Traverso, Dino. Écrivain, journaliste et, accessoirement, peintre italien. Né à Belluno le 16 octobre 1906, mort à Milan le 28 janvier 1972. Issue du Frioul, l'une des régions les plus secrètes de l'Italie du Nord – des montagnes abruptes et une certaine autonomie de l'idiome et des sentiments –, l'histoire de cet écrivain, dont la renommée ne tarde pas à s'imposer dans le monde entier, est double. Pour le public italien, il est dès l'abord un journaliste, entré de bonne heure au *Corriere della Sera,* le plus grand quotidien de la Péninsule, y débutant par les « chiens écrasés », puis se signalant par des reportages de plus en plus marqués par l'ange du bizarre, auxquels il demeurera fidèle jusqu'à la fin de sa vie – le goût du baroque et d'un certain fantastique le porte à décrire le métro de Milan en construction, tout en y poursuivant le diable, ou encore à raconter par le menu une visite de l'intérieur du corps humain... Pour expliquer cette hantise – qui se manifestera encore, à la fin de sa carrière, dans l'intérêt que Buzzati va porter aux bandes dessinées, aux collages, voire à une peinture aux prétextes surréalistes – on a mentionné le fait que sa formation coïncide avec le temps où fleurit en Italie le « réalisme magique » de la revue *900* de Bontempelli ; on a invoqué ensuite des influences kafkaïennes directes, mais la popularité de l'écrivain tchèque est bien postérieure aux débuts de l'Italien. Ces débuts, ce sont deux récits : *Barnabo des montagnes* (*) (1933) et *Le Secret du bosco Vecchio* (*) (1935), où Buzzati se révèle d'ores et déjà tel qu'en lui-même, dans sa personnalité dolomitique et, pour employer un terme sommaire, romantique. Il est bon d'insister sur la différence foncière qui existe entre l'univers romanesque de Kafka et celui de Buzzati, que l'on continue souvent à rapprocher : si le monde du Tchèque est clos, définitivement clos et maudit, il n'en va pas ainsi pour celui de Buzzati, qui est un monde de hauteurs, de mirages, d'attente perpétuelle de la communication, et il n'est pas sans intérêt de rappeler que le Titien, maître de la lumière, est lui-même originaire du Frioul... Ceci est parfaitement illustré – encore que l'interrogation du livre s'achève par un déni de tout espoir, et encore qu'on y puisse voir, de quelque manière, à l'époque de l'agonie du fascisme, une expression du malaise ambiant – par son chef-d'œuvre, *Le Désert des Tartares* (*) (1940) : épopée de l'attente chimérique, où se reflète la stagnation des garnisons libyennes que Buzzati avait connues par ses reportages, mais aussi la vaine et interminable extase de quelque autre Barnabo des montagnes... C'est à partir de ce livre que Buzzati, assuré désormais de ses moyens (un style net et lucide, le baroque naissant non des fioritures mais de la luxuriance de l'invention), peut se livrer totalement à son jeu fiabesque des messages lancés au vent, au merveilleux du caprice et de la fantaisie, et c'est, constamment sous le signe d'une angoisse imperturbable, la suite des contes qui va des *Sept Messagers* [*Sette messaggeri,* 1941] à *L'Écroulement de la Baliverna* (*) (1954), des *Sessanta racconti* (1958) à *L'Image de pierre* (*) (1960) et aux nouvelles en germe dans les carnets publiés sous le titre *En ce moment précis* (*) (1963). De cette œuvre extrêmement originale, le point final (sur le plan du roman) reste énigmatique : *Un amour* (*) (1963), sorte de règlement de comptes sentimental, qui déçoit par son réalisme ouvert et court, mais n'est probablement pas dépourvu d'une signification pathétique, dans le rejet de tout masque. Cependant, Buzzati publie encore des récits : *Le K* [*Il colombre,* 1966] et *Le Notti difficile* (1971) – recueil qui forme deux volumes dans la traduction française : *Les Nuits difficiles* (1972) et *Le Rêve de l'escalier* (1973). On doit également à Buzzati une bande dessinée, *Poèmes-Bulles* [*Poema a fumetti,* 1969], reprise très moderne du thème d'Orphée aux enfers.

NINO FRANK.

RÉF. : *Cahiers Dino Buzzati,* six numéros, 1977-1985. – Y. Panafieu, *Le Désert des Tartares,* Paris, 1981 ; *Dino Buzzati,* Paris, 1988. – A. Montenovesi, *Dino Buzzati,* Paris, 1984.

BUZZI Paolo. Poète et romancier italien. Né à Milan le 15 février 1874, mort dans la même ville le 28 février 1956. Sa carrière de haut fonctionnaire dans l'administration provinciale de Milan s'allie à une production littéraire suivie : d'abord poète amer dans des *Rhapsodies léopardiennes* [*Rapsodie leopardiane*, 1898], ensuite romancier de *L'Exil* [*L'Exilio*, 1906], Paolo Buzzi trouve sa voie dans le futurisme, devenant l'acolyte de Marinetti depuis *Aéroplanes* (*) (1909) jusqu'aux *Atomiques* [*Atomiche*, 1915], et aux pompes déjà fascinantes des *Poèmes des Augustes et des Consulaires* [*Carmi degli augusti e dei consolari*, 1919]. Buzzi a également donné des romans assez verbeux, aux titres significatifs, de *L'Ellipse et la Spirale* [*L'ellissi e la spirale*, 1915] aux *Aventures des méridiens et des parallèles* [*Aventure dei meridiani e dei paralleli*, 1934]. Ses essais de théâtre futuriste ont été rassemblés dans *Huit synthèses* [*Otto sintesi*, 1917].

NINO FRANK.

BYRD William. Compositeur anglais. Né dans le Lincolnshire, peut-être à Epworth et sans doute en 1543, car dans son testament qui date de la fin de 1622, il dit être dans quatre-vingtième année ; mort le 4 juillet 1623 à Stondon (Essex). On ne sait rien de sa famille ni de son enfance. La première date de sa vie qui soit certaine est celle du 27 février 1563, date à laquelle il fut nommé organiste de la cathédrale de Lincoln. En 1570 il est « gentleman » de la Chapelle Royale à Londres, mais conserve ses fonctions à Lincoln pendant trois ans encore ; en 1572 il est organiste de la Chapelle Royale conjointement avec son maître Tallis. La reine Élisabeth octroie à ces deux musiciens seuls la licence de l'impression de leurs œuvres pour une durée de vingt et un ans. Ce privilège ne sera pas sans exciter le mécontentement des autres musiciens (et des bénéficiaires eux-mêmes qui se jugeaient insuffisamment rétribués). En 1575 est publiée une première partie des *Cantiones Sacrae* contenant dix-sept motets de chacun des auteurs et dédiée à la reine ; une autre partie, qui date de 1588, porte le titre de *Chants de tristesse et de pitié* [*Songs of Sadness and Pities*]. Byrd s'était fixé en 1577 à Harlington dans le Middlessex, avant de s'établir à Stondon-Massey, dans l'Essex, où il demeura jusqu'à la fin de ses jours. Il était catholique et resta toujours ouvertement fidèle à sa foi, puisqu'il figura dans la liste des « papistical recusants » qui étaient poursuivis sous le règne d'Élisabeth et de son successeur Jacques Ier. La persécution religieuse à son endroit ne paraît pas avoir été très sévère car il a bénéficié toute sa vie de gratifications et de pensions, et est resté attaché à la Chapelle Royale. D'ailleurs, il a mis son art aussi bien au service du culte anglican que du culte romain. Son œuvre est considérable, essentiellement de la musique vocale. Il est, de plus, un des premiers musiciens qui aient écrit pour chant et orchestre. On ne lui doit pas moins de trois cent quatorze motets (*), graduels et pièces diverses, quatre-vingt-cinq cantiques [*Anthems*], plusieurs messes, une centaine de pièces pour virginal (sorte de clavecin) dont certaines sont déjà à variations, et des ensembles pour violes qui présagent la future musique de chambre. Dans le domaine de la musique profane, il a en outre composé cent douze madrigaux qui sont au goût de l'époque. Byrd tient, dans l'histoire de la musique, une place aussi éminente que Palestrina et Roland de Lassus.

♦ *« Il ne faut jamais nommer* [Byrd] *sans révérence parmi les musiciens. »* Morley. ♦ *« Byrd fut un des plus grands musiciens du* XVIe *siècle. »* Michel Brenet. ♦ *« Il n'est inférieur à aucun maître italien ou belge de son temps. Le registre de la chapelle des rois d'Angleterre* (Cheque Book) *lui donne le titre de* Père de la musique (Father of music) : *cet éloge, quelque grand qu'il soit, est justifié par la pureté d'harmonie, l'élégance de la forme dans les entrées d'imitation des voix, la clarté du style et la régularité tonale qui brillent dans ses ouvrages. On peut dire sans exagération que Byrd fut le Palestrina, l'Orlando Lasso de l'Angleterre. »* F. J. Fétis.

RÉF. : E. Rimbauld, *Life of William Byrd*, Londres, 1841. – O. Becker, *Die englischen Madrigalisten Williams Byrd, Morley and Dowland*, Bonn, 1901. – Edmund H. Fellowes, *William Byrd*, Londres, 1936.

BYRON George Gordon, lord. Poète anglais. Né le 22 janvier 1788 à Londres, mort le 19 avril 1824 à Missolonghi (Grèce). Il descendait d'une branche d'une ancienne famille normande : les *de Buron,* et parmi ses ancêtres, les caractères violents et excentriques ne manquaient pas ; sa propre mère, Catherine Gordon of Gicht, était une personne passionnée et extravagante. L'enfance de George s'écoula à Aberdeen. Son père, le capitaine John Byron, surnommé Jack le Fou à cause de sa vie déréglée, avait abandonné sa mère, les laissant dans une situation financière désastreuse. Le milieu écossais, le calvinisme sombre qui pesait sur cette société, une malformation physique (contraction du tendon d'Achille du pied droit) marquèrent profondément Byron, contribuant à lui former un caractère intensément mélancolique qui trouvait son rythme de vie dans la transgression de toutes lois, caractère que le poète a décrit lui-même, en traits appuyés et sombres mais fidèles, dans le premier chant de son récit en vers, *Lara* (*). La mélancolie de Byron, le pressentiment qu'il avait d'un destin tragique, son besoin de pallier, avec une énergie surhumaine, les défaillances fondamentales de son être, furent autant de thèmes que le poète développa et fixa dans les nombreux personnages de hors-la-loi qu'il chanta dans sa période de plus grande activité littéraire, mais dont on peut retrouver certains aspects dans ses premières amours (surtout dans son amour pour Mary-Ann Chaworth en 1803), et dans les vers satiriques qu'il publia en 1807 – *Heures de loisir, série de poésies originales et traduites* (*) – et, en 1809, *Bardes anglais et critiques écossais* (+). Il fit ses études à Harrow et à Cambridge (Trinity College), où il laissa le souvenir d'un caractère bizarre et belliqueux. En 1798, il hérita le titre et les biens de son grand-oncle William, cinquième lord Byron. En avril 1808, il prit possession du romantique manoir de ses ancêtres, Newstead Abbey, et, en mars 1809, occupa son siège à la Chambre des lords (où il prononça son premier discours en février 1812).

Sa maturité date vraiment de son voyage d'études sur le continent (le « grand tour » habituel des jeunes aristocrates anglais). Parti de Falmouth au cours de l'été 1809, il se rendit à Lisbonne, Séville, Cadix, puis dans le Levant d'où il revint en juillet 1811. En mars 1812, il fit paraître les deux premiers chants du *Chevalier Harold* (*), dont l'énorme succès fut favorisé par le milieu aristocratique dont Byron faisait partie ; lady Caroline Lamb (dont lord Melbourne devait devenir le mari) conçut pour le poète une passion qui revêtit des aspects insensés et grotesques. Entre juin 1813 et août 1815, il publia des nouvelles en vers – *Le Giaour* (*), *La Fiancée d'Abydos* [*The Bride of Abydos*], *Le Corsaire* (*), *Lara*, et en janvier-février 1816 : *Le Siège de Corinthe* (*) et *Parisina* (*), qui rencontrèrent un égal succès. Les figures de ses personnages ténébreux se confondirent avec celle du poète dans l'esprit des lecteurs ; ainsi naquit le mythe byronien qui, en définitive, fit au poète au moins autant de mal qu'il l'avait favorisé à l'origine. Il commença même à lui nuire dès l'époque de son mariage. Ce mythe, il l'avait lui-même encouragé en devenant le « dandy » de ses propres émotions. S'il est vrai qu'il était convaincu de ce qu'une malédiction pesait sur lui et sur les siens, et de ce que lui-même deviendrait fou, il est indéniable, également, qu'il exalta ce fond sincère jusqu'à la pose. Il chercha à tirer des sensations perverses de son union avec une femme à l'esprit positif, et nullement adaptée à un tel genre de vie : Anna Isabella Milbanke ; il s'efforça, par toutes sortes d'allusions et d'insinuations, de lui laisser soupçonner un inceste entre lui et sa demi-sœur Augusta Leigh (fille de la première femme du père de Byron, et qui en 1807 avait épousé son cousin George Leigh). Le mariage de Byron, célébré le 2 janvier 1815, ne dura qu'un an ; le 15 janvier 1816, lady Byron qui, en décembre, avait donné naissance à une fille, Augusta Ada, abandonna le domicile conjugal et intenta une demande en séparation. Byron, qui s'était déjà aliéné la bourgeoisie conservatrice pour s'être moqué du Régent dans quelques vers sur la princesse Charlotte, fut mis au ban de l'aristocratie, auprès de laquelle l'accusation d'inceste gagna du crédit. La publication, à l'insu de Byron, de deux poèmes inspirés par ses histoires domestiques : *Porte-toi bien* [*Fare thee well*] et *Un essai* [*A Sketch*], ainsi que la diffusion de vers qui allaient à l'opposé du patriotisme de ces années : *Ode traduite du français* [*Ode from the French*] et l'apostrophe à l'*Étoile de la Légion d'honneur* [*Star of the Legion of Honour*], exaspérèrent encore les animosités. Le 24 avril 1816, après avoir signé, non sans résistance, l'acte de séparation d'avec sa femme, Byron quitta l'Angleterre pour toujours.

De Bruxelles, il alla visiter le champ de bataille de Waterloo, puis se rendit à Genève, où il habita la villa Diodati et rencontra les Shelley et miss Clare Clermont, dont il eut une fille, Allegra, qui naquit en janvier 1817. Shelley, et la lecture de Wordsworth que lui recommanda ce dernier, lui ouvrirent les yeux sur les beautés de la nature : il composa le troisième chant du *Chevalier Harold,* tandis que l'influence de Goethe se traduisait par la tragédie de *Manfred* (*). Pendant son séjour en Suisse, Byron composa également *Le Prisonnier de Chillon* (*). En octobre 1816, il se rendit à Milan, puis à Vérone, et de là à Venise où il demeura trois ans. En avril et mai 1817, il fit un séjour de trois semaines à Rome et passa par Ferrare — cette ville lui inspira *La Complainte du Tasse* (*). La vie licencieuse de Byron dans le milieu libertin de Venise est amplement racontée dans ses lettres, remplies de verve, et qui présentent un intéressant contraste avec la psychologie compliquée des lettres anglaises à lady Melbourne : dans les premières, on voit défiler les compagnes des aventures faciles du poète, surtout Marianna Segati et la fille du peuple Margherita Cogni (la Fornarina). Byron raconte longuement cet épisode dans sa lettre, sans doute la plus célèbre, à John Murray, du 1er août 1819 : récit qui ne ferait pas mauvaise figure auprès de la *Carmen* (*) de Mérimée. Byron avait transformé en harem l'appartement qu'il habitait dans le palais Nani-Mocenigo, mais il n'abandonnait pas pour cela des relations plus intellectuelles, fréquentant les salons de la comtesse Albrizzi, puis ceux de la Benzoni. Il étudia l'arménien et se mit à composer le cinquième chant du *Chevalier Harold* et *Beppo, histoire vénitienne* [*Beppo. A Venetian Story,* 1818]. En septembre 1818, il commença son plus beau poème, *Don Juan, satire épique* (*), et il écrivit *Mazeppa* (*). Avec *Beppo* et *Don Juan,* Byron abandonne le mode héroïque, et se met à « bavarder en vers », atteignant un style poétique semblable à celui de la prose brillante de ses lettres.

En avril 1819, il fit la connaissance de la jeune épouse du vieux chevalier Guiccioli, Teresa, fille du comte Gamba de Ravenne : cette aventure, qui aurait pu ressembler à toutes les autres, devint la plus durable de ses liaisons ; libertin assagi par l'âge, il mena avec sa bien-aimée une vie presque bourgeoise. Son esprit d'aventures s'alimenta désormais de politique. Il s'installa vers la fin de 1819 à Ravenne, se lia d'amitié avec le frère de Teresa Guiccioli, Pietro Gamba, prit part aux conspirations des Carbonari, et fut même le chef d'une branche de ce mouvement, dite branche des Américains. Sa sympathie pour l'Italie nouvelle trouva son expression littéraire dans *La Prophétie de Dante* [*The Prophecy of Dante*], écrite sous l'influence de la lecture de *La Divine Comédie* (*), tandis qu'Alfieri lui inspirait le drame *Marino Faliero* (*). En juillet 1820, sur les instances de la famille Gamba, le pape promulgua un décret de séparation entre Teresa et Guiccioli. Après la faillite du mouvement révolutionnaire en 1821, le gouvernement pontifical confisqua les biens des Gamba qui s'enfuirent à Pise où Byron les rejoignit en novembre 1821. À Pise, il composa *Werner, le difforme transformé* [*The Deformed Transformed,* 1824] et se remit à *Don Juan*, réussissant à vaincre l'aversion que Teresa ressentait pour ce poème qui, présentant l'histoire d'un auteur tourné en ridicule, heurtait sa sensibilité romanesque. *La Vision du jugement* [*The Vision of Judgment,* 1822] parut dans le premier numéro du *Libéral* (octobre 1822), périodique que Byron lança avec Leigh Hunt, et *Le Ciel et la Terre* (*) dans le second, en mars 1823. Une rixe entre son valet et un sergent de dragons contraignit Byron à quitter Pise ; il se retira à Montenero. Il perdit cette même année sa fille Allegra (voulant l'élever dans la religion catholique, il l'avait mise en pension à Bagnacavallo). En juillet, Shelley mourut et Byron assista à l'incinération de son corps.

Un profond ennui s'empara de son âme ; affaibli par la malaria, las de Teresa, il partit pour Gênes en septembre 1822. Nommé membre du comité pour l'indépendance de la Grèce, constitué à Londres au printemps de 1823, il salua l'aventure grecque comme une libération. Après quelques hésitations dues à des raisons de santé, il se décida à prendre la tête de la révolte, et sans tenir compte des protestations de Teresa Guiccioli qui désirait le suivre, il s'embarqua à Gênes le 15 juillet. Il passa quatre mois à Céphalonie, en attendant de voir clair dans la confusion des diverses factions révolutionnaires. Appelé par Alexandre Mavrocordato à Missolonghi, il y débarqua le 5 janvier 1824, et fut accueilli avec des honneurs royaux. Mais rien de plus triste que ces trois mois de séjour à Missolonghi : nul fait d'armes, querelles avec les Grecs et finalement, comme suite à ses fatigues, une fièvre rhumatismale ou, selon d'autres, une méningite qui mit fin à sa vie le 19 avril. L'arrivée de sa dépouille à Londres donna lieu à des manifestations solennelles d'affliction ; il fut inhumé dans l'église de Harrow-on-the-Hill.

MARIO PRAZ.

♦ *« Lord Byron n'est grand que lorsqu'il chante ; dès qu'il veut réfléchir, c'est un enfant... Il doit être considéré en tant qu'homme, en tant qu'Anglais et en tant qu'esprit doué d'un grand génie. Ses qualités dérivent pour une bonne part de l'homme ; ses défauts, du fait qu'il était anglais et pair d'Angleterre ; et son génie est incommensurable... C'est un grand talent inné. De vraie puissance poétique, je n'en ai vu chez personne d'aussi grande que chez lui. Par sa compréhension du monde extérieur, par sa faculté de pénétrer les choses du passé, il est aussi grand que Shakespeare. »* Goethe. ♦ *« Bien que la fantaisie de lord Byron soit d'une nature extraordinaire, il n'en est pas moins vrai qu'elle est en grande partie artificielle ou, pour mieux dire, forcée ; par là on voit clairement que le plus grand nombre de poésies de lord Byron surgissent par l'effet de sa volonté et de son habileté professionnelle bien plus que par l'effet de l'inspiration et de la fantaisie spontanée. »* Leopardi. ♦ *« Lord Byron, comme M. Wordsworth, n'avait rien de dramatique dans son génie. Il était même le contraire, l'antithèse d'un grand poète dramatique... Mais il restera des poésies de lord Byron bien des choses qui ne pourront périr que le jour où la langue anglaise elle-même périra. »* Lord Macaulay. ♦ *« La poésie de cet homme extraordinaire est harmonieuse et riche ; elle entraîne par la chaleur et la pureté du style ; elle enchante par la grâce et la vérité des descriptions ; mais cette poésie attachante n'offre qu'un charme perfide, elle laisse dans le cœur une tristesse profonde, car une âme malheureusement affectée a douloureusement pesé sur la vôtre... »* Alfred de Vigny. ♦ *« Lord Byron est le type du genre de poésie dont il a été le poète. Tous ses ouvrages sont profondément marqués du sceau de son individualité. C'est toujours une figure sombre et hautaine que le lecteur voit passer dans chaque poème comme à travers un crêpe de deuil. Sujet quelquefois, comme tous les penseurs profonds, au vague et à l'obscurité, il a des paroles qui sondent toute une âme... On peut lui reprocher de négliger absolument l'ordonnance de ses poèmes ; défaut grave... Il pousse également trop loin le lyrique dédain des transitions... »* Victor Hugo, 1824. ♦ *« Lui qui depuis dix ans fuyait sa renommée, / Et de sa solitude emplissait l'univers ; / Lui, le grand inspiré de la mélancolie, / Qui, las d'être envié, se changeait en martyr / ... / Lui qui, rassasié dans la grandeur humaine, / Comme un cygne à son chant sentant sa mort prochaine, / Sur terre autour de lui cherchait pour lui mourir... »* Alfred de Musset, 1836. ♦ *« Voilà douze ans que je dis de W. Scott ce que vous m'en écrivez. Auprès de lui lord Byron n'est rien ou presque rien... Vous avez raison ; Scott grandira et Byron tombera. L'un a toujours été lui, l'autre a créé. »* Balzac, lettre à Mme Hanska, 20-23 janvier 1838. ♦ *« Lord Byron restera dans l'esprit des hommes comme un de ces êtres fantastiques qui semblent créés par la magie plutôt que par la nature, qui éblouissent l'imagination, qui passionnent le cœur, mais qui ne satisfont ni la raison ni la conscience. »* Lamartine. ♦ *« Il y a de la fantasmagorie dans son talent ; des objets et des idées de mille formes se montrent à travers un voile dont la nuance les colore, les enflamme et les métamorphose sans les cacher ni altérer leurs contours. La vérité, dans ses œuvres, n'est qu'une vérité relative : quelque chose de plus ardent, de plus intense que l'atmosphère naturelle environne ses personnages et ses récits. Ce n'est pas un mensonge ; c'est un prestige. »* Hazlitt. ♦ *« Byron rugit toujours un peu même quand il roucoule ; il veloute ses rugissements, mais c'est toujours le lion amoureux... Le caractère du génie de Byron c'est la fierté — une fierté incoercible. »* J. Barbey d'Aurevilly. ♦ *« Byron le Téméraire ! Si je parlais pour des hommes libres, je dirais qu'il fut un scélérat, un merveilleux poète et le plus haut philosophe. »* Maurice Barrès. ♦ *« C'était une âme grande, généreuse, mais faussée par le malheur. »* André Maurois.

RÉF. : G. K. Chesterton, *Five Types,* 1910. — Ch. Du Bos, *Byron et le besoin de la fatalité,* 1929. — Dr Cabanès, *Grands névropathes, malades immortels,* 1931. — A. Maurois, *Don Juan, ou la Vie de Byron,* 1952. — L. A. Marchand, *Byron, a Biography,* 3 vol., Londres, 1957. — P. Quennell, *Byron,* 2 vol., Londres, 1974. — F. L. Beaty, *Byron, the Satirist,* Illinois, 1985. — M. Storey, *Byron and the Eye of Appetite,* Londres, 1986. — M. Kelsall, *Byron's Politics,* Londres, 1987. — B. Beatty, V. Newey (eds.), *Byron and the Limits of Fiction,* Liverpool, 1988. — F. Shiltone, *Byron and the Myth of Tradition,* Nebraska, 1988. — F. Garber, *Self, Text and Romantic Irony : the Example of Byron,* Princeton, 1988. — P. Graham, *Dom Juan and Regency England,* Virginia, 1990. — E. Mayne, *Byron,* 2 vol., New York, 1990.

C

CABANIS José. Écrivain français. Né le 24 mars 1922 à Toulouse. Après avoir été élève chez les jésuites, José Cabanis entreprend des études de droit et de philosophie. Cependant, en 1943, il est requis par le service du travail obligatoire et envoyé en Allemagne. À son retour, il passe ses doctorats de droit et de philosophie. Il opte alors, autant par tradition familiale que par goût personnel, pour une carrière d'avocat. Il y mettra fin dix ans plus tard, par passion pour la littérature. Expert auprès des tribunaux le jour, il écrit la nuit. Ses premiers romans, où l'on sent l'influence de Mauriac, *L'Âge ingrat* (*) (titre sous lequel il réunit en 1966 plusieurs romans autobiographiques), *L'Auberge fameuse* (1953) sont une description réaliste de la vie de province. On y perçoit déjà nettement la tension romanesque propre à l'auteur, faite de l'opposition entre l'attachement aux biens de ce monde et une aspiration religieuse qui ne se démentira pas. En effet, José Cabanis n'est pas seulement un moraliste austère, qui écrit dans un style très classique, et dont le christianisme serait janséniste, car dans le même temps il ne cache pas la soif de plaisir qui l'habite, et particulièrement son attirance pour les femmes, qui nous vaut de beaux portraits comme le personnage de Gabrielle des *Jeux de la nuit* (1964) – qui réapparaît dans *La Bataille de Toulouse* (prix Renaudot 1966). C'est en ce sens que, le recevant en 1991 à l'Académie française, Jacques de Bourbon Busset a pu lui dire : « Au fond, je vous crois un mystique voluptueux. » Dès *Le Bonheur du jour* (1960) et surtout *Les Cartes du temps* (1962), José Cabanis donne des œuvres romanesques d'un caractère de plus en plus autobiographique. Affecté par la mort de sa mère, l'absence de la femme aimée, il se livre à une introspection plus fine et plus sincère encore : « Je ne veux rien écrire qui ne soit juste, confie-t-il, je mesure mes phrases, je pèse mes mots parce que je serai lu par des inconnus que je ne veux pas tromper. Il faut tout leur dire, et fidèlement. » Dans ces livres et les suivants : *Des jardins en Espagne* (1969), *Les Jardins de la nuit* (1973), on retrouve ce souci de franchise et une technique romanesque qui mélange les souvenirs du passé et leur commentaire au moment où l'auteur écrit. Cette exigence de transparence est poursuivie avec la publication du journal intime de l'écrivain, *Les Profondes Années* (journal des années 1939-1945, 1976) et *Petit entracte à la guerre* (1981). José Cabanis s'est également montré un excellent essayiste dans des livres de critique littéraire consacrés à quelques écrivains qui l'ont considérablement marqué : *Jouhandeau* (1960), *Michelet, le prêtre et la femme* (1978), *Lacordaire et quelques autres* (1982), *Mauriac, le roman et Dieu* (1991) et aussi *Saint-Simon l'admirable* (grand prix de la critique littéraire 1975), dans lequel il donne un éclairage tout personnel de l'auteur des *Mémoires* (*), tiraillé entre les fastes de la Cour et l'obscurité recueillie de la Trappe. Aussi bien, Cabanis, à travers ces portraits d'écrivains, parle d'abord de soi, de sa solitude, de sa mélancolie discrète, de sa vie spirituelle. Son œuvre d'historien suit un principe identique : il met dans *Le Sacre de Napoléon* (1970), dans *Charles X, roi ultra* (1972) beaucoup de parti pris, voire d'injustice, se montrant en général très dur avec les hommes politiques et réservant toute son indulgence aux écrivains. Mais c'est sans doute cette singularité dans sa manière d'aborder tant de sujets qui confère à son œuvre, apparemment diverse, une unité bien réelle, qui est le reflet d'une probité toujours recherchée : « Je n'ai jamais écrit une ligne que je n'aie crue vraie, écrit Cabanis, et pour le seul bonheur d'écrire et de rendre témoignage à ce qui me semblait, sur le moment, la vérité. »

JACQUES-ÉMILE MIRIEL.

CABANIS Pierre Jean Georges. Médecin et philosophe français. Né à Cosnac (Corrèze) le 5 juin 1757, mort à Rueil

(Seine-et-Oise) le 5 mai 1808. Cabanis manifesta un talent littéraire précoce et un goût prononcé pour la poésie, mais n'obtint dans ce domaine que des applaudissements de salon. (Ami de Mme Helvétius, il avait rencontré chez elle Diderot, d'Alembert, Condillac et le baron d'Holbach.) Le médecin Dubreuil, qu'il alla consulter au cours d'une crise de dépression, décida de sa carrière. Il abandonna définitivement la littérature pour se consacrer à la médecine ; il réussira à concilier son goût pour les lettres et la philosophie avec la connaissance scientifique. Ami et médecin de Mirabeau, il publia, à la mort du tribun, le *Journal de la maladie et de la mort d'Honoré Gabriel Riquetti de Mirabeau* (1791). À la mort de Condorcet (dont il fut également l'ami, et auquel il fournit le poison dont il se servit pour échapper à son exécution), Cabanis recueillit ses écrits et épousa sa belle-sœur, Charlotte Grouchy. Après le 9 Thermidor, il fut nommé professeur d'hygiène à Paris ; en 1796, membre de l'Institut ; en 1797 professeur de clinique de l'École de médecine ; enfin, membre du Conseil des Cinq-Cents au titre de député de la Seine. Il soutint le Directoire, fut l'ami de Sieyès, et participa au coup d'État du 18 Brumaire, à l'issue duquel Bonaparte le nomma sénateur. Il mourut d'une attaque d'apoplexie. Huit jours après, son corps fut transféré au Panthéon. Ses œuvres essentielles peuvent être divisées en trois groupes : sur l'histoire de la médecine ; sur l'organisation et l'enseignement médical (*Observations sur les hôpitaux,* 1789) ; enfin, groupe le plus important, sur la philosophie de la médecine, et particulièrement sur les rapports du physique et du moral. Dans *Du degré de certitude en médecine* (1797), Cabanis réfute les objections élevées contre la certitude des doctrines et l'infaillibilité des remèdes ; dans *Coup d'œil sur les révolutions et la réforme de la médecine* (1804), il reprend, en les approfondissant et en les précisant, les idées essentielles du précédent opuscule. Appliquant à la médecine les idées de Condillac dont il est nourri, il est le premier, dans ses fameux *Rapports du physique et du moral de l'homme* (*), à traiter méthodiquement, au moyen de l'analyse, dont il préconise partout l'usage, des rapports entre la psychologie et la physiologie. Plus tard, dans sa *Lettre à Furiel sur les causes premières* (publiée à titre posthume en 1814), ses idées prendront un sens plus spiritualiste.

RÉF. : F.A.A. Mignet, *Notice historique sur la vie et les travaux de Cabanis...,* 1850. – *Trois études sur Cabanis,* Brive, 1914. – Vermeil de Conchard, *La famille de Cabanis...,* Tulle, 1921. – Dr Paul Héliot, *Cabanis, médecin, philosophe et homme politique,* Beauvais, 1935. – Dr C.A. Person, *Un précurseur de la réforme des études médicales au lendemain de la Révolution française : Georges Cabanis...,* 1946.

CABELL James Branch. Romancier américain. Né et mort à Richmond (Virginie) (14 avril 1879 - 5 mai 1958). Virginien jusqu'au bout des ongles comme sa contemporaine Ellen Glasgow, Cabell a laissé une œuvre considérable mais, sans doute parce que son auteur prit très tôt le parti de tourner le dos aux réalités contemporaines en s'évadant dans ce médiéval royaume de Poictesme, où se situent la plupart de ses romans, il n'a plus guère d'audience aujourd'hui, sauf peut-être au titre d'un certain renouveau d'intérêt pour les années 20. Le meilleur des dix-neuf romans qui composent l'ensemble reste probablement *Jurgen* (*) (1919), qui eut son heure de notoriété du fait de la censure qu'on voulut lui imposer pour raisons d'obscénité. Cabell a aussi laissé quelques poèmes, des nouvelles et des écrits théoriques, où il justifie son allégorisme systématique. Le critique Edward Wagenknecht a pu dire de lui qu'il est avec Willa Cather le meilleur styliste de la deuxième renaissance américaine du début du XXe siècle, et l'héritier de Hawthorne.

RÉF. : M. T. Inge et E. E. Macdonald, *James Branch Cabell : Centennial Essays,* Baton Rouge (Louisiane), 1983.

CABET Étienne. Publiciste français. Né à Dijon le 2 janvier 1788, mort à Saint-Louis (Missouri, États-Unis) le 9 novembre 1856. Après de brillantes études, il vint à Paris où il étudia le droit, s'affilia au carbonarisme français ; il devint membre de son comité directeur en 1827. Ses idées républicaines le firent révoquer en 1830 du poste de procureur général en Corse et, en 1834, ses attaques violentes contre les ministères Thiers et Guizot dans le journal *Le Populaire*, qu'il avait fondé, le contraignirent à s'expatrier pour cinq ans en Angleterre. Il revint imprégné des idées du communiste anglais Robert Owen, et publia son *Histoire de la Révolution.* Ses doctrines, teintées d'un vague spiritualisme, connurent plus de succès, auprès du public de l'époque, que le matérialisme de son principal adversaire Dezamy, chef de l'école communiste rivale. En 1842 parut l'œuvre de sa vie, *Le Voyage en Icarie* (*), dans lequel il expose en détail ses théories communistes, suivant la devise : « De chacun selon ses forces, à chacun selon ses moyens. » Les cours qu'il organisa pour divulguer sa doctrine, les condamnations sévères encourues par *Le Populaire* qu'il faisait reparaître, et enfin la publication d'un nouvel ouvrage, *Nouveau christianisme*, tout cela contribua à accroître le nombre de ses disciples. Mais bientôt il ne lui suffit plus de prêcher : il décida de mettre ses théories en pratique. Grâce à des souscriptions, les Icariens achetèrent des terrains aux États-Unis et partirent pour y fonder une communauté. Après des mois de misère et de privations, ce qui restait de l'avant-garde icarienne embarquée à Brest le 3 février 1848 parvint à La Nouvelle-Orléans (mars 1849) d'où, en compagnie d'autres Icariens venus de Paris, ils partirent pour Nauvoo, ancienne ville mormone de l'Illinois. Là, sous la direction de Cabet, ils fondèrent leur colonie. Celle-ci prospéra d'abord, puis des luttes intestines surgirent qui contraignirent Cabet à se retirer avec deux cents Icariens. Il eut de nombreux démêlés avec la justice française, mais son innocence fut pleinement reconnue en cour d'appel le 26 juillet 1851. Il mourut d'une attaque d'apoplexie.

RÉF. : Félix Bonnaud, *Cabet et son œuvre ; appel à tous les socialistes*, 1900. – Paul Carré, *Cabet, de la démocratie au communisme*, Lille, 1903 (thèse). – Jules Prudhommeaux, *Icarie et son fondateur, Étienne Cabet...*, 1907. – Gabriel Marty, *Étienne Cabet et le procès des communistes, à Toulouse, en 1848*, Toulouse, 1928. – Pierre Angrand, *Étienne Cabet et la République de 1848*, 1948. – Ch. Johnson, *Utopian communism in France : Cabet and the Icarians*, 1974.

CABEZÓN Antonio de. Organiste et compositeur espagnol. Né le 30 mars 1500 à Castrillo de Matajudios (Burgos), mort le 26 mars 1566 à Madrid. Aveugle dès l'enfance, il fait ses études musicales (orgue et composition) à Palencia (Vieille Castille). Il entre au service de la Maison royale en 1526, comme musicien de la chapelle de la reine Isabelle, épouse de Charles Quint. En 1539, à la mort de la reine, Antonio de Cabezón est attaché à la personne du roi Philippe II, dont il devient le favori, et sous le règne duquel la Chapelle royale allait vivre son apogée. Antonio de Cabezón est le premier et le plus grand compositeur d'orgue de l'époque. Son œuvre fut publiée par son fils, Hernando, sous le titre *Pièces de musique pour clavier, harpe et vihuela* (*) (1578), mais plusieurs pièces pour clavier avaient déjà paru dans un ouvrage de Venegas de Henestrosa en 1557. Œuvre précoce, elle marquera ses contemporains, anglais particulièrement, qui y découvrirent l'art de la variation. L'expressionnisme dramatique et l'austérité mystique de certaines pièces sont caractéristiques de l'Espagne du XVIe siècle.

DOMINIQUE JACCOTTET.

CABLE George Washington. Romancier américain, né le 12 octobre 1844 à La Nouvelle-Orléans, mort à Saint Petersburg (Floride) le 31 janvier 1925. La mort du père et la faillite de l'entreprise familiale l'obligèrent à quitter l'école à quatorze ans pour aller gagner sa vie et celle de sa mère et de ses sœurs. En 1862 il devint soldat confédéré. Après la guerre, il s'essaya à plusieurs activités, contracta la malaria et, pendant deux ans d'immobilisation, écrivit chaque semaine des poèmes et des proses humoristiques pour le journal *Picayune*. Puis il devint comptable dans une entreprise de coton, se maria, apprit le français, s'intéressa au passé de la ville, et devint un observateur lucide et courageux de la situation complexe laissée par le passé de La Nouvelle-Orléans. Son premier succès littéraire fut *En Louisiane, à l'époque des créoles* (*), recueil de sept nouvelles d'abord publiées dans *Scribner's*, puis en volume (1879), et auquel on adjoint souvent *Madame Delphine*, en réalité son troisième livre (1881). Son premier roman, intitulé *Les Grandissimes* [*The Grandissimes*] et publié en 1880, est superficiellement une nouvelle et plutôt mélodramatique version du conflit entre les Montague et les Capulet en 1803 – à la veille de la vente de la Louisiane aux États-Unis par Napoléon –, mais, à travers les descriptions et surtout la création des personnages créoles et noirs, le roman démontre surtout sa valeur en tant qu'exemple de réalisme social et historique : au cœur du sujet, après tout, se plaçait la question taboue de la « miscegenation », ou mélange des races. Hamilton Basso a dit de Cable qu'il était le premier des « réalistes du Sud », et Edmund Wilson qu'il était « essentiellement un sociologue ». Son livre suivant, *Les Créoles de Louisiane* [*The Creoles of Louisiana,* 1884], fut d'ailleurs une étude historique. Il consacra ensuite plusieurs livres aux brûlantes questions posées par la Reconstruction – notamment *Le Sud silencieux* [*The Silent South,* 1885] et *Le Problème noir* [*The Negro Question,* 1888]. Réfugié dans le Massachusetts à la suite de ces publications, il continua encore pendant trente ans à écrire, et bien de ces livres tardifs ont fait l'objet de rééditions modernes. Il faut remarquer que *Les Grandissimes* furent publiés la même année que *Oncle Rémus* (*), le très grand succès (aux États-Unis, mais pas en France, où serait évidemment perdue la transcription des dialectes noirs) d'un autre écrivain sudiste de la Reconstruction, Joel Chandler Harris, quatre ans après *Tom Sawyer* (*) et quatre ans avant *Huckleberry Finn* (*) de Mark Twain. Il y eut alors dans le Sud, trente ans après (et sans rapport avec) la « renaissance » littéraire de la Nouvelle-Angleterre, une série d'années miraculeuses dans l'histoire de la littérature américaine.

MICHEL GRESSET.

RÉF. : Arlin Turner, *George W. Cable*, Louisiana State University Press, 1966.

CABRAL DE MELO NETO João. Poète brésilien. Né le 9 janvier 1920 à Recife (Pernambuco). Appartenant à une famille patricienne du Nordeste, João Cabral vécut son enfance dans les moulins à sucre en pleine décadence le long du fleuve Capibaribe, référence symbolique qui devait traverser son œuvre poétique. À l'âge de quinze ans, il reçut un choc en lisant un poème de son cousin moderniste Manuel Bandeira, sa vocation était née. Sa géographie poétique, bien que viscéralement régionale, refusera, dès ses débuts oniriques – *Pierre du sommeil* [*Pedra do Sono,* 1942], toute complaisance pittoresque, pour dégager l'épure, « fil de la lumière précise / mathématique et métal ». « En exil » à Rio de Janeiro, il publia en 1943 un dialogue entre João, Joaquim et Raimundo, *Les 3 Mal-Aimés* [*Os 3 Mal Amados*]. Dans une tension entre la part du rêve et l'effort de construction, João Cabral inaugurait la technique d'« imitation de la forme », le poème transposant dans sa facture la forme de l'objet qu'il exprime. Cette démarche de refus du lyrisme rhétorique et d'attention ascétique aux attributs objectifs du réel constituera l'une des clefs d'un travail rigoureux qui se précise dans *L'Ingénieur* [*O Engenheiro,* 1945] où la poésie se veut « machine à émouvoir ». Ce recueil parle déjà de l'« ordre de la pierre » et exprime une fascination pour la fixité hiératique du monde minéral. Dans une phase de « poésie négative » – *Psychologie de la composition* [*Psicologia da Composição,* 1947] –, le dépouillement qui correspond au registre de la sécheresse incorpore le silence et se sert des métaphores de soustraction (« sans »). Dans la « Petite ode minérale », Cabral formule un but ultime : « Cherche l'ordre / de ce silence / qui immobile parle. » Quête qui doit néanmoins s'opérer dans l'immédiateté : « Je sors de mon poème / comme on se lave les mains. »

Engagé dans la carrière diplomatique, le poète va vivre une longue errance (Barcelone, Londres, Séville, Marseille, Madrid, Genève, Berne, Asunción...) qui exacerbera sa vision de Recife tout en favorisant une rencontre poétique avec le monde hispanique, en particulier avec la peinture de Miró à laquelle il consacra un essai. *Le Chien sans plumes* [*O Cão Sem Plumas*], imprimé par ses soins sur une presse à bras en 1950, représente un moment de pleine maîtrise dans la reconstruction de la machine du réel grâce aux correspondances métaphoriques : « La ville est traversée par le fleuve / comme une rue / est traversée par un chien ; / un fruit / par une épée. » Le poète donnera la parole au fleuve lui-même dans *Le Fleuve* [*O Rio*], « Relation du voyage que fait le Capibaribe de sa source jusqu'à la ville de Recife » (1953). Le recours au grotesque lui donne une portée de satire sociale que l'auteur reprendra dans le célèbre *Mort et vie Séverine* [*Morte e Vida Severina,* 1955]. Ce drame met en scène la complainte de Severino qui fuit la grande sécheresse de l'arrière-pays pour atteindre la mort comme s'il accompagnait son propre enterrement. La lamentation funèbre a pour contrepoint l'éloge de la vie (véritable « mesure de l'homme ») lié à la célébration de Noël.

João Cabral distingue *Deux eaux* (*) (1954) dans sa production : une première tendance formellement plus expérimentale et la seconde plus orale, plus prosaïque, des poèmes engagés – *Deux parlements* [*Dois parlamentos,* 1960]. Le premier courant prolongeant *Le Chien sans plumes* débouche dans les *Paysages avec figures* [*Paisagens com figuras,* 1955]. En superposant la vision de Castela et l'image des plantations de canne à sucre et des cimetières de sa province natale, João Cabral construit des « figures » de fusion. Pour lui, l'habitant du Nordeste a « quelque chose de l'apparence humaine, / mais sa torpeur de végétal / est plutôt de l'histoire naturelle ». Sa prédilection pour les formes pointues et acérées en concomitance avec l'idée de vide devient primordiale dans *Un couteau lame* [*Uma faca só lâmina,* 1955]. Le couteau mais aussi la balle et la montre révèlent métaphoriquement l'« utilité des idées fixes » qui alimentent l'inquiétude du chasseur. Le travail du rythme musical s'approfondit dans *Quadernes* [*Quaderna,* 1960], et celui de la rigoureuse séquence des images atteint une sorte de réalisme phénoménologique dans *Sériel* [*Sérial,* 1961]. La poésie visuelle d'une extrême concision de João Cabral donne une dimension abstraite au concret et, par là même, rend l'abstraction concrète – *L'Éducation par la pierre* [*A Educação pela Pedra,* 1966]. Si dans *Musée de tout* [*Museu de Tudo,* 1975] il est question de tout et en particulier de sa poétique (« Celui qui, incapable du vague, / veut à tout prix l'éviter »), dans *L'École des couteaux* [*A Escola das Facas,* 1980], le musée renferme le Pernambouc et les plaies du souvenir. La production poétique de João Cabral obéit à la contention, après un poème pour des voix, *Drame du frère* [*Auto do Frade,* 1985] sur le frère Caneca, personnage historique sacrifié pour ses idées républicaines, il « raconte » des histoires extraordinaires dans *Crime na Calle Relator* (1987). Il revient à ses « deux paysages », sa province *(Agrestes)* et l'Espagne dans *Séville en marchant* [*Sevilha Andado,* 1989]. Son élection en 1968 à l'Académie brésilienne couronna une œuvre poétique majeure par son extrême cohérence alliant le régional à l'universel, la quête formelle à l'engagement social.

MARIO CARELLI.

RÉF. : Benedito Nunes, *João Cabral de Melo Neto,* Petropolis, 1974. – Antonio Carlos Secchin, *João Cabral : A Poesia do Menos,* São Paulo, 1985.

CABRERA Lydia. Écrivain cubain. Née à La Havane le 20 mai 1900, morte à Miami le 19 septembre 1991. Nouvelliste, ethnologue, essayiste, auteur d'une œuvre monumentale sur l'univers afro-cubain où érudition et poésie sont étroitement mêlées. On lui doit d'avoir sauvé de l'oubli des milliers de contes, fables, légendes, chansons, proverbes, dictons, maximes, historiettes d'origine afro-cubaine. En 1922, elle se rend à Paris où elle vivra jusqu'à la guerre, mais elle revient épisodiquement à La Havane. Elle y reçoit García Lorca qui lui dédie son poème « La Mariée infidèle ». Elle étudie à l'école du Louvre et à la Sorbonne. Sa vocation se précise grâce à Pierre Verger, Roger Bastide et Alfred Métraux. C'est l'époque où « l'art nègre » fait fureur. Elle rencontre le peintre cubain Wifredo Lam, ainsi que Leopold Senghor et Aimé Césaire qu'elle traduira.

Son premier livre, les *Contes nègres de Cuba*, traduit par Francis de Miomandre (Paris, 1936), paraît d'abord en français. Le recueil, inspiré par la tradition orale, est une authentique élaboration littéraire. Les *Cuentos negros de Cuba* (La Havane, 1940) paraîtront en espagnol avec un prologue du savant africaniste Fernando Ortiz (1881-1969). Un nouveau recueil est publié, *Pourquoi... Contes nègres de Cuba* [*Porqué... Cuentos negros de Cuba*, La Havane, 1948].

Son chef-d'œuvre ethnologique, *La Forêt (Notes sur les religions, la magie, les superstitions et le folklore des Nègres créoles et du peuple de Cuba)* [*El monte (Notas sobre las religiones, la magia, las supersticiones y el folclore de los negros criollos y del pueblo de Cuba)*, La Havane, 1954], essai socio-mythologique, est le résultat de longues enquêtes et observations. Il reste l'ouvrage de référence sur le syncrétisme afro-cubain. D'autres études suivront, dont un *Vocabulaire Yorouba* (1957), préfacé par Roger Bastide. En 1960, contrainte à l'exil, elle s'installe à Miami. Elle publie de nombreux essais – souvent à compte d'auteur – et des recueils où s'expriment la sagesse populaire et l'humour des « vieux Nègres ». Simultanément, elle poursuit son œuvre littéraire. C'est le récit poétique empreint de nostalgie, *Itinéraires de l'insomnie : Trinidad de Cuba* [*Itinerarios del insomnio*, 1977], ainsi que deux autres recueils de contes : *Ayapá, contes de la tortue* [*Ayapá, cuentos de jicotea*, 1971] et *Contes pour adultes, enfants et débiles mentaux* (*) (1983). Ces ouvrages, ainsi que la réédition de *La Forêt*, sont parus à Miami.

LILIANE HASSON.

♦ *« On retrouve dans les ouvrages de Lydia le vocabulaire, les maladresses d'expression pleines de saveur, la chaude conviction avec laquelle les descendants d'Africains, exilés au Nouveau Monde, ont su transmettre de générations en générations leur patrimoine culturel. »* Pierre Fatumbi Verger.

RÉF. : Francis de Miomandre, « Sobre *El Monte* de Lydia Cabrera », *Orígenes*, La Havane, 1955. – Coll., *En torno a Lydia Cabrera (Cincuentenario de « Contes nègres de Cuba ») 1936-1986*, Miami, 1987.

CABRERA DE CÓRDOBA Luis. Historien espagnol. Né à Madrid en 1559, mort le 9 avril 1623 à Cordoue (Andalousie). Issu d'une famille noble, il entra de bonne heure dans la carrière administrative, et fut envoyé à Naples – où il prépara, en liaison avec la cour romaine, la guerre contre les Turcs – puis à Venise, où il parvint à améliorer les relations de la République et de l'Espagne. Après un séjour en Flandre auprès du duc de Parme, Cabrera de Córdoba se vit chargé par Philippe II de plusieurs missions de confiance (équipement d'une flotte de guerre contre l'Angleterre, écrasement d'une révolte dans la province d'Avila en 1591). À la mort du roi, il devint greffier de la reine Marguerite d'Autriche, puis de la maison royale de Castille, mais garda toujours quelque rancœur de n'avoir pas obtenu la charge de secrétaire d'État. Dès sa jeunesse, il avait commencé d'amasser les documents qui lui servirent pour son *Histoire de Philippe II* – v. *Don Carlos* (*) –, mal écrite, mais très exacte et abondante en détails, et qui reste le plus important document concernant l'histoire de l'Espagne au XVIe siècle. Cabrera préparait également une histoire de Philippe III, dont les matériaux furent publiés en 1857 sous le titre : *Relation des événements survenus à la cour d'Espagne de 1599 à 1614* [*Relaciones de las cosas sucedidas en la corte de España desde 1599 hasta 1644*].

CABRERA INFANTE Guillermo. Romancier, nouvelliste et essayiste cubain. Né le 22 avril 1929 à Gibara (prov. d'Oriente). Ce fils de militants communistes a douze ans quand sa famille s'installe à La Havane. Très jeune, il exerce divers métiers, étudie le journalisme et commence à écrire. En 1951, il fonde la cinémathèque de Cuba qu'il préside jusqu'à sa fermeture par le dictateur Batista (1956). Critique de cinéma sous le nom de G. Caín, il est rédacteur en chef de *Carteles* (1954-1960). Ses articles sont regroupés en 1963 : *Un métier du vingtième siècle* [*Un oficio del siglo XX*]. Au triomphe de Castro, il fonde et dirige la revue littéraire *Lunes de Revolución*, qui sera interdite en 1961. Son frère Sabá réalise *P.M.*, court-métrage sur la vie nocturne de La Havane, bientôt saisi. Il écrit alors, comme pour prolonger le film, *Trois tristes tigres* (*) (1967). De 1962 à 1965, il est diplomate à Bruxelles. Puis il rompt avec le régime et s'exile à Londres avec son épouse, l'actrice Miriam Gómez. Tout en poursuivant son œuvre littéraire, il écrit de multiples pamphlets anticastristes. Il collabore à *Mundo Nuevo*, revue culturelle de Paris dirigée par Rodríguez Monegal.

Sa seule œuvre de fiction publiée à La Havane, *Dans la paix comme dans la guerre* [*Así en la paz como en la guerra*, 1960], rassemble des « vignettes » antérieures à 1959 sur la répression politique. Les nouvelles *Vue de l'aurore sous les tropiques* [*Vista del amanecer en el trópico*, 1974] évoquent, avec un humour glacé, la répression sous Batista et sous Castro.

Un second roman, *La Havane pour un infant défunt* [*La Habana para un infante difunto*, 1979], évoque avec nostalgie des aventures érotiques. Divers essais suivront, dont *Orbis oscillantis* [*O*, 1975] et, en anglais, *Holy Smoke* (1985), qui est un historique du cigare « de Colomb à Castro », traduit par l'auteur l'année suivante [*Puro Humo*].

D'une culture étourdissante, il ne se prend jamais au sérieux ; à travers un jeu permanent sur la langue, il se livre à une dérision corrosive.

LILIANE HASSON.

♦ *« La subversion que nous découvrons dans* Trois tristes tigres *n'est pas celle de l'ordre réel mais celle du langage narratif. »* Juan Goytisolo.

RÉF. : Coll., *G. Cabrera Infante*, Madrid, 1974. – Rosa M. Pereda, *Guillermo Cabrera Infante y « Tres tristes tigres »*, Madrid, 1979.

CADOU René Guy. Poète français. Né à Sainte-Reine-de-Bretagne (Loire-Atlantique) le 15 février 1920, mort à Louisfert (Loire-Atlantique) le 20 mars 1951. La brève existence de René-Guy Cadou ne connut qu'un cadre : celui de la Bretagne et des petites écoles de village. Orphelin très jeune, il reprit le métier de son père et fut envoyé en différents points de sa province natale comme instituteur suppléant. À dix-sept ans, il avait publié un premier recueil de poèmes, *Les Brancardiers de l'aube,* et ne cessa dès lors de poursuivre avec ferveur l'édification de son œuvre poétique : *Forges du vent* (1938), *Retour de flamme* (1940), *Années-lumière* (1941), *Morte-Saison* (1941), *Bruits du cœur* (1942), *La Vie rêvée* (1944). En 1943, il rencontre celle qui allait devenir sa femme et lui inspirer le très grand amour qui embrase les poèmes d'*Hélène ou le Règne végétal* (posth. 1952) (recueil qui regroupe tous les poèmes écrits par Cadou entre 1944 et les mois qui précédèrent sa mort). L'ensemble de l'œuvre a été réuni en 1978 sous le titre : *Poésie la vie entière* (*).
S'étant rapidement débarrassé de l'influence surréaliste qui apparaît dans ses premières œuvres, René Guy Cadou parvint à élaborer une poésie très personnelle, au tour simple et pur. Dans ses meilleurs poèmes, toutes recherches esthétiques semblent s'abolir et les strophes n'être plus que le reflet très direct des émotions d'un homme remarquablement sensible à toutes les manifestations de la vie.

CAEDMON. Le premier en date des poètes chrétiens anglo-saxons. Il mourut vers 680. Sa figure est auréolée par la légende. Bède, en effet, assure qu'il n'était autre qu'un pauvre bouvier de Streoneshalh (aujourd'hui Whitby), monastère « double » fondé et dirigé par la célèbre abbesse Hilda. Un soir où, dans le monastère, avait lieu un concours d'improvisation et de chant, conscient de ses propres capacités, il se serait écarté pour prier. C'est alors qu'il aurait eu une vision, et aurait éprouvé le besoin irrésistible de composer des poèmes. Le premier prodige de son inspiration aurait été un hymne au Seigneur. Stupéfaite, Hilda aurait alors accueilli Caedmon parmi ses moines. C'est d'eux qu'il apprenait les épisodes de *La Bible* (*) qu'il chantait ensuite. Bède lui-même nous a conservé neuf vers d'un hymne à Dieu que Caedmon aurait écrit au cours de la vision. Certains épisodes célèbres de *La Bible*, mis en vers, ont été attribués à Caedmon, mais ils sont certainement l'œuvre de plusieurs auteurs. Le début de la *Paraphrase de la Genèse* (*) est plus proche des neuf vers rapportés par Bède, et est attribué à des auteurs de diverses époques.

RÉF. : C. W. Kennedy, *The Caedmon Poems,* 1915. – I. Gollancz, *The Caedmon MS of Anglo-Saxon Biblical Poetry,* Oxford, 1927. – A. H. Smith (ed.), *Three Northumbrian Poems,* 1933.

CAFFARO. Annaliste génois. Né vers 1080, mort en 1166. Sa carrière aventureuse commence lorsque, âgé de vingt ans, il part pour la Terre sainte avec l'expédition génoise de 1100 et acquiert, en Syrie notamment, une grande expérience du commerce. Il participe par la suite à presque toutes les entreprises que lance Gênes afin d'accroître sa puissance. En 1125, il est à Piombino, en 1146 à Minorque et à Almeria, comme capitaine de la flotte. En 1121 et 1123, il se rend en ambassade auprès de Calixte II pour défendre les prétentions juridictionnelles de Gênes sur la Corse. En 1154 et 1158, il est en ambassade auprès de Frédéric Ier Barberousse. Il est plusieurs fois consul de sa cité. En dépit de toutes ces charges, il poursuit la rédaction de ses *Annales génoises* (*) qu'il avait commencées très jeune.

CAGE John. Compositeur américain. Né à Los Angeles le 5 septembre 1912, mort à New York le 12 août 1992. Après des études brillantes (il quitte en 1928 la « High School » avec le plus haut total de points jamais décerné), il s'initie à la technique musicale avec Richard Buhlig et Adolph Weiss, reçoit pour ses premières œuvres les conseils d'Henry Cowell et devient l'élève d'Arnold Schönberg, qui décèle en lui un « inventeur de génie ». Il n'hésitera pas pour autant à outrepasser l'enseignement (essentiellement harmonique et contrapuntique) de son maître. Celui-ci n'a-t-il pas, dans son *Traité d'harmonie* de 1911, prophétisé l'avènement d'une musique centrée sur le timbre, et non plus seulement sur la dimension des hauteurs ? Plus royaliste que le roi, Cage va s'engager dans la voie de l'exploration des sonorités pour elles-mêmes : dans le sillage de Varèse (*Ionisation* pour treize « batteurs » avait été créée en 1931), il se voue à la percussion, seul moyen de « libérer » les sons. Accompagnateur – à l'âge de 25 ans – à la classe de danse de la Cornish School à Seattle, il y rencontre Merce Cunningham, avec lequel il travaillera jusqu'à sa mort. En 1937, il réclame, dans un manifeste célèbre, l'ouverture de studios de musique électronique à l'intention des compositeurs ; il créera – avant Pierre Schaeffer – les premières pièces « électro-acoustiques » : *Imaginary Landscape No 1* (1939) ; *The City Wears a Slouch Hat* (1941). Mais c'est l'invention du « piano préparé » – *Bacchanale* (1938) ; *Seize Sonates et quatre interludes pour piano préparé* (*) (1948) – qui le fera connaître du grand public : par l'introduction d'objets divers (écrous, boulons, vis...) entre les cordes d'un piano, il parvient à transformer ce dernier en un véritable orchestre de percussions. Le caractère « orientalisant » des sonorités (« balinaises ») ainsi obtenues renvoie effectivement au souci profond d'universalisation qui anime le musicien : déjà nourri de philosophie indienne, Cage suit, de 1951 à 1953, les leçons du daisetz Teitaro Suzuki à l'université Columbia, et entreprend d'appliquer à la musique d'abord, et à toutes les sphères de ses activités ensuite, le principe d'« interpénétration sans obstruction » propre à la logique du bouddhisme kegon. En zéniste accompli, il se défiera désormais des pulsions de son « ego », et s'en remettra aux tirages au sort des oracles du *I-Ching* (*) pour se constituer une poétique de l'imprévisible faisant ouvertement appel au hasard. 1952 est l'année charnière de la *Music of Changes* pour piano et de la pièce silencieuse *4'33"*, que va suivre, avec l'invention du « happening » et de la « live electronic music », une pléiade d'œuvres révolutionnaires. Devenu mondialement célèbre, Cage continuera à défrayer la chronique, tant en organisant des « happenings » monstres — les *Musicircuses* à partir de 1967, le « train musical » de Bologne en 1978, le *Roaratorio* d'après *Finnegans Wake* (*) en 1979 — qu'en « ordinateurisant » des œuvres complexes comme *HPSCHD* (1969) ou les cinq opéras de la série *Europeras* — v. *Europera 5* (*) (1984-1992). Sa production, devenue fluviale (plus de soixante partitions de 1987 à 1992), a ouvert la voie à toutes les innovations de la fin du XXe siècle en matière musicale ; mais l'impact de l'« anarchisme » cagien a très largement débordé la musique : plus de quinze livres ont fait de Cage l'un des écrivains les plus en vue de l'Amérique d'aujourd'hui ; professeur de poésie à Harvard, il s'est imposé comme le maître de la poésie « expérimentale » ; ses gravures ont fait le tour du monde ; il a fondé la Société de mycologie de New York. La liste n'est pas close...

DANIEL CHARLES.

RÉF. : Daniel Charles, *Gloses sur John Cage*, Paris, 1978.

CAIGNIEZ Louis Charles. Mélodramaturge français. Né à Arras (Pas-de-Calais) le 13 avril 1762, mort à Belleville (Seine) le 19 février 1842. Issu d'une famille aisée, il fit de bonnes études au collège de sa ville natale, alla étudier le droit à Douai et fut reçu avocat. Ayant été ruiné par la Révolution, il arriva à Paris en 1798, et tenta sa chance au théâtre un an plus tard avec une comédie : *Le Dîner des bossus*. Il en donnera une autre, *Le Volage* (1807), qui n'est pas sans valeur, mais sa prédilection allait au mélodrame, dont il devint l'un des fournisseurs les plus féconds avec Pixérécourt, son rival, auquel il est bien souvent supérieur par ses qualités proprement littéraires. Bien que le public de l'époque parlât d'eux comme du « Corneille » et du « Racine des Boulevards », on ne peut guère retenir de Caigniez, pour leur intérêt d'histoire littéraire, que *Le Jugement de Salomon* (*), qui remporta un immense succès en 1802, *La Pie voleuse* (+) (1815) et *Ugolin* (+) (1820).

CAILLAVET Gaston Arman de. Journaliste et auteur dramatique français. Né à Paris le 13 mars 1869, mort à Essendiéras (Dordogne) le 14 janvier 1915. Fils de Mme de Caillavet, célèbre par son salon littéraire et sa liaison avec Anatole France, il fut l'ami intime de Marcel Proust, dont il fréquenta le cercle jusqu'à sa mort. Journaliste brillant, Caillavet fut rédacteur au *Figaro*, notamment. Il fit ses débuts au théâtre à vingt-deux ans, avec *Noblesse oblige*, comédie écrite en collaboration avec P. Grünebaum et représentée au Théâtre d'Application le 5 avril 1891 ; d'ailleurs, toute sa meilleure production dramatique est le fruit d'une collaboration, avec Robert de Flers surtout. Leurs comédies sont pour la plupart comiques ou satiriques, toujours brillantes, selon le goût de l'époque ; elles se situent souvent à mi-chemin entre la « pochade » et la comédie légère ; le bon goût et la mesure sont leurs principales qualités. Quelquefois, la satire sociale apparaît au milieu des intrigues comiques. *Le Roi* (1908), *Le Bois sacré* (1910) et surtout *L'Habit vert* (*) (1913) connurent un énorme succès. Dans *Primerose* (1911) et *La Belle Aventure* (1913), Caillavet fit montre d'une grande finesse psychologique, et de beaucoup de réalisme dans *Monsieur Bretonneau* (1914).

♦ *« L'ironie était chez lui de la tendresse qui se défendait. »* R. de Flers.

CAILLEUX Roland. Romancier français. Né à Paris le 4 novembre 1908, mort en mars 1980. Parallèlement à son activité d'homme de lettres, il exerce la médecine. Vers la fin de ses études secondaires, il avait vendu ses livres de prix pour acheter les œuvres de Marcel Proust, révélation qui détermina sa vocation d'écrivain. À partir de cette découverte, il se lancera dans une analyse psychologique dont il fera son chef-d'œuvre (*Une lecture* (+), 1948), où l'on voit cette lecture agir comme une passion, c'est-à-dire révéler à un individu son moi secret qu'il ne soupçonnait pas. Il admire Valery Larbaud et Roger Martin du Gard, et tout comme eux, il déteste la publicité. Il a fréquenté les surréalistes, Breton et Crevel, et possède également la particularité de considérer l'Angleterre comme sa seconde patrie.

Comme Roland Cailleux a toujours vécu et écrit en marge des courants à la mode, il n'a pas été reconnu par le public ni par les gens de lettres. On lui doit également *Saint-Genès ou la Vie brève* (*) (1943) et un conte philosophique d'une perspicacité très subtile, *Les Esprits animaux* (+) (1955).

CAILLOIS Roger. Écrivain français. Né à Reims le 3 mars 1913, mort à Paris le 21 décembre 1978. Après des études à l'École normale supérieure qui le mèneront à l'agrégation de grammaire, l'auteur adhérera au groupe surréaliste (de 1932 à 1935) avant de se brouiller avec André Breton. Il trouvera sa voie véritable en poursuivant des recherches sur le sacré et ses manifestations dans la vie sociale qui le conduiront à fonder avec Georges Bataille et Michel Leiris le Collège de sociologie (1938). De cette période datent deux volumes d'essais : *Le Mythe et l'Homme* (1938) et *L'Homme et le Sacré* (*) (1939). La guerre le surprend en Amérique du Sud où il décide de rester (1940-1945), il fonde à Buenos Aires un Institut français, s'intéresse à la littérature sud-américaine (il traduit Antonio Porchia, Pablo Neruda, Jorge Luis Borges..., traductions dont certaines paraîtront lors de son retour en France, dans la collection « La Croix du Sud » qu'il fonde alors), lance la revue *Les Lettres françaises*. Chargé par l'U.N.E.S.C.O. de la direction des lettres et du développement culturel, il fonde en 1952 la revue *Diogène* (Revue internationale des sciences humaines) qu'il dirigera jusqu'à sa mort. À la recherche de « sciences diagonales », il publie de nombreux essais sur la poésie ou l'esthétique : *Les Impostures de la poésie* (+) (1944), *Vocabulaire esthétique* (1946), *Babel* (1948), *Poétique de Saint-John Perse* (+) (1954), *Art poétique* (+) (1956), *Esthétique généralisée* (1962, ouvrage repris avec d'autres essais sur le fantastique et la dissymétrie en 1976 sous le titre *Cohérences aventureuses* (*)) ; en 1978 paraissent *Approches de la poésie* (*) (recueil de textes parus antérieurement). Parallèlement à ses travaux sur l'écriture, Caillois poursuit ses recherches sur l'imaginaire : « Ce ne sont pas les idées que j'aime, mais les données du monde, les appels des larges pans de ténèbres derrière lesquels l'univers dérobe vite ses lois et ses manières, la pénombre où il dissimule les modèles de ses rouages comme la source des énergies qui les meuvent. » Ces travaux aboutiront à de nombreux ouvrages : *Approches de l'imaginaire* (1974), *L'Incertitude qui vient des rêves* (1956), *Méduse et Cie* (1960), *Images, Images* (1966), *Pierres* (*) (1966), *L'Écriture des pierres* (1970), *Cases d'un échiquier* (1970), *La Pieuvre* (1973)... La question du jeu fera aussi partie de ses intérêts puisqu'il dirige en 1967 le volume *Jeux et Sports* de l'Encyclopédie de la Pléiade après avoir publié en 1958 *Les Jeux et les Hommes* (*). En 1971, il est élu à l'Académie française ; il reçoit de nombreux prix pour l'ensemble de ses travaux, l'année de sa mort (1978) qui voit paraître un ouvrage quasi autobiographique, *Le Fleuve Alphée*. Les facettes multiples de l'œuvre ne devraient pas abuser, elles ne désignent pas des centres d'intérêt transitoires mais des « carrefours » cent fois hantés, à la croisée desquels se cherchent des « analogies aléatoires ». Derrière le fourmillement des apparences (naturelles, artistiques, imaginaires) doit présider un ordre secret qu'il échoit au penseur d'essayer de retrouver. Non par désir d'imposer un ordre à ce qui n'en a pas, selon toute apparence, mais exigence de découvrir les lois qui organisent le monde et lui donnent cette incohérence de surface. Déchiffrer plus que décrypter, ramener au jour d'une parole précise, presque coupante, lucide, les phénomènes les moins évidents, telle sera la démarche dont l'auteur s'attardera à montrer la fécondité. La fascination pour les manifestations les plus obscures (qu'elles soient naturelles ou sociales) ne doit pas entraîner l'esprit à sacrifier ses pouvoirs de mise en ordre. Proche en cela des romantiques allemands (Novalis surtout et son projet encyclopédique), épris d'exhaustivité, Caillois se méfie des systèmes de lecture tout donnés (marxisme et psychanalyse auront chacun en leur domaine manqué l'essentiel). « Le monde n'est pas une sylve inextricable et confuse, mais une forêt de colonnes dont les alignements rythmés répercutent le même message : la prédominance, sous le vacarme général, d'une architecture dépouillée. » Cohérence, symétries ou régularités sont comme les émanations des choses, ce qu'elles dégagent pour un regard soucieux de les reprendre dans les filets d'une langue rigoureuse. La justesse des images, revendiquée comme bien propre de la poésie, et la justesse de la parole de l'écrivain sont complémentaires d'une même aventure au cœur du mystère de l'univers. L'exercice de la lucidité n'est pas schématisation ou abstraction, mais participation critique et poétique au monde.

FRANCIS WYBRANDS.

RÉF. : *La Nouvelle Revue française*, n° 320, Paris, septembre 1979. – Denis Hollier, *Le Collège de sociologie*, Paris, 1979. – *Cahiers pour un temps*, Paris, 1981.

CAIN James Mallahan. Romancier américain. Né le 1er juillet 1892 à Annapolis (Maryland), mort le 27 octobre 1977 à University Park (Maryland). Après avoir envisagé de devenir chanteur professionnel comme sa mère, et bien que son amour de la musique ne se démentît jamais, il embrassa la carrière de journaliste et fit ses débuts dans la presse de Baltimore. Pendant la Première Guerre mondiale, il servit dans le corps expéditionnaire américain et rédigea le journal de sa division : *La Croix de Lorraine*. De retour à Annapolis, il donne des cours de journalisme à Saint John College et commence à écrire articles et nouvelles pour le journal de H. L. Mencken, *The American Mercury*. Il collabore également au *New York World*, dirigé par Walter Lippman, et devient, pour une période assez brève, directeur du *New Yorker*, avant de se rendre à Hollywood où il écrit des scénarios, comme beaucoup de romanciers de l'entre-deux-guerres (Fitzgerald et Faulkner, notamment). Son premier roman, *Le facteur sonne toujours deux fois* (*), paraît en 1934 et connaît un succès immédiat. C'est l'histoire d'un crime racontée à la première personne par le condamné, alors qu'il attend son exécution. Un style apparemment objectif – qui fut comparé à celui d'Hemingway – donne à ce roman très « noir », où dominent violence et sexualité, un ton tout à fait particulier. Camus déclara plus tard s'en être inspiré pour *L'Étranger* (*). À l'époque, Cain fut poursuivi en justice « pour obscénité ». Citons encore : *Assurance sur la mort* (*) (1936) et *Sérénade* (*) (1937), dont le héros est chanteur d'opéra. James Cain rédigeait son autobiographie quand il mourut en 1977.

JEANINE PAROT.

RÉF. : *Tough Guy Writers of the Thirties*, éd. par D. Madden, Carbondale, 1968. – D. Madden, *James Mallahan Cain*, New York, 1970.

CAKRAVARTĪ Mukundarām (dit Kavi Kaṅkaṇ). Poète bengali. Né à Dāminyā, district actuel de Burdwan, Bengale occidental (Inde), qui vécut dans la seconde moitié du XVIe siècle. Né dans une lignée de brâhmanes qui possédaient des terres, le poète dut quitter son village à la suite des exactions du pouvoir local. Il raconta sa fuite et son installation auprès du rājā de Āḍarā qui lui confia l'éducation de son fils dans un passage en vers de son *Poème bénéfique en l'honneur de la déesse Caṇḍī* (*). Le poète se décrit dans les colophons comme le compositeur et le chanteur du poème. La déesse se montra à lui dans un rêve et lui donna l'ordre de faire le récit de l'établissement de son culte sur la terre. Très peu de choses par ailleurs sont connues sur la vie de ce poète.

FRANCE BHATTACHARYA.

CALAFERTE Louis. Écrivain français d'origine italienne. Né à Turin le 14 juillet 1928, il a passé toute son enfance à Lyon où sa famille s'était installée peu après sa naissance. Une enfance pauvre et solitaire entre la « zone » et les bidonvilles, qui l'a marqué durablement : *Requiem des innocents* (1952), *Partage des vivants* (1953) ainsi que *Portrait de l'enfant* (1969). Après avoir pratiqué plusieurs métiers – manœuvre, manutentionnaire, il suit une formation d'autodidacte. Ivre de lecture, il rêve d'écrire. Après la publication de son premier livre en 1952, il se consacre entièrement à la création littéraire, en dépit d'une situation financière souvent difficile. *Septentrion* (*) (1963), qu'il mettra quatre ans à rédiger, raconte sur le mode flamboyant la genèse de l'écrivain et sa lutte pour survivre. En raison de son caractère violemment provocateur et obscène, le livre sera condamné pendant vingt ans à la quasi-clandestinité et ne verra vraiment le jour qu'en 1984. Ce qui n'arrêtera pas la fougue verbale de Calaferte qui abordera à la hussarde tous les genres littéraires. Des nouvelles (*No man's land*, 1963) aux récits (quinze titres dont *Rosa mystica*, 1968 ; *Satori*, 1968 ; *Limitrophe*, 1972 ; *Épisodes de la vie des mantes religieuses*, 1976 ; *Ébauche d'un autoportrait*, 1983 ; *L'Incarnation*, 1987 ; *Memento mori*, 1988, et *La Mécanique des femmes*, 1992) ; des poèmes (notamment *Rag-time*, 1972 ; *Paraphe*, 1974, et *Haïkaï du jardin*, 1991) au théâtre avec *Mégaphonie* (1972), *Théâtre intimiste* (1980) et *Aux armes, citoyens !* (1986) ; de l'essai (*Les Sables du temps*, 1988) au journal intime (*Le Chemin de Sion*, 1980 ; *L'Or et le Plomb*, 1981 ; *Lignes intérieures*, 1985, et *Le Spectateur immobile*, 1990), c'est le même voyage au bout de la nuit qu'on entend raconter, le voyage d'un homme ivre de jouissance et qui va vers la mort, hanté par son enfance, obsédé par la femme et criant « Dieu qui peut ! » dans une langue verte, échevelée, excessive et nue.

GUY GOFFETTE.

CALDARA Antonio. Compositeur italien. Né à Venise vers 1670, mort à Vienne le 28 décembre 1736. Enfant de chœur à Saint-Marc de Venise, il travaille sans doute avec Legrenzi. En 1699, il est nommé maître de chapelle à la cour de Mantoue, puis il s'installe à Rome chez le cardinal Ottoboni vers 1708. En 1717, il est nommé vice-maître de chapelle à la cour impériale de Vienne, où il devient alors l'un des compositeurs les plus en vogue, composant 78 opéras et 38 oratorios. Il est considéré comme l'un des maîtres de l'opera seria avec des œuvres comme *Daphné* (*) (1719), *Mithridate* (*) (1728), *La Clémence de Titus* (*) (1734) ou *Cyrus reconnu* (*) (1736). Sa musique religieuse montre une parfaite maîtrise du contrepoint, notamment son *Stabat Mater* (*) composé pour la canonisation de saint Jean Népomucène en 1726 et son *Crucifixus* à seize voix.

ALAIN PÂRIS.

CALDERÓN DE LA BARCA Pedro. Ecrivain espagnol. Né et mort à Madrid (1600-25 mai 1681). Calderón était d'une famille originaire de la Montaña (province de Santander) et fut élevé au collège impérial des jésuites de la capitale. Étudiant à l'université d'Alcalá, puis de Salamanque, il abandonna en 1620 ses études religieuses et commença à se faire connaître comme poète, ensuite comme dramaturge dès 1623. Sa première comédie avait pour titre *Amour, Honneur et Pouvoir* [*Amor, honor y poder*] et renferme déjà les thèmes essentiels qui vont animer son théâtre. Comme tout honnête homme en son temps, il voyagea dans les Flandres et en Italie et, dès 1625, fournit au théâtre de la Cour un abondant répertoire où figurent ses meilleures œuvres. Accusé d'avoir, en compagnie de son frère, violé l'asile ecclésiastique du couvent des Trinitaires, il fut violemment attaqué par le plus renommé des prédicateurs de l'époque, le père Hortensio Paravicino (1629) qu'il caricatura dans un des personnages de son *Prince constant* (*). Le théâtre de palais du Buen Retiro fut inauguré en 1635 par une de ses pièces à machine, *Le Plus Grand Charme, l'amour.* Honoré par le roi de l'ordre de Santiago, Calderón s'illustra comme soldat au siège de Fontarabie (1638), puis dans la guerre de Catalogne (1640). Il quitta le métier des armes en 1642 et passa au service du duc d'Albe. On sait qu'il eut à ce moment-là un enfant naturel dont la mère mourut en 1648.

Depuis de longues années, Calderón donnait tous ses soins à ce genre dramatique qu'il porta au plus haut point de perfection : les « autos sacramentales ». Il s'agissait de pièces en un acte, jouées sur les places publiques et à la Cour, le jour de la Fête-Dieu, et ayant pour thème unique l'exaltation de la présence réelle de Dieu dans l'Eucharistie. Motif à grand spectacle, personnages allégoriques, arme puissante en même temps contre le protestantisme et ses dogmes, Calderón imprima sa marque à cette dramaturgie si particulière. Il en doubla le texte, y fit intervenir la musique et donna un éclat extrême à la mise en scène et aux décors. Pendant de longues années, il fut chargé d'écrire les autos qui se représentaient annuellement à Madrid. Au même âge que son illustre aîné Lope de Vega, il fut ordonné prêtre (1651) et devint chapelain de Tolède malgré l'opposition du patriarche des Indes qui jugeait peu décent l'office de dramaturge. Calderón lui répondit avec hauteur : « Écrire des comédies, c'est bien ou c'est mal. Si c'est bien, qu'on me laisse en paix ; si c'est mal, qu'on ne m'en charge pas. » Mais il cessa bientôt d'écrire pour le public et ne donna plus ses pièces qu'à la scène du palais royal. Chapelain du roi en 1663, il vint habiter Madrid qu'il ne quitta plus jusqu'à sa mort. Sa dernière comédie, en 1680, fut : *Destin et emblème de Léonide et de Marfise* [*Hado y divisa de Leónido y Marfisa*]. Le duc de Veragua lui ayant demandé en 1681 une liste de ses œuvres, Calderón lui en remit une de cent dix titres. Il mourut le 25 mai de cette année-là, et avec lui s'éteint le Siècle d'or du théâtre national.

De son vivant parurent quatre tomes de son théâtre dont il approuva le texte. Par contre, il critiqua la publication du cinquième volume en 1677. Cette même année, il fit publier douze autos sacramentels. Son œuvre complète comprend cent vingt *comedias,* quatre-vingts autos et une vingtaine de compositions mineures : intermèdes, *jácaras, loas,* etc. Il était considéré, depuis la mort de Lope de Vega, comme le maître incontesté du théâtre espagnol. Sa popularité fut extraordinaire et ses succès durables. Joué même pendant la décadence profonde du XVIIIe siècle, il fut étudié et exalté par les critiques de l'école romantique et sa réputation éclipsa, au-delà des frontières, celle de ce « monstre de la nature » qu'avait été son prédécesseur et son rival, Lope de Vega. On ne peut rêver entre ces deux hommes contraste plus éclatant. L'un fait de sa vie un étonnant roman d'aventures ; l'autre, créateur d'un univers d'allégories et de symboles, vit replié sur lui-même, sans illusions comme sans enthousiasme, et promenant à travers le parc du Buen Retiro son dédain indifférent et solitaire. Il est aussi secret que la plupart de ses héros. Au cours de quelques épisodes de jeunesse, il laisse fuser de rapides éclats d'une âme anarchique et rebelle. Soldat, il se comporte avec courage mais ne fera jamais étalage de ses faits d'armes. Fut-il amoureux de cette inconnue à laquelle il donna un fils ? Nous n'en savons rien si ce n'est la calme dignité avec laquelle il élève ce « neveu ». De tout l'anecdotique de sa vie, il nous reste l'image d'un poète courtisan sans bassesse, protégé par le monarque, animateur de somptueuses mises en scène sur les eaux des bassins royaux ou sur les chars parés pour le Corpus. Il vit, soit à Tolède, soit à Madrid, dans une atmosphère d'art et de profonde méditation. Sa maison est un véritable musée de peinture religieuse. Attaché à la « paix de la lecture », il glisse peu à peu vers cette solitude méditative où se dilue la volonté qui préfigure ce néant dont certains de ses héros parlent avec délectation. Vanité de la vie et triomphe de la mort, tels sont les thèmes essentiels sur lesquels il bâtira son œuvre dramatique. Son pessimisme stoïque, équilibré par sa foi chrétienne et sa ferveur religieuse, nous montrera sans cesse cette marche vers la mort à travers d'apparentes félicités, d'incessantes désillusions, pour en finir par cette fosse que son contemporain Valdès Leal nous expose dans son horrible nudité.

En inaugurant ce second cycle de dramaturges qui remplit tout le XVIIe siècle, Calderón reprend les formes techniques que le théâtre de Lope avait fixées, mais il les accommode à son génie. Il en diminuera les épisodes, la double action qui s'acheminera rapidement vers l'unité et ce mélange de lyrisme et de dramatisme qui demeuraient encore comme juxtaposés. Avec lui, l'improvisation cède le pas à la technique et à la réflexion, l'architecture de la pièce se précise, la poésie fait étroitement corps avec le style théâtral. Calderón y ajoute bientôt une forme symbolico-poétique qui était totalement inconnue avant lui. Les éléments superflus auxquels se complaisait la verve généreuse de Lope disparaissent, l'intensité dramatique augmente, l'action tend à se concentrer autour du héros principal, tandis qu'il s'établit une hiérarchie de plans jusqu'alors inconnue. Il arrive ainsi peu à peu vers un théâtre essentiellement lyrique avec des personnages stylisés qui se haussent aisément jusqu'au symbole. Il n'en reprend pas moins certains originaux de Lope qu'il refond, recrée, élabore à nouveau pour en faire des chefs-d'œuvre. Citons seulement *L'Alcade de Zalamea* (*), *Le Médecin de son* *honneur* (*) et la comédie de Vélez, *La Fille séduite par Gómez Ariaz* (*) qui, sous sa signature, ont fait oublier les pièces primitives. Écrivain typique du XVIe siècle, Calderón nous donne le témoignage parfait de ce style baroque qui en est la marque. Mais son baroque est riche de nuances : un dynamisme puissant l'anime, qui naît de la mobilité de l'action, de l'équilibre instable des masses, du contraste entre les personnages, sorte de clair-obscur psychologique d'un grand effet scénique. Ajoutons-y un penchant pré-romantique vers une tendresse mélancolique, la tendance fortement marquée pour l'hyperbole et la démesure, la subordination à un axe central autour duquel tout se meut, et un abondant élément décoratif. Quoi de plus essentiellement baroque que cette rhétorique caldéronienne, étincelante d'intuitions singulières et de beautés inattendues ! À cet égard, *La vie est un songe* (*) est une œuvre exemplaire.

Si Shakespeare est avant tout un créateur d'hommes et Molière de types, Calderón est un créateur de symboles, mais ses personnages se sont pas pour autant de froides abstractions. Ils sont riches en effet de réalité et de vie, comme ceux de *L'Alcade de Zalamea,* si représentatifs de leur temps et de leur classe sociale. La comédie de mœurs (de capa y espada), celle d'intrigue nous montrent quantité de types sociaux qui sont remarquables par leur variété, leurs travers et leur vérité. Mais Calderón excelle dans la création de ces héros baroques, intimement déséquilibrés par une passion dominante : les personnages sataniques de *La Dévotion à la croix* (*), l'Henri VIII du *Schisme d'Angleterre* [*La cisma de Inglaterra*], Justine du *Magicien prodigieux* (*). Soit dans la *comedia,* soit dans l'auto, quand l'abstraction incarnée dans un être et l'homme individuel s'unissent, ils créent, à force de personnalité intense, un héros comme Sigismond en qui symbole et chaleur humaine coexistent admirablement.

On a appelé Calderón le « poète du ciel ». Il est essentiellement un poète catholique, même dans son théâtre profane. C'est du problème de la prédestination et de la liberté humaine que procède la thèse de *La vie est un songe.* Le culte du gibet sacré n'a jamais été plus exalté que dans *La Dévotion à la croix. Le Magicien prodigieux,* qui débute comme *Faust* (*) et se termine comme *Polyeucte* (*), met à la scène le tragique conflit de la foi et de l'intelligence humaine. Dans ses œuvres les plus originales, Calderón essaie de tracer le chemin vers la vérité au moyen de la raison, et il excelle à exprimer l'essence dramatique des obstacles que l'âme rencontre dans cette quête où elle s'engage toute. Ses drames de jeunesse, comme *Luis Pérez el Gallego, Le Purgatoire de saint Patrice* (*), *Le Prince constant*, témoignent d'un accent romantique en désaccord avec la sérénité intellectuelle des œuvres suivantes. Ils s'apparentent par là au théâtre de Lope, bien que Calderón en renouvelle de façon originale l'intrigue, l'action et la langue. *La Dévotion à la croix*, qui appartient à ce groupe, fait entendre pour la première fois un accent shakespearien que nous ne tarderons pas à retrouver dans ses autos. Cette stylisation, qui est un trait caldéronien, donne à ses drames historiques une valeur particulière qui en souligne l'aspect national. Jamais la noblesse aristocratique et populaire du caractère espagnol n'a été mieux exprimée que par Lopez de Figueroa et Pedro Crespo, héros de *L'Alcade de Zalamea.* Ils dominent tout un ensemble de types variés remarquablement justes et vivants, dans une savante gradation d'intérêt qui balance avec art la chaleur de l'être de chair et d'os et l'émouvante leçon morale exprimée en d'inoubliables vers.

Calderón est aussi essentiellement le poète de l'honneur : *À outrage secret, vengeance secrète* (*), *Le Médecin de son honneur, Le Peintre de son déshonneur* (*), *Le pire n'est pas toujours sûr* pourraient sembler tout d'abord représentatifs d'un théâtre immoral de vengeance et de mort. Mais, dans les soliloques éloquents, l'auteur convertit en une sorte d'allégorie sacramentelle cet inflexible « patrimoine de l'âme » dont il fait l'armature morale de son monde, de son temps et de son pays. On a beaucoup critiqué les maris de Calderón qui tuaient leurs femmes sur de simples soupçons. Sauf dans *La Jalousie, le plus grand des maux* (*) qui est une simple récréation lyrique, les autres drames, fidèles aux coutumes de l'époque, obéissent aux règles morales en usage et ne sont pas plus barbares qu'*Othello* (*). Les monologues des maris soupçonneux, leur permettant de s'analyser d'une façon intense, rejoignent ceux du drame philosophique dans lequel Calderón est sans égal. Une tragédie cérébrale s'y fait jour et il s'y dessine également une curieuse géographie de la jalousie et de l'honneur, selon que le héros est castillan, valencien, portugais ou d'ailleurs. La poésie et le mystère collaborent étroitement pour adoucir la violence du châtiment juste ou abominable, et chacune de ces œuvres se meut dans un pathétique profond qui entraîne le spectateur et ne lui permet pas de réagir sur-le-champ.

On a reproché à l'auteur de tant de drames d'époque de manquer du sens de la perspective historique. Ses personnages, a-t-on dit, sont toujours des chevaliers espagnols de la cour de Philippe IV, quels que soient les habits dont ils sont revêtus. Cependant on peut y distinguer l'éloignement poétique qui l'apparente souvent au mythe, la leçon exemplaire tirée de sources anciennes ou contemporaines, l'amorce d'un débat scolastique qui le rapproche de l'auto sacramental et le sens panoramique de plusieurs époques fondues en une synthèse nuancée. Mais il est vrai qu'aucun drame de ce genre n'a été traité avec plus de vérité que ceux qui sont proches de l'auteur et de son temps. Le personnage du prince y est dessiné selon le canon de Lope et dans la stricte vraisemblance historique. L'arrogance espagnole, l'orgueil d'appartenir à la nation élue, une sorte d'envol impérial traversent ces « journées » qui rappellent en maints endroits le fameux tableau des *Lances* de Vélasquez. Les couleurs mauresques apparaissent notamment dans *Aimer après la mort* qui se passe dans les Alpujarras. Tous les personnages orientaux y sont traités avec une cordiale courtoisie, et il y a là un tableau magistral du contraste des passions et des énergies de deux peuples singuliers, s'affrontant dans une lutte acharnée. Calderón a assez de hauteur d'âme pour comprendre que l'Espagne captive des chrétiens est pour les Maures la liberté de l'Espagne et il apporte à dépeindre ce sentiment la même délicatesse qui transparaît dans *L'Histoire de la guerre de Grenade* (*) d'Hurtado de Mendoza. Même compréhension des nuances historiques quand il dessine des caractères portugais, wisigoths, voire indiens, alors qu'il a revêtu souvent dans ses autos l'Idolâtrie de vêtements empruntés aux indigènes d'Amérique. Abondant et divers dans le théâtre de thèmes historiques, Calderón excelle avant tout dans le drame philosophique. Sa *Vie est un songe* restera comme le modèle du genre et le type même du chef-d'œuvre de l'art baroque. Tout est subordonné à l'état d'âme de Sigismond qui passe de la révolte aveugle à la compréhension la plus juste et la plus généreuse du sens de la vraie vie, dans une éblouissante explosion d'images lyriques qui s'insèrent intimement dans l'action dramatique et dans la noble méditation finale. Mais ce théâtre est encore espagnol par sa diversité : pièces philosophiques, comédies « de saints », tragi-comédies, comédies « urbaines » où l'habileté de l'auteur fait merveille, comme dans *L'Esprit follet* (*) (1629) et *Maison à deux portes* [*Casa con dos puertas*]. L'ironie, les galanteries, les plaisanteries des valets s'y mêlent avec souplesse, et le jeu prend souvent l'aspect d'un divertissement de palais, mais sans fadeur ni conventionnalisme.

C'est au plus haut degré de perfection que Calderón a porté ce genre, étonnant pour nous, de l'auto sacramentel. Son extraordinaire pouvoir de synthèse le fit s'accommoder de la nature allégorique de ce drame pour en réaliser parfaitement l'unité. Il trouva les motifs historiques qui pouvaient s'interpréter comme de grands symboles. Il sut y glisser une complexité théorique qui plaisait curieusement au peuple, avide alors de ces débats religieux. Il y jeta toutes les ressources de sa poésie, tantôt sobre et concise, tantôt somptueusement ampoulée. Nous voyons là l'extrême raffinement de ce théâtre catholique de l'époque baroque qui, en recueillant la tradition médiévale, confiait au dernier théologien du théâtre le soin d'élargir et d'orner le cadre étroit de ses premiers essais. C'est lui qui cristallisa dans cette somme théâtrale toute la pensée dogmatique exprimée dans une ostentatoire pompe poétique à la magnificence admirablement chantournée. Les figures abstraites, gonflées d'un dense et lumineux symbolisme, acquièrent une sorte de corporéité dramatique, comme dans *Le Festin du roi Balthazar* (*) (1634) où la communion sacrilège témoigne d'un élan pathétique qui fait penser à la scène du commandeur dans *Le Séducteur de Séville* (*) de Tirso de Molina. *Le Grand Théâtre du monde* (*) (1645) offre un tableau général de la vie humaine présentée comme une grande comédie dont l'auteur est Dieu et les acteurs tous les vivants. Le Roi, la Dame, le Riche, le Pauvre, le Laboureur sont appelés par le suprême auteur pour jouer un rôle dans la pièce. La loi de grâce sera le souffleur. Mal avisé serait celui qui ne pourrait l'entendre. Ainsi le libre arbitre et la grâce efficace revêtent une force plastique inaccoutumée qui se relie à la force évocatrice de la Danse macabre que le Moyen Âge avait léguée. Des éléments picaresques et réalistes apparaissent même dans *Le Grand Marché du monde* [*El gran mercado del mundo*] qui s'ouvre devant une auberge publique où le bon génie et le mauvais génie offrent leur pacotille aux chalands. Œuvre psychologique que *Les Charmes de la faute* qui pose le problème de l'homme dans sa lutte entre les plaisirs et le devoir. *La Dévotion de la messe* [*La devoción de la misa*] met en scène la légende du chevalier qu'un ange remplace au combat tandis qu'il assiste au saint sacrifice. Entre 1648 et 1660 se situe une période de transition entre les autos juvéniles et concis et les plus philosophiques et les plus ornés de la dernière période. Mais la plupart d'entre eux sont des chefs-d'œuvre d'équilibre entre l'étrangeté multiforme du sujet, la psychologie fouillée des personnages, l'apparat des décors et des machines et la magnificence inégalable du style. Une fois disparu son animateur sans rival, l'auto sacramentel s'efface définitivement de la scène espagnole.

La mort de Calderón mettait d'ailleurs le point final à cette belle floraison théâtrale du Siècle d'or dont il fut, pendant quarante ans, le plus éminent représentant. Il a perfectionné cette curieuse *comedia* qu'il avait reçue des mains prodigues de Lope de Vega et dont il fit un genre incomparablement original. Elle lui doit ses traits d'époque les plus curieux, son catholicisme philosophique, son exaltation des valeurs nationales : monarchie, sentiment patriotique, roide exigence de l'honneur, sens passionné de l'absolu en tout. Elle lui doit encore un lyrisme qu'on a prétendu maniéré et hors de toute mesure, mais qui s'accordait admirablement avec l'art et l'esprit du temps. N'est pas prodigue qui veut des dons éclatants de la métaphore, de l'image, de la cadence et l'éclat des vers.

La postérité ne s'y est pas trompée qui l'a exalté avec les premiers érudits romantiques, Lessing, Herder, Schlegel, Schack et les critiques contemporains. Tenter de résoudre harmonieusement l'énigme de la vie humaine, porter très haut la grandeur des conceptions, le sens moral, le spiritualisme, et exprimer tout cela dans une langue éblouissante, tel fut le lot de Calderón. Il n'en est point dans le théâtre espagnol de plus riche ni de plus représentatif.

JEAN CAMP.

♦ *« Il y a des traits sublimes dans Calderón ; mais presque jamais de vérité, ni de vraisemblance, ni de nature... Nous n'avons rien qui ressemble à cette démence barbare. Il faudrait avoir les yeux de l'entendement bien bouchés pour ne pas apercevoir dans ce fameux Calderón la nature abandonnée à elle-même... C'est le fou le plus extravagant et le plus absurde qui se soit jamais mêlé d'écrire... Ce n'est pas qu'il n'y ait des étincelles de génie dans Calderón, mais c'est le génie des petites maisons. »* Voltaire. ♦ *« Calderón est infiniment grand par la technique et l'effet théâtral... Chez* [lui] *vous trouvez la conception parfaite du théâtre. Ses pièces répondent à toutes les exigences de la scène. Pas un trait là-dedans qui ne soit calculé en vue de l'effet à produire. Calderón est de tous les génies celui qui était le plus intelligent... Si grand que soit Calderón, et quelque admiration que j'aie pour lui, jamais il n'a exercé sur moi la moindre influence ni en bien, ni en mal. »* Goethe. ♦ *« Pour lui l'existence humaine n'est pas une sombre énigme ; ses larmes mêmes, comme une goutte de rosée sur une fleur, présentent à la splendeur du soleil l'image du ciel ; il exalte avec une admiration joyeuse et toujours nouvelle les prodiges de la nature et de l'art, comme s'il les voyait pour la première fois, avec un éclat que l'habitude n'a pas encore terni... Quand il réunit les objets les plus divers, les plus grands et les plus petits, les étoiles et les fleurs, le sens de ses métaphores exprime toujours la relation des créatures avec le Créateur commun, et cette harmonie entraînante, ce concert de l'univers, est de nouveau pour lui l'image de l'amour éternel qui embrasse tout. »* Schlegel. ♦ *« Le créateur d'un drame de tendances idéalistes bien proche de l'opéra... »* Richard Wagner. ♦ *« Calderón, considéré dans ses rapports avec le système dramatique du* XVII*e siècle, est le résumé et l'accomplissement du théâtre espagnol. Étudié en détail, on le trouve inférieur à Lope de Vega pour la variété, l'ampleur et la netteté de l'exécution ; pour la veine facile, spontanée et généreuse ; pour le naturel et la vérité, pour la familière simplicité de la langue. Inférieur à Tirso de Molina pour le don de créer des caractères vivants, énergiques et complets, semblables à ceux que présente la réalité même ; pour l'ironie profonde et le génie comique, pour la malice et le sans-façon des dialogues, pour les heureuses nouveautés et les audaces pittoresques du vocabulaire. Inférieur à Alarcón dans la comédie de mœurs et, plus encore, dans la comédie de caractères, dans laquelle personne ne réussit comme Alarcón. En résumé, bien que Calderón soit inférieur à Lope, Tirso et Alarcón pour ces diverses qualités secondaires, il leur est de beaucoup supérieur par la hauteur de sa pensée et des sujets de ses pièces, comme par son habileté dans l'intrigue et dans la structure dramatique. »* Menéndez y Pelayo.

RÉF. : Sismondi, *De la littérature du midi de l'Europe,* Paris, 1813. – Ludwig Tieck, *Kritische Schriften,* tome IV, Leipzig, 1852. – F. Picatoste, *Biografia de don Pedro Calderón,* Madrid, 1881. – A. de Margerie, *Études de littérature espagnole, Lope de Vega et Calderón,* Paris, 1892. – A. Valbuena Prat, *Los Autos Sacramentales de Calderón,* Madrid, 1923 ; *Calderón,* Barcelone, 1941. – E. Cotarelo Mori, *Ensayo sobre la vida y obras de don P. Calderón de la Barca,* Madrid, 1924. – A. A. Parker, *The Allegorical Drama of Calderón,* 1943. – José Bergamin, article in *Le Cheval de Troie,* n° 4, Paris, 1947. – F. Verhesen, *Études sur les « Autos Sacramentales » de Calderón,* Paris, 1953. – Charles Vincent Aubrun, *La Comédie espagnole,* Paris, 1966.

CALDWELL Erskine. Romancier américain. Né le 17 décembre 1903 à Moreland (Géorgie), mort le 11 avril 1987 à Paradise Valley (Arizona). Dernier-né de la génération des écrivains américains dont les œuvres enthousiasmèrent le public européen, et notamment français, après la Seconde Guerre mondiale, Caldwell a appris son métier comme reporter (pour le *Journal* d'Atlanta), puis comme correspondant de guerre au Mexique, en Espagne, en Tchécoslovaquie, en Russie et en Chine (1938-1941), enfin à Hollywood davantage que sous les blancs frontons de l'université de Virginie, où il séjourna néanmoins comme étudiant en 1922, puis en 1925-26.

Dès 1929-1930, Erskine Caldwell publie deux courts romans d'inspiration sociale, *Le Bâtard* (+) (1929) et *Un pauvre type* (*) (1930), qui révèlent des qualités d'écrivain aussi remarquables que crues. Suivirent, coup sur coup, ses deux œuvres les plus célèbres, *La Route au tabac* (*) (1932) et *Le Petit Arpent du Bon Dieu* (*) (1933), dont l'extraordinaire succès ne s'est jamais démenti, surtout après que Jack Kirkland eut mis le premier en scène à New York : la pièce fut jouée à Broadway pendant plus de sept ans (exactement 3 182 fois). Désormais, le fils du petit pasteur du Sud n'avait plus de souci (financier) à se faire. Mais il ne se fit pas non plus beaucoup de souci littéraire : les nombreux romans qui suivirent sont tous plus ou moins composés selon l'excellente formule qui avait fait le succès des premiers : sur solide fond d'indignation sociale, une bonne couche de verve rustique et beaucoup de piment gaillard. On peut néanmoins citer *Les Voies du Seigneur* (*) (1935) ; *Bagarre de juillet* (*) (1940) ; *Terre tragique* (*) (1944) ; *Un châtelain des hautes-terres* [*The House in the Uplands,* 1946] et, plus récemment, *Jenny toute nue* [*Jenny by Nature,* 1961], *La Dernière Nuit de l'été* [*The Last Night of Summer,* 1963] et *Miss Mamma Aimée* (1967). Quoique généralement jugées supérieures à ses romans aux États-Unis, ses nouvelles sont bien moins connues en France : *Terre américaine* [*American Earth,* 1931] ; *Nous les vivants* (*) (1933) ; *Prière au soleil levant* (+), (1935) ; *Soleil du Sud* [*Southways,* 1938] ; *Le Gros Lot* [*Jackpot,* 1940) ; *Un petit gars de Géorgie* [*Georgia Boy,* 1943], etc. Toutes ces nouvelles ont été recueillies en 1953.

Beaucoup se sont lassés d'une production par trop abondante et par trop répétitive ; mais il faut reconnaître qu'il y a chez Caldwell, comme chez les meilleurs acteurs professionnels de Hollywood entre 1930 et 1960, un métier tel que même un roman tardif comme, par exemple, *La Dernière Nuit de l'été*, est aussi bien fait et aussi divertissant qu'on peut le souhaiter. D'autre part, il convient de ne pas oublier la part qu'a jouée, dans l'œuvre de Caldwell, le reportage nourri de critique sociale : pendant son second mariage (avec la photographe Margaret Bourke-White), il avait publié un excellent reportage sur les paysans pauvres de Géorgie intitulé *Vous avez vu leurs visages* [*You Have Seen Their Faces*, 1937]. Vinrent ensuite *Dites, c'est ça, les États-Unis ?* [*Say ? Is This the U.S.A. ?*, 1941], *Voyages en Amérique* [*Round About America*, 1946] et *À la recherche de Bisco* [*In Search of Bisco*, 1965].

MICHEL GRESSET.

♦ *« Il y a deux écrivains chez Caldwell, tous deux excellents et l'un presque génial dans son genre étroit. Dans la plupart de ses livres ils collaborent, mais leurs buts divergent... "Je suis un romancier social", dit le premier ; le second ne parle pas de ses buts, et il n'en est même pas tout à fait conscient ; mais quelquefois il écarte son jumeau de la machine à écrire, et il se met à taper d'impossibles rêves pleins d'un humour débridé. »* Malcolm Cowley. ♦ *« Alors que chez Faulkner la dimension suprême est le temps, chez Caldwell c'est l'espace — et ainsi on différencie très bien leur art. L'intrigue, étant essentiellement affaire d'espace, est indispensable à Caldwell (...) Pourtant, les exigences et l'étroitesse de l'espace bouclent l'œuvre de Caldwell, qui est plus nette et plus ferme, mais aussi plus limitée et moins importante que celle de Faulkner. Caldwell impressionne ses lecteurs, il ne les hante pas. »* Leo Gurko.

RÉF. : Maurice E. Coindreau, *Aperçus de littérature américaine*, Paris, 1946. — Louise Y. Gosset, *Violence in Recent Southern Fiction*, Durham (Caroline du Nord), 1969. — James Korges, *Erskine Caldwell*, Minneapolis, 1969. — Malcolm Cowley, *And I Worked at the Writer's Trade*, New York, 1978.

CALET Henri. Romancier, chroniqueur et journaliste français. Né à Paris le 3 mars 1904 d'un père parisien et d'une mère flamande, mort à Vence (Alpes-Maritimes) le 14 juillet 1956. S'il s'est largement inspiré de sa propre existence pour composer ses livres, c'est que celle-ci, difficile, hasardeuse et souvent bouleversée, l'a fortement marqué. Ballotté entre des parents instables et divisés, il fait très tôt l'expérience de la rue et de la solitude. Il passe une partie de son adolescence en Belgique occupée et, après des études secondaires qui ne l'enthousiasment pas, exerce divers petits métiers : clerc d'huissier, employé dans plusieurs commerces, correcteur d'imprimerie, etc. Si *La Belle Lurette* (*), son premier livre, publié en 1935, est intégralement consacrée à cette période clef de sa vie, il n'est aucun des livres qu'il écrira ensuite qui n'y revienne peu ou prou comme si, « condamné à peiner incessamment sur un autoportrait qui ne sera jamais achevé » — v. *Peau d'ours* (*) —, il lui fallait sans arrêt revenir puiser à la source des images pour reprendre courage et continuer son entreprise de « narcissisme de longue haleine ». C'est de son enfance aussi, sans doute, qui le promena de France en Hollande, que lui vient le goût des voyages : la Belgique, la Suisse dans *Rêver à la Suisse* (1948), l'Italie dans *L'Italie à la paresseuse* (1950), mais aussi l'Afrique du Nord et l'Amérique du Sud, dont on trouvera des échos dans son recueil de nouvelles *Trente à quarante* (*) (1947). Là où il séjourne plus longtemps, il enseigne le français. Mais c'est Paris qu'il aime depuis toujours, Paris qui lui manque, le fait revenir, Paris qu'il arpente de long en large, le Paris populaire en particulier dont il se fait le chantre, notamment dans *Le Tout sur le tout* (*) (1948), son chef-d'œuvre, mais aussi le Paris des beaux quartiers qu'il décrit dans *Les Grandes Largeurs* (*) (1951).

Il fait ses débuts littéraires dans une petite revue, *Avant-poste*, puis, au cours d'un voyage aux Açores, commence à écrire son premier roman, *La Belle Lurette*, que Jean Paulhan fait publier aux éditions Gallimard. Cet ouvrage sera suivi de *Le Mérinos* en 1937 et de *Fièvre des polders* en 1939. Mobilisé, Calet est fait prisonnier en juin 1940. Il s'évade après sept mois de captivité et tire de cette expérience la matière d'un livre qui ne paraîtra qu'en 1945 : *Le Bouquet* (*). Pendant cinq années (1940-1945), il vit en marge des milieux littéraires. Il exerce alors la profession de statisticien avant de devenir directeur d'une usine de céramique électro-technique dont il démissionne en 1951, « dégoûté ». Il commence à la Libération une carrière de journaliste à *Combat* et collabore à divers journaux et périodiques comme *Marie-France*, *Carrefour* et *Le Parisien libéré*. Ces chroniques et articles écrits « à ras d'homme », dans le style cher à Calet, ont été en partie rassemblés et publiés en volume dans *Les Deux Bouts* (1954), *Contre l'oubli* (1956) et dans *Acteur et Témoin* (1959). Cette activité débordante — il travaille aussi à la radio et à la télévision — ne le fait pourtant pas connaître du grand public, et son œuvre, qui compte une vingtaine d'ouvrages, demeure injustement méconnue (elle suscitera un regain d'intérêt posthume, dans les années 80). Désabusé, Calet publie encore deux romans : *Monsieur Paul* (1950) et *Le Grand Voyage* (1952). La suite qu'il pensait leur donner, son livre de la cinquantaine, il ne l'écrira pas, la maladie l'ayant rejoint. Les notes seules prises en vue de ce livre, *Peau d'ours* (*), seront publiées, posthumes, en 1958. Elles forment un témoignage bouleversant sur la vie difficile et compliquée de l'auteur et donnent une idée de la manière dont il travaillait : au plus près de soi, de sa vie. De là vient que, lisant Calet, on a souvent la gorge nouée. Lui qui avait pris, dès le départ, « le chemin des pauvres », parlait comme personne des petites gens, des « paumés » de tout bord. Nostalgique et désenchanté, il s'est défendu de tout pathétique en maniant un humour tendre et une ironie sans méchanceté. Pudique et discret, il cachait ses larmes sous la cocasserie. Son style à l'emporte-pièce est sans défaut. Il fait de Calet un écrivain irremplaçable.

GUY GOFFETTE.

♦ « *Pour faire comme tout le monde, Calet sucrait son café. Rien qu'une tasse de café. Brève. Possible. Mais qui fait battre le cœur et ouvre les yeux, beaucoup trop bien. Il est mort de ce café, d'une qualité incomparable. Il avait la pâleur de Raymond-la-Science, celle aussi de Buster Keaton. Il savait où il allait. Où nous allons. Sans réaction. Aboulique. Debout néanmoins. Tout cela en bon français. Sobre. Correct. Possible.* » Francis Ponge.

RÉF. : La revue *Grandes largeurs* a consacré un numéro à Henri Calet avant de publier ses *Lettres* (1935-1956) à Georges Henein, Paris, 1981.

CĂLINESCU George. Critique et romancier roumain. Né à Bucarest le 19 juin 1899, mort à Otopeni, près de Bucarest, le 12 mars 1965. Licencié ès lettres, il enseigne dans la capitale et, après un séjour à Rome d'où il rapporte un ouvrage sur les missionnaires italiens dans les pays roumains aux XVIIe et XVIIIe siècles, il reprend son enseignement, passe son doctorat ès lettres et devient maître de conférences à l'université de Iasi, puis professeur à la faculté des lettres de Bucarest et directeur de l'Institut d'histoire littéraire et de folklore. Il publie des études sur les grands auteurs roumains du XIXe siècle (le poète Mihai Eminescu, le conteur Ion Creangă), ainsi qu'une monumentale et toujours actuelle *Histoire de la littérature roumaine des origines jusqu'à présent* (*) (1941). Comme romancier, il témoigne d'un grand talent dans la description et dans une subtile analyse psychologique des personnages. Il convient de citer ses trois romans : *L'Énigme d'Otilia* (*) (1938), *Le Pauvre Ioanide* [*Bietul Ioanide*, 1955], et *L'Écrin noir* [*Scrinul negru*, 1960].

RÉF. : I. Bălu, *George Călinescu 1899-1965. Biobibliografie*, Bucarest, 1975. — D. Micu, *George Călinescu între Apollo şi Dionysos*, Bucarest, 1979. — I. Bălu, *Viata lui George Călinescu*, Bucarest, 1981.

CALLIMAQUE. Poète et grammairien grec né à Cyrène vers 315-310 avant J.-C. et mort à Alexandrie vers 240. Son père se nommait Battos (c'est pourquoi Callimaque est parfois nommé Battiadès). Sa famille appartenait à l'aristocratie de Cyrène, et c'est dans cette ville, agitée dans le dernier quart du IVe siècle par de graves troubles, que Callimaque vécut son enfance et probablement sa jeunesse. Sur le plan culturel et sentimental, il restera toute sa vie attaché à sa patrie. Pour une raison inconnue, vers 290-285, il se fixa à Alexandrie. Il eut d'abord un statut modeste, puisqu'il fut maître d'école dans un faubourg nommé Éleusis. Puis il eut des relations avec la Cour. Ces liens avec la dynastie des Lagides ont dû se tisser entre 280 et 270. En effet, dans l'*Hymne à Zeus* — v. *Hymnes* (*) — (283/282), Callimaque fait un discret appel à la générosité du souverain, ce qui laisse supposer qu'à ce moment-là il n'est pas encore entré à la Cour ; en 276/275, il compose un épithalame à l'occasion du mariage d'Arsinoé avec Ptolémée Philadelphe et en 270, juste après la mort de la reine, il écrit une *Apothéose d'Arsinoé,* ce qui suggère qu'à cette date son rapport avec la Cour est bien établi. C'est sans doute durant cette période que Callimaque reçut la charge immense de dresser un catalogue des ouvrages de la bibliothèque d'Alexandrie, bien qu'il n'en fût jamais directeur, à la différence d'Apollonios de Rhodes. Ces années 280-270 sont aussi celles où il composa l'*Hécalé* (*), une partie des *Origines* (*), certains *ïambes* (*) et certaines *Épigrammes.* Pour la période allant de 270 environ à 245, qui a dû être très féconde, les repères chronologiques font défaut. En 246/245, peu après l'accession au trône de Ptolémée III Évergète et de Bérénice, originaires de Cyrène comme le poète, Callimaque composa *La Boucle de Bérénice* (+) et en 244 l'*Épinicie de Bérénice,* signe qu'il jouissait alors d'une grande faveur royale. Dans ses dernières années, il donna leur forme finale aux *Origines.* Il mourut probablement vers 240.

L'œuvre de Callimaque fut immense — la *Souda* (*) parle de plus de 800 livres, c'est-à-dire 800 rouleaux de papyrus ! Une partie de sa production était constituée de travaux érudits en prose, dont il ne nous reste presque rien. Ainsi, le fruit de son travail à la bibliothèque d'Alexandrie fut un monumental ouvrage en 120 volumes, les *Pinakes,* sorte de catalogue raisonné de toute la littérature grecque. Il écrivit également sur des questions lexicales (*Dénominations ethniques diverses*), géographiques (*Sur les fleuves du monde*), historiques (*Fondations d'îles et de villes et changements de noms*)... L'ampleur et la variété des intérêts de l'érudit, dont témoigne cette liste partielle de titres, ne sont pas sans conséquences sur l'œuvre du poète.

En dehors des *Hymnes* dont le recueil est complet et des *Épigrammes* (au nombre de 63), les ouvrages poétiques de Callimaque nous sont parvenus de façon très fragmentaire (*Origines, Ïambes* et *Hécalé*). Ces compositions fort variées ont un point commun : l'originalité. Cette originalité est d'ailleurs revendiquée par Callimaque qui, à plusieurs reprises, sur un ton véhément et polémique, énonce ses conceptions poétiques. L'*Épigramme* 28 commence ainsi : « Je hais le poème cyclique ; je ne veux pas du chemin où se traînent les pas de la foule. » L'*Hymne à Apollon* se termine par les vers suivants : « L'Envie vint en cachette dire à l'oreille d'Apollon : “Je n'aime pas le poète qui ne chante pas autant que la mer ne chante.” Apollon repoussa l'Envie du pied en lui disant ceci : “Grand est le cours du fleuve d'Assyrie, mais il traîne dans ses eaux bien de la boue et bien des déchets. À Déô, les abeilles ne portent pas de l'eau de tout venant, mais celle qui sourd, pure et sans souillure, de la source sacrée, une libation, pureté suprême.” Salut, Seigneur ; que la Critique s'en aille où est l'Envie. » Enfin à la fin de sa vie, Callimaque rédige l'*Invective aux Telchines* dont il fait le prologue des *Origines*. Des détracteurs, les Telchines (démons malins), reprochent au poète de ne pas avoir composé un poème suivi de plusieurs milliers de vers chantant les rois ou les héros. Il leur répond : « Jugez ma poésie à la mesure de l'art, non de l'arpent persique, et ne cherchez point chez moi quelque poème retentissant ; le tonnerre n'est pas mien, il est à Zeus. Quand pour la première fois je posai sur mes genoux la tablette de cire, Apollon Lycien me dit : "Poète, le sacrifice, il me le faut offrir bien lourd, mais la Muse légère, mon ami. Et c'est mon ordre aussi que tu suives la voie que ne foulent point les chars, et que tu ne mènes pas le tien sur les traces des autres, ni sur la route large ; non, prends ton chemin à toi, pour étroit qu'il puisse être." » Le ton polémique de ces passages a suscité de très nombreux commentaires, car il a servi à étayer la thèse selon laquelle une querelle littéraire aurait opposé Callimaque, ardent défenseur de la brièveté, à Apollonios de Rhodes, auteur des *Argonautiques* (*), épopée de plus de 5 000 vers. Pourtant, l'intérêt des passages cités est ailleurs : les conceptions poétiques que Callimaque énonce dans ces vers (brièveté, légèreté, finesse, originalité, subtilité, raffinement) sont d'une importance capitale pour le développement de la littérature gréco-romaine.

OLIVIA RODARI.

RÉF. : E. Cahen, *Callimaque et son œuvre poétique*, Paris, 1929. – R. Pfeiffer, *Callimachus I, Fragmenta*, Oxford, 1949, et *Callimachus II, Hymni et Epigrammata*, Oxford, 1953. – C. Meillier, *Callimaque et son temps*, Lille, 1979.

CALLISTHÈNE d'Olynthe. Historien grec. Né à Olynthe en Thrace en 360 av. J.-C., mis à mort par ordre d'Alexandre le Grand vers 327. Petit-neveu et disciple d'Aristote, Callisthène aurait été le compagnon d'études du jeune prince macédonien alors qu'il était l'élève d'Aristote. Il avait composé une *Histoire grecque* ou *Helléniques* qui va de 387 à 357, ainsi qu'une *Chronique de la guerre sacrée* (357 à 346) qui fait suite à l'œuvre précédente. Puis, chargé par Alexandre d'écrire sur les grands événements de son règne, il suivit le roi dans ses expéditions. Callisthène s'acquitta de cette tâche en courtisan et eut la faveur de son maître jusqu'au jour où il se refusa à exécuter la « proskynèse », geste d'hommage qu'Alexandre avait repris des anciens rois de Perse et imposé à ses sujets, et qui consistait à s'agenouiller devant le souverain et à toucher le sol du front avant de l'aborder. Peu après, impliqué dans la « conspiration des pages » à laquelle il n'avait probablement pas pris part, Callisthène fut mis en état d'arrestation. Selon les uns, il serait mort de maladie dans les chaînes, selon d'autres il aurait été crucifié en Inde. Quoi qu'il en soit, la chronique officielle rédigée par Callisthène et parfois désignée sous le titre de *Persica*, par opposition aux *Hellenica*, fut utilisée par Clitarque d'Alexandrie ; l'œuvre de celui-ci fut, à son tour, mise à profit par Diodore de Sicile, Trogue-Pompée, et Quinte-Curce. Bien qu'elle ne nous soit pas parvenue, c'est donc une des sources essentielles de l'histoire d'Alexandre. En revanche, *L'Histoire fabuleuse d'Alexandre* – v. *Alexandre le Grand* (*) – qui fut par la suite attribuée à Callisthène n'est qu'un apocryphe ; c'est une compilation byzantine qui n'est d'ailleurs digne d'aucune créance.

CALPURNIUS Titus Julius. Poète bucolique latin du Ier siècle sur lequel on ne sait presque rien. Le surnom de Siculus qu'on lui donne parfois serait une indication de son origine sicilienne, à moins qu'il ne fasse allusion au genre littéraire qu'il avait choisi. Quelques-uns de ses vers ont fait également supposer qu'il pouvait être né en Bétique. Quant à ses *Bucoliques* (*), elles durent être écrites au début du règne de Néron. Dans la première églogue, il est fait mention de cette comète qui apparut à la mort de Claude, en 54. Dans les *Bucoliques*, l'auteur fait des allusions fréquentes à Néron, dont il célèbre la jeunesse et la beauté, la générosité et la clémence, toutes qualités propres à apporter la paix dans l'empire. Si Virgile servit à Calpurnius de modèle, ce dernier eut un imitateur en la personne de Nemesianus, poète carthaginois du IIIe siècle. Dans les éditions anciennes, et jusqu'à la fin du XIXe siècle, quatre églogues composées par Nemesianus se trouvent ajoutées aux sept églogues de Calpurnius. L'attribution de l'*Éloge de Pison* à Calpurnius est dénuée de fondement.

RÉF. : E. Cesareo, *La poesia di Calpurnio Siculo*, Palerme, 1931. – J. Amat (éd.), Calpurnius, *Bucoliques*, Paris, 1991.

CALVIN Jean. Théologien français, né le 10 juillet 1509 à Noyon (Oise), mort à Genève le 27 mai 1564. Son père, Gérard Calvin, occupait les fonctions de greffier de la ville, d'avoué auprès de l'officialité et de procureur du chapitre. Destiné à une carrière ecclésiastique, le jeune Calvin fut pourvu, dès l'âge de douze ans, d'un pécule qui devait lui permettre de faire ses études. Deux ans plus tard, il fut envoyé à Paris ; d'abord élève de Mathurin Cordier, l'un des fondateurs de la pédagogie moderne, il passa ensuite au collège de Montaigu, où il suivit et ne devait plus oublier les cours de logique de Coronel et ceux du théologien nominaliste John Mair. Il entra en contact avec les milieux humanistes de la capitale et connut Budé par l'intermédiaire des fils de Guillaume Cop, médecin de François Ier. Sans doute entendit-il parler, dès cette époque, de certains écrits de Luther et de Melanchthon, mais sans se laisser ébranler dans sa fidélité envers l'Église romaine. Vers 1529 – il venait d'acquérir la maîtrise ès arts –

il renonça à la théologie et se rendit, sur ordre de son père, à Orléans, pour y entreprendre des études de droit sous la direction de Pierre de L'Estoile, l'un des meilleurs juristes français de l'époque. Quelques mois plus tard, il gagna Bourges, attiré par le renom du juriste italien Alciat. Il s'imprégna des nouvelles méthodes juridiques et acquit une connaissance solide du droit romain. Les études littéraires continuaient toutefois à l'attirer. Aussi, quand la mort de son père le rendit maître de son destin (1531), suivit-il à Paris les cours des lecteurs royaux institués par François Ier. Il travaillait alors à son premier ouvrage, un commentaire sur *De la clémence* (*) de Sénèque, publié en 1532, ouvrage d'une érudition remarquable qui situe Calvin dans la ligne d'Érasme et de Budé. C'est l'œuvre d'un humaniste séduit par le moralisme stoïcien et intéressé par la notion romaine de la souveraineté. Jusqu'à sa fin, Calvin restera fidèle à la méthode des humanistes et, dans une large mesure, à leur esprit et à leur admiration pour les Anciens. Ses attaques contre les humanistes viseront l'attitude personnelle de certains d'entre eux, mais non pas l'humanisme comme tel.

Le passage de Calvin à la Réforme, pour lequel on a proposé des dates très diverses, ne peut guère être placé avant le printemps de 1534, époque à laquelle il résigna ses bénéfices ecclésiastiques. C'est à tort, semble-t-il, qu'on lui a attribué le célèbre discours prononcé à la Toussaint 1533 par son ami le recteur Nicolas Cop. Cette harangue reflète d'ailleurs les idées chères aux réformistes catholiques bien plus que celles des protestants. Calvin, dont les rapports avec Cop étaient connus, dut quitter la capitale et chercher refuge auprès de son ami Du Tillet, curé près d'Angoulême. Il poussa ensuite jusqu'à Nérac où il rencontra, à la cour de Marguerite de Navarre, l'illustre Lefèvre d'Étaples. Son dernier voyage à Noyon (mai 1534) fut suivi d'un nouveau séjour à Orléans, où il rédigea son traité *Sur le sommeil des âmes* [*De psychopannychia*, publié en 1542] ; il y attaquait la doctrine de certains anabaptistes qui affirmaient que les âmes étaient mises en sommeil après la mort et jusqu'au jugement dernier.

La tolérance relative dont usait depuis quelque temps le gouvernement à l'égard des luthériens fit place à une persécution brutale, après que des placards dirigés contre la messe eurent été affichés jusque sur la porte des appartements royaux (octobre 1534). Tous ceux qui, de près ou de loin, étaient soupçonnés de tremper dans le complot dont étaient accusés les partisans de la Réforme durent se terrer ou prendre la fuite. Calvin, qui, depuis sa « conversion », avait mené une active propagande en faveur des idées nouvelles, prit le parti de quitter le royaume.

Dans les premières semaines de 1535, il se fixa à Bâle. Au prix d'un travail acharné et de lectures étendues, il réussit à terminer en quelques mois son *Institutio christianae religionis* – v. *Institution de la religion chrestienne* (*) –, qui ne sortit cependant des presses qu'en mars 1536. C'était le premier exposé qui présentât comme un ensemble cohérent et logiquement ordonné la pensée de la Réforme. Bientôt traduit en français par l'auteur lui-même, incessamment remanié, ce devait être aussi l'ouvrage de toute une vie. Calvin y mit le meilleur de lui-même et y résuma toute sa pensée religieuse. Quel que soit l'intérêt de ses autres écrits théologiques, c'est dans l'*Institution* que l'on trouve la synthèse la plus achevée de ses idées. Il y consigna, au fur et à mesure, le résultat de ses réflexions et de ses expériences. Le « catéchisme » de 1536 aboutit ainsi à une somme monumentale divisée en quatre livres et quatre-vingts chapitres (1559-1560). Les étapes intermédiaires sont marquées par les éditions latines de 1539, 1543, 1545, 1550, 1553 et 1554, et par les éditions françaises de 1541, 1545, 1551, 1553 et 1557.

À peine Calvin eut-il assisté à la parution de ce premier grand ouvrage qu'il alla passer, pour des raisons mal connues, quelques semaines à Ferrare, avec Du Tillet, auprès de la duchesse Renée de France, qui avait accueilli à sa cour un certain nombre de réfugiés pour cause de religion. Malgré le risque qu'il pouvait courir, il se rendit ensuite à Paris, pour y régler la succession paternelle avec ses frères et sœurs. De là, il voulut gagner Strasbourg ; les hostilités entre François Ier et Charles Quint l'obligèrent à faire par Genève un détour qui devait déterminer toute la suite de sa carrière.

Cédant aux impérieuses instances de Farel, qui était le chef spirituel des partisans de la Réforme à Genève, il consentit à l'aider dans sa tâche. Aussitôt, le jeune savant se transforma en prédicateur, en professeur et en organisateur de la nouvelle Église. Il soumit aux conseils de la ville des *Articles concernant l'organisation de l'Église et du culte* et une *Instruction et confession de foy* (1537) tirée de l'*Institution*. La *Confession* devait être souscrite par tous les chefs de famille, ce qui suscita des difficultés. D'autres surgirent à propos de la discipline ecclésiastique que Calvin et Farel entendaient introduire et qui fut rejetée par les conseils. Ceux-ci n'en furent pas moins considérés comme trop dociles aux réformateurs et remplacés en 1538 par des membres de l'opposition. Le conflit latent éclata quand le magistrat voulut, sans consulter les ministres, introduire les usages liturgiques bernois. Calvin et Farel y virent une atteinte à l'autonomie de l'Église, refusèrent de s'incliner, furent destitués et durent quitter la ville (1538).

Calvin accepta l'invitation des réformateurs Bucer et Capiton à venir se fixer à Strasbourg, qui, grâce à ces deux hommes, grâce aussi au génie politique du « stettmeistre » Jean Sturm, était devenue, en peu d'années, l'un des centres du protestantisme européen. Pendant les trois ans qu'il y vécut, Calvin approfondit, au contact de Bucer, ses connaissances théologiques et mit au point ses conceptions ecclésiastiques par de larges emprunts aux institutions strasbourgeoises. À l'usage de la paroisse des réfugiés français, il publia *Aulcuns pseaulmes et cantiques mys en chant* (1539) et rédigea une liturgie qui sera à l'origine des liturgies des Églises réformées de Genève et de France. Nommé professeur à la Haute-École, berceau de l'université de Strasbourg, il y expliqua l'*Évangile* (*) de Jean et les *Épîtres* (*) pauliniennes. Dès 1539, il fit paraître ses *Commentarii in epistolam Pauli ad Romanos*, début brillant d'une longue série de travaux exégétiques qu'il poursuivit jusqu'à la fin de sa vie. Auparavant, il avait donné une nouvelle édition, augmentée, de l'*Institution* dont la traduction française, rédigée à Strasbourg, devait paraître deux ans plus tard, en même temps que le *Petit traicté de la saincte Cene*, où il essaya de préciser, à l'usage du grand public, son point de vue particulier sur la présence réelle et spirituelle du Christ dans la Cène (1541). Dans ces premiers écrits français, Calvin se révéla d'emblée comme l'un des meilleurs prosateurs du XVIe siècle, et, par son style clair, souple et incisif, comme l'un des créateurs du français moderne.

Par l'intermédiaire des Strasbourgeois, il entra en rapport avec le protestantisme allemand : rencontre avec Melanchthon à Francfort (1539) ; colloques de Haguenau et de Worms (1540) ; colloque de Ratisbonne (1541), auquel il assista comme délégué officiel de Strasbourg, aux côtés de Jean Sturm et de Bucer. Calvin semblait devoir rester définitivement dans sa ville d'adoption : Strasbourg. Ses amis s'efforcèrent de lui faciliter les choses et l'aidèrent même à fonder un foyer ; en août 1540, il épousa Idelette de Bure, veuve d'un anabaptiste qu'il avait converti.

À Genève, cependant, la vie de l'Église avait été désorganisée par l'exil de ses deux principaux ministres. Calvin avait continué de s'intéresser au sort de la communauté genevoise : il était intervenu pour apaiser les conflits suscités par son départ et avait publié, en 1539, une *Epistre au Cardinal Sadolet*, en réponse à une lettre de ce dernier invitant les Genevois à rentrer dans le sein de l'Église romaine. Mais, sollicité de revenir à Genève, ce n'est qu'après avoir longuement hésité qu'il accepta. Le 13 septembre 1541, il reparut enfin sur les bords du Léman, avec un programme bien défini et l'intention de faire de Genève le centre de la propagande protestante à destination de la France.

Le projet de statut ecclésiastique qu'il soumit aux autorités ne fut pas accepté sans modifications. Le magistrat réussit à maintenir son point de vue sur plusieurs points, notamment en ce qui concerne la discipline ecclésiastique, dont il admit le principe, mais en se réservant, dans chaque cas, la décision finale, par une formule qui donnera lieu à d'interminables contestations. Adoptées le 20 novembre 1541, les *Ordonnances ecclésiastiques* servirent de base à l'organisation de l'Église genevoise et de l'ensemble des Églises calvinistes. Avec ses quatre ministères (pasteurs, docteurs, anciens et diacres), avec sa juridiction ecclésiastique autonome confiée au consistoire, cette organisation traduit dans la réalité concrète les principes formulés dans l'*Institution*. Malgré les concessions que Calvin dut faire au magistrat, il ne s'agit pas d'une mainmise de l'État sur l'Église, pas plus qu'il n'est question, comme le veut l'opinion courante, d'une confusion théocratique des pouvoirs. Pour compléter son œuvre dans ce domaine, Calvin publia, en 1542, un recueil liturgique sous le titre de *Forme des prières et chantz ecclésiastiques* et le *Catéchisme de l'Église de Genève* (en latin et en français). Des cours de théologie et des écoles furent institués. À côté de ses leçons d'exégèse et de ses prédications quotidiennes, il trouva le loisir de rédiger, la même année, la *Defensio doctrinae de servitute arbitrii*, où il réfutait les arguments du polémiste catholique Pighius en faveur du libre arbitre. L'an d'après (1543) voyait paraître le *Traité des reliques* (*), virulente satire contre la vénération des reliques, et le *Petit traicté monstrant que doit faire un homme fidèle entre les papistes*, suivi, en 1544, de l'*Excuse à messieurs les Nicodémites*, où l'auteur prenait à partie les « Nicodémites », c'est-à-dire les partisans de la Réforme qui n'osaient confesser publiquement leur foi.

L'entourage et les collaborateurs de Calvin se recrutaient principalement parmi les réfugiés français qui affluaient à Genève. Les Genevois restaient divisés sur la question de la juridiction ecclésiastique : tandis que les uns soutenaient le réformateur français, les « libertins » s'opposaient à ce qu'ils considéraient comme un empiétement sur le domaine du pouvoir civil et s'efforçaient de limiter l'influence des Français. Parmi ces derniers, Calvin rencontra également des adversaires, tels que Sébastien Castellion, qu'il obligea, en 1545, à quitter la ville. Tout en essayant de transformer Genève en une cité sainte par sa parole et au moyen d'une réglementation morale de plus en plus stricte, il poursuivait la mise au point de l'*Institution* et publiait, coup sur coup, un pamphlet *Contre la secte phantastique des libertins* (spirituels) (1545), des préfaces à la *Somme* de Melanchthon – v. *Somme théologique ou Lieux communs* (*) –, à la *Bible de Genève* (*) (1546), et la suite de ses *Commentaires* bibliques qui finirent par comprendre le Pentateuque, le Livre de Josué, les *Psaumes*, les prophètes et tout le Nouveau Testament à la seule exception de l'Apocalypse.

L'opposition grandissait toutefois, menée par les familles patriciennes des Perrin et des Favre qui, au début, avaient soutenu Calvin. Ce dernier l'emporta pourtant, quand fut posée publiquement la question de la compétence du consistoire. En 1547, un autre adversaire de celui-ci, Gruet, fut impliqué dans un complot et décapité. Mais, jusqu'en 1554, les élections donnèrent la majorité aux « libertins ». La position de Calvin, plusieurs fois ébranlée, se renforçait lentement par l'arrivée d'un grand nombre de nouveaux réfugiés. Mais, au moment où il avait besoin de toutes ses forces pour déjouer les intrigues de ses ennemis, sa santé, précaire depuis sa jeunesse, s'affaiblit sérieusement, tandis que son foyer était endeuillé par la mort de sa femme (mars 1549). Le conflit avec le magistrat se compliqua de luttes sur le plan dogmatique : affaires Bolsec (1551), Trolliet (1552), etc. L'année 1553 vit éclater la célèbre affaire Servet. Dès 1531, le médecin espagnol Michel Servet s'était élevé, dans deux traités, contre les définitions traditionnelles du dogme trinitaire. Réfugié à Vienne en Dauphiné (1540), il y rédigea en secret la *Restitution du christianisme* (*), qui prétendait restaurer le christianisme dans son intégrité primitive et faire le procès aussi bien de l'Église romaine que des réformateurs protestants. Servet échangea quelques lettres avec Calvin qui le réfuta sommairement (1545). En 1553, l'ouvrage fut imprimé et un exemplaire en parvint à Genève. Guillaume de Trie, un intime de Calvin, le dénonça à des correspondants lyonnais, qui parvinrent à identifier l'auteur. Servet fut traduit devant l'officialité de Vienne, et, pour le confondre, de Trie soutira à Calvin les lettres que le « blasphémateur » lui avait adressées. Servet réussit à s'enfuir, mais commit l'imprudence de passer par Genève où il fut arrêté. Le conseil, bien que mal disposé à l'égard de Calvin, décida de poursuivre l'affaire. Les maladresses et l'arrogance de l'accusé le desservirent grandement ; le réformateur et le conseil genevois étaient du reste d'accord pour faire un exemple et furent soutenus par l'avis unanime des Églises de Suisse. Le 26 octobre, Servet fut condamné au feu. Il subit le sort que catholiques et protestants avaient réservé, avant lui, à des centaines d'« hérétiques obstinés » et d'anabaptistes. L'attitude de Calvin trouva l'approbation de la plupart des théologiens ; presque seul, Sébastien Castellion osa se faire le défenseur de la tolérance, ce qui lui valut une réplique acerbe de la part de Calvin (*Déclaration pour maintenir la vraye foy de la Trinité*, 1554). L'autorité du réformateur sortit affermie de cette pénible affaire, mais l'opposition genevoise ne désarma point. En 1555 seulement, après une émeute sans gravité, les principaux adversaires du consistoire durent céder la place devant la nouvelle majorité calviniste aux conseils. Dès lors, la partie pouvait être considérée comme gagnée définitivement. En 1559, le magistrat décerna à Calvin le droit de bourgeoisie, et, lors de la révision des *Ordonnances ecclésiastiques*, la nouvelle rédaction lui donna presque entière satisfaction (1561).

Dans l'intervalle, Calvin composa un certain nombre d'ouvrages destinés à défendre plusieurs points de doctrine. En 1549, il était arrivé, avec l'Église de Zurich, à un accord sur les sacrements qui fut consigné dans le *Consensus Tigurinus.* En 1550, il lança le *Traité des scandales* (*), contre les déviations païennes de l'humanisme. Aux attaques dont avait été l'objet sa doctrine de la prédestination il répondit, entre autres, par le traité *De la prédestination éternelle* (1552). Trois ans plus tard survenait la querelle avec le luthérien Westphal de Hambourg au sujet de la Cène. À trois reprises, Calvin intervint dans la controverse avec la *Defensio sanae et orthodoxae doctrinae de sacramentis* (1555), la *Secunda defensio piae et orthodoxae de sacramentis fidei contra Westphali calumnias* (1556) et l'*Ultima admonitio ad Westphalum* (1557), qui comptent parmi les chefs-d'œuvre de la polémique théologique. En 1558, son attention fut retenue par les thèses antitrinitaires des réfugiés italiens fixés à Genève. Il rédigea à cette occasion la *Congrégation sur la divinité de Jésus-Christ,* la *Réponse aux frères de Pologne* (1560) et *L'Impiété de Valentin Gentil apertement découverte et décriée* (1561). Deux ans auparavant, l'*Institution* avait reçu sa forme définitive. Au cours des dernières années de sa vie, Calvin publia en outre des *Leçons* sur les prophètes et autorisa l'impression de plusieurs recueils de *Sermons* sur divers livres bibliques. Activité débordante qui se doublait d'une immense correspondance avec les protestants de France et de toute l'Europe (il en subsiste plus de 1 300 lettres). Rappelons enfin que, en 1559, il avait en quelque sorte couronné son œuvre en créant l'académie de Genève, qui devint le centre des études humanistiques et théologiques des protestants de langue française et qui, pendant longtemps, pourvut au recrutement pastoral exigé par la multiplication des Églises réformées de France.

Sa maladie ne lui laissait plus guère de répit depuis plusieurs années. Elle s'aggrava brusquement en février 1564 ; fin avril, il fit de solennels adieux au magistrat et à ses collègues. Il mourut un mois plus tard (27 mai 1564), laissant une œuvre dont l'influence s'étendait, par-delà la cité genevoise, à toute la France, et qui devait marquer de son empreinte toutes les Églises réformées d'Europe et d'Amérique.

FRANÇOIS WENDEL.

♦ *« Jean Calvin, c'est un homme d'un jugement qui pénètre jusques au bout... et lequel, en ses escrits, c'est merveille comme il parle de tout, et abondamment, et purement... Tellement que je ne sache nul qui ait onc plus parfaitement escrit. »* Jean Sturm, recteur de la Haute-École de Strasbourg, préface à l'*Institution* de 1551. ♦ *« Car aussi estoit-il homme bien escrivant tant en latin que françois, et auquel nostre langue françoise est grandement redevable pour l'avoir enrichie d'une infinité de beaux traicts ; et à la mienne volonté que c'eust esté en meilleur subject ; au demeurant homme merveilleusement versé et nourry aux livres de la saincte Escriture, et tel que s'il eust tourné son esprit à la bonne voye, il pouvoit estre mis au parangon des plus signalez Docteurs de l'Église.* » Étienne Pasquier. ♦ « *Je ne sais si le génie de Calvin se seroit trouvé aussi propre à échauffer les esprits et à émouvoir les peuples que fut celui de Luther ; mais après les mouvements excités, il s'éleva en beaucoup de pays, principalement en France, au-dessus de Luther même, et se fit le chef d'un parti qui ne cède guères à celui des Luthériens. Par son esprit pénétrant et par ses décisions hardies, il raffina sur tous ceux qui avoient voulu en ce siècle-là faire une Église nouvelle, et donna un nouveau tour à la réforme prétendue.* » Bossuet. ♦ « *Le texte français de l'*Institution *est, avec le livre de Rabelais, le plus grand monument de notre prose dans la première moitié du* XVIe *siècle, et l'on peut dire qu'il faut descendre jusqu'à Pascal et Bossuet pour retrouver une aussi haute et sérieuse éloquence appliquée aux matières de philosophie morale et religieuse.* » G. Lanson. ♦ « *Que l'on cherche bien, et l'on constatera que le réformateur français a réalisé une construction unique en son genre, qu'aucune autre, depuis, n'a égalée, en ce qui touche l'ampleur du dessein, la clarté et l'enchaînement des divisions, et je ne sais quelle passion intérieure qui anime d'un bout à l'autre ce vaste exposé, au point d'en faire comme un véritable drame, comme une tragédie grandiose dont l'homme et son salut éternel fournissent le pathétique sujet.* » A. Lefranc. ♦ « *Calvin a donné à la théologie ses lettres de naturalisation littéraire. Si, depuis son siècle, il y a dans notre France une littérature religieuse, c'est bien à lui qu'on le doit.* » P. Imbart de La Tour.

RÉF. : E. Doumergue, *Jean Calvin, les hommes et les choses de son temps*, Lausanne, 1899-1917, Neuilly, 1926-1927. – P. Imbart de La Tour, *Les Origines de la Réforme*, t. IV, *Calvin et l'Institution chrétienne*, Paris, 1935. – F. Wendel, *Calvin, sources et évolution de sa pensée religieuse*, Paris, 1950. – J. Bohatec, *Budé und Calvin*, Graz, 1950. – A. M. Hunter, *The Teaching of Calvin*, Londres, 1950. – J. T. Mc Neill, *The History and Character of Calvinism*, New York, 1954.

CALVINO Italo. Romancier, critique littéraire, journaliste italien. Né le 15 octobre 1923 à Santiago di Las Vegas (Cuba), mort le 19 septembre 1985 à Sienne (Toscane). L'enfance qui aura pour cadre la petite ville de San Remo (Riviera) et les Préalpes ligures sera marquée par la rigueur portée aux classifications d'un père agronome et, à l'opposé, par une fascination pour l'« image-mouvement » : le cinéma. Calvino fait ses études dans un lycée classique puis, à la veille de la guerre, s'inscrit à la faculté d'agronomie de Turin. Cette guerre équivaudra à une brutale liquidation du monde de l'enfance et provoquera chez le jeune homme une prise de conscience politique et historique durable. À la mobilisation, il déserte et s'enfuit en Ligurie, il rejoint en 1943 les brigades garibaldiennes avec son jeune frère. Partisan luttant contre le fascisme, il adhère au parti communiste italien en 1944. Calvino a commencé à écrire de brefs récits, et c'est en 1947 qu'il publiera, grâce à Cesare Pavese, son premier roman – *Le Sentier des nids d'araignée* [*Il sentiero dei nidi di ragno*]. Il participe à l'effervescence du climat utopique né de la guerre et collabore à des revues (*Il Politecnico*, *Aretusa*...), devient un rédacteur de l'*Unità*, quotidien du P.C.I. À Turin, il reprend des études, littéraires cette fois, qui s'achèveront par une thèse sur Joseph Conrad. Pour Calvino, la ville de Turin sera pendant de longues années associée à la maison d'édition Einaudi, où il connaîtra ses premières amitiés littéraires (C. Pavese, F. Balbo...) et où il publiera la quasi-totalité de son œuvre. Il y jouera tout au long de sa vie un rôle de collaborateur important aux côtés de Giulio Einaudi. La deuxième moitié des années 40, pour Calvino et pour bien d'autres intellectuels italiens, sera marquée par un débat fondamental : celui des rapports entre la littérature et l'idéologie ; comment dépasser le réalisme, devenu obsolète en tant qu'expression esthétique, sans pour autant refuser la notion d'une littérature « témoin de son temps » ? Au cours des années 50, militant communiste, critique littéraire et romancier, Calvino réalise une recension des *Contes italiens* [*Fiabe Italiane*, 1956] et conclut sur le rôle fondateur du conte par rapport à la forme romanesque. « Les contes sont vrais » : cette conviction marquera durablement son œuvre. Politiquement, ses rapports avec la direction du P.C.I. (P. Togliatti) se dégradent ; l'absence de réaction de son parti lors de l'invasion soviétique de la Hongrie (1956) le conduit à la démission (août 1957). Cette rupture ne modifie ni sa vision du monde ni sa conception d'une littérature comme « défi au labyrinthe », comme quête du sens et de la place du sujet dans l'histoire. À la fin des années 50, il co-dirige avec Elio Vittorini la revue *Il Menabo* et développe son activité de critique littéraire ; un intérêt constant pour la littérature française le conduit à une lecture sceptique des « nouveaux romanciers » (Butor, Robbe-Grillet), de la « Nouvelle critique » (Barthes, Greimas plus tard) et enthousiaste de Queneau, qu'il traduira (*Les Fleurs bleues* (*), 1967), préfacera, commentera. Queneau représentera pour lui l'alternative à la modernité du « nouveau roman » : une littérature qui relève de la combinatoire, des possibles narratifs, des jeux avec le langage, tout en maintenant le « plaisir du texte » (Calvino fera partie de l'OU.LI.-PO.). Progressivement une intertextualité de plus en plus foisonnante va s'inscrire dans l'œuvre. Les modèles du passé : Cavalcanti, Dante mais surtout le Tasse et l'Arioste, vont justifier un « regard éloigné », un détour stratégique pour parler de l'« hic et nunc » – v. *Le Vicomte pourfendu* (*) et *Le Baron perché* (*). À partir des *Cosmicomics* (*) (1965), « inspirés » de la *Petite Cosmogonie portative de Queneau* (*) (1950), la réflexion sur « la machine littérature » (*Le Château des destins croisés* (*), 1969-73), sur l'écriture comme combinatoire de mondes possibles (*Les Villes invisibles* (*), 1972) atteste de son éloignement du champ idéologique, de sa sensibilité aux recherches théoriques les plus contemporaines et de son indéfectible admiration pour l'œuvre de Borges – v. *Si par une nuit d'hiver un* *voyageur* (*), 1979. Après s'être marié à Paris (en 1964, avec Esther, d'origine argentine), il s'installe dans cette ville où naît sa fille. « Ermite à Paris », se rendant fréquemment à Turin, il avoue « ne plus guère consulter le monde que comme une bibliothèque », même s'il continue à collaborer avec des quotidiens (*La Repubblica, Il Corriere della Sera*). C'est de ces articles, remaniés, que naîtront les dernières œuvres : *Palomar* (*), 1983 ; *Collection de sable* [*Collezione di sabbia*, 1984] ; *Sous le soleil jaguar* [*Sotto il sole giaguaro*]. *Palomar* rend compte de la vision d'un monde fragmenté, incertain, insaisissable. Vivant à nouveau en Italie (Rome, 1980), il publie un recueil d'articles parus entre 1956 et 1979 : *Una pietra sopra*, 1981 (adapté en français sous le titre : *La Machine littérature*, 1984).

Il faut enfin signaler l'intérêt de Calvino pour la peinture de son époque (textes sur D. Gnoli, G. Paolini, mais aussi sur V. Adami, Arakawa...) et sa collaboration à des œuvres musicales, notamment de Luciano Berio.

De la fin de la Seconde Guerre mondiale à la fin du XXe siècle, Calvino aura été singulièrement attentif à l'évolution des idées de son temps (sciences humaines, linguistique, théories du récit...). Participant au débat sur le rôle des intellectuels, sur la fonction de la littérature dans un monde où le champ des idéologies aura progressivement été assujetti à l'empire des signes et de l'image, il aura cherché, tout au long de son œuvre, à cerner la spécificité du fonctionnement de la « machine littéraire » et du romanesque par rapport au labyrinthe du « monde ». Inlassablement l'œuvre répétera cette profession de foi (1963, in « Le Défi au labyrinthe ») : « Si l'expérience la plus récente me porte à aller vers un discours [...] qui incarne la multiplicité du monde dans lequel nous vivons, je continue à croire qu'il n'y a pas de solution valable esthétiquement, moralement, historiquement, qui ne passe par la fondation d'un style. »

PHILIPPE DAROS.

CALZABIGI Ranieri de. Écrivain et librettiste italien. Né le 24 décembre 1714 à Livourne, mort à Naples en juillet 1795. Il se consacre très tôt aux lettres et aux sciences. Casanova rapporte qu'il le vit à Paris, avec son frère Anton Maria, en 1757. Sa rencontre avec Métastase, en 1747, est une des dates les plus importantes de sa vie. Si l'on en croit même Métastase, Calzabigi se serait trouvé en France au cours de l'année 1752, vivant d'expédients, s'attelant aux tâches les plus extravagantes, comme celle de fonder une loterie nationale capable de renflouer les finances publiques. Pendant ce temps, il élaborait une nouvelle poétique. Cette manière d'aventurier, féru de Plutarque, a laissé une correspondance qui témoigne d'une surprenante maturité de pensée et d'une grande austérité dans les sentiments. Le renouveau politique vers lequel s'acheminait l'Italie est commenté et exposé dans les plus belles lettres qu'écrivit Calzabigi à Alfieri – et particulièrement la *Lettre au comte Vittorio Alfieri sur ses quatre premières tragédies* [*Lettera di Ranieri De' Calsabigi* (sic) *al sig. conte Vittorio Alfieri sulle quattro sue prime tragedie e risposta*, 1784] –, à Pepoli, à Montefani. Mais dans le domaine de la musique son influence paraît encore plus évidente. Expulsé de France en 1761 pour « sentiments antifrançais », il se rend à Vienne, où il devient conseiller de la Chambre des comptes, puis conseiller de l'empereur, avec un traitement de deux mille florins par an. Le comte de Durazzo le présente à Gluck : Calzabigi et Gluck se prennent l'un pour l'autre d'une grande amitié. C'est alors une série de chefs-d'œuvre : *Orphée et Eurydice* (*) est représenté à Vienne le 5 octobre 1762 ; *Alceste* (*) date de 1766, *Pâris et Hélène* [*Paride ed Elena*] de 1769. À ces œuvres inspirées par la mythologie, et de tendance néo-classique, succèdent une suite de compositions qui tiennent de la comédie et du drame pastoral : *La Petite Comtesse* [*La contessina*], *La Critique théâtrale* [*La critica teatrale*] appelée également *L'Œuvre sérieuse* [*L'opera seria*], *Amiti et Ontario* [*Amiti e Ontario, o Salvaggi*]. En 1774 Calzabigi publie deux éditions de ses œuvres, dédiées au ministre Kaunitz. Avec *Elvira* et *Efrida* il aborde le drame historique et tend à reconstituer l'atmosphère du Moyen Âge. Par ailleurs, il compose des poèmes lyriques et un poème héroï-comique, *La Lulliade* [*La Lulliade, o i buffi italiani scacciati di Parigi*], satire du monde musical qu'il avait découvert à Paris. Il passe les dernières années de sa vie à Naples, tout occupé des polémiques que créaient autour de son œuvre les critiques français, qui voulaient limiter la portée de ses innovations.

RÉF. : G. Lazzeri, *La vita e l'opera letteraria di Ranieri de Calzabigi,* Città di Castello, 1907. – R. Giazotto, *Poesia melodrammatica e pensiero critico nel Settecento,* Turin, 1952.

CAMARA Helder. Archevêque brésilien. Né le 7 février 1909 à Fortaleza (Ceara). Prêtre en 1931, évêque auxiliaire de Rio de Janeiro en 1952, puis, en 1964, archevêque d'Olinda et Recife à la veille de la prise du pouvoir par les militaires. Surnommé l'« évêque des favelas », il s'est rendu célèbre par son opiniâtreté à défendre la justice à l'égard des pauvres dans son pays et à l'égard du tiers-monde dans les instances internationales. Son influence a été discrète et importante au concile de Vatican II. Il a ensuite été l'ardent défenseur de l'« évangile de la libération ». Dans *Les Conversions d'un évêque* (1977), il raconte sa vie à José de Broucker. Homme de contemplation et d'action, il a peu écrit. Certaines de ses méditations ont été réunies en français sous le titre *Le désert est fertile* (1971) et quelques allocutions et discours sous le titre *Révolution dans la paix* (*) (1968).

JEAN-PIE LAPIERRE.

CAMOENS (Luis Vaz de Camões). Poète portugais. Né à Lisbonne – mais on a dit parfois à Coïmbre ou à Santarém – vers 1525, année de la mort du navigateur Vasco de Gama dont il devait célébrer les aventures dans ses *Lusiades* (*), mort à Lisbonne le 8 juin 1580. Fils d'un capitaine de vaisseau de la marine royale qui devait périr en 1552 au cours d'un naufrage au large de Goa, Camoens était issu d'une famille noble mais pauvre, originaire de Galice et passée au service du roi de Portugal vers la fin du XIVe siècle. Après avoir fait ses études à l'université de Coïmbre où il eut d'excellents maîtres comme Diogo de Gouveia, Pero Nuñez, François Brissot, il se rendit à la Cour et se lia d'amitié avec plusieurs personnages influents, en particulier Constantin de Bragance, qu'il devait retrouver plus tard vice-roi des Indes, Emmanuel de Portugal, auquel il dédia plusieurs de ses poèmes, et António de Noronha. En 1552, un incident marqua le début de cette longue suite de malheurs divers qui accablèrent Camoens pendant toute son existence : au cours d'une procession de la Fête-Dieu, le jeune poète blessa d'un coup d'épée Gonzalo Borges, suivant du roi, et se vit jeté en prison pendant quelques mois. Peu après sa libération, il se prit d'une violente passion pour Catherine d'Atayde, demoiselle d'honneur de la reine et sœur du favori du roi Jean III (la « Natercia » de ses vers) : dans un de ses sonnets, Camoens évoquera leur première rencontre, qui aurait eu lieu pendant un office dans l'église « das Chagas » de Lisbonne, mais peut-être le poète a-t-il seulement voulu faire rapprocher ses propres amours de la célèbre rencontre de Laure et de Pétrarque. Quelques vers enflammés adressés à Catherine d'Atayde suscitèrent la colère du père de celle-ci, qui porta plainte contre Camoens qui fut aussitôt exilé à Santarém, dans l'Estrémadure portugaise, où il commença son poème des *Lusiades.* Sa mésaventure lui avait fait perdre tous ses protecteurs, mais il obtint l'autorisation de faire partie d'une expédition dirigée par Alfonso de Noronha contre les Maures du Maroc. Il quitta Lisbonne, décidé à n'y plus reparaître, et, selon la tradition, après avoir répété les fameuses paroles que Scipion l'Africain avait fait graver sur son tombeau : « Ingrata patria, ossa mea non possidebis. » Au Maroc, il frôla la mort, perdit l'œil droit devant Ceuta, et, à son retour à Lisbonne, défiguré, sans aucun espoir désormais de conquérir Catherine d'Atayde, il prit la résolution de s'embarquer pour les Indes, en qualité de simple écuyer, muni seulement d'une somme d'argent dérisoire (1553).

Il faillit périr dès le début de son voyage : du convoi dont il faisait partie, tous les vaisseaux sombrèrent au cours d'une tempête, le sien excepté. Arrivé à Goa, il s'émerveilla des fastes de la grande aventure coloniale portugaise, mais se montra également bouleversé par les indignités que commettaient certains de ses compatriotes. En 1555, sa satire des *Folies dans l'Inde,* où il dénonçait les malversations de Francisco Barreto, gouverneur de la forteresse de Sofala, lui valut de premières difficultés, et Barreto, après avoir empêché Camoens de rentrer au Portugal sans avoir payé d'abord une somme de deux cents écus d'or, parvint à le faire exiler à Macao en 1556. Dans ce port de la côte chinoise, Camoens allait d'ailleurs passer plusieurs années paisibles et heureuses, qu'il employa à rédiger la plus grande partie de ses *Lusiades* ; le nouveau vice-roi des Indes, Constantin de Bragance, un de ses amis de jeunesse, lui confia ensuite la charge de « curateur aux biens des morts et des absents », qui assura son existence et lui permit, en 1561, d'obtenir son retour à Goa. Mais le voyage en mer jusqu'à cette ville fut des plus périlleux : pris par un cyclone dans la mer du Siam, à l'embouchure de la rivière Mécou – selon le manuscrit de la VIIIe décade de Diogo do Couto –, le navire où s'était embarqué le poète disparut corps et biens et Camoens ne se sauva qu'en se jetant à la mer et en gagnant le rivage à la nage, tenant en main hors de l'eau le manuscrit des *Lusiades.* À Goa d'ailleurs, de nouveaux ennuis l'accueillirent : d'abord accusé d'indélicatesses dans l'exercice de sa charge à Macao, il parvint aisément à se justifier, mais ses nombreux créanciers le firent emprisonner et il ne dut sa liberté qu'à un spirituel placet adressé au nouveau vice-roi, comte de Redondo. Relâché, Camoens se trouvait une fois de plus dans la misère. Il suivit alors en Mozambique le nouveau gouverneur de cette colonie et arriva avec lui à Sofala en 1567 ; mais, bientôt brouillé avec ce nouveau protecteur, sa situation devint intenable, il dut faire appel à quelques amis de la métropole ; grâce à eux il quitta le Mozambique en 1569 et rentra à Lisbonne en juin 1570.

C'est là, deux ans plus tard, après avoir obtenu non sans peine l'autorisation du Saint-Office, qu'il fît paraître *Les Lusiades,* fort bien accueillies, qui lui valurent l'admiration et la protection du roi dom Sébastien, successeur de João III ; mais le souverain disparut bientôt au combat d'Alquaçar-Quivir et Camoens perdit alors tout appui officiel. Le succès de son poème ne l'avait d'ailleurs pas délivré de la misère : la pension que lui avait accordée dom Sébastien ne dépassait pas la valeur d'une centaine de francs-or (quinze mille reis) et Camoens, écœuré par les vices de la Cour, désespéré par les malheurs de son pays prêt à tomber sous la coupe de Philippe II d'Espagne, allait mourir sur un grabat, après avoir passé les derniers mois de sa vie au milieu de l'indifférence et dans le dénuement le plus complet, au point qu'on raconte qu'il ne put subsister que grâce au dévouement de son fidèle esclave javanais António qui allait, pendant la nuit, demander l'aumône pour son maître dans les rues de Lisbonne. De son vivant, cependant, Camoens avait été reconnu et célébré par ses pairs, par le Tasse qui lui dédiait un magnifique sonnet, par Lope de Vega qui mit son nom au début d'une de ses comédies et, à sa mort, lui consacra un éloge en prose, où il proclamait Camoens « prince des poètes ». Le chantre de Vasco de Gama, dont les troisième et quatrième centenaires, en 1880 et en 1925, furent marqués au Portugal par des fêtes triomphales, a d'ailleurs inspiré à son tour des écrivains, en particulier une nouvelle du romantique allemand Ludwig Tieck et l'épopée d'Almeida Garrett, *Camoens* (*) (1825). Autant de marques du rayonnement de son œuvre.

Il n'est pas un des genres littéraires de son temps que Camoens n'ait abordés. Dans ses *Poésies* (*), on trouve des œuvres didactiques : *Épîtres, Satires, Épigrammes,* des *Églogues* – où il s'inspire naturellement de Théocrite et de Virgile, sans les égaler toutefois –, des *Odes,* des *Stances* (de six, cinq ou quatre vers), des *Élégies,* des *Sonnets,* soit originaux, soit imités de Pétrarque, vaste œuvre lyrique qui le place au plus haut rang des poètes de son époque, et dont la vertu principale est sans doute une sincérité passionnée. Ses comédies, *Amphitryon* (*), imitation pleine de verve de l'œuvre de Plaute, *Philodème,* et, plus près de la farce, mais sans doute la meilleure des trois, la *Représentation du roi Séleucus* (*), sont des œuvres de jeunesse, qui ne peuvent prétendre rivaliser avec l'œuvre théâtrale d'un Gil Vicente, ou même des autres grands auteurs portugais, J. B. Gomes, Manuel Pimenta de Aquias et António José. On peut remarquer que Camoens, le plus grand des poètes portugais, connaissait et pratiquait aussi bien le castillan que la langue de sa patrie. Non seulement il a écrit en castillan vingt sonnets et deux élégies, mais encore il lui arriva souvent d'achever un sonnet portugais par un vers espagnol. Dans ses comédies, certains personnages parlent une langue et certains l'autre (ainsi, dans la *Représentation du roi Séleucus,* le roi utilise le portugais et le médecin Erasistrate l'espagnol). Mais, naturellement, Camoens doit sa gloire mondiale avant tout aux *Lusiades,* commencées à Santarém, continuées à Ceuta au Maroc, achevées à Macao et parues en 1572, un an après la bataille de Lépante. Le caractère de Camoens, homme de la Renaissance, s'y épanouit dans sa plénitude, d'abord dans l'extraordinaire ampleur de l'œuvre (non seulement l'histoire de la découverte des Indes par Vasco de Gama mais, grâce au récit de Gama devant le roi de Mélinde, à partir du troisième chant, toute l'histoire du Portugal) ; puis par ce mélange, si typique de l'époque, de la mythologie et de l'histoire, du paganisme et de la religion chrétienne, que Camoens trouvait chez ses inspirateurs italiens, mais qui a permis à Voltaire – qui n'aimait guère *Les Lusiades* – d'écrire que « les héros sont chrétiens et le poète est païen ». On peut toutefois se demander si c'est vraiment dans l'épopée que s'affirment la maîtrise et le génie de Camoens : sans doute a-t-il voulu, dans un effort gigantesque, rassembler toutes les traditions nationales portugaises. Mais on a pu lui reprocher sa régularité, poussée jusqu'à la symétrie, les faiblesses de l'action, la rareté des épisodes pathétiques, touchants, héroïques. Plus qu'un poète épique, Camoens est un des plus grands lyriques de la littérature mondiale. Si *Les Lusiades* sont une œuvre inégale, on a toutefois pu dire qu'elles « fourmillent de descriptions de la nature dépassant en vérité et en intensité toutes les peintures des épopées modernes » (Nicolas Ségur). C'est par là qu'elles restent vivantes, alors qu'est morte par exemple *La Henriade* (*) de Voltaire. Évocateur aussi bien de la mer et du déchaînement des grandes forces élémentaires d'un univers sauvage que de l'insinuante douceur de l'exotisme – qu'il est, semble-t-il, le premier à introduire dans l'esprit européen –, Camoens demeure comme un paysagiste, ou plutôt un merveilleux musicien de la nature.

MICHEL MOURRE.

♦ *« Magnanime Vasco... quel que soit ton rang au temple de mémoire, / Tu dois à Camoens le plus beau de ta gloire : / Sa voix a pénétré plus loin que tes vaisseaux. / C'est par le seul éclat dont sa muse te pare / Qu'il n'est point sous les cieux de peuple si barbare / Qui n'admire ton nom et tes nobles travaux. »* Le Tasse. ♦ *« Le prince des poètes... »* Lope de Vega. ♦ *« On a fait à Camoens un reproche de l'intervention des divinités païennes dans les exploits des héros chrétiens ; mais il ne nous semble pas qu'elle produise dans son ouvrage une impression discordante ; on y sent très bien que le christianisme est la réalité de la vie, et l'on trouve une sorte de délicatesse à ne pas se servir de ce qui est saint pour les jeux du génie même. »* Mme de Staël. ♦ *« C'était encore un bien riche sujet d'épopée que celui de la Lusiade. On a peine à concevoir comment un homme du génie de Camoens n'en a pas su tirer un plus grand parti. »* Chateaubriand. ♦ *« Camoens et Milton ne sont que des échos magnifiques, l'un de Virgile, l'autre de Moïse, qu'on peut lire après leurs modèles en les élevant au même niveau. »* Lamartine. ♦ *« Camoens eut l'ambition patriotique d'immortaliser toutes les traditions nationales, tous les exploits héroïques et toutes les actions glorieuses des descendants du fameux Lisus, parvenus alors à l'apogée de leur grandeur... S'il a emprunté à Virgile la structure classique du poème et imité la forme de l'Arioste, la conception elle-même est bien à lui et elle est nouvelle et grandiose. Nul autre poète moderne ne sut comme lui entourer d'une semblable richesse de véritable poésie tout ce qui intéresse la vie nationale d'un peuple tout entier. »* G. Paulowski. ♦ *« Personnelle autant que peut l'être la confession d'une âme tourmentée, cette œuvre cyclique dépasse les horizons de la Renaissance européenne et marque une étape de la civilisation, celle précisément où le Portugal est à l'avant-garde du progrès. Camoens, ce disciple attardé de Virgile et de Pétrarque, nous apparaît, quand on le replace dans l'évolution historique, comme le prophète d'un avenir de collaboration entre toutes les races. »* G. Le Gentil.

RÉF. : Sismonde de Sismondi, *La Littérature du Midi de l'Europe,* t. IV, Paris, 1813. – Ch. Magnin, article in *Revue des Deux Mondes,* 16 avril 1832. – A. Loiseau, *Camoens et ses contemporains* au début de la traduction des *Lusiades* d'O. Fournier et Dessaules, Paris, 1841. – A. Filon, *Études sur les Lettres portugaises,* Paris, 1863. – C. Lamarre, *Camoens et les Lusiades,* Paris, 1878. – C. Castelo-Branco, *Luis de Camoens,* Porto, 1880. – H. Barthe, introduction aux *Morceaux choisis* de Camoens, Paris, 1912. – Braga, *Camões, época e vida,* Lisbonne, 1917. – A. Rüegg, *Camões und Portugal blanzzeit im Spiegel seines Nationalepos,* Bâle, 1925. – Le Gentil, *Camoens,* Paris, 1954. – J. de Sena, *Os Sonetos de Camões e o soneto quinhentista peninsular,* Lisbonne, 1969, 2e éd. 1980. – A. de Azevedo Pires, *A teologia em Camões,* Lisbonne, 1970. – A. J. da Costa Pimpão, *Visages de Luis de Camoens,* Paris, 1972. – A. da Costa Ramalho, *Estudos camonianos,* Coïmbre, 1975, rééd. 1980. – M. V. L. de Matos, *O canto na poesia épica e lírica de Camões,* Paris, 1981. – *Camoens à la Renaissance,* Bruxelles, 1984. – J. M. Coelho, *Luis de Camões,* Porto, 1985.

CAMON Ferdinando. Écrivain italien. Né le 14 novembre 1935 à San Salvano d'Urbana, d'une famille paysanne de la basse plaine du Pô, aux environs de Padoue. D'abord enseignant et journaliste, il se fait connaître du monde littéraire en publiant en 1965 un recueil de conversations critiques avec les plus grands poètes italiens de ce siècle, qui sera suivi en 1973 d'un second, consacré aux romanciers. Mais c'est la publication, en 1970, de son premier roman, *Figure humaine* (*), qui d'emblée va révéler un écrivain majeur. Dans ce récit qui mêle fable et réalité, langue et dialecte, humour et tragique, Camon décrit la condition d'absolu dénuement des paysans de sa région d'origine, vivant hors du temps et de l'histoire : c'est le premier volet d'une trilogie intitulée le *Cycle des derniers.* Le second volet, *La Vie éternelle* [*La vita eterna,* 1972], témoigne du « fonctionnement » de cette civilisation paysanne immobile et immuable, fugitivement traversée par ces épisodes de « vie provisoire » que sont la Première et la Seconde Guerre mondiale. Un troisième roman, *Apothéose* (*) (1978), vient clore ce premier cycle. L'auteur y édifie, à la mémoire de sa mère disparue, un « autel de mots », une stèle funéraire. Le second cycle, le *Cycle de la terreur,* se compose de deux romans, *Occident* [*Occidente,* 1975] et *Histoire de Sirio* [*Storia di Sirio,* 1984]. Le premier analyse le terrorisme urbain des années 70 en Italie, le second relate la prise de conscience progressive par un fils d'industriel du mécanisme de l'exploitation et du fonctionnement de la société capitaliste. Le *Cycle de la famille* fait entrer de plain-pied la psychanalyse dans la littérature : *La Maladie humaine* (*) (1981) et *La Femme aux liens* [*La donna dei fili,* 1986] sont en effet l'un et l'autre des récits de cure, mais débouchent aussi, au-delà de l'expérience individuelle, sur une réflexion qui la transcende : réflexion sur le langage, sur l'écriture, sur la condition de l'homme et de la femme dans notre société. Camon vient d'ouvrir un nouveau cycle romanesque, le *Cycle du couple,* avec *Le Chant des baleines* [*Il canto delle balene,* 1989]. Romancier, critique, poète – il a également publié deux volumes d'essais et un recueil de poésies –, Ferdinando Camon occupe incontestablement une place à part dans les lettres italiennes : il est celui qui ne respecte pas les tabous, le délateur. Qu'il décrive le monde paysan dont il est issu (avec sa saleté, sa misère, son catholicisme archaïque et ses superstitions, mais aussi sa grandeur) ou les groupes terroristes (qui l'ont menacé de mort) ou encore l'analyse psychanalytique, c'est toujours la même démarche qui est à l'œuvre : celle du témoignage de l'intérieur, qui fait de chacun des romans de Camon un « roman-vérité », une « fiction véridique ». C'est sans doute à cette charge d'authenticité que Camon doit d'être désormais traduit dans le monde entier. C'est là surtout qu'il faut chercher l'unité profonde d'une œuvre qui peut, à première vue, sembler hétérogène : dans une écriture en boucle, qui se referme à l'infini sur elle-même.

MARIE-ANNE MOLLARET-CORBEL.

CAMPANA Dino. Poète italien. Né à Marradi, le 20 août 1885, mort à Castel Puci, près de Florence, le 1er mars 1932. Certains traits de son caractère et de sa vie l'apparentent à ceux que l'on a coutume d'appeler les « poètes maudits ». Fils d'un directeur d'école, Campana s'inscrivit en 1903-1904 à l'université de Bologne, où il étudia la chimie. Le 4 septembre de l'année suivante, il dut être interné, à la suite de graves désordres psychiques dont il avait déjà donné des signes pendant toute son adolescence. Les démarches que fit son père lui permirent d'être rendu à la vie normale. En 1908, il semble qu'il ait trouvé une situation en Amérique du Sud. On peut, grâce au document précieux que constituent les *Chants orphiques* (*), reconstituer cet épisode aventureux que constitua son retour d'Argentine, à la suite de quoi il fut emprisonné pendant deux mois à Saint-Gilles, en Belgique, puis interné à l'asile de Tournai. Pendant les séjours qu'il fit en France, Campana prit connaissance des manifestes lancés par les poètes d'avant-garde, et se familiarisa avec la peinture de l'époque. Il éprouvait pour Nietzsche une admiration très vive. Les démêlés qu'il avait eus dès 1903 avec l'université se prolongèrent jusqu'en 1912 ; les années suivantes sont marquées par d'incessants vagabondages. En 1914, il tenta de faire publier les *Chants orphiques* et dut collecter les fonds nécessaires à l'impression. Après quoi, il voulut se charger lui-même de la diffusion et de la vente, errant du Piémont en Italie centrale et en Suisse. En 1918, on l'interna définitivement.

CAMPANELLA Tommaso. Philosophe italien. Né le 5 septembre 1568 à Stillo, en Calabre (Italie), mort à Paris le 22 mai 1639. D'une étonnante précocité, il fut attiré très tôt par l'éloquence et la culture des dominicains ; à treize ans, il réussit à se faire admettre dans un couvent de cet ordre, où il put satisfaire son immense soif de lecture. Il lut pêle-mêle philosophes, médecins, mathématiciens, juristes, politiciens, humanistes, poètes, rhéteurs anciens et modernes, théologiens de tous pays, sans oublier des ouvrages sur l'occultisme, l'astrologie et même la magie, assimilant le tout grâce à sa prodigieuse mémoire et à une capacité de réflexion exceptionnelle. Il s'enthousiasma pour les théories de Bernardino Telesio dès qu'il les connut, et les reprit à son compte, ce qui ne plut pas aux pères. Telesio fut persécuté par le clergé pour son enseignement jugé peu orthodoxe et sa *Philosophia sensibus demonstrata* (1591). Campanella s'enfuit à Naples pour rejoindre son maître ; il y fut arrêté et inculpé de commerce avec le démon et de rationalisme « télésien ». Condamné à une peine légère, il ne se soumit pas, erra de couvent en couvent, persécuté par le Saint-Office ; à Bologne il fit la connaissance de Galilée, et à Padoue (1593-1594), sur dénonciation, il fut repris et renvoyé à Rome au château Saint-Ange, où il se trouva avec Francesco Pucci et Giordano Bruno. Accusé d'hérésie, il parvint à se disculper en écrivant dans son cachot des ouvrages théologiques très orthodoxes, dédiés à de grands personnages, en révisant sa position à l'égard du clergé, et, surtout, en rédigeant le *Dialogue politique contre les luthériens, calvinistes et autres hérétiques* [*Dialogo politico, contro luterani, calvinisti ed altri eretici*] ; il fut libéré en 1596. L'année suivante il fut prié de résider en Calabre ; il y arriva en pleine effervescence politique et ne put se tenir à l'écart des événements : il soutint la révolte contre l'Espagne, s'attaqua de nouveau à la hiérarchie ecclésiastique corrompue, et ce fut alors que germa en lui l'idée de la *Cité du soleil ou l'idée d'une république philosophique* (*), anticipation curieuse. Deux fois trahi, Campanella fut arrêté, simula la folie, sauva sa tête au prix d'abominables tortures et, condamné à la réclusion perpétuelle, fut emprisonné au château de l'Œuf à Naples. Dans son cachot, il se remit à écrire des traités politiques pour rester en contact avec le monde extérieur (1604-1608) ; il remania et décanta ses théories anciennes, et assit sur de nouvelles bases le principe de la réforme de la catholicité et de l'Église qui en était l'application. C'est l'époque où, bien que cela fût dangereux pour lui, il écrivit son *Apologie de Galilée* (*), et où, exploitant ses précédentes expériences, il entreprit une nouvelle « somme » catholique avec ses ouvrages : *Métaphysique* (*), *Théologie,* et *Philosophie épilogique* (*). Peu à peu, Campanella (probablement sous l'influence de Scioppio) devint contre-réformiste, et attaqua l'« hérésie » dans son *Athéisme vaincu* (*), répondant à la *République chrétienne* des protestants par *La Monarchie du Messie,* et préludant à la *Propaganda Fide* en émettant l'idée de la conversion des sauvages récemment découverts. Par la suite il consacra ses efforts à faire triompher sa doctrine politique et religieuse, qui pourrait se résumer à ceci : prédominance absolue de l'Église, le pape en étant le régulateur suprême ; une seule religion, donc, sous un seul sceptre (celui du pape), la forme monarchique étant souhaitable dans les pays dépendant de son autorité. Campanella s'adresse d'abord à l'Espagne, traditionnellement docile à la papauté, dans son traité *De la monarchie d'Espagne* [*De Monarchia hispanica*], et écrits divers jusqu'en 1608 ; il sortit de prison grâce à Olivares, mais, devant l'inertie qu'on lui opposait, il se tourna vers la France dont l'influence en Europe était alors prépondérante, et composa une longue épître à Louis XIII, *Ludocivo Justo XIII, regi christianissimo, ad christianae rei patrocinium,* publiée à Paris en 1636, où Campanella se rendit dès qu'il fut libéré. C'est d'ailleurs à Paris que mourut cet homme exceptionnel, l'un des personnages les plus marquants de la Renaissance italienne, intéressant jusque dans ses contradictions. Outre ses œuvres théologiques et philosophiques, Campanella écrivit une tragédie : *Marie Stuart* [*Maria Stuarda*], aujourd'hui perdue.

DELIO CANTIMORI.

RÉF. : Paolo Treves, *La Filosofia politica di Tommaso Campanella,* Bari, 1930. — Ernest Lenoir, *Trois novateurs, trois martyrs : Vanini, Campanella, Giordano Bruno,* 1939. — N. Badolini, *Tommaso Campanella,* Milan, 1965. — F. Ducros, *Tommaso Campanella poète,* Paris, 1969. — V. Paladino, *Ultimi Studi campanelliani,* Messine, 1978.

CAMPBELL Roy (pseud. d'Ignatius Roy Dunnachie Campbell). Écrivain sud-africain d'expression anglaise. Né à Durban (Afrique du Sud) le 2 octobre 1901, mort à Setubal (Portugal) le 22 avril 1957. Il était d'origine écossaise et irlandaise. Il fit ses études secondaires dans sa ville natale, quitta l'Afrique du Sud à dix-sept ans, et fit à Oxford la connaissance de nombreux jeunes écrivains de l'époque. Puis il vécut quelque temps en France, retourna en Afrique du Sud et regagna la France. Il s'engagea dans les forces franquistes pendant la guerre d'Espagne et se convertit au catholicisme. Pendant la Seconde Guerre mondiale, il servit dans l'armée britannique en Afrique orientale. Réformé à la suite d'une blessure, il travailla pour la B.B.C. En 1952, il acheta une ferme au Portugal, où il trouvera la mort dans un accident d'automobile. Campbell était une force de la nature, un homme toujours en révolte contre la civilisation moderne. Il préféra le monde tel qu'il est, en son état brut, à nos institutions. Ses *Poésies* (*), publiées en deux volumes (1949 et 1957), ont la force d'un rousseauisme exaspéré. Il traduisit des poèmes de Baudelaire, Federico García Lorca, de saint Jean de la Croix, ainsi que des classiques espagnols et portugais.

RÉF. : *Hommage à Roy Campbell,* Montpellier, 1958. – P. Alexander, *Roy Campbell,* Londres, 1982.

CAMPION Thomas. Poète et compositeur anglais. Né à Londres le 12 février 1567, mort dans cette même ville le 1er mars 1620. Il fit ses études à Cambridge et exerça la profession de médecin. En 1591, il prit part à l'expédition envoyée en France pour aider Henri IV. C'est à son retour en Angleterre qu'il commence à écrire des poésies latines et des « masques », sortes de pièces allégoriques représentées à la cour de la reine Élisabeth, par exemple en 1607, pour le mariage de lord Thayes. Campion se distingue surtout dans la composition de chansons fraîches, d'inspiration tendre et sensuelle, avec accompagnement de luth, qu'il groupe dans ses quatre *Livres d'airs de musique* (*). En partie imités des classiques, particulièrement de Catulle et de Pétrarque, les poèmes de Campion, grâce à leur exquise mélodie, au parfait équilibre entre le rythme et le motif ténu qui le détermine, au charme et à la pureté des thèmes, se placent parmi les plus délicates poésies de l'époque élisabéthaine. Campion a écrit aussi des essais sur la métrique et la technique musicale : *Observations sur l'art de la poésie anglaise* [*Observations in the Art of English Poesie,* 1602] (+), et *Une nouvelle méthode pour écrire quatre parties en contrepoint* [*A New Way of Making Four Parts in Counter-point,* 1617]. Il désigna son collaborateur Philip Rosseter comme héritier.

RÉF. : Paul Reyer, *Les Masques anglais,* 1909. – M. M. Kastendieck, *Thomas Campion, England's Musical Poet,* New York, 1963. – E. Lowbury, T. Salter, A. Young, *Thomas Campion, Poet, Composer, Physician,* Londres, 1970. – M. T. Eldridge, *Thomas Campion* ; *his Poetry, and Music, 1567-1620,* New York, 1971. – S. Ratcliffe, *Campion : On Song,* London, 1981.

CAMPISTRON Jean Galbert de. Romancier et auteur dramatique français. Né en 1656 à Toulouse, mort dans cette même ville le 11 mai 1723. De famille noble, originaire d'Armagnac, on l'envoya très jeune à Paris, où il se lia d'amitié avec Racine ; ce furent les conseils de ce dernier qui orientèrent Campistron vers le théâtre, où il obtint rapidement le succès grâce à la protection de la duchesse de Bouillon, à sa parenté avec la famille Raisin et avec d'autres acteurs de talent, enfin à la collaboration de musiciens tels que Lulli. Il avait déjà écrit *Virginie* (*) (1683), *Arminius* (1684), *Andronic* (*) et *Alcibiade* (1685), lorsqu'en 1696 le duc de Vendôme lui commanda un livret à la louange du fils de Louis XIV ; dès lors et jusqu'en 1713, Campistron demeura au service du duc. Fine lame, il prouva qu'il n'était pas moins bon soldat que poète et, en sus d'autres distinctions, cela lui valut d'être marquis de Penango, dans le Montferrat. En 1701, les portes de l'Académie française s'ouvrirent devant lui ; il avait enrichi son répertoire de tragédies comme *Phocion* (1688), *Adrien* (1690) et *Tiridate* (1691) – la plus favorisée par le succès ; de livrets mis en musique comme *Achille et Polyxène* (+) (1687), et *Alcide ou Hercule* (1693), et de comédies comme *L'Amante amant* (1684). Enfin, en 1709, il composa en vers son *Jaloux désabusé* avant de se retirer, l'année suivante, dans sa ville natale. Imitateur respectueux de Racine, il n'en fut jamais que l'ombre discrète et reconnaissante.

♦ *« Sur le Racine mort, le Campistron pullule. »* Hugo.

RÉF. : V. Fournel, *Contemporains et successeurs de Racine*, dans *Revue d'histoire littéraire de la France*, 1894. – G. Lanson, *Esquisse d'une histoire de la tragédie française*, Paris, 1920. – H. C. Lancaster, *History of French Dramatic Literature in the Seventeenth Century*, 1919-1940.

CAMPOAMOR Ramón de. Poète et philosophe espagnol. Né à Navia (Asturies) le 24 septembre 1817, mort à Madrid le 12 février 1901. Il perdit son père très jeune, fut éduqué par sa mère au cours de son enfance passée au pays natal, à l'exception de quelques études faites à Saint-Jacques-de-Compostelle. Une crise de mysticisme l'inclina à entrer dans la Compagnie de Jésus alors qu'il avait dix-huit ans ; il se ravisa, s'orienta vers le positivisme, commença à Madrid ses études de médecine qu'il abandonna, ensuite, pour les sciences exactes et la physique, et finalement il se consacra à la littérature.

Sa carrière politique, apparemment brillante, ne fut pas sans mécomptes. Campoamor était libéral, mais en fait il appartenait au parti modéré de Romero Robledo, ce qui l'amena à lutter contre les idées du parti démocratique de Castelar. À la fin de 1847 le comte de San Luis le nomma à la direction politique de la province de Castellón de la Plana. Campoamor s'était déjà fait connaître en littérature avec la publication de *Tendresses et Fleurs* [*Ternezas y flores*, 1840] ; *Les Plaines de l'âme* [*Ayes del alma*, 1842] ; *Fables morales* (+) et *Doloras* (*). En 1853 parut *Le Drame universel* (*). Citons encore parmi son œuvre poétique : *Humoradas* (*), *Colomb* (+), *Le Licencié Torralba* (+). Roca de Togores, marquis de Molins, le nomma en 1854 gouverneur civil d'Alicante où il fixa sa résidence. Ce fut là qu'il épousa doña Guillermina Gormande, dont il n'eut pas d'enfant. Sa femme lui ayant apporté en dot quelques biens dans la province, Campoamor s'embourgeoisa, et eut une longue vieillesse troublée seulement par des crises de goutte. Gouverneur de Valence en 1856, il entra en 1861 à l'Académie royale d'Espagne. Il soutint diverses polémiques de presse ; la plus célèbre est celle qui lui valut un duel avec le futur ministre de la Marine, alors capitaine Juan Bautista Topete. D'autres polémiques, mais littéraires et philosophiques, l'opposèrent à Valera à propos de *Métaphysique et Poésie* [*La metafísica y la poesía*, 1891].

RÉF. : A. de Tréverret, *La Littérature espagnole contemporaine. Un poète philosophe*, 1885. – G. Bouret, *Un poète espagnol, Ramón de Campoamor, étude littéraire*, 1885. – Pierre Ville, *Un poète philosophe espagnol...*, Nevers, 1895. – Pardo Bazán, *Campoamor*, Madrid, 1900. – Andrés González-Blanco, *Campoamor, biografía y estudio crítico*, Madrid, 1911.

CAMPRA André. Compositeur français. Né à Aix-en-Provence, le 4 décembre 1660, mort à Versailles le 29 juillet 1744. D'abord organiste de province, maître de chapelle à Toulon, Arles et Toulouse, il arrive à Paris en 1694, et se voit confier la maîtrise de l'église des jésuites, puis celle de Notre-Dame de Paris. Ses cantates et motets datent de cette première période de sa vie, mais, dès 1697, il aborde la scène avec un opéra-ballet, *L'Europe galante* (*), qu'il fait d'abord représenter sous le nom de son frère Joseph pour ne pas compromettre sa situation à Notre-Dame, et dont le vif succès le décide à donner sa démission d'organiste, et à se consacrer exclusivement à l'opéra. Rénovateur de l'opéra-ballet avec Houdar de la Motte, il va produire une vingtaine d'œuvres pour la scène, parmi lesquelles *Télémaque ou Fragments des Modernes* (+), *Les Fêtes vénitiennes* (1710), son chef-d'œuvre sans doute, *Tancrède* (1702), *Idoménée* (*) (1712), *Achille et Déidamie* (+) (1735), etc. En 1722 sa réputation lui vaut d'obtenir la place de maître de chapelle du roi, et celle de directeur de la musique du prince de Conti. Il y développe une activité considérable dans le domaine de la musique religieuse, composant notamment deux livres de psaumes (1737 et 1738), des motets, un *Requiem* et un *Te Deum*.

Méridional plein de vie et de gaîté, André Campra n'a apporté sans doute aucune modification essentielle au style de Lully ; fidèle à ce dernier pour la structure de ses propres opéras, il y a introduit cependant des accents nouveaux, moins solennels, une tendresse et une verve italiennes, et même un certain goût de la vocalise qui lui viennent évidemment d'au-delà des Alpes. Ainsi participa-t-il à ce mouvement de réaction en faveur de la musique italienne qui s'esquissait à Paris dès la fin du XVIIe siècle, mais bien timidement encore, et ne trouva sa première expression auprès du grand public qu'au moment de la fameuse querelle des Bouffons.

♦ *« Le compositeur d'opéras français le plus remarquable durant la période qui sépare Rameau de Lully. »* Hugo Riemann.

RÉF. : A. Pougin, *André Campra*, 1861. – Maurice Barthélemy, *André Campra, sa vie et son œuvre*, Paris, 1957. – J. R. Anthony, *The Opera-Ballet of André Campra*, Los Angeles, 1964. – A J. Baker, *The Church Music of André Campra*, Toronto, 1978. – Catherine Kintzler, *Poétique de l'opéra français de Corneille à Rousseau*, Paris, 1991.

CAMUS Albert. Écrivain français. Né à Mondovi, village du Constantinois (Algérie), le 7 novembre 1913 ; mort à Villeblevin, près de Montereau, le 4 janvier 1960. C'est à Alger, dans le quartier populaire de Belcourt, qu'Albert Camus passe son enfance et son adolescence, marquées par la pauvreté matérielle de sa famille et par la présence éclatante du soleil méditerranéen. Il n'oubliera jamais ni l'une ni l'autre : « La misère m'empêcha de croire que tout est bien sous le soleil et dans l'histoire ; le soleil m'apprit que l'histoire n'est pas tout. » De son père, ouvrier agricole, mort à la guerre en 1914, il ne connaîtra qu'une photographie, et quelques anecdotes, par exemple son dégoût devant une exécution capitale. À sa mère, qui pense et parle difficilement, et « qui ne savait même pas lire », le lie « toute sa sensibilité ». On peut penser que le désir et la volonté d'être écrivain, qu'il reconnaît très tôt en lui-même, ont tenté de répondre à cette absence et à ce silence. À dix-sept ans, élève boursier au lycée d'Alger, il est atteint d'une tuberculose dont les rechutes seront nombreuses, qui lui interdira de se présenter à l'agrégation de philosophie, et viendra souvent interrompre ou ralentir des activités que sa menace permanente aura sans doute contribué à multiplier. La maladie enseigne brutalement à l'adolescent épris des joies du corps, amateur de football et de bains de mer, qu'il est mortel, et solitaire. La rencontre de Jean Grenier, son professeur, son modèle, puis son ami, la découverte de Nietzsche, sont capitales. Un premier mariage, en 1934, est rompu deux ans plus tard. En 1936, il soutient à la faculté d'Alger un diplôme d'études supérieures, sur « Métaphysique chrétienne et néoplatonisme » ; parallèlement aux divers métiers qu'il exerce, il milite activement au sein de mouvements contre le fascisme, pour la paix, pour l'avènement d'une culture populaire, bientôt pour l'Espagne républicaine. Sous l'égide du parti communiste, auquel il adhère en 1935, il fonde une troupe de théâtre : « Théâtre du travail », où il est à la fois acteur, metteur en scène, adaptateur de Malraux, de Gide, d'Eschyle ; il participe à la rédaction de *Révolte dans les Asturies* (*) pour cette troupe. Lorsqu'en 1937 il quitte le P. C. – qui cessait de soutenir le nationalisme algérien –, il fonde le « Théâtre de l'Équipe », dont le répertoire atteste son goût pour le théâtre espagnol ou élizabéthain. La passion du théâtre restera une des constantes de sa vie. Elle n'exclut pas le désir fondamental d'écrire pour « témoigner » de ce qu'il connaît : la vie dans un « quartier pauvre », où s'est découvert pour lui le « sens vrai de la vie ». Après diverses tentatives romanesques, les essais de *L'Envers et l'Endroit* (*), sa première œuvre, publiée en 1937, allient le récit d'expériences personnelles, venues de l'enfance ou de voyages récents en Europe centrale ou à Palma, celui de scènes vues ou de choses entendues, et la réflexion sur leur portée symbolique et leur signification morale. Ils disent la beauté du monde, mais aussi qu'« il n'y a pas d'amour de vivre sans désespoir de vivre ». Dès cette époque, Camus donne au roman une visée philosophique : « Si tu veux être philosophe, écris des romans. » Il ne publie pas *La Mort heureuse* (*), achevée en 1938, dont il reconnaît sans doute le manque d'unité. Sa pensée, qui refuse de se complaire dans l'abstraction, et s'appuie sur la contemplation lucide du monde, le goût du bonheur, la pleine conscience de la mort, s'exprime parfaitement dans l'admirable lyrisme charnel de *Noces* (*) (1939). Une première version de *Caligula* (*), poétique et romantique, est terminée en 1941. En même temps, Camus trouve dans le journalisme un mode d'action et d'expression qui lui convient ; entre 1938 et 1940, il écrit dans *Alger républicain*, organe du Front populaire, puis dans *Soir républicain*, dont il est rédacteur en chef, de nombreux articles, très variés : politique ou polémique nationale ou locale, chroniques judiciaires et littéraires, reportages, dont le remarquable « Misère de la Kabylie ». Malgré son pacifisme profond, il tente de s'engager à la déclaration de la guerre, alors que la maladie l'a fait réformer, par un sentiment de solidarité dont *La Peste* (*) recueillera les échos. En 1940, il quitte l'Algérie ; à part un long séjour à Oran en 1941, il n'y reviendra plus que de loin en loin ; mais le souvenir lumineux de sa terre natale nourrira bien des pages. Remarié en 1940, il travaille comme technicien à *Paris-Soir*, est obligé de se soigner au Chambon-sur-Lignon ; à partir de 1943, il vivra à Paris, où il sera lecteur aux éditions Gallimard. Entre 1942 et 1945, tandis que, dès 1943, il participe activement à la Résistance, il publie ce qui, selon ses propres dires, constitue le « cycle de l'absurde », et fait de lui, soudain, l'un des écrivains majeurs de sa génération : *L'Étranger* (*) (1942), *Le Mythe de Sisyphe* (*) (1942), *Le Malentendu* (*) (1944), la version définitive de *Caligula*, créée en 1945. À partir de la question initiale : « la vie vaut-elle la peine d'être vécue ? », Camus explore les fondements, les manifestations, les conséquences de l'absurde. À la Libération, il dirige, avec Pascal Pia, le journal *Combat*, qu'il quittera en 1947, après y avoir publié nombre d'éditoriaux, en partie repris dans *Actuelles I* (*) qui, en relation directe avec l'histoire en train de se faire et en prolongement aux *Lettres à un ami allemand* (*) (1944), affirment la nécessité de préserver les valeurs morales au sein de la politique. Camus, qui est de toutes les luttes pour la liberté et les droits de l'homme, incarne alors ce que Sartre appellera l'« admirable conjonction d'une personne, d'une action et d'une œuvre ». En 1947, *La Peste* ouvre magistralement le cycle de la révolte et de la solidarité, développé avec *L'Homme révolté* (*) (1951), qui suscite d'âpres polémiques : on reproche à Camus sa vision « métaphysique » de la révolte et, à travers sa condamnation du totalitarisme, celle du marxisme ; à ce cycle appartiennent *L'État de siège* (*) (1948) et *Les Justes* (*) (1949). L'œuvre théâtrale se continuera par des adaptations, dont certaines, *Requiem pour une nonne*, d'après Faulkner, (1956) et *Les Possédés*, d'après Dostoïevski, (1959) sont de véritables créations. La guerre d'Algérie, en 1954, lui est une tragédie personnelle ; son « appel à la trêve civile », en 1956, reste sans effet. S'il intervient sans cesse en faveur de « libéraux », ou de « nationalistes », il se refuse à toute prise de position publique qui risquerait d'être un encouragement au terrorisme. Après *L'Été* (*) (1954), qui renoue avec le lyrisme de *Noces*, *La Chute* (*) (1956) et les nouvelles de *L'Exil et le Royaume* (*) (1957) marquent le renouvellement de la création romanesque. Les thèmes de l'innocence et de la culpabilité, de la solitude, qui ont toujours été présents dans l'œuvre et la pensée, y prennent une résonance plus nostalgique. En 1957, le prix Nobel de littérature couronne une œuvre qui « met en lumière les problèmes qui se posent de nos jours à la conscience des hommes ». *Les Discours de Suède* (*) (1958) redisent la nécessité, pour le créateur, de ne pas se séparer de son temps, et, cependant, la portée atemporelle de toute grande œuvre. Alors qu'il avait entrepris un roman, « Le Premier Homme », qui devait revenir à ses sources, Camus meurt dans un accident de voiture le 4 janvier 1960.

À travers la diversité des genres – essais, romans, théâtre –, au moyen d'un langage apparemment classique, recourant le plus souvent à un réalisme symbolique qui est loin d'avoir livré tous ses secrets, l'œuvre de Camus continue de proposer ses interrogations sur le scandale du mal, sur la grandeur et la misère de l'homme contemporain, pris dans les fureurs de l'histoire, aspirant, sans illusions, à la beauté, à la paix, à l'innocence, à la justice. Témoignant d'un humanisme lucide, elle donne à l'absurde, à la révolte, à la passion de vivre, à la conscience des limites et de la mort, la forme et le sens d'une mythologie du XXe siècle.

JACQUELINE LÉVI-VALENSI.

♦ *« Camus a non seulement lutté contre la paresse de l'intelligence (son œuvre est comme l'ivresse de la lucidité), il s'est encore plus opposé à la paresse du cœur. »* Jean Grenier. ♦ *« De l'œuvre de Camus, je crois pouvoir dire : "Ici, sur les champs malheureux, une charrue fervente ouvre la terre, malgré des défenses et malgré la peur." »* René Char. ♦ *« L'Afrique du Nord a, en sa personne, donné naissance à un maître à qui toute une longue suite d'écrivains, d'origine chrétienne et musulmane, doivent leur faim de justice, leur amour des hommes et une exigence sans limite à l'égard de soi-même.* » Jules Roy.

RÉF. : Roger Quillot, *La Mer et les Prisons*, Paris, 1956. – Jean-Claude Brisville, *Camus*, Paris, 1959. – *Hommage à Albert Camus* (numéro spécial de *La Nouvelle Revue française*), Paris, 1960. – Jean Grenier, *Albert Camus*, Paris, 1968. – Jacqueline Lévi-Valensi, *Albert Camus et les critiques de notre temps*, Paris, 1970. – *Cahiers Albert Camus*, Paris, depuis 1971. – Paul Viallaneix, *Le Premier Camus*, Paris, 1973. – *Série Albert Camus, Revue des Lettres modernes*, Paris, 1968-1976. – Herbert R. Lottmann, *Albert Camus*, Paris, 1978. – J. Gassin, *L'Univers symbolique de Camus*, Paris, 1981 ; *Camus et la politique*, Paris, 1986 ; *Camus et le théâtre*, Paris, 1992. – *Album Camus*, iconographie choisie et commentée par Roger Grenier, Paris, 1982. – *Albert Camus*, actes du colloque de Cerisy-la-Salle (juin 1982), 1985. – Roger Grenier, *Albert Camus, soleil et ombre : une biographie intellectuelle*, Paris, 1991.

CAMUS Jean-Pierre. Évêque, romancier, nouvelliste et essayiste français. Né et mort à Paris (1584-1652). Jean-Pierre Camus est probablement l'écrivain le plus prolifique du XVIIe siècle. Né dans une famille de la bourgeoisie aisée, pieuse et royaliste (son père a soutenu successivement Henri III et Henri IV), aîné de vingt frères et sœurs, Jean-Pierre Camus fait des études de droit, et devient en 1602 avocat au parlement de Paris, charge qu'il assure durant quatre ans. Il reçoit ensuite en quelques mois une formation théologique accélérée, et il est nommé par le roi en 1608 évêque de Belley, dans l'Ain. Consacré par François de Sales, auquel le liera désormais une longue amitié, il assure pendant vingt ans l'administration de son diocèse, tout en faisant de nombreux voyages à Paris, où il fréquente les milieux mondains et littéraires (ami notamment de Théophile de Viau, il prend sa défense et se porte garant de ses bons sentiments). Membre important du parti ultramontain, il finit par être jugé dangereux au point qu'on lui interdit de prêcher en 1626, et que les Jésuites eux-mêmes rompent les ponts avec lui. Trois ans plus tard, il résigne son évêché et se retire dans son abbaye d'Aunay en Normandie. Il assure pendant quelques années le vicariat général de l'archevêché de Rouen, puis Louis XIV le nomme évêque d'Arras en 1650, deux ans avant sa mort. Sa carrière d'écrivain est parallèle à sa carrière religieuse : de 1608 à 1618, il publie les onze volumes des *Diversités* (*), gigantesque œuvre polygraphique qu'il avait conçue à l'origine dans la perspective des *Essais* (*) de Montaigne. À partir de 1615, il publie en recueils les très nombreuses homélies qu'il prononçait. Dès 1620, encouragé par François de Sales, il se lance dans l'écriture de romans édifiants : il publie ainsi une trentaine de romans en une douzaine d'années. Puis, en 1628, il commence à publier des nouvelles, surtout tragiques, dans la lignée des *Histoires tragiques* (*) de François de Rosset : ce sont en quinze ans neuf cents nouvelles en une vingtaine de recueils. S'il ne cesse d'écrire, l'histoire littéraire n'a pas retenu jusqu'ici son œuvre de polémiste (1630-1642) et de catéchiste et controversiste (1637-1652). Pourtant tout se tient chez Camus : ses romans et ses nouvelles se situent dans le prolongement de sa prédication religieuse, et sont au service d'une même cause : la rénovation catholique proposée par le concile de Trente. Il s'agissait pour lui tantôt de prêcher la vertu en proposant des histoires exemplaires, tantôt d'inspirer l'horreur du vice en l'étalant dans toute son abjection. Il n'est pas sûr qu'il ait vu juste sur ce dernier point, mais l'on ne peut faire grief au sympathique évêque de ne pas avoir deviné que la tradition du roman noir qu'il a contribué à fonder allait conduire au marquis de Sade. On a fait longtemps de lui un écrivain illisible, comme de tant d'écrivains qui ont précédé les grands classiques : rien n'est plus faux. Sa phrase est vive, pleine d'éclats inattendus, d'images bizarres, d'associations surprenantes, et même de jeux de mots rabelaisiens. Si l'on peut parler d'une écriture baroque, c'est bien à Jean-Pierre Camus qu'il faut renvoyer : par là, autant que par la noirceur de son imagination qui se déploie dans certaines de ses *Nouvelles* (*), il n'est pas très éloigné de notre sensibilité.

GEORGES FORESTIER.

RÉF : P. Sage, *Agathonphile*, Genève, 1951. – H. Coulet, *Le Roman jusqu'à la Révolution*, Paris, 1967. – J. Descrains, *Homélies des États généraux*, Genève, 1970. – J.-P. Collinet et J. Serroy, *Romanciers et Conteurs du XVIIe siècle*, 1975. – M. Lever, *Le Roman français au XVIIe siècle*, Paris, 1981. – J. Descrains, *Jean-Pierre Camus et ses Diversités ou la Culture d'un évêque humaniste*, Lille-Paris, 1985. – *Jean-Pierre Camus et les Pays de l'Ain* (Colloque de Belley, 1984), Belley, 1986. – J. Descrains, *Essais sur Jean-Pierre Camus*, Paris, 1992.

CAṆḌĪDĀS. Nom de plusieurs poètes bengalis viṣṇuïtes de la période médiévale. Baḍu Caṇḍīdās, très probablement le plus ancien, appartient à la fin du XVe siècle. Auteur du *Śrīkṛṣṇa Kīrttan* (*), il naquit à Nānnur, Bengale occidental. On trouve aussi son nom complet aux colophons de très beaux poèmes sur le thème des amours du dieu Kṛṣṇa avec la bouvière Rādhā. D'autres poèmes sont signés du seul nom de Caṇḍīdās. Baḍu Caṇḍīdās était brāhmane et desservait un temple à la déesse Bāsulī. La légende fait de lui l'amant mystique de Rāmi, blanchisseuse de basse caste. Les noms de Dvija Caṇḍīdās et de Dīna Caṇḍīdās se trouvent aussi aux colophons de poèmes traitant du même sujet dans une forme semblable. Tous ne sont pas de facture égale, et certains sont certainement plus tardifs.

FRANCE BHATTACHARYA.

CANDOLLE Alphonse Louis Pierre Pyramus de. Naturaliste suisse d'expression française. Né à Paris le 28 octobre 1806, mort à Genève le 4 avril 1893. Descendant d'une vieille famille provençale émigrée à Genève, Candolle était le fils du célèbre botaniste Augustin Pyramus de Candolle (1778-1841), qui l'initia de bonne heure à la botanique. Il fit toutefois ses études de droit à Genève et, plusieurs années durant, se consacra à l'étude de questions juridiques, statistiques et financières. De cette époque de sa vie datent *Le Droit de grâce* (1827) et *Les Caisses d'épargne de la Suisse* (1833). Occupant diverses charges administratives (notamment celle de président de la Société des arts de Genève), il n'en délaissa pas pour autant la botanique, et collabora activement au grand ouvrage de son père, le *Prodromus Systematis naturalis regni vegetabilis* (17 tomes, Paris, 1824 et suiv.), dont il poursuivit la rédaction avec l'aide de son propre fils Casimir (*Suite au Prodrome,* 1878 et suiv.). Nommé après la mort de son père directeur du Jardin botanique et professeur titulaire de la chaire de botanique à l'université de Genève, il devint en 1874 membre de l'Académie des sciences de Paris. Son œuvre principale est la *Géographie botanique raisonnée* (Paris, 1855). On lui doit aussi une *Introduction à l'étude de la botanique* (Paris, 1835), une *Histoire des sciences et des savants depuis deux siècles* (1873) et l'*Origine des plantes cultivées* (*).

CANDOLLE Augustin Pyramus de. Botaniste suisse d'expression française. Né et mort à Genève (4 février 1778 - 9 septembre 1841). Originaire d'une vieille famille provençale exilée en Suisse au moment des guerres de Religion, fils d'un des premiers magistrats de la république, il parut d'abord attiré vers les lettres mais, à seize ans, commença de suivre les cours de botanique de Vaucher à l'université de Genève. Arrivé à Paris en 1796, il devint l'élève de Cuvier et de Lamarck, et se lia avec les principaux savants français d'alors. On lui donna la suppléance de la chaire de Cuvier au Collège de France en 1802 ; il fut docteur en médecine en 1804 et, la même année, chargé par Lamarck de rédiger la nouvelle édition de *La Flore française* (6 vol. 1805-1815), où il ajoutera six mille espèces nouvelles. De 1806 à 1812, sur l'ordre de Champagny, ministre de l'Intérieur, Candolle parcourut tout le territoire de l'Empire, afin d'explorer les régions européennes de faune encore inconnue. Il reçut en 1808 la chaire de botanique à la faculté de Montpellier, publia dans cette ville sa *Théorie élémentaire de la botanique* (1813), qui forme un ouvrage complet avec la *Physiologie végétale* (*) ; mais, ayant accepté, pendant les Cent-Jours, d'être nommé recteur de l'université, il dut, dès le début de la Restauration, se retirer en Suisse. Ce fut là qu'il commença, en 1824, le *Prodrome* [*Prodromus Systematis naturalis regni vegetabilis*] qui, achevé seulement en 1874, demeure un monument de la botanique moderne. Parmi les nombreux ouvrages de Candolle, il faut encore citer une *Histoire des plantes grasses* (1799-1803), un *Essai sur les propriétés médicales des plantes...* (1804), un *Cours de botanique* (1827), des *Collections des mémoires pour servir à l'histoire du règne végétal* (1828-1838), etc.

RÉF. : M. F. Dunal, *Éloge historique d'A. P. Decandolle,* Montpellier, 1842. – P. Flourènes, *Éloge historique d'A. P. Decandolle,* Paris, 1842. – A. Delarive, *A. P. Decandolle, sa vie et ses travaux,* Paris-Genève, 1851. – Briquet, *Biographie des botanistes de Genève,* Genève, 1940.

CANETTI Elias. Écrivain autrichien d'origine séfarade. Né à Ruse (Roustchouk), sur le Danube (Bulgarie), le 25 juillet 1905. Auteur cosmopolite originaire d'une famille judéo-espagnole qui parle l'espagnol du XVe siècle. En 1911, sa famille se fixe à Manchester, Canetti fréquentera l'école primaire anglaise ; en même temps, une gouvernante lui apprendra le français. Après la mort de son père en 1913, sa mère décide de quitter l'Angleterre pour Vienne où elle a fait la connaissance de son mari. En l'espace de quelques mois, elle inculque à son fils aîné, par des méthodes extrêmement coercitives, l'allemand, langue jusque-là strictement réservée à la conversation avec son mari. Si l'on tient compte du bulgare de sa petite enfance, l'allemand est donc la cinquième langue de Canetti, sa deuxième « langue maternelle » au sens propre du terme. Il écrira exclusivement dans cette langue et lui restera fidèle même en exil. Arrivé à Vienne, il va immédiatement à l'école élémentaire autrichienne, puis à partir de 1915 au lycée. Inquiétée par la dégradation économique et la xénophobie ambiante, la mère emmène les enfants à Zurich où le jeune Elias vit au « paradis » jusqu'au moment où il en est chassé en 1921, sa mère souhaitant qu'il apprenne la dureté de la réalité au contact d'une Allemagne secouée par l'instabilité politique et la catastrophe économique d'une inflation galopante inimaginable. Après le baccalauréat obtenu à Francfort en 1924, il commence des études de chimie à l'université de Vienne, qu'il terminera en 1929 par un doctorat. À Vienne ont lieu dès 1924 deux rencontres décisives : il fait la connaissance de sa future femme Veza (Venetia Calderon-Taubner, elle-même écrivain) et il entre « à l'école de la résistance », c'est-à-dire celle de l'impitoyable juge de la vie intellectuelle, Karl Kraus, qui marquera profondément la conscience et l'écriture de Canetti. Dès 1925, il s'oppose aux théories de Freud sur la psychologie des masses. Un événement politique, l'incendie du Palais de Justice en 1927, le conforte dans son refus de la doctrine psychanalytique. Deux séjours à Berlin en 1928 et 1929 le mettent en contact avec les grands noms de l'avant-garde littéraire de l'époque (notamment Brecht, George Grosz, John Heartfield, Isaac Babel). Il entreprend la traduction de trois romans d'Upton Sinclair pour les éditions « Malik ». De retour à Vienne, il donne forme à son expérience du « chaos » berlinois dans son premier et unique roman *Auto-da-fé* (*). Primitivement conçue comme partie d'une « Comédie humaine à l'image de fous » et d'abord intitulée « Kant prend feu », cette immense parabole sur l'antagonisme entre esprit et vie, culture et barbarie, individu et masse, terminée en 1931, ne trouvera un éditeur qu'en 1935. Seul un petit cercle d'amis et d'initiés (dont Hermann Broch, Robert Musil, le sculpteur Wotruba et le compositeur Alban Berg) est conscient de l'importance exceptionnelle de cette œuvre pour son époque. En 1932, sous l'influence de *Woyzeck* (*) de Georg Büchner, Canetti écrit la pièce *Noce* [*Die Hochzeit*], suivie en 1933-34 par la *Comédie des vanités* [*Komödie der Eitelkeit*] inspirée des autodafés de livres dans l'Allemagne nationale-socialiste. Dans une technique due au théâtre populaire viennois et à Karl Kraus, Canetti décrit une société totalitaire qui a interdit l'usage de toute forme de miroir. La troisième pièce, *Les Sursitaires* [*Die Befristeten,* 1956], sera mise en scène à Oxford ; l'ensemble des pièces ne paraîtra qu'en 1964, les premières de *Noce* et *Comédie des vanités* provoquant des scandales retentissants en 1965. Le théâtre de Canetti reprend les thèmes centraux de son œuvre majeure, l'analyse anthropologique *Masse et Puissance* (*) commencée dès 1925 et publiée seulement en 1960. Entre 1934 et 1960, Canetti a consacré ses forces presque exclusivement à l'élaboration de cette phénoménologie des masses et de toutes les manifestations du pouvoir. Né de l'opposition à Freud, ce livre aura en fait pour auteur l'histoire du XXe siècle. Canetti se débarrasse de toutes les théories préexistantes pour « arracher le masque » à la figure centrale du pouvoir, le « survivant », et pour « prendre le siècle à la gorge ».

En 1938, après la « nuit de cristal » à Vienne, Canetti quitte l'Autriche et retourne en Angleterre où il vit jusqu'au début des années 70. Depuis il partage sa vie entre Londres et Zurich.

Avec la publication de *Masse et Puissance* en 1960, Canetti, qui était presque oublié – une tentative de réédition d'*Auto-da-fé* en 1948 ayant eu très peu d'écho, l'édition prévue de *Comédie des vanités* avait fini au pilon –, vit une véritable résurrection en Allemagne. En 1963, *Auto-da-fé* est réédité, cette fois-ci avec un succès grandissant. Suivent les pièces de théâtre, puis en 1965 la première partie du *Territoire de l'homme* (*) (1973), recueil de réflexions, commencé en 1942 dont la suite *Le Cœur secret de l'horloge* (+) (1987) est le dernier texte publié de Canetti.

Un autre Canetti, figure légendaire, lauréat d'innombrables prix littéraires allemands, autrichiens et suisses, trouve un public enthousiaste avec *Les Voix de Marrakech* [*Die Stimmen von Marrakech,* 1968], *L'Autre Procès* [*Der Andere Prozess Kafkas Briefe an Felice,* 1969] – sur la correspondance de Kafka avec Félice Bauer –, *Le Témoin auriculaire* [*Der Ohrenzeuge,* 1974], une galerie de « caractères » dans la lignée de Théophraste et La Bruyère, et surtout avec le premier volume de son autobiographie *La Langue sauvée, Histoire d'une jeunesse 1905-1921* (+), qui deviendra un best-seller international. Après la parution du deuxième volume *Le Flambeau dans l'oreille. Histoire d'une vie 1921-1931* (+) (1980), Canetti obtient en 1981 le prix Nobel de littérature. Auteur inconnu jusqu'en 1960, devenu extrêmement célèbre entre 1963 et 1980, il a choisi depuis 1981 la rupture totale avec le monde des médias. Le troisième volume de l'autobiographie *Jeu de regards. Histoire d'une vie 1931-1937* (+) (1985) et *Le Cœur secret de l'horloge* ont rompu depuis le silence du vieux sage.

GERALD STIEG.

RÉF. : Dagmar Barnouw, *Elias Canetti,* Stuttgart 1979. – « Hommage à Elias Canetti », in *Austriaca* 11, Rouen, 1980. – Youssef Ishaghpour, *Elias Canetti,* Paris, 1990.

CANITZ Friedrich Rudolf Ludwig von. Poète allemand. Né à Berlin le 27 novembre 1654, mort dans cette même ville le 1er août 1699. Fils d'un fonctionnaire de la Cour, il étudia à l'université de Leyde, fréquentée alors par la jeunesse aristocratique, puis voyagea longuement à travers l'Italie, la France, l'Angleterre et la Hollande. Il suivit le prince électeur Frédéric-Guillaume, dont il était gentilhomme de la chambre, dans les campagnes de Suisse et de Poméranie. Parfait homme du monde, très familiarisé avec les langues étrangères, il remplit fort habilement diverses charges diplomatiques pour le compte de la cour de Prusse. Le prince électeur (ensuite roi de Prusse) Frédéric III le nomma conseiller secret d'État, et l'empereur Léopold lui conféra le titre de baron. Canitz était également poète. Partisan du classicisme de Boileau, il consacra ses rares loisirs à composer maints poèmes variés – odes, satires, élégies ou chants religieux – dans lesquels il entendait réagir contre le baroque, et qui ne sont, en réalité, que des exercices métriques soigneusement polis, mais d'une extrême froideur. Un recueil posthume de ses poésies parut en 1700 – v. *Heures poétiques* (*).

RÉF. : C. Varnhagen von Ense, *Freiherr Friedrich von Canitz,* dans *Biographische Denkmale,* t. IV, Berlin, 1826. – V. Lutz, *Friedrich von Canitz und sein Verhältnis zu dem französischen Klassiszismus,* Heidelberg, 1887, thèse.

CAÑIZARES José de. Auteur dramatique espagnol. Né et mort à Madrid (4 juillet 1676-4 septembre 1750). D'une intelligence précoce, il avait à peine atteint l'âge de quatorze ans que déjà il s'amusait à écrire pour le théâtre. Mais, avant de s'y consacrer, il n'en dut pas moins, tout d'abord, suivre la carrière des armes (jusqu'au grade de capitaine) et, par la suite, s'employer dans la maison du duc d'Osuna. On lui doit un grand nombre d'œuvres. Dans le domaine du drame héroïque ou historique, citons : *Charles Quint devant Tunis* [*Carlos V sobre Túnez*], *Le Procès de Fernand Cortes* [*El pleito de Hernán Cortés*], *Le Faux Nonce du Portugal*, *Les Comptes du grand capitaine* [*Las Cuentas del gran Capitán*] et *Le Pauvre Diable en Espagne* [*El picarillo en España*]. Ajoutons-y plusieurs pièces inspirées de la mythologie grecque, et qui, d'ailleurs, sont posthumes : *Le Sacrifice d'Iphigénie* (+) (1823), *L'Anneau de Gygès, le roi magicien de Lydie* (1824), etc. Mais l'auteur devait obtenir ses plus vifs succès dans la comédie d'intrigue et surtout dans la comédie de caractère (nommé par les Espagnols *la comedia de figurón*). Citons à cet égard : *L'honneur donne de l'entendement* [*El honor da entendimiento*], *Don Juan de Espina* et surtout *Maître Lucas* [*El domine Lucas*]. Ayant vécu pendant le règne de Philippe V, Cañizares est le dernier représentant de l'ancien théâtre espagnol, encore qu'il accuse quelquefois l'influence de la littérature française. Habile à se servir des intrigues imaginées par ses devanciers, il sut bien les accommoder au goût du jour, tout en montrant beaucoup de verve et de naturel.

♦ *« Tout indique que, venu dans un temps plus heureux, Cañizares eût prit place parmi les premiers émules de Calderón. Mais, à l'époque où il parut, le mauvais goût avait acquis un ascendant auquel les esprits les mieux doués étaient eux-mêmes hors d'état de se soustraire. Cañizares n'a pu échapper à cette influence. C'est elle qui lui a dicté un grand nombre de comédies héroïques ou religieuses dans lesquelles les faits les plus absurdes et les sentiments les plus faux sont entassés avec un fracas digne de nos pires mélodrames. »* Louis de Viel-Castel.

CANKAR Ivan. Écrivain, auteur dramatique et poète slovène. Né à Vrhnika le 10 mai 1876, mort à Ljubljana le 11 décembre 1918. Fils d'un tailleur pauvre, il connut tôt la misère et les humiliations. Cette enfance éclairée seulement par l'image de sa mère, qui sacrifia tout pour sa nombreuse famille et à laquelle il voua un véritable culte, laissa des traces durables dans son âme. Sa conscience d'artiste maudit, sa critique de la société, son lyrisme amer puisent leurs racines dans son aversion précoce contre les « arrivés », les « repus », les bien-pensants. Sa nostalgie de la pureté et de la beauté, son interrogation sur le sens de la souffrance, il les découvrit au seuil de sa vie. Après l'école primaire à Vrhnika, il termina le collège technique à Ljubljana. En 1896, il alla, titulaire d'une bourse, à Vienne pour y étudier l'architecture ; il l'abandonna aussitôt, attiré davantage par les langues romanes et slaves. Peu après, il se consacra entièrement à la littérature. Il resta à Vienne encore treize ans, habitant presque toujours le quartier ouvrier, d'Ottakring. Cette difficile existence d'écrivain libre d'un petit peuple, partagée, la plupart du temps, avec une famille prolétaire viennoise, ne fut interrompue qu'en 1907, lorsqu'il se présenta, sans succès, comme candidat social-démocrate aux élections parlementaires. En 1909, il quitta Vienne pour toujours. Après avoir passé deux mois à Sarajevo, invité de l'archevêque dont son frère fut le secrétaire, il retourna en Slovénie. Emprisonné brièvement déjà en 1913 pour avoir préconisé, au cours d'une conférence, une république fédérative des peuples sud-slaves, il fut, au début de la guerre, interné quelque temps par les autorités autrichiennes au château de Ljubljana comme politiquement suspect et, fin 1915, mobilisé. Réformé, il vécut jusqu'à sa mort à Ljubljana. Entré dans la littérature pendant les dernières années du siècle, il publia d'abord des poèmes narratifs à la manière des poètes slovènes de l'école réaliste. Affirmant son goût personnel, il se rapprocha de Heine par son ironie lyrique, et des décadents par la hardiesse de l'expression. On retrouve un reflet « fin de siècle » naturaliste par le contenu, symboliste par la forme, dans son unique recueil de poésies *Erotika* (1899) que l'évêque de Ljubljana condamna comme immoral, en achetant tous les exemplaires pour les brûler. Ce n'est qu'avec son premier livre en prose, une suite de courtes nouvelles, *Vignettes* [*Vinjete*, 1899] qu'il inaugura, tournant le dos au naturalisme, une nouvelle époque des lettres slovènes.

L'œuvre de Cankar prend place dans le courant du néo-romantisme européen. Ses lectures de Dostoïevski, de Nietzsche, de Maeterlinck, de Dehmel, son admiration pour Ibsen et Shakespeare – il traduisit *Hamlet* (*) et *Roméo et Juliette* (*) – approfondirent, certes, sa vision de l'homme et enrichirent ses moyens artistiques. Son talent garde cependant toute son originalité par sa double inspiration autobiographique et nationale ; les deux aspects y sont élevés au niveau universel. Les thèmes majeurs de cette œuvre volumineuse et multiple, tour à tour lyrique, satirique et analytique, sont l'isolement moral de l'artiste au sein d'une société de petits-bourgeois, la soif des âmes, blessées par la laideur du monde, d'accéder à la justice et à la beauté parfaites, la critique révolutionnaire de la réalité slovène, les souvenirs d'enfance et, enfin, le problème de la souffrance. La tragédie paysanne *Jakob Kuda* (1900) montre déjà un de ses personnages préférés, l'Artiste en marge de la société. Le roman *Les Étrangers* [*Tujci*, 1901] peint la vie des artistes slovènes, leur pauvreté, leurs rêves ; c'est ici que Cankar commence sa polémique contre le conformisme dans l'art et dans la vie. *Un livre pour gens étourdis* [*Knjiga za lahkomiselne ljudi*, 1901, nouvelles] oppose à la pruderie des bien-pensants un couple d'amoureux vagabonds, comme plus tard, en 1908, dans la farce *Le Scandale de la vallée de Saint-Florent* (+). Dans sa comédie *Pour le bien du peuple* [*Za narodov blagor*,

1901], il attaque le patriotisme grandiloquent des politiciens libéraux et leur attitude paternaliste envers le peuple. De ses autres images, amères, satiriques, de la vie slovène, il faut citer : *Madame Judith* [*Gospa Judit*, 1904], *Histoire de la vallée de Saint-Florent* [*Zgodbe iz doline Šentflorjanske*, 1908], les drames *Le Roi de Bétaïnova* (+) (1902) et *Les Serviteurs* (+) (1910) — v. *Théâtre* (*) de Cankar ; ce cadre national et historique se trouve largement dépassé dans trois de ses meilleurs récits : *Martin Kačur* (1906), biographie d'un idéaliste, *Le Valet Barthélemy* [*Hlapec Jernej*, 1907], histoire d'un valet chassé de la ferme où il travailla toute sa vie, et *Aleš de Razor* [*Aleš iz Razora*, 1907], portrait d'un paysan bigot et égoïste où l'auteur donne une des plus belles descriptions de son pays natal. Condamnant la morale bourgeoise, il glorifia les pécheurs, les humbles, les sans-patrie qui regardent d'en bas vers la clarté du ciel. La pièce symboliste *La Bella Vida* [*Lepa Vida*, 1912] (*) est l'expression la plus dépouillée de son idée de l'éternel pèlerinage vers la beauté et la pureté ; *Sur la montée* [*Na klancu*, 1902] et *La Croix sur la montagne* [*Križ na gori*, 1904] racontent son grand amour pour sa mère et pour sa patrie. Dans *La Maison de Notre-Dame du Bon-Secours* [*Hiša Marije Pomočnice*, 1904], il se penche sur l'agonie des enfants incurables d'un hospice viennois.

À l'approche de la mort et en face de la guerre, il atteignit le sommet de son art dans trois recueils : *Ma vie* [*Moje življenje*, 1914], *Mon champ* [*Moja njiva*], recueil posthume, et surtout dans *Images de rêves* [*Podobe iz sanj*, 1917]. Ce dernier livre décrit, avec lucidité et précision, son expérience intérieure pendant la grande tragédie des hommes et des peuples. Reprenant plusieurs de ses préoccupations spirituelles permanentes, s'interrogeant sur le sens de la souffrance, il y exprima, au bord du désespoir, sa confiance métaphysique et sa foi douloureuse dans la vie triomphant de la mort. Cette œuvre ne comporte pas de véritable roman ; la maturité de l'écrivain s'affirme le plus heureusement dans les brefs récits et à travers un lyrisme pénétrant et profondément humain. Par ses pièces de théâtre où, du point de vue de la forme, l'on retrouve des traces d'Ibsen, de Strindberg et d'Hauptmann, il est le plus important des auteurs dramatiques de Slovénie. Les écrits de Cankar dégagent tout un univers d'idées et de sentiments, d'expériences individuelles et sociales, un vaste monde de vérité et de beauté depuis un élément formateur de l'esprit national. Maître de la langue, styliste accompli, il est considéré, à juste titre, comme le plus grand écrivain slovène du XXe siècle et le premier après Prešeren qui ait élevé la littérature de son peuple au niveau européen. Ses *Œuvres complètes* [*Zbrani Spisi*] sont parues en vingt tomes (1925-1936), éditées, avec introductions et annotations, par Izidor Cankar. En cours de parution depuis 1951 : *Œuvres choisies* [*Izbrana Dela*], en dix tomes (huit parus jusqu'à 1955), éditées par Boris Merhar, avec annotations de Boris Merhar et Francè Dobrovoljc. *Ses Lettres* [*Pisma Ivana Cankarja*] sont publiées en trois volumes (1948) par Izidor Cankar.

BORUT ZERJAV.

RÉF. : A. Slodnjak, *Pregled slovenskega slovstva*, 1934. — Walder, *Der Künstlerische Werdegang des slowenischen Dichters*, thèse, Vienne, 1949 — F. Dobrovoljc, *Bibliografija literature o Cankarjevi dramatiki*, Ljubljana, 1960. — D. Pirjevec, *Hlopci, heroji, ljudje*, Ljubljana, 1968. — F. Dobrovoljc, *Cankarjev album*, Maribor, 1972. — W Heiliger, *Nostalgie bei Ivan Cankar*, Londres, 1972. — F. Bernik, *Cankarjeva zgodnja proza*, Ljubljana, 1976. — M. Mitrovič, *Cankar in kritika*, Koper, 1976. — J. Vidmar, *O Ivan Cankar*, Ljubljana, 1976. — F. Zadravec, *Agonija Veljakov. Cankarjeva satirična proja*, Maribor, 1976. — B. Ziherl, *Ivan Cankar in naš čas*, Ljubljana, 1976. — P. Kozak, *Temeljni konflikt Cankarjevih dram*, Ljubljana, 1980. — T. Kermauner, *Cankarjeva dramatika*, Ljubljana, 1981. — F. Bernik, *Tipologija Cankarjeve proze*, Ljubljana, 1983 ; *Ivan Cankar*, Ljubljana, 1987.

CANTELOUBE Joseph (Marie-Joseph Canteloube de Malaret). Compositeur français. Né à Annonay (Ardèche) le 21 octobre 1879, mort à Grigny (Yvelines) le 4 novembre 1957. Élève de Vincent d'Indy et de Charles Bordes à la Schola Cantorum, il a consacré l'essentiel de sa carrière à recueillir et à harmoniser des chants populaires de diverses provinces françaises. Les plus célèbres sont les cinq recueils de *Chants d'Auvergne* (*) (1923-54). Il a également composé deux opéras, *Le Mas* (1910-13) et *Vercingétorix* (1930-32), créés à l'Opéra de Paris.

ALAIN PÂRIS.

RÉF. : François Gougniaud-Raginel, *Joseph Canteloube : chantre de la terre*, Béziers, 1988.

CANTEMIR prince Dimitrie. Né à Jassy (Moldavie) le 26 octobre 1673, mort à Kharkov (Russie) le 23 août 1723. Ce prince roumain fut l'un des hommes les plus cultivés de son temps. Son père, le prince Constantin, hospodar de Moldavie, voulut qu'il prît des leçons de philosophie et de littérature, et que le grec et le latin lui soient d'un usage familier ; il le confia, dans ce but, au savant moine Jérémie Cacavela. En 1688, on l'envoya comme otage à Constantinople où il entra en contact avec le monde de la culture byzantine. Élu voïvode à la mort de son père en 1693, les intrigues du prince Constantin Brancovan le firent tomber en disgrâce auprès de la Sublime Porte. Pendant dix ans, Dimitrie Cantemir se tint à l'écart de la politique, tandis que montaient successivement sur le trône de Moldavie Antioh Cantemir (1696-1700), Constantin Duca (1700-1703), Mihai Racovita (1703-1705), Antioh une deuxième fois (1705-1707). En 1710, l'homme qui, à Constantinople, avait noué des relations suivies et cordiales avec des astrologues, des musiciens, des philosophes et des mathématiciens, retrouva pour peu de temps le pouvoir (1710-1711), car, ayant pris parti pour les Russes dans le conflit turco-russe, il dut fuir en Russie où le tsar le nomma conseiller intime à la Cour, et le combla des plus grands honneurs.

Parlant le latin, le grec ancien et moderne, le russe, l'arabe et le persan, comme le français et l'italien, cet orientaliste roumain qui eut le premier l'honneur d'être appelé à faire partie d'une académie étrangère, celle de Berlin, a laissé des œuvres remarquables, différentes par la valeur et l'inspiration ; parmi les principales, il convient de citer : *Le Divan* [*Divanul lumii sau gîlceava inteleptului cu lumea*, 1698], *Histoire des hiéroglyphes* [*Istoria ieroglifica*, 1705], *Traité de musique* [*Tratat de muzica*], *Histoire de la cour ottomane* [*Historia aulae ottomanicae*, 1715-1716], *Chronique romano-moldovalaque* (*), *Principes théologico-physiques* [*Principes teologico-fizice*], *Collectionea Orientalis*, une traduction, partie en latin, partie en russe, du *Coran* (*). Il faut en outre rappeler que Cantemir fut le premier transcripteur musical de chants russes. Ces œuvres, dont la plupart n'existaient qu'en manuscrit, furent éditées à Bucarest entre 1872 et 1901.

♦ *« ... La multiplicité des talents de Monsieur le Prince, votre Père* [Dimitrie Cantemir], *et des vôtres m'avait fait penser que vous deviez descendre des anciens Grecs, et je vous aurais soupçonné de la race de Périclès plutôt que de celle de Tamerlan. »* Lettre de Voltaire au prince Antiochus Cantemir, fils de Dimitrie, ambassadeur de Russie à la cour de Louis XV, 13 mars 1729.

RÉF. : G. Pascu, *Viaţa si operele lui Dimitrie Cantemir*, Bucarest, 1924. – P. P. Panaitescu, *Dimitrie Cantemir. Viaţa şi opera*, Bucarest, 1958. – S. Callimachi, *Dimitrie Cantemir. Viaţa şi opera în imagini*, Bucarest, 1963. – V. Cândea, *Dimitrie Cantemir 1763-1723*, Bucarest, 1973.

CANTILLON Richard de. Économiste irlandais. Né en Irlande vers 1680, il périt assassiné par un de ses domestiques, à Londres, en 1734. Cantillon se rendit à Paris et entra en rapport avec Law qui cherchait à appliquer son système financier (1716-1720). Il sut acheter au bon moment beaucoup d'actions émises par le banquier écossais, puis, lorsque celles-ci eurent augmenté, il les revendit, réalisant une discrète fortune. Actif et très habile dans toutes les branches de l'économie, sa banque avait partout des filiales en Europe, et il se livra avec succès au commerce des vins et de la soie. Observateur attentif, il voyagea jusqu'en Chine et au Brésil. En 1755 parut son *Essai sur la nature du commerce en général* (*), ouvrage qui exerça une grande influence sur les physiocrates français, notamment sur l'*Ami des hommes* (*) de Mirabeau l'économiste, disciple de Quesnay. À partir de 1775, la pensée de Cantillon connut une grande vogue, et Jevons, vers la fin du XIXe siècle, devait voir en lui l'initiateur de l'économie politique en tant que science.

RÉF. : Bertrand Nogaro, *Un grand précurseur : Richard Cantillon*, 1946. – Études et commentaires d'Alfred Sauvy, A. Fanfani, J. Spengler et L. Salleron accompagnant la réédition de l'*Essai sur la nature du commerce en général*, 1952.

CANTOR Moritz. Mathématicien allemand. Né à Mannheim le 23 août 1829, mort à Heidelberg le 10 avril 1920. Il fit ses études à Heidelberg, Göttingen et Berlin ; c'est à Heidelberg qu'il enseigna, d'abord comme assistant (1853-63), puis ensuite comme professeur de mathématiques, à partir de 1863. Le nom de Cantor reste lié, avant tout, à une magnifique histoire des mathématiques en quatre volumes (le dernier écrit en collaboration avec d'autres scientifiques) : *Leçons sur l'histoire des mathématiques* (*), publiée à Leipzig, entre 1880 et 1908. De nos jours encore, cette œuvre monumentale demeure un texte fondamental pour l'histoire des mathématiques, valant surtout par la richesse et la variété complète des données qu'elle contient. Cantor avait précédemment publié quelques ouvrages consacrés à des chapitres particuliers de l'histoire des mathématiques, pures et appliquées (notamment une étude sur l'arpentage romain). Durant les trente ans consacrés à sa grande œuvre, Cantor dirigea la collection *Abhandlungen zur Geschichte der Mathematik*, dans laquelle parurent, entre 1877 et 1912, au moins trente volumes qui forment un corpus d'une importance exceptionnelle pour cette branche de l'histoire de la science ; d'une importance égale est l'ensemble des documents que Cantor fit paraître à partir de 1859, dans la rubrique dont il était chargé à la *Zeitschrift für Mathematik*.

CAO Ba Quat (pseud. Chu Thân). Poète vietnamien. Né à Phu Thi (Bac Ninh) en 1809, mort au combat en 1854, selon les *Chroniques véridiques* [*Thuc Luc*], exécuté selon d'autres sources à Hanoi. Né dans une famille de grands lettrés, il manifeste très jeune ses remarquables dons poétiques, jouissant ainsi d'une grande réputation qu'il partage avec son frère jumeau Cao Ba Dat. Reçu au concours régional, il ne parvient jamais au grade de docteur, ce qui le rend aigri, car, conscient de sa valeur, il désespère de ne pouvoir la mettre au service de son pays. Persifleur, il ne ménage pas les grands de la Cour. Indépendant, orgueilleux, il agit souvent impétueusement, ce qui lui vaut condamnation et exil. Il accompagne, en rachat de peine, une ambassade à Java. Ce voyage lui permet de mesurer combien la culture dont il est imprégné est impuissante face aux forces industrielles étrangères, et incapable de résoudre les problèmes de son pays. Déçu, ambitieux, mais aussi confiant dans la victoire finale du bon droit, s'ennuyant dans son exil à Quôc Oai, il se rallie à la révolte dite « des sauterelles » en 1854 (Son Tây). Capturé, condamné, il entraîne dans la mort plusieurs membres de sa famille.

Ses écrits sont presque tous détruits. Il nous parvient, grâce au zèle de ses admirateurs, de nombreux *Poèmes* (*) en chinois, en langue nationale, des sentences parallèles et un « phu » (prose rythmée) : *L'Homme de talent plongé dans l'extrême misère* [*Tài tu da cùng phu*], sorte de manifeste révélant tout son caractère : intelligence, orgueil, ironie, ambition.

THANH-TÂM LANGLET.

CAPDEVILA Arturo. Poète argentin. Né à Córdoba le 14 mars 1889, mort à Buenos Aires en 1967. Après des études de philosophie et de sociologie, il s'oriente vers une carrière professorale et enseigne la littérature à l'université de La Plata, dans la province de Buenos Aires. Il fait partie du groupe des « modernistes » et des « ultraïstes » avec Borges, mais évolue peu à peu vers un certain romantisme et un certain respect des formes traditionnelles.

L'œuvre de Capdevila, d'une qualité extrême, est très abondante. En 1911 paraissent les *Jardins solitaires* [*Jardines solos*] suivis de *Melpomène* (1912) et du *Livre de la nuit* [*El libro de la noche*, 1917]. À partir de ce dernier recueil, Capdevila revient à des formes plus traditionnelles : *La Fête du monde* (*) (1922) évoque son adolescence, ses voyages, ses expériences, exprime avec limpidité et transparence ses sentiments et ses pensées. L'accent est souvent résigné, et pourtant heureux : le poète fuit les excès, les déchirements, recherche un certain équilibre avec lui-même et le monde. Disciple de Leopoldo Lugones – le grand maître des poètes argentins – Capdevila, comme ce dernier, est revenu de plus en plus décidément à la forme du *romance* pour chanter son pays, comme en témoignent deux recueils ultérieurs, *Les Romances argentins* [*Los romances argentinos*, 1938] et *Córdoba la bleue* [*Córdoba azul*, 1940].

ANTOINE BERMAN.

ČAPEK Karel. Écrivain tchèque. Né à Malé Svatonovice (près d'Upice), le 9 janvier 1890, mort le 25 décembre 1938 à Prague. Il étudia successivement à Hradec Králové, Brno, Berlin, Paris et Prague où, en 1915, il obtint son doctorat en philosophie avec une thèse sur le pragmatisme. Entre 1917 et 1920, il fut rédacteur aux *Národní listy* [*Feuilles nationales*] et, après cette date, au *Midové noviny* [*Journal du peuple*]. De 1921 à 1923, il travailla comme auteur et comme metteur en scène pour le théâtre municipal de Prague-Vinohrady. Ses reportages, illustrés par lui-même de dessins spirituels, contiennent de vivants souvenirs de ses nombreux voyages. Lorsqu'il mourut, à la veille d'années tragiques pour la Tchécoslovaquie, son nom était universellement connu, désormais, parmi ceux des plus grands écrivains de notre temps. Čapek composa ses premiers recueils de récits et d'esquisses, *Le Jardin de Krakonoš* [*Krakonošova zahrada*, 1918], et *Profondeurs brillantes* [*Zářivé hlubiny*, 1916] avec son frère Josef (1887-1945), romancier, peintre et philosophe. C'est seul, au contraire, qu'il écrivit les volumes de contes : *Le Calvaire* [*Boži muka*, 1917] et *Récits pénibles* [*Trapné povídky*, 1921], axés sur des recherches spéculatives touchant les mystères de l'univers et de la vie humaine. Il aborda ensuite le roman en tirant son inspiration – comme Jakub Arbes et K. M. Čapek-Chod avant lui – de l'étude des sciences exactes et, de plus, des récits policiers, des scénarios de cinéma, des « services » des journaux ; il ranimait ensuite ces pages à l'aide de son humour si particulier, qui le rapproche de Chesterton, son auteur préféré. Il exerça également son esprit satirique aux dépens du titanesque système technique et social de notre siècle qu'il projeta sur un fond utopique dans *La Fabrique d'absolu* (*), *Krakatite* (*), la *Guerre des salamandres* [*Válka s Mloky*, 1936], comme dans son drame *R. U. R.* (*). Il suivit les traces d'Ignat Herrmann en produisant les *Récits tirés d'une poche* [*Povidky z jedné kapsy*, 1929] et les *Récits tirés de l'autre poche* [*Povidky z druhé kapsy*, 1929], qui forment une série d'esquisses policières d'où n'est pas exclue la bonne humeur. Dans sa trilogie *Hordubal* (1933), *Le Météore* [*Povětroň*, 1934], *Une vie médiocre* [*Obyčejný život*, 1934], il conta sur des plans psychologiques divers la vie d'un simple montagnard des Carpates, le cas mystérieux d'un aviateur tombé avec son appareil, la biographie débraillée d'un cheminot. Il convient, en outre, de rappeler ses nombreux recueils de « billets » et feuilletons, ses études sur les genres « périphériques » de la littérature (les chansons de foires, la bibliothèque rose, les romans policiers), ses admirables entretiens avec Masaryk, et sa vaste production théâtrale dont les sommets sont : *De la vie des insectes* [*Ze života hmyzu*, 1920], écrit en collaboration avec son frère Josef, et *L'Affaire Makropulos* [*Věc Makropulos*, 1922].

RÉF. : Oliver Elton, *Essays and Addresses*, Londres, 1939.

ČAPEK-CHOD Karel Matěj. Écrivain tchèque. Né le 21 février 1860 à Domažlice, ville de la province du Chodsko (d'où la deuxième partie de son nom de famille), mort à Prague le 3 novembre 1927. De sa pittoresque contrée natale, il transporta dans son œuvre le dialecte, les coutumes et les mœurs ; les *Trois grotesques du Chodsko* [*Tři chodské grotesky*, 1922] sont typiques à cet égard. Čapek-Chod eut une vie remplie de privations et d'amertumes, son travail de journaliste à Prague ou dans d'autres villes lui donna l'occasion d'étudier profondément le langage, le comportement, les caractères de toutes les classes sociales, qu'il peignit dans ses chroniques et dans les reportages écrits pour le journal d'Olomouc, pour différents quotidiens de Prague, puis, à partir de 1900, pour les

Národní listy [*Feuilles nationales*]. Dès les premiers *Récits* [*Povidky*, 1892], les romans : *Le Plus Occidental des Slaves* [*Nejzápadnější Slovan*, 1893], et *La Troisième Cour* [*V třetím dvoře*, 1895], il avait donné une analyse impitoyable de l'âme humaine et des bas-fonds de la société. Mais c'est seulement vers la cinquantaine qu'il composa ses meilleurs ouvrages ; pénétrés d'un sombre déterminisme qui souvent se contracte en une grimace grotesque, ils sont riches d'une large expérience et d'une profonde compréhension des faiblesses humaines. De toute l'œuvre de Čapek-Chod qui forme une espèce de « comédie humaine », une énorme fresque documentaire sur les conditions sociales de son temps, citons encore *La Vengeance de Kašpar Lén* [*Kašpar Lén mstitel*, 1908], enquête sur les vicissitudes d'un maçon qui tue par jalousie ; *La Turbine* (*), récit épique de la ruine d'une riche famille aristocratique de Prague ; *Les Deux Jindra* [*Jindrové*, 1912], opposition entre père et fils, sur le fond de la guerre mondiale ; *Antonín Vondrejc* (1917-18), tableau de la décadence d'un lettré journaliste dans le monde de la bohème de Prague ; *Vilém Rozhoč* (1923) et *Řešany* (1927), rapportant tous deux l'histoire d'un sculpteur ; enfin, *Humoreska* (1924), construit sur le souvenir d'un thème musical d'Anton Dvořák. La mort de Čapek-Chod marqua la fin du naturalisme tchèque.

CAPELLE Pierre. Imprimeur et libraire français. Né à Montauban (Tarn-et-Garonne) le 4 novembre 1772, mort en 1851. Sous le Consulat, Capelle fut l'un des rénovateurs des réunions du « Caveau » où se retrouvèrent des hommes comme Parny, Méhul, Brillat-Savarin, Horace Vernet, Grimod de la Reynière, Millevoye, Béranger, etc. Ardent royaliste, il publie une *Vie de Marie-Antoinette* qui lui vaut deux mois de prison en 1800, mais il récidive peu après avec un pamphlet intitulé *Âneries révolutionnaires...* (1802). Après avoir donné sous l'Empire plusieurs vaudevilles, en collaboration (*Elle et Lui,* 1813, etc.), et des recueils de chansons : *Le Chansonnier des musées* (10 vol. 1801-1810), *La Clé du caveau* (*) (1810), Capelle est nommé inspecteur de la librairie sous la Restauration, et le nouveau régime lui donne l'occasion d'épancher ses ferveurs politiques dans des pièces de circonstance, hommages en vers au duc de Bordeaux, au duc d'Angoulême, etc. Il fera également représenter en 1816 un opéra-comique, *La Journée aux aventures,* et un vaudeville, *Les Deux Gaspard.*

RÉF. : B. Level, *À travers deux siècles : le Caveau (1726-1939),* Paris.

CAPLET André. Compositeur français. Né au Havre (Seine-Maritime) le 23 novembre 1879, mort à Neuilly le 22 avril 1925. Inscrit dès l'enfance à l'École de musique de sa ville natale, il y apprend l'harmonie et le contrepoint, et reçoit à neuf ans un premier prix de piano. Il arrive à Paris en 1896, entre au Conservatoire, connaît des années d'études matériellement difficiles, mais obtient le prix de Rome en 1901. Son indépendance de caractère le pousse à abréger son séjour à la Villa Médicis, et il regagne Paris où vont s'affirmer d'abord ses dons de chef d'orchestre, particulièrement dans l'exécution du *Martyre de saint Sébastien* (*) de Debussy. Ce fut sous l'influence de celui-ci, dont il était le familier et dont il termine l'orchestration de certaines œuvres comme *Children Corner*, que Caplet commença à composer. Il écrit de la musique de chambre : *Le Masque de la mort rouge* pour harpe et quatuor à cordes. Mais son profond sentiment chrétien, avivé encore par les années de guerre, le conduisit bientôt vers une musique originale, complètement dégagée de Debussy et du flou impressionniste, au dessin net et même un peu rude, à la fois très moderne d'inspiration et retrouvant la veine joyeuse, exultante, du catholicisme grégorien, soit dans les *Prières* sur des textes français, soit dans la *Messe à trois voix* (1919) et surtout dans *Le Miroir de Jésus* (*) inspiré par une œuvre d'Henri Ghéon, où Caplet exprime sa prédilection pour les œuvres vocales. Ce véritable maître, indépendant des courants et des modes de la musique contemporaine, est mort trop tôt, des suites de la guerre de 1914 qu'il avait faite avec bravoure, et au cours de laquelle il avait été gazé.

♦ *« À l'heure présente, un compositeur religieux de cette sincérité et de cette profondeur de sentiment demeure presque une exception. »* Paul Landormy.

RÉF. : Yves-Marc, *André Caplet.* — R. Dumesnil, *Portraits de musiciens français*, 1938. — *Hommage à André Caplet*, La Pierre-qui-vire, 1978.

CAPOTE Truman Garcia. Écrivain américain. Né le 30 septembre 1924 à La Nouvelle-Orléans (Louisiane), mort le 25 août 1984 à Los Angeles (Californie). Fils d'une femme légère et d'un aigrefin dont le fils ira jusqu'à répudier officiellement le nom (Truman Streckfus Persons à sa naissance), l'enfant, abandonné à cinq ans, est élevé par ses trois tantes maternelles. Autour de lui, on s'est vite aperçu qu'il n'était pas « comme les autres » : petit, efféminé, maniéré et doté d'une voix très haut perchée. Mais il est capable de charmer n'importe qui, possède un esprit étincelant et sarcastique, conte à merveille. À dix ans il a déjà connu ses premières expériences homosexuelles avec des adultes et a décidé de devenir écrivain, encouragé en cela par un de ses professeurs, qui publie ses premiers textes dans le journal du lycée.

Après avoir travaillé comme grouillot au *New Yorker* (1943-44), Capote publie ses premières nouvelles à partir de 1945 dans les magazines de mode *Mademoiselle* et *Harper's Bazaar.* Elles attirent sur lui une attention qui ne cessera plus de grandir. Son premier roman, *Les Domaines hantés* (*) (1948), obtient un gros succès, dans lequel entre d'ailleurs une part de scandale et de sensationnel. Suivent rapidement un recueil de nouvelles, *Un arbre de nuit* [*A Tree of Night and Other Stories,* 1949], *Local Colour* [1950] et un deuxième roman, *La Harpe d'herbes* [*The Grass Harp,* 1951], encore mieux accueilli que le premier. Capote travaille alors avec succès pour le cinéma (*Plus fort que le diable,* de John Huston, 1953), tandis que ses tentatives théâtrales se révèlent peu convaincantes (*La Maison de fleurs,* 1954). C'est dans un certain type de journalisme, que l'on appellera plus tard « nouveau journalisme », que Capote va une nouvelle fois exceller. En 1956, il suit une tournée de *Porgy and Bess* en U.R.S.S. et en tire un reportage conçu comme un roman comique, *Les muses parlent* [*The Muses Are Heard*]. Éloges presque unanimes.

C'est probablement dans ces années que Capote, qui fréquente assidûment actrices célèbres et femmes du monde, pense devenir un jour le Proust américain en puisant dans les confidences et les révélations qu'il recueille en haut lieu (ne va-t-il pas jusqu'à être reçu à la Maison-Blanche ?). Mais, comme le dit Proust, le snobisme n'éblouit que s'il est associé à beaucoup de charme et de distinction ; or Truman a un fâcheux penchant pour les ragots malveillants. Cette « Recherche » se serait intitulée *Prières exaucées,* mais l'écrivain n'en viendra jamais à bout. Il donne en attendant *Petit déjeuner chez Tiffany* (*) (1958), qui fait de nouveau grand bruit.

En 1959, Capote lit dans le *New York Times* un entrefilet qui va changer sa vie : la famille Clutter a été massacrée au fin fond du Kansas. Capote part enquêter longuement sur place, une enquête qui durera plus de cinq ans et qui ne se terminera qu'avec l'exécution des deux meurtriers, à laquelle l'écrivain assiste. Il en tire *De sang-froid* (*) (1966), qui déclenche un raz de marée « médiatique » et porte Capote au sommet de la gloire. Celui-ci célèbre son triomphe en donnant, au Plaza de New York, le fastueux bal Noir et Blanc pour plus de cinq cents invités (28 novembre 1966). Désormais, le déclin peut venir.

Il viendra sous la double forme d'une progressive dégradation sociale et physiologique. La publication dans *Esquire* (1975-1976) de trois chapitres de *Prières exaucées* [*Answered Prayers,* 1987], les seuls qui subsistent de ce « magnum opus », déclenche des scandales sans précédent et coupe l'auteur de ses meilleurs amis, outrés d'avoir été mis à nu publiquement. Voué aux gémonies, Capote s'abîme dans un alcoolisme incontrôlable, compliqué par l'abus de pilules et de cocaïne, enfer hors duquel il aura un dernier sursaut en 1979 pour écrire *Musique pour caméléons* [*Music for Chameleons,* 1980].

PHILIPPE MIKRIAMMOS.

RÉF. : Lawrence Grobel, *Conversations avec Truman Capote,* Paris, 1987. – *Entretiens,* Paris, 1988. – Gerald Clarke, *Truman Capote*, Paris, 1990.

CAPRONI Giorgio. Poète, nouvelliste et traducteur italien. Né le 7 janvier 1912 à Livourne, mort le 22 janvier 1990 à Rome. Il appartient à la « troisième génération » des poètes italiens nés entre 1911 et 1914 – qui regroupe Attilio Bertolucci, Sereni, Parronchi, Bigongiari, Luzi. Les villes de la naissance et de la mort ne sont pas les plus importantes ; c'est Gênes où il vécut de 1922 à 1938 qui demeure la métropole idéale du poète, plus d'ailleurs pour sa physionomie culturelle que pour son ancrage régional, car la vie de Caproni, c'est d'abord une vie poétique. Gênes est en effet le centre d'une poésie ligure où se succèdent Ceccardo Roccatagliata Ceccardi, Mario Novaro, Camillo Sbarbaro et Eugenio Montale : la poésie de Ligurie a pour caractéristique une recherche du sec, de l'âpre, ce qui n'exclut pas un lyrisme discret, intérieur, le tout baigné par la grande respiration de la mer. Mais Livourne n'est pas absente des poésies de Caproni, elle fait au contraire un retour en force avec l'évocation de la mort de la mère, à l'époque de *La Semence des pleurs* (*) en 1959.

En dépit d'études inachevées mais qui l'ont aussi initié à la pratique du violon – la passion pour la musique est essentielle dans son existence –, Caproni s'intéresse d'emblée à la littérature ; un événement important fut, lors de son service militaire à San Remo en 1933, la rencontre de Giorgio Bassani, de Fidia Gambetti et de Giovan Battista Vicari, qui lui ouvriront les portes de divers journaux locaux dans lesquels il publiera ses premiers poèmes. Un geste symbolique est, le 29 novembre 1935, la recension qu'il donne au *Popolo di Sicilia* du premier livre de Mario Luzi *La barca.* C'est le prélude à une estime mutuelle et à une amitié qui ne se démentiront jamais. C'est un an après que paraît le premier recueil de vers du poète, *Comme une allégorie* [*Come un'allegoria,* 1936], qui d'emblée prend ses distances par rapport au mouvement hermétique de Florence et, outre les influences directement liguriennes, s'appuie sur le Carducci impressionniste et présente un air de famille avec la fausse simplicité d'un Saba. Sur ces premières poésies plane l'ombre d'Olga Franzoni, sa fiancée morte de septicémie. Il gagne alors sa vie en enseignant dans une école élémentaire à Rovegno, dans le val de Trebie qui sera un des hauts lieux de son imaginaire. Deux ans plus tard paraît *Bal à Fontanigorda et autres poèmes* [*Ballo a Fontanigorda ed altre poesie,* 1938], qui suit le sillon tracé par le précédent recueil. Un nom apparaît qui ne quittera plus le « Canzoniere », celui de Rina sa femme, baptisée Rosa, ce qui explique les jeux de mots d'un des derniers poèmes de Caproni publié à Lugano en 1988 dans une plaquette intitulée *Allegretto con brio.* C'est avec *Fictions* [*Finzioni,* 1941] que se clôt ce que Caproni considérera plus tard comme son « premier livre », celui de sa jeunesse, écrit entre 20 et 30 ans. En 1939, il est rappelé sous les drapeaux et combattra contre la France dans les Alpes-Maritimes : une prose, *Jours ouverts* [*Giorni aperti,* 1942], évoque ce drame.

La deuxième période, le « deuxième livre », s'ouvre avec *Historique* [*Cronistoria,* 1943], et la fête que semblait annoncer le premier Caproni se mue en douleur et tristesse que souligne une écriture plus ciselée et notablement plus proche de celle de l'hermétisme : les admirables sonnets d'anniversaire pour la jeune morte déjà évoquée sont le sceau de cette œuvre. Les vers écrits entre 1943 et 1955 formeront le « troisième livre » et conflueront dans le recueil intitulé *Le Passage d'Énée* [*Il passaggio d'Enea,* 1943-1955] : il comprend *Les Années allemandes, Les Stances* et *En appendice.* Le titre vient d'une statue d'Énée, portant Anchise sur son dos et tenant par la main son fils Ascagne, qui a fini par aboutir, après un long périple d'un lieu à l'autre, sur une des places les plus bombardées de Gênes. Le symbole est clair : après la « tourmente », comme dit Montale, comment sauver les pères et guider les fils ? Un long poème métaphysique dit le malheur de vivre emporté par un funiculaire qui traverse et domine toute la ville de Gênes et ses faubourgs (*Les Stances du funiculaire*). Avec les derniers recueils, *La Semence des pleurs* (1959), *Congé du voyageur cérémonieux et autres prosopopées* [*Congedo del viaggiatore cerimonioso & altre prosopopee,* 1965], *Le Mur de la terre* (*) (1975), Caproni passe du désespoir existentiel (mort de la mère) au désespoir métaphysique. *Le Franc Chasseur* [*Il franco cacciatore,* 1982] traque le grand responsable qui est aussi le grand absent, Dieu lui-même. Poursuivre le vide, le manque, c'est ce à quoi se livre une fois encore le poète dans une battue poétique cosmique qu'il intitule *Le Comte de Kevenhüller* (*) (1986) puis, une dernière fois, dans un recueil inachevé, *Res amissa* (1991).

PHILIPPE RENARD.

CAPUANA Luigi. Écrivain italien. Né à Mineo (province de Catane) le 28 mai 1839, mort à Catane le 29 novembre 1915. Après avoir entrepris des études de droit à Catane, il se tourna vers les lettres. Nommé professeur de littérature italienne à Rome, il y enseigna jusqu'en 1902, puis revint à Catane en qualité de professeur à l'université de cette ville. Son premier roman, *Giacinta* (1879), est fortement marqué par l'influence de l'école naturaliste française. Sa production ultérieure, toutefois, dénote un intérêt croissant pour la psychologie de ses personnages. Parmi ses meilleurs ouvrages, citons *Le Marquis de Roccaverdina* (*), *Parfum* [*Profumo*], *Le paesane* (1894), *Fausto Bragia* (1897), *Le Sphinx* [*La Sfinge,* 1897], *Nuove paesane* (1898). Excellant à dépeindre les aspects grotesques de l'humanité, Capuana a écrit pour les enfants des contes fort plaisants : *Cardello, Il était une fois* [*C'era una volta*], *Chi vuole fiabe, chi vuole Scurpiddu.* On lui doit encore plusieurs comédies en dialecte sicilien.

Critique littéraire d'une rare sûreté de jugement, Capuana a exercé sur Verga une sensible influence. Il est d'ailleurs considéré, avec ce dernier, comme l'un des principaux chefs de l'école vériste italienne.

RÉF. : C. A. Madrignani, *Capuana e il naturalismo,* Bari, 1970. — G. Oliva, *Capuana in archivio,* Caltanissetta-Rome, 1979. — S. Zappulla-Muscarà, *Capuana e De Roberto,* Caltanissetta-Rome, 1985.

CAPUS Alfred. Écrivain français. Né à Aix-en-Provence le 25 novembre 1858, mort à Neuilly le 1er novembre 1922. Devenu plus tard publiciste, romancier et auteur dramatique, il commença par faire des études d'ingénieur, mais délaissa rapidement les sciences pour le journalisme et commença de collaborer à différents journaux et périodiques : *Le Gaulois, L'Écho de Paris, L'Illustration* et *La Revue bleue*, où ses chroniques plurent par le côté brillant et volontiers caustique de leur esprit.

En 1894, Alfred Capus entra au *Figaro.* Il en devint le directeur politique en 1914 et ne le quitta plus jusqu'à sa mort. 1890 vit la publication de son premier roman *Qui perd gagne* — dans lequel on trouve, déjà immuable, la conception philosophique légère qu'il possédait de la vie : « un ibsénisme mis à la portée des midinettes, des cocottes et des banquiers ». Capus écrivit ensuite quelques essais (*Faux départ*, 1891 ; *Années d'aventures*, 1895, etc.). L'écrivain se lança dans le théâtre, en 1894, avec *Brignol et sa fille*, mais la pièce passa presque inaperçue. Enfin, après des alternatives d'insuccès et de succès médiocres, il connut le triomphe en 1901 avec *La Veine.* Dès lors, le public qui avait été charmé, au lendemain de l'affaire Dreyfus, par sa philosophie du « ça s'arrange » ne l'abandonna plus. En effet, Capus lui offrait l'amusante caricature de personnages, et il savait rendre ses pièces comiques par de spirituels échanges de propos. Citons encore *Les Maris de Léontine* (*), *Les Deux Écoles* (1902), *L'Adversaire* (1903), *Notre jeunesse* (1904), *Monsieur Piégeois* (1905), *Les Passagères* et *L'Attentat* en 1906, *Les Deux Hommes* et *L'Oiseau blessé* en 1908, *Hélène Ardouin* en 1913, *La Traversée* en 1920, etc. Alfred Capus fut reçu à l'Académie française le 28 juin 1917.

RÉF. : C. M. Noël, *La Bourgeoisie française et l'œuvre d'A. Capus*, s.d.

CARACALLA Marcus Aurelius (de son vrai nom Bassanius). Empereur romain. Né à Lyon le 4 avril 188, mort sur la route d'Édesse (Mésopotamie septentrionale) le 6 avril 217. Fils de Septime Sévère et de Julia Domna, il tira son surnom de Caracalla d'un long manteau gaulois qu'il aimait à porter. Après une enfance où il avait montré d'excellentes dispositions qui lui avaient valu l'affection du peuple et du Sénat, dès l'âge de treize ans il fut associé au gouvernement par son père ; mais on le suspecte d'avoir fait assassiner celui-ci. Proclamé empereur en 211 conjointement avec son frère Géta, il réussit d'abord à s'entendre avec lui pour partager l'Empire, mais il en fut empêché par sa mère. Caracalla reporta alors sa colère sur Géta, qu'il accusa de conspiration contre lui avant de le faire assassiner en 212 dans les bras de sa mère. Il fit également périr tous les affranchis de Géta et toutes les personnes qui s'étaient trouvées, en quelque façon, liées avec lui, y compris le célèbre jurisconsulte Papinien, ce qui ne l'empêcha pas, plus tard, de se retourner contre les exécuteurs de son frère et de placer celui-ci au rang des dieux. Cette tragédie n'est que la première d'une longue série de crimes (on estime à vingt mille les victimes de Caracalla !) qui furent moins d'ailleurs le fait d'un politique impitoyable que d'un déséquilibré. Ainsi, obsédé par l'exemple et l'imitation d'Alexandre et d'Achille, Caracalla, après un pèlerinage sur les ruines de Troie, ordonna l'assassinat de son favori Festus, afin d'avoir, lui aussi, un Patrocle à pleurer. Ambitieux de gloire militaire, il se rendit en Gaule pour attaquer les Germains, mais dressa bientôt toute l'armée et la population contre lui après avoir fait exécuter le gouverneur de la Narbonnaise. Mis en péril par les Celtes et les Alamans, il ne parvint à leur échapper qu'à prix d'or, mais finit tout de même par remporter une victoire : se posant soudain en allié des Alamans, il convoqua toute leur jeunesse, la fit cerner et massacrer, ce qui lui permit de prendre le titre d'Alemanicus. Ses exploits asiatiques ne furent pas moindres : il commença par faire enchaîner Abgare, roi d'Édesse, ami des Romains, pour lui voler ses États ; puis, s'étant rendu à Alexandrie pour y visiter le tombeau d'Alexandre, il apprit que les habitants de la ville se permettaient des railleries sur son compte : il les livra pendant plusieurs jours au pillage et au meurtre. Portant enfin son effort contre le roi des Parthes, avec lequel il venait de signer un traité, il ravagea son pays, et, satisfait, regagna Rome où il annonça au Sénat la soumission de l'Asie, occasion pour lui de s'adjuger le nouveau titre de Parthicus. Dès le début de son règne, il avait étendu à tous les hommes libres de l'Empire le titre de citoyen romain – *Édit de Caracalla* (*) (212) – non par idéologie, mais pour étendre l'assiette de l'impôt ! La ville de Rome lui dut cependant plusieurs monuments fastueux, en particulier les Thermes. Après six ans de règne, Macrin, préfet du prétoire, qu'il avait offensé, devait le faire assassiner.

RÉF. : Von Domaszewski, *Untersuchungen zur römischen Kaisergeschichte, Die Ermordung Caracallas,* 1902. – O. T. Schulz, *Der römische Kaiser Caracalla*, Leipzig, 1909. – E. Bickermann, *Das Edikt des Kaisers Caracalla*, 1926.

CARAGATSIS Mimis (pseud. de Rodopoulos). Romancier grec. Né et mort à Athènes (1908-14 septembre 1960). Étudiant en droit, il fait à vingt ans une entrée remarquée dans la littérature et, dès son premier roman, connaît la célébrité en créant la figure populaire du *Colonel Liapkine* (*) (1933), égalée ensuite par celle de *Junkermann* [*Γιου κερμαν*, 1940]. C'est l'un des écrivains les plus féconds de la « génération de 1930 » puisqu'il laisse à sa mort une douzaine de romans – citons *La Grande Chimère* [*Η μεγάλη χιμαιρα*, 1953] et les trois premiers tomes d'une fresque historique restée inachevée, *Le Monde qui meurt* [*Ο κόσμος που πεθαίνει*, 1944-1949] – mais aussi de nombreux volumes de nouvelles, des études historiques, des pièces de théâtre. Ses qualités de romancier, son aisance descriptive liée à une grande liberté de l'imagination, sont mises au service d'une conception anti-idéaliste de l'homme, dont il nous dépeint surtout le jeu des passions et des appétits. Marqué par la psychanalyse, Caragatsis fait de l'instinct sexuel le moteur de ses personnages, ce qui lui fut parfois reproché. La mort l'a interrompu dans la composition d'une œuvre monumentale, dont il n'a pu même achever le premier tome *Le 10,* [*Tό* 10, posth. 1962].

CARAGIALE Ion Luca. Écrivain roumain. Né à Haimanale le 29 janvier 1852, mort à Berlin le 9 juin 1912. Fils et neveu de directeurs de compagnies théâtrales, il fréquenta, à Ploesti, les premières classes de lycée, mais, suivant son instinct, il abandonna rapidement les salles de cours pour la scène. En 1871, on le rencontra à Bucarest comme souffleur, dans la troupe de son oncle Iorgu. L'activité littéraire de ce courageux autodidacte, aussi subtil et prompt à l'observation que lent et patient pour l'élaboration de ses intrigues et la formation expressive des caractères de ses personnages, se manifesta très tôt. En 1874, il donna des vers satiriques à la *Revue contemporaine ;* ensuite, avec Damé – un Français établi en Roumanie , il fonda le journal *Natiunea*, et la même année (1877) commença de collaborer au *Timpul*, où il se trouvera aux côtés de Slavici et d'Eminescu – vouant à ce dernier une admiration sans réserve. Sa carrière d'auteur dramatique débuta en 1875 par un drame : *Rome invaincue* [*Roma 'nvinsa*] ; les autres ouvrages se succédèrent à une cadence rapide : *Une nuit de tempête* (*), *Monsieur Léonidas face à la Réaction* [*Conul Leonida fatã cu réactiune*], *Une lettre perdue* (*), *La Calomnie* (*) et *Un cierge pour Pâques* (*) attestent la puissance tragique de leur auteur. Dramaturge, journaliste, Caragiale se vit refuser par deux fois l'entrée à l'Académie, qui s'obstinait à trouver des intentions immorales dans ses pièces. Pourtant il ne faisait que poursuivre, mais avec bien plus d'art, le but éducatif d'Alecsandri, portant à la scène la critique d'une société qui, ayant adopté des formes modernes – le libéralisme occidental par exemple – sans en avoir assimilé l'esprit, présentait, par ce fait même, quelque chose de caricatural. Repoussé par l'Académie, en lutte continuelle avec l'Hasdeu, accusé, sans fondement, de plagiat pour *La Calomnie* (1904), et après une tentative infructueuse dans le commerce (il avait ouvert une brasserie à Bucarest et un restaurant à Buzau), il partit s'installer à Berlin. Devant le succès croissant de son art auprès du public, en 1906, Bucarest voulut enfin l'honorer, mais il refusa toute distinction, et ce fut à Berlin qu'il mourut.

ROSETTA DEL CONTE.

♦ *« La principale originalité de Caragiale est que tous ses personnages sont des imbéciles* [...] *L'écart qu'il y a entre un langage aussi obscur qu'élevé et la ruse mesquine des personnages, leur politesse cérémonieuse et leur malhonnêteté foncière* [...] *font que finalement ce théâtre, allant au-delà du naturalisme, devient absurdement fantastique. »* Eugène Ionesco.

RÉF. : S. Cioculescu, *Viata lui Ion Luca Caragiale*, Bucarest, 1940, rééd. 1977. – I. Roman, *Caragiale*, Bucarest, 1964. – A. Călinescu, *Caragiale sau vîrsta modernă a literaturii*, Bucarest, 1976. – D. Schuppert, *L'Image de la société roumaine dans l'œuvre comique de Vasile Alecsandri et Ion Luca Caragiale*, Bonn, 1983.

CARAKA. Médecin indien. D'après la tradition, il fut le médecin personnel de l'empereur Kanishka (128-152), de qui il sauva la femme dans un cas critique. Mais nous savons, d'après l'œuvre même qui lui est attribuée, la *Caraka-Saṃhitā* (*), que le texte classique de l'ancienne médecine indienne a été revu, et surtout augmenté, au VIIIe ou au IXe siècle, par un médecin du Cachemire nommé Dridhabala. Il est intéressant de noter que l'une des preuves de l'influence réciproque de la médecine grecque et de la médecine indienne est la similitude qui existe entre le serment médical attribué à Hippocrate et celui de Caraka.

RÉF. : J. Filliozat, *The Classical Doctrine of Indian Medecine*, Delhi, 1965. – P.-V. Sharma, *Caraka-Cintana*, Varanasi, 1970.

CARCO Francis (pseud. de François Carcopino-Tusoli). Écrivain français. Né à Nouméa (Nouvelle-Calédonie) le 3 juillet 1886, mort à Paris le 26 mai 1958. Membre de l'académie Goncourt (1937). Poète et romancier, il a lui-même défini son inspiration dans ses souvenirs sur Katherine Mansfield : « Un romantisme plaintif où l'exotisme se mêle au merveilleux avec une nuance d'humour et de désenchantement. » Déclaration qui complète l'espèce de manifeste qu'il publie en 1912 pour présenter un groupe d'amis qui prendra le nom de « fantaisiste ». La fantaisie, c'est « un souci agréable de liberté spirituelle et sentimentale qui permet de donner au monde des aspects imprévus ». Son premier recueil, *La Bohème et mon cœur* (+) (1912), répond à ces déclarations et sera suivi de bien d'autres dont *Vers retrouvés* (+) (1920-23), *Petite suite sentimentale* (+) (1923-37) – v. *Poésies* (*) –, *Mortefontaine* (1946) et *Poèmes en prose* (1948) où la voix tendre de Gérard de Nerval semble parfois se faire entendre. Il se fera par la suite le biographe de ce poète (1955). Dans *Scènes de la vie de Montmartre* (1919) et *À voix basse* (1938) ainsi que dans ses biographies d'Utrillo (1938) et d'autres peintres, il évoque ses souvenirs du temps où il vivait à Montmartre parmi les peintres de son époque. Le succès, c'est grâce à ses romans qu'il l'a connu. Y passent la femme étrange, les mauvais garçons et les filles dites de joie. Les plus célèbres de ces romans sont : *Jésus la Caille* (*) (1914), *L'Homme traqué* (*) (1922), *L'Ombre* (1933), *Brumes* (1935). Au-delà de l'exotisme et d'une couleur locale dont le cinéma de l'époque s'est emparé, l'œuvre romanesque traduit par son style même certaines des tendances psychologiques de Francis Carco, que l'on découvre au détour d'aveux comme ceux où il parle de « la secrète et mystérieuse ivresse que distillait la solitude » ou « je ne vis que de tourment et d'inquiétude et, j'ai beau faire, je n'y peux rien ». En même temps se fait jour une aspiration à un ailleurs que reflètent certains décors, celui « des rues obscures, des bars, des ports retentissant des appels des sirènes, des navires en partance et des feux dans la nuit ». Romantisme des bas-fonds allié à une sorte de naturalisme traité en poète, telles sont les caractéristiques de cette œuvre dont l'apparente dureté cache une secrète tendresse.

GUY LE CLEC'H.

CARCOPINO Jérôme. Historien français. Né à Verneuil-sur-Avre (Eure) le 27 juin 1881, mort à Paris le 17 mars 1970. Dans ses *Souvenirs romains* (1968), il a raconté son passage à l'École française de Rome de 1904 à 1907, après des études au lycée Henri-IV et à l'École normale supérieure (il obtint l'agrégation d'histoire et de géographie), et expliqué comment naquit sa passion pour l'histoire romaine. Il devait servir celle-ci pendant plus d'un demi-siècle, à Alger, puis à Paris, et en qualité de directeur de l'École française de Rome. Sa thèse sur *Virgile et les Origines d'Ostie* (1919), même si elle est discutée et discutable, montrait à quel point Jérôme Carcopino aimait s'écarter du conformisme et soumettre l'histoire romaine à la critique et à la comparaison des documents et des sources ; combien il avait plaisir à présenter des thèses et des hypothèses inédites, souvent hardies, toujours ingénieuses, avec une autorité, une conviction et une chaleur qui emportaient l'adhésion et jetaient un jour nouveau sur des énigmes apparemment indéchiffrables. Dans *Silla ou la Monarchie manquée* (1931), il éclaire les prémices du passage de la République à l'Empire romain. Dans *Passion et politique chez* *les Césars* (1958), il démontre que Césarion n'était pas le fils de César et de Cléopâtre, mais de Marc Antoine. Il démasque dans *Les Secrets de la correspondance de Cicéron* (1947) les hypocrisies du célèbre orateur. Dans *Alésia ou les Ruses de César* (1958), il met un terme à la polémique entre érudits sur la véritable bataille perdue par Vercingétorix. Carcopino s'intéressait également à la religion romaine, lui consacrant plusieurs ouvrages : *La Basilique pythagoricienne de la Porte Majeure* (*) (1927), *Aspects mystiques de la Rome païenne* (+) (1940), *De Pythagore aux apôtres* (+) (1956). Il savait mêler, dans *La Vie quotidienne à Rome à l'apogée de l'Empire* (*) (1939), l'enquête scientifique de très haut niveau et l'excellente vulgarisation. Entre 1940 et 1944, l'historien se ralliera au régime de Vichy (il fut ministre de l'Éducation nationale et de la Jeunesse dans le gouvernement du maréchal Pétain de 1941 à 1942) ; épisode vite effacé par un non-lieu en 1945, une réhabilitation en 1947 et une élection à l'Académie française en 1955. Après Théodore Mommsen, qui fut prix Nobel de littérature en 1902, Jérôme Carcopino fut l'un des grands historiens de la Rome antique du XXe siècle.

JOËL SCHMIDT.

CARDAN Jérôme (Girolamo Cardano). Né à Pavie (Lombardie), le 24 septembre 1501 (selon Bertoldi en 1506), mort à Rome le 21 septembre 1576. Issu de l'union illégitime (légitimée en 1524) de Clara Micheri et du juriste et docte mathématicien milanais Fazio, ami de Léonard de Vinci. Grandi au milieu des mauvais traitements, des maladies et de toutes sortes de malheurs, il montra des dons précoces et extraordinaires pour les études, et était déjà célèbre comme astrologue et mage, avant de donner des preuves de « son esprit plus que divin » dans les sciences naturelles et les mathématiques. En 1526, ayant à peine obtenu le titre de docteur en médecine à Padoue, il commença à exercer à Saccolongo près de Padoue. Guéri de tous les troubles sexuels qui avaient fait de sa jeunesse un tourment, il se maria. En 1534, il obtint la chaire de mathématiques à Milan, mais continua d'étudier la médecine, qu'il mêla à des pratiques d'astrologie et de magie. Son premier traité de médecine *De Malo recentiorum medicorum medendi usu* (1536), et son premier écrit sur la science des mathématiques : *Pratique arithmétique* [*Practica arithmetice et mensurandi singularis,* 1539], présentent déjà les caractères principaux de son immense production, réunie en dix volumes in-folio sous le titre de *Hieronymi Cardani, Opera omnia* (Lugduni, 1663) ; le style en est toujours alambiqué et confus, mais devient tout à fait abscons dans certaines œuvres touchant à l'astrologie. Sa culture encyclopédique et son intelligence puissante bien qu'alliée à une enfantine crédulité lui permirent d'écrire sur les sujets les plus divers : c'est ainsi qu'on a de lui une *Métoposcopie* [*Metoposcopia,* 1558 ; trad. fr. 1658], traité sur la morphologie humaine, et *La Science du monde ou la Sagesse civile* [*Arcana politica, sive de Prudentia civili liber,* 1635 ; trad. 1652], œuvre de sociologie. S'étant aperçu que Niccolo Tartaglia connaissait la règle de résolution des équations du troisième degré, il réussit à se la faire communiquer sous la promesse formelle de ne pas la divulguer et d'introduire en échange Tartaglia dans les cercles des humanistes. Lorsque Cardan apprit que le Bolonais Scipione del Ferro avait découvert auparavant la même formule, il se considéra délié de son serment, et divulgua la découverte dans son *Grand art ou les Règles algébraïques* (*), œuvre capitale dans l'histoire des mathématiques, où Cardan, avec un art qui n'a rien de celui du plagiaire, amorce en outre la théorie des équations algébriques. Il se fit ainsi un ennemi mortel de Tartaglia, dont les écrits ont largement contribué à répandre auprès de la postérité la légende d'un Cardan malhonnête et corrompu. En 1550 parut *De la subtilité* [*De subtilitate*], et, en 1557, le grand supplément à cette œuvre : *De la variété des choses* (*), les deux encyclopédies les plus achevées de Cardan, et qui connurent un rapide succès. En 1560, un coup terrible l'atteignit : son fils aîné, accusé d'avoir tué sa femme, fut exécuté à Pavie. Voyant dans cette condamnation la main de ses ennemis, il prit la ville en horreur, demanda et obtint une chaire à la faculté de Bologne (1562). En 1570, le tribunal de l'Inquisition le fit emprisonner sous l'inculpation d'avoir tiré l'horoscope de Jésus-Christ. Libéré, il lui fut toutefois interdit de tenir des conférences. En 1571 il s'établit à Rome, entra dans les bonnes grâces du pape, et en obtint un viager qu'il conserva jusqu'à sa mort, survenue, dit-on, le jour même où il l'avait prévue. Il raconte lui-même dans *Ma vie* (*), confession sincère jusqu'à l'impudeur, cette existence de visionnaire, curieux mélange de superstition médiévale et de géniales anticipations.

MARIO GLIOZZI.

RÉF. : Jérôme Cardan, *Ma vie,* trad. fr. 1937. — Angelo Bellini, *Girolamo Cardano e il suo tempo,* Milan, 1947. — J. Lucas-Dubreton, *Le Monde enchanté de la Renaissance ; Jérôme Cardan l'halluciné,* 1954. — A. Corsano, « *Jérôme Cardan et l'Utopie* » in *Les Utopies de la Renaissance,* Bruxelles, 1963.

CARDARELLI Nazareno, dit **Vincenzo.** Poète et journaliste italien. Né à Corneto Tarquinia le 1er mai 1887, mort à Rome le 15 juin 1959. Venu très tôt de sa ville natale étrusque à Rome et ayant débuté dans le journalisme (auquel il retournera par intermittence, comme critique dramatique au *Tempo* et au *Tevere,* puis comme directeur de l'hebdomadaire *La Fiera letteraria*), il va connaître un succès prodigieux à partir de 1919 et de la fondation de la revue *La Ronda,* qui préconise un retour aux classiques, et notamment à Leopardi, par opposition au désordre littéraire des « Milanais ». Faisant figure de chef d'école, noctambule impénitent et causeur passionnant, il agit plutôt par son exemple que par ses recueils poétiques, marqués pourtant par un subjectivisme autobiographique et par une imagerie aussi précieuse : *Voyages dans le temps* (*) (1920), *Fables et Mémoires* [*Favole e memorie,* 1924], l'ensemble de sa production poétique étant finalement réuni en 1942 dans *Poésie.* Quelques autres volumes rassemblent ses articles volontiers polémiques, tels *Paroles à l'oreille* [*Parole all'orecchio,* 1931] ou *Lettres non envoyées* [*Lettere non spedite,* 1946], aussi bien que des reportages : *Le Voyageur insociable* [*Il viaggiatore insocievole,* 1953] ou *Voyage d'un poète en U.R.S.S.* [*Viaggio d'un poeta in Russia,* 1953].

NINO FRANK.

CARDINAL Marie. Romancière française. Née le 9 mars 1929 à Alger. « Je suis une femme impudique, mais décente », dit d'elle-même Marie Cardinal. Impudique, en effet et d'une salutaire façon, elle le fut surtout avec le roman autobiographique *Les Mots pour le dire* (*) qu'elle écrivit en 1975. Marie Cardinal ouvrit alors une nouvelle brèche dans la littérature contemporaine : elle y introduisit la psychanalyse. Enfant d'un couple divorcé, la petite Marie vécut entourée de femmes, avec sa mère Solange de Talbiac. Chrétienne dans la plus pure tradition, corsetée de principes, celle-ci entretenait des rapports distants et hostiles avec un ex-mari qu'elle considérait comme un débauché et à qui elle reprochait de lui avoir caché sa grave maladie. Plus tard, en France, Marie construit une vie de couple difficile, bancale. Elle est atteinte de troubles gynécologiques récurrents et mystérieux que nulle médecine ne parvient à soigner. Avec *Les Mots pour le dire*, qui connaîtront un immense succès, l'auteur raconte de l'intérieur le cheminement qui, grâce à la psychanalyse, la fit progressivement sortir d'un terrible état de confusion physique et mentale. La carrière littéraire de Marie Cardinal fut d'abord émaillée de travaux effectués au service d'autres auteurs, notamment Lucien Bodard pour *Monsieur le consul* (*) et *Mao* : une expérience dont elle dit avoir beaucoup appris. Cette période de sa « carrière » explique peut-être qu'elle soit ensuite devenue présidente du Syndicat des écrivains de langue française, le S.E.L.F., où elle défendra la condition et le statut des « nègres ». *Écoutez la mer,* son premier roman, écrit en 1962, raconte une simple histoire d'amour, mais on y trouve déjà la justesse de ton et la finesse d'analyse qui caractérisent cet écrivain. *La Clé sur la porte* date de 1972. C'est le livre d'une époque : la tentative des « enfants de mai 68 » de construire une vie nouvelle. Marie Cardinal y relate une existence « décloisonnée », la sienne, au cœur de laquelle se trouve son appartement, à la porte toujours ouverte, où viennent se confier et se rassurer les adolescents en mal de parole et de chaleur humaine. En 1978, elle publiera *La Vie à deux.* Elle continuera ensuite avec *Le Passé empiété* en 1983, et *Les Grands Désordres* en 1987 (où le narrateur est un « nègre »), d'analyser les grands problèmes qui se posent à l'âme humaine au cours d'une vie : la culpabilité, le trouble créé par la mort d'un être cher. Comme si l'analyse de sa propre existence s'étendait progressivement à l'humanité entière.

NICOLAS ROMÉAS.

CARDOSO Lúcio. Romancier, poète, dramaturge et peintre brésilien. Né à Curvelo (Minas Gerais) le 14 août 1912, mort à Rio de Janeiro le 24 septembre 1968. Le nom de Lúcio Cardoso est associé avant tout à son chef-d'œuvre romanesque, *Chronique de la maison assassinée* (1959) (*). L'un des tempéraments les plus forts et les plus singuliers de sa génération, il a laissé une œuvre foisonnante, qui fait de lui un « expressionniste tropical ». Autodidacte, il fut un grand lecteur de Dostoïevski et des auteurs russes, des anglais, de Julien Green, puis de Faulkner. Il traduira en portugais Emily Brontë, Jane Austen et Daniel Defoe. S'il a vécu, écrit et publié son œuvre à Rio de Janeiro, il a toujours gardé un amour-haine pour le Minas Gerais de son enfance, région montagneuse marquée par la piété baroque catholique, région dont la « force brutale » et le « pouvoir de légende » n'ont pas cessé d'alimenter son imaginaire. Il fit ses débuts en littérature en 1934 avec un roman, *Malaria* [*Maleita*], transposition littéraire de la fondation de la ville de Pirapora par son père. Ce livre, trop rapidement assimilé au courant régionaliste en vogue à l'époque, annonçait déjà la violente transfiguration du réel que Cardoso pratiquerait plus tard. Son second roman, *Salgueiro* (1935), étonna les critiques en se démarquant du réalisme de dénonciation sociale alors que le cadre de l'action se passait justement dans la « favela » de Salgueiro à Rio. Ce bidonville y prend une dimension de métaphore du péché des hommes plus que de symbole de leur aliénation économique. Cardoso fut alors assimilé au courant littéraire spiritualiste qu'incarnaient Octávio de Faria et Cornélio Penna. De fait, il trouva son ton dans un roman visionnaire au titre révélateur *La Lumière du sous-sol* [*A luz no subsolo,* 1936], qui devait ouvrir un cycle appelé « La Lutte contre la mort ». Ce texte touffu culmine dans la peinture de l'hallucination comme seule échappatoire devant la douleur. Les personnages étant manipulés par des forces occultes, leurs actes ne sont qu'apparences, et tous se débattent dans une véritable « saison en enfer ». En 1943, Cardoso publie une sorte d'éducation sentimentale, *Les Jours perdus* [*Dias Perdidos*], roman fortement autobiographique, mal résolu.

Parallèlement au roman, Cardoso a cherché sa voie dans une poésie d'un rythme ample, fécondée par des images fulgurantes, porteuse d'inquiétudes existentielles (*Poesias,* 1941 ; *Novas Poesias,* 1944 ; *Poemas inéditos,* posthume, 1982). Il a consacré également diverses années de sa vie au théâtre comme auteur dramatique et comme metteur en scène de la troupe « Os Comediantes ». *L'Esclave* [*O Escravo,* 1944], *La Corde en argent* [*A Corda de Prata,* 1947] et *Angélica* (1950) sont des pièces qui se rattachent à la tradition du drame psychologique où la violence et le grotesque se veulent porteurs de lucidité. Très proche de la naissance du « cinema novo », il s'est lancé dans le cinéma d'auteur. Insatisfait de ces tentatives, il revenait à la prose avec des nouvelles troublantes, des portraits corrosifs tels que *Les Mains vides* [*Mãos vasias,* 1938], *L'Inconnu* [*O Desconhecido,* 1940], *L'Amphithéâtre* [*O Anfiteatro*] et *Professora Hilda* (1946) et une série de récits sataniques autour du personnage ambigu d'*Inácio* (1944) et de *L'Ensorcelé* [*O Enfeitiçado,* 1954]. Privé de la parole et de la faculté d'écrire après une attaque d'hémiplégie en 1962, Cardoso fit de la peinture, alliant un dessin aux déformations criantes et un registre chromatique vibrant. Le climat qui se dégage de ces toiles n'est pas sans rappeler celui de son œuvre romanesque.

Avec la *Chronique de la maison assassinée,* Cardoso réussit à construire un roman polyphonique en se servant de lettres, témoignages, confessions et fragments de journal intime des différents personnages. Une tragédie familiale y prend des allures de fable mythologique. La décadence d'une famille traditionnelle du Minas Gerais, la relation incestueuse d'une mère avec son fils, l'incarcération d'un travesti « fou » et apoplectique, les ravages du cancer, sont autant d'éléments de cette chronique de la désagrégation d'une société et du démantèlement des êtres. Le texte n'en perd pas pour autant son unité organique qui provient d'un réseau serré d'images lancinantes.

Cardoso apparaît encore aujourd'hui au Brésil comme un auteur maudit. Mais comment aurait-il pu atteindre les frontières de la lucidité de la folie sans se livrer au dérèglement des sens qui lui a permis de se situer à la charnière du « réel » et du rêve éveillé ? Pour ce visionnaire, il n'était pas d'œuvre d'art sans obsessions, de celles qui tyrannisent jusqu'aux marches de la mort, comme en témoigne son *Journal* [*Diário,* 1961, et *Diário completo,* 1970], « Itinéraire d'émotions déjà mortes » au « style hybride », à la frontière de la fiction, où il atteint le ton du poème en prose.

MARIO CARELLI.

RÉF. : Mario Carelli, *Corcel de fogo : Vida e Obra de Lúcio Cardoso,* Rio de Janeiro, Guanabara, 1988.

CARDUCCI Giosuè. Poète et critique italien. Né le 21 juillet 1835 à Valdicastello en Versillia (Toscane), mort le 16 février 1907 à Bologne (Émilie). Son père était médecin et carbonaro. Giosuè fit ses études supérieures à l'École normale de Pise, et obtint en 1856 le certificat d'aptitude au professorat, avec une dissertation, *De l'influence provençale dans la poésie lyrique italienne du* XIII*e siècle* [*Dell'influenza provenzale nella lirica italiana del secolo* XIII]. En 1855, il avait publié un premier livre, une anthologie intitulée *La Harpe du peuple* [*L'arpa del popolo*]. Carducci était anticonformiste et d'esprit très vif ; le conservatisme de la Toscane d'alors, le romantisme catholique de son père, l'étroitesse spirituelle de l'École normale en firent un anticatholique et un antiromantique intolérant ; il prit une orientation classique et humaniste. Il enseigna quelque temps, et devait plus tard parler de cette expérience dans ses pages autobiographiques, *Les Ressources de San Miniato* [*Le risorse di San Miniato*]. En 1856, il publia avec des amis un opuscule de violente polémique antiromantique, *Sur Braccio Bracci et autres poètes italiens ultra-modernes* [*Di Braccio Bracci e degli altri poeti nostri modernissimi e lor difensori*], écrit en grande partie par Carducci. En 1857, il fit paraître son premier recueil de *Rimes* [*Rime*], plus tard repris dans l'édition complète des *Poésies* [*Poésie*, 1902] sous le titre de *Juvenilia*. Il est utile de préciser d'avance que Carducci a définitivement classé sa production lyrique dans les livres suivants : *Juvenilia* (1850-1902), *Levia Gravia* (1861-1871), *Iambes et Épodes* (*) (1867-1871), *Rimes nouvelles* (*) (1861-1887), *Odes barbares* (*) (1877-1889) et *Rimes et Rythmes* (*) (1887-1889) ; il faut y ajouter les poésies de jeunesse recueillies dans la deuxième édition des *Œuvres*. Carducci avait le culte de la grande tradition italienne antérieure au romantisme, et de l'art classique. Dans les classiques antiques il voyait non seulement des maîtres, mais l'incarnation de l'idéal d'une humanité vigoureuse, en harmonie avec la nature et le monde. En 1859, il épousa Elvira Menicucci, et fonda la même année un périodique littéraire, *Il Poliziano* ; celui-ci vécut peu de temps, mais fit connaître les travaux critiques de Carducci, qui lui valurent la chaire d'éloquence à l'université de Bologne. À dater de cette époque, sa renommée comme critique et poète ne fit que croître. Sur le plan politique, il fut attiré par l'idéologie républicaine et démocratique, teintée de jacobinisme et d'anticatholicisme ; cette pensée s'exprime en de nombreuses pages de prose et dans le recueil lyrique de *Levia Gravia*, dans *Les Décennales* [*Decennalia*, 1871], ensuite dans *Iambes et Épodes*, dont certains sont d'une violence particulière : *Après Aspromonte* [*Dopo Aspromonte*], le célèbre *Hymne à Satan*, *Pour Eduardo Corazzini* [*Per Odoardo Corazzini*], *Pour Giuseppe Monti et Gaetano Tognetti*, *Consulte héraldique* [*Consulta araldica*], *En* *souvenir de la mort de Giovanni Cairoli* [*In morte di Giovanni Cairoli*], *Pour Vincenzo Caldesi*, *À propos du procès Fadda* [*A proposito del processo Fadda*], *Fêtes et Oublis* [*Feste e oblii*].

En 1882-84, Carducci fit paraître les trois volumes de *Confessions et Batailles* (*), où se trouvent réunis ses écrits de polémique. Entre 1871 et 1890 parurent la plupart des poésies citées plus haut ; dans *Rimes nouvelles* il se laisse aller à un ton intime ; on dirait presque qu'il se réconcilie avec le romantisme ; ou il reprend la polémique historique, nationale et révolutionnaire des *Iambes* comme dans *Faida di Comune*, *Commune rustique* [*Comune rustico*], *Le Chant de Legnano* (*), et dans les sonnets *Ça ira*. Dans les *Odes barbares*, il montre un classicisme d'un ton révolutionnaire, et parvient à une orchestration de sa poésie spirituellement plus sûre et plus haute. Devenu plus réaliste, Carducci comprend la valeur de l'institution monarchique en Italie, et écrit l'ode *À la reine Marguerite* [*Alla regina Margherita*, 1878], qui parut à certains une trahison. Carducci fit le point plus tard dans un essai polémique en prose *L'éternel féminin règne* [*Eterno femminino regale*, 1881]. En 1890 Carducci fut nommé sénateur, et en 1899 parurent *Rimes et Rythmes* (*), poésies graves, solennelles, teintées de nostalgie et d'une vague angoisse. Parallèlement à son activité de poète, Carducci étudiait l'histoire italienne du XIIIe siècle au XIXe ; citons dans ce domaine : *Sur les poésies toscanes de M. Angelo Poliziano* [*Delle poesie toscane di M. Angelo Poliziano*, 1857-1863] ; les cinq discours *Du développement de la littérature nationale* [*Dello svolgimento della letteratura nazionale*, 1868-1871] ; *L'Histoire du « Jour »* [*Storia del « Giorno »*] et les essais sur *Le Grand Parini et le Petit Parini* [*Parini maggiore, Parini minore*] ; de nombreux discours, tels que *Devant la tombe de F. Pétrarque* [*Presso la tomba di F. Petrarca*, 1874], *Aux parentalies de G. Boccace* [*Ai parentali di G. Boccaccio*, 1875], *L'Œuvre de Dante* [*L'opera di Dante*, 1888], *À rappeler* [*Da ricordale*], *Pour la liberté perpétuelle de San Marino* [*Per la libertà perpetua di San Marino*, 1894], et celui, célèbre entre tous, *Pour la mort de Garibaldi* [*Per la morte di G. Garibaldi*, 1882]. Il convient de citer également des écrits de polémiques variées publiés dans *Ébauches et Teintes* [*Bozzetti e scherme*] et dans *Confessions et Batailles* ; les Préfaces à *Juvenilia*, *Levia Gravia* et aux *Iambes et Épodes* [*Giambi ed epodi*], les *Polémiques sataniques* [*Polemiche sataniche*, 1869] ; *Critique et Art* [*Critica e arte*, 1874], *Nouvelle polémique* [*Novissima polemica*, 1878] ; *Rapisardiana* (1881), *Cendres et Étincelles* [*Ceneri e faville*]. Les années 1900-1907 virent le déclin du poète ; une attaque de paralysie partielle le frappa en 1899 ; en 1904, il dut abandonner l'enseignement ; il avait déjà vendu sa bibliothèque et sa maison. Il reçut une pension du gouvernement, et en 1906, premier des écrivains italiens, il se vit attribuer le prix Nobel de littérature.

DANIELE MATTALIA.

♦ *« Le divin Carducci. »* Maurras. ♦ *« Nous sentons dans ses vers le souffle large de sa puissante poitrine qui nous soulève du monde matériel et nous transporte dans le monde idéal, là où (comme il l'écrivit autrefois dans une lettre) en un instant on embrasse et on plaint l'univers. »* B. Croce. ♦ *« Souvent, il ne sait pas critiquer, mais il sait toujours lire. L'angle sous lequel il aborde un livre est le plus exact. »* Serra.

RÉF. : G. Chiarini, *Memorie della vita di Giosuè Carducci*, Firenze, 1903. – P. de Bouchaud, *Giosuè Carducci*, 1908. – M. Muret, *Les Contemporains étrangers*, t. I, 1914. – G. Maugain, *G. Carducci et la France*, 1914. – B. Croce, *La letteratura della nuova Italia*, t. II, Bari, 1915. – G. Papini, *L'uomo Carducci*, Bologne, 1915. – D. Mattalia, *L'opera critica di Giosuè Carducci*, Gênes, 1933. – G. Getto, *Carducci e Pescali*, 1957. – L. Russo, *Carducci senza retorica*, Bari, 1957. – R. Bruscagli, *Carducci nelle lettere, Il personaggio e il prosatore*, Bologne, 1972. – W. Binni, *Carducci e altri saggi*, Turin, 1980. – R. Sirri, *La poesia giambica di Carducci*, Naples, 1983. – U. Carpi (aux soins de), *Carducci poeta*, Actes du Congrès Pietrosanto et Pise (1985), Pise, 1987. – A. Piromalli, *Introduzione a Carducci*, Rome-Bari, 1988.

CARÊME Maurice. Poète belge d'expression française. Né à Wavre le 12 mai 1899, mort à Anderlecht le 15 janvier 1978. D'une extrême fécondité, abondamment traduit dans le monde, il est bien connu des écoliers pour qui il a écrit une large part de son œuvre. Mais il convient de ne pas oublier qu'il fut un élégiaque tendre, un fantaisiste souvent malicieux, un laudateur de la vie simple et des réalités quotidiennes. Il a tôt répudié les hasards du modernisme, sensibles dans ses *Chansons pour Caprine* (+) (1930), pour chanter dans une langue dépouillée et une prosodie toute classique la joie de vivre, les humbles choses familières et son Brabant natal. Son premier livre, *63 Illustrations pour un jeu de l'oie* (+) est de 1925 et son chef-d'œuvre, *Mère* (*), de 1935. Parmi une cinquantaine de recueils, souvent illustrés par des artistes de talent, mais où tout n'est pas exempt de facilité, citons *Petite Flore* (+) (1937), *La Lanterne magique* (1947), *La Maison blanche* (1949), *La Voix du silence* (1951), *Heure de grâce* (1957) et *La Bien-Aimée* (1967). Conteur, il a écrit *Le Royaume des fleurs* (1934), les *Contes pour Caprine* (1948) et *Le Ruban Pompadour* (1961), ainsi que les romans *Le Martyre d'un supporter* (1928), *Un trou dans la tête* (1964) et *Medua* (1976). Prince en poésie à Paris en 1972, lauréat de nombreux prix littéraires, il a été mis en musique par plus de cent compositeurs, dont Milhaud, Poulenc et Carl Orff.

ANDRÉ GASCHT.

CARISSIMI Giacomo. Compositeur italien. Né en 1605 (baptisé le 18 avril) à Marino près de Tivoli (province de Rome), mort le 12 janvier 1674 à Rome. Il fut en Italie, comme Schütz en Allemagne, le premier grand compositeur d'oratorios, et, dans l'ensemble, l'un des plus grands musiciens italiens du XVIIe siècle. De famille modeste – il était fils d'un tonnelier–, il fut, après des études sur lesquelles nous manquons de documents, chantre, en 1623, et organiste, de 1625 à 1627, à la cathédrale de Tivoli ; peut-être maître de chapelle du Sacro Convento d'Assise pendant quelques années, et enfin professeur de musique au collège germanique-hongrois de l'église Saint-Apollinaire à Rome, pendant quarante-quatre ans, de 1630 à sa mort. Il appliqua, après Emilio de Cavalieri, le style du récitatif au genre sacré. La majeure partie de son œuvre, notamment les oratorios, date certainement de la longue période romaine ; pour une chronologie plus précise, on peut seulement établir qu'en 1650, date de la publication de la *Musurgia Universalis* de Kicher où il est mentionné, il jouissait déjà d'une grande notoriété ; que son oratorio *Jephté* (*) était alors composé ; qu'au cours de la saison 1655-1656 fut exécuté, au Collège germanique, *Le Sacrifice d'Isaac* [*Sacrificio d'Isacco*], et que *La Plainte des damnés* [*Lamentatio damnatorum*], ainsi que *Le Jugement de Salomon* [*Giudizio di Salomone*] existaient, respectivement, depuis 1665 et 1669. De ses oratorios, on connaît *Histoire de Job* [*Job*], *Ézéchiel* [*Ezechia*], *Le Jugement de Salomon* [*Giudizio di Salomone*], *Balthazar, David et Jonathas, Abraham et Isaac* (+), *Jonas* (*), *Le Déluge universel* [*Diluvium universale*], *Le Dernier Jugement de Dieu* [*Extremum Dei judicium*], *La Félicité des bienheureux* [*Felicitas beatorum*], *Lucifer, Les Martyrs* [*Martyres*]. L'authenticité de *David et Jonathas* et du *Jugement de Salomon* est contestée par certains, mais celle du second semble néanmoins évidente. Carissimi a laissé, en outre, des recueils de musique sacrée : *Missae 5 voces et 9 voces ; Cum selectis quibusdam cantionibus 4 voces* (Cologne, 1675) ; motets à 1 et 3 voix avec basse continue, épars en divers recueils du temps ; mais une œuvre théâtrale, *Le amorose passioni di Fileno*, représentée en 1647 à Bologne, a été perdue. On possède également de Carissimi un essai didactique, *Ars cantandi*, dont seule une traduction allemande fut publiée à Augsbourg en 1696.

♦ *« S'il ne fut pas l'inventeur de la cantate proprement dite, on peut du moins le considérer comme un des maîtres qui contribuèrent le plus efficacement à en perfectionner les formes. »* J. Fétis. ♦ *« Carissimi est un mélodiste élégant, et aussi un imagier appliqué comme ses contemporains, parfois avec une minutie excessive, à suivre les nuances d'un texte ; il a surtout un talent dramatique supérieur. »* Jules Combarieu.

RÉF. : M. Brenet, *Les Oratorios de Carissimi*, dans *Rivista musicale italiana*, 1897. – H. Quittard, *Giacomo Carissimi*, dans *La Tribune de Saint-Gervais*, 1900. – A. Cametti, *Primo contributo per una biografia di Giacomo Carissimi*, ibidem, 1917.

CARITÉO (Benedetto Gareth). Poète italien. Né vers 1450 à Barcelone, mort à Naples en 1514. Il quitta l'Espagne à dix-sept ans et vint terminer ses études à Naples. Son agréable tournure et son intelligence ouverte lui valurent sympathie et protection : il fut présenté à la cour et admis à l'académie de Pontano où il connut Sannazar et Galateo ; c'est là également qu'il choisit son nom, Ami des Grâces. En 1486 il est gardien du sceau royal, puis succède à Pontano comme secrétaire du roi Ferdinand II. L'arrivée de Charles VIII dispersa le cénacle napolitain, et Caritéo suivit son souverain en exil en 1495. Il rentra à Naples avec lui, mais le roi mourut bientôt, et le retour des Français le chassa vers Rome où il se lia avec les lettrés qui se réunissaient dans les jardins Colocci. Il regagna Naples lorsque les Aragonais la reprirent et devint, grâce à Gonzalve de Cordoue, gouverneur de Nola. Il vécut sans faste, ayant une nombreuse famille à sa charge, et consacra ses dernières années à la correction de ses œuvres. Son recueil de poèmes pétrarquisants, *Endymion* (*), connut un grand succès ; il composa, en outre, *Pasca* et *Métamorphoses*, faits de courts poèmes célébrant la magnificence du règne passé.

CARLETTI Francesco. Négociant et écrivain florentin. Né et mort à Florence (1573 ou 1574 -12 janvier 1636). En 1594, son père l'emmena avec lui aux îles du Cap-Vert pour y acheter des esclaves et les revendre en Colombie. Ils traversèrent ensuite l'océan Pacifique, abordèrent aux Philippines, et de là poursuivirent leur route jusqu'au Japon et à Macao. En 1598, Carletti, qui s'était établi à Goa, repartit pour son pays avec une cargaison de produits orientaux précieux ; près de l'île de Sainte-Hélène, il fut attaqué par des Hollandais, fait prisonnier et emmené en Hollande. Revenu enfin à Florence, il remplit une charge à la cour des Médicis, fut envoyé en mission commerciale en Hollande et consulté sur les questions économiques et financières du Grand-Duché. Vers la fin de sa vie, Carletti écrivit les *Raisonnements* (*), œuvre d'un grand intérêt géographique et historique, et d'un style admirable.

RÉF. : G. Sgrilli, *Francesco Carletti*, Rocca San Casciano, 1905.

CARLYLE Thomas. Écrivain anglais. Né le 4 décembre 1795 à Ecclefechan, en Écosse, mort à Londres le 4 février 1881. Bien que descendant direct d'une famille noble – ses ancêtres furent lords sous David II –, Thomas Carlyle était fils d'un pauvre maçon, mais, comme il montrait une vive passion pour les études, on l'envoya à l'université d'Édimbourg, où il lut avidement les écrivains français « éclairés », ce qui le conduisit à une violente crise morale : l'athéisme lui répugnait, mais il ne parvenait plus à retrouver la foi de son enfance. C'est alors que, le livre de Mme de Staël, *De l'Allemagne* (*), lui étant tombé entre les mains, il décida d'étudier l'allemand pour lire les philosophes et les poètes germaniques dans le texte original.

Grâce à la philosophie idéaliste, Carlyle retrouva un équilibre intérieur ; elle devint pour lui un pivot sur lequel il pouvait fixer ses convictions et ses espérances. Dès lors, et pendant plusieurs années, les poètes et les penseurs allemands représentèrent pour lui la seule source d'inspiration possible ; il s'estima le héraut du germanisme, le porte-parole d'une nouvelle philosophie qui interpréterait l'activité artistique comme une discipline capable de faire naître de grandes puissances morales. Il traduisit en anglais *Les Années d'apprentissage de Wilhelm Meister* (*) de Goethe et ses *Années de pèlerinage de Wilhelm Meister* (*) ; il écrivit une *Vie de Schiller* [*Life of Schiller,* 1825], dont il vantait la grandeur morale et la noblesse de caractère. Il s'occupa de la rédaction d'une anthologie d'auteurs allemands, et travailla à une histoire de la littérature allemande qu'il laissa d'ailleurs inachevée. Depuis ses années d'université, il connaissait Jane Welsh, jeune fille d'une intelligence brillante et d'une situation matérielle supérieure à la sienne. Il l'épousa après des fiançailles longues et orageuses (1826) et leur union, ainsi qu'il ressort de leur correspondance, ne fut pas heureuse ; sans doute le caractère emporté et intolérant de Carlyle fut-il pour quelque chose dans cet échec.

En 1833-1834, il publia par livraisons *Sartor Resartus* (*), curieux roman que Taine jugea être un mélange de baroque et de mysticisme, d'ironies féroces et de tendres pastorales. Malgré sa mordante originalité, ce livre n'éveilla que peu d'intérêt, tandis que l'*Histoire de la Révolution française* (*), parue quelque temps après, marqua le début de la grande renommée de Carlyle, et peut, actuellement encore, être considérée comme le monument le plus important de l'historiographie romantique. Carlyle apparaît là, en effet, dans toute sa puissance ; le récit se déroule comme un roman passionnant ; les personnages sont fouillés comme des portraits et acquièrent une présence vivante sur des fonds riches de couleurs et de mouvement. Cependant la grande nouveauté de l'œuvre, par rapport à la pensée européenne alors dominée par le rationalisme, était d'envisager l'histoire en fonction des seules forces individuelles. Ce fut le moment où disciples et admirateurs commencèrent à se grouper autour de Carlyle. De cette époque datent *Le Chartisme* (*), *Cathédrale d'autrefois et usines d'aujourd'hui. Passé et Présent* (*) ; deux volumes qui développent sur un ton très libre les idées implicites de l'*Histoire de la Révolution française.* Cependant, le but de Carlyle était désormais d'interpréter l'histoire au moyen de la vie des héros et des chefs, qui représentaient pour lui l'expression de la révélation divine – v. *Les Héros* (*).

Dans le même esprit Carlyle publia *Lettres et discours d'Olivier Cromwell* [*Oliver Cromwell's Letters and Speeches,* 1845], où il présente de façon originale Cromwell comme le fondateur de la grandeur politique britannique, la *Vie de Sterling* [*Life of John Sterling,* 1851] et l'*Histoire de Frédéric le Grand* (*) qui connut, même en Allemagne, un énorme succès. Au cours de ses années de maturité, les liens qui unissaient Carlyle à sa femme s'étaient relâchés, leur entente ayant toujours été difficile. En 1866, il fut nommé recteur de l'université d'Édimbourg, où il se rendit pour prononcer un discours inaugural très attendu ; c'est là que lui parvint la nouvelle de la mort de sa femme. Alors, une tendresse désespérée se réveilla en lui pour cette femme d'une intelligence supérieure, fière, que son propre égoïsme et son caractère difficile lui avaient fait sacrifier, lui dictant *Les Souvenirs* [*Reminiscences,* pub. 1883], et les notes sur les *Lettres de (sa) femme* [*Letters and Memorials of Jane Welsh Carlyle,* pub. 1883], minutieusement réunies et classées par ses soins.

Celui qui serait tenté de porter un jugement sur la vaste production de Carlyle devrait mettre l'accent sur l'élan lyrique, la puissance de méditation et la force de l'humour : tous éléments constituant l'âpre et magnifique oraison dans laquelle se fond toute son œuvre. Une prédication donc, telle est l'œuvre de Carlyle, même lorsqu'il s'agit d'histoire ou d'histoire littéraire : une recette de santé spirituelle, une doctrine à la Savonarole, éclatante, même si des intolérances et des fureurs aveugles viennent parfois l'assombrir.

MARIA LUISA ASTALDI.

♦ *« Le point de vue auquel se place Carlyle est particulièrement estimable. Et quel sérieux en lui ! Et comme il nous a étudiés, nous autres Allemands ! Il est presque plus chez lui dans notre littérature que nous ne le sommes nous-mêmes... »* Goethe. ♦ *« Thomas Carlyle est le Rousseau de l'époque actuelle pour les peuples de langue anglaise. »* Vt. Morley of Blackburn. ♦ *« Thomas Carlyle a le mérite de s'être dressé, par ses articles, contre la bourgeoisie, et cela à une époque où les conceptions, les goûts et les idées de celle-ci régentaient entièrement la littérature anglaise officielle, et il l'a fait d'une façon parfois révolutionnaire... Le style de Carlyle est comme ses idées. C'est une réaction directe, violente contre le style maniéré des bourgeois anglais modernes, dont la platitude emphatique, la prolixité prudente et l'ennui confus, sentimental et moralisateur ont contaminé toute la littérature anglaise. »* F. Engels. ♦ *« En lisant Carlyle on découvre qu'on est devant un animal extraordinaire, débris d'une race perdue, sorte de mastodonte égaré dans un monde qui n'est pas fait pour lui... On est dérouté d'abord. Tout est nouveau ici, les idées, le style, le ton, la coupe des phrases et jusqu'au dictionnaire. Il prend tout à contre-pied, il violente tout, les expressions et les choses. Chez lui les paradoxes sont posés en principe et le bon sens prend la forme de l'absurde... »* Hippolyte Taine. ♦ *« Le réquisitoire que, dans* Past and Present *et les* Letter Day Pamphlets, *il a dressé contre la faillite sociale des démocraties n'a jamais été dépassé. »* Victor Basch.

RÉF. : H. A. Taine, *L'Idéalisme anglais. Études sur Carlyle,* 1864. – G. K. Chesterton, *Sir J. E. H. Williams, Thomas Carlyle,* 1902. – E. Neff, *Carlyle,* New York, 1932. – V. Basch, *Carlyle, l'homme et l'œuvre,* 1938. – L.-M. Young, *Carlyle and the Art of History,* Philadelphie, 1939. – Jacques Cabau, *Thomas Carlyle ou Le Prométhée enchaîné,* Paris, 1968. – J. P. Siegel (éd.), *Carlyle : the Critical Heritage,* Londres, 1972. – Fred Kaplan, *1) Thomas Carlyle : a Biography,* Ithaca, 1983. *2) Lectures on Carlyle and Rid Era,* Santa Cruz, 1985. – John D. Rosenberg, *Carlyle and the Burden of History,* Oxford, 1985.

CARMONTELLE ou **CARMONTEL** (Louis Carrogis dit). Peintre, architecte, graveur et auteur dramatique français. Né le 25 août 1717 à Paris, mort en 1806 à Paris. Les étapes de l'ascension sociale de ce fils de cordonnier sont inconnues jusqu'en 1757, date à laquelle il enseigne le dessin au vidame d'Amiens au château de Dampierre. Pendant la guerre de Sept Ans, il est topographe auprès du comte Pons de Saint-Maurice qui, après la paix, le fait succéder à Collé dans la charge de lecteur du duc de Chartres. Il devient alors organisateur de fêtes, décorateur, auteur, acteur et metteur en scène pour la famille d'Orléans. En 1778, il crée pour le duc d'Orléans le parc Monceau qu'il conçoit sur le modèle anglais et qu'il parsème de « fabriques », reproduisant des édifices pittoresques de tous pays. Il réalise également six cents portraits très fidèles de personnages de la famille ou de la maison d'Orléans, « depuis Mgr le dauphin jusqu'au frotteur de Saint-Cloud », peignant les grands de ce monde et les célébrités. L'activité graphique de ce peintre amateur qui n'exposa jamais dans les Salons comprend également des aquarelles destinées à illustrer ses *Proverbes dramatiques* (*), ainsi qu'un « transparent » de quarante-deux mètres de long, destiné à être projeté avec une lanterne magique et présentant à travers les quatre saisons une centaine de scènes évoquant toute la société du XVIIIe siècle dans des parcs paysagers.

Carmontelle, outre des divertissements et des pièces de circonstance et d'hommage, compose plus de deux cents proverbes dramatiques lorsque Mme de Montesson, la tante de Mme de Genlis, introduit cette mode chez son amant le duc d'Orléans. Huit volumes paraissent de 1768 à 1781, suivis de quatre volumes du *Théâtre de Campagne* en 1775. Carmontelle porte à son point d'achèvement ce genre mi-littéraire, mi-mondain né au siècle précédent dans le salon de Mme de Rambouillet et qui se développa ensuite sous l'impulsion de la duchesse du Maine et de Mme de Pompadour. Il s'agit d'une courte pièce de théâtre, à la limite du scénario ou de l'anecdote, destinée à illustrer une morale que le spectateur doit deviner ou que le lecteur trouve à la fin du volume assurant la publication. Les *Proverbes dramatiques* de Carmontelle, dont Musset a repris quelques « mots » et que la Comédie-Française a joués de 1938 à 1960, sont un témoignage éclatant de la vogue du théâtre de société. Conçus pour être interprétés par des aristocrates amateurs dans le métier, ils offrent des intrigues simples presque sèches à force d'épure, des caractères réalistes ou typés, propres à mettre en valeur les talents dramatiques des acteurs. Certes pointillistes par leur nécessaire brièveté, ils offrent un panorama social vaste, assez réaliste en dépit de quelques conventions ou préventions inhérentes à leur public pour renseigner l'historien des mœurs et des mentalités.

MARIE-EMMANUELLE PLAGNOL-DIÉVAL.

CARNAP Rudolf. Logicien et philosophe de la physique d'origine allemande. Né le 18 mai 1891 à Wuppertal, mort à Santa Monica (Californie) le 14 septembre 1970. Il a donné au mouvement du Cercle de Vienne sa principale impulsion théorique. De 1910 à 1914, il étudie la physique, les mathématiques et la philosophie à l'université de Fribourg puis d'Iéna où il suit notamment les cours de G. Frege. Lors de la Première Guerre mondiale, il est conseiller militaire, membre de l'U.S.P.D. et physicien d'armée. Puis de retour à Iéna il obtient en 1921 son doctorat de philosophie avec une thèse intitulée : *L'espace, contribution à la théorie de la science* (publiée en 1922 dans la revue *Kantstudien*). Invité à donner des conférences dès 1925, à l'invitation de M. Schlick, l'âme du Cercle, pour ce petit groupe de philosophes-savants se réunissant à Vienne, en marge de l'Université, il apparaît comme le philosophe dont ceux-ci ont besoin pour donner une forme constructive et unitaire à l'ensemble de leurs préoccupations. En 1926, il est nommé privat-dozent de « logique et théorie de la connaissance » à l'université de Vienne après une procédure d'habilitation durant laquelle on discuta de l'appartenance ou non de cette spécialité au champ de la philosophie dite « théorique » traditionnellement enseignée. Il publie en 1928 son premier grand livre à partir d'une première version écrite dans les années 1922-1925, sous le titre *La Construction logique du monde* (*), suivi de *Pseudoproblèmes en philosophie* [*Scheinprobleme in der Philosophie*]. L'ouvrage fait de lui, avec Wittgenstein, auteur du *Tractatus-logico-philosophicus* (*) qu'il lit très attentivement, un important représentant de la « Conception scientifique de monde », qui donne son nom à un manifeste anonyme à la rédaction duquel il participe avec O. Neurath et H. Hahn, et par lequel le Cercle de Vienne rend public son mouvement en 1929 à l'occasion du Ier Congrès de philosophie scientifique à Prague. Un an après avoir co-fondé *Erkenntnis,* la revue du Cercle de Vienne, il part enseigner à l'université allemande de Prague. C'est là que le philosophe américain W.V.O. Quine, alors étudiant, le rencontre pour la première fois. Il s'ensuit une intense correspondance et, pour

Quine, un développement philosophique de première importance. De cette période pragoise date l'imposante *Syntaxe logique du langage* [*Logische Syntax der Sprache,* 1934], à peu près contemporaine de *La Logique de la découverte scientifique* (*) de Karl Popper. En 1935, l'expansion du nazisme contraint Carnap à quitter cette fois définitivement l'Europe pour émigrer aux États-Unis. Il est alors d'abord accueilli chez Quine à Cambridge (USA) puis se voit offrir un poste de professeur à l'université de Chicago, où il enseigne jusqu'en 1952. Il est entre-temps professeur invité à Harvard où il retrouve ses anciens amis d'Europe dont O. Neurath alors émigré en Hollande, mais aussi B. Russell, A. Tarski et W. Quine avec lesquels s'engagent de très productives discussions. Il rencontre également N. Goodman qui prépare une brillante critique de *La Construction logique du monde* sous le titre *La Structure de l'apparence* (*) (1951). C'est également l'époque de son tournant « sémantique » avec *Introduction à la sémantique* [*Introduction to Semantics,* 1942], en fait une reformulation de sa *Syntaxe* de 1934. Il s'oriente ensuite vers les problèmes de probabilité et d'induction et publie les volumineux *Fondements logiques de la probabilité* [*Logical Foundations of Probalility,* 1950]. Il poursuit ses travaux sur ces questions, en particulier celles qui touchent à la logique de l'induction, à l'« Institute for Advanced Study » de Princeton où il se consacre à la recherche jusqu'en 1954. Là, il rencontre aussi A. Einstein. En 1954, il accepte une chaire de philosophie laissée vacante après la mort de son ami Hans Reichenbach (ancien directeur de la « Société de philosophie empirique » de Berlin qui avait dû fuir le nazisme et avec lequel il avait en 1930 fondé *Erkenntnis*) à l'université de Californie, Los Angeles. Il y enseigne jusqu'en 1961. W. Quine le voit une dernière fois en 1965 lors d'un colloque à Londres.

ANTONIA SOULEZ.

RÉF. : J. Vuillemin, *La Logique et le monde sensible,* Paris, 1971. – J. Bouveresse (F. Châtelet dir.), « Positivisme logique », dans *Histoire de la philosophie,* vol. XXe siècle, Paris, 1980. – P. Jacob, *L'Empirisme logique,* Paris, 1980. – « L'Empirisme logique, science et métaphysique », dans *Revue internationale de philosophie,* n°s 144-145, 1983. – J. Proust, *Questions de forme,* Paris, 1986. – W. Quine (Soulez et Sebestik dir.), « Le Combat positiviste de Carnap », dans *Le Cercle de Vienne. Doctrines et controverses,* Paris, 1986.

CARNOT Lazare Hippolyte. Homme politique français. Né à Saint-Omer (Pas-de-Calais) le 6 octobre 1801, mort à Paris le 16 mars 1888. Second fils du « Grand Carnot » ; après Waterloo, il suivit son père en exil, en Belgique, en Bavière et en Pologne. Rentré en France après la mort de ce dernier en 1823, il s'occupa d'études juridiques et sociologiques. Saint-simonien, il fut rédacteur au *Producteur* et, en 1830, publia un *Exposé de la doctrine saint-simonienne.* Élu député par la gauche (1839), il fut au nombre de ceux qui préparèrent la chute de la monarchie de Juillet. Nommé ministre de l'Instruction publique du gouvernement provisoire de 1848, il donna sa démission le 5 juillet de la même année. Membre de l'Assemblée constituante, il ne fut pourtant pas élu à la Législative. Opposé au coup d'État du 2 décembre, il combattit toujours le second Empire, et par deux fois (1852 et 1857) refusa d'être nommé membre du Corps législatif pour ne pas prêter serment de fidélité à l'empereur ; il finit par accepter en 1864, mais se rangea immédiatement dans l'opposition. Après la chute de l'Empire, en 1870, il participa au gouvernement de défense nationale, devint député en 1871, et sénateur à vie à partir de 1875. Durant toute son existence, il poursuivit des études littéraires et historiques : en 1837, il publia les *Mémoires de Henri Grégoire, ancien évêque de Blois* ; en 1845, *L'Esclavage colonial,* puis les *Mémoires sur Carnot par son fils* (*) (1861-1863), *La Révolution française* (2 vol., 1867), et, en collaboration avec David d'Angers, il fit éditer les *Mémoires de Bertrand Barrère* (1842-1843 ; 4 vol.).

RÉF. : P. Carnot, *Hippolyte Carnot et le ministère de l'Instruction publique de la IIe République,* 1848. – L. Lucipia, article *sub nomine* dans le t. IX de *La Grande Encyclopédie.*

CARNOT Lazare Nicolas Marguerite. Homme d'État et géomètre français. Né à Nolay (Côte-d'Or) le 13 mai 1753, mort en exil à Magdebourg le 2 août 1823. Fils d'une famille de dix-huit enfants, il fit ses études au collège, puis au petit séminaire d'Autun. À dix-huit ans, il est reçu à l'École du génie de Mézières, où il connut Monge qui le guida dans ses études scientifiques. En 1784, il se fit remarquer par un *Éloge de Vauban,* qui lui valut le prix de l'Académie de Dijon. Élu en 1791 député du Pas-de-Calais, il siégea à l'Assemblée législative. Réélu à la Convention par le même département, il fut envoyé à différentes reprises en mission auprès des armées, notamment à l'armée du Nord, où il organisa la défense de Dunkerque contre les Anglais (mai 1793). Au procès de Louis XVI, il vota la mort du roi. Nommé le 14 août membre du Comité de salut public, il fut chargé du personnel et du mouvement des armées. Secondé par son frère et par Prieur de la Côte-d'Or, c'est à ce poste – où il demeura jusqu'au 15 ventôse an III (5 mars 1795) – qu'il a rempli l'œuvre qui l'a immortalisé.

Non seulement Carnot créa tout d'une pièce les armées de la République, mais encore les conduisit lui-même au combat (Wattignies) et leur dicta une tactique nouvelle (rapidité de mouvement, attaque par masses, débordement par les ailes), ce qui lui valut le titre incontesté d'« organisateur de la Victoire ». Bien qu'il soit resté en dehors de tout parti, il vota le plus souvent avec la Montagne : aussi fut-il question après le 9 Thermidor de l'arrêter. Plus tard, élu par quatorze départements, il siégea au Conseil des Anciens et fut membre du premier Directoire. Par la suite, suspect de royalisme, il échappa de justesse à la déportation (18 Fructidor) en s'enfuyant en Allemagne, où il demeura jusqu'en 1800. Bonaparte ayant fait appel à lui, il rentra en France pour tenir le poste de ministre de la Guerre, dont il démissionna bientôt. Membre du Tribunat (1802), il vota contre le Consulat à vie et fut le seul dans cette assemblée à se prononcer contre l'établissement de l'Empire. Il vécut dès lors en disgrâce. Quand le pays fut envahi en 1814, il proposa ses services à Napoléon : on lui confia le commandement d'Anvers qu'il défendit héroïquement. Pendant les Cent-Jours, Napoléon devait le nommer ministre de l'Intérieur. Membre du gouvernement provisoire en 1815, il fut proscrit, au retour des Bourbons, comme régicide et alla finir ses jours à Magdebourg, où il est enterré.

Géomètre remarquable, Carnot trouva le moyen, au cours de cette vie toute dévouée aux affaires publiques, d'écrire quelques ouvrages dont le plus connu est la *Géométrie de position* (1803), où est exposée notamment sa théorie des transversales. Citons encore l'*Essai sur les machines* (+) (1786), la *Métaphysique du calcul infinitésimal* (1797), *De la défense des places fortes* (1809), *Mémoire adressé au roi en juillet 1814*.

ROBERT MAILLARD.

RÉF. : Arago, *Notice historique sur Lazare Carnot,* 1850. – L. H. Carnot, *Mémoires sur Carnot par son fils,* 1861-1863. – Lieutenant-colonel Henri Carré, *Le Grand Carnot,* Paris, 1947. – Marcel Reinhard, *Le Grand Carnot,* Paris, 1950-1952.

CARO Annibale. Écrivain italien. Né le 9 juin 1507 à Civitanova, mort le 21 novembre 1566 à Rome. Élève de l'humaniste Rodolfo Iracinto, il fit plus tard la connaissance, à Florence, de Benedetto Varchi, qui lui apprit à apprécier les grands noms de la littérature ancienne et moderne. Il entra en 1530 au service de Giovanni Gaddi, grand camérier de Clément VII, et le suivit en 1538 à Naples, où il rencontra le Tasse, Tansillo, Telesio, Rota, Costanzo. Nommé premier secrétaire de Pier Luigi Farnèse après la mort de Gaddi, en 1542, il fut chargé de nombreuses ambassades et missions diplomatiques. Pier Luigi Farnèse ayant été assassiné en 1547, Caro passa successivement au service de deux autres Farnèse : le duc Octave Farnèse et le cardinal Alexandre. Ce fut pour plaire à ce dernier que Caro composa, en 1553, le fameux poème à la louange des Valois : *Venez à l'ombre des aigles d'or* [*Venite all'ombra de'gigli d'oro*], qui, âprement critiqué par Castelvetro, suscita entre les deux écrivains un échange de libelles et de sonnets, suivi d'une querelle à la suite de laquelle un partisan de Caro trouva la mort, et Castelvetro fut exilé par le Saint-Office. En 1563, Caro se retira près de Frascati, où il travailla jusqu'à sa mort à une remarquable traduction de l'*Énéide* (*). Fin lettré, Annibale Caro témoigne de goûts extrêmement éclectiques : tantôt sa muse lui inspire des *Poésies* [*Rime*] d'une élégance que Pétrarque n'eût point désavouée ; tantôt il compose des œuvres de caractère rustique telles que *La « Neziade »* [*La Nasea*], *Le Commentaire du sieur Agresto* [*Il commento di ser Agresto*], etc. Il est encore l'auteur d'une comédie satirique, *Les Gueux* [*Gli straccioni*], d'une traduction des *Amours pastorales de Daphnis et Chloé* (*), et de *Lettres* d'une belle simplicité de style.

RÉF. : D. A. Capasso, *Note critiche sulla polemica tra il Caro e il Castelvetro,* Naples, 1896. – G. Dolci, article « Caro » dans *Enciclopedia italiana,* t. IX, Milan, Treccani, 1931.

CARO Joseph. Rabbin, législateur et mystique juif d'origine espagnole. Né en 1488, mort en 1575. Émigré à Safed (haute Galilée) après l'expulsion de 1492. Il dispensa dans cette ville sous domination ottomane un enseignement en matière de droit religieux juif à des disciples dont certains devinrent des personnalités importantes comme Moïse Cordovéro. Il y exerça aussi des fonctions de juge. Il est surtout connu comme l'auteur d'un code de lois religieuses, civiles et pénales, *La Table dressée* [*Choulhan Aroukh*], qui devint le canon légal du judaïsme aussi bien en Orient qu'en Occident et dont l'autorité est encore actuelle. Il donna naissance à une riche littérature juridique et à plusieurs actualisations et abrégés. Mais son œuvre la plus volumineuse est un imposant commentaire sur le Code de Maimonide [*Michné Torah*], intitulé *La Maison de Joseph* [*Beit Yossef*]. Il rédigea aussi un journal mystique, *Le Guide de rectitude* (*), dont la paternité qui fut un temps contestée ne fait plus de doute aujourd'hui. Dans ce journal, Joseph Caro a consigné ses entretiens avec son « Magguid », un mentor angélique, personnification de la *Michnah,* qui lui parlait à travers sa propre voix et lui enseignait les mystères du monde céleste, le renseignait sur l'origine de son âme, son avenir personnel, et orientait son itinéraire mystique en lui conseillant des ascèses, un régime alimentaire strict, et des lectures fréquentes du *Zohar* (*).

CHARLES MOPSIK.

CAROSSA Hans. Écrivain allemand. Né le 15 décembre 1878 à Bad Tölz (Bavière), mort le 12 septembre 1956 à Rittsteig (près de Passau). Fils d'un médecin d'origine italienne, Carossa choisit d'exercer lui aussi la médecine. Il fait ses études à Munich, Würzburg et Leipzig et s'installe ensuite successivement à Passau, Nuremberg et Munich. Il se consacre entièrement au métier d'écrivain à partir de 1929. Sous le troisième Reich, Carossa connaît la situation délicate, pour ne pas dire ambiguë, de l'« émigration intérieure » : s'il refuse par exemple, en 1933, de faire partie de l'Académie littéraire de Prusse, il devient néanmoins « malgré lui », en 1941, président de l'Association européenne des écrivains, organisme d'obédience nazie. Preuve, aux yeux de certains, que l'apolitisme, le « retour sur soi », était une attitude insoutenable sous la dictature hitlérienne.

Hans Carossa, écrivain de l'entre-deux-guerres, apparaît comme un des gardiens de la tradition face aux différents mouvements qui ont agité la vie culturelle de cette époque, en particulier les tumultes de l'expressionnisme. Sa manière d'écrire, sa philosophie, loin des exigences de « révolte », obéissent à un sens rigoureux de la mesure. Stifter, Goethe sont les modèles dont il se réclame. Seconde caractéristique de son œuvre : Carossa semble incapable de faire autrement que de se raconter lui-même. L'autobiographie est le genre qu'il cultive avec prédilection : *Une enfance* (*) (1922), *Les Métamorphoses d'une jeunesse* (+) (1928), *Guider et conduire* (+) (1933), *Secrets de la plénitude* (+) (1936). Même dans ses quelques romans, dont le plus célèbre demeure *Le Docteur Gion* [*Der Arzt Gion,* 1931], c'est encore sa propre expérience qu'il rapporte. Fiction ou souvenirs personnels, Carossa écrit en moraliste : au nom d'une « humanité » tendre et bienveillante. Ces bons sentiments — c'est là tout le problème de Carossa — étaient peut-être dérisoires face au régime nazi.

JEAN-JACQUES POLLET.

RÉF. : A. Langen, *H. Carossa, Weltbild und Stil,* 1953. – H. Folkenstein, *Hans Carossa,* Berlin, 1983.

CARPELAN Bo. Poète et romancier finlandais d'expression suédoise. Né à Helsinki le 25 octobre 1926. Renouvelant la tradition moderniste finlandaise, Bo Carpelan débute en 1946 avec un recueil de poésie *Comme une chaleur obscure* [*Som en dunkel värme*], suivi de *Toi, sombre survivant* [*Du mörka överlevandel,* 1947] et *Variations* [*Variationer*, 1950]. En 1952, l'inspiration dadaïste et le ton joyeusement ironique de *Moins sept* [*Minus sju*] marquent cependant la rupture avec une poésie jugée trop chargée de symboles au profit d'une nouvelle objectivité. La densification thématique qui caractérise *Les Métamorphoses du paysage* [*Landskapets förvandlingar*, 1957] s'accentue dans *La Journée fraîche* [*Den svala dagen*, 1961]. Les métaphores élégiaques y sont dissipées par une approche plus concrète et plus limpide de la relation de l'homme avec ses proches et avec la nature, ascétisme artistique qui atteint son apogée en 1966 dans *73 poèmes* [*73 dikter*], titre dont le laconisme est significatif. Dans le recueil *La Cour* [*Gården,* 1969], Bo Carpelan retrouve un ton plus narratif pour évoquer des souvenirs concrets et empreints de sensualité de l'enfance passée dans un immeuble dont les habitants, souvent modestes, sont décrits avec compassion et dignité. *La Source* [*Källan*, 1973], et *Dans les chambres obscures, dans les chambres claires* [*I de mörka rummen, i de ljusa*, 1976], grand prix littéraire du Conseil nordique, poursuivent la réflexion sur le langage poétique à travers une analyse des contraires : vie et mort, joie et chagrin. Dans *Le jour cède* (*) (1983), ces thèmes sont maîtrisés et la synthèse se fait dans une langue transparente et douce. Avec *Des années comme des feuilles* [*År som löv,* 1989], Carpelan abandonne le laconisme épuré des années 60. La prose y enrichit la poésie et le quotidien gagne une dimension métaphysique. Critique littéraire, bibliothécaire et traducteur, Carpelan, au cours des années 80, commente l'immense culture livresque qui imprègne son œuvre. Il approfondit ses thèmes et s'engage dans des sujets de grande envergure. *En marge de la poésie grecque et latine* [*Marginalia till grekisk och romersk diktning*, 1984] analyse pour la réfuter l'importance de la culture et de la versification antique. Chef de file poétique de sa génération, Carpelan s'exprime aussi en prose, une prose souvent lyrique. *Les Voix de l'heure tardive* [*Rösterna i den sena timmen*, 1971], roman apocalyptique mais serein, constitué des monologues intérieurs d'une famille après une catastrophe nucléaire, *Ton apparition derrière la porte* [*Din gestalt bakom dörren*, 1975], sur le thème de *Dr. Jekyll et Mr. Hyde* (*), *Ombre ambulante* [*Vandrande skugga*, 1977], pastiche d'un roman policier où l'ambiance tchékhovienne importe plus que l'intrigue, et *Je me souviens d'avoir rêvé* [*Jag minns att jag drömde,* 1979], fragments suggestifs de prose surréaliste, ses romans, comme sa poésie, abordent des thèmes existentiels : la richesse de la vie est dilapidée par notre manque de sensibilité et d'introspection. C'est aussi ce qui confère de l'intensité à ses livres pour enfants, dont *L'Arc* [*Bågen,* 1986] et *Le Paradis* [*Paradiset*, 1973] lui ont valu la plaquette Nils Holgersson ; Carpelan y défend le droit du handicapé, de l'exclu, à l'intégration dans le groupe. L'immaturité, la bonté instinctive et sans défense, la faiblesse qui expriment la vie mais doivent céder devant ses exigences, telles sont aussi les caractéristiques du personnage principal de *Axel* (*) (1986), biographie romancée d'Axel Carpelan, grand-oncle de l'auteur, ami et mécène du compositeur Jean Sibelius et un de ces personnages non aboutis pour lesquels l'auteur réclame le respect.

KERSTIN DEDYE.

RÉF. : P. Tarkka, *Bo Carpelan*, in *Författare i Finland*, Helsinki, 1983. – C. G. Bjurström, Postface à *73 poèmes* de Bo Carpelan, Paris, 1984. – G. C. Schoolfield, *Introduction* in B. Carpelan, *Voices of the Late Hour*, Atlanta, 1988. – L. Lönnroth, S. Göransson, *Den svenska Litteraturen*, 1990.

CARPENTIER Alejo. Écrivain cubain. Né à La Havane le 24 décembre 1904, d'un père français et d'une mère russe, émigrés en 1902 à Cuba, mort à Paris, le 25 avril 1980. Il passe son enfance dans le cadre somptueux et désuet de la vieille ville coloniale et, après des études classiques, décide de se consacrer au journalisme. En 1924, il devient rédacteur en chef de la revue *Carteles* ; en 1927, il est emprisonné pendant sept mois pour avoir signé un manifeste contre le dictateur Machado. En 1928, on lui interdit de sortir du pays. Mais un peu plus tard, par l'intermédiaire du poète Robert Desnos, il part pour la France, où il restera onze ans. Passionné par la magie et la musique, il devient l'ami des poètes surréalistes et collabore à la revue *La Révolution surréaliste.* La notion de « merveilleux » élaborée par Breton lui permet d'aborder le « merveilleux » que recèle la culture latino-américaine. Carpentier prend peu à peu ses distances avec le mouvement surréaliste, mais assimile ses leçons : continent où règnent « l'absurde et le paradoxal », l'Amérique latine ne peut être captée que par un « réalisme magique ». Après un bref séjour en Espagne (1937), Carpentier revient à Cuba et entreprend de « peindre le monde de l'Amérique ». Son premier roman, *Ecue-Yamba-O* (1933), avait déjà essayé de décrire de l'intérieur la culture afro-cubaine, mais il manquait à l'écrivain une connaissance approfondie de cette culture. (Mais il pourra écrire quelques années plus tard *La Musique à Cuba* [*La música en Cuba*, 1946], ouvrage de musicologie qui fait autorité.) À partir de la publication du *Royaume de ce monde* (*) en 1949, Carpentier va écrire à Cuba, puis au Venezuela ou en France (où il est ministre conseiller de l'ambassade cubaine) une série de grands romans, *Le Partage des eaux* (*) (1953), *Chasse à l'homme* (*) (1956), *Guerre du temps* (*) (1958), *Le Siècle des Lumières* (*) (1962), *Le Recours de la méthode* [*El recurso del metodo*, 1974], *Concert baroque* [*Concierto barroco*, 1974], *La Harpe et l'Ombre* (*) (1979) qui abordent tous une triple dimension : le monde des Caraïbes (Cuba, Haïti, Saint-Domingue), l'Amérique latine et le monde européen qui domine culturellement et politiquement celle-ci, et enfin — du point de vue historique — la période qui va de la découverte et de la « colonie » à l'indépendance. De par ses origines, Carpentier est partagé entre le monde européen et le monde latino-américain. À cet égard, *Le Partage des eaux* représente la métaphore même de toute son œuvre d'écrivain : un musicologue latino-américain qui traîne une vie morne à New York est envoyé au Venezuela rechercher au fond de la jungle amazonienne des instruments de musique primitifs. La rencontre avec l'univers convulsé, tragique, tellurique et paradoxal qui a été celui de sa lointaine enfance sera pour lui un choc, une révélation : après un bref retour à New York, il repartira au Venezuela, prêt à affronter son destin de Latino-Américain.

Alejo Carpentier, dont la prose est à fois classique, baroque et surchargée, paraît l'un des précurseurs — avec le Guatémaltèque Miguel Angel Asturias — de ce roman latino-américain parti depuis vingt ans, comme le héros du *Partage des eaux*, à la recherche de ses racines et de son identité. Son œuvre est à la fois une peinture profonde du monde latino-américain (et plus particulièrement des Caraïbes) et une critique impitoyable du « Vieux Monde ». En faisant appel à de nombreux éléments autobiographiques, Carpentier a brossé dans son dernier roman, *La Danse sacrale* [*La consagración de la primavera*, 1978], une grandiose fresque historique des années allant de la guerre d'Espagne à la révolution cubaine.

ANTOINE BERMAN.

♦ *« Alejo Carpentier s'est mis à explorer notre monde de long en large, essayant de s'assimiler tout ce qu'il y trouvait. Il a travaillé plus dur que n'importe qui à suivre les empreintes des pas sur le sable, déchiffrant des inscriptions sur les vieux monuments et des signes sur les arbres. Le résultat est une œuvre d'une envergure et d'une vigueur exceptionnelles. Son but est d'enregistrer ce qui est caractéristique et en même temps archétypique dans l'expérience latino-américaine... »* Luis Harss. ♦ *« Le terrain littéraire d'Alejo Carpentier, c'était le monde des Caraïbes, l'histoire des Caraïbes qu'il aura élevée au plus haut niveau de la poésie. »* Claude Couffon.

RÉF. : Alexis Márquez Rodríguez, *La obra narrativa de Alejo Carpentier*, Caracas, 1970. — *Recopilación de textos sobre Alejo Carpentier*, La Havane, 1977. — *Alejo Carpentier et son œuvre*, revue *Sud*, Marseille, 1982.

CARRÉ Michel. Librettiste français d'opéras. Né à Paris en 1819, mort le 27 juin 1872 à Argenteuil (Seine). Après avoir fait ses études au lycée Charlemagne, il débute en 1841 dans la littérature par un recueil de poésies suivi de *La Jeunesse de Luther,* drame en vers représenté à l'Odéon en 1843, et de *Scaramouche et Pascariel,* comédie donnée au Théâtre-Français en 1847. Inaugurant en 1849 sa collaboration avec J. Barbier, il compose encore quelques pièces de théâtre, *Graziella* (*), d'après Lamartine (1849), *Un drame de famille* (1849), etc., mais surtout des livrets d'opéra pour Victor Massé : *Les Noces de Jeannette* (*) (1853), pour Ambroise Thomas : *Mignon* (1866), pour Gounod : *Faust* (+) (1959), et *Mireille* (1864).

CARREL Alexis. Biologiste et chirurgien français, spécialiste de l'histologie. Né à Sainte-Foy, près de Lyon, le 18 juin 1873, mort à Paris le 5 novembre 1944. Il fit ses études à Lyon et obtint le diplôme de médecin en 1900. Pendant deux ans, il approfondit ses connaissances en anatomie et fut le protecteur de Testut, auteur du célèbre traité d'anatomie. En 1904, il s'embarqua pour l'Amérique et travailla à l'Institut de physiologie de Chicago, sous la direction de Stewart. Ayant acquis des bases solides dans ces deux domaines qui devaient pour lui être essentiels, il fut appelé par l'Institut Rockefeller de New York dont il fit bientôt partie, car son nom commençait à être connu. La réputation qui s'attachait à ses travaux, à ses recherches et à ses découvertes était déjà telle qu'il obtint le prix Nobel pour la physiologie et la chirurgie physiologique. Il passa presque toute sa vie en Amérique, et c'est seulement en 1940 qu'il revint en France ; comme il avait reçu un poste du gouvernement de Vichy, il fut accusé de collaboration avec les Allemands. Cependant on ne lui fit pas de procès. Son nom est universellement lié aux travaux et aux expériences qu'il fit sur la culture des tissus, à une technique personnelle de la « suture à trois fils », à l'anastomose des vaisseaux et à celle des greffes organiques. On lui doit également la réalisation d'un cœur artificiel, qu'il construisit avec l'aide de l'aviateur Lindbergh. Dans le domaine de la littérature, il s'est fait un nom comme l'auteur de *L'Homme, cet inconnu* (*) (1935) et de *La Prière* (1944). Sa femme a fait paraître un ouvrage posthume d'Alexis Carrel sous le titre : *Réflexions sur la conduite de la vie* (1950). C'est une somme de pensées philosophiques et de considérations biologiques qui devaient constituer un livre devant servir à promouvoir l'étude des possibilités « d'amélioration à la fois de l'état mental et de l'état organique de l'humanité civilisée », ainsi que Carrel l'annonce dans sa Préface.

RÉF. : Robert Soupault, *Alexis Carrel*, 1952. – Yves Christen (dir.), *Alexis Carrel : l'ouverture de l'homme*, Paris, 1986.

CARRERA ANDRADE Jorge. Poète équatorien. Né à Quito le 1er septembre 1901, mort dans cette ville le 7 novembre 1978. Il passe son enfance dans un petit village, où ses parents l'initient très précocement à la littérature française (Hugo, Baudelaire, les symbolistes). Considéré très vite comme le plus grand poète de son pays, Carrera Andrade est appelé à des tâches diplomatiques : consul au Havre (1934-1938), à Yokohama (1938), à San Francisco (1940) ; chargé d'Affaires à Caracas (1944) ; ambassadeur à Londres (1947), puis délégué de son pays à l'U.N.E.S.C.O. (1951). L'œuvre poétique d'Andrade est abondante : *Étang ineffable* (+) (1922), *La Guirlande du silence* (*) (1926), *Bulletins de mer et de terre* (*) (1930), *Rôle de la pomme* (+) (1935), *Le Temps manuel* (*) (1935), *Biographie à l'usage des oiseaux* (*) (1937), *Pays secret* [*País secreto*, 1940], *Ci-gît l'écume* (+) (1951), *Dicté par l'eau* (*) (1951), *Lieu d'origine* (+) (1951), *Famille de la nuit* (+) (1953), *Les Armes de la lumière* (+) (1953), *L'Homme planétaire* [*Hombre planetario*, 1963]. Il faut y ajouter des essais en prose consacrés dans une belle langue poétique à l'histoire nationale (*La Terre toujours verte*, 1955 ; *Le Chemin du soleil*, 1958 ; *Le Fabuleux Royaume de Quito*, 1963), aux voyages et aux rencontres littéraires (*Visages et Climats*, 1948), et une autobiographie (*Le Volcan et le Colibri*, 1970). Très influencé par Breton et le surréalisme, le poète équatorien aime les métaphores lumineuses, les images brèves et violentes, les analogies propres à éclairer le mystère de l'âme indienne, dont il vit intensément le tragique destin. Par cette originale synthèse entre la tradition hispanique et l'esprit indien, Carrera Andrade est un authentique poète national, qui a su accueillir les influences de la poésie moderne et les enraciner dans le sol latino-américain. C'est également l'un des poètes de ce continent dont l'œuvre ait été abondamment traduite dans le monde entier.

ANTOINE BERMAN.

RÉF. : René L. F. Durand, *Jorge Carrera Andrade*, Pierre Seghers, Paris, 1966.

CARRIÈRE Jean. Romancier français. Né le 6 août 1932 à Nîmes où il a fait ses études au collège de l'Assomption et au lycée. Un père chef d'orchestre et une mère pianiste lui ont donné vite le goût de la musique, qu'il partage avec celui des longues promenades dans la garrigue ou les proches Cévennes. De 1950 à 1952, il collabore à la revue *Musique et Radio*. Grand lecteur, épris très tôt de littérature, il part pour Manosque afin de rencontrer Jean Giono, qu'il admire, et y reste jusqu'en 1962. Tout en commençant à écrire, il tient, pendant cinq ans, un magasin de disques. De retour à Nîmes, il se consacre désormais au roman, collaborant par ailleurs aux émissions de la radio régionale avec une « Chronique des collines » qui cesse à la disparition de l'O.R.T.F. en 1975. Il quitte Nîmes pour s'installer dans un village du Gard, Domessargues, où sa femme est institutrice. En 1967, il publie son premier roman, *Retour à Uzès*, distingué par l'Académie française, et en 1972 *L'Épervier de Maheux* (*) qui trouve rapidement un large public avant d'obtenir le prix Goncourt. Au début d'avril 1973, le père de Jean Carrière trouve la mort dans un accident. Ce deuil va transformer la vie de l'écrivain. Il faudra attendre 1978 pour voir paraître le premier tome de son troisième roman, *La Caverne des pestiférés* (*). Suivront *Le Nez dans l'herbe* (1981), un récit, *Les Années sauvages* (1987), un roman, et *Le Prix d'un Goncourt* (1988), confession dans laquelle Carrière considère, avec quinze ans de recul, que « deuils et ruptures ont fait cortège au triomphe ». Cependant, pour qui a lu *Retour à Uzès*, il ne peut échapper que, déjà, dans ce premier roman l'inquiétude métaphysique occupait la place. Jean Carrière a aussi publié deux essais : *Giono, qui êtes-vous ?* (1985) et *Julien Gracq, qui êtes-vous ?* (1986). On lui doit, dans le domaine de l'audiovisuel, un *Album Giono* (deux disques, grand prix de l'Académie

Charles-Cros 1972) et des films pour la télévision : *Les Orphelins de l'alternative* (co-auteur Pierre Dupuy), *Itinéraire du hussard* (co-auteur Frédéric Jacques Temple) et *André Chamson et la Terre promise* (co-auteur Frédéric Jacques Temple). Remarié, Jean Carrière vit en alternance dans son village gardois et son chalet cévenol de la vallée du Bonheur ; il lui arrive aussi d'effectuer quelques courts voyages à New York, justifiant ainsi qu'il soit l'auteur d'un unique poème, *Un rêve atlantique* (1972), qui témoigne de l'intensité des appels qu'il adresse depuis toujours au Nouveau Monde.

FRÉDÉRIC JACQUES TEMPLE

CARROLL Lewis (pseud. de Charles Lutwidge Dodgson). Écrivain anglais. Né le 27 janvier 1832 à Daresbury (Cheshire), mort le 14 janvier 1898 à Guildford (Surrey). Fils d'un ecclésiastique anglican, Charles Dodgson fréquente d'abord l'école de Richmond (1844-1845) afin d'y préparer son entrée à Rugby, célèbre « public school » anglaise, où il est admis en 1846 ; réfractaire à la vie d'internat et peu attiré par le sport — qui y tient une grande place —, il gardera un très mauvais souvenir de Rugby pendant le restant de ses jours. En 1851, il entre à Christ Church College (Oxford) où, avec des résultats brillants en mathématiques, il est nommé « student », ce qui fait de lui un membre permanent du « college ». Devenu en 1854 titulaire d'un B.A. (l'équivalent d'une licence), il commence à enseigner et devient bibliothécaire-adjoint de Christ Church en même temps qu'il est promu « lecturer » (maître de conférences), en 1855. Entré en contact avec le directeur de l'hebdomadaire *The Comic Times*, Edmund Yates, dès 1855, il lui soumet poèmes et nouvelles ; dans le mensuel *The Train* par lequel Yates remplace le précédent dès 1856, Charles Dodgson fait paraître huit textes entre 1856 et 1857, sous le pseudonyme de Lewis Carroll qu'il s'est choisi avec l'aide de Yates. C'est à cette époque-là qu'il commence à se passionner pour la photographie, dont il demeure un pionnier ; jusqu'en 1880, date à laquelle il abandonne brutalement son passe-temps favori, il fait poser des centaines de modèles, quelques figures célèbres (le poète Alfred Tennyson, le prince Frédéric de Danemark), mais surtout des enfants, qu'il travestit fréquemment et déshabille à l'occasion. Ainsi les enfants, et les petites filles surtout, constituent-ils l'un des pôles essentiels de sa vie ; s'il les photographie, il passe également beaucoup de temps à inventer des jeux pour eux (*Doublets, Lanrick, Syzygies*, tous des jeux de langage), à jouer avec eux et à correspondre avec ses « amies-enfants ». C'est pour eux, avant tout, qu'il écrit : *Les Aventures d'Alice au pays des merveilles* (*) paraissent en 1865, *De l'autre côté du miroir* (*) en 1871, *La Chasse au snark* (*) en 1876, *Sylvie et Bruno* (*) en 1889. En 1874 et 1888, il publie, sous son vrai nom, plusieurs ouvrages de mathématiques et fait paraître, en 1879, *Euclide et ses rivaux modernes* [*Euclid and his Modern Rivals*]. Passionné de logique, il publie également *Le Jeu de la logique* (+) (1887), deux paradoxes logiques en 1894 et le premier volume de *La Logique symbolique* (*) (1896) qui restera inachevée. Ayant renoncé à enseigner à Christ Church en 1881, il donne néanmoins des cours de logique à Lady Margaret Hall, un établissement universitaire d'Oxford réservé aux jeunes filles. Il est également l'auteur de pamphlets, de contes et de poèmes et demeure, avec Edward Lear, l'un des maîtres du « nonsense » en littérature, où s'expriment son goût pour les énigmes, les jeux de mots et la parodie ainsi que sa fascination pour le langage.

VÉRONIQUE BÉGHAIN.

♦ *« Tous ceux qui gardent le sens de la révolte reconnaîtront en Lewis Carroll leur premier maître d'école buissonnière. »* André Breton. ♦ *« ... et si le* nonsense *était non point une déformation amusante du réel mais la révélation scandaleuse et seule adéquate de son néant ? »* Jean-Jacques Mayoux. ♦ *« Lewis Carroll fait le premier grand compte, la première grande mise en scène des paradoxes du sens, tantôt les recueillant, tantôt les renouvelant, tantôt les inventant, tantôt les préparant. »* Gilles Deleuze.

RÉF. : Walter De la Mare, *Lewis Carroll*, Londres, 1932. — Florence Becker Lennon, *Victoria through the Looking-Glass*, New York, 1945. — Helmut Gernsheim, *Lewis Carroll, Photographer*, Londres, 1949. — Roger Lancelyn Green, *The Story of Lewis Carroll*, Londres, 1949. — Henri Parisot, *Lewis Carroll*, Paris, 1952. — Elizabeth Sewell, *The Field of Nonsense*, Londres, 1952. — Derek Hudson, *Lewis Carroll*, Londres, 1954. — Phyllis Greenacre, *Swift and Carroll : a Psychoanalytic Study of Two Lives*, New York, 1955. — Gilles Deleuze, *Logique du sens*, Paris, 1969. — Jean Gattégno, *Lewis Carroll*, Paris, 1970 ; *Lewis Carroll, une vie*, Paris, 1974. — « Lewis Carroll », *Cahier de l'Herne*, Paris, 1971. — Patrick Roegiers, *Le Visage regardé, ou Lewis Carroll dessinateur et photogaphe*, Paris, 1982.

CARTER Angela. Romancière anglaise. Née à Eastbourne le 7 mai 1940, morte à Londres le 16 février 1992. Son père, Hugh Stalker, était un journaliste d'origine écossaise, et sa mère venait du Yorkshire, où la famille retourna pendant la guerre. Après des études dans le sud de Londres, Angela se maria en 1960 avec un chimiste, Paul Carter, et se rendit avec lui à Bristol, où elle suivit des cours de littérature médiévale à l'université, tout en s'intéressant à l'anthropologie. Selon elle, c'est le Moyen Âge qui lui donna le goût de l'allégorie et des contes, et l'audace de mêler l'obscène au sérieux et au tragique. Son premier roman, un « thriller », *Danse d'ombres* [*Shadow Dance*], parut en 1965, suivi en 1967 du *Magasin de jouets enchanté* [*The Magic Toyshop*], qui illustre bien l'univers bizarre de son imagination. Après la mort de ses parents, une jeune fille se retrouve dans une banlieue sordide de Londres chez son oncle qui fabrique des jouets et des marionnettes grandeur nature qu'il met en scène dans d'étranges spectacles ; elle échappe aux manipulations de cet oncle persécuteur en découvrant l'amour avec un de ses compagnons, et met le feu à la boutique pour libérer ses victimes. Mélange de conte de fées, de roman gothique et de rêve freudien, ce livre obtint un prix littéraire, tout comme le suivant, *Perceptions diverses* [*Several Perceptions,* 1968]. Vint ensuite *Héros et Bandits* [*Heroes and Villains*], une sorte de fable post-apocalyptique dont l'héroïne Marianne se retrouve dans la jungle chez des Barbares aux rites bizarres.

Après l'échec de son mariage, Angela Carter se rendit au Japon, où elle passa deux ans, expérience qui est évoquée dans les nouvelles publiées sous le titre de *Feux d'artifice* [*Fireworks, Nine Profane Pieces*] en 1974, ainsi que dans les essais de *Rien n'est sacré* [*Nothing Sacred,* 1974] où elle parle aussi bien de Tokyo, des bandes dessinées, que de l'art japonais du tatouage. À son retour en Angleterre, elle publia en 1971 *Amour* [*Love*] qui décrit un ménage à trois surréaliste et morbide, *Les Infernales Machines désirantes du Dr. Hoffman* [*The Infernal Desire Machines of Dr. Hoffman,* 1972], *La Passion de l'Ève nouvelle* [*The Passion of New Eve,* 1977] dont le héros/héroïne, tel un nouveau Tirésias, fait l'apprentissage de la féminité dans une Amérique mythique, pour finalement rencontrer l'incarnation de tous les rêves hollywoodiens, Tristessa, dans son merveilleux Palais des Miroirs. La même atmosphère surréaliste se retrouve dans ses divers recueils de contes, dont *La Compagnie des loups* (*) publié en 1979, fut adapté au cinéma par Neil Jordan en 1985. Son meilleur roman, *Des nuits au cirque* (*), parut en 1985, et le dernier *Enfants avertis* [*Wise Children*] en 1991. Elle enseigna dans diverses universités, à Sheffield (1976-1978), aux États-Unis (1980-1981) et en Australie (Adélaïde, 1984). Elle rencontra Mark Pearce dont elle eut un fils en 1983, et qu'elle épousa en 1991.

Son œuvre comprend neuf romans, mais aussi des livres pour enfants, des contes, des traductions et des essais. Son premier livre traduit en français *La Femme sadienne* [*The Sadeian Woman,* 1979] défend la thèse paradoxale du féminisme de Sade, et illustre brillamment l'originalité de cet écrivain éclectique.

ANN GRIEVE.

CARTER Elliott. Compositeur américain. Né à New York le 11 décembre 1908. Après des études à Harvard auprès de Walter Piston, il étudie à Paris avec Nadia Boulanger de 1932 à 1935. Ses premières œuvres sont marquées d'un solide néo-classicisme. L'influence de Stravinski et de Hindemith, jointe à une grande admiration pour l'œuvre de Ives, va l'amener à sortir des sentiers battus. Sa *Sonate pour violoncelle et piano* (1948) est la dernière œuvre dans laquelle il se réfère encore partiellement au système tonal. Il se dirige alors vers l'atonalité et des recherches rythmiques assez évoluées. Dès le *Quatuor n° 1* (1950-51), il tente de jouer avec la notion de pluralité de temps relatifs les uns aux autres, idée qu'il reconnaît avoir empruntée aux techniques du cinéma d'avant-garde. Dans son *Quatuor n° 2* (1959), l'idée est fortement enrichie. Renonçant à la notion de thème à développer, il cherche à donner une personnalité distincte à chaque instrument, lui assurant non seulement son timbre particulier, mais aussi son propre rythme, lui permettant « d'intervenir soit à titre individuel, soit comme participant de l'ensemble ». Il organise ainsi une sorte de monde théâtral où les instruments ont entre eux des rapports de soumission, de coopération ou de confrontation. L'extrême liberté expressive ainsi organisée crée une « dramatisation » propre à chaque œuvre. Ce développement a été l'objet de recherches systématiques, commencées avant le *Quatuor n° 2* avec les *Variations pour orchestre* (1954) et continuées depuis avec le *Double Concerto pour clavecin, piano et deux orchestres de chambre* (*) (1961), le *Concerto pour piano* (1964), le *Concerto pour orchestre* (*) (1969) et le *Duo pour violon et piano* (1975) où la notion de liberté réciproque des deux instruments est devenue complète dans tous les domaines sans avoir détruit l'unité fondamentale de l'œuvre. Dans la *Symphonie de trois orchestres* (*) (1976), les mélodies *In Sleep, In Thunder* (1981), le *Quatuor n° 4* (1986) ou le *Concerto pour hautbois* (1987) s'affirme une technique d'écriture en blocs compacts de phrases superposées dont l'effet est saisissant. Carter est aujourd'hui l'un des successeurs les plus originaux de l'École de Vienne.

JEAN-FRANÇOIS LABIE.

RÉF. : Else et Kurt Stone (éd), *The Writings of Elliott Carter*, New York, 1977. – David Schiff, *The Music of Elliott Carter*, New York, 1982. – Charles Rosen, *The Musical Languages of Elliott Carter*, Washington, 1984.

CARTIER Jacques. Navigateur français. Né à Saint-Malo à la fin de l'année 1491, mort le 1er septembre 1557. En 1534, ayant obtenu de François Ier, grâce à la protection du grand amiral Chabot, deux navires pour continuer les recherches déjà menées par Sébastien Cabot pour le compte de l'Angleterre et par Jean Verrazano pour l'Espagne, il partit de Saint-Malo, découvrit les îles de la Madeleine, reconnut le premier que Terre-Neuve était détachée du continent, parcourut les côtes du golfe du Saint-Laurent et visita la baie des Chaleurs. À son retour, ayant fait au roi le récit de ses découvertes, il se vit chargé de fonder un établissement sur le nouveau continent. En 1535, il repartit donc pour un second voyage, au cours duquel il compléta sa reconnaissance du Saint-Laurent, qu'il remonta jusqu'à l'endroit où allait être construit plus tard Montréal. Au cours de l'expédition, les hommes de l'équipage souffrirent gravement d'une maladie encore à peu près inconnue des Européens, le scorbut, dont ils ne guérirent que grâce à des plantes indiquées par un chef du pays. Au nom de François Ier, Jacques Cartier prit possession de ces terres, donnant ainsi le Canada à la France. Son troisième voyage eut lieu en 1541, mais ce fut cette fois sans grands résultats, en partie à cause des négligences du vice-roi du Canada, François de La Roque. Cartier revint en France en 1542 et mourut quinze ans plus tard. Il laissait des *Relations* (*) de ses voyages.

RÉF. : J. Gaston-Martin, *Jacques Cartier et la Découverte de l'Amérique du Nord*, 1939. – E. Guernier, *Jacques Cartier et la Pensée colonisatrice*, 1946. – G. Lanctot, *Jacques Cartier devant l'histoire*, Montréal, 1947. – J.-A. Néret, *Le Capitaine Jacques Cartier*, 1949.

CARVER Raymond Clevie. Nouvelliste et poète américain. Né le 25 mai 1938 à Clatskanie (Oregon), mort le 2 août 1988 à Port Angeles (Washington). La vie de Raymond Carver ressemble d'abord à ses nouvelles. Fils d'un ouvrier de scierie, Carver est obligé de se mettre à travailler dès la fin de ses études secondaires (1956) pour faire vivre sa jeune femme, enceinte à seize ans, et les deux enfants qu'ils auront bientôt. Il sera tour à tour « ouvrier dans une scierie, veilleur de nuit dans un hôpital, livreur, pompiste, manutentionnaire, cueilleur de tulipes... un nombre de métiers inimaginable » (*Les Feux*). Il sait qu'il veut écrire, mais n'arrive que de temps à autre à rogner une heure ou deux sur son travail et les tâches familiales. Il parvient néanmoins à suivre, en 1958, le cours d'écriture donné au Chico State College (Californie) par John Gardner, qui exercera sur lui une influence décisive et auquel il rendra un hommage vibrant. Enfin, après avoir pratiqué pendant près de vingt ans une écriture qu'il qualifiait lui-même de « à la va-comme-je-te-pousse », Carver publie dans la revue *Esquire* une nouvelle remarquée, puis une deuxième, une troisième, etc. Réunies, ces nouvelles constitueront son premier livre, *Mets-toi à ma place* [*Put Yourself in My Shoes,* 1974].

Mais Carver s'est mis à boire en 1967 et, malgré plusieurs cures de désintoxication, sa femme le quitte quelques années plus tard. Pourtant, en 1967, une de ses nouvelles a été sélectionnée pour l'anthologie des « Meilleures nouvelles américaines », et son recueil *Tais-toi, je t'en prie* (+) reçoit en 1976 le « National Book Award ». La notoriété de Carver ne cesse de croître. Le *New Yorker* lui signe un contrat d'exclusivité, l'université de Syracuse, New York, lui offre un poste d'écrivain résident, et il reçoit une bourse Guggenheim en 1979. Le 2 juin 1977, il cesse de boire. Suit alors une période très prolifique au cours de laquelle il publie plusieurs recueils de nouvelles, dont *Parlez-moi d'amour* (+) et *Les Vitamines du bonheur* (+). En 1983, Carver se voit attribuer le « Strauss Living Award », qui lui assure trente-cinq mille dollars annuels pendant cinq ans. Après *Les Feux* [*Fires,* 1985], autoportrait littéraire qu'il compose avec des essais et des poèmes, Carver publie son dernier livre, *Les Trois Roses jaunes* (+) – v. *Nouvelles* (*) de Carver –, en 1988 et, en mai de la même année, est reçu au sein de l'Académie américaine des arts et lettres. Mais le cancer qui allait l'emporter ne lui laisse que le temps d'épouser, en juin, la poétesse Tess Gallagher, avec laquelle il vivait depuis onze ans, et de terminer son dernier recueil de poèmes, *Un nouveau sentier vers la cascade* [*A New Path to the Waterfall*].

PHILIPPE MIKRIAMMOS.

CARY Joyce (Arthur Joyce Lunel Cary, dit). Romancier anglais. Né à Londonderry, en Irlande du Nord, le 7 décembre 1888, mort à Oxford le 29 mars 1957. Après des études secondaires en Angleterre, il compléta son éducation à Oxford. Puis ce furent les écoles des beaux-arts à Édimbourg et à Paris : sa connaissance intime de la peinture et des peintres est manifeste dans son roman *La Bouche du cheval* (*) (1944), dont fut tiré un film interprété par Alec Guinness. En 1912-1913, il servit dans une unité de la Croix-Rouge britannique pendant les hostilités ouvertes aux Balkans. À la veille de la Première Guerre mondiale, il fut chargé de responsabilités administratives importantes au Nigeria. La guerre déclarée, il combattit et fut blessé (il appartenait au régiment nigérien des « Camerons »), puis il reprit son poste au « Colonial Service » mais pour démissionner en 1920, en raison de sa mauvaise santé, et afin de se fixer à Oxford. La suite de sa vie se confond avec son œuvre, celle d'un protestant qui se remémore ses expériences dans ses récits écrits avec une vigueur créatrice éblouissante, et sur un registre exceptionnellement varié. *La Maison des Enfants* [*The House of Children,* 1941] raconte les souvenirs de l'enfance irlandaise de l'auteur. *La Bouche du cheval* est le dernier volet d'un triptyque qui se présente comme une allégorie de l'Angleterre : les deux autres panneaux étant *Sara* (*) (1941) et *Le Grand Chemin* (*) (1942). La qualité de cette trilogie, inspirée par une vision à la fois intimiste et burlesque des choses, est tout à fait remarquable. *Climats de lune* (*) (1946) ainsi qu'*Une joie terrible* [*A Fearful Joy,* 1949] dépassent l'expérience personnelle de la vie de l'auteur – toute transposée qu'elle soit – puisque dans ces deux ouvrages il s'attache à comprendre la femme des temps victoriens. Il faut rappeler encore ses études et variations sur le puritanisme britannique, qui font l'objet d'une autre trilogie : *La Gracieuse Prisonnière* (*) (1952), *Excepté le Seigneur* (*) (1953), *L'Honneur* *résilié* (*) (1955), ainsi que les récits inspirés par la vie d'un Blanc chez les Africains : *La Sorcière* [*The African Witch,* 1936] et *Missié Johnson* (*) (1939).

RÉF. : M. Mahood, *J. Cary's Africa,* 1964. — R. W. Noble, *Joyce Cary,* 1973. — B. Fisher, *J. Cary, the Writer and his Theme,* 1980.

CASACCIA Gabriel. Romancier et conteur paraguayen. Né à Asunción le 20 avril 1907, mort à Buenos Aires en 1980. En 1935, il dut s'exiler en Argentine où il vécut jusqu'à ses derniers jours. L'exil a d'ailleurs marqué toute son œuvre, comme il a marqué la littérature paraguayenne en général. Son univers est celui de la réalité sociale, le reflet de « la moitié déchirée d'un pays qui cherche, insomniaque et inquiet, son autre moitié, son impossible réintégration » (Roa Bastos). Casaccia est le premier à avoir rompu avec l'atonie générale qui marquait avant lui la littérature de son pays. Après deux premiers romans où il cherche sa voie, *Hommes, Femmes et Fantoche* [*Hombres, mujeres y fantoches,* 1928] et *Mario Pereda* [1940], et deux livres de contes, *Le Hurlement* [*El Guajhú,* 1938] et *Le Puits* [*El pozo,* 1947], il écrit son chef-d'œuvre, *La Limace* (*), critique sans complaisance de la vie provinciale et de la décomposition morale des mœurs de son pays. *La Plaie* [*La llaga,* 1964] est de la même veine, même si la critique sociale est plus acerbe et la dénonciation de la dictature plus marquée. *Les Exilés* [*Los exiliados,* 1966 — prix Primera Plana] retrace la banale histoire de femmes et d'hommes anéantis par leur exil dans une ville argentine de la frontière, écartelés entre leur existence médiocre et leurs rêves chimériques. *Les Héritiers* [*Los herederos,* 1975], son dernier roman, marque un retour à Areguá, ce microcosme du Paraguay dont les contours misérables et désespérés apparaissent encore plus accusés. Même s'il n'est que le lointain reflet de Dostoïevski et de Proust dont il se réclame, Casaccia se distingue par la vérité sociologique et psychologique de personnages marqués — tels Ramón Fleitas ou Gilberto Torres, protagonistes de *La Limace* ou des *Exilés* — par la frustration et l'échec. Cette caractérisation, qui induit une critique sévère du contexte politico-social, dressera contre lui une partie de l'intelligentsia paraguayenne qui verra dans son œuvre une volonté de dénigrement du pays et de ses habitants.

CLAUDE CYMERMAN.

RÉF. : Francisco E. Feito, *El Paraguay en la obra de Gabriel Casaccia,* Buenos Aires, 1977.

CASANOVA DE SEINGALT Giacomo Girolamo. Mémorialiste et aventurier italien qui écrivit surtout en français. Né à Venise le 2 février 1725, mort au château de Dux (Bohême), le 4 juin 1798. D'origine roturière — son père, un acteur, avait épousé la fille d'un cordonnier, elle aussi actrice —, il fit cependant des études de droit et de théologie à l'université de Padoue, puis, comme on le destinait à l'état ecclésiastique, on le plaça dans un séminaire de Venise ; ses mœurs déjà libertines ne tardèrent pas à l'en faire renvoyer. Une liaison avec la favorite d'un sénateur lui fournit même l'occasion de faire connaissance avec les prisons de la République, au fort San Andrea. Relâché, il erra pendant plusieurs mois à travers l'Italie ; cherchant toujours à se faire admettre dans le clergé, il réussit à obtenir chez le cardinal Acquaviva, à Rome, une place de secrétaire qui le mettait en relations avec le pape Benoît XIV, fut rapidement congédié à la suite d'une étourderie, emprisonné quelque temps à Ancône, et regagna Venise où il prit du service dans l'armée. En 1743, il s'embarquait pour Constantinople, mais ne dépassa pas Corfou, où une grave querelle l'obligea à retourner précipitamment à Venise. Il dut alors se contenter d'un emploi de violoniste au théâtre San Samuele, et mena une vie médiocre jusqu'au jour où, le sénateur Bagradino ayant été frappé devant lui d'apoplexie, il parvint à le ranimer et à le ramener chez lui, opéra en quelques jours une guérison d'allure miraculeuse, et acheva de gagner la confiance absolue du rescapé en faisant mine d'être initié aux sciences occultes et en lui promettant la pierre philosophale. Il put alors commencer à tenir le train fastueux d'un grand seigneur accaparé par les soupers fins, le jeu, les intrigues et surtout les femmes. C'est à cette époque que se situe en particulier l'enlèvement de la Provençale Henriette. Mais la grande aventure ne commença qu'en 1750, avec le départ de Casanova pour la France : à Lyon il fut reçu dans la franc-maçonnerie, puis séjourna deux ans à Paris ; cherchant le plaisir auprès de femmes mariées de la plus haute société, de jeunes filles sortant à peine du couvent, mais aussi bien auprès de servantes et de souillons, accumulant les scandales galants et les dettes de jeu, contraint bientôt de fuir la colère des dupes et des jaloux, passant alors en Allemagne, recommençant les mêmes fredaines et les mêmes indélicatesses à chacune de ses étapes, Dresde, Prague, Vienne. Il regagne Venise en 1755. Autour de lui le scandale redouble : il s'est mis à faire auprès des jeunes gens une sorte de prosélytisme pour la débauche et, d'autre part, les histoires de Kabbale et de Rose-Croix qu'il raconte complaisamment en tout lieu excitent l'intérêt des inquisiteurs qui le font condamner à cinq ans de prison pour impiété. Incarcéré aux « Plombs », dans une chambre étouffante située sous un toit composé de lamelles de plomb, il réussit à s'évader — v. *Histoire de ma fuite des Plombs de Venise* (*) (1788) — et reprend sa course à travers l'Europe.

De nouveau à Paris, il trouve le moyen de s'introduire dans la meilleure société, devient même un familier du duc de Choiseul, fonde une manufacture d'étoffes et, ayant séduit plusieurs financiers, organise une loterie dont les produits considérables permirent à l'État d'achever la construction des bâtiments de l'École militaire : cette loterie fonctionnera jusqu'en 1836. Tour à tour financier, diplomate, publiciste, magicien, charlatan, mais toujours homme à bonnes fortunes, car une étape sans histoire d'alcôve est pour lui un désert, il n'est pas une grande ville d'Europe qu'il ne traverse, de Madrid à Moscou, de Londres à Constantinople. De sa propre autorité, il s'est décerné le titre de chevalier de Seingalt. Il passe de la cour de Frédéric le Grand (qui voulait le nommer gouverneur de son École des cadets) ou de celle de Catherine II (avec laquelle il eut plusieurs entretiens) à la prison ; de discussions avec Voltaire ou Rousseau à la promiscuité avec des ruffians et des prostituées ; de l'amitié de Souvaroff (rencontré à Florence) à celle de Cagliostro ; d'un duel avec le général polonais Braniski à une rixe de cabaret. En 1767, chassé de Paris par une lettre de cachet, il se rend d'abord à Munich, puis passe en Espagne où il échoue dans une prison de Barcelone : c'est là qu'en 1769, pour se concilier les bonnes grâces des autorités de la Sérénissime République, il rédige sa *Réfutation de l'Histoire du gouvernement de Venise* d'Amelot de la Houssaye. Aussi, en 1774, est-il autorisé à rentrer dans sa ville natale : c'est, dans sa vie aventureuse, une de ces pauses pendant lesquelles Casanova, qui n'a rien d'un philosophe ni d'un esthète, qui se garderait bien d'autre part de hausser son cynisme pratique jusqu'à une critique générale de l'état social, mais qui, cependant, avait touché un peu à tout, dans les arts, les lettres, les sciences, se délasse en se consacrant à des tentatives littéraires. Déjà il avait composé une cantate à trois voix, *Le Bonheur de Trieste* [*La felicità di Trieste*], il s'était essayé au roman historique avec ses *Anecdotes vénitiennes d'amour et de guerre du XIVe siècle, sous le gouvernement des doges Giovanni Gradenigo et Giovanni Dolfin* [*Aneddoti viniziani militari ed amorosi del secolo decimoquarto sotto i dogadi di Giovanni Gradenigo e di Giovanni Dolfin*] ; en 1775, il rapporte à Venise son *Histoire des troubles de Pologne* [*Storia delle turbolenze della Polonia*] ; en 1780, il va s'improviser imprésario d'une troupe de comédiens français et lancer une revue de critique dramatique, *Le Messager de Thalie*. En acceptant en 1781 de devenir un indicateur de l'Inquisition et de dénoncer les libraires qui se prêtaient à la propagande « philosophique », Casanova pensait avoir assuré sa sécurité à Venise ; mais un terrible libelle contre Grimani, intitulé *Ni dames ni amour* [*Ne donne ne amori*], l'obligea à s'éloigner pour toujours de la lagune. Après un séjour à Trieste, il revint à Paris où il se lia d'amitié avec le comte de Waldstein-Wartenberg, neveu du prince de Ligne, qui, par charité, le recueillit en 1785 dans son château de Dux, comme bibliothécaire ; c'est pendant ces dernières années assez humiliantes — en l'absence de son hôte, qui d'ailleurs l'exhibait comme une curiosité devant ses invités, Casanova était obligé, par exemple, de prendre ses repas à l'office, en compagnie des valets — que l'extraordinaire aventurier écrivit son roman fantastique *Icosaméron ou Histoire d'Édouard et d'Élisabeth...* (*) (1788), et surtout ses deux livres autobiographiques, *Histoire de ma fuite des Plombs de Venise* et *Histoire de ma vie* (*), publiée en 1822 : ce sont eux qui ont fait sa gloire, à juste titre, car ils ne sont pas seulement le portrait d'un homme, mais le tableau de toute une époque.

JACQUES PATRY.

♦ « *Il me dit qu'il est homme libre, citoyen du monde.* » Lettre de Muralt à von Haller, 21 juin 1760. ♦ « *Ce serait un bel homme s'il n'était pas laid ; il est grand, bâti en Hercule ; un teint africain, des yeux vifs, pleins d'esprit à la vérité, mais qui annoncent toujours la susceptibilité, l'inquiétude ou la rancune, et lui donnent un peu l'air féroce. Plus facile à être mis en colère qu'en gaîté, il rit peu, mais il fait rire, il a une manière de dire les choses qui tient de l'Arlequin balourd et du Figaro, et le rend très plaisant.* » Prince de Ligne. ♦ « *Casanova figure comme cas particulier, comme "réussite" unique, dans la littérature universelle, ne serait-ce que parce que ce charlatan fameux est entré dans le Panthéon de l'esprit créateur d'une manière aussi injustifiée que Ponce Pilate dans le Credo.* » Stefan Zweig.

RÉF. : *Mémoires du Vénitien J. Casanova de Seingalt,* Paris, 1825-1829, 14 vol. — F. W. Barthold, *Die geschichtlichen Persönlichkeiten in J. Casanova's Memoiren,* Berlin, 1846. — V. Ottmann, *Jakob Casanova von Seingalt, sein Leben und seine Werke,* Stuttgart, 1900. — C. Wibley, *Literary Portraits,* Londres, 1904. — É. Maynial, *Casanova et son temps,* Paris, 1910. — P. Grellet, *Les Aventures de Casanova en Suisse,* Lausanne, 1919. — J. Le Gras, *L'Extravagante Personnalité de Jacques Casanova, chevalier d'industrie,* Paris, 1922. — S. Zweig, *Trois poètes de leur vie : Stendhal, Casanova, Tolstoï,* Paris, 1937. — P. Wilding, *Les Grands Aventuriers du XVIIIe s.,* Paris, 1938. — J. Le Gras, *Le Véritable Casanova,* Paris, 1950. — J. Lucas-Dubreton, *Le Don Juan de Venise : Casanova,* Paris, 1955. — R. Abirached, *Casanova ou la Dissipation,* Paris, 1961. — F. Furlan, *Casanova et sa fortune littéraire,* Bordeaux, 1971. — P. Chiara, *Il vero Casanova,* Milan, 1977. — N. Rival, *Casanova, la vie à plaisir,* Paris, 1977. — F. Marceau, *Une insolente liberté, les aventures de Casanova,* Paris, 1983. — E. Roustaing, *Le Bal masqué de Casanova,* Paris, 1985. — C. Thomas, *Casanova, un voyage libertin,* Paris, 1985.

CASAUBON Isaac. Humaniste français. Né à Genève le 8 février 1559, mort à Londres le 1er juillet 1614, il illustre les grandeurs et misères d'une carrière européenne. Fils d'un pasteur calviniste, il reste quatorze ans à Genève comme étudiant, puis professeur ; il y épouse Florence, fille d'Henri II Estienne, et recherche en vain un traitement plus riche à Montpellier (1577-1600) avant d'être réclamé à Paris par Henri IV, qui finit par lui confier la garde de sa bibliothèque. En butte à la jalousie des professeurs royaux, aux persécutions des catholiques ultramontains, notamment des jésuites, comme au sectarisme des protestants, il se réfugie à la mort d'Henri IV (1610) auprès du roi Jacques Ier d'Angleterre qui l'utilise dans ses polémiques religieuses sans toujours le protéger contre les violences populaires. D'une piété fervente, passionné des lettres antiques qu'il élargit aux langues orientales, et conjugue avec l'« archéologie ecclésiastique », il recherche librement dans la Tradition la vérité divine obscurcie par l'infirmité humaine. Il développe un nouvel humanisme fondé sur un rationalisme critique, où grammaire, rhétorique, poésie sont « logiques ». L'étude des institutions antiques répond aux problèmes modernes. D'où ses éditions de Suétone, Pline le Jeune, Athénée, de l'Histoire Auguste et de Polybe. Insistant sur les mœurs, il édite les *Caractères* de Théophraste, Dion Chrysostome, Perse, donne un traité sur la poésie satirique. Ramenant la théologie à l'histoire, dans son traité latin *Sur la liberté ecclésiastique*, il limite les prétentions papales. La lettre latine à Fronton du Duc dénonce chez les jésuites le recours à l'équivoque, la restriction mentale. Dans les *Annales* de Baronius, il stigmatise le « miroir déformant », les partis pris en faveur de la papauté, l'insuffisance critique. De ce tempérament inquiet, exalté ou dépressif, un témoignage direct est donné par son journal, les *Éphémérides*, et par une *Correspondance* (*) de plus de mille cent lettres.

JEAN JEHASSE.

CASELLA Alfredo. Compositeur italien. Né le 25 juillet 1883 à Turin, mort le 5 mars 1947 à Rome. Précocement initié à la musique et mis en contact avec le public, il entra ensuite, dès l'automne de 1896, au Conservatoire de Paris où, brillant lauréat de la classe de piano de Louis Diémer, il suivit aussi celle de l'harmonie et de contrepoint de Xavier Leroux, et les cours de composition de Gabriel Fauré. Pianiste, accompagnateur et chef d'orchestre, compositeur, toutes ses forces furent dirigées vers le seul but de constituer dans son pays un goût musical moderne, à la fois italien et européen, en passant par les expériences techniques et artistiques internationales les plus disparates, pour redécouvrir avec admiration la grande tradition musicale italienne des XVIIe et XVIIIe siècles. Titulaire, à l'Académie Sainte-Cécile à Rome, d'une classe de piano de 1916 à 1923, puis, en 1932, de celle de perfectionnement sur le même instrument, il avait fondé en 1924, avec Malipiero et D'Annunzio, la *Corporation des musiques nouvelles* et, en tant que directeur de l'Académie Chigiana de Sienne et organisateur des premières Semaines musicales siennoises, son nom demeure lié à la résurrection des œuvres de Vivaldi. Il a laissé une vaste production instrumentale et symphonique marquée par l'approche néo-classique de Stravinski (*Scarlattiana*, 1926 ; *Paganiniana*, 1942) ; au théâtre : le ballet *La Jarre* (*) (1924) ; l'opéra *La Femme serpent* (+) (1932) tiré de la fable de Carlo Gozzi ; *La Fable d'Orphée* (1932) sur un texte de Politien. À ses écrits polémiques (*21 + 26*, 1931) et souvenirs artistiques, *Les Secrets de la Jarre* [*I segreti della Giara*, 1942], il faut ajouter *Le Piano* [*Il pianoforte*, 1939]. Sa grandiose *Messe pour la paix* [*Messa per la pace*, 1945] fut écrite au milieu des souffrances de sa dernière maladie.

CASONA Alejandro (pseud. d'Alejandro Rodríguez Alvarez). Dramaturge espagnol. Né à Besullo (Asturies) le 23 mars 1903, mort à Madrid le 17 septembre 1965. Fils d'instituteurs, instituteur lui-même dans le Val d'Aran, il y créa un théâtre pour enfants, *El Pájara Pinto*, « L'Oiseau bariolé ». Inspecteur de l'enseignement primaire, sous la République, il est nommé directeur du théâtre du Peuple. Prix national de littérature en 1932, avec son livre *Fleur de légendes*, et prix Lope de Vega en 1934, avec *La Sirène échouée* (*). Avec sa troupe d'étudiants, il parcourut en cinq ans plus de trois cents bourgs et villages, y gagnant une grande expérience scénique. À partir de 1934, il devint un professionnel du théâtre. Exilé politique, il partit de France pour l'Amérique, s'installant finalement à Buenos Aires, d'où il ne revint que pressentant sa fin prochaine.

Un auteur dramatique rénove ou innove. Casona suivit essentiellement la seconde voie. Trois œuvres marquent sa période républicaine : *La Sirène échouée* (1934), *Encore le diable* (*) (1935) et *Notre Natacha* (*) (1936). La première, chargée de réalisme magique, fut un coup de tonnerre dans un monde dramatique dominé par le théâtre de Benavente. C'est une œuvre surprenante dans ses intentions, parfaite dans sa construction. *Encore le diable* est un conte dans la tradition médiévale, pour faire peur aux enfants et aux grandes personnes, tandis que *Notre Natacha* est un drame teinté d'exotisme russe. *Défense de se suicider au printemps* (*) fut créé à Mexico en 1937. Viennent ensuite les succès mondiaux de Casona : *Les Trois Épouses parfaites* [*Las tres perfectas casadas*, 1941] ; le nouveau drame sur Inés de Castro, *La Dame de l'aube* [*La dama del alba*, 1944], *La Barque sans pêcheur* [*La barca sin pescador*, 1945] ou le Conte du Mandarin, *La Meunière d'Arcos* [*La molinera de Arcos*, 1947] reprenant le thème du *Tricorne* (*) d'Alarcón et Falla, *Les arbres meurent debout* [*Los árboles mueren de pie*, 1949], *Sept cris en mer* [*Siete gritos en el mar*, 1952], *La Troisième Parole* [*Tercera palabra*, 1953], un jeu sur Dieu, l'amour et la mort, *Une couronne d'amour et de mort* [*Corona de amor y muerte*, 1955], *La Maison aux sept balcons* [*La casa de los siete balcones*, 1957], *Le Chevalier aux éperons d'or* [*El caballero de* *las espuelas de oro*, 1964] ainsi que ses cinq *Farces* réunies en un *Retable joyeux* (1962).

LOUIS URRUTIA.

CASSIEN Jean. Écrivain latin. Né en 360, peut-être dans l'actuelle Dobroudja, mort à Marseille vers 435. Il fut le premier grand organisateur du monachisme occidental. Un autre oriental, saint Athanase, disciple et biographe de saint Antoine, l'avait précédé de presque un siècle (335-337) dans la mission de répandre la passion de l'ascétisme en Gaule, précisément à Trèves. Les parents de Cassien, riches, lui avaient donné les bases d'une bonne formation classique, et, très jeune encore, on l'admit dans un monastère de Bethléem. Ensuite, attiré par la renommée des nouvelles communautés égyptiennes, il émigra en Thébaïde (385) ; de là, il passa à Constantinople où, vers 404, saint Jean Chrysostome le fit diacre. Après l'exil de Chrysostome (405), il se rendit à Rome pour défendre l'œuvre de ce dernier. Ses traces réapparaissent inopinément dix ans plus tard (415) à Marseille, où on le retrouve prêtre et fondateur du célèbre monastère de Saint-Victor. C'est aux vingt dernières années de sa vie que remonte toute l'activité littéraire de Cassien dont les textes nous sont restés. À l'exception du *De incarnatione Domini contra Nestorium* (430), ses œuvres sont consacrées à la diffusion et à l'organisation du monachisme en Occident. Son idéal ascétique est surtout expliqué dans les vingt-quatre livres des *Conférences* (*) qu'il écrivit en trois fois, entre 420 et 429, et qui rapportent ses entretiens spirituels avec les moines d'Égypte. Les douze livres des *Institutions cénobitiques* (*) (vers 426) traitent au contraire des institutions monastiques de l'Orient.

CASSIODORE (Magnus Aurelius Flavius Cassiodorius). Historien et érudit latin. Né à Squillace, en Calabre, vers 485, mort dans cette même ville vers 580. Son existence est intimement liée aux vastes desseins politiques de son temps ; il jouera le rôle d'élément modérateur et conciliateur entre le monde romano-byzantin et la société barbare qui venait de l'envahir, entre la cour des Goths et la papauté ; son action ne sera pas seulement politique mais plus encore civilisatrice puisqu'il servira surtout de trait d'union entre l'ancienne et la nouvelle civilisation. C'est avec le titre de gouverneur de sa province d'origine, « corrector Lucaniae et Bruttiorum », que Cassiodore, après les premières charges honorifiques dues au rang éminent qu'occupait déjà son père, commence cette longue carrière diplomatique chez les Goths, qui durera depuis le règne de Théodoric jusqu'à la conquête byzantine. Il sera conseiller du roi, secrétaire de la Cour, historiographe officiel, rédacteur des actes juridiques, et, en même temps, porte-parole de l'opinion modérée du parti national et intermédiaire dans les relations avec la papauté. Il est toujours présent dans la coulisse, au point que sa correspondance, les *Ordonnances* – plus encore peut-être que la *Chronique* ou l'*Histoire des Goths* (*) –, représente un document fondamental pour la reconstitution de cette période de l'histoire. Lorsque s'écroule définitivement le gouvernement des Goths (539), sous les coups des armées de Bélisaire, on peut considérer comme close la carrière politique de Cassiodore.

Dans l'atmosphère sereine de sa ville natale, au bord de la mer Ionienne, les préoccupations religieuses et intellectuelles prennent en lui le dessus – v. *De l'âme* (*), œuvre courte qui fait suite aux *Ordonnances*. Il prendra part encore à quelques événements historiques et politiques, il se trouvera à Byzance en 551, mais son esprit a désormais subi une décisive « conversio ». Les contacts qu'il a pris à Constantinople avec le questeur Junilius lui permettent de puiser des informations détaillées sur l'activité du fameux Institut supérieur d'études théologiques de Nisibe, en Syrie, et c'est ainsi que mûrit dans sa tête l'idée de créer un centre analogue à Rome. Cependant, comme les troubles politiques et militaires rendent irréalisable son projet, Cassiodore le confie à un ouvrage de méthodologie, les *Institutions des lettres divines et humaines* (*), son œuvre maîtresse, qui portera ses fruits durant tout le Moyen Âge. Il se retire définitivement à Squillace et il y fonde le monastère de Viviers, le « Vivarium », qui devient rapidement un centre d'austères études religieuses et profanes (des Saintes Ecritures aux œuvres sur l'ascétisme, de l'histoire à la cosmographie, des arts libéraux et de la philosophie aux sciences exactes), où les moines transcrivent avec une rigueur critique remarquable les textes qui, à travers la tradition bénédictine, transmettront aux générations futures les messages de la pensée et de l'art antiques. C'est sans doute pendant cette période que Cassiodore rédigea l'*Histoire ecclésiastique tripartite* (+), résumé étendu des trois historiens ecclésiastiques grecs, Théodoret, Sozomène, Socrate, dont les textes avaient été traduits par un de ses disciples. Dans cette ardente ambiance de travail et de prière, une mort sereine vint surprendre celui qui, déjà très âgé, vivait dans la condition volontairement humble d'un simple moine.

Il ne faut pas chercher, chez Cassiodore, une originalité spéculative ou une expression d'art particulière ; il fut, avant tout, un « maître » subtil qui, doué d'un singulier sens historique, sut discerner les éléments essentiels d'un riche patrimoine religieux et intellectuel à transmettre à la postérité et s'y appliqua avec une foi et une intelligence qui lui firent trouver des moyens, des procédés et des tons valables également dans les siècles suivants.

FRANCESCA MINUTO.

RÉF. : A. Van de Vijner, « Cassiodore et son œuvre » in *Speculum*, 6, 1931. – P. Godet, Article *Cassiodore* in t. II du *Dictionnaire de théologie catholique*, Paris, 1932. – P. Courcelle, *Les Lettres grecques en Occident de Macrobe à Cassiodore*, Paris, 1948.

CASSIRER Ernst. Philosophe allemand. Né le 28 juillet 1874 à Breslau (Silésie), mort le 13 avril 1945 à New York. D'abord étudiant en droit à l'université de Marburg à partir de 1892, il lit les œuvres de Hermann Cohen pendant l'été de 1894 et décide alors de se consacrer entièrement à la philosophie. Dès cette époque il s'est rallié au courant néo-kantien de l'école de Marburg, ce qui ne l'empêche pas de se préoccuper des relations étroites de la philosophie avec les autres sciences : il poursuit donc ses études de jurisprudence, de littérature et de philologie germaniques aux universités de Berlin, de Leipzig, de Heidelberg et, en 1896 seulement, aborde la philosophie proprement dite et les mathématiques. Ayant passé son doctorat en 1899, devant Cohen et Natorp, avec une dissertation sur la *Critique cartésienne de la convention dans les sciences mathématiques et naturelles* [*Descartes Kritik der mathematischen und naturwissenschaftlichen Erkenntnis*], il est maître de conférences à Berlin en 1906, puis professeur titulaire à l'université de Hambourg à partir de 1919. Exilé d'Allemagne à partir de 1933, il se réfugie d'abord en Suède et obtient une chaire à l'université de Göteborg, qu'il quitte en mai 1941 pour les États-Unis où il deviendra professeur à l'université de Yale.

Disciple préféré de Cohen et, après celui-ci, le représentant le plus important de l'école de Marbourg, Cassirer affirme d'abord son originalité par l'extraordinaire diversité de son érudition : on peut dire, de la philosophie systématique et de l'épistémologie à l'histoire de la philosophie, de la méthodologie scientifique et de la chimie à l'étude des mythes, de la poésie et des arts en général à la théorie einsteinienne de la relativité, qu'il n'est pour ainsi dire pas un aspect du mouvement de la culture qu'il n'ait abordé. Il est de la race des grands philosophes encyclopédiques, des Hegel, des Leibniz surtout – v. son *Système de Leibniz dans ses fondements scientifiques* [*Leibniz' System in seinen wissenschaftlichen Grundlagen*, 1902]. Il reste cependant avant tout néo-kantien, comme l'indique d'abord la prédilection qu'il a toujours montrée pour les problèmes épistémologiques dont il a donné l'histoire détaillée dans son *Problème de la connaissance dans la philosophie et les sciences de l'époque moderne* (*) (4 vol. 1906-1940) : s'il dépasse le champ primitif de Kant, c'est pour y appliquer les principes kantiens, et l'on peut comprendre sa tâche comme un effort pour compléter celle du philosophe de Koenigsberg. Une de ses thèses les plus intéressantes est certainement celle des « formes symboliques » – v. *La Philosophie des formes symboliques* (*) (1923-1932) –, c'est-à-dire les diverses conceptions du monde utilisées par chaque être pour comprendre sa vie, et, plus encore au sens kantien, ces « catégories » dont l'école de Marburg avait déjà montré qu'elles ne sont point des processus subjectifs mais des données objectives, bases de toute entreprise philosophique. Cassirer s'est aperçu que la raison pure ne devait pas justifier le « fait scientifique » seulement, mais aussi bien le fait mythique, et toutes les formes de création et d'expression artistiques, et tous les types de vie sociale (*Le Mythe de l'État*, 1946). Toute sa pensée tend ainsi à poser le problème anthropologique *(Un essai sur l'homme)* quoique, naturellement, pour ce kantien, une anthropologie métaphysique, « substantielle », soit impossible, et que le « processus culturel » soit le seul accès possible à l'expérience. Cassirer verra dans la théorie de la relativité d'Einstein une confirmation de son idéalisme : la fonction de la science n'est pas de représenter la réalité ; la science, dans ses diverses disciplines, n'est que le langage de l'esprit, le mode divers d'expression « symbolique » créée par l'homme pour élucider son expérience. Ainsi Cassirer reste-t-il fidèle au kantisme ; mais il l'élargit considérablement, s'efforçant de comprendre toutes les grandes manifestations émotives, tout le processus de la culture comme l'expression historique des structures fondamentales de l'esprit humain. Comme on l'a dit, il a transformé la « critique de la raison pure » en une critique de la culture dont les analyses restent valables pour ceux mêmes qui n'en partagent point l'inspiration néo-kantienne. Ses derniers écrits datent de la période de Yale et concernent plus particulièrement l'histoire (*L'Idée de l'histoire, inédits de Yale*, Paris, 1988).

MICHEL MOURRE.

RÉF. : P. A. Schlipp, *The Philosophy of Cassirer*, 1949. – F. Kalbeck, *Die philosophische Systematik Ernst Cassirers*, Vienne, 1951. – *Ernst Cassirer : de Marbourg à New York, l'itinéraire philosophique* (collectif), Paris, 1989.

CASSOLA Carlo. Romancier italien. Né à Rome le 17 mars 1917, mort à Montecarlo di Lucca le 29 janvier 1987. Il vit à Rome une enfance et une jeunesse moroses du fait de son caractère solitaire ; il se réfugie dans l'imagination, bientôt nourrie de références littéraires : l'œuvre de Carducci lui donne une image mythique de la Toscane, cette Toscane qui deviendra un cadre constant, presque un personnage de ses romans. Rebuté de la culture classique par la lecture chauvine qu'en fait l'enseignement officiel fasciste, mais, à la différence de beaucoup de jeunes de sa génération, peu attiré par la littérature américaine, il est en revanche fortement marqué par sa découverte de Joyce : cette rencontre motive sa décision de devenir écrivain. De 1937 à 1940, il publie plusieurs récits brefs, qui attestent son refus de se référer aux grands problèmes, idéologiques ou psychologiques, et sa volonté de saisir la substance quotidienne, le flux monotone de la vie, dans leur dimension poétique fondée sur les valeurs élémentaires de l'élan vital. Il intègre par la suite sa lecture de D. H. Lawrence et surtout de Proust dans cette « poétique du subliminaire ».

Toutefois, en contradiction avec son refus proclamé des grands idéaux, Cassola s'affirme antifasciste, égalitaire, internationaliste. Il s'engage dans la Résistance en Toscane, où il a obtenu un poste d'enseignant. Cela le conduit à fréquenter de plus près les artisans, ouvriers, paysans de cette région. C'est cette expérience qui marque son activité littéraire au sortir de la guerre, dans *Baba* (écrit en 1946), *Rosa Gagliardi, La Coupe de bois* (*) (1950). Ce contact avec le peuple l'amène à prendre ses distances avec la « poétique du subliminaire » et à se situer dans la mouvance du néoréalisme. Cette évolution est accentuée par une crise personnelle, consécutive à la mort de sa femme en 1946, qui conduit Cassola à répudier tout son passé.

En 1952, il publie *Fausto et Anna* (*) qui est au centre d'une polémique sur la nature de l'œuvre engagée. Ce roman marque son passage à des formes narratives plus amples. Cassola participe désormais de façon active à la vie culturelle italienne. En 1960, il publie *La Ragazza* (*), qui est aussi l'occasion d'un débat sur le réalisme, que Pasolini lui reproche d'avoir trahi. Par la suite, la crise du néoréalisme et de la littérature narrative, la remise en question de la littérature même, la montée de la « néo-avant-garde » le placent en position d'accusé, cette fois comme « romancier à l'eau de rose ». Il répond en défendant la littérature, en participant plus que jamais à la vie culturelle, en intensifiant sa production à partir d'*Un cœur aride* [*Un cuore arido*] en 1961. En même temps, il opère une sorte de retour à la poétique de sa jeunesse. Dans ses écrits des années 80, Cassola développe également une intense activité pacifiste.

PIERRE LAROCHE.

CASSOU Jean. Écrivain français. Né le 9 juillet 1897 à Deusto (Espagne), mort le 15 janvier 1986 à Paris. Il fut mêlé aux grands combats contre le fascisme et contre l'occupation allemande, non seulement par l'action politique directe qu'il mena en la qualité de commissaire de la République pour la région de Toulouse (1942-1944) dans la clandestinité – il sera Compagnon de la Libération – mais à travers des ouvrages et essais comme *Les Massacres de Paris* (*) (1935), *Trente-Trois sonnets composés au secret* (*) (1944), *La Mémoire courte* (1953). Cet homme de grande culture sut aussi découvrir dans l'art les combats pour la liberté. On lui doit en particulier des études sur *Le Greco* (1931) et sur *Picasso* (1940) ainsi que les présentations de nombreux catalogues d'expositions, rédigées lorsqu'il fut conservateur en chef du Musée national d'art moderne à Paris (1946-1965). Jean Cassou a publié aussi des romans, tels que *La Clef des songes* (1929), *Légion* (1939), *Le Bel Automne* (1950), *Le Temps d'aimer* (1959), *Le Voisinage des cavernes* (1971), où il sut conjuguer son lyrisme, son sens à la fois de la mythologie de la terre et de la fraternité humaine.

RÉF. : Pierre Georgel, *Jean Cassou*, Paris, 1967.

CASTANAKIS Thrasso. Romancier grec. Né en mai 1901 à Constantinople, mort le 17 mars 1967 à Paris. Grandi en Asie Mineure, il vint en France après la Seconde Guerre mondiale et vécut à Paris la majeure partie de son existence. À vingt ans, il était déjà l'auteur d'un volume de poèmes et il fréquenta de bonne heure les milieux universitaires et littéraires de la capitale en occupant le poste de lecteur de grec moderne à la Sorbonne, où une amitié étroite l'unissait à Psichari. Comme beaucoup des « écrivains de 1930 », mais bien en avance sur eux, il pensait que le temps était venu de briser la forme des courtes nouvelles essentiellement descriptives, dans laquelle se cantonnait la littérature grecque, pour adopter le modèle du roman. C'est dans cet esprit qu'il publia son premier livre *Les Princes* [Οἱ πρίγκιπες, 1924], tentative réussie d'un récit soutenu laissant une grande place à l'analyse intérieure – et qui fut couronnée la même année du prix du meilleur roman hellénique (prix Zikakis). C'était le premier exemple d'une littérature « cosmopolite » et, durant les vingt années à venir, Castanakis composa sur ce thème (la grécité envisagée hors de la Grèce) une œuvre riche d'une dizaine de volumes où alternent romans et nouvelles. Mais alors que celles-ci, souvent pessimistes, sont des constructions autour d'un seul personnage (avec une prédilection pour les « types », tels que Yanni l'aveugle dans *Tasso Tassopoulo et autres nouvelles* (*), 1928) ses romans lui servent davantage à ressusciter une époque, à retracer l'évolution d'un monde. En utilisant l'élément passionnel comme trame de ses récits, il s'est attaché à dépeindre les milieux grecs des grandes villes, où défilent quantité de personnages, grands bourgeois ou déracinés, inquiets et souvent émouvants. Il en va ainsi de *La Race des hommes* (*) (1932) dont toute l'action se déroule à Constantinople, ou de *Paris de la nuit et de l'amour* [Το Παρίσι τῆς νύχτας και τοῦ ἔρωτα, 1929]. Après la guerre, Castanakis cessa brusquement toute activité littéraire pour s'installer dans une retraite qu'il ne rompit que dix ans plus tard, avec *Les Chiens dans la nuit* (*) (1956), roman historique dans lequel il se penche à nouveau sur sa ville natale.

GILLES ORTLIEB.

CASTANEDA Carlos. Une zone de mystère entoure la vie de cet écrivain américain hors normes. Il n'existe pas de document précis permettant de donner sa date de naissance. Dans *The Don Juan Papers,* De Mille écrit : « Carlos Castaneda dit qu'il est né au Brésil en 1935. Son dossier d'immigration stipule qu'il est né au Pérou en 1925. Il dit que son père était chercheur d'or. En 1973, il reçoit son diplôme de maîtrise pour avoir interviewé à plusieurs reprises entre 1960 et 1971 un vieil Indien nommé don Juan Matus. Son but était de faire une étude sur les plantes médicinales hallucinogènes et notamment le "peyotl". Ces interviews ont donné lieu à un rapport en trois volumes. Le troisième fut accepté comme thèse par l'université de Californie de Los Angeles. » Par la suite, Castaneda a publié une série de livres sur ce thème dont le premier : *L'Herbe du diable et la petite fumée* (*), est devenu un best-seller mondial. Viendront ensuite *Voir* [*A Separate Reality,* 1971], *Le Voyage à Ixtlan* [*Journey to Ixtlan,* 1972], *Histoires de pouvoir* [*Tales of Power,* 1974], *Le Second Anneau de pouvoir* [*The Second Ring of Power,* 1977], *Le Don de l'aigle* [*The Eagle's Gift,* 1981], *Le Feu du dedans* [*The Fire from within,* 1984], et *La Force du silence* [*The Power of Silence,* 1984]. Dans un livre intitulé *La Tricherie spirituelle*, Alejandro Jodorowsky livre un témoignage sur sa rencontre avec l'auteur dans un hôtel, au Mexique, en 1970. Dans le livre de De Mille, on peut voir un portrait dessiné de Castaneda jeune. Jodorowsky dit qu'il correspond au physique du personnage qu'il a rencontré. « Il ressemble à un homme du peuple, dit-il, pas gros mais massif, les cheveux frisottés, le nez un peu aplati, on dirait un Mexicain né des classes populaires. Par contre, dès qu'il parle, il se transforme en prince. On sent une grande culture derrière chacun de ses mots. » Plus loin, Jodorowsky explique que Castaneda lui proposa de faire un film sur ses aventures avec don Juan Matus en disant que d'autres cinéastes d'Hollywood lui avaient proposé de grosses sommes pour le produire mais qu'il avait refusé, ne voulant pas qu'Anthony Quinn incarne son personnage. « Il m'a raconté ses histoires de don Juan avec une telle conviction [...] Je suis habitué au théâtre, aux acteurs, et je n'ai pas eu le sentiment qu'il mentait. Peut-être est-il fou et génial [...] Son apport est immense : il a créé une source de connaissance différente, la source sud-américaine [...] Il a fait revivre le concept du "guerrier spirituel" [...] Il a remis au goût du jour le travail sur le rêve éveillé [...] Vrai ou faux peu importe, si c'est de la tricherie il s'agit d'une "tricherie sacrée"... »

Rencontres avec Carlos Castaneda et Pachita la guérisseuse (1990) de Maurice Cocagnac, frère dominicain, est un autre témoignage authentifiant l'existence de cet ethnologue devenu sorcier [brujo]. Il écrit : « On pourrait le croire tant sicilien qu'espagnol, pourquoi pas mexicain ? Dans ce pays, il semble rigoureusement conforme. C'est là sans doute le meilleur moyen de passer inaperçu. Son attitude est tout à fait discrète. » Une partie de la rencontre des deux hommes s'est déroulée à Mexico dans les ruines de Tula, vestiges de la civilisation des mystérieux Toltèques. Dans *Le Feu du dedans,* Castaneda écrit : « Les voyants toltèques étaient des hommes peu communs, de puissants sorciers, ils connaissaient l'art de manier la conscience. Ils étaient en réalité des maîtres suprêmes de cet art. Lorsque je dis qu'ils savaient comment fixer la conscience de leurs victimes, je veux dire que leurs connaissances secrètes et leurs pratiques leur permettaient de pénétrer les mystères de la conscience. » Dans une autre conversation, Maurice Cocagnac note : « Carlos se demande tout haut si je ne ferais pas bien de rencontrer don Juan [...] Il se met ensuite à rire, en pensant, me dit-il, que certains peuvent mettre en doute l'existence de don Juan Matus et de don Genaro Flores. »

ALAIN D. VALADE.

RÉF. : Richard de Mille, *The Don Juan Papers,* Santa Barbara, 1980. – Bernard Dubant et Michel Marguerie, *Castaneda : la voie du guerrier*, Paris, 1981. – *Castaneda, le saut dans l'inconnu,* Paris, 1982. – *Castaneda : le retour à l'esprit,* Paris, 1989. – Alejandro Jodorowsky, *La Tricherie spirituelle*, Paris, 1989.

CASTELLANOS Rosario. Romancière et poétesse mexicaine. Née le 25 mai 1925 à Mexico City, morte le 7 août 1974 à Tel-Aviv. Originaire de l'État du Chiapas, Rosario Castellanos est classée parmi les grands rénovateurs de l'indigénisme littéraire. Diplômée de lettres, elle choisit de travailler plusieurs années pour l'Institut indigéniste national dans le Chiapas, puis dans la capitale. Professeur à l'université autonome depuis 1961, elle acquiert rapidement un renom international. En 1971, elle est nommée ambassadeur du Mexique en Israël où elle meurt accidentellement. Rosario Castellanos a beaucoup écrit : articles, essais, poèmes, mais elle est surtout connue pour ses contes et ses romans. *Les Étoiles d'herbe* (*) (1957) sont une œuvre à caractère autobiographique qui connaît de nombreuses rééditions. Son second roman, *Le Christ des ténèbres* (*), paraît en 1962 et consacre Castellanos comme un écrivain majeur. Ce roman décrit un grand mouvement indigène de rébellion messianique dans l'État du Chiapas, aux frontières du Guatemala. S'inspirant d'une authentique révolte de la seconde moitié du XIXe siècle, la romancière a l'audace de retracer cette épopée sanglante et vouée à l'échec. Elle met également en relief le rôle majeur des femmes dans le surgissement et la gestion des crises sociales et religieuses. Indigénisme et féminisme sont les deux lignes de force de ce grand écrivain trop tôt disparu.

ÈVE-MARIE FELL.

RÉF. : R. Dylvig, *Rosario Castellanos*, Mexico, 1965. – M. E. Franco, *Rosario Castellanos. Semblanza psicoanalítica*, Mexico, 1985.

CASTELLION Sébastien. Nommé aussi Castallion ou Chateillon. Humaniste français protestant. Né à Saint-Martin-du-Frêne (Ain) en 1515, mort à Bâle (Suisse) le 29 décembre 1563. D'abord professeur à Lyon, il se rendit ensuite à Strasbourg et enfin à Genève, où Calvin le mit à la tête du collège qu'il venait de fonder (1541). Par suite de maint dissentiment théologique, il se brouilla avec Calvin (1544), et décida de se fixer à Bâle. Là, contraint de recourir, pour vivre, aux pires besognes manuelles, il n'en eut pas moins le courage d'entreprendre une traduction française de *La Bible* (*), laquelle est en tout point remarquable. En 1553, il obtint une chaire de grec à l'université de Bâle. Mais, l'année suivante, le supplice de Michel Servet le fit sortir de sa réserve : sous le nom de Martinus Bellius, il publia en effet son *Traité des hérétiques* (+), qui n'est autre qu'un éloge de la tolérance. Ayant essuyé, de ce fait, de nouveaux reproches de Calvin, il répondit par son fameux *Contra libellum Calvini* ; position qu'il consolida en 1562 par son *Conseil à la France désolée*. De plus en plus inquiété par les partisans de Calvin, il songeait à émigrer en Pologne quand il mourut. Aux ouvrages déjà cités il convient d'ajouter un écrit qui constitue, en quelque sorte, son testament spirituel : *De l'art de douter et de croire, d'ignorer et de savoir* (*). Champion de la tolérance dans toute la force du terme, Castellion, par sa douceur autant que par son courage, a été surnommé le « Fénelon des protestants ».

RÉF. : J. Mähly, *S. Castellio*, Bâle, 1862. – Eugène et Émile Haag, article « Chateillon » dans *La France protestante*, 2e éd., 1884. – F. Buisson, *Sébastien Castellion, sa vie et son œuvre*, 1892, 2 vol. – M. Maindron, *Récits du temps passé*, Tours, 1899. – Stefan Zweig, *Castellion contre Calvin*, tr. fr. 1940.

CASTELO BRANCO Camilo, vicomte de Correia-Botelho. Écrivain portugais. Né à Lisbonne le 16 mars 1825, mort à Saint-Miguel de Seide le 1er juin 1890. Après avoir passé son enfance dans l'atmosphère sauvage de Tras-os-Montes, il reçoit les ordres mineurs ; mais ayant déjà été initié à la poésie par la lecture de Camoens et de Barbosa du Bocage, il abandonne l'Église avant le sacerdoce. C'est par des poèmes, *Un livre* [*Um Livro,* 1858], et par des drames, *Épines et Fleurs* [*Espinhos e flores,* 1857], *Bienheureuses larmes* [*Lagrimas abençoadas,* 1861], qu'il inaugure sa carrière littéraire ; puis, abordant le roman, il s'affirme rapidement comme le meilleur romancier de mœurs, avec Eça de Queiroz, du Portugal contemporain, connaisseur de la vie populaire, créateur de types fortement dessinés comme le « brasiliero », le vieux « fidalgo » du Nord, le prêtre du Minho, alliant le réalisme des images à un idéalisme passionné dans des livres tels que *Les Mystères de Lisbonne* [*Os misterios de Lisboa,* 1853] influencé par *Les Misérables* (*) de Victor Hugo et *Les Mystères de Paris* (*) d'Eugène Sue, *Le Roman d'un homme riche* [*O Romance de um homem rico,* 1861], *Amour de perdition* (*) (1862) et dans la grande série en douze volumes intitulée *Nouvelles du Minho* [*Novelas do Minho,* 1875-77]. À travers son œuvre très féconde (elle compte plus de cent volumes), Castelo Branco s'est intéressé à presque tous les genres : poésie, théâtre, roman historique – *Le Juif* [*O Judeu,* 1866] –, histoire, biographie, critique littéraire, traduction. Fait vicomte de Correia-Botelho en 1885, pensionné par le gouvernement, Castelo Branco connut cependant une fin de vie des plus pénibles : perclus de douleurs et devenu aveugle, il finit par se suicider après une longue résistance.

RÉF. : M. Marquès, *A obra de Camillo,* Oporto, 1894. – P. Osorio, *Camillo, a sua vida, a seu genio, a sua obra,* Porto, 1908, 2e éd. 1920. – H. Lacape, *Camilo Castelo Branco,* Paris, 1941. – A. Ribeiro, *O romance de Castelo,* 3 tomes, Lisbonne, 1957, 2e éd. 1974 ; *Camões, Castelo, Eça e alguns mais,* Lisbonne, 1958, 2e éd. 1975. – B. Gracias, *Castelo, Suícida, Ensaio biobibliográfico,* Lisbonne, 1965. – T. R. Ferro, *Tradição e modernidade em Castelo,* Lisbonne, 1966. – M. L. Torres Lepecki, *Sentimentalismo, Contribuição para o estudo da técnica romanesca de Castelo,* Belo Horizonte, 1967. – A. P. de Castro, *Narrador, tempo e leitor na novela camiliana,* Famalição, 1976. – A. Cabral, *Estudos camilianos,* I, Porto, 1978. – J. B. Chorão, *Castelo,* Lisbonne, 1979. – A. Cabral, *Camilo Castelo Branco : roteiro dramático dum professional das letras,* Lisbonne, 1980.

CASTELVETRO Ludovico. Écrivain italien. Né à Modène en 1505, mort à Chiavenna le 21 février 1571. Il fait des études de droit à Bologne, Ferrare et Padoue, et obtient ses diplômes à Sienne où il présente en 1531 une comédie, *Les Dupés* [*Gli ingannati*]. Après un bref séjour à Rome, il rentre dans sa ville natale où il sera pendant vingt ans lecteur de droit au Studio. En 1553, à la suite d'une polémique contre Caro, Castelvetro est sommé de paraître devant le tribunal de l'Inquisition comme hérétique et instigateur d'un homicide. Il fuit. En 1567, il rentre à Chiavenna et y tient une école de grec et de latin. En 1570, il se rend à Vienne où il dédie à Maximilien II son œuvre majeure, la *Poétique d'Aristote vulgarisée et exposée* – v. *Poétique* (*) d'Aristote. Il s'immisce ainsi dans la très vive discussion que suscite alors le texte du philosophe grec, prenant parti pour les « hédonistes » contre les « moralistes » et défendant l'idée de la « délectation » poétique. Ses intérêts littéraires vont de l'exégèse dantesque à la composition de poèmes en latin et en italien, du commentaire de Pétrarque à la traduction des poètes provençaux. Portant un grand intérêt aux formes grammaticales et linguistiques, il a le mérite d'être au point de départ de la philologie italienne.

CASTI Giambattista. Écrivain italien. Né à Acquapendente (Viterbo) le 29 août 1724, mort à Paris dans la nuit du 6 au 7 février 1803. Casti fut chanoine et enseigna les belles-lettres. À Rome, il fut accueilli en Arcadie et publia, en 1762, un recueil de vers intitulé *Les Trois Jules* [*I tre Giuli*]. Après un voyage à Paris, il s'installa en 1765 à Florence, où il devint poète de cour du grand-duc Leopoldo. En 1772, il partit pour Vienne, d'où il effectua de nombreux voyages. Il séjourna à Saint-Pétersbourg en 1777-1779, puis regagna Vienne en 1780 avant de rentrer, l'année suivante, en Italie, où il poursuivit ses pérégrinations. En 1791, il se trouvait de nouveau à Vienne, poète de cour, en 1796-97 en Italie. Enfin, il s'installa en 1798 à Paris où il demeurera jusqu'à sa mort. C'est là qu'il termina *Les Animaux parlants* (*). On doit en outre à Casti un *Poème tartare* [*Poema tartaro*] et des drames mis en musique.

CASTIGLIONE Baldassar. Diplomate et écrivain italien. Né à Casatico, près de Mantoue, le 6 décembre 1478, mort à Tolède, en Espagne, le 8 février 1529. Issu d'une famille apparentée aux Gonzague, il reçut à Milan une éducation humaniste et y fréquenta la cour de Ludovic le More. Il se prépara ainsi à la carrière à laquelle sa naissance le destinait, celle d'un courtisan attaché à la cour d'un prince pour y remplir des fonctions militaires et diplomatiques. De la cour de François II Gonzague il passa, en 1504, à celle du duc d'Urbino, Guidubaldo de Montefeltro, une des plus brillantes d'Italie. C'est la vie à cette cour qu'il devait évoquer plus tard et immortaliser dans son chef-d'œuvre, *Le Livre du courtisan* (*) (1528). Quand Guidubaldo mourut, Castiglione resta au service de son successeur, Francesco Maria Della Rovere, capitaine général des armées pontificales. Fait comte, il fut envoyé à Rome, en 1513, comme ambassadeur permanent du duché d'Urbino. Il se lia alors d'amitié avec les artistes, poètes et humanistes qui fréquentaient la cour du pape Léon X, Raphaël, Michel-Ange, Bembo, Sadolet, Béroalde le Jeune, Tebaldeo. Quand le duc Francesco Maria perdit son duché, attribué à Lorenzo de Médicis, neveu du pape, Castiglione se rapprocha des Gonzague, dont il servit les intérêts auprès de l'administration pontificale. Devenu veuf en 1520, il reçut les ordres mineurs en 1521 et fut envoyé en Espagne, en 1525, comme nonce apostolique auprès de l'empereur Charles Quint. Partisan depuis longtemps d'une politique de conciliation entre la papauté et l'empire, il ne put empêcher qu'éclatât entre ces deux puissances le conflit qui allait aboutir, en mai 1527, au sac de Rome. La capitale de la chrétienté fut prise et pillée par les impériaux, et Clément XII, principal responsable, par ses hésitations et son double jeu, de la catastrophe, reprocha à son nonce de ne pas avoir prévu et prévenu les événements. Douloureusement affecté, Castiglione n'en resta pas moins fidèle à l'Église romaine, qu'il défendit contre les attaques d'Alfonso de Valdés, secrétaire de Charles Quint. Il mourut d'une fièvre, à Tolède, en 1529. On raconte qu'en apprenant la nouvelle l'empereur aurait déclaré : « Je vous le dis, un des meilleurs "caballerosè du monde est mort. »

C'est *Le Livre du courtisan* qui a assuré la gloire de Castiglione, mais quelques œuvres mineures méritent d'être citées : *Tirsi,* églogue pastorale composée en collaboration avec Cesare Gonzaga (1506) ; le prologue de la *Calandria* (*), œuvre de Bernardo Bibbiena (1513) ; l'*Epistola de vita et gestis Guidubaldi Urbini ducis,* en latin, à la gloire du duc d'Urbino et de son épouse Élisabeth Gonzague ; des *Rime* en italien (dix sonnets et quatre « canzoni »), et des poésies élégiaques latines, les *Carmina.*

Le Livre du courtisan, dont l'élaboration a duré près de quinze ans, a été publié à Venise, en 1528, chez les Manuce. Réédité des centaines de fois, traduit dans les principales langues (en français en 1537), ce texte a eu une influence déterminante non seulement sur la littérature, mais aussi sur la vie sociale de l'Europe entière, jusqu'à la fin du XVIIIe siècle. En effet ce portrait du « parfait courtisan », composé sous la forme d'un dialogue entre des familiers de la cour d'Urbino, et qui dépeint l'homme idéal, moralement et esthétiquement accompli, tel que la Renaissance italienne à son apogée pouvait le concevoir, a fourni leur modèle aux innombrables traités de « bonnes manières » et de « savoir-vivre » qui ont cherché par la suite à modeler l'homme européen, sans jamais égaler la subtilité, l'élégance et la poésie avec lesquelles Castiglione a analysé la « rhétorique » complexe qui préside aux relations entre les hommes.

ALAIN PONS.

♦ *« Aussi longtemps que dureront les cours, aussi longtemps que les princes, les dames et les chevaliers se réuniront ensemble, aussi longtemps que la valeur et la courtoisie auront leur séjour dans nos âmes, le nom de Castiglione sera honoré. »* Torquato Tasso.

RÉF. : V. Cian, *Un illustre nunzio pontificio del Rinascimento, Baldassar Castiglione,* Cité du Vatican, 1952. – C. Ossola et A. Prosperi éd., *La corte e il « cortegiano »,* Rome, 1980, 2 vol. – R. W. Hanning et D. Rosand éd., *Castiglione, the Ideal and the Real in Renaissance Culture,* New Haven-Londres, 1983.

CASTILHO António Feliciano, vicomte de. Écrivain portugais. Né et mort à Lisbonne (28 janvier 1800-18 juin 1875). Castilho est considéré comme le plus grand poète romantique portugais après Almeida Garrett et Alejandro Herculano. Fils d'un professeur à l'université et médecin de la Maison royale, il fut gravement malade durant son enfance et vers sa sixième année devint aveugle. Il fit ses études secondaires à l'université de Coïmbre en même temps que son frère Augusto Frederico qui l'assista avec dévouement. Il prit le grade de docteur en droit mais son goût le portait vers les lettres. À partir de 1826, il passa quelques années dans la solitude d'un village de montagne, San-Mamede da Castanheira do Vouga, où son frère, devenu prêtre, avait été envoyé. Là, il se familiarisa avec la littérature romantique, adopta ses théories et en 1834, après l'échange d'une longue correspondance amoureuse, épousa Maria Isabel Baena de Coïmbre, une jeune fille qui s'était éprise de lui à la lecture de son œuvre de jeunesse, *Lettres d'Écho à Narcisse,* mais qu'il perdit deux ans après. À Madère où il avait accompagné son frère (qui y mourut), il épousa en secondes noces Anna Carlotta Xavier Vidal qui fut pour lui une compagne affectueuse. Elle mourra, peu de temps avant lui, en 1871 ; il en eut huit enfants dont certains, comme Julio, se distinguèrent également dans les lettres. Castilho revint à Lisbonne en 1841, fonda et dirigea pendant cinq ans la *Revista Universal Lisbonense* (qui avec le *Panorama* d'Herculano fut l'une des plus importantes revues littéraires portugaises à l'époque romantique). En 1845, il entreprit avec son frère José la *Livraria Classica Portuguesa,* importante collection d'écrivains nationaux et l'année suivante entama une longue et vigoureuse campagne en faveur d'une méthode destinée à propager le goût de la lecture, qu'il avait imaginée. De 1847 à 1850, il se livra à un apostolat didactique et social infatigable aux Açores. À son retour à Lisbonne, il fut nommé commissaire général à l'instruction élémentaire, fonda en diverses villes des cours publics pour élever le niveau culturel des instituteurs. En 1855, Castilho se rendit au Brésil pour y répandre ses propres méthodes d'enseignement et refusa la chaire de littérature à l'université que lui offrit l'empereur Pedro V. En 1866, après être revenu au Portugal, il se rendit à Paris, toujours accompagné de son frère. Mais ses facultés d'organisateur et de maître déclinaient ; le défenseur du romantisme perdait son prestige littéraire, et il était incapable de se rendre compte du triomphe du réalisme ; les jeunes étudiants de Coïmbre, groupés autour du plus entreprenant d'entre eux, le futur grand poète Anthero de Quental, se refusaient à le reconnaître pour leur maître, et l'accusaient d'étouffer les jeunes talents.

Parmi ses œuvres, il convient de citer, outre les *Lettres d'Écho à Narcisse* écrites en 1821, les recueils poétiques : *Le Printemps* (1822), *Amour et Mélancolie* (1828), *La Nuit du château* (1836), *La Jalousie du barde* (1838) – v. *Poésies* (*) –, qui baignent dans l'ambiance pseudo-médiévale alors à la mode. Mais Castilho fut surtout un traducteur. Il donna des éditions portugaises de Virgile, Ovide, Anacréon, de Molière et du *Faust* (*) (1872) de Goethe. Ses traductions des modernes ont été vivement attaquées et à juste titre, semble-t-il, car c'est à partir d'une traduction française qu'il entreprit de rendre *Faust* en portugais ; quant à Molière, il prit de singulières libertés avec son texte. Enfin Castilho a laissé des *Tableaux historiques du Portugal* [*Quadros historicos de Portugal,* 1838], *La Clef de l'énigme,* les deux volumes de ses *Mémoires* [*Mémorias,* 1881], qui sont ce qui reste de plus vivant dans sa production.

GIOVANNI CREMASCHI.

RÉF. : A. Malheiro Dias, *Castilho e Quental,* Porto, 1866. – J.M. Latino-Cœolho, *Escriptos litterarios e politicos,* Lisbonne, 1873-76. – Th. Ribera, *Elogio historico de A.F. de Castilho...,* Lisbonne, 1877. – T. Braga, *Historia do romantismo em Portugal,* Lisbonne, 1880. – G. Moser, *Les Romantiques portugais et l'Allemagne,* 1939, thèse.

CASTILLEJO Cristobal de. Poète espagnol. Né à Ciudad Rodrigo (Salamanque) vers 1490, mort le 12 juin 1550 à Wiener-Neustadt (Basse-Autriche). Admis à quinze ans à la cour de Ferdinand le Catholique, il passa ensuite au service de Ferdinand d'Autriche, petit-fils du souverain, et, après une longue absence durant laquelle il prononça ses vœux dans le monastère cistercien de Saint-Martin de Valdeiglesias, il reprit ses fonctions de secrétaire de l'archiduc en 1525 ; l'année suivante, Ferdinand d'Autriche fut élu roi de Bohême, puis roi des Romains en 1531 et de Hongrie en 1540. Castillejo vécut de longues années hors d'Espagne, et parcourut presque toutes les nations occidentales et d'Europe centrale. Il dédia de nombreux poèmes érotiques à diverses dames dont Anna de Schaumburg, qui semble lui avoir inspiré une ardente passion. Ferdinand d'Autriche manquait de munificence, si bien que Castillejo se trouvait souvent dans l'embarras ; sa vie déréglée y contribuait aussi. En 1530, l'empereur Charles Quint lui octroya une pension de cinq cents ducats, et en 1532 ajouta un quartier aux armes du poète avec trois rossignols sur champ d'azur. En 1536, Castillejo abandonna l'évêché de Horbacia et reçut, trois ans durant, un bénéfice ecclésiastique à la collégiale de Ardegge (Tyrol). Sa sépulture est à Wiener-Neustadt, dans le monastère de son ordre. Castillejo est un poète de la Renaissance, aimable et érotique ; tantôt il chante la force de l'instinct dans *Sermón de amores* (1542), et tantôt il s'inspire des classiques grecs et latins comme Catulle et Ovide. Son art est rattaché à la métrique et aux thèmes de la poésie médiévale, mais parfois il se plaît à reprendre les thèmes de Polyphème ou de Pyrame et Thisbé. Castillejo aimait interpréter des romances ou des refrains populaires ; il écrivit des *Dialogues* (*) qui, sur un ton nouveau, reprennent la formule médiévale des oppositions. Ses poèmes satiriques *Contre ceux qui délaissent la métrique castillane pour imiter les Italiens* [*Contra los que dejan los metros* *castellanos y siguen los Italianos*] dénoncent les innovations de Boscán et de Garcilaso ; il leur reconnaît néanmoins un « style élégant » et une inspiration digne d'éloges.

RAFAEL LAPESA.

RÉF. : C. L. Nicolay, *The Life and Works of Castillejo, Philadelphie,* 1910. – Juan Menéndez Pidal, *Datos para la biografía de Castillejo,* 1915. – J. P. Crawford, *The Relationship of Castillejo's « Farsa de la Constanza » and the « Sermón de Amores », Hisp. Review,* 1936, IV.

CASTILLO SOLÓRZANO Alonso de. Écrivain espagnol. Né à Tordesillas (Valladolid) en 1584, mort peut-être à Saragosse, ou, selon certains critiques, en Italie (Rome, Naples ou Palerme) vers 1648. Il était le fils d'un valet de chambre du duc d'Albe, et dut probablement interrompre ses études à cause de la mort de son père survenue lorsqu'il avait treize ans. En 1619, il était à Madrid en qualité de gentilhomme du comte de Benavente, et participait déjà à la vie littéraire. Il entra ensuite au service du marquis de Villar, et passa plus tard à celui du marquis de Vélez qu'il accompagna à Valence dont ce dernier était vice-roi en 1628. En 1635, il se rendit en Aragon, avec le fils et successeur du précédent vice-roi et, lorsqu'en 1642 le marquis fut nommé ambassadeur à Rome, Castillo Solórzano l'y suivit. Ce fut en cette même année qu'il publia *Histoires et aventures de doña Rufine, fameuse courtisane de Séville* (*), peut-être son ouvrage le plus célèbre. Les récits de Castillo Solórzano sont des nouvelles de cour, d'aspect moitié érotique, moitié de cape et d'épée. Il les groupa en séries, suivant d'illustres exemples – *Le Décaméron* (*) de Boccace, *Les Jardins de Tolède* (*) de Tirso de Molina. Les principaux recueils sont : *Soirées divertissantes* [*Tardes entretenidas*, Madrid, 1625], *Gaies Journées* [*Jornadas alegres*, Madrid, 1626], *Fêtes du jardin* [*Fiestas del jardín*, Valencia, 1634] et *Nuits de plaisir* [*Noches de placer*, Barcelone, 1631]. Il faut mentionner à part *L'Enfant des mensonges : Thérèse de Manzanares* [*La niña de los embustes : Teresa de Manzanares*, Barcelone, 1632], qui est son roman le plus nettement picaresque, avec celui intitulé : *Aventures du bachelier Trapaza, quintessence des menteurs et maître en escroquerie* [*El bachiller Trapaza*, Saragosse, 1637]. Castillo Solórzano est, en outre, l'auteur de vers joyeux et satiriques, *Les Bons Mots du Parnasse* [*Donaires del Parnaso*, Madrid, 1624], ainsi que de comédies et d'intermèdes intercalés dans ses romans ; l'une de celles-ci, *Le Marquis du Cigarral* [*El Marqués del Cigarral*], fut traduite par Scarron sous le titre de *Dom Japhet d'Arménie* (+).

ALONSO ZAMORA VICENTE.

RÉF. : Emilio García Gómez, *Boccaccio y Castillo y Solórzano*, 1928.

CASTORIADIS Cornelius. Philosophe et psychanalyste français d'origine grecque. Né le 11 mars 1922 à Constantinople. Études de droit, d'économie et de philosophie à Athènes. Cornelius Castoriadis rencontre tôt la question sociale et le marxisme ; il milite dans un groupe d'opposition à l'orientation du P.C. grec avant de rejoindre l'organisation trotskiste animée par Spiros Stinas. Arrivé en France à la fin de 1945, il constitue, avec Claude Lefort et d'autres militants, une tendance critique dans le P.C.I. (parti trotskiste français). La rupture avec ce parti donne naissance au groupe et à la revue *Socialisme ou Barbarie* (1949-1965, 40 numéros) dont Castoriadis sera le principal animateur. De 1948 à 1970, il travaille comme économiste à l'O.C.D.E. Psychanalyste depuis 1973, il devient directeur d'études à l'École des hautes études en sciences sociales en 1980 (« Institution de la société et création historique »). Dès août 1946, puis dans le n° 2 de *Socialisme ou Barbarie,* Castoriadis – dans « Les Rapports de production en Russie » – analyse l'U.R.S.S. comme une nouvelle société d'exploitation et d'oppression dominée par la bureaucratie qui dispose effectivement (en l'absence de « propriété privée ») des moyens de production. Tout au long de cette période, il élabore une critique radicale de la bureaucratie totalitaire et des conceptions (léninistes) qui dominent sous diverses formes le mouvement ouvrier, conceptions enracinées dans l'univers des significations capitalistes. Cette démarche l'amène à remettre en question l'œuvre de Marx lui-même et à abandonner ce référentiel. Les textes parus dans *Socialisme ou Barbarie* ont été publiés en huit volumes, de 1973 à 1979 (nouvelle édition à partir de septembre 1990). En juin 1968, dans « Mai 1968 : la Brèche », Castoriadis propose son analyse à chaud des événements, accompagnée de celles de Claude Lefort et Edgar Morin. C'est en 1975 que paraît *L'Institution imaginaire de la société* (*), qui demeure à ce jour l'ouvrage majeur de l'auteur. Sous le titre *Les Carrefours du labyrinthe* (I, 1978 ; II, *Domaines de l'homme*, 1986 ; III, *Le Monde morcelé*, 1990), il rassemble des textes consacrés à la philosophie, à la science moderne, à la psychanalyse, au langage et à la politique, textes qui accompagnent, illustrent et approfondissent les thèmes développés dans *L'Institution imaginaire...* et développent l'idée de l'histoire humaine comme création, de l'auto-institution du monde social-historique. Refusant de séparer l'interrogation philosophique de l'analyse et de l'intervention politiques, Castoriadis résume sous forme de thèses, dans *Le Régime social de la Russie* (1978, 1982), ses analyses élaborées depuis trente ans. En 1981, *Devant la guerre* propose une analyse du régime russe comme « stratocratie » où l'appareil militaire (y compris le secteur industriel afférent) pèse désormais d'un poids décisif devant l'effondrement en cours du P.C.U.S. La même année, Castoriadis publie, en collaboration avec Daniel Cohn-Bendit, *De l'écologie à l'autonomie* qui envisage le lien nécessaire entre l'écologie et l'institution de la société. En 1986, Castoriadis annonce la suite de son travail sous la forme de deux livres à paraître : *L'Élément imaginaire* et *La Création humaine*.

PAUL MARTIN.

CASTRO Eugenio de. Poète portugais. Né et mort à Coïmbre (province de Beira), 4 mars 1869-17 août 1944. Après avoir fait ses études à Lisbonne, il devient professeur de littérature française à l'école technique de Coïmbre, puis membre de l'Académie des sciences portugaise. Dès l'âge de quinze ans, cependant, il a publié ses premiers recueils de vers ; grand voyageur, c'est à la France que va sa prédilection, et c'est une révolution littéraire comparable à celle du symbolisme français qu'il s'efforce de susciter au Portugal. Les œuvres de cette époque, *Heures* [*Horas*, 1891], *Sylva* (1894), *Interlune* [*Interlunio*, 1894], *Salomé* (*) (1896), sont particulièrement remarquables par la richesse fastueuse des vers. En 1896, lors d'un voyage à Paris, Eugenio de Castro est fêté par un grand banquet d'écrivains présidé par Catulle Mendès, et quelques années plus tard, en 1902, paraîtra à Paris une anthologie de ses poèmes. À partir de 1900, cependant, avec *Constance* [*Constança*] se manifeste dans la poésie de Castro une évolution parallèle à celle de Moréas et de l'école romane vers un nouveau classicisme. Elle s'accentuera dans des recueils tels que : *L'Ombre du cadran* [*A Sombra do quadrante*, 1906], *L'Anneau de Polycrate* [*O Annel de Polycrates*, 1907].

CASTRO José Maria Ferreira de. Romancier, essayiste et dramaturge portugais. Né à Salgueiros le 24 mai 1898, mort le 29 juin 1974. Originaire d'une famille pauvre, il part pour le Brésil à l'âge de douze ans et va vivre dans la brousse. Il commence à publier très jeune dans des journaux, et revient en 1919 au Portugal, où il fonde la revue *A Hora (L'Heure)*. En 1916, il publie *Criminel par ambition* [*Criminoso por ambição*], roman qui sera suivi par *Émigrants* (*) (1928), *Forêt vierge* (*) (1930), *Éternité* [*Eternidade*, 1933], *Terre froide* (*) (1934), *Petits mondes et civilisations anciennes* [*Pequenos mundos e velhas civilizações*, 1937], *A Volta ao mundo* (1944), *Le Renoncement de don Alvaro* [*A curva da estrada*, 1950], *La Mission* [*A Missão*, 1954], *Mourir peut-être* [*Instinto Supremo*, 1968] et de nombreux autres textes. Parmi cette œuvre abondante, il faut signaler *Forêt vierge*, où l'auteur raconte de manière transposée son expérience du Brésil, et où il dépeint la vie d'un homme du petit peuple. Ferreira de Castro est un romancier social. Un autre de ses romans, *Terre froide*, dénonce de manière très crue la misère qui accable les paysans du nord du Portugal. Romancier social, Castro est aussi un romancier réaliste et concret, et c'est ce qui donne une force singulière à ses textes. Dans d'autres livres, comme *A Volta ao mundo*, il a raconté ses nombreux voyages, toujours dans une optique réaliste et sociale. Le retentissement de son œuvre a été immense dans son pays, bien que le succès proprement dit ait été lent à venir. Mondialement connu, traduit dans de très nombreuses langues, Ferreira de Castro est considéré comme l'un des plus grands écrivains portugais du XXe siècle.

ANTOINE BERMAN.

CASTRO Rosalía de. Poétesse espagnole. Née à Saint-Jacques-de-Compostelle (Corogne) le 24 février 1837, morte à Padrón le 15 juillet 1885. Fille naturelle d'un prêtre et de María Teresa de la Cruz de Castro y Abadía, qui appartenait à une noble famille, son enfance s'écoula aux côtés de sa mère dans la demeure ancestrale appelée « La matanza » à Padrón. De santé toujours précaire, le fait d'apprendre, probablement vers sa quinzième année, sa condition d'enfant illégitime détermina chez elle une crise profonde qui allait imprégner de tristesse son œuvre entière, d'un lyrisme intense et délicat. Il semble qu'elle ait commencé à écrire vers l'âge de onze ans ; et plus tard, elle lut quelques-unes de ses compositions au lycée de Saint-Augustin, à Saint-Jacques. Elle avait une grande inclination pour la musique et la récitation dramatique, ce qui a fait supposer à quelques biographes que son voyage à Madrid en 1856 avait pour cause son désir de se vouer au théâtre ; mais il paraît plus probable que le motif de ce voyage fut d'en terminer avec un procès d'ordre familial. En 1857 eut lieu à Madrid la publication de son premier livre, *La Fleur* [*La flor*], qui obtint, dans le journal *La Iberia*, une critique des plus élogieuses de l'écrivain galicien Manuel Martínez Murguía, très connu pour ses études d'archéologie, d'histoire et d'art, qu'elle épousa d'ailleurs en 1858. Après son mariage, Rosalía se consacra à son foyer et à l'éducation de ses fils, sans abandonner pour autant toute création littéraire. C'est ainsi qu'elle fit paraître en 1863 *Chants galiciens* [*Cantares gallegos*] et en 1880 *Nouveaux mélanges* [*Follas novas*] écrits l'un et l'autre dans son dialecte natal, et qui furent suivis, en 1884, d'un recueil intitulé *Sur les rives du Sar* (*). Quand elle mourut, à la suite d'un cancer, elle demanda à ses fils de brûler ses œuvres, dont une partie fut effectivement détruite. Elle fut enterrée tout d'abord dans le cimetière d'Iria, près de sa mère ; ses restes furent ensuite transportés en 1891 dans l'église de Saint-Dominique, à Saint-Jacques-de-Compostelle.

MARIANO BAQUERO.

♦ *« Un des poètes les plus délicats, les plus intenses, les plus originaux qu'ait produits l'Espagne. »* Azorín.

RÉF. : Manuel Murguía, *Los Precursores...*, La Corogne, 1885. — Xesús Alonso Montero, *Rosalía de Castro*, Madrid, 1972.

CASTRO ALVES António de. Poète romantique brésilien. Né dans la « fazenda » Cabaceiras près de Curralinho, aujourd'hui Ciudad Castro Alves, dans l'état de Bahia le 14 mars 1847, mort à Bahia le 6 juillet 1871. Après avoir fait ses études primaires à Bahia où s'était fixée sa famille, il poursuivit ses études à Recife où, en 1864, il se fit inscrire à la faculté de droit. Castro Alves publia ses premiers vers en faveur de l'abolition de l'esclavage dans un journal de Recife, *A Primavera,* sous le titre de *Une chanson africaine* [*A canção do Africano,* 1863] ; dès cette époque toute son œuvre poétique fut imprégnée de cette tendance humanitaire et sociale. Les disputes littéraires qu'il eut à cette époque avec Tobias Barreto sont restées célèbres ; c'est conjointement à lui qu'il devait représenter plus tard, au sein de la poésie brésilienne, l'école romantique qui, du condor, prit le nom de « condoreira ». En 1866, Castro fut, toujours à Recife, l'un des fondateurs de la Société pour l'abolition de l'esclavage au Brésil. C'est en 1865 qu'il écrivit la plupart des poèmes recueillis sous le titre de : *Poèmes des esclaves* (*) ; l'ouvrage, non terminé, ne put paraître qu'après sa mort, en 1883. Environ à la même époque, il connut Eugênia de Câmara, artiste dramatique célèbre, et c'est pour elle qu'il écrivit le drame *Gonzaga ou la Révolution à Minas* [*Gonzaga ou a revolucão de Minas*] représenté d'abord à Bahia (1867), ensuite à São Paulo (1868) où il était allé achever ses études de droit et où il composa quelques-uns de ses chants les plus émouvants, *Le Vaisseau négrier* [*O Navio Negreiro*] et *Les Voix d'Afrique* [*As Vozes d'Africa*]. Vers la fin de 1868, Castro Alves, déjà miné par la phtisie et abandonné par sa maîtresse, fut blessé au pied lors d'un accident de chasse. À Rio il dut subir une amputation mais n'en continua pas moins à écrire des vers qui, réunis en volume, furent à l'origine des *Écumes flottantes* (1871) ; on les considère non seulement comme son œuvre capitale, mais encore comme l'un des chefs-d'œuvre de la littérature brésilienne. Il s'éteignit à Bahia, âgé seulement de vingt-quatre ans, entouré de l'estime et de l'admiration de ses contemporains, ayant reçu une consécration populaire dont bien peu de poètes ont joui de leur vivant. Après sa mort on publia un nouveau recueil de vers sous le titre *Les Hymnes de l'Équateur* [*Hymnos do Équator*].

LUCIANA STEGAGNO PICCHIO.

♦ *« Castro Alves incarne, en un moment décisif de l'histoire, la conscience morale de son pays. »* G. Le Gentil.

CASTRO Y BELLVÍS Guillén de. Auteur dramatique espagnol. Né à Valence en 1569, mort à Madrid le 28 juillet 1631. De famille illustre, il prétendait descendre de Laín Calvo par son père, et du roi don Juan Ier d'Aragon par sa mère. Tout jeune encore, il entra à l'Academia de Nocturnos, et de 1595 à 1597 fut en relation avec Lope de Vega qui habitait alors Valence. En 1595, il se maria mais son choix ne fut point heureux, si l'on en peut juger d'après les allusions qu'il fait dans ses comédies. Dans les premières années du XVIIe siècle, il était capitaine du Grao et avait pour tâche de défendre cette côte contre les corsaires. On ignore pourquoi il se rendit en Italie, où le comte de Benavente, vice-roi de Naples, le fit gouverneur de Scigliano, en 1607. En 1609, il avait déjà regagné Valence, où il publia en 1618 et 1625 deux volumes de comédies. Dix ans plus tard, protégé par le duc d'Osuna, il entra au service du fils aîné du duc, installé à Madrid, et par là se trouva en relation avec les écrivains les plus illustres. Il prit part à des concours de poésie où il s'agissait de célébrer la béatification et la canonisation de saint Isidore ; en 1623, il fut fait chevalier de l'ordre de Santiago. S'étant marié une seconde fois, avec une femme qui avait trente-deux ans de moins que lui, Guillén de Castro finit tristement son existence en proie à la pauvreté et à la maladie. Après avoir été tout d'abord le disciple d'écrivains qui appartenaient à l'École de Valence, Rey de Artieda et Virués, il finit par subir l'influence de Lope de Vega. *Les Enfances du Cid* (*), la plus célèbre de ses pièces, fut imitée par Corneille. Parmi ses œuvres maîtresses, citons encore : *Les Amours de Didon et d'Énée* (+), *Le Comte Alarcos, Le Curieux impertinent* (+), *Don Quichotte de la Manche* (+), *Les Entreprises de jeunesse du Cid* (*), *Narcisse dans sa propre opinion* (+).

♦ *« La douceur et la suavité du génie de G. de Castro... »* Cervantès. ♦ *« Le vif génie, la flamme, l'esprit plein de feu de D. Guillén de Castro... »* Lope de Vega. ♦ *« La régularité, la discipline et cette maîtrise de soi qui aboutit à une parfaite correction, mais aussi à la roideur, voilà ce qu'il ne faut pas attendre de D. Guillén. C'était un génie rebelle aux règles, impatient de la servitude. Il était primesautier et impulsif. Le ligoter dans une formule, ce serait le trahir. Échappe-t-il donc à notre prise ? À vrai dire, les contrastes qu'on aperçoit dans sa manière ne lui sont pas personnels. Ils sont inhérents au genre de la Comedia autant qu'à la nature de son esprit. La Comedia a réalisé ce paradoxe de combiner une extrême liberté avec une discipline rigoureuse* [...] *Castro s'est rendu compte des prérogatives que la Comedia lui inspirait, Défauts et qualités, contrastes et contradictions, tiennent chez lui, pour une bonne part, au genre qu'il cultivait. Il est la Comedia incarnée : il en remplit toute la définition, il en exalte les mérites, il en exagère les défauts. »* Henri Mérimée.

RÉF. : J. D. Segoll, *Corneille, and the Spanish drama,* New York, 1902. – H. Mérimée, *L'Art dramatique à Valence,* Toulouse, 1912 ; *Spectacles et comédiens à Valence,* Toulouse, 1913 ; article « pour la biographie de Guillén de Castro », in *Revue des langues romanes,* 1917. – E. Julia, préface de l'édition des *Obras completas,* Madrid, 1924. – W. E. Wilson, *Guillén de Castro,* New York, 1973. – L. Garcia Lorengo, *El teatro de Guillén de Castro,* Barcelone, 1976. – C. Faliù-Lacourt, *Guillén de Castro,* thèse, Toulouse-le Mirail.

CATALANI Alfredo. Compositeur italien. Né à Lucques le 19 juin 1854, mort à Milan le 7 août 1893. Fils d'un organiste, il commence ses études à Paris avant d'entrer au Conservatoire de Milan où il travaille la composition avec Antonio Bazzini. Il compose un premier opéra, *La Falce* (1875), sur un livret de son ami Boïto qui suscite la commande de plusieurs autres ouvrages : *Elda* (1800), *Dejanice* (1883), *Edmea* (1886), *Loreley* (*) (1890) et surtout *La Wally* (*) (1892), qui connaîtra un grand succès. Il enseigne au Conservatoire de Milan. Il meurt prématurément de la tuberculose. Malgré un penchant naturel pour le germanisme, tant dans les sujets de ses opéras que dans leur traitement orchestral, son écriture vocale reste typiquement italienne et constitue une alternative au vérisme qui dominait alors l'art lyrique italien.

ALAIN PÂRIS.

CATHER Willa Sibert. Romancière américaine. Née le 7 décembre 1876 dans une ferme près de Winchester (Virginie), morte le 24 avril 1947 à Pittsburgh (Pennsylvanie). Elle passa toute son enfance dans sa Virginie natale, puis dans le Nebraska, où elle se trouva parmi une population de pionniers de toutes nationalités. Malgré de premières études irrégulières, elle passa par l'université, obtint un diplôme en 1895, commença à écrire des nouvelles très influencées par Henry James, et débuta dans le journalisme à Pittsburgh, comme critique dramatique. Après un voyage en France, devenue professeur de littérature anglaise à Allegheny (Pennsylvanie), Willa Cather publia en 1903 sa première œuvre : *Crépuscules d'avril* [*April Twilights*] et, en 1904, un recueil de nouvelles, *Le Jardin des trolls* [*The Troll Garden*], qui appela l'attention du célèbre éditeur S.S. McClure. Celui-ci engagea aussitôt la jeune femme pour le grand magazine qu'il publiait à New York, et dont Willa Cather devint rédactrice en chef en 1906. Cinq ans plus tard elle abandonna ce poste pour se consacrer entièrement à ses romans, nourris surtout de ses souvenirs de l'Ouest, et parmi lesquels on peut citer : *Pionniers* (*) (1913), *Mon Antonia* (1918), *Une dame perdue* [*A Lost Lady*, 1923], *La Maison du professeur* [*The Professor's House*, 1925], *Mon ennemi mortel* [*My Mortal Enemy*, 1926], *La Mort et l'Archevêque* (*) (1927) et *Les Ombres sur le rocher* (1931). Sa réputation fut confirmée par l'attribution du prix Pulitzer en 1922 pour *Un des nôtres* [*One of ours*], qui chante l'enthousiasme de l'entrée en guerre de 1917, et par la réception à l'Académie américaine des arts et lettres en 1938. C'est dans la vie des pionniers, aux temps encore proches de la conquête de l'Ouest, que Willa Cather a trouvé la matière de ses meilleurs romans, mais, plus que le pittoresque extérieur, c'est un certain « esprit pionnier » qui l'a attirée, et qu'elle a ressuscité avec un réalisme proche de la nature élémentaire, et avec une sensibilité poétique vibrante.

Depuis le début des années 70, on assiste aux États-Unis à un fort renouveau d'intérêt (qui ne paraît pas limité au féminisme qui l'a déclenché) pour l'œuvre de Willa Cather.

♦ *À propos du prix Pulitzer que lui valut son roman* L'un des nôtres *en 1922, W.L. Phelps a écrit : « C'est le roman le moins bon qu'elle ait écrit, mais il a reçu le Prix Pulitzer parce que cette année-là le roman le moins bon qu'elle ait écrit valait mieux que les chefs-d'œuvre de tous les autres. »*

RÉF. : Bibliographie : Joan Crane, *Willa Cather : A Bibliography*, Lincoln, 1982.

Biographie : James Woodress, *Willa Cather : A Literary Life*, Lincoln, 1987.

Critique : Philip Gerber, *Willa Cather*, Boston, 1975. – David Stouck, *Willa Cather's Imagination*, Lincoln, 1975. – Susan Rosowski, *The Voyage Perilous*, Lincoln, 1986.

CATHERINE DE SIENNE, sainte (Caterina Benincasa). Mystique italienne. Née à Sienne en 1347, morte à Rome le 29 avril 1380. Fille de Jacopo de Benincasa, teinturier, et de Lapa Piangenti, elle manifesta dès son jeune âge des tendances au mysticisme et se sentit appelée par Dieu, mais elle dut lutter contre sa famille qui voulait la marier. Elle entra vers 1363 dans un tiers ordre dominicain. Dans le couvent où elle vécut de nombreuses années, elle se soumit aux privations et aux mortifications les plus dures, allégées cependant par des apparitions fréquentes de Jésus et des saints. Sa réputation de sainteté grandit, mais lui valut la suspicion de certains milieux ecclésiastiques ; un conseiller spirituel fut chargé de la surveiller. Le 1er avril 1375, elle reçut la grâce des stigmates, et, en juin 1376, nous la retrouvons à Avignon, où elle implore le pape en faveur des Florentins et le presse de retourner à Rome. Sans que son ardeur ascétique en fût diminuée, son activité publique devint intense à partir de cette date, car elle se trouvait sollicitée sans cesse par les camps les plus divers, entre lesquels elle s'efforça de ramener la paix. À trente-trois ans, elle mourut épuisée, sans être parvenue à réaliser son rêve d'unir les peuples dans l'amour de Dieu. Pour quelques fidèles disciples elle écrivit *Le Dialogue de sainte Catherine de Sienne* (*) et de nombreuses *Lettres* (*). Son expérience mystique, ses extases et les révélations qui lui furent faites sont rapportées en grande partie dans ces *Lettres*. Son influence sur le monde politique d'alors est due à l'énergie, au zèle, au courage avec lesquels elle prit parti dans les luttes de son temps, plus encore qu'à sa vie mystique. Si sainte Catherine manque d'une profonde expérience littéraire, elle y supplée par une sensibilité fine et variée, une logique précise, une grande pénétration psychologique et l'ardeur de son apostolat ascétique. Certaines pages possèdent une grande puissance lyrique et suggestive.

RÉF. : R. Fawtier, *Sainte Catherine de Sienne. Essai de critique des sources*, 1921-1930, 2 vol. – G. Petrocchi, *Ascesi e mistica trecentesca*, Florence, 1957. – N. Nigg, *Caterina da Siena*, Turin, 1980. – M. Perrin, *Catherine de Sienne, contemplative dans l'action*, Saint-Cenère, 1980. – N. G. M. Van Doornik, *Caterina da Siena : la donna che non taque nella chiesa*, Assise, 1980. – L. Doninelli, *Intorno a una lettura di santa Caterina*, Milan, 1981. – *Atti del convegno internazionale di studi cateriniani*, Rome, 1981. – A. Champdor, *Catherine de Sienne et son temps*, Lyon, 1982. – C. G. Antoni, *Sistemi stilisti ed espressione mistica. Saggi sulla tradizione cateriniana*, Pise, 1984.

CATHERINE II DE RUSSIE Ekaterina Alexéevna. Impératrice russe. Née le 24 avril 1729 à Stettin, morte le 6 novembre 1796, à Tsarskoïe Selo. Fille du grand-duc d'Anhalt-Zerbst, la jeune princesse Sophie Auguste Frédérique épousa, en 1745, l'empereur Pierre III de Russie, après avoir pris le nom de Catherine Alexéevna. Proclamée impératrice de Russie après le coup d'État du 28 juin 1762, elle sut, malgré une vie privée fort mouvementée, mériter le surnom de « Catherine la Grande ». Elle fonda le Collège des médecins et une académie pour le développement de la littérature russe ; elle attira en Russie de nombreux savants, écrivains et artistes français, parmi lesquels Diderot et Falconet sont les plus célèbres.

L'activité littéraire de Catherine II s'étend sur une trentaine d'années. Elle composa des volumes entiers de lois et règlements divers, dont le premier en date fut le fameux *Nakaz, ou Instruction donnée à la Commission établie pour travailler à la rédaction d'un nouveau code de lois* (1765). Le nombre de lettres qu'elle écrivit et qui parvinrent jusqu'à nous est si grand qu'elle-même, parlant plaisamment, disait être atteinte de graphomanie. Pour donner au public français, qui n'a été touché que par de très rares traductions, une idée de l'importance de l'œuvre écrite de Catherine II, il faut rappeler que ses *Œuvres complètes*, éditées en 1901-1908 par l'Académie des sciences de Saint-Pétersbourg, comprennent douze volumes in-4°, soit plus de sept mille pages de texte. La langue maternelle de l'impératrice était l'allemand ; toutefois, à l'exception d'un petit nombre d'ouvrages composés directement en français, tout le reste était écrit en russe. Bien qu'émaillé de fautes d'orthographe des plus bizarres, son style était rendu très personnel par l'emploi de nombreux dictons et de locutions populaires. Sa collaboration à la traduction du *Bélisaire* (*) de Marmontel (1768) marqua le début de l'œuvre purement littéraire de Catherine II. En traduisant cette épopée (qui fut à l'origine de la disgrâce encourue par Marmontel à la cour de France), l'impératrice a voulu montrer l'étendue de son libéralisme. On connaît vingt-cinq pièces de théâtre écrites par elle, ainsi que des fragments de sept autres. En tant qu'auteur dramatique – v. *Ô temps ! Ô mœurs !* (*) – Catherine II n'avait aucun talent, et toutes ses pièces n'auraient probablement jamais été éditées si ce n'avait été à cause de la personnalité de leur auteur. L'impératrice concevait son métier d'écrivain comme un moyen de rendre populaire l'idée de l'« absolutisme éclairé » qui lui était particulièrement chère, et de combattre les idées qu'elle considérait comme nocives. C'est ainsi que, voyant dans la franc-maçonnerie (qui fut introduite en Russie vers 1730) une force qui pourrait devenir dangereuse pour l'absolutisme, Catherine II, avant de déclencher des mesures de coercition, voulut préparer l'opinion publique. En 1785-1786, elle écrivit trois pièces antimaçonniques (les premières du genre) : *L'Imposteur* [*Obman'ščik*], *Le Séduit* [*Obol'ščennyj*], et *Le Sorcier sibérien* [*Saman sibirskij*]. Catherine II ne dédaignait pas de se servir de ses comédies même pour des buts moins importants. Ainsi, lorsque l'économiste français Mercier de la Rivière vint en 1765 en Russie pour y présenter un large plan de réformes sociales, son plan n'eut pas l'heur de plaire à l'impératrice, et il fut renvoyé à Paris après la première audience. Craignant que ce brusque renvoi ne soit interprété comme un manque de libéralisme, Catherine II ridiculisa Mercier de la Rivière et son plan dans un acte intitulé *L'Antichambre d'un boyard illustre* [*Perednjaja znatnogo bojarina*].

Parmi les œuvres écrites directement en français, les deux plus importantes sont un ouvrage polémique, paru en 1770, intitulé : *L'Antidote, ou Examen du mauvais livre intitulé « Voyage en Sibérie fait par ordre du Roi en 1761 »*, publié par M. l'abbé Chappe d'Auteroche, et une comédie anti-maçonnique *L'Antiabsurde*. Mêlant russe et français, les *Lettres d'amour* (*) à Potemkine révèlent le visage de Catherine dans l'intimité.

ALEXANDRE LABZINE.

RÉF. : Catherine II, *Mémoires*, Paris, 1953. – Zoé Oldenbourg, *Catherine de Russie*, Paris, 1966. – Henri Troyat, *Catherine la Grande*, Paris, 1977.

CATON le Censeur ou **l'Ancien** (Marcus Portius Cato). Orateur latin. Né en 234 avant J.-C. à Tusculum, d'une famille aisée de paysans, mort en 149 avant J.-C. Il prit part à la seconde guerre punique, et, en 204, était questeur en Sicile ; à son retour, en traversant la Sardaigne, il rencontra Ennius qu'il emmena à Rome. Il revint en Sardaigne comme préteur, en 198, et y donna des preuves de sa proverbiale sévérité ; en 195, il est consul, et se rend en Espagne pour administrer la province. En 191, il est présent à la bataille des Thermopyles contre Antiochus III de Syrie. À cette époque, Rome, engagée dans la conquête de la Méditerranée, n'avait d'yeux que pour la Grèce et l'Orient, et l'aristocratie sénatoriale qui dirigeait la politique extérieure se transformait en une oligarchie toujours plus restreinte, au point que la situation personnelle de certains hommes, comme Scipion l'Africain, faisait craindre que l'on ne tentât d'instaurer une monarchie du type hellénistique. Caton lutta contre cette orientation de la politique extérieure qui enrichissait les généraux et appauvrissait l'Italie, contre la corruption des praticiens et contre la culture hellénisante, réclamant, bien avant les Gracques, que l'on s'occupât de l'avenir de l'agriculture et des relations avec l'Italie plutôt que de campagnes hasardeuses au-dehors. Pendant plusieurs années, Caton accusa et fit passer en jugement beaucoup des nobles les plus en vue soit à cause de leurs sympathies pour la Grèce ou pour les Scipion, soit en raison de leurs dépenses ou de leur puissance excessive. Finalement Caton s'attaqua directement aux Scipion, et l'Africain préféra s'en aller mourir en exil. En 184, nommé censeur, il révisa les listes des sénateurs et des chevaliers, exclut sept nobles du Sénat, combattit le luxe, dépensa de grosses sommes pour des œuvres d'intérêt général. Au cours des années suivantes, il continua de contrer la politique d'expansion en Orient et la diffusion de la culture hellénistique à Rome ; en effet, il se prononça pour l'octroi de l'indépendance à la Macédoine, et s'opposa à une guerre contre Rhodes ; en 155, il ne manqua pas de marquer son hostilité contre la fameuse ambassade des philosophes grecs (Carnéade, Diogène, Critolaos), venus à Rome en mission diplomatique. Après un voyage en Afrique, il ne cessa de réclamer, sans se lasser, la destruction de Carthage ; il put encore voir le début de la dernière guerre contre cette cité, mais mourut tout de suite après. Auparavant, en 151, il avait assisté avec plaisir au départ des mille Achéens pris comme otages en 168, et parmi lesquels se trouvait Polybe.

Des nombreux *Discours* (*) prononcés par Caton au cours de sa longue carrière, qui s'étend de 194 à 150, nous n'avons que des fragments ; par contre, son *Agriculture* (*) écrite vers 160, et d'un grand intérêt pour la connaissance de l'état des campagnes au IIe siècle avant Jésus-Christ, est venue jusqu'à nous intacte. Des *Origines* (*) (vers 150), première œuvre historique importante en latin, il ne reste que des fragments ainsi que des *Livres à son fils Marcus* (*) (vers 184). Malgré l'aversion qu'il afficha pour la culture grecque, il est bien certain que l'étude qu'il fit des auteurs grecs entra pour une grande part dans la formation de la culture encyclopédique de Caton.

FAUSTO CODINO.

♦ *« Je ne considère Caton ni comme citoyen, ni comme sénateur, ni comme général d'armée ; il s'agit de l'orateur : que de dignité quand il loue, que d'austérité quand il blâme ! que de finesse dans ses pensées, que de délicatesse dans ses paroles et ses instructions ! »* Cicéron. ♦ *« Cet homme était doué d'une telle force de génie et d'une telle énergie de caractère, que, dans quelque condition que le sort l'eût fait naître, il semblait qu'il dût se frayer lui-même le chemin de la fortune. Il ne lui manquait aucun des talents qui honorent le particulier ou qui illustrent l'homme public... Caton avait un génie flexible, propre à tous les genres... Plein de courage à la guerre..., il se montra excellent général. Durant la paix, il se montra jurisconsulte profond... et grand orateur... Il serait difficile de dire si la lutte qu'il soutint contre la noblesse fut plus fatigante pour elle que pour lui... Il est certain qu'il avait une humeur âpre, qu'il était acerbe dans ses discours, qu'il poussait la liberté jusqu'à l'invective, mais, inaccessible aux passions, d'une probité rigide, il méprisa la faveur et les richesses. Économe, infatigable, intrépide, il semblait avoir une âme et un corps de fer. »* Tite-Live.

RÉF. : F. Della Corte, *Catone censore, la vita e la fortuna*, Turin, 1949. – D. Kienast, *Cato der Zensor*, 1954. – René Martin, *Recherches sur les agronomes latins*, Paris, Les Belles Lettres, 1971, ch. IV.

CATS Jacob. Homme d'État et poète hollandais. Né le 10 novembre 1577 à Brouwershaven, mort le 12 septembre 1660 à La Haye. Il étudia le droit et en 1621 fut nommé pensionnaire – c'est-à-dire conseiller juridique – de Middelburg (où il épousa une femme fort cultivée et riche), puis à Dordrecht. En 1636, il était grand pensionnaire de Hollande et de Zélande, occupant ainsi la plus haute charge de la République. Il présida la grande assemblée en 1651, et dans le courant de la même année, de chef de l'État il désira redevenir simple citoyen. Vers quarante ans il commença à s'occuper de belles-lettres. En 1618, il écrivit un livre de sentences : *Sentences et images d'amour* [*Zinne en Minnebeelden*] suivi de *L'Art du mariage* (*). On connaît également son : *Début, milieu et fin du monde renfermés dans un anneau de mariage* [*'s Werelds Begin, Midden, Einde, besloten in den trouwring...* 1637]. Enfin, peu avant sa mort, il composa une autobiographie en vers, intitulée : *Vie de quatre-vingts ans...* [*T'achtig-jarigh Leven, huyshoudings en bedenckingen op Sorgh-Vliet*, 1659]. La poésie de Cats est moralisatrice et jouit en Hollande d'une popularité exceptionnelle, due précisément au caractère simple, terre à terre, diffus et anecdotique de sa morale, parfois un peu bouffonne et hypocrite. Ses œuvres, surnommées la « bible des paysans », se trouvaient dans toutes les familles ; sa renommée se répandit jusqu'en Allemagne où ses ouvrages furent traduits par réaction contre le baroque pompeux de la « seconde école silésienne ».

RÉF. : G. Derrudder, *Un poète néerlandais. Cats, sa vie et ses œuvres*, Calais, 1898.

CĀTTAṆĀR Kūlavāṇikaṉ Cīttalai. Poète tamoul dont la date est incertaine (VIe siècle ?). Il est l'auteur du *Maṇimēkalai* (*), épopée bouddhique formant une paire avec *Le Roman de l'anneau* (*) dont elle continue l'histoire. Un certain Cīttalai Cāttaṉār est l'auteur de trois poèmes de l'*Akanāṇuru* (*) (53, 134, 320) et de trois poèmes de *Narriṇai* (36, 127, 339), Maturai Cīttalai Cāttaṉār est l'auteur du poème 154 de *Kuruntokai* et Maturai Kūlavāṇikaṉ Cāttaṉār celui de deux poèmes de l'*Akanānuru* (*) (229, 306) et d'un poème du *Puranānuru* (*) (59). L'hypothèse que tous ces poètes ne soient qu'un seul et même personnage, auteur également du *Maṇimēkalai,* mettrait au IIe siècle l'époque de composition du *Maṇimēkalai,* ce qui paraît improbable.

ÉLISABETH SETHUPATHY.

CATULLE Gaius Valerius Catullus. Poète latin. Né à Vérone entre 87 et 84 avant J.-C., mort à Sirmione entre 57 et 54 avant J.-C. Sa famille était fort en vue et entretint des rapports d'hospitalité avec César. Entre 70 et 65, Catulle séjourna à Rome, où il fréquenta un cercle de jeunes gens raffinés et ayant le culte des choses de l'esprit. Catulle est essentiellement un alexandrin ; autour de lui se rassemble tout un mouvement poétique dont le thème favori est l'amour, qui aime à s'exprimer en mètres nouveaux et préfère les épigrammes, les élégies, les madrigaux aux longs poèmes. Poésie où s'affirmait l'individualiste, qui s'attaquait aux problèmes politiques et, tout en se moquant avec esprit des dictateurs, s'opposait en littérature au traditionalisme de Cicéron. Les vers de Catulle expriment la joie et la douleur, l'amour et la haine avec une grande sincérité, et parfois même un réalisme quelque peu brutal. La grâce élégante et déliée de son style passe des formes les plus élevées de l'expression à un langage courant et même trivial. Le moment culminant de sa vie et de son inspiration est sa rencontre avec Lesbie (pseudonyme de Clodia), sœur du tribun Clodius, ennemi mortel de Cicéron, et femme de Q. Metellus Celere. Belle et sans scrupules, aussi infidèle à Catulle qu'à son mari (même si elle fut moins corrompue que Cicéron ne nous la présente dans son plaidoyer *Pro Caelio*), Lesbie exalta le génie poétique de Catulle. Cette liaison, coupée de ruptures et de réconciliations, parsemée d'espérances et de joies, de mépris et d'ardents désirs, trouve son écho dans les *Poésies* (*), recueil qui comporte tout ce qui nous est parvenu de Catulle. Les autres sources de son inspiration sont : l'amitié à laquelle le poète s'abandonne avec ingénuité, et qui lui cause un violent désespoir lorsqu'elle est déçue ; la satire, légère et enjouée ou cinglante et dure ; la propre misère de l'auteur, qu'il exprime avec une subtile ironie. Ces thèmes sont développés avec une chaude intimité et un goût du pathétique dans ce que l'on a nommé les « nugae », courts poèmes en vers variés. Les vers « doctes » les plus beaux sont d'une exquise facture alexandrine ; il faut citer encore deux épithalames et des poèmes d'inspiration mythologique : *Attis* (*), *Les Noces de Thétis et de Pelée* (+), *La Chevelure de Bérénice* (+) (traduite de Callimaque, dédiée à Q. Ortalus), etc. Enfin la dernière partie du recueil comporte de courtes épigrammes en distiques élégiaques dont certaines tiennent des « nugae » et d'autres sont plus littéraires et plus profondes. La poésie des affections familiales trouve sa plus belle expression dans les quelques vers de regret sur la mort du frère du poète. On considère Catulle, avant Cornelius Gallus, comme le véritable fondateur de l'élégie romaine. Il fut le premier à introduire l'élément autobiographique, qui distingue l'élégie romaine de l'élégie grecque. Même dans ses traductions et adaptations du grec, il sait revivre la douleur des personnages mythologiques avec la même humanité profonde qu'il met à chanter sa propre douleur. Son amour pour Lesbie s'étant éteint, Catulle, pour apaiser sa douleur de la mort de son frère et rétablir ses finances épuisées par sa vie de dissipation, suivit en Bithynie (57 av. J.-C.) le préteur C. Memmius. Mais il ne devait rapporter que la consolation d'avoir visité la tombe de son frère ; à son retour il se retira à Sirmione, sur le lac de Garde, où il mourut peu après.

ALESSANDRO BONCONI.

♦ *« ... Ce singe qui ne sait que fredonner et Calvus et Catulle... »* Horace. ♦ *« La grande ville de Vérone doit tout autant à son Catulle que la petite ville de Mantoue à son Virgile. »* Martial. ♦ *« S'il n'y a il bon juge... qui n'admire plus sans comparaison l'eguale polissure et cette perpetuelle doulceur et beauté fleurissante des épigrammes de Catulle, que touts les aiguillons de quoy Martial aiguise la queue des siens... »* Montaigne. ♦ *« Celui qui pourra expliquer le charme des regards, du sourire, de la démarche d'une femme, celui-là pourra expliquer le charme des vers de Catulle. »* La Harpe. ♦ « [Avec Catulle] *la poésie latine entre dans une nouvelle phase. Sans rien perdre jamais de ses mâles qualités natives, elle devient élégante, habile et savante, elle va bientôt arriver à toutes les perfections du fond et de la forme. En même temps qu'elle touchera les fibres les plus pures du cœur humain, elle saura charmer les esprits les plus délicats, ravir l'âme et la raison : Virgile et Horace sont déjà nés. »* E. Fallex. ♦ *« Ouvrons le Musset* [des Romains], *ce Catulle qui a chanté sur le ton triste, tendre et amer, qui leur plaisait le mieux, la claire perfidie des femmes, la sinistre et stupide obstination des amants. Le plus léger des cœurs, ici, devient grave. Il se sent, il se dit engagé tout entier à la Menteresse, qui fait son bien, son mal, son plaisir, et la vie de son rêve, et la vie de sa chair, avant d'en devenir l'horreur et le dégoût... Et cela va si droit à l'être qu'alors se pose la haute question de littérature comparée : ne faut-il pas qu'un poète aussi fort, aussi neuf,* ait tout *arraché de son fond ? Or... la puissante personnalité de Catulle a bien tiré de soi toute la matière du chant ; du grand amour, il a fait, comme Heine, ses petites chansons ; mais leur mesure et leur modèle ont été cherchés et trouvés ailleurs... N'importe quel Grec, même venu d'Afrique ou d'Asie, a le droit de l'interrompre et de prétendre, sans mentir, que « l'ordre est de lui », ou de chez lui, cet ordre qui conduit la voix, qui règle l'esprit et le cœur. »* Charles Maurras. ♦ *« Personne chez les Romains n'a égalé la simplicité pathétique avec laquelle il a fait parler la passion, celle qui, une fois maîtresse de l'être tout entier, l'asservit, le dégrade et le torture. »* Georges Lafaye.

RÉF. : Georges Lafaye, *Notes critiques et explications sur Catulle*, 1922. – H. Bardon, *L'Art de la composition chez Catulle*, 1943. – Marcel Renard, *L'Élément religieux dans les poésies de Catulle*, Bruxelles, 1946. – J. Granarolo, *L'Œuvre de Catulle*, Paris, 1967. – Heine et alii, *Catull*, Wege der Forschung, Darmstadt, 1975. – R.O.A.M. Lyne, *The Latin Love Poets*, Oxford, 1980. – J. Chomarat, « Catulle », *Présences du latin*, Genève, 1991.

CAU Jean. Écrivain français. Né le 8 juillet 1925 à Braun (Aude), mort à Paris le 18 juin 1993. Issu d'un milieu modeste, Jean Cau passe une licence de philosophie alors qu'il est le secrétaire de Jean-Paul Sartre (de 1947 à 1956). Il publie en 1948 un recueil de poèmes, *Le Fort Intérieur*, et collabore aux *Temps modernes* (*). Jean Cau est à cette époque un homme de gauche, qui participe à la vie intellectuelle de Saint-Germain-des-Prés, dominée par l'existentialisme. Son roman, *Les Paroissiens* (1958), décrit ce milieu de l'après-guerre. Cependant, à partir des années 60, il prend peu à peu ses distances. *La Pitié de Dieu* (*) (prix Goncourt 1961) marque une étape dans sa métamorphose idéologique, et surtout *Le Meurtre d'un enfant* (1965), qui est très clairement en réaction contre la morale sartrienne. Plus tard, dans *Une nuit à Saint-Germain-des-Prés* (1977), il règle de façon définitive ses comptes avec sa famille d'origine ; le portrait d'Aragon qu'il trace dans ce livre fait scandale. Entre-temps, Jean Cau est devenu un pamphlétaire de droite. Sa *Lettre ouverte aux têtes de chiens occidentaux* annonçait en 1967 quelle était désormais sa couleur. Les nombreux essais qui suivront, écrits dans une langue vigoureuse, avec une passion mordante et le sens du panache, confirmeront ce nouveau cap : par exemple *Tropicanas : de la dictature et de la révolution sous les Tropiques* (1970), ou des livres de souvenirs, *L'Agonie de la vieille* (1970), *Ma misogynie* (1972). Jean Cau dénonce la disparition des valeurs, les carences de la démocratie, la décadence du monde moderne : *Discours de la décadence* (1978). Son style, qui peut aller jusqu'à l'outrance, fait de lui un grand journaliste, à *L'Express*, *France-Observateur* et *Paris-Match*. C'est aussi un auteur de théâtre à succès : *Les Parachutistes* et *Le Maître du monde* en 1963, *Pauvre France* en 1972 sont parmi ses pièces les plus connues. Il a adapté *Qui a peur de Virginia Woolf ?* (*) (1965) d'Edward Albee. Sa vision du monde rappelle la tauromachie : apologie de la lumière, et présence tragique de la mort.

JACQUES-ÉMILE MIRIEL.

CAUCHY Augustin-Louis, baron. Mathématicien français. Né à Paris le 21 août 1789, il mourut à Sceaux (Hauts-de-Seine) le 23 mai 1857. L'un des plus grands mathématiciens de la première moitié du siècle dernier, il fut aussi l'un des inventeurs de l'analyse moderne. Au cours de tous les troubles que la France connut à cette époque, Cauchy maintint constamment son légitimisme politique et sa fidélité à l'Église catholique. En 1816, après la Restauration, il accepta l'un des fauteuils laissés vacants à l'Académie des sciences après l'éloignement des anciens républicains ou bonapartistes Carnot et Monge : bien que ses œuvres lui eussent acquis déjà une haute réputation, ce geste lui fut souvent reproché dans le monde savant. En 1830, il refusa de prêter serment à la monarchie de Juillet, et s'exila en Suisse, puis à Turin où il enseigna quelque temps, enfin à Prague, où il fut précepteur du Dauphin, fils de Charles X. Il revint à Paris en 1838. En 1852, Napoléon III ayant dispensé Arago et lui-même de prêter serment, il accepta la chaire de physique mathématique du Collège de France, qu'il occupa jusqu'à sa mort. Travailleur génial et acharné, il ne sut cependant pas reconnaître la valeur de deux jeunes mathématiciens promis à un grand avenir, Abel et Galois, lorsqu'il eut leurs œuvres entre les mains. Par ses très nombreuses *Œuvres mathématiques* (*), Cauchy apporta deux contributions de première importance au développement des mathématiques. Il commença d'abord la révision critique des fondements du calcul infinitésimal, en définissant rigoureusement et non plus intuitivement des concepts tels que ceux d'infiniment petit, de limite, d'intégrale, etc. : il précisa les conditions de convergence d'une suite, détermina les conditions nécessaires et suffisantes à l'existence et à l'unité de la solution des équations différentielles et de leurs systèmes. En second lieu, Cauchy est l'inventeur de la théorie des fonctions qu'il appela « monogènes », dites aujourd'hui analytiques, c'est-à-dire des fonctions d'une variable complexe possédant en tout point une dérivée indépendante de l'argument de l'accroissement. Cette théorie est, sans doute, la plus grande conquête de la science mathématique au XIXe siècle.

CAULAINCOURT Armand Augustin Louis, marquis de, duc de Vicence. Général et diplomate français. Né le 19 décembre 1773 au château de Caulaincourt (Aisne), mort à Paris le 19 février 1827. Fils du maréchal de camp, marquis de Caulaincourt, il était entré dans l'armée ; à cause de son origine noble, en 1793 on le destitua de son grade de capitaine, mais il continua à servir comme simple soldat dans les armées de la Révolution jusqu'à ce que Hoche le fît réintégrer dans son grade. Ambassadeur à Saint-Pétersbourg en 1801, à son retour il devint aide de camp de Bonaparte, en 1805 général de division, puis grand écuyer de l'Empereur, et finalement duc de Vicence. En 1807 on l'envoya de nouveau en Russie où, d'abord, il fut mal accueilli par la société russe qui le croyait, à tort, mêlé à l'affaire du duc d'Enghien ; il sut néanmoins gagner la faveur du tsar, et l'accompagna à l'entrevue d'Erfurt en 1808. Il tenta vainement de dissuader Napoléon d'entreprendre la campagne de Russie, mais le suivit pourtant durant les opérations, puis à Paris, après l'incendie de Moscou. Sénateur en 1813, puis ministre des Affaires étrangères, il fut chargé de nombreuses missions auprès des puissances coalisées, durant les deux invasions, mais ses transactions n'aboutirent pas — v. ses *Mémoires* (*) (posth. 1933). À la Restauration, il rentra dans la vie privée, et ses dernières années furent fréquemment troublées par les accusations du gouvernement, convaincu de sa participation à l'arrestation du duc d'Enghien.

RÉF. : L. Chodzko, dit le comte d'Angeberg, *Le Congrès de Vienne et les traités de 1815*, 1863, 2 vol. – Thiers, *Histoire du Consulat et de l'Empire*, 1865-1867. – Metternich, *Mémoires, documents et écrits divers*, 1880-1884, 3 vol. – A. de Vaulabelle, *Histoire des deux Restaurations jusqu'à l'avènement de Louis-Philippe*, sans date, 8 vol.

CAVAFY Constantin. Poète grec. Né à Alexandrie le 17/29 avril 1863, mort dans la même ville, le 29 avril 1933. Un ensemble de circonstances familiales, historiques, géographiques et intellectuelles expliquent de quelle manière Cavafy fut amené à fonder la modernité poétique dans l'espace grec. Cavafy (transcription anglaise de Kavafis) est le neuvième et dernier enfant d'un riche négociant en coton et en blé, Pétros Ioannis, qui commerce avec l'Angleterre et participe à la création de la communauté grecque d'Alexandrie. Son père comme sa mère Harikleia, née Photiadis, descendent de l'aristocratie du Phanar, le quartier grec avoisinant le patriarcat orthodoxe, à Constantinople. Les premières années de Constantin sont placées sous le signe de la munificence, jusqu'à la mort du père et la dissolution de son entreprise. Cavafy, élevé en Angleterre, fait bientôt, à son retour à Alexandrie, l'expérience de la dégradation sociale et celle de la déflagration historique : avec sa famille, il doit fuir l'Égypte en 1882, quelques jours avant que le mouvement des forces armées dirigé par Arabi Pacha ne provoque l'intervention musclée des Britanniques (bombardement d'Alexandrie).

Peu à peu Cavafy s'éveille à la littérature, composant dans un style éthéré, frôlant le pompiérisme de l'école d'Athènes, des poèmes romantiques, parnassiens ou symbolistes dont certains, plus rarement par leur facture que par leur thème, annoncent quelques-uns des chefs-d'œuvre qui vont suivre. Aux alentours de la trentaine, on peut penser qu'il a trouvé la voie esthétique originale par laquelle il sera en mesure d'objectiver et de transcender sa situation personnelle. Cette voie passe par une identification implicite aux sophistes de l'époque romaine. Dans un texte datant vraisemblablement de 1897 et qui peut, à certains égards, passer pour un manifeste, Cavafy louera ces derniers – précurseurs des artistes modernes – d'avoir attaché une grande importance à la forme et à la récitation, et d'avoir mis leur vie, dispendieuse et sensuelle, en accord avec la haute idée qu'ils se faisaient de l'art. Le choix du sophiste en tant que « persona » (masque dissimulateur et révélateur) explique l'intérêt de Cavafy pour les narrations poétiques (comme s'il s'agissait pour lui, dans la ligne de la rhétorique ancienne, d'exercices scolaires au départ d'un texte classique) et pour les descriptions de tableaux, destinées à éveiller chez le lecteur l'imagination sensible (les « ekphraseis », à la manière de Philostrate). Un tel choix semble également susceptible de faire comprendre le mode particulier selon lequel l'écrivain diffusait sa pensée : les publications dans les revues et les distributions de feuilles volantes constituent autant d'interventions dans un champ littéraire où les rhéteurs luttent pour imposer leur définition du beau. C'est donc, en partie, en se projetant sur une vieille figure littéraire oubliée (l'esthète-conférencier, à la fois conseiller du prince et défenseur de la morale du plaisir dans le monde romain où il était dominé politiquement) que le poète d'Alexandrie surmontera sa propre condition de petit employé de bureau condamné à la monotonie, d'homosexuel toujours en passe d'être culpabilisé et de Grec déchu, nostalgique de la grandeur passée. Au service des Irrigations, cette « satrapie » où il devient secrétaire à partir de 1892, Cavafy donnera toujours satisfaction à ses supérieurs. Mais la nationalité britannique de ceux-ci ne l'empêchera jamais de prendre ses distances, de manière cryptée le plus souvent, avec la Pax britannica, équivalent moderne de la Pax romana. L'admirateur de la culture anglaise – le lecteur de Shakespeare et l'ami de Forster, qui lui consacrera une étude critique – pourra même, à l'occasion, fustiger la brutalité de l'occupant, comme en témoigne un poème retrouvé, intitulé « 27 juin 1906, deux heures de l'après-midi » (allusion à l'exécution d'un jeune fellah). Liée au destin de la colonie grecque d'Alexandrie, la vie de Cavafy est donc, incontestablement, une source de sa poésie, sans cesse appelée à la protéger, à la sublimer et à la justifier. Marginalisé sur le plan historique et psychologique, le poète s'est, de propos délibéré, situé aux marges de l'hellénisme, cherchant ses sujets dans une période non classique, hellénistique, romaine ou byzantine. Les ruptures qu'il opère dans le discours poétique sont contemporaines des bouleversements politiques, sociaux et culturels que traverse la Grèce, une Grèce territorialement et sentimentalement plus étendue que celle que nous connaissons aujourd'hui. Très tôt sensible à la vanité des efforts humains, à la tromperie universelle (la vie comme un jeu d'échecs), à l'éternel retour du même, Cavafy sera naturellement amené à rompre avec une représentation lyrique ou épique de la poésie, incarnée à son époque par Costis Palamas, chantre national de la continuité de l'idée hellénique. Sa poétique, savamment distillée, se définit par son resserrement, sa simplification, son prosaïsme totalement assumé. L'accumulation de détails réalistes bannis jusqu'alors du discours poétique va dans le sens de l'apothéose de l'insignifiant rêvée par Robert Browning. Faisant plus d'une fois l'aveu de ses références, à l'image d'un philologue ou d'un bibliothécaire, Cavafy congédie toute idée spontanéiste de l'art pour privilégier une conception « archéologique » du poème qui semble toujours en suspension, fragment de papyrus arraché aux sables d'Égypte et désormais livré aux interprètes (au sens linguistique et musical). Celui que Georges Séféris compara si justement à Protée, le dieu de la mer expert en métamorphoses, a senti, mieux que ses contemporains, l'émergence en Grèce d'une nouvelle subjectivité : ironique et narcissique, enfermée « hors du monde », coupée de la nature et des grandes idéologies, vouée à toutes sortes de dissociations internes. Et par son œuvre, il en a incontestablement favorisé le développement. S'il y a une logique chez lui, il faut la chercher dans son refus, avoué ou suggéré, du manichéisme. Puriste au départ, on le vit évoluer vers un langage éclectique, respectueux a priori de toutes les formes — savantes ou vulgaires —, pourvu qu'elles servent à créer la beauté consolatrice grâce à laquelle les poètes ont partout droit de cité. Cette position de médiateur, cette ouverture de païen perdu au milieu des chrétiens, lui attira les foudres des sectaires. Sur le plan philosophique, si tant est que l'on puisse rapporter son discours à un système, il est évident que son attachement à l'apparence (au détriment de l'essence), sa propension à voir la vie sociale comme un spectacle, l'éloge qu'il fait du pouvoir guérisseur et libérateur de la poésie cadrent parfaitement avec les sympathies qu'il nourrit pour les sophistes. On notera cependant que Cavafy, malgré son hédonisme, ne se refuse pas à sacrifier aux conventions religieuses. Terrassé par la maladie, il acceptera de recevoir le Patriarche d'Alexandrie venu lui apporter les secours de l'Église orthodoxe. D'un point de vue musical, le vers allusif dont il se sert pour traduire ses émotions — émotions nées d'un souvenir personnel ou de la lecture des livres d'histoire — concrétise lui aussi le passage de l'idéalisme au réalisme. Presque toujours fondé sur le rythme iambique — proche de la conversation courante —, il accueille volontiers la répétition et le rejet, et ne semble admettre la rime que si elle rend un son ironique ou nostalgique — v. *Poésies* (*) de Cavafy.

MICHEL GRODENT.

♦ *« Un tel écrivain ne pourra jamais être populaire. Il vole à la fois trop lentement et trop haut. »* E. M. Forster. ♦ *« Il excelle à faire revivre le passé dans le présent, à mêler l'un à l'autre en identifiant les opprimés d'hier à ceux d'aujourd'hui. »* Stratis Tsirkas. ♦ *« Cavafy est, je crois, le poète le plus " difficile " de la littérature grecque contemporaine. »* Georges Séféris. ♦ *« Cavafy dédaigne délibérément les grandes perspectives, les grands mouvements de masse de l'histoire. »* Marguerite Yourcenar.

RÉF. : Marguerite Yourcenar, *Présentation critique de Constantin Cavafy*, Paris, 1958. — Georges Cattaui, *Constantin Cavafy*, Paris, 1964. — Stratis Tsirkas, *Cavafy et son époque*, Athènes, 2e édition, 1971. — *Courrier du centre international d'études poétiques*, nos 151-152, Bruxelles, 1982. — Georges Séféris, *Cavafy et Eliot, un parallèle*, trad. française, Montpellier, 1982. — Sonia Ilinskaia, *C. P. Cavafy. Les Voies du réalisme dans la poésie du XXe siècle*, Athènes, 1983. — Yannis Dallas, *Cavafy et la seconde sophistique*, Athènes, 1984.

CAVALCANTI Guido. Poète italien. Né peu avant 1260 à Florence, mort dans les derniers jours du mois d'août 1300. D'ascendance noble et guelfe, il épousa Béatrice, fille de Farinata degli Uberti, chef des gibelins, sans doute dans le but de sanctionner la fin des luttes entre les anciennes factions. Pourtant, dès la reprise des hostilités entre Blancs et Noirs, il prit parti — pour les Cerchi — et faillit le payer de sa vie. Ayant étudié la poésie et la philosophie, il devint ami de Dante, et fut, après ce dernier, le plus grand représentant du « dolce stil nuovo » dont son poème fameux : « Une dame me demande que je dise... » est, en quelque sorte, le manifeste. En 1292, Cavalcanti entreprit le pèlerinage à Saint-Jacques-de-Compostelle, et l'on note son passage à Toulouse et à Nîmes. Certains poèmes de ses *Rimes* (*) où il célèbre Giovanna et Mandetta remontent certainement à ce voyage, telle la ballade si connue « Perch'io non spero ». Le 24 juin 1300, Dante étant prieur, la Seigneurie florentine, à la suite de l'aggravation des luttes partisanes, décrète l'exil des chefs de factions . Cavalcanti est frappé par cette mesure, il part pour Sarzana où il contracte les fièvres dont il mourra à peine rentré à Florence. Écrivain ou politicien, Cavalcanti, aux dires de ses contemporains, Dino Compagni et Villani, resta toujours un grand seigneur, un peu hautain et de commerce difficile ; Boccace lui rendit un hommage sans restrictions, le considérant comme un « excellent philosophe naturel » et comme un homme « pertinent ».

♦ *« De même qu'il fut gracieux et beau de corps, de sang très noble, de même, dans ses écrits, il n'assembla que ce qu'il y a de beau, d'aimable et de précieux. »* Laurent le Magnifique. ♦ *« Les conceptions de Guido sont profondes, sa langue est riche ; il se distinguait de tous les autres par l'allure même de ses tournures de phrases. »* Foscolo. ♦ *« Guido est le premier poète italien digne de ce nom. »* De Sanctis.

RÉF. : M. Marti, *Storia dello stil nuovo,* Lecce, 1973 (2 vol.). — C. Calenda, *Per Calenda, Per l'altezza d'ingegno,* Naples, 1976. — M. Corti, *La felicità mentale. Nuove prospettive per Cavalcanti e Dante,* Turin, 1983. — D. De Robertis, *Introduction à son édition des « Rime »,* Turin, 1986.

CAVALIERI Bonaventura. Mathématicien italien. Né à Milan en 1598, mort à Bologne le 30 novembre 1647. Il entra très jeune dans l'ordre des Jésuites. Vers 1616, il se rendit à Pise, où il s'adonna à l'étude des mathématiques sous la direction du père Castelli, élève de Galilée. Devenu lecteur de mathématiques, il fut bientôt nommé prieur du monastère de San Benedetto de Parme, charge qu'il n'occupa que peu de temps. En 1629, il quitta Parme pour Bologne, où lui était proposée la chaire de mathématiques qu'il convoitait depuis 1619. Nommé par Urbain V prieur à vie de Santa Maria della Mascarella, à Bologne, il se consacra à l'enseignement et à l'étude et mourut d'une attaque de goutte à l'âge de quarante-neuf ans. Cavalieri a été l'un des premiers à avoir enseigné la théorie de Copernic sur les planètes ; il a en outre le mérite d'avoir introduit en Italie la théorie des logarithmes. Ses autres travaux se rapportent à la trigonométrie sphérique ; il a notamment découvert les formules relatives aux foyers des miroirs et des lentilles (cf. *Le Miroir ardent*). Son œuvre maîtresse demeure cependant la *Géométrie des indivisibles* (*), qui fait de lui le précurseur du calcul infinitésimal. Pour le savant italien, chaque figure géométrique peut être considérée comme la somme d'une infinité de parties indivisibles – calcul qui se traduit par la formule algébrique moderne :

$$fx_0\ x^n\ dx = \frac{x^n + 1}{n + 1}.$$

L'ouvrage de Cavalieri reçut un accueil enthousiaste, et de nombreux mathématiciens (dont le premier fut Torricelli) s'employèrent à diffuser, approfondir et perfectionner ses méthodes. Cavalieri dut toutefois, pour répondre aux critiques qui lui étaient adressées, publier en 1647 ses *Exercices géométriques* (+) dans lesquels il donne de nouveaux et importants commentaires sur sa méthode et ses conséquences.

RÉF. : P. Frisi, *Elogio di Galileo Galilei e di B. Cavalieri,* Milan, 1776. – F. Predari, *Della vita e delle opere di B. Cavalieri,* Milan, 1843. – G. Piola, *Elogio storico di B. Cavalieri,* Milan, 1844. – A. Favaro, *Amici e corrispondenti di Galileo Galilei : Bonaventura Cavalieri,* 1915. – O. Becker et E. Hoffmann, *Geschichte J. Mathematik,* 1951.

CAVALLI Francesco (pseud. de Pietro Francesco Caletti-Bruni). Compositeur italien. Né le 14 février 1602 à Crema, mort à Venise le 14 janvier 1676. Son père, organiste et maître de chapelle de la cathédrale de Crema, lui fit de bonne heure entreprendre des études musicales. En 1617, le jeune homme, à l'instigation de son protecteur, le noble Frédéric Cavalli, fit partie de la Chapelle de Saint-Marc à Venise. Successivement second et premier organiste, il devint maître de chapelle en 1668. Il composa de la musique religieuse, mais écrivit surtout pour le théâtre (on lui doit en effet quelque quarante-deux opéras). Deux ans à peine après l'introduction à Venise, Cavalli fut appelé à composer la musique des *Noces de Pélée et de Thétis* (+) (1639) et, durant plus de vingt ans, il continua à produire des opéras qui connurent sur les scènes vénitiennes le plus vif succès. Sans être à proprement parler un élève de Monteverdi, il subit incontestablement l'influence du maître : son troisième opéra, *Didon* (*), est empreint d'une intense vérité dramatique. L'*Ormindo* (*) (1644), *Giasone* (1649) et la *Calisto* (*) (1651) consacrèrent définitivement sa renommée. Invité à Paris en 1660 à l'occasion du mariage de Louis XIV, il y séjourna deux ans, au cours desquels il présenta à la cour son *Xerxès* (+) (créé à Venise en 1653) et *Hercule amoureux* [*Ercole amante*], un de ses chefs-d'œuvre. De retour à Venise, il abandonna la musique d'opéra pour se consacrer à des compositions de caractère religieux. Il écrivit alors, entre autres, un *Requiem* destiné à être exécuté lors de ses propres funérailles.

RÉF. : Henry Prunières, *Cavalli et l'opéra vénitien au XVIIIe siècle*, Paris, 1931. – Jane Glover, *Cavalli*, Londres, 1978. – Hélène Leclerc, *Venise baroque et l'opéra*, Paris, 1987.

CAVOUR Camillo Benzo, comte de. Économiste et homme d'État italien. Né à Sàntena (Turin) le 10 août 1810, mort à Turin le 6 juin 1861. Comme tout cadet de famille noble, il embrassa la carrière militaire, mais, contraire à ses goûts, il l'abandonna dès 1831. Il suivit alors son inclination pour les entreprises hardies, débordant le cadre étroit de son pays. Agriculteur et homme d'affaires d'un type absolument nouveau, Cavour devint l'un des personnages les plus riches et les plus marquants du moment. Ses ouvrages d'économie politique furent appréciés – *Considérations sur l'état actuel de l'Irlande* [*Considerazioni sullo stato attuale dell' Irlanda,* 1844] ; *Question relative à la législation anglaise sur les céréales* [*Questione relativa alla legislazione inglese sul commercio dei cereali,* 1845], etc. – et l'un d'eux demeura même célèbre : *Des chemins de fer en Italie* [*Sulle strade ferrate d'Italia,* 1846]. Il était impossible qu'un tel homme ne s'intéressât pas au problème italien qui se posait alors, mais, à ses yeux, il revêtait avant tout un aspect économique : il fallait élever le niveau de vie du pays jusqu'à celui des nations les plus évoluées et, pour ce faire, tenir le « juste » milieu entre des tendances exagérément conservatrices et d'autres révolutionnaires. Ce fut ainsi que s'ouvrit peu à peu devant Cavour la voie de la politique militante ; en 1847, avec Balbo, il fonda le Risorgimento, prélude à sa carrière parlementaire. Devenu ministre, il prit en main les départements de l'agriculture et du commerce, où il appliqua ses méthodes personnelles, provoquant dans le pays une activité d'échanges commerciaux, industriels, bancaires inconnue jusqu'alors. À la Chambre, il ne fut pas moins agissant : *Discours parlementaires* [*Discorsi parlamentari*], publiés de 1863 à 1872 ; il réussit, par la création d'une nouvelle majorité, à devenir président du Conseil (1852), pour s'attaquer alors aux grands problèmes de politique extérieure. Il jugeait indispensable d'introduire l'Italie et le Piémont dans le circuit européen, et fit converger tous ses efforts dans ce sens, ainsi qu'en témoigne sa participation au congrès de Paris en 1856. Sa persuasion enveloppante arriva à convaincre Napoléon III de l'avantage qu'il avait à l'aider à se débarrasser de l'hégémonie autrichienne, et aboutit au traité de Plombières (21 juillet 1858). On sait que l'issue de la guerre ne donna pas exactement les résultats escomptés, que Cavour eut à discuter âprement pour obtenir qu'une partie des engagements pris fût exécutée, et qu'en même temps il dut faire face aux graves événements qui secouaient l'Italie centrale (expéditions de Garibaldi, etc.). Il mourut, épuisé par un travail surhumain, avant d'avoir pu régler la question romaine selon sa formule : « Une Église libre dans un État libre. » On a peine à croire qu'il trouva le temps au cours de cette existence surchargée de rédiger un *Journal* (*), publié en 1888, ainsi qu'une volumineuse et intéressante correspondance « internationale » (groupée en sept volumes parus de 1883 à 1887) dont ne font pas partie les *Lettres inédites du comte de Cavour au commandeur Urbain Rattazzi* [*Lettere inedite di Camillo Cavour all' commendatore Urbano Rattazzi*], éditées dès 1862.

FRANCO VALSECCHI.

RÉF. : M. Paléologue, *Cavour,* 1926. – G. Bourgin, *Hommes d'État,* t. III, 1936. – J. Humbert, *Cavour,* Lausanne, 1946. – D. Mack Smith, *Cavour and Garibaldi,* Cambridge, 1954.

CAYLUS Marthe-Marguerite Le Vallois de Villette-Mursay, comtesse de. Femme de lettres française. Née en Poitou en 1673, morte à Paris le 15 avril 1729. Mme de Caylus, mémorialiste, était l'arrière-petite-fille d'Agrippa d'Aubigné et parente de Mme de Maintenon. Elle fut élevée dans la religion réformée, mais Mme de Maintenon, qui s'était chargée de son éducation, l'enleva à sa famille en 1680, l'amena à la Cour, où elle se convertit le lendemain de son arrivée après avoir entendu la messe du roi qu'elle trouva belle. Le 14 mars 1686, on la maria au comte de Caylus, homme de guerre sans éducation qu'on envoya loin de la Cour. Mme de Caylus, elle, brillait à Versailles par sa beauté, son esprit et son éducation. En 1689, Racine lui confia le rôle principal dans *Esther* (*). Mais le roi, irrité par ses mots piquants et par sa liaison avec Villeroy, l'obligea à quitter la Cour pour Paris, où elle séjourna durant treize ans. Elle s'y convertit, au contact du père de La Tour, général de la congrégation de l'Oratoire, qui devint son directeur. Louis XIV, inquiet des progrès du jansénisme, l'obligea à changer de confesseur. Libre depuis la mort de son mari en 1704, Mme de Caylus revint à Versailles en 1707 et retrouva une existence légère, agrémentant par sa vivacité la cour du roi vieillissant. À la mort de celui-ci en 1715, elle se retira à Paris, s'entourant d'un cercle d'amis et de poètes. C'est peut-être à la fin de sa vie que Mme de Caylus rédigea ses *Souvenirs* (*), édités seulement en 1770.

CHRISTINE DRAN.

CAYROL Jean. Romancier et poète français. Né à Bordeaux le 6 juin 1911. Jean Cayrol vient à la littérature, au sortir de ses études de lettres et de droit, par la voie de la poésie. Dès 1935, il publie des poèmes (*Ce n'est pas la mer*) dans les *Cahiers du fleuve,* aux côtés de Max Jacob et de Joseph Delteil. Mais la Résistance, puis la déportation à Mauthausen déterminent chez lui, dès la fin de la guerre, le passage à l'écriture romanesque. Par un roman qui d'abord aura charge d'assumer l'événement proche et la révélation qu'il comporte : celle d'un homme « sinistré de corps et d'âme », à la recherche de son intégrité jamais atteinte. Ainsi, avec *Je vivrai l'amour des autres* (*), qui reçoit le prix Renaudot en 1947, Cayrol devient l'écrivain des camps et de leur univers. Non qu'il s'attache aux détails : « Pour les détails voir les livres qui ont paru sur les déportations ; ce sera beaucoup mieux expliqué, avec plus de détails... les détails, je ne m'en souviens pas. » C'est plutôt l'homme d'après Mauthausen qui doit ici retrouver son lieu et son temps, celui qui renaît à la vie dans le premier roman, qui traverse les suivants sous différents visages, depuis *Le Feu qui prend* (1950) jusqu'à *Histoire d'une maison* (1976), celui qui revient en personne dans *Je l'entends encore* (1968).

Ce projet donne lieu, chez Cayrol, à l'invention d'une poétique romanesque, naturellement tributaire de la vision de l'« homme cayrolien » (Roland Barthes). Poétique de l'émergence de la parole hors des choses et des lieux, d'abord vides de sens, réduits à cet état de « corps étrangers » que leur reconnaît la conscience – v. *Les Corps étrangers* (*) (1959). Peu à peu, les mots sans mémoire deviennent *Les mots* [qui] *sont aussi des demeures* (titre d'un recueil de poèmes de 1952). Les lieux révèlent leur magie (*Histoire d'une prairie,* 1970 ; *Histoire d'un désert,* 1972), à condition que l'homme se redresse en même temps qu'eux. Modèle du héros « lazaréen », comme l'explique Cayrol dans *Lazare parmi nous* (1950), le personnage de cette fiction est « sans répit, ne vivant que le déchaînement d'une passion sans en suivre la progression, le rythme, irréfléchi, bousculé, emporté dans une multiplicité d'épisodes, dans un éparpillement de l'action, dans une sorte de corruption de la réalité ». Mais Jean Cayrol est également un maître du « récit court » – ainsi qu'en témoigne le recueil *Exposés au soleil* (*) (1980).

L'œuvre poétique accompagne, avec une remarquable permanence, cette production romanesque. Les grandes blessures de l'histoire personnelle s'y lisent à nu : elles sont aussi des *Larmes publiques* (1945) où se mêle la foi chrétienne avec le sentiment universel de la déchirure (*Miroir de la Rédemption*, précédé de *Et nunc,* 1944 ; *Poèmes de la nuit et du brouillard,* 1946). C'est que la poésie cayrolienne, dans une langue limpide, proche descendante de celle d'Aragon, entend s'écrire *Pour tous les temps* (1955). Ambition que réalisent les trois tomes de *Poésie-Journal* (1969, 1977, 1980), longs poèmes datés, comme le retentissement quotidien des événements proches ou lointains, dans les profondeurs les plus intimes du langage.

On a qualifié l'œuvre de Jean Cayrol de « postexistentialiste » ; on en a décrit l'évolution comme opposée au nouveau roman. Quel que soit son engagement dans l'actualité (contributions à la télévision, collaborations cinématographiques avec Alain Resnais et Claude Durand), elle reste, hors des modes, une grande question posée à la mémoire et à la dépossession du langage, en vue d'une essentielle reconquête.

CHRISTIAN DOUMET.

CAZOTTE Jacques. Écrivain français. Né à Dijon le 7 octobre 1719, mort à Paris le 25 septembre 1792. Fils de Bernard Cazotte, notaire auprès du greffe des États de Bourgogne. Il fit ses études au collège des jésuites des Godrans où l'un de ses oncles était religieux. Des noms illustres l'y avaient précédé tels que Bossuet, Buffon ou Crébillon. Antoine Bret et Jean-François Rameau, le neveu du musicien, y furent ses camarades. Dès son jeune âge, sa famille le destina aux affaires. En 1740, avocat, il monte à Paris et entre dans l'administration de la Marine. Stagiaire, il fréquente les milieux littéraires à la mode et publie deux contes : *La Patte du chat* en 1741 et *Les Mille et une Fadaises* en 1742. Son inspiration est aussi bien orientale – *Les Mille et Une Nuits* (*) ont été traduites par Galland en 1704 – que nationale : contes de fées et contes de Perrault. Le ton des œuvres est léger, galant et satirique : le jeune Cazotte, ambitieux, veut plaire. En juillet 1747, la Marine le nomme à la Martinique, contrôleur des îles du Levant. Fonctionnaire zélé et actif, il y fera deux séjours. Entre-temps, il participera à la querelle des Bouffons et il dénigrera J.-J. Rousseau dans un libelle sans nuances, les *Observations sur la lettre de Jean-Jacques Rousseau* (1753), dans lequel il se livre à une violente attaque « ad hominem », et prend le parti de la musique française. À son retour définitif en France, malade et en butte à des démêlés financiers avec l'ordre des jésuites, à la suite de la faillite du père La Valette, il peut néanmoins acquérir le domaine de Pierry, près d'Épernay, grâce à l'héritage de son frère aîné. Il y résidera avec sa famille jusqu'à sa mort, tout en faisant de fréquents séjours à Paris. Il peut dès lors se consacrer entièrement à la littérature. Dans cet asile champêtre, il écrira, entre autres, *Ollivier* (1763), long poème en prose et en douze chants à la manière des troubadours, et une nouvelle romanesque et sentimentale : *Le Lord impromptu* (1771). Arrive enfin son chef-d'œuvre : *Le Diable amoureux* (*) en 1772. C'est à cette nouvelle que Cazotte doit sa renommée littéraire. D'une part, elle fait de lui le précurseur du récit fantastique français et, d'autre part, elle pose à ses biographes et à ses critiques des questions essentielles. Ce conte allégorique dans lequel s'affrontent les forces du Bien et du Mal a connu des interprétations très diverses. Pour les romantiques, Nerval en particulier, c'est une œuvre initiatique, un écrit grâce auquel l'auteur nous transmet un savoir ésotérique qu'il faudrait lire derrière la fantaisie du conte. Hypothèse d'autant plus séduisante qu'après avoir écrit son chef-d'œuvre Cazotte fut initié au martinisme dans la secte des Élus-Cohens. La critique du XIXe siècle n'hésita pas à s'engager dans cette voie : pour elle, il n'y avait pas de solution de continuité entre la publication du *Diable amoureux* et l'affiliation de Cazotte à une secte d'illuminés. Ce pas semble trop vite franchi. Bien que difficile à dater, l'adhésion de Cazotte au martinisme est postérieure à la parution du *Diable amoureux* et ne dure que trois ans : en effet, les martinistes, favorables au changement, puis à la Révolution, ne pouvaient retenir parmi eux le maître de Pierry. En revanche, il est indéniable que les préoccupations de Cazotte sont souvent assez proches de celles des Élus-Cohens. Il y a, assurément, dans ce conte, une vision de la condition humaine, des efforts de l'homme pour choisir, librement, sa voie au milieu du Bien et du Mal, qui est aussi celle de certains illuministes. Ce spiritualisme de Cazotte explique son adhésion à ce courant, mais ne fait pas, pour cela, de son chef-d'œuvre un ouvrage clé de l'ésotérisme. Cependant, ce mysticisme éclaire ses positions politiques. L'Histoire n'a d'autre interprétation que théologique, et la Révolution française ne peut être qu'une formidable et gigantesque incarnation de Satan lui-même. Dans ces années de tourmente, mysticisme et politique ne font qu'un dans l'esprit de Cazotte ; son souci obsédant de sauver le Roi et sa famille n'est qu'une grandiose façon de s'opposer au diable. Incarcéré lors des massacres de septembre, il sera sauvé par sa fille Élisabeth, mais de nouveau arrêté en 1792, jugé, puis condamné, il périra sur l'échafaud le 25 septembre, en proclamant : « Je meurs comme j'ai vécu, fidèle à mon Dieu et à mon Roi. »

PHILIPPE KOEPPEL.

♦ *« Qui se serait attendu, dans ce siècle d'incrédulité où le clergé lui-même a si peu défendu ses croyances, à rencontrer un poète que l'amour du merveilleux purement allégorique entraîne peu à peu au mysticisme le plus sincère et le plus ardent ? »* Gérard de Nerval.

RÉF. : Gérard de Nerval, *Les Illuminés*, 1852. – Edw. P. Shaw, *Jacques Cazotte*, Cambridge, U.S.A., 1942. – Max Milner, *Le Diable dans la littérature française de Cazotte à Baudelaire*, Paris, 1960. – D. Rieger, *Jacques Cazotte*, Heidelberg, 1969. – G. Décote, *L'Itinéraire de Jacques Cazotte*, Genève, 1984.

CÉARD Henry. Écrivain français. Né à Bercy le 18 novembre 1851, mort à Paris le 16 août 1924. Il n'embrassa pas immédiatement la carrière des lettres, et fut auparavant employé au ministère de la Guerre, puis attaché au cabinet du préfet de la Seine. Toutefois, quand il fut nommé, en 1883, sous-directeur de la bibliothèque de la ville de Paris (Hôtel Carnavalet), il avait déjà débuté dans la carrière des lettres avec une nouvelle intitulée *La Saignée*, parue dans le fameux recueil *Les Soirées de Médan* (*), et publié un roman, *Une belle journée* (*) (1881), qui fut suivi longtemps après d'une œuvre romanesque beaucoup plus vaste mais tout aussi pessimiste, *Terrains à vendre au bord de la mer* (*) (1906). Disciple convaincu du naturalisme, séduit par la perspective de rénover la littérature dramatique, comme beaucoup d'écrivains de la même école, il devait, presque inévitablement, se tourner vers le « Théâtre libre » qu'André Antoine inaugura le 30 mai 1887. En effet, il y fit représenter, en 1886, *Renée Mauperin*, tirée du roman des frères Goncourt et, dès 1889, sa production théâtrale presque tout entière passa dans ce théâtre, où il eut, ainsi que Georges Ancey, le plus grand succès. Citons parmi ses œuvres : *Les Résignés* (1889), *Tout pour l'honneur* (1890) et *La Pêche*. Il collabora en outre à de nombreux journaux comme critique littéraire et dramatique. En 1919, il fut élu membre de l'académie Goncourt en remplacement de Judith Gautier.

RÉF. : Ronald Frazee, *Henry Céard, idéaliste détrompé*, Paris, 1963. – C. A. Burns, *Céard et le naturalisme*, Birmingham, 1982.

CECCHI Emilio. Essayiste italien. Né le 4 juillet 1884 à Florence, mort le 5 septembre 1966 à Rome. Associé, dès ses débuts, à l'idéologie « d'avant-garde » de la revue florentine *La Voce* (1912-1913), il devient en quelque manière, une fois passée la Grande Guerre, la conscience intellectuelle et littéraire du groupe romain de *La Ronda* (1919), revue qui préconise, pour sa part, un retour aux valeurs classiques. C'est là l'origine de l'autorité de ce critique aussi versatile que lucide. Marginalement, dans la même *Ronda,* il contribue à créer la vogue des textes courts et denses, d'une écriture raffinée dont la fortune se fera sous le nom de « fragmentisme », et où se trouve probablement le meilleur de l'œuvre de ce quasi-poète... Versatile, Cecchi est « bon à tout faire » : journaliste et « envoyé spécial » dans divers pays d'Europe et d'Amérique, critique littéraire subtil, dont les jugements dictent la mode, spécialiste de la peinture ancienne et moderne – il enseignera longtemps l'histoire de l'art italien à l'université de Berkeley (États-Unis) et sera associé de près au prestige de Bernard Berenson –, spécialiste non moins indiscuté des lettres anglo-saxonnes (traduisant Shakespeare et Shelley aussi bien que Chesterton), il est même chargé de réorganiser le cinéma italien, à la suite d'une mission que lui confie le gouvernement fasciste pendant les années 30... Activités diverses qu'accompagnent quantité d'honneurs – Prix (1936) et membre (1940) de l'éphémère Académie royale, puis membre (1947) et Prix (1952) de l'Accademia dei Lincei –, à propos desquelles il s'exprimera avec un scepticisme clairvoyant. Finalement, de cet écrivain qui fut probablement l'un des premiers de son temps, ce qui restera, c'est l'œuvre du « fragmentiste », au style parfaitement et justement toscan, à l'élégance d'expression constante, et d'une vive sensibilité, frôlant continuellement une certaine poésie légère mais assurée. Dans le recueil intitulé *Essais et Vagabondages,* publié après sa mort, figurent notamment *Poissons rouges* (*) (1920), *L'Auberge du mauvais temps* (+) (1927), *Quelque chose* (+) (1931), *Courses au trot* [*Corse al trotto,* 1936], ainsi que son reportage sur le Mexique (1932 et 1948) et ses pages (posthumes) sur Benedetto Croce.

NINO FRANK.

RÉF. : B. Scudder, *Bibliografia delli scitti di Emilio Cecchi,* Rome, 1970. – P. Leoncini, *Cecchi e D'Annunzio,* Rome, 1976. – C. di Biase, *Cecchi,* Florence, 1982.

CECCO D'ASCOLI (Francesco Stabili, dit). Astrologue et écrivain italien. Né en 1269 près d'Ascoli, mort sur le bûcher le 16 septembre 1327 à Florence. Accusé d'un délit de droit commun, il fut, en 1297, cité à comparaître devant le tribunal d'Amandola, mais réussit à se disculper. Il s'installa par la suite à Bologne, où il enseignait l'astrologie lorsque, condamné pour hérésie par l'inquisiteur frère Lamberto de Cingoli, il fut contraint, en décembre 1324, d'abandonner la ville et l'enseignement. À Florence, il s'attacha, en 1326, en qualité d'astrologue à la personne du duc Charles de Calabre ; un an plus tard fut instruit contre lui un nouveau procès, à l'issue duquel il fut condamné comme hérétique et brûlé vif. Poète et savant, il rédigea en latin des commentaires sur un ouvrage d'astrologie dû à l'écrivain arabe al-Qabisi, *De principiis astrologiae,* un commentaire sur un ouvrage cosmographique de l'Anglais Johannes de Sacro Bosco, ou John Holywood (mort en 1256) : *De la sphère du monde* [*De sphaera mundi*], et un opuscule intitulé *De eccentricis et epicyclis.* Son ouvrage le plus important est un poème allégorico-didactique, *L'Acerba* (*), rédigé en italien ; l'auteur s'y attache tout particulièrement à réfuter, en termes parfois assez violents, la pensée et l'art de Dante.

RÉF. : G. Castelli, *La vita e le opere di Cecco d'Ascoli*, Bologne, 1892. – V. Paoletti, *Cecco d'Ascoli*, Bologne, 1905. – F. Flora, *Storia della letteratura italiana*, t. II, Milan, 1940. – A. M. Partini et V. Nestler, *Cecco d'Ascoli. Un poeta occultista medievale*, Rome, 1979.

CEGERXWIN (c'est-à-dire « Cœur meurtri », pseud. de Cheikh Moussah Hessein). Poète kurde. Né à Hesar (dans la région de Hisn Kaifa) en 1903, mort à Stockholm le 22 octobre 1984, dans une famille de paysans. Il était destiné à devenir mollah (ecclésiastique musulman). Après des études religieuses à Derik (près de Mardine), il parcourt le Kurdistan. C'est au cours de ses randonnées qu'il abandonne ses convictions religieuses et s'installe à Damas. Il sera l'un des plus brillants animateurs de l'équipe d'intellectuels kurdes et non kurdes qui s'étaient regroupés autour des émirs Sureya, Celadet et Kamuran Bedir Khan et qui ont participé à la renaissance des lettres kurdes. Cegerxwin est le plus grand des poètes kurdes contemporains de langue kurde septentrionale. Il est le type même du poète national. Ses premiers poèmes d'inspiration patriotique et populaire sont recueillis dans les *Poèmes de cœur meurtri* (*) (Damas, 1945). Ils sont d'inspiration variée mais ils expriment tous l'amour de l'auteur pour sa patrie encore partagée entre la Turquie, l'Iran, l'Irak et la Syrie. Les poèmes contenus dans le second recueil, *La Révolution et la Liberté* (*) (Damas, 1954), sont plus radicaux : le patriote a non seulement pour objectif de libérer son pays mais il exige de très profondes réformes de structures et des changements sociaux décisifs. Il sera élu député au Parlement syrien en 1954, mais sera vite emprisonné pour ses idées. Cegerxwin n'est pas exclusivement un poète : cet intellectuel actif a publié des nouvelles : *Djim et Goulpéri* [*Cim u Gulperi*, Damas, 1948], *Resho de Daré* [*Reshiwe Dari*, Damas, 1956]. Après le renversement de la monarchie en Irak en 1958, Cegerxwin, comme de nombreux autres patriotes kurdes, s'établit à Bagdad. Il fait paraître une *Grammaire de la langue kurde* (Bagdad, 1961) et un *Dictionnaire de la langue kurde* (Bagdad, 1962). Lorsque le conflit éclate entre le gouvernement irakien et les nationalistes kurdes, Cegerxwin reprend sa vie errante entre la Syrie et l'Irak. De nombreux travaux sont encore inédits : l'*Histoire du peuple kurde*, la traduction en kurde du chef-d'œuvre de Cheref Khan de Bitlis : *Les Fastes de la nation kurde* [*Cheref Nameh*] écrit en persan, etc.

JOYCE BLAU.

CĒKKIḶĀR. Poète tamoul du XIIe siècle. Il est l'auteur du *Periya Purāṇam* (*), long poème hagiographique consacré aux Nāyanmārs, les soixante-trois saints śivaïtes reconnus par la tradition tamoule. Veḷḷāḷar (haute caste non brahmane) śivaïte de Kunrattūr (région de Kāñcipuram), Cēkkiḷār était ministre d'un roi Cōḷa et est dit avoir composé le *Periya Purāṇam* afin de détourner le roi du grand intérêt qu'il portait à l'épopée jaïne du *Civakacintāmaṇi*.

ÉLISABETH SETHUPATHY.

CELA Camilo José. Écrivain espagnol. Né le 11 mai 1916 à Iria Flavia, village de la commune de Padrón (province de La Coruña, Galice). Son père, Camilo Cela y Hernández, avait épousé l'année précédente une jeune femme d'ascendance anglaise, Camila Emmanuela Trulock y Bertorini. Enfance heureuse à Iria Flavia, puis études primaires à Vigo et secondaires à Madrid, dans différents établissements religieux d'où il est souvent exclu pour son indiscipline. À quinze ans, une maladie pulmonaire l'oblige à vivre quelque temps reclus au sanatorium royal de Guadarrama. Bachelier la même année, il commence des études de philosophie et de lettres qu'il laisse inachevées. Chez María Zambrano, il rencontre quelques écrivains, dont Miguel Hernández. Les poèmes qu'il écrit alors expriment le pessimisme social et les inquiétudes d'une sensibilité se débattant dans les ténèbres d'un moi à la recherche de son identité. Ils constitueront, en 1945, *En foulant la douteuse lumière du jour* [*Pisando la dudosa luz del día*]. En 1936, la guerre civile le surprend faisant son service militaire dans l'artillerie à La Coruña, zone ralliée au général Franco. De retour à Madrid, il exerce différents métiers et rédige quelques articles, l'un d'eux étant consacré à la romancière galicienne Emilia Pardo Bazán (février 1940). Mais déjà, alors qu'il travaille comme secrétaire au syndicat du textile, il prépare un roman qui, le 28 décembre 1942, éclate comme une bombe au nez de la censure, dans le marasme où la guerre civile avait plongé la littérature : *La Famille de Pascal Duarte* (*). Avant de trouver en Rafael Aldecoa un éditeur, Cela avait présenté son manuscrit à Pío Baroja en lui demandant une préface. Le célèbre romancier l'avait lu et approuvé, mais refusé la collaboration : « Si vous tenez à aller en prison, jeune homme, allez-y seul ; c'est de votre âge. » Cela n'alla pas en prison et le roman connut un succès fulgurant. Quand, quelques mois plus tard, la censure décida de saisir l'ouvrage, la deuxième édition en était presque épuisée. Marquant une sorte de pause après cette fiction cruelle – premier chaînon d'une suite romanesque corrosive – paraît en 1944 *Pavillon de repos* [*Pabellón de reposo*]. À nouveau victime de la tuberculose, l'auteur venait de séjourner au nouveau sanatorium de Hoyo de Manzanares. D'abord publié en feuilleton, du 13 mars au 21 août 1943, dans l'hebdomadaire *El Español* de Madrid, puis repris en volume, ce roman-témoignage raconte la solitude, sans cesse menacée par la mort, des tuberculeux dans l'isolement d'un sanatorium. En 1944, Cela se marie avec Rosario Conde, « Charo » (dont il aura un fils également appelé Camilo José), et publie *Nouvelles aventures et mésaventures de Lazarillo de Tormes.* Deux ans plus tard (juin 1946), décidé à répéter l'expérience des écrivains de la « génération de 1898 » – Unamuno, Machado, Azorín –, il part, son bâton à la main, une besace sur le dos, et se met à fréquenter, comme un vagabond solitaire, chemins et gens de la province isolée de l'Alcarria, consignant ses impressions dans *Voyage en Alcarria* [*Viaje à la Alcarria*, 1948]. Ce pittoresque récit sera le premier d'une série chargée d'humour et de vérité, qui comprend : *Avila* (1952), *Du Miño à la Bidassoa* (1952), *Juifs, maures et chrétiens* (1956), *Premier voyage andalou* (1959), *Cahier du Guadarrama* (1959), *Voyage aux Pyrénées de Lérida* (1965), *Nouveau voyage en Alcarria* (1986). Un autre voyage le conduit bientôt au Chili (1951), où il rencontre Malaparte, Moravia et Ilya Ehrenbourg, tandis qu'il publie à Buenos Aires *La Ruche* (*), interdite par la censure espagnole. En mai 1952, et durant plusieurs mois, il visite à nouveau l'Amérique latine, notamment le Venezuela, thème et cadre du futur roman *La Catira* (1955). L'œuvre, qui s'est enrichie également de nombreuses nouvelles : *Ces nuages qui passent* [*Esas nubes que pasan*, 1945], *Le Joli Crime du carabinier* [*El bonito crimen del carabinero*, 1947], *Le Galicien et sa cuadrilla* [*El gallego y su cuadrilla*, 1949], voit naître en 1953 un nouveau roman, *Mrs. Caldwell parle à son fils* [*Mrs Caldwell habla con su hijo*]. En avril 1956, dans sa propriété de Palma de Majorque, « La Bonanova », qu'il a fait construire et où il vit, Cela fonde la revue mensuelle *Papeles de Son Armadans.* Jusqu'en mars 1979, *Papeles* sera une fenêtre anticonformiste ouverte sur le monde et publiera entre autres des monographies de créateurs souvent écartés ou exilés par le régime : Alberti, Lorca, Aleixandre, Picasso, Miró, Tapies, Asturias... Le 26 mai 1957, Cela entre à l'Académie royale espagnole et consacre son discours de réception à l'œuvre littéraire méconnue du peintre expressionniste José Gutiérrez Solana (1886-1945). Après un livre de Mémoires, *La Rose* [*La Rosa*, 1959], un roman, *Toboggan d'affamés* [*Tobogán de hambrientos*, 1962] et sept volumes de chroniques madrilènes (*Nuevas escenas matritenses,* 1965-1966), Cela reprend son combat démythificateur en s'attaquant à la guerre d'Espagne dans *San Camilo, 1936* (*). Dans le même temps, il compose les deux volumes d'un *Dictionnaire secret* [*Diccionario secreto*, 1968-1971], recensant les nombreux termes populaires scatologiques si prisés des littérateurs espagnols depuis les origines. Le 17 avril 1970, il assiste au Carnegie Hall de New York à la première de son oratorio *María Sabina*, écrit à Palma en octobre 1965 et publié en 1967. María Sabina est, selon sa légende, une prêtresse aztèque associée au culte des champignons hallucinogènes à Huautla (Oaxaca). Sa confession publique au moment où elle monte sur l'échafaud est le thème de cette œuvre étrange, pleine d'effets dramatiques, où Cela cherche une fois encore une nouvelle forme d'expression. La représentation au Théâtre de la Zarzuela de Madrid, les 28 et 30 mai suivants, provoque chahut et scandale. Une autre tentative théâtrale, *Le Char de foin ou l'Inventeur de la guillotine* [*El carro de heno o el inventor de la guillotina*], prévue pour être jouée la même année, ne le fut pas. Empruntant son titre au célèbre tableau de Jérôme Bosch, cette farce truculente, dont l'action se situe dans une prison à deux étages, avait été écrite en décembre 1968 et publiée en 1969. Pour le théâtre encore, Cela adaptera *La Résistible Ascension d'Arturo Ui* (*) de Bertolt Brecht (1975) et *La Célestine* (*) de Fernando de Rojas (1979). La recherche d'une écriture toujours nouvelle exprimant une vision satirique de l'homme bâtissant son enfer avant de retourner au néant lui a inspiré trois de ses romans clefs écrits durant ces deux dernières décennies : *Office des ténèbres 5* (*) (1973), *Mazurka pour deux morts* [*Mazurka para dos muertos*, 1983] et *Cristo versus Arizona* (1988). Prix Nobel de littérature 1989.

CLAUDE COUFFON.

♦ *« D'un livre à l'autre, en projetant avec la férocité de l'humour noir ses obsessions et ses fantasmes, Cela a construit un univers romanesque dont la fascinante cruauté met en valeur l'intention de son créateur : démystifier l'histoire et la légende, fustiger les tabous et les interdits qui paralysent le pays, démasquer à tous les niveaux de la société l'Espagnol, son contemporain. »* Claude Couffon. ♦ *« Cela a rénové et vitalisé la langue comme peu d'écrivains de notre époque. Il entre pleinement dans la file des créateurs du langage espagnol, Cervantes, Góngora, Quevedo, Valle-Inclán et García Lorca – l'espagnol n'a plus été vraiment la même langue depuis que chacun d'eux a écrit ses mots dans son grand livre. »* Knut Ahnlund.

RÉF. : *Camilo José Cela, Revista Hispánica Moderna*, New York, 1962. – A. Z. Vicente, *Camilo José Cela*, Madrid, 1962. – P. Ilie, *La novelística de Camilo José Cela*, Madrid, 1963. – M. Tudela, *Cela*, Madrid, 1970. – « Homenaje a Camilo José Cela », *Cuadernos Hispanoamericanos*, n°s 337-338, Madrid, 1978. – *Mazurka para Camilo José Cela*, La Coruña, 1986. – C. J. Cela Conde, *Cela, mi padre*, Barcelone, 1989. – *Ínsula*, numéro monographique 518-519, Madrid, 1990.

ČELAKOVSKÝ František Ladislav. Écrivain tchèque. Né à Strakonice le 7 mars 1799, mort à Prague le 5 août 1852. Après des études à České Budějovice, à Písek et à Prague, il devint précepteur. En 1834, il obtint un poste de rédacteur au *Pražské noviny (Journal de Prague)* et à son supplément littéraire *Česká včela (L'Abeille tchèque).* Il en fut licencié l'année suivante, pour avoir écrit un pamphlet contre le tsar. Après quelques années de misère, il devint bibliothécaire de la maison Kinský et, en 1841, il accepta la chaire d'études slaves à Breslau. Ce n'est qu'en 1849 qu'il fut nommé professeur de littérature slave à Prague, où il s'éteignit trois ans plus tard. Son œuvre est tout entière centrée sur le folklore poétique slave, dont il tira un recueil en trois volumes, *Chants nationaux slaves* [*Slovanské národní písně*, 1822-1825-1827], composé de chants tchèques et slovaques ainsi que de traductions de chants russes, ukrainiens, lusaciens, serbes (et même lituaniens). À cet ouvrage succédèrent deux autres volumes, *Échos des chants russes* (*) et *Échos des chants tchèques* (*), qui firent date dans la littérature de son pays. On y remarque notamment la ballade *Toman et la Fée du bois* [*Toman a lesní panna*], dont les accents démoniaques et romantiques font pressentir ceux des ballades de Erben. Čelakovský est encore l'auteur d'épigrammes d'un cycle de cent poèmes lyriques, *La Rose aux cent pétales* [*Růže stolistá*, 1840], dans lesquels alternent les thèmes amoureux, patriotiques et philosophiques ; et enfin, de la *Sagesse du peuple slave* [*Mudrosloví národu slovanského*, 1852], florilège de dictons et proverbes.

CELÂLETTIN Görtulga F. Nouvelliste turc. Né en 1895 à Istanbul, mort en 1975. Il fit des études de médecine et se spécialisa en psychiatrie. Devenu directeur de l'asile d'aliénés d'Istanbul, il le resta jusqu'à sa retraite, en 1960. Esprit d'une grande originalité, observateur lucide, il a décrit des personnages marginaux, extravagants, fixant le langage, l'aspect extérieur et l'incohérence de pensée de catégories humaines échappant aux définitions habituelles. Les jeunes auteurs turcs contemporains, proches de l'insolite et de l'absurde, trouvent en lui un aîné qui a exploré un monde qui n'est pas sans affinités avec celui de Beckett ou de Ionesco. Mais il s'agit de personnages réels, observés dans la vie quotidienne d'Istanbul en ce qu'elle a de plus étrange et de pitoyablement drôle. Citons parmi ses œuvres : *Le Divorce* (1923), *La Veille de la noce* (*) (1927), *Le Café Avurzavur* (1948), *L'Épidémie* (1953).

CELAN Paul (pseud. de Paul Antschel). Poète français d'expression allemande. Né le 23 novembre 1920 à Czernowitz (en Bucovine, province actuelle de l'Ukraine), mort à Paris le 20 avril 1970.

Paul Celan est né sous le signe de l'Archer (la « flèche ») ; l'œuvre montre l'importance qu'il a revêtue pour lui. Dans sa ville natale, autrichienne avant la guerre de 14-18, puis roumaine, après le démantèlement de l'Empire, la population juive tenait une grande place, parlant allemand ou yiddish, selon la position des familles, entre l'Occident de l'assimilation, et les traditions juives, entre les mouvements révolutionnaires et les retours. La langue maternelle (au sens fort) était l'allemand. Empêché par le « numerus clausus » de commencer sa médecine en Roumanie, il s'inscrit en première année à Tours, à la rentrée de 1938. La guerre l'empêchera de continuer ses études. Il ne reviendra en France qu'après son émigration de Roumanie, en juin 1948. Entre-temps, il aura connu chez lui l'administration russe, après le pacte germano-soviétique, l'occupation par les armées roumaines et hitlériennes, les persécutions des Juifs, la déportation de ses parents, qui ont péri dans un camp nazi en 1942, le camp de travail roumain en Moldavie (entre 42 et 44), où il a survécu, l'annexion soviétique après la reconquête par l'armée Rouge, la fuite à Bucarest en avril 1945. Il y vit après la guerre, travaillant comme traducteur du russe en roumain dans une maison d'édition. Ses essais poétiques remontent à 1938 (ou avant), mais c'est là qu'il a composé les premiers poèmes, intégrés ensuite dans l'œuvre publiée, et qu'il a élargi le champ de ses expériences littéraires dans plusieurs langues, forgeant l'idiome qui lui a permis de répondre à l'événement meurtrier. Une nouvelle fuite l'a conduit à traverser clandestinement la Hongrie en décembre 1947 pour parvenir à Vienne, puis à Paris où il a vécu pendant plus de vingt ans, jusqu'à sa mort. Il s'est marié en 1952 avec Gisèle de Lestrange, graveur, dont il a eu un fils en 1955, Éric, et il a été naturalisé français, sans jamais cesser d'écrire en allemand. Il a enseigné à partir de 1959 comme lecteur de littérature allemande à l'École normale supérieure de la rue d'Ulm. L'obtention, en 1960, du prix Büchner, le prix littéraire allemand le plus important, a fortifié sa notoriété. En France, les textes publiés dans l'*Éphémère* (*) et sa présence au comité éditorial de cette revue témoignent de ses amitiés et d'un début de reconnaissance de son œuvre. Il a mis fin à ses jours à cinquante ans, en 1970, en se jetant dans la Seine. Sept recueils ont été publiés à intervalles réguliers de 1952 à 1970 : *Pavot et Mémoire* (*) (1952), *De seuil en seuil* [*Von Schwelle zu Schwelle,* 1955], *Grille de parole* (+) (1959), *La Rose de personne* (*) (1963), *Tournant de souffle* [*Atemwende,* 1967], *Soleils de fil* (+) (1968), *Contrainte de lumière* (*) (1970). Deux autres recueils sont posthumes : *Part de neige* (+) (1971) et *Enclos du temps* (+) (1976).

L'œuvre de Celan repose sur une coupure qui distingue la langue dans laquelle il écrit à la fois de la langue courante et des langages poétiques traditionnels, allemands, mais aussi français, ou russes. Elle se sépare sans se rattacher. Cet idiome personnel est largement constitué dès le premier recueil de 1952. Les mots, pour la plupart, ont un sens qu'il convient de reconnaître par des lectures réitérées pour comprendre le texte. La publication plus récente (1989) des poèmes de jeunesse permet de mesurer l'étendue des œuvres que le poète a traversée pour se trouver. La tradition littéraire transformée, de maître Eckhart à Heine ou Baudelaire, est extrêmement vaste. On a pu s'y méprendre parce que la reprise des thèmes et des textes ne paraissait pas conciliable avec l'audace inventive de l'avant-garde. La liberté, en fait, au sein des négations d'une réfection radicale, s'empare de toutes les thématisations de la poésie universelle. L'œuvre considérable de Celan, traducteur du français (« Le Bateau ivre » ou « La Jeune Parque »), du russe et d'autres langues, est intimement liée à sa propre poésie ; elle traverse tous les registres, du transfert jusqu'aux exploits de la reconstitution.

Dire que la poésie de Celan est entièrement déterminée par la persécution des Juifs par les nazis n'est pas une affirmation excessive, mais elle n'est juste qu'à condition de ne pas chercher dans chaque poème une référence explicite aux camps d'extermination, mais de passer par la réfection du langage dont la coupure radicale repose sur l'événement historique. La brisure inhérente aux mots, tels qu'il les emploie, porte la marque d'une destruction qui ne peut pas être universalisée, ou ne peut l'être qu'à travers l'expérience particulière, et personnelle : « Dit vrai qui dit les ombres » (« Dis, toi aussi », dans *De seuil en seuil*) ; ce sont les ombres qui rôdent autour de la personne, avec son histoire et ses morts, avant que l'autre, le poète (« dis, toi aussi ») qui écrit les rassemble pour tirer le sens de ce qu'il dit, dans la contradiction (« Ne sépare pas le non du oui »). L'affirmation est devenue caduque, trop positive, et l'effusion lyrique en premier, si elle passe à côté de l'événement qui l'a rendue proprement déplacée, à côté du rôle que le langage a joué dans la production de l'horreur.

Peut-on parler de pensée sans « penser » a ce qui a eu lieu ? C'est là le point de vue, sans doute plus radical qu'aucun autre, d'un poète entrant dans une forme d'art pour la refaire du dedans, en façonnant, dans la tradition hermétique, une langue autonome, et travaillant à l'adapter à l'événement, suffisamment abstraite pour inclure la destruction particulière et pour en préserver la mémoire contre la violence naturelle du devenir. Le fait que ce fût de l'allemand illustre la contradiction par un cas limite, une situation presque inextricable que Celan a affrontée et acceptée : entrer dans la langue bien qu'elle fût hostile, chanter avec les mots qu'il a tant aimés — c'étaient les siens, bien qu'ils fussent assassins. Pour pouvoir écrire, librement, à même l'abîme, il devait construire la position contraire au sein de la langue héritée, d'un idiome recomposé jusque dans les éléments linguistiques les plus fins, chevillés par le néant. La perversion historique pouvait être dénoncée, elle ne pouvait pas être surmontée dans l'espace lyrique sans que la négation fût maintenue, d'une langue par l'autre, entre l'obstination et le désespoir. Les fixations nocturnes ne peuvent pas être rapportées à l'événement biographique du meurtre des parents en 1942, pour décisive que fût cette rupture dans sa vie. Elles occupent une place prépondérante, il semble, avant cette date, accueillies par une proximité inhérente à l'inspiration mélancolique. Inversement, les facultés propres à la noirceur saturnienne ont été placées sous le signe de l'événement historique pour la cause d'une justesse et d'une vérité qui ne pouvaient être trouvées dans la langue, sans l'introduction d'une référence externe, autorisant la constitution d'une contre-langue. L'événement, tout comme la personne qui le subit, resteront premiers, et hors langue ; ils appartiennent à chacun également, qu'il écrive ou non. Les masques de fausse noblesse auront été arrachés du visage de la poésie.

C'est là sans doute l'exploit majeur accompli par cette poésie que cet arrachement primordial, jamais démenti, et la conquête qui en dérive des espaces inconnus du verbe, toutes les projections cosmogoniques où renaissent les mots, plus justes, ajustés à l'événement. La poésie devient critique, s'interrogeant sur les forces dont elle dispose en dépit de tous les rejets, en marge et au-dehors, dans son territoire propre, ne traitant aucun sujet sans évaluer les moyens qu'elle a de le traiter. Le poème que l'on observe, qui se fait ou qui ne se fait pas, sera le contenu premier, cet essai « encore » quasi expérimental, cette tentative ultime, toujours recommencée.

Le dépouillement que Celan a fait subir à sa langue dans *Grille de parole* (1959), la conduisant par les détroits des pays de la pierre, du sable ou de la glace, était un préalable, l'enrichissement peut-être qui a permis au poète de parvenir à l'élargissement sans pareil, à la fois littéraire et historique, de *La Rose de personne* (1963), le sommet de l'œuvre. Les poèmes des derniers recueils s'inscrivent, à quelques exceptions près, dans une forme concise qui en accentue le caractère énigmatique ou aphoristique. Ce sont des moments où le poème entre en un dialogue plus tendu avec lui-même, avec sa virtuosité et ses détresses.

JEAN BOLLACK.

RÉF. : Dietlind Meinecke, *Wort und Name bei Paul Celan,* Bad Homburg, 1970. — *Über Paul Celan,* éd. par Dietlind Meinecke, Francfort-sur-le-Main, 1970. — Peter Szondi, *Celan-Studien,* Francfort-sur-le-Main, 1972. — Hans-Georg Gadamer, *Wer bin Ich und wer bist Du ?* Francfort-sur-le-Main, 1973 (seconde édition 1986). — Marlies Janz, *Vom Engagement absoluter Poesie,* Francfort-sur-le-Main, 1976. — Georg-Michael Schulz, *Negativität in der Dichtung Paul Celans,* Tübingen, 1977. — Karsten Hvidtfeld Nielsen et Harald Pors, *Index zur Lyrik Paul Celans,* Munich, 1981. — Barbara Wiedemann-Wolf, *Antschel Paul — Paul Celan. Studien zum Frühwerk,* Tübingen, 1985. — Martine Broda, *Dans la main de personne,* 1986. — Martine Broda (ed.), *Contre-jour, Études sur Paul Celan,* 1986. — Jacques Derrida, *Schibboleth pour Paul Celan,* 1986. — Christiane Bohrer, *Paul Celan – Bibliographie,* Berne, 1989. — Jerry Glenn, *Paul Celan. Eine Bibliographie,* Wiesbaden, 1989. — Jean Bollack, *Pierre de cœur,* Périgueux, 1991. — Jean Bollack, Jean-Marie Winkler, Werner Wögerbauer (ed.), *Paul Celan. Lecture à plusieurs, Revue des Sciences humaines,* n° 223,

1991. – *Celan-Jahrbuch,* éd. par Hans-Michael Speier, Heidelberg (1987).

CELAYA Gabriel (pseud. de Rafael Gabriel Múgica). Écrivain espagnol. Né à Hernani (Guipúzcoa) le 18 mars 1911, mort d'une crise cardiaque à Madrid le 18 avril 1991. Après des études secondaires à Saint-Sébastien, il s'installe à la Résidence des étudiants de Madrid où il connaît García Lorca, Rafael Alberti, José Moreno Villa... et, sous la République, milite parmi les forces politiques d'extrême gauche. Un premier livre de poèmes, d'inspiration surréaliste, *La Solitude close* [*La soledad cerrada*], obtient en 1936 le prix du Centenaire de Bécquer. Après un long silence de dix ans, il fonde en 1947, avec sa femme Amparo Gastón, la revue et les éditions *Norte*, qui devaient jouer un rôle important dans la rénovation de la poésie espagnole et l'opposition au franquisme. En 1956, il abandonne définitivement sa profession d'ingénieur et l'entreprise familiale pour se consacrer à une œuvre de combat qui le placera à la tête de la poésie civique de résistance avec une abondante production d'où se détachent *Mouvements élémentaires* [*Movimientos elementales*, 1947], *En parlant tranquillement* [*Tranquilamente hablando*, 1947], *Les Choses comme elles sont* [*Las cosas como son*, 1948], *Objets poétiques* [*Objetos poéticos*, 1948], *Cartes sur table* [*Las cartas boca arriba*, 1951], *Chants ibères* [*Cantos íberos*, 1955], *Au grand jour* [*De claro en claro*, 1956], *Les Résistances du diamant* [*Las resistencias del diamante*, 1957] ; *Rapsodie basque* [*Rapsodia euskara*, 1961], *Poésie urgente* [*Poesía urgente*, 1960]. Un choix de ces poèmes a été traduit en français sous le titre *L'Espagne en marche* (*). Traducteur de Rilke, Blake, Rimbaud et Éluard, Celaya est aussi l'auteur d'essais politiques et littéraires : *Tentatives* [*Tentativas*, 1946], *Lazare se tait* [*Lázaro calla*, 1949], *Poésie et Vérité* [*Poesía y verdad*, 1959], *Avant-dernières tentatives* [*Penúltimas tentativas*, 1960], *Les Espaces de Chillida* [*Los espacios de Chillida*, 1974], *Souvenirs immémoriaux* [*Memorias inmemoriales*, 1980].

CLAUDE COUFFON.

RÉF. : Pierre-Olivier Seirra, *Gabriel Celaya*, Paris, 1970.

CELEBI Asaf Halet. Poète turc. Né à Istanbul en 1907, mort en 1958. Autodidacte dans une large mesure, il parvint à concilier les cultures orientale et occidentale – certains de ses poèmes ont été écrits en français. Bien que fortement attiré par la mystique orientale et extrême-orientale, Lautréamont, Jarry, Rimbaud lui étaient familiers, mais aussi les comptines populaires turques qui ont inspiré certains de ses poèmes. Ce n'est pas seulement l'œuvre mais aussi les excentricités et les contrastes hauts en couleur du personnage qui ont rendu célèbre l'auteur d'*H* (*) (curieux titre de son recueil de 1942) parmi les intellectuels d'avant-garde des années 1940.

CÉLINE Louis-Ferdinand (pseud. de Louis-Ferdinand Destouches). Écrivain français. Né à Courbevoie le 27 mai 1894, mort à Meudon le 1er juillet 1961. Céline doit sa notoriété à une œuvre romanesque qui révolutionna pendant l'entre-deux-guerres la littérature française par la liberté et la crudité de son style. Celui-ci, démarqué du parler populaire, traduit bien, par son absence de soumission aux conventions livresques de l'époque, le but que s'était fixé l'auteur : la restitution la plus fidèle possible de la charge émotive déposée en lui par la vie.

Cette œuvre, en grande partie autobiographique, reflète la personnalité tourmentée et contradictoire d'un homme qui, de son vivant comme après la mort, suscita des admirations et des critiques aussi passionnées les unes que les autres (et qui ne sont souvent pas étrangères aux anathèmes qu'il formula à la fin des années 30). La vie et l'œuvre de Céline, inséparables l'une de l'autre, s'éclairent mutuellement.

Le père du futur écrivain, licencié ès lettres, est employé dans une maison d'assurances, tandis que sa mère tient un magasin de dentelles à Paris, passage Choiseul, où réside la famille. L'été, la mère et le fils partent souvent sur les plages de la Manche vendre cette dentelle aux estivants. Cette vie, assez monotone, est interrompue en 1904 par un séjour que fait le jeune Louis-Ferdinand en Angleterre, pour y apprendre la langue. Céline se fera plus tard le chroniqueur désenchanté des événements de cette jeunesse sans joie réelle dans son roman *Mort à crédit* (*). Il y rapportera également l'expérience éprouvante de la recherche et de l'exercice de petits emplois qu'il occupa durant son adolescence. En 1912, après l'obtention de la première partie du baccalauréat, qu'il a préparé tout seul, le jeune homme signe un engagement de trois ans dans l'armée. Il se trouve alors affecté au 12e Cuirassiers en garnison à Rambouillet.

La guerre de 1914-1918 en fera dès sa première année un héros, alors que, maréchal des logis, il mène à bien une mission particulièrement périlleuse. Celle-ci lui vaudra, en même temps que la médaille militaire et les honneurs de la couverture de *L'Illustration,* une grave blessure à la tête qui le rendra invalide à 75 %. Dans son premier roman, *Voyage au bout de la nuit* (*), Céline relatera son aventure de la guerre, en la montrant sous un jour grotesque et sordide, sans aucun rapport avec le prétendu héroïsme qu'on lui attribua alors.

Trépané à la suite de sa blessure, Céline est muté en Angleterre où il sert dans une usine d'armement, puis envoyé en mission au Cameroun, d'où il rapporta la dysenterie et le paludisme avant de revenir en Angleterre, à Londres, où il prépare sa seconde partie de baccalauréat. Après avoir passé avec succès son examen, le jeune homme s'installe à Rennes où il commence en 1918 des études de médecine qui dureront six ans. C'est en cours d'études que Céline épouse la fille du directeur de l'école de médecine de Rennes, Édith Follet, dont il aura un enfant en 1920. En 1924 enfin, le futur médecin dépose à Paris sa thèse de doctorat, qui porte sur *La Vie et l'œuvre de Philippe-Ignace Semmelweis* (*), chirurgien hongrois du XIXe siècle, novateur que Céline nous décrit comme la victime de continuelles persécutions de la part de ses collègues. Cet écrit représente sa première œuvre littéraire, et l'une des plus belles. On y distingue sa compassion pour un homme dont le destin préfigure singulièrement le sien. Surtout, il y bouscule déjà la syntaxe traditionnelle, infusant ainsi à la langue un lyrisme volcanique qui se transmue parfois en une musique transparente et nostalgique, caractères que ce petit livre partage avec les œuvres postérieures les plus réussies. Une fois en possession de son titre de médecin, Céline quitte sa famille et va travailler à la Société des nations à Genève, puis à Liverpool dont il revient pour apprendre qu'il est divorcé. Il connaît à partir de ce moment une période instable, entreprenant de nombreux voyages, au Cameroun, au Canada, aux États-Unis, où il s'initie à la médecine du travail, à Cuba, avant de rentrer en France en 1928 et d'ouvrir à Clichy un cabinet de médecine qu'il délaissera en 1931 pour travailler dans un dispensaire, toujours à Clichy.

C'est pendant cette période que, pour meubler ses nuits d'insomniaque, ce médecin s'amuse à écrire un roman, qui sera le fameux *Voyage*, et dont il mène de front la rédaction avec celle d'une pièce de théâtre, *L'Église,* qui sera créée à Lyon en 1933 et qui représente une sorte de réplique de celui-ci. (On retrouve d'ailleurs le même personnage central, Bardamu, dans les deux œuvres.) Publié par Denoël en 1932, le *Voyage au bout de la nuit* manque de peu le prix Goncourt et obtient le Renaudot. C'est à partir de ce premier roman que Louis-Ferdinand Destouches prend pour pseudonyme littéraire le prénom de sa mère, Céline.

À peine paru, le roman fait l'effet d'une bombe. Nombre de personnalités littéraires politiquement de droite aussi bien que de gauche ne ménagent pas à son égard les expressions du plus vif enthousiasme. Léon Daudet avait essayé âprement de l'imposer pour le prix Goncourt, tandis qu'Aragon et Elsa Triolet vont le traduire en russe. Dans le *Voyage au bout de la nuit*, Céline se fait le contempteur acharné d'une vie vouée à la dégradation au sein d'un univers halluciné où les marionnettes humaines se disloquent peu à peu dans une agitation convulsive. Son second roman, *Mort à crédit,* paru en 1936, décrit un monde identique, mais l'écrivain reprend dans ce livre des éléments autobiographiques antérieurs à ceux qu'il a utilisés dans le *Voyage.* C'est en effet sa jeunesse, vécue passage Choiseul, qui lui fournit le matériau d'un roman encore plus désespéré et plus burlesque que le précédent, où les caricatures sont davantage poussées et où la frontière entre le réel et l'imaginaire semble encore moins nette, tandis que le style se fait très personnel, s'éloignant plus encore que dans le *Voyage* du langage écrit traditionnel.

Un texte assez court, *Mea Culpa* (+), date de cette même année 1936 ; ce texte comportait certaines attaques contre la Russie soviétique qu'il vient de découvrir avec horreur au cours d'un séjour effectué pour dépenser les droits d'auteur que lui valait la traduction russe de son livre. En fait, anarchiste de tempérament, Céline semble avoir hésité jusque-là entre différentes opinions politiques. Ses charges antimilitaristes et anticolonialistes du *Voyage,* un hommage à Zola qu'il avait prononcé en 1934 à Medan, avaient largement contribué à le faire passer auprès d'un bon nombre de gens pour un écrivain de gauche. Ce petit livre viendra désillusionner ceux-ci et révéler un choix politique nettement orienté vers la droite, orientation que ses pamphlets ultérieurs confirmeront.

À cette époque, Céline, passionné de musique et surtout de danse, fait la connaissance d'une danseuse, Lucette Almanzor, qui deviendra sa compagne jusqu'à la fin de sa vie (il l'épousera à Paris en 1943). Il s'engage entre-temps comme médecin à bord d'un paquebot qui fait le voyage Bordeaux-Terre-Neuve (1937), puis revient habiter chez sa mère, près du passage Choiseul (1939). Il délaisse alors un temps le roman pour s'adonner à la rédaction de pamphlets qui seront en fait les principaux responsables de ses malheurs futurs. Dans ces écrits, qui ont pour titres *Bagatelles pour un massacre* (*) (1937), *L'École des cadavres* (*) (1938) et *Les Beaux Draps* (+) (1941), Céline pourfend dans des termes violents, si ce n'est orduriers, énormément de personnes, mais plus particulièrement ses confrères en littérature, et les Juifs qu'il semble tenir pour responsables de tous les malheurs du monde. Mais l'outrance verbale est telle dans ces trois livres que les antisémites les plus virulents se désolidarisèrent de leur auteur. Cependant, ces textes ne se réduisent pas à des recueils d'invectives : dans nombre de pages Céline nous fait entendre les notes d'une mélodie arachnéenne, libre de toute servitude circonstancielle, et qui se fait nostalgie pure. Il réunira un grand nombre d'entre elles, détachées notamment de *Bagatelles pour un massacre,* dans l'étrange féerie qu'il publiera en 1959 sous le titre : *Ballets sans musique, sans personne, sans rien* (*).

En 1940, Céline reprend son métier de médecin sur un navire qui joint Marseille à Casablanca, le « Shella », qui sera finalement coulé par les Allemands. Après avoir participé à l'exode avec Lucette Almanzor, il endosse la blouse de médecin-chef d'un dispensaire de la banlieue parisienne, à Bezons. En 1944, cherchant à devancer la victoire des Alliés, il rejoint le gouvernement de Vichy en exil à Sigmaringen, dans l'idée de gagner le Danemark, où il avait placé ses économies. Mais, suspect aux yeux des Allemands tout autant qu'il le sera à ceux de ses compatriotes qui verront en lui un dangereux collaborateur, il est emprisonné trois mois. En 1945, à sa sortie de la prison de Sigmaringen, se situe l'épisode le plus rocambolesque d'une vie pourtant fertile en événements : accompagné de Lucette, de leur chat Bébert et de l'acteur Le Vigan, Céline traverse l'Allemagne en feu, en proie à ses dernières et plus terribles convulsions. Après bien des vicissitudes, il parvient enfin le 27 mars 1945 à Copenhague, pour être aussitôt jeté à nouveau en prison. Il y demeurera quatorze mois, jusqu'au 26 février 1947, date à laquelle on l'interne, pour raison de santé, à l'hôpital national du Danemark. Libéré enfin le 24 juin 1947, Céline va vivre dans un grenier, puis dans une chaumière, dénué pratiquement de tout. En 1950, cible de littérateurs à la haine tenace tels que Roger Vailland et Jean-Paul Sartre (« le ténia », comme l'appelle Céline dans le court pamphlet qu'il lui adresse en 1948 : *À l'agité du bocal*), il apprend que les tribunaux français l'ont condamné à l'indignité nationale et à la confiscation de ses biens. Mais, amnistié l'année suivante, il rentre enfin en France en 1951. Dès lors, il résidera à Meudon, en compagnie de Lucette Almanzor, vivant surtout de son travail de médecin. Mais Céline a recommencé à écrire, publiant successivement *Féerie pour une autre fois* (*) (1952) et *Normance* (*) (1954), qui en est la suite. Ces nouveaux ouvrages passent totalement inaperçus du public, et il semble se faire autour de son nom une véritable conspiration du silence : jusqu'à la publication en 1957 de *D'un château l'autre* (*). Mais, pas plus que *Guignol's Band* (*) paru déjà en 1944, ces livres ne peuvent être comparés aux œuvres antérieures de Céline. Très décousus, encombrés de perpétuelles onomatopées, ils témoignent surtout de l'absence d'inspiration qui pousse leur auteur à s'imiter lui-même. Celui-ci se retrouvera cependant avec sa dernière publication, *Nord* (*) (1960), dans laquelle il retrace sa traversée de l'Allemagne en 1945, et grâce à laquelle il connaît une seconde renommée. Des articles critiques commencent à paraître sur son œuvre, et on finit par s'émouvoir sur le sort d'un homme génial que la vie n'a pas ménagé. Mais Céline meurt peu après, alors qu'il rédige un dernier roman, *Rigodon,* dont la publication sera posthume.

Céline s'est toujours défendu de vouloir faire passer dans ses œuvres un message, d'exprimer des idées. Ce n'est pas à l'intellect, à la raison, qu'il s'adresse, mais uniquement à l'affectivité du lecteur. Dans ses livres les plus réussis, il sait admirablement jouer de la confrontation d'une réalité décapée de ses séductions, toujours superficielles, avec la traduction d'une émotion que la langue écrite française, adaptée surtout à l'expression des idées claires et distinctes, est incapable de restituer. Aussi a-t-il recours, pour parvenir à ce but, aux phrases tronquées, fréquemment incohérentes, qui sont le propre du langage parlé par les couches sociales les plus populaires. Son emploi des expressions argotiques révèle ainsi chez lui non pas une philosophie, mais une vision de la vie comme objet de dérision perpétuelle, absurdité énorme à laquelle l'homme ne parvient pas à s'adapter. C'est pourquoi, chez Céline, le burlesque se conjugue toujours au pathétique et interdit au lecteur de choisir un point de vue rationnel sur le monde, qui lui apporterait ce confort intellectuel dont il se montre avide. Comme tous les grands poètes, Céline dénonce d'abord cette absurdité grâce à l'évocation de l'évanescence des êtres et des choses. Il nous fait ainsi les confidents de ce remuement intérieur que la vie ne cesse de susciter en lui et de sa nostalgie pour un monde totalement insoumis, sans lois directrices. L'instrument littéraire qu'il s'est forgé, sa langue, est à la mesure de son émotion : les mots semblent ne pas pouvoir y tenir en place, comme s'ils se trouvaient doués d'une vie indépendante, gonflés d'un courant ininterrompu qui circule entre eux tous. Nouveau démiurge, Céline, par la simple force de son verbe, nous donne l'impression hallucinante que les mots incarnent pleinement une réalité dont le monde extérieur n'est plus que la pâle copie.

PHILIPPE FAUCHER.

♦ *« Un romantisme très particulier, très nouveau, car il rejoint le freudisme dans les régions souterraines où l'amour et la mort, le goût de l'éternité et de la vision du néant, se mêlent et s'étreignent. »* Pierre Audiat. ♦ *« De sa lamentable expérience demeurent pourtant un style, un accent, pas seulement un langage, mais un monde aussi présent, opaque et définitif que celui de Balzac, de Dickens ou de Proust : l'univers de la misère humaine chanté par un poète du désespoir. »* Pierre de Boisdeffre. ♦ « Bagatelles pour un massacre, *c'est un livre carnassier, et qui paraît sous un ciel d'orage, à la lueur des éclairs* [...] *Impossible de donner une idée de ce déversement de bile et d'urée, solide, liquide et gazeux, qu'est le bouquin enflammé de Céline* [...] *Il faut remonter jusqu'à la Réforme* [...] *pour ouïr pareil tocsin, sonné à toutes les cloches de la foire populaire. »* Léon Daudet. ♦ *« ... Mais on peut se demander si Céline lui-même n'est pas la créature la plus extraordinaire de ce monde paranoïaque qu'il dénonce. Il est susceptible, méfiant, et par certains côtés il ressemble au colonel Réséda en personne, car il croit tout le monde prêt à lui faire des "vacheries". »* Kléber Haedens. ♦ *« Toute morale et tout dégoût à part, on sent le vice initial d'une telle conception, d'une telle présentation du monde. Elle consiste à ne saisir de l'existence que ce qu'il peut y avoir de sordide, de misérable, d'infâme, et à situer tout l'homme dans ce qu'il y a dans l'homme de plus dégradé... Au milieu de tant d'ordures, parmi ce paysage souillé, sans soleil et sans perspective, le pathétique et la pitié naturellement appelés ne savent même trouver place, et le dernier mot reste toujours à cette même abjection.* » Gonzague Truc.

RÉF. : Marc Hanrez, *Céline*, Paris, 1961. – Nicole Debrie-Panel, *L.-F. Céline*, Paris, 1961. – Pol Vandromme, *L.-F. Céline*, Paris, 1963. – *Céline*, numéro des *Cahiers de l'Herne*, publié sous la direction de Dominique de Roux, rééd. 1972. – Tarmo Kunnas, *Drieu La Rochelle, Céline, Brasillach et la tentation fasciste*, 1972. – Frédéric Vitoux, *L.-F. Céline : misère et parole*, Paris, 1973. – Jean-Pierre Richard, *Nausée de Céline*, Paris, 1973. – Albert Chesnau, *La Langue sauvage de L.-F. Céline*, Université Lille-III, 1974. – Jean-Pierre Dauphin, *L.-F. Céline : Pour une poétique célinienne*, Paris, 1975. – Willy Szafran, *L.-F Céline : essai psychanalytique*, Bruxelles, 1976. – Jean-Pierre Dauphin et Jacques Bondillet, *Album Céline*, « Bibl. de la Pléiade », Paris, 1977. – Philippe Murray, *Céline*, Paris, 1984. – Jean Guénot, *L.-F. Céline damné par l'écriture*, Paris, 1984. – François Gibault, *Céline : I. Le Temps des espérances (1894-1932) ; II. Délires et persécutions (1932-1944) ; III. Cavalier de l'apocalypse (1944-1961)*, Paris, 1985. – Henri Godard, *Poétique de Céline*, Paris, 1985. – Philippe Alméras, *Les Idées de Céline. Mythe de la race, politique et pamphlets*, Paris, 1993. – Stéphane Zagdanski, *Céline seul*, Paris, 1993.

CELLINI Benvenuto. Artiste et écrivain italien. Né à Florence le 3 novembre 1500, mort dans cette même ville le 13 février 1571. Son père le mit en apprentissage chez un orfèvre, tenant compte de ses dons éclatants pour le dessin, mais son tempérament violent le fit, à seize ans, exiler à Sienne ; cette première résidence forcée n'était qu'un prélude à sa vie aventureuse. À une période de tribulations succède le séjour à Rome, de 1521 à 1540, où Cellini exécute de nombreuses pièces d'orfèvrerie pour l'aristocratie et pour le haut clergé, obtenant les faveurs du pape Clément VII, un Médicis, qui le nomma, en 1529, maître des estampes de la Monnaie. Il défendit Rome durant le sac de 1527, et se vante, dans sa *Vie* (*), d'y avoir tué d'une arquebusade le connétable de Bourbon. En 1538, Cellini fut emprisonné au château Saint-Ange, accusé d'avoir tué l'assassin de son frère, ainsi que le joaillier milanais Pompeo ; en réalité, il était surtout poursuivi par la haine de ses rivaux envieux et de Pier Luigi Farnèse, neveu du pape Paul III. Un an plus tard, le cardinal Hippolyte d'Este le fit libérer, et Cellini se rendit en France, où François Ier le reçut magnifiquement : octroi d'une pension annuelle, du château du Petit Nesle, et commandes nombreuses, parmi lesquelles la fameuse salière de François Ier et la porte de Fontainebleau. Mais ce séjour de cinq années ne s'écoula pas sans trouble ; la favorite, la duchesse d'Étampes, le détestait ; ses compatriotes le Primatice et le Rosso ainsi que les courtisans médisaient sur son compte, à tel point qu'il rentra à Florence, où il espérait trouver la paix pour se livrer à la sculpture, qui l'attirait désormais. Tout d'abord, le duc Cosme de Médicis le protégea, lui confiant même l'exécution du *Persée*, achevé en 1549, et exposé sur la place de la Signoria en 1554 ; mais une fois de plus l'hostilité de ses rivaux : ici, Bandinelli et Ammannati, le fit tomber en disgrâce, et la dernière période de son existence se passa dans la misère et la solitude, encore aggravées par les condamnations qu'on lui infligea et les incarcérations qui s'ensuivirent. Ce fut en 1558 qu'il commença d'écrire sa *Vie*, qui est non seulement une autobiographie fidèle (compte tenu de l'inévitable transposition littéraire), mais aussi une sorte de vengeance morale contre ses détracteurs, l'ensemble étant destiné à la réhabilitation de l'homme et de l'artiste. Enfin, entre 1565 et 1567, il écrivit : *Discours sur le dessin et la sculpture. Deux traités : l'un sur les huit arts principaux de l'orfèvrerie ; l'autre, sur l'art de la sculpture* (*). Notons encore que tout au long de sa vie il composa des vers, mais que ce fut dans sa *Vie* qu'il se montra le plus poète.

RÉF. : H. Focillon, *Benvenuto Cellini*, 1911. – C. Antoniade, *Pierre Arétin, Guichardin, Benvenuto Cellini*, 1937. – J. Pope-Hennessy, *The Life of Benvenuto Cellini*, Londres, 1949. – B. Cellini, *Mémoires*, trad. 1951. – M. Guglielminetti, *Memoria e scrittura. L'autobiografia da Dante a Cellini*, Turin, 1977. – D. S. Cervigni, *The* Vita *of Benvenuto Cellini. Literary Tradition and Genre*, Ravenne, 1979.

CELSE (Aulus Cornelius Celsus). On ne sait presque rien de cet écrivain encyclopédique que les Romains avaient surnommé le « Cicéron de la médecine ». Vit-il le jour à Vérone au temps de César ?..., Ou bien était-il originaire de la Gaule narbonnaise ? Un passage de Columelle donnerait à penser qu'il vivait au Ier siècle de notre ère. Il semble, en effet, que l'on puisse situer entre 18 et 39 la période de son activité. Celse est l'auteur d'une encyclopédie en quatre parties : *De agricultura, De re medica, De rhetorica, De re militari.* Seuls les huit livres du *Traité de la médecine* (*) nous sont parvenus intégralement. Celse était-il médecin ou seulement un élégant compilateur ? La description exacte et détaillée qu'il donne de la pratique et des instruments chirurgicaux semble bien d'un homme de l'art.

RÉF. : Gudmund Akermark, *Dissertatio, qua A. C. Celsus medicorum Cicero Latinorum Hippocrates proponitur*, Upsala, 1758. – Carl Kissel, *A. C. Celsus, historische Monographie...*, Giessen, 1844. – Paul Broca, préface à l'édition du *Traité de médecine*, 1876. – Celsus, *De Medicina*, texte et traduct. anglaise par W.G. Spencer, Londres, 1937. – A. La Cava, *La dietetica romana in A. C. Celso*, Milano, 1947.

CELSE, dit le Philosophe, pour le distinguer du médecin latin du même nom. Philosophe épicurien grec qui vivait au IIe siècle, sous Trajan et ses successeurs. Il ne nous est guère connu que par son ouvrage, le *Discours véritable* (+), où il combat au nom de la raison et du ridicule le christianisme naissant. Un des arguments qu'il emploie pour condamner les chrétiens devait particulièrement frapper le gouvernement impérial : les chrétiens, selon lui, sont des sans-patrie et cette accusation était apparemment confirmée par les faits puisque les tenants de la nouvelle religion se refusaient à sacrifier aux empereurs divinisés. Cette œuvre ne nous est pas parvenue, mais nous en possédons d'importants fragments grâce à la réfutation point par point qu'en fit Origène dans son *Contre Celse* (*), réponse qui montre à quel point les attaques de Celse pouvaient être dangereuses pour la communauté chrétienne.

CELTIS Conradus (pseud. de Konrad Pickel). Humaniste allemand. Né le 1er février 1459 à Wipfeld, près de Würzburg (Bavière, Allemagne), mort le 4 février 1508 à Vienne. À dix-huit ans, il s'enfuit de la maison de son père, bûcheron, et se rendit à Cologne où il commença ses études ; il les poursuivit à Heidelberg en 1484, où il fut introduit dans le monde de l'humanisme par son maître Rodolphe Agricola. Il fréquenta également les cercles intellectuels d'Erfurt, Rostock et Leipzig, où il fit paraître en 1486 ses premières poésies latines et commença à donner des leçons publiques d'art poétique. Il enseigna également le grec. En 1487, il fut couronné poète lauréat par l'empereur Frédéric III, à Nuremberg : il fut le premier poète allemand à recevoir cette distinction. Immédiatement après, il se rendit en Italie pour faire la connaissance des plus remarquables humanistes, de Pomponio Leto à Marsilio Ficino. Il y demeura près de deux ans, puis, en passant par Venise, il partit pour Cracovie, où il s'arrêta environ deux ans, pour repartir ensuite vagabonder ailleurs. Suivant l'exemple italien, il fonda des académies dans les villes les plus importantes : la première fut la *Solidalitas Rhenana*, créée à Heidelberg en 1491, la plus célèbre fut la *Solidalitas Danubiana*, instituée à Vienne en 1497. Celtis se consacra passionnément à la recherche de textes anciens, et il connut la chance insigne de découvrir, au couvent de Sankt Emmeran, près de Ratisbonne, un manuscrit contenant les *Drames* (*) latins de Roswitha de Gandersheim, qu'il publia en 1501. S'inspirant de l'*Italie illustrée* de Flavio Biondo, il projeta d'écrire une *Allemagne illustrée*, dont il ne composa que la première partie. De caractère inquiet, aimant voyager, il ne demeura jamais longtemps dans la même ville : il fut professeur à Ingolstadt en 1494, à Heidelberg en 1496, à Vienne en 1497. Dans cette dernière ville, la faveur de l'empereur Maximilien Ier, dont il jouissait, l'incita à s'arrêter définitivement : en l'honneur de ce souverain, il mit en scène à Linz, en 1501, le *Jeu de Diane* (+). L'année suivante, il fit paraître son meilleur ouvrage, *Amours* (*). Dans ses dernières années, cet hédoniste raffiné fut tourmenté par la syphilis qui le conduisit précocement au tombeau. Il ne fut pas un philologue sévère, mais un brillant promoteur d'études, un fin humaniste qui s'intéressait à toutes les choses de l'esprit. Après sa mort parut de lui une carte de l'Empire romain avec les principaux itinéraires utilisés à l'époque. Citons encore sa *Correspondance* publiée dans le recueil *Lettres d'humanistes* (*).

VINCENZO MARIA VILLA.

RÉF. : Bauch, *Die Reception des Humanismus in Wien*, Breslau, 1903. – R. Kemper, *Die Redaktion der Epigramme des Celtis*, Kronberg, 1975.

CENDRARS Blaise (pseud. de Frédéric-Louis Sauser). Écrivain français d'origine suisse (naturalisé en 1916). Dans sa vie d'aventures, où tout s'enchevêtre et se confond, il est souvent difficile de faire la part du véridique, du menti et du rêvé. Deux dates sont avérées : celle de sa naissance, le 1er septembre 1887, à La Chaux-de-Fonds, et celle de sa mort, à Paris, le 21 janvier 1961. Le reste — cette existence vécue à cent à l'heure et mangée par les deux bouts — est strictement « littérature », et peu d'écrivains ressemblent à ce point à leur œuvre, sinon peut-être Villon dont par maints aspects Cendrars se sentait parent... Et c'est justement vers sa parentèle, réelle cette fois, qu'il faut regarder pour saisir un peu mieux cette personnalité hors du commun des lettres. Ses origines sont paysannes et protestantes, toutes fondées sur le labeur et la fidélité, l'honnêteté et le courage. Seul son père dérogera à ce lignage aussi respectable que pesant, et il n'est pas difficile d'imaginer le trouble qui saisira très tôt le jeune Sauser devant cette situation familiale pénible parce qu'ambiguë. De la mère il tient ces qualités humaines et spirituelles qui ne le lâcheront jamais ; du père, le goût des voyages, des entreprises chimériques, de la boisson, et une impécuniosité tellement tenace que l'on peut se demander s'il n'y a pas là quelque désir secret de s'y complaire. Voyages donc, et dès la prime enfance, en Égypte puis à Naples où il attrapera le goût de la rue et de sa faune. Il n'a pas dix ans que son précepteur anglais (c'est alors une courte période faste pour la famille) lui apprend à boire. De retour en Suisse, en 1896, les Sauser pérégrinent au fil des mauvaises affaires, de Neuchâtel à Bâle. L'enfant difficile est mis en pension en Allemagne ; la rigueur du traitement et la mentalité germanique l'insupportent : on le retire, mais cette brève expérience laissera chez lui une phobie de tout ce qui est allemand. On vient à Paris visiter l'Exposition universelle de 1900, et Frédéric-Louis y découvre le Transsibérien, bien propre à donner corps aux voyages imaginaires suscités par la lecture des frères Reclus. Peu enclin aux études scolaires, l'adolescent rétif et ombrageux est mis dans une école commerciale ; mais la musique (il joue du piano) et la littérature (il est alors passionné par Nerval) l'emportent sur l'économie : il fugue en Allemagne. De retour, ses parents s'inclinent devant l'irréductible asociabilité de leur fils, et l'autorisent à partir pour Saint-Pétersbourg, chez un joaillier suisse qui y prospère. Flanqué de Rogovine, un aventurier tel qu'il les recherchera toujours, Frédéric-Louis arrive à Moscou en septembre 1904. La légende commence alors. Il prendra sans doute le Transsibérien jusqu'aux confins de la Sibérie, pendant la terrible guerre russo-japonaise. Mais ses séjours en Chine et en Perse ne sont guère attestés ; lui-même, à la fin de sa vie, laissera entendre que la réalité de ces voyages importe peu. De retour dans la capitale russe, le 1er janvier 1905, il s'immerge dans le monde slave, fréquente les milieux révolutionnaires, et passe beaucoup de temps à la Bibliothèque impériale. Il rentre en Suisse en avril 1907, et commence à tenir un journal de lectures (le « cahier noir ») tout en faisant des petits métiers et en dévorant tous les livres qui lui tombent sous la main. De 1908 à 1909, il est étudiant à Berne, en médecine et en philosophie ; c'est là qu'il rencontre une jeune Juive polonaise, Félicie Poznanska (Féla) qui deviendra plus tard sa femme, lui donnera trois enfants, et lui vouera un attachement qui pèsera beaucoup à l'écrivain. À Berne, il découvre Nietzsche, Freud et Wagner, et commence la rédaction de *Novgorode, la légende de l'or gris et du silence* – livre mystérieux, que personne ne verra jamais, mais qui aurait été édité en Russie par un ami de Cendrars. À partir de 1910, Freddy Sauser (ou Sausey, selon le nom qu'il se donnera un temps) court le monde : l'Europe d'abord (Paris, Bruxelles, Londres), puis à nouveau la Russie et la Pologne (1911) et les États-Unis (1912). Il écrit des articles, des poèmes et notamment « Hic Haec Hoc » et « Les Pâques à New York » (+) (1912) – œuvres qu'il signera de son pseudonyme à présent assuré : Blaise Cendrars (de braise et de cendres, expliquera-t-il). Lors de son séjour belge, le jeune poète lit Remy de Gourmont qui l'enthousiasme, surtout *Le Latin mystique* (*). À dater de juin 1912, il choisit la France, et Paris, comme point d'ancrage d'abord, comme patrie ensuite. Vivant dans le plus extrême dénuement, il fréquente les anarchistes, le milieu, les bas-fonds, et se lie avec les peintres de l'avant-garde (Chagall, les Delaunay, Léger, Soutine, Modigliani...) et les poètes de la modernité (Apollinaire, Max Jacob, qui l'appellera « Le Suisse errant », Cravan...). Il fonde, à cette époque, une revue, *Les Hommes nouveaux*, où seront bientôt publiés « Les Pâques » et *Séquences*. Parallèlement, il fait paraître en collaboration avec Sonia Delaunay le premier « livre simultané », « La Prose du transsibérien et de la Petite Jehanne de France » (+), à quelques exemplaires. La hardiesse stylistique et rythmique de ces poèmes lui vaut aussitôt l'intérêt de ses pairs. Son nom commence à circuler et, sa forte personnalité aidant, sa verve, sa faconde, ses discours intarissables et sa vaste culture en font une figure attirante du Paris artistique. Il vit chichement près de Barbizon quand éclate la Grande Guerre. Cendrars, qui vient de publier son long poème « Le Panama ou les Aventures de mes sept oncles » (+), s'engage aussitôt ; il sera grièvement blessé en Champagne le 28 septembre 1915 (jour, remarquera-t-il, de la mort de Gourmont) : on l'ampute du bras droit, au niveau du coude. Sa légendaire silhouette estropiée fera, dès lors, le tour du monde. Ce moignon, dont il souffrira tout le reste de sa vie, s'il le handicape, lui donne une énergie supplémentaire (Picasso dira d'ailleurs : « Cendrars, le poète qui est revenu de la guerre avec un bras en plus »). Son activité et ses réalisations dans tous les domaines vont s'accroître considérablement : écriture, conférences, expositions, éditions, cinéma, voyages... Il s'intéresse encore beaucoup à la musique et crée en collaboration avec Darius Milhaud et Fernand Féger un ballet qui sera donné avec succès en octobre 1923 : *La Création du Monde*. Il dirige les éditions de la Sirène, tourne avec Abel Gance (il écrira pour lui des scénarios), collabore à des revues, entreprend des traductions de Dostoïevski et Stevenson, etc. Et son œuvre personnelle s'augmente : *La Guerre au Luxembourg* (+) (1916), *L'Eubage* (*) (publié en 1926), *Profond aujourd'hui* (1917), *Dix-neuf poèmes élastiques* (*) (1913-1919), *J'ai tué* (1918), *La Fin du monde filmée par l'ange Notre-Dame* (*), *Au cœur du monde* (+) (1919-1922), *Anthologie nègre* (*) (1921)... Beaucoup de ses textes paraissent Au Sans Pareil. En 1923, Blaise Cendrars fait la connaissance de l'écrivain Oswald de Andrade qui l'invite au Brésil l'année suivante. Le poète est fasciné par ce monde exubérant qu'il explore inlassablement ; il y reçoit le premier exemplaire de *Kodak* – qu'une mise en demeure de la firme commerciale fera rebaptiser *Documentaires* (*). Outre vingt-trois singes, Cendrars rapporte du Brésil ses *Feuilles de route* (+) et un roman auquel il songeait depuis longtemps et qu'il a écrit en six semaines, *L'Or* (*). Ce livre, qui connaîtra un succès considérable (et lui vaudra la détestation des Américains), paraît chez Grasset en 1925. Cendrars fait une tentative sans lendemain dans l'import-export. Et l'année 1926, de retour d'un second voyage au Brésil, il donne enfin le roman auquel il a toujours été le plus attaché et dont il a traîné l'idée et les ébauches de par le monde : *Moravagine* (*). Le personnage satanique, et malgré tout pitoyable, de cet « idiot » hantait Cendrars depuis son adolescence, et sans doute trouvait-il assez de ses obsessions dans le drame visionnaire de cet anti-héros. Nouveau succès. Il travaille avec Cassandre à des slogans d'affiches publicitaires, et s'attelle à un roman qu'il ne finira jamais, *John Paul Jones*. Dès lors, Cendrars se consacre à la prose. En 1928, il publie *Petits contes nègres pour les enfants des Blancs* (*), en 1929, *Le Plan de l'Aiguille* et *Les Confessions Dan Yak* – v. *Dan Yak* (*) –, en 1930, *Rhum* (d'après l'affaire

Galmot), et *Comment les Blancs sont d'anciens Noirs*. Il reçoit la visite de Dos Passos. De 1931 à 1933, il est malade, fatigué, et passe beaucoup de temps à Biarritz et dans sa bicoque du Tremblay-sur-Mauldre. Il écrit *Aujourd'hui* (1931) et *Vol à voile* (1933). En 1934, il découvre et fait découvrir l'œuvre d'Henry Miller ; une forte et longue amitié s'ensuit. À cette époque, Cendrars devient grand reporter, il collabore à différents journaux pour lesquels il couvre des sujets aussi variés que le grand banditisme ou la croisière inaugurale du « Normandie ». En cette occasion, il fait un long voyage aux États-Unis, au Mexique, au Guatemala, publie *Panorama de la pègre* (1935), va en Espagne, pendant la Guerre civile, pour le journal d'extrême-droite *Gringoire*, publie *La Vie dangereuse* (1936), devient correspondant de guerre dans le corps expéditionnaire britannique en 1939, donne, en plus *D'Oultremer à Indigo*, un récit de cette expérience : *Chez l'armée anglaise* (1940) qui est saisi par l'occupant. Il se replie sur Aix-en-Provence où il se cloître sans écrire pendant plusieurs années. Il y rencontre le père Bruckberger qui aura une grande influence spirituelle sur lui. Il se remet au travail en 1944, et publie cette année-là ses *Poésies complètes*. Viennent alors les grands livres de l'aventure personnelle, ses récits où l'autobiographie et la mythologie intime se mêlent : *L'Homme foudroyé* (*) (1945), *La Main coupée* (*) (1946), *Bourlinguer* (*) (1948), *Le Lotissement du ciel* (*) (1949) – année où il fait paraître *La Banlieue de Paris*, illustrée de cent trente photographies d'un inconnu nommé Robert Doisneau. Veuf de Féla, il se remarie avec sa vieille amie Raymonde. Cendrars participe maintenant à de nombreuses émissions radiophoniques mais ne voyage presque plus. En 1950, il se fixe à Paris, et travaille beaucoup : *Le Brésil, des hommes sont venus* est publié en 1952, *Noëls aux quatre coins du monde* en 1953, *Emmène-moi au bout du monde* en 1956, *Trop c'est trop* en 1957, *À l'aventure* en 1958 ; et, à la fin de cette même année, André Malraux, autre grand « aventurier », le décore de la cravate de commandeur de la Légion d'honneur. Son dernier livre, *Films sans images*, est publié en 1959.

FRANÇOIS BODDAERT.

♦ *« L'Homère du Transsibérien. »* John Dos Passos. ♦ *« C'est au cœur même de la vie que Cendrars est ancré. Il est le plus actif des hommes, et cependant serein comme un lama tibétain. »* Henry Miller. ♦ *« Il m'apprit – et je n'ai jamais pu l'oublier – qu'il fallait vivre la poésie avant de l'écrire ; écrire, c'était superflu. »* Philippe Soupault. ♦ *« Lui et ses problèmes avaient le voyage dans le ventre. »* Henri Michaux.

RÉF. : Louis Parrot, *Blaise Cendrars*, Paris, 1948. – Henry Miller, *Blaise Cendrars*, Paris, 1951. – *Blaise Cendrars nous parle...* Propos recueillis par Michel Manoll, Aix-en-Provence, 1952. – Jean Rousselot, *Blaise Cendrars*, Paris, 1955. – Numéro spécial de *L'Arc*, Paris, 1961. – Numéro spécial du *Mercure de France*, Paris, 1962. – J.-Cl. Lorey, *Situation de Cendrars*, Neuchâtel, 1965. – A. t'Serstevens, *L'homme que fut Blaise Cendrars*, Paris, 1972 ; numéro 566 de la revue *Europe*, 1976. – Myriam Cendrars, *Blaise Cendrars*, Paris, 1984.

ČEP Jan. Nouvelliste, romancier et essayiste tchèque. Né le 31 décembre 1902 à Myslechovice près de Litovel, mort le 25 janvier 1974 à Paris. L'horizon de son village natal, son enfance et sa jeunesse baignées de spiritualité catholique de plus en plus profonde, inspirent et accompagnent le plus souvent les destinées des personnages de ses volumes de récits et nouvelles. Ils jalonnent sa vie d'étudiant à Prague, de lecteur d'une maison d'édition, de voyageur (il rencontre Bernanos et Pourrat), d'homme retiré sous l'Occupation, et d'exilé (il choisit en 1948 la France comme seconde patrie et épouse la fille de Charles Du Bos) : *La Double Patrie* [*Dvojí domov*, 1926], *Vigile* [*Vigilie*, 1928], *Centaurée* [*Zeměžluč*, 1931], *Pentecôte* (+) (1932), *Le Manteau troué* (+) (1934), *Bleu et Or* (+) (1938), *Le Visage couvert d'une toile d'araignée* (+) (1941), *Feuilles d'album* [*Lístky z alba*, 1944], *L'Herbe des champs* [*Polní tráva*, 1946], *Les Tziganes* [*Cikáni*, 1953], *Journées de mai* [*Májové dni*, 1954] et un roman, *La Frontière de l'ombre* (*) (1935). Ces itinéraires d'hommes simples ou d'intellectuels, conduits avec une remarquable finesse, écrits dans une pure langue classique, sont déterminés par les signes, les appels venant de la « seconde patrie » de l'homme, celle qui transcende l'existence terrestre. L'écrivain se rattache ainsi à la lignée spiritualiste tchèque mais invoque aussi celle, française, qui va de Pascal à Claudel. Ses préoccupations littéraires, spirituelles et idéologiques apparaissent dans ses essais – *Rayons dispersés* [*Rozptýlené paprsky*, 1946] – et dans les allocutions radiophoniques destinées à sa patrie et partiellement éditées : *Pour un monde humain* [*O lidský svět*, 1953], *Monologues et Dialogues* [*Samomluvy a rozhovory*, 1959], *Pèlerin sur la terre* [*Poutník na zemi*, 1965]... et dans son autobiographie, *Ma sœur l'angoisse* [*Sestra úzkost*, 1975]. La période du Printemps de Prague permet la réédition de plusieurs de ses livres, et une exposition lui est alors consacrée, ainsi qu'à Hostovský, son ami et compagnon d'exil.

VLADIMIR PESKA.

CERLONE Francesco. Écrivain italien. Ses dates de naissance et de mort sont incertaines (1750 ?-1815 ?). On sait peu de chose de sa vie : il était avocat, mais exerçait le métier de brodeur. Il publia plus de dix mélodrames écrits pour les musiques de Paisiello et de Cimarosa, ainsi que cinquante comédies en prose tirées de romans des genres les plus divers. Il exploita des sujets exotiques – v. *Colomb aux Indes* (*) –, mythologiques et historiques, propres à frapper le public et dont les trames se compliquent jusqu'à l'invraisemblable. On reconnaît dans ses comédies des scènes empruntées à Métastase, à Chiari et à Gozzi. Si sa production resta médiocre, il fut le principal artisan du succès de Pulcinella et, quoique G. P. Calillo l'ait précédemment portée à la scène, le véritable créateur de la figure de don Fastidio de Fastidiis.

CERNUDA Luis. Poète espagnol. Né à Séville le 21 septembre 1902, mort le 5 novembre 1963 à Mexico. Cet ami de Lorca appartient à la génération dite de 1927. Il fit ses études universitaires à Séville et fut élève de Pedro Salinas. Collaborateur des revues andalouses d'avant-garde : *Mediodía, Litoral*, puis des grandes revues que furent *Revista de Occidente, Cruz y Raya* et *Hora de España* (pendant la guerre civile). L'exil approfondira sa culture et son humanisme occidental, tout en renforçant sa solitude. Professeur à Glasgow et Cambridge, à l'Institut espagnol de Londres jusqu'en 1947, il se rend aux États-Unis, puis au Mexique, où il va parfaire son œuvre poétique essentielle, tout en éditant plusieurs essais et ouvrages en prose. Son premier recueil, *Profil du vent* [*Perfil del aire*], avait paru à Malaga en 1925. Il révélait un poète incontestablement doué d'un « don angélique de la grâce », dont les œuvres étaient proches des poèmes de Lorca, d'Alberti et de la virtuosité de Jorge Guillén. Étaient venus ensuite *Invitation à la poésie* [*Invitación a la poesía*], puis, en 1934, le recueil *Là où vivra l'oubli* (*), titre reprenant un vers de Bécquer. À la veille de la guerre civile, Cernuda rassemblait ses poésies en leur donnant un titre qui marquait toute son ambition poétique : *La Réalité et le Désir* (*).

L'exil devait enrichir cette œuvre jusqu'aux portes de la mort. Onze livres de poèmes s'y trouvent finalement réunis. Leur rappel montrera la constante évolution de Cernuda dans sa propre vie. Dans les *Premières poésies* (*) (1924-1927), le monde devient une « beauté déserte », source de solitude. En 1927-1928, c'est *Une églogue, une élégie, une ode* (*), découverte de l'amour insatisfait. *Un fleuve, un amour* (*) (1929) élargit la vision lyrique, à l'appel de l'inconnu. Puis ce sont *Les Plaisirs interdits* (*) (1931), reflet plus qu'apparent de l'homosexualité du poète. *Où habite l'oubli* prolonge cette sensation d'incrédulité face à l'amour, qui n'est que le « souvenir d'un oubli ». *Invocations* (*) (1934-35) tentent d'oublier le désespoir, de repousser la solitude. Le poète veut surmonter une réalité morte, dans le monde de douleur, car « écrire en Espagne, ce n'est pas pleurer, c'est mourir ». Ce seront *Les Nuages* (*), écrits entre 1937 et 1940. *Comme celui qui attendait l'aube* (*) marque la révolte de Cernuda face à l'horreur contemporaine. Écrit pendant la guerre mondiale (entre 1941 et 1944), c'est un peu « la mort en ce jardin ». *Vivre sans être vivant* (*) (1944-49) est le retour vers la jeunesse, l'amour, l'ami perdu. Mais l'obsession de la mort et de l'oubli n'en est pas moins présente. *Mes heures étant comptées* (*) (1950-56) est entièrement consacré à l'amour, amour et présence de l'aimé. Le dernier recueil, *La Désolation de la chimère* (*) (1956-62), exprime celle d'un cœur vieilli, rempli de souvenirs et de désirs insatisfaits, seul face au monde et à cette Espagne qui l'a mené à l'exil. C'est le poème du ressentiment douloureux face à l'incompréhension. Seuls quelques amis auront écouté Luis Cernuda, l'écoutent. Après celles d'Antonio Machado et de Miguel Hernández, son œuvre poétique est cependant appelée à grandir au fur et à mesure du temps qui passe. Les autres livres de Cernuda : *Ocnos* (Londres, 1943), *Études sur la poésie espagnole contemporaine* [*Estudios sobre la poesía española contemporánea*, 1957], *Variations sur des thèmes mexicains* [*Variaciones sobre tema mexicano*, 1953], ses traductions d'Hölderlin, etc., ne sont qu'autant de perles autour de son œuvre poétique.

LOUIS URRUTIA.

RÉF. : Juan Goytisolo, « Hommage à Luis Cernuda », in L.C., *La Réalité et le Désir*, Gallimard, Paris, 1969. – Rafael Martínez Nadal, *El hombre y sus temas*, Madrid, s. d. – Jacques Ancet, *Luis Cernuda*, in « Poètes d'aujourd'hui », Paris, 1972. – Manuel Ulacia, *Luis Cernuda, escritura, cuerpo y disco*, Barcelona, 1985. – Philip W. Silver, *De la mano de Cernuda*, Madrid, 1989. – Barón Palma, *Luis Cernuda : Vida y obra*, 1990.

CERTEAU Michel de. Théologien et anthropologue français. Né le 17 mai 1925 à Chambéry, mort à Paris le 9 janvier 1986. Après des études à la faculté de théologie de Lyon, Michel de Certeau entre dans la Compagnie de Jésus en 1950. Il est ordonné prêtre en 1956 ; une exploration approfondie de la tradition spirituelle des jésuites et de la vie mystique aux XVIe et XVIIe siècles l'absorbera une grande partie de sa vie. C'est ainsi qu'il éditera le *Mémorial* de Pierre Favre (compagnon d'Ignace et savoyard comme lui), le *Guide spirituel* et la volumineuse *Correspondance* du père Surin, et un dossier sur *La Possession de Loudun*. En 1982 il publiera *La Fable mystique* (*). Mais Michel de Certeau a été également toute sa vie présent dans les débats de son temps. Attentif aux faits de société, il écrit après mai 1968, sous le titre *La Prise de parole*, un livre demeuré fameux ; en 1974, c'est avec Jean-Marie Domenach qu'il dialogue sur *Le Christianisme éclaté* ; et, avec Luce Giard, il publie en 1980 *L'Invention du quotidien* et en 1983 *L'Ordinaire de la communication*. Chercheur passionné, scrutateur des savoirs et des pratiques, il fonde la revue *Christus*, participe à l'École freudienne de Paris avec Jacques Lacan (sans être psychanalyste lui-même) et enseigne l'anthropologie à l'université de Paris, la théologie à l'Institut catholique de Paris, avant d'être invité à San

Diego (Californie) et de revenir à l'École des hautes études en sciences sociales de Paris.

Profondément marqué par un accident qui coûta la vie à sa mère, homme de solitude, d'amitiés mais non de carrière, soucieux de mener sans ruptures son itinéraire de jésuite et d'universitaire, Michel de Certeau est mort d'un cancer à 60 ans, trop tôt pour donner la synthèse de ses études à la fois immenses et marginales, multiformes et toujours originales.

JEAN-PIE LAPIERRE.

CERVANTÈS SAAVÉDRA Miguel de. Écrivain espagnol. Né à Alcalá de Hénarès au début d'octobre 1547, mort le 23 avril 1616 à Madrid. Il était fils d'un médecin mal qualifié et besogneux, Rodrigo de Cervantès, et de Leonor de Cortinas. La famille vivait sinon dans la misère, du moins en proie aux difficultés d'argent. Miguel était le second des fils et le quatrième des enfants. On le baptisa le 9 octobre 1547, en l'église Santa María.

Son père exerçant son métier hasardeux au cours de fréquentes errances, Miguel reçut sans doute une éducation assez peu méthodique en même temps qu'un certain penchant à l'instabilité. Il semble pourtant qu'il ait fréquenté les universités d'Alcalá et de Salamanque, car, de même que Quevedo, il a souvent décrit la vie pittoresque des étudiants : « Les souffrances de l'étudiant viennent par-dessus tout de la pauvreté [...] Oh, pauvreté ! Je ne sais, moi, quel motif poussa le grand poète de Cordoue à t'appeler présent béni dont on ne connaît pas le prix ! » Le goût de la lecture s'empara de lui de très bonne heure : « J'aime beaucoup à lire, dit-il, quand ce ne serait que des chiffons de papier jetés à la rue. »

Philippe II avait succédé à son père Charles Quint, lors de la retentissante abdication de 1556. Le roi d'Espagne avait épousé en troisièmes noces Élisabeth de Valois, fille de Henri II. Quand elle mourut, en 1568, les poètes s'évertuèrent à chanter ses louanges. Le premier maître de Cervantès, López de Hoyos, disciple d'Érasme, dut quelque célébrité à son récit des obsèques de la reine. Miguel lui-même est cité, dès cette époque, comme ayant composé un sonnet, cinq « quintilles » et une élégie sur le trépas prématuré de Sa Majesté. Dès ses années de jeunesse, il avait été pris de passion pour le théâtre, au moment où des comédiens ambulants jouaient dans les villes et les villages les pièces de Lope de Rueda ou de Torrès Naharro.

Vers 1564-1570, Cervantès, en dépit de ses goûts littéraires, cherche fortune dans les armes. Il s'engage dans une compagnie de soldats, puis devient camérier du cardinal Acquaviva, légat du pape Pie V auprès de Philippe II. Il suit son patron en Italie, la vie de la mer et des grands ports méditerranéens frappe son imagination. Mais la carrière de secrétaire ne le retiendra pas longtemps : peu après nous le voyons prendre rang dans les régiments ou *tercios* d'Italie, et il peut méditer sur la guerre et sur la condition du soldat. On l'entendra plus tard vitupérer la diabolique invention de l'artillerie. Les hasards de la vie militaire l'entraînent dans toute l'Italie : Naples, Messine, Lorette, Ancône, Venise, Parme, Plaisance, Asti. Il a consigné le souvenir heureux de ces différents séjours dans *Le Licencié Vidriera* (*), et s'il a pu admirer les cheveux blonds des Génoises, savourer la suavité du Trebbian, la vertu du Montefiascone, des vins de Candie ou de Samos, Rome surtout éveilla son enthousiasme : il eut le loisir de visiter la ville en touriste attentif. Cependant, il complète son éducation littéraire, il lit les auteurs anciens, Apulée, Héliodore, Horace, Virgile, autant que les écrivains italiens contemporains ; *L'Arcadie* (*) de Sannazar, l'*Aminta* (*) du Tasse, *Le Berger fidèle* (*) de Guarini, *Le Parfait Courtisan* (*) de Baldassare Castiglione, sont ses livres de chevet, avec les œuvres de Pulci, de Boardo, ou de l'Arioste.

Or, en 1570, le sultan Sélim attaque l'île de Chypre et s'empare de Nicosie. Cervantès parle de cet événement en témoin oculaire, dans la nouvelle de *L'Amant généreux* (+) – v. *Nouvelles exemplaires* (*). Il est alors enrôlé dans la compagnie du capitaine Diego de Urbina, dans le *tercio* de Miguel de Moncada. Puis il passe l'hiver de 1570 à Naples, en permissionnaire oisif. On le suit aussi à Lucques où, dit-il, les Espagnols sont accueillis mieux que nulle part ailleurs, en dépit de leur naturel, que l'on dit arrogant...

Le 7 octobre 1571 est la date capitale de sa vie héroïque. C'est celle de la fameuse bataille de Lépante. La flotte, commandée par don Juan d'Autriche, fils naturel de Charles Quint, qui réunit sous son pavillon les vaisseaux du pape, de Venise et de l'Espagne, est victorieuse des Turcs dans le golfe de Patras. Cervantès, à bord de « La Marquesa », prend part au combat. Il reçoit trois coups d'arquebuse, deux dans la poitrine, et un troisième dans le bras gauche. Il devient « le Manchot de Lépante », tandis que ses compagnons s'emparent de l'étendard royal d'Égypte. Il a su décrire les combats navals en homme qui y a pris part, et qui en tire avec quelque rancœur un juste orgueil : « Comme si mon état de manchot, s'écrie-t-il à l'adresse de railleurs impudents, avait été contracté dans quelque taverne, et non pas dans la plus grande affaire qu'aient vue les siècles passés et présents, et que puissent voir les siècles à venir ! »

Mutilé, il passe sa convalescence à Messine, où l'Armada est reçue en triomphe. En 1572, il combat encore contre les Turcs à Navarin et à Modon. « La Loba » capture la galère turque « La Presa » commandée par le fils du corsaire Barberousse. La flotte rallie Naples et gagne Messine. Cervantès est de nouveau en garnison en Italie et en Sicile et profite de ses loisirs pour nourrir son esprit d'impressions recueillies au jour le jour. Le 8 octobre 1573, lors de la prise de Tunis, il figure dans le *tercio* de Figueroa, mais les Turcs reprennent la Goulette en 1574 : « Enfin la Goulette fut prise, puis le fort. Dans ces deux places il y avait jusqu'à soixante mille Turcs mercenaires et plus de quatre cent mille Mores et Arabes... Ce fut la Goulette qui tomba la première, elle qu'on avait crue jusqu'alors imprenable. »

Le 20 septembre 1575, Cervantès obtient un congé d'un an et prend passage avec son frère sur la galère « El Sol », qui cingle vers l'Espagne. Son destin va se nouer. Sur les côtes de France, en vue des Saintes-Maries-de-la-Mer, la galère est attaquée et capturée par trois bâtiments turcs commandés par le renégat Arnaute Mami. Cervantès est fait prisonnier et conduit à Alger. Il a donné le récit de sa mésaventure dans *L'Espagnole-Anglaise* (+) – v. *Nouvelles exemplaires* – et longuement décrit les misères du bagne dans le *Récit du Captif* inséré dans le *Don Quichotte* (*). Le Manchot était un « esclave de rachat », c'est-à-dire un de ceux dont on escomptait une forte rançon. Échappant aux mauvais traitements que subissaient souvent ses camarades, le démon littéraire ne l'abandonnait pas : c'est dans ces pénibles circonstances qu'il commença *Galatée* (*).

Il adresse une supplique à Mateo Vásquez, le secrétaire de Philippe II, et tente de s'évader vers Oran. Repris et en butte à des représailles, employé aux carrières et aux fortifications du port, sous les murs de Bab el-Oued, il cultive les jardins de son maître Hassan, puis s'abouche avec le renégat El Dorador. Sur ces entrefaites, les pères rédemptoristes arrivent à Alger. Rodrigo, frère de Cervantès, est libéré moyennant une forte rançon fournie par sa famille. Quant à Miguel, il ne lui reste qu'à préparer à nouveau son évasion. Il se réunit avec ses amis dans une grotte proche du rivage, mais il est trahi par El Dorador. Tandis que le vice-roi le rachète à son maître pour cinq cents écus d'or, la famille s'emploie toujours à réunir les fonds nécessaires à son rachat. En 1579, nouvelle tentative d'évasion, de complicité avec le renégat Giron et un marchand de Valence, Onofre Exarque. Cervantès, trahi cette fois par un dominicain renégat, fray Blanco de Paz, est condamné à cinq mois de réclusion. Enfin, l'année suivante, un vaisseau appareille à Valence et amène à Alger les trinitaires Juan Gil et Antonio de la Bella. Cinq cents captifs sont libérés par leur entremise. Fray Jorge de Olivarès, de l'ordre de la Merci, demeure en otage pour sept mille autres. Bref, au moment même où Cervantès était à bord du vaisseau qui emmenait à Constantinople Hassan Pacha avec tous ses esclaves, il est remis à terre, libéré, en vertu d'un acte de rachat passé devant le notaire Pedro de Ribera. Il s'embarque le 24 octobre 1580, et arrive à Denia, d'où il gagne Valence, en quête de moyens d'existence.

En 1583, *Galatée* est achevée ; elle paraîtra en 1585, imprimée par Blas de Robles. Cervantès se rend à Madrid, puis à Tolède ; il se lie avec une comédienne, Anna Franca, qui lui donne une fille, Isabelle. Le 12 décembre 1584, il convole en justes noces avec doña Catalina de Palacios y Vozmediano, fille d'un propriétaire d'Esquivias. Mais il quitte souvent le foyer domestique pour fréquenter à Madrid les poètes qui se réunissent à la porte de Guadalajara. Il se lie avec les meilleurs écrivains espagnols de son temps : Góngora, Calderón, Quevedo, Ercilla, Cristobal de Virués, Luis de León, Fernando de Herrera, Francisco Pacheco, Arias Montano, Ruy de Montalvo, Tirso de Molina. Une inimitié durable sera la conséquence des critiques malveillantes de Lope de Vega.

Les premiers essais de Cervantès au théâtre sont contrecarrés par la dure nécessité de gagner sa vie. Il se fait nommer commissaire aux vivres, alors que Philippe II prépare sa descente en Angleterre. Le désastre de « L'Invincible Armada » en 1588 lui inspire des vers célèbres : « Ce ne fut pas la main de l'ennemi qui les fit céder, mais la bourrasque irrésistible. » À Séville où il séjourne à plusieurs reprises, de 1585 à 1589, il fréquente un impresario, Thomas Gutierrez, et Jerónimo de Alarcón. À bout de ressources, il adresse une demande d'emploi au président du Conseil des Indes : « Il ira où l'on voudra, en Nouvelle Grenade, à Soconusco, au Guatemala ou à Carthagène des Indes. » Les bureaux l'éconduisent sans plus de façon.

En 1589, une affaire désagréable le met aux prises avec le doyen et le chapitre de Séville : au cours de ses réquisitions à Ecija, Cervantès s'est attaqué aux biens de l'Église, ce qui lui vaut d'être arrêté et excommunié. Quelques années après, le 5 septembre 1592, il signe un traité avec Rodrigo Osorio, pour la fourniture de six comédies, à cinquante ducats l'une, mais entre-temps, l'infortuné commissaire est appréhendé à Castro del Río par le corregidor d'Ecija, pour vente illicite de blé. Il accepte alors un emploi à Madrid : le recensement des impôts dans le royaume de Grenade.

Cervantès a dès lors rédigé la première partie de *Don Quichotte* « en un lieu, dit-il, où toute incommodité a son siège, où tout bruit lugubre fait sa demeure ». Ces mots, si souvent commentés, font sans doute allusion à la prison de Séville, plutôt qu'à la maison d'Argamasilla de Alba, où la légende veut qu'il ait été enfermé dans une cage à gros barreaux. D'autres critiques ont songé, avec moins de vraisemblance, à la prison de Castro del Río. La malchance poursuit le poète famélique : il a déposé des fonds chez le banquier portugais Simon Freyre, qui lève le pied. Effectivement, il est en prison à Séville de septembre à décembre 1597. Il y fera un nouveau séjour de 1602 à 1603.

De 1596 datent son sonnet à la louange du marquis de Santa Cruz, et l'ode sarcastique consacrée au duc de Medina Sidonia et à ses prétendus exploits de Cadix. En 1598, Philippe II meurt à l'Escurial ; la contemplation du catafalque érigé dans la cathédrale de Séville inspire à Cervantès son fameux sonnet « estrambótico ».

En 1601, sous le règne de Philippe III, suivant le conseil du favori, le duc de Lerma, la Cour se transporte à Valladolid, qui devient momentanément la capitale de l'Espagne. Vers la fin de l'année, Cervantès s'y établit avec sa famille dans une maison sise non loin de l'hôpital de la Résurrection, qui servira de décor au *Colloque des chiens* (*) et à *Scipion et Berganza.* Une affaire déplorable s'ensuit, le meurtre commis sur la personne de don Gaspar de Espeleta, au seuil même de la demeure des Cervantès. Tous les membres de la famille sont atteints par le scandale, et les dépositions des témoins ne les épargnent point.

C'est dans ces circonstances que parut la première partie de *Don Quichotte.* L'imprimeur était Juan de la Cuesta, l'éditeur Francisco de Robles, tous deux de Madrid. Le privilège est daté de Valladolid et du 26 septembre 1604. L'ouvrage parut en janvier 1605. Le succès est immédiat ; dans la seule année de sa parution, *Don Quichotte* est réimprimé six fois.

En 1608, la Cour était revenue se fixer à Madrid. Cervantès la suit et loue un logement, calle de la Magdalena, non loin de son imprimeur et du libraire Robles. Ses protecteurs attitrés sont le duc de Lerma, le duc de Bejar, le duc de Lemos, le cardinal Bernardo de Sandoval, archevêque de Tolède. Il assiste régulièrement aux offices du couvent de la Trinité, et se fait inscrire à la confrérie des serviteurs indignes du Très Saint Sacrement, tout en faisant partie de l'Academia Salvaje, fondée par Francisco de Silva.

En 1611 paraît l'intermède du *Gardien vigilant* (*). En 1612, Cervantès envoie à l'impression des *Nouvelles exemplaires* (*) dont la dédicace au comte de Lemos est du 14 juillet 1613. Vient ensuite le *Voyage du Parnasse* (*), dédié à Rodrigo de Tapia.

À Tarragone, au cours de l'été de 1614, avait paru un ouvrage intitulé : *Second volume de l'ingénieux hidalgo Don Quichotte de la Manche, par le licencié Alonso Fernández de Avellaneda natif de Tordesillas.* On a cherché à identifier l'auteur de cette contrefaçon déloyale, sans y parvenir positivement. Quand Cervantès livre à la presse, en 1616, sa seconde partie de *Don Quichotte*, il ne manque pas de s'en prendre à son adversaire inconnu. La même année, il achevait un dernier ouvrage, *Les Travaux de Persilès et de Sigismonde* (*), que l'on peut appeler le roman de l'ennemi des romans. La dédicace au comte de Lemos est datée du 31 octobre 1615, elle débute par quelques lignes d'une incomparable résonance : « Le pied déjà à l'étrier, et en proie aux angoisses de la mort, grand seigneur, je t'écris ceci... » Cervantès meurt le samedi 23 avril 1616, sa femme doña Catalina est à son chevet, il est tertiaire de l'ordre de Saint-François. On l'enterra au couvent de la calle del Humilladero.

Son corps, croit-on, fut exhumé et transféré au couvent de la calle de Cantarranas. Telle fut la vie de l'un des esprits les plus ingénieux, pour user de ses propres termes, qu'ait connus l'Espagne, l'un des tout premiers écrivains dont puisse tirer gloire la littérature moderne. Sur sa personne physique, nous ne savons rien de sûr, car le portrait conservé à l'Académie de Madrid, signé de Juan de Jauregui et daté de 1600, a vu son authenticité contestée pour de bonnes raisons. Ce que l'on peut alléguer de plus plausible en sa faveur, c'est qu'il correspond assez bien à la description que fait de lui-même Cervantès, dans le prologue des *Nouvelles exemplaires*, en citant d'ailleurs l'illustre Juan de Jauregui comme le peintre qui a reproduit ses traits.

Cervantès, aux yeux d'une postérité qui n'a jamais cessé d'être émerveillée, est le créateur de deux types humains issus de la pure imagination, et devenus plus vivants que nul personnage historique, au point qu'ils sont passés dans le langage courant, dans le folklore universel, et qu'ils incarnent non pas seulement un pays ou une époque, mais un monde. Il n'est pas mauvais que don Quichotte et Sancho soient désormais des fantoches dont s'amusent les enfants. Cervantès les a voulus d'abord bouffons et dérisoires. Son livre est dans son essence une critique burlesque des romans de chevalerie dont les gens de son temps étaient friands. L'admirable, c'est qu'au cours de son récit, il y a déversé, sans système, toute une expérience vitale, et une philosophie de l'existence qui pénètre jusqu'au profond du rêve et du délire. Non seulement les dialogues du chevalier et de l'écuyer sont la source d'une comédie ineffable, mais don Quichotte se penchant sur Sancho, et Sancho levant les yeux vers don Quichotte subissent l'un et l'autre une transformation intime où leur âme s'affine au contact des réalités et du songe plus fort que la vérité. On peut dire que le roman moderne dérive de cet archétype ; on peut affirmer aussi que, par cet ouvrage imprégné d'humour, Cervantès est un de ceux qui, dans ce fécond XVIe siècle, comme Montaigne, comme Shakespeare ou comme Érasme, ont mené l'enquête la plus subtile sur les arcanes de l'esprit humain. On trouve dans *Don Quichotte* une théorie de la connaissance aussi belle que dans *La vie est un songe* (*) de Calderón.

Mais il n'y pas que *Don Quichotte ;* les *Nouvelles exemplaires*, que l'on pourrait appeler des contes moraux, achèvent le tableau de la société espagnole, à la manière d'un manuel de savoir-vivre, brodé d'autre part par la fantaisie des *entremeses*, sketches alertement troussés, tandis que dans *Numance* (*) culmine un honneur poussé jusqu'à l'extrême de l'intransigeance. Enfin *Persilès et Sigismonde*, ce roman itinérant, est le testament poétique d'un rêveur impénitent, méditant sur le passé qui aurait pu être, et achevant de tracer le fantasque filigrane de sa vie irréelle.

JEAN BABELON.

♦ *« De tous les livres que j'ay jamais lûs,* Don Quichotte *est celui que j'aîmerois mieux avoir fait. Il n'y en a point, à mon avis, qui puisse contribuer davantage à nous former un bon goût sur toutes choses. J'admire comme dans la bouche du plus grand fou de la terre, Cervantès a trouvé le moyen de se faire connoître l'homme le plus entendu et le plus grand connoisseur qu'on se puisse imaginer. »* Saint-Évremond. ♦ *« Deux hommes de lettres, Rabelais et Michel Cervantès, s'élevèrent, l'un en France et l'autre en Espagne, et ébranlèrent à la fois le pouvoir monacal et celui de la chevalerie. Pour renverser ces deux colonnes, ils n'employèrent d'autres armes que le ridicule, ce contraste naturel de la terreur humaine. »* Bernardin de Saint-Pierre. ♦ *« Le poète qui abolit les lois de la froide maison et nous précipite dans le chaos de notre propre nature. »* A. W. Schlegel. ♦ *« Il n'est pas exagéré d'affirmer qu'il n'y a jusqu'à maintenant que* deux *romans : le* Don Quichotte *de Cervantès et le* Wilhelm Meister *de Goethe, l'un appartenant à la nation la plus brillante, l'autre à la plus solide* [...] *Tandis qu'un esprit de deuxième ordre eût vu dans le roman l'occasion de tracer la satire d'une folie particulière, Cervantès en a fait le tableau le plus universel, le plus profond et le plus pittoresque de la vie elle-même. »* Schelling. ♦ *« L'auteur d'* Hamlet *et celui de* Don Quichotte *sont les deux plus grands poètes qu'aient produits les siècles modernes. Cervantès, plus encore que le doux William, exerça sur moi un charme indéfinissable. Je l'aime jusqu'aux larmes. »* Heine. ♦ *«* Don Quichotte *exprime allégoriquement la vie de tout homme qui ne se contente pas, comme les autres, de suivre son propre bonheur, mais veut atteindre un but objectif, idéal, qui s'est emparé de sa pensée et de sa volonté ; ce qui lui donne, dans ce monde, une attitude singulière. »* Schopenhauer. ♦ *« Malheur à qui ne ressemble pas quelquefois à Don Quichotte et ne prit jamais des moulins à vent pour des géants ! Ce magnanime Don Quichotte était son propre enchanteur. Il égalait la nature à son âme. Ce n'est point d'être dupe, cela ! Les dupes sont ceux qui ne voient devant eux rien de beau ni de grand. »* Anatole France. ♦ *« Cervantès écrivit – sans en avoir conscience – la plus grande satire humaine contre l'enthousiasme humain. »* Carducci. ♦ *« Je ne vous distingue plus, Don Quichotte et Cervantès. Vous êtes aussi beaux l'un que l'autre. Votre grandeur est inimitable : elle devrait faire pleurer, et elle fait rire. Rien de bas ne peut tenir devant vous : Cervantès se moque ou s'indigne et Don Quicotte court sus, avec sa grande âme qu'il lance devant soi comme une faux. »* André Suarès. ♦ *« Cervantès, écho sonore d'un temps spécialement critique, fut spécialement artiste, prodigieusement artiste. »* Jean Cassou.

RÉF. : C.-B. Dumaine, *Essai sur la vie et les œuvres de Cervantès*, 1896. – J.-J.-A., Bertrand, *Cervantès et le romantisme allemand*, 1914. – André Suarès, *Cervantès*, 1916 et *Trois grands vivants*, 1937. – Jean Cassou, *Cervantès*, 1936. – Jean Babelon, *Cervantès*, 1939. – Max Daireaux, *Cervantès*, 1947. – L.-Ph. May, *Un fondateur de la libre pensée : Cervantès...*, 1947. – Robert Marrast, *Cervantès*, 1957. – Jean Canavaggio, *Cervantès*, 1986.

CÉSAIRE Aimé. Écrivain et homme politique martiniquais. Né à Basse-Pointe, le 25 juin 1913. Issu d'une famille modeste, Aimé Césaire, qui s'est révélé excellent élève, est envoyé à Paris poursuivre ses études : il est reçu en 1935 au concours d'entrée à l'École normale supérieure. Il élabore alors, avec Léopold Senghor et quelques autres étudiants négro-africains de Paris, la notion de « négritude » : le mot apparaît pour la première fois en 1939, dans son *Cahier d'un retour au pays natal* (*), grand poème du ressourcement aux racines nègres. Rentré dans son île natale en 1939 comme professeur de lycée, il fonde, avec sa femme, Suzanne Césaire, et quelques amis, la revue *Tropiques*, qui réussit à maintenir en Martinique (André Breton en portera témoignage) une parole de résistance culturelle. En 1945, Césaire est élu, avec le soutien du parti communiste, maire de Fort-de-France et député à l'Assemblée nationale française – charges qu'il a depuis conservées sans discontinuer. À l'Assemblée, il a été l'un des principaux artisans de la loi de la départementalisation des anciennes colonies (1946). Ses adversaires indépendantistes le lui ont, plus tard, vivement reproché. Césaire entend s'opposer à la fois aux tenants de l'ordre colonial (il publie contre eux en 1953 un virulent pamphlet : *Discours sur le colonialisme*) et à ses anciens alliés communistes, qu'il accuse de ne rien comprendre aux problèmes coloniaux (il rompt avec eux dans sa *Lettre à Maurice Thorez*, 1956). Il fonde en 1958 son propre mouvement, le Parti progressiste martiniquais. Il se fait historien pour analyser (*Toussaint-Louverture*, 1960) un premier exemple de décolonisation.

Il rassemble en 1946 dans *Les Armes miraculeuses* des poèmes de facture surréalisante, souvent parus dans *Tropiques*. Leur âpre violence se retrouve dans les recueils ultérieurs, *Soleil cou coupé* (1948) et *Corps perdu* (1950), refondus dans *Cadastre* (1961) et dans *Ferrements* (1960). La plupart de ces poèmes disent la destruction d'un monde ancien, dans un flamboiement d'images de cataclysmes, d'éruptions volcaniques, de catastrophes en tous genres, et annoncent l'avènement d'un monde nouveau, appelé par des futurs et des impératifs insistants. Cependant, les poèmes de *Moi, laminaire* (1982) laissent percer les découragements de l'homme d'action et l'angoisse de voir se perdre le feu des volcans dans la vase maléfique des mangroves.

Auteur de théâtre, Césaire a été joué un peu partout à travers le monde. *La Tragédie du roi Christophe* (*) posait, en 1963, à partir d'un épisode célèbre de l'indépendance d'Haïti, les difficiles problèmes de la décolonisation. *Une saison au Congo* (1966) raconte, à la manière des grandes chroniques brechtiennes, la mort de Patrice Lumumba. *Une tempête* (1968), adaptation de la pièce de Shakespeare, met l'accent sur les conflits raciaux qui opposent Caliban, l'esclave noir, Prospero, le maître blanc, et Ariel, le mulâtre.

Toute la vie, toute l'œuvre d'Aimé Césaire

sont restées fidèles à son impulsion de jeunesse : « Pousser d'une telle raideur le grand cri nègre que les assises du monde en seront ébranlées. »

JEAN-LOUIS JOUBERT.

RÉF. : L. Kesteloot, *Aimé Césaire*, Paris, 1962. – B. Kotchy, *Aimé Césaire, l'homme et l'œuvre*, Paris, 1973. – A. Songolo, *Aimé Césaire, une poétique de la découverte*, Paris, 1985. – D. Delas, *Aimé Césaire*, Paris, 1991.

CÉSAIRE d'Heisterbach. Hagiographe et chroniqueur allemand du XIIIe siècle. Né à Cologne vers 1180, il mourut vers 1240. Avant d'avoir vingt ans, il entra au monastère cistercien d'Heisterbach, où il fut longtemps maître des novices, puis prieur. Pendant un certain temps, il fut aussi prieur du couvent de Villers, près de Namur, en Belgique. Il a laissé une *Chronique des évêques de Cologne* de 1167 à 1238 et neuf livres de commentaires sur l'*Ecclésiastique ;* mais ses œuvres les plus connues sont des biographies (surtout la *Vie de saint Engilbert*), et plus encore des œuvres d'édification comme le *Dialogue des miracles* (*) et les *Libri VIII miraculorum*. Le *Dialogue* fut très lu et très apprécié pendant tout le Moyen Âge. Enfin, ses *Sermons,* florilèges de faits prodigieux, montrent autant de candeur crédule que de foi profonde.

CESALPIN Andrea. Médecin et naturaliste italien. Né à Arezzo en 1519, mort à Rome le 15 mars 1603. Il fit des études de philosophie et de médecine à Pise, où il passa son doctorat en 1551. Esprit original et ennemi de tout dogmatisme, il adopta des théories philosophiques inspirées d'Aristote tout en conservant à l'égard des aristotéliciens « orthodoxes » et de leurs stériles controverses une entière liberté de pensée. Désireux toutefois de se plier à une discipline, il s'adonna en même temps à l'étude de la botanique et de la médecine. Dès 1555, il succéda à Ghidini à la chaire de pharmacie de Pise ; et, la même année, lui fut confiée la direction du Jardin botanique de cette ville. En 1580, il publia le *Daemonum investigatio peripatetica,* ouvrage dans lequel, s'inspirant d'un traité d'Hippocrate sur l'épilepsie, il combat les superstitions de son époque relatives aux possédés, à la magie et à la sorcellerie. Son œuvre maîtresse, les *Questions péripatéticiennes* (1571), expose, outre son système philosophique, la théorie de la circulation du sang – théorie alors toute nouvelle, due aux médecins de l'école de Padoue. C'est en 1583 qu'il publia son grand traité *Des plantes* (*), ouvrage de botanique d'une importance capitale qui, par la suite, ne sera dépassé que par ceux de Linné. En 1592, il se rendit à Rome, où il remplit les fonctions de médecin personnel du pape Clément VIII. Il y publia un traité intitulé *De Metallicis libri III* (1596), qui est nettement inférieur aux précédents.

RÉF. : J.-P. Niceron, *Mémoires pour servir à l'histoire des hommes illustres dans la République des Lettres,* t. XLIII, Paris, 1729-45. – Fuchs, *A. Cesalpinus,* Marbourg, 1798. – Kirchner, *Die Entdeckung des Blutkreislaufs,* Berlin, 1878. – Article in *Bibliografia romana,* t. I, Rome, 1880. – P. Capparoni, *Profili Bio-bibliografici di Medici e Naturalisti celebri...,* t. I, Rome, 1925.

CÉSAR Caïus Julius. Homme d'État et général latin. Né le 13 juillet de l'an 100 avant J.-C., mort le 15 mars 44. Il fut la figure dominante des dernières années de la République romaine : grand orateur, écrivain vigoureux, mais surtout général et homme politique de génie, à la fois ambitieux et impulsif, mais aussi généreux, hardi et plein de finesse. Doué d'une culture vaste et raffinée et d'une mémoire exceptionnelle, il connaissait les doctrines des philosophes de la politique, comme l'histoire des grands empires orientaux, et s'intéressait également aux problèmes de linguistique et de grammaire ; son œuvre : *De l'analogie*, dont il nous est parvenu de rares fragments, soutenait la thèse de purisme de la langue contre la nouvelle école des « anomalistes ». Il était encore tout jeune lorsque Sylla reconnut en lui « l'étoffe de plusieurs Marius », et il est en effet un peu l'héritier et le continuateur de son oncle, l'ancien chef de parti, comme Pompée le fut de Sylla. Il s'appuya lui aussi sur le peuple et se servit de son prestige militaire pour lutter contre le Sénat dont il fut toujours l'ennemi acharné. Il entra dans la vie politique en 77 en accusant Dolabella de concussion ; après un voyage à Rhodes, où il suivit les cours du rhéteur Molon, il commença en 67 à gravir le « cursus honorum ». Il montra ses sympathies démocratiques en donnant son appui à la réforme agraire de Servilius Rullus et en cherchant à sauver au Sénat la tête des partisans de Catilina. Il optait ainsi pour deux mouvements révolutionnaires (en dépit des formes légales revêtues par le premier) qui s'achevèrent tous deux par le triomphe de l'oligarchie patricienne. Mais la victoire fut de courte durée : le retour de Pompée victorieux vit naître les premiers dissentiments entre lui et le parti conservateur, jaloux d'un prestige militaire grandissant, dont Pompée cependant, moins résolu ou peut-être plus respectueux de la légalité qu'un Sylla ou un César, ne voulut ou ne sut pas profiter dans l'immédiat ; déçu dans ses aspirations, et voyant ses demandes repoussées par le Sénat, il se rapprocha de César et de Crassus (premier triumvirat). César obtint ainsi le commandement des Gaules, grâce auquel il put se créer une armée à son entière dévotion, base de sa future puissance politique. Pompée renouvela alors ses revendications, et le Sénat, trop faible pour résister aux triumvirs, fut contraint de céder. La mort de Crassus mit fin à un équilibre précaire : Pompée se rapprocha à nouveau du Sénat, et la guerre se déclara entre lui et César à propos des questions formelles, simples prétextes d'une lutte dont l'enjeu était le pouvoir suprême. La fortune sourit à César : la bataille décisive de Pharsale, où l'hésitant Pompée, débordé par la rapidité des mouvements de l'adversaire, fut battu et s'enfuit en Égypte pour y trouver la mort, fit de lui le maître incontesté de Rome.

Il songea alors à réaliser son rêve d'un pouvoir personnel absolu, d'une monarchie qui gouvernât avec impartialité et justice des sujets tous égaux devant elle. Porté au pouvoir par la lutte des factions, il chercha à les réconcilier dans un ordre nouveau à l'édification duquel furent invités à collaborer les moins irréductibles de ses adversaires ; à cette fin, il établit un programme de réformes que les républicains conjurés contre lui étouffèrent dans l'œuf en le poignardant aux ides de mars de l'an 44. Il raconte lui-même ses entreprises dans les *Commentaires de la guerre des Gaules* — v. *Guerre des Gaules* (*) — et les *Commentaires de la guerre civile* — v. *Guerre civile* (*). Le premier de ces ouvrages, divisé en sept livres, relate les événements des sept premières campagnes que César mena contre les Gaulois, et fut rédigé en 51 ou 50 ; sur l'invitation de César, Hirtius en 48 acheva dans un huitième livre le récit de la conquête des Gaules. En écrivant ces commentaires, César visait à un but très déterminé : pendant la guerre des Gaules, il avait été l'objet de nombreuses attaques de la part des patriciens, et ces accusations, colportées dans les cercles mondains, mises en vers par les poètes satiriques, circulaient au Forum et rendaient dangereuse la situation du vainqueur des Gaules. Ce livre avait donc un caractère apologétique très net qui, bien qu'habilement dissimulé, n'échappa point aux contemporains : Asinus Pollion (Suétone, Cés. 56) accusait hautement leur auteur d'avoir altéré la vérité. S'il est difficile de trancher aujourd'hui sur le degré d'exactitude des faits rapportés par César, il semble qu'il les ait présentés tout au moins sous le jour qui lui était le plus favorable, et qu'il a passé sous silence ce qui aurait pu le desservir. La version officielle accréditée par César est que la campagne des Gaules (par laquelle il avait indiscutablement dépassé les limites de son mandat de gouverneur de la Narbonnaise) avait été provoquée par l'attitude menaçante des Gaulois, et de même, d'après lui, la guerre civile aurait été voulue par le Sénat. Tous les Anciens se sont accordés à louer la limpidité et la précision d'un style rapide qui va droit à l'essentiel, comme il sied à l'homme d'action ; aujourd'hui, tout en lui reconnaissant ces qualités, les critiques modernes ont été frappés par des négligences, des redites, une certaine monotonie dans le récit, des obscurités allant parfois jusqu'à l'incohérence, qui cadrent mal à la fois avec les qualités d'écrivain dont César témoigne d'autre part, et avec le jugement des contemporains. On en fut amené à conclure que le texte qui nous a été transmis a subi des altérations, provenant d'interpolations et de l'absence de certains passages. Malgré tout, l'œuvre reste une source précieuse de renseignements sur cette période décisive de l'histoire romaine, et nous donne un aperçu des talents d'écrivain et d'homme politique du grand dictateur.

ALESSANDRO RONCONI.

♦ *« J'aperçois dans tous ses projets et dans toutes ses actions des intentions tyranniques... Mais quand je regarde ses cheveux si artistement dérangés, quand je le vois se gratter la tête du bout du doigt, je ne puis croire qu'un tel homme puisse concevoir le dessein de renverser la république. »* Cicéron. ♦ *« Il avait, dit-on, la taille haute, le teint blanc, les membres bien faits, le visage un peu trop plein, les yeux noirs et vifs, une santé robuste quoique dans les derniers temps il fût sujet à des syncopes soudaines et même à des terreurs qui interrompaient son sommeil. Il eut aussi deux fois des attaques d'épilepsie en plein travail. Trop minutieux dans le soin de sa personne, il ne se bornait pas à se faire tondre et raser de près, mais allait jusqu'à se faire épiler, à ce que certains lui reprochèrent, et ne se consolait pas d'être chauve, ayant constaté plus d'une fois que cette disgrâce provoquait les plaisanteries de ses détracteurs. Aussi avait-il coutume de ramener en avant ses cheveux trop rares et, parmi tous les honneurs que lui décernèrent le sénat et le peuple, celui qu'il reçut et dont il profita le plus volontiers fut le droit de porter en toute occasion une couronne de laurier. »* Suétone. ♦ *« Son ambition et son amour inné des grandes actions ne lui permettaient pas de jouir en paix des nombreux succès acquis par ses travaux ; ces succès, ne faisant que l'enflammer et l'enhardir en vue de l'avenir, lui inspiraient des projets toujours plus vastes et le désir d'une gloire nouvelle, celle qu'il possédait ne lui suffisant jamais. »* Plutarque. ♦ *« Certes, je lis cet aucteur avec un peu plus de révérence et de respect, qu'on ne lict les humains ouvrages ; tantost le considérant luy mesme par ses actions et le miracle de sa grandeur ; tantost la pureté et inimitable polissure de son langage, qui a surpassé non seulement tous les historiens, comme dict Cicero, mais à l'adventure Cicero mesme avecques tant de sincérité en ses jugements, parlant de ses ennemis, que, sauf les faulses couleurs de quoy il veult couvrir sa mauvaise cause et l'ordure de sa pestilente ambition, je pense qu'en cela seulon y puisse trouver à redire qu'il a esté trop espargnant à parler de soi ; car tant de grandes choses ne peuvent avoir esté executées par luy, qu'il n'y soit allé beaucoup plus du sien qu'il n'y en met. »* Montaigne. ♦ *« Il est très certain que les mémoires de ce conquérant sont écrits d'une manière très négligée. »* Bayle. ♦ *« ... il ne prit point de titres usés ; mais il fit de son nom un titre supérieur à celui des rois. »* P.-L. Courier. ♦ *« De ce morcellement, il résultait que les Gaulois n'avaient aucune armée de ligne entretenue, exercée, et dès lors aucun art ni aucune science militaire. Aussi, si la gloire de César n'était fondée que sur la conquête des Gaules, elle serait problématique... L'on ne peut que détester la conduite que tint César contre le sénat de Vannes... Cette conduite n'était pas juste ; elle était encore moins politique. »* Remarques de Napoléon Ier sur les *Commentaires de la guerre des Gaules.*

RÉF. : Napoléon III, *Histoire de Jules César*, Paris, 1865-1866. — G. Ferrero, *Jules César,* in *Grandeur et décadence de Rome*, Milan, 1901-1907. — Paul Graindor, *La Guerre d'Alexandrie*, Le Caire, 1931. — Gundolf, *César*, Berlin, 1924, trad. 1933. — Michel Rambaud, *L'Art de la déformation historique dans les « Commentaires » de César*, Lyon, 1953. — J. Carcopino (avec la collaboration de P. Grimal), *Jules*

César, Paris, 1968. – Christian Meier, *César*, trad. 1987.

CESARI Antonio. Écrivain italien. Né en 16 janvier 1760 à Vérone, mort le 1er octobre 1828 à San Michele di Ravenna. Entré dans la congrégation de l'Oratoire de S. Filippo Neri, il se plongea dans l'étude de la théologie et des Saintes Écritures, mais aussi des classiques. Il fut ordonné prêtre en 1804 et, après la dissolution de la congrégation en 1810, continua d'exercer son ministère, proposant des commentaires et traductions de textes sacrés, écrivant des vies de saints et autres œuvres religieuses. Se passionnant pour le problème de la langue que la renaissance du sentiment national avait remis à l'actualité, Cesari fut l'instigateur d'une réaction contre les tendances à la désinvolture linguistique qui s'étaient fait jour dans la littérature illuministe et révolutionnaire. Il préconisa un retour à la langue des écrivains toscans du XIVe siècle et travailla entre 1806 et 1811 à une réédition du *Vocabulaire des académiciens de la Crusca* (*), pour le compte de cette même Académie qui avait été réinstituée. Avec lui, on s'acheminait vers l'idée de se conformer à l'usage toscan en vigueur, idée qui allait guider son ami Manzoni.

CESAROTTI, abbé Melchiorre. Poète et traducteur italien. Né à Padoue le 15 mai 1730, mort le 4 novembre 1808. Sa traduction *Les Poésies d'Ossian* (+) – v. *Poèmes d'Ossian* (*) – le rendit subitement célèbre. Chargé d'honneurs et de titres par Napoléon, il fit œuvre de courtisan, mais son poème intitulé *Pronea,* écrit à la gloire du conquérant, est extrêmement médiocre. En aidant ses contemporains à découvrir Ossian, il influença la littérature du temps et des poètes tels que Foscolo et Leopardi, et suscita un mouvement d'enthousiasme. Ses autres traductions furent jugées sans aucune indulgence, car il se targua de mettre au goût du jour Homère, Démosthène et Juvénal. Il donna de l'*Iliade* (*) deux versions, l'une en prose et l'autre en vers, et son *Raisonnement historique sur l'« Iliade »* conclut en faveur des Modernes dans la fameuse querelle avec les Anciens. Le romantisme vit en lui un précurseur. Au vrai, Cesarotti eut le mérite d'enrichir la culture et la poésie italiennes, en érudit qu'il était et en connaisseur des littératures populaires. Mais les jugements qu'il porta sur les Anciens n'étaient point des plus sûrs, et il remania leurs œuvres de telle sorte qu'il donna à ses lecteurs un Ossian accommodé à la façon d'Homère et un Homère qui rappelait fort indûment la manière d'Ossian.

CESBRON Gilbert. Romancier, dramaturge et essayiste français. Né et mort à Paris : 13 janvier 1913 - 12 août 1979. Au cours de ses études à l'École des sciences politiques, il est amené à assurer l'intérim d'un ami malade à la direction d'une station de radio. Il se prend au jeu et décide d'en faire son métier – un métier qu'il exercera à plein temps jusqu'à l'âge de la retraite. Pendant la guerre de 1939-45 paraît son premier roman, *Les Innocents de Paris,* une œuvre pleine de poésie et de tendresse. Les romans qui suivent sont de la même veine : *La Tradition Fontquernie* (1947) ; *Notre prison est un royaume* (1948) ; *La Souveraine* (1949).

Avec *Les saints vont en enfer* (*) (1952), qui évoque l'apostolat des prêtres ouvriers, un tournant s'amorce dans l'œuvre de Gilbert Cesbron. Désormais, tous ses romans auront pour cadre, sinon pour intrigue, une des préoccupations majeures de notre temps : l'enfance délinquante dans *Chiens perdus sans collier* (*) (1954) ; le cancer et l'euthanasie dans *Il est plus tard que tu ne penses* (1958) ; la solitude des personnes âgées dans *Avoir été* (1960) ; la condition féminine dans *Une abeille contre la vitre* (1964). La tentation est grande de « résumer » chacun des romans de Gilbert Cesbron par l'énoncé d'un « problème » de notre époque ! *C'est Mozart qu'on assassine* (1966) : les enfants du divorce ; *Je suis mal dans ta peau* (1969) : la promotion des jeunes nations africaines ; *Voici le temps des imposteurs* : le monde de la presse et des médias ; *Don Juan en automne* : l'érotisme actuel ; *Mais moi je vous aimais* : les handicapés mentaux. Mais c'est bien mal parler d'un roman qui est essentiellement création de personnages, élaboration d'un univers et d'une atmosphère !

Parallèlement à ses romans, Gilbert Cesbron publie un grand nombre de nouvelles : *Des enfants aux cheveux gris* (1968) ; *La Ville couronnée d'épines* (1974) ; *Un vivier sans eau* (1979). De même, ses multiples prises de position donnent lieu à des essais : *Chasseur maudit* (1953) ; *Ce siècle appelle au secours* (1955) ; *Libérez Barabbas* (1957) ; *Une sentinelle attend l'aurore* (1965) ; *Lettre ouverte à une jeune fille morte* (1968) ; *Ce que je crois* (1970) ; *Des leçons d'abîme* (1971) ; *Mourir étonné* (1976) ; *Huit paroles pour l'éternité* (1978) ; *Passé un certain âge* (1980) ; *La regarder en face* (1982).

Bien qu'elle ait été peu jouée, l'œuvre dramatique de Cesbron n'en est pas moins considérable : *Il est minuit, docteur Schweitzer* (*) (1952) ; *L'Homme seul* (1961) ; *Mort le premier* (1970), pour ne citer que les pièces principales. Enfin, Gilbert Cesbron donne la mesure de son talent poétique dans un recueil paru en 1976, *Merci l'oiseau ;* mais aussi dans ses contes, *Traduit du vent* (1950), *Tout dort et je veille* (1959), *Leur pesant d'écume* (1980), et également dans les cinq volumes de son *Journal sans date* (1963 à 1983) où se conjuguent toutes les facettes de son talent multiforme.

MICHEL BARLOW.

RÉF. : M. Barlow, *Gilbert Cesbron, témoin de la tendresse de Dieu,* Paris, 1965; *La Foi de Gilbert Cesbron,* Paris, 1987.

CÉSPEDES Augusto. Écrivain bolivien. Né à Cochabamba en 1904. Il fit ses études à La Paz et obtint un doctorat en droit de l'université San Andrés. Militant du parti nationaliste, il se consacra au journalisme et subit les poursuites du gouvernement militaire conservateur de Blanco Galindo. Durant la terrible guerre pour le pétrole qui opposa la Bolivie au Paraguay (1932-1935), il fut soldat dans les déserts du Chaco, expérience qui lui inspira les récits hallucinants de son premier livre, *Sang de métis* [*Sangre de mestizos*, 1936]. À son retour du front, il participa à la fondation de mouvements politiques nationaux, comme la Confédération socialiste bolivienne, qui voulait unifier tous les mouvements de gauche du pays, mais surtout, en 1941, à la formation du M.N.R. (Mouvement national révolutionnaire), rassemblement populaire réunissant différents groupes sociaux : mineurs, paysans, classes moyennes, étudiants, intellectuels. Vivant parmi les mineurs des mines d'étain de Simón Iturri Patiño, à Uncía et Catavia, il fut élu député et prit une part active au gouvernement d'un officier adversaire des « barons de l'étain », le lieutenant-colonel Gualberto Villarroel (1943-1946). Après l'assassinat de celui-ci, il dut s'exiler en Argentine, où il publia son roman *Métal du diable* (*) (1946), satire de la vie de Simón Patiño, lequel fit brûler le livre dans les rues de La Paz. La révolution ayant triomphé en 1952, après différents avatars, Céspedes rentra en Bolivie pour assister au processus de démocratisation et à la nationalisation des mines avec le fondateur du M.N.R., Víctor Paz. Il a occupé depuis cette date des fonctions d'ambassadeur, notamment à Rome et à Paris. En 1956, Céspedes a publié *Le Dictateur Suicide : quarante années d'histoire de la Bolivie* [*El Dictador Suicida : cuarenta años de historia de Bolivia*], livre sarcastique qui étudie la carrière politique du colonel Germán Busch, mort d'un mystérieux suicide en 1939. Poursuivant son œuvre romanesque avec *Amoureux tropique* [*Trópico enamorado*, 1968], Céspedes a aussi écrit une monographie sur *La Bolivie* [*Bolivia*, 1962] ainsi que des ouvrages d'une grande force politique ou critique : *Le Président pendu* [*El presidente colgado*, 1966], *Chroniques héroïques d'une guerre stupide* [*Crónicas heroicas de una guerra estúpida*, 1975].

CLAUDE COUFFON.

CESTI Antonio, dit Marc'Antonio. Compositeur italien. Né à Arezzo (Toscane) le 5 août 1623, mort à Florence le 14 octobre 1669. En 1637, il devint Antonio, frère mineur conventuel. Nous ne savons rien de certain quant à son éducation musicale ; on constate qu'il subit l'influence de compositeurs de l'école romaine, Abbatini et Carissimi, d'où l'on conclut qu'il séjourna à Rome. De 1645 à 1649, il enseigne la musique au séminaire de Volterra. Tandis qu'à Venise on représentait son premier opéra l'*Orontea* (1649), puis *Cesare amante* (1651), Cesti se trouvait à la cour grand-ducale de Florence, qu'il quitta en 1653 pour se rendre à Innsbruck, auprès de l'archiduc Ferdinand qui fit monter l'*Argia* à sa cour en 1655. Quatre ans plus tard, Cesti partit pour Rome et entra, en qualité de ténor, à la chapelle papale ; mais il abandonna cet emploi pour aller diriger à Florence, en 1661, la représentation, donnée à l'occasion du mariage de Cosme de Médicis avec Marguerite d'Orléans, de *La Dori* [*Ovvero lo schiavo regio*], qui connaîtra un succès extraordinaire. Enfin, Cesti passa les trois dernières années de sa vie à Vienne, comme maître de chapelle de l'empereur Léopold Ier. C'est dans cette ville que furent montés *Neptune et Flore* [*Nettuno e Flora*, 1666], *Les Disgrâces d'amour* [*Le Disgrazie d'amore*], *Sémiramis* (+), *Il Pomo d'oro* (1667) ; ce dernier opéra demeure le plus connu en même temps que le plus spectaculaire (cinq actes et soixante-sept scènes). Cesti sut en outre y faire apprécier son talent musical. Il composa encore de la musique sacrée, des cantates et des airs de chambre.

RÉF. : R. Rolland, *L'Opéra au XVIIe siècle en Italie*, dans : *Encyclopédie de la musique*, éd. par Albert Lavignac, 1921. – H. Riemann, article *sub nomine* dans son *Dictionnaire de musique*, trad. 1931. – J. V. Crowther, *The Operas of Cesti*, Harvard, 1971.

CHABRIER Emmanuel. Compositeur français. Né le 18 janvier 1841 à Ambert (Puy-de-Dôme), mort le 13 septembre 1894 à Paris. C'est une des figures les plus originales de la musique française de la fin du XIXe siècle. Après avoir fait son droit, il entra, en 1861, au ministère de l'Intérieur. Mais sa vocation le poussait à se perfectionner toujours davantage dans l'art musical, auquel il avait été initié dès l'enfance. Chabrier fréquenta les parnassiens, les impressionnistes, devint l'ami de Manet (qui fit son portrait) et se lia avec Verlaine. C'est Verlaine qui écrivit, en collaboration avec Viotti, les livrets de *Vaucochard et fils Ier* (1863) et *Fish-ton-Khan* (1865), lorsque Chabrier composa ces opérettes à la manière d'Offenbach. Le musicien, devenu un des familiers de César Franck, entra en 1874 à la Société nationale de musique, où il donna la mesure de sa virtuosité de pianiste et présenta quelques-unes de ses compositions. En 1877, il aborda la scène avec *L'Étoile* (*), représentée aux Bouffes-Parisiens, suivie de cet autre opéra : *Une éducation manquée* (*) (1879). Chabrier, qui s'était démis de son emploi, fit, en mars 1880, un voyage à Munich au cours duquel l'audition de *Tristan* (*) lui révéla le génie de Wagner. Devenu chef des chœurs aux concerts Lamoureux (1882), il approfondit son étude de l'art wagnérien. Le voyage qu'il fit ensuite en Espagne (1883) fut pour lui un bain de couleur qui inspira *España* (*) et la *Habanera* (*). Son ambition cependant, et surtout l'urgence dont il était convaincu d'un renouvellement de l'art dramatique, le portèrent vers Wagner dont l'influence est sensible dans *Gwendoline* (*). Dans *Le Roi malgré lui* (*) (1887), Chabrier éleva l'opérette au même niveau artistique que l'opéra. Après 1889, il abandonna le théâtre et écrivit des pièces pour piano, des romances, et l'*Ode à la musique* (*) sur des vers d'Edmond Rostand. Mais il y revint bientôt et se mit à composer un drame lyrique en trois actes, *Briséis*, que la paralysie l'empêcha d'achever. La musique de Chabrier est considérée aujourd'hui comme ayant donné naissance à une floraison d'autres œuvres parmi les générations successives de l'école française, notamment chez Debussy et chez Ravel, qui lui voua un culte particulier, et jusqu'aux compositeurs les plus modernes. Mais l'influence de Chabrier réside surtout, outre ses opéras comiques, dans quelques-unes de ses œuvres lyriques et dans quelques morceaux pour piano comme la *Bourrée fantasque* (*) (orchestrée plus tard par Félix Mottl), les *Pièces pittoresques* (*), les *Valses romantiques*, et surtout dans *España*.

♦ *« Chabrier a eu de brillantes qualités musicales, au premier rang desquelles il faut mettre l'esprit comique et l'invention rythmique. »* J. Combarieu. ♦ *« Son horreur du déjà entendu, sa très vibrante sensibilité de lyrique, sa passion de nouveautés harmoniques, orchestrales et rythmiques se sont efforcées en trouvailles d'autant plus heureuses que l'espèce d'exaspération où elles se trouvaient portées par cet état tout spécial en décuplait la puissance. »* Paul Dukas. ♦ *« Chabrier a beaucoup influencé l'école française contemporaine. »* H. Riemann.

RÉF. : R. Martineau, *Emmanuel Chabrier*, 1910. – Joseph Desaymard, *Emmanuel Chabrier d'après ses lettres*, Paris, 1934. – Francis Poulenc, *Emmanuel Chabrier*, Genève, 1961. – Yvonne Tiénot, *Chabrier par lui-même et par ses intimes*, Paris, 1964. – Rollo H. Myers, *Chabrier and his Circle*, Londres, 1969. – Frédéric Robert, *Emmanuel Chabrier*, Paris, 1970. – Roger Delage, *Chabrier, iconographie musicale*, Genève-Paris, 1982.

CHACEL Rosa. Romancière espagnole. Née le 3 juin 1898 à Valladolid. D'une santé délicate, elle passa son enfance dans le petit monde clos d'une famille cultivée et artiste qui lui apprit à lire et à dessiner. Elle fut initiée à la « culture vivante » à travers les comédies musicales qu'écrivait son père et que l'on jouait au foyer en même temps que les drames romantiques qu'il mettait en scène. Une lanterne magique, des illustrés modernistes, *Rocambole,* les romans de Hugo, de Dumas et de Jules Verne la distrayaient de son isolement. En 1908, la famille s'installait à Madrid, dans le quartier de Maravillas, qui deviendra le cadre d'un roman du même nom (publié en 1976). En 1915, Rosa Chacel s'inscrit à l'École des beaux-arts San Fernando, où l'un de ses professeurs n'est autre que Ramón del Valle-Inclán. Elle lit Maeterlinck et Rubén Darío. La maladie et le manque de confiance dans ses dons l'ayant fait renoncer à la sculpture, elle fréquente l'Ateneo et des écrivains comme Unamuno, Gómez de la Serna, J. R. Jiménez, mais surtout découvre Freud, Proust et le *Portrait de l'artiste en jeune homme* (*) de Joyce, que vient de traduire Dámaso Alonso. Mariée en avril 1921 au peintre Timoteo Pérez Rubio, elle l'accompagne à Rome. L'année suivante, elle publie en juin dans *La Esfera* une première courte prose : *L'Ami à la voix opportune* [*El amigo de voz oportuna*]. Mais c'est la lecture de José Ortega y Gasset et de la *Revista de Occidente,* fondée en 1923 par le philosophe, qui inspire les bases de son esthétique romanesque. « En m'enfonçant peu à peu dans l'œuvre d'Ortega, j'ai trouvé le ton de l'école idéale [...] Rien de plus idéal que la réalité. » Le « Je suis moi et sa circonstance » d'Ortega fut la « moelle d'un *quelque chose* qui pouvait se mettre à vivre en "quelqu'un" et qui donnerait comme produit une nouvelle conscience, une nouvelle personne », autrement dit le protagoniste d'un premier roman, *Estación. Ida y vuelta,* écrit à Rome et publié à Madrid en 1930. L'avènement de la République espagnole, salué avec enthousiasme (« Nous faisions tous des choses que nous n'avions pas faites avant »), entraîne l'engagement politique qui, en 1936, rapprochera Rosa Chacel des écrivains révolutionnaires : Alberti, Neruda, Miguel Hernández (signature de manifestes, poèmes ou textes de combat dans *Caballo verde para la poesía, El Mono Azul, Hora de España*). En mars 1937, alors que la guerre civile détruit les rêves républicains, elle quitte l'Espagne avec son fils Carlos (né en 1930) pour un exil qui durera trente-cinq ans et qui la conduit d'abord à Paris, puis en Grèce (1938) et en Suisse (1939). Réfugiée à Rio de Janeiro en 1940, elle partage son temps entre cette ville et Buenos Aires où, liée d'amitié avec Victoria Ocampo, elle collabore à la revue *Sur* et publie ses romans *Teresa* (1941), *Mémoires de Leticia Valle* (*) (1945) et des nouvelles, *Sur l'océan* [*Sobre el piélago,* 1952]. De 1950 à 1958, elle travaille à son œuvre maîtresse : *L'Insensée* [*La Sinrazón,* 1960]. Ayant obtenu la bourse Guggenheim pour écrire un essai, *Saturnal,* elle se rend à New York (1959-1961) qu'elle ne quitte que pour un séjour à Mexico où elle retrouve ses amis exilés Luis Cernuda et Concha de Albornoz, et signe un contrat pour un volume de nouvelles, *Offrande à une vierge folle* [*Ofrenda a una virgen loca,* 1961]. En 1962, un premier retour au pays natal la déçoit, elle trouve l'Espagne « incommode et peu appétissante ». Deux nouveaux séjours à Madrid, en juin-juillet 1971 et en 1972, la réconcilient. L'Espagne la redécouvre, elle réédite ses œuvres, elle publie son essai inédit *Saturnal* (1972), ses Mémoires : *Depuis l'aube* [*Desde el amanecer,* 1972], des nouvelles : *Icada, Nevda, Diada* (1971). Rentrée définitivement dans sa patrie en 1974, Rosa Chacel y est l'objet de nombreux hommages qui ne ralentissent pas ses activités créatrices, comme le prouve la remarquable trilogie : *Quartier de*

Maravillas [*Barrio de Maravillas,* 1980], *Acropole* [*Acrópolis,* 1984], *Sciences naturelles* [*Ciencias naturales,* 1988].

CLAUDE COUFFON.

CH'AE Manshik. Romancier et dramaturge coréen. Né le 17 juin 1902 à Impi, mort en 1950 à Iri. Après des études de chinois classique, il étudie à l'université Waseda à Tokyo, mais abandonne en 1923. En 1924, il publie dans la revue *Chosŏn mundan* sa première nouvelle, *Par le nouveau chemin* [*Saekillo*]. Il devient journaliste, puis se consacre entièrement à l'écriture à partir de 1936. En 1945, il retourne dans son pays natal, où il meurt en 1950 de tuberculose. Il écrit environ deux cent quatre-vingt-dix textes romanesques, dramatiques et critiques. Ses plus grandes œuvres paraissent dans les années 30, dont les romans *L'Eau trouble* en 1937 (*) et *La Passion de l'or* [*Kŭmŭi changyŏl,* 1939], les nouvelles *La Vie Ready made* [*Nedi meidŭ insaeng,* 1944] et *L'Oncle idiot* [*Ch'isuk,* 1937], les pièces de théâtre *Le Jour où on allume l'encens* [*Chehyangnal,* 1937] et *La Légende de Tanglang* [*Tanglangŭi chŏnsŏl,* 1940]. Ses œuvres prennent souvent comme sujet la pauvreté des paysans, l'angoisse des intellectuels, les troubles sociaux après trente-cinq années d'occupation, tout en critiquant lucidement la situation de l'époque. Il renouvelle les formes romanesques en employant caricature, parodie et dialogue, s'efforçant de montrer quel est le degré de justice de l'époque, ce qu'il a expliqué dans *Information sur mon travail* [*Chajak anae*] en 1939. Sa place primordiale dans l'histoire littéraire est celle d'un écrivain à tendance ouvertement réaliste qui, délaissant l'obsession du détail d'un Yi Kwangsu et les interventions par trop envahissantes d'un Hyŏn Chingŏn, s'intéresse avant tout à des réalités sociales et collectives qu'il perçoit de façon très aiguë.

PATRICK MAURUS.

CHAILLOU Michel. Écrivain français. Né à Nantes le 15 juin 1930. Après une enfance assez mouvementée en Bretagne, il occupe divers emplois avant de devenir professeur et de travailler à la télévision scolaire pour laquelle il écrit des scénarios pour enfants. Il est maître assistant à l'université Paris-Nord puis maître de conférence à Paris VIII, ex-Vincennes). En 1968 paraît son premier roman, *Jonathamour,* où réel et imaginaire se rencontrent au sein d'une intrigue amoureuse, elle-même traversée par des récits de voyage et de piraterie. Son second récit *Collège Vaserman* (1970) sera suivi par *Le Sentiment géographique* (+) (1976) où le Forez et l'*Astrée* (*) d'Honoré d'Urfé se rencontrent, empiètent l'un sur l'autre – « terre à lire, livre à parcourir » –, se métamorphosent et engendrent une écriture qui trouve à chaque coin de phrase un sol où rêver. Que « toute rêverie apporte sa terre », *Domestique chez Montaigne* (*) (1982) en apportera la preuve éclatante. La déambulation des phrases explore des lieux (le château de Montaigne) qui sont aussi des noms propres (les *Essais* (*), Michel de Montaigne), topographie et toponymie mêlées. En 1980, l'auteur fait paraître un « récit-anthologie », *La Petite Vertu* (huit années de prose courante sous la Régence, 1715-1723), promenade qui rapporte de ses errances érudites entre deux morts (celle de Louis XIV et celle du Régent) des textes où bruissent en tous sens les échos d'une époque. « Suffirait-il alors de compulser les faits divers pour rendre la secousse poétique d'une époque ? De savoir qu'à telle heure, à tel endroit ? L'attente se réduit-elle uniquement au pas qui stationne ? » Avec *Le Rêve de Saxe* (1986) et le *Petit Guide pédestre de la littérature française au XVIᵉ siècle (1600-1660)* (1990) (écrit en collaboration avec son épouse), Michel Chaillou poursuit son exploration des lieux et des temps, mêlant au prétexte d'une intrigue (la recherche d'une porcelaine de Saxe) les maraudages dans les amours « Louis XV » et les « mille et un coïts minuscules de la vie quotidienne » ; le second ouvrage « prend en filature un siècle », ressuscite les anecdotes endormies dans les pierres, retrouve « le piétinement, le roman des rues, des êtres (chien des souliers, chat des gorges) poussant, s'agitant, se faisant jour à travers la cohue, la presse, ce qui va, vient, se démène ». Ébriété des mots, érudition proliférante qui creuse l'appétit du lecteur qu'elle nourrit et l'incite à rêver avec les vocables du passé à un présent encore à faire. Après avoir écrit un livre pour enfants (plus exactement un livre d'enfance, *La Vindicte du sourd,* 1984), l'auteur renoue avec l'enfance – la sienne ? – dans *La Croyance des voleurs* (1989). Roman semi-autobiographique où Loire et Nil fêtent leurs noces dans un festival de trouvailles verbales, d'inventions oniriques et syntaxiques. Sous-titré « Roman russe », *La Rue du capitaine Olchanski* (1991) orchestre avec brio les motifs des romans précédents (enfance, époques passées, lieux, noms, œuvres), véritable roman gigogne (poupée russe ?) encastré dans un autre – *La Fille du Capitaine* (*) de Pouchkine –, restitution rêvée d'une version autre, dans une langue autre (traduite du « russe rural » en un « français arrosé de vodka ») d'une même histoire « encrassée d'une évidente obscurité, comme si l'ombre d'un pays planait sur l'autre ». Le bonheur de la langue inventant ses tours, jetant comme au hasard, avec générosité et science, ses découvertes et la joie qui va avec, fait de l'œuvre de Michel Chaillou l'une des plus riches et insolites de l'époque.

FRANCIS WYBRANDS.

CHALAMOV Varlam Tikhonovitch [Varlam Tihonovič Šalamov]. Écrivain russe. Né à Vologda le 18 juin 1907, mort à Moscou le 17 janvier 1982. La vie de Chalamov présente un caractère unique, même sur le fond des étonnantes biographies de nombreux écrivains russes du XXe siècle. Son père était prêtre orthodoxe et sa mère institutrice (il évoque ses parents au début de *La Quatrième Vologda* [*Četvertaja Vologda*], la brève biographie qu'il écrivit vers la fin de sa vie). Chalamov termina ses études secondaires en 1923 et, bien que doué, ne put entrer aussitôt à l'université en raison de la profession de son père : les établissements d'enseignement supérieur avaient été fermés après la révolution aux enfants des « ci-devant ». Ce n'est qu'après avoir quitté sa famille, déménagé à Moscou et travaillé trois ans comme ouvrier que Chalamov put s'inscrire à l'université. Il prend une part active à la lutte contre Staline, liée à cette époque au trotskisme. Il est arrêté une première fois en février 1929, condamné à trois ans de camp de concentration et envoyé dans la filiale de la Vichera du célèbre camp des îles Solovki. Chalamov revient à Moscou en 1932, travaille comme journaliste et publie ses premiers récits. En janvier 1937, il est de nouveau arrêté et envoyé dans un camp de la Kolyma. En 1942, alors que sa peine venait à expiration, il est retenu dans le camp « jusqu'à la fin de la guerre ». En 1943, il est arrêté dans le camp même et condamné à dix ans supplémentaires pour avoir affirmé qu'Ivan Bounine (écrivain émigré, prix Nobel) était un classique russe. Il est libéré en 1953 mais n'a pas le droit de rester à Moscou et s'installe en province, où il vit de petits emplois. Réhabilité en 1956, il revient à Moscou.

Ce qui rend exceptionnelle – peut-être même dans la littérature mondiale – la vie de Chalamov, est qu'il en a passé la majeure partie en détention, dont près de dix-sept ans dans l'enfer glacé de la Kolyma, l'« Auschwitz soviétique », où le gel faisait office de chambres à gaz.

La réhabilitation et le retour à Moscou ne signifièrent pas le retour à une vie normale. La femme de Chalamov le quitte, sa fille le renie en tant qu'« ennemi du peuple ». Ses récits sont refusés par toutes les rédactions. En 1957, après vingt ans d'interruption, son nom apparaît cependant dans la presse : la revue *Znamia* publie quelques-unes de ses poésies. En 1961 paraît un premier recueil poétique, *Le Briquet* [*Ognivo*], en 1964 un second, *Le Bruissement des feuilles* [*Šelest list'ev*], et un troisième, *Chemin et Destin* [*Doroga i sud'ba*] en 1967. Le prosateur reste inconnu des lecteurs, hormis de ceux qui osent lire les recueils de récits qui circulent en « samizdat ». Ils découvrent un écrivain remarquable et un grand maître de la prose. Ses récits parviennent en Occident et paraissent dans des revues russes de l'émigration. Ils sont traduits en allemand, puis de l'allemand en français, le nom de l'auteur étant estropié au passage. Cette publication des récits par bribes, sans que le dessein de l'auteur soit connu, fut extrêmement dommageable. C'est comme si un tableau de Rembrandt découvert dans une cave était découpé en menus morceaux puis exposé comme un ensemble de lambeaux. Ces bribes permettaient de soupçonner une grande œuvre, mais il manquait le tableau d'ensemble.

En 1978, les *Récits de Kolyma* (*) parurent intégralement en russe (à Londres), et bientôt dans beaucoup d'autres langues. Un exemplaire du livre parvint à l'écrivain peu avant sa mort : aveugle, il ne put seulement tenir dans ses mains ce gros volume qui était le testament qu'il laissait aux hommes.

Quelques jours avant de mourir, Chalamov fut transporté dans un asile de vieillards. Ce fut contre son gré, et il ressentit ce transfert comme une nouvelle arrestation. Les organisations d'écrivains soviétiques annoncèrent la mort de Chalamov comme celle d'un « poète soviétique connu », en passant sous silence les *Récits de Kolyma*. Ce n'est qu'en 1989 que parut à Moscou un premier recueil de récits choisis, sans que soit mentionnée leur publication en Occident.

MICHEL HELLER.

CHALKOKONDYLAS Laonikos. Historien byzantin. Né vers 1423 à Athènes, d'où sa famille, à la suite de différends avec les seigneurs florentins de la région, se serait éloignée pour se rendre en Italie ; mort probablement en Italie, vers 1490. En 1447, il se trouvait à Mistra ; Ciriaco di Philippo Pizzicolli, d'Ancône, avec qui il se rendit à Sparte pour visiter les ruines, dit l'y avoir rencontré. Ciriaco loue sa connaissance de la littérature grecque et latine. Le jeune homme, qui avait changé son nom de baptême de Nikolaos en Laonikos qu'il tenait pour plus singulier, fut, à Mistra, le disciple de Gémisthe Pléthon. Outre le grec et le latin, il parvint à apprendre le turc. En effet, le despote de Morée l'avait, à deux reprises, envoyé comme ambassadeur auprès du sultan Mourad II ; à deux reprises, le sultan le considéra comme son prisonnier et le garda en qualité de secrétaire de langue grecque. C'est ainsi qu'il aurait assisté dans le camp de Mourad à la bataille de Varna (1444). La documentation que l'on possède sur sa vie devient alors incertaine mais, selon la plupart des sources, il se serait réfugié en Italie après la chute de Constantinople. Descendant d'une famille athénienne noble, et doté de connaissances particulièrement vastes dans le domaine de la littérature grecque et latine, Laonikos donna à la tradition byzantine un sang nouveau. C'est le point de vue d'un historien qu'il expose quand il aborde la question de l'asservissement du monde grec aux Turcs. Dans les dix volumes de l'*Histoire de la décadence de l'Empire grec* (*), l'auteur, en relatant les événements, de 1298 à 1463, aborde non seulement l'histoire de l'Anatolie et des pays balkaniques, mais également celle de l'Europe occidentale. Les proportions du tableau et l'ampleur des vues exposées sont telles qu'on s'est plu à reconnaître en Laonikos l'Hérodote des temps modernes, tout au moins en ce qui concerne le plan général de l'œuvre et le nombre des digressions. Libéré des préjugés qui faisaient de Byzance le centre du monde, Laonikos voit les nouvelles réalités politiques avec des yeux neufs et attentifs et, loin de songer à d'impossibles retours en arrière, il entrevoit, avec beaucoup de logique et de lucidité, la naissance future d'un État national grec. Si Procope, au seuil du Moyen Âge, est le premier des historiens byzantins, Laonikos tourne le dos au passé et devient ainsi le premier historien de la Grèce moderne. L'*Histoire de la décadence de l'Empire grec* fut traduite en français par Blaise de Vigenère et continuée par Mézeray.

RÉF. : J. Tiraboschi, *Storia della letteratura italiana*, t. VI, Milan, 1824. — A. Calosynas, *Vies des Chalcondyles*, in Hopf, *Chroniques gréco-romanes*, Berlin, 1873. — N. Tomadakis, Étude historique et littéraire in *Doukas, Critobule, Sphrantzès, Chalkokondylas : Sur la prise de Constantinople* (en grec), Athènes, 1953. — D. Sissilianos, *Temps anciens et nouveaux d'Athènes*, t. I (en grec), Athènes, 1953.

CHALLE Robert. Romancier, voyageur et philosophe français. Né à Paris le 17 août 1659, inhumé à Chartres le 27 janvier 1721. Son importance dans l'histoire littéraire n'a pu être établie que très récemment, dissimulée qu'elle était par l'anonymat et les avatars de la publication de ses œuvres. L'orthographe de son nom est bien Challe et non Chasles ou Challes. Il est issu d'un milieu bourgeois en pleine ascension sociale, et si son père est simplement titulaire d'un office de juré porteur de grains, en revanche, son oncle maternel, Pierre Raymond, receveur des finances, est lié aux milieux financiers et politiques autour des Colbert. Challe prétend avoir été en relation, au cours de ses études au collège de la Marche, avec Seignelay (pourtant son aîné de huit ans), qui l'aurait ensuite honoré de sa protection. Il est également permis de douter de sa prétendue participation à la bataille de Mont-Cassel, car il s'oriente d'abord vers une carrière d'avocat, avant de se lancer dans une vie d'aventures avec l'espoir de faire fortune.

À la mort de son père, en 1681, il se querelle avec son frère aîné, qu'il estime avantagé dans le partage de la succession ; sa famille, pour l'éloigner, l'associe à l'un des actionnaires de la Compagnie sédentaire des pêches de l'Acadie, Charles-François Duret de Chevry. Challe effectue plusieurs missions au Canada entre 1682 et 1687, date à laquelle il prétend avoir été vaincu et emprisonné par les Anglais, détenu à Boston, puis envoyé à Londres, où il aurait été secouru par Saint-Évremond. Ruiné, il demeure dans l'oisiveté, uniquement occupé à la lecture, avant son embarquement sur l'« Écueil », en qualité d'écrivain du Roi, en 1689, pour une expédition vers les Indes orientales. Le départ de l'escadre est remis à l'année suivante, car le navire est affecté à la surveillance des côtes françaises. Le voyage se déroulera de février 1680 à août 1691, et Challe en laisse un récit particulièrement vivant et pittoresque dans son *Journal d'un voyage aux Indes* (*) (1721). Mais il échoue dans sa tentative de s'enrichir et désormais se tourne vers les lettres.

Son nom est d'abord associé à une *Continuation du Don Quichotte*, pour laquelle il demande un privilège en 1702 : il aura la surprise, en 1713, de reconnaître son œuvre dans le tome VI du *Don Quichotte* publié sous le nom de Filleau de Saint-Martin. En 1708, un pamphlet anonyme le déclare condamné pour avoir lu des livres défendus : sans doute est-il en train de rédiger les *Difficultés sur la religion* (*), ouvrage dans lequel il adresse au père Malebranche ses doutes sur la religion. En 1713 paraît son chef-d'œuvre, le roman *Les Illustres Françaises* (*). Rien de tout cela ne lui apportera la gloire ni la fortune : il vit dans le dénuement, plus ou moins exilé à Chartres, sans doute occupé à la rédaction de ses *Mémoires* inachevés (ils s'interrompent à l'année 1701), datés de 1716, et qui contiennent des pages importantes sur la colonisation de l'Acadie et des vues originales sur le siècle de Louis XIV.

JACQUES POPIN.

RÉF. : Numéro spécial de la *Revue d'histoire littéraire de la France*, 1979.

CHAMBERS Ephraïm. Encyclopédiste anglais. Né à Kendal (Westmoreland) en 1680 (?), mort le 15 mai 1740 à Islington (Middlesex). Fils d'un fermier, il fréquenta l'école de sa ville natale, et fut mis en apprentissage chez un cartographe qui l'encouragea à s'instruire. Ce fut en 1728 qu'il lança par souscription son encyclopédie, à laquelle il avait voué sa vie : *Encyclopédie ou Dictionnaire universel des arts et des sciences* (+). Cet ouvrage important, et qui fut traduit, servit de base à l'*Encyclopédie* (*) de Diderot et d'Alembert. Pour sa seconde édition, Chambers écrivit un vaste aperçu de ses travaux : *Considération,* qui est malheureusement perdu. Le remaniement complet de son *Encyclopédie,* qu'il envisageait, ne se fit jamais, mais en dix-huit ans il en parut cinq éditions. Chambers avait fondé en outre un magazine littéraire, écrit des relations de voyage qui ne furent pas publiées, et traduit du français l'*Usage de la perspective,* de Jean Dubreuil. Il était membre de la Royal Society, et fut inhumé dans l'abbaye de Westminster.

CHAMBERS sir William. Architecte anglais. Né en 1726 à Stockholm (Suède), mort à Marylebone, près de Londres, le 8 mars 1796. Il était fils d'un riche marchand qui avait financé les armées de Charles XII. Emmené par son père, alors qu'il n'avait que deux ans, à Ribon, il fut élevé en Angleterre et prit la nationalité anglaise. À seize ans, il s'embarqua à bord d'un navire de la Swedish East India Company, et se rendit à Canton. Il nota tout ce qu'il trouva d'intéressant dans l'architecture, le mobilier et les costumes chinois, ce qui lui permit d'écrire plus tard son *Traité des édifices, meubles, habits, machines et ustensiles des Chinois, gravés sur les originaux* (*). Deux ans plus tard, Chambers partit de nouveau, dans l'intention d'étudier plus sérieusement les problèmes des diverses architectures, et s'arrêta longuement en Italie, où il s'intéressa tout particulièrement à l'art de la Renaissance. Il se rendit également à Paris où il suivit quelques cours de Clarisseau, en même temps que le sculpteur Wilson avec lequel il avait vécu à Rome. Il retourna en Angleterre en 1755, et lord Bersborough lui commanda une maison de campagne à Roehampton.

Mais les œuvres qui valurent à Chambers une renommée durable furent quelques édifices qu'il dessina à Kew, dont une pagode (souvenir de son expédition en Chine) construite pour la princesse Augusta de Galles entre 1757 et 1762. En 1759, il publia un *Traité d'architecture civile* (+), suivi d'une *Dissertation sur l'horticulture en Orient* (+), dans laquelle il entend démontrer la supériorité des jardins chinois sur les jardins européens pour la création d'un paysage. En ce qui concerne le mobilier et la décoration, Chambers lança le « style chinois », qui fit pendant un certain temps fureur en Angleterre. Mais, en fait, Thomas Chippendale l'avait devancé de peu. Devenu architecte du roi et de la reine en 1775, il dessina et mena à bonne fin son œuvre architecturale la plus considérable : *Somerset House,* pour laquelle il reçut un salaire annuel de deux mille livres sterling. Il fut inhumé dans le « coin des poètes » de l'abbaye de Westminster.

RÉF. : Charles Lucas, article *sub nomine* dans *La Grande Encyclopédie,* t. X. – Th. Hardwick, *A Memoir of the Life of Sir William Chambers,* Londres, 1825. – J. F. Harris, *Sir W. Chambers : Knight of the Polar Star,* Londres, 1970.

CHAMBONNIÈRES : v. Champion de Chambonnières Jacques.

CHAMFORT Sébastien Roch Nicolas de (pseud. de Sébastien-Roch Nicolas). Littérateur et moraliste français. Né le 22 juin 1740 au village de Theix, près de Saint-Genès-Champanelle (Puy-de-Dôme) (?), mort à Paris le 13 avril 1794. Rien de moins sûr que la date et les circonstances entourant sa naissance. Conjecture la plus vraisemblable : enfant naturel de Jacqueline Dauphin de Leyval, dame de Montrodeix, née Cisternes de Vinzelles, et de Nicolas, chanoine de la cathédrale de Clermont ; déclaré de parents inconnus, il est adopté par François Nicolas – parent du chanoine ? –, épicier, et son épouse Thérèse, née Croizet (ou Creuzet). Âgé apparemment de 10 ans, il est envoyé à Paris pour y faire ses études au collège des Grassins. Élève indiscipliné, voire caustique, mais brillant, il remporte tous les prix « comme par gageure ». Après une fugue qui le conduit, avec Letourneur, à Cherbourg, où les deux drilles devaient s'embarquer à la découverte de l'Amérique, il aurait demandé à son complice : « Avant de faire le tour du monde, si nous faisions le tour de nous-mêmes ? » De retour à Paris, il réintègre les Grassins. Sa philosophie terminée, au principal du collège qui veut le destiner à l'Église, il lance : « Je ne serai jamais prêtre. J'aime trop le repos, la philosophie, les femmes, l'honneur, la vraie gloire ; et trop peu les querelles, l'hypocrisie, les honneurs et l'argent. » Livré à lui-même et sans ressources, il commence une « longue carrière de mercenaire littéraire » – nègre de prêtres en mal de sermons, poète, journaliste... – et voyage, d'abord en Belgique, comme précepteur, ensuite en Allemagne, où il ne se découvre pas le moins du monde allemand. Mais ce séducteur, un Adonis-Hercule, contracte tôt une maladie vénérienne dont il se ressentira toute sa vie. C'est sans doute vers 1761 que, pour faire figure dans le monde et la République des lettres, il prend le nom de Sébastien Roch Nicolas de Chamfort. Il collabore au *Journal encyclopédique* et fait jouer à Paris *La Jeune Indienne,* comédie en un acte et en vers, qui a pour tout mérite de contenir en germe la satire chamfortienne de la société (1764). La même année, l'Académie française couronne son *Épître d'un père à son fils sur la naissance d'un petit-fils,* condamnée par certains pour irréligion et morale scandaleuse. Il fréquente alors philosophes et aristocrates, et compose plusieurs volumes du *Grand vocabulaire français.* Son ode, *La Grandeur de l'homme,* est couronnée par l'Académie des jeux Floraux en 1766, et il travaille, dès 1767, à sa seule tragédie, *Mustapha et Zéangir,* qui sera jouée le 1er novembre 1776 à Fontainebleau, devant la Cour. Le roi, ému par le spectacle de l'attachement que se vouent les demi-frères éponymes de la pièce, lui accorde une pension de mille deux cents livres. Auparavant, Chamfort avait fait jouer une comédie en un acte et en prose dans l'esprit des *Lettres persanes* (*), *Le Marchand de Smyrne* (1770), et avait remporté trois prix : deux de l'Académie de Marseille avec son *Combien le génie des grands écrivains influe sur l'esprit de leur siècle* (1767) et son *Éloge de La Fontaine* (1774) ; un de l'Académie française avec son *Éloge de Molière* (1769). Le *Dictionnaire dramatique,* qui est de lui pour l'essentiel, paraît en 1776. L'année suivante, il « se libère » de Condé qui se l'était attaché comme secrétaire des commandements. Sa notoriété est alors telle que Mme Du Deffand voit en lui un successeur possible de Voltaire (1778). Il est élu à l'Académie française (1782) mais, écœuré par Paris, se retire avec une veuve au manoir de

Vaudouleurs, près d'Étampes. Là, l'être meurtri qu'il est devenu coule les jours les plus heureux de son existence en compagnie d'une femme remarquable. Mais celle-ci meurt soudainement cinq mois plus tard. Chamfort continue pourtant à travailler. Il collabore aux *Considérations sur l'ordre de Cincinnatus* de Mirabeau (1784), brochure où est réduite à l'imposture la légitimité d'une noblesse se recevant des impératifs de l'histoire et du sang ; est nommé secrétaire ordinaire du Cabinet de Mme Elisabeth, sœur de Louis XVI, et reçoit, deux ans plus tard (1786), « en considération de ses travaux littéraires », une pension royale de deux mille livres. Mais 1789 approche. Pour vivre en acteur de la Révolution, il s'installe aux Arcades du Palais-Royal et milite dans l'ombre de Mirabeau qu'il « crée » à son image et à son langage ; rédige avec lui le discours *Des académies* ; prêche la démocratie dans divers journaux ; fonde avec d'autres la « Société de 1789 » ; compose les vingt-six premiers *Tableaux historiques de la Révolution française.* Entre-temps, les pensions ont été supprimées, et Chamfort est pratiquement démuni : il avait donné ses économies à la Révolution. Après un bref et malheureux passage à la tête de la *Gazette de France,* il est nommé en 1792, avec Carra, à la direction de la Bibliothèque nationale. « Je suis le ministre de l'argent, vous êtes le ministre de l'intelligence », lui écrit Roland. Mais avec la fin de la Convention girondine, Chamfort perd ses protecteurs et, encore qu'il ait été républicain de la première heure, Tobiesen-Duby, son subalterne au cabinet des Estampes, le dénonce au Comité de sûreté générale. Incarcéré aux « Madelonnettes », lui qui ne veut ni « pourrir » dans la vermine ni « satisfaire aux besoins de la nature en présence et en commun avec trente personnes », il jure, s'il en sort, qu'on ne l'y reverra plus. Il est libéré quarante-huit heures plus tard, mais placé sous la surveillance d'un gendarme. Sur ce, nouvelle dénonciation de Tobiesen-Duby. Devant être reconduit dans une maison d'arrêt, Chamfort, sous prétexte de se préparer, gagne son cabinet et se tire une balle dans la tête. La balle dévie sur son œil droit. Étonné de vivre, il se taillade la gorge et le corps à coups de rasoir, et s'effondre dans un cri. Toujours vivant, il est soigné et semble se rétablir. Cinq mois plus tard, pourtant, il succombe dans d'atroces douleurs, laissant derrière lui des cartons entiers de « petits carrés de papier ». C'est le très peu de ces papiers-fragments, « la plus grande partie » ayant disparu à sa mort et celle-là même qui avait survécu ayant été réduite de moitié (!), qui constitue les *Produits de la civilisation perfectionnée,* mieux connus sous le titre de *Maximes et pensées, caractères et anecdotes* (*), et le titre de gloire de Chamfort. L'acuité de son regard sur l'Ancien Régime finissant et la hauteur de son idéal politique, derrière l'apparent cynisme de sa vision des hommes, en font, avec sa verve de feu et ses désarrois de conscience sans faux-fuyants, le plus tragique des moralistes français.

HENRI MYDLARSKI.

♦ *« Voilà un jeune homme qui écrira comme on faisait il y a cent ans ! »* Voltaire. ♦ *« Quand j'ai eu le matin la conversation de Chamfort, elle m'attriste pour toute la journée. »* Mme Helvétius. ♦ *C'est une branche de muguet entée sur des pavots. »* Rivarol. ♦ *« Je me suis toujours étonné qu'un homme qui avait tant de connaissance des hommes eût pu épouser si chaudement une cause quelconque* [= la cause de la Révolution]. » Chateaubriand. ♦ *« Trop maladif et trop irrité pour mériter jamais d'obtenir une place dans la série des véritables mémorialistes, son nom restera attaché à quantité de mots concis, aigus, vibrants et pittoresques. »* Sainte-Beuve. ♦ *« Inconsolable des misères de l'homme, et portant noblement sa misanthropie comme la loyauté d'un galant cœur. »* Les Goncourt. ♦ *« Homme riche en profondeurs et en arrière-fond de l'âme, sombre, douloureux, ardent. »* Nietzsche. ♦ *« J'y ai pris beaucoup de plaisir, mais quelle sécheresse. »* Julien Green. ♦ *« C'est le récit d'une négation de tout qui finit par s'étendre à la négation de soi, une course vers l'absolu qui s'achève dans la rage du néant. »* Albert Camus.

RÉF. : Pierre-Louis Ginguené, « Vie de Chamfort » in *Œuvres de Chamfort, recueillies et publiées par un de ses amis,* Paris, an III (1795). — Maurice Pellisson, *Chamfort, étude sur sa vie, son caractère, ses écrits,* Paris, 1895. — Émile Dousset, *Un moraliste du* XVIII*e siècle : Sébastien-Roch-Nicolas Chamfort et son temps,* Paris, 1943 . — Julien Teppe, *Chamfort, sa vie, son œuvre, sa pensée,* Paris, 1950. — John Renwick, *Chamfort devant la postérité, 1794-1984,* Oxford, 1986. — Claude Arnaud, *Chamfort,* Paris, 1988.

CHAMISSO Adelbert von (Louis Charles Adélaïde). Écrivain allemand d'origine française. Né le 30 janvier 1781 au château de Boncourt (Champagne), mort à Berlin le 21 août 1838. D'illustre famille française émigrée en Allemagne lors de la Révolution, le jeune Louis Charles Adélaïde, qui prit ensuite le nom plus allemand d'Adelbert, devint page de la reine de Prusse à Berlin, et entra ensuite dans l'armée prussienne. Grâce à ses contacts avec le milieu romantique berlinois, il put pénétrer dans le monde de la littérature allemande. Mais la vie d'officier prussien ne pouvait le satisfaire, et il souffrait de la situation équivoque d'un homme appartenant à deux patries. Il avait, inconsciemment peut-être, la nostalgie de la France, et ce sera souvent le thème de ses poésies lyriques. Ce ne fut qu'en 1809 qu'il réussit à obtenir un congé de l'armée prussienne et put se rendre en France. Mis, à Paris, en présence de Mme de Staël, il fut immédiatement conquis par elle, la suivit en Suisse et demeura auprès d'elle jusqu'en 1812. De retour à Berlin, il décida d'étudier la médecine et les sciences naturelles, et s'inscrivit à l'université dans ce but, poursuivant également des études de botanique. Ce fut à ce titre qu'il prit part à l'expédition scientifique russo-allemande de 1815 à 1818, qui lui fit parcourir les mers du

Sud. À son retour en Allemagne, l'Académie lui ouvrit ses portes, et il se vit offrir le poste de directeur du Jardin botanique. Sa vie paraissant stabilisée, il se décida à se marier, et épousa une jeune fille de dix-huit ans qui le rendit père de sept fils ; union calme et heureuse, qui ne l'empêcha pas de publier des études de botanique d'une valeur scientifique considérable, ainsi qu'une grammaire hawaïenne qu'il avait préparée au cours de son voyage ; il dirigeait en outre le *Deutscher Musen-almanach* et écrivait ses plus belles pièces lyriques — v. *Poésies* (*). Un cycle de celles-ci, *Amour et vie de femme* (*), fut mis en musique par Schumann. La mort de sa femme, en 1837, brisa Chamisso à tel point qu'il ne songea plus qu'à la suivre dans la tombe. Ses œuvres sont assez éclectiques. On lui doit un *Faust* (1803), œuvre de jeunesse sans grande maturité ; en 1804, il publia ses premiers vers allemands dans l'*Almanach des Muses*, édité par Varnhagen et lui. Plus tard, à la suite d'une conversation avec son ami La Motte-Fouqué, il lui vint l'idée de l'homme qui a vendu son ombre, et il écrivit d'un seul jet son chef-d'œuvre, *Histoire merveilleuse de Peter Schlemihl* (*), publié en 1814 et qui le rendit célèbre. Son voyage dans le Pacifique lui avait inspiré un petit poème, *Salas y Gomez* (*), publié en 1829, et en 1836, peu de temps avant sa mort, il fit paraître son *Voyage autour du monde* [*Reise um die Welt*]. La vie de Chamisso fut d'un romantisme exemplaire. L'aspect fondamental de sa personnalité fut un tempérament sincère et lyrique, qui lui permit, en assimilant les modes et le ton de la poésie populaire allemande, de chanter avec la fraîcheur d'âme d'un enfant passionné.

VINCENZO MARIA VILLA.

♦ *« Je suis Français en Allemagne et Allemand en France, catholique chez les protestants, protestant chez les catholiques, philosophe chez les gens religieux et cagot chez les gens sans préjugés, homme du monde chez les savants et pédant dans le monde, jacobin chez les aristocrates et, chez les démocrates, un noble, un homme de l'Ancien Régime ; je suis un étranger partout. Je voudrais trop étreindre, tout m'échappe, je suis malheureux. »* Chamisso, sur lui-même. ♦ *« L'émigré français qui devint un Allemand, un savant et un citoyen allemand, et qui cependant, malgré tout, demeura si français. »* Varnhagen von Ense. ♦ *« La personnalité de Chamisso m'a toujours paru d'importance, surtout parce qu'elle me semble symboliser par un exemple individuel et à l'avance tout le développement de la littérature française moderne, dans la mesure où celle-ci a été appelée à la vie par la fécondation allemande. »* Hebbel, 1840. ♦ *« Chamisso apparaît comme un des poètes les plus notables depuis Schiller, comme un homme dont la personnalité digne d'amour mérite la reconnaissance joyeuse de tout un peuple. »* Gustav Freytag. ♦ *« C'est au monde entier qu'il semble donner un exemple de concorde : sa haute et loyale figure, dédaigneuse de tous les préjugés, de toutes les conventions, s'élève au-dessus des frontières d'aujourd'hui : héritier des idéalistes cosmopolites du XVIIIe siècle, il semble annoncer des temps à venir qui, pour le bonheur de l'humanité, ne connaîtraient plus que des citoyens du monde. »* R. Riegel.

RÉF. : Xavier Brun, *Adelbert de Chamisso de Boncourt*, Lyon, 1896. — Elisabeth Ehrlich, *Das französische Element in der Lyrik Chamissos*, Berlin, 1932. — René Riegel, *Adelbert de Chamisso, sa vie et son œuvre*, 1934, 2 vol. — P. Lahustein, *Adelbert von Chamisso Der Preuße aus Frankreich*, Munich, 1984.

CHAMPCENETZ chevalier de. Écrivain français. Né et mort à Paris (1759-23 juillet 1794). Neveu du gouverneur des Tuileries, il mena d'abord une vie très mondaine d'homme à bonnes fortunes, redoutable dans les duels, plusieurs fois enfermé pour ses incartades. Dans les salons, il jouit d'une réputation de bel esprit, et sa virtuosité dans le calembour le fit appeler l'« épigramme de la langue française » par son ami Rivarol, avec lequel il fit paraître *Le Petit Almanach de nos grands hommes* (*), d'une verve féroce à l'égard des partisans des « Lumières ». Officier des gardes-françaises au début de la Révolution, il donna sa démission lorsque ce corps passa sous le contrôle de la municipalité de Paris et, toujours avec Rivarol, lança *Les Actes des apôtres,* journal de pamphlets en vers et en prose. Pendant la Terreur, caché à Joigny et muni d'un certificat de civisme obtenu grâce à son ami de Saint-Méard, il fut pourtant arrêté et exécuté.

CHAMPFLEURY (pseud. de Jules François Félix Husson). Romancier et critique d'art français. Né à Laon (Aisne) le 10 septembre 1821, mort à Sèvres (Seine) le 6 décembre 1889. Fils d'un modeste employé, il ne possédait pas assez de ressources pour achever ses études, et dès son arrivée à Paris, vers sa vingtième année, dut travailler comme commis dans une librairie. Ses premiers articles parurent en 1844 et, après avoir adopté son pseudonyme sur le conseil de Houssaye, il effectua ses véritables débuts dans les lettres avec *Chien-Caillou, fantaisie d'hiver* (*) (1847), qui lui valut des éloges de Victor Hugo. Tout en donnant des pantomimes au Théâtre des Funambules (*Pierrot valet de la mort,* 1846 ; *Pierrot pendu,* 1847, etc.), et des critiques d'art à différentes revues où il attaque la postérité d'Ingres, les beaux-arts officiels, et défend Courbet, champion du réalisme, Champfleury continue de publier des romans qui, au lendemain du 2 décembre, bénéficient du regain d'intérêt pour les lettres, contrepartie de l'étouffement de la vie politique. Il écrivit alors ses meilleures œuvres : *Les Aventures de mademoiselle Mariette* (*) (1853), où il se révèle un peintre de la bohème supérieur à Murger, *Les Bourgeois de Molinchart* (*) (1854), *L'Usurier Blaizot* (1853), *M. de Boisdhyver* (1856) — roman de mœurs cléricales —, *La Succession Le Camus* (1858), histoire d'un héritage, le mieux construit peut-être des livres de Champfleury, etc. Après avoir fondé en

1856 une éphémère *Gazette de Champfleury,* il encouragea Duranty et ses jeunes amis à lancer la revue *Le Réalisme,* et publia lui-même sous ce titre (*) un recueil-manifeste. Les années suivantes seront principalement consacrées à des critiques d'art (*Les Frères Le Nain,* 1862, *Histoire de faïences patriotiques sous la Révolution,* 1866, etc.), et à une monumentale *Histoire de la caricature* en plusieurs volumes, parus à partir de 1865. Champfleury était également collectionneur, jusqu'à la manie, jusqu'à la maladie – il l'évoque dans *Le Violon de faïence* (1862), l'un des meilleurs romans de sa deuxième période ; ces romans ne connurent en général aucun succès. En 1872, la nomination de Champfleury comme conservateur du musée de Sèvres – où il devait mourir – lui fournit l'occasion de poursuivre ses travaux sur la céramique ; au cours de ses dernières années, il fit encore paraître de nombreuses études sur La Tour, Courbet, Wagner, Balzac, Nerval, *Henry Monnier, sa vie et son œuvre,* et des *Souvenirs et portraits de jeunesse* (1872). C'est d'un oubli assez injuste que sont victimes les romans de Champfleury, histoires de bourgeois de province, chronique laonnaise si exacte, si impitoyable qu'elle valut à l'auteur des difficultés avec les autorités du département. Thibaudet les considère comme « un des tableaux les plus solides d'une vie de province par quelqu'un qui la sent, qui l'a vécue ». Champfleury conserve cependant sa place dans l'histoire littéraire : passionné de vérité et d'observation, moraliste amer, il se targuait d'être l'inventeur du « réalisme », mais le génie de Flaubert a relégué Champfleury au second plan. Il y avait chez ce « champion de France pour les fautes d'orthographe durant tout le second Empire », comme le dit encore Thibaudet, un mépris en quelque sorte doctrinal de la forme qui l'opposa toujours à Flaubert, lequel écrivit *Madame Bovary* (*) comme un défi à son ami, pour lui prouver qu'on pouvait être réaliste et bien écrire. L'art vrai, soutenait au contraire Champfleury, consiste à « rendre des idées sans les faire danser sur la phrase ». Ainsi s'opposait-il aussi bien aux romantiques qu'aux Goncourt, en prônant une « utile réaction contre les faiseurs de ronsardisme, de gongorisme, les faiseurs de mots, les chercheurs d'épithètes » – les Goncourt se vengèrent, dans *Charles Demailly* (*), en mettant en scène Champfleury sous les traits de Pommageot, homme de lettres grotesque.

RÉF. : Baudelaire, *Œuvres posthumes.* – P. Eudel, *Champfleury, son œuvre, ses collections,* 1891. – M. Clouard, *L'œuvre de Champfleury,* 1891. – P. Martino, *Le Roman réaliste sous le second Empire,* 1913. – E. Bouvier, *La Bataille réaliste (1844-1857),* rééd. 1973.

CHAMPION DE CHAMBONNIÈRES Jacques. Compositeur français. Né à Paris ou à Chambonnières vers 1602, mort à Paris en 1672. Issu d'une famille de musiciens nommés Champion, il occupa dès 1611 les fonctions de joueur d'épinette de la Chambre du Roi, puis celles d'organiste de la Chapelle. Virtuose brillant et pédagogue renommé, il mena une existence fastueuse qui lui valut les critiques de ses contemporains et la disgrâce de la Cour (1662). Son œuvre de compositeur consiste en une série de *Pièces de clavecin* (*), publiées en deux livres. Ces pièces se regroupent en suites, opposant des pages lentes et vives, fondées sur des rythmes de danse contrastés. Certaines portent des titres évocateurs de portraits ou de paysages. Malgré leur origine parfois populaire, le ton de ces pièces est avant tout aristocratique et mondain. Nombre d'entre elles sont agrémentées d'un « double », variation enrichie d'ornements qui en font rebondir l'intérêt et en accusent le caractère décoratif. Ayant grandement contribué à forger le style français du clavecin, Champion de Chambonnières le transmit à ses nombreux et illustres élèves – les premiers Couperin, d'Anglebert, Lebègue. Au travers de Froberger, ses œuvres influencèrent aussi les clavecinistes allemands.

GILLES CANTAGREL.

RÉF. : Y. de Brossard, *Musiciens de Paris*, Paris, 1965.

CHAMPLAIN Samuel de. Navigateur français. Né au port de Brouage, en Charente, entre 1567 et 1570, mort à Québec en 1635. Il servit d'abord dans l'armée ; puis, sous les ordres d'un de ses oncles, marin, fit un voyage au Mexique, dont il a tenu le journal. Ayant là-bas découvert sa vocation d'explorateur, il quitta la France en 1603 avec l'assentiment d'Henri IV pour jeter les bases d'un établissement au Canada. Champlain reconnut une partie du pays, établit des relations avec les sauvages, prit le parti des Algonquins contre les Iroquois, fit un nouveau voyage en 1604 au cours duquel il explora le littoral de la Nouvelle-Angleterre, et, en 1608, fonda la ville de Québec. Après un premier hivernage très dur et une nouvelle guerre victorieuse contre les Iroquois, il parvint à donner a son établissement la puissance d'une véritable colonie. Son voyage de 1615 fut l'un des plus féconds : Champlain remonta la rivière des Outaouais, découvrit le lac Nipissingue, la baie Géorgienne, traversa un lac qui devait devenir le lac Ontario. Mais il veillait aussi au renforcement des fortifications de Québec dont il fut nommé gouverneur en 1620. Attaqué en 1627 par les Anglais, il fut contraint de capituler, fait prisonnier, ramené à Londres, puis en France où il intervint auprès de Richelieu pour obtenir la rétrocession du Canada, à la paix de Saint-Germain-en-Laye en 1632. Champlain reprit son commandement qu'il conserva jusqu'à sa mort (1635). Il a laissé une relation de ses *Voyages* (*).

RÉF. : Gabriel Gravier, *Vie de Samuel de Champlain*, Paris, et *Voyages de Samuel de Cham-*

plain, Saintongeais, père du Canada, Introd., choix de textes et notes par Hubert Deschamps, Paris, P.U.F., 1951. – La meilleure édition critique est celle publiée sous les auspices de l'université Laval par l'abbé C.-A. Laverdière, Québec, 1870, 6 vol.

CHAMPMESLÉ (pseud. de Charles Chevillet). Comédien et auteur dramatique français. Né et mort à Paris (1645-1701). Le principal titre de gloire de ce comédien et auteur dramatique est sans doute d'avoir épousé, en 1666 à Rouen, Marie Desmares qui, sous le nom de son mari, devait à partir de 1670 devenir l'interprète favorite et l'amie de Racine. De la vie de Charles Chevillet, sieur de Champmeslé, on sait fort peu de chose. Il jouait déjà depuis quelques années à Rouen avant d'y rencontrer la jeune tragédienne d'un an son aînée et de partir pour Paris avec elle. En 1669, ils sont tous deux au théâtre du Marais, puis à l'hôtel de Bourgogne – c'est là que la Champmeslé crée le rôle principal de la *Bérénice* (*) de Racine et lie son sort à celui du poète : elle interprétera les grands rôles du théâtre racinien jusqu'à *Phèdre* (*) –, enfin à l'hôtel Guénégaud. Entre-temps, Chevillet obtenait un certain succès d'auteur avec de spirituelles comédies de mœurs, telles que *Les Grisettes, Crispin chevalier.* L'histoire littéraire a plus particulièrement retenu *La Coupe enchantée* (*) longtemps attribuée à tort à La Fontaine.

CHAMPOLLION Jean-François, dit Champollion le Jeune. Égyptologue français. Né à Figeac (Lot) le 23 décembre 1790 et mort à Paris le 4 mars 1832. Il fait preuve très tôt d'une remarquable aptitude pour l'étude des langues anciennes. Le souvenir récent de l'expédition de Bonaparte en Égypte (1798) porte son attention sur le déchiffrement des hiéroglyphes. Après des études au lycée de Grenoble, il se rend à Paris en 1807 et suit les cours de l'École des langues orientales et du Collège de France. Il fréquente assidûment la Bibliothèque nationale et rassemble les matériaux de son premier ouvrage, *L'Égypte des Pharaons* (1814). En 1809, il retourne à Grenoble comme professeur d'histoire à l'université. Il a pu étudier la pierre de Rosette, stèle de granit découverte lors de fouilles en 1799 et revêtue d'inscriptions en trois langues (hiéroglyphes, écriture démotique et grec). Mais ce qui sera décisif pour Champollion, c'est la lecture, en janvier 1822, de l'obélisque de Philae : il a alors la révélation de l'égyptien ancien. Le 27 septembre, il fait état de sa découverte, véritable résolution linguistique et historique, devant l'Académie des inscriptions (*Lettre à M. Dacier*). Champollion complète ses recherches par un *Précis du système hiéroglyphique des anciens Égyptiens* (1824), auquel il ajoute la même année une *Notice*. Il se rend, en 1824, en Italie, principalement à Turin, afin d'y examiner la collection Drovetti, riche en documents archéologiques. De retour en France, en 1826, il fonde le musée égyptien du Louvre (musée Charles-X) et en devient le conservateur. Il publie une *Notice descriptive* (1827) de ses collections. En 1828, il réalise enfin son projet d'une expédition en Égypte – voir *Lettres et journaux écrits pendant le voyage d'Égypte* (*). L'Académie des inscriptions, après quelques réticences, consent à reconnaître le génie de Champollion et l'accueille dans ses rangs en 1830. Nommé en 1831 professeur au Collège de France, mais épuisé par ses travaux, il meurt en laissant inachevés deux manuscrits que son frère, Champollion-Figeac (1778-1867), lui-même archéologue, se chargera d'éditer (*Grammaire égyptienne*, 1836 ; *Dictionnaire égyptien en écriture hiéroglyphique*, 1841).

JACQUES-ÉMILE MIRIEL.

CHAMSON André. Romancier français. Né le 6 juin 1900 à Nîmes (Gard), mort en 1983 à Paris. Telles qu'elles apparaissent dans ses romans, la pensée, l'inspiration d'André Chamson sont inséparables de ses origines cévenoles et de ses racines calvinistes. Le terrien domine chez cet écrivain qui s'est plu en particulier à raconter l'épopée des camisards, et des hommes de son pays dans *Roux le bandit* (*) (1925), *Les Hommes de la route* (*) (1927), *Le Crime des justes* (*) (1928), *La Galère* (1939), *La Superbe* (1967), *La Tour de Constance* (1970) et *La Suite cénevole* (*). À travers ses ouvrages, André Chamson témoigne son intérêt sensible et passionné pour les résistants à toutes les oppressions, pour les marginaux qui donnent souvent l'exemple de la liberté. C'est pourquoi on retrouve André Chamson engagé lui-même dans les combats de la Résistance contre l'occupant nazi, après sa participation à la lutte antifasciste dans l'entre-deux-guerres. C'est pourquoi aussi il s'engage dans la célèbre « Brigade Alsace-Lorraine » aux côtés d'André Malraux. Conjointement à sa carrière de romancier, ce chartiste va mener ensuite une carrière d'administrateur public comme conservateur du musée du Petit-Palais de Paris où il a organisé les premières grandes expositions internationales de l'après-guerre, puis comme directeur général des Archives de France (1959-1971). Membre de l'Académie française dès 1956, André Chamson a raconté les tribulations de sa vie dans une sorte d'autobiographie romancée, *Le Chiffre de nos jours* (1954).

RÉF. : M. Berry, *Chamson, sa vie, son œuvre,* Paris, 1984.

CHANDLER Raymond. Romancier américain d'ascendance anglo-irlandaise. Né le 23 juillet 1888 à Chicago (Illinois), mort le 26 mars 1959 à La Jolla (Californie). Il part très jeune pour l'Angleterre où il fait des études classiques à Dulwich College. Il garde toute sa vie la marque de son éducation, complétée par un séjour en France et en Allemagne.

Revenu aux États-Unis, Chandler exerce divers métiers avant de s'engager en 1917 dans l'infanterie canadienne (il termine la guerre comme élève pilote). De retour à Los Angeles, il occupe divers emplois, se marie en 1924, et finit par devenir vice-président d'une compagnie pétrolière. Sa conduite fantasque l'amène à quitter la compagnie en 1932 et, à quarante-quatre ans, il décide de vivre de sa plume. Sa première nouvelle : *Les maîtres-chanteurs ne tuent pas* [*Blackmailers Don't Shoot,* 1933] est le début d'une longue collaboration à *Black Mask (Le Masque Noir)* — où il rencontre Dashiell Hammett — et autres magazines « policiers ». Il devient célèbre, avec son premier roman *Le Grand Sommeil* (*) (1939), suivi de *Adieu ma jolie* [*Farewell, my Lovely,* 1940]. Hollywood l'engage comme scénariste et il travaille notamment avec Billy Wilder. *La Fenêtre d'en haut* [*The High Window*] sort en 1942 ; *La Dame du lac* (*) en 1943 ; *Fais pas ta rosière* [*The Little Sister*] en 1949, après son départ des studios. *Sur un air de Navajo* [*The Long Good-Bye*] paraît en 1954 et son dernier roman, *Playback,* en 1958, un an avant sa mort. La Californie du Sud sert de toile de fond à ses romans où la vie américaine se déroule à travers l'œil du détective Philip Marlowe : « un homme complet et un homme ordinaire, et pourtant un homme inhabituel », ainsi le décrit Chandler dans son essai *L'Art tout simple d'assassiner* (+) (1950). Marlowe est aussi le chevalier sans armure constamment confronté à la violence, au crime, au pouvoir de l'argent, à une police et à des politiciens souvent douteux. Une ironie incisive, des dialogues percutants, un humour noir donnent à ces romans un ton, un style très original. Le goût du travail bien fait, l'art d'une poésie diffuse, la « recherche d'une vérité cachée » font de Chandler le peintre créateur d'une époque et d'une société. L'œuvre de Raymond Chandler a connu un succès considérable en Europe, et particulièrement en Angleterre.

JEANINE PAROT.

RÉF. : Franck MacShane, *The Life of Raymond Chandler,* New York, 1976. — Peter Wolfe, *Something More than Night : The Case of Raymond Chandler,* Bowling Green (Ohio), 1985. — William Marling, *Raymond Chandler,* Boston, 1986.

CHANNING William Ellery. Écrivain et théologien américain. Né à Newport (Rhode Island) le 7 avril 1780, mort à Bennington (Vermont) le 2 octobre 1842. Élevé selon les principes du puritanisme le plus rigoureux, il fut étudiant à l'école de théologie de Harvard et fut nommé pasteur de l'Église congrégationaliste de Boston en 1803. Le sermon qu'il prononça à Baltimore en 1819, pour l'ordination de Jared Sparks, marqua sa rupture avec le calvinisme orthodoxe, et devint, sous le titre *Le Christianisme unitarien* [*Unitarian Christianity*], le texte fondateur de l'unitarisme. Channing y adopte une position médiane, entre le calvinisme strict de Samuel Hopkins (1721-1803) et les audaces du déisme : la révélation et la raison ont été données à l'homme pour lui permettre de se guider, et ne sauraient donc être en contradiction l'une avec l'autre. Channing conserve pour les Écritures le plus grand respect, et reste conscient des limites de la raison humaine : *L'Examinateur chrétien* [*The Christian Examiner*]. Cependant, en affirmant dans un sermon de 1828, au titre significatif de « Semblable à Dieu » [Likeness to God], que « nous voyons Dieu autour de nous parce qu'il demeure en nous » et qu'« il y a des traces d'infini dans l'esprit humain », il devait encourager l'entreprise beaucoup plus radicale des transcendantalistes, et particulièrement de Ralph Waldo Emerson. En fait, Channing représente une figure ambiguë, à mi-chemin de l'unitarisme, qui vit en lui son porte-parole, mais dont il ne respectait pas toujours la prudence frileuse, et du transcendantalisme, dont il ne cautionna jamais les hardiesses, mais qui se réclama souvent de lui. Parmi les œuvres religieuses de Channing, on pourra lire également : *L'Argument moral contre le calvinisme* [*The Moral Argument against Calvinism*, 1820], *Les Preuves de la religion révélée* [*The Evidences of Revealed Religion*, 1821] et *L'Honneur dû à tous les hommes* [*Honor Due to All Men*, 1822]. Ajoutons qu'en dehors de son œuvre religieuse Channing s'exprima sans ambiguïté sur les grandes questions de son temps, par exemple dans *Remarques sur la vie et la personnalité de Napoléon Bonaparte* [*Remarks on the Life and Character of Napoleon Bonaparte*, 1828], dans *L'Esclavage* [*Slavery*, 1835], *L'Abolitionniste* (*) (1836), et *Les Devoirs des États libres* (*) (1842). Il s'intéressa également à la littérature, rencontra Wordsworth et Coleridge lors d'un voyage en Europe, en 1822-1823, et écrivit un essai remarquable sur les perspectives d'une littérature américaine authentique, dans *Remarques sur la littérature nationale* [*Remarks on National Literature*, 1830].

YVES CARLET.

RÉF. : William Henry Channing, *Memoir of William Ellery Channing*, Boston, 1873. — David P. Edgell, *William Ellery Channing : An Intellectual Portrait*, Boston, 1955. — Arthur Brown, *Always Young for Liberty : A Biography of William Ellery Channing*, Syracuse, 1956.

CHANTELOU Paul Fréart, seigneur de. Né en 1609 et mort en 1694. Frère de Roland, sieur de Chambray, critique d'art s'intéressant plus particulièrement à Léonard de Vinci, il fut un homme de haute culture, collectionneur et connaisseur raffiné. Il alla à Rome pour la première fois avec son frère afin de ramener Poussin en France, et subit visiblement l'influence de l'atmosphère qui régnait à l'Académie des beaux-arts, ainsi que l'on peut en juger par les expressions particulières avec lesquelles il rend et colore les discours de Bernin dans le fameux *Journal du* *voyage du cavalier Bernin en France* (*). En effet, Bernin avait été appelé par Colbert pour accomplir certains travaux réalisés au Louvre, et en 1665 le sieur de Chantelou fut désigné pour faire partie de son escorte. Aussi, du 2 juin au 20 octobre, rédigea-t-il un journal très précis, presque heure par heure, adressé à son frère et écrit sur son conseil, sur le voyage en France de Bernin. Nous trouvons dans celui-ci, outre des remarques personnelles sur les idées et l'activité de l'artiste, de précieuses indications sur l'ambiance artistique française de l'époque. Ce document important fut découvert dans la bibliothèque de l'Institut de France par Louis Lalanne, et fit l'objet d'une série d'articles dans la *Gazette des Beaux-Arts* de 1878 à 1885.

CHAO-YONG [Shao Yong] (appelé aussi Chao K'ang-sie et Chao Yao-fou, surnommé An Yue Sien-cheng). Philosophe chinois. Né à Fang-yand (Heu-nam) en 1011, mort en 1077. Il fut l'un des cinq célèbres penseurs contemporains de la dynastie Song du Nord (960-1227), précurseurs du néo-confucianisme. Ayant beaucoup lu dès son enfance, il était préoccupé des seules réalités intellectuelles, refusait d'user du chauffage en hiver ou de se servir d'un éventail en été. Pendant trente ans, il ne se reposa que sur le sol, sans oreiller ni natte. Afin d'augmenter sa culture, il voyagea dans le nord et le centre de la Chine. S'étant établi à Kong-tch'eng (Anhouei), il devint l'ami intime du magistrat local Li Tche-ts'ai. Après la mort de son père, il se rendit à Louo-yang et entretint des relations d'amitié avec Se-ma Kouang, Fou Pi et Han Tch'e. Notre philosophe continuait de vivre aussi modestement : sa cabane ne le protégeait ni du froid ni de la pluie, jusqu'au moment où ses amis achetèrent pour lui une petite maison et un petit jardin, qu'il appela son « nid de paix et de bonheur », et où il vécut jusqu'à sa mort. En 1235, sa plaque mortuaire fut placée dans le temple de Confucius et il fut canonisé sous le nom de K'ang-sie [Salut et Pureté], d'où son nom littéraire : Chao K'ang-sie. Son principal ouvrage est le *Livre des principes de divination appliqués à l'évolution historique ou Houang-tsi tsing-che chou,* traité de cosmogonie basé sur le nombre quatre — v. *Traité sur l'auguste faîte qui règle le monde* (*).

BENEDETTO FEDELE O.F.M.

CHAPELAIN Jean. Poète et critique français. Né à Paris le 4 décembre 1595, il y mourut le 22 février 1674. Fils d'un notaire, il fut de très bonne heure initié au latin et au grec, puis étudia l'espagnol et l'italien, il devint ainsi un fin connaisseur des littératures ancienne et moderne. La préface qu'il donna à l'édition originale du poème *Adonis* (*) de Giambattista Marino, publié à Paris en 1623, attira sur lui l'attention de Richelieu. On dit que c'est en lui tenant un discours sur les trois unités dramatiques qu'il acheva de gagner les grâces du cardinal qui le pensionna généreusement et fit de lui un arbitre très écouté en matière de littérature. Il joua un grand rôle dans la fondation et l'animation de l'Académie française qui, comme l'Académie florentine *della Crusca*, fut chargée d'exercer une sorte de critique officielle sur les lettres : au cours des ardentes discussions qui opposèrent partisans et adversaires du *Cid* (*) de Pierre Corneille, il fut le principal auteur des *Sentiments de l'Académie sur « Le Cid »* (*), en 1637, où il tenta de produire un jugement équilibré, conciliant les critiques demandées par Richelieu et les louanges qu'appelait le génie novateur de Corneille. D'ailleurs, les jugements prononcés dans ses *Lettres* (*), surtout celles de la première période, sont souvent marqués par ce ton conciliant, voire franchement indulgent. La réputation de cet « arbiter humanarum litterarum » était si grande que Colbert eut recours à lui pour rédiger des notices individuelles devant servir à l'établissement d'une liste de tous les écrivains européens dignes de recevoir une pension du roi, plus ou moins élevée selon les indications fournies.

Mais Chapelain souhaitait consacrer sa réputation de critique par une grande œuvre. On lui savait des ambitions poétiques. Bien qu'il n'eût publié que quelques odes (dont l'*Ode à Richelieu*, 1633), une traduction de *Guzman de Alfarache* (*) de Mateo Alemán et quelques poèmes, dont le plus connu est *Julie* — v. *La Guirlande de Julie* (*) —, l'on disait partout qu'il égalait ou surpassait Homère et Virgile ; pour en être sûr, on attendait impatiemment qu'il eût achevé *La Pucelle ou la France délivrée* (*) — v. *Jeanne d'Arc* (*) —, poème épique en vingt-quatre chants, auquel il travailla pendant vingt ans. On répétait : « Dans mille ans l'on parlera d'elle / ou l'on ne parlera de rien. » Mais quelle pluie d'épigrammes, quelle avalanche de satires en 1656, quand furent publiés les douze premiers chants, chacun de mille deux cents vers ! Les douze autres ne furent publiés qu'en... 1882. Tous les gens de bonne foi ne purent que déplorer les maladresses de la composition et la rugosité des vers. Et l'on chanta : « Depuis vingt ans on parle d'elle / Dans dix mois on n'en dira rien. » Les plaisanteries et les sarcasmes de Boileau (surtout), de Racine, de La Fontaine et de Molière furent virulents : la génération du classicisme triomphant se moquait ainsi d'un homme qui apparaît pourtant comme l'un des fondateurs les plus experts de sa doctrine.

LOUIS DELIBES.

CHAPELLE (pseud. de Claude-Emmanuel Lhuillier). Écrivain français. Né à La Chapelle-Saint-Denis près de Paris en 1626, mort à Paris en septembre 1686. Fils naturel de François Lhuillier, conseiller au Parlement, qui le fit légitimer plus tard, mais n'en fut pas moins contraint de le faire enfermer à plusieurs reprises dans la maison de correction de Saint-Lazare, il tira peu de profit de l'éducation qu'il reçut d'abord chez les jésuites, puis auprès du philosophe épicurien Gassendi. Sainte-Beuve devait dire de lui et non sans raison qu'il fut « un paresseux trop souvent ivre ». Au cours d'un voyage en Italie, il fut obligé de quitter précipitamment Rome après avoir mis le feu à tous ses papiers, vers compris, afin que l'on ne sût rien d'aventures qui devaient être douteuses. De retour à Paris, il fréquenta beaucoup plus assidûment la société gaillarde des cabarets que celle trop raffinée des salons. C'était un libertin et un grand épicurien, et il fut l'ami de Boileau, Racine, Molière et La Fontaine. Les ambitions littéraires ne lui manquaient pas et il rêva toute sa vie de composer un poème de philosophie épicurienne. Mais il était beaucoup plus facile et flatteur d'être prodigue en mots d'esprit venant aisément aux lèvres de chacun. Les recueils de Sercy, Barbin et les *Ménagiana* sont pleins de ses nombreux vers improvisés. Prosateur enjoué, plein de finesse, on lui doit ce charmant badinage qu'est le *Voyage en Languedoc* (*), qu'il écrivit en collaboration avec Bachaumont.

♦ *« Chapelle est intéressant parce qu'il nous aide à mieux connaître le milieu des "libertins" de la deuxième moitié du XVIIe siècle. »* D. Mornet.

RÉF. : J.-M. Pelous, « Le *Voyage* de Chapelle et Bachaumont », dans *La Découverte de la France au XVIIe siècle,* 1980. – L. Godard de Donville, « La Relation galante », dans *Marseille,* no 120, 1980.

CHAPMAN George. Écrivain anglais. Né près de Hitchin (Hartfordshire) vers 1559, il mourut à Londres le 12 mai 1634. Après avoir été étudiant au Trinity College d'Oxford et aussi quelque temps à Cambridge, il vint s'installer à Londres en 1576 et, grâce à la protection de sir Thomas Walsingham, du prince de Galles et du comte de Somerset, il commença une belle carrière littéraire. Ses amis étaient Edmund Spenser, Samuel Daniel, Christopher Marlowe – dont il termina le poème *Héro et Léandre* (+) –, Ben Jonson et l'architecte Inigo Jones (qui dessina le projet de son tombeau monumental à Saint-Giles-in-the-Fields). On sait aussi que Chapman est « le poète rival » des *Sonnets* (*) de Shakespeare. Quelques passages de ses œuvres font penser que notre auteur visita divers pays d'Europe et participa à la campagne de Hollande. En 1605, des pointes contre les Écossais contenues dans la comédie *Vers l'Est !* [*Eastward Ho !*], qu'il écrivit en collaboration avec Ben Jonson et John Marston, lui valurent la défaveur de la cour de Jacques Ier, qui était un Stuart, et il dut passer quelque temps en prison. Précurseur de la poésie métaphysique, il écrivit plusieurs pièces lyriques, et notamment *L'Ombre de la nuit* [*The Shadow of Night,* 1594] et le *Festin des sens d'Ovide* (*). Il traduisit aussi des poètes grecs et latins : ses deux traductions de l'*Iliade* (*), publiée en 1612, et de l'*Odyssée* (*), publiée en 1616, louées par un sonnet célèbre de Keats, sont restées classiques, malgré l'emphase de sa langue quelque peu baroque. On retrouve encore la fine culture humaniste de Chapman dans les pièces de théâtre qu'il écrivit pour la « compagnie de l'Amiral » sous la direction de Philip Henslowe ; l'influence de la comédie latine y rencontre celle de la « commedia dell'arte ». Citons : *Le Mendiant aveugle d'Alexandrie* [*The Blind Beggar of Alexandria,* 1596], *Tous fous* [*All Fools,* 1599], *Le Portier Gentilhomme* [*The Gentleman Usher,* 1603] et *Monsieur d'Olive* (*). La tragédie historique, genre où excellaient Marlowe et Shakespeare, devint pour lui un exercice précieux, comme dans la *Conspiration et tragédie du duc Charles de Biron* (*), pièce publiée en 1608, *Bussy d'Amboise* (*), de 1607, et la *Vengeance de Bussy d'Amboise* (+), publiée en 1613.

RÉF. : Léonce Chabalier, *Héro et Léandre, poème de Marlowe et Chapman, et sa fortune en Angleterre,* thèse, 1911. – Paul V. Kreider, *Elizabethan Comic Character Conventions, as revealed in the Comedies of G. Chapman,* Ann Arbor, 1935. – Jean Jacquot, *George Chapman,* thèse, 1951. – E. Rees, *The Tragedies of George Chapman,* Cambridge, Mass., 1954. – M. Mac Lure, *G. Chapman, a Critical Study,* London, 1966. – R. B. Waddington, *The Mind's Empire. Myth and Form in G. Chapman's Narrative Poems,* Londres, 1974.

CHAPPAZ Maurice. Écrivain suisse. Né le 21 décembre 1916 à Lausanne, d'une famille valaisanne appartenant autant à la terre qu'à la magistrature, d'où chez lui une tension dynamique entre nature et culture et un statut d'incertitude et de doute qu'il finira par considérer comme fécond.

Il acquiert une formation classique au collège de l'abbaye de Saint-Maurice (à Martigny, en Valais) de 1928 à 1937, où l'enseignement donné par des prêtres le marque profondément, nourrissant paradoxalement sa révolte individuelle aussi bien que son sens communautaire : « Loués soient les contemplatifs, affirmera-t-il rétrospectivement, mais l'événement formateur est toujours un scandale. » Là, il se confronte non seulement à l'étude mais aux grandes questions métaphysiques qui s'offrent aux élèves d'une façon tout existentielle. Il écrira : « Dans ce collège de Saint-Maurice deux seules vocations étaient admises : être prêtre ou être écrivain. [...] À la base de chaque choix, un parti pris d'absolu. Avec quels corollaires ? Le paradoxe plutôt que le lieu commun, une fantaisie passionnée et, s'il le fallait, l'exigence du "parce que c'est absurde". »

Il entreprend ensuite des études de droit à l'université de Lausanne, qu'il ne termine pas (1938-1940) ; tâte d'études de lettres à l'université de Genève, qu'il abandonne très vite et où il ne consent à suivre que les cours de

Marcel Raymond, le critique de *De Baudelaire au surréalisme* (*). Il renonce à cette orientation, opte pour sa marginalité et sa vocation : « un rossignol de passage ». Il décide, contre un modeste entretien et la garantie de sa liberté, de gérer les vignes que possède son oncle Maurice Troillet et d'en surveiller non seulement la vinification mais la vente (1951-1954). Il travaille ensuite comme aide-géomètre lors de la construction du barrage de la Grande-Dixence (1955-1958).

Cette tension d'origine sociale se double d'une ambivalence à la fois personnelle et atavique – propre au mode de vie paysan du Valais en vigueur jusque dans notre siècle – entre nomadisme et sédentarisme. Chappaz a besoin d'une famille – il épouse l'écrivain Corinna Bille en 1947, qu'il connaît depuis 1942, dont il a trois enfants et aujourd'hui plusieurs petits-enfants ; d'une maison qui joue le rôle de point fixe : ce sera Veyras-sur-Sierre (dès 1957), puis l'abbaye du Châble, appartenant à sa famille maternelle dont son fameux oncle Maurice Troillet, où il vit à l'heure actuelle ; des terres de vigne dont il connaît tout jusqu'au moindre cep et pierre de mur, et que bordent sommets, chaînes de montagnes, neige et ciel. Mais il lui est tout aussi vital de chercher ailleurs le pendant de ce qu'il a en propre, pour être tout ensemble désapproprié et propriétaire, libre et fixé, tel un marin, dans une double lumière et dans un double exil. « Il faut un "ici" avec son ambiguïté qui nous pince. Suisse romande : un ciel et une geôle. » Sa vie se confond donc avec ses livres, poétiques d'abord, récits ensuite, souvenirs et méditations enfin, et ses voyages dont certains marquants : Laponie (1968), Népal (1970), mont Athos (1972), en Russie par le Transsibérien avec Corinna (1979), en Chine où il réside à Pékin (1981), au Liban (1982), au Spitzberg en cargo (1986).

Les œuvres poétiques de Maurice Chappaz marquent toutes les étapes existentielles d'un parcours qui va du livre à la réalité : *Les Grandes Journées de printemps* (+) (1944), *Verdures de la nuit* (+) (1945), *Testament du Haut-Rhône* (+) (1953), *Le Valais au gosier de grive* (+) (1960), *Chant de la Grande-Dixence* (+) (1965), *Office des morts* (+) et *Tendres Campagnes* (+) (1966), *A rire et à mourir* (+) (1983) – v. *Poésies* (*).

Les récits prennent des formes diverses, de l'évocation à l'échange épistolaire, du lyrisme à l'invective, du dialogue fictif à la description ; l'auteur procède toujours par fragmentation, découpage, saut et rupture, et le fil narratif se recompose dans l'esprit du lecteur interpellé de mille manières. Les uns plongent leurs racines dans le Valais archaïque et mystique comme le *Portrait des Valaisans en légende et en vérité* (*) (1965) et *Le Match Valais-Judée* (+) (1968) et ouvrent, la colère aidant, sur la veine poético-pamphlétaire de Chappaz : *Les Maquereaux des cimes blanches* (+) (1976). Les autres explorent l'espace, horizontal et vertical, des montagnes et des vallées, d'ici et d'ailleurs : *La Tentation de l'Orient* (1960), *La Haute Route* (1974), *Lötschental secret* (1975), *La Haute Route du Jura* (1977).

Deux traductions d'auteurs de l'Antiquité, en collaboration avec Eric Genevay, complètent et approfondissent le travail poétique de Chappaz : les *Idylles* (*) de Théocrite (1951) et les *Géorgiques* (*) de Virgile (1954).

Les incessants va-et-vient entre l'écrivain, sa vie et son œuvre culminent ces dernières années dans des travaux d'édition relatifs à l'œuvre de Corinna Bille et à l'autobiographie que Chappaz médite depuis des années. Correspondance avec son oncle Maurice Troillet : *Le Gagne-Pain du songe* (1990) ; évocation de souvenirs autour de la vie et de la mort de Corinna Bille : *Octobre 1979* et *Le Livre de C.* (1986) ; portraits de deux figures tutélaires, l'une politique et essentiellement diurne, Maurice Troillet, l'autre seigneuriale et artiste, le peintre Edmond Bille, père de Corinna : *La Veillée des Vikings* (1990) ; préparation d'une autobiographie, dont une partie a paru sous le titre de *L'Apprentissage* (1977) ; enfin publication éparse de pages de Journal qu'il tient depuis 1980 : « Le Journal, c'est celui de l'huître qui imagine la perle. »

Trois caractéristiques principales distinguent l'œuvre de Maurice Chappaz et permettent de l'orienter. Tout d'abord, l'écrivain recourt constamment au lyrisme tant dans ses poèmes que dans ses récits, ses pamphlets que ses échanges épistolaires. Il propose l'engagement personnel comme seul capable d'assurer souffle et durée à l'inspiration poétique. Sa veine lyrique s'accompagne, en vers et en prose, de procédés de distanciation comme l'humour, le rire et l'ironie qui indiquent cette part d'irréductibilité, de liberté et de doute qui habite son être. L'image, proche en son principe de celle définie par André Breton et Philippe Soupault, ainsi que les figures de la rupture et du heurt, dynamisent son écriture lyrique qui passe, avec une précision inouïe, du monde familier et concret aux visées spirituelles les plus justes et les plus enjouées. Le but étant de se lancer d'incessants défis pour vivre au cœur d'un présent perpétuel. « Et j'écris quand j'ai besoin de vivre. » La deuxième caractéristique est l'absence notable de fiction. Chappaz utilise constamment d'une part la première personne comme garantie de l'auteur et de son vécu tout comme de ses vues anticipatrices audacieuses et d'autre part le pays du Valais, plaines et montagnes, en tant que lieu familier et biographique aussi bien que comme « pays de la Bible », c'est-à-dire une grande référence mythique. Quant à la troisième, elle réside dans une extrême liberté. Nulle frontière entre les genres littéraires : pour Chappaz, le lyrisme s'accommode aussi bien de la prose que de la poésie ; la polémique engage simultanément le vécu et l'imaginaire ; contes, légendes et mythes sont plus près de l'autobiographie que du roman. Récits, poèmes, lettres, pamphlets traitent tous d'un seul et même sujet, métaphysique s'il en est : la quête de l'origine. La reconnaissance du mystère de la naissance se lit, avec lucidité et humilité, dans les signes de la disparition, de la perte, de la fin ; ainsi l'écrivain va-t-il de l'*Apocalypse* à la *Genèse*, selon un mouvement qui alimente toute son œuvre, et suivant une réflexion reposant sur le principe de l'analogie universelle. Il refuse toute méthode déductive et tout déterminisme causal ; une de ses formules l'explicite ainsi : Le « progrès » tend à remplacer le « royaume » ou « Fichtre : qu'Eckart remplace Descartes ! ».

DORIS JAKUBEC.

CHAPPUZEAU Samuel. Écrivain français. Né et mort à Paris (1625-1671). Par sa famille, Chappuzeau appartenait à la noblesse de robe, de religion protestante. Après avoir fait ses études à Châtillon-sur-Loing et à Genève, il connut une existence vagabonde, parcourant l'Europe et tâtant de divers métiers pour subsister. Il voyagea en Angleterre, dans les Pays-Bas, en Suisse, en Allemagne et en Italie, fut secrétaire de la duchesse de Hesse-Cassel et précepteur de Guillaume d'Orange. Chappuzeau s'adonna aussi à de nombreux travaux alimentaires de librairie, parmi lesquels on peut mentionner *Le Cercle des femmes, entretien comique tiré des « Colloquia » d'Érasme* (*) (1656), œuvre qui est loin de n'être qu'une traduction et fait une large part à l'observation personnelle — il semble que Molière s'en soit inspiré dans *Les Précieuses ridicules* (*) —, sa traduction des *Colloques* (*) d'Érasme sous le titre de *Les Entretiens familiers* (1662) ou encore les *Six voyages de J. B. Tavernier... qu'il a faits en Turquie, en Perse et aux Indes* (1676) — mise en forme des notes rapportées par l'illustre voyageur. Parmi les œuvres personnelles de Chappuzeau, relevons un roman, *Ladice ou les Victoires du grand Tamerlan,* une tragi-comédie, *Damon et Pythias ou le Triomphe de l'amour et de l'amitié* (1657), deux comédies de mœurs, *L'Académie des femmes* qui, avant Molière, s'attaque de nouveau aux Précieuses et annonce *Les Femmes savantes* (*), et *Le Riche mécontent ou le Noble imaginaire* (*) (1662), dont le sujet n'est pas sans anticiper sur celui du *Bourgeois gentilhomme* (*). Ces rapprochements ne sont pas, au demeurant, très surprenants puisque Chappuzeau était en relations avec la troupe de Molière. Mais l'œuvre la plus intéressante de Chappuzeau demeure son *Théâtre français* (*) (1674) qui contient de précieuses indications sur la vie des comédiens et reste une source essentielle sur ce sujet habituellement négligé au XVIIe siècle.

RÉF. : Fr. Meinel, *Samuel Chappuzeau,* Leipzig, 1908.

CHAR René. Poète français. Né à L'Isle-sur-la-Sorgue (Vaucluse) le 14 juin 1907, mort à Paris, le 19 février 1988. En 1918, il entre au lycée d'Avignon, fait en 1924 un séjour en Tunisie, entre à l'école de commerce de Marseille, accomplit deux années de service militaire à Nîmes. Il entre alors en contact avec le surréalisme. Il publie en 1928 ses premiers poèmes, *Les Cloches sur le cœur.* Ses vrais débuts datent de *Arsenal* (1929). Éluard vient alors le voir à L'Isle-sur-la-Sorgue. René Char se rend à Paris et rencontre Aragon, Breton... Il collabore au numéro 12 de *La Révolution surréaliste* (*), figure avec Buñuel et Dalí parmi les jeunes membres du groupe surréaliste entre 1930 et 1934. En 1930, il publie *Ralentir travaux* (*), écrit en collaboration avec Éluard et Breton. En 1934, il regroupe un certain nombre de ses poèmes dans *Le Marteau sans maître* (*) et s'éloigne du surréalisme. Il dédie *Placard pour un chemin des écoliers* (*) (1937) aux enfants espagnols morts pendant la guerre civile et poursuit sa quête poétique dans *Dehors la nuit est gouvernée* (*) (1938) et *Le Visage nuptial.* Mobilisé en 1939, il entre dans la Résistance en 1940 — où il va devenir le capitaine Alexandre. Période qui se reflète dans *Feuillets d'Hypnos* (+) (1946), écrits dans le maquis. Le recueil *Seuls demeurent* est publié en 1945 ; il reparaît en 1948 avec *Feuillets d'Hypnos, Les Loyaux Adversaires, Le Poème pulvérisé* et *Fontaine narrative* dans le recueil collectif *Fureur et Mystère* (*). René Char se retire à l'Isle-sur-la-Sorgue, mais il n'hésite pas à l'occasion à manifester son indignation, notamment lorsqu'il s'élève contre l'installation de fusées sur le plateau d'Albion (1966). Mais c'est à la poésie qu'il se consacre avant tout. Les recueils se succèdent : *Le Soleil des eaux* (*) (spectacle pour une toile de pêcheurs, 1949), *Les Matinaux* (*) (1950), *À une sérénité crispée* (*) (1951), *Lettera amorosa* (+) (1953), *Recherche de la base et du sommet* (*) (1955), *La bibliothèque est en feu* (1957), *La Parole en archipel* (*) (1962), *Retour amont* (+) (1966), *Trois coups sous les arbres* (*) (1967), *Le Nu perdu* (*) (1971), *Aromates chasseurs* (1975), *Chants de la Balandrane* (1977). En août 1970 est morte Yvonne Zervos, à qui René Char avait dédié plusieurs poèmes. En 1973 disparaissent Picasso et Louis Fernandez, qui avait travaillé avec Char pour plusieurs livres. En 1978 meurt Georgette Goldstein, la première femme de Char, à qui avait été dédié *Le Marteau sans maître*. Malgré un grave accident cardiaque en 1978, René Char publie *Fenêtres dormantes et porte sur le toit* (1979), *La Planche de vivre*, anthologie de traductions (en collaboration avec Tina Jolas) en 1981, puis les *Voisinages de Van Gogh* (1985). Mais l'*Éloge d'une soupçonnée* (*) (1988) sera posthume. Son dernier poème intitulé « L'Amante » est dédié à sa seconde femme, Marie-Claude Char, qu'il a épousée en octobre 1987. « À présent que la bougie s'écœure de vivre, l'écoute rougeoie aux fenêtres. »

Poésie, éthique, poétique, tels sont les trois

vocables autour desquels s'articule l'œuvre de René Char. Dans *Partage formel*, il repousse l'image surréaliste au profit d'un « âpre ascétisme allégorique, la conquête des pouvoirs extraordinaires dont nous nous sentons profusément traversés mais que nous n'exprimons qu'incomplètement faute de loyauté, de discernement cruel et de persévérance ». Le rêve, l'écriture automatique, l'inconscient peuvent fournir des poèmes. Mais gare aux stéréotypes, aux contrefaçons.

Être poète, c'est faire, agir. Certains tiennent René Char pour un grand poète politique qui a « le plus pathétiquement réagi à notre histoire depuis 1945 » (Georges Mounin). Mais les fragments de *Feuillets d'Hypnos* ne peuvent être considérés comme des textes de circonstance : ils justifient une lutte, un refus permanent. René Char nous le dit dans *Recherche de la base et du sommet*, il s'est élevé dans la Résistance contre tout ce qui plaquait « sur les gerçures de mon visage une gifle de fonte rouge ». Au poète de préparer ensuite l'avenir pour que les monstres ne reparaissent pas. Cette poésie de la « fureur » et du « mystère » se retourne alors sur elle-même pour retrouver la fraîcheur de son origine, la violence de son surgissement. Ici, plus d'éloquence, le mot sorti du silence et qui y retourne, l'aphorisme qui explose et retombe dans son obscurité première. Par là, René Char fait penser à Héraclite dont les fragments ont une concision qui résulte de « cet effort qu'a dû faire l'expression pour parvenir à se situer entre le "tout" et le "rien" ; elle s'est déprise du silence mais, ne pouvant tout dire, elle s'est rattachée à ce Sens qu'elle n'épuise pas dans les mots qui en proviennent » (Jean Brun, *Les Présocratiques*). Union de la poésie et de la pensée que René Char célèbre, comme l'a reconnu Heidegger. Mais la poésie est première, attente de la pensée et de la parole. Il en résulte des textes difficiles, d'une richesse inépuisable : ancrée dans les splendeurs du monde, notamment celles du paysage vauclusien où vit le poète. Dépouillement, rigueur. La poétique est une éthique, une recherche du court-circuit d'images qui provoque le contact entre des mots et des règnes (végétal, animal...) qui s'opposent. « Je m'inquiète de ce qui s'accomplit sur cette terre, dans la paresse de ses nuits, sous son soleil que nous avons délaissé – Je m'associe à son bouillonnement. » Cette poésie prend ainsi en charge des expériences multiples, des instants de beauté menacés par l'Apocalypse. Lors de la publication de *Dans la pluie giboyeuse*, René Char déclare : « Étant un peu plus encore délivrés de l'espérance, nous nous approchons d'autant d'une nouvelle liberté-vérité du monde de l'homme. »

Poésie, éthique, poétique sont orientées vers un but unique : créer de la beauté vécue dans l'exaspération des contradictoires, « sur la ligne hermétique de partage de l'ombre et de la lumière. Mais nous sommes irrésistiblement jetés en avant. Toute notre personne prête aide et vertige à cette poussée ». Beauté qui se manifeste pour René Char aussi bien dans la poésie que dans le théâtre, la critique et parfois même le ballet. Il est significatif qu'un musicien aussi exigeant que Pierre Boulez, dans sa première période créatrice, ait donné une version musicale à plusieurs textes de ce poète, saluant « la violence taillée de ses paroles, son paroxysme exemplaire, sa pureté ». Beauté intransigeante qui ne suppose aucune compromission avec les mots d'ordre sociaux, avec ce qui viole l'ordre mystérieux de la terre. Beauté active, convulsive et contrôlée à la fois, où tous les hommes, s'ils ont la patience d'écouter le poète, pourront se retrouver au sein d'une *Commune présence* (*) – titre d'un choix de poèmes paru en 1964 et augmenté en 1978. La poésie, par des chemins escarpés, cherche à rassembler les hommes. Ce que René Char disait dans la dédicace de la première partie de *Recherche de la base et du sommet* fut et demeure son intention avouée : « *Pauvreté et privilège* est dédié à tous les désenchantés silencieux, mais qui, à cause de quelques revers, ne sont pas devenus pour autant inactifs. Ils sont le pont. Fermes devant la meute rageuse des tricheurs, au-dessus du vide et proches de la terre commune, ils voient le dernier et signalent le premier rayon. Quelque chose qui régna, fléchit, disparut, réapparaissant devrait servir la vie : notre vie des moissons et des déserts et ce qui la montre le mieux en son avoir illimité. On ne peut pas devenir fou dans une époque forcenée bien qu'on puisse être brûlé vif par un feu dont on est l'égal. » Le poète est celui qui commence et qui rassemble. Et moins que jamais il n'est question de s'accommoder du chaos et de la violence – celle de l'Histoire entre autres. Dans *Aromates chasseurs*, il est dit : « Il y a ceux qui ont bu l'eau de la baignoire de Marat, et nous qui avons frissonné à l'horizon de Saint-Just et de Lénine. Mais Staline est perpétuellement imminent. On conserve avec des égards la mâchoire de Hitler... » Dans ce poème, Orion, chasseur aveugle, chemine entre les formes mythologiques qui parsèment le ciel et les senteurs de la terre. Le poète a-t-il trouvé une sérénité qui n'a plus rien de crispé ? Non, l'éclair continue à jaillir. Mais René Char se tient désormais dans les profondeurs du temps dont il tamise l'or. « Je voudrais que mon chagrin si vieux soit comme le gravier de la rivière : tout au fond. Mes courants n'en auraient pas souci. » Solitude qui n'est pas isolement mais incitation pour les hommes à « regarder la terre sur laquelle ils vivaient et à la tutoyer en baissant les yeux ».

GUY LE CLEC'H.

♦ *« Une part de sa grandeur, celle qui le rend sans égal en notre temps, vient de ce que sa poésie est révélation de la poésie, poésie sur la poésie, et, comme dit Heidegger à propos d'Hölderlin, poème de l'essence du poème. »* Maurice Blanchot. ♦ *« Il n'y a ici aucune éloquence, aucune exagération pathétique – mais le poète donne spontanément à tout ce qu'il voit et à tout ce qu'il dit une valeur incommensurable, une grandeur sacrée. Le sentiment de ce qu'il y a de sacré dans l'homme, le monde et la parole du poète : voici ce qui nous exalte chez René Char. »* Gaétan Picon. ♦ *« René Char incarne aujourd'hui, par ses ambitions, son sens du mystère poétique, son attitude intransigeante, la poésie moderne dans la victoire qu'elle a fini par remporter sur tout ce qui se pare plus ou moins frauduleusement de ce nom. »* Maurice Nadeau.

RÉF. : Georges Mounin, *Avez-vous lu Char ?*, Paris, 1946 nouv. éd. 1989. – Numéro spécial de *L'Arc*, 1963. – Pierre Guerre, *René Char*, Paris, 1971. – *Cahiers de l'Herne*, numéro consacré à René Char, Paris, 1971. – Jean-Claude Mathieu, *La Poésie de René Char, ou le Sel de la splendeur*, Paris, 1984. – Éric Marty, *René Char*, Paris, 1990. – Paul Veyne, *René Char en ses poèmes*, Paris, 1990.

CHARCOT Jean Martin. Médecin français. Né à Paris le 29 novembre 1825, mort le 16 août 1893 au lac des Settons (Nièvre). On le considère comme le « père de la neurologie » et comme l'une des sommités de la médecine au XIXe siècle. Dès l'âge de trente-cinq ans, il était professeur d'anatomie pathologique. Après deux années de pratique clinique, il entra à la Salpêtrière qui, en tant qu'hôpital – en partie psychiatrique – devait lui permettre, étant chargé du service des femmes hystériques (dites « convulsionnaires »), de faire ses célèbres *Leçons sur les maladies du système nerveux faites à la Salpêtrière* (*), publiées en trois volumes entre 1873 et 1884. Ces cours, traduits dans toutes les langues, lui procurèrent à la fois renommée et fortune. En 1879, il organisa à son hôpital un musée anatomico-pathologique et un laboratoire où il mit au point ses thérapeutiques à base d'hypnotisme – dont Freud, qui était au nombre de ses assistants, devait tirer la psychanalyse. Élu membre de l'Académie de médecine en 1873, et membre de l'Académie des sciences en 1883, il s'occupa de nombreuses maladies, depuis la mystérieuse « sclérose en plaques » jusqu'aux localisations cérébrales, en passant par celle qu'il appela « épilepsie jacksonienne » en hommage à son prédécesseur. Son nom reste attaché à de nombreux symptômes dont, le premier, il établit la valeur séméiotique. Parmi ses œuvres, il convient de rappeler : *De l'expectation en médecine* (1857) ; *De la pneumonie chronique* (1860) ; *La Médecine empirique et la Médecine scientifique* (1867) ; *Leçons cliniques sur les maladies des vieillards et les maladies chroniques* (1868) ; *Leçons sur les maladies du foie, des voies biliaires et des reins* (1877) ; *Leçons sur les localisations dans les maladies du cerveau et de la moelle épinière* (1880) ; enfin, notons un aspect moins connu de son talent d'écrivain révélé par : *Iconographie photographique de la Salpêtrière* (1878-1881) ; *Les Démoniaques dans l'art* (1887) ; *Les Difformes et les malades dans l'art* (1889), ces deux derniers volumes écrits en collaboration avec Riquer. Les *Œuvres complètes* du Dr Charcot furent publiées à Paris en neuf volumes entre 1886 et 1890.

RÉF. : Dr Bérillon, *Histoire de l'hypnotisme expérimental,* 1902. – L. Daudet, *Charcot ou le Césarisme de Faculté,* dans : *Les Œuvres dans les hommes,* 1922. – V. Christiansen, *Centenaire de Charcot,* 1925. – Dr G. Guillain, *J. M. Charcot, sa vie, son œuvre,* 1955.

CHARDIN Jean. Voyageur français. Né à Paris le 25 novembre 1643, mort à Londres le 26 janvier 1713. Fils d'un riche joaillier protestant, dès l'âge de vingt-deux ans il fut envoyé par son père dans les Indes orientales, parvint jusqu'à Surate, rentra par la Perse et s'arrêta à Ispahan, où il séjourna six ans, après avoir reçu du shah le titre de « marchand du roi », étudiant soigneusement le gouvernement, les mœurs, les coutumes, les habitants, et visitant à deux reprises, en 1666 et en 1667, les ruines de Persépolis. De retour en France en 1670, il repartit pour l'Asie le 16 août 1671, passa une dizaine d'années en Perse et aux Indes, doubla le cap de Bonne-Espérance, et arriva à Londres le 14 avril 1681. Les persécutions contre les protestants le décidant à rester en Angleterre, ce fut là qu'il fit paraître, en 1686, la première partie de son *Journal du voyage du chevalier Chardin en Perse...*, qu'il ne put achever qu'en 1711, le roi Charles II, qui lui avait donné le titre d'« esquire », l'ayant envoyé entre-temps dans les Provinces-Unies en qualité d'ambassadeur – v. *Voyage de Paris à Ispahan* (*).

CHARDONNE Jacques (pseud. de Jacques Boutelleau). Écrivain français. Né à Barbezieux (Charente) le 2 janvier 1884, mort à La Frette (Val-d'Oise) le 29 mai 1968. Son père était un pur Charentais et dirigeait une importante maison de cognac. Sa mère était une Américaine, fille de ce David Haviland qui avait fondé à Limoges une fabrique de porcelaine dont la renommée fut mondiale. Ainsi est-ce dans la grande bourgeoisie protestante qu'a grandi le futur écrivain. Toutefois, ses parents n'étaient ni sévères, ni possessifs : ils laissaient l'enfant libre de ses allées et venues dans la petite ville où il noua vite des amitiés et des amours. Il a dit que la douzième année était l'âge de la passion. Il était attiré par le théâtre et par le cirque. Il fonda un éphémère journal, *Le Loufoque,* avec ses amis Henri et Geneviève Fauconnier qui, plus tard, écriraient des livres eux aussi. Il a lui-même évoqué son adolescence dans *Le Bonheur de Barbezieux* (*). Il devait quitter sa ville natale à l'âge de dix-huit ans. Cette année-là, tandis que son ami Henri Fauconnier s'embarque pour la Malaisie, il devient secrétaire du préfet du Puy-en-Velay, tout en préparant son baccalauréat. Il ne retournera pas à Barbezieux que ses parents, soudainement ruinés, viennent de quitter pour Paris où il les rejoint. Il s'inscrit à la faculté de droit et à l'École des sciences politiques. Il y retrouve un ami de Barbezieux,

Maurice Delamain. Après la licence, c'est le service militaire. On envoie le jeune Jacques au Havre, mais on le réforme vite pour maladie pulmonaire. C'est pendant sa convalescence qu'il écrit son premier ouvrage, *Catherine* (*) (1904), qu'il garde dans ses tiroirs et qu'il ne publiera que soixante ans plus tard. Les médecins lui conseillent d'aller vivre dans un pays chaud. Le voici en Tunisie, où il s'essaie aux affaires, en travaillant dans une pêcherie, puis dans une entreprise de nourriture pour le bétail. Il s'intéresse aussi aux plantations malaises de son ami Fauconnier et il y gagnera quelque argent qui lui permettra, à son retour à Paris, de trouver un emploi chez le libraire-éditeur P. V. Stock : celui-ci cherchait en effet un secrétaire qui serait en même temps son commanditaire. À la même époque, Chardonne se marie avec une jeune fille de Bordeaux, rencontrée à Royan, Marthe Schÿler-Schröder, dont il aura deux enfants. Parmi les premiers livres qu'il choisit de faire éditer, on citera *L'Hérésiarque* (*) d'Apollinaire et le *Toi et Moi* (*) de Géraldy. Un peu plus tard, il propose à P. V. Stock un nouvel apport de fonds, à condition que soit créée une société en commandite. Ce qui est fait. Mais P. V. Stock passe ses nuits à jouer au poker au Cercle de la Presse et il n'hésite pas à puiser dans la caisse de la librairie quand la chance l'abandonne. Chardonne fait alors dissoudre la société par décision de justice et le malheureux Stock se voit condamner à rembourser en deux ans les sommes que son secrétaire lui a avancées. Or il s'en trouve incapable. Mais la guerre survient et l'exécution du jugement se trouve ajournée. Chardonne est versé dans l'auxiliaire et affecté comme infirmier à l'hôpital militaire d'Aulnay-sous-Bois. Bientôt il est définitivement réformé et va s'installer en Suisse dans le village de Chardonne, dont il adoptera le nom pour écrire. Il y vivra quatre ans, d'abord seul, puis avec sa femme qui le rejoint avec leur fils Gérard. C'est là qu'il écrit *L'Épithalame* (*) et c'est là que naît sa fille France. *L'Épithalame* est un roman du couple. Le tissu narratif traditionnel fait place à une succession de scènes où l'on peut discerner l'influence de Tolstoï que Chardonne considérera toujours comme le maître des maîtres. En 1919, retour en France. Le commerce des livres a été prospère pendant la guerre et P. V. Stock aurait pu souvent rembourser ses dettes. Mais il a préféré jouer au poker. Il ne veut pourtant pas que sa maison revienne à son ancien secrétaire. Il met son fonds aux enchères en février 1921. Malheureusement pour lui, aucun acquéreur sérieux ne se présente. Finalement, c'est toute la maison Stock – le local et le fonds – qui est cédée aux commanditaires pour le montant de leur créance. Celle-ci appartient maintenant à une société que Chardonne vient de créer avec son ami Delamain. La Librairie Stock devient ainsi Librairie Delamain et Boutelleau. Chardonne confiait que cette opération, imposée par les circonstances, était l'un des deux remords de sa vie (sur l'autre, il s'est tu). Cependant, P. V. Stock recevrait jusqu'à sa mort une pension versée par ses successeurs et sa veuve en bénéficierait à son tour. Première œuvre éditée par Delamain et Boutelleau, *L'Épithalame* paraît en octobre 1921. Le livre obtiendrait le prix Goncourt si l'on n'apprenait que l'écrivain Chardonne et l'éditeur Boutelleau ne sont qu'un seul homme. Mais la presse est enthousiaste, le meilleur article étant celui de Léon Blum. Patron de la maison Stock, Chardonne s'est surtout intéressé à la littérature étrangère : la collection « Le Cabinet cosmopolite » est le modèle des diverses séries « du monde entier » qu'ont entreprises d'autres éditeurs. Mais Chardonne fut aussi l'éditeur préféré de Cocteau qui publia chez lui des romans, des poèmes et des essais. Dès 1922, Chardonne se sépare de sa femme, dont il ne divorcera qu'un peu plus tard. Il vit d'abord seul à l'hôtel. Le désarroi qu'il éprouve provoque un nouvel accès de tuberculose. Les médecins le condamnent. Six mois à Chamonix lui rendent la santé. Il rentre à Paris et vit quelque temps avec une chanteuse de l'Opéra-Comique, Lucie Vautrin, qui lui conseille de s'installer dans la grande banlieue sur les coteaux de La Frette qui dominent la Seine. Il s'y fait construire une maison. La maison prête, il est tombé amoureux d'une autre jeune femme rencontrée à Paris au hasard de ses promenades. C'est avec elle qu'il se marie et s'installe à La Frette. Cette épouse se fera connaître elle-même plus tard comme écrivain sous le nom de Camille Belguise. Le deuxième roman de Chardonne, *Le Chant du bien-heureux*, paraît en 1927, six ans après *L'Épithalame.* Sa production devient ensuite régulière : *Les Varais* (1929), *Éva* (*) (1930), *Claire* (*) (1931). Tous ces ouvrages établissent sa réputation de « romancier du couple ». C'est avec *Claire* qu'il connaît pour la première fois les gros tirages. Il se transforme en essayiste dans *L'Amour du prochain* (1932), puis entreprend un vaste roman familial, *Les Destinées sentimentales* (*) (trois volumes qui paraissent de 1934 à 1936), où il met en scène les marchands de cognac et les fabricants de porcelaine qu'il connaît depuis son enfance. Puis il revient aux problèmes du couple avec *Romanesques* (*) (1937) qui marque la fin de sa première époque. Pendant quelques années, l'essayiste va prendre en lui le dessus, requis par les grands problèmes du temps. Il entend défendre des valeurs menacées et se situe dans la tradition libérale. Un volume intitulé *Chronique privée* paraît en 1940 avant la défaite des armées et ne prête pas à polémique. Il en va différemment avec *Chronique privée de l'an 40* qui voit le jour en 1941 et dont quelques pages surprennent et scandalisent plus d'un lecteur : Chardonne y dit que nous avions vécu dans les illusions et qu'il faut ouvrir les yeux à la réalité. Les critiques qu'il soulève l'amènent ensuite à écrire *Voir la figure* où il affirme que la France pourrait s'intégrer honorablement dans l'Europe nouvelle qui se dessine. Le livre qui se veut réaliste est l'œuvre d'un rêveur. En 1942, Chardonne fit un choix dans les trois volumes parus depuis la guerre et en retrancha les pages qui prêtaient à polémique : le nouveau livre ainsi obtenu parut sous le titre *Attachements* et fut la dernière publication de Chardonne pendant l'Occupation. Il n'en allait pas moins connaître quelques moments difficiles à la Libération. Se trouvant en Charente, il fut arrêté et retenu quelques semaines à la prison de Cognac. On le relâcha sans qu'il ait été jugé. Il ne passerait jamais devant un tribunal quelconque, le Parquet de Versailles qui étudia son dossier n'y trouva rien qui offrît matière à inculpation. Pourtant le Comité de Libération de La Frette réclamait sa tête. Chardonne ne put rentrer chez lui tant que les passions ne furent pas calmées. Il composa alors un livre appelé *Détachements,* où il prend en effet ses distances avec une époque détestable. Ce livre qui ne parut qu'après sa mort est un livre charnière, car Chardonne allait faire peau neuve. Il allait inventer une nouvelle forme littéraire : des œuvres de composition libre où il mêlerait souvenirs, nouvelles et réflexions. Son style deviendrait de plus en plus musical et aérien : *Chimériques* (*) (1948), *Vivre à Madère* (1953), *Le Ciel dans la fenêtre* (*) (1959), *Demi-Jour* (*) (1964) comptent parmi les chefs-d'œuvre de la prose française. Après la guerre, il avait laissé la direction des éditions Stock à Maurice Delamain. Désormais, on l'appela « l'ermite de La Frette », mais il quittait souvent son ermitage et y recevait aussi des amis. Il comptait beaucoup de grands admirateurs dans les nouvelles générations de romanciers, de Nimier à Déon, de Marceau à Nourissier. Sa correspondance occupait ses matinées. Dans les dernières années, Morand et lui s'écrivaient presque quotidiennement, c'était leur manière à eux de tenir un journal. Très conscient de sa valeur, Chardonne aimait répéter le mot de Hugo : « le vieux s'estime », mais tous les amateurs en matière littéraire pensaient qu'il avait bien raison d'être content de lui.

JACQUES BRENNER.

♦ *« Si la postérité est juste, elle placera les œuvres de Chardonne à côté de celles des plus grands moralistes français. »* Edmond Jaloux. ♦ *« Chardonne, architecte et entrepreneur, crée entièrement son matériau et le secret ne s'en devine point. C'est léger comme du verre le plus fin, et rien d'autre que la barbarie ne la brisera. »* Henri Clouard. ♦ *« L'art le plus subtil et le plus naturel ; parvenu à son extrême décantation, il garde tout son frémissement. »* Marcel Arland. ♦ *« On croit trop à la langueur suivant Rousseau et à la dureté selon Retz ; la réconciliation s'opère très bien quand on lit Chardonne. »* Roger Nimier. ♦ *« Chardonne est le plus grand prosateur de notre temps. »* Jean Rostand.

RÉF. : Ginette Guitard-Auviste, *La Vie de Jacques Chardonne et son art,* 1953. – Pol Vandromme, *Chardonne, c'est beaucoup plus que Chardonne,* 1962. – Paul Morand, *Un puritain voluptueux,* 1970. – G. Guitard-Auviste, *Chardonne ou l'incandescence sous le givre,* Paris, 1984.

CHARITON d'Aphrodisie. Romancier grec. On connaît son pays d'origine, mais non sa vie. Nous savons en effet, lui-même l'affirme au début de son roman, qu'il était originaire d'Aphrodisie, en Carie, et qu'il fut secrétaire du rhéteur Athénagoras. D'ailleurs, les noms de Chariton et d'Athénagoras nous sont attestés par des inscriptions trouvées sur le site de l'antique Aphrodisie. La chronologie de Chariton reste, cependant, très discutée. On pensa, à un moment donné, le placer parmi les derniers représentants du roman grec (ve siècle ap. J.-C.). Mais la découverte de plusieurs papyrus du IIe et du IIIe siècle, contenant des fragments de son roman, *Les Aventures de Chaeréas et Callirhoé* (*), va à l'encontre de cette position. Au livre V du roman, les plaidoyers de l'Ionien Dionysios et du Perse Mithridate laissent entrevoir la lutte entre deux écoles de rhétorique, représentant respectivement l'éloquence attique et asiatique. On devrait donc situer Chariton plutôt entre le Ier siècle av. J.-C. et le IIe siècle ap. J.-C. Il serait le premier romancier à nous avoir laissé une œuvre intacte.

PAUL SCHUBERT.

CHARLEMAGNE. Charles, dit le Grand Empereur d'Occident. Né en 742, probablement le 2 avril, mort au palais d'Aix-la-Chapelle, le 28 janvier 814. Son père était Pépin, dit plus tard le Bref ; sa mère Bertrade était fille de Caribert, comte de Laon. Charles naquit plusieurs années avant la célébration du mariage de ses parents, qui n'eut lieu qu'en 749. Un autre enfant, Carloman, devait naître de cette union en 751. Charles avait neuf ans lorsque Pépin, jusqu'alors maire du palais du dernier Mérovingien, Childéric III, se fit proclamer, en novembre 751, à Soissons, roi des Francs. C'est le jeune garçon, alors âgé de onze ans, qui salua, de la part de son père, le pape Étienne II à son arrivée en France ; quelques mois plus tard, à Saint-Denis, le pontife procédait au renouvellement du sacre de Pépin et sacrait ses deux fils, Charles et Carloman : il défendait aux Francs, sous peine d'excommunication, de se choisir un souverain hors de la descendance de Pépin. Lorsque ce prince mourut, après avoir affermi son autorité par plusieurs campagnes militaires, il laissait le royaume à ses deux fils : Charles reçut l'Austrasie et la Neustrie, Carloman, la Provence, la Septimanie, l'Alsace et l'Alémanie. Des difficultés inévitables surgirent immédiatement entre les deux rois, difficultés qui durèrent jusqu'à la mort de Carloman en 771. L'opposition entre les papes et Didier, roi des

Lombards, amena Charles à faire, en 773, une campagne en Italie où la puissance lombarde fut écrasée ; il en remporta le titre de patrice des Romains, qui lui fut décerné par le pape, et la couronne de fer de roi des Lombards.

Désormais, les destins de l'Église et de la monarchie franque étaient étroitement liés. La Saxe, païenne et insoumise, faisait peser une menace constante sur l'État franc ; au cours de campagnes menées de 772 à 785, Charles imposa le régime franc à ces tribus belliqueuses et les fit baptiser. De même, il réduisit le trop indépendant duc de Bavière, Tassilon, et soumit le pays des Avars (Hongrie). Le royaume avait pour frontières celles qui furent les limites de la chrétienté médiévale. Le jour de Noël 800, aux acclamations de la foule qui crie : « À Charles Auguste, couronné par Dieu, grand et pacifique, empereur de Rome, vie et victoire », Léon III met sur la tête du roi la couronne impériale. C'était marquer la résurrection de l'empire d'Occident disparu en 476. Toutefois, l'empire « n'est point un régime, mais un idéal moral ; il signifie l'unité de l'Occident sous un chef qui exerce la plénitude du pouvoir temporel dans l'intérêt de la république chrétienne » (J. Calmette). Il convient en effet de noter que Charles ne revêtit qu'une fois le costume impérial romain et ce sur la demande expresse du pape. Il est avant tout le roi des Francs et des Lombards. La conquête, en 803, de Barcelone, qui marquait la fin des guerres d'Espagne et complétait la « marca hispanica » (la future Catalogne), semblait une revanche pour l'expédition manquée où fut vaincue à Roncevaux l'arrière-garde de l'armée et où mourut Roland le 15 août 778 – v. *Chanson de Roland* (*). La bonne entente qui régnait entre Charles et le puissant khalife de Bagdad, Hâroûn al-Rachid – v. *Les Mille et Une Nuits* (*) –, la reconnaissance finale de l'empire d'Occident par les souverains byzantins, la lutte contre les Tchèques de Bohême, les Slaves de la rive droite de l'Elbe, les Danois, enfin contre les pirates sarrasins, devaient encore consolider cette énorme puissance qui, sous des successeurs indignes de lui, fit bientôt la preuve de sa fragilité.

Nous connaissons mal la personnalité de Charlemagne. Il était certainement grand (sept pieds, dit Éginhard, ce qui en ferait un géant ; il est vrai qu'il ajoute « de taille élevée sans rien d'excessif ») et corpulent, il ne portait pas la barbe contrairement à la légende. « D'une physionomie gaie et ouverte... toujours affable, il donnait une forte impression d'autorité et de dignité » (Éginhard). La simplicité de sa mise était fort grande, « son costume différait peu de celui des hommes du peuple » (*id.*). Il n'avait que peu de goût pour l'apparat. Robuste, Charles pratiquait les sports, surtout l'équitation, la chasse et la natation. Il épousa, en premières noces, probablement en 770, une fille de Didier, roi des Lombards, mais il la répudia l'année suivante ; il se maria ensuite avec Hildegarde qui appartenait à la maison ducale alamane – il en eut plusieurs enfants, dont trois fils, Charles, Pépin et Louis – et qui mourut en 783 ; il épousa alors Fastrade qui était de la race des Francs orientaux et, à la mort de celle-ci, une Alamane, Liutgarde (796). À sa mort, Charles ne laissait qu'un fils légitime, Louis, le futur Louis le Débonnaire, roi d'Aquitaine, couronné empereur par son père en septembre 813. Il avait eu de plusieurs concubines – nous connaissons le nom de quatre d'entre elles – de nombreux bâtards, dont Pépin, dit le Bossu, lequel, exaspéré par les duretés de la reine Fastrade, se révolta contre son père.

S'il est un des traits de Charlemagne qu'il convient de souligner ici, c'est le goût sincère et profond qu'il a toujours marqué pour les lettres et les arts, ainsi que le rôle personnel déterminant qu'il joua dans le renouveau qu'on appelle la renaissance carolingienne. Charles n'avait cependant reçu qu'une éducation sommaire. C'est à l'âge d'homme qu'il apprit le latin et s'efforça de comprendre, sinon de parler, le grec. Il voulut également apprendre à écrire mais, malgré une bonne volonté dont Éginhard nous a donné de touchants témoignages, les résultats furent peu encourageants. Profitant de la présence en son palais de savants éminents qu'il avait attirés de fort loin, il se mit à l'étude de la grammaire sous la direction de Pierre de Pise, de la rhétorique, de la dialectique, et de l'astronomie sous celle d'Alcuin. Cet amour des lettres et des arts, Charles voulut le faire partager à l'élite de son peuple. La première mesure qui s'imposait était de rénover l'instruction du clergé qui, sous les derniers Mérovingiens, était dans un état de décadence lamentable ; pour ce faire, le roi des Francs ordonna la fondation d'écoles dans les monastères, destinées à enseigner les rudiments, tandis que dans les écoles épiscopales nouvellement créées on enseignait les arts libéraux (trivium et quadrivium). L'École du Palais, où des jeunes gens étaient instruits aux frais de l'empereur, et l'Académie palatine, dont celui-ci était le premier élève, montraient l'exemple. Mais, surtout, Charles sut s'entourer des hommes les plus éminents de son temps, d'où qu'ils vinssent, et leur témoigna toujours non seulement sa faveur mais sa déférence. Parmi eux et au premier rang il faut citer l'Anglo-Saxon Alcuin, qui eut le mérite insigne de sauver de l'oubli une grande part de l'héritage intellectuel de l'Antiquité ; l'Italien Pierre de Pise, grammairien ; le Germanique, élevé d'ailleurs en Italie, Paul Diacre, grammairien et historien ; l'Espagnol Théodulf, évêque d'Orléans et organisateur de l'enseignement. Leur œuvre fut continuée par les disciples d'Alcuin dont le plus éminent fut Raban Maur qui eut lui-même pour élèves, à Fulda, Walahfrid Strabo, Loup de Ferrières et Otfrid.

Si Charles n'a laissé aucun écrit personnel, au témoignage d'Éginhard, il aurait composé ou plutôt dicté une grammaire de la langue nationale (franque), des transcriptions d'anciens « poèmes barbares où étaient chantées l'histoire et les guerres des vieux rois », des recueils, enfin des lois de tous les peuples placés sous sa domination, et c'est sous son inspiration que furent rédigés les *Capitulaires* (*) et les *Annales royales* – v. *Histoire de France* (*) –, ces dernières par les clercs de la chapelle palatine. Enfin, parce que, aussitôt après sa mort, la figure de l'empereur était devenue légendaire, elle n'a cessé d'occuper pendant plusieurs siècles une place de tout premier plan dans l'histoire littéraire.

JACQUES BROSSE.

♦ *« Le trait peut-être le plus essentiel du caractère de Charlemagne est son attachement profond à la religion chrétienne. Non seulement il croit et il pratique avec assiduité, mais la diffusion et la défense du christianisme sont sa préoccupation constante. »* F. L. Ganshof.

RÉF. : Angilbert, *Carmen*, 801. – Éginhard, *Vie de Charlemagne*, écrite avant 829. – Poeta Saxo, *De gestis Caroli magni*, fin du IXe siècle. – Le Moine de Saint-Gall, *De gestis Caroli imperatoris.* – Hauréau, *Charlemagne et sa cour*, Paris, 1868. – M. Roger, *L'Enseignement des Lettres classiques d'Ausone à Alcuin. Introduction à l'histoire des écoles carolingiennes*, Paris, 1905. – E. Patzelt, *Die karolingische Renaissance, Beiträge zur Geschichte der Kultur des frühen Mittelalters*, Vienne, 1924. – H. Friedrichs, *Die Gelehrten um Karl des Grossen in ihren Schriften, Briefen und Gedichten*, Berlin, 1931. – M. L. Laistner, *Thoughts and Letters in Western Europe A.D. 500 to 900*, Londres, 1931. – Wahl, *Karl der Grosse*, Berlin, 1934. – Kleinclausz, *Charlemagne*, Paris, 1934. – L. Halphen, *Charlemagne et l'Empire carolingien*, Paris, 1947.

CHARLES D'ORLÉANS. Poète français. Né le 24 novembre 1394 en l'hôtel Saint-Pol, à Paris ; mort à Amboise le 5 janvier 1465. Fils de Louis de France, duc d'Orléans (fils de Charles V et frère de Charles VI), et de Valentine, fille de Jean Galéas Visconti, duc de Milan. Sa jeunesse fut douloureuse et orageuse, et la tristesse qui s'en dégage assombrit sa vie entière. Tout jeune, à treize ans (1407), il pleure son père, assassiné par les sicaires du duc de Bourgogne, Jean sans Peur, dans la rue Barbette, qui en garde des allures de coupe-gorge. Le voici, chargé par sa mère, Valentine Visconti (1408), épouse inconsolable du plus volage des maris, amant de la reine Isabeau de Bavière, d'une vengeance qu'il doit poursuivre et qui pèse sur les épaules de ce jeune Hamlet. À quatorze ans, il épouse Isabelle de France, fille de Charles VI, qui avait quelques années de plus que lui et était déjà veuve de Richard II, roi d'Angleterre. Isabelle met au monde un enfant, Jeanne, qui épousera Jean II, duc d'Alençon, et meurt (1409). À vingt ans, Charles épouse Bonne, fille de Bernard VII, comte d'Armagnac et connétable de France ; elle mourra en 1415 sans postérité. Alors que Jean sans Peur se fait absoudre de son crime par les théologiens et que Jean Petit écrit son apologie, ce qui soulève l'indignation de Gerson, recteur de l'université de Paris, Charles est devenu, malgré lui, chef de parti. Il vend les joyaux de sa famille pour payer ses troupes et se rallie aux Armagnacs. À partir de 1410 – il n'a que seize ans –, il mène la vie pleine de dangers des camps de partisans. Son mariage avec Bonne d'Armagnac consolide sa situation d'opposant ; il obtient de Charles VI le désaveu de l'assassinat de son père et commence à paraître à la Cour. Charles est brave et prend part à la bataille d'Azincourt, le 25 octobre 1415, où il est relevé, blessé, d'entre les morts, par les Anglais. Puis, c'est une captivité de vingt-cinq années dans les brouillards et les châteaux lugubres d'Angleterre, qui lui font écrire dans la langue qu'il a apprise : « In black mourning is clothed my corage » [Mon cœur s'enveloppe dans le noir]. La fille de Chaucer, devenue lady Suffolk, lui donne bien quelques consolations de tous ordres, qui ne lui font pas, cependant, oublier sa jeune femme, Bonne d'Armagnac, mais surtout sa patrie qu'on a la cruauté de lui faire voir dans les brumes du lointain : « En regardant vers le pays de France, / Un jour m'advint à Douvres sur la mer, / Qu'il me souvint de la douce plaisance / Que je pouvais audit pays trouver, / Si commençai de cœur à soupirer / Quoique certes un grand bien me faisait / De voir France que mon cœur aimer doit. » Il est un peu défaitiste, notre Charles, et donnerait tout, son corps et son âme à la paix à laquelle il aspire et qui le rendrait à ses foyers : « Priez pour paix, douce Vierge Marie, / Reine des cieux et du monde maîtresse, / Faites prier par votre courtoisie, / Saints et saintes, et prenez votre adresse / Vers votre Fils, requérant sa Hautesse, / Qu'il lui plaise son peuple regarder, / Que de son sang a voulu racheter, / En déboutant guerre qui tout dévore. / Priez pour paix, le vrai trésor de joie. » Il charme ses loisirs forcés en composant de délicats et raffinés poèmes. De son exil, il rapportera un recueil de *Ballades* et la plupart de ses *Chansons*, dont quelques-unes ont d'ailleurs été composées avant son exil.

En 1440, Charles d'Orléans, veuf depuis de longues années, épouse Marie, fille d'Adolphe, duc de Clèves, femme coquette et lettrée, qui lui est proposée ou imposée par les Bourguignons. En 1441, contre forte rançon, il est libéré et rentre en France. D'abord, il se laisse entraîner dans les intrigues des deux partis qui cherchent à l'attirer dans leur camp, puis il se tourne vers le duché de Milan sur lequel il fait valoir les droits qu'il tient de sa mère. Mais déjà François Sforza s'est emparé du duché. Charles, enfin, se retire loin de la cour parisienne et de l'hôtel Saint-Pol, et se réfugie dans son château de Blois, où l'on peut voir encore ses appartements et la célèbre *vis* (escalier), recevant la noblesse d'épée, celle de robe, et de plume, voire un vagabond de génie : François Villon, qui participera au concours de ballades, sur le refrain : « Je meurs de soif aux bords de la Fontaine. » Mais, plus que le bruit des fêtes, il aime le silence de la solitude, les allégories, sorties de son imagination, dansant autour de lui la carole de ses pensées, et pareilles à celles qu'inventait, dans la première moitié du XIIIe siècle, son compatriote, Guillaume de Lorris, pour son *Roman de la Rose.* Bien avant les Musset de l'époque romantique, il porte son cœur en écharpe et dit de lui-même : « Je suis celui au cœur vêtu de noir. » Et bien avant les Maeterlinck du symbolisme, il se représente en aveugle, cherchant ses chemins à travers les ténèbres : « Aveugle suis, ne sais où aller doie. / De mon bâton, afin que ne fourvoie, / Je vais tâtant mon chemin çà et là, / C'est grand pitié qu'il convient que je soie / L'homme égaré qui ne sait où il va. » Cependant, il a des consolations, celles que lui apporte le printemps, par exemple, célébré par nos poètes depuis les trouvères et les troubadours. Qui ne connaît le *Rondel du printemps :* « Le temps a laissé son manteau / De vent, de froidure et de pluie, / Et s'est vêtu de broderie, / De soleil luisant clair et beau », qui devait s'accompagner de la délicieuse musique du temps des Ockeghem et des Dufay, ces bons compositeurs de Flandre et du Hainaut. Sa consolation, il la trouve encore, tel un orfèvre, dans la perfection de son art, ciselant ses difficiles rondels dans la forme abba, abab, abbaba, avec triple retour du vers initial, ou dans la ballade de la forme ababbecded, trois fois répétée, avec un envoi, qui est une demi-strophe, et dont François Villon donnera le modèle. Pas plus lui que les auteurs du *Livre des cent ballades* (1395), il n'a découvert ce beau secret de la prosodie française de l'alternance des rimes féminines et masculines, qui sera réservé au Ronsard de la *Continuation des amours* de 1555. Mais c'est lui faire tort que de ne le connaître que par ses petites pièces à forme fixe, et parfaite ; il sait, quand il le veut, et que les circonstances l'inspirent, s'élever à la grande éloquence, comme dans la *Complainte de France :* « France, jadis on te voulait nommer / En tous pays le trésor de noblesse / Car un chacun pouvait en toi trouver / Bonté, honneur, loyauté, gentillesse, / Science, sens, courtoisie, prouesse, / Tous étrangers aimaient à te suivir. / Ore, je vois, ce dont j'ai déplaisance / Qu'il te convient maint grief mal soutenir. / Très chrétien, franc royaume de France. » Mon irritation n'en est que plus vive de constater qu'il ne sut pas trouver de pareils accents pour célébrer Jeanne, la Bonne Lorraine, comme a fait Christine de Pisan, en son *Dittié de Jeanne d'Arc* — v. *Jeanne d'Arc* (*) —, et François Villon dans sa *Ballade des dames du temps jadis* — v. *Testaments* (*). Cependant, elle avait, au prix de sa vie et selon sa mission et l'ordre de ses voix, délivré, en 1429, sa bonne ville d'Orléans. Il se crut quitte pour lui avoir payé une robe. C'est peu. Mais il n'importe. Ce prince poète est un grand poète, faisant à deux siècles de distance écho à son émule le roi chansonnier, Thibaut de Champagne et de Navarre, et annonçant... qui ? Personne, les princes, les rois et les empereurs ne s'étant plus, depuis, mêlés de poésie.

GUSTAVE COHEN.

♦ *« Charles d'Orléans est le mieux doué de tous les poètes qu'ait eus la France depuis les plus fins et gracieux poètes de la langue d'oc, et il serait au milieu d'eux comme leur chef et leur maître de chœur. »* E. Faguet. ♦ *« Il sait mesurer la phrase à l'idée, le poème au sujet. Pas de grandes machines ni de vastes compositions ; quand il s'y essaie, il ennuie, mais il n'essaie pas souvent. Il a de petits fragments d'idées, de fines pointes de sentiments, une mousse légère d'esprit : avec goût, mot nouveau, chose nouvelle. Il détermine les dimensions du cadre où une telle inspiration aura toute sa valeur : rondeaux, ballades, virelais, c'est l'affaire de quelques vers et pas plus. Ses sujets sont peu de chose : la banalité de l'amour courtois, la banalité du renouveau qui chasse l'hiver. Mais il a le don du style : il renouvelle ces thèmes usés à force de grâces imprévues, d'images fraîches... »* G. Lanson. ♦ [La poésie de Charles d'Orléans] *n'a rien de nouveau pour le fond ni pour la forme ; elle emploie tout le matériel allégorique et symbolique du* Roman de la Rose *et l'utilise dans des rondeaux et des ballades comme Eustache Deschamps ; mais la personnalité charmante du poète renouvelle tout cela ; jamais on n'a dit des riens avec plus de grâce et de finesse ; jamais les sentiments doux, tendres sans vraie passion, mélancoliques sans vraie tristesse, n'ont trouvé un interprète plus délicat ; jamais l'ironie sur soi-même et sur les autres n'a été plus légère et plus bienveillante ; jamais avant lui le français n'avait été manié avec cette aisance et cette adresse. »* Gaston Paris. ♦ *« Si Charles d'Orléans n'avait pris soin de réunir ses essais poétiques dans de beaux manuscrits, nous saurions à peine aujourd'hui que ce grand personnage fut un des poètes les plus remarquables de son temps. Au* XV*e siècle en effet, on ne semble pas avoir attaché plus d'importance aux délassements poétiques du bon duc qu'aux vers de tant d'autres grands seigneurs, ses aînés ou ses contemporains, vers d'amateurs destinés à vivre un instant et rien de plus. Louis XII et François Ier partagèrent à cet égard l'indifférence dédaigneuse de leur époque et les poésies de Charles d'Orléans, qu'on ne songea pas à faire imprimer, restèrent manuscrites et inconnues jusqu'au milieu du* XVIII*e siècle. »* A. Piaget. ♦ *« M. Gaston Paris a comparé Charles d'Orléans à Henri Heine ; pour nous, nous le rapprocherions plus volontiers du délicieux Horace et du poète persan Omar Khayyam. C'est le même épicurisme souriant et désabusé, enfermé dans de petits poèmes d'une forme parfaite. »* Jean-Marc Bernard.

RÉF. : Ferdinand Kuhl, *Die Allegorie bei Charles d'Orléans,* Marburg, 1886. — Ernest Charvet, *La Mort du duc Charles d'Orléans (1547),* Amiens, 1888. — Georg Bulbrich, *Ueber Charles d'Orléans...,* Berlin, 1893. — Pierre Champion, *Histoire poétique du* XV*e siècle,* id., *Vie de Charles d'Orléans,* Paris, 1911. — A. Perreau, *La Véritable Édition originale des poésies de Charles d'Orléans,* Paris, 1923. — S. Cigada, *L'Opera poetica di Charles d'Orléans,* Milan, 1960. — D. Poirion, *Le Poète et le Prince,* Paris, 1964. — J. Fox, *The Lyric Poetry of Charles d'Orléans,* Oxford, 1969. — P. Tucci, *Charles d'Orléans,* Milan, 1970. — Sh. Sasaki, *Sur le thème de Nonchabir dans la poésie de Charles d'Orléans,* Paris, 1974. — A. Planche, *Charles d'Orléans ou la recherche d'un langage,* Paris, 1975.

CHARLES-ROUX Edmonde. Écrivain français. Née le 7 avril 1920 à Neuilly-sur-Seine. Fille du diplomate François Charles-Roux, elle est élevée à Prague, puis à Rome, où elle fait ses études au lycée Chateaubriand, son père ayant été nommé ambassadeur auprès du Saint-Siège. La découverte de l'Italie, plus particulièrement de l'Italie du Sud, l'influence profondément, la Sicile étant découverte à travers la lecture des romans d'Elio Vittorini et de Brancati. Infirmière pendant la guerre, elle est affectée en 1944 au cabinet du général de Lattre de Tassigny. Après sa démobilisation, elle débute dans le journalisme à l'hebdomadaire *Elle* puis est rédactrice en chef de l'édition française de *Vogue* (1950-1966). Elle publie son premier roman en 1966 : *Oublier Palerme* (*) qui reçoit le prix Goncourt. En 1971 paraît *Elle, Adrienne* : histoire d'une couturière excentrique, double de Chanel, évoluant dans un milieu européen aristocratique et décadent. Elle écrit des biographies : *Stèle pour un bâtard : Don Juan d'Autriche : 1547-1578* (1959), *L'Irrégulière ou Mon itinéraire Chanel* (1974) ; des essais : *Amour de la Provence* (1978), *Le Temps Chanel* (1979), *Un désir d'Orient* (1989), une évocation de la jeunesse d'Isabelle Eberhardt. On doit également à Edmonde Charles-Roux un *Guide du savoir-vivre* (1965) ainsi qu'une traduction et une adaptation d'après le roman de Fulco di Verduro : *Une enfance sicilienne* (1981). Elle est membre de l'académie Goncourt (depuis 1983).

CHRISTINE DE CLINCHAMPS.

CHARLOTTE-ÉLISABETH de Bavière, princesse Palatine, duchesse d'Orléans. Née à Heidelberg (Bade) le 27 mai 1652, morte à Saint-Cloud (Hauts-de-Seine) le 8 décembre 1722. On la désignait communément sous son titre de princesse Palatine. Appelée dans l'intimité Liselotte, elle était la fille de Charles-Louis, électeur palatin. Le 16 novembre 1671 elle épousa Philippe d'Orléans, frère de Louis XIV et veuf d'Henriette d'Angleterre, mais resta toujours profondément allemande. Malgré la position élevée qu'elle occupait à la cour de France, elle ne s'y trouva jamais à son aise, peut-être aussi à cause du désaccord qui ne tarda pas à s'élever dans son ménage, et à la douleur qu'elle éprouva à voir son pays envahi et saccagé par les armées françaises. Cultivée et intelligente, elle décrit, dans ses *Lettres* (*), avec une vivacité et une franchise parfois crues, l'atmosphère de la Cour avec son élégance, ses intrigues et ses commérages. Le roi fut amoureux d'elle, mais fort peu de temps et, quand il reporta ses faveurs sur Mme de Maintenon, la Palatine considéra cette dernière comme son ennemie personnelle. Elle s'éleva en vain contre le mariage – voulu par le roi – de son fils Philippe, duc de Chartres et futur Régent, avec une fille légitimée de Louis XIV, Mademoiselle de Blois.

RÉF. : Abbé de Saint-Géri de Magnas, *Discours prononcé dans l'église de Saint-Denis...*, 1723. – E. J. B. Rathery, « Une princesse allemande à la cour de France » in *La Revue contemporaine*, 1854. – Jakob Wille, *Elisabeth Charlotte, Herzogin von Orléans*, Bielefeld, 1905.

CHARON de Lampsaque. Historiographe grec du Ve siècle av. J.-C. Ne nous sont parvenus de lui que son nom et quelques fragments de son œuvre. Les Anciens lui attribuaient un *Périple* (*), une chronique de Lampsaque, sa ville natale, et une histoire de la Perse (*Persica*). On peut le compter parmi les précurseurs de l'histoire scientifique et parmi les sources du « père de l'histoire » Hérodote. Selon les études récentes, son histoire de la Perse fut écrite après les guerres Médiques (490-480 av. J.-C.) et comprenait l'histoire de l'empire de sa fondation jusqu'aux guerres contre les Grecs ; quant au problème des rapports entre Charon et Hérodote, il reste discuté auprès des spécialistes.

FANI TRIPET-PEDIS.

RÉF. : L. Piccirilli, « Carone di Lampsaco ed Erodoto », in *Annali delle Scuola Normale Superiore di Pisa* [ASNP], 3, 5, 1975. – M. Moggi, « Autori greci di Persika. II : Carone di Lampsaco », in *ASNP* 3, 7, 1977.

CHARPENTIER Gustave. Musicien français. Né le 25 juin 1860 à Dieuze (Moselle), pays d'Edmond About, dont la famille avait eu pour jardinier le grand-père du musicien ; mort à Paris le 18 février 1956. Il est le plus heureux et le plus populaire représentant du naturalisme dans l'opéra français au début du XXe siècle. Fils d'un boulanger aux Salines, il étudia le violon à Tourcoing, puis entra à quinze ans comme comptable dans une filature. Gustave Charpentier, qui donnait des leçons de violon à son patron, fut autorisé par ce dernier à suivre les cours du Conservatoire de Lille. Il se rendit ensuite au Conservatoire de Paris où il fut l'élève de Massenet pour la composition. Étudiant turbulent, il obtint néanmoins le grand prix de Rome (1887) pour une cantate intitulée *Didon* (+), mais ne se montra pas moins fort dissipé durant les trois années (1888-1890) qu'il passa à la Villa Médicis. Ce séjour eut sur sa carrière une influence décisive. Il en rapporta la pittoresque suite d'orchestre *Impressions d'Italie* (*) (1891) qui fut chaleureusement applaudie aux Concerts Colonne et Lamoureux, et assura sa notoriété. *La Vie du poète*, symphonie en quatre parties avec chœurs (1892), rallia les suffrages de Gounod et de l'Institut tout entier, malgré les outrances d'un livret dans lequel est exalté l'artiste « bohème ». De retour à Paris, Charpentier s'installa à Montmartre. Logeant dans une mansarde, vêtu comme les personnages de Mürger, il fréquentait assidûment les cafés et les bals populaires. C'est encore le héros romantique en rébellion contre la société au nom d'un humanitarisme ardent qui s'exprime dans *La Chanson du chemin* (1893), brève scène lyrique à deux personnages. Quant aux revendications sociales exprimées dans *Impressions fausses* (de Verlaine, 1894) pour baryton, chœur et orchestre, elles agitèrent à tel point le public que l'on dut en interdire une seconde exécution. Charpentier prit ensuite Montmartre pour décor, et ce fut l'apothéose de *La Fête du couronnement de la muse* (1897). Le 31 janvier 1900, *Louise* (*), « roman musical » en quatre actes et cinq tableaux, reçut à l'Opéra-Comique un accueil triomphal. C'est l'histoire, pleine d'émotion dramatique, d'une petite ouvrière parisienne amoureuse de Julien, un jeune poète, avec, pour toile de fond, Paris, « dévoratrice des filles du peuple ». Dans *Julien, ou la Vie du poète* (*) (1913), épopée féerique qui constitue la suite de *Louise*, le réalisme est gâté par des allégories, et la spontanéité de l'invention mélodique a presque disparu. Cette seconde partie de la trilogie populaire devait être suivie de *L'Amour du faubourg*, qui ne fut jamais représenté. On doit également à Charpentier : *Sérénade à Watteau* (de Verlaine, 1896) ; *Le Chant d'apothéose* (pour le centenaire de Victor Hugo, 1902) ; *Le Jet d'eau* (Baudelaire) ; *Les Chevaux de bois ; La Veillée rouge, La Ronde des compagnons* (Verlaine). Charpentier, poursuivant son apostolat prolétarien, fonda en 1902 le Conservatoire de Mimi Pinson, destiné à l'enseignement gratuit de la musique et de la danse classique, qui eut une existence éphémère. Il fut élu en 1912 à l'Institut, au fauteuil de son maître Massenet, et élevé à la dignité de grand officier de la Légion d'honneur en 1940.

EMILIA ZANETTI.

♦ *« La musique de M. Charpentier est composée suivant un vocabulaire et une syntaxe en partie d'emprunt ; mais les qualités de décision, de netteté, de coloris, d'étroite incorporation à la parole et à la scène, de même que l'étonnante plasticité de sa forme, sont le fait d'une rare et forte individualité musicale. »* Paul Dukas.

RÉF. : Marc Delmas, *Gustave Charpentier et le lyrisme français*, Paris, 1931. – R. Elkin, *Gustave Charpentier*, Londres, 1952. – Françoise Andrieux, *Gustave Charpentier, lettres inédites à ses parents*, Paris, 1984.

CHARPENTIER Marc Antoine. Compositeur français. Né à Paris vers 1645-1650, mort dans cette ville le 24 février 1704. M. A. Charpentier fut à Rome l'élève de Carissimi ; rentré en France, il y représenta l'école de musique italienne qui s'opposait à l'école française dont le chef était Lully. Successivement, maître de musique de Mlle de Guise, puis du duc de Chartres, nommé vers 1680 maître de chapelle de l'église Saint-Louis des Jésuites, il devait terminer sa carrière comme maître de musique de la Sainte-Chapelle, poste qu'il occupa à partir de 1698. Parallèlement, il devint le collaborateur de Molière après la brouille de celui-ci avec Lully en 1671. Il travailla aussi avec Corneille. Malgré ces fonctions officielles – qui étaient d'ailleurs de second rang – et malgré la protection active du Grand Dauphin, fils de Louis XIV, et du duc de Chartres, Charpentier n'eut jamais l'audience de la Cour ; il ne connut guère la popularité, le public trouvant sa musique trop savante. C'est pourquoi un tout petit nombre de ses compositions fut imprimé de son vivant ; par contre, le hasard a voulu que nous possédions à peu près tous les manuscrits de ses œuvres, ce qui est rare pour les compositeurs de cette époque. Cette circonstance heureuse a permis la redécouverte récente de la musique de Charpentier. On a de lui de très nombreuses partitions, des opéras tels *Acis et Galatée* (1678), *Les Arts florissants* (1686), *David et Jonathas* (1688), des ballets et opéras destinés aux représentations qui avaient lieu dans les collèges des jésuites, comme *Clovis* (1686), *Celse martyr* (1687), la musique de scène du *Malade imaginaire* (*) (1673-1686), *Médée* (*) (1693) qui est le chef-d'œuvre de Charpentier à la scène et ne connut cependant pas le succès, de nombreuses œuvres instrumentales, des oratorios (*Caecilia, virgo et martyr, Filius prodigi, Le Jugement dernier, Judith* [*]), huit *Messes* (*), quatre *Te Deum*, plusieurs *Magnificat*, des *Leçons des ténèbres*, des *Psaumes*, des *Antiennes* et des *Motets* (*).

RÉF. : Claude Crussard, *Un musicien français oublié : Marc Antoine Charpentier*, Paris, 1945. – Robert W. Lowe, *Marc Antoine Charpentier et l'opéra de collège*, Paris, 1966. – H. W. Hitchcock, *Les Œuvres de Marc Antoine Charpentier : catalogue raisonné*, Paris, 1982. – Catherine Cessac, *Marc Antoine Charpentier*, Paris, 1988. – Catherine Kintzler, *Poétique de l'opéra français de Corneille à Rousseau*, Paris, 1991.

CHARRIÈRE Mme de (née Isabelle Agnès Elizabeth Van Tuyll Van Serooskerken Van Zuylen). Femme de lettres d'origine néerlandaise et d'expression française. Née à Zuylen (Utrecht) le 20 octobre 1740, morte à Colombier (Neuchâtel) le 26 décembre 1805. De famille d'ancienne noblesse hollandaise, elle se rebelle contre les préjugés de son milieu, et, en 1753, compose un roman anonyme : *Le Noble*, satire amusante de l'aristocratie à la manière de *Candide* (*), que sa famille fait retirer de la circulation. Elle entreprend une correspondance clandestine de plusieurs années avec un officier suisse au service de la Hollande : Constant d'Hermenches et séjourne six mois en Angleterre. Après plusieurs mariages manqués, notamment avec l'Écossais James Boswell et avec le marquis de Bellegarde, elle épouse à trente et un ans un ancien précepteur suisse de ses frères, Charles-Emmanuel de Charrière, et vivra à Colombier, près de Neuchâtel, séjour coupé de voyages à Spa, à Paris, à Genève.

En 1785, elle rencontre à Paris, chez les Suard, Benjamin Constant, de vingt-sept ans son cadet, neveu de Constant d'Hermenches, et une complicité intellectuelle, une amitié amoureuse s'ébauchent, entretenues par les séjours de Constant à Colombier et une longue correspondance.

En 1784, elle écrit *Lettres de Mistriss Henley*, roman peut-être autobiographique d'une jeune femme sensible mariée à un homme trop raisonnable. La même année, les *Lettres neuchâteloises* (*) décrivent une société vue par un jeune Allemand. En 1785, les *Lettres écrites de Lausanne* (*), roman pédagogique, évoquent la sage éducation qu'une mère aimante de la bonne société lausannoise fait donner à sa fille qui découvre l'amour. Dans une suite, *Caliste* (*) (1787), un chef-d'œuvre souvent lu séparément, un des protagonistes raconte comment son indécision et des préjugés l'ont empêché de trouver le bonheur. Roman très lu à son époque, *Caliste* a pu inspirer en partie *Corinne* (*) et *Adolphe* (*). Madame de Charrière l'aurait écrit à la suite d'une déconvenue sentimentale.

Elle s'est intéressée à la vie politique de la Hollande et de la Suisse, et s'est passionnée pour celle de la France, a écrit des pamphlets et des contes critiquant la monarchie. Les *Lettres d'un évêque français à la Nation*, de 1789, prêchent la tolérance, la suppression de la peine de mort, révèlent les dilemmes posés à un évêque libéral. Elle avait accueilli avec enthousiasme la Révolution, mais s'est indignée des excès de la Terreur. Les émigrés qui traversaient la Suisse ont renouvelé son inspiration. En 1793, dans les *Lettres trouvées dans des portefeuilles d'émigrés*, une même générosité peut se trouver dans deux camps opposés. En 1795, avec *Trois femmes* (*), roman philosophique sur le thème du devoir kantien, l'action se transporte en Allemagne. Elle écrit des comédies de salon ou des pièces d'aspect politique comme *L'Émigré* en 1793. Plus tard, elle est retournée, avec *Sir Walter Finch et son fils William* publié en 1806, à la vie anglaise et aux questions pédagogiques. Très musicienne, elle a écrit plusieurs opéras dont un *Zadig* et *Les Phéniciennes*, ainsi que de la musique de chambre.

L'injustice la révoltait. Elle a écrit un plaidoyer pour défendre Thérèse Levasseur, accusée d'avoir poussé Rousseau au suicide, et traduit *La Nature et l'Art* [*Nature and Art*] de l'écrivain anglais Elizabeth Inchbald (1753-1821) publié en 1796, critique du système judiciaire anglais.

Nourrie de littérature française, elle admirait l'élégance du style de Voltaire qu'elle a souvent pastiché. Elle recommandait la lecture de Locke. Pédagogue dans l'âme, vers la fin de sa vie, elle a instruit, guidé, conseillé plusieurs jeunes amies.

Son œuvre a été très estimée par Sainte-Beuve qui louait la grâce de son esprit. Comme d'autres romancières de son temps, elle fut un peu oubliée, mais une volumineuse correspondance, très vivante, et ses œuvres ont repris vie grâce à la réédition de quelques romans et à la parution de l'édition critique des *Œuvres complètes* en dix volumes. On y découvre un esprit parfois caustique, de fines analyses psychologiques et littéraires, une quantité d'œuvres ébauchées, et un roman inédit, riche de pensées et d'idées : *Henriette et Richard.*

ALIX S. DEGUISE.

CHARRON Pierre. Moraliste français. Né à Paris en 1541 ; mort dans cette même ville le 16 novembre 1603. Fils d'un libraire parisien qui eut vingt-cinq enfants, il fait d'abord de très brillantes études de philosophie, puis va étudier le droit à Orléans et à Montpellier, où il est reçu docteur en 1571. Après avoir exercé quelques années le métier d'avocat, il revient à la théologie et, en 1576, reçoit les ordres. Il se révèle aussitôt un excellent prédicateur dans plusieurs églises parisiennes. Marguerite de Navarre, femme du futur Henri IV, l'attache à sa maison, mais Charron est également appelé par plusieurs évêques de province, à Bazas, Lectoure, Agen, Condom, Cahors, villes où, pendant une quinzaine d'années environ, il remplit les fonctions de théologal, c'est-à-dire de prédicateur extraordinaire. Rentré à Paris en 1588, il essaie vainement de se faire admettre chez les Chartreux. Une nouvelle série de prédications à Bordeaux, l'année suivante, lui donne l'occasion de rencontrer Montaigne qui a immédiatement une influence décisive sur ses idées ; c'est encore à Bordeaux qu'en 1594 Charron publie son premier ouvrage, *Trois vérités contre tous athées : idolâtres, juifs, mahométans, hérétiques et schismatiques* (*), défense parfaitement orthodoxe du catholicisme qui vaut à l'auteur la charge de grand vicaire de l'évêque de Cahors. Député de la province ecclésiastique du Quercy à l'assemblée du clergé de 1595, choisi comme secrétaire de l'assemblée, Charron obtient de nouveaux succès de prédicateur dans la capitale, retourne à Cahors, est appelé comme théologal à Condom en 1600 et publie la même année seize *Discours chrétiens* (+) sur les principaux thèmes du dogme catholique. Un an plus tard, *Les Trois Livres de la sagesse* (*), imprimés à Bordeaux, vont susciter un scandale considérable dans le monde religieux. Pierre Charron est dénoncé par des théologiens comme un « athée superstitieux, ennemi de Jésus-Christ et prévaricateur », ce qui l'entraîne à revoir son ouvrage, à supprimer, rectifier, adoucir en vue d'une seconde édition qui était en cours à Paris au moment où, dans cette ville, Pierre Charron fut terrassé par une attaque d'apoplexie.

On peut s'étonner du retentissement des *Livres de la sagesse :* n'y avait-il pas eu auparavant, au cours du XVIe siècle, d'autres ouvrages d'une grande hardiesse, par exemple le *Discours de la servitude volontaire* (*) de La Boétie et surtout les *Essais* (*) de Montaigne ? Mais Charron est un théologien : c'est « ex cathedra » qu'il prêche la tolérance religieuse, qu'en disciple de Sénèque plutôt que du Christ il fait reposer toute morale sur la « loi de nature », sur la raison, « rayon de la divinité » qui a, selon lui, éclairé les philosophes païens autant que les chrétiens. D'autre part, comment ne pas suspecter – bien à tort cependant – la bonne foi de ce prêtre renommé qui exposait les objections de l'adversaire avec une précision, une clarté telles qu'on ne s'occupait plus guère ensuite des pâles réponses ajoutées pour sauver l'orthodoxie ? Enfin, si Charron n'est pas original, s'il emprunte à son maître et ami Montaigne des passages entiers, il les transcrit dans son style un peu lourd et plein d'assurance de théologien, il fait une doctrine formulée de ce qui n'était chez Montaigne que doutes, interrogations.

♦ *« Charron est un merveilleux classeur* [sic]. *Il n'est pas dialecticien pour une obole ; mais, le premier en son temps, il fait un livre d'une disposition nette et précise, ordonné jusque dans le plus petit détail. »* Fortunat Strowski. ♦ *« Charron a eu une sorte de vague pressentiment de nos méthodes modernes quand il demanda au sage de tout examiner, de tout comprendre, de ne pas se prononcer à la légère, de ne pas céder aux partis pris ; il a annoncé Bacon, Descartes, Pascal. »* M. Dréano.

RÉF. : Fortunat Strowski, *Pascal et son temps*, t. I, 1907. – J.-B. Sabrié, *Pierre Charron, l'homme, l'œuvre, l'influence*, 1913. – H. Busson, *La Pensée religieuse française, de Charron à Pascal*, 1933. – A. M. Battista : *Alle origini del pensiero politico libertino, Montaigne e Charron*, 1966.

CHARTIER Alain. Poète français. Né à Bayeux vers 1385, mort vers 1435. Clerc, notaire et secrétaire, il servit successivement deux rois : Charles VI le Fou, et Charles VII le Victorieux, et exerça des ambassades en Allemagne et à Venise (1425), en Écosse (1428). Il eut une cure au diocèse d'Angers et deux canonicats à Paris et à Tours. La première émotion qui fit de lui un poète lui vint de la bataille d'Azincourt (1415), non qu'il y participât, comme son émule, Charles d'Orléans, mais parce qu'elle lui fut occasion de poser un problème moral, qu'il traita dans son *Livre des quatre dames* (*) (1416), en vers octosyllabiques, naturellement. Il y présente quatre femmes, dont l'une y a perdu son ami, laissé pour mort sur le champ de bataille ; la deuxième y a vu son mari fait prisonnier, comme Charles ; celui de la troisième est porté disparu ; celui de la quatrième a fui. Laquelle est la plus malheureuse ? La dernière assurément, c'est ce que conclura, comme en une décision des anciennes cours d'amour, le juge, qui est le poète lui-même. Mais ce qui porte à son comble sa réputation déjà grande, à la suite du premier poème, c'est *La Belle Dame sans mercy* (*) (1424). Le poète a perdu celle qu'il aimait et qui gît sous la lame où elle a emporté son cœur. Tout en promenant sa tristesse profonde, il rencontre une fête dans un verger, avec sonneries de ménestrels et abondant repas, telle qu'on en voit dans les belles tapisseries du temps, par exemple celle de *La Dame à la Licorne*. À table, il remarque un amoureux de noir vêtu, qui s'efforce de dominer son sentiment. Il entre dans la danse, comme il y en a de si bien décrites dans les œuvres du XIIIe siècle, mais restant toujours avec la même femme. L'auteur, qu'on appelait alors l'acteur, suit le couple et, caché dans une treille, l'observe, écoutant les propos échangés entre lui et elle, dans le verger. En vain, celui-là tente d'émouvoir l'insensible qui proclame : « Je suis franche (libre) et franche veux être, / Sans moi de mon cœur dessaisir / Pour en faire un autre le maître. » Elle l'envoie se pourvoir ailleurs, à quoi il ne saurait consentir : « Ah ! cœur plus dur que le noir marbre / En qui merci ne peut entrer. » Ce qui justifie le titre. Le couple se sépare et l'acteur-auteur de conclure par un éloquent huitain d'appel aux dames et aux demoiselles : « Et vous, Dames et Demoiselles, / En qui honneur naît et s'assemble, / Ne soyez mie si cruelles, / Chacune ni toutes ensemble. / Que jà nulle de vous ressemble, / Celle que m'oyez nommer ci, / Qu'on appellera, ce me semble, / La belle Dame sans Mercy. » L'affaire n'en resta pas là. Cette conclusion fit scandale. Celles du temps s'indignèrent contre l'indiscret poète qui les accusait de dureté. Surtout s'émurent les membres de la *Cour amoureuse,* créée au plus fort de la guerre de Cent Ans, par le faible Charles VI, et la fière Isabeau de Bavière. L'acte de fondation spécifiait que tous les membres qui composaient des pièces ou ballades contre le beau sexe devaient être exclus. En conséquence, la cour d'amour d'Issoudun le fit bannir à son de trompe à l'instigation d'un autre poète jaloux, Pierre de Nesson. L'affaire fit couler des flots d'encre, au point d'engendrer un cycle de *La Dame sans mercy,* dont le bruit dura pendant un siècle encore. Il fut contraint de faire publiquement amende honorable, si grand était alors le prestige de la femme dans la société du temps.

Alain Chartier n'est pas seulement un poète, mais un maître et « plasmateur » de la prose française, comme il est visible dans le *Quadrilogue invectif* (*) (1422), vibrant appel politique à la nation française, expiant ses fautes par l'ire de Dieu, la patrie y devenant un être vivant, qui élève son ardente plainte : « Qu'est devenue la constance et loyauté du peuple français, qui si longtemps a eu renom de persévérer, loyal, ferme et entier, vers son naturel, seigneur sans quérir nouvelles mutations ? Plusieurs de la chevalerie et des nobles crient aux armes, mais ils courent à l'argent : le clergé et les conseillers parlent à deux visages et vivent avec les vivants ; le peuple veut être en sûreté gardé et tenu franc (libre) et est impatient de souffrir sujétion de seigneurie. »

Peuple, chevalier, clergé récriminent, les uns contre les autres, accusant la cupidité et l'envie qui ruinent le pays et nuisent à l'union nécessaire. « Ils vivent de moi et je meurs pour eux », dit le peuple dans une déclaration lapidaire et toujours actuelle. Ce patriote était donc bien préparé, en même temps que sa consœur, Christine de Pisan, auteur du *Dittié de Jeanne d'Arc* (1429) – v. *Jeanne d'Arc* (*) –, à célébrer les mérites, la valeur et la gloire de celle qui, selon Michelet, est à la fois la Vierge et déjà la Patrie. C'est en latin, toutefois, qu'il l'exalte en juillet 1429, dans une lettre adressée à un prince étranger : « Quand on considère cette héroïne, on est saisi, stupéfait de ses paroles, de ses actes et de ses exploits, si nombreux, si admirables, accomplis en si peu de temps. Mais pourquoi s'en étonner ? Quelle est la qualité nécessaire à un chef militaire que la Pucelle ne possède pas ? L'habileté militaire ? La sienne est étonnante. Le courage ? Elle a le cœur si haut que nul ne l'égale. L'activité ? Elle triomphe des plus grands. La justice, la vertu, la chance ? Elle les possède plus que personne au monde. Quand elle va se battre avec l'ennemi, elle conduit elle-même l'armée, elle établit elle-même le camp ; elle dirige elle-même la bataille et l'assaut, elle fait elle-même avec courage le métier de soldat et remplit le rôle de chef depuis déjà longtemps. Au signal du combat, elle saisit sa lance, la brandit, la jette sur l'ennemi, et, éperonnant son cheval, elle fond dans la mêlée. Voilà l'héroïne qui paraît non point venue de la terre, mais tombée du Ciel, pour soutenir, sur sa nuque et ses épaules, la France défaillante. C'est elle qui a retiré le roi des orages et des tempêtes qui le ballottaient sur les gouffres, pour le mener au port et au rivage. C'est elle qui lui a inspiré l'espoir. C'est elle qui a arrêté l'élan sauvage des Anglais, qui a excité l'audace des Français, qui a empêché la ruine de la France, qui a étouffé l'incendie de la France. Ô Vierge unique, digne de gloire, digne d'honneurs divins ! Honneur du royaume digne de louange, éclat de notre lis, lumière et gloire non seulement de la France, mais de toute la chrétienté ! » (Traduction G. Cohen, *Scènes de la vie en France au Moyen Âge,* 1944). Ce bon écrivain fut un grand patriote.

GUSTAVE COHEN.

♦ *« Rien ne subsiste de ses vers sans âme, prosaïque produit de la frivolité chevaleresque ; où le fond est vain sous la forme fausse. Mais sa prose française est d'un homme qui a vécu avec les Anciens. C'est une sorte de* [Guez de] *Balzac du XVe siècle, mais ce Balzac, comme l'autre, fait faire à notre prose sa première rhétorique et par ses exercices l'assouplit et l'élève. Qu'il rencontre un sentiment vrai (et il l'a eu, de même que chez tous les grands lettrés du temps : le patriotisme et la pitié du peuple), alors il écrira les plus fermes et les plus nobles pages de prose qu'on ait, avant La Boétie et L'Hospital, des pages qui n'ont guère plus vieilli que les meilleures du XVIe siècle. »* G. Lanson.
♦ *« Il n'y a pas au XVe siècle de renommée littéraire plus grande que celle d'Alain Chartier. Nul poète français jusqu'à Ronsard n'a été plus admiré de ses contemporains. Si l'excès de cette gloire nous surprend, il faut avouer qu'Alain Chartier a laissé loin derrière lui tous ses prédécesseurs du XVIe siècle. Il se rattache à leur tradition, mais il donne à cette tradition une portée tout autre et un éclat nouveau. »* L. Foulet.

RÉF. : Pierre Champion, *Histoire poétique du XVe siècle,* Paris, 1923. – J. Edward Hoffnan, *Alain Chartier, History Work and Reputation,* Columbia, 1942. – C. J. H. Walravens, *Alain Chartier : études biographiques,* Amsterdam, 1971. – J. Laidlaw, *The Poetical Works of Alain Chartier,* Cambridge, 1974. – P. Bourgoin-Hemeryck, *Les Œuvres latines d'Alain Chartier,* Paris, 1977. – F. Rouy, *L'Esthétique du Traité moral d'après les œuvres d'Alain Chartier,* Paris, 1980.

CHARYN Jerome. Romancier et essayiste américain. Né en 1937 dans le Bronx (New York). Après avoir enseigné la littérature dans plusieurs universités américaines, Jerome Charyn partage désormais sa vie entre Paris et New York. Ce fils d'immigrés juifs russes est l'auteur d'une œuvre aussi prolixe que diverse, dans laquelle on peut néanmoins opérer quelques classifications : les romans dits « policiers », parmi lesquels on citera *Zieux bleus* [*Blue Eyes,* 1975], *Marilyn la Dingue* [*Marilyn the Wild,* 1976], *Isaac le Mystérieux* [*Secret Isaac,* 1978] ou, plus récemment, *Frog* [*Paradise Man,* 1987], histoire touchante d'un tueur au cœur tendre qui, entre Manhattan et Paris, lutte pour sauver sa peau et protéger une petite fille dont il s'est entiché. Charyn est aussi l'auteur de romans autobiographiques qui, sous couleur de la fiction, sont une tentative de recréation de l'univers de sa jeunesse passée dans le quartier des immigrés du Bronx. Parmi ces romans pleins de verve, de truculence et tout imprégnés d'une nostalgie secrète, citons *Poisson-chat* (*), *Panna Maria* [*Panna Maria,* 1982], qui est aussi le nom du « plus infect taudis de Manhattan » sur lequel règne en despote Stefan le tsarévitch et où logent une kyrielle de personnages hauts en couleur parmi les guerres sournoises que se livrent en 1907 démocrates et républicains, immigrés de plusieurs pays, trafiquants divers et clandestins de tout poil. Charyn est aussi l'auteur de *Metropolis* [*Metropolis,* 1986], une série d'extraordinaires reportages sur les hauts lieux new-yorkais et sur les grands personnages de cette ville. Parmi les essais de cet écrivain prolixe, citons aussi *Movieland* [*Movieland,* 1989], livre autobiographique sur l'autre passion de Charyn : le cinéma et en particulier les séries B de son enfance. Charyn est par ailleurs scénariste de plusieurs bandes dessinées parues directement en français.

BRICE MATTHIEUSSENT.

CHASE James Hadley (pseud. de René Raymond). Auteur anglais de romans policiers. Né à Londres le 24 décembre 1906, mort le 6 février 1985 à Corseaux-sur-Vevey. On lui doit plus de soixante-dix livres, certains publiés sous son autre pseudonyme de Raymond Marshall. Le plus célèbre de ses récits, *Pas* *d'orchidées pour miss Blandish* (*) (1938), traduit en français en 1946, connut dans la France de l'après-guerre l'un des plus grands succès de la « série noire ». Toutes traductions additionnées, ce livre se serait vendu à plus de deux millions d'exemplaires ! James Hadley Chase situe volontiers ses intrigues aux États-Unis. Ses sujets sont empruntés soit au monde des gangsters soit à celui des espions – v. *La Blonde de Pékin* (+).

CHASLES Victor Euphémion Philarète. Érudit et critique français. Né à Mainvilliers (Eure-et-Loir) le 8 octobre 1798, mort à Venise le 18 juillet 1873. Fils d'un conventionnel du parti de la Montagne, Pierre-Michel Chasles, et, de ce fait, nourri des idées de la Révolution, il se signala par son intelligence précoce : d'abord au prytanée militaire de Saint-Cyr, puis au lycée impérial, enfin au lycée Bonaparte. Ayant, à quatorze ans, terminé ses études en remportant un prix de grec au grand Concours (1812), il entre chez un imprimeur pour y apprendre l'art typographique. Quand, après la chute de Napoléon, vint la réaction royaliste, il fut jeté en prison avec son patron, lequel était suspect de zèle pour la République (1816). Ayant enfin pu recouvrer la liberté, grâce à la seule intervention de Chateaubriand, il se rendit en Angleterre. Son séjour qui dura sept ans fut très fécond : car le jeune homme, travaillant chez un éditeur, put acquérir une connaissance approfondie de la littérature anglaise. De retour à Paris, en 1823, il devint le secrétaire d'Étienne (de) Jouy, homme politique, journaliste, dramaturge et membre de l'Académie française. Admis à collaborer à *La Revue encyclopédique,* il se signala d'emblée par ses beaux articles et dès lors put entrer au *Journal des débats* (1824). L'année suivante, il s'acquit un juste renom en publiant son *Éloge de De Thou* (1825). Trois ans après, il fit paraître son premier ouvrage important : *Tableau de la marche et des progrès de la langue et de la littérature françaises du* XVI*e siècle* (1828). Devenu, en 1837, conservateur de la bibliothèque Mazarine, il obtint, au Collège de France, en 1841, la chaire des littératures du nord de l'Europe. De son très long enseignement, il allait tirer la matière d'une vingtaine de volumes formant plusieurs séries selon les pays ou les époques et groupés sous le titre général de : *Études de littérature comparée* (1847-1864). Outre cette série magistrale, où il fait œuvre de pionnier, Philarète Chasles a publié : *Études sur le* XVI*e siècle en France* (1848), trois belles monographies : *Olivier Cromwell* (1847), *Galileo Galilei* (1862), *L'Arétin, sa vie et ses écrits* (1873), une traduction du *Titan* (*) de Jean-Paul Richter, et de nombreux travaux réunis sous le titre de : *Esquisses* (1846-1864). Citons enfin ses *Mémoires* (1875), œuvre posthume, pleine de verve, mais assez sujette à caution. D'un esprit très ouvert et d'un savoir aussi étendu que varié, Philarète Chasles fut un de nos essayistes les plus féconds. Son action a consisté surtout à initier le lecteur français à la connaissance profonde de toute la littérature européenne. Il fut un éveilleur d'idées dans toute la force du terme.

♦ *« Il y avait autrefois dans le monde et au* Journal des débats *un homme d'esprit et de talent : c'était Philarète Chasles* [...] *Il était même, avec Jules Janin, le seul vivant, vraiment vivant, d'un journal qui ne représente plus que la littérature conservée* [...] *Il y détonnait par la vivacité, l'entrain, la verve, l'inconséquence heureuse, et, dans les sujets souvent désagréables, par de l'agrément. »* J. Barbey d'Aurevilly.

RÉF. : Mirecourt, *Les Contemporains chez l'auteur,* n° 80, Paris, 1853-1858. – Pontmartin, *Nouveaux samedis,* t. XV, Paris, 1877. – Barbey d'Aurevilly, *Les Œuvres et les Hommes,* t. III et V, Paris, 1893-1895. – E. M. Philips, *Philarète Chasles, critique et historien de la littérature anglaise,* Paris, 1934. – E. Henriot, *Courrier littéraire* XIX*e siècle,* t. II, Paris, 1948. – J. Rousselot, *Philarète Chasles ou du complexe d'Oreste à la Révolution* in « Les Petits Romantiques français », *Cahiers du Sud,* 1949. – C. Pichois, *Philarète Chasles et la vie littéraire au temps du romantisme,* Paris, 1965.

CHASSIGNET Jean-Baptiste. Poète français. Né à Besançon en 1571, mort à Gray en octobre 1635. *Le Mespris de la vie et consolation contre la mort* (*), publié à Besançon en 1594, lui assure une certaine réputation, puis il est vite oublié. Charles Nodier tente de le réhabiliter en 1800, mais il faut attendre les années 50 pour le voir remis à la place qu'il mérite, tout près de Sponde et de La Ceppède, à un rang à peine inférieur au leur. Son père était docteur en médecine et magistrat municipal de la ville libre de Besançon. Jean-Baptiste devient docteur en droit en 1592 ou 1593. En 1596, il est nommé avocat fiscal au bailliage de Gray. À ce titre, il est chargé de négociations en Flandre. Comme la date de sa naissance, la date de sa mort a donné lieu à nombre de suppositions. La récente découverte du testament du poète permet d'affirmer qu'il est mort entre le 25 et le 29 octobre 1635. Sa première œuvre connue, *Job ou De la fermeté,* date de 1592 et n'a jamais été publiée en son entier. Il publie *Paraphrases sur les douze petis prophètes du vieil testament* en 1601, puis *Les Paraphrases sur les cent cinquante psaumes de David* en 1613. En 1892, Théodore Courtaux publie quatre-vingt-sept *Sonnets franc-comtois inédits* (attribués à Chassignet), que le poète aurait écrits une vingtaine d'années après *Le Mespris.* La première édition moderne du *Mespris* date de 1967. Chassignet poète baroque ? La question reste ouverte.

RAYMOND ORTALI.

♦ *« Enfin Malherbe vint, a dit Boileau qui, s'il avait connu notre Chassignet, lui aurait accordé en partie les éloges qu'il donne au premier. »* Sautreau de Marsy. ♦ *« Peu de poètes, jusqu'à J. B. Rousseau, ont surpassé Chassignet dans la traduction des psaumes. »* F. X. de Feller. ♦ *« On a oublié, en parlant de Sponde, le nom de Chassignet, poète à mon sens bien plus curieux, car son œuvre a ce ton direct, ému, convaincant, qui retient et qui séduit.* » André Blanchard.

RÉF. : R. Ortali, *Un poète de la mort : Jean-Baptiste Chassignet*, Genève, 1968.

CHASTEL André. Historien de l'art français. Né et mort à Paris : 15 novembre 1912-18 juillet 1990. Après des études secondaires à Paris, André Chastel entre à l'École normale supérieure, passe l'agrégation de lettres et devient docteur ès lettres avec une thèse, *Art et humanisme à Florence au temps de Laurent le Magnifique* (*), qu'il publiera en 1959 et qui définit déjà le domaine auquel il consacrera l'essentiel de ses recherches : la Renaissance italienne. Diverses influences s'exercent très tôt sur lui : celle d'Henri Focillon, dont il suit les cours, celle des spécialistes de la Renaissance littéraire que furent Lucien Febvre et Augustin Renaudet, celle de quelques-uns des meilleurs historiens de l'art européens, Erwin Panofsky, Fritz Saxl, Ernst Gombrich et Roberto Longhi notamment, avec lesquels il sera en relation. Il consacre, en 1946, son premier livre à Édouard Vuillard. Après avoir été professeur de lycée, puis assistant à l'Institut d'art de la Sorbonne, puis boursier à l'université Yale aux États-Unis, en 1951 il est nommé directeur d'études à l'École pratique des hautes études, charge qu'il cumulera à partir de 1955 avec la chaire d'histoire de l'art moderne à la faculté des lettres de Paris (Sorbonne). Il publie *Marsile Ficin et l'art* en 1954, un manuel de *L'Art italien* en 1956, puis quatre volumes sur la Renaissance italienne (*Renaissance méridionale* et *Le Grand Atelier* en 1965, *La Crise de la Renaissance* en 1968 et *Le Mythe de la Renaissance* en 1969) qui constituent le cœur de son œuvre. Il entre au Collège de France en 1970 (chaire d'art et de civilisation de la Renaissance en Italie), à l'Institut en 1976 (Académie des inscriptions et belles-lettres). En 1978, il réunit ses principaux articles dans les deux tomes intitulés *Fables, formes, figures.* Paraissent enfin : *Le Sac de Rome, 1527* en 1984, *Le Cardinal Louis d'Aragon* en 1986 et *La Grottesque* en 1988.

Outre l'enseignement et la rédaction de ses grands livres, l'activité d'André Chastel s'est étendue à de nombreux domaines touchant à l'histoire de l'art, qu'il a largement contribué à développer et à revaloriser en France. Il a fait œuvre de traducteur, en traduisant lui-même des textes de Laurent le Magnifique et de Léonard de Vinci, ainsi que les *Lettres* (*) de l'Arétin, et en dirigeant la traduction de l'autobiographie de Benvenuto Cellini et surtout des *Vies* (*) de Vasari, dont il n'existait pas en France d'édition sûre. Il a animé deux revues : entre 1961 et 1964, la revue *Art de France,* qu'il a créée avec Pierre Bérès, et, à partir de 1968, la *Revue de l'art* (du Centre national de la recherche scientifique), dont il fut l'éditorialiste. Pendant plus de trente ans il a assuré la chronique artistique du journal *Le Monde* (il a recueilli l'essentiel de ces articles en 1980 dans le volume *L'Image dans le miroir*). André Chastel a créé le Centre de recherches sur l'histoire de l'architecture moderne et a été à l'origine, grâce au soutien d'André Malraux, de *L'Inventaire général des monuments et des richesses artistiques de la France* entrepris en 1964.

Très méfiant à l'égard des idées générales et des grandes théories, André Chastel a toujours défendu une conception de l'histoire de l'art fondée sur une connaissance aussi précise que possible des faits artistiques et de leur contexte. Il a reproché à une certaine tradition française de privilégier l'approche « littéraire » des œuvres en négligeant quelque peu les multiples recherches (techniques, historiques, économiques...) que leur complexité impose. L'érudition est nécessaire : l'étude de la « situation » de l'œuvre, l'attention portée à ses « détails singuliers » se révèlent plus fécondes que toute considération systématique. Mais l'érudition n'est pas suffisante : l'analyse formelle et l'appréciation qualitative de l'œuvre restent au cœur du travail de l'historien de l'art, qui ne peut perdre de vue ce qu'il y a d'imprévisible et de libre dans toute création artistique. Loin de toute pensée déterministe, André Chastel parvient ainsi à concilier, grâce à un remarquable esprit de synthèse, les contraintes inhérentes à la discipline historique avec les exigences propres au domaine particulier de l'art.

ALAIN MADELEINE-PERDRILLAT.

CHASTELAIN ou CHASTELLAIN Georges. Chroniqueur bourguignon. Né dans le comté d'Alost en Flandre en 1404, mort en 1475 au siège de Neuss. Chastelain descendait des illustres familles de Gavres et de Mamines ; attaché de bonne heure à la personne de Philippe le Bon, dont il fut successivement panetier, écuyer, avant de devenir membre de son conseil privé, et qu'il accompagna dans tous ses déplacements, il fit de sérieuses études à l'université de Louvain vers 1430. Pour nous, la dignité la plus marquante de Chastelain est celle d'« indiciaire » de la maison de Bourgogne, car c'est à ce titre qu'il composa sa *Chronique* (+) – v. *Histoire de France* (*) –, qui s'ouvre sur l'assassinat de Jean sans Peur à Montereau et dont nous possédons d'importants fragments. Haut personnage, grand voyageur – il parcourut la France, l'Italie, l'Espagne et l'Angleterre –, homme d'action, ce qui lui valut le nom de Georges l'Aventureux, Chastelain vécut à la cour de Bourgogne à l'époque de sa plus grande splendeur et disparut avant de l'avoir vue entrer en décadence. Il a une idée pleine de noblesse des devoirs de l'historien et une légitime fierté de la maison qu'il sert. Celle-ci le lui rendit bien, ce chevalier de la Toison d'or était un de ses plus beaux ornements. L'un des meilleurs prosateurs du XVe siècle, qui le préféra de beaucoup à Commynes, lequel eût été le premier à reconnaître cette supériorité, Chastelain fut aussi un poète plein d'érudition, bien que son œuvre poétique nous paraisse entachée de la plus fade pédanterie et d'une obscurité bien laborieuse, et fut tenu en son temps pour l'oracle et le modèle de tous les écrivains. À côté de sa *Chronique,* nous possédons de lui des poèmes de circonstance : épitaphes, épîtres et panégyriques, un mémoire justificatif adressé au roi Charles VII, des extraits de sa très curieuse *Récollection des merveilles advenues de mon temps.* Par contre, il faut certainement lui retirer la paternité de la *Chronique du bon chevalier messire Jacques de Lalain* qui lui fut longtemps attribuée.

♦ *« La perle et l'estoile de tous les historiographes. »* Olivier de la Marche. ♦ *« Grand et éloquent historien. »* Michelet. ♦ *« Chastelain est un philosophe et un haut caractère. Il a une idée élevée de la dignité et de la mission de l'histoire : il est psychologue judicieux. »* J. Calmette.

RÉF. : Doutrepont, *La Littérature à la cour de Bourgogne,* Paris, 1909. – G. Pérouse, *Georges Chastellain,* Bruxelles, 1911. – Kenneth Urwin, *Georges Chastellain,* Paris, 1937. – J. C. Delclos, *Le Témoignage de Georges Chastelain,* Genève, 1980. – J. Dufournet, « Retour à G. Chastelain » dans *Le Moyen Âge,* 88, 1982, p. 329-342.

CHATEAUBRIAND François-René, chevalier, puis vicomte de. Écrivain français. Né le 4 septembre 1768 à Saint-Malo, mort à Paris, rue du Bac, le 4 juillet 1848. Son père René-Auguste, armateur (car le « commerce de mer » ne dérogeait pas), ne connut qu'une passion : rendre fortune et considération à la branche déchue de la vieille famille qu'il représentait ; en 1761, il put acquérir le domaine et le château féodal de Combourg où, en 1775, il prit résidence seigneuriale. Il avait épousé Apolline de Bédée, tour à tour mystique et mondaine, trop encline à confier ménage et enfants à des mains mercenaires. François, dit « Franchin », était le sixième enfant vivant d'une lignée dont l'aîné, Jean-Baptiste, magistrat et petit-gendre de l'illustre Malesherbes, mourut sur l'échafaud en 1794. Quatre filles suivaient : la dernière, Lucile, allait devenir la confidente préférée de son puîné.

Emporté d'abord par sa nourrice au « joli village de Plancouet », François, de trois ans à sept ans, court les grèves de Saint-Malo avec les « sautereaux » du pays, fils de pêcheurs, de nobles ou de bourgeois ; lecture, écriture, calcul s'apprennent à la diable chez de vieux maîtres privés. Les études secondaires eurent lieu au collège de Dol, couronnées par un séjour d'un peu plus d'un an au collège plus important de Rennes, « ce Juilly de la Bretagne », où des prêtres distingués avaient assuré la relève des jésuites et maintenu leurs méthodes. Ici et là, François affirmait des dons précieux pour les lettres. Il acheva cependant son « cours de mathématiques » avec l'intention de devenir « officier de mer ». Envoyé à Brest pour y subir l'examen probatoire de « garde-marine », trop vite las d'y attendre l'autorisation des bureaux de Versailles, sans crier gare, dans l'été de 1783, il tombe comme des nues à Combourg, en déclarant sa « volonté ferme d'embrasser l'état ecclésiastique » ; volonté qui ne résiste point à un séjour de plusieurs mois au collège ecclésiastique de Dinan, antichambre du séminaire ; il y apprit du moins des rudiments d'hébreu. Suivirent deux pleines années (1784-1786) de séjour au foyer paternel ; années décisives pour la formation de son esprit et de son cœur. Dans le vieux château féodal, il n'avait d'autre distraction que ses méditations, ses lectures, et la compagnie de sa sœur Lucile. Intelligente, sensible, d'une nervosité maladive — très probablement, en 1804, elle se tua dans une crise de dépression nerveuse —, elle partagea le désenchantement précoce du jeune rêveur. « Tu devrais peindre tout cela », lui conseillait-elle au cours de leurs promenades. Il tenta des « tableaux de la nature » en des vers encore maladroits. Lucile avait éveillé la conscience de son génie.

Au milieu d'août 1786, le vieux comte (qui allait mourir le mois suivant) remit au chevalier un brevet de sous-lieutenant au régiment de Navarre. Et le chevalier partit pour Cambrai où son bataillon tenait garnison. De 1786 à 1791, il acheva sa formation en prenant contact avec l'armée et avec Paris. Sa vie militaire était, en effet, coupée par des congés dits « de semestre » — de trois ou de six mois. Par le crédit de son frère aîné Jean-Baptiste, il connut les salons parlementaires et, dans quelques cercles littéraires, des écrivains comme Fontanes et Ginguené. Présenté à la Cour, il eut l'honneur de chasser avec le roi ; le lendemain, il retournait s'enfermer dans sa chambre, esquissant, en fils spirituel de Rousseau, le projet d'une vaste épopée sur l'« homme de la nature » qui se déroulerait dans les forêts de l'Amérique ; là, croyait-il, on trouvait encore de véritables sauvages. En 1790-1791, il fut témoin des premiers excès de la Révolution. D'accord avec Malesherbes, qui l'avait pris en gré, il décida, en guise d'émigration, d'aller au Nouveau Monde, en se proposant de découvrir le « passage du Nord-Ouest » reliant les mers polaires à l'Atlantique. Il prépara ce voyage avec soin dans la bibliothèque de son « vieux maître ». Embarqué le 7 avril 1791 à Saint-Malo sur le brigantin le « Saint-Pierre », il débarqua le 11 juillet à Baltimore. Le 10 décembre, il reprenait passage à Philadelphie sur un bâtiment qui faisait voile vers Le Havre. Ces cinq mois sur la terre américaine, comment les avait-il employés ?

On en a beaucoup discuté, on en discute encore au rythme de la découverte de documents nouveaux, certains d'ailleurs contradictoires. A-t-il eu, par exemple, avec Washington, l'entretien qu'il a conté ? On peut suivre la relation contenue dans le texte intégral des *Mémoires d'outre-tombe* (*), mais cette relation présente des lacunes. Il a été d'abord au Niagara, semble être descendu depuis les lacs du Canada jusqu'au confluent de l'Ohio et du Mississippi. Il aurait là séjourné quelque temps, poussant la pointe d'un certain nombre d'excursions dans le territoire des Natchez et des Florides. On manque de précisions sur sa remontée vers Philadelphie. Apprenant par hasard la fuite du roi à Varennes, et dépourvu, d'ailleurs, d'argent, il se presse de rentrer en France pour rejoindre l'armée des émigrés. Explorateur, Chateaubriand ne rapportait à Malesherbes qu'un projet et un plan ; mais, écrivain, il avait développé l'esquisse de son « épopée indienne » et enrichi son imagination par une vision neuve de la nature et des hommes.

Débarqué au Havre le 2 janvier 1792, il gagne Saint-Malo ; dès le 21 février, il se laisse marier par sa mère à Céleste Buisson de la Vigne, jeune orpheline qu'on croyait riche héritière. Après avoir vécu quelques semaines à Paris avec elle, il se rend en juillet, en même temps que son frère (lequel, rentré plus tard imprudemment en France, y périt sur l'échafaud avec Malesherbes, en avril 1794), à Bruxelles, « quartier général de la haute émigration » ; de là, à Trèves où il est incorporé dans une des compagnies bretonnes de l'armée des princes ; gentilshommes et anciens officiers y servaient comme simples soldats. Blessé à la jambe au siège malheureux de Thionville, malade de fièvre et de dysenterie, mis en congé le 16 octobre, il dut retraiter seul, pensant plus d'une fois mourir sur quelque talus, à travers Luxembourg et Belgique ; d'Ostende, une mauvaise barque le mena à Jersey près d'un oncle émigré qui le soigna et le fit passer, avec un maigre viatique, à Londres. Il y arriva le 21 mai 1793.

À Londres, il connut d'abord, dans un misérable grenier, les extrémités du dénuement et de la faim, vivant de leçons, de traductions pour des libraires, commençant, en outre, son *Essai historique sur les révolutions* (*). Après un dur hiver, il accepta, au printemps de 1794, un emploi de professeur de français dans deux écoles bien classées de la petite ville de Beccles (comté de Suffolk) ; il donnait aussi des « leçons privées » aux jeunes filles des « gentlemen », des notables et bourgeois de la région ; par exemple à Charlotte Ives, fille du pasteur de Bungay. Soigné chez le révérend après une chute de cheval, il eut l'imprudence (il l'a conté, du moins) de se laisser candidement aimer par cette enfant de quinze ans. « Je suis marié », s'écrie-t-il lorsque Mme Ives lui propose de devenir son gendre ; et il s'enfuit à Londres. Il y retrouve — c'était à la fin de 1796 — les épreuves de son *Essai,* que le libraire Deboffe mit en vente le 18 mars 1797. Le succès relatif de ce premier ouvrage, « livre de doute et de douleur », devait-il dire, mais « non pas livre impie », lui valut un semblant de célébrité parmi les salons de la « haute émigration » que de grandes dames — qu'il devait nommer les « félicités exilées » — tenaient dans l'ouest de la capitale. Il y rencontra Mme de Belloy, longtemps ignorée de ses biographes, avec qui, jusqu'aux premiers mois de son retour en France, il noua une liaison passionnée.

Son ancien ami Fontanes, gagné aux idées religieuses que l'on professait d'ailleurs en ces milieux d'élite, était auprès de lui lorsqu'il apprit, en juin 1798, par une lettre de Jersey, la mort récente de sa mère ; première étape de ce qu'on a pu appeler sa conversion ; une lettre de sa pieuse sœur Mme de Farcy, en septembre, lui confirmait la nouvelle ; Mme de Farcy mourut elle-même en juillet 1799. À cette date, Chateaubriand, pour répondre à la publication sacrilège du poème de Parny, *La Guerre des dieux* (*), avait entrepris d'écrire « un petit ouvrage très chrétien » intitulé *Des beautés poétiques et morales de la religion chrétienne.* Cet ouvrage grossit vite sous sa plume : il devait comporter deux volumes ; le premier était imprimé lorsque, au printemps de 1800, à l'appel de Fontanes rentré à Paris, Chateaubriand décida de rompre audacieusement son exil. Sous le nom d'emprunt d'un Suisse, Lassagne, le 6 mai 1800 il « abordait à Calais avec le siècle ». Fontanes, ancien proscrit du Directoire, était installé depuis le coup d'État de Brumaire dans la faveur de Lucien Bonaparte et de Mme Elisa Bacciochi, frère et sœur du Premier consul. Il avait promis à Chateaubriand la puissante protection de ses protecteurs. C'est ainsi, dans l'atmosphère bienveillante de la haute société consulaire, que pendant quatre ans se développa la carrière littéraire de Chateaubriand. Il l'inaugura en publiant le 22 décembre 1800 dans le *Mercure de France* (*), acquis et rénové par Fontanes et ses amis, une « Lettre sur la seconde édition de l'ouvrage de Mme de Staël » — c'est-à-dire sur le livre *De la littérature* (*). Il y déclarait : « Ma folie à moi, c'est de voir Jésus-Christ partout, comme Mme de Staël la perfectibilité [...] J'ai le malheur de croire, avec Pascal, que la religion chrétienne seule explique le problème de l'homme. » De ce principe, ainsi affirmé, toute son œuvre doit sortir. C'est qu'à Paris il a senti se fortifier tous les élans et tous les choix issus de sa conversion.

Par Fontanes, il a connu le délicat philosophe platonicien Joubert et par lui la comtesse de Beaumont, fragile jeune femme échappée par miracle, avec une santé compromise, aux tourments de la Révolution ; dans le « salon bleu » de Pauline se rassemblait un groupe d'amis du Premier consul appliqués à la restauration de l'ordre religieux. Bientôt aimé de Pauline, Chateaubriand mit au point près d'elle et de sa « petite société » le grand ouvrage presque terminé en Angleterre ; mais d'abord, et comme un « ballon d'essai », il en détacha un épisode significatif, *Atala* (*), qui parut au début d'avril 1801 ; l'immense succès de cette « petite histoire américaine » mit d'un coup son auteur à la mode. Pendant l'été de 1801, enfermé avec Pauline de Beaumont dans une agréable maison de Savigny-sur-Orge, où Joubert et leurs amis venaient les voir, Chateaubriand termine enfin son grand ouvrage. Avec un sens remarquable de l'opportunité, les cinq volumes du *Génie du christianisme* (*) furent publiés le 14 avril 1802, quatre jours avant que le bourdon de Notre-Dame sonnât les Pâques du Concordat : apologie inattendue, toute sentimentale et esthétique, dont le sous-titre indiquait bien l'inspiration : *Génie...* ou *Beautés de la religion chrétienne.* Avec *Atala,* un second épisode, *René* (*), y servait comme d'imagerie démonstrative au chapitre « Du vague des passions ». Ces deux petits romans « édifiants et chrétiens » devaient être réunis à part dès 1805, en un volume de « format élégant et commode ». *René* allait révéler, enseigner, propager le « mal du siècle ». La deuxième édition du *Génie* (1803) était précédée d'une dédicace au « Citoyen Premier consul », pour qui « trente millions de Français priaient au pied des autels qu'il leur avait rendus ».

En 1803, le Consul payera sa dette en nommant l'auteur premier secrétaire d'ambassade à Rome, où le chef de la mission était le cardinal Fesch, son oncle. En octobre, Pauline de Beaumont, pauvre « hirondelle » blessée, le rejoignait, pour mourir bientôt, le 4 novembre, entre ses bras. Cette visite funèbre semble avoir accentué les différends surgis dès le début entre le secrétaire et l'ambassadeur. Le cardinal ayant demandé le rappel de son subordonné, Bonaparte nomma celui-ci ministre de France au Valais ; c'était un avancement. Chateaubriand, revenu à Paris, publie dans le *Mercure* sa *Lettre à M. de Fontanes* sur la campagne romaine, appelle auprès de lui sa femme demeurée jusqu'alors en Bretagne, et qui désormais ne le quittera plus, et prépare son départ pour la Suisse. Mais sa conscience monarchiste est réveillée par l'exécution du duc d'Enghien : le jour même, par l'intermédiaire du ministre Talleyrand, il envoie au Consul sa démission, motivée en apparence par la santé de sa femme ; mais le maître ne fut point dupe ; lié désormais par l'honneur au sort de Louis XVIII et de la monarchie légitime, Chateaubriand ne sera plus pendant dix ans, dans la France nouvelle, qu'un opposant.

Un nouvel ouvrage, à la fois poétique et religieux, avait été conçu par lui à Rome en 1803, et commencé à Paris dès 1804 ; il s'appelait alors *Les Martyrs de Dioclétien ;* simple récit historique où, sous le nom du héros Eudore, Chateaubriand se transposait lui-même dans le passé. L'intrigue devait se développer à Rome, en Grèce, en Crète et en Palestine. Fut-ce seulement afin d'en rapporter les « couleurs » de ses tableaux que René-Eudore, en juillet 1806, s'embarquait à Venise pour la Grèce et l'Orient ? Un passage longtemps retranché de ses *Mémoires* confesse qu'un autre sentiment le poussait aussi « aux pays de l'aurore ». La romanesque Nathalie de Noailles pour laquelle, abandonnant Delphine de Custine (qui dès la fin de 1802 avait succédé dans son cœur à Pauline de Beaumont), il avait conçu une passion de « délire » et de « folie », lui avait assigné rendez-vous à Grenade. Elle semble avoir exigé qu'il accomplît d'abord le pèlerinage en Grèce et aux Lieux saints, alors périlleux, comme une sorte d'exploit chevaleresque, afin de la mériter.

Rentré à Paris le 5 juin 1807, après une longue et fatigante randonnée dont il allait conter les péripéties dans l'*Itinéraire de Paris à Jérusalem* (*), Chateaubriand publia le mois suivant dans le *Mercure,* dont « une suite d'arrangements venait de le faire seul propriétaire », un article imprudent qui courrouça l'Empereur ; le *Mercure* fut supprimé contre le versement d'une indemnité, son propriétaire exilé à deux lieues au moins de Paris. Il acheta, de son indemnité, « une chaumière » à Châtenay, la Vallée-aux-Loups, qui devait être pendant près de dix ans sa résidence favorite, toujours regrettée ; il la restaura, la développa, en dessina le parc, le plantant de ses arbres préférés et d'essences exotiques, souvenirs de ses voyages.

Repris et remaniés, *Les Martyrs* (*) furent élargis jusqu'à la dignité d'une épopée chrétienne ; le ciel et l'enfer y participèrent. Sous cette forme définitive, destinée à justifier le « merveilleux chrétien », ils parurent le 27 mars 1809, avec le sous-titre : « ... *ou le triomphe de la religion chrétienne* ». Leur insuccès relatif affligea Chateaubriand. Au printemps de 1811, l'*Itinéraire de Paris à Jérusalem* ne lui valut que des éloges. Le 20 février, il avait été élu de justesse à l'Académie française au fauteuil laissé vacant par le décès de Marie-Joseph Chénier, mais il se refusait à corriger le discours trop libéral préparé pour sa réception ; c'était accepter de n'être jamais reçu solennellement.

Les deux années suivantes, il s'occupa de deux œuvres importantes, dont la seconde seule devait être pleinement réalisée : d'une part, ayant constaté que l'histoire de la France « était encore tout entière à écrire », il se proposa de la « refaire ». D'autre part, il forma le projet (apparu dès 1803) de se raconter lui-même directement en des *Mémoires* qu'il appelait les « Mémoires de ma vie ». Les deux desseins avaient reçu l'approbation formelle de la duchesse de Duras apparue dans son existence en 1809, qu'il nommait « chère sœur », et qui, avec un dévouement infatigable, allait s'instituer son égérie politique jusqu'en 1828, année où elle mourut.

Chateaubriand déclare lui-même que la chute de l'Empire marque la fin de sa carrière littéraire. Avec la Restauration, sa carrière politique commençait. Il l'inaugurait, dès les premiers jours d'avril 1814, par un pamphlet injuste et magnifique, *De Buonaparte et des Bourbons* (*), où la haine s'extravasait souvent en poésie. Pair de France, ambassadeur en Suède (non résident), ministre d'État, défenseur des « ultras », il publie un traité de politique constitutionnelle en septembre 1816 : *La Monarchie selon la Charte* (*), et, pour y avoir protesté dans un Post-Scriptum hardi contre le renvoi de la « Chambre introuvable », il est rayé de la liste des ministres d'État, et privé de ses pensions. Après avoir été l'âme de la revue *Le Conservateur,* publiée par ses amis politiques, il rentre en faveur avec eux et, du 1er janvier 1821 au 6 juin 1824, semble atteindre le sommet de ses ambitions : il est successivement ministre plénipotentiaire à Berlin, ambassadeur à Londres, le poste alors le plus en vue de notre diplomatie, délégué au congrès de Vérone, où il noue des relations personnelles avec le tsar Alexandre Ier, enfin ministre des Affaires étrangères, avec mission d'appliquer le programme de l'intervention exclusive de la France dans la guerre contre les républicains espagnols, décidée par la Sainte-Alliance. « Ma guerre d'Espagne !... » dira-t-il plus tard en se targuant d'avoir réussi où Napoléon avait échoué — v. *Guerre d'Espagne de 1823* (*). Le 6 juin 1824, ses dissentiments avec Villèle s'étant accentués, il reçut une brutale ordonnance de destitution, « chassé du ministère comme un laquais » et « comme s'il avait volé la montre du roi sur la cheminée ». Il entame aussitôt une campagne implacable dans le *Journal des débats,* campagne qui, en décembre 1827, finit par amener la chute de Villèle. Lors de la constitution du ministère Martignac — lequel, sans les préventions de Charles X, aurait pu être un ministère Chateaubriand —, il accepte l'ambassade de Rome, refuge, pour lui, de poésie, dont il se démit courageusement lorsqu'en août 1928 Polignac fut appelé au pouvoir ; perspicace, il refusait d'avance de « participer au malheur de la France ». Le 7 août 1830, il descendait pour la dernière fois de la tribune de la Chambre des pairs, après avoir, dans un discours d'une violence calculée, défini les raisons qui l'empêchaient de servir la monarchie « bâtarde » issue des journées de juillet. Les jours suivants, Chateaubriand se dépouillait de toutes ses charges et pensions pour n'être plus qu'un écrivain indépendant. Un écrivain qui, d'ailleurs, depuis quinze ans, ne s'était pas laissé oublier.

La publication de ses *Œuvres complètes* (de 1826 à 1831) lui avait permis non seulement d'enrichir chacune d'elles d'une introduction substantielle, mais d'y ajouter des ouvrages encore inédits : l'épopée de sa jeunesse, *Les Natchez* (*), retouchée dans son âge mûr, les *Aventures du dernier Abencerage* (*), nouvelle espagnole contemporaine de l'*Itinéraire, Le Voyage en Amérique* (*). Dans ses rares loisirs, Chateaubriand avait en outre continué son *Histoire de France,* grand projet avorté, dont les *Études historiques* (*), malgré des fragments souvent admirables, ne donnèrent en 1831 qu'une très insuffisante idée.

Pendant cette période, une amitié féminine éclaira et bientôt domina sa vie. Juliette Récamier avait su transformer en amitié amoureuse un amour auquel de 1818 à 1820 elle avait accordé des satisfactions jusqu'alors refusées par elle à tant d'autres. Dans le salon littéraire et politique qu'elle tenait au couvent de l'Abbaye-aux-Bois, rue de Sèvres, où les revers financiers du banquier, son mari, l'avaient contrainte de se réfugier dès 1819, elle ménageait un rôle de plus en plus prépondérant à René vieillissant. Depuis 1826, il habitait rue d'Enfer dans un pavillon attenant à l'« Infirmerie de Marie-Thérèse », asile qu'avec sa femme il avait fondé pour recueillir de vieux prêtres et de vieilles dames nobles trahis par la fortune. Il le quitta en 1838 pour habiter un appartement de la rue du Bac presque voisin de l'Abbaye. Après 1830, chaque après-midi, il venait au salon de Mme Récamier présider avec elle le cercle d'admirateurs choisis que, pieuse vestale de son culte, elle savait réunir, maintenir, entretenir et renouveler autour de lui.

Par fidélité aux Bourbons exilés, Chateaubriand reprit d'abord sa plume de journaliste politique ; ses pamphlets publiés sous forme de brochures et dont le plus vivant s'intitulait : *Madame, votre fils est mon roi !* défendirent la cause de la duchesse de Berry et de Henri V. Membre à Paris du conseil politique de la duchesse, il fut arrêté en juin 1832 et subit une détention préventive d'une quinzaine de jours dans les appartements du préfet de police ; un non-lieu intervint. À deux reprises, en 1833, il tenta d'arranger, en qualité d'ambassadeur extraordinaire et secret, les différends de famille survenus entre sa mandataire et Charles X ; deux voyages — le second avec un détour par Venise dont il découvrait la poésie pendant un séjour de quelque dix journées — le menèrent jusqu'à Prague ; le château de Hradshin abritait l'exil du vieux roi. Il n'obtint rien, et se lassa. Il parlait souvent alors de s'exiler lui-même en Suisse ou en Italie, pour y achever, avec son existence, son œuvre capitale.

Cette œuvre, les « Mémoires de ma vie », devenus *Mémoires d'outre-tombe* (*) à partir de 1832 — œuvre conçue à Rome en 1803 auprès du sépulcre de Pauline de Beaumont, et commencée en 1809 —, fut l'occupation principale de sa vieillesse. Il la reprit alors entièrement et la transforma : « Si j'étais destiné à vivre, annonçait-il dans sa *Préface testamentaire,* je représenterais dans ma personne représentée dans mes *Mémoires* l'épopée de mon temps. » C'est à ces *Mémoires* qu'il entend confier le soin de le transmettre à la postérité. Au printemps de 1834, pour un auditoire choisi où figurait Sainte-Beuve, Mme Récamier organise à l'Abbaye une série de

« lectures » révélant la première partie de l'ouvrage et les livres de la quatrième qui relataient les deux « courses » à Prague. En 1836 (année où il publie *Essai sur la littérature anglaise*), une « société par actions », comprenant mille six cents actionnaires, acheta la propriété des *Mémoires* qu'elle devait publier seulement après la mort de leur auteur, sous condition de lui servir une pension viagère. Pour qu'elle augmentât cette pension, Chateaubriand consentit, dès 1838, à lui laisser publier les deux volumes du *Congrès de Vérone* (*) détachés du manuscrit. Ils n'obtinrent qu'un succès limité.

En novembre 1841, *Les Mémoires d'outre-tombe* étaient terminés : non leurs tribulations. En 1844, la « Société propriétaire » ayant vendu à *La Presse* de Girardin le droit de publier son œuvre en feuilleton dès qu'il aurait fermé les yeux, Chateaubriand imposa de prudentes révisions à son texte — trois au moins dont la dernière en 1847 ; pour satisfaire aux scrupules de plus en plus exigeants de sa femme, de Mme Récamier et de leurs amis, il lui infligea ainsi d'importantes mutilations (jugements politiques, pages de lyrisme et de fantaisies, comme celles du « séjour à Venise »). Les exécuteurs testamentaires, en 1848-1850, introduisirent à leur tour dans le texte des adoucissements et pratiquèrent des suppressions complémentaires ; la suppression, entre autres, de la division en « livres et en parties » ; si bien que dans *La Presse* et dans l'édition originale les *Mémoires* ne présentaient plus qu'une confuse succession de chapitres. En 1948 seulement, dans l'édition dite « du centenaire », nous avons restauré, dans toute la mesure du possible, le texte tel qu'il existait en 1841, avec ses cinquante livres, distribués en quatre parties.

En 1844, René vieilli fit paraître une œuvre suprême, la *Vie de Rancé* (*), comme pour jeter une suprême lamentation ; en racontant les misères et les grandeurs du réformateur de la Trappe, il réussit à se raconter encore en un style plein de ténèbres et d'éclairs, qui parfois se souvient de Saint-Simon et parfois semble annoncer, par-delà même le symbolisme, les audaces modernes.

Ses dernières années, tourmentées par les douleurs et les impotences d'un rhumatisme goutteux, furent amères et désenchantées. Mme de Chateaubriand mourut en février 1847. Mme Récamier était affligée d'une cécité presque complète. Toujours habité d'une âme aventureuse, le grand vieillard avait accompli ses deux derniers voyages pour répondre à l'appel de son « jeune roi » Henri V ; l'un à Londres en 1843, l'autre en 1845 à Venise.

Il s'éteignit peu après que le canon des « journées de juin » eut cessé de retentir sur Paris. Conduit à Saint-Malo, il fut mené le 19 juillet, au milieu d'une pompe civile et militaire, jusqu'au tombeau creusé en plein roc, à la pointe de Grand-Bé, où il avait souhaité de prendre son repos parmi l'inquiétude des flots, des vents et de la mer qui, quatre-vingts ans plus tôt, avaient bercé sa naissance.

MAURICE LEVAILLANT.

♦ « *Travaillez, travaillez, mon cher ami ; devenez illustre, vous le pouvez, l'avenir est à vous.* » Fontanes à Chateaubriand. ♦ « *C'est le seul homme de lettres honnête avec qui je me sois trouvé en présence depuis que j'existe.* » L.-Cl. de Saint-Martin. ♦ « *Il semble que le génie du peintre incomparable fût empreint dans ce spectacle magnifique* [les funérailles de Ch.], *et qu'à lui seul parmi les hommes il ait été donné d'ajouter après sa mort une page splendide au poème immortel de sa vie.* » Ampère. ♦ « *Chateaubriand est assurément un rhéteur et un poète de grande envergure.* » Goethe. ♦ « *Chateaubriand prend partout, même dans les littératures vicieuses, mais il opère une vraie transmutation, et son style ressemble à ce fameux métal qui, dans l'incendie de Corinthe, s'était formé du mélange de tous les autres métaux.* » Joubert. ♦ « *De ce Rubens du style je n'ai jamais estimé très haut que la palette. Il n'était pas assez simple de cœur et de génie pour moi... mais c'était une grande sensibilité littéraire, et le plus grand style qu'un homme puisse avoir en dehors du naturel, le génie des ignorants.* » A. de Lamartine. ♦ « ... *Ce fabricant de belle littérature qui allie de la façon la plus répugnante le scepticisme distingué et le voltairianisme du* XVIII*e siècle au sentimentalisme distingué et au romantisme du* XIX*e. Cet alliage ne pouvait manquer de faire époque en France au point de vue du style, bien que, dans le style, le faux saute souvent aux yeux, malgré tous les artifices.* » Karl Marx. ♦ « *Vainqueur avant d'être affermi, appelé peut-être à s'élever au rang des Pères de l'Église, il s'embourba dans sa gloire et ne devint qu'un homme de lettres... Mais, quoique la frivolité de l'esprit le retînt misérablement rattaché aux erreurs et aux besognes de ce bas monde, il domina de toute sa tête l'arrogant troupeau de ses contemporains.* » Louis Veuillot. ♦ « *Sans doute fus-je bien avisé de me forcer longtemps à l'admiration de ce que l'on me donnait comme admirable. Mon penchant naturel me portait vers Chateaubriand ; je décidai de lui préférer Stendhal, qui m'instruisit bien davantage.* » André Gide.

RÉF. : Maurice Levaillant, *Introduction à l'Édition du centenaire des Mémoires d'outre-tombe (tome I)*, Paris, 1928. — Marie-Jeanne Durry, *La Vieillesse de Chateaubriand*, Paris, 1933. — Philippe André-Vincent, *Les idées politiques de Chateaubriand*, Paris, 1936. — Maurice Levaillant, *Chateaubriand, Madame Récamier et les Mémoires d'outre-tombe*, Paris, 1936. — André Maurois, *Chateaubriand*, Paris, 1938. — Joan Evans, *Chateaubriand*, Londres, 1939. — Duc de la Force, *Chateaubriand au tribunal*, Avignon, 1941. — Louis Martin-Chauffier, *Chateaubriand*, Paris, 1943. — R. D. de Séchelles, *Chateaubriand et l'âme celte*, Saint-Brieuc, 1948. — Émile Henriot, *Courrier littéraire* XIX*e siècle. Autour de Chateaubriand*, Paris, 1948. — Maurice Levaillant, *Splendeurs, misères et chimères de Monsieur de Chateaubriand*, Paris, 1948. — Michel Robida, *Chateaubriand*, Paris, 1948. — Maurice Levaillant, *Le véritable Chateaubriand*, Oxford, 1951. — Jules Bertaut, *La vie privée de Chateaubriand*, Paris, 1952. — Maurice Levaillant, *Chateaubriand prince des songes*, Paris, 1960. — J. P. Richard, *Paysage de Chateaubriand*, Paris, 1967. — J. Mourot, *Rythme et société dans les « Mémoires d'outre-tombe »*, Paris, 1969. — A. Vial, *Chateaubriand et le temps perdu*, Paris, 1971. — P. Clarac, *À la recherche de Chateaubriand*, Paris, 1975. — M. Lelièvre, *Chateau-*

briand polémiste, Paris, 1983. – *Correspondance générale*, éd. P. Riberette, Paris, 1971 et suiv.

CHATEAUBRIANT Alphonse de. Écrivain français. Né à la Prévalaye (Ille-et-Vilaine) le 22 mars 1877, mort à Kitzbühel (Autriche) le 2 mai 1951. Il passa toute son enfance dans le bocage vendéen, au château de La Motte. Son grand-père était peintre, son père musicien. En 1911, le prix Goncourt le révèle au grand public avec son roman *Monsieur des Lourdines* (*), histoire d'un gentilhomme campagnard du XIXe siècle, qui utilisait dans l'intrigue des thèmes sans grande originalité, mais s'imposait par la puissance de son évocation du bocage. Artiste solitaire, n'ayant guère d'autre ami que Romain Rolland, Alphonse de Chateaubriant, mobilisé dès 1914, connut, pendant quatre années de front, une expérience bouleversante de la guerre qui devait déterminer son évolution future : socialement, il eut le sentiment d'un retour aux sources élémentaires dans le naufrage du rationalisme occidental ; spirituellement, une sorte d'extase mystique en 1915 fera désormais de Chateaubriant un chercheur de Dieu, mais indépendant des Églises et du dogme. *La Brière* (*), en 1923, qui obtint le grand prix du roman de l'Académie, restait dans l'inspiration de *Monsieur des Lourdines*, avec ses harmonies rustiques, son association des passions humaines assez sauvages et des énergies du monde animal. *La Réponse du Seigneur*, en 1933, est déjà moins l'œuvre d'un romancier que d'un mystique. Chateaubriant protestait contre le matérialisme moderne, contre les conceptions égoïstes de la vie, et rêvait d'un nouveau Moyen Âge ; c'est dans le national-socialisme allemand qu'il crut le trouver. Au retour d'un voyage outre-Rhin en 1937, il saluait, dans *La Gerbe des forces*, une religion nouvelle capable de liquider l'individualisme et l'intellectualisme et de retrouver l'ivresse des communions avec la terre primitive. Alphonse de Chateaubriant allait donc devenir un ardent collaborateur de l'occupant allemand, dirigeant l'hebdomadaire *La Gerbe* qu'il avait fondé en 1940. Condamné en 1945, il s'enfuit en Autriche où, réfugié dans un monastère, il mourut. Son journal, dont des extraits parurent en 1953 dans *Les Fragments d'une confession*, rend compte du mysticisme qui habita la fin de sa vie.

RÉF. : R. Brasillach, *Les Quatre Jeudis*, Paris, 1944. – L.-A. Maugendre, *Alphonse de Chateaubriant, 1877-1951*, Paris, 1977.

CHATTERJI Baṅkim Chandra (en bengali Caṭṭopādhyāy). Romancier et essayiste bengali. Né à Kātālpāḍā, district actuel de Hooghly, Bengale occidental (Inde), le 26 juin 1838 et mort à Calcutta le 8 avril 1894. Il naquit dans une famille de brâhmanes de haut rang. Son père était employé au service de la Compagnie britannique des Indes. Chatterji fit de solides études aussi bien dans les disciplines traditionnelles : bengali, sanskrit et persan, qu'en histoire, en droit et en littérature anglaise. Il fut l'un des deux premiers diplômés de l'université de Calcutta en 1858. Il entra au service du gouvernement britannique et y resta pendant trente-trois ans comme « Deputy magistrate » dans diverses villes du Bengale. Il écrivit son premier roman en anglais, *La Femme de Rajmohan* [*Rajmohan's Wife*, 1864]. Le roman bengali était alors encore dans l'enfance. Chatterji allait en être à la fois le pionnier et le maître. En 1865 parut son premier roman en bengali *La Fille du maître du fort* [*Durgeśnandinī*], suivi en 1866 par un de ses meilleurs ouvrages de fiction *Kapālkuṇḍalā* (*). Il écrivit encore une dizaine de romans dont il emprunta le cadre à l'Histoire : *Le Monastère de la félicité* (*) et *Rājsiṃha le Magnifique* [*Rājsiṃha*] en 1882. Deux autres romans : *L'Arbre vénéneux* [*Viṣavṛṣka*, 1873] et *Le Testament de Krishnokanto* (*) (1878), décrivent la société de son temps. L'écrivain fonda et dirigea la revue *Baṅgadarśan* dans laquelle il publia de nombreux essais sur des sujets divers : histoire, économie, religion et littérature. Inspiré par de Quincey et ses *Confessions d'un mangeur d'opium* (*), il fit paraître en 1875 *Le Journal de Kamalākānta* [*Kamalākānter dapṭar*], plein d'humour et de finesse. Admirateur des philosophes utilitaristes anglais et surtout du positivisme d'Auguste Comte, il entreprit une réflexion sur la religion et la société : *La Personnalité de Kṛṣṇa* [*Kṛṣṇacaritra*, 1886] et *Principes du Dharma* [*Dharmatattva*, 1888]. Hardi et pénétrant dans sa pensée, c'est un des plus grands esprits de la renaissance du Bengale.

FRANCE BHATTACHARYA.

CHATTERJI Śarat Candra (en bengali Caṭṭopādhyāy). Romancier et nouvelliste bengali. Né à Debānandapur, district actuel de Hooghly, Bengale occidental (Inde), le 15 septembre 1876, mort à Calcutta le 16 janvier 1938. Élevé dans sa famille maternelle à Bhagalpur au Bihār – son père ne pouvant assurer la subsistance de sa famille –, il vécut dans la pauvreté toute sa jeunesse. Livré à lui-même après la mort de son grand-père, il quitta sa maison et comme le héros de son roman *Shrikanto* (*) il parcourut le pays en compagnie de renonçants, de musiciens ambulants et de charmeurs de serpents. Il n'acheva pas ses études. Son père mort, il travailla quelque temps à Calcutta, puis partit pour la Birmanie, alors colonie britannique. Il y fréquenta les immigrés bengali et mena de front une carrière d'employé de bureau et une activité littéraire commencée alors qu'il était étudiant. Il écrivait des nouvelles, souvent sous des pseudonymes, qu'il envoyait à des revues de Calcutta. Après la publication de *Baḍadidi*, en 1907, le premier roman qu'il signa de son nom, il devint célèbre. Il revint alors au

Bengale où il vécut confortablement de sa plume jusqu'à sa mort. Son immense succès ne fut pas limité aux seuls lecteurs bengali. Son œuvre fut traduite dans toutes les langues indiennes et portée à l'écran. Ses romans les plus célèbres sont *Shrikanto* en quatre parties, publiées en 1917, 1918, 1927 et 1933, *La Femme de Birāj* [*Birāj bau*, 1914], *La Société villageoise* [*Palli samāj*, 1916], *Sans moralité* (*), *Devdās* (1917), *La Maison en flammes* [*Gṛhadāha*, 1919], et *L'Exigence de la route* [*Pather dābī*, 1926]. *Maheś* (1926), *Le Fils de Bindu* [*Bindur chele*, 1913], *Rāmer sumati* (1914) et *Mejdidi* (1915) sont sans doute ses meilleures nouvelles. La renommée de l'écrivain repose sur son exceptionnel talent de conteur, la grande diversité de ses expériences personnelles, ce qui lui permet de décrire avec justesse des milieux et des personnages très variés, et sa profonde sympathie pour les faibles et les marginaux, et surtout pour les femmes. Ses héroïnes, maltraitées par le sort, sont souvent des femmes déchues aux yeux de la société. Il les dépeint, avec sentimentalité parfois, comme des victimes qui luttent pour survivre.

FRANCE BHATTACHARYA.

CHATTERTON Thomas. Poète anglais. Né le 20 novembre 1752 à Bristol (Grande-Bretagne), mort à Londres le 24 août 1770. L'une des figures les moins connues, mais certainement l'une des plus caractéristiques du début du romantisme anglais. Fils d'un professeur de calligraphie mort avant sa naissance, il fréquenta l'école gratuite de Colston, où il se distingua par une exceptionnelle précocité. À dix ans, il fit paraître ses premiers vers au *Bristol Journal* ; deux ans plus tard, il composa – selon les tendances exotiques et moyenâgeuses chères à une époque lasse des artifices raffinés – un recueil de poésies habiles du point de vue technique et justes dans leur ton archaïque, qu'il présenta comme l'œuvre présumée d'un moine imaginaire du XVe siècle, Thomas Rowley, retrouvée dans l'église gothique de St. Mary Radcliffe de Bristol, dont son oncle était sacristain. Il envoya quelques-unes de ces poésies à Horace Walpole qui commença par les admirer, puis, ayant appris l'âge de l'auteur, les lui renvoya. Le jeune garçon en fut attristé et offensé, et il exprima son amertume dans un poème intitulé *Vers à Walpole* [*Lines to Walpole*], mais désormais emporté par une passion invincible et un destin inévitable qui l'apparentent aux jeunes esprits du *Sturm und Drang,* il concentra toute sa vie et toutes ses illusions sur le succès artistique. L'échec de sa tentative pour se faire admettre comme assistant chirurgien à bord d'un navire marchand contribua notablement à sa dernière décision. En 1770, il se rendit à Londres et chercha à se faire connaître, et en même temps à gagner sa vie en collaborant à des journaux et à des revues. Mais, après la mort de l'alderman Beckford qui le protégeait, il ne trouva pas d'éditeurs ; réduit à une extrême misère et trop orgueilleux pour emprunter, il s'empoisonna à l'arsenic. Les *Poésies de Thomas Rowley* (*), publiées après sa mort (en 1777) par le spécialiste du Moyen Âge Tyrwhit, suscitèrent de vives discussions quant à leur authenticité, mais finalement elles furent reconnues fausses : le langage présente des caractéristiques plus élizabéthaines que moyenâgeuses, et il évoque plus Spenser que le XVe siècle, les meilleures surtout, dont une est, sans nul doute, la *Ballade de la Charité* [*Ballade of Charitie*]. L'archaïsme de Chatterton annonce ceux de Coleridge et de Keats. Devenu, par sa mort précoce, un symbole de génie incompris dans une époque imperméable à la poésie, Chatterton a été le héros des générations suivantes ; il fut exalté par Wordsworth, Vigny et les préraphaélites.

ROBERTO SANESI.

RÉF. : A. de Vigny, *Chatterton,* 1835. – R. Browning, *Essay on Chatterton,* dans *The Foreign Quarterly Review* de juillet 1842. – J. H. Ingram, *The True Chatterton,* Londres, 1910. – E. Meyerstein, *A Life of Thomas Chatterton,* New York, 1937. – J. C. Nevill, *Thomas Chatterton,* Londres, 1948. – L. Kelly, *The Marvellous Boy, the Life and Myth of Thomas Chatterton,* Londres, 1971. – D. S. Taylor, *Thomas Chatterton's Art,* Princeton, 1978.

CHATWIN Bruce. Écrivain et voyageur anglais. Né à Sheffield (Yorkshire) le 13 mai 1940, mort à Nice (Alpes-Maritimes) le 18 janvier 1989. Voyageur, conteur, aventurier, le plus anglais des marginaux et le plus cosmopolite des écrivains britanniques de sa génération, Bruce Chatwin sut faire de son personnage la meilleure de ses créations et, de son vivant, devint une véritable légende. Il avait contracté cette affection que Baudelaire appelait « la grande maladie : horreur du domicile » et en faisait remonter l'origine à une longue ascendance de coureurs de la planète, des oncles – comme Cendrars – et parents multiples qui constituent une étonnante galerie de portraits où l'on trouve un chercheur d'or, un fou du désert mort au Caire en récitant les sourates du Coran dans un hôpital pour saints, le commandant d'un navire qui fit naufrage à l'entrée du détroit de Magellan... Durant la guerre, alors que son père, officier de la Royal Navy, sillonne les mers à bord d'un dragueur de mines, on ne cesse de le déplacer d'un appartement à l'autre et, lors des bombardements, il se réfugie dans sa malle-cabine qu'il considère comme sa seule et véritable maison. À dix-huit ans, il entre comme porteur chez Sotheby's, la célèbre salle des ventes londonienne, où il restera huit ans. Doué d'un instinct artistique très sûr, il grimpe rapidement dans la hiérarchie et devient un des plus jeunes directeurs de l'établissement, spécialiste écouté du département des Impressionnistes. Puis, soudainement, il décide de quitter le monde de l'art pour partir sur les routes. Il parcourt ainsi tous les continents en écrivant, notamment pour le *Sunday Times,* des textes qu'il réunira dans *Qu'est-ce que je fais là* [*What am I doing here,* 1989]. « Je ne peux pas écrire, disait-il, sans entendre le ronronnement d'une autre langue autour de moi. » Seule la maladie, vers la fin de sa vie, mettra un terme à ses voyages incessants. Son premier livre, *En Patagonie* (+), connaît un succès immédiat et fait de lui, d'emblée, l'un des chefs de file de la littérature du voyage [*travel writing*], bien que lui-même récusât ce terme. La parution de ses deux premiers romans, *Le Vice-roi de Ouidah* [*The Viceroy of Ouidah,* 1980] – que Werner Herzog devait porter à l'écran sous le titre de *Cobra Verde* – et surtout *Les Jumeaux de Black Hill* [*On the Black Hill,* 1982], dont l'action se situe au Pays de Galles, révèle le talent d'un créateur authentique. Ses deux derniers livres, *Le Chant des pistes* (*), chronique du nomadisme, son œuvre maîtresse, et *Utz* (*), bref roman dont le héros est un collectionneur de porcelaines de Saxe, nous apparaissent comme les foisonnants testaments d'un homme qui, peu de temps avant sa mort, déclarait : « Plus vous voyagez, plus vous faites collection d'"endroits". J'en ai assez de cette collection. » Chatwin s'inscrit dans cette tradition de la littérature anglaise qui, de Conrad à Stevenson ou, plus près de nous, de Wilfred Thesiger à Patrick Leigh Fermor, refuse tout enfermement culturel et privilégie les rêves d'évasion en créant une véritable poésie de l'aventure.

JACQUES CHABERT.

CHAUCER Geoffrey. Poète anglais. Né entre 1340 et 1345, mort à Londres le 25 octobre 1400. Chaucer appartenait à une famille de négociants en vins et en laine et de collecteurs d'impôts, originaire d'Ipswich. Attaché comme page à la maison du prince Lionel, duc de Clarence, cadet du roi Édouard III, il servit ensuite comme écuyer à la Cour. La première date de sa vie dont on soit certain est l'année 1357, où il se trouve dans l'entourage d'Élizabeth, comtesse d'Ulster, femme du prince Lionel. Élevé ensuite à la Cour, où l'influence française était alors prépondérante, il participa du 4 décembre 1359 à janvier 1360 à l'expédition d'Édouard III en France, fut fait prisonnier, puis racheté le 1er mars de la même année. D'octobre 1360 à juin 1367 on perd sa trace, mais sans doute s'attacha-t-il à quelque prince de la maison royale, tel ce Jean de Gand, duc de Lancastre, frère de Lionel, époux de Blanche de Lancastre, dont le poète déplore la perte dans *Le Livre de la duchesse* (*), l'un des premiers poèmes de Chaucer –, et il poursuivit ses études de droit à l'Inner Temple de Londres. Selon toute probabilité, il épousa en 1366 la fille de sir Payne Roet, demoiselle d'honneur de la reine. De nouveau en France (1369), Chaucer fit partie d'une expédition commandée par Jean de Gand, et son expérience de juriste le fit utiliser dans des missions diplomatiques. Un acte, en date du 17 juillet 1368, indique que, cette année-là, il se rendit, pour on ne sait quelle mission, à l'étranger. Le 29 mai, le prince Lionel avait épousé la fille du duc de Milan. S'il avait alors accompagné son maître, Chaucer aurait pu rencontrer Pétrarque qui avait assisté aux fêtes données à cette occasion. Une autre mission lui fut confiée lorsqu'il négocia un traité de paix avec Charles V (1377) et le mariage du futur Richard II avec la princesse Marie de France. À l'influence qu'il avait subie exclusivement jusqu'alors s'ajoute bientôt celle de l'Italie. Le 12 novembre 1372, Chaucer fut nommé membre d'une mission chargée de décider avec Gênes du choix d'un port anglais dans lequel des privilèges spéciaux seraient réservés aux marchands génois, et le poète, dans cette affaire, était le seul négociateur pour l'Angleterre. Au cours du voyage – sur lequel les livres de comptes nous renseignent du 1er décembre 1372 au 23 mai 1373 –, Chaucer visita Florence, très probablement pour négocier avec les banquiers florentins un emprunt au nom du roi d'Angleterre. Une dernière mission en Italie eut lieu en 1378, lorsque Chaucer, accompagné de sir Edward Berkeley, s'en fut demander à Barnabo Visconti et à son gendre, le fameux condottiere sir John Hawkwood, l'aide des Milanais dans la guerre contre la France. Ces ambassades permirent à Chaucer d'observer de près la vie de trois puissantes cités d'Italie : Gênes, Florence et Milan. Il rapporta ainsi dans son pays, outre ses impressions au sujet des hommes, les manuscrits d'œuvres littéraires dont aucun autre pays ne possédait alors l'équivalent : les œuvres de Dante, de Boccace et de Pétrarque.

Si ses premiers maîtres furent français, s'il imita Guillaume de Machaut, Eustache Deschamps, Froissart et Otto de Granson, si enfin le *Roman de la Rose* (*), dont il donna une traduction, l'initia à la composition de poèmes de grande envergure, Chaucer, enrichi au contact des Italiens, se révéla bientôt le digne émule de ses modèles et, grâce à eux, fut en mesure de renouveler sa vision de la vie anglaise. Certes, le genre d'affaires auquel il se trouva mêlé en 1374 ne semble pas, à première vue, favorable à l'épanouissement de ses facultés poétiques. De 1374 à 1386, Chaucer remplit les fonctions de contrôleur des droits et des subsides sur les laines, les peaux et les vins de Londres, qui l'astreignaient à toutes sortes d'obligations. Du 20 avril 1382 à la fin de 1387, il exerça, en outre, le contrôle de l'octroi du port de Londres. (Les collecteurs de l'impôt, ses collègues, étaient tous des magnats de la cité.) En octobre 1385, il fut nommé juge de paix pour le comté de Kent et, dans l'été de 1386, représentant du même comté au Parlement. Il est probable que c'est au mois de décembre de la même année qu'il renonça à ses charges, non pour des raisons politiques, mais afin de se retirer dans le Kent. Pour les deux années suivantes, on sait seulement que Chaucer perdit sa femme. Mais lorsque, durant la vieillesse de Richard II, l'influence de Jean de Gand redevint prépondérante (1389), une nouvelle période de faveur s'ouvrit pour le poète. En une seule année, il fut nommé à trois offices qui n'étaient pas des sinécures. C'est à cette époque, cependant, qu'il composa les *Contes de Cantorbéry* (*). Surintendant des constructions royales, inspecteur des murs, fossés et ponts sur les rives de la Tamise entre Greenwich et Woolwich, et surintendant des bâtiments à la chapelle Saint-George de Windsor, Chaucer, dans l'accomplissement de cette dernière fonction qui l'obligeait à porter sur lui des sommes importantes, fut à deux reprises dévalisé par des voleurs, et c'est à ce propos, sans doute, qu'il écrivit la *Complainte de sa bourse vide* [*Compleynte of his Empty Purse*], lamentation sur l'allègement de sa bourse. Ces malheurs — ou simplement l'aspiration au repos — l'incitèrent à quitter son emploi. Nommé vice-intendant forestier du parc de North Petherton (Somerset) en 1391, Chaucer résida probablement jusqu'en 1399 dans cette province lointaine. Le poète, qui avait fréquenté toutes les classes de la société, y compris des écrivains tels que John Gower, Eustache Deschamps et Froissart, était plus que quiconque à même de peindre les immortelles figures du *Prologue* et des *Contes de Cantorbéry,* qui reflètent à la fois son époque et sa culture exceptionnelle.

Si l'on s'en rapporte à son propre témoignage et à celui des contemporains, Chaucer est moins un homme d'affaires qu'un humaniste fort au fait des traités de rhétorique alors en vogue. De tous les auteurs dont il s'est inspiré, Jean de Meung, Dante et Boccace eurent sur lui une influence prépondérante. Bien que les aspects les plus sublimes et les plus terribles du génie dantesque lui demeurassent étrangers (voir le « Conte du Moine », qui paraphrase l'épisode d'Ugolin), *La Divine Comédie* (*) fut pour lui comme une encyclopédie permanente, et peut-être s'en est-il inspiré pour le plan général des *Contes.* Le caractère nullement héroïque et, pour tout dire, bourgeois du poète apparaît bien dans *La Maison de la Renommée* (*), imitée de Dante, encore que la saveur burlesque, l'humour délicieux de certains passages soient peut-être involontaires. Chaucer avait moins d'affinités avec Dante qu'avec Boccace, sans atteindre, cependant, à cette nouveauté qui caractérise le *Philostrate* (*). C'est ainsi que, dans *Troïlus et Cressida* (*), il s'inspire de la tradition purement médiévale de l'« amour courtois » d'un Chrétien de Troyes. On doit également à Chaucer *Le Parlement des oiseaux* (*) et la *Légende des femmes exemplaires* (*). Chaucer a employé dans ses ouvrages le dialecte de l'East Midland, dont il accrut beaucoup le prestige. On ne saurait pour autant voir en lui le « père » de la langue anglaise, comme il a été dit souvent.

MARIO PRAZ.

♦ *« En puissance Chaucer fut le premier de nos trois grands poètes, le créateur d'une méthode et d'un système. Nul autre poète anglais, si ce n'est Milton, n'a autant ajouté au blason de son art : nul autre, si ce n'est Shakespeare, n'a été aussi vrai, doux, sage et joyeux dans son exposé de ce qui est significatif dans la vie. »* John Masefield. ♦ *« Il* [Chaucer] *était moins délirant que Shakespeare, moins rude que Milton, moins fanatique que Bunyan, moins amer que Swift. »* G. K. Chesterton. ♦ *« Il faut... convenir que les vers de Chaucer ne sont point harmonieux ; mais ses contemporains les trouvaient tels : ils ressemblent à l'éloquence de cet homme dont parle Tacite,* auribus fui temporis accommodata. *»* Encyclopédie de Diderot. ♦ *« Il* [Chaucer] *se range au niveau moyen et se trouve de plain-pied avec la multitude. C'est le sentiment des communes défaillances qui fait la grande camaraderie entre les hommes. Chaucer est parmi les écrivains de génie celui en qui on sent le plus vite un camarade. »* Legouis et Cazamian. ♦ *« Il* [Chaucer] *a cette fraîcheur matinale du Moyen Âge. Dans un monde déjà vieux qui était le sien, il était nouveau. Il découvrit comme pour la première fois le printemps et toutes ses odeurs. »* Julien Green.

RÉF. : E. Legouis, *Chaucer,* Grands écrivains étrangers, 1910. – J. Masefield, *Chaucer,* Cambridge, 1931. – Chanoine Looten, *Chaucer, ses modèles, ses sources, sa religion,* Lille, 1931. – G. K. Chesterton, *Chaucer,* Londres, 1932. – J. L. Lowes, *Geoffrey Chaucer,* 1934. – H. R. Patch, *On Rereading Chaucer,* Cambridge, 1939. – J. Speirs, *Chaucer the Maker,* Londres, 1951. – C. Muscatine, *Chaucer and the French Tradition,* Berkeley, 1964. – Dereh Breuver (ed.), *Chaucer : the Critical Heritage* (2 vol.), Londres, 1978. – B. Rowland, *A Companion to Chaucer Shudies,* Oxford, 1980. – R. Morse and B. Windeatt, *Chaucer Traditions,* Cambridge, 1990.

CHAUNU Pierre. Historien français. Né le 17 août 1923 à Belleville (Meuse). La vie de Pierre Chaunu peut s'écrire sur deux registres : celui de la carrière, qui se confond avec le brillant cursus d'un universitaire, et celui de l'œuvre, d'une fécondité confondante, qui révèle une personnalité hors série et dans laquelle éclatent l'enthousiasme du croisé et le souffle de l'inspiré.

Les étapes de la carrière seraient classiques si, constamment, ne se manifestait l'originalité des circonstances dans lesquelles elles s'inscrivent. Études à la Sorbonne, pendant l'Occupation ; succès à l'agrégation, au lendemain de la Libération, qu'accompagne la rencontre avec Fernand Braudel, puis Lucien Febvre et la revue *Annales* ; thèse — préparée à la Casa de Velasquez (1948-1951) et, après cinq ans d'enseignement au lycée de Vanves, au C.N.R.S. (1956-59) — soutenue en 1960 ; nomination à la Sorbonne comme maître de conférences, à la faculté de Caen comme professeur — poste qu'il occupe de 1962 à 1970 —, à Paris-IV-Sorbonne enfin où il achève sa carrière. En 1982, l'Académie des sciences morales et politiques l'élit en son sein ; il est, à la même époque, à la tête du Comité consultatif des universités ainsi que de la commission d'histoire moderne et contemporaine du C.N.R.S. L'autorité scientifique de Pierre Chaunu est alors à la mesure de sa réputation, immense.

L'œuvre comprend plus de cinquante ouvrages, des centaines d'articles. On peut cependant y déceler des étapes. Au début, Chaunu se fait l'historien « braudélien » de l'Amérique latine et de la péninsule Ibérique à l'époque moderne : approche géohistorique, grande place des éléments économiques, des flux monétaires, recours systématique à la statistique. En témoigne sa thèse *Séville et l'Atlantique (1504-1650)* dont les douze volumes de 7 343 pages parurent de 1955 à 1960. Vient ensuite la période des vastes synthèses qui révélèrent au grand public et aux étudiants à la fois les curiosités et les méthodes de la Nouvelle Histoire et le style, tout d'une pièce, de Pierre Chaunu : *La Civilisation de l'Europe classique* (*) (1966) et *La Civilisation de l'Europe des Lumières* (1971) ainsi que *Le Temps des réformes* (1975). Chantre de l'histoire quantitative (*Histoire quantitative, histoire sérielle*, 1978), Chaunu ne cessa de s'intéresser à la démographie ; en historien *(La Mort à Paris, XVIe-XVIIIe siècle)* et, de plus en plus vigoureusement, en homme de son temps. C'est la troisième période, celle de l'historien engagé et inspiré, médiatisé et prolifique. Ses combats ? Pour la vie, contre la dénatalité et l'avortement (*Le Refus de la vie*, 1975 ; *La France ridée*, 1979) ; pour les traditions chrétiennes contre les modernismes d'Églises — ce calviniste, qui n'hésite ni à prêcher ni à enseigner sa foi, écrit *Ce que je crois* (1983) ; pour une intelligence de l'avenir, et l'historien Chaunu pratique la prospective : *Le Sursis* (1978), *Un futur sans avenir* (1979). Pour une renaissance de la conscience nationale, le patriote lorrain qu'il affirme, haut et fort, être publie, en 1982, *La France* (*). Philosophe de l'histoire, Chaunu est, à sa façon, le Bossuet de notre temps. Rien ne lui plaît plus que d'exposer dans une perspective judéo-chrétienne de vastes fresques dont l'origine est celle des premiers hommes et l'achèvement l'ineffable attente de la fin dernière (*La Mémoire et le Sacré*, 1978 ; *La Violence de Dieu*, 1978 ; *Histoire et Foi*, 1980).

CHARLES-OLIVIER CARBONELL.

CHAUSSON Ernest. Compositeur français né à Paris le 20 janvier 1855, mort à Limay (Yvelines) le 10 juin 1899. Après avoir fait ses études de droit, il entra au Conservatoire dans la classe de Jules Massenet. Mais l'influence de César Franck ne tarda pas à supplanter celle de ce dernier dans l'esprit du jeune musicien : influence profonde qui se maintiendra dans la meilleure partie de son œuvre. En fervent élève de Franck, Chausson s'attachera donc à donner un regain de jeunesse à la musique symphonique française (comme à la musique de chambre) que les compositeurs de son temps négligeaient au profit du théâtre. D'où le soin qu'il apportait à ciseler ses moindres ouvrages. À travers son maître, en effet, il a mis beaucoup de lui-même dans toute sa musique de chambre. Il faut citer d'abord sa *Symphonie en si bémol* (*) (1891), le *Concert* pour piano, violon et quatuor à cordes (*) (1892), le *Poème* pour violon et orchestre (*) (1896) et l'admirable *Quatuor en la majeur* (*) (1899). Outre les poèmes symphoniques *Viviane, Soir de fête* et l'*Hymne védique*, chœur inspiré de Leconte de Lisle, citons encore un certain nombre de mélodies : *Poème de l'amour et de la mer* (d'après Bouchor), la *Caravane* (d'après Gautier), et la *Chanson perpétuelle* (*) (1898). Si attaché qu'il fût à la musique de chambre, Chausson n'en eut pas moins le goût du théâtre. En 1888, en effet, il écrivit une musique de scène pour *La Tempête* (*) de Shakespeare. Puis ce fut *La Légende de sainte Cécile* (1894), drame lyrique en trois actes sur un livret de M. Bouchor, et enfin *Le Roi Arthur* (+), opéra en trois actes qui lui coûtera huit années de labeur et ne fut joué qu'après sa mort (1903). Dans tout son théâtre, il faut reconnaître que Chausson subit l'influence de Wagner. Mort prématurément, d'un accident de bicyclette, Ernest Chausson n'a pu se révéler tout entier. Il n'empêche qu'il a donné un nouvel essor à la musique de chambre de la fin du XIXe siècle.

RÉF. : Octave Séré, *Musiciens français d'aujourd'hui*, Paris, 1921. — Charles Oulmont, *Ernest Chausson et la bande à Franck*, Paris, 1935. — Paul Landormy, *La Musique française de Franck à Debussy*, Paris, 1943. — Gustave Samazeuilh, *Musiciens de mon temps*, Paris, 1947. — Jean Gallois, *Ernest Chausson*, Paris, 1947.

CHAVÉE Achille. Poète belge d'expression française. Né à Charleroi le 6 juin 1906, mort à La Hestre le 4 décembre 1969. L'une des figures marquantes du surréalisme en Belgique, fondateur du groupe « Rupture » (1934), du « Groupe surréaliste du Hainaut » (1939) et après une période de clandestinité, durant la guerre, du groupe « Haute Nuit » (1945), créateur en 1927 de l'Union fédéraliste wallonne du Centre et membre des Brigades internationales pendant la guerre d'Espagne où il combattit sur le front d'Albacete. C'est essentiellement un poète lyrique, explorateur douloureux de son univers intérieur. Épris de chaleur humaine, d'amour et d'amitié, il use d'un humour très personnel pour masquer son extrême vulnérabilité. Son œuvre, dispersée en une trentaine de plaquettes, est en cours de réédition depuis 1977. Citons : *Pour cause déterminée* (1935), *Le Cendrier de chair* (1936), *Une foi pour toutes* (1936), *La Question de confiance* (1940), *Écorces du temps* (1947), *À pierre fendre* (1952), *Quatrains pour Hélène* (*) et *L'Enseignement libre* (1958), *L'Éléphant blanc* (1961), *Décoctions* (1964), *De vie et mort naturelle* (1967) et *Le Grand Cardiaque* (1969).

CHÁVEZ (y Ramirez) Carlos. Compositeur mexicain. Né et mort à Mexico (13 juin 1899-2 août 1978). De sang semi-indien, il fut l'élève d'un de ses frères, puis de Manuel Ponce. Son succès fut rapide : sa première symphonie date de ses vingt ans. Un voyage en Europe et aux États-Unis, entrepris en 1922, élargit ses horizons. De retour à Mexico, Chávez fut nommé, en 1928, directeur du Conservatoire national et placé à la tête de l'Orchestre symphonique de Mexico dont il devait faire un des meilleurs de l'Amérique latine. Son œuvre abonde en compositions chorégraphiques révélatrices de la double tendance esthétique qui se dégage de l'ensemble de sa production : intérêt marqué pour les arguments d'inspiration folklorique, nationale, emploi d'instruments et de matériaux musicaux spécifiquement mexicains ; une formation classique, marquée par le debussysme puis par les tendances abstraites qui se font jour dans la musique occidentale au début du XXe siècle. Dans les ballets *El fuego nuevo* (1921) et les *Quatre soleils* [*Los cuatro soles*, 1926], on décèle une influence debussyste encore sensible assez curieusement conjuguée avec l'emploi d'instruments à percussion ou à vent autochtones (Huehuetl, teponaxtle, sortes de trombones). Sans que l'on puisse proprement parler de musique à programme, la musique de Chávez a des sources d'inspiration bien définies : le Mexique précortézien qui est à l'origine des *Quatre soleils*, des *Cantos de Mexico* (1933), de la *Symphonie indienne* – v. *Symphonies* (*) de Carlos Chávez (1936) –, de *Xochipili-Macuilxochitl* (1940), la plupart de ces partitions faisant un large usage d'instruments indigènes ; le Mexique de la Révolution politique et sociale, à laquelle il avait assisté dans sa jeunesse, avec *H. P.* (*) [*Horse Power*] de 1927, la *Sinfonia Proletaria* de 1934 et l'*Ouverture républicaine* (+) de 1935 ; une tradition néoclassique avec la *Symphonie d'Antigone* (*) (1933) et *La Fille de Colchis* (1944). À ces œuvres, dont le titre indique l'esprit, il faut ajouter trois concertos pour quatre cors, pour piano et pour violon respectivement, une quatrième symphonie (*), de nombreux quatuors à cordes et des pièces pour piano. Dans ses quatuors, il traite chaque instrument comme un soliste, combinant l'ensemble dans un contrepoint austère. Cette austérité et une certaine sobriété de moyens sont la marque distinctive du style de Chávez ; son primitivisme étudié, son économie tonale le mettent en harmonie avec tous les grands courants de la musique moderne.

JEAN-FRANÇOIS LABIE.

CHAZAL Malcolm de. Écrivain mauricien d'expression française. Né à Vacoas le 12 septembre 1902, mort le 1er octobre 1981 à l'île Maurice. Il descend d'un disciple de Swedenborg émigré à la Réunion au XVIIIe siècle. D'abord ingénieur agronome, il est devenu fonctionnaire de l'administration des téléphones. En 1947, Francis Ponge communique à Jean Paulhan un manuscrit intitulé *Sens plastique* (*). Paulhan lui consacre bientôt dans *Le Figaro* un article enthousiaste. « Ça n'arrive pas tous les jours de rencontrer un écrivain de génie, que personne ne connaît. En voici un... Ce livre est un recueil de pensées, ou mieux, de métaphores, ou plus exactement de correspondances. » Il soulignait la diversité et l'unité du recueil, « cette façon de demeurer le même à travers les aventures des yeux, de l'oreille et des doigts ». Parmi les admirateurs de Malcolm de Chazal on trouve alors aussi bien André Breton que Georges Duhamel. Après *Sens plastique* (1948), il publie *La Vie filtrée* (*) (1949), *L'Âme de la musique* (1950), *La Pierre philosophale* (1951), *L'Évangile de l'Eau* (1952), *Petrusmok* (1956), *Le Sens de l'Absolu* (1956), *Sens magique* (1957)...

« En France, a-t-il déclaré, mes seuls amis spirituels sont les surréalistes. » Comme eux, sans doute, il a voulu s'avancer « aux frontières de l'intraduisible, au royaume de l'au-delà du mot, au pays de l'inexprimable ». Manière de réinterpréter, de réévaluer les rapports de l'homme et du monde au moyen de l'analogie. Il s'est voulu « voyant » avant tout. Enfant, il eut dans le jardin familial de Curepipe le sentiment de voir Dieu en regardant une fleur d'azalée.

Ses ouvrages sont traversés de traits humoristiques car l'humour, dit-il encore, c'est « la structure de l'absolu ». C'est dire qu'un certain usage – roué et naïf – du langage est nécessaire si l'on veut parvenir à une sorte d'illumination. Malcolm de Chazal cherche à « couper les angles aux mots, à installer des pentes au sein de leur substance, afin de faire ruisseler la sensation au-dehors ». Il souhaite revenir à l'écriture des premiers hommes qui « contenait les gestes-mots des bêtes, la plupart des gambades-mots des animaux, les animations-mots des plantes ». Peintre, il rejoint certaines des théories de Dubuffet sur l'art brut.

GUY LE CLEC'H.

CHÉDID Andrée. Écrivain français d'origine égyptienne. Née au Caire le 20 mars 1920, elle y passa toute son enfance. Elle fait ses études dans des écoles françaises, puis à l'université américaine du Caire. En 1942, elle part vivre durant trois ans au Liban avec son mari. En 1946, elle s'installe définitivement à Paris. C'est après son arrivée en France qu'elle commence à publier des recueils de poèmes : de *Textes pour une figure* (1949), *Textes pour un poème* (1950), *La Terre regardée* (1957) jusqu'à *Visage premier* (*) (1972), Andrée Chédid y utilise une langue soigneusement concrète et claire, cherchant à saisir la présence mystérieuse et nue de la vie, sa chaleur lumineuse. Définissant sa poésie, elle écrivait : « Un lyrisme aux bords d'une crête qui pencherait vers le sensible plutôt que vers l'intellect. » *Cérémonial de la violence* (1976) dénonce la guerre qui ravage le Liban, pays auquel elle avait consacré un essai en 1974. Dans son œuvre de romancière, on retrouve toutes les qualités de sa poésie : *Le Sommeil délivré* (1952), *Le Sixième Jour* (1960) qui sera porté à l'écran par le cinéaste égyptien Youssef Chahine, *La Cité fertile* (1972)... La plupart de ses intrigues se situent en Orient, et notamment dans son pays d'origine : *Néfertiti et le rêve d'Akhnaton* (1974) nous transporte dans l'Égypte de 1400 avant Jésus-Christ ; par son imaginaire romanesque, Andrée Chédid recrée complètement cette période historique. *Les Marches de sable* (1981) sont une fable qui se déroule aussi en Égypte, au début de notre ère, et où l'auteur évoque, à travers le destin de trois femmes, les grands thèmes de toute son œuvre : la vie, la mort, l'amour... *La Maison sans racines* (*) (1985) aborde la réalité du Liban contemporain. Tous les livres d'Andrée Chédid sont habités d'une foi profonde en l'homme, d'un espoir que l'on rencontre par ailleurs dans ses nouvelles (*Le Corps et le Temps*, 1979) et dans son théâtre (*Bérénice d'Égypte*, 1968).

JACQUES-ÉMILE MIRIEL.

CHE HOUEI. Auteur dramatique chinois. Il a vécu à l'époque des Yuan (1279-1368). L'on ne sait presque rien de la vie de l'auteur du *Pavillon où l'on honore la lune* (*), à cause des difficultés que les auteurs dramatiques, à cette époque, devaient affronter dans la classe cultivée confucianiste. Ce genre littéraire était considéré, par les puissants maîtres littéraires d'alors, comme frivole et vulgaire. Che Houei est l'un des quatre grands écrivains qui permirent la floraison du théâtre à l'époque des Ming.

CHEIMONAS Georges. Écrivain grec. Né le 16 mars 1938 à Kavàla (Thrace). Après avoir grandi à Thessalonique, puis étudié la médecine à Paris, Cheimonas vit aujourd'hui à Athènes, où il exerce la neuro-psychiatrie. Son œuvre, totalement isolée dans son époque, tient pour l'essentiel dans une dizaine de récits dont un seul dépasse les cinquante pages. *Pisistrate* [Πεισίστρατος], qu'il écrit à 19 ans, est déjà d'une force étonnante, mais c'est en 1964, dans *L'Excursion* [Ἡ ἐκδρομή], que s'affirme la voix de Cheimonas, avant d'atteindre sa pleine maturité avec *Roman* [Μυθιστόρημα, 1966], *Le Docteur Ineòtis* [Ὁ γιατρός Ἰνεότης, 1971] et la trilogie *Le Mariage* (+) (1974), *Le Frère* (+) (1975) et *Les Bâtisseurs* (*) (1979) – publiée en français sous ce dernier titre. Chacun de ces livres est un cortège de visions étranges et violentes, rapportées dans une langue torturée, brisée. Pourtant, si cette œuvre exploratoire semble tournée vers le futur, on y reconnaît vite, plus ou moins déformés, les mythes et les voix de trois mille ans d'histoire grecque : Cheimonas, l'iconoclaste apparent, est en même temps l'héritier d'Héraclite, des grands tragiques, de saint Jean de Patmos, des auteurs byzantins, des chants populaires, et des deux pères fondateurs de la littérature grecque moderne, Macriyànnis et Solomos. Plus près de nous, il ne se reconnaît que des maîtres étrangers : Nietzsche, Kafka, et surtout Dostoïevski (« Nos fièvres sont parentes »). On a beaucoup insisté parfois sur la noirceur et le nihilisme de sa vision ; c'est là, sans doute, une erreur de perspective, car ses livres sont comme des roues tourbillonnantes qui ne s'arrêtent jamais à un sens définitif : ils sont champ de ruines mais aussi chantier ; mort et vie, extase et horreur s'y rejoignent et s'échangent, d'apocalypses en cosmogonies, emportées dans un éternel retour. Et si Cheimonas, ce visionnaire du XXe siècle, est en fin de compte un prophète sans message, le désespoir qui hante ses écrits est contrebalancé par l'amour : amour des morts, respect d'une tradition, amour des vivants aussi – sous la cruauté des scènes se cache une profonde compassion. L'autre évidence est celle de la musique, du souffle : cette écriture est en même temps une parole ; il suffit d'avoir entendu Cheimonas, admirable lecteur, pour s'en convaincre. Et c'est là aussi un trait profondément grec. Ses œuvres suivantes, *Mes voyages* [Τά ταξίδια μου, 1984] et *L'Ennemi du poète* [Ὁ ἐχθρός τοῦ ποιητῆ, 1990], deux recueils de nouvelles, marquent un retour – sans concessions – à des formes moins extrêmes. Parallèlement, Cheimonas a écrit des essais, dont *Six leçons sur le langage* [Ἕξι μαθήματα γιά τόν λόγο, 1984] et *La Renaissance morose* [Ἡ δύσθυμη ἀναγέννηση, 1987], ainsi que des traductions – très libres en apparence, mais d'une force et d'une fidélité extrêmes – de Sophocle et Euripide, ainsi que de Shakespeare avec *Hamlet* (*).

MICHEL VOLKOVITCH.

CHE NAI-AN [Shi Nai'an] (dit aussi Che Tse-an). Romancier chinois. Originaire de Tongtou, il aurait vécu à la fin de la dynastie des Yuan (1279-1368) et au début de celle des Ming (1368-1644), sans doute près de Hangtcho. Il est l'auteur de la version définitive de l'un des quatre plus célèbres romans chinois : *Au bord de l'eau* (*), la tradition voulant que Louo Kouan-tchong y ait aussi participé. Les sources biographiques concernant Che Nai-an et découvertes dans les années 20 sont contradictoires et peu fiables ; aussi bien l'on ignore presque tout de sa vie. À la fin de l'époque des Yuan, il aurait été promu tsin-che ; mais, après deux ans d'exercice de la charge de magistrat à Ts'ien-t'ang (Thetsiang), certains désaccords avec ses supérieurs l'auraient contraint à se démettre et à se retirer dans son pays natal pour se dédier exclusivement à l'activité littéraire.

CHEN FOU [Shen Fu]. Écrivain chinois né en 1763 à Sou-cho (province du Tsiang-sou), mort après 1816. On ne sait pratiquement rien de lui. Le manuscrit de son ouvrage *Six récits au fil inconstant des jours* (*) a été retrouvé incomplet au milieu du XIXe siècle et publié ; il ne reste que quatre chapitres sur six. L'édition « complète » de 1935 avec les six chapitres est un faux du début du XXe siècle en ce qui concerne les deux derniers chapitres. Même fragmentaire, ce livre reste un des chefs-d'œuvre les plus attachants de la littérature chinoise.

JACQUES PIMPANEAU.

CHÉNIER André-Marie. Poète français. Né à Constantinople le 29 ou le 30 octobre 1762, mort sur l'échafaud à Paris le 7 thermidor an II (25 juillet 1794). Troisième fils et quatrième enfant de Louis Chénier, négociant en drap qui essayait de se reconvertir dans le service diplomatique, et d'Élisabeth Santi-Lomaca, fille d'un orfèvre, drogman de l'ambassade : les mariages franco-ottomans étaient fréquents sous l'Ancien Régime. Sa mère, issue d'une famille latine d'Orient mais élevée dans le culte de la Grèce, fut la première initiatrice d'André à l'Antiquité. Amené en France en 1765 avec tous les siens, l'enfant séjourna pendant près de huit ans chez son parrain André Béraut, marchand drapier à Carcassonne. En 1773, il rejoint ses frères au collège de Navarre à Paris, où se formera son esprit et où naîtront ses amitiés avec Abel de Malartic, Louis et Michel Trudaine, François de Pange. Ses premiers écrits conservés datent de 1778, il entre dans sa dix-septième année : ce sont des exercices d'imitation poétique, où l'élève fait déjà preuve d'une étonnante maîtrise. Deux ans plus tard, il part pour Strasbourg comme cadet surnuméraire au régiment d'Angoumois, amorce d'une carrière militaire qui ne devait pas durer plus de huit mois. Amer, humilié, il regagne Paris, « poète sans emploi », et bien en peine d'en trouver un à sa convenance. Ambitieux, ardent à vivre, mais pauvre, farouche et fier, ainsi se définira-t-il quelques années plus tard. Disposition héritée de son père qui occupa le poste ingrat de consul général auprès du sultan du Maroc de 1767 à 1782 et dont la médiocre carrière au service du roi devait déboucher sur l'échec et l'amertume.

Dès dix-neuf ans, André Chénier s'est donné un maître et un modèle : Lebrun dit Lebrun-Pindare, l'un des hôtes du salon de sa mère, homme bien plus âgé que lui et poète d'une espèce peu commune. Il se fait également apprécier de Palissot, autre figure marquante du monde des lettres. Tous les deux seront républicains sous la Révolution : des affinités politiques se dessinent déjà. Tout, en revanche, détourne Chénier de Dorat, rimeur frivole, ou de Delille, abbé de cour. Son temps, son énergie se répartissent entre le travail et les « distractions fougueuses » où l'entraînent les frères Trudaine. On a insisté trop complaisamment sur les succès amoureux d'André : on ne lui connaît qu'une liaison avérée, celle qu'il eut avec Mme de Bonneuil, créole aguichante, l'une des trois sœurs de Santuary, dont l'aînée fit pendant sept ans les délices du poète officier Antoine Bertin, qui la chanta sous le nom d'Eucharis dans ses *Amours* publiées en 1780. André Chénier devait célébrer de même Lycoris, D'(A)z(a)n, Camille, deux dénominations (voire trois ?) pour la même inspiratrice : on ignore la date précise du début (1784 ou plus tôt) et de la fin (1787 ou plus tard) de sa liaison avec Michèle de Bonneuil. Le jeune homme doit également compter avec le handicap de la maladie : de fréquentes crises néphrétiques l'épuisent au point de donner crédibilité au thème de la mort prochaine. Sensualiste et matérialiste, véhément de nature, André Chénier rêve d'une poésie qui serait l'émanation directe de ses états successifs et changeants. Ainsi faut-il comprendre le distique fameux : « L'art, des transports de l'âme est un faible interprète ; / L'art ne fait que des vers, le cœur seul est poète. » « L'âme », c'est-à-dire le foyer des sentiments ; « le cœur », c'est-à-dire l'organe moteur de l'énergie vitale.

Sa boulimie créatrice explose en projets qui s'ajoutent les uns aux autres, mais il ne termine ni ne publie rien, laissant son cadet, Marie-Joseph, prendre de l'avance. André semble avoir souffert toute sa vie d'un syndrome d'exclusion qui lui fit adopter à l'égard des autres des positions extrêmes. Comme la génisse du célèbre *cuadro* (« Fille du vieux pasteur »), il marche toujours seul et « paît à l'écart ». Quelques amis subviennent à ses besoins et partagent ses secrets. Sans les Trudaine, il n'aurait pas fait le voyage de Suisse en septembre-octobre 1784 ni amorcé deux ans plus tard un voyage en Italie, voyage apparemment interrompu en route. Brèves diversions dans une existence dont les soucis matériels et l'humeur sombre obscurcissent les perspectives. En 1787, pour ne pas peser à son père et peut-être par désir d'éloignement, André Chénier se résigne à prendre un modeste emploi de secrétaire auprès de l'ambassadeur de France à Londres. Il connaîtra dans cet exil des moments de noire mélancolie. Chaque été le ramène en France pour des congés prolongés jusqu'en novembre. Il a noué de nouvelles relations : le peintre David, Marie Cosway, auprès de laquelle il joue le rôle de soupirant, Julien Niemcewicz, la comtesse d'Albany et Vittorio Alfieri ; il a ses entrées chez les Pourrat, les Le Coulteux, les Condorcet ; il rencontre La Fayette, Volney, Adam Smith, Jefferson... enrichit et élargit ses projets mais reste toujours aussi braqué contre ceux qu'il appelle des « cyclopes littéraires » et fuit jalousement tout ce qui pourrait ressembler à un début de carrière. Repli qu'accentue, à chaque automne, l'isolement londonien. Ce va-et-vient durera jusqu'en 1790. Quatre ans seulement lui restent à vivre lorsqu'il touche le sol français pour la dernière fois, sans doute en juin ou juillet.

Rentré à Paris, André Chénier prend la Révolution en marche. Elle devait lui plaire « a priori ». Toute sa famille avait milité pour les droits de l'homme, aspirant à la liberté, à l'égalité, haïssant privilèges et censures. Mais le poète, trop lucide, a tôt fait de flairer le danger : si le changement de régime entraîne le passage d'une tyrannie à une tyrannie pire que la précédente, à quoi bon ? Son père et lui seront « ce qu'on appelle modérés, c'est-à-dire amis de l'ordre et des lois », plaçant tout leur espoir dans la Constitution, tandis que sa mère « a renoncé à toute son aristocratie et est entièrement démagogue, ainsi que Joseph » (lettre de Louis Chénier à sa fille en date du 24 décembre 1791). « Seul et sans soutien », André affirme n'avoir jamais appartenu à aucune faction, à aucun parti. Connaissant son individualisme farouche, on peut le croire. Une guerre d'extermination implacable s'établit au fil des semaines entre lui, rameur solitaire, et les jacobins. Quelle nécessité l'a poussé à devenir, enfin, un écrivain public ? à rédiger et diffuser des articles, des libelles, à faire éditer pour la première fois un poème (l'*Ode sur le Jeu de Paume,* en avril 1791), à s'exposer dangereusement alors que les circonstances devraient l'inciter à la prudence ? « Sa vie avait trouvé son emploi », déclare Jean Fabre : sa vie et sa plume. Mais pouvait-il prévoir l'emploi, ou le contre-emploi, qu'il serait amené à jouer dans le psychodrame qui allait secouer la France ? Il s'y enferra littéralement, avec héroïsme, acharnement, rage, consternation, écœurement. « Jusqu'à leur destruction ou à la nôtre », écrit-il. À partir du 10 août, il fait partie des suspects mais, dans la clandestinité, continue à agir et à écrire. « Il sait qu'il doit mourir », ses papiers en témoignent : la guillotine l'attend. Dans la foulée, il conçoit un ultime projet, les *Iambes,* entamés dès 1792 et auxquels il travaillera encore en prison, quelques jours avant sa mort — v. *Poésies* (*) de Chénier. Fils des Lumières, ce rationaliste trop sensible devait se montrer logique jusqu'au bout. Arrêté le 17 ventôse an II (4 mars 1794), André Chénier passa devant le tribunal révolutionnaire le 6 thermidor et fut exécuté le lendemain. Comme Jean-Jacques Rousseau, mais dans des conjonctures atroces, il avait su mettre sa vie en conformité avec ses écrits.

ÉDOUARD GUITTON.

♦ *« Cet Orphée républicain, déchiré pour sa modération par les femmes thraces de la Terreur. »* A. de Lamartine. ♦ *« C'est bien un poète mort, il est vrai, mais c'est aussi une poésie nouvelle qui vient de naître. »* Victor Hugo. ♦ *« Nous n'avions rien de pareil depuis Ronsard et, du temps de Ronsard, la langue n'était pas mûre. »* Charles Maurras. ♦ *« Chénier est un de nos grands poètes. Il a pris place parmi nos classiques et il le mérite. Il y a ceci de singulier dans son sort, qu'il est à lui seul toute une révolution, mais une révolution qui n'a pas abouti. »* Edmond Schérer. ♦ *« Je ne pense pas que parmi les poètes français André Chénier soit l'un des plus grands, mais il est à coup sûr celui dont le destin est le plus émouvant* [...] *Sur cette jeune ombre, les ennemis se sont réconciliés. »* Robert Brasillach. ♦ *« Il est des œuvres plus parfaites ou plus sublimes ; aucune autre ne donne au même degré le sentiment d'une présence, l'illusion d'un visage ami. »* J. Fabre.

RÉF. : P. Dimoff, *La Vie et l'œuvre d'André Chénier jusqu'à la Révolution française,* 1936. — Ch. Maurras, *Poésie et Vérité,* 1942. — G. Walter, *André Chénier, son milieu et son temps,* 1947. — R. Brasillach, *Chénier,* 1947. — J. Fabre, *Chénier,* Paris, 1965. — F. Scarfe, *A. Chénier, his Life and Work,* Oxford, 1965. — E. Guitton, « Vingt ans d'études chéniéristes », *Dix-huitième siècle,* n° 14, 1982. — E. Quillen, *L'Angleterre et l'Amérique dans la vie et la poésie d'A. Chénier,* Berne-Francfort, 1982. — *Cahiers Roucher — André Chénier, passim,* depuis 1980. — « André Chénier », *C.A.I.E.F.,* n° 42, 1990.

CHÉNIER Marie-Joseph. Homme politique et écrivain français. Baptisé le 11 février 1764 à Constantinople, mort à Paris le 10 janvier 1811. Il entra à dix-sept ans au régiment des dragons de Montmorency, en sortit deux ans après et se lança dans la carrière des lettres. Passionné de théâtre, il essuya plusieurs échecs avant que la popularité lui vienne grâce à *Charles IX ou l'École des rois* (1789), tragédie mémorable dont la première représentation (4 novembre) coïncida avec les débuts de la Révolution. Chénier donna ensuite *Henri VIII* (*) (1791) et *Caius Gracchus* (*) (1792) : cette dernière œuvre devait être interdite pendant la Terreur (il y réclamait « des lois et non du sang »). *Fénelon* (1793), pièce à la morale élevée et religieuse, obtint un brillant succès mais resta sans effet. *Timoléon* (1794) ne put être joué, le manuscrit ayant été saisi et brûlé par la tyrannie décemvirale. L'écrivain s'occupa de politique, appartint au club des Jacobins, puis fut membre de la Convention et vota la mort du roi. Sa réussite et son caractère lui firent des ennemis. En avril 1792, lors de la fameuse affaire des Suisses de Châteauvieux, André et Marie-Joseph Chénier avaient pris des positions diamétralement opposées par voie de presse. Néanmoins Marie-Joseph protégea son frère, devenu suspect, mais, lui-même exposé, il ne parvint pas à le sauver de la guillotine. Accusé par la réaction royaliste d'avoir été le « Caïn » d'« Abel » Chénier, il composa l'*Épître sur la calomnie* (1797). Il était également l'auteur d'hymnes et d'odes, *À la Raison, À l'Être suprême, Au 9 Thermidor, Au 10 Août,* et du très populaire *Chant du départ* (*). Il soutint d'abord Bonaparte, fut membre du Conseil des Cinq-Cents, du Tribunat, mais par la suite se dressa contre la dictature et, en 1802, fut éloigné de toute charge publique comme l'ensemble des Idéologues. Homme de franchise et de conviction, il eut le courage de faire reparaître l'*Épître à Voltaire* (1806), qui mit le comble à sa disgrâce, et exhala son amertume dans une belle élégie, *La Promenade à Auteuil*, poème posthume (1817). Seule lui fut maintenue la tâche de continuer les *Éléments de l'Histoire de France* de Millot et de tracer un *Tableau historique de la littérature française depuis 1789 jusqu'en 1809* (1818), qui témoigne d'un classicisme étroit et fermé à l'avenir — v. *Fragments du cours de littérature fait à l'Athénée de Paris* (*). Avant que la maladie ne l'emporte, « il se proposait d'examiner si la raison et le bon goût admettent un genre romantique » (Daunou).

RÉF. : Joseph Lingay, *Éloge de M.-J. Chénier...*, 1814. — Louis J.-G. de Chénier, *La Vérité sur la famille de Chénier*, 1844. — Félix Pyat, *Marie-Joseph Chénier et le prince des critiques*, 1844. — Ch. Labitte, *Études littéraires*, t. II, 1846. — A. Liéby, *Études sur le théâtre de M.-J. Chénier*, 1901, thèse. — A.-J. Bingham, *M.-J. Chénier. Early Political Life and Ideas*, thèse, 1939 ; « Napoléon et M.-J. Chénier », *Studi Francesi*, sept.-déc. 1963 ; « M.-J. Chénier Idéologue and Critique », *Studies on Voltaire*, vol. 194, Oxford, 1972. — J. Gaulmier, « De la Saint-Barthélemy au chant du départ », *R.H.L.F.*, 1973. — *Cahiers Roucher - André Chénier* n° 2 (1982) et n° 3 (1983).

CHEN TS'ONG-WEN [Shen Congwen]. Romancier, essayiste et poète chinois. D'origine miao (une des minorités nationales de la Chine), il naquit le 28 décembre 1902 à Feng-houang dans l'ouest de la province du Hou-nan et mourut en 1987. Il préféra la nature à l'école. Sa famille étant démunie, il s'engagea à quatorze ans dans une unité locale de l'armée. Il commença à s'intéresser aux écrivains du Mouvement des réformes, puis, à partir du Mouvement du 4 mai 1919, à la littérature moderne. Ceci l'amena en 1923 à venir à Pékin. Il y commença à publier dans des revues et se lia avec deux écrivains communistes, Hou Ye-p'in et sa compagne Ting Ling. Avec eux en 1928 à Shanghai, il édita la revue *Le Rouge et le Noir*. En 1930, il obtint un poste d'enseignement à l'université de Ts'ing-tao (province du Chan-tong), puis enseigna dans différentes villes ; il suivit le repli des universités à K'ouen-ming pendant la guerre et revint ensuite à Pékin. Pendant toute cette période des années 20 aux années 40, il publia plus de quarante volumes de romans, nouvelles et essais, et il édita le supplément littéraire du journal *Ta-kong-pao*. Après la Libération, il préféra s'abstenir de continuer son œuvre, étant un esprit trop indépendant pour se plier aux nouvelles normes. Affecté au Musée d'histoire, puis en 1978 à l'Académie des sciences, il se consacra à des études sur les vêtements et tissus et il publia une importante histoire du costume chinois, dont se sont largement inspirées les publications postérieures sur le sujet.

Ses œuvres, dont les plus célèbres sont *Autobiographie de Ts'ong-wen* [*Ts'ong wen tse-tchouan*] (1934), *Souvenirs de voyages au Hou-nan* [*Siang-sing san-tsi*, 1936] et *La Ville frontière* (*) (1936), se distinguent par leur ton poétique, la sympathie pour des personnages qui ne sont pas des types sociaux mais des individus, des récits fortement ancrés dans le terroir de sa province natale. Il est de plus en plus considéré comme l'un des écrivains majeurs de l'entre-deux-guerres.

JACQUES PIMPANEAU.

CHENU Marie-Dominique. Théologien français. Né le 7 janvier 1895 à Soisy-sur-Seine, mort à Paris le 11 février 1990. Fils d'un industriel, Marcel-Léon Chenu devient le frère Marie-Dominique lorsqu'en 1913 il entre au couvent de formation des dominicains du Saulchoir (alors installé à Kain en Belgique, après avoir été expulsé de Flavigny-sur-Ozerain par le combisme). Après un séjour à Rome où il est ordonné en 1919, il revient au Saulchoir en 1920. Il en fut un animateur efficace. Maître en théologie, régent des études en 1932, recteur des facultés en 1937 peu avant le retour du Saulchoir à Étiolles près de Corbeil. Ses recherches historiques concernent le Moyen Âge et spécialement Thomas d'Aquin : il publie *La Théologie comme science au XIIe siècle* (1935), *Introduction à l'étude de saint Thomas d'Aquin* (1950), *Saint Thomas d'Aquin et la théologie* (1959). Mais, en même temps, non seulement il reste à l'écoute de son époque, mais il sera engagé dans tout ce qui dans l'Église catholique est alors en effervescence. Son programme de travail, intitulé *Une école de théologie : le Saulchoir* (*), paru en 1937, sera mis à l'Index, mais il interviendra toujours dans la revue *Sept*, à propos des prêtres ouvriers, de la Mission de France, etc. Il sera exilé à Rouen en 1954 et ne sera jamais vraiment réhabilité même s'il put pendant le Concile inspirer le « Message au monde » de 1962, et *Gaudium et spes*. Sa ferveur, son optimisme, sa liberté ont fait de lui, jusque dans son extrême vieillesse, un lutteur influent.

JEAN-PIE LAPIERRE.

CHÉRAU Gaston. Romancier français né à Niort (Deux-Sèvres) le 6 novembre 1872, mort à Boston (U.S.A.) le 20 avril 1937. Pessimiste de vocation et de système, il se rattache à Flaubert et à Zola autant qu'à Balzac. Dès ses débuts, il montra un sens des intrigues nouées autour d'un personnage qui fait corps avec son milieu. Son exemple nous montre que le roman social fait bien partie de l'héritage naturaliste. Chérau est le peintre vigoureux des paysans et de la bourgeoisie de province. S'étant fait connaître par *Monseigneur voyage* (1904), il donna ensuite le roman qui lui valut une certaine notoriété : *Champi-Tortu* (1906). Puis vinrent *La Part du feu* (1909), *La Prison de verre* (1911) et *L'Oiseau de proie* (1914). Ajoutons *Le Monstre* (1914), où l'on trouve peut-être ses pages les plus fortes, ainsi que *Valentine Pacquault* (1921), *La Maison de Patrice Perrier* (*), *Le Flambeau des Riffault*, une grande fresque paysanne

(1925), et un volume de contes tout à fait remarquable : le *Despelouquero* (1923). Toute son œuvre, en somme, se fonde sur l'observation de la bourgeoisie de la ville et des champs. Le 5 mai 1926, Gaston Chérau fut élu à l'académie Goncourt, en remplacement d'Élémir Bourges.

CHERBULIEZ Victor. Écrivain français. Né à Genève le 19 juillet 1829, d'une famille de réfugiés français, mort à Combs-la-Ville (Seine-et-Marne) le 2 juillet 1899. Professeur libre, il commença à écrire après un voyage en Orient et débuta avec une étude sur l'archéologie et l'esthétique dans le cadre d'une intrigue romantique : *À propos d'un cheval* (1860). Cette formule dut lui convenir, car il l'appliqua à deux autres de ses ouvrages, *Le Prince Vitale* et *Le Grand Œuvre* – qui ont pour sujet l'origine, les transformations et le destin de la terre, publiés respectivement en 1864 et en 1867. *Le Comte Kostia*, œuvre publiée en 1863, marqua le début d'une longue série de romans qui allaient connaître le plus grand succès. Parmi les plus remarqués, il convient de mentionner : *Paul Méré* (1864), *Le Roman d'une honnête femme* (1864), *Prosper Randoce* (1868), *L'Aventure de Ladislas Bolski* (*) (1869), *La Revanche de J. Noirel* (1872), *Amours fragiles* (1880), *Noires et Rouges* (1881), *Une gageure* (1890). Il tira aussi deux drames de deux de ses romans (*Samuel Brohl* et *L'Aventure de Ladislas Bolski*) qui, représentés l'un et l'autre en 1879, n'eurent aucun succès.

Par contre, ses œuvres critiques furent très remarquées. Citons parmi elles les *Études de littérature et d'art* (1877), *Hommes et choses du temps présent* (1889), *Profils étrangers* (de la même année). Ses chroniques politiques, fort recherchées, parurent, sous le pseudonyme de G. Valbert, dans *La Revue des Deux Mondes* (*), à laquelle il donna également presque tous ses romans.

Redevenu français en 1880 par le droit de « grande naturalisation », il avait été élu, dès l'année suivante, à l'Académie française.

♦ *« Personne avant Cherbuliez n'a fait entrer dans le cadre des fictions romanesques plus d'esprit ni autant d'idées. »* F. Brunetière.

RÉF. : Georg Brandes, *Französische Persönlichkeiten*, München, 1909. – André Bellessort, *V. Cherbuliez*, 1929. – A. Celières, *Victor Cherbuliez, romancier, publiciste, philosophe*, 1936 ; thèse. – Marie-Anne Istrati, *Victor Cherbuliez et le cosmopolitisme* 1936 ; thèse.

CHERUBINI Luigi. Compositeur italien naturalisé français. Né à Florence (Italie) le 8 ou le 14 septembre 1760, mort à Paris le 15 mars 1842. À treize ans, il écrivit sa première œuvre importante, une *Messe en ré* exécutée à Florence. À seize ans, il avait déjà composé trois messes, deux *Dixit*, un *Magnificat*, un *Miserere* et un *Te Deum*, sans compter un oratorio, trois cantates et autres ouvrages. Il compléta ses études pendant quatre ans à Bologne sous la direction de Giuseppe Sarti qu'il accompagna dans toute l'Italie, et composa les parties secondaires de l'œuvre de ce musicien. En 1780 parut le premier opéra de Cherubini : *Il Quinto Fabio*, suivi de plusieurs autres dans le style de l'école napolitaine : *Armide* (+) (1782), *Hadrien en Syrie* [*Adriano in Siria*, 1782], *Mesongio, roi d'Étrurie* [*Mesongio re d'Etruria*, 1782], *L'Époux des trois, mari de personne* [*Lo Sposo di tre, marito di nessuna*, 1783], *Idalide* (1784) et *Alexandre aux Indes* (+) (1784). Invité à Londres (1784), Cherubini est nommé compositeur du roi et donne *La Fausse Princesse* [*La Finta principessa*, 1785] puis *Julius Sabinus* (1786). La même année, il s'installe à Paris et devient l'ami de Viotti. Il écrit la cantate *Amphion* (1787), fait représenter à Turin *Iphigénie en Aulide* (+) (1788) et, à l'Opéra de Paris, *Démophon* (sur un livret de Marmontel) qui, monté le 5 décembre 1788, n'obtint qu'un succès mitigé. Cet opéra marque le début d'un renouvellement de l'œuvre de Cherubini qui s'affirmera avec ses trois grands succès : *Lodoïska* (1791), *Élise* (1794) et *Médée* (*) (1797). Tandis qu'*Élise* est l'adaptation romantique d'une comédie larmoyante, dans *Lodoïska*, et plus encore dans *Médée*, s'affirme définitivement la personnalité de Cherubini : retenue de l'expression, vaste ensemble choral, puissance dramatique, relief des images et des caractères, musique jaillie du plus profond de l'âme et de l'esprit, sans rien sacrifier au médiocre ou à l'accessoire. Il donne ensuite l'opéra *Les Deux Journées, ou le Porteur d'eau* (*) (monté au Théâtre Feydeau, le 16 janvier 1800), d'inspiration plus familière, *Anacréon ou l'Amour fugitif* (*), présenté à l'Opéra de Paris le 4 octobre 1803, et autres œuvres de moindre importance, puis se rend à Vienne (1805) pour échapper à Napoléon qui a fait de lui un simple inspecteur des études. Chaudement accueilli par Haydn et Beethoven, il donne *Faniska* (1806) avec un grand succès, mais l'entrée de l'Empereur des Français à Vienne l'oblige à s'occuper des concerts de sa cour. Il regagne à regret Paris et cesse de produire jusqu'à la composition de la *Messe en fa* pour l'église de Chimay (1808). Viennent ensuite *Pygmalion* (+) (1809), le *Crescendo* (1810), *Les Abencérages* (1813) qui sont un adieu au théâtre. Cherubini, désormais, se consacrera en grande partie à la musique religieuse, avec la *Messe solennelle en ré mineur* (*) (1811), la *Messe solennelle en ut* et le *Requiem en ut mineur* (*) (1816), son chef-d'œuvre dans le domaine de la musique sacrée. Parfait quant à la forme, et préservé de tout académisme, ce *Requiem* est empreint d'une émotion profonde. Entre 1817 et 1825, le musicien compose d'autres œuvres de musique sacrée, parmi lesquelles trois messes solennelles, dont la *Messe du sacre de Charles X* (+) (1824), les *Litanies de la Vierge* et le grand *Kyrie en ut mineur.* Entre-temps, il avait écrit la *Symphonie en ré majeur* (1815) et les six quatuors (1815, 1829, 1834, 1835, 1836 et 1837). Il donnera, en outre, un quintette en 1837. Nommé directeur du Conservatoire (1822) où, depuis six ans, il enseignait la composition, il se heurte à la nouvelle génération musicale française, et Berlioz, injustement, l'accuse de pédanterie. Après un bref retour au théâtre (*Ali Baba*, 1833), il publie son *Cours de contrepoint et de fugue* (1835), et le second *Requiem* (1836), écrit pour ses propres funérailles. Il mourut cinq semaines après avoir donné sa démission de directeur du Conservatoire (1842).

CARLO MARINELLI.

RÉF. : D. Denne-Baron, *Cherubini*, 1862. – L. Quatrelles l'Épine, *Cherubini, 1760-1842 : notes et documents inédits*, Lille, 1913. – P. Espril, *Les Voyages de Cherubini, ou l'Enfance de Mozart*, Bayonne, 1946. – B. Deane, *Cherubini*, Londres, 1965. – C. G. Parker, *A Bibliographic and Thematic Index of Luigi Cherubini's Instrumental Music*, Kentucky, 1972.

CHESSEX Jacques. Poète, romancier et essayiste suisse d'expression française. Né le 1er mars 1934 à Payerne (canton de Vaud). Après des études de lettres à l'université de Lausanne, terminées avec un mémoire de licence consacré à Francis Ponge, il entre dans l'enseignement ; pédagogue par atavisme et par vocation, il est depuis 1962 professeur de littérature française au gymnase cantonal de la Cité, à Lausanne, et réside à Ropraz.

Au cours de ses études déjà, Jacques Chessex participe au mouvement littéraire né autour de revues suisses romandes tels *Pays du lac* et *Rencontre ;* il poursuivra ce travail d'animateur de revue avec la fondation, en 1964, d'*Écriture,* en collaboration avec l'éditeur Bertil Galland. Mais c'est par les poèmes du *Jour proche* (1954), tôt suivis par *Chant de printemps* (1955), *Une voix la nuit* (1957) et *Batailles dans l'air* (1959), que Chessex débute en littérature. Marqués par l'influence de Gustave Roud et de Pierre-Louis Matthey, ses premiers recueils, traversés d'un lyrisme clair qui n'échappe pas toujours à la tentation de l'hermétisme, masquent à peine déjà, dans le chant de la beauté des choses et l'attention minutieuse aux paysages, l'intuition de la précarité de l'être et la hantise de la mort.

Les poèmes de jeunesse, auxquels fait suite un court récit dense et concis, *La Tête ouverte* (1962), préparent un premier roman d'inspiration très gidienne. Portée par une écriture classique et raffinée, *La Confession du pasteur Burg* (*) (1967), à l'intériorité dramatique fulgurante, se réclame de l'esprit de *La Nouvelle Revue française* (*) – à laquelle Chessex, fasciné par l'autorité de Jean Paulhan, collabore par des chroniques et des notes de lecture.

À la concision de la poésie et des proses de jeunesse succède le débordement baroque, tant dans l'autoportrait que trace, avec une verdeur rabelaisienne, *Carabas* (1971) que dans *Portrait des Vaudois* (*) (1969) et dans *L'Ogre* (*) (1973), puis dans plusieurs autres romans, comme *Judas le Transparent* (1982) ou *Jonas* (1987). Dans *Portrait des Vaudois,* Chessex cherche à travers son pays à retrouver sa propre identité fortement marquée par ses racines familiales et par la situation archétypale du suicide du père ; il se présente là comme s'il puisait son énergie créatrice du sol natal et d'un principe de cohésion interne. L'image paternelle, autoritaire et écrasante, est au centre de *L'Ogre,* au titre en clin d'œil aux contes de Perrault, qui met en scène un professeur lausannois en proie à ses démons et condamné à l'échec. Dans *Judas le Transparent,* la source d'inspiration est *La Bible ;* elle fournit à l'écrivain la figure symbolique du traître, dans un roman qui matérialise la présence obsédante du mal et du diable. Biblique aussi la réminiscence qui préside à *Jonas* (1987), histoire de la dérive d'un quinquagénaire englouti au sein d'une « ville matrice », Fribourg, à l'instar du prophète homonyme dans le ventre de la baleine. Quant à *Morgane madrigal* (1990), si les hantises habituelles de Chessex sont disséminées dans le texte, l'écrivain s'y rattache au surréalisme et y témoigne de son intérêt pour la peinture.

En lutte contre l'étroitesse d'une morale et d'un conformisme puritains, Chessex crée un monde romanesque dont les héros sont habités par une sensualité gourmande et une angoisse existentielle panique. Ses personnages sont divisés entre la rage de vivre et la fascination de la mort ; cette dualité est traduite par une écriture vindicative, truculente et haute en couleur, qui obéit tantôt à une esthétique réaliste, marquée par un naturalisme précis, parfois très accentué, tantôt au maniérisme baroque. La visée de Chessex est de conférer au tout un caractère métaphysique et universel, en prenant appui sur le sentiment de la mort et sur l'érotisme ; dans ses livres se conjuguent ainsi l'influence de la Réforme, qui pousse à un élan vertical et ontologique, et la réaction, volontiers provocante, au calvinisme, qui s'exprime par le dépassement des conventions et des bienséances. L'originalité de sa voix, qui lui a valu le prix Goncourt décerné à *L'Ogre,* est depuis longtemps reconnue à l'extérieur des frontières helvétiques, et fait de lui le prosateur romand le plus connu de notre siècle, après Ramuz.

Dans ses recueils de nouvelles, Chessex condense en quelque sorte sa technique de romancier : que ce soit dans *Le Séjour des morts* (1977) ou dans *Où vont mourir les oiseaux* (1980), il cristallise en effet, en peu de pages, des situations « exemplaires », ou croque des personnages très typés. Polyvalent, Chessex continue d'écrire de la poésie (son recueil intitulé *Comme l'os* a paru en 1988) et de signer des chroniques d'art. L'écrivain porte un intérêt attentif à ses pairs, comme en témoignent ses essais consacrés aux auteurs suisses romands dont il se sent proche, ainsi qu'aux maîtres français du réalisme auxquels il s'apparente : il poursuit, de *Charles-Albert Cingria* (1967) aux *Saintes Écritures* (1972), de *Maupassant et les autres* (1983) à *Flaubert ou le Désert en abyme* (1991), une démarche critique subjective et passionnée, qu'emportent l'adhésion et l'empathie.

DANIEL MAGGETTI.

CHESTALOV Youvan. Écrivain mansi, né en 1937. Les Mansi sont un petit peuple du nord de la Sibérie occidentale, qui parle une langue finno-ougrienne et vit à l'ouest de l'Ob. Estimés en 1979 à 7 000, existeraient-ils encore s'ils n'avaient donné naissance à un poète devenu célèbre dans toute l'U.R.S.S. et dont certaines œuvres ont connu en russe des tirages dépassant le million d'exemplaires ?

Youvan Chestalov est né dans une famille traditionnelle : un grand-père chaman, un père résolument engagé dans la construction de la société nouvelle. Il fait ses études à Leningrad et y découvre ses traditions : il fait le tour des connaissances existantes sur son pays et des données recueillies au siècle dernier par les finno-ougristes hongrois et finlandais.

Il a à son actif une cinquantaine d'œuvres, dont six seulement, parmi les plus anciennes, ont été écrites en mansi. Ces six œuvres ont cependant fondé en même temps une littérature d'auteur et une langue littéraire : Chestalov bâtit en terrain vierge. Son premier recueil porte un titre significatif : *Le Parfum de mon pays* [*Makem at*]. Dans *La Fête de l'ours* [*Tulig lap*], il s'inspire du rite principal des Mansi : la cérémonie organisée en l'honneur de l'ours qu'on vient de tuer. Il a aussi écrit en russe des romans autobiographiques : *Le Vent bleu du sentier* [*Sinij veter kaslanija*, 1966] et *Le Berceau des Ougriens* (*) (1972).

EVA TOULOUZE.

CHESTERFIELD Philip Dormer Stanhope. Quatrième comte de Chesterfield, homme d'État, orateur et écrivain anglais. Il naquit à Londres en 1694 et y mourut en 1773. Étudiant à Cambridge, il devint docteur de cette université en 1712. Après un voyage sur le continent, il entra en 1715 dans la carrière politique, d'abord comme député à la Chambre des communes, puis comme membre de la Chambre des lords, où il succéda à son père en 1720. Ambassadeur à La Haye de 1728 à 1732, il participa aux négociations du deuxième traité de Vienne en 1732. Revenu en Angleterre, il s'opposa à la politique de Walpole. Il devint ensuite *Lord lieutenant* en Irlande et secrétaire d'État. En 1748, il démissionna de ses charges, mais continua, malgré sa surdité et sa mauvaise santé, de s'occuper de politique, dans l'intérêt de son fils naturel Philip, qui mourut en 1768. Chesterfield donna alors tous ses soins à l'éducation de son filleul, également nommé Philip, qui était l'héritier présomptif du titre. Pendant sa jeunesse, notre auteur eut pour ami Pope, Arbuthnot, Gay ; il se lia plus tard avec Voltaire, Rousseau et Montesquieu. Sa réputation littéraire tient surtout aux *Lettres à son fils Philip Stanhope* (*).

RÉF. : Falke Nibelins, *Lord Chesterfield,* Stockholm, 1979.

CHESTERTON Gilbert Keith. Journaliste et écrivain anglais. Né à Kensington (Londres) le 29 mai 1874, mort à Beaconsfield le 14 juin 1936. Fils d'un gérant d'immeubles, héritier, par sa mère, d'un sang à la fois écossais et français, dès l'époque de ses études au collège Saint-Paul, de 1887 à 1892, il affirme sa nature fougueuse et entêtée, son besoin d'indépendance – qui se manifestait alors par son enthousiasme pour les idées démocratiques – et son instinct du journalisme : dans *The Debater,* l'organe du club de discussions intellectuelles qu'il avait fondé dans son collège, on trouve des articles d'une vigueur de plume étonnante chez un jeune homme de seize ans. C'était néanmoins dans la peinture et le dessin qu'il excellait alors, et son père, qui avait d'abord souhaité l'envoyer à Oxford, l'autorisa à suivre les cours de la Slade School of Art, tout en exigeant qu'il poursuivît ses études de lettres à l'université de Londres. Ses véritables débuts dans le journalisme eurent lieu en 1899, par la publication des critiques littéraires au *Bookman* et d'articles de polémique au *Speaker,* organe de jeunes libéraux que Chesterton suivit lorsqu'ils prirent possession du *Daily News* : c'est là qu'il rencontra Asquith, lord Morley et Winston Churchill. De cette époque également date son amitié avec Henry James et Hilaire Belloc.

Marié en 1901 à Frances Blogg, la fille d'un diamantaire londonien, Chesterton avait publié l'année précédente ses deux premiers livres, des recueils poétiques : *L'Impétueux Chevalier* [*The Wild Knight*] et *Les vieillards s'amusent* [*Greybeards at play*]. Son libéralisme et ses dons de polémiste trouvèrent une excellente occasion de se manifester pendant la guerre d'Afrique du Sud, au cours de laquelle il prit position pour les Boers et attaqua violemment l'impérialisme victorien de Kipling. Les années 1900-1910 furent occupées par ses retentissantes controverses religieuses avec Robert Blatchford et Joseph Mac Cabe, sociales avec Herbert George Wells, philosophiques avec George Bernard Shaw ; elles seront recueillies dans *Hérétiques* [*Heretics,* 1905]. Parallèlement, Chesterton poursuivait ses études de critique littéraire avec des essais sur *La Vie de Robert Browning* [*Robert Browning,* 1903], sur *Charles Dickens* (1906) et sur *L'Époque victorienne en littérature* (+) (1913) ; il inaugurait enfin sa carrière romanesque avec une œuvre d'inspiration fantastique. *Le Napoléon de Notting Hill* (*) (1904), *Le Nommé*

Jeudi (*) (1908), livre apologétique sous forme d'autobiographie spirituelle, laissèrent voir les premiers progrès de Chesterton vers la foi, mais l'auteur mettra tout de même quatorze ans encore avant d'entrer dans l'Église catholique. C'est à cette époque qu'il emménagea dans une petite villa de Beaconsfield, localité où il rencontra peu après le père O'Connor, qui fut son modèle pour ses fameuses *Histoires du père Brown* (*) (1911-1927) : *L'Innocence du père Brown* (+) (1911), *La Sagesse du père Brown* (+) (1914), *L'Incrédulité du père Brown* (+) (1926) et *Le Secret du père Brown* (+) (1927). Les nouvelles tendances chrétiennes de Chesterton, qui s'affirmaient encore dans *La Sphère et la Croix* (*) (1909), entraînèrent sa rupture sinon avec l'esprit libéral, du moins avec ses anciens amis libéraux, auxquels s'adressa *Ce qui cloche dans le monde* [*What's Wrong with the World,* 1910] : Chesterton soutenait en particulier, dans ce livre, le respect de la famille, en tant que cellule mère de tout l'organisme social, et de la propriété privée, menacée à la fois par le socialisme et par le capitalisme, mais seule capable d'assurer la liberté des familles.

À la déclaration de guerre de 1914, l'écrivain, qui venait de publier *Supervivant* (*) (1912) et *L'Auberge volante* (*) (1914), se trouva naturellement entraîné par son néo-catholicisme à prendre une position violente contre l'Allemagne luthérienne : il dénonça *Les Crimes de l'Angleterre* [*The Crimes of England,* 1915], c'est-à-dire tout ce qui, depuis la Réforme, avait rapproché son pays du monde germanique protestant. Peu après il scandalisait les historiens par la spirituelle originalité de sa *Petite Histoire d'Angleterre* [*Short History of England,* 1917]. En 1918, à la mort de son frère Cecil, tombé au front, il prit sa suite à la rédaction en chef de la revue *The New Witness,* qui devint en 1925 le *G. K.'s Weekly* et parut jusqu'en 1938. Un voyage à Jérusalem acheva de rapprocher Chesterton de l'Église et, en juillet 1922, le père O'Connor recevait sa conversion définitive au catholicisme. Peu après paraissaient les célèbres essais : *Saint François d'Assise* (1923), *L'Homme éternel* (*) (1925), *L'Homme qu'on appelle le Christ* (*) (1927), *Saint Thomas d'Aquin* (1933), une pièce de théâtre : *Le Jugement du Dr Johnson* [*The Judgement of Dr. Johnson,* 1927], des critiques littéraires comme *R. L. Stevenson* (1927). Vers la fin de sa vie, ses causeries à la B.B.C. allaient faire de Chesterton un des hommes les plus populaires d'Angleterre, tandis que les universités américaines lui demandaient des séries de cours et qu'il faisait des conférences à travers l'Europe et le Canada. Enfin, l'année de sa mort, paraissait son autobiographie, *L'Homme à la clef d'or* (*) (1936).

« Païen à douze ans, agnostique à seize », Chesterton ne s'est pas converti au catholicisme pour des motifs philosophiques : ce qui lui a plu, au contraire, dans le message de l'Église, c'est son caractère scandaleux pour la sagesse humaine. Il s'enfiévra de voir la révélation humilier la science et défier la logique. Ce qui n'empêchait pas cet Anglais jovial, rubicond, gros mangeur et solide buveur, taillé en géant, d'être lui-même un dialecticien redoutable : il s'ingénia seulement à donner du christianisme des preuves inattendues, d'allure souvent baroque, mais dont il savait bien, avec son génie qui fut celui d'un journaliste bien plus que d'un écrivain, qu'elles pouvaient frapper l'imagination de l'homme de la rue. Hanté, comme la plupart des catholiques européens de l'après-guerre, par le mythe du Moyen Âge à reconstruire, Chesterton avait incontestablement quelque chose de la race des chevaliers croisés, peut-être aussi des inquisiteurs. Il a souvent reconnu ce qu'il appelait son « romantisme », son penchant naturel pour l'exaltation et les extrêmes. Il s'est également dépeint comme « une sorte de Torquemada réactionnaire dont la joie ténébreuse est la seule défense de l'orthodoxie et la poursuite des hérétiques ». Ni philosophe, ni théologien, ni mystique, trop prolixe sans doute (il a écrit plus de cent ouvrages !), il reste le plus puissant tempérament littéraire de l'Angleterre contemporaine.

LOUIS GAUDRAN.

♦ *« Apologiste, à coup sûr, mais d'une espèce à part : jamais abstrait, ni grave, ni docte, jamais superficiel non plus, cet esprit pénétrant et singulier a réalisé ce paradoxe de mettre l'humour au service de la foi. »* Joseph de Tonquédec. ♦ *« Parler de lui, c'est évoquer l'image d'un polygraphe assailli par une demi-douzaine de muses ; d'un jongleur de Notre-Dame, dont les cabrioles étaient devenues un peu automatiques, dont l'humour s'était fait laborieux, mais aussi d'un univers dominé par la Croix... Ce Jupiter tonnant, cet Anglais typique, malgré le sang français, aimait la bière, la bonne chère, les cigares, haïssait l'hypocrisie, la tyrannie, la ploutocratie, et se regardait lui-même avec une humilité de saint, avec un haussement d'épaules. Il avait trop crevé de baudruches, brisé trop d'idoles, fracassé trop de dessus de pendules pour se dresser lui-même sur un piédestal. »* G. M. Tracy.

RÉF. : J. de Tonquédec, sj., *G. K. Chesterton : ses idées et son caractère,* Paris, 1921. – Hilaire Belloc, *On the Place of Chesterton in English Letters,* Londres, 1940. – Maurice C. Hollis, *The Mind of Chesterton,* Londres, 1970. – Ian Boyd, *The Novels of G. K. Chesterton,* Londres, 1975. – Yves Denis, *G. K. Chesterton : paradoxe et catholicisme,* Paris, 1978 (thèse). – Christiane d'Haussy, *La Vision du monde chez G. K. Chesterton,* Paris, 1981 (thèse). – Michael Coren, *Gilbert : the Man Who Was Chesterton,* Londres, 1989.

CHESTOV Léon [Lev Šestov, pseud. de Lev Isaakovič Švarcman]. Écrivain et philosophe russe. Né en 1866 à Kiev (Russie), mort en France en 1938. Après avoir étudié le droit à l'université de Kiev, il se consacra à l'étude des problèmes de philosophie morale. Très influencé par Nietzsche et Kierkegaard, il leur a consacré de nombreux essais : *Kierkegaard et la philosophie existentielle* [*Kierkegaard i ekzistencial'naja filosofija*], *L'Idée du bien chez*

Tolstoï et Nietzsche [*Ideja dobra u L. Tolstogo i F. Nicše,* 1900], *Dostoïevski et Nietzsche* [*Dostoevskij i Nicše,* 1903]. Le souci mystique formait le centre de sa pensée. Il a étudié avec une avidité passionnée, comme des éléments de sa propre préoccupation, l'essence mystique d'écrivains tels que Tolstoï ou Dostoïevski. Ce fut sous l'empire d'un tel besoin mystique que Chestov rechercha pour le sentiment religieux un domaine où il ne pût se heurter à aucune contradiction logique, et qu'il situa l'objet de la croyance par-delà tout obstacle contre lequel elle pût se briser. Boris de Schloezer, le comparant et l'opposant à Socrate, « rationaliste et moraliste enthousiaste », nous montre un Chestov « irrationaliste et immoraliste », mais religieux. Pour Chestov, le crime de la morale, c'est de mettre quelque chose audessus de Dieu. Il s'en prend également à la science et aux fondements de notre logique dont, sans nier leur valeur pratique, il refuse d'admettre qu'elles épuisent la réalité. Dans la logique comme dans la morale, il établit la même « discrimination des domaines », confirmant ce point de vue essentiel à ses yeux : « on ne s'organise pas avec ou contre Dieu ; toute organisation et tout arrangement sont en dehors de Dieu ». Son mysticisme fait une place strictement déterminée à la croyance, qu'il exclut des domaines où elle s'introduisait en fraude. Citons de lui : *La Nuit de Gethsémani* [*Gefsimanskaja noč'*], *Le Pouvoir des clés* (*) (1928), *Sur les confins de la vie* (*) (1927), *Athènes et Jérusalem* [*Afiny i Erusalim,* 1938]. Ses œuvres, où se révèle une remarquable puissance de spéculation, font de lui l'un des plus hauts représentants de la pensée russe contemporaine.

♦ *« La pensée philosophique de Léon Chestov est si extraordinaire, si inattendue, elle ressemble si peu à ce que nous offre généralement la philosophie qu'on risque facilement de ne pas la saisir, cette préhension exigeant, dirait-on, un organe spécial. »* A. Lazareff.

RÉF. : Adolf M. Lazareff, *Vie et Connaissance,* 1948. – Nathalie Baranoff, *Bibliographie de Léon Chestov,* 2 vol., Paris, 1975-1978. – Benjamin Fondane, *Rencontres avec Léon Chestov,* Paris, 1982.

CHEVALLIER Gabriel. Écrivain français. Né à Lyon le 3 mai 1895 et mort à Cannes le 5 avril 1969. Il fait ses études à Lyon, est interne durant cinq ans dans un établissement religieux. Quand survient la guerre, Chevallier a dix-neuf ans ; mobilisé, il est blessé, mais retourne au front en 1916. Rendu à la vie civile, il est commis voyageur et commence à écrire pour des journaux et des revues. Dans son premier roman, *Durand, voyageur de commerce* (1929), il puise dans ses propres souvenirs, ainsi que dans *La Peur* (1930) où il raconte sa guerre. *Clarisse Vernon* (1932) évoque sa ville natale, Lyon. Il a adopté un style fortement réaliste, avec un ton humoristique dont il ne se départira pas. *Clochemerle* (*) (1934) en est l'illustration la plus fameuse. Cette description satirique d'un petit village du Beaujolais lui valut une renommée mondiale. Sur sa lancée, Chevallier donne *Propre à rien* (1936), *Sainte-Colline* (1937) où il se souvient de ses années d'internat, *Les Héritiers Euffe* (1945) sur la bourgeoisie grenobloise pendant l'Occupation. Il trace dans son œuvre un tableau comique et paillard de la province française, soulignant avec une clairvoyance implacable, mais non sans mansuétude, les défauts et les vices de ses personnages. Ceux-ci sont tous animés d'une candeur naturelle qui les rend attachants, même si la profondeur psychologique n'est pas du domaine de Chevallier. La narration, du reste, fait souvent penser à une improvisation au fil de la plume, pleine d'indolence, qui sait faire sentir la saveur des choses concrètes. Des livres comme *Chemins de solitude* (1945), *Carrefours des hasards* (1958) sont directement autobiographiques. Chevallier a publié un recueil d'essais, *L'Envers de Clochemerle* (1966), qui porte en sous-titre : « Propos d'un homme libre ».

JACQUES-ÉMILE MIRIEL.

CHEVTCHENKO Taras Grigorévitch [Taras Grigor'jevič Sevčenko]. Né le 9 mars 1814 dans le village de Morincy (district de Kiev), mort le 10 mars 1861 à Saint-Pétersbourg, il est le plus grand poète ukrainien. Serf attaché à la terre, orphelin très tôt, il ne connut dans son enfance que misère, mauvais traitements et injustices. Il apprit à lire et à écrire chez le sacristain du village. À treize ans, il menait paître les troupeaux des paysans ; plus tard, il fut attaché au service personnel du maître, Engelhardt, Allemand d'origine devenu Polonais. À cette époque, un goût pour la peinture s'était déjà manifesté chez Chevtchenko, et Engelhardt décida de le faire étudier pour se servir de lui comme décorateur. À cette fin il le conduisit à Saint-Pétersbourg, où Chevtchenko eut l'occasion de faire la connaissance de quelques éminents compatriotes, qui le présentèrent au célèbre peintre russe Brjullov dont il fut, plus tard, l'élève préféré. Ce furent ces amis qui libérèrent Chevtchenko du servage de la terre en payant une belle somme à son maître. Le 5 mai 1838, il devint un homme libre ; il se sentait poète : ses premiers poèmes datent précisément de 1838. Ce fut alors que commença la belle période de son existence : il fréquentait l'Université, étudiait à l'Académie des beaux-arts, possédait amis et admirateurs. Son premier recueil de poésies, *Kobzar'* (*), fut édité en 1840, et en 1842 les *Haïdamaks* (*). Dans ces deux œuvres, les éléments fondamentaux de son art se trouvaient déjà mis en évidence : incomparable musicalité du vers, clarté magistrale de l'expression, contenu idéologique très élevé, et, surtout, un amour passionné pour sa patrie. Ayant brillamment terminé ses études à l'Académie des beaux-arts en 1845, Chevtchenko retourna en Ukraine, où il fut accueilli triomphalement et devint aussitôt le centre de la vie nationale. Accusé de professer des idées subversives, il fut arrêté le 24 mars 1847, emprisonné et envoyé comme simple soldat (avec huit heures par jour d'« exercice ») à Orenbourg, puis sur les bords de la mer Caspienne, avec interdiction de peindre et d'écrire. Il écrivait tout de même, cachant ses vers dans ses bottes. Après beaucoup de tentatives infructueuses, ses amis réussirent à le faire gracier en 1858, après dix ans de martyre. Il rentra à Saint-Pétersbourg, mais son rêve était de s'établir en Ukraine ; malheureusement il était usé par les souffrances endurées et il ne survécut guère. Sa dépouille fut inhumée en Ukraine. Le jour de son anniversaire, le gouvernement tsariste faisait entourer sa tombe de troupes afin d'endiguer le pèlerinage du peuple. Dès ses premières manifestations littéraires, Chevtchenko s'imposa comme un grand poète. Parmi ses œuvres les plus connues, rappelons les poésies *Catherine* [*Kateryna*] et *Testament ; Ivan Pidkova* (1839), *À Gogol* [*Gogolju,* 1843], *Songe* [*Son,* 1844], *Hamalija* (1844), *Hérétique* [*Eretik,* 1845], *Caucase* [*Kavkaz,* 1845], *Néophyte* [*Neofit,* 1857], *Maria* (1859) ; la comédie *Nazar Stodolja ;* quelques récits en prose parmi lesquels le récit *Artiste* [*Khudožik,* 1849] et un *Journal* [*Dnevnik*] qui ne fut édité qu'en 1931 à Moscou. Chevtchenko mérite de survivre également en tant que peintre ; quelques-unes de ses toiles figurent dans d'importants musées russes.

MLADA LIPOVETZKA MEANO.

♦ *« Le géant de la poésie slave méridionale. »* Šabliovskij. ♦ *« Une déité qui habite sur son propre soleil. »* Korš. ♦ *« Un génie universel. »* Jensen.

CHÉZY Helmine de (née Wilhelmine-Christine von Klencke). Écrivain allemand. Née le 26 janvier 1783 à Berlin, décédée le 28 février 1856 à Genève. À l'âge de quatorze ans, elle écrivit un roman, qu'elle détruisit par la suite. Bien qu'elle eût dédicacé à l'empereur Napoléon son livre *Vie et Art à Paris* [*Leben und Kunst in Paris*], paru à Weimar en 1805-06, celui-ci fut saisi par les autorités françaises. Séparée, depuis 1810, de son mari, l'orientaliste français Antoine-Léonard de Chézy (1773-1832), elle retourna en Allemagne, où elle fit paraître une dizaine de volumes d'essais et de poésies ; elle écrivit également le livret de l'opéra de Weber, *Euryanthe* (*) (1823). Dans les dernières années de sa vie, bien que devenue presque aveugle, Helmine de Chézy fit paraître deux volumes de mémoires, qui virent le jour en 1855, sous le titre : *Ce qui n'a pas été oublié* [*Unvergessenes*].

CHIKAMATSU MONZAEMON (de son vrai nom Sugimori Nobumori). Né à Kyôto (Hondo, Japon) en 1653, mort à Ôsaka le 21 novembre 1724, il fut le plus grand dramaturge japonais. On sait peu de chose de son existence avant le moment où il commença de faire fureur comme auteur dramatique. Une dizaine de traditions se disputent le lieu de sa naissance et trois, au moins, celui de sa mort. On admet généralement qu'il naquit d'une famille de samouraï, et qu'une partie de sa jeunesse se passa au service de familles nobles de la capitale, Kyôto. Il ressort de ses œuvres qu'il possédait une connaissance approfondie de la littérature de son pays, et que les auteurs classiques chinois lui étaient familiers ; il donne souvent d'abondantes citations de ces derniers, et aussi des livres sacrés du bouddhisme. On sait qu'il fut en sa jeunesse un habile compositeur de « haikais » (petits poèmes en vers de dix-sept syllabes) et qu'il étudia au monastère bouddhique de Gonjôji (aujourd'hui dans le département de Shiga). Avec Chikamatsu les drames destinés au théâtre populaire « kabuki » et au théâtre de marionnettes « jôruri » se divisent en deux groupes : le genre historique « jidaimonô » et le genre social « sewamono » ; ces derniers, inspirés le plus souvent par des faits puisés dans la chronique de l'époque, sont fondés sur l'opposition entre les besoins du sentiment, de la nature humaine, [ninjô], et les exigences de la morale confucéenne alors en vigueur, « giri ». Le conflit se résout assez souvent par le suicide des deux amants : [shinjû], double suicide par amour. La carrière de Chikamatsu comprend quatre périodes. La première (1675-1685) s'ouvre par *L'Esprit méchant de dame Wistaria* [*Fujitsubo no onryô*] écrit pour le grand acteur Sakata Tôjûrô (1645-1709) qui jouait à Kyôto et qui interpréta cette œuvre, croit-on, en 1677, bien que certains pensent qu'il faille reporter cette date à 1686 ; quoi qu'il en soit, il est certain qu'en cette dernière année Chikamatsu s'était déjà fait un nom. De toute façon ses premières œuvres sont essentiellement adaptées des nô (drames classiques). La seconde période (1686-1703) commença par la représentation de *Kagekiyo le Triomphateur* [*Shusse Kagekiyo,* cinq actes, 1686] sur la scène du Takemoto-za, théâtre créé à Ôsaka en 1685 par Takemoto Gidayû (1650-1714). Au cours de cette période, Chikamatsu écrivit surtout pour le « kabuki », la plupart à l'intention de Tôjûrô. Dans quelques-unes de ces pièces, il y a déjà des scènes qui se passent dans les lupanars des quartiers réservés ; elles laissent entrevoir dans quel sens s'orientera son œuvre future. La troisième période débute par la représentation du premier drame social, *Sonezaki shinjû* (*) (trois actes, 1703), qui portait à la scène un fait récemment arrivé. Jusque-là, Chikamatsu avait écrit des kabuki pour Tôjûrô et des « jôruri » pour des chanteurs tels que Inoue Harimano-jô (1632-1685), Uji Kaganojô (1635-1711), etc., sans compter Takemoto Gidayû. Mais en 1705, ayant quitté Kyôto pour Ôsaka, Chikamatsu écrivit seulement pour le Takemoto-za. Dans ce centre de traditions bourgeoises, son attention se concentra sur les

« sewamono », qui traitaient des problèmes qui agitaient le « chônin » (bourgeois). La quatrième période (1714-1725) voit d'abord la mort de Gidayû, qui avait désigné pour lui succéder son jeune élève Takemoto Masadayû (1691-1744), ce qui provoqua la colère des anciens acteurs qui soutenaient que Masadayû était indigne de succéder à son maître ; aussi ils commencèrent à déserter le théâtre, et les spectateurs ne tardèrent pas à les imiter. Chikamatsu, qui appréciait les talents de Masadayû, entreprit de le réhabiliter. Ce fut dans ce but qu'il écrivit *Les Batailles de Kokusen-ya* (*) (trois actes, 1715), qui reléguèrent dans l'ombre tous ses succès antérieurs et tinrent la scène durant dix-sept mois. Non seulement ce drame assura la réputation de Masadayû, mais il ajouta un nouveau fleuron à la gloire de Chikamatsu. Au cours des dix années qui suivirent, celui-ci écrivit encore pour Masadayû des drames, comme *Les Batailles suivantes de Kokusen-ya*, drames qui valurent au Takemoto-za un éclat surpassant celui qu'il avait connu du vivant de Gidayû. Mais le grand dramaturge mourut le 22e jour de la XIe lunaison de la 9e année de l'ère Kyôhô (1716-1736). Chikamatsu a été appelé le Shakespeare japonais. Quoi qu'on puisse penser de ce rapprochement, il possède l'art subtil de représenter, merveilleusement dépeints, émouvants, les caractères de ses personnages troublés par les passions. C'est véritablement un magicien de la plume, disposant d'un vocabulaire riche, varié, allant du chinois vulgaire à la langue nationale classique, de la poésie japonaise au parler populaire et même au dialecte d'Ôsaka. Il sait doser à leur juste mesure ces éléments linguistiques afin d'obtenir l'effet désiré. Son style original est toujours expressif et fleuri ; il anime l'action à la scène et confère de la chaleur, un sens profond, aux sentiments exprimés par les personnages. Citons encore de lui : *Yugiri Awa no naruto* (*), *Shinjû Ten no Amijima* (*) et *Kokusen-ya d'aujourd'hui.*

YOSHIE KAWAMURA.

RÉF. : Chikamatsu, *Tragédies bourgeoises*, vol. 1 à 4, POF, 1992.

CHILD sir Josiah. Économiste anglais. Né à Londres en 1630, mort le 22 juin 1699. Il entra tout jeune dans le monde des affaires, dirigé par son père, un marchand londonien, auquel il succéda. À vingt-cinq ans, il s'occupe uniquement, à Portsmouth, des approvisionnements de la marine. Sa carrière est d'autant plus brillante et rapide que son frère John occupe un poste éminent à Bombay tout d'abord, et dans la Compagnie des Indes ensuite. Devenu très vite un des principaux actionnaires de la Compagnie, il est nommé directeur en 1677, puis gouverneur. Il avait en même temps des ambitions politiques et posa sa candidature au Parlement ; il fut élu pour la première fois en 1659, comme député de Petersfield, et par la suite de Dartmouth et de Ludlow. Il reçut le titre de baronnet en 1678. Son nom est lié au développement de la Compagnie et particulièrement au problème du trafic que résolut Ash en 1686. Il écrivit sous le pseudonyme de Philopatris pour défendre les intérêts de la Compagnie, et il se montra partisan de la liberté du commerce, à l'intérieur de certaines limites. Rappelons plus particulièrement *A Treatise, wherein it is demonstrated that the East India Trade is the Most National of all Foreign Trades* (1681) et le *Discours of Trade from England into the East India* (1690) dont la partie la plus importante, publiée à part en 1668, est constituée par le *Traité sur le commerce et les avantages de la réduction de l'intérêt de l'argent* (*).

RÉF. : Article *sub nomine* dans le t. X du *Dictionary of National Biography*, 1887. – B. Willson, *Ledger and Sword*, Londres, 1903.

CHILDE Vere Gordon. Archéologue australien. Né le 14 avril 1892 à Govett's Leap, dans le New South Wales, mort à Sydney le 19 octobre 1957. Après des études en Grande-Bretagne, il devint bibliothécaire de l'Institut royal d'anthropologie. Professeur à l'université d'Édimbourg en 1927, il devint ensuite directeur de l'Institut d'archéologie de l'université de Londres de 1946 à 1956. Chercheur éminent, il fut un humaniste occupé uniquement de savoir. *L'Aube de la civilisation européenne* (*) (1925) fut traduite en français en 1949, ainsi que plusieurs autres titres du même auteur : *L'Orient préhistorique* (+) (1929), *Le Mouvement de l'histoire* (+) (1951) (réédité en France en 1963 sous le titre *De la préhistoire à l'histoire*), *L'Europe préhistorique. Les Premières Sociétés européennes* (+) (1940), *La Naissance de la civilisation* (+) (1936).

CHKLOVSKI Victor Borissovitch [Viktor Borisovič Šklovskij]. Écrivain russe. Né à Saint-Pétersbourg le 24 janvier 1893, mort à Moscou en décembre 1984. Fils d'un professeur de mathématiques, héritier d'un sang à la fois juif, russe et allemand, il a fait ses études à l'université de sa ville natale (faculté des lettres) et commença à publier en 1908. Le premier ouvrage qui fit du bruit, *La Résurrection du mot* [*Voskrešenie slova,* 1914], fut suivi de plusieurs autres, liés à la pratique poétique des futuristes russes (tels que Khlebnikov, Maïakovski, Kroutchenykh) et affirmant l'autonomie, la mise en avant, le renouvellement sémantique et stylistique du mot et le principe de la sensation de la forme. En 1916, Chklovski adhère au groupe O.P.O.I.A.Z. (Société pour l'étude du langage poétique) dont il fut le cofondateur et devient l'un de ses théoriciens les plus actifs ; ses principes de cette époque sont formulés dans des articles : *Sur la poésie et le langage extra-rationnel* [*O poezii i zaumnom jazyke,* 1914], *Potebnïa* (1914). Dans son célèbre article, *L'Art en tant que procédé* [*Iskusstvo kak priëm,* 1917],

Chklovski développe son idée du renouvellement du mot en poésie en créant la littérature de la singularisation *(ostranenie)* ; puisque la vie quotidienne produit inévitablement l'automatisation des actes habituels et de l'expression verbale, l'art a pour tâche de les arracher à l'automatisme de la perception en éveillant un étonnement naïf. Plus tard, cette notion fut utilisée par Bertolt Brecht dans sa Théorie théâtrale sous le terme de « Verfremdung ». À partir de 1919, Chklovski traite des problèmes de la théorie de la prose ; en 1921, il écrit plusieurs ouvrages importants, *Le Déroulement du sujet, Comment est fabriqué Don Quichotte* [*Razvertyvanie sjužeta, Kak sdélan Don-Kihot*], *« Tristram Shandy » de Sterne et la Théorie du roman* [*« Tristram Shandy » Sterna i teoria romana*], *Rozanov.* De 1920 à 1922, Chklovski enseigna à l'Institut d'histoire des arts à Petrograd, participa activement à la vie littéraire en soutenant les « Frères de Sérapion » et le *L.E.F.*, mais, ayant appartenu en 1917 au parti des S.R. (Socialistes Révolutionnaires) qui luttait en même temps contre les Rouges et les Blancs, il fut forcé d'émigrer en 1922 et résida pendant un an et demi à Berlin où il publia, en 1923, deux premières œuvres de fiction : *Voyage sentimental* (*) et *Zoo, lettres qui ne parlent pas d'amour ou la Troisième Héloïse* (*) ; ce dernier livre, dédié à Elsa Triolet, constitue un tour de force stylistique : ne violant pas l'interdiction d'un discours amoureux, l'auteur ne parle que d'amour mais à l'aide de périphrases, de métaphores et de divers autres procédés indirects. Revenu en 1923 à Moscou après la proclamation d'une amnistie, Chklovski reprit son activité théorique et critique ; il publia *Théorie de la prose* [*O teorii prozy,* 1925], *Troisième fabrique* [*Tret'ja fabrika,* 1926], *Le Score de Hambourg* [*Gamburgskij ščët,* 1928], etc. Sévèrement critiqué pour son formalisme, il se vit obligé de renoncer à ses idées des années 20, il renia la méthode formaliste dans un article à l'accent tragique publié par la *Gazette littéraire* le 27 janvier 1930 sous le titre *Monument d'une erreur scientifique* [*Pamjatnik naučnoj ošibke*] où il insista sur la nécessité de l'historicisme et de la sociologie. Plus tard, Chklovski développera ces nouvelles idées dans de nouveaux livres beaucoup moins originaux que ceux de sa jeunesse : *Prose artistique, réflexions et analyse* [*Hudožestvennaja proza, razmyšlenija i razbory,* 1959], *Récits sur la prose* [*Povesti o prosé,* 1966], *La Corde, sur la non-ressemblance du ressemblant* [*Tetiva, o neshodstve shodnogo,* 1970]. Pendant presque dix ans, Chklovski étudia l'œuvre et la personnalité de Léon Tolstoï, depuis son premier livre, *Matériau et Style dans « Guerre et Paix »* [*Material i stil v romane Tolstogo Vojna i mir,* 1928] jusqu'au dernier ouvrage, *Léon Tolstoï* (1967). Tolstoï fut, pour Chklovski, un objet privilégié de recherches et de conclusions théoriques, l'auteur de *Guerre et Paix* (*) étant resté son idéal humain au cours de toute sa carrière littéraire. Parmi les derniers livres de Chklovski, notons l'ouvrage autobiographique qui donne un tableau assez complet de l'existence de l'intelligentsia russe au cours des années 20 : *Il était une fois...* (*) (1964), et son livre biographique sur le metteur en scène *S. M. Eisenstein* (1975).

EFIM ETKIND.

CHMELIOV Ivan [Ivan Sergeevič Šmelëv]. Écrivain russe, né le 21 septembre (3 octobre) 1873 à Moscou, mort à Paris le 24 juin 1950. Né dans une famille d'entrepreneurs de travaux publics aux traditions patriarcales, Chmeliov s'imprégna du parler et des récits de tout un petit peuple d'artisans et d'ouvriers, ainsi que de la spiritualité orthodoxe. Après des études de droit (1898), il est pendant huit ans (1901-1908) fonctionnaire dans la province de Vladimir (contrôleur des contributions), puis se consacre entièrement à la littérature. Ses récits, publiés à partir de 1906, sont d'abord des tableaux de mœurs de « petites gens ». En 1911, *Garçon !* (*), sous forme de Mémoires d'un serveur de restaurant, lui apporte la célébrité. De 1910 à 1917 paraissent huit volumes de récits, dans lesquels l'influence morale de Tolstoï est sensible, et qui placent Chmeliov aux côtés des meilleurs écrivains réalistes de l'époque, tels que Bounine ou Kouprine. Socialiste, Chmeliov accueille avec joie la révolution de février 1917 mais rejettera celle des bolcheviks. Il part pour la Crimée, où en 1921 son fils sera fusillé par les Rouges. Il y écrit *L'Inépuisable Coupe* [*Neupivaemaja čaša*, 1918], histoire d'un serf peintre d'icônes qui sublime sa passion pour sa maîtresse dans son art et laisse après lui une icône miraculeuse. Chmeliov quitte la Russie en novembre 1922 et se fixe à Paris en janvier 1923. Il va d'abord dénoncer les horreurs de la guerre civile et de la Terreur rouge dans des récits documentaires, tel *Le Soleil des morts* [*Solnce mertvyh*, 1923]. Ensuite, Chmeliov va s'attacher à recréer la vie du vieux Moscou et de la « sainte Russie » de son enfance dans des œuvres sereines et d'une grande richesse de langue : *Pèlerinage* [*Bogomol'e*, 1935], *La Nounou de Moscou* [*Njanja iz Moskvy*, 1936] et surtout un cycle de tableaux sur les rites et les fêtes de l'année religieuse, vus par les yeux d'un enfant, *L'Année du Seigneur* [*Leto Gospodne*, 1928-1944]. Avec moins de bonheur, il entreprend une trilogie sur l'« âme russe », qui restera inachevée, *Les Voies célestes* [*Puti nebesnye*, 1937-1948] : c'est le récit de la rédemption d'un athée à travers le péché, dans les années 1870 (il séduit une novice qui le convertira). Tout en étant l'un des plus « russes » des écrivains russes, Chmeliov a su atteindre à l'universel.

MICHEL NIQUEUX.

CHOCANO José Santos. Poète péruvien. Né à Lima le 14 mai 1875, mort assassiné à

Santiago du Chili, le 13 décembre 1934. Il donna tout d'abord des leçons pour gagner sa vie. En 1895, il publia *Au village* [*En la aldea*] et *Colères sacrées* [*Iras santas*], expression de son attitude politique révolutionnaire. Devenu journaliste, il fonda *La Grande Revue* [*La Gran Revista*], *Le Pérou illustré* [*El Perú ilustrado*], *Le XX*[e] *siècle* [*El Siglo XX*]. De 1906 à 1909, il visita différents pays d'Amérique, gagna les États-Unis, puis le Guatemala où il fonda *La Prensa.* C'est à cette époque qu'il publia l'une de ses œuvres les plus significatives : *Alma América* (*) (1908). Devenu en 1919 le conseiller du dictateur Estrada Cabrera, il fut condamné à mort à la chute de ce dernier. Mais grâce à l'intervention du pape et du roi d'Espagne Alphonse XIII, il eut la vie sauve et put se réfugier au Costa Rica. En 1922, à la suite d'une violente discussion, il tua l'écrivain Edwin Elmore et s'enfuit au Chili où il mourut plus tard d'un coup de poignard reçu dans un tramway. La poésie de Chocano, dont le tour est extrêmement déclamatoire, s'inspire surtout du monde précolombien et de l'époque de la conquête ; on y retrouve également des descriptions magnifiquement colorées de la nature tropicale. Parmi ses œuvres rappelons : *Azahares* (1896), *L'Épopée du libérateur* [*La epopeya del Morro*, 1899], *Le Chant du siècle* [*El canto del siglo*, 1900], *La Forêt vierge* [*La selva virgen,* 1900], *Les Conquistadores* [*Los conquistadores*, 1906], drame héroïque, et *Sommaire interprétation des principes de la révolution mexicaine* [*Interpretación sumaria de los principios de la revolución mejicana*, 1914].

♦ *« C'est un ouragan. »* Rufino Blanco-Fombona. ♦ *« Il est né pour donner à la vertu du vent / La terrible expression du clairon de l'esprit. »* Rubén Darío. ♦ *« Le lyrisme fut son violon d'Ingres. »* Ventura García Calderón.

CHOCHOLOUŠEK Prokop. Romancier tchèque. Né à Sedlec (Bohême) le 18 février 1819, mort à Nadějkov le 5 juillet 1864. Après des études de chirurgie à Padoue, il s'orienta vers le journalisme et, traqué par la police autrichienne pour des raisons d'ordre politique, mena une vie misérable. Son premier ouvrage, *Wanda* (1841), est un récit tiré de l'histoire polonaise dont le style s'apparente à celui de Walter Scott. Ses autres œuvres s'inspirent en général de l'histoire des peuples balkaniques ; elles révèlent, en dépit d'une forme recherchée et désuète, un écrivain doué d'une imagination romanesque doublé d'un historien consciencieux. Parmi ces œuvres, il convient de citer : *Les Templiers en Bohême* [*Templáři v Čechách*, 1843], *La Fille d'Ottocar* [*Dcera Otakarova*, 1844], *Privitan, vieillard de l'ancienne Prague* [*Přivitan, kmet staropražský*, 1865], *Jan Pancér* (1855), *Le Sud* [*Jih*, 1862-63] et un roman d'inspiration italienne, *Cola di Rienzo* (*).

CH'OE Namsŏn (pseud. de Yuktang). Poète et historien coréen. Né à Séoul le 26 avril 1890, mort à Séoul le 10 octobre 1957. Esprit encyclopédique et compilateur infatigable, particulièrement précoce, il entame des études à l'université Waseda à Tōkyō, au moment où le Japon met la main sur la Corée, mais s'en fait expulser très vite pour activités nationalistes. C'est néanmoins là qu'il rédige ses premiers textes, sous une forme libre jusqu'alors inconnue, c'est-à-dire s'écartant des rythmes traditionnels, à dix-sept ans, dans la revue *Taehan hakkoe wŏlbo.* La nouvelle poésie « shinchaeshi » dont il est l'initiateur n'est pas sans liens avec son équivalent japonais « shintaishi ». Rentré en Corée, il se lance dans les activités qui marqueront sa vie entière : créant des maisons d'édition et des revues, publiant entre autres, en 1908, ses poèmes *De la mer à un adolescent* (*) et *Chant du chemin de fer Séoul-Pusan* [*Kyŏngbu ch'ŏltoga*], dans sa propre revue *Sonyŏn.* Mais il cesse très vite d'écrire sous cette forme, qui ouvre pourtant la voie à toute la modernité poétique coréenne, et privilégie ensuite la forme classique du « shijo », dont il fera un recueil en 1926 : *Les Cent Huit Angoisses* [*Paekp'al pŏnnoe*]. Parallèlement, toujours dans ses revues, il présente et traduit souvent du japonais quantité d'écrivains et penseurs occidentaux, essentiellement en tant que moralistes. Par exemple Hugo. Puis il participe au mouvement d'indépendance de mars 1919, ce qui lui vaut deux années de prison. Ensuite, il se consacre à la compilation, et on lui doit une part importante de notre connaissance du passé historique et littéraire coréen, qui sans lui risquait d'être détruit par les Japonais, en particulier ce qui concerne le mythe fondateur de Tangun. Une partie de ses recherches sont rassemblées, en 1946, dans *Connaissance générale de la Corée* [*Chosŏn sangshik mundap*]. En 1939, il part enseigner en Mandchourie, alors aux mains des Japonais, et commence à se développer un discours ouvertement collaborateur. Croit-il que l'occupation-annexion de la Corée va s'éterniser ? S'illusionne-t-il sur le modernisme dont il a constaté la force à Tōkyō trente-cinq années auparavant ? En tout cas, son profil n'est pas celui du collaborateur type, tel Yi Kwangsu, et il continue, après la Libération, son œuvre « nationaliste » d'historien et de compilateur, jusqu'à sa mort en 1957. Ses *Œuvres complètes* [*Yuktang Ch'oe Namsŏn chŏnjip*] ne seront rassemblées qu'en 1973, et on ne cesse de redécouvrir des articles oubliés, tant il fut actif.

PATRICK MAURUS.

CHOISY François-Timoléon, abbé de. Écrivain français. Né à Paris le 16 août 1644 et mort dans la même ville le 2 octobre 1724. Fils cadet de Jean de Choisy, chancelier de Gaston d'Orléans, et de Mlle de Belesbat, petite-fille du chancelier de L'Hospital, il fut destiné à l'état ecclésiastique. Ayant perdu son père très jeune, il fut élevé par sa mère qui l'éduqua de façon extravagante. Ami de jeu de Philippe d'Orléans, il était habillé, comme ce dernier, en demoiselle. Ce goût du travestissement ne quitta plus l'abbé de Choisy jusqu'à sa mort et se retrouve dans les *Mémoires de l'abbé de Choisy habillé en femme* (+). Sa mère, femme du monde et intrigante, le fit nommer à dix-huit ans abbé de Saint-Seine, en Bourgogne. En 1676 Choisy partit pour Rome en qualité de conclaviste, avec le cardinal de Bouillon, pour l'élection du pape Innocent XI. Quelques années plus tard, à la suite d'une grave maladie, Choisy se convertit et publia en 1684 *Quatre dialogues sur l'immortalité de l'âme, l'existence de Dieu, la providence et la religion*, fruit de ses entretiens avec l'abbé Dangeau. Il décida alors de faire partie de l'expédition envoyée par Louis XIV pour la conversion du roi de Siam, en qualité de coadjuteur du chevalier de Chaumont, directeur des opérations avec le père jésuite Tachard. Parti de Brest le 6 mars 1685, il arriva en Thaïlande sept mois plus tard. L'accueil fut fastueux. Choisy reçut les ordres mineurs et fut ordonné prêtre. Il rentra au bout de quelques mois en France et publia alors son *Journal du voyage de Siam fait en 1685 et 1686* (*). Mais la disgrâce de son ami le cardinal de Bouillon l'obligea à se retirer au séminaire des Missions étrangères où il écrivit les vies de Salomon et de David, hommage détourné à Louis XIV, qui lui rendit alors sa faveur. Le 25 août 1687, Choisy fut élu à l'Académie française pour la diversité et l'abondance de son œuvre : ouvrages religieux, *Histoire de l'Église*, traduction de l'*Imitation de Jésus-Christ* (*), *Interprétation des Psaumes* ; ouvrages historiques, vies de Saint Louis, Philippe de Valois, Charles V et Charles VI ; mémoires, *Mémoires pour servir à l'histoire de Louis XIV* (+) ; ouvrage galant, *Histoire de la marquise-marquis de Banneville* (1695). Mongrédien écrira, de l'abbé de Choisy, que c'était « un homme du XVIIIe siècle égaré dans le XVIIe », en qui se mêlèrent le raffinement, la fantaisie, l'érudition, le goût du jeu et de la débauche. Cela ne l'empêcha pas de compter parmi ses amis ou protecteurs La Rochefoucauld, Mlle de Scudéry, Mme de La Fayette, Louis XIV ou Mme de Maintenon.

CHRISTINE DRAN.

RÉF. : Abbé D'Olivet, *La Vie de M. l'abbé de Choisy*, Paris, 1742. — D'Alembert, *Histoire des membres de l'Académie française*, t. I et IV, Paris, 1787. — G. Desnoiresterres, *Épicuriens et Lettrés aux XVIIe et XVIIIe siècles*, Paris, 1879. — G. Reynes, *L'Abbé de Choisy ou l'Ingénu libertin*, Paris, 1983.

CHOLOKHOV Mikhaïl Alexandrovitch [Mikhajl Aleksandrovič Šolohov]. Écrivain russe. Né le 24 mars 1905 à Kroujiline (gouvernement de Vechenski, près de Rostov) dans une famille de paysans, mort le 21 janvier 1984 au même endroit. Il fait quatre ans d'école primaire puis participe à la guerre civile. En 1922, il arrive à Moscou où il travaille comme manutentionnaire et manœuvre. Ses premières nouvelles ont été publiées dans les journaux et revues moscovites en 1923 ; bientôt, elles formeront deux recueils, *Les Récits du Don* [*Donskie rassakazy*] et *La Steppe azurée* [*Lazorevaja step*, 1926]. Ces histoires révèlent un talent indéniable dans l'observation et la représentation plastique ; la réalité y est reflétée dans le miroir d'une lutte de classe acharnée. Avant la publication de ces deux livres, Cholokhov est revenu à Vechenskaïa et s'y est fixé définitivement. C'est là, dans le pays des Cosaques, qu'il s'est mis à écrire le grand livre épique, *Le Don paisible* (*) (1928-1940) qui fera sa gloire. Les quatre volumes du roman paraissent au cours de ces douze ans en provoquant des chœurs de louanges dans les camps opposés : en U.R.S.S. et dans les milieux de l'émigration russe ; c'était peut-être la première (et la seule) fois que les Rouges et les Blancs se réconciliaient pour glorifier un talent littéraire ! Les critiques des deux camps s'enthousiasmèrent à propos de l'art verbal de Cholokhov qui excellait dans tous les domaines, en tant que paysagiste, psychologue, sociologue, connaisseur de la vie quotidienne des Cosaques, de leurs mœurs et de leur folklore, et en tant qu'historien et philosophe. On comparait le jeune auteur à Tolstoï et Dostoïevski tout en s'étonnant de son âge : le premier volume du *Don paisible* a été écrit par un jeune homme de 22-23 ans, sans aucune formation littéraire. C'est alors qu'on commença à soupçonner un faux : dans les milieux littéraires surgissait de plus en plus fréquemment le nom de Fiodor Krioukov (1870-1920), écrivain cosaque qui fut le premier à utiliser en littérature la « couleur locale » du Don ; Krioukov a participé à la guerre civile, mais dans l'autre camp. On disait que c'était lui l'auteur du *Don paisible*, que, ancien officier « blanc », il ne voulait rien publier en Russie soviétique, que Cholokhov avait trouvé son manuscrit et s'en était servi pour le roman qu'il faisait publier sous son nom. En 1974, cette hypothèse fut sérieusement étayée par un critique anonyme, « D », dont le livre posthume a été supervisé et publié par Soljenitsyne ; après une analyse minutieuse du texte, « D » est arrivé à la conclusion que les compléments de Cholokhov ne forment que cinq pour cent des volumes I et II, et trente pour cent des volumes III et IV. C'est néanmoins Cholokhov qui a obtenu le prix Nobel en 1964, et qui fut autorisé à le recevoir à Stockholm des mains du roi de Suède, contrairement aux deux autres prix Nobel soviétiques, Pasternak (1958) et Soljenitsyne (1970).

Avec le temps, les soupçons concernant *Le Don paisible* non seulement ne se calmaient pas mais devenaient de plus en plus sérieux... Le deuxième roman de Cholokhov, écrit entre les IIe et IIIe volumes du *Don paisible, Terres* *défrichées* (*) (1931), est infiniment plus faible et semble être l'œuvre d'un autre auteur ; ce livre n'est qu'un document de propagande fait pour glorifier la collectivisation de 1930. La différence entre les deux romans semble être trop importante pour les attribuer à la même plume. Cholokhov n'a plus rien écrit de vraiment valable, pendant et après la guerre mondiale : ce ne furent que la deuxième partie de *Terres défrichées* (1959, prix Lénine 1960) d'une grande platitude, le récit (assez primitif) intitulé *Le Destin d'un homme* (1956-1957) et le roman inachevé, *Ils ont combattu pour la patrie* [*Oni sražalis za rodinou*] : Cholokhov l'a commencé en 1959, en a publié de temps en temps des fragments, mais en somme n'a presque pas avancé sa rédaction au cours de vingt ans. Pendant l'après-guerre, Cholokhov ne s'est manifesté que par des discours prononcés à l'occasion des congrès du Parti ou de l'Union des écrivains, jurant sa fidélité à la cause du communisme, injuriant ses adversaires littéraires quand il n'exigeait pas pour eux la peine capitale et attaquant « l'Occident pourri et impérialiste » ! Le caractère sommaire du style de ses discours, l'absence totale de talent littéraire dans ses ouvrages à partir de 1941, sa servilité politique, tout cela porte à croire que « l'énigme Cholokhov » ne peut avoir qu'une seule solution. Ce qu'il reste à découvrir, c'est le véritable auteur du grand roman qu'est *Le Don paisible*...

EFIM ETKIND.

RÉF. : Roy Medvedev, *Qui a écrit le « Don paisible » ?* Paris, 1975.

CHOMSKY Avram Noam. Linguiste américain. Né à Philadelphie le 7 décembre 1928. Chomsky est le créateur d'une nouvelle théorie linguistique, dite générative transformationnelle, qui n'a cessé de se développer, depuis la fin des années 50, et qui occupe aujourd'hui une place centrale dans les études de linguistique générale, dans la description de la syntaxe de langues particulières, ainsi que dans les débats philosophiques et psychologiques sur l'origine de la connaissance. Par ailleurs, Chomsky est connu hors du monde scientifique pour s'être engagé très activement, dès les années 60, dans l'opposition à la politique américaine en Asie, en particulier au Viêt-nam, et au Proche-Orient ; il a publié sur ce thème plusieurs ouvrages : *L'Amérique et ses nouveaux mandarins* [*American Power and the New Mandarins*, 1968], *Guerre en Asie* [*At War with Asia*, 1970], et il explique, dans *Les Problèmes du savoir et de la liberté* [*Problems of Knowledge and Freedom*, 1971], les rapports entre sa pensée politique et sa théorie linguistique.

Fils d'un spécialiste réputé de l'hébreu, Chomsky a l'occasion de lire en 1947 les épreuves d'un livre de Harris, *Les Méthodes de la linguistique structurale* [*Methods in Structural Linguistics*], qui présente une méthodologie de la description en linguistique structurale et qui deviendra, à sa parution en 1951, un ouvrage de référence. Il décide alors d'entreprendre des études de linguistique sous la direction de Harris à l'université de Pennsylvanie et se met à l'élaboration d'une grammaire structurale de l'hébreu ; peu satisfait des résultats obtenus, il tente alors de construire un système de règles récursives permettant d'engendrer les constructions grammaticales de l'hébreu, qui constituera la matière de ses mémoires de licence, en 1949, puis de maîtrise, en 1951, dans une version plus élaborée. À cette première grammaire générative, il sera amené peu à peu, sous l'influence des derniers travaux de Harris sur les transformations grammaticales, à ajouter une composante transformationnelle ; d'où le nom de grammaire générative transformationnelle (G.G.T.) donné à sa théorie. Chomsky poursuit des études de linguistique, de mathématiques et de philosophie à Harvard, de 1951 à 1955, avec des maîtres comme Jakobson, Quine et Goodman et se met à la rédaction d'un gros ouvrage : *La Structure logique de la théorie linguistique* [*The Logical Structure of Linguistic Theory*], dont un chapitre constituera sa thèse de doctorat, soutenue en 1955 et dont la première version, terminée la même année, ne sera publiée qu'en 1975. Cet ouvrage fondateur présente une première version de la grammaire générative transformationnelle et applique celle-ci, dans le dernier chapitre, à l'anglais. À partir de 1955, Chomsky enseigne au Massachusetts Institute of Technology. En 1957 paraît à La Haye le premier ouvrage présentant la grammaire de Chomsky : *Les Structures syntaxiques* (+), une plaquette de cent vingt pages rédigée à partir de notes de cours, mais le modèle de Chomsky ne suscite guère d'intérêt dans le paradigme structuraliste dominant. Il faut attendre les années 60 pour que la G.G.T. sorte du cadre du M.I.T. et connaisse le développement et le succès considérables qu'on observe aujourd'hui. Chomsky a depuis été appelé comme professeur invité dans les meilleures universités américaines et européennes (en particulier à Chicago, Berkeley, UCLA, Columbia, Princeton, Londres, Oxford et Cambridge) et il a reçu de nombreux doctorats honoris causa.

La pensée de Chomsky a suivi, depuis 1955, une évolution considérable, qui apparaît dans les versions successives de la G.G.T. À la théorie présentée dans les ouvrages de 1955 et 1957 déjà mentionnés succède en 1965 la théorie dite standard exposée en particulier dans *Aspects de la théorie syntaxique* (*), puis la théorie standard étendue – voir *Essais sur la forme et le sens* [*Essays on Form and Interpretation*, 1977] – pour aboutir, dans les années 80, à la théorie de gouvernement et liage – voir *Conférences sur le gouvernement et le liage* [*Lectures on Government and Binding*, 1981]. Mais, si le modèle devient de plus en plus abstrait et de plus en plus complexe, l'objectif visé reste le même : construire, à partir d'une observation systématique des énoncés de langues particulières, des grammaires rendant compte de la compétence des sujets parlants, c'est-à-dire de leur capacité à construire une infinité de phrases grammaticales, et une grammaire universelle, c'est-à-dire une théorie formelle et universelle des langues naturelles qui soit aussi une théorie de la faculté de langage. Corollairement, Chomsky affirme qu'il faut attribuer à l'esprit comme propriétés innées les principes qui constituent cette grammaire universelle. C'est pourquoi ses recherches linguistiques ont des retombées importantes dans le domaine de la connaissance, en philosophie et en psychologie, en particulier dans le grand débat entre rationalistes et empiristes — voir *La Linguistique cartésienne* [*Cartesian Linguistics*, 1966], *Le Langage et la Pensée* (*) (1968) et *La Connaissance du langage : sa nature, son origine et son emploi* (*) (1985).

EDDY ROULET.

RÉF. : J. Lyons, *Chomsky*, 1977. — N. Chomsky, *Dialogues avec Mitsou Ronat*, 1977.

CHONG Ch'ŏl (pseud. Songang, « rivière des pins »). Poète coréen. Né en 1536 à Séoul, mort en 1593 dans l'île de Kanghwa. En lettré accompli, selon les habitudes confucéennes, il est aussi bien musicien que politicien, ce à quoi son éducation aristocratique l'a préparé. Mais, en 1545, sa famille est forcée à l'exil pour six années. Ami d'enfance du roi, son ascension sociale est cependant rapide, mais, sous les règnes de Myŏngjong et Sŏnjo, il est pris dans de terribles luttes de factions qui lui valent à son tour quatorze années d'exil. Gouverneur de province à quarante-cinq ans, Premier ministre à cinquante-cinq, sa carrière en dents de scie lui laisse le temps d'exceller dans les formes poétiques traditionnelles : « kasa » et « shijo ». Ses textes sont réunis tardivement, en 1894, sous le titre d'*Anthologie de la rivière des pins* (*).

PATRICK MAURUS.

CHOPIN Frédéric (Fryderic Francizsek). Compositeur polonais. Né à Zelazowa Wola le 1er mars 1810, mort à Paris le 17 octobre 1849. Son père était un Français, originaire de Nancy, qui, ayant quitté la France en 1787, fut d'abord précepteur dans la famille du comte Skarbek, puis professeur de français dans des écoles publiques. Il s'était marié en 1806 avec une Polonaise, Justine Krzyzanowska, et avait souhaité que son fils, tout en s'adonnant à la musique, pour laquelle il avait montré de très bonne heure de l'inclination, reçût une culture générale accomplie. Le premier maître de piano de Chopin fut le Tchèque Adalbert Zywny, auquel succéda plus tard, notamment pour la composition, une figure distinguée de la vie musicale à Varsovie, Joseph Elsner. Après les habituels témoignages de précocité tant comme pianiste que comme compositeur, Chopin, en deux courts voyages (1828 et 1829), commença à pénétrer dans les milieux musicaux de Berlin et de Vienne. C'est du moment de son retour que date sa première passion juvénile, pour une cantatrice de son âge, Constance Gladkowska, dont le destin devait le séparer. Il compose alors ses deux *Concertos pour piano* (*). Parti de Varsovie, le 2 novembre 1830, de nouveau pour Vienne, il y fut surpris par l'annonce de l'insurrection polonaise de 1831, et ne put jamais rentrer dans sa patrie. De Vienne, avec un passeport provisoire, il se dirigea vers Paris. En voyage à Stuttgart, il apprit que le soulèvement polonais s'était terminé de façon sanglante avec la reconquête de Varsovie par les Russes, et cela aurait inspiré, dit-on, l'étude en ut mineur no 12 de l'op. 10, appelée « Révolutionnaire » — v. *Études* (*). Arrivé à Paris le 11 septembre 1831, il entra rapidement en contact avec les cercles musicaux et littéraires du romantisme et, clairvoyant, échappa adroitement aux offres du pianiste Kalkbrenner qui voulait faire de lui un virtuose extraordinaire et transcendant. L'amitié du prince Radziwill l'introduisit bientôt dans les milieux de l'aristocratie française, lui assurant la possibilité de revenus appréciables par des concerts et des leçons. Bref, dans le Paris de Balzac, de Lamartine et de Berlioz, Chopin devint l'homme du jour. Son exécution pianistique raffinée et légère contrastait victorieusement avec le jeu fulgurant de Liszt qui, du reste, était le premier à l'admirer, et voua à son collègue polonais une amitié généreuse et fraternelle. Schumann, que Chopin avait connu à l'occasion d'un voyage à Düsseldorf en 1834, salua à sa façon le talent de Chopin dans l'une de ses critiques : « Chapeau bas, Messieurs, un génie ! » Chopin se concentrait surtout sur de brèves pièces lyriques de conception très libre quant à la forme, comme les *Nocturnes* (*), les *Préludes* (*), les *Études* (*), les *Impromptus* (*), les *Mazurkas* (*), les *Valses* (*) et les *Polonaises* (*). Parmi les musiciens romantiques, Chopin fut le plus prompt et le plus cohérent à tirer les conséquences des changements de goût nés avec le siècle, et à se libérer de la sujétion à l'égard des grandes formes d'école de la sonate et de la symphonie, même si on lui doit trois sonates pour piano (*) dont les deux dernières comptent parmi ses pages maîtresses, notamment la *Sonate funèbre* (1839). Personne n'eut une notion plus claire de l'indépendance des valeurs de l'art par rapport aux structures formelles.

Pendant l'été de 1835, il vit pour la dernière fois ses parents à Karlsbad ; il ne pouvait, en effet, retourner en Pologne où il était considéré comme un exilé politique. Ce fut ensuite la cuisante déception de son amour pour une amie d'enfance, Maria Wodzinska, qu'il retrouvait maintenant jeune fille ; après quelques tergiversations, sa demande en mariage fut repoussée, à cause, principalement, de son état de santé, car il commençait à montrer une tragique hérédité tuberculeuse. Le 13 décembre 1836, Chopin fit la rencontre de la romancière George Sand, énergique et maternelle compagne à laquelle il associa sa vie pendant dix ans environ ; l'effet, bienfaisant ou non, de cette liaison, sur la santé et le développement créateur de Chopin, est encore un sujet de polémique parmi ses nombreux biographes.

Le curieux groupe familial composé de Chopin, George Sand et ses deux enfants, passa l'hiver 1838-39 aux îles Baléares, à Palma de Majorque, cherchant la santé dans le climat méditerranéen ; ce fut pendant ce séjour, assombri de graves contrariétés, que Chopin composa ses *Préludes.* Il se fixa ensuite de nouveau à Paris, passant régulièrement l'été au château de George Sand à Nohant. Ce fut une période de création artistique intense, stimulée par l'amicale fréquentation d'artistes de génie tels que Delacroix, Pauline Viardot, la Malibran, Liszt, et d'autres illustres représentants du mouvement romantique. Puis l'état de Chopin s'aggrava, et, parallèlement, ses rapports avec George Sand se tendirent jusqu'à la rupture. Resté seul, malade, il dut se soumettre à la fatigue d'une tournée de concerts en Angleterre (1848), pour se trouver à son retour à Paris, en novembre, dans de graves difficultés financières. Il fut secouru, souvent à son insu, par la générosité de ses amis, en particulier de l'Écossaise Jane Stirling. Sa santé ne lui permettait plus de donner des concerts ou des leçons. Il mourut avec sa sœur Louise à son chevet, qui était accourue à son appel ultime, ainsi que quelques exilés et nobles polonais. Il fut enterré au Père-Lachaise, mais son cœur fut envoyé à Varsovie, où il est conservé dans l'église de Sainte-Croix.

MASSIMO MILA.

♦ *« Il ne fut ni un "compositeur de salon" ni un "compositeur au talent maladif", comme on l'a dit, mais un poète du piano et de la pensée musicale, un poète d'imagination fougueuse et chaste, de sentiment intense et profondément national, très divers de style, qualités qui (avec la liberté de l'écriture) permettraient de définir assez exactement une forme du romantisme musical. »* J. Combarieu. ♦ *« Sans Chopin, la musique, le rêve, la nostalgie, le paysage n'auraient pas leur suprême gémissement. »* Anna de Noailles. ♦ *« L'âme de la nation parle, joue et chante aussi, et comment ? Nous l'entendons dans Chopin... Pourquoi est-ce précisément en Chopin que parle ainsi fortement l'âme de la nation ? Pourquoi la voix de notre race jaillit-elle de son cœur, comme des profondeurs inconnues de la terre jaillit la source vivifiante ? Demandons-le à Chopin. Celui qui "dévoile du mystère". Il ne nous a pas encore tout dit, et puisse-t-il ne dire jamais tout. »* J. Paderewski. ♦ *« Par un étrange destin, que ne connut nul autre, Chopin est d'autant plus méconnu que ses exécutants travaillent plus à le faire connaître. On peut interpréter plus ou moins bien Bach, Scarlatti, Beethoven, Schumann, Liszt ou Fauré. On ne fausse point leur signification en gauchissant un peu leur allure. Il n'y a que Chopin qu'on trahisse, qu'on puisse profondément, intimement, totalement dénaturer. »* André Gide.

RÉF. : G. Sand, *Histoire de ma vie.* – Mme A. Audley, *Frédéric Chopin, sa vie et ses œuvres*, 1880. – Henri Bidou, *Chopin*, 1925. – Guy de Pourtalès, *Chopin, ou le poète*, 1927. – André Gide, *Notes sur Chopin*, dans le numéro spécial de la *Revue musicale* consacrée à Chopin, décembre 1931 (rééd. Paris, 1983). – Léon Binental, *Chopin*, 1934. – André Maurois, *Frédéric Chopin*, New York, 1942. – Alfred Cortot, *Aspects de Chopin*, Paris, 1949 (rééd. 1980). – Camille Bourniquel, *Chopin*, Paris, 1957. – Bernard Gavoty, *Chopin*, Paris, 1974. – Jean-Jacques Eigeldinger, *Chopin vu par ses élèves*, Neuchâtel, 1979. – Adam Zamoyishi, *Chopin*, Paris, 1986.

CHOPIN Kate. Romancière américaine, née et morte à Saint Louis du Missouri (8 février 1851-22 août 1904). Kate O'Flaherty était née d'un père irlandais, qu'elle perdit à l'âge de six ans, et d'une mère créole issue d'une famille aristocratique d'origine française. Elle eut une enfance plus qu'aisée à Saint Louis, se maria à vingt ans avec Oscar Chopin, lui-même issu d'une riche famille créole. Quelques années heureuses dans le quartier de l'Esplanade à La Nouvelle-Orléans, avec vacances d'été à Grand-Isle – futur cadre de *L'Éveil* (*) –, et six enfants. Mais, après des affaires malheureuses, Oscar Chopin doit quitter la ville pour aller s'établir sur la plantation familiale dans la région de Cane River, au nord-ouest de la Louisiane, parmi les Cajuns, de pauvres créoles et d'anciens esclaves. Ce sont les personnages – et leur langage – qui devaient peupler ses nouvelles, *Les Gens des bayous* [*Bayou Folk,* 1894] et *Un soir en Acadie* [*A Night in Acadia,* 1897], et enfin *Une vocation et une voix* [*A Vocation and a Voice,* posth., 1969]. En 1882, la malaria emporte son mari, et Kate Chopin doit s'occuper seule de la plantation, qu'elle vend au bout d'un an, une fois remboursées ses dettes, pour retourner à Saint Louis auprès de sa mère. Celle-ci meurt bientôt, laissant sa fille seule avec six enfants. C'est alors qu'elle commence à écrire, avec succès d'abord (un premier roman, *Coupable* [*At Fault,* 1890], et les deux recueils de nouvelles déjà cités). Mais la publication de *L'Éveil*, en 1899, dirigea contre elle une hostilité quasi générale. C'est que ce roman fit scandale : on le trouva « morbide », « malsain », ou « vulgaire », « banal et sordide », « triste, fou et mauvais ». L'auteur ne se remit jamais totalement de ces allégations, qui allèrent jusqu'à l'assimilation de *L'Éveil* à un roman autobiographique.

MICHEL GRESSET.

RÉF. : Per Seyersted, *Complete Works of Kate Chopin* et *Kate Chopin : A Critical Biography,* Louisiana State University Press, 1969.

CHOROMAŃSKI Michal. Romancier polonais. Né le 22 juin 1904 à Elizavetgrad (Ukraine), mort à Varsovie le 24 mai 1972. Resté jusqu'en 1924 à Elizavetgrad, où il avait été économe d'un hôpital, il revient en Pologne, malade et ne parlant que le russe, pour être soigner dans un sanatorium. Il a déjà publié en russe des nouvelles et des traductions de poèmes. Sa connaissance intime du monde hospitalier, et un goût certain pour les phénomènes psycho-pathologiques l'amènent, après 1930, à choisir comme sujet de ses romans la maladie et les malades. Le plus célèbre, *Médecine et Jalousie* (*) (1933), est l'étude minutieuse de la jalousie chez un médecin. Dans un climat obsédant, au milieu de malades dont la sensualité et l'érotisme sont exaspérés par la pensée de la mort, Choromański a décrit un enfer à huis clos, hors du temps et du monde, inquiétant et grotesque. Les *Récits ambigus* [*Opowiadania dwuznaczne,* 1934] ou *L'Hôpital de la Croix-Rouge* [*Szpital Czerwonego Krzyża*] sont de la même veine. Surpris par la guerre en Amérique, le romancier a vécu au Canada jusqu'en 1958. Les romans et récits de ses dernières années, qui furent fécondes, se distinguent par une composition de plus en plus complexe et une extrême variété des formes narratives.

CHORTATZÈS ou **CHORTAKIOS Georges.** Auteur dramatique crétois. Natif de Retimno, et probablement issu d'une noble famille originaire de Constantinople établie en Crète au XIe siècle, il vécut, croit-on, entre 1565 et 1637, et composa la tragédie néo-grecque *Érophile* (*), écrite vers 1600 et publiée pour la première fois en 1637. On lui a attribué également une comédie, *Katzaropo* ou *Katzurbo,* demeurée inédite et dont le manuscrit est conservé à l'Académie d'Athènes. Sur l'existence du poète, les témoignages contemporains font défaut. Il est question de lui ou de ses œuvres dans l'*Histoire de l'université de Padoue* [*Historia Gymnasii Patavini,* Venise, 1726] du professeur crétois Nicolas-Commène Papadopoli, et dans le *De Georgiis* (Paris, 1651) du fameux érudit de Chios, Leo Allatius.

RÉF. : K. Krumbacher, *Geschichte der byzantinischen Literatur,* § 384, Munich, 1897.

CHOSTAKOVITCH Dimitri. Compositeur russe. Né à Saint-Pétersbourg le 25 septembre 1906, mort à Moscou le 9 août 1975. Les incompréhensions et les jugements sommaires semblent avoir pesé sur la carrière de Chostakovitch aussi bien en Europe occidentale que dans son propre pays. Il est donc nécessaire de commencer par rendre compte des hauts et des bas de la carrière du compositeur pour tenter de comprendre comment les problèmes se sont posés à l'homme et quelle attitude il a prise à leur égard. Chostakovitch a fait des études précoces au Conservatoire de Leningrad, étudiant la composition avec Glazounov. Dès 1926, sa *Symphonie n° 1* — v. *Symphonies* (*) — connaît le succès ; elle sera même exécutée à Berlin dès 1933, sous la direction de Bruno Walter. Des œuvres la suivent, que rien ne fait remarquer, *Symphonies nos 2 et 3, Concerto pour piano, trompette et orchestre* — v. *Concertos* (*) —, *Sonate pour violoncelle et piano.* Son opéra *Le Nez* (*), composé en 1928, créé en 1930, tiré d'une nouvelle satirique de Gogol, lui vaut un mauvais accueil de la critique qui le juge trop « formaliste ». Un second opéra, *Lady Macbeth du district de Mzensk* (+), tiré d'un roman de Leskov, est créé à Leningrad le 22 janvier 1934. À la même époque, il fait jouer un ballet « kolkhosien » *Le Clair Ruisseau* (*). Les deux œuvres commencent par recevoir des éloges. Puis, subitement, la critique la plus violente se déchaîne dans les colonnes de la *Pravda.* « L'auditeur est assourdi par un déluge de sonorités désordonnées et délibérément fausses. Des fragments de mélodies et de phrases musicales s'y noient, remontent à la surface, puis disparaissent dans un concert de grincements, de hurlements et de ululements. Il est impossible de suivre cette "musique" ni d'en garder le moindre souvenir [...] Chostakovitch prétend faire du moderne à tout prix ; il craint, plus que tout, d'écrire des pages qui soient susceptibles d'évoquer, même de très loin, l'opéra traditionnel et la musique symphonique tels que nous les connaissons, d'être clair et explicite [...] Les élucubrations hideuses de Chostakovitch reposent sur des principes identiques à ceux qui menacent la peinture, la poésie, la science et même l'enseignement dans notre pays. » De tels articles firent d'autant plus de bruit que l'on disait dans les « milieux bien informés » qu'ils avaient été inspirés par Staline lui-même. *Lady Macbeth* disparut de la scène, et l'auteur renonça à publier sa *Symphonie n° 4,* jugeant qu'elle était entachée des mêmes défauts. Il en composa, au plus vite, une cinquième soustitrée « Réponse d'un artiste soviétique à de justes critiques ». Ces bons sentiments lui valurent la réhabilitation et, en 1940, son *Quintette* (*) pour piano et cordes lui valut un prix Staline. Les années de guerre virent encore sa réputation monter, et culminer avec la *Symphonie n° 7 « Leningrad »* conçue et réalisée pendant le siège de la ville (1942). Les difficultés devaient renaître avec les deux œuvres suivantes : la *Symphonie n° 8* (1943), dite *Stalingrad,* et la neuvième (1945) furent accusées dans les milieux officiels de « formalisme » et de « cérébralisme ». Le regain de faveur s'accomplit grâce au *Chant des forêts,* poème symphonique à la gloire du plan de reboisement et à la musique du film *La Prise de Berlin* qui valut au compositeur un nouveau prix Staline. Peu après, la déstalinisation vint détendre l'atmosphère. Il compose les *24 Préludes et fugues* pour piano (1950-51). Par ailleurs, la mort de Prokofiev (1953) avait fait de Chostakovitch la plus grande figure musicale soviétique. Ses dernières symphonies ne semblent pas avoir soulevé de difficultés, même lorsqu'elles s'attaquaient à des problèmes d'actualité, comme la treizième, *Babi Yar,* sur des poèmes d'Evtouchenko, où l'on fait allusion aux problèmes de l'antisémitisme soviétique. *Lady Macbeth* réapparut, après quelques corrections mineures, sous le nom de *Katerina Ismaïlova* (1962). Mais l'essentiel de l'œuvre des dernières années du musicien a été consacré aux *Quatuors à cordes* (*) dont le nombre est passé de quatre à quinze dans les vingt dernières années de sa vie. Chostakovitch est certainement une très forte personnalité musicale, très marqué par son admiration pour Tchaïkovski et pour Mahler, mais c'est aussi un homme qui n'a jamais connu d'autre monde que celui de la Russie soviétique. Sa conception du rôle de l'artiste dans la société en est imprégnée. Il lui semble impossible d'imaginer un musicien qui ne contribuerait pas au processus de « désaliénation des masses ». Le drame vient peut-être de ce qu'une œuvre aussi claire et simple que la *Cinquième symphonie* (celle du retour en grâce) ait pu être commentée par un écrivain de l'importance politique d'Alexis Tolstoï dans les termes suivants : « C'est ici la symphonie du socialisme. Elle débute par le largo des masses travaillant sous terre, un accelerando correspond au métro ; l'allegro, lui, symbolise le gigantesque appareil de fabrique et sa victoire sur la nature. L'adagio représente la synthèse de la nature, de la science et de l'art soviétique. Le scherzo reflète la vie sportive des heureux habitants de l'Union. Quant au finale, il est l'image de la reconnaissance et de l'enthousiasme des masses. » On n'échappe pas à un vocabulaire trop souvent répété, surtout lorsqu'on n'en a pas entendu d'autre. Chostakovitch, condamné à écrire de la musique conservatrice et utilitaire, a réussi à faire bien souvent de la musique « tout court », qui s'impose au fil des années comme un élément incontournable du répertoire de notre siècle.

JEAN-FRANÇOIS LABIE.

♦ *« Presque seul, il représente l'aventure étrange de la musique soviétique sans cesse brisée par l'idéologie. Presque seul, il en a fait surgir une musique qui a une valeur de message universel. »* Jacques Lonchampt. ♦ *« Un artiste exceptionnel qui sera soumis, sa vie durant, au régime épuisant d'une douche écossaise à l'échelon kafkaïen. »* Antoine Goléa. ♦ *« Je suis certain que vous vivrez assez longtemps pour pouvoir vous rendre compte que les meilleurs compositeurs de notre époque auront été Chostakovitch et Prokofiev. »* Walter Legge.

RÉF. : R. Rabinovitch, *Dimitri Shostakovitch,* Londres 1959. – Michel Hofmann, *Chostakovitch,* Paris, 1963. – Malcolm MacDonald, *Dimitri Shostakovitch, A Complete Catalogue,* Londres, 1977. – Solomon Volkov, *Testimony : The Memoirs of Dimitri Shostakovitch,* New York, 1979 (trad. française, *Témoignage, les mémoires de Dimitri Chostakovitch,* Paris, 1980). – Eric Rosberry, *Shostakovitch, his Life and Times,* New York 1982. – Detlef Gojowy, *Chostakovitch,* Reinbeck, 1983 (trad. française, Arles, 1988).

CHRAÏBI Driss. Romancier marocain d'expression française. Né le 15 juillet 1926 à El-Jadida (ex-Mazagran). De famille bourgeoise et descendant par sa mère de l'historien Ibn Khaldun, il fréquente l'école coranique puis entre à dix ans à l'école française et fait des études secondaires au lycée Lyautey, à Casablanca, selon un itinéraire retracé dans *Le Passé simple* (*) : « Un jour, un cartable fut substitué à ma planche d'études, un costume européen à ma jellaba. Ce jour-là renaquit mon moi. » En septembre 1945, il quitte le Maroc pour Paris afin d'y étudier la chimie, et en 1950 il obtient son diplôme d'ingénieur. Mais, après des études en neuro-psychiatrie, considérant que la science entraîne la perte de la spiritualité, il opte pour la littérature non sans avoir voyagé à travers toute l'Europe et, comme ses personnages plus tard, exercé toutes sortes de métiers, du veilleur de nuit au journaliste, au producteur de radio, à Paris, en 1959 et au professeur de l'université Laval au Québec en 1970. Il réside, avec sa nombreuse famille, à l'île d'Yeu d'où il a effectué, en 1985, un voyage triomphal – évoqué dans *L'Inspecteur Ali* (1991) – dans ce Maroc qu'il n'avait pas revu depuis 1958, année de la mort de son père.

Son premier roman *Le Passé simple* (1954) fit scandale au Maroc mais eut une influence décisive sur toute une génération de romanciers (R. Boudjedra de *La Répudiation,* 1969, T. Ben Jelloun d'*Harrouda,* 1978), en décrivant la révolte d'un fils contre la domination du père, le seigneur, cruel et autoritaire, symbole d'une bourgeoisie qui s'appuyait sur la puissance de l'argent et le formalisme de la religion islamique. La critique du père comportait, en fait, le rejet de toutes les valeurs de la société patriarcale et traditionaliste, dévote et figée, qu'il représentait. Cette œuvre ouvre le premier cycle de romans où le pouvoir de l'écrivain se manifeste comme dénonciation des pouvoirs de la société. *Les Boucs* (1955) déplacent le récit en France et attirent l'attention sur ces immigrés qui vivent en marge de la cité et de la condition humaine, déracinés, aliénés, exploités. La colonisation avait repassé les frontières ! Mais déjà la vision s'élargit et s'etend des Nord-Africains en France à tous les « promus au sacrifice : Noirs en Amérique, Juifs dans le Proche-Orient, Musulmans de l'Inde ». *Succession ouverte* (1962) clôt la crise et le cycle en décrivant la réconciliation posthume avec le père, lors du retour de Driss Ferdi au pays pour l'enterrement du seigneur. Dans ces œuvres comme dans *L'Âne* (1956), *La Foule* (1961), *La Civilisation, ma mère !* (1972), la dénonciation s'exprime par une écriture de la violence et de la dérision, du grotesque, du bouffon jusqu'au vertige pour dire la révolte et le désespoir. Les personnages ne sont autres que mendiants, fantoches, caricatures, pantins. Quant aux situations, poussées à un excès savamment contrôlé, elles donnent l'illusion d'une folie, symbole de la déshumanisation, de la marginalité, de la quête d'identité de ces victimes du pouvoir socio-économique. « Creuse un puits et descends à la recherche de l'eau. La lumière n'est pas à la surface, elle est au fond, tout au fond », disait le testament du père. C'est cette vérité sur le pays que recherche le deuxième cycle de romans inauguré par *Une enquête au pays* (*) (1981), où est décrite une domination désormais plus pernicieuse, celle des modèles européens et américains de la société de consommation. L'écrivain creuse l'histoire de son pays, son passé : *La Mère du printemps* [*L'Oum-er-Bia,* 1982], remonte en 681, à la conquête de l'Afrique du Nord par les Arabes, à la naissance de cette dialectique du pouvoir entre conquérants et conquis, Arabes et Berbères. Mais surtout le conteur Chraïbi y trace le tableau idyllique de la civilisation autochtone en une célébration de la vie. De même *Naissance à l'aube* (1986) renvoie du présent de 1985 au passé du VIIIe siècle, à la fondation de l'émirat de Cordoue. La caricature a fait place au symbole ; paysages, personnages, légendes deviennent les figures d'un mythe, celui de l'origine, en une écriture poétique et charnelle, ancrée dans la solidité de la terre et la transparence de l'eau. Chraïbi revient aux valeurs d'une culture cosmique et spirituelle, à la mémoire de la tribu. Il n'est plus, comme l'écrivain des *Boucs,* un prophète inutile mais le frère des opprimés : « Chacun de nous rêve d'un âge d'or passé. Je suis un rêveur fou. »

PIERRETTE RENARD.

CHRESTIEN Florent. Humaniste français, né à Orléans le 26 janvier 1541, mort à Vendôme le 30 octobre 1596. Fils d'un médecin de François Ier et de Henri II, il fut initié de bonne heure aux études classiques, et ses contemporains reconnaissent qu'il écrivait un grec et un latin dignes des Anciens ; on suppose qu'il fit également sa médecine, sans que ce soit absolument prouvé. Zélé calviniste, il fut choisi comme précepteur du futur Henri IV dont il serait devenu, plus tard, le bibliothécaire (ce qui expliquerait sa présence à Vendôme et son « rachat » aux ligueurs par son royal élève). Avant de se joindre aux auteurs de *La Satyre Ménippée* (*), il avait déjà donné des preuves brillantes de sa verve satirique, d'abord aux dépens de Ronsard (*Seconde Response*, 1563 ; *Apologie*, 1564), puis de Pibrac (apologiste de la Saint-Barthélemy). Dans le célèbre pamphlet contre la Ligue, on lui attribue généralement la harangue du cardinal de Pelvé (maison de Lorraine) en jargon mi-français mi-latin. Son œuvre de traducteur est également remarquable, en particulier ses traductions des classiques grecs en vers latins.

CHRÉTIEN ou CHRESTIEN DE TROYES. Poète et romancier français. De dates précises, en l'absence de documents provenant de la ville qu'on peut supposer avoir été son lieu de naissance et qui fut incendiée à la fin du XIIe siècle, on n'en saurait espérer, mais on peut déduire de la chronologie de ses œuvres et de leurs dédicaces quelques indications. Il naît probablement à Troyes vers 1130 et meurt vers 1195. Il entre dans la vie littéraire vers 1158-60, par des traductions d'Ovide *(Métamorphoses, Art d'aimer)* perdues, un *Tristan et Iseut*, également perdu. Puis viennent *Érec et Énide* (*), environ 1170 ; *Cligès ou la Fausse Morte* (*) (entre 1176 et 1177) ; *Lancelot ou le Chevalier à la charrette* (*), env. 1170, dédié à Marie, fille d'Éléonore d'Aquitaine, laquelle épousa, en 1164, Henri Ier le Libéral, comte de Champagne ; *Yvain ou le Chevalier au lion* (*), 1177-1179 ; *Perceval* (*) ou *Le Conte du Graal* dédié à Philippe d'Alsace, comte de Flandre, env. 1182, et inachevé.

L'œuvre conservée est assez considérable : cinq larges romans en vers octosyllabiques à rimes plates sans alternance, alors instrument du genre. Ce genre, il ne l'a pas créé, puisque avant lui, dans la décennie qui va de 1150 à 1160, il y a ce que j'ai appelé la Triade classique *(Thèbes, Énéas, Troie)* et le *Roman de Brut* (*) de Wace, de 1155, où figurent déjà le roi légendaire Arthur, lancé par Geoffrey of Monmouth, dans son *Histoire des rois de « Bretagne »* (*), vers 1136, et les chevaliers de la Table Ronde ; en un mot, la matière de Bretagne et l'élément celtique, propre à envelopper l'action des brouillards de Thulé, qui en font accepter l'invraisemblance, ce qui n'empêche pas Chrétien, en lui empruntant son cadre et ses personnages, de les transposer dans la société courtoise française de la seconde moitié du XIIe siècle avec ses fêtes et ses tournois, ses amours et ses « chevaliers errants, qui vont aventure quérant ».

Mais le tableau réaliste et évocateur qu'en trace ce puissant imaginatif ne suffit pas à notre Champenois. Psychologue, il a scruté la condition humaine. Par ses contes, comme il les appelle parfois trop modestement, il crée le roman psychologique et le roman à thèse, préparant ainsi le genre à ses immenses destinées futures du XIXe et du XXe siècle. Pour lui, la destinée de l'homme jeune et amoureux, cherchant sa vie, se débat entre l'amour et l'aventure. La jeune fille, fière d'avoir été distinguée par celui qui l'aime, se satisfait de l'amour ; mais celui-ci, même réalisé dans le mariage, laisse l'homme jeune insatisfait. Il lui faut, pour combler son âme ardente et utiliser ses disponibilités, l'aventure, qui peut consister à surmonter les merveilles et les enchantements entravant sa route, mais qui s'y déguise aussi sous des formes morales : le secours du chevalier à la veuve et à l'orphelin, la délivrance de prisonniers, ou de religieuses : la libération du Saint-Sépulcre ou encore la conquête du Graal.

La plus ancienne œuvre conservée de Chrétien de Troyes, *Érec et Énide*, pose d'emblée ce problème sans l'expliciter : Érec a conquis Énide, la belle au « chainse » blanc troué au coude, en la disputant au chevalier à l'épervier, et, avec le consentement du roi Arthur et de son épouse Guenièvre, il l'épouse. Mais il s'endort dans les délices de l'union charnelle (description réaliste et cependant discrète de la nuit de noces) et l'on murmure autour de lui qu'il est « recréant » d'armes et de chevalerie, c'est-à-dire qu'il y renonce. Sa femme en pleure et est contrainte de le lui révéler. Alors il l'entraîne dans les plus folles aventures, dont il triomphe par sa bravoure, lui montrant qu'il n'a rien perdu, jusqu'à celle de la « Joie de la Cour », figuration d'une descente aux Enfers, thème fréquent dans les romans de Chrétien, car l'amour est plus que la mort.

Cligès, après nous avoir dépeint les amours à Windsor, sur la Tamise (que j'ai reconnue comme chose vue), d'Alexandre et de Soredamor (Blonde d'Amour) à la cour de Bretagne, transporte ensuite la scène en Allemagne et à Constantinople, pour décrire celles de leur fils Cligès, et de Fénice, qui ne se donne à lui, quoique devenue femme de l'empereur Alexis, qu'après avoir été changée, par sa nourrice Thessala, en fausse morte dans un riche tombeau. Elle ne veut pas être à plusieurs « parsonniers » (possesseurs) et proclame ce motto : « Qui a le cœur, il ait le corps », ce qui fait un autre Tristan ou, plus probablement, un super Tristan.

Lancelot ou le Chevalier à la charrette retrace la quête de Lancelot pour arracher la reine Guenièvre, enlevée par Méléagant en Gorre, « le royaume d'où nul n'échappe ». Elle s'abandonne à lui, mais non sans lui reprocher durement d'abord d'avoir hésité plus de deux pas avant de monter dans la charrette patibulaire du nain (destinée aux condamnés) pour entreprendre la plus difficile des délivrances. En un tournoi final, auquel il participe, la femme aimée abuse de son pouvoir en ordonnant à son chevalier servant de s'y faire battre en combattant « au noauz » (pour néant, pour rien). Il semble que Chrétien se soit dégoûté de cet abus de pouvoir dont le thème lui avait été imposé par sa protectrice : Marie de Champagne, et il fit achever le roman par Geoffroy de Lagny.

Yvain ou le Chevalier au lion (du nom du noble animal qu'il délivre de l'étreinte d'un serpent et qui désormais le suit partout) nous ramène au thème initial de l'amour et de l'aventure : Yvain, après avoir tué Esclados le Roux, épouse sa veuve, Laudine ; mais à l'instigation de Gauvain, neveu d'Arthur, la quitte, quinze jours après les noces, pour courir aventures un an, avec son consentement. Mais comme il oublie le terme fixé, elle lui signifie son congé définitif et il en devient fou. Sur les instances de sa suivante, Punete, que le Chevalier au lion a délivrée en combat judiciaire de ses persécuteurs, elle lui accorde finalement son pardon. Solution originale du conflit de l'amour et de l'aventure, dans le cadre du mariage ; l'aventure à tempérament.

Perceval ou le Conte du Graal est l'histoire du jeune « nice », ou naïf, qui se fait armer chevalier par le roi Arthur, et, accueilli par hasard dans le château du roi pêcheur, y voit passer devant le « méhaigné » (paralysé), le cortège du Graal, avec la lance qui saigne. Comme il a omis d'interroger son hôte sur la signification du vase (graal) où Joseph d'Arimathie recueillit le sang du Crucifié, et dont l'hostie suffit à nourrir le père du roi pêcheur : « Tant sainte chose est le graal », le château lui apparaît le lendemain vide et, pour le retrouver, il se livre à une longue et aventureuse quête que Chrétien non plus n'acheva pas, car « la mort devança », dit un de ses continuateurs, Gerbert de Montreuil.

Chrétien de Troyes n'est pas seulement un romancier passionnel, mais un grand styliste. Il faudrait citer entre autres tout le cortège du Graal (car l'Enchantement du vendredi saint n'appartient pas seulement au *Parsifal* (*) de Wagner, imité du nôtre), et la « Complainte des pauvres pucelles », dans *Yvain* que je crois avoir rendu célèbre. C'est dire qu'avant Wagner il a parcouru le difficile chemin qui va de l'amour terrestre de Tristan à l'amour sacré de Perceval.

GUSTAVE COHEN.

♦ *« Il répandait le beau français à pleine main. »* Huon de Méry, XIIIe siècle. ♦ *« C'était, en somme, un homme d'esprit beaucoup plus que de sentiment, un conteur adroit dans le détail, parfois maladroit dans l'ensemble, un écrivain habile qui n'a pas toujours su ou voulu donner à son style la perfection qu'il a parfois atteinte. »* G. Paris. ♦ *« C'est une scène exquise, dans* Le Chevalier au lion, *que l'éveil de l'amour dans l'âme d'une veuve éplorée... il y a un grain de Marivaux dans ce Champenois. »* G. Lanson. ♦ *« Le plus ancien roman arthurien qui nous soit connu est l'*Érec *de Chrétien de Troyes. Il n'est pas difficile de prouver que c'est au demeurant le premier du genre, et que c'est par conséquent à cet écrivain que revient l'honneur d'avoir créé le roman arthurien français. On constate combien le poète apparaît d'entrée de jeu compréhensif et génial. »* W. Förster. ♦ *« L'initiatrice, c'est la Dame, en qui réside toute science et toute bonté. C'est elle qui, par sa grâce et par la vertu ennoblissante de l'amour, enseigne au chevalier la prouesse, lui apprend à valoir, le fait monter en prix par une série d'épreuves voulues, le développe et l'accomplit. »* J. Bédier. ♦ *« Jusqu'à preuve que d'autres poètes l'ont précédé dans la composition de romans arthuriens, il sera permis de le considérer comme le créateur du genre, comme le premier inventeur de ce monde poétique où jouent des formes étranges, où l'obscur fascine l'esprit à l'égal de la lumière, où se poursuivent des destinées singulières et mystérieuses. »* E. Faral. ♦ *« Dans [le] mélange du réel et du surréel réside toute la magie de ce grand poète, de ce grand créateur du roman moderne. »* Reto R. Bezzola.

RÉF. : G. Cohen, *Chrétien de Troyes et son œuvre*, nouv. édition, Paris, 1948. – R. S. Loomis, *Arthurian Tradition and Chretien de Troyes*, New York, 1949. – J. Frappier, *Chrétien de Troyes*, 2e éd., Paris, 1968. – K. Halasz, *Structures narratives chez Chrétien de Troyes*, Debrecen, 1975. – L. Carasso-Bulow, *The Merveilleux in Chrétien de Troyes' Romances*, Genève, 1976. – D. Kelly et coll., *The Romances of Chrétien de Troyes*, Lexington (Kentucky), 1982.

– R. T. Pickens, *The Sower and his Seed. Essays on Chrétien de Troyes*, Lexington (Kentucky), 1983.

CHRISTENSEN Inger. Poétesse danoise. Née le 16 janvier 1935 à Veile, Danemark. Membre de l'Académie danoise, 1970. Le conflit fondamental exposé dans ses premiers livres *Lumière* [*Lys*, 1961] et *Herbe* [*Graes*, 1962] est celui qui oppose l'intellect au corps, le langage à la nature, empêchant l'homme de communiquer pleinement avec celle-ci et avec lui-même en l'empêchant d'aimer. Christensen maudit la « suite des mots » et part à la recherche d'un langage parallèle qui « bégaie souverainement comme le vent et la pluie ». Après des expériences sur l'identité et le langage dans les deux romans *La Machine à mouvement perpétuel* [*Evighedsmaskinen*, 1964] et *Azorno* (1967), c'est en s'imposant une structure mathématique rigoureuse qu'elle essaie d'échapper au problème dans *Ça* (*) (1969). L'écriture est ici devenue un lieu de « perpétuel mouvement entre la vie et la mort » de sorte qu'une certaine notion de la répétition arrive à structurer le livre et le poème. Par des citations – formelles et conceptuelles d'elle-même et d'autres poètes, danois et européens, contemporains et anciens – arrachées à leur premier contexte pour être investies dans un autre et s'éclairer mutuellement, elle construit un espace de dialogue culturel à travers les siècles, entre l'homme et ce qui le fonde : la nature, le cosmos, le temps et sa vie de tous les jours. Cette écriture, qui est aussi une technique, repose sur une expérience profonde que vient confirmer la lecture des chercheurs comme Chomsky et Jacob : le langage est un prolongement de la biologie, et la culture, tout comme la nature, engendre des formes de plus en plus belles, de plus en plus précises. Le langage, loin d'exclure l'homme de l'authenticité, au contraire y participe. L'amour est à l'origine, mais il faut d'abord le retrouver sous sa forme élémentaire : la faculté de s'étonner. Ainsi dans *Lettre en avril* [*Brev i april*, 1979] le moi, figé dans l'habitude, la répétition stérile, retrouve le « langage propre aux signes » et alors comprend que répétition et étonnement ne sont pas antinomiques, mais solidaires, nécessaires à la création proprement dite. Celle-ci se déploie librement dans *Alphabet* (*) (1981). Étonnée, elle (re)découvre l'existence des abricotiers, mais aussi, angoissée, celle du brome et de la bombe H. C'est ce double rythme : étonnement-angoisse, vie-mort, vie-extermination, qui engendre le long poème que viennent structurer l'alphabet et la série mathématique de Fibonacci. Le langage parallèle est trouvé, celui qui communie, celui qui ne se contente pas de décrire les choses ni de les mimer, parce qu'il est ce qu'il dit : poésie, liberté, amour.

KARL E. POULSEN.

CHRISTIANSEN Sigurd. Romancier et dramaturge norvégien. Né le 17 novembre 1891 à Drammen, mort le 23 octobre 1947 dans la même ville. Face à la cohorte des intellectuels marxisants et aux côtés d'un Ronald Fangen, il compte, dans la Norvège de l'entre-deux-guerres, parmi ceux qui défendent les valeurs éthiques fondées sur le christianisme. Dans cette perspective, grand disséqueur d'âme, suivant dans tous ses méandres l'homme qui s'engage sur la voie du péché pour retrouver ensuite celle de l'expiation, il est un des analystes les plus pénétrants de l'époque. Succédant à plusieurs romans, sa première grande œuvre est la trilogie *L'Entrée* [*Inngangen*, 1925], *Les Épées* [*Sverdene*, 1927] et *Le Royaume* [*Riket*, 1929] où, à travers les personnages d'une même famille, sont traités avec minutie et jusque dans leurs plus extrêmes conséquences les problèmes de la faute et de la responsabilité de l'individu. Publiés en 1931, le roman *Deux vivants et un mort* [*To levende og en død*] ainsi que la pièce *Un voyage dans la nuit* [*En reise i natten*], qui connurent tous deux un vif succès, fondent une grande part de leur intensité dramatique sur la quête du passé à laquelle se livre le héros, un thème qui devient prédominant dans *L'Homme de la pompe à essence* (*) (1941). De toutes ses œuvres sans doute est-ce sa dernière et imposante trilogie, où est retracé le destin de l'artiste Jørgen Wendt, qui a le caractère autobiographique le plus marqué : *Le Rêve et la Vie* [*Drømmen og livet*, 1935], *Le Cœur solitaire* [*Det Ensomme Hjerte*, 1939] et *La Condition humaine* [*Menneskenes Lodd*, 1945].

ÉRIC EYDOUX.

CHRISTIE Agatha Mary Clarissa (née Miller). Auteur anglais de romans policiers. Née à Torquay le 15 septembre 1891, morte à Wallingford le 12 janvier 1976. Son père était américain et sa mère l'éduqua elle-même. À l'âge de seize ans, la jeune Agatha Miller séjourna à Paris où elle comptait étudier le chant et faire carrière dans l'opéra, mais sa voix la desservit. C'est encouragée par sa mère, puis par le prolifique romancier Eden Phillpotts, qu'elle écrivit la suite de livres qui allait la rendre illustre. Le premier, *La Mystérieuse Affaire de Styles* (*), fut publié en 1920. Six ans plus tôt, Agatha Miller avait épousé Archibald Christie, mais elle devait se remarier en 1930 à l'archéologue Max Mallowan, qu'elle accompagna dans ses voyages au Moyen-Orient, où elle situera notamment *Meurtre en Mésopotamie* [*Murder in Mesopotamia*, 1936] et *Mort sur le Nil* [*Death on the Nile*, 1937]. Sous le pseudonyme de Mary Westmacott, elle est l'auteur de quelques romans non policiers : *L'Absence au printemps* [*Absent in the Spring*, 1944] et *La Rose et l'If* [*The Rose and the Yew Tree*, 1949]. Mais c'est évidemment la prolifération et l'extrême variété de ses romans policiers (*Le Meurtre de Roger Ackroyd* (+), *Dix petits nègres* (+), ou *La Maison biscornue* (+), trois récits développant trois approches différentes du crime) qui ont fait d'elle l'un des auteurs les plus lus dans le monde. L'essentiel de son originalité tient à son obstination à montrer la malignité humaine dans ses voies surprenantes. Elle a mis en scène deux personnages principaux, successivement le Belge Hercule Poirot (détective privé dont les traits de caractère sont transposés d'un réfugié de la guerre de 1914-1918) et miss Marple, une vieille fille exemplaire. Agatha Christie écrivit pour le théâtre différentes adaptations de ses livres qui remportèrent toujours un vif succès. Son autobiographie a été publiée en 1977.

RÉF. : F. Rivière, *A. Christie, « duchesse de la mort »,* Paris, 1981. — P. D. Maida, *Murder she Wrote : a Study of A. Christie's Detective Fiction,* Bowling Green, Ohio, 1982. — D. Sanders, *The A. Christie Companion,* New York, 1984. — Janet Morgan, *Agatha Christie : a Biography,* New York, 1985.

CHRISTINE DE PISAN. Poétesse française. Née à Venise en 1363, morte vers 1430, probablement à l'abbaye de Poissy (Yvelines). Son père, Thomas di Benvenuto de Pizzano (bourgade près de Bologne), astrologue et « conseillier salarié de la citté de Venise », entra au service du roi de France, et toute sa famille le rejoignit à Paris en 1370. Christine connut une adolescence heureuse et studieuse à la cour de ce Charles V dont elle devait devenir l'historienne. Mariée à quinze ans à Étienne Castel, notaire et conseiller du roi, mère de trois enfants, elle n'eut sans doute point songé, dans l'existence facile et choyée qui lui était promise, à tirer profit de sa culture, de ses goûts littéraires, qui lui avaient valu l'amitié et l'admiration des poètes Eustache Deschamps et Jean de Montreuil, et du futur chancelier de l'Université Jean Gerson.

Son père, dont la mort du roi avait déjà diminué le crédit, s'éteignit en 1385 ; son mari fut emporté par une « hastive epidemie » en 1389. Christine connut la gêne, les procès. Elle gouverna d'une main ferme « la nef demeurée en la mer en orage et sans patron » (*L'Avision*) ; monnayant son talent, offrant ses vers aux princes et aux grands seigneurs, elle sut plaire, elle s'imposa. En seize ans, de 1389 à 1405, elle composera « XV volumes principaux sans les autres particuliers petits dittiés » (*ibidem*). Aux recueils de ballades (*Cent ballades, Ballades de divers propos, Cent ballades d'amant et de dame,* etc.), aux rondeaux, lais, virelais, complaintes, « dictiez amoureulx » — v. *Œuvres poétiques* (*) —, où souvent l'expression des sentiments a beaucoup de grâce et de sincérité, succède une œuvre trop abondante certes et empreinte des défauts de son époque, l'abus de l'érudition et de l'allégorie. Elle lui valut d'illustres protecteurs, Louis d'Orléans, le duc de Berry, le duc de Bourgogne, la reine Isabeau, Charles d'Albret, connétable de France ; et en Angleterre le comte de Salisbury, et Henry de Lancastre qui la voudrait à sa cour, comme Jean Galéas Visconti la voudrait à Milan. Citons parmi ses œuvres en vers le *Livre de prudence* « à l'enseignement de bien vivre », l'*Epistre d'Othea à Hector* sur « la droite chevalerie », le *Dit de Poissy*, le *Débat de deux amans*, le *Dit de la Pastoure*, le *Livre du duc des vrais amans*, tous sur les thèmes de l'amour courtois, enfin l'*Epistre au dieu d'Amours* qui marque le début de la bataille livrée par Christine au *Roman de la Rose* (*), dans laquelle Jean Gerson sera à ses côtés pour l'honneur des dames, contre Jean de Montreuil, Gontier et Pierre Col. Le *Dit de la rose* (1401) mettra le point final à la controverse. Ouvrage de plus longue haleine, *Le Chemin de longue estude* (1402), poème encyclopédique mieux goûté de son temps qu'il ne saurait l'être de nos jours, chante en plus de 6 000 vers le voyage en rêve de Christine au Parnasse, puis à travers les différents Ciels, au parlement où Dame Raison entourée de personnages allégoriques cherche le remède aux maux de l'humanité dans les vertus d'un roi sage, bon et juste. Le long poème de *La Mutacion de fortune* (1403) est plus intéressant pour nous dans sa première partie, autobiographie mêlée d'allégories, que dans sa suite, compilation touffue de la mythologie, de l'histoire sainte, de l'histoire romaine et des événements contemporains.

Désormais célèbre, Christine est chargée par Philippe le Hardi, duc de Bourgogne, d'écrire l'éloge de la vie du feu roi : le *Livre des faits et bonnes mœurs du sage roi Charles V* (*), en prose (1404), est vivant et riche d'intérêt en dépit de la lourdeur du style latinisant. En une adaptation, en prose également, des *Dames de renom* (*) de Boccace, Christine rassemble les femmes de tous les temps, célèbres par leur héroïsme ou par leur vertu, dans le cadre allégorique de *La Cité des Dames* (+) (1405) ; *Le Trésor de la Cité des Dames ou Livre des trois vertus* (*) (1406) en enseigne le chemin aux femmes de toutes les catégories sociales. Toujours en prose, le *Livre des faits d'armes et de chevalerie* (1405), sur l'art militaire, et le *Livre du corps de policie* (1407), sur l'« état du peuple » et l'art du gouvernement, sont en grande partie « cueillis », « ès autorités des auteurs », c'est-à-dire compilés d'après Végès, Valère, Maxime et Frontin. *L'Avision* (1407), sous une curieuse forme allégorique, raconte la vie de Christine depuis son enfantement par la Nature dans le grand ventre du Chaos, puis son arrivée au royaume de Libera, la France, dont l'histoire est transposée en un symbolisme moralisateur et satirique, jusqu'à sa rencontre avec Philosophie qui la console de la méconnaissance des hommes et des assauts de la fortune.

Cependant, une tragique époque a commencé pour la France ; Armagnacs et Bourguignons se massacrent, l'accord de Pontoise n'apaise rien, les troubles reprennent avec une violence accrue ; Christine, « pauvre voix criant en ce Royaume », a adressé à la reine une noble et forte *Lamentation* (1410) sur les maux de la France ; son *Livre de la paix* (1413) confirme sa fidélité à la couronne, honnit les rebelles cabochiens. Ensuite sa voix se tait. Réfugiée probablement au cloître de Poissy, elle souffre dans son cœur devenu profondément français des malheurs de la France ; l'Anglais est à Rouen, l'Anglais triomphe à Azincourt, l'Anglais est couronné à Paris. Sa voix ne s'élèvera plus qu'une seule fois en un dernier chant d'allégresse dans *Le Dittié de Jeanne d'Arc* – v. *Jeanne d'Arc* (*) : « L'an mil quatre cent vingt et neuf / Reprit à luire le soleil... »

Lue et même imitée encore au XVIe siècle, Christine fut ensuite oubliée jusqu'à la fin du siècle dernier. Plusieurs de ses ouvrages attendent toujours une édition critique.

PIERRE FERRARI.

♦ *« Muse éloquente entre les IX, Christine... seule en tes faits au Royaume de France ! »* Eustache Deschamps, XIVe siècle. ♦ *« Mais elle fut Tulle et Caton, / Tulle, car en toute éloquence / Elle eut la rose et le bouton. / Caton aussi en sapience. »* Martin le Franc, XVe siècle. ♦ *« Rectissima doctissimaque puella, candida et erudita virgo. »* Gabriel Naudé, XVIIe siècle. ♦ *« Elle n'a point de génie et la haute originalité, soit du style, soit de la pensée, lui fait défaut... mais c'est une belle intelligence, vaste et largement ouverte... elle voulut être savante et sut rester modeste. »* Petit de Julleville. ♦ *« ... un des plus authentiques bas-bleus... la première de cette insupportable lignée de femmes auteurs... qui n'ont affaire que de multiplier les preuves de leur infatigable facilité égale à leur universelle médiocrité... »* G. Lanson.

RÉF. : Mathilde Laigle, *Le Livre des trois vertus et son milieu historique et littéraire*, Paris, 1912. – Ernst Nyss, *Christine de Pisan et ses principales œuvres*, La Haye-Paris, 1914. – Mme du Castel, *Ma grand-mère Christine de Pisan*, Paris, 1938. – R. Pernoud, *Christine de Pisan*, 1982. – Ch. C. Willard, *Christine de Pisan. Her Life and Works*, New York, 1984. – A. J. Kennedy, *Christine de Pisan, a Bibliographical Guide*, Londres, 1984.

CHTCHERBATOV Mikhaïl Mikhaïlovitch, prince [Mihail Mihajlovic Ščerbatov]. Historien et publiciste russe. Né à Moscou le 2 août 1733, mort à Mikhaïlovskoïé (région de Iaroslavl) le 23 décembre 1790. Membre de la Commission des lois réunie par Catherine II, Chtcherbatov défend âprement les intérêts de la haute noblesse. Attiré par l'histoire, il obtient l'accès aux grands fonds d'archives et, dès 1770, paraissent les premiers volumes de son *Histoire de la Russie depuis les temps les plus anciens* [*Istorija Rossijskaja ot drevnejših vremën*]. Haut fonctionnaire, il réalise une précieuse *Statistique relative à la Russie* [*Statistika v rassuždenii Rossii,* 1776-1777]. Nommé sénateur en 1779, il expose ses vues ultra-conservatrices dans de nombreux opuscules. L'historien a été critiqué. Boltine lui reproche des erreurs de lecture, la méconnaissance de l'ethnographie historique. Par rapport à Vassili Tatichtchev, Chtcherbatov marque pourtant un progrès considérable : avec lui, l'histoire commence à s'affranchir de la chronique. Dans son pamphlet *De la corruption des mœurs en Russie* [*O povreždenii nravov v Rossii*], ce champion de l'ordre nobiliaire fustige Catherine II, sa conduite, son rationalisme et ses complaisances libérales. C'est pourtant le rationalisme qui fonde l'étonnante utopie qu'il rédige à la même époque, *Voyage en Ophirie de M. S., gentilhomme suédois* (*) (1787, publ. en 1896), où s'exprime le mythe d'une société figée rendue à sa pureté originelle.

JEAN BREUILLARD.

CHURCHILL sir Winston Leonard Spencer. Homme d'État, historien et mémorialiste anglais. Né le 30 novembre 1874 à Woodstock, comté d'Oxford, au château de Blenheim, mort à Londres le 24 janvier 1965. Il était le fils de lord Randolph et de Jeannette Jerome, fille d'un hardi homme d'affaires new-yorkais qui, pendant un certain temps, fut propriétaire et directeur du *New York Times*. Le patronyme original de la famille était Spencer, celui du gendre de John Churchill, le fameux général du début du XVIIIe siècle qui fonda le duché de Marlborough et mourut sans descendance masculine ; les Spencer héritèrent du titre mais ne purent prendre le nom qu'en 1817. Winston fut élevé par une gouvernante, Mrs. Everest, dont il conserva toujours un souvenir touchant ; il garda un détestable souvenir des deux années qu'il passa au collège de Saint-Jacques, près d'Ascot ; ensuite, on le mit à Brighton et finalement à Harrow, où il resta cinq ans, toujours dernier de la classe, jusqu'au moment où, sans diplôme d'études secondaires, il réussit, à la troisième tentative, à entrer à l'école militaire de Sandhurst, admis dans la cavalerie où, à l'époque, on se souciait assez peu des qualités intellectuelles des candidats, préférant aux forts en thème les jeunes aristocrates qui avaient les moyens d'entretenir leur cheval. Il reste, de cette période, une lettre d'excuses de son père adressée au colonel du 60e régiment de fusiliers : « ... J'aurais désiré que mon fils fût sous vos ordres, mais il est trop bête. » Il demeura dans l'armée jusqu'en 1899, profitant de longs congés ordinaires et extraordinaires pour prendre part à la répression espagnole après la révolte de Cuba (1895), à la campagne de Malakland (1897) contre les tribus de la frontière nord-ouest de l'Inde, et à la campagne de Kitchener (1898) contre les madhistes du Soudan, envoyant des comptes rendus de guerre à des journaux et écrivant deux ouvrages en plus du roman historique *Savrola* (1900) récemment réédité, à titre de curiosité. C'est durant les périodes de repos entre les combats, particulièrement aux Indes, que Churchill acquit une certaine culture ; il était trop tard pour qu'il pût lui donner pour base de classiques humanités, et d'autre part, de ses études de jeunesse, il ne lui restait qu'un élément négatif, le manque de ce quelque chose de brut et de savoureux qui caractérise les autodidactes complets. Bien longtemps après, il compara sa culture à un fromage suisse « lisse à la surface, mais ayant trop de trous à l'intérieur ».

Malgré sa notoriété et le succès de ses premiers livres, il fut battu à l'élection partielle à laquelle il se présenta quand il quitta l'armée. Il atteignit une renommée nationale grâce à son extraordinaire évasion de prison pendant la guerre des Boers à laquelle il prenait part comme correspondant du *Morning Post ;* cela lui rapporta de l'argent, lui valut des conférences en Angleterre et en Amérique, et le siège de conservateur d'Oldham à la Chambre des communes (1901). En désaccord avec son parti sur la question sud-africaine, il passa chez les libéraux en 1904, et, dès 1906, à trente et un ans, il occupa son premier poste au gouvernement, dans le cabinet Campbell-Bannerman, comme sous-secrétaire aux Colonies ; ministre du Commerce (1908-1910), de l'Intérieur (1910-1911) dans le cabinet Asquith, à la déclaration de guerre, en 1914, il était Premier lord de l'Amirauté (1911-1915). Dans ses postes officiels, il manifesta toujours le souci de se distinguer de la masse en se faisant le champion de causes discutées et parfois discutables auxquelles il s'identifiait personnellement : l'expédition des Dardanelles (1915), le maintien de la livre à l'étalon-or en 1925, son intransigeance antisyndicale qui mena à la grève générale (1926), des propositions du genre de celle d'un parlement économique, parallèle au parlement politique, de violentes attaques contre Gandhi, son ardente défense d'Édouard VIII pendant la crise de l'abdication (1936), un prosionisme qui l'opposa à ses collègues et son cri d'alarme au sujet du réarmement nazi de l'Allemagne. Après la Seconde Guerre mondiale, son ralliement temporaire à un idéal paneuropéen, sa proposition d'un pacte atlantique lorsque les négociations avec Staline n'avaient pas encore abouti à un échec, celle d'une rencontre avec Malenkov après la mort de Staline, des intuitions géniales quelquefois dangereuses parce que prématurées, quelquefois, au contraire, approuvées trop tard, pour que le désastre puisse être évité, ou bien des initiatives fantaisistes souvent abandonnées avec autant de désinvolture qu'elles avaient été prises, tout cet ensemble de causes a fait que Churchill est une réserve utile pour les conservateurs dans les rangs desquels il est rentré, après vingt ans de libéralisme, de discussions avec les chefs, de défaites électorales, jusqu'au moment où Baldwin le nomma Chancelier de l'Échiquier (1924-1929) ; il fut ensuite tenu à l'écart pendant dix ans, puis, à la veille de la Seconde Guerre mondiale, grâce à lui, ses collègues de parti purent, sans rompre leur unité, reconnaître leurs fautes, paresse et imprévoyance, et ils lui fournirent, d'abord en tant que Premier lord de l'Amirauté et, ensuite, comme Premier ministre, l'occasion de se surpasser jusqu'à devenir le représentant de la défense britannique et de la conscience morale et libérale du monde.

Durant ces longues absences tourmentées du pouvoir, Churchill a traduit son impatience et ses ressentiments autrement que dans des passe-temps comme la peinture, les voyages, la maçonnerie ; il poursuivit ses activités littéraires avec la ténacité d'un professionnel, fécond, comme très peu d'autres contemporains le sont. En dehors de son roman de jeunesse, qui servit, dit-il, à le dissuader à jamais de composer des ouvrages d'imagination, de cinq volumes de chroniques de guerre, d'opuscules politiques, et de douze recueils de discours, Churchill a publié la biographie de son père, *Lord Randolph Churchill* (1906), *La Crise mondiale* [*The World Crisis,* quatre vol., 1923-29, trad. 1925-34], un essai autobiographique, *Mes aventures de jeunesse* [*My Early Life,* 1930, trad. 1937], *The Eastern Front* (1931), *Réflexions et Aventures* [*Thoughts and Adventures*], ensemble d'articles récrits sous forme définitive (1932), la monumentale biographie de son ancêtre *Marlborough, sa vie et son temps* [*Marlborough, his Life and Times,* 1933-38, trad. 1949-51] en quatre volumes, la série de profils, *Les Grands Contemporains* [*Great Contemporaries,* 1937, trad. 1939] et ses *Mémoires sur la Seconde Guerre mondiale* (*), en six volumes : *L'orage approche* [*The Gathering Storm,* 1948], *La Drôle de guerre* [*Their Finest Hour,* 1948], *La Grande Alliance* [*The Grand Alliance,* 1950], *Le Tournant du destin* [*The Hinge of Fate,* 1951], *L'étau se referme* [*Closing the Ring,* 1951] et *Triomphe et Tragédie* [*Triumph and Tragedy,* 1954]. C'est à la suite de la publication de cette œuvre, et pour l'ensemble de ses travaux d'historien qu'en 1953 il reçut le prix Nobel de littérature ; le seul autre historien qui l'eût obtenu jusqu'alors était Theodor Mommsen. À quatre-vingts ans, il démissionna de la charge de Premier ministre qu'il avait à nouveau occupée après les élections de 1951, malgré la grave maladie qui le surprit au gouvernement, la fatigue et les honneurs (en 1953, la reine le faisait chevalier de la Jarretière et le nommait « sir » ; il avait toujours refusé les titres nobiliaires, car le siège à la Chambre des lords qu'ils apportent l'aurait, ainsi que son fils, fait exclure de son siège envié et cher de la Chambre des communes) ; malgré son âge avancé, il s'est remis à travailler à une œuvre monumentale, *History,* parue en France en 1956 sous le titre *Les Géants de l'histoire.* Le style de Churchill a les qualités et les défauts d'une si forte personnalité. Son éloquence qui le place à côté de Roseberry et de Gladstone mérite, comme la leur, de passer dans l'histoire littéraire ; elle est inspirée, bien plus que des modèles du XIXe siècle, ce siècle qui brisa son père et contre lequel il se rebella, de celle de Burke (XVIIIe siècle), et si, parfois, certaines gaucheries montrent un manque d'assimilation des classiques dans sa jeunesse, dans les occasions solennelles, elle se montre digne d'eux. Dans ses ouvrages historiques, son habitude de parler transparaît également ; il arrive que le nombre des documents et la rapidité avec laquelle ils sont accumulés cachent de curieuses inégalités ; certains d'entre eux demeurent secs et bureaucratiques en face de conclusions légères ou formulées sous forme de maximes ; des phrases raboteuses sont évidemment dues à la plume de collaborateurs et sont restées telles quelles. Churchill est maître dans l'art de l'aphorisme bref. La plus grande et plus durable valeur de son activité d'écrivain est son interpénétration avec la politique ; de cette manière, l'homme d'État et le parlementaire, en dépit de contradictions, de prétentions ambitieuses et de manœuvres, n'a jamais perdu cette base de conscience morale qui est nécessaire pour exalter ou, pour le moins, défendre son action devant la postérité, et l'historien non plus, qui agit pour le passé, car celui-ci, proche ou éloigné, n'échappe jamais en définitive au jugement et à la discrimination entre le bien et le mal.

RUGGERO ORLANDO.

RÉF. : E. Wingfield-Stratford, *Churchill, the Making of a Hero,* Londres, 1942. – H. Martin, *Combat,* Londres, 1942. – Lemonnier, *Winston Churchill,* Paris, 1944. – J. Arnavon, *Winston Churchill, ami de la France,* Paris, 1944. – J. Pélissier, *Churchill,* Paris, 1945. – R. Cartier, *Winston Churchill,* Lyon, 1945. – A. Temple, *Churchill,* Paris, 1945. – A. Fabre-Luce, *Le Projet Churchill, les États-Unis d'Europe,* Paris, 1947. – P. Moir, *Churchill, cet inconnu,* Paris, 1948. – A. Fabre-Luce, *La Fumée d'un cigare,* Paris, 1949. – A. Gatti et P. Joffroy, *La Vie de Churchill,* Paris, 1954. – G. Willans et C. Rœtter, *The Wit of Winston Churchill,* Londres, 1955. – M. Gilbert, *W. S. Churchill,* Boston, 1967. – F. Kersaudy, *De Gaulle et Churchill,* Paris, 1982. – A. Cohen, *Churchill d'Angleterre,* Paris, 1985. – W. Manchester, *W. Churchill,* Paris, 1985. – Sir Randolph Churchill, *W. S. Churchill,* 4 vol., Londres, 1983-1988.

CICÉRON (Marcus Tullius Cicero). Écrivain latin. Né en 106 av. J.-C. à Arpinum, mort le 7 décembre de l'an 43 av. J.-C. à Formie. De famille cultivée et aisée, son grand-père semble avoir été le chef du parti conservateur de sa ville natale. Son père, chevalier romain et ami des lettres, consacra tout son soin à l'éducation de ses fils, Marcus Tullius et son cadet de deux ans Quintus. Ils furent élevés ensemble, formés par des leçons des mêmes maîtres à Rome et à Athènes, et peut-être en Asie et à Rhodes. Ce frère, dont l'existence est intimement liée à celle de Cicéron, et qui fut lui aussi un écrivain, bien que médiocre, le suivit, à part une courte période de brouille, dans la bonne fortune comme dans la mauvaise, puisqu'il devait périr, comme lui, victime des proscriptions d'Antoine. Dès sa première jeunesse, Cicéron fréquenta des orateurs fameux, tels qu'Antonius et Licinius Crassus, et de grands juristes comme Mucius Scaevola ; Apollonius Molon de Rhodes et Philon de Larissa lui enseignèrent la rhétorique et la philosophie. Doué de toutes les qualités aptes à former un bon orateur, il eut très jeune, à vingt-six ans, l'occasion de déployer ses talents d'avocat dans un vigoureux et retentissant plaidoyer où il prenait courageusement parti en faveur de Roscius d'Amérie que les partisans de Sylla avaient fait, par leurs intrigues, accuser de parricide – v. *Pour S. Roscius d'Amérie* (*).

Après cette victoire qui le mettait au rang des grands avocats de Rome, il voyagea de 79 à 77 en Grèce et en Asie Mineure, fréquentant et écoutant les juristes et les avocats célèbres, suivant les cours des philosophes, et adoptant, avec cette merveilleuse faculté d'assimilation qui le caractérise, tout ce qui lui paraissait digne d'être imité. De retour à Rome, il commença à gravir le « cursus honorum ». Après la questure (75), un important événement judiciaire lui assure la gloire : le procès de Caius Verrès, le gouverneur concussionnaire de la Sicile (70).

Cicéron, qui était l'avocat des Siciliens, obtint la condamnation de Verrès défendu par Hortensius, l'orateur le plus habile et le plus réputé de l'époque. Les plaidoyers contre Verrès sont au nombre de sept – v. *Les Verrines* (*) – dont deux furent réellement prononcés : les cinq autres, qui sont le rapport de l'enquête menée sur l'activité criminelle de l'accusé, furent publiés après le procès. Entre l'édilité (69) et la préture (66), Cicéron prononça les plaidoyers en faveur de M. Fonteius *(Pro Fonteio)* et de Caecina *(Pro Caecina).* L'année de la préture, il soutint la proposition du tribun C. Manilius qui demandait qu'on confiât à Pompée le commandement de la guerre contre Mithridate – v. *Sur les pouvoirs de Pompée* [*Pour la loi Manilia,* 66] (*) – et dans une de ses plus belles plaidoiries prit la défense d'Aulus Cluentius Avitus, accusé de meurtre par empoisonnement *(Pro Cluentio,* 66).

Élu consul en 64 avec l'appui des aristocrates contre Catilina, il prononça ses trois discours *De la loi agraire* (*) (63), qui empêchèrent l'adoption de la loi agraire proposée par le tribun Servilius Rullus, et prit la défense de Rabirius, accusé de haute trahison pour avoir assassiné en l'an 100 le tribun Saturninius – v. *Pour C. Rabirius* (*) (63). Mais ses discours consulaires les plus célèbres sont les quatre *Catilinaires* (*), où il livre un des combats les plus dramatiques et les plus périlleux de sa carrière. Après la proclamation de la loi martiale, la fuite de Catilina et l'arrestation de ses principaux complices, Cicéron, consul nanti des pleins pouvoirs, prononça, au cours de la lugubre séance du Sénat qui décréta la peine de mort contre les conjurés, sa quatrième *Catilinaire,* où il assumait la responsabilité de cette sentence et de son exécution immédiate. La fraude et la violence qui avaient marqué les comices électoraux de 63 soulevèrent la réprobation de certains adversaires de Catilina, mais amis de la légalité, tels que Servius Sulpicius et l'austère Caton. Ces derniers voulaient qu'on procédât à de nouvelles élections et accusèrent Murena de corruption. Cicéron prit la défense de celui-ci dans le *Pour L. Murena* (*) (63). Après son année de consulat, il plaida la cause de P. Cornelius Sylla *(Pro Sulla)*, inculpé pour complicité dans la conjuration de Catilina, et du poète Archias d'Antioche *(Pro Archia)*, accusé d'avoir usurpé la citoyenneté romaine. En 58, Publius Clodius, élu tribun grâce à la faveur de César, faisait approuver une loi qui réaffirmait le droit d'appel au peuple en cas de condamnation à la peine capitale, et frappait d'exil quiconque avait fait mettre à mort un citoyen sans jugement du peuple. Cicéron, visé, quitta Rome et se rendit à Thessalonique, puis en Épire. Mais dix-huit mois plus tard il pouvait rentrer à Rome alors dominée par les « triumvirs » Pompée, César, Crassus ; il ne retrouva pas son rôle politique, mais resta actif comme avocat. Les discours les plus importants de cette époque sont dirigés contre ses adversaires : *Remerciements au Sénat* [*Oratio cum Senatui gratias egit*], *Remerciements au peuple* [*Oratio cum populo gratias egit*], *Pour sa maison* [*Oratio de domo sua ad Pontifices*], *Sur la réponse des haruspices* [*De haruspicum responso*], *Pour P. Sestius* [*Pro P. Sestio*], *Enquête sur le témoin P. Vatinius* [*In P. Vatinium testem*], la défense de M. Caelius *(Pro Caelio)*, témoignage impérissable de la haine qu'il avait vouée à la famille de Clodius. En 56, Cicéron, qui, tout en combattant les partisans de Clodius, recherchait l'amitié des triumvirs, proposa au Sénat de proroger le gouvernement de César en Gaule contre l'avis de nombreux sénateurs qui voulaient le supprimer (*Oratio de provinciis consularibus*) ; son avis prévalut. Le 20 janvier de l'an 52, Milon, partisan ardent des aristocrates, tua au cours d'une rixe sur la voie publique son adversaire Clodius. Le parti du peuple suscita une telle agitation que le Sénat dut intervenir pour maintenir l'ordre en nommant exceptionnellement Pompée seul consul. Milon fut poursuivi en justice et Cicéron devait tout naturellement être son défenseur. Mais la présence de la troupe le troubla : condamné, Milon dut s'exiler. Le plaidoyer *Pour Milon* (*), un modèle du genre, a été rédigé après coup.

Nommé en 51 proconsul en Cilicie, il rentra de sa mission à la fin de 50, alors que la guerre civile s'allumait entre César et Pompée. Il voyait en elle, quelle qu'en fût l'issue, la fin de la République. Toutefois, il prit parti pour Pompée, et c'est dans le camp de celui-ci, en Épire, qu'il apprit la nouvelle de la bataille de Pharsale qui faisait de César le maître de Rome. Il ne suivit pas les partisans de Pompée dans leur fuite, mais se retira à Brindes, où il attendit que César voulût bien l'assurer de son pardon et de sa bienveillance. De retour à Rome, il se retira presque totalement des affaires publiques, partageant sa vie entre la lecture et les études. C'est de cette époque que datent de nombreux traités de philosophie et d'éloquence. Il prit la parole publiquement en quelques rares occasions, entre autres pour demander le rappel de l'exil de Claudius Marcellus *(Pro Cl. Marcello)*, et en faveur de Ligarius *(Pro Ligario)*, adversaires acharnés de César : il obtint satisfaction dans les deux cas. Un peu plus tard, dans le *Pro rege Deiotaro*, il plaida avec succès devant le tribunal de César la cause du vieux tétrarque de Galatie, accusé d'avoir attenté à la vie du dictateur. La mort de Tullia, sa fille bien-aimée (février 45), vint assombrir son existence : il chercha plus que jamais refuge dans la philosophie. Le 15 mars 44, César tombait sous le poignard des conjurés. Il parut à Cicéron qu'avec cette mort le régime républicain allait pouvoir être restauré. Mais ses espérances furent vite déçues. Il flétrit avec vigueur Marc Antoine, collègue de César au consulat, en quatorze discours qu'il nomma *Philippiques* (+) en souvenir de Démosthène. Il tenta de lui opposer le tout jeune Octave, fils adoptif et héritier de César. Mais Octave et Antoine se réconcilièrent et avec Lépide formèrent le second triumvirat nanti de pouvoirs absolus. Des listes de proscription furent immédiatement dressées : Cicéron ne pouvait manquer de figurer sur celle d'Antoine. Il chercha d'abord à s'enfuir par voie de mer, puis renonça : rejoint par les soldats près de sa villa de Formie, il fut tué le 7 décembre de l'an 43 à l'âge de soixante-quatre ans. Avec lui s'éteignait non seulement le plus grand des orateurs romains, mais aussi l'auteur de quelques ouvrages sur l'art de la parole, inspirés des traités de rhétorique des Grecs, fondamentaux pour la connaissance de l'éloquence ancienne, et encore actuels aujourd'hui.

Il avait à peine vingt ans lorsqu'il composa ses cinq livres *De l'invention* (*), qu'il considère comme une des cinq parties de la rhétorique : c'est un traité didactique, inspiré des Grecs, comme la *Rhétorique à Hérennius* (*) de Cornificius qui nous est parvenue confondue avec les œuvres de Cicéron. Ces deux écrits, composés à peu près à la même époque, représentent les plus anciens traités de rhétorique de la littérature romaine, voire de l'Antiquité, puisque les sources grecques antérieures sont perdues. Il faut attendre encore trente ans pour que Cicéron, joignant l'expérience à la doctrine, nous donne son chef-d'œuvre de rhétorique : dans les trois livres *De l'orateur* (*), conçus sous forme de dialogues, dont les interlocuteurs principaux sont Crassus et Antoine, Cicéron développe sa théorie sur l'art de la parole, fondé sur la science et l'éloquence, et qui exige donc de l'orateur de l'intelligence, un savoir étendu, la pratique des différents genres d'éloquence et ces qualités naturelles qui ont trait à l'action, c'est-à-dire la manière de présenter et de prononcer son discours, faute de quoi il reste sans pouvoir sur l'âme de l'auditoire.

Brutus (*), que Cicéron écrivit en 46, retrace l'histoire de l'éloquence romaine que l'auteur divise en deux grandes périodes : l'une qui va des origines à Antoine et à Crassus, l'autre jusqu'à Hortensius et Cicéron, où, à travers une évolution constante, elle atteint son degré de perfection. Il se séparait ainsi des atticistes romains qui, à Cicéron ou aux orateurs « asiatiques », préféraient le style plus dépouillé des orateurs attiques, comme Lysias ou Démosthène. Il poursuit sa polémique contre ce courant dans *L'Orateur* (*), plus particulièrement dirigé contre l'atticiste Marcus Brutus, dont la seconde partie constitue le plus vaste et le premier exposé du « numerus oratorius », c'est-à-dire de ce rythme oratoire, obéissant à certaines règles rigoureusement établies, qui assure l'harmonie de la période et partant sa force persuasive. D'après lui, il n'existe pas un style oratoire supérieur aux autres : le même orateur se doit d'utiliser les ressources que lui offrent le « subtile », le « medium » et l'« amplum », suivant la nature du discours et parfois même à l'intérieur d'un même discours. Après la mort de sa fille Tullia, il avait écrit, sur le modèle des Grecs, un traité intitulé *La Consolation* — v. *Traité de la consolation* (*) — pour raffermir son âme devant la douleur. À la même époque, il compose, en l'honneur de son défunt ami Hortensius, l'*Hortensius*, où il prend la défense de la philosophie. Ces deux œuvres sont perdues, ainsi que son traité *De la gloire*.

Au printemps 55, il entreprend les six livres en forme de dialogue *De la république* (*), où, reprenant une question déjà traitée par les Grecs, il parvient à la conclusion que le meilleur des États est celui qui réunit les trois formes de gouvernement, le monarchique, l'aristocratique et le démocratique, idéal dont la république romaine offre l'exemple. Ses conceptions politiques n'étaient pas celles de Platon ni d'Aristote ; il les avait puisées dans les *Histoires* (*) de Polybe ou plutôt chez Panétius (?), philosophe grec de l'école stoïcienne qui appartenait comme Polybe au cercle de Scipion Émilien. Suit un traité *Des lois* (*) dont il nous reste trois livres inachevés, où Cicéron, remontant aux sources mêmes du droit, affirme, contre la thèse de l'instabilité des lois humaines, la permanence du juste et de l'injuste et, également, la préexistence d'un droit rationnel naturel.

De ses œuvres purement philosophiques, il nous reste deux dialogues, les *Académiques* (*), le *Catulus* et le *Lucullus*, du nom des deux personnages qui s'entretiennent avec lui sur le problème de la connaissance, les cinq livres *Des termes extrêmes des biens et des maux* (*), composés en 45 et dédiés à Brutus, les trois livres *De la nature des dieux* (*), commencés la même année et terminés l'année suivante, et les deux livres *De la divination* (*). Au cours de cette période de si intenses études philosophiques, il composa encore les cinq livres des *Tusculanes* (*), une de ses œuvres les plus lues et les plus appréciées, où l'on voit des interlocuteurs qu'il ne nomme pas se livrer avec lui dans sa villa de Tusculanum à des discussions sur le problème du bonheur humain. Des œuvres mineures, telles que *Les Paradoxes* (*), les deux opuscules *Caton l'Ancien ou De la vieillesse* (*) et *Lelius ou De l'amitié* (*), dédiés à Atticus, son ami de toujours, ont connu cependant un succès jamais démenti. Son civisme et son orgueil de Romain, qui apparaissent jusque dans les œuvres philosophiques, s'affirment plus vigoureusement dans les trois livres *Des devoirs* (*), composés dans la deuxième moitié de 44, et présentés sous forme de leçons à son fils Marcus, victime de la corruption des mœurs.

Ses lettres, mine de renseignements sur l'histoire de l'époque, sont aussi un chef-d'œuvre de style ; c'est à Rome que la lettre privée est devenue un genre littéraire. Toute la correspondance de Cicéron — v. *Lettres* (*) —, qui va de 68 à 43 av. J.-C., comprend 864 lettres, dont 774 de lui, réparties en quatre groupes : 1) à Atticus, en seize livres ; 2) aux familiers, en seize livres ; 3) à son frère Quintus, en trois livres ; 4) à Marcus Brutus. Nous devons la conservation et la classification de cette correspondance au docte Tiron, son fidèle affranchi, qui semble avoir commencé ce travail dès 46. Cicéron est également l'auteur de quelques poèmes, aujourd'hui perdus à part quelques fragments. Cicéron est sans conteste une des grandes figures de la Rome antique, et l'influence de son esprit et de son œuvre, qui a contribué à propager à travers les siècles la culture de l'Antiquité, est restée toujours vivante.

CONCETTO MARCHESI.

♦ Ier siècle. *« On peut remarquer, en lisant Cicéron, que ni la géométrie, ni la musique, ni la littérature, ni aucune des sciences libérales ne lui fut étrangère. Il connut les subtilités de la dialectique, les utiles préceptes de la morale, la marche et les causes des phénomènes naturels. Oui, estimables amis, oui, c'est de cette vaste érudition, de cette variété d'études, de ce savoir universel, que s'élance et coule, ainsi qu'un fleuve débordé, cette admirable éloquence...* [Ses contemporains] *admiraient les Anciens, et Cicéron préférait l'éloquence de son siècle. Je le dirai même : s'il devança de si loin les orateurs de cette époque, ce fut principalement par le goût. Le premier il polit le langage inculte ; le premier il sut choisir les mots et les disposer avec art ; il hasarda même des morceaux brillants et trouva quelques pensées neuves, surtout dans les discours qu'il composa étant déjà vieux et vers la fin de sa vie, et que l'usage et l'expérience lui eurent appris quel genre méritait la préférence. »* Tacite.

♦ *« Son éloquence, pour me servir d'une comparaison de Pindare, n'est pas comme un réservoir qu'alimentent des eaux pluviales, c'est comme une source vive et profonde qui déborde sans intermittence. On dirait qu'un Dieu l'a créé pour essayer en lui jusqu'où pourrait aller la puissance de la parole... Il y a une telle autorité de raison dans tout ce qu'il dit, qu'on rougirait d'avoir un autre avis que le sien : ce n'est pas un avocat qui plaide, c'est un témoin qui dépose, un juge qui prononce... Ayons-le donc sans cesse devant les yeux, proposons-le-nous pour modèle, et qu'il sache qu'il n'aura pas peu profité, celui à qui Cicéron ne plaira pas médiocrement !* » Quintilien.

IVe siècle. ♦ « *Cicéron, cet orateur fameux, dont la plupart des hommes admirent toutefois plus la langue que le cœur... Que trouver, dans la langue latine, de plus excellent que Cicéron ?* » Saint Augustin.

XVIe siècle. ♦ « *Je ne veux... pas seulement que Cicéron ait une part capitale et même primordiale dans les études, mais j'estime encore qu'il faut le suivre, l'imiter et surtout rivaliser avec lui...* [mais] *je ne voudrais pas qu'un homme soit si parfaitement lié à l'imitation de Cicéron qu'il perde tout contact avec lui-même. Nul ne nie que Cicéron ait excellé dans l'art de bien dire, bien que son genre d'éloquence ne convienne pas à tous les types d'individus et de matières. Que signifie cette mode insupportable en sa faveur ? Je vous le dirai en peu de mots, mais pour ainsi dire à l'oreille. Sous ce fard, ils cachent le paganisme qui leur est plus cher que la gloire du Christ. Pour moi, je ne regrette pas beaucoup d'être rayé de la liste des cicéroniens, pourvu que je sois inscrit au catalogue des chrétiens.* » Érasme. ♦ « *Que tu formes ton stille quant à la Grecque, à l'imitation de Platon ; quant à la Latine, de Cicéron...* » Rabelais. ♦ « *Quant à Cicéron, les ouvrages qui me peuvent servir chez luy à mon dessein ce sont ceux qui traitent de la philosophie signamment morale. Mais, à confesser hardiment la vérité (car, puisqu'on a franchi les barrières de l'impudence, il n'y a plus de brides), sa façon d'écrire me semble ennuyeuse, et toute autre pareille façon. Car ses préfaces, définitions, partitions, étymologies, consument la plupart de son ouvrage ; ce qu'il y a de vif et de mouelle est étouffé par ses longueries d'apprêts. Si j'ay employé une heure à le lire, qui est beaucoup pour moy, et que je ramentoive ce que j'en ay tiré de suc et de substance, la plupart du temps je n'y trouve que du vent : car il n'est pas encore venu aux arguments qui servent à son propos, et aux raisons qui touchent proprement le nœud que je cherche.* » Montaigne.

XVIIe siècle. ♦ « *Que Cicéron blâme ou qu'il loue, / C'est le plus disert des parleurs.* » La Fontaine.

XVIIIe siècle. ♦ « *Cicéron, selon moi, est un des plus grands esprits qui aient jamais été : l'âme toujours belle, lorsqu'elle n'était pas faible.* » Montesquieu. ♦ « *Entraîné par la mâle éloquence de Démosthène, il dira : C'est un orateur ; mais en lisant Cicéron, il dira : C'est un avocat.* » Rousseau.

XIXe siècle. ♦ « [Cicéron] *par la supériorité de son intelligence, la magnificence de ses actes, de sa position, de sa vie et de sa réputation, par le fait qu'il a non seulement apporté, mais formé et perfectionné la langue mais aussi la littérature, l'éloquence et la philosophie latines, en les amenant de la Grèce, par le fait également qu'il était, sans discussion, le premier, le plus grand auteur latin, dans tous les genres, dominait à tel point les autres que la langue latine écrite eut la réputation d'être entièrement incluse dans ses œuvres, et que celles-ci firent office d'Académie et de Dictionnaire...* » Leopardi. ♦ « *Il savait parler au peuple et s'en faire écouter. Il l'a quelquefois dominé dans ses emportements les plus furieux. Il lui a fait accepter ou même applaudir des opinions contraires à sa préférence. Il a paru arracher à son apathie et réveiller en lui, pour quelques moments, une apparence d'énergie et de patriotisme. Ce n'est pas sa faute si ses succès n'ont pas eu de lendemain, si après ces beaux triomphes d'éloquence la force brutale est restée maîtresse. Au moins a-t-il fait avec sa parole tout ce que la parole pouvait faire alors. Je reconnais cependant qu'il manque à son éloquence politique ce qui manquait à son caractère. Elle n'est nulle part assez résolue, assez décidée, assez pratique. Elle est trop préoccupée d'elle-même et pas assez des questions qu'elle traite... Tout se tournait chez lui en questions personnelles.* » Gaston Boissier.

RÉF. : Plutarque, *Vie de Cicéron*. – Mommsen, *Histoire romaine*, t. IV et V, Paris, 1863-1874. – Gaston Boissier, *Cicéron et ses amis*, Paris, 1865. – L. Laurand, *Étude sur le style des discours de Cicéron*, Paris, 1936. – J. Carcopino, *Les Secrets de la correspondance de Cicéron*, Paris, 1947. – M. Rambaud, *Cicéron et l'histoire romaine*, Paris, 1952. – A. Michel, *Rhétorique et philosophie chez Cicéron*, Paris, 1960. – K. Büchner et alii, *Das neue Cicero Bild*, Wege der Forschung, Darmstadt, 1971. – P. Grimal, *Cicéron*, Paris, 1984. – R. Chevallier et alii, *Présence de Cicéron*, 1984. – P. Grimal, *Cicéron*, Paris, 1986.

CILEA Francesco. Compositeur italien. Né à Palmi (Calabre) le 26 juillet 1866, mort à Varazze (Ligurie) le 20 novembre 1950. Élève au Conservatoire de Naples, il compose l'opéra *Gina* (1889) qui remporte le succès et attire l'attention de l'éditeur Sonzogno. Il donne ensuite *La Tilda* (1892), *L'Arlésienne* (+) (1897) et *Adrienne Lecouvreur* (*) (1902), qui assure sa notoriété. Il cesse de composer assez tôt et se consacre à l'enseignement, comme directeur du Conservatoire de Naples (1916-35). Les qualités mélodiques de ses opéras le situent en marge du courant vériste qui dominait alors l'école lyrique italienne.

ALAIN PÂRIS.

CIMAROSA Domenico. Compositeur italien. Né le 17 décembre 1749 à Aversa, près de Naples, mort le 11 janvier 1801 à Venise. Il est le dernier représentant de cette floraison de l'art vocal au XVIIIe siècle, qui, en certains de ses opéras-comiques notamment, parvient à la perfection classique de l'expression. D'origine modeste – il était fils d'un maçon et d'une blanchisseuse –, privé, à sept ans, de son père à la suite d'un accident du travail, contraint par la misère, dit-on, à mendier, il reçut les premiers rudiments de culture musicale d'un moine qui réussit, en 1761, à le faire admettre par charité au conservatoire de S. Maria di Loreto. Cimarosa y resta onze ans ; il y fut élève, successivement, de Gennaro Manna, Sacchini, Fenaroli et peut-être Piccinni, pour en sortir, en 1772, habile violoniste et claveciniste, excellent chanteur, et aguerri déjà dans l'art de la composition qui devait occuper toute sa vie. Il débuta dans le genre comique, et continua pendant huit ans à écrire pour les théâtres napolitains spécialisés dans l'opéra bouffe. En janvier 1780, il donna, à Rome, son premier essai de grand opéra : *Caio Mario*, genre auquel il devait revenir de temps à autre. Mais il était né pour la comédie ; le succès de *Giannina e Bernardone*, représentée pour la première fois à Venise, en novembre 1781, en est une preuve. Les théâtres italiens le sollicitaient à l'envi, car il correspondait parfaitement au goût de l'époque ; en revanche, tout désir de réformes et d'innovations lui était étranger. Cette lacune est surtout visible dans ses grands opéras, malgré les essais de renouvellement du livret – comme dans *Oreste* (+) (1783). Plutôt qu'inventer, Cimarosa résume une tradition séculaire avec la simplicité raffinée qui enthousiasma Goethe, à Rome, lors d'une représentation de *L'Impresario* (*). En 1787, il acceptait le poste de compositeur et maître de chapelle à la cour de Catherine II de Russie, se rappelant les heureux précédents de Paisiello et de Sarti. Il y fait notamment représenter *Cléopâtre* (+) en 1790. Mais, déçu, en 1791 il quitta la Russie et, invité par Léopold II à venir composer pour lui un nouvel opéra, il s'arrêta à Vienne. Ce fut l'origine du *Mariage secret* (*), qui plut tellement au monarque qu'on le rejoua en entier, sur son désir, le soir même de la première, le 7 février 1792. De retour à Naples, Cimarosa était à l'apogée de sa fortune. *Le Mariage secret* se joua cent dix soirs de suite aux Fiorentini, Ferdinand IV nomma le compositeur maître de la chapelle royale. Et, en dépit de l'orage qui gronde, l'opéra continue d'apporter son réconfort, et Cimarosa d'animer des fables pseudo-historiques ou banalement comiques, par exemple *Les Ruses féminines* [*Le Astuzie femminili*], de piètres versificateurs du temps. Cependant, sans se laisser troubler par le souvenir de Corneille, il écrit alors, sur le livret tiré d'*Horace* (*) par Sografi pour la Fenice de Venise, son meilleur opera seria, *Les Horaces et les Curiaces* (+) (1797). Il donne également un *Sémiramis* (+) à Naples (1799). Mais, ayant composé, au déclin de la République parthénopéenne, la mélodie d'un hymne révolutionnaire, il prit sans succès, les Bourbons revenus, une attitude opportuniste – tout en abritant un fugitif ; il écrivit en l'honneur des vainqueurs, notamment une *Cantate pour le retour de Ferdinand IV* [*Cantata per il ritorno di Ferdinando IV*, 1799], sous son ancien titre de Maestro à la cour – et irrita, au contraire, par son excès de zèle. Emprisonné, puis exilé, il arriva malade à Venise en 1800. Il essaya de se reprendre en acceptant le poste de chef de chœurs au Conservatoire de l'Ospitaletto et la commande d'un autre opéra, *Artemisia*, monté six jours après sa mort au théâtre de la Fenice, mais la mort survint pendant les répétitions de cette dernière œuvre. Pendant longtemps, on a considéré que son seul apport à la musique instrumentale se limitait au fameux *Concerto pour hautbois*, habile arrangement de quatre sonates pour pianoforte dû au compositeur anglais Arthur Benjamin qui figure au répertoire de tous les hautboïstes. Mais Cimarosa a laissé 81 sonates pour pianoforte, une *Symphonie concertante pour deux flûtes et orchestre*, divers concertos pour clavecin, trompette ou flûte et un *Requiem* (1787) qui sont d'intéressants témoignages, au même titre que les œuvres de Boccherini, de la transition vers le XIXe siècle telle qu'elle s'est opérée en Italie.

EMILIA ZANETTI.

RÉF. : Andrea Della Corte, *Domenico Cimarosa*, Urbino, 1936. – E. Borelli, *Cimarosa*, Turin, 1940. – F. Schlitzer, *Goethe e Cimarosa*, Sienne, 1950. – J. Fr. Johnson, *Domenico Cimarosa (1749-1801)*, Cardiff, 1976.

ČINGO Živko. Romancier, nouvelliste et auteur dramatique macédonien. Né le 13 août 1935 à Velgochti (Macédoine yougoslave), mort le 11 août 1987 à Ohrid (Macédoine). Živko Čingo fait des études de lettres à l'université de Skopje. Il était le fils d'un plâtrier. Dans sa formation, disait-il, le don de conteur de son père, sa culture, ont compté davantage que les auteurs russes qu'il a lus et adorés plus tard. Sa mère lui lisait *La Bible* ; c'était aussi une bonne école, à laquelle s'ajoutaient les merveilleuses histoires achetées par fascicule chez l'épicier, dont il découvrit plus tard qu'elles étaient des extraits de grands classiques. Živko Čingo a enseigné, fait du journalisme, dirigé un théâtre, sans enthousiasme excessif. « J'ai plus besoin de la vie que du papier », disait-il. Son premier livre a été en gestation durant cinq ans et il l'a rédigé en quatorze jours. Il n'écrivait que si le sujet auquel il pensait lui revenait en rêve. Son premier recueil de récits *Paskvélia* [*Paksvelija*], qui provoque l'enthousiasme de la critique mais aussi la méfiance du pouvoir, paraît en 1963. C'est une date dans la littérature macédonienne. On le compare à Isaac Babel pour la vivacité du regard qu'il porte sur la période post-révolutionnaire et pour les couleurs impressionnistes de sa narration. Deux ans plus tard paraît le recueil *La Famille Ogoulinov* [*Semejstvoto Ogulinovci*] qui précède *La Nouvelle Paskvélia* [*Nova Paskvelija*]. Viennent ensuite : un roman pour la jeunesse, *Les Neiges argentées* [*Srebrenite Snegovi*, 1966], en 1970 un autre recueil de récits, *Incendie* [*Požar*], enfin en 1971 le roman *La Grande Eau* (*). Dorénavant, Živko Čingo se consacrera à l'écriture dramatique : *Obrazov* [*Obrazov*, 1973], *Eau-Mur* [*Zidot, Vodata*, 1976], *Le Saut de kangourou* [*Kengurski skok*, 1979], *Les Fêtes de Makaveï* [*Makavejskite praznici*, 1982], avant de publier son dernier recueil de récits *En bref* [*Nakuso*, 1984]. Živko Čingo est lauréat de plusieurs prix littéraires yougoslaves (prix Ratsine et prix de Stériya).

MARIA BEŽANOVSKA.

CINGRIA Charles-Albert. Écrivain suisse d'expression française. Né et mort à Genève, 10 février 1883-1er août 1954. Entre ces deux dates, sa vie a été faite de vagabondages dont Paris était le point de départ. Cet écrivain-troubadour a toujours préféré les chemins buissonniers de la culture et de sa géographie personnelle à la position établie, au succès qui aurait pu paralyser tant soit peu ses mouvements. Il a circulé sur les routes poussiéreuses des campagnes, s'arrêtant là où le plaisir, l'amitié, l'inattendu le sollicitaient, s'émerveillant de tout et de rien, comme on dit. Un rien qui captive par ses détails faits de ces choses ordinaires que l'on ne voit plus mais qui restent fabuleuses : le ciel, la pluie, le beau temps, l'herbe, les visages... tout ce que proposent le hasard, l'imprévu et le quotidien – v. *Chroniques* (*) de Cingria.

L'étendue de ses errances ne se plaisait guère aux délimitations administratives. Il ne préférait pas a priori la France à l'Italie, il les aimait dans le plaisir de leur différence. Ainsi visita-t-il à peu près toute l'Europe, du nord au sud, sans oublier de traverser la Méditerranée pour pénétrer un peu dans le Maroc et l'Algérie. Son moyen de locomotion n'était pas les jambes de Jean-Jacques, mais une bicyclette qu'il montait dans sa chambre, qui n'allait pas trop vite, ni trop lentement comme la marche du promeneur solitaire. Autrement dit, la voiture mange des kilomètres et annule les détails de la route, la marche est trop lente, le vélo tient l'équilibre entre ces deux excès. Puis, le soir, il y a les merveilleuses et discrètes étapes, les petits bistrots, la place du village, les orgues où jouer, à la tribune de l'église, le petit carnet de poche sur lequel répertorier les surprises et les émotions de la route et des arrêts. Les origines de Cingria sont multiples et diverses. Sans doute l'esprit cosmopolite de Charles-Albert vient-il de là. Sa mère était polonaise et fille de Casimir Stryenski, stendhalien connu, installé à Paris ; son père était turco-dalmate, de Raguse précisément, ayant vécu et fait fortune à Constantinople. Les Cingria étaient catholiques romains mais de formation et de sensibilité orientales, c'est-à-dire aimant le faste liturgique, devenant genevois au nom de l'horlogerie que le père exerçait, naturalisés Suisses donc, mais apportant à l'austérité de la ville des habitudes de pachas, une fantaisie et une liberté peu habituelles, un plaisir à dépenser une fortune qui, dans les mains des deux frères, Alexandre (1879-1945), maître verrier et écrivain, et Charles-Albert, ne tarda pas à fondre sous le soleil des voyages et des aventures : après quoi il fallut bien accepter les aléas d'une situation plus que capricieuse.

C'est sans doute à Genève que Cingria se prit de passion pour le royaume de Lotharingie, que la défaite de Charles le Téméraire, une fois pour toutes, mais sait-on jamais, a compromis. À la latinité se seraient ajoutés les rêves et les profondeurs germaniques. Ainsi se furent réconciliés des complémentaires que l'on a préféré diviser. C'était le rêve de ce baladin du monde occidental que Charles-Albert fut si parfaitement, si on veut bien enlever au nom de baladin son sens péjoratif. Qu'il aimait rassembler des différences, refuser qu'il y ait des inconciliables !

Ainsi aura-t-il promené sa curiosité, son appétit d'unité de Rome à Paris, de l'Allemagne rhénane à la Hollande, de l'Espagne au désert... Quelques titres de ces voyages : *Pendeloques alpestres* (1929), *Le Canal exutoire* (1931), *L'Eau de la dixième militaire* (1932) (pages sur Rome), *Impressions d'un passant à Lausanne* (1932), *Enveloppes* (1943), *Le Camp de César* (1945), *Musiques de Fribourg* (1945), *Le Bey de Pergame* (1947), *Bois sec, bois vert* (*) (1948). Ajoutons-y ceux de ses deux grandes études : *La Civilisation de Saint-Gall* (*) (1929) et *La Reine Berthe* (*) (1947). Réunies, ses *Œuvres complètes* (1967-1968) forment onze volumes, auxquels ont été adjoints cinq volumes de *Correspondance générale* (1975-1978).

De même qu'il fréquenta quelques salons parisiens, surtout ceux où l'on rencontrait Igor Stravinski, dont il fut l'ami – le musicien russe lui rend un fervent témoignage de reconnaissance dans *Chroniques de ma vie* –, de même il secouait volontiers de ses habits les miettes des petits fours pour rejoindre une famille de nomades du côté de Chantilly ou les artisans du quartier qu'il habitait à Saint-Germain-des-Prés.

La conversation de Charles-Albert était éblouissante ; sa légende venait de là. Il partageait ce don avec les contemporains qu'il fréquentait : Paul Claudel, Jean Cocteau, Erik Satie, Max Jacob, André Malraux, Jean Paulhan, des peintres, dont Modigliani, qui fit son portrait. Cependant, il était fort agacé de savoir qu'on l'écoutait plus qu'on ne le lisait. Il ne confondait pas les paroles et les écrits. Écrire d'ailleurs lui était, selon son aveu, une sublime corvée. Dans une langue que certains jugent médiévale, d'autres baroque, mais qui ne manque nullement de modernité, Charles-Albert a célébré la vie, le monde, la musique, les visages, sans oublier jamais de chanter, dans le secret de lui-même, et, parfois, dans sa prose même, le magnificat permanent qui animait toute sa sensibilité, une sorte de reconnaissance à Dieu, un peu balbutiante par respect et par pudeur, au fond de laquelle le pathétique d'une âme solitaire et souvent incomprise apparaît. Sa poétique peut se résumer à ce principe qu'il a formulé : « Si l'on ne trouve pas surnaturel l'ordinaire, à quoi bon poursuivre. » Cingria ne croyait qu'au « bitume de l'être ».

GEORGES BORGEAUD.

CINO da Pistoia (Guittoncino de' Sighibuldi, dit). Jurisconsulte et poète italien. Né à Pistoia (Toscane) en 1270 (?), mort dans cette même ville entre la fin de 1336 et le début de 1337. À Bologne, il étudia le droit à l'école d'Accurse, notamment, puis à Orléans, en 1292, suivit les cours de Belle-Perche. Il regagna Pistoia en 1302, en fut exilé pendant trois années avec les Noirs, y rentra en 1306, et fut alors nommé assesseur au tribunal, pour les causes civiles. En 1310, il suivit Louis de Savoie, ambassadeur à Florence, puis à Rome, où celui-ci le fit nommer au tribunal. Cino da Pistoia regagna ensuite Bologne, où il passa son doctorat en droit et, pendant les dix ans suivants, fut alternativement professeur et juge. En 1333 il se fixa à Pistoia et se mêla à la vie politique, se signalant par sa prise de position contre la suprématie du pouvoir religieux.

Parmi les ouvrages juridiques de Cino da Pistoia, le plus important demeure la *Lectura in Codicem,* commentaire sur les neuf premiers livres du *Code Justinien* (*) — v. *Corpus de droit civil* (*). Ses *Rimes* (*) — en majeure partie écrites en l'honneur de Selvaggia (Vaggia Vergiolesi ?) — appartiennent au « dolce stil nuovo » finissant, mais portent une empreinte personnelle.

Dante fut l'ami de Cino da Pistoia et, dans le traité *De l'éloquence en langue vulgaire* (*) il le désigne comme le plus grand poète d'amour de style « noble » ; quant à Pétrarque, il déplora sa mort dans un sonnet fameux : « Pleurez, femmes, et qu'avec vous pleure l'amour » [Piangete donne, e con voi pianga amore].

RÉF. : L. Chiappelli, *Vita e opere giuridiche di Cino da Pistoia,* Pistoia, 1881. — A. Corbellini, *Dante, Guido e Cino,* Pavie, 1905. — G. Bertoni, *Lingua e cultura... La poesia di Cino da Pistoia,* Florence, 1939. — M. Marti, *Storia dello stil nuovo,* Lecce, 1973. — G. Favati, *Inchiesta sul dolce stil nuovo,* Florence, 1975.

CIORAN Emil Michel. Essayiste roumain de langue française pour la plus grande part de son œuvre. Né le 8 avril 1911 à Rasinari (Roumanie). Cioran jouit du statut d'écrivain français, bien qu'il soit roumain et qu'il ait rédigé la première partie de son œuvre dans sa langue maternelle — citons deux titres de cette période traduits en français : *Des larmes et des saints* [*Lacrimi şi sfinţi*] et *Sur les cimes du désespoir* [*Pe culmile Disperari*]. Né en Transylvanie d'un père de confession orthodoxe, il fait des études de philosophie au cours desquelles il se passionne pour Simmel et Bergson. À vingt ans, une grave crise intérieure décide de sa vocation d'écrivain. Il exorcise son désespoir dans un premier livre, paru en 1933 : *Sur les cimes du désespoir.* D'autres titres suivront jusqu'en 1937 quand un impérieux besoin de rompre avec ses racines le pousse à s'établir en France. Il s'adonne alors avec tant d'ardeur au français qu'il décide d'adopter cet idiome. Son premier livre français est édité en 1949 chez Gallimard : *Précis de décomposition* (*). Sa carrière d'écrivain de langue française se confirme. Ce marginal par vocation est aussi insituable dans son activité littéraire qu'il l'est dans la société. Penseur issu de la lignée nietzschéenne des « philosophes-écrivains », il n'appartient pas cependant au monde des premiers dont il dénigre l'esprit de système et le goût pour les spéculations stériles. Il se dit plus volontiers « penseur organique », celui qui tire ses théories de la totalité de son être, autant de ses défaillances physiques que de ses émotions devant un réel insaisissable par la pensée. Il se sent, en revanche, plus proche des moralistes du XVIIIe siècle dont il adopte la langue raffinée et la prédilection pour l'aphorisme. Concision, humour, causticité, sens du paradoxe, telles sont les grandes qualités de ce styliste incomparable, doué d'une verve tonique lorsqu'il se livre avec une jubilation communicative à la dissection des hontes de l'espèce humaine.

Le lecteur est tout d'abord frappé par un nihilisme forcené, fruit d'un esprit provocateur qui a retenu les leçons du cynisme antique auquel il se réfère. Le Diogène de nos temps modernes abandonne son tonneau pour prendre la plume. Une métaphysique négative sous-tend cette pensée issue d'un dualisme radical. Fidèle à la vision gnostique du monde, il n'hésite pas à intituler l'un de ses livres *Le Mauvais Démiurge* (1969) et il adhère à l'idée d'une création viciée, perpétrée par le principe du mal. L'œuvre de Cioran est une réflexion sur l'injustifiable, autrement dit sur le mal. Réflexion sur la souffrance d'exister — *De l'inconvénient d'être né* (*) (1973) — et par voie de conséquence sur l'histoire (*Histoire et Utopie*, 1960, *Écartèlement*, 1979), mais aussi sur les pièges d'une connaissance qui écarte irrémédiablement du paradis — *La Chute dans le temps* (*) (1964).

À ce déterminisme de l'existence, de la matière, de l'espèce, on ne peut qu'opposer la liberté d'une conscience négatrice, la seule capable de subvertir l'ordre du mal (« seul est subversif l'esprit qui met en cause la liberté d'exister », écrit Cioran dans *Le Mauvais Démiurge*) ou le sourire détaché d'un scepticisme qui, faute d'espérance, échappe au désespoir. Le pyrrhonisme de Cioran refuse l'illusion, c'est un « exercice d'anti-utopie » qui dissout les fanatismes pour frayer une voie vers la sagesse. Aussi ne sommes-nous pas surpris quand Cioran, le « sceptique d'un monde finissant », se tourne, après avoir exécré les convulsions d'un christianisme fauteur de troubles, vers la doctrine de Bouddha, la seule à vraiment prendre en compte la souffrance inhérente à la vie et à prôner une souveraine indifférence.

S'il nous conduit de la sorte sur les traces des mystiques et des sages, c'est avec l'unique dessein de chercher le remède au mal d'être. Cependant cet écrivain talentueux l'a déjà trouvé dans l'exercice littéraire. Ayant converti ses maux en mots — v. *La Tentation d'exister* (*) —, il travaille à donner non pas un sens mais un style à sa vie, confiant son salut à la voie esthétique.

SYLVIE JAUDEAU.

RÉF. : S. Jaudeau, *Cioran ou le Dernier Homme*, Paris, 1990.

CITATI Pietro. Essayiste et critique italien. Né le 20 février 1930 à Florence, Pietro

Citati a vécu son adolescence à Turin, avant de suivre à Pise, de 1947 à 1951, les cours de l'École normale supérieure et de soutenir une thèse sur l'illuminisme lombard. Durant les trois années qui suivirent, il enseigna la langue et la littérature italiennes à l'université de Munich. Depuis 1954, il vit à Rome où, après avoir été quelques années professeur dans un lycée, il est devenu critique successivement au *Giorno*, au *Corriere della Sera* (jusqu'en 1988), enfin à la *Repubblica*. Éditeur, il dirige à la Fondation Valla Mondadori une collection de textes classiques grecs et latins. Après son monumental essai sur *Goethe* (*) (1970), il a publié *Alexandre le Grand* [*Alessandro Magno*] en collaboration avec Francesco Sisti (1974), puis *Le Printemps de Chosroës* [*La primavera di Cosroe*, 1977], *Brève Vie de Katherine Mansfield* [*Vita breve di Katherine Mansfield*, 1980], *Tolstoï* (1984), *Kafka* (1987) ainsi qu'une chronique inspirée par la vie et la mort de ses arrière-grands-parents : *Histoire qui fut heureuse, puis douloureuse et funeste* [*Storia prima felice, poi dolentissima e funesta*], qui lui valut en France le prix Médicis étranger en 1991. Il a publié en 1992 un recueil de textes critiques où se mêlent les figures de Thérèse d'Avila, Karen Blixen, Simone Weil, Cristina Campo et où sont évoquées les disparitions de ses amis Calvino et Manganelli. L'œuvre de Pietro Citati est avant tout remarquable par l'intensité de son identification avec les êtres ou les textes qu'elle explore.

BERNARD SIMEONE.

CIXOUS Hélène. Romancière, essayiste et dramaturge française. Née le 5 juin 1937 à Oran (Algérie). Après une enfance en Algérie – sa mère est d'origine allemande, son père d'Afrique du Nord –, marquée par la guerre et la mort prématurée de son père (expérience traumatique qui inspirera son roman *Dedans* (1969, prix Médicis), elle viendra poursuivre ses études en France en 1955. Elle obtient l'agrégation d'anglais et prépare une thèse de doctorat sur l'écrivain irlandais James Joyce. *L'Exil de Joyce ou l'Art du remplacement* (1969) montre pourquoi Joyce a choisi de s'exiler et de mourir pour que vive « le » livre. Sa thèse sur Joyce va lui permettre de travailler avec des linguistes et des poéticiens de renoms. En 1969, elle fonde avec Gérard Genette et Tzevan Todorov la revue *Poétique*. À partir des années 70, Hélène Cixous mènera de front une activité de professeur de littérature anglaise et d'écrivain. Romancière prolifique, ses œuvres sont un hymne à la gloire du corps de la femme : *Souffles*, 1975 ; *Là*, 1976. Chantre de la féminité, elle n'a cessé d'interroger l'« énigme invivable de la relation homme-femme ». Très influencée par la psychanalyse, ses œuvres essaient de créer une langue originale, reflet plus exact des désirs, des appels, des angoisses ou des joies des femmes. D'où un texte truffé de jeux de mots, de calembours, de raccourcis saisissants – *Le Troisième Corps* (1970), *Les Commencements* (1970) (*). Un tournant essentiel dans son œuvre a été amorcé avec l'écriture théâtrale (*Portrait de Dora*, 1976 ; *Prénom de Dieu, Le Nom d'Œdipe, La Jeune Née* et *Dedans*), qui l'a conduite peu à peu de « la scène de l'inconscient à la scène de l'Histoire ». Elle collabore étroitement depuis 1985 avec le Théâtre du Soleil et donne *L'Histoire terrible mais inachevée de Norodom Sihanouk, roi du Cambodge*, en 1985, ainsi que l'*Indiade* en 1987 et *Mannes aux Mandelstams aux Mandelas* en 1988.

PHILIPPE BLONDEAU.

CLAIR René (pseud. de René Chomette). Cinéaste et écrivain français. Né à Paris le 11 novembre 1898, mort à Paris le 15 mars 1981. Dès avant son baccalauréat, il songe à devenir écrivain. À partir de 1913, il pense à se consacrer à la musique et au théâtre. Pendant la Première Guerre mondiale, il compose au front des poèmes qui seront réunis en 1917 dans *La Fête de l'homme*. Il publiera aussi une nouvelle, des souvenirs dans *Terre* (1918-1919) puis, dans les années qui suivent, des reportages pour *L'Intransigeant*, des pièces de théâtre et des souvenirs de guerre qui paraîtront au *Mercure de France* (*). En 1920, c'est le premier contact avec le cinéma, et le début d'une prestigieuse carrière qui en fera l'un des plus grands cinéastes français, avec *Sous les toits de Paris* (1930), *Le Million* (1931), *Fantôme à vendre* (1935), *Ma femme est une sorcière* (1942), *Le silence est d'or* (+) (1947), *Les Belles de nuit* (1952), *Les Grandes Manœuvres* (1955) et *Porte des Lilas* (+) (1957). René Clair est le premier cinéaste à entrer à l'Académie française, où il est élu en 1960.

Cette brillante carrière cinématographique a parfois fait oublier que René Clair est également un écrivain, et même un écrivain ayant plusieurs facettes. C'est d'abord un scénariste qui a publié ses propres scénarios en les accompagnant de critiques, dans *Comédies et Commentaires* (*) (1959). Des textes comme *Réflexion faite* (+) (1951), *Du film muet au film parlant* (1952) ou *Cinéma d'hier, cinéma d'aujourd'hui* constituent des réflexions – jamais dogmatiques – sur la pratique cinématographique et le devenir du septième art. Mais des œuvres comme *La Princesse de Chine* (1951) ou *Jeux de hasard* (1976) sont d'authentiques œuvres littéraires : dans le premier cas, il s'agit d'un roman, dans le second, de nouvelles. René Clair a également publié une pièce de théâtre, *L'Étrange Ouvrage des cieux* (1971), et des collections d'aphorismes. Dans tous les cas, on retrouve chez l'écrivain René Clair les mêmes qualités d'ironie, de fantaisie, de tendresse, d'agilité et d'intelligence que chez le cinéaste René Clair : on a affaire, toujours, à un poète. L'imagination et la précision des scénarios de *Ma femme* *est une sorcière* ou de *Fantôme à vendre* sont par exemple présentes dans *Jeux du hasard* : un homme se fait tuer au cours d'un duel en défendant l'honneur d'une sœur inconnue, un vieux royaliste meurt près d'un drapeau rouge en tenant dans sa main le soulier d'une femme... Partout, comme dans ses films, René Clair cultive un fantastique tendre que vient tempérer l'ironie.

ANTOINE BERMAN.

RÉF. : G. Charensol et R. Régent, *René Clair*, Paris, 1979. – J. Tulard, *Dictionnaire du cinéma*, Paris, 1982. – O. Barrot, *René Clair ou le Temps mesuré*, Paris, 1985.

CLANCIER Georges-Emmanuel. Romancier, poète, critique français. Né à Limoges (Haute-Vienne) le 3 mai 1914. Contraint d'abandonner ses études pour raisons de santé (1930), il les reprendra en 1939 après son mariage avec Anne Gravelat et obtient la licence de lettres. La découverte de Baudelaire, Nerval, Verlaine, Rimbaud, Mallarmé puis de Proust change la vie de Clancier, qui entreprend une œuvre de poète et de romancier : collaborations aux *Cahiers du Sud* (*), *Nouvelles Lettres,* à *Esprit* (*). De 1940 à 1945, correspondant clandestin de la revue *Fontaine* (*) dirigée par Max-Pol Fouchet à Alger, il lui fait parvenir des textes des écrivains de la Résistance. Inquiété par la censure allemande en 1944, il se réfugie en territoire contrôlé par le Maquis. À la Libération, il est nommé responsable des émissions à Radio-Limoges. Lauréat du prix Maurice Bourdet (1949) pour l'ensemble de ses reportages, il devient secrétaire général des comités de programmes de la R.T.F, puis directeur adjoint à l'O.R.T.F. et responsable du service des Textes et projets d'émissions à la télévision (1955-1974). Parallèlement, Clancier poursuit son œuvre littéraire : en 1945, il fonde avec René Rougerie et Robert Margerit la revue *Centres ;* en 1959, il prend en charge une chronique de poésie au *Mercure de France* (*). Plus d'une dizaine de recueils poétiques dont *Le Paysan céleste* (*), presque autant de romans et de nouvelles lui ont valu le prix Artaud (1956) pour *Une voix,* le prix du roman de la Société des gens de lettres (1957) pour *Le Pain noir* (*), le prix des libraires (1970) pour *L'Éternité plus un jour,* le prix Jacques Chardonne (1989) pour *Ces ombres qui m'éclairent* et le grand prix de littérature de l'Académie française (1971) pour l'ensemble d'une œuvre qui a porté Clancier à la présidence du Pen Club français (1976) et à la vice-présidence de la Commission française pour l'U.N.E.S.C.O. (1980).

YANNICK PELLETIER.

CLANVOWE sir Thomas. Poète anglais du XIVᵉ siècle, mort vers 1410. On sait seulement de lui qu'il fut un personnage important de la cour des rois Richard II et Henri II, et qu'il fut l'un des vingt-cinq chevaliers qui accompagnèrent John Blanfort en Afrique, en 1390. Probablement né après 1350, il devait avoir vingt ans de moins que Chaucer. On trouve son nom pour la première fois dans l'histoire de la littérature anglaise de F. L. Ellis, d'après qui l'érudit W. W. Skeat aurait découvert, à la fin du manuscrit le plus sûr du poème *Le Coucou et le Rossignol* (*), le nom de son auteur, Clanvowe. Pendant de longues années, depuis sa première publication en 1532, cette œuvre a été attribuée à Chaucer.

RÉF. : V. J. Scattergood (ed.), *The Works of Sir Thomas Clanvowe,* Cambridge, 1975.

CLARE John. Poète anglais. Né à Helpston, Northamptonshire, le 15 avril 1793, mort le 24 mai 1854 à Northampton. Tout enfant encore lorsque paraissent les *Ballades lyriques* (*) (1798) de Wordsworth et Coleridge, Clare appartient à la seconde génération des poètes romantiques anglais, bien qu'il semble souvent plus proche, par l'inspiration et la forme, de leurs précurseurs du XVIIIᵉ siècle. Fils d'un ouvrier agricole sans terre, il apprend à lire à l'école du village, mais la quitte à douze ans pour une école du soir afin de pouvoir se louer comme aide-jardinier. À peine adolescent, vivement ému par *Les Saisons* (*) de James Thomson que lui a prêtées un tisserand, il commence à griffonner dans la campagne qui l'inspire « ses pensées toutes fraîches sur la calotte de son chapeau ». Persévérant de telle sorte qu'à vingt-cinq ans il fait imprimer un appel aux souscripteurs nanti d'un « Sonnet au soleil couchant », qui incite un libraire de passage à envoyer ses poèmes à l'éditeur londonien John Taylor, l'« inventeur » de Keats. Taylor les publie sans tarder, ponctués et quelque peu « corrigés », sous le titre de *Poèmes descriptifs de la vie et de la scène rurales* (+) (1820) – voir *Poèmes et proses* (*). L'ouvrage fut réimprimé trois fois dans l'année. Clare, qui travaillait alors au four à chaux, devint célèbre en tant que « poète-paysan du Northamptonshire ». Il fut fêté à Londres, où il rencontra Lamb, De Quincey, Coleridge et le peintre Reynolds. Ce triomphe eut toutefois de décevants lendemains. La vente du *Ménestrel de village* (+) (1821) fut beaucoup plus lente, de sorte que Taylor retarda pendant des années la publication du *Calendrier du berger* (+) (1827) et de *La Muse rurale* (+) (1835) qui ne rencontrèrent qu'indifférence. Clare vécut dès lors dans un état de tension extrême entre le souvenir de la gloire entrevue et son lot de paysan besogneux, miné par la fièvre des marais, ployant aussi sous les charges. En effet, ayant vu sa Mary, une fille de riche fermier tendrement aimée à quinze ans, écartée de lui « à l'âge de femme », il avait épousé une paysanne illettrée qui lui donna sept enfants. Malgré tout, il ne cessait d'observer et de chanter, en naturaliste et en poète, les choses et les gens de la campagne. Mais, son anxiété ne faisant que croître, son comportement devint de plus en plus étrange et, en 1837, il se laissa emmener à l'asile privé d'Epping Forest. Au bout de quatre ans, il s'enfuit et parcourut quatre-vingts miles à pied, mangeant l'herbe des talus, pour regagner la chaumière familiale. Il y resta cinq mois, mais à la fin de l'an 1841 on l'arracha à sa femme pour le conduire à l'asile d'aliénés de Northampton, où il demeura jusqu'à sa mort, en 1864. Il se sentait égaré, puni peut-être pour bigamie (car il se figurait avoir épousé Mary en premier lieu), s'interrogeant sur son identité et écrivant à ce sujet des poèmes déchirants. Il en composait chaque jour, de préférence à l'air libre, dans le domaine attenant, et ils nous ont été conservés par l'intendant de l'asile qui les gardait ou les recopiait fidèlement.

PIERRE LEYRIS.

RÉF. : F. W. Martin, *The Life of John Clare*, 1865 (réimpr. Londres, 1964). – *Selected Poems and Prose of John Clare*, Londres, 1967. – J. W. et Ann Tibble, *John Clare, a Life*, Londres, 1972.

CLARENDON Edward Hyde, comte de. Homme d'État et écrivain anglais. Né le 18 février 1609 à Dinton (Wiltshire), mort à Rouen le 9 décembre 1674. Après des études à Oxford, il devint avocat, mais se lança bientôt dans la politique. Fervent partisan de Charles Ier, il s'engagea dans l'armée du roi dès le début des hostilités. Chargé de représenter son souverain lors des pourparlers engagés avec le Parlement, il fut désavoué par Charles Ier, qui n'approuvait pas sa tactique. Malgré cela, Clarendon, au cours de la deuxième guerre civile, s'efforça par tous les moyens de sauver le roi. En décembre 1651, il rejoignit à Paris le roi Charles II, dont il était devenu le conseiller. De retour à Londres, il exerça une politique religieuse très rigoureuse qui lui valut l'impopularité et l'exil. Son *Histoire de la révolte et des guerres civiles en Angleterre depuis 1641* (*) fut publiée après sa mort, en 1702-04. Il s'y révèle un esprit pénétrant et cultivé, ainsi qu'un historien fidèle ; la partie purement autobiographique contient cependant mainte inexactitude. Clarendon a encore écrit des ouvrages politiques ou religieux : *Contemplations sur les Psaumes* [*Contemplation on the Psalms*] ; *Différence et disparité entre le sort et la condition de George, duc de Buckingham et Robert, comte d'Essex* [*The Difference and Disparity between the Estate and Condition of George, Duke of Buckingham and Robert, Earl of Essex*, 1672] ; *Objections contre un livre intitulé Fanatisme* [*Animadversions on a Book entitled Fanatism*, 1673] ; *Bref examen des dangereuses erreurs contenues dans l'ouvrage de Hobbes intitulé Léviathan* [*A Brief View of the Dangerous Errors in Mr. Hobbe's Book, entitled Leviathan*, 1673] ; *Réflexions sur plusieurs devoirs chrétiens* [*Reflections upon Several Christian Duties*]. Sa volumineuse correspondance a été en partie publiée.

RÉF. : B. H. G. Wormald, *Clarendon : Politics, History and Religion*, Cambridge, 1951. – R. W. Harris, *Clarendon and the English Revolution*, Londres, 1983. – M. W. Brownley, *Clarendon and the Rhetoric of Historical Form*, Philadelphie, 1985.

CLARÍN (pseud. de Leopoldo Alas). Romancier, journaliste et universitaire espagnol. Né à Zamora le 25 avril 1852, mort à Oviedo, le 13 juin 1901. Bien que né à Zamora, où son père, modeste propriétaire terrien de Carreño (Asturies), avait été nommé gouverneur civil, Leopoldo Alas est asturien. C'est à Oviedo, au lycée d'abord, puis à l'université, qu'il fait ses études ; études brillantes puisqu'il obtient le titre de licencié à dix-neuf ans, mais que la pédagogie de l'époque rend peu exaltantes. L'exaltation, le jeune Leopoldo la trouve dans la lecture et surtout dans l'écriture : à seize ans, il rédige et diffuse seul une revue manuscrite *Juan Ruiz* (éditée en 1985, à Madrid). Source d'exaltation et de remise en question de certaines valeurs traditionnelles est l'agitation politique déclenchée par la révolution de 1868. De 1871 à 1882, il réside à Madrid et présente, en 1878, une thèse de doctorat *(El Derecho y la moralidad)*. Ces années madrilènes sont pour Alas une période de formation sous l'influence décisive des professeurs krausistes, plus particulièrement de Francisco Giner de los Ríos, et aussi une période de rupture avec les valeurs du passé et avec le catholicisme espagnol et, corrélativement, d'adhésion à l'idéologie libérale et progressiste. En 1875, sous le pseudonyme de Clarín, il devient un des plus actifs collaborateurs de la presse « démocratique ». Nommé, en 1882, année de son mariage, professeur d'économie politique à l'université de Saragosse, il reçoit, l'année suivante, sa nomination à l'université d'Oviedo comme professeur de droit romain. Il s'installe définitivement, en 1883, dans la capitale des Asturies et, jusqu'à la fin de sa vie, il partage ses activités entre l'enseignement, le journalisme et la création littéraire.

Il publie deux romans, *La Régente* (*) (1884-1885) et *Son fils unique* (*) (1891), une centaine de contes et de nouvelles. En 1895, il fait représenter à Madrid une pièce de théâtre, *Teresa*. Sa traduction de *Travail* (*) d'Émile Zola paraît en 1901, peu de temps avant sa mort. Lecteur passionné et infatigable, il assimile toute la production littéraire et philosophique de son époque, aussi bien espagnole qu'européenne. Grâce à son énorme activité journalistique (plus de deux mille articles philosophiques, politiques ou de critique littéraire publiés dans tous les grands périodiques libéraux de l'époque), il s'impose comme le plus grand critique littéraire de son temps, et comme autorité morale et intellectuelle respectée et redoutée. En outre, il devient, grâce à la presse, le médiateur en Espagne de la culture et de la pensée européennes, surtout françaises. Clarín, à

Oviedo, est vraiment le « provincial universel ».

Alas est, en effet, un des intellectuels les plus représentatifs de l'Espagne du dernier quart du XIXe siècle, une Espagne où s'affirment, malgré les pesanteurs du passé, de nouvelles exigences imposées par l'évolution de l'histoire. Dans ce contexte, la position et la trajectoire de Leopoldo Alas sont exemplaires : toute sa vie il reste fidèle à l'éthique libérale vivifiée par l'idéalisme krausiste. À partir de 1890, la dynamique historique de sa pensée fléchit un peu lorsqu'il prend conscience qu'il n'appartient à aucune des classes sociales historiquement actives. Sa conception éthique l'éloigne d'une bourgeoisie dont l'aspiration se limite au profit ; d'autre part, il se sent séparé du monde du travail par ses origines et par sa culture. Il trouve alors sa raison d'être dans la conscience de sa propre supériorité culturelle et spirituelle. C'est pourquoi il défend l'idée de l'émancipation de l'homme par la culture. Pour lui, le progrès social est lié au progrès moral de l'homme.

Le noyau de la pensée philosophique et religieuse de Alas, celui qui informe toute son œuvre, s'articule entre la reconnaissance du pouvoir de la raison et la permanente intuition du mystère. La science est bonne, mais elle est relative. L'art, qui implique la totalité du « sujet » (créateur ou lecteur) et qui peut embrasser la totalité de l'« objet », est un moyen irremplaçable de connaissance. Aussi Clarín, sans négliger les apports de la science, se consacre-t-il surtout aux œuvres de création. Celles des autres le passionnent et alimentent son activité critique et les siennes constituent sa véritable biographie intellectuelle, morale et affective. Pour lui, il n'y a pas de valeur authentiquement humaine qui ne soit valeur d'intériorité. Durant toute sa vie, il dénonce et satirise la fausseté, l'imposture, l'hypocrisie. Il dénonce en particulier inlassablement l'Église institutionnelle. Mais c'est au nom d'une spiritualité authentique qu'il combat cette Église.

Le créateur Leopoldo Alas est avant tout l'observateur et le peintre de l'intériorité humaine. C'est là que se situe la véritable dimension de son « réalisme humain », un réalisme lucide qui sait tirer profit, pour enrichir sa vision, de tous les apports scientifiques ou littéraires : le naturalisme de Zola, le psychologisme de Bourget, le rationalisme spirituel de Renan, etc. Dans ses romans, dans ses contes « moraux » (ceux qui ont pour objet l'homme intérieur) il sait capter et exprimer, en sympathie, le plus profond et le plus authentique langage de l'homme intérieur. En cette fin du XXe siècle, Clarín, qui a été longtemps oublié, s'est brusquement rapproché de nous.

YVAN LISSORGUES.

CLARKE Arthur (Charles). Écrivain anglais. Né à Minehead (Somerset) le 16 décembre 1917. Passionné par la science et la fiction, mais obligé de travailler à 19 ans, il est mis par la guerre au contact des techniques de pointe, imagine dès 1945 l'emploi par les télécommunications de satellites géostationnaires, et reprend des études de physique et de mathématiques. Rédacteur adjoint de *Physics Abstracts*, il publie à partir de 1950 des ouvrages de vulgarisation et des romans de science-fiction documentés sur la conquête de l'espace. Après de nombreuses nouvelles, *Les Enfants d'Icare* [*Childhood's End*, 1953] le font remarquer. Il épouse en 1954 Marilyn Mayfield (dont il divorcera en 1964) et découvre la plongée sous-marine et Ceylan. Parmi les œuvres de cet héritier de Verne, Wells et Stapledon, on citera *La Cité et les Astres* [*The City and the Stars*, 1956], *2001, l'odyssée de l'espace* (*) (1968), *Rendez-vous avec Rama* [*Rendez-vous with Rama*, 1973] et *Les Fontaines du paradis* [*The Fountains of Paradise*, 1979]. Sa popularité est due autant à la pertinence de ses articles sur l'espace, l'avenir et l'océanographie qu'à l'envergure des idées exprimées dans des nouvelles telles que *La Sentinelle* [*The Sentinel*, 1951], *Supériorité* [*Superiority*, 1951], *Les Neuf Milliards de noms de Dieu* [*The Nine Billions Names of God*, 1953], *L'Étoile* [*The Star*, 1955] ou *Rencontre avec Méduse* [*A Meeting with Medusa*, 1971]. Il est l'auteur qui a le plus célébré la technologie sans renoncer à une métaphysique cosmique.

GÉRARD KLEIN.

CLARKE Austin. Poète, dramaturge et romancier irlandais. Né à Dublin le 9 mai 1896, mort dans la même ville le 21 mars 1974. Il fit ses études chez les jésuites puis à l'université de sa ville natale, où il enseignera. Il se fixe ensuite en Angleterre comme journaliste. En 1937, il regagne l'Irlande et fonde à Dublin une société de poésie ainsi qu'une compagnie théâtrale, la « Lyric Theatre Company », où il compte monter des pièces en vers : celles des autres et les siennes. Il y est aidé par son ami, le poète Yeats. Lui-même sera considéré dans son pays comme l'un des meilleurs poètes de sa génération. Universitaire et critique littéraire, il présida l'Académie irlandaise des lettres. Le dernier de ses recueils de poèmes, *Fuite en Afrique* (*) (1963), est sans doute le plus significatif. Son inspiration passe d'un romantisme parfois un peu flou à l'acuité des épigrammes. Certaines de ses œuvres dramatiques redonnent vie aux légendes gaéliques. Parmi ses romans, on citera *L'Éclat de la tentation* [*Bright Temptation*, 1932]. Il a laissé une autobiographie intitulée *Deux fois le tour de l'église noire* [*Twice around the Clock Church*, 1960].

RÉF. : S. Halpern, *Austin Clarke, His Life and Works*, Irish University Review, Dublin, 1974.

CLAUDEL Paul. Écrivain français. Né le 6 août 1868 à Villeneuve-sur-Fère en Tardenois

(Aisne), mort à Paris le 23 février 1955. Vosgien par son père, des confins de la Champagne et de l'Île-de-France par sa mère, il connaît une enfance dispersée entre les résidences successives de ses parents : Bar-le-Duc (1870-1876), Nogent-sur-Seine (1876-1879), Wassy-sur-Blaise (1879-1882). En 1882, la famille, hormis le père, s'installe à Paris. Paul, externe au lycée Louis-le-Grand, échoue au premier baccalauréat en 1883, est reçu l'année suivante. En philosophie, il a pour professeur Burdeau et pour condisciples Marcel Schwob, Léon Daudet, Romain Rolland, avec lequel il assiste à des concerts (Beethoven, Wagner). Reçu au baccalauréat ès lettres en 1885, il prépare une licence en droit et suit les cours de l'École des sciences politiques.

Au sortir d'une enfance pieuse, il a perdu la foi, mais le kantisme de Burdeau et le scientisme ambiant lui pèsent (un « bagne matérialiste », dira-t-il plus tard). De juin à septembre 1886, il découvre les *Illuminations* (*) et *Une saison en enfer* (*) de Rimbaud, qui exercent sur lui « une action que j'appellerai séminale et paternelle ». Le 25 décembre suivant, aux vêpres de Noël, il reçoit sa propre illumination et retrouve le chemin de la foi. Il lui faudra toutefois quatre ans de débats avant de rentrer dans le giron de l'Église.

Dès août 1886, il écrit *Pour la messe des hommes*, suivi en 1887 d'autres poèmes. Il fréquente les Mardis de Mallarmé, mais celui-ci n'efface point la marque de Rimbaud. Entre 1886 et 1888, il aborde le genre dramatique et compose *L'Endormie* puis *Une mort prématurée*, dont il ne nous reste que *Fragment d'un drame*. En 1889, il écrit *Tête d'or* (*) (1re version) qui sera publié l'année suivante, en même temps qu'il commence *La Ville* (*), achevée en 1891 et publiée en 1893. Il fait partie d'un petit cercle comprenant Jules Renard (dont il admire le style), Marcel Schwob, Léon Daudet, Maurice Pottecher (son compatriote vosgien, fondateur du Théâtre du peuple à Bussang), Camille Mauclair, Bywanck, le Hollandais de Paris. Parfois l'accompagne sa sœur Camille, dont la notoriété de « sculpteuse » grandit (*L'Abandon* est de 1888, *La Valse* de 1893), cependant que sa liaison avec Rodin est connue du Tout-Paris des arts.

Soucieux de protéger son indépendance de créateur, Paul songe à acquérir un métier. Reçu premier au concours des Affaires étrangères (1890), il est attaché au ministère et s'installe quai Bourbon, dans l'île Saint-Louis, non loin de Camille. C'est alors qu'il rédige la première version de *La Jeune Fille Violaine* (+). En février 1893, il est nommé vice-consul suppléant à New-York, avant de se voir confier la gérance du consulat de Boston (décembre 1893-février 1895).

L'exil américain ne l'empêche pas d'écrire : il compose *L'Échange* (*), achève la seconde version de *Tête d'or* et traduit l'*Agamemnon* (*) d'Eschyle.

Nommé à Shanghaï en novembre 1894, il ne rejoindra son poste qu'en juillet 1895. Pendant son séjour en France, tantôt à Paris, tantôt à Villeneuve, il entreprend une nouvelle version de *La Ville*. Sa première campagne chinoise va s'étendre sur quatre ans : d'abord affecté à Shanghaï où il s'ennuie, il est bientôt chargé de gérer le consulat de Fou-tcheou, qui lui plaît davantage. De retour à Shangaï à la fin de 1896, il est en mars 1897 à Hank'eou : là, il négocie la construction du chemin de fer Hank'eou-Pékin et se lie d'une amitié qui ne cessera plus avec son collègue belge E. Francqui. En septembre, il est à nouveau à Shanghaï. Durant l'été 1898, il voyage au Japon, avant d'être enfin nommé vice-consul en titre à Fou-tcheou, retrouvé avec bonheur. Dans ses diverses résidences, il se partage entre ses tâches professionnelles, la lecture, en particulier celle des Livres saints, et la création : il compose *Le Repos du septième Jour,* achève la seconde version de *La Ville,* reprend *La Jeune Fille Violaine,* écrit de nombreux poèmes de *Connaissance de l'Est* (*).

En octobre 1899, après un détour par la Syrie et la Palestine (il est à Bethléem le jour de Noël), il regagne la France où il va s'installer presque dix mois, à Villeneuve et, le plus souvent, à Paris. Mais deux séjours surtout méritent mention, l'un à l'abbaye de Solesmes au printemps, l'autre en deux temps à celle de Ligugé : il se demande et compte demander à Dieu si sa vocation n'est pas d'être prêtre et religieux. Ne percevant nulle réponse claire, il retourne en Chine et reprend son poste de Fou-tcheou, où il va demeurer jusqu'en 1905. Sur le bateau, il rencontre celle qui partagera sa vie durant quatre ans, lui donnera une fille et deviendra l'Ysé de *Partage de midi* (*).

À Fou-tcheou, sa vie tant privée que publique lui laisse le temps de poursuivre son œuvre. Il publie *L'Arbre* – réunissant *Tête d'or* II, *La Ville* II, *La Jeune Fille Violaine* II, *Le Repos du septième Jour, L'Échange* (*) ; il termine *Connaissance de l'Est* et la première des *Cinq grandes odes* (*), dont la fin est l'écho lyriquement transposé de la passion qu'il est en train de vivre ; il compose aussi *Co-naissance du temps* (+) et le *Traité de la co-naissance au monde et de soi-même* (+).

Durant l'été 1903, Paul Claudel et Rosalie Vetch reçoivent Philippe Berthelot et sa compagne Hélène – point de départ d'une amitié qui jouera un rôle déterminant dans la carrière du poète diplomate. Celle-ci ne tarde pas à être menacée : une campagne de dénonciations oblige le Quai d'Orsay à enquêter sur place ; Rosalie, enceinte, doit quitter Fou-tcheou le 1er août 1904. Bientôt Claudel apprendra qu'elle a rencontré un autre homme. De retour en Europe, il essaie vainement, en compagnie du mari deux fois berné, de retrouver la fugitive.

En août 1905, sur les conseils des moines de Ligugé réfugiés en Belgique, il tourne le dos à ce passé brûlant et choisit deux voies pour y parvenir. D'un côté le mariage : il épouse Reine Sainte-Marie Perrin, fille de l'architecte de Fourvière, le 15 mars 1906, trois jours avant de repartir vers la Chine. De l'autre, la création artistique : il fait de son aventure la matière d'un drame, *Partage de midi,* écrit d'abord presque à chaud, puis repris et imprimé (mais non publié) en septembre 1906.

Troisième campagne chinoise de mai 1906 à août 1909, d'abord à Pékin, puis à Tien-tsin. En janvier 1907 naît Marie Claudel, chantée dans la troisième Ode ; la quatrième et la cinquième suivront de près. De mars 1908 datent les débuts de *L'Otage* (*) et de la *Corona* (*). Le même mois voit paraître dans *La Nouvelle Revue française* (*) toute neuve la première contribution claudélienne : *Hymne au Saint Sacrement.* Parmi ses compagnons de la célèbre revue : Gide, Rivière, Suarès. Il exerce auprès d'eux un apostolat peu discret qui ne réussit qu'auprès de Rivière. Les relations avec Gide s'aigriront jusqu'à la rupture, en 1914, lors de la publication des *Caves du Vatican* (*) — v. *Correspondance de Claudel et de Gide* (*).

De 1909 à 1916 s'étend la période européenne de la carrière de Claudel, jalonnée par cinq étapes : Prague, 1909-1911 ; Francfort, 1911-1913 ; Hambourg, de septembre 1913 à la déclaration de guerre ; Paris-Bordeaux-Paris, 1914-1915 ; mission économique à Rome, 1915-1916. Il traverse en mars 1913 une semaine affreuse : son père meurt le 3 ; le 10, il fait interner sa sœur Camille devenue « folle ». Celle-ci restera enfermée jusqu'à sa mort en octobre 1943.

L'œuvre continue à s'enrichir : il termine *L'Otage* (1910) ; en 1910-1911, il récrit encore une fois *La Jeune Fille Violaine,* qui devient *L'Annonce faite à Marie* (*), montée par Lugné-Poe au Théâtre de l'Œuvre en décembre 1912. Le *Bulletin de l'Œuvre* publie son texte, très instructif : « Mes idées sur la manière générale de jouer mes drames. » L'année suivante, au théâtre allemand d'Hellerau en compagnie de Darius Milhaud, son futur musicien, il en découvre une parfaite réalisation. Il compose d'autre part la *Cantate à trois voix* (*) (1911-1912) ; *Protée* (*) (1913) ; *Le Pain dur* (*) (1913-1914) ; *Le Père humilié* (*) (1915-1916).

En janvier 1917, Claudel est nommé ministre de France au Brésil. Il part pour Rio, accompagné de Milhaud en qualité de secrétaire. Il voyage beaucoup et déploie une grande activité pour contrecarrer l'influence allemande. Il rencontre le prodigieux danseur Nijinski, pour lequel il compose *L'Homme et son désir,* et se lie d'amitié avec Audrey Parr (« Margotine ») qu'il fait travailler aux décors et costumes. Il écrit les grands poèmes de *Feuilles de saints* (*).

De janvier à août 1919, il séjourne en France et commence à songer au *Soulier de satin* (*). Nommé à Copenhague, il est surtout requis par la Commission de contrôle du Schleswig-Holstein. En septembre 1920, il interrompt le *Soulier de satin* pour écrire *L'Ode jubilaire (...) de Dante.* En janvier 1921, il est nommé ambassadeur au Japon, où il n'arrivera que dix mois plus tard. Lors de deux passages à Londres, il retrouve Rosalie et leur fille Louise : ainsi débute le long et pénible épilogue du drame de Fou-tcheou.

Sa mission à Tokyo s'étend de novembre 1921 à février 1927, marquée par le séisme du 1er septembre 1923 : l'incendie ravage l'ambassade de France et détruit entre autres manuscrits celui de la IIIe Journée du *Soulier de satin.* En décembre 1924, l'ambassadeur aura la satisfaction d'inaugurer la Maison franco-japonaise à Tokyo, avant d'aller séjourner durant toute l'année 1925 en Europe. Il passe des vacances familiales au château de Lutaine, où il commence les *Conversations dans le Loir-et-Cher* (*).

1926 va être sa dernière année d'Extrême-Orient ; le poète n'y perd pas son temps : il compose *Cent phrases pour éventails, L'Oiseau noir dans le soleil levant* (*), écrit plusieurs essais et met au net *Le Soulier de satin.*

Après les six années d'ambassade à Tokyo viennent, en nombre égal, celles de Washington, 1927-1933. La tâche professionnelle y sera beaucoup plus lourde : visites aux divers États, pacte Briand-Kellog, épineuse question de la « dette » ; mais son séjour est entrecoupé de longs congés en France : 1927 et 1930. En 1927, Claudel achète le château de Brangues (Isère), où il termine les *Conversations dans le Loir-et-Cher* et compose *Christophe Colomb.* À Washington, il noue une amitié fervente, entretenue par une correspondance parfois quotidienne, avec Agnes E. Meyer, qui l'aide à supporter son fardeau. Il achève *Positions et Propositions* (*) (1928) et ouvre la série de ses commentaires de *La Bible* qui formeront, jusqu'à sa mort, le second versant de son œuvre, encore plus important à ses yeux que le premier : il commence *Les Aventures de Sophie* (*) en décembre 1931, achève *Au milieu des vitraux de l'Apocalypse* en 1932, compose *Figures et Paraboles* (*) de 1931 à 1933.

En mars 1933, Philippe Berthelot, malade, est mis en disponibilité ; il mourra l'année suivante. Claudel est nommé à Bruxelles, port d'attache entre maints voyages vers la Hollande et la France. Il écrit *L'Introduction à la peinture hollandaise* — v. *L'Œil écoute* (*) —, *Pan et Syrinx* (à Brangues), *Jeanne au bûcher* (pour Ida Rubinstein), *Un poète regarde la Croix* (*) et commence *L'Epée et le Miroir* (*).

Mis à la retraite après 47 ans de services, il quitte Bruxelles en juin 1935, heureux de se donner enfin tout entier à son art. Les fruits de ce dernier ne suffisent pas à convaincre l'Académie française de l'accueillir : elle lui préfère Claude Farrère (mars 1935). D'août 1936 à l'automne 1937, une maladie grave (anémie persistante) entrave son élan ; il achève néanmoins *L'Épée et le Miroir* (1937).

En 1938, il compose, de nouveau pour Ida Rubinstein, *L'Histoire de Tobie et de Sara,* à la fois drame et parabole biblique.

Après la déclaration de guerre, il revient à Paris. Par l'entremise de Marie Romain-Rolland, il retrouve l'amitié de son compagnon de jadis. En juin 1940, il part pour Alger, convaincu que la guerre doit s'y poursuivre ; évincé, il retourne à Brangues. D'abord enclin à suivre le maréchal Pétain dans son effort de « révolution nationale », il est bientôt déçu et se tourne vers l'autre camp. En novembre 1943, grâce à la ténacité de J.-L. Barrault qui va devenir le metteur en scène attitré de Claudel, *Le Soulier de satin* est triomphalement représenté au Français. 1943, c'est aussi l'année où meurt Camille, que son frère a pu revoir une dernière fois. L'œuvre « biblique » se poursuit avec *Paul Claudel interroge l'Apocalypse,* 1941-1942, puis *Paul Claudel interroge le Cantique des cantiques,* 1943-45.

À la Libération, l'un de ses premiers gestes est l'envoi d'un message au général de Gaulle, suivi d'une longue lettre d'analyse et de conseils. En mai 1948, il accepte d'entrer au Conseil national du R.P.F. ; mais il le quittera en mars 1952, n'admettant pas que les gaullistes mêlent leurs voix à celles des communistes pour faire échec à l'Europe. Claudel et de Gaulle se garderont néanmoins estime jusqu'au bout.

L'écrivain — le dramaturge surtout — connaît enfin la gloire et les honneurs : il est élu à l'Académie, sans avoir posé sa candidature (1946). Ses pièces sont jouées en France et à l'étranger ; on retiendra surtout la création de *Partage de midi* en décembre 1948 au théâtre Marigny, avec Edwige Feuillère et J.-L. Barrault, la représentation de *Jeanne au bûcher* (*) à l'Opéra en décembre 1950, et enfin, peu de jours avant sa mort, la reprise de *L'Annonce* au Français.

Les ouvrages qu'il compose au cours de sa dernière décennie — 1945-1955 — sont presque tous, suivant sa résolution prise depuis longtemps déjà, des commentaires plus ou moins hardis et torrentiels des Livres saints. Il achève celui du *Cantique des cantiques* et il écrit *La Rose et le Rosaire* en 1945 ; il rédige *Emmaüs* (1945-47) ; *L'Évangile d'Isaïe* (1948-50) ; il le reprend en 1954. C'est au milieu d'une phrase d'*Isaïe* que sa plume s'est arrêtée à son dernier jour, le 23 février 1955.

Le rappel d'une vie, si riche soit-elle d'années, de péripéties et d'œuvres, ne suffit pas à embrasser dans son ampleur et sa complexité le phénomène Claudel, on veut dire la rencontre en un seul d'au moins quatre personnages hors du commun : un homme privé plein d'imprévisibles contrastes, un homme public dont l'envergure est souvent encore mal mesurée, un croyant fort d'une foi intrépide et qu'il voudrait contagieuse, et par-dessus le tout un fulgurant génie lyrique et dramatique. Lui-même nous a livré l'un des secrets de cette étrangeté dans un texte de 1920 : « La vérité est que l'être humain est bâti, si je peux dire, à deux étages ; au premier [...] il y a un bourgeois naïf, fort disposé à se tenir content de ce monde matériel, persuadé que le bonheur consiste dans la plus large satisfaction possible de tous ses besoins physiques. Dans le sous-sol [...] il y a un original qui considère un tel bonheur comme pire que la plus affreuse des catastrophes, et qui met sournoisement tout en œuvre pour l'empêcher. C'est cet anarchiste essentiel et souterrain que le christianisme est venu évangéliser, non sans dommage quelquefois pour le bon ordre du médiocre immeuble... »

Cet apologue éclaire les deux faces, à tant d'égards irréductibles, de celui qui aurait pu dire, à la ressemblance de son maître : « Je est un autre. » L'une de ces faces, celle des jours ordinaires, c'est l'aspect extérieur du catholique, défenseur de la règle, de toutes les règles et se les imposant à soi-même, hormis le temps de la folle crise méridienne. À l'opposé triomphe l'« homme de désir » — de tous les désirs : celui de Dieu, mais aussi de sa création et des créatures, au premier rang desquelles la femme au triple visage : la Sagesse des Livres bibliques, la Vierge du *Soulier de satin,* la Femme enfin, héroïne de chacun de ses drames, « sur le front de qui est inscrit le mot : mystère. Elle est la possibilité de quelque chose d'inconnu. Un être secret et chargé de significations. Un être secret et de soi-même ignoré qui postule d'une intervention extérieure sa réalisation » (Préface de *Partage de midi,* 1948). Mais au fait, n'est-ce pas en même temps et très exactement le destin de celui qui a reçu le don de la dévisager et de l'identifier : le poète ?

GÉRALD ANTOINE.

♦ *« Je n'attache absolument aucun prix à la valeur littéraire de mon œuvre. C'est Frizeau le premier qui, ramené à Dieu par mes drames et sachant y voir la religion dominer tout, me fit penser : je n'ai donc pas écrit en vain. La beauté littéraire de mon œuvre n'a pour moi d'autre importance que celle qu'y peut trouver un ouvrier qui a conscience d'avoir bien fait sa tâche. »* Paul Claudel, d'après le *Journal* d'André Gide. ♦ *« Claudel est redoutable et cruel ; il se jette sur nous avec la même impétuosité que son Dieu... Ce n'est pas l'assentiment de notre goût qu'il désire ; mais il exige notre âme, afin de l'offrir à Dieu. »* Jacques Rivière. ♦ *« Cet homme donne à chaque instant la preuve qu'il est l'égal des plus grands, encore qu'on ne le puisse comparer longuement et utilement avec aucun. Qu'il inquiète, qu'il enthousiasme ou qu'il déconcerte, il possède cette vertu suprême de s'emparer de l'âme et de faire, pendant la minute suffisante, oublier qu'il y a un autre monde que le sien, oublier qu'il y a d'autres personnes, et qui écrivent. »* Georges Duhamel. ♦ *« Son œuvre, comme le grondement pathétique de l'orgue, crée une atmosphère de vigoureuse et suprême noblesse. »* Anna de Noailles. ♦ *« Le plus gros paquet de mer poétique que nous ayons reçu depuis Hugo. »* A. Thibaudet. ♦ *« Catholique intégral ayant depuis près d'un demi-siècle fait en lui l'unité du chrétien, de l'homme et du poète, Claudel, dans la littérature française, est celui qui a consacré la parole humaine. »* Charles Du Bos. ♦ *« Il y a du barbare chez Claudel — on l'a dit avec raison — mais, comme la littérature moderne est en train de se tromper, en grande partie du moins, sur le sens de la civilisation, il est salutaire de se renouveler par cette barbarie-là.* » Gaëtan Bernoville. ♦ « *Je l'aime et le veux ainsi, faisant la leçon aux catholiques transigeants, tièdes et qui cherchent à pactiser. Nous pouvons l'admettre, l'admirer ; il se doit de nous vomir. Quant à moi, je préfère être vomi que vomir.* » André Gide. ♦ « *C'est l'*Otage *et* Tête d'or *que j'ai préférés... Dès les premiers versets, j'étais bouleversé comme à l'approche d'une tempête sublime. Plus tard, j'ai réagi contre l'emphase et l'affectation d'un langage qui me semblait aussi éloigné du naturel que l'argot inventé du distingué Rictus.* » Marcel Jouhandeau. ♦ « *Je ne vois pas d'écrivain de notre temps, si l'on fait exception pour Ramuz, qui ait, au même point que Paul Claudel, consenti au monde entier, qui l'ait assumé pour nous, qui se soit efforcé de nous le rendre, et qui ne sente enfin que pour connaître... Il était la plénitude, il était aussi la modestie dans la plénitude.* » Jean Paulhan. ♦ « *Toute la vie de Claudel n'a été qu'un long, patient et douloureux effort pour se rendre lui-même praticable au souffle. Chaque drame porte la trace d'un obstacle vaincu et dépassé. Successivement, la volonté de puissance, le désir d'une liberté sans frein, le refus de la loi, l'amour de la femme, les liens du sang et de la race, la passion même de l'univers ont été laissés derrière nous, car la route nous invitait à continuer.* » Jacques Madaule.

RÉF. : J. Rivière, *Études,* Paris, 1911. – G. Duhamel, *Paul Claudel, le philosophe, le poète, l'écrivain,* Paris, 1913. – R. Grosche, *Paul Claudel,* Hellerau, 1930. – J. Madaule, *Le Génie de Paul Claudel,* Paris, 1934 ; *Le Drame de Paul Claudel,* Paris, 1947. – Numéro spécial de *La Vie intellectuelle,* Paris, 10 août 1935. – Numéro spécial de *La Nouvelle Revue française,* Paris, décembre 1936 ; de la nouvelle *N.R.F.,* Paris, septembre 1955. – A. Molitor, *Aspects de Paul Claudel,* Paris, 1945. – H. Urs von Balthasar, *Paul Claudel, der seidene Schuh,* Lucerne, 1947. – J. Samson, *Paul Claudel poète musicien,* Paris, 1947. – *Cahiers Paul Claudel,* Paris, 1960. – H. Guillemin, *Le « converti » Paul Claudel,* Paris, 1968. – A. Blanc, *Les Critiques de notre temps et Claudel,* Paris, 1970. – P. Brunel, *Claudel et Shakespeare,* Paris, 1971. – M. Lioure, *L'Esthétique dramatique de Paul Claudel,* Paris, 1971. – G. Antoine, *Paul Claudel ou l'enfer du génie,* Paris, 1988. – D. Millet-Gérard, *Anima et la Sagesse,* Paris, 1990.

CLAUDIEN (Claudius Claudianus). Poète latin. Né probablement à Alexandrie d'Égypte – bien que quelques-uns inclinent en faveur de Canope près d'Alexandrie ou même le fassent naître en Paphlagonie –, aux environs de 370 ; mort à Rome, peut-être en 404, mais certainement avant 408. C'est à Alexandrie qu'il apprit le grec et le latin et qu'il se fit très rapidement connaître. Il s'exprima tout d'abord dans sa langue natale, avec les *Épigrammes* et peut-être également avec *La Gigantomachie* (*), un petit poème mythologique dont il nous est resté environ 80 vers. Puis, en 395, il se rendit à Rome et commença à utiliser le latin, langue dont il avait recherché et assimilé parfaitement les tours les plus élégants, à travers les modèles des siècles passés. Rome fascina ce Grec oriental doué d'une imagination chaleureuse et d'une extraordinaire faconde ; il plut et devint poète de cour à Milan ; il fut protégé par les empereurs Arcadius et Honorius, se lia avec le général Stilicon, avec les consuls Propinus et Olibrius ; il fut anobli et on lui éleva une statue sur le forum de Trajan (402), avec une inscription en grec qui en faisait l'héritier d'Homère et de Virgile. Rome, avec ses fastes, ses coutumes, sa magistrature, se retrouve tout entière dans la poésie de Claudien, qui, de même que Rutilius Namatianus, fut un des derniers à la célébrer une ultime fois avec un enthousiasme prenant. Tantôt il loue ses amis et ses protecteurs, comme dans les *Panégyriques* (*) et l'*Épithalame* (*) ; tantôt, dans de brefs poèmes épiques, comme *De la guerre des Gètes, De la guerre de Gildon*, et l'*Éloge de Stilicon* (*), il exalte les victoires qu'a remportées Stilicon sur Alaric et le Maure rebelle Gildon. C'est encore pour défendre Stilicon qu'il écrit les *Invectives contre Rufin et Eutrope.* Sans doute Claudien s'est-il converti au christianisme si l'on admet l'authenticité du poème *De Salvatore* où il est fait allusion aux miracles et à la vie du Christ ; mais on ne peut croire à des convictions profondes, car Claudien ne se détacha point pour autant des divinités et des mythes païens qu'il fait revivre dans *L'Enlèvement de Proserpine* (*), poème admirable quant à la forme et aux sentiments exprimés. De sorte qu'Orose le traita de « païen endurci » et que saint Augustin, dans *La Cité de Dieu* (*), déclare que Claudien a de la répugnance pour le nom du Christ.

RÉF. : P. Fargues, *Claudien,* Paris, 1933. – D. Romano, *Claudiano,* 1958.

CLAUS Hugo. Écrivain belge d'expression néerlandaise. Né à Bruges le 5 avril 1929. Les classifications traditionnelles ne peuvent guère être appliquées à l'œuvre volumineuse et complexe de l'auteur le plus polyvalent et productif de la littérature néerlandophone du XXe siècle. Depuis les années 50, il s'est consacré avec autant d'intuition que d'intelligence à la poésie, à la prose et au théâtre. Il a publié plus de cent œuvres parmi lesquelles quarante recueils de poésie, une vingtaine de livres de prose et autant de pièces de théâtre. Il a été également traducteur et adaptateur, surtout dans le domaine du théâtre (Aristophane, Euripide, Sophocle, Sénèque, Ben Jonson, Cyril Tourneur, William Shakespeare, Georg Büchner, Dylan Thomas, Natalia Ginzburg, Christopher Logue...). Le recueil *Poèmes d'Oostakker* [*De Oostakkerse gedichten*, 1955], les pièces de théâtre *Sucre* [*Suiker*, 1958] et *Vendredi, jour de liberté* (*) (1969) et les romans *L'Étonnement* [*De verwondering*, 1962] et *Le Chagrin des Belges* (*) (1983) sont considérés comme le meilleur de son œuvre. Claus est un des auteurs néerlandophones les plus couronnés. La représentation à Paris de sa pièce *Andrée ou la Fiancée du matin* [*Een bruid in de morgen*, 1955] a obtenu le prix Lugné-Poe, alors que (la traduction de) son roman *Jours de canicule* [*De hondsdagen*, 1952] s'est vu attribuer le prix Bonjour Jeunesse. Claus a reçu six fois le prix d'État belge, dont quatre fois pour le théâtre ; en 1986 son œuvre a obtenu le prix des Lettres néerlandaises, la distinction la plus haute attribuée à un auteur néerlandophone. Claus est également actif comme peintre, comme metteur en scène de film et de théâtre, et comme auteur de livrets et de scénarios. Claus est un esprit universel qui, en tant qu'écrivain, a donné libre cours à son talent sans craindre la diversité de styles, de formes, de genres et de registres. Sa poésie est tantôt hermétique et érudite, tantôt claire et accessible, narcissique ou engagée, associative ou strictement logique. Il n'évite ni vers libre ni sonnet, ni rhétorique ni langue parlée. De longs poèmes épiques comme *Le Signe du hamster* [*Het teken van de hamster*, 1963] ou des recueils élaborés comme *Almanach* [*Almanak*, 1982] constituent des œuvres hétérogènes aux tendances différentes et même contradictoires. Sa maîtrise de la langue est impressionnante, surtout dans ses œuvres érotiques et contestataires. Dans sa prose également la diversité prévaut. Des fragments maniéristes et ésotériques alternent avec des scènes en langage populaire, des passages épiques avec des dialogues et des fragments lyriques, des représentations purement naturalistes avec des fantaisies grotesques ou surréalistes. Mieux qu'aucun autre prosateur néerlandophone il a su exploiter les acquis techniques de l'avant-garde. Des romans ruraux flamands, comme *La Chasse aux canards* [*De Metsiers*, 1951] et *À propos de Dédé* [*Omtrent Deedee*, 1963], sont suivis par des romans d'inspiration exotique, qui semblent tantôt légers et accessibles, comme *L'Homme aux mains vides* [*De koele minnaar*, 1956] et *Une douce destruction* [*Een zachte vernieling*, 1988], tantôt denses et hermétiques, comme *Honte* [*Schaamte*, 1972]. Le théâtre de Claus est également caractérisé par une grande hétérogénéité. Il a écrit des tragédies et des comédies, des romances et des satires. Des pièces comme *Sucre* et *Vendredi, jour de liberté*, qui puisent leurs effets les plus forts dans un mélange de comique et de tragique, ont en commun un certain réalisme. D'autres pièces, comme l'adaptation de *Thyeste* de Sénèque [*Thyestes*, 1966], mettent en pratique le « théâtre de la cruauté » d'Antonin Artaud, alors que d'autres appartiennent au théâtre épique à la manière de Bertolt Brecht – *Le Chant de l'assassin* [*Het lied van de moordenaar*, 1957]. Comme sa vie – Claus a résidé pendant des années en Italie, à Paris et à Amsterdam – sa conception de la vie et son œuvre sont placées sous le signe du devenir, de la dynamique, du sens de l'aventure et de l'aspiration à la liberté. Dans son œuvre le thème de l'absence de liberté domine. Œdipe y est le symbole de la dépendance universelle (psychologique, existentielle, sociale...) de l'homme. En raison de leurs liens œdipiens, les personnages principaux restent immatures et ils ont des rapports problématiques avec la famille, la femme et la société.

GEORGES WILDEMEERSCH.

CLAUSEWITZ Karl von. Officier supérieur et théoricien militaire allemand. Né le 1er juin 1780 à Burg, près de Magdebourg, mort le 16 novembre 1831 à Breslau. Fils d'un lieutenant de l'armée prussienne mais d'origine roturière, Clausewitz est nommé aspirant dans un régiment d'infanterie dès l'âge de douze ans. Quelques mois plus tard, il est déjà un combattant, prenant part à la campagne de France dans les armées de la Première Coalition (1793-1794). En 1795, il est promu lieutenant. Remarqué par son supérieur en raison de son goût pour l'étude, Clausewitz est muté en 1801 à l'Académie militaire de Berlin. Il y devient un admirateur de Scharnhorst, le futur réformateur de l'armée prussienne. C'est en qualité d'aide de camp du prince Auguste de Prusse que Clausewitz a vécu en 1806 la défaite d'Auerstaedt. Durant la retraite qui s'ensuit, il est fait prisonnier, et restera interné en France jusqu'à la paix de Tilsit (1808). Une fois libéré, il participe, aux côtés de Scharnhorst dont il devient le plus proche collaborateur, à la réforme du système militaire prussien, adaptation urgente des structures de l'armée à l'esprit nouveau de démocratisme et de patriotisme, dont la diffusion dans les Allemagnes est une conséquence directe du changement de mentalité entraîné par l'exemple de la Révolution française. L'année 1812 marque un tournant dans l'existence de Clausewitz. Le roi de Prusse est contraint par les circonstances de s'allier à Napoléon et de mettre à sa disposition un corps auxiliaire de dix-huit mille hommes. Ulcéré, Clausewitz le quitte alors pour prendre du service dans l'armée du Tsar. C'est l'époque où il écrit sa *Profession de foi patriotique* (*), texte imprégné d'un nationalisme ardent (durant la Seconde Guerre mondiale, Goebbels en fera lire des extraits à la radio hitlérienne par l'acteur Heinrich George). C'est sous l'uniforme d'un officier de l'état-major russe que Clausewitz combat à la bataille de la Moskowa (Borodino) et assiste au désastre de l'armée française au passage de la Bérézina. En décembre 1812, Clausewitz prépare avec le général Yorck von Wartenburg, qui commande le corps prussien intégré à la Grande Armée, la fameuse déclaration de neutralité qui équivaut à un ralliement aux Russes et que sanctionne la convention de Tauroggen. L'attitude indépendante de Clausewitz, qui ne rentre en Prusse qu'après la rupture du roi avec Napoléon (janvier 1813), lui vaut la méfiance de celui-ci. Ce n'est qu'en 1814 que Clausewitz est réintégré dans les cadres de l'armée prussienne, mais il est tenu à l'écart lors de la campagne de France. Nommé de nouveau à l'état-major prussien en

1815, il combat contre Grouchy, mais non directement contre Napoléon à Waterloo. Lorsque la paix revient en Europe, Clausewitz est un officier supérieur immensément expérimenté, mais frustré de la gloire à laquelle il aspirait. La fin de sa carrière sera terne. Clausewitz est nommé directeur administratif de l'École de guerre, ce qui équivaut à une disgrâce, car il n'y exerce aucune activité d'enseignement. Il lui faut attendre 1830 pour être promu : il est nommé inspecteur de l'artillerie à Breslau, puis chef d'état-major auprès du maréchal de Gneisenau à Posen (Posnan). Il y meurt au bout de quelques mois, emporté par le choléra. L'œuvre maîtresse de Clausewitz est son célèbre traité *De la guerre* (*), demeuré inachevé. L'ouvrage a été lu avidement (au bout d'un certain temps de latence, il est vrai) par les générations suivantes, mais les enseignements qu'elles ont cru devoir en tirer montrent que l'interprétation de la doctrine clausewitzienne a donné lieu à de graves contresens, dont le plus éclatant a consisté à faire de Clausewitz un précurseur de la guerre totale. Il est néanmoins indéniable que Clausewitz est un belliciste pour qui la guerre est l'épreuve la plus haute et la plus salutaire dans la vie des États, et le moyen privilégié de l'affirmation nationale. Mais ce bellicisme n'est pas sommaire. Il découle d'une conception nouvelle de la nation, inspirée par la leçon de la défaite d'Iéna, qui a failli entraîner la disparition de la Prusse et la transformation de l'Allemagne en satellite de la France. Un peuple, soutient Clausewitz, ne peut être libre que s'il est militairement puissant et redouté. Même l'épanouissement culturel le plus brillant ne peut à lui seul le tirer de l'état d'abjection qu'entraîne la domination de l'étranger, tant que le vouloir national n'est pas tendu en permanence dans la perspective de l'affrontement. Clausewitz s'est en outre toujours attaché à souligner les impératifs militaires liés à la situation géographique très exposée de l'Allemagne.

PIERRE VAYDAT.

RÉF. : Hans Rothfels, *Karl von Clausewitz*, Berlin, 1921. – Gerhart Ritter, *Staatskunst und Kriegshandwerk. Das Problem des « Militarismus » in Deutschland*, Munich, 1954, t. I. – Werner Hahlweg, *Clausewitz. Soldat, Politiker, Denker*, Göttingen, 1969. – Raymond Aron, *Penser la guerre. Clausewitz*, 2 vol., Paris, 1976. – Peter Paret, *Clausewitz and the State*, Oxford, 1976. – Wilhelm von Schramm, *Clausewitz. Leben und Werk*, Esslingen, 1977. – Michael Howard, *Clausewitz*, Oxford, 1983. – Panayotis Kondylis, *Theorie des Krieges. Clausewitz, Marx, Engels, Lenin*, Stuttgart, 1988.

CLAVEL Bernard. Romancier, essayiste, critique d'art, journaliste français. Né à Lons-le-Saunier (Jura) le 29 mai 1923, d'un père boulanger et d'une mère fleuriste. Après son certificat d'études (1938), il exerce une multitude de métiers : de débardeur à polisseur de lunettes, de bûcheron à relieur, de pâtissier à employé de bureau. Il fut même lutteur forain. Ces tâches alimentaires n'empêchent pas Bernard Clavel de répondre à une impérieuse vocation : être artiste. Il peint, il écrit mais le succès ne suit pas. De cette douloureuse expérience naît *L'Ouvrier de la nuit* (1956). La dure école de la vie nourrit des romans comme *La Maison des autres* (1962) ou *L'Hercule de la place* (1966). 1958 fut une année charnière : Jacques Peuchmaurd accueille Clavel aux éditions Laffont ; *Qui m'emporte* est salué par *Le Canard enchaîné*. L'écrivain est conseillé et encouragé par Hervé Bazin, Armand Lanoux, Jean Reverzy... Entré comme journaliste au *Progrès de Lyon,* il connaît son premier succès littéraire avec *L'Espagnol* (1959), remarqué par André Stil comme par Yves Berger, couronné par le prix Eugène Le Roy. L'adaptation télévisée qu'en fit Jean Prat en 1967 gagne à Clavel un public fidèle et étendu. Seront adaptés pour la télévision, entre autres livres, *La Maison des autres, L'Hercule sur la place, Malataverne, Le Silence des armes.* Pour le cinéma, Denis de La Patelière adapte *Le Tonnerre de Dieu* (tiré de *Qui m'emporte*), avec Jean Gabin, et *Le Voyage du père,* avec Fernandel. En 1968, le prix Goncourt est décerné aux *Fruits de l'hiver,* dernier tome de la suite romanesque *La Grande Patience* (*). « Un romancier du peuple devenu un romancier populaire » : cette définition de Bernard Clavel par Michel Ragon s'accorde à une œuvre qui, à travers la quotidienneté des travaux, des joies et des peines, célèbre la vie, le courage et la force de continuer sa tâche et d'aimer en luttant contre les éléments et les événements, contre soi-même et, malheureusement, les autres parfois. Tel est le fond des grandes fresques, l'une consacrée à la Franche-Comté, *Les Colonnes du ciel,* l'autre au Québec, *Le Royaume du Nord,* ou des romans isolés comme *Le Seigneur du fleuve* ou *La Révolte à deux sous.*

La générosité, la révolte qui animent l'œuvre de Clavel doivent à l'activité militante de ce dernier, en compagnie des pères Robert Boyer et Maurice Lelong, de l'anarchiste Louis Lecoin, des animateurs de « Terres des hommes ». Les luttes pour l'objection de conscience et la paix, les réfugiés du Bangladesh et les enfants victimes des guerres conduisent au *Massacre des innocents* (1970), au *Silence des armes* (1974), et à *Lettre à un képi blanc* (1975)... La passion de conter et l'amour des enfants ont amené Clavel à écrire pour ceux-ci une vingtaine de volumes ; de *L'Arbre qui chante* (1967) à *La Cane de barbarie* (1992). Enfin, la peinture n'a pas été abandonnée par Clavel qui a écrit sur *Paul Gauguin, Léonard de Vinci...*

Couronné par de nombreux prix (Fénéon, Jean Macé, populiste...), Bernard Clavel a reçu pour l'ensemble de son œuvre le grand prix littéraire de la Ville de Paris.

YANNICK PELLETIER.

CLAVIJO Ruy González de. Voyageur espagnol. Né à Madrid, mort dans cette même ville le 2 avril 1412. De famille aisée et bien considérée, il fut envoyé par Henri III de Castille (1390-1406) comme ambassadeur auprès de Tamerlan, avec Gómez de Salazar et un maître en théologie, le frère Alonso Paez de Santa María. Ils s'embarquèrent à Puerto de Santa María le 22 mai 1403, chargés de splendides présents du roi pour Tamerlan ; ils firent escale aux Baléares, à Gaète, Rome, Rhodes, Constantinople, puis, longeant les côtes de la mer Noire, ils atteignirent Trébizonde d'où ils pénétrèrent à l'intérieur des terres et, le 4 septembre 1404, ils arrivèrent à Samarcande où Tamerlan avait sa Cour. Le conquérant mongol, déjà gravement malade, les reçut et les traita avec magnificence. L'ambassade espagnole le quitta en emportant de riches présents et revint sans incident dans son pays à Sanlucar, le 1er mars 1406. Clavijo rejoignit la cour, qui résidait alors à Alcalá de Henares, et le roi le nomma chambellan. À la mort d'Henri III, il se fixa à Madrid, où il fut enseveli, quand il mourut, dans la chapelle du monastère de Saint-François qu'il avait fait reconstruire à ses frais. Clavijo avait rédigé un journal de son voyage, qui fut publié pour la première fois à Séville, en 1582, sous le titre *Histoire du grand Tamerlan* (*). Bien qu'enjolivé d'éléments fantastiques, le récit est curieux et plein de renseignements sur la géographie des pays traversés.

RÉF. : Louis Morel, *Clavijo en Allemagne et en France,* dans la *Revue d'hist. litt. de la France*, 1903.

CLEMENCEAU Georges. Homme politique français. Né à Mouilleron-en-Pareds (Vendée) le 28 septembre 1841, mort à Paris le 24 novembre 1929. Fils d'un médecin qui l'élève dans de ferventes convictions républicaines, il fait lui-même ses études de médecine mais se passionne déjà pour la politique, lance un journal de combat contre l'Empire et passe deux mois et demi à la prison de Mazas. Reçu médecin, il entreprend un voyage en Amérique, rencontre Herbert Spencer et Stuart Mill, donne des cours dans une institution de jeunes filles, épouse une de ses élèves, et rentre en France peu avant la guerre de 1870. Le 4 septembre, il est nommé maire du 18e arrondissement, puis, en février 1871, élu à l'Assemblée nationale où il vote contre les préliminaires de paix. À la fois patriote acharné et révolutionnaire, il approuve d'abord la Commune, puis essaie de jouer un rôle de médiateur entre Paris et Versailles et finit par se retirer quelque temps de la vie politique. Sa carrière, jusqu'en 1875, se déroulera au Conseil municipal dont il devient président. Mais à la Chambre, où il entre un an plus tard, il va pouvoir montrer toutes ses qualités d'éloquence et d'énergie qui l'imposent immédiatement comme chef de la gauche radicale. Dès les années 1885, sa réputation de « tombeur » de ministères est assez justifiée puisque c'est lui qui force Jules Ferry à démissionner après le désastre de Lang-Son, et Jules Grévy après le scandale des décorations. Héritier de l'esprit jacobin, Clemenceau reste sceptique sur la politique coloniale et ne pense qu'à la défense des frontières de l'Est, à la revanche : aussi, après les élections de 1885, est-il un des principaux soutiens de Boulanger, qu'il fait entrer au ministère Freycinet ; mais il sera aussi, à un moment où la presse radicale continuait à soutenir Boulanger, un des premiers à se détacher de celui qu'il croyait être un « général coup d'État ». Un instant compromis dans le scandale de Panama par ses relations avec Cornelius Herz, suspecté d'être « l'homme de l'Angleterre », impopulaire à cause de son opposition à l'alliance russe, Clemenceau est battu aux élections de 1893, mais trouve dans l'affaire Dreyfus — au cours de laquelle il soutient Zola dans son journal *L'Aurore* — l'occasion de reprendre une place de premier plan. Après avoir soutenu la politique anticléricale du ministère Combes et durement réprimé comme ministre de l'Intérieur les grèves de 1906, Clemenceau doit abandonner en 1909 la présidence du Conseil qu'il occupait depuis trois ans, mais il part avec la réputation d'être l'« homme fort » de la République. Aussi, au moment de la grave crise de 1917, Poincaré fera-t-il appel à son vieil adversaire Clemenceau qui, dès l'ouverture des hostilités, n'a cessé de dénoncer faiblesses, incompétences et manœuvres pacifistes (en particulier celles de Caillaux et Malvy). On sait quelle part décisive Clemenceau, qui avait pris pour devise : « Je fais la guerre », a eue dans la victoire de 1918. C'est lui encore, pendant l'année 1918-1919, qui mène les négociations préliminaires du traité de Versailles ; mais, quelques mois plus tard, il est battu aux élections à la présidence de la République — l'Assemblée ayant pris peur devant le mépris du parlementarisme que ce vieux jacobin laissait de plus en plus paraître. Ayant donné sa démission de président du Conseil en janvier 1920, il entre dans une retraite assez amère, occupée par la rédaction d'un ouvrage de philosophie, *Au soir de la pensée* (1927), d'une étude sur *Démosthène* (1926) et surtout de ses Mémoires parus après sa mort, *Grandeur et misère d'une victoire* (*) (1930). Clemenceau fut l'ami de Monet auquel il a consacré des pages d'une grande pénétration. Le « Tigre » fut certainement la personnalité la plus puissante parmi les hommes politiques de la IIIe République ; il s'était imposé très tôt, avant même d'accéder au gouvernement, comme un journaliste d'une vaste culture, capable de traiter les sujets les plus variés, cherchant la force dans la concision — qualités qu'on retrouve chez l'orateur, particulièrement vigoureux, dont le sens des réalités et l'habileté tactique tempéraient un idéalisme démocratique hérité des grands romantiques.

JACQUES PATRY.

♦ *« C'est un tribun, et aussi un homme de lettres ; un tribun d'une véhémence brève et sobre, et d'une drôlerie à l'occasion, qui le mettent à cinq cent mille pics au-dessus des orateurs les plus fameux, qu'ils s'appellent Gambetta, de Mun ou Jaurès. »* Léon Daudet. ♦ *« À quelque parti que l'on appartienne, sous quelque angle que la passion déformante nous le fasse apercevoir, il est impossible de ne pas lui reconnaître les qualités qui toujours surent conquérir et emporter la faveur dans ce pays-ci : la verve batailleuse, l'indépendance du caractère, la souffrance pour les opprimés, la haine des oppresseurs et cette espèce d'humeur chevaleresque et guerrière qu'il porte hardiment dans tous les combats qu'il mène. »* Jules Bertaut.

RÉF. : G. Suarez, *La Vie orgueilleuse de Clemenceau*, 1930. — J. Martet, *M. Clemenceau peint par lui-même*, 1930. — Léon Daudet, *La Vie orageuse de Clemenceau*, 1938. — Philippe Erlanger, *Clemenceau*, Paris, 1979. — J.-B. Duroselle, *Clemenceau*, Paris, 1988. — Annick Cochet, *Clemenceau et la Troisième République*, Paris, 1989.

CLÉMENT d'Alexandrie, saint (Titus Flavius). Écrivain grec chrétien, docteur de l'Église. Né probablement à Athènes vers la seconde moitié du IIᵉ siècle, mort peut-être à Antioche vers 215, c'est une des figures les plus remarquables de la littérature grecque chrétienne du IIIᵉ siècle. Né d'une famille païenne et païen lui-même — peut-être initié aux mystères —, il se convertit à une date et dans des circonstances que nous ignorons. Une de ses œuvres, cependant, le *Protreptique* (*), pourrait être révélatrice à cet égard. Il voyagea en Grèce, en Italie, en Syrie, en Palestine, en Égypte, à la recherche d'un enseignement qui satisfasse son désir de connaître la vérité. Il trouva cette vérité à Alexandrie, dans l'école que dirigeait Pantenos, école dite « Didaskaleion », et dont les tendances mystiques et rationnelles tout à la fois, l'exégèse allégorique et philosophique conquirent très vite son esprit. Après avoir enseigné à son tour, avec Pantenos, il succéda à ce dernier, mort vers 190, et prit la direction de cette fameuse école à laquelle il avait déjà donné un lustre nouveau. Les années pendant lesquelles Clément enseigna au Didaskaleion la religion du Christ — une vingtaine environ — sont parmi les plus fécondes de sa vie. Il s'employa avec tout le zèle d'un apôtre à convertir les rhéteurs, les philosophes, les jeunes gens riches, les femmes élégantes qui hantaient le Didaskaleion. Au moment où Septime Sévère donna l'ordre de persécuter les chrétiens, en 202, Clément fut obligé de quitter définitivement Alexandrie ; il se réfugia en Cappadoce et mourut peut-être à Antioche en 215 environ. Clément connaissait parfaitement la littérature et la philosophie grecques, et tenta de faire un accommodement entre cette même philosophie et le christianisme. Il écrivit donc une sorte de trilogie, où la gnose tient une large place, spécialement dans *Les Stromates* (*) qui complètent le *Protreptique*. Ajoutons encore *Les Hypotyposes* (*), *Quel riche peut être sauvé* (*) et *Le Pédagogue* (*). Son œuvre fut continuée par un de ses disciples, le célèbre Origène.

CLÉMENT d'Ohrid saint. Ecclésiastique, éducateur et écrivain bulgare, le plus talentueux disciple directe des apôtres slaves saint Cyrille et saint Méthode. Né vers 840, mort en 916. Premier évêque de l'Église bulgare (vers 893), il contribua fortement à la christianisation de la Bulgarie. Fondateur du centre culturel d'Ohrid, aux confins occidentaux de l'État bulgare, il jouit d'une immense popularité, pendant tout le Moyen Âge, non seulement à cause de son zèle apostolique mais également en raison d'une activité littéraire intense (traductions et homélies), menée dans une langue claire, simple, lyrique parfois, mais toujours accessible au public le plus humble — v. *Panégyrique de Cyrille le Philosophe* (*). Certains pensent qu'après son séjour en Moravie il inventa l'alphabet dit « cyrillique », différent de celui de saint Cyrille.

ÉLÉNA FOULLIARON.

CLEMENTI Muzio. Compositeur italien. Né à Rome le 23 ou 24 janvier 1752, mort le 10 mars 1832 à Evesham, dans le Worcestershire (Angleterre). Il est l'un des chefs de l'école moderne du piano. Dès l'âge de dix ans, Clementi était organiste dans une église : c'est alors que l'écrivain anglais Peter Beckford, frappé par son talent, l'emmena dans sa propriété du Dorsetshire où, durant sept années, il put se perfectionner et composa ses premières sonates pour piano. Il se rendit ensuite à Londres, donna en 1775 son premier concert public et, un an plus tard, fut nommé maître de clavecin au théâtre italien de cette ville. À partir de 1780, Clementi conquit rapidement, comme pianiste, un grand renom en Europe. Il se fit connaître en Allemagne, en France, en Suisse et, à plusieurs reprises, à Vienne, où il aurait rencontré Haydn, et vit Mozart qui l'accueillit sans bienveillance. Il est vrai que l'empereur Joseph II avait organisé une confrontation entre les deux musiciens qui tourna à l'avantage de Clementi. Quant à Beethoven, Clementi, devenu entre-temps éditeur, signa avec lui un contrat pour publication de ses œuvres. Il avait, en effet, fondé à Londres une maison d'édition musicale et une fabrique de pianos. Il fut le maître de presque tous les professeurs de piano de son temps, notamment Cramer, Czerny et Field. Résidant à Londres, Clementi y dirigea des concerts symphoniques et donna carrière à son inspiration de compositeur, principalement dans les études, en particulier dans le recueil *Gradus ad Parnassum* (*) et dans la soixantaine de sonates pour piano dont une des plus importantes est *Didon abandonnée* (*) (1831) dédiée à Cherubini. Il ne revint qu'occasionnellement en Italie, continua longtemps de mener à Londres une vie très active, puis se retira dans sa propriété d'Evesham où il s'éteignit, octogénaire. Dans le domaine symphonique, on lui connaissait un *Concerto pour piano en ut majeur* et deux *Symphonies* op. 18 composées en 1786. Mais il a en outre composé une trentaine d'autres symphonies, perdues ou qui nous sont parvenues incomplètes : une dizaine de symphonies entre 1790 et 1796, pour la plupart réutilisées dans des sonates pour piano, et vingt symphonies entre 1813 et 1824, instrumentées pour grand orchestre et qui marquent un tournant essentiel dans l'écriture de Clementi. À cet égard, Clementi peut être considéré comme l'un des rares compositeurs importants dont l'œuvre s'échelonne à la fois sur le XVIIIe et sur le XIXe siècle. Alfredo Casella a reconstitué deux de ces symphonies et Pietro Spada quatre, dont une porte le surnom de « Great National Symphony ».

RÉF. : G. Frojo, *M. Clementi, la sua vita, le sue opere*, Milan, 1876. – G.C. Paribeni, *Muzio Clementi nella vita e nell'arte*, Milan, 1919. – G. de Sainte-Foix, *Les Symphonies de Clementi* in *Revue de musicologie*, t. VIII. – Riccardo Allorto, *Le Sonate per pianoforte di Muzio Clementi. Studio critico e catalogo tematico*, Florence, 1959. – Pietro Spada, *The Complete Symphonic Works of Muzio Clementi*, Milan, 1977. – Leon Plantinga, *Clementi, His Life and Music*, Oxford, 1977.

CLÉMENT VIII (Ippolito Aldobrandini). Pape italien. Né à Fano, près de Pesaro, en 1536, mort à Rome le 5 mars 1605. Issu d'une importante famille florentine, il est d'abord auditeur de la Rote, référendaire de Sixte Quint et cardinal dès 1585. Élu pape le 30 janvier 1592, il doit, dès le début de son pontificat, donner toute son attention aux affaires de France : le 25 septembre 1595, il accordera l'absolution à Henri IV, jouera trois ans plus tard un rôle important dans les négociations précédant le traité de Verdun et proclamera en 1599 l'annulation canonique du mariage d'Henri IV avec Marguerite de Valois. Il se créa ainsi une sorte d'intimité entre Clément VIII et Henri IV, attestée par des lettres autographes du roi. C'est surtout de la famille d'Este que vinrent les autres difficultés politiques du pontificat de Clément VIII : celui-ci, à la mort d'Alphonse d'Este, enleva à César d'Este, fils illégitime, la ville de Ferrare où il fit une entrée solennelle le 8 mai 1598. Illustré par des cardinaux comme Baronius, Bellarmin, Du Perron, etc., le règne de Clément VIII a une certaine importance au point de vue théologique : en 1592 paraît l'édition améliorée de la *Vulgate* connue sous le nom de *Bible clémentine* ; en 1595, le *Missel* et le *Pontifical* romains sont révisés ; en janvier 1598 s'ouvrent entre dominicains et jésuites les fameuses conférences « De auxiliis... », sur le molinisme, à propos duquel le pape refusa d'ailleurs de se prononcer ; en février 1600 enfin, Giordano Bruno, l'adversaire de la scolastique et de l'aristotélisme, est brûlé à Rome comme hérérique.

CLÉMENT XI (Giovanni Francesco Albani). Pape italien. Né à Pesaro le 22 juillet 1649, mort à Rome le 19 mars 1721. D'abord secrétaire des brefs, il devient cardinal diacre en 1690 et le 23 novembre 1700 est élu pape comme successeur d'Innocent XII. Il apparaît dès ce moment comme le pape de la France (ayant même, peut-être, demandé l'autorisation de Louis XIV avant d'accepter la tiare) : il reconnaît Philippe V comme roi d'Espagne, échoue cependant dans ses efforts pour lui faire attribuer le royaume de Naples qui revient à Charles, fils de l'empereur Léopold, liquide enfin la grande affaire du jansénisme par la bulle *Vineam Domini Sabaoth* publiée le 16 juillet 1705, confirmée par une nouvelle bulle du 27 mars 1708 et surtout par la bulle *Unigenitus Dei Filius*, qui renouvelle la condamnation portée contre les doctrines de Port-Royal – à propos du livre de l'oratorien Quesnel, *Le Nouveau Testament avec des réflexions morales* (*) –, et ordonne la destruction du monastère, qualifié de « nid d'hérésies ». Le pontificat de Clément XI a également été marqué par les démêlés du pape et du roi de Sicile, de 1713 à 1718, à propos des droits respectifs des justices civile et ecclésiastique et par la bulle *Ex illa die* publiée le 19 mars 1715 et condamnant l'attitude des missionnaires jésuites en Chine permettant aux nouveaux baptisés la poursuite des anciennes pratiques païennes. Clément XI a eu pour successeur Innocent XIII. Son neveu, le cardinal Albani, a publié en 1729 deux volumes de ses *Œuvres*.

CLÉRAMBAULT Louis Nicolas. Organiste et compositeur français. Né le 19 décembre 1676 à Paris, mort le 26 octobre 1749 en cette même ville. Son père était membre des Vingt-Quatre Violons du roi. Louis Nicolas fut l'élève de l'organiste et compositeur Jean-Baptiste Moreau, maître de chapelle, puis maître de musique de la maison de Saint Cyr (créée en 1686 par Mme de Maintenon), et du célèbre virtuose André Raison, compositeur et organiste à l'abbaye de Sainte-Geneviève de Paris. Après avoir occupé plusieurs postes importants d'organiste, il succède à Guillaume-Gabriel Nivers, organiste et maître de chant à Saint-Cyr. Son œuvre comporte de nombreuses cantates pour voix solistes, des motets, des divertissements, un oratorio, des sonates et des symphonies instrumentales, et enfin son *Livre d'orgue* (*), publié à Paris vers 1710.

DOMINIQUE JACCOTTET.

CLERMONT Émile. Écrivain français. Né à La Combelle (Puy-de-Dôme) le 15 août 1880, tué devant l'ennemi à Maisons-de-Champagne le 5 mars 1916. Élève de l'École normale supérieure, il décida bientôt de se consacrer au roman, et commença par écrire *Histoire d'Isabelle,* qu'il laissa inachevé : des fragments en furent publiés après sa mort (1917). Il fit paraître ensuite *Amour promis* (*) (1910) et, l'année suivante, *Laure,* roman d'analyse d'une fort belle tenue. Ces trois ouvrages témoignent déjà d'une certaine maîtrise. Clermont s'y révèle avant tout comme un sagace observateur de l'âme humaine. Nul n'a exprimé mieux que lui la puissance de l'idéal – qui finit par décolorer toute notre vie quotidienne.

♦ *« Clermont, qui avait été, dans ses premières œuvres, contraint d'imaginer pour donner à sa pensée le fond orageux qu'elle réclamait... vit le travail de son imagination infiniment purifié et allégé quand éclata entre les hommes, sans son aide certes, la guerre. »* J. Giraudoux.

RÉF. : L. Clermont, *Émile Clermont, sa vie, son œuvre,* 1919. – [Anonyme], *Études et souvenirs sur Émile Clermont,* 1927. – E. Spiegel, *Émile Clermont,* Würzburg, 1932.

CLUNY Claude Michel. Écrivain français. Né le 2 juillet 1930. Récusant ce qui, dans les éléments d'une biographie, n'entre pas dans une éventuelle « fiction du vécu », Cluny ne laisse apparaître de la sienne que peu de choses. Si l'on excepte sa passion des voyages et des villes, on sait qu'en dehors de son activité d'écrivain, de critique et d'éditeur, il a été en charge d'un service de documentation dans l'audio-visuel. Son œuvre rend d'ailleurs bien compte de la multiplicité d'intérêts qui caractérise cet auteur : le cinéma, la peinture, la littérature, les choses vues et vécues à travers le monde parcouru ont innervé autant l'important travail du critique (qui a collaboré à *Combat, La Quinzaine littéraire, Le Magazine littéraire, Le Nouvel Observateur, Cinéma, Grands reportages, Le Figaro, L'Express...*) que celui du romancier, du nouvelliste et du poète. En janvier 1989, Claude Michel Cluny fonde la collection « Orphée » dont le succès immédiat doit autant au format poche (à faible prix) qu'au parti pris de bilinguisme qui singularise cette bibliothèque idéale de la poésie mondiale. Très jeune, il choisit la poésie comme mode d'expression privilégié. Mais, curieusement, il publie d'abord une œuvre romanesque : *La Balle au bond* (1961), que trois autres romans vont suivre, dont *L'Été jaune* (1981 ; rééd. 1991), qui se déroule dans l'Amérique sudiste de Faulkner ; ce livre est considéré comme le plus remarquable de Cluny dans ce genre littéraire. Il fait paraître ensuite des essais : *La Rage de lire* (1978), le *Dictionnaire des nouveaux cinémas arabes* (1978), *Le Caire* (1985), *Le Livre des quatre corbeaux* 1985) ; des nouvelles : *Disparition d'Orphée* (1987), *On dit que les gens sont tristes* (1992), ou des monographies sur des peintres (Fagniez, Miotte, Corneille, Clavé). En 1965, Claude Michel Cluny avait donné son premier volume de vers, *Désordres* ; jusqu'à *Poèmes d'Italie* (1993), il publiera treize livres de poèmes. En 1991, il reprend l'essentiel de ces ouvrages (souvent profondément modifiés) dans un premier tome d'*Œuvre poétique* (*) qui offre au lecteur, sur près de cinq cents pages, le parcours réarchitecturé de l'auteur. La poésie complexe de Cluny (par ses formes multiples et ses inspirations très diversifiées) a été récompensée par le grand prix de poésie de l'Académie française, en 1989.

FRANÇOIS BODDAERT.

COBBETT William. Homme politique et écrivain anglais. Né le 9 mars 1762 à Farnham, dans le Surrey, mort le 18 juin 1835 à Guildford. D'origine paysanne, il fut copiste chez un avocat de Londres, puis soldat. Ayant rencontré une jolie fille de treize ans, Ann Reid, il lui promit le mariage et lui confia toute sa fortune : cent cinquante livres. Lorsque, son service terminé (sept ans après !), il vint chercher sa fiancée, il la trouva travaillant comme fille de ferme sans avoir touché au premier sou de l'argent qui lui avait été confié. Ils se marièrent en 1791 mais, en cette même année, Cobbett fut contraint d'émigrer en France pour échapper à des poursuites judiciaires à cause d'un pamphlet politique ; il passa en Amérique où il ouvrit une librairie et donna des leçons d'anglais. Revenu dans sa patrie, il s'établit de nouveau libraire et publia un hebdomadaire : le *Cobbett's Weekly Political Register,* qui lui donna une position dans les milieux tory et lui valut les encouragements de la part de Windham et d'autres hommes politiques. Cobbett ne tarda pas à abandonner les conservateurs pour devenir un radical des plus ardents. Condamné à deux ans de prison (1809), il en sortit ruiné et dut fuir de nouveau en Amérique. De retour en Angleterre – où il rapatria le corps de Thomas Paine –, il reprit la lutte politique et sociale alors à son paroxysme, contribua activement au vote du Reform Bill de 1830, et s'affirma comme défenseur des classes déshéritées. Élu, en 1832, membre du Parlement réformé, il soutint les revendications de Peel. Le caractère exubérant de Cobbett et sa proverbiale inconstance politique lui valurent des ennemis, mais aussi de chaleureux partisans. Les mêmes traits se retrouvent dans sa fougueuse *Histoire de la Réforme protestante en Angleterre et en Irlande* [*A History of the Protestant Reformation in England and Ireland,* 1824-1827] et dans les *Promenades rurales* (*). Citons encore les trente-six volumes de son *Histoire parlementaire de l'Angleterre* [*A Parliamentary History of England,* 1806-1820] et son *Histoire de la régence et du règne de George IV* [*History of the Regency and Reign of George IV,* 1830-1834].

ALFREDO RIZZARDI.

RÉF. : G.D.H. Cole, *The Life of William Cobbett,* Londres, 1927. – G.K. Chesterton, *La Vie de William Cobbett,* trad. 1929. – M. de Kergaradec,

William Cobbett. L'inflation et la déflation, Poitiers, 1935 ; thèse. – J.W. Osborne, *W. Cobbett. His Thought and his Times,* New Brunswick, 1966. – A. Briggs, *William Cobbett,* Oxford, 1967.

COCHIN Augustin Denys Marie. Né le 22 décembre 1876, tué à l'ennemi à Hardécourt (Somme) le 8 juillet 1916. Cet historien, fils du savant et homme politique Denys Cochin, petit-fils du catholique libéral Augustin Cochin, ami de Montalembert, avait grandi dans une atmosphère intellectuelle et même érudite. Entré premier et sorti premier de l'École des chartes (1902), il commence une thèse sur les protestants du Midi pendant la Fronde. Mais la découverte, au cours de recherches d'archives, de l'influence maçonnique au XVIIIe siècle décide de sa vocation : à vingt-trois ans, il commence ses recherches sur l'histoire révolutionnaire, accumulant des preuves, effectuant pendant des années un travail acharné de fiches et de comparaisons. Véritable bénédictin laïque, Cochin n'eut pas d'autre histoire que celle de ses travaux. Lorsqu'il tomba en 1916, dans les combats de la Somme, il était à peu près inconnu, ayant toujours refusé de rien produire de son œuvre avant qu'elle fût complète. La publication posthume commença en 1920 ; en 1924 paraissait l'ouvrage théorique essentiel : *La Révolution et la Libre Pensée* (*). Cochin a voulu établir la synthèse des doctrines qui ont préparé et inspiré la Révolution. Sa thèse originale est que la Révolution ne fut ni spontanée ni unanime, mais fut au contraire une œuvre artificielle, organisée depuis l'ère des philosophes jusqu'à la Terreur par des « sociétés de pensée », coteries de lettrés et de gentilshommes d'abord, puis par les loges maçonniques et, enfin, les clubs politiques, qui firent pression sur le reste du pays et prétendirent agir au nom de la France. La portée de l'œuvre de Cochin dépasse ainsi le plan strictement historique, et atteint à la science politique : on peut dire qu'elle dégage le caractère fondamental et les conditions nécessaires de fonctionnement de tout régime de démocratie absolue.

RÉF. : Paul Bourget, *Nouvelles Pages de critique et de doctrine,* t. II, 1922. – A. de Meaux, *Augustin Cochin et la genèse de la Révolution,* 1928.

COCTEAU Jean. Écrivain français. Né à Maisons-Laffitte, le 5 juillet 1889, mort à Milly-la-Forêt le 11 octobre 1963. Issu d'une famille de la haute bourgeoisie, Cocteau perdit son père à dix ans et vécut dès lors, avec sa mère, son frère et sa sœur, chez son grand-père qui possédait un hôtel particulier à Paris. Il fit ses études au lycée Condorcet, dans un cours privé, puis au lycée Fénelon, cependant qu'il rencontrait les célébrités de l'époque chez son grand-père et que celui-ci lui faisait découvrir les œuvres de Beethoven, Berlioz et Wagner. Déjà il avait commencé à écrire et le 4 avril 1908 De Max organisa une audition de ses poèmes au théâtre Fémina. Le succès fut immédiat. Cocteau, sacré adolescent prodige, triompha dans les salons où il fréquentait Catulle Mendès, Lucien Daudet, Edmond Rostand, Anna de Noailles, Jules Lemaître, Marcel Proust. En même temps, il donnait ses premiers recueils : *La Lampe d'Aladin* (1909), *Le Prince frivole* (1910), *La Danse de Sophocle* (1912), dont il devait par la suite interdire la réimpression.

Entré en contact avec Diaghilev, pour lequel il composa un argument de ballet : *Le Dieu bleu* (1912), et avec Stravinski, Cocteau comprit, grâce à leur attention amicale, qu'il faisait fausse route. Il renonça à Paris, au succès trop facile et, retiré à la campagne, entreprit la rédaction du *Potomak* (*) (1919), véritable prise de conscience des sources secrètes et profondes de la poésie. Réformé en 1914, il s'engagea comme ambulancier civil et se fit adopter par les fusiliers marins de Nieuport. Expulsé par l'autorité maritime, il apprit, le lendemain de cette expulsion, que tous ses camarades avaient péri lors d'un assaut – expérience d'où naîtront les poèmes du *Discours du grand sommeil* (*) (in *Poésies,* 1924) et *Thomas l'Imposteur* (*) (1923). En 1915, il se lie avec Roland Garros, qui le fait participer à des vols d'acrobatie et auquel il dédie *Le Cap de Bonne-Espérance* (*) (in *Poésies,* 1924) ; en 1916, il rencontre Picasso et fréquente peintres et écrivains d'avant-garde : Apollinaire, Max Jacob, Reverdy, Cendrars, Modigliani. Le 18 mai 1917, les Ballets russes donnent la première représentation de *Parade* (*), ballet réalisé par Cocteau, Satie, Picasso, et qui fait scandale. L'année suivante, Cocteau fonde avec Cendrars les éditions de la Sirène, qui publieront nombre d'œuvres remarquables. Par ailleurs, Cocteau devient le porte-parole du Groupe des Six, dont il définit l'esthétique dans *Le Coq et l'Arlequin* (+), et il se fait le défenseur de la poésie, de la peinture et de la musique nouvelles dans *Carte blanche* (+) – ces deux essais recueillis dans *Le Rappel à l'ordre* (+) (1926). En 1919, Cocteau fait la connaissance de Radiguet, rencontre qui le bouleverse et le pousse à une nouvelle retraite au cours de laquelle il élabore *Le Secret professionnel* (+) (1922), art poétique et traité de style d'une intense profondeur.

À partir de 1921 commence une nouvelle période extrêmement féconde : *Les Mariés de la tour Eiffel* (*) (1923), *Antigone* (*) et *Œdipe Roi* (*) (publiés en 1928) au théâtre ; *Plain-Chant* (*) (1923), *Thomas l'Imposteur* (1923), *Le Grand Écart* (*) (1923) pour la poésie et le roman. La mort de Radiguet, le 12 décembre 1923, jette Cocteau dans une dépression qui l'amène à utiliser l'opium, puis à se rapprocher du catholicisme. En 1924, il rassemble et publie ses *Poésies 1916-1923* ; l'année suivante, il fait une première cure de désintoxication, écrit *Orphée* (*) et les poèmes d'*Opéra* (*), *Cri écrit, Prière mutilée* et *L'Ange Heurtebise*

— v. *Opéra* (*). En 1926, il compose pour Stravinski le texte d'*Œdipus Rex* et publie sa *Lettre à Jacques Maritain* (*), qui marque sa rupture avec tout dogme religieux, le poète réservant toute son attention à la seule lumière foudroyante de son expérience intérieure. Durant l'hiver 1928-29, Cocteau se libère définitivement de la drogue au cours d'une lutte et de souffrances terribles qu'il décrit dans les notes et les dessins d'*Opium* (*) (publié en 1930). Et c'est encore en clinique, durant sa cure de désintoxication, qu'il compose, en dix-sept jours, *Les Enfants terribles* (*) (1929).

En 1930, Cocteau tourne son premier film, *Le Sang d'un poète,* et donne à la Comédie-Française *La Voix humaine* (*). Jusqu'en 1946, il va d'ailleurs s'exprimer essentiellement par le théâtre : *La Machine infernale* (*) (1934), *Les Chevaliers de la Table Ronde* (*) (1937), *Les Parents terribles* (*) (1938), *Les Monstres sacrés* (1940), *La Machine à écrire* (1941), *Renaud et Armide* (*) (1943), *L'Aigle à deux têtes* (*) (1946). Entre-temps, le poète publiera des *Portraits-Souvenirs* (*) (1935), *Soixante dessins pour les Enfants terribles* (1935), et le compte rendu d'un tour du monde en quatre-vingts jours accompli pour *Paris-Soir* à la suite d'un pari : *Mon premier voyage* (1937). Il se lie avec Jean Marais en 1937 et avec le boxeur Al Brown, qu'il fera remonter sur le ring, l'aidant ainsi à reconquérir son titre de champion du monde. En 1939, Cocteau compose *La Fin du Potomak ;* en 1941, *Le Foyer des artistes.*

Le poète, qui a désormais exploré tous les domaines de la parole, va trouver maintenant un nouveau mode d'expression, la « poésie de film », qui, sans qu'il renie rien de sa rigueur, lui gagnera un public immense. Ce sont successivement : *L'Éternel Retour,* scénario et dialogues (1943), *La Belle et la Bête* (*), réalisation (1945), *Ruy Blas,* scénario et dialogues (1948), *L'Aigle à deux têtes* (1948), *Orphée* (*) (1950) et *Le Testament d'Orphée* (*), réalisation (1960), œuvres où se reflète avec de plus en plus d'intensité et de profondeur sa mythologie personnelle. Parallèlement, il compose quelques-uns de ses plus beaux poèmes : *Allégories* (*) (1941), *Léone* (*) (1945), *La Crucifixion* (*) (1946), *Le Chiffre sept* (*) (1952), *Appogiature* (*) (1953), *Clair-Obscur* (*) (1954), *Cérémonial espagnol du phénix* (*) (1961), *Requiem* (1962) ; rassemble des souvenirs : *La Belle et la Bête, Journal d'un film* (1946), *Maalesh* (1949), *Le Cordon ombilical* (*) (1962), des chroniques : *Reines de la France* (1948), *La Corrida du Premier Mai* (1957), des conversations : *Entretiens autour du cinématographe* (1951), donne un *Jean Marais* (1951) et un *Gide vivant* (1952), ainsi qu'une *Lettre aux Américains* (1949) et une dernière pièce : *Bacchus* (*) (1952), tragédie de la générosité. Il écrit des arguments de ballet : *Phèdre* (1950), *La Dame à la licorne* (1953), expose des peintures et des céramiques, décore des chapelles et, au grand effroi des bien- comme des mal-pensants, entre à l'Académie royale de Belgique, puis à l'Académie française (1955). Cependant, ses deux œuvres les plus significatives de cette période d'après-guerre demeurent sans doute *La Difficulté d'être* (*) (1947) et le *Journal d'un inconnu* (*) (1952), car elles nous font découvrir son visage le plus juste et le plus à vif. À partir de 1983, le journal de Jean Cocteau a commencé à paraître sous le titre de *Passé défini.*

Cocteau a souffert de ne pas offrir à ses contemporains une apparence entière, d'avoir trop de dons, trop de diversité ; sensible à l'enchanteur, on se méfiait de ses enchantements. La mort, en l'immobilisant, devait mettre au jour sa forme véritable, et l'unité d'une œuvre essentiellement tournée vers l'exploration de nos abîmes où règne cette nuit lumineuse chantée par les mystiques. L'époque de la vie du poète n'est qu'un entre-temps pour son œuvre, et il faut que disparaisse sa vie voyante pour qu'apparaisse sa vision.

RAYMOND ROLLIN.

♦ *« De la pointe des images jusqu'au bec de la plume, jusqu'au trait des formules flèches, l'art de Jean Cocteau s'installa une fois pour toutes à l'extrémité de l'aigu ; son menton interrogeant, son regard transperçant, son nez en fer de flèche, ... ses mains affilées, ses cheveux dressés, en toute sa personne Cocteau vécut à la crête de sa vie, "allant jusqu'au bout de lui-même", disait-il, quand nous lui proposions de prendre du repos ; se reposer eût été s'émousser. L'électricité sortait comme d'un paratonnerre de tous les angles de son génie individualisé jusqu'à la rupture. »* Paul Morand.

RÉF. : Roger Lannes, *Jean Cocteau,* Paris, 1945. — André Fraigneau, *Cocteau par lui-même,* Paris, 1957. — *Cahiers Jean Cocteau,* Paris, publication commencée en 1969. — Jacques Brosse, *Cocteau,* Paris, 1970.

CODET Louis. Écrivain français. Né le 8 octobre 1876 à Perpignan, grièvement blessé le 4 novembre 1914 au pont de Stenstraate, en Belgique ; mort le 27 décembre et inhumé à Saint-Jumien. Après avoir terminé ses études secondaires au lycée Condorcet et fait — sans enthousiasme — son droit, il se présenta à la députation en 1909, dans la Haute-Vienne, et fut élu, mais ne resta député qu'un an. Enlevé aux lettres françaises par la guerre — tout comme Louis Pergaud —, Codet illustra comme lui le roman régionaliste ; le Roussillon, la Gascogne, le Limousin, mais aussi Paris forment le cadre de ses intrigues. Des cinq romans qu'il écrivit, deux seulement parurent de son vivant : *La Rose du jardin* (1907) et *La Petite Chiquette* (1908), lequel obtint d'emblée l'audience des lettrés. Dans *César Capéran* (1918), le talent de l'auteur est loin de se démentir. *La Fortune de Bécot* (*) (1921) aggrave encore les regrets suscités par sa disparition prématurée.

COETZEE Joseph Michael. Romancier sud-africain d'expression anglaise. Né le

9 février 1940 à Cape Town (Afrique du Sud). Issu d'une longue lignée de colons afrikaners, il ne semble pas d'abord destiné à la littérature. Formé à la linguistique et à l'informatique, il travaille un temps aux États-Unis et en Grande-Bretagne, mais choisit finalement de faire sa vie dans son pays, malgré les difficultés et les incertitudes : « On n'est amoureux que d'un seul paysage au cours d'une vie. » Il enseigne la littérature à l'université de Cape Town, et s'oriente graduellement vers l'écriture en langue anglaise. Après *Terres de crépuscule* [*Dusklands,* 1974], composé de deux courts romans parallèles, trois grands romans rencontrent immédiatement une audience internationale : *Au cœur de ce pays* (*) (1977), *En attendant les barbares* (*) (1980), et *Michael K., sa vie, son temps* (*) (1983). Ils sont suivis par *Foe* [*Foe,* 1986], jeu de pastiche post-moderne et post-colonial autour de *Robinson Crusoé* (*).

Coetzee refuse d'être enfermé, comme certains romanciers de son pays, dans l'examen direct et réaliste des conflits nés de l'apartheid. Il se définit comme « écrivain occidental vivant en Afrique du Sud ». Ses récits sont en dehors de l'histoire ou de toute réflexion dialectique. Chaque livre subvertit d'une façon différente le genre romanesque qu'il emprunte. Avec la précision et l'absence de distance d'un journal de bord ou de la narration d'un cauchemar, chaque protagoniste explore les modalités de la survie individuelle dans un monde où le pouvoir a détruit le sens des mots, donc toute possibilité de dialogue. Cet ordre violent isole chacun dans un soliloque, une attente sans but. Le lecteur est pris de malaise dans la mesure où il s'identifie à ces personnages épris de culpabilité, stériles, fascinés par les corps souffrants et les abris-tombeaux : une vieille fille peut-être folle dans une ferme isolée (*Au cœur de ce pays*), un innocent à bec-de-lièvre pris dans une guerre civile (*Michael K., sa vie, son temps*), un magistrat libéral impuissant devant les violences d'une fin d'empire (*En attendant les barbares*).

Certes ces protagonistes dérisoires, peu héroïques, évoquent le monde de Kafka, mais d'un Kafka qui aurait été à l'école de Beckett, lui aussi bilingue et fasciné par les mots. Coetzee donne vie et sens à ses personnages impuissants par la richesse esthétique qu'il confère à son récit, même dans les monologues en apparence les plus pauvres. Avec son humour sombre, sa maîtrise des ambiguïtés de la langue et des symboles, il est un narrateur virtuose, explicite et ironique à la fois. Il sait dire les paysages durs qu'il aime, mais aussi la mauvaise foi et les angoisses des maîtres du langage, qu'il soient représentants du pouvoir ou de la conscience libérale. Son œuvre ne traite pas directement des tensions de l'Afrique du Sud de l'apartheid, mais ses visions, comme des cauchemars glacés, disent l'humiliation, les nerfs à vif, l'impossibilité d'un contact avec l'autre qui ne soit viol ou violence. En linguiste et en sémioticien, il fait aussi de ses œuvres une réflexion sur le langage et la fiction, mais quoi qu'il en ait, c'est en Sud-Africain qu'il enrichit le roman contemporain en donnant une lecture post-coloniale et post-moderne du monde.

JACQUELINE BARDOLPH.

COHEN Albert. Écrivain suisse d'expression française. Né le 16 août 1895 à Corfou (Grèce), mort le 17 octobre 1981 à Genève. La famille, des commerçants juifs, s'installe à Marseille où l'enfant fait ses études. Au lycée, il se lie d'amitié avec Marcel Pagnol. Cohen termine ses études à Genève par une licence de droit. Il acquiert la nationalité suisse. Il participe au mouvement sioniste et, en 1925, il sera son délégué auprès de la Société des nations. Il entre au Bureau international du travail, se marie. Il aura une fille, Myriam. Cependant, il achève son chef-d'œuvre, *Solal,* qui paraît en 1930 et assure la gloire de l'écrivain. Le roman sera suivi d'une pièce, *Ézéchiel,* qui est représentée à la Comédie-Française en 1933. *Mangeclous,* qui constitue une suite à *Solal,* paraît en 1938. Dès les débuts de la guerre, Cohen gagne Londres où il sera associé au gouvernement de De Gaulle. Il devient le Conseiller juridique du Comité intergouvernemental pour les réfugiés (1945) à Londres ; puis, en 1947, à Genève, de l'Organisation internationale des réfugiés. Il revient à la littérature en 1954 avec *Le Livre de ma mère ; Belle du Seigneur* (*) (1968) ; *Les Valeureux* (1969). Traduite en de nombreuses langues, cette œuvre a été couronnée par le grand prix du roman de l'Académie française.

La saga juive d'Albert Cohen est une épopée sans rivale dans la littérature contemporaine. La famille des Solal, les aventures qui les conduisent des sommets de la société et du bonheur aux bas-fonds, à la misère et au suicide, constituent l'essentiel de cette œuvre, qui représente sur un mode souvent tragique, mais aussi comique, la vitalité, l'exubérance et la douleur du peuple de la Bible chassé de l'Histoire. Ivres de soleil, celui d'Israël et celui de la Grèce (les Solal ont leur port d'attache et leur origine à Céphalonie), plus ivres encore des mots que leur prête le génie baroque de leur créateur, ils ont traversé *Solal, Mangeclous, Belle du seigneur, Les Valeureux,* sans prendre une ride, ni gagner une once de sagesse. Ils constituent une dérisoire Olympe, infiniment bavarde, sans pouvoir sur le réel, mais devant laquelle le temps est désarmé. Le merveilleux conteur, rival contemporain de Schéhérazade, est aussi un prophète qui annonce le règne de l'amour, dont les expériences érotiques de Solal sont les prodromes douloureux. Œuvre étonnamment comique, déchirante, terrible de vérité, fantastique, d'un romantisme exacerbé, l'épopée des Solal constitue un classique sans rival dans le domaine français.

JEAN BLOT.

COHEN Gustave. Historien français. Né à Saint-Josse-Ten-Noode, près de Bruxelles, le 24 décembre 1879, mort le 11 juin 1958 à Paris. On lui doit le renouveau, en France, des études littéraires médiévales, qu'il a servies pendant un demi-siècle au sein de l'université où il enseigna comme professeur de littérature française médiévale – à la Sorbonne à partir de 1931. Dès 1906 paraît son *Histoire de la mise en scène dans le théâtre religieux français du Moyen Âge – v. Études d'histoire du théâtre en France pendant le Moyen Âge et la Renaissance* (*) (1956). Il complétera entre 1928 et 1931 cette thèse monumentale par un *Tableau du théâtre français au Moyen Âge* auquel il convient d'ajouter *Étude sur un grand romancier d'amour et d'aventure au XIIe siècle : Chrétien de Troyes et son œuvre* (1931). Dès lors, il collaborera à de nombreux ouvrages collectifs, notamment à *La Civilisation occidentale du Moyen Âge du XIe au milieu du XVe siècle* (1933) dans la célèbre collection « Histoire générale » dirigée par Gustave Glotz. Il s'intéressera plus particulièrement à *L'Art du Moyen Âge* avec Louis Réau (1935) et à *La Formation du génie moderne dans l'art de l'Occident.* Après la guerre de 1939-1945, G. Cohen donnera en Sorbonne un cours sur *Le Roman courtois au XIIe siècle* (1949), et il fera paraître la même année une *Histoire de la chevalerie en France au Moyen Âge.* Il complétera son enseignement magistral par la création, en 1933, d'un groupe théâtral, « Les Théophiliens », qui sera chargé de faire connaître au grand public le théâtre du Moyen Âge. Cette véritable révolution pédagogique au sein d'une Sorbonne encore très traditionaliste aura un immense succès. Cependant, elle n'étonne guère de la part d'un esprit qui fut assez éclectique et original pour donner, en 1928, à l'occasion d'un cours en Sorbonne une explication cosmique et tout à fait singulière, restée célèbre dans les annales universitaires, du *Cimetière marin* (*) de Paul Valéry.

JOËL SCHMIDT.

COHEN Hermann. Philosophe allemand. Né le 4 juin 1842 à Coswig, près de Dresde, mort le 4 avril 1918 à Berlin. Philosophe universitaire néo-kantien, fondateur de l'école de Marburg. Parallèlement à ses études au lycée, il reçoit une formation biblique et talmudique et entre au séminaire de théologie judaïque de Breslau, qu'il quitte en 1861 pour l'université. En 1864, il s'inscrit à l'université de Berlin où il étudie la philosophie grecque et épouse l'antihégélianisme régnant qui fera de lui un « kantien ». Son premier ouvrage important : *La Théorie de l'expérience chez Kant* [*Kants Theorie der Erfahrung*, 1871] le fait connaître de Lange, kantien « de gauche », qui occupe la chaire de philosophie de Marburg. Il lui succède en 1876 et conserve la chaire jusqu'en 1912.

L'œuvre de Cohen s'inscrit dans le mouvement général du « retour à Kant » des années 60 en Allemagne et fonde ce qu'il est convenu d'appeler le néo-kantisme logique. Son exégèse de Kant – la trilogie : *La Théorie de l'expérience chez Kant*, déjà citée, *Les Fondements de l'éthique chez Kant* [*Kants Begründung der Ethik*, 1877] et *Les Fondements de l'esthétique chez Kant* [*Kants Begründung der Aesthetik*, 1899] – s'assigne une double tâche : défendre Kant contre Hegel, en opposant à ce dernier le concept de « chose en soi », qui détermine l'expérience comme processus jamais définitivement accompli et rend impossible la réconciliation intégrale du sensible et de l'intelligible ; le défendre contre les deux déviations de la métaphysique spéculative (l'héritage de Fichte) et de l'interprétation anthropologique, qui voit dans l'a priori kantien une simple structure psychique innée, alors qu'il s'agit d'une méthode, d'un procédé de détermination d'un champ d'objets et de recherches.

Le *Système de la Philosophie* (*) (1902-1912) reprend le schéma des trois critiques. La *Logique de la connaissance pure* (+) (1902) définit la logique transcendantale comme l'étude systématique des présuppositions de la vérité et, plus précisément, de la vérité scientifique. L'*Éthique de la volonté pure* (+) (1904) entend l'éthique comme la recherche de l'« unique valeur de l'existence humaine : l'humanité en tous les peuples et en chaque homme » : thèse qui justifiera le rapprochement entre un kantisme socialisant et un marxisme idéalisé et moralisé et impulsera le réformisme pendant la Deuxième Internationale. Enfin, *l'Esthétique du sentiment pur* (+) (1912) s'opposant à l'esthétique du romantisme et de la génialité et fondant, grâce au concept de « légalité » (« Gesetzlichkeit »), la validité absolue des jugements esthétiques, montre que l'art, comme la science et le droit, participe à la progression de l'humanité vers l'universel : unité du système.

MICHEL VANOOSTHUYSE.

RÉF. : S. Zac, *La Philosophie religieuse de Hermann Cohen.* Avant-propos de P. Ricœur, Paris, 1984.

COIGNET Jean-Roch. Mémorialiste militaire français. Né à Druyes, Yonne, le 17 mars 1776, mort à Auxerre, en 1860. Fils d'un paysan assez fortuné, mais maltraité par sa marâtre, il s'enfuit du domicile familial et fait divers métiers avant d'être touché par la conscription en mars 1799. Ayant refusé de se faire payer un remplaçant par son patron, il va participer à toutes les campagnes du Consulat et de l'Empire, assiste au 18 Brumaire, se bat en Italie à Montebello et à Marengo, prend part en 1805 aux batailles d'Ulm et d'Austerlitz, reçoit son grade de caporal à Friedland en 1807 et celui de sergent en Espagne en 1809. De nouveau en Allemagne en 1809, il est lieutenant d'état-major pendant la campagne de Russie, se distingue à Vitebsk, à Smolensk et à la Moskowa, voit l'incendie de Moscou, montre une fois encore son extraordinaire bravoure pendant la campagne d'Allemagne de 1813 au cours de laquelle il est nommé capitaine. Mis en demi-solde en 1814, il reprend du service pendant les Cent-Jours, assiste à la défaite de Waterloo et se retire alors dans sa maison d'Auxerre où il écrira ses souvenirs publiés en 1851 sous le titre de *Cahiers du capitaine Coignet* (*). Coignet reste comme la personnification de l'épopée guerrière du premier Empire.

COLERIDGE Samuel Taylor. Poète anglais. Né à Ottery Saint-Mary le 21 octobre 1772, mort à Highgate le 25 juillet 1834. Dixième fils d'un modeste pasteur qui le destinait à la carrière ecclésiastique et qui lui enseignait le nom des étoiles, « accoutumant son esprit au vaste », comme il l'écrira lui-même, Coleridge restera orphelin à dix ans. Il est envoyé à Londres où il fait ses études au collège de Christ's Hospital. Il y reçoit une solide formation classique et y rencontre Charles Lamb à qui il restera lié. En 1791, grâce à une bourse d'études, il entre au Jesus College de Cambridge, où il lit Paine, Godwin, s'enthousiasme pour les idéaux de la Révolution française, et s'intéresse à la philosophie associationniste de Hartley. C'est à cette époque qu'il se met à boire, à prendre du laudanum pour se soigner et à faire des dettes. Sur un coup de tête, il part s'enrôler à Londres dans un régiment de dragons. Son frère l'ayant tiré de ce mauvais pas et payé ses dettes, Coleridge retourne à Cambridge brièvement et repart bientôt, sans avoir obtenu ses diplômes, parcourir à pied le pays de Galles. À Oxford, il rencontre le poète Southey avec lequel il écrit une tragédie *La Chute de Robespierre* [*The Fall of Robespierre*] et décide de fonder en Amérique une communauté utopiste, la « pantisocratie ». Il se fiance à cette fin avec la sœur de la fiancée de Southey malgré son amour contrarié pour Mary Evans. À cette époque il publie dans un journal douze « Sonnets sur des personnages éminents » qui lui valent une certaine célébrité. Après un début de vie littéraire à Londres, Coleridge rejoint Southey à Bristol où il se lance dans une grande activité intellectuelle, donnant des conférences (qui sont d'un chrétien radical), se lançant dans la publication d'un journal, *The Watchman,* s'intéressant à la littérature et à la philosophie allemande. Le projet de pantisocratie étant abandonné à la suite d'une brouille avec Southey, il épouse néanmoins Sarah Fricker. En avril 1796 paraît sa première plaquette de poèmes : *Poèmes sur divers sujets* [*Poems on Various Subjects*]. Après la naissance de son fils Hartley, et sur les conseils de son ami Tom Poole, il s'installe dans le village de Nether Stowey.

Ayant entendu parler de Wordsworth par son éditeur, il le rencontre pour la première fois au printemps 1797 et va le rejoindre dans le Dorset, où celui-ci cohabite avec sa sœur Dorothy, et il les persuade de venir le rejoindre. Ces mois de promenades et de conversations sur la poésie, de l'été 1797 au printemps 1798, donneront lieu au projet d'un volume commun *Les Ballades lyriques* (*), recueil dans lequel paraissent *La Ballade du vieux marin* (*) de Coleridge et « Tintern Abbey » de Wordsworth. C'est l'année où il écrit ses plus beaux poèmes, qu'il s'agisse de « Christabel » et de « Kubla khan » demeurés inachevés, ou de toute une série de poèmes-conversations, dont le fameux « Gel à minuit ». Les frères Wedgwood lui font don d'une annuité à vie.

En septembre 1798, « dans le but d'achever son éducation », il entraîne les Wordsworth dans un voyage en Allemagne, au cours duquel ils rencontrent Klopstock. C'est à Göttingen, où il reste plusieurs mois malgré les appels pressants de sa femme et la mort de son second fils Berkeley, qu'il perfectionne son allemand et découvre Schiller, Kant, Schelling et Wilhelm Schlegel, ce qui fera de lui le relais le plus influent du romantisme allemand en Angleterre. À son retour, les Wordsworth séjournant désormais dans le Durham chez leurs amis Hutchinson, Coleridge leur rend visite et s'éprend d'un amour sans espoir pour l'une des filles de leurs hôtes, Sarah, à qui sera adressé le beau poème « Abattement » [Dejection], publié dans une version remaniée dans le *Morning Post* en 1802, qui sera suivi d'un très long silence. Au cours d'une randonnée dans la région des lacs, ils découvrent Grasmere, où Worsworth décide de se fixer, Coleridge ayant le projet de s'installer non loin de là. Coleridge publie de nombreux articles politiques dans le *Morning Post*, et achève sa traduction du *Wallenstein* (*) de Schiller. Tourmenté par son amour malheureux et l'emprise de plus en plus grande de l'alcool et de l'opium, il fait de grandes marches. C'est l'époque où ses *Carnets* (*), dans lesquels il avait pris l'habitude de noter ses réflexions de lecteur et ses observations depuis 1794, regorgent d'extraordinaires descriptions de la nature. Son infortune amoureuse et le sentiment de n'avoir pas réussi à tenir ses engagements littéraires sont sans doute à l'origine de sa décision de quitter l'Angleterre et de s'embarquer pour Malte où il devient le secrétaire du gouverneur, poste qu'il occupe jusqu'en 1805. Ayant donné sa démission, il s'embarque pour la Sicile, Naples et Rome, où il rencontre Wilhelm Humboldt et Ludwig Tieck. Il rentre en Angleterre malade mais décidé à se séparer de sa femme et à reprendre sa carrière littéraire à Londres en collaborant au *Courier.* Il rejoint pour quelques mois les Wordsworth dans le Leicestershire mais retourne en 1808 à Londres, où il donne des conférences, et projette la publication d'un hebdomadaire, *The Friend,* dont il rédigera vingt-huit numéros en 1809-1810, le plus souvent seul, avec l'aide d'« Asra » (Sarah Hutchinson) qui lui sert de secrétaire. Cette entreprise le laissera endetté mais témoigne de l'étendue réelle de son génie. Il devient à Londres le principal rédacteur du *Courier,* donne des conférences fort suivies sur Shakespeare et Milton. En 1813, sur les conseils de Byron, il fait jouer avec succès sa tragédie de jeunesse *Osorio* sous le titre de *Remords* [*Remorse*]. Mais sa santé demeure chancelante et ce n'est que grâce aux soins d'amis comme John Morgan qu'il va pouvoir contenir son besoin d'opium et, dans le désir de donner une préface à ses propres poèmes, écrire les deux volumes de la *Biographia literaria* (*), son autobiographie spirituelle qui est aussi l'œuvre dans laquelle il est le plus près de donner forme au projet qu'il avait nourri toute sa vie de fonder philosophiquement sa conception de la poésie. En avril 1816, Coleridge est accueilli dans la maisonnée d'un jeune médecin, le Dr Gilman, à Highgate où il restera jusqu'à la fin de ses jours. La *Biographia literaria* et les *Feuilles sibyllines* [*Sibylline Leaves*] paraissent en 1817, et en 1818 une refonte complète de *The Friend,* en trois volumes. En 1824 paraissent ses *Aides à la réflexion* (*), et en 1830 sa dernière œuvre, une monographie, *Sur la constitution de l'Église et de l'État* (*). Les dernières années de sa vie seront surtout remarquables par l'attrait qu'il exerce sur les jeunes écrivains. Il reçoit la visite de Carlyle, d'Emerson, impressionne Keats et, de loin, Shelley. Les jeunes auteurs se pressent à ses « cours » du jeudi soir, tous ses visiteurs sont éblouis par sa conversation. Le « old man eloquent » succombe à une crise cardiaque le 25 juillet 1834.

♦ *« Samuel Taylor Coleridge, logicien, métaphysicien, barde ! »* Charles Lamb. ♦ *« Cet homme illustre, le plus vaste et le plus gracieux intellect, le plus subtil et le plus étendu, selon moi, qui ait jamais vécu parmi les hommes. »* Thomas de Quincey. ♦ *« Il a été le grand éveilleur dans ce pays de l'esprit de la philosophie. »* John Stuart Mill. ♦ *« Un homme sublime qui, seul en ces jours sombres, avait su conserver sa couronne d'humanité spirituelle ; échappant aux noirs matérialismes et aux déluges révolutionnaires, en conservant Dieu, la liberté, l'immortalité ; un homme souverain. »* Thomas Carlyle. ♦ *« Y a-t-il des heures ou des années que cet homme de forte stature debout au portail déverse son soliloque passionné, tandis que ses "grands yeux doux avec une expression particulière de brume ou de rêverie mêlée à leur lumière" se sont fixés sur une vision lointaine qui a empli quelques très rares pages de poèmes où tous les mots sont exacts, où toutes les images ont la clarté du cristal ? »* Virginia Woolf. ♦ *« Le plus grand exemple de la conscience critique dans la poésie anglaise, c'est Samuel Coleridge. »* T.S. Eliot.

RÉF. : William Hazlitt, *The Spirit of the Age,* 1825. – Thomas de Quincey, *Recollections of the Lake and the Lake poets,* 1822. – J.-L. Lowes, *The Road to Xanadu,* Cambridge (Mass.) 1927. – I.A. Richards, *Coleridge on Imagination,* 1934. – E.K. Chambers, *Coleridge, A Biographical Study,* Oxford, 1938. – Paul Deschamps, *La Formation de la pensée de Coleridge,* Paris, 1964. – Bernard Delvaille, *Coleridge,* Paris, 1967. – W.J. Bate, *Coleridge,* Londres, 1969. – Gabriel Marcel, *Coleridge et Schelling,* Paris, 1971. – Richard Holmes, *Coleridge,* Oxford, 1982 ; *Coleridge, Early Visions,* Londres, 1989.

COLETTE Sidonie-Gabrielle. Écrivain français. Née le 28 janvier 1873 à Saint-Sauveur-en-Puisaye (Yonne), morte à Paris le 3 août 1954. Colette : c'est un nom de famille – son nom de jeune fille – et non un prénom. Si l'on met à part des séries d'articles de journaux publiés dès 1907 sous le titre « Le Journal de Colette », qui joue d'une sorte d'intime complicité avec le lecteur, et trois courtes œuvres, dont une anthologie, en 1917 et en 1921, il faut attendre 1923 et *Le Blé en herbe* (*) pour que Colette, enfin, n'utilise que son patronyme : elle n'avait été jusque-là, littérairement, que Colette Willy, et la série des *Claudine* (*), ses premiers romans, n'avaient même été signés que du seul Willy, le pseudonyme de son premier mari, avant qu'elle n'obtînt, en 1907, de figurer comme coauteur : Willy et Colette Willy apparurent alors conjointement, et ce n'est que depuis 1955 que les *Claudine* sont signées Willy et Colette. C'est assez dire que, dans une vie qui ne leur fut pas facile, la femme et l'écrivain eurent à faire front, à lutter pour faire reconnaître leur originalité et leur indépendance. Rien ne leur fut donné, et la conquête d'une maîtrise ne se fit qu'au travers d'une vie sentimentale agitée et d'expériences professionnelles variées ; l'écrivain Colette fut aussi critique musical, journaliste, mime, actrice et auteur de théâtre, propriétaire d'un magasin de produits de beauté, scénariste et dialoguiste... souhaitait-elle même être écrivain ? Dans « La Chaufferette » du *Journal à rebours* (1941), elle a elle-même affirmé que non, ayant à ses débuts écrit, non par vocation, mais par nécessité – pour gagner sa vie, et par là sa liberté.

Colette est née petite dernière d'une famille de quatre enfants. Sa mère, Sido, eut deux maris, épousant le second dans l'année même où elle avait perdu le premier, en 1865. Le premier lui avait donné deux enfants : Juliette, la distante et mystérieuse « sœur aux longs cheveux », née en 1860, qui se pendra en 1908, et Achille (1863-1913), qui s'installera comme médecin à Châtillon-Coligny ; le second lui en donna deux, lui aussi : Colette bien sûr, mais après Léo dit « le sylphe » (1866-1940), qui traversa sa vie hanté par le paradis perdu de Saint-Sauveur-en-Puisaye, en vieil enfant incapable de s'intéresser au présent. Une sœur comme absente, la complicité des deux frères, un père – Jules Colette, capitaine pensionné pour avoir perdu une jambe en 1859, lors de la campagne d'Italie, et devenu percepteur – passionnément épris de sa femme, une mère passionnément éprise de son aîné Achille : « Si un enfant pouvait raconter, pendant qu'il la traverse, sa véritable enfance, son récit ne serait peut-être que drames intimes et déceptions. Mais il n'écrit que son âge adulte. Cependant, il croit garder intacts les souvenirs de son enfance. Je me méfie même des miens. Nous devenons imaginatifs sur le tard, en même temps qu'optimistes, pour déformer en les dépeignant ces violents chagrins, ces mélancolies, cette jalousie brûlante — toutes passions dont l'amour, après, ne fait que remâcher la saveur. » Cette tardive analyse de *Belles saisons* (1943) témoigne de ce que l'enfance est la terre natale de tous nos sentiments et de ce que l'écriture de Colette sera : un jeu complexe de la mémoire et de l'imagination mêlées. En 1890, Juliette mariée réclame à son beau-père des comptes de tutelle, ce qui fait apparaître la mauvaise gestion des biens de la famille par Jules Colette : des enchères publiques furent nécessaires pour apurer les comptes. En 1891, Sido et son mari, Léo et Colette, devaient quitter Saint-Sauveur pour trouver refuge auprès d'Achille, à Châtillon-Coligny.

Dès lors, pourquoi, comment ne pas s'évader, en misant sur l'amour ? En deux voyages à Paris, 1889 et 1892, son destin prend forme : le 15 mai 1893, Colette se marie à Châtillon-Coligny avec Henri Gauthier-Villars, alias Willy, né en 1859. Sens du calembour et du bon mot, sens de la publicité et des relations publiques, goût de l'émulation érotique, c'est un homme à la fois secret et qui ne cesse de se mettre en scène : il venait de perdre, en 1891, une femme profondément aimée qui lui avait laissé un fils, mis en nourrice chez les Colette en 1892 ; il ne rêvait plus que gloire et éclat mondains, faisant travailler des nègres à des œuvres de circonstance. Dès 1894, Colette découvre qu'elle est trompée, et, trahie par son « sang monogame », entre dans une profonde dépression. Pour s'en sortir, elle ne peut que jouer le jeu de Willy ; au festival de Bayreuth, en 1901, elle va avec son mari et avec une amie, Georgie Raoul-Duval : trio amoureux dans tous les sens du terme. Mais en même temps, poussée par Willy, elle écrit la série des *Claudine*, de 1900 à 1907 — ce qui la ramène dans son jeu : en 1902, *Claudine à Paris*, portée au théâtre, voit le triomphe de l'actrice Polaire, et Willy s'exhibe avec, à ses bras, Polaire et Colette déguisées en Claudine. Puis il s'éprend d'un autre tendron, Meg Willars, née en 1885 — et c'est la séparation de fait en novembre 1906, puis la séparation légale en 1907, le divorce enfin en 1910. Dès 1906, Colette fait ses débuts de mime et d'actrice de théâtre, trouve appui et refuge auprès d'une nouvelle amie, sorte de substitut maternel, Missy — Mathilde de Morny —, et, après avoir ouvert la veine animalière de son œuvre avec *Dialogues de bêtes* (*) (1904), publie une sorte de bilan d'elle-même en 1908, *Les Vrilles de la vigne* (*). Après une brève liaison avec Auguste Hériot, Colette, qui a commencé à collaborer au journal *Le Matin*, tombe amoureuse d'un de ses rédacteurs en chef, Henry de Jouvenel, né en 1876. Bonheurs, rupture, retrouvailles : après la mort de Sido, le 15 septembre 1912, la fille ne peut plus que prendre sa place dans la chaîne des générations ; Colette et Henry de Jouvenel se marient le 19 décembre 1912, et le 3 juillet 1913, c'est la naissance d'une fille, Colette de Jouvenel, dite Bel-Gazou. D'un premier amour à un deuxième : deux romans, une seule héroïne, rendent compte à leur façon de ce cheminement, *La Vagabonde* (*) (1910) et *L'Entrave* (*) (1913). Puis c'est la guerre, l'entrée pour Colette dans un nouveau monde : celui du cinéma, une carrière politique brillante pour son mari, qui n'est plus qu'un bel infidèle : Colette entreprend alors l'éducation sentimentale de son beau-fils, Bertrand de Jouvenel, né en 1903, revient sur son enfance avec *La Maison de Claudine* (*) en 1922, écrit *Mitsou* (*) (1919), *Chéri* (*) et *La Fin de Chéri* (*) (1920, 1926), *Le Blé en herbe* (1923) ; Colette tout court est née, mais c'est la séparation, en 1923, et le divorce, en 1925, d'avec Henry de Jouvenel, tandis que son fils Bertrand lui aussi s'éloigne.

Dans les années 1925-1954, un nouvel homme, Maurice Goudeket, et deux nouveaux cadres apparaissent : Saint-Tropez et La Treille muscate, maison achetée en 1926, vendue en 1938 — le Palais-Royal et l'appartement de la rue de Beaujolais, acheté en 1938. Les honneurs pleuvent, de la Légion d'honneur à l'académie Goncourt. Deux ombres viennent ternir le tableau : l'arrestation de Goudeket par les Allemands en 1941 (il sera libéré trois mois plus tard) — et la maladie : une arthrose de la hanche va peu à peu, à partir de 1938, immobiliser Colette et contribuer, d'une douloureuse façon, à sa légende. Un grand écrivain s'est imposé, ce dont témoignent *La Naissance du jour* (*) (1928), *Sido* (*) (1929), *La Seconde* (1929), *Prisons et Paradis* (+) (1932), *Le Pur et l'Impur* (*) (1932), *La Chatte* (*) (1933), *Duo* (*) et *Le Toutounier* (*) (1934, 1939), *Mes apprentissages* (*) (1936), *Bella-Vista* (+) (1977), *Chambre d'hôtel* (+) (1940), *Julie de Carneilhan* (1941), *Le Képi* (*) (1943), *Gigi* (*) (1944), *L'Étoile Vesper* (*) (1946), *Le Fanal bleu* (*) (1949). Ses *Œuvres complètes*, aux éditions du Fleuron, paraîtront de 1948 à 1950, quelque temps avant sa mort, le 3 août 1954.

MICHEL MERCIER.

♦ *« Colette, seule de son sexe, sait qu'écrire est un art, le possède et confond quantité d'hommes qui l'ignorent. »* Paul Valéry. ♦ *« Il y là bien plus que du don : une sorte de génie très particulièrement féminin et une grande intelligence. Quel choix, quelle ordonnance, quelles heureuses proportions... Quel tact parfait, quelle courtoise discrétion dans la confidence... Pas un trait qui ne porte et qui ne se retienne, tracé comme au hasard, comme en se jouant, mais avec un art subtil, accompli. J'ai côtoyé, frôlé sans cesse cette société que peint Colette et que je reconnais... factice, frelatée, hideuse... Il ne me paraît point que Colette, malgré toute sa supériorité, n'en ait pas été quelque peu contaminée.* » André Gide. ♦ « *Elle n'a voulu parler que de ce qu'elle aimait, tout simplement... Songez à tout ce qu'elle nous aida à connaître, à toutes les joies sensuelles qu'elle nous a accordées. Elle a nommé les objets et les bêtes, comme Adam dans le premier jardin.* » R. Brasillach. ♦ « *Colette, le plus grand écrivain français naturel : son style, d'un naturel admirable, et très au-dessus, selon moi, de Gide et de Valéry, est tout le contraire de celui des alambiqués, des laborieux, des pasticheurs* [...] *Jamais, sous sa plume, je n'ai surpris une bêtise* [...] *Colette est, je crois, la seule personne à propos de qui j'ai parlé de génie.* » H. de Montherlant. ♦ « *Vous n'êtes pas du tout une femme convenable, Madame Colette* [...], *vous êtes la fière impudeur, le sage plaisir, la dure intelligence, l'insolente liberté : le type même de la fille qui perd les institutions les plus sacrées et les familles.* » Jean Anouilh. ♦ « *C'était notre meilleure journaliste qui s'était égarée dans le roman.* » Jean Paulhan. ♦ « *J'insiste bien, et n'insisterai jamais assez, sur ceci que la grandeur de Madame Colette vient de ce qu'une inaptitude à départir le bien et le mal la situait dans un état d'innocence auquel il serait indigne de substituer une pureté volontaire, artificielle, conventionnelle, sans le moindre rapport avec l'effrayante pureté de la nature que l'homme abîme par le désordre de son ordre et par les verdicts absurdes de son tribunal.* » Jean Cocteau. ♦ « *Mais ce monde en apparence paisible et quotidien, ce monde trop connu, voici que nous y sommes pris comme dans un piège.* » J.-M. G. Le Clezio. ♦ « *Colette vit avec les simples, comme sa mère, mais aussi comme la Sorcière de Michelet. Elle est millénaire, fille directe des Grandes Mères.* » Armand Lanoux.

RÉF. : Colette, *Œuvres,* Bibl. de la Pléiade (pour son appareil critique), Paris, 1984, 1986, 1991. – *Colette, nouvelles approches critiques,* Paris, 1986. – *Cahiers Colette,* n°s 3 - 4, 1979, et n° 11, 1988. – Biographies : M. Raphorst-Rousseau, *Colette, sa vie et son art,* Paris, 1961. – M. Sarde, *Colette libre et entravée,* Paris, 1978. – H. Lottman, *Colette*, Paris, 1990.

COLLENUCCIO Pandolfo. Humaniste italien. Né le 7 janvier 1444 à Pesaro, où il mourut le 11 juillet 1505. Il reçut une culture humaniste très étendue et eut pour maître Guarino Veronese. En 1465, il obtint son doctorat en droit à Padoue, et en 1469 épousa Beatrice Costabili de Ferrare. Peu après, il entra au service des Sforza qui lui confièrent une ambassade à Bologne et à Rome. Pour un motif inconnu, Giovanni Sforza l'emprisonna puis l'expulsa de Pesaro en 1489. Il fut accueilli par Laurent le Magnifique, qui le nomma podestat de Florence et lui confia une nouvelle ambassade à Bologne. En 1491, il était conseiller du duc de Ferrare, qui l'envoya comme légat auprès de l'empereur Maximilien puis auprès du pape Alexandre II. En 1500, il était légat auprès de César Borgia qui lui fit restituer ses biens à Pesaro. À la mort du pape, il fut expulsé de Pesaro. Avec l'appui du duc de Ferrare il put y retourner, mais aussitôt Sforza, qui avait paru y consentir, le fit emprisonner et il mourut étranglé. L'activité politique de Collenuccio ne l'empêcha pas d'écrire. Il traduisit l'*Amphitryon* (*) de Plaute, composa six *Dialogues* (1497) sur le modèle de Lucien, s'occupa de pédagogie : *De l'éducation chez les Anciens* (1542), d'histoire : *Abrégé d'histoire du Royaume de Naples* (1539), *Descriptio seu potius summa rerum Germanicorum* (1539) ; il prit contre Ermolao Barbaro la défense de l'*Histoire naturelle* (*) de Pline [*Defensio Pliniana,* 1493]. Citons encore *De vipera libellus* (1516) et la chanson *À la mort* (*), son œuvre la plus célèbre.

COLLETET Guillaume. Homme de lettres français né et mort à Paris : 12 mars 1598-10 février 1659. Fils d'un procureur du Châtelet, il étudie le droit et devient avocat en 1619, mais il décide de se consacrer aux belles-lettres. Il publie de nombreux poèmes dans des recueils collectifs à partir de 1620 et participe aux réunions des cercles lettrés d'Antoine Brun, de Piat Maucors et de Marie de Gournay. Ami de Théophile de Viau, il est poursuivi comme un des auteurs du *Parnasse satyrique* (*) à la suite de l'arrêt du Parlement de 1623, et condamné à l'exil. Réfugié à Saint-Denis, il rentre ensuite à Paris et anime, en 1626, le groupe ronsardisant des Illustres Bergers, qui s'évade dans un monde pastoral inspiré de *L'Astrée* (*). Pensionné par Richelieu, il fait partie du groupe des « Cinq auteurs » et de la première Académie française. Mais après le retrait de sa pension en 1650, il finit sa vie dans la misère. Animateur de la vie littéraire, poète conciliant l'héritage de Ronsard et la réforme malherbienne, Colletet est la fois un poète bachique et satirique, un grand lettré ami des « libertins érudits » (Gassendi, La Mothe Le Vayer, N. Heinsius, G. Naudé) et le traducteur de la *Doctrine chrétienne* (*) de saint Augustin. Son œuvre poétique – *Le Trébuchement de l'ivrogne* (1627), *Divertissements* (1631), *Épigrammes* (1653), *Poésies diverses* (1656) – se veut un divertissement à ses travaux savants : l'*Art poétique* (*) (1658) et le recueil des *Vies des poètes français,* immense somme d'histoire littéraire dont le manuscrit a brûlé en 1871 et dont il ne reste que des copies fragmentaires.

ALAIN GÉNETIOT.

RÉF. : P. A. Jannini, *Verso il tempo della ragione,* 2e éd., 1989. – V. Pompejano Natoli, *Verso una biografia di G. Colletet,* 1989.

COLLETT Camilla. Romancière norvégienne. Née le 23 janvier 1813 à Kristiansand, sur le Skagerrak, morte le 7 mars 1895 à Oslo. Jeune fille d'une grande beauté, sœur de l'écrivain Henrik Wergeland, elle tombe à dix-sept ans amoureuse du rival littéraire de celui-ci, Welhaven : c'est le début d'une passion dramatique, Camilla Collett se trouvant prise entre l'opposition farouche de sa famille d'une part et, d'autre part, les réticences de Welhaven lui-même. Ayant finalement renoncé à cet amour impossible vers 1835, Camilla Collett accepte pour fiancé un juriste ami de sa famille, Jonas Collett, qu'elle épouse en 1841. La crise sentimentale a cependant éveillé sa vocation littéraire, et, après être restée veuve avec quatre enfants en 1851, elle publie en 1855 son roman *Les Filles du préfet* (*), d'une grande importance pour l'évolution de la littérature norvégienne, car il marque un passage du romantisme au réalisme ; mais il ne fut suivi que par des œuvres mineures dont on peut toutefois retenir un recueil de *Nouvelles* [*Novellen,* 1860] et deux volumes de souvenirs : *Dans les longues nuits* [*I de lange naetter,* 1861] et *Derniers feuillets* [*Sidste blade,* 1868]. Dans la dernière partie de sa vie, errant à travers l'Europe, Camilla Collett semble avoir été prise d'un besoin de polémique qui s'exprimera en 1877 dans *Du camp des muettes* [*Fra de stummes leir*], plaidoyer ardent en faveur du féminisme.

♦ *« Tout se ramène à elle-même, à ses prisons, à ses poisons. Sa vie, peu à peu, n'est plus que colère contre les hommes, le sort, la société, la faiblesse des femmes... Mais malgré ses limites, elle est grande... En plein* XIX*e siècle, Camilla Collett est une figure de la Saga. »* J. Lescoffier.

RÉF. : A. Collett, *Camilla Colletts livs historie,* Oslo, 1911. – J. Lescoffier, *Histoire de la littérature norvégienne,* 1952.

COLLI Giorgio. Philosophe italien. Né le 16 janvier 1917 à Turin, mort à Florence le 6 janvier 1979. Issu d'une famille qui très tôt s'opposa au fascisme, Giorgio Colli fit tout d'abord des études de jurisprudence mais consacra son travail de thèse au *Développement de la pensée politique de Platon* [*Lo sviluppo del pensiero politico di Platone,* 1939]. Ce n'est qu'à partir de 1942 qu'il commença à enseigner la philosophie au lycée de Lucques. Fuyant le fascisme, il dut se réfugier en Suisse entre 1943 et 1945. C'est au cours de cet exil qu'il conçut son premier ouvrage *Nature aime se cacher* [*Φυσισ κρυπτεσθαι φιλει*, réédité en 1988 sous le titre *La natura ama nascondersi*] publié en 1948 et qui propose déjà « une interprétation profondément originale de la philosophie grecque des origines jusqu'à Platon ». Il enseignera dès lors à l'université de Pise, et ce jusqu'à sa mort. Mais Colli est avant tout un homme d'action, comme le dit son ami Montinari, au sens où il a consacré sa vie à donner à lire des œuvres dont la circulation lui paraissait non seulement nécessaire mais indispensable pour, selon son expression, « inventer vie immédiate ». La première grande action fut la traduction de l'*Organon* (*) d'Aristote à laquelle il s'employa de 1950 à 1955 pour les éditions Einaudi. Puis l'« Encyclopédie des auteurs classiques », collection qu'il dirigea pendant six ans à partir de 1958, chez Boringhieri, et dans laquelle il publia plus de cent titres depuis Platon jusqu'à Einstein en passant par Nietzsche, Spinoza, Schopenhauer, mais aussi Fermat, Newton, ou encore Leopardi, Hölderlin, ainsi que les *Upanishad* (*) et des textes de la tradition hébraïque ou islamique. Parallèlement mûrissait l'« action Nietzsche », l'auteur « classique » par excellence pour Colli, dont l'œuvre devait être débarrassée une fois pour toutes des falsifications idéologiques qui pesaient sur elle. L'entreprise ne se fit pas sans mal mais vit le jour grâce à l'appui des éditions Adelphi (Milan) et Gallimard (Paris) qui s'engageaient à publier les traductions complètes de cette nouvelle édition critique conçue avec Mazzino Montinari, dont on peut dire qu'elle renouvela les études nietzschéennes dans le monde. *La Sagesse grecque* (*) aura été la dernière « action » de Colli. Elle est apparue à la fois comme un retour aux origines et comme l'aboutissement d'une recherche menée pendant plus de vingt ans. Repenser le corpus présocratique non plus rétroactivement à partir de Socrate mais activement à partir de ce qui lui apparaissait comme le début de la « sophia » : Dionysos et les rites mystériques et initiatiques de la Grèce archaïque. Conçue en onze volumes, *La Sagesse grecque* fut brutalement interrompue par la mort en 1979. Trois volumes ont paru, qui constituent les bases d'une approche absolument nouvelle des origines de la pensée occidentale. L'œuvre philosophique de Giorgio Colli apparaît alors comme un contrepoint discret mais décisif de son action d'éditeur. *Philosophie de l'expression* [*Filosofia dell'espressione,* 1969], *Naissance de la philosophie* [*La nascita della filosofia,* 1975] et *Après Nietzsche* [*Dopo Nietzsche,* 1979] constituent, avec ses cahiers posthumes, *La Raison errante* [*La ragione errabonda,* 1982], pratiquement toute son œuvre. Cette parcimonie témoigne de la réticence de Colli à l'égard de la chose écrite, mais elle est active, à la manière des flèches d'Apollon qui « frappent de loin, et qui frappent loin ».

MICHEL VALENSI.

COLLIANDER Tito. Peintre et écrivain finlandais de langue suédoise. Né le 10 février 1904 à Saint-Pétersbourg, mort en 1989 à Helsinki. Fils d'un colonel finlandais, il dut fuir la Révolution de 1917 pour venir, avec sa famille, s'installer dans son pays d'origine où, en tant qu'écrivain et penseur chrétien, il exercera une influence grandissante. Doué d'un tempérament à la fois généreux, vif et passionné, il a étudié, en particulier, le rôle de la souffrance et le problème de la culpabilité dans la vie, pour finalement conclure que toute recherche spirituelle compte plus que le résultat espéré. Ses romans, *La Croisade* (*) (1937) et *Ayez pitié* (+) (1939), ainsi qu'une biographie de *Ilia Répine* (1942), traduite en plusieurs langues, illustrent bien cette tendance tolstoïenne de son inspiration. La somme de ses aphorismes a paru dans la série *La Voix de l'homme* [*Ihmisen ääni,* 1977].

COLLIN D'HARLEVILLE Jean-François. Auteur dramatique français. Né à

Maintenon (Eure-et-Loir) le 30 mai 1755, mort à Paris le 24 février 1806. Son père possédant quelques terres à Harleville, il en prit le nom ; pour faire plaisir à sa famille, il entra dans l'étude d'un procureur au parlement de Paris, où il passa quelques années qui lui inspirèrent la brillante comédie intitulée *Infortune d'un clerc au parlement.* À la même époque il pensa proposer un ouvrage comique à l'Ambigu et il écrivit *L'Inconstant*, en un seul acte. Invité à le refondre en cinq actes et à le mettre en vers, il y consentit et la pièce fut reçue à la Comédie-Française en 1780. Cependant la représentation en était toujours différée, et notre malheureux clerc fut contraint de regagner sa province, son père lui ayant coupé les vivres. Il ne cessa pas pour autant de suivre le sort de son ouvrage, et y fut encouragé lorsqu'il apprit que Diderot en disait : c'est « une pelure d'oignon brodée de paillettes d'or et d'argent ». Enfin sa comédie fut jouée au théâtre de la Cour en 1784, et le 14 janvier 1786 au Théâtre-Français. Poussé par le succès, il écrivit *L'Optimiste* (*), qui fut représenté deux ans plus tard et consolida sa position. Malgré une santé fragile et un état souvent dépressif, il donna encore successivement, en 1791, *M. de Crac dans son petit castel ;* en 1793, son chef-d'œuvre, *Le Vieux Célibataire*, puis *Châteaux en Espagne*, et d'autres pièces moins heureuses. Collin d'Harleville fut considéré comme le restaurateur de la comédie littéraire française. Il fut également un poète fécond, et l'auteur, après son entrée à l'Institut, de notices historiques, et d'un *Dialogue sur la comédie.*

♦ *« Ce n'était point la société que Collin d'Harleville était destiné à peindre ; ses observations portent plutôt au-dedans qu'au-dehors de lui-même : il peint ce qu'il a senti plutôt que ce qu'il a vu. »* Mlle de Meulan.

RÉF. : Goncourt (Ed. et J. de), *Portraits intimes du XVIIIe siècle*, t. II. – G. Meunier, *Un poète beauceron, Collin d'Harleville*, Chartres, 1896. – A. Tissier, *Collin d'Harleville, chantre de la vertu souriante*, 1964-1965.

COLLINS William. Poète anglais. Né le 25 décembre 1721 à Chichester (Sussex), où il mourut le 12 juin 1759. Il étudia au Winchester College, à Oxford, et manifesta très tôt une sensibilité poétique qui fut remarquée de Goldsmith et de Thomson. Sujet à de profondes dépressions mélancoliques, Collins, après avoir tenté en vain de vivre à Londres de sa plume, retourna dans son pays natal. Ses *Églogues persanes* [*Persian Eclogues,* 1742], appelées plus tard (en 1757) *Églogues orientales,* et ses *Odes sur divers sujets descriptifs et allégoriques* (*), souvent abstraites, froides, obscures, et gâtées par les artifices de la tradition classique, contiennent cependant quelques poèmes lyriques : *Ode à la simplicité* [*Ode to Simplicity*] ; *Ode au soir* [*Ode to Evening*] ; *Ode à la musique* [*Ode for Music*], qui valent par le goût, alors nouveau, des paysages, par un sens du fantastique, une mélancolie, une musicalité subtile, où l'on pressent déjà le romantisme.

♦ *« Collins aima les prairies, les lutins, les géants et les monstres. Sa poésie est estimable, mais ne parvint pas à plaire. »* Samuel Johnson.

RÉF. : E. Montégut, *Heures de lecture d'un critique,* 1891. – Iolo Williams, *Seven 18th Century Bibliographies,* London, 1924. – M. Dussutour-Hammer, *La Rhétorique du silence chez William Collins* (thèse), Lille, 1980. – R. Wendorf, *W. Collins and 18th Century Poetry,* Minneapolis, 1981.

COLLINS William Wilkie. Écrivain anglais. Né à Londres le 8 janvier 1824, il y mourut le 23 septembre 1889. Après avoir fait son droit, Wilkie Collins, attiré par la peinture, marcha tout d'abord sur les traces de son père, paysagiste assez estimé. Mais il témoigna bientôt de ses dons littéraires en composant une biographie de ce dernier, *Mémoires sur la vie de William Collins* [*Memoirs of the Life of William Collins, Esq., R. A.*, 1848], puis un roman, *Antonina ou la Chute de Rome* [*Antonina ; or the Fall of Rome. A Romance of the fifth Century,* 1850]. Dickens encouragea ce goût, et facilita l'accès de Wilkie Collins à des revues en vogue. Ainsi parurent : *Randonnée au-delà du chemin de fer* [*Rambles beyond Railways ; or Notes in Cornwall taken a-foot,* 1851], *Le Secret* (1857), *La Dame en blanc* (*) (1860), qui lui valut le succès ; *La Pierre de lune* (*) (1868) ; *L'hôtel hanté* [*The Haunted Hotel,* 1878] ; *L'Amour aveugle* [*Blind Love*], ouvrage posthume paru en 1890. Une profonde amitié unit Wilkie Collins et Dickens (voir leur intéressante correspondance : *Lettres de Charles Dickens à Wilkie Collins* [*Letters of Charles Dickens to William Collins* publiées en 1892]. Les deux amis ont même écrit quelques œuvres en collaboration ; mentionnons, entre autres, *No Thoroughfare* (1867), qui fut traduite en français, en 1868, sous le titre *L'Abîme.* Si Wilkie Collins révéla à son illustre ami les astuces d'une intrigue ingénieuse comme en font foi les derniers ouvrages de Dickens, en particulier *Le Mystère d'Edwin Drood* (*), ce fut Dickens qui lui enseigna à ne pas abuser du merveilleux dans la composition de ses romans que hantent le mystère et le crime. Collins put à bon droit se dire le maître du roman policier. Quelques-uns de ses personnages sont éminemment représentatifs de la moyenne société victorienne.

RÉF. : Walter de la Mare, *The Early Novels of Wilkie Collins,* in *The Eighteen-Sixties,* 1932. – M. Elwin, *Victorian Wallflowers,* 1934. – K. Robinson, W. C. A Biography, 1951. – G. Tillotson, *Criticism and the Nineteenth Century,* 1951. – Dorothy L. Sayers, *Wilkie Collins, a Critical and Biographical Study,* 1977. – W. M. Clarke, *The Secret Life of William Collins,* Londres, 1988.

COLLODI Carlo (pseud. de Carlo Lorenzini). Écrivain et journaliste italien. Né le 24 novembre 1826 à Florence, où il mourut le

26 octobre 1890. Il débuta dans le journalisme, fonda et dirigea deux journaux humoristiques – *Il Lampione* et *La Scaramuccia* – dont la vie fut brève, s'engagea en 1859 dans la lutte pour l'indépendance italienne, et écrivit des opuscules réclamant la réunion de la Toscane au Piémont, signant pour la première fois du nom de Collodi. Il reprit ensuite l'activité de journaliste, qu'il exerçait en plus d'un autre emploi, et dans ses moments de loisir écrivit des comédies sans intérêt, un drame oublié, de fades romans ; mais il parvint, dans certaines esquisses de vie paysanne, à saisir avec une agréable ironie certains aspects et types caractéristiques. À partir de 1875, il s'était mis à écrire pour les enfants, adaptant avec une certaine désinvolture les contes traditionnels – *Récits des fées* [*Racconti delle fate*] – et composant quelques livres éducatifs dont le style, extrêmement vivant et rapide, et un certain dédain des vues morales lui valurent un grand succès – *Petit Jean* [*Giannettino*], *Tout petit* [*Minuzzolo*]. Encouragé par ce succès, il cultiva la littérature didactique, publiant des textes aimables : *Premier voyage de Petit Jean à travers l'Italie* [*Primo viaggio di Giannettino per l'Italia*], *La Grammaire de Petit Jean* [*La grammatica di Giannettino*], *L'Arithmétique de Petit Jean* [*L'abbaco di Giannettino*], etc. Mais jamais il ne se serait élevé plus haut qu'un Thouar ou un Dazzi, si soudain une marionnette de bois ne s'était échappée de ses mains, le célèbre *Pinocchio* (*), chef-d'œuvre mondial de la littérature enfantine. Ferdinando Martini, qui dirigeait, en 1880, le *Journal des enfants* [*Giornale per i bambini*], avait demandé à Collodi un récit à épisodes. Celui-ci, pour payer, dit-on, des dettes de jeu, se mit à l'ouvrage et poursuivit son récit *Pinocchio* de juillet 1881 à janvier 1883. Cet ouvrage fut traduit dans toutes les langues. Collodi tenta encore d'utiliser des motifs semblables en 1887 avec ses *Histoires gaies* [*Storie allegre*], mais il ne parvint pas à retrouver la veine de son chef-d'œuvre.

RÉF. : E. Canni, *Significato del comico e sua espressione in Pinocchio,* Crémone, 1923. – A. Michieli, *Commenti a Pinocchio,* Turin, 1933. – B. Croce, article dans *Critica,* novembre 1937. – G. Genot, *Pinocchio,* 1970. – E. Garroni, *Pinocchio uno e bino,* Rome-Bari, 1975. – *Studi collodiani,* actes du congrès international (Pescia, 1974), Pescia, 1976. – G. Manganelli, *Pinocchio : un libro parallelo,* Turin, 1977. – A. Gagliardi, *Il burattino e il labirinto. Una lettura di « Pinocchio »,* Turin, 1980. – P. Marchese, *Bibliografia pinocchiesca,* Florence, 1983.

COLLOUTHOS (ou Colouthos). Poète grec. D'après la *Souda* (*), il est né à Lycopolis, dans la Thébaïde égyptienne, et a vécu sous le règne de l'empereur Anastase (491-518 ap. J.-C.). Il aurait écrit une ample épopée en six livres, les *Calydoniaques,* des *Éloges* et une épopée historique, les *Persiques,* trois œuvres qui ne nous sont pas parvenues. En revanche a été conservé un court poème épique de 392 vers, *L'Enlèvement d'Hélène* (*), dont la langue et le style révèlent en Collouthos un disciple plutôt terne de Nonnos. Le principal intérêt de ce poète, qui s'est essayé aux divers genres de l'épopée, est de témoigner de la persistance de la tradition épique dans la littérature grecque tardive.

OLIVIA RODARI.

RÉF. : Pierre Orsini, *Collouthos. L'Enlèvement d'Hélène,* Paris, 1972.

COLOMA Luis. Écrivain et jésuite espagnol. Né à Jerez de la Frontera (province de Cadix) en 1851, mort à Madrid en 1914. Il commença ses études à l'École navale préparatoire (1863), et se rendit ensuite à Séville où il étudia le droit. Dans cette ville, comme à Madrid, il fut reçu dans les salons les plus élégants, y recueillant des éléments utiles à son œuvre littéraire. Bien qu'il fût avocat, il n'exerçait pas sa profession, mais collaborait en revanche à deux journaux de Madrid, se faisant le propagandiste de la restauration des Bourbons. Un jour qu'il nettoyait son revolver, il se blessa grièvement à la poitrine ; cet accident le confirma dans sa décision de se faire jésuite, et il entra au séminaire de Poyanne en 1873. Ordonné prêtre, il n'en abandonna pas pour autant le journalisme, dans lequel il voyait, ainsi que par ses livres, un moyen d'instruire la société, sinon de la distraire. Des *Lectures récréatives* [*Lecturas recreativas*], il en vint à la satire d'un genre plus accentué, en passant par les études de mœurs. Le roman *Bagatelles* (*) (1890) en est le témoignage le plus évident. Pour comprendre comment le naturalisme de Coloma n'accepta pas le déterminisme d'essence française, il n'est pas nécessaire de se souvenir qu'il était jésuite et espagnol. Au milieu de la confusion répandue dans les idées de son époque, Coloma fut en apparence un romancier, mais de fait, il fut un missionnaire ; et ses prédications, fondées sur la description d'une certaine aristocratie légère et corrompue de l'époque qui précéda la Restauration, remuèrent énormément l'opinion. Pendant quinze jours, un journal de Madrid, l'*Heraldo*, publia des jugements, échos et interprétations erronées des *Bagatelles*. Coloma en fut indigné. Ses descriptions d'un monde plein de compromissions et de vices furent interprétées comme une satire très vive de cette société. En réalité, Coloma ne voulait pas attaquer la seule aristocratie, car il n'épargna ni le peuple ni la bourgeoisie. Les accusations continuèrent et quand, en 1908, Coloma entra à l'Académie royale, il fut comparé au père Isla. L'écho des *Bagatelles* s'évanouit. L'activité créatrice de Luis Coloma s'étendit à de nouvelles œuvres : *Boy* (1910) et des narrations d'inspiration historique. Très importants aussi sont les *Souvenirs de F. Caballero* [*Recuerdos de Fernán Caballero*], qui fut son amie, et que Coloma imita dans ses débuts, sans toutefois parvenir à sa vigueur comme peintre de mœurs.

RÉF. : E. Pardo Bazán, *El padre Luis Coloma.* – J. Valera, *« Pequeñeces »... Currita Albornoz al P. Luis Coloma.*

COLOMB Catherine. Romancière suisse. Née à Saint-Prex dans le canton de Vaud le 18 août 1892, morte à Lausanne le 13 novembre 1965. « Comment font ceux qui ont eu une grand-mère, et des vignes, et qui peuvent passer devant une vigne sans chercher sur un des échalas une pèlerine de laine noire ? » Cette question résume à la fois la matière de cette œuvre et sa raison d'être. Orpheline de mère à cinq ans, élevée par une grand-mère dont la mort la laisse inconsolable, Catherine Colomb a été profondément marquée par cette double privation. Mais elle est aussi la dépositaire d'une riche mémoire de famille, typique d'une époque (quatre générations, entre 1860 et 1960) et d'un milieu : propriétaires qui vivent de leurs vignes, ample parentèle que réunissent les fêtes de famille, générations de domestiques au service de générations de maîtres ; demeures cossues riches de présences qui les hantent ; bref un monde et un mode de vie dont Catherine Colomb a ouï dire puis vécu le charme et le déclin irrésistible (à cause du phylloxéra puis de la chute des fonds russes). C'est tout cela : la déchirure, mais aussi la plénitude vécue et une mémoire de famille, que la fiction – trois récits lentement élaborés : *Châteaux en enfance* (*) (1945), *Les Esprits de la terre* (*) (1953), *Le Temps des anges* (*) (1962) – va permettre à Catherine Colomb de dire et de sauver, en parcourant ses « chemins de mémoire » sous la double impulsion de la tendresse et de la rancune. Tendresse déchirante quand elle évoque les jeunes mortes ou la grand-mère, un frère « prodigue » longtemps absent (« Mon frère ! Mon frère ! Seul congénère : même enfance, même maison de mousse ! ») et les « enfants qu'ils furent ». Mais rancune et humour vengeur quand elle peint ceux auxquels elle n'a jamais pardonné : les sans-cœur et les avides qui ont dépouillé une sœur, un frère, un orphelin, de leur part d'héritage. Plénitude et nostalgie, frustration et spoliation : thèmes récurrents chez cet auteur dont on a pu dire qu'elle récrivait, de livre en livre, le même drame.

Les chemins de mémoire que cette œuvre nous invite à suivre n'ont rien de commun avec la progression linéaire des récits traditionnels. Dès *Châteaux en enfance,* Catherine Colomb invente un mode narratif qui paraît annoncer la révolution du « nouveau roman ». La remémoration mêle les époques, les retours en arrière et les anticipations. L'enchaînement causal fait place aux glissements associatifs. Le texte accueille mille trouvailles : allusions culturelles, rapprochements humoristiques, jeux qui naissent de la polysémie des mots. Le monde qui naît ainsi ignore toute distinction entre les règnes, mêle le réel et l'imaginaire, le banal et le fantastique. Merveilleux pouvoir d'une écriture qui unit le jamais vu et le reconnaissable, le comique et le pathétique, le saugrenu et le rappel lancinant des êtres bien-aimés.

JEAN-LUC SEYLAZ.

COLOMB Christophe (Cristóbal Colón). Navigateur italien. Né probablement entre le 26 août et le 31 octobre 1451 à Gênes, mort le 20 mai 1506 à Valladolid ; on sait que le lieu de sa naissance, et partant sa nationalité, demeure contesté. Il s'initia auprès de son père au commerce de la laine et en 1473 le suivit à Savone où, en 1474 ou 1475, il s'embarqua sur un bateau du gouvernement génois qui avait pour mission de défendre Chios contre la menace turque. Il entra ensuite comme « agent d'affaires » au service des maisons de commerce Spinola, Di Negro et Centurione, et fit pour le compte de cette dernière quelques voyages à Madère afin d'y charger du sucre, s'avançant jusqu'à la petite île de Porto Santo, toute proche de Madère. C'est là (ou peut-être à Lisbonne) qu'il connut et épousa, en 1480, Filippa Monis, fille de Bartolomeo Perestrello, originaire de Plaisance et seigneur de Porto Santo. Un peu plus tard, il se rendit en Guinée sur un bateau portugais. Cette première entreprise et quelques autres moins certaines ou ignorées, ainsi que la lecture, commencée au Portugal et continuée en Espagne, d'ouvrages sur la cosmographie, tels que l'*Imago mundi* du cardinal d'Ailly, l'*Historia rerum* de Pie II (Aeneas Sylvius Piccolomini), et *Le Livre de Marco Polo ou le Dévisement du monde* (*) lui donnèrent à penser que la terre pouvait être ronde et qu'en faisant voile vers l'Occident on pouvait atteindre l'Orient. Fort de cette conviction, Colomb exposa son plan au roi du Portugal Jean II ; mais ce dernier, préoccupé par ses expéditions en Afrique et ne se souciant peut-être pas d'accorder quelque crédit à un étranger, fit si longuement attendre sa réponse que Christophe Colomb passa en Espagne à la fin de 1483 ou au début de 1484. Ici, il rencontra d'autres obstacles. Ferdinand d'Aragon et Isabelle de Castille, qui régnaient conjointement, ne pensaient qu'à chasser les Maures de leurs derniers retranchements, ce qui n'était point aisé ; d'autre part, l'Église s'opposait à ce que l'on changeât quoi que ce fût à la cosmographie, et l'Espagne n'était pas préparée à la grande aventure qu'on lui proposait de tenter. Sept ans passèrent : le 17 mai 1492, Colomb, qui se trouvait au camp de Santa Fé près de Cordoue, obtint enfin les autorisations souhaitées. Pendant cette longue période d'attente, il s'était lié d'amitié avec des hommes puissants, et avait obtenu l'aide financière des banquiers et des marchands italiens de Séville, de sorte qu'il put fréter trois navires : la « Santa María », la « Pinta » et la « Niña », dont il prit le commandement le 3 août, cinglant vers l'inconnu. Après avoir touché les Canaries, il continua en ligne droite, le long du 28e degré de latitude nord, dériva un peu vers le sud-est et s'approcha le 12 octobre de la petite île de Guanahani dans les Lucayes. Il découvrit ensuite Cuba et Haïti, mit le cap sur l'Europe le 16 janvier 1493 et regagna Palos le 13 mars de la même année, après avoir mené à bien une des entreprises les plus méritoires et les plus audacieuses qu'on ait jamais tentées jusqu'alors. Pendant ce voyage, il tint un *Journal de bord* (*) d'une exceptionnelle importance. Nommé amiral de l'Océan et vice-roi des Indes, il commença aussitôt à organiser une nouvelle expédition, afin de découvrir et de coloniser d'autres territoires. Cette expédition, composée d'un grand nombre de bâtiments, quitta Séville le 25 septembre 1493, explora Haïti, en fit une colonie, fit escale à Cuba et découvrit la Jamaïque. Rentré en Espagne le 11 juin 1496, il en repartit le 30 mai 1498 pour son troisième voyage. Après avoir découvert l'Amérique du Sud, il dut tenir tête à ses équipages qui se révoltaient, et une fois rentré à Cadix, il fut arrêté et emprisonné (fin novembre 1500). L'envie, l'ingratitude lui tinrent lieu de récompense. Sa dernière expédition (9 mai 1502-7 novembre 1504) en Amérique centrale, où il cherchait un passage qui permît de rejoindre l'Asie et de faire le tour du monde, fut à l'origine de maintes difficultés et infortunes. Pendant les dernières années de sa vie, il tenta vainement de se faire rendre justice, et mourut dans la solitude et l'oubli. Ses *Relations de voyage* et ses *Lettres* contiennent de nombreux éléments autobiographiques.

♦ *« On lui changea son œuvre dès le premier jour. On fit des ténèbres avec sa lumière et quelles ténèbres ! [...] Christophe Colomb avait demandé qu'aucun Espagnol ne pût aborder aux terres nouvelles, à moins qu'il ne fût certainement chrétien, alléguant le but véritable de cette entreprise, qui était l'accroissement et la gloire de la religion chrétienne. On vida pour lui les prisons et les galères. Ce furent des escrocs, des parjures, des faussaires, des voleurs, des proxénètes et des assassins qu'on chargea de porter aux Indes l'exemple des vertus chrétiennes [...] Il fut enfin dépossédé, exproprié de sa mission et, pendant plusieurs années, put assister, lié et impuissant, à la destruction de son œuvre. »* Léon Bloy. ♦ *« Ce n'est pas l'Amérique qu'il cherchait, l'Amérique pour lui n'a été qu'un accident malencontreux, quelque chose qui lui barrait le chemin de l'ultérieur. Sa devise était celle que lui a empruntée Charles Quint : Plus ultra ! Il s'agissait pour ce déshérité d'obtenir à sa revendication cette absolution qu'il ne pouvait recevoir que de l'absolu. »* Paul Claudel.

RÉF. : Washington Irving, *Life and Voyages of Christopher Colombus*, Londres, 1828. – Harrisse, *Christophe Colomb, son origine, sa vie, ses voyages, sa famille et ses descendants*, Paris, 1884. – Léon Bloy, *Le Révélateur du globe, Christophe Colomb et sa béatification future*, 1884. – Manuel Gonzalez de La Rosa, *La Solution de tous les problèmes relatifs à Christophe Colomb...*, 1902. – H. Vignaud, *Le Vrai Christophe Colomb et la légende*, 1921. – J.-P. Alaux, *L'Histoire merveilleuse de Christophe Colomb...*, 1924. – Alphonse de Lamartine, *Christophe Colomb*, Genève, 1937. – Samuel Elio Morison, *Admiral of the Ocean Sea. A life of Christopher Colombus*, Boston, 1942. – Salvador de Madariaga, *Christophe Colomb*, trad. 1952. – Jean Merrien, *Christophe Colomb*, 1955. – Jean Cassou, *La Découverte du Nouveau Monde*, Paris, 1966.

COLOMB Fernando. Historien espagnol. Né le 15 août 1488 à Cordoue (Andalousie), mort le 12 juillet 1539 à Séville. Fils naturel de Christophe, il l'accompagna dans son quatrième voyage transatlantique, le plus dramatique (mai 1502 – novembre 1504), montrant une intelligence et un caractère très supérieurs à son âge ; il mérita de son père cet éloge : « Il donnait courage aux autres, il se comportait comme s'il avait navigué pendant quatre-vingts ans et il me réconfortait. » En 1508, avec son oncle Bartolomeo et avec son frère Diego, il se rendit à Haïti, dont ce dernier venait d'être nommé gouverneur, avec la mission d'y ériger des églises et des monastères. Revenu en Espagne, il reprit ses études, s'intéressant particulièrement à la géographie et aux mathématiques. Par amour pour la patrie de son père et pour la culture italienne, il effectua entre 1512 et 1531 de nombreux voyages en Italie. Il visita Gênes et la Ligurie, Venise, Trévise, Ferrare. Il parcourut, en outre, les diverses provinces d'Espagne, de France, de Suisse et des Pays-Bas, recueillant des livres et des manuscrits, et constituant ainsi une bibliothèque appelée par lui « Fernandina », et par ses descendants « Colombina ». Cette bibliothèque, par le nombre de ses ouvrages (15 370), par les critères adoptés pour leur classification et leur conservation, fut la plus riche et la plus célèbre qu'eût jamais possédée une personne privée. Tenu en grande estime par Charles V, Fernando Colomb fut deux fois, en 1520 et 1529, chargé de représenter l'Espagne dans sa controverse avec le Portugal pour la possession des Moluques ; il présida une commission d'experts pour l'établissement d'une nouvelle carte marine à l'usage des navigateurs, et fut chargé de la sélection des pilotes qui accomplissaient les traversées océaniques. D'après les documents laissés par son père, des témoignages autorisés et authentiques, et sa propre expérience, il écrivit : *Histoire de la vie de Christophe Colomb* (*), traduite en italien par Alfonso Ulloa et publiée à Venise en 1571 par F. de Fraceschi Sanese, puis traduite dans toutes les langues civilisées. C'est un document fondamental sur la grande entreprise qui conduisit à la découverte et à la colonisation d'un nouveau monde.

RINALDO CADDEO.

RÉF. : Henry Harrisse, *Histoire de la bibliothèque Colombine et de son fondateur (dans Excerpta Colombiniana*, 1887).

COLOMBAN ou Columbanus, saint. Moine irlandais d'expression latine. Né vers

543 dans la province de Leinster, mort à Bobbio (Italie) le 23 novembre 615. Il suscita dans toute l'Europe occidentale de son temps une impétueuse renaissance de foi et d'ardeur ascétiques. Jusqu'à l'âge d'environ cinquante ans, il demeura dans son île natale, moine de l'abbaye de Bangor (Ulster). Mais, désireux de vivre une merveilleuse aventure de foi, il partit avec douze compagnons pour la France.

Colomban obtint facilement de Gontran, roi de Bourgogne, un terrain désert dans les Vosges et, ainsi naquit, à Annegray, en pleine forêt, un centre monastique qui eut vite une réputation légendaire et où affluèrent de toutes parts des aspirants à la vie ascétique. Luxeuil et Fontaine, dans le voisinage, furent deux monastères fondés pour les recevoir. Colomban, qui résidait à Luxeuil, gouvernait les trois maisons. Mais son action allait plus loin, jusque dans les palais royaux, avec la vigueur et l'impétuosité qui furent celles des grands prophètes bibliques. Le courage qu'il manifesta devant la reine d'Austrasie Brunehaut et son amant Théodoric lui valut l'exil (610). Il voyagea alors à travers la France, mais bien plus en triomphateur qu'en fuyard. Beaucoup, en le rencontrant, sentirent naître en eux la vocation monastique. Il se rendit ensuite en Allemagne, puis gagna l'Italie par l'Autriche. Ayant laissé à Bregenz son disciple Gall qui devait fonder non loin de là une célèbre abbaye, Colomban obtint en 614 du roi de Lombardie Agilulphe (591-615) et de la reine Théodelinde la concession nécessaire pour fonder à Bobbio un nouveau monastère. À la fois impétueux et tendre, audacieux et indépendant, ascète et homme d'action, conducteur d'âmes et stimulateur des papes (notamment de Grégoire le Grand et de Boniface IV), sans peur devant les grands de ce monde, ses contemporains le regardaient comme un homme envoyé par Dieu pour reconduire la société, par la pénitence, dans la plénitude de la vie chrétienne. Le mouvement de pénitence qu'il souleva notamment en Gaule fut vraiment imposant. Deux de ses œuvres sont un écho des instances qu'il déploya dans ce but, le *Pénitentiel* (+) et le *Livre sur l'importance des pénitences* (+). Ses autres *Écrits religieux* (*) comprennent une *Règle monastique* (+), une *Regula coenobitis* en quinze chapitres, des *Instructiones variae,* et six *Lettres.* On a également de lui des *Poésies* fort intéressantes.

RÉF. : Jonas de Suze, *Vie de saint Colomban,* in *Acta Sanctorum ordinis sancti Benedicti.* – Cl. Wyatt Bispham, *Columban, Saint Monk and Missionary,* New York, 1903. – E. Martin, *Saint Colomban,* Paris, 1905. – Vacant et Mangenot, *Dictionnaire de Théologie catholique,* t. III, Paris, 1923. – Marie-Louise Jacotey, *Saint Colomban, apôtre de l'Occident,* Mirecourt, 1984. – Pierre Dubois, *Colomban : un aventurier de l'Europe,* Paris, 1990.

COLONNA Francesco. Humaniste italien. Né à Trévise en 1433, mort en 1527 à Venise, au couvent de Saint-Jean-et-Saint-Paul. On lui attribue la paternité du *Songe de Polyphile* (*) en raison d'une anagramme formée par les initiales des chapitres de l'œuvre. Des recherches ont par la suite confirmé l'existence d'un certain Francesco Columna, frère à Trévise, à l'époque à laquelle nous renvoie le roman qui fut justement terminé à Trévise en 1467. Mais il est difficile de faire coïncider l'image du frère modeste et, semble-t-il, peu cultivé qui se dégage de maigres documents biographiques et celle de l'auteur de cette œuvre raffinée. À une date ultérieure, l'œuvre fut également attribuée à l'humaniste Felice Feliciano.

COLONNA Vittoria, marquise de Pescara. Poétesse italienne. Née à Marino vers 1490, morte à Rome le 27 février 1547. Fille du grand connétable de Naples Fabrizio Colonna, elle fut fiancée à Ferrante d'Avalos, marquis de Pescara, et les noces furent célébrées en 1509 à Ischia. Le 25 novembre, son époux mourut à Milan, et Vittoria, qui était en voyage pour le rejoindre, s'arrêta à Rome et s'enferma dans le couvent de Saint-Sylvestre. Quand la guerre survint entre Clément VII et les partisans des Colonna, elle se retira à Marino, puis se mit à errer de couvent en couvent, à Orvieto (1531), à Ferrare (1537), à Florence, à Lucques (1538), non sans retourner assez souvent à Ischia et à Rome où, vers 1538-1540, elle fit la connaissance de Michel-Ange. De 1541 à 1544, elle vécut dans le couvent de Sainte-Catherine à Viterbe, mais elle revint ensuite à Rome, où elle se retira dans le couvent des bénédictines de Sainte-Anne de Funari. C'est là qu'elle tomba malade et fut transportée alors dans le palais des Cesarini à l'Argentina, où elle mourut. La sérieuse réforme morale qui se préparait au sein même de l'Église l'avait remplie d'anxiété et portée à se rapprocher de Valdès, d'Ochino et de Carnesecchi, mais elle demeura toujours fidèle à sa foi catholique. L'amour que celle que l'on a surnommée La Divine sut inspirer à Michel-Ange s'harmonisa parfaitement avec sa spiritualité délicate, toujours tournée vers la contemplation des splendeurs célestes et profondément consciente de la vanité des biens terrestres. Raphaël a immortalisé sa beauté physique et Michel-Ange nous a laissé d'elle un dessin tout illuminé de cette lumière intérieure que l'on retrouve dans ses *Rimes* et dans sa *Correspondance* (*) échangée avec les personnages les plus illustres de son temps.

RÉF. : Alfred von Reumont, *Vittoria Colonna : Leben, Dichten, Glauben im XVI. Jahrhundert,* Fribourg-en-Brisgau, 1881, trad. ital. 1892. – Pierre de Bouchaud, *Les Poésies de M.-A. Buonarroti et de Vittoria Colonna,* 1911. – Carmen Ennesch, *La Vie comblée de Vittoria Colonna,* 1948.

COLUM Mary (pseud. de Mary Gunning Maguire). Écrivain irlandais. Née en 1883, morte à New York le 22 octobre 1957. Elle fit ses études en Irlande et en Hollande, épousa en 1912 le poète Padraic Colum et accompagna son mari aux États-Unis (1914). Là, elle fut considérée comme un remarquable critique littéraire. On trouvera trace de ses points de vue dans *De ces racines* (+) (1937). *La Vie et le Rêve* (+) (1947), qui connut une réédition posthume en 1967, est un livre de souvenirs. Mary et Padraic Colum évoquent ensemble l'écrivain Joyce dans un livre publié en 1958 : *Notre ami Joyce* (+).

COLUM Padraic. Dramaturge et poète irlandais. Né à Longford le 8 décembre 1881, mort à Enfield (Connecticut) le 11 janvier 1972. Après des études dans sa ville natale, il devient cheminot à Dublin. Plus tard, il contribua, avec W. B. Yeats entre autres, à la renaissance de la littérature irlandaise. L'« Abbey Theatre » monte une de ses pièces, *La Terre* (+) (1905). Il se marie en 1912 et, la même année, le couple s'établit aux États-Unis. Padraic Colum a surtout célébré la terre irlandaise d'avant l'industrialisation. Son épouse et lui ont intimement connu James Joyce auquel ils ont consacré un livre, *Notre ami Joyce* (+). De Padraic Colum on retiendra surtout *La Randonnée du poète* (*) (1960). Il est encore l'auteur de nouvelles, d'essais, de livres pour enfants, d'une anthologie de la poésie irlandaise, d'un roman, et de deux volumes sur le folklore de Hawaï.

COLUMELLE (Lucius Junius Moderatus Columella). Écrivain latin du Iᵉʳ siècle après J.-C. Les renseignements que l'on possède sur la vie de Columelle sont rares et d'une authenticité douteuse. Originaire de Gadès (Cadix) et contemporain de Sénèque, Columelle connut la célébrité, à ce qu'il semble, pendant les règnes de Claude et de Néron. Il fut d'abord tribun militaire de la sixième légion, dite « de fer », en Syrie, puis, de retour dans la vie civile, il s'établit en Italie où il acheta des terrains et villas dans le Latium et en Étrurie et où il s'adonna entièrement à l'agriculture. C'était en lui une véritable vocation, héritée de son oncle paternel Marcus, « homme aux doctrines claires et agriculteur très expert dans la province de Bétique (Andalousie) », qui semble l'avoir incité non seulement à étudier les modèles classiques, grecs et latins, mais aussi à pratiquer lui-même l'économie rurale. Homme d'une haute valeur morale, parlant et écrivant une langue d'une grande pureté, il dépassa les préceptes purement empiriques de l'école de son temps et se montra à la fois technicien et érudit. Son grand traité sur *L'Économie rurale* (*) en douze livres dans sa forme complète et définitive – il était à l'origine plus court – est le manuel d'agronomie le plus complet et le plus intéressant que l'Antiquité nous ait transmis. Il fut précédé d'une autre œuvre en plusieurs volumes *Contre les Astrologues* [*Adversus astrologos*], dont le médiocre succès qu'il obtint auprès de la postérité s'explique peut-être par le fait que Columelle n'y met point la même conviction que dans son écrit principal, auquel il donna tous ses soins et le meilleur de lui-même. La campagne lui apparaît comme le « grand théâtre de la vie, auquel le créateur du monde a donné une perpétuelle fécondité », et l'agriculture comme une source de bien-être social, d'élévation humaine et de pureté de mœurs. Columelle donna à son style beaucoup de fraîcheur et de force en moralisant à la manière de Virgile, sur la vie et l'art champêtres. Bien qu'il se soit inspiré de la tradition littéraire représentée par Caton, Varron, Hygin et Virgile – en consacrant aux jardins le livre de son *Économie rurale*, il combla la lacune que Virgile lui-même avait signalée dans les *Géorgiques* (*) –, il la renouvela par le tour plus décisivement technique qu'il sut donner à ses considérations. C'est pourquoi Columelle a été lu avec tant d'intérêt au cours des siècles jusqu'au Moyen Âge et à la Renaissance. Un certain nombre de ses préceptes n'ont pas encore perdu de nos jours toute valeur.

RÉF. : W. Becher, *De Columellae vita et scriptis*, Leipzig, 1897. – Marija E. Sergéenko, *Sur l'économie rurale de l'Italie antique*, trad. 1954. – René Martin, *Recherches sur les agronomes latins*, Paris, Les Belles Lettres, 1971.

COMENIUS (nom latinisé de Jan Amos Komenský). Philosophe et pédagogue tchèque. Né à Nivnice (Moravie) le 28 mars 1592, mort en exil, à Amsterdam, le 15 novembre 1670. Il appartenait à l'Union des frères moraves, secte protestante née des cendres de Jan Hus, et qui s'enorgueillissait d'avoir été à l'origine de la Réforme. Extrêmement pieux et même mystiques, les frères moraves se caractérisaient, entre autres, par l'importance qu'ils accordaient à l'instruction et au travail manuel. Le jeune Jan Amos reçut les premiers rudiments de l'instruction dans une école d'Uherský Brod, tenue par des frères moraves, mais, son père étant mort en 1602 et sa mère deux ans plus tard, il fut spolié de son héritage par des tuteurs malhonnêtes, et dut abandonner provisoirement les études et travailler pour gagner sa vie. Il les reprit, néanmoins, dès que cela lui fut possible, et n'hésita pas à commencer, à l'âge de seize ans, des études secondaires à l'école latine de Přerov. Il garda toute sa vie un souvenir horrifié et ineffaçable de ces trois années d'études, et c'est ce qui explique les efforts qu'il poursuivit par la suite pour améliorer l'organisation de l'enseignement. Comme le fera Montaigne, Comenius s'éleva véhémentement contre les écoles de son temps « qui étaient des chambres de torture pour l'intelligence, d'où ne sortaient que des ânes sauvages, des mulets sans frein et dissolus ». En 1611, Comenius se rendit à Herborn, dans le duché de Nassau, où il fit des études supérieures, ayant pour maître un savant de grande renommée, Johann Fischer (Piscator).

Après avoir été reçu docteur, Comenius se rendit à Amsterdam, puis à Heidelberg, d'où il rentra – à pied ! – à Přerov, où ses coreligionnaires lui confièrent la direction d'une école, pour les besoins de laquelle il composa ses *Règles pour une grammaire plus facile* [*Grammaticae facilioris praecepta*, 1616]. Ayant atteint l'âge prescrit par le règlement intérieur de l'Église des frères moraves, Comenius fut ordonné prêtre le 26 avril 1616. En 1618, il se vit confier la cure et l'école de Fulnek, un des centres les plus importants des frères moraves. Trois ans plus tard, les troupes espagnoles envahissaient la province et, lors du sac de la ville de Fulnek, Comenius perdit sa bibliothèque et ses manuscrits ; lui-même ne dut son salut qu'à la fuite. Sa vie errante ne l'empêchera pas de composer, en 1623, un ouvrage qu'il ne pourra publier qu'en 1631 : *Le Labyrinthe du monde et le paradis du cœur* (*). Malgré les atrocités ordonnées par Ferdinand II de Habsbourg, élève des jésuites décidé à extirper à n'importe quel prix le protestantisme de ses terres, les frères moraves, profondément patriotes, s'accrochaient désespérément au sol natal. Toutefois, lorsque l'édit impérial du 31 juillet 1627, en décrétant le catholicisme seule religion officielle, prescrivit le bannissement de tous les « hérétiques », Comenius dut préparer l'émigration et, en février 1628, avec les frères moraves, il passa la frontière polonaise et s'établit à Leszno, petite ville du duché de Posen. Le seigneur local, le comte Raphaël Leszinski, homme instruit et libéral, accorda sa protection aux réfugiés et confia à Comenius un poste de maître d'école et, en 1636, de recteur. En 1631, Comenius publia sa *Porte ouverte des langues* [*Janua linguarum reserata*], méthode nouvelle pour une étude rapide et facile des langues. Cette œuvre fut traduite en douze langues européennes et plusieurs langues orientales ; la première traduction française date de 1642. La renommée de Comenius était à cette époque si grande dans le monde des savants que Samuel Hartlib obtint du parlement anglais l'autorisation de faire venir Comenius en Angleterre, pour y créer un « Collège des sciences universelles ». Comenius vint à Londres en 1641, mais les événements politiques du moment ne permirent pas au Long Parliament de réaliser le projet prévu ; aussi accepta-t-il l'invitation de Ludwig De Geer, qui l'appelait chez lui, à Nordköping (Suède). Richelieu avait également, par l'entremise de son secrétaire, Rossignol, lancé une invitation à Comenius ; ne pouvant venir lui-même, ce dernier dépêcha à Paris un de ses disciples et amis, Joachim Hübner, qui trouva Richelieu sur son lit de mort et ne put discuter des principes « pansophiques », chers à Comenius, qu'avec Mersenne et Doujat.

Comenius resta au service de la Suède jusqu'en juin 1648, travaillant à la réforme des écoles du royaume et multipliant ses écrits. C'est pendant cette période qu'il publia, entre autres, son *Pansophiae diatyposis* (1641), introduction à la grande œuvre de sa vie, la *Pansophia* (qui ne vit jamais le jour). En mars 1650, Comenius accepta la charge de « praeses » et la mission de réformer les écoles de la Hongrie. Il publia le règlement de la nouvelle école modèle dès l'année suivante, sous le titre : *École pansophique, c'est-à-dire laboratoire de la sagesse universitaire* [*Schola pansofica, hoc est, universalis sapientiae officina*]. Cet ouvrage fut suivi, en 1654, par l'*École du jeu, ou encyclopédie vivante* [*Schola ludus seu encyclopaedia viva*], œuvre dans laquelle Comenius professe – ainsi qu'il le fera plus tard dans sa *Didactica magna* (*), et avec une avance de trois siècles sur Maria Montessori – que le jeu constitue un moyen d'éducation très important. Il suffit de donner aux enfants des outils, qui non seulement les familiariseront avec les différents métiers, mais encore « permettront au maître de voir les enfants agir spontanément et de deviner leur vocation : les uns, par le choix du jeu et par leur conduite en jouant, manifesteront les aptitudes nécessaires aux fonctions d'État, civiles ou militaires, les autres se révéleront doués pour la médecine, pour l'architecture, etc. ». Il a fallu près de trois siècles pour que les théories de ce génial précurseur de l'orientation scolaire puissent être officiellement admises.

C'est à peu près à la même époque que Comenius composa son livre – qui ne sera publié que partiellement en 1666 à Amsterdam – *Sur la réforme des affaires humaines* [*De rerum humanarum emendatione consultatio catholica*], dont la première partie, intitulée *Le Réveil de tous* [*Penagersia*], semble avoir inspiré le fameux *Livre des constitutions maçonniques* de James Anderson. Dans cette œuvre extraordinaire, Comenius préconise le rapprochement, par voie d'une coopération qui deviendrait au fur et à mesure de plus en plus étroite, de tous les États d'Europe et, plus tard, lorsque cette union sera solidement cimentée, de tous les pays du monde. Mais, s'il faut que tous prennent part à l'œuvre commune, aucun peuple ne doit être exclu des délibérations et, au cours de celles-ci, personne ne doit s'abstenir. Ce précurseur de l'O.N.U. s'élève également contre la diplomatie secrète qui « en éveillant soupçons et méfiance ne peut provoquer que querelles, violences et désastres sans nombre ». On pourrait multiplier à l'infini les citations, plus actuelles que jamais, de cette œuvre prophétique mais presque totalement inconnue, car elle n'a jamais été traduite. Les lettres que Comenius écrivit aux grands de ce monde : à Louis XIV, au pape Alexandre VII et à divers autres souverains et princes, restèrent sans réponse. Dans son activité de réformateur de l'éducation, Comenius n'a pas eu plus de succès : il se heurta à une forte opposition, tant de la part des élèves que de la part des maîtres. Pour pallier les difficultés qui surgissent lors de chaque essai de mise en application de ses théories, qui semblaient révolutionnaires, Comenius composa divers petits écrits d'un très grand intérêt : un modèle de règlement scolaire ayant pour titre *Fortius redivivus, ou de l'expulsion de l'indolence des écoles* [*Fortius redivivus, sive de pellenda scholis ignavia*, 1652] et *Règlements d'une école bien organisée* [*Leges scholae bene ordinatae*, 1653]. Enfin, en 1654, il termina son *Monde en images* [*Orbis sensualis pictus*], qui a été traduit depuis presque en toutes les langues européennes et a servi de modèle pour toutes les encyclopédies à images et tableaux synoptiques en usage dans les écoles de nos jours. En 1652, Comenius retourna à Leszno, mais la guerre est portée au-delà des frontières de la Pologne et, après avoir enlevé aux Polonais Cracovie, les Suisses s'emparent de Leszno. Les frères moraves ayant montré quelque sympathie aux occupants, leurs coreligionnaires, lorsque Leszno est reprise par les Polonais, la ville est pillée et incendiée. Comenius y perd — une ultime fois — tous ses biens, sa bibliothèque et toute la documentation accumulée pendant des dizaines d'années en vue de la composition de son œuvre maîtresse, la *Pansophia*. Reprenant le bâton de pèlerin, il se rend de nouveau à Amsterdam, où il finira ses jours. Invité par le Sénat de la ville à publier ses œuvres pédagogiques, il les réunit, en 1657, en un volume sous le titre général : *Opera didactica omnia ab 1627 ab 1657 continuata*. En tête du volume, Comenius place sa *Didactica magna*, qui paraît là pour la première fois sous sa forme complète, telle que nous la connaissons aujourd'hui. Préconisant dans cette œuvre une instruction généralisée, la même pour tous, sans distinction de sexe ni de classe, Comenius affirmait que, « lorsque l'éducation générale de la jeunesse commencera par la bonne méthode, il ne manquera plus à personne ce qui lui est nécessaire pour bien penser et bien agir ». Dans l'un de ses derniers écrits, paru en 1668 sous le titre *L'Unique nécessaire* [*Unum necessarium, scire quid sibi sit necessarium*], il fait l'examen de ses travaux avec une sincérité et une modestie qui restent uniques dans les annales de la littérature mondiale.

ALEXANDRE LABZINE.

♦ *« Il témoigne entre homme de bon esprit et de grande doctrine, et avoir outre cela beaucoup de probité et de zèle pour le bien public. »* Descartes. ♦ *« Je ne pense pas qu'il y ait rien de praticable utilement dans les idées de cet auteur. »* P. Bayle. ♦ *« Le temps viendra, Comenius, où la foule des hommes de bien t'honorera et honorera tes œuvres, tes espérances et tes vœux. »* Leibniz. ♦ *« Un génie de lumière, un puissant inventeur, Galilée de l'éducation. »* Michelet.

RÉF. : J. Kvačala, *Über J. A. Comenius' Philosophie, inbesondere Physik*, thèse, Leipzig, 1886 ; *J. A. Comenius*, Berlin, 1914. — A. Sluys et J. Verkoyen, *La Vie et les Œuvres de Comenius*, Verviers, 1896. — Dr. Georg. Heinz (éditeur), *J. A. Comenius. Dem Menschheitslehrer und Vorkämpfer der Humanität zum Gedächtnis*, Berlin, 1922. — Anna Heyberger, *J. A. Comenius*, 1928. — J.-B. Piobetta, Introduction à sa traduction de *La Grande Didactique* de Comenius, 1952. — J. Prévot, *L'Utopie éducative. Comenius*, Berlin, 1981.

COMMYNES Philippe de. Historien français. Né en Flandre (certainement pas, comme on l'écrit parfois, au château de Commynes, de nos jours Comines, canton de Quesnoy-sur-Deule, Nord) en 1447 ; mort le 18 octobre 1511 en son château d'Argenton (Deux-Sèvres). Son père, Colart de Commynes, était seigneur de Renescure et n'a jamais été, pas plus que son fils, seigneur de Commynes (la graphie Commynes, on écrivait autrefois Commines, est maintenant authentifiée par un sceau). Philippe de Commynes sera connu comme seigneur de Renescure, titre qu'il prendra à la mort de son père, puis comme sire d'Argenton, terre dont il fut gratifié par Louis XI. Colart avait exercé à la cour du duc de Bourgogne, Philippe le Bon, de très importantes fonctions : celle de gouverneur de Cassel, de bailli de Gand, de souverain bailli de Flandre et il était chevalier de la Toison d'or. Mais il avait eu de nombreux procès et lorsqu'il mourut, en mai ou juin 1453, suivi de peu par sa seconde femme, Marguerite d'Armuyden, mère de Philippe, il était couvert de dettes. La terre de Renescure fut saisie et c'est sans doute grâce à la succession de Marguerite d'Armuyden que Jean de Commynes, cousin germain de Philippe et qui était devenu le tuteur de l'orphelin, put racheter le fief en renonçant, au nom de son pupille, à la succession de Colart.

Futur chevalier, Commynes n'apprit ni le grec ni le latin, ce qu'il devait regretter plus tard, mais il fut instruit dans le métier des armes et très tôt envoyé à la cour de son souverain qui était en même temps son parrain. À dix-sept ans, en novembre 1464, le jeune homme est attaché à la personne de l'héritier du duché, Charles comte de Charolais, le futur Téméraire, de quatorze ans son aîné. C'est à ses côtés qu'il participe à la Ligue du bien public et aux expéditions de représailles contre les Liégeois ; en 1465, il assiste à la bataille de Montlhéry, en 1466 à la destruction de Dinant. Peu après l'avènement de Charles comme duc de Bourgogne, en 1467, Philippe de Commynes est nommé conseiller et chambellan du Téméraire : notons qu'il n'a guère plus de vingt ans. C'est à ce titre qu'il joue un rôle dans la fameuse entrevue de Péronne (1468) et certainement un rôle de modérateur. Dès Péronne s'ébauchent des relations entre le jeune homme et Louis XI ; celui-ci, reconnaissant des services rendus, sut certainement distinguer dans le conseiller du duc les mérites éminents qui l'avaient amené si jeune à ce poste. Comme il était dans la tactique du roi de gagner et d'attacher à son service les meilleurs collaborateurs de son adversaire, il est probable qu'il lui fit des avances. Très discret sur sa personne, Commynes ne nous en dit rien, pas plus qu'il ne nous précise quelle fut son action à Péronne et dans les diverses missions dont il fut chargé en Bourgogne. C'est chez un autre chroniqueur, Olivier de La Marche, que nous trouvons mention d'un tournoi donné à l'occasion du mariage de Charles le Téméraire et de Marguerite d'York (1468) où le seigneur de Renescure parut « richement couvert et harnaché... armé et emplumé ». Il est possible que ce soit à cette époque que doive se placer un voyage que fit le conseiller en Angleterre, voyage qui eut lieu fort probablement pendant la période bourguignonne de la vie de Commynes. Les relations entre Commynes et son maître sont encore bonnes puisque, par lettre du 1er octobre 1469, le duc décharge son chambellan de tout ce qui pourrait encore être dû au trésor ducal du chef de son père. Chargé de diverses missions, Commynes se rend à plusieurs reprises à Calais ; à l'occasion d'un de ces voyages apparaît pour la première fois le mécontentement de Commynes qui reproche au duc de l'avoir inutilement exposé. Puis nous le trouvons en Bretagne et en Castille (1471) où il se rend en service commandé sous prétexte d'un pèlerinage à Saint-Jacques-de-Compostelle.

Soudain, Commynes franchit le pas. Dans la nuit du 7 au 8 août 1472, il quitte le territoire bourguignon et va rejoindre Louis XI aux Ponts-de-Cé. La riposte est immédiate ; un acte du 8 août 1472, dicté à six heures du matin, mentionnant que le seigneur de Renescure « s'est aujourd'hui, date de ceste, distrait de nostre obéissance et rendu fugitif au parti contraire », confisque sa terre. Jamais le Téméraire ne devait pardonner cette défection. Trois ans plus tard, dans les trêves de Soleure, le nom de Commynes figure encore parmi ceux des ennemis du duc qu'on excepte de toute amnistie.

Mais Louis XI compense largement les pertes subies. Il octroie à son nouveau serviteur la principauté de Talmont, ce qui amène un interminable procès que Commynes perdra contre la famille de La Trémoille, la capitainerie de Chinon, la terre et la seigneurie de Chaillot, le sénéchalat de Poitou, la capitainerie du château de Poitiers. Le 27 janvier 1473, le roi lui fait épouser Hélène de Chambes, fille de Jean de Montsoreau et de Jeanne Chabot, qui lui apporte en dot la seigneurie d'Argenton (Argenton-Château dans l'arrondissement de Bressuire, Deux-Sèvres), dont Commynes portera désormais le titre. Bien qu'il reste encore très discret sur ses activités à la cour de France, nous savons que Commynes vivait dans une intimité de tous les instants avec son nouveau maître. Il couche dans la chambre du roi et fait fonction de « valet de chambre », il lui sert de chef de cabinet, décachetant les dépêches et y répondant. Il est chargé de missions diplomatiques en Allemagne et en Italie. Si la faveur dont il jouit semble se ralentir à l'époque de la mort du Téméraire, il possède de nouveau la confiance du roi à sa mort. Témoin quotidien des faits et gestes de Louis XI comme il l'avait été de ceux du Téméraire, il était donc le mémorialiste tout désigné pour parler de la querelle des deux hommes et des deux États qui occupaient alors le premier plan de l'actualité.

Après la mort de Louis XI (31 août 1483), Commynes commet une lourde faute politique. Ses idées libérales, l'admiration qu'il professe pour le parlementarisme anglais, le souci également de donner un contrepoids à l'autorité royale, l'entraînent dans l'opposition qui se forme pendant la minorité de Charles VIII et qui groupe les féodaux autour de la personne de Louis duc d'Orléans, fils de Charles d'Orléans, le poète. Anne, fille de Louis XI, régente, et Pierre de Beaujeu, son époux, ont tôt fait de mater la révolte. Les esprits hardis comme notre mémorialiste, qui recherchaient le bien public, furent compromis dans cette aventure dont entendaient tirer profit quelques seigneurs agités et ambitieux. Ils doivent subir les conséquences de leur imprudence. Pour avoir participé à la « guerre folle », Commynes se voit dépouillé de ses charges et de ses terres, il perd aussi définitivement le procès engagé avec les La Trémoille pour la principauté de Talmont. Enfin, il est emprisonné à Corbeil, à Paris et, en 1488, à Loches, enfermé pendant plusieurs mois dans une des célèbres cages de fer que Louis XI réservait à ses prisonniers de marque.

Malgré sa condamnation devant le Parlement, une amnistie lui rend la liberté et ses terres où il est relégué. C'est là qu'entre 1489 et 1494 il compose les cinq premiers livres des *Mémoires* (*). En 1490, il reparaît à la Cour. Bien qu'il soit opposé aux guerres d'Italie, ses talents diplomatiques sont mis à profit au cours des tractations qui préparent l'expédition de Charles VIII. Ce dernier l'emmène à sa suite. Commynes remplit à Venise une mission mémorable et négocie avec Sforza le traité de Verceil. Sa vie politique semble s'être terminée là. Bien qu'il ait été nommé conseiller de Louis XII et qu'il soit retourné en Italie en 1507, Commynes paraît ne plus s'occuper que de ses affaires privées et de la rédaction de la suite de ses *Mémoires.* Il en commence les livres VI et VII en 1495-1496, les remanie et les achève en 1497-1498. Il meurt le 18 octobre 1511 en son château.

Nous possédons un portrait de Commynes, sa statue funéraire élevée avec celle de sa femme sur son tombeau en la chapelle du château d'Argenton et qui est maintenant au Louvre. Sur ses traits, on lit une grande finesse, passablement d'amertume éclairée par une discrète ironie, le tout tempéré et comme enveloppé de gravité et de dignité. Homme d'une pénétrante intelligence, sachant trouver en chaque événement ses causes profondes, habile à dénouer les fils des intrigues les plus embrouillées, admirablement et quotidiennement informé, connaisseur perspicace du cœur humain, Commynes est mieux qu'un témoin, c'est un véritable historien. Il a même sa philosophie de l'histoire, qu'il n'a point apprise dans les livres mais qu'il a tirée de la leçon des événements. Profondément humain, modéré, sage, il juge des êtres et des faits, et il est en droit de les juger. Commynes n'avait pas fait ses humanités, il ne s'est pas frotté comme tant de chroniqueurs à l'éloquence latine, aussi écrit-il comme il parle, à notre plus grande joie. D'où cette bonhomie apparente, cette très fine candeur qui lui valent immédiatement la sympathie de ses lecteurs, d'où le succès permanent de son œuvre. Jamais sans doute il ne lui serait venu à l'esprit de se faire historien, si l'archevêque de Vienne en Dauphiné, Angelo Cato, redevable à Louis XI de la situation qu'il occupait, n'avait demandé à cet intime du roi de lui fournir les éléments dont il pourrait composer une Histoire de Louis XI. C'est donc une manière de brouillon que les *Mémoires* de Commynes, qui laisse à l'archevêque, mort d'ailleurs avant l'achèvement de la rédaction de ces souvenirs, le soin de le mettre en beau style. Ce malheur nous a été épargné.

JACQUES BROSSE.

♦ « Le Passant : *Quelle est cette déesse empreinte en cet ivoire / Qui se ront les cheveux, et tord les bras ?* – Le Prestre : *L'Histoire.* – Le Passant : *Et l'autre, qui d'un œil tristement dépité / Lamente à ce tombeau ?* – Le Prestre : *La simple Vérité.* – Le Passant : *Ne gît point mort ici le Rommain Titelive ?* – Le Prestre : *Non, mais bien un François dont a mémoire vive ! / Surpasse ce Rommain, pour sçavoir égaler / La vérité du fait avec le beau parler / ... Philipe fut son nom, son surnom de Commines.* » Ronsard, *Épitaphe de Philippe de Commynes,* 1554. ♦ « *Vous y trouverez le langage doulx et aggreable d'une naïvfe simplicité ; la narration pure et en laquelle la bonne foi de l'autheur reluit évidemment, exempte de vanité, parlant de soy, et d'affection et d'envie parlant d'aultruy ; ses discours et exhortements accompaniez plus de bon zele et de verité que d'aulcune esquise suffisance, et tout partout, de l'authorité et gravité, représentant son homme de bon lieu et eslevé aux grans affaires.* » Montaigne. ♦ « *Je suis fort aise qu'il vous ait paru comme à moi que M. de Commines a un tour plaisant aussi bien que du bon sens, et sur cela vous trouvez de la consolation, dites-vous, de voir que les honnêtes gens de son temps souffroient comme ceux du nôtre.* » Bussy-Rabutin, *Lettre à Mme de Sévigné,* 1678. ♦ « *Comme écrivain de Vies, Philippe de Commines ressemble singulièrement à Plutarque ; sa simplicité est même plus franche que celle du biographe antique... À la vérité* [Plutarque] *est plus instruit que Commines ; et néanmoins le vieux seigneur gaulois, avec l'Évangile et sa foi dans les ermites, a laissé, tout ignorant qu'il était, des mémoires pleins d'enseignements.* » Chateaubriand. ♦ « *Commynes justifie tout à fait pour moi le mot de Vauvenargues : "Les vrais politiques connaissent mieux les hommes que ceux qui font métier de philosophie, je veux dire qu'ils sont plus vrais philosophes", mais pour cela, il faut qu'ils soient de vrais politiques en effet, et il en est peu qui justifient ce titre à l'égal de Commynes... Philippe de Commynes est, en date, le premier écrivain vraiment moderne.* » Sainte-Beuve. ♦ « *La valeur historique des* Mémoires *est à la hauteur de son mérite littéraire, dont la couleur et le mouvement ne le cèdent point à la finesse psychologique et à la pénétrante malice.* » J. Calmette.

RÉF. : Lenglet-Dufresnoy, *Preuves des mémoires de Commynes,* 1747. – Kervyn de Lettenhove, *Lettres et négociations de Philippe de Commynes,* 1867-1874. – Bourrilly, *Les Idées politiques de Philippe de Commynes,* 1899. – J. Calmette, *Introduction aux* Mémoires, 1924-1925. – B. Croce, *Il Personnagio italiano che escorto il Commynes,* Naples, 1932. – Gerhard Heidel, *La Langue et le Style de Philippe de Commynes,* Leipzig et Paris, 1934. – G. Charlier, *Commynes,* Bruxelles, 1945. – Jean Dufournet, *La Destruction des mythes dans les Mémoires de Ph. de Commynes,* Genève, 1966 ; *La Vie de Ph. de Commynes,* Paris, 1969 ; *Études sur Philippe de Commynes,* Paris, 1975 ; *Sur Philippe de Commynes,* Paris, 1982. – J. Demers, *Commynes mémorialiste,* Montréal, 1975. – J. Liniger, *Ph. de Commynes,* Paris, 1978.

COMNÈNE Alexis. Écrivain et moralisateur byzantin, fils de l'empereur Jean II Comnène (règne 1118-1143). Né en 1106, mort en 1142. Un de ses portraits a été retrouvé dans les mosaïques de Sainte-Sophie, à Constantinople. Des manuscrits dignes de foi lui attribuent le *Poème de Spanéas* (*). La personnalité de l'auteur, quel qu'il soit, ne se révèle pas dans le sujet lui-même qui est une paraphrase en vers des *Remontrances adressées à Demonico* [Πρός Δημόνικον] du pseudo-Isocrate, à moins qu'on ne veuille la découvrir dans certains conseils que donne l'auteur, lorsqu'il recommande de dissimuler ses pensées et d'afficher ses sentiments religieux. Toutefois, de telles remarques sont plutôt le reflet d'une époque et de ses habitudes, et ont surtout un intérêt historique. Par ailleurs, la valeur du sujet est d'ordre linguistique plus que d'ordre littéraire, et il est facile de se rendre compte du succès que remporta l'œuvre par le fait qu'on y ajouta, de siècle en siècle (depuis le XIIe jusqu'au XVIe) une vingtaine de rédactions, et qu'ainsi fut perpétué et continuellement modernisé l'ouvrage de ce moralisateur élevé dans la pourpre impériale.

RÉF. : Anne Comnène, *Alexiade,* 1937-1945 ; 3 volumes.

COMNÈNE Anne. Princesse byzantine. Née le 1er décembre 1083, morte en 1148. Anne Comnène, fille d'Alexis Ier, dit le Grand, « basileus » de Constantinople, qui régna de 1081 à 1118, reporta sur son œuvre ses ambitions déçues, après avoir abandonné l'espoir de régner. À sa naissance, son père était déjà au pouvoir depuis deux ans ; il lui fit donner une instruction particulièrement poussée dans le domaine des lettres. Toute jeune encore, elle fut promise en mariage à Constantin Ducas, fils de l'empereur Michel VII Ducas détrôné en 1078. Après la mort de son fiancé, elle épousa Nicéphore Bryenne, de vingt et un ans son aîné. Il était le fils du général de Michel Parapinace, Nicéphore Bryenne, qui s'était fait proclamer empereur mais, vaincu et pris, avait eu les yeux crevés en 1079. Son fils jouissait de la faveur d'Alexis Comnène qui le proclama César à l'occasion de son mariage. Nicéphore avait comme son épouse une vive inclination pour les lettres, mais tout porte à croire que ce ne fut pas un mariage d'amour. Anne Comnène aidait son père dans l'administration de l'État, de sorte qu'avec son expérience grandissait son désir de régner. Irène Comnène, épouse d'Alexis, était si attachée à sa fille qu'elle usa de tout son pouvoir pour que l'empereur consentît à écarter du trône son fils Jean, au bénéfice d'Anne et de son mari. Le refus de l'empereur, le loyalisme de Bryenne rendirent vaines ces machinations, si bien que, à la mort d'Alexis, les deux femmes se retirèrent dans un monastère. Elles ne cessèrent pas toutefois d'intriguer, et montèrent une conspiration pour détrôner le nouvel empereur. Mais Bryenne, malgré les injures qu'il dut subir, s'y opposa encore une fois. À la suite de cette affaire, les biens d'Anne Comnène furent confisqués ; mais son frère les lui restitua peu après, avec une grande générosité.

Anne Comnène, qui avait trente-cinq ans, renonça alors à ses ambitions et se réfugia dans ses souvenirs ; elle résolut d'écrire la vie d'Alexis Ier et de consigner ses hauts faits. C'est ainsi que naquit l'*Alexiade* (*), destinée à continuer l'*Histoire d'Isaac Comnène, Constantin Doucas, Romain Diogène et Michel Parapinace* (*) que Nicéphore Bryenne, mort en 1137, n'avait pas achevée. Cette œuvre, empreinte d'une pitié familiale exemplaire, est trop partiale : il n'y faut rechercher aucune objectivité historique. Elle fut traduite en allemand par Schiller et en français par le président Cousin.

BRUNO LAVAGNINI.

RÉF. : J. C. Fueslinus, *Dissertatio de Alexiade Annae Comnenae*, Zurich, 1766. – Georgina Buckler, *Anna Comnena, a Study*, London, 1929.

COMPAGNI Dino. Chroniqueur italien. Né à Florence, vers 1255, mort le 26 février 1324. Descendant d'une famille guelfe, il s'inscrivit en 1280 à l'Arte della seta dont il fut consul six fois de 1282 à 1299. Partisan de Giano della Bella, il collabora en 1293 à la réforme et à l'instauration des mesures démocratiques prises par la commune de Florence, après avoir été, en 1289, prieur pendant la guerre d'Arezzo qui aboutit à la bataille de Campaldino.

En 1293, après avoir repris sa charge de gonfalonier de justice, il conclut un traité de paix entre Florence et Pise, traité qui ajouta au prestige dont jouissait déjà sa ville natale. En 1295, Giano della Bella fut chassé de Florence et Compagni eut à se défendre dans un procès. Acquitté, il chercha par tous les moyens à réconcilier les Blancs et les Noirs, et s'opposa ouvertement à l'ingérence de Boniface VIII dans les affaires de Florence. Il était de nouveau prieur (octobre 1301), lorsqu'en novembre Charles de Valois occupa Florence et lorsque les Noirs prirent le pouvoir. Bien qu'il n'eût point appartenu à la faction des Blancs, il fut menacé d'exil (probablement parce qu'il avait résisté au pape). Il eut toutefois gain de cause en invoquant une loi selon laquelle les prieurs qui étaient au pouvoir depuis moins d'un an n'étaient pas responsables. À partir de ce moment, il se retira des affaires publiques et vécut jusqu'à sa mort dans la solitude. Il ne participa même plus aux manifestations de l'Arte della seta. Mais il compila une *Chronique* (*), conçue et écrite de 1310 à 1312. On lui attribue aussi un bref poème, *L'Intelligence,* qui date peut-être de 1302. Mais rien ne permet d'acquérir là-dessus une certitude.

RÉF. : K. Millebrand, *Dino Compagni, étude historique et littéraire sur l'époque de Dante,* 1862. – Hegel, *Die Chronik des Dino Compagni ; Versuch einer Rettung,* Leipzig, 1875. – Roberti, *Apologia di Dino Compagni e la sua Cronica,* Florence, 1879-1887, 3 vol. – D. Guerri, *Dino Compagni con bibliographia,* Pavie, 1932. – G. Arnaldi, « Dino Compagni cronista e militante "popolano" », dans *La Cultura*, 1983.

COMPTON-BURNETT Ivy. Romancière anglaise. Née à Pinner (Middlesex) le 5 juin 1892, morte à Londres le 27 août 1969. Fille d'un médecin, elle fréquenta un collège de l'université de Londres. L'écrivain fut anoblie à quelques mois de son décès. Elle menait une existence discrète, sinon tout à fait recluse. Elle voyagea « sur le continent » et collectionna les fleurs alpestres, apprend-on dans une notice d'A. C. Ward. Des années après sa mort, seuls quelques intimes pourraient en dire davantage. Or une autre énigme fut d'emblée proposée à ses lecteurs car elle signait ses livres I. Compton-Burnett. L'initiale du prénom désignait-elle un homme ou une femme ? Beaucoup de critiques se posaient cette pertinente question car ses livres montrent qu'il ne s'agit pas vraiment d'une littérature féminine. I. Compton-Burnett fut un romancier, au sens neutre du mot. Avec raison, un romancier plus jeune, P. H. Newby, écrivit en 1951 d'I. Compton-Burnett : « L'un des romanciers de langue anglaise les plus intéressants de notre époque. » L'un de ceux aussi qui n'ont abordé aucun autre genre. I. Compton-Burnett est l'auteur de quinze romans : *Dolorès* (*) (1911), *Pasteurs et Maîtres* (+) (1925), *Frères et Sœurs* (*) (1929), *Des hommes et des femmes* (*) (1931), *Plus de femmes que d'hommes* (*) (1933), *Une famille et son chef* (*) (1935), *Les Ponsonby* (*) (1937), *Une famille et une fortune* (*) (1939), *Parents et Enfants* (*) (1941), *Les Vertueux Aînés* (*) (1944), *Serviteur et Servante* (*) (1947), *Deux mondes et leurs façons* (*) (1949), *Jour et Ténèbres* (+) (1951), *Mère et Fils* [*Mother and Son,* 1955], *Un père et son destin* (+) (1957), *La Chute des puissants* (*) (1961). Comme on le voit par ces titres, le thème de la famille a été abondamment traité par la romancière. Mais dans ces familles d'Ivy Compton-Burnett, où le « vernis » ou le « décorum » apparent craquent, c'est toujours la vérité qui émerge et cette vérité est toujours scandaleuse. Si l'on isole le premier roman (désavoué par l'auteur), on se trouve tout de suite projeté dans des conversations, ces récits étant faits en grande partie de répliques, parfois toutes prêtes pour la scène : mais on n'y parle pas pour ne rien dire. Des monstres nous sont révélés tout au long d'un canevas souvent mélodramatique. Leur activité pernicieuse semble — entre autres vilenies — consister à acculer un parent au suicide, ou à empoisonner un rival ou à falsifier un testament. L'environnement social que nous décrit la romancière est celui de l'Angleterre d'avant 1914, plus ou moins figé et que Freud ne pénètre pas, ni l'amour d'ailleurs. Un regard froid l'explore, lucide et cynique. On dirait l'élaboration de l'envers d'un décor. Comment expliquer une telle inspiration ? Peut-être *Dolorès,* le roman des débuts, le roman désavoué, rend-il compte d'une grave déception personnelle (une jeune intellectuelle disgracieuse y est rejetée par la société), expliquant par là l'œuvre à venir, si féroce envers l'« ordre établi ». Aucune critique sociale n'est plus acide. De même, il n'y a pas non plus de remords chez les vainqueurs de ces batailles sordides, ni de rédemption possible pour leurs victimes : « Il n'y a pas d'écrivain plus amoral » (Pamela Hansford Johnson).

ROLAND DAILLY.

RÉF. : P. H. Johnson, *Compton-Burnett,* Londres, 1951. — R. Liddell, *The Novels of Compton-Burnett,* Londres, 1955. — C. Burkhart (ed.), *The Art of Compton-Burnett : A Collection of Critical Essays,* Londres, 1972. — H. Spurling : *Ivy When Young, The Early Life of Ivy Compton-Burnett,* Londres, 1974 ; *Secrets of a Woman's Heart ; the Later Life of I. Compton-Burnett,* Londres, 1984.

COMTE Auguste. Philosophe français. Né à Montpellier le 17 janvier 1798, mort à Paris le 5 septembre 1857. Son père était commis à la recette principale de Montpellier. Élevé dans la religion catholique par sa mère, il fait ses études en qualité d'interne au lycée de sa ville natale, où il obtient en classe de rhétorique le premier prix d'éloquence, ce qui ne l'empêche pas de se destiner à l'École polytechnique. À seize ans, en remplacement de son professeur Daniel Encontre, il est même chargé d'enseigner les mathématiques spéciales. Auguste Comte est reçu à Polytechnique en 1814. Après les Cent-Jours, et sur un prétexte, l'École fidèle à Napoléon ayant été licenciée, il retourne à Montpellier où il suit un moment les cours de l'École de médecine. Puis il revient à Paris, où, tout en faisant quelques menus travaux pour gagner sa vie, il étudie Monge, Condorcet, Montesquieu, Laplace, et rédige un premier essai politique, *Mes réflexions.* Pendant quelque temps il est le secrétaire de Casimir Périer. C'est à cette époque, au Palais-Royal, qu'il rencontre Caroline Massin, une prostituée que plus tard il épousera. Dans le courant de l'année 1817, il est présenté à Saint-Simon. La sympathie est réciproque, et, dès le mois d'août 1817, Comte entre dans l'équipe de l'*Industriel.* Il est chargé de la rédaction du troisième volume, ce qui ne l'empêchera pas de collaborer aussi au *Censeur.* Il écrit un *Système de politique positive* (*) que Saint-Simon publie dans le *Catéchisme des industriels,* mais qui est aussi le dernier témoignage de leur collaboration, car celle-ci fait place peu à peu à une divergence de vues sur les moyens qu'il faut mettre en œuvre pour réaliser le programme du mouvement. Ce qui avait attiré Comte vers Saint-Simon était l'idée de la prépondérance de l'industrie, d'ailleurs inséparable de la science, et l'idée complémentaire d'une rénovation spirituelle, d'un « nouveau christianisme » fondé sur une justice distributive. Mais ce qui sépare les deux hommes est le problème pratique de la réorganisation de la société, que Saint-Simon pensait pouvoir aborder tout de suite, sans autres recherches théoriques, et que Comte voulait au contraire approfondir préalablement par de nouvelles études. Il faut avant tout, pensait-il, donner à l'intelligence les nouvelles habitudes qu'exige l'état des sciences. Et pour cela il faut d'une part fonder une science de phénomènes sociaux, et d'autre part s'habituer à une connaissance encyclopédique des sciences dont l'ensemble seul rend possible l'étude particulière de ladite science sociale. À ces deux thèmes essentiels de la pensée de Comte s'ajoute d'ailleurs une notion que le saint-simonisme n'a pu que fortifier dans son esprit : celle de l'antithèse des époques critiques ou révolutionnaires et des époques organiques ou stables. Ces époques s'opposent comme l'idée de l'individu à celle du pouvoir, et Comte appuiera toujours ce qui accroît et fortifie le pouvoir, allant jusqu'à justifier la dictature, seule capable, dans la diversité des opinions, d'assurer la marche du progrès. L'époque « saint-simonienne » de la vie de Comte a été féconde. Elle a vu paraître la *Séparation générale entre les opinions et les désirs* (1819), la *Sommaire appréciation de l'ensemble du passé moderne* (1820), et le *Plan des travaux scientifiques nécessaires pour réorganiser la société.*

En 1826, ayant épousé Caroline Massin, qu'il a retrouvée, et qu'il se propose peut-être de sauver de ses anciennes erreurs, Auguste Comte se trouve aux prises avec d'assez grandes difficultés matérielles. Il a alors l'idée d'ouvrir dans son appartement même un cours de philosophie positive. Dès la première séance, il rencontre un grand succès. Humboldt, Hippolyte Carnot, le physiologiste Blainville et le mathématicien Poinsot sont au nombre de ses élèves. Mais, inquiet, surmené, il est avant son troisième cours la proie d'une violente crise cérébrale, et il est mis en traitement à Enghien. Sa mère et sa femme, non sans entrer en conflit, le soignent et le guérissent. En 1829 il reprend son cours, 159, rue Saint-Jacques. Et son médecin, Esquirol, est désormais parmi ses élèves. Il y a là aussi Fourier. En 1830 Auguste Comte enseigne à l'Athénée. Et, en juillet de cette même année, il publie le premier tome de son *Cours de philosophie positive* (*), qui en comptera six. Ceux-ci paraîtront en 1835, 1838, 1839 et 1842, et constituent l'œuvre la plus importante du fondateur du « positivisme ». Ils exposent en effet dans son détail cette réforme intellectuelle dont on a vu que Comte faisait la condition d'une société rénovée. Les sciences positives sont le contenu et le moyen de cette réforme. Mais celle-ci de retour exige d'elles qu'elles s'engagent dans certaines directions et s'astreignent à certaines limites. Ainsi Comte se déclare-t-il hostile au calcul des probabilités, aux recherches sur la composition physique des astres ou intime de la matière, aux théories de l'évolution des espèces ou de l'origine historique des sociétés. C'est que la science, selon Comte, doit rechercher des relations entre phénomènes, mais ne peut qu'ignorer la nature profonde et la raison d'être des choses réelles. Et elle doit d'autant plus faire l'économie de toute hypothèse sur la nature ou les causes (on reconnaît là le point de vue de Fourier, de Cuvier ou de Chevreul, par opposition aux recherches de Laplace), qu'elle a pour fonction de hâter le passage des conceptions subjectives de l'âge métaphysique aux conceptions objectives. Il y a six sciences fondamentales : les mathématiques, l'astronomie, la physique, la chimie, la biologie, la sociologie. Et le *Cours de philosophie positive* n'est en un sens qu'un vaste effort de coordination de ces sciences, d'autant plus nécessaire que Comte ne reconnaît pas de valeur générale ou méthodique à la logique en tant que telle. Ce sont les mathématiques qui fournissent naturellement les formes et les cadres de raisonnement nécessaires aux autres sciences. Et d'une façon générale celles-ci s'empruntent les unes aux autres leurs procédés caractéristiques, que Comte entreprend de distinguer et de préciser pour donner à chaque science sa place dans le programme positiviste. La géométrie, la mécanique, l'astronomie sont d'ores et déjà des sciences *positives.* Car elles sont analytiques et ne nécessitent aucune hypothèse sur la nature des corps. Une victoire de l'esprit positiviste, en ce sens, est la réduction par Fourier de la thermologie à une théorie purement mathématique. La physique, au contraire, n'est qu'imparfaitement positive. Et la chimie plus encore puisque l'analyse mathématique n'y a pas cours. Les limites de la pensée de Comte apparaissent d'ailleurs de plus en plus nettement au fur et à mesure qu'il avance dans la série des sciences. Il interdit ainsi à l'anatomie de s'occuper de tout ce qui est relatif à la structure du tissu, en vertu du principe positiviste que les recherches sur la « nature » des corps sont métaphysiques ; et sa conception de la sociologie n'a plus guère d'intérêt que pour les étudiants du comtisme. Le terme de « sociologie » est inventé par Comte, la science qu'il désigne a pour objet la structure sociale, qui existe en soi avec des caractères permanents, ceux-ci n'étant pas même altérés par le passage de l'un à l'autre des trois états que Comte a définis : l'*état théologique,* où les puissances divines servent à l'homme de principe d'explication et d'action, l'*état métaphysique* où les puissances divines sont remplacées par des forces impersonnelles et abstraites, enfin l'*état positif.*

En même temps qu'il publie le début de son *Cours de philosophie positive,* Comte entreprend d'enseigner, à la mairie du IIIe arrondissement, l'astronomie élémentaire. De ce cours, qu'il a continué pendant dix-sept ans, est issu le *Traité philosophique d'astronomie populaire.* En 1831, Comte est candidat à la chaire d'analyse de l'École polytechnique : mais sans succès. Il est nommé l'année suivante répétiteur à l'École, et c'est de ce métier qu'il va vivre — assez péniblement — désormais. Son enseignement, au dire de ses supérieurs, est admirable. Ce qui n'empêche pas qu'il demande vainement à Guizot en 1833 la création en sa faveur d'une chaire d'histoire des sciences mathématiques et physiques au Collège de France, et qu'on lui refuse même, pour ses convictions républicaines, la chaire de géométrie de l'École polytechnique. Il essuiera d'autres échecs de ce genre, qu'il attribue à la spécialisation bornée des savants, et qu'il racontera dans la préface du sixième volume de son cours. Il a pourtant été nommé examinateur d'admission. En 1842 il se sépare définitivement de Caroline. Et, la préface du sixième volume ayant attaqué vivement Carnot, il perd en 1844 son poste d'examinateur et se retrouve sans ressources. À partir de ce moment, Comte vivra surtout des contributions volontaires de ceux que le positivisme a séduits. Une première fois, c'est John Stuart Mill et de riches Anglais qui le soutiennent. Puis Littré publie une série d'articles dans *Le National,* à propos du *Discours sur l'esprit positif,* qui est l'introduction du *Traité d'astronomie,* édité en 1844. Cet homme célèbre donne son adhésion aux idées de Comte et ouvre une souscription pour venir en aide à celui-ci. Cependant, Auguste Comte a fait en 1844 la connaissance de Clotilde de Vaux. Et l'amour qu'il va lui porter bouleversera sa vie et dans une large mesure sa pensée. Clotilde de Vaux est alors âgée de trente ans. Elle est mariée, mais son mari a quitté la France à la suite d'une escroquerie. Elle est phtisique et pressent qu'elle est condamnée. De 1844 à sa mort, qui survient en avril 1846, Comte sera son confident et son ami, et après cette mort il lui voue un véritable culte, qui s'attache à tous les objets et les souvenirs qui lui restent d'elle, et qui se trahit dans sa doctrine par le rôle prééminent qu'il attribue désormais à la femme. Auguste Comte rêve d'une religion d'humanité, dont il se proclame le grand prêtre, et dont les rites se placent sous le signe du souvenir de Clotilde. Cette pensée religieuse découle d'une application à la philosophie de l'histoire de la loi comtienne des trois états. Le Moyen Âge était l'époque théologique, les siècles de transition furent l'époque métaphysique, et l'état futur de l'humanité sera le positivisme. D'où le besoin, pour réaliser ce destin final, d'une religion, conçue comme le pouvoir de rallier les volontés individuelles, et qui remplace la « régence de Dieu » par le règne du concept d'humanité. Mais il y a aussi, dans cette pensée dernière de Comte, le souvenir du messianisme saint-simonien. Et une idée du cœur, senti comme distinct de l'intelligence et de la volonté, et qui devient la véritable origine de ce culte et le lien futur des hommes entre eux. Cette réflexion sur le sentiment conduit Comte à concevoir une septième science et la plus haute : la morale, qui permet de saisir la religion, non plus dans son objet, mais dans son origine subjective. Ce souci religieux l'entraîne aussi dans des aménagements beaucoup plus contestables de sa doctrine quand, essayant de garder du catholicisme tout ce qui a fait à travers les siècles sa capacité d'organisation, il fait place dans le positivisme aux rites et aux sacrements, et même à la notion d'une Vierge-Mère et à celle de la Trinité (la trinité positiviste est formée du *Grand Milieu,* qui est l'espace, du *Grand Fétiche,* qui est la terre, et du *Grand Être,* qui est l'humanité). Auguste Comte se propose aussi d'instituer un sacerdoce, chargé d'enseigner et de préserver le dogme. En 1848, groupant autour de lui ses disciples, il fonde la Société positiviste, et fait un cours sur l'histoire de l'humanité. Il publie, de 1851 à 1854, son *Système de philosophie positive ou traité de sociologie instituant la religion de l'humanité* (*), quatre volumes qu'a précédés le *Discours sur l'ensemble du positivisme.* Cette doctrine devenue ainsi essentiellement religieuse trouve d'ailleurs son expression la plus naturelle dans le *Catéchisme positiviste* (1852). Il s'agit de « onze entretiens systématiques entre une femme et un prêtre de l'humanité ». Comte lui-même vit maintenant comme un prêtre. Apaisé, détaché, il pratique une sorte d'ascétisme dont il faut trouver l'origine dans la résolution de régler sa vie qu'il prit à la suite de sa crise de délire et de dépression en 1826.

En 1856, il publie la *Synthèse subjective ou système universel des conceptions propres à l'état normal de l'humanité* (*). Il a encore de grands projets, il se propose d'étudier la morale, le système de l'industrie positive, la philosophie première, travaux qui, dans son esprit, devaient le retenir jusqu'en 1867, mais il meurt, en 1857, sans avoir pu par conséquent achever son œuvre. À ses derniers moments, il est entouré de ses disciples, qui veilleront à l'exécution de ses dispositions testamentaires. Ainsi Auguste Comte repose-t-il serrant sur son cœur, comme il l'a voulu, une relique de Clotilde. Il a déshérité sa femme, Caroline Massin, dont il énumère les torts dans une partie secrète du testament. Et il lègue son appartement, celui dans lequel il a donné son enseignement pendant les dernières années de sa vie, à la Société positiviste. C'est au 10 de la rue Monsieur-le-Prince, où cette société se trouve encore.

JEAN DUVAL.

♦ *« La philosophie positive est à la fois le produit et le remède d'une époque troublée. Les terreurs ne sont pas sans fondement qui assaillent l'homme réfléchi et les foules irréfléchies. En effet, que voit-on ? des ébranlements prolongés, des espérances déçues, des fluctuations sans arrêt, la crainte du retour d'un passé qu'on repousse, et l'incertitude d'un avenir qu'on ne peut définir. En cette instabilité, la philosophie rattache toute la stabilité mentale et sociale à la stabilité de la science, qui est le point fixe donné par la civilisation antécédente. Quand je dis la philosophie positive, j'entends Auguste Comte... »* Émile Littré, 1864. ♦ *« J'éprouvai une sorte d'agacement à voir la réputation exagérée d'Auguste Comte, érigé en grand homme de premier ordre pour avoir dit, en mauvais français, ce que tous les esprits scientifiques, depuis deux cents ans, ont vu aussi clairement que lui. »* Ernest Renan. ♦ *« L'ordre de la classification des sciences positives — mathématiques, physique, chimie, physiologie — est encore une vue transmise par Saint-Simon à Comte. Ce n'est pas un grande découverte. L'étude de la nature et des rapports des sciences dans le* Cours de philosophie positive *se trouve singulièrement arriérée depuis la fondation de la théorie mécanique de la chaleur, la réduction des forces physiques à l'unité, les progrès de l'atomisme chimique, l'application de la physique terrestre à l'astronomie. La partie mathématique, restée remarquable en quelques points, n'est nullement satisfaisante sur la question de la méthode infinitésimale, la plus importante de toutes. »* Renouvier, 1897. ♦ *« Jusqu'à présent, la sociologie a plus ou moins exclusivement traité non de choses mais de concepts. Comte, il est vrai, a proclamé que les phénomènes sociaux sont des faits naturels, soumis à des lois naturelles. Par là, il a implicitement reconnu leur caractère de chose ; car il n'y a que des choses dans la nature. Mais quand, sortant de ces généralités philosophiques, il tente d'appliquer son principe et d'en faire sortir la science qui y était contenue, ce sont des idées qu'il prend pour objets d'étude. En effet, ce qui fait la matière principale de sa sociologie, c'est le progrès de l'humanité dans le temps... Il s'agit si bien d'une représentation toute subjective que, en fait, ce progrès de l'humanité n'existe pas. Ce qui existe, ce qui seul est donné à l'observation, ce sont des sociétés particulières qui naissent, se développent, meurent indépendamment les unes des autres... En somme, Comte a pris pour le développement historique la notion qu'il en avait et qui ne diffère pas beaucoup de celle que s'en fait le vulgaire. »* Émile Durkheim. ♦ *« Son œuvre est une admirable cathédrale d'idées où se déploie l'esprit le plus constructeur, le plus merveilleusement doué pour la synthèse unitaire. Il porte en lui-même un besoin d'unité systématique qu'il objective universellement et ne peut rien toucher ni rien voir sans le systématiser. »* Gabriel Tarde. ♦ *« L'immense supériorité de Comte sur les utopistes qui ont précédé la Révolution — l'abbé de Saint-Pierre, par exemple — aussi bien que sur ceux qui l'ont suivie, se montre surtout par l'autorité et la vigueur avec lesquelles il saisit cette vérité capitale : à savoir que le perfectionnement de l'organisme social ne peut être effectué que par un développement moral et non point par un changement quelconque du seul mécanisme politique ni par les moyens violents caractérisés par une répartition nouvelle et artificielle de la richesse.* » Morley of Blackburn. ♦ *« Un habitué de Comte finit par s'étonner d'entendre critiquer l'aridité de son langage philosophique. Il ne peut s'empêcher d'égaler* [ses] *sentences aux plus beaux vers moraux et gnomiques d'un Lysis, d'un Virgile, d'un Pierre Corneille. Il les trouve gonflées de consolations pénétrantes et d'encouragements subtils, comme toutes les vérités qui défient le doute. Douceur, tendresse, fermeté, certitudes incomparables, c'est tout ce que renferme, pour l'élève de Comte, ce terrible mot, si peu compris, de positivisme.* » Charles Maurras. ♦ *« La tentative d'une synthèse où la doctrine du progrès et la doctrine de l'ordre se concilieraient dans une sociologie positive a donc échoué. Par la force des choses, les éléments contradictoires se sont dissociés et le courant de réaction qui est propre au* XIX*e siècle a ramené Comte, comme il avait ramené Fichte, comme il devait ramener Taine, au stade théologique qu'ils s'étaient d'abord flattés de dépasser. En créant, de son autorité privée, la religion positiviste afin de combattre la maladie occidentale... le principe révolutionnaire consistant à ne reconnaître d'autre autorité spirituelle que la raison individuelle, Comte reste fidèle à l'impulsion que lui avait communiquée Joseph de Maistre. Par le positivisme autant que par le catholicisme, l'esprit pontifical... tendait à la possession complète du* XIX*e siècle.* » Léon Brunschvicg.

RÉF. : É. Littré, *Auguste Comte et la philosophie positive,* Paris, 1863. — J. Stuart Mill, *A. Comte et le positivisme,* Paris, 1868. — E. Faguet, *Politiques et moralistes du* XIX*e siècle,* t. II, Paris, 1891. — L. Lévy-Bruhl, *La Philosophie d'A. Comte,* Paris, 1900. — Charles Maurras, *L'Avenir de l'intelligence,* Paris, 1904. — L. de Montesquiou, *Le Système politique d'A. Comte,* Paris, 1907. — F. Brunetière, *Sur les chemins de la croyance,* Paris, 1912. — Henri Gouhier, *La Vie d'A. Comte,* Paris, 1931 ; *La Jeunesse d'A. Comte et la formation du positivisme,* 3 vol., Paris, 1933-1941. — Alain, *Idées,* Paris, 1942. — P. Arbousse-Bastide, *Auguste Comte,* Paris, 1968. — P. Arnaud, *Auguste Comte,* Paris, 1969. — A. Kremer-Mariette, *Auguste Comte,* Paris, 1970. — C. Rutten, *Essai sur la morale d'Auguste Comte,* Paris, 1973. — D. Morin, *L'Athéisme moderne, I,* Paris, 1985.

CONDILLAC abbé Étienne Bonnot de. Philosophe français. Né à Grenoble le 30 septembre 1714 d'une famille de magistrats qui appartenaient au parlement du Dauphiné, mort à Flux, dans l'Orléanais, le 3 août 1780. On a peu de détails sur son enfance ; à treize ans, devenu orphelin de père, il fut confié à son frère aîné Jean, grand prévôt de la ville de Lyon. C'est probablement là qu'il commença ses études dans un collège de jésuites, où fut également élevé son second frère Gabriel, le futur abbé de Mably, et il les poursuivit à Paris au séminaire de Saint-Sulpice. Il fut destiné à l'état ecclésiastique. En réalité il n'exerça jamais les fonctions sacerdotales (il semble qu'il n'ait dit la messe qu'une fois dans sa vie) bien qu'il ait reçu, au cours de sa vie, plusieurs abbayes, celle de Mureaux et celle de Flux, près de Beaugency ; toutefois il mena toujours une existence sage et réglée. À Paris il fit connaissance des grands écrivains et philosophes de l'époque : Fontenelle, Rousseau, Diderot, d'Alembert, Voltaire, Turgot, Cabanis, etc. Chez la comtesse de Vassé il rencontra la docte et aimable Mlle Ferrand, férue surtout de géométrie et de philosophie, à laquelle le lia bientôt une tendre amitié et qui, de son propre aveu, fut l'inspiratrice de ce *Traité des sensations* (*) qu'elle mourut trop tôt pour voir publié. C'est au milieu de ce cercle de savants que Condillac conçut et publia ses premiers écrits : une *Dissertation sur l'existence de Dieu,* parue à titre anonyme dans un recueil d'écrits de l'Académie de Berlin, puis inséré dans le *Traité des animaux* où il constitue le chapitre VI de la deuxième partie ; l'*Essai sur l'origine des connaissances humaines* (*) ; le *Traité des systèmes* (1749) et son œuvre la plus célèbre *Le Traité des sensations.* On lui contesta l'originalité du plan de cette dernière œuvre : on affirma que Diderot avait préconisé la même méthode dans sa *Lettre sur les aveugles* (*) et sa *Lettre sur les sourds et muets.* Condillac répliqua avec indignation qu'il avait conçu son étude bien avant la publication des lettres alléguées, et que d'ailleurs celles-ci n'avaient de commun avec son *Traité* que le choix du sujet. On proclamait également que Buffon, dans son *Histoire naturelle* (*), avait déjà dit sur les sensations tout ce que Condillac présentait comme sa découverte. C'est pour répondre à de pareilles accusations que Condillac écrivit en 1775 le *Traité des animaux.*

Ses œuvres lui valurent une grande renommée et, en 1758, le roi Louis XV l'envoya à Parme comme précepteur de l'infant Ferdinand, fils de Philippe de Bourbon et de Marie-Louise Élisabeth, fille de Louis XV. C'était l'époque où sous l'influence du ministre du Tillot, envoyé lui aussi à Parme par Louis XV, un vent nouveau soufflait sur la ville. Condillac y arriva vers la mi-avril de l'an 1758. Il se consacra à l'éducation de l'enfant avec une paternelle sollicitude, mais il ne réussit jamais à gagner sa sympathie, car il lui interdisait toutes les pratiques dévotes que les moines et les prêtres lui enseignaient à la cour. Il écrivit pour lui le *Cours d'études,* qui comprenait : l'*Art de penser,* l'*Art d'écrire,* l'*Art de raisonner,* un *Dictionnaire des synonymes de la langue française* et une *Histoire générale des hommes et des empires.* Comme il estimait que quelques leçons de politique étaient nécessaires pour couronner son enseignement de l'histoire et compléter ainsi l'éducation du jeune prince, il s'adressa à son frère l'abbé de Mably, qu'il jugeait plus compétent en la matière, et celui-ci lui fournit le chapitre *De l'étude de l'histoire* qui clôt l'œuvre. En 1764, du Tillot introduisit à Parme la vaccination contre la variole ; on fit vacciner l'infant Ferdinand par le célèbre savant genevois Tronchin, venu tout exprès de Paris à cet effet. C'est à ce moment même que Condillac contracta la petite vérole dont il faillit mourir. En France, le bruit courut même qu'il était mort. Pour se rétablir complètement, il entreprit un voyage à travers l'Italie, à Milan entre autres, où il fit connaissance de Beccaria, avec lequel il échangea par la suite une correspondance et des livres. À Parme, Condillac avait mené une vie très retirée ; il s'était toutefois fait des amis parmi les personnages de la cour, comme du Tillot, Frugoni, Venini, Bodoni, Carlo Gastone della Torre di Rezzanico, etc. Sa mission de pédagogue une fois remplie, il quitta Parme le 9 mai 1767. Le zèle avec lequel il s'en était acquitté lui valut une juste récompense. À son retour à Paris, il fut nommé membre de l'Académie française où il succéda à l'abbé d'Olivet. Mais il n'assista qu'à une seule séance : celle de sa réception, le 22 décembre 1768. N'aimant guère que la méditation et le travail solitaire, il refusa même la charge, pourtant fort recherchée, de précepteur des enfants du Dauphin, les futurs Louis XVI, Louis XVIII et Charles X. Il passa les dernières années de sa vie à la campagne, partageant son temps entre la publication du *Cours d'études* (première édition Parme, mais en réalité Paris, 1775) et d'une importante œuvre d'économie politique, *Le Commerce et le gouvernement considérés relativement l'un à l'autre* (*), et la rédaction de ses deux derniers ouvrages : la *Logique,* qu'il écrivit à l'usage des écoles polonaises sur la requête du comte Ignace Patocki et qui parut en 1780, et la *Langue des calculs,* restée inachevée, qui parut à titre posthume dans l'édition de ses *Œuvres complètes* (Paris, Houel, 1798). L'abbé Delille concluait en ces termes son discours de commémoration à l'Académie française : « Lorsqu'on dit d'un écrivain : il fut grand orateur, grand poète, grand philosophe, le public se plaît à entendre ajouter : il fut un homme simple et bon. Tel fut l'abbé de Condillac. »

À l'abri de la pauvreté, dédaigneux de la richesse, homme simple et travailleur, Condillac n'a pas eu d'autre vie que celle des idées. Dès le début, il est disciple de Locke, mais plus intransigeant que son maître. Partant de la constatation que la sensation est le principe de nos connaissances, il entend déduire de là la naissance de toutes nos facultés. Méthode, tempérament de logicien bien plus que de psychologue qu'illustre assez le thème célèbre de la statue. Condillac (dans son *Traité des sensations*) suppose en effet une statue intérieurement organisée comme nous, mais empêchée de recevoir des sensations par son enveloppe de marbre. Au fur et à mesure que cette enveloppe disparaît et qu'on laisse les objets extérieurs faire impression sur la statue, celle-ci arrive à la vie intellectuelle et morale, passant progressivement de la sensation (simple impression de l'objet) à toutes les idées et les facultés qui ne sont, pour Condillac, que des « sensations transformées ». Il s'oppose naturellement à Descartes, auquel il reproche, après les avoir un moment mises en doute, d'avoir trop facilement accepté les idées telles qu'elles étaient dans l'esprit humain. Il veut, lui, refaire nos idées au contact du monde. Mais, dans ce sensualisme absolu, que devient le moi ? Il n'est, répond Condillac, que la collection des sensations qu'il éprouve et de celles que lui rappelle la mémoire. L'originalité historique de cette philosophie est de n'accorder presque aucune place aux grands problèmes traditionnels : spiritualité de l'âme, existence de Dieu, liberté, bien et mal. Ayant tout ramené à la sensation, Condillac ne peut naturellement reconnaître aucune réalité à l'universel, au général : selon lui, nous ne connaissons pas l'essence des choses et les premières causes, mais uniquement des phénomènes qu'il faut expliquer par d'autres phénomènes. Les idées ne sont que des noms. Dira-t-on, selon le vieux langage de l'École, que Condillac est nominaliste ? Il annonce surtout le positivisme. Et c'est tout simplement une contradiction, ou une concession aux exigences de son époque, encore officiellement catholique, qui lui fait, en dépit de sa théorie de la conscience comme simple collection de sensations, admettre avec Descartes la distinction de l'âme et du corps et soutenir, contre Locke, que Dieu ne pourrait donner à la matière la faculté de penser.

Le trait assurément le plus sympathique de l'esprit de Condillac est son dédain tranquille des idées reçues. Il n'a rien d'un apôtre, et moins encore d'un combattant. Ami des encyclopédistes sans doute, mais très étranger au prosélytisme de ses contemporains. Le destin des sociétés lui est à peu près indifférent. De même les conséquences pratiques de ses doctrines : sans doute aurait-il été effrayé par ses héritiers spirituels, les Helvétius, d'Holbach et La Mettrie qui enseigneront bientôt ouvertement le matérialisme. Il fut pourtant leur initiateur. Dans la dégénérescence du rationalisme cartésien, l'action de Condillac était nécessaire : elle préparait de loin la philosophie positive du siècle suivant.

JACQUES PATRY.

♦ *« ... L'auteur* [Condillac] *est naturellement froid, diffus, disant peu de choses en beaucoup de paroles et substituant partout une triste exactitude de raisonnement au feu d'une imagination philosophique ; il a l'air de répéter, comme à contrecœur, ce que les autres* [Diderot et Buffon] *ont révélé à l'humanité avec génie. »* Grimm. ♦ *« Il me semble que personne ne pense ni avec tant de profondeur ni avec tant de justesse que vous. »* Voltaire (Lettre à Condillac). ♦ *« L'abbé de Condillac, un des premiers hommes de l'Europe pour la valeur des idées. Il aurait fait le livre* De l'entendement humain *si Locke ne l'avait pas fait, et, Dieu merci, il l'aurait fait plus court. »* Voltaire. ♦ *« ... J'ai vu, dans un âge assez avancé, un homme* [Condillac], *qui m'honorait de son amitié, passer dans sa famille pour un esprit borné ; cette excellente tête se mûrissait en silence... Je ne doute pas que la postérité ne marque à Condillac une place honorable et distinguée parmi les meilleurs raisonneurs et les plus profonds métaphysiciens de son siècle. »* Rousseau. ♦ *« La philosophie de Condillac est encore au fond le guide philosophique de plus d'un savant qui prétend s'enfermer dans le cercle de ses études spéciales. »* Littré. ♦ *« ... La physique de Newton est, pour Condillac, le modèle achevé de la méthode... Ce qu'il y loue, c'est l'acquis définitif et progressif d'un tel système... C'est un système du même genre que Condillac a entrepris de réaliser en métaphysique.* » E. Bréhier.

RÉF. : Dewaule, *Condillac et la psychologie anglaise contemporaine,* 1892. — W. Saltykow, *Die Philosophie Condillacs,* Bern, 1901. — A. Lebeau, *Condillac économiste,* 1903. — Baguenau et de Puchesne, *Condillac, sa vie, sa philosophie, son influence,* 1910. — R. Lenoir, *Condillac,* 1924. — G. Le Roy, *La Psychologie de Condillac,* 1937. — R. Lefèvre, *Condillac ou la Joie de vivre,* Paris, 1966. — J. Derrida, *L'Archéologie du frivole,* texte accompagnant une édition de l'*Essai sur les connaissances humaines,* Paris, 1973. — J. Sgard, *Condillac et les problèmes du langage,* Genève, 1982. — N. Rousseau, *Connaissance et langage chez Condillac,* Genève, 1986.

CONDORCET Marie Jean Antoine Nicolas Caritat, marquis de. Philosophe, mathématicien et homme politique français. Né le 17 septembre 1743 à Ribemont (Aisne), mort à Bourg-la-Reine le 29 mars 1794. De petite mais vieille noblesse provinciale, orphelin de père, Condorcet entra à 15 ans au collège de Navarre à Paris. Il manifesta très tôt des dons pour les mathématiques. Ses premiers travaux furent remarqués par d'Alembert, qui le fit élire en 1769, à l'âge de 26 ans, à l'Académie des sciences. Ce fut, malgré une timidité dont Condorcet ne se départit jamais, le début d'une carrière, à la fois politique et scientifique, brillante. Nommé secrétaire perpétuel de l'Académie des sciences en 1773, il fut aussi élu à l'Académie française en 1782. À l'Académie des sciences, il participa à de nombreuses commissions et réalisa de nombreux travaux dans les domaines les plus divers : réformes des poids et mesures, aménagement des canaux, lutte contre Mesmer et le charlatanisme scientifique, etc. Ami de Voltaire et des philosophes, il se battit pour la liberté du commerce et l'abolition des corvées et soutint ardemment les projets de réforme de Turgot, avec lequel il entretint une *Correspondance* (*) suivie. Il fut nommé par ce dernier inspecteur des Monnaies, poste qu'il occupa jusqu'à la Révolution. Athée, anticlérical, Condorcet devait combattre dans de nombreux pamphlets ceux qui, tels les parlementaires, s'opposaient aux réformes et soutenaient l'injustice. Par ses écrits, il défendit les droits de l'homme et la cause des minorités, des nègres, des protestants, des juifs. Après son mariage avec Sophie de Grouchy en décembre 1786, il fut l'un des premiers et des plus fermes soutiens de l'admission des femmes à la vie de la cité. La Révolution française devait faire de Condorcet un « intellectuel en politique ». Écarté lors de l'élection des représentants aux états généraux, il joua néanmoins un rôle actif, par ses articles, dans les premiers événements révolutionnaires et participa à la formation de différents clubs et sociétés politiques. En juillet 1791, après la fuite du roi à Varennes, Condorcet fut le premier à réclamer l'instauration de la république. Élu à la Législative, il participa à l'élaboration des projets d'Instruction publique, défendant l'idée d'une école laïque, gratuite et ouverte à tous. Proche des Girondins, actif lors du renversement de la monarchie en août 1792 mais refusant de voter la mort du roi, Condorcet fut emporté par la tourmente révolutionnaire. Trop longtemps silencieux sur les massacres de Septembre, il fut parfois, malgré son attachement profond à la liberté et à la raison, et son refus de la démagogie, le « mouton enragé » vilipendé par ses adversaires. Sa dernière grande œuvre politique fut la rédaction d'un nouveau projet de Constitution, projet écarté et remplacé à la hâte par les Montagnards. Ulcéré, Condorcet les attaqua violemment. Il se réfugia en juillet 1793 chez une amie où il resta caché, séparé de sa femme et de sa fille Eliza, pendant plus de huit mois. Le 25 mars 1794, craignant que sa cachette n'eût été découverte, il tenta de se réfugier chez ses amis, les Suard, à Fontenay-aux-Roses. Rejeté par eux, il fut arrêté à Bourg-la-Reine comme suspect et emprisonné. Il fut trouvé mort (suicide ? attaque d'apoplexie ?) dans sa cellule, deux jours plus tard.

Mathématicien, dernier des encyclopédistes — il rédigea de nombreux articles pour le supplément à l'*Encyclopédie* (*) —, économiste, homme politique, Condorcet donna des écrits aussi divers que ses activités. Les travaux mathématiques qu'il poursuivit toute sa vie sur le calcul intégral et les probabilités furent critiqués : mal rédigés, ils contiennent des erreurs. Ils sont cependant riches en vues nouvelles. La plus grande originalité de Condorcet est d'avoir appliqué les mathématiques au domaine social, politique, économique, d'avoir fondé une « mathématique sociale ». Dans l'*Essai sur l'application de l'analyse à la probabilité des décisions rendues à la pluralité des voix* (1785), Condorcet montre comment le calcul des probabilités peut permettre de constituer des jurys ou d'élire des assemblées dans lesquels les décisions prises seront conformes à la vérité. Les travaux de Condorcet constituent la première tentative visant à élaborer des modèles mathématiques de comportement et de prise de décisions par des groupes. Les autres œuvres de Condorcet sont moins originales, mais non dénuées d'intérêt. En philosophie, Condorcet est un disciple de Hume et de Locke et un adepte du rationalisme empirique. Dans ses éloges académiques, il se révèle être un historien des sciences perspicace. Ses projets d'Instruction publique seront largement repris et mis en pratique par la IIIe République. L'*Esquisse d'un tableau historique des progrès de l'esprit humain* (*) est l'œuvre la plus célèbre de Condorcet. Écrite alors qu'il était proscrit mais mise en chantier vingt ans plus tôt, elle vise à établir un lien entre le progrès des sciences physiques et celui des sciences morales. Condorcet montre comment l'homme accroît sans cesse, au cours de l'histoire, sa raison et sa liberté. Le dixième chapitre de l'œuvre laisse espérer un allongement indéfini de la vie, ainsi que le perfectionnement physique de l'espèce humaine. Cette œuvre posthume fut considérée comme un exposé brillant des « illusions du progrès », comme le testament des Lumières. Aujourd'hui, l'œuvre n'a rien perdu de sa force originelle. La vision rationnelle de Condorcet, son souci d'une accumulation encyclopédique et organisée des connaissances, sa recherche d'une langue et d'une méthode universelles, la place essentielle qu'il réserve à la science et aux savants dans l'organisation de la société, donnent à sa pensée une profonde unité et une grande actualité.

MICHEL MORANGE.

♦ *« Il est un homme de l'ancienne chevalerie et de l'ancienne vertu, constitué dans une espèce de dignité qui ne peut guère être exercée que par un ou deux hommes de son siècle. Cet homme est égal à Pascal en plusieurs choses, et très supérieur en d'autres* [...] *»* Voltaire. ♦ *« M. de Condorcet se fait distinguer par la force et l'art dont il présente les vertus et les défauts ; il rassemble les uns et les autres dans ses portraits ; mais les vertus sont exposées à la grande lumière, et les défauts sont cachés dans la demi-teinte. »* Diderot. ♦ *« Si j'avais à renaître, je tâcherais d'être votre disciple pour mériter un jour d'être votre émule et votre ami. »* J.-J. Rousseau (Lettre à Condorcet du 16 février 1770).

RÉF. : Léon Cahen, *Condorcet et la Révolution française,* thèse, 1904. – Ferdinand Buisson, *Condorcet,* 1929. – Hélène Delsaux, *Condorcet journaliste, 1790-94,* 1932. – K. M. Baker, *Condorcet, from Natural Philosophy to Social Mathematics,* Chicago et Londres, 1975. – C. Kintzler, *Condorcet : l'instruction publique et la naissance du citoyen,* Paris, 1987. – É. et R. Badinter, *Condorcet,* Paris, 1988. – G. G. Granger, *La Mathématique sociale du marquis de Condorcet,* Paris, 1989, rééd.

CONFUCIUS (K'ong Ts'io ou Tchong-ni, dit K'ong fou-tse ou K'ong tse). Philosophe chinois. Né en 551 av. J.-C. à Tchang-p'ing, dans l'actuel district de Se-Chouei (Chan-tong), mort dans ce lieu en 479.

Confucius est la latinisation du groupe de caractères chinois K'ong fou-tse, qui signifie : vénéré maître K'ong. Habituellement, on parle de lui en l'appelant K'ong tse. Son prénom véritable était Ts'io, son nom patronymique Tchong-ni, et il appartenait à la famille K'ong. On dit qu'il était d'une taille exceptionnelle. Son père Chou-liang-Si, l'un des trois célèbres capitaines du petit royaume de Lou qui était continuellement aux prises avec les États voisins, en faisant des recherches généalogiques avait découvert qu'il était le descendant d'un duc de Song (commencement de la dynastie des Tcho). Guerrier plein de valeur, Chou était doué d'une force peu commune – on rapporte qu'il maintint levé à lui seul le pont-levis d'une forteresse ennemie, permettant ainsi à ses hommes de se retirer tandis que ses adversaires tentaient de l'abaisser pour prendre les soldats au piège. Après la mort de son père, qu'il perdit alors qu'il n'avait que trois ans, K'ong tse fut élevé par sa mère qui alla s'établir à Ts'u (Chantong).

Sa famille vivant dans la misère, l'enfant fut d'abord gardien de troupeaux. Mais son origine noble, la considération dont jouissait la mémoire de son père, lui valurent de faire de bonnes études qu'il sut d'ailleurs compléter de lui-même, grâce à son immense appétit de connaissance, tempéré, plus tard, par le mépris qu'il afficha à l'égard du savoir ; dès son jeune âge, et bien qu'il se soit affirmé ensuite comme le plus grand moraliste chinois, K'ong tse eut une véritable passion pour l'histoire ancienne, en particulier pour celle du millénaire qui précéda sa naissance.

À dix-neuf ans, K'ong tse se maria. Son union fut probablement loin d'être heureuse car, quelques années plus tard, il se sépara de sa femme qui mourut peu après. D'elle il eut deux enfants, un fils nommé Li et une fille qui devait épouser un de ses disciples. Entré dans l'administration publique, K'ong tse dut se contenter d'y occuper des postes subalternes, celui de surveillant des greniers à grains, puis celui d'intendant des pacages. C'est lorsqu'il exerçait cette charge qu'il se tourna vers l'enseignement pour lequel il avait de véritables dispositions naturelles. Il n'avait que vingt-deux ans. Pendant plusieurs années, le jeune maître resta à Lou, se consacrant à l'enseignement et enrichissant ses connaissances.

Après avoir porté trois ans le deuil de sa mère, morte probablement en 528, K'ong tse se mit en route pour Lo, où il se peut qu'il ait rencontré Lao-tse (vers 525) et où résidait la cour impériale. N'ayant pas obtenu l'emploi qu'il recherchait, il revint à Lou un an plus tard. Les querelles qui agitaient ce petit État eurent pour conséquence la fuite du duc de Lou qui se retira dans l'État voisin de Ts'i où K'ong tse le suivit. Bien accueilli par Tsing, duc de Ts'i, le philosophe tenta, mais en vain, de lui faire appliquer ses idées de réforme.

À la suite de cet échec, K'ong tse revint à Lou en 515 et passa les années suivantes à réunir avec ses disciples les documents qui devaient constituer la collection des écrits canoniques de l'Antiquité, jusqu'à ce que, la paix intérieure étant revenue, il pût se consacrer à promouvoir les réformes qu'il préconisait depuis longtemps.

Très tôt la ligne générale de sa pensée fut caractérisée par une philosophie de l'ordre social fondée sur un idéal historique qui, pour lui, correspondait à l'époque des débuts de la dynastie des Tcho quand l'empereur, les princes et le peuple, avaient un grand respect moral pour l'idée de l'ordre ; le gouvernement, selon lui, n'ayant d'autre utilité que de maintenir chaque chose à sa place. L'époque que vivait le maître, au contraire, se caractérisait par la décadence de l'ordre social. Les princes et les nobles, engagés en de perpétuelles guerres et de perpétuelles intrigues, se faisaient appeler « rois » ; les formes, les rites et les titres nobiliaires tombaient en désuétude et se confondaient les uns avec les autres, toutes circonstances qui justifiaient le désir que nourrissait K'ong tse d'un ordre fondé essentiellement sur la reconnaissance, par l'individu, de l'État et des relations sociales. Il fit des recherches sur les mœurs des dynasties précédentes dans leurs anciennes capitales et, à l'issue de ses enquêtes, dut constater avec découragement : « On ne nous a pas transmis de données suffisantes. » Sa réputation d'archéologue était telle que, lorsqu'il arrivait à quelqu'un de trouver des tibias de dinosaure ou de découvrir une ancienne flèche de pierre, K'ong tse était toujours consulté et donnait toujours une réponse rapide. Les écrits de l'Antiquité étaient particulièrement difficiles à lire et à expliquer ; K'ong tse, grâce à sa prodigieuse culture, y parvenait aisément, ce qui lui valut d'être sans cesse sollicité par tout ce que son pays comptait d'hommes avides de savoir. La légende lui donne soixante-douze disciples, sans compter plus de trois mille fidèles. Toute sa vie, d'ailleurs, K'ong tse, plus qu'un homme politique, fut un grand professeur ; dans sa vieillesse, il aurait publié des chansons anciennes – v. *Che-tsing* (*) – et légué à la postérité la collection de documents historiques connue sous le nom de *Chou-tsing* – v. *Classiques chinois* (*).

L'école de Confucius était alors essentiellement une école d'historiens chercheurs aux opinions conservatrices. Pratiquement, entre trente et cinquante ans, Confucius se consacra aux études et à l'enseignement, recevant, en retour, de ses élèves, dit-on, du mouton fumé. Comme sa philosophie avait une portée politique et sociale, il désirait bien entendu voir mettre en pratique ses théories. Des occasions, cependant, s'étaient déjà présentées à lui dans ce sens, mais il les avait repoussées comme indignes de lui. D'autres lui furent offertes, si l'on en croit l'anecdote suivante : un certain politicien ambitieux et sans scrupules, nommé Yang Hou ou Yang He, était si puissant qu'il put faire emprisonner et rançonner Tsi, le plus en vue des nobles du royaume. Yang Hou désirait s'assurer les services de K'ong tse et lui envoya une cuisse de porc. Embarrassé, K'ong tse s'informa du moment où Yang ne se trouvait pas chez lui, et s'y rendit pour le remercier. Un jour, Yang le rencontra dans la rue et le pressa de mettre ses talents au service du pays. De nouveau embarrassé, il répondit sur un ton sarcastique : « Oui, oui, je deviendrai un de tes officiers. » Comme Jésus haïssait les pharisiens, Confucius était, lui aussi, capable de haine ; il ne voulait pas être incorrect avec Yang, néanmoins il était capable d'une grande rudesse. Un jour, un hypocrite, un certain Jou Pei, s'en alla trouver K'ong tse. Celui-ci fit répondre au serviteur qu'il n'était pas chez lui, mais lorsque le visiteur eut dépassé la grille d'entrée, il saisit un instrument à cordes et se mit à chanter pour lui faire clairement comprendre qu'il était là. Ces réactions, ainsi que d'autres que rapportent ses biographes, nous semblent parfois singulières, tel, par exemple, le mépris dans lequel il tenait certaines couleurs. C'est ainsi que, selon Mencius, il disait aimer le noir parce qu'il était noir et le blanc parce qu'il était blanc, tandis qu'il haïssait le violet parce qu'il n'est ni vraiment rouge ni vraiment bleu. K'ong tse n'était heureux que lorsqu'il se trouvait avec ses disciples et, en particulier, avec les seize d'entre eux qu'il considérait comme ses intimes. Dans son cabinet, quand il écoutait de la musique, lorsqu'une chanson lui plaisait, il priait le chanteur de bien vouloir la répéter, puis se joignait à lui pour le refrain. Vis-à-vis de ses disciples, il se comportait avec dignité mais sans orgueil. Il avait su créer entre lui et eux, qui étaient d'âges fort divers, une atmosphère de confiance réciproque et de communion qui lui assura leur indéfectible attachement. On lui offrit un jour un poste de magistrat municipal. L'homme qui l'occupait avait une mauvaise réputation, et Confucius fut sur le point d'accepter. Ses disciples lui objectèrent que cette charge n'était pas digne de lui, mais il répondit : « Dois-je manger, oui ou non ? Je ne suis tout de même pas une de ces courges desséchées que vous suspendez au mur. » Le ton rude et singulier de ces ripostes est souvent oublié par les commentateurs de Confucius et en a gêné plus d'un. C'est à cette époque qu'on donna de lui cette brève définition : « Noble et gai, mais ne sait où aller. » Certains confucianistes pensent que c'est une des plus brillantes descriptions qu'on ait données de lui.

À l'âge de cinquante ans, en 502, l'occasion lui fut donnée de faire valoir enfin ses talents d'administrateur. On lui confia le gouvernement de la ville de Tchong-tou. Aux dires de ses contemporains, il fit merveille. Impressionné par cet exemple, le duc de Lou lui demanda si ses méthodes ne seraient pas applicables à l'État tout entier. Sur sa réponse affirmative, le duc le fit sous-secrétaire d'État aux Travaux publics, puis secrétaire principal pour la Justice. Devenu juge suprême et conseiller du souverain (496), K'ong tse rétablit l'ordre politique et fit régner une atmosphère de justice sociale. Les paroles qu'il prononça en tant que chef de la justice sont caractéristiques : « Lorsque je dirige les débats, j'agis comme n'importe qui d'autre, mais il serait beaucoup mieux qu'il n'y eût pas du tout de procès. » L'harmonie politique ne peut, selon lui, avoir d'autre fondement que l'harmonie morale. Un de ses premiers actes, dans ce sens, fut de condamner à mort un homme qui jouissait d'un grand prestige pour la seule raison qu'il s'habillait de violet, couleur que K'ong tse jugeait pernicieuse. Sa campagne la plus ambitieuse, et qui échoua, fut de tenter de convaincre les nobles, gouverneurs de villes, de restaurer le pouvoir monarchique. Aidé de deux de ses disciples, Tse-lou et Tse-yo, qui occupaient également de hautes charges, il parvint à faire réaliser les places fortes qui, en cas de rébellion, devenaient autant de refuges pour les grands féodaux. Mais, pour réussir, il eût fallu obtenir l'accord des trois grandes familles qui contrôlaient depuis d'innombrables générations l'économie et l'armée de Lou. K'ong tse, pour qui cette situation était synonyme de chaos social, politique et moral, réussit à convaincre deux des « maisons », mais non la troisième. À la fameuse conférence de Tsia-Kou, il parvint à conclure un traité avec Ts'i, le puissant royaume du Nord. Bien vite, cependant, son pouvoir décrut. N'ayant pu obtenir du duc son appui inconditionnel, K'ong tse se retira.

Pendant quatorze ans, il entreprit de longs et incessants voyages hors de l'État de Lou, dans la région qui se trouve entre le fleuve Jaune et le Yang-Tse. Fort insouciant, il voyageait sans escorte et sans confort. Il fut attaqué plusieurs fois, puis, une autre, il resta bloqué, pendant sept jours, au milieu des plus graves dangers, dans les régions sauvages qui s'étendent entre Tch'en et Ts'ai. Tandis que ses disciples se lamentaient et se préoccupaient, K'ong tse, comme d'habitude, prenait plaisir à jouer de son instrument à cordes, appelé « ts'in » en chinois. Avec beaucoup d'humour, il se décrivit ainsi que le groupe dont il faisait partie comme une chose mal définie, ni chair ni poisson. Tout en se montrant calme et résigné, il était toujours sûr de soi. Au terme de ces quatorze années, brusquement, il décida de rentrer dans sa patrie. Il soupira : « Dans notre ville, il y a des hommes jeunes. Certains ont des vues trop audacieuses, d'autres trop étroites et prudentes. Il faut aller un peu les modeler. Rentrons à la maison. » C'est ainsi qu'à soixante-sept ans (484), il retourna à Lou où l'un de ses disciples était devenu un ministre important. Sa période de travail et d'enseignement la plus féconde commence alors ; c'est à cette époque que furent composés les cinq livres canoniques dont l'édition lui fut attribuée – *Chou-tsing, Che-tsing* (*), *Yi-tsing* (*), *Li-tsi, Tch'ouen-ts'io* (*) – v. *Classiques chinois* (*). Toutefois, la seule œuvre qui puisse être attribuée en toute certitude à K'ong tse s'intitule *Annales des printemps et des automnes* (*) de l'État de Lou. Comme il l'a dit de lui-même, Confucius « repasse sur » la tradition, il ne la renouvelle pas. Mais les maîtres livres de l'école confucianiste, l'ensemble appelé *Se chou* [*Les Quatres Livres*] qui comprend le *Ta-sue, Les Entretiens de Confucius* (*), le *Tchong-yong* et l'œuvre de *Meng-tse* – v. *Classiques chinois* (*) –, sont l'œuvre de ses disciples. Si le *Tchong-yong,* composé, selon la tradition, par le neveu de K'ong tse, semble nous présenter un compte rendu fidèle de certaines des idées de K'ong tse, c'est dans le *Louen Yu,* qui rapporte sans commentaires les propos du maître, que sa figure apparaît la plus vivante.

LIN YUTANG.

♦ *« Confucius est, à la vérité, un très bonhomme, ami de la raison, ennemi de l'enthousiasme, respirant la douceur et la paix et ne mêlant point le mensonge avec la vérité. »* Voltaire. ♦ *« Sa philosophie était plus en action qu'en discours. »* Diderot. ♦ *« Il semble que K'ong tse, qui se considérait comme un réformateur de la société et comme un érudit, n'ait pas saisi toute la portée philosophique de ses propos et de ses instructions et qu'il ait ignoré l'immense influence que, dès avant sa mort, ceux-ci exerçaient et devaient exercer sur la nation chinoise. »* Lin Yutang. ♦ *« On méconnaîtrait l'esprit du grand Maître chinois si, séduit par le confucianisme officiel des époques suivantes, l'on supposait que K'ong tse ait eu l'intention de guérir toutes les misères du peuple par le remède de la loi et de satisfaire tous les besoins sociaux par des mesures gouvernementales d'une haute sagesse. K'ong tse a voulu, au contraire, à peu près comme Lao-tse, rendre inutiles cet empirisme administratif et cette technique politique. Dans ce but il a admis que l'exemple moral venu de haut exerce une profonde influence sur le peuple, que le sentiment très développé de l'honneur et de la honte, une haute culture, stimulent les hommes à se bien conduire. »* E. V. Zenker. ♦ *« Ce qu'enseigna Confucius, ce fut surtout l'art de vivre noblement, ce fut un enseignement oral et pratique. Il essaya d'inculquer une morale nouvelle, où la sincérité et l'effort personnel tenaient une grande place. »* O. Kaltenmark-Ghéquier. ♦ *« Quand il mourut, il y eut probablement très peu de gens qui ne pensèrent que ce vieillard quelque peu pitoyable venait de quitter une vie qui avait été un échec. Lui-même eut certainement la même pensée. Et pourtant peu d'hommes ont influencé plus profondément l'Histoire que ne l'a fait Confucius. L'attirance qu'exerce sa pensée a bravé le temps. En Chine, les générations successives l'ont revendiqué ; de nos jours, même certains communistes chinois se réclament de lui pour leur propre tradition révolutionnaire. En Occident, son influence a été plus importante que nous ne l'imaginons quelquefois. »* H. G. Creel. ♦ *« À cet égard, un parallèle s'imposerait avec Socrate qui, lui aussi, domina une ambiance de dialecticiens subtils en découvrant dans l'ordre humain des vérités stables. Par sa croyance en l'éminente valeur de la sagesse, qui comportait autant d'espoir en l'intelligence que de goût pour l'expérience concrète et d'aversion pour les problèmes oiseux ; par son exceptionnelle situation à l'origine d'une culture et d'une puissante philosophie, Confucius fut un Socrate chinois. »* L. Masson-Oursel. ♦ *« On a souvent comparé Confucius à Socrate. Sa gloire, moins immédiate, n'a pas été moins durable. Son prestige, auprès de ses disciples, fut aussi grand. Mais s'il y a, peut-être, quelque analogie dans l'esprit des enseignements donnés par ces deux sages, pour ce qui est de leur rendement aucune comparaison n'est possible. Les Chinois ont reconnu en Confucius un « Maître pour dix mille générations », seulement après en avoir fait le patron d'une morale conformiste. Ils voient en lui l'exemplaire le plus parfait de la sagesse nationale : nul ne lui prête le mérite d'une pensée originale... Ce n'est point un science abstraite de l'homme que Confucius et ses fidèles ont tenté de fonder : c'est un art de la vie qui embrasse psychologie, morale et politique. Cet art naît de l'expérience, des observations que suggère à qui sait réfléchir la vie de relation et auxquelles s'ajoute le savoir légué par les Anciens. À cet art ou à ce savoir convient le nom d'humanisme. Il s'inspire d'un esprit positif, il ne tient compte que de données observables, vécues, concrètes. »* M. Granet. ♦ *« On ne cite plus souvent Confucius* [en Chine], *mais sa morale néanmoins demeure vivante et omniprésente. »* Georges Friedmann.

RÉF. : A. Hammer v. Purgstall, *Synopsis vitae et doctrinae Confucii,* Vienne, 1708. – P. Amiot, *Vie de Koung-tse appelé vulgairement Confucius,* Paris, 1786. – J. H. Plath, *Uber die Quellen zum Leben des Confucius namentlich seiner sogenannten Hausgespräche* (Kia-yü), Munich, 1863. – E. Faber, *Quellen zu Konfuzius und zum Konfuzianismus,* Hongkong, 1873. – Pastoret, *Zoroaster Confucius et Mahomet comparés comme législateurs et moralistes,* Paris, 1887. – G. V. D. Gabelentz, *Konfuzius und seine Lehre,* Leipzig, 1888. – L. de Rosny, *La Morale de Confucius,* Paris, 2e édit., 1893. – H. Endo, *Das Leben und die pädagogische Bedeutung des Confuzius,* 1893. – R. Dvorak, *Konfuzius und seine Lehre,* 1895. – K. M. Kariagine, *Konfuzius, sein Leben und seine philosophische Tätigkeit. Biographische Skizze,* 1897 (en russe). – G. Walshe, *Confucius and confucianism,* Chang-hai, 1910. – Chen Huang-Chang, *The Economic Principles of Confucius and his School,* New York, 1911. – B. Laufer, *Confucius and his Portraits,* Chicago, 1912. – M. M. Dawson, *The Ethics of Confucius,* Londres, 1915. – E. Schmitt, *Konfuzius, Sein Leben und seine Lehre,* Berlin, 1926. – G. Soulié de Morant, *La Vie de Confucius, Kong-tse,* Paris, 1929. – Hou Che, article « Confucianisme », in *Encyclopedia of the Social Sciences,* New York, 1937. – A. Rygaloff, *Confucius,* Paris, 1946. – H. G. Creel, *Confucius, the Man and the Myth,* New York, 1949. – A. Waley, *Trois courants de la pensée chinoise antique,* Paris, 1949. – Fong Yo-lan, *A History of Chinese Philosophy* (trad. D. Bodde), Princeton, 1952-53 ; *Précis d'histoire de la philosophie chinoise* (version abrégée de la traduction anglaise), Paris, 1952. – Etiemble, *Confucius,* Paris, 1968.

CONGREVE William. Auteur dramatique anglais. Né à Bardsey, près de Leeds, où il fut baptisé le 10 février 1670 ; mort à Londres le 19 janvier 1729. Son père était militaire stationné en Irlande et Congreve fit ses premières études à l'école de Kilkenny, où il eut Swift pour condisciple ; puis il entra au Trinity College de Dublin. En 1691, il commença l'étude du droit au Middle Temple de Londres. Il écrivit en 1692 un essai médiocre : *Incognita* [*Incognita : or Love and Duty reconcil'd*], avant de commencer une brillante carrière théâtrale. En 1693, le succès que remporta sa première comédie *Le Vieux Garçon* (*) et les éloges de Dryden l'incitèrent à en écrire d'autres, dont *Le Fourbe* (*) et *Amour pour amour* (*) interprété par l'acteur Betterton. Son drame héroïque *La Fiancée en deuil* [*The Mourning Bride,* 1697, trad. 1748], reçut, malgré son emphase, l'approbation de Samuel Johnson. Congreve fut attaqué, en même temps que sir John Vanbrugh, Dryden et d'autres auteurs dramatiques du temps, par Jeremy Collier, dans son pamphlet contre l'immoralité du théâtre, intitulé : *Un coup d'œil sur l'immoralité et l'état profane du théâtre anglais* [*A Short View of the Immorality and Profaneness of the English Stage,* 1698]. En 1700, avec *Le Train du monde* (*), comédie cynique, spirituelle et épigrammatique qui représente la perfection du genre, Congreve donne la pleine mesure de son talent. Plus qu'un rénovateur de la scène, il fut un excellent imitateur. Il abandonna le théâtre après un mauvais accueil que le public fit à sa dernière pièce, et il obtint quelques charges politiques de peu d'importance. Homme du monde (au cours d'une célèbre rencontre avec Voltaire il se présenta comme gentilhomme et non comme écrivain), Congreve fut pendant les dernières années de sa vie entouré de nombreuses amitiés, comme celles de l'actrice Bracegirdle et de la duchesse de Marlborough. C'est à cette dernière qu'il laissa son héritage, en précisant qu'il devait revenir ensuite à la fille qu'elle avait eue, croit-on, de lui. On lui fit des obsèques solennelles et il fut enterré à l'abbaye de Westminster.

♦ « *Congreve a un mérite de grand prix : c'est un écrivain original qui n'emprunte ni les modèles de ses intrigues ni la manière de ses dialogues... De ses diverses poésies, je ne peux dire quoi que ce soit de favorable. Les dons mêmes de Congreve semblent le desservir lorsqu'il quitte la scène.* » Samuel Johnson. ♦ « *M. Congreve, qu'on peut appeler le Molière de l'Angleterre.* » Voltaire. ♦ « *Les pièces de Congreve sont exquises dans leur genre et le manque de cœur, la duplicité, excessifs, de certains de ses caractères ne doivent pas être pris pour une complicité avec un idéal bas. Il y a cependant une absence de naturel tout à la fois dans ses caractères et dans son esprit ; et nous le lisons pour voir à quel point il peut rendre amusants ses belles dames et ses messieurs de la haute société et quelle bande de brouillons fous et sensuels ils forment, à la manière d'insectes voltigeant sur un étang, plutôt que pour leur trouver une signification profonde comme hommes et comme femmes.* » Leigh Hunt. ♦ « *Nous avons vu, avec Swift, un humoriste philosophe, dont la vérité nous glace et dont le sourire est fait de mélancolie. Avec Congreve, voici un humoriste observateur d'une tout autre école, pour qui le monde semble tout à fait dépourvu de lois morales et dont l'affreuse doctrine paraît être de manger, de boire, de se donner du bon temps tout son soûl et d'aller au diable (s'il existe un diable !) au moment venu !* » Thackeray. ♦ « *Nul auteur, peut-être, dans aucun pays, n'a écrit en prose pour le théâtre avec une aussi assidue sollicitude pour le style. Congreve équilibre, polit, aiguise ses phrases jusqu'à ce qu'elles ressemblent à une collection d'instruments préparés pour une expérience d'électricité. Son esprit sans égal en est le courant et il jaillit et étincelle sans interruption de la première scène à la dernière. Le résultat est d'une singulière artificialité... Presque dès le début ses contemporains même sentirent que quelque chose y manquait. Ce quelque chose, sans doute, c'était de l'humanité, de la sympathie, du naturel.* » Sir Edmund Gosse.

RÉF. : Sir E. Gosse, *The Life of Wm. Congreve,* London, 1888. – A. Bennewitz, *Congreve and Molière,* Leipzig, 1890. – D. Protopopesco, *Un Classique moderne, Wm. Congreve, sa vie, son œuvre,* 1924. – M. E. Novak, *W. Congreve,* New York, 1971. – H. Love, *W. Congreve,* Oxford, 1975. – L. Bartlett, *W. Congreve : A Reference Guide,* Boston, 1979. – A. Lindsay et H. Ershine Hill (eds), *W. Congreve, The Critical Heritage,* Londres, 1989.

CONNOLLY Cyril Vernon. Écrivain anglais. Né le 10 septembre 1903 à Coventry, mort le 26 novembre 1974 à Londres. Après des études à Eton puis au Balliol College d'Oxford, et un premier mariage en 1930, Connolly va passer sept ou huit ans à voyager à travers l'Europe. Il se fait connaître littérairement par un unique roman, *Marée basse* [*The Rock Pool*, 1936], roman de la « Bildung » pitoyable et incertaine d'un jeune Anglais sur une Riviera miteuse, et par un remarquable recueil d'essais, *Ce qu'il faut faire pour ne plus être écrivain* [*Enemies of Promise*, 1938]. Il fonde en 1939 avec Stephen Spender et Peter Watson le magazine littéraire qu'il dirigera jusqu'à sa dernière livraison (1950), *Horizon*, une des publications intellectuelles les plus influentes de son temps. Directeur des pages littéraires de *The Observer* (1942-43), il collabora régulièrement au *New Statesman* et, à partir de 1951, tint jusqu'à la fin de sa vie une rubrique hebdomadaire dans le *Sunday Times*. En 1944, il publia *Le Tombeau de Palinure* (*). Lui succédèrent quatre recueils d'articles et textes divers : *Le Terrain de jeu condamné* [*The Condemned Playground*, 1945], *Idées et Lieux* [*Ideas and Places*, 1953], *Anciennes convictions* [*Previous Convictions*, 1963] et *La Colonnade du soir* [*The Evening Colonnade*, 1973]. En 1953, choqué par la disparition mystérieuse de deux fonctionnaires du Foreign Office dont il était ami, Guy Burgess et Donald Maclean (un des plus grands scandales à avoir jamais ébranlé la vieille Albion), il publia un texte bref et émouvant, *Les Diplomates disparus* [*The Missing Diplomats*]. Après avoir eu sur le tard deux enfants d'un troisième mariage, Connolly mourut chevalier de la Légion d'honneur, titulaire de la Croix de l'Empire britannique et membre honoraire de l'American Academy and National Institute of Arts and Letters.

PHILIPPE MIKRIAMMOS.

RÉF. : David Pryce Jones, *Cyril Vernon Connolly*, Londres, 1983.

CONON DE BÉTHUNE (ou Coenes, ou Quesnes). L'un des plus anciens trouvères du nord de la France et l'un des meilleurs. Né vers le milieu du XIIe siècle, mort vers 1220. Fils de Robert V le Roux, apparenté aux comtes de Flandre et de Hainaut, il fut appelé à de hautes fonctions au cours de la quatrième croisade (1200), après avoir probablement déjà pris part à la troisième (1189). Son maître dans l'art de « trouver » avait été son parent Huon d'Oisy, châtelain de Cambray. Le jeune poète chanta ses vers à la cour de France : l'une de ses chansons nous l'apprend, qui reproche à la reine Aelis d'avoir souri de son parler d'Artois. Il nous est parvenu de lui une dizaine de chansons – v. *Poésies* (*) – vigoureuses, plus riches de personnalité que la plupart des chansons de l'époque, encore qu'elles ne s'écartent point des thèmes habituels de l'amour courtois. Le rôle de Conon au cours de la quatrième croisade nous est connu par différents chroniqueurs, et en particulier par Villehardouin qui en trace dans *La Conquête de Constantinople* (*) un beau portrait de guerrier et de diplomate. Conon de Béthune, « qui bons chevaliers et sages estoit, et bien eloquens », fut peut-être élu par les barons « bail » de l'empire après la mort d'Henri, successeur de Baudouin (1216), en tout cas après la mort de l'impératrice Yolande de Flandre (1219).

RÉF. : A. Wallensköld, *Chansons de Conon de Béthune*, Paris, 1921. – R. Levy, *Le Symbole du saule chez Conon de Béthune*, 1936. – J. Longnon, *Les Compagnons de Villehardouin*, Genève, 1978.

CONRAD Joseph (Téodor Jozef Konrad Korzeniowski). Romancier anglais. Né à Terechowa (Pologne) le 3 décembre 1857, fils unique d'Apollon Nalecz Korzeniowski et d'Éveline Bobrowska, mort à Bishopsbourne (Kent) le 3 août 1924. Son père, homme de lettres, auteur dramatique, traducteur d'œuvres françaises et anglaises, fut déporté en raison de son activité patriotique au cours de la lutte pour la libération de la Pologne du joug russe. La mère de Joseph Conrad mourut à l'âge de trente-quatre ans, épuisée par les souffrances subies au cours de sa déportation. Confié à son oncle Thaddée, l'enfant fréquenta le lycée, où il manifesta une prédilection pour la géographie, et, quelques années après la mort de son père, survenue en 1869, il exprima le désir de devenir marin. Il débuta dans cette carrière à dix-sept ans, en 1874. Il se rendit à Marseille, où il fut successivement engagé sur divers navires de commerce, et où il fréquenta non seulement les gens de mer, mais aussi les milieux légitimistes et aristocratiques de la ville. Un de ses voyages le conduisit aux Antilles, et plus d'une fois il se chargea de transports illégaux pour le compte des légitimistes français. Après quatre ans de cette existence, déçu de ce milieu et de la vie marseillaise, peut-être aussi sous l'influence d'une brève mais douloureuse expérience amoureuse, il quitta la France pour l'Angleterre sans connaître un mot d'anglais. Il commença par faire du petit cabotage entre Lowestoft et Newcastle, lisant Shakespeare à ses moments perdus. Embarquements, traversées, retours, se succédèrent sans trêve. Le « Duke of Sutherland » le conduisit à Sydney, l'« Europa » lui fit connaître les ports italiens. Avec le « Loch Etive » le voici de nouveau à Sydney. Il faillit périr noyé lorsque la vieille carcasse du « Palestine », ayant pris feu, coula. Le « Narcissus » enfin le mena à Bombay. En 1886 il se fit naturaliser sujet britannique. Entre-temps, il avait pris un brevet de capitaine de la marine marchande anglaise. La même année il participa à un concours organisé par une revue, et s'amusa à écrire un récit intitulé *Le Matelot noir* [*The Black Mate*]. Puis la vie de la mer le reprit ; il fit la navette entre Singapour et Bornéo, connut encore des traversées périlleuses, les ravages du choléra, les fièvres. Dans l'île Maurice, où il effectua une halte forcée, il s'éprit d'une jeune fille, Eugénie Renouf. L'ayant demandée en mariage, il apprit qu'elle était déjà fiancée. Il retourna alors à Londres où il demeura pendant des jours plongé dans une torpeur douloureuse. En 1889 il commença d'écrire son premier livre, *La Folie-Almayer* (*). Mais, repris par la passion de l'aventure, il réussit à obtenir le commandement d'un vapeur du Haut-Congo. L'expérience fut très dure, et une douloureuse attaque de rhumatismes contraignit Conrad à rentrer en Europe. Dans l'établissement d'hydrothérapie ou il avait dû entrer pour se soigner, il continua son roman que de nouvelles traversées ne lui permirent cependant pas d'achever avant 1894. Le succès du livre (1895) qu'il avait eu tant de peine à écrire (l'anglais avait été pour lui une langue totalement étrangère et ce fut au prix d'un effort admirable qu'il réussit à conquérir son style) décida de sa carrière.

En 1896, Conrad épousa Gessie George et s'établit en Angleterre, où, sous le patronage de Ford Madox Hueffer, il se consacra exclusivement à la littérature, et donna en quatorze ans, en dépit de la maladie et des difficultés financières, une série de chefs-d'œuvre, par lesquels il introduisait dans le roman d'aventures et d'exotisme une profondeur d'analyse, une puissance symbolique qui le placent au rang des plus grands romanciers de tous les temps. À *La Folie-Almayer* succédèrent en effet *Un paria des îles* (*) ; l'année d'après, *Le Nègre du « Narcisse »* (*) ; *Lord Jim* (*) ; *Jeunesse* (*) ; *Au cœur des ténèbres* (*) ; *Typhon* (*) ; et *Nostromo* (*) ; *L'Agent secret* (*), adapté pour la scène par l'auteur lui-même ; *Sous les yeux d'Occident* (*) ; *Une victoire* (*) ; *La Ligne d'ombre* (*) ; *La Flèche d'or* (*) ; et un grand nombre d'autres romans, récits, notes autobiographiques et littéraires, réunis dans les vingt-trois volumes de *The Uniform Edition of the Works of Joseph Conrad* (éd. Dent, 1923). Au cours de la Première Guerre mondiale, Conrad reprit la mer pour un court laps de temps, lorsque l'Amirauté britannique lui confia un service côtier. En 1923 il se rendit à New York où il rencontra Paderewski. Il mourut un an après son retour en Angleterre.

MARIO COLOMBI GUIDOTTI.

♦ *« Aucune outrance dans ses peintures : elles restent cruellement exactes. »* André Gide. ♦ *« Il vint à l'étude et à la pratique de la langue anglaise dans sa maturité, avec un sens instinctif de la beauté verbale, un esprit cultivé, un respect pour la technique des lettres et un idéal artistique très développé. Dans tous ses livres se manifestent une abstention scrupuleuse de tout cliché et une philosophie qui lui interdit d'une part tout sentimentalisme romantique et, d'autre part, tout réalisme sordide. »* Neil Munro.

RÉF. : André Gide, *Joseph Conrad,* dans le numéro spécial de la *N.R.F.* consacré à Conrad, décembre 1923. – Jessie Conrad, *Joseph Conrad,* trad. 1939. – J. Ujejski, *Joseph Conrad,* trad. 1939. – Marie-Rose Mélisson-Dubreuil, *La Personnalité de Joseph Conrad,* 1943. – G. Jean-Aubry, *Vie de Conrad,* trad. 1947. – Albert Guérard, *Conrad the Novelist,* Harvard, 1958. – Raymond Las Vergnas, *J. Conrad, romancier de l'exil,* Paris, 1959. – J. Bainer, *Joseph Conrad : A Critical Biography,* Londres, 1960. – F. R. Karl, *A Reader's Guide to J. Conrad,* New York, 1960. – Marvin Mudrick, *Conrad : A Collection of Critical Essays,* Englewood Cliffs, N.J., 1966. – J. I. M. Stewart, *Joseph Conrad,* Londres, 1968. – Norman Sherry, *Conrad's Eastern World,* Harvard, 1966 ; et *Conrad's Western World,* Harvard, 1971. – Norman Sherry (éd.), *Conrad : the Critical Heritage,* Harvard, 1973. – John Conrad, *Joseph Conrad,* Londres, 1981. – Stephen K. Land, *Conrad and the Paradox of Plot,* Londres, 1984. – Steve Ressler, *Joseph Conrad : Consciousness and Integrity,* New York, 1988.

CONRART Valentin. Grammairien français, né et mort à Paris : 1603 - 13 septembre 1675. Issu de la riche bourgeoisie protestante, il achète en 1627 une charge anoblissante de secrétaire du roi et se constitue un réseau d'amis et de clients. Des réunions qu'il tient chez lui à partir de 1629 avec Gombauld, Chapelain, Godeau, Malleville naît l'Académie française, dont il est nommé secrétaire perpétuel dès sa création en 1634. Reçu à l'hôtel de Rambouillet, ami de Mlle de Scudéry, il ignore le grec et le latin mais passe pour un des meilleurs connaisseurs de la langue française : Vaugelas et d'Ablancourt se soumettent aux remarques de ce puriste pour leurs traductions. Il ne publie presque rien, mais recopie dans son *Recueil* manuscrit de nombreux poèmes et documents de première importance et échange de nombreuses *Lettres* (*) avec les écrivains de son temps.

ALAIN GÉNETIOT.

RÉF. : R. Kerviler et E. de Barthélemy, *V. Conrart,* 1881. – *Lettres à Lorenzo Magalotti,* éd. G. Berquet et J. P. Collinet, 1981. – A. Bourgoin, *V. Conrart,* 1883.

CONROY Jack. Écrivain américain. Né et mort à Moberly, dans le Missouri (5 décembre 1899-28 février 1990). Issu d'une famille de mineurs venue d'Irlande et émigrée aux États-Unis, il reste fidèle à ses origines et se consacre à la défense des opprimés et des mal-aimés de l'Amérique. Se sentant concerné par le sort de Sacco et Vanzetti, il commence à écrire articles et poèmes pour diverses petites revues, notamment *The Rebel Poet* (1930) et *L'Enclume* [*Anvil*, fondée en 1933]. C'est cette même année qu'il publie son premier roman : *Les Déshérités* (*) et s'affirme comme romancier en peignant la réalité de la condition ouvrière. *Un monde à conquérir* (+) paraît en 1935 tandis qu'il continue d'écrire ses articles. Il connaît et fréquente la plupart des écrivains engagés des années 30 et fait partie du groupe des « écrivains prolétariens de Chicago ». Un nouveau roman : *N'importe où sauf ici* (+) sort en 1966. Co-auteur avec Arna Bontemps de *Ils cherchent une ville* [*They seek a City*], Conroy a publié des anthologies de folklore et d'humour.

CONSCIENCE Hendrik. Écrivain belge d'expression flamande. Né à Anvers le 3 décembre 1812, mort à Bruxelles le 10 septembre 1883. Fils d'un Français sous-officier de l'armée napoléonienne et d'une Brabançonne, il fit des études irrégulières et, après la révolution de 1830, s'enrôla comme volontaire pour une période de six ans. De retour à Anvers, il occupa de petits emplois et participa au mouvement des jeunes romantiques qui donna l'impulsion à la renaissance nationale flamande en Belgique. Il se brouilla avec sa famille et finit par aller vivre à la campagne en 1838 ; il se consacra alors à l'horticulture. Administrateur de l'Académie des beaux-arts, il abandonna son poste pour se retirer à Courtrai ; mais en 1857, il revint à Bruxelles, ayant été nommé conservateur du musée Wiertz. On le reconnaissait désormais comme l'un des plus grands représentants de la vie culturelle flamande. En 1837, il avait publié un volume de prose et de poésies mêlées, *Fantaisie* [*Phantazy*], qui avait été assez mal accueilli par la critique. Il acquit tout à coup la célébrité avec *Le Lion de Flandres* (*), premier exemple de roman historique flamand, qui en outre éleva au rang de langue littéraire le flamand jusque-là considéré comme un patois. Sa renommée s'accrut avec un autre roman, *Jacob van Artevelde* (1849). Il écrivit ensuite une centaine d'autres livres, surtout des romans historiques dans la tradition de Walter Scott. Mentionnons *Le Conscrit* [*De Loteling,* 1850] ; *Le Gentilhomme pauvre* [*De arme Edelman,* 1851] ; *L'Oncle de Félix Roobeek* [*De oom van Felix Roobeek,* 1877] ; *Le Trésor de Félix Roobeek* [*De schat van Felix Roobeek,* 1878] ; enfin une *Histoire de la Belgique* [*Geschiedenis van Belgie*], qui lui avait été commandée. Conscience fut en son temps le romancier le plus représentatif de Flandre ; il garde une place dans la littérature flamande, et son œuvre est restée fort populaire.

RÉF. : A. de Pontmartin, *Nouvelles causeries littéraires,* t. II, 1855. – P. de Mont, *Henri Conscience, sa vie et ses travaux,* Anvers, 1883. – Henri Jostes, *Hendrik Conscience,* Düsseldorf, 1917. – F. Smits, *Henri Conscience et le romantisme flamand,* Bruxelles, 1943. – M. Lambin, *Hendrik Conscience,* Anvers, 1974. – A. Deprez, *Hendrik Conscience,* Anvers, 1983.

CONSOLO Vincenzo. Écrivain italien. Né à Sant'Agata di Militello (prov. de Messine) en 1933. Après des études à Milan et un long séjour en Sicile, Consolo s'est fixé à Milan, où il se consacre à la littérature. Son premier livre passe presque inaperçu en 1963, mais son deuxième roman, *Le Sourire du marin inconnu* (*), lui apporte le succès en 1976, et Consolo fait maintenant figure d'écrivain important malgré une œuvre restreinte – cinq ouvrages longuement et amoureusement ciselés comme des joyaux. Ces ouvrages sont inclassables parce qu'ils mélangent l'évocation historique, la citation de documents peu connus, la nouvelle, le pastiche, le portrait ou le reportage. Le mortier qui relie savamment ces fragments est toutefois clair : c'est la Sicile, la Sicile parfumée des orangers ou des cédrats, celle luxuriante du baroque, celle austère des temples grecs, mais aussi celle du peuple des paysans et des pêcheurs, celle d'aujourd'hui comme celle des Arabes, des Grecs ou des Espagnols qui ont façonné son histoire.

Ce qui frappe en premier lieu chez Consolo, c'est un style rutilant, d'une extrême richesse lexicale et syntaxique qui ne craint pas de mélanger les divers dialectes de l'île, la langue ancienne ou l'italien plus fleuri des XVIIIe ou XIXe siècles. C'est incontestablement l'indice d'une esthétique baroque que les nombreuses énumérations font parfois tourner au maniérisme, mais qui est justifiée par son objet, la Sicile, dont la civilisation est si riche et si disparate. Ce choix linguistique a toutefois des racines plus profondes : l'écrivain entend lutter contre la pauvreté de l'italien moyen, standardisé, qui a cours aujourd'hui ; il veut faire revivre les oubliés, ces paysans ou ces pêcheurs dont la parole enferme un savoir, une culture sans doute voués à disparaître ; enfin ce style aux mille registres, éclaté comme est éclatée la forme de ses livres, nous fait comprendre que l'écrivain d'aujourd'hui n'a plus un code unique et universel qui lui permette de rendre compte de la totalité du réel.

Son attitude, partagée entre l'engagement moral qui veut que l'écrivain parle pour les humiliés et les offensés, et la fascination esthétique qui le pousse à sauver un riche patrimoine menacé de disparition par la technologie moderne, est superbement incarnée par le héros du *Sourire du marin inconnu* ou, d'une manière plus humoristique, par le voyageur de *Retable* (*) (1976), un disciple des Lumières qui vient découvrir en Sicile le miracle grec, mais y rencontre aussi les brigands, la misère et la morgue nobiliaire.

Un désenchantement certain marque l'œuvre de cet écrivain : parfois amusé comme dans *Retable,* une savoureuse parodie picaresque du voyage, parfois grave comme dans *Le Sourire* ou même amer comme dans certaines pages des *Pierres de Pantalica* (*) (1988). Que peut l'écrivain face à l'Histoire et à la vie ? Que peuvent les mots tant aimés ? Glisser sur l'énigme de la vie ? La littérature n'est-elle pas une illusion, se demande Fabrizio dans *Retable,* un leurre comme les ombres de la caverne de Platon ?

GILLES DE VAN.

CONSTANT DE REBECQUE Benjamin Henri. Homme politique et écrivain français d'origine suisse. Né à Lausanne (Suisse) le 25 octobre 1767 ; mort à Paris le 10 décembre 1830. Son père, Juste de Constant de Rebecque, était un gentilhomme vaudois dont la famille, originaire de l'Artois, était venue s'établir en Suisse au XVIIe siècle pour y pratiquer librement la religion protestante ; sa mère, Henriette de Chandieu, descendait de huguenots français du Dauphiné. Ayant perdu sa mère de bonne heure, Benjamin Constant fut élevé par son père, capitaine dans un régiment suisse au service des Pays-Bas, qui le confia à de nombreux précepteurs généralement peu recommandables. Enfant très précoce, nerveux, impressionnable, avide de lectures, le jeune Benjamin était à douze ans un puits de science mais un esprit déséquilibré et mal fait. Envoyé à Oxford, puis à Erlangen, à Édimbourg enfin, il fut confié aux soins de l'académicien Suard qui lui fit connaître, à Paris, la haute société du temps. C'est à Paris que Constant, alors adolescent, eut une première liaison avec une femme mariée, Mme Johannot ; ce n'était que le commencement d'une série d'intrigues, les unes courtes, les autres fort longues, qui se succédèrent à partir de 1787. Qu'il s'agisse de Mme Trevor, de Mme de Charrière, de Mme Lindsay, et plus tard de Mme de Staël, c'est toujours le même schéma : la femme mûre, maternelle, un peu virile, éprise d'un adolescent – même à l'époque de Mme de Staël, Benjamin Constant était un adolescent vieilli – faible, féminin, incapable d'être fixé lui-même sur la sincérité des sentiments qui devaient l'amener aux actes les plus singuliers et les plus ridicules : crises de désespoir, menaces, supplications, suicides manqués. Il n'avait pas vingt ans qu'il commençait à travailler à une « histoire du polythéisme » qui devait, sous le titre *De la religion* (*), être l'œuvre de sa vie dont le dernier volume ne paraîtra qu'à titre posthume. Mais ce n'était pas ce travail qui devait donner à ce caractère instable une assise solide. Fréquentant à Paris les mauvais lieux, pris par la fièvre du jeu qui devait empoisonner toute son existence, en perpétuel déplacement, Benjamin Constant ne trouva un peu de calme que durant son séjour en Allemagne (1787-1794), où son père lui avait obtenu le poste de chambellan à la petite cour de Brunswick. Benjamin s'y ennuya ferme, s'afficha avec une comédienne et s'y maria avec une jeune Allemande, Wilhelmine von Cramm. Ce mariage fut malheureux et ne dura guère ; le divorce fut prononcé en 1795.

Dès 1794, Benjamin a rencontré en Suisse l'illustre Mme de Staël qui y vivait avec son père, Necker, et une cour turbulente d'anciens amants et de prétendants. Aussitôt, Constant fut sur les rangs et, bien qu'il ait fait d'abord mauvaise impression, il réussit à se faire agréer mais seulement après de nombreuses scènes fort pénibles. Ces amours qui durèrent quatorze ans ne furent qu'une longue suite de querelles, de brouilles et de raccommodements, Benjamin Constant ne souhaitant, surtout dans les dernières années, que d'être délivré de ces chaînes qui lui pesaient, mais implorant sa maîtresse dès qu'elle faisait mine de le quitter. Un moment, il crut qu'il allait jouer, à l'ombre de Mme de Staël, un rôle politique en France ; à l'instigation de son égérie, il venait de publier, sous le Directoire, *De la force du gouvernement actuel de la France et de la nécessité de s'y rallier* (*) ; sous le Consulat, Bonaparte, après un long travail de sape de la part de Mme de Staël qui devait bientôt se rendre insupportable, consentit à nommer Benjamin Constant membre du Tribunat, mais, plutôt que d'accepter les avances fort claires du consul, Benjamin se drapa dans une dignité toute romaine et laissa passer sa chance. Elle ne se représentera plus de sitôt. Éliminé de l'Assemblée où il venait d'être élu, par le sénatus-consulte du 27 nivôse an X, il se trouva brusquement rendu à la vie privée. Le 8 juin 1796, Germaine de Staël mettait au monde une fille qui ressemblait fort à Benjamin Constant ; Albertine de Staël épousa sous la Restauration le duc Albert de Broglie. Désormais indésirable, Mme de Staël, devenue veuve, commença sa course errante à travers l'Europe, accompagnée de ses bagages, de sa cour et de Benjamin qui soupirait après sa liberté. C'est en 1806, à Genève, que Constant écrivit *Adolphe* (*), roman que l'auteur ne se décida à publier qu'en 1816 à Londres, et auquel il n'attacha jamais une importance extrême. Il est juste d'ajouter qu'*Adolphe* ne fut pas un succès de librairie ; on le lut dans un cercle restreint et on l'oublia vite. C'est seulement lorsque le roman d'analyse psychologique fut à la mode, à la fin du XIXe siècle, qu'*Adolphe* conquit un vaste public. Cependant, entre Germaine de Staël et Benjamin Constant les scènes se multipliaient, toujours en public, et Benjamin, définitivement lassé, croyait avoir enfin trouvé la femme de sa vie en la personne de Charlotte von Hardenberg, divorcée de M. von Marenholtz et présentement épouse d'un émigré français, le comte Dutertre. En 1808, Charlotte se rendit libre ; après avoir longtemps hésité, Benjamin Constant l'épousa en secret ; ce n'est que deux ans plus tard qu'il osa annoncer ce mariage à Germaine de Staël ou, plutôt, qu'il le lui fit annoncer par sa femme elle-même. C'est cette double union que peindra, non sans une certaine cruauté qui, d'ailleurs, s'en prend d'abord à Constant lui-même, le court récit autobiographique inachevé, *Cécile* (*), rédigé vers 1810.

Dès que le pouvoir impérial chancela, la carrière de Benjamin Constant commença. C'est encore à Mme de Staël qu'il dut de rentrer sur la scène. Lorsque celle-ci, en 1814, jugea opportun de se rapprocher de Bernadotte, prince héréditaire de Suède et qui parut pendant quelques semaines devoir jouer le premier rôle dans la France à demi occupée par les Alliés, elle entraîna avec elle son ancien amant. Mais, bien vite, leurs espoirs furent brutalement détrompés. Constant pensait, lui, à s'affirmer d'abord comme le théoricien du régime politique à venir et, coup sur coup, publiait, *De l'esprit de conquête* (*), virulent pamphlet antibonapartiste, puis les *Réflexions sur les institutions, la distribution des pouvoirs et des garanties dans une monarchie constitutionnelle* (1814) et *De la liberté des brochures,* *des pamphlets et des journaux considérée sous le rapport de l'intérêt du gouvernement* (1814). Ces libelles valurent à leur auteur, fixé à Paris et qui avait repris la particule, un grand succès. Accueilli dans les salons politiques, il s'y posait comme l'homme des idées libérales, ce qui le plaçait dès l'abord dans l'opposition. C'est au milieu de ces agitations et des calculs de l'ambition que Constant s'éprit soudain de Juliette Récamier : « Je passe la soirée chez Mme Récamier, et cette femme, avec qui j'ai vécu en Suisse, que j'ai vue en maintes occasions et de toutes les manières, qui ne m'a jamais fait aucune impression, me saisit tout à coup et m'inspire un sentiment violent. Suis-je fou ou bête ? Mais cela passera, j'espère », et le *Journal* de l'année 1814 est rempli de cet amour qui ne « passe » pas. C'est pour se faire agréer de Juliette que Benjamin se fait royaliste, qu'il assiste aux séances mystiques de Mme de Krüdener qui lui a promis que, grâce à elle, son rêve amoureux se réaliserait, mais la belle Juliette restera froide à ses avances. Cette folie passagère, accompagnée d'un renouveau de son goût pour le jeu, trouble ce cerveau politique. Et lorsque l'Empereur revient de l'île d'Elbe, Constant est devenu le soutien des Bourbons ; il y a presque de l'héroïsme dans l'article publié dans *Le Journal des débats* (*), peu avant l'événement : « Je n'irai pas, misérable transfuge, me traîner d'un pouvoir à l'autre, couvrir l'infamie par le sophisme et balbutier des mots profanés pour racheter une vie honteuse. » Puis c'est la débâcle, Constant sent sa vie menacée et s'enfuit ; lorsque l'Empereur annonce une constitution nouvelle, il se montre, est fort bien reçu par celui qu'il appelait un monstre, est chargé par lui de rédiger l'*Acte additionnel aux constitutions de l'Empire.* Lorsque survient Waterloo, Constant, poursuivi par les lettres atroces de Mme de Staël qui lui demande de rendre l'argent qu'il lui doit afin de doter leur fille, sent la terre se dérober sous ses pieds. Dès que s'est terminée l'épopée des Cent-Jours, il reprend un certain *Siège de Soissons,* poème antibonapartiste commencé autrefois à Göttingen ; ce qui ne l'empêchera pas, quelques années plus tard, de rendre justice aux tentatives libérales de l'Empereur dans ses *Mémoires sur les Cent-Jours* (*). Le triomphe des ultras contraint Constant à l'exil ; il retrouve enfin son épouse qui ne l'avait pas accompagné à Paris, et ils s'établissent tous deux en Angleterre en 1816. C'est là que sera publié *Adolphe.*

Après la dissolution de la Chambre introuvable, Benjamin, de retour à Paris, collabore à tous les journaux libéraux, au *Courrier français,* au *Constitutionnel,* au *Temps,* à *La Minerve française,* prononce sur la religion des conférences à l'Athénée, multiplie les brochures : *Des élections prochaines* et *Entretiens d'un électeur avec lui-même,* en 1817 ; *Des élections de 1818* et *Lettre à M. Odilon Barrot sur l'affaire Wilfrid-Regnault,* en 1818, et commence la publication du *Cours de politique constitutionnelle* (*), où se trouvent rassemblés presque toutes les brochures et tous les pamphlets parus depuis le Directoire. L'œuvre constitue en quelque manière le manifeste du parti modéré et progressiste, en qui Constant voyait l'instrument idéal de la mise en application des idées de la bourgeoisie libérale qu'il représentait. Enfin, en 1819, Benjamin réussit à se faire élire député de la Sarthe. Il a cinquante-deux ans, il ne lui reste plus que onze ans à vivre mais, dans ce court laps de temps, il va enfin jouer le rôle auquel il s'était senti destiné depuis la jeunesse et qui, à plusieurs reprises, lui avait échappé de peu. Dès le début de sa nouvelle carrière, à propos des débats sur la presse, son attitude se définit et se précise, et le pamphlétaire s'affirme aussitôt comme un grand parlementaire, à l'aise surtout dans la discussion, dans les débats. Mais les désordres de sa vie privée nuisent à son autorité ; c'est par là qu'il prête le flanc à ses adversaires, il en prend son parti et scandalise. Vivement attaqué à droite – il manque d'être victime d'un attentat au moment de la réaction qui suit l'assassinat du duc de Berry –, Benjamin Constant n'en demeure pas moins fidèle à la monarchie tout en contribuant par ses interventions à la Chambre – v. *Discours à la Chambre des députés* (*) – et ses courts ouvrages, recueillis en particulier dans les *Mélanges de littérature et de politique* (*), à créer dans l'opinion publique ce courant libéral à qui reviendra le pouvoir après la Restauration. Aussi sa popularité est-elle immense ; il connaît la griserie des acclamations, la jeunesse des écoles lui fait fête partout où il se rend. Au moment où les ordonnances des ministres de Charles X vont déclencher la révolution de Juillet, il est, avec La Fayette, l'homme le plus populaire de la gauche. Seuls son état de santé et l'opposition plus ou moins avouée de son entourage l'empêcheront d'occuper, au cours des journées révolutionnaires, la place qui semblait devoir lui revenir. Lorsque la révolution éclate, il est absent de Paris ; couvert de dettes, pressé par ses créanciers, il se repose à la campagne auprès de sa femme, à laquelle il est – depuis la mort de Germaine de Staël (1817) et la fin de son aventure manquée avec Juliette Récamier – enfin fidèle, et qui le précédera dans la tombe. Louis-Philippe se montre généreux et le tribun libéral plein de dignité. Il reprend sa place sur les bancs de l'opposition, prend une part prépondérante à de nouveaux débats sur la presse, et meurt le 10 décembre 1830. Ses obsèques officielles sont l'occasion d'une vaste manifestation populaire, le menu peuple de Paris est venu honorer en lui l'homme des idées nouvelles.

Depuis sa mort, la gloire de Benjamin Constant n'a cessé de grandir ; considéré d'abord comme un profond penseur politique – surtout sous le second Empire –, puis, à partir des années 1880, comme le créateur du roman psychologique moderne, Benjamin Constant a vu croître son prestige et son public avec les publications du *Cahier rouge* (*) et de son *Journal intime* (*), celui-ci de plus en plus complet d'une édition à l'autre, où sa personnalité complexe et contradictoire, singulière et singulièrement moderne, apparaît sous une lumière sans indulgence. Cet intérêt pour la personne de Benjamin Constant se manifesta également par la parution, à la fin du XIXᵉ siècle, d'une grande partie de sa *Correspondance : Lettres à Mme Récamier* (*) (1882), *Lettres à sa famille* (1885), *Lettre à Mme de Charrière* (1894). C'est également à titre posthume qu'avaient vu le jour les ouvrages auxquels il tenait le plus : le dernier tome du traité *De la religion* (1831) et *Du polythéisme romain considéré dans ses rapports avec la philosophie grecque et la religion chrétienne* (1833).

JACQUES BROSSE.

♦ « *Ce n'est que comparé à lui-même qu'on sent tout ce qui lui manque.* » Sismondi. ♦ « ... *Benjamin Constant est le Suisse le plus Français qui ait jamais été.* » Sainte-Beuve. ♦ « *La magnifique vertu de la nature de Benjamin Constant, si incohérente d'autre part et si troublée, fut la plus complète bonne foi avec les autres et, ce qui est plus extraordinaire encore, avec soi-même.* » Paul Bourget. ♦ « *J'aime surtout Benjamin Constant parce qu'il vivait dans la poussière desséchante de ses idées, sans jamais respirer la nature, et qu'il mettait sa volupté à surveiller ironiquement son âme si fine et si misérable.* » Maurice Barrès. ♦ « ... *Et ce n'est pas pour un être pensant un spectacle indifférent que le portrait de cet homme qui désirait les orages et qui, conduit par les passions, par l'ennui, l'ambition, le hasard, à la vie publique, professa la liberté sans y croire.* » A. France. ♦ « *Benjamin Constant fut de ces hommes à qui le public ne marchande pas l'admiration, et qui n'obtiennent jamais pleinement sa confiance et son respect.* » G. Lanson. ♦ « *Il vécut plusieurs vies, il les manqua toutes, et ne réussit en somme que son enterrement* [...] *Il valait mieux que sa réputation, il valait même mieux que ses actes.* » L. Dumont-Wilden. ♦ « *La noblesse suprême de Benjamin Constant, c'est d'inclure les sentiments eux-mêmes dans ce domaine de la responsabilité qui n'inclut d'ordinaire que les actes... C'est, lorsqu'en lui le sentiment s'interrompt, décroît ou meurt, de s'éprouver non seulement responsable, mais coupable de ne plus sentir.* » Charles Du Bos.

RÉF. : Coulman, *Notice sur Benjamin Constant,* 1831. – Mme de Staël, *Dix années d'exil.* – Ph. Godet, *Mme de Charrière et ses amis,* 1906. – G. Rudler, *La Jeunesse de Benjamin Constant,* 1909. – E. Herriot, *Mme Récamier et ses amis,* 1924. – L. Dumont-Wilden, *Vie de Benjamin Constant,* 1930. – Ch. Du Bos, *Grandeur et misère de Benjamin Constant,* 1946. – A. de Kerchove, *Benjamin Constant ou le Libertin sentimental,* 1950. – G. Poulet, *Benjamin Constant par lui-même,* 1968. – K. Kloocke, *Benjamin Constant, une biographie intellectuelle,* 1984. – L. Girard, *Les Libéraux français (1815-1875),* 1986.

CONSTANTIN, évêque de Bulgarie. Disciple des apôtres Cyrille et Méthode, il fut sans doute évêque de Preslav, capitale bulgare, au temps du tsar Siméon (893-927). Il traduisit du grec des prédications sur les Évangiles : *Poŭčitelno Evangelie,* et en 894 les *Discours contre les Ariens* d'Athanase d'Alexandrie. En tête de sa traduction des Évangiles, dans un *Prologue,* il inséra quelques vers assez rudimentaires, et en particulier une *Prière alphabétique* (*) qui est un document important. En effet, la première lettre de chaque vers suit l'ordre de l'alphabet slave cyrillique ; la série des lettres y est complète et leur utilisation éclaire certains points équivoques de phonétique et de graphisme. Cette prière est écrite en une langue fruste et rude, mais déjà vigoureuse. Elle est donc intéressante du point de vue historique et du point de vue philologique.

CONSTANTIN VII Porphyrogénète. Empereur et écrivain byzantin. Né et mort à Constantinople (905-9 novembre 959). Couronné empereur d'Orient en 912, jamais il ne prit une part active au gouvernement et ne fit suspendre ses armes aux portes de son palais pour annoncer son départ pour la guerre : aux exploits guerriers, il préférait les exploits littéraires. Se sentant menacé par les visées de Romain Lécapène, général arménien avec qui il avait dû partager le pouvoir, il se débarrassa habilement de son rival ainsi que de ses enfants (944) ; il revint aussitôt après à ses occupations favorites et laissa l'exercice du pouvoir à l'impératrice Hélène. Créateur et animateur d'un intense mouvement littéraire et scientifique, Constantin VII contribua efficacement au développement intellectuel de Byzance et cultiva lui-même les lettres, les beaux-arts et la musique. Il composa de nombreux ouvrages et poussa les lettrés de son entourage à écrire. Mentionnons quelques œuvres de Constantin : le *Traité sur les thèmes byzantins*, qui utilise les sources géographiques des Vᵉ et VIᵉ siècles ; le *Traité sur l'administration de l'Empire* (*), source de documents irremplaçables sur la puissance politique, diplomatique et économique de l'Empire au Xᵉ siècle ; le *Livre des cérémonies* (*), d'une inestimable valeur, et la *Bibliographie de Basile Iᵉʳ*, panégyrique composé en l'honneur de son illustre ancêtre. On attribue également à Constantin VII un long récit relatant le transfert de l'image du Sauveur d'Édesse à Constantinople en 941. Les ouvrages rédigés sur ordre de Constantin présentent un caractère de compilation et offrent moins d'intérêt. Rappelons le *Traité sur l'agriculture*, le *Traité sur la médecine* et celui sur la *zoologie*. Il n'est pas certain que l'empereur ait personnellement participé à la rédaction de l'*Encyclopédie historique* (*), grâce à laquelle nous possédons aujourd'hui des fragments de Polybe, de Diodore, de Dion Cassius et de Nicolas de Damas. L'historien Joseph Genesios, Theodoros le Daphnopate et Constantin de Rhodes appartenaient au cercle des lettrés réunis autour de Constantin.

RÉF. : J. H. Leich, *Commentatio de vita et rebus gestis Constantini Porphyrogeniti...,* Lipsiae,

1746. – A. Rambaud, *L'Empire grec au xe siècle*, 1870. – F. Hirsch, *Konstantin VII. Porphyrogennetos*, Berlin, 1873. – K. Krumbacher, *Geschichte des Byzantinischen Literatur*, Munich, 1897. – L. Cohn, article *Constantinus VII* in Pauly. – W. Rea, *Encyclopaedie*, Stuttgart, 1900. – Jacques Handschin, *Das Zeremonienwerk Kaiser Konstantins VII, und die sangbare Dichtung*, Basel, 1943.

CONSTANTIN-WEYER Maurice. Écrivain français. Né à Bourbonne-les-Bains (Haute-Marne) le 24 avril 1881, mort le 18 octobre 1964. Obligé d'interrompre ses études à la suite de la ruine de sa famille, en 1901, il émigra au Canada en 1903 et y passa onze années, pendant lesquelles il fut tour à tour fermier, cow-boy, bûcheron, marchand de chevaux ou de fourrures, reporter, etc. Revenu en France pour la Grande Guerre, qu'il fit très brillamment, il se consacra à la littérature : grâce à *Manitoba* (1924) il fut remarqué, et il reçut le prix Goncourt en 1928 pour *Un homme se penche sur son passé* (*).

CONTI (Antonio Schinella, dit l'abbé). Écrivain italien. Né le 22 janvier 1677 à Padoue, où il mourut le 6 avril 1749. Entré à l'Oratoire de sa ville natale, il en sortit comme prêtre séculier pour se consacrer à la science et à la philosophie. De 1713 à 1721, il voyagea et rencontra les plus grands hommes de son temps. Il a laissé deux volumes de *Prose et Poésie* [*Prose e poesie*]. Le premier (1739) contient des poèmes, des traductions grecques et latines, et celle de l'*Athalie* (*) de Racine. Dans le second (1756) figurent quelques essais assez bien venus de critique littéraire, notamment de petits traités d'esthétique italienne et française qui comptent parmi les meilleurs de son temps. Conti s'exerça aussi à traduire en vers la théodicée de Leibniz dans son poème inachevé, *Le Bouclier de Pallas* [*La scudo di Pallade*], et écrivit *Quatre tragédies* [*Quattro tragedie*, 1751] : *Junius Brutus* (*), *Marcus Brutus* (+), *Drusus* et *Jules César* (*).

RÉF. : A. M. Baronio, « Il pensiero estetico di Antonio Conti », dans *Letterature moderne*, IX, 1959.

COOK James. Navigateur anglais. Né à Marton (Yorkshire, Grande-Bretagne) le 28 octobre 1728, mort aux îles Hawaï le 14 février 1779. Après une période d'apprentissage chez un armateur de Whitby, Cook s'engagea comme volontaire dans la Marine royale. Il obtint le grade de commandant et, quatre ans plus tard, fut chargé de la surveillance de l'estuaire du Saint-Laurent, des côtes de Terre-Neuve et du Labrador. De retour en Angleterre en 1767, il reçut le commandement de l'« Endeavour » et leva l'ancre pour une expédition scientifique dans les mers du Sud (1768-1711). Par Madère, Buenos Aires et le cap de Bonne-Espérance, il atteignit les côtes de la Nouvelle-Zélande et de l'Australie, découvrit de nouvelles îles, et fournit des précisions sur celles que l'on connaissait déjà. En 1772-1775, il fit un second voyage d'exploration dans le Pacifique. Il avait alors deux navires sous ses ordres, le « Resolution » et l'« Adventure ». C'est au cours de cette expédition que fut découverte la Nouvelle-Calédonie et que Cook acquit la conviction qu'il n'existait pas de continent antarctique, ainsi qu'on le supposait. Ce fut comme capitaine du « Resolution » qu'il repartit encore en 1776, pour essayer de trouver un passage entre l'océan Pacifique et l'Atlantique, le long de la côte nord-ouest de l'Amérique du Nord. Il découvrit les îles Sandwich au sud, mais c'est en vain qu'il chercha un passage au nord. Pendant son voyage de retour, il tomba dans une embuscade et fut tué par les indigènes des îles Hawaï. Il écrivit lui-même la relation de ses voyages. Celle du premier fut imprimée dans le *Voyage dans l'océan Pacifique* (*) et dans le *Journal de bord* de Cook, publié en 1893 par W. J. L. Wharton [*Capt. Cook : Journal during his First Voyage, 1768-1769*]. Les comptes rendus du second et du troisième voyages – v. *Voyage autour du monde du capitaine Cook* (*) – parurent en français en 1951... Les voyages de Cook ont permis non seulement de dresser la carte du globe, en particulier de la région sud du Pacifique et de l'extrême côte nord-ouest de l'Amérique, mais ils ont aussi contribué au développement des sciences naturelles et au renforcement de la puissance anglaise sur mer.

RÉF. : Jules Verne, *Grands voyages et grands navigateurs. Les voyages du capitaine Cook*, 1896. – Arthur Kitson, *Captain James Cook, « The Circumnavigator »*, Londres, 1907. – Léon Lemonnier, *Le Capitaine Cook et l'exploration de l'Océanie*, 1940. – M. D. Sahlins, *Islands of History*, Londres, 1985.

COOPER James Fenimore. Écrivain américain. Né à Burlington (New Jersey) le 15 septembre 1789, mort à Cooperstown (New Jersey) le 14 septembre 1851. Le « Walter Scott américain », dira la critique anglaise. On lui doit les premiers récits d'une ampleur nationale de l'histoire de la jeune république des États-Unis à ses débuts, poétique évocation qui connut dans le monde entier un retentissement extraordinaire. Élevé en gentleman dans la colonie de Cooperstown que son père avait fondée – v. *Les Pionniers* (*) –, Cooper, d'ascendance anglaise et suédoise, servit deux ans dans la marine après avoir été renvoyé de l'université de Yale. Il acquit ainsi une connaissance directe de la mer dont devaient s'inspirer tant de ses romans et les deux volumes de sa remarquable *Histoire de la marine des États-Unis d'Amérique* [*The History of the Navy of the United States of America*, 1839]. Belle occasion pour lui de satisfaire sa passion des grands espaces et de la nature sauvage. Ce fut à la suite d'un pari qu'il écrivit son premier roman, assez conventionnel, *Précaution* (paru sans nom d'auteur en 1820), mais déjà il était mordu par le démon littéraire : tel fut le début de cette carrière féconde qui, en peu d'années, lui valut une popularité internationale, seulement dépassée par celle de Walter Scott. Avec *L'Espion* (*) (1821) commencent les récits purement américains. Après sept ans de production et de voyages en Europe (*Souvenirs d'Europe*, 1837) Cooper, à son retour, fut déçu dans la foi ardente que lui inspirait le destin de l'Amérique. Exaspéré par les méthodes démocratiques qu'adoptaient ses concitoyens, et beaucoup moins soucieux de littérature que d'idéologie et de polémique, jusqu'à sa mort il ne cessa de se plaindre, de combattre, de critiquer tout ce qui faisait obstacle à son rêve. Peu à peu, son imagination fut envahie par la figure du mercier ambulant Harvey Birch, le solitaire, qui sacrifia tout à son patriotisme, figure qui se changea en celle de Natty Bumppo, le demi-dieu de la forêt. C'est ainsi que Cooper publia les cinq récits formant le cycle de *Bas-de-Cuir* [*Leatherstocking Tales*, 1823-1841] – v. *Les Pionniers* (*), *Le Dernier des Mohicans* (*), *La Prairie* (*), *Le Guide* (*) et *Le Tueur de daims* [*The Deerslayer*] –, où figure le héros qui symbolisait son idéal. Les romans de Cooper ont connu une diffusion immense et immédiate en France au XIXe siècle.

RÉF. : Marcel Clavel, *Fenimore Cooper, Sa vie et son œuvre : la jeunesse (1789-1826)*, Aix-en-Provence, 1938. – J. Grossmann, *James Fenimore Cooper*, New York, 1949. – M. Cunningham, *James Fenimore Cooper : A Re-Appraisal*, Cooperstown, 1954. – S. Railton, *Fenimore Cooper : A Study of His Life and Imagination*, Princeton, 1978. – Deux articles de F. Brunet et E. Fassin dans le no 37 (juillet 1988) de la *Revue française d'études américaines*.

COOPER William (pseud. de H. S. Hoff). Romancier anglais. Né à Griwe le 10 août 1910. Il a fait des études scientifiques à Cambridge. Haut fonctionnaire chargé de recruter certains cadres de 1945 à 1958, il est devenu, en 1958, conseiller auprès de la Commission de l'énergie atomique du Royaume-Uni. Écrivain attentif aux détails de la fresque sociale, il traite ses personnages à la fois avec lucidité et sympathie. Il a publié des romans sous son propre nom – *Trina* (1934), *Rhéa* (1935), *Lisa* (1937), *Trois mariages* [*Three Marriages*, 1946] – avant d'agrandir sa vision et de passer, sous son pseudonyme, à des projets plus ambitieux : *Scènes de la vie provinciale* [*Scenes from Provincial Life*, 1950], *Scènes de la vie conjugale* [*Scenes from Married Life*, 1961], *Scènes de la vie métropolitaine* [*Scenes from Metropolitan Life*, 1982], *Scènes des dernières années* [*Scenes from Later Life*, 1983]. Mais il faut surtout lire *Les Jeunes* (*) (1958).

COOVER Robert. Romancier et nouvelliste américain. Né le 4 février 1932 à Charles City, dans l'Iowa. En 1966, Robert Coover reçoit le prix William Faulkner pour son premier roman, *The Origin of the Brunists.* En 1968, il publie *The Universal Baseball Association, J. Henry Waugh, Prop ;* puis un recueil de nouvelles, *La Flûte de Pan* [*Pricksongs & Descants,* 1969] ; suit un énorme roman, dont le contenu politique fit scandale à l'époque : *Le Bûcher de Times Square* (*) (1977) ; en effet, le président Richard Nixon n'apprécia guère l'image donnée de lui par Robert Coover dans ce livre. Viennent ensuite *La Bonne et son maître* [*Spanking the Maid,* 1982] ; un faux roman policier, *Gerald reçoit* (*) (1986) ; *Une éducation en Illinois* [*Whatever happened to Gloomy Gus of the Chicago Bears,* 1987] ; *Demandez le programme* [*A Night at the Movies,* 1987].

Robert Coover, qui a vécu en Angleterre et à Venise, enseigne actuellement à la Brown University (Rhode Island).

Ce qui frappe d'emblée le lecteur des fictions de Robert Coover, qualifié par certains d'écrivain « post-moderne », c'est la primauté qu'il accorde à la langue sur le monde. Donc, également, à l'œuvre sur la biographie, ce dernier point justifiant en quelque sorte la pauvreté des informations concernant la vie de l'individu nommé Robert Coover.

L'œuvre, donc. Elle est très admirée par des écrivains américains contemporains comme John Hawkes, John Barth, Donald Barthelme, William Gass ou William Gaddis. Pourquoi ? Parce que tous ces écrivains, Coover inclus, sont des rénovateurs des formes romanesques traditionnelles. Ce n'est d'ailleurs pas un hasard si le héros littéraire de Coover est Cervantès qui, à une époque où l'on disait le roman (courtois) mort, parodia, subvertit et rénova de fond en comble cette forme pour faire naître le premier roman « moderne ». « La plupart de mes livres traitent d'une façon ou d'une autre de l'Histoire », déclare Coover. Ainsi, dans *Le Bûcher de Times Square,* il narre et déplace un événement historique : l'exécution des Rosenberg en pleine guerre froide et à l'apogée du maccarthysme. Dans *Une éducation en Illinois,* Robert Coover donne une description au vitriol d'une autre facette de Richard Nixon, ici surnommé *Gus le lugubre.* Dans *Gerald reçoit,* Coover s'attaque aux conventions génériques du roman policier, pour y greffer digressions philosophiques, contes de fées, dialogues de théâtre, scènes burlesques, numéros de clown, etc.

La méfiance de Robert Coover envers les versions officielles de la « réalité » et les formes esthétiques établies n'a d'égale que sa verve, sa truculence, son « oreille » qui lui permet d'opposer plusieurs voix romanesques. Ces qualités en font l'un des plus grands écrivains américains d'aujourd'hui.

BRICE MATTHIEUSSENT.

COPEAU Jacques. Écrivain français, comédien et rénovateur du théâtre. Né à Paris le 4 février 1879, mort à Pernand-Vergelesses (Côte-d'Or) le 20 octobre 1949. De bonne heure orphelin de père, il fit de bonnes études secondaires, puis essaya divers métiers, et fut enfin à même de se consacrer à la critique théâtrale. Dès le début du XXe siècle, il collabora à *L'Ermitage*, et surtout à la *Grande Revue*, où il étrilla sans pitié les idoles du jour : Bataille, Bernstein, etc. Devenu l'ami de Claudel, de Gide et de Schlumberger, il fonda avec eux *La Nouvelle Revue française* (*) dont il devint le secrétaire général (1908). En collaboration avec Jacques Croué, il écrivit en 1911 un drame tiré des *Frères Karamazov* (*) qui remporta un grand succès. Deux ans plus tard (1913), soutenu par Gaston Gallimard, il créa le théâtre du Vieux-Colombier, dans le but d'épurer le théâtre, de combattre le mercantilisme, et d'écraser le cabotinage sous toutes ses formes. Copeau y fera triompher l'esprit d'équipe. Il y joue Thomas Heywood, comme il y jouera plus tard Claudel, Gide, Schlumberger, Romains, Ghéon, Mazaud, Vildrac, Roger Martin du Gard – sans oublier Shakespeare, Molière et Mérimée. Ce théâtre nouveau répondait à un besoin profond ; aussi obtint-il d'emblée l'audience du public. Pendant la guerre, Copeau effectuera, à la demande de Clemenceau, une tournée en Amérique (1917). Après la guerre, il fonda l'École dramatique du Vieux-Colombier. Il y monta de nouveaux spectacles, notamment sa *Maison natale* (1924). Par malheur, des difficultés matérielles sans cesse accrues l'obligèrent à fermer son théâtre la même année. Abandonnant alors Paris, Copeau, qui était d'origine bourguignonne, se retira en Bourgogne avec son école. De ses élèves, il fit des comédiens de campagne et baptisa les « Copiaus » leur troupe animée d'un esprit médiéval qui longtemps parcourut la France, et même la Suisse et la Belgique. Tant en son pays qu'à l'étranger, Copeau prit, en outre, l'habitude de lire certains textes qu'il tenait pour les plus beaux de la littérature universelle. De mai 1940 à mars de l'année suivante, il fut administrateur de la Comédie-Française. Outre *La Maison natale*, citée plus haut, Copeau nous a laissé *Critiques d'un autre temps* (1923), *Souvenirs du Vieux-Colombier* (1931), et une vie de François d'Assise intitulée *Le Petit Pauvre* (1946). Jacques Copeau demeure avant tout l'homme qui, envers et contre tout, a donné à la scène française la magistrale leçon dont elle avait besoin. Jusqu'à son dernier jour, il ne cessa d'entretenir ce qu'il appelait la « dévotion au théâtre ». Son *Journal* (*) (1901-1948), passionnant témoignage de son action comme de sa vie d'homme, a été publié en 1991.

ROLAND PURNAL.

RÉF. : A. Séché, *Dans la mêlée littéraire*, 1935. – R. Brasillach, *Animateurs de théâtre*, 1936. – L. Chencerel, article nécrologique dans le *Larousse mensuel* de décembre 1949.

COPERNIC Nicolas. Astronome polonais. Né le 19 février 1473 à Toruń (Thorn), sur la Vistule (Pologne), mort le 24 mai 1543 à Frauenburg (Allemagne). Se destinant à la prêtrise, il étudia la théologie à l'université de Cracovie, puis, en 1496, se rendit en Italie où il suivit les cours des universités de Bologne, Padoue et Ferrare. L'université de Bologne était alors célèbre pour la valeur de ses maîtres et le nombre de ses étudiants. Parmi les plus éminents astronomes se trouvaient Jacques de Pietramellara et Dominique-Marie de Novare. Il semble que Copernic se soit fait inscrire à la faculté de droit, mais il est certain que son intérêt se portait surtout vers l'astronomie et l'étude du grec et du latin. Il passa dix ans en Italie, les meilleures années de sa maturité, de vingt-quatre à trente-quatre ans, et son séjour comprend deux périodes principales : la première à Bologne, la seconde à Padoue ; entre les deux se placent un bref séjour à Rome et un voyage dans sa patrie. En plus de la poursuite de ses études mathématiques, astronomiques et philosophiques à Bologne, Copernic étudia la jurisprudence ; à Padoue, il continua ses études théologiques qu'il acheva à Ferrare, suivant en même temps des cours de médecine. Il convient de se rappeler que, dans les programmes [rotuli] des études médicales dans les universités italiennes, l'astronomie se trouvait comprise. Copernic raconta comment, alors qu'il se trouvait à Bologne, il eut l'occasion d'observer, dans la nuit du 9 mars 1497, avec son maître Dominique-Marie de Novare auquel il était très dévoué, « l'occultation de la plus brillante étoile des Hyades (Aldébaran) sur la partie obscure de la lune décroissante » ; le maître et le disciple observèrent de plus une autre occultation importante, qui permit ensuite à Copernic de démontrer la validité de sa théorie sur la parallaxe de la lune. D'autres détails sur son séjour en Italie ont été fournis par Georgius Joachimus Rheticus, éminent astronome tyrolien qui, après avoir enseigné à l'université de Wittenberg, se rendit à Frauenburg pour apprendre de la bouche même de Copernic ses hypothèses sur sa nouvelle conception du monde. À côté de Dominique de Novare, Copernic eut comme maîtres à Bologne Scipion del Ferro, qui enseignait les mathématiques, et, pour les lettres grecques et latines, Antoine Codro Urceo. Du premier, ainsi que Copernic le rapporte lui-même dans son ouvrage : *Des révolutions des orbes célestes* (*) (1543), il reçut des leçons qui, jointes aux théories de Peurbach et de Regiomontanus, lui permirent l'édification de son système. Du second, il bénéficia de la familiarité avec la langue grecque, ce qui fut pour lui de la plus grande importance. Présentant en effet le système de Ptolémée comme impropre à expliquer les mouvements du système solaire, il importait qu'il connût les théories des astronomes et des philosophes grecs avant et après Hipparque, et pour cela il lui fallait puiser aux sources. On croit que Copernic se rendit à Frauenburg au début de 1499 pour y recevoir un canonicat, et qu'il revint ensuite à Bologne. Il partit pour Rome, où il arriva dans la semaine sainte de l'année jubilaire qu'Alexandre VI s'apprêtait à célébrer très solennellement. Nous savons, grâce à Rheticus, que Copernic professa à Rome ou, plus probablement, qu'il y donna des conférences suivies par de nombreux étudiants et des personnages illustres, exposant avec son style clair et simple ses nouvelles idées cosmogoniques. À Rome il eut en outre l'occasion d'observer une éclipse de lune dont il donna une relation minutieuse. Copernic devait avoir un bien vif désir de poursuivre ses études en Italie, car il sollicita du chapitre de Frauenburg une nouvelle dispense de deux ans, ce qui fut accordé sans difficulté, dans la pensée, sans doute, qu'il se consacrerait à la médecine.

Retournant en Italie, Copernic opta pour l'université de Padoue, mais nous ignorons tout de ce séjour qui dura jusqu'en 1504 ; on ne connaît que le diplôme de docteur que lui décerna l'université de Ferrare. Il est dit, dans ce parchemin, que Copernic, homme très savant, avait étudié dans les universités de Bologne et de Padoue, et obtenu le grade de docteur en droit canon en 1503. On ne sait pourquoi il quitta l'université de Padoue pour celle de Ferrare afin d'y prendre sa licence. Rappelons cependant que Copernic se trouvait à Ferrare au temps de la cour fastueuse de Lucrèce Borgia, épouse du prince héréditaire Alphonse. Il n'y manquait pas de savants personnages, parmi lesquels Celio Calcagnini, l'un des précurseurs de la théorie héliocentrique, et l'on peut présumer qu'avant de retourner à Padoue Copernic avait séjourné longuement à Ferrare dans l'intention d'y prendre ce grade. On ignore aussi de façon précise comment Copernic suivit et acheva ses études médicales, et s'il obtint un diplôme à Padoue, car il nous manque les *Acta collegii medicorum* de 1503 à 1507. De plus, on ne sait exactement à quel moment Copernic regagna définitivement sa patrie, une fois terminée sa vie d'étudiant. Ce qui est certain, c'est qu'il se retira en 1506 au château de Heilsberg pour y soigner l'évêque, transmettant l'enseignement qu'il avait reçu, à Cracovie d'abord, en Italie ensuite, et il commença de penser, ainsi qu'il le relate, à son nouveau système cosmogonique. Chanoine à Frauenburg, il accomplit les obligations de son ministère, donnant en même temps des soins gratuits aux indigents, bien que privé d'instruments, et se consacrant à son étude préférée : l'astronomie. L'idée que le soleil, généreux dispensateur de lumière et de chaleur, devait régner souverainement sur les autres « étoiles errantes », c'est-à-dire les planètes, et que, dans le temple sublime créé par Dieu, il devait occuper le centre, prenait toujours davantage corps en l'esprit de Copernic. En relisant les textes anciens, il releva que certains parmi les Grecs avaient pensé à l'existence de mouvements des corps célestes différents de ceux enseignés dans les classes de mathématiques selon le système de Ptolémée. Au même moment, Luther s'élevait violemment contre les nouvelles idées révolutionnaires qui prétendaient reléguer la terre au rang de satellite du soleil, tandis que l'œuvre de Copernic mûrissait dans l'ombre. Cependant, en 1530, il lui fut possible de publier son ouvrage intitulé *Petit commentaire* [*Commentariolus*], dans lequel il démontrait son système sans l'appui de calculs. Il semble que ce livre ne rencontra pas d'opposition dans les milieux religieux ; le pape régnant alors était Clément VII. Rheticus, ayant eu connaissance de ce livre, se rendit à Frauenburg, et peu après en publia une version sous le titre : *Première relation des livres des révolutions de N. Copernic* [*De libris revolutionum N. Copernici narratio prima*] (+), dans laquelle il exposait les nouvelles théories. Il se peut que, à l'instigation de Rheticus, Copernic se soit décidé à compléter son *Commentariolus* et à donner à l'impression ce qui sera désormais son ouvrage célèbre : *Des révolutions des orbes célestes*, qu'il dédia au pape Paul III. Dans la dédicace, il s'adresse à ceux « qui, ignorant tout des mathématiques, oseront juger de telles questions en s'autorisant de certains passages mal interprétés de l'Écriture sainte, blâmeront et combattront mon ouvrage ». L'édition parut (alors qu'il était malade et proche de sa fin) avec une préface d'André Osiander, pasteur luthérien à Nuremberg, opposé aux conceptions de Copernic ; ce qui souleva l'indignation de Galilée, de Kepler, de Giordano Bruno, car Osiander semblait vouloir excuser Copernic pour ses idées révolutionnaires. À partir des théories fausses de ses prédécesseurs, Copernic sut concevoir une notion plus exacte avec le système qui porte son nom, même si, ultérieurement, des rectifications ou des compléments s'avérèrent nécessaires. Il mourut à soixante-dix ans ; à peine si sa tombe se distingue de celles des autres chanoines de Frauenburg.

GIORGIO ABETTI.

♦ *« Je n'ai jamais ambitionné les applaudissements de la foule, j'ai étudié ce qui ne saurait être pour elle un objet d'estime et d'approbation, et je n'ai point appris les choses auxquelles elle est toujours disposée à donner son suffrage. »* Copernic sur lui-même. ♦ *« Ce nouvel astrologue qui voudrait démontrer que la terre se meut et tourne, au lieu que ce soit le ciel et le firmament, le soleil et la lune* [...], *ce fou qui prétend bouleverser toute l'astronomie ! Mais, comme le déclare l'Écriture, c'est au soleil et non à la terre que Josué a donné l'ordre de s'arrêter. »* Luther. ♦ *« C'est une absurdité ridicule que de vouloir expliquer les phénomènes naturels par des causes erronées ; mais sachez que cette légende n'est pas de Copernic, lequel, non seulement croit que ses hypothèses sont fondées, mais encore les démontre. »* Kepler. ♦ *« Le trait de lumière qui éclaire aujourd'hui le monde est parti de la petite ville de Thorn. »* Voltaire. ♦ *« Si jamais il a été proposé un système hardi, c'est celui de Copernic. Il fallait contredire tous les hommes, qui ne jugent que par les sens ; il fallait leur persuader que ce qu'ils voient n'existe pas* [...] *Ce n'est pas tout : il fallait détruire un système reçu, approuvé dans les trois parties du monde, et renverser le trône de Ptolémée, qui avait reçu les hommages de quatorze siècles* [...] *Un esprit séditieux donne le signal, et la révolution s'opère !* » Jean Sylvain Bailly, 1785. ♦ « *Le fondateur du système actuel du monde était plus remarquable encore par son courage et son assurance que par sa science. Il a mérité grandement le bel éloge que lui adresse Kepler lorsque, dans son introduction aux* Tables rodolphines, *il le qualifie d'homme à l'esprit libre...* » Alexandre de Humboldt. ♦ « *De toutes les découvertes et convictions, rien ne saurait avoir eu sur l'esprit humain une plus grande influence que la doctrine de Copernic. À peine eut-on découvert que la terre était ronde et qu'elle formait un tout en soi, elle dut renoncer au privilège exorbitant d'être le centre de l'univers. Peut-être n'a-t-on jamais rien exigé de plus dur des humains. En effet, combien de choses se sont évanouies en vapeur et en fumée, en conséquence de cette constatation : un deuxième paradis, un monde d'innocence, de poésie et de piété, le témoignage des sens, la foi religieuse et poétique. Il n'est pas surprenant qu'on se soit refusé à renoncer à tout cela, qu'on se soit opposé par tous les moyens à une doctrine autorisant et incitant ceux qui l'adoptaient à une liberté de vision, à une vastitude d'opinion insoupçonnée.* » Goethe.

RÉF. : Camille Flammarion, *Vie de Copernic ou Histoire de la découverte du système du monde,* 1872. – Lucien Fabre, *Essai sur le génie de Copernic,* 1926. – Angus Armitage, *Copernicus, the Founder of Modern Astronomy,* London, 1938. – Hermann Kesten, *Copernic et son temps,* trad. 1951. – Thomas Kuhn, *The Copernician Revolution,* Cambridge, 1957. – Alexandre Koyré, *La Révolution astronomique, Copernic, Kepler, Borelli,* Paris, 1961. – H. Blumenberg, *Die Kopernikanische Wende,* Francfort, 1965. – Wonder Stachiewitz, *Copernic et les temps nouveaux,* Laval, 1974.

COPLAND Aaron. Compositeur américain. Né à Brooklyn le 14 novembre 1900, mort à West Chester Count le 2 décembre 1990. Après avoir commencé ses études musicales aux États-Unis, il passe trois ans à Paris où il est l'élève de Nadia Boulanger (1921-1924). Il y découvre Debussy, Ravel, Stravinski et Milhaud aussi bien que le chant grégorien et Monteverdi. Il fait créer ses premières œuvres aux États-Unis (*Symphonie avec orgue* et *Music for the Theater*, 1925 ; *Concerto pour piano*, 1927) puis retourne en Europe grâce à une bourse Guggenheim (1925-1927). Entre 1927 et 1937, il enseigne à New York où il fonde, avec Roger Sessions, une série de concerts pour faire connaître la jeune musique américaine (1928-1931). En 1937, il fonde l'American Composer's Alliance puis joue un rôle actif à la tête de la League of Composers. Après une période néo-classique, il opte pour un langage harmonique assez dur, inspiré du jazz, cherchant à s'éloigner des influences européennes. Puis, visiblement marqué par Schoenberg, sa musique devient plus austère (*Variations pour piano*, 1930). Mais il revient vite à l'inspiration populaire avec *El Salón Mexico* (*) (1936), *Lincoln's Portrait* (1942), les ballets *Billy the Kid* (*) (1938), *Rodeo* (*) (1942) et *Appalachian Spring* (1944), œuvres très descriptives et spécifiquement américaines (citations d'hymnes, de folk-music, de jazz...). De cette période d'inspiration américaine datent aussi la *Sonate pour piano* (1941), l'opéra *The Tender Land* (1954) et la suite symphonique *Music for a Great City* (1964). Mais, dès la fin de la guerre, il se tourne vers une écriture assez abstraite, plus dépouillée : la *Symphonie n° 3* (1946) ; le *Concerto pour clarinette*, dédié à Benny Goodman (1948), qui a fait le tour du monde dans une chorégraphie de Roland Petit. Il s'engage même dans la voie du sérialisme qu'il poussera jusqu'au dodécaphonisme intégral avec *Connotations* (1962) et *Inscape* (1967), deux pages pour orchestre. Considéré comme le père de la musique américaine, il est l'un des premiers à lui avoir donné une identité et une notoriété qui lui ont permis d'être diffusée dans le monde entier.

ALAIN PÂRIS.

RÉF. : A. Copland, *What to Listen for in Music,* New York, 1939 ; *Our New Music,* New York, 1941 (révisé sous le titre *The New Music 1900-1960,* New York, 1968) ; *Music and Imagination,* Cambridge, Mass., 1952. – J. Smith, *Aaron Copland : His Work and Contribution to American Music,* New York, 1955. – A. Copland, *Copland on Music,* New York, 1960. – E. Cone, « Conversation with Aaron Copland », in *Perspectives of New Music* (printemps-été 1968). – C. Peare, « Aaron Copland. His Life » in *Tempo,* New York, 1969.

COPPÉE François Édouard Joachim. Poète français. Ce chantre du petit peuple de Paris est né le 12 janvier 1842, dans une famille de vieux Parisiens de condition modeste, et mort le 23 mai 1908 à Paris. Tout jeune, il doit entrer comme expéditionnaire au ministère de la Guerre, où son père occupait un emploi obscur. Mais, à la même époque, il publie déjà des poésies dans de petites revues, collabore bientôt au *Parnasse*, rencontre Leconte de Lisle et, chez ce dernier, José-Maria de Heredia, qui deviendra son meilleur ami. C'est de cette époque que date son premier recueil de poésies : *Le Reliquaire* (*), paru en 1866. Attaché à la bibliothèque du Sénat en 1869, il cède sa place à Leconte de Lisle en 1872, lorsqu'il est nommé archiviste du Théâtre-Français, poste qu'il abandonnera en 1883, lorsque le comité de lecture aura refusé d'entendre son drame *Severo Torelli.* Son premier recueil de vers en 1866 et, deux ans plus tard, *Intimités* (*) l'avaient fait connaître et apprécier du public littéraire. C'est par le théâtre, cependant, qu'il conquiert la popularité, avec *Le Passant* (*), représenté triomphalement à l'Odéon en 1869 et suivi, après la guerre de 1870, de nombreux drames et comédies. Il continue d'autre part à publier des recueils de vers, *Les Humbles* (*) (1872), *Le Cahier rouge* (1874), *Olivier* (1876), *Récits et Élégies* (1878), *L'Arrière-Saison* (1887), *Les Paroles sincères* (1891) – pour tous ces ouvrages, v. *Poésies* (*). Chargé d'un feuilleton dramatique à *La Patrie*, il abandonne le journalisme lors de son élection à l'Académie française, en 1884. Dix ans plus tard, il s'aventurera quelque temps dans la politique, au moment de l'affaire Dreyfus, en devenant l'un des animateurs de la Ligue de la patrie française avec Barrès et Jules Lemaître. Évincé par ce dernier de son poste de président, il se retira, et ses dernières années furent attristées par une longue et douloureuse maladie à laquelle il succomba. Patronné par Catulle Mendès, le jeune Coppée avait d'abord subi l'influence de ses grands aînés, demandant à Hugo ses antithèses, à Leconte de Lisle ses rimes sonores : c'était un parnassien, mais d'orthodoxie douteuse ; le culte de l'art pour l'art ne lui suffisait pas, il allait, à la suite de Baudelaire et du Sainte-Beuve de *Vie et poésies de Joseph Delorme* (*), vers une poésie d'intimité bourgeoise, et petite-bourgeoise. Petit employé, il se sentait de plain-pied avec les humbles, il exprimait des idées, des scènes, des sentiments, des rêves modestes, banals, mais toutefois dans un art assez travaillé pour intéresser les lettrés. Délaissant le pittoresque majestueux cher à Leconte de Lisle pour les émotions prosaïques d'un flâneur de Paris, il peindra de petits tableaux de rue (*Le Petit Épicier de Montrouge*, 1872), chantera les idylles de jardins publics et de faubourgs, sans nulle crainte du conventionnel, exaltant avec un étonnant succès ce que Thibaudet a appelé la « mystique française du petit » : les nourrices et les « pioupious », les enfants sans mère, les voyous au grand cœur, les ivrognes s'attendrissant sur le sommeil de leur enfant, une arrière-boutique d'épicier ou un talus sur les fortifications de Paris, tout est prétexte à Coppée pour ses clichés sentimentaux. Poète du peuple ? On peut en douter ; mais certainement le poète le plus populaire de la fin du XIXe siècle. Des mélodrames comme *La Grève des forgerons* ravissaient les lecteurs de romans-feuilletons. Coppée est aujourd'hui presque oublié ; il faut au moins lui tenir compte d'avoir aimé Verlaine et de l'avoir soutenu dans ses chroniques.

♦ *« Il n'y a là qu'un cas de mauvaise littérature. »* Henri de Régnier. ♦ *« Parmi les poètes de la nouvelle génération... aucun n'a plus marqué de sa personnalité, aucun n'a écrit dans une langue plus simple et plus ferme, aucun n'a gravé son nom plus profondément dans le Livre d'or. »* Henry Houssaye. ♦ *« Vous excellez dans la poésie familière et domestique, dans les tableaux d'intérieur, et vos charmantes petites toiles me font penser aux maîtres de l'école hollandaise, à Mieris, à Terburg, que vous égalez souvent par la précision du faire, par la franchise du trait, par la liberté d'un pinceau toujours exact, sans être jamais léché ni minutieux... »* Victor Cherbuliez. ♦ *« La conversion de Coppée a été le chemin de Damas de tout le monde* [...] *À dater de ce jour, on a su que la vie chrétienne était une chose facile. »* Léon Bloy.

RÉF. : M. de Lescure, *François Coppée, l'homme, la vie, l'œuvre*, 1889. – H. Schoen, *François Coppée, l'homme et le poète*, 1909. – Le Meur, *La Vie et l'œuvre de F. Coppée*, 1932.

CORBIÈRE Édouard Jean Antoine René. Romancier, journaliste et navigateur français. Né à Brest le 1er avril 1793, d'Alexis Corbière, ancien officier originaire de Castres, et de Jeanne-Perrine Dubois, Morlaisienne, mort le 27 septembre 1875. Mousse à neuf ans, engagé dans la marine impériale à quatorze, nommé aspirant à dix-huit, prisonnier des Anglais en 1812, interné sur les pontons de Tiverton, il reprit du service à Brest en 1813 et fut licencié trois ans après. Il fonda et rédigea successivement, à Brest et à Rouen, deux feuilles, *Les Guêpes* et *La Nacelle*, où il se montra si virulent contre le nouveau régime qu'il se vit condamner à la prison (1823). Sa peine purgée, il reprit la mer pour commander un navire de commerce et navigua six ans entre Le Havre et les Antilles. Chargé de la rédaction du *Journal du Havre* et du *Navigateur*, il y donna des chroniques maritimes. Son premier roman, *Le Négrier* (*), parut à Paris en 1832 : il n'avait jusque-là publié en librairie que les très fades *Élégies brésiliennes* (1825). Bien qu'écrit à la diable, en un style rude, direct et parfois emphatique, ce récit très vivant révélait un vrai tempérament d'écrivain et en tout cas inaugurait un genre nouveau ; la psychologie ou, comme on disait alors, la physiologie du marin breton y est mise en relief de façon saisissante ; et les descriptions réalistes, voire audacieuses, n'en sont pas l'attrait le moins curieux. Le livre eut un grand succès et plusieurs éditions s'en épuisèrent en vingt ans. Onze romans (dont *Les Pilotes de l'Iroise, Le Banian, Cric-Crac*) ou recueils de contes se succédèrent jusqu'en 1846. Corbière dirigeait alors depuis peu la compagnie des bateaux du Havre à Morlaix : fixé dans cette dernière ville, il y avait épousé Aspasie Puyo, qui lui donna trois enfants, dont l'aîné sera l'auteur des *Amours jaunes* (*). Président de la Chambre de commerce, il acheva paisiblement ses jours parmi les siens et mourut à quatre-vingt-deux ans, six mois après son fils Édouard, dit Tristan, dont il ne soupçonna jamais le génie.

RÉF. : F. Roudaut, introduction à É. Corbière, *Le Négrier*, Paris, 1990.

CORBIÈRE Tristan (Édouard Joachim Corbière). Poète français. Né le 18 juillet 1845 au manoir de Coat-Congar, en Ploujean, près de Morlaix, mort à Morlaix le 1er mars 1875. Après avoir passé sa petite enfance au Launay, propriété toute voisine, avec son frère et sa sœur cadets, Edmond et Lucie, il entre comme interne au lycée de Saint-Brieuc, où, entre deux devoirs, il ébauche des narrations maritimes, à l'imitation du *Négrier* (*), le roman de son père tout récemment réédité. Une première crise de rhumatismes, à l'âge de quinze ans, le fait retirer de la classe de troisième avant le dernier trimestre, qu'il reprend au lycée de Nantes, avec, pour correspondant, son oncle le docteur Jules Chenantais. Mais bientôt la maladie le contraint à suspendre définitivement ses études et, après un séjour à Cannes et à Luchon, à s'installer à Roscoff, où les siens possédaient une résidence d'été. À la pension Le Gad, il se lie avec quelques peintres obscurs. En décembre 1869, il entreprend en compagnie de l'un d'eux, Jean-Louis Hamon, un voyage en Italie (Naples, Castellamare, Sorrente, Capri, Rome, Gênes). À Morlaix et à Roscoff, composition probable d'une partie des chapitres des futures *Amours jaunes* (*) consacrés à la vie des marins et des « terriens » de sa région, « Gens de Mer » et « Armor ». Au printemps de 1871 descendent à l'hôtellerie de Roscoff le comte Rodolphe de Battine, officier convalescent, et sa maîtresse, Armida-Josefina Cuchiani ; Tristan, « croché » dès l'abord par cette beauté pour lui insolite, lui donnera le surnom de Marcelle ; tout un chapitre et les pièces liminaire et terminale de son unique ouvrage exalteront cette passion sans doute réciproque mais orageuse. Dès la fin de l'année, il rejoint le couple à Paris et loue une chambrette à Montmartre. Il accompagnera ses nouveaux amis dans leurs déplacements, à Douarnenez, aux environs du Mans (où Battine possède le château des Aiguesbelles), et en Italie (mai 1872). À Paris, il ne fréquente, d'ailleurs, que le milieu des rapins et les coulisses des petits théâtres. Cependant, sans qu'on ait jamais su par quels intermédiaires, il collabore plusieurs fois, au cours de 1873, à *La Vie parisienne* (quelques poèmes et deux nouvelles). Au mois d'août de cette même année, les frères Glady éditent, aux frais de l'auteur (ou plutôt de son père), *Les Amours jaunes,* à moins de cinq cents exemplaires. La publication passe complètement inaperçue. Pendant l'été de 1874, Corbière va pour une quinzaine de jours dans la Sarthe, chez Battine. En décembre, on le trouve évanoui, en tenue de soirée, sur le carreau de sa chambre ; il est transféré à l'hospice Dubois, où Marcelle accourt à son chevet ; puis sa mère le ramène à Morlaix. Malgré les soins du médecin de famille, Alexandre Bodros, il s'éteint dans la soirée du 1er mars 1875, pressant sur sa poitrine des bruyères en fleur.

Son œuvre, brève mais géniale, et vraiment sans ascendance (si ce n'est celle de Villon), ne fut découverte que plusieurs années après sa mort. Pendant l'hiver de 1882, Léon Épinette, dit Léo Trézenik, et Charles Morice firent à Verlaine la lecture des *Amours jaunes,* dont Pol Kalig, fils du docteur Chenantais, leur avait procuré un exemplaire. Enthousiasmé, l'auteur des *Romances sans paroles* (*) accorda à Corbière, dans un numéro de *Lutèce* (revue fondée par Trézenik) d'août 1883, la première partie de ses *Poètes maudits* (*). Ces études, dont les deux autres concernaient Rimbaud et Mallarmé, parurent l'année suivante en volume chez Léon Vanier. Léon Bloy dans un article du *Chat noir,* Huysmans dans son roman *À Rebours* (*), et plus tard Jean Ajalbert dans *Le Figaro* proclamèrent leur admiration pour *Les Amours jaunes* que Vanier se décida à rééditer en 1891. La gloire de Tristan n'a cessé de grandir, et il convient de rendre un hommage particulier aux travaux de son premier biographe, René Martineau.

YVES-GÉRARD LE DANTEC.

♦ *« Poète ignoré des poètes, marin jugé amateur par le moindre moussaillon du port, il a fallu, huit ans plus tard, Verlaine et une sorte de miracle pour appeler sur lui la première vague d'une gloire sourde, indécise. »* Alexandre Arnoux. ♦ *« Poète prisonnier de sa nature, mais conscient de ses pouvoirs au point qu'il trouve sa liberté, sa nourriture, dans les limites mêmes de sa prison ; poète maudit qui se couronne de sa malédiction et renverse, d'un geste royal, l'éteignoir gigantesque qu'est pour lui la Création, Corbière n'a pas fini de nous enseigner et de nous justifier. »* Jean Rousselot.

RÉF. : Paul Verlaine, *Les Poètes maudits,* Paris, 1888. – René Martineau, *Tristan Corbière,* Paris, 1925. – Jean Rousselot, *Tristan Corbière,* Paris, 1951. – A. Sonnenfeld, *L'Œuvre poétique de Tristan Corbière,* Paris, 1960. – F. Burch, *Tristan Corbière, L'Originalité des « Amours jaunes » et leur influence sur T. S. Eliot,* Paris, 1970. – P. O. Walzer, *La Révolution des sept,* Neuchâtel, 1970. – Henri Thomas, *Tristan le dépossédé,* Paris, 1972. – K. H. Macfarlane, *Tristan Corbière dans les « Amours jaunes »,* Paris, 1974. – P. A. Jannini, *Un altro Corbière,* Rome, 1977. – M. Dansel, *Tristan Corbière,* Lausanne, 1985.

CORBIN Henry. Philosophe et orientaliste français. Né le 14 avril 1903 à Paris, mort le 7 octobre 1978 à Paris. Après des études de philosophie, ainsi que d'arabe et de persan, à l'École nationale des langues orientales, Henry Corbin remplit les fonctions de bibliothécaire puis, à partir de 1928, de conservateur à la Bibliothèque nationale. De 1946 à 1973, il sera directeur du département d'iranologie de l'institut franco-iranien à Téhéran tout en reprenant en 1954 la chaire de Louis Massignon à l'École pratique des hautes études. Au sein d'une œuvre considérable, il convient avant tout de citer *L'Imagination créatrice dans l'œuvre d'Ibn 'Arabî* (*) (1958), *Corps spirituel et terre céleste* (1979), *Histoire de la philosophie islamique* (1971), *L'Homme de lumière dans le soufisme iranien* (1971), et la somme qui couronna ses recherches : *En islam iranien, aspects spirituels et philosophiques* (*) (en quatre volumes parus en 1971 et 1972). Corbin édita de nombreux textes spirituels dans la Bibliothèque iranienne, et traduisit entre autres quinze traités d'un grand shaykh persan du XIIe siècle, Sohravardî, qui parurent en 1976 sous le titre *L'Archange empourpré.* Henry Corbin s'est voulu l'herméneute des philosophies spirituelles de la chrétienté et de l'islam, ne séparant pas la compréhension de Heidegger de celle des philosophes orientaux. S'il a privilégié les penseurs du shî'isme, c'est qu'il perçut en eux une authentique interprétation du « phénomène » du Livre saint. Tel est, en effet, le point de départ de sa quête : le phénomène de la révélation. Elle s'exprime dans la lettre du Livre, mais celle-ci renvoie à une multiplicité de sens cachés, qui dévoilent, hiérarchisés, l'acte de la conscience visionnaire qu'ils expriment. À l'opposé d'une sociologie de la religion pour laquelle le Livre saint et les témoignages qui l'entourent sont autant de documents historiques, la méthode d'Henry Corbin veut y lire des actes vivants, les événements de l'âme. Si la théosophie shî'ite l'occupa toute sa vie, c'est au héros de la philosophie illuminative, Sohravardî (m. 1191), qu'Henry Corbin attacha son nom.

Il y découvrit, d'abord, l'unité profonde entre l'iran anté-islamique, la gnose manichéenne et le néoplatonisme islamique. Il y dévoila comment la pratique d'une stricte recherche métaphysique s'accomplissait dans l'expérience personnelle du mystique.

La grande intuition d'Henry Corbin fut la découverte du monde imaginal et de la fonction créatrice de l'imagination, tels que les ont magnifiés Sohravardî, Ibn 'Arabî et les penseurs de l'école d'Ispahan (XVIIe siècle).

Entre le pur intelligible et le sensible, il a mis en valeur ce monde de l'âme où se corporalisent les esprits, où se spiritualisent les corps. Monde médian et médiateur où se déploie pour le mystique oriental l'histoire suprasensible, où est surmontée l'opposition de l'étendue et de la pensée. La recherche, engagée auprès de Heidegger, de l'historialité fondatrice du projet de la réalité humaine s'accomplit ainsi dans la découverte du lieu et du temps originels de la concience religieuse, lorsque celle-ci échappe, selon Henry Corbin, au double piège de l'agnosticisme et de l'incarnationnisme.

CHRISTIAN JAMBET.

CORDOVÉRO Moïse. Rabbin et cabaliste juif d'origine espagnole. Né en 1522, mort en 1570. Il vécut à Safed, en haute Galilée. Auteur d'une œuvre considérable qui compte plus de quinze mille pages d'écritures serrées, c'est l'un des plus grands théoriciens systématiques de la cabale espagnole après l'Expulsion (1492). Outre une très solide formation dans les sciences classiques du judaïsme (*Bible* et *Talmud*), il commença à étudier la philosophie de Maimonide mais s'en détourna, à l'âge de vingt ans, pour se consacrer totalement à l'apprentissage puis à l'enseignement de la cabale. Il fonda une école et eut de nombreux disciples, parmi lesquels Isaac Louria et Hayim Vital. Sa contribution au renouveau de la théosophie juive et à l'approfondissement spéculatif de ses doctrines fut de première grandeur et eut un impact considérable. Il mit en valeur la nature paradoxale de toute manifestation du divin à l'extérieur de lui-même, qui équivaut toujours à une forme d'occultation. Son œuvre la plus célèbre, *Le Verger des grenadiers* [*Pardés Rimonim*], est à la fois une présentation didactique de la cabale et un essai pour résoudre les contradictions apparues au cours de son histoire entre les différentes écoles qui s'en réclamaient. Il rédigea un commentaire du *Zohar* (*) intitulé *La Lumière précieuse* [*Or Yaqar*] qui est un monument gigantesque construit autour de la bible des cabalistes. Il expose la signification éthique de la doctrine des sefirot (émanations) dans un petit traité, *Le Palmier de Débora* (*).

CHARLES MOPSIK.

RÉF. : G. Scholem, *Die jüdishe Mystik in ihren Hauptströmungen,* Francfort-sur-le-Main, 1957.

CORELLI Arcangelo. Compositeur italien. Né à Fusignano près de Faenza (Italie) le 17 février 1653, mort à Rome le 8 janvier 1713. Il commence ses études musicales à Faenza, puis se rend en 1666 à Bologne où il est l'élève de Giovanni Benvenuti, d'Ercole Gaibara et de Leonardo Brugnoli. Ses progrès en violon sont tels qu'à dix-sept ans, en 1670, il devient membre de l'Académie philharmonique de Bologne. On ne retrouve rien de précis sur Corelli avant 1675, époque à laquelle il est violoniste de l'église Saint-Louis-des-Français, à Rome. Dans cette ville, il semble qu'il ait perfectionné ses études musicales sous la direction de Mattero Simonelli, élève de Gregorio Allegri. Sa réputation de virtuose va grandissant. En 1681, il publie douze *Sonates d'église à trois, op. 1* [*12 Sonate da chiesa à tre*], dédiées à la reine Christine de Suède qui avait accueilli Corelli dans son entourage. Mais son grand protecteur est le cardinal Pietro Ottoboni, neveu du pape Alexandre VIII, qui le prend à son service et l'héberge chez lui comme un ami. En 1685, Corelli fait paraître douze *Sonates de chambre à trois, op. 2* [*12 Sonate da camera à tre*], qui provoquent une polémique avec les compositeurs de l'école bolonaise, en particulier Mattero Zani et Giovanni Colonna. Sa personnalité s'affirme surtout dans les douze *Sonates à trois* publiées à Modène en 1689 ; on y trouve une grande unité de conception et l'ampleur des structures forme l'ossature d'un organisme puissant et articulé, aux dessins et aux motifs riches et variés, dont le chant est léger et concentré, le rythme et les accents énergiques et précis. L'unité de style est encore plus nette dans les douze *Sonates de chambre à trois* qui datent de 1694, mais son chef-d'œuvre est l'opus 5, composé de douze *Sonates pour violon et clavecin* dont la dernière est la fameuse *Folia* (*). Publié en 1700, et dédié à la princesse Sophie Charlotte de Brandebourg, cet opus 5 marque un sommet dans l'histoire de la musique : le violon s'y libère de toute contrainte, il suit la fantaisie créatrice qui seule gouverne la structure et le développement de chaque morceau en particulier. La remarquable unité de l'ensemble se colore de variations infinies et d'expressions multiples. Le violon devient l'instrument essentiel, car c'est de sa sonorité qu'est née l'invention elle-même qui n'est jamais soumise à la virtuosité mais au contraire conditionne tout avec une logique intérieure irrésistible et une extraordinaire richesse de chant. En 1700, Corelli est « chargé de la section des instrumentistes de la Congrégation et Académie de Sainte-Cécile ». En 1706, il est reçu à l'Académie des Arcades sous le nom de « Arcomelo Erimanteo ». En 1708 ou 1709, il rencontre Haendel qui admire son courage et sa modestie. Il semble que vers cette époque également il se soit rendu à Naples où il rencontra Scarlatti. De retour à Rome, il découvre que la faveur du public se tourne vers un nouveau virtuose du violon, Giuseppe Valentini. Triste et amer, il se retire chez lui où il prépare l'édition des douze *Concerti grossi, op. 6* (*) — dont le plus connu est le *Concerto pour la nuit de Noël* (*) —, œuvres essentielles dans l'histoire de cette forme musicale et d'une grande valeur artistique. L'opus 6 sera terminé en décembre 1712 et dédié à l'électeur Palatin Jean Guillaume, mais Corelli ne le verra pas édité, il mourra un mois plus tard. Le pape Clément XI autorisera son inhumation au Panthéon. L'Électeur palatin lui accordera, à titre posthume (1715), le titre de marquis de Ladenburg.

CARLO MARINELLI.

♦ *« Corelli commença en 1700 de donner ses ouvrages au public ; on y trouve encore aujourd'hui le beau chant, le beau naturel, les belles cadences dans le goût français et un beau coulant ; s'il y a des batteries, elles sont modérées et placées à propos ; c'est une musique élégante, les amateurs du bizarre la trouvent trop simple aujourd'hui ainsi que les opéras de M. de Lully. Les Italiens de notre temps s'en écartent furieusement. »* Abbé Pélegrin. ♦ *« ... on se sent arrêté, sans pouvoir passer outre, par Corelli. Il est question si cet Inventeur de la sonate, n'auroit pas tout d'un coup saisi le bon, dans la Musique instrumentale ; et de même qu'Homère trouvant dans le passé personne qu'il l'imitât, il ne se rencontra non plus à l'avenir personne dont il fût imité. »* Hubert Le Blanc, 1740. ♦ *« Le progrès dans l'art ne procède pas toujours comme par un plan incliné. Il est de temps en temps stoppé par des barrières hors desquelles on ne voit pas d'issue, et qui, aux yeux du commun, sont infranchissables. Il semble que quelques-unes des plus prohibitives aient été surmontées par le génie de Corelli. S'il y a jamais eu un inventeur, c'est lui. Il n'apparaît pas qu'il ait eu des modèles, pas même un point de départ. Il n'a ni perfectionné, ni corrigé, ni modelé, ni transformé : il a créé — la première musique, pure et simple ; et il a montré, le premier, que les sons possèdent des affinités et une signification qui leur sont propres et qui, sans être aussi évidentes, ni aussi précises que celles des mots, n'en sont pas moins intimes et profondes. »* John Jullah, 1862. ♦ *« L'épithète de génial que l'on accole traditionnellement au nom de Corelli n'a sans doute pas exactement la même portée qu'appliquée à un Vivaldi ou à un Bach. Elle n'implique pas les mêmes envolées, mais une constante perfection, une modération volontaire, un sens exemplaire des proportions. La religion de son art a inspiré à cet homme paisible l'énergie de s'instituer le champion d'un ordre nécessaire dans une Italie déliquescente. L'indiscipline des mœurs rendait faciles toutes les incartades, et c'est le moment où, dans l'Europe entière, les musiciens attendaient un grand changement. En l'empêchant de se produire prématurément, en canalisant, de toute son autorité, en une réforme progressive, ce qui pouvait être la révolution et le chaos, il a puissamment contribué à la mise au monde du classicisme. »* Marc Pincherle.

RÉF. : J. Persyn, *A. Corelli, l'homme et l'œuvre*, dans *Le Monde musical*, 1926. — M. Pincherle, *Corelli*, Paris, 1933 ; *Corelli et son temps*, Paris, 1954. — M. Rinaldi, *Arcangelo Corelli*, Milan, 1953. — H. J. Marx, *Die Überlieferung der Werke Arcangelo Corellis* (catalogue raisonné), Cologne, 1980.

CORIPPUS Flavius Cresconius. Poète latin du VIe siècle qui écrivit peut-être plus par nécessité que par vocation. Il débuta comme obscur grammairien dans un municipe d'Afrique et devait mourir dans la misère à Constantinople. C'est dans la première partie de sa vie qu'il composa son poème épique la *Johannide ou De la guerre libyque* (*) écrit entre 540 et 550 ; le poète y célèbre les exploits de Jean, « magister militum » pendant la guerre que les troupes de Justinien menèrent contre les Berbères insurgés (546-548). Ce poème valut à l'auteur une charge à Constantinople, à la chancellerie impériale. Mais la fortune ne lui sourit pas longtemps. Tombé dans la misère, il essaya d'en sortir en écrivant un panégyrique : *Louanges de l'empereur Justin* (4 livres). Dans ses œuvres, dans ce poème en particulier, il omet toute allusion à la mythologie ; il les remplace par des invocations, des prières ou des digressions sur le Christ, la Vierge, et même par un abrégé de la doctrine chrétienne.

CORNAROS Vincent. Poète grec. Un nom sur une tombe, et la date 1677 : c'est tout ce qui reste de ce poète, le plus éminent représentant de l'école crétoise dans la littérature néo-grecque, auteur d'*Érotokritos* (*), épopée en vers rimés, imitée des romans de chevalerie. Cornaros appartenait vraisemblablement à l'une de ces familles d'origine vénitienne qui s'étaient hellénisées au contact de la population de l'île. Il devait connaître l'italien à la perfection, si l'on en juge par les épisodes du *Roland furieux* (*) qui agrémentent l'*Érotokritos*. Le poète avait puisé le sujet de son épopée dans le roman français de Pierre de la Cépède (XVe siècle), *Paris et Vienne*, probablement traduit en italien. On n'en saurait douter, le dialecte de la Crète orientale était la langue maternelle de Cornaros : c'est elle qui fournit le fond de la langue littéraire, vive et expressive, dans laquelle est rédigé le poème. Et c'est l'âme crétoise, avec ses nuances infinies, que l'on retrouve dans les coutumes décrites, dans les proverbes et les chants. À défaut de connaître son existence et son visage, du moins les héros de Cornaros nous ont-ils transmis sa pensée dans les mille aphorismes et sentences dont est parsemé l'*Érotokritos*. Cornaros ne fait qu'un avec une œuvre frémissante où l'héritage littéraire de l'Occident s'harmonise avec les aspirations de l'hellénisme sous la domination ottomane. On attribue en outre à ce poète *Le Sacrifice d'Abraham* (*).

CORNEILLE Pierre. Auteur dramatique français. Né à Rouen le 6 juin 1606, mort à Paris le 1er octobre 1684. Il appartenait à une de ces vigoureuses familles de bourgeoisie provinciale, riches d'enfants et d'alliances, qui donnaient à l'Église des prêtres, au roi des fonctionnaires, au palais des avocats et des procureurs. Le grand-père Pierre Corneille, conseiller référendaire à la chancellerie du parlement de Normandie, avait eu huit enfants. L'aîné, Pierre Corneille, père du poète, est maître des Eaux et Forêts en la vicomté de Rouen et épouse la fille d'un avocat de Rouen, Marthe le Pesant, dont il a six enfants. Pierre Corneille, le poète, est l'aîné ; il a trois ans de plus que sa sœur Marie, qui épousera un sieur Ballan, lieutenant en la prévôté de Normandie ; cinq ans de plus que son frère Antoine, qui sera prêtre, curé de Fréville et auteur de *Poésies chrétiennes ;* dix-sept de plus que sa sœur Marthe, qui sera la mère de Fontenelle ; dix-neuf de plus que son frère Thomas, qui le suivra dans la carrière d'auteur dramatique et occupera après sa mort son fauteuil à l'Académie (on sait combien, malgré la différence d'âge, les deux frères et leurs deux ménages vivront étroitement unis) ; vingt-trois enfin de plus que la dernière-née, Madeleine, qui mourra en 1635 à six ans.

Il habitera jusqu'à l'âge de cinquante-six ans sa maison natale, rue de la Pie, près du Vieux-Marché, devenue sa propriété à la mort du père en 1639 (cette maison, restaurée, abrite aujourd'hui un musée Corneille). Il ne la quittera qu'en 1662 pour aller habiter Paris, en même temps que son frère Thomas, et ne s'en défera qu'un an avant sa mort, en vue d'arrangements relatifs à sa succession. Il tenait également de son père une petite maison de campagne à Petit-Couronne près de Rouen (autre musée Corneille aujourd'hui). À Paris, il logera successivement à l'hôtel du duc de Guise jusqu'à la mort de celui-ci, puis rue des Deux-Portes, à proximité des théâtres du Marais et de l'Hôtel de Bourgogne, enfin sur la paroisse Saint-Roch, rue d'Argenteuil, où il mourra.

Il fit ses études chez les jésuites de Rouen, au collège du Maulévrier, tout neuf alors, actuellement lycée Corneille. Sa vie et son œuvre garderont l'empreinte de la forte discipline des fils de saint Ignace : piété solide, large humanisme, culte de la volonté et de la domination de soi. Maintes fois il témoignera publiquement de son attachement à la Société de Jésus, « qui a élevé ma jeunesse et celle de mes enfants » – par exemple la dernière strophe d'une ode adressée en 1668 à son vieux professeur, le père Delidel, sur son traité *De la théologie des saints :* « Je fus ton disciple, et peut-être / Que l'heureux éclat de mes vers / Éblouit assez l'univers / Pour faire peu de honte au maître. » On sait aussi qu'il prendra ouvertement position contre la doctrine janséniste de la grâce, par exemple dans *Andromède* (*) (1650), dans *Œdipe* (*) (1659), et qu'il répondra vertement dans la préface d'*Attila* (*) (1667) aux attaques de Nicole contre le théâtre.

Licencié en droit à dix-huit ans (1624), il fait pendant quatre ans son stage d'avocat au parlement de Rouen. C'est l'époque de son premier, et peut-être du seul grand amour de sa vie, pour une jeune fille qu'on a vainement voulu identifier, amour brutalement interrompu, sans doute en raison de la disconvenance des fortunes. C'est d'elle qu'il dira huit ou dix ans après encore, dans l'*Excuse à Ariste :* « Je me sens tout ému, quand je l'entends nommer [...] Je ne vois rien d'aimable après l'avoir aimée. » C'est elle, d'après son neveu Fontenelle, qui serait l'héroïne de sa première pièce de théâtre *Mélite* (*), et cette comédie chanterait sa joie triomphante d'amoureux qui venait d'évincer un rival et qui se croyait alors sûr d'épouser. Ne dira-t-il pas lui-même dans l'*Excuse à Ariste :* « Charmé de deux beaux yeux, mon vers charma la Cour » ? Ce qui ne peut s'appliquer qu'à *Mélite,* puisqu'on lit dans l'*Examen* de cette comédie : « Le succès en fut surprenant ; il établit à Paris une nouvelle troupe de comédiens [...] et me fit connaître à la Cour. » Quoi qu'il en soit, ce premier coup d'essai, écrit vers sa vingtième année (on discute sur la date exacte), commença la réputation de Corneille.

Vers le même temps (à vingt-deux ans, 1628), son père lui achète l'office d'avocat du roi au siège des Eaux et Forêts et à l'amirauté de France à Rouen, qu'il exercera à la Table de Marbre du palais pendant plus de vingt ans (et ce n'était pas une sinécure) conjointement à ses travaux littéraires.

Clitandre, ou l'Innocence délivrée (*), tragi-comédie échevelée, et quatre comédies – *La Veuve* (*), *La Galerie du palais* (*), *La Suivante* (*), *La Place royale* (*) – se succèdent de 1631 à 1634 sur la scène du théâtre du Marais, dirigé par Montdory, qui n'allait pas tarder à s'affirmer comme le plus grand acteur tragique de son temps ; 1635 est l'année où Richelieu met la haute main sur le secteur littéraire : création de l'Académie française et pensions à plusieurs poètes, dont Corneille, devenus ainsi ses domestiques à gages. Corneille fait partie des « Cinq Auteurs » chargés d'écrire sous les ordres du maître des comédies dont il leur donne le scénario, mais il semble n'avoir participé qu'à la rédaction de la première des trois pièces mises au crédit des « Cinq Auteurs », *La Comédie des Tuileries.* Entre-temps, la *Sophonisbe* (*) de Mairet ayant remis en vogue la tragédie, Corneille s'y essaie en 1635 dans *Médée* (*). Il se tourne ensuite vers l'Espagne : il y avait depuis le XVIe siècle, à Rouen, une importante colonie espagnole, et lui-même, par le mariage d'un de ses oncles, était apparenté à l'une de ces familles espagnoles de Rouen, les Chalon, dont l'un des membres, alors jeune garçon de dix-huit ans, s'appelait Rodrigue. Il tire d'abord des *Rodomontades espagnoles* (édition bilingue à Rouen,

1627) le matamore de l'éblouissante apologie du théâtre intitulée *L'Illusion comique* (*) (1636) et continue par *Les Enfances du Cid* (*) de Guillén de Castro, dont il tire *Le Cid* (*), dont la première eut lieu en janvier 1637 dans l'allégresse publique de Paris, délivré de la menace des Espagnols par la reprise de Corbie quelques semaines plus tôt.

Le succès sans précédent du *Cid* et, peu après, la publication intempestive de l'orgueilleuse *Excuse à Ariste* (« Je ris du désespoir de tous mes envieux [...] Pour me faire admirer je ne fais point de ligue... ») déchaînent bientôt la fameuse querelle du *Cid*, la plus violente bataille de pamphlets de l'histoire de notre théâtre. Corneille y rend coup pour coup, et l'affaire menaçait d'en venir aux voies de fait, quand elle s'arrêta brusquement sur l'ordre de Richelieu (octobre 1637). Dès juin, il avait chargé l'Académie d'arbitrer le débat, afin d'imposer par là l'autorité de la nouvelle institution ; et Corneille avait dû s'incliner devant sa volonté. *Les Sentiments de l'Académie sur le Cid* (*), rédigés sous la surveillance étroite du cardinal, ne furent achevés qu'en décembre : tant le maître fut difficile à satisfaire, ne voulant, semble-t-il, ni flatter ni blesser trop vivement l'orgueil de son « protégé ». La blessure pourtant fut profonde et longue à guérir. Corneille en voulut toujours à Richelieu, et pendant plus de deux ans sa veine parut tarie. Par surcroît, il se trouvait alors engagé dans une longue et vaine procédure contre l'administration pour protester contre la création d'un second avocat du roi à la Table de Marbre, ce qui diminuait les revenus de sa charge.

Enfin, en 1639, tandis que sévit à Rouen et en Normandie la révolte des Va-Nu-Pieds soulevés contre le fisc et que Richelieu envoie en mission spéciale à Rouen pour la levée des tailles un homme à poigne, le père de Pascal, Corneille se remet au travail : et c'est *Horace* (*), lu au début de 1640 à Chapelain, d'Aubignac et autres doctes, mais dont il refuse malgré leur avis de modifier le dénouement. La pièce, jouée en 1640, parut en librairie en janvier 1641 avec une dédicace à Richelieu d'une étonnante soumission, qui reconnaît au puissant ministre la haute main sur les orientations du théâtre du temps. Dédicace qui laisse aujourd'hui perplexe, tant l'éloge paraît ironique sous la reconnaissance servile. Il est vrai qu'il allait se marier, et peut-être le ministre était-il intervenu (c'est du moins ce qu'a dit Fontenelle) pour forcer le consentement du père de la jeune fille. Elle s'appelait Marie de Lampérière, était fille du lieutenant civil et criminel des Andelys, et avait onze ans de moins que son mari. Elle lui donnera sept enfants échelonnés de 1642 à 1656, et sa sœur cadette épousera Thomas Corneille en 1650. Le jour même du mariage, une péripneumonie le terrassa, et la nouvelle de sa mort alla jusqu'à Paris. Soucis du mariage, maladie et convalescence paraissent avoir ralenti son activité littéraire durant cette année 1641. *Cinna* (*) ne semble avoir été créé qu'au printemps 1642. Le succès sans réserve que remporta la nouvelle tragédie confirma définitivement la suprématie de Corneille dans le genre tragique.

Cinna ne sortit des presses qu'en janvier 1643, plus d'un mois après le décès de Richelieu, dont le poète refusa de célébrer la mémoire mais s'interdit également de la flétrir. Bientôt Mazarin, résolu de lui faire servir sa propagande, dote à son tour Corneille d'une pension importante, ce qui vaut à ce « Romain » un *Remerciement* en vers, où il est égalé aux plus grands Romains de l'Antiquité et, peu après, la dédicace de *Pompée* (*), où lui est appliqué le vers de Virgile : « Tu regere imperio populos, Romane, memento. » Adressées à un puissant personnage, ces énormités paraissaient alors toutes naturelles ; en revanche celles de la dédicace de *Cinna* à Montoron, riche particulier, avaient fait sourire.

Dès lors poète quasi officiel (on lui commande des légendes en vers pour les gravures d'un somptueux mémorial consacré aux actions du défunt roi), Corneille donne une première édition de ses *Œuvres complètes* (1re partie 1644 ; 2e partie 1648), l'Académie lui ouvre enfin ses portes (1647) et Mazarin lui commande pour les fêtes du Carnaval de 1648 à la Cour une pièce à machines, *Andromède* (*), dont une maladie du jeune roi, puis les premiers troubles de la Fronde retardent la représentation jusqu'au début de 1650. En 1647, à la suite de son ami Floridor, qui avait succédé à Montdory à la tête du Marais, il passe à l'Hôtel de Bourgogne auquel il confiera désormais ses pièces.

Naturellement respectueux du pouvoir, il reste, sous la Fronde, longtemps fidèle à Mazarin ; d'ailleurs, on crut lire dans *Don Sanche d'Aragon* (*), comédie héroïque (janvier 1650), une apologie de la reine et de son cher ministre, assez transparente pour provoquer de la part de Condé et de ses amis une cabale qui fit tomber la pièce au bout de quelques jours. Sur ces entrefaites, le duc et la duchesse de Longueville essaient de soulever la Normandie ; Mazarin fait arrêter les princes (Condé, Conti et Longueville), et se rend à Rouen avec la reine et le jeune roi pour briser l'insurrection : plusieurs hauts magistrats sont destitués, et Corneille se voit investi par la confiance du ministre des fonctions considérables de procureur des États de Normandie, enlevées à un homme lige des Longueville : c'était anéantir l'opposition de la province que d'en confier le poste clé à un homme dont on connaissait le loyalisme et la timidité. Mais, si le magistrat ne déçut point cette confiance, le poète parut se laisser gagner par le courant général en faveur des princes prisonniers : cédant au prestige romanesque du « héros » malheureux, Corneille écrit *Nicomède* (*), où tout le monde reconnut Condé, et qui, joué au moment même où Mazarin, cédant, venait de libérer les princes, reçut un accueil triomphal.

Ce fut la seule imprudence de sa carrière, mais il la paya cher : il s'était pour toujours aliéné Mazarin, qui jusqu'à sa mort (1661) ne lui donnera plus un sou, sans nulle reconnaissance des princes, qui se hâtèrent de remettre en place son prédécesseur aux États de Normandie. Et comme il s'était trop hâté de vendre son office de la Table de Marbre, il se trouva brusquement privé tout ensemble d'emploi et de pension. Pour comble, au théâtre même, la fortune semble l'abandonner : sans tenir compte de la désaffection du public pour le genre tragique en cette période troublée, il lance *Pertharite* (*), qui (était-ce en outre un coup de Condé ? s'était-il reconnu dans l'usurpateur Grimoald ?) est un four complet (décembre 1651). Déjà, avant cet échec, il avait consacré ses loisirs forcés à tenir les comptes de sa paroisse pour l'exercice 1651-1652, et à traduire en vers quelques chapitres de l'*Imitation de Jésus-Christ* (*). Après *Pertharite,* dégoûté du théâtre, il se donne tout entier à cette traduction, travail difficile et de longue haleine, qui l'occupe jusqu'en 1657, mais qui s'avéra un des plus gros succès de librairie du siècle.

Il revient ensuite à des occupations plus profanes ; travaille dès 1656 à une pièce à machines, *La Conquête de la Toison d'or* (*), pour un marquis de Sourdéac, riche seigneur normand, à qui il faudra plus de deux ans pour achever en son château de Neubourg les préparatifs d'un spectacle qu'il voulait magnifique ; prépare lentement une nouvelle édition d'ensemble de son théâtre, avec *Examen* de chaque pièce, et trois grosses préfaces en forme de *Discours* pour exposer et défendre ses idées sur le théâtre ; fréquente les belles précieuses de Rouen et correspond avec celles de Paris ; fait un doigt de cour — platonique — à Marquise (la Du Parc) lors du séjour à Rouen de la troupe de Molière en 1658 ; écrit diverses galanteries et bagatelles en vers, que Sercy publiera en 1660 dans son 5e recueil de *Poésies choisies.* C'est la période mondaine de sa vie, celle où se fait le plus deviner l'influence de son frère Thomas.

Les deux frères entrent bientôt dans l'orbite de Fouquet, nouveau soleil dispensateur de commandes et de pensions, et Corneille fait une rentrée triomphale au théâtre avec *Œdipe* (*), grassement payé par Fouquet (1659). C'est ensuite *La Toison d'or* (munie « in extremis » d'un Prologue de circonstance en l'honneur du mariage du roi), qui triomphe en Normandie (1660), puis sur la scène parisienne (1661). Elle s'y maintint plus d'un an ; on n'avait jamais vu sur un théâtre rien d'aussi magnifique.

1662 : *Sertorius* (*) ; Corneille va de triomphe en triomphe : c'est l'apogée de sa carrière. Les deux ménages de Pierre et de Thomas quittent Rouen pour se fixer à Paris. Une édition monumentale in-folio du théâtre de Corneille paraît en 1663 : signe tangible d'une consécration depuis longtemps déjà européenne. La même année inaugure le mécénat royal : pensionné par le roi ainsi que les principaux écrivains d'alors, Corneille chantera désormais (en vers souvent admirables) les campagnes victorieuses du jeune roi, sous lequel servent bientôt ses deux grands fils.

Mais, cette même année 1663, la querelle de *Sophonisbe* (*) est un premier indice qui montre qu'au théâtre la manière de Corneille commence à n'être plus au goût du jour. Et bientôt l'astre naissant de Racine menace sa suprématie : la balance est encore indécise après le succès de l'*Alexandre* (*) de Racine (1665) ; mais, en 1667, le triomphe d'*Andromaque* (*) fait oublier le succès honorable d'*Attila* (*), où pourtant Corneille avait voulu se surpasser, mais qu'il avait peut-être eu tort de confier à la troupe de Molière, dont les qualités étaient contestées dans le tragique. Comme après *Le Cid,* comme après *Pertharite,* complètement découragé, il abandonne le théâtre et pour la seconde fois se réfugie dans de pieuses traductions (*L'Office de la Vierge :* deux ans de travail, mais cette fois vente médiocre). On le voit à la première de *Britannicus* (*) (1669), seul et taciturne dans une loge, et Racine, dans sa préface, l'accuse de venir « briguer des voix contre lui jusqu'aux heures où l'on représente ses comédies ». La guerre est cette fois déclarée : la bataille décisive a lieu en novembre 1670 — c'est le duel des deux *Bérénice* (*), celle de Racine et *Tite et Bérénice* (*) de Corneille, duel qui tourne à l'avantage du plus jeune.

En vain Corneille, vers le même temps, écrit-il des vers adorables de jeunesse pour compléter la *Psyché* (+) de Molière, qui, pris de court, avait fait appel à lui. Aucune troupe maintenant ne veut plus de ses pièces. Molière même refuse *Pulchérie* (*), où pourtant un rôle était destiné à sa femme, écrit pour elle. Finalement, cette pièce ne put être jouée qu'au théâtre du Marais, alors bien tombé, « reléguée, dira-t-il, dans un lieu où l'on ne voulait plus se souvenir qu'il y eût un théâtre ». Elle y obtint pourtant un succès suffisant pour rendre confiance au vieux poète, devenu moins exigeant, et pour lui rouvrir la scène de l'Hôtel de Bourgogne pour sa pièce suivante *Suréna* (*) (1674). Ce fut la dernière : il venait de perdre à la guerre un de ses fils, tué en Hollande, et *Suréna,* cette œuvre exquise, n'avait rencontré qu'un morne accueil. Il se tut.

Il avait soixante-huit ans, et il lui en restait dix à vivre. Très assidu aux travaux de l'Académie, il publie encore de temps en temps d'admirables vers (presque tous dédiés au roi) pour lutter contre l'oubli qui se fait autour de son nom, même à la Cour : on oublie pendant sept ans de lui payer sa pension, on lui fait attendre sept ans un bénéfice promis par le roi pour son plus jeune fils. Sans Thomas Corneille et son journal, *Le Mercure galant,* le public saurait-il seulement qu'il vit encore ? Deux fils morts, un fils soldat, l'autre prêtre, une fille mariée, une autre religieuse : il n'avait plus auprès de lui que sa femme et leur dernière fille, qui, sacrifiant sa vocation religieuse, s'était dévouée à ses vieux parents. Une première attaque en 1681 l'avait laissé un peu diminué, et il ne sortait plus depuis plus d'un an, lorsqu'il mourut le 1er octobre 1684, dans l'aisance, contrairement à ce que la légende fit croire plus tard.

Trois mois après, Racine lut à l'Académie, pour la réception de son frère, un incomparable éloge de Corneille, où il revendiquait pour le grand poète un rang égal à celui des plus grands héros de l'histoire.

LOUIS HERLAND
(actualisation de Georges Forestier).

XVIIe siècle ♦ *« ... Je vous puis répondre que jamais réputation n'a été si bien établie que la vôtre en Angleterre et en Hollande. Les Anglais, assez disposés naturellement à estimer ce qui leur appartient, renoncent à cette opinion, souvent bien fondée, et croient faire honneur à leur Ben Jonson de le nommer le "Corneille d'Angleterre". » Lettre de Saint-Évremond à Corneille, 1668.* ♦ *« ... Où trouvera-t-on un poète qui ait possédé à la fois tant de grands talents, tant d'excellentes parties ? L'art, la force, le jugement, l'esprit. Quelle noblesse, quelle économie dans les sujets ! Quelle véhémence dans les passions ! Quelle gravité dans les sentiments ! Quelle dignité, et en même temps quelle prodigieuse variété dans les caractères !* [...] *Enfin, ce qui lui est surtout particulier, une certaine force, une certaine élévation, qui surprend, qui enlève et qui rend jusqu'à ses défauts, si on lui en peut reprocher quelques-uns, plus estimables que les vertus des autres. Personnage véritablement né pour la gloire de son pays, comparable* [...] *aux Eschyles, aux Sophocles, aux Euripides, dont la fameuse Athènes ne s'honore pas moins que des Thémistocles, des Périclès, des Alcibiades qui vivaient en même temps qu'eux. »* Racine, *Discours à l'Académie française,* 1685. ♦ *« ... Un autre est simple, timide, d'une ennuyeuse conversation ; il prend un mot pour un autre, et il ne juge de la bonté de sa pièce que par l'argent qui lui en revient ; il ne sait pas la réciter, ni lire son écriture. Laissez-le s'élever par la composition ; il n'est pas au-dessous d'Auguste, de Pompée, de Nicomède, d'Héraclius ; il est roi, et un grand roi ; il est politique, il est philosophe ; il entreprend de faire parler des héros, de les faire agir ; il peint les Romains : ils sont plus grands et plus Romains dans ses vers que dans leur histoire. »* La Bruyère. ♦ *« Il savait les belles-lettres, l'histoire, la politique, mais il les prenait principalement du côté qu'elles ont rapport au théâtre. Il n'avait pour toutes les autres connaissances ni loisir, ni curiosité, ni beaucoup d'estime. Il parlait peu, même sur les matières qu'il connaissait parfaitement. Il n'ornait pas ce qu'il disait, et pour trouver le grand Corneille il fallait le lire* [...] *Il était mélancolique, il lui fallait des sujets plus solides pour espérer et pour se réjouir que pour se chagriner ou pour craindre. Il avait l'humeur brusque et quelquefois rude en apparence ; au fond il était très aisé à vivre, bon père, bon mari, bon parent, tendre et plein d'amitié* [...] *Rien n'égalait son incapacité pour les affaires que son aversion : les plus légères lui causaient de l'effroi et de la terreur. Quoique son talent lui eût beaucoup rapporté, il n'en était guère plus riche. Ce n'est pas qu'il eût été fâché de l'être, mais il eût fallu le devenir par une habileté qu'il n'avait pas et par des soins qu'il ne pouvait prendre* [...] *Il ne s'était pas trop endurci aux louanges à force d'en recevoir ; mais, s'il était sensible à la gloire, il était fort éloigné de la vanité. Quelquefois il se fiait trop peu à son rare mérite et croyait trop facilement qu'il pût avoir des rivaux* [...] *À beaucoup de probité naturelle il a joint dans tous les temps de sa vie beaucoup de religion et plus de piété que le commerce du monde n'en permet ordinairement. Il a eu souvent besoin d'être rassuré par des casuistes sur ses pièces de théâtre, et ils lui ont toujours fait grâce en faveur de la pureté qu'il avait établie sur la scène, des nobles sentiments qui règnent dans ses ouvrages et de la vertu qu'il a mise jusque dans l'amour. »* Fontenelle.

XVIIIe siècle ♦ *« Molière disait de Corneille qu'il y avait un lutin qui tantôt lui faisait ses vers admirables, et tantôt le laissait travailler lui-même. »* Voltaire. ♦ *« Il sera toujours le père du théâtre. Il est le premier qui ait élevé le génie de la nation, et cela demande grâce pour environ vingt de ses pièces qui sont, à quelques endroits près, ce que nous avons de plus mauvais par le style, par la froideur de l'intrigue, par les amours déplacées et insipides, et par un entassement de raisonnements alambiqués qui sont l'opposé du tragique. Mais on ne juge un grand homme que par ses chefs-d'œuvre et non par ses fautes. »* Voltaire.

XIXe siècle ♦ *« S'il vivait, je le ferais prince ! »* Napoléon Ier. ♦ *« L'action de Corneille fut si grande qu'elle forgea des âmes héroïques. »* Goethe. ♦ *« Le grand Corneille, à travers ses hautes qualités, avait, je ne dirai pas beaucoup d'esprit, mais prodigieusement de bel esprit ; quand ils ne sont point passionnés et grandioses, et même alors, une fois que leur mot sublime est lâché, ses personnages continuent de raisonner, et ils le font avec subtilité et à outrance ; ils parlent de tête ; le cerveau chez eux prend la place du cœur ; ils raffinent et quintessencient les idées et les choses. Faites un seul moment une supposition : retirez au grand Corneille toute sa chaleur, toute son inspiration de cœur et d'âme, et demandez-vous ce qu'il deviendra avec cette faculté desséchée et refroidie de finesse exacte et de raisonnement. »* Sainte-Beuve.

XXe siècle ♦ *« Le poète, le héros, me conquérait par la fierté inflexible, le tragique puissant, le duel somptueux du dialogue ample ou rapide. Qui est né au pays de Corneille et a écouté sa voix vit et meurt selon ses commandements. Dans les conflits du cœur, ses leçons stoïques se dressent en nous, comme l'ange sévère à l'épée flamboyante, debout devant les portes de l'Éden, et obtiennent notre soumission... Les nations ne sont pas constituées uniquement par leurs territoires ; le génie de Corneille vaut des provinces. »* Anna de Noailles. ♦ *« Je crois que Pierre Corneille mérite bien le nom que l'on peut proposer pour lui. Il a été violent et il a été tendre, il a été dur et il a été doux et même fade, il a été charmant, emphatique, merveilleux, lucide, et tantôt admirablement pénétrant et tantôt conventionnel. Il a été héroïque et il a été saint. Il a été précieux, et il a été l'écrivain le plus robuste de notre langue. Il a tendu son miroir à l'univers, et il a aussi créé son univers glacé de poète savant, parfois accessible à lui seul. Oui vraiment, il a été notre Shakespeare. »* Robert Brasillach. ♦ *« Il reste* [de Corneille] *une arête sans bavure, apparaissant abrupte à travers l'anecdote des tragédies, ces illustrations insensées quoique pleines d'une infernale grandeur, de toutes les formes de la volonté de puissance, et aboutissant en surplomb à l'*amor fati*, l'acceptation souriante et affirmative du destin, où Nietzsche aussi parviendra, et par le même sentier de chèvre. »* Roger Caillois. ♦ *« Pendant deux siècles et demi, la France s'est plu à trouver dans son théâtre les lois mêmes de la grandeur d'âme et, plus ou moins explicitement, une sorte d'orthodoxie héroïque, magnifique et vital contrepoids à l'orthodoxie chrétienne. »* J. Schlumberger.

RÉF. : Marty-Laveaux, notes de la grande édition complète des œuvres de P. Corneille, dans la collection des *Grands Écrivains,* 12 vol., 1862. — O. Nadal, *Le Sentiment de l'amour dans l'œuvre de P. Corneille,* Paris, 1948. — G. May, *Tragédie cornélienne, tragédie racinienne. Étude sur les sources de l'intérêt dramatique,* Urbana, 1948. — G. Couton, *La Vieillesse de Corneille,* 1949 ; *Corneille,* Paris, 1958 ; *Corneille et la tragédie politique,* Paris, 1984. — L. Herland, *Corneille par lui-même,* Paris, 1954. — B. Dort, *Corneille dramaturge,* 1957. — S. Doubrovsky, *Corneille et la Dialectique du héros,* Paris, 1963. — A. Stegman, *L'Héroïsme cornélien. Genèse et signification,* Paris, 1968. — M.-O. Sweetser, *La Dramaturgie de Corneille,* Genève, 1977. — *Pierre Corneille,* Colloque de Rouen, 1984, Paris, 1985. — M. Prigent, *Le Héros et l'État dans la tragédie de Pierre Corneille,* Paris, 1986. — G. Conesa, *P. Corneille et la Naissance du genre comique (1629-1636),* Paris, 1989. — M. Fumaroli, *Héros et Orateurs. Rhétorique et Dramaturgie cornéliennes,* Genève, 1990.

CORNEILLE Thomas, dit Corneille de l'Isle. Poète et dramaturge français. Né à Rouen le 20 août 1625 ; mort aux Andelys le 8 décembre 1709. Comme son frère, le grand Pierre Corneille, il fait d'abord ses études de droit et exerce quelque temps comme avocat au parlement de Normandie ; puis il se tourne vers le théâtre et donne d'abord des comédies imitées du théâtre espagnol, de Calderón surtout et de don Francisco de Rojas, où il cherche le comique dans la charge et le grotesque : *Les Engagements du hasard* (1647), *Le Geôlier de soi-même* (*) (1655). Vers 1655, il aborde la tragédie où, presque dès le début, avec *Timocrate* (*) (1656), il obtient un succès prodigieux puisque la pièce atteignit, chiffre considérable à l'époque, quatre-vingts représentations consécutives. En 1657, c'est *Bérénice,* inspirée par le *Grand Cyrus* (*) de Mme de Scudéry, et que vont suivre une trentaine de tragédies, presque toutes fort bien accueillies, particulièrement *Stilicon* (1660), *Camma et Pyrrhus* (1661) — où l'affluence du public fut telle que les acteurs trouvèrent à grand-peine la place de jouer ; *Ariane* (*) (1672), certainement le chef-d'œuvre de Thomas Corneille, où l'on sent déjà l'influence racinienne et qui, pour cette raison, put rivaliser avec *Bajazet* (*) représenté à la même époque, *Le Comte d'Essex* (1678), *Bradamante* (1696). Mais Thomas Corneille n'avait pas abandonné la comédie : dans *Le Galant doublé* (1669), il continue à imiter les auteurs espagnols ; avec *L'Inconnu,* comédie à machines donnée en 1675, il remporte un des plus grands succès de sa carrière ; avec *Les Dames vengées* (1682) il réplique aux satires de Boileau ; mais on ne se rappelle plus guère que son *Festin de pierre* (+) (1673), transposition en vers, édulcorée, de la pièce de Molière, écrite sur la demande de la veuve de ce dernier. Jaloux des triomphes de Quinault, et sans doute encouragé par Racine et par Boileau, Thomas Corneille tente également sa chance comme librettiste de théâtre lyrique : *Circé* est applaudie en 1675, mais *Le Triomphe des dames* tombe vite deux ans plus tard, et ni *Psyché* (1678), malgré la collaboration de Fontenelle et de Lully, ni *Médée* (1693), malgré la musique de Marc-Antoine Charpentier, n'eurent la faveur du public. Après son élection à l'Académie en 1684 (il fut reçu par Racine le 2 janvier 1685), élection votée à l'unanimité, bien qu'au terme de longs efforts, Thomas Corneille allait d'ailleurs renoncer presque complètement au théâtre pour se consacrer aux questions de langage : il prend une part active à tous les travaux de l'Académie, publie les *Remarques sur la langue française* (*) de Vaugelas avec des notes (1687) où — et c'est une originalité féconde à l'époque — il se montre plus attentif à l'usage des écrivains qu'à celui de la Cour et du monde, devient un des principaux collaborateurs du *Dictionnaire* (*) dont il publie en 1694 un supplément, le *Dictionnaire des arts et sciences,* consacré aux termes techniques, fait partie de la commission chargée d'arbitrer la fameuse querelle opposant Furetière à l'Académie et, malgré la faiblesse de sa vue (il devait mourir complètement aveugle), termine enfin un *Dictionnaire universel, géographique et historique* (1708). De vingt années le cadet de Pierre Corneille, Thomas semble avoir été subjugué par la manière de son frère qu'il ne se lasse de démarquer — dans son *Camma* pour *Pertharite* (*), dans son *Comte d'Essex* pour *Suréna* (*), et surtout dans *La Mort d'Annibal* pour *Nicomède* (*) — que pour essayer de se mettre à l'école du jeune Racine : c'est bien cependant à l'auteur du *Cid* (*) qu'il doit ses thèmes essentiels, l'amour noble, le goût des choses politiques et surtout la fameuse opposition de la passion et de l'honneur. Mais le romanesque amoureux prend le pas chez lui sur le romanesque héroïque, ce qui le rapproche de son rival Quinault. Peut-être Thomas Corneille a-t-il été victime de sa merveilleuse facilité qui l'inclinait trop à n'être qu'un imitateur.

♦ *« Le cadet n'avait pas la force et la profondeur du génie de l'aîné ; mais il parlait sa langue avec plus de pureté, quoique avec plus de faiblesse. C'était un homme d'un très grand mérite, et d'une vaste littérature ; et si vous exceptez Racine, auquel il ne faut comparer personne, il était le seul de son temps qui fût digne d'être le premier au-dessous de son frère. »* Voltaire. ♦ *« Dans Thomas Corneille les qualités secondaires et purement spirituelles de son illustre frère se montraient plus ouvertement et, pour ainsi dire, sur le premier plan, n'étant plus tenues en bride et comme ramassées à l'ombre du génie ; mais, chez Thomas, il s'y mêlait encore de la verve et du feu de poésie. »* Sainte-Beuve. ♦ *« Il ne s'est jamais imposé d'autre règle que les caprices de la mode ; content du succès présent, il n'a jamais été tourmenté de cet éternel souci du mieux, dont sont travaillés les vrais artistes ; il n'a point pensé à la postérité et c'est par un assez juste retour que la postérité l'a dédaigné. »* Gustave Reynier. ♦ *« Il a écrit trop vite, d'un style trop impersonnel, et le temps n'épargne pas ce qu'on a fait sans lui. »* G. Michaut.

RÉF. : G. Reynier, *Thomas Corneille, sa vie et son théâtre,* Paris, 1892. – F. Bar, *Le Berger extravagant,* Genève, 1960. – D. A. Collins, *Thomas Corneille Protean Dramatist,* La Haye, Mouton, 1966. – Y. Giraud, *Timocrate,* Genève, 1970. – C. Cosnier, *L'Amour à la mode,* Paris, 1973. – E. Fischler, *La Dramaturgie de Thomas Corneille* (thèse), Paris, 1976. – G. Forestier, *L'Inconnu* dans *Aspects du théâtre dans le théâtre,* Toulouse, 1986. – J. Truchet, *Théâtre du XVIIe siècle,* tome II, Paris, 1986.

CORNELIUS NEPOS. Historien latin. Né entre 106 et 95 avant J.-C., dans une localité de la rive gauche du Pô, peut-être Ticinum (Pavie) ou Ostiglia, mort à Rome après 27 avant J.-C. (cf. Pline, *Hist. Nat.*, 9, 137). Il se rendit de bonne heure à Rome, centre des études, et c'est là qu'il se consacra à des recherches historiques approfondies. On sait fort peu de choses de Cornelius Nepos, nous ignorons même son prénom ; mais sa figure est demeurée célèbre à travers les siècles pour sa droiture et la probité de ses mœurs. Il compta parmi ses amis Catulle, originaire du même pays que lui, qui lui dédia son livre de *Nugae* – v. *Poésies* (*) de Catulle – et fit l'éloge de sa *Chronique ;* T. Pomponius Atticus, dont la *Vie* est l'une des meilleures de la production de Cornelius, et Cicéron, de qui il écrivit (en 43 avant J.-C.) une ample biographie qui n'est pas parvenue jusqu'à nous. Il semble que, comme nombre de ses contemporains, il fit ses premières armes en écrivant des poésies érotiques. Mais Cornelius fut avant tout un compilateur d'œuvres de caractère historique, où naturellement il pouvait faire une place à cet esprit moralisateur qui est le trait dominant de sa personnalité ; la plus connue est son *Traité sur les grands généraux des nations étrangères* (*) qui fait partie d'un gros ouvrage de parallèles biographiques, dont devait s'inspirer Plutarque pour ses *Vies des hommes illustres* (*). C'est la même atmosphère pédagogique qui devait imprégner ses *Exemplorum libri* (en cinq livres au moins), qui constituaient un recueil d'épisodes exemplaires relatifs à des hommes célèbres. Mentionnons encore un ouvrage géographique de moindre importance contenant tout ce qu'on savait alors sur les différentes régions du monde, mais rempli de renseignements déformés ou même tout à fait imaginaires. Ce n'est pas l'intérêt proprement historique qui pousse Cornelius à écrire. Ses critères en matière d'histoire sont la noblesse du style et la beauté oratoire, d'où son goût pour l'anecdote, l'épisode édifiant ou seulement curieux, qui se substitue à la recherche des causes et des rapports. Cornelius Nepos tente parfois d'imiter le style vigoureux de Cicéron : il tombe alors dans l'artifice ; quand, au contraire, il veut être simple, il est un écrivain précis et élégant.

RÉF. : Giacomo Cortese, *Saggi latini. Vita e scritti di Cornelio Nipote*, Turin, 1895. – S. Dosson, article *sub nomine* dans *La Grande Encyclopédie*, s. d. – Martin Schanz & Carl Hosius, *Geschichte der römischen Literatur*, t. I, Munich, 1935.

CORRÉARD Alexandre. Écrivain français. Né en octobre 1788 à Serres (Hautes-Alpes), mort le 16 février 1857 à Basses-Loges, commune d'Avon près de Fontainebleau (Seine-et-Marne). Embarqué le 17 juin 1816 à bord de la frégate « La Méduse » comme ingénieur hydrographe, il fut victime du terrible naufrage. Les chaloupes ne suffisant pas, les naufragés construisirent un radeau de vingt mètres de long sur sept mètres de large qui fut bientôt abandonné à lui-même, et dériva du 5 au 17 juillet sur l'Atlantique, tandis qu'à son bord se déroulaient des scènes atroces de folie, de violence et même de cannibalisme, Quinze personnes seulement furent sauvées par l'« Argus ». Corréard se trouvait parmi elles ; après avoir été soigné à l'hôpital de Saint-Louis (Sénégal), il retourna en France où il se fit libraire à Port-Royal ; mais, ayant publié des libelles contre la Restauration, il fut condamné pour délit de presse (1822) et privé de sa licence de commerce. Il publia alors diverses études sur l'industrie, sur les canaux, sur les chemins de fer. Il a laissé des *Notes* sur les *Œuvres complètes* de Palladio. Il écrivit en outre, en collaboration avec Savigny, un récit de la terrible aventure qu'il avait vécue : *Naufrage de la frégate « La Méduse »* (*), qui demeure l'un des documents les plus dramatiques de l'histoire maritime de tous les temps.

CORTÁZAR Julio. Écrivain argentin. Né à Bruxelles le 26 août 1914, mort à Paris, d'une leucémie, le 12 février 1984. Son père, diplomate, ne peut regagner l'Argentine avec sa famille qu'après la fin de la Première Guerre mondiale, mais il abandonne bientôt les siens, laissant à sa femme et à une grand-mère le soin d'élever modestement l'enfant et sa sœur aînée dans une banlieue petite-bourgeoise de Buenos Aires. Après avoir obtenu un diplôme d'École normale, Julio Cortázar devient enseignant en province et prend l'habitude de se raconter des histoires à haute voix pour tromper la solitude des minables pensions de famille où il loge. Il écrit aussi des poèmes d'inspiration mallarméenne, qu'il édite en 1938 sous le titre *Présence* [*Presencia*] et sous le pseudonyme de Julio Denís. La découverte de Jean Cocteau et notamment d'*Opium* (*) et des *Enfants terribles* (*) est un « éblouissement », une « révélation » qui forme ses goûts littéraires, en même temps que d'autres lectures : Raymond Roussel, Guillaume Apollinaire, Raymond Radiguet, Alfred Jarry qui lui apprend que « l'humour est le plus sûr allié de la connaissance », Edgar Poe, Nathaniel Hawthorne, Ambrose Bierce, Horacio Quiroga, Jorge Luis Borges. Ce dernier est le seul à apprécier la façon dont il interprète les personnages d'Ariane et du Minotaure dans son poème dramatique *Les Rois* [*Los Reyes*], première fiction originale qu'un ami généreux,

Daniel Devoto, fait éditer à ses frais à Buenos Aires, en 1949. En 1951, opposé au régime du général Juan Domingo Perón, il s'exile en France, après avoir publié un recueil de nouvelles, *Bestiaire* [*Bestiario*]. À Paris, marié en 1953 à une Argentine, Aurora Bernárdez, il devient traducteur à l'U.N.E.S.C.O., traduisant également en espagnol des œuvres de Poe, de Chesterton, de Jean Giono, *L'Immoraliste* (*) d'André Gide et *Les Mémoires d'Hadrien* (*) de Marguerite Yourcenar. Deux nouveaux recueils de nouvelles publiés au Mexique le révèlent bientôt au monde hispanique : *Final de juego* [1956, repris en français dans *Gîtes*] et *Les Armes secrètes* (*) (1959). En 1960, avec *Les Gagnants* (*), Cortázar passe au roman. C'est l'époque où il invente des personnages à la fois cocasses et symboliques : les Cronopes, êtres fantaisistes et imaginatifs, toujours égarés dans la réalité quotidienne, qu'il oppose aux Fameux, bourgeois sordides ou fonctionnaires, dans *Cronopes et Fameux* (*) (1962). En 1963, après le succès de son roman *Marelle* (*), invité à Cuba pour participer au jury des prix « Casa de las Américas », il découvre la Révolution cubaine dont il sera le fidèle défenseur jusqu'à sa mort. Poursuivant son œuvre avec des nouvelles, *Tous les feux le feu* [*Todos los fuegos el fuego*, 1966], et deux livres intimistes évoquant son « jardin secret » : *Le Tour du jour en quatre-vingts mondes* [*La vuelta al día en ochenta mundos*, 1967] et *Dernier round* [*Último round*, 1969], il entreprend un infatigable combat politique de défense des luttes de libération en Amérique latine. En 1970, il assiste au Chili au triomphe de l'unité populaire et parcourt l'Équateur, le Pérou, le Brésil. Après le putsch militaire contre le président Allende (11 septembre 1973), il participe à la rédaction du *Dossier noir du Chili* et offre le montant du prix Médicis étranger qu'il vient de recevoir pour *Livre de Manuel* [*Libro de Manuel*, 1973] à la Résistance chilienne. Les « disparitions » en Argentine, les assassinats sous la dictature de Somoza au Nicaragua, l'action contre-révolutionnaire à Cuba, deviennent les thèmes d'un genre nouveau qu'il crée alors dans *Façons de perdre* (*) (1977) : le conte fantastique politique, sans renoncer à d'autres types de nouvelles dans *Un certain Lucas* [*Un tal Lucas*, 1979] et *Nous l'aimons tant, Glenda* [*Queremos tanto a Glenda*, 1980]. Défenseur des droits de l'homme, il écrit à son retour de la deuxième session du tribunal Russell en 1975 un ingénieux texte fantastique mêlant toutes les formes littéraires d'expression, y compris celles de la bande dessinée, *Fantômas contre les vampires des multinationales* [*Fantomas contra los vampiros multinacionales*]. Avec sa dernière compagne, l'écrivain américain Carol Dunlop (1946-1982), il partage la cause sandiniste, voyage à plusieurs reprises au Nicaragua, et rédige l'humoristique journal d'une expédition sur l'autoroute Paris-Marseille, *Les Autonautes de la cosmoroute* [*Los autonotas de la cosmopista*, 1983].

CLAUDE COUFFON.

RÉF. : Graciela de Sola, *Julio Cortázar y el hombre nuevo*, Buenos Aires, 1968. – Ernesto González Bernejo, *Conversaciones con Julio Cortázar*, Barcelone, 1978. – Jaime Alazraki, *En busca del unicornio : los cuentos de Julio Cortázar*, Madrid, 1983. – Julio Cortázar, *Entretiens avec Omar Prego*, Paris, 1986. – Saúl Yurkievich, *Julio Cortázar – el calor de tu sombra*, 1987. – Karine Berriot, *Julio Cortázar l'Enchanteur*, Paris, 1988.

CORTEBARBE ou Courtebarbe. Surnom par lequel se désigne dans son poème l'auteur des *Trois Aveugles de Compiègne* (*), l'un des fabliaux les plus plaisants et les plus spirituels du XIIIe siècle. On ne sait rien de sa vie ; il se dit « menestrel » et on peut le croire originaire de Compiègne (Oise) qu'il connaît bien, ou tout au moins de l'Île-de-France. On lui attribue également (Petit de Julleville, J. Bédier), sans que cela semble s'imposer (G. Gougenheim), un autre fabliau, qui a pour cadre Dammartin-en-Goële (Seine-et-Marne), *Le Chevalier à la robe vermeille*, amusant et bien tourné.

RÉF. : *Les Trois Aveugles de Compiègne*, G. Gougenheim (éd.), Paris, 1932. – J. Dufournet, *Le Garçon et l'Aveugle*, Paris, 1989.

CORTE-REAL Jerónimo. Poète portugais. Né vers 1533, mort à Lisbonne en 1588. Issu d'une famille noble qui comptait parmi les siens Gaspar de Corte-Real, explorateur du Labrador et des mers arctiques, Jerónimo sert d'abord dans la marine militaire, participe à plusieurs combats en Afrique et en Asie, reçoit en 1571 le commandement d'une escadre sur les côtes des Indes, se propose comme volontaire en 1578 pour une expédition très dangereuse en Afrique, mais en est dispensé, peut-être sur l'intervention directe du roi Sébastien. Fixé à la Cour avec la qualité de gentilhomme privé, il peut consacrer désormais ses dernières années aux lettres, composant, en espagnol, *L'Austriade* (*), poème de quinze chants en l'honneur de don Juan d'Autriche, vainqueur de Lépante, et *Le Second Siège de Diu* (1574), épopée en vingt chants, qui conte le siège, par les Portugais, de cette forteresse indienne. Après la mort de Corte-Real a paru un troisième poème épique, en dix-sept chants, *Le Naufrage de Sepuvelda* (1593), qui reste très connu aujourd'hui au Portugal.

CORTÉS Hernán. Colonisateur espagnol. Né en 1485 à Medellín (Estrémadure), mort le 2 décembre 1547 à Castilleja de la Cuesta, près de Séville (Andalousie). Issu d'une famille noble mais sans fortune, il se destinait au barreau ; mais, avant la fin de ses études, il quitta brusquement l'université de Salamanque dans l'intention de prendre du service sous les ordres du connétable Gonzalve de Cordoue, alors maître de Naples. Une grave maladie l'ayant empêché de se rendre en Italie, son esprit aventureux fut alors attiré par les Indes occidentales.

Aussitôt rétabli (1504), Cortés s'embarqua pour Saint-Domingue, alors gouvernée par Ovando, un de ses parents. En 1511, on le trouve parmi les compagnons de Diego de Velázquez que Diego Colomb, le frère de Christophe, avait chargé de la conquête de Cuba. Cortés se distingua au cours de cette opération et, en 1519, Velázquez lui donna le commandement de quelques navires et de six cents hommes rassemblés dans l'île de Cozumel : il s'agissait d'entreprendre la conquête du Mexique. Le 4 mars 1519, Cortés aborda près de Tabasco, à l'embouchure de la rivière qu'on devait nommer plus tard Grijalva. Son artillerie mit en fuite les premiers soldats de l'empereur Moctezuma et, favorisé aussi bien par les divisions intérieures des Mexicains que par la clémence dont il fit preuve tout d'abord à l'égard des vaincus, Cortés effectua de faciles et rapides progrès dans le pays : après la prise de la ville de Tabasco et la soumission des provinces de Tempoalla et de Quiabizean (où fut fondée Veracruz), c'était par ses propres compatriotes que le colonisateur paraissait surtout menacé. Velázquez, jaloux, intriguait en effet pour déconsidérer Cortés en Espagne. Le corps expéditionnaire s'inquiétait d'un pays inconnu. Pour lui enlever tout espoir de retraite, Cortés décida alors de brûler ses vaisseaux et, avec quatre cents Espagnols et quatre cents auxiliaires indiens, marcha sur Mexico où il fit son entrée le 8 novembre 1519. Il n'eut pas de peine à faire de Moctezuma un docile exécutant de sa politique, mais ses ordres concernant la suppression des sacrifices humains et la destruction des idoles païennes suscitèrent la colère des prêtres et du peuple. Au moment où l'attitude de Moctezuma commençait à se durcir, Cortés apprenait d'autre part l'arrivée à Veracruz d'une flotte espagnole sous le commandement de Narvaez, envoyé par Velázquez pour le chasser du Mexique. Laissant alors quatre-vingts hommes à Mexico, Cortés marcha contre Narvaez, débaucha une grande partie de ses officiers et de sa troupe, le battit à Zempoala et réunit sous son commandement les deux armées, c'est-à-dire treize cents soldats, cent chevaux, dix canons, plus deux mille guerriers auxiliaires Tlascalans. À son retour à Mexico, il trouva la ville soulevée, vit tomber Moctezuma sous les flèches mexicaines et, pressé lui-même par quarante mille Indiens, perdit deux cents Espagnols et deux mille Tlascalans, songea un instant à capituler et dut s'enfuir ; mais, alors que tout semblait perdu, il parvint à s'emparer de l'étendard impérial et les Indiens, frappés de stupeur, se débandèrent. Renforcé par deux mille Mexicains ralliés, Cortés dut cependant vaincre encore la résistance acharnée que Guatimosin, le nouvel empereur, lui opposa devant Mexico, qui ne retomba aux mains des Espagnols que le 13 août 1521 — v. *Lettres à Charles Quint sur la découverte et la conquête du Mexique* (*) (1522). La prise de la ville marqua le commencement de barbaries inouïes ; la plus grande partie de l'aristocratie mexicaine périt dans les tortures, l'empereur Guatimosin lui-même fut étendu sur un lit de charbons ardents, puis jeté en prison et pendu enfin trois ans plus tard sous une fallacieuse accusation de complot.

Cortés se trouvait cependant dans une position difficile, menacé à l'intérieur du Mexique par de continuelles rébellions (qui l'empêchèrent de mener à bien son exploration des côtes de l'océan Pacifique et de la Californie), et en Espagne par l'indifférence de Charles Quint qui ne lui octroya le titre de vice-roi que grâce à l'intervention du cardinal Adrien. Lors d'un premier voyage en Europe (1528), Cortés fut cependant chaleureusement accueilli et décoré de l'ordre de Saint-Jacques. On lui imposa toutefois la présence à ses côtés d'un vice-roi civil. Rentré au Mexique, il fit (1535) une nouvelle tentative de colonisation de la Californie, puis, lassé des ingratitudes de toutes sortes dont il était l'objet, décida de rentrer définitivement en Espagne (1540). Un an plus tard, il accompagnait Charles Quint dans la malheureuse expédition d'Alger, mais ne parvint pas à conquérir la faveur de l'empereur qui, à la fin de sa vie, lui refusa même une audience. La mâle figure du conquistador a été certes un peu ternie par la brutalité qu'il mit dans son traitement des vaincus et ses méthodes de conversion. La clémence dont il avait fait preuve dans les premiers mois de la conquête oblige toutefois à se demander si ce n'est pas la résistance des Mexicains et la réelle insécurité de sa position qui ont contraint Cortés à recourir aux mesures extrêmes, si familières d'ailleurs aux mœurs de l'époque. Il est en tout cas incontestable qu'il a fait une grande œuvre de colonisateur, rebâtissant Mexico, distribuant les terres, ouvrant des ateliers et des fonderies, introduisant en Amérique les plantes et les animaux domestiques de l'Europe. L'énergie de cet aventurier solitaire brille comme un des joyaux du grand siècle espagnol.

MICHEL MOURRE.

RÉF. : W. H. Prescott, *Vie de Fernand Cortés*, Paris, 1895. — F. A. Mac. Nutt, *Fernando Cortés and the Conquest of Mexico, 1485-1547*, New York, 1909. — Jean Babelon, *La Vie de Fernando Cortés*, Paris, 1928. — Ch. Beaulieu, *Fernando Cortés. Le Conquérant du Mexique*, Paris, 1932. — *Documentos relativos a H. Cortés y su familia*, Mexico, 1935. — J. Vasconcelos. *H. Cortés, creador de la nacionalidad mexicana*, Mexico, 1941. — H. R. Wagner, *The Rise of Fernando Cortés*, Berkeley, 1944. — *Nuevos documentos relativos a los bienes de H. Cortés*, Mexico, 1946. — Salvador de Madariaga, *Hernan Cortés*, Paris, 1953.

CORVO, baron. Voir **Rolfe** Frédéric William.

COSSA Pietro. Poète italien. Né à Rome le 20 janvier 1830, mort à Livourne le 30 août 1881. Il débuta par des poésies lyriques : *Dernier chant d'un exilé* [*Ultimo canto di un esule*], mais ce fut au théâtre qu'il se fit un nom, avec son drame *Néron* (*) (dont procède indirectement l'opéra de Boito, et directement celui de Mascagni). Cossa fit preuve, dans ses pièces à sujet historique – celles qui s'inspirent de l'histoire romaine particulièrement –, d'un souci de réalisme, et porta à la scène l'idéal du Risorgimento. Son théâtre est éminemment représentatif de la transposition du détail authentique qui est l'un des aspects du vérisme. De toutes ses tragédies en vers, les meilleures sont (outre *Néron*) : *Marius et les Cimbres* [*Mario e i Cimbri,* 1862], *Plaute et son siècle* [*Plauto e il suo secolo,* 1874], *Messaline, Cléopâtre* (*), *Julien l'Apostat* (+) et *Cola di Rienzi* (+).

COSSERY Albert. Romancier et nouvelliste égyptien d'expression française. Né le 3 novembre 1913 au Caire (Égypte). Il commence à écrire dans sa ville natale. En 1940 Henry Miller fait publier aux États-Unis son premier livre, *Les Hommes oubliés de Dieu.* En 1942, il donne *La Maison de la mort certaine.* Les thèmes chers à Cossery, la dérision, l'humour et une critique acerbe envers les nantis s'y trouvent magnifiquement développés. Cette maison, c'est celle de la misère, prête à s'effondrer sur ses nombreux locataires. Khalil en est le propriétaire, un « propriétaire de la pire espèce. Il possédait une dizaine de ces avalanches en suspens, éparpillées dans différentes venelles des quartiers indigènes ». En 1945, Cossery se fixe définitivement à Paris. Il y habite depuis quarante ans le même hôtel, l'hôtel de la Louisiane, que son ami Henry Miller a décrit dans *Tropique du Cancer* (*) : « Une vieille hôtellerie rébarbative, connue des mauvais garçons... » Dans les années de l'après-guerre, il nouera de solides amitiés avec des peintres et des écrivains ; Giacometti, Genet, Camus, Queneau. Le thème de la révolte contre l'ordre établi est une constante chez Cossery. Révolte qu'il incarne dans sa vie quotidienne. « Je n'ai jamais rien possédé. Pour quoi faire ? Ma chambre d'hôtel me suffit amplement ! » En 1955 il publie son chef-d'œuvre, *Mendiants et Orgueilleux* (*). Gohar, mendiant philosophe, y désigne la mendicité comme la voie de la sagesse. Cette recherche de l'absolu explique sûrement la discrétion de ce grand écrivain égyptien né au Caire dans une famille chrétienne aisée. L'opposition radicale qui existe dans l'univers romanesque d'Albert Cossery entre les miséreux et les nantis se retrouve dans *La Violence et la Dérision* (1964) ainsi que dans *Un complot de saltimbanque* (1975). En 1990 Albert Cossery a obtenu le grand prix de la Francophonie. Cossery, l'« inconnu reconnu », voit son nom réapparaître au grand jour avec la double adaptation de *Mendiants et Orgueilleux,* au cinéma par Asma El Bakri, et en bande dessinée par Golo.

PHILIPPE BLONDEAU.

COSTELEY Guillaume. Compositeur français. Né à Fontanges (Auvergne) vers 1530, mort à Évreux le 28 janvier 1606. Arrivé à Paris vers 1554, il entre bientôt au service du roi. Ami du poète Jean Antoine de Baïf qui l'influença par son travail sur le vers mesuré, il joue un rôle important dans le passage de la polyphonie à la monodie accompagnée. Ses *Chansons* (*), parfois écrites sur des vers de Ronsard, font de lui le plus illustre représentant de l'école polyphonique française à la fin du XVIe siècle. En 1585, il se retira à Évreux, où il avait acquis une maison et où il avait fondé une « Confrérie de sainte Cécile ».

COSTIN Miron. Chroniqueur moldave. Né en 1633, mort en 1691. Il appartenait à une famille de boyards de la Moldavie ; son père ayant dû, pour des raisons politiques, se réfugier en Pologne, le jeune Miron fut confié aux jésuites qui dirigeaient une école à Bar, en Ukraine, où il fut initié à l'humanisme ; puis il combattit (1651) dans l'armée polonaise contre les Cosaques. De retour en Moldavie, il prit part à plus d'un épisode de la lutte que se livraient les féodaux. L'humaniste, cependant, reparaissait sous le soldat chaque fois que, rencontrant quelque témoignage archéologique de la conquête romaine, il découvrait, à travers la vivante réalité psychologique, les affinités de la race moldave avec celles d'outre-monts. L'origine latine et l'unité de la race roumaine sont les idées maîtresses qu'il développe dans ses ouvrages, principalement dans *Du peuple moldave et de l'origine de ses ancêtres* et dans la *Chronique de la Moldavie* (*) qui, mise en vers à la demande de Jan Sobieski, roi de Pologne, forma le poème intitulé *Description de la Moldavie et de la Valachie* [*Opisanie ziemi Moldawskiey i Multanskiey,* 1684]. Conseiller précieux et négociateur avisé, Costin fit, à la Cour, une brillante carrière. En 1683, la défaite de Duva Voda l'obligea à se réfugier en Pologne où, grâce à la bienveillance du roi, il servit en qualité de diplomate. En 1685, de retour en Roumanie, il fit partie de l'entourage de Constantin Cantemir et, à la chute de ce prince, fut assassiné alors qu'il se préparait à conduire sa femme au tombeau. Sa vaste culture, l'acuité de son intelligence et son énergie passionnée font de Costin l'un des plus marquants « chroniqueurs » de Roumanie. On lui doit également un petit poème, *La Vie du monde* [*Viata lumii*] dont l'inspiration rejoint le *Vanitas vanitatum* de *La Bible* (*).

COTTIN Marie Sophie (née Risteau). Femme de lettres française. Née et morte à

Paris : 22 mars 1770-25 août 1807. Élevée dans un milieu protestant prospère, Sophie épouse en 1789 Paul Cottin, d'une famille de riches banquiers anoblis. Il meurt de maladie en 1793. Les Cottin sont suspects à la Révolution. Sophie change plusieurs fois de domicile, passe plusieurs années à Champlan, près de Longjumeau, en compagnie de sa meilleure amie, sa cousine Julie Verdier. Très séduisante, elle a attiré beaucoup d'hommes, mais tenait à rester fidèle à la mémoire de son mari. Un jeune parent s'est tué pour elle. Un projet de mariage avec le philosophe Azaïs n'aboutit pas parce qu'elle ne pouvait avoir d'enfant. Joseph Michaud, l'historien des croisades, amoureux d'elle, l'a aidée à publier ses derniers ouvrages, a préfacé *Mathilde*. Vers la fin de sa courte vie, elle s'est beaucoup intéressée à la religion. *Claire d'Albe* (*) (1799) est un roman par lettres. Claire, mariée à un sexagénaire, se croit heureuse. Elle s'éprend du filleul de son mari. S'étant donnée une seule fois, elle meurt de remords. On reconnaît des situations de *Julie ou la Nouvelle Héloïse* (*). *Malvina* (1801) a pour cadre l'Écosse où une jeune veuve vit dans le château d'une cousine. Elle tombe amoureuse de sir Edmond, l'épouse, mais des malentendus causés par la malveillante cousine causent la folie, puis la mort de Malvina. *Amélie Mansfield* (1803) est une histoire d'amour dont l'héroïne est veuve après un mauvais mariage. Amélie et Ernest de Woldemar (son cousin autrefois rejeté) s'aiment, rencontrent l'hostilité de la famille et, après d'innombrables difficultés, Amélie enceinte meurt d'épuisement. *Mathilde* (1805) a pour cadre la troisième croisade. Mathilde, jeune novice, et Malek Adhel, preux chevalier musulman, s'aiment. Malek se convertit en mourant, Mathilde prend le voile. *Élisabeth ou les Exilés de Sibérie* (1806) s'inspire du voyage à pied d'une jeune fille à travers la Russie pour obtenir la grâce de son père, épisode que traitera plus tard Xavier de Maistre dans *La Jeune Sibérienne* (*).

Dans la plupart de ces romans, on retrouve la lente révélation de l'amour chez l'héroïne, qui entraîne d'inévitables malheurs ; les obstacles au bonheur ; l'expiation de la faute commise ; le rôle de la bienfaisance. Mme Cottin s'identifie volontiers avec ses personnages féminins ; peut-être est-ce pour cela que, dans une lettre de 1800 citée par L. C. Sykes, elle se dit non « partisane des femmes auteurs ». Dans *Malvina* on lit : « Les femmes n'ayant ni profondeur dans leurs aperçus, ni suite dans leurs idées, ne peuvent avoir de génie... » Elle leur reconnaît une sensibilité qu'elle a trop mise en évidence dans ses romans, souvent empreinte d'influences littéraires. Son œuvre, que Benjamin Constant jugeait supérieure à *Valérie* (*) de Mme de Krüdener, souvent rééditée et traduite, est tombée depuis dans un injuste oubli.

ALIX S. DEGUISE.

COTTON John. Prédicateur américain. Né le 4 décembre 1584 à Derby en Angleterre, mort à Cambridge (Massachusetts), le 23 décembre 1652. Étudiant au Trinity College de Cambridge, il y devint bachelor of Arts en 1603 et magister of Arts en 1606. Nommé vicaire de Saint-Botolph à Boston, dans le Lincolnshire, il y demeura vingt ans. En 1633, à la suite d'un différend avec l'autorité ecclésiastique, il se rendit en Amérique ; il y avait des amis, dont John Winthrop et d'autres personnages importants, et il resta dans ce pays jusqu'à sa mort. Dans le Massachusetts, il se consacra à l'instruction religieuse, à la politique, et aux affaires de l'Église congréganiste de la colonie. Controversiste distingué, il participa, par ses écrits et par ses prêches, aux débats religieux. Il a laissé entre autres un catéchisme : *Lait pour les enfants* [*Milk for Babe*, 1646] ; *Les Clefs du royaume des cieux* (*) ; *Le Chemin des églises du Christ dans la Nouvelle-Angleterre* [*The Way of the Churches of Christ in New England*, Londres, 1945] ; et la *Doctrine sanguinaire purifiée et blanchie* (+) (1647). Dans le milieu puritain et étroit de la Nouvelle-Angleterre, il domine tous les autres penseurs du monde religieux. Il fut toujours antidémocrate et se fit le défenseur du gouvernement oligarchique. Sa fille Mary, qu'il avait eue de sa seconde femme, épousa Increase Mather, et devint la mère de Cotton Mather.

RÉF. : Alexander W. Mac Clure, *The Life of John Cotton*, 1870. – Williston Walker, *Ten New England Leaders*, New York, 1901.

COULOMB Charles Augustin de. Physicien français. Né à Angoulême le 14 juin 1736, mort à Paris le 23 août 1806. Sous-lieutenant du génie en 1758, il conquit ses grades jusqu'à celui de lieutenant-colonel. Il resta sept ans aux Indes occidentales, où il construisit des fortifications tout en poursuivant ses études de mécanique appliquée. Rentré en France, il écrivit, entre autres œuvres, la *Théorie des machines simples, en ayant égard au frottement de leurs parties et à la roideur des cordages*, mémoire qui lui valut sa nomination à l'Académie des sciences en 1784. La même année, il fut nommé intendant général des Eaux et Fontaines de France, charge qu'il quitta en 1792. À partir de cette date, il fit partie de la commission chargée d'établir un nouveau système des poids et mesures, fondé sur le système métrique décimal. Il fut chargé, ainsi que Borda, de fixer les caractéristiques du pendule dont le battement détermine la durée de la seconde. Il se rendit célèbre en découvrant la loi d'attraction et de répulsion électromagnétique. Pour vérifier cette loi, il inventa la balance de torsion qui porte son nom. Il étudia aussi les différentes substances isolantes, et constata que la meilleure d'entre elles était la gomme laque. Ses travaux sur l'électricité et le magnétisme sont contenus dans sept *Mémoires sur l'électricité et sur le magnétisme* (*). Coulomb fut un des pionniers de l'électrostatique et de la physique expérimentale françaises. Ses expériences servirent de base aux théories mathématiques de Poisson. L'unité de mesure employée pour l'électricité fut nommée « coulomb » en son honneur.

COUPERIN François (dit **le Grand**). Compositeur français. Né et mort à Paris (10 novembre 1668-11 septembre 1733). Il appartenait à une famille originaire de Chaumes, dans la Brie, qui donna à la France, pendant plus d'un siècle, une véritable dynastie musicale. Son oncle Louis Couperin (vers 1626-1661), élève de Champion de Chambonnières, et dont les majestueuses compositions pour orgue et pour clavecin avaient consacré la réputation, ainsi que son père, Charles Couperin (1638-1679), l'avaient précédé comme organiste de Saint-Gervais ; François obtint cette charge à vingt et un ans, et la conserva toute sa vie. Cependant, il n'écrivit qu'un seul livre pour l'orgue qui renferme deux messes ; il obtint, en revanche, une rapide notoriété avec ses œuvres pour clavecin, ses *Sonates en trio* et ses pièces pour viole.

En 1693, François Couperin devint organiste de la Chapelle royale ; en 1717, claveciniste de la Cour où il compta parmi ses élèves le duc de Bourgogne, Anne de Bourbon, et Louis-Alexandre de Bourbon ; ce dernier le gratifia d'une rente viagère. Quatre volumes de pièces pour clavecin furent publiés par François Couperin en 1713, 1717, 1722, 1730 – v. *Pièces pour clavecin* (*) ; ce sont ses œuvres les plus connues, mais sa production est beaucoup plus vaste : les quatre livres de *Sonates*, les *Concerts royaux* (*), les *Nouveaux concerts*, les *Goûts réunis* (*), l'*Apothéose de Corelli* (*), l'*Apothéose de Lully* (*), les *Trios en quatre livres*, les *Leçons des Ténèbres*. Son traité, *L'Art de toucher le clavecin*, le premier du genre, contient des indications et des suggestions que l'on cite encore aujourd'hui dans les ouvrages consacrés à la technique des instruments à clavier. On doit à François Couperin cette maxime, applicable aux auteurs et interprètes de toute époque : « J'avancerai de bonne foy que j'aime mieux ce qui me touche que ce qui me surprend. » Précurseur, pour ainsi dire, de l'impressionnisme, il assure qu'il a toujours eu, en composant ses pièces pour clavecin, un objet à peindre ; ses titres sont évocateurs soit de caractères féminins, comme *La Douce et Piquante, La Prude, L'Enchanteresse*, soit de scènes de la nature, comme *Le Rossignol en amour, Les Papillons, Les Abeilles*, soit encore d'événements de son temps, comme les *Fastes de la grande et ancienne ménestrandie* (*) : œuvre qui se rattache à la période du conflit entre les organistes et les clavecinistes d'une part, les « ménestriers » de l'autre. Couperin, dans le plus pur esprit de la tradition française, dépasse aisément, par ses dons d'imagination créatrice, les limites du genre mondain et profane dont ses compositions prennent prétexte. Musicien de cour, il enseigne à des princes et à des princesses : presque tous les dimanches, il s'assied au clavecin et exécute, avec Duval, Philidor, Alarin, Dubois, des gavottes, des courantes et des chaconnes pour le plaisir du monarque ; mais, en même temps, musicien de génie, il donne vie à des portraits et à des tableaux sonores qui associent la verve la plus délicate à l'expression de la qualité la plus sobre. Il n'a pas d'égal, parmi ses contemporains, pour la délicatesse, l'esprit, la vivacité et l'élégance, et il offre, dans ses œuvres, l'image musicale la plus raffinée et parfaite de son époque. Au cours des premières années du siècle, il publie de la musique religieuse (motets et *Leçons de ténèbres*) dans laquelle il affirme sa préférence pour les formes intimes et se démarque de la pompe de Marc Antoine Charpentier et de Delalande.

RÉF. : François Couperin, *L'Art de toucher le clavecin*, Paris, 1716-17. – Charles Bouvet, *Une dynastie de musiciens français : les Couperin*, Paris, 1919. – Julien Tiersot, *Les Couperin*, Paris, 1926. – Pierre Citron, *Couperin*, Paris, 1956. – Shlomo Hofman, *L'Œuvre de clavecin de François Couperin le Grand*, Paris, 1961. – Marcel Thomas, *Les Premiers Couperin dans la Brie*, Paris, 1978. – Philippe Beaussant, *Couperin*, Paris, 1980. – James R. Anthony, *La Musique en France à l'époque baroque (de Beaujoyeulx à Rameau)*, Paris, 1982.

COUPERIN Louis. Compositeur français. Né à Chaumes-en-Brie en 1626, mort à Paris le 29 août 1661. Aîné des trois frères Couperin, et oncle de François Couperin dit « le Grand », il aurait reçu de son père son éducation musicale. Remarqué par Chambonnières en 1652, il est dès 1653 organiste à l'église Saint-Gervais. Dépassant bientôt son maître, il devint dessus de viole à la Cour. Mais il mourra à trente-cinq ans, laissant une œuvre abondante, essentiellement consacrée à l'orgue et au clavecin – v. *Pièces de clavecin* (*). La plupart de ses deux cents pièces n'ont été publiées qu'à partir de 1936. Ses « préludes non mesurés » montrent l'influence du style italien de Frescobaldi, qu'il connut sans doute à travers Froberger, qui avait lui-même séjourné à Paris de 1650 à 1653. Son audace harmonique et la variété de ses rythmes le placent au premier rang des compositeurs français de son temps.

COUPERUS Louis Marie Anne. Écrivain hollandais. Né à La Haye le 10 juin 1863, mort à De Steeg le 16 juillet 1923. Il passa cinq années de son enfance à Java et se rendit plusieurs fois aux Indes néerlandaises et en Extrême-Orient. Après avoir donné à la presse quelques poésies, Couperus devint tout à coup célèbre lorsque fut publié *Éline Vere* (*) (1889), roman réaliste fortement influencé par l'œuvre de Flaubert, qui se déroule dans les milieux raffinés et décadents de la société de La Haye. Vinrent ensuite : *Fatalité; Extase* [*Extaze*, 1892] ; *Les Livres des petites âmes* (*) ; *Vieilles gens et choses qui passent* [*Van oude menschen, dingen die voorbijgaan*, 1906] ; *Psyché* (1898), œuvre symboliste dans le goût du temps, et *Dionysos* [*Dionysos*, 1904] qu'il faut rapprocher de l'œuvre précédente. Couperus demeura très longtemps en Italie (Florence, Rome), et c'est à ce séjour que remontent les impressions et les contes publiés dans les journaux et dans la revue *Groot-Nederland* qu'il fonda. Ses romans sur des sujets antiques sont généralement considérés comme le meilleur de la production de Couperus : *La Montagne de lumière* [*De Berg van licht*, 1905-1906], dont le principal personnage est l'empereur Héliogabale, *Tourisme antique* [*Antiek toerisme*, 1911], qui se passe en Égypte, *Les Comédiens* (*) (1917), relatant la vie des mimes dans la Rome de Domitien, *Xerxès* (1919), *Iskander* (1920), portrait d'Alexandre le Grand vaincu par la mollesse et les voluptés de l'Asie. En 1923, le gouvernement hollandais lui accorda une pension à vie, en tant que « plus grand prosateur de Hollande », et ses admirateurs lui firent don d'une propriété à De Steeg. C'est là qu'il devait mourir subitement en 1923.

RÉF. : Adrienne Lautère, *L'Âme latine de M. Louis Couperus, romancier hollandais*, s.d. — H. van Booven, *Leven an Werken van Louis Couperus*, Velsen, 1933 (rééd. Amsterdam, 1981). — Sir E. W. Gosse, *Silhouettes*, London, 1935. — F. L. Bastet, *Een Zuil in de mist*, Amsterdam, 1980.

COURIER DE MÉRÉ Paul-Louis. Polémiste et érudit français. Né à Paris le 4 janvier 1772, mort le 10 avril 1825 dans son domaine de la Chavonnière à Véretz (Indre-et-Loire). Paul-Louis Courier passa une partie de son enfance en Touraine où son père, riche bourgeois et homme cultivé, avait dû se réfugier après avoir séduit une duchesse. C'est de lui qu'il reçut les premiers rudiments. Son père le destinait à la carrière du génie et l'envoya à Paris apprendre les mathématiques. Bien qu'il eût beaucoup plus d'inclinaison pour les lettres, Courier se soumit aux vues paternelles et fut envoyé à l'école d'artillerie de Châlons-sur-Marne. Il en sortit en 1793 avec le grade de lieutenant d'artillerie et fut envoyé immédiatement à l'armée du Rhin. Là, ce soldat malgré lui conçut dès l'abord un profond mépris pour la guerre et réussit, ce qui à l'époque tenait du prodige, à ne point monter en grade. Il exécutait ponctuellement les tâches qui lui étaient assignées mais ses préoccupations étaient ailleurs, il lisait les auteurs grecs. En 1795, dans une période fort sombre pour les troupes de la Révolution, alors qu'elles faisaient le blocus de Mayence, Courier quitte le front et sans congé rentre chez lui. Sa justification : « J'y pensai geler et jamais je ne fus si près d'une cristallisation complète. » Il est vrai qu'il venait de perdre son père. Le jeune officier est réclamé comme déserteur. On s'entremit et on arrangea l'affaire, mais en 1796-1797, ce n'est pas en Italie que Courier fait campagne mais à Albi et Toulouse, où il compte les boulets et profite du vent de plaisir qui soufflait, la Terreur passée. En 1798, il est nommé commandant d'artillerie en Italie — v. *Lettres de France et d'Italie* (*). À Rome, c'est à la bibliothèque du Vatican qu'il consacre tous ses loisirs ; voulant y faire une ultime visite avant de quitter Rome avec l'armée, il se trouve isolé, seul Français, et pense être tué d'un coup de fusil. De retour en France, et de 1800 à 1803, il accumule les congés de maladie qu'il met à profit pour continuer ses traductions du latin et du grec, et rentrer ses récoltes. Mais l'armée ne l'oublie pas ni ses protecteurs. Il est nommé chef d'escadron et envoyé de nouveau en Italie en 1803 ; il y restera jusqu'en 1809, parcourant la péninsule au gré des missions militaires, s'installant pour travailler dès qu'il en a la possibilité et négligeant dans sa retraite de répondre aux ordres qui l'appellent ailleurs. C'est pendant ce séjour qu'il traduisit l'*Hipparque* (*) et *De l'équitation* (*) de Xénophon, publiés à Paris en 1809, poussant la conscience jusqu'à monter à cheval à la grecque sans étriers et sans fers afin de mieux comprendre les préceptes de l'auteur. En 1809, brève flambée d'enthousiasme militaire, Courier espérait commander une armée. Déçu, il donna sa démission après Wagram et cette fois sa retraite est définitive. Aussitôt, il retourne en Italie et, à la bibliothèque San Lorenzo de Florence, reprend l'étude du manuscrit de *Daphnis et Chloé* — v. *Les Amours pastorales de Daphnis et Chloé* (*) — dont il devait publier des passages inconnus d'Amyot (1810) ; une malencontreuse tache d'encre faite sur le manuscrit lui cause bien des ennuis, il se défend dans une *Lettre à M. Renouard* ; en 1812, il est à Naples auprès de la comtesse d'Albany ; ce sont les échos de ses discussions d'alors qu'il reproduit plus tard dans la fameuse *Conversation avec la comtesse d'Albany*. En 1814, Courier, après bien des hésitations, se marie, puis part en voyage en oubliant sa femme. Enfin de retour, il reprend ses traductions et publie en 1818 *L'Âne de Lucien de Patras*. Il vit alors tantôt à Paris, tantôt en Touraine, se présente à l'Académie des inscriptions. Sa candidature repoussée, il se venge de cet échec dans sa *Lettre à MM. de l'Académie des inscriptions et belles-lettres* — v. *Pamphlets* (*).

Il s'installe alors à la Chavonnière qu'il ne quittera plus, sauf pour des voyages à Paris rendus nécessaires par ses procès. Ce n'est pas en effet la tranquillité qu'il a trouvée à la campagne. Ses idées, son caractère lui valent bien des déboires. À partir de 1816, la vie de Courier est partagée entre les travaux des champs, ses difficultés villageoises avec ses voisins, avec les autorités, et la rédaction de ces *Pamphlets* qui firent sa gloire. Ils se succèdent, nets comme des coups de feu et comme eux explosifs, mais drus et pleins de sel attique : en 1816, la *Pétition aux deux Chambres*, sur les arrestations arbitraires ; en 1819, le *Procès de Pierre Clavier-Blondeau* ; en 1819-1820, les *Lettres au rédacteur du « Censeur »*, sur les abus du pouvoir, de la magistrature et de l'Église ; en 1820, les *Lettres particulières* sur les ridicules de la noblesse ancienne et d'Empire ; en 1821, le *Simple discours de Paul-Louis, vigneron de la Chavonnière, aux membres du conseil de la commune de Véretz à l'occasion d'une souscription pour l'acquisition de Chambord*. Le *Simple discours* lui vaut des poursuites, Courier s'y attendait et il s'en explique dans le malicieux *Aux âmes dévotes*. Il est effectivement condamné à deux mois de prison et deux cents francs d'amende. La veille du jour où expire sa détention, il est tiré de Sainte-Pélagie pour être conduit devant le tribunal pour un nouveau pamphlet, la *Pétition à la Chambre des députés pour les villageois que l'on empêche de danser*. Il en est quitte pour une réprimande. Sa riposte vient aussitôt, c'est le *Procès de Paul-Louis Courier*. Au lieu de se taire, Courier accumule les écrits satiriques, le *Livret de Paul-Louis*, *La Gazette du village*, la *Pièce diplomatique*, la *Première* et la *Deuxième réponse aux anonymes ;* bien mieux, il assortit maintenant ses œuvres de commentaires critiques d'une apparente objectivité, qui sont autant de louanges, pleines de dignité et de mesure, qu'il s'adresse à lui-même. Avec le *Pamphlet des pamphlets* (1824), Courier s'emploie à faire l'apologie du genre auquel il a attaché son talent : « Cet ouvrage, dit-il, est, à proprement parler, la justification de tous les autres. » Celui que la presse libérale appelle le Rabelais de la politique, le Montaigne du siècle, l'émule heureux de Pascal, ne pouvait récolter que des haines et des haines toutes proches. Dans son *Livret*, en 1824, il avait écrit : « Paul-Louis, les cagots le tueront. » Le 10 avril 1825, à quelques pas de sa maison, il est abattu d'un coup de fusil et meurt sur place. L'enquête qui suit sa mort ne donne aucun résultat. Peut-être a-t-il été assassiné par un de ses domestiques avec la complicité de sa propre femme. Il laissait inachevés des fragments d'une traduction des *Histoires* (*) d'Hérodote à laquelle il avait consacré de nombreuses années. Nourri des écrivains politiques athéniens, Courier a créé ou recréé un genre qui mourut avec lui. Il y a mis tous les dégoûts que lui inspiraient une vie dont la meilleure part fut donnée à l'armée qu'il haïssait, une époque qu'il abhorrait, un tempérament bilieux, susceptible et plein de hargne. Libéral, voltairien, vaguement bonapartiste après la chute de l'Empire, orléaniste sous la Restauration pour n'être point légitimiste, Courier représente l'incarnation parfaite de l'esprit de la bourgeoisie frondeuse de 1820, de cette « classe moins élevée quoique mieux élevée, qui ne meurt pour personne, et qui, sans dévouement, fait bien tout ce qui se fait : bâtit, cultive, fabrique autant qu'il est permis ; lit, médite, calcule, invente, perfectionne les arts, sait tout ce qu'on sait à présent, et sait aussi se battre, si se battre est une science ». Point de doute, cependant, que s'il eût vu le triomphe de la bourgeoisie et de la monarchie bourgeoise de Louis-Philippe, Courier n'eût été contraint de passer, d'enthousiasme, dans l'opposition.

JACQUES BROSSE.

♦ *« Courier est doué d'un grand talent naturel qui ressemble par certains côtés à celui de Byron ainsi qu'à ceux de Beaumarchais et de Diderot. Il a de lord Byron la promptitude à s'emparer de toutes choses qui pourraient lui servir d'arguments ; de Beaumarchais, l'habileté chicanière ; de Diderot, la dialectique ; et à cela s'ajoute qu'il est aussi spirituel qu'on peut l'être. »* Goethe. ♦ *« Avant de rencontrer sa destinée, il a gravé dans l'airain tous les sentiments qui lui furent communs avec nous, et qui absoudraient cette génération si jamais elle était accusée d'avoir été la muette spectatrice de toutes les hontes de la France depuis quinze ans. »* Armand Carrel. ♦ *« Peu de matière et beaucoup d'art, c'est là toute la devise et le secret du talent de Courier [...] Comment entra-t-il dans la politique ? Par le détail, par ce qu'il y a de plus particulier. Ce sont des petites choses qui l'ont décidé ; le talent, chez lui, qui cherchait jour et matière, et qui s'ennuyait à ne point s'exercer, s'empare de ces riens et en fait à la fois des thèmes d'art achevés et de merveilleuses petites pièces de guerre. »* Sainte-Beuve. ♦ *« Il a dérobé à La Bruyère son art d'aiguiser l'épigramme, à Pascal l'ironie mordante et légère. Aux vieux conteurs il a pris la narration aisée, lumineuse, teinte d'un comique délicieux. »* G. Lanson. ♦ *« Au temps où les jeunes écrivains n'exprimaient que la vague mélancolie ou les passions exaltées d'une imagination malade, Courier fait parler le franc bon sens et l'ironie. Ses idées sont antiques et simples, son style d'une merveilleuse clarté. Il plaît à tous ceux qui goûtaient mal le mysticisme ou la frénésie de l'école nouvelle, à toute la descendance de Voltaire... Paul-Louis Courier s'est fait pamphlétaire. Ce n'est point par amour des hommes. À le bien comprendre, il n'est peut-être qu'un grincheux plein de talent. »* Paul Arbelet. ♦ *« C'est une singulière destinée que celle de la gloire d'un Paul-Louis Courier : ni moraliste, ni penseur, ni psychologue, ni conteur, qu'a-t-il donc pour lui qui vaille encore ? Je ne lui vois pas d'autres titres à la durée que d'être un prosateur parfait, auquel il faudra toujours revenir demander conseil et le secret de l'art d'écrire. »* Émile Henriot.

RÉF. : A. Carrel, *Essai sur la vie et les écrits de P.-L. Courier*, en tête de l'édition des *Œuvres*, Paris, 1834. — Sainte-Beuve, *Causeries du lundi*, t. VI, Paris, 1853 ; et *Nouveaux lundis*, t. III et IV, Paris, 1865. — R. Gaschet, *La Jeunesse de P.-L. Courier*, Paris, 1911 : *P.-L. Courier et la Restauration*, Paris, 1913 ; *La Vie et la mort de Courier*, Paris, 1914. — P. Arbelet, *Trois solitaires*, Paris, 1934. — N° spécial de la revue *Europe*, 1966.

COURNOT Antoine Augustin. Mathématicien et philosophe français. Né le 28 août 1801 à Gray, en Franche-Comté, mort à Paris le 30 mars 1877. Il fit ses études au collège des jésuites de sa ville natale, puis au collège royal de Besançon. En 1821, il entra à l'École normale supérieure ; en 1822, l'école ayant été supprimée, il passa à l'université, où il fit sa licence de sciences. Cependant il fréquentait les milieux scientifiques parisiens, où Ampère occupait la première place. Nommé secrétaire du maréchal Gouvion Saint-Cyr, il fut introduit dans les milieux politiques et militaires. Poisson l'encouragea à poursuivre ses études et à choisir la carrière universitaire : en 1849, il était nommé professeur d'analyse et de mécanique à la faculté de Lyon, puis recteur de l'académie de Grenoble, et par la suite, inspecteur général des études et recteur de l'université de Dijon. Il abandonna la vie publique en 1862. Frappé de cécité, il n'en continua pas moins à travailler pendant ses dernières années, aidé de son secrétaire. Ses premiers mémoires scientifiques furent publiés entre 1826 et 1831, dans le *Bulletin des sciences mathématiques, physiques et chimiques du Baron de Férussac.* Principales œuvres : *Recherches sur les principes mathématiques de la théorie des richesses,* remarquable en ce que cet ouvrage est la première tentative d'application de la mathématique à l'économie politique ; *Exposition de la théorie des chances et des probabilités* (1843) ; la première partie de cette œuvre présente un caractère méthodologique ; dans la seconde partie, un chapitre est consacré à la probabilité d'erreur d'un résultat numérique, relatif aux calculs du physicien, du chimiste, de l'astronome, etc. ; un autre chapitre traite des problèmes de la population et de la durée de la vie humaine : *Essai sur les fondements de nos connaissances et sur les caractères de la critique philosophique* (*) (1851) ; *Traité de l'enchaînement des idées fondamentales dans les sciences et dans l'histoire* (1861) : Cournot y développe et y approfondit les problèmes discutés dans l'*Essai ; Considération sur la marche des idées et des événements dans les temps modernes* (1868) où il applique les principes exposés dans le *Traité ; De l'origine et des limites de la correspondance entre l'algèbre et la géométrie* (1874) ; *Revue sommaire des doctrines économiques* (1877).

RÉF. : F. Mentré, *Cournot et la renaissance du probabilisme au XIXe siècle,* 1908. — G. Milhaud, *Études sur Cournot,* 1927. — R. Ruyer, *L'Humanité de l'avenir d'après Cournot,* 1930 ; thèse. — J. de la Harpe, *De l'ordre et du hasard. Le réalisme critique d'A.-A. Cournot,* Neuchâtel, 1936. — P. Humbert, *Philosophes et savants,* 1953. — Émile Callot, *La Philosophie biologique de Cournot,* Paris, 1960. — C. Ménard, *La Formation d'une rationalité économique : A. A. Cournot,* Paris, 1978.

COURTELINE Georges (pseud. de Georges Moineaux). Auteur dramatique et romancier français. Né à Tours le 25 juin 1858 (et non en 1860 comme l'indiquent quelques biographes, Courteline ayant pris l'habitude de se rajeunir de deux ans) ; mort à Paris, le jour anniversaire de sa naissance, le 25 juin 1929. Fils de l'humoriste Jules Moineaux, il débuta jeune dans les lettres en fondant une feuille éphémère appelée *Paris-moderne* (1881). La même année, il dut aller faire son service à Bar-le-Duc (dans les chasseurs à cheval). S'il goûta peu la vie de caserne, il y puisa néanmoins l'inspiration des trois savoureuses satires qui fondèrent sa réputation : *Les Gaietés de l'escadron* (*) (1886), *Le Train de 8 h 47* (*) (1888) et enfin *Lidoire* (*) (1891). Dans ces récits, tout comme dans ceux qui allaient suivre, le dialogue tenait une place prépondérante. Aussi l'auteur put-il sans peine les convertir en pièces de théâtre. D'où la remarque si souvent faite : gardez-vous bien, chez Courteline, de séparer le romancier du dramaturge. Il faut considérer son œuvre d'un seul bloc, tant à chaque page de ses livres le théâtre se retrouve. En 1892, l'auteur change tout à fait de décor, en publiant *Boubouroche* (*), nouvelle dont il devait tirer, l'année suivante, la fameuse comédie bourgeoise qui demeure son chef-d'œuvre. Étant, par ailleurs, employé dans l'administration des Cultes, il put observer à loisir bon nombre de ses collègues qu'il présentera dans ce roman plein de verdeur que sont *Messieurs les Ronds-de-Cuir* (*) (1893). Ayant peint la vie de caserne et celle des bureaux, Courteline voudra s'en prendre à celle des gens de justice. Il avait, d'ailleurs, de qui tenir : son père était l'auteur des *Tribunaux comiques.* Soucieux plus que jamais de l'observation directe, il nous donne une suite de tableaux d'une véracité saisissante : *Un client sérieux* (*) (1896), *Le Commissaire est bon enfant* (*) (1899), *Le Gendarme est sans pitié* (*) (1899), *L'Article 330* (*) (1900), *Les Balances* (*) (1901). Quant à la vie des petits-bourgeois, il l'avait évoquée déjà dans *Boubouroche.* Il continue dans la dizaine de pièces brèves que tout le monde connaît : *La Peur des coups* (*) (1894), *La Cinquantaine* (*) (1895), *Le Droit aux étrennes* (*) (1896), *Monsieur Badin* (*) (1897), *Hortense, couche-toi !* (*) (1897), *Théodore cherche des allumettes* (*) (1897), *La Paix chez soi* (*) (1903), et *La Cruche* (*) (1909).

Dans un temps où la pièce à thèse infestait le théâtre, Courteline a eu le mérite de rester bravement à l'écart pour maintenir la vie au premier plan. Se gardant de tout didactisme, il s'est plu à donner carrière à sa seule observation et à son aisance naturelle. S'il fronde l'autorité des lois, c'est parce qu'il la trouve bien souvent absurde et par là propre à causer pas mal de tribulations pour le commun des mortels. C'est à ces derniers surtout que Courteline s'intéresse. Qu'ils soient militaires, magistrats, employés ou petits rentiers, la plupart de ses personnages sont au-dessous du médiocre. Rien que par leurs noms, ils acquièrent d'emblée un pouvoir comique tout à fait rare. Grincheux, tenaces et lunatiques, la verve que Courteline leur prête est d'une truculence inouïe. Tous ces types d'humanité n'ont donc pas eu de peine à balayer le personnel mangé aux mites qui datait de Scribe. Est-il besoin de le dire ? *Boubouroche*, colosse ingénu qui se laisse duper par tout le monde, demeure sa plus belle création. Aucune méchanceté ne se décèle chez

Courteline. Dans la plupart de ses pièces brèves, l'argument fait la bascule : fort de sa connaissance d'un article du Code, un quidam, par exemple, tyrannise son prochain mais, à la fin, doit rendre les armes parce que l'article est susceptible de plusieurs interprétations. Si loin qu'il aille dans la charge, Courteline se garde bien de perdre de vue la réalité quotidienne. Telle est la raison de l'empire qu'il eut toujours sur le public. Ici, vraiment, l'observation régit toutes choses. Pierre Brisson note à cet égard : « C'est bâti dans l'extravagance à grands traits de vérité : un jet de cocasserie qui vient du fond de l'homme. » Son œuvre est une comédie humaine à la portée de tous. On y trouve une amertume assez proche de celle de Molière – ce Molière qu'en 1905 il a pastiché d'une façon un peu scolaire dans *La Conversion d'Alceste* (*). Si l'on ne peut voir en Courteline un grand créateur dramatique, du moins faut-il reconnaître qu'il eut à un très haut degré le don de l'expression. Il s'impose d'abord en effet par son langage : un style verveux, simple et rapide, aux solides articulations et qui respire toujours bien. Pour sa prose, Courteline s'égale aux meilleurs écrivains français. On sait qu'il fut élu, le 24 novembre 1926, à l'académie Goncourt.

♦ *« Courteline se laisse trop facilement aller à une truculence facile qu'il prête indifféremment à tous ses personnages. Mais, sans doute, plus l'humanité qu'il peint est vulgaire, moins il sied que ses représentants soient différenciés. »* André Gide. ♦ *« Alors qu'on est souvent déçu en approchant un écrivain dont l'œuvre vous a conquis, il était impossible de fréquenter Courteline sans l'aimer. Il était vraiment l'homme de ses livres : raisonneur comme le sieur Trielle, bohème comme Stéphen Hour, crédule comme Boubouroche, emporté comme Hurluret. Le bon cœur et le mauvais caractère, tout y était. »* Roland Dorgelès.

RÉF. : E. Buenzod, *Une époque littéraire, 1890-1910*, Neuchâtel, 1941. – E. Herriot, *Les Maîtres que j'ai connus*, in *Conferencia*, 37 A, n° 1, 1948. – A. Dubeux, *La Curieuse Vie de Georges Courteline*, Paris, 1949. – P. Bornecque, *Le Théâtre de Georges Courteline*, Paris, 1969. – J. Bernard, *Le Théâtre de Courteline*, Paris, 1978.

COURTILZ DE SANDRAS Gatien. Écrivain français. Né peut-être à Montargis, vers 1644, mort à Paris le 8 mai 1712. Capitaine, il dut quitter l'armée en 1679, et passa en Hollande, sans doute pour y faire imprimer ses ouvrages. Auteur, il débuta comme pamphlétaire, *Conduite de la France depuis la paix de Nimègue,* 1683 – les « lettres » étant l'industrie grâce à laquelle il vécut ainsi que sa famille, fût-ce au prix du scandale ou de la calomnie. Il exploita sans scrupules la vie privée des courtisans et des grands mais, ses médisances dépassant les bornes, la police intervint, et il fut embastillé le 22 avril 1693. Il ne fut libéré qu'en 1699, et pendant sa détention il écrivit des récits historico-galants : *Annales de la Cour et de Paris* (années 1698-1699), et le prétendu *Testament de J.-B. Colbert* (1694). Lorsqu'il recouvra la liberté, il fut interdit de séjour à Paris, mais il y revint en fraude, continuant à faire imprimer en Hollande des ouvrages qui excitèrent de nouveau les soupçons de la police. Il continua d'écrire ses « Mémoires » fantaisistes – les *Mémoires de M. d'Artagnan* (+) (1700), qui lui valurent une seconde incarcération, connaîtront une singulière fortune remaniés par Dumas père. Il faut voir dans cette production une préfiguration du roman réaliste, bien que Sandras ne lui ait donné une apparence de vérité historique que pour mieux captiver ses lecteurs. Le fond lui importait peu, pourvu que le pittoresque du langage, le piment de l'action et sa rapidité retinssent le public. Signalons, pour terminer, et pour défendre un peu l'« homme », que Sandras respecta malgré tout et célébra de son mieux Turenne et Coligny : *Vie du comte de Turenne* (1685), *Vie de l'amiral de Coligny* (1686).

RÉF. : Woodbridge (B.M.), *Gatien de Courtilz, sieur du Verger, Un précurseur du roman réaliste,* Paris, 1925. – J. Lombard, *Courtilz de Sandras* (thèse), Paris, 1980.

COURTOIS D'ARRAS. Nom supposé de l'auteur du jeu homonyme, du début du XIIIe siècle, *Le Lai de Courtois* (*), l'un des premiers exemples d'œuvre dramatique que le Moyen Âge nous ait laissés, soit qu'on y voie un drame destiné à être joué par plusieurs acteurs, ou un monologue dramatique récité et mimé par un seul jongleur. En réalité, la critique moderne exclut l'existence d'un hypothétique Courtois, trouvère, et le nom de l'auteur est inconnu. Les analogies que ce Jeu présente avec *Le Jeu de saint Nicolas* (*) dans la versification, dans la langue, dans certains épisodes ou certaines allusions, permettent de croire que l'auteur était artésien, contemporain de Jean Bodel (avec qui on a même voulu l'identifier, mais sans preuves suffisantes). L'allusion à un Gerart Lenoir (mort en 1228) fixe avec certitude aux environs de cette année la date extrême de la composition de la pièce, qui transpose avec bonheur dans le paysage picard la parabole de l'enfant prodigue ; les scènes de la taverne où Pourette, « biele dame mignote et cointe », et Manchevaire sa compagne, enjôlent et détroussent le naïf Courtois, font preuve en particulier d'un réalisme et d'une vivacité tout à fait remarquables.

RÉF. : A. Guesnon, *La Satire à Arras au XIIIe siècle, Moyen Âge*, t. XII, 1908. – Edmond Faral, *Courtois d'Arras*, Paris, 1922. – P. Groult, *Le Drame biblique dans Courtois d'Arras, Mélanges, G. Cohen*, Paris, 1950. – J. Dufournet, « Courtois d'Arras ou le triple héritage », dans *Revue des langues romanes*, 95, 1991.

COUSIN Victor. Philosophe français. Né à Paris le 28 novembre 1792, mort à Cannes le 14 janvier 1867. Il était le fils d'un ouvrier joaillier. Après de brillantes études secondaires, il entra à l'École normale supérieure en 1810, où en 1812, âgé seulement de vingt ans, il suppléa Villemain dans son enseignement de la littérature grecque. Mais en 1810 il a aussi rencontré La Romiguière, ce qui décida, a-t-il dit lui-même, de toute sa vie. Car La Romiguière lui apporta la révélation de la philosophie, qu'on n'enseignait pratiquement pas dans les lycées impériaux, et le gagna à cette nouvelle étude. Dès 1813, Victor Cousin est chargé à l'École normale de conférences de philosophie. En 1815, il supplée Royer-Collard. C'est alors qu'il subit l'influence de Maine de Biran et qu'il commence à lire Kant. Lors d'un premier voyage en Allemagne (1817), il rencontre, à Heidelberg, Hegel, disciple encore de Schelling, mais dont il devine le génie. En 1818, il passe à Munich un mois avec Schelling et Jacobi, et ses contacts avec les représentants de la philosophie allemande inclinent sa pensée spiritualiste vers cet éclectisme qui en sera bientôt le principal caractère. En 1820, il est privé de sa chaire pour ses idées libérales. Il commence alors ses grandes éditions de Descartes et de Proclus (qu'il continuera plus tard par celles d'Abélard et de Maine de Biran) et sa traduction de Platon. En 1824, au cours d'un nouveau voyage en Allemagne, il est arrêté pour une phrase imprudente qui le rend suspect de carbonarisme, reste six mois en prison, où il lit Kant, Fichte, Jacobi, et ne doit sa libération qu'aux interventions de Hegel. Cette aventure lui vaut à son retour en France beaucoup de renommée et de soutiens dans le parti libéral, et il obtient en 1828 la chaire d'histoire de la philosophie à la Sorbonne. Cousin atteint alors le faîte de sa carrière proprement professorale. En 1826, il a commencé la publication de ses *Fragments philosophiques*, en 1829 il donne son *Histoire de la philosophie moderne*. Sa doctrine, l'« éclectisme » (que l'on retrouve dans son meilleur livre, *Du vrai, du beau et du bien* (*) publié en 1837), prétend reprendre à chaque système philosophique ce qu'il a de valable. Mais, dans ses critères de choix et dans sa ligne générale, elle reste une pensée assez vague et peu cohérente dont la qualité est surtout de mettre l'accent sur l'étude historique des philosophes. Comblé d'honneurs après la révolution de 1830, Cousin est nommé coup sur coup conseiller d'État, pair de France, directeur de l'École normale, membre du Conseil royal de l'Université, il est élu membre de l'Académie française et de l'Académie des inscriptions, et en 1840 il devient même pour huit mois ministre de l'Éducation nationale. En 1844, sa controverse avec le parti catholique sur l'enseignement de la philosophie et la laïcité de l'enseignement est encore une victoire. Mais la révolution de 1848 met fin aux succès de sa carrière et il prend sa retraite après le coup d'État de 1851. Des recherches érudites (sur *Mme de Longueville*, 1853, *Mme de Sablé*, 1854, *La Société française au XVIIe siècle, d'après le Grand Cyrus*, 1858) occupent les dernières années de sa vie.

JEAN DUVAL.

♦ *« Cousin n'a pas grand-chose à nous enseigner, à nous Allemands, puisque la philosophie qu'il présente comme une nouveauté à ses compatriotes nous est connue depuis de longues années ; mais pour les Français, il est fort intéressant. Il leur donnera une direction tout à fait nouvelle. »* Goethe. ♦ *« L'éclectisme : le mot et la chose se trouvent dans son* Discours d'ouverture *de 1816, et M. Cousin en fit la matière de son enseignement dès 1817. Il a donc raison de revendiquer l'initiative de cette méthode de philosophie qu'il combina avec celle de son illustre prédécesseur* [Royer-Collard]. *»* Sainte-Beuve. ♦ *« M. Cousin, dépourvu du génie de l'invention philosophique, finit par favoriser surtout l'histoire de la philosophie, aux dépens de la philosophie même... Presque dans toutes les questions, il manque d'originalité. »* Fouillée. ♦ *« Cousin... m'a toujours paru être le comédien le plus désagréablement grimacier que j'aie jamais rencontré. Il a pris en professant sa prétendue philosophie l'habitude d'avoir un auditoire écoutant avec une avidité crédule ses moindres paroles... Ce ton doctoral, sentencieux, dogmatique même qu'il n'abandonne jamais est du dernier ridicule dans la bouche d'un homme léger comme l'air et changeant comme le vent qui l'agite. »* Delécluze. ♦ *« Au plus fort de sa fièvre métaphysique, son ambition était déjà de fonder, d'organiser une philosophie française appuyée sur les traditions nationales, accommodée aux besoins du génie national, et n'empruntant au-dehors que ce qui pouvait la compléter, la mettre – pour ainsi dire – au courant de son temps, sans lui rien enlever de son caractère essentiel. Il s'agissait de donner à la France un système philosophique qui fût bien à elle, qui exprimât et condensât la pensée française, comme le système de Locke avait fait pour la pensée anglaise. »* T. de Wyzewa.

RÉF. : Roux-Lavergne, *M. Cousin et ses doctrines*, 1851. – J.-E. Alaux, *La Philosophie de M. Cousin*, 1864. – M. Mignet, *Nouveaux éloges historiques*, 1877. – Paul Janet, *Victor Cousin et son œuvre*, 1885. – Barthélemy Saint-Hilaire, *Victor Cousin, sa vie, sa correspondance*, 3 vol., 1885. – Jules Simon, *Victor Cousin*, 1887. – J. Pommier, *Dialogues avec le passé*, 1967. – *Victor Cousin : les idéologues et les Écossais* (colloque de 1982), Paris, 1985.

COUTO Diogo do. Historien portugais. Né à Lisbonne en 1542, mort à Goa le 10 décembre 1616, il est l'un des plus remarquables chroniqueurs de ce siècle d'or que fut, pour le Portugal, le XVIe siècle. Son père qui servait dans les armées fut fait chevalier à Tunis ; il était de la suite de l'infant Luiz, fils de don Manuel. Couto fut admis, à l'âge de dix ans, à la cour de ce dernier, et il y fit son apprentissage. L'année suivante, il commença à fréquenter le collège des jésuites à Lisbonne, le collège de Sant'Antonio où il reçut l'enseignement des maîtres les plus éminents de l'époque dont le célèbre grammairien Manuel Alvares. Plus tard, au monastère de Bemfica, près de Lisbonne, c'est fra Bartolomeo dos Martires, l'une des plus hautes personnalités du monde ecclésiastique et littéraire, qui lui enseigna la philosophie. Il eut comme condisciple le fils de l'infant Luiz,

António (le futur « Prior do Crato », qui tenta vainement de ceindre la couronne portugaise lors de l'invasion espagnole en 1580). Revenu à la cour de l'infant, son protecteur, il passa au palais royal à la mort de ce dernier (1555) comme attaché au service personnel du roi João III. La mort de son père le décida, en 1559, à tenter la fortune en Inde ; c'est comme simple soldat qu'il s'enrôla pour une période de trois ans. Il prit une part active aux combats sur terre et sur mer, s'adaptant à tous les emplois. Il quitta l'Orient en compagnie du vice-roi démissionnaire don Antão de Noronha (1569), passa l'hiver au Mozambique où il rencontra Luis de Camoens tombé dans la misère. Il entreprit un commentaire des *Lusiades* (*) qu'il interrompit au quatrième ou au cinquième chant, secourut le poète et facilita son embarquement sur le navire qui le rapatriait (1570). Après avoir fait son rapport au souverain, Couto retourna immédiatement aux Indes qu'il ne quitta plus, vivant la plupart du temps à Goa, se consacrant aux recherches qui devaient lui fournir les matériaux de ses *Décades asiatiques* (*) destinées à continuer celles de João de Barros. C'est le roi Philippe II d'Espagne, devenu également roi du Portugal, qui lui en avait confié la rédaction.

COUVREUR Séraphin. Sinologue français. Né à Varennes (Somme) le 14 janvier 1835, mort le 19 novembre 1919 à Sien-Hsien. Il fit une partie de ses études théologiques au grand séminaire d'Amiens avant d'entrer dans la Compagnie de Jésus le 23 septembre 1853. Arrivé en Chine en avril 1870, ses aptitudes de linguiste s'étant vite manifestées, il se mit à la composition des grands ouvrages qui lui font un nom parmi les sinologues. Toute une série de travaux lexicographiques parurent successivement : *Dictionnaire français-chinois* (1884) ; *Dictionnaire chinois-français* (Mission catholique Ho-Kien-fou, 1890) ; *Dictionnaire chinois-latin* (1892)... Il y ajouta une *Chrestomathie* (1894) ; et des traductions en français et en latin de la plupart des classiques chinois ; le *chou tsing*, le *Che-tsing*, le *Li-ki*, le *Tch'ouen-ts'io*, le *Yi li*, parus de 1895 à 1916 – v. *Classiques chinois* (*). Citons spécialement *Les Quatre Livres avec un commentaire abrégé en chinois, une double traduction en français et en latin, et un vocabulaire des lettres et des noms propres,* dont la deuxième édition parut à Ho-Kien-fou en 1910, ouvrage qui l'emporte sur la traduction antérieure de l'Anglais Legge, notamment pour la précision des termes d'histoire naturelle. On lui doit aussi un recueil intitulé *Choix de documents,* édits et proclamations officielles en faveur de la religion catholique, dont la quatrième édition parut à Ho-Kien-fou en 1906, et une *Géographie ancienne et moderne de la Chine,* publiée à Sien-Hsien en 1935.

COWLEY Abraham. Poète anglais. Né à Londres le 24 juillet 1618, mort à Chertsey (Surrey) le 28 juillet 1667. Il étudia à l'école de Westminster à Londres de 1628 à 1635 et au Trinity College de Cambridge de 1637 à 1642. Quatre ans avant d'entrer à l'université, il avait révélé sa précocité poétique avec *Fleurs poétiques* [*Poetical Blossomes,* 1633], œuvre fortement influencée par Spenser. Professeur à l'université, il écrivit trois comédies et termina, en 1635, un poème épique inspiré de *La Bible* (*), *La Davidéide* [*Davideis*]. Partisan dévoué du roi, il dut abandonner Cambridge lorsque les puritains arrivèrent au pouvoir, suivit la reine Henriette dans son exil à Paris et fut, pendant douze ans, son agent de liaison avec le roi.

Durant cette période, Cowley composa des poésies, les unes érotiques, comme *L'Amant* [*The Lover*], d'autres d'une préciosité alexandrine, telles les fameuses élégies sur Crashaw et William Hervey, qui rappellent la manière de Pindare. C'est, du reste, aux *Odes pindariques* [*Pindaric Odes*] que Cowley doit surtout sa réputation. Revenu en Angleterre en 1656, il se retira finalement à Chertsey. Il composa encore un recueil de poèmes, *Vers de circonstance* [*Verses Lately Written upon Several Occasions,* 1663], et des essais variés dans le ton de Montaigne – *Essai sur moi-même* (*) (1656) –, une ode à la Royal Society et un essai philosophique : *Un projet pour l'avancement de la philosophie expérimentale* [*A Proposition for the Advancement of Experimental Philosophy,* 1660].

RÉF. : J. Loiseau, *Abraham Cowley, sa vie et son œuvre,* Paris, 1931. – A. H. Nethercot, *Abraham Cowley, the Muse's Hannibal,* 1931. – R. B. Hinman, *Abraham Cowley's World of Order,* Cambridge (Mass.), 1960 – M. R. Perkin, *Abraham Cowley : A Bibliography,* Folkestone, 1977. – D. Trotter, *The Poetry of Abraham Cowley,* Londres, 1979.

COWLEY Malcolm. Homme de lettres américain. Né à Belsano (Pennsylvanie) le 24 août 1898, mort le 27 mars 1989 à New Milford (Connecticut). Après des études à Harvard et un séjour en France avec la « génération perdue », il publie des poèmes, *Juniata Bleue* [*Blue Juniata,* 1929], *La Saison sèche* [*The Dry Season,* 1941] et des écrits mi-autobiographie, mi-histoire des idées, comme *Retour d'exil* (*) (1934, révisé en 1951), *La Situation littéraire* (+) (1954) et, plus récemment, *Une seconde renaissance : les travaux et les jours de la génération perdue* [*A Second Flowering : Works and Days of the Lost Generation,* 1973], et *J'ai travaillé dans l'édition* [*And I worked at the Writer's Trade,* 1978]. En 1929, il entre au magazine *The New Republic,* qu'il codirige jusqu'en 1944, puis en 1948 il devient conseiller littéraire chez Viking Press. C'est là qu'il avait publié successivement *The Portable Hemingway* (1944), *The Portable Faulkner* (1946) et *The Portable Hawthorne* (1948). Il a aussi « édité » un Whitman complet, les nouvelles de Scott Fitzgerald, et la première série des célèbres interviews de la *Paris Review*, sous le titre *Romanciers au travail* [*Writers at Work*, 1958] ainsi que sa correspondance avec Faulkner – v. *Correspondance Faulkner-Cowley* (*) (1966). Enfin, Cowley a traduit Valéry (*Variété*) (*), Barrès (*La Colline inspirée*) (*), Gide (*Interviews imaginaires*), Radiguet (*Le Bal du comte d'Orgel*) (*) et la *Jeanne d'Arc* (*) de Joseph Delteil.

COWPER William. Poète anglais. Né le 15 novembre 1731 à Great Berkhampsted, dans le Hertfordshire (Angleterre), mort le 25 avril 1800 à East Dereham, dans le Norfolk. Fils d'un pasteur de campagne, il perdit sa mère alors qu'il avait six ans et fut, dès son jeune âge, enclin à une profonde mélancolie. Il eut une première crise de démence en 1763, au cours de laquelle il tenta de se donner la mort pour ne pas avoir à subir un examen pourtant très facile. Enfermé dans un asile d'aliénés, il y composa les *Notes écrites durant une période de folie* [*Lines written during a period of insanity*], qui révèlent son extrême sensibilité, sa religieuse terreur de la mort, du péché, de la damnation. À partir de 1765, il vécut avec son ami le révérend Marley Unwin, puis avec la veuve de ce dernier, qui le soigna et l'encouragea à écrire. Cependant le pasteur du village l'incitait à des pratiques religieuses qui firent peut-être renaître son obsession. En 1773, il eut une nouvelle crise de folie qui dura trois ans, puis parurent (1779) les *Olney Hymns* et, en 1782, un volume contenant, entre autres satires, les *Propos de table* [*Table Talk*]. Il noua une brève amitié avec Lady Austen (1781), qui lui suggéra les thèmes de *L'Amusante Histoire de John Gilpin* [*The Entertaining and Facetious History of John Gilpin*, parue pour la première fois dans le *Public Advertizer* du 14 novembre 1782], et du *Devoir* (*) (1785). Dans ce dernier ouvrage, la légèreté du ton du XVIIIe siècle le cède à des accents plus intimes qui annoncent le romantisme. En 1786, Cowper s'installa avec Mme Unwin à Weston Underwood, où il écrivit plusieurs poèmes qui furent publiés après sa mort, et travailla à une traduction de l'*Iliade* (*) et de l'*Odyssée* (*) d'Homère. Repris en 1794 par son mal, aggravé par la mort en 1796 de Mme Unwin, le poète mourut après cinq années de souffrance dont témoigne son poème *Le Paria* [*The Castaway*], tout imprégné d'angoisse et de terreur métaphysique. Cowper a laissé, en outre, des lettres délicieuses, qui, au dire de certains, sont parmi les meilleures de la littérature anglaise.

RÉF. : Hayley, *Life of Cowper*, London, 3 vol., 1803-1804. – L. Boucher, *William Cowper, sa correspondance et ses poésies*, 1874. – J. Boutin, *Étude médico-psychologique sur William Cowper*, 1913. – Lord Edward Cecil, *The Stricken Deer, or the Life of Cowper*, 1929. – C. des Guerrois, *La Vie et les Lettres de W. Cowper*, 1933-1936, 3 vol. – N. Nicholson, *William Cowper*, Londres, 1951. – L. C. Hartley, *W. Cowper : The Continuing Revaluation*, Chapel Hill, 1960. – V. Newey, *Cowper's Poetry : A Critical Study and Reassessment*, Liverpool, 1982. – J. King, *W. Cowper : a Biography*, Duke U. P., 1986.

CRABBE George. Poète anglais. Né à Aldeburg (Suffolk, Angleterre), le 24 décembre 1754, mort à Trowbridge le 3 février 1832. On lui doit divers poèmes en « heroic couplets », qui décrivent avec beaucoup de sentiment et de réalisme la rude vie du pêcheur et du paysan anglais. Autodidacte et d'humble origine, Crabbe connut la plus grande pauvreté. Il publia anonymement un premier essai : *Inebriety* (1775), puis, avec la protection de Burke, le petit poème *The Library* (1781). Entré dans l'église anglicane, il fut, en tant que pasteur à Aldborough, Muston et Parham, en butte à l'incompréhension de ses paroissiens et aux attaques des méthodistes. Il était devenu entre-temps (1782) chapelain du duc de Rutland. En 1814, après avoir perdu sa femme et cinq fils, il s'établit à Trowbridge et se lia d'amitié avec Walter Scott. Crabbe s'était fait connaître tout d'abord par un poème, *Le Village* (*) (1783), dans lequel il réagissait contre la peinture idyllique de la campagne qu'avait brossée Goldsmith dans son *Village abandonné* (*). Malgré le pessimisme et l'esprit de revendication sociale qui l'inspirent, ce poème ne s'écarte guère, quant à la forme, du langage conventionnel de l'école de Pope, et ce n'est pas sans raison qu'on a surnommé son auteur « un Pope en bas de laine ». Le sombre réalisme de Crabbe s'accentue encore dans *Le Journal* [*The Newspaper*, 1785], évocation de contrebandiers et de prostituées, et dans *Le Registre paroissial* [*The Parish Register*, 1807], chronique dans laquelle la vie de chaque paroissien est contée depuis le baptême. Crabbe a écrit en outre : *Le Bourg* (*) (1810), *Contes en vers* [*Tales in Verse*, 1812], et *Histoires de la ferme* [*Tales of the Hall*, 1819].

RÉF. : Alfred Ainger, *Crabbe*, Londres, 1903. – R. Huchon, *Un poète réaliste anglais, George Crabbe*, 1906. – L. Haddakin, *The Poetry of Crabbe*, Londres, 1955. – A. Pollard (éd.), *Crabbe : The Critical Heritage*, Londres, 1972. – J. Bareham and S. Gatrell, *A Bibliography of G. Crabbe*, Folkestone, 1978. – R. S. Edgecombe, *Theme, Embodiment and Structure in the Poetry of G. Crabbe*, Salzbourg, 1983.

CRAIG Édouard Gordon (pseud. d'E. G. Terry). Metteur en scène, décorateur, illustrateur et théoricien du théâtre anglais. Né à Stevenage le 16 janvier 1872, mort à Saint-Paul-de-Vence le 29 juillet 1966. Fils de Ellen Terry, célèbre comédienne anglaise, il débute au théâtre auprès d'Henri Irving, compagnon de sa mère et rénovateur de la scène d'outre-Manche. Parallèlement à son métier de comédien professionnel, il pratique la gravure sur bois, activité qu'il continuera jusqu'à la fin de ses jours, se servant de ses connaissances en dessin pour réaliser de nombreuses maquettes de décor. Refusant, souvent avec violence, le théâtre de l'époque, il voyage en Europe puis vient se fixer à Florence, où il espère ouvrir une école de théâtre. Il publie alors plusieurs revues dont *The Mask* (à partir de 1908), revues imprimées à la main et illustrées par lui-même, où il fera paraître la grande majorité de ses textes théoriques. Ses rapports difficiles avec les autres metteurs en scène ne lui permettront de réaliser que deux grands projets : *Rosmersholm* (*), en 1906 à Florence pour la Duse, et *Hamlet* (*), avec le théâtre de Stanislavski à Moscou en 1912. Ses écrits sont considérables et se trouvent en partie rassemblés dans *De l'art du théâtre* (*) (1911), *Le Théâtre en marche* [*The Theatre advancing,* 1921] et *Ma vie d'homme de théâtre* [*Index to the Story of my Days,* 1957]. Craig y pose les règles de la mise en scène contemporaine, où l'auteur, l'acteur, le décorateur sont sous la responsabilité d'un seul homme qui devra être le démiurge de cet univers. Copeau, Jouvet, Peter Brook – entre autres – se réclameront de cet univers.

ALAIN LECUCQ.

RÉF. : D. Dablet, *Edward Gordon Craig,* Paris, 1962. – C. Franklin, *Fond of Printing : G. Craig, a Typographer and Illustrator,* York, 1980. – C. Innes, *E. G. Craig,* Cambridge, 1983.

CRANE Harold Hart. Poète américain. Né le 21 juillet 1899 à Garrettsville (Ohio, États-Unis), mort au large de Cuba le 27 avril 1932. L'un des meilleurs poètes de l'Amérique moderne. À dix-sept ans, il découvre avec ravissement – dans l'île de Pines, au sud de Cuba, où son grand-père maternel possédait une plantation – cette nature d'une beauté tragique dont sa poésie va bientôt s'inspirer. Après la séparation de ses parents, il vit seul à New York. Il choisit de s'appeler « Hart » par affection pour sa mère. L'année suivante, il fréquente à New York les groupes littéraires de la *Little Review,* des *Seven Arts,* et mène la vie de bohème, tout en voulant poursuivre ses études universitaires et en lisant Marlowe, Donne, Rimbaud, Laforgue, Whitman, Eliot. Il s'efforça d'exprimer le symbolisme de la civilisation mécanique, suscitant ainsi l'enthousiasme des « libéraux » marxistes. À l'entrée en guerre des États-Unis, abandonnant ses études, il travaille comme ouvrier dans une fabrique de munitions de Cleveland. Son père tente en vain de l'associer à ses affaires commerciales et de chasser de son esprit l'« absurdité de la poésie ». Le poète fait plusieurs fugues à New York et rompt définitivement, en 1920, avec ce père que pourtant il aimait. Ayant trouvé un emploi à New York, Hart Crane affiche son homosexualité, s'abandonnant à de furieuses crises d'alcoolisme, mais sans perdre pour autant conscience de sa valeur. La libéralité du banquier Otto Kahn lui permet de se consacrer à la poésie. En 1926 paraît son premier volume de vers, *Blanches constructions* (+), lumineuse vision non encore pleinement réalisée. Au cours de ses voyages à Cuba, à Paris, à Marseille, Crane travaille à son plus grand poème, *Le Pont* (+) (1930), dans lequel il aurait voulu chanter le mythe de la technique, mais aussi le symbole qui unit l'ancien et le nouveau monde, le visible et l'invisible. Mais la maladie, le désespoir s'acharnèrent sans cesse contre un si grand dessein, et le poème est mal accueilli par la critique. Sous les auspices de la Guggenheim Fellowship, Crane part en avril 1931 pour Mexico à la recherche d'un nouveau mythe, mais son séjour dans cette ville n'est qu'une longue lutte contre la drogue et l'alcool. Il écrit les poèmes réunis dans *Key West.* Sur le bateau qui le ramène à New York, Crane disparaît en mer dans la nuit du 26 au 27 avril. La première édition des *Poèmes* (*) paraît en 1933.

RÉF. : P. Horton, *Hart Crane. The Life of an American Poet,* New York, 1937. – J. Guignet, *L'Univers poétique de Hart Crane,* Paris, 1965. – J. E. Untereck, *Voyager : A Life of Hart Crane,* New York, 1969. – *Critical Essays on Hart Crane,* D. R. Clark (éd.), Boston, 1982. – H. Bloom (éd.), *Hart Crane,* New York, 1986.

CRANE Stephen. Écrivain américain. Né à Newark (New Jersey) le 1er novembre 1871, mort à Baden-Weiler (Allemagne) le 5 juin 1900, miné par la tuberculose. Il était le quatorzième enfant d'un éminent pasteur protestant de vieille souche américaine, mais presque tous les avantages que lui donnaient son milieu et sa culture, il les rejeta avec un inquiet mépris. « La peur, a écrit un de ses biographes, domina l'esprit de cet enfant », et c'est par peur de dévoiler son secret que l'écrivain se réfugia dans l'impersonnalité de la chronique. Comme chez tous les vrais artistes, son épuisante recherche de la « vérité nue » aboutit à une manière dépouillée, à laquelle s'ajoute sa conviction que « nous sommes un pays voué aux faits ». Très jeune, et presque jusqu'à sa mort, Stephen Crane écrivit dans les journaux pour vivre. Les quelques années qu'il avait vécues parmi de jeunes artistes dans un quartier pauvre de New York sont évoquées dans les pages de *Maggie, fille des rues* (*), rédigé dans la manière impressionniste. Moins de trois années après, en 1895, paraissait un volume de vers : *Les Cavaliers noirs* [*The Black Riders*], dans le goût qui allait prévaloir au début du XXe siècle. Citons encore *La Conquête du courage* (*), récit brillant et imaginaire des impressions ressenties par un jeune homme qui reçoit le baptême du feu. L'auteur n'avait jamais combattu, mais son livre le rendit célèbre du jour au lendemain. Tous les autres ouvrages de Crane ont pour point de départ des expériences personnelles : un recueil de nouvelles, *La Mère de Georges* [*George's Mother,* 1896], un roman à demi autobiographique :

La Troisième Violette [*The Third Violet*, 1897], *La Chaloupe* (1898) – autre recueil de *Nouvelles* (*) où figurent les meilleures de l'auteur, etc. Dans les dernières années, alors que sa santé déclinait, Crane fut correspondant de guerre en Grèce et à Cuba. Il épousa une Américaine beaucoup plus âgée que lui (cette ancienne propriétaire de maison de tolérance fut pour lui une compagne exemplaire). Il s'établit enfin en Angleterre, sympathisa avec Joseph Conrad et H. G. Wells, puis écrivit plusieurs autres ouvrages qui ont été recueillis dans *Les Récits de Whilomville* [*Whilomville Stories*, 1900]. Un volume d'*Écrits non recueillis* (*), publié par l'université d'Uppsala, a révélé l'étendue du travail de journaliste accompli par Stephen Crane. Celui-ci a donc gagné dans cette activité typiquement américaine son statut de grand frère du prototype de l'écrivain américain de la première moitié du siècle, Hemingway – lequel ne s'y est d'ailleurs pas trompé – reconnaissant en Stephen Crane un maître de leur genre favori à tous deux, la nouvelle.

RÉF. : T. Beer, *Stephen Crane*, New York, 1923. – Berryman, *Stephen Crane*, New York, 1950. – R. W. Stallman, *Stephen Crane*, New York, 1968. J. Cazemajou, *Stephen Crane, écrivain journaliste*, Paris, 1969.

CRANMER Thomas. Réformateur et évêque anglican, né à Aslacton (comté de Nottingham) le 2 juillet 1489, mort sur le bûcher le 21 mars 1556. Il fit ses études à Cambridge et y enseigna la théologie. Il prit activement part à la vie politique et religieuse de son temps, et la formation de l'Église anglicane lui doit beaucoup. Nommé archevêque de Canterbury, nomination ratifiée par le pape Clément VII lui-même, il déclara publiquement, quelque temps après, qu'il n'estimait pas valide son serment de fidélité au pape. Comme Henry VIII désirait l'annulation de son mariage avec Catherine d'Aragon, Cranmer établit une procédure « ad hoc », et déclara ce mariage nul. Par la suite, il se trouva toujours mêlé aux affaires matrimoniales du roi ; il mena habilement sa barque et réussit à se sauver, bien qu'il eût été trois fois accusé d'hérésie. Après la mort d'Henri VIII, il fit partie du conseil de régence d'Édouard VI ; mais il participa au complot ourdi contre Marie Tudor pour faire monter Jane Gray sur le trône, fut découvert, condamné et envoyé au bûcher comme hérétique. Ce n'est qu'en cette circonstance que sa figure nous apparaît entourée de quelque noblesse : par ailleurs sa vie fourmille d'épisodes qui sont loin d'être édifiants. On doit à Cranmer une compilation : *Le Livre de la prière en commun* (*), rédigé en 1549, en un anglais où sont parfaitement amalgamés les éléments anglo-saxons et français de la langue, et où la solennité du texte est en harmonie avec le langage courant. C'est également à Cranmer qu'on doit l'édition anglaise de la Bible à laquelle il donna lui-même le nom de *Grande Bible* (*), et qui ne fut publiée que bien des années après sa mort, en 1579.

RÉF. : John Fox, *History of the Life of T. Cranmer*, Londres, 1560. – John Strype, *Memorials of the most Reverend Father in God T. Cranmer*, 2 vol., Londres, 1694. – Innes, *Cranmer and the Reformation in England*, Londres, 1900. – A. F. Pollard, *Thomas Cranmer and the English Reformation*, Londres, 1926. – F. E. Hutchinson, *Cranmer and the English Reformation*, Londres, 1951. – J. G. Ridley, *Thomas Cranmer*, Oxford, 1962.

CRASHAW Richard. Poète anglais. Né entre septembre 1612 et avril 1613, plus probablement vers la fin de 1612, à Londres, mort à Lorette (Marches, Italie) le 21 août 1649. Très jeune orphelin de mère, l'incompréhension de son père, puritain austère, lui laissa une soif de tendresse qu'il ne parvint jamais à satisfaire. Après la mort de son père en 1628, il entra à l'école de Charterhouse où son professeur Robert Brooke le guida dans ses premiers essais poétiques. Admis en 1631 à Cambridge en qualité de « pensioner », il passa sous la direction de Benjamin Lancey, auquel il devait dédier ses *Épigrammes sacrées* (*). Les poèmes de circonstance qu'il écrivit au cours de ses années d'université furent réunis par ses soins sous le titre de *Délices des muses* (*). Ses maîtres étaient des partisans résolus de la tendance catholique anglaise qui avait pour chef William Laud, et il fut initié à la vie religieuse par Nicholas Ferrar et la communauté de Little Gidding. En 1639, on le trouve déjà prêtre à Little St. Mary de Cambridge.

Son premier recueil de poèmes, *Marches du temple* (*), révèle l'influence du poète George Herbert, lui-même disciple fervent de Nicholas Ferrar. Il fut arraché à la paisible existence de Cambridge, où il s'était lié d'amitié avec les poètes Abraham Cowley et Joseph Beaumont, par la tempête politique et religieuse qui s'abattit sur l'Angleterre. Le 5 avril 1644, les deux chambres du Parlement donnèrent l'ordre au comte de Manchester de soumettre l'université de Cambridge au serment du *Solemn League and Covenant,* qui plaçait les membres du Collège devant le choix d'adhérer à la révolution puritaine ou d'être expulsés. Mais Crashaw était déjà parti en Hollande, sous le prétexte d'accompagner à Leyde auprès de ses oncles une jeune parente de Ferrar, Mary Collett, qui avait été l'ange gardien de la congrégation de Little Gidding. Au bout de quelque temps les parents de la jeune fille fermèrent la porte au nez de Crashaw, peut-être à cause du changement qui était intervenu dans ses opinions religieuses.

Sans secours, dans une ville étrangère, témoin de la ruine de l'Église anglicane dans laquelle il venait d'entrer, il résolut de se convertir au catholicisme, auquel du reste le portait la pente naturelle de son esprit. Présenté par la comtesse de Denbigh à la reine en exil, Henriette-Marie, à Paris, où il se trouvait probablement dès 1645, il obtint, grâce à la recommandation de celle-ci auprès du pape, un poste de secrétaire attaché au cardinal Palotta. Persécuté par l'entourage du cardinal, il se vit accorder par celui-ci un bénéfice auprès de la Sainte Maison de Lorette, dont le cardinal était le protecteur : mais il avait à peine rejoint son poste que son état de santé déjà chancelant s'aggrava, et il mourut.

RÉF. : Mario Praz, *Secentismo e Marinismo in Inghilterra,* Florence, 1925. — Joan Bennett, *Four Metaphysical Poets,* Cambridge, 1934. — A. Warren, *R. Crashaw ; a Study in Baroque Sensibility,* Londres, 1957. — M. F. Bertonasco, *Crashaw and the Baroque,* Alabama, 1971. — J. R. Roberts, *R. Crashaw : an Annotated Bibliography of Criticism, 1632-1980,* University of Missouri Press, 1985.

CRATINOS. Poète comique grec. Fils de Callimède, il fut le plus grand poète de la comédie dite ancienne avant Aristophane, et les Alexandrins lui ont fait une place dans la triade des grands poètes comiques, à côté d'Eupolis et d'Aristophane. Né à Athènes, probablement entre 520 et 515 av. J.-C. et, selon Aristophane — v. *La Paix* (*) —, mort « au temps de l'invasion de Sparte » en Attique, c'est-à-dire en 425. Mais la date fixée par Aristophane est sans aucun doute approximative, car *La Cruche,* la dernière et peut-être la plus belle des comédies de Cratinos, est certainement de 423. Il a dû mourir un ou deux ans plus tard. Dans son *Macrob.,* 25, le pseudo-Lucien atteste qu'il a vécu très longtemps. D'ailleurs, Aristophane lui-même nous apporte le témoignage qu'il était déjà très âgé en 424 : dans *Les Cavaliers* (*), il fait un éloge magnifique bien que moqueur du vieux poète son rival. Selon Suidas, Cratinos remporta neuf victoires au cours de sa carrière : six aux Dionysies, trois aux Lénéennes, la première en 453 — il avait alors plus de soixante ans —, la dernière en 423. Si l'on s'en tient à la tradition, il aurait écrit vingt et une comédies, mais vingt-huit titres sont parvenus jusqu'à nous, dont plus d'un lui fut certainement attribué à tort depuis l'Antiquité. D'une inspiration géniale, très audacieux dans ses attaques contre Périclès et Aspasie — il était favorable à Cimon —, très violent dans sa moquerie, très âpre dans ses critiques et très sévère dans ses jugements — il voulut prendre Archiloque comme modèle et inspirateur de sa poésie au point qu'il fait figurer dans une de ses comédies tout un chœur d'Archiloques acharnés contre les vices contemporains —, Cratinos a toujours été considéré comme le premier poète qui ait donné à la comédie une véritable dignité littéraire. Aristophane, dans *Les Cavaliers,* nous apporte le témoignage de la grande faveur dont jouissait Cratinos près du public athénien et surtout près des auteurs comiques grecs de la génération postérieure. En 424, accusé par Aristophane, son jeune rival, d'avoir erré à travers les rues de la ville comme un vieil ivrogne toujours « mort de soif », suscitant la pitié des Athéniens, Cratinos prend sa revanche l'année suivante en écrivant *La Cruche.* Le poète y soutient que « qui boit de l'eau ne crée jamais de belles choses » et que le vin est utile à l'auteur comique ; il se défendit avec une ardeur et une impétuosité si convaincantes que les Athéniens lui décernèrent le premier prix, tandis qu'Aristophane, l'accusateur, dut se contenter du troisième. Cratinos lui-même devait donner, dans un des fragments qui nous sont parvenus, une vive image de son talent : « Par Apollon ! Quel flot de paroles ! Un bouillonnement d'eau jaillissante ! Douze embouchures au lieu d'une bouche ! Tout un Ilissos dans un gosier ! Que vous dirai-je ? Si vous ne lui mettez un tampon dans la gorge, il va tout inonder de sa poésie. »

GIUSEPPE MORELLI.

♦ *« Cratinos tant applaudi jadis, qui pareil à un fleuve roulait à travers les plaines unies, arrachant de leur base sur son passage chênes, platanes et roseaux qu'il charriait avec leurs racines. »* Aristophane.

CRAUFURD ou CRAWFORD Quentin. Essayiste écossais. Né à Kilwinnock (Écosse) le 22 septembre 1743, mort à Paris le 23 novembre 1819. Il fit fortune à la Compagnie des Indes et s'installa à Paris en 1780. Il y vécut en riche amateur d'art, fut présenté à Marie-Antoinette et devint l'un des familiers de sa Cour ; période heureuse jusqu'à la Révolution. Il joua un rôle important lors de la fuite de Varennes, puisqu'il fut chargé de fournir l'argent nécessaire à Louis XVI. Rentré en Angleterre après l'échec de cette aventure, il écrivit la *Secrète histoire du roi de France et de sa fuite en juin 1791* [*Secret History of the King of France and his Escape in June 1791*] ; toutefois ces notes ne virent le jour qu'en 1885. Craufurd revint à Paris en 1792 et continua à se montrer dévoué à la malheureuse famille royale. Déclaré suspect, il dut quitter la France, où il revint cependant en 1802. Ami de Talleyrand, il fut reçu à la cour impériale et reconstitua une nouvelle collection d'œuvres d'art, la première ayant été vendue en son absence. Son premier livre publié à Londres, en 1790, était intitulé : *Essais sur l'histoire, la religion, la science et les mœurs des Hindous* [*Sketches, relating chiefly of the History, Religion, Learning and Manners of the Hindous*] ; il fut traduit en français en 1791 par le marquis de Montesquieu. Il a écrit de nombreux autres essais sur des questions de droit, d'histoire, d'art et surtout : *Essais sur la littérature française à l'usage des étrangers* (*).

RÉF. : Jean-François Barrière, Notice sur la vie de Q. Craufurd, faisant un avant-propos à son édition des *Mémoires de Madame Du Hausset...,* 1846. — H. Morse Stephens, Article *Craufurd* in t. XIII du *Dictionary of National Biography,* Londres, 1888. —

Émile Dard, *Un rival de Fersen, Quintin Craufurd,* 1947.

CRAVAN Arthur (pseud. de Fabian Avenarius Lloyd). Écrivain anglais d'expression française. Né à Lausanne (Suisse) le 22 mai 1887, mort au début de 1920 dans le golfe du Mexique, « où il s'est embarqué de nuit sur une embarcation des plus légères », écrit André Breton, qui voit en lui un précurseur du mouvement Dada. En réalité, on ne sait rien de sa disparition après qu'il se fut séparé de sa femme Mina Loy au Mexique fin 1918. Cravan lui-même déclarait : « La littérature, c'est ta, ta, ta, ta, ta, ta. » Pour lui, qui se disait le neveu d'Oscar Wilde, la vie l'emportait sur l'art. Ce colosse défie le champion du monde de boxe Jack Johnson, qui le met hors de combat en 1916. Les cinq numéros de la revue *Maintenant* (*), publiés entre avril 1912 et avril 1915, dont il est le seul rédacteur sous des noms divers, sont ses seuls titres littéraires. On y trouve quatre poèmes, trois textes consacrés à Oscar Wilde, une critique d'art. Du symbolisme, il passe au « prosopoème », qui part de la prose et aboutit à la poésie pure, et il subit l'influence du futurisme. Dans le numéro quatre de *Maintenant* consacré à l'Exposition des indépendants, il fait l'écrasante satire de la peinture, préfigurant là aussi Dada, dont il annonce par ailleurs le goût pour les manifestations scandaleuses ou les défis à la société, quand il déserte en pleine guerre.

GUY LE CLEC'H.

RÉF. : A. et O. Virmaux, *Cravan, Vaché, Rigaut,* Mortemart, 1983.

CREANGĂ Ion. Écrivain roumain. Né à Humulesti (Moldavie) le 1er mars 1837, mort à Jassy le 31 décembre 1889. Il reçut les premiers rudiments de la culture à l'école de son village, chez son grand-père à Suceava, puis à Targul Neamtului, où, tout en se livrant à l'étude du Psautier, il put compléter son éducation à « coups de baguette », selon les méthodes pédagogiques du temps. Envoyé à la « fabrique de popes » de Falticeniy, il alla ensuite au séminaire de Socola où il termina sa licence en 1858. Nommé diacre l'année suivante, il chantait dans les églises et continuait ses études jusqu'au jour où, grâce au critique Maiorescu, il fut nommé instituteur à l'école des trois hiérarques de Jassy. Mais Creangă tirait sur les corneilles du clocher, allait au théâtre, coupait ses cheveux et portait des habits civils. Privé de son poste, il fut obligé, après avoir jeté le froc aux orties en 1872, d'ouvrir un bureau de tabac à Jassy et ne revint à l'enseignement qu'en 1874, toujours avec l'aide de Maiorescu. L'année suivante, il fut introduit par celui-ci dans la fameuse société culturelle Junimea (Jeunesse) où il rencontra Eminescu auquel il se lia, malgré la différence de leurs tempéraments, d'une amitié si profonde qu'on ne pouvait rencontrer l'un sans l'autre. Plus tard, les événements éloignèrent Eminescu, tandis que Creangă restait à Jassy dans une véritable bicoque, sa fameuse « bojdeuca » où il mourut victime d'une attaque d'épilepsie. Il s'est fait une grande réputation de prosateur par ses *Contes populaires* [*Povestile*, 1890], où le paysan roumain est admirablement représenté, et par ses *Souvenirs d'enfance* (*), remarquables par leur naturel et leur simplicité.

RÉF. : Jean Boutière, *La Vie et l'œuvre de Ion Creangă*, 1930. – Roger O. Eisenberg, *Une figure de la littérature roumaine*, dans *Témoignage français sur la Roumanie*, 1948. – G. I. Tohăneanu, *Stilul artistic lui Ion Creangă*, Bucarest, 1969. – G. Munteanu, *Introducere în opera lui Ion Creangă*, Bucarest, 1976. – P. Rezuş, *Ion Creangă. Mit şi adevăr*, Bucarest, 1981.

CRÉBILLON Claude Prosper Jolyot de. Romancier français. Né et mort à Paris : 14 février 1707 - 12 avril 1777. Tôt orphelin de sa mère, instruit par les jésuites qui trouvent en lui un sujet brillant mais ne peuvent le retenir, il est élevé par son père, le célèbre dramaturge et académicien Prosper Jolyot de Crébillon, qui dit un jour de son fils, par plaisanterie, qu'il était « le plus mauvais de ses ouvrages ». De fait, les contes et les romans de Crébillon (fils) tirent leur charme principal d'une alliance presque toujours réussie entre l'ironie, la finesse et la grâce du trait d'esprit, et leur tendance marquée à l'érotisme. Dans *Le Sylphe* (1729), et plus tard *Ah ! quel conte !* (1754) Crébillon utilise plaisamment la vogue du conte de fées qui autorise les situations piquantes et les épisodes saugrenus. Les peintures licencieuses de *L'Écumoire* (1734), mêlées aux allusions politiques à la querelle encore vive de la bulle *Unigenitus,* valent à Crébillon un séjour à la prison de Vincennes, de même que *Le Sopha* (*) en 1742 est suivi d'un bref exil hors de la capitale. Mais le caractère subversif de ses œuvres n'est pas assez affirmé pour que les autorités aient beaucoup à le craindre. Son amabilité naturelle et la bonne humeur de ses écrits lui valurent toujours l'indulgence de ses protecteurs. Gai compagnon et homme de beaucoup d'esprit, il appartient au Caveau, « société bachique et chantante » fondée par Piron en 1729, pour associer les trois plaisirs de la bonne table, de la chanson spirituelle et de l'amitié. Après un roman épistolaire, les *Lettres de la marquise de M*** au comte de R**** (*) (1732) qui le montre capable d'évoquer l'émotion et la passion, *Les Égarements du cœur et de l'esprit* (*) (1736) le consacrent, aux yeux des historiens de la littérature, comme un des plus fins analystes du sentiment et des manœuvres amoureuses de salon, dans un registre différent, mais aussi intéressant que Prévost et Marivaux à la même époque. *Les Heureux Orphelins* (1754) sont d'abord la traduction d'un récit anglais à la troisième personne, puis adoptent la forme épistolaire lorsque Crébillon reprend le sujet de la sensibilité et du libertinage qui l'intéresse davantage. En 1768, les *Lettres de la duchesse de *** au duc de ****, puis en 1771 les *Lettres athéniennes,* dernier ouvrage publié, sont également des romans par lettres. Crébillon a épousé en 1748 Henriette-Marie Stafford-Howard, sa compagne anglaise, dont il a un fils depuis 1746. Bien en peine de vivre de sa plume, il obtient grâce à Mme de Pompadour une charge de censeur royal (1759) qu'il exerce avec bénignité ; il meurt négligé par ses contemporains, qui ne font guère d'accueil à ses dernières œuvres. Deux d'entres elles sont pourtant caractéristiques et appréciées aujourd'hui comme des chefs-d'œuvre en leur genre. Il s'agit de deux dialogues, *La Nuit et le Moment* (1755), et *Le Hasard du coin du feu* (*) (1763), dont la rédaction a probablement suivi de peu celle des *Égarements.* Dans le premier, la scène est dans un château à la campagne, précisément dans l'alcôve de Cidalise. Celle-ci voit surgir dans son appartement Clitandre, en robe de chambre ; il ne peut dormir et vient bavarder avec son amie, c'est-à-dire échanger les plus récentes anecdotes sur la vie amoureuse et les liaisons cachées ou scandaleuses de leurs connaissances. Ces confidences font bientôt naître chez les deux personnages un désir que le « moment » favorise... Au matin, on se sépare avec la plus grande simplicité. Le second dialogue est également vif, et pas davantage encombré de grands sentiments. Crébillon ménage la progression dramatique avec un art consommé de la gradation, de l'échange amical et badin, passant par les stratagèmes de la coquetterie et du désir, jusqu'à l'attendrissement ; le retour à l'indifférence amicale est à peine couvert par un aveu d'amour qui doit tout à la politesse et rien au cœur. Entremêlé d'anecdotes licencieuses, mais présentées dans un langage allusif qui voile le fait sans le dissimuler et laisse au lecteur le plaisir de deviner le sens érotique sous les euphémismes d'une parfaite élégance, le dialogue offre un tableau désinvolte et amer à la fois des mœurs du temps : « Jamais, dit Clitandre, les femmes n'ont mis moins de grimaces dans la société ; jamais l'on n'a moins affecté la vertu. On se plaît, on se prend. S'ennuie-t-on l'un avec l'autre ? on se quitte avec tout aussi peu de cérémonie que l'on s'est pris [...] Il est vrai que l'amour n'est entré pour rien dans tout cela ; mais l'amour, qu'était-il, qu'un désir que l'on se plaisait à s'exagérer, un mouvement des sens dont il avait plu à la vanité des hommes de faire une vertu ? On sait aujourd'hui que le goût seul existe ; et si l'on se dit encore qu'on s'aime, c'est bien moins parce qu'on le croit que parce que c'est une façon plus polie de se demander réciproquement ce dont on sent qu'on a besoin. » Crébillon se place, après Hamilton, avant Duclos et Laclos, dans la lignée des auteurs qui ont eu sur les illusions sentimentales et les jeux de l'amour en société, sur la coquetterie des femmes et les mensonges des mondains, un regard acéré ; mais il a su évoquer aussi bien l'amour naissant dans des cœurs neufs, l'apprentissage et les désillusions de la vie et les malheurs de l'amour-passion.

CATHERINE BONFILS.

RÉF. : Étiemble, *Romancier du XVIIIe siècle,* Paris, 1965. – Henri Coulet, *Le Roman jusqu'à la Révolution,* Paris, 1967. – Ernest Sturm, édition critique de *L'Écumoire ou Tanzaï et Néadarné, Histoire japonaise,* Paris, 1976 ; *Crébillon fils et le libertinage au XVIIIe siècle,* Paris, 1970. – Bernadette Fort, *Le Langage de l'ambiguïté dans l'œuvre de Crébillon fils,* Paris, 1978. – Jacques Rustin, *Le Vice à la mode, Étude sur le roman français de « Manon Lescaut » à l'apparition de « La Nouvelle Héloïse »,* Paris, 1979.

CRÉBILLON (père) Prosper Jolyot de. Poète tragique français. Né à Dijon le 13 février 1674 ; mort à Paris le 17 juin 1762. Fils du greffier en chef de la Chambre des comptes de Dijon, il achève dans cette ville ses études de droit et trouve un emploi chez un procureur parisien, grand amateur de théâtre, qui le pousse lui-même vers la littérature. Mais sa première pièce, une tragédie, *La Mort des enfants de Brutus* (1703) est un désastre ; *Idoménée* (1705) a un peu plus de succès ; enfin, avec *Atrée et Thyeste* (1707), Crébillon affirme ce penchant pour l'horrible qui sera son originalité – mais une scène restée fameuse, où l'aîné des deux fils présente à son père une coupe pleine du sang de son propre enfant, fit trouver l'œuvre « trop tragique ». En 1708, Crébillon donne encore une *Électre* (*) ; cependant son goût excessif pour le romanesque le met mal à l'aise dans la simplicité de la Grèce antique, dont il ne connaît d'ailleurs les auteurs qu'en traduction. C'est d'un roman de Segrais qu'il tire le sujet de *Rhadamisthe et Zénobie* (*) (1711), détestée par Boileau et pourtant la meilleure pièce de l'auteur, qui eut un succès considérable jusqu'à l'époque romantique. Puis vinrent *Xerxès* (*) (1714) qui tomba dès la première représentation et *Sémiramis* (+), échec presque aussi complet. Aussi, pendant neuf années, Crébillon s'éloigne-t-il de la scène. Fort besogneux toute sa vie, malgré les dons du Régent, du duc de Bourbon, de divers financiers, bouleversé par la mort de sa femme en 1711, il s'enferme dans un hôtel à peu près vide, s'entoure d'animaux, rêve à des romans qu'il n'écrira jamais. Mais le succès des pièces de Voltaire, qui se posait en rival de Crébillon, ramène l'attention sur ce dernier : il est élu à l'Académie française en 1731 et donne un nouveau trait de son originalité en composant son discours de remerciement en vers ; en 1735, il est nommé censeur de la librairie. Son indifférence au courant philosophique, son monarchisme passionné font bientôt de lui un protégé de la Cour : mais *Catilina* (*) a beau avoir été achevé sur les instances de Mme de

Pompadour et représenté dans les costumes spécialement payés par Louis XV, la pièce n'a qu'un maigre succès en 1748, comme, six ans plus tard, *Le Triumvirat.* Malgré une carrière agitée, Crébillon fit pourtant grande figure en son temps. Il y a longtemps, aujourd'hui, qu'on ne le représente plus, mais il tient sa place dans l'histoire de notre théâtre. Il se croyait l'héritier de Racine : en fait, il marque plutôt la fin de la tragédie classique, en confondant violence et grandeur, en substituant à la simplicité racinienne sa prédilection pour les complications de toutes sortes, méprises, reconnaissances, naufrages, catastrophes. Ses vrais maîtres sont La Calprenède, Scudéry, Segrais ; mais il pousse le romanesque jusqu'à l'horrible. La tragédie, selon ses propres termes, est pour lui « une action funeste qui doit être présentée aux spectateurs sous des images intéressantes et qui doit les conduire à la pitié par la terreur ». Avec une telle doctrine, avec aussi son style emphatique, ce « Racine ivre », comme l'appelait Boileau, fait figure moins d'héritier des classiques que de précurseur du mélodrame romantique.

♦ *« M. de Crébillon avait plus de génie que de littérature... Si M. de Crébillon avait plus châtié son style, je ne balancerais pas à le placer, malgré ses défauts, infiniment au-dessus de Rousseau* [J.-B.]... » Voltaire. ♦ *« J'estime son génie et respecte sa vieillesse, mais, quelque honneur que je porte à sa personne, je ne dois que justice à ses pièces. »* J.-J. Rousseau. ♦ *« Crébillon, qui eut un immense succès, est un homme d'imagination active, sans cesse occupée à emmêler et à démêler les fils d'une action romanesque. La qualité des matériaux lui est indifférente : il prend à La Calprenède, à Corneille, à Racine, des situations, des caractères, des sentiments ; il amalgame les lieux communs, il invente des férocités ou des héroïsmes sans exemple ; peu lui importe : jamais il n'a jeté un regard vers la nature. »* G. Lanson.

RÉF. : A. Houssaye, *Galerie du XVIIIe siècle*, 1884. — Grimm, *Correspondance littéraire.* — M. Dutrait, *Étude sur la vie et le théâtre de Crébillon*, Bordeaux, 1895 ; thèse.

CREELEY Robert White. Poète américain. Né le 21 mai 1926 à Arlington, Massachusetts. Un paradoxe traverse l'œuvre tout entière de Robert Creeley : bien qu'il eût été associé aux courants les plus novateurs de la poésie américaine des années 50-60, sa production n'en est pas moins restée d'une facture assez classique — voire conventionnelle dans ses thèmes —, comme en témoignent *Le Charme* [*The Charm,* 1967] et *Par amour* (*).

Après avoir abandonné des études à Harvard, Creeley subit l'influence de William Carlos Williams et d'Ezra Pound, et tente de lancer, avec le poète Cid Corman, une revue de poésie, *Origin.* Puis il se lie avec Charles Olson en 1950 : cette fructueuse amitié le conduira à occuper une place centrale au sein du très expérimental « Black Mountain College » animé alors par Olson et où, en 1952, Allan Kaprow invente le premier « happening » avec John Cage et Robert Rauschenberg. C'est notamment à Creeley qu'Olson attribue sa fameuse déclaration dans son essai « Projective Verse » (1950) : « La forme n'est qu'une extension du contenu » ; et c'est encore Creeley qui sera jusqu'en 1956 le rédacteur en chef de la *Black Mountain Review.* À ce titre, il contribuera au rapprochement entre la tribu de Black Mountain et les poètes de la Beat generation lorsqu'il partira, en 1956, s'installer quelque temps à San Francisco.

Pourtant, malgré un tel engagement historique dans l'expérimentation littéraire, la poésie de Robert Creeley a su garder une clarté teintée de candeur. « En général, il me faut du temps pour comprendre combien tu es simple, ou direct », lui écrit Allen Ginsberg en 1959.

C'est que Creeley s'attache surtout à évoquer avec pudeur les relations sentimentales entre hommes et femmes. Si ce thème constamment remis sur le métier peut paraître mince de prime abord, l'art ciselé et délicat avec lequel Creeley le traite emporte vite l'adhésion du lecteur. Adepte des formes brèves dans *Pièces* [*Pieces,* 1968], il conçoit volontiers ses textes comme autant de courts sentiers, presque inaperçus dans la grisaille du quotidien qu'ils traversent, « menant cahin-caha » sur les lieux d'une révélation émotionnelle.

Souvent d'ailleurs, le poème n'atteint pas ce « point de clarté » qu'il s'est fixé comme but et laisse entrevoir, béant à sa place, le néant d'une existence repliée sur ses petits riens ; et, tandis que les images concrètes qui ouvrent de nombreux textes se dissolvent dans « ce vide auquel s'adresse le poème suprême » [The Dishonest Mailmen dans *Par amour*], l'analyse des sentiments cède le pas à une spéculation désabusée.

ANTOINE CAZÉ.

RÉF. : A. L. Ford, *Robert Creeley,* Boston, 1978.

CRENNE Hélisenne de (pseud. de Marguerite de Briet). C'est la première en date des romancières françaises. Née à Abbeville entre 1500 et 1510, morte vraisemblablement à Paris après 1560. Peut-être fille unique de Marc Briet, qui présente ses fiefs à Gorenflos en 1498 ; mariée à Philippe Fournel et de lui séparée quant aux biens après 1550 (ainsi que nous l'apprenons d'actes notariés qui sont la seule et unique source de sa biographie lacunaire).

Son roman, *Les Angoysses douloureuses qui procèdent d'amours* (*), fut imprimé à Paris en 1538 chez Denis Janot. Chez le même éditeur, elle fit paraître en 1539 ou 1540 (le privilège date du 18 octobre 1539) *Les Epistres familieres et invectives* (respectivement au nombre de treize et de cinq) ; en 1540, *Le Songe de Ma Dame Helisenne* (deux éditions contemporaines dont l'une renferme aussi les épîtres), réimprimé en 1541 ; et une traduction « en prose poétique » dédiée à François Ier : *Les* *quatre premiers livres des Eneydes du tres elegant poete Virgile* (privilège du 8 mars 1541, deux seuls exemplaires au monde : Bibliothèque de l'Arsenal et Bibliothèque de Genève).

Le roman connut un vif succès au XVIe siècle. Réimprimé à Lyon en 1539 ou 1540 « à la marque d'Icare » par Denis de Harsy et à Paris en 1541 par Pierre Sergent et par Pierre Hermier, il fut inclus, à partir de 1543, dans *Les Œuvres de Madame Helisenne de Crenne* (Paris, Charles Langelier, 1543 et 1544).

En 1550, Claude Colet, sur les instances des demoiselles M. & F. de N. (Nesle : Françoise de Mailly et sa belle-sœur Marie de Hangard) et avec le consentement de Marguerite de Briet elle-même, revit le corpus (exception faite pour la traduction de l'*Énéide*) pour émonder des latinismes et le rendre plus intelligible. Claude Colet de Rumilly, poète, était aussi « très versé dans la connaissance des langues, surtout du français » — ainsi que l'affirme son contemporain Jean Pillot dans l'épître préliminaire de sa *Gallicae linguae institutio* (1550). Voilà donc la vraie raison du choix d'Hélisenne. Les *Œuvres,* revisées par Colet, furent imprimées à Paris en 1551 par Charles Langelier et Étienne Groulleau, et par ce dernier seulement, toujours à Paris, en 1553, 1555 et 1560. Colet, maître d'hôtel de la marquise de Nesle, Renée de Rieux, étant décédé vers la fin de 1553, on doit en déduire que la romancière était encore vivante en 1560 et peut-être vivait-elle encore en 1581, étant donné que Marie de Romieu la nomme comme si elle était encore de ce monde dans son *Brief discours que l'excellence de la femme surpasse celle de l'homme.*

Après 1560, le roman ne fut plus réimprimé : c'était désormais l'époque des guerres de Religion. Marguerite de Briet, presque oubliée pendant trois siècles, a connu de nos jours un vif réveil d'intérêt de la part des chercheurs.

ANTONIO POSSENTI.

CRETIN Guillaume. Poète français. Né entre 1461 et 1465, mort en 1525. Il fut trésorier de la chapelle de Vincennes, puis chapelain. Aumônier royal en 1514, il sera nommé en 1523 chantre de la Sainte-Chapelle de Paris. C'est dire qu'il fut poète de cour. Son œuvre, en effet, est toute de circonstance : *Plainte sur le trépas du chevalier de Byssipat, Déploration sur le trépas d'Okeghem.* Il laissa inachevée une vaste *Chronique françoyse* en vers — v. *Poèmes* (*). De son vivant, Cretin fut fort apprécié et exerça une forte influence sur ses contemporains, dont Lemaire de Belges, son élève, et Marot, qui l'admirait fort. Si l'on en croit Étienne Pasquier, c'est Cretin que Rabelais désigne sous le nom de Raminagrobis dans le *Tiers Livre* — v. *Gargantua et Pantagruel* (*).

♦ *« Le bon Cretin au vers équivoqué... Souverain poète françois. »* Clément Marot.

CREUTZ Philip Gustaf. Homme d'État et écrivain suédois. Né à Malgard, en Finlande, le 1er mai 1731, mort à Stockholm le 30 octobre 1785. Après avoir fait ses études à Abö, il alla habiter Stockholm où il travailla à la chancellerie royale avec le comte Gyllenborg, dont il fut l'ami intime. Envoyé comme représentant à Madrid en 1763, puis en 1766 à Paris où il resta jusqu'en 1783, il assimila la philosophie française du XVIIIe siècle et se lia d'amitié avec Marmontel. Devenu plus tard chef de la chancellerie et conseiller de la couronne, il fut en 1773-1774, pendant le voyage en Italie de Gustave III, chef par intérim du gouvernement. Son poème pastoral *Atys et Camille* (*), dont les modèles sont l'*Aminta* (*) du Tasse et le *Pastor Fido* (*) de Guarini, eut un très grand retentissement dans les milieux philosophiques suédois de cette époque.

CREUZE DE LESSER, baron Augustin François. Né à Paris le 2 octobre 1771, mort en 1839 à Magny-en-Vexin (Seine-et-Oise). De famille noble, il fut membre du Corps législatif sous le premier Empire et préfet pendant la Restauration. On lui doit des comédies (*Le Secret du ménage,* 1809) et des livrets d'opéra. Il préférait cependant écrire des poèmes épiques traitant de sujets chevaleresques : *Les Chevaliers de la Table Ronde* (1812), *Amadis de Gaule* (1813) et *Roland* (1814). Mais son plus grand mérite est d'avoir fait connaître le *Romancero* (*) à la France, *Romances du Cid ou Le Cid, romances espagnoles imitées en romances françaises* (*). En outre, soit en tant que traducteur des *Brigands* (*) de Schiller, soit parce qu'il n'était point fermé aux idées esthétiques de Herder et du groupe des écrivains animé par Mme de Staël, on le compte parmi ceux qui, fût-ce indirectement, préparèrent l'avènement de l'école romantique. On lui doit également un *Voyage en Italie* publié en 1809.

RÉF. : De Barante, article *Lesser* dans la *Biographie universelle* dite « de Michaud », s.d.

CRÈVECŒUR Michel-Guillaume Jean de, dit Saint-John de Crèvecœur Hector. Écrivain franco-américain. Né près de Caen, le 31 janvier 1735, mort à Sarcelles (Val-d'Oise) le 12 novembre 1813. Descendant d'une famille normande connue, il fut élevé en France et en Angleterre, avant d'émigrer en 1754 au Canada, où il servit sous les ordres de Montcalm pendant la guerre de Sept Ans. Il voyagea dans la région des Grands Lacs et le bassin supérieure de l'Ohio, acquit ainsi une grande expérience du terrain, fit probablement des relevés cartographiques et posséda une certaine familiarité avec les Indiens. Cette période de sa vie est assez mal connue. On sait qu'en 1765 il décida de s'établir dans la colonie de New York, qu'en 1769 il épousa une « Américaine », avec laquelle il s'installa dans une ferme du comté d'Orange. De 1769 à 1780, à nouveau, les détails manquent, si ce n'est qu'il mena la vie d'un fermier, d'où il tira son principal ouvrage, *Lettres d'un cultivateur américain* (*), paru en anglais à Londres en 1782 en un volume, sous le pseudonyme de J. Hector St. John, et à Paris en 1784, en français, dans une édition plus complète en deux volumes. En 1787, une nouvelle édition fut publiée à Paris, avec un troisième volume, sur les retrouvailles de Crèvecœur avec l'Amérique. Il écrivit un autre livre, *Esquisses de l'Amérique au* XVIIIe *siècle* [*Sketches of Eighteenth Century America*], qui fut découvert en 1922 par H. L. Bourdin et publié seulement en 1925. Apparemment, il s'agit d'une suite à ses *Lettres*, que, pour une raison inconnue. Crèvecœur ne désira pas publier de son vivant. En 1780, il quitta New York, parce que, classé comme « loyaliste », c'est-à-dire fidèle aux Anglais, hostile aux révolutionnaires, il craignait probablement pour sa vie. Il regagna la France, en laissant sa famille en Amérique. À Paris, il connut un grand succès à la suite de la publication de ses *Lettres*, qui décrivaient et représentaient le Nouveau Monde tel que les Français désiraient le voir : rural, simple, dépourvu de vices, à la façon dont Rousseau avait conçu la société idéale à ses yeux, bref, le rêve américain. Il fut reçu dans les salons, se lia d'amitié avec Mme d'Houdetot, la « Sophie » des *Confessions* (*) de Rousseau et une fervente admiratrice de Franklin et des Américains en général. En 1783, la guerre terminée, il retourna aux États-Unis pour affronter une situation tragique, sa maison brûlée et sa famille disparue. Il finit par retrouver ses trois enfants, mais sa femme avait été tuée dans un raid des Indiens. Devenu consul de France à New York, il entra en relations avec Washington, connut Franklin, correspondit avec Jefferson, qui assista même au mariage de sa fille, America-Francès, et s'occupa plus tard de ses deux fils, Ally et Louis, envoyés à Paris pour y faire leurs études. Il partageait avec Jefferson l'amour de la vie rurale et la curiosité pour les innovations agricoles, comme la culture de la luzerne, du sainfoin, des vesces. Jefferson lui avait d'ailleurs procuré des graines de cyprès, de cèdres et de magnolias, et tous deux désiraient voir se développer le commerce entre la France et les États-Unis.

Malgré des préjugés, Crèvecœur fut un bon connaisseur des États-Unis. Si certains aspects de ses *Lettres* sont idéalisés, il n'en reste pas moins qu'il avait une expérience unique du pays, de son agriculture, de ses populations, en particulier des Indiens, dont il avait eu personnellement à souffrir. Ses épreuves personnelles de la révolution américaine lui firent comprendre les mobiles, souvent futiles et mesquins, de certains de ses acteurs. Ces souvenirs forment la trame de fond du drame dont il est l'auteur, *Paysages* [*Landscapes*], un des premiers drames écrits en Amérique. Doit-il être rangé parmi les écrivains français ou américains ? Ses œuvres essentielles sont écrites en anglais, et dans une très belle langue. L'une d'elles, cependant, *Le Voyage en Haute-Pennsylvanie et dans l'État de New York*, n'a été publiée qu'en français (1801). Il quitta définitivement les États-Unis en 1790 pour se réinstaller en France, y passer ses vingt-trois dernières années dans l'ombre et y mourir.

CLAUDE FOHLEN.

RÉF. : Howard C. Rice, *Le Cultivateur américain. Étude sur l'œuvre de Saint-John de Crèvecœur*, Paris, 1932. – Thomas Philbrick, *St. John de Crèvecœur*, New York, 1970. – De Crèvecœur, *Lettres d'un cultivateur américain. Présentation de G. Bertier de Sauvigny*, 2 vol., Paris-Genève, 1979. – Guy Allen Wilson et Roger Asselineau, *St. John de Crèvecœur. The Life of an American Farmer*, New York, 1987.

CREVEL René. Écrivain français. Né et mort à Paris : 10 août 1900-18 juin 1935. Crevel entreprit des études de droit et de lettres, mais il les délaissa après son service militaire (1923) pour participer à l'aventure surréaliste. Il a lui-même raconté ce passage en ces termes : « Avait commencé des recherches pour une thèse de doctorat ès lettres sur *Diderot romancier*, quand, avec Marcel Arland, Jacques Baron, Georges Limbour, Max Morise, Roger Vitrac, il fonda une revue, *Aventure*, qui lui valut d'oublier le XVIIIe siècle pour le XXe. C'est alors qu'il connut Louis Aragon, André Breton, Paul Éluard, Philippe Soupault, Tristan Tzara, et un jour, devant un tableau de Giorgio de Chirico, il eut enfin la vision d'un monde nouveau. Il négligca définitivement le vieux grenier logico-réaliste, comprenant qu'il était lâche de se confiner dans une médiocrité raisonneuse... et persuadé qu'il n'est pas de vie morale possible pour qui n'est point docile aux voies souterraines ou se refuse à reconnaître la réalité des forces obscures, a décidé une fois pour toutes d'essayer, tant par ses actes que par ses écrits, d'écarter les barrières qui limitent l'homme et ne le soutiennent pas. »

Tous les portraits de Crevel soulignent son aisance, sa beauté, son intelligence ; merveilleusement doué pour le monde, il préféra obéir au souci d'une recherche plus profonde, tournant le dos au succès. Son œuvre se développa en trois temps : l'exploration des divers modes du moi, la systématisation de la révolte, l'engagement révolutionnaire. Ses trois premiers romans : *Détours* (*) (1924), *Mon corps et moi* (*), *La Mort difficile* (*), témoignent ainsi du désir de se connaître à la fois en tant qu'être et en tant qu'essence afin d'atteindre à la possession de son moi fondamental. Par leur construction rigoureuse mais ouverte, leur liberté, leur charme d'écriture, ces livres, surtout le second, sont un document essentiel sur l'esprit de la jeunesse des années 20, en même temps que des œuvres majeures, dont on s'étonne qu'elles demeurent encore aujourd'hui quelque peu méconnues.

L'aventure surréaliste fut ensuite l'élan au sein duquel Crevel réussit un temps à identifier son moi et sa volonté agissante d'expression ; il fut alors l'un des théoriciens et des pamphlétaires les plus vigoureux du mouvement dans ses essais : *L'Esprit contre la raison* (*) (1927), *Paul Klee* (+) (1930), *Dalí ou l'Anti-Obscurantisme* (*) (1931), *Le Clavecin de Diderot* (*) (1932), cependant qu'il inventait une forme de roman expérimental avec *Babylone* (+) (1927) et *Êtes-vous fou ?* (*) (1929). L'engagement révolutionnaire ne s'est traduit que par un gros roman : *Les Pieds dans le plat* (1933), mais il était déjà sensible dans les œuvres précédentes.

Les livres de Crevel séduisent d'abord par la qualité de leur écriture, le côté eau courante de la phrase, qui toutefois se tache souvent d'ombre, mais ce n'est pas cette qualité qui est essentielle, Crevel ayant d'ailleurs renoncé à la cultiver. Le plus durable tient dans le naturel du langage et sa fougue ; on assiste au spectacle d'une pensée qui se découvre en même temps qu'elle s'écrit, et qui va vite, et qui se charge d'images, et qui brasse à la fois l'imaginaire, le réel et le surréel. Alors les livres de Crevel ne nous atteignent plus seulement comme une « œuvre », mais comme une présence — la traduction organique et vivante d'une présence.

Crevel participait à la préparation d'un congrès international pour la défense de la culture lorsqu'il se suicida. Cette mort a reçu les interprétations les plus diverses : désir d'arrêter sa vie à l'apogée de sa jeunesse, déception politique, crainte de la maladie qui le rongeait, mais ces explications sont probablement vaines ou insuffisantes. Il vaut mieux retenir ce que Crevel écrivait en 1925 dans le numéro 2 de *La Révolution surréaliste* (*) : « On se suicide, dit-on, par amour, par peur, par vérole. Ce n'est pas vrai. Tout le monde aime ou croit aimer, tout le monde a peur, tout le monde est plus ou moins syphilitique. Le suicide est un moyen de sélection. Se suicident ceux-là qui n'ont point la quasi universelle lâcheté de lutter contre certaine sensation d'âme si intense qu'il la faut bien prendre, jusqu'à nouvel ordre, pour une sensation de vérité. Seule cette sensation permet d'accepter la plus vraisemblablement juste et définitive des solutions, le suicide. »

BERNARD NOËL.

RÉF. : C. Courtot, *René Crevel ou le Clavecin mal tempéré,* Paris, 1966 ; *René Crevel*, Paris, 1969. — E. Batache, *La Mystique charnelle de Crevel,* Paris, 1976. — M. B. Rochester, *René Crevel,* Stanford, 1978. — Revue *Europe* n° 679/680, 1985.

CRNJANSKI Miloš. Écrivain serbe. Né à Congrad (Hongrie) le 26 octobre 1893, mort à Belgrade le 30 novembre 1977. L'un des écrivains les plus importants de la littérature serbe et sans doute le plus grand écrivain serbe du XXe siècle, avec une œuvre qui s'épanouit dans tous les genres : art dramatique, poésie, roman, nouvelle, récit de voyage, essai, mémoires, pamphlet... Après des études secondaires à Timisoara (Roumanie) et des études supérieures qui le menèrent de Rijeka (académie commerciale) à Vienne (art et histoire de la philosophie) et enfin à Belgrade (lettres), il enseigne comme professeur de lycée, mais se révèle très vite excellent journaliste puis, dans les années 20, comme l'écrivain le plus brillant de la nouvelle génération. Il fait ensuite carrière dans la diplomatie et on le retrouve attaché de presse ou attaché culturel à Berlin, Rome, Lisbonne, et pour finir à Londres. Il fait siennes dans les années 30 certaines des idées nationalistes en vigueur dans l'Allemagne nazie et dirige dans ce sens la revue *Idées* [*Ideje*, 1933-1934], où il combat vigoureusement l'idéologie communiste et libérale. La Seconde Guerre mondiale le surprend à Londres : il y restera jusqu'en 1965, à titre d'émigré, exerçant différents métiers pour gagner sa vie et poursuivant son œuvre d'écrivain. Puis il rentre à Belgrade où il est reçu avec tous les honneurs dus à un grand écrivain. Il s'y fixe, écrit énormément, voit ses œuvres complètes rééditées plusieurs fois de son vivant.

On peut distinguer quatre étapes dans le développement de sa carrière d'écrivain. Avant et pendant la Première Guerre mondiale, à titre d'écrivain austro-hongrois, il fut très lié au cercle littéraire de Zagreb. De cette époque date une pièce de théâtre, *Les Masques* [*Maske*, 1918], qui révélait un talent prometteur. Pendant la deuxième période, il dirige des revues prestigieuses et publie quelques chefs-d'œuvre : *La Lyre d'Ithaque* [*Lirika Itake*, 1920], *Sumatra* (1920), *Stražilovo* (1921), *Serbia* (1926). Sortent en même temps des nouvelles, des récits en forme de parabole et de légende, des contes fantastiques, mais il faut surtout retenir *Le Journal de Čarnojević* (*) (1921), un roman-négation des mythes nationaux, et le très fameux *Migrations* (*) (1921), grande fresque historique du XVIIIe siècle consacrée au malheur de la diaspora serbe, étonnante synthèse de narration limpide, d'intensité dramatique et de lyrisme. Les années 30 sont pour Crnjanski des années stériles, dévorées par son activité politique et idéologique, où il n'écrivit que des récits de voyages. Ce n'est qu'en 1962 qu'il publie le deuxième livre de *Migrations* : là le lyrisme s'efface devant la chronique historique. La même année paraît un dernier et long poème, *Lamentation sur Belgrade* [*Lament nad Beogradom*], sa chère ville, son foyer, sa Jérusalem. *Le Roman de Londres* [*Roman o Londonu*, 1971], puis deux livres de mémoires viennent en conclusion d'une œuvre qui a cultivé toutes les formes sans jamais leur sacrifier le fond, dans une langue inimitable qui se jouait des conventions grammaticales et littéraires, dont la richesse n'a d'égale que la constante transparence. Il est bien difficile d'établir un ordre de valeur entre ses œuvres, mais l'on s'accorde à le proclamer surtout grand poète et grand romancier.

JANINE MATILLON.

CROCE Benedetto. Philosophe, historien et critique italien. Né à Pescasseroli le 25 février 1866, mort à Naples le 22 novembre 1952. Sorti vivant, par miracle, du tremblement de terre de Casamicciola (île d'Ischia) en 1883, dans lequel sa famille périt, il se rendit à Rome auprès de son tuteur et suivit des cours de droit. Ses goûts n'étaient pas du tout orientés vers ce domaine, et, lorsqu'il retourna à Naples en 1886, il devint membre, puis secrétaire de la Société d'histoire nationale et ne fit guère pendant quelques années que des travaux d'érudition. Il faut noter que, dès le début de sa carrière, Croce fut un indépendant ; l'écrivain resta distinct du politicien, et son activité se déroula toujours en dehors des milieux académiques officiels. En 1902, démarche fondamentale, il créa la revue *Critica* (*) avec Giovanni Gentile. Il commença à s'occuper de politique et, en 1910, fut élu sénateur. À la déclaration de la guerre, en 1914, il se fit neutraliste actif, se servant des colonnes de sa revue pour certaines mises au point. En 1920, Giolitti l'appela au ministère de l'Instruction publique, puis, lorsque le fascisme s'affirma, il passa à l'opposition, dont l'un des manifestes, daté de 1925, porte son nom. Il disparut de la politique jusqu'à la chute du régime, puis, le parti libéral s'étant regroupé autour de lui, de 1944 à 1947 il joua de nouveau un rôle très actif, et, ensuite, déclina les ultimes honneurs qu'on lui offrit. Son dernier acte public consista à obtenir la création, à Naples, d'un institut italien pour les études historiques dont il fournit les éléments : local et bibliothèque. La philosophie semble avoir tout d'abord attiré Croce, ses maîtres sont Hegel et Vico, auxquels il consacre *Ce qui est vivant et ce qui est mort dans la philosophie de Hegel* (*) et *La Philosophie de G. B. Vico* [*La filosofia de G. B. Vico,* 1911]. Il s'intéresse à la logique, à l'esthétique, à la morale ; son premier essai . *Logique* [*Logica*], remonte à 1905, le *Bréviaire d'esthétique* à 1913, mais il donnera quantité d'autres ouvrages philosophiques au cours des années suivantes, dont il faut détacher *Les Caractères de la philosophie moderne* [*Il carattere della filosofia moderna,* 1941] et les volumes groupés sous le titre *La Philosophie en tant que science de l'esprit.* La production de Croce historien n'est pas moins imposante et peut être divisée en deux types d'ouvrages : ceux qui traitent des faits historiques, de leur enchaînement chronologique, comme son *Histoire de l'Italie de 1871 à 1915* (+) (1923) ou son *Histoire d'Europe de 1815 à 1915* [*Storia d'Europa dal 1815 al 1915,* 1932] d'une part, et de l'autre ceux qui traitent de la méthode ou de la philosophie de l'histoire, comme *L'Histoire comme pensée et comme action* [*La storia come pensiero e azione,* 1938] ou sa *Théorie et Histoire de l'historiographie* [*Teoria e storia della storiografia ;* première version en 1914, remaniée et amplifiée à plusieurs reprises]. Enfin, le troisième aspect dominant de Croce est le critique littéraire, dont la *Critica* nous permet de suivre l'évolution de 1903 à 1944 ; viennent ensuite les *Cahiers de la critique* [*Quaderni della critica*] de 1945 à 1951. Il assurait lui-même la rubrique, et des ouvrages tels que les six volumes de *La Littérature de la nouvelle Italie*, les études sur les auteurs du XVIIe siècle ou la littérature italienne du XVIIIe siècle (1949) ainsi que son important ouvrage consacré à la Renaissance proprement dite et à sa fin (trois volumes parus sous leur forme définitive vers 1945) proviennent en grande partie des articles publiés dans la revue.

Pour donner une idée exacte de l'ampleur de l'activité littéraire de Croce, il faudrait encore citer une longue liste d'ouvrages divers : histoire locale, extraits de journaux personnels et de carnets de notes, écrits politiques, critiques variées sur la poésie et sur quelques grands auteurs étrangers, etc. ; seul un tel panorama permet de comprendre la place qu'il occupe dans l'histoire littéraire italienne contemporaine.

FAUSTO NICOLINI.

♦ *« Le libéralisme, dont il s'était fait le défenseur, n'était pas pour lui un parti, mais un état d'esprit et un climat ; il l'identifiait avec le mouvement même de l'histoire où ne cesse d'œuvrer la liberté. »* J. Chaix-Ruy. ♦ *« Bien que Croce persiste dans sa négation d'un Dieu personnel et de l'immortalité de l'âme... il continue à croire* (*avec Vico*) *en une force providentielle qui organise l'histoire et qui confie à chaque homme une tâche qu'il doit remplir dans un but universaliste. »* Giuseppe Prezzolini.

RÉF. . J. Lameere, *L'Esthétique de Benedetto Croce,* Paris, 1936. — A. Gramsci, *Il materialismo storico e la filosofia di B. Croce,* Turin, 1948. — B. Croce, *Contribution à la critique de moi-même,* tr. fr. 1949. — Francesco, *Benedetto Croce,* Naples, 1953. — J. Chaix-Ruy, « Flora », article nécrologique dans la *Revue philosophique de la France et de l'étranger,* avril-juin 1953. — F. Nicolini, *Benedetto Croce,* Turin, 1962. — S. Borsari, *L'opera di Benedetto Croce,* Naples, 1964. — E. P. Lammana, *Introduzione alla lettura di Croce,* Florence, 1969. — E. Merlotti, *L'Intention spéculative de Benedetto Croce,* Neuchâtel, 1970. — G. Sasso, *Benedetto Croce e la ricerca della dialectica,* Naples, 1975. — C. Bonlay, *Croce jusqu'en 1911. Trente ans de vie intellectuelle,* Genève, 1981. — G. Gembillo, *Filosofia e scienza nel pensiero di Croce : genesi di una distinzione,* Naples, 1984. — G. Petronio, *Metodo e polemica,* Palerme, 1986.

CROISET Alfred et Maurice. Hellénistes français. Nés et morts à Paris (le premier, Alfred, 5 janvier 1845-8 juin 1923, et son frère Maurice, 20 novembre 1846-15 février 1935). À un an d'intervalle, ils firent leurs études d'une façon aussi brillante que régulière. Alfred, sans quitter la capitale, fut, en 1877, maître de conférences à la Sorbonne, et y occupa en 1884 la chaire de poésie grecque.

Maurice resta à Montpellier de 1876 à 1891, comme professeur à l'université de cette ville. Il fut, par la suite, professeur à l'École normale supérieure, professeur au Collège de France de 1893 à 1903, et membre de l'Institut. Les meilleures œuvres du premier (outre les deux dissertations *De personis apud Aristophanem* et *Xénophon*, de 1873) sont : *La Poésie de Pindare et les lois du lyrisme grec* (1880) et *Les Démocraties antiques* (1909), ainsi que les éditions critiques de Thucydide et de Platon. Les œuvres du second sont : *De publicae eloquentiae principiis apud Graecos in homericis carminibus*, *Des idées morales dans l'éloquence politique de Démosthène* (1874), *Essai sur Lucien* (1882), *Aristophane et les partis à Athènes* (1906), deux volumes sur *La Civilisation hellénique* (1922), et *Eschyle* (1928). Mais la renommée universelle des deux frères est due essentiellement à l'*Histoire de la littérature grecque* (*), véritable chef-d'œuvre d'érudition et d'études critiques et esthétiques, conçu sur un plan général clair et écrit dans un style très brillant. Des cinq volumes de l'œuvre, qui parut entre 1887 et 1899, les tomes II, IV et la première moitié du V sont dus à Alfred, tandis que les tomes I, III et la seconde moitié du V sont dus à Maurice.

RÉF. : Article nécrologique dans *Polybiblion*, tome 158.

CROISSET Francis de (pseud. de Franz Wiener). Auteur dramatique français d'origine belge. Né à Bruxelles le 28 janvier 1877, mort à l'hôpital américain de Neuilly-sur-Seine le 8 novembre 1937. Fournisseur attitré des théâtres du boulevard, grâce à une sorte de vulgarisation de Marivaux et de Crébillon fils, il écrivit un grand nombre de comédies dont il ne reste guère que le nom : *Chérubin* (1901), *La Bonne Intention* (1905), *Le Bonheur, Mesdames* (1910), *Le Feu du voisin* (1911), *Le cœur dispose* (1912). S'inspirant ensuite de Bernstein, il donna *L'Épervier* (1914). Après la guerre de 1914, il devint le collaborateur de R. de Flers pour *Les Vignes du Seigneur* (*) (1923), *Les Nouveaux Messieurs* (1925), *Le Docteur Miracle* (1926), etc. D'un voyage aux Indes il rapporta un recueil d'impressions qui connut un certain succès : la *Féerie cinghalaise* (1926). En 1935, Francis de Croisset fit ses débuts comme romancier avec *La Dame de Madacca*.

RÉF. : R.-L. Doyon, *L'Horizon débridé, leçon de sabir*, 1920. – J.-M. Renaitour, *Coups de griffes*, 1923. – Léon Jules, *Francis Wiener dit de Croisset*, dans *Dictionnaire pratique des connaissances religieuses*, 1925.

CROMMELYNCK Fernand. Dramaturge belge d'expression française. Né à Bruxelles le 19 novembre 1885, mort à Saint-Germain-en-Laye (Yvelines) le 18 mars 1970. Il appartient à une famille de comédiens. Dès 1906, le Théâtre du Parc à Bruxelles crée sa première pièce, *Nous n'irons plus au bois*. En 1911, au Théâtre du Gymnase à Paris, est créé *Le Sculpteur de masques*, un acte en vers que préface le poète Émile Verhaeren. Le même théâtre représente *Le Marchand de regrets*. C'est en 1920 que Lugné-Poe monte et joue au Théâtre de l'Œuvre *Le Cocu magnifique* (*), le chef-d'œuvre de Crommelynck. En 1921, Gaston Baty monte *Les Amants puérils* (*) à la Comédie Montaigne. En 1925, Louis Jouvet joue *Tripes d'or* (+) à la Comédie des Champs-Élysées. En 1929 est créée au Théâtre de l'Œuvre *Carine ou la Jeune fille folle de son âme* (*). En 1934, le Palais des Beaux-Arts de Bruxelles représente *Une femme qu'a le cœur trop petit*, reprise à Paris la même année, où se joue aussi, à la Comédie des Champs-Élysées, *Chaud et Froid ou l'Idée de monsieur Dom*.

Les grandes dates de la vie de Crommelynck sont marquées par la création de ses pièces où l'on a vu se conjoindre l'expressionnisme allemand, le symbolisme de l'Irlandais Synge et la truculence flamande. Cependant Crommelynck déclarait lui-même : « Ma mère était bourguignonne, ma grand-mère tourangelle ; je ne vois pas ce que l'esprit belge vient à faire dans mon cas. » Son œuvre la plus connue, *Le Cocu magnifique*, porte en sous-titre « farce lyrique », opposition de termes qui définit le climat général de ce théâtre. Farce, oui, mais aussi sotie au sens où l'on entendait ces deux mots aux XIVe et XVe siècles. Crommelynck recourt à une intrigue bourgeoise, bien conduite, caractéristique de la farce, en même temps qu'à un langage débridé fondé sur une fausse logique, principe de la sotie. Le lyrisme chez lui plonge aux sources des instincts et des passions. Ce style de théâtre est destiné à mettre sous les yeux du spectateur, par les gestes et les démarches – n'oublions pas que Crommelynck fut lui-même comédien –, des personnages dépouillés de leurs oripeaux sociaux et exposés dans leur monstrueuse nudité. Bruno, le cocu magnifique, a épousé Stella, qui est jeune, naïve et amoureuse de son mari. Mais, en proie à une jalousie morbide, il se persuade qu'elle le trompe. Et, pour être certain qu'il a raison, il la pousse dans les bras d'autres hommes. C'est le cercle infernal, absurde. Il a raison parce qu'il a eu tort. Le faux et le vrai finissent par s'interpénétrer, par passer l'un dans l'autre. Comment ? Sous le couvert d'une opération dont Crommelynck ne révèle pas le secret. Il impose seulement un masque sur le visage de ceux ou de celles qui sont chargés de l'incarner. Bruno contraint Stella à vivre, en effet, un masque sur le visage, il lui déclare : « Ta figure de poupée est le plus parfait des mensonges ! Ton vrai visage, c'est ce masque de monstre. » De même, Carine, la jeune fille folle de son âme, a affaire à des personnages masqués et promène parmi eux son innocence qui n'est peut-être, elle aussi, qu'un masque plus subtil que le visage du mal déclaré. *Le Sculpteur de masques,* titre significatif, dresse face à face un moribond et un lépreux dont les visages cachés expriment avec d'autant plus de force l'angoisse et la terreur. Théâtre ambigu qui fait parfois penser à Pirandello et préfigure le « théâtre de l'absurde ».

GUY LE CLEC'H.

RÉF. : A. Beyer, *À la rencontre de Crommelynck,* Lüttich, 1946. – G. Féal, *Le Théâtre de Crommelynck,* Paris, 1976.

CRONIN Archibald Joseph. Romancier écossais. Né à Cardross le 19 juillet 1896, mort à Montreux (Suisse) le 6 janvier 1981. Après des études à l'académie Dumbarton puis à la faculté de médecine de l'université de Glasgow, il servit comme médecin dans la « Royal Navy » pendant la Première Guerre mondiale, puis en 1924 comme médecin-inspecteur des mines. Le succès de ses premiers écrits le décide à persévérer : il abandonne son premier métier dès 1932. Parmi ses ouvrages les plus connus et avant son célèbre roman *Les Clés du royaume* (*) (1941), *La Citadelle* (*) (1937), considérée comme son maître livre, est en grande partie autobiographique (un jeune médecin écossais installé au Pays de Galles travaille pour le mieux-être des mineurs, et lutte contre les préjugés). Mais dans ses autres romans – *Vertes Années* (*) (1944), notamment – l'auteur se ressouvient encore d'épisodes de sa vie et de sa carrière médicale. Une pièce de Cronin, *Le Rire de Jupiter* [*Jupiter Laughs*], fut montée en 1940. Son autobiographie *Sur les chemins de la vie* [*Adventures in Two Worlds*] a paru en 1952.

CROS Charles Hortensius Émile. Poète et savant français. Né le 1er octobre 1842 à Fabrezan (Aude), mort à Paris le 9 août 1888. Par ses origines, Cros bénéficie d'un atavisme littéraire et scientifique : son grand-père avait publié un manuel de calcul décimal (ce qui, en 1799, était tout nouveau) et divers ouvrages de belles-lettres ; son père était philosophe et on lui doit une *Théorie de l'homme intellectuel et moral* (1836). C'est lui qui se chargea de l'instruction de ses fils, Charles et ses deux frères (Antoine, le médecin-philosophe, 1833-1903, et Henry, le sculpteur, 1840-1907). Très tôt Charles manifeste ses aptitudes dans tous les domaines (littérature, sciences, dessin et musique). Son passage, comme surveillant, à l'Institution des Sourds-muets (1860-1863) est l'occasion de réfléchir à tous les moyens de communiquer, notamment par la parole. À cette date, par son frère Henry – qui fait partie du « Salon des Refusés » –, il est en contact avec quelques-uns des futurs impressionnistes, peut-être déjà Manet, qu'il connaît au plus tard en 1868 et qui sera l'un de ses meilleurs amis. C'est la grande heure du Parnasse et de Baudelaire : il adhère au premier et admire le second, comme représentants de la modernité poétique. Il publie ses premiers vers dans *L'Artiste,* fréquente le « salon » de Nina de Villard (*La Dame aux éventails* de Manet) qui devient vite sa maîtresse. Par elle, il fait connaissance de tout ce qui compte alors en littérature : Mendès et Coppée, mais aussi Verlaine et Villiers de l'Isle-Adam. Parallèlement, il publie de courtes et décisives plaquettes scientifiques : *Étude sur les moyens de communication avec les planètes* et *Solution générale du problème de la photographie des couleurs* (1869). Dans ce dernier ouvrage, il donne lumineusement la théorie d'un procédé qu'il passera toute sa vie à perfectionner avec succès ; malheureusement, il se trouve en concurrence avec un autre inventeur, Ducos du Hauron. le guignon fait son entrée dans sa vie ; il n'en sortira plus. Après la guerre et la Commune, passée comme brancardier du côté des Fédérés, Cros est avec Verlaine un des premiers à accueillir Rimbaud à Paris (1871) : époque de fascination mutuelle et de crises d'amour-propre, les deux poètes s'apprennent beaucoup l'un à l'autre, non sans heurts. Autour de Cros, Rimbaud, Verlaine se fondent les Zutistes qui règlent leur compte au Parnasse et prônent une esthétique fondée sur une appréhension sensible des objets et un jeu subtil des rythmes : *Le Coffret de santal* (*) de Cros, son premier recueil (1873 ; une deuxième édition augmentée paraîtra en 1879), affirme cette doctrine en des pièces inégales. Peu après, *Le Fleuve* (*), illustré par Manet, constitue une admirable édition, mais ne vaut pas la célébrité à Cros (1874). Pour ce dernier commence le temps de la « rancœur lasse » : tour à tour il est évincé du troisième *Parnasse contemporain* (1876) et frustré d'une invention promise à un bel avenir, le phonographe – encore appelé paléophone – dont il invente incontestablement la théorie (avril 1877), mais dont Édison réussit la démonstration pratique. Déçu, « oublié, méprisé », Cros s'engage dans une « vie trouée de hasard » : il fréquente les cercles bohèmes (les Hydropathes notamment), le Chat Noir où il apparaît comme un amuseur, diseur de monologues (1879-1885). Il renouvelle entièrement ce genre qui devient, entre ses mains, un dangereux instrument de destruction par l'absurde et l'humour corrosif : un Breton ou un Ionesco ne s'y tromperont pas, pas plus que, parmi ses contemporains, Alphonse Allais, Gustave Kahn ou Laforgue. Dans ses dernières années, il poursuit parallèlement ses recherches scientifiques (nombreuses notes à l'Académie des sciences) et sa création poétique : *La Vision du grand canal royal des Deux-Mers* (1888) et divers poèmes réunis après sa mort dans *Le Collier de griffes* (1908). Une puissante angoisse, une violence contenue, une amère dérision caractérisent cette dernière œuvre. Miné par l'alcool et la maladie, il disparaît dans l'indifférence générale. Il faudra le surréalisme pour rendre justice à cet esprit multiforme, visionnaire, apte à percevoir toute nouveauté, mais incapable – faute de persévérance et d'argent – de lui donner toujours forme tangible. La totalité de ce que nous connaissons actuellement de son œuvre n'a été publiée qu'en 1970.

LOUIS FORESTIER.

♦ *« Génie, le mot ne semblera pas trop fort à ceux, assez nombreux, qui ont lu ses pages impressionnantes à tant de titres. »* Verlaine. ♦ *« Génie, auquel on ne saurait comparer, dans toute l'histoire de l'esprit humain, que Bernard Palissy, Léonard de Vinci et les grands hommes complets de la Renaissance. »* Émile Gautier. ♦ *« Il fait partie de cette classe d'esprits qui ont à leur sommet les Léonard de Vinci et les Pascal et, à leurs derniers rangs, les monomanes et les fous. »* Émile Verhaeren. ♦ *« L'unité de sa vocation, en tant que poète et en tant que savant, tient à ce que, pour lui, il s'est toujours agi d'arracher à la nature une partie de ses secrets. »* André Breton. ♦ *« C'est une joie de mettre un moment sa main dans celle de ce fin compagnon du crépuscule, de ce dévaleur de pentes chimériques au bas desquelles vous attend sur les lèvres d'un amour léger le poème impromptu du bien-être mélancolique. »* René Char.

RÉF. : A. Breton, *Anthologie de l'humour noir*, 1940. – L. Forestier, *Charles Cros, l'homme et l'œuvre*, 1969. – R. L. Mitchell, *The Poetic Voice of Charles Cros*, 1976. – L. Forestier, *Charles Cros*, nouvelle édition 1988. – P. E. Richard, *Charles Cros. Inédits et documents*, Remoulins, 1992.

CROUZAS Jean-Pierre de. Philosophe suisse d'expression française. Né à Lausanne le 13 avril 1663, mort dans cette même ville le 22 mars 1750. De noble famille protestante, il fut d'abord pasteur, puis professeur et recteur de l'université de Lausanne. Plus tard, il fut, à Groningue, précepteur du jeune prince de Hesse-Cassel. C'est l'un des écrivains les plus féconds du XVIIIe siècle, mais dans ses nombreuses œuvres on ne trouve rien de vraiment original. Il chercha à concilier d'une manière éclectique Descartes et Locke, non pas en se fondant sur des principes philosophiques mais en suivant ses sympathies personnelles et le sens commun. Il se lança dans une âpre polémique contre Bayle, qu'il accusait d'athéisme et d'immoralité, et contre Leibniz et Wolff, auxquels il reprochait leur dogmatisme philosophique. Dans son *Traité du beau* (*), il détermine les cinq conditions objectives (idées) constituant le beau : unité, variété, ordre, proportion, régularité. Sa *Logique* (1712), son *Examen du pyrrhonisme ancien et moderne* (1737), et son *Traité de l'esprit humain* (1741) ne méritent guère de retenir l'attention. Mais son *Traité sur l'éducation des enfants* (+) (1722) présente un certain intérêt au point de vue pédagogique.

RÉF. : A. Pizzorusso, *Teorie letterarie in Francia*, Pise, 1968. – A. Becq, *Genèse de l'esthétique française (1680-1814)*, Pise, 1983.

CROZIER Michel. Sociologue français. Né le 6 novembre 1922 à Sainte-Menehould (Marne). Il travaille tout d'abord sur les mouvements ouvriers et socialistes, puis sur le syndicalisme américain. Alors qu'il a déjà réalisé les enquêtes présentées dans *Le Phénomène bureaucratique* (1963), il fonde en 1963 le Centre de sociologie des organisations, dans le cadre duquel sont réalisés tous ses travaux ultérieurs. Son domaine privilégié est donc les organisations, systèmes de coopération dont la fin est la satisfaction de besoins qui leur sont extérieurs, mais les problématiques étudiées sont en fait d'une grande généralité, sa préoccupation essentielle étant sans doute le changement dans la société française. L'étude des organisations permet de montrer pourquoi il ne peut résulter que de crises. Crozier parle de *La Société bloquée* (1970). Deux traits culturels caractéristiques de la société française rendent impossibles les évolutions harmonieuses : la peur des relations face à face et une conception absolutiste de l'autorité. Ainsi Michel Crozier s'intéresse-t-il aux phénomènes culturels, s'opposant aux explications purement économiques du fonctionnement des organisations. Si elles n'évoluent pas spontanément vers une plus grande fonctionnalité, un changement efficace ne peut pas non plus être provoqué par une décision autoritaire : *On ne change pas la société par décret* (1979). L'étanchéité entre des couches exagérément hiérarchisées empêche en effet les décideurs d'obtenir les informations qui rendraient leur pouvoir efficace. Un cercle vicieux s'enclenche donc : de nouvelles règles sont édictées pour pallier les dysfonctionnements, mais les acteurs utilisent la complexité croissante de l'organisation qui en résulte pour renforcer les « zones d'incertitude » qu'ils peuvent seuls contrôler. La crise génératrice de changement intervient quand les blocages sont tels que la survie de l'organisation est menacée. Un des mérites de Crozier est d'avoir concilié son travail empirique avec une présentation théorique très élaborée des concepts et des postulats méthodologiques qui la sous-tendent, en particulier dans *L'Acteur et le Système* (*) (1977, avec Ehrard Friedberg). Un deuxième mérite est d'avoir su adapter aux spécificités de la société française les analyses du courant américain de sociologie des organisations, qu'il a introduites en France.

FLORENT CHAMPY.

CRUZ CANO Y OLMEDILLA Ramón de la. Auteur dramatique espagnol. Né et mort à Madrid (28 mars 1731-4 novembre 1795). D'ascendance aragonaise par son père, il fit ses premières études dans la capitale et se signala de bonne heure par son esprit d'observation, ses dons de versificateur et sa passion pour le théâtre. Sa vie offre peu d'événements qui soient dignes d'être mentionnés. Obligé de gagner son pain, il entra vers la trentaine au ministère des Finances (1759). Bien qu'il eût horreur des chiffres, il dut y rester toute sa vie, sans jamais devenir autre chose qu'un vague fonctionnaire de l'État. Il est vrai qu'il allait trouver un puissant dérivatif dans son labeur de dramaturge. Ayant obtenu au théâtre plus d'un succès, il s'acquit la protection des grands, et surtout celle de la duchesse de Benavente, chez laquelle il obtint de s'installer à demeure. Cependant, malgré cet appui et ses droits d'auteur, il vécut toujours dans la pauvreté. Ce mystère ne laisse pas d'accroître la singulière sympathie qu'inspire sa personne. Ayant épousé une jeune fille appelée Beatriz de Magán, il eut d'elle plusieurs fils, dont l'un devait être un jour grand maître de l'artillerie à la bataille de Bailén (1802). En somme, sa vie se réduit à l'histoire de ses ouvrages. Auteur très fécond, Ramón de la Cruz en a produit plus de trois cents. On peut dire qu'il s'est essayé dans tous les genres, y compris ceux qu'il détestait : la tragédie — *Iphigénie* (+) —, la pastorale et l'opéra. Mais il doit toute sa renommée au genre de composition qu'en Espagne on appelle la saynète, ou plutôt le « sainete ». Non qu'il soit le créateur de ce genre : dès les premiers temps du théâtre espagnol la saynète fleurissait déjà, en effet, sous le nom d'« intermède » (*entremés*). Ce n'était alors qu'un petit acte fait à la diable, sans intrigue ni caractères, mais toujours bouffon, et qui se jouait pendant les entractes de quelque drame de longue haleine. La saynète était avant tout destinée à détendre le spectateur. Pendant le Siècle d'or, si grande était la vogue de ce divertissement que Cervantès lui-même en avait écrit plusieurs qui sont de petits chefs-d'œuvre — v. *Huit comédies et huit intermèdes* (*). Quoi qu'il en soit, la saynète (appelée encore *pasillo*) n'était guère tenue en Espagne que pour un genre inférieur. Ramón de la Cruz eut le mérite insigne de la transformer de fond en comble ; osant y porter beaucoup de sérieux, sous le masque de la drôlerie, il en élargit le cadre au point d'en faire un véritable tableau de mœurs. Doué d'un merveilleux talent d'observation, et alliant la force comique à la sûreté du dialogue, il fit parler tout le peuple des bas quartiers de Madrid avec une verve qui fit crier au miracle. Sous sa plume infatigable, la saynète prit un relief extraordinaire. Qu'il mette en scène le petit-bourgeois, l'étudiant ou le sergent de ville, la commère ou la fille publique, il cerne d'un trait si incisif la moindre de ses créatures que l'on est contraint d'y voir l'expression de la vérité. Citons surtout : *Le Spectacle des coulisses* (*) (1786), *Le Prado la nuit* (vers 1790), *Les « Tertulias » de Madrid* (*) (vers 1790), *Manolo* (*) (vers 1790).

Sur la grisaille que présente la littérature espagnole du XVIIIe siècle, Ramón de la Cruz se détache avec un relief saisissant. On sait qu'alors l'Espagne s'était complètement engouée de l'esprit français. D'où la servile imitation qui se donnait partout carrière. Seul parmi ses contemporains, Ramón de la Cruz osa franchement s'inscrire en faux contre cette servitude. Fidèle au plus profond génie de son pays, il eut la force de réagir en se vouant à l'évocation de la vie telle qu'il la voyait dans les classes les moins brillantes de la société de son temps. Ayant le coup d'œil sûr et la plume à l'avenant, il entendit que son théâtre se fondât d'abord sur l'observation. La postérité n'a point démenti les succès qu'il remporta de son vivant. En raison de quelque analogie que l'on constate entre ses saynètes et les *Caprices* de Goya, il reçut même le surnom de « Goya du théâtre ». Mais le parallèle, en ce domaine, est souvent absurde. Il reste que Ramón de la Cruz est, en Espagne, le précurseur du théâtre d'observation. Il a publié lui-même son théâtre sous le titre de *Théâtre, ou collection des saynètes et autres œuvres dramatiques* [*Teatro, o colección de los sainetes y demás obras dramáticas,* dix volumes, Madrid, 1786]. Agustín Durán devait plus tard en donner un choix, augmenté de quelques pièces inédites (Madrid, 1843).

ROLAND PURNAL.

♦ *« Don Ramón fut un observateur aigu et perspicace ; sa langue était facile, pleine de naturel, animée ; son invention féconde ; son instinct de la répartie, impétueux et inépuisable ; son adresse dans le dialogue, prodigieuse et inimitable... Ramón de la Cruz a hérité de nos meilleurs classiques la grâce et la vivacité dans l'art du dialogue, auxquelles il ajoute sa fine malice madrilène. »* F. C. Sáinz de Robles.

RÉF. : B. V. Pérez Galós, *Don Ramón de la Cruz u su época,* article in *Revista España,* tome XVII, 1870. — E. Cotarelo y Mori, *Don Ramón de la Cruz y sus obras,* Madrid, 1899. — *Homenaje del Ayuntamiento de Madrid a don Ramón de la Cruz,* Madrid, 1900. — José Vega, *Don Ramón de la Cruz y su época,* Madrid, 1944.

CRUZ E SOUSA João da. Poète brésilien. Né le 24 novembre 1861 à Desterro (aujourd'hui Florianópolis), capitale de l'État de Santa Catarina, mort le 19 mars 1898, à Estação de Sítio (État de Minas Gerais). Fils d'esclaves noirs, il fit de sérieuses études de philologie classique, et se mit à l'école des parnassiens et symbolistes français. On peut même dire qu'il fut l'introducteur au Brésil du mouvement symboliste. Cruz e Sousa a laissé une œuvre intéressante, produit original de sa race et des conditions sociales dans lesquelles il vécut. Son premier recueil, *Broqueis* (+), parut en 1885 ; puis ce fut *Évocations* (*) (1890), et enfin, après sa mort prématurée, les *Derniers Sonnets* (+) (1905). Ses poèmes atteignent à une grande perfection de forme, à une fluidité et une plasticité remarquables. Le choix des sujets en est toujours volontairement étrange, et allie souvent l'évocation voluptueuse à une inspiration mystique, caractéristique fréquente chez les poètes noirs. Son poème le plus fameux est *Présage* [*Preságio*], que l'on a souvent rapproché de certaines pièces de Poe. Cruz e Sousa, qui a traduit avec une profonde intensité la mentalité des Noirs d'Amérique, est un des poètes les plus populaires, mais aussi les plus discutés du Brésil.

RÉF. : N. Victor, *Cruz e Sousa*, Rio de Janeiro, 1900. — Victor Orban, *Littérature brésilienne*, Paris,

1914. – Antonio de Pádua, *A margem do estilo de Cruz e Sousa*, Rio de Janeiro, 1946.

CSOKONAI Mihály Vitéz. Poète hongrois. Né et mort à Debrecen (17 novembre 1773-28 janvier 1805). Il fut élève dès 1781 du célèbre collège calviniste de la ville où il se distingua par son génie précoce. Professeur à vingt et un ans, il dut quitter l'école en 1795 à cause de sa « conduite indisciplinée ». Il passera dès lors sa vie à la recherche d'une position sociale ou tout au moins d'un mécène, mais l'amour-propre, l'originalité déconcertante et les dérèglements de l'éternel enfant rebuteront la bonne société et lui mettront à dos les pouvoirs publics qui l'écarteront de toute vie politique. Se réfugiant toujours davantage dans un monde de fantaisie, il négligera les étroitesses de la vie quotidienne pour se consacrer à l'étude de la pensée et de la beauté pures. Poète doué et sensible aux influences variées de la littérature nationale et des littératures étrangères, il saura rester lui-même. La complexité de son caractère était extraordinaire. Ne connaissant pas de freins tout en étant porté à la méditation, galant homme et parfaitement grossier, sage et folâtre, sarcastique et enthousiaste, il est également persuasif dans tous les ordres d'idées. Ses œuvres s'en ressentent. Elles se montent à environ deux cents poésies en quatre-vingts mètres différents : *Chansons de Lilla* (*) ; *De l'immortalité de l'âme* (*) et, ce que ses contemporains osèrent à peine rêver, une poésie qui trouvait sa forme d'expression dans la musique. S'il ne put conquérir le public, c'est qu'il lui arrivait de mêler à ses vers les plus éthérés quelque image grossière ou quelque parole déplacée. Lyrique par excellence, il a aussi laissé un chef-d'œuvre épique, le premier poème comique hongrois : *Dorothée ou la Victoire des femmes au carnaval* (1803). Il s'éteignit après une longue maladie, chez sa mère à Debrecen, en lisant un traité de mathématiques.

ČUDOMIR (pseud. de Dimităr Čorbadžijski). Écrivain bulgare. Né le 20 mai 1890 à Turija (district de Kazanlak), mort le 26 décembre 1967 à Sofia. Il fait ses études secondaires et supérieures à l'École de dessin de Sofia. Professeur de lycée, directeur de musée, membre de la direction d'une maison de la culture, rédacteur du journal de son pays natal, créateur de décors, quand l'occasion s'en présente, Čudomir consacre toute sa vie à ses concitoyens et reste entièrement attaché à sa province natale. Il vient à la littérature assez tôt mais c'est après une longue rupture, à l'âge de quarante-deux ans, qu'il crée son style personnel. Très vite, l'écrivain acquiert la popularité grâce à l'humour de ses courts récits : à travers une anecdote, gaie et assez élémentaire, il excelle dans l'art de l'ironie douce en nous introduisant dans l'univers typiquement bulgare de ses personnages. Sans analyse philosophique, sans raisonnements moraux, Čudomir perçoit le monde d'une façon originale et par le biais de l'humour qui, en fin de compte, se révèle bien salutaire, il parvient à atteindre la vraie réalité des choses et des êtres. Ses œuvres ont été réunies en trois volumes (1969-1970). Citons parmi elles : *Je ne suis pas celle que vous croyez* (*) (1935), *Les Pays* (+) (1936) et *À la minute* (+) (1938).

CUEVA Juan de la. Poète et dramaturge espagnol. Né et mort à Séville (Andalousie) (1543 ?-1610). On sait peu de chose de sa vie. Issu d'une illustre famile, il fit, vers la trentaine (1574), un voyage au Mexique en compagnie d'un de ses frères (Claudio). Il semble bien qu'il se déplut dans ce pays où il dut séjourner trois ans : les vers qu'il y composa, en effet, révèlent quelque nostalgie de sa ville natale. De retour à Séville (1577), il se consacra tout entier à la poésie. Grâce à sa vaste érudition, à son sens profond du langage, et surtout à sa prodigieuse facilité, il put hardiment s'essayer dans tous les genres : depuis le poème mythologique, *Les Pleurs de Vénus sur la mort d'Adonis* [*El llanto de Vénus en la muerte de Adonis*, 1583], le poème allégorique, *Le Voyage du poète Sannio au ciel de Jupiter* [*Viaje del poeta Sannio al cielo de Jupiter*, 1585] ou le poème généalogique, *Histoire de la Cueva et de la descendance des ducs d'Albuquerque* [*Historia de la Cueva, y descendencia de los duques de Albuquerque*, 1586], jusqu'au grand poème épique, *La Conquête de la Bétique* [*La conquista de la Bética*, 1603]. Outre certain poème burlesque, *Batalla entre ranas y ratones*, il convient d'ajouter le recueil de *Poésies* (1582) et la centaine de ballades intitulées *Coro febeo de romances historiales* (1587). L'auteur se trouve avoir brillé en outre dans la poésie didactique : il fut le premier Espagnol à s'aventurer dans ce domaine, ainsi que l'atteste son remarquable *Art poétique* (1606). Il n'en faut pas moins rappeler que Juan de la Cueva est, par surcroît, un dramaturge dont l'œuvre éclipse singulièrement les grands poèmes dont on vient de faire mention (à l'exception du dernier). Des quatorze pièces que comprend son théâtre, la plupart sont des tragédies, ou plus exactement des drames. Il est permis de négliger celles dont l'argument est emprunté à l'histoire gréco-romaine : *La Tragédie d'Ajax Télamon* (+) vers 1590, *Le Sac de Rome* [*El saco de Roma y muerte de Borbón*, 1596] et *La Mort de Virginie* (*) (1600). En effet, la verve du poète se montre beaucoup plus efficace dans *Le Calomniateur* (*) (1581), œuvre qui annonce la future comédie de cape et d'épée. Mais Juan de la Cueva doit surtout sa gloire à l'initiative qu'il prit d'introduire sur le théâtre les grands faits de l'histoire nationale, en puisant son inspiration à ces trésors de renseignements que sont les *Romanceros* (*). Cette collection de chants populaires, anonymes et transmis par la seule tradition orale, constitue, ainsi qu'on l'a dit, par son ample matière épique, une sorte d'*Iliade* (*) sans Homère. On y peut voir, sans doute, la plus copieuse chronique du Moyen Âge. Cueva fit preuve de génie en faisant fond résolument sur ce qu'il y trouvait de meilleur. Outre *Les Sept Infants de Lara* (*) (1579), il faut citer : *La Comédie de la mort du roi don Sancho*... (vers 1600) – v. *Le Cid* (*) –, *Bernardo del Carpio, Le Siège de Zamora* [*El cerco de Zamora*], *La Liberté de l'Espagne* [*La libertad de España*], etc. Improvisateur prodigieux, mais fort inégal, Cueva tombe trop souvent dans la démesure. Mais, tant par la composition que par le style, il surpasse de loin ses prédécesseurs. On lui doit enfin mainte réforme heureuse dans le domaine du spectacle proprement dit.

ROLAND PURNAL.

RÉF. : Bouterweck, *Histoire de la poésie et de l'éloquence chez les peuples modernes,* 1801-1819. – Marcel Bataillon, *Simples réflexions sur Juan de la Cueva,* in *Bull. Hisp.* 1935, XXXVI. – E. S. Morby, *Notes on Juan de la Cueva : Versification and Dramatic Theory,* in *Hisp. Review*, 1940, VIII.

CUI César Antonovitch. Compositeur russe. Né à Vilnius le 18 janvier 1835, mort à Saint-Pétersbourg le 24 mars 1918. De père français et de mère lituanienne, il fut l'un des compositeurs du « groupe des Cinq ». Ingénieur de profession, il enseigna la fortification à l'Académie militaire de Saint-Pétersbourg, avec le rang correspondant au grade de lieutenant général. Il étudia la musique avec Moniuzko et Balakirev, et écrivit des œuvres symphoniques, de la musique de chambre et des opéras : *Le Fils du mandarin* [*Syn mandarina,* 1859] joué en 1878, *Le Prisonnier du Caucase* [*Kavkazskij plennik,* 1859], *William Ratcliff* (*), *Angelo* (+) (1876), *Au bord de la mer* [*U morja*], opéra écrit en 1889 et joué à Paris, à l'Opéra-Comique, en 1894, sous le titre : *Le Flibustier, Le Sarrasin* [*Saracin,* 1898], *Mam'zelle Fifi* [*Madmuazel' Fifi*, 1903], *Matteo Falcone* (1907), *La Fille du Capitaine* [*Kapitanskaja docka,* 1911]. Il fut également critique musical et dans ses articles, opuscules et livres, il se fit le champion des idéaux du groupe national russe. Il est néanmoins difficile de soutenir que ses compositions correspondent au modèle qu'il avait dans l'esprit : elles n'ont pas ce caractère national qu'il recherchait et, d'ailleurs, manquent souvent de caractère précis ; leur style rappelle Auber, Schumann, Dargomijski, et sa technique, très faible, n'est que partiellement rachetée par une sensibilité délicate. Il est l'auteur d'un livre sur *La Musique en Russie* (1874). En sa qualité d'ingénieur militaire, il fit également paraître entre 1873 et 1881 quatre ouvrages sur la fortification, dont un eut en Russie jusqu'à neuf éditions successives.

♦ *« César Cui tient moins de place, dans l'œuvre des Cinq, par l'originalité ou le mérite artistique de ses œuvres que par l'ardeur de son zèle rénovateur et les services de toute nature qu'il a rendus à ses amis. »* J. Combarieu.

RÉF. : Comtesse de Mercy-Argenteau, *César Cui,* Paris, 1888. – Victor Seroff, *Le Groupe des Cinq,* Paris, 1949.

CUJAS Jacques (ou, suivant la forme originale du nom, Cujaus). Jurisconsulte français. Né à Toulouse en 1520 ou 1522, mort à Bourges en 1590. Il étudia à l'université de Toulouse, et dès 1547 il faisait un cours privé sur les institutions de droit civil, c'est-à-dire sur le droit romain alors en vigueur dans la majeure partie de la France. N'ayant pu obtenir la chaire officielle qu'il désirait à Toulouse, il gagna Cahors en 1554, puis en 1555 Bourges, où il recueillit et enrichit l'héritage laissé par le grand Alciat (quelque trente ans auparavant). Cujas défendit l'« école humaniste » de son aîné, qui s'opposait à celles des glossateurs et des commentateurs ; c'est d'ailleurs pour cette raison que son premier séjour en Berry fut bref, l'hostilité déclarée de ses collègues Doneau et Douaren, disciples de Bartole, le fit émigrer à Valence. En 1559 il fut rappelé à Bourges par Marguerite de France, fille de François Ier, elle-même, et il occupa pendant plusieurs années la chaire de Douaren, mort entre-temps. Ce n'est pourtant qu'en 1575 qu'il se fixa définitivement dans la capitale berrichonne : il se rendit à Turin auprès de la duchesse qui avait épousé Emmanuel-Philibert de Savoie (1566-1567), s'arrêta de nouveau à Valence (1567 1575) d'où il se rendit à Avignon et à Paris pour faire des cours. Il convient de noter au passage que, vivant dans une époque de luttes religieuses et de troubles politiques, Cujas réussit à s'en tenir à l'écart, maintenant son enseignement au-dessus des partis. La seule indication que nous avons de ses opinions est l'interdiction qu'il fit par testament de vendre aux jésuites ou à leurs représentants la précieuse bibliothèque qu'il s'était constituée et qu'il abritait dans l'hôtel qu'il s'était fait construire à Bourges lorsqu'il s'y retira. Son œuvre est considérable, il fut l'un des plus grands commentateurs du droit romain : de nos jours encore, on peut consulter utilement ses ouvrages qui se signalent par l'acuité de la critique, la solidité de l'argumentation juridique, des *Institutiones* aux *Paratitla*, en passant par les *Recitationes solemnes* et son monumental *Observations et Amendements* (*). La sûreté de sa préparation historique et philologique lui permit de dépister les interpolations des juristes contemporains de Justinien dans le *Corpus de droit civil* (*), de découvrir des textes nouveaux tels que la *Consultatio veteris cuisdam jurisconsulti* (1577), dont il assura la publication, ainsi que la *Lex romana Burgundionum* (1566) et des livres VI à VIII du *Code théodosien* (*). Il donna également des éditions du *Code* et des *Institutes* de Justinien qui firent autorité jusqu'à la fin du XIXe siècle.

RÉF. : Jean Papire Masson, *Vita J. Cujacii*, Bâle, 1591. – Jacques Bierriat, Saint-Prix, *Histoire de Cujas*, Paris, 1821. – E. Spangenberg, *Jacob Cujas und seine Zeitgenossen*, Leipzig, 1822. – Verne, *Vie de Cujas*, Grenoble, 1938. – Fr. Olivier-Martin, *Histoire du droit français*, Paris, 1948.

CUMMINGS Edward Estlin. Poète américain. Né à Cambridge (Massachusetts) le 14 octobre 1894, mort à New York le 2 septembre 1962. Si Cummings est ultra-moderniste sur le plan du style, il n'en appartient pas moins à une vieille tradition américaine, celle de sa Nouvelle-Angleterre natale : idéalisme transcendantal et individualisme non-conformiste. C'est un transcendantaliste à l'époque du ragtime. Après une enfance passée dans une ambiance familiale parfaite (« avant qu'Œdipe ne soit devenu un complexe ») où il s'essaie déjà à la poésie, s'intéressant notamment à des formes complexes comme celles du rondeau, de la villanelle et du sonnet (maints de ses poèmes ultérieurs à l'allure complètement anarchique se révèlent être des sonnets brisés quand on les inspecte de plus près), Cummings s'inscrit à Harvard. Il suit des cours de littérature grecque, latine et anglaise, mais fréquente aussi certains établissements mal famés de la basse ville de Boston : les boîtes à strip-tease, qui lui donnent une certaine idée de l'esthétique (réduire tout au presque rien), et les théâtres du burlesque, d'où il tire une théorie du langage poétique fondé sur l'effet de surprise (« Frapperais-tu une femme avec un enfant ? Non, je la frapperais avec une brique »). En 1915, au moment de la remise des diplômes, c'est lui qui fait le discours d'adieu et son thème est « l'Art Nouveau » (Matisse, Satie, Schönberg, Stravinsky, Gertrude Stein) dont il va bientôt être lui-même l'une des incarnations. Suit une période de vie de bohème à Greenwich Village, qu'il quitte en 1917 pour s'engager comme ambulancier et partir à la guerre en France. Peu de temps après, à cause de quelques propos trop libres échangés entre lui et un ami, il se trouve accusé de trahison et interné pendant trois mois (avec d'autres étrangers suspects et des prostituées) dans un « camp de détention préventive » en Normandie, expérience qu'il décrit dans son premier livre, *L'Énorme Chambrée* (*) (1922). La guerre terminée, Cummings reprend sa vie new-yorkaise, sans oublier Paris où il reviendra souvent. Son premier recueil de poèmes, *Tulipes et Cheminées* (*), paraît en 1923. Ce livre au titre encore conventionnel est suivi en 1926 d'un autre portant un titre déjà nettement cummingsien : *Font 5* (+) qui représente une petite entorse à la logique arithmétique (pour e e cummings, qui aime écrire ainsi son nom, 2 plus 2... font 5). Continuant sur sa lancée, il publie en 1928 une pièce pratiquement injouable (cent cinq personnages) : *Lui* (*) qui est un portrait de l'artiste en non-conformiste absolu. En 1933, il voyage en U.R.S.S. où il tient un journal qui devient *Eimi* (*) (1933). C'est une satire du « paradis de Karl Marx » qui exprime un refus viscéral de tout ce qui est « pseudo-communauté » et « non-monde ». Il aura quelque difficulté à trouver un éditeur pour son nouveau livre de poèmes ; c'est pourquoi, ayant enfin trouvé le moyen de le publier, il dresse au début du volume une liste des éditeurs qui l'ont refusé et l'intitule : *Pas de remerciements* (+) (1935). *1/20* (+) (21 poèmes – 1 au-dessus de 20) est publié à Londres en 1936. Un premier recueil de l'œuvre poétique [*Collected Poems*] paraît à New York en 1938, suivi de *50 poèmes* [*50 Poems*, 1940] et d'un autre livre au titre cummingsien : *IXI* (+) (un multiplié par un, sa formule pour l'amour), en 1944. Neuf ans plus tard, Cummings donne une série de conférences à Harvard, au cours desquelles il ré-affirme son amour du complexe et du mouvant contre tout monolithisme et de l'« ignorance sensible » contre tout savoir présomptueux. Il les publie sous le titre : *Moi, six absences de cours* (+) (1953). L'année de sa mort, il dit : « Il me faudrait encore cent ans pour mener à bout mon travail. » *L'Œuvre poétique complète 1923-1962* (+) paraîtra en 1968.

KENNETH WHITE.

♦ *« Je vois Cummings en Robinson Crusoé au moment où, pour la première fois, il vit l'empreinte d'un pied humain nu sur le sable. Cela aussi impliquait un langage nouveau et une réadaptation de la conscience. »* William Carlos Williams. ♦ *« À mon avis Cummings est, dans son domaine de l'émotion personnelle, du lyrisme, un inventeur de notre temps. Ses inventions, il les note en retournant sa phrase d'une façon inattendue, atteignant ainsi cette précision rigoureuse et cette délicatesse filigranée qui ne cessent de mettre au défi et de stimuler ses confrères. »* John Dos Passos. ♦ *« Sa poésie exprime un tempérament très rare en Amérique – celui d'un être qui réagit à tout ce qui le touche avec une tendresse ou une raillerie totalement libérées des interdits. »* Edmund Wilson.

RÉF. : R. P. Blackmur, « Notes on E. E. Cummings Language », in *Language as Gesture*, New York, 1952. – C. Norman, *The Magic Maker*, New York, 1958. – N. Frideman, *E. E. Cummings, The Art of his Poetry*, Baltimore, 1960. – R. Wagner, *The Poetry and Prose of E. E. Cummings*, New York, 1965. – D. J. Grossman, *E. E. Cummings*, Paris, 1966. – G. Rotella, *E. E. Cummings : A Reference Guide*, Boston, 1979. – R. S. Kennedy, *Dreams in the Mirror : A Biography of E. E. Cummings*, New York, 1980. *Critical Essays on E. E. Cummings*, éd. G. Rotella, Boston, 1984.

CUNHA Euclydes da. Écrivain brésilien. Né à Santa Rita do Rio Negro le 20 janvier 1866, mort assassiné à Rio de Janeiro le 15 août 1909. Dès sa jeunesse, il fit preuve d'idées républicaines qui lui valurent, en 1888, lorsqu'il était élève à l'École militaire, de faire un stage en prison « pour manque de respect envers le ministre de la Guerre ». Ingénieur de profession, il fut avant tout un homme d'action, un sociologue et un ethnographe de grande valeur. Mais ce fut aussi un artiste doué d'une vive imagination secondée par un style vigoureux. Il sut ainsi réunir la science et la poésie dans ce chef-d'œuvre du régionalisme brésilien les *Sertões* (*) (1902), qui est un témoignage authentique de la campagne de Canudos à laquelle il put assister en qualité de correspondant de guerre du journal *Estado de São Paulo.* Un simple épisode, la résistance opposée par les partisans d'Antonio Conselheiro aux forces gouvernementales brésiliennes entre 1896 et 1897, à laquelle il donne une valeur symbolique, lui procure l'occasion de mettre en relief les grands problèmes du Brésil : nécessité de civiliser l'hinterland, le « sertão », en mettant en valeur ses énormes richesses encore inexploitées. Cet ouvrage fonda sa réputation. Ses écrits ultérieurs : *Contrastes et Comparaisons* [*Contrastes e confrontos*] ; *Martim Garcia* (1908) ; *Castro Alves et son temps* [*Castro Alves e seu tempo*, 1908] ; *En marge de l'histoire* [*A margem da história*, 1909] sont autant de manifestations de sa qualité de grand écrivain. Son activité littéraire ne l'absorba pourtant pas entièrement ; il fut ingénieur à São Paulo où il construisit un pont sur le Rio Pardo. Plus tard, pour le compte du ministère des Affaires étrangères, il prit part à une exploration du haut Purus qui lui fournit la matière d'ouvrages d'un notable intérêt : *Perú versus Bolívia* (1907) et *Un climat calomnié* [*Um clima calumniado*]. Membre de l'Académie brésilienne des lettres depuis 1903, Cunha fut chargé, peu avant sa mort, d'une chaire de logique au Lycée national.

RÉF. : Victor Orban, *Littérature brésilienne*, 1914. – G. Freyre, *Perfil de Euclydes e outros perfils*, Rio de Janeiro, 1944. – C. Moura, *Introdução ao pensamento de E. da Cunha*, Rio, 1964. – F. J. Maia, *Euclydes da Cunha*, Rio, 1973. – U. Peregrino, *O exercício singular da communicação na vida e na obra de E. da Cunha*, Rio, 1983.

CUNQUEIRO Alvaro. Écrivain espagnol. Né le 22 décembre 1911 à Mondoñedo (Lugo), mort à Vigo le 27 février 1981. Il fit des études de philosophie et de lettres à l'université de Saint-Jacques-de-Compostelle, mais se consacra très tôt à la défense de la culture galicienne, écrivant, souvent directement en galicien, des poèmes et des articles dans les colonnes du journal de Vigo. Quand éclatera la guerre civile, il se rangera aux côtés des nationalistes, mais le régime franquiste ne séduira pas longtemps le poète Cunqueiro qui retournera à ses activités de journaliste et de chroniqueur ; c'est à partir des années 50 qu'il publiera ses fictions les plus célèbres. Certaines seront d'abord écrites en galicien, comme *Merlin et compagnie* [*Merlín e familia*] en 1955, ou *Les Chroniques du sous-chantre* (*) en 1956. En revanche, il écrira d'autres romans directement en castillan : *La Jeunesse d'Ulysse* [*Las mocedades de Ulises*] en 1960, *Un homme qui ressemblait à Oreste* [*Un hombre que se parecía a Orestes*] en 1969, qui obtint le prix Nadal, ou *Les Évasions de Fanto Fantini* [*Vida y fugas de Fanto Fantini*]. À l'égal de Valle-Inclán, l'auteur a marqué l'histoire des lettres galiciennes par son talent narratif et sa verve journalistique.

CLAUDE BLETON.

CUNTARAMŪRTTINĀYAṈAR dit Cuntarar. Saint-poète śivaïte tamoul du VIIIe siècle appelé aussi Nampi Ārūrar. Il est l'auteur de la troisième et dernière partie du *Tēvāram* (*), recueil d'hymnes de louanges au dieu Śiva. Brāhmaṇe originaire de Tirunāvalūr, il est connu pour son attitude très familière à l'égard de Śiva à qui il n'hésitait pas à demander tout ce dont il pouvait avoir besoin et il est parfois, de ce fait, appelé le « Dévot insolent » ou le « Camarade du seigneur ».

ÉLISABETH SETHUPATHY.

CUOCO Vincenzo. Écrivain italien. Né à Civitacampomarano (Campobasso) le 1er octobre 1770, mort à Naples le 14 décembre 1823. Il étudia le droit à Naples et mena de 1790 à 1798 une carrière d'avocat. Lorsque les troupes françaises arrivèrent à Naples et que fut proclamée la république (1799), il adhéra au mouvement révolutionnaire et devint le secrétaire d'Ignazio Falconieri, l'organisateur du département de Volturno. Après la chute de la république, il fut arrêté et condamné à vingt ans d'exil ; ses biens furent confisqués. Il s'embarqua alors pour Marseille, parcourut la France, la Savoie et le Piémont. Après la victoire napoléonienne de Marengo et la restauration de la République cisalpine (1800), il s'installa à Milan. Il y collabora au *Redattore cisalpino* et devint directeur du *Giornale italiano.* En 1801, il publia son *Essai sur la révolution napolitaine de 1799* (*), puis, entre 1804 et 1806, *Platon en Italie* [*Platone in Italia*]. En 1806, il rentra à Naples où il assuma des charges importantes tout en poursuivant son activité journalistique au *Corriere di Napoli* et au *Monitore.* Au retour des Bourbons, il se vit privé de ses charges. Sa santé se détériorait ; bientôt il sombra dans la folie.

CUREL François de. Auteur dramatique français. Né à Metz (Moselle) le 10 juin 1854, mort à Paris le 26 avril 1928. Héritier d'une ancienne famille du pays de Bar qui faisait figure dans la grande industrie, il suivit, au sortir du lycée, les cours de l'École centrale. Ayant dû renoncer, après la guerre de 1870, à la direction de ses usines (du fait de l'annexion de la Lorraine à l'empire d'Allemagne), il fit contre mauvaise fortune bon cœur et se retira dans sa forêt des Ardennes, tant pour y chasser le sanglier que pour observer la nature, lire et méditer à loisir, car déjà il se croyait la vocation d'écrivain. Ce ne fut pourtant que vers la trentaine qu'il débuta dans les lettres en publiant un roman : *L'Été des fruits secs* (1885). Quatre ans plus tard il en donnait un second : *Le Sauvetage du* *grand-duc* (1889). Il en eût sans doute écrit d'autres s'il n'avait été arrêté par l'apostrophe de Charles Maurras, laquelle, pour être cordiale, n'en était pas moins pressante : « Au théâtre, monsieur de Curel ! » Il résolut sans plus attendre de profiter de cet avis, et n'eut pas à s'en repentir. Il fut « découvert » par Antoine, fondateur du Théâtre libre. Ayant envoyé à ce dernier trois manuscrits sous des noms différents, il eut la joie de les voir reçus tous les trois. Sitôt jouée sa première pièce, *L'Envers d'une sainte* (1892), il s'assura une position exceptionnelle sur la scène française. Cette position devait se maintenir jusqu'à la fin de sa carrière. Qu'il nous suffise de rappeler le titre de ces œuvres dont l'accent farouche est sans analogue dans notre théâtre : *Les Fossiles* (*) (1892), *L'Invitée* (1893), *L'amour brode* (1893), *La Figurante* (1896), *Le Repas du lion* (1897), *La Nouvelle Idole* (1899), *La Fille sauvage* (*) (1901), *Le Coup d'aile* (1906) et *La Danse devant le miroir* (*) (1914), nouvelle version de *L'amour brode.* On sait que Curel avait l'habitude d'écrire tout d'une haleine. Il mit rarement plus d'un mois pour composer un de ses ouvrages. Car il croyait, non sans raison, que le théâtre, plus que tout autre art, exige une certaine promptitude dans l'exécution. Élu, le 16 mai 1918, à l'Académie française, au fauteuil de Paul Hervieu, il fit jouer la même année *L'Âme en folie.* Puis, au cours de la même saison, trois autres pièces : *Terre inhumaine* (1922), *L'Ivresse du sage* (1922) et *La Comédie du génie* (1922). Il serait injuste d'oublier *La Viveuse et le Moribond* (1926) et enfin *Orage mystique* (1927). Dédaigneux des ficelles du métier, hostile à toute concession et séduit par les grands conflits d'idées ou de sentiments, François de Curel, tout en créant des caractères d'exception, fait en sorte qu'ils tiennent pourtant au fond de la nature humaine et leur confère, par surcroît, une dignité toute cornélienne. On sent en lui l'héritier d'une époque encore tout imprégnée de darwinisme, et le penseur séduit par la notion nietzschéenne de surhomme. Son style solide, aéré, compte plus d'un morceau éclatant. « Il n'empêche, observe Thibaudet, que le théâtre de l'auteur garde aujourd'hui plus de prestige auprès des gens qui le lisent qu'auprès des familiers de la scène. Cette destinée tient avant tout à la partie dangereuse que Curel a jouée : celle du théâtre d'idées. Or les idées font vite penser à l'école du soir... » De là vient sans doute le surnom d'« Ibsen français » que Curel reçut de bonne heure.

ROLAND PURNAL.

RÉF. : G. Guirand, article *Curel* in *Larousse mensuel* de juillet 1919. – Ernest Pronier, *La Vie et l'œuvre de François de Curel*, thèse, Genève, 1934. – P. V. Stock, *Mémorandum d'un éditeur*, 1936. – W. M. Schuyler, *The Genesis and Evolution of Curel's « L'Âme en folie »*, *Mod. Philol.*, t. 39, 1942. – B. Peza Velasquez, *François de Curel y su teatro de ideas* (thèse), Mexico, 1948. – E. Braustein, *François de Curel et le théâtre d'idées*, Paris, 1962.

CURIE Marie (née Sklodowska). Savant français d'origine polonaise. Née à Varsovie (Pologne) le 7 novembre 1867, morte le 4 juillet 1934 au sanatorium de Sancellemoz. Elle est célèbre pour ses découvertes sur le radium faites en collaboration avec son mari Pierre Curie (1859-1906). Ce fut son père, le professeur Sklodowski, qui lui dispensa son premier enseignement scientifique. À la fin de 1891, elle vint à Paris, où vivait déjà sa sœur aînée Bronia, et y continua ses études (elle fut l'élève du professeur Becquerel), affrontant courageusement la pauvreté et l'inconfort. Après son mariage avec Pierre Curie (1895), elle eut l'intuition de l'existence d'un élément chimique plus radioactif que l'uranium : « Deux minéraux d'uranium : la pechblende (oxyde d'urane) et la chalcolite (phosphate de cuivre et d'uranyle) sont beaucoup plus actifs que l'uranium lui-même. Ce fait est très remarquable et porte à croire que ces minéraux peuvent contenir un élément beaucoup plus actif que l'uranium » (Mémoire présenté à l'Académie des sciences, le 12 avril 1898). « À présent, mai ou juin 1898, commence une association dans l'effort qui durera huit années [...] Nous ne pouvons pas et nous ne devons pas rechercher ce qui, durant ces huit années, revient à Marie, et ce qui revient à Pierre, ce serait ce que les époux n'ont pas voulu. » (Ève Curie : *Madame Curie*). En juillet 1898, ils purent annoncer la découverte de l'un des deux éléments qui rendent active la pechblende : le polonium (métal de nombre atomique 84, chimiquement analogue au bismuth) appelé ainsi « du nom du pays d'origine de l'un de nous ». Après des mois et des mois de recherches épuisantes, Pierre et Marie Curie réussirent finalement (1902) à extraire de tonnes de pechblende un décigramme de radium pur. Le moment de la découverte est bien décrit dans une page du volume déjà cité d'Ève Curie : « ... le radium a bien autre chose qu'une belle couleur (comme l'avait désiré Pierre), il est spontanément lumineux ! Et, dans le hangar sombre où les précieuses parcelles en leurs minuscules récipients de verre sont, faute d'armoires, posées sur des tables, sur des planches clouées au mur, leurs silhouettes phosphorescentes, bleuâtres, brillent, suspendues dans la nuit. » En 1904, la revue *Le Radium* fait son apparition, et voici que commence la carrière commerciale et thérapeutique du nouvel élément. Dès 1903, on avait reconnu les mérites du couple : Pierre et Marie avaient reçu la médaille Davy de la Royal Society de Londres, et, un mois plus tard, le 10 décembre, le prix Nobel « attribué par moitié à Henri Becquerel et à M. et Mme Curie pour leurs découvertes sur la radioactivité ». Après la mort de son mari (1906), Mme Curie occupa sa chaire de physique à la Sorbonne, et fut ainsi la première femme chargée d'un enseignement supérieur.

C'est en 1910 que Marie Curie publia son classique *Traité de radioactivité* (*) ; en 1911, on lui attribua le prix Nobel de chimie. Elle se rendit en Amérique à deux reprises (1921 et 1929), où elle reçut chaque fois un don d'un coffret contenant un gramme de radium destiné à la poursuite de ses recherches. En 1929, elle fut élue à l'Académie des sciences de Stockholm en remplacement du grand savant italien Cannizzaro. Sa mort fut en partie déterminée par l'action des rayons sur la moelle des os.

RÉF. : Ève Curie, *Madame Curie*, 1938. *Pierre et Marie Curie : centenaire de la naissance de Marie Curie (1867-1934)*, Bibliothèque nationale, 1967. – Robert Reid, *Marie Curie : derrière la légende*, Paris, 1979.

CURIE Pierre. Physicien français. Né à Paris le 15 mai 1859, mort dans cette même ville le 19 avril 1906. Ce fut en collaboration avec son frère aîné, le physicien Paul-Jacques Curie, qu'il fit ses premières et remarquables recherches sur la piézo-électricité (1880). Chef du laboratoire de physique de l'Institut de chimie et physique de la ville de Paris à partir de 1882, il soutint en 1895 sa thèse de doctorat sur les *Propriétés magnétiques des corps à diverses températures,* et fut nommé professeur dans ce même établissement. Après son mariage avec Marie Sklodowska, il se consacra complètement aux recherches sur la radioactivité – v. *Œuvres* (*). En 1904, alors que l'année précédente ses travaux avaient été couronnés par le prix Nobel et la médaille Davy, on le nomma professeur de physique générale à la Sorbonne, et en 1905, il fut élu membre de l'Académie des sciences. Les paroles prophétiques qu'il prononça cette même année, le 6 juin, devant l'Académie des sciences de Stockholm, sont d'une particulière actualité : « ... dans des mains criminelles, le radium pourrait devenir très dangereux, et ici, l'on peut se demander si l'humanité a avantage à connaître les secrets de la nature, si elle est mûre pour en profiter [...] Je suis de ceux qui pensent [...] que l'humanité tirera plus de bien que de mal des découvertes nouvelles. » Il mourut dans un accident de la rue, renversé par un fardier.

RÉF. : Mme Marie Curie, *Pierre Curie,* 1924.

CURTIUS Ernst Robert. Critique allemand. Né le 14 avril 1886 à Thann, mort le 19 avril 1956 à Rome. Petit-fils de l'archéologue Ernst Curtius, il se spécialise dans l'étude des langues et littératures romanes, devient professeur dans différentes universités : Bonn (1919), Marbourg (1920), Heidelberg (1924), Bonn (1929). Il enseigne jusqu'en 1951, exerçant une influence notable sur la recherche et les lettres allemandes.

Curtius se veut le défenseur de « la culture occidentale », tâche qu'il juge essentielle « dans le chaos intellectuel de l'époque présente ». Dans son œuvre maîtresse, *La Littérature européenne et le Moyen Âge latin* (*) (1948), il cherche à démontrer que l'unité profonde de la civilisation occidentale réside dans la latinité, dans le fait que « le latin ait constitué la langue culturelle des treize siècles qui séparent Virgile de Dante ». D'un point de vue méthodologique, Curtius se réfère à « la technique scientifique qui est (pour lui) à la base de toute recherche historique : la philologie ». Mais les ouvrages de Curtius ne s'adressent pas seulement aux spécialistes. On lui doit d'avoir fait connaître aux Allemands, toujours dans le même esprit « européen », quelques grands noms de la littérature française, comme Marcel Proust – v. *Essai sur la France* (*) (1930).

JEAN-JACQUES POLLET.

RÉF. : A. Evans, *On Four Modern Humanists*, Princeton, 1970. – *Ernst Robert Curtius Werk, Wiskung, Zukunftsperspektiven* (éd. A. Berschin et A. Rothe), Heidelberg, 1989.

CURVAL Philippe. Romancier et nouvelliste français. Né à Paris le 27 décembre 1929. Après avoir abandonné ses études à dix-sept ans, il exerce de nombreux métiers, puis joue dès 1953 un rôle important à la librairie de la Balance, qui réunit des passionnés de science-fiction tels que Boris Vian, Raymond Queneau, Michel Butor, Jacques Bergier, Michel Pilotin, et de jeunes écrivains comme Alain Dorémieux et Gérard Klein. Il crée avec Jacques Sternberg la revue littéraire *Le Petit Silence illustré* et obtient en 1962 le prix Jules Verne pour son roman *Le Ressac de l'espace.* Devenu journaliste en 1964, il voyage à travers le monde et y puise une inspiration qui le mène aux limites de la science-fiction, notamment dans *La Forteresse de coton* (1967) et *Attention les yeux* (1972). Il obtient le grand prix de la science-fiction française pour son roman *L'Homme à rebours* (1974) et le prix Apollo, décerné pour la première fois à un auteur français, pour *Cette chère humanité* (*) (1976). Au fil de ses nombreux romans et recueils de nouvelles, parmi lesquels on citera *La Face cachée du désir, En souvenir du futur* et, pour les contes, *Le train fantôme entre en gare, Comment jouer à l'homme invisible en trois leçons*, il explore les marges de la science-fiction ou de la fiction spéculative au travers de recherches d'écriture parfois inspirées de Raymond Roussel, en faisant la part de la métaphysique et de l'humour noir. Il a accompli un travail critique important, dans la revue *Galaxie*, au *Monde* et au *Magazine littéraire.*

GÉRARD KLEIN.

CURVERS Alexis. Romancier belge d'expression française. Né à Liège le 24 février 1906, mort le 7 février 1992. Cet universitaire à qui on doit plusieurs ouvrages appréciables, de *Bourg-le-Rond* (1937), qu'il écrivit en collaboration avec Jean Hubaux, à *Printemps chez les ombres* (1939), est surtout connu en raison du succès remporté par son roman *Tempo di Roma* (*) (1957), où la Ville éternelle est le théâtre d'un récit d'aventures picaresques doté de grâce, d'esprit et d'émotions. Couronné par le prix Sainte-Beuve, ce chef-d'œuvre demeuré sans lendemain a fait l'objet d'une adaptation cinématographique. Écrivain de théâtre avec *Ce vieil Œdipe* (1948), auteur de quelques plaquettes de poèmes, Curvers, qui est l'époux de Marie Delcourt (voir ce nom), a dirigé une revue de poésie qu'il imprimait lui-même avec beaucoup de goût, *La Flûte enchantée.*

CUSTINE Astolphe Louis Léonor, marquis de. Écrivain français. Né au château de Niderviller (Moselle) le 18 mars 1790, mort à Saint-Gratien (Val-d'Oise) le 25 septembre 1857. Petit-fils du général de Custine et fils de Philippe de Custine et de Delphine de Sabran. Son grand-père et son père furent guillotinés au temps de la Révolution, et le marquis Astolphe de Custine passa une enfance solitaire au château de famille de Fervaques, dans le Calvados. Sa mère fut un temps la maîtresse de Chateaubriand, dont l'influence se fit sentir sur le jeune homme. Très tôt il commence à voyager. De 1811 à 1822 il parcourt différents pays d'Europe, ce qui lui fournit la matière de *Lettres écrites à différentes époques pendant des courses en Suisse, en Calabre, en Angleterre et en Écosse* (1830). Sa correspondance avec le marquis de La Grange, traducteur de Jean-Paul Richter, témoigne que Custine fut l'un des introducteurs du romantisme allemand en France. Il repousse à différentes reprises des héritières titrées pour épouser une provinciale qui meurt à vingt et un ans (1825) après lui avoir donné un fils, qui va mourir à son tour en 1826. Malheurs qui font suite au scandale qui éclabousse Astolphe de Custine en 1824 quand son homosexualité est rendue publique. Il perd sa mère en 1826. Tenu délibérément à l'écart de la société (l'ordre moral règne sous Charles X), il tente de rentrer en grâce par son seul talent. Mais ses quatre romans seront des échecs, que ce soit *Aloys ou le Religieux du mont Saint-Bernard* (*) (1829), autobiographie déguisée qui va plus loin dans l'audace qu'*Armance* (*), paru la même année, *Ethel* (1835), *Romuald ou la Vocation* (1848), roman théologique qui cherche à réfuter l'incrédulité religieuse. En 1833, il aborde le théâtre avec *Béatrice Cenci* qui lui vaudra des mécomptes. Mais sa vraie vocation, c'est le voyage. Et déjà, *L'Espagne sous Ferdinand VII* (1838) lui vaudra l'admiration de Balzac. Mais ce seront ses *Lettres de Russie*, parues en 1843 sous le titre de *La Russie en 1839* (*), qui lui permettront de prendre une éclatante revanche. Le succès est considérable. Les réflexions que l'on y trouve nous semblent encore aujourd'hui d'une remarquable pertinence. « Ce précieux écrivain avait contre lui toute la mauvaise fortune que méritait son talent », a pu écrire Baudelaire d'Astolphe de Custine.

GUY LE CLEC'H.

RÉF. : Marquis de Luppé, *Astolphe de Custine*, 1957. – J. F. Tarn, *Le Marquis de Custine*, 1985.

CUVIER Georges Léopold Chrétien Frédéric Dagobert. Naturaliste français. Né le 23 août 1769 à Montbéliard, mort à Paris le 13 mai 1832. Fils d'un officier protestant, il était destiné par sa famille à entrer dans l'Église réformée et fit ses premières études au collège de sa ville natale. Envoyé ensuite à l'Académie Caroline de Stuttgart, capitale du duché (plus tard royaume) de Wurtemberg dont dépendait alors Montbéliard, il y reçut un diplôme d'économie politique et, incidemment, une bonne connaissance de la langue et de la littérature allemandes. Les débuts du jeune homme dans la vie furent difficiles, la situation financière de ses parents l'obligea à accepter un préceptorat dans la famille du comte d'Héricy qui demeurait près de Caen. Fort intelligent, Cuvier s'était jusqu'alors quelque peu dispersé dans des voies divergentes ; toutefois, le goût de l'histoire naturelle, qui s'était manifesté déjà lorsque tout jeune il recopiait les figures qui illustrent l'*Histoire naturelle* (*) de Buffon, devait prédominer chez lui. Un travail fort remarquable sur les mollusques, qu'il publia en 1794, attira l'attention de l'agronome Tessier qui lui rendit visite, et de Geoffroy Saint-Hilaire. Sur la recommandation de ce dernier, Cuvier fut, en 1795, appelé à Paris et nommé successivement professeur d'histoire naturelle aux écoles centrales, assistant de Mertrud, titulaire de la chaire d'anatomie comparée au Muséum qui fut donnée à Cuvier lorsque Mertrud se retira en 1802. Dès 1796, l'Académie des sciences le reçut parmi ses membres, et il en devint secrétaire en 1803. En 1799, il fut nommé professeur au Collège de France en remplacement de Daubenton. Comme on le voit, dès qu'il fut tiré de l'obscurité Cuvier brûla les étapes. Là d'ailleurs ne devait pas s'arrêter sa carrière. L'Empire le plaça au faîte même de l'université et le combla d'honneurs ; coup sur coup inspecteur des études, conseiller puis chancelier de l'université, il en fut à plusieurs reprises le grand maître. Il sut profiter de ses charges pour organiser l'enseignement de l'histoire et des sciences. La Restauration tint à s'attacher également ce grand savant ; elle trouva en lui un serviteur complaisant au point qu'il accepta de soutenir à la tribune des mesures fort impopulaires. Mêlé plus directement encore à la vie politique, Cuvier fut sous Louis XVIII conseiller d'État, président du comité de l'Intérieur ; on créa pour lui le poste de directeur des cultes dissidents, charge particulièrement périlleuse à l'époque de la Congrégation. Louis XVIII avait fait Cuvier baron et grand officier de la Légion d'honneur, Louis-Philippe l'éleva à la pairie. Malgré les lourdes responsabilités qui lui incombaient, Cuvier n'en poursuivit pas moins l'élaboration d'une œuvre aussi vaste qu'originale. Ses premiers livres furent des ouvrages d'enseignement, mise en œuvre des leçons qu'il avait professées, tel le *Tableau élémentaire de l'histoire naturelle des animaux* publié en l'an VI (1796), où l'on trouve déjà une esquisse de la classification qu'il devait imposer plus tard dans le *Règne animal* ; telles les *Leçons d'anatomie comparée* en 5 volumes (1800-1805), issues de son enseignement au Collège et au Muséum. Les *Recherches sur les ossements fossiles de quadrupèdes* (*) furent publiées en 1812 et rééditées en 1821-1824 ; marquant une étape essentielle dans les travaux de Cuvier, elles ouvraient la voie à un vaste aperçu synthétique sur l'histoire des êtres vivants, plus scientifique que celui qu'avait développé Buffon, et surtout elles donnaient leurs lettres de noblesse à la science toute jeune encore de la paléontologie. Dans les fameux *Discours sur les révolutions de la surface du globe* (*) qui leur servaient d'introduction et furent édités à part, Cuvier établissait contre Geoffroy Saint-Hilaire le principe de la fixité des espèces et décrivait la série de cataclysmes qui firent disparaître les espèces dont il venait d'identifier les ossements fossiles. Ces vues furent abandonnées par la suite ; en revanche, les principes d'une nouvelle systématique zoologique tels qu'ils étaient exposés dans le *Règne animal distribué d'après son organisation* (*) (4 vol. 1815-1817), où Cuvier distingue quatre embranchements d'après l'évolution du système nerveux, devaient, avec quelques modifications, demeurer fondamentaux. Dans ces deux grands ouvrages, Cuvier avait été guidé par deux lois essentielles, et ce n'est pas un de ses moindres mérites de les avoir découvertes et formulées : la « loi de corrélation des formes » selon laquelle certains caractères morphologiques sont nécessairement liés ou s'excluent nécessairement, la « loi de subordination des organes » qui affirme l'interdépendance des organes et de l'organisme. Au milieu des articles et mémoires très nombreux publiés par Cuvier de son vivant, et à côté des *Éloges historiques,* il faut faire une place à l'*Histoire du progrès* (ou *Rapport sur le progrès*) *des sciences naturelles depuis 1789 jusqu'à ce jour* (*), vaste panorama des découvertes scientifiques du temps, où Cuvier défend avec beaucoup de noblesse l'utilité de la science pure indépendamment de ses applications. Enfin Cuvier entreprit une *Histoire naturelle des poissons,* en collaboration avec Valenciennes, et en publia en 1828 les deux premiers volumes ; son collaborateur continua seul cet ouvrage.

JACQUES BROSSE.

♦ *« Cuvier, le grand connaisseur de la nature, est admirable par la clarté de son exposé et de son style. Nul ne décrit un fait mieux que lui. Mais il n'a presque point de philosophie. Il formera des élèves très instruits mais peu profonds. »* Goethe. ♦ *« Cuvier était l'image vivante, incontestable et incontestée, de la prééminence scientifique de la France : sa mort nous rapetisse tous. »* Arago. ♦ *« Un athlète cérébral, un Hercule de la pensée qu'un entraînement éducatif, commencé dès l'enfance, a progressivement conduit au terme où il est parvenu. »* Louis Roule. ♦ *« Après Linné, le classificateur analyste ; après Buffon, le descripteur synthétiste, il faut* [...] *placer Cuvier, le naturaliste réalisateur. Il a réalisé, dans l'étude des formes et des structures des êtres vivants, une prospection d'une envergure insoupçonnée ; la comparaison géologique, la corrélation organique, la succession géologique lui ont servi à la réalisation d'une science concrète de la nature organisée, marquée pour la durée dans l'histoire des sciences, à laquelle il a apporté ainsi un élément de base, dans le même temps qu'il en dévoilait l'évolution progressive, aux promesses illimitées. »* Albert Ranc.

RÉF. : Flourens, *Histoire des travaux de G. Cuvier,* Paris, 1841-1845. – H. de Blainville, *Cuvier et Geoffroy Saint-Hilaire,* Paris, 1890. – L. Roule, *La Vie et la mort de Cuvier,* Paris, 1927. – J. Viénot, *Cuvier,* Paris, 1932. – H. Erhard, *Georges Cuvier,* Fribourg, 1933. – E. Dehaut, *Les Doctrines de Cuvier dans leurs rapports avec le transformisme,* Paris, 1945. – R. Dujarric de La Rivière, *Cuvier,* 1969. – G. Cuvier, *G. Cuvier,* 1970.

CYNEWULF. Poète anglo-saxon, originaire du Northumberland ou de la Mercie, qui vécut vers la fin du VIIIe siècle ou au début du IXe siècle. Nous ne savons pas autre chose de lui que ce que nous pouvons déduire de ses œuvres. Nous retrouvons sa signature, en acrostiche et écrite en caractères runiques, dans quatre de ses œuvres : une liste en vers énumérant les lieux où prêchèrent et moururent les apôtres, *Le Sort des apôtres* (*) ; un poème où est transcrite en vers la péroraison du sermon de Grégoire le Grand sur l'Ascension, connue sous le nom de *The Ascension* ou *Criste* – v. *Le Christ* (*) ; deux légendes ou vies de saintes : *Vie de sainte Julienne* et *Hélène* (*). La première et la quatrième de ces œuvres se trouvent dans le codex connu sous le nom de Vercelli Book. Une certaine ressemblance existant entre *Hélène* et *La Vision de la Croix,* il n'est pas impossible que ce poème soit également de Cynewulf. Par contre, l'attribution à cet auteur d'autres œuvres du VIIIe siècle, que l'on croyait autrefois de lui, comme *Andreas, Guthlas* et *Le Phénix* (*), est désormais définitivement rejetée. Aujourd'hui, les spécialistes de cette époque ont tendance à les considérer plutôt comme un recueil d'œuvres d'un groupe de poètes de la même période, connu généralement sous le nom de « École de Cynewulf ».

RÉF. : M. M. Dubois, *Les Éléments latins dans la poésie religieuse de Cynewulf,* Paris, 1943. – E. R. Andersson, *Cynewulf Structure, Style and Theme in His Poetry,* Londres, 1983.

CYPRIEN saint (Thascius Caecilius Cyprianus). Père de l'Église latine. Né probablement à Carthage, vers 210, mort près de Carthage, le 14 septembre 258. Les dates certaines de sa vie sont celles qui coïncident avec le temps de son épiscopat ; en 249, il succéda à l'évêque Donat. On sait, par ailleurs, que Cyprien naquit dans une famille riche, païenne, qu'il fut rhéteur et qu'il se fit en tant que tel une grande réputation. Il atteignait l'âge mûr quand il lut par hasard l'Écriture sainte ; les exhortations d'un prêtre carthaginois achevèrent de le convertir au christianisme, sans doute en 245. Dans le premier mouvement de sa ferveur, avant même de s'être engagé dans les durs combats qui lui inspirèrent ses ouvrages les plus importants, il exalte le pouvoir de la grâce dans sa *Lettre à Donat* (*), encore entachée de rhétorique, et compose des œuvres d'apologétique. Il s'élève contre l'idolâtrie dans *Les Dieux* (249) et s'attaque au paganisme avec des arguments tirés de l'*Apologétique* de Tertullien et de l'*Octavius* (*) de Minucius Felix ; cette même année, il annonce, dans les *Témoignages* (*), le déclin du judaïsme. Se rapportant plus précisément à son activité pastorale, citons quelques ouvrages de méditation et de morale : *De la conduite des vierges* (249), *De la patience* (*), *De l'envie et de la jalousie*, l'un et l'autre de 256, et enfin un commentaire sur le *Pater Noster, De l'oraison dominicale* (*) (251-52). La persécution de Decius, en 250, la controverse qui en résulta au sujet des renégats et la menace d'un schisme, la peste de 252 dont fut frappée la chrétienté africaine, la violente controverse avec Rome à propos du baptême des hérétiques, la persécution de Valérien en 257, furent pour Cyprien autant d'occasions de montrer ses qualités de chef, et de diriger non seulement l'Église d'Afrique mais encore l'Église tout entière. Son énergie et son zèle furent tels qu'on le compara à Tertullien et à saint Augustin, et on ne peut douter de l'excellence de ses intentions, même lorsqu'il commet des erreurs graves ; sa correspondance — quatre-vingt-trois *Lettres* (*) — témoigne en sa faveur ainsi que ses grands traités : *Traité de ceux qui sont tombés pendant la persécution* (*), et *De l'unité de l'Église catholique* (*). Le quatrième chapitre, fort important, de cette dernière œuvre, nous est parvenu en deux versions différentes, ce qui pose un problème. Il n'en reste pas moins que ce chapitre renferme une sorte de profession de foi sur l'unité de l'Église et sur les prérogatives des papes. Il est nécessaire de rappeler cette énergique profession de foi pour ne point juger trop sévèrement Cyprien lorsqu'il entre en conflit avec Rome sur la question du baptême des hérétiques. Rome, selon la tradition, considérait comme valable le baptême administré par les hérétiques, alors que Cyprien exigeait un nouveau baptême pour les hérétiques qui avaient abjuré. Mais l'Église de Rome et l'Église d'Afrique retrouvèrent une unité absolue au moment des persécutions de Valérien, en 257. En août 257, le pape Étienne est martyrisé ; un mois plus tard, Cyprien est mis en prison, puis exilé à quelque distance de Carthage. S'étant préparé par la méditation — sa dernière œuvre est une *Exhortation au martyre* (*) —, il fut décapité le 14 septembre 258, en face de ses fidèles — v. également *Apocryphes de saint Cyprien* (*).

MARIA DE BENEDETTI.

CYRANO DE BERGERAC Hector Savinien. Écrivain français. Né et mort à Paris (6 janvier 1619-28 juillet 1655). De noblesse de robe récente, originaire de Paris (et non de Gascogne comme le dit la légende entérinée par Edmond Rostand dans son drame), il fit ses études au collège de Beauvais dont il a caricaturé le principal Jean Grangier, dans son *Pédant joué* (*). Il s'enrôla ensuite comme cadet dans la compagnie des Gardes avec laquelle il fit le siège de Mouzon et d'Arras (1640). Il y reçut un coup d'épée dans la gorge ; après quoi il abandonna l'armée et revint à Paris. Il y fréquenta les cercles les plus libertins et fut disciple de Gassendi et du jeune Molière. Sa vie dissipée eut rapidement raison de son modeste patrimoine, aussi vécut-il quelque temps chez D'Assoucy, renonçant à l'indépendance absolue ; en 1647 seulement, il entra en possession du petit héritage paternel. C'est à cette époque qu'il écrivit la comédie plus haut mentionnée et les *Lettres satiriques* contre Scarron, Montfleury, D'Assoucy, etc. — v. *Lettres* (*) — et conçut une grande œuvre, *L'Autre Monde,* espèce d'utopie nouvelle (il connaissait l'œuvre de Campanella) dans laquelle, avec une bizarre fantaisie, il exposa ses conceptions audacieuses de physique, d'astronomie et de philosophie. Quand éclata la Fronde, il fut tout d'abord contre le gouvernement et écrivit de violentes *mazarinades,* puis il mit sa plume au service du Cardinal. Tout cela ne l'avait pas enrichi et, assez impécunieux, il se mit sous la protection du duc d'Arpajon et écrivit une tragédie, *La Mort d'Agrippine* (*), qui, représentée à l'Hôtel de Bourgogne, y fit scandale par ses idées antireligieuses et tomba tout de suite. Repoussé par son protecteur mis en méfiance, mal guéri d'une blessure provoquée par la chute d'une poutre sur sa tête, il fut secouru par sa pieuse sœur Catherine, supérieure du couvent des Filles de la Croix, et finit ses jours chez un cousin, où il se convertit avant de mourir.

Son ami Le Bret publia, en 1657, tiré de son manuscrit *L'Autre Monde : L'Histoire comique des États et Empires de la Lune* (*), puis *L'Histoire comique des États et Empires du Soleil* (*) en 1662 avec de nombreuses coupures.

♦ *« Avide de liberté intellectuelle, hostile à toute autorité, en particulier à celle d'Aristote, il affirme le mouvement de la Terre, l'éternité et l'infinité du*

Monde, l'intelligence des bêtes, la puissance de l'imagination et la constitution atomique des corps ; il critique les preuves de l'immortalité de l'âme et de la Providence, combat la Création et les miracles, aboutit à une sorte de panthéisme naturiste, et, chemin faisant... donne la formule de l'aérostat, du parachute et du gramophone. » René Pintard.

RÉF. : R. Pintard, *Le Libertinage érudit dans la première moitié du XVIIe siècle,* Paris, 1943 (réimp. 1983). – M. Alcover, *La Pensée philosophique et scientifique de Cyrano de Bergerac,* Paris, 1970. – J. Prévot, *Cyrano de Bergerac romancier,* Paris, 1977. – *Œuvres complètes*, éd. J. Prévot, Paris, 1977. – J. Prévot, *Cyrano de Bergerac, poète et dramaturge,* Paris, 1978. – M. Alcover, *Cyrano de Bergerac relu et corrigé,* Paris, 1990.

CYRILLE d'Alexandrie, saint. Père de l'Église grec. Né à Alexandrie, vers 370 ou 376, mort le 27 juin 444. Il reçut une éducation particulièrement achevée et qu'il dut peut-être à Théophile, son oncle auprès duquel il vivait, homme dur et intrigant qui fut patriarche d'Alexandrie et qui déposa saint Jean Chrysostome au synode du Chêne, près de Chalcédoine (403). Cyrille embrassa la vie religieuse et fut probablement moine, à l'exemple de saint Isodore de Péluse ; il accompagna son oncle au synode et lui succéda sur le siège épiscopal de saint Marc en 412. Il fut le seul qui réintroduisit, en 417, le nom de saint Jean Chrysostome dans les diptyques, reniant l'attitude de Théophile et se pliant aux directives de Rome. Les premières années de son épiscopat furent pleines d'agitation et de troubles ; s'il n'eut aucune responsabilité dans le meurtre d'Hypatie (415), les moines prirent violemment parti en sa faveur contre le préfet Oreste. Défendant toujours avec une énergie inflexible le patriarcat, Cyrille s'éleva contre les novatiens et les juifs. Il se fit reconnaître pour un polémiste et un théologien de grande envergure dans les controverses que suscita le nestorianisme, de sorte qu'il prit le titre de docteur de l'Incarnation. Aussitôt que Nestorius eut, en 429, refusé à la Vierge le titre de « Théotokos », Cyrille engagea la lutte. Il adressa tout d'abord une homélie à ses fidèles et fit trois professions de foi, tendant à montrer l'erreur de Nestorius, professions adressées à l'empereur Théodose II, à l'impératrice Eudoxie et aux princesses Arcadie, Marina et Pulchérie ; par ailleurs il envoya trois lettres à Nestorius. Puis, en 430, il entra en contact avec le pape Célestin Ier qui le chargea de transmettre à l'hérésiarque la sentence de Rome, laquelle était une condamnation. Cyrille voulut envoyer à Nestorius un condensé de la doctrine orthodoxe, et lui faire signer les douze fameux anathèmes, formulés selon la terminologie d'Alexandrie qui, pour les théologiens d'Antioche, accoutumés à un langage différent, ne pouvait point ne pas paraître influencée par Apollinaire. La réaction fut violente et Nestorius obtint de l'empereur la promesse qu'un concile œcuménique serait convoqué à Éphèse pour la Pentecôte (7 juin 431). Le pape donna son consentement et donna des instructions à Cyrille, envoyant par surcroît trois délégués qui agirent comme il le leur avait ordonné. Comme ces délégués n'étaient pas arrivés le 7 juin, et que Jean d'Antioche inclinait à ne pas les attendre, Cyrille ouvrit le concile au bout de deux semaines. L'assemblée se trouva donc divisée, et les partis s'excommunièrent mutuellement. Théodose suspendit le concile, mais les négociations continuèrent ; Cyrille examina loyalement les propositions, acceptant de modifier la terminologie qu'il avait adoptée et parvenant ainsi à un accord avec Jean d'Antioche (433), grâce à un « symbole d'union ». Toute l'Église, et toute la cour, en premier lieu si favorables à Nestorius qu'on avait emprisonné pendant quelques mois (431), se rallièrent à l'orthodoxie. Depuis lors, Cyrille fit preuve de plus de modération, sans toutefois se déprendre de ses opinions.

Mais Cyrille ne se contenta point d'être un patriarche exemplaire, ce fut également un écrivain très fécond. Outre les *Évangiles* (excepté Marc), il commenta Isaïe et les douze prophètes mineurs, tempérant par un certain réalisme le goût qu'on marquait à Alexandrie pour l'allégorie ; il laissa encore les dix-sept livres du *De adoratione in spiritu et veritate.* Mais c'est dans le domaine de l'apologétique et de la polémique qu'il devint à juste titre célèbre. Avant d'entreprendre la lutte contre les nestoriens, il avait écrit contre les ariens le *Thesaurus* et le *De Trinitate ad Hermiam ;* puis, en 433, il se trouva encore assez d'énergie pour écrire les trente livres du *Contra Julianum* et de l'*Adversus libros Juliani athei.* Nous avons par ailleurs deux séries d'*Homélies,* le recueil de *Lettres* (*) qui se rapportent pour la plupart à l'affaire de Nestorius, et de nombreux traités et apologies sur le même thème, parmi lesquels il faut citer les cinq livres du *Contra Nestorium.* Néanmoins, l'authenticité de toutes ses œuvres n'est pas certaine. En tant que théologien, Cyrille commenta presque uniquement les dogmes de la Trinité et de l'Incarnation : mais le fait que les monophysites se servirent de ses manuscrits dont la langue n'était pas toujours très claire, et en appelèrent à lui par la suite, sapa son autorité dans l'Église byzantine. D'autant plus qu'il soutenait que l'Esprit-Saint procédait du Père autant que du Fils, ce qui ne pouvait pas plaire aux Byzantins. L'Église de Rome devait le canoniser et Léon XIII le proclama docteur de l'Église universelle (1883).

MARIA DE BENEDETTI.

♦ *« Cyrille d'Alexandrie est le plus dogmatique et pour ainsi dire le plus scolastique de tous les Pères. »* Antoine Arnauld d'Andilly. ♦ *« Quand on parle de Cyrille, c'est avant tout vers sa christologie que l'attention se porte ; et c'est avec juste raison, car tout le reste de sa doctrine rayonne autour de sa christologie et en dépend. Pourtant, il ne faudrait pas oublier qu'il a parlé magnifiquement de la rédemption, de la sanctification, de l'action du Saint-Esprit dans les âmes, du baptême, de l'Eucharistie. On le célèbre*

comme docteur de l'Incarnation [...] *on pourrait aussi lui donner le titre de docteur de la grâce sanctifiante.* »
J. Mahé.

RÉF. : Tillemont, *Mémoires pour servir à l'histoire ecclésiastique,* tome 14, Paris, 1709. – H. du Manoir de Juaye, *Dogme et spiritualité chez saint Cyrille d'Alexandrie,* Paris, 1944. – J. Liebaert, *La Doctrine christologique de saint Cyrille d'Alexandrie,* Lille, 1951. – A. Kerrigan, *Saint Cyrill of Alexandria,* Rome, 1952. – H. Diepeu, *Aux origines de l'anthropologie de saint Cyrille d'Alexandrie,* Bruges, 1957.

CYRILLE de Jérusalem, saint (proclamé docteur de l'Église en 1883). Né vers 315 à Jérusalem, il y mourut le 18 mars 386 (ou 387). Ordonné prêtre à trente ans, il succéda à Maxime au siège épiscopal de Jérusalem, peu de temps après et fut sacré par le métropolite Acace de Césarée, qui était favorable à l'arianisme. Aussi le jeune évêque dut-il bientôt entrer en conflit avec lui pour défendre l'orthodoxie (bien qu'il rejetât le terme de *ὁμοούσιος* comme non scripturaire). Cyrille fut exilé une première fois en 357, puis en 360 ; à son retour, Julien (l'Apostat) venait de monter sur le trône impérial ; on sait que cet empereur tenta vainement de reconstruire le Temple de Jérusalem. Sous le règne de Valens, Cyrille subit un troisième et long exil, de 367 à 378. Il participa au deuxième concile œcuménique de Constantinople. On a gardé de ses œuvres les vingt-quatre *Catéchèses* (*), dont dix-neuf sont pour les « illuminés » [*φωτιζόμενοι*] ou catéchumènes prêts à recevoir le baptême, et les cinq dernières pour les nouveaux baptisés, les néophytes [*νεοφώτιστοι*]. Les premières sont des sermons prononcés pendant le Carême ; les dernières, prononcées pendant la Semaine sainte, sont dites « mystagogiques » [*μυσταγωγικαί*], car elles introduisent aux mystères des sacrements et du culte, alors que les premières ont trait à la pénitence et commentent le *Credo.* Certains attribuent les *Catéchèses mystagogiques* au successeur de Cyrille sur le trône épiscopal de Jérusalem, Jean. Nous avons encore de ce docteur de l'Église, entre autres, une *Homélie* sur la guérison du paralytique (*Jean,* V, 6-15), et une *Lettre* à l'empereur Constance sur le miracle de l'apparition de la Croix dans le ciel de Jérusalem, textes que l'on trouve dans ses *Œuvres apologétiques* (*). Les écrits de langue arabe, copte et éthiopienne qui lui sont attribués sont apocryphes.

RÉF. : M. Vericel, *Cyrille de Jérusalem,* Paris, 1958.

CYRILLE de Scythopolis. Écrivain byzantin. Né à Scythopolis (aujourd'hui Beisan) en Galilée, vers 510, mort au monastère de Saint-Sabas dans le désert de Judée, vers 557. Il prit à seize ans l'habit monastique, dans un couvent de son pays. En 543, il se rendit au monastère de Calamon, près du Jourdain ; ensuite, frappé d'une grave infirmité, il abandonna ce monastère, en juillet 544, pour celui de Saint-Euthyme. Cyrille fut désigné pour habiter au couvent de la Nouvelle Laure, lorsque les partisans d'Origène en furent expulsés, le 21 février 555. Il y resta jusqu'au début de 557, époque à laquelle il vint au monastère de Saint-Sabas. Sa vie, tout entière consacrée à l'ascèse et à la prière, est peu connue, mais il nous reste de lui la *Vie des saints* (*), œuvre dont la rigueur historique est incomparable : elle constitue une source importante pour l'histoire des querelles religieuses en Orient entre 451 et 553. Cette *Vie des saints* ne représente qu'une partie des *Histoires monastiques* qu'il se proposait d'écrire, et pour lesquelles il avait, au cours de ses années de vagabondage, recueilli beaucoup de matériaux.

RÉF. : F. Diekamp, *Die origenistischen Streitigkeiten im VI. Jahrundert,* Münster, 1899.

CYRILLE et MÉTHODE saints. Frères natifs de Salonique, d'origine controversée, qui se trouvent pleinement intégrés au destin des peuples slaves, et les dotant de leur premier alphabet et de leurs premiers textes religieux. Saint Cyrille serait né à Thessalonique vers 827, mort à Rome vers 869. Saint Méthode serait né à Thessalonique vers 825 et mort à Velegrad vers 885.

La propagation de leur œuvre dépendit largement du contexte historique, et en particulier de l'accueil qui lui fut réservé dans l'État bulgare à partir de 886. La dernière mission apostolique de Cyrille et Méthode, en Moravie, fut décisive pour le monde slave : leurs talents de linguistes, de traducteurs et d'écrivains permirent aux Slaves de voir leur langue élevée à la dignité d'une langue écrite. Grâce à l'activité intense des disciples de Cyrille et Méthode en Bulgarie s'élabora une littérature religieuse abondante, qui constitue la première littérature nationale d'expression slave. Les noms de Cyrille et Méthode sont vénérés par tous les Slaves, et une fête, nationale et culturelle, est instaurée et célébrée en Bulgarie depuis 1851 – v. *Récit du transfert des reliques de saint Clément de Rome* (*).

ÉLÉNA FOULLIARON.

CZAPSKI Józef. Peintre et écrivain polonais. Né à Prague le 3 avril 1896, mort à Maisons-Laffitte le 12 janvier 1993. Issu d'une famille de la grande noblesse polonaise, il passe son enfance en Biélorussie, dans le majorat paternel de Przyłuki, va au lycée à Saint-Pétersbourg, puis étudie la peinture à l'Académie des beaux-arts de Cracovie. De 1924 à 1931, il est à Paris avec Tytus Czyżewski, fait partie du groupe des peintres « kapistes », participe aux dernières manifestations du « formisme » et peint dans un style postimpressionniste très coloré, proche de celui de Bonnard. Il commence aussi – comme Czyżewski – à écrire et publie une monographie consacrée à son maître, *Józef Pankiewicz*

(1936), et un livre sur *Cézanne et la conscience picturale* (1937). Mobilisé en 1939, prisonnier en Union soviétique, il est chargé, après les accords Sikorski-Staline, de rechercher dans les camps de travail et les prisons russes les Polonais internés pour les enrôler dans l'armée en formation. Il est ainsi l'un des premiers à découvrir le monde du « goulag ». Son livre, *Terre inhumaine* (*), publié en 1947, est le récit atroce et émouvant de cette période de sa vie. En 1944, Czapski s'installa à Maisons-Laffitte, et anima depuis lors la revue littéraire *Kultura.* Il a publié en 1977 un beau livre de réflexions sur la peinture, *L'Œil* [*Oko*].

CZERNY Karl. Pianiste et compositeur autrichien. Né et mort à Vienne (20 février 1791 - 15 juillet 1857). Son plus grand maître fut Beethoven, de l'œuvre duquel il devint l'un des meilleurs interprètes. Grand pédagogue, il vécut toute sa vie de l'enseignement. Il eut pour élève Thalberg, Jaëll et Liszt. Surtout connu pour ses études et exercices pour piano, il publia de nombreux ouvrages techniques, dont l'*École de la virtuosité* (*) est le plus célèbre. Il a composé plus d'un millier d'œuvres, dont beaucoup de musique religieuse (messes, graduels, offertoires), des symphonies, des ouvertures, de la musique de chambre, de la musique de scène et des pièces pour piano.

DOMINIQUE JACCOTTET.

CZUCHNOWSKI Marian. Écrivain polonais. Né le 22 mai 1909 à Polna. Fils de paysan, il doit, à la mort de son père, interrompre ses études pour reprendre l'exploitation familiale. Il est l'un des plus jeunes membres de l'avant-garde cracovienne, dans laquelle il apparaît comme le représentant du front littéraire paysan d'idéologie marxiste. Poétiquement, il se place sous le patronage de Rimbaud auquel il adresse son second recueil, en 1931 : *Femmes et Chevaux. Lettres à Arthur Rimbaud* [*Kobiety i konie*]. Plusieurs fois arrêté pour son activité révolutionnaire, c'est la prison qui lui fournit le sujet de son meilleur roman, *Le Tuyau* (*) (1937), tableau d'un univers concentrationnaire qui est comme le symbole du monde. Quant à ses poèmes, *Difficile biographie* [*Trudny życiorys*, 1934] ou *L'Inondation et la Mort* [*Powódź i śmierć*, 1936], ils sont régulièrement saisis. Czuchnowski, qui a passé une partie de la guerre dans des goulags soviétiques, vit actuellement à Londres et a abandonné le marxisme.

D

DABIT Eugène. Écrivain français. Né à Paris le 21 septembre 1898, mort à Sébastopol (Crimée, U.R.S.S.) le 23 août 1936. Issu d'une famille d'ouvriers, il fit de bonnes études primaires. Devenu, à quatorze ans, apprenti ferronnier, puis électricien du Nord-Sud, il s'engagea en 1916, et demeura au front jusqu'à la fin de la guerre. Il se crut d'abord la vocation de peintre. Durant huit ans, il espéra en vain qu'elle pourrait lui fournir un gagne-pain. En 1926, il délaissa la peinture au profit de la littérature et publia *Hôtel du Nord* (*) (1929), récit qui devait d'emblée le rendre célèbre. Dès lors il fréquenta les plus grands écrivains de son temps, et ce contact lui fut un précieux stimulant. La douzaine de livres que Dabit nous laisse suffit pour le classer parmi les meilleurs romanciers de sa génération. Citons : *Petit-Louis* (1930), récit de sa vie pendant la guerre, *Villa Oasis ou les Faux Bourgeois* (1932), *Faubourgs de Paris* (1933), *Un mort tout neuf* (*) (1934), *L'Île* (1934), *La Zone verte* (1935), et *Trains de vie* (1936). Cette même année, Dabit se rendit en Russie avec André Gide et d'autres écrivains français. Atteint de scarlatine, il mourut à l'hôpital de Sébastopol. On sait que le livre de Gide, *Retour de l'U.R.S.S.* (*), lui est dédié. Des œuvres posthumes de Dabit, il convient de retenir : *Les Maîtres de la peinture espagnole* (1937), *Le Mal de vivre* (1939) et son admirable *Journal intime* (*) (1939). Relevant du groupe populiste, Eugène Dabit use du langage parlé avec une rare maîtrise. Sa peinture de la pauvreté garde un accent dont la justesse est inégalable.

♦ « *On ne pouvait imaginer quelqu'un plus digne d'être aimé que Dabit.* » André Gide. ♦ « *Humble avec les humbles, il les a peints avec tendresse, mais sans complaisance. Sans pittoresque non plus – il ne les découvrait pas du dehors, il était des leurs. Sans souci d'une attitude, sans grandiloquence, il craignait par-dessus tout un accent faux.* » Marcel Arland. ♦ « *J'aimais, j'admirais en lui un artiste qui continuait de vivre et de travailler sans effort, comme d'ailleurs sans pose. La bourgeoisie ne l'avait pas touché.* » Jean Guéhenno.

RÉF. : Louis Le Sidaner, *Eugène Dabit,* Paris, 1938. – *Cahiers de Paris*, Numéro spécial, septembre 1938. – Eugène Dabit, *Journal intime (1928-1936)*, Paris, 1939. – *Hommage à Eugène Dabit,* Paris, 1939. – Maurice Dubourg, *Eugène Dabit,* Paris, 1939 ; *Eugène Dabit et André Gide*, Paris, 1953. – P. Bardel, *Un écrivain trop oublié : Dabit,* in *Littérature*, 14, septembre 1967.

DĄBROWSKA Maria. Romancière polonaise. Née le 6 octobre 1889 à Russów, morte à Varsovie le 19 mai 1965. D'une famille de petite noblesse rurale dans la gêne, elle passe son enfance à la campagne, puis va à l'étranger faire des études « utiles » : sciences naturelles, sociologie et économie. Elle épousera en Belgique un révolutionnaire de 1905 exilé. Revenue en Pologne en 1914, elle se consacre d'abord à l'action sociale, puis commence, à trente ans, à écrire. Ses premiers récits et surtout *Les Gens de là-bas* (*) (1926) révèlent un écrivain de talent, à la langue à la fois élégante et populaire, sensible au malheur, mais ayant foi en l'avenir des réformes sociales. De 1932 à 1934 paraissent les quatre volumes de *Les Nuits et les Jours* (*), long roman au rythme lent et majestueux, grouillant de personnages, et dans lequel est sensible l'influence du roman positiviste de B. Prus ou d'E. Orzeszkowa. L'auteur y décrit le déclin d'une famille de hobereaux. Bogumił, Barbara et leurs enfants sont condamnés à gagner leur vie, après avoir perdu leur bien. Cette chronique familiale et sociale, qui s'étend sur deux générations et plus de cinquante ans, n'est pas seulement un passionnant roman psychologique, mais une étude pénétrante des bouleversements de la société polonaise entre 1863 et 1914. Après les raffinements souvent maladifs du mouvement littéraire la Jeune Pologne, le roman polonais y retrouve sa voie royale. Après la guerre, qu'elle a passée à Varsovie, Maria Dąbrowska a publié des études sur Conrad et Prus, des livres pour enfants, et de nouveaux récits, comme *L'Étoile du matin* [*Gwiazda zaranna*, 1955], qui montre à quel point elle a su garder sa liberté de penser pendant les années difficiles du stalinisme.

JEAN LAJARRIGE.

DACH Simon. Poète allemand. Né le 29 juillet 1605 à Memel (Prusse orientale), mort le 15 avril 1659 à Königsberg. Il étudia la philosophie et la théologie. En 1634, il devint professeur à l'école capitulaire de Königsberg et, en 1639, professeur de poésie à l'université de la même ville où il fonda, avec des amis, une *Musikalische Kurbishutte*. Pour le premier centenaire de l'université, célébré en 1644, il écrivit un livret qui fut mis en musique par Heinrich Albert et interprété par les étudiants ; il y célébrait évidemment le grand-duc régnant Albrecht qui, plus tard, lui offrit la petite propriété qui lui permit de se consacrer tranquillement à la poésie. Ses *Poésies* font partie du répertoire des cérémonies religieuses protestantes, et témoignent d'une grande simplicité intérieure. On attribuait jusqu'ici à Dach un poème en dialecte bas allemand *Anke de Tharau* (*), mais la critique actuelle incline à le croire d'un autre auteur.

RÉF. : A. Kelletat, *Simon Dach und der Königsberger Dichterkreis*, Stuttgart, 1986.

DACIER Anne (née Tanneguy-Lefebvre). Traductrice française. Née à Preuilly, en mars 1647, morte à Paris le 17 août 1720. Fille et élève de l'érudit Tanneguy-Lefebvre, Anne eut pour condisciple André Dacier qui s'éprit d'elle et l'épousa en 1683. Elle était alors veuve de l'imprimeur Jean Lesnier et avait fait paraître des traductions du grec et du latin qui lui avaient valu quelque réputation : une édition avec traduction latine de Callimaque (1674), une édition de Florus et d'Aurelius Victor, ad usum Delphini en 1674, et une traduction d'Anacréon (1681). Elle collabora ensuite aux travaux de son mari, notamment à sa traduction des *Vies des hommes illustres* (*) de Plutarque mais poursuivit une œuvre personnelle au moins aussi importante que celle d'André Dacier : traduction de Plaute, d'Aristophane, de Térence (1688) mais surtout de l'*Iliade* (1699) et de l'*Odyssée* (1708) qui lui valurent la gloire. Admiratrice fanatique d'Homère, Mme Dacier se trouva tout naturellement mêlée à la querelle des Anciens et des Modernes qui venait de renaître.

♦ *« À force de savoir et de bonne foi, elle atteint dans l'ensemble à un certain effet homérique. »* Sainte-Beuve.

RÉF. : Sainte-Beuve, *Causeries du Lundi*, t. IX, Paris, 1855. — H. Rigault, *Histoire de la querelle des Anciens et des Modernes*, Paris, 1856. — H. Gillot, *La Querelle des Anciens et des Modernes*, Paris, 1914. — N. Hepp, *Homère en France au XVIIe siècle*, Paris, 1968.

DADELSEN Jean-Paul de. Poète français. Né à Strasbourg le 20 août 1913, mort à Zurich (Suisse) le 22 juin 1957. Son grand-père, Hans Von Dadelsen, était de nationalité allemande, professeur de français venu en Alsace après la guerre de 70. Son père était notaire à Mutterholz, près de Sélestat. Sa mère, née Fanny Glintz, était native de Colmar. Jean-Paul eut un frère, Guy, de huit ans son cadet, et qui deviendra pasteur de l'Église réformée de Nice. Jean-Paul fit ses premières études à Mutterholz, puis à Sélestat. En 1927, son père ayant acheté une nouvelle charge de notaire dans le village de Hirsingue, dans le Sundgau, il entra au lycée de Mulhouse. Il se rendait à Mulhouse par le train et c'est alors qu'il connut ses premières aventures amoureuses, lesquelles, dit son frère, « aussi nombreuses que mouvementées, ne devaient plus laisser de repos à nos parents ». Cependant, on pardonnait à Jean-Paul les petits scandales qu'il provoquait, car « il était le génie de la famille ». Après son premier baccalauréat, Jean-Paul fit sa philosophie au collège d'Altkirch. Il rate son examen et ses parents l'envoient à Paris où il sera interne au lycée Louis-le-Grand, y redoublant sa philo, puis entrant en hypokhâgne et khâgne. Il ne réussit pas le concours d'entrée à Normale supérieure, mais obtient brillamment une licence d'allemand. Et quand, en 1936, il se présente à l'agrégation, il est reçu premier sur une centaine de candidats. Sa vie sentimentale est toujours tumultueuse bien qu'à vingt ans il se soit marié, mais son ménage n'a jamais très bien marché. En octobre 1936, il est nommé au lycée Saint-Charles à Marseille. Il a comme collègue Georges Pompidou, qu'il éblouit par sa culture et par ses allures désinvoltes et princières. En vérité, il utilise sagement ses loisirs à traduire des romans de Bernard von Brentano et d'Ernst Glaeser, et des essais du philosophe Keyserling. En octobre 1938, il doit gagner Belfort pour accomplir son service militaire. En 1939, à la déclaration de guerre, il est affecté au grand quartier général de La Ferté-sous-Jouarre comme interprète. Il demande à être versé dans une unité de chars. Il fera la campagne de Belgique et obtiendra la croix de guerre. Après sa démobilisation, il enseigne quelques mois à Lyon (c'est alors que son divorce est prononcé), puis il est nommé au lycée d'Oran. C'est là qu'il se lie avec Albert Camus et Jean Orieux. Après le débarquement des Américains en Afrique du Nord, il parvient à gagner Londres en voyageant clandestinement sur un pétrolier britannique. Il s'engage dans les Forces françaises libres. Il est nommé aspirant et obtient son brevet de parachutiste. Mais on le mute dans les services d'information du général de Gaulle. Il épouse en secondes noces Barbara Wirdebank, dont le père est officier de la marine britannique.

À la Libération, Dadelsen revient à Paris où il est nommé directeur-adjoint au ministère de l'Information. Il renonce vite à la carrière officielle dans laquelle il était si bien engagé et rejoint Camus à *Combat.* Ou plutôt il se fait envoyer par Camus comme correspondant à Londres, où d'ailleurs il travaillera aussi pour la B.B.C., et c'est là qu'il se liera avec Henri Thomas et Jean Dutourd. Quand Camus quitte *Combat*, Dadelsen passe à *Franc-Tireur* et c'est pour ce journal qu'il entreprendra des reportages en Afrique et en Amérique du Sud. Il se rendra aussi, à l'occasion des grandes conférences internationales, à Berlin et à Rome, à New York et à Moscou. En 1951, il s'installe à Genève avec sa femme et les deux filles qui lui sont nées. Il est à la fois collaborateur de Denis de Rougemont au Centre européen de la culture et conseiller de Jean Monnet au Pool charbon-acier à Luxembourg. Depuis quelque temps, il a entrepris l'œuvre poétique qu'il a toujours su qu'il portait en lui. Il compose *Bach en automne* que Camus fait publier dans *La Nouvelle Revue française* (*) en 1955. En 1956, il devient l'un des directeurs de l'Institut international de presse du Zurich. Il écrit le poème *Cancer* dont on ne sait s'il se rapporte à la maladie de sa mère, morte deux ans avant lui, ou aux premiers symptômes du mal qui allait l'emporter lui-même. C'est en janvier 1957, au cours d'un voyage à New York, qu'il se découvre atteint à la tête. En mars, il est opéré d'une tumeur cancéreuse au cerveau. Il se retrouve diminué et défiguré, mais n'a pas une plainte. Il revoit ses derniers poèmes. Puis les douleurs reprennent et il meurt dans d'atroces souffrances sans accuser le destin. Cinq ans plus tard parut *Jonas* (*) (1962), qui s'impose comme une œuvre majeure de la poésie contemporaine.

JACQUES BRENNER.

DA GAGLIANO Marco. Compositeur italien. Né près de Florence le 1er mai 1582, mort à Florence le 25 février 1642. Maître de chapelle de San Lorenzo à Florence de 1608 à la fin de sa vie, il est l'un des premiers compositeurs d'opéras italiens. Il est aussi l'auteur de madrigaux et chansons dans le nouveau style monodique, très en avance sur leur temps. Entre 1602 et 1617, il a publié six volumes de madrigaux et un volume de monodies, duos et trios. Son opéra *Dafné* (*) remporte un grand succès lors de sa création à Mantoue en 1608. Un an plus tard, il est engagé comme maître de chapelle à la cour des Médicis à Florence. Dès 1607, il avait fondé l'Accademia degli Elevati, qui comptait parmi ses membres plusieurs musiciens célèbres et des personnalités littéraires s'intéressant à la musique, notamment le compositeur Jacopo Peri.

ALAIN PÂRIS.

DAGERMAN Stig. Romancier suédois. Né le 5 octobre 1923 à Älvkarleby, mort le 4 novembre 1954 à Danderyd. Fils naturel, il a été élevé par ses grands-parents paternels, petits cultivateurs, et n'a rencontré sa mère qu'à l'âge de 18 ans. Son père, ouvrier, s'étant marié, le fit venir à Stockholm, quand il avait 9 ans. Après le baccalauréat et quelques études, il sera en 1941 critique au journal syndicaliste *Arbetaren,* dont il dirigera la page culturelle de 1944 à 1946. En 1946, il est secrétaire de rédaction de la revue *40-tal* réunissant autour d'elle toute la nouvelle génération littéraire de l'après-guerre. Pour lui donner la nationalité suédoise, il épouse en 1943 Annemarie Götze, fille d'un réfugié allemand anarcho-syndicaliste. En 1945 paraît son premier roman, *Le Serpent* [*Ormen*], salué par une critique unanime qui fait de lui un des chefs de file ou, mieux encore, le symbole de la nouvelle littérature dont les mots clefs sont lucidité et angoisse. Pendant cinq ans, les œuvres se succèdent à une cadence fébrile. En 1946, Dagerman publie un grand roman allégorique, *L'Île des condamnés* [*De dömdas ö*], et sa première pièce de théâtre, *Le Condamné à mort* (*) ; en 1947, un reportage sur l'Allemagne en ruine, *Automne allemand* (*), et un recueil de nouvelles, *Les Jeux de la nuit* [*Nattens lekar*] ; en 1948, un volume de théâtre et le roman *L'Enfant brûlé* (*) ; en 1949, un deuxième volume de théâtre et le roman *Ennuis de noce* [*Bröllopsbesvär*]. Puis ce fut le silence, à peine rompu par une pièce radiophonique. En 1950, Stig Dagerman avait rencontré l'actrice Anita Björk : ayant divorcé chacun de leur côté, ils se marièrent.

Heureux en ménage, Stig Dagerman était, à trente ans, un des auteurs les plus fêtés de son pays lorsque, le 4 novembre 1954, il s'enferma dans son garage et laissa tourner le moteur de sa voiture. Déjà, à plusieurs reprises, il avait fait des tentatives de suicide. Cette fois-là, il la réussit. Des recueils posthumes de nouvelles et de poèmes ont été publiés, notamment *Mille ans chez Dieu* [*Tusen år hos Gud,* 1954] qui aurait dû former l'introduction au grand roman auquel Dagerman travaillait.

CARL GUSTAF BJURSTRÖM.

RÉF. : Olof Lagercrantz, *Stig Dagerman,* Stockholm, 1958, 1985. — Georges Périlleux, *Stig Dagerman et l'existentialisme,* Paris, 1982. — *Stig Dagerman,* nos 31-32 de la revue *Plein Chant,* 1986.

DAHL Vladimir Ivanovitch [Vladimir Ivanovič Dal']. Lexicographe russe. Né le 10 novembre 1801, mort à Moscou, le 22 septembre 1872. Son père était un médecin d'origine danoise établi à Lougansk (Russie) ; sa mère, une Allemande, mais de souche française. Après avoir terminé ses études de médecine à l'université de Dorpat, le jeune Dahl devint médecin militaire et, comme tel, eut à fréquenter un grand nombre de soldats et de matelots originaires de toutes les provinces de l'Empire. Il se mit à étudier les divers dialectes, ainsi que les superstitions locales, les contes régionaux, etc. Ces matériaux lui permirent de publier une dizaine de volumes divers. Le premier recueil de contes parut en 1832, puis vinrent les *Récits, Contes et Nouvelles du cosaque Louganski* (*) en 1846, le recueil de *Proverbes du peuple russe* [*Poslovicy russkogo naroda*] en 1862, et le *Dictionnaire raisonné de la langue russe vivante* [*Tolkovyj slovar' živogo velikorusskogo jazyka*] en quatre tomes (1863-1866), véritable trésor de la langue russe.

DAHN Felix Ludwig Sophus. Historien allemand. Né à Hambourg le 9 février 1834, mort à Breslau le 3 juin 1912. Fils d'un couple d'acteurs qui alla s'établir à Munich quelques mois après sa naissance, il fait des études de droit et de philosophie à l'université de cette ville, puis de Berlin, de 1849 à 1853. Nommé « docent » de droit germanique à l'université de Munich en 1857, il fait paraître la même année son *Étude historique sur les « Jugements de Dieu » en Allemagne* [*Studien zur Geschichte der germanischen Gottesurteile*]. Professeur à Würzburg en 1863, à Königsberg en 1872, il est nommé en 1888 à l'université de Breslau dont il deviendra recteur en 1895. En marge de son enseignement juridique, Dahn n'a cessé de mener d'importants travaux historiques, sur *Les Rois des Germains* (+) (en onze volumes, 1861-1908), l'*Histoire des peuples germaniques et romans* (+) (1881-1890) et l'*Histoire de l'Allemagne primitive* [*Geschichte der deutschen Urzeit*, Gotha, 1883-1888], ouvrages qui allient curieusement une rigueur critique à une grande puissance d'imagination. Ces caractères sont encore plus marqués dans son œuvre de romancier, en particulier dans *Une lutte pour Rome* [*Ein Kampf um Rom*, 1876], évocation de la ruine du royaume goth d'Italie, accompagnée de cartes, bien que de nombreux personnages soient imaginaires et que le rôle des personnages historiques n'ait pas été respecté. Dahn reprit cette formule dans *Les Croisés* (1884), *Frédégonde* (1886), *Attila* (1888) et écrivit même des romans mythologiques : *Y a-t-il des dieux ?* [*Sind Götter ?* 1874] et *La Consolation d'Odin* [*Odhins Trost*, 1880].

DAINI NO SANMI. Poétesse japonaise du XIe siècle ; fille de la célèbre Murasaki no Shikibu et de Fujiwara no Nobutaka. Son vrai nom était Fujiwara no Karako. Elle épousa Takashina Nariaki, qui était « Dazai no sanmi » (sous-secrétaire du gouvernement de l'île de Kyûshû), d'où le nom sous lequel elle demeure connue. Elle fut la nourrice du prince Chikahito devenu par la suite l'empereur Go Reizei (1045-1048). C'est à elle que l'on attribue l'*Histoire du général Sagoromo* (*), mais cette attribution est contestée par certains. Beaucoup de ses poésies figurent dans les anthologies officielles, mais il en existe aussi un recueil personnel intitulé *Dainino-sanmi-shû* (*shû* : recueil).

DAISENBERGER Josef Aloïs. Prêtre et dramaturge allemand. Né le 30 mai 1799 à Oberau (Bavière), mort le 20 avril 1883 à Oberammergau (Bavière). Après avoir fait ses études à Landshut, il devient prêtre en 1821, occupe de 1831 à 1845 la cure d'Uffing, près de Myrnau, est nommé curé d'Oberammergau en 1845 et prend sa retraite en 1869. De 1850 à 1880, en tant que « maître du jeu » (Spielleiter), il renouvelle le traditionnel jeu de la Passion auquel il donnera un prestige sans précédent, après avoir supervisé le texte du *Jeu de la Passion* (+) d'Othmar Weiss. Il écrivit également plusieurs petits drames éducatifs, *Théodelinde, Otto von Wittesbach, Joseph en Égypte* [*Der ägyptische Josef*], *Judith, Geneviève* [*Genoveva*], etc., et, en 1858, l'histoire du village d'Oberammergau.

RÉF. : Il. Diemer, *Oberammergau und seine Passionspiele*, 1930. – St. Schaller, *Das Passionspiel von Oberammergau*, 1951.

DALAÏ LAMA (Sa Sainteté Tenzin Gyatso, quatorzième). Né en 1935 dans la province de l'Amdo (Tibet oriental). Dalaï Lama (littéralement : le lama Océan) est le titre donné, dans le bouddhisme tibétain, aux réincarnations du boddhisattva Avalokiteçvara, et qui ont gouverné le Tibet depuis 1578. Reconnu dalaï lama à l'âge de deux ans, ordonné moine à quatre ans, il a à peine achevé ses études quand les communistes chinois mettent le Tibet au pas.

Réfugié depuis 1959 à Dharamsala, au nord de l'Inde, il dirige de son exil la vie spirituelle des Tibétains tout en menant une action vigilante dans le cadre de la défense des droits de l'homme et de la non-violence, pour la survie de son pays. Prix Nobel de la paix en 1989, maître spirituel universellement respecté, il ponctue volontiers ses nombreux voyages d'enseignements à ses disciples. Il donne aussi de nombreuses causeries, conférences et interviews qui sont recueillis dans des volumes comme l'*Introduction au bouddhisme tibétain* (*) (1971), *Cent éléphants sur un brin d'herbe* [*Kindness, Charity and Insight*, 1990], qui contient son discours du prix Nobel, ou *Comme un éclair déchire la nuit* (1992).

JEAN-PIE LAPIERRE.

DALAYRAC (d'Alayrac) Nicolas. Compositeur français. Né à Muret (Haute-Garonne le 8 juin 1753, mort à Paris le 26 novembre 1809. Destiné au barreau, Dalayrac se sentit de bonne heure attiré par la musique et vint l'étudier à Paris. Lié avec Grétry, il composa pour le théâtre et donna à partir de 1781 un grand nombre d'opéras qui connurent le plus vif succès : *Le Corsaire* (+) (1783), *Nina ou la Folle par amour* (*) (1786), *Renaud d'Ast* (1787), *Les Petits Savoyards* (1789), *Camille* (1791), *Ambroise* (1793), *Adolphe et Clara* (1799), *Maison à vendre* (1800), *Picaros et Diégo* (1803), *Gulistan*

(1805). La musique de Dalayrac est simple et facile, au demeurant pleine de charme ; si son orchestration est faible, ses mélodies sont généralement d'une bonne venue.

RÉF. : Pixérécourt, *Vie de Dalayrac*, Paris, 1810.

DALČEV Atanas. Poète et essayiste bulgare. Né le 12 juin 1904 à Salonique (Grèce), mort le 7 janvier 1978 à Sofia. En 1934, la famille du poète s'installe dans la capitale où il termine ses études supérieures de philosophie et de pédagogie. Dans les années 20, Dalčev visite la France, l'Italie et l'Angleterre. De 1938 à 1944, il exerce les fonctions d'inspecteur dans l'enseignement secondaire et par la suite il travaille au ministère de l'Information. Son œuvre constitue un événement dans la vie littéraire bulgare de l'époque car elle apporte une problématique philosophique, une conception originale de l'individu et de ses rapports avec le monde extérieur. Dans son ensemble, la poésie de Dalčev est autobiographique. Ce qui intéresse le poète, c'est l'existence intime de l'individu et son œuvre n'exprime que ce qui se rapporte à la vie psychique et ce qui apparaît déterminant pour le comportement du « moi ». Ainsi, cette poésie devient un admirable moyen d'exploration de l'âme. Dalčev rend à la poésie bulgare sa vitalité, épurée et élevée, en tant que connaissance et sagesse. Œuvres : *Fenêtre* [*Prozoretz,* 1926], *Poésies* [*Stikhotvorénja,* 1928], *Paris* (*) (1930), *L'Ange de Chartres* (*) (1943), *Poésies* [*Stikhotvorénja,* 1965], *Fragments* [*/Fragmenti,* 1967].

ÉLÉNA FOULLIARON.

DALÍ Salvador. Peintre, dessinateur et écrivain espagnol. Né le 11 mars 1904 à Figueras (Catalogne), mort à Cadaquès le 23 janvier 1989. Ce fils de notaire de province, choyé par ses parents, développa très tôt une vive sensibilité pour la peinture. Doté d'une intelligence supérieure mais aussi d'un narcissisme peu commun, il cultivera tout au long de son enfance et de son adolescence un goût pour l'excentricité et l'exhibition. Après des études à Madrid où les périodes d'intense concentration et de travail acharné alternent avec des actes provocateurs d'une rare violence, le talent pictural de Dalí sera reconnu par Dalmau, qui l'expose en 1925 dans sa galerie de Barcelone. S'étant lié avec García Lorca et Buñuel – avec lequel il réalisera le film *Un chien andalou* (1928) –, le jeune homme décide de se rendre à Paris où il rencontrera ses compatriotes Picasso, d'abord, puis Miró. C'est de ces séjours parisiens que datent ses premiers liens avec les surréalistes, qui reconnaissent aussitôt l'étrangeté de son art. Quelques-uns d'entre eux viendront lui rendre visite à Cadaquès l'été 1929 – et parmi eux, Gala Éluard, qui deviendra plus tard sa femme. Cette même année la galerie Goemans vend à Paris presque tous les tableaux que Dalí lui a confiés. Cette exposition fut la révélation d'une peinture vraiment originale, dérangeante, dans laquelle les détails de la nature et les objets traduits par un pinceau d'une précision irritante semblaient ouvrir à des profondeurs anormales et révéler l'inconscient halluciné et cruel d'un artiste puissant et habité. À partir de là tout se précipite pour Dalí. Il peint abondamment et avec un bonheur indéniable de nombreuses toiles énigmatiques, *Persistance de la mémoire* (1931), où apparaissent les fameuses montres molles, *Naissance des désirs liquides* (1932), *La Girafe en feu* (1935). Il réalise avec Luis Buñuel *L'Âge d'or* (1930), le film surréaliste qui provoqua un énorme scandale, et rédige de nombreux écrits théoriques et poétiques. Aidé par Gala, Dalí séduit la société parisienne, puis quelques années plus tard les États-Unis, par ses audaces et son esprit brillant et paradoxal. Il lance des « objets surréalistes » qui font la mode et défrayent la chronique. Insensiblement pourtant ses prises de position excessives, la surenchère à laquelle il se prête, le vedettariat dont il est à la fois le bénéficiaire et la victime vont l'isoler de ses amis surréalistes qui le surnommeront Avida Dollars. À partir de la guerre, Dalí se mettra à produire en masse des objets décoratifs et des gravures privés de la force de déflagration dont ses images étaient chargées auparavant. Sa peinture, affirmant un retour radical au classicisme raphaélesque, se fige à son tour dans de lourdes évocations religieuses qui scellent cette aporie à laquelle l'ont conduit sa recherche de l'originalité à tout prix et son orgueil démesuré. S'étant retiré dans sa maison de Cadaquès, qui fut le théâtre des meilleurs moments de sa vie d'homme et de peintre, Salvador Dalí s'y éteint en 1989. Il avait écrit son autobiographie en 1941, *La Vie secrète de Salvador Dalí* (*).

FLORIAN RODARI.

DALIMIL. Auteur présumé de la première chronique tchèque en langue vulgaire, versifiée à la manière des « Reimchroniken » allemandes, qui va jusqu'au couronnement de Jean de Luxembourg (1310). On connaît ce texte sous le nom de *Chronique de Dalimil* (*) parce que deux historiens, au XVIIe siècle, l'attribuèrent par erreur à la plume du chanoine Dalimil Meziricaky. Depuis, les hypothèses se sont succédé sans que la véritable identité de l'auteur ait jamais pu être déterminée ; les travaux les plus récents font de cet inconnu un chevalier de l'ordre de Saint-Jean de Jérusalem. Dans sa chronique, Dalimil se présente comme un noble campagnard, grincheux, sentencieux, mécontent de son époque et ennemi de ce monde chevaleresque qui fascinait le poète de l'*Alexandréide* (*). Son style a, en effet, quelque chose de rude et de rustique sous une enveloppe moralisante. Il fouaille sans se lasser les vices et la corruption des barons qui imitent les usages étrangers et se plaisent aux tournois, aux chasses, aux jeux de dés et aux banquets. Il semble qu'on puisse découvrir en lui les premiers indices de ce conservatisme provincial qui, à plusieurs reprises au cours des siècles, paralysera la culture tchèque.

DALIN Olof von. Écrivain suédois. Né à Vinberg dans le Halland le 29 août 1708, mort à Drottningholm (Stockholm) le 12 août 1763. Il fut un des propagateurs de la pensée « éclairée » en Suède. Après avoir fait ses études à Lund, sous la direction du cartésien A. Rydelius, il occupa ensuite quelques emplois civils dans la capitale, comme greffier et bibliothécaire royal. Sur le modèle du *Spectator* (*) anglais, il publia de 1732 à 1734, anonymement, un hebdomadaire : *L'Argus suédois* [*Then swänska Argus*] au ton satirique et moralisant, qui lui valut l'inimitié de la noblesse, du clergé et une méfiance que seule la protection de la famille royale réussit à dissiper. Arrivé à la célébrité, il domina les lettres suédoises par sa vaste et diverse production qui s'étend de la « poésie fugitive » à l'idylle ; de la tragédie classique en alexandrins – *Brunehilde* [*Brynhilda*, 1738], sujet nordique ancien revêtu de formes pseudo-classiques françaises – au poème allégorique, également en alexandrins, *La Liberté suédoise* [*Swenska friheten*, 1742], sur le modèle de la *Henriade* (*) de Voltaire ; du récit allégorique de l'histoire de Suède – v. *Le Cheval Grolle et ses cavaliers* (*) – à l'*Histoire du royaume de Suède* [*Svea Rikes historia*], en trois parties publiées en 1747, 1750 et 1760-1761. En 1750, il devint précepteur du prince héritier et, l'année suivante, fut anobli. En 1756, une satire contre les prédicateurs le fit condamner par la Diète et éloigner de la Cour, où il revint pourtant en 1761, rappelé pour occuper la très haute charge de chancelier.

DALLAPICCOLA Luigi. Compositeur italien. Né à Pisino d'Istria, en Dalmatie alors autrichienne, le 3 février 1904, mort à Florence le 19 février 1975. Né en territoire occupé, il est déporté dans son enfance avec ses parents à Graz, en Autriche, jusqu'à la fin de la Grande Guerre. Ces années, très pénibles moralement et matériellement, ancrent très tôt sa hantise pour toute aliénation de la liberté, qui marque la majeure partie de ses œuvres. À Graz, il apprend le piano et est formé à la tradition musicale austro-allemande, notamment à son répertoire lyrique. De retour en 1918 dans sa patrie restaurée, il décide de se consacrer à la musique. Il poursuit alors ses études à Trieste, puis à Florence, en particulier avec Alfredo Casella, jusqu'en 1925. L'année suivante, il constitue, avec le violoniste Sandro Materassi, un duo qui se voue uniquement à la défense de la musique moderne. Il est ensuite nommé professeur de piano au Conservatoire de Florence (1931), puis professeur de composition (1936). À partir de 1950, il donne aussi des cours aux États-Unis, à Tanglewood et au Queen's College de New York. Très influencé à ses débuts par Debussy, Stravinski, Schoenberg, Berg, Mahler et Busoni, il s'inscrit dans le grand courant des musiques nouvelles, en manifestant déjà sa personnalité de compositeur, fasciné par le monde de la voix et intransigeant sur les idées et le langage qu'il emploie à les défendre. Volontiers diatonique et teinté d'archaïsme emprunté aux polyphonistes flamands du XVe siècle, son style est alors extatique et contemplatif. Ainsi dans les *Deux chants de la Kalewala* (1930), les *Six chœurs d'après Michelangelo Buonarroti le jeune* (1933-1936), la *Rhapsodie,* d'après la *Chanson de Roland* (*), pour voix et orchestre de chambre (1932-1933), les *Hymnes,* musique pour trois pianos (1935). Les deux premiers chefs-d'œuvre sont les *Trois Laudes* (*) (1936-1937) et l'opéra *Vol de nuit* (*), d'après Saint-Exupéry (1937-1939). Cette œuvre révèle l'angoisse pessimiste du musicien face à la société contemporaine, qu'il considère comme hautement aliénante. Le langage de Dallapiccola se trouve alors très proche de celui d'Alban Berg, comme il l'est dans les *Chants de captivité* (*) (1938-1941), où il emploie des séries diatoniques dans un matériau chromatique. Son évolution vers le dodécaphonisme se poursuit avec les *Poésies grecques* (1942-1945), divers cycles de mélodies, et surtout *Le Prisonnier* (*) (1944-1948), d'après Villiers de L'Isle-Adam et Charles de Coster, opéra qui traite à nouveau du problème de la liberté. Son langage procède à la fois de la série et de l'écriture thématique, dans une synthèse qui ne renie pas la nature lyrique de l'Italien. Dallapiccola lui-même déclare : « Je ne suis pas venu au dodécaphonisme contraint et forcé par la mode. Lorsque j'ai commencé à m'y intéresser, le système sériel était considéré comme une doctrine dépassée, avortée [...] Pour moi, le dodécaphonisme n'est pas plus cérébral ni plus abstrait que le système qui pourrait s'appeler "la règle de l'octave". » Les œuvres suivantes témoignent de cette évolution vers le dodécaphonisme : *Job* (1950), représentation sacrée, *Quatre lieder de Goethe* pour voix de femme et trois clarinettes (1953), et surtout les *Chants de libération* [*Canti di liberazione*], pour chœur et orchestre (1955) et *À Matlhilde* [*An Mathilde*], sur trois poèmes de Heine, pour contralto et orchestre (1955), suivis de *Dialogues* [*Dialoghi*], pour violoncelle et orchestre (1956) et du *Concert pour la nuit de Noël* [*Concerto per la notte di Natale*], pour soprano et orchestre de chambre (1956). Toute l'expérience du musicien, les éléments de son langage et les lignes de force de sa pensée trouvent leur aboutissement en son dernier chef-d'œuvre, le grand opéra *Ulysse* (+), d'après l'*Odyssée* (*), créé triomphalement en 1968 à l'Opéra de Berlin, qui l'avait commandé. On y retrouve, comme dans les partitions antérieures, la même préoccupation essentielle : « L'idée fondamentale de toutes mes œuvres est toujours la même : le combat de l'homme contre quelque chose qui est beaucoup plus fort que lui. » Reconnu par le monde musical comme l'une des grandes figures de la musique du XXe siècle, Dallapiccola jette un vaste pont entre les compositeurs véristes, comme Puccini, et l'avant-garde des années 50, avec Nono et Berio. Son œuvre exigeante est l'une des plus puissantes de son temps.

GILLES CANTAGREL.

RÉF. : René Leibowitz, « Luigi Dallapiccola » in *L'Arche* nº 23, Paris, 1947. – Roman Vlad, *Luigi Dallapiccola,* Milan, 1957. – Luigi Dallapiccola, *Appunti incontri meditazioni,* Milan, 1970. – Bruno Zanolini, *Luigi Dallapiccola ; la conquista di un linguaggio,* Padoue, 1974. – Alain Pâris, « Luigi Dallapiccola » in *Universalia,* Paris, 1976.

DALTON John. Savant anglais. Né à Eaglesfield (Cumberland) le 6 septembre 1766, mort à Manchester le 27 juillet 1844. Fils d'un tisserand quaker, il fréquenta l'école des quakers d'Eaglesfield, où il devint instituteur, tout en faisant d'humbles travaux campagnards pour arrondir son maigre traitement. En 1781, il alla comme professeur adjoint dans une école tenue par un cousin à Kendal, et dont il fut plus tard codirecteur ; c'est là qu'il perfectionna ses études et commença à collaborer régulièrement à des revues, répondant à toutes sortes de questions et faisant des observations météorologiques. De ces dernières, il tira son premier ouvrage *Observations et essais météorologiques* [*Meteorological Observations and Essays*], en 1793 ; désormais assez connu, il part pour Manchester, ayant été nommé professeur de mathématiques et de physique au New College de cette ville, ainsi que membre de la « Manchester Literary and Philosophical Society ». Il communique à cette compagnie sa célèbre note *Faits extraordinaires relatifs à la vision des couleurs* – v. *Notes scientifiques* (*) – contenant une étude sur la dyschromatopsie, ce défaut de vision connu, qui prit de lui son nom de « daltonisme ». Déjà célèbre et en mesure de se rendre matériellement indépendant, il abandonne en 1799 sa chaire et se consacre aux recherches de laboratoire et à l'enseignement privé. Il mène, à partir de ce moment-là, une vie très retirée, vivant seul avec un ami, faisant alterner ses cours pratiques au laboratoire avec les rares distractions et les quelques voyages (dont un à Paris) qu'il s'accordera. Sa réputation de chimiste grandit rapidement : en 1803 il donne communication à la Société de Manchester de sa note sur l'*Absorption des gaz par l'eau ou d'autres liquides* (+) qui contient la loi des pressions partielles et la première ébauche de cette théorie atomique des phénomènes chimiques qui devait, plus que tout, le rendre célèbre. Cette note fut suivie de plusieurs autres, consacrées presque toutes à la chimie et la physique des gaz et à l'énonciation de la loi des proportions multiples, à son tour expliquée au moyen de la conception atomique. Cette dernière théorie est plus largement exposée dans deux cycles de cours faits en 1803-1804 et 1809-1810 à la Royal Institution de Londres et surtout dans le *Nouveau système de philosophie chimique* (*). La renommée qu'il tira de ces recherches lui valut d'être élu membre de la Royal Society en 1822, et correspondant de l'Académie française des sciences en 1830, puis, enfin, de recevoir une pension du gouvernement en 1833.

GIULIO PRETI.

RÉF. : W. Ch. Henry, *Memoirs of the Life and Scientific Researches of John Dalton,* Londres, 1854. – A. Smith, *Memoir of John Dalton and History of the Atomic Theory,* 1856. – Roscoe, *John Dalton and the Rise of Modern Chemistry,* 1895. – Roscoe and Harden, *A New View of the Origin of Dalton's Atomic Theory,* 1896. – Sir W. A. Tilden, *Famous Chemists,* 1921. – F. Greenaway, *The Biographical Approach to J. Dalton,* Manchester, 1958. – A. L. Smyth, *John Dalton, A Bibliography of Works by and about him,* Londres, 1966.

DAMAS Léon Gontran. Écrivain français d'origine guyanaise. Né à Cayenne le 28 mars 1912, mort à Washington le 22 janvier 1978. Fondateur en 1934, avec Césaire et Senghor, de la revue *L'Étudiant noir,* il est l'un des trois pères du mouvement de la négritude. Contre l'éducation bourgeoise reçue dans une famille où l'on rêve d'assimilation, il revendique sa triple filiation métisse (africaine, européenne et indienne). Après des études secondaires à Fort-de-France, il est étudiant à Paris et pratique, pour survivre, divers petits métiers. Il fait paraître en 1937, préfacé par Robert Desnos, le recueil *Pigments* (*), première manifestation littéraire de la négritude. Il donne avec *Retour de Guyane* (1938) le compte rendu en forme de pamphlet d'une mission anthropologique en Guyane. *Veillées noires* (1943) rassemble des contes et des légendes de son pays. Ayant participé activement à la Résistance, il est élu député de la Guyane (1948-1951). Il recueille en 1947, sous le titre *Poètes d'expression française,* la première anthologie qui présente l'ensemble de la production poétique des territoires sous régime colonial français. Il compose plusieurs recueils de poèmes, âpres et douloureux, toujours subtilement rythmés : *Poèmes nègres sur des airs africains* (1948), *Black-Label* (1956), *Graffiti* (1952), *Névralgies* (1966). Sous les auspices de l'U.N.E.S.C.O., il entreprend une recherche sur la culture de la diaspora africaine. Il rassemble pour *Présence africaine* une « Nouvelle somme de poésie du monde noir » (1966) et finalement s'installe aux États-Unis, où il enseigne la littérature négro-africaine dans diverses universités.

JEAN-LOUIS JOUBERT.

RÉF. : D. Racine, *Léon Gontran Damas, l'homme et l'œuvre,* Paris, 1983.

DAMASCIUS. Philosophe grec. Né vers 470-480 à Damas, Syrie. On ignore le véritable nom de ce philosophe qui n'est connu que par sa ville natale. Il avait fait ses études à Alexandrie, puis à Athènes, apprenant les mathématiques avec Marinus et la philosophie auprès du maître néoplatonicien Isidore, successeur du célèbre Proclus. C'est d'ailleurs Damascius qui remplacera Isidore, après le départ de celui-ci pour Alexandrie. Obligé de fermer son école à la suite du décret de Justinien (529), Damascius se réfugie hors des limites de l'Empire, près du roi de Perse Chosroès, mais il parvient bientôt à obtenir l'arrêt des persécutions contre les savants païens et néoplatoniciens et regagne alors la Grèce. Le plus important ouvrage de ce dernier représentant de la célèbre école plotinienne, *Des premiers principes, apories et résolutions* (*), a été publié en 1828 à Francfort. Damascius écrivit également des commentaires de grands textes philosophiques : *Problèmes et solutions sur le Parménide de Platon* [Αποριαι και λύδεις εις τόν Πλάτωνος Παρμενιδην], sur le *Timée* (*), sur l'*Alcibiade* (*), mais ces deux derniers ont été perdus.

RÉF. : Jeanine Bertier et alii, *Recherches sur la tradition platonicienne*, Paris, 1977.

DAMASTÈS de Sigée. Historien grec. V^e-IVe siècle av. J.-C., probablement contemporain d'Hellanicus de Mytilène, et originaire de Sigée, port situé au sud de l'Hellespont, non loin du site de Troie. Il ne reste de son œuvre que quelques fragments, elle comprenait notamment une *Histoire grecque,* une *Généalogie* des héros ayant participé à la guerre de Troie, un catalogue des peuples de la Méditerranée orientale, un traité *Sur les poètes et les sophistes* et un *Périple* (+).

DAMIEN Pierre, saint (Pietro ou Pier Damiani). Religieux italien et écrivain latin. Né à Ravenne en 1007, mort près de Faenza le 22 février 1072. Il compte depuis 1828 parmi les docteurs de l'Église. Il fit des études grâce à son frère Damine (dont il prit le nom) et devint professeur à Parme, puis la vie cénobitique l'attira invinciblement, et il se retira au monastère de Fonte Avellana vers 1035. Une existence étroitement soumise à la règle demeura son idéal permanent, mais il ne put le réaliser, car l'état dans lequel se trouvaient les hautes sphères ecclésiastiques nécessita un regroupement des forces saines de l'Église. Pierre Damien n'avait pas craint de stigmatiser la corruption du clergé dans *Le Livre de Gomorrhe* (*), et dans les *Opuscules* (*) ; tantôt il indiquait des voies d'amélioration, tantôt il frappait ceux qui sortaient du droit chemin – « De perfectione monachorum », « Contra intemperantes clericos », etc. –, appelant ainsi sur lui l'attention des pontifes qui, de Grégoire VI à Étienne IX, firent de lui leur collaborateur. Cardinal et évêque d'Ostie, Damien se vit dès lors confier un très grand nombre de missions dont il n'accepta les responsabilités qu'à regret, ne se sentant pas l'homme des roueries de la politique et de la diplomatie. Sa défense de Nicolas II contre l'antipape Benoît X fut efficace ; par contre, avec Anselme de Baggio (le futur Alexandre II) il échoua auprès des patarins de Milan en 1059. Il représenta le Saint-Siège à Cluny et à Florence, y agissant en médiateur ; il s'employa ensuite à empêcher le divorce entre Henri IV d'Allemagne et Berthe de Suse. Il avait enfin regagné Fonte Avellana, lorsqu'il fut chargé de deux nouvelles missions ; la dernière l'entraîna à Ravenne, et c'est durant le voyage de retour qu'il succomba près de Faenza. L'œuvre de Pierre Damien est très abondante ; elle se compose de plus de cent lettres, d'une cinquantaine de sermons, d'opuscules, d'hymnes, vies de saints et prières. Dans tous ces ouvrages, l'esprit ascétique et l'intention moralisante dominent, allant jusqu'à des accents d'une rigueur extrême. Le principal reproche qu'on lui adressa fut d'avoir voulu guérir les plaies du clergé à l'aide d'arguments d'ordre exclusivement religieux et moral, ne comptant pour rien l'aspect politique de la question, qui, pourtant, en était le nœud : l'Église était alors sous la dépendance de l'Empire germanique.

MARIA DE BENEDETTI.

RÉF. : Laderchi, *Vita S. P. Damiani,* Rome, 1702. – C. Schmidt, *Histoire de l'Église d'Occident pendant le Moyen Âge,* Paris, 1885.

DANA Richard Henry. Écrivain américain. Né à Cambridge (Massachusetts) le 1er août 1815, mort à Rome le 6 janvier 1882. Une vue affaiblie lui fit abandonner le collège Harvard après deux ans d'études et, en août 1834, il s'embarqua sur le brigantin « Pilgrim », comme simple matelot, et atteignit la Californie en passant par le cap Horn. En septembre 1836, de retour à Boston, il obtint son diplôme à Harvard où il fut major de promotion ; puis, il y enseigne l'éloquence avec Edward T. Channing, fait des conférences à la Law School et publie son livre le plus célèbre : *Deux années sur le gaillard d'avant* (*) en 1840. La même année il est autorisé à exercer librement comme avocat, et se consacre aux études sur le droit maritime ; il écrit alors *L'Ami du marin* [*The Seaman's Friend,* 1841], un manuel destiné à guider les marins dans la défense de leurs droits. Antiesclavagiste, il assume la défense dans de nombreux procès contre des Noirs, et contribue à la fondation du « Free Soil Party ». Il devient procureur de district d'État dans le Massachusetts, et en 1867-1868, il représente le gouvernement contre Jefferson Davis, accusé de trahison, mais il ne parvient pas aux charges supérieures. Durant les dernières années de sa vie, il commenta une édition des *Éléments de droit international* de Henry Wheaton (1866). Enfin, il parcourut le monde entier, et fit notamment un voyage en Grande-Bretagne et à Cuba dont il tira : *Jusqu'à Cuba et retour* [*To Cuba and back,* 1859].

RÉF. : D. H. Lawrence, *Studies in Classic American Literature,* New York, 1923 (trad. Paris, 1948).

DANCOURT Florent Carton, sieur d'Ancourt. Auteur dramatique français. Né le 1er décembre 1661 à Fontainebleau (Seine-et-Marne), mort le 6 février 1725 à Courcelles-le-Roy (Loiret). De famille noble, il refusa tout d'abord d'entrer chez les jésuites, puis, à la fin de ses études, d'embrasser la carrière d'avocat. Il tomba amoureux de la fille de l'acteur La Thorillière, l'enleva, l'épousa et débuta avec elle à la Comédie-Française en 1680. Il jouait avec succès les rôles de financiers, était un excellent Alceste, il lui appartenait de haranguer le public ; le roi lui donnait des preuves de bienveillance, et ses comédies, dont le nombre dépasse la cinquantaine, plaisaient : *Le Chevalier à la mode* (*) (1687), *Les Bourgeoises à la mode* (*) (1693), *Les Bourgeoises de qualité* (*) (1700), ainsi que toute une série de petites comédies villageoises, assez osées de ton, telles *Les Vendanges de Suresnes, Les Vacances, Le Notaire obligeant, Les Trois Cousines, Le Galant Jardinier.* Mais il s'irritait des humiliations auxquelles sa situation d'acteur l'exposait, et finalement, en 1718, il se retira à Courcelles avec sa femme, se convertit à la dévotion, traduisit les *Psaumes* (*) et passa ses dernières années à composer des œuvres pieuses. Ses comédies, qu'il écrivit en collaboration avec un certain Saint-Yon presque inconnu, décrivent l'évolution des mœurs, du siècle de Louis XIV à la Régence.

RÉF. : Jules Lemaître, *La Comédie après Molière et le théâtre de Dancourt,* 1882, thèse. – Francisque Sarcey, Notice précédant le *Théâtre choisi,* Paris, 1884. – J. Brütting, *Das Bauern-Französich in Dancourt Lustspielen,* Altenburg, 1911. – A. Blanc, *F. C. Dancourt. La Comédie française à l'heure du soleil couchant,* Tübingen et Paris, 1984.

DAṆḌIN. Écrivain indien. Nous ne savons pratiquement rien de la vie du fameux auteur du *Daśakumāracarita* (*), et la tradition qui le fait contemporain de Bhamaha et du roi Rājavarman ou Ratavarman ne constitue pas une preuve suffisante qui permette de fixer des dates. Madhāvācarya prétend que Dandin fut le contemporain de Bāṇa qui vécut au VIIe siècle et fut l'auteur de la *Kādambarī* (*) et du *Harsacarita* (*), et, bien que les données géographiques renfermées dans la *Daśakumāracarita* semblent se référer à une période sensiblement antérieure à l'époque du roi Harṣa (606-647), on ne doit pas écarter comme inacceptable l'opinion tendant à le faire vivre au VIIe siècle avant Jésus-Christ. Il fut certainement un brahmane du Sud et reste un des écrivains les plus élégants de l'Inde classique, bien que sa prose, des plus simples et très claire, soit quelquefois alourdie de passages longs et diffus. Il nous a laissé deux œuvres, la *Daśakumāracarita* et le *Kāvyādarśa* (*).

RÉF. : D.-K. Gupta, *A Critical Study of Dandin and His Works,* Delhi, 1970. – M. Singh, *Subandhu and Dandin,* New Delhi, 1979.

DÂNESH (Ahmad ibn Nâser al-Hanafi al-Siddiqi al-Boukhari). Philosophe et homme d'État turkestanais. Né et mort à Boukhara (1827-1897). Issu d'une famille de mollah, il suit une formation élémentaire de prédicateur avant d'entrer à l'école théologique [madrasé]. Parallèlement, il acquiert une connaissance approfondie de la médecine, des mathématiques et de l'astrologie. En désaccord avec les méthodes d'enseignement traditionnelles, il quitte bientôt la madrasé, pour entrer au service de l'émir de Boukhara, comme peintre et architecte de la Cour. Devenu conseiller du souverain, Ahmad ibn Nâser commence sa carrière politique en tant que secrétaire d'une ambassade envoyée à Saint-Pétersbourg (1857), où il a pour mission d'observer la vie économique et politique de la Russie. Prenant conscience du retard des États musulmans d'Asie intérieure sur l'Europe, et du danger que constitue pour leur indépendance la puissance russe, il demande à son retour l'ouverture d'un dialogue avec le gouvernement impérial, et prône le refus de toute confrontation militaire. Ses conseils de prudence ne seront pas écoutés, et Ahmad ibn Nâser tombe dans une semi-disgrâce. Son retour aux affaires coïncide avec la conquête russe de la Transoxiane (1868) ; il repart en Russie comme secrétaire et imam d'une nouvelle délégation, chargée d'obtenir la restitution à l'émirat des territoires perdus. La mission est un échec, mais le jeune diplomate fait à Saint-Pétersbourg des rencontres qui influeront sur le contenu du *Traité sur l'ordre social* (+), programme de rénovation radicale de l'État boukhare rédigé par Dânesh au retour de son voyage. Cependant sa volonté de réforme se heurte à la résistance des forces conservatrices, et Dânesh doit regarder impuissant l'émirat de Boukhara devenir principauté vassale de l'Empire russe. Sa dernière ambassade, en 1874, est suivie d'une disgrâce immédiate, et définitive. Commence une période de vingt années occupées à l'enseignement et à la rédaction des grands traités politiques. Il achève ainsi la compilation des *Merveilles de ce temps* (*), son œuvre majeure. Prenant une part active aux conflits idéologiques qui agitent l'ensemble du monde islamique en cette fin du XIXe siècle, il rétorque aux traditionalistes par un pamphlet, la *Mesure de la dévotion* (+) (1894). Les dernières années de sa vie sont consacrées à la rédaction d'un ouvrage ambitieux, laissé inachevé et sans titre : le *Risâla,* communément appelé *Chronique des émirs de la sainte Boukhara* (*), où

Dânesh offre une vision particulièrement acerbe de l'histoire de la dynastie régnante des Manghit, et renouvelle l'historiographie classique de l'Islam. Encore inconnue en Occident faute de traductions, la pensée de Dânesh exerça cependant une influence certaine, au Turkestan, sur le mouvement djadidiste (v. la notice consacrée à Aïni), et « occupe une place essentielle dans l'histoire de la pensée réformiste musulmane du XIXe siècle » (H. Carrère d'Encausse).

STÉPHANE A. DUDOIGNON.

DÂNESHVAR Simine. Romancière et nouvelliste iranienne. Née en 1921 à Shiraz. Il semble qu'il ait fallu du temps à l'opinion pour envisager son œuvre pour elle-même, autrement qu'à travers celle de son mari, Jalâl Aleahmad. Pourtant, la carrière de Dâneshvar, aussi bien comme professeur, traductrice, critique que dans son œuvre de fiction, offre une très grande originalité et une force d'expression qui font regretter que les femmes ne puissent se lancer en plus grand nombre dans le champ de la littérature persane moderne. Dâneshvar est née dans une famille bourgeoise. C'est dans un milieu très cultivé que grandit la jeune Simine. Elle poursuit ses études à Téhéran, s'engage dans l'administration, puis à la radio et collabore au journal *Iran.* En 1948, elle publie son premier recueil de nouvelles *Le Feu éteint* [*âtesh-e khâmoush*] dont certaines avaient déjà paru dans des journaux et revues comme *Keyhân, Bânou, Omid.* C'est le premier recueil de fiction publié par une femme en Iran. Vers la même époque Dâneshvar fait la rencontre du jeune écrivain et intellectuel Jalâl Aleahmad et l'épouse contre la volonté de sa belle-famille. Un an après, elle obtient son doctorat de littérature et elle part pour deux ans (1952-54) étudier à Stanford (États-Unis). Elle y publie deux nouvelles en anglais dans le *Pacific Spectator,* n° 8/1-2 : « Narges » et « A Letter Home ». À son retour, en 1954, Dâneshvar se consacre à son métier d'enseignante et de traductrice. Elle juge sévèrement ces activités de traduction comme une perte de temps, justifiée par le besoin d'argent. Malgré ses hautes compétences et sa popularité, Dâneshvar n'obtiendra jamais de l'université d'Iran la reconnaissance de son talent. C'est que la Savak, la police politique du shah d'Iran, s'oppose fermement à sa carrière universitaire. Malgré tout, Dâneshvar a gardé des activités d'enseignement jusqu'en 1979, avec un rayonnement exceptionnel. *Une ville paradisiaque* [*Shahri tchoun behesht*], son deuxième recueil, paraît en 1961 (réédition en 1975). Et il faut attendre encore huit ans pour la parution de son chef-d'œuvre *Les Mystères de Siyâvash* (*) qui obtient un grand succès (treize rééditions). L'ouvrage parut deux mois avant la mort de Jalâl Aleahmad (1969). Cette mort fut un coup de tonnerre pour celle qui avait été l'inséparable compagne et collaboratrice de l'écrivain. Aucun texte mieux que *La Fin de Jalâl* [*Ghoroub-e Jalâl,* 1981] ne saurait rendre le tragique de la mort d'Aleahmad et de cet amour brisé. En 1980, Dâneshvar a fait paraître un troisième recueil de dix nouvelles *Qui saluer ?* [*Be ki salâm konam*], qui témoigne de la grande maturité de l'auteur. Dâneshvar vit actuellement à Téhéran, se consacrant à une nouvelle œuvre romanesque encore inédite : *L'Île de l'errance* [*Jazyre-ye sargardâni*].

CHRISTOPHE BALAŸ.

RÉF. : « Entretiens de S. D. avec Nâser Hariri » in *Art et littérature d'aujourd'hui* [*honar va adabiyât-e emrouz*], Bâbol, 1987.

DANGEAU Philippe de Courcillon, marquis de. Mémorialiste français. Né le 21 octobre 1638 à Chartres, mort le 9 août 1720 à Paris. Il servit Turenne pendant la guerre de Trente Ans et, après la paix des Pyrénées, le roi d'Espagne, ce qui lui gagna la faveur de la reine Marie-Thérèse, sa fille, et par la suite celle de Louis XIV. Ce dernier le nomma colonel dans son propre régiment puis il en fit son aide de camp (1672). Dangeau obtint différentes charges officielles, dont le gouvernement de la Touraine. Célèbre joueur, il passa pour devoir une bonne partie de sa réussite sociale à son habileté au jeu. Observateur attentif de ce qui se passait à la Cour, il rapporta force détails dans ses *Mémoires* – v. *Journal* (*) – où tout est décrit en fonction de la personne du roi. Le *Journal* ne fut publié qu'en 1854, mais il circula manuscrit et l'on sait que Saint-Simon l'eut en main ; c'est même en partie pour le compléter et en rectifier les erreurs dues à l'esprit assez platement courtisan de son auteur qu'il entreprit la rédaction de ses *Mémoires* (*) ; Voltaire traite l'œuvre de Dangeau de « Mémoires d'un valet de chambre ». Le *Journal de la cour* a fourni toutefois des documents précieux pour l'histoire du règne de Louis XIV. En 1668, Dangeau succéda à Scudéry à l'Académie française.

DANIEL. Prophète d'Israël. Quelques indications biographiques concernant ce prophète nous sont données dans le livre de l'« Ancien Testament » – v. *La Bible* (*) – qui porte son nom et qui rapporte, à côté des données réelles, des légendes créées dans un but plus didactique qu'historique – v. *Daniel (Livre de)* (*). Le noyau historique est ainsi constitué : Daniel, de la tribu de Juda, fut un des jeunes garçons que le roi Nabuchodonosor, en 606 av. J.-C., emmena de Jérusalem à Babylone afin qu'ils fussent éduqués à sa cour. Daniel, qui prit là-bas le nom de Balthaçças, récalcitrant à la culture babylonienne, se montra, en toutes circonstances, épris de ses coutumes ancestrales. Il réussit toutefois à s'imposer à ses compatriotes, et même aux autorités de l'endroit, par son intuition prophétique et son intelligence supérieure ; d'où l'amitié des souverains qui l'estimèrent beaucoup et la haine d'ennemis qu'il dominait. C'est sur cette base que la légende a brodé. Daniel, à la Cour, craignant la souillure de la chair païenne, se nourrit de légumes et dépasse en beauté et en force ses contemporains mangeurs de viande ; Daniel dénonce la condamnation à mort de Suzanne, injustement accusée d'adultère par deux vieux séducteurs repoussés, en faisant ressortir l'évident désaccord entre les dénonciateurs quant à la désignation de l'arbre sous lequel le crime s'était perpétré. Daniel révèle à Nabuchodonosor que la statue qu'il a vue en songe annonce la suite des règnes qui succéderont au sien ; répandant des cendres sur le sol, où apparaissent ensuite les empreintes des mangeurs nocturnes, Daniel démasque le subterfuge des prêtres de Bel, qui, pour exalter leur idole, assuraient qu'il se nourrissait des offrandes sacrées. Enfin, le prophète prédit à Balthaçcar, fils de Nabuchodonosor, la prochaine chute de Babylone, en interprétant les paroles énigmatiques qu'une main mystérieuse avait tracées sur les murs pendant un luxurieux festin du monarque. C'est en vain que ses adversaires tentent de se débarrasser de Daniel en le faisant jeter dans une fournaise ardente ou dans la fosse aux lions : il est toujours sauvé par l'intervention de ce Dieu tout-puissant dans lequel il avait mis toute sa confiance.

RÉF. : Gaussen, *Daniel le prophète*, 1850. — Reuss, *Le Livre de Daniel, Littérature politique et polémiques des Juifs*, 1879. — Vigouroux, *Manuel biblique*, 1906. — M. Delcor, *Le Livre de Daniel*, Paris, 1971. — A. Lacocque, *Le Livre de Daniel*, Paris, 1976.

DANIEL l'Hégoumène (XIe-XIIe siècle). Son *Pèlerinage en Terre sainte* (*) est le seul document qu'on possède sur cet ancien écrivain russe. Il semble en tout cas que, si Daniel l'Hégoumène (c'est lui-même qui se donne ce titre : « l'Hégoumène de la terre russe ») n'était pas originaire de Tchernigov, il a longtemps vécu dans cette ville. On trouve également dans son livre des allusions à des Russes de Kiev et de Novgorod. Il a fait son voyage sous le règne du prince Sviatoslav Iaroslavlovitch, en 1106-1107, et était à Jérusalem, où il séjourna seize mois au monastère de Saint-Saba, à l'époque de la première croisade, alors que Baudouin, frère de Godefroy de Bouillon, faisait le siège de Damas. Son *Pèlerinage*, l'un des rares monuments de l'ancienne littérature russe, a été fort connu au Moyen Âge et plusieurs fois édité au XIXe siècle : l'exactitude des descriptions qu'il contient, détaillées et faites dans une langue très correcte, a été vérifiée par des voyageurs comme Moravieff et Noroff.

RÉF. : Goloubinsky, *Histoire de l'Église russe*, t. I, 1901.

DANIEL père Gabriel. Historien français. Né à Rouen en 1649, mort à Paris en 1728. Entré en 1667 dans l'ordre des Jésuites, ce savant enseigna dans divers collèges ; en 1692, devenu bibliothécaire de la maison professe à Paris, il se consacra à l'histoire. À partir de 1696 il publie une *Histoire de la France depuis l'établissement de la monarchie française dans les Gaules,* dont un résumé parut en 1724 et un autre en 1751, après sa mort, par les soins de Dorival. Dans cette œuvre, la plus importante qu'il ait écrite, le père Daniel insiste surtout sur les sièges et les batailles, mais il manifeste des qualités sérieuses d'érudition, dont il a fait preuve encore davantage dans son *Histoire de la milice française* (1721), qui reste utilisable de nos jours. Son *Histoire de la France* lui valut la place d'historiographe du roi et une pension de deux mille livres. Philosophe et théologien, il a écrit deux traités dans lesquels il attaque les théories de Descartes sur l'intelligence des animaux inférieurs et une réfutation des *Provinciales* (*) de Pascal dans *Les Entretiens de Cléandre et d'Eudoxe,* ainsi que des *Observations critiques* (1700) dirigées contre l'*Histoire* de Mézeray qui suscitèrent de violentes polémiques ; enfin un grand nombre de dissertations dans le *Journal de Trévoux* (1701-1721).

DANIEL Samuel. Écrivain anglais. Né près de Taunton (Somerset) en 1562 ou 63, mort à Beckington (Somerset) le 14 octobre 1619. Issu d'une famille de musiciens, il fit ses études à Oxford, sans y passer aucun diplôme. Il se rend ensuite à Paris (1586), puis en Italie où il connut Guarini. De 1592 à 1594 il est l'hôte, à Wilton, de la comtesse de Pembroke qui le poussa à écrire des vers et le protégea. Dix ans plus tard, il est le précepteur d'Anna Clifford, fille du comte de Cumberland ; on le retrouve en 1607 à la cour de la reine Anne dont il est « groom of the privy chamber », puis « gentleman extraordinary » en 1613. Deux ans après, il tente de fonder une compagnie théâtrale à Bristol, et finalement, se retire à la campagne. Son premier ouvrage est une traduction des *Entreprises* de Paul Jove, datée de 1585. La suite de sonnets inspirés du Tasse et de Desportes et intitulée *Délie* [*Delia*] parut en 1592 avec *La Plainte de Rosamonde* (+) ; on a avancé plusieurs noms pour le personnage de Delia, sans réussir à l'identifier. Daniel a laissé deux œuvres inachevées : *Les Guerres civiles entre les maisons d'York et de Lancastre* [*The Civil Wars*, 1595-1609] et son *Histoire d'Angleterre* [*The First Part of the History of England,* 1612 ; rév. sous le titre *The Collection of the History of England,* 1618] ; le dialogue poétique *Musophilus* parut dans le recueil des *Poetical Essays* en 1599, puis, non datée, mais écrite en réponse aux *Observations sur l'art de la poésie anglaise* (+) de Thomas Campion (1602), sortit sa *Defence of Rhyme,* qui se distingue par sa courtoisie à l'égard de la partie adverse. Pour la scène, Daniel écrivit deux tragédies, imitées de celles de Garnier, *Cléopâtre* (+) (1593) et *Philotas* (1594), deux pastorales d'inspiration italienne, *L'Arcadie de la reine* [*The Queen's Arcadia,* 1605], et *Le Triomphe de l'hymen* [*Hymen's Triumph,* 1614], plus deux « masques » : *La Vision des douze déesses* [*The Vision of the twelve Goddesses,* 1603], la première donnée après l'avènement de Jacques Ier, pour laquelle la reine Anne et les dames de la cour mirent à sac la garde-robe de la défunte reine Elisabeth Ire, et les *Fêtes de Thétis* [*Thety's Festival,* 1610].

♦ *« C'était un bon et honnête homme, mais point un poète. »* Ben Jonson. ♦ *« Le plus tendre des poètes tendres. »* Southey.

RÉF. : A. Samuel, *Samuel Daniel, a concise Bibliography,* New York, 1942. – J. Rees, *Samuel Daniel,* Liverpool, 1964. – C. Seronsy, *Samuel Daniel,* New York, 1967. – P. Spriet, *Samuel Daniel, 1563-1619 ; Sa vie, son œuvre,* Paris, 1968. – J. Pitcher, *Samuel Daniel : The Brotherton Manuscript (A Study in authorship),* Leeds, 1981.

DANIEL-ROPS Henri (pseud. de Jean-Charles-Henry Petiot). Écrivain et historien français. Né le 19 janvier 1901 à Épinal, mort le 27 juillet 1965 à Chambéry. Ce fils d'officier, après avoir fait des études au lycée Champollion de Grenoble, entre à la faculté des lettres et de droit de cette ville, puis à celle de Lyon. Après avoir obtenu le grade de licencié en droit, il est reçu à l'agrégation d'histoire et de géographie. Il va enseigner ces disciplines successivement aux lycées de Grenoble, d'Amiens, et au lycée Pasteur à Neuilly jusqu'à la fin de la Seconde Guerre mondiale. Mais avant la guerre, il a écrit plusieurs essais, *Notre inquiétude* (1926), *Le Monde sans âme* (1930), suivis des *Éléments de notre destin* (1934) qui marquaient ses préoccupations spirituelles devant la crise que traversait le monde occidental pendant l'entre-deux-guerres, inquiétude qui est commune à tous les intellectuels de sa génération : c'est ainsi qu'il collabore avec Robert Aron et Arnaud Dandieu à la revue *Ordre nouveau,* puis il écrit un essai sur *Rimbaud* (1936) et deux romans, *L'Âme obscure* (1929), *Mort, où est ta victoire ?* (1934) ainsi que *L'Épée de feu* (*) (1939). Cette inquiétude des temps se transforme souvent chez Daniel-Rops en angoisse, mais l'écrivain trouve dans le christianisme la sérénité et se place dans la lignée des écrivains catholiques. Ce catholicisme, il le servira en concevant dès 1943 sa monumentale *Histoire de l'Église du Christ* en douze volumes qui, en dépit des critiques, demeure une œuvre de référence, même si elle est œuvre de compilation, parce qu'elle dispense son lecteur de bien des recherches fastidieuses. Cette *Histoire de l'Église* fut complétée par une *Histoire sainte* (1943) et un *Jésus en son temps* (*) (1945), qui obtiendra un grand succès, parce que Daniel-Rops a su rendre vivantes et présentes la personne du Christ et l'Histoire dans laquelle se déroulaient sa vie et sa Passion, sans écarter, comme Renan, le mystère de sa divinité. C'est dans le même souci de rapprocher ses lecteurs du Christ historique que Daniel-Rops a conçu *La Vie quotidienne en Palestine au temps de Jésus* (1961). Élu à l'Académie française en 1955 au fauteuil d'Édouard Le Roy, il poursuivit son œuvre de journaliste catholique en dirigeant la revue *Ecclesia* et publia divers ouvrages tels *Claudel, tel que je l'ai connu* (1957), *Saint Bernard et ses fils* (1962). Avant sa mort, il aura eu le temps de diriger le texte d'un oratorio, *Chant pour un roi lépreux* (1964) : l'écrivain inquiet et souffrant s'y manifeste à travers l'espérance et l'amour d'une vie consacrée à faire connaître le christianisme et à participer à son rayonnement dans le monde. Son *Histoire de l'Église* sera traduite en effet en dix-sept langues.

JOËL SCHMIDT.

D'ANNUNZIO Gabriele, prince de Monte Nevoso. Écrivain italien. Né le 12 mars 1863 à Francavilla al Mare (Abruzzes), mort au Vittoriale, près du lac de Garde, le 5 mars 1938. Adolescent, encore élève au collège Cicognini de Prato, il fut ébloui par le lyrisme de Carducci, et ce fut sous cette influence qu'à seize ans il publia ses *Primo vere* (1879). L'époque, cependant, était marquée en Italie par l'apogée du « vérisme », et D'Annunzio, tout en traitant les thèmes à la mode (exaltation de la terre et de la vie agricole, « campanilisme »), commença à affirmer les traits propres de son talent : un goût du faste et de la pompe, des élans de sensualité titanesque qui firent scandale dans les milieux littéraires et qu'on retrouve aussi bien dans les poèmes du *Chant nouveau* [*Canto novo,* 1882] que dans *Terres vierges* [*Terra vergine,* 1882], recueil de nouvelles, sa première œuvre en prose, réunie plus tard à *San Pantaleone* (1886) dans *Les Nouvelles de la Pescara* [*Le novelle della Pescara,* 1902]. Mais la célébrité ne vint qu'avec *L'Enfant de volupté* (*) (1889) ; à cette époque, D'Annunzio songeait à une grandiose construction romanesque qui ne fut pas achevée et devait comporter trois cycles : seul complet est le « cycle des romans de la rose », hymne à l'érotisme, qui comprend *L'Intrus, L'Innocente* (1892) et *Le Triomphe de la mort* (*) (1894), suites de *L'Enfant de volupté.* Dans le plan de l'auteur devaient suivre le « cycle du lys », évocation de la vie cérébrale, dont le premier volume, *Les Vierges aux rochers* (*) (1896), fut seul publié, puis le « cycle de la grenade » – v. *Le Feu* (*) (1900) –, sommet de l'édifice, destiné à exalter l'ivresse triomphante de l'égotiste en pleine possession de sa force intérieure.

D'Annunzio cependant avait suivi l'évolution générale des lettres italiennes. Vers 1895, le « spiritualisme » remplace le « vérisme ». L'Italie découvre Sorel et surtout Nietzsche, en particulier dans le mythe de Zarathoustra.

D'Annunzio se met aussitôt à cette dernière école, mais Nietzsche est encore trop proche pour qu'il puisse en avoir une connaissance approfondie : il en tire avant tout une justification de son individualisme exacerbé, un prétexte philosophique pour l'affirmation frénétique et grandiloquente de son « moi ». D'Annunzio est foncièrement un dionysiaque, d'ailleurs bien plus proche de l'Italie des « condottieri » que de la Grèce nietzschéenne. Exaltation d'un surhomme-artiste, disponible pour toutes les sensations et qui, pour créer une œuvre belle et riche, s'adjuge le droit à une jouissance absolue de tout ce que lui offre la vie, au-delà du bien et du mal (car l'univers, finalement, n'existe que pour la joie de quelques grandes personnalités d'exception) – voilà le thème commun des cycles et des œuvres théâtrales de D'Annunzio. L'égotisme de l'auteur le dispose mal, il est vrai, à donner sur la scène une vie autonome à ses personnages. Aussi son théâtre abonde-t-il, au détriment de l'intrigue, en déclamations et en descriptions d'un verbalisme souvent grandiose, mais qui non sans raison déconcerta le public. Ces pièces – *Songe d'un matin de printemps* [*Sogno d'un mattino di primavera,* 1897], *Songe d'un crépuscule d'automne* [*Sogno d'un tramonto d'autunno,* 1899], *La Ville morte* [*La città morta,* 1898], *Francesca da Rimini* (1901), *La Fille de Jorio* (*) (1904), *Phèdre* (*) (1909), etc. – n'eurent en général que peu de succès. Assez injustes cependant furent les échecs de *La Gloire* [*La gloria,* 1899], sifflée aux premières représentations, et surtout de *La Gioconda* (1899), où l'auteur s'était efforcé d'introduire de nombreuses et pathétiques péripéties et où il parut, un instant, s'être complètement dégagé de ses défauts habituels d'auteur dramatique.

Le trait le plus significatif de la personnalité de D'Annunzio c'est, selon l'expression de Benjamin Crémieux, la « chasse au spasme ». Comme Barrès et Montherlant, D'Annunzio voudrait tout saisir de la diversité du monde, posséder plusieurs âmes pour jouir plus et, à l'équilibre de la morale, il substitue une perpétuelle alternance, un effort extrêmement tendu pour vivre le plus de personnages possible. Ce trait caractéristique de la personnalité tient, sans nul doute, à sa nature puissamment sensuelle. Mais, à côté du D'Annunzio jouisseur, il existe un D'Annunzio artiste qui ne cesse d'exploiter les expériences passionnées du premier. Loin de n'être qu'un épicurien au sens des médiocres, il remplace les injonctions de la morale par une intransigeante exigence de beauté et de grandeur dans son art. En possession d'une immense culture, où dominent les influences de Nietzsche, de Baudelaire, de Dostoïevski, de Barrès et plus encore peut-être de Wilde (pour la conception de la vie comme œuvre d'art), il réussit à se rendre maître de tous les styles européens, usant des ressources les plus diverses des techniques modernes ou archaïques. Seulement la sensualité détermine également l'attitude de D'Annunzio à l'égard de la culture. Peu lui importe, comme à Barrès encore, le fond des doctrines : il n'en retient que l'élan, tout ce qui peut augmenter sa joie esthétique qui est d'abord exaltation. Ce prophète de la virilité se montre curieusement féminin dans sa facilité à subir les influences : on n'a pas manqué (il eut tant d'ennemis !) d'énumérer ses « plagiats » et, de fait, il n'est pas un de ses livres qui ne soit né directement de son propre fonds et qui ne doive à quelque artiste précédent : les premiers poèmes à Carducci, les premières nouvelles au « vérisme », *L'Enfant de volupté* au Huysmans d'*À rebours* (*), les romans suivants à Nietzsche et à Tolstoï, *Episcopo et Cie* (1892) à Dostoïevski, les *Odes navales* (1900) à Whitman, etc.

C'est sans doute dans les recueils poétiques qui composent les *Louanges du ciel, de la mer, de la terre et des héros* (*) (1904-12), dans *Alcyone* (1904) en particulier – également, *Électre* (1904) – que D'Annunzio apparaît le plus totalement, en ce sens, un littérateur « européen » : là en effet, il est parvenu à épanouir librement les personnages nombreux que, dans la première partie de sa vie, il avait cultivés en lui avec toute la fiévreuse minutie de son égotisme. Mais, vers 1908, une évolution très nette de sa destinée spirituelle se manifeste, évidemment déterminée par la situation curieuse de cet écrivain qui, jouissant déjà d'une gloire internationale, se trouvait d'autre part toujours en butte à l'hostilité de la plupart de ses compatriotes. Autant que l'œuvre, c'était le personnage qui choquait, son goût des gestes retentissants, son défi continuel au conformisme bourgeois, toutes les extravagances par lesquelles se manifestait sa volonté d'affirmer, supérieure à tout, la liberté de l'artiste, et enfin, plus que tout le reste, les scandales de sa vie privée : marié à dix-neuf ans à une jeune fille de la meilleure aristocratie, ses débauches avaient failli conduire sa femme au suicide ; en 1893, condamné pour adultère avec une princesse romaine qu'il avait enlevée, il passe, ainsi que sa maîtresse, cinq mois en prison. Peu après commence la fameuse, brûlante et dramatique liaison avec l'actrice Duse, liaison dont il n'hésitera pas, en dépit du chagrin de sa compagne, à tirer son roman *Le Feu.* Souffrant de son isolement parmi les siens, D'Annunzio (dès 1900 il s'était d'ailleurs fait élire député d'extrême droite) va donc essayer de s'imposer à l'Italie en se faisant le prophète du nationalisme, à une époque où la politique d'expansion de la Péninsule s'exprimait dans la conquête de la Libye que célébreront *Les Chansons de la geste d'outremer* (*) (1912). Mais ce dernier volume est interdit sur l'ordre du gouvernement italien. En 1911 d'autre part, ruiné, criblé de dettes, menacé de prison par ses créanciers, D'Annunzio est contraint de se réfugier en France après avoir vendu ses tableaux, ses livres, sa maison. Il habitera tantôt à Paris, entouré d'une cour d'admiratrices, tantôt à Arcachon, entretenu par une princesse russe. C'est pendant cet exil qu'il écrira en italien *La Léda sans cygne* [*La Leda senza cigno,* 1916] et, en français, avec une science vraiment exceptionnelle de notre langue, *Le Martyre de saint Sébastien* (*) (1911), drame en vers mis en musique par Debussy, et *La Pisanelle ou la Mort parfumée* (1913).

En mai 1915, D'Annunzio rentre en Italie pour y faire campagne en faveur de l'intervention aux côtés des Alliés. Ses discours de Gênes et du théâtre Cortanzi de Rome déchaînent l'enthousiasme de la jeunesse. En quelques semaines il remporte auprès de ses compatriotes ce triomphe moral qu'il avait vainement espéré jusqu'alors. Dès l'entrée en guerre de son pays, D'Annunzio s'engage. Après tant d'années d'impatience, il va enfin pouvoir jouer dans la réalité, avec une grande bravoure, son personnage de condottiere. Il va devenir le « Comandante », dans l'infanterie d'abord, puis dans l'aviation – qu'il avait célébrée en 1910 dans son roman *Forse che si, forse che no* (*). Il survole Pola et Vienne, bombarde de nuit les bouches de Cattaro et, le 12 mars 1916, blessé au-dessus de Venise, fait une chute qui le laisse aveugle pendant plusieurs mois. Combattant légendaire, à qui la guerre inspire le remarquable poème intitulé *Nocturne* (*) (1916), il ne peut, au moment de l'armistice, admettre que son aventure soit terminée. Le 12 septembre 1919, à la tête de ses « arditi », il entre dans Fiume menacé d'une occupation franco-anglaise. Il se proclame régent de la ville, à laquelle il donne une étrange constitution, prend les attitudes de quelque Malatesta protecteur des arts, mais son bref gouvernement, avec ses corporations et ses légionnaires en chemise noire saluant bras tendu, annonce évidemment le proche régime fasciste (Mussolini lancera d'ailleurs une souscription pour Fiume et D'Annunzio). Les troupes gouvernementales de Nitti ne tardèrent pas à chasser de sa conquête le poète, traité d'ailleurs avec les plus grands égards : avec le titre de prince de Monte Nevoso, il recevra le domaine du Vittoriale, sur les bords du lac de Garde, dont il ne sortira plus guère, même après la prise du pouvoir par les fascistes. C'est là qu'il écrira ses dernières œuvres : *L'Aventurier sans aventure* [*Il venturiere senza venture,* 1924], *Les Étincelles du marteau* [*La faville del maglio,* 1924-28], *Le Compagnon aux yeux sans cils* [*Il compagno dagli occhi senza cigli,* 1928] et enfin, en français, *Le Dit du sourd et muet qui fut miraculé en l'an de grâce 1266* (1936). Dans son palais du Vittoriale, D'Annunzio menait une existence hautaine et mystérieuse de prince déchu, entouré de ses maîtresses qu'il déguisait en religieuses franciscaines, et de son « musée », avec des chapelles dédiées à Napoléon et à saint François d'Assise et un curieux bric-à-brac, où voisinaient de somptueux objets de la Renaissance, de riches manuscrits, des reliques de guerre et d'hétéroclites colifichets de bazar. Les jours où il recevait la visite d'un personnage de marque, le maître du Vittoriale l'entraînait devant la carcasse d'un vieux cuirassé qu'il avait fait dresser dans ses jardins, montait sur la dunette et commandait à son unique matelot une salve d'honneur. Mais, bien que le « Duce » eût ordonné la publication d'une édition nationale de ses œuvres, D'Annunzio, couvert d'honneurs, se savait cependant surveillé par la police et surtout se voyait dès avant sa mort considéré comme un écrivain « dépassé », rejeté par les jeunes générations littéraires et tout juste digne de susciter l'intérêt comme une curiosité de musée, comme un témoin baroque d'une époque révolue. Nulle œuvre plus célèbre n'a été plus vite oubliée que la sienne. Que deviendra-t-elle dans l'avenir ? Assurément elle souffre d'un excès de cette injustice, générale aujourd'hui, à l'égard de la plupart des grands écrivains, ses contemporains, un France, un Barrès, un Régnier par exemple. Sans doute aussi D'Annunzio doit-il payer son esthétisme exacerbé qui trop souvent sonne le faux, l'outrance, la pose. En tout cas, de la race des Byron, des Wilde, des Barrès, qui se soucièrent par-dessus tout de faire de leur vie un poème, une œuvre d'art, D'Annunzio laissera longtemps le souvenir d'un étonnant personnage.

MICHEL MOURRE.

♦ *« Mon faux frère... »* Maurice Barrès. ♦ *« Les hommes de ma génération se souviennent de l'ébranlement de leurs nerfs à la lecture des premiers romans de Gabriele D'Annunzio... Ces romans dépassaient la commune mesure, sautaient par-dessus cinquante années de réalisme, de naturalisme, de symbolisme, rejoignaient par-delà le romantisme le siècle de la Renaissance italienne... Leur art éblouissant étalait, pour les offrir, tous les trésors de cette Renaissance, toutes les audaces du verbe, tous les chatoiements, les clinquants, les somptuosités de ces étoffes ramenées jadis de Byzance par les galères de Venise. C'était un feu d'artifice continuel, ou la montée d'un jet d'eau lumineux qui ne consentait plus à redescendre. »* Henry Bordeaux. ♦ *« Il a été le premier grand écrivain vraiment non classique de l'Italie. Il est encore celui qui a acclimaté dans son pays, au milieu d'une littérature de professeurs, la notion d'une littérature d'exception, celle aussi de la liberté et des droits de l'artiste, avec ce que cela comportait, dans la conduite de chaque jour aussi bien que dans les œuvres, de hardiesses, d'excès, de défi au goût bourgeois, de stylisation, de prosopopée et d'individualisme. Bien plus, il représente à lui seul en Italie cette littérature d'exception : le décadent et le symboliste, le parnassien et le rose-croix, le saturnien et le surhomme. »* Benjamin Crémieux. ♦ *« Ceux qui détestent D'Annunzio et adorent Lautréamont me font sourire. Les apostrophes de Lautréamont c'est du pur D'Annunzio ! Ôtez-leur le rythme oratoire, et cent pages de D'Annunzio, hagardes, deviennent des poèmes surréalistes. »* Robert Kemp. ♦ *« La religion de D'Annunzio est la religion de l'art... Mais cette religion, tout en s'inspirant des prémisses de Ruskin, en tire des conséquences devant lesquelles eût reculé l'âme, si candide dans sa complexité, de l'amant anglais de la Beauté. Elle est, en effet, d'un magnifique égoïsme* [...] *D'Annunzio ne veut pas révéler aux plus humbles la beauté éparse tout autour de nous. Il ne veut pas fondre son âme dans l'âme du grand Tout. Non, hautainement, c'est l'Univers tout entier qu'il veut attirer à soi et faire de son Moi le Macrocosme.* » Victor Basch.

RÉF. : J. Mesnil, *En Italie, Gabriele D'Annunzio,* Bruxelles, 1894. – G. di Properzio, *Gabriele D'Annunzio,* Rome, 1896. – G. P. Lucini, *Antidannunziana,* Milan, 1914. – G. Donati-Petténi, *D'Annunzio e Wagner,* Florence, 1923. – J. Dornis, *Essai sur G. D'Annunzio,* Paris, 1925. – Aniante, *G. D'Annunzio, Saint Jean du fascisme,* Paris, 1934. – Enrico Falqui, *Bibliografia dannunziana,* Florence, 1941. – J. T. Paolantonacci, *G. D'Annunzio et l'humanisme méditerranéen,* Marseille, 1943. – R. Lefèvre, *Un prince de l'esprit : D'Annunzio,* Paris, 1951. – Armand Caraccio, *D'Annunzio dramaturge,* Paris, 1951. – E. Mariano, *Il sentimento del vivere ouvero Gabriele D'Annunzio,* Milan, 1962. – P. de Montera, *Gabriele D'Annunzio,* Paris, 1963. – G. Barberi Squarotti, *Il gesto improbabile – Tre saggi su Gabriele D'Annunzio,* Palerme, 1971. – R. de Felice, *D'Annunzio politico,* Pise, 1978. – V. Roda, *La strategia della totalità. Saggio su Gabriele D'Annunzio,* Bologne, 1978. – F. Romboli, *Un ipotesi per D'Annunzio. Note sui romanzi,* Pise, 1987. – F. Ulivi, *D'Annunzio,* Milan, 1988. – P. Alatri, *D'Annunzio,* Paris, 1992.

DANRIT (pseud. de Émile Driant). Romancier français. Né à Neufchâtel (Aisne) le 11 septembre 1855, mort au Bois des Caures le 22 février 1916. Fils de magistrat, il fait des études de lettres et de droit puis entre à Saint-Cyr (1875) et choisit de faire carrière dans l'infanterie. Il devient officier d'ordonnance de Boulanger en Tunisie puis suit le général quand celui-ci est nommé ministre de la Guerre (1886). En 1888, Driant épouse la fille cadette de Boulanger. Après l'échec du général, la carrière de son gendre est bloquée et le commandant Driant quitte l'armée. Libre de son temps, il se consacre à la politique et à la littérature. Il reprend du service au moment de la guerre ; il est tué durant l'offensive allemande contre Verdun en 1916. Danrit a rédigé plus de trente romans, où se mêlent pages d'imagination, documents géographiques, textes de propagande nationaliste. Dans *L'Invasion noire* (1896), il imagine la destruction de l'Europe décadente par les Noirs ; *L'Invasion jaune* (1905) reprend le thème du péril racial. Danrit a le culte du chef ; il fait l'éloge de Napoléon et imagine une rocambolesque *Évasion d'empereur* (1905) ; il admire aussi le tsar et chante l'amitié franco-russe dans *Ordre du tsar* (1907). *Robinsons de l'air* (1907) et *Robinsons sous-marins* (*) (1908) racontent des aventures liées aux nouveaux moyens de locomotion.

Danrit a écrit ses récits d'imagination pour une jeunesse qu'il voulait préparer à la revanche ; il s'est voulu pédagogue en multipliant les indications géographiques, historiques ou militaires. Homme de droite, il a critiqué la politique radicale qui selon lui menait la France à sa perte ; il a voulu souligner les dangers du pacifisme en agitant la menace de guerres apocalyptiques. Seules la religion, l'autorité pouvaient sauver la France. Danrit connut un grand succès chez les jeunes lecteurs au début du siècle ; son racisme délirant, son goût de la force, le sadisme de certaines de ses descriptions en disent long sur les fantasmes d'une génération.

PIERRE-JEAN DUFIEF.

DANTE ALIGHIERI. Né à Florence en mai 1265, mort à Ravenne le 14 septembre 1321. Le plus grand poète de l'Italie, et l'un des plus grands des temps anciens et modernes. Avec *La Divine Comédie* (*), il a donné aux Italiens et à l'humanité entière une œuvre éclatante de poésie, emplie de tout l'idéal de la civilisation chrétienne. Son père, Alighiero di Bellincione, descendait des Cacciaguida (première moitié du XIIIe siècle) ; on ignore encore l'ascendance de sa mère, Bella. Dante avait à peine dix-huit ans que déjà il était fort savant en grammaire, logique, rhétorique ; il rimait en langue vulgaire. Avant de mourir, en 1283, son père avait prévu, d'accord avec Manetto Donati, qu'il épouserait Gemma, fille de Manetto. Leur union peut se placer avant 1290. Si l'on veut connaître la vie de Dante dans sa réalité, il importe de ne pas se laisser égarer par son livre : *Vita nuova* (*), dans lequel son adolescence tout entière paraît vouée à son amour pour Béatrice. À cette époque, Dante écrit des poèmes lyriques qui ne sont pas tous inspirés par Béatrice ; il se fait connaître des poètes contemporains, se lie d'une étroite amitié avec Guido Cavalcanti, Lapo Gianni, Cino da Pistoia, et complète ses études de rhétorique sinon sous l'enseignement direct de Brunetto Latini, du moins selon ses conseils ; il se rend à Bologne (1287), où professaient des maîtres experts dans les « arts libéraux ». En juin 1289, il prend part au combat de Campaldino où Florence et la ligue guelfe écrasèrent les Gibelins toscans ; deux mois plus tard, il assiste à la reddition du château de Caprona tenu par les Pisans. Sa polémique avec Forese Donati – v. *Rimes* (*) – doit se situer aux environs de 1290 ; les deux amis échangèrent, sur le ton le plus grossier, injures et accusations. Ainsi la jeunesse de Dante abonde-t-elle en péripéties ; toutes ses expériences le font participer activement à l'agitation des nobles Florentins.

Mais, par-dessus tout, c'est son amour pour Béatrice qui marque le plus profondément la formation de son génie poétique. Il commença de chanter cet amour selon le mode ordinaire de la poésie courtoise de l'école sicilienne et de l'école bolonaise (Guittone d'Arezzo), développant ses sentiments et son expérience de poète au contact du cercle aristocratique des poètes contemporains (les tenants du *dolce stil nuovo*) qui se reconnaissaient pour maître le Bolonais Guido Guinizelli. Mais, en même temps que Dante constatait que son inspiration amoureuse différait essentiellement de celle de ses amis, il perfectionnait peu à peu sa technique poétique avec son incomparable *dolce stil nuovo.* La mort de Béatrice, alors dans tout l'éclat de sa jeunesse et de sa beauté, accentua, sublima chez Dante le processus d'idéalisation de la femme aimée, déjà en puissance tandis que Béatrice vivait encore, et le poète, achevant la *Vita nuova* (1293-1294), se proposa la haute mission de chanter dans une grande œuvre la sainteté de Béatrice dont il « dira ce qui jamais ne fut dit d'aucune ».

Les années qui suivirent la *Vita nuova* furent consacrées par Dante à l'extrême perfectionnement de sa culture littéraire et philosophique. Virgile avec l'*Énéide* (*), mais aussi Horace et Ovide furent les poètes qui, plus que tous les autres, contribuèrent à la formation de son style. Cicéron, Sénèque, Boèce, furent ses auteurs préférés en morale. À ce moment, il suivait aussi des conférences théologiques et philosophiques à Santa-Croce et Santa-Maria-Novella, se familiarisant avec les doctrines philosophiques et religieuses d'Albert le Grand, de saint Thomas d'Aquin. Ses longues études poursuivies avec ferveur, son amour de la connaissance ne l'empêchèrent pas de participer à l'activité politique de sa cité natale. Plus tard, dans l'exil, il y puisa les éléments de son *Banquet* (*). Le gouvernement de Florence, l'année de la bataille de Bénévent (1266), dépendait du parti guelfe (la famille de Dante, noble bien que de fortune modeste, était guelfe). Mais la difficulté de gouverner était considérable, du fait des luttes perpétuelles entre les Grands accrochés à leurs privilèges, et le peuple « gras » ou « maigre », autrement dit, la petite et moyenne bourgeoisie. Après 1293, quand les ordonnances de justice exclurent des fonctions publiques les nobles et les Grands non inscrits aux arts, Dante se fit inscrire aux arts de la médecine et de la pharmacie (1295).

Les documents qui nous ont été conservés sur l'activité de la commune de Florence de 1295 à 1300 ne signalent pas une grande activité politique de Dante. Entre les deux factions, les Blancs et les Noirs, qui divisent les Guelfes vers la fin du siècle (les Blancs dirigés par Vieri de' Cerchi et les Noirs par Corso Donati), Dante prit parti pour les Blancs, partisans d'une politique à buts limités, pacifiques, mais jaloux de l'indépendance de Florence face aux empiétements de la Curie romaine. Les Blancs l'emportèrent sur les Noirs, mais ces derniers mirent à profit les visées ambitieuses du pape Boniface VIII et s'appuyèrent sur lui dans leur lutte pour la conquête du pouvoir. Quand Dante fut élu au Conseil avec cinq autres, tous du parti des Blancs, en qualité de prieurs pour deux mois : 15 juin - 14 août 1300, la situation intérieure de la cité était fort troublée, car elle se ressentait des rencontres sanglantes survenues entre les deux factions le 1er mai. En effet, le 23 juin, peu de jours après l'élection de Dante au priorat, survinrent de nouveaux incidents et la Seigneurie décida alors l'exil de sept chefs des Blancs, dont Guido Cavalcanti, et de sept chefs des Noirs dont Corso Donati. La modération, l'équité dont les prieurs s'entourèrent en la circonstance ne furent d'aucune utilité ; les interventions du pape en faveur des Noirs ne manquèrent pas de troubler une bonne partie de la faction des Blancs. Entre les Blancs partisans d'un compromis avec Rome et les Blancs intransigeants, Dante opta pour ces derniers après son priorat ; il en devint la voix la plus autorisée, manifestant en diverses assemblées son opposition formelle à certaines exigences du pape — 19 juin 1301.

Peu de mois après, le destin des Blancs fut fixé. Boniface VIII autorisa les Noirs à faire appel à Charles de Valois pour pacifier la Toscane ; une ambassade des Blancs (dont Dante faisait certainement partie) auprès du pape n'aboutit à rien. Le jour de la Toussaint 1301, Charles de Valois réprima une tentative de résistance par les armes et fit son entrée à Florence. Les Noirs exilés rentrèrent dans la ville et firent le procès des Blancs. Dante fut condamné (par contumace) à un exil de deux ans hors de la Toscane, exclu de toute fonction publique et frappé d'une amende de cinq cents florins ; la sentence, qui date du 27 janvier 1302, frappait trois autres inculpés sous le chef de trafic illicite des fonctions publiques, en particulier pour avoir utilisé les fonds publics à intriguer contre le pape et à s'opposer à l'arrivée de Charles de Valois. Dante, qui n'était vraisemblablement pas rentré à Florence lors de l'arrivée de Charles de Valois, fit défaut à l'instruction et ne parut point après le jugement, encourant ainsi la plus grave condamnation, celle de l'exil perpétuel (s'il était tombé entre les mains de la Seigneurie il eût été brûlé vif), prononcée le 10 mars de la même année.

La vie douloureuse de l'exilé commença pour Dante, l'éloignant pour toujours de sa patrie. C'est dans les années qui précédèrent de peu l'exil qu'il faut placer la crise qui troubla profondément la conscience, l'esprit, et peut-être même la foi du poète, si l'on se rapporte au passage de *La Divine Comédie* : « la forêt obscure », dans laquelle Dante s'était égaré à l'âge de trente-cinq ans, donc en 1300, et les reproches de Béatrice au paradis terrestre. On ne saurait opposer aucun argument valable pour dénier à Dante la réalité d'un tel égarement, ou d'une telle crise, qui devait être à la fois morale, intellectuelle et religieuse. On pourrait comprendre, dans cette période de grave trouble intellectuel et religieux, les premiers temps de son exil, le poids de l'injuste condamnation ayant dû lui paraître un signe du bouleversement de l'ordre moral et de la justice dans le monde. La première réaction de Dante devant sa condamnation fut la part active qu'il prit aux tentatives que firent les Blancs exilés et les Gibelins bannis pour rentrer à Florence par la force. Mais les milices des exilés furent battues à maintes reprises par les Noirs, subissant des pertes sévères, surtout à Castel Publicciano pendant l'été de 1303 et un an plus tard, en juillet 1304, à Lastra près de

Fiesole. Entre ces deux batailles, Dante, découragé et en désaccord avec ses compagnons d'exil, avait commencé de s'éloigner d'eux. Ce fut pour lui la période la plus dure de son existence d'exilé, avec des moments affreux où il connut l'avilissement, les humiliations ainsi que le rapporte Leonardo Bruni citant une lettre en latin, perdue depuis, adressée au peuple de Florence en vue d'obtenir son rappel. Bruni prétend que Dante se fit « tout humble, cherchant par un bon comportement et des actions louables à recouvrer la grâce de rentrer à Florence ; il se donna beaucoup de mal dans ce sens, ne se lassant pas d'écrire non seulement aux autorités mais aussi au peuple tout entier ». Il cite entre autres une lettre débutant ainsi : *« Popule mee, quid feci tibi ? »*

La soumission fut de courte durée ; bientôt une réaction salutaire de la conscience de Dante devant l'injustice lui donna une force accrue qui lui rendit supportables ses pérégrinations à travers l'Italie. Il fut accueilli d'abord à Vérone, à la cour des Scaliger, mais il était dans sa destinée d'éprouver en parcourant l'Italie « combien est amer le pain dû à la charité d'autrui, combien sont durs les escaliers qu'il faut gravir pour accéder chez des étrangers » (*Paradis*, XVII). En octobre 1306 il se trouvait en Lunigiane, à la cour des Malaspina ; un an après, dans le Casentino, d'où il écrit à Moroello Malaspina — v. *Épîtres* (*) — envoyant une *canzone* : « Amour, puisqu'il faut que je me plaigne... » Cette époque est consacrée à la rédaction du *Banquet* et du traité *De l'éloquence en langue vulgaire* (*). Il est probable que Dante se trouvait à Lucques en 1308 avec sa famille, ou du moins avec certains de ses fils ; un document lucquois du 21 octobre 1308 mentionne en effet comme témoin un Giovanni di Dante Alighieri, florentin. Au printemps de l'année suivante, Lucques est interdite aux exilés florentins. Le poète doit reprendre une vie errante dont nous savons peu de chose jusqu'à l'arrivée en Italie de l'empereur Henri VII de Luxembourg. Il est possible que Dante se soit rendu à Paris. L'élection au trône impérial de Henri VII (fin 1308) fit naître en Italie de grands espoirs chez les Gibelins de même que chez bien des Guelfes qui, pour une raison ou une autre, se trouvaient mécontents de la situation politique. Le pape d'Avignon, Clément V, encourageait de tels espoirs. Dante crut que l'heure était venue où l'Italie serait délivrée de tous ses maux, et se fit l'annonciateur de cette ère nouvelle de justice et de paix, adressant une lettre vibrante « au roi, aux sénateurs de la maternelle Rome, aux ducs, aux marquis, aux comtes, au peuple entier ». Henri fut reçu triomphalement à Milan, où il ceignit la couronne de fer le 6 juin 1311, mais les cités guelfes organisèrent la résistance en demandant l'aide du roi de Naples, Robert d'Anjou ; Florence se montra des plus acharnées. Ce fut alors que, du Casentino, l'« exilé innocent » envoya une lettre terrible aux très-scélérats Florentins (31 mars 1311). En mars 1312, Henri VII arrivait en Toscane mais, contrairement à ce qu'espérait Dante, au lieu de gagner Florence par Pise, il se rendit à Rome pour y ceindre la couronne impériale. Les hostilités à son égard redoublèrent, d'autant plus violentes que le pape s'était déclaré contre lui, lui faisant défense de marcher sur le royaume de Naples. L'empereur quitta Rome, marcha sur Florence qu'il atteignit le 19 septembre 1312. Pendant quarante jours, il assiégea la ville, puis abandonna son entreprise et se rendit à Pise en vue de préparer une expédition contre Robert d'Anjou. Pendant l'été de 1313, l'armée se mit en marche ; ce fut chez les Guelfes et dans toute l'Italie une vive panique, chacun redoutant une victoire de l'empereur, mais Henri VII mourut subitement à Buonconvento près de Sienne le 21 août 1313. Les Guelfes s'en réjouirent, mais tous ceux qui attendaient les bienfaits d'une paix universelle de la victoire impériale virent leurs espoirs ruinés.

Dante, qui, en ces années, avait abordé sur le plan théorique le problème de la distinction entre le pouvoir temporel et le spirituel, écrivit en latin son traité : *La Monarchie universelle* (*) ; il reprit son existence errante d'exilé tout en se consacrant à son grand poème ; il est fort probable qu'il l'ait commencé entre 1308 et 1309. Il ne perdit pas l'occasion, en 1314, à la mort de Clément V, de prodiguer des avertissements et des paroles d'encouragement à propos de la question la plus irritante du moment, la situation politique et religieuse ; il écrivit aux cardinaux italiens pour les mettre en garde contre l'énorme danger que faisait courir à la religion et à l'Italie le transfert du Saint-Siège en Avignon, et pour les exhorter à élire un pape qui prît pour premier objectif le retour à Rome. En mai 1315, Florence se trouvant gravement menacée par Uguccione della Faggiuola, il parut aux autorités qu'une large amnistie dont bénéficieraient les exilés pourrait servir les destinées de la ville. Pour profiter de l'amnistie il fallait payer une somme peu considérable, mais se soumettre à l'humiliante cérémonie de l'offrande à saint Jean. À un ami qui lui avait communiqué la nouvelle, Dante répondit avec une fière dignité, mais calmement, qu'un tel procédé était inacceptable. En novembre 1315, Florence renforça la sentence d'exil en le condamnant, lui et ses fils, à la peine capitale, mais Vérone et Ravenne lui offrirent un paisible asile pour ses dernières années. On ignore si sa femme put l'y rejoindre, mais nous savons que l'un de ses fils, Jacopo, obtint un bénéfice ecclésiastique à Vérone, et un autre, Pietro, dans le diocèse de Ravenne. Sa fille Antonia, qui ne fait sans doute qu'une seule et même personne avec sœur Béatrice, se trouvait au monastère de Santo Stefano degli Ulivi. À partir de 1318, Ravenne devint la résidence fixe du poète ; ce fut de là qu'il adressa à Giovanni del Virgilio ses *Églogues* (*), mais il se rendit néanmoins quelques jours à Vérone pour débattre de la *Question de l'eau et de la terre* (*). La sublime poésie que Dante élaborait dans les chants du *Paradis* lui laissait espérer dans ses dernières années que ses concitoyens le rappelleraient pour le couronner « poète, sur les fonts de mon baptême », mais la mort le surprit à Ravenne, dans cette vaine espérance, la nuit du 13 au 14 septembre 1321. Depuis lors, Ravenne n'a jamais voulu se dessaisir des restes du poète.

VINCENZO PERNICONE.

XIVe siècle. ♦ *« Dante était d'une stature moyenne et, quand il parvint à l'âge mûr, il cheminait un peu courbé. Il avait la démarche empreinte de gravité et de mansuétude ; toujours il était vêtu de draps assez fins, ajustés comme il convenait à son âge. Il avait le visage long, le nez aquilin, les yeux plus grands que petits, le menton allongé, sa lèvre inférieure débordait la lèvre supérieure. Il avait le teint brun, la barbe et les cheveux épais, noirs et crépus ; la figure était mélancolique et pensive... Dans ses habitudes publiques et domestiques, il était admirablement retenu et modeste, plus que tout autre courtois et civil. Il buvait et mangeait peu et constamment aux heures réglées ; il louait les mets délicats et s'alimentait de mets communs... Il parlait rarement à moins qu'on ne l'interrogeât, néanmoins, quand il le fallait, il était très éloquent, avec une prononciation excellente et prompte. »* Boccace.

XVe siècle. ♦ *« Oh ! que je vois d'erreur la teste ceindre / À ce Dante, qui nous vient icy peindre / Son triste enfer et vieille passion ! »* Marguerite de Navarre.

XVIe siècle. ♦ *« Le triste Florentin... »* Du Bellay.

XVIIIe siècle. ♦ *« J'ai lu quelque chose du Dante à grand-peine ; il est difficile à entendre, tant par son style que par ses allégories. Car un sublime dur / S'y trouve enveloppé dans un langage obscur. Il me paraît plein de gravité, d'énergie et d'images fortes, mais profondément tristes : aussi je n'en lis guère, car il me rend l'âme toute sombre. Cependant, je sens que je commence à le goûter, et à l'admirer comme un rare génie, surtout pour le temps où il a vécu, et comme le premier homme de l'Europe qui, dans les siècles modernes, ait vraiment mérité le nom de poète. »* Président de Brosses, 1739-1740. ♦ *« On ne lit plus le Dante en Europe parce que tout y est allusion à des faits ignorés... Le Dante pourra entrer dans les bibliothèques des curieux, il ne sera jamais lu. On me vole toujours un tome de l'Arioste, on ne m'a jamais volé un Dante... Vous voulez connaître le Dante ? Les Italiens l'appellent* divin, *mais c'est une divinité cachée : peu de gens entendent ses oracles ; il a des commentateurs, c'est peut-être encore une raison pour ne pas être compris. Sa réputation s'affermira toujours parce qu'on ne le lit guère. Il y a de lui une vingtaine de traits qu'on sait par cœur ; cela suffit pour s'épargner la peine d'examiner le reste. Ce divin Dante fut, dit-on, un homme assez malheureux. Ne croyez pas qu'il fut divin de son temps, ni qu'il fut prophète chez lui. »* Voltaire. ♦ *« Il n'est guère dans la littérature de nom plus imposant que celui de Dante. Le génie d'invention, la beauté des détails, la grandeur et la bizarrerie des conceptions lui ont mérité, je ne dis pas la première ou la seconde place entre Homère et Milton, Le Tasse et Virgile, mais une place à part... Combien de défauts sont rachetés par quelques beautés vraiment poétiques ! Et que ne doit-on pas à cet homme original, assez grand pour s'élever dans l'interrègne des beaux-arts, et s'y former à lui seul un empire séparé des anciens et des modernes !... Avec* [lui], *si notre religion pouvait devenir lettre morte, on se ferait chrétien, comme on se fait païen avec Homère. »* Rivarol, 1783. ♦ *« Dans le caractère de l'Alighieri, c'était l'orgueil qui l'emportait. Il se complaisait dans ses souffrances comme dans des épreuves qui montraient sa robustesse ; dans ses défauts, comme s'ils étaient les compagnons inévitables de vertus aussi éloignées des chemins ordinaires ; et dans la conscience de sa valeur, parce que celle-ci le fortifiait dans son mépris des hommes et des opinions... Le pouvoir de mépriser, pouvoir que beaucoup ont célébré, mais que la Nature a donné à bien peu, et dont elle fit à Dante pleine mesure, fut pour lui la source de la plus haute jouissance qui dans un esprit élevé se puisse concevoir. »* Ugo Foscolo.

XIXe siècle. ♦ *« Dante tira du néant la parole de son esprit, il donna l'être au verbe de son génie ; il fabriqua lui-même la lyre dont il devait obtenir des sons si beaux, comme ces astronomes qui inventèrent les instruments avec lesquels ils mesurèrent les cieux. L'*italien *et* la Divina Commedia *jaillirent à la fois de son cerveau ; du même coup l'illustre exilé dota la race humaine d'une langue admirable et d'un poème immortel. »* Chateaubriand. ♦ *« Les poètes de nos jours... sont en possession d'une vérité partielle, incomplète ; Virgile, avec la pensée de Dante, ou Dante avec les formes esthétiques de Virgile, serait le type accompli, inimitable, du Sublime et du Beau. »* Donoso Cortès. ♦ *« Il fut le chaînon vivant entre la religion et la philosophie ; il rendit la religion philosophique et christianisa la philosophie en Italie ; et, par cette poétique union, il jeta les bases d'une transition entre le néoplatonisme et l'aristotélisme de l'École...* La Divine Comédie *est un système de vérités morales, politiques et théologiques, avec des illustrations personnelles arbitraires, qui ne sont pas, à mon avis, allégoriques. Cette combinaison de la doctrine et de la poésie est une des caractéristiques de la muse chrétienne ; mais je trouve que Dante n'y a pas tout à fait aussi bien réussi que Milton. »* Coleridge. ♦ *« Dante a compris les réalités secrètes de l'amour mieux encore que Pétrarque... La poésie de Dante peut être considérée comme un pont jeté au-dessus du tourbillon des âges pour unir le monde ancien et le monde moderne... Dante fut le premier éveilleur d'une Europe tombée en extase ; d'un chaos de barbarisme sans harmonie, il créa un langage, avec sa musique et sa conviction personnelles. Il fut le rassembleur de ces grands esprits qui présidèrent à la résurrection du savoir... Ces mots mêmes sont l'esprit de l'instinct ; chacun est comme l'atome étincelant et brûlant d'une inextinguible pensée. »* Shelley. ♦ *« Dante a construit dans son esprit l'abîme. Il a fait l'épopée des spectres. Il évide la terre ; dans le trou terrible qu'il lui fait, il met Satan. Puis il la pousse par le purgatoire jusqu'au ciel. Où tout finit, Dante commence... Cette œuvre est un prodige. Quel philosophe que ce visionnaire ! Quel sage que ce fou !... Ce que Juvénal fait pour la Rome des Césars, Dante le fait pour la Rome des papes ; mais Dante est justicier à un degré plus redoutable que Juvénal ; Juvénal fustige avec des lanières, Dante fouette avec des flammes ; Juvénal condamne, Dante damne. »* Victor Hugo. ♦ *« Nous n'en sommes plus à Horace en fait de goût, nous en sommes à Dante. Il nous faut du difficile, il nous faut du compliqué. »* Sainte-Beuve. ♦ *« Dante n'est qu'un théologien populaire, en vers quelquefois triviaux, quelquefois sublimes, qu'on peut lire en le feuilletant comme on cherche une perle dans un tas d'écailles... Il est le poète de la nuit et des ténèbres, des apparitions qui hantent l'obscurité, des rêves qui obsèdent l'imagination de l'homme pendant que l'ombre nocturne possède la terre. »* Lamartine. ♦ « La Divine Comédie *est en quelque sorte le résultat composé de toutes les conceptions du Moyen Âge, chacune desquelles à son tour résulte d'un long travail poursuivi à travers les* *écoles chrétiennes, arabes, alexandrines, latines, grecques, et commencé dans les sanctuaires de l'Orient. Il importerait de suivre cette longue généalogie. Il importerait de savoir combien il faut de siècles et de générations, combien de veilles ignorées, de pensées péniblement obtenues, abandonnées, reprises, transformées, pour rendre possible un tel ouvrage : ce qu'il coûte et, par conséquent, ce qu'il vaut. »* Ozanam. ♦ *« Dante est à la fois le dernier poète du Moyen Âge et le premier poète moderne. »* Engels. ♦ *« Dans ce Dante... dix siècles silencieux avaient, d'une très étrange façon, trouvé une voix,* La Divina Commedia *c'est Dante qui l'a écrite ; cependant en vérité elle tient à dix siècles chrétiens, la fin seulement en est de Dante... Dante est le porte-parole du Moyen Âge : la pensée dont on vivait alors s'élève là, en musique éternelle. Ces sublimes idées de Dante, terribles et belles, sont le fruit de la méditation chrétienne de tous les hommes de bien qui étaient venus avant lui... Bien des choses, s'il n'eût parlé, auraient été muettes ; non mortes, mais vivant sans voix. »* Carlyle. ♦ *« S'il vivait de nos jours, il serait sous-préfet du Piémont dans quelque ville volée au pape ! »* Louis Veuillot. ♦ *« On n'ose pas dire que ça vous embête. Cette œuvre* [La Divine Comédie] *a été faite pour un temps et non pour tous les temps. »* Flaubert. ♦ *« Dante, comparé à Zarathoustra, n'est qu'un croyant ; ce n'est pas un créateur de vérité, un esprit souverain, un destin. »* Nietzsche.

XXe siècle. ♦ *« Qu'a-t-il donc, ce Dante, pour attirer les grandes âmes ? Qu'a-t-il à leur offrir ? Il leur offre l'expérience d'une vie complète. On le dénature quand on le fixe par une épithète saisissante dans une seule attitude. Le sombre Alighieri ! Qu'est-ce à dire ? Ceux-là peuvent se contenter de cette épithète qui se sont bornés à relire l'*Enfer *et n'ont pas poussé plus loin... C'est bien mal regarder que de ne voir en lui que cet âpre profil. Il faut apercevoir la grâce, l'élégance, le souvenir d'une jeunesse aimable, active, ardente, jeunesse de jeune poète amoureux et de soldat, avec la chasse, les danses, les chevauchées, la musique, les jardins, les fleurs, la nature, le délice du paysage où tout se baigne de chaleur... Dante n'est pas un artiste dans sa bibliothèque. Aux racines de son poème, il y a une magnifique activité. C'est un croyant, un homme politique, un penseur, un amoureux. C'est un poète au plus ardent de la mêlée humaine. Son premier conseil, c'est d'agir. »* Maurice Barrès. ♦ *« Pas une généralité que Dante ne colore d'un rayon de peine et de joie. Sans nul effort, du reste. C'est son mouvement naturel. Il incarne et vivifie les idées abstraites parce qu'il les aime ou les hait avec force. Parce qu'il les adore humblement ou les maudit avec frénésie, il en fait des dieux, des déesses, des héros et des héroïnes de chair et d'os. Le plus intellectuel de tous les poètes est ainsi le plus émouvant. Quelque ascension qu'il fasse, il emporte toujours dans ses bras, dans son cœur, d'humbles souvenirs à la terre, parfumés et brûlants, pour en peupler son mystique ciel. »* Charles Maurras.

RÉF. : Boccace, *Vie de Dante*, Florence, 1576. – J. Fauriel, *Dante, origine de la langue et de la littérature italienne*, 2 vol., Paris, 1854. – Lamennais, introduction à sa traduction de *La Divine Comédie*, Paris, 1855. – Charles Maurras, *Le Conseil de Dante*, Paris, 1920. – Benedetto Croce, *La Poesia di Dante*, 1921. – A. Masseron, *Pour comprendre La Divine Comédie*, Bruges-Paris, 1939. – René Guénon, *L'Ésotérisme de Dante*, Paris, 1939. – Étienne Gilson, *Dante et la philosophie*, Paris, 1939. – André Pézard, *Dante sous la pluie de feu*, Paris, 1950. – A. Renaudet, *Dante humaniste*, Paris, 1952. – G. L. Passerini, *Dante et son temps*, Paris, 1953. – Paul Renucci, *Dante disciple et juge du monde gréco-latin*, Paris, 1954. – C. S. Singleton, *Dante Studies I. Commedia : elements of structure*, Cambridge, Mass., 1954. – Paul Renucci, *Dante*, Paris, 1958. – C. S. Singleton, *An essay on the Vita Nuova*, Cambridge, Mass., 1958 (trad. italienne 1968) ; *Dante Studies II. Journey to Beatrice*, Cambridge, Mass., 1958. – Erich Auerbach, *Dante als Dichter der iridischen Welt*, Berlin-Leipzig, 1929, rep. avec d'autres articles dans une trad. it. *Studi di Dante*, Milan, 1963. – André Pézard, Introduction et notes des *Œuvres complètes*, La Pléiade, Paris, 1965. – G. Contini, *Un' idea di Dante*, Turin, 1970. – C. S. Singleton, *La poesia della Divina Commedia*, Bologne, 1978. – E. Bigi, *Forme e significati della Divina Commedia*, Bologne, 1981. – G. Petrocchi, *Vita di Dante*, Rome-Bari, 1983. – J. Dauphné, *Le Cosmos de Dante*, Paris, 1984. – V. Russo, *Il romanzo teologico*, Naples, 1984.

DANTINE François, en religion dom Maur. Érudit français. Né à Gourieux, près de Liège, en 1688, mort à Paris en 1746. Fils de cultivateur. Après des études à Douai, il devint bénédictin et se consacra à l'enseignement. Il professait la philosophie dans l'abbaye de Saint-Rémi de Reims quand, sur son refus d'adhérer à la bulle *Unigenitus,* il fut contraint de sortir du diocèse. À Saint-Germain-des-Prés où on l'avait transféré, Dantine fut appelé à continuer la collection des *Décrétales,* puis à préparer une édition nouvelle du *Glossaire de la moyenne et de la basse latinité* (*) de Du Cange. Il en avait déjà publié les cinq premiers volumes lorsqu'il fut exilé à Pontoise pour ses tendances jansénistes. Là, tout en poursuivant ses travaux de philologie, il écrivit une traduction des *Psaumes* (1738) qui est encore estimée de nos jours. Rappelé à Paris en 1737, il entreprit avec dom Bouquet la publication du *Recueil des histoires des Gaules et de la France,* pour se consacrer ensuite à la rédaction de *L'Art de vérifier les dates,* dont il avait déjà écrit une grande partie lorsqu'il fut frappé d'apoplexie en décembre 1743. Malgré la maladie, il persévéra dans sa tâche et il surveillait l'impression de son œuvre lorsqu'une seconde attaque l'emporta. L'ouvrage, terminé par dom Clémencet et dom Durand, fut publié à Paris en 1750.

DANTON Georges Jacques. L'un des plus grands hommes d'État de la Révolution française. Né à Arcis-sur-Aube (Aube) le 26 octobre 1759, mort à Paris le 5 avril 1794. Après de bonnes études classiques à Troyes, il fut envoyé à Paris pour faire son droit. Reçu avocat en 1780, il s'inscrivit au barreau de Paris. En 1787, il épousa une jeune femme de riche famille, Gabrielle Charpentier, et acheta peu après une charge d'avocat au Conseil du Roi. Sa notoriété était telle qu'il lui fut proposé à deux reprises (1787 et 1788) d'assumer les fonctions de secrétaire du Sceau, poste qu'il déclina.

Dès les premiers jours de la Révolution, il se jeta dans l'action et acquit très vite une réputation de tribun populaire par les discours enflammés qu'il tint au Club des Cordeliers, dont il était l'un des membres fondateurs (1790). Élu administrateur du département de Paris (février 1791), il se prononça, lors de la fuite du roi, contre le principe de l'inviolabilité de la personne royale. Candidat malchanceux à l'Assemblée législative en septembre, il fut néanmoins élu substitut du procureur de la Commune (novembre 1791). L'activité qu'il déploya dans cette fonction ne fut pas sans préparer les voies de la fameuse journée du 10 août 1792, qui allait être fatale à la monarchie. D'ailleurs, au lendemain de cette journée, l'Assemblée législative devait le nommer, par deux cent vingt-deux voix sur deux cent quatre-vingt-quatre votants, ministre de la Justice. Voulant une justice suffisamment énergique et régulière dans son fonctionnement pour endiguer le flot des vengeances populaires, il préconisa la création du Tribunal extraordinaire du 17 août ainsi que toute une série de mesures exceptionnelles telles que les visites domiciliaires. Mais, face aux défaites que subissaient les armées de la Révolution (Longwy, Verdun), face aux trahisons et défections de toutes sortes, rien ne put empêcher la colère et l'indignation du peuple de Paris de se traduire par les funestes « massacres de septembre ». Certains historiens ont présenté Danton comme l'un des responsables de ces massacres et, pour cela, se sont notamment prévalus de la provocante insolence avec laquelle il en revendiqua plus tard la responsabilité. Il nous paraît plus équitable de convenir, avec Aulard, qu'il ne fut alors dans le pouvoir de personne – pas même des ministres girondins qui siégeaient en majorité au gouvernement – d'empêcher l'affreuse tuerie. Élu député de Paris à la Convention nationale (8 septembre), il siégea avec la Montagne et vota la mort de Louis XVI. Constamment en butte aux attaques des Girondins qui lui reprochaient entre autres la façon dont il s'était acquitté de sa mission de commissaire auprès des armées se battant en Belgique, pendant longtemps il fit preuve à leur égard de tolérance et de modération et ne se lassa jamais d'appeler tous les républicains à l'union. Malheureusement, il ne devait pas être entendu.

Choisi pour être l'un des neuf membres du premier Comité de salut public formé le 5 avril 1793, il en fut le véritable chef : c'est à cette époque qu'il prononça les plus vigoureux et les plus éclatants de ses *Discours* (*), tous empreints de la volonté farouche de défendre la République contre ses ennemis. Agissant en politicien parfaitement conséquent avec lui-même, il vota et soutint l'ensemble des mesures qui constituent ce que l'on a appelé la « Terreur » : arrestation des suspects, institution du Tribunal révolutionnaire, transformation du Comité de salut public en gouvernement provisoire, recours à la levée en masse, appel au peuple. « Que m'importe ma réputation ! aimait-il à répondre à ses détracteurs. Que la France soit libre et que mon nom soit flétri ! »

Cependant, un changement profond ne devait pas tarder à se faire en cet homme fougueux et emporté. Sa femme était morte le 10 février 1793, alors qu'il se trouvait en mission en Belgique. Ce coup du sort semble bien l'avoir touché dans sa combativité — encore que, quatre mois plus tard, il se soit remarié, ainsi que l'avait d'ailleurs expressément voulu sa femme avant de mourir. La lutte contre les Girondins s'étant terminée par leur mise hors la loi (31 mars 1793), on assiste soudain chez Danton à une sorte de lassitude, de renoncement, de découragement, qu'il ne devait pas tarder à payer de sa vie. C'est ainsi qu'après s'être laissé entraîner par Robespierre dans une lutte sans merci contre les Hébertistes (les Enragés) il devint en quelque sorte le centre d'une opposition à la Terreur (les Indulgents), qui alla jusqu'à inclure dans ses revendications l'ouverture massive des prisons. Alors commença entre lui et les amis de Robespierre une âpre polémique dont il ne pouvait sortir vainqueur. En effet, cet homme que l'on pourrait croire d'un seul bloc n'était pas sans rouerie ni habileté. À faire preuve d'une adaptation trop parfaite aux circonstances, n'avait-il pas été amené à de graves compromissions qu'il lui devenait impossible de justifier, et qui lui furent un très sérieux handicap dans la partie décisive qu'il joua contre Robespierre ? Comme l'issue de la lutte ne pouvait plus faire de doute et que ses amis le suppliaient de s'enfuir, il eut ce mot fameux : « Est-ce qu'on emporte sa patrie à la semelle de ses souliers ? » Arrêté en même temps que son ami Camille Desmoulins et Lacroix, il fut traduit aussitôt devant le Tribunal révolutionnaire (31 mars 1794), où il eut à soutenir un violent réquisitoire de Saint-Just qui l'accusa de vénalité et de complicité avec les factions. Dès lors, sa condamnation à mort ne fit plus de doute. Conduit en place de Grève pour être guillotiné, il dit au bourreau avant de poser la tête sur le billot : « Tu montreras ma tête au peuple, elle en vaut la peine » (16 germinal an II).

Caractère passionné et enflammé, il fut l'orateur le plus populaire de la Convention. Homme d'action avant tout, il méprise les discours longs et inutiles. Son éloquence est en effet toujours orientée vers l'action ; précise et simple, elle ne s'embarrasse d'aucune subtilité de pensée ou de forme : l'essentiel est qu'elle atteigne son but. Aussi s'adresse-t-elle essentiellement au peuple, le peuple révolutionnaire des comités, des sections et des clubs. Son ardeur et sa violence mêmes le poussaient à intervenir dans les moments de péril extrême, quand il n'y avait plus d'autre recours que celui de l'insurrection, de la levée en masse. Son discours *Sur la patrie en danger* (*) reste un des modèles du genre. Toutefois, ce serait tracer un portrait incomplet de lui si l'on ne rappelait qu'il fut l'un des plus ardents défenseurs de l'instruction gratuite et obligatoire, en faveur de laquelle il prononça quelques-uns de ces discours dont il possédait le secret. C'est à lui d'ailleurs que nous devons cette maxime : « Après le pain, l'éducation est le premier besoin du peuple. »

ROBERT MAILLARD.

♦ *« En 1792, l'ennemi était aux portes de Paris. Danton vint, et ses idées sauvèrent la patrie. »* Legendre, à la tribune de la Convention. ♦ *« Danton : figure de dogue, sanguin, emporté, mais corrompu, capable d'une atrocité et point atroce ; accessible aux bons sentiments et aux mauvais ; avocat sans principes, paresseux, dissipé, aimant le plaisir ; propre à une conspiration plutôt qu'à une faction ;* [...] *amant de sa popularité sans en être soigneux ; sans instruction, sans principes politiques ni moraux ; sans logique, sans dialectique, mais non sans éloquence ; jamais de discussion, jamais de raisonnements, mais, tout ce qui pouvait s'enlever par un mouvement, il l'enlevait. Il n'avait ni persuasion ni autorité, mais une impétuosité qui faisait tout céder. »* P.-L. Rœderer. ♦ *« Audacieux, ardent, avide d'émotions et de plaisirs, il s'était précipité dans la carrière des troubles, et il dut briller surtout les jours d'hésitation et de terreur. Prompt et positif, n'étant étonné ni par la difficulté ni par la nouveauté d'une situation extraordinaire, il savait juger les moyens nécessaires, et n'avait ni peur ni scrupule d'aucun* [...] *Danton avait un esprit inculte, mais grand, profond, et surtout simple et solide. Il ne savait s'en servir que pour ses besoins, et jamais pour briller ; aussi parlait-il peu, et dédaignait-il d'écrire. Suivant un contemporain, il n'avait aucune prétention, pas même celle de deviner ce qu'il ignorait, prétention si commune aux hommes de sa trempe* [...] *Comme Mirabeau, il expira fier de lui-même, et croyant ses fautes et sa vie assez couvertes par ses grands services et ses derniers projets. »* Adolphe Thiers. ♦ *« Danton était un révolutionnaire gigantesque. Aucun moyen ne pouvait lui paraître condamnable, pourvu qu'il lui fût utile, et selon lui on pouvait tout ce qu'on osait. Danton, qu'on a nommé le Mirabeau de la populace, avait de la ressemblance avec ce tribun des hautes classes* [...] *Ce qu'il y avait de hardi dans les conceptions de Mirabeau se retrouvait dans Danton, mais d'une autre manière, parce qu'il était, dans la révolution, d'une autre époque. »* Mignet. ♦ *« Le grand Danton, le seul homme d'État dont l'Occident doive s'honorer depuis Frédéric... »* Auguste Comte. ♦ *« ... cette personnification terrible, trop cruellement fidèle, de notre Révolution* [...] *Combien les plus discordantes créations de la nature sont pacifiées et d'accord, en comparaison des discordes morales que l'on entrevoit ici !* [...] *Et pourtant, ce monstre est sublime. Cette face presque sans yeux semble un volcan sans cratère, volcan de fange ou de feu, qui, dans sa gorge fermée, roule les combats de la nature* [...] *C'est alors qu'un ennemi, terrifié de ses paroles, rendant hommage, dans la mort, au génie qui l'a frappé, le peindra d'un mot éternel : le Pluton de l'éloquence. Cette figure est un cauchemar qu'on ne peut plus soulever, un mauvais songe qui pèse, et l'on y revient toujours. »* Michelet.

RÉF. : Joffrin des Jardins, *Vie de Danton,* Paris, 1851. – G. Lennox, *Danton,* Paris, 1878. – A. Dubost, *Danton et la politique contemporaine,* Paris, 1890 ; *Danton et les massacres de Septembre,* Paris, 1885. – F. A. Aulard, *Les Orateurs de la Législative et de la Convention,* 2 vol., Paris, 1885-86. – L. Madelin, *Danton,* Paris, 1914. – Mathiez, *Études robespierristes,* t. I, Paris, 1917 ; *Autour de Danton,* Paris, 1926. – L. Barthou, *Danton,* Paris, 1932. – O. Belliard, *La Vie tragique de Danton,* Paris, 1946. – F. Furet et R. Halévi, *Orateurs de la Révolution française,* Paris, Gallimard, 1988, t. I.

DA PONTE Lorenzo (pseud. de Emanuele Conegliano). Librettiste italien. Né le 10 mars 1749 à Cèneda (aujourd'hui Vittorio Veneto), mort le 17 août 1838 à New York. Il prit le nom de Lorenzo Da Ponte en 1763 quand, abjurant la religion hébraïque, il se convertit avec toute sa famille au catholicisme. Devenu prêtre en 1773, il vécut à Venise, où il partagea son temps entre les aventures amoureuses, le jeu et les dettes. Il abandonna la vie religieuse, se réfugia à Gorizia après avoir été condamné pour libertinage, devint espion à la solde de Venise, se rendit ensuite à Dresde, puis à Vienne (1781), où il devint poète de théâtre et librettiste de Salieri, Martin y Soler et Mozart. Tombé en disgrâce à la mort de Joseph II, il circula entre Trieste, Londres, Bruxelles, la Hollande, tour à tour librettiste, directeur de théâtre, typographe, etc. Puis il s'exila en Amérique, où il enseigna l'italien et fit connaître la littérature italienne. Il finit, après bien des vicissitudes, par acquérir prestige et honneurs. De lui, il convient de citer les arrangements en livrets d'opéra de : *Les Noces de Figaro* – v. *Le Mariage de Figaro ou la Folle Journée* (*) – *Don Juan* (*), et, parmi les œuvres qui lui furent inspirées par sa vie aventureuse, *Cosí fan tutte* (*) et ses *Mémoires* (*), qui constituent un document intéressant sur les mœurs de l'époque (la Venise décadente, la Vienne des chanteurs et des maîtres de chapelle, l'Amérique puritaine et aventureuse du début du XIXe siècle), présentent des aspects fort curieux des variations du goût littéraire à cette époque, et comportent d'excellentes pages narratives. La langue de Da Ponte est simple et déliée.

RÉF. : P. Scudo, *Wolfgang Mozart et l'opéra de Don Juan ; Lorenzo Da Ponte* dans la *Revue des Deux Mondes*, 15 mars 1849. – *Lorenzo Da Ponte*, in *Dublin University Magazine*, et traduit dans la *Revue britannique*, août 1874. – A. Marchesan, *Della vita e delle opere di Lorenzo da Ponte*, Trévise, 1900. – A. Fitzlyon, *The Libertine Librettist L. da Ponte*, Londres, 1955. – S. Hernandez, *Una nausa vergine Quasi una biografia dalle* « Memorie » *di L. da Ponte*, Milan, 1980.

DA PORTO Luigi. Écrivain italien. Né le 10 août 1485 à Vicence (Italie), mort le 10 mai 1529 à Montorso près de Vicence. De famille noble, il fut élevé à la cour d'Urbino et choisit la carrière des armes. Grièvement blessé le 19 juillet 1510, il renonça aux armes et se retira dans sa maison de Montorso, où il se mit à écrire. Il composa des *Rimes* [*Rime*] de caractère amoureux (Venise, 1539), et des *Lettres historiques* (+) (de 1509 à 1513) sur les guerres d'Italie. Mais son nom est surtout lié aux Amants de Vérone, connus universellement sous le nom de *Juliette et Roméo* (*), œuvre tirée d'une nouvelle de Masuccio. À Da Porto revient le mérite d'avoir su écrire cette délicieuse et tragique histoire d'amour sous la forme narrative où elle fut ensuite reprise par Bandello et surtout Shakespeare, qui la firent connaître au monde entier.

RÉF. : Da Porto, *Giulietta e Romeo,* préface d'Henry Cochin, Paris, 1879. – G. Damerini, « Di plagio in plagio », dans *Dramma*, 41, 1965. – J. L. Stevenson, « Romeo and Juliet before Shakespeare », dans *Studies in Philology,* nº 81, 1984.

DAQIQI Abou Mansour. Poète persan. Né à Tous (bien que soient aussi nommées comme lieu de naissance les villes de Balkh, Boukhara ou Samarcande) entre 930 et 940, mort entre 976 et 981. Il a au moins vingt ans quand il entre comme panégyriste au service des princes de Tchaghâniân (au sud-est de Samarcande), puis de l'émir samanide Mansour I (971-976) et de son fils Nouh II (976-997). Encore jeune, il est assassiné par l'un de ses esclaves turcs : certaines sources postérieures mentionnent une relation érotique avec son assassin, mais la cause de sa mort peut être tout autre, notamment son mauvais caractère, sur lequel insiste Firdousi.

Il compose des poésies lyriques [qasidés], où il fait preuve de délicatesse d'esprit et d'imagination ; son style est aisé et brillant. Ce qui subsiste de ses poésies atteste de son aptitude à varier les genres descriptif, bachique et amoureux. Les citations de ses vers dans de nombreuses anthologies (notamment celle de Dowlatchâh) et dictionnaires persans prouvent la renommée dont il jouit après sa trop courte carrière. Mais l'œuvre qui l'immortalise est *Le Livre de Gochtâsp* (*), premier grand poème épique à la gloire de l'Iran, que Firdousi incorporera dans son *Livre des rois* (*). Un passage lyrique laisse à penser que Daqiqi est de foi zoroastrienne ; cependant, il est plus concevable de n'y voir que l'expression de sa sympathie pour l'Antiquité iranienne, car les Samanides sont d'ardents défenseurs de l'Islam.

MARIE-HÉLÈNE PONROY.

DAQUIN Louis Claude. Organiste et compositeur français. Né et mort à Paris (4 juillet 1694 - 15 juin 1772). Sa marraine, Élisabeth-Claude Jacquet de La Guerre, qui avait vécu à la Cour au service de Mme de Montespan, était une claveciniste de grand renom, et compositeur. Et comme son grand-oncle était médecin du roi Louis XIV, Louis Claude Daquin à l'âge de six ans joua du clavecin devant le roi. Ses talents d'improvisateur et sa virtuosité le rendirent vite célèbre. Il fut d'abord organiste au couvent du Petit-Saint-Antoine (1706), puis au couvent de Saint-Paul (1727), poste auquel Jean-Philippe Rameau s'était porté candidat. En 1739, il succède à Jean-François d'Andrieu à la Chapelle royale et enfin est organiste à Notre-Dame de Paris. Son *Premier Livre de pièces pour clavecin* (*) paraît en 1735. Un *Nouveau Livre de noëls pour l'orgue et le clavecin, dont la plupart peuvent s'exécuter sur les violons, flûtes et hautbois* est publié vers 1740. Daquin a également écrit un *Te Deum,* un *Miserere*, des *Leçons des Ténèbres,* des cantates et des divertissements, restés manuscrits.

DOMINIQUE JACCOTTET.

D'ARCY Wentworth Thompson. Biologiste, philosophe et mathématicien écossais. Né le 2 mai 1860 à Édimbourg, mort le 21 juin 1948 à Saint Andrews (Écosse). D'Arcy Thompson est l'homme d'un seul livre, mais quel livre ! *Sur la dynamique des formes* (*) (1917), mille pages dans son édition complète, est un inimitable – et inestimable – essai de philosophie naturelle au sens où aurait pu l'entendre Aristote, et l'ouvrage fondateur d'une science aujourd'hui en plein développement, la morphogenèse. Comment croissent les cristaux et les êtres vivants ? Pourquoi les os d'une baleine ont-ils telle forme, les cornes de rhinocéros telle autre, et pourquoi les cellules des nids d'abeille sont-elles hexagonales ? Les études de D'Arcy Thompson intègrent étroitement mathématiques, physique et biologie pour donner une vision poétique, et d'une grande portée philosophique, des formes et des phénomènes naturels. S'il enseigna la zoologie, fut un mathématicien estimé et un bon spécialiste de la littérature grecque classique, il resta toujours en marge des grands courants de pensée de ces disciplines, ce qui le mena à la surprenante alchimie de *On Growth and Form* (édition abrégée, Cambridge University Press, 1961), qui reste sans exemple dans l'histoire des sciences.

NICOLAS WITKOWSKI.

DARD Frédéric. Romancier français. Né à Jallieu (Isère) le 29 juin 1921. Après des débuts dans le journalisme, il se trouve, à la Libération, en butte à de sérieuses difficultés matérielles. Il quitte Lyon pour Paris où, afin de subvenir à ses besoins, il commence à écrire des romans policiers. C'est ainsi qu'entre en scène le commissaire San-Antonio, « superflic » et beau gosse, qui narre ses aventures à la première personne. Le premier roman (*Réglez-lui son compte*, 1949), d'une inspiration proche de celle de Peter Cheney, alors fort en vogue, se vend mal. Il n'en va pas de même des suivants : publiées aux éditions « Fleuve Noir », les premières enquêtes signées San-Antonio connaissent un succès vertigineux. Les ventes s'enflent et les titres s'accumulent au rythme de trois, voire cinq, par an. Au milieu des années 60, les ventes se comptent par dizaines de millions : San-Antonio est devenu un véritable phénomène de société. Le grand public, tous milieux socio-culturels confondus, s'arrache ces petits livres faciles à lire. En 1965, à Bordeaux, de doctes universitaires consacrent un séminaire à : « Une forme du roman noir au XXᵉ siècle : le phénomène San-

Antonio ». Le succès est d'autant plus étonnant que Dard ne cesse de construire une œuvre personnelle qui, elle, demeure méconnue.

D'où vient le triomphe de San-Antonio ? L'œuvre, à ses débuts, reste fidèle au modèle du « roman noir » anglo-saxon, que l'on découvre alors en France. Les titres en témoignent (*Laissez tomber la fille ; Du plomb dans les tripes ; Des dragées sans baptême*), qui pourraient être signés Chandler, Goodis ou Chase. L'intrigue policière est au départ primordiale. Cependant apparaissent très vite des personnages nouveaux, truculents et pittoresques : l'« Hénaurme » inspecteur Bérurier et son épouse Berthe, ogresse obèse et nymphomane ; l'inspecteur Pinaud, le « vieux débris ». Sur un fond de « Série Noire », de plus en plus stylisé jusqu'à sa disparition, un certain folklore français se déploie. Il est fondé sur le beaujolais (vin des terrassiers à l'époque des premiers « S.A. »), le camembert et une grivoiserie qui vire sans hésiter à la franche et joyeuse obscénité. L'intrigue, vaguement policière, n'est plus que prétexte à un déferlement exubérant de fantaisie verbale. Les titres changent et se font moins limpides : *Ménage tes méninges, Le Gala des emplumés, En peignant la girafe*. Les calembours, contrepèteries, énumérations à la façon de Rabelais se multiplient. Ils sont le plus souvent centrés sur d'obscures et prodigieuses performances sexuelles. L'auteur s'en prend au lecteur, l'accable, le déçoit, est de connivence avec lui. Il a l'air de lui dire : rien de tout ceci n'est sérieux, mais pourtant... C'est ce ton neuf, paillard sans doute, drôle toujours et, aussi étrange que cela paraisse, léger, qui a fait le succès de San-Antonio. Débridé et irrespectueux, il tranchait avec les attitudes compassées et la langue de bois en usage à cette époque.

Mais, comme Hyde à l'endroit (ou à l'envers) de Jekyll, San-Antonio masquait Frédéric Dard. Ce dernier publiait en effet, sous son nom propre, des œuvres d'une facture fort différente des « San-Antonio », œuvres qui ne rencontraient qu'un succès d'estime : *Les salauds vont en enfer, Toi le venin* (1957), *Le Monte-Charge* (1961). Ici l'intrigue policière se plie à une analyse psychologique des plus fines qui révèle une vision pessimiste de la condition humaine. Dard peut légitimement être situé du côté de chez Céline, Marcel Aymé, voire Nimier, à cause de son rejet désespéré de la « connerie universelle ».

Pourtant, si le dédoublement San-Antonio/Frédéric Dard est douloureux, les « deux » auteurs se retrouvent ici : dans la terreur qu'inspire un monde absurde, dans un appel presque désespéré à la tendresse. Alors même que San-Antonio écrivait un roman sur les rapts d'enfants (*Faut-il tuer les petits garçons qui ont les mains sur les hanches*, 1985), Frédéric Dard vécut un calvaire personnel : l'enlèvement de sa fille. Si le drame a connu une issue heureuse, le romancier a été profondément marqué par l'épreuve du père.

En 1972, il avait publié, sous le nom de San-Antonio, son autobiographie : *Je le jure*. Depuis, de nombreux romans (dont *Les clefs du pouvoir sont dans la boîte à gants*, 1981, et *Les Soupers du prince*, 1992) ont paru, signés San-Antonio, mais ici le beau commissaire n'apparaît plus. Dard a rejoint son double qui, d'écrivain fictif, est devenu un écrivain réel et reconnu. Sa vision singulière, attachante, incisive et quelque peu noire de l'humanité suscite un peu plus que de l'intérêt : de l'amitié.

ALAIN QUESNEL.

DARÈS LE PHRYGIEN. Auteur fictif. Darès aurait participé à la guerre de Troie du côté troyen et aurait fait par écrit le récit de ce conflit de façon bien plus digne de foi qu'Homère, qui naquit longtemps après la fin de la guerre. Ce récit de Darès aurait été trouvé par hasard à Athènes par Cornelius Nepos, qui se serait empressé de le traduire fidèlement en latin et de le dédier à Salluste. C'est du moins ce que prétend la lettre qui sert d'introduction à l'*Histoire de la ruine de Troie* (+) — v. *Roman de Troie* (*). Cet ouvrage, prose latine de piètre qualité littéraire, a été composé en réalité au VIe siècle de notre ère par un auteur inconnu : Darès n'a jamais existé et Cornelius Nepos n'a jamais traduit de récit de la guerre de Troie. Il n'est certes pas impossible qu'un original grec ait existé, mais nous n'en avons aucune trace (alors que nous possédons des fragments de la version grecque du récit de la guerre de Troie d'un autre auteur fictif, Dictys de Crète).

OLIVIA RODARI.

DARGOMIJSKI Alexandre Serguiévitch [Aleksandr Sergeevič Dargomyškij]. Né dans un village du gouvernement de Toula le 14 février 1813, mort à Saint-Pétersbourg le 17 janvier 1869. Compositeur et pianiste, il écrivit plusieurs opéras dont : *Esméralda* — v. *Notre-Dame de Paris* (*) (1839) ; *La Roussalka* (*) (1856) ; *Le Convive de pierre* (qui fut achevé et instrumenté par Rimski Korsakov) ; *La Rogdana* (inachevé). Il désirait, dans ces diverses œuvres, donner à la musique, et en particulier au récitatif dramatique, un caractère réaliste. Il réussit assez bien à réaliser ce programme, dans *Le Convive de pierre,* par exemple, mais dans une forme sèche et sans grâce. Il est également l'auteur d'une sorte de cantate-ballet intitulée *Le Triomphe de Bacchus* (1845), de pièces pour orchestre, comme la *Fantaisie finlandaise, La Danse cosaque, Bala Jaga de la Volga à Riga,* d'œuvres vocales et de la musique de chambre. Toutefois, plus qu'à son œuvre personnelle, c'est à l'influence qu'il exerça sur la jeune école nationale russe, alors naissante, que le nom de Dargomijski mérite d'être retenu dans l'histoire de la musique.

DARIEN Georges (pseud. de Georges Adrien). Écrivain français. Né le 6 avril 1862 à Paris, mort le 19 août 1921 à Paris. Ses parents étaient des commerçants de religion protestante. Sa mère disparaît alors qu'il est encore en bas âge et son père se remarie avec une catholique intransigeante. Darien fait ses études au lycée Charlemagne. En 1881, il devance l'appel. Il passe en conseil de guerre pour insubordination en juin 1883 et est envoyé dans une compagnie disciplinaire en Tunisie. Ce qui lui fournira la matière de *Biribi, discipline militaire*, une fois rendu à la vie civile à Paris en 1886. Mais le livre ne paraîtra qu'en 1890 après *Bas les cœurs* (*) (1889), roman satirique où Darien peint les conséquences des événements de 1870-71 sur un milieu provincial petit-bourgeois. *Biribi* contribua à faire abolir par la Chambre des députés les bataillons disciplinaires. Darien publie en 1891 *Les Antisémites, Les Pharisiens*. Par la suite, il collabore à divers périodiques anarchistes ou libertaires comme *Le Roquet, L'Endehors*. Il fonde en 1893 *L'Escarmouche* qui disparaît un an plus tard. Il collabore à *L'Ennemi du peuple*. Une partie des textes qu'il a donnés alors seront rassemblés en 1972 dans un recueil intitulé *L'Ennemi du peuple*. *Le Voleur* (*) paraît en 1897 (Louis Malle en donnera une adaptation cinématographique en 1967). Son grand succès. Ce roman redécouvert en 1955 attira l'attention d'André Breton qui lui consacra un article où l'on peut lire que l'œuvre de Darien en général « est le plus rigoureux assaut que je sache contre l'hypocrisie, l'imposture, la sottise, la lâcheté ». Cependant, à l'époque même de la publication du *Voleur*, Alfred Jarry place ce livre dans la bibliothèque du Dr Faustroll. Darien écrit un pamphlet, *La Belle France* (*), qui paraît en 1901. Puis il se consacre au théâtre. Il donne une pièce tirée de *Biribi* puis un grand mélodrame inspiré de l'affaire Steinheil. En 1911, il fonde *La Revue de l'impôt unique* qui n'eut qu'un an d'existence. Il se présente sans succès aux élections générales puis aux élections pour le Conseil municipal de Paris en 1912. En 1914, il collabore au *Rappel*. Il se marie en 1921 peu de temps avant de mourir. Cette vie comporte une part de mystère. Darien fut-il le héros du *Voleur* ? Ses livres ne suffisant pas à le faire vivre, d'où tirait-il ses ressources ?

GUY LE CLEC'H.

DARÍO Rubén (pseud. de Félix Rubén García Sarmiento). Écrivain nicaraguayen. Né à Metapa (aujourd'hui Ciudad Darío) le 18 janvier 1867, mort le 6 février 1916 à León. Enfant d'une famille désunie, il fut un poète précoce. Dès l'âge de quatorze ans, il signe ses premiers écrits du nom qui deviendra célèbre. Après des études bâclées, il obtient en 1884 un emploi à la Bibliothèque nationale de Managua où il fait d'abondantes lectures. Celle de Victor Hugo lui inspire l'idée de rénovation métrique qu'il développera plus tard. Journaliste au Chili, de 1886 à 1889, il fréquente l'élite politique et intellectuelle. Il découvre avec enthousiasme les écrits de José Martí. Son premier recueil poétique *Les Ronces* [*Abrojos*] paraît en 1887, suivi la même année de *Chant épique aux gloires du Chili* [*Canto épico a las glorias de Chile*] et de *Rimes* [*Rimas*] à la façon de Bécquer. La première édition de *Azur* (*) paraît à Valparaiso en 1888. Un voyage en Espagne en 1892, à l'occasion du quatrième centenaire de la découverte de l'Amérique, le met en relation avec d'importantes personnalités littéraires (Menéndez y Pelayo, Valera, Zorrilla, Campoamor, Núñez de Arce, la comtesse de Pardo Bazán) ou politiques (Castelar, Cánovas del Castillo). C'est alors qu'il écrit la Préface du recueil de Salvador Rueda *À la hâte* [*En tropel*]. Après la mort de sa première femme, il épouse en 1893 Rosa Murillo, à Managua. Nommé consul de Colombie à Buenos Aires, Rubén Darío fait d'abord un voyage à New York, puis à Paris, son rêve d'enfance, où il est présenté à Verlaine et à Moréas. Le séjour de cinq ans (1893-1898) à Buenos Aires est des plus stimulants pour le jeune écrivain désormais consacré. Avec Ricardo Jaime Freyre il fonde, en 1894, la *Revista de América*. En 1896 paraissent *Les Bizarres* [*Los Raros*], suite d'admirables portraits littéraires d'écrivains de divers pays, plus ou moins scandaleux à l'époque, tels que Edgar Poe, Verlaine, Léon Bloy, Richepin, Moréas, Lautréamont, Ibsen, José Martí... *Proses profanes et autres poèmes* (*), publié la même année, impose son nom comme chef de file du modernisme. En 1897, il publie dans la *Biblioteca* de Groussac un roman inachevé, *L'Homme d'or* [*El hombre de oro*]. En 1898, année désastreuse pour l'Espagne dans la guerre contre les États-Unis, Darío est envoyé à Madrid comme correspondant de *La Nación* pour y enquêter sur la situation du pays, après la perte des dernières colonies, Cuba, Porto Rico et les Philippines. Il se lie d'amitié avec les écrivains espagnols qui le reçoivent avec enthousiasme : Unamuno, Pío Baroja, Azorín, Juan Ramón Jiménez, Manuel et Antonio Machado, Ramón del Valle-Inclán, Villaespesa, Benavente, Martínez Sierra... Séparé de Rosario Murillo, épousée en deuxièmes noces, Darío fait la connaissance de Francisca Sánchez del Pozo, une paysanne espagnole, qui deviendra sa fidèle compagne et dont il aura plusieurs enfants. En 1900, Rubén Darío est envoyé par *La Nación* à Paris à l'occasion de l'Exposition universelle. Dans une sorte de vertige, il ne cesse de voyager. « Mon âme de Sinbad – déclare-t-il – tend à chercher toujours de nouveaux horizons et de nouveaux paysages. » Ses voyages, ses découvertes nourrissent l'inspiration d'écrits en prose : *Espagne contemporaine* [*España contemporánea*] et *Pérégrinations* [*Peregrinacio-*

nes, 1901] ; *La caravane passe* [*La caravana pasa,* 1902] ; *Terres solaires* [*Tierras solares,* 1904]. En 1905, Darío est nommé consul du Nicaragua à Paris. La même année paraît son troisième grand livre, *Chants de vie et d'espérance* (+), qui consacre sa gloire littéraire. Ses voyages sont incessants. En 1906, il participe à Rio de Janeiro à la Conférence panaméricaine. Après un séjour à Buenos Aires, il est de retour à Paris, d'où il part pour Majorque. *Le Chant errant* [*El canto errante,* 1907] contient encore d'éclatantes compositions dans la veine américaniste (*Momotombo, Ode à Mitre, Tute-cotzimí*). Après un voyage triomphal au Nicaragua, Darío est nommé ambassadeur de son pays à Madrid. Destitué peu après, il revient à Paris. *Poème de l'automne et autres poèmes* [*Poema del otoño y otros poemas*] est publié en 1910. Après un voyage au Mexique et à Cuba, Darío revient à Paris où il est directeur littéraire des revues *Mundial* et *Elegancias.* En 1912, il fait une tournée de conférences dans divers pays d'Europe et d'Amérique latine. La même année il publie un récit autobiographique dont l'exactitude est sujette à caution : *La Vie de Rubén Darío écrite par lui-même* [*La vida de Rubén Darío escrita por él mismo*]. Un séjour à Majorque, en 1913, lui inspire un récit, *L'Or de Majorque* [*El oro de Mallorca*]. De retour à Paris, il fait paraître un dernier livre : *Chant à l'Argentine et Autres poèmes* [*Canto a la Argentina y otros poemas*]. La guerre l'oblige à revenir en Amérique en passant par Barcelone et Cadix. À New York il prend part à une campagne pacifiste. Son instabilité s'accompagne d'un goût prononcé pour l'alcool qui ruina sa santé. Après un séjour au Guatemala, il mourut dans son pays, le 6 février 1916. Considéré de son vivant comme le chef de file du modernisme, vénéré comme un maître par Antonio Machado et Juan Ramón Jiménez, Rubén Darío est unanimement reconnu comme l'une des principales figures de la poésie de langue espagnole du XXe siècle.

BERNARD SESÉ.

RÉF. : O. Paz, *Cuadrivio. Darío, López Velarde, Pessoa, Cernuda,* Mexico, 1969. – A. Roma, *Rubén Darío y el modernismo,* Caracas, 1970. – F. Lopez Estrada, *Rubén Darío y la Edad Media,* Buenos Aires, 1971. – C. L. Irude, *Rubén Darío and the Romantic Search for Unity : the Modernist Recourse to Esoteric Tradition,* thèse, Austin, 1983. – J. Larrea, *Rubén Darío y la nueva poesia americana,* Valence, 1987.

D'ARRIGO Stefano. Poète et romancier italien. Né en 1919 à Ali Marina (Messine). En 1942, il présente à l'université de Messine une maîtrise sur Hölderlin. En 1946, il s'installe à Rome. Il collabore par des chroniques d'art à plusieurs journaux et revues. Joueur de football, acteur dans *Accattone* de Pasolini, D'Arrigo débute en littérature, comme cela est assez courant en Italie, par une plaquette de vers. *Code sicilien* [*Codice siciliano,* 1957] réunit des poèmes écrits de 1950 à 1956. Le folklore sicilien y est évoqué par le filtre, très littéraire, du mythe. Mais c'est au roman-fleuve *Orcynus Orca* (*) (1975) que D'Arrigo doit sa renommée. L'auteur y a travaillé pendant près de quinze ans, à partir des deux premiers chapitres, publiés en 1960 dans la revue turinoise *Il Menabo* et progressivement amplifiés autour du noyau originel : le retour, en 1943, du matelot sicilien 'Ndrja Cambria à Cariddi, un village de pêcheurs, et sa mort. La richesse foisonnante de ce roman, ses ambitions totalisantes, son architecture savante, sa langue très particulière, à l'intersection de plusieurs registres lexicaux (italien standard, un dialecte sicilien mi-réel mi-inventé, archaïsmes, néologismes, termes techniques, etc.), sa syntaxe fort originale, expliquent que *Orcynus Orca* soit devenu l'un des grands « cas » littéraires italiens des années 70. Ce roman, tout en suscitant des réactions toujours passionnées, n'a pas fait pour autant l'unanimité. D'Arrigo s'inscrit à la fois dans la lignée des grands contestataires des systèmes linguistiques (de Joyce à Gadda) et, par sa thématique insulaire, ainsi que par son pouvoir d'affabulation, dans celle des plus prestigieux écrivains siciliens (de Verga à Pirandello, à Vittorini). Métaphore de la vie, voyage initiatique dans le labyrinthe du mythe, ce roman voudrait conjurer la hantise de la mort, un désespoir existentiel très nettement perceptible. En 1985, avec son deuxième roman, *Femme par magie* [*Cima delle nobildonne*], D'Arrigo revient à un style et à une mesure plus traditionnels. L'histoire, teintée de mythe, se déroule dans la Suède contemporaine.

FRANÇOIS LIVI.

DARWIN Charles Robert. Illustre naturaliste anglais. Né le 12 février 1809 à Shrewsbury (Shropshire), mort à Down (Kent) le 12 avril 1882. Il bénéficiait d'une double hérédité : son père, célèbre médecin de Shrewsbury, était fils d'Erasmus Darwin, lui-même médecin réputé, mais apprécié surtout pour l'ensemble de ses œuvres scientifiques, littéraires et philosophiques. Fait curieux, il avait exposé dans ses écrits ses conceptions sur l'évolution ; pourtant, de telles idées manquaient d'une base solide, étant donné l'état peu avancé des connaissances biologiques du temps. La mère de Charles Darwin était fille de Wedgewood, le célèbre céramiste, dont le génie créateur, l'art, la technique et la pratique étaient extraordinaires – homme en outre doué d'une grande force morale. De neuf à seize ans, Darwin fréquenta le collège de Shrewsbury, puis il se rendit à Édimbourg (où il renonça à sa première idée de suivre la carrière paternelle), enfin à Cambridge dans l'intention d'y prendre les ordres sacrés. Là, il satisfit sa passion pour le sport et pour les collections de plantes, d'insectes, d'échantillons minéraux. Le bienfait majeur qu'il retira de ces trois années de séjour à Cambridge fut l'amitié de savants tels que J. S. Henslow et Adam Sedgwick. En 1831, à peine Darwin avait-il pris ses grades universitaires que Henslow lui conseilla de postuler l'emploi de naturaliste à bord du navire « Beagle » qui allait entreprendre un voyage de recherches scientifiques autour du monde. Il est piquant de penser qu'il fut sur le point de manquer ce tournant décisif de sa carrière. À peine l'opposition tenace de son père à ce voyage avait-elle été vaincue par les instances de son oncle Josiah Wedgewood que Charles Darwin faillit être laissé à terre par le commandant du navire, qui ne pouvait surmonter l'inexplicable aversion qu'il avait pour la physionomie du jeune homme, et surtout pour la forme de son nez. Néanmoins, Darwin et le commandant Fitzroy devinrent par la suite d'excellents amis. Durant le voyage qui dura cinq ans, ils visitèrent de nombreuses îles de l'Atlantique, du Pacifique, les côtes sud-américaines, néo-zélandaises et australiennes. Les premiers fruits de ces recherches furent pour Darwin d'ordre géologique, comme le prouve son remarquable livre sur la formation des récifs coralliens : *Structure et répartition des récifs coralliens* [*The Structure and Distribution of Coral Reefs,* 1842]. Mais ce fut dans le domaine de la biologie que son esprit s'enrichit surtout : ses observations sur la distribution géographique des fossiles sur les côtes orientales sud-américaines et sur la faune des îles Galapagos le convainquirent que les phénomènes naturels ne pouvaient être expliqués par la seule Création, mais découlaient d'une théorie évolutive.

En 1837, peu après son retour en Angleterre, Darwin entreprit son premier livre de notes sur la « transmutation des espèces ». Il séjourna encore deux ou trois ans à Londres, publiant le résultat des observations, suivant des réunions scientifiques, et nouant de nombreuses amitiés dans les milieux savants ; il devint également secrétaire de la Geological Society, et épousa sa cousine Emma Wedgewood, dont il s'était épris. En 1842, sa santé délicate lui fit quitter Londres pour le Kent, où il vécut les quarante dernières années de son existence. Toute la suite de sa carrière peut se résumer dans sa bibliographie. Après avoir rédigé les observations géologiques réunies lors du périple du « Beagle » et assuré leur publication : *Observations géologiques sur les îles volcaniques visitées au cours du voyage de H. M. S. « Beagle »* ; *Observations géologiques en Amérique du Sud ; Géologie du voyage à bord du « Beagle »* [*Geological Observations on the Volcanic Islands visited during the Voyage of H. M. S. « Beagle » ; Geological Observations in South America ; Geology of the Voyage on the « Beagle »*, 3 vol., 1842-1846] et fait de même pour les observations zoologiques : *Zoologie du voyage de H.M.S. « Beagle »* [*Zoology of the Voyage of H. M. S. « Beagle »*, 5 vol., 1839-1842], et après avoir écrit le célèbre *Voyage d'un naturaliste autour du monde* (*), Darwin se consacra à la volumineuse *Monographie sur les cirripèdes* [*Monograph on the Cirripedia*], qui lui prit huit années et qu'il publia enfin en 4 volumes (1851-1854). Cette œuvre constitua une tâche accablante à maints égards, mais Darwin en sentit le profit, car l'examen de milliers d'échantillons l'induisit à prendre nettement conscience de la difficulté d'une classification, et lui montra combien, souvent, les classements desdites espèces pouvaient être arbitraires.

À partir de 1854, il se consacra presque exclusivement à l'étude de l'évolution. Ses trois ouvrages sur ce sujet sont : *De l'origine des espèces par voie de sélection naturelle* (*) ; *De la variation des animaux et des plantes sous l'action de la domestication* (*) ; *La Descendance de l'homme et la sélection sexuelle* [*The Descent of Man and Selection in Relation to Sex,* 1871]. Le nœud de la théorie darwinienne se trouve dans l'*Origine des espèces* et *La Descendance de l'homme.* Le premier de ces ouvrages pose le problème de l'évolution en général et développe la théorie de la sélection naturelle ; le second, en dépit de son titre, tend surtout à développer la théorie complémentaire de la sélection sexuelle. Les autres ouvrages de Darwin complètent ceux-ci. Le *Voyage d'un naturaliste autour du monde* [*Naturalist's Voyage Round the World* – ou, pour lui conserver son titre complet, *Journal of Researches into the Geology and Natural History of the Various Countries visited by H. M. S. « Beagle » under the Command of Capt. Fitzroy R.N. from 1832 to 1836,* 1889] présente un compte rendu éblouissant des expériences qui convainquirent pour la première fois Darwin de l'évolution. Certaines œuvres, ainsi qu'il le dit dans sa monographie si complète sur les cirripèdes, constituent les matériaux et la vérification indispensables pour soutenir son argumentation sur le problème de l'espèce. Par la suite, à diverses reprises après l'*Origine,* il publia de nombreux ouvrages de moindre importance sur les divers aspects de l'adaptation et de la fécondation des orchidées : *De la fécondation des orchidées par les insectes et des bons effets des croisements* [*On the various Contrivances by which Orchids are fertilized by Insects,* 1862] ; sur les plantes grimpantes : *Les Mouvements et les habitudes des plantes grimpantes* [*The Mouvements and Habits of Climbing Plants,* 1875] ; sur les plantes insectivores : *Les Plantes insectivores ;* sur le croisement et l'autofécondation des plantes : *Les Effets de la fécondation croisée dans le règne végétal* [*The Effects of Crosse and Self Fertilization in the Vegetal Kingdom,* 1877] ; sur les procédés spéciaux pour la fécondation croisée, y compris l'évolution des divers pollens de fleurs sur plantes de même espèce : *Différentes formes et fleurs de plantes de même espèce* [*The different Forms of Flowers on Plants of the same Species,* 1877]. *De la variation des animaux et des plantes sous l'effet de la domestication* est un vaste résumé des connaissances que le savant avait accumulées dans ce domaine comme éléments pour la compréhension des mutations dans la nature. *La Descendance de l'homme* date de 1871 et, en accord avec le côté humain de ce livre, Darwin publia en 1872 : *L'Expression des émotions chez l'homme et chez les animaux* [*The Expression of the Emotion in Man and the Animals*]. Enfin, alors qu'il avait dépassé soixante-dix ans, Darwin écrivit l'une de ses œuvres les plus marquantes dans le domaine de l'histoire naturelle, sur les vers : *Formation de terreau végétal sous l'action de vers* [*Formation of Vegetable Mould through the Action of Worms*, 1881]. *La Vie et les Lettres* [*Life and Letters*] publié après sa mort par son fils (1887) répand une vive clarté sur le développement de ses théories. Le volume contient en outre une version abrégée de l'*Autobiographie* [*Autobiography*] écrite par Darwin à l'usage de ses fils ; elle a fait l'objet d'une édition séparée dans la *Thinker's Library*. Darwin souffrit constamment de sa mauvaise santé, mais sa règle de vie organisée pour assurer la plus grande efficacité à son travail, jointe à l'inépuisable dévouement de sa femme, à l'appui de sa famille et de ses amis, lui permit de produire une œuvre scientifique qui ne fut jamais dépassée en importance ni en qualité. Darwin a été inhumé dans l'abbaye de Westminster.

JULIAN HUXLEY.

♦ « *Marx fut le premier à se rendre compte de l'importance des travaux de Darwin. Avant même 1859 (année de publication de l'*Origine des espèces*) Marx s'était rendu compte du rôle capital de Darwin qui, loin des bruits et de l'agitation des grandes villes, préparait, dans sa paisible maison de campagne, une révolution analogue à celle qu'il préparait lui-même dans le centre tumultueux du monde, en appliquant seulement le levier en un point différent* [...] *Et lorsque Darwin eut tiré les conclusions de ses recherches, pour les livrer à la publicité, il ne fut question, parmi nous, pendant des mois, que de Darwin et de ses conquêtes scientifiques.* » Liebknecht *in* Kark Marx zum Gedächtniss, 1896. ♦ « *La concurrence vitale est une loi, la sélection un fait, la production des variétés individuelles un autre fait, la transmission de ces variations une conséquence, mais ce qui n'est ni un fait, ni une loi, ni une conséquence, c'est l'écart indéfini que la sélection naturelle ferait subir aux caractères anatomiques et morphologiques* [...] *La sélection est au nombre des causes des changements organiques, mais on ne saurait conclure qu'elle soit le procédé unique et universel de l'évolution, ni même qu'elle ait jamais eu le pouvoir de former une seule espèce...* [mais] *ce qui fait la force du transformisme, c'est l'impuissance du système créationniste.* » Broca. ♦ « *Il n'est pas démontré que la transformation des êtres se fasse par la sélection, et il devient probable que les caractères spécifiques sont acquis autrement que par de petites accumulations héréditaires. Mais tout cela importe peu. Le monde soulevé par Darwin est resté soulevé. La possibilité du transformisme par des moyens naturels reste établie, la théorie des créations successives des êtres fut ruinée pour toujours et la pensée des savants a profondément évolué.* » G. Le Bon, 1908. ♦ « *Ce qui faisait la supériorité de Darwin, c'est qu'il n'était pas un philosophe spéculatif. Il ne s'est pas proposé de bâtir un système. Il ne voyait dans sa théorie qu'un moyen de recherche, un outil de travail.* » F. Doflein, 1911. ♦ « *L'origine économique du darwinisme est démontré par le fait que ce système, partant de la ressemblance à l'homme des animaux, ne convient déjà plus au monde végétal et qu'il dégénère en sottises quand on veut l'appliquer sérieusement avec ses tendances volontaristes (sélection, mimicry) également aux formes primitives organiques. La preuve consiste pour le darwiniste à classer une collection de faits choisis et à les expliquer métaphoriquement de manière à les faire correspondre avec son sentiment historico-dynamique fondamental, dit "évolution"* ». Oswald Spengler. ♦ « *Aucune théorie de l'évolution n'explique aussi bien que le darwinisme moderne les caractères déconcertants du monde vivant.* » Marcel Prenant. ♦ « *C'est Darwin qui fait la première tentative, tentative grandiose et qui devait avoir des répercussions innombrables, d'intégrer l'homme dans la nature, de le considérer non plus comme une abstraction ou comme un être à part se prêtant à toutes les définitions, mais comme un des chaînons du monde vivant en général, rattaché par mille liens et rapports non seulement à celui-ci, mais aussi au monde inorganique, au milieu physique qui l'entoure. Le darwinisme... a révélé un monde qui, loin d'avoir été créé à l'intention de l'homme, est tout frémissant d'une vie propre qui se manifeste sous des formes innombrables, d'une variété infinie, chacune cherchant à s'affirmer, à se maintenir par tous les moyens, à augmenter son champ et son pouvoir d'action.* » S. Jankélévitch. ♦ « *Une doctrine qui prive l'homme des illusions qu'il s'est forgées sur son destin.* » P. Courtade. ♦ « *C'est assurément comme théoricien, comme bâtisseur d'hypothèses que Darwin est le plus grand. Doué au suprême degré de ce que Spencer nommait « l'instinct architectural », il est inégalable dans l'art de grouper les faits, de les arranger et de les combiner pour les éclairer ensuite par des rapports jusqu'alors insoupçonnés.* » Jean Rostand.

RÉF. : A. de Quatrefages, *Ch. Darwin et ses prédécesseurs*, Paris, 1892. – Poulton, *Darwin and the Theory of Natural Selection*, 1896. – F. Le Dantec, *Lamarckiens et darwiniens*, Paris, 1899. – A. Mignon, *Pour et contre le transformisme. Darwin et Vialleton*, Paris, 1934. – Marcel Prenant, *Darwin*, Paris, 1938. – Geoffrey West, *Charles Darwin, a Portrait*, New Haven, U.S.A., 1938. – Pierre Courtade, *La Pensée de C. Darwin*, Grenoble, 1945. – Jean Rostand, *Charles Darwin*, Paris, 1947. – W.E. Ritter, *Charles Darwin and the Golden Rule*, Washington, 1954. – G. Carguilhem, *Études d'histoire et de philosophie des sciences*, Paris, 1968. – D.H. Bouarchaud, *Charles Darwin et le Transformisme*, Paris, 1976. – Stephen Jay Gould, *Darwin et les grandes énigmes de la vie*, trad. Paris, 1976. – *Le Darwinisme aujourd'hui* (éd. Émile Noël), Paris, 1979.

DARWĪSH Maḥmūd. Poète palestinien. Né à al-Birwa, près d'Acre, en 1941. Il a vécu l'existence tourmentée d'un réfugié de l'intérieur, éditant avec difficulté une revue à Haïfa, avant d'être emprisonné et contraint à l'exil au Liban en 1971. Fonctionnaire de l'O.L.P., il partage sa vie entre Paris et Tunis, depuis 1982. Son œuvre est un hymne à la terre natale, peu à peu transmuée en patrie intérieure et mystique, en quintessence charnelle de la nostalgie : *Feuilles d'olivier* [*Awrāq al-zaytūn*, 1964], *Un amoureux de Palestine* [*'Āshiq min Filasṭīn*, 1966] et *Au terme de la nuit* [*Ākhir al-layl*, 1967]. N'hésitant pas, comme Adonis et Sayyāb, à adopter le vers libre ou à élaborer une poésie expérimentale, Darwīsh a diversifié l'intensité et la profondeur de son message par le souci d'être à la portée des plus humbles écoutes et de célébrer une véritable passion de l'amour, confondue avec la tendresse éthérée des mères, l'épiphanie des amantes fécondes ou les rites magiques de la séparation et de la résurrection : *Les oiseaux meurent en Galilée* [*al-'Aṣāfīr tamūt fī l-Jalīl*, 1970], *T'aimer ou ne pas t'aimer* [*Uḥibbuki aw lā uḥibbuki*, 1972], *Noces* [*A'rās*, 1977], *L'Encerclement des éloges de la mer* [*Ḥiṣār li-madā'iḥ al-baḥr*, 1984] et *Plus rares sont les roses* (*). Galiléen musulman, tressaillant de tout son être au message du Christ, Darwīsh a élaboré un évangile de l'exil, certes porteur de toutes les apocalypses modernes, mais aussi riche de l'incoercible espérance de la vie.

BERNARD MOUSSALI.

DĀS Jībanānanda. Poète bengali. Né à Bariśāl, Bengale oriental, Bangladesh actuel, le 18 février 1899, mort à Calcutta (Inde) le 22 octobre 1954. Le plus grand poète bengali après Tagore, Dās ne connut qu'une gloire posthume. À peine si les deux dernières années de sa vie furent éclairées par une renommée grandissante. Il appartenait à une famille brahmo, secte réformée de l'hindouisme. Son père était professeur dans la petite ville où il naquit. Après des études supérieures à Calcutta, Dās enseigna la littérature anglaise dans divers collèges universitaires à Bariśāl, à Delhi et, après la partition de l'Inde en 1947, à Calcutta et dans la région. Il vécut solitaire et toujours en butte à des difficultés d'argent. Il mourut des suites d'un accident de la circulation dont la rumeur fit un suicide. La poésie de Dās se manifesta dans toute son originalité dès la parution de ses premiers poèmes en 1926. Poète lyrique par excellence, il trouva une voix bien à lui pour évoquer les enchantements de la nature du Bengale, la beauté mystérieuse de ses femmes et le passage du temps. Il ne s'interdisait pas de mêler langue littéraire, hautement sanskritisée, et langue de communication ordinaire, et faisait appel aussi aux vocables les plus familiers et aux expressions dialectales. Ses images ne devaient rien à la rhétorique classique et venaient droit de son expérience. Faisant appel à tous les sens, elles frappaient par leur justesse. Ses poèmes furent publiés en six recueils de son vivant, après une première parution en revue : *La Chute des feuilles* [*Jharā pālak*, 1927], *Le Manuscrit cendré* [*Dhūsar paṇḍulipi*, 1936], *Poèmes Bonolotā Sen* (*) (1942), *L'Univers* [*Mahāpṛthivī*, 1944], *Les Ténèbres des sept étoiles* [*Sātṭi tārār timir*, 1948], et *Les Meilleurs Poèmes de Jībanānanda* [*Jībanānander Śreṣṭha kavitā*, 1954]. Plusieurs autres recueils parurent après sa mort dont *Rūpasī Bāṃlā* en 1957 et *Belā abelā kālbelā* en 1961, ainsi qu'un volume d'essais sur la poésie en 1956 et trois romans : *Malyavan* (1973), *Sutīrtha* (1977) et *Jalpaihati* (1985).

FRANCE BHATTACHARYA.

DASKALOV Stoyan. Écrivain bulgare. Né le 22 août 1909 dans le village de Liljatché (région de Vrata), mort à Sofia le 18 mai 1985. D'abord instituteur en province (1928-1938), il commence, à partir de 1930, à publier des récits. En 1942, il achève ses études en philologie slave à l'université de Sofia. Son roman *La Route* (*) (1945-1955) retrace le chemin parcouru par un paysan pauvre qui, ayant adopté les idées du communisme, participe à la résistance antifasciste et, après la guerre, travaille activement à la construction du socialisme en Bulgarie. Les romans *Le Moulin des Lipovanski* [*Melnitzata na Lipovanski,* 1951] et *La Terre du paysan* (*) (1952), ainsi que la plupart des autres romans, nouvelles et récits de Daskalov, reflètent les difficultés liées à l'expropriation des terres dans le village bulgare et les transformations de la mentalité paysanne en Bulgarie socialiste.

DASS Petter. Pasteur et écrivain norvégien d'origine écossaise (Dundas). Né à Alstahaug (Nordland) en 1647, mort en 1707. Il fit ses études à Bergen et à Copenhague, puis en 1689 devint pasteur dans son village natal. Écrivain d'inspiration populaire et, accidentellement, versificateur, il se consacra à l'éducation de ses paroissiens, en prêchant en vers la doctrine luthérienne : *Le Petit Catéchisme du docteur Martin Luther* [*Dr. Morten Luters lille Katekismus,* 1714], puis, en vers également, décrivit le pays et la vie du Nordland dans *Les Trompettes du Nord* (*), publiées après sa mort (1739).

D'ASSOUCY Charles Coypeau, sieur. Écrivain et musicien français. Né et mort à Paris (16 octobre 1605 - 29 octobre 1677). Charles Coypeau, fils d'un avocat au Parlement, a une enfance marquée par les dissensions familiales. Doué pour les langues anciennes et la musique, il acquiert une réputation de virtuose du théorbe et assume très jeune une existence indépendante et vagabonde. À seize ans, il s'affuble du titre de sieur D'Assoucy et sillonne la Provence. En 1637, il réapparaît à Paris, où il fait scandale par son inclination pour les jeunes pages de musique à la mine avantageuse. Introduit à la Cour en 1638, il devient la coqueluche de grands seigneurs comme M. de Mortemart. Mais il préfère la bohème libertine, fréquente Cyrano de Bergerac, Charles Beys, Saint-Amant, et suit les leçons de Gassendi. À la mort de Louis XIII, il passe sous la protection de Mazarin, amateur de musique et de théâtre. Il publie en 1648 *Le jugement de Pâris* (*), suivi de *Vers burlesques* — v. *Le Jugement de Pâris* — et, en 1650, l'*Ovide en belle humeur* (*), qui lui vaut les louanges de Corneille. Désireux de prouver à ce dernier qu'une comédie en musique est réalisable en français, il écrit *Les Amours d'Apollon et de Daphné,* pastorale qui ne sera pas représentée à cause de la Fronde.

En janvier 1652, une mystérieuse querelle le conduit en prison. Libéré grâce au comte d'Harcourt, il publie en 1653 *Le Ravissement de Proserpine,* les *Poésies et Lettres contenant diverses pièces héroïques, satiriques et burlesques.* Il se brouille avec Cyrano et entreprend une folle équipée en Italie. Le duc de Mantoue fait enlever son page, et lorsque D'Assoucy a gagné au jeu la somme nécessaire pour que le jeune homme le rejoigne à Rome, il découvre que celui-ci le vole : l'ayant fait arrêter, il est lui-même dénoncé comme athée et passe un an dans les geôles du Vatican. Il obtient sa liberté en rédigeant un traité édifiant contre l'athéisme et l'épicurisme.

De retour à Paris en 1670, il est tombé dans l'oubli et Molière, qui avait collaboré avec lui en province, lui préfère désormais Lully. En 1673, il est à nouveau emprisonné pour sodomie. Libéré sur l'intervention du duc de Saint-Aignan, il entre dans la musique du roi et publie ses *Aventures* (1676-1677), autobiographie romancée qui retrace son parcours picaresque et développe une réflexion sur le burlesque.

DOMINIQUE BERTRAND.

RÉF. : M. Chaillou, « Les Aventures de M. d'Assoucy », *N.R.F.*, n° 338, 1981.

DAUBENTON Louis Jean Marie, d'Aubenton, dit. Savant français. Né le 29 mai 1716 à Montbard – comme Buffon, dont il était de neuf ans le cadet –, mort le 31 décembre 1799 à Paris. Daubenton, après avoir quelque temps exercé la médecine, rejoignit à Paris son compatriote, alors intendant du Jardin du Roi, qui le fit nommer garde et démonstrateur du Cabinet d'histoire naturelle (1743). C'est à ce titre que Daubenton collabora à la vaste *Histoire naturelle, générale et particulière* (*) entreprise par son aîné ; surtout anatomiste, il en rédigera les descriptions anatomiques qui, pour l'époque, sont d'une remarquable exactitude, pour l'*Histoire des quadrupèdes.* Par ailleurs, il s'occupait d'acclimater en France des races exotiques d'animaux domestiques, tels les mérinos dont il créa à Montbard, sous les auspices de Turgot, la première bergerie qui ait existé en France. Mais c'est dans l'enseignement que Daubenton poursuit sa carrière, lorsqu'il se sépare de Buffon (1753) ; en 1778 il est professeur de zoologie générale au Collège de France, en 1783 d'économie rurale à Alfort, en 1793 de minéralogie au Muséum. Depuis 1760, il était membre de l'Académie des sciences ; lors de la reconstitution de celle-ci au sein de l'Institut de France (1795), il fut un des premiers appelés à y siéger de nouveau. En 1799, Daubenton est nommé sénateur ; il meurt d'une crise d'apoplexie en pleine séance du Sénat. Daubenton peut être considéré comme un des fondateurs de l'anatomie comparée qui, avec Cuvier, atteindra aux résultats que l'on sait.

RÉF. : Louis Roule, *Daubenton et l'exploitation de la nature,* 1925. – Sainte-Beuve, *Causeries du Lundi,* IV, X, XIV.

DÄUBLER Theodor. Poète allemand. Né à Trieste le 17 août 1876, mort à Saint-Blaise (Suisse) le 14 juin 1934. D'origine souabe, il reçut une première éducation bilingue. À quinze ans, il s'embarqua comme mousse, puis il étudia les lettres à Naples et bientôt se mit à parcourir l'Italie, à la découverte de chefs-d'œuvre artistiques. Son premier ouvrage important, *L'Aurore boréale* (*), date de 1910 ; c'est aussi sa meilleure œuvre. Il se consacra ensuite à la poésie lyrique et publia, en 1913, *Odes et Chants* [*Oden und Gesänge*], et en 1916 le magnifique *Hymne à l'Italie* [*Hymne an Italien*]. De ses séjours parmi les bohèmes de Florence et de Paris, il avait conservé des sympathies avant-gardistes qui expliquent en partie le bruit que fit *Le Nouveau Point de vue* [*Der Neue Standpunkt,* 1916] et le titre de « père de l'expressionnisme » qu'on donna à son auteur. Durant toute la guerre mondiale, Däubler fut critique d'art à Berlin. En 1922, il partit pour la Grèce, car il projetait un important ouvrage sur l'Hellade dont il n'écrivit que des fragments : *Sparte* [*Sparta,* 1923], *Le Mont sacré Athos* [*Der Heilige Berg Athos,* 1923], *Sonnets attiques* [*Attische Sonette,* 1924], *Pan et Dithyrambe* [*Päan und Dithyrambos,* 1924]. Sa constante recherche d'un lien entre paganisme et christianisme le conduisit à visiter également les pays du Proche-Orient. En 1926, il se fixa à Berlin. Tardivement, il s'essaya, non sans succès, dans l'art de conter, et développa surtout son but dans *Le Coup de filet* [*Der Fischzug,* 1930], mais son néo-classicisme se ressent de trop d'influences.

DAUDET Alphonse. Écrivain français. Né le 13 mai 1840 à Nîmes, mort à Paris le 15 décembre 1897. Son enfance se déroule dans la fabrique paternelle, une entreprise de soieries. Ruinée, la famille doit s'exiler à Lyon. Sensible et précoce, Alphonse y découvre la tristesse d'un climat pluvieux, les humiliations et les souffrances de la pauvreté : il jouit pourtant d'une grande liberté qu'il met à profit pour découvrir les plaisirs du canotage et faire l'école buissonnière. La situation familiale se détériore définitivement ; à l'âge de seize ans, il doit quitter le lycée et accepter un emploi de maître d'études au collège d'Alès. La solitude, les blessures d'amour-propre et le chahut rendant cette expérience éprouvante, il quitte Alès pour des raisons mal élucidées et rejoint son frère à Paris où il veut tenter une carrière littéraire.

Il mène cette vie difficile et misérable qu'on appelait « la bohème ». En 1858, il publie un recueil de vers *Les Amoureuses* (*), qui connaît un vif succès mondain, tôt suivi du silence. Il réussit pourtant à placer des chroniques, en prose ou en vers, d'inspiration boulevardière ou rabelaisienne, dans les journaux : au

Gaulois, à *Paris-Journal,* et surtout au *Figaro.* Daudet est attiré par le théâtre, où les succès sont glorieux et lucratifs, mais il ne parvient pas à faire lire ses manuscrits. L'existence devient plus que précaire : l'intervention d'un ami, Lépine, chef de cabinet du duc de Morny, lui vaudra un poste de secrétaire, sinécure qui assurera sa vie matérielle. En collaboration avec ce Lépine, Alphonse Daudet fera représenter trois courtes pièces : *La Dernière Idole* (1862), *Les Absents* (1864), *L'Œillet blanc* (1865). Entre-temps, sa santé – une syphilis compliquée de lésions tuberculeuses – avait rendu nécessaires des séjours dans le Midi et en Corse, et surtout un voyage en Algérie. Le Midi inspire à Daudet des chroniques provençales, qui, remaniées et regroupées, deviendront *Les Lettres de mon moulin* (*) (1869) ; le voyage en Algérie sera transposé dans *Tartarin de Tarascon* (*) (1872), premier volume d'une trilogie qui contient *Tartarin sur les Alpes* (*) (1885) et *Port Tarascon* (*) (1890). En 1868, Daudet publie un roman largement autobiographique *Le Petit Chose* (*). En dépit d'un début de notoriété, sa situation financière reste très médiocre ; l'échec retentissant de *L'Arlésienne* (*) (1872), drame accompagné par une musique de Bizet, le relatif insuccès des *Contes du lundi* (*) (1873) faillirent le détourner de la carrière littéraire. Son premier roman parisien *Fromont jeune et Risler aîné* (*) (1874) marquera le début du succès. *Jack* (*) (1876) raconte la vie d'un enfant et promène le lecteur dans les milieux ouvriers provinciaux et parisiens ; *Le Nabab* (*) (1877) retrace les dernières années du second Empire ; *Les Rois en exil* (1879) abordent le sujet original de la vie quotidienne des souverains détrônés ; *Numa Roumestan* (*) (1881) est l'occasion de proposer une étude du méridional ; *L'Évangéliste* (1883) s'inspire d'un fait divers douloureux, le détournement d'une jeune fille par une secte religieuse ; *Sapho* (*) (1884) transpose une liaison de jeunesse, « un collage » avec Marie Rieu ; *L'Immortel* (*) (1888) est une peinture satirique de l'Académie française ; *La Petite Paroisse* (1895) analyse les tourments de la jalousie et *Soutien de famille* (1898) propose le portrait d'une génération à travers celui d'un héros accablé par une trop lourde charge. Il faut faire une place à part à une longue nouvelle, *Le Trésor d'Arlatan* (1897), située en Camargue, qui aborde un problème de refoulement véritablement psychanalytique.

Daudet a adapté pour le théâtre ses principaux romans et a écrit pour la scène une pièce d'inspiration darwinienne, *La Lutte pour la vie* (1889) ; on mentionnera aussi des recueils de souvenirs et de critique dramatique, et surtout *La Doulou* (1929), journal posthume où l'écrivain notait, jour après jour, les progrès d'un mal incurable.

Sa femme Julia Allart (1847-1940) fut également sa collaboratrice ; il eut deux fils : Léon (1867-1942) (v. l'article qui lui est consacré) et Lucien (1878-1946) à qui on doit une *Vie d'Alphonse Daudet* (1941).

Alphonse Daudet souffre d'avoir été lu d'une façon à la fois restrictive et abusive. Enfermé dans une image d'auteur provençal facile, le conteur des *Lettres de mon moulin* éclipse le romancier ; partiellement vulgarisée par des éditions pour la jeunesse ou pour l'école, son œuvre est dénaturée et perd sa force et son originalité. Très indépendant, Daudet n'accepta jamais la discipline de l'école naturaliste : ami de Flaubert et de Zola, intime des Goncourt, il partageait avec les réalistes le goût de l'observation et de la vérité en peinture : « D'après nature » était sa devise. Sa réputation d'aimable « charmeur » ne doit pas dissimuler un profond pessimisme, même s'il se refuse à donner des tableaux trop crus pour des raisons à la fois esthétiques et morales : « Ah ! ces gens qui disent tout, les piètres écrivains... » Amoureux de modernité, sensible à l'air du temps, Daudet fut souvent un précurseur dans le choix de ses sujets – découvrant le peuple avant Zola, écrivant le premier sur les enfants du divorce dans *Rose et Ninette* (1892) ; il est le témoin précieux d'une société, fondée sur le mensonge et l'illusion, dont il excelle à mettre à nu les rouages. « Sensitif », Daudet refuse la règle de l'impersonnalité dans l'art : sa subjectivité transparaît dans son ton personnel, où se mêlent l'humour et la pitié, ce qui a provoqué de nombreux rapprochements entre lui et Dickens, et dans les thèmes qu'il choisit : le petit peuple et le Midi, cher à son enfance, restent ses sources d'inspiration les plus fécondes. Sa prose nerveuse, concise jusqu'à l'ellipse mais d'une grande richesse de vocabulaire, donne plus une impression qu'elle n'élabore un tableau précis, et suggère une action ou un sentiment avec une remarquable intensité de vie. La poésie des *Lettres de mon moulin,* le lyrisme du *Petit Chose,* le burlesque de *Tartarin de Tarascon,* la puissance de réalisme de romans comme *Jack* ou *Sapho* attestent la diversité d'un talent fait d'émotion et de fantaisie, mais aussi de dons d'observateur remarquables.

ANNE-SIMONE DUFIEF.

♦ *« C'est un enchanteur, un de ces conteurs méridionaux qui jouent ce qu'ils content avec des gestes qui créent et une voix qui évoque. Tout s'anime sous leurs mains ouvertes. Tout prend une couleur, une odeur, un son. Ils pleurent, ils rient avec leurs héros, ils les tutoient, les rendent si réels qu'on les voit debout tant qu'ils parlent. »* Émile Zola ♦ *« C'est un écrivain infiniment curieux. Intense, outrée, intermittente et comme émiettée, telle est d'ordinaire sa traduction de la vie. Ce qu'il rend toujours, et qu'il communique, c'est l'impression directe, immédiate des choses. Il est, je crois, l'écrivain le plus sincèrement « réaliste » qui ait été. »* Jules Lemaître. ♦ *« Je découvrais que Daudet avait été le premier romancier français qui ait donné une place au malaise, au désespoir non définissable, ou à la joie que nous tirons de ce qui parvient à nos sens sans les informer. »* Jacques Laurent.

RÉF. : Léon Daudet, *Alphonse Daudet,* 1898. – Lucien Daudet, *Vie d'Alphonse Daudet,* 1941. – J. H. Bornecque *Les Années d'apprentissage d'Alphonse Daudet,* 1951. – M. Sachs, *The Career of Alphonse Daudet,* Cambridge/Mass., 1965. – Hare, *Alphonse Daudet. A Critical Bibliography,* 1974. – M. T. Jouveau, *Alphonse Daudet et F. Mistral,* 1980.

DAUDET Léon. Écrivain français. Né à Paris le 16 novembre 1867, mort à Saint-Rémy-de-Provence (Bouches-du-Rhône) le 30 juin 1942. Fils d'Alphonse Daudet, dès son adolescence, alors qu'il est encore, au lycée Louis-le-Grand, élève de Burdeau et condisciple de Claudel, Marcel Schwob, Bédier, il rencontre la plupart des grands hommes de la politique et des lettres de l'époque (Hugo, Gambetta, Renan, Zola, les Goncourt, Mistral, etc.) dont il a laissé des portraits passionnés dans *Paris vécu* (*) et dans ses nombreux volumes de *Souvenirs* (*), qui font de lui l'un des meilleurs mémorialistes de l'époque 1880-1914. Élève de Charcot, il abandonne la médecine en 1893 après un échec au concours de l'internat et publie en 1894 *Les Morticoles* (*), virulente satire des milieux médicaux, dont on trouvera la contrepartie dans les évocations de *Devant la douleur* (*). Tout au long de sa vie d'ailleurs, Léon Daudet ne cessera d'aborder les problèmes de biologie et de psychopathologie – en particulier dans *Le Monde des images, Le Rêve éveillé, L'Hérédo* (*). D'abord d'idées « avancées », passionné pour le wagnérisme et la philosophie allemande, marié à Jeanne Hugo, petite-fille du poète, Léon Daudet subit l'influence de Drumont, et l'affaire Dreyfus achève de l'amener au nationalisme, tandis que *Le Voyage de Shakespeare*, fresque épique et fantastique posant le problème de la création esthétique, confirme sa renommée littéraire, et que son retour à la foi catholique commence à le dresser contre l'influence des idées germaniques en France. Après avoir fait partie de la Ligue de la patrie française, il rencontre Charles Maurras vers 1904 et lance avec lui, en mars 1908, le quotidien *L'Action française.* Plus encore que le doctrinaire Charles Maurras, c'est Daudet qui sera l'animateur des polémiques du journal, contre l'espionnage allemand avant la guerre de 1914 *(L'Avant-Guerre),* contre le défaitisme en 1917, contre la politique de Briand après 1924, etc. Élu député de Paris en 1920, Léon Daudet, après l'assassinat dans des circonstances restées mystérieuses de son fils Philippe en 1923, se trouve engagé dans de violentes attaques contre la police, qui lui valent une condamnation à quelques mois de prison. Il s'évade peu après de la Santé et passe deux ans d'exil en Belgique où il trouvera la matière des méditations esthétiques publiées dans son *Courrier des Pays-Bas* (*) (1928). Léon Daudet s'imposa surtout par ses dons de polémiste, de la famille de Rabelais mais de celle aussi de Léon Bloy, « ardent jusqu'à la brutalité, passionné jusqu'à la fureur, inquiet aussi jusqu'à la souffrance », comme l'a défini Octave Mirbeau. Critique littéraire, ce qui frappe le plus chez ce défenseur passionné de l'ordre monarchique, c'est un besoin de liberté débordante, un dédain complet des partis pris politiques : ami de Drumont, il a été aussi celui de Schwob ; ami de Massis, il a défendu Gide et imposé Marcel Proust au jury Goncourt ; compagnon de Maurras, il a admiré Claudel, découvert Bernanos et Céline ; auteur d'un livre sur *Le Stupide* XIXe *siècle*, il a cependant voué un amour enthousiaste à Balzac, à Baudelaire, il a toujours vibré au génie lyrique de Hugo ; nationaliste français, méridional de sang, il a été le familier de Goethe *(Goethe et la synthèse),* et de Shakespeare. Quand il délaisse l'abstraction qui ne convenait pas à sa nature (*Les Idées en armes*, etc.) et le roman, où il n'innove guère, il peut être compté au nombre des écrivains marquants de la première moitié du siècle.

MICHEL MOURRE.

♦ *« Il y avait chez cet homme prodigieusement intelligent, d'une érudition gigantesque, d'une puissance de travail inimaginable, un mélange de clairvoyant à demi prophétique, de sceptique et d'apôtre. Plus qu'un contemporain, c'était un homme du* XVIe *siècle : il se sentait mal à l'aise dans une époque restée bourgeoise. »* Edmond Jaloux. ♦ *« Léon Daudet se soucie bien moins de trouver le mot, d'épingler l'épithète, de croquer un personnage que d'agiter des idées, de mener un grand combat d'intellectualisme. C'est toujours en lui cette éternelle lutte entre sa raison et sa sensibilité. »* Jules Bertaut. ♦ *« On lui reproche de juger les hommes, dans ses immortels recueils de* Souvenirs, *trop superficiellement, et l'on pourrait dire de lui... qu'il recherche l'homme tel qu'il se montre et non tel qu'il est ; il préfère la caricature au dessin. »* Maurice Martin du Gard.

RÉF. : P. Dresse, *Léon Daudet vivant*, Paris, 1948. – P. Dominique, *Léon Daudet*, Paris, 1964. – J.-N. Marque, *Léon Daudet*, Paris, 1971.

DAUMAL René. Écrivain français. Né à Boulzicourt (Ardennes) le 16 mars 1908, mort à Paris le 21 mai 1944. Son père était un instituteur voué au socialisme et anticlérical. Le curé du lieu disait de lui qu'il était le seul honnête homme du canton. René héritera de son exigence morale. En 1912, la famille viendra habiter la vallée de la Meuse à Vireux-Molhain où il commence ses études primaires. Il a d'abord appris seul à lire. En 1914, les Daumal fuient l'invasion et vont se réfugier en Corrèze, puis le père est nommé à Paris comme fonctionnaire au ministère des Finances. En 1917-1918, nouveau repli à Langres. À onze ans, le jeune René commence une collection de coléoptères et fera maintes expériences de chimie. En 1920, c'est de nouveau les Ardennes. Études au lycée de Charleville. Se livre aux sports, mais lit énormément : ouvrages d'occultisme, Victor Hugo, Voltaire, surtout Jules Verne. Commence à s'intéresser à l'Orient et à l'Inde en particulier. Entre 1922 et 1925, il est au lycée de Reims où il fait la connaissance de

Roger Gilbert-Lecomte, Robert Meyrat et Roger Vailland. Il poursuit alors des expériences mystérieuses sur le sommeil pour comprendre la mort qu'il croit semblable au sommeil. S'oriente aussi avec ses amis vers la littérature. Reçu bachelier en 1925, il se met à l'étude du sanskrit. La poésie pour lui est bientôt liée à une recherche mystique. Il absorbe un poison afin de faire l'expérience de l'évanouissement et s'assurer que la conscience subsiste alors que les fonctions du corps sont anéanties. Il essaie l'opium mais sans s'intoxiquer, et tente avec ses amis des rendez-vous durant le sommeil. Finalement, il entre au lycée Henri-IV en lettres supérieures, où il reçoit d'Alain, professeur de philosophie, un enseignement qui lui apprend la rigueur des moyens d'expression. Un accident l'empêche de se présenter au concours de Normale et il se résout à préparer sa licence comme étudiant libre à la Sorbonne. Il écrit les premiers poèmes de *Contre-Ciel* (*) et en 1928 avec Meyrat, Lecomte et Vailland il fonde une revue : *Le Grand Jeu* (*). Intéressé par le surréalisme, il marque bientôt une essentielle divergence avec Breton qui semble se contenter de certaine magie littéraire alors que Daumal met en jeu la vie tout entière, dans l'exaltation d'une pensée renouvelée. Le groupe du *Grand Jeu* se dissout en 1932. Daumal, qui a obtenu sa licence mais renoncé au professorat pour se consacrer à la littérature, devra toujours mener une vie difficile. Il rencontre Alexandre de Salzmann, qui lui transmet l'enseignement de Gurdjieff. Avec la troupe de danseurs sacrés d'Uday Shankar, il fait un bref séjour aux États-Unis où il rejoint Vera Milanovna que plus tard il épousera. En 1933, après la mort d'Alexandre de Salzmann, il poursuivra des relations d'ordre spirituel avec la femme de celui-ci et dès lors s'efforcera de mener une vie régulière. Mais s'il renonce à la drogue, ayant rompu avec Roger Gilbert-Lecomte qui s'y adonne avec désespoir, l'ascétisme qu'il s'impose se révèle assez néfaste, car il doit partager son temps, sans s'accorder de loisirs, entre des travaux de traduction mal payés, des recherches personnelles et des compositions littéraires. Il a écrit *La Grande Beuverie* (*) où il fustige poètes et savants, esclaves satisfaits de conceptions bâtardes, et il compose encore des poèmes. Après avoir séjourné quelques mois à Évian puis à Genève en 1934, il reçoit en 1935 le prix Jacques-Doucet pour son recueil de poèmes de *Contre-Ciel*. Séjour à l'île de Ré, puis de nouveau à Genève. En 1937, on le retrouve dans les Alpes, et en 1938 à Paris où Mme de Salzmann le présente à Gurdjieff. Il traduit des textes hindous. En 1939, il doit constater le résultat d'une vie soumise à des occupations et préoccupations dévorantes : ses deux poumons sont gravement atteints. Mais l'ordre chronologique et les faits les plus connus ne peuvent donner idée de ses tourments spirituels. En effet, il a fait la connaissance de Jean Paulhan qui l'a beaucoup aidé et pour lequel il s'est pris d'une amitié passionnée. Or Jean Paulhan s'opposait avec fermeté aux mystiques de Salzmann et Gurdjieff dont il estimait que les arguments étaient insuffisants, et l'influence néfaste sur l'esprit de Daumal. Celui-ci, qui ne voulait donner sa confiance qu'à « un seul » maître, ne put pourtant se détacher ni de Mme de Salzmann ni de Jean Paulhan. Ainsi, pendant le peu d'années qui lui restent à vivre, il ne trouvera pas vraiment la paix, passant de cure de repos à des travaux épuisants, néanmoins toujours animé d'une foi ardente et confiante. En 1940, il retrouve Jeanne de Salzmann à Cahors avec Vera qu'il ne tardera pas à épouser, il revient à Paris où Gurdjieff est demeuré, repart pour la zone libre, écrit les poèmes de *La Guerre sainte* qui paraîtront dans la revue *Fontaine* (*) en 1942 et feront partie de son recueil *Poésie noire, poésie blanche* (*) (posth., 1954). Il est à Allauch dans l'été 1942 puis à Pelvoux, revient à Paris, de nouveau à Pelvoux dans l'été 1943. Six fois en deux ans, il change de résidence et vit dans un dénuement extrême, se nourrissant très mal. Après avoir entrepris la traduction du *Bouddhisme Zen* de D. T. Suzuki pour Jean Herbert en 1941, il a mis en train son livre capital *Le Mont Analogue* (*) (posth., 1952), qu'il poursuit jusqu'à sa mort le 21 mai 1944. Il a trente-six ans.

Si l'on veut comprendre l'œuvre de Daumal, il ne faut pas essayer de définir sa démarche dont la biographie nous montre maints retournements et maintes divergences. Kantien avec Alain, rêveur avec les surréalistes, se vouant à la drogue puis à l'ascétisme, soucieux d'une vérité rigoureuse, passionné par la conception de l'unité de Spinoza, livré à des exercices religieux, divisé entre la hantise de la mort et la certitude d'un au-delà, condamnant la religion chrétienne, puis l'admirant sans réserve, s'efforçant de remonter aux pures sources orientales et stupéfait devant la métaphysique familière et contradictoire de Jean Paulhan, il n'est pas d'auteur qui soit à la fois plus exigeant, plus partagé et plus fidèle. Aucune ligne ne peut être nettement tracée pour suivre sa pensée, mais il est possible de la situer.

On peut dire, en termes approximatifs, que certains romantiques, comme Kleist ou Nerval, aspiraient à un *autre* monde, à une sorte de ravissement dans une recherche poétique animée d'une conviction profonde qui les livrait à d'impossibles rêves et parfois à la folie. En fait, ils reprenaient une démarche religieuse ou mystique en dehors de toute religion, et ils éprouvaient le manque d'un ordre rituel et de dogmes, de telle façon qu'ils s'évertuaient à une imagerie certes riche de sens mais hasardeuse. Rimbaud, qui fut un guide pour Daumal, a introduit dans cette exaltation romantique la notion nouvelle d'une « méthode » à chercher, d'une « étude » à poursuivre pour en venir à la réalité d'une vie autre, disons éternelle. C'était une véritable révolution. Le langage détenait en soi le secret d'une vérité entière qu'on pouvait, qu'on devait mettre au jour, au-delà de l'imagerie, par un remaniement positif de la parole vivante. Jean Paulhan, qui fit une forte impression sur Daumal, tout en s'inspirant de Lao Tseu plutôt que de Rimbaud, s'exerçait à une recherche langagière d'ordre métaphysique et qui avait pour but de nous replacer « en Dieu » et de nous changer. Cette évolution de la pensée poétique, qui part de l'imagerie pour en venir à une science du langage, permet de comprendre comment Daumal tente d'assurer son chemin. Il commence par décider que la poésie n'a aucun sens si elle ne s'affirme pas dans une *Parole absolue.* Ce point de départ manifeste la même exigence que celle de Rimbaud et de Paulhan. Comme l'un et l'autre, il écarte tout langage temporel voué aux simples usages, à la technique ou à l'esthétique, pour se livrer à l'exercice d'une recherche positive. C'est pour lui d'abord irréfutable que toute parole est inutile si elle n'exprime pas notre accord avec un ordre universel, un cosmos dont nous sommes une part et où nous devons trouver notre raison d'être. Son premier travail consiste à éliminer toute expression vaine ou parasitaire. Dans *La Grande Beuverie,* il condamne les *Pwats* (ou poètes) seulement soucieux de parader, aussi bien que les savants dont les méthodes excluent, dès le principe, tout recours à une raison première pour se préoccuper seulement de causalités fragmentaires. À la poésie, à la science, il tient donc à substituer une connaissance qui remonte aux origines. Le premier souci de Daumal sera de détruire tout ce qui masque ces origines, c'est-à-dire les idées – même religieuses. Il faut que le langage devienne pur et par lui-même transforme réellement notre pensée. Ce fut le rôle du *Grand Jeu* de faire d'abord table nette, de nous réduire à ne plus rien avoir dans l'esprit, afin que renaisse une lumière nouvelle. C'est pourquoi Daumal se sépare très tôt du surréalisme qui, tout en manifestant l'intention d'atteindre une autre réalité, s'en tient trop facilement à un jeu d'écriture qui retrouve les anciennes errances, en dépit de son effort pour rompre les communes fonctions verbales. Et c'est ici que se révèle le ressort essentiel de la recherche de Daumal. Il s'agit pour lui sans cesse de « remettre en question ». Voilà pourquoi il semble souvent passer d'un extrême à l'autre, de la négation à l'affirmation, de la « poésie noire » à la « poésie blanche », non pas pour se perdre dans une contradiction logique, mais pour reprendre chaque fois *plus loin* la route d'abord suivie. Il semble parfois que chaque tentative doive réduire à néant lui-même et sa recherche, mais c'est lorsqu'il en vient aux limites mêmes de l'expression et de la conscience qu'il dépasse ces limites et à partir du rien voit renaître la vérité, de la même façon que, lorsqu'il tentait de s'asphyxier, il trouvait la certitude d'un au-delà révélé. « L'action révoltée procède de la colère, l'action ironique procède de l'orgueil, l'action accomplie avec grâce procède de l'humilité. » Ainsi la bataille que livre Daumal finit par le réduire au dernier degré de la spiritualité. Après avoir pratiqué poésie, drogue, ascèse, religion, il se retrouve plus bas que les littérateurs, les savants et les mystiques, mais plus près, dans la profondeur, d'une origine secrète et mieux éveillé que quiconque. Il en vient même à se « résigner » à la plus commune littérature, considérant que celle-ci ne saurait être en elle-même une tentative mystique, mais qu'elle se réduit à de simples contes, qui, toutefois, dans leur humilité, peuvent être « analogues » à cette montée de la pratique religieuse vers un destin éternel. C'est ainsi qu'il entreprend de rédiger *Le Mont Analogue* qui est une simple légende. Selon cette légende, il existe une île bien réelle située hors de notre espace et qu'il faut atteindre grâce à une trouée invisible que seuls certains élus peuvent deviner. Dans cette île s'élève une montagne dont le sommet ne s'atteint que grâce à une ascension patiente, on dirait interminable, qui ne va pas sans nombreux relais ni sans ménager des repères pour ceux qui suivront. Mais, dès le début, les voyageurs peuvent découvrir certaines pierres lumineuses qu'on appelle « peradam » et qui sont des cristaux d'une roche absolument pure et dont la forme, contrairement à tout cristal, est courbe. Ainsi, quoiqu'on soit très loin du sommeil, il suffit d'avoir préparé et entrepris l'ascension pour acquérir comme des fragments d'absolu qui vous donnent l'entière certitude de l'autre vie. Mais, comme pour Rimbaud et Paulhan, il fallait, selon Daumal, reconnaître d'abord que la réalité de cette autre vie est évidente et nécessaire.

La démarche de Daumal se situe donc dans un courant profond où la pensée, depuis Rimbaud, tend à établir que la connaissance essentielle ne peut nous être donnée que par une mystique et même une poésie qui s'affirment comme seule vraie science. À la condition expresse que les croyances et les réalisations de l'art ne cessent d'être interrogées, au cours de notre vie et de notre conduite, la vérité ne peut que parler en nous, dans notre langage, et assurer notre destin au-delà d'un monde dont la réalité exige déjà, à tout instant, une révolution transcendante. Pour quoi Daumal, homme de religion, cherche à renoncer à toute prétention afin d'écouter une parole (aussi bien littéraire) venue d'ailleurs pour nous sauver.

ANDRÉ DHÔTEL.

RÉF. : A. Rolland de Renéville, *Univers de la parole,* Paris, 1944. – M. Random, *Les Puissances du dedans,* Paris, 1966. – *La Voie de René Daumal,* numéro spécial d'*Hermès,* Paris, 1967. – J. Biès, *René Daumal,* Paris, 1967. – *Le Grand Jeu,* numéro spécial de *L'Herne*, nº 10, présenté par M. Thivolet, Paris, 1968. – M. Random, *Le Grand*

Jeu, Paris, 1970. – *René Daumal ou le retour à soi ; Textes et études sur son œuvre,* Paris, 1981. – P. Powrie, *René Daumal, Études d'une obsession,* Genève, 1990.

DAUTHENDEY Max. Poète et écrivain allemand. Né à Würzburg (Bavière) le 25 juillet 1867, mort à Malang (île de Java) le 29 août 1918. Fils d'un lithographe, il se consacra d'abord à la peinture, puis, très vite, se mit à écrire des vers. Son tempérament inquiet le poussa à vagabonder en Europe ; il séjourna longtemps dans un village suédois où, solitaire, il composa son premier recueil de poésies, *Ultra-Vidett,* qui le fit connaître. Sa tendance impressionniste était en réaction contre le réalisme qui sévissait alors en Allemagne, et son originalité résidait dans sa vision des coloris descriptifs. À partir de 1898, il vécut pour la littérature et donna des œuvres diverses, toutes fondées sur l'exaltation des sens et une vision extatique de l'existence : l'exotisme devait être l'aboutissement logique de ses goûts et de sa manie des voyages. En 1906, il fit le tour du monde et s'arrêta principalement en Amérique et au Japon. La période 1907-1911 est très féconde ; Dauthendey compose quatre recueils de poèmes, le drame *Les Divertissements d'une impératrice* [*Die Spielereien einer Kaiserin*], sur la grande Catherine, deux volumes de nouvelles asiatiques – v. *Nouvelles* (*) –, et un roman mexicain. La Première Guerre mondiale le surprit en Nouvelle-Guinée ; pour échapper aux Anglais, il passa aux Indes néerlandaises, à Sumatra, puis à Java, fit d'inutiles tentatives pour rentrer, en passant par l'Amérique, et écrivit lettres, récits, notes de journal (illustrées d'aquarelles). Las, rongé par la violence de ses sentiments, usé par son hypersensibilité, il mourut à l'étranger, et son influence littéraire posthume fut sans doute supérieure à la valeur intrinsèque de son œuvre.

RÉF. : Eduard Thorn, *Das Haus des Dichters* in *Berliner-Börsen-Zeitung,* n° 347, 1942. – H. Ollesch, *Dauthendeys Weg zu Gott,* 1942. – K. Seyfarth, *Das erzählerische Kunstwerk Max Dauthendeys,* Marbourg, 1960.

DAVANZATI Chiaro. Poète italien qui vécut au XIIIe siècle et mourut avant 1280. Florentin d'origine populaire, il se mêla à la vie de la cité et prit part à la bataille de Montaperti en 1260. Une de ses chansons exalte la « douce et gaie terre florentine, fontaine de valeur et de plaisance » et proteste contre l'offre de la seigneurie de Florence qui avait été faite à Charles d'Anjou en 1267. Dans des recueils de sonnets allégoriques, il traite des vertus des animaux et des pierres, tandis que dans d'autres il parle de l'amour d'une façon réaliste en débats et en dialogues, mais l'amour idéal trouve également dans ses vers des accents qui le rapprochent des poètes courtois. Ses *Rimes* (*) font la transition entre l'imitation de la poésie provençale en Toscane et le « dolce stil nuovo », dont on ne sait si Davanzati fut le disciple ou le précurseur.

D'AVENANT William. Écrivain anglais. Né à Oxford en février 1606, mort à Londres le 7 avril 1668. Fils d'un hôtelier et passant pour le filleul de Shakespeare, il prit une part active à la vie de son temps, avec la plume et avec l'épée. Élevé à Oxford où, en 1620-1621, il était membre du Lincoln College, il servit d'abord chez la duchesse de Richmond, puis chez lord Brooke. C'est à la Cour qu'il connut des personnages influents, entre autres Endymion Porter et Henry Jermyn, et qu'il s'acquit rapidement une réputation de poète et d'auteur dramatique en faisant représenter *La Tragédie d'Alboïn, roi des Lombards* [*The Tragedy of Albovine, King of the Lombards,* 1629], *Les Beaux-Esprits* [*The Wits,* 1633], et *Le Temple de l'amour* [*The Temple of Love,* 1634], pièce de circonstance dédiée à la reine Henriette-Marie. En 1638, c'est grâce à un autre drame, *Luminalia,* écrit en collaboration avec Inigo Jones, qu'il obtint de succéder à Ben Jonson comme « poète-lauréat » et comme directeur du théâtre de Drury Lane. Partisan du roi durant la révolution puritaine, il fut armé chevalier au siège de Gloucester (1634), et se réfugia en France après la défaite. En 1650, tandis qu'il partait en Amérique, il fut capturé et emprisonné à la Tour de Londres, dont il sortit en 1654. Son poème épique *Gondibert* avait été composé lors de son séjour en France, il y publia également son célèbre *Discourse on Gondibert.* En 1656, il obtint de Cromwell l'autorisation de faire représenter *Le Siège de Rhodes* (*). Après la restauration de Charles II, D'Avenant devint le chef de la corporation des acteurs et directeur de la compagnie des « comédiens du duc d'York » ; puis avec Killigrew s'assura les droits exclusifs de production des drames. Enfin, aidé de Dryden, il réadapta Shakespeare et Fletcher en introduisant pour la première fois des actrices sur la scène.

RÉF. : H.S. Collins, *The Comedy of sir W. Davenant,* La Haye/Paris, 1967.

DAVENPORT Guy. Écrivain américain. Né en 1927 en Caroline du Sud. Il se dit « démocrate, conservateur et baptiste ». C'est un éminent helléniste de l'université du Kentucky, traducteur entre autres de Sappho. Il est l'auteur d'essais critiques et philosophiques, *La Géographie de l'imagination* [*The Geography of the Imagination,* 1981], *Toute force crée une forme* [*Every Force Evolves a Form,* 1987], de deux recueils de poèmes, *Fleurs et Feuilles* [*Flowers and Leaves,* 1966], *Trois caprices* (1982) et de nombreux recueils de nouvelles, dont *Tatline* (*) et *La Bicyclette de Léonard* [*Da Vinci's Bicycle,* 1979]. L'ombre tutélaire du poète américain Ezra Pound plane sur presque tous les textes de Guy Davenport, qui rencontra plusieurs fois l'auteur des *Cantos* (*)

à partir de 1947 et devint son ami. Même culture immense, même goût de l'érudition, mêmes partis pris stylistiques, modernistes et internationalistes chez les deux écrivains. Une différence cependant : ce que la Chine, le Japon et l'Italie furent pour Pound (le creuset essentiel, l'incarnation même de la culture), la Grèce présocratique l'est pour Davenport : un lieu fondateur où le logos était encore tout imprégné de mystère et de mythes. Sinon, les fictions davenportiennes sont l'équivalent, en prose, des télescopages culturels chers à Pound. Ainsi, dans le texte inaugural de *La Bicyclette de Léonard,* on voit Richard Nixon visiter la Chine de Mao, Léonard de Vinci inventer la bicyclette, et Pablo Picasso à Paris. Dans un autre « assemblage », ainsi que Guy Davenport qualifie ses textes, James Joyce et Guillaume Apollinaire accompagnent en train la dépouille d'Haïlé Sélassié entre Deauville et... Deauville. Les époques s'en trouvent relativisées, les grands politiques singulièrement écornés. La richesse thématique, l'érudition polyglotte, le raffinement de l'écriture se conjuguent pour créer des récits vertigineux, profondément originaux, parfois énigmatiques ou burlesques, qui échappent aux genres établis et dont l'esthétique rappelle les collages cubistes. Avec néanmoins une constante : la conviction que l'archaïque irrigue tous les grands courants de la modernité, que derrière ses oripeaux l'histoire se répète, que le répertoire des formes est limité, moyennant quoi le collage se trouve esthétiquement justifié pour illustrer cette pérennité à travers la grande geste des héros de la culture. Pourtant, le propos de Guy Davenport n'est pas de bâtir des mausolées à ses héros ; loin de les confire dans une sèche érudition, il aspire à les arracher à l'« asphyxiante culture » dont parle le peintre Dubuffet, tantôt pour faire brûler à nouveau l'étincelle qui fit leur génie, tantôt pour railler comiquement leurs manies ou leurs ridicules. Ainsi, chez Davenport, intelligence et sensualité vont toujours de pair : la culture est mouvement, acte de découverte, ascension extatique de l'esprit, et le seul vrai plaisir vient de l'intelligence des sens.

BRICE MATTHIEUSSENT.

DAVIČO Oskar. Écrivain serbe. Né à Sabac le 18 janvier 1909, mort à Belgrade le 26 décembre 1989. Professeur dans l'enseignement secondaire, il est arrêté à plusieurs reprises pour ses activités communistes avant et pendant la Seconde Guerre mondiale. Depuis 1945, il se consacre uniquement à ses activités de journaliste et d'écrivain. Il appartint d'abord au mouvement surréaliste et exprima ses préoccupations théoriques dans deux recueils de vers, *Traces* [*Tragovi*, 1928] et *Anatomie* [*Anatomija*, 1929], et dans un essai sur *La Position du surréalisme dans le processus social* (+) (1932). Son œuvre poétique, dont le registre va de la pure rhétorique à la fraîcheur naïve de l'image visuelle, compte plusieurs autres recueils parmi lesquels il faut citer *Poésies* [*Pesme*, 1938], le cycle intitulé *Hana* (1939) et *Les Yeux habités* (*). Les romans de Davičo sont résolument modernes, tant pour la facture et la dynamique du style que par les sujets traités : la clandestinité dans Belgrade occupée, avec *Poèmes* (*) (1952), la formation des nouvelles mentalités et des nouvelles psychologies dans la Yougoslavie socialiste, avec *Béton et Lucioles* [*Beton i svici*, 1956], et l'évolution idéologique telle qu'elle se reflète dans les conditions du bagne avec la tétralogie intitulée *Le Bagne* : *Les Silences* (*) (1963), *Les Faims* (*) (1963), *Les Secrets* (*) (1964) et *Les Évasions* (*) (1966). Davičo est également l'auteur de nombreux essais, notamment sur les rapports de l'art et de l'idéologie, dont les plus importants sont réunis en deux recueils, *Poésie et Résistances* [*Poezija i otpori*, 1950] et *Avant midi* [*Prepodne*, 1960].

RÉF. : A. Petrov, *U prostoru proze. Ogledi o prirodi proznog izraza*, Belgrade, 1968. – R. Koustantinović, *Davičo*, Belgrade.

DAVID. Roi hébreu. Né à Bethléem de Juda vers la moitié du XIe siècle av. J.-C., mort à Jérusalem en 972 av. J.-C. Son étoile commence à briller au déclin de Saül : « L'Éternel dit à Samuel : jusques à quand t'affligeras-tu au sujet de Saül, alors que je l'ai rejeté, afin qu'il ne règne plus sur Israël ? Remplis d'huile ta corne et pars. Je t'envoie chez Isaï, de Bethléem, car c'est un de ses fils que j'ai choisi pour roi » (I Sam. 16, 1). Ce choix de David, jeune berger « blond, avec de beaux yeux et de mine agréable », que Samuel va consacrer dans la maison d'Isaï (Jessé), guidé par l'inspiration divine qui, mille ans plus tard, conduira au même endroit les bergers vers la crèche du nouveau-né, descendant de David, est le désaveu de Saül. David est le cadet de huit frères, on le fait venir des champs pour recevoir l'onction royale, et, en apparence, rien ne change dans sa vie. C'est seulement plus tard que le jeune homme est appelé à la cour pour calmer avec sa cithare le « mauvais esprit » qui tourmente Saül. Devenu écuyer du grand roi pécheur, fraternellement chéri par Jonathan, sa victoire sur le géant Goliath, qu'il tua d'un coup de sa fronde de berger (il était venu jusqu'au camp pour saluer ses frères soldats), est le début de sa renommée et de ses malheurs. Saül en devient jaloux, il essaie par deux fois de le percer de sa lance, et ensuite tente de le perdre en lui offrant la main de sa fille Mical, à condition que David lui apporte les prépuces de cent Philistins : David surmonte l'épreuve et épouse la fille du roi. C'est ainsi que, sans que les deux rivaux s'en aperçoivent, toute la jeunesse de David n'est qu'une préparation cachée au règne que Dieu lui a fixé. Les années suivantes ne sont qu'une continuelle fuite loin de Saül qui poursuit David dans les déserts et les cavernes : aidé par Mical et Jonathan, David passe à Rama, résidence de Samuel, et Saül le rejoint : mais « l'Esprit de Dieu le saisit à son tour et il continua sa route en prophétisant [...]. Il se dépouilla également de ses habits, lui aussi, en présence de Samuel, et ainsi dévêtu il resta étendu à terre, tout ce jour-là et toute la nuit » (I Sam. 19, 14). David eut le temps de s'échapper, et de là provient ce dicton épineux : « Saül est-il aussi au nombre des prophètes ? » Pendant ses années de « maquis », David épousa Abigail la Carmélitaine. Les persécutions, les dangers qu'il court ainsi que sa famille et ses compagnons n'ont pas raison de sa douceur : à deux reprises il s'approche en cachette du roi endormi, mais il ne le tue pas, il se contente de couper un pan de son manteau et de le lui montrer de loin : « Et Saül éleva la voix et pleura : Il dit à David : "Tu es plus juste que moi" » (I Sam. 24, 17-18).

Mais le destin de Saül se précipite : en 1012, Saül et Jonathan périssent dans la bataille de Guilboa contre les Philistins, David rentre d'exil, passé auprès du roi philistin Akis et, à Hébron, est proclamé roi de la tribu de Juda. Le jeune roi, dont le chant avait consolé la mélancolie de Saül, en pleure la mort dans l'élégie qui, sous la forme traditionnelle de la lamentation funèbre, atteint l'un des sommets de la poésie lyrique biblique : « Ton élite, ô Israël, a péri sur les collines ! » (II Sam. 1, 19-27). Après sept années de règne, grâce à la médiation d'Abner, les tribus septentrionales abandonnent Isboseth (Isbacal), fils de Saül, et reconnaissent David pour roi de tout Israël : on est en 1005 av. Jésus-Christ, et le dessein divin, dont la réalisation a commencé si obscurément dans la maison d'un berger, est désormais accompli : « Alors David reconnut que l'Éternel affermissait sa royauté en Israël et qu'il rendait son règne glorieux à cause de son peuple d'Israël » (II Sam. 5, 12). Le royaume de David s'étend du Liban au Négebh, comprenant le territoire des Ammonites et des Moabites, les villes chananéennes, les zones parcourues autrefois par les Philistins. La capitale en est Sion, le rocher pris aux Jébusiens, la colline qui n'appartient à aucune tribu, mais seulement à la Cour dont elle tire son nom : « Ville de David ». C'est là que vit le roi, entouré d'une troupe de mercenaires philistins (peut-être des Keretîm, c'est-à-dire des Crétois), de ses femmes, de ses concubines et de ses enfants ; là, au centre de son royaume pacifié, David fait transporter l'Arche et le Tabernacle sur l'Ophel. C'est ainsi que naît une société civile et religieuse centralisée, et Jérusalem devient la ville sainte et royale, le trône du futur Messie-Roi.

Mais ces années de pouvoir sont assombries par beaucoup de fautes et de douleurs : David s'éprend de Bethsabée, et fait mourir le mari de celle-ci, Urie, en l'exposant au cours de la bataille contre les Ammonites. Sa faute lui est reprochée par le prophète Nathan au moyen de la parabole du riche qui tue l'agneau préféré du pauvre : « Alors la colère de David s'enflamma contre cet homme et il dit à Nathan : Aussi vrai que l'Éternel est vivant, l'homme qui a commis cette action est digne de mort ! [...] Nathan dit à David : Tu es cet homme-là ! » (II Sam. 12, 5-7). Puni par la mort de son fils adultérin, le roi exprime sa repentance dans le *Miserere* qui deviendra la prière de tous les pécheurs. Faible envers lui-même, le roi l'est envers ses fils qui grandissent violents et sensuels : l'aîné Amnon viole sa demi-sœur Tamar, puis il est tué par Absalon, son propre frère, qui, ayant fait la paix avec son père cinq ans après, soulève bientôt le peuple et se fait proclamer roi à Hébron, arrivant à occuper Jérusalem et à pénétrer dans le harem de son père, comme preuve de sa souveraineté. Mais sa chance est brève : défait par Joab, il meurt pendu par les cheveux à un chêne. David avait donné l'ordre aux soldats de ne pas tuer le jeune homme et attendait les messagers avec anxiété ; lorsqu'il apprend son sort, « il monta dans la chambre placée au-dessus de la porte et il pleura. Il disait en marchant : Mon fils Absalon ! Mon fils Absalon ! Que ne suis-je mort moi-même à ta place ! Absalon ! mon fils ! mon fils !... » (II Sam. 18, 33). Le tombeau du jeune rebelle s'élève encore de nos jours, plein d'orgueil, dans la vallée de Josaphat. Un nouveau malheur devait bientôt fondre sur Israël, ce fut quand David ordonna le recensement du peuple, le considérant comme une sienne possession alors qu'il n'appartenait qu'à Dieu. « David sentit son cœur envahi par le remords et il dit à l'Éternel : J'ai commis un grand péché en agissant ainsi » (II Sam. 24, 10). Tout de suite après éclate une peste de trois jours qui anéantit l'orgueilleux calcul du roi. Désormais dans son palais, gardé par trois héros, trente preux et six ministres, David sent la mort approcher : il faut alors oindre Salomon, le second fils qu'il avait eu de Bethsabée (Mical était devenue stérile pour s'être moquée de David qui dansait humblement devant l'Arche), et l'associer au pouvoir, lui laissant, en guise de testament, une liste de personnes à favoriser ou à punir suivant leurs actions et les nécessités du royaume, et une leçon de foi : « Je m'en vais par le chemin que prennent tous les fils de la terre ; prends courage et sois un homme ! Obéis fidèlement à la volonté de l'Éternel, ton Dieu, en marchant dans ses voies » (I Rois, 2, 2-3).

Après quarante ans de règne, « David s'endormit avec ses pères : il fut enseveli dans la cité de David » (I Rois, 2, 10) ; sous son sceptre, les douze tribus s'étaient groupées, ainsi que les villes chananéennes encore rebelles, les royaumes de Ammon, Aram et Édom et les possessions de Moab et de Hadadézer. Son action politique et militaire apparaîtra pleinement au cours du règne de Salomon, qui reçut tout de son père : un royaume solide, une armée forte, et jusqu'aux matériaux pour bâtir le Temple. Cependant l'héritage réel de David, pécheur et homme plein d'humilité, de douleur et de prière, c'est l'effusion de sa foi profonde, de sa confiance lyrique dans le Seigneur qui s'exprime dans les soixante-treize *Psaumes* (*) qu'on lui attribue – la majeure partie en est authentique –, et dans les cantiques contenus dans les livres historiques de *La Bible* (*). En raison du Psaume 21, qui décrit les épreuves du Christ, David est vénéré comme prophète de l'Église qui, dans le Verbe incarné, adore « le fils de David ». L'*Ecclésiastique* (+) consacre un long éloge à David : « ... dans toutes ses œuvres il glorifia le très Saint [...] Le Seigneur le purifia de ses péchés, et il en exalta pour toujours la puissance, il lui assura son royaume avec un pacte, ainsi que le trône glorieux d'Israël. »

PAOLO DE BENEDETTI.

♦ *« Comme le portrait de ce grand homme deviendrait plat et vain si on en supprimait les ombres ! S'il n'y avait eu dans son cœur nulle trace de méchanceté, sentirions-nous, comme nous le faisons aujourd'hui après trois mille ans, que c'était là un être humain, agité de passions analogues aux nôtres, mais à une échelle qui dépasse le commun ? C'était un homme qui aimait et haïssait avec tout son cœur. »* Duff Cooper.

RÉF. : L. Desnoyers, *Histoire du peuple hébreu des Juges à la captivité,* t. II, Paris, 1930. – B. Baentsch, *David, roi d'Israël,* Paris, 1935. – Duff Cooper, *Le Roi David,* V.F. Paris, 1945. – Dom J. Beaurin, *David, figure du Christ,* Paris, 1947. – Abbé Jean Steinmann, *David, roi d'Israël,* Paris, 1948. – P. Gibert, *La Bible à la naissance de l'histoire,* Paris, 1979.

DAVID l'Invincible [Davit' Anyałt']. Philosophe arménien du VIe siècle, dont la biographie est controversée. Il serait revenu en Arménie après avoir étudié à Alexandrie, avec Olympiodore le Jeune. Son nom d'Invincible lui viendrait de sa participation victorieuse aux joutes philosophiques d'Athènes. On lui attribue avec certitude quatre œuvres : *Définitions de la philosophie* (*), *Analyse des « Prolégomènes » de Porphyre* [*Verloutsout'iun Neradzoutiann Borp'iuri*], *Commentaire des « Catégories » d'Aristote* [*Meknout'iun Storogout'iantsn Aristotéli*] et *Commentaire des « Analytiques » d'Aristote* [*Meknout'iun i Verloudzakann Aristotéli*]. David est l'un des premiers représentants de ce qu'on a appelé l'école hellénophile en Arménie.

MARC NICHANIAN.

RÉF. : Avedis Sanjian, *David Anhaght' : the « Invincible » Philosopher*, Atlanta, 1986.

DAVID Félicien César. Compositeur français. Né à Cadenet (Vaucluse) le 13 mai 1810, mort à Saint-Germain-en-Laye le 29 août 1876. Il fit ses premières études à Aix-en-Provence, puis au conservatoire de Paris, avec Fétis et Benoist. En 1833, avec un groupe de disciples de Saint-Simon, il se rendit en Orient comme missionnaire. Rentré à Paris en 1835, il publia un recueil de pièces orientales pour piano qui n'eut aucun succès ; il se retira alors chez un ami à la campagne et se consacra à la composition de musique instrumentale. En 1844, la Société des concerts du conservatoire accepta d'exécuter son ode-symphonie *Le Désert* (*), morceau également teinté d'orientalisme, qui reçut un accueil très chaleureux. Aucun de ses ouvrages suivants ne connut une pareille fortune, sauf peut-être *Lalla-Rookh* (+), donné à l'Opéra-Comique en 1862. On lui doit encore *Moïse au Sinaï* (1846), oratorio, *Christophe Colomb* (1847), ode symphonique, *Éden* (1848), « mystère », et cinq opéras : *La Perle du Brésil* (1851), *Herculanum* (1859), *Le Saphir* (1865), *La Fin du monde* et *La Captive* (ces deux derniers non représentés), ainsi que vingt-quatre quintettes pour cordes, deux pièces pour neuf instruments et deux symphonies. En 1869, il fut élu à l'Académie des beaux-arts.

DAVID-NEEL Alexandra. Romancière, journaliste, conférencière française. Née le 24 octobre 1868 à Saint-Mandé près de Paris, morte le 8 septembre 1969 à Digne (Alpes-de-Haute-Provence). Alexandra commence cette vie, qui fait encore rêver des générations d'adultes, à l'âge de 23 ans, en s'embarquant en 1891 pour le Sri Lanka. À partir de cette époque, elle passera son temps à sillonner l'Asie. De l'Inde, elle passera au Japon, en Corée, et s'attardera longuement sur la Chine et le pays qui a pour nom le « toit du monde » : le Tibet. Elle erre dans les déserts, affronte le froid, la chaleur, la faim, la soif, la fièvre, les maladies et les soucis financiers. Elle observe des événements qu'elle relate dans ses ouvrages : des morts qui dansent, des personnages extraordinaires : Blavasky, Aurobindo, Gandhi, le Dalaï Lama. Elle nous parle des magiciens, des sorciers, de l'extase des mystiques. Ethnologue pour avoir étudié sous la férule d'Élisée Reclus (géographe), parlant plusieurs langues, elle scrute avec assiduité et patience les faits, les populations, les coutumes, les idiomes. Elle offre au lecteur ses informations, découverte fascinante sur des mentalités étranges, des systèmes de vie et de pensée insoupçonnés. Jamais encore on n'était entré aussi avant dans l'intimité spirituelle et psychique des peuples d'Asie. Elle s'attachera particulièrement avec une connaissance profonde aux philosophies et religions orientales. Résumant certains de ses voyages elle déclarera : « L'on m'offrirait un million pour recommencer l'aventure dans les mêmes conditions que je crois bien que je refuserais. » Son œuvre relate scrupuleusement ses observations : *Voyage d'une parisienne à Lhassa, à pied et en mendiant de la Chine à l'Inde à travers le Tibet* (*) paraît en 1926 ; récit autobiographique, il connaîtra un succès mondial. *Mystiques* *et magiciens du Tibet* est édité en 1930. Ce livre rassemble des observations et des rencontres faites de 1912 à 1921. *Au pays des brigands-gentilshommes. Grand Tibet* verra le jour en 1933. Cet ouvrage raconte ses années d'errance en Chine. Ces livres forment une trilogie qui rend fidèlement compte des pérégrinations de l'auteur. *Initiations lamaïques. Des théories – des pratiques – des hommes* constitue le côté spirituel de son travail. Cet ouvrage est le premier d'un ensemble de documentaires dont elle poursuivra l'écriture durant trente ans avec la publication de : *Les Enseignements secrets dans les sectes bouddhistes tibétaines. La Vue pénétrante* (*), sorti en 1951, et de *La Connaissance transcendante d'après le texte et les commentaires tibétains en 1958.* On ne saurait clore un aperçu de son œuvre sans parler de son *Journal de voyage. Lettres à son mari* (*), livre fil d'Ariane, il nous permet de suivre ses voyages de 1904 à la veille de la mort de son époux Philippe Neel en 1941. Une phrase extraite de l'Ecclésiaste : « Marche comme ton cœur te mène et selon le regard de tes yeux », gravée sur la pièce commémorative de son centenaire, peut résumer sa conduite dans la vie.

FRANÇOIS HAINRY.

DAVIDSON John. Écrivain écossais. Né à Barrhead (Renfrewshire) le 11 avril 1857, mort à Penzance le 23 mars 1909. Après avoir enseigné quelque temps en Écosse, il partit pour Londres où il chercha à se faire connaître comme publiciste. Il lutta longtemps contre la pauvreté et la maladie jusqu'à ce qu'il obtienne, en 1906, une pension de l'État. Il écrivit des romans, des drames historiques de style élisabéthain (*Bruce,* 1886) et des poèmes anarchistes, les *Églogues de Fleet Street* (*), *Ballades et Chansons* [*Ballads and Songs,* 1894], *Nouvelles Ballades* [*New Ballads,* 1897]. Il contribua à la célèbre revue littéraire *The Yellow Book* (1894-1897). Son œuvre, à la fois didactique et révolutionnaire, révèle une personnalité déséquilibrée qui devait le conduire au suicide.

RÉF. : W. B. Yeats, *Autobiographies,* 1926.

DAVIES sir Peter Maxwell. Compositeur anglais. Né à Manchester le 8 septembre 1934. Il suit des études classiques avant d'être l'élève de Petrassi à Rome et de Sessions à Princeton. Apprécié pour ses recueils pédagogiques et ses opéras pour enfants – *Les Deux Violoneux* [*The Two Fiddlers,* 1978], *Cendrillon* [*Cinderella,* 1980] –, il s'est forgé un style hybride incluant autant les rythmes typés de danses des années 20 (*St. Thomas Wake*, fox-trot pour orchestres, 1969) ou les techniques sérielles de sa génération, que les archaïsmes provenant de l'univers montéverdien ou du fonds sonore médiéval (*Prolation,* 1958 ; *Missa super l'homme armé,* 1968). Son œuvre parfois violente et dramatique embrasse tous les genres (cent cinquante œuvres) : du *Quatuor à cordes* (1961) à la *Symphonie* (1976, 1980) ou au *Concerto* (*) (1985), de la musique de film (*Les Diables* de K. Russell [*The Devils,* 1971]) à celle de ballet (*Salomé,* 1978), de l'opéra (*Le Phare* [The Lighthouse, 1979]) aux chants de cabaret (*The Yellow Cake Review,* 1980).

PIERRE-ALBERT CASTANET.

DAVY sir Humphry. Physicien anglais. Né à Penzance (Cornouailles) le 17 décembre 1778, mort à Genève le 29 mai 1829. Ce n'est que lorsqu'il fut apprenti chirurgien-pharmacien dans sa ville natale qu'il montra ses aptitudes intellectuelles en étudiant seul les rudiments de la métaphysique, de la morale, des mathématiques et, après 1797, de la chimie, lisant Nicholson et Lavoisier, entreprenant une série d'expériences avec des matériaux et des instruments de fortune. Entré par recommandation à la « Medical Pneumatic Institution » de Bristol, il se trouva en mesure de faire sur lui-même les célèbres expériences qui le conduisirent à établir (avril 1799) que le protoxyde d'azote est un gaz parfaitement respirable et qu'il possède un fort pouvoir anesthésique. Cette découverte lui valut d'être nommé professeur à la Royal Institution de Londres où il s'occupa pendant dix ans de chimie agricole (1803-1812) ; c'est de cette époque que datent ses *Éléments de chimie agricole* [*Elements of Agricultural Chemistry*] en même temps que d'électro-chimie – v. *Actions chimiques de l'électricité* (+). Au moyen de l'électrolyse principalement, il réussit à isoler et à découvrir le caractère élémentaire du sodium, du potassium, du calcium métallique et du bore, formulant une importante hypothèse (1807) touchant une connexion possible entre affinités chimique et électrique. En 1812, l'aggravation d'un état de santé toujours précaire l'oblige à quitter l'enseignement ; il se marie, puis avec sa femme et son assistant Faraday il entreprend un voyage sur le continent – il sera reçu en France malgré l'état de guerre entre les deux pays – et c'est à Florence qu'en brûlant un diamant il s'apercevra que cette pierre est du carbone presque pur. De retour en Angleterre, il réalisera encore la lampe pour mineurs qui porte son nom ; en 1818, il est nommé baronnet et, en 1820, président de la Royal Society de Londres. Il ne peut plus travailler efficacement et abandonne toute activité en 1826 ; il reprend ses voyages en Europe, écrit les *Consolations du voyage* [*Consolations in Travel*] (publié à titre posthume en 1830). *Ses Éléments de philosophie chimique* [*Elements of Chemical Philosophy*] en restèrent au premier volume (1812) – v. *Mémoires sur la chimie* (*), 1801-1826.

DAVYDOV Denis Vassiliévitch (Denis Vasil' evič Davydov). Poète et soldat russe. Né à Moscou le 16 juillet 1784, mort le 12 avril 1839. Dès 1801 il s'engage dans l'armée et, en raison de son appartenance à la noblesse, est nommé dans un des deux meilleurs régiments de la garde. Il n'y reste que trois ans à peine, car, par mesure disciplinaire, il est muté dans un régiment de hussards cantonné en province. Motif de la punition : « a écrit des poésies qui soulevèrent l'indignation de ses chefs ». Ces premières poésies – quelques fables et satires, dont une traduction de *La Rivière et le Miroir* du comte Louis-Philippe de Ségur – eurent une forte diffusion clandestine et, copiées en des milliers d'exemplaires, firent la réputation du jeune poète. Cette réputation ne fit que croître lors de la guerre contre Napoléon, guerre pendant laquelle Davydov fit preuve d'un courage peu commun (il fut le créateur des corps francs). Ses poésies de l'époque 1810-1828, dans lesquelles il chantait la vie mouvementée des hussards, les combats, l'amour et le vin, eurent un succès extraordinaire, bien que Davydov, se contentant, ainsi qu'il le disait lui-même, d'une « gloire de poche », ne fît paraître son premier recueil de *Poésies* (*) qu'en 1832. Ayant donné sa démission en 1823, Davydov reprit du service aussitôt déclarée la guerre contre la Pologne. Les campagnes de 1828, et surtout celle de 1831, furent relatées par Davydov dans ses *Mémoires de la guerre de Pologne de 1831* [*Vospominanija o pol'skoj vojné 1831-go goda*] qui, interdits par la censure impériale, ne furent publiés qu'en 1940, à Moscou.

DAY-LEWIS Cecil. Poète anglais. Né à Ballintogher (Irlande) le 27 avril 1904, mort à Hadley Wood (Hertfordshire) le 22 mai 1972. Fils d'un pasteur, il acheva ses études à Oxford, puis enseigna dans différentes écoles. À partir de 1935, il se consacre à son œuvre poétique tout en écrivant des romans policiers sous le pseudonyme de Nicholas Blake : *La bête doit mourir* [*The Beast must die,* 1938], *Le Cas de l'abominable homme des neiges* [*The Case of the Abominable Snowman,* 1941], etc. Avant la Seconde Guerre mondiale, il était déjà considéré comme un poète engagé, tout comme W. H. Auden et Stephen Spender. Après guerre, prenant ses distances envers la politique, il a traduit l'*Énéide* (*) de Virgile en 1952, écrit un livre pour adolescents, défendu et illustré la poésie dans plusieurs essais. *Ouvertures pour la mort* (*) (1938) est sans doute l'un des meilleurs recueils de poèmes de Cecil Day-Lewis. Il a publié son autobiographie *Le Jour enseveli* [*The Buried Day*] en 1960.

RÉF. : M. Juillard, *L'Expression poétique chez Cecil Day-Lewis,* Genève, 1983.

DAZAI Osamu (pseud. de Tsushima Shûji). Romancier japonais. Né le 19 juin 1909 dans le département d'Aomori, mort à Tôkyô le 13 juin 1948. Fils de propriétaire terrien, il est admis en 1930 à l'université de Tôkyô, où il milite momentanément au sein d'une organisation révolutionnaire. Très marqué dès l'adolescence par le suicide de l'écrivain Akutagawa Ryûnosuke, il cherchera à plusieurs reprises à mettre fin à ses jours, et la mort de sa compagne au cours d'une tentative de double suicide (1930) nourrira notamment *Errance fictive* [*Kyokô no hôkô,* 1937]. Il attire l'attention dès la publication de sa première nouvelle *L'Histoire d'un poisson* [*Gyofukuki,* 1933], et collabore dès lors à un assez grand nombre de revues littéraires, parmi lesquelles *L'École romantique japonaise* [*Nihon romanha*], qu'anime le poète Satô Haruo entre autres. Il obtient même pour *À rebours* [*Gyakkô,* 1935] une flatteuse seconde place lors de la création du prix littéraire Akutagawa, mais un échec professionnel (on l'a refusé au concours d'admission dans un journal de Tôkyô) le conduit la même année à une seconde tentative de suicide. Traité avec des calmants à la suite d'une crise d'appendicite, le remède se révélera bientôt pire que le mal, et il devra subir plusieurs cures de désintoxication avant de trouver un équilibre, d'ailleurs précaire, dans le mariage (1939). Commence alors une période d'intense production littéraire, au sein de laquelle il convient de distinguer *Le Soleil couchant* [*Shayô,* 1947], sorte de *Cerisaie* (*) romanesque traduisant la chute d'une maison noble dans le Japon de l'immédiat après-guerre, et *La Déchéance d'un homme* (*) (1948), vaste récit autobiographique, où Dazai n'omet d'évoquer que le suicide qu'il commettra, avec succès celui-là, en juin de la même année. Il est alors, par le détachement ironique avec lequel il sait exprimer un désespoir à peu près fondamental, le héros littéraire d'une génération désorientée par la défaite.

MICHEL WASSERMAN.

DE AMICIS Edmondo. Écrivain italien. Né à Oneglia (Ligurie) le 31 octobre 1846, mort à Bordighera (province de Gênes) le 12 mars 1908. Il entra à l'école militaire de Modène et devint officier. La publication d'une série de nouvelles, *La Vie militaire* [*La vita militare*], en 1868, lui valut une notoriété soudaine. Après avoir donné sa démission, il commença de voyager, et donna dans un genre nouveau, le récit de voyage, dont le ton était celui d'un reportage documentaire et qui gardait toutefois une certaine rigueur. C'est de cette époque que datent l'*Espagne* [*Spagna,* 1873], la *Hollande* [*Olanda,* 1874], *Maroc* [*Marocco,* 1876] et *Constantinople* [*Constantinopoli,* 1878-1879], pour ne citer que les principaux ouvrages. Ce fut en 1889 qu'il traita pour la première fois du problème de l'émigration italienne – *Sur l'Océan* [*Sull' Oceano*] ; peu à peu son œuvre s'orienta différemment et, en 1891, il donna son adhésion au parti socialiste italien. Dès lors il se fit le champion des idées nouvelles, idées qu'il tâcha de propager dans une série de conférences sur la *Question sociale* [*Questione sociale,* 1894]. Les mêmes préoccupations se manifestent dans le *Roman d'un maître* [*Romanzo di un maestro*], daté de 1890, et les *Guerres civiles* [*Lotte civili,* 1901]. En marge de cette production littéraire quasi officielle, il faut rappeler les *Portraits littéraires* [*Ritratti letterari,* 1881], dédiés à quelques grands écrivains français du temps, dont Zola et Daudet. Mais il semble que ce soit dans ses œuvres les plus détendues que De Amicis nous ait livré le meilleur de lui-même : œuvres pleines d'une affectueuse bonhomie comme *Les Amis* [*Gli amici*, 1883], œuvres qui reflètent un certain pathétique, bien qu'elles aient un tour familier, comme *Grand cœur* (*).

♦ « *Homme heureux il n'eut* [...] *qu'à voyager et à conter ses voyages. Non qu'il ait les qualités du voyageur ; c'est un touriste littéraire. Il sait voir vite et juste, et voir tout ce qui peut intéresser un lecteur d'instruction moyenne qui lira plus tard le récit au coin du feu. Ce sont des pages d'album, sans autre lien que le titre du volume, mais bien choisies, bien venues, animées par le pittoresque qu'il attrape au vol et fixe en quelques traits justes. Parfois il est piquant, jamais méchant, et, doué de la faculté méridionale de l'enthousiasme, il a le don de la faire partager* [...] *Malgré* [*sa*] *diversité de production, M. De Amicis est beaucoup moins varié qu'on ne serait tenté de le croire. Son esprit, à courir le monde, n'a pas pris encore cette fermeté de la conscience littéraire qui fait les maîtres.* » Remy de Gourmont.

RÉF. : M. Mosso, *I tempi del « Cuore »*, Milan, 1925. – B. Croce, *La letteratura della nuova Italia,* tome I, Bari, 1929. – S. Timpanaro, *Il socialismo di Edmondo De Amicis. Lettura del « Primo Maggio »,* Vérone, 1983. – *Edmondo De Amicis,* Actes du congrès national (Imperia, 1981), Milan, 1985. – M. Ricciardi, L. Tamburini, *Cent'anni di « Cuore ». Contributi per la rilettura del libro,* Turin, 1986.

DÉBÉLYANOV Dimtcho. Poète symboliste bulgare. Né le 28 mars 1887 à Koprivchtitsa, mort le 2 octobre 1916 sur le front de Salonique. Il est à l'origine d'une œuvre lyrique exempte de toute rhétorique et perçue comme une révélation d'états d'âme extrêmes, de sentiments et de passions riches et contradictoires. La tension dramatique entre les aspirations élevées du poète et ses souffrances réelles traduit une insatisfaction permanente, dont témoignent les meilleures élégies de son seul recueil *Poésies* [*Stihotvorenya,* 1920], paru après sa mort. Malgré un inconscient ténébreux, le poète reste toujours assoiffé de beauté, d'amour, de pureté et d'harmonie, et son œuvre, dont la profondeur et la musicalité restent les meilleures caractéristiques, contribua à l'européanisation et à l'élévation de la vie spirituelle et culturelle en Bulgarie.

Ce qui est frappant chez lui, c'est son désir ardent de servir l'art poétique dans l'intégrité, l'abnégation et le dénuement. Méprisant, d'une manière absolue, les privilèges, ce poète aspira à développer les richesses de sa vie intérieure et à fortifier sa foi en la victoire d'un idéal moral élevé – v. *La Légende de la princesse libertine* (*). Ayant connu l'état d'extase, profondément croyant, Débélyanov considéra l'amour comme un moyen fondamental pour lutter contre le désespoir, et souvent ses vers sont révélateurs d'une joie de vivre et d'un pathétisme réels. La tendresse et le raffinement de sa poésie le font aimer particulièrement du public bulgare, même de nos jours.

ÉLÉNA FOULLIARON.

DEBORD Guy Ernest. Révolutionnaire, écrivain et cinéaste français. Né à Paris en 1931. Debord, qui affirme à juste titre ne devoir rien de sa notoriété aux médias, s'est plu à entretenir le plus grand mystère sur son existence personnelle, sa date de naissance comprise. Ses faits et gestes sont chargés de tant de légendes, de calomnies et d'affabulations qu'il est difficile de se faire une idée exacte de sa vie. Il est avéré cependant que, très tôt, il s'est volontairement marginalisé. Membre à 19 ans du mouvement lettriste d'Isidore Isou, il s'en sépare aussitôt pour participer à la création de l'« Internationale lettriste », beaucoup plus extrémiste, en 1952. La même année il sort son premier film, *Hurlements en faveur de Sade*, qui vise, selon ses dires, à « accélérer la mort de l'art cinématographique ». Pour Debord, fortement inspiré par Hegel, l'histoire de l'art moderne est celle de la mort de l'art comme activité séparée de la vie. Le seul avenir de l'art réside en la construction de « situations » passionnelles et vécues dans une permanente créativité. Sur cette base, il participe en 1957, avec d'autres artistes d'avant-garde (issus notamment du mouvement Cobra), à la création de l'« internationale situationniste ». Debord anime infatigablement ce mouvement dont il dirige l'organe théorique français de 1958 à 1970. Partis d'une analyse critique de l'art moderne, les articles publiés par Debord ou sous son égide évoluent peu à peu vers une critique radicale de la société mondiale sous toutes ses formes. S'inspirant de la pensée de Marx et de certains de ses successeurs hérétiques et mal connus, tels que Karl Korsch et Georg Lukacs, Debord estime que le rôle aliénant dévolu jadis à la marchandise est désormais celui du « spectacle » : entre l'individu et lui-même s'interpose sans cesse un complexe d'images qui interdisent toute authenticité. Le spectacle est la vérité aliénante du monde moderne. Ces analyses trouveront leur couronnement dans un essai, *La Société du spectacle* (*) (1967). Ce texte, ardu et concentré à l'extrême, sera l'une des sources d'inspiration du mouvement de mai 1968, dans ses franges les plus radicales. Il contribuera à la popularité de l'I.S. en milieu étudiant. Estimant que ce succès signifie que le « spectaculaire » a englouti l'Internationale, Debord dissoudra celle-ci en 1972. Ne reniant rien de ses analyses ni de ses espoirs révolutionnaires, il s'enfonce encore davantage dans le mystère et la clandestinité. Ses rares manifestations tiennent en quelques films au public confidentiel : *La Société du spectacle* (1973) qui porte son essai à l'écran ; la réfutation filmée des éloges et critiques adressées à cette œuvre (1975) ; et enfin *In girum imus nocte et consumimur igni* où, à travers le palindrome latin, il relit sa propre expérience et maintient, quoique sur un mode pessimiste, la validité de ses thèses. Il revient à l'écriture en 1988 avec des *Commentaires sur la Société du spectacle* qui actualisent et précisent les affirmations de son premier ouvrage. En 1989, il publie son propre *Panégyrique,* retour sur son passé où, sur un ton toujours hautain, il dévoile quelques aspects de sa personnalité, absolue et intransigeante, inquiétante et fascinante. En une forme d'un parfait classicisme (on a pu comparer son style à celui du cardinal de Retz), Debord a écrit des textes dont l'abstraction peut rebuter le lecteur qui ne dispose pas d'un certain bagage philosophique et historique. Il a refusé toute vulgarisation de ses idées par crainte d'une « récupération » dont il a inventé le concept dès 1958. L'homme est un réfractaire, à prendre en bloc ou à laisser. Son caractère abrupt ne devrait pas masquer la fréquente pertinence de ses analyses.

ALAIN QUESNEL.

DE BOSCHÈRE Jean. Écrivain, peintre, illustrateur et graveur belge (naturalisé français en 1951). Né à Uccle, près de Bruxelles, le 5 juillet 1878, mort à Châteauroux (Indre) le 19 janvier 1953. Loin de la vie publique, connu d'un petit nombre, Jean de Boschère a aspiré à une ascension de l'homme vers Dieu avec pour lui « des idées d'absolu, d'abstraction et de mysticisme ». Tenté dans ce mouvement par l'obscur qu'il sent en lui (l'érotisme, le suicide, la solitude), De Boschère est un artiste difficile, qui a cherché dans les formes multiples de la création la fixité de l'homme près de Dieu. La vie étonnante de cet artiste est marquée à la fois par des périodes géographiquement délimitées, Anvers, Bruxelles, Londres, Paris puis le Berry, et des moments de création intense. Fils d'un naturaliste réputé (à qui l'on doit notamment un ouvrage illustré sur *Les Serres royales de Laecken,* paru en 1920 à Bruxelles), De Boschère gardera toute sa vie cet attrait pour le monde végétal, qu'on retrouvera dans ses romans et ses livres de nature. Après une enfance très libre et, par choix, solitaire, telle qu'on peut la lire dans son premier roman autobiographique, *Marthe et l'Enragé* (*) (1927), De Boschère s'inscrit à l'Académie des beaux-arts d'Anvers, qu'il fréquente de 1897 à 1900. Cette période belge, entre Bruxelles et Anvers, de 1897 à 1915, se prolonge par des séjours à Paris : De Boschère exerce alors une activité de critique et d'historien d'art, et fait paraître ses premières grandes études essentiellement consacrées au monde flamand du XVe et XVIe siècle, en montrant une rigueur et une érudition qui lui permettent de traiter tout à la fois des questions d'esthétique pure et des techniques : *Le Style de Leys* (1905), *Édifices anciens* (1907), *Quentin Metsys* (1907), *Les Vitraux de Notre-Dame d'Anvers* (1906), *La Sculpture anversoise aux XVe et XVIe siècles* (1909). L'ambiance d'une fin de siècle finissante se fait sentir chez De Boschère qui lit Péladan, les rosicruciens et les symbolistes, et comme eux s'attache aux sciences historiques ou au mysticisme littéraire, dont on retrouvera les traces jusque dans *Satan l'Obscur* (*) (1933), roman à l'écriture fin de siècle – bien que De Boschère se soit défendu, mais plus tard, d'avoir été réellement sous l'influence de l'auteur de la *Décadence latine* –, mais on voudra bien se souvenir que ce livre fut écrit dans les années 30 par un homme qui a eu vingt ans en 1898. Pendant ces années d'avant-guerre, il fait la connaissance, au travers de la revue *L'Occident* et de ses dirigeants, Albert Chapon et Adrien Mithouard, des milieux littéraires du post-symbolisme. En 1909 paraît à la Bibliothèque de l'Occident sa première œuvre littéraire, *Béâle-Gryne*, écrite dans un style encore tout empreint de cette prose poétique chère à la fin du XIXe siècle. L'ouvrage est illustré de dessins et de lettrines dont l'esprit rappellera Beardsley, que De Boschère a rencontré quelque temps auparavant – et d'aucuns ont remarqué l'identité littéraire qui existe entre ce titre et le seul livre de l'illustrateur anglais, *Under the Hill.* De la même inspiration relève *Dolorine et les ombres,* paru à la Bibliothèque de l'Occident en 1911, et on se souviendra de l'accueil attentif que lui réserva Francis Jammes. En 1913 paraissent les *Métiers divins*, qui sont une suite de poèmes, et en 1914 un essai consacré à son ami Max Elskamp, ouvrage qui clôt la « première période » de De Boschère. Mobilisé en 1914, blessé, De Boschère s'installe à Londres en 1915, où il vivra jusqu'en 1923. Cette période anglaise est marquée de deux activités créatrices. La première est celle d'illustrateur, qui fera la notoriété et la bonne fortune de De Boschère – activité qu'il a pu considérer, tout en s'y adonnant avec le plus grand soin, comme un simple gagne-pain –, la seconde étant la publication de poèmes qui dépassent très largement la première veine symboliste. De Boschère fréquente dès son arrivée à Londres la « Poetry Bookshop » du poète irlandais Harold Monro, où il fera la connaissance des imagistes anglais et américains, et parmi eux F. S. Flint, Ezra Pound, Aldous Huxley, T. S. Eliot. Les rapports entre Pound et De Boschère furent étroits, et l'auteur des *Cantos* (*) fut très actif, avec succès, pour faire connaître la poésie de De Boschère dans les milieux londoniens. Dès 1917 paraît chez John Lane, en édition bilingue, *The Closed Door*, recueil fondé sur une thématique de la solitude, et stylistiquement très inspiré des imagistes. Diversement et parfois violemment accueilli par la critique, ce recueil sera suivi en 1922 de *Job le Pauvre,* dont les thèmes seront plus violents. En 1929, les deux ouvrages seront réunis en un volume, à Paris, sous le titre d'*Ulysse bâtit son lit* (*), aux Éditions Fourcade, avec le soutien de Jean Cassou. De ce séjour londonien, on retiendra deux événements importants, d'une part la rencontre en 1920 avec Élisabeth d'Ennetières, qui sera la compagne de toute sa vie, après un premier mariage vite rompu, d'autre part la sombre relation qu'il entretient avec Anne Véra Hamilton, femme journaliste rencontrée par l'entremise de Suarès – l'auteur du *Voyage du condottiere* (*) va devenir par la suite un des véritables amis de De Boschère, avec Artaud et Max Jacob. Cette relation, qui s'achève par la mort de Véra Hamilton, servira plus tard de fondement à *Satan l'Obscur,* ce deuxième roman autobiographique écrit en 1928 et paru en 1933 chez Denoël, qui fait suite à *Marthe et l'Enragé.* En France avec Élisabeth d'Ennetières à partir de 1923, après un séjour italien, De Boschère fréquente les milieux de *La Nouvelle Revue française* (*) et les surréalistes, entame la rédaction de *Marthe et l'Enragé* qui paraît chez Émile-Paul en 1927 (on lira le compte rendu qu'en fit Artaud dans la *N.R.F.* de septembre de cette même année), expose à la Galerie d'art contemporain du boulevard Raspail des toiles plus personnelles que son travail londonien d'illustrateur. Le couple s'installe en 1928 près de Fontainebleau, où De Boschère peut allier dans une grande maison son amour de la nature et des oiseaux aux nécessités du travail de peintre et de graveur. Il entame – et l'on notera une fois encore l'extrême diversité créatrice de De Boschère – une série d'ouvrages connus sous l'appellation de « livres de natures », le plus célèbre étant *Les Paons et autres merveilles,* paru chez Stock en 1933. Faisant peut-être suite à une crise à la fois spirituelle et créative, le travail littéraire de De Boschère connaît une pause – les romans après *Satan l'Obscur* et les recueils de poèmes n'ayant pas connu un grand accueil – jusqu'à l'apparition d'un nouveau genre littéraire chez De Boschère, à la fois poème en prose, journal intime, évocation de souvenirs, qui aboutira à la publication en 1937 de *L'Obscur à Paris* (*) qui tient à la fois du *Spleen de Paris* (*) et des Journaux intimes (l'ouvrage fut repris, illustré, sous le titre *Paris clair-obscur* en 1946). En 1945, le couple s'installe à La Châtre, où, à côté d'activités de sculpture sur bois, l'écrivain rédigera ses *Mémoires,* commencera un *Journal,* travaillera à deux études : l'une sur Jérôme Bosch (parue en 1947), l'autre, inédite, sur Léonard de Vinci, enfin réunira quelques poèmes, édités à un petit nombre d'exemplaires.

VINCENT WACKENHEIM.

♦ *« Livre effrayant certes ! et par son génie même ; beauté frappée de folie et décrite par un esprit conscient. »* Lettre de Francis Jammes à De Boschère au sujet de *Dolorine,* 1911. ♦ *« C'est un démon. Il nie ; il raille ; il profane. »* Article de James Douglas sur *The Closed Door,* 1917. ♦ *« Ça me touche et ça me déroute à la fois. »* Jean Paulhan, au sujet de *Marthe et l'Enragé.* ♦ *« Il arrive que cette œuvre écrite comme une torture, et qui a tout le caractère d'un mémoire appliqué, prend une vigueur et une force qui la mettent bien au-dessus de tant de romans autobiographiques écrits ces dernières années. »* Antonin Artaud, au sujet de *Marthe et l'Enragé.* ♦ *« Ce livre, une sensibilité nue, à vif... un livre frais, sanglant... Toute une nouveauté, toute une création !... »* Lettre de Max Jacob à De Boschère à la parution d'*Ulysse bâtit son lit,* 1929. ♦ *« Toute sa vie De Boschère gardera cette étrange sorte d'inspiration qui, dans ses tout derniers poèmes, s'épanouira en une frénétique luxuriance, atteindra à un lyrisme d'apocalypse. »* Jean Cassou. ♦ *« Il s'agit moins d'un artiste, d'un fabricant de beauté, que d'un visionnaire, d'un initié, d'un découvreur d'arcanes. »* Luc Estang.

RÉF. : (Collectif) *Jean De Boschère l'admirable,* Au parchemin d'antan, 1952. – Élisabeth d'Ennetières, *Nous, et les autres,* Aurillac, 1967. – Christian Berg, *Jean de Boschère ou le mouvement de l'attente,* Bruxelles, 1978. – Jean Warmoens, *Jean de Boschère, le centenaire de sa naissance* (catalogue d'exposition), Bibliothèque royale Albert Ier, Bruxelles, 1978. On consultera aussi avec profit les éditions des œuvres de De Boschère établies et commentées par Michel Desbruères.

DEBUSSY Claude. Compositeur français. Né le 22 août 1862 à Saint-Germain-en-Laye (Yvelines), mort le 26 mars 1918 à Paris. Enfant, il avait commencé l'étude du piano chez lui, sans que l'on pensât à une future carrière musicale, et ce fut une ancienne élève de Chopin, Mme Manté de Fleurville, qui persuada sa famille de cultiver sa vocation. En 1873, il entra au conservatoire de Paris, où il eut comme maîtres, entre autres, Lavignac, Marmontel, et, pour la composition, Ernest Guiraud. Au cours de l'été de 1880, il fut engagé comme pianiste accompagnateur et professeur de piano des enfants de Nadejda von Meck, protectrice de Tchaïkovski et fanatique de sa musique. Il la suivit ainsi dans des voyages à travers la France méridionale, la Suisse et l'Italie. Debussy trouva, au cours de ces voyages, l'occasion de connaître Wagner. Il fut réengagé au cours des étés suivants, peut-être jusqu'en 1884, ce qui lui permit de visiter Moscou, et d'y prendre contact avec la musique du « groupe des Cinq ». Au Conservatoire, il s'était fait une réputation redoutable de révolutionnaire musical ; cependant il obtint, en 1884, le prix de Rome avec la cantate *L'Enfant prodigue* (*), qui nous montre le jeune compositeur encore prisonnier d'une aimable sensualité mélodique selon le goût de Massenet, mais capable aussi de tracer le dessin d'un air parfait en son genre, comme l'air de Lia. Les trois ans de séjour à la Villa Médicis furent pénibles pour Debussy, qui n'avait aucune inclination pour le classicisme romain, et regrettait amèrement Paris, sa vie intellectuelle agitée et moderne. De Rome, il rapporta une cantate d'après

Rossetti, *La Damoiselle élue* (*), d'un goût préraphaélite caractéristique de l'époque ; toujours dépendant d'un sentimentalisme portant la marque du XIXe siècle, à mi-chemin entre Massenet et Tchaïkovski, Debussy cherchait obscurément à en sortir et tombait naturellement du côté du wagnérisme. Il doit moins la libération escomptée à ses expériences musicales — où comptaient principalement celles de Russie, la découverte du chant grégorien et celle de la musique exotique, africaine et javanaise, présentée à l'Exposition universelle de Paris — qu'à la fréquentation de gens de lettres et de peintres : l'amitié de poètes symbolistes et parnassiens, dominés par la figure de Mallarmé, l'exemple de renouvellement apporté par la peinture impressionniste, furent les forces déterminantes qui le poussèrent dans une voie originale.

Les mélodies sont les compositions où l'on suit le mieux l'évolution cohérente de l'artiste, d'un formalisme mélodique de saveur peu mondaine à la création d'une prose lyrique intensément évocatrice : *Ariettes oubliées* (*) (1888) ; *Cinq poèmes de Baudelaire* (*) (1890) ; *Fêtes galantes* (1892 et 1904) ; *Proses lyriques* (*) (1893) ; *Trois chansons de Bilitis* (*) (1898). Ainsi se forme le nouveau langage musical et dramatique qui permettra à Debussy d'apporter une solution personnelle au problème de l'opéra avec *Pelléas et Mélisande* (*), sur un texte de Maurice Maeterlinck, créé à l'Opéra-Comique le 30 avril 1902 (sa composition avait duré dix ans) malgré une forte opposition. L'ouvrage mit un certain temps à conquérir la place qui lui revient dans l'histoire de la musique, comme l'une des étapes fondamentales du développement du théâtre musical. Ensuite, ce fut la musique instrumentale qui, dans la production debussyste, s'imposa au premier plan. Parti de l'élégance des deux *Arabesques* (1888) et de la *Suite bergamasque* (*) pour piano, du *Quatuor* à cordes (*) (1893) et du *Prélude à l'après-midi d'un faune* — v. *L'Après-midi d'un faune* —, Debussy en vint à la création, dans le domaine pianistique surtout, d'un impressionnisme musical qui porte à ses dernières conséquences la dissolution des formes classiques opérée par le romantisme et qui, en même temps, ouvre les portes à l'avenir. On passe ainsi du classicisme momentané de *Pour le piano* (*) à la liberté impressionniste des *Estampes* (*), de *L'Isle joyeuse* (*) (1904) et des deux recueils d'*Images* (*). À l'apparente facilité de *Children's Corner* (*) (1908), qui accueille suggestions et thèmes de la vie moderne en dépit de son programme puéril, font suite les deux volumes de *Préludes* (*) (1910 et 1913). Sur les traces des *Estampes* se développe une floraison de pièces pianistiques contemporaines, avec Ravel, Bartók, Schoenberg et Prokofiev. En comparaison de la perfection de son écriture pour clavier, les développements donnés par Debussy à l'impressionnisme orchestral peuvent sembler moins accomplis, malgré la précieuse richesse de timbres et la sensualité déployée dans *La Mer* (*) (1905), ou dans les *Images* (*) (1909) pour orchestre, qui ne retrouvent pas entièrement la concision équilibrée des trois *Nocturnes* (*) (1899). Par contre, ni le tempérament ni les exigences d'un minutieux commentaire sonore ne sauraient expliquer la complexité de l'écriture orchestrale de *Jeux* (*) (1912). Les préoccupations de Debussy rejoignent alors celles de Schoenberg qui, à la même époque, découvre les ressources de la *Klangfarbenmelodie* (mélodie de timbres, de couleurs sonores).

Vers 1910, Debussy manifeste une nouvelle tendance vers le classicisme et l'archaïsme, par laquelle il essaie de réagir contre la dispersion impalpable de l'impressionnisme d'atmosphère, au moyen de la restauration, en matière sonore et formelle, d'un caractère concret dont il semble éprouver un besoin croissant. Sautant par-dessus les siècles les plus récents, il cherche aux XVIe et XVIIe siècles les origines de l'art et du goût français, et la guerre mondiale contribuera à renforcer, chez le musicien, un processus déjà amorcé de rattachement aux traditions de la civilisation nationale. Dans la seconde partie des *Fêtes galantes*, on trouvait certaines tournures mélodiques archaïsantes ; désormais, des textes de poètes français anciens viennent remplacer les vers des symbolistes et parnassiens favoris dans les *Trois chansons de France* (*) (1904), les *Trois ballades de François Villon* (*) (1910) et les *Trois chansons de Charles d'Orléans* (*) (1908) pour chœur polyphonique, ouvertement inspirées des modes de la vieille chanson française. Cette nouvelle volonté de retour au passé et de reconstruction des formes anciennes se manifeste clairement par le projet, conçu pendant la guerre mondiale, d'écrire six *Sonates* (*) pour divers instruments. Debussy ne réalisera que partiellement ce projet, avec l'audacieuse *Sonate pour violoncelle et piano* (1915), la *Sonate pour flûte, harpe et alto* (1915), et la *Sonate pour violon et piano* (1917). Mais le principal monument de cette dernière phase de son art, si ouverte aux perspectives artistiques de l'avenir, demeure *Le Martyre de saint Sébastien* (*) (1911) ; la haute valeur musicale s'y trouve quelque peu voilée par les recherches du texte de D'Annunzio, et surtout par la nature hybride du spectacle scénique, qui n'est ni un opéra ni un ballet, mais un mélange de récitation et de chant, en vue de l'interprétation confiée à Ida Rubinstein.

La vie sentimentale de Debussy est marquée par sa séparation d'avec sa première femme, Rosalie Texier, qui avait été la compagne dévouée et courageuse des années difficiles, pour épouser Emma Bardac Moyse (1905). Il ne s'éloignait de Paris que rarement et à contrecœur ; c'est ainsi qu'il se rendit, en 1893, en Belgique pour demander à Maeterlinck l'autorisation de mettre en musique son drame, obtenant son assentiment sinon sa compréhension, et, en 1909, à Londres pour la « première » anglaise de *Pelléas*. Sa renommée croissante le contraignit ensuite à se rendre à Vienne et à Budapest (1910), à Turin (1911), en Russie (1913-14), en Hollande et à Rome (1914), pour y diriger sa musique. Il n'exerça aucune fonction officielle, ne chercha jamais de poste fixe, ne forma aucun élève, mais reçut seulement des amis, avec lesquels il aimait faire de la musique ou converser d'art et de poésie. Il écrivit de nombreux articles musicaux pour des revues, la plupart littéraires, et réunit les plus importants dans le volume *Monsieur Croche antidilettante* (1917). Opéré en 1915 d'un cancer de l'intestin, il ne put retrouver l'intégrité de ses forces physiques et mourut en 1918, profondément accablé par les atrocités de la guerre.

MASSIMO MILA.

♦ *« La nouveauté du résultat* [Pelléas et Mélisande] *devrait être un motif d'étonnement pour les juges les mieux exercés. Beaucoup d'entre eux crurent devoir accorder au poème toute son efficacité en déclarant qu'il n'y avait point là de musique, alors qu'au contraire il n'y a là que de la musique, mais si incorporée à l'action, si naturellement jaillie de la situation, du décor et du langage, si rapprochée de la musique incluse sous les mots, que, dans l'impression totale produite par cette transfusion sonore, il devient impossible de la dissocier du texte qu'elle pénètre. La musique de Claude Debussy est d'une conception aussi neuve que hardie, seulement sa mélodie, sa rythmique, son harmonie ne sont pas celles que l'imitation des maîtres a fait tomber dans le domaine public. Ce sont les siennes, l'harmonie notamment, à propos de laquelle on a crié à la violation perpétuelle des règles, alors qu'elle n'est que la géniale extension des principes. »* Paul Dukas, 1902. ♦ « Pelléas et Mélisande *de Claude Debussy : un sombre ennui... »* Jules Renard, 1902. ♦ *« T'ai-je parlé d'une œuvre d'orchestre exécutée ici* [à Oslo]. L'Après-Midi d'un faune, *de Debussy ? Musique extravagante, mais très pleine de talent, et qui m'est dix fois plus sympathique que le plum-pudding des jeunes Allemands. »* Grieg. ♦ *« Claude Debussy fut le sauveur, parce qu'il venait au temps marqué, parce qu'il avait médité l'exemple des arts fraternels, et surtout parce qu'il avait écouté les voix de la nature. Il a délié la captive, lui a rendu la caresse de l'air, et la grâce que les mouvements appris violentaient. »* Louis Laloy. ♦ *« La musique, jusqu'à Debussy, était linéaire ; elle se déroulait, elle avait besoin de temps pour s'exprimer ; il fallait demander aux mesures suivantes le sens de celle que l'on écoutait. Dans* Pelléas, *la musique est tout entière en chaque moment... Aucune direction extérieure aux accords ; rien qui les conduise, qui les entraîne. »* Jacques Rivière. ♦ *« L'essence même du génie français. »* Charles Du Bos. ♦ *« Debussy a dévié parce que, de l'embûche allemande, il est tombé dans le piège russe* [...] *Debussy a joué en français mais il a mis la pédale russe* [...] Pelléas *est encore de la musique à écouter la figure dans ses mains. Toute musique à écouter la figure dans les mains est suspecte. »* Jean Cocteau, 1918. ♦ *« Son impressionnisme met en jeu, avec une telle force, même les accords de quarte, que ceux-ci apparaissent comme indissolublement liés avec ce qu'il a de neuf à dire et qu'il peut revendiquer leur paternité spirituelle, alors qu'il est facile de prouver qu'en même temps que lui, sinon avant, d'autres avaient écrit une musique analogue. Peut-être le fait qu'elle traduit des évocations de la nature contribue-t-il à donner cette impression. Car il est indispensable qu'elle donne une voix à la nature. Et c'est là qu'on reçoit l'illumination, par ce langage devant lequel tout le reste s'efface. »* Arnold Schoenberg. ♦ *« Dans l'œuvre de Debussy, l'individualisme sensitif* fin de siècle *s'unit à une esthétique révolutionnaire dont aucun de ses contemporains parmi les créateurs n'a reconnu le véritable esprit, sauf Stravinski. Debussy a délivré la musique française de l'influence étrangère et des entraves académiques pour la ramener à sa vraie tradition. Sur ses dernières sonates, il a inscrit lui-même, dans sa simplicité, le titre d'honneur qui donne tout son sens à sa mission historique : Claude Debussy, musicien français. »* Heinrich Strobel. ♦ *« Il demeure* inimitable *et la leçon qu'on a pu tirer de son exemple est de ne pas essayer de courir après lui. »* Henri Sauguet.

RÉF. : André Suarès, *Debussy*, Paris, 1922. – Claude Debussy, *M. Croche et autres récits*, Paris, 1926. – René Peter, *Claude Debussy*, Paris, 1931. – Léon Vallas, *Claude Debussy et son temps*, Paris, 1932. – Edward Lockspeiser, *Claude Debussy*, Londres, 1936, rééd. augm. et trad. française, Paris, 1980. – Heinrich Strobel, *Claude Debussy*, Zurich et trad. française, Paris, 1940. – Vladimir Jankélévitch, *Debussy et le mystère*, Neuchâtel, 1949. – Rolo Myers, *Debussy*, Londres, 1949. – Victor Seroff, *Claude Debussy*, Paris, 1957. – Jean Barraqué, *Debussy*, Paris, 1962. – Marcel Dietschy, *La Passion de Claude Debussy*, Neuchâtel, 1962. – Antoine Goléa, *Claude Debussy*, Paris, 1965. – Stefan Jarocinski, *Debussy, a impresionizm i synmbolizm*, Cracovie, 1966, trad. française, *Debussy, impressionnisme et symbolisme*, Paris, 1970. – Vladimir Jankélévitch, *La Vie et la mort dans la musique de Debussy*, Neuchâtel, 1968 ; *Debussy et le mystère de l'instant*, Paris, 1976. – François Lesure, *Catalogue de l'œuvre de Claude Debussy*, Genève, 1977 ; *Debussy, iconographie musicale*, Genève-Paris, 1980. – Claude Debussy, *Lettres, 1884-1918*, Paris, 1981. – Christian Goubault, *Claude Debussy*, Paris, 1986.

DE CHIRICO Giorgio, baron. Peintre et écrivain italien. Né à Volo en Thessalie (Grèce), le 10 juillet 1888, mort à Rome en 1978. La vie et l'œuvre de celui qui, en dépit de ses contradictions et palinodies, reste le plus grand peintre de l'Italie de son temps et le seul à bénéficier d'un renom international sont marquées dès le début par un cosmopolitisme singulier : l'enfance fabuleuse en Grèce, auprès d'un père sicilien, constructeur de voies ferrées et amateur d'art ; la découverte de Böklin à Munich, où il suit les cours de l'académie des beaux-arts à partir de 1906 ; l'amitié enfin de Guillaume Apollinaire à Paris, vers 1912. Tout cela contribue à la naissance d'une inspiration que De Chirico nommera métaphysique (d'après Otto Weininger) et d'une imagerie profondément surprenante. De Chirico la reniera un jour, quand il reviendra au « métier classique », que son père lui suggérait dès 1900... Dans cette œuvre picturale, que le surréalisme exaltera dès le premier abord, il n'est guère interdit de déceler quelques apports littéraires (ainsi que l'influence de son frère puîné, l'écrivain Alberto Savinio), et il était donc naturel que le peintre, à l'occasion, lâchât ses pinceaux pour la plume : c'est bien ce qui se produisit quand, en 1929, De Chirico publia en français son *Hebdomeros* (*), livre unique mais important. C'est un autoportrait écrit au jour le jour, mais d'une verve soutenue : pour moitié sur le mode surréaliste, par séquences décrivant des phantasmes typiques de l'auteur, et, pour l'autre moitié, traçant à l'intention de disciples hypothétiques une sorte de programme existentiel et goguenard où De Chirico se plaît, par anticonformisme, à adopter parfois les manières d'un M. Homais... Les adversaires de De Chirico (il n'en manquait pas, surtout dans son pays...) ont souvent prétendu que cet *Hebdomeros* était peut-être passé par les mains narquoises d'Alberto Savinio, avant de paraître ; on peut rejeter carrément cette hypothèse, ne fût-ce qu'en raison des italianismes qui s'y trouvent et que Savinio n'aurait pas manqué de rectifier.

NINO FRANK.

RÉF. : Giovanni Lista, *De Chirico et l'Avant-Garde,* Paris, 1983.

DE COSTER Charles. Écrivain belge de langue française. Né le 27 août 1827 à Munich de parents belges, mort le 7 mai 1879 à Ixelles (Brabant). Sa famille le destinait au sacerdoce, mais il choisit une autre carrière, et encore à l'université de Bruxelles, il commença de fréquenter le cercle *Lothoclus,* qui publia ses premiers essais littéraires dans un journal manuscrit. Il fut reçu docteur en philosophie, mais son incapacité à entreprendre une carrière le priva de toute sécurité matérielle. Il conçut un amour qui se termina obscurément après des années, et dont il reste des souvenirs, outre un bref roman paru dans la *Revue nouvelle* de 1851 sous le titre *Silhouette d'amoureux,* dans les *Lettres à Élisa,* écrites entre 1851 et 1858. Un recueil de *Légendes flamandes* (+), écrites en français du XVIe siècle, valut à son auteur le succès, et un emploi auprès d'une Commission royale chargée de la publication de lois anciennes, où il resta quatre ans. En 1861, il publia un autre recueil de contes, *Les Contes brabançons* (*), écrits en français moderne ; et en 1868, après dix ans d'un travail fatigant et tenace, *Légende de Ulenspiegel et de Lamme Goedzack au pays de Flandres et ailleurs* (*) qui ne fut pas appréciée et subit des critiques très hostiles. Découragé, De Coster se rendit à Paris, mais ne tarda pas à retourner en Belgique et, en 1870, il accepta un poste de professeur à l'École de guerre et une charge de répétiteur à l'École militaire. Réduit à vivre de ces appointements, il tenta d'écrire un roman sur la révolution belge, en composa un autre, médiocre, *Voyages de noces,* et la relation d'un de ses voyages en Hollande que l'on commença de publier en 1878. Mais la tristesse de son existence avait affaibli son organisme, et il mourut peu après cinquante ans, assisté d'une pauvre femme atteinte d'un lupus qu'il avait recueillie par pitié.

RÉF. : Ch. Potvin, *Charles De Coster,* biographie suivie des *Lettres à Élisa,* 1894. – Liebrecht, *La Vie et le rêve de Charles De Coster,* 1927. – J. Hanse, *Charles De Coster et son œuvre,* Louvain, 1928. – L. L. Sosset, *La Vie pittoresque et malheureuse de Charles De Coster,* Verviers, 1938. – J.-M. Klickemberg, *Style et archaïsme dans la légende d'Ulenspiegel de Charles de Coster,* Bruxelles, 1973.

DECOURCELLE Pierre. Romancier et auteur dramatique français. Né à Paris le 25 janvier 1856, mort à Paris, le 10 octobre 1926. Au théâtre il remporta un énorme succès avec *Gigolette* (*) (1894), drame en cinq actes et huit tableaux, aux épisodes tour à tour tragiques et attendrissants, où une jeune fille pure et malheureuse finit par connaître le bonheur. Comme romancier, il a écrit notamment *Les Deux Gosses* (*), *Fanfan* (2 vol., 1896), émouvante histoire, aux rebondissements pleins de surprises, d'un enfant disparu, persécuté, victime d'un atroce malentendu entre ses parents, mais qui retrouvera son foyer. Decourcelle, écrivain particulièrement fécond, est l'auteur de très nombreux romans quelque peu oubliés ; citons : *La Bâillonnée* (1894), *Les Fêtards de Paris* (1902), *Les Deux Frangines* (1903), *Les Requins de Paris* (1903), *La Buveuse de larmes* (1908) ; auteur de drames : *Le Collier de la Reine* (1896), *Les Mystères de Saint-Pétersbourg* (1905), *La Môme aux beaux yeux* (1907), et de comédies : *Après le pardon* (1907), *La Rue du Sentier* (1913), *L'Autre Fils* (1922).

DEDEKIND Friedrich. Poète allemand. Né aux environs de 1524 à Neustadt-sur-la-Leine, mort le 21 février 1598 à Lunebourg (Hanovre). Inscrit à l'université de Wittenberg, il devint maître en théologie en 1552, puis exerça quelque temps dans sa ville natale les fonctions de pasteur. En 1575, il fut nommé à Lunebourg inspecteur pour les églises de la circonscription de Lübeck. Dedekind, alors qu'il était encore étudiant (1549), avait composé en langue latine un petit poème, *Grobianus. De la simplicité des mœurs* (*), qui le rendit célèbre et fut plusieurs fois réimprimé. Ses autres ouvrages, par contre, n'obtinrent que peu de succès. Ce sont : l'allégorie dramatique d'inspiration luthérienne *Le Chevalier chrétien* [*Der christliche Ritter,* 1576] et le *Papista conversus* (1596), d'une grande indigence poétique. Dedekind a traduit en distiques latins les *Proverbes* (*) de Salomon, et en ïambes latins le *Catéchisme* (+) de Luther.

DEDINAC Milan. Écrivain serbe. Né à Kragujevac le 27 septembre 1902, mort à Opatija le 26 septembre 1966. Étudiant en littérature comparée et en langue française à l'université de Belgrade, il collabore déjà au journal *Politika.* Prisonnier de guerre, il reprend dès 1945 son activité interrompue, se partageant entre son œuvre littéraire et différents postes de responsabilité dans le journalisme et le théâtre. Il fut notamment rédacteur en chef de *Politika* et directeur du « Théâtre dramatique yougoslave ». Tout jeune écrivain, il entendait déjà situer la poésie à la frontière du rêve et de la réalité. Il se joignit au groupe des surréalistes serbes et contribua largement à introduire le surréalisme dans l'art serbe. Le désir, le pays natal et la liberté : tels sont les grands thèmes de son œuvre, depuis son premier recueil de vers, *L'Oiseau public* (*) (1926), jusqu'à *L'Appel du voyage* [*Poziv na putovanje*, 1965].

DEFOE Daniel. Écrivain anglais. Né à Londres, probablement en septembre 1660, mort à Ropemaker's Alley, Moorfields, le 26 avril 1731. Son père s'appelait James Foe (Daniel changea le nom de Foe en Defoe vers 1703) et fut d'abord fabricant de chandelles, puis boucher. Malgré ses origines modestes, Defoe put faire ses études au séminaire dissident de Stoke Newington. Ensuite, il entra dans le commerce et effectua pour son travail, semble-t-il, des voyages en Espagne, en France, en Italie et en Allemagne. À son retour en 1683, il ouvrit une mercerie, et l'année suivante épousa Mary Tuffley dont il eut sept enfants. Vers la même époque, il commença de s'intéresser à la politique, prit part à la révolte de Monmouth, et favorisa l'accession au trône de Guillaume d'Orange. Frappé en 1692 par un désastre financier, il chercha à s'en tirer, intriguant de tous côtés, et parvint même à entrer en contact avec le roi. En 1701, il publia *Le Vrai Anglais* [*The True-Born Englishman*], poème satirique contre les préjugés populaires à l'égard du roi étranger, et en 1792 *La Plus Courte Façon d'en finir avec les dissidents* [*The Shortest Way with the Dissenters*], libelle dans lequel l'auteur, feignant d'être lui-même un dissident, demande à tout prix la suppression totale de la dissidence : cette œuvre certainement assez mal vue puis la mort de Guillaume d'Orange ne firent qu'aggraver la situation de Defoe, au point qu'il fut emprisonné (mai-novembre 1703) et exposé au pilori. Convaincu de ce que la honte d'avoir été en prison entraînerait sa ruine, il se mit à exercer sans aucun scrupule une activité de mercenaire. En 1704, après avoir publié de nombreux opuscules contradictoires, il fonda le journal *The Review*. Agent secret en Écosse à la solde de Harley et de Godolphin qui voulaient favoriser l'unité, à l'avènement de George Ier il se prêta à d'autres louches manœuvres. Certains écrits antijacobites lui valurent d'être persécuté par les whigs, qui le firent emprisonner un certain temps sous l'accusation de trahison. Après 1713, *The Review* prit le nom de *Mercator*, nom, ainsi qu'on en peut juger, assez significatif. Ce ne fut que vers soixante ans que l'auteur laissa paraître un véritable don littéraire. Déjà depuis 1715, Defoe avait écrit *L'Instructeur de la famille* [*The Family Instructor*], tout entier fondé sur la morale puritaine, et de nombreuses biographies plus ou moins romancées de personnages célèbres, mais son premier livre important, et son premier succès dans un milieu littéraire qui réclamait surtout des livres d'aventures, fut *Robinson Crusoé* (*), qui parut en 1719. Il fut suivi de *Mémoires d'un cavalier* (*), *La Vie, les aventures et les pirateries du capitaine Singleton* (*), *Moll Flanders* (*), *Journal de l'année de la peste* (*), *Histoire et vie du colonel Jacque* (*), *Lady Roxana ou l'Heureuse Catin* (*), et de bien d'autres. Même dans ces romans se manifeste le caractère d'un écrivain qui préfère un gain facile à une sérieuse recherche littéraire. En fait, Defoe soumettait le projet du roman qu'il voulait écrire à son éditeur, et développait son œuvre selon le nombre de pages fixées par le contrat. Il ne perdit jamais une occasion de se faire de la publicité et — après avoir écrit la biographie d'un condamné — il alla jusqu'à se faire remettre par ce dernier, le jour même de son exécution, un exemplaire de ce livre devant la foule rassemblée à cette occasion. Outre les romans de Defoe, il faut citer *Un tour à travers l'île de Grande-Bretagne* (*), sorte de guide de l'Angleterre, *L'Histoire politique du diable* [*The Political History of the Devil*], essai sur l'occultisme, et *Le Parfait Négociant anglais* (*). Homme dont la vie morale fut assez équivoque, Defoe représenta dans ses œuvres la nouvelle puissance de la bourgeoisie anglaise, et écrivit toujours en une langue concrète et réaliste, malgré les erreurs psychologiques évidentes que l'on rencontre dans tous ses romans. Nombreux sont ceux qui le considèrent comme le précurseur du genre narratif moderne et du journalisme ; mais, en fait, le fondateur de la grande tradition du roman anglais est H. Fielding.

ROBERTO SANESI.

♦ *« Y eut-il jamais quelque chose écrit de main d'homme que le lecteur désirât plus long, si ce n'est* Robinson Crusoé, Don Quichotte *et le* Pilgrim's Progress *? »* Samuel Johnson. ♦ *« Puisqu'il nous faut absolument des livres, il en existe un qui fournit, à mon gré, le plus heureux traité d'éducation naturelle. Ce livre sera le premier que lira mon Émile : seul il composera durant longtemps toute sa bibliothèque, et il y tiendra toujours une place distinguée. Il sera le texte auquel tous nos entretiens sur les sciences naturelles ne serviront que de commentaires. Il servira d'épreuve durant nos progrès à l'état de notre jugement ; et, tant que notre goût ne sera pas gâté, sa lecture nous plaira toujours. Quel est donc ce merveilleux livre ? Est-ce Aristote ? Est-ce Pline ? Est-ce Buffon ? Non, c'est* Robinson Crusoé. *»* Rousseau. ♦ *« Defoe a écrit deux cents volumes... avec la vraisemblance de détails, la minutie, l'exactitude sèche d'un puritain homme d'affaires... Il reste de* [lui] Robinson Crusoé... *C'est que Robinson est d'abord le véritable Anglais, tout pétri des profonds instincts de sa race encore visibles dans le matelot et le squatter de son pays, violent et raide dans ses résolutions, protestant et biblique de cœur, avec ces sourdes fermentations d'imagination et de conscience qui amènent la crise de la conversion et de la grâce, énergique, obstiné, patient, infatigable, né pour le travail, capable de défricher et de coloniser les* *continents ; c'est que le même personnage, outre le caractère national, offre aux yeux la plus grande épreuve de la vie humaine et l'abrégé de toute l'invention humaine. »* Taine. ♦ *« Daniel Defoe est, avec Mme de La Fayette, le grand inventeur du roman moderne ; et il inventa non seulement le roman de mœurs, le roman historique et le roman d'aventures, mais cette grande forme monographique qui a été d'ailleurs fort peu employée depuis. Tous les romanciers anglais lui doivent quelque chose. Et si l'on compare* La Princesse de Clèves *à* Robinson Crusoé, *n'a-t-on pas les deux œuvres typiques qui représentent le tempérament anglais et le tempérament français ? »* Edmond Jaloux. ♦ *« Trois livres tiennent en face de la prison :* Robinson, Don Quichotte, L'Idiot... *Or, remarquez bien, c'est le même livre : la confrontation de ces trois solitaires avec la vie, le récit de leur lutte pour détruire leur solitude, retrouver les hommes. Le premier lutte par le travail, le second par le rêve, le troisième par la sainteté. »* André Malraux. ♦ *« Cette force de réalisme mental détruit le principe même du réalisme ; le visionnaire chez Defoe n'est que le prolongement du bourgeois pratique. »* Louis Cazamian.

RÉF. : William Lee, *Defoe, his Life and recently Discovered Writings*, 3 vol., Londres, 1869. – W. E. Mann, *Robinson Crusoé en France*, Paris, 1916. – P. Dottin, *Defoe et ses romans*, 3 vol., Paris, 1924. – Denis Marion, *Daniel Defoe*, Paris, 1948. – M. E. Novak, *Defoe and the Nature of Man*, Oxford, 1963. – G. A. Starr, *Defoe and Spiritual Autobiography*, Princeton, 1965. – J. Richetti, *Defoe, Narratives : Situations and Structures*, Oxford, 1975. – P. Earle, *The World of Defoe*, Londres, 1976. – John A. Stoler, *Daniel Defoe : an Annotated Bibliography of Modern Criticism (1900-1980)*, New York, 1984. – S. Peterson, *Daniel Defoe : a Reference Guide (1731-1924)*, Boston, 1987.

DEGEYTER Pierre. Compositeur français d'origine belge. Né le 8 octobre 1848 à Gand (Belgique), mort le 27 septembre 1932 à Saint-Denis (Seine-Saint-Denis). Tourneur sur bois de son métier, Degeyter dirigeait pendant ses heures de liberté une chorale lilloise, « La Lyre des ouvriers ». En mars 1871, il tenta de rejoindre la Commune de Paris, mais fut arrêté par les Allemands. En 1888, il composa la musique de l'*Internationale* (*) sur un texte d'Eugène Pottier, un élève de Béranger. L'hymne fut édité sans nom d'auteur, et Degeyter dut plaider pendant plus de trente ans avant que ses droits d'auteur fussent reconnus par jugement de la Cour d'appel en date du 23 septembre 1922. Depuis 1902, Degeyter s'était fixé à Saint-Denis, où il organisait et dirigeait une chorale ouvrière. Ancien membre du parti socialiste français, il s'inscrivit au parti communiste en 1920.

DEGUY Michel. Écrivain français. Né le 23 mai 1930, dans la région parisienne. Agrégé de philosophie en 1953, professeur dans différents lycées de province puis à Paris, il enseigne la littérature française, depuis 1969, à l'université de Paris VIII (Vincennes), dirige le Collège international de philosophie depuis 1989. Entre au comité de lecture des éditions Gallimard en 1965 avant d'en être exclu en 1987 (voir les réflexions que lui inspire cette expérience dans *Le Comité,* 1987). Il fonde avec Godofredo Iommi *La Revue de poésie* (1964-1971) puis la revue *Po&sie* (*) (depuis 1977) ; collaborateur de très nombreuses revues (*N.R.F.* (*), *Cahiers du chemin, Critique...*), il est actuellement membre du comité des *Temps modernes* (*). Son œuvre poétique : *Fragment du cadastre* (*) (1960), *Poèmes de la presqu'île* (1961), *Biefs* (1964), *Ouï-Dire* (1966), *Figurations* (1969), *Jumelages* (1978), *Donnant Donnant* (1981), *Gisants* (1985), sera réunie en grande partie en deux volumes, en 1973 et 1986 (*Poèmes I* et *II*). De plus en plus au cours du travail de l'œuvre, le poète s'interrogera sur ses droits d'être, sur sa possibilité et sa place dans une époque qui le conteste tout en le tolérant comme insignifiant. « Poésie de la poésie », « recherche de la poésie tout entière », l'œuvre se fait questionnante en s'interrogeant poétiquement sur soi. Pas de méta-discours venant recueillir après coup les « résultats » que le parcours poétique aurait comme oubliés. Rien de formel dans ce travail, aride parfois, mais jamais séparable d'une certaine jubilation de l'invention verbale, d'une façon de faire parler la langue, de l'écouter et de donner à entendre l'énigme de sa naissance et de son histoire – v. *Tombeau de Du Bellay* (*) (1973). « La poésie ouvre l'existence à son être-en-question(s) – sans réponses [...] Sa vigilance sur les manières d'être s'appartient en une langue et en ses langages – en une poétique » (*La poésie n'est pas seule,* 1987) À une époque qui n'attend plus rien de la poésie, il lui reste à jouer, en sourdine, un rôle au sein du « culturel » qui sera aussi dirigé contre lui – v. *Choses de la poésie et affaire culturelle* (1986) –, mais aussi pour une reprise de la différence nature/culture *La Machine matrimoniale ou Marivaux* (1981) « Que fait le poète ? [...] Il lutte contre le devenir-signal du langage asservi aux intentions ; il retarde – enraye, dérive, retourne – l'efficacité mortifère de la plupart des discours » (*Brevets,* 1986). Vacance, oisiveté, la fonction de la poésie serait de maintenir vide la place qu'elle occupait de façon à empêcher toute usurpation de ce lieu par les affairistes de la « techno-culture ». Proche du Heidegger penseur de la technique (la nostalgie en moins), Michel Deguy, avec rage et courage, lutte sur tous les fronts contre les réducteurs qui pensent en avoir fini avec la question de « l'habiter » commun et poétique des hommes. Poésie, poétique et politique ont partie liée : les tropes par lesquels la langue se fait langage, les figures qui rythment nos manières de dire ne sont pas séparables de nos façons d'articuler notre être en « comme-un » (témoignerait aussi de ces trans-figurations le travail de traducteur de M. Deguy qui va de Hölderlin et Heidegger à Paul Celan en passant par les poètes américains).

FRANCIS WYBRANDS.

DEHHODĀ Ali Akbar. Écrivain iranien. Né et mort à Téhéran (1879-26 février 1956). Il étudia les sciences politiques à Téhéran puis quitta l'Iran pour l'Europe, séjournant notamment deux années à Vienne. De retour à Téhéran, il dirigea, vers l'année 1907, le supplément littéraire et satirique de la revue *Sur-e-Esrafil* (*), avec tout le talent d'un grand polémiste et d'un auteur maître de son écriture. Il s'exila de nouveau à Paris et, de là, il alla rejoindre la société révolutionnaire qui venait d'être fondée en Suisse par des patriotes iraniens. Reprenant la parution de *Sur-e-Esrafil* pour quelques numéros, le voilà en contact avec un groupe d'Iraniens résidant à Constantinople qui le désignent comme président de l'association « Le Bonheur des Iraniens ». Il est alors sollicité par les émigrés et les cercles politiques pour la publication d'un journal. C'est alors qu'il fonda le journal *L'Envoyé* [*Suruch*]. Après le coup d'État de 1910-1911, il revient en Iran où il rompt avec ses activités politiques. Il se consacrera, dorénavant, à la littérature et aux sciences sociales. On le retrouve, vers cette époque, directeur de l'École des sciences politiques et de droit de Téhéran. Son œuvre poétique n'est pas considérable par le nombre, mais elle l'est par sa qualité : il a épuré l'ancien style poétique et l'a rendu plus accessible. Permettant une lecture intérieure adaptée à chaque sensibilité, il rend à la poésie rime et rythme, plaisir et sensualité, rire et drame. Son activité de journaliste lui a permis de capter avec justesse le quotidien qu'il traduit de façon poétique. Cet opposant passif, politiquement pro-Mossadegh et défenseur de la Constitution, ce traducteur de Montesquieu, lutta pour les droits de l'homme. Ayant déjà réussi la publication d'une *Encyclopédie persane* (*) en 1947, il était en train d'achever la rédaction d'un grand dictionnaire de langue persane lorsqu'il mourut, et son travail inachevé fut confié à une Académie fondée pour cette tâche et portant le nom de Dehḫodā. Dans cette œuvre importante, citons encore : *Les Proverbes persans* (*) (4 volumes, 1931), *Bribes* (+), *Divans de Manutchehri* [*Dīwān-e-Manūtchehri*], les *Divans Naser Khosran* [*Dīwān-e-Khosran Nāsir*] et ses *Poésies* (*) (1956).

AHMED FOUATIH.

RÉF. : Ch. Balay et M. Cuypers, *Aux sources de la nouvelle persane,* Paris, 1983.

DEHMEL Richard. Écrivain allemand. Né le 18 novembre 1863 à Wendisch-Hermsdorf (Brandebourg), mort le 8 août 1920 à Blankenese, près de Hambourg. C'était le fils d'un garde forestier d'origine slavo-allemande. Il fit ses études au lycée de Berlin, mais, arrivé à la classe supérieure, il se fit expulser pour insubordination, de sorte qu'il dut passer son baccalauréat à Dantzig. S'étant inscrit à l'université, il étudia un peu tout : de la chimie à la philosophie, de la littérature à la sociologie, pour, finalement, obtenir son diplôme à Leipzig, en 1887, avec une thèse sur les assurances. Il avait, pendant ce temps, exercé une modeste activité journalistique, mais pour gagner sa vie il dut travailler comme secrétaire de la Ligue des sociétés d'assurances contre les incendies, à Berlin. Il s'accommoda pendant huit ans de ce poste, puis se consacra uniquement à la littérature.

En 1891, Dehmel avait publié son premier recueil de vers, *Rédemptions* ; l'année suivante il fit la connaissance de Strindberg qu'il admirait profondément, et devint avec lui l'âme d'un cénacle littéraire qui se réunissait à l'auberge du « Petit cochon noir ». Il avait épousé une femme cultivée et intelligente, fille d'un rabbin, avec qui il écrivit un livre pour les enfants. Sa vie conjugale dut se dérouler sous le signe de cette exaltation érotique qui alimentait ses poésies ; les recueils suivants en découlent : *Mais l'amour...* (1893), *Femme et Monde* (*) (1896), *Les Métamorphoses de Vénus* (1907). Après moins de huit ans de ménage, le poète divorça pour une autre femme. Avec sa seconde épouse, il vagabonda à travers toute l'Europe pendant plus de deux ans, pour finir par s'établir définitivement à Blankenese, près de son ami préféré Detlev von Liliencron ; le cycle de romans *Deux êtres humains* (*) reflète en partie l'expérience de ces années-là.

À la déclaration de la Première Guerre mondiale, Richard Dehmel, déjà âgé et peu solide, s'engagea comme volontaire et se comporta si valeureusement qu'il fut promu officier et plusieurs fois décoré ; son enthousiasme pourtant déclina, et son journal de guerre, *Entre peuple et humanité* [*Zwischen Volk und Menschheit*], indique un retour à des conceptions humanitaires qui, auparavant, lui avaient déjà dicté des poésies de tendance sociale. Mais Dehmel était ouvert aux influences les plus disparates, de Heine à Nietzsche en passant par Ibsen et les symbolistes français (il traduisit entre autres Verlaine), et dans certaines de ses attitudes de poète maudit on sent déjà un détachement du courant naturaliste. À sa prétendue exagération on devait plus tard rattacher la génération de l'expressionnisme.

♦ « *Nul ne sut bouleverser l'opinion comme il le fit autour de 1900, avec des rudesses à la Péguy, mais sans l'astuce paysanne ou l'intelligence critique dont celui-ci corrigeait son mysticisme* [...] *Le durable mérite de Dehmel, encore que l'absence de choix ait été pour lui une cause d'impuissance ou au moins une gêne, est de n'avoir refusé sa sympathie à aucune des formes de la vie.* » Félix Bertaux.

RÉF. : É. Ludwig, *Richard Dehmel,* Berlin, 1913. – G. Schiefler, *Richard Dehmel. Ein literarisches Portrait,* Hambourg, 1961.

DEKKER Thomas. Écrivain anglais. Né à Londres vers 1572, mort dans cette ville le 25 août (?) 1632. Il a écrit des comédies pleines d'un humour nuancé, où se mêlent réalisme et fantaisie et qui offrent une peinture très animée du Londres populaire du temps. La première trace qu'on trouve de lui remonte à 1598 ; il est alors au service de la compagnie théâtrale du lord amiral, pour laquelle il a écrit dix drames et collaboré à une trentaine de pièces, entre 1598 et 1602. Malgré son abondante production théâtrale, sa vie a été précaire, et, de 1613 à 1618, il fait de la prison pour dettes. Dans une querelle qui opposa Marston et Ben Jonson, il prit parti pour le premier et répondit à l'attaque du *Poètereau* de Jonson par son *Satiromastix* (1601). Il a composé ses drames tantôt en collaboration, tantôt seul, glissant dans les dialogues de véritables morceaux lyriques qui sont parmi les meilleurs de l'époque. Son art atteint son sommet dans la *Comédie plaisante du vieux Fortunatus* (*) et *Fête chez le cordonnier* (*), pièces dans lesquelles le sujet légendaire se mêle à un vigoureux réalisme renforcé par l'usage d'expressions dialectales, par la description de types directement empruntés à la vie, tandis que le ton affectueux de chaude sympathie se colore souvent de violentes pointes satiriques. En collaboration avec Thomas Middleton, Dekker a écrit *La Putain honnête* [*The Honest Whore*, 1604-1605] qui met en scène, dans les bas-fonds milanais, la situation paradoxale d'une courtisane à qui l'homme qui a contribué à la sauver par son amour sincère tend des pièges ; avec Philip Massinger, *La Vierge-Martyre* (*), avec John Ford, *La Sorcière d'Edmonton* [*The Witch of Edmonton*], avec John Webster, *Sir Thomas Wyatt* (1607), *Cap à l'Ouest* (*), *Cap au Nord* (*). Les dons descriptifs et la veine ironique de Dekker se reflètent jusque dans ses œuvres en prose, polémiques ou narratives, telles que *L'Année extraordinaire* [*The Wonderful Year*, 1603], un récit sur la peste de Londres qui anticipe sur Defoe – v. *Journal de l'année de la peste* (*) –, *The Gull's Hornbook* (1609), un spirituel ouvrage sur les mœurs, *The Bellman of London* (1608), une protestation indignée contre tous les genres d'escroquerie, et *Les Sept Péchés quotidiens de Londres* [*The Seven deadly Sins of London*], une critique impitoyable des vices de la société et de la littérature de son temps.

RÉF. : M. L. Herat, *Th. Dekker, A Study*, Colombia Univ. Studies in English, 1911. – K.L. Gregg, *Th. Dekker, A Study in Economic and Social Backgrounds*, University of Washington Publications, 1924. – M. T. Jones-Davies, *Une Peinture de la vie londonienne. Thomas Dekker* (2 vol.), Paris, 1958. – J. H. Conover, *Th. Dekker : An Analysis of Dramatic Structure*, La Haye, 1968. – G.R. Price, *Thomas Dekker*, New York, 1969. – C. Roy, *Introductions, Notes and Commentaries to Texts in The Dramatic Works of Th. Dekker*, edited by F. Bowers, Cambridge, 1980.

DELACROIX Ferdinand Victor Eugène. Peintre français. Né à Charenton (Seine) le 26 avril 1798, mort à Paris le 13 août 1863. Fils d'un ancien conventionnel devenu sous l'Empire préfet de Marseille, c'est dans cette ville que l'artiste passa sa première enfance. À la mort de son père, il fut emmené à Paris par sa mère et entra à neuf ans au lycée Louis-le-Grand, où il acquit une solide culture classique. Dès cette époque, il montrait du goût pour tous les arts, et même une certaine préférence pour la musique. La visite de l'exposition des chefs-d'œuvre que Napoléon avait ramenés d'Italie et des Flandres décida de sa vocation de peintre. Ses premières études à l'École des beaux-arts furent cependant fort peu brillantes ; Delacroix, devenu orphelin en 1819, traversait d'autre part des années matériellement difficiles et devait gagner sa vie en exécutant des lavis industriels. Élève peu apprécié de Guérin, dans l'atelier duquel il était entré en 1817 et chez qui il s'était lié avec Ary Scheffer, Cogniet, Henriquel-Dupont, Géricault, c'est presque contre l'avis de ce maître qu'il envoya au Salon de 1822 son *Doute de Virgile* : la toile passionna le public, suscita quelques admirations – celle de Thiers, en particulier – et des critiques véhémentes. C'est le 3 septembre de cette même année que Delacroix commença à tenir son *Journal* (*), publié en 1893-95. Classé dernier au concours de Rome en 1822, il travaille avec énergie, mais il lui faudra quelque sept années pour commencer à vaincre l'opposition à peu près générale des milieux d'art. Si le *Massacre de Chio*, exposé en 1824, enthousiasme Théophile Gautier, Delécluze et son ami Stendhal se trouvent au premier rang des adversaires de Delacroix ; le scandale atteint son paroxysme avec *Sardanapale* (1828), que Delécluze condamne comme une « erreur de peintre ».

Avec *La Liberté guidant le peuple*, exposée au Salon de 1831, dans la chaleur encore proche des journées de Juillet, Delacroix remporte une victoire décisive. La même année, il entreprend un voyage à travers l'Afrique du Nord et l'Espagne, voyage décisif pour l'histoire non seulement de son œuvre mais de toute la peinture ; il en rapporte en particulier *La Fantasia arabe*, *Les Femmes d'Alger dans leur appartement*, etc. L'histoire de sa vie, à partir de cette date, se confond avec celle de ses œuvres. Travailleur acharné, vivant à peu près cloîtré dans son atelier parisien ou dans sa maison de Champrosay, détestant la vie mondaine, ignorant les grandes passions sentimentales, se méfiant même des femmes, occasions de divertissements, il se livre aux souveraines exigences de l'art. Après son succès de 1831, il entreprend une série de tableaux de batailles et de grands événements historiques : *Poitiers et Taillebourg, Charles Quint au monastère, Les Croisés à Constantinople*, etc. En 1832, grâce à la protection de Thiers, il reçoit la première des commandes officielles qui l'occuperont jusqu'en 1855 (Chambre des députés, bibliothèque du Luxembourg, Conseil d'État, plafond central de la galerie d'Apollon au Louvre, certaines galeries de l'Hôtel de Ville, chapelle des fonts baptismaux de l'église Saint-Sulpice). À l'Exposition universelle de 1855, où il avait réuni ses principaux tableaux en y ajoutant une *Chasse aux lions*, il recevra une grande médaille d'honneur, et Napoléon III le fera entrer dans la Commission municipale des beaux-arts. L'Institut ne se résignera cependant à l'admettre qu'en janvier 1857. Deux ans plus tard, il participait pour la dernière fois au Salon. C'est dans la dernière partie de sa vie, avant d'être emporté par une fluxion de poitrine, qu'il donna à *La Revue des Deux Mondes* (*) de remarquables études de critique d'art sur Prud'hon, Charlet, Poussin, etc.

Delacroix, qui se défendait d'appartenir à l'école romantique, qui en réprouvait l'allure tintamarresque et n'aimait que les classiques, en peinture comme en littérature, a opéré dans l'art pictural une révolution plus décisive que celle de Hugo dans le domaine littéraire. À vrai dire, il a fondé la peinture moderne en émancipant la couleur. Mais cette révolution technique n'est que la conséquence d'une révolution spirituelle : pour Delacroix, l'art est en effet avant tout effusion intérieure, expression de la pensée intime de l'artiste. La nature elle-même doit se subordonner à cet élément essentiel. La mission de l'art est d'ébranler l'âme — l'âme et non pas seulement l'intelligence ou la sensibilité — par la représentation des grands tumultes du destin humain. Or le sujet et le dessin parlent avant tout à l'intelligence ; la couleur, elle, atteint au-delà, « elle agit pour ainsi dire à notre insu », comme dit Delacroix, elle saisit cette racine de l'être plus profonde que le moi conscient. Cependant ce n'est pas l'individuel que Delacroix veut toucher en nous, mais plutôt cette personne spirituelle capable de communier avec l'universalité humaine sans la médiation des concepts. Aussi dédaigne-t-il le simple pittoresque et dans ses toiles subordonne-t-il radicalement les détails au « rythme dansant » de l'ensemble. Son orientalisme, par exemple, ne s'arrête pas à la bizarrerie des costumes et des mœurs. Au cours de son voyage en Afrique du Nord, ce sont les types antiques vivants qu'il a cru retrouver, et cette découverte confirmait son sentiment fondamental de l'existence, au sein de la course des temps, d'une permanence, d'une symbolique éternelle des grands gestes humains — et ce sera la mission de l'artiste de la mettre en valeur d'une manière poignante. Delacroix ne cesse jamais d'être un artiste métaphysique. La peinture est liée pour lui aux autres arts, dont il aime comparer les expressions multiples et cependant unes. Dès sa jeunesse il a lu énormément. Il est passionné de musique et l'un des plus fervents admirateurs de Chopin. Il possède une culture universelle. Mais il connaît aussi bien les exigences propres de la peinture. Il ne se fie pas à l'inspiration. Baudelaire a parlé de ses « ribotes de travail », et, dans son *Journal* et dans ses *Lettres* (*), on ne le voit pas se préoccuper des problèmes généraux du beau seulement, mais autant des moindres recettes techniques des grands maîtres. Toujours il porte un soin extrême aux moyens d'exécution. Il se méfie de lui, comme il se méfie de la vie en général. Longtemps incompris, il est resté solitaire, aristocrate, sceptique, indemne du sentimentalisme verbeux de son époque. Mais sa « verve d'incrédulité », selon l'expression de Baudelaire, n'exprime que la tristesse profonde qui chante dans les si nombreuses scènes de désolation, de massacres, d'incendies, qu'on trouve à travers son œuvre et qui font de celle-ci, pour reprendre encore les termes de Baudelaire, « un hymne composé en l'honneur de la fatalité et de l'irrémédiable douleur ».

MICHEL MOURRE.

♦ *« Aucun tableau ne révèle mieux, à mon avis, l'avenir d'un grand peintre* [...] *L'auteur a, outre cette imagination poétique qui est commune au peintre comme à l'écrivain, cette imagination de l'art, qu'on pourrait appeler en quelque sorte l'imagination du dessin, et qui est tout autre que la précédente. Il jette ses figures, les groupe, les plie à volonté avec la hardiesse de Michel-Ange et la fécondité de Rubens. Je ne sais quel souvenir des grands artistes me saisit à l'aspect de ce tableau ; je retrouve cette puissance sauvage, ardente, mais naturelle, qui cède sans effort à son propre entraînement. »* Thiers, à propos de *Dante et Virgile aux Enfers*, 1822. ♦ *« Un peintre vient de nous être révélé, mais c'est un homme qui court sur les toits ! »* Gérard, 1824. ♦ *« La pierre de scandale des expositions... »* Vitet, 1828. ♦ *« En 1824 s'est élevée l'école que j'ai désignée sous le titre de* shakespearienne, *dont Delacroix est aujourd'hui le seul soutien, car il est le seul qui persiste dans ses idées bizarres. Il a fait un Christ au jardin des Oliviers, où l'on retrouve pour la composition un Jésus façon Rubens fricassé avec des anges gracieux comme des petites filles anglaises, le tout coloré avec des procédés matériels de l'école de Rembrandt. »* Delécluze, 1827. ♦ *« Un ingénieux et habile écrivain... »* Sainte-Beuve. ♦ *« Observez, je vous prie, que la couleur générale des tableaux de Delacroix participe aussi de la couleur propre aux paysages et aux intérieurs orientaux, et qu'elle produit une impression analogue à celle ressentie dans ces pays inter-tropicaux où une immense diffusion de lumière crée pour un œil sensible, malgré l'intensité de tons locaux, un résultat général quasi crépusculaire. La moralité de ses œuvres* [...] *porte aussi un caractère molochiste visible. Tout, dans son œuvre, n'est que désolation, massacres, incendies ; tout porte témoignage contre l'éternelle et incorrigible barbarie de l'homme. »* Baudelaire. ♦ *« Ses cadences violentes rentrent aujourd'hui sans efforts dans les lignes générales d'une composition parfois confuse... mais profondément méditée, et où la domination de l'intelligence sur les impulsions du cœur est constante. Qu'il s'agisse des* Croisés, *du plafond d'Apollon, de la chapelle des Saints-Anges, il est désormais impossible de ne pas apercevoir, distribuant et hiérarchisant les saillies expressives, cette espèce de rythme dansant qui n'appartient qu'à lui dans la peinture et qu'on prenait jadis pour les contorsions de l'impuissance à extérioriser un sentiment trop littéraire, alors qu'il est l'indice et l'instrument d'un lyrisme dont la raison ordonnatrice maîtrise les élans. »* Élie Faure.

RÉF. : E. Delacroix, *Journal*, précédé d'une étude par P. Flat, 3 vol., Paris, 1932 (nouvelle édition, Plon,

1981). – É. de Mirecourt : *E. Delacroix* (n° 58 de la collection *Les Contemporains*), Paris, 1856. – Th. Silvestre, *E. Delacroix, Documents nouveaux*, Paris, 1864. – G. Dargenty, *E. Delacroix par lui-même*, Paris, 1885. – M. Tourneux, *E. Delacroix devant ses contemporains ; ses écrits, ses biographes, ses critiques*, Paris, 1886. – G. Pisa, *Il « Diario » di E. Delacroix*, Milan, 1899. – C. Mauclair, *Princes de l'esprit*, Paris, s. d. – É. Moreau-Nélaton, *Delacroix raconté par lui-même*, 2 vol., Paris, 1916. – O. Mirbeau, *Les Artistes*, 1re série, Paris, 1922. – H. Gillot, *E. Delacroix, L'homme, ses idées, son œuvre*, Paris, 1928. – Ch. Baudelaire, *La Vie et l'œuvre d'Eugène Delacroix*, Paris, 1928. – J. Cassou et P.-H. Michel, *Delacroix*, Paris, 1947. – A. Fontaine, *Delacroix poète*, Paris, 1953.

DE LA MARE Walter. Écrivain anglais. Né à Charlton, dans le Kent, le 25 avril 1873, mort à Twickenham, dans le Middlesex, le 22 juin 1956. De descendance huguenote par son père dont il est orphelin à quatre ans, il est élevé par sa mère, d'origine écossaise. Après des études rapidement interrompues à la Saint Paul Cathedral School (célèbre pour son chœur) et un modeste travail d'employé à l'Anglo-American Oil Company à partir de 1890, il se voit octroyer une pension sur la Liste civile en 1908. Désormais, il consacre sa vie à la littérature, bibliophage impénitent et écrivain aux dons multiformes. Son premier recueil de vers *Chants de l'Enfance* (+) (1902) et son premier roman *Henry Brocken* (1904), pèlerinage enchanté au royaume des héros littéraires favoris, sont signés du pseudonyme de Walter Ramal. Aux côtés d'Edward Thomas, De la Mare appartient à la génération poétique de l'époque géorgienne dont il est l'un des très rares survivants au XXe siècle ; il publie de nombreux recueils réunis sous le titre *Poésies complètes* (+) en 1942 et une somme poétique pour enfants *Rimes et Vers* (+) en 1944 – v. *Le Verre brûlant et autres poèmes* (*). Héritier direct de la tradition poétique du XIXe siècle, il a été critiqué par les tenants du modernisme mais n'en a pas moins été salué par W. H. Auden et T. S. Eliot. Sa poésie explore un rêve éveillé ; elle évolue naturellement dans un monde d'ombres, de beautés furtives et de jardins ravis, unifiant dans une même tapisserie vivace et délicate la petite herbe de la vie, l'extase enfantine et le soupçon inquiet d'une présence indéterminée. Sans cesse, elle chuchote comme un leitmotiv la question de son poème le plus célèbre, *Ceux qui écoutent* [*The Listeners*] : « Qui vive ? » Proche de Lewis Carroll par son intérêt pour la vision enfantine du monde, De la Mare a écrit un grand nombre de contes rassemblés dans *Contes pour les enfants* (+) (1947). Il est l'auteur d'un livre érudit sur l'enfance, *Un matin à l'aube* (+) (1935) et de remarquables anthologies dont *Carillons ding dong* [*Ding dong Bells*, 1924], étonnant florilège d'épitaphes de cimetières anglais, et *Amour* (+) (1943). Il s'est aussi illustré dans le roman, notamment avec *Le Retour* [*The Return*, 1910], lauréat du prix Polignac en 1911, et surtout *Miniature, ou les Mémoires de miss M.* (1921), distingué par le prix James Tait Black et décrit par le critique italien Mario Praz comme l'« un des romans les plus magiques et les plus mélancoliques de toute la littérature ». Graham Greene a vanté les dons exceptionnels de De la Mare, auteur de contes et de *Nouvelles* (*) à la tonalité fantastique ou, plus subtilement, fantomatique.

MARIANNE TOMI.

RÉF. : F. Reid, *Walter De la Mare*, A. Critical Study, Londres, 1929. – H. C. Duffin, *Walter De la Mare*, Londres, 1949. – L. Cloak, *Walter De la Mare*, Londres, 1960. – L. Bonnerot, *L'Œuvre de W. De la Mare, une aventure spirituelle*, Paris, 1969.

DELAVIGNE Casimir Jean François. Auteur dramatique français. Né au Havre le 5 avril 1793, mort à Lyon le 11 décembre 1843. Fils d'un riche armateur, il fut, très jeune encore, envoyé à Paris au lycée Napoléon (aujourd'hui Henri-IV) où il eut Eugène Scribe comme condisciple et ami. Il y devint un des élèves les plus distingués. En rhétorique, il composa un *Dithyrambe sur la naissance du roi de Rome* (1811) qui lui valut un prix, et la protection du comte Antoine Français, de Nantes (17 janvier 1756-7 mars 1836). Admis dans le cercle de ce dernier, le jeune homme put approcher les meilleurs esprits de la capitale. Son père ayant été ruiné par les guerres napoléoniennes, il obtint un emploi dans l'administration, sous la condition expresse qu'il ne s'y présenterait qu'une fois par mois pour toucher ses appointements. Il écrivit alors plusieurs pièces de vers qui furent assez remarquées, notamment *Charles XII à Narva, La Découverte de la vaccine, Les Charmes de l'étude, L'Enseignement mutuel.* La chute de l'Empire fit de lui un poète lyrique ; les événements douloureux qui accablaient la France en 1815 lui inspirèrent un recueil d'élégies qu'il appela *les Messéniennes* (+) (1818-1819) par assimilation des malheurs du pays à ceux de l'antique Messénie. Il obtint alors un tel succès qu'il fit figure de poète national. On ne partage plus guère aujourd'hui cet enthousiasme. Fort heureusement, un an plus tard, il se tourna vers le théâtre et dès lors ne le quitta plus. D'entrée de jeu, il s'imposa d'éclatante façon avec *Les Vêpres siciliennes* (*) représentées à l'Odéon le 23 octobre 1819, tragédie en cinq actes, en vers. Voulant ensuite s'essayer dans la comédie, il donna, l'année suivante, *Les Comédiens* (1820), pièce agréablement faite. Revenant à la tragédie, il fit jouer à l'Odéon *Le Paria* (1er décembre 1821), qui est la plus classique de ses œuvres et qui contient d'assez beaux chœurs. S'étant vu retirer, en raison de l'esprit libéral qui se manifestait dans ses œuvres, son poste officiel, Delavigne se vit alors confier par le futur Louis-Philippe la bibliothèque du Palais-Royal. Le 6 décembre 1823, le Théâtre-

Français affiche son *École des vieillards* (*), comédie qui lui valut d'entrer, en 1825, à l'Académie française et obtint plus de succès que celle qu'il y donna cinq ans plus tard (le 6 mars 1828) : *La Princesse Aurélia.* Dès lors, il se consacra uniquement à la tragédie ; *Marino Faliero* (*), créée le 30 mai 1829, à la Porte-Saint-Martin ; *Louis XI* (*) représentée au Théâtre-Français le 11 février 1832 ; *Les Enfants d'Édouard* (*) jouée au même théâtre le 18 mai 1833. Ces deux dernières pièces dans lesquelles il tentait d'imiter Shakespeare connurent un accueil enthousiaste. Il écrivit, par la suite, trois autres drames : *Don Juan d'Autriche,* monté le 17 octobre 1835, *La Fille du Cid,* joué pour la première fois le 2 mars 1839, et la tragédie en un acte *Une famille au temps de Luther,* créée au Théâtre-Français le 12 avril 1836, pièces qui n'ajoutent rien à sa gloire. Dans l'histoire du drame romantique, qui commence avec *Cromwell* (*) (1827) et s'achève avec *Les Burgraves* (*) (1843), Casimir Delavigne mérite de figurer, bien qu'il soit loin d'être un épigone de Hugo. Il représente, en effet, un compromis entre le romantisme et le classicisme. Mais, si incontestable que fût sa force dramatique, elle traînait après elle trop de défauts de style pour obtenir l'audience de la postérité. Delavigne a également, avec divers collaborateurs, écrit les paroles d'un certain nombre d'opéras et d'opéras-comiques ; citons : *La Muette de Portici* (*) (1828), *Fra Diavolo* (*) (1830), *Robert le Diable* (*) (1831). Il est l'auteur de *La Parisienne* (1830), chant patriotique improvisé pendant les journées révolutionnaires, qui devint immédiatement fort populaire, ainsi que de *La Varsovienne* (1832), que les Polonais chantèrent plus d'une fois dans les combats qui les opposaient aux Russes.

ROLAND PURNAL.

♦ *« Trop romantique pour les classiques et trop classique pour les romantiques, il a subi le sort des modérés en toutes choses. Ce qui lui a le plus nui, à mon avis, c'est que l'amour n'est pas la grosse affaire de ses pièces. Quoi qu'on en dise, sur la scène comme dans la vie réelle, c'est lui qui prime tout. »* Victorien Sardou.

RÉF. : Sainte-Beuve, *Portraits contemporains,* t. III, 1846. — M. Fauchier Delavigne, *Casimir Delavigne intime*, Paris, 1907. — G. Fasoli, *Casimir Delavigne auteur dramatique,* thèse, Aix, 1949.

DELAVRANCEA Barbu (pseud. de Barbu Stefanescu). Homme politique et écrivain roumain. Né à Bucarest le 5 avril 1858, mort à Jassy en 1918. Issu d'une famille de paysans originaires de Vrancea et devenus charretiers, il passa toute son enfance dans les « bas quartiers » de la capitale. Grâce à une bourse d'études, il fréquenta le lycée Saint-Sava et l'université où, en 1882, il fit ses études de droit. Il vécut quelque temps à Paris, puis retourna dans son pays où il commença à déployer une grande activité sociale et politique ; il adhéra d'abord au mouvement socialiste, puis milita du côté libéral et conservateur. Il fit une brillante carrière politique : député, maire de Bucarest, ministre des Travaux publics, puis de l'Industrie. Au cours de la Première Guerre mondiale, sa rancune acharnée contre les Hongrois le poussa à soutenir l'alliance avec la France, mais il mourut avant que fût réalisée la Grande Roumanie. Il fut collaborateur et fondateur de journaux et de revues *(Luptà liberalà),* occupé aussi des problèmes théoriques de l'art — *L'Esthétique de la poésie populaire* [*Estetica poeziei populare*, 1913] —, conteur et romancier remarquable, et connu comme auteur dramatique, principalement comme celui d'une *Trilogie dramatique* (*). Parmi ses autres œuvres, il convient de rappeler : des nouvelles, *Sultanica* (1885), *Le Trouvère* [*Trubadurul*, 1887], *Les Parasites* [*Parazitii*, 1893], le recueil *Entre vie et rêve* [*Intre vis si viata*, 1893] ; des comédies, *Irinel* (1911) et *Hagi Tudose* (1913) ; des écrits politiques, *Gouvernement, préfet et député* [*Gwern, prefect si deputat*, 1890], *La Question nationale* [*Chestiunea nationala*, 1894] et *Le Régime personnel* [*Regimul personal*, 1894].

RÉF. : E. Şt. Milicescu, *Delavrancea. Om - literat - patriot - avocat*, Bucarest, 1940 ; *Barbu Delavrancea. Studiu biobibliografic*, Bucarest, 1958. — A. Săndulescu, *Delavrancea*, Bucarest, 1970. — C. Cubleşan, *Opera literară a lui Delavrancea*, Bucarest, 1982. — E. Şt. Milicescu, *Delavrancea*, Bucarest, 1986.

DELAY Jean. Médecin et critique français. Né le 14 novembre 1907 à Bayonne (Pyrénées-Atlantiques), mort à Paris le 29 mai 1987. Docteur en médecine de l'université de Paris, docteur ès lettres, il devient médecin des hôpitaux en 1937. Professeur à la faculté de médecine à partir de 1946, il est nommé titulaire de la chaire de clinique de maladies mentales et de l'encéphale. Auteur de nombreuses œuvres scientifiques — *Les Dissolutions de la mémoire* (*) (1942) — il a également publié un remarquable ouvrage sur *La Jeunesse d'André Gide avant André Walter* (1956) et *D'André Walter à André Gide* (1957). Jean Delay a été élu membre de l'Académie française en 1959.

DELBLANC Sven. Romancier suédois. Né le 26 mai 1931 à Swan River, Manitoba, Canada. Par l'importance et la variété de son œuvre, Sven Delblanc apparaît comme une des figures les plus éminentes de la littérature suédoise contemporaine. Profondément méfiant vis-à-vis des idéologies et des réponses toutes faites, il est cependant un écrivain engagé qui veut analyser les fondements de la civilisation occidentale. Le scepticisme imprègne l'ensemble de sa production où perce tantôt la colère, tantôt la résignation. Se plaçant délibérément en marge des courants, il rejette le choix du roman documentaire, modèle dominant les lettres suédoises lorsqu'il fait ses débuts dans les années 60. Quatre romans allégoriques sur fond d'aventures, où il s'interroge sur le rôle social de l'écrivain, lui permettent de surmonter son pessimisme : *Le Bernard-l'hermite* [*Eremitkräftan,* 1962], *Le Manteau du pasteur* [*Prästkappan,* 1963]. Son amitié avec Lars Ahlin (autre écrivain suédois atypique) ainsi qu'un séjour aux États-Unis l'incitent à de nouvelles expériences : *Le Pont de l'âne* [*Åsnebryggan,* 1969]. Désireux de découvrir ses racines et celles de la société suédoise, il entreprend deux vastes fresques, en partie autobiographiques. Avec *Récits du Sörmland* (*) qui décrit les changements liés à l'industrialisation dans les années 30 et 40, il tente de renouveler le roman social en combinant lyrisme et grotesque, mais le succès n'est pas à la hauteur de ses espoirs. En revanche, lorsqu'il se résout à libérer son écriture, il élabore la chronique magistrale et tragique de ses ancêtres dans un style épique et émouvant de compassion, au classicisme somptueux (*Le Livre de Samuel* [*Samuels bok,* 1981, suivi de 3 vol. 1982-1985]). À côté de cette veine somme toute réaliste, Sven Delblanc crée des romans de fiction où il mêle habilement événements historiques et réflexions modernes sur la condition humaine. Obsédé par l'omniprésence du mal, il en étudie les implications dans différents milieux et à diverses époques : *Les Castrats* [*Kastrater,* 1975], *Speranza* (*), *La Nuit de Jérusalem* [*Jerusalems natt,* 1983]. Dans ses romans les plus récents, de facture nettement symbolique, il illustre sa conviction que l'humanité ne se compose que de bourreaux et de victimes : *Le Pays de Morriya* [*Morialand,* 1987], *La Veuve* [*Änkan,* 1988], *Iphigénie* [*Iphigenia,* 1990]. Sans cesse à la recherche d'une expression personnelle, il s'est essayé à manier tous les genres, mais ces exercices de style n'ont pas toujours été convaincants. Professeur de littérature, Sven Delblanc a également publié des livres-débats, des pièces de théâtre et des études littéraires.

MAY-BRIGITTE LEHMAN.

DELCOURT Marie. Essayiste belge d'expression française. Née à Ixelles le 18 novembre 1891, morte à Liège le 11 février 1979. Professeur à l'université de Liège, cette helléniste érudite se signala, dès 1930, par une *Vie d'Euripide* que préfaça Jean Schlumberger (à qui elle a consacré par la suite un essai critique très éclairant) et qui préluda à la traduction qu'elle a donnée à la bibliothèque de la Pléiade de l'œuvre du tragique grec. Après un livre sur *Périclès* (1940) et divers travaux sur les légendes grecques, elle s'est attachée à l'étude des *Grands Sanctuaires de la Grèce* (1947) et de *L'Oracle de Delphes* (*) (1954). On lui doit encore des travaux érudits tels que *Héphaïstos ou la Légende du magicien* (1957) et surtout *Hermaphrodite, mythes et rites de la bisexualité dans l'Antiquité classique* (*) (1958) où elle allie le souci de l'écriture à celui d'une information scientifique rigoureuse. Outre des *Images de Grèce, notes de lectures et de voyages* (1943), elle est encore l'auteur d'un savoureux *Livre de cuisine à l'intention des personnes intelligentes.*

DELEDDA Grazia. Romancière italienne. Née à Nuoro (Sardaigne) le 27 septembre 1871, morte à Rome le 16 août 1936. D'un milieu mi-paysan, mi-bourgeois, elle ne fit pas d'études régulières – c'était l'usage à l'époque pour les filles – et ses lectures se limitèrent à quelques vieux livres trouvés chez elle ; ses premiers récits (1888) sont le reflet de cette littérature romanesque. Pourtant, l'aspect attrayant sous lequel elle sut présenter son petit monde sarde, en réalité bien médiocre, lui valut la sympathie de la directrice de *La Dernière Mode* [*Ultima Moda*] (petit journal de mode) et, au fur et à mesure qu'elle s'améliora, celle de personnalités littéraires plus importantes, De Gubernatis et Capuana, notamment. Le naïf romantisme des débuts céda le pas à des récits orientés vers la psychologie amoureuse : d'abord « roses » – *Âmes honnêtes* [*Anime oneste,* 1895] – puis, conformes à la nature ardente et fataliste de l'auteur, plus puissants et axés sur le thème de la faute et du remords. Il faut reconnaître que Grazia Deledda ne visa jamais à réformer l'art du roman, et qu'elle réussit, sur son propre plan, qu'on pourrait dire artisanal, à raffiner toujours plus sa manière.

Grazia Deledda put enfin élargir son horizon en 1900, lorsqu'elle épousa un fonctionnaire et partit habiter Rome, où, d'ailleurs, elle ne changea rien à son austère manière de vivre, partageant son temps entre sa famille et son travail. Elle reçut en 1926 le prix Nobel de littérature, récompense qui consacrait la lente ascension de sa renommée tant en Italie qu'à l'étranger ; ensuite, elle publia encore un roman, et, à sa mort, en laissait un autre inachevé. Parmi ses œuvres principales, il convient de citer : *Annalena Bilsini, Des roseaux sous le vent* [*Canne al vento*], *Cendres* [*Cenere*], *Clair-obscur* [*Chiaroscuro*], *Le Dieu des vivants* [*Il Dio dei viventi*], *Le Don de Noël* [*Il dono di Natale*], *Le Lierre* [*L'edera*], *Elias Portolu* (*), *Les Jeux de la vie* [*I giochi della vita*], *Justice* [*La giustizia*], *La Mère* [*La madre*], *Le Secret de l'homme solitaire* [*Il segreto dell' uomo solitario*], *La Voie du mal* [*La via del male*].

DELEUZE Gilles. Philosophe et universitaire français. Né le 18 janvier 1925 à Paris, Gilles Deleuze y fait ses études secondaires et supérieures. Il passe l'agrégation en 1948. Il enseigne ensuite à Amiens, Orléans et enfin Paris (Louis-le-Grand). Assistant à la Sorbonne en 1955, il est chargé d'enseignement dans le supérieur à Lyon pendant quatre ans, puis rejoint « Vincennes » (actuellement université de Paris VIII-Vincennes à Saint-Denis) en octobre 1969. Il enseigne dans cet établissement jusqu'au 30 septembre 1987, date à partir de laquelle il prend sa retraite et devient professeur émérite.

J. Hypolite, F. Alquié furent ses maîtres. G. Canguilhem lui confia en 1949 la direction d'un petit volume *Instinct et Institutions*. Merleau-Ponty l'encouragea à travailler sur Bergson à l'occasion de la publication du dictionnaire Mazenot. De ce travail sortira ultérieurement le petit ouvrage décisif *Le Bergsonisme* (1966), décisif pour son interprétation du bergsonisme, mais décisif également pour Deleuze lui-même puisqu'il marque une première élaboration du concept de « multiplicité ». *Empirisme et Subjectivité* (1953), premier livre, est directement issu du diplôme d'études supérieures soutenu à Strasbourg. La découverte de Hume fut une sorte de découverte œdipienne, suivie d'une période de latence de sept années. Le choix de cet auteur dans le contexte philosophique français d'alors manifeste déjà l'attirance de Deleuze pour quelques grands marginaux (peu importe ici qu'ils aient pu être antérieurement fort célèbres et officiels : Bergson, Gabriel Tarde ou même Nietzsche). Non-hégélien, non-membre du P.C.F., non-psychanalysé, le jeune Deleuze se démarque très vite de ses pairs, y compris par son choix de ne jamais quitter le terrain de la philosophie. Ce choix se concrétise par une série de livres publiés à partir de *Nietzsche et la philosophie* (1962) à un rythme soutenu : *Marcel Proust et les signes* (1964, éd. augmentée 1970), *Le Bergsonisme* (1966), *Différence et Répétition* (1968), *Spinoza et le problème de l'expression* (1968), avec F. Guattari : *Capitalisme et Schizophrénie. L'Anti-Œdipe* (*) (1972), *Mille plateaux* (1980), *Francis Bacon : Logique de la sensation* (1981), *Cinéma 1 – L'image-Temps* (*) (1983), *Cinéma 2 – L'Image-Mouvement* (*) (1985), *Foucault* (1986), *Le pli. Leibniz et le baroque* (1988), *Pourparlers* (1990). Si la matière de ces livres peut ne pas être classique pour un philosophe universitaire (peinture, cinéma par exemple), on ne manquera pas de relever que jamais ne s'y fait jour la nostalgie d'un devenir autre que philosophe (dans la politique, l'art, la poésie, les sciences, la religion, la psychanalyse, etc.). En ce sens, sans vouloir par cette formule juger comparativement du mérite des autres œuvres, Deleuze pourrait être appelé « le » philosophe de sa génération, celui qui s'est très tôt assumé comme tel. La « ressemblance indésirable » (Freud) du schizophrène avec les philosophes est pour quelque chose dans le choix de « L'Anti-Œdipe ».

L'ouvrage essentiel pour la compréhension de Gilles Deleuze demeure sa thèse *Différence et Répétition*. Ouvrage dont la composition annonce déjà les séries ultérieures. Le centre est sans doute le renversement de la méthode platonicienne de la division. Le simulacre que l'on reverra dans *Logique du sens* (*) résiste à l'épreuve de la division et à sa réduction au non-être. « Le simulacre est le vrai caractère ou la forme de ce qui est – “ l'étant ” – quand l'éternel retour est la puissance de l'Être (l'informel) [...] Le simulacre a saisi une disparité constituante dans la chose qu'il destitue du rang de modèle. » Cette reprise de l'interprétation de Nietzsche par Klossowski montre comment la reprise du simulacre fonde et la différence et la répétition. Deleuze ne reviendra jamais sur cette analyse et l'accentuera même ultérieurement avec la problématique de la « ritournelle » *(Mille plateaux)*. *Différence et Répétition* marque le rapprochement provisoire de Deleuze avec la psychanalyse en raison de l'instinct de mort, rapprochement qui s'accentuera dans *Logique du sens* jusqu'à la dénonciation ambiguë de *L'Anti-Œdipe* pour finir dans le rejet pur et simple avec les réflexions sur le cinéma.

PHILIPPE SOULEZ.

RÉF. : N° spécial de *L'Arc* n° 49, 1972.

DELIBES Léo. Compositeur français. Né à Saint-Germain-du-Val (Sarthe) le 21 février 1836, mort à Paris le 16 janvier 1891. Il fut au Conservatoire de Paris l'élève de Le Couppey, Benoist, Bazin et Adam. Delibes possédait cet instinct musical porté vers la grâce, la légèreté, l'humour, qui caractérise le compositeur d'opérette. Il commença sa carrière comme organiste, devint chef des chœurs et second chef d'orchestre à l'Opéra de 1863 à 1872, et fut nommé professeur de composition au Conservatoire en 1881. Trois ans plus tard, il entrait à l'Institut. Léo Delibes fut l'un des premiers à introduire une musique véritablement expressive dans le ballet. *La Source*, dansée pour la première fois le 12 novembre 1866 à l'Opéra, le désignait comme le successeur de l'auteur de *Giselle* (*). Mais, avec Delibes, les harmonies cessent d'être incolores, les mélodies prennent du caractère, les danseurs ne doivent plus chercher dans l'argument seul l'état d'âme de leur personnage. La musique est là pour les inspirer. La danse traduit visuellement la pensée sonore. Le 25 mai 1870, l'Opéra donnait la première représentation de *Coppélia ou la Fille aux yeux d'émail* (*) ; *Sylvia* (*) devait être créée sur la même scène le 14 juin 1876. À côté de son œuvre pour le ballet, Léo Delibes composa plusieurs mélodies, notamment *Avril, Myrto, Bonjour Suzon*, groupées dans un recueil publié en 1872 ; une cantate, *Alger* (15 août 1865), des chœurs tels que *Les Lansquenets, Les Pifferari, C'est Dieu*. On lui doit également la musique de scène qui accompagna la reprise du *Roi s'amuse* (*) à la Comédie-Française le 22 novembre 1882, de nombreuses opérettes : *Deux sous de charbon* (1855), *Six demoiselles à marier* (1856), *Monsieur de bonne étoile* (1860), *Les Musiciens de l'orchestre* (1861), *Le Bœuf Apis* (1865), *Malbrough s'en va-t-en guerre* (1867), en collaboration avec Bizet. Mais ce fut en 1883 que Delibes connut sa plus éclatante réussite avec *Lakmé* (*), opéra en trois actes sur un livret de Gondinet et Gille. Le charme et le pittoresque de la partition sont rehaussés par une verve mélancolique, fraîche ou primesautière. Parmi ses autres œuvres lyriques, *Le Roi l'a dit* (1873), *Jean de Nivelle* (1880 et *Kassya* (1893). Léo Delibes fut également critique musical du *Gaulois*, sous le pseudonyme d'Éloi Delbès.

CLAUDE BAIGNÈRES.

RÉF. : E. Guiraud, *Léo Delibes*, Paris, 1892. – J. Loisel, *Lakmé de Léo Delibes*, Paris, 1924. – H. de Curzon, *Léo Delibes, sa vie et ses œuvres*, Paris, 1926. – Henry-Jacques, *Léo Delibes*, Paris, 1934. – A. Conquis, *Léo Delibes*, Paris, 1957.

DELIBES Miguel. Écrivain espagnol. Né à Valladolid le 17 octobre 1920. Études primaires au collège des Carmélites, puis études secondaires au collège de Lourdes tenu par les Frères des écoles chrétiennes. La guerre civile le surprend alors qu'il est bachelier à quinze ans ; il ne peut entrer à l'université qui est alors fermée. En 1938, il s'engage dans la marine de guerre à bord du croiseur « Canarias ». Docteur en droit commercial, il enseigne cette matière dans sa ville natale depuis 1944, parallèlement à une activité de journaliste à *El Norte de Castilla.* Il se marie en 1946 avec Angeles de Castro qui mourra en 1974. Révélé par un premier roman qui obtient en 1947 le prix Nadal, *L'ombre du cyprès s'étend très loin* [*La sombra del ciprés es alargada*], il consacre une partie de son œuvre à évoquer avec l'humour, la tendresse et la poésie d'une plume ardente d'écologiste les paysages et les hommes de la Castille profonde : *Journal d'un chasseur* [*Diario de un cazador*, 1955] ; *Vieilles histoires de la vieille Castille* [*Viejas historias de Castilla la Vieja*, 1964] ; *Le Linceul* [*La mortaja*, 1970] ; *Le Fusil à l'épaule* [*Con la escopeta al hombro*, 1970], *Les Perdrix du dimanche* [*Las perdices del domingo*, 1981], *Le Trésor* [*El tesoro*, 1985], *La Castille parle* [*Castilla habla*, 1986]. Dans ce monde rural où les adultes mènent une existence naturelle archaïque et difficile, les enfants sont parfois des protagonistes heureux, comme dans *Le Chemin* (*) (1950), mais plus souvent d'innocentes victimes, notamment dans *Les Rats* [*Las ratas*, 1962] et *Les Saints Innocents* [*Los santos inocentes*, 1981]. Se penchant en psychologue sur certains problèmes sociaux de son pays, Delibes recourt à un réalisme plus cruel pour dénoncer les égoïsmes : *Sissi, mon fils adoré* [*Mi idolatrado hijo Sisi*, 1953], *Parabole du naufragé* [*Parábola del náufrago*, 1969] ; l'intolérance religieuse ou politique : *Cinq heures avec Mario* (*) (1966) ; les vicissitudes de la vieillesse : *La Feuille rouge* (*) (1959), *Lettres d'amour d'un sexagénaire voluptueux* [*Cartas de amor de un sexagenario voluptuoso*, 1983]. Dans un roman partiellement autobiographique, *377 A, étoffe de héros* [*377 A. madera de héroe*, 1987], Delibes revient sur son expérience de la guerre civile dont l'ombre sinistre s'est longtemps prolongée sur l'Espagne. Il est aussi l'auteur de chroniques de voyages : *Un romancier découvre l'Amérique* [*Un novelista descubre América*, 1956] ; *Les U.S.A. et moi* [*U.S.A. y yo*, 1966] ; *Le Printemps de Prague* [*La primavera de Praga*, 1968] ; *Deux voyages en automobile : la Suède et les Pays-Bas* [*Dos viajes en automóvil : Suecia y Países Bajos*, 1982].

RÉF. : Ramón García Dominguez, *Miguel Delibes : un hombre, un paisaje, una pasión*, Barcelone, 1985.

CLAUDE COUFFON.

DELICADO Francisco. Écrivain andalou du XVIe siècle. Né à Cordoue. De Delicado (ou Delgado) nous ne savons que ce qu'il dit lui-même : fort peu de chose. Il fut probablement curé de Valle de Cabezuela, et disciple du célèbre grammairien Antonio de Lebrija. Il vécut presque toute sa vie en Italie, où il arriva on ne sait quand ni pourquoi. Ayant habité Rome de 1523 à 1527, il assista au fameux pillage de la ville, qu'il abandonna avec les troupes espagnoles, craignant peut-être des représailles de la part des habitants. Il se rendit à Venise où il publia *La Joyeuse Andalouse* (*) (1528) qu'il aurait, nous dit-il, composée vers 1524. Dans la cité vénitienne, il corrigea les éditions des livres qui s'y publiaient en langue espagnole, comme, par exemple, *La Célestine* (*) (1531), *Amadis de Gaule* (*) (1533). Il écrivit néanmoins en italien *Le Mal français* [*Il mal franceso*], dont il souffrait lui-même. Passé 1534, nous ne trouvons plus trace de lui.

RÉF. : Éd. Rodríguez Serra, avec une bibliographie de Luis de Lara, Madrid, 1899.

DELILLE Jacques. Poète français. Né à Clermont (Puy-de-Dôme) le 22 juin 1738 et baptisé le même jour à la paroisse de Notre-Dame du Port, mort à Paris le 1er mai 1813. Fils naturel d'Antoine Montanier, avocat au présidial de Clermont, et de Marie-Hiéronyme Bérard de Chazelles. Après quatre années de nourrice et un séjour à Chanonat, le jeune Delille fut envoyé à moins de dix ans au collège de Lisieux à Paris et y fit de si brillantes études que ses maîtres « voulurent le conserver ». Aussi allait-il être simultanément apprenti poète et maître répétiteur, puis professeur dans différents collèges de Paris, puis à Amiens, puis au collège de la Marche à Paris. Dès 1757, on l'appelle l'abbé Delille, mais il ne sera jamais prêtre. Après s'être fait remarquer par des épîtres à l'accent novateur, il donna en 1769 une traduction en vers des *Géorgiques* (*) qui lui valut d'un coup la gloire, une chaire de poésie latine au Collège de France et, en 1774, d'être admis à l'Académie française. La publication (1782) des *Jardins* (*), poème à la fois descriptif et didactique, le fit considérer comme le plus grand poète français après Voltaire. En 1784, il accompagna Choiseul-Gouffier dans son ambassade à Constantinople, emportant avec lui les éléments d'un nouveau poème, conçu quelques mois auparavant, *L'Imagination,* dont la gestation profitera du spectacle des beautés grecques et orientales, l'auteur cédant à la double « Impression des objets extérieurs et des lieux ». De retour à Paris, il conçoit le projet des futurs *Trois Règnes de la nature.* À cette époque, son naturalisme s'élargit et s'approfondit, mais il ne publie rien. Lié à l'Ancien Régime et à la Cour, Delille, sous la Révolution, se terre et se tait ; sa notoriété le protège du pire. En mai 1795, le poète s'éloigne de Paris, fait étape en Lorraine, parcourt la Suisse, l'Allemagne, séjourne à Londres, partout bien accueilli et partout poursuivant la rédaction simultanée de plusieurs ouvrages. Dès 1800, *L'Homme des champs ou les Géorgiques françaises* (*) a paru à Strasbourg. Marié, vieilli, Delille regagne la France en 1802, retrouve sa chaire au Collège de France et laisse publier coup sur coup l'ensemble des œuvres mûries pendant son exil : un *Dithyrambe sur l'immortalité de l'âme*, dont la rédaction remontait à 1794 (1802, texte probablement retouché), *Le Malheur et la Pitié* (1803), poème à la gloire de la monarchie défunte qui reçoit un accueil tumultueux, une traduction en vers de l'*Énéide* (*), jugée inférieure à celle des *Géorgiques,* une traduction également en vers du *Paradis perdu* (*) de Milton, fort admirée des premiers lecteurs, *L'Imagination* (1806) et *Les Trois Règnes de la nature* (1808), vastes poèmes en huit chants chacun dont le premier tort est d'arriver vingt ans trop tard : la double synthèse poétique issue du programme des Lumières s'échoue dans les sables. Delille rime encore trois agréables chants en vers libres sur *La Conversation* (1812) où se résume son art de vivre. Il laisse aussi des *Poésies fugitives* et une traduction de l'*Essai sur l'homme* (*) de Pope publiée à titre posthume en 1821. La sortie de ses œuvres complètes en plusieurs collections (1821, 1824, 1832, 1833) et la réédition de recueils divers attestent que sa gloire fut durable. Delille exerça, au moins jusqu'en 1850, un véritable magistère sur le public français : c'est à son école que les romantiques apprirent à faire des vers, quitte à le renier ensuite. Il avait passé pour être le Virgile de sa génération. À cause du charme de sa récitation, on l'appelait le « dupeur d'oreilles ». Maître du genre descriptif, dont la mode s'imposait vers 1780, il avait réussi mieux que ses rivaux et malgré d'incontestables défauts à donner un contenu poétique aux nouveaux élans de la sensibilité en faisant résonner à l'unisson l'âme et l'univers. Son lyrisme se tient dans un équilibre fragile entre le classicisme à l'agonie et le romantisme à naître. Avec Bernardin de Saint-Pierre et avant Chateaubriand, il compte au nombre des premiers « enchanteurs » de notre littérature. On le fêta, on le vénéra jusqu'à sa mort et il eut droit à des funérailles grandioses, hommage spontané de la nation tout entière.

ÉDOUARD GUITTON.

♦ *« Il fait un sort à chaque vers, et il néglige la fortune du poème. »* Rivarol, 1782. ♦ *« Avec quel goût et quelle délicatesse il a su vivifier les objets les plus stériles par des nuances de philosophie et de sentiment [...] Il a tout embelli, tout fertilisé ».* Lablée, 1789. ♦ *« Cet homme n'a dans la tête que des sons et des couleurs, mais voyez ce qu'il en fait. »* Joubert, 1805. ♦ *« L'adroit et gentil émailleur / Qui brillanta les Géorgiques, / Des poètes académiques, / Delille est encor le meilleur. »* Lebrun, vers 1805. ♦ *« L'abbé Delille était le poète des châteaux modernes, de même que le troubadour était le poète des vieux châteaux ; les vers de l'un, les ballades de l'autre font sentir la différence qui existait entre l'aristocratie dans la force de l'âge et l'aristocratie dans la décrépitude : l'abbé peint des lectures et des parties d'échecs dans les manoirs, où les troubadours chantaient des croisades et des tournois. »* Chateaubriand, vers 1836. ♦ *« Il tourna au didactique et au descriptif. Delille ne fit autre chose, toute sa vie, que travailler, polir, tourner, vernisser, monnayer, mieux qu'aucun de ses contemporains, les matières de ce genre, y tailler, pour ainsi dire, des meubles Louis XV et Louis XVI, des ornements de cheminée et de toilette, bons pour tous les boudoirs [...] Il fabriqua, en quelque sorte, les joujoux d'une époque encyclopédique. »* Sainte-Beuve, 1837. ♦ *« À un moment où l'art se découvrait des affinités mystérieuses avec la magie et où le magnétisme animal faisait fureur, Delille a été l'un des plus rusés magnétiseurs du public français : un peu sorcier, magicien accompli, diable inoffensif, illusionniste, il a donné à ses contemporains l'illusion du génie et leur a fait croire, le temps d'une transe, à la résurrection de Virgile et de Racine. »* E. Guitton, 1974.

RÉF. : Rivarol, *Lettres critiques sur le poème des Jardins,* Paris, 1782. – Sainte-Beuve, *Portraits littéraires,* t. II, Paris, 1844. – *Delille est-il mort ?* ouvrage collectif, Clermont-Ferrand, 1970. – E. Guitton, *J. Delille et le poème de la nature en France de 1750 à 1820,* Paris, 1974.

DeLILLO Don. Romancier américain. Né le 20 novembre 1936 à New York (New York). Auteur de nombreux romans, dont le premier, *Americana,* parut en 1971, Don DeLillo ne cesse d'interroger avec une lucidité exemplaire les grands mythes de la société américaine, mêlant savamment réflexions sur la politique, l'histoire, l'esthétique, le rôle des médias et témoignant d'un grand souci de la forme romanesque. Ainsi, dans *Libra* (1988), il réexamine les événements qui, en novembre 1963, bouleversèrent la conscience américaine : l'assassinat du président Kennedy, puis celui de Lee Harvey Oswald, à son tour abattu en direct à la télévision par Jack Ruby. Si le secret du complot est bien gardé – documents détruits, témoins tués ou suicidés –, rien n'empêche le romancier d'avancer ses hypothèses et de sonder ce traumatisme majeur par le biais de la fiction. Dans *Bruit de fond* [*White Noise,* 1985], DeLillo met en scène avec humour un professeur d'université américaine spécialiste de Hitler, tandis qu'un de ses collègues fait des cours sur Elvis Presley ! Mais lorsqu'une catastrophe écologique se produit dans le voisinage, c'est toute l'existence douillette de cette communauté qui vole en éclats : la conscience américaine digère toutes les images et tous les discours, aussi scandaleux soient-ils ; même les horreurs de l'Allemagne nazie sont aussitôt transformées en « bruit blanc », et seule la catastrophe réelle d'une pollution mortelle peut arracher les gens à leur torpeur. Le thème de Hitler, la fascination exercée par ce personnage étaient déjà présents dans *Chien galeux* [*Running Dog,* 1978] sous la forme d'un mystérieux film érotique prétendument tourné dans le bunker de Hitler juste avant sa disparition, et dont l'unique exemplaire viendrait d'arriver à New York. Plusieurs acheteurs potentiels se mettent alors en chasse : un antiquaire louche, un sénateur au cabinet très particulier, un agent de la C.I.A., une journaliste, etc. L'intrigue, digne du roman noir, permet à DeLillo de brosser un portrait au vitriol d'individus corrompus et d'une société américaine uniquement fascinée par les images. Le secret, les sectes et le terrorisme sont au cœur de deux autres romans de Don DeLillo, *Les Noms* [*The Names,* 1982] et *Mao II* (*). Dans *Les Noms,* le narrateur James Axton est employé d'une multinationale, chargé d'analyser les risques liés à des investissements dans les régions les plus sensibles du monde, en particulier au Moyen-Orient. Confronté aux menaces du terrorisme et à l'instabilité politique, menant une existence semi-clandestine, il ne cesse de décrypter le présent en vue d'un avenir incertain. Owen Brademas, lui, est archéologue : il interprète le passé, rassemble des tessons de poterie et tente de déchiffrer des fragments de textes, à la recherche d'un sens global qui lui échappe. Mais James Axton se passionne bientôt pour une énigme encore plus étrange : en Grèce, les membres d'une secte itinérante tuent à chaque étape une victime apparemment choisie au hasard. Axton découvrira bientôt que seul le nom propre de la victime la désigne en tant que telle aux yeux de cette secte qui s'appelle « Ta onomata » (« les noms » en grec). L'alphabet lui-même devient ici l'ultime code secret, le moyen de contrôle absolu, le droit de vie et de mort. Pour DeLillo, ce sont les images et le langage qui gouvernent la réalité ; ainsi, chacun de ses livres tente d'explorer l'une de ces « narrations immuables dont ont besoin toutes les cultures afin de survivre ». La fiction est donc pour lui l'instrument privilégié du contrôle : afin d'imposer son interprétation de la réalité, tout pouvoir doit réduire au silence les autres versions possibles et transformer son scénario en équivalent de la réalité. Dès lors, pour Don DeLillo et pour quelques autres écrivains partageant ses convictions (Thomas Pynchon, William Burroughs), la tâche du romancier consiste à exhumer ces « narrations immuables » et secrètes qui nous aliènent en assurant la survie d'une culture moribonde, à dénoncer les complots souterrains qui coproduisent le film mensonger de la réalité, et à redonner un corps verbal à d'autres versions de la réalité. C'est ce que réussit admirablement DeLillo dans *Mao II,* sans doute son roman le plus abouti.

BRICE MATTHIEUSSENT.

DELISLE DE SALES (pseud. de Jean-Baptiste Izouard). Écrivain français. Né à Lyon le 29 avril 1741, mort à Paris le 22 septembre 1816. C'est un de ces écrivains de second plan qui sont aujourd'hui tombés dans un oubli probablement injuste. Fils d'un marchand de soie, il passa comme élève à Lyon, comme régent à Riom, puis à Nantes par l'Oratoire où il trouva le goût et l'occasion d'une ample culture nourrie de classicisme mais orientée dans le sens d'un engagement « moderne » et « philosophique » militant. C'est pour l'accomplir qu'il quitte son ordre et vient à Paris en 1769, décidé, sous la protection d'Helvétius, à se faire un nom. Il n'y parvient d'abord qu'indirectement, à travers une intense activité polygraphique : satire en vers (*La Bardinade*) ou en prose (*Lettre de Brutus sur les chars anciens et modernes*), compilation (*Dictionnaire de chasse et de pêche*), réédition (*Journal d'un Voyage aux Isles Malouines* de dom Pernetty), traduction (*Histoire des douze Césars* (*) de Suétone), traité (*Essai sur la tragédie*), récit allégorique (*Égérie*). Mais la *Philosophie de la nature* (*) le projette au premier plan de l'actualité, au moment de la chute du ministère Turgot. En liaison avec ce brusque sursaut des forces antiréformatrices, c'est ce livre qui est choisi pour faire un exemple. Il est condamné par le Châtelet en 1775, et l'auteur décrété de prise de corps. Voltaire prend la défense du « martyr du Châtelet » : ce sera sa dernière grande cause. Il obtient que le Parlement adoucisse la sentence, reçoit Delisle à Ferney et songe à l'envoyer à Berlin. La gloire de celui qu'on appelle désormais le « philosophe de la nature » (il en tirera par anagramme le pseudonyme de « Henri Ophellot de la Pause », peut-être : « Je rends service pendant l'interruption » ?) est grande pendant les années qui séparent la mort de Voltaire et de Rousseau de la Révolution. Avec Mercier, Mably, Raynal, il apparaît comme l'héritier des grands disparus et devient une sorte de maître à penser auquel s'adressent, entre autres, les jeunes Brissot et Chateaubriand. Ce dernier quêta dès 1787 sa protection et ses conseils, et lui envoya son *Essai sur les révolutions* (*) en 1797 ; mais il devait conjurer par l'ironie, dans ses *Mémoires d'outre-tombe* (*) (1re partie, IV, 10 et 11), la fâcheuse impression que pouvait donner cette admiration de l'auteur du *Génie* pour un représentant des Lumières devenues désuètes. Entre 1779 et 1785, Delisle dirige une monumentale *Histoire des hommes* (52 vol.) à laquelle collaborent, pour la partie moderne, Mercier et Mayer. Sa 1re partie,

Histoire philosophique du monde primitif, lui permet de dialoguer avec Baer, Tournefort, Carli, Rudbeck, de Pauw, Buffon, Bailly, Court de Gébelin sur la théorie des origines, et de camper à sa manière ce « paysage » primitif devant lequel, après Ballanche et Fabre d'Olivet (ami et disciple fervent de Delisle), devait longuement rêver le romantisme. En même temps qu'il élabore cette gigantesque somme érudite, Delisle, homme de son temps, ne dédaigne pas de composer un *Théâtre d'amour,* série de piécettes incroyablement licencieuses écrites pour la société du prince d'Hénin, et qui restèrent manuscrites (Arsenal, 9549).

La Révolution trouve Delisle prêt à voir l'histoire relayer le discours et réaliser enfin la 4e partie (politique) non écrite de sa *Philosophie de la nature.* Persuadé que seules les Lumières peuvent et doivent guider la transformation de la société, il tente en vain de se faire élire à la Législative, mais surtout il compose et imprime chez lui un étrange roman, *Éponine ou De la République* (*). Dénoncé comme suspect par un de ses ouvriers typographes, il est incarcéré à « Pélagie » où il reste cinq mois, sauvé par le 9 Thermidor. Sa voix se fait alors de plus en plus oraculaire : une paradoxale *Philosophie du bonheur* (1796), une « histoire orientale » primitiviste et allégorique, *Le Vieux de la montagne* (*), continuent d'éclairer les événements du présent à la lumière du « philosophe de la nature », devenu l'« historien des hommes », de même qu'une série d'éloges des grandes figures du panthéon delislien : La Fontaine, Fénelon, Malesherbes, Bailly, Forbonnais. Nommé membre de l'Institut de France (1795), il s'y fait remarquer par la courageuse défense qu'il prend de ses collègues Carnot, Barthélemy, Pastoret, Sicard et Fontanes, exclus après le 18 Fructidor. Il combat leur radiation et leur remplacement au nom des principes, et pour garantir l'autonomie du pouvoir intellectuel par rapport au pouvoir politique.

Le conflit entre ces deux pouvoirs est bientôt ouvert, et lorsqu'en 1800 Delisle fait paraître *De la paix de l'Europe,* où il donne au Premier Consul des conseils diplomatiques, l'ouvrage est saisi. De même son *Mémoire en faveur de Dieu* (1802), dirigé contre l'athéisme de S. Maréchal mais aussi contre la restauration de l'ancienne religion orchestrée par *Le Génie du christianisme*, déclenche-t-il une polémique où Delisle mène un combat d'arrière-garde. Dans les *Mémoires de Candide* (1802) puis dans l'*Essai sur le journalisme* (1811), il fait l'archéologie du désastre qu'il voit poindre avec le siècle nouveau. Il vécut assez longtemps pour voir la Restauration, qu'il accueillit sans joie, bien que sa critique des excès révolutionnaires et impériaux l'ait fait passer, à tort, pour un légitimiste. Il laissait une très importante bibliothèque de 32 000 volumes et 630 manuscrits, dont une collection de journaux et libelles révolutionnaires. Il avait tenté en vain de la vendre en 1810, et elle fut dispersée après sa mort.

Delisle fut très lu au XIXe siècle, en particulier par Nodier, Balzac, Nerval et Hugo, qui lui emprunta le nom de son héroïne des *Misérables* (*).

PIERRE MALANDAIN.

RÉF. : Pierre Malandain, *Delisle de Sales philosophe de la nature (1741-1816),* 2 vol., Oxford, 1982.

DELIUS Frederick. Compositeur anglais d'origine allemande. Né à Bradford (Yorkshire) le 29 janvier 1862, mort en France, à Grez-sur-Loing, le 10 juin 1934. Ce musicien, très populaire en Angleterre, a eu une production considérable, surtout dans le domaine du poème symphonique, où il a subi l'influence de Grieg. On se souvient de son *En écoutant le premier coucou au printemps* (*), composé vers 1912, et dont sir Thomas Beecham dirigea l'exécution aux obsèques de l'auteur. Dans le domaine symphonique, il est également l'auteur de *Brigg Fair* (1907), variations sur une chanson populaire anglaise, *A Dance Rhapsody no 1* (1908) et *no 2* (1916) et d'un autre poème symphonique, *Summer Night on the River* (1912). Il a composé six opéras, notamment *Koanga* (1897), *Romeo und Julia auf dem Dorfe* (1907) d'après la nouvelle de Gottfied Keller (1819-1890) – v. *Les Gens de Seldwyla* (*) – et *Fenimore und Gerda* (1910). Son style, dominé par un profond sens poétique, ne relève d'aucune école.

DELLA CASA Giovanni. Écrivain italien. Né dans le Mugello le 28 juin 1503, mort à Montepulciano le 14 novembre 1556. Il fit ses études successivement à Bologne, Florence, Padoue et Rome, puis, sans vocation réelle, en 1534, il entra dans les ordres. Ses licencieux *Poèmes du four* [*Capitoli del forno*] ne l'empêchent pas d'être nommé archevêque de Bénévent en 1544. Il ne rejoignit jamais son diocèse ; par contre, à Venise, en tant que nonce apostolique (1544-1549), il déploya un zèle intense dans l'espoir d'obtenir un chapeau de cardinal ; jamais il ne le coiffa, même comme secrétaire de Paul IV pour les affaires étrangères (après 1555). Della Casa conquit l'admiration de ses contemporains par ses *Rimes* (*) tant vantées ; de nos jours on étudie et on apprécie de nouveau sa poésie qui représente une tentative originale de réaction contre la langueur pétrarquisante. Une place importante doit aussi lui être réservée parmi les orateurs politiques du XVIe siècle : *Discours à Charles Quint au sujet de Plaisance ; Aux Vénitiens touchant la Ligue contre Charles Quint* (1547). Il écrivit aussi deux biographies, celle de Bembo et celle de F. Contarini, des traductions du grec et du latin, et son fameux *Galatée* (*), ce code des bonnes mœurs qui régit toute la vie mondaine de la Renaissance.

DELLA PORTA Giambattista. Physicien et écrivain italien. Né à Naples en 1535, mort dans cette même ville le 4 février 1615. Cerveau bizarre et d'un extraordinaire éclectisme (on ne lui connaît pas moins de onze branches différentes d'activités), toujours en équilibre entre science et magie, foi et superstition, il fut de ceux qui contribuèrent le plus directement à jeter, à l'époque de la Contre-Réforme, les fondements de la pensée scientifique moderne. *De la magie naturelle ou Des miracles de la nature* (*) est le document qui reflète le plus fidèlement cette complexe et curieuse personnalité. On a du mal à penser que Della Porta participa à la recherche de la pierre philosophale, lorsque l'on constate le sérieux et la rigueur de ses recherches scientifiques – *De la réfraction optique* [*Della rifrazione ottica*] – qui aboutirent, entre autres, à l'invention de la chambre noire, et à une part importante dans la construction du télescope (selon le témoignage de Kepler lui-même). Très curieux, Della Porta effectua de nombreux voyages en Italie même, en France et en Espagne. Toujours plus ou moins suspecté par l'Inquisition, il dut s'en défendre à plusieurs reprises ; l'académie qu'il avait fondée (académie des secrets) fut dissoute par ordre du pape, mais Della Porta avait des protecteurs au nombre desquels comptait le cardinal Louis d'Este, pour lequel il construisit à Venise, en 1580, un miroir parabolique. En 1610, Della Porta entra à l'académie dei Lincei (des Lynx) à Naples, puis il se consacra au théâtre et aux études sur l'atmosphère, ces deux activités suffisant à remplir son existence ; on ne connaît pas moins de quatorze comédies – sur les vingt-neuf qu'on lui attribue – qui, par leur réalisme et leur hardiesse de langage, annoncent celles du XVIIe siècle ; citons *La Cintia* (*), *L'Astrologue* [*L'Astrologo*], *La Chiappinaria* (*), *La Furieuse* [*La furiosa*], *Le Maure* [*Il Moro*], *Olimpia, Deux frères rivaux* [*Due fratelli rivali*], puis une tragi-comédie, *Pénélope,* et une tragédie inspirée de la vie de saint Georges ; enfin, deux ouvrages scientifiques latins ont été perdus.

RÉF. : L. G. Clubb, *Giambattista Della Porta, dramatist,* Princeton, 1965. – R. Sirri, *L'attivà teatrale di Giambattista Della Porta,* Naples, 1968. – F. Amowso, *Modesto Della Porta : Recostruzione dell' nomo e del poeta,* Pescara, 1971. – G. Simon, *Sur un mode de méconnaissance au XVIe siècle. Porta et l'occulte,* in *Pensée*, 1981.

DELLA VALLE Federigo. Né vers 1560 à Asti, mort en 1628 vraisemblablement à Milan. Il est considéré comme l'un des auteurs tragiques italiens les plus importants avant Alfieri. Il exprime avec sincérité dans ses œuvres le mouvement de spiritualité catholique né de la Contre-Réforme. On connaît peu de chose sur sa vie. En 1587 il était déjà à la cour de Savoie, où il remplissait des fonctions administratives. Il donna en 1585 un épithalame sur les noces du duc de Savoie Charles-Emmanuel Ier avec Catherine d'Espagne, un *Discours* en 1589 dont il ne nous reste que des passages faisant allusion aux prétentions de Charles-Emmanuel au trône de France après la mort d'Henri III. En 1591, il fit paraître ledit épithalame et un madrigal dans le *Choix des rimes* édité par le Génois Bartoli ; en 1594, sa première tragédie, *La Reine Marie*, qui sera retravaillée et imprimée en 1628 sous le titre de *La Reine d'Écosse* – v. *Marie Stuart* (*). Deux ans plus tard, en 1596, il présentait à la Cour sa tragédie *Adelonde de Phrygie* (unique édition à Turin en 1629) dont les vers ont une certaine harmonie. Citons enfin ses derniers drames et les plus achevés, *Judith* (*) et *Esther* (*), publiés en 1627 à Milan, où le poète, devenu sujet espagnol, demeurait depuis les premières années du siècle.

RÉF. : L. Amelotti, *Il teatro di Federigo Della Valle*, Gênes, 1951. – G. Cianflone, *L'opera tragica di Federigo Della Valle*, Naples, 1961. – F. Croce, *Federigo Della Valle*, Florence, 1965. – S. Raffaelli, *Semantica tragica in Federigo Della Valle*, Padoue, 1973 ; *Aspetti della lingua e della stile di Federigo Della Valle*, Rome, 1974. – P. De Tommaso, *L'ascosa mano, Saggio sull'ideologia religiosa di Federigo Della Valle*, Lanciano, 1979.

DELONEY Thomas. Écrivain anglais. Né à Londres vers 1543, mort vers 1600. Il commença d'être connu comme auteur de ballades en 1586 ; en 1588, s'inspirant des événements politiques de l'Angleterre élisabéthaine, il en écrivit de célèbres au moment de l'avance de l'Invincible Armada. Le premier recueil parut en 1607, sous le titre de *Récits curieux* [*Strange Histories*], puis ces ballades furent réimprimées en édition augmentée telle que la *Guirlande royale d'amours et de délices,* et la *Guirlande de délices* [*Garland of Good Will,* 1608]. Étant de son métier fabricant de soieries, Deloney observa avec un réalisme humoristique les ouvriers et les apprentis de son temps, et en laissa une peinture pleine de verve, quoique alourdie, parfois, par les élégances d'un euphuisme désuet, dans les trois romans qu'il dédia aux corporations des drapiers *(William of Reading),* des tisserands *(Jack of Newbury),* et des cordonniers, *Le Noble Métier* (*). C'est de cette dernière œuvre que Dekker tira le sujet de sa pièce *Fête chez le cordonnier* (*).

RÉF. : A. Chevalley, *Thomas Deloney : le roman des métiers au temps de Shakespeare,* Paris, 1926. – R. G. Howarth, *Two Elizabethan Writers of Fiction Thomas Nashe and Thomas Deloney,* Le Cap, 1950. – M. E. Lawlis, *Apology for the Middle Classes : The Dramatic Novels of Thomas Deloney,* Bloomington, Ind., 1960.

DEL PASO Fernando. Romancier, poète et peintre mexicain. Né le 1er avril 1935 à Mexico. Il a commencé à l'université de Mexico des études de biologie, puis d'économie. Il a longtemps vécu hors du Mexique, aux États-Unis d'abord, puis en Angleterre où il a travaillé dans la publicité et pour la B.B.C. En 1985, il s'installe à Paris où il entre à Radio France Internationale, puis est nommé successivement attaché culturel et consul général du Mexique en France (charge qu'il exercera jusqu'en 1992). Peintre (il a exposé à Londres et à Paris), poète (il publie en 1958 *Sonnets du quotidien* [*Sonetos de lo diario*]), Fernando del Paso est surtout connu pour ses trois énormes romans, couronnés de prix littéraires : *José Trigo* (1966), prix Xavier Villaurrutia au Mexique ; *Palinure de Mexico* [*Palinuro de México*] (1975), prix international du Roman « Rómulo Gallegos » (Caracas, 1982) et prix du meilleur livre étranger (Paris, 1986) et *Des nouvelles de l'empire* (*) (1987), prix Mazatlán de littérature (Mexique). Issu d'une érudition prodigieuse et d'une somme fabuleuse de lectures, chacun de ces romans joue sur la multiplicité des niveaux de lecture (historique, socio-politique, métaphysique, parodique), sur une aspiration incontestable à la globalité, sur une poétisation du langage romanesque, et sur la volonté jamais démentie de faire de ces chapelets d'histoires autant de « châteaux de mots », autonomes et fascinants.

CLAUDE FELL.

DELTEIL Joseph. Écrivain français. Né le 20 avril 1894 à Villar-en-Val (Aude), mort le 12 avril 1978 près de Montpellier. Sa carrière littéraire commence en 1919, lorsqu'il publie un recueil de vers intitulé *Le Cœur grec.* À cette époque s'exerce sur lui l'influence de la poésie symboliste : il avouait éprouver beaucoup d'admiration pour Henri de Régnier. Quant à la poésie, il l'abandonne très rapidement, pour ne plus se consacrer qu'à l'écriture romanesque. Delteil participe activement à la révolution littéraire des années 20, dominée par l'émergence du surréalisme. Plus tard, dans *La Deltheillerie* (1968), livre à la fois nostalgique et féroce, il racontera sa « montée » à Paris, ses premiers entretiens avec Breton et Aragon. Dans le *Manifeste du surréalisme* (*), il figure d'ailleurs en bonne place, parmi ceux qui ont fait « acte de surréalisme absolu ». Mais il sera exclu du groupe en 1926, à la suite du scandale des *Poilus* (évocation de la grande guerre). Son premier grand succès intervient dès 1922, avec *Sur le fleuve Amour* (*), très remarqué par Mac Orlan et Aragon. Au cours de ces « années électriques », il se lie avec des personnalités du monde artistique : Sonia et Robert Delaunay, Marc Chagall. Son deuxième roman, *Choléra* (*) (1923), fait beaucoup parler de lui dans le Tout-Paris. Suivent *Les Cinq Sens* (1924), *Jeanne d'Arc* (*) (1925), qui obtint le prix Femina, et aurait dû servir de scénario au film de Dreyer interprété par Falconetti. Delteil s'oriente vers une littérature de voyage, avec son roman chinois *La Jonque de porcelaine* (*) (1927). Il fait la connaissance du jeune André de Richaud qui vient de publier son hagiographie : la *Vie de saint Delteil* (1928). En 1930 a lieu la rencontre la plus déterminante de son existence, puisqu'il s'agit de Caroline Dudley, cette Américaine qui avait créé la Revue Nègre à Paris, et allait devenir sa femme. L'auteur de *Saint Don Juan* (*) (1930) se voit alors contraint de réduire son activité à la suite d'une pleurésie. En 1935, Delteil entre en correspondance avec Henry Miller, avec lequel il entretiendra un dialogue passionné, grâce à une proximité d'inspiration et d'écriture.

Lorsqu'il décide de se retirer dans une petite propriété de campagne, non loin de Montpellier, Delteil revient vers ses origines modestes et rurales (son père était bûcheron). Il se sent enfin dans son élément, vivant et travaillant comme un paysan, préparant en secret sa « cuisine paléolithique ». À la Tuilerie de Massane, où il restera jusqu'à sa mort, il renonce à cette gloire éphémère que lui avaient fait miroiter ses succès parisiens ; il revient à la simplicité des choses. Cette nouvelle vie occasionne de nouvelles amitiés, parmi lesquelles celle du peintre Soulages et du poète François Cariès. En 1947, Joseph Delteil publie *Jésus II* (*). En 1953, il effectue un voyage en Espagne, en compagnie de Miller. Il se consacre à la vigne et à l'édition, deux activités qui semblent complémentaires, tant la métaphore viticole et culinaire s'accommode chez lui d'une production artisanale. En 1961, on entend à nouveau prononcer son nom dans le monde littéraire, à l'occasion de la publication des *Œuvres complètes* (*), qui regroupent en fait un choix de six ouvrages parmi une trentaine de titres disponibles. Delteil assume la postérité de son œuvre, en l'expurgeant, en essayant de donner le meilleur de sa production. Il consacre ainsi la dernière partie de sa vie à rassembler des morceaux choisis, ce que confirment les parutions d'*Alphabet* (*) (1973) et du *Sacré corps* (1976). Depuis la mort de Delteil, ses livres sont régulièrement réédités, et suscitent chaque fois de nouveaux intérêts. Il fut quelque peu oublié à la suite de sa retraite à la campagne, mais il n'en demeure pas moins un auteur extrêmement apprécié d'un cercle de fidèles. Dans un texte publié en 1966 dans *Les Cahiers du Sud,* il donnait de son œuvre cette définition qui le situe assez bien au cœur d'une modernité qui se cherche entre une poétique de la transgression et une redécouverte de l'ascèse : « Mon œuvre n'est-elle pas toute cathare, avec son double caractère, son ambivalence : d'un côté cette atmosphère de volupté, cet érotisme, cette scatologie ; de l'autre, la passion de l'absolu, le goût de la sainteté, Dieu partout ! »

OLIVIER HOUBERT.

RÉF. : André de Richaud, *Vie de saint Delteil,* Paris, 1928. – *Entretiens,* n°s 27-28, Rodez, 1969. – Jean-Marie Drot, *Vive Joseph Delteil,* Paris, 1974. – Robert Briatte, *Joseph Delteil, qui êtes-vous ?* Lyon, 1988. – J.-M. Drot, *Joseph Delteil, prophète de l'an 2000,* Montpellier, 1990.

DEL VASTO Lanza. Écrivain français d'origine italienne. Né le 21 septembre 1901 à San Vito dei Normanni (Italie), mort à Murcie en 1981. Après des études au lycée Condorcet dont il a relaté certains épisodes dans *Enfances d'une pensée* (1970), il poursuit ses études supérieures à Florence et à Pise et pratique divers métiers, montrant qu'il sait être à la fois un manuel, un artiste et un intellectuel. C'est ainsi qu'il est successivement professeur de latin et de langues vivantes, fabricant de bijoux. Après des années d'apprentissage et de réflexion, Lanza del Vasto part pour les Indes en 1936 et y séjourne jusqu'en 1938. La connaissance de ce continent hautement spiritualisé et l'amitié du Mahatma Gandhi décident de l'inspiration de toute son œuvre. Quelques années plus tard, il publiera un récit sur son expérience de la sagesse de l'Orient dans *Le Pèlerinage aux sources* (*) (1943). Disciple de Gandhi, il tente de faire passer dans notre monde occidental le message de la spiritualité, d'autant plus qu'il se montre inquiet du développement catastrophique de ce qu'il nomme « les quatre fléaux » qui risquent, selon lui, de mener notre planète à sa perte : la guerre, la sédition, la misère, et la servitude. C'est alors que dans une série de conférences, de déclarations et d'ouvrages, il énonce les principes d'une action non violente. Il prône un retour à une vie plus concrète, plus simple et plus saine qui pourrait s'abstraire de la course au profit et à la surproduction, et de l'assouvissement anarchique et pernicieux des désirs les plus dangereux, au risque de la destruction de l'homme et de la Terre. En ce sens, Lanza del Vasto est un précurseur de l'écologie moderne. Prophète ? Plus souvent un Cassandre qui vitupère avec calme, mais aussi avec résolution contre les dangers d'autodestruction qui nous menacent et qui préconise un retour à la Nature. Ce combat pour que l'homme redevienne enfin maître de lui-même, Lanza del Vasto l'a engagé dans trois directions et par conséquent de trois façons différentes : par ses livres, qui se succèdent régulièrement depuis 1945, et dans lesquels il expose sa doctrine gandhiste de la non-violence et sa philosophie de la fraternité et de l'amour retrouvés : *Principes et préceptes du retour à l'évidence* (1945), *Commentaires de l'Évangile* (1951), *Vinobâ ou le Nouveau Pèlerinage* (1954) – après un second voyage aux Indes –, *Approches de la vie intérieure* (1962), *La Technique de la non-violence* (1971), *Éclats de vie et points de vérité* (1973), *La Conversion par contrainte logistique* (1974), *Rien qui ne soit tout* (1975). Autre aspect du combat de Lanza del Vasto, la création d'une communauté dans le midi de la France, l'Arche, où l'on pratique l'artisanat et la méditation. Enfin, Lanza del Vasto a pris part à la lutte non violente par l'action directe : jeûne à Clichy en 1959 pour protester contre la torture en Algérie, manifestation contre l'arme nucléaire, prises de position en faveur des objecteurs de conscience et contre l'extension du camp militaire du Larzac dans une « Lettre ouverte au président de la République » (1972). Lanza del Vasto en impose par sa simplicité et sa grandeur, par son lyrisme prophétique aussi, qui le place parmi les premiers penseurs français inspirés par la philosophie de la non-violence de style gandhiste.

JOËL SCHMIDT.

DEMAISON André. Écrivain français. Né à Bordeaux le 17 janvier 1885, mort à Maule (Yvelines) le 19 septembre 1956. Après des études au lycée de Bordeaux, il se rend en Afrique où il tient d'abord un comptoir pour une maison de Bordeaux avant d'en fonder lui-même plusieurs au Sénégal. Son premier livre, *Diato*, paraît en 1923, suivi l'année suivante d'un recueil de nouvelles, *La Femme et l'Homme nu*. Le grand succès vient avec *Le Livre des bêtes qu'on appelle sauvages* (*), qui lui valut le grand prix du roman de l'Académie française (1929). Ce livre fit connaître son nom bien au-delà des milieux littéraires : il apparaît dès lors comme une sorte de Kipling français (*La Comédie animale*, 1931). On lui doit aussi une biographie de *Faidherbe* (1932), ainsi qu'un roman psychologique et social, *Le Péché contre l'amour* (1936).

DE MARCHI Emilio. Romancier italien. Né le 31 juillet 1851 à Milan, mort dans cette ville le 6 février 1901. Il fit toutes ses études à Milan, devint le secrétaire de l'Académie scientifique et littéraire (en 1879), puis il y enseigna l'art du style de 1896 à 1900. Entre-temps, il collabora au *Convegno* et, en 1877, fonda la *Vita nuova* avec deux amis ; cette revue mourut l'année suivante et le journaliste céda le pas au romancier qui débuta avec *Deux âmes dans un corps* [*Due anime in un corpo*] où, déjà, apparaissent son réalisme méditatif et son christianisme angoissé devant les lourds problèmes de la vie quotidienne. De Marchi fut un conteur fécond et varié ; il a donné : *Histoires de toutes les couleurs* [*Storie d'ogni colore*, 1885], *Nouvelles histoires de toutes les couleurs* [*Nuove storie d'ogni colore*], *Vieilles histoires* [*Vecchie storie*], *Le Chapeau du prêtre* (*), mais il trouva sa meilleure veine lorsqu'il s'appliqua à la représentation de la société milanaise « petite-bourgeoise » de la fin du XIXe siècle. On considère *Demetrio Pianelli* (*) comme son chef-d'œuvre, mais la suite, *Arabella* (*), ouvre la voie à une enquête psychologique audacieuse dans le domaine du subconscient ; *Giacomo l'Idéaliste* (*) traite des mêmes problèmes, *Il redivivo* (1894-96) les ignore, tandis qu'ils sont soigneusement évités dans *On ne joue pas avec le feu* [*Col fuoco non si scherza*, 1901, posthume]. De Marchi poète se signala surtout par l'originalité de ses thèmes, *Anciennes et nouvelles cadences* [*Vecchie cadenze e nuove*, 1899] ; auteur dramatique, il s'adressa de préférence à la jeunesse :

On joue aujourd'hui chez l'oncle Émile [*Oggi si recita in casa dello zio Emilio*] ; critique littéraire, ses goûts le portèrent vers les auteurs des XVIIe et XVIIIe siècles : *Écrits et écrivains du XVIIIe siècle* [*Lettere e letterati italiani del secolo XVIII,* 1882], etc. Enfin, il faut signaler la vigoureuse action de De Marchi en faveur de l'instruction populaire, ses livres pour la jeunesse, *L'Âge précieux* [*L'Età preziosa*], *L'Âge fleuri* [*L'Età fiorita,* 1891] sont devenus classiques, ainsi que sa *Bonne Parole* [*La Buona Parola,* 28 fascicules, 1898-1900].

RÉF. : V. Spinazzola, *E. De Marchi, Romanziere popolare,* Milan, 1971.

DÉMÉTRIUS CYDONIAS [Demetrios o Kydones]. Écrivain byzantin. Né à Thessalonique, aux environs de 1324, mort en Crète pendant l'hiver de 1397 ou 98. L'auteur compte parmi les personnages les plus représentatifs de l'histoire de la civilisation byzantine au XIVe siècle, depuis le règne d'Andronic III jusqu'à celui de Manuel II Paléologue. Il eut pour maître de rhétorique Cabasilas. Partisan de Jean Cantacuzène, il ne fut pas épargné par la guerre civile. Sa *Monodie pour ceux qui sont tombés à Thessalonique* [Μονωδία ἐπί τοίς εν θεσσαλονίκη πεσούσιν] déplore les malheurs de la Grèce. Jean Cantacuzène, couronné empereur en 1347, le nomma Premier ministre [μεσάζων], et il conserva sa charge sous les règnes de Jean Paléologue et de Manuel II. S'étant rendu une première fois à Venise en 1353 pour obtenir de l'aide contre les Turcs, Démétrius Cydonias revint en Italie à différentes reprises, et contribua grandement à répandre la culture grecque ; par ailleurs, il usa de toute son influence pour resserrer les liens politiques et religieux entre l'Orient et l'Occident ; enfin la Grèce découvrit grâce à ses traductions la théologie occidentale, avec la *Somme contre les Gentils* (*), la *Somme théologique* (*) et quelques autres œuvres de saint Thomas, de saint Augustin et de saint Anselme. Comme la doctrine des hésychastes faisait grand bruit, il voulut connaître la position des Grecs et des Latins en matière de foi, et médita sur les problèmes les plus ardus de la théologie, et particulièrement sur la question du « filioque ». Après les pénibles débats dont il parle dans sa lettre à Barlaam (1347), il se convertit au catholicisme. Les péripéties de cette conversion, antérieure à 1365, sont exposées dans une *Apologie*, dédiée à ses compatriotes, qu'il écrivit peu avant sa mort. Il dénonça les erreurs des hésychastes non seulement dans le *Contre Palamas* [Κατά τοι Παλαμᾶ] mais aussi dans deux autres *Apologies* où il attaquait le patriarche Philoctète Kokkinos, vengeant du même coup son frère Prochoros, excommunié en 1368 pour s'être élevé contre ce qu'il considérait être l'hérésie de Palamas. Champion du rapprochement entre l'Église orientale et l'Église occidentale, tout autant que d'une collaboration politique et militaire avec les Latins, Démétrius accompagna auprès du pape Urbain V l'empereur Jean V Paléologue, venu demander du secours contre les Turcs et faire sa soumission à l'Église de Rome (18 octobre 1369). Mais son hostilité à l'égard du credo catholique étant devenue de plus en plus grande, il abandonna sa patrie en 1396, se rendit encore une fois ou deux en Italie (à Venise, et peut-être à Milan) et s'établit en Crète où il devait mourir. Sacrées, philosophiques ou rhétoriques, ses œuvres sont extrêmement abondantes ; un grand nombre sont restées inédites. En dehors des *Apologies* publiées par G. Mercati, il faut mentionner, pour l'intérêt particulier qu'elles présentent, la *Correspondance* (*) et les deux *Exhortations* [Ῥωμαιοῖς Συμβουλευτικός ; Συμβουλευτικός ἕτερος περί Καλλιπόλεως] destinées à convaincre les Grecs et les Latins de s'unir contre le péril turc. Notons aussi les *Oraisons* [Λόγος εἰς τὸν βασιλέα τὸν Καντακονζηνόν ; Εἰς τόν αὐτόν βασιλέα ; Εις τὸν βασιλέα κυρὸν Ἰωάννην τθν Παλαιολολευ] et un essai philosophique : *De contemnenda morte* [Περι τοῦ καταφροεῖν τὸν θάνατον].

GIUSEPPE ROSSI TAIBBI.

RÉF. : Carle Krumbacher, *Geschichte der byzantinischen, Literatur von Justinian bis zum Ende des oströmischen Reiches*, Munich, 1897.

DEML Jakub. Poète, essayiste et publiciste tchèque. Né le 20 août 1878 à Tasov, mort le 10 février 1961 à Třebíč. Prêtre catholique en fréquents conflits avec la hiérarchie, il est mis à la retraite dès 1909 ; il se consacre alors à la littérature et aux traductions de vieux textes religieux latins, allemands. À l'origine disciple de son grand ami Březina – il publiera *Mon témoignage sur Otokar Březina* [*Mé svědectví o O. Březinovi*, 1931], suivi de leur corespondance –, il trouve rapidement tant sa propre attitude, naïve à la franciscaine, devant le miracle de la vie, de la nature, que son propre langage imagé et concret avec ses recueils de poésies *Notantur lumina* (1907) et *Vers tchèques 1907-1938* [*Verše české*, 1938], ses deux extraordinaires poèmes en prose, *Mes amis* (*) (1913) et *Myriam* (1916), ses nouvelles ou proses lyriques, *Le Château de la mort* [*Hrad smrti*, 1912], *La Danse de la mort* [*Tanec smrti*, 1914], *Le Prophète* [*Věštec*, 1917], *Mon purgatoire* [*Můj očistec*, 1929], *Mon pays natal* [*Rodný kraj*, 1936], *Le Nom de Jésus* [*Jméno Ježíš*, 1942]... Selon Nezval, il est l'un des précurseurs du surréalisme. Il rappelle aussi souvent la véhémence et la virulence d'un Léon Bloy dans ses innombrables études, essais, polémiques, notes, souvenirs... – v. *Lumière oubliée* (*) (1934) et *Traces* [*Šlépěje*, 1917-1941, vingt-six volumes]. Après l'Occupation et des textes inspirés surtout de la Bible, une âpre polémique s'engage sur sa prétendue collaboration ; il doit à Nezval d'éviter la prison. À la veille du Printemps de Prague, il est littérairement « réhabilité » et un peu réédité.

VLADIMIR PESKA.

DÉMOCRITE d'Abdère. Philosophe grec. Né à Abdère (Thrace) vers 460 avant J.-C. (d'après les sources les plus dignes de foi), mort centenaire, ou presque, dans cette même ville ; plus jeune que son célèbre compatriote Protagoras, avec lequel on suppose qu'il eut de nombreuses discussions. Disciple de Leucippe, il en compléta et développa les doctrines. Il est le plus grand représentant de l'atomisme antique. Il semble qu'il ait effectué de longs voyages d'études en Égypte et en Asie ; mais on ne sait rien de certain sur ses rapports avec les pythagoriciens, avec Athènes, avec le médecin Hippocrate. La légende a fait de lui un philosophe qui sourit des folies des hommes, par opposition à Héraclite ; ceci provient peut-être de la sérénité et de l'esprit d'adaptation dont Démocrite fait montre dans son éthique. Le nombre de ses ouvrages est assez imposant ; on ne possède qu'un certain nombre de *Fragments* (*) consacrés à la morale, et l'on connaît surtout la pensée de Démocrite à travers les critiques d'Aristote et les auteurs de doxographie. Avec lui la philosophie, tout en restant une science générale de la nature et de l'homme, se décompose en différentes parties bien définies selon les domaines variés qu'elle embrasse — point de vue qui sera celui d'Aristote. Les ouvrages de Démocrite se divisent donc — Thrasyllos les a présentés sous forme de tétralogies, comme ceux de Platon — en ouvrages sur la physique *Grande Cosmologie* (*) et *Petite Cosmologie* (*) ; ouvrages sur les mathématiques dans lesquels est incluse l'astronomie ; ouvrages sur la technique ; ouvrages sur la philologie (avec l'important *De la poésie* qui a trait à l'enthousiasme considéré du point de vue esthétique) ; ouvrages sur l'éthique — *Sur l'équilibre de l'âme* (*). Mais ce classement de Thrasyllos n'est sans doute pas historique, et les travaux les plus récents tendent à rendre compte de l'évolution de la pensée de Démocrite au cours de sa longue existence. Dans toute l'Antiquité, on ne trouve aucune doctrine philosophique qui présente un pareil effort pour concilier des principes purement rationnels et les éléments positifs de l'expérience. Adoptée par Épicure et quelque peu remaniée par lui, c'est encore la doctrine de Démocrite qui inspire le *De la nature* (*) de Lucrèce.

♦ *« Généralement, en mettant de côté les choses superficielles, personne encore, en dehors de Démocrite, n'a examiné avec attention un sujet quelconque. Celui-ci semble avoir réfléchi sur toutes choses, en se distinguant nettement par sa façon de procéder. »* Aristote. ♦ *« Quel sage, ce Démocrite, pasteur de paroles. »* Timon de Phlionte. ♦ *« Il était un lutteur en philosophie, car il connaissait bien la physique, la morale, et par surcroît les mathématiques et les arts libéraux et avait l'expérience de toutes les disciplines. »* Diogène Laërce. ♦ *« De tous les systèmes anciens, celui de Démocrite est le plus logique : il suppose la plus stricte nécessité partout présente, il n'y a ni interruption brusque ni intervention étrangère dans le cours naturel des choses. Alors seulement la pensée se dégage de toute la conception anthropomorphique du mythe, on a enfin une hypothèse scientifiquement utilisable. »* Nietzsche. ♦ *« Démocrite apportait une morale qui... a pour thème principal le calme d'une âme exempte de crainte et de superstition. »* E. Bréhier.

RÉF. : P. Natorp, *Die Ethica des Demokritos*, Marburg, 1893. — A. Dyroff, *Demokritstudien*, 1899. — C. Bailey, *The Greek Atomists and Epicurus*, 1923. — M. Solovine, *Démocrite : doctrines philosophiques et réflexions morales*, Paris, 1923. — G. Bammel, *Démocrite*, Moscou, 1935. — P. Nizan, *Les Matérialistes de l'Antiquité*, Paris, 1936. — G. Coyniot, *Le Matérialisme gréco-romain*, Paris, 1966. — J.-P. Dumont, *Les Présocratiques*, Paris, 1988.

DEMOLDER Eugène. Écrivain belge d'expression française. Né le 16 décembre 1862 à Molenbeck (Bruxelles), mort à Essonnes le 19 octobre 1919. Eugène Demolder sut harmoniser les nécessités de sa profession d'homme de loi avec un indiscutable talent de conteur — qui apparaît notamment dans son roman *La Route d'émeraude* (*). Si certains peintres du XVIe siècle ont cultivé l'anachronisme en drapant les personnages de l'Histoire sainte de la façon dont s'habillaient leurs propres contemporains, Demolder utilisa ce procédé dans un bon nombre de ses contes. C'est ainsi qu'il brossa des scènes évangéliques, telles que le *Massacre des Innocents, La Pêche miraculeuse* ou *Le Reniement de saint Pierre,* dans un cadre purement flamand. Ce recueil, paru en 1891 et intitulé *Contes d'Yperdamme,* fut suivi, en 1896, d'un autre recueil de contes, *Le Royaume authentique de saint Nicolas,* qui fut d'ailleurs illustré de trente croquis par Félicien Rops, beau-père de l'auteur. Le recueil *Sous la robe* (1898) nous montre un Demolder ironique, raillant sans retenue tout ce qui, dans sa carrière d'avocat et de juge, avait excité sa verve satirique ; quant à *L'Agonie d'Albion* (1901), c'est un véritable réquisitoire contre la cruauté dont les Anglais ont fait preuve lors de la guerre des Boers.

DÉMOSTHÈNE. Orateur et politicien grec. Né à Athènes en 384 av. J.-C., mort dans l'île de Calaurie en octobre 322. Considéré comme le plus grand orateur de l'Antiquité, il eut une vie mouvementée, étroitement liée à l'histoire d'Athènes de son temps dont, en témoin passionné, il essaya d'influencer le cours. Son activité, marquée par une époque troublée, est l'objet de controverses parmi les historiens. Ses nombreux discours sont un témoignage précieux de l'histoire sociale, des mœurs politiques, et surtout de l'effort désespéré d'Athènes au IVe siècle de trouver sa place, puis de garder son autonomie, face à une puissance ascendante, la Macédoine de Philippe II.

Son père, un Athénien aisé, possédait une manufacture d'armes. Orphelin à sept ans, il fut victime de ses tuteurs qui lui dérobèrent la plus grande partie de l'héritage paternel. Devenu majeur, Démosthène voulut exiger devant les tribunaux la restitution des biens qu'ils avaient dilapidés. En sollicitant Isée, spécialisé dans les procès de successions, il se prépara à la fois à défendre sa propre cause et à exercer lui-même la profession de logographe. Une série de cinq discours témoigne de l'âpre lutte qu'il dut mener pour ne récupérer que des miettes de l'héritage paternel. Ces premiers discours de jeunesse révèlent déjà son talent précoce et les qualités qui seront les siennes, entre autres la maîtrise parfaite des faits et la capacité de présenter les arguments de ses adversaires comme fallacieux et manquant de pertinence. Démosthène, faible dans l'improvisation, a excellé dans les discours préparés, fruits d'un labeur dur et rigoureux. En témoignent plusieurs anecdotes rapportées par Plutarque (dont celle qui veut qu'il mît des cailloux dans la bouche pour corriger sa prononciation) qui prouvent sa volonté de surmonter ses défauts notamment son physique chétif. Une tradition fait de lui également un élève d'Isocrate et de Platon mais surtout un grand admirateur de Thucydide. Eschine, son adversaire, rapporte qu'il était également maître de rhétorique. De cette période, où il a gagné sa vie en exerçant le métier de logographe, datent plusieurs discours concernant des affaires privées. Parmi eux, *Pour Phormion* [Ὑπὲρ Φορμίωνος] est un document important sur la situation sociale et économique de son époque. À cette occasion Plutarque rapporte que l'on a pu douter de l'intégrité de Démosthène qui aurait aussi écrit un discours en faveur de la partie adverse. Quoi qu'il en soit, la profession de logographe lui ouvrit la carrière politique qui commença pour lui après sa participation à trois procès importants : il écrivit deux discours pour le compte d'autres personnes – *Contre Androtion* [Κάτ' Ἀνδροτίωνος, 355] ; *Contre Timocrate* [Κατὰ Τιμοκράτους, 353] – et en prononça lui-même un troisième : *Contre Leptine* [Πρὸς Λεπτίνην] en 354. Tous les trois traitent de la gestion financière de l'État, mais sont subtilement politiques : Athènes venait, après l'échec de la Seconde Confédération, de perdre son espoir d'une nouvelle hégémonie dans le monde grec, d'où les efforts du gouvernement d'Aristophon pour redresser les finances de l'État. En attaquant Androtion, collecteur d'impôts, de surcroît impliqué dans un scandale économique, Démosthène s'en prenait aux mesures proposées, agissait pour le parti d'Eubule avec lequel il sympathisait, et visait ainsi à renverser le gouvernement d'Aristophon. De ces trois discours, qui mettent en valeur la connaissance que l'orateur avait du droit athénien, les deux premiers révèlent déjà sa tendance à démolir politiquement et moralement l'adversaire, alors que le troisième est écrit sur un ton patriotique et dans un style souvent loué pour son élégance.

Peu à peu, chez Démosthène, l'activité du logographe décroît, tandis que se développe celle de l'orateur politique. Dans son discours *Sur les Symmories* [Περὶ τῶν Συμμοριῶν] (classes de citoyens définies d'après le paiement d'impôts), prononcé en 354 et écrit avec un certain détachement et avec perspicacité, Démosthène, proposant une réforme de l'organisation militaire et fiscale, traite pour la première fois d'une question de politique extérieure. Pour certains, la guerre avec la Perse était alors indispensable. Démosthène, pour qui les Perses étaient « l'ennemi commun des Grecs », n'en déconseille pas moins la guerre aux Athéniens. Son argumentation subtile sur la difficulté du financement de la guerre les convainquit de ne rien entreprendre. L'année suivante (353), dans son discours *Pour les Mégalopolitains* [Ὑπὲρ Μεγαλοπολιτῶν], comme ceux-ci demandent l'aide des Athéniens pour résister à la menace de Sparte, alors alliée d'Athènes, Démosthène conseille de leur porter secours pour éviter qu'ils ne se tournent vers Thèbes. En relevant ce défi, Athènes pourrait neutraliser les deux puissances majeures de cette période. De même, en 352, le discours *Pour la liberté des Rhodiens* [Περὶ τῆς τῶν Ῥοδίων ἐλευθερίας] incite les Athéniens à porter assistance aux démocrates de Rhodes destitués au profit d'un gouvernement oligarchique favorable à la Perse. En développant la thèse qu'Athènes doit faire la guerre partout où se trouvent des démocrates à protéger, Démosthène soutient avant tout l'idée machiavélique que l'intérêt pur doit être le premier critère dans la politique extérieure de la ville. L'histoire a donné raison à sa clairvoyance : les Mégalopolitains et les Rhodiens demandèrent de l'aide ailleurs, cette fois chez Philippe II de Macédoine, monté sur le trône en 359, qui voulait faire de la Macédoine une vraie puissance. L'expansionnisme de Philippe au nord apparut comme une menace imminente pour Démosthène, qui devint l'implacable adversaire du roi. En 351, quand Philippe, en s'avançant jusqu'à l'Hellespont, porta atteinte au commerce athénien du blé, Démosthène prononça sa première *Philippique* (*). Ce discours inaugure la lutte violente et acharnée qui constituera désormais l'essentiel de son activité politique.

Le ton passionnel du discours ne décida pas les Athéniens à réagir. Bientôt Philippe envahit la Chalcidique et menaça Olynthe qui sollicita l'alliance d'Athènes : c'est au sujet du secours à envoyer à Olynthe que se rapportent les trois *Olynthiennes* (*). Malgré l'analyse pertinente de Démosthène et son éloquence, les Athéniens ne se résolurent à une alliance qu'après beaucoup d'hésitations ; les secours furent tardifs et insuffisants, et Olynthe tomba aux mains de Philippe en 348. À la fin de 347, on envoya une ambassade auprès de Philippe dont Eschine et Démosthène faisaient partie.

Eschine, qui devint par la suite son plus grand adversaire, ne s'est pas privé de raconter en détail la débâcle de Démosthène qui se mit à bafouiller au point de ne plus pouvoir parler. L'année suivante (346), une deuxième ambassade composée des mêmes membres se rendit auprès de Philippe pour lui faire jurer la « paix de Philocrate », du nom de son premier défenseur, paix désirée par les deux parties. Mais Démosthène, à son retour de Macédoine, attaqua l'accord et ses défenseurs. Il fit poursuivre Eschine par Timarque, l'accusant d'avoir trahi sa mission en se laissant corrompre par l'argent de Philippe. Eschine, en retour, accusa Timarque d'immoralité (*Contre Timarque*). Les mœurs douteuses de Timarque l'empêchèrent de soutenir l'accusation contre Eschine. Cependant, Philippe utilisa la paix à ses fins : la « paix de Philocrate », liant les mains des Athéniens, lui permit de prendre les Thermopyles, défilé stratégique qui lui ouvrait la voie vers le sud de la Grèce continentale. En 346, alors que la guerre menaçait à nouveau, Démosthène prononça son discours *Sur la paix* [Περὶ τῆς εἰρήνης], démontrant la nécessité de maintenir la paix à un moment où Athènes n'avait guère d'alliés. Ce discours, écrit dans un style qui fait écho à l'intention conciliatrice de l'auteur, utilise le ton modéré et l'analyse rationnelle du pour et du contre. À la même époque Isocrate écrivait sa *Lettre à Philippe* qui représentait le roi macédonien comme le garant de l'union des Grecs contre les Perses. L'idée du panhellénisme servira dorénavant à la politique de Philippe. En 344, Démosthène, qui avait en vain essayé de trouver des alliés à Messénie et à Argos, prononça sa *Seconde Philippique* (*) où il prenait violemment à partie le Macédonien et ses partisans athéniens. Il montrait que Philippe avait à chaque occasion utilisé les traités de paix pour mieux satisfaire ses tendances expansionnistes. L'année suivante (343), le procès contre Eschine eut enfin lieu, et Démosthène prononça son discours *Sur les forfaitures de l'ambassade ou De la fausse ambassade* (*). Eschine se défendit par une harangue apologétique qui lui a valu son acquittement à une majorité de quelques voix seulement. La véhémence et la rhétorique passionnée de Démosthène font de son discours un chef-d'œuvre d'éloquence. Mais ce qui frappe davantage encore dans celui-ci – de même que dans la réponse de son adversaire – c'est le déchaînement des passions entre partis pro- et anti-macédonien, l'exploitation du système juridique et de la rhétorique au profit d'une démagogie sans scrupules, l'envie enfin de traîner l'adversaire dans la boue, de l'anéantir en tant qu'individu.

De plus en plus influent, Démosthène, se sentant en 341 maître de l'assemblée, voulut forcer la situation, en déclenchant une guerre dont personne ne voulait, ni Philippe, trop occupé, ni les Athéniens. Malgré l'assaut contre une de ses villes alliées, Philippe, désirant à tout prix éviter la guerre, se borna à envoyer une ambassade qui réclamait le remplacement du stratège responsable. C'est lui que Démosthène va défendre dans sa harangue *Sur les affaires de la Chersonèse* [Περὶ τῶν ἐν Χερσονήσῳ]. Ce discours prépare la *Troisième Philippique* (*), la plus belle. Prononcée la même année, elle reprend avec plus de force les sujets des précédentes : meilleure préparation à la guerre et alliance panhellénique sous le commandement d'Athènes. La *Quatrième Philippique* (*), dont l'authenticité n'est plus mise en doute, prononcée peu après, introduit un élément nouveau dans la politique de Démosthène : la proposition de demander de l'aide au roi perse, jusque-là le grand ennemi des Grecs. Démosthène se trouve alors au faîte de son influence. Il réussit à détacher Byzance et Périnthe de l'alliance macédonienne : Philippe assiégea en vain les deux cités. Ces succès firent de Démosthène l'inspirateur suprême de la politique athénienne ; il parvint à conclure une alliance avec Thèbes et la guerre éclata. En 338 Philippe attaqua et brisa les Athéniens et leurs alliés : la bataille décisive de Chéronée en Béotie mit une fin brutale à l'indépendance de cette région, à la politique belliqueuse et patriotique de Démosthène et à ses rêves de la prépondérance d'Athènes qui allait bientôt perdre aussi son autonomie. Philippe n'avait dorénavant plus besoin de l'idée du panhellénisme comme prétexte pour ses ambitions d'hégémonie sur la Grèce. Les accusations véhémentes des adversaires de Démosthène ne servirent à rien : il conserva les charges financières qu'il avait et, en outre, fut nommé surintendant des fortifications et de la protection de la ville.

En 336, un ami de Démosthène, Ctésiphon, proposa que le peuple remît une couronne d'or à l'orateur, au théâtre, à l'occasion des Grandes Dionysies. C'était d'abord un geste de reconnaissance pour tout ce que Démosthène avait mis de sa fortune pour l'État, mais au fond une manifestation en faveur de sa politique et contre celle du parti promacédonien. La mort de Philippe en 336 donna le signal de révolte, et Démosthène jubila. On envoya même une ambassade en Perse qui fournit l'aide financière dont Démosthène profita, devenant alors aux yeux des Grecs le principal agent du roi de Perse. Alexandre réagit à la révolte d'une manière foudroyante en détruisant Thèbes ; Athènes, elle, dut se soumettre peu après, et Alexandre exigea qu'on lui livre dix orateurs antimacédoniens ; Démosthène n'échappa à cette humiliation que grâce à l'intervention d'hommes politiques modérés. Privé de son grand ennemi Philippe, muselé par les succès d'Alexandre, Démosthène pratiqua pendant la période de la conquête de la Perse, puis sous Antipater, une politique de réserve et de prudence.

L'orateur brillant revint pourtant au centre de l'actualité par son discours *Sur la Couronne* (*) prononcé en 330 pour défendre la proposition de son ami Ctésiphon faite six ans auparavant. Eschine, qui avait dénoncé la proposition comme illégale, l'attaqua dans son discours *Contre Ctésiphon* (*). Les vieilles discordes entre parti pro- et anti-macédonien, le règlement de comptes final entre les deux orateurs attirèrent une foule venue de toutes les parties de la Grèce. Le discours de Démosthène est en partie une attaque contre le politicien et l'individu Eschine ; mais il est surtout le survol de sa propre politique qu'il défend jusqu'au bout, qu'il justifie avec la véhémence du patriotisme et qui tend à conférer à son auteur une intégrité morale. Ce discours – son dernier – est considéré comme son chef-d'œuvre autant par l'exposition, psychologiquement magistrale, des différentes parties de sa vie que par l'adresse avec laquelle il pare aux accusations, par la maîtrise parfaite enfin de tous les genres de style. Démosthène reçut la couronne d'or, et Eschine, condamné à une grosse amende qu'il ne put payer, dut s'exiler. Mais la politique de modération de Démosthène lui fit perdre une grande partie de son prestige. L'affaire d'Harpale qui éclata en 324 a porté le dernier coup à la crédibilité de Démosthène. Harpale, trésorier d'Alexandre, ayant mal administré ses biens, demanda à être accueilli à Athènes avec sept cents talents, mais fut arrêté sur la demande d'Alexandre ; il réussit à s'enfuir, probablement avec la complicité de Démosthène et des Athéniens, et le scandale éclata lorsqu'on ne trouva que la moitié de cet argent. Démosthène fut parmi les accusés. L'Aréopage, après une longue instruction de six mois, le jugea coupable. Même Hypéride, son ami d'autrefois, attaqua Démosthène sans égards. Le tribunal délégué infligea à Démosthène une amende de cinquante talents qu'il ne put payer. Il fut emprisonné, réussit à s'évader et se réfugia à Égine puis à Trézène. Après la mort d'Alexandre (juin 323) toute la Grèce, excepté la Béotie, se souleva, Démosthène chercha des alliés et rentra dans son pays en triomphateur. Mais Antipater battit les rebelles à Crannon (Thessalie) en août 322, il imposa à Athènes un gouvernement oligarchique et réclama qu'on lui livre les orateurs antimacédoniens. Démosthène, réfugié dans un temple dans l'île de Calaurie, près des côtes de l'Argolide, s'empoisonna pour ne pas tomber aux mains de ses ennemis.

Les jugements sur Démosthène homme d'État ont varié au cours des siècles : héros et martyr, ou politicien étroit et aveugle, selon que la liberté des cités est prise comme une valeur absolue ou une étape du processus historique. En effet la politique de Démosthène était guidée par l'idéal de la « Polis », cité-État indépendante du cinquième siècle. En souhaitant l'hégémonie de sa cité il ne se conformait que vaguement à l'idéal démocratique : on le soupçonne ainsi d'un certain opportunisme. De plus, il était irréaliste : à son époque Athènes était trop faible et les cités-États, par leurs discordes et leur morcellement, n'étaient plus fonctionnelles. Souhaiter la liberté de la Grèce face au « barbare » Philippe était anachronique. À l'aube de l'État centralisé, son adversaire idéologique, Isocrate, naïf peut-être dans ses attentes face à Philippe, eut raison : Philippe et Alexandre donnèrent à la Grèce une unité qu'elle n'avait jamais connue, et Démosthène, hormis les doutes sur son intégrité morale, paraît comme le spectateur et acteur révolté et tragique de la chute inexorable d'un ordre dépassé.

De la fièvre de ses discours la postérité s'est toutefois servie à plusieurs reprises ; il suffit de citer le cardinal Bessarion qui, en 1470, utilisa une *Olynthienne* pour inciter à la guerre contre les Turcs ; ou Clemenceau après la Première Guerre mondiale (1924). Les sources relatives à sa vie se trouvent, outre dans ses discours, dans une biographie écrite par Plutarque, dans les biographies des orateurs du pseudo-Plutarque, celles de l'orateur Libanios, de Zosime et d'un anonyme, ainsi que dans la *Souda* (*). Le corpus de ses œuvres, réunis sous Callimaque déjà, puis à l'époque d'Auguste, comprend soixante et un discours, un recueil d'exordes et six lettres. Plusieurs (20 ?) de ces discours ne sont pas authentiques ; parmi eux il faut rappeler *Sur Halonèse, Sur le traité avec Alexandre* et *Contre Néère*, plaidoyer très important pour l'étude des mœurs athéniennes du IVe siècle. Les papyrus ont restitué des fragments du commentaire sur les philippiques de Didyme, le grammairien du temps d'Auguste, rempli d'indications historiques précieuses.

Sur Démosthène comme orateur, le jugement est unanime : les anciens l'appelaient « l'orateur » de même qu'ils parlaient d'Homère comme « le poète ». Son art oratoire est décrit surtout par le fameux critique littéraire Denys d'Halicarnasse qui admire ses traits rapides et pénétrants, son âpreté, son amertume, sa véhémence, qualités empruntées à Thucydide. L'argumentation très persuasive de Démosthène est soutenue par un souci de raffinement extrême dans le style qu'il maîtrise parfaitement en le variant et l'adaptant aux besoins de la cause. Ayant puisé dans la composition symétrique et la froide éloquence d'Isocrate, il utilise des périodes non moins élégantes mais plus variées et animées par son tempérament. L'effet de son style est surtout lié à sa sensibilité au rythme de la période, comme le manifestent la liberté innovatrice dans l'ordre des mots, le fait d'éviter l'hiatus et l'accumulation des syllabes brèves, au soin qu'il met enfin pour clore ses périodes.

Si Démosthène n'a pas le sens de la description des caractères comme Lysias, ni l'humour et l'élégance d'Hypéride, il excelle par « la force de la parole grandiose, la passion pleine de souffle, l'abondance, l'intelligence, la rapidité » (pseudo-Longin, *Du sublime*), causes de l'émotion bouleversante qu'il éveilla auprès de son auditoire.

TERPSICHORE ARGYROU.

♦ *« Démosthène, si ta force avait égalé ton génie, jamais le Mars de Macédoine n'aurait dompté la Grèce. »* Inscription apposée par la ville d'Athènes à la statue de Démosthène. ♦ *« Démosthène a transporté dans ses harangues politiques plusieurs des qualités de Thucydide ; ces traits rapides et pénétrants ; cette âpreté, cette amertume, cette véhémence qui réveillent les passions, mais il n'a pas imité les formes poétiques et inusitées, qu'il ne jugeait pas convenables à l'éloquence sérieuse de la tribune. Il n'a jamais recherché les figures inexactes et peu suivies, les tours hasardés ; il s'est tenu dans la simplicité du langage habituel, qu'il orne et anime par des métaphores, n'exprimant presque jamais sa pensée sans images... » « Quand je prends un discours de Démosthène je suis transporté d'une fureur divine et poussé, en tous sens, par mille émotions qui me bouleversent. »* Denys d'Halicarnasse. ♦ *« Mon goût est si difficile et si chagrin que Démosthène lui-même ne fait pas assez pour moi. Malgré sa prééminence dans tous les genres, sur tous les orateurs, il ne rassasie pas toujours mes oreilles ; tant elles sont avides, exigeantes et curieuses d'une perfection sans mesure et sans limites ! »* Longin. ♦ *« Démosthène, que nous avons mis au-dessus de tous les autres orateurs... »* Cicéron. ♦ *« Démosthène est un orateur et Cicéron un avocat. »* Jean-Jacques Rousseau.

RÉF. : G. Ronnet et A. Schäfer, *Demosthenes und seine Zeit*, Leipzig, 1885-87 ; Hildesheim, 1966. – F. Blass, *Die attische Beredsamkeit*, Leipzig, 1893 ; Hildesheim, 1962. – D. Drerup, *Im Urteile des Altertums*, Würzburg, 1923 ; New York-Londres, 1969. – Démosthène, *Harangues, Plaidoyers politiques, Plaidoyers civils, Lettres et Fragments, Discours d'apparat*, Paris, 1924-1987. – P. Cloché, *Démosthène et la fin de la démocratie athénienne*, Paris, 1937. – W. Jaeger, *Demosthenes der Staatsmann und sein Werden*, Berlin, 1939. – G. Mathieu, *Démosthène, l'homme et l'œuvre*, Paris, 1948 ; *Études sur le style de Démosthène dans les discours politiques*, Paris, 1951. – A. H. M. Jones, *The Athens of Demosthenes*, Cambridge, 1952. – J. Luccioni, *Démosthène et le panhellénisme*, Paris, 1961. – D. F. Jackson et G. D. Rowe, *Demosthenes. 1915-1965*, Lustrum, 1969. – D. F. McCabe, *The Prose-Rythm of Demosthenes*, New York, 1981. – U. Schindel, *Demosthenes Wissenchaftliche Buchgesellschaft*, Darmstadt, 1987.

DENIS Maurice. Peintre et écrivain français. Né à Granville (Manche) le 25 novembre 1870, mort à Paris le 13 novembre 1943. Ce chef d'école de l'art religieux contemporain était passé par l'École des beaux-arts et par l'Académie Jullian, où il avait rencontré Sérusier, avec lequel il participera, en 1891, à la première exposition du groupe des Nabis. Denis aspire déjà à un art libéré des conventions ; impressionné par Cézanne et Gauguin, il illustre, en 1891, *Sagesse* (*) de Verlaine, et commence à militer en faveur du symbolisme chrétien. Des séjours en Italie, à Florence, puis à Rome, et l'étude des peintres de la Renaissance et du Moyen Âge confirment sa position : Fra Angelico surtout sera son maître ; il lui enseignera que « la beauté est un attribut de la divinité. La beauté de la nature est une preuve de Dieu. La beauté du corps humain donne à l'artiste l'idée du parfait ». Ainsi, en marge de l'impressionnisme, Maurice Denis parvient-il à trouver son expression personnelle, très influencée toutefois par la technique de Gauguin, dans un art qu'on a pu définir, plus encore que d'incarnation, d'idéalisation de la chair. Après avoir décoré de nombreuses églises et aussi le théâtre des Champs-Élysées, il fondera en 1919, avec Georges Desvallières, un atelier d'art sacré pour la rénovation de la peinture religieuse. À côté de son œuvre décorative, Maurice Denis a laissé des œuvres intimistes (notamment des portraits de femmes, d'enfants) d'une grande sensibilité. Ses *Théories* (*) et ses *Nouvelles Théories sur l'art moderne et l'art sacré* (*) l'ont également révélé comme écrivain.

DENISOV Edison. Compositeur russe. Né le 6 avril 1929 à Tomsk (Sibérie). Issu d'une famille de scientifiques, il étudie le piano dans sa ville natale en même temps que la physique et les mathématiques à l'université. Suivant les conseils de Chostakovitch, il s'oriente vers la carrière musicale et suit l'enseignement de Chébaline au Conservatoire de Moscou jusqu'en 1959. Il en enseignera par la suite l'instrumentation. À l'instar de Shnittke et Goubaïdoulina, Denisov représente le renouveau dans la musique de l'U.R.S.S. Peu soucieux des consignes du conformisme officiel, il intègre les nouvelles écritures de l'Ouest. Il utilise le sérialisme boulézien dans *Le Soleil des Incas* pour soprano et ensemble instrumental (1964), et s'intéresse à la musique expérimentale. Sa musique est depuis longtemps jouée en Europe de l'Ouest. Citons le *Requiem* (*) (1980), *L'Écume des jours,* opéra d'après Boris Vian (1981) et la *Symphonie.*

MICHEL RIGONI.

DENNERY, puis D'ENNERY (Adolphe Philippe, dit). Auteur dramatique français. Né à Paris le 17 juin 1811, mort en 1899. Écrivain d'une très grande fécondité, travaillant parfois en collaboration avec d'autres auteurs, il remporta sur toutes les scènes de boulevard de nombreux succès populaires. Sa pièce la plus célèbre est *Les Deux Orphelines* (*) (1874), mélodrame, écrit avec Cromon, qui est le type même du genre : dramatique et attendrissant, avec maintes péripéties d'une complication extrêmement habile. Citons encore, dans la même veine, *Marie-Jeanne ou la Femme du peuple* (*) (1845) et *Le Savetier de la rue Quincampois* (1859). On doit à Dennery des livrets d'opéra pour Aubert, Gounod, Massenet, et plusieurs féeries théâtrales dont *Les Enfants du capitaine Grant*, et *Le Tour du monde en 80 jours*, drames tirés des romans de Jules Verne en collaboration avec cet auteur. Le cinéma de la première moitié du XXe siècle s'est largement inspiré de son œuvre pour en tirer des adaptations.

DENON Vivant : v. **Vivant Denon.**

DENYS de Byzance. Auteur grec d'époque impériale. Sa vie est complètement inconnue. Il a été parfois confondu, uniquement sur la foi d'une affirmation de la *Souda* (*), avec Denys le Périégète, géographe versificateur du IIe siècle, auteur du *Tour du monde* (*). L'ouvrage de Denys, le *Périple du Bosphore* (+), décrit, dans le grec atticiste de la tradition rhétorique, teinté d'allusions aux anciens géographes ioniens, les côtes du Bosphore dans leur état antérieur au siège de Byzance par Septime-Sévère (193-5 ou 6). Ce texte, dont nous n'avons plus que des fragments, avait été lu au complet dans un manuscrit découvert par Pierre Gilles (Gyllius), dont la traduction latine qu'il donne dans son ouvrage, *De Bosporo Thracio,* permet de compléter les lacunes du seul manuscrit existant aujourd'hui, celui de Gilles étant disparu depuis sa mort en 1555.

ANDRÉ-LOUIS REY.

RÉF. : R. Güngerich, *Dionysii Byzantii Anaplus Bospori,* Berlin, 1958 (réimpr. Münster, 1975).

DENYS de Furnes. Moine grec du XVIIIe siècle, auteur présumé du *Guide de la peinture* (*) découvert par Didron au Mont Athos et publié par lui, en 1845, sous le titre de *Manuel d'iconographie chrétienne.* L'introduction de cet ouvrage contient une lettre ouverte de Denys à « tous les peintres et à ceux qui ont le zèle d'apprendre », où il assure qu'il a lui-même beaucoup appris dans les œuvres de Manuel Panselinos de Salonique, soit au Mont Athos, soit en diverses églises, et qu'il a employé à la rédaction du texte son propre disciple, le maître Cyrille de Chios. Comme Panselinos travaillait dans la première moitié du XVIe siècle, où il figure dans l'école macédonienne, Denys ne peut être antérieur à cette époque. Mais les études de Pappadopoulos Keraneus ont démontré que ce théoricien d'une tradition picturale beaucoup plus ancienne appartenait au début du XVIIIe siècle et que le manuel qui lui est attribué, bien que reprenant des parties antérieures, n'a pas la valeur d'antiquité que lui avaient donnée les chercheurs et les éditeurs du XIXe siècle.

DENYS de Thrace. Grammairien grec. Né à Alexandrie de parents probablement originaires de Thrace, il vécut entre 170 et 90 av. J.-C. Élève d'Aristarque de Samothrace dont il devait devenir le successeur compétent en tant que bibliothécaire d'Alexandrie, il fut à son tour, à Rhodes, le maître de Tyrannion l'Ancien, ami de Cicéron, l'introducteur à Rome d'une philosophie plus sérieuse. En plus de la direction de l'école d'Alexandrie, Denys hérita d'Aristarque un culte pour Homère, mais, dans l'exégèse qu'il fit de son œuvre, il demeura indépendant par les critères philologiques qu'il mit en œuvre. Sa renommée personnelle reste attachée à la *Grammaire,* ouvrage écrit à Rhodes, qui devint la base et le modèle de toute grammaire. S'il est exact que Denys fit reconstituer la célèbre tasse de Nestor, ou la reconstitua lui-même d'après les indications de l'*Iliade* (*), il fut également peintre et graveur. Il représenta Aristarque, une effigie de la tragédie sur la poitrine, sans doute pour rappeler l'étonnante science de son maître qui savait par cœur presque toutes les tragédies grecques.

♦ *« Il est le premier savant qui ait essayé de présenter dans son ensemble toute la science grammaticale, jusque-là éparse. »* A. Croiset.

DENYS d'Halicarnasse. Critique littéraire et historien grec. Né à Halicarnasse en Carie (Asie Mineure) vers le milieu du Ier siècle av. J.-C. ou peut-être plus tôt, mort l'an 7 av. J.-C., dans les dernières années du Ier siècle av. J.-C., ou encore les premières du Ier siècle apr. J.-C. Il vint jeune à Rome (qui attirait alors la plupart des grands écrivains grecs, dont Strabon, Timagène, Apollodore de Pergame), vers 30 av. J.-C., et y enseigna probablement la grammaire. Reçu dans un cercle de lettrés qui groupait autour de ses protecteurs, Rufus Melitius et G. Aelius Tubero, des écrivains grecs et latins, Denys eut l'occasion d'exercer ses talents de critique littéraire, activité pour laquelle il avait des dons réels et qui était pour lui une véritable passion. Ses travaux de critique, qui constituent la partie la plus originale de son œuvre, se situent à la suite de ceux des érudits d'Alexandrie et de Pergame, mais Denys se rapproche également de Théophraste lorsqu'il cherche comme lui à dégager les traits saillants des œuvres et des hommes ; de plus il s'y ajoute une préoccupation qui lui est personnelle, celle de proposer des modèles dignes d'être imités et de souligner dans les œuvres qu'il étudie ce qui mérite de faire école. Ces préoccupations didactiques limitent encore l'étendue de son goût qu'il avait fort étroit. Il arrive souvent que ce modéré s'effraie de l'originalité des auteurs qu'il cite ; en particulier, son injustice vis-à-vis de Thucydide, bien qu'il prétende lui rendre ce qui lui est dû, est manifeste. La première œuvre grâce à laquelle Denys se fit connaître est son *Étude sur les anciens orateurs* [Τῶν παλαιῶν χαρακτῆρες περὶ τῶν ἀρχαὶων ῥήτορων ὑπομνηατιομοί] dont nous ne possédons que la première partie qui comprend des *Examens de Lysias, d'Isocrate, d'Isée, de Dinarque.* Vient ensuite la *Première Lettre à Ammaeos,* qui traite de différents points de rhétorique, de grammaire et de stylistique. Le traité *De l'arrangement des mots* (Περί συνθέσεως ὀνομάτων) semble dater de la maturité de Denys, c'est un des ouvrages les plus remarquables que nous possédions de lui ; il contient de nombreux et précieux extraits de poètes et de prosateurs grecs de toutes les époques, dont certains ne figurent nulle part ailleurs ; tel est le cas, en particulier, pour une très belle *Ode* (*) de Sappho. Dans *Sur la force du style de Démosthène,* Denys donne Démosthène comme le plus grand orateur qu'ait connu la Grèce ; plusieurs ouvrages servent de complément à cette œuvre : une *Lettre à Créius Pompée,* une étude *Sur le caractère de Thucydide,* et la *Seconde Lettre à Ammaeos* qui contient un examen du style de Thucydide. Sous le nom de Denys d'Halicarnasse nous est également parvenue une *Rhétorique* (Τέχνη ῥητορική) qui n'est sans doute qu'un extrait d'un de ses ouvrages ou un apocryphe. Enfin, Denys avait composé un traité *Sur l'imitation ;* il ne nous en reste que quelques fragments. Quintilien s'est largement inspiré de cette œuvre.

Il est incontestable que, bien que certains de ses jugements soient discutables et qu'il ne fasse jamais preuve d'une grande largeur de vues, Denys d'Halicarnasse a joué à Rome, au siècle d'Auguste, un rôle utile. Il y a défendu toujours la grande tradition classique et s'y est montré l'adversaire acharné du mauvais goût asiatique, qui avait déjà causé un grave préjudice aux lettres grecques de son temps.

Denys, à cause de la très vive admiration qu'il ressentait pour le génie romain, se fit également historien de la ville qui lui donnait l'hospitalité. Dès sa venue à Rome, il avait constaté qu'il n'existait pas pour les lecteurs grecs d'ouvrage sérieux sur les origines de Rome. Son *Archéologie romaine* (*) vise à combler cette lacune ; elle embrasse l'histoire de Rome depuis les origines jusqu'à la date de 264 av. J.-C., date où commencent les *Histoires* (*) de Polybe. Denys y travailla de l'an 30 à l'an 8 av. J.-C. en se servant des annalistes latins Caton, Fabius Pictor, Valerius d'Antium, Licinius Macer, d'autres encore. L'ouvrage comprenait vingt livres ; seuls les onze premiers et des fragments des neuf autres nous sont parvenus.

JACQUES BROSSE.

RÉF. : A. W. F. Busse, *Dissertatio de Dionysii Halicarnassensis vita et ingenio,* Berlin, 1841. – E. Baudat, *Étude sur Denys d'Halicarnasse,* thèse, Leipzig, 1879. – M. Egger, *Denys d'Halicarnasse,* Paris, 1902. – E. Kremer, *Über das rhetorische System des Dionys von Halikarnass,* Strasbourg, 1907. – A. Klotz, *Zu den Quellen der Archaiologia des Dionysos,* 1938. – C. Saulnier, « L'Histoire militaire de la Rome archaïque chez Denys d'Halicarnasse », in *Bull. de l'Ass. Guillaume Budé,* 1972. – A. Hurst, « Un critique grec dans la Rome d'Auguste », in *ANRW,* 30/31, 1982.

DENYS l'Aréopagite. Ce nom d'emprunt – on dit souvent le pseudo-Denys – cache un personnage mystérieux, dont la réelle identité nous est encore inconnue, et qui écrivit, entre 482 et 530 ap. J.-C., avec un talent original et fort, des traités que le Moyen Âge vénéra presque comme de saintes écritures. Peut-être adopta-t-il ce pseudonyme dans l'espoir naïf de partager la renommée d'un nom déjà glorieux à d'autres titres en se faisant passer pour le disciple de saint Paul, converti après le discours de l'Apôtre devant l'Aréopage. Il fit mieux, il alla jusqu'à emprunter la personnalité de ce disciple en adressant des *Lettres* (dix) à des personnalités de l'époque apostolique telles que : Caïus, Sosipastre, Polycarpe, Démophile, Titus, et même à « Jean, théologien, évangéliste et apôtre, exilé dans l'île de Patmos ». Dans cette dernière, et dans son traité le plus célèbre, *Des noms divins* (*) – que saint Thomas d'Aquin jugea digne d'un commentaire –, Denys assure avoir assisté à la « Dormition » de la Vierge (c'est ainsi qu'on appellera sa mort plus tard) et avoir parlé avec les apôtres Pierre et Jacques. Si l'on en croit la septième lettre, il aurait vu l'éclipse de soleil survenue durant la crucifixion de Jésus. L'autorité de papes comme saint Grégoire le Grand et saint Martin Ier, et celle de saint Maxime le Confesseur (VIIe siècle) qui en fut le premier scoliaste, firent tenir pour authentiques les ouvrages de l'Aréopagite, tant en Orient qu'en Occident. Diffusés dans les versions latines de l'abbé Hilduin et de Jean Scot Érigène, ils inspirèrent une série de commentaires de Hugo de Saint-Victor, d'Albert le Grand, et de saint Bonaventure. Denys (appelons-le ainsi) devint le père canonisé de la mystique médiévale, il inspira théologiens, ascètes, liturgistes, artistes, et plut à Bossuet qui s'y connaissait en matière de style ! L'humanisme, dédaigneux du rude latin médiéval, et ne voulant pas, toutefois, renoncer au trésor mystique de Denys dans lequel, inconsciemment peut-être, il retrouvait son idéal néo-platonicien, en donna une bonne version latine due au goût raffiné de Marsile Ficin ; c'est ainsi que se ranima la « quaestio dionisiana », autour de l'auteur inconnu.

Le « corpus » dionysien comprend deux groupes d'œuvres : d'abord, *La Hiérarchie céleste* (*) et *La Hiérarchie ecclésiastique* (*) qui étudient la catégorie des créatures dignes de recevoir la révélation divine ; puis *Des noms divins* et *La Théologie mystique* (*) qui, avec deux autres ouvrages perdus, *Ébauches théologiques* et la *Théologie symbolique,* formaient la plus complète somme théologique préthomiste. Pour Denys, le monde est entièrement édifié selon un ordre sacré où la place de chaque créature angélique, humaine, inférieure à l'homme est déterminée pour l'éternité par son degré de perfection. L'histoire n'est rien d'autre que le mouvement d'aller et retour de l'univers – de Dieu à Dieu, le flux et le reflux d'une immense marée. Dans cette conception hiérarchique de l'univers réel, on trouve déjà, virtuellement, le monde politique du Moyen Âge et la féodalité : du séraphin le plus élevé en dignité au plus humble des chrétiens s'échelonnent des gradins en nombre indéterminé qui sont à peu près ceux qui séparent l'empereur ou ses pairs du plus humble des vavasseurs, laïque ou clerc. Ce renversement de l'histoire par lequel un écrivain du Ve siècle, essentiellement disciple de Proclus (comme Koch l'a prouvé définitivement à la fin de 1800), s'est transporté au temps de saint Paul, et a passé pendant des siècles pour le maître de Proclus, donne beaucoup à réfléchir ! Nous sommes d'avis que ce mystérieux homme de génie, qu'on appela Doctor Hierarchicus, devait être un moine syriaque, élève de Jamblique et de Proclus (410-485) converti par le néo-platonisme. Il s'était d'abord converti au paganisme, car, du côté païen, le sophiste Apollophanes l'accusa de « parricide » parce qu'il s'était servi « d'une manière impie des Grecs contre les Grecs ». Mais Denys servait la vérité : son nom et sa doctrine connurent une grande fortune, et son influence s'étendit sur plusieurs siècles : Dante tira l'ordonnance angélique de son *Paradis* de sa *Hiérarchie céleste,* de même de sa théologie dérivèrent des conceptions dans des domaines opposés et des âges lointains, telles que « la nuit obscure de l'âme » — v. *Œuvres spirituelles* de saint Jean de la Croix (*) et *Le Nuage d'inconnaissance* [*Cloud of Unknowing*]. De nos jours encore, la théologie apophatique grecque orthodoxe continue à tenir Denys l'Aréopagite en très haute estime.

VINCENZO CILENTO.

♦ *« Les œuvres de Denys l'Aréopagite ou du pseudo-Denys ont occupé une place de tout premier plan dans toute l'histoire doctrinale de l'orthodoxie en Orient. »* Prof. Losski. ♦ *« Les écrits du* Corpus dionysiacum *avaient pour objet cette conciliation, cet amalgame des dogmes chrétiens et des idées néo-platoniciennes qui formaient le problème intellectuel de son temps... Avec la terminologie néo-platonicienne, le pseudo-Denys emprunte au néo-platonisme toutes les idées qui peuvent s'accommoder, selon lui, à la foi de l'Église. »* P. Godet.

RÉF. : J. Durantel, *Saint Thomas et le pseudo-Denys,* 1919. — M. de Gandillac, Préface aux *Œuvres complètes* du pseudo-Denys, 1943. — R. Rogues, *L'Univers dionysien : structure hiérarchique du monde selon le pseudo-Denys,* Paris, 1954 (nouv. éd. 1983).

DENYS le Périégète. Poète grec qui a composé une *Description* (ou *Périégèse*) *de la Terre habitée* (*) (d'où le surnom de Périégète attribué par la tradition). C'est grâce à deux acrostiches dissimulés dans le poème que nous savons que l'auteur s'appelle Denys, qu'il est né ou a vécu à Alexandrie et qu'il est contemporain de l'empereur Hadrien (117-138 ap. J.-C.). Denys n'est en rien un géographe au sens moderne du terme. Il est un compilateur qui présente dans un poème au style soigné un savoir livresque, encyclopédique et hétéroclite. Il n'est pourtant pas complètement coupé des réalités de son époque, puisqu'il fait allusion à la conjoncture politique du moment, à savoir l'hégémonie romaine et le pouvoir de l'empereur, qu'il présente comme l'incarnation de la volonté de Zeus.

OLIVIA RODARI.

RÉF. : Christian Jacob, *La Description de la Terre habitée de Denys d'Alexandrie ou la Leçon de géographie,* Paris, 1990.

DÉON Michel. Romancier français. Né à Paris le 4 août 1919. Après des études au lycée Jeanson-de-Sailly, puis à Monaco où son père était conseiller du prince, à la faculté de droit de Nice enfin, Michel Déon sert en 1939 dans les troupes du général de Lattre de Tassigny. Démobilisé, il deviendra en 1942 secrétaire de rédaction de *L'Action française* repliée à Lyon, jusqu'en 1944 où il retrouve Charles Maurras qu'il admire et dont il devient alors l'ami intime. Journaliste de 1944 à 1946, il « fuira » la France, à partir de la Libération, voyageant un peu partout en Europe et dans le monde. En 1947 et 1948 paraissent deux textes dont il ne fera pas grand cas par la suite : *Adieu à Sheila* et *Amours perdues.* En 1950, celui que Pol Vandromme définit comme un « sybarite réfractaire » publie ce qu'il considérera comme son premier « vrai » roman : *Je ne veux jamais l'oublier.* C'est l'époque de sa grande amitié avec cet autre « hussard », selon l'expression de Bernard Franck, Antoine Blondin. Avec Jacques Laurent et Roger Nimier, ces écrivains de droite se définissaient par leur rejet de l'existentialisme et du « réalisme militant ». Déon part ensuite pour les États-Unis, grâce à une bourse de la fondation Rockefeller ; à son retour, il est conseiller dans une maison d'édition. 1945 : publication de *Tout l'amour du monde* ; 1952, *La Corrida* ; 1954, *Le Dieu pâle* ; 1956, *Les Trompeuses Espérances.* En 1956, il écrit au Portugal un pamphlet quelque peu désabusé : *Lettre à un jeune Rastignac* ; 1957 : *Fleur de colchique* ; 1958 : *Les Gens de la nuit* ; 1960 : *La Carotte et le Bâton* (pamphlet qui a pour thème le conflit du Maghreb et marque une certaine prise de distance avec les affaires du siècle). L'« exilé volontaire » continuera alors son errance européenne, et s'installera finalement en Grèce, à Spetsaï, où il restera jusqu'en 1961 et écrira *Le Balcon de Spetsaï.* Il devient à son retour directeur littéraire des éditions de la Table Ronde. En 1964, il regagne la Grèce où il écrira en 1965 *Le Rendez-Vous de Patmos* et, en 1967, *Un parfum de jasmin* où Pierre-Henri Simon décèlera une certaine « désinvolture dans l'amoralisme ». Déon s'installe ensuite en Irlande où il fonde un foyer et où naîtront *Les Poneys sauvages* (*), qui seront couronnés en 1970 par le prix Interallié.

Sa pièce *Un égoïste* est diffusée par l'O.R.T.F. en 1969, au même moment qu'a lieu la publication de son anthologie touristique : *Visitez l'Italie du Nord.* En 1973, *Un taxi mauve* (*), épopée irlandaise, lui vaudra le grand prix du roman de l'Académie française. Ensuite il y aura *Le Jeune Homme vert, Les 20 Ans du jeune homme vert* (1977), un livre pour enfants, *Thomas et l'infini*, et un livre de confidences, *Mes arches de Noé*, en 1978. Michel Déon est élu la même année à l'Académie française. Puis ce sera en 1981 : *Un déjeuner de soleil,* et en 1985 *Bagages pour Vancouver*, *Ma vie n'est plus un roman* (théâtre) en 1987, ainsi que *La Montée du soir. Un* *souvenir* est publié en 1990 et enfin, en 1992, *Le Prix de l'amour.*

NICOLAS ROMÉAS.

DE PABLO Luis. Compositeur espagnol. Né le 28 janvier 1930 à Bilbao. Installé à Madrid depuis 1939, De Pablo est une figure essentielle de la musique espagnole contemporaine. Ayant débuté sous le signe de Bartók et Stravinski, il a ensuite expérimenté toutes les possibilités de la musique moderne. En 1958, il participe à l'éclosion du groupe « Nueva Musica ». En 1959, il suit les cours d'été de Darmstadt et crée l'association « Tempo y Musica ». En 1965, il fonde un studio de musique électronique, et le groupe « Aléa » axé sur la musique aléatoire. Il compose *Modulos* I à V (*). Il enseigne l'analyse au Conservatoire de Madrid. Sa carrière est internationale, en 1972 il officie aux jeux Olympiques de Munich. Luis De Pablo a toujours été attiré par les situations théâtrales. Dans les années 80, il se tourne vers l'opéra : *El Viajero Indiscreto*, (1988).

MICHEL RIGONI.

DEPESTRE René. Écrivain haïtien. Né à Jacmel, le 29 août 1926. Ses premiers recueils poétiques : *Étincelles* (1945), *Gerbes de sang* (1946), disent son ardente révolte. La revue qu'il a fondée, *La Ruche*, prépare à l'occasion de la visite d'André Breton en Haïti (1945) un numéro spécial, qui est interdit – ce qui précipite l'agitation insurrectionnelle contre le régime pro-américain du président Lescot. Depestre doit s'exiler à Paris d'abord, où il publie des poèmes passionnément engagés : *Végétation de clarté* (1951), *Traduit du grand large* (1952), *Minerai noir* (1956), puis à Cuba, où il enseigne pendant vingt ans à l'université de La Havane et où il traduit en français des poètes cubains comme Nicolas Guillén, tout en continuant à lancer ses vigoureuses protestations poétiques : *Journal d'un animal marin* (1964), *Un arc-en-ciel pour l'Occident chrétien* (1967), *Cantate d'octobre* (1969), chant funèbre sur la mort de Che Guevara. Il donne dans *Poète à Cuba* (1976) le bilan de sa longue lutte poétique en faveur des opprimés. En 1978, il s'installe à Paris et travaille à l'U.N.E.S.C.O. L'inspiration érotique, qui animait les nouvelles d'*Alléluia pour une femme-jardin* (1973), s'épanouit dans un roman carnavalesque, *Hadriana dans tous mes rêves* (*) (1988), et dans les nouvelles d'*Éros dans un train chinois* (1990). *Le Mât de cocagne* (1979) brosse le tableau onirique d'une dictature tropicale. Dans *Bonjour et adieu à la négritude* (1980), il prend ses distances avec une idéologie appartenant désormais à l'histoire des idées.

JEAN-LOUIS JOUBERT.

DE PURE abbé Michel. Écrivain français. Né à Lyon le 19 novembre 1620, mort à Paris le 7 mars 1680. Ce cadet d'une famille de marchands et magistrats lyonnais s'orienta vers la carrière ecclésiastique. À quatorze ans, il fut le plus jeune chanoine de France. Il poursuivit jusqu'au doctorat en théologie. En 1647, il obtint la charge honorifique de conseiller et aumônier du roi. Il gagna la sympathie de ses confrères, tel l'abbé de Boisrobert, académiste dont il devint le confident. La fréquentation des gens de plume lui donna le goût d'écrire. En 1650, il entra à Lyon dans la maison de Monseigneur le cardinal-archevêque Alphonse de Richelieu. En 1653, de retour à Paris, il entra dans les bonnes grâces de Mazarin, qui lui octroya une charge d'historiographe, et publia une *Vie de Monseigneur Alphonse* en latin.

Intégré à la république des lettres et à son jeu de coteries, il se lia avec Michel de Marolles et avec l'abbé d'Aubignac qui cherchèrent à l'attirer, qui du côté des latinistes, qui du côté des gens de théâtre. L'abbé d'Aubignac, en lui présentant sa *Nouvelle histoire du temps ou Relation véritable du royaume de coquetterie* (1654), l'incita à découvrir le monde secret des « ruelles ». Il écrivit une relation de son expérience sous le titre *La Prétieuse ou le Mystère des ruelles* (*) dont le premier tome fut publié en 1655. D'Aubignac l'accusa alors de plagiat. L'abbé De Pure donna aussi en 1656 une farce intitulée *Prétieuse.* Il paracheva le premier ouvrage avec un quatrième tome paru en 1658, après avoir entrepris un roman, *Épigone, histoire du siècle*, et une tragédie, *Ostorius.* Il fut pensionné en 1659 par Mazarin pour écrire sa biographie.

Le triomphe de Molière avec *Les Précieuses ridicules* (*) (1659), en le dépouillant de son aura de découvreur de la préciosité, le remplit d'amertume. En 1661, il commença une vie d'érudit et de traducteur. La publication d'un traité maladroit sur le théâtre lui valut la disgrâce royale. Il finit ses jours très lié avec les poètes et les doctes, soutenant Corneille dans son amour pour la Du Parc et dans sa rivalité avec Racine. Il publia une *Vie de Léon X.* Donneau de Visé lui rendit un hommage funèbre dans *Le Mercure galant* (*).

DOMINIQUE BERTRAND.

DE QUINCEY Thomas. Écrivain anglais. Né à Manchester le 15 août 1785, mort le 8 décembre 1859 à Édimbourg. À six ans, il eut la douleur de perdre son père et une jeune sœur Elizabeth qu'il adorait : ce fut le début d'un long cycle de souffrances. Élevé d'abord à Bath, il fut envoyé dans un collège à Manchester dont il s'enfuit à dix-sept ans pour se rendre à pied à Londres ; il y vécut dans la misère, souffrant de la faim et dormant dans une maison abandonnée. Il rencontra dans la rue une petite prostituée de quinze ans, Ann, aussi perdue que lui, et qui disparut à jamais malgré ses recherches inlassables : cette période est décrite de façon touchante dans les *Confessions d'un mangeur d'opium* *anglais* (*). Il se rendit à Oxford, mais ne passa pas ses examens universitaires. Pour calmer des névralgies et de fortes douleurs d'estomac, il se mit à prendre du laudanum, un extrait liquide d'opium dont on se servait couramment comme remède à l'époque. Cela devint rapidement une habitude quotidienne dont il ne put se passer, pour calmer ses douleurs, mais aussi pour stimuler son imagination. En 1808, il se rendit chez Wordsworth à Grasmere, et commença à fréquenter les romantiques, Coleridge et Southey. Il s'installa à Grasmere et se maria en 1816 avec Margaret Simpson, la fille d'un agriculteur, dont il eut cinq fils et trois filles. Il commença à écrire pour le *Blackwood's Magazine* et la *Quarterly Review*, et collabora à la *Westmoreland Gazette*. En 1821, il se rendit à Londres, et publia anonymement dans le *London Magazine Les Confessions d'un mangeur d'opium anglais*, qui parurent ensuite en volume en 1822 et le rendirent immédiatement célèbre. En 1828, il s'installa avec sa famille à Édimbourg, où sa femme mourut en 1837. Commença alors pour lui une vie difficile d'écrivain parfois en mal d'inspiration, souvent à court d'argent pour nourrir sa famille, toujours sous le joug de l'opium. Poursuivi pour dettes, il déménagea souvent pour fuir les huissiers venus le saisir, ne trouvant le calme que dans de longues marches à pied autour de sa chambre : sa « dromomanie », comme il disait. Il mourut en 1859, après avoir lui-même organisé la publication de l'ensemble de ses œuvres à partir de 1853 dans *Selections Grave and Gay*. L'édition la plus complète est celle de Masson, publiée en quatorze volumes chez Black à Édimbourg en 1889-90.

D'une très grande diversité, l'œuvre de cet érudit comporte principalement des essais, mais aussi des traductions, et même un roman d'inspiration « gothique », *Klosterheim*. Elle peut se diviser en trois grands chapitres : les écrits autobiographiques, tournant avec obsession autour de lui-même, des incidents de sa vie, et des pouvoirs de son imagination ; une quinzaine d'essais historiques, tantôt courts, tantôt très développés ; et des études littéraires ou esthétiques, analysant le travail de ses contemporains ou d'écrivains plus anciens, élaborant une certaine théorie de la littérature.

C'est le premier groupe qui est à juste titre le plus célèbre, allant des *Esquisses autobiographiques* [*Autobiographical Sketches*] aux écrits visionnaires des *Confessions*, des *Suspiria* (*), ou de *La Malle-Poste anglaise* (*). Il y trace le portrait d'un enfant errant sur les routes ou dans les rues de la grande capitale, Londres, et se place dans la lignée des grands vagabonds de la littérature. Il s'intéressa à d'autres figures de nomades, racontant dans *La Nonne militaire d'Espagne* [*The Spanish Military Nun*] l'étonnant et authentique périple d'une religieuse vers l'Amérique du Sud, ses aventures picaresques, déguisée en homme, et même ses assassinats. Son humour et son goût des paradoxes se manifestent dans *De l'assassinat considéré comme un des beaux-arts* (*), et dans les innombrables notes et digressions de ses essais sur les sujets les plus éclectiques et bizarres. Fin lettré, amateur de livres et d'érudition, De Quincey marque de son empreinte personnelle tout ce qu'il touche.

Les écrits historiques vagabondent entre les siècles et les pays. *Judas Iscariote* propose la réhabilitation du paria, contre la tradition qui voit en lui le traître par excellence ; l'auteur suggère que Judas agit avec l'espoir de pousser Jésus à déclencher la révolte : il illustre donc le thème de l'erreur fatale qui obsède De Quincey. *Les Esséniens* [*The Essenes*] et *Les Sociétés secrètes* [*Secret Societies*] témoignent de son intérêt pour les premiers chrétiens et la clandestinité, tout comme *La Toilette de la dame hébraïque* [*The Toilet of the Hebrew Lady*] de son goût pour les parures et les fastes des périodes les plus reculées de l'histoire. Dans *Jeanne d'Arc* (*) et *Charlemagne*, il élabore sa théorie de l'histoire, à la fois scénique, dramatique et philosophique, dont on peut trouver une belle illustration dans *Les Césars* (*) et dans *La Révolte des Tartares* (*), qui décrit la fuite des Kalmouks à travers les steppes de l'Asie jusqu'en Chine en 1771. Il sait aussi se servir d'un style plus dépouillé pour décrire *Les Derniers Jours d'Emmanuel Kant* (*), philosophe pour lequel il avait la plus grande admiration.

Car De Quincey est un connaisseur en styles qui a pratiqué tous les grands écrivains, de Goethe à Schiller, de Milton à Pope et Shakespeare. Les *Souvenirs des lacs et des poètes des lacs* (*) témoignent de son amitié pour Wordsworth et les autres poètes romantiques, et *Le Heurt à la porte dans Macbeth* (*) de l'attention avec laquelle il a lu Shakespeare. Publiées en 1823 juste après les *Confessions*, *Les Lettres à un jeune homme dont l'éducation a été négligée* [*Letters to a Young Man whose Education has been Neglected*], à l'usage des autodidactes, comme le déclare la deuxième lettre, sont une sorte de manifeste éducatif. De Quincey y souligne l'importance de l'étude des langues ainsi que des philosophes, et y définit deux grands types de littérature : la littérature de connaissance, factuelle, analytique, et la littérature de puissance, celle qui émeut et qui transfigure le monde. Ses propres textes, si souvent visionnaires, labyrinthiques et sublimes, le situent d'emblée parmi les adeptes de la seconde.

ANNE GRIEVE.

♦ *« De Quincey est essentiellement digressif ; l'expression humouriste peut lui être appliquée plus convenablement qu'à tout autre ; il compare, en un endroit, sa pensée à un thyrse, simple bâton qui tire toute sa physionomie et tout son charme du feuillage compliqué qui l'enveloppe. »* Baudelaire. ♦ *« Peu d'existences furent aussi pathétiques que* [*celle de De Quincey*]*, peu d'histoires aussi cruelles et aussi merveilleuses. »* A. Breton. ♦ *« De Quincey est surtout remarquable dans ses* Confessions *pour l'emploi voulu,* *presque paradoxal, de la rhétorique la plus classique dans le sujet le plus bizarre.* » J. Prévost. ♦ « *Sa confession n'est pas qu'il a péché, mais qu'il a rêvé.* » V. Woolf. ♦ « *Le mot opium semble donc condamné à désigner des états d'aliénation, de passivité, d'hypnose. Or Quincey dit tout autre chose : voilà un produit très ancien qui provoque, si on sait parler sa langue, une connaissance bouleversante* [...] *Restent les* Confessions, *ce libre sublime, un des rares où l'on est obligé en même temps que l'auteur de trembler lucidement de douleur et de joie.* » Ph. Sollers.

RÉF. : J. Hogg, *De Quincey and His Friends*, Londres, 1895. – E. Sackville West, *A Flame in Sunlight*, Londres, 1934. – S. K. Proktor, *Thomas De Quincey's Theory of Literature*, Londres, 1943. – F. Moreux, *Th. De Quincey, la vie, l'homme, l'œuvre* (thèse), Paris, 1964. – P. Rozenberg, *Réflexions pour l'étude de Th. De Quincey : The Confessions of an English Opium-Eater*, Paris, 1967. – J. S. Lyon, *Th. De Quincey*, New York, 1969. – J. Jordan, *De Quincey as Critic*, Londres, 1973. – G. Lindop, *The Opium-Eater : a Life of Th. De Quincey*, Londres, 1981. – D. Devlin, *De Quincey, Wordsworth and the Fine Art of Prose*, Londres, 1983. – J. C. Whale, *Th. De Quincey's Reluctant Autobiography*, Londres, 1984. – J. Barrell, *The Infection of Th. De Quincey : a Psychopathology of Imperialism*, Yale, 1992.

DERÈME Tristan (pseud. de Philippe Huc). Poète français. Né à Marmande le 13 février 1889, mort à Oloron-Sainte-Marie (Pyrénées-Atlantiques) le 24 octobre 1941. D'origine béarnaise, il fait ses études à Bayonne, Nantes puis Agen où il fait la rencontre de Francis Carco, avec lequel il fonde quelques années plus tard le groupe des poètes « fantaisistes ». Il commence très jeune à publier sous son véritable nom des plaquettes de poésies puis, en 1908, prend son pseudonyme, tout en gardant son nom véritable pour écrire les préfaces de ses livres. Il crée, en 1908, une revue : *L'Oliphant*, « décédée dans la deuxième année de son âge », comme il le dira lui-même. En 1922 il rassemble la plupart de ses plaquettes de poésies dans un volume de vers qui le fait réellement connaître : *La Verdure dorée* (*). Ce volume est suivi par divers recueils, notamment *Poèmes des colombes* (1929), *Le Poisson rouge* (1934), *L'Escargot bleu* (1936). Sa grande connaissance de la poésie française et son ingénuité à trouver des rimes originales ont fait de Tristan Derème un des poètes les plus importants de l'école fantaisiste. Dans la préface à *La Verdure dorée*, il explique comment il a surtout travaillé la « contre-assonance », méthode qui consiste à maintenir les consonnes dans la mutation des voyelles ; ainsi « Bergson » rime avec « hérisson », « lèvres » avec « livres »... Cette recherche, plus sérieuse et novatrice qu'on ne le pense, fait de Derème un auteur un peu perdu et oublié de nos jours, aux frontières du surréalisme et de la tradition.

ÉRIC WALBECQ.

DERJAVINE Gavril Romanovitch [Gavriil Romanovič Deržavin]. Poète russe. Né le 3 juillet 1743 dans une propriété près de Kazan', mort le 8 juillet 1816 à Zvan'ka, sa propriété de campagne des environs de Novgorod. Il fut non seulement le meilleur poète russe du XVIIIe siècle, mais encore le précurseur d'une poésie originale, dont Pouchkine, qui eut toujours un certain respect pour Derjavine, bien qu'il critiquât sévèrement son style et son incapacité de se plier aux règles de la grammaire, donna les premiers chefs-d'œuvre. Après avoir étudié à Kazan', Derjavine se rendit à Saint-Pétersbourg pour y embrasser la carrière des armes. Promu aspirant en 1772, à la veille de la révolte des paysans, dite révolte de Pougatchev, il fut envoyé, sur sa demande, à Kazan', où il se fit remarquer par son zèle à la cause de Catherine II. Des dissentiments s'étant élevés entre lui et ses supérieurs hiérarchiques du service civil dans lequel il était entré à son retour à Kazan', il fut nommé, par la grâce de l'impératrice, gouverneur d'Olonetz. Mais de nouveaux heurts, avec les autorités locales cette fois, provoquèrent son rappel à Saint-Pétersbourg où il devint secrétaire de Sa Majesté. L'ode *À Felitsa* – v. *Odes* (*) –, dédiée à l'impératrice en 1783, lui valut une certaine réputation, tandis que l'ode *Dieu* (*), parue l'année suivante, le rendit célèbre aussi bien en Russie qu'à l'étranger. Nommé sénateur en 1793, il conserva, grâce à ses *Odes*, cette charge encore sous Paul Ier. Alexandre Ier le nomma ministre de la Justice, mais il était dit que le poète ne s'entendrait jamais avec personne et, incapable d'adopter les vues libérales qui caractérisaient le début de ce règne, Derjavine dut, en 1803, donner sa démission et se retirer à la campagne où il s'adonna complètement à la littérature, ajoutant de nouvelles odes à celles qui déjà l'avaient rendu célèbre. C'est ainsi que la retraite dans son domaine de Zvan'ka lui inspira un petit poème sous forme de lettre à un ami : *La Vie à Zvan'ka*. Ce poème connu en France sous le titre *Louange de la vie rustique* – v. *Odes* (*) – porte l'empreinte d'un esprit serein, teinté d'épicurisme.

RÉF. : Angelo Maria Ripellino, *Les Chemins du merveilleux*, Paris, 1977.

DERMÉE Paul (pseud. de Camille Janssens). Poète belge d'expression française. Né à Liège le 13 avril 1886, mort à Paris en 1951. Après avoir fondé dans sa ville natale *La Revue mosane*, au sortir de l'université, il s'est fixé en France où il a participé pendant un quart de siècle aux aventures de l'avant-garde littéraire, adhérant au dadaïsme et collaborant à des revues comme *Nord-Sud* (*), dont il écrivit le manifeste inaugural, ou *L'Esprit nouveau*, qu'il fonda en 1920 avec Ozenfant et Le Corbusier. Attentif aux formes neuves d'expression, il s'est consacré à la radio où, pionnier du journal parlé en 1924, il a fait carrière jusqu'à sa mort. Époux de la poétesse Céline Arnauld, ami de Reverdy, de Modigliani, de Matisse et de Max Jacob, il a publié des recueils de poèmes d'une écriture audacieuse, parmi lesquels *Spirales* (1917), *Le Volant d'artimon* (1922), *Lyromancie* (*) (1932) et *Le Cirque du Zodiaque* (1937).

DER NISTER (pseud. de Pinkhas Kaganovitch). Écrivain russe d'expression yiddish. Né le 1er novembre 1884 à Berditchev, mort le 4 juin 1950 à Moscou. Né dans une famille hassidique, très influencé par son frère aîné Aron, adepte de la secte de Braslav, le jeune Kaganovitch fréquente un peu les cercles sionistes socialistes. Il s'essaie à écrire des poèmes mystiques en hébreu. Pour échapper au service militaire tsariste, il s'enfuit en 1905 à Jitomir, où il vit pendant douze ans sous un nom d'emprunt. Il se met à écrire en yiddish sous le pseudonyme de Der Nister, qui signifie « celui qui est caché », et qui rappelle surtout la mystique juive, à la fois le sens caché des écritures et des figures des trente-six justes cachés. Il publie d'abord plusieurs volumes d'œuvres mystiques en vers assez absconses. En 1912, il est, avec Dovid Bergelson, l'un des fondateurs du groupe de Kiev, et commence à publier ses contes dans des revues littéraires modernistes, qui florissent surtout après la révolution russe. Mais, à la suite de la guerre civile et des pogromes, il rejoint ses compatriotes exilés à Berlin. Der Nister et Bergelson éditent la splendide revue artistique et littéraire *La Grenade* [*Milgroym*]. C'est à Berlin que Der Nister publie en 1922-23 l'anthologie en deux volumes de ses nouvelles *Illusions* (*). Il se décide enfin, comme la majorité des écrivains yiddish soviétiques émigrés à Berlin, à rentrer en U.R.S.S., seul pays offrant un soutien étatique à la culture yiddish. En 1926, il s'installe à Kharkov, où il publie dans les revues littéraires des « compagnons de route ». Il est âprement critiqué par les idéologues prolétariens qui le traitent d'écrivain « moralisateur », « réactionnaire et petit-bourgeois ». On stigmatise dans ses œuvres les tendances mystiques, idéalistes et élitistes. Il parvient à grand-peine à faire republier une version amputée des *Illusions*, et un nouveau recueil de nouvelles, *De mes possessions* [*Fun mayne giter*, 1928]. Réduit au silence pendant plusieurs années, il vit en traduisant Tolstoï, Pilniak, Razumovski, Hugo et Zola en yiddish, et se consacre à la littérature enfantine. Longtemps précepteur, il s'était toujours intéressé à la question de l'éducation en langue yiddish (comme Chagall, qui avait illustré ses premiers contes pour enfants), et avait été le traducteur des contes d'Andersen. Essayant de se plier aux contraintes du réalisme socialiste, il publie des reportages sur les conquêtes du socialisme dans les villes, *Capitales* [*Hoyptshtet*, 1934]. Il travaille pendant des années à son grand roman, *La Famille Mashber* (*), dont le premier volume est publié à Moscou en 1939, et le deuxième à New York en 1948. Pendant la guerre, il participe au comité antifasciste et publie un recueil de nouvelles sur l'occupation allemande en Pologne, *Victimes* [*Korbones*, 1943]. Der Nister est arrêté en 1948, avec le début des purges antisémites dont sont victimes presque tous les écrivains yiddish soviétiques. Il meurt en prison en 1950.

DELPHINE BECHTEL.

DE ROBERTO Federico. Écrivain italien. Né à Naples le 16 janvier 1861, mort à Catane le 26 juillet 1927. Il fit ses études à l'Institut technique de Catane et passa dans cette ville la plus grande partie de sa vie, exception faite de quelques séjours en Sicile et des années où il vécut à Milan comme collaborateur du *Corriere della Sera*. Il fut l'ami de Verga qui exerça sur lui une influence stimulante. Romancier extrêmement fécond (plus de trente volumes, romans, recueils, nouvelles et études), il a décrit dans certains de ses romans la vie sicilienne et tenté une synthèse des courants naturaliste et psychologique qui animaient la littérature romanesque italienne de son temps. On lui doit *Le Sort*, étude pénétrée des principes du naturalisme, des *Documents humanistes*, *Hermann Reali*, *Procès-Verbaux*, *La Mort de l'amour*, *L'Amour* où se manifeste une certaine habileté narrative, *L'Illusion*, *Spasme*. Mais avec *Les Vice-Rois* (*) la recherche du document (psychologique ou naturaliste) aboutit à la reconstruction historique.

RÉF. : V. Spinazzola, *Federico de Roberto e il verismo*, Milan, 1961. – N. Tedesco, *La norma del negativo, De Roberto e il realismo critico*, Palerme, 1981. – G. Grana, *« I Vicere » e la patologia del reale*, Milan, 1982. – S. Zappola Muscarà (aux soins de), Federico de Roberto, Palerme, 1984. – P. M. Sipala, *Introduzione a De Roberto*, Rome-Bari, 1988.

DÉROULÈDE Paul. Écrivain français. Né le 2 septembre 1846 à Paris, mort le 30 janvier 1914 à Montboron (près de Nice). Son premier essai théâtral fut un acte en vers : *Juan Strenner*, qui fut représenté en 1869 à la Comédie-Française. La guerre de 1870, à laquelle il prit part comme chasseur à pied, l'orienta vers la politique et les lettres. En 1872 il publia *Les Chants du soldat* (*). Cette œuvre fut suivie de *L'Hetmann*, drame en vers, et de *La Moabite*, dont la représentation fut interdite. L'un des fondateurs de la « ligue des patriotes » à laquelle il devait vouer toute sa vie, boulangiste en 1887, élu député d'Angoulême deux ans plus tard, il fut arrêté en 1899 pour avoir tenté de renverser la République parlementaire. En 1900, impliqué à nouveau dans un complot contre l'État, il fut condamné à dix ans d'exil. Il rentra en France par l'Espagne à la suite d'une amnistie. De ses œuvres, empreintes du plus fervent patriotisme, il convient de citer : *Marches et Sonneries* (1881), *De l'éducation militaire* (1882), *Le Premier Grenadier de France, La*

Tour d'Auvergne (1886), *Chants du paysan* (1894). Parmi ses œuvres théâtrales : *Messire du Guesclin* (1895) et *La Mort de Hoche* (1897).

RÉF. : J. Claretie, *Paul Déroulède*, Paris, 1883. – J. et J. Tharaud, *La Vie et la mort de Déroulède*, Paris, 1914. – J. Krynen, « Paul Déroulède, poète de la revanche », in *Annales de l'université des sciences sociales de Toulouse*, 1980.

DERRIDA Jacques. Philosophe français. Né le 15 juillet 1930 à El Biar (Algérie). Après des études secondaires à Alger, Jacques Derrida entre en 1950 à l'École normale supérieure, où il entreprend sous la direction de Jean Hyppolite son mémoire de maîtrise sur *Le Problème de la Genèse chez Husserl* (récemment publié). Il devient, en 1956, assistant à l'université Harvard (Massachusetts), et commence en 1957, également sous la direction de Jean Hyppolite, une thèse : « L'Idéalité de l'objet littéraire » qu'il abandonnera plus tard. En 1960, il est assistant à la Sorbonne pour quatre ans et obtient en 1962 le prix Cavaillès pour sa traduction et son commentaire de *L'Origine de la géométrie* de Husserl. En 1965, il est nommé professeur de philosophie à l'École normale supérieure et travaille, à partir de cette époque, en collaboration étroite avec le groupe et la revue *Tel Quel*. C'est également le début de la grande influence que la « déconstruction » derridienne exerce sur la critique littéraire nord-américaine. À partir de 1972, Derrida partage son enseignement entre Paris et diverses universités américaines (avec de régulières visites à John Hopkins et à Yale). En 1975, il crée le G.R.E.P.H. (Groupe de recherches sur l'enseignement philosophique) qu'il dirige jusqu'en 1979, date à laquelle sont publiés les collectifs : *Qui a peur de la philosophie ?* et *États généraux de la philosophie*. Avec ce travail commence une réflexion critique sur l'institution philosophique française que Derrida poursuit encore actuellement. À la fin de l'année 1982, Derrida se rend à Prague pour participer à un séminaire clandestin animé par le groupe « Soixante-dix-sept » ; il est arrêté à la frontière par les autorités policières, emprisonné puis libéré quelques jours après grâce à la mobilisation des intellectuels français et à l'intervention du président de la République. Il fonde en 1983 le Collège international de philosophie à Paris, dont il est le président jusqu'en 1985. Il continue de participer aux activités du Collège depuis cette date et fait partie du conseil d'administration.

Il est « visiting professor » à l'université de Cornell (New York), puis, en 1987, « visiting professor » à Irvine (Californie). En 1988, il dirige avec Jacques Bouveresse la Commission de philosophie qui lui est confiée par Pierre Bourdieu et François Gros, à l'initiative du ministre de l'Éducation nationale, dans le cadre d'une réflexion générale sur les contenus d'enseignement. Jacques Derrida enseigne comme professeur depuis quelques années à l'École des hautes études en sciences sociales à Paris.

L'œuvre écrite de Jacques Derrida est considérable ; parmi ses ouvrages fondamentaux, on peut citer : *L'Écriture et la Différence* (1967), ouvrage dans lequel se trouve la conférence « Cogito et histoire de la folie » qui provoque la rupture avec Michel Foucault. *La Voix et le Phénomène* (*) (1967), *De la grammatologie* (*) (1967), *La Dissémination* (*) (1972), *Marges de la philosophie* (1972), *L'Archéologie du frivole (Introduction à l'Essai sur l'origine des connaissances humaines de Condillac)* (1973), *Glas* (1974), *Éperons. Les styles de Nietzsche* (1978), *La Vérité en peinture* (1978), *La Carte postale, de Socrate à Freud et au-delà* (1980), *Signéponge* (1983), *D'un ton apocalyptique adopté naguère en philosophie* (1983), *Otobiographies. L'enseignement de Nietzsche et la politique du nom propre* (1984), *Schibboleth. Pour Paul Celan* (1986), *Parages* (1986), *Ulysse gramophone, deux mots pour Joyce* (1987), *De l'esprit, Heidegger et la question* (1987), *Psyché, Inventions de l'autre* (1987), *Mémoires pour Paul de Man* (1988), *Limited Inc.* (1990), *Le Problème de la genèse dans la phénoménologie de Husserl* (1990), *Du droit à la philosophie* (1990). Cette liste n'est pas exhaustive, et il faudrait de plus y ajouter bon nombre d'articles de revues ou de journaux, d'interviews, et de textes publiés dans des ouvrages collectifs.

À partir d'une réflexion sur la phénoménologie de Husserl et en suivant le geste heideggerien de « Destruktion » de la métaphysique, Derrida inquiète, dès ses tout premiers travaux, la philosophie dans sa détermination traditionnelle. Il met au jour, à l'intérieur de cette tradition, des chaînes conceptuelles, des affirmations ontologiques et logiques qui constituent la philosophie comme telle et qui n'ont pu, pour cette raison, être critiquées par elle. Ainsi en est-il de la détermination fondamentale de l'« être » comme « présence » que Heidegger le premier a mise en lumière. Cette détermination se manifeste essentiellement au sein du traitement classique de la question du langage où il apparaît que la « parole », gage de la proximité que la pensée entretient avec elle-même, reçoit un privilège exorbitant par rapport à l'« écriture », qui n'en serait que la représentation dérivée ; Derrida écrit, dans *De la grammatologie* : « Au regard de ce qui unirait indissolublement la voix à l'âme ou à la pensée du sens signifié, voire à la " chose même " [...] tout signifiant, et d'abord le signifiant écrit, serait dérivé. Il serait toujours technique et représentatif. Il n'aurait aucun sens constituant. » La tradition de pensée philosophique est alors caractérisée par Derrida comme « logocentrisme » ou « phonocentrisme » : « Le logocentrisme est solidaire de la détermination de l'être de l'étant comme présence. » Derrida propose dans toute son œuvre, à partir de lectures de textes très minutieuses (Platon, Hegel, Husserl, Heidegger...), une « déconstruction » du logocentrisme, c'est-à-dire une critique de ses présupposés. Cette déconstruction s'articule autour des concepts fondamentaux de « différance » (voir l'article « La Différance » dans *Marges de la philosophie*) et d'« archi-écriture » (voir *De la grammatologie*). Derrida interroge beaucoup le rapport que la philosophie entretient avec la littérature ; une nouvelle définition du « texte » — v. *La Dissémination* (*) — est à l'œuvre dans ses lectures de Mallarmé, Ponge, Joyce, etc. Ajoutons enfin que la déconstruction est aussi un travail de questionnement sur l'institution philosophique, sur l'enseignement et son pouvoir, que Derrida n'aura cessé de penser et d'interroger.

CATHERINE MALABOU.

RÉF. : *Écarts : Quatre essais à propos de Jacques Derrida*, Paris, 1973. — « Jacques Derrida », revue *L'Arc*, n° 54, 1973. — *Les Fins de l'Homme : autour du travail de Jacques Derrida*, Paris, 1981. — « Derrida », *Revue philosophique de la France et de l'étranger*, n° 2, 1990.

DÉRY Tibor. Écrivain hongrois. Né et mort à Budapest (18 octobre 1894-18 août 1973). Après une enfance et une adolescence perturbées par la maladie et les conflits familiaux, il adhère, en 1919, au parti communiste hongrois et publie ses premières nouvelles dans la revue *Nyugat* (*) *(Occident).* L'échec de la République hongroise des Conseils (1919) l'oblige à s'exiler d'abord en Autriche, puis en Italie, en France et en Norvège. Rentré dans son pays en 1928, il continua à s'y sentir étranger, et poursuivit ses activités de militant clandestin. En 1934, il commence son roman *La Phrase inachevée* (*), une vaste fresque de la société hongroise de son époque et qui ne pourra être publiée qu'en 1946. *Réponse* (1952), son autre grand roman, est vivement critiqué par le Parti, ce qui conduit Déry à prendre la tête de l'opposition intellectuelle et à préparer activement la révolution de 1956. Emprisonné en 1957, Déry est libéré en 1960 et recommence à publier en 1962 pour rester, jusqu'à sa mort, un des écrivains les plus prestigieux de son pays. Parmi ses œuvres, il convient de citer : *Niki, ou l'Histoire d'un chien* (*), *Amour* (*) (1963), *M.G.A. à X.* (*) (1966), *L'Excommunicateur* (*) (1966), *Reportage imaginaire d'un festival pop.* [*Képzelt riport egy ameri kai pop-fesztivalrol,* 1971], *Cher beau-père* [*Kedves bópeer,* 1973], et un recueil de poèmes *Les Animaux-Nuages* [*A felhöallatok,* 1970].

DESAI Anita. Romancière indienne. Née le 24 juin 1937 à Mussoorie d'une mère allemande et d'un père bengali. Après avoir fait des études secondaires et supérieures à Delhi, elle a épousé en 1958 un Indien et mène à Bombay une vie apparemment placide de femme au foyer. Elle a publié neuf romans, *Le Cri du paon* [*Cry, the Peacock,* 1963], *Voix dans la ville* (*) (1965), *L'Adieu au merle* [*Bye Bye Blackbird,* 1971], *Où irons-nous cet été ?* [*Where shall we go this Summer ?,* 1983], *Le Feu sur la montagne* [*Fire on the Mountain,* 1977], *Claire lumière du jour* [*Clear Light of Day,* 1980], *Un Village près de la mer* [*The Village by the Sea,* 1982], *Un Héritage exorbitant* [*In Custody,* 1984], *Le Bombay de Baumgartner* (*) (1988) ; un recueil de nouvelles *Jeux au crépuscule* [*Games at Twilight,* 1978] et deux livres pour enfants *Le Jardin du paon* [*The Peacock Garden,* 1974] et *Un chat sur un bateau* [*Cat ont the Houseboat,* 1976].

Le monde d'Anita Desai est essentiellement féminin. Belles, riches et sensibles, les héroïnes de ses romans évoluent dans un milieu bourgeois décadent dont l'auteur souligne, avec une cruauté appuyée, la monotonie étouffante. Presque tous ces récits au féminin se passent au sein d'une vaste maison d'où les personnages ne sortent que peu, pour se promener parfois dans un jardin adjacent ou pour s'aventurer, encore plus rarement, dans les ruelles sordides d'une ville maléfique. Les intrigues de ces huis clos pesants se nouent autour de quelques malheurs intimes (une grossesse non désirée, une prédiction néfaste, un vague projet de vacances) et le dessein d'Anita Desai est toujours le même : dénoncer ce mode de vie oppressant qui conduit immanquablement à la névrose. Ces femmes à qui est refusé la possibilité (et le droit) de critiquer ouvertement la condition qui leur est faite s'enferment dans des crises de pleurs, refusent de s'alimenter et finalement s'abandonnent à leurs pulsions suicidaires et même meurtrières. Ces parcours en forme de dérive permettent à la romancière d'analyser les effets pervers de cette série d'enfermements : l'absence de contact conduit à un bavardage systématique et superficiel, le manque de vie privée engendre l'ennui mais aussi une fuite dangereuse vers un monde poétique irréel, la tristesse devant le présent stérile devient un mode d'exploration malsain du passé idéalisé et du futur menaçant, l'aversion pour un monde communautaire très pragmatique se transforme en une apologie exacerbée du refus de s'adapter, bref de la mort. Depuis quelques années, Anita Desai semble avoir abandonné ce monde féminin sclérosé, mais les hommes qu'elle prend maintenant pour héros ne parviennent pas mieux à trouver un point d'ancrage : prisonniers eux aussi de cette dialectique généralisée du malheur, ils affrontent leur sort avec une sorte de masochisme qui, au sein d'une désolation si étale, finit par apparaître cependant comme tragiquement dynamique : « Les calamités jailliraient du ciel comme des sabres et s'abattraient sur lui. Il se précipiterait à leur rencontre. »

DENISE COUSSY.

DE SANCTIS Francesco. Critique italien. Né le 28 mars 1817 à Morra Irpina (aujourd'hui Morra de Sanctis, prov. d'Avellino), mort à Naples le 29 décembre 1883. Il fut élevé à Naples par l'un de ses oncles, directeur d'une école privée. Lecteur avide de philosophie et de littérature, il eut différents professeurs, dont Puoti (1833-1834) qui fit de lui un collaborateur pour la révision des *Règles élémentaires de la langue italienne,* et, en 1839, un professeur dans son établissement d'enseignement. De là, il passa à l'académie militaire de la Nunziatella, et nous devons à B. Croce la mise en ordre et la publication des cours qu'il prononça durant cette période – *Théorie et histoire de la littérature,* 2 vol. [*Teoria e storia della letteratura*]. Du point de vue biographique, le fragment intitulé *La Jeunesse de F. De S.* [*La Giovinezza di F. De S.,* 1889] résume cette première partie de sa vie, qui se termine par un emprisonnement de trois ans au château de l'Œuf (1850-1853), De Sanctis payant ainsi sa participation au mouvement anti-bourbonien de 1848. Il emploie son temps à étudier l'allemand, traduit Rosenkranz et Hegel, puis compose un drame : *Torquato Tasso.* Condamné à l'exil et en route pour l'Amérique, il débarqua à Malte et se réfugia en Piémont, où il retrouva des amis méridionaux et d'anciens élèves tels que De Meis, B. Spaventa, etc. En 1854-1855, à Turin, il fait un cours sur Dante – *Leçons inédites sur la Divine Comédie* [*Lezioni inedite sulla « Divina Commedia »*] – et donne des essais littéraires à plusieurs publications (*Cimento,* la *Rivista contemporanea,* etc.). L'année suivante, il accepte de se rendre à Zurich pour y enseigner la littérature italienne à l'école polytechnique ; on connaît assez en détail cette nouvelle période de son existence grâce à ses *Lettres d'exil* [*Lettere dall' esilo*] (adressées à De Meis), complétées par ses *Lettres à Thérèse* [*Lettere a Teresa*] et ses *Lettres à Virginie* [*Lettere a Virginia*], qui éclairent le côté intime de sa vie. On suit également dans ces correspondances le développement de sa personnalité, et on y constate l'accentuation du tour historique que prend sa critique – *Essai sur Pétrarque* [*Saggio sul Petrarca*] mûri au cours de ces années-là. De Sanctis regagne Naples en 1860, profite de sa nomination au poste de directeur de l'enseignement pour accomplir une profonde réforme de l'université, avant de devenir ministre de l'Instruction publique sous les ministères Cavour et Ricasoli (1861-1862). De Sanctis passe ensuite à la direction du journal *L'Italia* dont il se sert pour essayer de constituer une opposition avec Crispi et Rattazzi. À peu près dans le même temps, il publie ses *Essais critiques,* collabore à la *Nuova Antologia,* mais surtout édifie et conduit à l'achèvement sa monumentale *Histoire de la littérature italienne* (*). La même année, il occupe la chaire de littérature comparée à l'université de Naples et y fait trois cours : *Manzoni, études et cours* [*Manzoni, Studi e lezioni*] ; *Littérature italienne du* XIX*e siècle* [*Letteratura italiana del sec.* XIX*e*] ; *Étude sur Giacomo Leopardi* [*Studio su Giacomo Leopardi*]. Il abandonne ensuite l'enseignement universitaire, combat de toutes ses forces les théories de Depretis, se mêle de nouveau à la politique, relate ses dernières campagnes électorales dans son *Voyage électoral* [*Viaggio elettorale*], et termine sa carrière en étant de nouveau ministre de l'Instruction publique, de 1879 à 1881.

ETTORE LEPORE.

RÉF. : B. Croce, *Gli scritti de F. D.,* Bari, 1917. – L. Russo, *F. De S. e la cultura napoletana,* Bari, 1950. – Gino Raya, *F. De S.,* Milan, 1952. – L. Biscaroli, *Francesco De Sanctis,* Palerme, 1960. – M. Mirri, *Francesco De Sanctis, politico e storico della civiltà moderna,* Turin, 1962. – S. Landucci, *Cultura e ideologia in Francesco De Sanctis,* Milan, 1963. – E. et A. Croce, *Francesco De Sanctis,* Turin, 1964. – C. Muscetta, *Studi sul De Sanctis,* Rome, 1980. – P. Luciani, *L'« Estetica applicata » di Francesco De Sanctis,* Florence, 1983. – C. Muscetta, *Francesco De Sanctis nella storia della cultura,* Rome-Bari, 1984, 2 vol. – G. Nencioni, *Francesco De Sanctis e la questione della lingua,* Naples, 1984.

DESBORDES-VALMORE Marceline (pseud. de Marceline-Félicité-Josèphe Desbordes, épouse de François Prosper Lanchantin, dit Valmore). Poète et femme de lettres française. Née le 20 juin 1786 à Douai, morte le 23 juillet 1859 à Paris. Quatrième enfant d'Antoine-Félix-Joseph Desbordes, peintre en armoiries, et de Catherine-Josèphe Lucas, elle ne poussa pas ses études au-delà de l'école primaire. La Révolution ayant causé la ruine du foyer, Catherine décide de partir avec Marceline pour la Guadeloupe, où l'une de ses cousines a fait fortune ; avant de gagner Bordeaux et en vue de pourvoir aux frais du voyage, la mère fait tenir à la fillette des rôles d'enfant ou d'ingénue aux théâtres de villes traversées : Lille, Rochefort, Pau, Toulouse, Tarbes. Mais à Basse-Terre, où elles parviennent à la fin de 1801, elles trouvent l'émeute et une épidémie de fièvre jaune, qui emporte Catherine. Marceline, de retour à Douai, y débute comme cantatrice. Elle obtient successivement des engagements à Rouen, puis à l'Opéra-Comique, grâce à la recommandation de Grétry (1805), et y noue une idylle sans lendemain avec le docteur Alibert, médecin de ce théâtre. Poursuivant sa carrière dramatique, en province et en Belgique, elle est alors hébergée à Paris chez son oncle Constant Desbordes. Elle rencontre, vers 1809, le mystérieux séducteur qu'elle surnomme Olivier (peut-être Henri de Latouche, qui sera l'éditeur de Chénier), et de qui elle aura un fils qui ne vivra que cinq ans. Elle débute, en 1813, à l'Odéon, non sans succès. Engagée à la Monnaie de Bruxelles, elle est très applaudie dans la Rosine du *Barbier de Séville* (*). C'est là, en septembre 1817, qu'elle épouse Prosper Valmore, qui joue depuis quelques mois sur la même scène. En 1819, Marceline publie son premier recueil de vers, où se trouve intercalée une nouvelle, *Élégies, Marie et romances.*

Pendant vingt ans, le ménage va mener une existence nomade et des plus précaire pour l'exercice de leur profession (à laquelle Marceline renoncera dès 1823) ; il réside à Paris, à Lyon (au moment de l'insurrection de 1832), à Bordeaux, à Rouen, et jusqu'à Milan ; il s'installe enfin à Paris, où Prosper ne cesse d'être harcelé par la malchance. Trois enfants leur sont nés : Hippolyte, Hyacinthe, dite Ondine, et Inès. La protection de Mme Récamier a procuré une pension de mille francs à Marceline, qui commence à jouir d'une solide notoriété et reçoit les suffrages des poètes en renom, Lamartine, Vigny, Hugo, Barbier, Brizeux et jusqu'à Baudelaire. Elle a réussi à faire éditer une demi-douzaine de volumes : *Élégies et poésies nouvelles* (1825), *Poésies* (la fameuse édition collective de 1830), *Les Pleurs* (*) (1833), *Pauvres fleurs* (1839), *Bouquets et Prières* (*) (1843), y compris un choix de poèmes précédé d'une longue introduction de Sainte-Beuve (1842) et, en outre, plusieurs recueils de contes en prose. Mais ces éclaircies sont de courte durée ; le malheur s'acharne sur le foyer, comme sur l'entourage le plus précieux de celle qui est désormais la plus haute incarnation féminine du romantisme. Inès meurt de la poitrine, à peine parvenue à sa majorité ; c'est à son chevet que sa mère écrit ce magnifique *Rêve intermittent d'une nuit triste*, où elle revit toute sa jeunesse. Puis c'est la perte de Mlle Mars et de Mme Récamier, ses fées bienfaisantes. Ondine, qui a commencé une belle carrière professorale, mariée depuis peu à l'avocat Jacques Langlais, perd son unique enfant à quatre mois et meurt dans sa trentième année ; Félix, le frère de Marceline, l'a précédée de deux ans. Et c'est le tour de la plus fidèle amie, la musicienne Pauline Duchambge. Enfin, brisée par tant d'épreuves, de deuils, de misère, Marceline s'éteint, presque seule, presque oubliée dans son triste petit logement de la rue de Rivoli. Un ami fervent et discret, Gustave Revillod, recueille à Genève les *Poésies inédites*, qui contiennent quelques-uns de ses chefs-d'œuvre. Premier en date des poètes du Romantisme, et notre plus géniale poétesse depuis Louise Labé, Marceline Valmore, en dépit d'une prolixité intermittente (qu'elle partage d'ailleurs avec Lamartine), est, en réalité, un précurseur inattendu des maîtres de notre poésie moderne, Rimbaud et surtout Verlaine : on lui doit l'invention de plus d'un rythme, celui de onze syllabes notamment, et la genèse des *Romances sans paroles* (*). Cette soi-disant ignorante était une savante méconnue d'elle-même. Au surplus, elle fut la marraine indiscutable de toutes nos muses de la fin du siècle : Anna de Noailles, Gérard d'Houville, Renée Vivien, Cécile Sauvage, Marie Noël. Son importance n'a fait que croître avec le temps ; elle est encore à découvrir.

YVES-GÉRARD LE DANTEC.

♦ *« La poésie de Mme Desbordes-Valmore est essentiellement rêveuse...* [Sa] *muse est triste, et, chose singulière, ce n'est presque jamais au ciel qu'elle va chercher ses consolations ; elle ne songe en quelque sorte à Dieu que dans trois ou quatre élégies touchantes sur la mort de son enfant. Sa douleur est toute terrestre, à moins qu'elle ne devienne maternelle. Il me semble que Mme Desbordes-Valmore n'a encore obtenu que la moitié du triomphe réservé à un talent tel que le sien ; ses vers passionnés vont au cœur ; qu'elle leur imprime un caractère religieux, ils iront à l'âme. »* Victor Hugo, février 1821. ♦ *« Si quelqu'un a été servi dès le début, c'est bien elle : elle a chanté comme l'oiseau chante, comme la tourterelle gémit sans autre science que l'émotion du cœur, sans autre moyen que la note naturelle. De là, dans les premiers chants surtout qui lui sont échappés, avant aucune lecture, quelque chose de particulier et d'imprévu, d'une simplicité un peu étrange, élégamment naïve, d'une passion ardente et ingénue, et quelques-uns de ces accents inimitables qui vivent et qui s'attachent pour toujours dans les mémoires aimantes à l'expression de certains sentiments, de certaines douleurs. »* Sainte-Beuve, 1842. ♦ *« ... l'oiseau que la voix imite / T'a prêté sa plainte et ses chants, / Et plus le vent du nord agite / La branche où ton malheur s'abrite, / Plus ton âme a des cris touchants... »* Lamartine, 1839. ♦ *« Si le cri, si le soupir naturel d'une âme d'élite, si l'ambition désespérée du cœur, si les facultés soudaines, irréfléchies, si tout ce qui est gratuit et vient de Dieu suffisent à faire le grand poète, Marceline Valmore est et sera toujours un grand poète. Il est vrai que si vous prenez le temps de remarquer tout ce qui lui manque de ce qui peut s'acquérir par le travail, sa grandeur se trouvera singulièrement diminuée, mais au moment même où vous vous sentiez le plus impatienté et désolé par la négligence, par le cahot, par le trouble, que vous prenez, vous, homme réfléchi et toujours responsable, pour un parti pris de paresse, une beauté soudaine, inattendue, non égalable, se dresse, et vous voilà enlevé irrésistiblement au fond du ciel poétique. Jamais aucun poète ne fut plus naturel, aucun ne fut jamais moins artificiel. »* Baudelaire. ♦ *« Nous proclamons à haute et intelligible voix que Mme Desbordes-Valmore est tout bonnement la seule femme de génie et de talent de ce siècle et de tous les siècles, en compagnie de Sappho peut-être et de sainte Thérèse. »* Paul Verlaine. ♦ *« Oui, la trop sensible Marceline, toute de soupirs et de bonne volonté, mais si sincère et d'une grâce si ingénue ! La mélodie jaillit d'elle, spontanément, souvent gauche et complaisante, mais soudain d'une émouvante pureté. Il n'y a rien de plus simple, dirait-on ; sans doute, ni de plus rare ; et c'est par où Marceline, malgré son ignorance, rejoint certains trouvères, et déjà nous prépare au chant de Verlaine, qui d'ailleurs a repris quelques-uns de ses rythmes impairs. »* Marcel Arland.

RÉF. : Sainte-Beuve, *Portraits contemporains*, t. II, Paris, 1846 ; *Causeries du Lundi*, t. XIV, Paris, 1862 ; *Nouveaux Lundis*, t. XII, Paris, 1870 ; *Marceline Desbordes-Valmore, sa vie et sa correspondance*, Paris, 1870. — Baudelaire, *L'Art romantique*, 1868. — P. Verlaine, *Les Poètes maudits*, 1888. — L. Descaves, *La vie douloureuse de Marceline Desbordes-Valmore*, Paris, 1910. — J. Boulenger, *M. Desbordes-Valmore, sa vie et son secret*, Paris, 1927. — M. Sesma, *Le Secret de Marceline Desbordes-Valmore*, Paris, 1945. — J. Moulin, *Marceline Desbordes-Valmore*, 1955. — F. Ambrière, *Le Siècle des Valmore*, 1987.

DESCARTES René. Philosophe français que l'on peut considérer comme le premier philosophe moderne, en même temps qu'un savant de premier ordre, en particulier un des plus grands mathématiciens de tous les temps. Né à La Haye, à la frontière du Poitou et de la Touraine (aujourd'hui : La Haye-Descartes), le 31 mars 1596, il mourut à Stockholm, à la cour de la reine Christine de Suède, le 11 février 1650. Son père appartenait à la petite noblesse de robe, et exerçait les fonctions de conseiller au parlement de Bretagne à Rennes. Sa mère mourut en couches en 1597. Son père se remaria quelques années après. Descartes vécut son enfance à la campagne ; il semble avoir été de santé assez chétive. En 1604, il fut placé au collège jésuite de La Flèche, de fondation récente, mais qui avait déjà un début de réputation comme école du meilleur niveau. Il y reçut une formation conforme à ce que pouvaient alors espérer de mieux les enfants des familles privilégiées. Le régime scolaire était assez souple, tant pour la vie quotidienne (l'heure de lever était laissée à son choix) que pour les contenus (on lui accorda dérogation pour consulter les livres réputés « dangereux »). La formation du jeune noble incluait une éducation sportive (notamment la pratique de l'escrime) en même temps qu'intellectuelle et morale. Sur le plan intellectuel, il apprit le latin et les humanités, l'histoire, l'éloquence, enfin la philosophie, c'est-à-dire la morale et la logique, mais aussi les mathématiques et la physique (telle que définie par Aristote). Sur le plan moral, l'instruction religieuse occupait une grande place, et les cours de métaphysique (telle que définie par saint Thomas) complétaient ceux de philosophie. Enfin, le collège organisait des cérémonies et des fêtes à usage à la fois religieux, mondain et pédagogique. Au total, Descartes apparaît comme un cas exemplaire de formation conforme à la « ratio studiorum » des jésuites, et selon ses propres écrits, il garda une impression favorable de cette formation, au moins de ses procédés, sinon de ses contenus, qu'il fut plus tard amené à critiquer. Il semble avoir passé dix ans dans cet établissement, et l'avoir quitté vers 1614. En 1616, en tout cas, il est à Poitiers, où il se présente aux épreuves du baccalauréat et, immédiatement après, de la licence en droit (novembre 1616), dans les deux cas avec succès. Sur l'ensemble de ses études, il fait figure d'élève brillant, apprécié par ses professeurs, et n'ayant connu là aucun conflit majeur.

Sa formation le préparait à une carrière du même ordre que celle de son père. Cependant, après un temps d'hésitation au cours duquel il fit sans doute un voyage à Paris, il se tourne vers une carrière militaire : il s'engage dans l'armée du prince Maurice de Nassau, protestant allié de la France, et part pour la Hollande, où il se trouve en garnison à Bréda de novembre 1618 à avril 1619. Selon Baillet, premier biographe de Descartes et qui put avoir des témoignages de première main, ce fut à Bréda que le talent scientifique du jeune homme put se révéler. Le 10 novembre 1618, un concours mathématique fut affiché dans la ville, consistant en l'étude d'un problème considéré comme très difficile. Le texte était en flamand ; Descartes, qui ignorait cette langue, demanda qu'on lui traduisît l'énoncé en français ou en latin ; celui à qui il demanda la traduction se trouva être Beeckman, physicien renommé : l'anecdote dit que Beeckman donna la traduction à condition que, si Descartes trouvait la solution, il la lui communiquât aussitôt, ce que Descartes fit, et leur amitié naquit de la circonstance. Dès lors, Descartes se voua à la réflexion scientifique en compagnie de Beeckman, étudiant avec lui les lois de la chute des corps, celles de la pression des liquides, et rédigeant à son intention un petit traité d'acoustique et d'harmonie, le *Compendium musicae* (janvier 1619).

Au cours du printemps et de l'été 1619, il quitte la Hollande et entreprend de voyager en Europe. Il semble avoir de la sorte poursuivi la tradition ancienne, et très développée durant la Renaissance, du tour d'Europe des savants, que pratiquaient les jeunes érudits. À l'automne 1619, il se fixe à Ulm, ville réputée comme foyer des mathématiques. Selon le récit qu'il en a fait lui-même (dans ses *Olympiques*), il connut là une nuit d'enthousiasme et de révélation, du 9 au 10 novembre 1619 : trois rêves successifs lui auraient marqué sa vocation de découvreur scientifique, l'orientant vers une « science admirable » qu'il se devait d'établir, et qui semble bien être l'« algèbre géométrique », c'est-à-dire la géométrie analytique, dont il a été effectivement l'initiateur. C'est à partir de ce récit que s'est forgée la légende du « poêle » (la chambre chauffée) dans lequel il aurait eu une illumination (en fait, sa méditation le menant à l'intuition d'une discipline neuve).

Il entreprend alors la rédaction d'un traité, qu'il laisse inachevé, reprenant ses pérégrinations dès le printemps 1620. Il passe par la Bohême, où certaines traditions disent qu'il aurait pris part, ou du moins assisté à la bataille de la Montagne Blanche ; mais rien n'en est prouvé. Il voyage en Frise, où se situe une autre anecdote célèbre de la légende cartésienne : les mariniers qui le transportaient complotèrent de l'assommer, le dépouiller et le jeter à l'eau, mais il les surprit et les menaçant de son épée les mit à raison... Mais le plus important tient aux itinéraires des sept ans qui suivent. Itinéraires géographiques et intellectuels. Il séjourne durant plus d'un an à Paris (1622-1623), puis gagne l'Italie, où il visite Venise et Rome, revient en Poitou (1624-1625), puis séjourne de nouveau à Paris jusqu'en 1628. Sa période de formation est alors terminée, et il commence à donner des travaux productifs. En 1626, il découvre la loi des sinus, puis trouve des solutions aux problèmes de la duplication du cube et de la trisection de l'angle, surtout, il fréquente alors de façon assidue les milieux scientifiques parisiens. Il fait partie du cercle du père

Mersenne, oratorien et chercheur qui fut un des animateurs de la vie savante de l'époque – v. *La Vérité des sciences contre les sceptiques et les pyrrhoniens* (*) du père Marin Mersenne. Il est en relations avec l'opticien Mydorge, avec l'astronome Morin. Il réalise des expériences d'optique avec Ferrier et Villebressieu. En même temps, il a des entretiens avec Guez de Balzac, considéré comme le meilleur styliste du moment, avec le métaphysicien Gibieuf, avec Silhon, érudit et métaphysicien lui aussi. Enfin, il rencontre le cardinal Bérulle, fondateur de l'Oratoire, qui l'encourage à aller aussi loin qu'il le peut dans sa recherche philosophique, pour peu qu'elle soit en accord avec la foi chrétienne. Dans ces années-là, Descartes mena aussi une vie mondaine assez constante. Son attitude est alors semblable à celle de quantité de jeunes nobles de haute formation intellectuelle, qui pratiquent à la fois les salons et les académies érudites.

Cette attitude change en 1628, où il décide de quitter Paris et la France, pour rechercher une solitude plus studieuse et développer ses travaux de manière plus indépendante. Il retourne vers la Hollande. Il se rend d'abord à Dordrecht, auprès de son ami Beeckman, puis il séjourne dans diverses villes du pays (Franeker, Amsterdam, Deventer, Leyde, Utrecht, Santport, Endegeest, enfin Egmont où il se fixe en 1644). Ces années hollandaises constituent la période la plus productive de sa carrière. Il avait commencé en France un traité demeuré inachevé, les *Règles pour la direction de l'esprit* (*). À partir de 1629, il travaille à un grand ouvrage de physique, le *Traité du monde* (*). Il l'achève en 1634, mais ne le publie pas (il paraîtra à son insu et avec des erreurs en 1634 puis correctement à titre posthume en 1677) : en effet, ce traité se fondait sur le système de Galilée, et ce dernier fut condamné à Rome par l'Inquisition le 23 juin 1633 ; Descartes ne voulut pas entreprendre une lutte avec les autorités religieuses. Mais il tira de la matière de ce traité quelques études portant sur des points limités qui ne risquaient pas de déclencher des poursuites : de 1634 à 1637, il composa ainsi *La Dioptrique* (*), *La Géométrie* (*) et *Les Météores* (*). Pour préparer leur publication, il rédigea le texte qui devait leur servir de préface, et qui est le *Discours de la méthode* (*). L'ensemble fut enfin publié en 1637.

L'accueil fut assez favorable, même si quelques savants polémiquèrent contre les propositions cartésiennes. Il ne faut pourtant pas imaginer un Descartes à la fois célèbre et persécuté. Les polémiques ne portèrent que sur des points très délimités de ses traités scientifiques. Et l'accueil n'eut rien de triomphal : les érudits traditionalistes fréquentaient les livres en latin, et Descartes avait rédigé le sien en français, si bien que pour beaucoup de savants il passa inaperçu. Le mouvement qui devait faire de Descartes le philosophe français le plus célèbre commença donc dans un cercle restreint. On y remarquera Huygens, savant hollandais réputé, et surtout le père Mersenne, qui poursuivait avec Descartes une correspondance abondante et assidue, consacrée à des questions physiques et mathématiques. Dans la foulée de ces publications, polémiques et questions prit forme un petit traité de *Statique* (1638) consacré à des questions d'application pratique, telles que la poulie, le coin, la vis. Dans ces mêmes années, l'attention du chercheur se porte, après la physique et les mathématiques, vers les sciences de la vie et vers la médecine : il observe les organismes vivants et dissèque des animaux. C'est le temps où se développe sa théorie des « animaux-machines ».

Mais dans les esprits de cette époque, imprégnés de religiosité, les enjeux métaphysiques restaient essentiels et ce que le *Discours* en avait laissé entrevoir attisait l'attention. Ainsi Descartes rédigea, dans l'hiver 1639-1640, ses *Méditations métaphysiques* (*) (achevées en mars 1640), en latin cette fois. Leur parution lui apporte la notoriété, mais déclenche aussi des polémiques plus rudes. L'université protestante d'Utrecht réclama son expulsion ; puis celle de Leyde l'accusa de pélagianisme et de blasphème. Descartes tentait de se justifier, tout en travaillant à un texte qui reprenait tout l'essentiel de son *Traité du monde* en ce qui concerne la physique : les *Principes de la philosophie* (*) (commencé en 1641, achevé en 1644). Il y envisage des concessions à ses critiques, mais ne dévie pas de son propos sur l'essentiel. C'est aussi que, malgré les attaques dont il était l'objet, sa renommée de philosophe novateur avait dépassé le petit monde des savants et atteint le milieu des princes mécènes. La princesse Elizabeth, princesse palatine exilée à La Haye, instruite et curieuse de philosophie, entra en relation avec lui et ils entretinrent une correspondance suivie, qui forme un gros volume de *Lettres* (*). Le marquis de Newcastle en Angleterre, la reine Christine en Suède firent de même. Au total, Descartes se trouvait donc condamné par les autorités religieuses, regardé avec suspicion par les doctes, mais bénéficiaire d'une certaine vogue de la part des mondains et politiques modernes.

Cela ne pouvait que l'inciter à entreprendre un achèvement de son œuvre en traitant des questions de morale, qui s'y trouvaient jusque-là réduites à la portion congrue, n'ayant pour l'essentiel de place que dans quelques considérations du *Discours*. Il composa le *Traité des passions de l'âme* (*) (achevé en 1649). Dans le même temps, la reine Christine de Suède lui faisait proposer de séjourner à sa Cour et de bénéficier de son mécénat. Descartes eût aimé rentrer en France, mais la régence y était une période troublée. Il ne souhaitait pas demeurer en Hollande, où la suspicion s'acharnait contre lui. Il accepta donc l'invitation suédoise, qui au demeurant le nantissait d'une forme de consécration officielle et où il voyait l'occasion d'incarner l'image du philosophe conseiller d'un monarque, figure la plus prestigieuse que l'homme de lettres pût alors rêver. Sitôt achevé le *Traité des passions*, il prit donc la mer pour Stockholm. Mais le mécénat de la reine Christine ne répondit pas exactement à ce qu'il en imaginait. On lui demanda d'abord de collaborer à un livret de ballet, en composant des vers. Puis, si la reine commença à prendre des leçons de philosophie, elle les fixa à cinq heures du matin. Et les savants attitrés de la Cour intriguaient contre ce nouveau venu qui leur faisait concurrence. L'expérience n'eut donc rien d'exaltant, et les rigueurs de l'hiver aidant, Descartes fut atteint d'une pneumonie, dont il mourut en neuf jours.

Sa biographie apparaît, par bien des traits, conforme à ce que pouvait être la carrière d'un savant héritier de l'humanisme : la formation dans un excellent collège jésuite, le tour d'Europe des lieux de science et les contacts avec le cercle parisien des chercheurs et avec la « République des lettres » européenne appartiennent à une tradition humaniste, de même que le caractère encyclopédique de ses curiosités s'inscrit dans la lignée des esprits désireux d'accéder au « rond des sciences » (Du Bellay), que Rabelais et Pic de la Mirandole avaient illustrée. Sa tentative ultime pour devenir le savant attitré d'un prince régnant en relève aussi. Mais sa carrière se singularise par une indépendance de vie et de recherche plus grande que l'ordinaire dans ce milieu et ce temps, de même que son œuvre par une jonction plus étroite que chez ses prédécesseurs entre découverte scientifique et composition philosophique. S'ajoute à cela l'invention littéraire qui marque ses écrits, le fait d'avoir rédigé en français là où l'usage eût imposé le latin, d'avoir, en conséquence, porté le débat philosophique davantage sur la place publique, d'avoir pris les mondains cultivés pour un auditoire méritant le respect, quand les doctes, par tradition, s'enfermaient dans le réseau des spécialistes.

Dans ses travaux, deux apports majeurs : pour la quête philosophique et métaphysique, le *cogito*, pour la réflexion sur la logique du monde, l'édification d'un outil mathématique dont la géométrie analytique constitue une pièce nouvelle et maîtresse. La notoriété à laquelle il parvint à la fin de sa vie ne signifie pas que la pensée cartésienne se soit répandue comme traînée de poudre. Si son nom était connu et quelques rudiments de sa pensée assez vite vulgarisés en lieux communs galvaudés (les animaux-machines étaient objets de conversations entre gens cultivés, mais aussi de plaisanteries), sa pensée n'était vraiment perçue que d'un très petit nombre, et souvent encore avec des réticences : ainsi les savants jansénistes de Port-Royal, s'ils furent curieux de Descartes, comme Arnauld, n'étaient pas cartésiens pour autant — v. en particulier *Logique de Port-Royal* (*) d'Antoine Arnauld et Pierre Nicole. Ce n'est que dans le dernier tiers du siècle qu'elle atteignit à une audience et une influence larges et significatives. Ce siècle-là ne fut donc pas cartésien. Du moins Descartes y représente-t-il la pointe extrême d'une préoccupation alors cruciale : celle de concilier la foi chrétienne avec des découvertes (depuis l'héliocentrisme, et l'attraction universelle qui en est le corollaire, jusqu'à la circulation du sang) qui en remettaient en cause les fondements, du moins la doctrine en place. La carrière de Descartes, en marge des milieux les mieux établis de la recherche à l'époque, apparaît donc comme le biais par lequel une capacité de réflexion mathématique s'est trouvée investie dans une recherche singulière, source d'audace dans la conception et, par là, source de propositions neuves qui font de lui un philosophe occupant une place parmi les quelques-uns qui ont contribué à des mutations en profondeur de la pensée occidentale.

ALAIN VIALA.

♦ *« Pour vous dire naturellement ma pensée, tout ce qu'il y a jamais eu de grands philosophes et d'intimes confidents de la nature n'étaient que des nains et des pygmées auprès de vous... »* More à Descartes, 1648. ♦ *« Descartes a découvert en trente années plus de vérités que tous les autres philosophes ensemble. »* Malebranche, 1674. ♦ *« Descartes inutile et incertain. »* Pascal. ♦ *« Descartes, ce mortel dont on eût fait un dieu / Chez les païens, et qui tient le milieu / Entre l'homme et l'esprit... »* La Fontaine, 1679. ♦ *« J'ai coutume de dire que la philosophie cartésienne est l'antichambre de la vérité, et qu'il est difficile de pénétrer bien avant, sans avoir passé par là. »* Leibniz. ♦ *« Descartes est, dans le fait, le vrai fondateur de la philosophie moderne, en tant qu'elle prend la pensée pour principe. L'action de cet homme sur son siècle et sur les temps nouveaux ne sera jamais exagérée. C'est un héros ; il a repris les choses par les commencements, et il a retrouvé de nouveau le vrai sol de la philosophie, auquel elle est revenue après un égarement de mille ans. »* Hegel. ♦ *« Descartes, dans l'histoire de la pensée, ce sera toujours ce cavalier français qui partit d'un si bon pas. »* Péguy, 1914. ♦ *« Sortir de la sujétion de ses précepteurs, c'est, selon Descartes, faire passer l'humanité de l'âge puéril à l'âge viril, en lui apportant une méthode capable d'assurer le discernement du vrai et du faux. »* Brunschvicg, 1927. ♦ *« Pendant que nous essayons d'accorder ici, de nier là, et enfin d'expliquer par le poids de l'histoire pourquoi il n'a peut-être pas tout dit comme il fallait, lui, par les lois non écrites de la gloire, il subsiste tout... »* Alain, 1932. ♦ *« À l'origine de cette prodigieuse transformation du monde humain, c'est un* Moi *que l'on trouve, c'est la personne forte et téméraire de Descartes, dont la philosophie, peut-être, a moins de prix pour nous que l'idée qu'il nous donne d'un magnifique et mémorable* Lui. *»* Valéry, 1944.

RÉF. : A. Baillet, *Vie de M. Descartes*, 2 vol., Paris, 1691. — J. Maritain, *Descartes*, Paris, 1926. — É. Gilson, *Étude sur le rôle de la pensée médiévale dans la formation du système cartésien*, Paris, 1930. — E. Husserl, *Méditations cartésiennes*, Paris, 1931 (trad.). — L. Brunschvicg, *Descartes*, Paris, 1937. — H. Gouhier, *Essais sur Descartes*, Paris, 1937. — K. Jaspers, *Descartes und die Philosophie*, Berlin, 1938 ; Paris (trad.), 1938. — J.-P. Sartre, « La Liberté cartésienne » in *Situation I*, Paris, 1947. – F. Alquié, *La Découverte métaphysique de l'homme chez Descartes*, Paris, 1950 ; *Descartes*, Paris, 1955. – G. Radis-Lewis, *Descartes et le rationalisme*, Paris, 1966 ; *L'Œuvre de Descartes*, Paris, 1971. – J.-L. Marion, *Sur l'ontologie de Descartes*, Paris, 1975 ; *Sur la théologie de Descartes*, Paris, 1981.

DESCAVES Lucien Alexandre. Écrivain français. Né et mort à Paris (19 mars 1861-6 septembre 1949). Fils d'un graveur, la misère qu'il avait côtoyée au cours de son enfance passée dans le quartier de Montrouge le poussa vers le naturalisme en art, et les idées extrémistes en politique. Il a d'ailleurs toujours prétendu être né le 18 mars (et non le 19), pour faire coïncider son anniversaire avec celui de la Commune de Paris. À dix-huit ans, il entra au Crédit Lyonnais, mais il caressait de tout autres rêves. Trois ans plus tard, il publiait son premier roman, *Le Calvaire d'Héloïse Padajou*, où l'on trouve déjà toute sa tendresse bourrue et son intense humanité. Il élargit son champ d'investigations sociales avec *Une vieille rate* (1883) et *La Teigne* (1885) ; *La Caserne* et *Sous-Offs* (*), respectivement de 1887 et 1889, furent de vigoureux pamphlets antimilitaristes. L'ardeur de Descaves lui valut un procès retentissant (il fut finalement acquitté). Les persécutions ne firent que l'affirmer en tant qu'artiste ; c'est de cette époque que datent ses meilleures œuvres : *Les Emmurés* (1894) sur les aveugles, *La Colonne* (1901) sur les invalides de la Commune ; il revient encore à la Commune en décrivant la robuste figure d'un vieux survivant dans : *Philémon, vieux de la vieille* (1913). Il écrivit en outre : *L'Imagier d'Épinal* (1910), *L'Hirondelle sous le toit* (1924), *Souvenirs d'un ours* (*) (1946). Il s'adonna également, et avec succès, au théâtre avec *La Préférée* (1906), et surtout avec *L'As de cœur* (1920) et *Le Cœur ébloui* (1926) ; cette dernière pièce fut reprise à la Comédie Caumartin en décembre 1954. Tenu toujours un peu à l'écart du monde officiel des lettres, la seule consécration publique qu'il reçut fut un siège à l'académie Goncourt en 1900.

RÉF. : L. Descaves, *Souvenirs d'un ours*, Paris, 1946. – A. Zévaès, *Les Procès littéraires du XIXe siècle*, Paris, 1924. – H. Mitterand, *Le Regard et le Signe*, Paris, 1987.

DESCHAMPS Eustache, dit Morel. Poète français. Né vers 1346 à Vertus, en Champagne, mort vers 1407. Élève et, sans doute, neveu de Guillaume de Machaut, le grand poète et musicien de Champagne, il entre, à quatorze ans, au service d'Isabeau de France, fille du roi Jean II le Bon, mariée à Galéas Visconti. Étudiant des arts libéraux à la faculté d'Orléans, il y traduit la comédie latine *Geta*, de Vital de Blois. En 1368, date de la naissance de Charles VI, il devient écuyer et « chevaucheur » (c'est-à-dire courrier diplomatique), ce qui le mène sur tous les mauvais chemins de l'Europe dans des conditions parfois fort pénibles : « Près d'un an que je suis messager, / Et que toujours ai la boîte portée / Lettres aussi et souffert maint danger / Pour deux cents francs, en la haute contrée. » Il se plaint, en Bohême surtout, des lits sales, de la cervoise (bière) et de la vermine, regrettant partout son Paris : « Rien ne se peut comparer à Paris », ou même Vincennes et son château de Beauté. Autre malheur, plus grave : les Anglais lui ont brûlé sa maison et, désormais, il veut s'appeler Brûlé des Champs. Mais elle lui est remplacée par le château de Fismes. En 1373, il avait été nommé bailli de Valois, ce qui est une belle charge, en résidence, à Senlis, avec sa femme et ses trois enfants, puis maître des Eaux et Forêts de Champagne et de Brie, en quoi il précède La Fontaine. Déjà, en 1394, il se plaint de la vieillesse, ce barbon de quarante-huit ans, qui devait s'éteindre vers soixante ans, en 1406 ou 1407. Son œuvre poétique, qui ne compte pas moins de onze volumes *in*-8° de la Société des anciens textes français, éditée par Queux de Saint-Hilaire, comprend, dans le Manuscrit 840, à la Bibliothèque nationale, quinze cents pièces, savoir : 1 175 ballades, 142 chants royaux (autre genre à forme fixe), 170 rondeaux *(idem)*, 84 virelais (de « virer », tourner, comme rondeau vient de ronde et ballade, de « baler », danser), 84 lais, mais, en outre, des traités plus considérables, en vers toujours tels *La Fiction du lion* (1382) qui, par allégories, trace ses devoirs au jeune roi Charles VI, *Le Miroir de mariage*, qui est assez antiféministe, *Le Lai de franchise* (Noblesse), *Le Lai du roi, La Fiction de l'aigle*, lourdes machines, moins agréables que ses petites pièces. Dans cette production, plus didactique que proprement poétique, c'est toute la société de son temps qu'Eustache Deschamps nous présente, avec ses moines et ses prêtres, gros mangeurs, ses trésoriers généraux et ses receveurs des aides, autres dévorateurs, coupables de gabegies aux dépens du populaire « bestiaus foulés par le lion ». En cela, il fait figure de réaliste et de précurseur de François Villon, à qui il donne le modèle des testaments aux legs comiques : « Donnant au Roi, le Louvre et le Palais, / Et la Tour du Roi, c'est beau lais. » De même qu'il devance de près d'un siècle l'*Avocat Pathelin* – v. *La Farce de maître Pathelin* (*) –, qui est d'environ 1464, par la *Farce de Trubert et Antroignard*, où le premier se vante en ces termes : « Je fais d'un preud'homme larron / Et je fais d'un mauvais garçon / Homme de bonne renommée. » Le dialogue des *Quatre officiers de l'hôtel du roi* précède de plus d'un siècle, cette fois, la moralité de *La Condamnation de banquet* (1507) – v. *Moralités* (*) –, et de près de deux siècles, Ronsard, par cette *Ballade de la vieillesse* : « Pourquoi fait donc dame ni pucelette / Si grand refus de s'amour à ami, / Qui séchera sous le pied comme herbette, / C'est grand folie. » Mais c'est de trois siècles qu'il devance cet autre Champenois : La Fontaine, dans la charmante fable :

Le Chat et les Souris, dont le refrain célèbre, est : « Qui pendra la sonnette du chat ? » Mais, où il n'annonce personne que lui-même, c'est dans la délicieuse chansonnette, que mainte « soubrette » du Théâtre-Français récite encore en public, toujours avec succès, et qui a pour refrain : « Suis-je, suis-je, suis-je belle ? » Le ton s'élève et atteint une grande noblesse quand Eustache Deschamps s'adresse aux poètes de son temps, à l'Anglais Chaucer, auteur des *Contes de Canterbury* (*), plus connu alors comme traducteur du *Roman de la Rose* (*). Non content de créer d'abondants exemples de poèmes à forme fixe, alors à la mode, Eustache Deschamps en a donné la théorie dans son *Art de dictier* (composer) *et de faire chansons,* où les poètes du siècle suivant, les « grands rhétoriqueurs », iront puiser les règles qu'ils pratiqueront. En conclusion : si Eustache Deschamps, cet universel précurseur, n'avait point existé, la poésie française n'en aurait pas été trop appauvrie, mais il manquerait un important maillon à la chaîne ininterrompue de notre production poétique — v. *Poèmes* (*).

GUSTAVE COHEN.

♦ *« Le personnage est intéressant ; il a une brusquerie joviale, la parole rude et salée, le rire sonore ; la galanterie chevaleresque n'est pas son fort. Les dames le gênent et il méprise la femme... Il aimait la liberté et il aimait l'argent : dans l'horreur de Deschamps pour la noblesse et la Finance, entre un sincère amour du peuple... Pensant et sentant avec lui, il a eu conscience de la patrie, un des premiers de notre nation. Sa poésie est toute réelle et personnelle, toute de circonstance ; il rime, au jour le jour, tous les événements de sa vie et tous ceux de son temps. Il ne lui manque que d'être poète. »* Gustave Lanson. ♦ *« Deschamps est très près de son siècle, il a donné à la poésie le sens de la réalité : là est la nouveauté de son œuvre. Cette réalité lui apparaît assez laide Malgré la rigueur fréquente du trait, il y a quelque chose d'étriqué dans sa poésie. Son œuvre n'est guère qu'une chronique au jour le jour... Il n'y faut pas chercher de poésie. »* Lucien Foulet.

RÉF. : Ernest Hoepffner, *Eustache Deschamps, Leben und Werke ;* Strasbourg, 1904. — Robert Bossuat, *Manuel bibliographique de la littérature française du Moyen Âge,* Melun, d'Argences, 1951 nº 4406-4430. — Gustave Cohen, *La Poésie en France au Moyen Âge,* Paris, Richard-Masse, 1952 ; *La Vie littéraire en France au Moyen Âge,* Paris, Tallandier, nouv. éd., 1953. — D. Poirion, *Le Prince et le Poète,* Paris, 1966, et « Eustache Deschamps et la société de cour », dans *Littérature et société au Moyen Âge,* Paris, 1978, p. 89-109. — H. Heger, *Die Melancholie bei den französischen Lyrikern des Spätmittelalters,* Bonn, 1967, ch. III.

DES FORÊTS Louis-René. Écrivain et poète français. Né à Paris le 28 janvier 1918. Pensionnaire dès l'âge de neuf ans, il lit les aventures du *Petit chasseur de la pampa* d'Arnould Galopin et se découvre une vocation de marin à laquelle il aura tout loisir de penser dans son collège religieux de Saint-Brieuc. Seules les lectures édifiantes étant autorisées, Louis-René des Forêts découvre clandestinement, vers quatorze ans, Shakespeare et Baudelaire. Il lira peu après Pascal, Rimbaud, Goethe et Joyce. Sa mère meurt en 1936. Il étudie le droit et les sciences politiques à Paris. Mais son intérêt ira essentiellement à la musique et à la littérature. Il regrettera souvent que la guerre l'ait empêché de poursuivre une formation musicale dont plusieurs écrits porteront la trace. Ne serait-ce que « Les Grands Moments d'un chanteur », récit construit comme une partition d'opéra, avec ses instants dramatiques, ses multiples facettes théâtrales, la disposition particulière du décor scénique. Des Forêts se passionne entre autres pour Suarès dont il découvre *Sur la vie* (*) dans la bibliothèque de son père qui recelait un nombre important de livres du XIXe siècle. Ce sera là aussi l'un des points de convergence de la complicité qui le liera plus tard à Queneau. Une connaissance intime et quasi encyclopédique d'un univers littéraire. Il est mobilisé en 1939. Son père meurt en 1940. Il écrit *Les Mendiants* (*) publié en 1943. Premier roman écrit comme un « Bildungsroman » ; la composition romanesque est organisée comme une multiplicité de récits imbriqués et porteurs, chacun, d'un prénom — celui du locuteur engagé dans le drame. Le relais repris par chacun des personnages acteurs — ils mettent en scène *Othello* (*) de Shakespeare — permet au récit de se poursuivre.

Dans ces mêmes années, Des Forêts se lie d'amitié avec Raymond Queneau et André Frénaud. Il s'engage dans la Résistance, expérience dont « Un malade en forêt », qui relate l'évasion d'un prisonnier, sera largement tributaire. Son frère aîné meurt lors de la prise de Belfort. Il retourne à la campagne dans le Berry et y achève la rédaction du *Bavard* (*) publié en 1946. Accueilli dans la plus grande indifférence, n'était l'estime immédiate de Bataille, ce long monologue met en scène un bavard impénitent résolu à décrire la crise qui l'oblige à parler alors même qu'il n'a rien à dire. La confession se double ici d'une mise à nu du fonctionnement du langage qui se retourne contre qui le détient. Résolument engagé dans un processus quasi destructeur, Des Forêts montre la réflexivité propre de toute œuvre attentive à ce qui la produit et la met en mouvement. Il s'installe un an à Paris, où il exerce la fonction de conseiller littéraire chez Robert Laffont. En 1945, son ami Jean de Frotté, à qui sont dédiés *Les Mégères de la mer* (*), est fusillé par les nazis. Peu après son mariage en 1946 avec Jeanine Carré, Des Forêts se retire à nouveau dans le Berry où il travaille durant cinq ans à la rédaction du *Voyage d'hiver.* Ce roman qu'il fait lire à Queneau sera abandonné. Il publie dans *L'Arbalète, Les Lettres nouvelles* (*), et *La Nouvelle Revue française* (*). Son fils Guillaume naît en 1947. Naissance d'Élisabeth sa fille en 1951. Dès 1953, il revient à Paris pour s'occuper chez Gallimard de l'encyclopédie de la Pléiade avec Raymond Queneau. Il se liera d'amitié avec Robert Antelme, Georges Bataille et Maurice Blanchot. Il fréquente les concerts du Domaine musical. En 1957, il s'engage dans le Comité contre la guerre en Algérie et signe le *Manifeste des 121*. *La Chambre des enfants* (*), publié en 1960, obtient aussitôt le prix des Critiques. Les cinq récits qui composent le recueil posent diversement la question du « Je » et de l'autre, celle du théâtre et de l'imposture, celle d'une mémoire démentielle où un enfant maniaque s'obstine à retrouver chaque trace d'un triomphe ancien, celle d'un fractionnement de toutes les instances narratives, en particulier le récit. Il projette une revue internationale en 1964. Ses contributions sont publiées en italien dans *Il Menabo*. Sa fille Élisabeth meurt accidentellement en 1965. Il entre au comité de lecture des éditions Gallimard en 1966 et découvre Hopkins dont il commence à traduire les *Lettres* qui seront publiées en 1976. En 1967, il publie *Les Mégères de la mer*, version prosodique d'un fragment de roman abandonné. Il est co-fondateur et rédacteur de la revue *L'Éphémère* (*) avec Bonnefoy, Du Bouchet, Celan, Leiris et Picon. Il participe en 1968 au congrès culturel de La Havane, à Cuba. Il se consacre à l'activité de peintre dès 1969 et expose pour la première fois ses encres de Chine à Ancy-le-Franc à l'invitation de son ami Pierre Bettencourt. Il commence à travailler en 1975 à une autobiographie romancée sous forme de fragments intitulée *Ostinato* – une perspective d'ensemble – dont quelques pages paraissent dans *La Nouvelle Revue française* en 1984. S'y retrouve non plus une stratégie narrative mais une cohérence réintroduite comme après coup, et ayant directement partie liée avec la langue. Une langue sous l'emprise de laquelle un enfant turbulent et altier, à la mémoire frondeuse, se cherche un vocabulaire complice propre à nommer les lieux, les odeurs, les objets, les gestes.

Il expose ses dessins et tableaux au centre Beaubourg et écrit *Le Malheur au Lido*, qu'il dédie à son ami Pierre Klossowski. *Voies et détours de la fiction* (*) paraît en 1985. C'est la reprise d'un questionnaire publié en 1962 dans le numéro 10 de la revue *Tel Quel* (*). Les réponses prudemment données par Des Forêts pourraient se lire comme une tentative supplémentaire d'élucidation. Sorte d'état provisoire de la littérature aujourd'hui. Il reçoit le prix Maeterlinck en 1988 et publie les *Poèmes de Samuel Wood*, poèmes d'autant de révoltes contenues et de farouche reconnaissance ; solennité sauvage et effrayante plénitude d'une voix venue d'ailleurs et qui tisse, inaccessible au temps et à l'usure, une trame souple et effrontément résistante à l'oppression. Cette œuvre « éclairée par l'écume », reçoit le grand prix national des Lettres en 1990. Expérience de lecture nécessaire, l'œuvre de Louis-René des Forêts revêt l'apparence d'un sarcasme, gage de qui se défie du langage. Elle se mesure à l'aune de l'ancienne promesse faite par un enfant, inébranlable en son dessein de se taire. Un vœu contradictoire et irréductible, assermenté à la langue même.

SHOSHANA RAPPAPORT.

♦ *« Il s'ensuit qu'à mes yeux ce sont là des œuvres parmi les plus belles et nécessaires qu'on ait écrites dans notre langue, et j'en dirai autant sinon plus encore des* Mégères de la mer *qui vont bien un jour apparaître comme un des lieux les plus sauvages, comme une des rives les plus déchiquetées d'inconnu de notre poésie d'Occident, en fait ici très voisine – mais non sans un rien de distance, où s'obstine notre espérance – de la mystique orientale. »* Yves Bonnefoy.

RÉF. : Maurice Blanchot « La Parole vaine », postface au *Bavard*, Paris, 1963. – Pascal Quignard *Le Vœu de silence*, Paris, 1985. – Yves Bonnefoy, « Une écriture de notre temps », in *La Vérité de parole*, Paris, 1988. – *Louis-René des Forêts*, cahier six-sept, *Le Temps qu'il fait*, Paris, 1991.

DESHOULIÈRES, Antoinette du Ligier de La Garde, Mme. Poétesse française née et morte à Paris : 1634 (?) - 17 février 1694. Fille d'un maître d'hôtel d'Anne d'Autriche, ayant reçu une éducation très complète, elle épousa en 1651, pendant la Fronde, Guillaume Deshoulières, officier du régiment de Condé. Après la victoire de Mazarin, elle s'exile avec son mari à Bruxelles. Emprisonnée par les Espagnols en 1657, elle lit Descartes, Gassendi et les Pères de l'Église. Rentrée à Paris en 1658, elle fréquente Conrart, Pellisson, Benserade, Quinault, les deux Corneille, La Rochefoucauld. Elle tient salon, anime la cabale contre la *Phèdre* (*) de Racine en 1677, et se range dans le parti des Modernes. Ses poèmes d'inspiration pastorale paraissent dans le *Mercure galant* (*), avant d'être rassemblés dans ses *Poésies* (*) (1688 et 1695). Atteinte en 1682 d'un cancer dont elle mourra en 1694, son inspiration s'infléchit vers des réflexions morales et chrétiennes.

ALAIN GÉNETIOT.

RÉF. : F. Lachèvre, *Les Derniers Libertins*, 1924. – W. Perkins, « Mme Deshoulières, One of the "Derniers Libertins" ? » dans *Newsletter SSFCS*, 5 (1983), pp. 125-133.

DESMARETS DE SAINT-SORLIN (Jean Desmarets dit). Écrivain français, danseur, bouffon royal (?), et porte-parole culturel de la politique royale. Né et mort à Paris (1595-28 octobre 1676). D'une famille parisienne de bourgeoisie marchande aux alliances nobles, Jean Desmarets apparaît déjà comme pourvu d'une vaste culture à la mode de la Renaissance quand, à l'âge de dix-huit ans (1613), ses talents de danseur et d'amuseur le font remarquer par la régente Marie de Médicis qui le place (1614), en tant que « fou », auprès de Louis XIII, alors âgé de treize ans. Desmarets en devient immédiatement le « favori » et participe au Conseil étroit en tant que tel. Ainsi commence pour lui une dizaine d'années (1614-1625) de « complicité adolescente » avec le jeune roi. Mais le conflit qui éclate entre le roi et sa mère (1617) contraint le jeune homme à prendre parti, et en 1620, nommé député des fortifications royales par Louis XIII, il l'accompagne assiéger le parti de la régente (Caen), dont il relate la reddition. Si le retour en grâce de la régente (1622), négocié par Richelieu, coûte à Desmarets sa place au Conseil étroit, il sait user de diplomatie pour retrouver les bonnes grâces de la reine mère. Desmarets, tout en continuant de servir le roi – il danse dans les ballets royaux et assume fidèlement sa charge de député (*L'Entreprise des Rochellois découverte,* 1625) –, donne des gages au cardinal dont il a compris l'importance croissante, et à Catherine de Médicis : il participe, par exemple, à la remontrance adressée au roi par le parlement, avec l'assentiment du cardinal, et y regrette le temps de son harmonie avec la famille royale (*Voyage de Fontainebleau,* 1623), ainsi qu'au recueil de Lettres de Faret, écrit à la louange de la raison d'État (1627). Dans le même temps, sa capacité littéraire s'affirme et il écrit son premier ouvrage d'importance, un roman historico-pastoral, *Ariane*, qu'il lit avec succès au cercle Conrart (1631), future Académie française, et qui lui ouvre les portes du salon de Rambouillet. Richelieu, voyant alors le nouveau parti qu'il peut tirer de lui, intègre peu à peu Desmarets, âgé d'une trentaine d'années, à ses équipes de « gouvernement culturel ».

C'est ainsi que durant l'année 1634, Desmarets, alors au midi de sa vie, voit se concrétiser une large part de ses ambitions : il épouse la fille d'un conseiller du roi, obtient pour lui-même les charges de conseiller du roi en ses Conseils, contrôleur général de l'Extraordinaire des guerres et surintendant des fortifications de France, tandis que Richelieu fait de lui le chancelier de l'Académie française et l'intendant de sa propre maison. Dorénavant et pendant près de dix ans, jusqu'à la mort du cardinal (1642), Desmarets agit comme une sorte de secrétaire d'État à la propagande gouvernementale, essentiellement par le biais de tragédies, tragi-comédies, comédies et allégories, qu'il écrit, à partir de 1636, sur des sujets parfois proposés par Richelieu : *Aspasie, Scipion l'Africain, Roxane, Érigone, Les Visionnaires* (*), *Mirame.* Sans permettre à l'homme de lettres de se consacrer autant qu'il le souhaiterait à d'autres œuvres, tel que son poème épique, *Clovis* (*), commencé dès 1634, ses fonctions ne l'empêchent pas de publier, par exemple, un deuxième roman, *Rosane,* et un recueil de ses *Œuvres poétiques* (1641). Après la mort du cardinal, il donne encore *Europe* (1643), comédie allégorique célébrant la grandeur de la France et la politique du cardinal, et les circonstances vont resserrer ses liens avec le clan des Richelieu. En effet, il devient tout d'abord intendant de la maison de l'héritier du cardinal, le deuxième duc de Richelieu, et poursuit sa carrière dans son orbe (lorsque celui-ci est nommé général des Galères, Desmarets devient secrétaire général de la Marine de Levant en 1643). Ensuite, il favorise une union clandestine entre l'une de ses cousines et le jeune duc de Richelieu, frondeur, (1649), qui lui vaudra d'ailleurs quelque temps de Bastille. Mais à sa sortie de prison (1650), Desmarets, âgé d'une cinquantaine d'années, est invité par les Richelieu à se retirer sur leurs terres poitevines (1651) et, en signe de gratitude pour les services rendus, ils lui concèdent la seigneurie de Saint-Sorlin dont il porte désormais le titre.

Durant cet exil-retraite, Desmarets trouve les voies d'une piété de plus en plus militante et mûrit plusieurs œuvres de caractère religieux, qui paraîtront à partir de 1653, *Les Promenades de Richelieu* (1653), *L'Imitation de Jésus-Christ* et *Le Combat spirituel* (1654), tandis que, soucieux de rentrer en grâce, il achève, à la gloire de Louis XIV, une première version de son *Clovis* (1657), et à celle de Mazarin, *Les Délices de l'esprit* (1658) tout ordonnés à démontrer aux libertins la supériorité de la religion chrétienne comme source de bonheur et d'inspiration littéraire. Désormais, la réflexion et les activités religieuses et littéraires de Desmarets sont indissociables et les quinze dernières années de sa vie seront occupées à lutter pour défendre la supériorité de la religion catholique, de la monarchie très chrétienne et du merveilleux chrétien sur le merveilleux païen. Il n'hésitera pas à participer activement à la condamnation à mort d'« hérétiques » (Simon Morin, 1663 et Charpy de Sainte-Croix, 1670), et à engager (1665) contre le janséniste Nicole une vive controverse doctrinale qui tournera rapidement à la polémique pamphlétaire (querelle des Imaginaires), et dont les thèmes préludent à ceux de la querelle des Anciens et des Modernes. *La Défense du poème héroïque* (1670), *Esther* ou l'édition 1673 de *Clovis,* en portent les traces. Ces œuvres de combat ne font cependant pas oublier à Desmarets son statut de doyen des conseillers du roi et à ce titre il lance, avec son *Triomphe de Louis et de son siècle* (1674), les premiers jalons de la littérature encomiastique louis quatorzienne « moderne ». Il meurt à Paris, âgé de 81 ans (1676).

FANNY NÉPOTE-DESMARRES.

RÉF. : M.-A. Caillet, *Un visionnaire du XVIIe siècle : Jean Desmarets de Saint-Sorlin,* Paris, 1935. – H. G. Hall, *Richelieu's Desmarets and the Century of Louis XIV,* Oxford, 1990.

DESMOULINS Camille Lucie Simplice Benoist. Publiciste et homme politique français. Né à Guise (Aisne) le 2 mars 1760, mort à Paris le 5 avril 1794. Fils d'un lieutenant général au bailliage, il fait ses études au collège Louis-le-Grand où il est le camarade de Robespierre, puis se fait inscrire au barreau en 1785. Affligé d'un bégaiement, avocat sans causes, il est tout prêt à devenir journaliste et agitateur et, dès 1788, participe au mouvement d'idées pré-révolutionnaire par plusieurs brochures qui passent complètement inaperçues.

Le 12 juillet 1789, après le renvoi de Necker, Camille Desmoulins est au Palais-Royal, il ameute et suscite les troubles qui aboutiront à la prise de la Bastille. Sa brochure *La France libre,* publiée quelques jours après la chute de la forteresse, et où il appelait le peuple à des pillages et à l'extermination des « mauvais citoyens », connaît un prodigieux succès, comme son *Discours de la Lanterne...* où il célébrera la nuit du 4 août. Le 28 novembre 1789 paraît le premier numéro de son journal *Les Révolutions de France et de Brabant* (*), suite de pamphlets publiés jusqu'en juillet 1791, d'une extrême violence, qui excitera la colère des royalistes et imposera Camille Desmoulins, selon les mots de Sainte-Beuve, comme « la plume la plus leste, la plus gaie, la plus folle du parti démocratique ». Ami de Danton et de Robespierre, membre actif du club des Cordeliers, Desmoulins demeure, jusqu'à la fin de 1792, un des meneurs de la Révolution, prend une part importante à la préparation de la journée du 10 août, siège à la Convention parmi les Montagnards, se montre impitoyable au procès de Louis XVI et devient un des secrétaires de Danton au ministère de la Justice. Dès les premiers mois de 1793, son influence commence cependant à diminuer : ses meilleurs amis ne l'ont d'ailleurs jamais pris beaucoup au sérieux.

Au commencement fanatique de Mirabeau, puis subjugué par Danton, puis idolâtrant Robespierre, Desmoulins, comme l'écrit encore Sainte-Beuve, semble bien n'avoir été « qu'une plume... faite pour rester au service d'une tête plus forte ». Mais sa versatilité, dont on s'était longtemps amusé, finit par devenir suspecte : Desmoulins a beau donner des gages à Robespierre, s'acharner contre les Girondins dans son *Histoire des Brissotins* (*), contre les Hébertistes dans *Le Vieux Cordelier* (*), sa défense, en juillet 1793, du général Dillon, accusé de trahison, suscite le scandale du parti de Robespierre. Camille Desmoulins, qui subit aussi l'influence modératrice de sa femme, a d'ailleurs été atterré par l'exécution des Girondins : en proie à une sorte de remords, il ose, en pleine Terreur, parler de clémence, demander le rétablissement de formes légales de justice et ironiser sur les membres du Comité de sûreté générale. Violemment attaqué au club des Jacobins mais plusieurs fois défendu par Robespierre, il finit par succomber, en même temps que les dantonistes, sous l'inculpation d'un prétendu complot forgé par Saint-Just. Arrêté dans la nuit du 30 mars 1794, condamné à mort, il est guillotiné six jours plus tard, après avoir vainement essayé d'ameuter la foule sur le parcours de la charrette des condamnés.

JACQUES PATRY.

♦ *« Un polisson de génie. »* Michelet. ♦ *« Il y a du Figaro dans ce journaliste, il y a du Villon. C'est le clerc de la Basoche, monté sur une table de café et élevé à l'importance d'agitateur politique... Camille Desmoulins est ce fifre improvisé de la Révolution, et qui se jouera, jusqu'au jour où il apprendra à ses dépens qu'on ne joue pas impunément avec le tigre. »* Sainte-Beuve. ♦ *« Génie littéraire dépaysé dans une révolution populaire dont il partagea l'ivresse, il eut en puissance et souvent en acte tous les vices de ce genre de génie qui mène les âmes faibles bien vite aux corruptions et les esprits les plus brillants au ridicule. »* Barbey d'Aurevilly.

RÉF. : J. Claretie, *Camille Desmoulins, Lucile Desmoulins, étude sur les dantonistes,* 1875. – Sainte-Beuve, *Causeries du lundi,* t. III. – F. Furet et R. Halévi, *Orateurs de la Révolution française,* Paris, Gallimard, 1988, t. I.

DESNICA Vladan. Poète et romancier serbe de Croatie. Né à Zadar le 17 septembre 1905, mort à Zagreb le 5 mars 1967. Juriste de formation, il abandonne une carrière d'avocat pour se consacrer à une activité purement littéraire qui lui vaudra plusieurs prix en Yougoslavie. Dans ses nouvelles, comme celles du recueil *Là, tout près de nous* [*Tu, odmah pored nas*, 1957], où il analyse objectivement les rapports des milieux urbains et ruraux en Dalmatie, le drame naît de l'absence totale de poésie et de pathétique. Ses romans, au contraire, qui le situent entre Proust et Thomas Mann, se caractérisent par la dimension émotionnelle autant que par la subtilité de la composition. Parmi ceux-ci, il convient de citer particulièrement *La Villégiature d'hiver* (*) (1950), qui étudie la métamorphose des mentalités dans une ville détruite par la guerre, et *Les Printemps d'Ivan Galeb* (*) (1957), roman de l'enfance et de la chute. Son œuvre poétique, de moindre importance, est rassemblée dans un recueil intitulé *L'Aveugle au rivage* [*Slijepac na zalu*, 1956].

DESNOS Robert. Poète français. Né à Paris le 4 juillet 1900, mort en déportation à Térézin (Tchécoslovaquie) le 8 juin 1945. Fils d'un mandataire aux Halles et marqué par le souvenir du quartier Saint-Merri où il a grandi, il fait des études sommaires et occupe divers emplois : commis chez un droguiste ou courtier de publicité, puis secrétaire du journaliste mondain Jean de Bonnefon. En même temps, en 1922, par ses amis Benjamin Péret et Roger Vitrac, il est introduit dans le groupe littéraire qui va bientôt se manifester par le mouvement surréaliste. De ce mouvement, il sera, temporairement, l'une des expressions exemplaires – « Desnos a joué dans le surréalisme un rôle nécessaire, inoubliable », notera André Breton – par la facilité avec laquelle il se prête aux expériences de l'écriture automatique, des rêves et autres « cadavres exquis », et avant d'en être exclu en 1930 en raison de ses activités journalistiques. Spécialiste de la radio à partir de 1932 et auteur, avec son ami Aléjo Carpentier, de slogans publicitaires devenus vite populaires, il est mobilisé en 1939, collabore l'année suivante au quotidien *Aujourd'hui* fondé par Henri Jeanson – et en même temps, sous le pseudonyme de Cancale, aux publications anti-allemandes clandestines. Arrêté en février 1944, il est déporté. Son dernier poème, adressé à sa femme, sera recueilli par un infirmier tchèque qui le découvre, mourant, au moment de l'avance victorieuse des armées soviétiques : « Il me reste d'être ombre parmi les ombres... »

Il est juste de reconnaître que cette mort dramatique et précoce a tronqué une œuvre qui était loin de son accomplissement. Il est non moins pertinent d'ajouter que c'est avec raison que Desnos a été exclu de la stricte observance de l'inspiration surréaliste, car il n'y a participé que par son goût des jeux verbaux – qu'il fasse parler Rose Sélavy : « Ô mon crâne étoilé de nacre qui s'étiole », ou l'Aumonyme : « Notre paire quiète, ô yeux ! / que votre "non" soit sang (t'y fier ?). » En fait, « piéton de Paris », dès ses jeunes années, il est un compagnon errant de la grande fraternité de l'amitié et de l'amour, perpétuellement attiré par les phosphorescences de la nuit, où s'exprime l'ange du bizarre : phosphorescences dont la trace demeure, tant dans son scénario du film de Man Ray, l'*Étoile de mer* (1924) que, plus tard, dans sa « Complainte de Fantômas » (1933), composée pour la radiodiffusion : « Allongeant son ombre immense / sur le monde et sur Paris / quel est ce spectre aux yeux gris / qui surgit dans le silence ? » Plus encore que dans les ouvrages de ses débuts et de son apprentissage – les récits en prose de *Deuil pour deuil* (*) (1924) et *La Liberté ou l'Amour !* (*) (1927), ce dernier mutilé par les tribunaux pour cause d'érotisme – le meilleur de son inspiration est à rechercher dans ses recueils poétiques, *C'est les bottes de sept lieues cette phrase : « Je me vois »* (*) (1926), *Corps et Biens* (*) (1930) et *Fortunes* (*) (1942), où se reflète la quotidienneté d'une vie constamment fidèle aux impulsions sentimentales, tout autant que dans des pages anciennes rassemblées, posthumes, dans *Domaine public* (*) (1953) et *Nouvelles Hébrides* (1978) : mythologies d'une époque triste-heureuse, qu'illustraient les chansons d'Yvonne George à l'Empire, l'apparition du jazz hot et les flonflons du Bal Nègre de la rue Blomet, à deux pas du domicile où Desnos rêvait parmi ses chats... Le dernier de ses livres que le poète ait pu voir publiés est un récit sur la drogue, *Le vin est tiré* (*) (1943) : ultime message de celui qui, comme son Corsaire Sanglot de *Deuil pour deuil,* se voulait « témoin attentif des événements dont la rue, espérons-le, sera le théâtre ».

NINO FRANK.

RÉF. : P. Berger, *Robert Desnos,* Paris, 1953. – R. Buchole, *L'Évolution poétique de Desnos,* Bruxelles, 1956. – Revue *Europe* n° 517-518, mai-juin 1972. – P. Laborie, *Robert Desnos,* Paris, 1975. – M.-C. Dumas, *Robert Desnos ou l'Exploration des limites,* Paris, 1980. – H. Laroche-Davis, *Robert Desnos, une voix, un chant, un cri,* Paris, 1981. – P. Berger, *Desnos,* Paris, 1986.

DES OMBIAUX Maurice. Romancier belge d'expression française. Né à Beauraing (Hainaut) en 1868, mort à Bruxelles le 23 septembre 1943. En fervent régionaliste, il voulut que son objet essentiel fût l'évocation de sa Wallonie. Avec beaucoup de bonne humeur, il sut mêler le romanesque à la peinture des milieux. Si rabelaisienne que soit par endroits sa verve, elle se garde pourtant de toute vulgarité. Ses principaux ouvrages sont : *Histoire mirifique de Saint-Dodon* (1899), *Le Joyau de la Mitre* (1901), *Tête de houille* (1902), *Contes de Sambre-et-Meuse* (1904), *Mihieu d'Avène* (1904), *Guidon d'Anderlecht* (1907), *La Petite Reine blanche* (1908), *Le Maugré* (*) (1911). Des Ombiaux, féru de gastronomie, consacra à celle-ci plusieurs volumes : *Petit manuel de l'amateur de bourgogne* (1907), *L'Art de manger et son histoire,* etc.

RÉF. : Georges Delizée, *Maurice des Ombiaux, prince de Wallonie,* 1932. – Paul Prist, *Maurice des Ombiaux,* ou *la Chanson de l'Entre-Sambre-et-Meuse,* Bruxelles, 1945.

DES PÉRIERS Bonaventure. Poète et conteur français. On ignore la date et le lieu de sa naissance, il est probable toutefois qu'il vit le jour dans les dernières années du XVe ou les premières du XVIe siècle à Arnay-le-Duc, en Bourgogne. Sa mort se situe vers 1543. Il fit ses études sous Robert Hurault, abbé de Saint-Martin d'Autun ; en même temps, il exerça les fonctions de maître d'école. En 1535-36, il collabore à l'équipe neuchâteloise qui, sous la direction d'Olivétan, édite *La Bible* (*) (1535), puis à la correction du premier tome des *Commentaires de la langue latine* [*Commentarii linguae latinae*] d'Étienne Dolet (1536). Il devint en 1536 valet de chambre de la fameuse reine de Navarre, Marguerite d'Angoulême, sœur de François Ier et femme d'Henri d'Albret. Cette princesse protégeait quantité d'écrivains persécutés pour leurs croyances, dont Marot qui fut, avant Des Périers, valet de chambre de la reine. La cour d'Alençon ne pouvait toujours suffire à l'entretien de ceux qui, nombreux, avaient recours à elle ; aussi Des Périers éprouva-t-il à plusieurs reprises bien des difficultés pour se faire payer sa pension. Lorsqu'il n'est pas à Alençon ou à Nérac, Des Périers voyage. C'est le plus souvent à Lyon qu'il se rend, c'est là qu'il se fixe après ses pérégrinations. Lyon était alors avec ses imprimeurs, ses artistes et ses écrivains, dont Marot, maître et ami de Des Périers, le centre le plus important de la vie intellectuelle en France après Paris et un foyer de libre pensée. Une des premières œuvres connues de Des Périers, outre divers poèmes de circonstance, est sa traduction du *Lysis* (*) de Platon. Il devait donner, par la suite, plusieurs autres travaux philologiques ; citons sa traduction du traité *Des quatre vertus cardinales selon Sénèque.* Mais les grandes œuvres de Des Périers sont naturellement le *Cymbalum mundi* (*) et *Nouvelles récréations et joyeux devis* (*). La première œuvre valut à son auteur maint déboire. Esprit fort libre et quelque peu imprudent, suspect d'hérésie et même d'athéisme, Des Périers eut certainement à souffrir de ce trait de caractère. Jusqu'en octobre 1541, il reste au service de Marguerite de Navarre. Sur ses dernières années, les témoignages manquent. La tradition veut qu'il se soit suicidé au cours d'une crise de folie furieuse, sans doute dans l'année 1543.

♦ *« Des Périers était un monstre et un fripon d'une impiété achevée. »* Mersenne. ♦ *« C'est un ouvrage* [le Cymbalum mundi] *qui n'a pas le plus léger, le plus éloigné rapport au christianisme. »* Voltaire. ♦ *« Des Périers se distingue parfaitement de Rabelais et de Marot, les seuls contemporains auxquels on pourrait le comparer. Sa place est marquée à côté, un peu au-dessous d'eux, sans qu'aucun rapport de parenté les unisse. »* Louis Lacour.

RÉF. : Louis Lacour, *La Vie et les œuvres de Bonaventure Des Périers,* 1856. – V. L. Saulnier, « Recherches sur diverses poésies de Bonaventure Des Périers », *Bulletin du Bibliophile,* 1950, p. 225-251. – L. Sozzi, *Les Contes de B. Des Périers,* Turin, 1965.

DESPORTES Philippe. Poète français. Né à Chartres en 1546, mort à Bonport (Eure) le 5 octobre 1606. Desportes appartenait à une famille bourgeoise de Chartres et reçut une bonne instruction. Il savait le latin et le grec et probablement l'hébreu et manifesta très tôt des dispositions pour la poésie. Sa vie fut celle d'un courtisan ; d'abord attaché à l'évêque du Puy, Antoine de Senecterre, qu'il accompagna en Italie, puis au secrétaire d'État Villeroy, par l'intermédiaire de qui il se lia étroitement avec Ronsard, Baïf et Jamyn, il accompagna en Pologne, en 1573, le duc d'Anjou, le futur Henri III, qui venait d'y être élu roi, et rentra en France l'année suivante avec lui lorsque Henri d'Anjou devint roi de France. Desportes fut un des intimes et un des conseillers les plus écoutés d'Henri III. Celui-ci le combla de ses faveurs, le nommant lecteur du roi et le gratifiant de deux abbayes, celles de Tiron et de Josaphat dans le diocèse de Chartres. Il n'empêche que Desportes, sentant que le vent tournait, quitta le roi et sa cause et se rallia à la Ligue. Attaché à Villars-Brancas, gouverneur du Havre, il devait participer à la défense de Rouen contre les troupes d'Henri IV. Il sut cependant rejoindre à temps le parti du Béarnais triomphant, en offrant sa médiation lors des négociations qui devaient aboutir en 1594 à la reddition des dernières villes normandes restées fidèles à la Ligue. Il ne jouit évidemment plus de la faveur dont il avait bénéficié sous Henri III, sous le règne d'Henri IV. Il semble cependant que celui-ci ne lui ait pas tenu rigueur de son attitude lors des guerres civiles. Il lui rendit souvent visite et s'apprêtait à lui confier l'éducation du Dauphin, le futur Louis XIII, lorsque Desportes mourut.

Dès 1567, Desportes s'était fait connaître par des *Stances* qui lui assurèrent la faveur du duc d'Anjou ; sa réputation grandit lorsque circulèrent ses imitations de l'Arioste, le *Roland furieux, La Mort de Rodomont, Angélique,* qui virent le jour en 1572 dans un recueil collectif. C'est l'année suivante que parurent les *Premières œuvres,* qui contiennent entre autres les deux livres des *Amours de Diane,* un livre des *Amours d'Hippolyte* et un livre d'*Élégies,* qui comptent parmi les plus belles poésies profanes de Desportes. La réédition des *Premières œuvres* en 1583 contenait en outre les *Dernières amours,* rebaptisées dans les éditions ultérieures *Cléonice,* le second livre des *Élégies,* les *Diverses amours,* les *Bergeries,* les *Cartels et Mascarades,* les *Épitaphes* et les *Prières* – v. *Poésies* (*) de Desportes. Mais, devenu abbé de Tiron, Desportes délaissa la poésie profane et s'employa à la traduction des *Psaumes* (*), à laquelle il travailla longtemps : les cinq premières paraphrases furent publiées en 1587 ; la série complète, en 1603. Il voulait dans cette œuvre donner l'équivalent pour les catholiques de ce qu'étaient pour les réformés les *Psaumes* (*) traduits par Marot.

De son vivant, et surtout sous le règne d'Henri III, Desportes a été considéré comme l'égal de Ronsard à qui on l'a souvent préféré. Sous le rapport de l'originalité et de l'étendue du génie, il demeure toutefois de loin inférieur à son prédécesseur. Mais il se distingue favorablement de lui par un certain nombre de qualités fort estimables, la simplicité et la clarté du style et de la langue, la facilité, la légèreté, la suavité. Entre la Pléiade et Malherbe, Desportes occupe une place de transition non négligeable.

Vivant dans la retraite de son abbaye de Bonport, près de Pont-de-l'Arche, Desportes y reçut les jeunes poètes envers qui il se montra toujours généreux et serviable et exerça sur eux une vive influence. Peu avant sa mort, il se brouilla avec Malherbe, dont on connaît, malgré l'estime véritable dans laquelle il le tenait, le mot assez féroce : « Votre potage vaut mieux que vos vers. »

JACQUES BROSSE.

♦ *« Desportes, d'Apollon, ayant l'âme remplie / Alors que nostre langue estoit plus accomplie, / Reprenant les sonnets d'art et de jugement, / Plus que devant encore écrivit doucement. »* Vauquelin de La Fresnaye. ♦ *« Ce poète orgueilleux* [Ronsard] *trébuché de si haut, / Rendit plus retenus Desportes et Bertaut. »* Boileau. ♦ *« Ce poète clair et facile, de peu de génie, mais de très réel talent, et qui possédait remarquablement son métier, résume admirablement l'époque à laquelle il a vécu, son éclat et ses défaillances. »* J. Lavaud. ♦ *« Desportes était un de ces écrivains, à l'imagination bizarre et artificielle, qui ne peuvent éprouver une émotion quelconque sans chercher aussitôt une image pour la dépeindre. Rien chez eux de direct, d'immédiat et qui rende le beau son de la plénitude. »* Jean-Marc Bernard.

RÉF. : J. Lavaud, *Un poète de cour au temps des Valois, Philippe Desportes*, Paris, 1936.

DESSAU Paul. Compositeur allemand. Né à Hambourg le 18 décembre 1894, mort à Berlin-Est le 27 juin 1979. Ayant commencé sa carrière comme chef d'orchestre, Dessau dut quitter l'Allemagne nazie en 1933. En exil, il rencontre Bertolt Brecht auquel, après Weill et Eisler, il apportera sa collaboration musicale. Il participe ainsi à quelques-uns de ses plus grands succès : *La Bonne Âme de Se-Tchouan* (*) (1938), *Le Procès de Lucullus* (*) (1940), *Mère Courage* (*) (1941), *Maître Puntila et son valet Matti* (*) (1941), *Le Cercle de craie caucasien* (*) (1944-1945). En 1944, il s'établit pour un temps à Hollywood, où il signera la musique de quatorze films. Fixé en Allemagne de l'Est en 1948, il propose à Brecht de transformer en opéras certaines de ses pièces. Ce sera d'abord *Le Procès de Lucullus* (1951) qui eut des ennuis avec la censure puis, après la mort de Brecht, *Puntila* (1966). Dans ces deux opéras, Dessau utilise des thèmes empruntés aux musiques de scène d'origine dans un style où l'académisme le dispute à des réminiscences de Berg. La même ambiguïté de style marque l'ensemble de la production orchestrale de Dessau, essentiellement composée de pièces de circonstance à caractère politique. Il faut toutefois remarquer son *In memoriam Bertolt Brecht* (1957) construit sur des thèmes de *Mère Courage*, et ses *Bach-Variations* (1963).

JEAN-FRANÇOIS LABIE.

DESTOUCHES (Philippe Néricault, dit). Auteur dramatique français. Né le 9 avril 1680 à Tours, mort le 4 juillet 1754 au château de Fortoiseau près de Villiers-en-Bière (Seine-et-Marne). À dix-sept ans, il abandonna sa famille pour se joindre à une troupe de comédiens ambulants. Après quelques années aventureuses, il fut engagé comme secrétaire par le résident français en Suisse, M. de Puysieux, qui encouragea ses premiers essais dans la comédie de caractère (*Le Curieux impertinent,* 1710 ; *L'Ingrat,* 1712 ; *L'Irrésolu,* 1713 ; *Le Médisant,* 1715). Il accompagna en 1717 l'abbé Dubois en Angleterre ; nommé secrétaire d'ambassade, il resta à Londres où il épousa une Anglaise. Revenu à Paris en 1723, il entra à l'Académie, grâce, probablement, aux services politiques qu'il avait rendus, car ses meilleures comédies n'étaient pas encore écrites : *Le Philosophe marié* (1727), inspiré par son propre mariage, et *Le Glorieux* (*) (1732). En 1735, il acheta la charge du gouverneur de Melun et se retira près de cette ville, où il vécut très dévotement ; il composa des épigrammes contre le siècle et continua d'hésiter entre le rire, le pathétique et le désir de faire de la morale, dans ses dernières comédies dont on ne connaît plus aujourd'hui que les titres. Citons encore *L'Homme singulier* (posth. 1764).

RÉF. : A. Hoffmann-Liponska, *Destouches et la comédie moralisante,* université de Poznan, 1979.

DESTUTT DE TRACY Antoine Louis Claude, comte de Tracy. Philosophe français. Né le 20 juillet 1754 à Paray-le-Frésil (Bourbonnais), mort à Paris le 9 mars 1836. Destiné à la carrière militaire, il s'y éleva jusqu'au grade de colonel, puis de maréchal de camp. Élu député en 1789, il entra à l'Assemblée constituante, et vota avec La Fayette pour toutes les propositions qui tendaient à instaurer le nouveau régime. Quand La Fayette abandonna l'armée et passa la frontière, Destutt de Tracy se retira à Auteuil avec sa famille. Incarcéré pendant la Terreur, il fut libéré à la chute de Robespierre (1794) et appelé à l'Institut national. En 1799, il entra au conseil de l'instruction publique. Nommé sénateur, il ne se montra point satisfait de la Constitution de l'an VIII, et présenta un *Rapport sur l'état de la culture française.* En dépit des mesures prises par Napoléon contre les idéologues, Destutt de Tracy n'interrompit nullement son travail, et publia un premier ouvrage : *Observations sur le système actuel d'instruction publique* (Paris, an IX). Il fit paraître ensuite la première partie de son œuvre la plus importante, qui touchait à l'idéologie proprement dite : *Éléments d'idéologie* (*) ; en 1801, la seconde partie, la *Grammaire générale ;* en 1805, la troisième partie, la *Logique ;* en 1806 et en 1807, il travailla au *Commentaire sur « L'Esprit des Lois » de Montesquieu* (*) qui ne put être publié en France et fut répandu aux États-Unis par Jefferson, après que celui-ci en eut fait une traduction. En 1814, Destutt de Tracy proposa et vota la déposition de Napoléon. En 1815, il publia la quatrième partie des Éléments, le *Traité de la volonté,* puis en 1822, le *Traité d'économie politique.* L'œuvre de Destutt de Tracy est vouée tout entière à l'exposition de ses théories. En idéologue convaincu, il veut réduire toute la vie psychique à des phénomènes de conscience proprement dite, la mémoire, le jugement et la volonté. C'est au moyen de ces fonctions que, selon lui, se forment toutes nos idées. Dans le domaine de la grammaire, il considère le verbe et le nom comme les seuls éléments indispensables au langage, les autres éléments n'étant qu'accessoires. Dans le domaine de la logique, il tient pour une vérité première ce que nous sentons, c'est-à-dire le *Cogito, ergo sum.*

GAETANO CAPONE BRAGA.

RÉF. : Mignet, *La Vie et les travaux de Destutt de Tracy* in *Revue des Deux Mondes,* t. XXX, Paris, 1842. — J. Cruet, *La Philosophie morale et sociale de Destutt de Tracy,* Tours, 1909. — Introd. de H. Gouhier aux *Œuvres,* Paris, Vrin, 1970.

– P. H. Imbert, *Destutt de Tracy critique de Montesquieu,* Paris, Nizet, 1974.

DEUS RAMOS João de. Poète portugais. Né à Saint-Bartholomeu-de-Messines, Algarve, le 8 mars 1830 ; mort à Lisbonne, le 11 janvier 1896. Après avoir fait ses études de droit à l'université de Coïmbre et pris une inscription au barreau, il se voue tout entier à la poésie, puis, tenté par la politique, quitte en 1862 Coïmbre pour Beja où il publie deux journaux, *O Bejense* et, en 1866, le *Folha del Sul.* Élu député à la Constituante en 1868, on peut le rattacher à l'opinion libérale mais il se tient finalement indépendant de tous les partis et ne semble pas avoir eu une bien ferme vocation politique, non plus qu'une vocation de pédagogue, quoiqu'il ait consacré de nombreux volumes, dans ses dernières années, aux problèmes de l'enseignement. Son domaine d'élection est le lyrisme où il obtiendra un succès comparable à celui des plus grands poètes portugais, Camoens, Garrett, lorsque son ami José Antonio Garcia Blanco aura rassemblé et publié les poèmes, jusqu'alors éparpillés dans les journaux, de *Champs de fleurs* (*) complété en 1875 par *Ramo de flores.*

DEVAULX Noël. Romancier français. Né à Brest le 9 décembre 1905. Il a vécu en Bretagne jusqu'à l'âge de vingt ans. Ses études scientifiques furent interrompues par la maladie qui l'obligea à se retirer quinze ans durant à la montagne. Il se convertit au catholicisme en 1948, cet engagement religieux se traduisant par un mysticisme que l'on retrouve à l'état latent dans tous ses livres. De *L'Auberge Papillon* (1945) à *La Dame de Murcie* (*) (1961), ses ouvrages les plus remarquables sont des recueils de contes fantastiques d'une facture dense et rigoureuse, d'un art difficile et hautain. On lui doit également *Le Pressoir mystique* (1948), *Compère, vous mentez* (1948), *Sainte Barbegrise* (*) (1952), *Bal chez Alféoni* (1955), *Le Lézard d'immortalité* (1977), *La Plume et la Racine* (1979), *Le Manuscrit inachevé* (1981), *Le Visiteur insolite* (1985), *Instruction civique* (1986).

DEWEY John. Philosophe américain. Né le 2 octobre 1869 à Burlington (Vermont), citadelle du « Yankisme » en Nouvelle-Angleterre, de parents bourgeois eux-mêmes descendants de pionniers, il mourut à New York le 1er juin 1952. L'année de sa naissance, Darwin publia son *Origine des espèces* (*). Le « yankisme » et le darwinisme furent de fait les deux points de départ d'une carrière et d'un mouvement philosophique qui eurent des répercussions internationales encore aujourd'hui ressenties. Les bases non rationnelles de la pensée de Dewey s'appuient sur la tradition yankee du pragmatisme, de l'empirisme, du bon sens ennemi de l'absurde, qui remontent au moins à Benjamin Franklin. Comme ce dernier, Dewey croyait à la valeur de la mentalité et de la méthode expérimentales. Il semble en revanche que le puritanisme traditionnel de la Nouvelle-Angleterre ne l'ait pas influencé. La structure rationnelle qu'il dressa sur ces fondements doit beaucoup à Darwin : pour notre philosophe, l'esprit humain est un produit de l'évolution biologique, un « instrument » ayant évolué comme le cou de la girafe et permettant à l'organisme de s'adapter au monde physique et de survivre ; l'efficacité et la fonction de l'esprit doivent donc être expérimentées, appréciées et modifiées. Jeune paysan, puis étudiant, Dewey vécut d'abord dans les États de l'Est. En 1884, il commença sa carrière de professeur dans le Middlewest, où il resta pendant vingt ans. C'est d'ailleurs de ces régions qu'il fut, par sa générosité, par son libéralisme vieil américain, le meilleur interprète et le meilleur reflet. Ayant fait connaissance, vers la fin de ses études, avec l'œuvre de Hegel, cette rencontre, a-t-il affirmé, laissa des traces permanentes dans sa pensée. Sa tentative d'une nouvelle interprétation systématique de Hegel en termes plus modernes, plus américains et plus darwiniens, fut le premier stade de l'élaboration de ce qui devait devenir l'« instrumentalisme ». Ce nom et la réalité intellectuelle qu'il recouvre diffèrent quelque peu de ce que William James, un peu plus âgé que Dewey, avait appelé « pragmatisme ». La première œuvre de Dewey fut, fait significatif, une *Psychologie* [*Psychology*, 1887], dans laquelle il démontra que la nature et la fonction « instrumentale » de l'intelligence sont le principe essentiel de la pensée philosophique. Les formes de cette philosophie commencèrent à se préciser en 1891 dans l'*Aperçu d'une théorie critique de la morale* [*Outlines of a Critical Theory of Ethics*], ouvrage qui devint trois ans plus tard *l'Étude de la morale* [*The Study of Ethics*]. Dewey explique les différences de ces deux éditions par la publication, entre-temps, du *Précis de psychologie* (*) de William James, ce dernier ayant exercé, après Hegel, une forte influence sur la pensée de notre auteur. Ces premières études sur les fondements psychologiques de la morale devaient réduire virtuellement – *Morale* [*Ethics,* 1908] – la morale à un fort petit nombre de ses composants psychologiques. En même temps, Dewey commença d'appliquer sa théorie instrumentaliste à d'autres domaines, l'éducation et la logique, ce qui provoqua des réactions, dans un sens comme dans l'autre, de portée mondiale. Professeur à l'université de Chicago à partir de 1894, Dewey y ouvrit bientôt un cours expérimental basé sur les principes de sa doctrine. Ses principes pédagogiques, qui répudiaient totalement les méthodes et les buts traditionnels de l'enseignement, furent exposés dans *Le Credo pédagogique* (*) et dans *L'École et la Société.* D'après lui, le but de l'éducation consiste à dresser les hommes à « s'adapter » à leur milieu, et à reconstruire ce milieu de telle sorte qu'il corresponde le plus possible à leurs désirs et à leurs besoins. Le raisonnement, inspiré de la mentalité américaine, concernant l'initiative sous sa forme la plus intelligente, était formellement irréprochable ; on pouvait seulement lui faire grief de négliger presque tous les « désirs » et les « besoins » que les psychologues, de Mosé à Freud, ont considérés comme fondamentaux, et plus encore le vieux concept de l'âme.

Lorsque Dewey publia, en 1916, son traité le plus complet, *Démocratie et Éducation* (*), le mouvement d'Éducation progressive était définitivement lancé. En 1903, le philosophe avait écrit des *Études sur la théorie logique* [*Studies in Logical Theory*] ; cet ouvrage est à l'origine à la fois de *Logique. La théorie de la recherche* (*), publié en 1938, et surtout du livre publié en 1920 et intitulé *Reconstruction en philosophie* [*Reconstruction in philosophy*] ; ce dernier traité met totalement en accusation la métaphysique traditionnelle, et même la pratique de la contemplation et de la spéculation gratuites, qu'il regarde comme un luxe inutile des classes riches et oisives. Pour Dewey, la preuve de la vérité et de la valeur d'une idée est la réponse à cette question : « Est-ce que cela marche ? » Est-ce « utile ? » Les réponses que fournit Dewey à ce problème de l'utilité, qui est fondamental en morale classique, ne sont pas d'ailleurs très satisfaisantes. Pour lui est « utile » ce qui détermine la « croissance », le « progrès », l'« amélioration », le « développement », l'« évolution »... À la base de ces vagues notions rationalistes, on discerne une certaine horreur instinctive de tout ce qui est fixe, immobile ; c'est la convention typiquement américaine qui admet a priori que l'immobilité est en soi mauvaise, tandis que le mouvement et le changement sont bons. Il faut cependant remarquer que la philosophie de Dewey fut accueillie avec enthousiasme non seulement en Amérique, mais aussi dans les pays où l'on sentait fortement le besoin d'un changement, où l'on supportait plus que difficilement les structures traditionnelles de l'esprit ou de la société : en Russie, en Chine, en Turquie, au Japon... De nombreux voyages et des tournées de conférences mirent Dewey en contact avec ces pays ; ces différentes expériences eurent une grande influence sur la suite de sa pensée.

À la fin de sa vie, le philosophe eut à déplorer les conséquences, qui répugnaient profondément à son esprit libéral et humanitaire, de certains mouvements révolutionnaires qui s'appuyaient sur ses propres théories. Écrivain abondant, mais lourd, pâle, sans charme, on lui doit, entre autres œuvres importantes : *Nature et conduite de l'homme, Expérience et Nature* (*), *La Recherche de la certitude* (*), *L'Art comme expérience* (*), *Expérience et Éducation* [*Experience and Education*, 1938], *Liberté et Culture* [*Freedom and Culture,* 1939]. Aujourd'hui, le nombre de ses disciples tend à diminuer de plus en plus, et sa théorie évolutive de l'« adaptation » à devenir une sorte de discipline conformiste, ou même une forme, subtile et inconsciente, de tyrannie intellectuelle. Au contraire, on peut constater une véritable rébellion, en matière d'éducation, contre les théories de Dewey.

STANLEY GEIST.

♦ *« L'idée fondamentale dans l'éthique de Dewey, c'est l'idée d'un progrès dans la puissance de l'intelligence. Le caractère propre à* [cette théorie] *c'est de mettre en valeur l'individualisme, le progrès, l'égalitarisme, la multiplication des interdits ou des préférences et leur intégration dans un système susceptible de les satisfaire au mieux* [...] *John Dewey a défendu en Amérique l'idée d'une morale dynamique, fondée sur l'existence et l'exaltation d'une action ouverte aux plus larges possibilités. »* A. Edel. ♦ *« M. Dewey est très loin de ramener, ni même de subordonner la pensée à l'action ; il montre au contraire que la pensée est une phase indispensable de l'action lorsqu'elle est complexe et en progrès, et, par là, son pragmatisme réhabilite la pensée, loin de la sacrifier. Mais sa conception de la pensée l'amène à inverser les degrés d'intelligibilité ; ce qu'il y a de plus intelligible, ce ne sont pas les objets des mathématiques et de la physique, mais ceux de l'histoire et des sciences de l'humanité* [...] *car l'histoire, c'est précisément l'esprit en travail dans la nature et dans la société. »* E. Bréhier.

RÉF. : E. Baumgarten, *Die geistigen Grundlagen des amerikanischen Gemeinwesens,* tome II, Francfort-sur-le-Main, 1938. – M. Hasley Thomas, *A Bibliography of J. Dewey,* New York, 1939. – F. Leander, *The Philosophy of John Dewey,* Göteborg, 1939. – J. J. Battle, *The Metaphysical Presuppositions of the Philosophy of John Dewey,* Fribourg, 1951. – G. R. Geiger, *John Dewey in Perspective,* New York, 1958. – R. W. Sleeper, *The Necessity of Pragmatism. John Dewey's Conception of Philosophy,* 1986.

DHÔTEL André. Écrivain français. Né le 1er septembre 1900 à Attigny (Ardennes). Mort le 22 juillet 1991 à Paris. De souche ardennaise, André Dhôtel passe les six premières années de sa vie dans sa ville natale : « Attigny, trottoir du monde ». De cette période, il garde un souvenir étonnant dont on retrouve trace, quelque soixante ans plus tard, dans *Un jour viendra* (1972) : sur la place couverte de glace, il essaie par trois fois de faire des glissades et se retrouve trois fois par terre. Honte publique. (Dans les Ardennes, on a l'esprit caustique envers son prochain.) Honteux comme un enfant peut l'être, Dhôtel découvre alors une chose surprenante : la honte n'a pas éteint la vie. Au contraire. Il s'aperçoit qu'on peut vivre parfaitement à l'aise dans l'indignité. Faut-il assigner à cet événement un coefficient affectif particulier ? Une approche psychanalytique de l'œuvre permettrait peut-être de répondre à la question. En tout cas, il a donné naissance au peuple qui aime, vit et meurt dans le « Dhôtelland » : menteurs, escrocs, paresseux, bricoleurs, comptables, bedeaux, pharmaciens, garagistes, raccommodeurs de porcelaine, photographes et vagabonds de tout poil, individus qui ne sont ni des rêveurs, ni des marginaux, ni des poètes à la lyre en feu, mais plutôt des personnages à jamais débarrassés des fausses hontes, de la convention sociale ou morale qui n'admet pas que l'on puisse prendre la vie de traverse comme le fait l'énergumène de ce poème « Quatre fois décoré / et mille fois martyr / du tabac et du guignolet ».

En 1907, le père d'André Dhôtel, greffier de paix à Attigny, est nommé commissaire-priseur à Autun. La famille déménage, revenant régulièrement dans les Ardennes, à Saint-Lambert, pour les vacances. Pratiquant l'école buissonnière sur une grande échelle, l'écolier Dhôtel nage, patine et fait même des fouilles archéologiques sérieuses. Il est ébloui par l'éclat de certaines pierres, l'améthyste, le feldspath ou le mica. Le souvenir de ces éblouissements court de livre en livre, dans toute l'œuvre : nommons le bracelet d'améthyste d'Estelle dans *Bernard le Paresseux* (*) (1952), la barbe blonde comme un silex et le reflet des micas qui jalonnent le parcours d'Antoine dans *Les Rues dans l'aurore* (*) (1945). Piéton de l'Autunois, Dhôtel explore le pays dans tous les sens, faisant un devoir de maths dans un fossé, par la gelée, révisant son histoire pour le bac en haut d'un châtaignier. « Il n'y a dans le monde, écrit-il, que des choses gâchées au milieu d'une magnificence impossible à saisir. » Reflets du monde dans les pierres, dans les presse-papiers, les carafes, les flaques, le pommeau d'or de la canne de Damont dans *L'Homme de la scierie* (1950). Saisi par le bleu de la campanule cervicaire, Dhôtel écrit tout un roman, *La Tribu Bécaille* (1963), où l'on part à la recherche d'un bleu inconnu situé entre le bleu de la chicorée, de la fausse scabieuse et de la laitue sauvage.

Interrogé au bac par un professeur d'allemand qui lui demande si le paysage de l'Autunois est beau, il répond curieusement : « Non. » Manquent les perspectives des Ardennes, autrement divergentes, géographie en étoile, rayonnante comme les pétales de cet aster que l'on retrouve au milieu d'une oseraie inextricable dans *La Chronique fabuleuse* (1960). À un écolier fervent de l'école buissonnière, il faut un paysage buissonnier, à des personnages débarrassés des ronces de la morale publique, les ronciers du *Mont Damion* (*) (1964) et à un auteur de traverse une géographie de travers. L'été, dans le grenier de la maison familiale, Dhôtel lit tout ce qui lui tombe sous la main. *La Piste de guerre* de Fenimore Cooper aussi bien que *L'Écolier d'Athènes*. Des hauteurs de Saint-Lambert, il a l'impression d'aller « en travers » des paysages, plus loin que *Le Plateau de Mazagran* (1947), plus loin que le dernier pommier de Champagne, jusqu'en Orient – où part l'un des personnages de son premier roman, *Campements* (*) (1930). L'antique Athènes lui est aussi présente que les cancans de village qu'il entend près du lavoir. Fait intéressant à noter, car si la source ardennaise de l'inspiration dhôtelienne a été largement commentée, on a peu parlé de la source grecque, plus secrète peut-être, mais au moins aussi présente, que l'action des romans se déroule en Grèce : *Ce lieu déshérité* (1949), *Ma chère âme* (*) (1961), *L'Île de la Croix d'Or* (1979) ou qu'elle ne s'y déroule pas.

En novembre 1918, il est nommé surveillant à Sainte-Barbe, où les élèves le surnomment Bout-de-Zan – son collègue Guillermain (futur Raymond Souplex) étant Bébé Rose. Il prépare sa licence de philo et, de 1920 à 1923, accomplit son service militaire dans le « peloton des étudiants » en compagnie de Limbour, Vitrac et Arland. Il fonde avec Arland la revue *Aventure* (1921) puis *Dès* qui n'aura qu'un seul numéro, que Dhôtel a oublié de mettre en pages, ce qui vaut à la revue « des blancs remarqués par la critique ». Toujours cette indignité travestie par l'humour de maints personnages, secondaires ou non, qui en dépit de tout se proclament « honorables ». Plus que la quête d'un Graal poétique ou romanesque, cette honorabilité dans l'indignité maintenue avec un humour et une politesse qui renversent les situations me semble être au centre de ce que l'on a appelé le mystère dhôtelien. Hasard miraculeux, comme en ce jour de 1924 où Dhôtel voit, à Calais, l'Orient-Express vide avec un wagon marqué « Athènes ». Le lendemain, il reçoit sa nomination officielle pour la Grèce, où il reste quatre ans à l'Institut d'Athènes. De la même manière qu'il a exploré tous les gués de l'Aisne entre le Mont-de-Jeux et Attigny avant de se risquer à en parler, il a l'impression, en arrivant en Grèce, qu'il lui faudra des années avant de comprendre et de traduire cette lumière. Si l'on songe que plus l'œuvre de Dhôtel s'accomplit, plus elle semble remonter vers le grand jour à la rencontre du ciel bleu, on ne peut pas ne pas penser à la rencontre du ciel d'Athènes.

En 1932, à Provins, il épouse Suzanne Laurent. Oublié dans sa garçonnière, le jour du mariage, il attend patiemment qu'on vienne le chercher. « Les galettes patientes / qu'éclairait le ciel bleu / naissaient de tes mains vives / sur la table de neige. » Après *Le Petit Livre clair* (1928), *La Vie passagère* (*) (1978), Dhôtel ne publie de poèmes que de cinquante ans en cinquante ans. Entre-temps, cinquante romans jalonnent son itinéraire. Mais répartis de manière inégale. Pendant dix ans, après la publication de son premier roman en 1930, les éditeurs lui refusent tout ce qu'il écrit. Dépression nerveuse à Charolles en 1935, puis à Valognes en 1938. Professeur, il est obligé de demander des congés de longue durée. En haut des pages des cahiers sur lesquels il continue d'écrire, il note : « Je suis sûr. » À la *N.R.F.*, il est soutenu par Paulhan, son lecteur le plus attentif, qui fait accepter en 1943 le manuscrit du *Village pathétique*. C'est également grâce à Paulhan qu'il est nommé à Coulommiers, dans un collège proche de Paris, où il restera jusqu'en 1961. Alors, les romans se succèdent. En 1948, *David* (*), qui avait été refusé partout, reçoit le prix Sainte-Beuve. Avec Marcel Bisiaux, Henri Thomas, Armen Lubin, Alfred Kern et Jacques Brenner, Dhôtel collabore à la revue *84*, qui sera coulée par la publication en feuilleton des *Chemins du long voyage* (*) (1949). Vient ensuite la période des prix (que Dhôtel ratait régulièrement chaque année). En 1955 il obtient le prix Fémina pour *Le Pays où l'on n'arrive jamais* (*). Déluge critique. Affublement du héros en pâtre grand-meaulnesque chantre de l'Ardenne (contresens complet sur toute l'œuvre). L'Académie française lui décerne en 1974 son Grand prix de littérature et en 1975, c'est le prix national des lettres. Comment survivre à cette accumulation d'honneurs ? En se rappelant le glorieux déshonneur initial, c'est-à-dire en recommençant à faire des culbutes dans la neige glissante des mots, avec cette obstination du cancre qui regarde par la fenêtre et voit donc forcément autre chose que le sempiternel tableau noir où crisse la craie du savoir des maîtres et sur lequel tous les yeux sont braqués.

PATRICK REUMAUX.

RÉF. : Patrick Reumaux, *L'Honorable Monsieur Dhôtel*, Paris, 1984.

DIAMANTE Juan Bautista. Poète dramatique espagnol. Né à Madrid en 1625 et mort dans la même ville en 1687. Pour mal connue que soit sa vie, l'on sait tout de même qu'il était fils de commerçants originaires de Sicile, qu'il fit de bonnes études à Alcalá et entra ensuite dans l'ordre de Saint-Jean de Jérusalem, où il devait, pour finir, occuper d'assez hautes charges. Cédant de bonne heure à son penchant pour le théâtre, il se révéla écrivain fécond, mais peu inventif et passablement inégal. Ayant choisi de cultiver le tragique, il se fit connaître par un drame imité du *Cid* (*) de Corneille : *L'Homme qui honore son père* [*El honrador a su padre*, 1658]. De ses autres pièces, il convient de retenir : *La valeur n'a pas d'âge* [*El valor no tiene edad*], *Le Nègre le plus prodigieux* [*El negro más prodigioso*], *Le Défenseur de la grande roche* [*El defensor del peñón*], *Le Siège de Zamora* [*El cerco de Zamora*], *Le Libérateur des Asturies* (1672), *La Juive de Tolède* (1673), *La Reine Marie Stuart* (+) (1674), *Tenir la parole donnée à Dieu ou la Fille de Jephté* (+) (1674). Il écrivit en outre des espèces de pastorales où le chant joue un grand rôle : la plus réussie s'intitule *Alphée et Aréthuse* [*Alfeo y Aretusa*, 1660]. Diamante fut successivement le collaborateur de Vélez de Guevara, Moreto, Avellaneda et Villaviciosa. Son théâtre fut, de son vivant, publié dans sa ville natale (Madrid, 1670-1674).

RÉF. : A. de Latour, *Pierre Corneille et J. B. Diamante,* Paris, 1861. – A. L. A. Fee, *Études sur l'ancien théâtre espagnol : les trois Cid, Guillen, Corneille et Diamante,* Paris, 1873. – V. Cotarelo Mori, « Don Juan Bautista Diamante y sus comedias » in *Boletín de la Academia Española*, 1916.

DÍAZ CALLECERRADA Marcelo. Poète espagnol. Les renseignements que l'on possède sur lui sont extrêmement succincts. On ignore même l'année de sa naissance et de sa mort (fin XVIe, début XVIIe siècle). Il est probable qu'il était madrilène et chevalier de Calatrava. Il fut un théologien et un poète subtil selon Pérez de Montalbán, et écrivit peut-être quelques comédies outre son poème *Endymion* (*), publié à Madrid en 1627, œuvre où se révèle certaine influence italienne assez répandue dans le poème savant de l'époque. Díaz Callecerrada le dédia à M. Rodríguez de Ledesma Guzmán, jeune recteur de l'université de Salamanque, qui avait quelque peu écrit sur la fable de Pomone. En dehors du mythe illustré par Díaz Callecerrada (changé au cours des temps dans les détails et dans le symbole), le poème conserve en son prologue une réelle valeur de curiosité et de document, par l'idéologie artistique du temps qui s'y révèle. Díaz Callecerrada manifesta pour Lope de Vega l'admiration la plus fervente, et éprouva en même temps que lui la tentation de fondre ensemble des modalités stylistiques opposées, par besoin d'une expression plus vivante.

Il reconnut Lope de Vega comme son propre maître, ce dont il se glorifiait, et le maître de Ledesma, auquel il demanda si *Endymion* était digne d'un tel modèle. Lope, dans *Le Laurier d'Apollon* (+), fait d'ailleurs son éloge en termes dithyrambiques

♦ *« Mer d'éloquence et ciel de planètes. »* Lope de Vega.

DÍAZ DEL CASTILLO Bernal. Conquérant et chroniqueur espagnol. Né très probablement vers 1492, bien que les critiques soient, encore aujourd'hui, en désaccord : en effet, certains pensent que l'écrivain serait né vers 1495 ou 1496 à Medina del Campo (province de Valladolid), et mort probablement à Santiago, suivant les uns en 1581, suivant les autres en 1584. Fils d'un « regidor » de Medina, il quitta l'Espagne en 1514 pour se rendre en Amérique, fasciné par l'aventure qu'il entrevoyait dans les terres récemment découvertes. Il fut soldat sous les ordres d'Hernán Cortés, et comme tel prit directement part à la conquête du Mexique, au sujet de laquelle il écrivit *Histoire véridique de la conquête de la Nouvelle Espagne par un de ses conquérants* (*), qui fut publiée après sa mort en 1632, et qui est considérée comme un des documents les plus précieux pour la connaissance de l'histoire des « Conquistadores ». Acteur lui-même au cours de ces événements, Díaz del Castillo voulut faire ressortir dans son livre l'héroïsme anonyme de la masse des combattants, s'opposant ainsi à López de Gómara dont l'*Histoire générale des Indes occidentales...* est tout imprégnée de la personnalité héroïque de Cortés. Avant la conquête du Mexique, Díaz del Castillo avait été soldat de Pedrarias Dávila, gouverneur de Darién ; et en cette qualité, il avait participé aux expéditions de Francisco Hernández de Córdoba, de Juan de Grijalva et de Diego de Velázquez, à Cuba.

Après l'aventure mexicaine, il se fixa au Guatemala où il devint « regidor », et jouit d'un petit bénéfice dans la ville de Santiago. Là, il s'adonna tout entier à la rédaction de son histoire.

RÉF. : R. B. Cunnigham Graham, *Bernal Díaz del Castillo, being some Account of Him, taken from his True History of the Conquest of New Spain*, New York, 1915. — R. Iglesia, *Introducción al estudio de Díaz del Castillo*, Mexico, 1941. – A. M. Carreno, *B. Díaz del Castillo*, Mexico, 1946.

DÍAZ MIRÓN Salvador. Poète mexicain. Né et mort à Veracruz (Mexique) (14 décembre 1853 - 12 juin 1928). Dès sa jeunesse, il participa activement à la vie politique de son pays ; orateur de grand talent, député au Congrès de l'Union, son amour de la politique lui attira l'animosité du dictateur mexicain Porfirio Díaz, qui le fit emprisonner et le persécuta jusqu'à le contraindre à fuir son pays pour se réfugier dans l'île de Cuba, où Díaz Mirón écrivit une grande partie de son œuvre poétique. Il enseigna pendant un certain temps, et de 1913 à 1914 dirigea le journal *El Imparcial*. Profondément admiré des humbles de son pays, il était considéré comme un homme doué d'un sens très vif de la justice et du beau. Il fut inscrit dans le groupe des poètes modernes mexicains aux côtés de Manuel Gutiérrez Nájera et de Manuel José Othón. La magnificence du rythme compte parmi les plus grandes qualités de sa poésie, influencée, en outre, par l'école parnassienne. Citons parmi ses œuvres : *Poésies* [*Poesías*, 1886 et 1895], *Échardes* (*) (1901), et *Triomphes* [*Triunfos*, 1910].

RÉF. : V. C. González Peña, *Historia de la literatura mexicana*, 1940.

DIB Mohammed. Poète et romancier algérien de langue française. Sans doute le plus important, avec Kateb Yacine. Né le 21 juillet 1920 à Tlemcen. Après avoir exercé divers métiers, il est en 1950-51 journaliste à *Alger républicain,* le quotidien communiste de l'Algérie colonisée. Cet environnement militant explique en partie l'écriture de ses trois premiers romans publiés, *La Grande Maison* (+) (1952), *L'Incendie* (*) (1954) et *Le Métier à tisser* (1957), trilogie qui décrit l'Algérie colonisée et la lente prise de conscience progressiste. Écriture qualifiée souvent abusivement de réaliste, même si cette tonalité y est dominante. L'itinéraire prétexte du jeune héros Omar lui permet en effet de donner à voir successivement la misère urbaine, les premiers soulèvements de paysans dans les campagnes et l'apprentissage du prolétariat dans la petite industrie naissante. Mais ces trois romans, jamais manichéens, révèlent aussi à une lecture plus attentive cette préoccupation des pouvoirs de la parole qui ne cessera de hanter l'écrivain à mesure que son écriture mûrira.

D'ailleurs dès cette époque Dib écrit d'une manière plus personnelle des textes moins connus, dont la veine dominera lorsque, après avoir été expulsé d'Algérie en 1959, il publiera des recueils poétiques de plus en plus exigeants : *Ombre gardienne* (1961), *Formulaires* (1970), *Omneros* (1975), *Feu, beau feu* (1979), *O Vive* (1987). En 1962, le roman *Qui se souvient de la mer* est une peinture de la guerre qui choisit délibérément le fantastique plutôt que le réalisme pour suggérer l'horreur, cependant qu'en 1964 *Cours sur la rive sauvage* développe la quête initiatique autour de laquelle se construit le volet non réaliste de cette œuvre, et qu'on retrouvera dans *La Danse du roi* (*) (1968), *Dieu en Barbarie* (+) (1970), *Le Maître de chasse* (*) (1973), *Habel* (*) (1977), *Les Terrasses d'Orsol* (*) (1985), ou *Le Sommeil d'Ève* (1989).

Pourtant ces textes sont aussi une interrogation angoissée sur la modernité. Modernité d'une Algérie à l'identité problématique dans les trois premiers : *La Danse du roi* est une réflexion sur la possibilité de dire la mémoire et sur le décalage de ceux qu'habite un passé envahissant dans une modernité amnésique ou faussaire. *Dieu en Barbarie* et *Le Maître de chasse* radicalisent ce doute sur la légitimité d'une modernité technocratique non pas par une dénonciation politique, mais par un questionnement sur les pouvoirs de la parole et de l'action même pétrie de bonnes intentions. *Habel* va encore plus loin, introduisant une subtile variation sur l'exil dans la grande ville européenne et sur la marge où la folie fascine.

C'est sur cette « rive sauvage » que se placent délibérément les romans les plus récents de Mohammed Dib, jusqu'au sombre dépouillement de *Neiges de marbre* (1990), où l'autobiographie est presque directe, ou de *Le Désert sans détour* (1992). L'amour, la folie et l'écriture vont souvent de pair dans cette œuvre, que ce soit dans la poésie ou dans *Habel, Les Terrasses d'Orsol* ou encore *Le Sommeil d'Ève,* qui sont de ce fait les meilleurs romans de cet auteur essentiel qu'une critique pressée qualifie à tort de « réaliste » en le cantonnant à ses premiers romans, ou de « serein », en se fiant uniquement à l'aspect de l'homme, alors que cette œuvre, qu'on s'obstine à ne pas lire à sa juste mesure, est probablement une des plus chargées d'inquiétude de notre modernité, une de celles qu'on peut le moins cantonner dans une lecture « régionaliste » réductrice.

CHARLES BONN.

RÉF. : Charles Bonn, *Lecture présente de Mohammed Dib*, Alger, 1988. – Beïda Chikhi, *Problématique de l'écriture dans l'œuvre romanesque de Mohammed Dib*, Alger, 1989. – Naget Khadda, *Mohammed Dib, romancier : esquisse d'un itinéraire*, Alger, 1986.

DI BREME Ludovico (ou Ludovico Arborio Gattinara di Breme). Romantique italien, né à Turin en 1780, mort en cette même ville en août 1820. Fils d'un des plus riches feudataires piémontais, Ludovico di Breme entra dans la carrière ecclésiastique en 1799 et fut ordonné prêtre en 1806. S'étant installé à Milan, il remplit diverses fonctions à la cour du vice-roi Eugène. Il se retira de la vie publique après le retour des Autrichiens. Sa célébrité tient moins à son œuvre littéraire, en partie perdue et peu étendue du fait de sa mort prématurée, qu'à son intervention dans la querelle entre classiques et romantiques et, notamment, à l'opuscule *Sur l'injustice de certains jugements littéraires italiens* (*).

DICENTA Joaquín. Écrivain espagnol. Né à Calatayud (Aragon) en 1863, mort à Alicante en 1917. Il débuta comme journaliste et comme auteur de poésies, nouvelles et romans, mais le résultat fut malheureux. Il remporta, par contre, un grand succès dans le domaine théâtral avec son drame *Juan José* (*) (1895), de nuance socialiste, fondé sur le contraste entre les ouvriers et les patrons ; pendant de longues années, ce fut l'œuvre la plus représentée en Espagne, spécialement au moment des fêtes populaires du 1er Mai, à cause de son ton de polémique ouverte à propos des luttes sociales. En Italie, également, l'œuvre connut le plus grand succès. Afin de célébrer son triomphe, de nombreux écrivains et journalistes madrilènes offrirent un banquet à Dicenta, le 11 novembre 1895. D'un genre assez proche de *Juan José*, citons *Le Seigneur féodal* [*El señor feudal*], qui en reproduit le thème dans un décor romantique et médiéval. Tout au contraire, *Honneur et Vie* [*Honra y vida*], ayant pour sujet le sens classique de l'honneur, appartient à la pure tradition espagnole. Parmi les autres œuvres dramatiques de Dicenta, il convient de citer encore : *Lucien* [*Luciano*], *Les Barbares* [*Los Bárbaros*], *Incarnation* [*Encarnación*], *De pierre en pierre* [*De piedra a piedra*], *La Meilleure Loi* [*La mejor ley*], *Daniel, Le Crime d'hier* [*El crimen de ayer*], *Survivre* [*Sobrevivirse*], qui furent interprétées par le célèbre Guerrero. Mentionnons enfin ses nouvelles *El spoliarium, Nouvelles brèves* [*Novelas cortas*], et un petit poème *Le Suicide de Werther* [*El suicidio de Werther*]. Le théâtre de Dicenta s'apparente nettement au genre rhétoricien et solennel d'Echegaray, avec des accents parfois vulgaires et tendant délibérément à l'effet ; Dicenta eut toutefois le mérite de porter à la scène des thèmes sociaux.

DICK Philip K(indred). Romancier et nouvelliste américain. Né à Chicago le 16 décembre 1928, mort à Santa-Ana (Californie) le 2 mars 1982. Après de brèves études à Berkeley, il travaille dans une radio locale puis chez un disquaire. Cinq fois marié, il a eu deux filles et un fils. Son œuvre est marquée par ses difficultés psychologiques – dépressions et tendances paranoïdes – et par son usage intermittent de drogues dont les amphétamines et le L.S.D. Puissante, cohérente et imaginative, elle exprime un doute permanent sur la réalité qui n'y est jamais ce qu'elle paraît. On peut la diviser en trois phases séparées de périodes de silence. De 1952 à 1955, il ne publie pas moins de soixante-treize nouvelles de science-fiction. De 1962 à la fin des années 70, il écrit un grand nombre de romans, dont ses œuvres majeures, *Le Maître du haut-château* [*The Man in the High Castle*, 1962], *Nous les Martiens* [*Martian Time-Slip*, 1964], *Le Dieu venu du Centaure* [*Three Stigmata for Palmer Eldritch*, 1965], *Dr Bloodmoney* [*Doctor Bloodmoney ; or, How We Got Along after the Bomb*, 1965], *Robot Blues* [*Do Androïds Dream of Electric Sheep*, 1968] qui inspira le film *Blade Runner, Ubik* (*) (1969), *Au bout du labyrinthe* [*A Maze of Death*, 1970], et *Substance mort* [*A Scanner Darkly*, 1977]. Durant la dernière époque, de *SIVA* [*Valis*, 1980] à sa mort, il abandonne pratiquement la science-fiction pour de vastes spéculations théologiques. Philip K. Dick est l'un des auteurs les plus originaux de la science-fiction américaine par son humour et son sens du tragique.

GÉRARD KLEIN.

RÉF. : *Le Livre d'or de Philip K. Dick*, présentation et biblio. de Marcel Thaon, Paris, 1979. – Lawrence Sutin, *Divine Invasions, a Life of Philip K. Dick*, New-York, 1989.

DICKENS Charles. Romancier anglais. Né à Landport, quartier de Portsmouth, le 17 février 1812, au lendemain d'un bal où avait dansé sa mère ; mort à Gadshill le 9 juin 1870. Son père, John Dickens, issu d'une famille de condition modeste mais non sans prétentions, était employé à la Trésorerie de la marine. Insouciant, sociable, jovial, il ne devait pas manquer d'agréments extérieurs. Il fut un père de famille désastreux mais un modèle admirable dont on reconnaîtra l'inefficience pompeuse, la lâcheté subtile et pittoresque en face des problèmes de la vie sous les traits d'un Micawber ou d'un Dorrit. Il avait conquis et épousé Élisabeth Barrow, qui venait de la plus haute bourgeoisie mais dont au demeurant le père, haut fonctionnaire du même service que son gendre, dut s'enfuir à l'étranger lorsqu'on eut découvert qu'il avait détourné des fonds considérables. L'étoffe ne manquait pas autour de lui à l'observation du futur romancier. Sa mère, qui fut au moins vaillante dans les désastres, mais à qui il ne voulut pas rendre justice, lui fournit avec son bavardage écervelé de quoi animer Mrs. Nickleby. Suivant les changements de service du père, la famille habita Londres, puis Chatham où l'optimisme de John l'installa dans une belle demeure à laquelle sont attachés les premiers souvenirs de David Copperfield. Enfant imaginatif et malingre (il eut longtemps des « crises » de nature incertaine), Charles fut abreuvé par sa nourrice Mary Weller de contes effroyables qui le hantèrent et qui correspondent à l'élément d'horreur de son œuvre. C'est à Chatham que Dickens découvrit dans un grenier Cervantès, Fielding, Smollett, *Les Mille et Une Nuits* (*). Il ne les lut pas seulement, il se les joua, en les situant dans tous les coins propices du petit paysage qui l'entourait. À huit ans, un romancier qui était aussi un acteur-né s'était découvert. Sa sœur Fanny fut la tendresse apaisante et le refuge de ces jeunes années. L'amour d'une femme devait tendre par la suite pour l'homme comme pour l'écrivain à tenter de rejoindre l'image idéale et parfaite de l'amour d'une sœur.

En 1823, John fut transféré aux bureaux de Londres. Criblé de dettes, il loua une pauvre maison du quartier excentrique de Camden Town. Charles ne fut pas remis à l'école mais partagea avec une petite souillon les soins du ménage. Fanny, brillante musicienne, était enlevée à la famille et sauvée. Charles, lui, était submergé par un désastre dont il ne parviendra jamais à surmonter le choc, qu'il tentera longtemps d'effacer de sa mémoire. Le jour de ses douze ans fut celui où sa mère accepta pour lui une place de commis à coller les étiquettes dans une fabrique de cirage. Elle était poussée par la plus pressante nécessité, mais il ne lui pardonna pas. Moins de quinze jours après, son père, insolvable, était incarcéré à la prison pour dettes de la Marshalesea, où il allait rester trois mois, bientôt rejoint, pour faire des économies, par toute la famille, sauf le petit travailleur. L'humiliation, l'attendrissement sur soi-même allaient envahir l'enfant pour jamais, et à la fois figer et corrompre ses valeurs. Il dut rester à ses propres yeux « le petit monsieur » parmi ses camarades de misère dont le plus affectueux, nommé Fagin, lui fournit le nom de l'abominable juif d'*Olivier Twist* (*), injustice à quoi l'on mesurera son horreur et son refus de cette période. Cette misère ne dura que trois mois. Ils parurent une éternité. Les rues de Londres dans lesquelles il fut alors jeté furent après l'étonnant cercle de famille et son abondance de « drôles de corps » la meilleure école du romancier. Toutefois la famille se réinstalla tant bien que mal et Dickens connut de nouveau les études dérisoires, les camaraderies, les persécutions d'une « Académie » où nous retrouverons David Copperfield. Notre amateur passionné de jeu théâtral y fit ses débuts sur les planches. On ne saurait trop y insister, l'œuvre de Dickens dans ce qu'elle a de plus caractéristique, de plus énorme et de plus fantastique, dans ses déformations prodigieuses du réel, sort des émotions excessives et des traumatismes de cette période critique, qui fixèrent toute une partie de la personnalité de Dickens dans les modes affectifs de l'enfance.

En 1827, Charles devient clerc de notaire. Surtout, il apprend la sténo, et à la fin de 1828 il devient sténographe de cet antre de légistes et chats-fourrés, Doctors' Commons, où il découvre toute une humanité nouvelle. Puis il devient reporter-sténographe au Parlement ; et à suivre les débats il est saisi d'un dégoût durable pour l'imposture de cette pseudo-démocratie qui n'est qu'un masque. Il tombe alors passionnément amoureux d'une ravissante et menue personne, fille d'un directeur de banque, Maria Beadnell. Une convenance psychanalytique est peut-être à l'origine de ce premier choix d'une femme-enfant au corps minuscule. Le souvenir de Maria passera directement à Dora Spenlow dans *David Copperfield* (*). On peut l'entrevoir dans bien d'autres figures féminines, ne fût-ce que sous cet aspect physique singulier et parfois pénible. Maria, dont le cœur est aussi exigu que sa taille, rejette un prétendant dont les cautions bourgeoises sont insuffisantes. Très affecté, il n'est pas arrêté pour si peu dans l'élan irrésistible qui du sténographe fait un journaliste, et du journaliste le chroniqueur dont les vivants tableaux de la vie quotidienne forment les deux volumes des *Esquisses de Boz* (*), son premier livre (1835). Il s'est trouvé une nouvelle menue beauté dans un trio de charmantes sœurs : Catherine Hogarth devient sa femme en 1836. En épousant Kate, Dickens avait acquis les droits d'une fraternité exigeante sur sa sœur Mary. Ce mariage d'impulsif en fut tôt affecté et gâté. Quand Mary mourut un an après, Dickens fut bouleversé et porta des années durant un deuil sentimental. Ce fut le second grand choc de sa vie, et il en garda le goût de mêler quelque crêpe à l'amour. Cependant la troisième sœur, Georgina, grandissait et, s'installant à son tour au foyer de l'écrivain, allait devenir l'influence féminine dominante sur sa vie.

Le succès des *Esquisses* fit commander à Dickens un livre sur un club de fantaisistes, qui fut *Les Papiers posthumes du Pickwick Club* (*). L'humour addisonien de Mr. Pickwick laissa d'abord indifférent le public qui ne fut conquis qu'à l'apparition, à la cinquième livraison (c'est ainsi que parurent les œuvres de Dickens, comme celles de Balzac), des figures plus astringentes et plus savoureuses de Sam Weller et de son père. Dès le moment que Dickens est lancé dans la littérature, il y prodigue son extraordinaire vitalité. En 1837, *Pickwick* et *Olivier Twist* (*), en 1838, *Olivier Twist* et *Nicolas Nickleby* (*) peuvent être sur le chantier à la fois. C'est le début de cette série d'énormes romans victoriens qui paraissent en librairie « complets en trois volumes » et qui ont l'épaisseur, le touffu, la complexité d'un monde. Cependant, à l'inverse d'un

Flaubert, « homme-plume », Dickens est un « homme-muscle » et un sanguin, et se jette dans une promenade à pied de vingt-cinq kilomètres, ou dans une furieuse chevauchée, dès qu'il ne peut plus tenir à son bureau. Cette création littéraire ne saurait être séparée de la découverte et d'une critique de plus en plus aiguë de l'état social. L'enfant a souffert, le sténographe a entendu, le romancier se souvient en même temps qu'il observe. Les torts cruels faits à l'enfance et surtout à l'enfance pauvre ou mal aimée, comme ils sont à sa propre origine, sont à ses yeux l'une des racines du mal social. Il les fait siens. D'un coup de cognée, il abat dans *Nicolas Nickleby* l'industrie criminelle des marchands de soupe des écoles du Yorkshire. Dans *Olivier Twist* c'est le work-house, l'ergastule où la loi de 1834 tient les pauvres en esclavage, à quoi il s'attaque. Sans une chance romanesque et qui déjà vient presque trop tard pour sauver une âme humiliée, douloureuse et flétrie, Olivier serait de la légion des enfants maudits pour qui la vie est sans espoir.

Olivier Twist est de 1838, *Nicolas Nickleby* de 1839. Un périodique projeté à l'imitation des essayistes du XVIIIe siècle, *L'Horloge de maître Humphrey* [*Master Humphrey's Clock*], tombe devant l'indifférence du public et devient par un prompt rétablissement (nul auteur n'eut contact plus intuitif avec son public ni ne sut mieux prendre le vent) *Le Magasin d'Antiquités* (*) (1840) où le personnage de la petite Nell, dont la mort inévitable bouleverse et déchire son auteur, reflète une rêverie, dominante chez lui, de pureté condamnée à la souffrance et à la mort dans un monde dont l'abomination est à la fois psychique et sociale, où les relations humaines sont profondément corrompues, où il devient évident que les forces dominantes du système nouveau, l'exploitation capitaliste avec ses machines, sont en train de créer un enfer (1841). Dickens tombe à cette époque sous l'influence de Carlyle dont l'idéalisme socialisant fonde en théorie son hostilité instinctive à une société inhumaine. Le roman historique de *Barnabé Rudge* (*) (1841), situé au temps des insurrections anti-papistes dites « Gordon Riots » de 1780 et qui oppose la simplicité du cœur populaire aux roueries des politiques et aux dépravations des grands, témoigne de ces influences carlyliennes.

En janvier 1840, Dickens s'embarquait pour les États-Unis, pays qui l'avait tour à tour fêté et vilipendé (lorsqu'il se fut mis à parler publiquement du mépris américain pour les convenances du copyright). Il espérait une démocratie, il trouve une société esclavagiste, brutale, cupide et férocement conformiste, au point d'annihiler toute individualité. C'est alors qu'il écrit les *Notes américaines* (+). À son retour, la troisième fille Hogarth, Georgina, est installée au foyer dans le rôle d'âme sœur. Elle y aura une succession d'auxiliaires ; l'avidité et l'instabilité sentimentales de Dickens vont croissant en effet. Kate est fermement confinée dans la fonction maternelle. Cependant, Dickens écrit *Martin Chuzzlewit* (*) (1843-1844) dont il a lui-même défini le thème : comment l'égoïsme se propage, et quel géant sinistre peuvent produire ses petits commencements. Le roman languit jusqu'à l'invention de Mrs. Gamp, l'inoubliable infirmière biberonne, mythomane et sentencieuse. Le héros expédié aux États-Unis, le roman s'interrompt pour devenir le procès de l'Amérique prise pour type de l'emprise diabolique de l'argent sur le cœur des hommes, qui en vérité devient l'un des grands sujets de Dickens. Mais la tartuferie britannique dans la personne de Pecksniff n'est pas dénoncée avec moins de violence : la piété chez Dickens est rarement édifiante. Le voyage de Dickens en Italie (1845 ; il passe par Paris où le milieu littéraire l'accueille chaleureusement) ne le détourne pas de la situation anglaise : c'est à Gênes qu'il écrit *Le Carillon* [*The Chimes*], celui de ses *Contes de Noël* où passe le souffle le plus véhément de révolte sociale. Une bonne partie de l'opinion se scandalise. C'est le moment par contre où Marx et Engels font son éloge. Dickens passe par une période de dépression, puis se lance de nouveau dans un grand roman qui marque un progrès dans son analyse de la vie morale : *Dombey et fils* (*) (1848). Dickens vit surtout sur le continent, et il respire avec joie l'air révolutionnaire qui souffle avant l'explosion de 1848. Ses lettres en témoignent vigoureusement. *Dombey,* c'est le capitalisme qui déraille, qui se laisse dévier vers la sécheresse du cœur et la stérilité d'une nouvelle arrogance de classe, qui s'entoure de haine, y compris celle de l'ancienne aristocratie dont il achète l'alliance. Par la dureté de la haine, la porte est ouverte aux traîtres de mélodrame. L'enfant à qui l'orgueil se transmettrait meurt ; l'enfant renié est sauvé par les simples.

Dickens reste obsédé par son enfance. Un projet d'autobiographie tôt abandonné, peut-être parce qu'il ne peut évoquer sans masque ses plus humiliants souvenirs, cède la place à *David Copperfield* dont la première livraison paraît en mai 1849. On peut y observer partout la déformation significative de la réalité dans des souvenirs « arrangés » qui se comportent comme des rêves, chaque personnage, chaque relation ayant pris figure de symbole. Le roman est trop autobiographique pour avoir une forme, mais peu d'œuvres littéraires ont su saisir et serrer d'aussi près la réalité bouleversante d'une enfance.

La Maison d'Âpre-Vent (*) (1853) est un livre inégal, gâté par l'insertion du journal d'Esther Summerson, une de ces femmes dont Dickens prétend situer la vie et le caractère sur le plan du drame sans être capable de leur donner une réalité, d'en faire autre chose que des figures de théâtre. Le symbole de la maison glacée domine les éléments humains de cette sombre histoire, où comme d'habitude Dickens dénonce à la fois l'erreur des institutions (ici des procédures judiciaires insensibles autant qu'inefficaces) et celle des hommes (ici les fausses valeurs et les mensonges d'une lady Dedlock reniant ce qui eût donné un sens à sa vie ; plus généralement la décadence de l'ancienne aristocratie foncière en face de l'avènement du capitalisme industriel).

Dickens est pour son temps un démocrate. Mais il n'échappe pas aux préjugés de sa classe, d'autant qu'après tout c'est une classe à laquelle il a *accédé* et qu'il faut bien marquer son appartenance. Les contradictions dont cette situation est la source se marquent dans *Hard Times* (1854) : *Dure Époque* plutôt que *Temps difficiles* (*), comme on le traduit d'ordinaire. Dickens y dénonce l'inhumanité commune au capitalisme d'exploitation et à l'idéologie utilitaire sur laquelle il s'appuie. Les raisonnements de Gradgrind comme les comportements de Bounderby fondent un monde de vilenies, de malheurs et de crimes. Dans une telle critique Dickens est à l'aise, comme pour opposer à toute cette destruction de l'homme les gens du cirque qui sont la spontanéité et la vie, la liberté et la joie, la bonté des cœurs simples. Mais il ne peut se résoudre à voir le conflit comme il est, ni les débuts du syndicalisme et la grève comme la force nécessaire de la classe où si souvent il situe les valeurs. Aux « agitateurs » il oppose la figure idéale, édifiante mais équivoque, de Stephen Blackpool.

En 1855, Maria Beadnell, qui avait repoussé son amour au moment où il émergeait de l'humiliation et de la misère, rentre dans sa vie. Elle lui a écrit. Tout se réveille en lui, il lui donne rendez-vous. La sylphide est devenue une grosse dame mûre et minaudière, adonnée, semble-t-il, aux liqueurs fortes. Il est écrasé, mais si sensible au grotesque de ces retrouvailles qu'il en fera un thème secondaire de *La Petite Dorrit* (*) (1857). Comme d'habitude, le conflit central du livre est à la fois psychique et social. Arthur Clennam bataille contre une marâtre qui appuie la cupidité, la haine et la cruauté sur une religion qui n'a de chrétienne que le nom. Mais il se bat aussi contre le bureau des Circonlocutions, c'est-à-dire la bureaucratie chargée de saboter tout espoir démocratique, et contre la haute finance, un capitalisme de voleurs dont Dickens fait ici, en la personne de Mr. Merdle, sa satire peut-être la plus violente, inspirée d'ailleurs d'un krach contemporain. Mr. Merdle est au pinacle de la société anglaise tandis que Mr. Dorrit bouffonne en prison. Un coup du sort enrichit Mr. Dorrit qui rejoint Mr. Merdle. Le scherzo relaie prestigieusement l'indignation. Tout est superbe dans ce livre, sauf les amours incroyables du héros et de la sainte lilliputienne, la petite Dorrit.

C'est en avril 1857 que Dickens rencontre une jeune actrice qui ne veut pas montrer ses jambes, Ellen Ternan. L'automne de la même année le trouve au paroxysme d'une passion qui ne connaît plus le décorum victorien. Il se sépare de sa femme en 1858. Ellen Ternan lui cédera, mais sans l'aimer. Pour la première fois, Dickens souffre profondément dans sa chair. Le reflet de cette souffrance passe dans *De grandes espérances* (*) (1861) et dans *L'Ami commun* (*) (1865), et donne un relief nouveau à ses caractères féminins et à ses relations de couples. *De grandes espérances* sont de grandes illusions. Dickens oblige son personnage, par une expérience cruelle, à y voir clair en lui-même et dans la vie, à se débarrasser de ses complaisantes rêveries de prestige. L'argent, qui métamorphose en un jeune gentleman bientôt étranger au peuple et au travail le petit apprenti, vient d'un forçat. Entre les bas-fonds et la surface dorée de la société, la communication apparaît directe, et c'est comme si nous étaient révélées les noires profondeurs de l'inconscient social.

Après ce roman, le prodigieux mécanisme vital de Dickens paraît s'altérer subtilement. L'énergie, le dynamisme semblent être remontés du centre à la surface. L'activité reste dévorante, mais c'est surtout désormais celle de l'acteur qui va de ville en ville en mimant avec une intensité passionnée ses grandes scènes. Des années durant, il a dirigé successivement deux magazines. Il a besoin de tous ces modes de contact, et aussi de tous ces moyens de gagner de l'argent. *L'Ami commun* est sa dernière œuvre complète. *Le Mystère d'Edwin Drood* (*), qu'il laisse inachevé lorsqu'il meurt d'épuisement le 9 juin 1870, semble montrer l'influence de son jeune ami Wilkie Collins dans la tension de l'intrigue. Ce n'est plus tout à fait du Dickens.

Nous avons vu les romans de Dickens, dont le problème apparent reste presque toujours celui de l'accession d'un être jeune ou d'un couple à la fortune et au bonheur, s'ouvrir graduellement sur le social et, malgré les incohérences et les contradictions, s'attaquer enfin dans des œuvres telles que *La Petite Dorrit* ou *L'Ami commun* aux fondements mêmes de la civilisation du profit. Par ailleurs, la sympathie est constante non seulement avec la misère des humbles, mais encore, mais surtout, avec leur dignité, leur vertu, leur recréation perpétuelle des valeurs vivantes. Certes, on trouve dans ces romans la mythologie rassurante qu'exige la bourgeoisie victorienne, mythologie du succès particulier en rapport avec l'expansion générale, pour laquelle dans un monde qui va vers le mieux il s'agit de combattre et de balayer toutes les influences rétrogrades, toutes les valeurs désuètes, oppressives, irréelles. Mais on y trouve aussi un symbolisme plus spontané et plus profond : pour n'en citer qu'un exemple, l'argent du jeune gentilhomme qui, dans *De grandes espérances,* venait d'un forçat, dans *L'Ami commun* vient des tas d'ordures du chiffonnier Harmon.

La structure des romans de Dickens est étrange au premier regard. Elle paraît divergente tant elle procède par élargissements successifs. Dès le début, deux ou trois intrigues, sans aucun rapport visible sinon la contiguïté ou la simultanéité, démarrent ensemble ; des personnages nouveaux arrivent sans cesse plus nombreux sur une scène véritablement panoramique ; et les convergences auxquelles il faut bien arriver ne sont pas toujours très convaincantes. Une énorme puissance créatrice maintient devant nous, ou plutôt autour de nous, le touffu de la vie. Sans règles, sans loi, sans souci d'une forme, il s'agit ici d'un grand art populaire ; cette composition est celle qui convient à ces figures hautes en couleur, à la fois rudimentaires et douées d'une vitalité magique, qui surgissent sans cesse autour d'un héros où nous voyons surtout une conscience sensible et perceptive.

Dickens n'est pas un réaliste s'il faut entendre par réalisme l'imitation mesurée de l'homme moyen dans la vie quotidienne. L'action comme les personnages sont constamment suspendus chez lui entre la farce et le mystère. On peut dire avec raison tout le mal possible du pathétique théâtral de Dickens qui n'a commencé que vers la fin de sa vie à pressentir la réalité des relations passionnelles, base des drames véritables. Mais il ne faut pas médire de son mélo qui cerne d'inquiétude la petite vie bourgeoise. C'est à ce mélo qu'il faut rattacher le personnage le plus prodigieux de l'œuvre de Dickens : Londres. Dickens doit à l'intensité sinistre de ces évocations comme à l'audace de ses scherzos d'être un grand romantique, maître d'un monde ambigu dont la réalité donne sans cesse sur le rêve.

JEAN-JACQUES MAYOUX.

♦ *« Il fait partie d'une grande famille spirituelle unie dans tous les pays. »* Engels. ♦ *« Il se déprécie à mes yeux lorsqu'il cherche à flatter son public par un déploiement de sensibilité facile. Dans l'atroce, il rejoint presque Dostoïevski ; et c'est alors que je le préfère. »* André Gide. ♦ *« J'ai toujours lu Dickens et relu sans aucune fatigue. J'avais le sentiment de m'instruire de ce qui importe. Depuis que j'ai appris à trouver mes idées dans les romans, j'ai pris bien au sérieux Dickens, qui, dressé, me paraît correspondre par ses étages à la structure humaine. C'est le seul à mes yeux qui, au lieu de me proposer des idées qu'il a inventées, me propose les miennes et les marque de chaos et de création. Je ne puis m'empêcher de le voir platonicien par ses voyages montants et descendants, par une couleur de purgatoire* (Le Magasin d'antiquités), *et par une adhérence remarquable des maisons aux personnages. »* Alain. ♦ *« Dickens se servait de la réalité et tendait à un effet romanesque ; Thackeray se servait du langage imprécis et des approximations ordinaires du romanesque et visait un effet réel. »* Chesterton. ♦ *« J'ai lu environ cent pages de Dickens hier... Tout est direct et coloré. Plutôt monotone ; et pourtant si abondant, si créateur : oui, mais pas hautement créateur : pas suggestif. Tout est posé sur la table. Rien qui soit capable de germer dans la solitude. Voilà pourquoi c'est si rapide et si attrayant. Rien qui fasse poser le livre et méditer. »* Virginia Woolf. ♦ *« En 1870, lorsque Dickens mourut et que, dans toutes les maisons anglaises, américaines, canadiennes, australiennes, on annonça cette mort aux enfants eux-mêmes comme un deuil de famille, on raconte qu'un petit garçon demanda : "M. Dickens est mort ? Est-ce que le Père Noël va mourir aussi ?" »* André Maurois. ♦ *« Que Dickens n'aurait-il fait, s'il avait osé ! »* Julien Green. ♦ *« Dickens reviendra toujours de son oubli, lorsque les hommes auront besoin de gaieté et lorsque, fatigués des tragiques tiraillements de la passion, ils voudront entendre, même dans les choses les plus effacées, la musique mystérieuse de la poésie. »* Stefan Zweig.

RÉF. : George Gissing, *Charles Dickens, a Critical Study,* Londres, 1898. – André Maurois, *Dickens,* Paris, 1935. – Alain, *En lisant Dickens,* Paris, 1945. – G. K. Chesterton, *Charles Dickens,* Stockholm-Londres, 1949. – S. Monod, *Dickens romancier,* Paris, 1953 ; *Charles Dickens*, Paris, 1958. – G. H. Ford, *Dickens and his Readers,* Londres, 1955. – John Forster, *The Life of Charles Dickens (1872-1874),* Londres, 1966. – P. Collins (éd.), *Dickens : The Critical Heritage,* Londres, 1971. – Jean Gattégno, *Dickens,* Paris, 1975. – Peter Ackroyd, *Dickens,* Londres, 1990 ; trad. 1993.

DICKINSON Emily. Poétesse américaine. Née le 10 décembre 1830 et morte le 15 mai 1886 à Amherst (Massachusetts). Considérée aujourd'hui comme l'un des plus grands poètes américains, elle n'eut pas droit à la reconnaissance littéraire de son vivant. À l'exception des onze poèmes parus dans des revues, et de ceux qu'elle adressa à ses proches, l'essentiel de son œuvre fut découvert à sa mort (sous forme de feuillets assemblés et cousus par elle en fascicules), et publié à partir de 1890 – v. *Poèmes* (*). Presque absente de la scène littéraire, elle fut également peu présente dans le théâtre de la vie. Son champ d'expérience fut limité, puisqu'elle ne s'éloigna d'Amherst que pour passer une année au collège de Mount Holyoke à South Hadley (1847-1848), ou lors de rares séjours, à Washington par exemple (1854), ou encore à Boston, où elle fit soigner ses yeux malades (1864 et 1865). À partir de cette date, il semble qu'elle n'ait guère quitté le cercle de cette petite communauté puritaine de Nouvelle-Angleterre, ni franchi le seuil de la maison familiale où elle disait tant se plaire – entre son père juriste et homme politique, admiré et craint, et sa mère plus effacée ; entre sa sœur Lavinia, qui ne partit jamais non plus, et son frère Austin, installé dans la maison voisine avec sa femme Susan, amie de cœur de la poétesse. Ainsi s'est écrite la légende de sa réclusion volontaire, partiellement confirmée par la lecture de sa correspondance, mais aussi enjolivée d'anecdotes invérifiables – la plus célèbre évoquant une silhouette fragile vêtue de blanc, entraperçue seulement par des visiteurs déconfits.

Le choix d'un certain retrait du monde est indéniable, et livre un signe essentiel, qui est à l'œuvre dans sa vie comme dans son écriture poétique : la mise à distance, l'ironie. À la relire au travers de ce désengagement fondamental, sa biographie se révèle plus complexe, ourdie de paradoxes. Ainsi, vivant au sein d'une congrégation de trinitaires rigoureux, elle refusa de se livrer à une conversion publique, et à cette adhésion religieuse opposa un « Non serviam ». Par ailleurs, tout en se déclarant pleinement américaine (elle signe même une lettre du nom d'« Amérique »), elle semble avoir vécu et écrit en dehors de la cité – ne donnant ainsi presque aucun écho à la guerre de Sécession. Mais à certains égards son retrait du monde fut peut-être moins absolu qu'il n'y paraît : tout en se dérobant aux nœuds du mariage, à ses yeux contraignants, elle adressa des lettres passionnées à divers correspondants masculins – dont le juge Otis P. Lord, avec lequel plusieurs de ses biographes lui prêtent une liaison tardive. De même sa correspondance avec l'homme de lettres T. W. Higginson (celui-là même pourtant qui déclara ses poèmes impubliables) lui permit de s'exprimer sur sa création. D'une manière générale, ses mille et quelques lettres infirment l'image de la femme « désengagée », révélant ses amitiés intenses, son chagrin des séparations et des deuils, et sa sympathie pour la douleur d'autrui. La fin de sa propre vie fut d'ailleurs marquée par des deuils répétés (son père en 1874, sa mère en 1882, son neveu Gilbert, mort à l'âge de huit ans en 1883, Otis P. Lord en 1884), dont elle souffrit cruellement sans pour autant se livrer à une mélancolie sans partage : si la pensée de la mort était déjà présente dans ses lettres de jeunesse, la drôlerie qui les caractérisait marque encore de son empreinte cocasse ses ultimes billets.

Secrète et expansive, grave et moqueuse, discrète mais audacieusement libre, sa personnalité est aussi complexe que l'espace réel de son expérience fut restreint. Selon Adrienne Rich « le génie se connaît toujours lui-même : Dickinson a choisi sa réclusion parce qu'elle savait qu'elle était exceptionnelle, et parce qu'elle savait ce qui lui convenait ». Ce choix d'artiste lui a permis de vivre en lisant et en écrivant : en lisant *La Bible* (*), Shakespeare et Dickens, ou encore Emerson, Hawthorne et Melville, et en écrivant, de l'âge de vingt ans jusqu'à sa mort, ces 1 775 poèmes. Au plus bref simples distiques, au plus long ballades d'une dizaine de quatrains, ces textes sans titre sont les multiples fragments d'une architecture poétique tout en ruptures et en reprises. Composée de poèmes-paysages, de scènes bibliques, d'élégies ou d'apostrophes, c'est bien cette suite poétique qui témoigne le mieux de « la vie secrète d'Emily Dickinson », qui fut une constante méditation sur les paradoxes du visible et de l'invisible, de la parole ou du silence – ceux de Dieu comme ceux du poète.

CHRISTINE SAVINEL.

RÉF. : A. Gelpi, *Emily Dickinson, The Mind of the Poet,* Cambridge (Mass.), 1965. – F. Delphy, *Emily Dickinson,* Paris, 1984. – B. St-Armand, *Emily Dickinson and her Culture,* Cambridge (Mass.), 1984. – C. Miller, *A Poet's Grammar,* Cambridge (Mass.) et Londres, 1987.

DICTYS de Crète. Auteur fictif se donnant comme un guerrier crétois qui aurait participé à la guerre de Troie et qui aurait raconté ses souvenirs en langue phénicienne. L'auteur latin des *Éphémérides de la guerre de Troie* (*), L. Septimius (IVe siècle de notre ère), prétend en effet qu'il se contente de traduire et d'adapter en latin une traduction grecque faite en 66 ap. J.-C. de ce récit phénicien, retrouvé par hasard par des bergers. Si l'on a bien mis à jour des fragments qui témoignent de l'existence d'une version grecque des *Éphémérides* (version anonyme composée probablement à la fin du Ier siècle de notre ère), il est assuré que l'« original » phénicien et son auteur Dictys sont de pures fictions littéraires inventées pour donner une couleur d'authenticité au récit.

OLIVIA RODARI.

RÉF. : Stefan Merkle, *Die Ephemeris belli Troiani des Diktys von Kreta,* Francfort, 1989.

DIDEROT Denis. Écrivain et philosophe français. Né à Langres, le 5 octobre 1713, de Didier Diderot, maître coutelier, et d'Angélique Vigneron, mort à Paris le 31 juillet 1784. Au moment de sa naissance, Montesquieu a vingt-quatre ans, Voltaire dix-neuf, Buffon six, J.-J. Rousseau un an. D'Alembert est de quatre ans plus jeune que Diderot. De 1723 à 1728, Diderot est élève au collège des jésuites de Langres. Le 22 août 1726, il reçoit la tonsure « par provision », un de ses oncles songeant à résigner éventuellement en sa faveur un canonicat. En avril 1728, Diderot s'en va poursuivre ses études à Paris (collège d'Harcourt ou Louis-le-Grand). Le 2 septembre 1732, il est reçu maître ès arts de l'université de Paris. Au cours des dix années suivantes son existence nous demeure assez obscure. Il fut, entre 1733 et 1735, clerc en l'étude du procureur Clément de Ris, Langrois d'origine. Pendant quelques mois, il exerça les fonctions de précepteur des enfants de Randon de Massane, receveur général des finances du Poitou. Dans ses *Mémoires*, Mme de Vandeul, sa fille, nous le dit « livré à lui-même, tantôt dans la bonne, tantôt dans la médiocre, pour ne pas dire la mauvaise compagnie » et n'ayant pour vivre « d'autre ressource que les sciences, qui lui méritaient la colère de son père ». C'est en 1741 qu'il fait la connaissance d'Anne-Antoinette Champion, de trois ans son aînée, qu'il épouse secrètement, le 6 novembre 1743. Depuis février 1742, Diderot est lié d'amitié avec Rousseau, rencontré au Café de la Régence. Au cours de la même année, il procure une traduction de l'*Histoire de Grèce* de Temple Stanyan, publiée chez Briasson, au printemps de 1743. Il collaborera, entre 1744 et 1748, avec Toussaint et Eidous, à la traduction du *Dictionnaire de médecine* de Robert James. Mais le premier ouvrage où Diderot exprime une pensée personnelle est son adaptation, accompagnée de *Réflexions* en notes, de l'*Essai sur le mérite et la vertu* de Shaftesbury (Amsterdam, 1745).

Le privilège d'une *Encyclopédie*, traduite de Chambers, mais « avec des additions », est signé par le chancelier d'Aguesseau, le 21 janvier 1746. Entre le vendredi saint et le lundi de Pâques de la même année, Diderot compose les *Pensées philosophiques* (*). L'ouvrage paraît avant l'été ; il est condamné, le 7 juillet, par un arrêt du parlement de Paris. La *Promenade du sceptique* est rédigée l'année suivante (publication en 1830). À l'instigation du curé de Saint-Médard, le lieutenant général de police Berryer est averti, le 20 juin 1747, par Perrault, l'un de ses subordonnés, que Diderot est « un homme très dangereux et qui parle des saints mystères de notre religion avec mépris ». Le 16 octobre, Diderot est chargé, avec d'Alembert, de la direction de l'*Encyclopédie* (*). Le roman des *Bijoux indiscrets* (*) paraît, anonymement, en janvier 1748. Quelques mois plus tard, Diderot donne ses *Mémoires sur différents sujets de mathématiques.* Il rédige *L'Oiseau blanc, conte bleu*, qui ne sera publié qu'en 1798. La *Lettre sur les aveugles à l'usage de ceux qui voient* (*), mise en vente au début de juin 1749 et commentée dans une lettre fameuse de l'auteur à Voltaire (11 juin), entraîne, le 24 juillet, l'arrestation de Diderot, qui est emprisonné au donjon de Vincennes. Dès le 21 août, il peut quitter sa cellule, mais demeure en résidence surveillée dans l'enceinte du château. C'est alors que le prisonnier reçoit la visite de J.-J. Rousseau, occasion de ce qu'il est convenu d'appeler « l'illumination » de Vincennes. Le 3 novembre, Diderot est remis en liberté. Rendu à ses travaux et ayant rompu avec Mme de Puisieux, dont, depuis 1745, il était l'amant, il se consacre à l'élaboration du tome premier de l'*Encyclopédie.*

En octobre 1750, le « Prospectus » de l'*Encyclopédie* est répandu dans le public. Le *Dictionnaire* va, dès lors, et jusqu'en 1766, être au centre des occupations et préoccupations de Diderot. Au début de l'année 1751 paraît la *Lettre sur les sourds et les muets.* Au même moment, Diderot écrit ses deux *Lettres au R. P. Berthier*, qui, dans le *Journal de Trévoux*, s'en était pris au « Prospectus » de l'*Encyclopédie.* Le 4 mars, Diderot recevait, avec d'Alembert, le diplôme lui conférant le titre de membre de l'Académie de Berlin. Une fois parus les tomes I et II de l'*Encyclopédie* (juillet 1751, janvier 1752) et après la soutenance, en Sorbonne, de la thèse de l'abbé de Prades, un arrêt du Conseil du roi ordonne, le 7 février 1752, la suppression du *Dictionnaire.* Cependant, dès le mois de mai, grâce à l'intervention de Mme de Pompadour et de quelques ministres, l'arrêt est tacitement rapporté. Diderot participe à la polémique qui se livre autour de l'abbé de Prades en rédigeant ses *Observations sur l'instruction pastorale de Mgr l'Évêque d'Auxerre* (3e partie de l'*Apologie de M. l'abbé de Prades*).

L'année 1753 est marquée par la naissance de Marie-Angélique Diderot, baptisée le 3 septembre en l'église Saint-Étienne-du-Mont. Avant que naquît Angélique, Diderot avait eu trois enfants, une fille morte en nourrice et deux fils, le premier emporté « d'une fièvre violente » à l'âge de cinq ans, le second victime d'un accident : « Il tomba des bras de la femme qui le portait, sur les marches de l'église où on allait le baptiser » (*Mémoires* de Mme de Vandeul). De la fin de la même année 1753 datent les *Pensées sur l'interprétation de la nature* (*) (on ne connaît, de cette première édition, qu'un exemplaire ; une seconde édition, fort augmentée, parut l'année suivante). C'est, semble-t-il, en 1755 que débutent les relations de Diderot et de Sophie Volland ; on sait qu'elles nous ont valu l'une des plus admirables correspondances de notre littérature – v. *Correspondance* (*) et *Lettres à Sophie Volland* (*). En février 1755, « seul de tous les gens de lettres », Diderot assiste aux funérailles de Montesquieu. En avril, il publie *L'Histoire et le secret de la peinture en cire.* Dans le tome V de l'*Encyclopédie* il donne, parmi beaucoup d'autres articles, celui qui s'intitule, précisément, « Encyclopédie ».

Au cours des années 1757 et 1758, Diderot se fait connaître comme auteur dramatique. Il publie d'abord (février 1757) *Le Fils naturel ou les Épreuves de la vertu* (*), suivi des *Entretiens avec Dorval.* L'œuvre ne sera jouée qu'en 1771. En 1758 paraissent *Le Père de famille* (*) (première représentation à Paris en 1761) et le *Discours sur la poésie dramatique* (+). Une réplique du *Fils naturel :* « Il n'y a que le méchant qui soit seul » est à l'origine de la brouille de Diderot avec Rousseau. La *Lettre à d'Alembert* (octobre 1758) devait consommer publiquement la rupture. En janvier 1759, le parlement de Paris condamne *De l'esprit,* l'*Encyclopédie* et les *Étrennes des esprits forts* (nouvelle édition des *Pensées philosophiques*). Jusqu'en janvier 1766, Diderot et Jaucourt mèneront à son achèvement l'*Encyclopédie*, dont les tomes VIII à XVII seront distribués, non sans difficulté d'ailleurs, après cette date. En novembre 1759, Diderot donne, dans la *Correspondance littéraire* de Grimm, son premier *Salon* Jusqu'en 1781, il en paraîtra huit autres. *La Religieuse* (*) est écrite en 1760 (publication, 1796), et c'est sans doute entre 1762 et 1764 que s'esquisse une première ébauche du *Neveu de Rameau* (*), remaniée vers 1773. Elle paraîtra, d'abord, dans la traduction de Goethe, en 1805, puis dans l'édition Brière (1821-1823). Le texte de cette édition est celui d'une copie fournie par Mme de Vandeul. Un manuscrit original du *Neveu* a été découvert et publié par Monval, en 1891. La vente de la bibliothèque de Diderot à Catherine de Russie contre 15 000 livres et une pension de 300 pistoles se place en 1765. L'année suivante, l'écrivain compose son *Essai sur la peinture* (*). Publié en 1795, dans la *Décade philosophique*, l'*Essai* fut traduit en allemand l'année suivante. Schiller et Goethe l'admiraient fort.

Les années 1769 à 1773 comptent parmi les plus fertiles quant à l'activité littéraire de Diderot. Du début de 1769 date la composition des *Regrets sur ma vieille robe de chambre* (publiés en 1772). En septembre de la même année, l'écrivain achève *Le Rêve de d'Alembert* (*) (publié en 1830). Pendant l'été de 1770, Diderot est à Langres et à Bourbonne. Il tente en vain une réconciliation avec son frère le chanoine et s'occupe du mariage de sa fille avec Caroillon de Vandeul. Il retrouve, à Bourbonne, Mme de Meaux et sa fille, Mme de Prunevaux. De ce moment datent l'*Entretien d'un père avec ses enfants* (*) et *Les Deux Amis de Bourbonne* (*) (publiés en 1773, à Zurich, en tête des *Contes moraux et nouvelles idylles* de Gessner). Le 1er octobre paraissent, dans la *Correspondance littéraire,* les *Observations sur Garrick ou les Acteurs anglais*, ébauche du *Paradoxe sur le comédien* (*). *La Pièce et le Prologue* est composée, probablement, en 1771. Totalement remaniée au cours des années suivantes, elle aboutit, en 1781, à *Est-il bon ? Est-il méchant ?* (*) (*La Pièce et le Prologue* a été publiée en 1821 ; *Est-il bon ? Est-il méchant ?* en 1834. On sait que Baudelaire admirait beaucoup cette dernière pièce.) Le 9 septembre 1772, Diderot marie sa fille. À la fin du même mois, il a achevé *Ceci n'est pas un conte* (*) (donné, en avril 1773, dans la *Correspondance littéraire*) et *Sur l'inconséquence du jugement public* (publié en 1796) – v. *Madame de la Carlière* (*). Le *Supplément au voyage de Bougainville* (*) (qui ne paraîtra qu'en 1796) date de la même année. Une première édition collective des *Œuvres* de Diderot paraît, en six volumes, à Amsterdam, chez Marc-Michel Rey. La rédaction du *Paradoxe sur le comédien* est de 1773. Remaniée encore en 1778, cette œuvre n'atteindra le public qu'en 1830. Il faut sans doute également situer à cette période la rédaction de *Jacques le Fataliste* (*) (publié en 1796 ; dès 1785, Schiller avait donné, dans la *Thalie*, une traduction allemande de l'épisode de Mme de la Pommeraye).

Au début de juin 1773, Diderot quitte Paris pour La Haye, d'où, par Dresde, il gagne la Russie. Il arrive à Saint-Pétersbourg le 8 octobre. Il y séjourne jusqu'au 5 mars de l'an suivant. De retour à La Haye, en avril, il y demeure jusqu'au début de septembre, puis regagne Paris. Au cours de cette période de voyages, Diderot prépare sa *Réfutation de l'ouvrage d'Helvétius intitulé l'Homme* (l'œuvre ne sera publiée au complet qu'en 1875) et annote la *Lettre sur l'homme* du philosophe hollandais Hemsterhuis (ce commentaire ne sera retrouvé qu'en 1964). À La Haye, en 1774, l'écrivain surveille l'édition française des *Plans et statuts des différents établissements ordonnés par l'impératrice Catherine II*, du maréchal Betzki (Amsterdam, 1775), tout en rédigeant ses *Observations* sur un projet de constitution (*Nakaz* en russe) de Catherine II (1re édition, très partielle, 1899, date où sont également publiés les *Mémoires pour Catherine II,* écrits pendant le séjour en Russie). Ses notes de *Voyage en Hollande* paraîtront en 1819. Il semble aussi qu'une partie des *Éléments de physiologie* ait été rédigée pendant le séjour à La Haye (les *Éléments* ne sont connus que depuis 1875). Le *Plan d'une université pour le gouvernement de Russie* est composé en 1775 (édition intégrale, 1875). C'est à cette époque que se rattache également l'*Entretien d'un philosophe avec la maréchale de* *** (*).

À partir de 1776, la production de Diderot se raréfie. Sa santé est devenue précaire. Il collabore cependant à l'*Histoire des deux Indes* de l'abbé Raynal (1re édition 1772, 2e 1774, 3e 1781), qui est un véritable manifeste contre le colonialisme et l'esclavagisme. Six mois après la mort de Rousseau, soit en décembre 1778, paraît l'*Essai sur Sénèque le philosophe* (l'édition princeps porte la date de 1779). Une seconde édition, en 1782, offre un texte considérablement remanié : *Essai sur les règnes de Claude et de Néron et sur les mœurs et les écrits de Sénèque* (*). En octobre 1783, d'Alembert meurt. Quatre mois plus tard, c'est le tour de Sophie Volland. Le 31 juillet 1784, Diderot s'éteint, dans cette demeure de la rue Richelieu où il s'était installé un an auparavant. Il est inhumé, le 1er août, en l'église Saint-Roch. Son gendre écrit à Caroillon de Melleville : « Les funérailles ont été distinguées et le convoi nombreux [...] Je me flatte que, comme tout l'appareil de la religion, jusqu'au prétendu confesseur, était à l'enterrement, les parents de Langres seront contents et même tranquilles. »

CHARLY GUYOT.

XVIIIe siècle. ♦ *« Tout est dans la sphère d'activité de son génie ; il passe des hauteurs de la métaphysique au métier d'un tisserand, et de là il va au théâtre. Quel dommage qu'un génie tel que le sien ait de si sottes entraves et qu'une troupe de coqs d'Inde soit venue à bout d'enchaîner un aigle ! »* Voltaire. ♦ *« C'est un gentil garçon, bien doux, bien aimable, grand philosophe, fort raisonneur, mais faiseur de digressions perpétuelles. Il m'en fit bien vingt-cinq hier, depuis 9 heures qu'il resta dans ma chambre jusqu'à 1 heure. Oh ! que Buffon est bien plus net que tous ces gens-là ! »* Président de Brosses. ♦ *« C'est un homme à oublier qu'il doit revenir ; le temps et l'espace sont devant lui comme devant Dieu : il croit être partout et être éternel. »* Abbé Galiani. ♦ *« C'est l'homme le moins capable de prévoir ce qu'il va faire ou ce qu'il va dire ; mais quoi qu'il dise, il crée et il surprend toujours. »* Grimm. ♦ *« C'était la tête la plus naturellement encyclopédique qui ait peut-être jamais existé... Ses idées étaient plus fortes que lui ; elles l'entraînaient, pour ainsi dire, sans qu'il lui fût possible ni d'arrêter ni de régler leur mouvement... Diderot conversait bien moins avec les hommes qu'il ne conversait avec ses propres idées. »* J.-H. Meister.

XIXe siècle. ♦ *« J'avais toujours été épris, non pas des opinions et de la manière de penser de Diderot, mais de sa manière d'écrire. »* Goethe. ♦ *« Je me suis mis, hier, à Diderot, qui m'enchante positivement et qui a mis mon esprit en branle jusqu'à son fond. »* Schiller. ♦ *« Ce sophiste spirituel fait des incursions dans le domaine de la critique avec une précipitation si désordonnée que la moitié de ses coups partent en l'air.* » Schlegel. ♦ « *Il était à la fois le plus vaste, le plus prompt et le plus fertile des esprits.* [Mais]... *l'homme, avec tous ses grands dons, avait plutôt un caractère féminin.* » Th. Carlyle. ♦ « *Diderot, c'est le paradoxe.* » Nisard. ♦ « *Cet énergumène a écrit de belles pages comme il arrive aux fous de faire de beaux rêves. Mais il a porté plus loin qu'aucun autre l'emphase et la jonglerie philosophiques.* » Geoffroy. ♦ « *Diderot ne possède pas ses idées, mais ses idées le possèdent ; il les subit, pour en réprimer la fougue et les ravages.* » Taine. ♦ « *La salamandre qui s'appelait Diderot, et qui vivait dans le feu de l'esprit, dans le feu du cœur, dans le feu de l'enthousiasme, dans le feu de la gaîté et dans le feu des larmes, dans tous les feux que l'homme, d'essence immortelle, puisse allumer sur la terre avec la torche sublime de ses facultés, s'y est consumée.* » J. Barbey d'Aurevilly. ♦ « *Quel homme, Diderot ! Voltaire est immortel et Diderot n'est que célèbre. Pourquoi ?... L'un est le dernier esprit de l'ancienne France, l'autre est le premier génie de la France nouvelle.* » E. et J. de Goncourt.

xxe siècle. ♦ « *Si Diderot rata ses tragédies bourgeoises, ce fut pour avoir voulu les faire vertueuses. Nul mieux que lui ne connut le pouvoir des intrigues lentes, implacables, des mensonges, des calculs.* » Jean Cocteau.

RÉF. : J.-A. Naigeon, *Mémoires historiques et philosophiques sur la vie et les ouvrages de Diderot*, 1821. – I. K. Luppol, *Diderot. Ses idées philosophiques*, Paris, 1936. – Fr. Venturi, *Jeunesse de Diderot (1713-1753)*, Paris, 1939. – Y. Belaval, *L'Esthétique sans paradoxe de Diderot*, 1950. – H. Dieckmann, *Inventaire du fonds Vandeul et inédits de Diderot*, 1951. – Ch. Guyot, *Diderot par lui-même*, Paris, 1953. – P. Vernière, *Spinoza et la pensée française avant la Révolution*, t. II, *XVIIIe siècle*, 1954. – R. Mortier, *Diderot en Allemagne entre 1750 et 1850*, 1954. – J. Mayer, *Diderot homme de science*, Rennes, 1959. – H. Dieckmann, *Cinq Leçons sur Diderot*, Genève, 1959. – J. Proust, *Diderot et l'Encyclopédie*, Paris, 1963. – R. Kempf, *Diderot et le roman*, Paris, 1964. – Y. Benot, *Diderot : de l'athéisme à l'anticolonialisme*, Paris, 1970. – J. Chouillet, *La Formation des idées esthétiques de Diderot*, Paris, 1973. – Y. Sumi, *Le Neveu de Rameau, caprices et logiques du jeu*, Tokyo, 1975. – M. Duchet, *Diderot et l'Histoire des deux Indes*, Paris, 1978. – P. Saint-Amand, *Diderot. Le Labyrinthe de la relation*, Paris, 1984. – A. Wilson, *Diderot, sa vie et son œuvre*, Paris, 1985. – G. Daniel, *Le Style de Diderot*, Genève, 1986.

DIEGO Gerardo. Poète espagnol. Né à Santander le 3 octobre 1896, mort à Madrid, le 8 juillet 1987. Après des études secondaires dans sa ville natale, en 1912, il suit un enseignement supérieur à Deusto sous l'égide de la Compagnie de Jésus, et compte Miguel de Unamuno parmi ses maîtres. Licencié ès lettres en 1915, il reçoit en 1918 le message du « créationnisme » du poète chilien Vicente Huidobro, alors à Madrid, tandis que la même année paraît dans la capitale un manifeste en faveur de l'« ultraïsme ». Se reconnaissant dans ce double courant, Gerardo Diego partage son existence entre sa tâche de professeur et ses publications poétiques. En 1922 paraît *Image* (*), et l'année suivante, alors que Diego est professeur au lycée de Gijón, *Soria, galerie d'images et d'effusions* [*Soria, galería de estampas y efusiones*], dont le titre évoque un recueil d'Antonio Machado et la ville de Soria où ont vécu les deux poètes. Ortega y Gasset, directeur de la *Revista de Occidente*, sollicite la collaboration de Gerardo Diego, et celui-ci publie dans ses pages *Manuel d'écumes* (*) en 1924, tandis que le recueil suivant, *Vers humains* (*) (1924-1925), lui vaut le Prix national de la poésie. À l'occasion du tricentenaire de la mort de Góngora, célébré avec éclat par les poètes de la génération de 1927, Gerardo Diego fait éditer par la *Revista de Occidente* son *Anthologie poétique en l'honneur de Góngora, de Lope de Vega à Ruben Darío* (1927). En 1929, il s'engage en faveur de la République, et la période politique qui s'ouvre, jusqu'à la Guerre civile, est très féconde pour le poète : *Anthologie* [*Antología*], une réimpression de ses œuvres échelonnées entre 1915 et 1932, et *Fables d'X et Z* [*Fábula de Equis y Zeda*, 1932], dans la tradition des « Fables mythologiques » de Góngora. En 1934, il épouse une Toulousaine et accomplit une mission culturelle aux Philippines. La Guerre civile le surprend en France, où il demeure jusqu'à la prise de Santander (1937). En 1939, il est nommé professeur à « l'Instituto Femenino Beatriz Galindo » à Madrid, poste qu'il occupe jusqu'à sa retraite en 1966. En 1941 paraissent *Anges de Compostelle* [*Angeles de Compostela*], *Alouette véritable* [*Alondra de verdad*]. Le poète effectue en outre de nombreux voyages en Europe et en Amérique, et devient membre de l'Académie espagnole de la langue en 1947. À partir de 1948, il assure la critique musicale au journal madrilène *La Tarde*. Pendant les deux décennies suivantes, il publie des recueils de poésie, où l'amour apparaît comme le thème constant : *Amazone* [*Amazona*, 1955], *Amour seul* [*Amor solo*, 1958], *Chansons à Violante* [*Canciones a Violante*, 1959], *Glose à Villamediana* [*Glosa a Villamediana*, 1961], *Sonnets à Violante* [*Sonetos a Violante*, 1962], *La Fondation de l'amour* [*La fundación del querer*, 1970]. *Le Cerisier et la Palme* [*El cerezo y la palma*], pièce représentée à Madrid en 1962, est une sorte d'« auto de Noël », qui lui vaut le prix Calderón de la Barca. En 1968 a lieu la commémoration de ses « noces d'or avec la poésie », et en 1974 il reçoit le prix international de la « Société des poètes français ». Le style et les thèmes de la poésie de Gerardo Diego se placent sous le signe de la continuité et d'une certaine fusion du « créationnisme » et de l'« ultraïsme ». Le premier courant, qui privilégie les différents niveaux de l'image, élude la ponctuation, sans supprimer totalement la rime ni le rythme, est évident dans *Biographie incomplète* [*Biografía incompleta*, 1953] et se teinte de surréalisme dans *Manuel d'écumes*. Le même syncrétisme peut être observé dans l'édition de 1974 intitulée *Poésie et Création*. *Vers divins* [*Versos divinos*, 1970] atteste la sublimation de l'amour. Mais à l'idéologie politique, absente chez Gerardo Diego, se substitue la notion de solidarité humaine internationale comme dans *Cantate à la jeunesse sur les droits de l'homme* (1972).

MARIE-FRANCE SCHMIDT.

DIEGO DE LANDA. Évêque et historien espagnol. Né à Cifuentes en 1524, mort au Yucatán, Mexique, en 1579. Membre de la noble famille des Calderones, il entre tout jeune au noviciat des franciscains, y montre une piété remarquable et dès cette époque implore de ses supérieurs l'autorisation d'être envoyé comme missionnaire dans les Indes occidentales. À vingt-neuf ans, en 1553, il devient « gardien » du couvent franciscain de San Antonio au Yucatán et, peu après, est nommé provincial de son ordre dans cette région. Apôtre fervent, protecteur des Indiens contre les excès des conquistadores, il leur donne également toute l'aide matérielle possible, leur distribuant des vivres au préjudice même de son couvent. Rentré en Espagne après avoir accompli l'exploration et l'évangélisation de la province, il prend la charge de « gardien » du couvent de San Antonio de Cabrera, mais sa réputation restait telle en Amérique que le Conseil royal des Indes demanda à l'empereur Charles Quint de nommer Diego de Landa évêque du Yucatan, ce qui fut fait en avril 1572. Il repartit alors pour le Mexique où il devait achever sa vie. On lui doit une *Relation des choses du Yucatan* (*) (1566), une des meilleures sources historiques pour l'étude de cette région et des survivances de la civilisation maya.

RÉF. : Francisco Molina Solis, *Historia del Yucatán durante la dominación española*, Merida de Yucatán, 1904.

DIERX Léon. Poète français. Né à Saint-Denis (île Bourbon, redevenue La Réunion depuis 1848) en 1838, mort à Paris le 11 juin 1912. Venu à Paris suivre les cours de l'École centrale, il s'y fixa tout à fait après un bref séjour dans son île natale, et occupa toute sa vie un modeste emploi bureaucratique qui lui procurait assez de loisirs pour qu'il refusât tout avancement. À de juvéniles *Aspirations* (1858) poétiques et à un recueil plus solide, *Poèmes et Poésies* (1864), succédèrent *Les Lèvres closes* (*) (1867). C'est abusivement, fût-ce avec sa douce complicité, que l'auteur de ce livre puissant et suave s'est trouvé rangé dans la troupe artificielle et disparate des « Parnassiens », sous le prétexte qu'il fréquentait beaucoup Leconte de Lisle, son compatriote créole, lui-même arbitrairement choisi comme chef de file, avec Gautier et Banville, par le rusé Mendès. Il suffit de lire l'admirable préface des *Lèvres closes* (supprimée, on ne sait pourquoi, de toutes les rééditions « corrigées » bien à tort) pour se convaincre de l'indépendance de ce disciple de Baudelaire et de ce précurseur de Verlaine : la modulation exquise et savante du *Soir d'octobre* : « Un long frisson descend des coteaux aux vallées... » préfigure les *Poèmes saturniens* (*) et *Sagesse* (*) ; rien n'y apparaît de la rigueur guindée, du stoïcisme impassible, de la manie historique et archéologique qu'une poignée de poètes tentait de mettre à la mode et que la poussée du symbolisme allait jeter, vingt ans plus tard, au magasin des accessoires inutilisables. Dierx fut d'ailleurs respecté comme un maître par les « jeunes » dans son âge mûr et sa verte vieillesse, au point d'être élu prince des poètes à la mort de Mallarmé (1898), lui-même successeur de Verlaine. Parmi les œuvres de Léon Dierx, il convient encore de citer l'harmonieux dialogue de *La Rencontre* (+) (1875), *Les Amants* (+) (1879) qui contiennent maintes pages d'une très prenante sensibilité — v. *Poésies* (*) de Dierx.

♦ *« Tête superbe : un 1830 blond. Toujours serré dans sa redingote. Sans gestes. Rieur et très rieur par instants. Grand fumeur de cigarettes. Il vit assez retiré, occupe un emploi à l'Instruction publique, fréquente les peintres, peint lui-même avec talent. N'est pas encore décoré ! »* Verlaine. ♦ *« Son bagage de poète est assez considérable. Il plane toujours, et sur des sommets inconnus des hommes. »* Émile Zola. ♦ *« On oublie l'œuvre* [...] *On la reprendra un jour, et, à travers ses beautés lentes, limpides et précises, on percera jusqu'au cœur et au cerveau de cet homme si particulier, en vérité unique par cette probité du rêve et du chant qui, sans concession et sans mélange, sans même qu'il eût vent, n'a appartenu qu'à lui. »* André Fontainas.

RÉF. : P. Verlaine, *Les Hommes d'aujourd'hui*, Paris, 1886. — P. Bourget, *Études et portraits*, t. I, Paris, 1888.— E. Noulet, *Léon Dierx*, 1925. — M. L. Camus-Clavier, *Le Poète Léon Dierx*, thèse, Paris, 1942.

DIEST Pieter van (Petrus Dorlandus). Chartreux flamand, auteur d'ouvrages édifiants. Né à Walcourt (Flandres) en 1454, mort à Zelem en 1507. Certains ont vu en lui l'auteur du *Miroir de l'éternel salut de Elckerlyk* — v. *Jedermann* (*) —, c'est-à-dire de cette « moralité » néerlandaise de l'extrême fin du XVe siècle qui, pour la première fois, porte au premier plan l'homme, lequel, tout à coup, se trouve en face de la mort, devant l'imminent jugement de Dieu. Christianius Ischynius, en effet, dans la traduction, sous le titre *Homulus* (1536), qu'il fit de cette moralité, déclara le *Miroir de l'éternel salut de Elckerlyk* œuvre d'un « Petri Diesthemii ». C'est la base, insuffisante en soi, de ladite identification.

DIETRICH Luc. Écrivain français. Né le 17 mars 1913 à Dijon (Côte-d'Or), mort le 12 août 1944 à Paris. Très tôt, il a connu la misère. Il a six ans quand meurt son père. À neuf ans, il est recueilli par un oncle qui le place dans l'asile de jeunes anormaux de Parray-Vaucluse, où il demeure deux ans. Il a dix-huit ans quand meurt sa mère. Il n'a ni métier ni fortune. Il écrit. En 1930, Luc Durtain préface son recueil de poèmes *Huttes à* *la lisière* (publié sous le nom de Luc Ergidé) et Jules Supervielle lui manifeste quelque intérêt. Il rencontre Rose (Arlette dans *L'Apprentissage de la ville*), une reine du « milieu » qui l'entretient. De 1932 à 1939, il vit parmi les truands, participe au trafic de la drogue. À dix-neuf ans, au parc Monceau, il a rencontré Lanza del Vasto, qui devient son ami et l'aide à s'exprimer. En Italie, Luc Dietrich fait l'expérience onirique qui donne naissance au *Livre des rêves. Le Bonheur des tristes* (*) attire sur lui l'attention de la critique. Soutenu par les conseils de Lanza del Vasto, il écrit *L'Apprentissage de la ville* (*) (1942). Luc Dietrich se lie avec Daumal, subit l'influence de Gurdjieff. Un recueil posthume, *L'Injuste Grandeur* (1951), rassemble *Le Livre des rêves* et des textes inédits. Luc Dietrich avait également composé avec Lanza del Vasto un petit volume intitulé, avec justesse, *Dialogue de l'amitié* (1947). Écrivain d'une qualité rare, c'était aussi un photographe original, comme en témoignent deux albums : *Terre* et *Emblèmes végétaux.*

♦ *« Depuis* Le Petit Chose *d'Alphonse Daudet et* David Copperfield *on a vu paraître bien des souvenirs d'enfance qui plaisent et émeuvent par quelque côté* [...] *Mais ce qui donne son caractère unique au* Bonheur des tristes, *c'est que l'auteur ne se souvient pas de son enfance mais y revient, y rentre, retrouve ses yeux, ses raisons, sa voix d'enfant, et l'émerveillement des choses vues pour la première fois, et le vertige de l'avenir inconnu, et l'hésitation aux bifurcations du destin comme si le choix restait ouvert. Ce ne sont pas des cendres remuées, c'est une tige qui bourgeonne à nouveau, c'est l'arbre qui se souvient de sa vie au nouveau printemps* [...] *Mais* Le Bonheur des tristes [...] *c'est encore une somme de pensée et de science enfantines ; les observations et réflexions du petit solitaire sur les feuilles, les cailloux, les fleurs, les poissons, sur le soleil, les eaux d'en bas et les eaux d'en haut, les étoiles qui donnent à boire aux plantes, sur le temps, Dieu, l'amour et la mort, forment une métaphysique et une cosmogonie sous-jacentes pour nous tous sans doute à la première révélation du monde, absentes pourtant, si je ne me trompe, de tous les autres récits d'enfance jusqu'à présent. »* Lanza del Vasto.

RÉF. : Michel Random, *Les Puissances du dedans*, Paris, 1966.

DIGBY sir Kenelm. Savant et philosophe écossais. Né le 11 juillet 1603 à Gothurst, dans le comté de Buckinghamshire, mort le 11 juin 1665 à Londres. Kenelm Digby perdit très tôt son père, sir Everard Digby, mort sur l'échafaud le 30 janvier 1606 pour avoir trempé dans le fameux « complot des poudres ». Il fit de brillantes études et se maria à vingt-deux ans, mais, sa mère s'étant opposée à ce mariage, celui-ci fut tenu secret jusqu'à fin 1626. Esprit aventureux, Digby arme, en 1627, deux navires avec lesquels – sous prétexte de recherches archéologiques sur les côtes de la Méditerranée – il « joue au corsaire » et va jusqu'à gagner, le 11 juin 1627, une bataille navale contre la flotte franco-vénitienne ancrée à Scanderoon. Rentré à Londres, Digby, qui est lié avec Ben Jonson, rassemble dans sa résidence les meilleurs esprits du temps. Les mémoires de l'époque nous dépeignent Digby sous les traits d'un brillant causeur, très versé dans les sciences ainsi que dans celles que l'on appellerait aujourd'hui les sciences « paranormales ». Ses opinions, tant en matière de politique qu'en matière de religion, sont difficilement décelables. Bien qu'officiellement catholique, dans sa *Conversation avec une dame concernant le choix d'une religion* [*A Conference with a Lady about Choice of a Religion*], livre publié à Paris en 1638, il professe l'opinion que l'Église doit permettre une entière liberté d'opinion dans les questions dogmatiques mineures, mais qu'elle doit faire preuve d'une transmission ininterrompue de l'autorité pastorale, seule garantie de salut pour ses membres. Arrêté par ordre du Parlement au début de 1642, il est relâché sur intervention de Henriette-Marie de France, mais, banni de son pays, il doit chercher refuge en France. C'est à Paris qu'il compose ses principaux traités philosophiques : *Des corps* [*Of Bodies*] et *L'Immortalité de l'âme* [*The Immortality of Man's Soul*], publiés en 1644. Les royalistes anglais l'envoient, en 1645, à Rome, où il obtient pour eux, du pape Innocent X, douze mille couronnes d'or. Ces tractations ne l'empêchent pas d'être en relation avec Cromwell, dont il obtient l'autorisation de rentrer en Angleterre. Ami de Descartes et de tout ce que la France d'alors compte comme esprits scientifiques indépendants, Kenelm Digby voyage beaucoup et donne des séries de conférences dans des centres universitaires, tels que Toulouse (1656) et Montpellier (1658). La conférence qu'il prononça à Montpellier fut imprimée la même année sous le titre : *Discours fait en une célèbre assemblée touchant la guérison des playes* (+).

RÉF. : Longueville, *The Life of sir Kenelm Digby*, Londres, 1896. – Robert Amadou, *La Poudre de sympathie*, Paris, 1953. – R. T. Petarsson, *Sir Kenelm Digby*, 1956.

DI GIACOMO Salvatore. Écrivain italien. Né à Naples le 12 mars 1860, mort à Portici, le 4 avril 1934. Passant des études médicales au journalisme, puis délaissant la plume du chroniqueur « Salvador » pour la calme existence de bibliothécaire, il fut attiré, dans le monde littéraire napolitain de sa jeunesse – monde non sans grandeur puisque à côté de celui de Gabriele D'Annunzio, hôte de passage, on trouve aussi les noms de Scarfoglio et de Matilde Serao –, par la formule vériste, autrement dit naturaliste. Il y adhère toutefois avec une modération qu'il exprime lui-même en se définissant comme un « vériste sentimental ». À une biographie peu mouvementée répond la vie intérieure riche, parfois passionnée qui se reflète en certains poèmes de sa maturité. Ses premiers recueils de vers napolitains : *Sonnets* [*Sonetti,* 1884],

La Boutique verte [*'O munasterio,* 1887], *Le Père Munacella* [*Zi' Munacella,* 1888], *À San Francisco* (1895), furent en grande faveur même hors de Naples, mais à titre de poésie dialectale, alors très appréciée. Ce n'est qu'après l'admirable recueil *Ariettes et Sonnets* [*Ariette e Sunette,* 1898], auquel fera écho, formant pendant, celui des *Chansons et ariettes nouvelles* [*Canzone e ariette nove*] en 1916, avec, entre eux, la première édition par Ricciardi des *Poésies,* que la critique trouva en Di Giacomo une des plus hautes expressions de la poésie italienne contemporaine. Se dégageant du réalisme et tendant à la musicalité, Salvatore Di Giacomo parvint au sommet de son œuvre narrative : *Nouvelles napolitaines* [*Novelle napoletane*], *Dans la vie* [*Nella vita*], et théâtrale : *Assunta Spina* (*), *Le Mois de Marie* [*'O mese mariano*], même là où le souci de réalisme semble reprendre le dessus. Le meilleur de son œuvre érudite, consacrée en majeure partie à la vie théâtrale et musicale, est représenté par la *Chronique du théâtre San Carlino* [*Cronaca del teatro San Carlino,* 1891] et par *Célébrités napolitaines* [*Celebrità napoletane,* 1896] ; *Naples : figures et localités* [*Napoli : figure e paesi,* 1909] et *Lumières et ombres napolitaines* [*Luci ed ombre napoletane,* 1914].

GINO DORIA.

DIKTONIUS Elmer. Poète finlandais d'expression suédoise. Né et mort à Helsinki (20 janvier 1896-25 septembre 1961). Fils d'un prote, il quitta l'école à seize ans pour se consacrer à la musique. Il jouait de la flûte, composait et donnait également des leçons. C'est ainsi qu'il eut comme élève Otto Kuusinen, futur chef des « rouges » dans la guerre civile de 1918 et dirigeant du parti communiste finlandais. Celui-ci eut une influence décisive sur la formation politique et littéraire de Diktonius et l'aida – après un concert au cours duquel il avait présenté ses propres compositions, qui firent scandale – à composer son premier recueil de poésies, *Mon poème* [*Min dikt,* 1921], commençant par le fameux poème « Le Jaguar » qui est considéré comme le coup d'envoi du « modernisme ». C'était aussi, en quelque sorte, un programme : la brutalité, le dynamisme comme condition de vie. Il fut repris dans *Chants durs* [*Hårda sånger*, 1922]. C'est à cette époque que Diktonius fit la connaissance d'Edith Södergran et de Hagar Olsson et qu'ils fondèrent la revue éphémère, mais capitale dans l'évolution de la littérature nordique, *Ultra.* L'année suivante, paraissait *Mer jeune* [*Ungt hav*, 1923] contenant, entre autres, les premières traductions de Sandburg, Edgar Lee Masters et Ezra Pound. Diktonius entrait en même temps au journal *Arbetarbladet* – social-démocrate – comme critique. Dans les recueils *Flammes pointues* [*Taggiga lågor*, 1924] et *Charbon* [*Stenkol*, 1927] entre un élément social nouveau. De ces années date aussi la prose nonchalante d'*Onnela* (1925), chantant le charme de la campagne finlandaise, et le petit récit *Jeanne Kubik, une gravure sur bois en paroles* [*Janne Kubik, ett träsnitt i ord,* 1932], mettant en scène un soldat rouge. C'est aussi un soldat communiste, Eemeli-le-rouge, qui est le héros du cycle de ballades que contient *Fort mais sombre* (*) (1930) – qui par ailleurs marque une évolution de la poésie explosive et brutale vers un certain mûrissement, perceptible dans *Tendresse terrestre* [*Jordisk ömhet,* 1938] et *Pressentiment* [*Varsel,* 1942], et également dans la prose, mêlée de poésie, de *Terre et Nuages* [*Mull och moln*, 1934]. Le recueil *D'herbe et de granit* [*Gräs och Granit,* 1936] réunit un choix de poèmes antérieurs et des poèmes nouveaux. Avec *Citoyens de la République finlandaise* [*Medborgare i republiken Finland*], publié en plusieurs recueils (1935-1940), Diktonius invente une forme nouvelle, entre le poème en prose, le portrait et la nouvelle. On en retrouve l'écho dans les pièces en prose de *Sauna automnal* [*Höstlig bastu,* 1943]. Après la guerre, il a publié les recueils *Autrement* [*Annorlundo*, 1948] et *Printemps en novembre* [*Novembervår*, 1951] ainsi qu'un recueil en finnois : *Kirjaimia ja kirjavia* [*Lettres et Bariolages*, 1956]. Sa critique musicale a été publiée dans *Opus 12* (1933).

CARL GUSTAF BJURSTRÖM.

DILTHEY Wilhelm. Philosophe allemand. Né à Biebrich (Rhénanie) le 19 novembre 1833, mort à Siusi (Tyrol autrichien, de nos jours province de Trente), le 3 octobre 1911. Fils d'un pasteur-doyen de l'Église réformée, on l'avait dirigé vers la carrière ecclésiastique, traditionnelle dans sa famille, et il fréquenta la faculté de théologie. En 1853, il commença à suivre des cours à l'université de Berlin où il eut pour maîtres, parmi d'autres, Trendelenburg et Ranke ; diplômé à vingt-quatre ans, il devint, deux ans plus tard, professeur à l'université de Bâle. Pendant cette période de son existence, sous l'influence du climat positiviste qui dominait dans la philosophie allemande, il étudia l'optique de Helmholtz et la psycho-physique de Fechner. Ses goûts et sa curiosité se développèrent avec une prodigieuse rapidité : il se tourna vers les recherches psychologiques et vers les études historiques et littéraires. Il professa successivement dans les universités de Kiel et de Bratislava, puis, en 1882, il occupa la chaire où Lotze avait enseigné à l'université de Berlin ; il demeura dans cette ville jusqu'à sa mort, mais, durant ses dernières années, ayant quitté l'enseignement, il recevait chez lui un groupe de disciples intimes. En 1867, Dilthey avait publié une *Vie de Schleiermacher* [*Das Leben Schleiermachers*] et, en 1883, parut le premier volume de son *Introduction à l'étude des sciences humaines* (*). Dans cette œuvre, Dilthey cherchait à assurer une « indépendance de méthode » aux sciences de l'homme ou sciences de l'esprit. Cette distinction entre sciences de la nature et sciences de l'esprit, introduite par Dilthey, aura d'énormes répercussions qui ne sont pas encore closes. Les sciences de l'esprit ont pour objet l'homme et les comportements humains ; il est possible, pour Dilthey, en face du monde humain d'adopter une attitude de « compréhension par l'intérieur », alors qu'en face du monde de la nature, cette voie de pénétration est totalement fermée. Les moyens nécessaires à la compréhension du monde historico-social peuvent être, de cette façon, tirés de l'expérience psychologique même, et la psychologie, de ce point de vue, est, pour Dilthey, la première et la plus élémentaire des sciences de l'esprit, à la base de toute construction ultérieure. L'expérience immédiate et vécue en tant que réalité unitaire [*Erlebnis*] est le moyen qui permet de saisir la réalité historique et la réalité humaine sous leur forme concrète et vivante.

Dans ses essais intitulés *Études sur le fondement des sciences de l'esprit* (+) et *Théorie des conceptions du monde* (*), Dilthey soumettait à une analyse rigoureuse le concept d'*Erlebnis* et prévoyait de préciser de nouveau par la suite la distinction entre sciences de l'esprit et sciences de la nature. Dans son essai, daté de 1907 et intitulé *L'Essence de la philosophie* [*Das Wesen der Philosophie*], Dilthey en vient à affirmer la faillite de la philosophie en tant que métaphysique. À une philosophie métaphysique qui prétend se poser comme image compréhensive de la réalité et ramener tous les aspects de la réalité à un unique principe absolu, Dilthey oppose une philosophie qui, reconnaissant qu'elle est historique et relative, se propose d'analyser les comportements humains et de clarifier les structures du monde dans lequel vit l'homme comme une des structures qui constituent une civilisation, et le travail de l'historien est précisément de saisir les rapports qui, dans une société donnée, relient les différentes manifestations du monde culturel. Ce sont sur ces postulats de caractère théorique que sont fondées les principales œuvres historiques de Dilthey, telles que *L'Analyse de l'homme* (*), *L'Histoire de la jeunesse de Hegel*, les *Études sur l'histoire de l'esprit allemand*. La pensée de Dilthey a eu une profonde répercussion sur la culture philosophique européenne : l'œuvre de Heidegger se réclamera ouvertement d'elle, tandis que certains thèmes caractéristiques de sa pensée trouveront de très vastes développements chez Meinecke, Simmel et Weber. Parmi ses ouvrages de moindre importance, signalons les études rassemblées sous le titre *Le Monde de l'esprit* (*).

PAOLO ROSSI.

♦ *« Aucun historien peut-être n'a plus profondément pénétré l'esprit des différents systèmes métaphysiques que Dilthey. Il les comprend, pour ainsi dire, par le dedans, et rien dans leur formation ne lui paraît arbitraire. Mais dès que l'on pose la question de la vérité, il semble que tout ne soit plus qu'un mirage... Ce philosophe qui se double d'un historien nous semble toujours, en effet, devoir manquer de foi dans ses idées. Car à peine se hasarde-t-il à les formuler que l'historien entre en scène et lui demande s'il croit vraiment que ce dont il est peut-être convaincu en ce moment puisse résister au temps. Il ne saurait plus l'affirmer depuis que l'attitude qu'il a prise en face de l'univers ne lui apparaît plus que comme une des attitudes possibles dont il a reconnu l'infinie variété et l'égale valeur... C'est en quelque sorte à une philosophie de la philosophie, ou mieux encore, à une philosophie des philosophies qu'aboutit la pensée de Dilthey. L'esprit humain n'apprend à se connaître qu'à travers l'évolution des siècles et en passant par toutes les possibilités qu'implique sa nature. Ou, pour parler plus exactement, sans pouvoir jamais se connaître il apprendra à mieux se comprendre, à mesure qu'au cours des siècles il se sera vu sous ses différentes faces. »* Bernard Groethuysen. ♦ *« En un sens, Dilthey veut dépasser, comme Husserl, la* Weltanschauung, *la conception du monde qui traduit la pensée individuelle et rassemble, en une vision originale, les résultats provisoires des sciences et les données permanentes de la situation humaine. Mais parce que la vie est première, parce que l'homme ne se connaît qu'au travers de ses œuvres, cette philosophie des philosophes n'est qu'une histoire. Par suite, non seulement elle n'atteint ni au système ni à la totalité, mais elle risque de glisser elle aussi dans la relativité, car la science du passé, la saisie objective des conceptions du monde se déroule dans le temps, elle est à son tour partielle et provisoire, elle est historique, bien qu'elle élargisse les perspectives et enrichisse l'existence vécue par la participation à d'autres existences connues ou rêvées. »* Raymond Aron.

RÉF. : B. Groethuysen, *Introduction à la pensée philosophique allemande depuis Nietzsche*, Paris, 1926. – N. Baring, *W. Diltheys Philosophie der Geschichte*, Buckebourg, 1936. – J. Meurers, *W Diltheys Gedankenweit und die Naturwissenschaft*, Berlin, 1936. – Tazerout, *L'œuvre de Dilthey*, Paris, 1938. – R. Aron, *Essai sur la théorie de l'histoire dans l'Allemagne contemporaine*, thèse, Paris, 1938. – E. Pucciarelli, *Introduccion a la filosofia de Dilthey*, La Plata, 1938 ; *La psicologia de Dilthey*, La Plata, 1938. – G. Misch, *Vom Lebens und Gedankenkreis W. Diltheys*, Francfort-sur-le-Main, 1947. – J. Habermas, *Connaissance et intérêt*, Paris, 1976 – S. Mesure, *Dilthey et la fondation des sciences historiques*, Paris, 1990.

DIMITROVA Blaga. Poète et écrivain bulgare. Née le 2 janvier 1922 à Byala Slatina. Depuis les années 60, elle occupe une des premières places dans la vie artistique et intellectuelle bulgare. C'est le premier écrivain qui ait osé dire la vérité sur le mécanisme et les conséquences du culte de la personnalité dans le roman *Visage* [*Litse*, 1981]. Déjà pendant les années 60, elle avait fondé la prose moderne de synthèse avec ses caractéristiques propres : montage cinématographique, strates temporelles, libre jeu d'associations, rôle important de l'inconscient, rétrospection : *Voyage vers soi* [*Patouvane kam sebe si*, 1965] ; *Déviation* [*Otklonenie*, 1967]. Ce sont des œuvres qui analysent les rapports entre l'individu et la société, et qui mettent au centre de la quête existentielle le désir de percevoir le sens de la vie – v. *Avalanche* (*) (1971). À partir des années 60, la poésie acquiert, elle aussi, de nouveaux accents. Elle prend une dimension philosophique : *Instants* [*Migove,* 1968] ; *Comment* [*Kak,* 1974]. Les antagonismes, l'angoisse et la solitude sont interprétés grâce à des associations complexes, afin de traduire le rêve d'harmonie dans une société totalitaire. Peu à peu, le scepticisme et la mélancolie gagnent sa poésie qui par le refus de la versification, l'emploi des aphorismes et des néologismes prend un aspect plus prosaïque : *Espace* [*Prostranstva,* 1980]. Les thématiques sociale, politique et philosophique mettent en relief la nostalgie de l'authenticité et l'indignation contre la déformation de l'esprit.

ÉLÉNA FOULLIARON.

DIMOV Dimităr. Écrivain bulgare. Né à Lovetch (Bulgarie) le 25 avril 1909, mort à Bucarest (Roumanie) le 1er avril 1966. Fils d'officier, il perd tôt son père, qui périt sur le front de la guerre interalliée balkanique de 1913. Après avoir achevé ses études de médecine à l'université de Sofia, Dimov travaille comme médecin jusqu'en 1939, date à laquelle il commence une carrière scientifique et pédagogique, couronnée par plus de vingt publications. Il publie, en 1938, son premier roman, *Le Lieutenant Bentz* [*Poroutchik Bentz*], inspiré par la guerre de 1914-1918. Son deuxième roman, *Âmes condamnées* [*Ossadeni doushi,* 1945], se situe en Espagne, lors de la guerre civile de 1936. L'amour et l'admiration d'une jeune femme anglaise pour un jésuite espagnol, la lutte contre le choléra qui sévit dans le pays sont au centre du roman. C'est avec son troisième roman, *Le Tabac* (*) (1951), que Dimov s'affirme comme un des meilleurs romanciers bulgares. Le livre est un document sur les années 40 en Bulgarie. Sur une vaste toile sont dépeintes toutes les couches sociales d'une ville provinciale, productrice de tabac. Sur ce fond est décrite l'ascension sociale d'un fils de professeur de lycée, Boris Morev, qui devient le président d'un puissant cartel d'exportation de tabac. Au centre du récit se trouve Irina, la femme qui partage la vie de Boris, sans pour autant partager ses ambitions démesurées.

Dimităr Dimov est également l'auteur de quelques pièces de théâtre : *Des femmes au passé chargé* [*Jeni s minalo,* 1960], *En repos à Arco Iris* [*Potchivka v Arko Iris,* 1962], etc.

ANTONIO PÉEVA.

RÉF. : D. Talev, S. Minkov, *Dimităr Dimov v spomenite na săvremennicite si,* Sofia, 1973. – V. A. Zacharževskaja, *Dimităr Dimov,* Kiev, 1978. – L. Georgiev, *Dimităr Dimov,* Sofia, 1981. – E. Ivanova, *Stranici ot Žiznenija i tvorčeskija păt na Dimităr Dimov,* Sofia, 1981. – N. Dospevska, *Poznatijat i nepoznat Dimităr Dimov,* Sofia, 1985.

DINARQUE. Orateur grec. Né à Corinthe vers 360 av. J.-C. et mort vers 290. Métèque, il devient un logographe assez estimé à Athènes après la mort d'Alexandre le Grand (323) sous le gouvernement promacédonien. À la chute de celui-ci (307), Dinarque part en exil à Chalcis (Eubée). Il n'en reviendra que quinze ans plus tard, en 292, sur intervention de Théophraste qui fut son maître de rhétorique.

Des soixante (Denys d'Halicarnasse) à soixante-quatre (Caecilius de Calè Actè) discours attribués à Dinarque dans l'Antiquité, trois seuls nous sont parvenus, qui, tous, se rapportent au procès d'Harpale : *Contre Démosthène ; Contre Aristogiton ; Contre Philoclès* — v. *Discours* (*). Ces personnages sont, à divers titres, suspects de corruption.

Pour l'Antiquité, Dinarque est l'imitateur de son grand adversaire Démosthène, dont il ne rejoint d'ailleurs ni la force de l'argumentation ni l'art de la composition stylistique. Néanmoins, si sa langue est maladroite, alourdie de périphrases et de figures rhétoriques, la technique de ses *Discours* ainsi que sa fécondité lui ont valu une place dans le canon des orateurs antiques.

TERPSICHORE ARGYROU.

RÉF. : M. Nouhaut, L. Dors-Méary, *Discours de Dinarque,* Paris, 1990.

DINESCU Mircea. Poète roumain. Né le 11 novembre 1950 à Slobozia, petite ville à l'est de Bucarest, dans une famille d'ouvriers. Suit les cours du soir pour devenir journaliste et commence à publier très jeune. Il a vingt et un ans seulement lorsque paraît son premier recueil de poésie dont le titre, comme toujours dans la littérature roumaine de cette période, est déjà tout un programme : *Invocation à personne* [*Invocaţie nimànui,* 1971]. Tout en collaborant à diverses revues littéraires, *Románia Literarà* et *Luceafàrul,* il se consacre presque exclusivement à la poésie et fera paraître en une dizaine d'années une dizaine de plaquettes, ce qui est à la fois beaucoup, si l'on songe à la jeunesse de ce Rimbaud roumain (le poète français donnera même son titre à l'un de ses derniers volumes), et peu, comparé à la moyenne de publication poétique de la période. Cette production concentrée, intensive, sera très rapidement couronnée. Pour la plaquette *Le Propriétaire de ponts* [*Proprietarul de poduri,* 1976], Mircea Dinescu se verra décerner deux prix de grand prestige alors, le prix de l'Union des écrivains et le prix de l'Académie. On sent, malgré cette consécration officielle, à travers les seuls titres vigoureux et provocants de Mircea Dinescu, gronder une constante, joyeuse et triste révolte : *Élégies du temps où j'étais plus jeune* [*Elegii de cînd eram mai tînàr,* 1973], *À votre disposition* [*La dispoziţia dumneavoastrà,* 1979], *La Terreur du bon sens* [*Teroarea bunului-simţ,* 1980], *La Démocratie de la nature* [*Democraţia naturii,* 1981], *Exil sur un grain de poivre* (*) (1983), *Rimbaud le négociant* (*), (1985). Son livre *La mort lit le journal* [*Moartea citeşte ziarul*], interdit de publication, paraîtra d'abord à l'étranger avant d'être publié en Roumanie en 1990 et de se vendre à plus de deux cent mille exemplaires. Il faut dire qu'entre-temps Mircea Dinescu est devenu un symbole de la résistance intérieure déclarée, courageuse sinon téméraire, à la dictature totalitaire de Ceauşescu. Au mois de mars 1989, il donne une interview fracassante au journal *Libération* et enfreint délibérément les plus terribles tabous de l'époque en mettant nommément en cause le couple dirigeant. Cela lui vaut d'être ostracisé dans son propre pays, d'être mis au ban de l'Union des écrivains et assigné à résidence. Depuis 1977 et l'acte courageux de révolte de l'écrivain Paul Goma, c'est la première fois qu'un intellectuel important brise le silence de l'intérieur. Du mois de mars au mois de décembre 1989, Mircea Dinescu, isolé par la peur dans sa propre maison, affronte dans une lutte inégale la terreur qui s'abat sur la Roumanie. Le 22 décembre, c'est lui qui annonce à la télévision roumaine libérée la fuite des dictateurs et le début d'une ère nouvelle. Immédiatement porté à la présidence provisoire de l'Union des écrivains, il fait figure, dans le pays comme à l'étranger, de porte-parole moral de la révolution. Il sera élu ensuite à une très large majorité président de cette même Union dont il désire faire quelque chose de plus qu'un simple syndicat, un foyer dynamique de culture. Devenu célèbre à l'étranger depuis sa prise de position politique du 17 mars 1989, Mircea Dinescu va être enfin traduit en Occident. Là encore il est un symbole, celui de l'impossibilité, pour un écrivain roumain, d'être découvert seulement pour ce que son œuvre a de meilleur.

JEAN-LOUIS COURRIOL.

DINIS da Cruz e Silva António. Poète portugais. Né à Lisbonne le 4 juillet 1731, mort à Rio de Janeiro (Brésil) le 5 octobre 1799. Issu d'une famille de militaires, il fait ses études de droit à l'université de Coïmbre et entre dans la magistrature. Juge dans différentes villes portugaises, il devient conseiller à la Cour suprême de Rio de Janeiro de 1776 à 1787, à celle de Lisbonne de 1787 à 1791, et enfin, jusqu'à sa mort, de nouveau à celle de Rio. Auteur des *Odes pindariques* [*Odes pindaricas*], où il célèbre magnifiquement les grands hommes de sa patrie, et surtout du poème héroï-comique *Le Goupillon* (*) qui rappelle, mais d'une façon tout à fait originale, *Le Lutrin* (*) de Boileau, Dinis da Cruz e Silva avait été l'un des fondateurs, en 1757, de l'Academia Ulyssiponense, dite la Nouvelle Arcadie, qui se donnait pour mission de renouveler la littérature par un classicisme vivant. Il y avait pris le surnom d'Elpino Nonacriense. Ses œuvres ne parurent qu'après sa mort (*Le Goupillon* pour la première fois à Paris en 1802).

DINIS Júlio (Joaquim Guilherme Gomes Coelho). Écrivain portugais. Né le 14 novembre 1839 à Porto, mort dans cette même ville le 12 septembre 1871. Fils d'une mère phtisique, frappé lui-même par la tuberculose dès son adolescence, il fait ses études de médecine à Porto, passe son doctorat à vingt-deux ans, exerce quelque temps comme médecin consultant à travers la province de Minho, devient professeur à l'École de chirurgie de Porto, et meurt à trente-deux ans, après une vie sans événements notables autres que quelques séjours faits pour des raisons de santé à Ovar et à Madère. Dès ses années d'étude, Júlio Dinis avait publié des poèmes dans le *Jornal do Porto*, ainsi que des nouvelles qu'il rassembla en 1870 sous le titre *Veillées de province* [*Serões de Província*]. À vingt et un ans, sous le pseudonyme de Júlio Dinis, il publie son roman intitulé *Une famille anglaise* [*Una família Inglesa*, 1860], analyse intéressante de ces relations entre Anglais et Portugais qu'il avait eu maintes occasions d'observer à Porto, et où l'on retrouvait l'influence de ses romanciers préférés, Dickens en particulier (la grand-mère de Dinis était d'ailleurs anglaise). Ce livre comportait déjà les traits caractéristiques de toute l'œuvre à venir de l'auteur : intrigue très mince, atmosphère intime et gracieuse, description minutieuse des réactions intérieures des personnages. Il convient d'y ajouter l'intérêt passionné porté par Dinis à la vie provinciale : des chroniques villageoises comme *Le Recteur et ses pupilles* (*) (1866) et *Mademoiselle de la Cannaie* [*A Morgadinha dos Canaviais*, 1868] ont été écrites à la fois par un observateur attentif de tous les types humains de la campagne portugaise, et par un disciple de George Sand, éperdument confiant dans les ressources de la bonté humaine, ému par d'attendrissantes idylles, souvent aussi porté par son amour des humbles à enjoliver leur vie, à partager le monde, avec un arbitraire bien romantique, en méchants nobles chargés de tous les défauts et en « sainte populace » parée de toutes les vertus — travers particulièrement sensible dans *Les Maîtres de la maison mauresque* (*), le dernier roman de Dinis, écrit à Madère en 1869-1870. Reste toutefois que, si elle pèche par l'excès inverse du naturalisme, l'évocation provinciale de Dinis paraît souvent beaucoup plus proche de la réalité. Dans les *Poésies* (1873), d'où se dégage un charme tranquille, d'essence toute féminine, on retrouve le peintre des scènes paisibles et des sentiments simples, que la retraite où il fut contraint par la maladie a peut-être aidé à devenir aussi l'un des observateurs les plus sûrs des nuances délicates de la vie intérieure.

♦ *« Sous le voile rosé de l'idéalisme, l'œuvre de Dinis constitua une anticipation certaine sur le chemin de l'observation de la nature et de la vie. Eça de Queiros et ses disciples déchirèrent ce voile de couleur uniforme, mais Júlio Dinis fut le premier à convertir l'image sensorielle en faculté d'observation. »* F. de Figueiredo.

DIOCLÈS de Carystos. Médecin grec actif autour de 300 av. J. C. Fils d'un médecin, Archidame, il étudie la médecine à Athènes et suit probablement aussi l'enseignement d'Aristote. Il acquiert une grande célébrité : les Athéniens l'auraient nommé le « second Hippocrate », et Pline le Jeune dit de lui qu'il venait juste après le grand médecin en réputation. Ses écrits, dont nous ne possédons que des éléments – v. *Fragments* (*) –, semblent avoir été considérables. Sa doctrine réunit la théorie naturaliste aristotélicienne et la tradition médicale hippocratique. Il est en particulier crédité du premier ouvrage d'anatomie humaine.

ANNE-FRANCE MORAND et VINCENT BARRAS.

RÉF. : M. Wellman, *Die Fragmente der sikelischen Aerzte*, Berlin 1901. – W. Jaeger, *Diokles von Karystos*, Berlin, 1938.

DIODORE de Sicile (ou d'Agyrion). Historien grec de la fin de l'époque hellénistique. Né à Agyrion, près d'Enna, au centre de la Sicile, au début du Ier siècle av. J.-C., il devait à ses contacts avec les Romains de l'île une certaine connaissance du latin. Il nous dit avoir résidé longtemps à Rome, mais aussi, « au milieu de difficultés et de dangers innombrables », avoir « parcouru une importante partie de l'Asie et de l'Europe », afin de parfaire ses connaissances géographiques. Il parle peu de ces pérégrinations dans le corps de son ouvrage, et seul un voyage en Égypte, vers 59, où il rencontra notamment des prêtres venus d'Éthiopie, a quelque consistance pour nous. Il travailla durant trente ans (de 60 à 30, la rédaction des premiers livres intervenant vers 45-44, selon Sartori) à l'élaboration de sa *Bibliothèque historique* (*), titre qu'il faut entendre au sens de « Compilation d'ouvrages d'histoire », dont l'ambition était de relater en un seul ouvrage « les événements de l'univers tout entier confiés au souvenir, comme s'ils appartenaient à une seule cité, en commençant aux époques les plus anciennes et en allant autant que possible jusqu'aux moments contemporains de l'auteur ».

La valeur de son projet lui semble résider dans ce caractère global et dans le cadre chronologique unique dans lequel tout événement relaté est situé. Commençant aux origines du monde, l'ouvrage décrit d'abord les mythologies et l'histoire ancienne de contrées barbares, puis celles de la Grèce ; le récit historique unitaire couvrait la période allant de la guerre de Troie aux guerres de César en Gaule, de 59 à 54 ; l'histoire de la Sicile, à laquelle appartient le dernier événement auquel il est fait allusion, l'installation d'une colonie romaine à Taormina (Tauroménion) en 36 av. J.-C., est particulièrement mise en relief.

Diodore reflète les conceptions courantes à l'époque hellénistique sur l'utilité de l'histoire, la morale, l'origine des dieux et le statut des peuples barbares. L'esprit critique et la rigueur systématique dans la combinaison des sources variées qu'il emploie ne sont en revanche pas son fort, et il a souvent été traité avec sévérité, pour ces raisons, par les modernes. Son style, dénué de prétentions puristes, est généralement celui, simple et assez clair, des prosateurs hellénistiques ; une divulgation prématurée de l'ouvrage aurait mis dans le public un texte dépourvu de sa dernière élaboration formelle (cf. livre XL, 8).

ANDRÉ-LOUIS REY.

♦ *« Le mérite de Diodore est d'avoir réconcilié des domaines que l'esprit a tendance à séparer et à opposer. Un compilateur ? De talent, à défaut d'être génial. »* M. Casewitz.

RÉF. : J. Palm, *Ueber Sprache und Stil des Diodoros von Sizilien*, Lund, 1959. – W. Spoerri, *Späthellenistische Berichte über Welt, Kultur und Götter...*, Bâle, 1959. – R. Drews, « Diodorus and his Sources », in *American Journal of Philology LXXXIII*, Baltimore, 1962. – M. Sartori, *Note sulla datazione dei primi libri...* in *Athenaeum* LXI, Pavie, 1983.

DIOGÈNE LAËRCE. Écrivain grec. Auteur des *Vies, doctrines et sentences des philosophes illustres* (*) en dix livres, il ne nous est connu que par cette œuvre. On pense qu'il vécut à la fin du IIIe siècle après J.-C. Il se peut qu'il soit originaire de Laërte, ville d'Asie Mineure, mais l'hypothèse d'U. von Wilamowitz, qui voit en Laërce un surnom distinctif d'origine homérique, est convaincante. Il a aussi écrit un recueil de vers intitulé *Mélange de rythmes* (+), aujourd'hui perdu. Dans le premier livre de ce recueil, il traitait en mètres variés la mort d'hommes célèbres. Dans son œuvre majeure, il a inséré celles de ces compositions poétiques qui étaient consacrées à des philosophes. Le titre de sa compilation philosophique est cité sous différentes formes par les Anciens : celle que la tradition a retenue indique l'intention de l'auteur d'ajouter au matériel biographique un résumé des différentes doctrines. Son ambition était de faire un travail de divulgation facile et complet, pour faire connaître à un vaste public les écoles de pensée grecques. L'information de Diogène n'est pas de première main : il s'est servi d'écrits sur les successions dans les écoles philosophiques, d'ouvrages doxographiques, de recueils d'apophtegmes et de listes de livres. Il a compilé sans esprit critique une masse considérable d'anecdotes et d'extraits qui nous conservent toutefois un matériel fort précieux. De première importance est le livre X, consacré à Épicure et contenant les trois fameuses lettres et le testament du philosophe. Le fait que l'ouvrage se termine par l'exposé fidèle de l'épicurisme peut faire penser que Diogène a eu une certaine préférence pour cette doctrine, mais il a été parfois considéré comme un sceptique (il connaît bien l'école pyrrhonienne) ou comme un platonicien (la compilation est dédiée à une platonicienne).

ALESSANDRA LUKINOVICH.

♦ *« Je suis bien marry que nous n'ayons une douzaine de Laertius, ou qu'il ne soit plus estendu ou plus entendu. »* Montaigne. ♦ *« Je me donnai le travail de chercher les stoïciens dans un bon nombre d'ouvrages ennuyeux. C'est alors que j'appris que Diogène Laërce n'est ni ennuyeux ni mal composé. »* Alain.

RÉF. : A. Delatte, *« La Vie de Pythagore » de Diogène Laërce*, Bruxelles, 1922. – Notice de l'édition des *Vies* de Diogène Laërce par R. Genaille, Paris, 1965. – B. P. Réardon, *Courants littéraires grecs des IIe et IIIe siècles après J.-C.*, Paris, 1971.

DIOGÉNIEN d'Héraclée. Nous ne connaissons rien de certain sur cet érudit et grammairien grec. Né à Héraclée du Pont, il vécut au IIe siècle ap. J.-C. ; la *Souda* (*) le donne pour auteur d'un lexique en cinq livres [Δέξιςπαντοδαπη], qui est à identifier avec le *Lexique pour les étudiants pauvres* [Περιεργοπένητες], qui nous est parvenu dans le remaniement qui en a été fait par Hésychios d'Alexandrie. Les Anciens attribuent également à Diogénien quelques chroniques, un traité sur les fleuves, marais et montagnes, et d'autres écrits. Dans ceux-ci, Diogénien passe en revue les auteurs qui vécurent du temps de Caligula à celui d'Hadrien, époque où lui-même écrivit. Il nous reste de lui, outre le remaniement du *Lexique* qui a servi de base à tant d'œuvres du même genre, l'*Anthologion* (*), recueil d'épigrammes réuni ensuite à l'*Anthologie palatine* (*), et un recueil de proverbes que l'on croit apocryphe.

DION de Pruse. Orateur et philosophe grec. Né à Pruse en Bithynie, région (à l'époque province romaine) située sur la côte sud du Pont-Euxin, vers 40 apr. J.-C., mort en 115 apr. J.-C. Dion est l'un des représentants les plus anciens du courant hellénique dit de la Seconde Sophistique, qui domina la culture de l'Empire à partir de la fin du Ier siècle apr. J.-C. Rejeton d'une famille riche et puissante (son grand-père maternel, originaire d'Apamée, avait déjà reçu la citoyenneté romaine), il fit ses études à Rome, où il suivit les cours du philosophe stoïcien Musonius Rufus. Il s'adonna à une carrière de « sophiste », c'est-à-dire de professionnel de l'art oratoire et du débat culturel. Il fut proche des empereurs Flaviens (Vespasien, Tite, Domitien). Lorsque Vespasien chassa les philosophes enseignant à Rome (Musonius Rufus, le maître de Dion, dut aussi quitter la ville lors d'un deuxième édit), Dion écrivit un *Discours contre les philosophes* et un *A Musonius*, qui n'ont pas été conservés. Sous Domitien, en 82 (ou 89), il fut exilé d'Italie et de sa province en tant que familier de Titus Flavius Sabinus, un membre de la famille impériale accusé de complot. Il s'adonna alors à une vie errante, au cours de laquelle ses conceptions philosophiques se transformèrent (comme il le raconte lui-même dans son *Discours XIII*) : il adopta des attitudes cyniques et socratiques, tout en poursuivant sa vie d'intellectuel sophiste (enseignement, conférences, réflexion et rédaction d'écrits érudits, philosophiques et moraux). Son expérience d'homme déchu des honneurs, appauvri, errant loin de sa patrie et de l'Urbs, le marqua profondément. Dans cette optique, il est aisé de comprendre sa critique de la décadence de son temps et sa nostalgie d'une vie simple et primitive, tantôt projetée dans un passé idéalisé, tantôt identifiée avec la vie agreste (dont il fait l'éloge dans son *Discours VII* dit *Euboïque*) ou avec le type d'existence des peuples barbares. Il voyagea dans la région du Pont-Euxin occidental et septentrional et écrivit un ouvrage sur les Gètes, aujourd'hui perdu. Dans ses discours, ces années d'exil acquièrent la valeur d'une sorte d'expérience emblématique : cela contribua certainement à faire naître la légende du « philosophe mendiant et errant » chez les admirateurs de Dion d'époque postérieure, qui exagèrent ses aventures dans leurs récits anecdotiques. En 96, après la mort de Domitien, il fut réhabilité. Il retourna d'abord dans sa patrie, puis à Rome, et jouit depuis lors de la protection de Marcus Cocceianus Nerva (empereur de 96 à 98) et de Trajan. C'est sans doute de Nerva qu'il reçut la citoyenneté romaine (d'où son « cognomen » : Dion Cocceianus). Trajan l'admirait à tel point qu'il le fit monter à son côté sur le char lors de son triomphe célébré à Rome en 102 après sa victoire sur les Daces. Il partagea la dernière partie de sa vie entre Pruse et Rome, et entre l'engagement dans la vie politique et administrative de sa ville natale (ville provinciale sous la domination de Rome mais fière de son hellénisme) et la poursuite de sa carrière de conférencier, dont le prestige s'étendait à l'ensemble de l'Empire. Les derniers renseignements sur sa vie datent de 110-112 apr. J.-C. et proviennent de deux lettres de Pline le Jeune à Trajan (Ep. 10, 81 et 82). Pline, qui était à l'époque proconsul de la province du Pont-Bithynie, relate un procès intenté auprès de lui contre Dion et occasionné par un projet urbanistique de ce dernier. L'ami des empereurs était, de toute apparence, passablement haï de ses concitoyens. Après sa mort, Dion a continué à être lu et apprécié jusqu'à la fin de l'Antiquité et au-delà : le nombre considérable de ses œuvres conservées – un corpus de quatre-vingts *Discours* (*) – témoigne de sa célébrité. Dans ses *Vies des sophistes* (*), Philostrate parle de lui en des termes presque hagiographiques. Synésios de Cyrène, le philosophe chrétien néoplatonicien, lui a consacré une monographie où il fait l'éloge du philosophe et de l'écrivain et conseille son œuvre comme lecture idéale au fils dont il attend la naissance. Le surnom Chrysostome (« Bouche d'or ») est attesté pour la première fois chez Ménandre le Rhéteur (IIIe siècle apr. J.-C.).

ALESSANDRA LUKINOVICH.

RÉF. : H. von Arnim, *Leben und Werke des Dio von Prusa*, Berlin, 1898. — A. Momigliano, « Dio Chrysostomus », dans *Quarto contributo alla storia degli studi classici*, Rome, 1969.

DION CASSIUS. Historien grec. Né à Nicée, en Bithynie, vers 155 ou peut-être 165, mais certainement pas à une date postérieure ; on ne connaît pas plus la date de sa naissance que celle de sa mort. Il vécut à Rome avec son père, Cassius Apronianus, qui avait été proconsul en Cilicie et gouverneur de la Dalmatie. Dion Cassius fut lui-même sénateur sous le règne de Commode. Il assista à cette mémorable séance tenue au Sénat, au cours de laquelle fut prononcée la *damnatio memoriae* de celui-ci, tandis que Pertinax, qui favorisa Dion Cassius en lui confiant la charge de préteur (194), se voyait placé à la tête de l'Empire. Pendant l'époque de troubles et de bouleversements qui s'acheva par l'élection de Septime Sévère, Dion Cassius se déclara en faveur de ce dernier, malgré le caractère militaire qu'avait le régime. Il fut donc poussé à recueillir, dans son œuvre brève, et à commenter la suite de prodiges qui avaient annoncé le triomphe de Septime Sévère ; il narra tous les événements depuis la mort de Commode, et montra comment la déconfiture de Didius Julianus, Pescennius Niger et Clodius Albinus ne s'était produite que pour permettre à Septime Sévère de régner. Entre 198 et 199, il commença à faire le plan de son *Histoire romaine* (*), un ouvrage qui devait, comme les précédents que l'empereur avait agréés, insister sur le fait que le destin de Rome atteignait son point culminant avec Septime Sévère. Ceci valut à l'auteur le titre de « consul suffectus », qu'il reçut à une date imprécise (mention est faite de cette nomination au chapitre LXXVI, 16, 4, de son *Histoire*). Pendant l'hiver 216-17, Dion Cassius accompagna Caracalla à Nicomédie, dans cette Bithynie où il était né ; en 218, Macrinus le nomma « curator ad corrigendum statum civitatum », à Pergame et Smyrne, charge qu'il conserva probablement jusqu'à la fin de 222 (assassinat d'Héliogabale et accession au pouvoir d'Alexandre Sévère). Au cours de ces dernières années, il mena à bien la première version de son *Histoire* qu'il arrêta à la mort de Septime Sévère (211). Alexandre Sévère étant le champion de la tolérance et de la modération, Dion Cassius arriva au sommet de sa carrière ; l'empereur le nomma successivement (224-27) proconsul d'Afrique et gouverneur de la Dalmatie et de la Pannonie supérieure. Enfin, en 229, Dion Cassius fut nommé consul mais cette fois « ordinarius », ce qui lui valait d'être le collègue de l'empereur lui-même. Peu après, comme il avait remarqué, en gouvernant la Pannonie, l'indiscipline des forces militaires, indiscipline qui, en 235, eut pour conséquence le meurtre de l'empereur et l'avènement de Maximin, Dion Cassius obtint la permission de quitter l'Italie, pour des raisons de santé (il souffrait de la goutte) ; il fit une brève halte en Campanie, et regagna la Bithynie où il reprit la rédaction de son *Histoire* qu'il mena jusqu'à l'année de son consulat. Dans son dernier livre (LXXX, 4, I) il fait allusion à la menace que représente Artaxerxès, le réorganisateur de l'Empire perse, et ceci montre bien qu'il écrivait encore vers 232-233. Si son *Histoire* ne révèle pas un écrivain de premier plan, elle n'en constitue pas moins une source d'informations remarquable.

♦ *« Je ne crois aucunement le tesmoignage de Dion : car, oultre qu'il est inconstant [...] il est bien plus raisonnable de croire en telles choses les historiens romains, que les grecs et estrangiers... et je ne veulx alleguer aultre reproche contre le jugement de Dion, que cettuy-ci, qui est inévitable ; c'est qu'il a le sentiment si malade aux affaires romaines qu'il ose soubtenir la cause de Julius Caesar contre Pompeius, et d'Antonius contre Cicero. »* Montaigne. ♦ *« Dion Cassius, vil Grec, vil écrivain, vil flatteur, vil ennemi de Cicéron... »* Voltaire. ♦ *« Qui est ce Dion ? ce Dion que Crevier appelle le calomniateur éternel de tous les Romains vertueux, qui a osé, sans s'appuyer d'aucune autorité, accuser Cicéron d'un commerce incestueux avec sa fille Tullia, et qui s'est déchaîné contre Cassius, Brutus, les hommes les plus renommés par leurs vertus, sans qu'on puisse trouver à cette étrange fureur d'autres raisons, dit Juste-Lipse, qu'une incurable perversité de jugement et de mœurs ? Ce Dion était de Nicée en Bithynie : il s'occupa toute sa vie de décrier le mérite qui l'offusquait ; il s'attacha particulièrement à Sénèque, distinction flatteuse. Ses mensonges, maladroits à force d'être exagérés, manquèrent leur effet, même sur la crédulité. Il fut gouverneur de province, et deux fois consul ; récompense du vil métier d'intrigant, de courtisan et de flatteur qu'il exerça sous trois règnes. »* Diderot. ♦ *« Il semble bien, à vrai dire, qu'il ne se soit formé aucune conception originale du rôle de l'historien. Il ne se propose de suivre spécialement ni l'histoire du développement de la puissance romaine, ni celle des institutions ou des mœurs, ni enfin celle des idées. Il n'a voulu que refaire ce qu'on avait fait avant lui, avec la prétention de faire mieux. Ce mieux, dans sa pensée, consistait à la fois dans une information plus étendue et en une narration plus vivante. »* Maurice Croiset.

DIOP Birago. Écrivain sénégalais. Né le 12 décembre 1906 à Ouakam, dans les environs de Dakar, mort à Dakar, le 25 novembre 1989, Birago Diop fréquente l'école coranique jusqu'en 1916, date de son admission à l'école française, qu'il quittera ensuite pour le lycée Faidherbe de Saint-Louis du Sénégal.

Une fois bachelier, Birago Diop vient effectuer des études supérieures de vétérinaire à Toulouse, études complétées par un séjour à l'école d'Alfortville, proche de Paris, où il retrouve un certain nombre de ses compatriotes et participe, aux côtés de Senghor et de Césaire, aux réunions du groupe de *L'Étudiant noir*, l'éphémère revue littéraire qui a donné naissance au mouvement de la Négritude.

À son retour en Afrique, Birago Diop est affecté à Kayes, au service de l'élevage, et il profite de ses fonctions de vétérinaire itinérant pour recueillir, au contact des bergers et des conteurs traditionnels, les notes et les observations qui nourriront ses futurs ouvrages. Mais c'est, paradoxalement, à Paris, où il est revenu en 1942, que Birago Diop écrira, en partie sous l'amicale pression du poète Léon-Gontran Damas, son premier livre, *Les Contes d'Amadou Koumba* (*), du nom du griot de sa famille maternelle. Publié en 1947, ce recueil est suivi en 1958 des *Nouveaux contes d'Amadou Koumba*, de *Leurres et Lueurs* (poèmes) en 1960, et des *Contes et Lavanes* en 1963.

Nommé ambassadeur de son pays à Tunis au lendemain de l'indépendance du Sénégal, Birago Diop paraissait, comme plusieurs de ses compatriotes, avoir renoncé à la littérature, affirmant qu'il avait désormais « cassé sa plume ». Il est toutefois revenu à l'écriture avec la publication de ses *Mémoires*, aujourd'hui riches de cinq volumes de souvenirs, *La Plume raboutée* (1978), *À rebrousse-temps* (1982), *À rebrousse-gens, épissures, entrelacs et reliefs* (1985), *Sénégal, du temps de...* (1986) et enfin *Et les yeux pour me dire* (1989). Birago Diop s'est éteint à Dakar en novembre 1989.

JACQUES CHEVRIER.

DIOPHANTE d'Alexandrie. Mathématicien grec. On ignore tout de sa vie. Le lieu de sa naissance ne nous est pas connu ; nous savons seulement qu'il fit partie de l'école d'Alexandrie ; que son « akmé » se place vers 250 ap. J.-C. et qu'il mourut à l'âge de quatre-vingt-quatre ans. Une dédicace qu'il fit à un certain Dionysios que l'on a voulu identifier avec son contemporain saint Denys, évêque de Paris, fait penser qu'il était chrétien. On croit, en général, que c'est lui qui a introduit le calcul algébrique dans les mathématiques. Il fut certainement le premier, à notre connaissance, à faire un usage systématique des symboles pour indiquer les puissances, les équations, le signe de négation, etc. Il nous reste de lui les six premiers livres d'un traité sur l'*Arithmétique* (*) qui, à l'origine, en comprenait treize, et un livre sur les *Nombres polygones* [Περίπογυώνων ἀριωθμᾶν]. Les anciens lui attribuaient aussi un livre de *Porismes* [Πορίσματα] et un traité sur les fractions [Μοριαστικα].

RÉF. : Diophante, *Arithmétique*, t. III et IV, texte établi et traduit par R. Rasched, Paris, 1984.

DIOSCORIDE. Médecin, botaniste et pharmacologue grec. Né au début du Iᵉʳ siècle à Anazarbus, près de Tarse en Cilicie. Il étudie la médecine à Tarse et peut-être à Alexandrie, mène ensuite, selon ses propres dires, une vie semblable à celle d'un soldat (ce qui n'implique pas nécessairement qu'il ait mené une carrière militaire) : il parcourt en effet une grande partie de l'Asie Mineure et de l'Europe, observant directement et récoltant l'immense matériel botanique qui fera sa gloire. Celui-ci se trouve consigné dans son œuvre majeure, *Matière médicale* (*). À travers ce traité, Dioscoride pose les principes d'un savoir pharmacologique et d'une classification botanique sur lesquels se baseront les scientifiques arabes, byzantins et latins, et dont l'influence s'étendra jusqu'à l'époque moderne, au point que de nombreux autres traités lui sont, à tort, attribués.

VINCENT BARRAS ET ANNE-FRANCE MORAND.

RÉF. : M. Wellmann, *Pedanii Dioscoridis Anazarbei De materia medica libri V*, Berlin, 1958. — J. M. Riddle, *Dioscorides on Pharmacy and Medicine*, Austin, 1985.

DISRAELI Benjamin, lord Beaconsfield. Homme d'État et écrivain anglais. Né le 21 décembre 1804 à Londres, mort dans cette ville le 19 avril 1881. Il était issu d'une famille israélite qui avait habité l'Espagne et Venise avant de s'installer en Angleterre, deux générations auparavant : son père, Isaac Disraeli, à la faveur de sa grosse fortune et de son activité de polygraphe, s'était ouvert un accès auprès de quelques familles aristocratiques. Benjamin, dès l'enfance, nourrit de hautes ambitions politiques et littéraires, et, dirigé vers la profession d'homme de loi, il s'en détourna pour écrire un premier roman, *Vivian Grey* (1826), qui obtint la faveur du public par le brio avec lequel y étaient représentées certaines personnalités de l'époque. Cet essai fut suivi de *Le Jeune Duc* [*The Young Duke*, 1831] et de *Contarini Fleming* (1832), influencés par le romantisme allemand et l'œuvre de Goethe qui, par les soins de Carlyle, commençait à circuler en Grande-Bretagne. Ensuite vinrent *L'Histoire merveilleuse d'Alroy* [*The Wondrous Tale of Alroy*, 1833], *Henrietta Temple* (1837) et *Venetia* (1837) où, au contraire, se sent nettement l'influence de Byron. En 1837, Disraeli réussit à grand-peine à entrer à la Chambre des communes, mais ne put s'y assurer un siège permanent qu'en 1847. Pendant vingt-cinq ans, il fut le chef de l'opposition conservatrice contre Peel, puis il fut nommé Chancelier de l'Échiquier et enfin Premier ministre, charge qu'il occupa de 1874 à 1880 ; en 1876, il entra à la Chambre des lords avec le titre de Earl of Beaconsfield que lui avait conféré la reine Victoria. Son activité politique ne l'empêcha pas de continuer à s'occuper de littérature. Rappelons parmi ses ouvrages les plus importants : *Jeune Angleterre* (*) (1844), *Sybil* (*) (1845), *Tancred* (1847), dans lesquels il voulut esquisser son credo politique, celui de la « Jeune Angleterre », ce parti qu'il créa ; enfin, son dernier et son plus ambitieux roman, *Lothair* (*) (1870), dans lequel il a donné un aperçu du conflit entre idéaux helléniques et sémitiques.

Ces ouvrages, jugés sévèrement par certains, offrent pourtant un intérêt réel par le tableau qu'ils tracent de la vie anglaise contemporaine, la critique des hommes et des partis, et par la variété des tons qui y sont employés. On peut dire que l'activité littéraire de Disraeli fut le complément de son grand talent politique, et le fruit d'une volonté de fer qui lui permit, quoique d'origine modeste et israélite, de s'imposer à la haute société anglaise et même à la reine Victoria qui le tenait en haute estime.

MARIA LUISA ASTALDI.

♦ *« Le dandysme de Disraeli a toujours quelque chose du dandysme d'un commis chic d'un commerce de luxe. »* E. d'Ors. ♦ *« Son instinct oriental de finesse et d'opportunité mit une vérité sincère dans sa communion avec la sagesse ancienne du génie britannique. Et son imagination para tout naturellement cette sagesse de grandeur et de poésie. »* L. Cazamian.

RÉF. : U. F. Monypenny, *The Life of Benjamin Disraeli and Beaconsfield,* London, 1910-1920. – A. Maurois, *La Vie de Disraeli,* 1929. – Cecil Roth, *Benjamin Disraeli, Earl of Beaconsfield,* New York, 1952. – R. Maître, *Disraeli, homme de lettres,* Didier, 1963. – R. W. Stewart, *Disraeli's Novels Reviewed : 1826-1968,* Londres, 1975. – D. R. Schwarz, *Disraeli's Fiction,* Londres, 1979. – Sarah Bradford, *Disraeli,* Londres, 1982.

DJÂMI DE HÉRAT Nour al-Dîn 'Abd al-Rahmân. Poète persan. Né à Khargird en 1414, mort à Hérat (Afghanistan) en 1492. Il fut le dernier poète classique persan, et le principal représentant de la civilisation timouride qui florissait au XVe siècle à Samarqand (Ouzbékistan) et à Hérat (Afghanistan). C'est surtout la voix de la poésie et de la spiritualité qu'il fit entendre par ses œuvres en vers et en prose : *Leïli et Majnoun* (*), *Salamân et Absâl* (*), *Youssouf et Zouleïkha* (*), *Les Jaillissements de lumière* (*) et *Jardin du printemps* (*). Son père et son grand-père étaient juges à Ispahan ; les autorités locales ne les ayant pas trouvés suffisamment soumis, ils préférèrent s'installer dans le Khorassân, district de Djâm, où le poète naquit et d'où il prit son nom. Alors que Djâmi était encore enfant, sa famille se transféra à Hérat, où il put étudier la langue arabe et les sciences religieuses. Puis il compléta ses études à Samarqand, au collège fondé par Oulough Beg, où l'on montre encore la petite chambre qu'il habita. Il y reçut notamment l'enseignement du célèbre mathématicien turc Kadi-zadé Roumi de Brousse. Étudiant très brillant, il acquit très vite la réputation d'homme le plus savant de Hérat. Plus importante encore que ses vastes connaissances est l'appartenance de Djâmi au soufisme. Il faisait partie de la confrérie de stricte observance des Naqchbandi, dont l'idéal était le « faqr » ou esprit de pauvreté. De fait, Djâmi vécut toujours très simplement, sans esclaves, dépensant en œuvres pies les grosses sommes qu'il recevait. Ses maîtres spirituels furent Saad al-Dîn de Kasg, puis Obeïd-Allah Ahrar, vénérable soufi de Samarqand qui utilisa son influence à la Cour pour alléger les souffrances du peuple. Djâmi fut aussi un grand lecteur des œuvres de Ibn 'Arabi, chez qui l'on trouve des tendances gnostiques et panthéistes. S'il n'assuma pas exactement le rôle de maître spirituel « pir », Djâmi ne manqua pas cependant de prêcher, surtout aux puissants, la justice, la droiture et la bonté. D'ailleurs, tous l'écoutaient avec vénération, jusqu'au sultan de Hérat, Hosseïn Baïqara (1469-1506), qui construisit pour lui une « madrasé » et pleura longtemps sa mort. Il eut aussi le titre de « cheikh al Islam ». En 1472, le pèlerinage qu'il fit à La Mecque fut l'occasion de réceptions triomphales de la part des princes turcs de Baghdâd, de Diarbékir et de Tabriz ; à Alep, il reçut un message de Mahomet II l'invitant à Constantinople ; plus tard, il fut en correspondance avec Bajazet II qui lui envoya de très riches cadeaux. Ses funérailles furent grandioses ; les fils du sultan Hosseïn voulurent porter son cercueil sur leurs épaules. Mais l'arrivée au pouvoir en Perse de la dynastie chiite des Safavides diminua quelque peu l'influence morale et littéraire de ce grand mystique sunnite. Sa vie fut écrite par son ami Mir Ali Navā'i (1440-1501), écrivain turc de langue djagataï et ministre du sultan de Hérat.

ROGER LESCOT.

DJEBAR Assia (pseud. de Fatima Zohra Imalayen). Romancière et cinéaste algérienne de langue française. Née le 4 août 1936 à Cherchell. Elle fait ses études à Blida, puis à Paris, où elle entre en 1955 à l'École normale supérieure de Sèvres. C'est là qu'elle participe à la grève des étudiants algériens en 1956 et écrit son premier roman. Elle collabore ensuite, à Tunis, au journal du F.L.N. *El Moudjahid,* tout en y terminant sa formation d'historienne. Après avoir enseigné à l'université d'Alger, elle vit actuellement dans la banlieue parisienne.

Assia Djebar est sans doute la meilleure représentante de l'écriture féminine au Maghreb. Ses deux premiers romans, *La Soif* (1957) et *Les Impatients* (1958) furent longtemps les deux premiers textes de revendication féminine en Algérie. Ils ne manquèrent pas de choquer certains, mais servirent aussi d'emblème à toute une génération d'étudiantes et de lycéennes des années 60 à 70. *Les Enfants du nouveau monde* (*) (1962) sont une vaste fresque de la guerre d'Algérie telle qu'elle fut vécue par les femmes, avec une habile alternance de différents récits choisis dans des milieux socio-culturels différents, qui permet à ce livre d'être représentatif du vécu de la guerre dans l'ensemble de la population tout en évitant l'épopée glorifiante. *Les Alouettes naïves* (1967) relatent la vie des maquis, décrits à la fois de l'intérieur et de l'extérieur, dans ce groupe de journalistes d'*El Moudjahid* que l'auteur a connus à Tunis. Mais là encore il s'agit de la guerre vécue dans le quotidien des couples. Et le roman se termine avec une courageuse interrogation sur ce que deviendront les rapports entre hommes et femmes après l'indépendance.

Depuis 1985, avec *L'Amour, la fantasia* (*), l'écriture d'Assia Djebar semble avoir atteint sa maturité dans une représentation de la rencontre entre diverses mémoires. Ce roman est à la fois une lecture de l'imaginaire érotisé de la conquête de l'Algérie telle qu'elle est relatée dans les journaux des officiers français de l'époque, et une fort intéressante interrogation sur la place d'une jeune fille algérienne dans cette relation d'érotisme violent entre deux langues, à travers des souvenirs personnels. Cette dernière réflexion se poursuit en 1987 dans *Ombre sultane,* qui replace l'autobiographie distanciée dans une sorte de rencontre sororale entre deux femmes derrière lesquelles on retrouve le souvenir de Shéhérazade et l'interrogation de toute l'œuvre sur la parole féminine et la possibilité de son surgissement comme de son écoute. C'est encore ce thème que développe entre autres le dernier texte *Loin de Médine* (1991), à travers une fresque des différentes femmes qui entourèrent le Prophète et les premiers temps de l'Islam.

En dehors de son activité strictement littéraire, il faut signaler aussi les deux très beaux films réalisés par Assia Djebar cinéaste : *La Nouba des femmes du mont Chenoua* en 1979, et *La Zerda ou les Chants de l'oubli* terminé en 1982.

CHARLES BONN.

RÉF. : C. Bonn. *Le Roman algérien de langue française,* Paris, 1984. – B. Chikki, *Les Romans d'Assia Djebar,* Alger, 1990.

DJELIL Djassim. Poète kurde. Né à Qizilqole (dans la province de Kars, rattachée alors à l'Empire ottoman) en 1908. Ses parents – des paysans – sont massacrés par les Turcs durant la Première Guerre mondiale. Il est élevé à Alexandropol (aujourd'hui Leninakan) et termine ses études à Bakou et Tiflis. Il forme avec Hadjiye Djindi et Emin Evdal la première équipe d'écrivains kurdes en U.R.S.S. De 1932 à 1938, il travaille à la section littéraire des éditions d'État d'Arménie, où il traduit en kurde les œuvres de nombreux auteurs russes (Pouchkine...) et arméniens. En même temps, il publie (1935) des textes folkloriques recueillis auprès des paysans et des bergers. Ses premiers poèmes paraissent dès 1930 dans *La Voie nouvelle* [*Riya Taze*], bi-hebdomadaire kurde qui paraît encore aujourd'hui à Érivan. Il collabore aux *Almanachs des écrivains kurdes* ainsi qu'à d'autres recueils de textes : *Les Écrivains kurdes soviétiques* [*Nivisarkare kormansha sovetiye*, 1954], *Le Folklore kurde* [*Folklora Kormanshiye*, 1957], *Les Œuvres des auteurs kurdes soviétiques* [*Efrandined niviskared korde sovetiye*, 1961], etc. De 1938 à 1941, il enseigne la langue et la littérature kurdes à la faculté des lettres de Erivan. On lui doit de nombreux manuels pédagogiques. Djelil est l'un des meilleurs poètes kurdes d'U.R.S.S., pleins de chaleur lyrique et de sincérité. Si un grand nombre de ses poèmes : « La Liberté », « La Justice », « La Fraternité », « La Citadelle de la force et du bonheur », exaltent la vie des Kurdes en régime socialiste, Djelil excelle surtout dans la poésie amoureuse et la description de la nature. Parmi ses œuvres, citons : *Mes jours* (*) (Erivan, 1960), *Les Chants de la montagne* [*Klame Chiya*, Erivan, 1970].

JOYCE BLAU.

DJIAN Philippe. Romancier français. Né à Paris en 1949. Ses premiers écrits publiés, un recueil de nouvelles, *50 contre 1* (1981), et un roman, *Bleu comme l'Enfer* (1982), portent la marque de la littérature américaine contemporaine, en particulier du « roman noir ». Il entreprend ensuite une saga qui de *Zone érogène* (1984) à *Maudit manège* (1986) culmine avec *37,2° le matin* (*) (1985). L'adaptation cinématographique de ce roman par J.-J. Beneix (1986) lui vaut la faveur de lecteurs jeunes. Écrite à la première personne, la trilogie retrace, sur le mode de l'autobiographie romancée, l'existence d'un homme qui voit la mesquinerie et la cruauté de la vie s'opposer à sa vocation d'écrivain, et qui, à travers de sombres péripéties, finit par triompher, dans l'amertume d'abord, la sérénité ensuite. Si l'influence d'auteurs américains comme Henry Miller, Jack Kerouac, Richard Brautigan est perceptible, ses livres n'en ont pas moins une tonalité propre. Au-delà de l'intrigue, Djian emporte l'adhésion de son lecteur par un style personnel reposant sur un travail musical sur les mots. Le rythme, le « phrasé » au sens que ce mot a dans le jazz semblent de prime abord ceux du langage parlé. Pourtant, la force de ces trois romans tient avant tout à la puissance d'une langue courante qui n'est pas utilisée telle quelle mais détournée, voire violée afin de traduire une émotion. L'œuvre de Djian se poursuit avec *Échine* (1988), les nouvelles de *Crocodiles* (1989), et deux romans, *Lent dehors* (1991) et *Sotos* (1993).

ALAIN QUESNEL.

DOÀN Thi Diêm (pseud. Hông Hà nu si). Poétesse vietnamienne. Née en 1705 à Hiên Pham (Bac Ninh), morte le 1er novembre 1748 au Nghê An. Ayant la chance d'être née dans une famille de lettrés préférant l'enseignement aux charges mandarinales, elle peut étudier avec son père et son frère. À la mort de son père, elle vit avec la famille de son frère. À la mort de celui-ci, pour gagner sa vie et élever ses nombreux neveux, elle ouvre une école qui connaît vite un grand succès. Elle épouse à trente-sept ans Nguyên Kiêu, lettré renommé qui après une courte lune de miel doit partir en ambassade en Chine pendant trois ans. À son retour, elle le suit dans sa nouvelle affectation au Nghê An, mais elle y meurt bientôt. Ses œuvres, composées pendant une époque troublée, reflètent une sensibilité marquée par le contraste entre les carcans de la morale traditionnelle et un début de plaidoyer pour une certaine libération de la femme : c'est ce qui ressort de ses œuvres en chinois classique, notamment dans le *Nouveau recueil de contes merveilleux* [*Truyên ky tân pha*] dans la tradition des « mirabilia », genre chinois adapté au folklore vietnamien dès le XVIe siècle par Nguyên Dû dans le *Vaste recueil de légendes merveilleuses* (*). Mais son chef-d'œuvre est l'adaptation en vietnamien de la *Complainte de la femme du guerrier* (*).

THANH-TÂM LANGLET.

DÖBLIN Alfred. Romancier, nouvelliste, critique et essayiste de langue allemande. Né à Stettin le 10 août 1878, mort à Emmedingen, le 26 juin 1957. Fils de modestes commerçants israélites, le jeune Döblin voit son père abandonner sa famille pour émigrer en Amérique. En dépit de conditions matérielles difficiles, il poursuit des études de médecine, plus particulièrement orientées vers la neurologie et la psychiatrie. Il exerce successivement à Regensburg et à Berlin. Parallèlement à cette activité, Döblin participe à la fermentation révolutionnaire de l'expressionnisme naissant : il est l'un des cofondateurs et collabore à la revue *Der Sturm* (1910). Il publie différents articles sur l'actualité artistique et politique de l'époque, lesquels seront réunis sous le titre *Mascarade allemande* [*Der deutsche Maskenball,* 1921]. Ses premiers écrits, ses sympathies sociales-démocrates lui valent d'être mis à l'Index par la censure hitlérienne. Lui-même doit bientôt s'expatrier. Il trouve un refuge provisoire à Paris, où il acquiert la citoyenneté française (1936). L'exil le conduit ensuite en Espagne, au Portugal, aux États-Unis. Il retrouve après la guerre l'Allemagne occupée et collabore un temps comme conseiller culturel avec les autorités françaises de Baden-Baden. Mais se sentant bientôt, suivant ses propres mots, « désespérément isolé » au sein de la nouvelle société allemande, il regagne Paris (1953), avant de se retirer dans la solitude d'un coin de Forêt-Noire (1956).

Le premier grand roman de Döblin, *Wang-Loun* (*) (1915), baptisé par l'auteur « roman chinois », raconte l'histoire d'un chef rebelle hérétique dans la Chine du XVIIIe siècle, qui finit par reconnaître l'inanité de l'action et par enseigner que la résignation est la seule attitude possible devant la misère et l'injustice du monde. Avec *Wallenstein* (1920), roman historique, Döblin démystifie une nouvelle fois l'héroïsme : le conquérant de la guerre de Trente Ans est présenté comme un sordide spéculateur. Mais l'important, dans ces deux ouvrages, est peut-être moins l'intrigue, avec la « morale » qu'elle illustre, que la manière d'écrire, considérée par beaucoup comme le modèle de la prose expressionniste : Döblin abolit en effet la sacro-sainte « psychologie » des personnages ; les lames de fond qui submergent et entraînent les foules anonymes ont plus de poids que les débats de conscience d'individus tourmentés. De ce postulat, le romancier tire toutes les conséquences stylistiques : la syntaxe sera libérée de toutes les contraintes liées à la petitesse du roman bourgeois.

Ces tentatives pour conférer un sens moderne à l'art épique devaient aboutir au roman *Berlin, Alexanderplatz* (*) (1929), qui assura la renommée de Döblin. L'originalité de la technique narrative élaborée ici par l'écrivain met l'ouvrage au rang des œuvres clés de l'art romanesque moderne, au même titre par exemple que l'*Ulysse* (*) de Joyce (traduit en allemand en 1927 et dont Döblin fut l'un des premiers à reconnaître l'aspect novateur). L'immuable loi de la focalisation du récit sur un personnage ayant statut de « héros » est remise en cause : Franz Biberkopf, prolétaire qui, après avoir purgé quelques années de prison, tente de reprendre la voie de la normalité, n'est pas une individualité autonome, souveraine ; il est au contraire le type même de l'être « collectif », perméable au milieu, livré tout entier, au cœur de la grande ville, à des influences, des forces qu'il ne maîtrise pas. Pour mettre en scène cette aliénation, Döblin rompt le continuum épique et construit un montage qui mêle des bribes de monologue intérieur avec des slogans publicitaires, des titres de journaux, des chansons populaires, des statistiques... « On peut écrire sur Berlin sans imiter pour autant Zola » : telle est, selon Döblin lui-même, toute l'ambition de *Berlin, Alexanderplatz.*

Ces recherches formelles ne se retrouvent pas dans les autres ouvrages du romancier. Après avoir soutenu, pendant la République de Weimar, des conceptions socialistes, Döblin s'est converti, durant les années d'exil, au christianisme. On trouve trace de cette évolution dans sa trilogie romanesque « sud-américaine » : *Voyage au pays où la mort n'existe pas* (+) (1936), *Le Tigre bleu* (*) (1937), *La Nouvelle Forêt vierge* (+) (1938), livres qui racontent la colonisation des Indiens d'Amazonie et l'installation de l'État jésuite du Paraguay. Un autre ouvrage monumental de Döblin, *Novembre 1918, Une révolution allemande* [*November 1918. Eine Deutsche Revolution*], dont les quatre volumes : *Bourgeois et Soldats* [*Bürger und Soldaten 1918*], *Peuple trahi* [*Verratenes Volk*], *Retour du front* [*Heimkehr der Fronttrüppen*], *Karl et Rosa* [*Karl und Rosa*] furent publiés de 1939 à 1950, reflète l'ambiguïté de l'attitude de l'écrivain face à l'histoire : les événements sont vus dans la perspective d'un certain Friedrich Becker, partagé entre ses sympathies socialistes et ses convictions chrétiennes. Le dernier roman d'A. Döblin, *Hamlet ou La longue nuit prend fin* (*) (1956), a pour personnage principal un soldat qui, après avoir été rendu à la vie civile, se met en quête de la vérité sur son propre passé, sa propre identité : le romancier, une dernière fois, dénonce les mensonges qui menacent d'étouffer l'individu.

JEAN-JACQUES POLLET.

♦ *« Döblin était expressionniste avant que le mot n'eût été inventé. Il brise la forme romanesque comme d'autres avant lui avaient brisé les cadres du lyrisme ou du drame. »* C. David.

RÉF. : *A. Döblin zum 70, Geburtstag,* Hg. V.P.E.H. Lüth, 1948. – R. Minder, *Alfred Döblin,* in *Deutsche Literatur im 20. Jahrhundert,* 1954. – L. Huguet, *L'Œuvre d'Alfred Döblin ou la Dialectique de l'exode, 1878-1918,* Lille, 1978. – R. Links, *Alfred Döblin Leben und Werk,* Berlin, 1980.

DODERER Heimito von. Romancier autrichien. Né le 5 septembre 1896 à Weidlingau, près de Vienne, mort le 23 décembre 1966 à Vienne. Fils d'architecte, descendant du poète Nikolaus Lenau, Doderer grandit dans le château familial. Officier à dix-neuf ans, il est fait prisonnier en 1916 et passe quatre ans dans un camp de Sibérie. Revenu à Vienne après la guerre, il entreprend des études d'histoire et soutient sa thèse de doctorat en 1925, avant de se consacrer entièrement à la littérature. Il est à la fin de sa vie reconnu comme l'un des plus grands écrivains autrichiens contemporains.

Après quelques essais dans différents « styles » romanesques, comme *La Brèche* (*) (1924), *Un meurtre que tout le monde commet* (*) (1938) ou *Un sursis* (*) (1940), Doderer s'est véritablement affirmé et révélé au public grâce à sa « trilogie viennoise » : *Les Fenêtres éclairées ou l'Humanisation du conseiller d'administration Julius Zihal* (*) (1950), *L'Escalier du Strudlhof ou Melzer et la profondeur des années* (*) (1951), *Les Démons d'après la chronique du chef de division Geyrenhoff* (*) (1956). À l'école de R. Musil et d'H. Broch, dont l'écriture romanesque tente de rendre compte de « l'atomisation » du réel, Doderer, dans ces ouvrages, multiplie les personnages, entrecroise les intrigues, entremêle les générations dans une apparente confusion, dont on ne découvre la logique rigoureuse que dans les derniers chapitres. Le narrateur reconstruit le puzzle du temps. Cette manière d'écrire constitue, selon Doderer, le seul moyen pour appréhender la totalité, reconquérir la réalité au-delà des idéologies, parvenir – pour reprendre une expression de l'auteur – à « l'aperception » (« Apperzeption »). Il est évident, suivant ces principes, que le maniérisme est le principal danger qui menace les écrits de Doderer. Peut-être ses derniers romans échappent-ils moins que les autres à ce travers, comme par exemple *Les Mérovingiens ou la Famille totale* (*) (1962) où Doderer parodie Doderer.

JEAN-JACQUES POLLET

RÉF. : D. Weber, *Heimito von Doderer. Studien zu seinem Romanwerk,* Munich, 1963. – M. Bachem, *Heimito von Doderer,* Boston, 1981. – D. Weber, *Heimito von Doderer,* Munich, 1987.

DÔGEN Kigen. Moine et penseur bouddhique japonais, de la secte zen Sôtô. Né à Uji en 1200, mort à Kyôto en 1253. D'une famille aristocratique, il perdit son père à deux ans, sa mère à sept. Sensibilisé par ces épreuves, et peut-être aussi par l'instabilité politique du temps où s'installait le régime de Kamakura, il fuit l'inconstance du cours du monde pour se réfugier au Onjôji, puis au Yokawa sur le mont Hiei, où il fut ordonné moine par Kôen en 1213. Il y étudia une doctrine syncrétique, qui, depuis Saichô (767-822), rassemblait la doctrine du Tendai, la méditation zen et les règles du Vinaya. Mais il ne cessait de s'interroger, comme il le rapporta dans les *Notes de l'ère Hôkyô :* si chacun peut devenir Buddha en vertu de l'« éveil originel » [hongaku], pourquoi pratiquer la méditation ? L'éveil originel est-il incomplet ? Suffit-il d'une prise de conscience pour l'actualiser ? Il chercha une réponse auprès de Myôzen (1183-1225) au Kenninji, puis en Chine, de 1223 à 1227. Il y visita les temples de l'école Tendai, des sectes Rinzai et Sôtô, et finit par se fixer auprès de Tendô Niojô (1163-1228), maître exigeant qui prêchait « exclusivement la méditation assise ». C'est là qu'il résolut ses doutes et connut l'éveil : « corps-cœur abandonnés ! ». Dès son retour au Japon, muni d'une attestation de succession conférée par son maître, il préconisa cette pratique dans les *Recommandations à tous des règles de l'assise* [*Fukanzazengi,* 1227], et les *Propos sur la pratique de la Voie* [*Bendôwa,* 1231], volume intégré plus tard au Shôbôgenzô. Installé, à partir de 1230, au Kannondôri-Kôshôhôrinji près de Kyôto, il composa en dix ans les volumes les plus réflexifs de son œuvre maîtresse : *Le Trésor de l'œil de la loi authentique* (*), ainsi que le *Recueil de l'application de l'esprit à l'étude de la Voie* [*Gakudôyôjinshû,* 1234] et les *Instructions au cuisinier* [*Tenzokyôkun,* 1237]. Les disciples se rassemblaient autour de lui. Des heurts avec les moines du Hieizan et du Tôfukuji l'incitèrent à se retirer dans la province d'Echizen où, grâce à l'appui de Hatano Yoshihige, il fit construire le Eiheiji, inauguré en 1244. Sauf pour une conférence à Kamakura en 1247 devant le shôgun Hôjô Tokiyori, il y demeura à enseigner ses disciples et poursuivre son œuvre, loin de la cour et des honneurs. En 1250, il dut cependant, après avoir refusé à plusieurs reprises, accepter la robe de pourpre que lui destinait l'empereur retiré Go-saga : jamais il ne s'en revêtit. Tombé malade en 1252, il confia la direction du temple à Koun Ejô (1198-1280), son disciple le plus ancien, et partit se faire soigner à Kyôto où il s'éteignit le 28 août 1253 à l'aube, assis en méditation. La pensée de Dôgen est aussi rigoureuse que sa pratique est exigeante. Il invite à la concentration qui est éveil et sapience. Il s'agit, au présent, dans la vie de tous les jours, d'accueillir le réel tel qu'il est, ou plutôt tel qu'il apparaît dans l'oubli des arrière-mondes et l'abandon de toute appropriation subjective.

PIERRE NAKIMOVITCH.

RÉF. : Reihō Maslunaga, *A primer of Sôtô Zen, a translation of Dôgen's Shôbôgen zôzuimonki,* Londres, 1972. — Hoang-thi-bich, *Étude et traduction du Gakudôyôjin-shû,* Genève, 1973. — Yûkô Yokoi, *The Shôbôgenzô,* Tokyo, 1986. — B. Faure, *Dôgen, la vision immédiate,* Saint-Amand-Montrond, 1987.

DOHNÁNYI Ernö (ou Ernst von). Compositeur hongrois. Né à Pozsony (Bratislava) le 27 juillet 1877, mort à New York le 9 février 1960. Il fut l'élève de l'Académie Liszt de Budapest, et le disciple, pour le piano, d'Eugen d'Albert, lui-même disciple de Liszt. Pianiste virtuose, il se fit connaître dans l'Europe entière et en Amérique du Nord et du Sud. Professeur à Berlin, il se fixa en 1916 à Budapest, où il occupa diverses fonctions pédagogiques (enseignement du piano et de la composition, puis directeur de l'Académie de musique) et d'exécutant, comme chef d'orchestre et directeur de la Philharmonie de Budapest. Il fut aussi directeur de la musique à la Radio hongroise, jusqu'en 1944. À la fin de la guerre, il émigra en Argentine, puis aux États-Unis, où il finit comme professeur à l'université de Floride. Dans ses diverses activités, il ne cessa de soutenir les musiciens hongrois, comme ses contemporains Bartók et Kodály. Mais par goût personnel, il se sentait beaucoup plus porté vers le postromantisme austro-allemand, qui marque ses nombreuses œuvres. Ses trois opéras et son abondante musique instrumentale (trois *Symphonies*, trois *Concertos pour piano*, deux *Concertos pour violon*, musique de chambre, etc.) sont quasiment tombés dans l'oubli ; on ne connaît plus guère aujourd'hui que ses *Variations sur une chanson enfantine* (*) (« Ah ! Vous dirai-je, Maman »), pour piano et orchestre (1914).

GILLES CANTAGREL.

DOLCE Ludovico. Écrivain italien. Né de famille noble, en 1508, et mort en 1568 à Venise. Il fit ses études à Padoue et, s'étant perfectionné dans la connaissance des lettres, il gagna sa vie comme précepteur et écrivain. Son activité multiforme, déployée alors qu'il était au service de l'imprimeur Giolito, comprend : des traductions du latin d'œuvres grecques (ignorant la langue, il se servait de traductions latines) et espagnoles ; des commentaires, tels que ceux du *Décaméron* (*) de Boccace (très critiqué) et du *Roland furieux* (*) de l'Arioste (avec une intéressante défense) ; des poèmes épiques, des comédies — v. *Le Garçon* (*) — , des poésies diverses imitées de Bembo, et des traités en prose, dont les plus notables sont les *Observations sur la langue vulgaire* [*Osservazioni sulla volgar lingua*] et *L'Arétin.* Ce fut un grand voyageur, lié d'amitié avec Annibale Caro, Varchi, Bembo, l'Arétin, Sansovino, et d'autres. On l'a considéré, et non à tort, comme un polygraphe n'ayant eu d'excellence ni d'autorité en aucun domaine.

DOLTO Françoise. Médecin psychanalyste et écrivain français. Née et morte à Paris (6 novembre 1908-25 août 1988). Issue d'un milieu de grande bourgeoisie, elle reçoit une éducation stricte, religieuse, est instruite à domicile et donc fréquente peu l'école. Docteur en médecine en 1939, elle entreprend dès 1934 une analyse avec René Laforgue et devient membre de la Société psychanalytique de Paris en 1938 après avoir donné comme titre à sa thèse *Psychanalyse et Pédiatrie.* Mariée en 1942 au Dr Boris Dolto, elle en aura trois enfants. En 1939, Édouard Pichon lui confie, à l'hôpital Bretonneau, le traitement des enfants anormaux, retardés, présentant des troubles nerveux ou des troubles du caractère. En 1940, elle prend en charge, jusqu'en 1978, une consultation psychanalytique d'enfants à l'hôpital Trousseau (psychothérapie conduite en public, avec comme assistance une dizaine de médecins ou analystes en formation). Elle rédige, à partir de cette expérience, *Le Cas Dominique* (*), ouvrage qui permet au grand public de découvrir l'originalité de ses conceptions et de sa pratique. Parallèlement, sa carrière d'analyste l'amène à côtoyer les grands noms de la psychanalyse en France (André Berge, Georges Mauco, Juliette Favez-Boutonnier, Jenny Aubry, Bernard This, etc.). Le 16 juin 1953, elle démissionne (avec Daniel Lagache, Juliette Boutonnier et Jacques Lacan) de la Société psychanalytique de Paris pour fonder la Société française de psychanalyse. Une scission (26 mai 1964) l'amène à suivre Lacan lorsqu'il fonde, le 21 juin 1964, l'École freudienne de Paris. En 1969, Françoise Dolto participe à ses premières émissions de radio puis réitère, en 1978, sur France-Inter (« Lorsque l'enfant paraît »). En 1979 elle crée, dans un souci de prévention, « La Maison Verte », où se réunissent, en présence d'analystes, des femmes enceintes et des enfants de 0 à 3 ans accompagnés d'un adulte (mère, père ou nourrice). C'est dire combien Françoise Dolto a contribué à ouvrir le champ de la psychanalyse à ceux que l'on appelle les « inadaptés précoces ». La nouveauté de son enseignement à Trousseau a résidé dans l'ouverture à un auditoire de l'« aire d'intimité » que Françoise Dolto réussissait à créer entre le patient, sa famille et elle. Sachant, à l'instar de Winnicott, que l'enfant est en quête non pas d'un objet, mais de la « capacité de trouver », elle s'efforçait de restituer au petit malade – via une expérience de réciprocité – une capacité de création. Mais une telle expérience suppose un analyste capable de mettre en place une « aire de sécurité » à partir de laquelle le patient peut faire surgir une vérité.

On peut donc dire que Françoise Dolto a mis au point pour les enfants la technique dont « ils » avaient besoin, et en a fait la théorie dont « elle » avait besoin. L'analyse avec elle laisse une place à l'imprévu, au jeu, au paradoxe et à l'humour, comme nous le montrent ses ouvrages : *Lorsque l'enfant paraît* (1977 à 1979), *La Cause des enfants* (1985), *L'Enfant du miroir* (1987), *La Cause des adolescents* (1988) et *Paroles pour adolescents ou le complexe du homard* (avec Catherine Dolto-Tolitch, sa fille, en collaboration avec Colette Percheminier, 1989). Et cependant, c'est « au nom de la théorie » que les analystes ont cherché bien souvent à rejeter l'expérience technique de Françoise Dolto, aveuglés qu'ils étaient par leur propre participation aux fantasmes œdipiens meurtriers des jeunes patients. Son interrogation ne s'est pas limitée au domaine spécialisé de l'enfance ou de l'adolescence mais s'est aussi portée sur *L'Évangile au risque de la psychanalyse* (1980-1982) et *La Foi au risque de la psychanalyse* (1983). Par ailleurs ses travaux ont abordé la sexualité féminine et la psychopathologie de la vie quotidienne (*L'Image inconsciente du corps,* 1984). À la fin de sa carrière, Françoise Dolto, comme Freud, a caressé le rêve d'avoir le public pour patient. Le dialogue qu'elle a réussi à instaurer avec « son » public garde la marque d'une analyste de très grand talent que l'on peut également découvrir dans *Autoportrait d'une psychanalyste, 1934-1988* (1989). Elle est à situer parmi les grandes figures qui ont marqué l'histoire de la psychanalyse.

MAUD MANNONI.

DOMAT Jean. Jurisconsulte français. Né à Clermont en Auvergne, le 30 novembre 1625, mort à Paris, le 14 mars 1696. Arrière-neveu du père jésuite Sirmond, qui dirigea sa première éducation, Domat fit ses études à Bourges. Après avoir obtenu son doctorat, il devint avocat, et exerça, durant une trentaine d'années, la charge d'avocat du roi au présidial de Clermont. Dans cette ville, Domat connut Pascal, son aîné de deux ans, entre 1649 et 1650, et tissa avec lui d'indéfectibles liens d'amitié au point que le juriste embrassa la foi de Port-Royal et qu'il soutint celui qui l'avait converti jusqu'à son lit de mort. C'est lui qui remplaça Pascal malade, fin 1661, dans sa querelle avec Antoine Arnauld contre la distinction du droit et du fait, et contre tout accord dans l'affaire du *Formulaire*, prônant le refus de signer ou la signature accompagnée d'une défense de Jansénius et de sa doctrine (*Raisons qui empêchent de penser que je ne me rende à l'écrit intitulé : Si on a le droit*, etc.). De plus en plus engagé aux côtés de son ami, il tint tête, avec Pascal, à Nicole, à Arnauld et à M. de Sainte-Marthe en 1662, et devint à la mort de l'auteur des *Pensées* (*) le principal donataire de son testament en 1663, en particulier pour certains papiers et pour le quart du droit détenu par Pascal sur les carrosses à cinq sols. Aux jésuites, il refusa de confier l'éducation d'aucun de ses treize enfants et s'opposa toujours à leur pouvoir. En 1691, malade à son tour, il céda à la pression de ses amis et habita Paris où le roi lui accorda une pension de deux mille francs. Il tint à être enseveli avec les pauvres dans le cimetière de l'église Saint-Benoît, sa paroisse. C'est plus tard, avec d'Aguesseau au XVIIIᵉ siècle, puis Victor Cousin et Sainte-Beuve, au XIXᵉ, qu'on reconnut toute l'importance de cet immense jurisconsulte. Boileau l'avait compris, lui qui affirmait qu'il était « le restaurateur de la raison dans la jurisprudence ». Son œuvre, *Les Lois civiles dans leur ordre naturel* (*), précédée d'un court *Traité des lois* (1689-1694) et suivie du *Droit public* (posthume 1697), fut publiée, comme c'était l'habitude à Port-Royal, de manière anonyme, si bien qu'on l'attribua d'abord à Delaunay, professeur à la faculté de droit de Paris. Dans cet ouvrage, Domat place les lois sous l'étroite dépendance des principes d'amour de Dieu pour les hommes, des hommes pour Dieu, du souverain Bien et de l'amour entre les hommes, mais rapidement opère une synthèse du droit romain et du droit français en référence au droit naturel et au droit positif appliquée aux matières du droit civil et du droit privé. L'ordonnance de l'ensemble, véritable *code* avant la lettre, exerça une profonde influence sur les législateurs futurs. Il écrivit encore un *Lugum delectus* (1700), florilège des lois romaines les plus courantes.

CHRISTIAN BIET.

♦ *« Nul mieux que lui n'a su approfondir le principe des lois ni l'expliquer d'une manière plus digne d'un philosophe chrétien. »* D'Aguesseau.

RÉF. : Victor Cousin, *Documents inédits sur Domat,* IVᵉ série littéraire, t. III, 1849. – Henri Loubers, *Domat philosophe et magistrat*, 1873. – Voetzel, *Jean Domat*, 1936. – Baudelot, *Un grand jurisconsulte du XVIIᵉ siècle, Jean Domat*, 1938.

DOMINIQUE saint (Domingo de Guzman). Mystique espagnol. Né à Caleruega (Vieille-Castille) vers 1170 ; mort à Bologne (Italie) le 6 août 1221. Issu d'une famille noble, montrant une piété ardente dès son enfance, il suit des cours de philosophie et de théologie à l'université de Palencia où il donne bientôt lui-même des leçons d'Écriture sainte. Mais c'est son exceptionnel talent de prédicateur qui le fait remarquer par l'évêque d'Osma, Diego d'Azevedo : celui-ci fait entrer Dominique dans le chapitre de sa cathédrale, qu'il venait de soumettre à la règle de saint Augustin et, en 1198, lui donne le titre d'archidiacre. Chargé de négocier le mariage du fils du roi de Castille avec la fille du comte de la Marche, Diego vient en France, emmenant Dominique avec lui. Ils traversent le Languedoc, sont atterrés par la puissance de l'hérésie cathare et, aussitôt leur ambassade terminée, décident de travailler ensemble à la conversion des Albigeois. Le pape leur accorde l'autorisation de lancer des missions dont au bout de deux ans l'évêque d'Osma, rentrant en Espagne, laisse la direction à Dominique. Celui-ci s'en va seul, sans argent, à travers un pays entièrement gagné à l'hérésie : il s'arrête dans chaque village, prêche sur les places publiques, engage des controverses au milieu de l'hostilité, et parfois de la fureur des habitants. Mais ces moyens pacifiques, qu'Innocent III encourageait d'ailleurs depuis dix ans, paraissent bientôt inefficaces sur une vaste échelle, en dépit du grand nombre de conversions opérées par Dominique. Après l'assassinat du légat Pierre de Castelnau par un homme du comté de Toulouse commence la fameuse croisade militaire. Dominique n'y prend aucune part, comptant beaucoup plus sur un retour à la pauvreté et à l'austérité des mœurs religieuses et sur un christianisme solidement armé intellectuellement. C'est à cette double nécessité que répond en 1215 la fondation à Toulouse de l'ordre des Frères Prêcheurs, prédicateurs nourris de sûre théologie, mais prêchant d'abord d'exemple. Après avoir établi lui-même divers couvents en Languedoc, Dominique se rend à Rome, où le pape Honorius III crée pour lui la charge de « maître du sacré palais » qui est toujours détenue depuis lors par les dominicains. Avant de mourir, épuisé par les jeûnes et les flagellations qu'il s'imposait et par son inlassable activité, Dominique, qui avait fondé à Rome le premier établissement de religieuses dominicaines, put voir son ordre, vieux de cinq ans seulement, déjà profondément enraciné en France, en Espagne, en Italie. Il sera canonisé par Grégoire IX en 1234, treize ans après sa mort.

Dominique est, avec François d'Assise, l'auteur d'une révolution religieuse décisive pour l'évolution de l'esprit médiéval, de l'Église elle-même, et qu'on ne peut comparer qu'à la fondation des jésuites : jusqu'alors le moine, toujours de famille bénédictine, était attaché à son couvent et voué d'abord à l'*opus Dei.* Les dominicains, au contraire, sont, par vocation même, lancés à travers le monde, mêlés à la vie quotidienne, quoique toujours astreints aux activités contemplatives des moines traditionnels. Semblables en cela aux franciscains, ils ne s'adressent pourtant pas, comme eux, avant tout au petit peuple, mais surtout aux intellectuels : à Paris, à Bologne, dans tous les grands centres universitaires européens de cette première moitié du XIIIe siècle, c'est par centaines que les étudiants prennent l'habit blanc et noir qui aurait été suggéré à saint Dominique par la Vierge elle-même pour laquelle le saint, promoteur de la dévotion du rosaire, avait un amour passionné. Et tandis que l'évolution des Franciscains vers les études théologiques, avec saint Bonaventure, se fait non pas contre, sans doute, mais en marge de l'esprit du saint d'Assise, c'est saint Dominique lui-même qui a donné à son ordre cette impulsion très intellectuelle, qui reste sa marque propre. Comme on l'a dit, saint Dominique n'aurait sans doute pas pu écrire la *Somme théologique* (nous ne possédons de lui que quelques *Écrits* (*) d'une attribution d'ailleurs des plus douteuses), mais, au XIIIe siècle, seul un dominicain pouvait l'écrire et l'Aquinate est assurément le fils de saint Dominique le plus conforme à la pensée profonde de celui-ci.

MICHEL MOURRE.

♦ *« Tel fut, dans la vie et dans la mort, Dominique de Guzman, fondateur de l'ordre des Frères Prêcheurs, l'un des hommes, à le considérer même humainement, le plus hardi par le génie, le plus tendre par le cœur qui ait existé. Il posséda dans une vision parfaite ces deux qualités qui ne sont presque jamais possédées ensemble au même degré. Il exprima l'une par une vie extérieure d'une activité prodigieuse, et l'autre par une vie intérieure dont on peut dire que chaque souffle était un acte d'amour envers Dieu et envers les hommes. »* Lacordaire.

RÉF. : Lacordaire, *Vie de saint Dominique,* 1840. – P. Mandonnet, *Saint Dominique.* – Cardinal Pacelli, *Triptyque,* discours à l'occasion du septième centenaire de la canonisation, 1936. – G. Bernanos, *Saint Dominique,* 1939. – M. S. Gillet, *Saint Dominique,* Paris, 1942.

DONELAÏTIS Christian [Kristijonas]. Écrivain lituanien. Né le 1er janvier 1714 à Lasdinelai, près de Gumbinen (aujourd'hui Gusevas), mort le 18 février 1780 à Tolminiemis. Fils d'un petit propriétaire foncier, il fut élève à l'école épiscopale de Koenigsberg, puis, de 1732 à 1736, il étudia la théologie protestante et les langues anciennes à l'université de cette ville. En 1740, il devint recteur à Stalluponen (Prusse-Orientale) et, en 1743, pasteur à Tomingkehmen, où il demeura jusqu'à sa mort, s'occupant aussi de musique et de mécanique. En de nombreuses régions de la Prusse-Orientale, on parlait encore le lituanien, et Donelaïtis, qui possédait également les deux langues, composa en allemand de petits textes destinés à l'édification, et en lituanien des fables et des idylles en vers. Son œuvre principale, *Les Saisons* (*), fut découverte après sa mort et publiée par Ludwig Rhesa. Pour la première fois en lituanien y est employé l'hexamètre. C'est aussi en hexamètres que sont écrites les fables de Donelaïtis : *Le Chien nigaud* [*Suo Didgalvis*] ; *Le Loup juriste* [*Vilks provininks*] ; *Le Festin du renard et de la cigogne* [*Lapes ir gandro cesnis*] ; *Petite fable sur le cafard* [*Pasaka apie vabala*] ; *Le Chêne fanfaron* [*Azuolas gyrpelnys*] ; *L'Oura-*

gan à la foire [*Rudikis jomarki ninkas*], élaborations de thèmes classiques ou de motifs folkloriques communs à la poésie populaire lituanienne.

DONI Anton Francesco. Écrivain italien. Né à Florence le 16 mai 1513, mort à Monselice en septembre 1574. Fils de Bernardo d'Antonio, brocanteur et marchand de ciseaux. Ce fut un écrivain d'esprit versatile, fin mais superficiel, de nature instable, impatiente, rancunière et sceptique, prompt à la polémique et aux aversions, dont la dernière et la plus grande fut contre l'Arétin, qui lui ressemblait par plus d'un trait. Sorti — expulsion ou fuite — d'un couvent où il était entré sans vocation, il commença en 1540 une vie errante, tour à tour inquiète et allègre, agitée et nonchalante. Gênes, Pavie, Milan, Plaisance, Venise, Rome sont autant d'étapes qui le conduisent, d'abord à Florence où il fonde une imprimerie qu'il doit abandonner devant l'hostilité des Giunti et l'insuffisante protection de Cosme de Médicis, puis de nouveau à Venise où, en 1547, commence la période la plus féconde de sa vie d'écrivain et d'éditeur. Si l'on exempte un séjour de trois ans à Ancône où il fonda un nouvel atelier de typographie, il demeura à partir de 1555 dans les monts Euganéens, à Monselice qui le vit, hôte d'une tour solitaire, sortir la nuit, nu, accompagnant ses poèmes au luth, tel un insensé.

Les *Lettres* parurent en 1543. De la période vénitienne, signalons : *Le Dessin* [*Il Disegno*] (1549), *Les Bibliothèques* [*Le Librerie*], *La Citrouille* [*La Zucca*], *Les Discours amoureux* [*I Pistolotti amorosi*], *Les Mondes* [*I Mondi*] (1552-53), *La Philosophie morale* [*La Morale filosofia*], *Les Marbres* (*) ; de la période d'Ancône, *Le Tremblement de terre* [*Il Terremoto*], contre l'Arétin ; *L'Étuviste ou l'Avare* [*Lo Stufaiolo o l'Avaro*], comédie qui fut peut-être connue de Molière, et le poème *La Guerre de Chypre* [*La Guerra di Cipro*]. Parmi les éditions qu'il fit, rappelons celles de l'*Utopie* de Thomas More. En général, les œuvres de Doni ont un caractère confus qui tient à l'absence de composition et à l'introduction d'éléments fort hétérogènes en chacune d'elles, mais toutes sont riches en aspects nouveaux dans les domaines les plus divers.

RÉF. : G. Petraglione, *Sulle novelle di A. F. Doni,* Tranni, 1900. — E. Chiroboli, article in *Nuova Anthologia,* 1928. — P. F. Grendler, *Critics of the Italian World (1530-60),* univ. Wisconsin, 1964. — N. Franco e O. Lando, *Anton Francesco Doni,* Londres, 1969. — M. Badalino, *Utopisti e Moralisti : A. F. Doni, G. B. Gelli, F. Patrigi,* Bari, 1978, in Letteratura Italiana.

DONIZETTI Gaetano Domenico Maria. Compositeur italien. Né le 29 novembre 1797 et mort le 8 avril 1848 à Bergame. Il commença ses études de composition, clavecin et orgue, au conservatoire local que venait de fonder, en 1805, Johann Simon Mayr, et les poursuivit au lycée musical de Bologne, sous la direction du père Stanislas Mattei ; puis il revint à Bergame. Après s'être enrôlé dans l'armée pour venir en aide à sa famille, il est, en 1818, à Venise où il écrit sa première œuvre lyrique, *Henri de Bourgogne* [*Enrico di Borgogna*], jouée avec succès au théâtre San Luca ; mais ce n'est qu'avec l'opéra-comique *Zoraïde de Grenade* [*Zoraide di Granata*], en 1822, qu'il donnera la mesure de ses capacités artistiques. Dès lors, il se consacre exclusivement à la musique, et fait preuve d'une rapidité créatrice continue et d'une surprenante souplesse de talent : de 1830 à 1832, *Anne Boleyn* [*Anna Bolena*] et *L'Elixir d'amour* (*) ; entre 1832 et 1835, *Gemma di Vergi* et *Lucrezia Borgia*, dont la représentation à Paris fut empêchée par V. Hugo faisant valoir ses droits de propriété et qui, après avoir été remaniée, devint *La Répudiée* [*La Rinnegata,* 1845] ; en 1835, Donizetti donna *Marino Faliero* (*) et, en 1839, *Lucie de Lammermoor* (*), qui remporta un succès triomphal au théâtre San Carlo de Naples le 26 septembre 1835. La séduction de cet art consistait en une vertu dynamique et communicative toute nouvelle, naissant d'une vision romantique et passionnée de la vie. Sa musique est emplie de chaleur, de sincérité, et parfois d'une vive senteur de musique populaire.

Au cours des années suivantes, tout semble s'obscurcir : Donizetti perd en quelques mois ses parents, une fille et sa femme. Il peine à écrire même une chanson, lui qui, en d'autres temps, en produisait une douzaine « pendant que le riz cuisait ». Il ne retrouve que vers 1840 la facilité d'inspiration de ses meilleures années, d'abord avec *Polyeucte* (+) (1840) puis avec *La Fille du régiment* (*) et *La Favorite* (*) (1840). À Paris, où il avait fait jouer ce dernier drame, il commence à monter *Linda de Chamonix* (*) (1842) et *Don Pasquale* (*) (1843), écrivant aussi, entre-temps, des mélodies et des quatuors à cordes. Mais ses forces, dépensées avec prodigalité, commencent bientôt à lui manquer. D'atroces migraines, une tension nerveuse due au travail de la composition et aggravée par l'irritation que lui cause l'insuccès de ses derniers mélodrames — *Don Sebastiano, Caterina Cornaro, Le Duc d'Albe* [*Il Duca d'Alba*] —, précèdent les premiers symptômes, apparus en 1845, d'une paralysie progressive qui lui ôte toute ses facultés. D'abord hospitalisé dans une clinique à Jory, il sera en septembre 1847 ramené dans sa patrie pour mourir, quelques mois plus tard, à Bergame, dans une demeure solitaire de la ville haute.

VINCENZO TERENZIO.

♦ *« Ce fut un musicien inégal et superficiel, un prince du bavardage mélodique, de réelle valeur pourtant, et dont quelques ouvrages sont presque populaires. Il avait le souci de la vérité dramatique : il exprimait cette vérité d'une façon insuffisante et banale ; mais ce défaut était le résultat d'une esthétique qui n'est plus la nôtre, plus encore que le signe d'un génie faiblement doué.* » J. Combarieu.

♦ « *La musique de Donizetti a beaucoup vieilli depuis sa mort.* » H. Sutherland Edwards.

RÉF. : F. Cicconetti, *Vitta di Gaetano Donizetti*, Milan, 1864. – C. Malherbe, *Centenaire de G. Donizetti*, 1897. – G. Zavadini, *Donizetti : vita, musiche, espistolario*, Bergame, 1948. – L. Bossi, *Donizetti*, Brescia, 1956. – O. Merlin, *Quand le Bel Canto régnait sur le boulevard*, Paris, 1978. – W. Ashbrook, *Donizetti and His Operas*, Cambridge, 1982. – R. Celetti, *Histoire du Bel Canto*, Paris, 1987.

DONLEAVY James Patrick. Écrivain irlandais. Né à Brooklyn, New York, le 23 avril 1926. De parents d'origine irlandaise, Donleavy arrive à Dublin à l'âge de vingt ans pour y poursuivre ses études à Trinity College. En 1967, il prend la nationalité irlandaise et s'installe définitivement dans son pays d'adoption. Cette double appartenance se retrouve dans le choix de ses lieux romanesques, et dans son style où se mêlent la concision et une verve toute irlandaise. Jeune étudiant à Dublin, il y fait partie d'un groupe d'artistes et d'écrivains qui se réunissent aux « Catacombes », un caveau littéraire, et fréquente assidûment les pubs en compagnie de Brendan Behan et du poète Patrick Kavanagh. Donleavy nous restitue le Dublin de cette époque dans *Mon Irlande, avec tous ses péchés et certaines de ses grâces* [*J. P. Donleavy's Ireland*,1986]. C'est aussi de ces virées dublinoises qu'il tire la matière de son premier roman, *L'Homme de gingembre* (*), qui retrace les aventures d'un jeune étudiant américain, paresseux et buveur, roman qui domine de loin sa production littéraire. Il vaut à son auteur la célébrité immédiate, mais encourt aussi les foudres de la censure irlandaise pour la crudité de la langue et la paillardise rabelaisienne de certaines scènes. L'intrigue ténue est prétexte à toute une série de péripéties aussi rocambolesques que truculentes. Ce récit picaresque, où s'expriment l'obsession du sexe, la violence gratuite, annonce les romans postérieurs de Donleavy, qui reviennent inlassablement sur les mêmes thèmes fondamentaux. Donleavy, déçu de l'accueil réservé à son roman en Irlande, retourne alors aux États-Unis où il publie plusieurs ouvrages, dont *Un conte de fées new-yorkais* [*Fairy Tales of New York*, 1961], et *La Sale Saison de Samuel S.* [*The Saddest Season of Samuel S.*, 1966] qui ont pour cadre l'Amérique. Revenu en Irlande (dont il ne semble pas pouvoir se passer), il écrit *Les Béatitudes bestiales de Balthazar B.* [*The Beastly Beatitudes of Balthazar B.*, 1968] et *Le Destin de Darcy Dancer, gentleman* [*The Destinies of Darcy Dancer, Gentleman*, 1977] qui, eux, se situent dans son pays d'adoption. Auteur de onze romans, de plusieurs pièces de théâtre, et de nouvelles, Donleavy semble rester fidèle, dans tous ses écrits postérieurs, à ce qui fait le succès de *L'Homme de gingembre* : un style laconique, haché, un comique de la démesure et du fantasme, un joyeux appétit de vivre, remède contre l'angoisse existentielle, le désespoir et la mort.

ÉLIZABETH GAUDIN.

DONNAY Maurice Charles. Auteur dramatique français. Né et mort à Paris (12 octobre 1859-1er avril 1945). Auteur dramatique-né, il est naturel qu'il se soit totalement désintéressé de son diplôme d'ingénieur civil, obtenu à vingt-six ans à l'École centrale, et qu'il ait recherché les « boîtes à chansons » de Montmartre – il fut, dès 1890, l'un des piliers du « Chat noir » – et les petits théâtres. Donnay se montra rimeur spirituel et auteur désinvolte, dans des pièces légères pour le théâtre d'ombres : *Phryné* (1891) ; *Ailleurs* (1891), etc. Une adaptation très libre de la pièce d'Aristophane, *Lysistrata* (*) (1893), le signala à l'attention des critiques, et, en 1895, il remporta un grand succès avec *Amants* (*), qui demeure son chef-d'œuvre et l'un des ouvrages les plus significatifs de l'époque. Ayant acquis autorité et confiance, il voulut écrire des pièces à thèse, mais le vrai Donnay n'est pas celui des comédies moralisatrices comme *Paraître* (1906), ou sociales comme *La Clairière* (en collaboration avec L. Descaves), ou idéologiques comme *Le Retour de Jérusalem* (1903), mais bien davantage celui des comédies qui se rapprochent du climat d'*Amants*, de sa fraîcheur, de sa délicatesse, comme *La Douloureuse* (1897) et *L'Autre danger* (1902). Citons, entre autres : *Le Torrent*, *Éducation de prince* (1900), *Oiseaux de passage* (en collaboration avec L. Descaves, 1904), *La Patronne* (1908), *Le Ménage de Molière* (1912), *Les Éclaireuses*, etc. Après la guerre de 1914, Donnay voulut affronter également les problèmes et les situations suscités par l'après-guerre, mais ses caractères demeurèrent conformes à ceux de l'époque précédente. Il composa également des livrets musicaux : *Le Mariage de Télémaque* (1910, avec Lemaître), *Le Roi Candaule* (1920) ; une *Vie amoureuse d'Alfred de Musset* (1926) et divers volumes de souvenirs : *Pendant qu'ils sont à Noyon* (1917), *Autour du Chat noir* (1926), *Mes débuts à Paris* (1937). Il avait été élu à l'Académie française en 1907.

RÉF. : R. Le Brun, *Maurice Donnay*, 1903. – L. Treich, *L'Esprit de Maurice Donnay*, 1926. – P. Bathille, *Maurice Donnay, son œuvre*, 1932.

DONNE John. Poète anglais. Né en 1572 et mort le 31 mars 1631 à Londres. Ironie du destin, nécessité des temps, opportunisme ou conversions sincères, le plus grand représentant de la poésie métaphysique outre-Manche reste à bien des égards une énigme, tant il est vrai que peu d'hommes ont apparemment changé davantage que celui qui, à vingt et un ans, avait pourtant fait orner son portrait gravé d'une devise espagnole empruntée à Montemayor : « Antes muerto que mudado » [plutôt mort que changé]. L'itinéraire qui mène de l'enfant et du jeune homme de confession catholique, mais de mœurs, à l'en croire lui-même, fort légères – apôtre en tout cas de l'infidélité et zélateur d'Éros ou de Vénus plus que d'Agapè –, au théologien habile et au prédicateur anglican favori du roi et admiré pour les accents que lui inspire une certaine fascination de la mort est assurément tortueux et déconcertant à force de paradoxes. C'est sans doute la raison pour laquelle son œuvre même a tant prêté à controverses, sans qu'il soit toujours possible de faire le départ entre l'appréciation proprement littéraire et les considérations d'ordre moral, pour ne pas dire idéologiques.

Celui qui sut « tresser en lacs d'amour des tisonniers de fer » (Coleridge) était le fils d'un ferronnier. Son père, cadet d'une famille de petite noblesse galloise, les Dwyn, avait anglicisé son nom et était venu s'installer à Londres, où il avait rapidement prospéré. Mais sa mort prématurée en 1575 assombrit brusquement les perspectives d'avenir pour sa veuve, Elizabeth Heywood, et pour ses enfants, quatre filles et deux garçons, dont John âgé de quatre ans. Elizabeth Heywood, vite remariée avec un médecin londonien, était pour sa part issue d'un milieu fort cultivé : fille du poète John Heywood, elle était aussi la petite nièce du célèbre auteur de l'*Utopie* (*), le chancelier Thomas More. L'adversité n'eût donc pas été si grande si un second veuvage et, surtout, une obédience familiale résolue à l'Église de Rome n'étaient venus créer de graves difficultés. C'est en particulier ce qui explique l'inscription exceptionnellement précoce de John dans un collège d'Oxford : il fallait aller aussi vite et aussi loin que possible dans ses études avant l'âge de 16 ans et l'obligation était faite alors, à qui voulait continuer, de prêter allégeance à l'Église anglicane. D'autre part, la guerre entre l'Angleterre et l'Espagne ne fut sans doute pas étrangère à un regain de virulence dans la répression des membres de la communauté catholique, soupçonnés de sympathie pour un ennemi de même religion qu'eux. Toujours est-il que l'année 1588, qui voit la défaite de l'Armada espagnole (en même temps que le décès du second mari d'Elizabeth Heywood), est aussi celle où John Donne quitte Oxford, et où l'on perd sa trace jusqu'en 1591, date à laquelle il s'inscrit à Thavies Inn, l'une des écoles de droit de Londres. Certains, comme Izaac Walton, prétendent qu'il se rendit à Cambridge, d'autres qu'il voyagea en Italie et en Espagne. La date de l'adhésion de John Donne à l'Église d'Angleterre reste de ce fait l'objet de conjectures, puisque celle de 1597, généralement avancée, paraît dans ces conditions peu plausible. Et si elle eut lieu plus tôt, fût-ce avant ou après le décès du frère cadet de John, Henry, mort en 1593 en prison pour avoir hébergé un prêtre catholique ? Quant à l'œuvre poétique, les *Satires* (+), les *Élégies* (+) et les *Chansons et Sonnets* (+), cela pose aussi le problème de leur datation, puisque Ben Jonson assure que Donne aurait composé « ses meilleurs poèmes » avant l'âge de vingt-cinq ans, c'est-à-dire en 1597 précisément.

Une fois ses études de droit terminées, Donne participe sous les ordres du comte d'Essex à la prise de Cadix (1596) et à l'expédition des Açores (1597) qui lui inspire ses deux seuls poèmes descriptifs, « La Bonace » et « La Tempête ». Il se lie d'amitié avec le fils du garde des Sceaux, Thomas Egerton, dont, à son retour, il devient le secrétaire tellement estimé que celui-ci le fait élire député de Brackley en 1601. Nonobstant, Donne compose la même année, clandestinement, une satire contre la reine Elizabeth Ire, à la suite de l'exécution du comte d'Essex : *Les Pérégrinations de l'âme* (*). Mais c'est aussi cette année-là qu'il commet, selon ses propres mots, la « plus grande erreur de sa vie » : celle de se marier par amour avec Ann More, la jeune nièce d'Egerton et la fille du chancelier de la Jarretière et gouverneur de la Tour de Londres, George More. Ce dernier, furieux d'apprendre l'idylle et le mariage secret de sa fille, exigea et obtint non sans mal d'Egerton qu'il congédiât son secrétaire, réduisant ainsi le couple à une situation misérable faute de pouvoir en briser l'union. Les quatorze années qui suivirent furent donc particulièrement difficiles pour le ménage qui eut douze enfants. John Donne dut recourir à la charité des proches et aux subventions des protecteurs. Aussi le voit-on, parallèlement peut-être aux *Sonnets sacrés* (*) – qui ne seront publiés qu'après sa mort –, aux poèmes écrits pour Ann, et aux *Litanies,* écrire de plus en plus de lettres en vers ou de poèmes de circonstance pour se gagner la faveur d'hommes et de femmes influents, comme Wotton, Goodyere, la comtesse de Bedford, Magdalen Herbert, et sir Robert Drury, pour lequel Donne composa en particulier *Une anatomie du monde* (*). En reconnaissance de ce poème à la mémoire de sa fille, Drury emmena Donne en ambassade à Paris en 1612 et le logea, avec toute sa famille, dans son hôtel particulier du Strand. En même temps, Donne s'était lancé aux côtés de l'aumônier du roi, Thomas Morton, dans la propagande anglicane. En 1610, il avait rédigé le *Pseudo-Martyr* et, l'année suivante, le *Conclave d'Ignace* [*Ignatius his Conclave*], une satire contre les Jésuites. Sa réussite dans ce domaine lui valut l'estime de Jacques Ier, mais l'obligea aussi, contre son gré, à renoncer à toute ambition politique pour se faire ordonner prêtre le 15 janvier 1615. Dès lors il connaît une carrière exceptionnellement rapide et glorieuse. Nommé docteur par Cambridge en 1616 (après l'avoir été par Oxford en 1611), il obtient une chaire de lecteur en théologie à la Lincoln Inn de Londres, puis devient, après un séjour en Allemagne, doyen de Saint-Paul (1621). Ces années d'ascension sont toutefois marquées par l'immense chagrin qu'il ressent, en 1617, à la mort de sa femme. Il ne semble pas douteux que c'est de là que date ce qui apparaît comme un approfondissement croissant de l'expérience religieuse, dont témoignent les sermons qui lui valurent une immense renommée à la fin de sa vie, notamment le dernier d'entre eux : *Le Duel de la mort* (*) ou « sermon funéraire du doyen prêché par lui-même », prononcé devant le roi Charles Ier pour le Carême de 1631. Donne, malade, attendit dès lors cette mort qu'il lui était arrivé d'appeler de ses vœux — v. *Biathanatos* (*).

Même si ses *Poésies* (*) ne furent publiées que deux ans après sa mort, John Donne s'était acquis très jeune, grâce à leur circulation en manuscrits, une réputation de poète d'avant-garde, rompant avec la langue et la mélodie de Spenser comme avec la mythologie d'Ovide et la mode pétrarquisante, pour célébrer l'amour. Mais ce « moderne » qui se veut réaliste, ce citadin antilyrique qui dédaigne la nature, cet « intellectuel » qui n'hésite pas à faire entrer le franc-parler dans des structures complexes, est aussi à bien des égards un homme du Moyen Âge, nourri de culture ésotérique et scolastique, tout en conservant de l'époque renaissante une « soif sacrée », un « désir hydropique », de savoir. Peu apprécié aux XVIIIe et XIXe siècles, il a connu à notre époque un regain d'intérêt et de gloire : c'est sans doute qu'il fut l'un des premiers à ausculter et à exprimer, avec une pénétration aiguë, l'état de discorde et de désintégration où chacun tombe à mesure que le développement de la conscience de soi l'éloigne davantage de l'harmonie originelle et le précipite dès lors dans la quête d'une impossible union. C'est, en d'autres termes, qu'un thème platonicien universel et traditionnel trouve avec lui un accent personnel entièrement nouveau dans une poésie qui, par le jeu de ses images, de ses rythmes, de ses ellipses, parvient à donner à la pensée une densité charnelle dans son effort même pour spiritualiser le sensible.

ROBERT DAVREU.

♦ *« Rares sont les écrivains qui ont fait montre d'un plus extraordinaire registre de pouvoirs que Donne : car il a combiné* [...] *la sublimation extrême de la subtilité dialectique et l'adresse avec la majesté la plus passionnée. »* Thomas De Quincey. ♦ *« Il y a chez Donne* [...] *une appréhension directe de la pensée par les sens, une re-création de la pensée en sensation. » « Nous sommes enclins à lire dans l'esprit de Donne la conscience beaucoup plus lucide que nous avons nous-mêmes de l'apparente absurdité et incohérence des choses. »* T. S. Eliot.

RÉF. : Walton, *Vie de Donne,* 1888. — E. Gosse, *The Life and Letters of John Donne,* 1899. — M. Rugoff, *Donne's Imagery,* New York, 1939. — M. Praz, *La poesia metafisica inglese del Seicento, John Donne,* 1945. — L. Unger, *Donne's Poetry and Modern Criticism,* Chicago, 1950. — J. B. Leishman, *The Monarch of Wit : an Analytical and Comparative Study of the Poetry of John Donne,* Londres, 1951. — R. Ellrodt, *L'Inspiration personnelle et l'esprit du temps chez les poètes métaphysiques anglais,* t. I, Paris, 1960. — A. Alvarez, *The School of Donne,* Londres, 1961. — R. C. Bald, *John Donne, a Life,* Cambridge, 1970. — W. Sanders, *John Donne's Poetry,* Cambridge, 1971. — A. C. Partridge, *John Donne : Language and Style,* Londres, 1979. — J. Carey, *John Donne : Life, Mind and Art,* Londres, 1981.

DONNEAU DE VISÉ Jean. Écrivain français. Né et mort à Paris (4 décembre 1638 - 8 juillet 1710). Fils d'un maréchal des logis de Monsieur, il entra dans la carrière ecclésiastique, mais marqua très tôt un vif intérêt pour le théâtre. Désireux de se faire remarquer, il prit parti contre Molière dans ses *Nouvelles nouvelles* (1662) et avec sa comédie *Zélinde ou la Véritable Critique de l'École des femmes* (*) (1663). Molière ayant répliqué par *L'Impromptu de Versailles* (*), Donneau se piqua au jeu, fit une *Réponse à l'Impromptu* et continua à accabler Molière dans une *Lettre sur les affaires du théâtre* (décembre 1663). Il changea pourtant d'opinion par la suite, et se montra élogieux dans la *Lettre sur la comédie du Misanthrope* (1667). Devenu l'ami de Molière, il fit même jouer par sa troupe quelques-unes de ses pièces.

On lui doit des comédies de mœurs comme *La Mère coquette ou les Amants brouillés* (1665), *La Veuve à la mode* (1667), qui exploite le contraste comique entre une situation macabre et le jeu des hypocrisies mondaines, *Le Gentilhomme Guespin* (1670), qui reprend le thème du ridicule de la noblesse de campagne. Dans l'*Avertissement aux lecteurs* des *Dames vengées* (1694), Donneau plaide pour un comique fin et délicat, excluant les « plaisanteries outrées » de la farce, et selon lui conforme à l'attente nouvelle du public, parterre compris. Toujours soucieux de répondre au goût du temps, Donneau de Visé crée, en 1670, *Les Amours de Vénus et d'Adonis,* tragédie précieuse et galante couronnée de succès.

Ses comédies reçoivent un accueil plus mitigé, les dernières étant de véritables échecs. Donneau publie parallèlement des recueils d'anecdotes : *Les Diversités galantes* (1664), *Les Nouvelles galantes, comiques et tragiques* (1669) qui mêlent les bluettes raffinées et les contes grivois.

Cet auteur ambitieux, doublé d'un travailleur acharné, s'est surtout illustré par son activité de journaliste. Il fonda, en 1672, *Le Mercure galant* (*), qu'il rédigea en collaboration avec Thomas Corneille à partir de 1690. Le roi, sensible aux flagorneries du journal, maintint à son rédacteur une pension exceptionnelle qui atteignit les quinze mille livres, en 1697. Donneau de Visé bénéficia d'un logement au Louvre et d'une grande notoriété.

DOMINIQUE BERTRAND.

RÉF. : P. Mélèse, *Donneau de Visé,* Genève, 1936.

DONOSO José. Écrivain chilien. Né à Santiago du Chili en 1924, dans une famille bourgeoise de médecins et d'avocats. À vingt ans, abandonnant des études secondaires entrecoupées de révoltes et de voyages, il se rend à Punta Arenas, dans les solitudes glacées du détroit de Magellan, où il vit durant plus d'une année. Revenu à Santiago, il se spécialise dans la littérature anglo-saxonne et lit avec passion Henry James, Virginia Woolf, Laurence Sterne, William Blake. Achevant sa formation à l'université de Princeton, il publie aux États-Unis ses deux premières nouvelles, écrites en anglais. Professeur de littérature à l'université catholique du Chili, il collabore durant quatre ans à la rédaction de la revue *Ercilla* et se révèle par des recueils de nouvelles : *Villégiature et autres contes* [*Veraneo y otros cuentos*, 1955], *Le Charleston* [*El charlestón*, 1960], et un roman : *Le Couronnement* [*Coronación*, 1957]. Avec Margarita Aguirre (née en 1925), Guillermo Blanco (né en 1926), Jorge Edwards (né en 1931) et quelques autres, il constitue la « génération de 1950 » dont les fictions critiques et satiriques fustigeant les vices sociaux et politiques de l'oligarchie chilienne sont qualifiées de « littérature de la décrépitude ». Dans *Le Couronnement* apparaît déjà le goût de Donoso pour des personnages livrés à leurs pulsions, à leurs frustrations, à leurs obsessions, et voués parfois à la folie et au crime dans une société décadente jusqu'à la dégénérescence. Cette vision pessimiste qui enferme le lecteur « dans un monde aux rites insolites, au cérémonial inquiétant, aux règles draconiennes et aux ombres suspectes » (Claude Fell), trouve ses œuvres majeures dans *Ce dimanche-là* [*Este domingo*, 1966], *Ce lieu sans limites* [*El lugar sin límites*, titre emprunté au *Docteur Faust* de Christopher Marlowe – v. *La Tragique Histoire du docteur Faust* (*) –, 1966], *L'Obscène Oiseau de la nuit* (*) (1970) – titre emprunté à Henry James – et *Casa de campo* (1978). En 1967, Donoso quitte le Chili pour un exil volontaire qui se transforme en un long exil politique après le coup d'État du général Pinochet en septembre 1973. Installé à Sitges, en Catalogne, et à Calaceite, il dépeint le milieu des exilés chiliens et analyse la crise intérieure d'un écrivain en mal de création dans *Le Jardin d'à côté* (*) (1981). De retour dans son pays en 1980, il évoque dans un roman partiellement autobiographique, *La Désespérance* (*) (1986), à l'occasion des obsèques de Matilde Neruda, la femme du grand poète, le désarroi et les combats des intellectuels et des artistes chiliens vivant dans les ténèbres de la dictature à Santiago. Essai : *Histoire personnelle du boom* [*Historia personal del boom*, 1972].

CLAUDE COUFFON.

RÉF. : C.-M. Tatum, *The Fiction of José Donoso : The First Cycle (1950-1970)*, thèse, Université du Nouveau Mexique, 1971. – H. Vidal, *José Donoso. Surrealismo y rebelión de los instintos*, Barcelone, 1972. – J. Quinteros, *Una insurrección contra la realidad*, Madrid, 1978. – H. Achugar, *Ideología y estructuras narrativas en José Donoso*, Caracas, 1979. – G.-R. McMurray, *José Donoso*, Boston, 1979. – L.-A. Miller, *La técnica del punto de vista en José Donoso*, thèse, Université d'Arizona, 1981. – G.-J. Castillo-Feliú, *The Creative Process in the Works of José Donoso*, New York, 1982.

DONOSO CORTÉS Juan Francisco María, marquis de Valdegamas. Philosophe espagnol. Né à Valle de Serena (province de Badajoz) le 6 mai 1809, mort à Paris le 3 mars 1853. Ce descendant du conquistador fut à la fois un diplomate et un publiciste. Député aux Cortès, il suivit la reine Marie-Christine obligée de renoncer à la régence après la révolution de 1840 et qui s'exila à Paris jusqu'en 1843. Depuis le début du XIXe siècle, la nécessité de renouveler la tradition s'était fait sentir en Espagne. Le philosophe Jaime Balmes avait compris quels risques courait l'Espagne chrétienne à s'opposer systématiquement aux idées démocratiques. Aux côtés du fondateur du socialisme chrétien en Espagne prend place Juan Donoso Cortés. Lui-même philosophe et catholique, libéral « converti » – il avait été le secrétaire d'Alvarez Mendizabal, Premier ministre aux tendances libérales –, Juan Donoso Cortés était un brillant orateur et un fin lettré. Il subit l'influence des idées spiritualistes françaises, fréquenta Montalembert, Mgr Dupanloup. Il publia directement en français son œuvre essentielle, *Essai sur le catholicisme, le libéralisme et le socialisme* (*) (1851).

DOOLITTLE Hilda (H. D.). Poétesse américaine. Née le 10 septembre 1886 à Bethlehem, en Pennsylvanie, morte le 27 septembre 1961 à Zurich, Suisse. Son père était un astronome réputé, sa mère, d'origine allemande, appartenait à l'Église fondée par les frères Moraves. Elle étudie à Bryn Mawr College, fait la connaissance d'Ezra Pound, avec qui elle se fiance en 1901 pour une courte période, et de William Carlos Williams. Après la rupture de ses fiançailles, Hilda Doolittle décide, au terme d'un long voyage en Europe, de se fixer à Londres. Elle épouse en 1913 le poète et romancier Richard Aldington, se sépare de lui en 1919. Ses premiers poèmes voient le jour en 1912 : ils sont à la source du mouvement imagiste fondé par Ezra Pound, qui lui confère à cette occasion le pseudonyme de H. D. En 1916 paraît un recueil, *Le Jardin près de la mer* (+), suivi en 1925 d'un ensemble, *Poésies complètes* (+), regroupant, outre ce recueil, *Le Dieu* [*The God*], *Hymen* et *Heliodora*. Après une brève liaison avec le musicien Cecil Gray, dont elle aura une fille, Perdita, sa séparation d'avec Richard Aldington devient effective. Elle vit alors avec son amie Winnifred Ellerman (Bryher) et s'installe en Suisse, tout en faisant de fréquents voyages et de longs séjours à Londres et à Paris. Son activité littéraire est multiple, sans aboutir toujours à la publication. Les recueils de poèmes *Roses rouges pour* *bronze* (+) (1931), *Trilogie* (*) (1944-1946) alternent avec des romans ou des récits autobiographiques, du théâtre, des essais et des traductions du grec ancien. Dans toutes ses œuvres, H. D. explore, souvent sous le masque du classicisme et des mythes, une psyché divisée. Dans *Trilogie* comme dans *Hélène en Égypte* (+), son œuvre majeure publiée à la fin de sa vie (1961), elle affirme avec un lyrisme très personnel sa foi dans un univers spirituel où la féminité joue un rôle initiatique. Trois récits restés longtemps inédits, *Dis-moi de vivre* (*) (1961), *Le Don* [*The Gift*, 1969-82], *Hermione* (1981) – le premier et le troisième étant construits respectivement autour des figures de D. H. Lawrence et de Pound – sont importants pour aborder la personnalité complexe de H. D., ainsi que *Visage de Freud* [*Tribute to Freud*, 1974], récit de sa cure psychanalytique avec Freud à Vienne en 1933.

CLAIRE MALROUX.

DORGELÈS Roland (pseud. de Roland Lecavelé). Écrivain français. Né à Amiens (Somme) le 15 juin 1886, mort à Paris le 19 mars 1973. Il a commencé par être élève de l'École des beaux-arts et par fréquenter la bohème littéraire et artistique de Montmartre et du « Lapin Agile », dont il conservera la nostalgie. Il la fera revivre dans nombre de ses livres qui constituent une véritable chronique de cette époque : *Le Château des brouillards* (*) (1932), *Bouquet de bohème* (1947), *Au beau temps de la Butte* (1963). Dans *Portraits sans retouches*, il ressuscite certains des hommes auxquels il accordait une importance particulière : Octave Mirbeau, Tristan Bernard, Toulouse-Lautrec, Van Gogh, Poulbot, Courteline. Un autre versant de son œuvre, c'est la guerre de 1914 où, dès les premiers jours, il s'engagea dans l'infanterie. Des tranchées, il donne un tableau impressionniste dans *Les Croix de bois* (*) qui lui vaudront d'obtenir le prix Fémina en 1919. Ici, le tragique et la gouaille parisienne sont les deux faces de l'Histoire. Dans les combats, Roland Dorgelès fait sa part à la « blague divine » qui est capable d'exalter le courage du poilu. Mais il conclut tristement devant l'orgueil héroïque de certains combattants : « Allons, il y aura toujours des guerres, toujours, toujours. » Blessé, il avait demandé à être versé dans l'aviation. Expérience d'où il a tiré un recueil de nouvelles, *Le Cabaret de la belle femme* (1919). Plus à son aise dans la chose vue que dans l'imaginaire, il échoue à peindre dans *Saint Magloire* (1921) une sorte de prophète qui, démobilisé, ne parvient pas à se réinstaller dans une société dont il fait le procès. Roland Dorgelès retourne, par le biais du roman cette fois, à ses premières amours, Montmartre, dans *Le Marquis de la Dèche* (1971), fresque haute en couleur, œuvre picaresque qui est aussi son chant du cygne. Un troisième aspect de son œuvre fut le voyage, l'exotisme. *Sur la route mandarine* (1925), *Partir*, *La Caravane sans chameaux* constituent autant de reportages supérieurs dont l'Indochine d'entre les deux guerres forme la toile de fond. Dans *Carnet d'identité* (1945) enfin, il a donné une image vivante de ce que fut la France sous l'occupation nazie. Roland Dorgelès était membre de l'académie Goncourt depuis 1929.

GUY LE CLEC'H.

RÉF. : A. Dubeux, *Roland Dorgelès*, Paris, 1930. – M. Dupray, *L'Empreinte des « Croix de bois »*, in *Les Amis de Dorgelès*, avril 1979. – *Colloque Roland Dorgelès*, Paris, 1980. – J. Despert, *À propos des « Croix de bois »*, in *Les Amis de Dorgelès*, avril 1984. – M. Dupray, *Dorgelès, un siècle de la vie littéraire française*, Paris, 1986.

DOS PASSOS John Roderigo. Romancier américain. Né le 14 janvier 1896 à Chicago, mort le 28 septembre 1970 à Baltimore. D'origine portugaise par son grand-père, il appartient à la tradition américaine par son père, « tambour » à quatorze ans dans les armées de la guerre civile, et devenu avocat en suivant la route, désormais classique, du « self-made man ». Dos Passos connaît l'enfance d'un fils d'une famille aisée, fréquente « Choate School » et entre à Harvard à seize ans. Sa vocation s'affirme déjà : il écrit poèmes et critiques pour le mensuel de l'université, y rencontre E. E. Cummings et s'intéresse aux problèmes de littérature et d'esthétique. Dûment diplômé « cum laude » en 1916, il quitte l'université pour l'Espagne, où il se passionne pour Pio Baroja, dont l'œuvre exalte les valeurs individuelles et un non-conformisme anarchisant. Revenu aux États-Unis, il écrit la première version de *Rossinante reprend la route* [*Rossinante to the Road again*] et s'engage dans la « Division d'ambulances Norton-Harjes », lieu de rencontre des écrivains de la « Génération perdue ». Après la guerre, il retourne en Espagne pour écrire *Initiation d'un homme* [*One Man's Initiation*, 1920], et son premier roman important *Trois Soldats* [*Three Soldiers*, 1922], où il démythifie la guerre et dénonce l'appareil militaire. Un recueil de vers, *Une charrette au bord du trottoir* [*A Pushcart at the Curb*], paraît la même année. Reporter, il parcourt l'Espagne, le Mexique, le Proche-Orient, tandis qu'il écrit deux romans sur New York : *Les Rues de la nuit* [*Streets of Night*, 1923], et surtout *Manhattan Transfer* (*) (1925). Le thème en est le mode de vie américain et le rôle déterminant de la société par rapport à l'individu. Dos Passos est dès lors engagé dans la contestation politique de l'Amérique du « boom » économique, du « jazz age » et de la prohibition. Il participe à la fondation de *New Masses*, où il publie en 1927 son célèbre poème « Face à la chaise électrique » [Facing the Chair], à la veille de l'exécution de Sacco et de Vanzetti, pour lesquels il manifeste dans la rue et se fait même arrêter. La même année (1927), il publie *Orient Express*, récit de voyage accompagné de très jolies aquarelles de l'auteur. Comme tant d'autres intellectuels de son temps, il visite l'Union soviétique où il s'entretient avec Poudovkine et Eisenstein. Il rentre en 1929 pour épouser Catherine Smith, connue dans l'entourage d'Hemingway, avec qui il s'était lié d'amitié (et avec qui il rompra à la suite de la Guerre civile espagnole). Entre-temps, il a écrit pour le théâtre *L'Éboueur* [*The Garbage Man*], joué sous le titre *The Moon Is a Gong* en 1926. *Airways, Inc.* est créé l'année de son mariage (*Fortune Heights* ne sera monté qu'en 1934). Tandis qu'il « couvre » les grandes grèves comme journaliste, préside avec Dreiser une commission d'enquête officieuse sur les conditions de travail des mineurs, et défend les prisonniers politiques, il poursuit sa controverse de longue date avec le parti communiste, et accumule le matériau de sa trilogie *U.S.A.* (*), son chef-d'œuvre. *42e Parallèle* (*), le premier volume (1930), évoque le retour des « boys » dans une Amérique en pleine mutation. *L'An premier du siècle, 1919* (*), le deuxième, sort en 1932, et *La Grosse Galette* (*) termine la trilogie en 1936. Il est choisi comme « Livre de l'année » par le Congrès des écrivains américains. Cette grande fresque des années 1918-1927 renvoie l'image troublée de l'Amérique de l'après-guerre, jusqu'aux prémices de la Crise. La réussite est le critère suprême, la chance est au coin de la rue ; d'énormes fortunes s'édifient en quelques mois, alors que d'autres disparaissent, happées par la concentration et les trusts. En même temps, l'autre Amérique (« Nous sommes deux nations », dit Dos Passos dans *La Grosse Galette*) marche sur Washington avec les Anciens Combattants, s'étale en longues files aux soupes populaires, perd son identité au rythme des machines tandis qu'une répression féroce s'abat sur qui conteste l'ordre américain. « Architecte de l'Histoire », Dos Passos adopte dans *U.S.A.* une structure en quatre sections, en quatre approches d'une même réalité : « Actualités » (l'instant qui passe), « L'Œil de la caméra » (plan subjectif et poétique), « Biographies » (les célébrités) et la fiction romanesque où s'entrecroisent les personnages ; le découpage adopte la technique du cinéma et, comme l'*Ulysse* (*) de Joyce ou la mise en scène de Meyerhold, indique la recherche d'une esthétique nouvelle, adaptée au temps nouveau des machines. Parce qu'il a lu Marx et Lénine, Dos Passos est parfois considéré comme un écrivain marxiste. En fait, s'il dénonce le « Frame up » (la Machination) qui aboutit à la mort de Sacco et Vanzetti, il est surtout convaincu de la « spécificité américaine », et de l'existence d'une tradition dont il entreprend de montrer la cohérence dans *The Ground We Stand On* (1941) — série de biographies des grands hommes de l'histoire américaine. Suivront deux recueils d'observations personnelles, *State of the Nation* (1944) et *Tour of Duty* (1946). Sur le plan romanesque également, le tournant se confirme après la Seconde Guerre mondiale qu'il fait comme correspondant de guerre. *Aventures d'un jeune homme* (*) (1939), *Numéro Un* (*) (1943), et *Le Grand Dessein* (*) (1949), commandés par la General Mills Inc., réunis en 1952 sous le titre d'un second triptyque *District de Columbia* (*), ont perdu le souffle et les motivations de *U.S.A.* Citons encore *Le Pays que j'ai choisi* [*Chosen Country*] une autobiographie, *La liberté est mon propos* [*The Theme is Freedom*, 1951], et une étude sur *Jefferson* (1954). Il défend la candidature de Goldwater en 1964, et soutient la guerre du Vietnam, avant sa mort en 1970. Un temps oublié, Dos Passos, redécouvert, a retrouvé sa place. Dans *L'Âge du roman américain*, Claude-Edmonde Magny écrit : « À travers l'ordre social, c'est l'ordre des choses qu'il vise et qu'il atteint [...] Et si l'on définit la métaphysique comme un effort pour justifier — ou pour récuser — l'Être, on verra que la technique même de *U.S.A.* est, comme toute bonne technique (suivant le mot si profond de Sartre) grosse de toute une métaphysique. » Comme l'a bien montré son biographe, il ne fait plus guère de doute que la clé de sa vie, peut-être même de son œuvre, est à chercher, non dans l'idéologie, mais dans le fait qu'il fut un enfant illégitime.

JEANINE PAROT.

♦ *« Dans* Manhattan Transfer, *Mr. Dos Passos réussit à faire ce que nous avons tous montré qu'on ne pouvait pas faire : il nous donne le panorama, l'impression, l'odeur, le bruit, l'âme de New York. »* Sinclair Lewis, 1926. ♦ *« Je considère Dos Passos comme le plus grand écrivain vivant. »* Jean-Paul Sartre, 1938. ♦ *«* U.S.A. *étudie l'histoire de la société moderne, de ses luttes sociales, de ses masses. Mais c'est une histoire de défaite. Point de drapeaux pour l'esprit, point de victoire hormis la victoire que l'intellect peut offrir à l'intégrité. C'est l'un des livres les plus tristes qu'ait jamais écrits un Américain. »* Alfred Kazin, *On Native Grounds*, 1942.

RÉF. : Biographie : Townsend Ludington, *John Dos Passos : A Twentieth Century Odyssey*, New York, 1980.

Bibliographie : David Sanders, *John Dos Passos : A Comprehensive Bibliography*, New York, 1987.

Critique : Georges-Albert Astre, *Thèmes et structures dans l'œuvre de John Dos Passos*, Paris, 1956 (2 vol.). — Andrew Hook, éd., *John Dos Passos, A Collection of Critical Essays*, Englewood Cliffs (N. J.), 1973. — Linda Wagner, *Dos Passos : Artist as American*, Austine (Texas), 1979. — *Modern Fiction Studies*, 26, 3 (1980). — Michael Clark, *Dos Passos's Early Fiction, 1912-1938* (Selingsgrove, Pa.), 1987. — Barry Maine, ed., *Dos Passos : The Critical Heritage* (New York), 1988.

DOSSI Carlo. Écrivain italien. Né à Zenevredo, province de Pavie, le 27 mars 1849, mort à Cardina, près de Côme, le 16 novembre 1910. Carlo Dossi est le pseudonyme sous lequel Carlo Alberto Pisani Dossi signa ses différentes œuvres. Ce pseudonyme est parfaitement symbolique d'une vie, elle aussi partagée entre deux activités : l'écriture et la carrière politique.

Carlo Dossi naît, enfant prématuré, d'une famille de l'aristocratie italienne. D'une sensibilité maladive et d'une curiosité insatiable, c'est un adolescent qui a tout lu, tout assimilé, parle plus de dix langues. Et surtout, il écrit : son journal, des nouvelles, de petits romans. À dix-huit ans, alors qu'il fait son droit à Pavie, il publie son premier vrai livre, *Avant-hier* [*L'altrieri,* 1868]. Suivront : *La Vie d'Alberto Pisani* (*) (1870), *Portraits humains* [*Ritratti Umani,* 1873], *La Colonie heureuse* [*La Colonia felice,* 1874], *La Désinence en A* (*) (1878), *Gouttes d'encre* [*Goccie d'inchiostro,* 1880], *Amours* [*Amori,* 1887]. Ces œuvres — écrites dans une langue foisonnante, enrichie d'archaïsmes, de néologismes, d'emprunts aux divers dialectes italiens — sont en rupture totale avec la tradition littéraire de l'Italie de Manzoni et font de Dossi l'écrivain certainement le plus original des « Scapigliati » (littéralement : les échevelés), c'est-à-dire ces jeunes gens (Lombards ou Piémontais) déçus d'être nés trop tard, dans une Italie bourgeoise et conservatrice, où le Risorgimento n'est plus qu'un souvenir et où la langue codifiée imposée par Manzoni comme ciment de l'unité italienne n'est plus satisfaisante. Cette « Scapigliatura », inspirée par le goût baudelairien du déraciné, du maudit, rassemble, outre Carlo Dossi, des écrivains comme Praga, Tarchetti, Arrigo Boito.

En 1872, Dossi commence une brillante carrière politique qui le conduit de Milan à Rome où il suivra les vicissitudes du gouvernement du Sicilien Crispi. Il sera tour à tour un chef de cabinet novateur et puissant, puis ambassadeur à Bogota et à Athènes.

S'il cessa de publier au seuil de la quarantaine pour se consacrer à la politique et à sa passion pour l'archéologie, Dossi n'en a pas moins continué à tenir un journal commencé dès 1870 et qu'il poursuivra jusqu'à sa mort, en 1910. Et c'est ce livre, *Les Cahiers bleus* (*) (ainsi nommés en raison de la couleur bleue des seize cahiers qui les renferment) qui constitue son ouvrage majeur (publié, posthume, en 1912). Il meurt en 1910, dans la superbe villa néo-classique du Dosso, sur les rives du lac de Côme, qu'il laissait, comme son œuvre, inachevée. Discret jusqu'à l'effacement, Dossi n'a cependant pas échappé à la perspicacité et à l'admiration de certains grands écrivains italiens tels que Pirandello, Carducci Savinio, et surtout Gadda qui en est l'héritier direct.

CHANTAL MOIROUD.

DOSTOÏEVSKI Fedor Mikhaïlovitch [Fedor Michajlovič Dostoevskij]. Écrivain russe. Né à Moscou le 30 octobre 1821, mort à Saint-Pétersbourg le 28 janvier 1881. Les circonstances de sa venue au monde constituent, à elles seules, un symbole. Fedor Mikhaïlovitch Dostoïevski naît à Moscou, dans un petit logement de l'hôpital Marie, où son père exerce les fonctions de médecin. Dès les premiers pas de l'enfant, le destin lui assigne, de la sorte, une place de choix parmi les pauvres et les éclopés. Devant lui s'ouvre un univers sans joie, qui sent les médicaments, la misère et la soupe de caserne. Sa mère est une personne triste et inquiète, tourmentée par des présages. Son père, despote en chambre, hargneux, avare et brutal, impose son autorité à la maisonnée par des distributions d'injures et de claques. C'est sous sa surveillance que le petit Fedor doit entreprendre ses études. Il déteste et il plaint en secret cet homme dont les éclats de voix le poursuivent dans ses rêves. Il souhaite inconsciemment la mort du tyran. Mais Dieu ne l'a pas entendu. C'est sa mère, si douce, qui s'en va la première, épuisée par un mal incurable. Frappé de désespoir, le veuf sombre dans l'ivrognerie, prend son travail en dégoût et décide de placer son fils à l'École des ingénieurs, à Saint-Pétersbourg, pour n'avoir plus à s'occuper de lui. Dans cet établissement sévère, voué au culte des sciences exactes et de la discipline militaire à la mode prussienne, le garçon trouve le moyen pourtant de se passionner pour la littérature, de dévorer des livres russes et français en cachette, et de s'essayer lui-même au métier d'écrivain.

Il n'a pas encore dix-huit ans, quand une nouvelle effrayante ébranle sa raison. Le major, qui s'est retiré dans son domaine de Daravoïé, vient d'être assassiné, après de longues tortures, par un groupe de paysans que ses extravagances ont poussés à bout. Le jeune Dostoïevski a l'impression que, de ce crime, il est le seul responsable, bien que d'autres l'aient commis à sa place. N'a-t-il pas désiré ce qui s'est accompli ? N'a-t-il pas, sinon levé la main, du moins formé la pensée ? Il suffit d'un acquiescement tacite, d'un imperceptible retrait de l'affection et, déjà, nous sommes complices. Ébloui par cette révélation, il s'engage dans une région où les actes ne dépendent plus de leur auteur, où les innocents selon les lois terrestres sont condamnés selon d'autres lois indéfinissables, inexplicables, où chacun est coupable de la misère de tous, où les sentiments tiennent lieu de preuves, où deux fois deux ne font plus quatre, où le mystère prévaut contre l'évidence...

Il a vingt ans, il est pauvre, solitaire, timide. Il vient d'achever ses études, habite un appartement modeste à Saint-Pétersbourg, et travaille, pour vivre, à des traductions d'*Eugénie Grandet* (*) et de *Don Carlos* (*). Mais ces besognes secondaires ne l'empêchent pas d'écrire également un roman par lettres, qu'il intitule *Les Pauvres Gens* (*). Ce roman, il se décide enfin à le confier au poète Nekrassov. Deux jours plus tard, vers quatre heures du matin, Dostoïevski rentre chez lui après avoir soupé avec un camarade et s'apprête à se mettre au lit, quand un coup de sonnette glace le sang dans ses veines. Il ouvre la porte. Nekrassov se jette dans ses bras. « C'est génial ! » crie-t-il. Et il promet de porter le manuscrit au redoutable critique Belinski. Celui-ci prend connaissance du texte et confirme le jugement de son devancier. Ayant convoqué l'auteur, il lui déclare gravement : « Comprenez-vous seulement, jeune homme, ce que vous avez écrit là ? » Dostoïevski chancelle de joie en descendant l'escalier du maître. Maintenant, il est sûr de sa réussite. Gloire et fortune l'attendent dans un proche avenir. En effet, la publication du livre suscite l'enthousiasme d'un grand nombre de lecteurs. Grisé par les compliments, Dostoïevski veut exploiter sa chance et donne, coup sur coup, plusieurs récits, qu'il croit supérieurs aux *Pauvres Gens*, mais qui déçoivent son entourage. Les critiques, qui l'ont d'abord encensé, lui reprochent à présent d'imiter Gogol. Le public ne le suit plus. Dans les salons littéraires, on le plaisante sur sa laideur et sa maladresse. Belinski lui-même se détourne de son protégé et semble confesser tristement son erreur. Cette désaffection unanime, succédant à un accueil chaleureux, précipite Dostoïevski dans le doute. Il n'ose plus se montrer à ses confrères. Des angoisses le saisissent à la tombée de la nuit. Pour s'évader de sa solitude, il fréquente un groupe de camarades aux idées libérales. On se réunit clandestinement chez un dénommé Petrachevski, pour flétrir l'absolutisme de Nicolas Ier, rêver à l'abolition du servage et étudier la *Déclaration des droits de l'homme* (*) en buvant du thé fort et en fumant la pipe.

Le 22 avril 1849, à quatre heures du matin, Dostoïevski rentre de chez Petrachevski et se couche, fatigué par une longue séance de bavardages. Un coup de sonnette le dresse sur son lit. Est-ce l'aventure merveilleuse de Nekrassov qui recommence ? Hélas ! cette fois-ci, il n'y a pas de poète derrière la porte, mais des gendarmes bourrus : « Levez-vous ! Habillez-vous ! Par ordre ! » Arrêté, enfermé dans un cachot de la forteresse Pierre-et-Paul, il se refuse à croire que le fait d'avoir pris part à quelques discussions politiques constitue un crime dont il ait à répondre devant les tribunaux. On va le relâcher après une brève enquête. Pendant huit mois, il croupit dans une cellule, en espérant, de jour en jour, sa libération.

Enfin, le 22 décembre 1849 à six heures du matin, tous les membres du « complot » de Petrachevski sont tirés de prison et hissés dans des voitures aux vitres brouillées de givre. On les amène sous escorte sur la grande place Semionovski, blanche de neige. Une foule nombreuse s'est assemblée pour les voir arriver. Au centre de l'espace libre, une estrade. Plus loin, trois piquets de bois fichés en terre. Un prêtre conduit les prisonniers vers la plate-forme. L'auditeur impérial déplie un papier et lit la sentence. Après chaque nom, une phrase sèche, tranchante : « Condamné à la peine de mort ! » « Ce n'est pas possible qu'on nous fusille ! » gémit Dostoïevski. Mais, déjà, les bourreaux s'approchent des jeunes gens et leur passent des camisoles blanches, en toile de sac, à manches longues et à capuchons. Les trois premiers condamnés sont attachés aux poteaux d'exécution. Un peloton de soldats les met en joue. « Et si je ne mourais pas, écrira Dostoïevski en évoquant cette seconde d'angoisse, si la vie m'était rendue ? Oh ! alors je changerais chaque minute en siècle... je tiendrais compte de tous les instants pour n'en dépenser aucun à la légère ! »

Comme les soldats ne tirent toujours pas, Petrachevski soulève le capuchon qui lui masque les yeux. À ce moment un aide de camp agite un mouchoir blanc. Les clairons sonnent la retraite. Et l'auditeur, de sa même voix monotone, annonce que les coupables ont été graciés par l'empereur. La condamnation à mort est remplacée par la condamnation aux travaux forcés, pour quatre ans, en Sibérie.

Dostoïevski, rompu par l'émotion, se laisse ramener dans sa cellule. De là, il écrit cette lettre admirable : « Je ne suis pas abattu, je n'ai pas perdu courage. La vie est partout la vie, la vie est en nous et non dans le monde qui nous entoure. Près de moi seront des hommes, et être un homme parmi les hommes et le demeurer toujours, quelles que soient les circonstances [...] voilà le véritable sens de la vie... »

Le 24 décembre, dans la nuit de Noël, des fers de dix livres sont rivés aux chevilles de Dostoïevski et un traîneau l'emporte à destination du bagne sibérien. Pendant quatre ans, quinze cents piquets de chêne borneront son horizon. Il vivra là, parmi des assassins, des voleurs et des brutes de toutes sortes. Comme eux, il portera l'uniforme d'infamie, gris et noir, avec un as de carreau jaune cousu dans le dos. Il partagera leur sommeil dans la chambrée nauséabonde, leurs repas maigres, leurs tâches épuisantes. Il subira des crises d'épilepsie, qui l'étourdiront pour plusieurs jours.

Cependant, une foi tenace lui interdit de succomber au désespoir et à la maladie. L'expérience du bagne lui semble même riche d'enseignement. Une double révélation lui est réservée dans cet enfer. La révélation du peuple russe, qu'il apprend à connaître en fréquentant des réprouvés, et la révélation de Dieu, car l'Évangile est le seul livre dont la lecture lui soit permise. Bien des années plus tard, un détracteur de Dostoïevski lui demandera avec irritation : « Qui vous donne le droit de parler au nom du peuple russe ? » D'un geste brusque, Dostoïevski relèvera le bas de son pantalon sur ses chevilles encore marquées par les fers : « Voici mon droit », dira-t-il.

Ces fers, quand ils tombent de ses pieds, Dostoïevski les considère avec une stupeur attendrie. Après tant de contraintes, saura-t-il seulement retrouver l'usage, le goût de l'indépendance ? Sans protection, sans amis, sans foyer, il est d'abord, conformément à la sentence impériale, incorporé comme soldat de ligne dans un régiment de tirailleurs sibériens, à Semipalatinsk. Là, il découvre ce prodige : de vraies maisons, des hommes libres, des femmes... Il a un tel besoin de se livrer entièrement à un être, qu'il s'éprend d'une créature bizarre, tuberculeuse, et qui ne l'aime pas, Marie Dmitrievna Issaïev. Elle a eu un fils d'un premier mariage. Elle est sans ressources. Pour la sauver de la misère, il l'épouse. Mais l'émotion que lui procure le sacrifice est trop forte : sa nuit de noces s'achève en crise d'épilepsie, il se roule sur le plancher, la bave à la bouche, les yeux fous, devant la jeune femme terrorisée. Puis, ayant repris ses sens, il lui demande pardon humblement de lui avoir imposé le spectacle de sa déchéance. Il guérira. Il gagnera de l'argent. Ensemble, ils iront habiter la capitale. Nicolas Ier, qui l'a envoyé au bagne, est mort. Son successeur, Alexandre II, passe pour un homme éclairé et sensible. Il ne refusera pas d'examiner avec bienveillance la demande en grâce que Dostoïevski lui a depuis longtemps adressée. Encore quelques mois de patience !

Les mois s'additionnent en années. C'est seulement le 25 novembre 1859 que Dostoïevski, d'abord transféré à Tver, reçoit l'autorisation de rentrer à Saint-Pétersbourg, avec sa femme.

Dix ans se sont écoulés depuis le jour où il a quitté cette ville, les chaînes aux pieds. Pendant son exil, ses amis se sont dispersés, son nom est tombé dans l'oubli. Courageusement il reprend la lutte et publie *Stepantchikovo et ses habitants* (*) (1859), *Humiliés et Offensés* (*) (1861), puis *Souvenirs de la maison des morts* (*) (1861), où son expérience de forçat est décrite avec un réalisme farouche. Ce cri de détresse trouble l'apathie des masses, émeut le tsar lui-même et vaut à son auteur un regain de notoriété. Il croit la partie gagnée, donne encore un livre admirable : *Mémoires écrits dans un souterrain* (*) (1864), fonde une revue dont il est pratiquement l'unique rédacteur. Mais la malchance est tenace. Coup sur coup, il perd sa femme et son frère Michel, qu'il aimait tendrement. Les dettes des deux familles pèsent sur ses épaules. Il se défend contre les créanciers, emprunte à droite pour rembourser à gauche, et fournit de la copie, à tant la ligne, jusqu'à l'épuisement. Pourtant, au plus profond de son désarroi, il continue d'admirer la nécessité des malheurs qui l'accablent : « Ah ! mon ami, écrit-il, je retournerais bien volontiers au bagne pour un même nombre d'années, si je pouvais ainsi payer mes dettes et me sentir libre à nouveau... Et, cependant, il me semble toujours que je me prépare à vivre. C'est risible, n'est-ce pas, la vitalité d'un chat ! »

Cette « vitalité de chat » lui donne l'audace d'épouser, à quarante-six ans, une jeune fille de vingt et un ans, sage, terne et docile, Anna Grigorievna, sa sténographe. Entre-temps, il a encore publié *Crime et Châtiment* (*) et *Le Joueur* (*). La vente de ses livres est bonne, mais ne suffit pas à le libérer de ses engagements. Bientôt, devant l'exigence des créanciers, le jeune couple est obligé de fuir la Russie.

Ils traînent de ville en ville : Dresde, Hambourg, Baden-Baden, Genève, Vevey, Florence, logent dans des galetas, mangent mal, signent des traites, déposent au mont-de-piété leurs bijoux sans valeur et jusqu'à leurs habits. Un enfant naît. Dostoïevski, encore une fois, n'a pas droit au bonheur commun : la fillette meurt au bout de quelques jours. Le désespoir de l'écrivain est proche de la démence.

Mais à l'étranger, personne ne prend garde à lui, personne ne l'aime. Il est seul, perdu, sans argent. Il écrit des lettres honteuses pour supplier ses amis, ses éditeurs, de lui envoyer quelques subsides. Les employés de banque connaissent bien ce drôle de bonhomme, barbu, blafard, aux vêtements fanés, qui s'accroche à leur guichet et les questionne d'une voix humble. N'ont-ils rien reçu pour lui de Russie ? Dès qu'il a touché un chèque, il retrouve du goût à la vie. Il supplie sa femme de le laisser tenter sa chance dans une maison de jeu. Elle accepte, avec tristesse, car elle sait combien cette diversion lui est salutaire. Alors, il court, le cœur battant, les jambes molles, vers les salles dorées d'un casino. Fasciné par le tapis vert, il joue, il transpire d'angoisse. Et, quand il a tout perdu, il rentre au domicile conjugal et demande pardon à genoux. « Anna, écrit-il à sa femme, excuse-moi, ne me traite pas de canaille. J'ai commis un crime, j'ai perdu tout jusqu'au dernier pfennig. J'ai reçu l'argent hier, et hier même je l'ai perdu. Annette, comment pourras-tu me regarder en face ? » Les crises d'épilepsie le reprennent. Il tient un compte précis de ces secousses fulgurantes, qui le jettent au sol, les membres tordus, la bouche gonflée d'écume. Il note dans son calepin : « Crise violente... Attaque à six heures du matin... Le soir surtout, à la lueur des bougies, une tristesse maladive. Un reflet rouge sur tous les objets. »

C'est le soir pourtant, à la lueur des bougies, qu'il travaille. Il noircit des pages comme un forcené, pour payer la sage-femme, le docteur, le boulanger, le boucher, le propriétaire. Anna Grigorievna met au monde un deuxième enfant, une fillette. Les dépenses augmentent. Dostoïevski s'efforce d'oublier provisoirement ses soucis pour ne pas faillir dans la nouvelle tâche qu'il a entreprise. « La première partie me paraît un peu faible, écrit-il, mais rien n'est encore perdu... Le roman s'appelle *L'Idiot* (*). » Et encore : « Il n'y a au monde qu'une seule figure positivement admirable, le Christ. Dans la littérature chrétienne, parmi les personnes admirables, le plus réussi est Don Quichotte. Mais il n'est admirable que parce qu'il est en même temps comique... Chez moi rien de semblable, absolument rien, et c'est pourquoi je redoute un échec sans recours. »

L'Idiot est mal accueilli par la presse russe. « Mon amour-propre est en jeu, déclare Dostoïevski. Je veux de nouveau attirer sur moi l'attention du public. » Et, sans désemparer, il se jette dans un autre récit, parmi d'autres personnages. Cette fois, il s'agit d'un roman court, *L'Éternel Mari* (*). L'éditeur a prévu une avance par contrat, mais tarde à réaliser sa promesse et Dostoïevski se désole : « Comment puis-je écrire en ce moment ? Je déambule de long en large, je m'arrache les cheveux, et, la nuit, je ne peux dormir ! Je réfléchis à mon dénuement et j'enrage ! Et j'attends ! Oh Dieu, je vous jure, je vous jure qu'il m'est impossible de vous décrire en détail ma misère actuelle ! J'en ai honte... Et, après ça, on me demande des effets artistiques, de la limpidité, de la poésie sans efforts, sans emballements, et on me cite Tourgueniev et Gontcharov en exemple ! Qu'ils regardent donc dans quelles conditions je travaille ! »

L'argent arrive, le manuscrit, empaqueté, ficelé, s'achemine de Dresde vers la Russie, et Dostoïevski se tourne aussitôt vers un nouveau projet de roman, *Les Possédés* (*). « La chose que j'écris est tendancieuse, avoue-t-il dans une lettre du 6 avril 1870. Ah ! ils glapiront contre moi, les nihilistes et les Occidentaux ! Ils me traiteront de rétrograde ! Mais, que le diable les emporte, je dirai toute ma pensée. »

Et encore : « Me croirez-vous ? je sais parfaitement que si j'avais deux ou trois ans devant moi, comme c'est le cas de Tourgueniev, de Gontcharov ou de Tolstoï, j'écrirais, moi aussi, une œuvre dont on parlerait cent ans plus tard ! »

À minuit passé, lorsque tout le monde repose dans la maison, Dostoïevski, assis devant son papier et sa tasse de thé froid, suscite autour de lui un univers de cauchemar. Ses héros sont des révolutionnaires, prêts à rejeter les règles de la morale et de la religion pour transformer la Russie en une fourmilière disciplinée.

Enfin, le roman est achevé, l'éditeur envoie les mille roubles qu'on lui réclame, et Anna Grigorievna prépare les valises. À cinquante ans, vieilli par la maladie, le travail et les privations, Dostoïevski rentre à Saint-Pétersbourg avec sa femme. Ses livres, écrits loins de la patrie, lui ont valu la première place parmi les romanciers russes. Pour le public, il est devenu un guide spirituel, que ses souffrances passées autorisent à parler au nom du pays tout entier. Assuré d'une sympathie unanime, il rédige et édite son *Journal d'un écrivain* (*), où il prend position en nationaliste et en chrétien orthodoxe devant les plus graves problèmes de l'époque. Ce labeur de géant ne l'empêche pas de publier encore deux romans : *L'Adolescent* (*) et *Les Frères Karamazov* (*), qu'il considère comme son chef-d'œuvre.

Il ne se trompe pas. Tous ses grands thèmes se retrouvent dans ce maître livre. En l'ouvrant, le lecteur pénètre dans un univers touffu où le fantastique et le réel se confondent. Les fantômes qui hantent ces régions crépusculaires ne se préoccupent ni de manger, ni de dormir. S'ils ferment les yeux pour se reposer, un rêve immédiatement les visite. De page en page, reviennent des expressions telles que : « Il se sentit fiévreux... sa lèvre inférieure tremblait... il frissonna... ses dents claquaient... son visage se contractait... » L'argent ? On ne sait pas s'ils en ont, ni comment, au juste, ils le gagnent. Leur logis, on ne le connaît guère. Leurs vêtements, on n'en parle jamais. Leur visage même est à peine décrit. C'est que tout leur être se réduit à une lutte spirituelle. Ce qu'ils recherchent, à travers mille soubresauts, ce n'est pas une position meilleure dans le monde, mais la position idéale devant Dieu. Le vicomte de Vogüé écrivait : « Dans le peuple innombrable inventé par Dostoïevski, je ne connais pas un individu que M. Charcot ne pût réclamer à quelque titre. » Les critiques russes de l'époque traitaient Dostoïevski de « talent cruel ». Le docteur Tchij, grand spécialiste dostoïevskien, estimait que, pour un quart au moins, les personnages de Dostoïevski étaient des névropathes. Il en comptait six dans *Crime et Châtiment*, deux dans *Les Frères Karamazov*, six dans *Les Possédés*, quatre dans *L'Idiot*, quatre dans *L'Adolescent.* En effet, au premier abord, il ne semble pas que nous ayons quoi que ce soit de commun avec ces vagabonds, ces anarchistes, ces demi-saints, ces parricides, ces ivrognes, ces épileptiques et ces hystériques. Nous ne les avons jamais rencontrés. Notre comportement habituel diffère totalement du leur. Et, cependant, ils nous sont mystérieusement familiers. Nous les comprenons. Nous les aimons. Enfin, nous nous reconnaissons en eux. Comment expliquer la sympathie que nous éprouvons à leur égard, puisqu'ils sont des cas pathologiques et que nous sommes, en principe des individus normaux ? Qui pourrait prétendre que Dostoïevski, s'il s'était cantonné dans l'étude des aliénés et des alcooliques, aurait attiré à lui des masses toujours grossies de lecteurs ? La vérité est que les fous de Dostoïevski ne sont pas aussi fous qu'ils le paraissent. Seulement, ils sont ce que nous n'osons pas être. Ils font, ils disent ce que nous n'osons ni faire, ni dire. Ils offrent à la lumière du jour ce que nous enfouissons dans les ténèbres de l'inconscience. Ils sont nous-mêmes, observés de l'intérieur. Grâce à cette méthode de prises de vues, ce qui est le plus proche de l'opérateur, c'est ce qui est le plus profondément caché en nous ; ce qui est le plus éloigné de lui, la chair, le vêtement, le geste quotidien, le décor. La mise au point de la photographie se fait sur notre monde intime, alors que le monde extérieur demeure flou comme dans un songe. Si Dostoïevski cède parfois à la tentation de coller une étiquette médicale sur les créatures, c'est pour justifier leur conduite extravagante, leurs propos inspirés, devant un lecteur épris de logique. Ils ne sont pas malades, puisqu'ils n'ont pas de corps. Ou plutôt, leur corps n'est que pensée. Quiconque l'a compris lira Dostoïevski en oubliant le caractère clinique de ses héros pour ne considérer que le combat spirituel dont ils sont les champions désincarnés et infatigables.

Toutefois, si les personnages de Dostoïevski ne sont pas véritablement des déséquilibrés, c'est parce qu'il a été un déséquilibré lui-même qu'il a su les concevoir et les animer avec tant de précision. Ses crises d'épilepsie le jettent, de son propre aveu, dans de terribles délices. Au paroxysme de la tension nerveuse, il subit la mort en pleine vie, il entre en contact avec l'envers du monde, il comprend l'incompréhensible. Puis, après le dernier spasme, il retombe sur terre, ébloui, écœuré. Cette faculté de planer pendant quelques secondes, pendant quelques minutes, au-dessus de la condition humaine, lui permet d'affirmer l'existence d'une zone intermédiaire, qui n'est ni la réalité, ni le songe. À ce degré d'exaltation, la personnalité se dédouble, la pensée est reine, la chair n'a plus de poids, plus de force, plus de valeur. Pas de nuances dans cette clarté surnaturelle. Pour Dostoïevski comme pour ses héros, le bonheur c'est l'extase, le malheur l'anéantissement. Comme lui, chacun pourrait dire : « Toute ma vie durant, je n'ai fait que pousser à l'extrême ce que vous n'osiez pousser vous-même qu'à moitié. » De lâcheté en crime, de joie en douleur, ils marchent, titubants, sur la route qui les mène à Dieu. Leur sérénité ne commencera qu'à la fin du livre.

Le succès des *Frères Karamazov* porte la gloire de Dostoïevski à son apogée. On l'admire à l'égal de Tourgueniev et de Tolstoï. On croit en lui plus qu'en ses deux illustres rivaux.

Le 8 juin 1880, pour le centième anniversaire de la naissance de Pouchkine, il est convié à prendre la parole, au cercle de la noblesse, à Moscou. Du haut de la tribune, il prononce d'une voix enrouée, tendue, un discours qui soulève des clameurs d'enthousiasme. Des jeunes filles le couvrent de fleurs et lui baisent les mains. Un étudiant s'évanouit à ses pieds. Dostoïevski croit rêver. Il a payé ses dettes. Il vit heureux, dans une maison confortable, aux côtés d'une femme aimée. Des milliers d'inconnus le lisent et le comprennent. Il a vaincu le destin par sa seule patience. « Permettez-moi de ne pas vous faire mes adieux, écrit-il à un ami. Vous savez bien que j'ai l'intention de vivre et d'écrire encore pendant vingt ans. » Quelques mois plus tard, le 28 janvier 1881, il succombe à une hémorragie.

La Russie entière prend le deuil de cet homme longtemps méconnu. Son cercueil s'achemine vers la tombe sous une forêt de bannières. Des princes, des prêtres, des ouvriers, des officiers, des mendiants, lui font une escorte solennelle à travers la ville. Devant la fosse ouverte, des écrivains réconciliés lui promettent la renommée des martyrs. Après leur départ, le cimetière enneigé retombe dans le silence, et la vraie vie de Fedor Mikhaïlovitch Dostoïevski commence, hors du temps, hors de l'espace, dans le cœur de ceux qui l'ont aimé.

HENRI TROYAT.

♦ *« Dostoïevski, le seul qui m'ait appris quelque chose en psychologie. »* Nietzsche.

♦ *« Bien souvent Fedor Mikhaïlovitch m'a fait penser à Jean-Jacques ; il me semble avoir connu ce cuistre de génie depuis que j'ai pratiqué l'ombrageux philanthrope de Moscou. Chez tous deux, mêmes humeurs, même alliage de grossièreté et d'idéalisme, de sensibilité et de sauvagerie ; même fond d'immense sympathie humaine... Après Rousseau, nul ne porta plus loin que Dostoïevski les défauts de l'homme de lettres, l'amour-propre effréné, la susceptibilité, les rancunes et les jalousies. »* E. M. de Vogüé, 1889.

♦ *« Chez Dostoïevski, pas de philosophie, mais une psychologie du morbide : il y a une instabilité permanente des êtres. »* Maurice Barrès.

♦ *« Son âme portait en elle le germe d'un des plus grands phénomènes religieux de notre temps, et il l'a même réalisé en partie. Dostoïevski n'a pas seulement voulu être le précurseur de la religion nouvelle : il l'a été, pas autant, peut-être, qu'il l'eût voulu, mais enfin il l'a été. En vérité ce fut un prophète... Dostoïevski manque d'harmonie, de cette symétrie antique dans l'arrangement des parties — legs de la beauté pouchkinienne –, de tout ce dont Tourgueniev est si richement doté. Elle lui fait également défaut, cette force primitive, lien immédiat avec la nature, que l'on constate chez Léon Tolstoï. C'est un homme tout frais sorti de la vie, qui vient de souffrir et de pleurer. On ne doit pas lire les œuvres de Dostoïevski, il faut les vivre, tâter de leur souffrance pour les comprendre, et, dès lors, elles ne vous sortiront jamais plus de la mémoire. »* D. Merejkovski.

♦ *« De ces quelques précurseurs de l'avenir* [qui voient la nécessité d'un bouleversement moral], *Dostoïevski est certainement le premier ; plus profondément que les autres, il a entrevu l'essence du royaume futur, et c'est avec une force inégalée qu'il l'a annoncé. La valeur essentielle des conceptions de Dostoïevski tient précisément à ce qui leur est communément reproché : l'absence ou plutôt le refus conscient de tout idéal social abstrait, c'est-à-dire indépendant d'une conversion intérieure et d'une renaissance de l'homme. »* Vladimir Soloviev.

♦ *« Dostoïevski, maître en toutes passions, et tenant toutes les clés de l'abîme, ferme les portes du néant. Tenté de toutes négations, il ne détruit rien et affirme. En Dostoïevski, j'admire un Nietzsche racheté... Tout ce qui est mort et négation dans les philosophies, Dostoïevski l'a surpassé ; mais telle est sa grandeur, qu'il monte d'un degré encore. Il porte à la rédemption l'accablement de nos fatalités... Dostoïevski, si je ne me trompe, et moi-même, à mon rang, nous sommes l'antidote de la tyrannie rationnelle, des philosophes, et de tout poison inhumain : Dostoïevski, le cœur le plus profond, la plus grande conscience du monde moderne. »* André Suarès.

♦ *« Que nous présente Dostoïevski ? Des personnages qui, sans aucun souci de demeurer conséquents avec eux-mêmes, cèdent complaisamment à toutes les contradictions, toutes les négations dont la nature est capable. Il semble que ce soit là ce qui intéresse le plus Dostoïevski : l'inconséquence. Bien loin de la cacher, il la fait sans cesse ressortir ; il l'éclaire... Sinon à l'anarchie, c'est à une sorte de bouddhisme, de quiétisme du moins que nous conduit Dostoïevski... Il nous entraîne très loin de Rome (je veux dire des encycliques), très loin aussi de l'honneur mondain... Partant du même problème, Nietzsche et Dostoïevski proposent à ce problème des solutions différentes, opposées. Nietzsche propose une affirmation de soi, il y voit le but de la vie. Dostoïevski propose une résignation. Où Nietzsche présente une apogée, Dostoïevski ne prévoit qu'une faillite.* » André Gide.

♦ « *Dostoïevski est l'inventeur du caractère polymorphe. C'est-à-dire que Molière ou Racine, ou les grands classiques, ont des caractères tout d'un seul tenant, tandis que Dostoïevski fait une découverte en psychologie qui est l'équivalent de celle de De Vries dans le monde de l'Histoire naturelle : la mutation spontanée. Un caractère arrive tout à coup à une mutation, c'est-à-dire qu'il trouve en lui des choses qui n'y étaient absolument pas... C'est cet imprévisible, cet inconnu de la nature humaine qui est le grand intérêt de Dostoïevski...* [Ce] *n'était ni un barbare, ni un malade. Ses romans sont un modèle de composition.* » Paul Claudel.

♦ « *Cette beauté nouvelle, elle reste identique dans toutes les œuvres de Dostoïevski ; la femme de Dostoïevski, avec son visage mystérieux, dont la beauté avenante se change brusquement comme si elle avait joué la comédie de la bonté... et la maison de l'assassinat dans* Crime et Châtiment... *Cette beauté nouvelle et terrible d'une maison, cette beauté nouvelle et mixte d'un visage de femme, voilà ce que Dostoïevski a apporté d'unique au monde.* » Marcel Proust.

♦ « *La grandeur peut-être la plus importante de Dostoïevski aujourd'hui, c'est qu'il ne sait même pas qu'il n'a jamais su ce que veut dire cette expression : conduire sa vie.* » Charles Du Bos.

♦ « *Le don de soi, le goût de la pureté et de la perfection, la faim et la soif de justice, cela aussi c'est le patrimoine humain : de cela aussi, romanciers, nous devons rendre témoignage. Pourquoi n'accepterions-nous comme authentiques, dans l'homme, que les remous de sa sensualité et ses hérédités les plus obscures ? C'est parce qu'il a vu dans ses criminelles et dans ses prostituées des êtres déchus, mais rachetés, que l'œuvre du chrétien Dostoïevski domine tellement l'œuvre de Proust.* » François Mauriac.

♦ « *Tout Dostoïevski est à refaire catholiquement.* » Georges Bernanos.

♦ « *Il n'y a pas d'erreur, c'est un roi, d'une essence et d'une qualité telles que seul Shakespeare pourrait, chez les modernes, lui être comparé... Peut-être est-il, après Eschyle et Shakespeare, l'humain qui est descendu le plus profondément, le plus âprement dans l'abîme des cœurs et des corps...* » Léon Daudet.

♦ « *Un art vrai ne veut plus dresser les petites icônes que Dostoïevski a brisées, ni enfermer le roman dans le cercle étroit de la société et des sentiments, ni laisser dans l'ombre les états intermédiaires et mystérieux de l'âme où Dostoïevski a projeté sa lumière. Il est le premier à nous avoir donné une idée des hommes que nous sommes les premiers à être : en opposition avec le passé, aux sentiments plus différenciés parce que plus chargés de connaissance que tous ceux qui nous ont précédés. Nul ne peut savoir combien nous nous sommes rapprochés de Dostoïevski depuis cinquante ans que ses livres ont paru, combien de ses prophéties, combien de ses pressentiments se sont réalisés dans notre sang, dans notre esprit. Peut-être les terres inconnues qu'il a été le premier à fouler sont-elles déjà notre patrie.* » Stefan Zweig.

♦ « *Tous ses romans – ses tragédies – représentent l'expérience de la liberté humaine. L'homme commence à se révolter au nom de cette liberté, prêt à toutes les souffrances, prêt à toutes les folies, à condition de se sentir libre. Et il recherche en même temps la liberté extrême, finale... La valeur de Dostoïevski est si grande qu'il suffit au peuple russe de le nommer pour justifier son existence dans le monde. Dostoïevski témoignera pour lui au Jugement dernier des peuples.* » Nicolas Berdiaeff.

RÉF. : E. M. de Vogüé, *Le Roman russe*, Paris, 1886, Lausanne, 1971. – Dimitri Merejkowski, *Tolstoï et Dostoïevski, La personne et l'œuvre*, Paris, 1903. – André Gide, *Dostoïevski*, Paris, 1923. – Léon Chestov, *La Philosophie de la tragédie. Dostoïevski et Nietzsche*, Paris, 1926. – Nicolas Berdiaeff, *L'Esprit de Dostoïevski*, Paris, 1929. – Anna Grigorievna Dostoïevskaya, *Dostoïevski*, Paris, 1930. – Henri Troyat, *Dostoïevski*, Paris, 1940, 1990. – Paul Evdokimov, *Dostoïevski et le problème du Mal*, Lyon, 1942. – L. Zander, *Dostoïevski et le problème du Bien*, Paris, 1946. – Romano Guardini, *L'Univers religieux de Dostoïevski*, Paris, 1947. – René Fülöp-Miller, *Dostoïevski. L'intuitif, le croyant, le poète*, Paris, 1954. – Dominique Arban, *Dostoïevski par lui-même*, Paris, 1962. – Constantin Motchoulski, *Dostoïevski. L'homme et l'œuvre*, Paris, 1963. – René Girard, *Du double à l'unité*, Paris, 1963. – Dominique Arban, *Les Années d'apprentissage de Dostoïevski*, Paris, 1968. – Pierre Pascal, *Dostoïevski. L'homme et l'œuvre*, Lausanne, 1970. – Mikhaïl Bakhtine, *Problèmes de la poétique de Dostoïevski*, Lausanne, 1970. – Jean Drouilly, *La Pensée politique et religieuse de Dostoïevski*, Paris, 1971. – *Dostoïevski vivant. Témoignages*, Paris, 1972. – *Dostoïevski*, Cahiers de l'Herne, N° 24, Paris, 1973. – *Album Dostoïevski* (Bibliothèque de La Pléiade), Paris, 1975. – David I. Goldstein, *Dostoïevski et les Juifs*, Paris, 1976. – Jacques Catteau, *La Création littéraire chez Dostoïevski*, Paris, 1978. – Anna Grigorievna Dostoïevskaïa, *Journal*, Paris, 1978. – *Les Cahiers de la nuit surveillée*, N° 2, 1983. – Louis Allain, *Dostoïevski et l'Autre*, Paris, 1984. – Vladimir Nabokov, *Littératures II*, Paris, 1985. – Nicolas Milochevitch, *Dostoïevski penseur*, Lausanne, 1989.

DOTREMONT Christian. Poète et plasticien belge. Né le 12 décembre 1922 à Tervuren (Belgique), mort le 20 août 1979 à Buyzingen. Dès 1940, il participe aux ultimes activités du groupe surréaliste belge (*Ancienne éternité*), puis à « La Main à plume », mouvement surréaliste clandestin dans la France occupée. De retour en Belgique en 1943, il maintient l'esprit surréaliste à travers les « éditions-séditions du Serpent de mer » où il publie notamment *L'Avant Matin* (1944). Après la guerre, s'opposant à Breton, il crée le « surréalisme révolutionnaire » qui vise à concilier la démarche surréaliste et l'idéal communiste. Cette tentative rapproche Dotremont d'autres artistes d'Europe du Nord. Ainsi naîtra un mouvement international d'artistes expérimentaux : COBRA. Dotremont a forgé l'acronyme (Copenhague-Bruxelles-Amsterdam). Il sera l'inusable coordonnateur et animateur d'un mouvement qui, pour avoir été éphémère (1948-1951), n'en a pas moins marqué l'art contemporain. Associé à des peintres comme Alechinsky, Appel, Constant, Corneille, comme au poète Schade, Dotremont s'efforcera d'« entrer dans les musées pour enlever les muselières ». À chacun de ses amis peintres, il consacrera des textes, à la fois lyriques et profonds. Dans le numéro 7 de la revue *Cobra* (dix numéros publiés sous sa direction), il expose sa découverte des « logogrammes », exercices spontanés où l'écriture se fait dessin, et l'on dirait presque calligraphie, si l'intention de l'auteur n'était avant tout expérimentale. Ces *Logogrammes* (*) ne cesseront, jusqu'à sa mort et au-delà, d'être publiés ou exposés. Selon lui, « la vraie poésie est celle où l'écriture a son mot à dire ». Les logogrammes, dessins ou traces, noirs sur la feuille blanche, évoquent les taches sombres qui parsèment les neiges lapones. Depuis son premier voyage (1966), la Laponie représente pour Dotremont un jardin d'Éden, le lieu où revenir à soi, à l'innocence originelle (*Commencements lapons,* 1985). Pour Dotremont, comme pour tous les artistes COBRA, l'art n'a pas pour but de produire des œuvres, mais de faire vivre une expérience du retour à l'innocence. Ceci peut expliquer les privilèges accordés aux regards des enfants, des « fous » ou des « primitifs ». Toujours « expérimental », l'art de Dotremont s'appuie sur une constante collaboration du poète et du peintre : *Transformes* (avec Atlan), *Les Jambages au cou* (avec Corneille), *La Chevelure des choses* (avec Jorn). L'œuvre de Dotremont reste encore dispersée (revues, recueils, inédits) et il est impossible de s'en faire, en 1992, une idée juste et globale. Elle révèle, néanmoins, un poète important et un humoriste dont le « noir » dissimule à peine la tendresse. Proche parfois des textes de Tardieu ou de Michaux, sa poésie exprime un courant dominant de l'art contemporain et une dérision angoissée qui est de tous les temps. On a pu dire de lui : « Il est à COBRA ce que Baudelaire a été au romantisme de Delacroix, Mallarmé pour l'impressionnisme, Apollinaire pour le cubisme ou Éluard pour le surréalisme. » Une véritable compréhension de l'art, de la poésie et de sa situation dans la seconde moitié du XXe siècle passe nécessairement par Dotremont.

ALAIN QUESNEL.

DOUCAS. Chroniqueur byzantin du XVe siècle. Né probablement à Lesbos ou à Phocée. Son nom de baptême est resté inconnu. Il était fils de Michel Doucas, comme il le dit lui-même. Il semble qu'après la chute de Constantinople il devint le secrétaire du seigneur génois de Phocée. Plus tard, il passa au service des Gatelussi, à Lesbos. En 1455 et 1456, il visita Adrianopolis, en tant que messager des Galetussi, redevables de leur tribut à Mahomet II. Ses *Histoires* (*) rapportent les événements survenus entre 1341 et 1462, époque à laquelle Lesbos fut occupé par Mahomet le Conquérant. L'œuvre fut traduite aussitôt en vénitien. Les détails relatifs à la chute de Constantinople sont particulièrement instructifs. Bien qu'il appartînt à l'Église orthodoxe, Doucas inclinait en faveur de l'unité de l'Église.

DOUDINTSEV Vladimir Dmitrievitch [Vladimir Dmitrievič Dudincev]. Écrivain russe. Né le 27 juillet 1918 à Koupiansk, région de Kharkov. Il termine des études juridiques à l'université de Moscou en 1940 et fait son service militaire. Il combat, pendant la Seconde Guerre mondiale, sur le front de Leningrad, où il est blessé. Entre 1946 et 1951, Doudintsev travaille comme journaliste à la *Komsomolskaïa Pravda.* Il devient célèbre du jour au lendemain avec la publication de son premier roman *L'homme ne vit pas seulement de pain* (*) dans la revue *Novy Mir*, numéros d'août, septembre et octobre 1956. Le XXe Congrès du parti communiste, avec le célèbre rapport secret de Khrouchtchev, vient d'avoir lieu, et nous nous trouvons en plein « dégel ». Une critique (vive pour l'époque) du bureaucratisme provoque une levée de boucliers. Le roman devient l'objet d'attaques violentes de la part des officiels de la littérature et de la culture ; il est défendu par les écrivains « libéraux ». Le nom de Drozdov (le héros négatif du roman) servira pendant longtemps à qualifier les bureaucrates. Après le scandale du roman, Doudintsev est condamné au silence jusqu'en 1960. Il ne publie pendant plusieurs décennies que quelques récits et des articles de critique littéraire.

Il revient au premier plan de la vie littéraire du pays avec son roman *Les Robes blanches* (*), paru dans les n°s 1-4/1987 de la revue léningradoise *Neva.* Ce roman, écrit pendant près de vingt années et resté longtemps interdit, retrace l'anéantissement de la génétique soviétique par Lyssenko à la fin des années 40. L'importance du sujet, longtemps tabou, explique le succès du livre dans l'atmosphère de la perestroïka commençante. Ses faiblesses ont été cependant relevées par de nombreux critiques.

ALEXIS BERELOWITCH.

DOUGLAS George Norman. Écrivain anglais. Né au château de Tilquhillie (Écosse) le 8 décembre 1868, mort à Capri (Italie) le 15 février 1952. Issu d'une très vieille famille d'Écosse, c'est à la campagne qu'il passa les treize premières années de sa vie. L'éducation rigide qu'il reçut ensuite (de 1881 à 1883) à Uppingham School froissa sa nature déjà indépendante, et à l'automne 1883 ses parents le mirent en pension dans un gymnase de Karlsruhe (pays de Bade). Les sciences et les diverses littératures européennes le passionnèrent également : il apprit à parler couramment le français, l'allemand, l'italien et le russe ; et en 1886, à l'âge de dix-huit ans, il faisait déjà paraître des études savantes dans la revue *Zoologist.* Ayant terminé ses études à Karlsruhe en 1889, il décida de préparer le concours d'entrée au Foreign Office, où il fut admis en mars 1893. Il passa un an dans les services du ministère à Londres, puis en mars 1894 fut envoyé à Saint-Pétersbourg, et un an exactement plus tard reçut sa nomination au poste de premier secrétaire d'ambassade. Après avoir passé en mai 1896 l'équivalent anglais du doctorat en droit, il quitta la Russie à la fin de cette année et abandonna la carrière diplomatique, bien qu'il fût resté inscrit sur les contrôles du Foreign Office jusqu'en 1901. Pourvu de ressources familiales, il mena désormais une vie indépendante, voyageant à travers l'Europe, puis aux Indes et à Ceylan, et finalement se fixant dans une villa qu'il avait achetée aux environs de Naples.

Entre 1895 et 1899, il avait publié divers opuscules traitant de questions zoologiques. C'est en 1901 qu'il fit ses débuts dans la littérature proprement dite avec un roman publié sous un pseudonyme, *Récits extraprofessionnels* [*Unprofessional Tales*], qui ne suscita aucun intérêt. Dans sa résidence de l'île de Capri, Norman Douglas reprit alors ses études scientifiques, puis, quelque temps avant la guerre de 1914, retourna à Londres où il fut rédacteur adjoint de l'*English Review*. Un nouveau livre, *Le Pays des sirènes* [*Siren Land,* 1911], évocation de la campagne napolitaine, resta encore ignoré du grand public, mais fut admiré par Joseph Conrad qui favorisa ensuite la carrière de Douglas. C'est par *Vent du Sud* (*) [*South Wind,* 1916] que celui-ci s'imposa aux milieux littéraires : cette fantaisie sur une île imaginaire, où il était aisé de reconnaître les couleurs et les odeurs méditerranéennes de Capri, toucha aussi bien par sa sensualité chaleureuse que par ses qualités d'humour. Cependant les livres suivants : *Ils vinrent* [*They Went,* 1921], roman fantastique inspiré par une légende bretonne, *Ensemble* [*Together,* 1923] et *Fontaine dans le sable* [*Fountain in the Sand,* 1923], ne trouvèrent pas beaucoup de lecteurs. Norman Douglas publia encore un remarquable et très original livre de voyage, *Vieille Calabre* [*Old Calabria,* 1928], dans lequel il avait retrouvé la veine de *Vent du Sud,* un essai intitulé *Adieu à la culture occidentale* [*Goodbye to Western Culture,* 1930] et surtout deux passionnantes œuvres autobiographiques, *En regardant en arrière* [*Looking Back,* 1933] et *Dernière moisson* [*Late Harvest,* 1946]. Surpris en France par la défaite de 1940, il resta quelque temps sans pouvoir donner de ses nouvelles et on le crut disparu ; mais par la Suisse il parvint à gagner Lisbonne, et de là l'Angleterre. Après la guerre, il était revenu habiter sa propriété de Capri. Grand bourgeois érudit, voyageur, cosmopolite, Norman Douglas a exprimé sa révolte contre les mœurs traditionnelles anglaises (qui lui avaient été insupportables dès ses années de collège à Uppingham School) dans des livres délicats et spirituels, réservés aux « happy few ». Ce sont des bréviaires d'un hédonisme aristocratique qu'éclaire la chaude lumière des paysages de la mer italienne.

LOUIS GAUDRAN.

RÉF. : R. M. Dawkins, *Norman Douglas,* Londres, 1952. – H. M. Tomlinson, *Norman Douglas,* Londres, 1952. – Cecil Woolf, *A Bibliography of Norman Douglas,* Londres, 1954. – R. D. Lindeman, *Douglas : A Critical Study,* Pittsburgh, 1956, et *Douglas,* New York, 1965. – Lewis Leary, *Douglas,* New York, 1968. – Mark Holloway, *Douglas : A Biography,* Londres, 1976.

DOUWES DEKKER Eduard : v. **Multatuli.**

DOWLAND John. Luthiste et compositeur anglais. Né en 1563, enterré à Londres le 20 février 1626. On ignore tout de ses origines et de son enfance. À l'âge de 17 ans, il est attaché au service des ambassadeurs d'Angleterre à la cour de France. Son séjour à Paris oriente incontestablement sa vocation artistique. Converti au catholicisme, Dowland rentre en Angleterre et se marie. Bien que reçu bachelier en musique au collège de Christ Church d'Oxford (1588), il ne peut rien obtenir de la reine Élisabeth en raison de sa nouvelle foi. Ses voyages le mènent alors en Allemagne, à la cour du duc de Brunswick et à celle du landgrave de Hesse, puis en Italie, où il souhaite rencontrer Luca Marenzio et Giovanni Croce, auteurs l'un et l'autre de madrigaux et canzonette. En 1596 il se retrouve à Londres, et la reine lui refusant toujours sa protection, Dowland s'adonne à l'étude et à la composition. Initiateur d'un genre nouveau en Angleterre, il publie en 1597 son premier livre d'*Airs* (+). Ces chansons sont directement inspirées des « voix de ville » et des airs de cour français. Leur polyphonie allie le style du madrigal de Marenzio (cité dans la préface « au courtois lecteur ») et de la chanson de Roland de Lassus. Écrites pour quatre voix avec tablature pour le luth, elles peuvent néanmoins être jouées dans toutes les combinaisons de voix et d'instruments (luth, orpharion, viole, consort songs...). En 1598, Dowland s'exile à nouveau pour devenir luthiste à la cour du roi du Danemark. Il y compose ses deuxième et troisième livres d'*Airs* (1600-1603), ainsi que le célèbre recueil des *Lachrimae* (*) pour luth et cinq violes (1604). Ce n'est qu'en 1608 qu'il regagne l'Angleterre où il obtient enfin une place parmi les musiciens de la chambre de Jacques Ier. En 1612 paraît sa dernière œuvre, une *Consolation du pèlerin* [*A Pilgrimes Solace*], pour voix et luth.

DOMINIQUE JACCOTTET.

DOWLATABADI Mahmoud. Romancier, nouvelliste et dramaturge iranien. Né en 1940 à Dowlatâbâd (Sabzevar – Khorassan). Écrivain populaire et populiste, son appartenance à un terroir au passé séculaire marquera profondément son œuvre. Par sa famille, Dowlatabadi est d'origine fort modeste. Son œuvre témoigne de ces origines. Comme il aime à le dire lui-même, il est du peuple, il écrit au nom du peuple et non pour le peuple. En ce sens, il se démarque fort de bien d'autres écrivains de ce siècle qui cherchent en vain à créer un contact avec le peuple, mais ne réussissent pas à combler le fossé social et intellectuel qui les en sépare. Tout jeune, Dowlatabadi montre un intérêt exceptionnel pour la lecture. Il dévore les romans populaires (*Hoseyn le Kurde, Les 40 Perroquets, Amir Arslan*...). Son roman *Keleydar* (*) doit beaucoup à ces premières lectures d'enfant. Sa famille est très traditionnelle. Le père a deux femmes, donc deux séries d'enfants. Dowlatabadi est marqué par les récits des derviches, les conteurs du *Shahnâmeh* (*), les cérémonies des ta'zieh, les célébrations d'Ashurâ... Son père, remarquant ses dons précoces, voudra l'envoyer en ville suivre des études théologiques, mais jusqu'à 10-12 ans, il reste au village. Il travaille aux champs ou comme berger. Dowlatabadi a fait à peu près tous les métiers, et les plus humbles (garçon de course, cordonnier, coiffeur, ouvrier agricole, etc.). À Téhéran, il fait tous les petits métiers du théâtre, travaille un temps comme pigiste au journal *Keyhân*. C'est vers 1959-60 qu'il se prend d'une violente passion pour l'art dramatique. À force de ténacité, il finit par suivre des cours où il se montre brillant. Jusqu'à son arrestation (1974), il jouera régulièrement (on le retrouve par exemple dans *La Vache* [*Gâv*], le film de Mehrjou'i sur le scénario de Sâ'edi). Il se met à écrire pour le théâtre *Les Gorges* [*Tangnâ*], dont Kimiâ'i tirera frauduleusement *Les Cerfs* [*Gavaznhâ*]. L'initiation de Dowlatabadi à la littérature moderne se fait très tôt, dès Dowlatâbâd, auprès de relations engagées politiquement. Il lit Hedâyat, Tchoubak, 'Alavi. La lecture de Hedâyat et, à partir de 1958-59, de Tchekhov, l'intérêt pour le cinéma européen, lui donnent la conviction qu'il est fait pour l'écriture, que ce sera pour lui le seul moyen d'objectiver son expérience personnelle. L'œuvre de Dowlatabadi est marquée par l'authenticité de l'expérience ; une expérience ancrée dans le monde rural qui débute avec un premier récit intitulé *Au fond de la nuit* [*Tah-e shab*] — publié dans *Anahita* (1962) — et qui trouve son plein épanouissement dans son dernier grand roman *Keleydar*. Cette dernière œuvre, publiée seize ans plus tard (1978), le consacre comme un des écrivains majeurs de ce dernier quart du XXe siècle en Iran.

CHRISTOPHE BALAŸ.

RÉF. : P. Nuri 'Alâ. *Deux essais critiques* [*Do naqd*], Téhéran, 1985. – *Nous aussi nous sommes du peuple* [*mâ niz mardomi hastim*] (entretiens avec Dowlatabadi, Fereydoun Faryâd, Amir Hasan Tcheheltan), Téhéran, 1989.

DOWLATCHÂH Amir b. Bakhtichâh. Anthologue persan. Né au Khorassân au XVe siècle. Il descend d'une famille d'Isfarâ'in, qui possédait des propriétés foncières. Le peu de renseignements que l'on possède de sa vie provient de son œuvre, ainsi que de celle de son contemporain Mir Ali Chir Navâ'i, célèbre ministre, littérateur et protecteur des lettres et des arts.

Le père d'Amir Dowlatchâh était l'un des courtisans les plus intimes de Sultan Châh-Roukh (1405-1447), successeur de Timour. Son frère, Radiyyou al-Dîn Ali était lui aussi un ami des princes, au service de Sultan Bâbar et d'Amir Mohammad Khodaï-Dâd. Quant à Amir Dowlatchâh, il prit part à la bataille que se livrèrent les Timourides Abol-Ghazi Sultan Hosseïn et Sultan Mahmoud, près d'Ankakhird.

Selon Navâ'i, Dowlatchâh était un jeune homme de valeur, qui refusa de suivre l'exemple de ses ancêtres et de connaître le faste. Il préféra renoncer à la société des grands, vivre retiré et se contenter des maigres revenus de ses propriétés, son seul but étant d'acquérir du savoir et d'écrire.

Dans son œuvre *Le Florilège des poètes* (*), il déplore le peu de faveurs prodiguées aux poètes de son temps et le peu de cas attribué à son travail littéraire, regrettant les temps passés, où les princes savaient protéger lettrés et poètes. Il se plaint également de la nomination de personnes de basse extraction à des postes d'influence et de confiance, alors qu'on ignore ses nobles origines (Mir Ali Chir Navâ'i mentionne sa modestie). D'autre part, il accuse le clergé de son temps de vile complaisance à l'égard du pouvoir et de timidité pour réprouver les délits. Dans d'autres passages, il se plaint d'avoir des dettes, d'être pauvre et de subir la dureté des collecteurs d'impôts.

Il écrit son célèbre *Florilège des poètes* en 1485, alors qu'il a cinquante ans. Il s'agit certainement de la plus importante des anthologies persanes, fort utile pour l'histoire littéraire, et surtout pour l'étude des poètes persans des XIVe et XVe siècles. Amir Dowlatchâh compose son œuvre à la fin de sa vie, mais nous ne connaissons pas la date exacte de sa mort.

MARIE-HÉLÈNE PONROY.

DOYLE sir Arthur Conan. Romancier anglais. Né à Édimbourg (Écosse) le 22 mai 1859, mort à Crowborough (Sussex) le 7 juillet 1930. Issu d'une famille catholique d'origine normande (ses ancêtres orthographiaient leur nom : d'Oil), il commença ses études chez les jésuites de Stonyhurst, et après avoir, en 1881, obtenu à Édimbourg le diplôme de docteur en médecine, il s'embarqua, en qualité de médecin de bord, voyageant dans les mers arctiques et le long des côtes de l'Afrique. Il prit part aux campagnes du Soudan, de l'Afrique du Sud, à la Première Guerre mondiale, et donna des conférences dans le monde entier. Alors qu'il exerçait encore la médecine, il commença à écrire — sous l'influence de Gaboriau — des romans policiers. Le succès de son premier livre, *La Tache écarlate* (*) (1887), publié dans le *Beeton's Christmas Annual,* l'incita, bien qu'il ne lui ait rapporté que la somme modique de vingt-cinq livres sterling, à abandonner complètement son métier pour se consacrer à la littérature. Il publia d'autres romans policiers dont les plus célèbres constituent la série des *Aventures de Sherlock Holmes* (*). Le personnage inventé par Conan Doyle devint si populaire qu'il fut porté au théâtre ; ce fut William Gilette qui l'incarna. Conan Doyle écrivit également des romans historiques, dans la tradition de Walter Scott, comme *Micah Clarke* (1889), *La Compagnie blanche* [*The White Company,* 1890], *Les Exploits du brigadier Gérard* [*The Exploits of Brigadier Gérard,* 1896], et des opuscules de propagande patriotique, comme *La Grande Guerre des Boers* [*The Great Boer War,* 1900], *The War in South Africa* [1902, trad. sous le titre *La Guerre en Afrique australe, causes et conduite*], *Causes et conduite de la guerre mondiale* [*Cause and Conduct of the World War*], qui lui valurent d'être anobli. En 1900, sir Henry Irving représenta avec succès une comédie dont Conan Doyle était l'auteur : *L'Histoire de Waterloo* [*The Story of Waterloo*]. Pendant les dernières années de sa vie, Conan Doyle se passionna pour le spiritisme et les sciences occultes, ce dont il s'inspira pour un certain nombre d'ouvrages : *Une nouvelle révélation* [*A New Revelation,* 1918], *L'Errance d'un spiritualiste* [*The Wandering of a Spiritualist,* 1921], *Histoire du spiritualisme* [*History of Spiritualism,* 1926].

RÉF. : J. Lamond, *Arthur Conan Doyle,* Londres, 1931. – A. Conan Doyle, *Ma vie aventureuse,* trad., Paris, 1932. – V. Starrett, *The Private Life of Sherlock Holmes,* New York, 1933. – John Diekson Carr, *The Life of sir Arthur Conan Doyle,* New York, 1949. – P. Nordon, *Sir Arthur Conan Doyle, l'homme et l'œuvre,* Paris, 1964. – R. B. De Waal, *The World Bibliography of Sherlock Holmes and Dr. Watson,* Boston, 1974. – H. R. F. Keating, *Sherlock Holmes, the Man and his World,* Londres, 1979. – J. Symons, *Conan Doyle : Portrait of an Artist,* Londres, 1979. – O. D. Edwards, *The Quest for Sherlock Holmes : A Biographical Study of A. Conan Doyle,* Edimbourg, 1983. – R. L. Green, *A Bibliography of Arthur Conan Doyle,* Oxford, 1983.

DRACH David (Paul-Louis-Bernard après sa conversion au catholicisme). Rabbin et écrivain français. Né à Strasbourg le 6 mars 1791, mort en janvier 1865. D'une famille de rabbins, Drach reçut, dès son jeune âge, une très forte instruction talmudique, qui lui valut d'être nommé rabbin à dix-huit ans. Ayant été frappé, au cours de ses études, par l'accusation formulée par certains Pères de l'Église, accusation d'après laquelle les juifs auraient volontairement travesti le texte de certains passages messianiques de l'Ancien Testament, il entreprit une étude comparée des textes hébraïques actuels de *La Bible* avec la version dite des Septante, « parce que cette traduction », nous dit-il dans son ouvrage principal *De l'harmonie entre l'Église et la synagogue ou Perpétuité et catholicité de la religion chrétienne* (*), « est l'ouvrage des docteurs de la synagogue, revêtus de toute l'autorité qu'on peut désirer, et qu'elle date du commencement du IIIe siècle avant la naissance de Jésus-Christ, c'est-à-dire d'une époque où ils n'avaient encore aucun intérêt à détourner le sens des prophéties qui regardent le Messie ». Cette étude décida de la conversion de Drach au catholicisme ; son baptême, ainsi que celui de ses deux filles, eut lieu à Paris le samedi saint de l'année 1823. Sa femme, restée attachée à la religion juive, enleva les deux filles et les cacha à Londres, où Drach eut beaucoup de mal à les retrouver pour les ramener à Paris et les placer dans une institution religieuse. Nommé, en 1827, bibliothécaire de la *Propaganda Fide* à Rome, il occupa ce poste jusqu'à sa mort. Citons également la *Cabale des Hébreux vengée de la fausse imputation de panthéisme* (1864).

RÉF. : Autobiographie, dans le t. I de son livre *De l'harmonie entre l'Église et la Synagogue...,* 1844.

DRACONTIUS Blossius Aemilius. Poète latin chrétien. Né à Carthage, on ne sait à quelle date, et mort dans cette même ville après 496. Il fut élève de Félicien. Les rares renseignements qu'il nous reste sur ce poète chrétien, c'est lui-même qui nous les fournit dans *Satisfaction au roi Gunthamund* [*Satisfactio ad Gunthamundum regem*]. Il écrivit cette œuvre en prison pour implorer la clémence du roi des Vandales qui lui faisait payer, par l'emprisonnement et la confiscation de ses biens, l'hommage qu'il avait rendu à un autre seigneur (peut-être l'empereur byzantin Zénon) en lui dédiant un poème. Dracontius ne retrouva cependant la liberté que sous le règne de Trasamund, qui succéda en 496 à Gunthamund. Ensuite, nous ne possédons plus aucun renseignement sur Dracontius. Outre la *Satisfaction*, il écrivit, toujours en prison, *Louanges de Dieu* (*) et *Les Romulées* (+) qui comprennent aussi les *Epithalames* et *L'Enlèvement d'Hélène* (+) ; une tragédie médiocre : *Oreste* (+) ; un poème sur les mois : *De mensibus*, et *De l'origine des roses* [*De origine rosarum*], œuvres qui furent toutes imitées au Moyen Âge.

DRAYTON Michael. Poète anglais. Né à Hartshill, dans le comté de Warwick, en 1563, mort à Londres au mois de décembre (le 23 ?) de l'année 1631. Il semble qu'il ait été le fils d'un tanneur, et non d'un boucher comme l'a dit Aubrey. Nous ne savons rien de ses études, mais il attribua le mérite de son éducation, pour une grande part, à sir Henry Goodere, chez qui il fut accueilli enfant en qualité de page. Il y resta jusqu'à la mort de son maître (1595), passant alors au service de Lucy Harington, comtesse de Bedfort, pour le mariage de laquelle il avait composé *Endymion et Phœbé* [*Endimion and Phœbe*] qui parut en 1595. Très peu d'informations sur sa vie nous sont parvenues. À nous en tenir à ce qu'il écrivit dans la satire *La Chouette* [*The Owle*, 1604], il aurait assisté de Douvres à la destruction de la Grande Armada en 1588. D'après une tradition, il aurait été envoyé en Écosse par Elisabeth, à une date qui n'est pas précisée, pour une mission diplomatique dont nous apprenons, par la satire *The Owle* citée plus haut, qu'elle eut une issue malheureuse ; et, en 1603, il remplit les fonctions d'écuyer de sir Walter Arton quand celui-ci fut fait chevalier de l'ordre du Bain. De 1597 à 1602, d'après le *Diary* de Philip Henslowe, il s'adonna à l'art dramatique, collaborant avec Henry Chettle, Thomas Dekker et d'autres, à pas moins de vingt-trois drames, aujourd'hui perdus pour la plupart. En 1599, il écrivit, en collaboration avec Robert Wilson, Richard, Hathaway et Anthony Monday, la première partie de *Sir John Oldcastle*, et, seul, la seconde (actuellement perdue) pour défendre la mémoire de celui-ci dénigré par Skakespeare sous le personnage de Falstaff (qui, à l'origine, était Oldcastle) dans *Henri IV* (*). On lui a aussi attribué la comédie sans nom d'auteur *Le Joyeux Diable d'Edmonton* [*The Merry Devil of Edmonton*]. Au moins pendant quelques années, il reçut du prince Henri, fils aîné de Jacques Ier, une pension annuelle de dix livres sterling. Il semble être resté célibataire toute sa vie ; sous le nom d'Idée, il célébra son amour romantique pour Anne Goodere, fille de son premier protecteur, dans *Le Miroir d'Idée* [*Ideas Mirrour*, 1594] et dans *Idée. La Guirlande du berger* (*) (1593). Citons encore *Mathilde* et *Piers Gaveston*, deux récits tragiques parus en 1594, suivis de *Mortimeriados* en 1596, et *La Tragique Légende de Robert, duc de Normandie* [*The Tragical Legend of Robert Duke of Normandy*] en 1596, ainsi que *La Légende du grand Cromwell* [*The Legend of Great Cromwell*] en 1607. De sa production poétique, très abondante, l'œuvre la plus ambitieuse fut *Polyolbion* (1612), et la dernière *L'Élysée des Muses* [*The Muses' Elizium*, 1630] ; mais la plus célèbre de ses poésies est la *Ballade d'Azincourt* (*). Il fut inhumé dans l'abbaye de Westminster, où un monument, élevé aux frais de la comtesse de Dorset, rappelle son souvenir.

♦ *« Il a une espèce de dignité pesante comme le carrosse du lord-maire. »* Elton.

RÉF. : B. Newdigate, *Drayton and His Circle*, Oxford, 1941. – J. A. Berthelot, *Michael Drayton*, New York, 1967. – R. F. Hardin, *Michael Drayton and the Passing of Elizabethan England*, Lawrence, Ka., 1973. – J. L. Harner, *Samuel Daniel and Michael Drayton, A Reference Guide*, Boston, 1980.

DREISER Theodore. Romancier américain. Né à Terre-Haute (Indiana) le 27 août 1871, mort à Hollywood le 28 décembre 1945. Son père, émigré allemand catholique, tisserand de son métier, était un homme que le rigorisme religieux et moral rendait toujours plus envieux au fur et à mesure que la pauvreté et l'insuccès bornaient son esprit. Dreiser éprouvait infiniment plus de douceur à évoquer sa mère, née en Amérique de paysans moraves ; le souvenir de sa chaude tendresse protectrice hantera son imagination tout au long de sa vie. Mais la foi étroite de son père survivra en lui, sorte de religion intense, indéracinable, obscure soif spirituelle qui de temps à autre poussera son âme inquiète à aborder successivement l'occultisme, le bouddhisme, le quakerisme, le mysticisme panthéiste, le communisme, le scientisme et toute une gamme de cultes d'importance secondaire. Sa famille, nombreuse et hétérogène – plus ou moins décrite dans *Jennie Gerhardt* (*) (1911) – « avait un caractère particulièrement nébuleux, émotif, désorganisé et privé de traditions » (Dreiser). Enfant lent et timide, Dreiser grandit dans des conditions de misère extrême qui le marqueront pour toute la vie, lui donnant le sentiment d'être retranché socialement, et une terreur de la pauvreté dont la conséquence fut une admiration éperdue des privilèges, de la richesse et du pouvoir. Il garda toujours une tendance marquée aux rêveries vaguement chimériques ; quand Dreiser parle de lui-même (et des nombreux personnages dans lesquels il s'est incarné) ne se définit-il pas comme « un Rêveur » ? Peut-être est-ce la raison profonde pour laquelle, son option naturaliste aidant, il dut se documenter si méticuleusement en vue de chacun de ses romans. À quinze ans, jeune provincial méditatif, sorte de *Sister Carrie* (*) (1900) masculin, il se trouva dans Chicago, ville nouvelle, effrénée et violente ; pendant plusieurs années, il erra sans but, comme plus tard son Clyde Griffiths, passant d'un travail à un autre – marmiton, conducteur de camion d'une blanchisserie, garçon de courses, etc. Après une année d'études supérieures qu'il suivit chez un maître bénévole, mais dont il ne profita guère, et bien d'autres emplois, il fut accepté dans un journal pour écrire des articles d'« intérêt humain », et se trouva fort capable de couvrir « des rames de papier », d'une prose dense et passionnée sur « n'importe quel sujet ».

Un collègue le poussa vivement à donner libre cours à son sens confus et semi-mystique de la beauté. L'idée d'une carrière littéraire commença à naître en lui. Au cours de ses vagabondages de journaliste sur le territoire des États-Unis, il découvrit les œuvres de Balzac, avec ses jeunes provinciaux ambitieux auxquels il s'identifia, et les œuvres d'Herbert Spencer, dont *Les Premiers Principes* (*) lui fourniront les bases philosophiques dont il usera dans ses « méditations » successives sur les « Forces » impersonnelles et aveugles – biologiques, sociales, mécaniques, cosmiques –, qui dominent le destin de l'homme. Ces forces évoqueront pour lui les dieux teutoniques et deviendront les protagonistes principaux de ses romans. Il essayera en vain de donner à ces dieux une cohérence mytholo-

gique : mais ils ne resteront chez lui que des êtres capricieux et surnaturels, qui donneront naissance, dans les cas les plus favorables, à un sens de mystère. Tous ces caractères apparaîtront pour la première fois dans son premier roman, *Sister Carrie,* publié en 1900 sur la recommandation de Frank Norris, mais immédiatement retiré de la circulation par l'éditeur lui-même, pour « immoralité ». Le résultat fut une période de vagabondages inquiets, de misère, de découragement, de difficultés matrimoniales mêlées d'occupations diverses. Puis, pendant six ans, Dreiser fut un très habile directeur de revues populaires (son aptitude naturelle à un travail de ce genre est d'ailleurs significative) et, enfin, il connut un brusque retour d'énergie créatrice : *Jennie Gerhardt* fut suivie des deux premiers volumes de sa « Trilogie du désir », *Le Financier* (*) (1912) et *Le Titan* (*) (1914), qui ont pour héros Frank Cowperwood, personnage de « self-made man » sur le modèle de Charles T. Yerkes, le magnat des tramways ; puis de *Le « Génie »* (*) (1915) qui a pour héros un autre surhomme, peintre cette fois, qui est de loin le plus personnel des romans de Dreiser. La censure ayant condamné *Le « Génie »,* Dreiser en acquit du coup une célébrité quasi nationale.

Dix ans passeront toutefois avant qu'il ne publie un nouveau roman, années durant lesquelles il écrivit un grand nombre de contes, sketches, comédies, des méditations et des essais « philosophiques ». En 1925, *Une tragédie américaine* (*) lui apporta la prospérité et la gloire ; il fut considéré comme le demi-dieu d'une école nouvelle de romanciers sociaux. Ce n'était pas Clyde Griffiths, le héros faible condamné pour le meurtre de sa fiancée enceinte, qui était coupable, mais la société qui l'avait fasciné sans lui inculquer une morale. En vieillissant, il s'intéressa toujours davantage à sa théorie des réformes sociales, mélange de darwinisme, de religion et de science populaire. Deux autres romans, *The Bulwark* [*Le Rempart,* 1946] et *Le Stoïque* (+), ce dernier constituant le troisième volet de sa « Trilogie du désir », furent publiés après sa mort. Peu de temps avant de mourir, il avait écrit : « Je ne récolte aucune signification dans tout ce que j'ai vu, et je m'en vais comme je suis venu, désorienté et découragé. »

STANLEY GEIST.

♦ *« Le Hindenburg du roman. »* H. L. Mencken.
♦ *« Theodore Dreiser est sans conteste l'initiateur du roman américain moderne. »* Cyrille Artnavon.

RÉF. : Biographie : Robert H. Elias, *Theodore Dreiser, Apostle of Nature,* New York, 1949. – Richard Lingeman, *Theodore Dreiser : At the Gates of the City, 1871-1907,* Vol. I, New York, 1986.
Bibliographie : Donald Pizer, Richard Dowell, Frederic Rusch, comp., *Theodore Dreiser : A Primary and Secondary Bibliography,* Boston, 1975.
Critique : F. O. Mathiessen, *Theodore Dreiser,* 1951. – Alfred Kazin et Charles Shapiro, eds., *The Stature of Theodore Dreiser,* Bloomington (Ind.), 1955. – Cyrille Artnavon, *Theodore Dreiser, romancier américain,* Paris, 1956. – W. A. Swanberg, *Dreiser,* New York, 1965. – Donald Pizer, *The Novels of Theodore Dreiser : A Critical Study,* Minneapolis, 1976. – Donald Pizer, ed., *Critical Essays on Theodore Dreiser,* Boston, 1981.

DRELINCOURT Laurent. Pasteur et poète français, né à Paris le 14 janvier 1626, mort à Niort le 2 juin 1680. Fils du pasteur de Charenton, Charles Drelincourt, il est issu de la haute bourgeoisie évangélique. Après des études de théologie à Saumur, son père le consacre pasteur en 1651. Il exerce son ministère à La Rochelle, puis à Niort de 1660 à sa mort. Introduit dans les cercles lettrés parisiens dès son enfance, ami de Conrart, il multiplie dans ses sermons renommés les figures brillantes et les métaphores cosmologiques (*Les Étoiles de l'Église et les Chandeliers mystiques,* 1682). Dernier grand poète protestant français avant la révocation de l'Édit de Nantes, il publie en 1677 son recueil de *Sonnets chrétiens* (*).

ALAIN GÉNETIOT.

RÉF. : *Sonnets chrétiens,* préface d'A.-M. Schmidt, 1948.

DRIEU LA ROCHELLE Pierre. Écrivain français. Né et mort à Paris (3 janvier 1893-15 mars 1945). Élève de l'École des sciences politiques et nourri dès son adolescence par les œuvres des doctrinaires et des poètes de l'action, Barrès, Kipling et surtout Nietzsche, c'est avec une véritable ivresse qu'il partit pour le front en août 1914. Il participa en particulier aux batailles de Charleroi – v. *La Comédie de Charleroi* (*) (1934) – et de Verdun ; blessé, hospitalisé, il écrivit alors ses poèmes réunis sous le titre *Interrogation* (1917), où il célébrait, supérieure à la lutte des patries, la fraternité mystique des guerriers et des héros. À partir de 1920, Drieu se mêla à tous les mouvements de son époque, tenté aussi bien par Maurras que par le communisme, le surréalisme et les efforts de fédération européenne de la politique briandiste. Mais le thème dominant de son œuvre reste l'obsession de la décadence : on la trouve aussi bien dans ses essais, par exemple *Mesure de la France* (*) (1924) où il montrait la politique mondiale entrée désormais dans l'ère des masses, impitoyable aux vieilles civilisations raffinées comme celle de la France, que dans ses romans : *L'Homme couvert de femmes* (*) (1925), *Blèche* (1929), *Une femme à sa fenêtre* (1930), *Le Feu follet* (*) (1931), *Drôle de voyage* (*) (1933), *Rêveuse bourgeoisie* (*) (1937), tableaux lucides de la bourgeoisie assez veule, débauchée et désespérée de l'après-guerre. À partir des années 30, la politique prit une place prépondérante dans l'œuvre de Drieu : celui-ci, après avoir fait de vains efforts pour essayer de grouper le capitalisme intelligent autour de l'idée européenne, évolua vers le fascisme après le 6 février 1934, et l'on peut

suivre son itinéraire intellectuel dans des recueils d'études philosophiques et d'articles politiques comme *Socialisme fasciste* (1934), *Chroniques politiques* (1942), dans des œuvres théâtrales comme *Charlotte Corday* (*) (1944), *Le Chef* (1944), dans un roman en grande partie autobiographique comme *Gilles* (*) (1939), ou mythique comme *L'Homme à cheval* (*) (1943). Depuis toujours il rêvait d'une nouvelle Europe, à la fois aristocratique et socialiste : c'est ce qui explique qu'il se soit engagé, après 1940, dans la politique de collaboration avec l'Allemagne nationale-socialiste. La politique hitlérienne dans les pays occupés ne tarda guère cependant à l'effrayer et à le décevoir et, dans ses derniers écrits, il envisageait un inévitable triomphe du communisme mondial. Contraint de se cacher chez des amis après la Libération, protégé cependant par des amitiés fidèles comme celle d'André Malraux, il se suicida le jour où il apprit qu'un mandat d'arrêt venait d'être lancé contre lui.

♦ *« Comme Barrès, comme Péguy pour les leurs, Drieu la Rochelle prend figure de témoin de sa génération. »* Benjamin Crémieux, 1922. ♦ *« Drieu la Rochelle ne semble pas avoir fait le choix. Tous les partis cherchent à se le concilier. Sa liberté d'esprit blesse la droite. Son aristocratisme inquiète la gauche. La généralité se méprend sur ses intentions* [...] *Cette voix virile pose des problèmes à la solution desquels tient notre vie. »* Robert Desnos, 1923. ♦ *« Ce silencieux, cet homme si froid qui n'a jamais fait de gestes, comme mortellement intelligent, c'était un romantique d'une nature singulière : un romantique qui avait l'horreur de tout artifice. La comédie des humains, il en portait le dégoût dans ses yeux éteints et sa moue de roi détrôné* [...] *Sa vie, c'est la salle de jeu des grands désœuvrés. Cela finit souvent sur une mauvaise carte. »* Jacques Chardonne.

RÉF. : Pierre Andreu, *Drieu, témoin et visionnaire,* Paris, 1952. — Dominique Desanti, *Drieu la Rochelle, le séducteur mystifié,* Paris, 1978. — Pierre Andreu et Frédéric Grover, *Drieu la Rochelle,* Paris, 1979. — *Cahier de l'Herne,* n° 42, Paris, 1982. — Marie Balvet, *Itinéraire d'un intellectuel vers le fascisme,* Paris, 1984.

DROSINIS Georgios. Écrivain grec. Né et mort à Athènes : 9 décembre 1859 3 janvier 1951. Il est, avec Palamàs, à la tête de la nouvelle orientation de la poésie grecque. Après avoir fait ses études de droit et de philosophie dans sa patrie, il passa quelques années en Allemagne, à Leipzig, à Dresde et à Berlin. Revenu en Grèce, il fut pendant de longues années (jusqu'en 1924) chef de division au ministère de l'Instruction publique, directeur du musée des Arts décoratifs (jusqu'en 1926) et membre de l'Académie d'Athènes à sa fondation (1927). Il déploya une activité intense dans la presse littéraire et éducative, en qualité aussi de directeur de périodiques et, plus tard (à partir de 1922), de l'*Almanach de la Grande Grèce*, ainsi que conseiller et secrétaire de l'Association pour la diffusion du livre utile. Poète d'inspiration ténue sans doute, mais fraîche et limpide, il trouvait un repos aux soucis et aux charges dans les poésies qu'il composa parmi les pins, dans sa villa de Kéfisià. C'est la même veine continue alimentée par le contact avec la nature sereine qu'on retrouve dans toutes ses œuvres, depuis son roman de jeunesse, qui a cependant des tons d'idylle tragique, *L'Herbe d'amour* (*), jusqu'au recueil du soir de sa vie, des *Hirondelles fugitives* (1936).

DROSTE-HÜLSHOFF Annette Élisabeth von. Poétesse allemande. Née au château de Hülshoff, près de Munster (Westphalie), le 10 janvier 1797, morte à Meersburg, sur le lac de Constance, le 24 mai 1848. Issue d'une très ancienne famille patricienne et catholique, sa vie fut fort recueillie et pauvre en événements extérieurs. Elle révéla de bonne heure des dons pour la musique, le dessin, et un réel talent poétique dans ses imitations des préromantiques et des anacréontiques. Elle traversa une période d'abattement consécutive à la disparition de son père (1826) et de l'un de ses frères, et séjourna longuement en Rhénanie, loin de son château familial, chez des parents ou des amis ; à Bonn, elle entra en contact avec le cercle intellectuel des dames Schopenhauer (la mère et la sœur du philosophe, toutes deux femmes de lettres). Rentrée en Westphalie, Annette von Droste-Hülshoff se retira avec sa mère dans une autre de leurs propriétés, près de Munster, où son existence solitaire n'était guère égayée que par des visites à quelques cercles d'aristocrates lettrés de sa ville. Entre 1829 et 1830, elle écrivit le court poème descriptif *L'Hospice du Grand-St-Bernard* [*Das Hospiz auf dem Grosse St-Bernard*], et, pendant les dix années suivantes, d'autres récits en vers, se rapportant le plus souvent à des histoires ou à des légendes de son pays, et des récits en prose dont le meilleur est *Le Hêtre aux Juifs* [*Die Judenbuche*]. Après une grave maladie, elle commença *L'Année liturgique* (*), recueil d'hymnes sacrés (qui ne vit le jour qu'après sa mort), et écrivit quelques-unes d'entre ses plus belles *Ballades* (*). C'est chez sa sœur qu'elle passa ses dernières années, se consacrant exclusivement à la poésie lyrique, et, loin de sa Westphalie natale, elle sut la chanter avec des accents frappants et puisa en elle ses inspirations les plus pures — v. *Poésies* (*) et *Dons ultimes* (*). Ses *Lettres* [*Die Briefe der Annette von Droste-Hülshoff*] furent éditées en deux volumes à Iéna en 1944.

RÉF. : L. Schücking, *A. v. Droste. Ein Lebensbild,* Hanovre, 1862. — K. Busse, *A. v. Droste-Hülshoff,* Bielefeld, 1903. — W. Vernekohl, *Westfahlers Dichterin,* Munster, 1948. — R. Schneider, *Aart mit zebrochener Schinge,* Heidelberg, 1948. — M. Lavater-Sloman, *Einsamkeit; das Leben der Annette v. Droste-Hülshoff,* Zurich, 1950. — D. Iehl, *Le Monde religieux et poétique d'Annette von Droste-Hülshoff,* Paris, 1965. — J. Nettesheim, *Die geistige Welt der Dichterin Annette von Droste-Hülshoff,* Munster, 1967. — R. Schneider, *Realismus und Restauration.*

Untersuchung zu Poetik u.epischem Werk der Annette von Droste-Hülshoff, Kronberg, 1976. — W. Goessmann, *Annette von Droste-Hülshoff Ich und Spiegelbild*, Düsseldorf, 1985.

DROUOT Paul. Poète français. Né le 21 mai 1886 à Vouziers (Ardennes), mort à la bataille de l'Artois le 8 juin 1915. Son premier recueil de vers, *La Grappe de raisin*, parut en 1908. En dépit de certaines gaucheries, il témoigne d'une grande fraîcheur, encore qu'on le sente assombri par on ne sait quel pressentiment. Son second recueil s'intitule *Sous le vocable du chêne* (1910). Il confirme, sans plus, le talent de son auteur. C'est dans l'œuvre posthume de Drouot qu'il faut chercher l'essentiel de son message. Œuvre tout entière en prose ; d'abord un roman inachevé, *Le Pavillon sur la rivière* (1921) et une sorte de journal intime que préfaça Henri de Régnier : *Eurydice deux fois perdue* (*), qui parut la même année. Drouot y fait preuve d'un talent d'analyste assez peu commun.

RÉF. : Paul Régnier, *Paul Drouot*, Paris, 1923.

DROYSEN Johann Gustav. Philologue et historien allemand. Né le 6 juillet 1808 à Treptow (Poméranie), mort le 19 juin 1884 à Berlin. Il vécut pendant une période favorable à l'expression des aspirations nationales ; on peut dire vraiment que pour lui science et politique ne firent qu'un. Droysen passa ses toutes premières années au milieu des passions soulevées par la lutte pour la libération de la Prusse contre Napoléon ; son père, prédicateur de la garnison de son pays, l'éleva dans l'amour de la grande patrie allemande. À vingt-sept ans, en 1835, Johann Gustav fut appelé à l'université de Berlin, à la suite de son ouvrage *Histoire d'Alexandre le Grand* (+) (1833), qui demeure peut-être son œuvre la meilleure, pour la façon dont l'auteur y a compris le rôle du héros dans l'histoire. Droysen poursuivit ses études sur l'époque hellénistique — v. *Histoire de l'hellénisme* (*). Il y voyait, à l'encontre de l'opinion traditionnelle, non pas tant une époque de décadence qu'un âge nouveau qui marque le passage de la civilisation grecque à une autre plus ample : il publia ainsi en 1836 l'*Histoire des successeurs d'Alexandre* (+) et en 1843, l'*Histoire de la formation des États hellènes* (+). Il cherchait à découvrir les moyens par lesquels s'était réalisé ce qui lui apparaissait le problème fondamental : la formation d'un système politique unitaire. Son idéal était représenté par l'État macédonien, qui pouvait presque représenter l'État allemand en faveur duquel il luttait lui-même. Ce dernier État ne devait pas se former sous l'effet d'une décision spontanée et libérale des divers États, mais comme une conquête de la Prusse. C'est ici que réside l'importance que Droysen assigne dans l'histoire à l'intervention de la force, contrairement à la tradition de l'humanitarisme abstrait d'origine française. La pensée de Droysen nous apparaît ainsi comme une autre expression de cette réaction contre la tradition culturelle française, qui parut nécessaire, au cours du siècle passé, à des hommes d'autres pays, tels que Mazzini, pour affirmer les droits à une nationalité. Pourtant, tout en se détachant du libéralisme, Droysen ne tombe jamais dans la réaction romantique qui rêvait d'un retour anachronique au Saint Empire romain germanique du Moyen Âge : il était retenu par son sens très vif de la patrie allemande et aussi — ainsi que Cantimori l'a bien mis en relief — par son éducation luthérienne et hégélienne.

En 1840, Droysen fut appelé à l'université de Kiel, où il participa aux luttes que les duchés du Schleswig-Holstein menaient pour obtenir leur annexion à la Prusse. En 1846, au milieu de ces luttes, il écrivit les *Leçons sur la guerre de libération* [*Vorlesungen über die Freiheitskriege*], et quelques années plus tard, en 1850, il publia un livre qui contribua d'une manière décisive à éveiller dans toute l'Allemagne la conscience de la nécessité de soutenir les habitants de ces deux duchés dans leur résistance aux prétentions qu'élevait à leur endroit le Danemark : *Les Duchés du Schleswig-Holstein et le Royaume de Danemark depuis 1806* [*Die Herzogthümer Schleswig-Holstein und das Konigreich Dänemark seit dem Jahre 1806*]. Élu, en 1848, député au parlement de Francfort, Droysen sortit des vicissitudes de cette année et de la suivante (encore plus de la faillite de ce parlement, due au particularisme féodal des princes allemands), renforcé dans sa conviction que seule la Prusse eût pu résoudre le problème allemand. En même temps la doctrine de la force s'affermit en lui : idées et tendances qu'il exprima dans les œuvres qui suivirent : *Contributions à l'histoire allemande récente* [*Beiträge zur neuesten deutschen Geschichte*, 1849], *Vie du feld-maréchal comte York de Wartenburg* [*Das Leben des Feldmarschals Grafen York von Wartenburg*, 1851-1852], et surtout dans l'*Histoire de la politique prussienne* [*Geschichte der preussischen Politik*, 1855-1856]. En 1859, après avoir enseigné depuis 1851 à Iéna, il fut appelé à Berlin, où il continua de faire alterner les études qui lui permettaient de servir la bataille politique, avec les études théoriques, dont il convient de citer le *Sommaire d'histoire* [*Grundriss der Historie*, 1868], dans lequel il résume toutes ses expériences concrètes d'historien.

FRANCO CATALANO.

RÉF. : M. Duncker, *Johann Gustav Droysen*, Berlin, 1885. — G. Droysen fils, *J. G. Droysen*, Leipzig, 1910. — R. H. Haudy, *J. G. Droysen. The Historian and German Politics in the 19th Century*, Ann Arbor, 1969. — C. Gaedeke, *Geschichte und Revolution bei Niebuhr, Droysen und Mommsen*, Bonn, 1978.

DRUMMOND DE ANDRADE Carlos. Écrivain brésilien. Né à Itabira, Minas

Gerais, le 31 octobre 1902, mort à Rio de Janeiro le 17 août 1987. La personne de Carlos Drummond de Andrade est fortement attachée au modernisme dont il a côtoyé les mutations tout en restant fidèle à ses propres principes. Il est le premier poète qui s'impose pendant la seconde période du mouvement qui commence en 1930, date de la parution de son premier recueil *Quelque poésie* [*Alguma poesia*]. Mais il publiait dans la presse depuis 1921, et sa création en 1925 de l'éphémère *La Revue* [*A revista*], à Belo Horizonte, représente le premier prolongement moderniste qui dépasse le noyau d'initiés de Rio de Janeiro et São Paulo. Il a pratiqué tous les genres poétiques, de l'expérimentation à la poésie populaire en passant par la métaphysique, l'inflexion sociale engagée et le ton élégiaque. Il fait de même avec les tendances poétiques, car il pratique le vers libre presque prosaïque et l'ironique « poème-blague » proche du haikai, le découpage cubiste et le calligramme, la poésie métrifiée allant du sonnet classique et de la terza rima à l'heptasyllabe folklorique, ainsi que les expériences formalistes de démembrement des mots. Son style mélange le sublime au bas et familier, le relâché au soutenu, parallèlement à des régionalismes archaïsants. Il compte ainsi parmi les plus hautes expressions lyriques en langue portugaise. Drummond introduit la modernité dans la poésie de son pays, adoptant le « temps présent » comme matériau d'élection, atteignant l'universel par le biais de l'individuel et du cas particulier, banal ou grave. Mais il réélabore aussi le passé national en même temps que le sien à partir des réflexions sur sa ville natale mythifiée, devenue le symbole d'un « monde caduc » et de la tradition de la famille patriarcale, dont il brosse un bilan sociologique assez mordant. Le poète de l'« urbs » se penche également sur les problèmes de politique internationale, réussissant à devenir un poète social sans tomber dans le pamphlet, puisqu'il ajoute son émotion personnelle aux sentiments collectifs. Le lyrisme drummondien est contenu et réservé, car l'humour et l'ironie coupent tous les épanchements d'un moi en conflit avec le monde devenu incompréhensible. De plus, en tant qu'homme de province, il souffre de dépaysement dans la métropole. Ses formulations sont liées à sa gaucherie, exprimée par une sorte de persona empruntée à l'esthétique du grotesque et qui appartient à la galerie des antihéros et des « hommes sans qualités ». Il s'agit d'une reprise risible du mythe romantique du poète maudit, qui étale son désajustement à partir d'un point de vue décentré et ex-centrique. Le « gauche » repose en outre sur une parodie : la malédiction lancée par un ange tordu à la naissance du poète. D'où le foisonnement des images de la torsion dans son œuvre, ainsi que le déguisement de l'artiste sous des hétéronymes avec lesquels il dialogue. La perplexité devant le monde engendre l'exploration de la mémoire et de la subjectivité. Le malaise face aux relations mécaniques bourgeoises et aux amours disparates entraîne un sentiment de culpabilité menant à l'automutilation, drame allégé uniquement par l'humour et la dérision. Ce moi retors est donc le noyau autour duquel s'organise l'expérience poétique. Un tel nihilisme cependant est mitigé par une certaine acceptation chrétienne du monde. L'écrivain dépasse son manque de communication existentielle et poétique par une profonde solidarité avec tout ce qui l'entoure. Sa vaste production est traversée par des thèmes récurrents et par une inlassable préoccupation formelle, vécue comme un combat avec les mots. Il énonce un art poétique, proposant d'éviter les vers sur les événements et recommandant de plonger profondément dans le royaume des mots, seule source possible pour la création littéraire. Drummond a publié plus d'une vingtaine de livres de poésie, dont dix-neuf ont été réunis pour la dernière fois en 1983 (trad. 1990), — v. *Poésies* (*) de Drummond de Andrade. Sa prose comprend une dizaine de volumes de *Chroniques* (*) et quelques livres de contes. Les principaux titres sont *Sentiment du monde* [*Sentimento do mundo*, 1940], *José* (1942), *La Rose du peuple* [*A rosa de povo*, 1945], *Claire énigme* [*Claro enigma*, 1951], *Propriétaire de l'air* [*Fazeindeiro do ar*, 1954], *Leçon de choses* [*Lição de coisas*, 1962], la série *Boeutemps* [*Boi tempo*, 1968, 1973, 1979], *Amour naturel* [*Amor natural*, 1988].

LIGIA VASSALLO.

RÉF. : H. Martins, *A rima na poesia de Carlos Drummond de Andrade*, Rio, 1968. — M.-P. O'Brien, *The Theme of Human Communication in the Poetry of Carlos Drummond de Andrade*, thèse, Tulane, 1969. — G.-M. Teles, *Drummond : A estilísca de repetição*, Rio, 1970. — A.-R. de Sant'Anna, *Drummond, o gauche no tempo*, Rio, 1972, 3e rééd. 1980. — J.-F. Coelho, *Terra e família na poesia de Carlos Drummond de Andrade*, Belém, 1973. — J.-G. Merquior, *La Poésie de Carlos Drummond de Andrade*, Paris, 1972. — D.-A. Mota, *A metalinguagem na poesia de Carlos Drummond de Andrade*, Rio, 1976. — S. Santiago, *Carlos Drummond de Andrade*, Petrópolis, 1976. — J.-A. Gledson, *Poesia e poética em Carlos Drummond de Andrade*, São Paulo, 1981.

DRUMONT Édouard Adolphe. Polémiste français. Né et mort à Paris (3 mai 1844-3 février 1917). Issu d'une famille populaire, de vieille souche paysanne, il avait débuté comme petit employé à la préfecture de la Seine et était entré dans le journalisme à *L'Univers* de Veuillot. La guerre de 70 et surtout la répression de la Commune le bouleversèrent ; c'est dans son indignation devant l'attitude de Thiers et des conservateurs qu'il faut chercher l'origine de sa vocation de polémiste. Vieux patriote de cœur, converti à l'âge d'homme, hanté par les souvenirs du Moyen Âge catholique, exalté par le rêve de grouper contre les puissances d'argent le petit peuple et la vraie aristocratie, Drumont ne tarde pas à s'opposer aux Israélites, qu'il voit

installés dans maints postes clefs de la nation et qu'il considère comme un péril décisif pour les traditions françaises. Inconnu encore, à peu près seul, il publie en 1886 un volumineux pamphlet aux propos d'un racisme parfois ordurier, *La France juive* (*), ouvrage bourré de noms propres, qui lui attira des duels célèbres (en particulier avec Arthur Meyer) mais lui valut aussi un succès considérable (cent cinquante éditions en un an). En 1892, Drumont fonde *La Libre Parole,* organe nationaliste et antisémite, qui aura une certaine influence pendant l'affaire Dreyfus. Lancé dans la politique, porté à la députation en 1898 par les électeurs d'Alger, il n'est pas réélu en 1902. Dès lors sa popularité diminue, il est remplacé comme inspirateur du nationalisme par des hommes comme Maurras et Barrès, et passe les dernières années de sa vie dans une certaine gêne. Drumont a été un des polémistes les plus puissants du XIXe siècle ; mais, homme d'instinct plus que d'idées, son influence personnelle n'a pas été durable. Ses déambulations à travers Paris lui avaient inspiré les deux volumes de *Mon vieux Paris* (1879).

RÉF. : G. Bernanos, *La Grande Peur des bien-pensants,* Paris, 1932. – M. Winock, *Édouard Drumont et Cie.,* Paris, 1982. – F. Busi, *The Pope of Antisemitism : The Career and Legacy of E.A. Drumont,* Lamham, 1986.

DRUON Maurice. Écrivain français. Né le 23 avril 1918 à Paris. Il fait ses études au lycée Michelet de Vanves puis entre à la faculté des lettres de Paris, à l'École des sciences politiques et à l'École de cavalerie de Saumur dont il sort aspirant en 1940. Il participe alors à la bataille de la Loire. En 1942, il part pour Londres rejoindre les Forces françaises libres et participe aux émissions de la B.B.C. avec son oncle Joseph Kessel. Ils écrivent ensemble les paroles du *Chant des partisans* en 1943 puis Maurice Druon est correspondant de guerre (1944-1945). Il publie un essai, *Lettres à un Européen* (1944) et un récit de guerre, *La Dernière Brigade* (1946). Sa trilogie, *La Fin des hommes* (*) (1948-1951) obtient un grand succès. C'est une chronique sans fard de la grande bourgeoisie d'entre les deux guerres mondiales. Le premier tome : *Les Grandes Familles* (1948) reçoit le prix Goncourt. *La Volupté d'être* (1954) est un plaidoyer en faveur de la vie de courtisane. Avec le roman historique *Les Rois maudits* (*) (sept volumes, 1955-1977), qui se déroule au XIVe siècle, Druon touche un vaste public. En 1958, il publie une biographie d'*Alexandre le Grand.* Entré à l'Académie française en 1966, il en devient secrétaire perpétuel en 1986. Tout en se consacrant à la littérature, il poursuit une carrière politique : il est ministre des Affaires culturelles (1973-1974), député de Paris (1978-1981), représentant à l'Assemblée des communautés européennes (1979-1980). En 1968, il réplique à la révolte des étudiants par son essai *L'Avenir en désarroi* – autres ouvrages politiques : *Le Pouvoir* (1965), *La Parole et le Pouvoir* (1974), *Attention la France !* (1981), *La Culture et l'État* (1985). Il écrit un récit mythique sur le « principe du pouvoir » : *Les Mémoires de Zeus* (en 2 tomes 1963-1967), des pièces de théâtre dont *Mégarée* (1942), *Un voyageur* (1953), *La Contessa* (1961 – adaptation de *La Volupté d'être*), des nouvelles et récits regroupés dans *Le Bonheur des uns...* (1967), un conte pour enfants, *Tistou les pouces verts* (1957). Il a reçu le prix littéraire prince Pierre de Monaco pour l'ensemble de son œuvre (1966).

CHRISTINE DE CLINCHAMPS.

DRYDEN John. Poète et auteur dramatique anglais. Né à Aldwinkle All Saints dans le comté de Northampton le 9 août 1631, mort à Londres le 1er mai 1700. Fils d'Erasmus, troisième fils du baron du même nom et de Mary Pickering, il fit ses études à l'école de Westminster et au Trinity College de Cambridge, où il fut reçu « bachelor of arts » en 1654. Son père étant mort la même année, il abandonna ses études et se rendit à Londres. Dès ses années de collège il avait commencé à écrire des vers. La mort de Cromwell, en 1658, lui inspira les *Stances héroïques* [*Heroic Stanzas*] (publiées en 1659) mais, lors de la Restauration, suivant le courant de l'opinion, il composa *Astrea Redux* (1660), *À Sa Majesté, Un panégyrique sur son couronnement* [*To His Sacred Majesty, A Panegyrick on His Coronation*, 1661]. En 1663, il épouse lady Elizabeth Howard, fille du comte de Berkshire et sœur de son ami, sir Robert. La même année, il commença sa carrière de dramaturge avec la comédie *Le Galant furieux* [*The Wild Gallant*], carrière qui dura jusqu'en 1693 et comprend au moins trente drames dont dix tragédies, dix comédies, cinq tragi-comédies, quatre livrets d'opéra et un « masque ». En 1667, il publia le petit poème *Annus Mirabilis* (*) ; l'année suivante il fut nommé poète lauréat, et en 1670 historiographe de la Cour. Le 18 décembre 1678, il fut rossé, près de Covent Garden, par des hommes masqués, à la solde, probablement, de la comtesse de Portsmouth, maîtresse de Charles II (et non celle du comte de Rochester, comme on le crut un temps à la suite d'une lettre de ce dernier qui date d'avril 1676 et n'a aucun rapport avec l'agression). La comtesse croyait Dryden auteur de l'*Essai sur la satire* [*Essay upon Satire*], œuvre du comte de Mulgrave, dont un vers contenait une allusion offensante pour elle. Contre les menées du comte de Shaftesbury qui cherchait à exclure le duc d'York de la succession, Dryden publia, en 1681, la satire *Absalon et Achitophel* (*) suivie en 1682 de la satire *La Médaille* [*The Medal*], de *Mac Flecknoe* et de la profession de foi anglicane *Religio Laici.*

Après sa conversion au catholicisme, Dryden publia, en 1687, *La Biche et la Panthère* (*).

Après la révolution de 1688, il ne voulut pas, en tant que catholique, prêter le serment demandé, et perdit toutes ses pensions. Malgré l'aide que lui apportèrent ses amis, et particulièrement le comte de Dorset, il fut contraint d'accepter des travaux rémunérés. Il traduisit Théocrite, Homère, Lucrèce, Horace, Ovide, Juvénal, Perse, Boccace et Chaucer. Comme ouvrages en prose, il écrivit un *Essai sur la poésie dramatique* (*), une importante préface intitulée *Des drames historiques*, une vie de Plutarque et quelques ouvrages mineurs. Ses drames les plus connus sont, pour les tragédies : *La Conquête de Grenade ou Almanzor et Almahide* (*) ; *Aureng-Zeb* (*) ; *Tout pour l'honneur* et *Don Sébastien, roi du Portugal* (*) ; pour les comédies : *Mariage à la mode* (*), *Le Frère espagnol* [*The Spanish Friar*, 1680]. Il convient de citer également *L'Empereur des Indes* [*The Indian Emperor*], *La Répétition* [*The Rehearsal*, 1672], *Tout pour l'amour* (*). Il composa en outre des odes, des élégies, des chants et des *Fables anciennes et modernes* (*).

Poète, John Dryden eut une grande influence sur son époque et le siècle suivant. Il fut longtemps mis à la tête des poètes classiques en Angleterre pour l'élégance, l'harmonie et le goût de son style. Il contribua à ressusciter la poésie dramatique, que des ordonnances sévères et l'esprit puritain avaient amenée à son déclin. Dans ses satires, il montre le meilleur de son génie : elles sont cinglantes, délicatement ironiques, et d'une éloquence robuste. En tant que poète, il donna l'impulsion et une direction à la réaction contre le lyrisme exagéré et oratoire de ses prédécesseurs. Grand admirateur des poètes latins et vivement intéressé par les écrivains français de son temps, il possédait une grande maîtrise des artifices rhétoriques de la poésie, jointe à une grande fermeté et même à une certaine rudesse d'expression. Au début de sa carrière, il avait affirmé que les quatre grands modèles lyriques étaient Aristote, Horace, Ben Jonson et Corneille. Mais Dryden fut surtout le premier critique qu'ait possédé l'Angleterre. Son *Essai sur la poésie dramatique* et ses préfaces sont remarquables ; il y montre une grande sûreté de jugement ; il y établit les lois de la composition théâtrale. Il sut modifier son jugement à la lueur des connaissances nouvelles, et il eut surtout le mérite de comprendre peu à peu la grandeur de Shakespeare et d'exprimer sa profonde admiration pour lui. Walter Scott a donné en 1808 une édition complète des œuvres de Dryden (Londres, 18 vol. in-8, réimpr. à Édimbourg en 1821).

BENVENUTO CELLINI.

♦ *« Il possédait un admirable talent, dont il a souvent abusé, et un bon jugement, dont il a souvent négligé les avertissements ;* [...] *avec un esprit plus indépendant, un désir plus ardent du mieux et du très bien, et un plus profond respect de lui-même, il aurait pu arriver, dans la voie qui lui était ouverte, à l'absolue perfection. »* Macaulay.

RÉF. : Van Doren, *The Poetry of John Dryden*, 1920. – Pendlebury, *Dryden's Heroic Plays*, 1923. – T. S. Eliot, *Homage to Dryden*, Londres, 1924, et *John Dryden, The Poet, the Dramatist, the Critic*, New York, 1932. – C. E. Ward, *The Life of J. Dryden*, Los Angeles, 1961. – J. et H. K. Kinsley (eds), *Dryden : The Critical Heritage*, Londres, 1971. – W. Myers, *Dryden*, Londres, 1973. – D. J. Latt et S. H. Monk, *John Dryden : A Survey and Bibliography of Critical Studies, 1895-1974*, Minneapolis, 1976. – J. M. Hall, *John Dryden, A Reference Guide*, Boston, 1984. – D. Hopkins, *John Dryden*, Londres, 1986.

DRŽIĆ Marin. Écrivain croate. Né à Dubrovnik en 1508 (?), mort à Venise en 1567. Issu d'une famille bourgeoise, dans cette république où la noblesse seule était habilitée à gérer les affaires de l'État, il dut travailler pour vivre après la faillite des affaires de son père. Il reçoit les ordres mineurs et l'Église lui procure différents emplois. Il obtient une bourse pour faire des études à Sienne, mais tout le temps de son séjour, de 1538 à 1544, il s'intéresse beaucoup moins au droit canon qu'à la littérature et à la politique, et doit se satisfaire d'emplois subalternes lorsqu'il rentre à Dubrovnik. Suit un épisode étrange, où il se retrouve au service d'un aventurier autrichien, le comte Christophe Rogendorf, qu'il suivra à Vienne et à Istanbul, en 1545 et 1546. De retour une fois de plus à Dubrovnik, il est ordonné prêtre, ce qui n'améliore pas sa situation matérielle, mais exacerbe sa vision critique de la société patricienne de la république. Il rêve de pouvoir démocratique et examine les possibilités d'un renversement de l'oligarchie. C'est ainsi que, devenu en 1562 chapelain de l'évêque de Venise, il se fixe en Italie et quatre ans plus tard se rend à Florence et adresse au duc de Toscane Côme Ier une série d'épîtres exposant son projet de révolution et réclamant une aide financière et militaire. Il n'obtient même pas de réponse et meurt l'année suivante.

Avec Mavro Vetranović, Držić est le plus grand écrivain de la littérature de Dubrovnik au XVIe siècle. Il y avait alors sur la côte croate trois centres de culture particulièrement brillants, Zadar, Split-Hvar et Dubrovnik : Držić a fait de Dubrovnik le plus grand des trois. Son art ne se distingue en rien du modèle dominant de la Renaissance, en Italie et ailleurs. En outre, le regard critique qu'il porte sur la société de son temps est un phénomène unique. Il serait pourtant faux de voir en Držić un moraliste et un cerveau politique. Son mobile, c'est la découverte de l'envers des choses, son outil, c'est l'humour. Il n'est rien de sacré sur terre que la liberté, dont le rire est l'accomplissement suprême. Il s'essaye d'abord à une poésie pétrarquiste assez mièvre, tâte du théâtre religieux, puis des jeux pastoraux dont Sienne raffolait à l'époque. De cette dernière manière, trois pièces nous sont parvenues : *Tirena, Venera i Adon* et *Plakir*. Fourmillantes de nymphes, de bergers, de satyres, elles accueillent cependant des types de personnages qui deviendront les favoris de l'auteur : les pauvres, paysans ou citadins, les vieux, les servantes. Avec *Histoire de Stanac* [*Novela od Stanca*, 1550 ?] débute l'ère des comédies plautiennes. L'histoire est simpliste et cruelle : un vieux paysan des alentours de Dubrovnik se rend à la ville pour les fêtes de Mardi gras et devient le jouet d'une bande de jeunes citadins en goguette. C'est avec les comédies inspirées de Plaute que Držić atteint le sommet de son art : une synthèse du comique de situation, du comique de caractère et du comique de langage. Son *Avare* [*Skup*] soutient la comparaison avec tous les Avares connus. Mais il est dépassé pourtant par *L'Oncle Maroje* (*) (1550), œuvre en prose, beaucoup d'autres pièces étant écrites en vers. Toutes ces œuvres furent jouées par des troupes de Dubrovnik à l'époque où elles étaient écrites, mais ne seront publiées que bien plus tard. Il faudra attendre le XXe siècle pour qu'apparaisse dans la littérature croate un auteur comparable à Marin Držić.

JANINE MATILLON.

DUARTE XI (Édouard XI, dit Dom). Roi du Portugal. Né à Viseu le 30 octobre 1391, mort de la peste le 9 septembre 1438 à Tomar. Fils aîné de Jean Ier, roi de Portugal et Philippa de Lancastre, il reçut, ainsi que ses trois frères, dont l'un fut Henri le Navigateur, une éducation et une instruction assez exceptionnelles pour l'époque ; sans doute leur doit-il, en partie, l'épanouissement de sa personnalité. Homme de guerre, il se signala en 1415 à la prise de Ceuta, et si plus tard il échoua devant Tanger au cours de la campagne contre le Maroc, et dut même laisser son frère Fernand (le Saint) aux mains des Maures, ses qualités de « chevalier » n'y furent point en défaut. Homme politique, son règne, très court (1433-1438), fut marqué par un ensemble de mesures sages, dont la plus originale fut la promulgation d'un Code unique valable pour tout le pays. Écrivain, Dom Duarte appartient à la première génération des prosateurs portugais, et dans le domaine didactique, l'un de ses ouvrages, *Le Loyal Conseiller* (*), est capital des points de vue stylistique et psychologique. Il y définit les principes moraux et politiques qui doivent régir l'existence du gentilhomme soucieux de vivre bien ; il s'y peint, non sans mélancolie, montrant une tendance à l'introspection remarquable pour l'époque. Il compléta, en quelque sorte, son enseignement par des conseils pratiques contenus, notamment, dans *Le Manuel du parfait cavalier*. L'ensemble de son œuvre fait de Dom Duarte l'un des fondateurs des lettres portugaises.

DU BARTAS Guillaume Salustre ou **Sal(l)uste.** Poète français. Né à Montfort en 1544, mort à Mauvezin (aujourd'hui dans le Gers) le 28 août 1590. Il descendait d'une famille de marchands aisés, anoblie en 1565 par l'acquisition de la terre du Bartas qui conférait le titre de sieur. Devenu protestant comme tout son entourage à la suite de la conversion du roi et de la reine de Navarre, Du Bartas hérita à la mort de son père, en 1566, de ses biens et de son titre.

Il avait étudié le droit à Toulouse, où il s'était lié avec des personnages destinés à jouer un rôle dans la vie littéraire et politique de leur temps (Pierre de Brach par exemple) ; il avait participé aux jeux Floraux de la ville, remportant même en 1565 la « Violette » qui récompensait le meilleur poème présenté ; et il acheta en 1571 dans sa ville natale, Montfort, la charge de juge qu'il n'exerça guère, continuant plutôt de s'occuper de ses affaires, de rimer et de fréquenter la cour de Navarre à Nérac. La reine Jeanne d'Albret lui « commanda » de rédiger la *Judith,* poème épique et biblique qu'il ne publia qu'après la mort de sa protectrice, en 1574, dans un recueil intitulé *La Muse chrétienne* où figuraient deux autres poèmes de lui, *Uranie* et *Le Triomphe de la foi.* Quoique protestant convaincu, Du Bartas ne semble pas à cette date avoir participé aux guerres de Religion : il s'en excuse dans *La Muse chrétienne* – en 1574, il a trente ans – sur sa haine de la guerre et son goût pour les Muses, avouant préférer « passe(r) oisivement en (s)on Bartas la vie ».

En 1576, tout va changer. Cette année-là marque son entrée dans la vie publique. C'est le moment où Henri de Navarre regagne son royaume après être resté captif pendant quatre ans à Paris, depuis la Saint-Barthélemy. Le nom du poète apparaît sur l'état des officiers de la cour de Nérac comme écuyer tranchant du roi. Il faut croire que son oisiveté était une oisiveté active puisqu'en 1576 D'Aubigné raconte que Du Bartas travaillait déjà depuis un certain temps à sa *Semaine* (*), qu'il publiera en 1578 avec un succès immense. La même année 1578, à l'occasion de l'arrivée de la reine Marguerite (la reine Margot) venue rejoindre son époux, il compose un poème polyglotte intitulé *Accueil de la reine de Navarre* où trois nymphes, la Latine, la Française et la Gasconne, chantent chacune dans sa langue la louange de la jeune princesse. Du Bartas poète gascon : il convient de ne pas l'oublier.

L'auteur de *La Semaine* est un homme de caractère aimable, cultivé, dénué de fanatisme, ce qui n'est pas sans mérite dans cette époque de fureurs partisanes. Il poursuit son activité poétique (publication de l'*Hymne de la Paix* et des *Sonnets des neuf Muses Pyrénées* en 1582), en même temps qu'il est employé par le roi de Navarre à des missions diplomatiques non dépourvues d'importance. D'autre part, on sait par les archives du Gers que cette période est fertile pour lui en ennuis de toutes sortes : tracas causés par plusieurs procès qu'il lui faut mener et soucis de santé sérieux.

En 1584, le roi de Navarre lui fait l'honneur de lui rendre visite au Bartas : visite mémorable, d'autant plus que les éléments s'en mêlent et que la foudre tombe sur le château, dans la salle où sont réunis les convives pendant la réception ! Mais tout ne se passe pas toujours si mal.

En avril de cette même année paraît le début (les deux premiers jours) de *La Seconde Semaine,* réédité dès septembre. En décembre, c'est le *Brief advertissement sur sa première et seconde semaine,* une plaquette dans laquelle le poète se livre à l'examen de son œuvre et se justifie énergiquement des critiques qu'on lui a adressées. Il est au faîte de la gloire. On le lit, on l'admire dans toute l'Europe, on le traduit même en latin, on le compare aux plus grands : « Les pilastres et frontispices des boutiques allemandes, polaques et espagnoles se sont enorgueillis de son nom joint à ces divins héros : Platon, Homère, Virgile », écrit Gabriel de Lerm, l'un de ses traducteurs. On ne cesse de le rééditer : de ce point de vue, Du Bartas est en son temps un phénomène, un véritable auteur de « best-sellers » (plus de soixante-dix éditions de l'ensemble de ses œuvres entre 1574, date de la première publication de *La Muse chrétienne,* et 1590, date de sa mort, et encore plus de cent si l'on va jusqu'en 1616).

En outre, le poète jouit de l'estime de son prince, qui le nomme en 1585 gentilhomme ordinaire de sa chambre. Diplomate apprécié, il est chargé en 1587 de mener auprès du roi Jacques VI d'Écosse une ambassade afin de négocier le mariage de la princesse de Navarre Catherine de Bourbon, sœur du roi Henri. La mission échoue et le projet n'aboutit pas, mais le poète revient chez lui comblé d'honneurs et de présents par le roi d'Écosse, son fervent admirateur au point d'avoir traduit en anglais l'*Uranie* du Gascon. Celui-ci rend la politesse et traduit en français un poème du royal confrère sous le titre *La Lépante du roi d'Écosse.*

Pendant les années qui suivent, Du Bartas continue de travailler. En 1589, Henri III est assassiné et le roi de Navarre devient roi de France sous le nom d'Henri IV. Le poète, malade, s'est retiré de la vie publique. Il n'est plus en état de participer aux campagnes militaires et peut tout juste célébrer la victoire de son maître en mars 1590 dans *Le Cantique d'Ivry* avant de s'éteindre l'été suivant, laissant à la tête d'une fortune assez considérable une veuve et quatre filles non encore mariées.

En 1591 paraîtra à La Rochelle une suite à *La Seconde Semaine,* puis une autre à Genève en 1593 et la dernière à Paris en 1603. Le poème demeurera définitivement inachevé au IVe Jour.

Au moment de sa mort, cinq ans après celle de Ronsard, la renommée de Du Bartas éclipsait celle du Vendômois et couvrait l'Europe, jusqu'à influencer quelques-uns des plus grands poètes étrangers : Le Tasse en Italie, plus tard Milton en Angleterre, Vondel aux Pays-Bas. Puis cette gloire s'éteignit et il n'en resta à peu près rien dès le milieu du XVIIe siècle. C'est que le monde changeait. On avait lu Du Bartas par plaisir et aussi pour s'instruire, parce que son œuvre, « encyclopédique », faisait le tour des connaissances, mais l'image qu'elle donnait de l'univers se périma et cessa d'intéresser. En outre, le goût classique ne tolérait plus le baroquisme du poète gascon et faisait de son style une vieillerie. En somme, son déclin illustrait l'évolution du siècle et le passage d'un âge à l'autre.

Il est d'ailleurs possible que le renouveau de faveur, très relatif, que connaît aujourd'hui la poésie de Du Bartas avec tout ce qui est baroque, soit aussi révélateur d'une nouvelle évolution dans l'histoire des sensibilités. Telles seraient la grandeur et les limites de ce poète, dont l'œuvre comprend pourtant de réelles beautés, que de se voir toujours condamné, pour le meilleur et pour le pire, à représenter autre chose que lui-même.

YVONNE BELLENGER.

♦ *« Après Ronsard, qui ne lui cède en rien, il est le premier. »* La Croix du Maine. ♦ *« Bartas est un fort méchant poète. »* Du Perron. ♦ *« Il fut toujours un peu le poète des provinces et celui des réfugiés. »* Sainte-Beuve. ♦ *« Du Bartas conserve jusqu'au bout une indépendance de "Barbare", qui ne sait pas gouverner son instinct et ne connut jamais la juste "mesure" des Classiques. »* Marcel Raymond.

RÉF. : G. Pellissier, *Vie et œuvre de Du Bartas,* Paris, 1902. – M. Raymond, *L'Influence de Ronsard,* chap. 26, Genève, 1965. – *Judith,* éd. A. Baïche, Toulouse, 1970. – B. Braunrot, *L'Imagination poétique chez Du Bartas,* Chapel Hill, 1973. – L. Keller, *Palingène, Ronsard. Du Bartas,* Berne, 1974. – *La Semaine,* éd. Y. Bellenger, Paris, 1981. – J. Dauphiné, *Guillaume de Saluste Du Bartas, poète scientifique,* Paris, 1983. – *Du Bartas poète encyclopédique au XVIe siècle,* éd. J. Dauphiné, Lyon, 1988. – *La Seconde Semaine*, éd. Y. Bellenger *et al.*, Paris, 1991-1992.

DU BELLAY Guillaume, sire de Langey. Diplomate et écrivain français. Né au château de Glatigny (Normandie) en 1491 ; mort à Saint-Symphorien, près de Lyon, le 9 janvier 1543. Frère de Jean du Bellay, cardinal et homme d'État, oncle du poète Joachim du Bellay. Il fut l'un des plus braves généraux de François Ier, et compte parmi les meilleurs diplomates français de son époque. En 1537, nommé vice-roi du Piémont, il lutta victorieusement contre les Impériaux. Brantôme raconte que le roi, à Paris, ne sachant rien de ce qui se tramait en Flandre et en Picardie, le sire de Langey, mieux renseigné, lui envoyait des avertissements de Turin. Guillaume du Bellay s'acquitta toujours avec succès des nombreuses ambassades dont il fut chargé auprès du pape, du roi d'Angleterre, et en Allemagne. Parti malade de Turin pour apporter en personne des avis importants au roi, il dut s'aliter à Saint-Symphorien, près de Lyon, où il mourut. Il fut inhumé dans la cathédrale du Mans, où ses frères lui firent élever un beau mausolée. Il était tenu en grande estime par ses contemporains, tant à titre d'homme de guerre que de diplomate et d'écrivain. Il a écrit d'intéressants *Mémoires,* imprimés en 1757, et qui ont connu de nombreuses rééditions. *Les Mémoires,* intitulés *Ogdoades* (*) *(Huitaines)* parce que les divisions y sont faites de huit en huit livres, ont été d'abord rédigés en latin, puis en français, dans un style d'une naïve simplicité. Montaigne conseille à ceux qui veulent connaître la vraie figure non embellie de François Ier de ne les lire qu'avec la plus grande circonspection. Guillaume du Bellay a écrit en outre *Instructions sur le faict de la guerre* (Paris, 1588) et *De l'Antiquité des Gaules et de France.* Rappelons que son médecin n'était autre que François Rabelais, qu'il protégea.

DU BELLAY Joachim. Poète français. Né au bourg du Liré, en Anjou, en 1522 ; mort à Paris le 1er janvier 1560. Joachim du Bellay appartenait à l'illustre famille qui, outre plusieurs capitaines, diplomates et mémorialistes, donna, en ce même XVIe siècle : Guillaume du Bellay, sire de Langey (né en 1491, mort le 9 janvier 1543), homme de guerre, diplomate et historien ; le cardinal Jean du Bellay né en 1492, mort le 16 février 1560, ambassadeur et humaniste, l'un des patrons du Collège de France ; et leur frère Martin, lieutenant général de la Normandie, mort à Glatigny en 1559, oncles tous trois de Joachim. Vers 1546, le jeune Joachim étudia le droit à Poitiers. Là, il se lia avec l'humaniste Muret et avec quelques poètes latins et français, comme Jean de La Péruse, Salmon Macrin, etc. Mais la rencontre de Jacques Peletier en 1546, celle de Ronsard en 1547 comptèrent davantage dans l'éveil de sa vocation poétique. Il alla avec le dernier se mettre, à Paris, sous la direction de Dorat, principal du collège de Coqueret. Dans ce collège, à vrai dire assez obscur, il eut la joie de découvrir de jeunes gentilshommes qui, négligeant la Cour où leur naissance leur aurait permis de briller, se consacraient avec passion à l'étude des Anciens et surtout des Italiens. Autour de Ronsard, ils s'imposaient la tâche de préparer une révolution poétique. En 1549, Du Bellay publiait la *Défense et illustration de la langue française* (*). L'histoire s'est habituée à considérer cette œuvre comme le manifeste de l'école de Ronsard. On sait que le premier article de son programme est la réhabilitation de la langue française. Le second article de son illustration, insistant sur la nécessité du travail sur l'imitation des Anciens pour créer une littérature française, Du Bellay demande qu'on renonce à la vieille poésie de Marot et des rhétoriqueurs, ainsi qu'aux genres pratiqués en France jusqu'à ce jour et qu'on leur substitue hardiment l'élégie, l'ode, l'épopée, en bref, tous les genres qui furent en honneur chez les Anciens. Au surplus, il souhaite qu'on enrichisse la langue en créant des vocables nouveaux. Ce manifeste, comme on le sait, intéresse moins par le fond que par la ferveur qui l'anime. Il sert de préface à *L'Olive, et quelques autres œuvres poétiques. L'Olive* (*), chant d'amour en cinquante sonnets, est le premier « canzoniere » français en sonnets. Lui font suite, parmi les « autres œuvres », les *Vers lyriques*, odes que domine l'influence d'Horace. Est publié, à la fin de la même année 1549, le *Recueil de poésie.*

En 1550, deuxième édition (augmentée) de *L'Olive.* Du Bellay, alors, tombe gravement malade. En 1552, il publie une traduction du quatrième chant de l'*Énéide*, ainsi que les *Inventions.* Atteint de surdité comme son ami Ronsard, il est loin de jouir, comme lui, d'une santé florissante. En avril 1553, il part néanmoins pour Rome, afin d'y devenir le secrétaire de son oncle, le cardinal Jean du Bellay. Son séjour, qui dura quatre ans, plaît d'abord au poète, qui avait rêvé des affaires et se trouvait chargé d'administrer la maison du cardinal. Mais peu à peu vient la déception : au regret du pays natal s'ajoutent les tracas domestiques et la lassitude du spectacle de la Rome pontificale. Dégoût, ennui, tout le convie à s'enfermer dans son domaine d'élection : la poésie. Aussi écrira-t-il beaucoup. Mais ce n'est qu'après son retour de Rome (sept. 1557) qu'il publie le fruit de ses veilles. En 1558, il donne en effet deux nouveaux recueils de sonnets : les *Regrets* (*), où la nostalgie alterne avec la colère ; puis *Les Antiquités de Rome* (*), où sa voix prend un ton plus grave pour exalter tout à la fois le sentiment de la grandeur romaine et le néant de toute grandeur. Plusieurs de ces sonnets sont demeurés classiques. À ces deux livres vient s'ajouter un ensemble de petites pièces, charmantes par leur simplicité : *Divers jeux rustiques* (*). La même année, il donne encore ses *Poemata* (*) en quatre livres : il s'affirme, par cet ouvrage, comme l'un de nos meilleurs poètes néo-latins. Au cours de l'année suivante (1559), le poète, dont la santé s'altère de plus en plus, se trouve avoir de graves difficultés avec sa famille. Il n'en publie pas moins la traduction française d'une satire d'Adrien Turnèbe : *La Nouvelle Manière de faire son profit des lettres*, il l'accompagnait d'une satire dans le goût de Mathurin Régnier : *Le Poète courtisan* (*). Sainte-Beuve la tenait pour une de nos grandes satires classiques. Épuisé par la maladie, Joachim du Bellay mourut subitement à Paris le 1er janvier 1560 — il avait trente-sept ans — et fut enseveli dans le chœur de l'église Notre-Dame. Aussitôt après sa mort sont publiés le *Discours au roi sur la poésie*, une traduction du livre VI de l'*Énéide* et le *Discours sur le sacre.* Plus tard verront encore le jour d'autres œuvres posthumes, dont un très beau poème politique : l'*Ample discours au roi sur* *le fait des quatre états du royaume de France.* On le considère comme un des plus beaux ornements de son siècle. Réputation qu'il justifie pleinement. Car s'il est loin d'avoir la puissance de Ronsard, et, disons, sa richesse et sa variété, Du Bellay paraît plus spontané dans l'expression des sentiments. Par sa sensibilité même, autant que par son pessimisme, Joachim du Bellay introduit dans la poésie française une source nouvelle d'inspiration.

♦ *« Du Bellay aspirait d'abord à imiter et reproduire Horace en français, l'Horace lyrique : c'était une noble et impossible ambition. Mais voilà que, sans y songer presque, il rivalise avec un Perse ou un Juvénal en ces crayons parlants, expressifs, des espèces d'eaux-fortes à la plume ; il nous donne la monnaie de certaines pièces de l'Arioste ; il devance Mathurin Régnier, et c'est ainsi qu'il mérite d'être appelé véritablement le premier en date de nos satiriques classiques. »* Sainte-Beuve. ♦ *« De tous les poètes du* XVI*e siècle, c'est le plus personnel, celui qui a mis le plus de lui-même dans ses écrits. »* E. Faguet. ♦ *« Si ce n'est pas Du Bellay qui introduisit le sonnet en France, c'est lui du moins qui l'y acclimata, qui le mit en honneur. Ronsard avait tout d'abord pindarisé ; Du Bellay, lui, commença par pétrarquiser* [...] *Malheureusement, il n'emprunte guère à Pétrarque que ses mignardises et ses subtilités. »* Georges Pellissier.

RÉF. : Ch. Marty-Laveaux, Notice biographique parue dans le *Journal des Savants* et reproduite au t. XIII des *Nouveaux Lundis* de Sainte-Beuve. – H. Chamard, *Joachim du Bellay*, Lille, 1900. – V. L. Saulnier, *Du Bellay*, 1951. – *Du Bellay* (colloque d'Angers), 1990, 2 vol.

DU BELLAY Martin. Diplomate et écrivain français. Né vers 1495, mort à Glatigny (Anjou) le 9 mars 1559. Frère de Guillaume et de Jean. Il reçut en dot de sa femme, Élisabeth Chenu, la principauté d'Yvetot. Négociateur, homme de guerre comme son frère Guillaume, il partagea le goût très vif pour les lettres qui distingue sa famille. Il écrivit des *Mémoires* (+) historiques en dix livres, intéressants surtout d'un point de vue militaire, qui s'étendent de 1536 à 1540, et qui sont inspirés en partie par la cinquième *Ogdoade* (*) de son frère Guillaume.

DUBILLARD Roland. Écrivain et comédien français. Né à Paris le 2 décembre 1923. Roland Dubillard fait ses premières armes d'auteur dramatique, dès le lendemain de la Seconde Guerre mondiale, au Club d'essai de la Radiodiffusion française, en écrivant des textes pleins d'insolence et de fantaisie. C'est encore la radio qui lui permet en 1953 de confirmer et d'approfondir son talent, grâce à *Grégoire et Amédée*, une série quotidienne de « sketches minute », où l'humour et la poésie naissent de réflexions inattendues sur les menus faits de la vie quotidienne. Il n'est pas sans intérêt de noter qu'avec ces dialogues brefs, à la fois tendres et percutants, Roland Dubillard invente un style qui fera, dix ans plus tard, le succès des cafés-théâtres. En 1953, il fait jouer *Si Camille me voyait*. En 1961, le Théâtre de Poche crée *Naïves hirondelles* (*), qui connaît un grand succès. Suivront : *La Maison d'os* (1962), *Le Jardin aux betteraves* (1969), *« ... Où boivent les vaches »* (1972). Plusieurs séries de *Diablogues*, « Inventions à deux voix », reprendront les meilleurs sketches de *Grégoire et Amédée*. Comédien, Roland Dubillard a été un interprète exceptionnel de toute une œuvre. On lui doit par ailleurs des poèmes, *Je dirai que je suis tombé* (1966), et des nouvelles, *Olga ma vache* (1974). On qualifie généralement l'œuvre de Roland Dubillard de « théâtre de l'absurde », le plaçant ainsi aux côtés de Beckett, Adamov et Ionesco. C'est abuser de la simplification : Roland Dubillard ne prétend pas que le monde est incompréhensible ni que la présence de l'homme sur la terre n'a aucune signification ; même s'il le pense, ce n'est pas son propos. Ce qu'il nous montre, ce sont des êtres dont la vision de la réalité ne coïncide pas avec celle des autres. Cette vision, difficile à cerner, quelques thèmes assez graves surgissent plus fréquemment que d'autres : la vieillesse et la mort, l'étroitesse de l'« espace du dedans », la fragilité de l'amour. Les personnages de Roland Dubillard sont donc tour à tour vulnérables et agressifs, prisonniers de leur « maison d'os » et emportés par leurs rêves, pudiques et provocants. Mal à l'aise dans leur peau et dans celle des autres, ils cherchent fiévreusement une solution à leur difficulté d'être. Ils ont peu de chances de la trouver, car aucune lumière ne leur vient d'en haut : cette sorte d'interdiction de la transcendance est, sans doute, ce qui fait à la fois leur faiblesse et leur grandeur.

JACQUES BENS.

DU BOIS William Edwards Burghardt. Auteur américain, théoricien et dirigeant de la communauté noire. Né le 23 février 1868 à Great Barrington (Massachusetts), mort le 17 août 1963 à Accra (Ghana). Diplômé de l'université de Nashville (1888), il étudie la psychologie, la philosophie et l'histoire à Harvard. Sa thèse *La Suppression du commerce des esclaves* paraît dans le premier volume des « Nouvelles études historiques » publié par l'université (1896). Il passe ensuite deux ans à l'université de Berlin. À son retour, il est convaincu que le problème noir peut être résolu par « l'investigation systématique », que l'ignorance est la source du préjugé racial et que seule la vérité scientifique peut le déraciner. Il se tourne vers la sociologie et publie *Les Nègres à Philadelphie* [*The Philadelphia Negro,* 1899] aux « Éditions de l'université de Pennsylvanie ». Tandis qu'il enseigne à l'université d'Atlanta, il écrit *L'Âme du peuple noir* [*The Souls of Black Folks,* 1903] : essai où il dénonce notamment la politique de Booker T. Washington, qui excuse les violences racistes, se contente d'une place inférieure pour les Noirs et n'accorde que peu d'intérêt au vote dont ils sont privés. En 1905, il fonde le mouvement du Niagara, qui devient en 1910 la « N.A.A.C.P. » (Association nationale pour le progrès des gens de couleur). Dans des éditoriaux percutants de son organe *Crisis,* il dénonce l'injustice raciale, ainsi que dans ses deux essais, *La Reconstruction noire aux États-Unis* (*) (1935) et *Le Peuple noir, hier et aujourd'hui* (*) (1939). Favorable au mouvement panafricain, il en préside le 5e Congrès avec Kwame N'Kruma (1945). Citons encore deux essais : *Le Monde et l'Afrique* [*The World and Africa,* 1947] et *Bataille pour la paix* [*In Battle for Peace,* 1952]. Ennemi de longue date du système capitaliste, Du Bois adhère au parti communiste en 1961. Il s'installe au Ghana l'année suivante et dirige une encyclopédie sous les auspices du gouvernement. Il meurt à Accra en 1963, quelques mois après être devenu citoyen ghanéen.

JEANINE PAROT.

DU BOS Charles. Critique français. Né à Paris le 27 octobre 1882, mort à La Celle-Saint-Cloud (Seine-et-Oise) le 5 août 1939. Pensionnaire à l'école Gerson, il fit ses premières études au lycée Janson-de-Sailly où il se lia avec Jean-Louis Vaudoyer et le futur philosophe Joseph Baruzi. Spontanément attiré par tout ce qui était anglais (sa mère était d'ailleurs d'origine britannique), il souhaita, au retour d'un voyage à Venise (1900), être envoyé à Oxford, où il passa l'année 1900-1901 au collège de Balliol ; il se rendit ensuite à Berlin, assista aux cours du philosophe Simmel, fréquenta le cercle des amis du poète Stefan George et se lia en particulier avec Gundolf. Ayant achevé ses années d'apprentissage d'esprit européen par un séjour à Florence, au cours duquel il eut de fécondes rencontres avec l'historien d'art Bernard Berenson (Du Bos préparait d'ailleurs à cette époque une thèse sur Botticelli), il entra à Paris avec une connaissance parfaite de l'anglais, de l'allemand et de l'italien qui lui permit, parallèlement à ses études de littérature française, de mener de front toute sa vie l'approfondissement de ces trois cultures. À la fin de l'année 1908, sur les conseils de l'abbé Mugnier, ancien directeur de Huysmans, Charles Du Bos commença de tenir le *Journal* (*) aussi bien de sa vie intime, et surtout religieuse, que de sa vie intellectuelle : rencontres littéraires, musicales, etc. Les amitiés auront, après Dieu, la meilleure part de la vie de Du Bos, celles en particulier de Paul Bourget, de Henry James, de François Mauriac et, aux approches de 1914, du jeune groupe de *La Nouvelle Revue française* (*), avec Jacques Rivière, Jean Schlumberger, Henri Ghéon et André Gide. C'est seulement à trente-sept ans, en 1919, que Du Bos laissa publier un écrit de lui, *Réflexions sur Mérimée ;* ce fut le début d'une production abondante, recueillie dans les sept volumes d'*Approximations* (*) (1922-37) : études critiques parues dans des revues, conférences, cours littéraires faits dans des salons amis, entre autres sur William Pater (1923), sur Tolstoï (1924), sur Thomas Hardy (1925), sur Stefan George (1926), etc. Cinq entretiens sur André Gide formeront la deuxième partie du *Dialogue avec André Gide* (*) (1929) ; les cours sur Byron et sur Benjamin Constant formeront la base des volumes intitulés : *Byron et le besoin de la fatalité* (1929) et *Grandeur et misère de Benjamin Constant* (posth. 1946). Des *Extraits d'un Journal,* parus en 1929, révélèrent l'effort religieux poursuivi par Du Bos depuis 1918, et qui devait trouver son accomplissement dans sa conversion au catholicisme, le 30 juillet 1927.

Cependant le rayonnement de son œuvre critique s'étendait en France et à l'étranger ; depuis 1922 il était un des animateurs des rencontres de Pontigny ; en janvier 1930, il créait avec son ami Mauriac la revue *Vigile ;* en 1932, il participait activement à l'« année Goethe », faisait une tournée de conférences en Allemagne et poursuivait son œuvre critique avec un *François Mauriac et le problème du romancier catholique* (1933). Sa santé, qui avait toujours été faible, devint, à partir de cette époque, de plus en plus inquiétante et nécessita plusieurs opérations en 1935. Les difficultés matérielles d'autre part contraignirent l'écrivain à accepter de tenir un cours à l'université Notre Dame, et en novembre 1937 il s'embarquait pour l'Amérique. À son retour en France, au printemps suivant, ses amis Gilson et Baruzi essayèrent vainement de lui obtenir une chaire au Collège de France. Déjà d'ailleurs se confirmait la prochaine tragédie européenne qui fut l'obsession des derniers mois de la vie de Charles Du Bos. Ce que celui-ci a apporté à la littérature, ce fut avant tout une passion de comprendre, qui n'était d'ailleurs que la forme de sa passion d'aimer. Il ne pouvait parler que des œuvres pour lesquelles il éprouvait de la sympathie, et se résignait à ignorer le reste. Critique dominée par la sensation, et qui risque de s'abandonner trop aux suggestions des nerfs, sans doute : mais l'infatigable puissance d'accueil, l'attention à toutes les inquiétudes de l'époque (indemne d'ailleurs de tout parti pris de modernité) ne relevaient point, chez un chrétien aussi authentique que Du Bos, de la légèreté du dilettantisme, mais plutôt de la charité s'épanouissant en un remarquable exemple de liberté intellectuelle.

♦ « *Du Bos abordait les poètes, les penseurs, les artistes sur lesquels se concentrait sa méditation avec l'humilité profonde devant l'objet qui caractérise toute recherche scientifique... Nul n'a admiré plus généreusement, plus délicatement : délicatement, j'y insiste ; il peut arriver en effet que l'admiration reste un sentiment massif, compact, qui fait pour ainsi dire écran entre l'esprit et son objet. Ici c'est exactement le contraire qui se produisait. On eût dit que l'admiration était pour lui un tremplin... qu'elle lui conférait le don magique d'inventer les voies d'accès les plus subtiles par où atteindre les tréfonds où réside la plus individuelle qualité d'une œuvre et d'une âme.* » Gabriel Marcel. ♦ « *Charles Du Bos, que je considère comme le plus grand des critiques français, fut obligé d'abandonner, après quelques vains essais, jusqu'à l'idée d'une œuvre créatrice. Je suis sûr qu'il était poète et admirablement doué, mais l'activité poétique avait été paralysée par un prodigieux développement des facultés de réflexion.* » Jacques Maritain. ♦ « *On ne saurait l'appeler un critique, si critiquer c'est juger et classer. Ou du moins n'agissait-il en critique qu'au départ, dans le partage qu'il établissait entre les écrivains dignes de son attention et ceux auxquels il refusait l'existence. Son parti pris de grandeur était inflexible, et il se peut que son horreur de toute vulgarité l'ait quelquefois détourné d'ouvrages qui eussent été dignes de le retenir. Il ne condamnait pas, d'ailleurs on eût perdu sa peine à vouloir lui arracher un jugement. Il avait une impuissance étonnante non pas même pour rejeter, mais pour ignorer, pour ne pas connaître.* » François Mauriac.

RÉF. : F. Mauriac, G. Marcel, etc., *Hommage à Charles Du Bos,* Paris, 1945. – Gouhier, *Charles Du Bos,* Paris, 1949. – Jean Mouton, *Charles Du Bos, sa relation avec la vie et avec la mort,* Paris, 1954. – Charles Dédéyen, *Le Cosmopolitisme littéraire de Charles Du Bos,* Paris, 1965-71. – Georges Poulet, *Entre moi et moi,* Paris, 1977. – Michel Crèpa, *Charles Du Bos ou la tentation de l'irréprochable,* Paris, 1990.

DU BOS abbé Jean-Baptiste. Historien, critique et diplomate français. Né à Beauvais en décembre 1670, mort à Paris le 23 mars 1742. Il étudia la théologie à Paris et reçut, en héritage d'un de ses oncles, un canonicat dans la cathédrale de Beauvais ; mais il préféra se fixer dans la capitale, où il avait bien plus de facilités pour suivre son penchant pour les voyages et la politique. En 1696, il fut envoyé à Hambourg, puis à Ryswick, et se fit confier des missions diplomatiques qui le conduisirent dans les diverses cours italiennes, à Londres et à Bruxelles. Il reçut en récompense de ses services plusieurs bénéfices ecclésiastiques. L'expérience qu'il s'était acquise dans les affaires internationales lui permit de mettre à profit le goût qu'il avait toujours eu pour l'érudition et pour l'histoire (*Histoire de la Ligue de Cambrai,* 1709). Amateur d'art passionné, il mit longuement au point une théorie du goût – v. *Réflexions critiques sur la poésie et la peinture* (*), 1719. En 1720, l'Académie française le jugea digne d'être accueilli parmi ses membres et, deux ans plus tard, il fut choisi pour y occuper le poste de secrétaire perpétuel laissé vacant par Dacier. Ce n'est qu'en 1724 qu'il reçut le diaconat. Tout en travaillant à ses diverses œuvres historiques et politiques, il se mit à préparer les matériaux et la méthode d'une remarquable *Histoire critique de l'établissement de la monarchie française dans les Gaules* (1734), dans laquelle il s'efforce de prouver que les Francs furent appelés par les Gaulois eux-mêmes pour les gouverner – v. *Histoire de France* (*).

RÉF. : A. Becq, *Genèse de l'esthétique française classique,* Pise, Pacini, 1983.

DUBUFFET Jean. Peintre et écrivain français. Né le 31 juillet 1901 au Havre, mort le 12 mai 1985 à Paris. Plus célèbre et apprécié à l'étranger qu'en France, malgré une série récente d'expositions posthumes (fondation Maeght, Centre Pompidou, Musée du Jeu de Paume), Jean Dubuffet, dont on a parfois comparé l'importance à celle de Picasso, est une figure à part de la scène artistique contemporaine. Ayant d'abord choisi d'exercer la profession de son père, négociant en vins, malgré un penchant précoce pour la peinture et la littérature, ce n'est qu'à l'âge de quarante et un ans qu'il se livra définitivement à sa véritable vocation, accumulant, dans la seconde partie de son existence, une œuvre immense et variée, dont le succès commercial, assez rapide, ne suffit jamais à garantir une réputation très controversée.

Des « Marionnettes de la ville et de la campagne » aux séries des « Théâtres de mémoire », des « Psycho-sites » ou des « Non-Lieux », en passant par l'abstraction des « Phénomènes », des « Matériologies » ou de l'« Hourloupe », tout au long de sa carrière il surprit autant par le caractère apparemment naïf et enfantin de ses œuvres, de facture faussement primitive, que par sa défense de ce qu'il nommait l'« art brut » : l'activité plastique des non-professionnels de l'art (médiums, aliénés, autodidactes et marginaux inspirés), dont il fit, à travers une série de manifestes retentissants, son fer de lance dans une permanente croisade contre le conformisme de la culture. Ses textes ont été réunis à partir de 1967 sous le titre *Prospectus et tous écrits suivants* (*).

LAURENT DANCHIN.

DUBY Georges. Historien français. Né le 7 octobre 1919 à Paris. Son enfance parisienne achevée, Duby quitte la capitale (1932) pour Mâcon où se passe son adolescence lycéenne, puis pour Lyon où il fait ses études supérieures de géographie et prépare l'agrégation d'histoire et géographie à laquelle il est reçu en 1942. Dès lors commence le brillant cursus de l'historien universitaire : assistant à la faculté des lettres de Lyon (1944), chargé d'enseignement à Besançon (1950) et à Aix-en-Provence (1951). Il deviendra professeur dans cette dernière faculté après avoir soutenu sa thèse sur « La Société aux XIe et XIIe siècles dans la région mâconnaise ». Son élection au Collège de France en 1970 ne rompt pas ses liens avec une Provence dont il est devenu le fils adoptif.

L'œuvre de Duby le situe à la confluence du marxisme et de la Nouvelle Histoire ; à ses débuts du moins, car, le temps passant, il s'est éloigné du matérialisme dialectique, comme la plupart des élèves de Lucien Febvre et Fernand Braudel. Ses premiers grands travaux – sa thèse, publiée en 1953, *L'Économie rurale et la vie des campagnes dans l'Occident médiéval* (1962), *Guerriers et Paysans* (1973) – s'attachent à corréler l'effondrement de la monarchie carolingienne et le blocage du développement, l'érosion du pouvoir seigneurial aux XIVe-XVe siècles et l'essor urbain lui-même lié à la recherche des lieux fiscaux les plus rentables. À son maître Braudel, Duby emprunte l'analyse « feuilletée » du temps ou, plutôt, des temps de l'histoire ; il relie donc le temps court de l'événement – *Le Dimanche de Bouvines* (*) (1973) – et de la biographie – *Guillaume le Maréchal* (1984) – aux structures dans lesquelles ceux-ci s'enracinent. Spécialiste de la vie rurale au Moyen Âge, Duby s'est tourné assez vite vers l'histoire de l'art : *Le Temps des cathédrales* (*) (1966-67) analyse le passage de l'art roman à l'art gothique comme l'expression d'une mutation sociale, économique, intellectuelle. Puis, poursuivant sa « montée » du matériel à l'idéel, « de la cave au grenier », il explore l'« imaginaire du féodalisme » dans *Les Trois Ordres* (*)... (1978), usant toujours de cette méthode structurelle qui met au jour les facteurs explicatifs, les déterminismes profonds.

Son élection à l'Académie française, en 1988, sanctionne sa grande notoriété scientifique et aussi ses qualités d'écrivain. Elle témoigne également d'une renommée plus médiatique, car Duby est un historien dans la cité qui publie des manuels, des albums, des vidéos et préside le conseil de surveillance de la 7e chaîne télévisuelle française, chaîne culturelle dont il dirige le comité des programmes. Ainsi un des maîtres de l'histoire globale est aussi un des praticiens les plus féconds de l'historiographie totale.

CHARLES-OLIVIER CARBONELL.

DU CAMP Maxime. Écrivain français. Né à Paris le 8 février 1822 ; mort à Baden-Baden le 8 février 1894. Fils d'un chirurgien militaire, après des études assez négligées il fait un premier voyage en Algérie et en Italie en 1844-1845. Mais, dès 1841, il a rencontré Flaubert dont il deviendra le meilleur ami, avec Louis Bouilhet. Ensemble, en 1847, ils font une excursion en Bretagne – v. *Par les champs et par les grèves* (*) – puis, en 1849, parcourent l'Égypte, le Moyen-Orient, l'Italie du Sud. C'est dans *La Revue de Paris* (*), fondée par Du Camp en 1851, que paraîtra *Madame Bovary* (*) ; mais les deux amis avaient des tempéraments tout opposés. Du Camp, intrépide voyageur, photographe remarquable, se moquait des goûts casaniers de Flaubert ; celui-ci sacrifiait tout à l'art, alors que Du Camp était impatient d'arriver, fasciné par les succès faciles. Enfin l'exaspération de Flaubert devant les difficultés suscitées par la publication en revue de *Madame Bovary*, devant les corrections et les coupures dont le livre fut victime et dont il tint – à tort, semble-t-il – Du Camp pour responsable, précipita certainement leur séparation, bien que Du Camp ait pris fermement parti pour Flaubert lors du scandale suscité par le livre. En 1860, la nature aventureuse de Du Camp – qui avait déjà été blessé comme officier de garde mobile pendant les journées de juin 1848 – le pousse à s'enrôler dans la légion des Mille de Garibaldi. Rentré à Paris, il se fait connaître surtout par son activité de journaliste à *La Revue des Deux Mondes* (*) où il commence en 1867 sa grande enquête sur *Paris, ses organes, ses fonctions, sa vie...* (1869-1875, 6 volumes) qui reste un document de grand intérêt sur la vie de la capitale au XIXe siècle, complété en 1878 par *Les Convulsions de Paris*, récit des principaux épisodes de la Commune. L'œuvre complète de Du Camp ne comprend d'ailleurs pas moins d'une cinquantaine de volumes de tous genres, reportages, histoire contemporaine, nouvelles, romans (*Le Livre posthume*, 1853), poèmes (*Chants modernes*, 1855) et une autobiographie romancée (*Les Forces perdues*, 1867). On ne lit plus guère que la relation de ses voyages en Orient et surtout ses *Souvenirs littéraires* (1882-1883), particulièrement pour les pages, assez indiscrètes, consacrées à Flaubert, où Du Camp révèle les crises d'épilepsie qui avaient été l'angoisse et le chagrin continuels de la vie de son ancien ami. En février 1880, il avait été reçu à l'Académie en dépit des violentes attaques contre la Compagnie insérées vingt ans plus tôt dans la préface des *Chants modernes* et qui avaient suscité la protestation de Sainte-Beuve.

♦ *« En résumé, à lire les vers et même la prose de M. Du Camp, que je n'ai pas l'honneur de connaître, je me dis : ce doit être une nature forte, franche, un peu rude et dure de fibre, un peu crue, courageuse, véhémente, violente même, mais qui croit avoir plus de haine qu'elle n'en a, car elle est généreuse ; une nature plus robuste que délicate. »* Sainte-Beuve. ♦ *« La description, déjà abusive chez Fromentin, qui est un peintre, est chez Du Camp, qui se croit un poète, à l'état violent, furieux, insupportable ; c'est un casse-tête de descriptions. »* Barbey d'Aurevilly.

RÉF. : Dr André Finot, *Maxime Du Camp*, 1949. – Maurice Parturier, *Ivan Tourgueniev et Maxime Du Camp*, documents inédits, s. d.

DUCANGE (Victor Henri Joseph Brahain, dit). Écrivain français. Né le 24 novembre 1783 à La Haye (Hollande) où son père était secrétaire de l'ambassade de France, mort à Paris le 15 octobre 1833. Destitué sous la Restauration du poste qu'il occupait au ministère du Commerce, il devint un des auteurs favoris du parti libéral et fonda un journal, *Le Diable rose* ou *Le Petit Courrier de Lucifer*, dont un article lui valut six mois de prison, ce qui contribua beaucoup à le rendre populaire. Il encourut d'autres poursuites pour ses romans, dont le premier, *Agathe ou le Petit Vieillard de Calais*, parut en 1820 et fut suivi par *Valentine ou le pasteur d'Uzès* (1821), tableau de la Terreur blanche, qui lui rapporta une nouvelle condamnation à six mois de prison. La parution d'un autre roman, *Thélème ou l'Amour de la Guerre* (1823), le contraignit à fuir en Belgique. Il publia ensuite *Léonide ou la Vieille de Suresne* (1823) ; *Le Médecin confesseur* (1825) ; *La Luthérienne* (1825) ; *Les Trois Filles de la veuve* (1826) ; *L'Artiste et le Soldat* (1827) ; *Marco Loricot ou le Petit Chouan de 1830* (1836). La plupart de ces romans, alors très lus et admirés mais tombés aujourd'hui dans un oubli profond, furent mis à l'index, non tant, semble-t-il, en raison de leur caractère licencieux qu'à cause de leur couleur politique. Ducange est également connu, et plus goûté d'ailleurs, comme auteur dramatique. Il fit représenter à la Gaîté et à l'Ambigu des mélodrames restés célèbres, tels que *Calas* (*), *Le Jésuite* (*), et surtout *Trente Ans ou la Vie d'un joueur* (*) (1827) qui trouva dans Frédéric Lemaître l'interprète remarquable auquel il dut une partie de son succès prolongé.

RÉF. : M.-P. Le Hir, *Destruction du rituel et politisation du mélodrame dans l'œuvre de Victor Ducange,* thèse, université d'Iowa (U.S.A.), 1986.

DU CANGE Charles du Fresne, seigneur. Né le 18 décembre 1610, mort le 23 octobre 1688. Historien, géographe, philologue, numismate, paléographe, épigraphiste, archéologue, ce fut, en somme, le plus grand érudit du XVIIe siècle, et c'est pourquoi on l'a surnommé « le Varron français ». Il appartenait à une famille noble d'Amiens — où au XIXe siècle on lui élèvera un monument —, et fit ses premières études chez les jésuites de sa ville natale. Par la suite, il fut reçu docteur en droit à l'université d'Orléans. En 1631, il se rendit à Paris et y devint avocat au Parlement ; mais, vite dégoûté du barreau, il ne tarda pas à regagner Amiens et se consacra exclusivement à ses études, recueillant force matériaux sur ce qui l'intéressait. Ce ne fut, cependant, qu'en 1657 qu'il commença de mettre à profit toute cette science ; il écrivit tout d'abord l'*Histoire de l'empire de Constantinople sous les empereurs français* (1657), à laquelle succéda, en 1665 seulement, un *Traité historique du chef de saint Jean-Baptiste.* Il accumula des trésors d'érudition — abstraction faite de ses travaux originaux sur les histoires byzantine et française, et de ses éditions commentées de textes byzantins et français — dans son commentaire sur l'*Histoire de Saint Louis* (*) de Joinville, qu'il réédita en 1668, lors d'un séjour à Paris. Mais il ne put venir à bout du grand dessein — dont Colbert lui avait confié la réalisation — qui était de faire un ouvrage d'ensemble sur les historiens français du Moyen Âge, ouvrage pour lequel il avait recueilli des documents innombrables, que l'on retrouve dans la première des deux compilations monumentales auxquelles son nom reste particulièrement lié, c'est-à-dire dans le *Glossaire de la moyenne et de la basse latinité* (*), publié en 1678 et composé de trois volumes que l'on réimprima à plusieurs reprises, avec des adjonctions continuelles dues à des spécialistes (l'édition en dix volumes faite par Favre à Paris date de 1883-1888). Ce glossaire latin fut suivi d'un *Glossaire des écrivains de la moyenne et basse époque grecque* (+), publié en 1688. L'auteur devait mourir le 23 octobre de cette même année. Une bibliographie de Du Cange a été donnée par Favre dans le neuvième volume de sa réédition du *Glossarium* latin. Enfin on a publié, en 1920, sous le titre de *Bulletin Du Cange,* un *Archivum latinatis medii aevi* que patronna l'Union académique internationale.

FAUSTO NICOLINI.

DUCHAMP Marcel. Peintre français. Né à Blainville le 28 juillet 1887, mort à Paris le 2 octobre 1968. D'une famille riche en talents, il a pour frères et sœur Jacques Villon, Raymond Duchamp-Villon et Suzanne Duchamp qui épousera Jean Crotti. De 1904 à 1910, il fréquente l'Académie Julian. Ses premières toiles révèlent les influences successives de l'impressionnisme, du fauvisme, de l'expressionnisme et du cubisme. *À propos de jeune sœur* (1911) et *Portraits de joueurs d'échecs* (1911) constituent ses premières œuvres personnelles. À partir de cette date, il participe, dans l'atelier de son frère, aux dimanches de Puteaux. Cependant, il s'écarte déjà des préceptes du cubisme analytique, n'en conservant que la décomposition des formes. Il peint *Jeune Homme triste dans un train* (1911) et réalise les premiers croquis du *Nu descendant un escalier* (1912) qui semble s'inspirer des chronogrammes de Marey tout en présentant des affinités avec le futurisme. À partir de 1913, il adopte une attitude démystifiante envers l'art : toute son activité consiste alors à proclamer avec insolence la primauté pour l'artiste de la seule liberté. Il commence l'élaboration de la « machinerie célibataire » (*Broyeuse de chocolat, Cimetière des uniformes et livrées*). Il exécute le premier dessin de ce qui deviendra *Le Grand Verre* ou *La Mariée mise à nu par ses célibataires, même* (1923). Il s'agit d'une épopée mystico-mécanique du désir humain, composée de morceaux d'étain découpés et peints puis fixés avec des vernis sur une dalle de verre. Toujours en 1913, il réalise son premier « ready-made », *La Roue de bicyclette,* bientôt suivi du *Porte-bouteilles* (1914), de *La Fontaine ou l'urinoir* (1915) et du célèbre *L.H.O.O.Q.* (1919) qui présente la *Joconde* avec des moustaches. En 1923, il abandonne la peinture pour s'adonner à quelques recherches verbales : *Marchand du sel* (*) ou cinétique : *Roto-Reliefs* (1935), mais il se consacre surtout aux échecs. Il publie en 1932 un *Traité de jeu,* et en 1946 une traduction de Znosko-Borovsky : *Comment il faut commencer une partie d'échecs.*

DANIÈLE BOONE.

RÉF. : Octavio Paz, *Deux transparents, Marcel Duchamp et Claude Levi-Strauss,* Paris, 1971. – Jean Clair, *Marcel Duchamp ou le grand fictif,* Paris, 1975. – J.-C. Bailly, *Marcel Duchamp,* Paris, 1984. – Robert Lebel, *Marcel Duchamp,* Paris, 1985.

DUCHARME Réjean. Romancier canadien d'expression française. Né à Saint-Félix de Valois le 12 août 1941. On sait fort peu de choses sur cet écrivain secret qui s'est toujours plu à brouiller les pistes sur son identité, égrenant avec parcimonie quelques indications biographiques peut-être enjolivées : études secondaires à Joliette chez les Clercs, passage en coup de vent à l'École polytechnique de Montréal et valse des petits métiers (commis de bureau, typographe, chauffeur de taxi ou... auto-stoppeur). Il aurait même été, en 1962, « dans l'Arctique avec l'Aviation canadienne » ; mais, précise-t-il non sans ironie, « personne ne veut me croire. Je ne sais pourquoi ». L'on sait également, cette fois avec certitude, qu'il sera encore parolier (notamment pour Robert Charlebois), scénariste (*Les Bons Débarras*, *Les Beaux Souvenirs*) et même peintre (sous le pseudonyme de Roch Plante). Quoi qu'il en soit, la parution fracassante, en 1964, de son premier livre, *L'Avalée des avalés* (*), l'a projeté sur la scène médiatique — non sans malentendus, une partie de la critique québécoise n'hésitant pas à remettre en question l'existence du romancier. Cette célébrité ne l'empêchera pas, en dépit de nouveaux succès littéraires, d'afficher la même réserve tenace à l'égard des journalistes : tout se passe en fait comme si Ducharme avait choisi de se réfugier dans son œuvre pour y défier l'inhospitalité du monde et s'y réinventer une enfance. C'est donc à ses textes (romans, pièces de théâtre ou « poème romanesque ») que l'on demandera les clefs de son imaginaire : après *L'Avalée des avalés* viennent encore *Le Nez qui voque* (1967), *L'Océantume* (1968), *La Fille de Christophe Colomb* (1969), *L'Hiver de force* (1973), *Les Enfantômes* (1976), *Ha Ha !...* (1982)... L'écrivain y confie un lancinant mal d'être à des personnages en rupture de ban avec le réel : adolescents égarés dans la vie comme dans la pensée, qui laissent libre cours à leur soif d'absolu à travers l'inceste, l'affabulation ou la perversité. C'est que le retour aux sources ludiques de l'enfance est inséparable d'un rejet violent de la réalité ; aussi le jeu est-il souvent tragique et l'humour toujours noir. Passion ou lucidité, pureté ou parodie, l'essentiel reste de parler envers et contre tout. Il en résulte un discours foisonnant où les mots se bousculent comme venus du plus profond de l'être : collages, calembours et citations défont avec cynisme l'édifice culturel pour mieux laisser monter la voix de l'innocence. Cette œuvre intense, placée par son auteur sous le signe de Nelligan, brille d'un feu à part dans le paysage littéraire de notre temps ; excessif dans sa tendresse comme dans sa cruauté, Ducharme est par ses outrances mêmes de la race des Vian, Salinger ou Beckett.

LAURENT BAZIN.

DU CHESNE André (désigné également sous son nom latinisé, Quercetanus). Érudit français. Né en mai 1584 à l'Ile-Bouchard en Touraine, mort le 30 mai 1640 à Paris. Dès sa jeunesse, Du Chesne avait donné de précieuses traductions et éditions dont celle des *Œuvres* de Juvénal (1606). Puis il publia coup sur coup les *Antiquités et recherches de la grandeur et majesté des rois de France* (1609), les *Antiquités et recherches des villes et châteaux de France* (1610), la *Bibliothèque des auteurs qui ont écrit de l'histoire et topographie de la France* (1618), l'*Histoire des rois, ducs et comtes de Bourgogne* (1619), *Des auteurs qui ont écrit sur l'histoire de Normandie* [*Historiae Normannorum scriptores,* 1619]. Ces ouvrages valurent à Du Chesne le surnom de père de l'histoire et la protection de Richelieu. Nommé historiographe et géographe du roi, il entreprit à ce titre le grand ouvrage qui devait être pour longtemps un modèle et susciter le mouvement des études historiques dont l'expression la plus marquante fut le travail commencé par les bénédictins de la congrégation de Saint-Maur, le *Recueil des auteurs qui ont écrit sur l'Histoire de France des origines à Philippe le Bel* [*Historiae Francorum scriptores coetani ab ipsius gentis origine ad Philippum Pulchrum*]. Du Chesne avait également publié de bonnes éditions d'auteurs anciens : les œuvres d'Abélard (1616), d'Alain Chartier (1617), les *Lettres* d'Étienne Pasquier (1619). Du Chesne mourut écrasé dans la rue par une charrette.

DUCHESNE, Mgr Louis Marie Olivier. Historien français de l'Église. Né à Saint-Servan (Ille-et-Vilaine) le 23 septembre 1843, mort à Rome le 21 avril 1922. Ordonné prêtre en 1867, il devint professeur au collège Saint-Charles de Saint-Brieuc, suivit à Paris les cours d'épigraphie et de paléographie de l'École des hautes études qui l'envoya à l'École française de Rome (1873). Après avoir accompli deux missions au mont Athos et en Asie Mineure avec des élèves de l'École d'Athènes, il fut, sur la proposition de Mgr d'Hulst, nommé professeur à l'Institut catholique de Paris (janvier 1877) où l'on créa pour lui une chaire d'histoire de l'Église. La publication de son cours, qui constituait le canevas de sa future *Histoire ancienne de l'Église* (*), souleva des critiques violentes. Au printemps de la même année, l'abbé Duchesne avait soutenu une thèse de doctorat sur le *Liber pontificalis* dont les vues semblèrent si audacieuses que Mgr Freppel le déféra à la congrégation de l'Index. Sa thèse l'avait préparé à une savante édition du *Liber pontificalis* dont il publia le premier volume en 1886, et le second en 1892. Duchesne fut nommé en 1895 directeur de l'École française de Rome, puis élevé, en 1900, à la dignité de protonotaire apostolique. On lui doit : *Les Origines du culte chrétien* (1883), *Les Fastes épiscopaux de l'ancienne Gaule* (3 vol. 1894-1910), *Le Martyrologe de saint Jérôme* (1895) en collaboration — avec son maître De Rossi —, *Autonomies ecclésiastiques. Églises séparées* (1896), *Les Premiers Temps de l'État pontifical* (1898). Son *Histoire ancienne de l'Église* (3 vol. 1905-1910), remarquable synthèse conçue selon une méthode rigoureusement scientifique, eut le plus grand retentissement et fut mise à l'Index. Le prélat en suspendit alors la publication, et les quatre autres volumes furent publiés en 1925, sous le titre *L'Église au VIe siècle*. En 1911, Mgr Duchesne fut reçu à l'Académie française où il succédait au cardinal Mathieu.

RÉF. : J. Guiraud, dans la *Revue des Questions historiques*, 1922, t. 97. — E. Dupont, *Mgr Duchesne chez lui, en Bretagne, 1843-1922*, Rennes, 1923. — C. d'Habloville, *Grandes Figures de l'Église contemporaine*, 1925. — *Mgr Duchesne et son Temps*, Paris, 1975.

DUCIS Jean François. Écrivain français. Né à Versailles le 22 août 1733, mort le 31 mars 1816 dans la même ville. Ses parents, originaires de Savoie, s'étaient établis à Versailles où son père, petit commerçant, vendait du lin. Malgré sa condition modeste, il fit suivre à son fils les cours du collège d'Orléans fondé à Versailles par le Régent. Le jeune Ducis remplit ensuite diverses fonctions bureaucratiques : secrétaire du maréchal de Belle-Isle, puis commis dans les bureaux de la Guerre. Il put cependant se consacrer entièrement à la littérature. Sa première tragédie, *Amélise* (Théâtre-Français, 1768), fut un véritable four ; il eut plus de chance dans ses tentatives, d'ailleurs timides, pour adapter Shakespeare, qu'il avait découvert, pour la scène française. Il adapta ainsi *Hamlet* (*) (1769), dont le succès fut grand malgré la colère de Voltaire qui traita Shakespeare d'« histrion barbare », *Le Roi Lear* (*) (1783), *Othello* (*) (1792). Ces adaptations, qui paraissent aujourd'hui infidèles et fades, ont eu le mérite de révéler Shakespeare à la France. Mais son *Œdipe chez Admète* (1778) est inspiré à la fois de Sophocle et d'Euripide. Il lui ouvrit les portes de l'Académie, où il occupa le fauteuil de Voltaire. Il écrivit encore deux autres tragédies, modernes celles-ci, *Abufas ou la Famille arabe* (1795), qui fournit à Talma l'une de ses meilleures créations et remporta un grand succès, et *Phédor et Wladimir ou la Famille de Sibérie*, qui tomba immédiatement dans l'oubli. Nommé membre de l'Institut en 1795, maintenu lors des décrets de réorganisation de 1803 et de 1816, son attachement inébranlable au catholicisme et à la royauté, et son désintéressement total sont restés légendaires. Ses *Œuvres* réunies ont paru en 1819-1826 en quatre volumes, complétées par les *Œuvres posthumes* (1827), auxquelles il faut joindre un volume de lettres d'une lecture agréable (1878).

♦ *« C'était, si j'ose m'exprimer ainsi, sur le trépied de Shakespeare que M. Ducis recevait l'inspiration tragique. Là, du fond d'un nuage sombre, il voyait apparaître des figures gigantesques. Il essayait de les réduire à des proportions régulières. Il créait en imitant. »* Fontanes.

RÉF. : Campenon, *Essais et mémoires, ou Lettres sur la vie, le caractère et les écrits de J.-F. Ducis*, Paris, 1824. — *« Ducis », Cahiers Roucher-Chénier*, Versailles-Rennes, 1986.

DU CLIQUET Jean, seigneur de Framermont. Poète picard auteur d'un livre, *Le Lion de Judas ou le Rétablissement de la nature humaine,* paru en 1601 à Douai, centre d'une abondante production de poésies d'obédience jésuite. Long poème en alexandrins précédé de quarante-quatre sonnets, cet ouvrage retient l'attention du lecteur par la tension qui y règne et qui en fait une œuvre de véritable méditation.

FRANÇOIS ROUDAUT.

RÉF. : Jacques Roubaud, présentation de l'auteur et choix de sonnets dans *Po&sie,* n° 28, 1984.

DUCLOS Charles Pinot. Écrivain français. Né à Dinan (Côtes-du-Nord) le 12 février 1704, mort à Paris le 26 mars 1772. Versatile, jouisseur, spirituel et superficiel, il fut une modeste réplique des grands esprits du temps. Envoyé à Paris, au lieu d'assister au cours de la faculté de droit, il fréquentait le Procope, le Gradot, et le milieu où dominait Caylus. Entré à l'Académie des inscriptions, il se découvrit l'érudition nécessaire à la lecture de certains mémoires sur le duel, les langues celtiques, les druides. Il expérimenta ensuite sa propre habileté dans le roman scabreux (*Histoire de Madame Luz,* 1741) et dans *Les Confessions du comte de* *** (1742), romans qui ont été récemment redécouverts et ont fait l'objet d'éditions critiques. Après un ballet (*Les Caractères de la folie,* 1743) et un récit fantastique (*Acajou et Zirphile,* 1744), son *Histoire de Louis XI* (+), très appréciée, lui valut d'être élu à l'Académie française dont il devint le secrétaire perpétuel. Il collabora grandement à la quatrième édition du *Dictionnaire de l'Académie française* (*) (1762), évitant de se compromettre avec l'*Encyclopédie* (*). Il avait déjà été, pendant six ans, maire de Dinan, lorsque, en 1750, il accepta la charge d'historiographe du roi. La protection de Louis XV et celle de Mme de Pompadour ne lui firent jamais défaut. En 1751, ses *Considérations sur les mœurs de ce siècle* (*) entretenaient sa réputation de vivacité psychologique et de brillante légèreté, tandis que les allusions plus libertines des *Mémoires pour servir à l'histoire des mœurs du XVIIIe siècle* étaient loin de déplaire aux lecteurs. Les années venant, Duclos aborda des problèmes plus sérieux : en 1759, il travailla à un *Essai sur les ponts* *et chaussées, la voirie et les corvées,* puis, en 1766, un voyage en Italie lui inspira des *Considérations,* ensuite il se plongea dans la rédaction des *Mémoires secrets sur le règne de Louis XIV, la Régence et le règne de Louis XV* (*) publiés après sa mort (1790). Posthumes également sont ses *Remarques sur la grammaire générale et raisonnée* (+).

RÉF. : L. de Bourgo, *Un homme de lettres au XVIIIe siècle,* thèse, Bordeaux, 1902. — P. Meister, *Ch. Duclos,* St-Briac, PUB, 1956. — J. Brengues, *Duclos ou l'obsession de la vertu,* Genève, 1971.

DUCROT Oswald. Linguiste français. Né le 27 novembre 1930 à Paris. Après des études à l'École normale supérieure de 1949 à 1954, couronnées par l'agrégation de philosophie, il enseigne la philosophie de 1954 à 1963, avant d'entrer au C.N.R.S. comme attaché de recherches et de poursuivre des études de logique mathématique. Il est ensuite, dès 1968, directeur d'études suppléant et, depuis 1973, directeur d'études titulaire à l'École pratique des hautes études en sciences sociales. Il a enseigné en outre comme professeur invité dans de nombreuses universités (en particulier à Campinas, Stuttgart, Montréal, Genève et Berlin-Ouest). Ducrot peut être considéré comme le pionnier du développement en France, à partir des travaux de Bally, d'Austin et de Searle, de la pragmatique linguistique, dans une perspective qu'il qualifie lui-même de « structuralisme du discours idéal », qui s'intéresse principalement aux contraintes qui déterminent les enchaînements d'énoncés dans le discours. Il a étudié successivement le rôle des présuppositions — v. *Dire et ne pas dire* (*) (1972) —, des échelles argumentatives (*La Preuve et le Dire,* 1973 ; partiellement repris et développé dans *Les Échelles argumentatives,* 1980), des connecteurs argumentatifs (*Les Mots du discours,* en collab., 1980 et, en collab. avec J.-C. Anscombre : *L'Argumentation dans la langue,* 1983). Enfin, Ducrot développe, en relation étroite avec ses travaux sur l'argumentation, une conception originale de la polyphonie du discours — v. les articles réunis dans *Le Dire et le Dit* (*) (1984). Ducrot est aussi l'auteur, avec Todorov, d'un excellent *Dictionnaire encyclopédique des sciences du langage* (1973), d'un ouvrage de référence sur *Le Structuralisme en linguistique* (1973) et d'un recueil d'études portant sur l'histoire des théories logiques et linguistiques : *Logique, structure, énonciation* (1989).

EDDY ROULET.

DU DEFFAND Marie de Vichy-Chamron, marquise. Femme de lettres française. Née le 25 septembre 1696 (ou 1697 ?), morte à Paris le 23 septembre 1780. Élevée au couvent de la Madeleine du Traisnel, elle gardera un mauvais souvenir de l'éducation reçue mais aussi la nostalgie de la foi religieuse, dont la perte fera d'elle une athée marginale. Elle épouse en 1718 le marquis du Deffand de La Lande (mort en 1750) dont elle se sépare vite (témoignage de Mlle Aïssé). Elle participe aux fêtes de la Régence (témoignage de Mathieu Marais sur sa liaison avec Delrieu de Fargis) et de la cour de Sceaux (elle fait là sans doute la connaissance de Voltaire et son apprentissage de maîtresse de salon auprès de Mme du Maine). Elle se lie aussi durablement avec le président Hénault, Pont-de-Veyle, Formont (ils deviendront « de longues habitudes »). Mais elle exprime aussi, à côté d'un parisianisme invétéré et du goût des mondanités auxquelles elle ne pourra jamais renoncer, son insatisfaction devant le caractère superficiel de la galanterie. Ainsi très tôt elle évoque l'ennui et la mélancolie qui l'accompagneront toute sa vie.

Elle tient salon rue de Beaune puis, de 1747 jusqu'à sa mort, au couvent Saint-Joseph, rue Saint-Dominique. En 1752, elle va s'installer pour une année chez son frère, le comte de Vichy, à Chamron, au moment où la cécité la menace avant de devenir rapidement totale ; elle y rencontre Julie de Lespinasse, fille naturelle du comte de Vichy et de la comtesse d'Albon ; après de difficiles tractations avec sa famille, elle prend Julie auprès d'elle comme demoiselle de compagnie pour une cohabitation de dix ans qui s'achèvera par une brouille éclatante en 1764 : Julie, devenue rivale, en recevant chez elle les fidèles qui viennent visiter la marquise, « trahit » celle-ci et, crime inexpiable, éloigne d'elle définitivement son favori, d'Alembert, tandis que d'autres, dont Hénault, se partagent entre les deux femmes. Au-delà des querelles de personnes se marque une opposition dans l'esprit des salons : celui de la « muse de l'Encyclopédie », ouvert à la pensée moderne, se distingue de l'esprit aristocratique et cosmopolite (le milieu diplomatique est bien représenté) de celui de la marquise très attachée au goût classique que menace la décadence, hostile au « parti » des philosophes, au bel esprit qu'ils cultivent, à leur intellectualisme desséché, mais hostile aussi à l'extravagant Rousseau. Seul Voltaire trouve grâce devant elle, partiellement, comme mainteneur du goût classique et directeur de conscience ou maître de philosophie à qui elle demande d'être un nouveau Montaigne.

En 1765, elle rencontre Horace Walpole, de vingt ans son cadet, le plus français des Anglais, un « original » typiquement britannique caractérisé par une peur maladive du ridicule, un prototype du gentleman esthète ou dandy, personnage proustien, admirateur de Mme de Sévigné, « la sainte de Livry ». Jusqu'en 1780 il ne fera que cinq courts séjours à Paris, mais entretiendra fidèlement des relations épistolaires avec la marquise, dont seules les lettres subsistent. On y découvre l'écho des gronderies de Walpole et les ruses de l'épistolière pour exprimer, à travers le plaisir et la peur des mots, la force du sentiment, le conflit et le choix impossible entre le cœur et l'esprit, leur fragile équilibre sans cesse menacé, la présence obsédante de l'ennui, la déréliction existentielle, la recherche de l'absolu dans une mystique de la sensibilité. Dans le même temps, elle entretient une correspondance tout aussi suivie avec les Choiseul et l'abbé Barthélemy (surtout pendant l'exil à Chanteloup, 1770-1774) à qui elle réclame inlassablement et dont elle obtient continûment des marques d'affection multipliées. Ainsi elle semble trouver dans ce jeu ostensible d'escarmouches apparemment très artificiel et joué sur différents registres le bonheur que lui refuse l'existence. Étonnante promotion de l'écriture qui vient doubler et même remplacer la réalité, et signale une véritable « entrée en littérature » – v. *Lettres* (*) de Mme du Deffand.

PIERRE ALAYRANGUES.

RÉF. : Lionel Duisit, *Madame du Deffand épistolière*, Genève-Paris, 1963. – Benedetta Craveri, *Madame du Deffand e il suo mondo*, Milan, 1982, tr. fr., Paris, 1986.

DU FAIL Noël, seigneur de La Hérissaye. Écrivain français. Né au manoir de Château-Letard près de Rennes vers 1520, mort à Rennes le 7 juillet 1591. Il vint faire ses études de droit à Paris. Son humeur joyeuse et rustique ne paraît pas avoir été bien affectée par les nombreux embarras financiers qui l'obligèrent à entrer dans l'armée (on le voit, en 1544, à la bataille de Cérisoles), ni par l'austérité de sa charge de magistrat, qu'il obtint après avoir fait plusieurs séjours dans des universités du sud de la France et passé sa licence. Devenu conseiller au Parlement à la suite d'un riche mariage, fermement établi en Bretagne, il ne connut plus d'autres incidents qu'une nouvelle campagne au Piémont en 1550-1551 et, au cours de ses dernières années, les difficultés professionnelles suscitées par sa conversion au protestantisme, les troubles de la Ligue et de méchantes attaques de goutte. Sur la demande d'Henri III, Du Fail avait dressé dans ses *Mémoires* en 1579 un tableau érudit de la vie judiciaire dans sa province. Mais ce fut en tant que facétieux qu'il devint célèbre et qu'il reste vivant. Ses *Propos rustiques de Maistre Léon Ladulfi, Champenois* (+) (1547) – v. *Œuvres* (*) –, ses *Baliverneries ou Contes nouveaux d'Eutrapel* (+) de 1548, enfin ses *Contes et Discours d'Eutrapel* (+) de 1585 présentent un tableau étonnamment vivant de la campagne française au XVIe siècle, agrémenté par des conversations de paysans qui semblent enregistrées sur place, par de nombreuses réminiscences d'humaniste nourri de Virgile et d'Horace, et surtout par le joyeux personnage d'Eutrapel, digne cousin des héros de Rabelais.

♦ *« Sa philosophie respire la santé, toute de franchise et de naturel, contre toute hypocrisie et outrecuidance. »* V. L. Saulnier.

RÉF. : G. Reynier, *Les Origines du roman réaliste*, 1912. – E. Philipot, *La Vie et l'œuvre littéraire de Noël Du Fail*, 1914. – G. Pérouse, *Nouvelles françaises du XVIe siècle*, 1977, chap. XV.

DUFAY Guillaume. Compositeur français. Né probablement à Chimay (Hainaut) vers 1400, mort à Cambrai le 27 novembre 1474. Ce fut l'un des créateurs et des plus grands maîtres de l'école musicale flamande. Il semble certain qu'il fut d'abord chantre à la cathédrale de Cambrai, puis à la chapelle pontificale à Rome de 1428 à 1437, enfin chanoine de Cambrai et de Mons à partir de 1439. Après la destitution de l'antipape Félix V, le rétablissement des relations entre les cours de Bourgogne et de Savoie lui permet de séjourner en Savoie entre 1452 et 1458. Beaucoup de ses œuvres sont conservées dans les bibliothèques de Rome, Bologne, Paris, Cambrai, Bruxelles et Munich ; leur nomenclature due au musicologue Haberl comprend cent cinquante compositions dont huit messes complètes – v. *Messes* (*) de Dufay – et environ vingt fragments de messes, cinquante-neuf chants profanes et trente et un chants religieux, divers magnificat et motets – v. *Motets* (*) de Dufay. Au nombre de ses principales œuvres figurent les messes *Caput* et *Se la face ay pale*, et la « canzone » *Vergine bella, che di sol vestita* sur des vers de Pétrarque. Artiste d'une vaste culture, il sut dominer et synthétiser les tendances musicales de son temps en une polyphonie consonante, où la mélodie confiée à la voix supérieure l'emporte sur les autres. On lui doit aussi, d'après le témoignage d'Adam de Fulda (1490), divers perfectionnements dans le domaine de la notation musicale ; il semble, entre autres, qu'il ait été le premier à introduire l'usage des notes blanches parmi les notes noires.

RÉF. : John Stainer, *Dufay and his Contemporaries*, Londres, 1898. – Charles Van den Borren, *Guillaume Dufay*, Bruxelles, 1925. – André Pierro, *Histoire de la musique de la fin du XIVe siècle à la fin du XVIe*, 1940. – Albert Lovegnée, *Le Wallon Guillaume Dufay*, Charleroi, 1980.

DUFRESNY Charles, sieur de la Rivière. Écrivain français. Né à Paris en 1657, mort dans cette même ville le 6 octobre 1724. Arrière-petit-fils de Henri IV et de la « Belle Jardinière » d'Anet, d'humeur sociable mais de nature versatile, il eut le don de plaire à Louis XIV, qui le récompensa de sa parenté et de son heureux caractère par des privilèges et des pensions, et le nomma enfin dessinateur des jardins royaux. Dufresny dessinait des plans pour le parc de Versailles, dépensait sans remords l'argent qu'il recevait, et truffait d'esprit les comédies qu'il écrivait seul ou en collaboration pour le Théâtre italien – v. *La Foire de Saint-Germain* (*). Auteur du théâtre français, l'une de ses comédies, *Le Chevalier joueur*, le brouilla avec Regnard qu'il avait accusé de plagiat. Par la suite, il composa seul ses pièces pour la Comédie-Française : *La Noce interrompue* (1699) ; *L'Esprit de contradiction* (*) (1700) ; *Le Double Veuvage* (1702) ; *Le Jaloux honteux de l'être* (1708) (peut-être une source du *Mariage de Figaro*) ; *La Joueuse* (1709) ; *La Coquette de village ou le Lot supposé* (1715), etc. Ses « lettres siamoises » pleines d'esprit, les *Amusements sérieux et comiques* (+) (1699) furent de nombreuses fois rééditées, et ses satires plurent pour les mêmes qualités. Criblé de dettes, il avait fini par épouser, dit-on, sa blanchisseuse. Lors de la Régence, il continua à jouir de la faveur de la Cour. De 1710 à 1714, il avait dirigé la rédaction du *Mercure galant*, tribune du mouvement moderne, où Marivaux, qui le reconnaissait comme son maître, allait bientôt débuter par des « Lettres » inspirées de celles de son aîné.

RÉF. : François Moureau, *Un singulier Moderne : Dufresny*, Paris, 1979 ; *Dufresny, auteur dramatique (1657-1724)*, Paris, 1979 ; *Le « Mercure galant » de Dufresny (1710-1714) ou le Journalisme à la mode*, Oxford, 1982 ; « Un maître de Marivaux à ne pas imiter : Dufresny », *Le Triomphe de Marivaux*, Edmonton, 1988.

DUHAMEL Georges. Écrivain français. Né à Paris le 30 juin 1884, mort à Valmondois (Seine-et-Oise) le 13 avril 1966. Son père, médecin, était incapable de se fixer et les études de Georges Duhamel en souffrirent à leur début. En 1902, il commence ses études de médecine. Dès 1907, il commence à écrire et ses premiers recueils poétiques, *Des légendes, des batailles* (1907), *L'Homme en tête* (1909), *Selon ma loi* (1910), *Compagnons* (1920), portent la marque de son appartenance au groupe de l'Abbaye. Il s'intéresse au théâtre et fait jouer *La Lumière* (1911), *Dans l'ombre des statues* (1912), *Le Combat* (1913) où se fait sentir l'influence de Claudel à qui il consacre un essai en 1913. La guerre de 1914 marque profondément sa pensée. Chirurgien, il procède au front à plus de quinze cents opérations. Expériences d'où il tire une *Vie des martyrs* (*) (1917) et *Civilisation 1914-1917*, prix Goncourt 1918. Il élargit par la suite ses considérations sur son époque. Dans *La Possession du monde* (*) (1919), à la civilisation technique il oppose les valeurs du cœur. La publication entre 1920 et 1932 du cycle *Vie et aventures de Salavin* (*) étend son audience au plan international. En 1927, il part pour la Russie et en rapporte *Le Voyage de Moscou* (1927), puis pour les États-Unis, ce qui lui fournit la matière de *Scènes de la vie future* (*) (1930). En 1935, il est élu à l'Académie française dont il devient secrétaire perpétuel de 1942 à 1946. C'est désormais un personnage officiel, membre de plusieurs autres académies. Ce qui ne l'empêche pas de publier une œuvre romanesque et surtout de mener à bien la *Chronique des Pasquier* (*) (10 volumes, de 1933 à 1944). Dans un article étonnant de justesse paru dans *La Nouvelle Revue française* au moment où paraît *Vue de la Terre promise* (1934), troisième tome de la *Chronique des Pasquier*, Jean Prévost fait de Georges Duhamel l'homme et l'enfant de la petite bourgeoisie, ce qui suffit à délimiter son « humanisme moral », son amour du « nid et de la nichée » au nom duquel « il juge et condamne le monde ». On peut vite passer sur la poésie de Duhamel, qui n'est que de la prose rimée sur de grands sentiments (l'amour, l'amitié), et sur son théâtre. C'est que l'esthétique le requiert moins que le message. « Personne n'a voulu ramasser la besace et le bâton de Tolstoï. » Il s'en charge. Si *Vie des martyrs* et *Civilisation* sont placées sous le signe d'une observation quasi clinique, *La Possession du monde* fait déjà droit à une sagesse fondée sur la charité et la communion humaine. Cet humanisme un peu nostalgique du *Voyage de Moscou*, des *Scènes de la vie future*, de *Querelles de famille*, où se trouvent condamnés l'automobile, la radio, le cinéma, prête aujourd'hui à sourire...

Avant d'en venir là, Georges Duhamel a subi l'influence de Dostoïevski, sensible dans *Vie et aventures de Salavin. La Confession de minuit* (1920), le premier tome de ce cycle, montre dès le départ les limites de cette influence. Salavin ne ressemble nullement à l'Idiot dont les actes et les sentiments mettent en déroute la raison. Dans la suite de l'œuvre, *Deux hommes* (1924), histoire d'une amitié difficile, marque un progrès. *Le Journal de Salavin* (1927), comme le note pertinemment Jean Prévost, renouvelle le personnage qui « devient celui que l'auteur a craint d'être ». Ce don Quichotte rêve de ressusciter une sainteté laïque. Notion que l'on retrouve dans d'autres romans qui n'appartiennent pas au cycle de Salavin : *La Nuée d'orage* (1928), ou *La Pierre d'Horeb* (1926). Mais ces romans écrits comme en marge prolongent certains thèmes chers à Duhamel à la même époque : une religion sans merveilleux, le sentiment de la faiblesse humaine. Revenant à Salavin avec *Le Club des Lyonnais* (1929), Georges Duhamel considère avec pénétration les relations de la petite bourgeoisie et du prolétariat. Salavin se montre incapable de jouir des biens propres à sa classe — la culture, la courtoisie — qui précisément le coupent des prolétaires. Il est en porte à faux.

Si Georges Duhamel a pu craindre de devenir Salavin, il a bientôt pris ses précautions pour échapper à ce destin. La *Chronique des Pasquier*, ce sera tout à la fois des mémoires imaginaires et un monument élevé à la gloire des vertus bourgeoises, à la gloire de cette classe qu'il « se refuse à appeler moyenne, car si moyenne elle demeure dans l'ordre de l'argent, elle brille par l'esprit, le savoir, le désintéressement au premier rang d'une société à laquelle elle prodigue sans compter des maîtres, des principes, des méthodes, des clartés, des exemples, des excuses ». Ce qui prédomine dans la famille Pasquier, ce sont d'abord des soucis d'argent, qui engendrent des conflits. « Est-ce donc ça, une famille ? Des duperies, des trahisons, des querelles, des chantages et des mensonges ? Cela vaut-il vraiment tant d'amour, tant de peines, tant de travail et tant d'espoirs ? » Laurent Pasquier, l'enfant rêveur, l'adolescent idéaliste, va se heurter au cynisme de ses frères, à l'extravagance de son père, que compenseront son amour pour ses sœurs et son amitié pour Justin Weill avec qui il imagine une société utopique épurée des bassesses de ce monde. Instruit par l'expérience, Laurent Pasquier fera dans sa vie une large place à la générosité.

En 1950, Georges Duhamel regroupe sous le titre *Les Livres du bonheur*, cinq œuvres relatives à la nature et au monde de l'enfance. En 1944, il avait publié le premier de ses cinq volumes de souvenirs, *Lumières sur ma vie*, achevés en 1953.

Georges Duhamel, ce « réaliste de l'âme », par son art classique, ne répond pas aux angoisses explicites de notre époque, non plus qu'à ses angoisses implicites sur lesquelles la psychanalyse pose ses interrogations. Son œuvre aura été le reflet fidèle d'un temps et d'une classe. Elle a vieilli avec l'un et l'autre. Elle n'a pas perdu tout intérêt pour autant. Elle risque seulement d'intéresser désormais surtout l'historien des mœurs plutôt que le lecteur qui s'interroge sur le destin contrarié de l'homme et du monde.

GUY LE CLEC'H.

♦ *« Il est avant tout l'homme et l'enfant de la petite bourgeoisie – celle qui ne possède et transmet que des biens moraux et spirituels, celle qui veut prodiguer à ses enfants un héritage de courtoisie, de tendresse et de délicatesse. »* Jean Prévost. ♦ *« Habile et limitée, modeste, papelarde et vivante, la* Chronique des Pasquier *reste une réussite... En elle triomphe la forme moderne, la forme "bourgeoise de l'épopée". »* R. M. Albérès. ♦ *« Georges Duhamel a vraiment écrit une œuvre qui va au fil du fleuve contemporain en plein dans son milieu. Il conçoit la littérature-miroir de l'homme total, connaissance de l'homme misérable et grand, victorieux et défait. »* Henri Clouard.

RÉF. : Pierre-Henri Simon, *Georges Duhamel*, Paris, 1947. – Numéro spécial du *Mercure de France*, Paris, 1967. – Jacques J. Zéphir, *Bibliographie duhamélienne*, Paris, 1972. – *Georges Duhamel du XXe siècle*, colloque, Paris, 1984.

DÜHRING Eugen Carl. Philosophe et économiste allemand. Né le 12 janvier 1833 à Berlin, mort le 21 septembre 1921 à Nowawes, près de Berlin. Nommé professeur à l'université de sa ville natale en 1863, il s'occupa d'économie, de philosophie, de mécanique, de politique, de sociologie, de littérature, etc., sans toutefois exceller dans aucune discipline. Il fut contraint d'abandonner l'enseignement en 1874, en raison des attaques contenues dans son *Histoire critique des principes généraux de la mécanique* [*Kritische Geschichte der allgemeinen Prinzipien der Mechanik*, 1872-77]. Devenu aveugle, il ne put faire publier qu'une partie de ses travaux : *Dialectique naturelle* (+) (1865), *Valeur de la vie* [*Wert des Lebens*, 1865], *Capital et Travail* [*Kapital und Arbeit*, 1865], *Histoire critique de la philosophie* [*Kritische Geschichte der Philosophie*, 1869], *Histoire critique de l'économie nationale et du socialisme* [*Kritische Geschichte der Nationalökonomie und des Sozialismus*, 1875], *Théorie scientifique et logique* [*Logik-und Wissenschaftstheorie*, 1878], *Philosophie de la réalité* (*) et *Ma cause, ma vie et mes ennemis* (+) [*Sache, leben und Feinde*, 1882]. De nos jours, Dühring n'est guère plus connu que par l'ouvrage de Engels, paru sous le titre de *Anti-Dühring, ou M. E. Dühring bouleverse la science* (*), que Engels écrivit pour informer les sociaux-démocrates allemands séduits par les doctrines du professeur persécuté. Dühring connut en effet, entre 1865 et 1875, une grande célébrité en raison de l'hostilité de l'université à son égard et des thèses particulières de son socialisme « plus à gauche que celui de Karl Marx ». Ce socialisme individualiste devait se réaliser grâce à la libre initiative, après une réforme morale totale basée sur l'auto-éducation de l'individu, et tendant, avec un grand optimisme, à l'amélioration de la vie individuelle et sociale. Il fut par ailleurs un antisémite convaincu et écrivit deux ouvrages pour défendre ses idées dans ce domaine : *La Question juive en tant que question raciale...* [*Die Judenfrage als Frage des Rassencharakters und seiner Schädligkeiten für Existenz und Kultur der Völker*, 1881] et *La Surestimation de Lessing et sa défense des Juifs* [*Die Überschätzung Lessings und seine Anwaltschaft für die Juden*, 1881]. Dühring se considéra toujours comme le génie du siècle, persécuté et incompris. On trouve dans son œuvre des critiques et de vives polémiques contre la culture officielle allemande de son temps. Mais sa philosophie fruste, son racisme avant la lettre et le caractère superficiel de ses écrits expliquent qu'il ait été oublié avant même de mourir. Toutefois, plusieurs de ses thèses antisémites furent reprises par des écrivains nationaux-socialistes et, pendant quelques années, Dühring connut un regain de notoriété.

DELIO CANTIMORI.

♦ *« Un Richard Wagner philosophique, aussi vaniteux que l'autre. »* Fr. Engels.

RÉF. : H. Vaihinger, *Hartmann, Dühring and Lange...* Iserlohn, 1876. – F. Engels, *Anti-Dühring*, 1878 ; *Philosophie, économie politique, socialisme...*, 1911. – E. Döll, *Eugen Dühring. Etwas von dessen Charakter, Lestungen, usw...*, Leipzig, 1893. – H. Klaeber, *Die Lehre A. Schopenhauers und Dührings vom Werte des menschlichen Lebens*, Iéna, 1909. – Th. Lessing, *Dührings Hass, Hanovre*, 1922. – A. Voelske, *Die Entwicklung des « rassischen Antisemitismus » zum Mittelpunkt der Weltanschauung Eugen Dührings*, Hambourg, 1936. – B. Croce, *Il signor Dühring* in *Quaderni della Critica*, Bari, mars 1949.

DUJARDIN Édouard. Écrivain français. Né à Saint-Gervais-la-Forêt (Loir-et-Cher) le 10 octobre 1861, mort à Paris le 31 octobre

1949. Essayiste, poète, dramaturge, disciple et ami de Mallarmé, il fut l'une des plus vivantes figures de l'époque symboliste. Par surcroît musicographe, il se donna pour tâche de faire connaître en France Richard Wagner, ainsi qu'en témoigne sa *Revue wagnérienne* fondée en 1885, qui groupait Villiers de L'Isle-Adam, Schuré, Champfleury, Wyzewa, etc. L'année suivante (1886) Dujardin fonda la *Revue indépendante* et plus tard la *Revue des idées* (1904-1913) ; enfin, en pleine guerre, les *Cahiers idéalistes français* (1917). On lui doit un recueil de treize contes fantastiques, *Les Hantises* (1886), la *Comédie des amours* (1891), et *Mari Magno* (1921). En tant que dramaturge, il écrivit *Antonia* (1891) et, l'année suivante, *Le Chevalier du passé.* Il faut mentionner en outre un ouvrage de haute tenue : *De Stéphane Mallarmé au prophète Ezéchiel. Essai d'une théorie du réalisme symbolique* (1920). Mais la plus hardie des tentatives de Dujardin fut sans doute *Les lauriers sont coupés* (*) (1887). Dans ce roman l'auteur use, en effet, d'un procédé d'expression tout à fait nouveau et qui fera de lui, en un sens, le précurseur de James Joyce et d'un renouvellement du genre romanesque. Cette forme nouvelle deviendra l'un des instruments de la littérature psychologique sous le nom de *Monologue intérieur*, titre que Dujardin utilisera pour un essai paru en 1931. Ajoutons enfin que Dujardin s'est fait connaître par des ouvrages sur la philosophie religieuse : *La Source du fleuve chrétien* (1906), *Le Dieu Jésus* (1928), etc. Il fut d'ailleurs chargé, de 1913 à 1922, d'un cours d'histoire des religions à la Sorbonne. Signalons enfin qu'il fut le fondateur et le premier président de l'académie Mallarmé.

RÉF. : R. de Gourmont, *Le IIe Livre des Masques*, 1898. – P. Morisse, *Édouard Dujardin*, 1919. – G. Wooley, *Richard Wagner et le symbolisme français*, 1931 (thèse). – N. Steffes-Blake, *Le « nouveau roman » de 1890*, thèse, Paris, 1974.

DUKAS Paul. Compositeur français. Né à Paris le 1er octobre 1865, mort à Paris le 17 mai 1935. Élève de Théodore Dubois et d'Ernest Guiraud au Conservatoire de Paris, il fut fortement influencé par l'esthétique de la Schola Cantorum, mais sut se maintenir au-dessus des querelles qui séparaient les disciples de Vincent d'Indy des partisans de Claude Debussy. Orfèvre de l'orchestre, il a patiemment ciselé de trop rares chefs-d'œuvre dans une manière sonore aux couleurs éclatantes. Dans sa cantate, *Velléda*, qui lui valut en 1888 de remporter un second prix de Rome, on reconnaît déjà l'influence de César Franck et celle de l'impressionnisme debussyste. Cette double tendance est particulièrement reconnaissable dans son unique opéra *Ariane et Barbe-Bleue* (*) (1907) écrit sur un livret de Maeterlinck, dans son ouverture pour *Polyeucte* (*), son scherzo symphonique *L'Apprenti sorcier* (*) (1897), inspiré par le poème de Goethe, ou son ballet *La Péri* (*) (1912) créé au Châtelet par Trouhanova avec une chorégraphie de Léo Staats. Dans le domaine lyrique, il faut noter également l'orchestration que Dukas réalisa avec Camille Saint-Saëns de la *Frédégonde* de Giraud, et deux ouvertures, celle du *Roi Lear* (+), et celle de *Goetz de Berlichingen* (*), dont il détruisit les manuscrits. Dukas composa en 1897 sa *Symphonie en ut majeur*, dont les proportions monumentales font obstacle à sa fréquente exécution. Il laisse en outre plusieurs pièces instrumentales : une *Sonate pour piano* (*) en mi bémol mineur, d'une architecture puissante, fortement étayée par un contrepoint très libre, des *Variations, interlude et finale sur un thème de Rameau*, créées en 1903 par le pianiste Edouard Risler, et dans lesquelles le compositeur porte à leur point de perfection les trois procédés de la variation : ornementation, décoration, amplification. Ajoutons à ces ouvrages une *Villanelle pour cor et piano* (1906), *Prélude élégiaque sur le nom de Haydn* (1910), et *Plainte au loin du faune*, dédiée à la mémoire de Debussy. Professeur de composition, Paul Dukas fut également un critique musical très écouté.

CLAUDE BAIGNÈRES.

RÉF. : Gustave Samazeuilh, *Un musicien français, Paul Dukas*, Paris, 1936. – Georges Favre, *Paul Dukas, sa vie, son œuvre*, Paris, 1948. – Paul Dukas, *Chroniques musicales sur deux siècles, 1892-1932*, Paris, 1980.

DU MARSAIS César Chesneau, sieur. Rhétoricien français. Né le 17 juillet 1676 à Marseille, mort le 11 juin 1756 à Paris (?). Le rhétoricien des Lumières eut une existence malheureuse. Orphelin de père, mal marié, il connut toute sa vie la pauvreté. Quelque temps avocat, il quitta bientôt le barreau pour devenir le modeste précepteur du président de Maisons et du financier Law. Sa tentative pour créer un établissement d'enseignement parisien échoua. Enfin, au moment où le succès de son *Traité des tropes* (*) (1730) lui valait d'être associé, pour les articles de grammaire, à l'entreprise de l'*Encyclopédie* (*), il mourut alors que l'ouvrage atteignait la lettre F.

Son œuvre est celle d'un grammairien. Elle part d'une *Méthode raisonnée pour apprendre la langue latine* (1722). Mais bien vite, inspirée par les principes de la méthode cartésienne et du rationalisme des Lumières, elle s'oriente vers une description systématique de l'usage des mots, avec son *Traité des tropes.* De son vivant, Du Marsais fut considéré comme le grammairien le plus représentatif de l'esprit des philosophes, comme en témoigne l'« Éloge » que lui consacra d'Alembert dans ses *Mélanges de littérature,* en 1772.

CHRISTIAN DOUMET.

DUMAS Alexandre fils. Romancier et auteur dramatique français. Fils naturel du précédent. Né à Paris le 28 juillet 1824, mort à Marly-le-Roi (Yvelines) le 27 novembre 1895. Son enfance fut très délaissée : mis en pension à Paris dès l'âge de neuf ans (1833) il n'en sortit qu'à dix-sept (1841), bien qu'entre-temps il ait dû parfois changer de lieu à cause de sa mauvaise santé. Au collège Bourbon pour finir, il obtint tous les premiers prix. Après un séjour de six mois sous le toit paternel, il résolut de vivre seul, afin de se dédommager de ses années de réclusion. Dès 1842, il mena donc joyeuse vie, courant les filles et hantant les endroits où l'on s'amuse. Cette existence dura trois ans. Le réveil fut assez rude : en 1845, le jour de sa majorité, il se trouvait en face de cinquante mille francs de dettes – somme fabuleuse à cette époque, surtout pour un garçon qui n'avait certes aucun patrimoine à attendre. Comme il devait le dire plus tard : « Ne sachant rien faire, je fis de la littérature. » Il faut croire qu'il était vraiment né pour cela. Ayant d'abord publié *Péché de jeunesse* (1845), un recueil de vers qui passa inaperçu, il fit jouer la même année un acte en vers à l'hôtel de Castellane : *Le Bijou de la reine*. Désormais, il n'écrira plus qu'en prose. Au retour d'un voyage en Espagne, en compagnie de son père (1846), il composa un roman qui rappelait de tout point la manière de ce dernier : *Les Aventures de quatre femmes et d'un perroquet* (1846). Sentant qu'il s'était trompé de voie, il crut sage de renoncer à la pure imagination pour faire dépendre tout son art de l'observation directe de la vie. En réaliste, il s'efforçait de peindre le monde tel qu'il le voyait. Son coup d'essai fut un coup de maître, puisqu'en 1848 il publiait le roman qui s'intitule *La Dame aux camélias* (*). Dès ce jour même, l'auteur, qui avait vingt-quatre ans, n'eut plus rien à envier à la renommée de son père. Ce dernier, loin d'être jaloux d'un tel succès, s'en réjouit plus que tout autre, appelant son fils son « meilleur ouvrage ». Au cours des trois années suivantes, et pour calmer ses créanciers, Dumas écrivit une dizaine de romans : *Le Docteur Servand* (1849), *Césarine* (1849), *Tristan le Roux* (1850), *Le Régent Mustel* (1850), *Diane de Lys* (1851), etc.

Il en eût, certes, écrit bien d'autres s'il n'avait pas été invité, par un des familiers de son père, à se tourner vers le théâtre. Dumas suivit ce conseil : rapidement il convertit en comédie de mœurs sa fameuse *Dame aux camélias*. Il n'eut pas à s'en repentir : ce fut un triomphe (1852). Dès ce jour, chez l'heureux auteur, le dramaturge éclipsera totalement le romancier (Dumas ne reviendra au roman qu'une seule fois, en 1866, avec *L'Affaire Clemenceau*). En faisant subir l'année suivante (1853) le même traitement à *Diane de Lys*, il connut un nouveau triomphe. Se trouvant ainsi avoir payé la majeure partie de ses dettes, il put travailler sans contrainte. Faisant plus que jamais œuvre de réaliste, il fit jouer successivement *Le Demi-Monde* (*) (1855), *La Question d'argent* (*) (1857), *Le Fils naturel* (1858), *Un père prodigue* (1859). Dans ces comédies se fait jour la tendance à moraliser dont il abusera plus tard. Vers 1860, une maladie causée par l'excès de travail entravera sa carrière. Ce fut seulement en 1864 qu'il pût reprendre la plume pour nous donner *L'Ami des femmes* (*) (1864). S'étant dégagé de l'influence de Scribe, il invente alors ce qu'on peut appeler le théâtre de doctrine. En bon disciple de Diderot, il soutient que le théâtre doit avant tout être utile. Toute pièce devient ainsi une thèse, l'intrigue une démonstration, et les personnages des porte-parole de l'auteur. Ce théâtre, dont le premier modèle sont *Les Idées de Madame Aubray* (1867), comprend un certain nombre de pièces qui provoquèrent souvent plus de scandale que d'applaudissements : *Une visite de noces* (1871), *La Princesse Georges* (*) (1871), *La Femme de Claude* (*) (1873), *Monsieur Alphonse* (1874), *L'Étrangère* (1876), *La Princesse de Bagdad* (1882), *Denise* (1885) et *Francillon* (*) (1887).

Peintre assurément prestigieux de la société parisienne, son théâtre fut hardi en son temps, mais a beaucoup vieilli, en raison des changements qui se sont opérés dans la vie sociale. Il n'empêche qu'il est vraiment le créateur de la pièce moderne : de sa *Dame aux camélias* est sortie la comédie de mœurs. À ses œuvres il faut ajouter *Le Théâtre des autres* (qui comprend les pièces qu'il écrivit en collaboration avec Émile de Girardin, Pierre Corvin, Armand Durantin, etc.), *Entr'actes* (1878) et *Nouveaux Entr'actes* (1890) (où se trouvent réunies la plupart de ses brochures d'actualité). Académicien depuis 1874, il est mort laissant inachevée sa *Route de Thèbes*.

♦ *« M. Dumas n'appartient à aucun parti, à aucune religion ; il a aussi peu de foi dans les superstitions du passé que dans celles du présent, et c'est précisément à cause de cela qu'il observe, qu'il pense et qu'il voit non seulement le présent, mais aussi l'avenir. »* Léon Tolstoï. ♦ *« Il a souffert des contradictions que la présence simultanée du grand écrivain de théâtre et du moraliste font coexister en lui. Il est possible qu'en effet le second se soit, dans certaines de ses pièces, développé aux dépens du premier. Il y a toujours une heure, dans l'histoire d'un esprit, où quelque puissance s'exagère et atrophie le reste. Mais le défaut de la fin était la qualité du commencement, et M. Dumas a dû aux antithèses de sa double disposition native d'écrire des pièces sans analogue, d'un attrait singulièrement suggestif et saisissant. »* Paul Bourget. ♦ *« M. Alexandre Dumas est un moraliste aussi bien qu'un dramaturge. Voilà quinze ans qu'il partage avec M. Renan les fonctions de directeur spirituel de la foule humaine. Mais que ces deux confesseurs sont de tempérament contraire ! [...] On reconnaît généralement que l'auteur des* Idées de Madame Aubray *est un mystique. Il a vu la Bête et soufflé l'esprit de Dieu aux comédiennes du Gymnase et de la Comédie-Française. »* Anatole France.

RÉF. : J. Claretie, *Alexandre Dumas fils*, 1883. – P. Bourget, *Essais de psychologie contemporaine*, 1886. – H. Parigot, *Le Drame d'Alexandre Dumas*, 1899. – P. Lamy, *Le Théâtre d'Alexandre Dumas fils*,

1928. – N. C. Arvin, *Alexandre Dumas fils*, 1939. – A. Maurois, *Les Trois Dumas*, 1957.

DUMAS Alexandre père. Écrivain français. Né le 24 juillet 1802 à Villers-Cotterêts (Aisne), mort le 5 décembre 1870 à Puys, près de Dieppe (Seine-Maritime). Son père, le général de division Thomas-Alexandre Davy de la Pailleterie, dit Dumas, qui s'était illustré pendant les campagnes de la République mais que l'Empire avait mis en disgrâce, mourut en 1806 et la famille Dumas ne disposa plus que de maigres ressources. Après quelques années d'études fort négligées, surtout dans le domaine des humanités, le jeune Alexandre fut contraint de gagner sa vie. Il fut clerc d'avoué à Villers-Cotterêts, puis à Crépy-en-Valois et, à l'âge de vingt ans, décida d'aller tenter sa chance à Paris où il arriva (1823) muni d'une lettre de recommandation pour le général Foy, qui était alors un des chefs de l'opposition. Cette protection et sa belle écriture lui valurent d'être embauché en qualité d'expéditionnaire dans les bureaux de la chancellerie du duc d'Orléans. Mais, dès cette époque, il ne rêvait que de conquérir la gloire dans la littérature ; son existence étant maintenant à peu près assurée, il décida donc de refaire complètement son instruction, en autodidacte, commença à faire éditer des poèmes et quelques nouvelles, et, à partir de 1825, à donner des vaudevilles aux théâtres du Boulevard. Ses véritables débuts datent cependant de son drame *Henri III et sa cour* (*) (1829), dont l'immense succès, précédant celui d'*Hernani* (*), annonçait le triomphe prochain de la jeune génération littéraire romantique. Dumas, qui dès 1823 avait senti quel inépuisable réservoir de sujets dramatiques pouvait être l'histoire nationale, fut incontestablement le pionnier de cette révolution théâtrale. Avec une série de drames donnés au Théâtre-Français, à l'Odéon, etc., parmi lesquels : *Antony* (*) (1831), *Charles VII* (1831), *La Tour de Nesle,* en collab. (*) (1832), *Catherine Howard* (1834), *Don Juan de Maraña ou la Chute d'un ange* (*) (1836), *Kean ou Désordre et génie* (*) (1836), et avec les adaptations scéniques qu'il donna plus tard de ses romans, il fut d'ailleurs le seul des grands romantiques à connaître une gloire théâtrale capable de rivaliser avec celle de Scribe, par exemple.

Homme de théâtre avant tout, il le resta en devenant romancier. Il garda le goût de la mise en scène et des coups de théâtre. Du passé, il ne retint toujours que les grandes actions et les grands hommes, riches en couleurs. Autodidacte, sa formation l'avait préservé de ce scepticisme et de ce relativisme qui accompagnent toute culture profonde. L'histoire n'était pas pour lui un objet de science, ou de simple curiosité, mais une source d'exaltation. Aussi, dans le passé, est-ce uniquement le démesuré, l'exceptionnel qu'il retient et utilise. Sans doute, dans ses quelque quatre-vingts romans (romans signés, mais non pas intégralement écrits par lui, car la part de Maquet, jeune professeur du lycée Charlemagne, avec lequel Dumas collabora de 1839 à 1851, semble importante) y a-t-il un énorme déchet. On ne lit plus guère ceux de la première période, *Le Capitaine Paul* (1838), *Les Aventures de John Davis* (1840), *Le Chevalier d'Harmenthal* (1843), *Georges* (1843), *Amaury* (1844), œuvres de petites dimensions comparées aux trilogies des « mousquetaires » – *Les Trois Mousquetaires* (*) (1844), *Vingt ans après* (*) (1845), *Le Vicomte de Bragelonne* (*) (1848) – et des guerres de religion – *La Reine Margot* (*) (1845), *La Dame de Montsoreau, Les Quarante-Cinq* – ou au *Comte de Monte-Cristo* (*) (1845), qui demeurent les chapitres d'une véritable mythologie allègre, truculente, virile, humoristique, héroïque, dont l'influence sur les foules est inappréciable. La prodigieuse vitalité de Dumas le poussait d'ailleurs à toucher à tous les genres. Il écrivit les œuvres historiques : *Gaule et France* (1832), *Jeanne d'Arc* (1842), *Louis XIV et son siècle,* etc., qui ne méritent pas plus, il est vrai, que d'être citées pour mémoire ; mais la série de ses *Impressions de voyage* (*) (1835-59) à travers l'Europe font de lui le premier maître du grand reportage. Naturellement, la politique l'a tenté : en 1830, il fit le coup de feu avec les insurgés, courut à Soissons où, revolver au poing, il s'empara d'une poudrière, partit en mission en Vendée et y organisa une garde nationale pour résister à une éventuelle chouannerie, fut élu capitaine de la garde nationale parisienne, mais se brouilla avec Louis-Philippe (qui l'avait pris cependant pour bibliothécaire au lendemain du succès d'*Henri III et sa cour*), fit scandale aux Tuileries, refusa de prêter serment au nouveau régime et, finalement, revint à la littérature pendant toute la période de la monarchie de Juillet.

En 1851, après avoir été, en mars et en juin 1848, deux fois candidat malheureux aux élections dans l'Yonne et en Seine-et-Oise, il s'exila en Belgique : mais c'était moins Louis-Napoléon qu'il fuyait que ses créanciers. Cinq ans plus tôt, en effet, après l'énorme succès remporté par une adaptation des *Trois Mousquetaires,* Dumas – tout en donnant encore des œuvres originales telles que : *Les Demoiselles de Saint-Cyr* (*) (1843), *Catilina,* en collaboration (*) (1848) – avait décidé de refondre pour la scène la plupart de ses romans et, pour les jouer, de bâtir son propre théâtre, le Théâtre historique, dont la construction avait coûté une somme fabuleuse. On y représenta *La Reine Margot* (1847), *Monte-Cristo* (1848), *La Jeunesse des mousquetaires, Ma guerre des femmes* (1849), etc. L'enthousiasme du public ne permit pas cependant de faire face aux dépenses énormes de l'établissement et, en 1851, cette aventure tournait au désastre financier au point que Dumas, désormais incapable de lui payer ses mensualités, se vit contraint de congédier son « nègre »

Maquet. En Belgique, il écrivit ses tintamarresques et passionnants mémoires — v. *Mes mémoires* (*) (1852-54) et les derniers volumes des *Mémoires d'un médecin* (*) : *Ange Pitou* (*) (1851) et *La Comtesse de Charny* (*) (1852), qui faisaient suite à *Joseph Balsamo* (*) (1846) et au *Collier de la Reine* (*) (1849). Rentré en France en 1853, il fonda au mois de novembre *Le Mousquetaire,* quotidien qui eut d'emblée un grand tirage pour l'époque – il publia l'*Iliade* (*) en roman-feuilleton – et devint en 1857 *Le Monte-Cristo,* hebdomadaire « publié et rédigé par M. Alexandre Dumas seul ». Mais ses démêlés avec la censure de Napoléon III poussèrent Dumas à courir une nouvelle aventure : en 1860, il rejoignit l'expédition de Garibaldi en Sicile, se lança pour le compte du révolutionnaire italien dans un trafic de contrebande d'armes, puis séjourna pendant quatre années à Naples, où Garibaldi l'avait nommé conservateur du musée. Devenu insupportable aux Napolitains, qui le considéraient comme un profiteur, il revint à Paris. Ses nouvelles tentatives journalistiques avortèrent ou végétèrent ; Alexandre Dumas, qui, selon ses propres estimations, avait gagné durant sa vie dix-huit millions de francs-or, qui avait ébloui Paris par ses réceptions fastueuses et parcouru l'Europe en menant le train d'un grand seigneur d'Ancien Régime, qui s'était fait bâtir un château et un théâtre personnel, ne put passer les dernières années de sa vie qu'à la charge de son fils et de sa fille, Mme Petel. Il laissait non pas douze cents volumes comme il s'en vantait, mais tout de même plus de trois cents, et une multitude d'articles. Les histoires de la littérature le maltraitent, mais il reste, avec Balzac et Hugo, le plus lu des romantiques. Il n'a pas de style, c'est vrai. Mais ce colosse de la littérature avait le don de la vie. En dépit de leur inconsistance psychologique, ses personnages sont inoubliables. Peut-être ne faut-il pas juger Dumas selon les mesures valables pour les autres écrivains : c'est un créateur de légendes, comme la France n'en avait plus eu depuis les chansons de geste.

MICHEL MOURRE.

♦ *« Tu rentras dans ton œuvre éclatante, innombrable, / Multiple, éblouissante, heureuse, où le jour luit [...] / Et moi, dans l'unité sinistre de la nuit... »* Victor Hugo. ♦ *« C'est un Encelade, un Prométhée, un Titan ! »* Lamartine. ♦ *« Vous êtes plus qu'un grand écrivain, vous êtes une des grandes forces de la nature. »* Michelet. ♦ *« Lui qui porte un monde d'événements, de héros, de traîtres, de magiciens, d'aventuriers, lui qui est le drame en personne, croyez-vous que les goûts innocents ne l'auraient pas éteint ? Il lui a fallu des excès de vie pour renouveler sans cesse un énorme foyer de vie. »* George Sand. ♦ *« Le merveilleux Dumas... »* Apollinaire.

RÉF. : A. Dumas, *Mes mémoires,* Paris, 1851-1854. – Ch. Glinel, *Alexandre Dumas et son œuvre,* Reims, 1884. – H. Blaze de Bury, *Alexandre Dumas, sa vie, son temps, son œuvre,* Paris. – H. Parigot, *Alexandre Dumas père,* New York, 1901. – Lecomte, *Alexandre Dumas : sa vie intime, ses œuvres,* Paris, 1902. – J. Lucas-Debreton, *La Vie d'Alexandre Dumas père,* Paris, 1928. – M. Constantin-Weyer, *L'Aventure vécue de Dumas père,* Genève, 1944. – J. Charpentier, *Alexandre Dumas,* Paris, 1947. – H. Clouard, *Alexandre Dumas,* 1955. – Cl. Schopp, *Alexandre Dumas,* 1985.

DUMAS Jean-Baptiste André. Chimiste français. Né à Alès (Gard) le 15 juillet 1800, mort le 10 avril 1884 à Cannes (Alpes-Maritimes). D'abord élève pharmacien à Genève, il attira par ses remarquables dispositions l'attention de l'illustre Candolle, qui mit à sa disposition ses herbiers et sa bibliothèque. Envoyé à Paris par Humboldt, il enseigna, comme assistant de Thérard, la chimie à l'École polytechnique à partir de 1821, et, en 1832, nommé membre de l'Académie des sciences, il succéda à Gay-Lussac à la Sorbonne, où il enseigna jusqu'en 1868. Doyen de la faculté des sciences en 1842, il fut successivement ministre de l'Instruction publique du prince-président Louis-Napoléon Bonaparte, conseiller de Napoléon III, et président du conseil municipal de Paris (il perfectionna le système de distribution d'eau potable de la ville et lutta contre le phylloxéra). Nommé en 1868 secrétaire perpétuel de l'Académie des sciences, il en devint l'historiographe officiel. Outre la détermination des poids atomiques, on lui doit la méthode de détermination de la densité des gaz, et celle de la proportion d'eau, d'air et d'azote entrant dans les substances organiques. Avec P. Boullay fils, il publia dans le tome XV des *Mémoires de l'Académie des sciences* un *Mémoire sur les éthers composés* qui est une véritable anticipation sur les découvertes modernes. Il fit également, avec Péligot, des recherches sur les dérivés des alcools éthylique et méthylique qui aboutirent à la publication d'un *Mémoire sur un nouvel alcool,* et il étudia l'action du chlore sur les composés organiques, ce qui l'amena à établir la « loi des substitutions », puis sa théorie des « corps simples ». Ses principaux ouvrages sont le *Traité de chimie appliquée aux arts* (1828), les *Leçons sur la philosophie chimique* (*), l'*Essai de statique chimique des êtres organisés* (1841), écrit en collaboration avec Boussingault, et le *Mémoire sur les fermentations* (1872). À partir de 1840, il fut codirecteur des *Annales de chimie et physique.*

RÉF. : Ch. de Comberousse, *J.-B. Dumas,* 1884. – A. du Saussets, *J.-B.-A. Dumas, savant chimiste français,* 1885. – J. Bertrand, *Discours de réception à l'Institut,* 1885. – Ph. Van Tieghem, *Notice sur la vie et les travaux de J.-B. Dumas...,* 1912.

DU MAURIER Daphné. Romancière anglaise. Née à Londres le 13 mai 1907, morte le 19 avril 1989 à Par (Cornouailles). Petite-fille du romancier et illustrateur George Du Maurier et fille de l'homme de théâtre sir Gerald Du Maurier, elle devait elle-même épouser le général de division sir Frederick Browning. Éduquée au foyer de ses parents, elle commença très jeune à écrire. Son premier livre parut en 1931. Daphné Du Maurier fut une grande romancière populaire : *Rebecca* (*) (1938) et auparavant – quoique à un moindre degré – *L'Auberge de la Jamaïque* (*) (1936) sont des exercices réussis de littérature romanesque pimentée de violence. Les exercices valent mieux que le genre, et à celui-ci Daphné Du Maurier ne s'est pas tenue strictement, puisqu'on lui doit aussi une biographie de son père (1934) et une évocation de l'« enfer intérieur » que vécut le frère trop doué d'une famille illustre, Branwell Brontë (1960). En 1981, elle a publié son autobiographie : *Le Journal de Rébecca* [*The Rebecca Notebook*].

RÉF. : R. M. Kelly, *Daphné Du Maurier*, Boston, 1987.

DU MAURIER George Louis Palmella Busson. Graveur et romancier anglais. Né le 6 mars 1834 à Paris, mort le 6 octobre 1896 à Londres. Obligé d'abandonner, à la mort de son père (1856), les études de chimie qu'il avait entreprises en 1851 à Londres, il s'adonna à la gravure sur bois à Paris et à Anvers. À la suite d'un décollement de rétine à un œil, il dut abandonner la gravure, mais, dès 1860, il s'affirmait comme illustrateur humoristique des périodiques anglais et, en 1864, il fut appelé à la rédaction de *Punch* (*). L'observation de la société à la mode, dont il fixait, avec une légère pointe satirique, l'image dans ses dessins, le prépara à la composition des romans où ressortent les mêmes profils de femmes grandes et distinguées dont il avait peuplé les pages de *Punch*, vues, cette fois, non plus sous l'angle caricatural, mais sous celui du charme romantique. Comme son premier livre, *Peter Ibbetson* (*), les deux autres, *Trilby*, déjà publié en feuilleton dans le *Harper Magazine*, et remanié ensuite pour le théâtre, et *The Martian* (1897), rencontrèrent un vaste succès populaire.

RÉF. : T. M. Wood, *Du Maurier : The Satirist of the Victorians*, Londres, 1913. – L. Ormond, *George Du Maurier*, Londres, 1969.

DUMESNIL René. Critique littéraire et musical français. Né à Rouen le 19 juin 1879, mort à Paris le 25 décembre 1967. Il poursuit des études de médecine « lettrée » pour lesquelles il présente une thèse sur *Flaubert, son hérédité, son milieu, sa méthode* (1905). Sa vie durant, il s'intéressera à cet écrivain sur lequel il écrit de nombreux ouvrages : *Autour de Flaubert*, 1912 ; *En marge de Flaubert*, 1929 ; *Gustave Flaubert, l'homme et l'œuvre* (*) 1932 ; *Le Grand Amour de Flaubert*, 1945, *La Vocation de Gustave Flaubert* (1961). Il s'intéressera également à Guy de Maupassant, autre Normand, sur lequel il écrira aussi une dizaine de livres. Fin musicologue, il tient la critique du *Monde* pendant vingt-trois ans. On lui doit de remarquables ouvrages sur l'histoire de la musique : *Le « Don Juan » de Mozart*, 1927 ; *Richard Wagner*, 1929 ; *La Musique contemporaine en France*, 1930 ; *Histoire de la musique*, 1935 ; *La Musique romantique en France*, 1944 ; *La Musique en France entre les deux guerres, 1919-1939*, 1947 ; *Le Rythme musical*, 1949 ; *Histoire du théâtre lyrique*, 1952. Il écrit également des romans dans la lignée de Flaubert et de Maupassant : *L'Absence, Le Rideau à l'italienne* et des livrets d'opéra, *Nantéos* (1947), *Lucifer* (1948), etc.

DUMÉZIL Georges. Historien des religions français. Né et mort à Paris (4 mars 1898-11 octobre 1986). Fils d'un officier supérieur, il s'oriente vers les lettres et il entre à l'École normale supérieure. Ayant obtenu ses grades universitaires, il enseigne au lycée de Beauvais en 1920, puis dans différentes universités étrangères. Il est notamment lecteur à l'université de Varsovie (1920-1922), professeur d'histoire des religions à l'université d'Istanbul (1925-1931), lecteur à l'université d'Upsala (1931-1933), professeur à l'École nationale des langues orientales et directeur d'études à l'École pratique des hautes études (1935-1968). Il occupe la chaire des civilisations indo-européennes (1949-1968) au Collège de France ; nommé membre de l'Institut en 1970, il est élu membre de l'Académie française en 1978. Le simple énoncé de cette carrière prestigieuse donne la mesure des préoccupations intellectuelles et des recherches érudites de Georges Dumézil. Grâce à ses voyages et à ses séjours en Europe, à ses contacts nombreux avec les civilisations orientales et extrême-orientales, Georges Dumézil, dès le début de son enseignement, dirige ses recherches vers les mythologies comme étant les expressions allégoriques des civilisations. Sa thèse de doctorat d'État intitulée *Le Festin d'immortalité* (1924) est une étude de mythologie comparée. Derrière les mythes, Georges Dumézil entend débusquer les idéologies du pouvoir, et derrière les idéologies, les structures fondamentales des sociétés indo-européennes qu'on retrouve selon une sorte de dorsale géographique qui va de l'Inde au nord-ouest de l'Europe, couvrant ainsi une partie de l'Orient et une partie de l'Occident. À travers une série d'ouvrages, *Les Mythes romains* (+) (1942), *Tarpeia* (*) (1947), *L'Héritage indo-européen à Rome* (*) (1949), *L'Idéologie tripartie des Indo-Européens* (1958), *La Religion romaine archaïque* (1966), *Heur et malheur du guerrier, aspect mythique de la fonction guerrière chez les Indo-Européens* (1969), *Du mythe au roman* (1970), *Fêtes romaines d'été et d'automne*, suivi de *Dix questions romaines* (1975). Georges Dumézil étudie ce qu'il appelle la tripartition fonctionnelle des Indo-Européens dont la société est hiérarchisée en guerriers, en prêtres et en producteurs (éleveurs et agriculteurs). Trois schémas qui correspondent à la force physique, à la magie de la religion et à la richesse. Grâce à ses recherches, qui s'étendent aussi bien à l'étude des dieux, comme Jupiter – v. *Jupiter, Mars, Quirinus* (+) (1941) ou *Les Dieux des Indo-Européens* (*) (1952) – à la théologie zoroastrienne, à la linguistique (*Essais de philologie comparative indo-européenne,* 1947), qu'à la Scythie, aux sagas, à l'ethnologie et à l'archéologie, Georges Dumézil a réussi non seulement à déterminer, mais à prouver les constantes d'une idéologie qui s'étendrait au-delà des frontières des nations et des empires, et qu'on retrouverait dans l'Antiquité, aussi bien en Caucasie que chez les Celtes, en Grèce, à Rome, en Germanie ou en Iran. Cette thèse fondamentale, qui apporte une véritable révolution dans l'historiographie antique, ne s'applique pas seulement à l'histoire des civilisations anciennes, mais également à celle du Moyen Âge, avec ses barons, ses clercs et ses paysans, avec ses classes fortement délimitées et hiérarchisées.

La place de Dumézil dans les sciences humaines dépasse largement le domaine indoeuropéen. La confrontation des sociétés ayant un lointain passé commun s'inspire de la linguistique structurale : la nature et la valeur d'un fait observé dans une culture donnée peuvent être établies à partir de la place qu'occupe le fait correspondant dans un système culturel différent. L'idée très neuve d'une création sans cesse renouvelée qui s'est imposée à Dumézil à partir de ses propres travaux explique des aménagements successifs par l'application d'un même schéma générateur : une structure donnée agit à tous les niveaux de la société, c'est une certaine conception de la société qui soutient les réactions religieuses, juridiques, philosophiques, esthétiques par lesquelles le génie d'une civilisation s'exprime.

DUMONT (DU MONT) Henry. Compositeur wallon. Né à Villers-l'Évêque (près de Liège) en 1610, mort à Paris le 8 mai 1684. Organiste à Notre-Dame de Maastricht en 1630, il vient à Paris en 1638, où il sera organiste à Saint-Paul, claveciniste du duc d'Anjou, puis claveciniste de la reine (1660), maître de la chapelle royale, compositeur de la chapelle du roi et maître de musique de la reine (1673). À côté de quelques *Airs sérieux et à boire* et de *Sonates pour violon et basse continue,* l'essentiel de son œuvre réside en de nombreux *Motets pour deux à cinq voix avec basse continue,* et cinq *Messes en plain-chant.* Celles-ci, surnommées plus tard *Messes royales* (*), obéissent à un plain-chant rudimentaire qui n'a rien de commun avec le répertoire grégorien ancien ; leur simplicité d'intonation et leur fonction liturgique commune aux différents dimanches firent qu'on les a chantées dans les paroisses jusqu'à des années récentes. Quant aux *Motets polyphoniques,* ils réalisent une synthèse de l'art du Nord et de celui de l'Italie, enrichie d'une harmonie plus dense. On y trouve l'un des premiers emplois de la basse continue, et l'alternance de soli et d'ensembles qui caractérisent le grand motet versaillais, dont Dumont est l'un des premiers artisans.

GILLES CANTAGREL

DUMONT Louis. Figure majeure de l'anthropologie française, Louis Dumont est né en 1911 à Salonique (Grèce). Restée veuve très tôt, sa mère doit élever seule son fils dans des conditions difficiles. De caractère très indépendant, Dumont refuse une carrière universitaire, mais il se forme à l'ethnologie auprès de Mauss. Il collabore à la transformation du Musée d'Ethnographie du Trocadéro en Musée de l'Homme lorsqu'en 1936 Rivière, qui fonde le Musée des Arts et Traditions populaires, l'appelle auprès de lui. Dumont joue un rôle important dans la création du nouveau musée tout en commençant à recueillir les matériaux de son livre *La Tarasque* (*) (1951). Fait prisonnier en 1940, Louis Dumont passera cinq ans en Allemagne ; travailleur agricole ou en usine, il trouve le temps de commencer l'étude du sanskrit qu'il poursuivra, rentré à Paris, auprès de Renou, en même temps que celle de l'hindi et du tamoul. Abandonnant avec le Musée des Arts et Traditions Populaires l'ethnographie française, il part en 1948 pour l'Inde du Sud où ses recherches sur la caste des Kallar lui fourniront les éléments de la thèse d'État qu'il soutiendra en 1957 – *Une sous-caste de l'Inde du Sud. Organisation sociale et religion des Pramolai Kallar*, 1957. À son retour de l'Inde, Dumont est appelé par Evans-Pritchard à Oxford, à l'Institut d'anthropologie sociale, où il enseignera jusqu'en 1955. Nommé alors à la VIe section de l'École pratique des hautes études (qui deviendra en 1968 l'École des hautes études en sciences sociales) où Fernand Braudel recrute historiens et anthropologues, il y poursuivra désormais sa carrière, alternant enseignement et études de terrain en Inde.

D'abord centrée sur l'étude des systèmes de parenté et des castes, et caractérisée autant par une volonté de dépasser les oppositions binaires que par une critique radicale du marxisme, la pensée de Dumont, dans son livre capital *Homo hierarchicus* (*) (1967), reprend la distinction établie par Max Weber entre statut et pouvoir ; il montre que, à l'opposé de la culture occidentale où prime la référence au pouvoir, en Inde c'est le principe hiérarchique qui organise la société en un tout et détermine la partie effective du pouvoir royal. Si la civilisation indienne se caractérise par la prévalence d'une pensée de la hiérarchie et d'une idéologie holiste, l'Occident moderne apparaît par contraste dominé par les valeurs égalitaires et l'individualisme. En opposant les deux types incarnés par l'*homo hierarchicus* et l'*homo æqualis*, Dumont ouvre la voie à une recherche comparative des cultures politiques dans une perspective plus rigoureuse – *Homo* *æqualis. Genèse et épanouissement de l'idéologie économique* (1977). Les causes diverses qui ont présidé à l'apparition du phénomène totalitaire font l'objet d'analyses (1983) qui reprennent le débat sur la relation entre le politique et le religieux. Parti d'une étude sur la genèse et le développement de l'économie libérale anglaise, Dumont étend son analyse à l'idéalisme et au nationalisme allemand ainsi qu'à l'universalisme hérité de la Révolution française.

Devenu historien des idées, soucieux de jeter les bases d'une sociologie comparative de notre modernité, Dumont n'a pas pour autant cessé d'être sollicité par les débats théoriques de l'anthropologie, comme le montre la série de ses contributions aux recherches sur les modèles de la parenté et de l'alliance. Proposée comme une expression constitutive du lien social susceptible de dépasser à la fois le binarisme hérité de la linguistique structurale et le dualisme taxinomique (1978), cette démarche aboutit à une conception holiste de la culture à partir de laquelle les faits de hiérarchie et la notion d'individu sont réexaminés, suggérant une nouvelle approche des faits sociaux « primitifs » — *Essais sur l'individualisme* (*) (1983).

DENISE PAULME.

DUMONT D'URVILLE Jules Sébastien César. Navigateur français. Né le 23 mai 1790 à Condé-sur-Noireau (Calvados), mort le 8 mai 1842 dans une collision de chemin de fer à Bellevue, près de Versailles. Il entra tout jeune dans la marine de guerre ; à trente ans, au cours de sa première croisière scientifique en Méditerranée orientale, il signala, de Milo, la présence de la célèbre statue de Vénus. Entre 1822 et 1825, il participa comme second à un voyage autour du monde qui l'emmena aux îles Falkland, le long des côtes du Pérou et du Chili, et jusqu'en Australie. Il s'intéressa particulièrement aux recherches botaniques et aux insectes. Un an plus tard, il repartait encore de Toulon, cette fois en qualité de commandant pour effectuer le relevé de plusieurs points côtiers de la Nouvelle-Zélande. Dans l'île Vancouver, près de Santa Cruz, il découvrit les épaves des navires de La Pérouse, résolvant ainsi l'énigme de sa disparition. Il rapporta de nouvelles cartes hydrographiques et d'importantes collections zoologiques, botaniques et minéralogiques. Sa dernière entreprise, la plus importante, lui fut confiée par Louis-Philippe en 1837. Parti en novembre, il avait déjà rejoint en janvier la banquise polaire, après avoir effectué divers relevés dans le détroit de Magellan. En janvier 1840, il découvrit la bordure côtière de l'Antarctique. Revenu à Toulon en novembre de la même année, il fut nommé contre-amiral. Le récit de ses voyages comprend de nombreux volumes. En 1832-1834 parurent les tomes du *Voyage de découvertes autour du monde et à la recherche de La Pérouse* (*) ; entre 1833 et 1844 les deux volumes du *Voyage pittoresque autour du globe ;* et entre 1841 et 1854 (les derniers posthumes) les vingt-quatre volumes du *Voyage au pôle Sud et dans l'Océanie.*

RÉF. : S. Berthelot, *Éloge historique du contre-amiral Dumont d'Urville,* Paris, 1843. — C. Vergniol, *La Grande Légende de la mer,* Dumont d'Urville, Paris, 1931. — G. Day, *Dumont d'Urville. Voyages et aventures,* Paris, 1947.

DUNBAR (William). Poète écossais. Né à East Lothian (Écosse), probablement en 1460, mort, semble-t-il, en 1520. Tout d'abord franciscain, puis poète de cour, Dunbar compte parmi les poètes les plus éminents qu'influença Chaucer. Il est particulièrement heureux dans la satire et l'invective, mais se montre aussi habile dans les autres genres, de la poésie élégiaque et religieuse à la poésie burlesque et aux pièces de circonstance. Après avoir été diplômé par l'université de Saint-Andrews, en 1479, il entra chez les franciscains (à Saint-Andrews ou à Édimbourg), et de là se rendit en France pour y mener la vie des moines errants. Il passa quelques années en Picardie et se trouvait à la cour du roi de France quand Bothwell s'y rendit pour chercher l'épouse destinée à Jacques IV. En 1500, il regagna l'Écosse et se mit au service du roi en l'honneur duquel il écrivit un épithalame, *Le Chardon et la Rose* (*). Un autre poème louangeur, composé à Londres, lui vaut un titre officiel, et en 1511 il commémore en vers la visite que la reine avait faite à la ville d'Aberdeen où il l'avait accompagnée. Parmi ses autres œuvres, citons un poème allégorique, *Le Bouclier d'or* [*The Golden Targe*], une vigoureuse satire dirigée contre un poète contemporain sous le titre de : *La Comtesse de Dunbar et Kennely* [*The Flyting of D. and K.*], une élégie sur la disparition des poètes : *The Lament of the Makaris,* et un récit en vers : *Les Deux Femmes mariées et la veuve* (*). L'imagination de Dunbar ne le cède en rien à sa virtuosité vraiment exceptionnelle. Mais c'est surtout dans *La Danse des sept péchés capitaux* (*) que son humour et le sens qu'il possède au plus haut degré des situations grotesques lui confèrent une originalité telle qu'on songe à François Villon, son contemporain.

♦ *« Nul encore n'avait mis tant de couleur dans ses tableaux ; surtout nul n'avait entraîné les vers et les stances dans un pareil élan. Peu importe qu'il ait peu de chose à dire au cœur ou à l'esprit, il éblouit les yeux et ravit les oreilles. »* E. Legouis.

RÉF. : C. Steinberger, *Étude sur William Dunbar,* 1908. — R. A. Taylor, *Dunbar, The Poet and his Period,* 1931. — T. Scott, *Dunbar : a critical exposition of the poems,* Edinburgh, 1966. — H. Harvey Wood, *Two Scots Chancerians : Robert Henryson, William Dunbar,* Londres, 1967. — I. S. Ross, *W. Dunbar,* Leiden, 1981.

DUNCAN Robert. Poète américain. Né le 7 janvier 1919 à Oakland, Californie, mort le 3 février 1988 à San Francisco. Robert Duncan est de ces écrivains dont la vie et l'œuvre ont été vouées à l'expérimentation, tant sociale qu'artistique, par la recherche exigeante de ce qu'il aimait nommer des « poésies possibles ». Profondément enracinées dans les mythes séculaires de la culture occidentale – comme le montrent ses essais, repris dans *Certitudes fictives* [*Fictive Certainties,* 1985] –, ses poésies n'en portent pas moins la marque d'une personnalité originale dans le choix de son « territoire », où cohabitent l'hermétisme médiéval et le surréalisme, la théorie du champ et les présocratiques.

Septième enfant d'une famille démunie, Robert Duncan perd sa mère peu après sa naissance. Abandonné, il est adopté par une famille versée dans l'ésotérisme, qui exercera une influence durable sur ses conceptions de la vie comme allégorie, et de l'écriture comme moyen de la déchiffrer et de l'interpréter. Après des études à Berkeley, Duncan écrit ses premiers poèmes au début des années 40, rassemblés en 1966 dans *Premiers poèmes, 1939-1946* [*The Years as Catches First Poems,* 1939-1946]. En ces années de formation, il prend également conscience de son homosexualité, dont il mesure les dimensions sociopolitiques dans un article précurseur, « L'Homosexuel et la Société » [The Homosexual in Society, 1944].

Dans les années 50, Duncan publie *Les Portes de César* [*Caesar's Gate,* 1955, 1972] – poèmes accompagnés de collages du peintre Jess Collins et révélant l'influence de Garcia Lorca –, ainsi qu'une pièce de théâtre, *Faust foutu* [*Faust Foutu : An Entertainment in Four Parts,* 1959]. Il devient directeur adjoint du Centre de Poésie de San Francisco (1956).

À partir de cette époque, ses œuvres tentent de concilier son romantisme naturel avec un formalisme accru. Pour lui, la recherche de formes poétiques nouvelles permet de libérer des possibilités de sens, voire de maintenir le sens comme essentiellement « ouvert ». La rencontre de Duncan avec Charles Olson (dès 1940), sa brève participation au Black Mountain College en 1956, joueront à ce titre un rôle décisif et conduiront à la publication d'une de ses œuvres majeures, *Le champ s'ouvre* [*The Opening of the Field,* 1960] : Duncan y entame *Structure de la rime* [*The Structure of Rime*], série ouverte de poèmes en prose inspirée d'une lecture des *Illuminations* (*) de Rimbaud et qui courra comme un fil rouge à travers ses œuvres ultérieures, articulant la théorie poétique à l'intérieur même de sa pratique.

Cette involution du discours traduit d'ailleurs bien l'intérêt que porte Duncan à l'organicisme, où un « événement » initial porte en lui une structure matricielle permettant de découvrir et d'élaborer de nouvelles formes. Alliant un tel souci formel à des prises de position politiques dans *En bandant l'arc* (*), Duncan montre pleinement sa foi en la poésie comme discours où se révèle le sens du monde.

ANTOINE CAZÉ.

RÉF. : M. Johnson, *Robert Duncan,* Boston, 1988.

DUNSANY Edward John Moreton Drax Plunkett (lord). Auteur irlandais. Né à Londres le 24 juillet 1878, mort à Dublin le 25 octobre 1957. Il fait ses études à Eton, puis à l'école militaire de Sandhurst. Il prend part à la guerre des Boers en 1899, puis se marie à son retour en Grande-Bretagne. Il se présente, sans résultat, au Parlement en 1907. Volontaire en 1914, il est blessé lors de l'insurrection de Pâques à Dublin en 1916, puis termine la guerre dans les Flandres. En 1919, il entame une première tournée de conférences aux États-Unis. Entre-temps, il avait publié ses premiers recueils de nouvelles : *Les Dieux de Pegana* [*The Gods of Pegana,* 1905], *Le Temps et les Dieux* [*Time and the Gods,* 1906], *L'Épée de Welleran* [*The Sword of Welleran,* 1908], *Merveilles et Démons* (*), *Contes des trois hémisphères* [*Tales of the Three Hemispheres,* 1919]. Nourris de mythologie classique, les pays imaginaires de Dunsany, qui mêlent l'antique et le moderne, le contemporain et le légendaire, sont des lieux de rencontre irréels entre les hommes, les peuples et les forces du destin. L'avenir de ses personnages est très souvent placé sous le signe de l'irrévocable. Ami de W. B. Yeats pendant un temps, Dunsany s'est aussi tourné vers le théâtre avec un certain bonheur : *Cinq pièces* [*Five Plays,* 1914], *Si* [*If, a Play in Four Acts,* 1921], *Théâtre du proche et de l'ailleurs* [*Plays of Near and Far,* 1922], *Le Rire des dieux* (+) (1922), *Théâtre des dieux et des hommes* (*) (1923), *Théâtre pour l'air et la terre* [*Plays for Earth and Air,* 1937]. Après cette période dramaturgique, Dunsany entreprend d'écrire des romans, genre qu'il n'avait pas encore abordé. Paraissent, entre autres, *Don Rodriguez : chroniques de la vallée d'ombre* [*Don Rodriguez : Chronicles of the Shadow Valley,* 1922], *La Fille du roi des Elfes* (*), *Le Fantôme de la femme de ménage* [*The Charwoman's Shadow,* 1926], *L'Homme qui mangea le Phénix* (*), et un roman de science-fiction, *La Dernière Révolution* [*The Last Revolution,* 1951]. Ami de Rudyard Kipling, Dunsany rapporte de ses voyages en Afrique et au Moyen-Orient maints souvenirs et matériaux pour son œuvre, d'où naîtront en particulier les poétiques fantaisies exotiques de M. Jorkens, qui recapturent, à leur manière, dans la langue riche et archaïsante qui était la sienne, l'esprit enchanteur des *Mille et Une Nuits* (*) : *Encore un whiskey, M. Jorkens ?* [*The Travel Tales of Mr. Joseph Jorkens,* 1932], *Récits africains* [*Mr. Jorkens remembers Africa,* 1934] et trois autres volumes ayant le même narrateur publiés en 1940, 1948 et 1954. Professeur d'anglais à l'université d'Athènes en 1940, il en est chassé par l'invasion allemande. De retour à Dublin, il continuera d'écrire jusqu'à sa mort, entre des voyages à l'étranger. Outre quelques romans situés dans l'Irlande contemporaine, Dunsany a aussi laissé trois volumes d'autobiographie : *Taches de soleil, Quand dormaient les sirènes* et *L'Éveil des sirènes* [*Patches of Sunlight, While the Sirens slept* et *The Sirens Wake,* 1938].

XAVIER PERRET.

RÉF. : Mark Amory, *Biography of Lord Dunsany,* Londres, 1972. – Max Duperray, *Lord Dunsany (1878-1957),* Paris, 1983.

DUNS SCOT Johannes. Philosophe et théologien anglais. La critique récente est parvenue à dégager, des traits empruntés à la légende, le véritable caractère de ce qui a passionné le Moyen Âge. Originaire de l'Écosse (d'où son surnom de Scot), Johannes Duns est né à Maxton, dans le comté de Roxburgh, en 1266 ; il est mort à Cologne le 8 novembre 1308. Il commença ses études à Haddington et les continua chez les Frères mineurs de Dumfries, son oncle Elia étant le vicaire général de l'ordre. À peine âgé de quinze ans, Johannes entra comme novice chez les franciscains (1280) et fut ordonné prêtre en 1291, par Olivier Sutton, évêque de Lincoln. Après avoir abandonné l'Écosse et l'Angleterre, Duns Scot s'installa pendant quatre ans – de 1293 à 1296 – à Paris, qui devenait toujours davantage le lieu de rencontre des hommes les plus éminents. Le génie très versatile et très aigu de Scot ne le servit pas moins que son ardente piété ; si bien qu'en 1302 il fut envoyé de nouveau à Paris avec le titre de bachelier. Mais sa réputation finit par lui nuire. Déjà, en 1304, il était considéré comme un personnage dangereux par les amis de Philippe le Bel, contre lesquels il s'était dressé pour défendre les droits du pape. Duns Scot présentait un tempérament belliqueux, mais le fond de sa nature était tout de gentillesse et de ferveur, ce qui explique peut-être l'ascendant considérable qu'il avait pris sur la jeunesse de son temps. Dans un débat public assez houleux – et que la légende donne pour dramatique – il soutint, contre les théologiens de Paris, la thèse alors extrêmement audacieuse de l'Immaculée Conception. Pour échapper à la célébrité et à la jalousie, il dut s'éloigner une première fois de Paris en 1303 et se réfugier à Oxford, où il enseigna pendant un an ; un peu plus tard, le général des Mineurs, Gonzalve d'Espagne, l'envoya à Cologne, afin de le soustraire aux avanies qu'il aurait pu encourir pendant le procès des Templiers, en 1307. Mais il ne vécut qu'un an à Cologne où il écrivit, enseigna, et mourut prématurément à l'âge de quarante-deux ans.

Pendant les séjours qu'il effectua à Oxford et à Paris, il avait commenté le *Livre des sentences* (*) de Pierre Lombard ; il avait répondu aux questions posées solennellement dans les séances publiques selon les habitudes du Moyen Âge, questions que formulaient disciples et étudiants ; et il l'avait fait avec une lucidité et une fougue qui avaient enchanté ses interlocuteurs. Ce fut de là qu'il tira le fond et la forme de ses principales œuvres scolastiques – v. *Opus oxoniense* ou *Scriptum oxoniense* (*), *Traité du principe de toutes choses* (*), *Quodlibet* ou *Quaestiones quodlibetales* (*) – qui présentent le style d'un discours ou d'un dialogue savant. Comme saint Thomas d'Aquin, Duns Scot a combattu toute sa vie pour donner un équilibre nouveau à la philosophie chrétienne, équilibre qu'avait compromis l'introduction de l'aristotélisme arabe dans la pensée occidentale. Doué d'un esprit plus pénétrant que celui de saint Thomas, lorsqu'il s'agit d'entrevoir les difficultés liées à la solution d'un problème et même à la façon d'exposer ce problème, il se montre moins apte à grouper et à coordonner les choses de façon systématique. Ce n'est point à la polémique mais à la théologie que vont ses préférences, en dépit de ce nom de *Docteur subtil* qu'on lui a donné pendant tout le Moyen Âge.

MARIA TERESA ANTONELLI.

♦ *« Duns Scot écrit pour exprimer sa pensée plutôt que pour la faire comprendre. On attendrait vainement de lui les prévenances constantes dont Thomas d'Aquin comble son lecteur, mais cette manière abrupte et un peu altière présente au moins un avantage : elle rend difficile au lecteur l'illusion, si périlleuse au lecteur de saint Thomas, qu'il atteint aisément en son fond la pensée du maître. »* É. Gilson.

RÉF. : Minges, *J. D. Scot doctrina philosophica et theologica quoad res praecipuas proposita,* 2 vol., 1908. – M. Heidegger, *Die Kategorien und Bedenteungslehre des Duns Scotus,* Tübingen, 1916. – É. Gilson, *Jean Duns Scot,* Paris, 1922. – Eph. Longpré, *La Philosophie de B. Duns Scot,* Paris, 1924. – C. Harris, *Duns Scotus,* 2 vol., Oxford, 1927. – C. Bérubé, *De L'homme à Dieu,* Rome, 1983, – R. M. Bonansea, *Man and his Approach to God in John Duns Scot,* Lanham, 1983.

DUPARC Henri. Compositeur français Né à Paris le 21 juin 1848, mort à Mont-de-Marsan (Landes) le 12 février 1933. Élève de César Franck, il fut l'un des fondateurs de la Société nationale de musique. Il laisse une œuvre trop brève à cause de la maladie nerveuse qui le paralysa à l'âge de trente-sept ans et l'éloigna définitivement de la musique. Il a cristallisé son génie dans les treize *Mélodies* (*) qu'il écrivit sur des poèmes de Baudelaire (« L'Invitation au voyage » (+) et « La Vie antérieure »), de Sully Prudhomme (« Soupir »), d'Armand Sylvestre (« Testament »), de Lahor (« Sérénade florentine », « Extase » et « Chanson triste ») de François Coppée (« La Vague et la Cloche »), de Théophile Gautier (« Lamento »), de Leconte de Lisle (« Phidylé »), de Thomas Moore (« Élégie »), et de Robert de Bonnières (« Le Manoir de Rosemonde »). Ces mélodies sont empreintes d'une tendresse fervente, d'une langueur passionnée qui, avec des moyens très simples, créent une atmosphère envoûtante. Henri Duparc détruisit la plupart de ses autres manuscrits. Il a laissé subsister cependant un poème symphonique, *Lénore* (*), inspiré par la ballade de Bürger (1875), un nocturne pour orchestre, *Aux étoiles*, daté de 1910, une *Sonate pour violoncelle et piano*, un motet à trois voix *Benedicat vobis Dominus,* une danse lente, fragment d'un opéra composé sur un argument de Pouchkine, *Roussalka* ; l'orchestration de cette danse fut dictée par le compositeur au chef d'orchestre Ernest Ansermet. Duparc fut un wagnérien enthousiaste, et contribua à faire triompher en France les doctrines esthétiques du maître de Bayreuth.

RÉF. : F.-L. Merle, *Psychologie et pathologie d'un artiste,* Bordeaux, 1933. – C. Oulmont, *Henri Duparc, ou de l'invitation au voyage à la vie éternelle,* Paris, 1935. – H. Duparc, *Une amitié mystique avec Francis Jammes,* Paris, 1944. – N. Van der Elster, *Henri Duparc, l'homme et son œuvre,* Paris, 1972.

DUPATY Charles Marguerite Mercier. Littérateur et magistrat français. Né à La Rochelle le 9 mai 1746, mort à Paris le 17 septembre 1788. Héritier de la charge de trésorier de la marine qu'avait eue son père, Dupaty fut nommé, en 1768, avocat général du parlement de Bordeaux. Pendant le fameux procès La Chalotais (1770), il prit parti, dans la lutte engagée, pour le chancelier Maupeou contre le parlement, et cet acte d'indépendance, qui lui valut les applaudissements de Voltaire, le fit tomber en disgrâce. Il fut arrêté et condamné à l'exil, pendant lequel il traduisit et commenta l'œuvre fameuse de Beccaria. Revenu à Bordeaux en 1778, il fut nommé président à mortier du parlement, mais il se heurta à l'opposition des vieux conseillers, qui l'accusèrent d'athéisme et le soumirent à toutes sortes de vexations. Ce que voyant, Dupaty préféra se rendre à Paris, où il jouit de l'amitié de d'Alembert et put se donner entièrement à ses études de prédilection sur la réforme des lois pénales. Outre un *Mémoire justificatif pour trois hommes condamnés à la roue* (1787), il publia les *Lettres sur la procédure criminelle en France* (1788), des *Réflexions historiques sur le droit criminel* (1788) et le compte rendu très remarquable d'un de ses voyages en Italie, fait lui aussi sous une forme épistolaire : *Lettres sur l'Italie* (*) (1786).

RÉF. : Maximilien Robespierre, *Éloge de Messire C. M. J. B. Mercier Dupaty,* 1789. – Antoine Diannyère, *Éloge de M. le Président Dupaty,* Paris, 1789. – Delayant, notice sur D. in *Mémoires de l'Académie de La Rochelle,* 1857.

DU PERRON Jacques Davy. Cardinal, orateur sacré et écrivain français. Né à Val-de-Joux (Suisse) en 1556 ; mort à Paris en 1618. Son père, ministre de la religion réformée, originaire de Saint-Lô, était venu se réfugier à Val-de-Joux, en Suisse, où naquit Jacques Davy du Perron. Élevé dans le calvinisme, le jeune Du Perron reçut de son père une solide formation dans les langues latine et grecque. Il vint à Paris poursuivre ses études et s'y lia avec Desportes, Baïf, Scaliger, et Cujas. S'intéressant à la philosophie et aux mathématiques, disciplines qui formaient le programme de l'Académie royale, il est déjà porté sur l'« état » de 1576-77. Ce serait sur les instances de Desportes qu'il se convertit au catholicisme en 1578. Il prononça, au collège de Boncour, en 1586, l'*Oraison funèbre de Ronsard* (*) qu'il avait connu personnellement. Ses talents oratoires le firent fort remarquer, on le considérait déjà comme un des premiers orateurs de son temps. Deux ans plus tard c'est lui qui fut chargé de prononcer l'*Oraison funèbre de Marie Stuart* devant cette cour dont elle avait été la reine. Lecteur d'Henri III qui le chargea de composer la harangue royale aux états de Blois (1588), Du Perron se rallia très vite à Henri IV. Entré dans les ordres, il est certain qu'il a joué un rôle important dans l'abjuration du roi. Il assista, en tant qu'évêque d'Évreux et familier du roi, à la cérémonie qui rendit officielle la conversion d'Henri IV. Aussi est-ce lui que son maître triomphant chargea de mission auprès du pape afin de faire lever l'interdit qui pesait encore sur le royaume, mission qu'il mena à bien non seulement pour la France mais pour lui-même, ayant acquis l'estime de la cour de Rome. Converti de fraîche date, il était particulièrement apte à combattre, du moins en paroles, ses anciens coreligionnaires ; aussi, le trouvons-nous ensuite jouant un rôle de premier plan au cours des conférences de Fontainebleau en 1600 entre catholiques et réformés, conférences où il eut l'avantage sur l'adversaire qu'on lui supposait, le « pape des huguenots », Duplessis Mornay *(Discours véritable de la conférence tenue à Fontainebleau)* dont il devait réfuter le *Traité de l'Eucharistie.* Il semble que ce soit ce succès qui lui valut le chapeau de cardinal qu'il reçut en 1604. Ce serait, par contre, pour les services rendus lors de ses ambassades à Rome, qu'Henri IV le fit archevêque de Sens et grand aumônier de France ; et à la mort du roi, le prestige dont jouissait Du Perron était encore tel qu'il fit partie du conseil de Régence (1610) ; on le retrouve aux états généraux de 1614 et à l'Assemblée des notables de 1617 où il défendit les droits du Saint-Siège. Le rôle que joua à Paris et à Rome Du Perron fut donc essentiellement politique. Revêtu des plus hautes fonctions qu'un Français pût recevoir dans l'Église, conseiller très écouté du roi, Du Perron fut cependant le véritable chef de l'Église de France. Ceci ne l'empêchait pas d'être un connaisseur très averti de la littérature de son temps. Nous avons parlé de ses relations avec Ronsard, Baïf et Desportes, ajoutons que ses auteurs favoris étaient Rabelais et Montaigne, choix qui peut surprendre de la part d'un ecclésiastique, moins sans doute que l'existence dans ses *Œuvres* publiés en 1622 (2 vol., in fol.), à côté des *Ambassades*, d'un assez grand nombre de vers français spirituels et passablement galants, le *Temple à l'inconstance*. Enfin, durant toute sa vie, Du Perron fut l'ami et le conseiller très écouté des poètes de son temps comme il le fut du pape et du roi.

JACQUES BROSSE.

♦ *« Prions Dieu qu'il inspire Du Perron, car il nous persuadera tout ce qu'il voudra. »* Paul V. ♦ *« Le saint Augustin de la France. »* Cardinal Bentivoglio. ♦ *« Les ouvrages, presque divins, de ce rare et admirable génie sont les plus fermes remparts de l'Église contre les hérétiques modernes. »* Bossuet. ♦ *« Il eut toute l'importance oratoire, toute l'importance religieuse, et beaucoup plus d'importance politique que Bossuet. »* E. Faguet.

RÉF. : Féret, *Le Cardinal Du Perron*, Paris, 1877. – Blondel, *Le Cardinal Du Perron*, Sens, 1899. – A. Kibedi Varga, « Enfin Du Perron vint », *Rev. d'Hist. Litt. de la Fr.*, 1967, I.

DUPIN Jacques. Poète et critique d'art français. Né à Privas (Ardèche) le 4 mars 1927. Il publie ses premiers poèmes en 1949 dans les revues *Cahiers d'art* et *Botteghe oscure* (*). Au-delà des accents chariens se dessine déjà la volonté, jamais démentie, d'atteindre, dans le poème, au jaillissement, tant des mots que des images, né du feu de la contradiction. Dès cette époque également il rédige de nombreux articles sur des artistes contemporains comme Henri Laurens, Max Ernst ou encore Alberto Giacometti, qu'il rencontre et à l'œuvre de qui il consacrera plus tard un des essais les plus pertinents que l'on puisse lire à ce sujet (*Giacometti*, 1964, réédité en 1991). La fréquentation des peintres et le questionnement à propos de leur œuvre sont déterminants : l'amitié avec Miró, pour qui il rédigera les catalogues raisonnés des peintures (1962, réédition augmentée en 1993) et de l'œuvre gravé (1984-1989) nourrit, grâce à l'exemple de cette peinture jetée à la poursuite du point-limite, la poétique de l'écrivain. De 1950 à 1960, Jacques Dupin publie *Cendrier du voyage*, puis *Les Brisants* et *L'Épervier*, deux textes qui seront joints en 1963 à d'autres sous le titre de *Gravir*. De 1955 à 1981, il assure la direction des éditions de la Galerie Maeght et dans ce cadre fait partie du comité de rédaction de la revue *L'Éphémère* (*), créée en compagnie d'Yves Bonnefoy et André du Bouchet. En 1969 paraît *L'Embrasure* (*), l'un de ses recueils les plus importants. Il sera suivi de *Dehors* (1975), de *De nul lieu et du Japon* (1981), *Une apparence de soupirail* (1982), *De singes et de mouches* (1982), *Les Mères* (1986), *Contumace* (1986), *Chansons troglodytes* (1989), enfin *Échancré* (1991), recueil capital qui scelle l'apparition d'une nouvelle manière dans cette œuvre, plus ouverte encore, plus violente, mais à laquelle se mêlent de plus en plus souvent l'ironie, l'humour et les souvenirs de l'enfance. Dans le cadre de son travail à la Galerie Maeght, puis, à partir de 1982, à la Galerie Lelong, Jacques Dupin rencontre de nouveaux plasticiens avec qui il se lie d'amitié et dont il défend l'œuvre. Il rédige ainsi de nombreuses préfaces et donne des textes pour des livres illustrés par Antoni Tapiès, Valerio Adami, Jan Voss, Pierre Alechinsky, Eduardo Chillida notamment. Ces textes sur l'art sont réunis en 1982 sous le titre *L'Espace autrement dit*.

Peu de poètes, dans la seconde moitié de ce siècle, auront marqué une telle hargne à l'égard de la langue – jugée incapable de rejoindre l'être – tout en lui conservant un prodigieux pouvoir de célébration. Il faut détruire les mots pour renaître dans leur souffle, affirme cette poésie, descendre au plus bas, au plus obscur, pour gagner la hauteur, redessiner un éclat. On ne saisit le réel, l'autre en face de soi, semble nous dire Jacques Dupin, que dans le feu héraclitéen de la contradiction. Et ce n'est qu'en portant la langue au feu que le dehors évoqué par le poème, transmué dans son questionnement haletant ou dans son rapt aveugle, retrouvera sa tremblante vérité.

FLORIAN RODARI.

DU PLAISIR. Romancier et théoricien français du XVIIe siècle. De l'homme, on ne sait rien, et des deux titres qui constituent l'œuvre on ne peut tirer un portrait intellectuel d'une grande cohérence. Les *Sentiments sur les lettres et sur l'histoire avec des scrupules sur le style* (*) parurent en 1683, à Paris en même temps qu'à Lyon. L'ouvrage bénéficia d'un lancement élogieux et insistant du *Mercure galant* (*) – ce qui peut laisser penser que Du Plaisir appartenait au cercle de Donneau de Visé –, mais sombra presque immédiatement dans l'oubli, jusqu'à ce que la critique du XXe siècle y voie le manifeste théorique du « roman nouveau », le corps de doctrine correspondant à *La Princesse de Clèves* (*). Le registre des privilèges nous a fait connaître le nom de Du Plaisir, sans que l'on puisse savoir s'il s'agit ou non d'un pseudonyme. L'intérêt que témoigne l'auteur, en dehors de la question du roman, pour l'art épistolaire a fait émettre à certains l'hypothèse qu'il avait pu remplir une charge de secrétaire. On attribue au même Du Plaisir un roman, *La Duchesse d'Estramène*, paru de façon anonyme à Paris en 1682, dans lequel il est bien difficile de trouver les qualités prônées par le théoricien des *Sentiments*. Le roman semble bien avoir été conçu comme une réplique à *La Princesse de Clèves*, dont il emprunte de nombreuses situations, mais avec un traitement et un dénouement différents. Le résultat décevant ressortit, selon H. Coulet, à un effort pour « traiter le romanesque baroque dans le style du classicisme ».

LAURENT THIROUIN.

DUPLESSIS-MORNAY Philippe : v. **Mornay** Philippe de.

DUPONT DE NEMOURS Pierre Samuel. Économiste français. Né à Paris, le 14 septembre 1739, mort à Eleutherian Mills, Delaware (États-Unis) le 6 août 1817. Dupont de Nemours s'attacha de bonne heure à Quesnay, chirurgien du roi et fondateur de la *Physiocratie ;* c'est lui qui en 1768 publia les textes de Quesnay qu'il avait recueillis dans l'ouvrage qui porte ce nom. Lié avec Turgot, Dupont de Nemours fut son collaborateur au ministère des Finances ; lors de la disgrâce du ministre, Dupont de Nemours se retira mais il fut rappelé aux affaires quelques années plus tard par Vergennes et joua un rôle important dans les négociations et la rédaction du traité d'alliance entre la France et les colonies révoltées d'Amérique signé par Franklin en 1783. Élu en 1789 député aux états généraux par le bailliage de Nemours, il vota les réformes et prit une part prépondérante dans la division du royaume en départements ainsi que dans l'élaboration de la Constitution civile du clergé. Menacé sous la Terreur, il demanda asile aux États-Unis où il fut fort bien accueilli. De retour en France, sous le Directoire, il fit partie du Conseil des Cinq-Cents. En 1814, Dupont de Nemours fut nommé secrétaire du gouvernement provisoire, mais lors des Cent-Jours il regagna les États-Unis où il s'établit définitivement. Dupont de Nemours a écrit un très grand nombre d'ouvrages sur les sujets les plus divers, la politique, l'économie, la physiologie, la physique, l'histoire naturelle. Outre sa collaboration à la *Physiocratie* (*), il y a lieu de citer sa *Philosophie du bonheur* fondée sur l'amour, des *Mémoires sur les animaux,* où se trouvent de curieuses considérations sur la psychologie et le langage des animaux, des *Mémoires* sur Turgot. Dupont de Nemours joua un rôle important dans la presse révolutionnaire de droite ; après la Révolution, il dirigea le *Journal d'agriculture.* Il fut, dès sa création, membre de l'Institut.

RÉF. : Schelle, *Dupont de Nemours et l'école physiocratique,* Paris, 1888. – D. Aimé, *Dupont de Nemours,* Paris, 1934. – Ph. Girardet, *Les Réalisateurs,* Paris, 1945. – G. Weulersse, *La Physiocratie à l'aube de la Révolution : 1781-1792,* Paris, 1984.

DUPREY Jean-Pierre. Poète, sculpteur et peintre français. Né à Rouen le 1er janvier 1930, mort à Paris le 2 octobre 1959. Tout jeune, il se destine à la carrière littéraire. Il vient à Paris en 1948 et participe au mouvement surréaliste. André Breton parraine son recueil *Derrière son double* (*) (1950). Il exécute ses premiers « plâtres ». Après quelques essais en peinture, il revient définitivement à la sculpture en 1953. Après avoir participé à plusieurs manifestations du groupe, et l'expérience surréaliste touchant à sa fin, il trouve dans le ciment un nouveau matériau avec lequel il exécute des formes polychromes. Bientôt il donne des signes de dépression ; il se suicide alors qu'il venait d'écrire ses derniers vers. Poésie sans artifice, quelque peu sarcastique, son œuvre est publiée après sa mort : *Dans l'œil du miroir, En l'air de verre passé au philtre du vide, Spectreuses* (1964), *La Fin et la Manière* (*) (1965), *La Forêt sacrilège* suivi de *L'Ombre sagittaire, Le Temps en blanc* et *Premiers poèmes* (1970).

DURÁN Agustín. Littérateur et critique espagnol. Né à Madrid le 14 octobre 1793, mort dans cette même ville le 1er décembre 1862. Il fit ses études au séminaire de Vergara, puis à Séville. Il devint professeur, mais sacrifia sa carrière à son goût pour les textes oubliés et les nouvelles éditions qu'il convenait d'en donner. L'Espagne ne lui fournissait que peu de matière en comparaison de celle qu'offraient les bibliothèques de Londres, de Vienne et de Paris ; aussi sa nomination au poste de directeur de la Bibliothèque nationale favorisa-t-elle singulièrement son activité. Il remit en valeur le théâtre du Siècle d'or – *Essai sur l'influence de la critique moderne sur la décadence de l'ancien théâtre espagnol* (*) –, puis se mit à recueillir et à publier les *Romances*, dans lesquelles il voyait l'expression la plus ancienne de la poésie populaire. Première édition du *Romancero general* (+) : 1828-1832 ; deuxième édition augmentée 1832-1844. Il se livra à ces travaux à des fins patriotiques, puis ses vues s'élargirent, et partant de la poésie populaire médiévale, il se montra aussi habile à vulgariser ses théories qu'à reconstituer valablement l'histoire de l'art, de la langue et de l'esprit de son pays. Il devint « duque de Rivas » et académicien d'Espagne en 1834.

RÉF. : Rogerio Sánchez, *Historia general de la literatura,* Madrid, 1912.

DURAND Étienne. Poète français né et mort à Paris : 1586 - 19 juillet 1618. Issu d'une riche famille bourgeoise alliée à la noblesse, il exerce à partir de 1605 la charge de contrôleur provincial des guerres. Poète ordinaire de Marie de Médicis, doué pour la musique et la danse, il organise les ballets de cour à partir de 1608, en compose les vers et en publie les descriptions officielles. Du parti de la Reine mère et de Concini qui complotent contre Luynes, il est accusé d'avoir traduit un libelle diffamatoire des frères Siti où Louis XIII est comparé à Néron. Convaincu de lèse-majesté, il est roué et brûlé en place de Grève avec ses écrits. Il a publié un roman, *Les Épines d'amour* (1604), des vers de ballets, et un recueil poétique, les *Méditations* (*) (1611), qui contient ses célèbres « Stances à l'Inconstance. »

ALAIN GÉNETIOT.

RÉF. : *Poésies complètes,* éd. H. Rogers et R. Rosenstein, 1990.

DURAND Oswald Alexis. Poète haïtien. Né en 1840, au Cap-Haïtien, mort en 1906 à Port-au-Prince. Il est l'initiateur de la poésie créole haïtienne en langue française, bien qu'il ait écrit également des poèmes dans le dialecte de l'île (mélange de créole et de français). Il fit une importante carrière politique dans sa petite république et ses concitoyens l'aimèrent et l'estimèrent comme l'interprète le plus sincère et le plus grand de l'âme créole. Son court poème *Choucoune* (*) (1884) est très connu – nommé la « *Mireille* haïtienne », pour la spontanéité pleine de charme et de couleurs avec laquelle il décrit l'amour, avec, pour toile de fond, la nature splendide et sensuelle de l'île.

RÉF. : L.-F. Prudent, *La Langue créole aux Antilles et en Guyane*, dans *Les Temps modernes*, 39, 1983. – *Koute pou tann ! Anthologie de la nouvelle poésie créole*, Paris, 1984.

DURANTY Louis Émile Edmond. Romancier français. Né et mort à Paris (5 juin 1833 - 10 avril 1880). Avec son maître Champfleury, il fut la principale figure du mouvement d'où devait sortir le naturalisme. Sa vie tout entière fut marquée par la malchance. Transplanté à la campagne peu après sa naissance, il eut une enfance délaissée. Il était fils naturel d'Émilie Lacoste, qui lui donna le nom emprunté de Duranty, et de L. E. Anthoine. Vers sa vingtième année (1852) il revint à Paris, s'y fit remarquer par son intelligence aiguë et sentit que sa vocation était le métier d'écrivain. Il fonda d'abord une revue intitulée *Réalisme* qui n'eut guère que six numéros mais fit beaucoup parler d'elle. Devenu critique d'art pour gagner sa vie, il soutint efficacement la peinture impressionniste, alors naissante, devint l'ami de Courbet, de Manet et de Degas, lequel devait laisser de lui un portrait des plus saisissant, et publia, en 1876, *La Nouvelle Peinture, à propos du groupe d'artistes qui expose dans les galeries Durand-Ruel.* Tout en polissant son œuvre de romancier, il décida de se faire montreur de marionnettes. En dépit de la cocasserie qu'il y dépensait, son entreprise finit par faire faillite. La plupart des pièces de son répertoire sont réunies dans le volume intitulé : *Théâtre des marionnettes du Jardin des Tuileries* (1862). Duranty nous a laissé trois romans en tous points remarquables : *Le Malheur d'Henriette Gérard* (*) (1860) qui se déroule dans un milieu de bourgeoisie provinciale ; le second, *La Cause du beau Guillaume* (1862) qui évoque la vie rurale ; le dernier, paru dix ans plus tard, nous transporte dans le grand monde : *Les Combats de Françoise du Quesnoy* (1872). Duranty fut loin d'obtenir le succès qu'il méritait. En souffrit-il ? Nul ne le sait. Quoi qu'il en soit, il ose écrire, en 1857 : « Je suis de ceux que l'avenir n'effraie pas. » Il avait raison, car Zola lui accorda une place dans sa galerie des ancêtres du naturalisme. Dédaignant toute musique, toute virtuosité, Duranty se distingue de ses contemporains par l'aptitude qu'il eut toujours de regarder les choses sans chercher en même temps à être quelqu'un. D'où sa merveilleuse liberté. C'est pourquoi la critique actuelle commence à lui rendre justice.

RÉF. : M. Parturier, *Joly et Duranty*, Paris, 1948. – L.-É. Tabary, *Duranty, étude bibliographique et critique*, Paris, 1954. – M. Crouzet, *Un méconnu du réalisme : Duranty*, 1965.

DURAS Claire Lechat de Kersaint, duchesse de Durfort. Née à Brest le 22 février 1778, morte à Nice le 16 janvier 1828. Fille d'un capitaine de vaisseau, le comte de Kersaint, mort sur l'échafaud, elle émigre avec sa mère à la Martinique, puis se fixe à Londres où elle épouse le duc de Duras, un autre émigré. Elle rentre en France après le 18 brumaire, mais, pendant tout l'Empire, vit retirée avec son mari dans son château de Touraine, où elle n'a de relations avec le monde des lettres que son amitié pour Chateaubriand, et surtout pour Mme de Staël. Avec la Restauration, le duc de Duras est nommé maréchal de France et la duchesse, rentrée à Paris, tient un salon littéraire assez fermé, où c'est en quelque sorte une consécration mondaine d'être admis. Elle publie deux brefs romans bien accueillis du public, *Édouard* (*) (1824), et *Ourika* (+) (1823).

RÉF. : A. Bardoux, *Études sociales et politiques. La Duchesse de Duras*, Paris, 1898. – G. Pailhès, *La Duchesse de Duras et Chateaubriand,* Paris, 1910. – V. Giraud, *Passions et romans d'autrefois. Madame de Duras,* Paris, 1925.

DURAS Marguerite (pseud. de Marguerite Donnadieu). Écrivain français. Née à Gia-Dinh, près de Saïgon, le 4 avril 1914. Ses parents, d'un milieu modeste, sont enseignants, attirés par le rêve colonial. Sa mère est institutrice, son père qu'elle ne connaîtra guère, professeur de mathématiques. Le père meurt en laissant trois enfants ; l'existence heureuse de la famille Donnadieu, en « Indo », se transforme alors en une vie plus hasardeuse, plus aventureuse. Pour subvenir aux besoins des siens, la mère accepte des postes précaires dans la brousse. « Petits blancs », colons méprisés et misérables, la famille vit comme les indigènes. La jungle tout autour devient l'aire de jeux des enfants, tremplin d'imaginaire, lieu de toutes les terreurs, de toutes les fascinations. La mère, dotée d'un caractère pugnace et autoritaire, achète une concession, fruit de ses économies de vingt années. Mais ignorante de la coutume du pot-de-vin ou ne voulant pas, par morale, y céder, elle se fait berner par l'administration qui lui vend une terre incultivable, harcelée par la mer de Chine. La légende s'installe : plus tard la mer de Chine deviendra le Pacifique, et cette mère abusée, une déesse révoltée contre les dieux, défiant son destin dans une sorte de folie souveraine.

En pension à Saïgon, la jeune Marguerite découvre les premiers émois, la violence de sa sensualité, la force impérieuse du désir. C'est à cette époque qu'elle rencontrera l'Amant, un riche et jeune Chinois, première expérience de l'amour, mais aussi de la transgression sociale.

Puis elle rentre en France. Son imaginaire est déjà nourri de tout ce qui construira l'œuvre à venir, de cette histoire de l'enfance, dont la future romancière tissera inlassablement la trame, la déchirant, la raccommodant : la lèpre, la jungle, le monde colonial, les palaces blancs, la corruption administrative, la puissance de la nature, l'irrésistible poussée du désir, la mort, les parfums.

En 1932, elle se fixe à Paris. Elle prépare une licence de droit, fait des études de mathématiques, s'inscrit en Sciences politiques. En France, elle découvre l'ennui, garde en elle la nostalgie des îles, des fleuves qui, comme des résilles, parcourent les terres humides, entretient en elle cette violence dont elle avait eu la révélation, éprouve l'amertume de cette liberté perdue de l'enfance, vécue sur les « terres du barrage ».

Les tensions familiales sont accrues par ce que l'auteur ressent très vite comme une terrible injustice : la préférence que sa mère accorda à son fils aîné, « un fils superbe, tendre et dévoué ». Cette différence dans l'amour, déclara-t-elle plus tard, fut subie « comme un malheur ».

Lentement, ainsi que d'une chose qui a peine à se livrer — d'où l'utilisation systématique de la parataxe et de l'asyndète, figures de style qui tentent de préciser, de formuler l'indicible en entassant substantifs et épithètes et en supprimant les liens logiques — se plantent les pilotis d'une œuvre dont *La Famille Taneran*, manuscrit refusé par les éditions Gallimard puis publié en 1943 sous le titre *Les Impudents* chez Plon, est le premier chantier. L'année suivante, Gallimard, conscient de son erreur, publie *La Vie tranquille.*

Parce qu'elle prétend qu'un écrivain ne peut écrire sous le nom du père, elle décide d'emprunter son pseudonyme à un nom de ville du Lot-et-Garonne. Désormais, elle s'appellera Marguerite Duras. En 1939, elle épouse Robert Antelme, qui réchappera des camps de la mort à l'issue de la Seconde Guerre mondiale, et au sujet duquel, elle écrira *La Douleur* (*) (1985), récit autobiographique, mais auquel la violence, la souffrance brutale et l'émotion conféreront une portée universelle. En 1942, elle rencontre Dyonis Mascolo, dont elle aura un fils, Jean. Sa vocation d'écrivain s'affirme, influencée par les auteurs américains de la « lost generation », elle écrit, en 1950, *Un barrage contre le Pacifique* (*), qui reprend, de manière détournée, l'histoire de son enfance et surtout attribue à sa mère une dimension épique. Dans son appartement de Saint-Germain-des-Prés qui fut un lieu d'accueil de résistants, elle reçoit des artistes et des intellectuels : Bataille, Claude Roy, Edgar Morin, Blanchot... Dans ces mêmes années, elle milite au parti communiste, dont elle est un temps secrétaire de cellule puis qu'elle quittera avec violence.

Dès lors, elle ne cesse d'écrire. À un rythme soutenu, elle publie des ouvrages au ton et au contenu très homogènes : *Le Marin de Gibraltar* (1952), *Les Petits Chevaux de Tarquinia* (1953), *Des journées entières dans les arbres* (1954), *Le Square* (1955), *Moderato Cantabile* (*) (1958), *Les Viaducs de Seine-et-Marne* (1960), *Dix heures et demie du soir en été* (1960). Tentée un temps très court par l'aspect novateur du Nouveau Roman, elle fera vite cavalier seul, prédisant les dangers de stérilité de cette école. Confusément, elle comprend que l'écriture théâtrale puis cinématographique, seront essentielles pour donner sens à sa création. Au cinéma, Alain Resnais lui demande un scénario : de cette collaboration éclatera la bombe inattendue du festival de Cannes 1959, *Hiroshima mon amour* (*).

Le cycle de Lol V. Stein s'inaugure en 1964 avec *Le Ravissement...* Cette œuvre-pilote satellisera d'autres œuvres grâce auxquelles Duras essaiera sans cesse d'approcher du sens mystérieux des êtres, des choses et du monde. Anne-Marie Stretter, image quasi archétypale d'une femme qu'elle a rencontrée dans son enfance sans jamais lui parler, hantera ce cycle, du *Vice-Consul* (*) (1966) à *Savannah Bay* (1982), de *India Song* (*) (1973) à *Son nom de Venise dans Calcutta désert* (1976), de *L'Amour* (1971) à *La Femme du Gange* (1973). Œuvre qui ne cesse de rebroder, de reprendre le canevas autobiographique pour le retravailler, le réinventer. « L'histoire de notre vie, de ma vie, elle n'existe pas, ou bien alors, il s'agit de lexicologie. Le roman de ma vie, de nos vies, oui, mais pas l'histoire. C'est dans la reprise des temps par l'imaginaire que le souffle est rendu à la vie », confie-t-elle.

Elle crée au théâtre avec la Compagnie Erouk-Deluca *Les Eaux et Forêts, Le Square, La Musica* (1965), *Yes, peut-être, Le Shaga* (1968). Madeleine Renaud devient son interprète préférée, depuis *Des journées...* (1968) à *Eden-Cinéma* (1977) et *Savannah Bay.*

Les événements de mai 68 la voient au premier plan de la contestation étudiante. Elle participe à des débats, des colloques, des motions, des comités, est, dit-on, à l'origine du fameux slogan « Sous les pavés, la plage ». De cette époque révolutionnaire, elle écrira *Détruire, dit-elle* (1969), livre-charnière qui servira de transition avec l'écriture cinématographique à laquelle elle s'adonnera désormais. Elle porte ainsi à l'écran, avec des moyens limités, *Détruire, dit-elle* (1969), *Jaune le Soleil*, d'après *Aban Sabana David* (1970), *Nathalie Granger* (1973), *India Song* (1975), chef-d'œuvre de l'imaginaire durassien, sorte d'apogée de son art, transfiguré dans l'image et la musique, *Le Camion* (1977). « Hors de toutes les combines », comme elle aime à le répéter, elle est de tous les combats, contre toutes les oppressions et pour tous les opprimés. La stature de Marguerite Duras grandit, elle devient un auteur-culte, objet de toutes les admirations et de toutes les haines. Ses livres sont attendus chaque année avec impatience et constituent, en en scandant les motifs, en en modulant les variations, le roman inventé de son imaginaire : *L'Homme assis dans le couloir* (1980), *Agatha* (1981), *L'Homme Atlantique* (1982), *La Maladie de la mort* (1982), *La Pluie d'été* (1990). Elle atteint la consécration et le grand public avec *L'Amant* (*) (1984), véritable phénomène de société, couronné par l'académie Goncourt. Touchant à tous les genres, elle écrit des articles pour la presse, comme elle en écrivit autrefois dans *France Observateur* ou *Vogue*. *L'Été 80* (1980) renouvelle le genre et lui rend sa morale.

Souffrante ces dernières années, à la suite de plusieurs cures de désintoxication et atteinte d'emphysème pulmonaire qui l'ont conduite près de la mort dont son œuvre est si familière, délaissant sa maison de campagne de Neauphle-le-Château, qui fut un des hauts lieux durassiens dans les années 1970 — v. le petit ouvrage *Les Lieux de Marguerite Duras* (1977) illustré de photos —, elle vit à Paris et dans la proustienne solitude des Roches Noires à Trouville, face à la mer, auprès de son dernier compagnon, Yann Andréa, et surtout face à ce vide, à ces enfouissements, à ces trappes, à ces absences dont les sables de la plage presumée de Balbec sont la métaphore, entretenant avec ce fameux « pacte autobiographique », dont son œuvre s'est nourrie, une subversion et un retournement qui l'ont menée dans le lieu même de l'écriture, secret et indicible.

Face au déchaînement médiatique provoqué par l'adaptation au cinéma de *L'Amant*, réalisée par le publiciste et cinéaste Jean-Jacques Annaud (1992), elle trouve néanmoins des forces pour condamner avec violence le film et son auteur auquel elle avait pourtant donné son accord, « pour le fric » dit-elle. Elle publie, au moment de la sortie du film sur les écrans, *L'Amant de la Chine du Nord*, « roman en profondeur », dégagé de l'aspect « pot-pourri » de *L'Amant*, plus concentré sur l'histoire du Chinois et nourri d'indications de mise en scène pour une éventuelle et autre réalisation cinématographique. Elle publie en mai 1992 *Yann Andréa Steiner*, dont le succès relève aussi du phénomène de mode, faisant du compagnon avec lequel elle vit depuis 1980 un héros durassien au même titre qu'Aurélia Steiner, Anne-Marie Stretter ou le vice-consul, usant librement de sa désormais légendaire « écriture courante » au risque d'hétérogénéiser la matière narrative, d'où surgissent toutefois malgré redites et tics de langage, comme générés par une grâce presque involontaire, des moments d'intense poésie pure.

ALAIN VIRCONDELET.

RÉF. : Alain Vircondelet, *Marguerite Duras*, Paris, 1972 ; *Duras, biographie,* 1991. – Marcelle Marini, *Territoires du féminin avec Marguerite Duras*, Paris, 1977. – Yann Andréa, *M. D.*, Paris, 1983. – Jean-Luc Seylaz, *Les Romans de Marguerite Duras*, Paris, 1983. – Madeleine Borgomano, *Duras, une lecture des fantasmes*, Paris, 1985. – Jean Pierrot, *Marguerite Duras*, Paris, 1986. – *L'Arc*, numéro *Marguerite Duras*, 1990 – Aliette Armel, *Marguerite Duras et l'autobiographie,* Paris, 1990. – Christiane Blot-Labarrère, *Marguerite Duras,* Paris, 1992.

DÜRER Albrecht. Peintre allemand. Né à Nuremberg (Main) le 21 mai 1471, mort dans cette même ville le 6 avril 1528. Fils d'Albrecht Dürer, orfèvre, il fit son apprentissage dans la boutique paternelle qu'il quitta le 30 novembre 1486 pour passer dans celle de Michael Wohlgemut. Au printemps de 1490, ses études terminées, il entreprit un voyage qui, par l'Allemagne et la Hollande, l'amena à Bâle où il fit ses premiers essais de gravure sur bois. Vers la fin de 1493 il est à Strasbourg, et au printemps de l'année suivante de nouveau à Nuremberg où il se mariera quelques mois plus tard ; c'est en automne 1494 que se place son premier court voyage en Italie (à Venise et peut-être à Padoue, Mantoue et Crémone) qui le mit en contact avec l'art vénitien de la première Renaissance. Le retour dans son pays, au début de 1495, marque le début d'une période d'intense et fructueuse activité en peinture et en gravure, encouragée par la protection de Frédéric le Sage, électeur de Saxe ; c'est en effet à ces années-là qu'appartiennent les séries xylographiques de *L'Apocalypse* (quinze planches) [*Apokalypse*, 1498], de *La Grande Passion* (onze planches) [*Die grosse Holzschnitt-Passion*] et de *La Vie de la Vierge* [*Marienleben*] (vingt planches) [*Holzschnittfolge des Marien Lebens*] datées respectivement de 1510 et 1511, mais commencées longtemps auparavant. *La Vie de la Vierge* sera diffusée en Italie également, par les copies au burin exécutées par Marc Antonio Raimondi.

À partir de 1500 environ, Dürer, pour compléter sa culture personnelle d'artiste de la Renaissance, se mit aux études théoriques, et en particulier à celle de la perspective et des proportions de l'homme et du cheval ; il n'en continua pas moins, d'ailleurs, son observation attentive des moindres détails de la nature. Quelques-uns de ses plus célèbres dessins et aquarelles, telle la fameuse *Motte de terre,* sont de ces années-là, pendant lesquelles sa technique de graveur devient, elle aussi, plus riche et plus complexe, comme le montrent le *Saint Eustache* et *La Grande Fortune* [*Das grosse Glück,* 1501-02]. En 1505, Dürer se trouve de nouveau à Venise où il obtient la commande de *La Madone du Rosaire* [*Die Madonna mit dem Zeisig,* 1506] pour l'église Saint-Barthélemy : c'est une grande toile (actuellement au musée de Prague) où, malgré son mauvais état, transparaît l'influence de Giambellino. *Le Christ au milieu des docteurs* [*Christus unter den Schriftgelehrten,* 1506] (galerie von Thyssen, Lugano, autrefois à la galerie Barberini à Rome) contient des réminiscences de Léonard, évidentes dans les six gravures sur bois des *Nœuds* qui remontent probablement à la même année 1506. Son second et dernier séjour en Italie permet surtout à Dürer de parfaire ses études théoriques par une connaissance approfondie des idées d'Alberti, de Piero della Francesca et de Léonard de Vinci.

La période qui s'étend de 1507 – année de son retour en Allemagne – à 1514 marque une reprise de son activité de graveur au détriment de celle de peintre qui cesse presque complètement. Les trente-six xylographies de la *Petite Passion* [*Kleine Passion*], commencées en 1509, et les seize gravures au burin de la *Passion*, publiées respectivement en 1511 et 1513, avaient certainement été esquissées au cours des cinq années précédentes, probablement en même temps que les planches célèbres du *Chevalier, la Mort et le Diable* [*Ritter, Tod und Teufel,* 1513], du *Saint Jérôme dans sa cellule* [*Hieronymus im Gehaüs,* 1514] et de *La Mélancolie* [*Melancholie,* 1514]. La seconde décade du siècle correspond à la phase de l'art de Dürer la plus marquée par l'humanisme ; en effet, vers 1512-1513, le peintre commence à rédiger ses ouvrages théoriques tandis qu'il ne dédaigne pas de s'inspirer, pour ses gravures et ses dessins, des œuvres d'auteurs classiques comme Philostrate et Lucien. La protection de l'empereur Maximilien Ier, à partir de 1512, sert à lui assurer la commande des dessins pour l'*Arc de triomphe* [*Triumphzuge,* 1515], gravés sur cent quatre-vingt-douze pièces de bois, et ceux pour le *Char triomphal* [*Triumphwagen*], traduits en huit gravures sur bois publiées en 1522, mais qui datent de 1518 environ ; Dürer obtient également la commande du portrait de l'empereur en personne qu'il peint à Augusta en 1518, en même temps que celui de Fugger le riche, puis celle des quarante-cinq illustrations marginales qui ornent le *Livre d'heures de Maximilien* [*Maximilians Gehetbuch*] (Bibliothèque royale à Munich).

Mais cette heureuse période est interrompue par la mort de Maximilien en 1519 ; à la crise matérielle qui suit la perte de son protecteur vient s'ajouter, pour Dürer, la crise religieuse qui se termine par sa conversion au luthéranisme. Pour solliciter du nouvel empereur Charles Quint la prorogation de sa pension, Dürer décide de le rencontrer, et, en 1520, il part pour Aquisgrana où il assiste aux cérémonies du couronnement ; de là, il poursuit vers les Pays-Bas, séjournant surtout à Anvers. Ce voyage lui permet de fructueuses rencontres avec des artistes flamands, dont il reste d'admirables témoignages dans la série des dessins à pointe d'argent de son carnet et dans les pages de son *Journal*. On classe parmi les œuvres de cette dernière période les portraits gravés du cardinal Albert de Brandebourg (1523), de l'électeur Frédéric de Saxe, de l'humaniste ami Pirckheimer (1524), d'Érasme de Rotterdam (1526), et les trois toiles représentant Jakob Muffel, Jérôme Holzschurer et Jean Kleberger, toutes de 1526, tandis que les deux grands panneaux représentant les *Quatre Apôtres* [*Die vier Apostel*], conçus à l'origine pour les volets d'un diptyque ou d'un triptyque (dont la partie centrale ne fut jamais achevée, sans doute pour obéir aux interdits de la Réforme), sont généralement considérés comme le testament artistique de Dürer, comme l'œuvre capitale qui clôt son activité à la veille de sa mort (ces panneaux ont été offerts à sa ville natale).

Dürer fut le premier artiste nordique à être influencé par les théories et par les expériences de l'Italie de la Renaissance, ainsi qu'on peut le déduire de ses trois traités : *Instructions pour mesurer au compas et à la règle* [*Underweysung der Messung mit dem Zirckel,* etc., Nuremberg, 1525], traité de géométrie descriptive, *Quelques leçons sur la fortification des villes, des châteaux et des plaines* [*Etliche Underricht zur Befestigung der Stett, Schlosz und Flecken,* Nuremberg, 1527], traité de fortification, et les *Quatre livres des proportions humaines* (*) (Nuremberg, 1528). Bien que l'on ait avancé les noms de Luca Pacioli et de Bramante, il n'est pas possible d'identifier le maître auquel Dürer s'adressa à Bologne en 1506 pour étudier la perspective ; c'était certainement un maître au courant non seulement des théories d'Alberti et de Piero della Francesca, mais aussi de celles des Lombards groupés autour du Bramantino.

LAMBERTO VITALI.

♦ *« Apelle se servait de couleurs peu nombreuses et simplement disposées ; cependant il se servait de couleurs. Mais Dürer, si digne d'admiration sous d'autres rapports, que n'exprime-t-il pas avec une seule couleur, c'est-à-dire avec des lignes noires ? N'est-il pas plus méritoire d'exécuter, sans l'attrait séducteur des couleurs, ce qu'Apelle réalisait avec le secours de celles-ci ? »* Érasme. ♦ *« Si cet homme si rare, si habile et si universel avait eu la Toscane pour patrie, et s'il avait pu étudier les choses de Rome, comme nous l'avons fait, il aurait été le meilleur peintre de nos pays, comme il a été le plus rare et le plus illustre qu'aient jamais eu les Flamands. »* Vasari. ♦ *« ... le monde, tel que l'a vu Albert Dürer, avec sa vie vigoureuse et sa virilité, sa force intérieure et sa constance. »* Goethe. ♦ *« Il a été un très grand, un immense découvreur de formes, et ses concitoyens, les étrangers, l'ont pillé à qui mieux mieux...* [Il] *a été l'un de ces génies impériaux, qui, succédant à une école de simples talents, replongent dans le réel et trouvent dans son imitation quelque chose que l'on n'avait point découvert jusque-là. »* Pierre du Colombier.

RÉF. : Ch. Ephrussi, *Albert Dürer et ses dessins,* Paris, 1882. – H. Wölfflin, *Die Kunst Albrecht Dürers,* Munich, 1905. – F.-L. Müller, *Die Asthetik A. Dürers,* Strasbourg, 1910. – P. du Colombier, *Albert Dürer,* Paris, 1927. – E. Flechsig, *Albrecht Dürer, sein Leben und seine Künstlerische Entwicklung,* 2 vol., Berlin, 1928. – W. Waetzoldt, *Dürer und seine Zeit,* Vienne, 1935. – E. Panofsky, *The Art and Life of Albrecht Dürer,* Princeton, 1943. – R. Klibanski, F. Saxl et E. Panofsky, *Saturn and Melancholy,* Londres/Paris, 1964. – L. Grote, *Dürer,* Genève, 1965. – F. Auzelewsky, *Dürer, vie et œuvre,* Paris, 1980. – P. Vaisse, *Tout l'œuvre peint de Dürer,* Paris, 1988.

D'URFEY Thomas. Auteur dramatique anglais. Né en 1653 à Exeter (Devonshire), mort à Londres le 26 février 1723. Issu d'une famille de protestants français émigrés en Angleterre lors du siège de La Rochelle en 1628, neveu d'Honoré d'Urfé, l'auteur de l'*Astrée* (*), il entreprit d'abord des études de droit qu'il abandonna, presque au moment de devenir avocat, pour se consacrer entièrement aux lettres. Doué de remarquables qualités d'esprit qui le faisaient fort apprécier de la Cour, d'Urfey composa en grand nombre des ballets, des sonnets, des odes et surtout des chansons, d'inspiration assez licencieuse et caractéristiques de la liberté de mœurs qui régnait en Angleterre pendant l'époque de la Restauration ; elles ont été réunies en six volumes sous le titre : *L'Esprit joyeux, ou des pilules pour purger la mélancolie* [*Wit and Misth, or Pills to purge Melancholy,* 1719-20]. D'Urfey écrivit également plusieurs romans, en particulier une *Histoire comique de don Quichotte* (+) (1694-96), en trois volumes, mais c'est à la scène, où il débuta en 1676 avec *Le Siège de Memphis* [*The Siege of Memphis*], joué au King's Theater, qu'il obtint ses plus grands succès. De la trentaine d'œuvres scéniques qu'il produisit, remarquables comme ses poésies par une prédilection pour les répliques hardies et les situations scabreuses, on ne peut guère retenir aujourd'hui que *Les Sœurs intrigantes* [*The Plotting Sisters,* 1676]. Ami de la plupart des littérateurs de l'époque et du musicien Purcell, D'Urfey, dont la veine n'était pas plus licencieuse que celle de Dryden par exemple, fut une sorte d'amuseur officiel à la cour de Charles II, de la reine Anne, de Guillaume III. Il mourut cependant presque complètement oublié et dans une situation proche de la misère, ne devant un enterrement décent, à St. James's Church, Piccadilly, qu'à la générosité du comte de Dorset.

RÉF. : R. Forsythe, *A Study of the plays of T. D'Urfey,* 2 vol., Cleveland, 1916-17.

DURKHEIM Émile. Sociologue français. Né le 15 avril 1858 à Épinal (Vosges) et mort le 15 novembre 1917 à Paris. Fils de rabbin, normalien, agrégé de philosophie, il a été l'auteur d'une des entreprises les plus audacieuses intellectuellement et institutionnellement dans l'université française, la constitution de la sociologie comme discipline autonome, en rupture notamment par rapport à la philosophie. Son originalité apparaît dès sa thèse de philosophie, publiée sous le titre *De la division du travail social* (1893). Durkheim y aborde déjà le thème, central dans toute son œuvre, de la « solidarité sociale » : « Comment se fait-il que, tout en devenant plus autonome, l'individu dépende plus étroitement de la société ? Comment peut-il être à la fois plus personnel et plus solidaire ? » La réponse apportée par Durkheim le conduit à affirmer l'existence d'une réalité sociale extérieure aux individus. Il y formule aussi l'ambition d'établir une loi générale de l'évolution des sociétés : à la solidarité « mécanique », basée sur la ressemblance et l'interchangeabilité des individus, succède la solidarité « organique », pour laquelle les différences jouent à l'inverse un rôle primordial, la complémentarité entre individus exerçant des activités qui se sont différenciées par une division croissante du travail assurant la cohésion sociale. Ce processus de complexification de la vie sociale s'accompagne d'une valeur accrue accordée à l'individu. Les philosophes de la Sorbonne qui constituent le jury accueillent défavorablement un travail auquel ils reprochent son réalisme social et son réductionnisme. Durkheim poursuit cependant son travail dans la même voie. Il enseigne à Bordeaux, de 1887 à 1902, consacrant ses cours à la « solidarité sociale », à la « famille et la nature des liens de parenté », au « socialisme », et à la « physique des droits et des mœurs ». Il est aussi chargé du cours de « sciences sociales et pédagogie », qui lui donne l'occasion de dégager les trois éléments constitutifs de la moralité : « l'esprit de discipline », « l'attachement au groupe social » et « l'autonomie de l'individu », aboutissement d'un processus de sécularisation et de rationalisation étroitement lié à la division du travail. Ce mouvement vers l'individualisme s'inscrit dans la longue durée et ne peut être renversé. Cette conviction le conduit quelques années plus tard à prendre position en faveur de Dreyfus, le non-respect de la valeur attachée à l'individu lui semblant plus dangereux pour la société que la contestation de l'autorité militaire. Durkheim montre ainsi que c'est un devoir pour le savant de prendre position sur les questions importantes, mais, comme Max Weber, il lui refuse le droit de détourner son autorité de savant à des fins politiques. Pendant son séjour à Bordeaux, il rédige des ouvrages dont la postérité est bien supérieure à celle de sa thèse : *Les Règles de la méthode sociologique* (*), ouvrage d'épistémologie qui a aussi une fonction de manifeste en faveur de la sociologie et de réponse à ses détracteurs, et *Le Suicide* (*), travail empirique exemplaire tant par l'usage qu'il y fait des statistiques que par la façon dont est méthodiquement mise en œuvre la rupture par rapport aux « prénotions ». En 1902, il est nommé à la Sorbonne, comme suppléant de Ferdinand Buisson à la chaire de science de l'éducation ; il en devient titulaire en 1906. Ses préoccupations évoluent alors, la religion y occupant une place de plus en plus importante. Dans *Les Formes élémentaires de la vie religieuse* (*) (1912), il étudie le totémisme australien et en déduit la théorie générale selon laquelle les individus adorent la société en croyant adorer Dieu, les rituels collectifs étant l'occasion de réactiver cet attachement au groupe. Surtout, la religion est la première forme de connaissance, dont dérivent toutes les autres, et notamment la science. En conséquence, les catégories de la pensée sont déterminées par les structures sociales. En développant ce thème, Durkheim fonde la sociologie de la connaissance, en opposition à Kant pour qui les catégories de l'entendement sont données « a priori ». Ce passage de l'œuvre de Durkheim est particulièrement inacceptable pour les philosophes. Mais, avant même son retour à Paris, Durkheim avait la réputation d'un personnage doctrinaire, et il est vrai qu'il a une conception impérialiste de sa discipline, perçue comme « science pilote des sciences sociales » (Steven Lukes). Il a pour ambition de les fédérer, critiquant notamment l'histoire qui décrit plus qu'elle n'explique. C'est pourquoi il lui est nécessaire de se donner d'importants moyens, notamment par la réunion d'une équipe de disciples. Sans doute ses voyages en Allemagne, et notamment la visite du laboratoire de Wundt à Leipzig, ont-ils aussi eu un effet sur sa conception de la science comme entreprise collective : en 1896, il crée une revue, *L'Année sociologique,* à laquelle participent ses disciples. Ceux-ci jouent aussi un rôle important dans la diffusion de son œuvre après sa mort, en rassemblant ses articles et ses cours : Paul Fauconnet publie *Éducation et Sociologie,* Célestin Bouglé publie *Sociologie et Philosophie* (1924), Maurice Halbwachs, *L'Évolution pédagogique en France* et Georges Davy, *Les Leçons de philosophie.*

FLORENT CHAMPY;

♦ *« Durkheim était de tempérament philosophique, voire religieux. Il parlait de la sociologie avec l'ardeur morale du prophète. [...] Le caractère philosophique de la sociologie durkheimienne explique la violence des passions soulevées il y a un peu plus d'un demi-siècle par cette sociologie. »* Raymond Aron. ♦ *« Les* Règles *nous semblent être aujourd'hui, par l'esprit qui les anime, d'une réelle actualité. »* Jean-Michel Berthelot.

RÉF. : Raymond Aron, *Les Étapes de la pensée sociologique,* Paris, 1967. – Steven Lukes, *Émile Durkheim, his Life and Work,* Londres, 1973. – François Chazel, *Durkheim, les règles de la méthode sociologique,* Paris, 1975. – Jean-Claude Filloux, *Durkheim et le socialisme,* Genève, 1977. – Anthony Giddens, *Durkheim,* Glasgow, 1978. – Bernard Lacroix, *Durkheim et le politique,* Paris, 1981. – Robert A. Nisbet, *La Tradition sociologique,* Paris, 1984. – Philippe Besnard, *L'Anomie, ses usages et ses fonctions dans la discipline sociologique depuis Durkheim,* Paris, 1987.

DURRELL Lawrence. Écrivain anglais. Né de parents anglo-irlandais le 27 février 1912 à Jalunda, bourgade indienne des confins de l'Himalaya, mort à Sommières (Gard) le 7 novembre 1990. La famille comprend, outre les parents, une sœur et deux frères, dont l'un, Gerald, sera lui aussi écrivain. Son père dirigeait la Tata Iron and Steel Company qui réalisa les principaux ouvrages d'art, usines et chemins de fer des Indes. Le jeune Larry commença ses études à Darjeeling, les poursuivit, à partir de 1924, en Angleterre à Southwark, puis à la St. Edmund's School de Canterbury. La mort de son père le contraignit à abandonner ses études. Il s'installa dans le quartier intellectuel de Bloomsbury où il occupa plusieurs emplois, dont celui de pianiste au Blue Peter Night Club. À vingt-trois ans, plein de vitalité, d'ambition et parfaitement décontracté, il entama sa carrière d'écrivain et se lança dans la vie en épousant Nancy Myers, peintre de talent. Dès 1931, il s'était essayé à la poésie avec *Fragments insolites* [*Quaint Fragments*] ; en 1935 parut son premier roman, *Le Fifre des amants* [*Pied Piper of Lovers*]. À cette époque, lassé des hivers londoniens, il entraîna toute sa famille à Corfou où ils restèrent quatre ans et où il se plongea dans la rédaction du *Carnet noir* (*). En 1937, à l'occasion d'un voyage à Paris, il se lia avec Henry Miller, dont il avait fait un compte rendu élogieux de *Tropique du Cancer* (*), d'une amitié qui ne faiblira jamais – v. *Une correspondance privée* (*). Il publia un roman « facile », *Printemps de panique* [*Panic Spring*], prit la direction avec Miller et Perlès de *Booster,* journal de l'American Country Club à Paris, qu'ils bouleversèrent, rebaptisèrent *Delta* et qui disparut au bout de sept numéros en 1939. Années intenses, fertiles en déplacements entre Corfou, Paris et Londres (où il rencontra T. S. Eliot et découvrit qu'il devenait « littéraire »), en amitiés ; années aussi de production littéraire, fécondes en poésie (à laquelle il tenait par-dessus tout) et en romans inégaux. En 1938 parut à Paris *Le Carnet noir* (*) dont la publication n'était pas envisageable sans compromissions dans un pays anglo-saxon. Après avoir enseigné à l'Institut britannique d'Athènes, Durrell, Nancy et Pénélope, née un an plus tôt, partirent en 1941 pour la Crète. Puis il fut nommé directeur du service de presse étranger au Caire, participa à la création de *Personal Landscape* qui réunissait les écrivains anglais en exil, devint attaché de presse à Alexandrie. Période de tension et de crises qui déboucha sur la rupture avec Nancy. Durrell qui n'avait cessé d'écrire, ayant assimilé la Grèce, absorbait Alexandrie tout en écrivant sur Corfou. À trente-deux ans, endurci par la vie et la guerre, il écrivit à Miller : « J'ai réellement mûri aujourd'hui et j'ai quantité de choses à dire. » 1945 vit son installation à Rhodes et la parution de *L'Île de Prospero* [*Prospero's Cell*] ; deux ans plus tard, il épousa Eve Cohen, publia *Cefalu*, passa quelques mois en Argentine comme directeur du British Council, devint en 1949 attaché de presse à Belgrade, et publia *Clé pour la poésie moderne* [*Key to Modern Poetry*] en 1952, année de la naissance de sa fille Sappho-Jane et de l'échec de son deuxième mariage. Il avait jusqu'ici mené une existence désordonnée, instable, plurielle, désormais tout allait changer. En 1953, il pensa avoir assez d'économies pour se consacrer au *Quatuor d'Alexandrie* (*) qu'il portait en lui depuis longtemps. Il se retira à Chypre, enseignant dans un lycée pour arrondir ses fins de mois. Chaque séjour en Méditerranée relançait son inspiration. La Yougoslavie l'avait ennuyé, l'Argentine rebuté, Chypre l'enchanta. Il y termina *Justine* (*) en 1956, mais la guerre civile le força à rentrer en Angleterre. Là, en six semaines, il écrivit

Citrons acides [*Bitter Lemons*], Prix Duff Cooper 1957, année féconde qui vit la parution d'*Esprit de corps* [*Stiff Upper Lip*], des *Poèmes choisis* [*Selected Poems*] et de *Justine*. Ce premier volume du *Quatuor* lui apporta une renommée mondiale et lui permit de se consacrer à l'écriture. 1957 fut aussi l'année où, sur les conseils de Richard Aldington, il s'installa à Sommières près de Montpellier et rencontra F. J. Temple. Travaillant d'arrache-pied, il publia, outre ses *Poésies complètes* [*Complete Poems*], *Balthazar* (*) écrit en six semaines, *Mountolive* (*) en douze, que suivit, en 1960, *Clea* (*). Malgré le succès du *Quatuor*, il travailla de plus belle. En 1961, il épousa Claude Vincendon qui, avant de mourir prématurément en 1967, lui apporta une stabilité qu'attestent l'assombrissement des écrits postérieurs à son deuil, *Tunc* (1968), *Nunquam* (1970) et la reprise de l'errance vers les États-Unis et l'Italie notamment. Usé par la fuite du temps et les aléas de la vie, il continua à écrire, *Le Carrousel sicilien* [*Sicilian Carousel*], 1977, *Les Îles grecques* [*The Greek Islands*], 1978, trouvant dans la Méditerranée et l'écriture de nouvelles ressources. Remarié en 1974, il se lança dans une entreprise de grande envergure, le *Quintette d'Avignon* (*), dont le premier volume, *Monsieur, ou le Prince des ténèbres* (+) parut la même année, le second *Livia ou Enterrée vive* (+) en 1978, *Constance ou les Pratiques solitaires* (+) en 1979, *Sébastien ou les Passions souveraines* (+) en 1983, et *Quinte ou la Version Landru* en 1985. Le caractère ésotérique de la série dérouta une critique réservée dans son ensemble. Cependant Durrell avait choisi l'isolement et la solitude propices à la méditation en se cloîtrant dans ce Languedoc qui l'inspirait tant et où il mourut le 7 novembre 1990. En quittant Londres et son tumulte, en s'exilant, il avait pu, comme d'autres, accomplir son œuvre. Il avait besoin de la Méditerranée pour féconder son imagination. Il a ouvert la voie à une littérature moins puritaine, véritablement moderne dans sa recherche de voies nouvelles. Lawrence Durrell restera avant tout un prosateur virtuose, chantre du monde méditerranéen et d'un mode de vie dans lequel les vrais méridionaux se retrouvent.

ALAIN BLAYAC.

♦ *« Je pense que c'est un de nos graves défauts, à nous Britanniques, de ne plus être Européens* [...] *Les héros de ma génération, les Lawrence, les Aldington, les Eliot* [...] *avaient l'ambition d'être Européens. »* L. Durrell. ♦ *« Le thème de l'art est celui de la vie elle-même. Nous souffrons tous de cette distinction artificielle entre artistes et êtres humains. »* L. Durrell. ♦ *« Mon roman* [Le Quatuor] *est une danse quadridimensionnelle, un poème de la relativité* [...] *Dans l'idéal, les quatre volumes devraient être lus simultanément. »* L. Durrell. ♦ *« Voyez-vous, je ne m'intéresse pas à l'artiste. Je l'utilise pour être un homme heureux, ce qui est bien plus difficile. Je trouve l'art aisé. Je trouve la vie difficile. »* L. Durrell. ♦ *« Le premier ouvrage* [Le Carnet noir] *d'un nouvel écrivain anglais qui me donne de l'espoir pour l'avenir de la prose romanesque. »* T. S. Eliot. ♦ *« Dès* Le Carnet noir, *il reprend d'autorité le flambeau de l'artiste secouant le joug de l'hypocrisie, pressé de quitter une Angleterre figée dans un puritanisme sinistre, pour devenir sous des cieux plus cléments le chantre de toutes les jouissances et de l'exultation des corps. »* B. Jaquin. ♦ *« L'écriture de Durrell fonde ses effets sur une prose hautement ornementale. Diction et syntaxe ont un parfum exotique ; au mieux, elles innovent et fascinent, mais elles peuvent lasser et prêter à sourire. »* A. Friedman.

RÉF. : F. J. Temple, *Lawrence Durrell, Entretiens*, Rodez, 1973. – A. W. Friedman, *Critical Essays on Lawrence Durrell*, Boston, 1987. – I. McNiven, *The Durrell-Miller Correspondence, 1935-1980*, Londres, 1988. – F. L. Kernowski, *Into the Labyrinth, Essays on Lawrence Durrell*, Ann Arbor et Londres, 1989.

DÜRRENMATT Friedrich. Dramaturge et romancier suisse d'expression allemande. Né le 5 janvier 1921 à Konolfingen (canton de Berne), mort dans la nuit du 13 au 14 décembre 1990 à Neuchâtel. Fils de pasteur, il fait des études de philosophie et de théologie à Berne, puis à Zurich ; il se consacre ensuite un temps à la peinture et assure la critique dramatique à la *Weltwoche* ; il signe son entrée en littérature en 1947, avec une pièce qui fait scandale, *C'est écrit* [*Es steht geschrieben*], qui lui vaut une réputation d'écrivain non conformiste ; il vécut ensuite à Neuchâtel, unanimement reconnu comme un maître de la prose allemande contemporaine.

Dès ses premières pièces, *Romulus le Grand* [*Romulus der Grosse*, 1949], *Le Mariage de M. Mississippi* [*Die Ehe des Herrn Mississippi*, 1952], *Un ange vient à Babylone* [*Ein Engel kommt nach Babylon*, 1954], mais surtout avec ses deux « classiques » entrés dans le répertoire de nombreux théâtres, *La Visite de la vieille dame* (1956) (*) et *Les Physiciens* (1961) (*), Dürrenmatt impose une dramaturgie originale qui le démarque à la fois de la poétique aristotélicienne et des canons brechtiens, et dont il développe les principes dans son essai *Problèmes de théâtre* [*Theaterprobleme*, 1955]. Il y démontre la caducité de la forme du drame historique ou de la tragédie au sens schillérien, dans la mesure où l'idéologie qu'elle implique, fondée sur les notions de « culpabilité » et de « responsabilité individuelle », a été démentie par l'histoire contemporaine où « personne n'est pour quelque chose » dans le malheur, tant nous sommes désormais « collectivement coupables » ; « Hitler et Staline ne sont pas Wallenstein », dont le pouvoir était encore « visible ». Dès lors que l'histoire ne livre plus de héros tragique, où « les secrétaires de Créon, aujourd'hui, règlent le cas d'Antigone », c'est paradoxalement la comédie qui doit prendre en charge les tragédies du monde. La seule esthétique en mesure de rendre compte de la réalité sera celle du grotesque parodique : le dernier empereur romain occupé, au milieu de son élevage de poulets, à liquider des restes de grandeur (*Romulus le Grand*), une société de moralistes impénitents aux prises avec la débauche (*Le Mariage de M. Mississippi*), une bourgade suisse en faillite qui met son espoir de salut dans une milliardaire bardée de prothèses (*La Visite de la vieille dame*), un génial physicien qui cherche refuge dans un asile d'aliénés (*Les Physiciens*), etc. Au-delà de quelques similitudes de mise en scène, notamment l'usage d'effets de distanciation qui viennent briser l'illusion scénique, on mesure ici tout ce qui sépare Dürrenmatt du théâtre brechtien : il ne croit quant à lui à « aucune doctrine consolante » sur l'ordre du monde, qui reste irrémédiablement chaotique. Il est cependant tout aussi imprudent de ranger, comme certains, Dürrenmatt du côté du théâtre dit de « l'absurde », dans le voisinage d'un Ionesco ou d'un Beckett. Dürrenmatt lui-même (*21 Points à propos des « Physiciens »*) invite à ne pas confondre l'« absurde », synonyme d'insensé, avec le « grotesque », qui traduit un sens paradoxal. Le dramaturge ne désespère pas du monde : il invite au contraire « à ne pas capituler devant le chaos » (*Problèmes de théâtre*), à l'image de ce qu'il appelle « l'homme courageux » (Romulus, Alfred Ill dans *La Visite de la vieille dame,* Möbius dans *Les Physiciens,* etc.) qui, s'il ne change rien à l'état des choses, « restaure (au moins) en lui-même l'ordre perdu ». La dramaturgie du grotesque, chez Dürrenmatt, ouvre une dimension morale religieuse.

En regard de son théâtre, l'œuvre romanesque de Dürrenmatt a été longtemps trop négligée, en raison d'un préjugé tenace : la littérature policière, à laquelle les deux premières fictions, *Le Juge et son bourreau* (+) (1950) et *Le Soupçon* (*) (1951) appartiennent explicitement et que les suivantes côtoient, serait prétendument un genre mineur. Dürrenmatt, en vérité, détourne les lois du genre à son profit, vers la fable métaphysique. Il se situe ainsi dans la lignée du roman dit « judiciaire » illustré dans les lettres allemandes, entre autres, par Leo Perutz, qui, en empruntant plus ou moins librement les accessoires et le décor policiers, dépasse les questions classiques du roman d'énigme – qui est coupable ? comment ? pourquoi ? – pour ouvrir des interrogations plus fondamentales : qu'est-ce que la loi ? le crime ? la justice ?

Le Juge et son bourreau introduit le personnage type du commissaire Bärlach traquant le crime dans la société helvétique au terme d'un défi faustien lancé au principe du mal ; quête gratuite, sinon vaine, donquichottesque, où le policier doit sortir de son rôle pour ne triompher que devant lui-même... Le personnage est encore plus malmené dans *Le Soupçon* où, cloué sur un lit de souffrances, il parvient sans doute à démasquer l'ancien criminel nazi reconverti en chef de clinique, mais ne doit d'échapper in extremis à la torture qu'à l'intervention providentielle d'une sorte de réincarnation grotesque de la figure du Juif errant. Le troisième roman, *La Promesse* (1958) (*) – au sous-titre éloquent : « Requiem pour le roman policier » –, achève la déconstruction systématique du type du détective : l'inspecteur Matthäi, au nom de la raison, se condamne lui-même à la folie, c'est-à-dire à attendre au bord d'une route déserte l'hypothétique passage du criminel supposé, que la logique doit contraindre, un jour, à emprunter ce chemin. De tous les romans néo-policiers de Dürrenmatt, *Justice* [*Justiz,* 1985] est le plus baroque et le plus féroce : l'évidence du crime y disparaît dans un jeu pervers sur le réel et le possible, qui dessine l'image d'une société monstrueuse, sordide, où la vérité est affaire de convention. *La Mission* [*Der Auftrag,* 1988], « récit en vingt-quatre phrases », se conçoit comme une fable sur le voyeurisme universel. Mais c'est peut-être encore l'une de ses premières nouvelles, *La Panne* [*Die Panne,* 1955], qui fournit la plus belle parabole de Dürrenmatt sur la culpabilité et la rédemption « modernes », qui constituent le foyer de toute son œuvre.

JEAN-JACQUES POLLET.

RÉF. : H. J. Syberberg, *Zum Drama Fr. Dürrenmatts,* Munich, 1963. – A. Arnold, *Fr. Dürrenmatt,* Berlin, 1969. – G. P. Knapp (Hrsg.), *Fr. Dürrenmatt. Studien zu seinem Werk,* Heidelberg, 1976.

DURUFLÉ Maurice. Organiste et compositeur français. Né à Louviers le 11 janvier 1902, mort à Louveciennes le 16 juin 1986. Élève d'Eugène Gigout et Paul Dukas au Conservatoire de Paris, il se perfectionne avec Charles Tournemire et Louis Vierne. En 1930, il est nommé organiste titulaire à Saint-Étienne-du-Mont à Paris, poste qu'il conservera toute sa vie, et, en 1943, professeur d'harmonie au Conservatoire de Paris. Son œuvre compte un nombre très restreint de partitions : il ne livrait que des œuvres mûrement élaborées relevant d'une esthétique traditionnelle et marquées par l'influence de Franck et de Fauré et l'omniprésence du chant grégorien : une demi-douzaine d'œuvres pour orgue qui s'échelonnent entre 1926 et 1943, notamment *Prélude, Adagio et Choral varié sur le « Veni Creator »* (1929), *Suite* op. 5 (1930) et *Prélude et fugue sur le nom d'Alain* (1942), les *Trois Danses* pour orchestre (1935), le *Requiem* (*) (1947) et la *Messe « cum jubilo »* (1966).

ALAIN PÂRIS.

DURUY Victor. Historien et homme d'État français. Né et mort à Paris (1811-1894). Fils d'ouvriers, destiné d'abord à une profession manuelle, il n'en fut pas moins admis dès l'âge de dix-neuf ans à l'École normale supérieure, puis nommé successivement professeur d'histoire à Reims et à Paris, où durant un quart de siècle il occupa la chaire au Collège Henri-IV (aujourd'hui lycée). S'inspirant surtout de Michelet, il se fit remarquer par un enseignement vivant et imagé, et les nombreux ouvrages qui vulgarisèrent sa méthode le rendirent rapidement populaire. Devenu inspecteur de l'Académie de Paris, nommé maître de conférences à l'École normale, inspecteur général et professeur à l'École polytechnique, il fut distingué par

Napoléon III qu'il avait aidé dans ses recherches pour l'*Histoire de Jules César* et nommé en 1863 ministre de l'Instruction publique. Il exerça cette charge pendant six ans, au cours desquels il fit des réformes hardies et profondes, en dépit d'une opposition acharnée de l'entourage de l'Empereur. Parmi les plus importantes figurent le rétablissement de l'agrégation de philosophie, l'introduction de l'enseignement de l'histoire contemporaine dans les programmes secondaires, l'ouverture de nombreuses écoles primaires et de cours spéciaux pour les jeunes filles. Le 10 avril 1867, il parvient à faire voter au Parlement la loi sur les écoles rurales, les écoles des filles et la gratuité de l'enseignement primaire qu'il aurait également voulu obligatoire. Mais, après les élections de 1869, il doit rendre son portefeuille et est nommé sénateur. La révolution de 1870 le fait rentrer dans la vie privée. Il se consacre désormais tout entier à des études historiques : en 1873, il entre à l'Académie des inscriptions ; en 1879, à l'Académie des sciences morales.

On doit à Victor Duruy un très grand nombre d'ouvrages : comme vulgarisateur, une série de manuels scolaires qui devinrent classiques, et comme historien, sa grande *Histoire des Romains* en sept volumes illustrés (1843-1885) qui est son œuvre la plus célèbre, et une *Histoire grecque* (1887-1889) en trois volumes illustrés.

MARIO LEVI.

DURYCH Jaroslav. Romancier, nouvelliste, poète et essayiste tchèque. Né le 2 décembre 1886 à Hradec Králové, mort le 7 avril 1962 à Prague. Fils de journaliste et écrivain, il devient médecin militaire de l'armée austro-hongroise, puis tchécoslovaque, jusqu'en 1939. Il est la personnalité dominante de la littérature catholique tchèque, non seulement par sa foi, sa pensée (qualifiée parfois de « baroque ») et par sa conception de l'histoire tchèque, opposée à celle, protestante, de Masaryk, mais surtout par son génie d'expression et de construction littéraires. Il s'explique d'ailleurs souvent sur les rapports de l'art et du sacré : *La Rose gothique* [*Gotická růže*, 1923], *La Voie de l'art* [*Cesta umění*, 1929], *La Balance de la vie et de l'art* [*Váhy života a umění*, 1933]. Outre plusieurs recueils de poésies et des pièces de théatre sur *Saint Adalbert* (1921) et *Saint Venceslas* (1925), son œuvre en prose revêt la forme ou de nouvelles ou de romans : les premières, aux sujets contemporains, mêlent l'exaltation de la pauvreté et de la pureté à celle de l'amour, du sacrifice, du salut : *Trois ducats* [*Tři dukáty*, 1919], *Trois liards* [*Tři troníčky*, 1923], *Petites marguerites* [*Sedmikráska*, 1925] ; ses romans, historiques pour la plupart, sauf *En montagne* [*Na horách*, 1919] et *La Chanson de la rose* [*Píseň o růži*, 1934], évoquent surtout la période troublée de la guerre de Trente Ans, donc « baroque » : outre *Madame Agnès Berková* [*Paní A. B.*, 1931] et *Carnaval* [*Masopust*, 1938], ce sont ses deux œuvres maîtresses : la trilogie *Errance* (*) (1929) accompagnée de son pendant de trois nouvelles *Requiem* (l'ensemble 1930), et la tétralogie *Les Serviteurs inutiles* [*Služebníci neužiteční*, tome I, 1940 ; l'ensemble posthume, 1969, à Rome] dont le héros, un jésuite missionnaire, finit en martyr au Japon au début du XVIIe siècle. Condamnées à la « poubelle de l'histoire » par le régime de 1948, plusieurs de ses œuvres reparaissent lors du premier « dégel » de 1956-57 ainsi que lors du second, de 1966 à 1969 ; peuvent également paraître, à titre posthume, son roman *L'Âme et l'Étoile* [*Duše a hvězda*], un volume de proses lyriques *Là-bas* [*Tam*] et un roman, *L'Arc de Dieu* (*).

VLADIMIR PESKA.

DU RYER Pierre. Auteur dramatique et traducteur français, né et mort à Paris (1600-1658). Fils d'Isaac Du Ryer, introduit dans les milieux de la Cour et les milieux littéraires, et auteur, entre autres œuvres poétiques, de deux pastorales (*La Vengeance des Satyres,* 1614, et *Le Mariage d'amour,* 1621), Pierre Du Ryer, avocat au parlement et titulaire d'une charge de conseiller et secrétaire du roi et de ses finances, débute tôt dans la carrière littéraire : il appartient à la génération des Modernes qui fait ses débuts au théâtre en 1628-1629 et qui, en revendiquant tout à la fois une liberté absolue de composition dramatique et la soumission aux préceptes linguistiques et stylistiques de Malherbe, rejette l'héritage du principal auteur de la génération précédente, Alexandre Hardy. Il se fait ainsi remarquer moins par ses premières tragi-comédies, *Arétaphile* et *Clitophon* (1628, demeurées manuscrites) que par la querelle qui l'oppose au même moment au vieil auteur avec son ami Auvray (*Lettres à Poliarque et Damon sur les médisances de l'auteur du Théâtre,* 1628). Dans les années qui suivirent, il fournit, d'abord à l'Hôtel de Bourgogne, puis au Marais, neuf autres tragi-comédies, notamment *Argénis et Poliarque* (1629, en deux journées de cinq actes chacune), *Lisandre et Caliste* (1630), *Cléomédon* (1634), *Bérénice* (1644), intégrant progressivement les principes de régularité ; il est aussi l'auteur d'une pastorale et d'une comédie (*Les Vendanges de Suresnes,* 1633). Comme tous les écrivains de sa génération, il commence à composer après 1634 des tragédies régulières. Des six tragédies qu'il a écrites, trois ont eu un grand retentissement, *Alcionée* (*) (1637), *Saül* (*) (1639-40), tragédie religieuse antérieure à *Polyeucte* (*) (et à laquelle succédera deux ans plus tard une *Esther*), et *Scévole,* créée en 1644 par l'éphémère troupe de l'Illustre Théâtre animée par Molière et les Béjart, et huit fois rééditée jusqu'au XVIIIe siècle. Par ailleurs, dès 1634, il commence à traduire les œuvres des grands écrivains antiques, latins ou grecs ; après l'exil de son protecteur, le grand féodal César de Vendôme (1641), il doit se consacrer de plus en plus à cette activité, à laquelle il finira par se vouer exclusivement. Autant que ses succès théâtraux, cette activité, alors prestigieuse, lui valut d'être élu en 1646 à l'Académie française (battant Corneille, qui ne résidait pas à Paris), puis d'être nommé historiographe de France.

GEORGES FORESTIER.

RÉF. : K. Philipp, *Pierre du Ryers Leben und Dramatische Werke,* Zwickau, 1904. – H. C. Lancaster, *Pierre du Ryer Dramatist,* Washington, 1912. – H. C. Lancaster, *Saül,* Baltimore-Paris, 1931. – G. Fasano, *Scévole,* Bologne, 1966. – L. Zilli, *Clitophon,* Bologne, 1978. – J. Truchet, *Théâtre du XVII*e *siècle,* vol. II, Paris, 1986.

DUTHUIT Georges. Critique d'art français. Né le 4 juin 1891 à Paris, mort le 9 août 1973 à Aix-en-Provence. Georges Duthuit consacre ses premiers écrits à *Renoir* (1923), à la critique esthétique anglaise, de Walter Pater à Oscar Wilde (*Le Rose et le Noir,* 1924) et à *Byzance et l'art du XII*e *siècle* (1926). Vient ensuite une série d'articles publiés, à partir de 1927, dans les *Cahiers d'art* de Christian Zervos : sur les *Tissus coptes* (1927), sur *La Tapisserie gothique* (1928), sur *Les Tombes royales d'Our* (1929), etc. – série qui aboutit, dans trois livraisons de la même revue, au grand essai sur *Le Fauvisme* (1929-1931) où Duthuit esquisse une histoire de ce mouvement à partir d'informations recueillies auprès des artistes qui l'animèrent ; il s'intéressera d'ailleurs toute sa vie au fauvisme, auquel il consacrera un livre en 1949. Entre 1931, l'année où paraît également son essai sur *La Sculpture copte,* et 1953, date à laquelle il commence *Le Musée inimaginable* (*) qui est un long et minutieux éreintement des écrits esthétiques d'André Malraux, Duthuit publie plusieurs textes souvent brefs, où il aborde toujours plus directement la question de l'art contemporain, traitant alors de Nicolas de Staël en 1950, de Bram Van Velde en 1952, de Joan Miró, de Pierre Tal-Coat... Après trois volumes d'articles qui paraissent en 1961 (les deux tomes de *L'Image en souffrance*) et 1962 (*L'Image et l'Instant*), il donne son dernier ouvrage, *Le Feu des signes,* cette même année 1962 : dans un style extrêmement personnel et brillant, relisant l'histoire de l'art depuis la Mésopotamie jusqu'à Matisse, il recueille toute la pensée et l'expérience « visuelle » d'une vie.

L'œuvre de Georges Duthuit occupe une place particulière, comparable à nulle autre, dans la littérature du XXe siècle consacrée à l'art. D'une part, cet auteur n'est pas et ne se veut pas historien de l'art, même s'il fait souvent montre d'une impeccable érudition et sait user, pour telle ou telle démonstration, des méthodes de la discipline historique. D'autre part, il n'est nullement un critique d'art, au sens journalistique du terme, et moins encore un « connoisseur » distinguant et commentant telle ou telle œuvre pour l'agrément personnel qu'elle lui procure. Pour Duthuit, il ne s'agit ni de plaisir ni de savoir, mais d'une intuition plus profonde, que tous ses écrits tendent à exprimer, tantôt de manière discursive, tantôt de manière polémique : le sentiment que des parties essentielles de l'art occidental – et souvent les plus admirées : la sculpture grecque, la peinture de la Renaissance... – ont gravement failli à la haute mission de l'art, les œuvres qui les composent n'étant que l'« objet » de l'admiration intellectuelle d'individus quand elles devraient être le « sujet » d'une communion entre les hommes. On voit que de cette intuition, liée à une appréhension sans doute essentiellement religieuse de l'œuvre d'art, procède une lecture nouvelle de l'histoire de l'art, où l'on retrouve cependant, réinterprétées, certaines grandes oppositions traditionnelles : celle du dessin et de la couleur (que Duthuit évidemment exalte : il fut sans doute l'un des meilleurs interprètes du fauvisme et de Matisse), celle des arts majeurs et des arts décoratifs (que Duthuit réhabilite), celle aussi de l'artiste solitaire et de l'artisan, « l'homme de métier, dit Duthuit, qui travaille parmi les gens et les choses ». Une telle lecture allait de pair avec une compréhension très intérieure de l'art du XXe siècle, et notamment de l'art non figuratif, dont mieux qu'un autre Duthuit perçut et montra la nécessité, tout en réprouvant au fond le renoncement au monde qu'il impliquait à ses yeux.

En 1974, sous le titre *Représentation et Présence,* Yves Bonnefoy a recueilli les premiers écrits et travaux de Georges Duthuit, en les faisant précéder d'une introduction où il analyse en profondeur une pensée dont l'importance reste aujourd'hui largement méconnue.

ALAIN MADELEINE-PERDRILLAT.

DUTILLEUX Henri. Compositeur français. Né à Angers le 22 janvier 1916. Sa famille est originaire de Douai. Il fait ses études musicales au Conservatoire de Paris avec Maurice Emmanuel, Jean et Noël Gallon et Henri Büsser (1932-38). Il remporte le premier grand prix de Rome en 1938. Il compose ses premières œuvres pendant l'occupation (*Sonatine pour flûte et piano*, 1942 ; *La Geôle*, mélodie sur un poème de Jean Cassou, 1944), est engagé comme chef de chant à l'Opéra. Puis il est nommé à la tête du service des illustrations musicales de la radio (1944-63). Il compose alors beaucoup de musiques de films et partitions radiophoniques qu'il refuse ensuite de voir sortir de leur contexte et laisse inédites. En 1947, sa *Sonate pour piano* et sa *Sonate pour hautbois et piano* marquent une rupture avec l'héritage impressionniste qu'il cultivait jusqu'alors. Il se consacre presque exclusivement à l'orchestre avec un petit nombre de chefs-d'œuvre qui le révèlent au monde entier : les deux *Symphonies* (*) (1951 et 1959), le ballet *Le Loup* que crée Roland Petit (1953), les *Trois Sonnets de Jean Cassou* pour baryton et orchestre (1954), les *Métaboles* (*) (1965), *Tout un monde lointain...* pour violoncelle et orchestre (*) (1970). Une maladie des yeux contractée en 1965 ralentit ses activités pendant cinq ans environ. Il enseigne la composition à l'École normale de musique (à partir de 1961), puis au Conservatoire de Paris (1970-84). En 1967, il reçoit le grand prix national de la musique. Il est également secrétaire de la section française de la Société internationale de musique contemporaine (S.I.M.C.). À partir des années soixante-dix, il élargit son horizon en revenant à la musique de chambre et instrumentale : *Figures de résonances* pour deux pianos (1970), *Ainsi la nuit* pour quatuor à cordes (1975-76), *Timbres, Espace, Mouvement* pour orchestre (*) (1978), *Trois strophes sur le nom de Paul Sacher* pour violoncelle seul (1976-82). Sa prédilection pour la poésie, déjà sensible dans ses précédentes œuvres, se retrouve dans son concerto pour violon, *L'Arbre des songes* (*) (1985), et dans *Le Mystère de l'instant* pour orchestre de chambre (1989). Sa musique est celle d'un indépendant, légèrement influencé par Debussy, Roussel et Stravinski ; mais il se tient à l'écart des traditionalistes et de l'avant-garde. Pourtant, toutes les nouveautés de la musique le passionnent ; il en tire profit mais refuse les contraintes d'un système. Conscient de ce que le compositeur moderne ne peut revenir en arrière, il se forge un langage personnel à mi-chemin entre le modal et l'atonal. Avec une harmonie et des couleurs élaborées, ses œuvres passent par la métamorphose continuelle des motifs. Les préoccupations formelles sont omniprésentes et révèlent une évolution profonde, depuis le moule classique de la forme sonate (*Sonate pour piano*) jusqu'aux œuvres à structure symétrique et aux oppositions de groupes instrumentaux (*Symphonie n° 2*). L'esprit de la variation reste une constante qui trouve son corollaire dans un attachement à une certaine matière sonore (« la joie du son »). Dutilleux est un perfectionniste qui ne livre ses œuvres qu'après une lente gestation qui permet à son tempérament aussi minutieux que scrupuleux d'en soigner tous les détails. Figure marquante de la musique française, Dutilleux est l'un des rares musiciens autour desquels se soit dégagé un consensus. Sa discrétion, sa rigueur, le sens poétique qui inonde sa musique sont autant de valeurs qui dominent les modes et les époques.

ALAIN PÂRIS.

♦ *« Dutilleux est le modèle achevé d'un maître en possession d'un métier souverain qui, loin de le conditionner, de l'emprisonner, l'a libéré dès le début de la tyrannie, de la technique. »* Antoine Goléa. ♦ *« Il transcende et fonde un nouvel humanisme musical français au sens double de la culture et de l'humain. »* Michel Guiomar. ♦ *« Un art très subtil, dépourvu de tout dogmatisme, qui se veut l'expression vraie de la liberté de l'artiste et du créateur. »* Pierrette Mari.

RÉF. : Rémi Jacobs, *Henri Dutilleux*, Paris, 1974. – Pierrette Mari, *Henri Dutilleux*, Paris, 1974 ; éd. augmentée, 1988. – « Henri Dutilleux », revue *Zodiaque*, n° 135, 1983. – Daniel Humbert, *Henri Dutilleux*, Paris, 1986. – Patrick Szersnovicz, *Henri Dutilleux*, Paris, 1993.

DUTOURD Jean. Romancier, essayiste et pamphlétaire français. Né le 14 janvier 1920 à Paris. C'est un tempérament de polémiste qui innerve l'œuvre de Jean Dutourd. Humour caustique (« britannique » dirait l'auteur) qu'il applique d'abord à lui-même. Jean Dutourd a été fait prisonnier pendant la guerre et s'est évadé. C'est avec sa femme Camille Lemercier qu'il est entré dans la Résistance et qu'il a participé à la libération de Paris. Il a travaillé de 1947 à 1950 dans les services français de la B.B.C., il y écrira son premier roman *Tête de chien* (1950). En 1952, il touchera le grand public avec son roman *Au bon beurre* (*) (prix Interallié). *Au bon beurre*, ou les aventures drôlatiques et sordides de deux petits commerçants sous l'Occupation, est une charge féroce contre les traficotages en tout genre auxquels se livrèrent une partie des Français pendant la guerre. La guerre, la « drôle de guerre » plutôt, a inspiré Jean Dutourd. La drôlerie souvent pathétique de cette guerre est un des thèmes de *Les Taxis de la Marne* (1956), qui est un récit haut en couleur de la campagne de juin 1940. Après un échec aux élections en 1958, Jean Dutourd va se consacrer à la fois à son œuvre et à son métier de journaliste. Il exercera ses talents dans la grande presse : à la fois comme critique dramatique et comme critique de télévision au journal *France-Soir*. Son métier lui permet d'être en prise directe avec les péripéties de l'actualité. Il est donc au premier rang pour observer les brusques évolutions de la société, dont il s'inspire pour composer ses romans. Ce moraliste croque ainsi son époque, ses travers, ses ridicules. *Le Séminaire de Bordeaux* (*) (1987) est à cet égard significatif : le phénomène de la libération des mœurs y fait l'objet d'un portrait au vitriol. Les Simonot (personnages ridicules de cet instantané des années 70 qu'est le *Séminaire*) sont les dignes héritiers des Poissonard (les commerçants du *Bon beurre*). Jean Dutourd déteste toutes les formes de conformisme : jargons à la mode, lieux communs, esprit de sérieux. Un titre résume bien ses détestations : *Les Dupes* (1959) et *L'École des jocrisses* (1970). De son expérience à la B.B.C., il a tiré une connaissance de la langue anglaise qui a fait de lui le traducteur d'Hemingway : *Le Vieil Homme et la mer* (*), de Truman Capote (*Les Muses parlent*) et de Chesteron (*L'Œil d'Apollon*). L'Angleterre lui a aussi inspiré les *Mémoires de Mary Watson* (1980), autobiographie imaginaire de l'épouse du collaborateur de Sherlock Holmes. Il a publié ses essais de littérature sous le titre très classique de : *Le Fond et la Forme* (1965). Il a été élu à l'Académie française en 1978.

PHILIPPE BLONDEAU.

DUTT Michael Madhusūdan (en bengali Datta). Poète et dramaturge bengali. Né à Sāgardāḍī, district actuel de Jessore, Bangladesh, le 25 janvier 1824, mort à Calcutta (Inde) le 29 juin 1873. Fils d'une famille riche, le jeune Datta fut instruit en bengali, sanskrit et persan dans son village avant de suivre sa famille à Calcutta où son père exerçait une profession juridique. En 1837, il y entra à l'Hindu College, premier établissement d'enseignement de type occidental. Il y fit d'excellentes études littéraires et y prit un goût extrême pour la langue et la littérature anglaises. Il composa quelques poèmes et une pièce de théâtre en cette langue avant d'écrire en bengali. En 1840, il se convertit au christianisme anglican et reçut alors le prénom de Michael. Il poursuivit ses études au collège universitaire réservé aux chrétiens et étudia le latin, le grec et l'hébreu ainsi que l'italien et le français. Après de nombreuses années passées à Madras où il enseigna, il revint à Calcutta en 1856. Il écrivit alors plusieurs pièces de théâtre dont il emprunta les sujets, soit à la littérature sanskrite (*Sarmiṣṭhā*, 1859), soit à la mythologie grecque (*Padmāvatī*, 1859), soit à l'histoire indienne (*Kṛṣṇakumārī*, 1860). Ses deux comédies satiriques en prose. *Est-ce cela qu'on appelle civilisation ?* [*Ekei ki bale sabhyatā* ? 1865] et *Le Vieillard lubrique* [*Buḍo śāliker ghāre ron*, 1866], fustigent les vices contemporains. En 1860, il publia un poème en vers blancs, ce qui était une nouveauté, *Tilottamā*. Son chef-d'œuvre est un poème épique en neuf chants *La Mise à mort de Meghnād* (*), publié en 1861. Suivirent *Les Femmes de Braj* [*Brajāṅganā kāvya*], recueil d'odes sur le thème des amours de Rādhā et Kṛṣṇa, et *Les Vaillantes* [*Vīrāṅganā kāvya*] en 1862 qui sont des épitres en vers. La même année, Datta partit pour l'Angleterre où il se qualifia pour le barreau. Il vécut deux années en France. En 1866, il fit paraître cent deux sonnets, les premiers en bengali, dans un recueil intitulé *Poèmes en quatorze vers* [*Caturdaśpadī kavitāvalī*]. Il revint à Calcutta où il mourut le 29 juin 1873. Une épopée en prose, *La Mise à mort d'Hector* [*Hekṭārvadh*], est sa dernière œuvre.

FRANCE BHATTACHARYA.

DUUN Olav. Écrivain norvégien. Né le 21 novembre 1876 à Namdal (Norvège occidentale), mort le 13 septembre 1939 à Holmestrand, près du fjord d'Oslo. Fils d'un pêcheur, il passe toute son enfance à la campagne, puis entre dans une école normale d'instituteurs et est nommé en 1902, à vingt-six ans, maître d'école à Trondelag, où il séjournera jusqu'à la date de sa retraite, en 1926. Retiré alors à Holmestrand, il peut se consacrer entièrement à la littérature. Dès 1907 d'ailleurs avait paru son premier livre, un recueil de nouvelles, mais son œuvre principale demeure la série des six romans intitulée *Les Gens de Juvik* (*) (1918-1923), histoire de quatre générations d'une famille de propriétaires terriens. Ayant toujours mené une vie retirée, solitaire, indifférente à la vie sociale, Olav Duun s'est cependant affirmé comme le plus important, peut-être, des écrivains norvégiens contemporains après Knut Hamsun. Si son œuvre n'a guère rayonné en Europe, c'est à cause d'extrêmes difficultés de traduction : Duun, évocateur de la vie paysanne, a en effet écrit non pas en « riksmaal », danois-norvégien littéraire, mais en « landsmaal », norvégien vulgaire et, dans de nombreuses pages de ses livres, il transcrit même le patois des pêcheurs de son pays natal.

RÉF. : A. Overland, *Olav Duun*, Oslo.

DU VAIR Guillaume. Magistrat, évêque et moraliste français. Né à Paris le 7 mars 1556, mort à Tonneins (Lot-et-Garonne) le 3 août 1621. Issu d'une famille de noblesse auvergnate, fils d'un avocat général à la Cour des aides, il montra dans son enfance des dons exceptionnels, et ce fut à l'âge de quatorze ans qu'il passa sa licence « en décret ». Après avoir été quelque temps maître des requêtes de François, duc d'Alençon, il reprit sa liberté par dégoût des intrigues, et fut admis en 1584 au parlement de Paris en qualité de conseiller clerc. D'abord ligueur, il s'efforça, à partir de 1588, d'opérer un rapprochement entre Henri III et la Ligue, puis, après l'assassinat du souverain, reconnut que la seule solution des troubles politiques exigeait la conversion d'Henri IV et le ralliement autour du prince légitime. Il devint alors une des plus importantes figures du parti des « politiques ». Représentant du parlement de Paris aux états généraux de la Ligue qui s'ouvrirent le 25 janvier 1593, il s'efforça de déjouer les intrigues étrangères en répandant son *Exhortation à la paix* (1592), mémoire dans lequel il écartait les prétentions du roi d'Espagne, de Mayenne, du duc de Savoie, etc., et soutenait la fidélité à Henri de Navarre. Quelques mois plus tard, le 28 juin 1593, il fit un habile et courageux discours intitulé *Suasion de l'arrêt rendu en Parlement pour la manutention de la loi salique*, et obtint du parlement la condamnation, comme contraire aux lois fondamentales du royaume, de tout gouvernement de la France par un prince étranger. Nommé maître des requêtes par Henri IV, il fut chargé en 1596 d'une mission en Angleterre, puis nommé intendant général à Marseille avec la tâche de pacifier la Provence ; il reçut, en 1599, la charge de premier président du parlement d'Aix et, le 16 mai 1616, sans avoir rien sollicité, fut nommé garde des Sceaux par Marie de Médicis. Du Vair, qui avait reçu les ordres dès sa jeunesse, puisqu'il était chanoine de Meaux avant d'entrer au parlement de Paris, refusa, en 1603, l'évêché de Marseille ; il accepta cependant celui de Lisieux en 1618. Trois ans plus tard, alors qu'il accompagnait Louis XIII au siège de Nérac, il fut emporté par une épidémie. C'est une grande figure de la magistrature française du XVIe siècle, l'un de ses meilleurs orateurs et l'un des plus profonds théoriciens de l'éloquence. Son *Traité de l'éloquence française et des raisons pourquoi elle est demeurée si basse* (*) (1594) marque une date dans l'histoire de notre langue et eut une grande influence sur Malherbe. Nourri des auteurs de l'Antiquité, traducteur des discours de Démosthène et de Cicéron et d'œuvres de saint Basile, Du Vair fut également un moraliste : c'est à Épictète et à la tradition du Portique qu'il se rattache dans ses traités *De la constance et consolation ès calamitez publiques* (1594) et *De la philosophie morale des stoïques* (1585) qui paraît avoir été plagiée par Charron dans *Les Trois Livres de la sagesse* (*). Toutefois, son important *Traité de la sainte philosophie* (*) (avant 1585) laisse bien apparaître, à côté du disciple des stoïciens, le chrétien qui s'exprimera dans les *Méditations sur Job* (1606), les *Méditations sur le cantique d'Ézéchias* (1600) et les *Méditations sur les lamentations de Jérémie* (1600).

JACQUES BROSSE.

♦ *« Je n'ai vu personne qui dépeigne les passions et les affections plus naïvement et plus richement que le sieur Du Vair. »* P. Charron. ♦ *« Le garde des Sceaux Du Vair, soi-disant philosophe et homme de lettres en renom... n'était bon qu'à entraver les affaires. »* Sainte-Beuve. ♦ *« L'influence de Du Vair fut grande... Corneille le lisait. Pascal l'admirait et songeait sans doute à lui quand il opposa Epictète à Montaigne. »* J. Coppin.

RÉF. : R. Radouant, *G. Du Vair, l'homme et l'orateur*, Paris, 1909. – V. Giraud, *Écrivains et soldats*, Paris, 1921. – P. Mesnard, « Du Vair et le néo-stoïcisme », article dans *Revue d'histoire de la philosophie*, 1928, p. 142-166. – M. Fumaroli, *L'Âge de l'éloquence*, 1980, p. 492-530 et 688-690.

DUVERNOIS Henri (pseud. de Henri-Simon Schwabacher). Romancier, conteur et dramaturge français. Né et mort à Paris (4 mars 1875-30 janvier 1937). Il publia à dix-sept ans un premier roman, où l'on sent l'influence de Maupassant : *Les Vous et les Toi.* Puis il entra dans le journalisme, en parcourant, dans l'équipe rédactionnelle de *La Patrie,* de *La Presse* et du *Soleil* (où il fut chargé de la critique dramatique), toutes les étapes et acquérant ainsi une connaissance vaste et brillante, sinon profonde de la vie intellectuelle de sa ville natale. Romancier habile mais d'une inquiétante fécondité, il a donné, entre autres : *Le Roseau de fer* (1902), *Nane ou le Lit conjugal* (1904), *Crapotte* (1908), *Le Veau gras* (1912), *Faubourg Montmartre* (1914), *Edgar* (*) (son livre préféré, 1909), *Gisèle* (1920), *Maxime* (1927), *Les Sœurs Hortensia, À l'ombre d'une femme* (1932). La nouvelle, dans sa brièveté, convenait mieux aux dons brillants d'improvisation de Duvernois, et il est incontestable que ses recueils de nouvelles sont ce qu'il y a de meilleur dans sa production : *Les Marchandes d'oubli* (1909), *Le Chien qui parle* (1911), *Les Demoiselles de perdition* (1911), *La Maison de confidence* (1914), *La Lune de fiel* (1921), etc. Certains dramaturges comme Donnay, Wolf, Dieudonné, d'autres encore, ont puisé largement dans ses œuvres où les intrigues leur fournissaient d'innombrables matériaux, ce qui a eu pour effet d'inciter Duvernois lui-même à écrire pour la scène : *La Fugue* (1927) ; mais, au théâtre également, ses plus grands succès lui vinrent de pièces courtes.

♦ *« Henri Duvernois a charmé ses contemporains ; il instruira la postérité, il fera revivre dans les temps futurs un moment du temps qui n'est plus, il illustrera l'histoire non peut-être à la façon des grands peintres, mais à la manière de ces dessinateurs aigus que furent un Callot ou un Forain. »* Gonzague Truc.

DUVERT Tony. Écrivain français. Né en 1945 à Villeneuve-le-Roi (Val-de-Marne). D'une discrétion extrême sur tout ce qui, de sa vie, n'apparaît pas dans ses livres, Tony Duvert n'autorise guère, en guise de biographie, qu'une notice sur son œuvre. Volontiers, et abusivement peut-être, qualifié d'écrivain « maudit » pour avoir, à travers l'éloge de l'homosexualité et de la pédophilie, tenté de forcer l'un des derniers interdits d'une époque (les années 70) pourtant en veine d'émancipation, il s'impose d'abord comme l'un des auteurs marquants de sa génération par la force et l'acuité d'un regard autant que d'un style. Ses premiers romans (*Récidive,* 1967, revu en 1974, *Portrait d'homme couteau,* 1969, revu en 1978, *Interdit de séjour,* 1969, et *Le Voyageur,* 1970), tous placés sous le signe d'une marginalité voulue et d'une violence tolérée qui appellent la comparaison avec Jean Genet, suffiront à asseoir la réputation de scandale de l'auteur ; laquelle est toutefois loin de rendre compte des exigences et des versants cachés d'une écriture très maîtrisée. *Paysage de fantaisie,* paru en 1973 et couronné la même année par le prix Medicis, marquera une césure vers un ton plus serein et délié, en même temps que l'aboutissement de recherches formelles auxquelles, dès le *Journal d'un innocent* (*) (1976), Duvert choisira de renoncer pour en revenir à un mode de narration plus traditionnel. *Quand mourut Jonathan* (1978), qui compte sans doute, par la finesse de l'analyse et des descriptions, parmi les romans les plus réussis de l'auteur, et plus encore *L'Île atlantique* (1979) parviennent à imposer, d'une façon d'autant plus convaincante qu'elle invalide des idées trop souvent reçues, une vision de l'enfance envisagée non plus comme une préparation à l'âge adulte mais comme son antithèse la plus résolue. L'humour, la lucidité, la justesse des dialogues et une entière liberté de ton constituent à cet égard, sous la plume de Duvert romancier, des armes parfois redoutables. Il existe également, comme le laissent deviner certains passages du *Journal d'un innocent,* un Duvert essayiste, davantage inscrit dans l'époque : *Le Bon Sexe illustré* (1974) et *L'Enfant au masculin* (1980) entendent ainsi dénoncer les impostures de l'« hétérocratie » appliquée à l'éducation sexuelle ou considérée comme une entrave à l'innocence, à l'inventivité et à la liberté tout court. *Les Petits Métiers,* parus en 1978, rassemblent des textes brefs et ciselés remontant à la toute première période de l'auteur. Signalons enfin, parmi les derniers ouvrages publiés, *Un anneau d'argent à l'oreille* (1982), incursion romanesque aux allures d'intrigue policière où les hantises de Duvert semblent avoir cédé la place à une imagination d'ordre plus littéraire.

GILLES ORTLIEB.

DVIVEDĪ Mahāvīr Prasād. Écrivain indien de langue hindi. Né à Daulatpur (district de Rae Bareli, Uttar Pradesh) le 15 mai 1864, mort le 21 décembre 1938. Modeste employé des chemins de fer, il se consacre entièrement à la littérature à partir de 1903, en prenant la direction de la revue *Sarasvatī* (*), où seront publiés les premiers essais et nouvelles d'une facture véritablement moderne. La place de Dvivedī est considérable moins par les qualités ou l'originalité de sa production personnelle (quelque quatre-vingts ouvrages, dont beaucoup de traductions du sanskrit et de l'anglais) que par l'impulsion décisive qu'il sut donner aux écrivains de sa génération en les dotant d'un instrument linguistique adéquat : ce « Malherbe indien » fixa, purifia et étoffa un idiome tombé dans un état d'anarchie extrême, que poètes et prosateurs dédaignaient au profit du braj et de l'ourdou. Il devait ainsi assurer la jonction entre la période de latence de la littérature hindi (l'ère de Bhāratendu Harishcandra, 1850-1885) et celle de son épanouissement (1918-1936) avec le mouvement des poètes romantiques (Chāyāvād) d'une part, et, d'autre part, l'œuvre du grand prosateur Premchand.

DVOŘÁK Anton Leopold. Compositeur tchèque. Né à Nelahozeves (Mühlhausen) en Bohême, le 8 septembre 1841, mort à Prague le 1er mai 1904. Fils d'un hôtelier, il montra dès l'enfance des dispositions pour la musique. Il commença ses études à Zlonice en 1853, les poursuivit à Prague de 1857 à 1859 ; puis il fut altiste dans un orchestre jusqu'en 1871, période pendant laquelle il composa ses premières œuvres : deux cycles de lieder, un *Concerto pour violoncelle en la majeur,* ses deux premières symphonies, dont la première est sous-titrée *« Les Cloches de Zlonice ».* Entre-temps commençait sa vie de compositeur : son premier succès (1873), un *Hymne* sur des paroles de Háek, lui fit obtenir la place d'organiste à l'église de Saint-Adalbert, place qu'il occupa jusqu'en 1877. De ces années datent le *Stabat Mater* (+) et d'autres œuvres, soit symphoniques ou vocales, soit surtout de musique de chambre. En 1875, il obtient un traitement de l'État. Ses compositions, d'autre part, éveillent l'intérêt de Brahms et de Hanslick, attirant aussi l'attention de l'éditeur Simrock. La musique de Dvořák connaît un succès grandissant ; tour à tour paraissent les *Danses slaves* (1878), les *Chants moraves* (1879), le *Quatuor* op. 51 (1879), les *Symphonies nos 3 et 4* – v. *Symphonies* (*). Son opéra *Dimitri* (1882) est bien accueilli et, à partir de 1884, il se rend plusieurs fois en Angleterre, où il est nommé docteur honoris causa de l'université de Cambridge (1891) ; le même titre lui sera décerné par les universités de Vienne et de Prague. Le succès qu'il rencontre en Angleterre avec son *Stabat Mater* et sa *Symphonie no 6* lui vaut la commande de la *Symphonie no 7 en ré mineur*, de l'oratorio *Sainte Ludmila* (1886) et du *Requiem* (1821). À son retour à Prague, il compose plusieurs poèmes symphoniques et ouvertures, notamment *Carnaval* et *Otello* (1891). En 1892, il accepte d'aller à New York en qualité de directeur du Conservatorie, et c'est en Amérique qu'il écrit quelques-unes de ses œuvres les plus fameuses, telle que la *Symphonie du Nouveau Monde* (+) (1893), le *Quatuor en fa majeur* (1893), les *Chants bibliques* (1894) et le *Concerto pour violoncelle et orchestre en si mineur* (*) op. 104 (1895). Le mal du pays l'incite à revenir à Prague et à y reprendre, au Conservatoire, le poste de professeur de composition qu'il avait obtenu en 1891. Dans les dernières années de sa vie, il s'illustre dans la voie du théâtre national, à l'exemple de Smetana, en particulier avec *Le Diable et Catherine* (1899) et *Rusalka* (+) (1901). Il mourra quatre ans plus tard, estimé et honoré comme l'un des plus grands musiciens de son temps et de sa patrie en particulier. Dans son œuvre il a su mêler avec un sentiment lyrique tout personnel des éléments empruntés au folklore musical si riche de son pays – ou même de pays étrangers comme dans la *Symphonie du Nouveau Monde* – à la vigoureuse tradition symphonique allemande.

RÉF. : J. Zubaty, *Anton Dvořák,* Leipzig, 1886. – O. Sourek et P. Stefan, *Anton Dvořák,* Prague, 1935. – P. Stefan, *A. Dvořák,* New York, 1941. – H. Kull, *Dvoraks Kammermusik,* Berne, 1948. – G. Erismann, *Dvořák,* Paris, 1966.

DYGASIŃSKI Adolf. Écrivain polonais. Né à Niegoslawice, près de Miechów, le 7 mars 1839, mort à Gródzisk le 3 juin 1902. Doué d'aptitudes multiples, il eut une vie très animée et occupée par des intérêts fort divers. Il avait interrompu des études pour participer à l'insurrection de 1863 ; après la défaite, il séjourna quelque temps à Prague, puis revint en terre polonaise, s'établissant en 1872 à Cracovie, où il fonda une bibliothèque, un collège pour jeunes gens, et dirigea l'édition du périodique *Esquisses sociales et littéraires* [*Szkice spoleczne i literackie*]. Après un séjour de six ans à Cracovie, il retourna à Varsovie, se consacrant à l'enseignement secondaire. En 1890-1891, il se rendit au Brésil pour y étudier la situation des Polonais émigrés. Mais il sut toujours se réserver le temps nécessaire pour passer en forêt de longues journées, absorbé dans la contemplation et l'étude des animaux, suivant admirablement leur vie intérieure comme les manifestations de leur comportement, et cela sans introduire dans ses récits et ses nouvelles les altérations, les symboles, les traits arbitraires fréquents chez les écrivains animaliers. De ces observations est sorti son chef-d'œuvre : *Le Banquet de la vie* (*).

E

EBERHARDT Isabelle Wilhelmine Marie. Écrivain français. Née à Genève le 17 février 1877, morte à Aïn-Sefra (Algérie) le 21 octobre 1904. Issue d'une famille aristocratique russe, elle naquit en exil, sa mère ayant décidé de fuir la cour de Saint-Pétersbourg avec le précepteur de ses enfants. Élevée comme un garçon par ce dernier, elle en reçoit une éducation exigeante et originale, sans avoir la certitude qu'il soit son père. Dès l'adolescence apparaît sa fascination de l'Orient, assortie d'une exigence totale de liberté, sous la double influence d'étudiants russes ou turcs réfugiés à Genève et d'auteurs comme Fromentin, Loti, Baudelaire et Dostoïevski. Ses premières nouvelles, parues dans une revue parisienne et déjà signées d'un nom d'homme, Nicolas Podolinsky, s'inspirent de visions d'un Maghreb qu'elle ne connaît pas encore. Elle y fera un premier séjour en s'installant avec sa mère et son tuteur à Bône (Algérie) en 1897, où elle ne fréquente que les musulmans. Débute alors une longue amitié épistolaire avec un jeune dignitaire tunisien, Ali Abdul Wahab, qui contribue à la rapprocher de l'islam, religion qu'elle ne tarde pas à adopter. En août 1899, après la mort de sa mère et de son tuteur, c'est la rupture avec l'Occident et le début d'une errance saharienne, à la recherche d'elle-même. Elle rencontre l'amour en la personne d'un jeune sous-officier de spahis, Slimène Ehnni, qui deviendra son mari, et frôle la mort en échappant de justesse à l'attentat d'un fanatique dans la région d'El-Oued. Elle puise dans ces expériences l'inspiration de ses premières œuvres, récits de voyage et nouvelles qui paraîtront dans la presse algéroise et dans quelques revues parisiennes deux ans plus tard.

Expulsée d'Algérie en 1901, sans doute à cause de son point de vue radicalement anti-colonial, son singulier destin l'y ramènera en 1902. Isabelle Eberhardt connaît un début de notoriété, parfois sous son pseudonyme masculin, Mahmoud Saadi, en devenant la collaboratrice régulière d'un hebdomadaire arabophile d'Alger et du quotidien *La Dépêche*. En 1903, elle part comme correspondant de guerre dans le Sud, à la frontière algéro-marocaine, se lie d'amitié avec Lyautey et avec Sidi Brahim, le cheik de la zaouïa de Kenadsa, qui l'initie au soufisme. L'ensemble de son reportage, constitué de courts récits et de choses vues, aurait dû paraître sous le titre *Sud oranais*, mais, le 21 octobre 1904, Isabelle Eberhardt périt noyée dans la soudaine crue de l'oued d'Aïn-Sefra. Toute son œuvre a été éditée après sa mort, édulcorée, corrigée et parfois réécrite : *Dans l'ombre chaude de l'islam* (1906), *Notes de route* (1908), *Pages d'islam* (1920), *Trimardeur* (1922), *Les Journaliers* (*) (1923), *Au pays des sables* (1924). En 1988 et 1989, une édition des œuvres complètes (*Écrits sur le sable, I et II*) rétablit la chronologie et la version originale des manuscrits.

FAÏZA ABDUL WAHAB.

EBNER-ESCHENBACH Marie von. Romancière autrichienne. Née le 13 septembre 1830 dans le château de Zdislawitz en Moravie, morte à Vienne le 12 mars 1916. Par son père, elle appartenait à une vieille famille tchécoslovaque d'origine allemande, les comtes Dubsky. Mais son mariage avec le capitaine du génie baron Ebner-Eschenbach la fixa à Vienne, où elle passa le reste de sa vie. Après quelques pièces de théâtre qui, à vrai dire, étaient assez médiocres, elle se révéla, vers la cinquantaine, un véritable écrivain avec une nouvelle : *Lotti l'horlogère* [*Lotti die Uhrmacherin,* 1889]. Cette nouvelle attira l'attention du public sur ses précédentes œuvres, *Bozzena* (1876) et *Le Pupille de la commune* (1887), récits ayant pour cadre la Moravie, ainsi que le roman épistolaire *Les Deux Comtesses* (*). Elle écrivit aussi des romans pleins de vie et de mouvement, qui retracent les grandes époques de l'histoire d'Autriche depuis la Contre-Réforme jusqu'au début du XIXe siècle ; ce sont *Iesse et Maria*

[*Iesse und Maria,* 1906] et la grande trilogie *Madame Maria* [*Frau Maria,* 1929-30], où son catholicisme rigide tend vers un christianisme moins formel et plus humain. Enfin, elle a évoqué sa Moravie natale dans les *Histoires du château et du village,* recueil de nouvelles dont la plus connue est *Krambambuli* (*).

RÉF. : M. von Ebner-Eschenbach, *Meine Kinderjahre,* autobiographie, Berlin, 1906. – Käthe Offergeld, *Marie von Ebner-Eschenbach,* Vienne, 1917. – K. Benesch, *Die Frau mit den hundert Schicksalen. Das Leben der Marie von Ebner-Eschenbach,* Vienne-Munich, 1966. – A. C. Bramkamp, *Marie von Ebner-Eschenbach and Her Critics,* Cornell Univ., 1984.

EÇA DE QUEIRÓS José Maria. Romancier et journaliste portugais. Né à Póvoa de Varzim le 15 novembre 1845, mort à Paris le 16 août 1900. Après des études de droit à l'université de Coïmbre, il se consacra d'abord au journalisme politique. Ses articles, publiés pour la plupart dans la *Gazeta de Portugal,* furent violemment critiqués en 1867 à cause de leur réalisme et, surtout, d'un certain anarchisme qui bousculait toutes les idées reçues. Son œil critique enregistrait tout : c'est ce don d'observation poussé à l'extrême qui rendait si attrayants les articles d'Eça de Queirós et ses nouvelles. Ces dernières furent d'ailleurs rassemblées, à titre posthume, dans un recueil intitulé *Proses barbares* [*Prosas bárbaras,* 1905] ; elles nous montrent un Eça de Queirós n'ayant pas encore élaboré un style personnel. Parmi ces nouvelles, l'une des plus connues et appréciées porte le titre *Bizarreries d'une blonde* (*). En 1871, il entreprend, avec Ramalho Ortigão, la publication d'une revue : *Les Flèches* [*As Farpas*], qui lui permet d'exercer son amère ironie aux dépens de ses compatriotes. Il s'en lasse bientôt et entre dans les services consulaires de son pays ; c'est ainsi qu'il put résider à Cuba (1873-1874), en Angleterre (1874-1888) et, enfin, à Paris (1888-1900), où il finit ses jours. En 1875 il donne sa première œuvre importante : *Le Crime du père Amaro* (*), roman psychologique empreint de naturalisme à la Zola et riche en descriptions psycho-physiologiques. En 1878, Eça de Queirós publie son *Cousin Bazílio,* analyse serrée du climat moral d'une famille lisbonnine appartenant à la classe moyenne ; ce livre fut suivi, en 1880, par *Les Maias* (*) dont les protagonistes appartiennent, à l'opposé, aux classes privilégiées. Vers cette époque, Eça de Queirós trouve son style. Dans cette deuxième manière, il composa sa nouvelle *Le Mandarin*, et le roman *La Relique* (*) qui, selon sa propre expression, jette « le manteau diaphane de la fantaisie sur l'âpre nudité de la réalité ».

Sa sévérité et la verve satirique qu'il dispense à profusion dans tous ses récits, fustigeant le vice et surtout l'hypocrisie, ont été, sans aucun doute, à l'origine du succès énorme remporté par Eça de Queirós dans le monde entier. Mais elles lui ont suscité des critiques très acerbes, surtout dans sa patrie, où on lui reprochait ses sympathies envers tout ce qui est étranger et son « attitude antipatriotique ». Ce dernier reproche n'est rien moins que fondé. Eça de Queirós rit des nullités infatuées d'elles-mêmes, des bigots et des tartufes, parce qu'ils sont comiques et non parce qu'ils sont portugais. S'il situe l'action de la plupart de ses romans et de ses nouvelles au Portugal, c'est uniquement parce qu'il connaît son pays et ses mœurs et peut en donner des descriptions plus vivantes. En réalité, Eça de Queirós aime son pays d'un amour à la fois tendre et jaloux, et il le prouve dans ses deux dernières œuvres : *L'Illustre Maison Ramires* (*), parue en 1900, et *La Ville et les Montagnes* [*A cidade e as serras,* posth. 1901], véritable hymne au Portugal et à la simplicité patriarcale de ses mœurs d'antan. Eça de Queirós vint aux lettres par la voie du journalisme. On a de lui deux recueils de croquis de voyages qui montrent qu'il n'avait jamais oublié son premier métier ; ce sont les *Lettres d'Angleterre* [*Cartas de Inglaterra*] et *Lettres familières et Billets de Paris* [*Cartas familiares e bilhetes de Paris*] qui ne parurent en librairie qu'en 1925.

RÉF. : J. Lopes d'Oliveira, *Eça de Queirós, vistos sob hôvo aspecto. Uma biografia pioneira,* Rio, 1970. – J. Medina, *Eça de Queirós o seu tempo,* Lisbonne, 1972 ; *Eça Queirós político,* Lisbonne, 1974. – C. Reis, *Estatuto e perspectiva do harrador na ficção de Eça Queirós,* Coïmbre, 1975 ; rééd. 1980, 1984. – A. Coleman, *Eça de Queirós and European Realism,* New York, 1980. – F. Ayres, *Eça de Queirós Vida e gloria,* Rio, 1983. – L. Viana Filho, *A vida de Eça Queirós,* Porto, 1983. – A. Campos Matos, *Imagens do Portugal Queirosiano,* Lisbonne, 1987. – L. Petit, *Le Champ du signe dans le roman queirosien,* Paris, 1987 ; *Eça de Queirós et la culture de son temps. Actes du colloque,* Paris, 1988. – C. Reis et M. do Rosário Milheiro, *A construção da narrativa queirosiana. O espólio de Eça de Queirós,* Lisbonne, 1989.

ECHEGARAY José. Dramaturge néo-romantique espagnol. Né le 19 avril 1832 à Madrid, mort dans cette même ville le 14 septembre 1916. Il fut d'abord ingénieur et professeur de mathématiques à l'École d'ingénieurs de Madrid, puis homme politique, député et ministre du Travail (1872), pendant les trois années du règne d'Amédée de Savoie. Il fut contraint de se réfugier en France pendant la république, et redevint ministre, cette fois des Finances, en 1874, à la restauration des Bourbons. On lui doit la création de la Banque d'Espagne. Malgré ces hautes fonctions il écrivait des pièces de théâtre, réalisant ainsi un rêve de jeunesse. Réactionnaire en littérature comme en politique, il s'efforça de ressusciter les sentiments du théâtre classique espagnol – v. *Le Grand Galeoto* (*). Puis il adapta certains sujets psychologiques traités par Ibsen, notamment dans le meilleur de ses ouvrages, *Le Fils de Don Juan* [*El hijo de don Juan*], qui cependant demeure très romantique. Ses drames, bien construits mais irrémédiablement dépassés aujourd'hui, ont suscité de graves critiques, qui s'adressèrent aussi à son assez complexe personnalité. Il fut cependant comblé d'honneurs, membre de l'Académie d'Espagne et lauréat du prix Nobel 1904. En plus de ses œuvres déjà citées, rappelons *Folie ou Sainteté* (*), *Conflicto entre deberes* (1882), *Vie joyeuse et mort triste* [*Vida alegre y muerte triste*, 1885], *Le Dieu fou.*

RÉF. : H. de Curzon, *Le Théâtre de José Echegaray. Étude analytique*, Paris, 1912. – Gallego Burín, *Echegaray : su obra dramática* (conf.), Grenade, 1917. – Alvarez Quintero, *Echegaray, dramaturgo*, 1932.

ECHENOZ Jean. Romancier français. Né le 26 décembre 1947 à Orange. À propos de son deuxième roman, *Cherokee* (*) (prix Médicis 1983), Jean Echenoz disait : « Je ne veux pas qu'on le réduise à un roman policier. » Et l'on ne peut pas davantage réduire *L'Équipée malaise* (1987) à un roman d'aventures, ou *Lac* (1989) à un roman d'espionnage. L'intention parodique de l'auteur apparaît dès les premières pages de ses livres – *Le Méridien de Greenwich* (1979), *L'Occupation des sols* (1988), *Nous trois* (1992). Si ses personnages sont effectivement des « flics » ou des détectives, des espions ou des aventuriers, c'est presque sans y croire eux-mêmes : un peu minables ou un peu couards, fauchés, vaguement maniaques, souvent désabusés, ils se dérobent à toute ressemblance avec des héros romanesques. La psychologie disparaît, l'émotion se fait discrète, voire indésirable, tandis que leurs quêtes ou enquêtes saugrenues les mènent – qu'ils vagabondent ou qu'ils soient capturés – dans des banlieues sinistres, des lacis de courettes, des restaurants d'autoroute ou des abris pour clochards. Ils font partie du décor au même titre que tel fatras d'objets sur un bureau ou que le bric-à-brac qu'ils transportent au fond de leurs poches, ils rejoignent même ce décor en mourant, comme cette boîte crânienne dont le contenu va se répandre dans les circonvolutions d'un chou-fleur. À la fois désinvolte et extrêmement précis, guettant et découvrant le détail cocasse avec un instinct infaillible, le regard de l'auteur transforme doucement le réel en un monde quasi fantastique. L'écriture est inventive, plus captivante encore que l'intrigue, car si celle-ci ne cesse pas d'être conduite avec brio et enjouement, la curiosité du lecteur s'attache surtout à l'aventure absolument originale et subtilement subversive où Jean Echenoz entraîne le roman.

BÉNÉDICTE FAYET.

ECKERMANN Johann Peter. Écrivain allemand. Né le 21 septembre 1792 à Winsen (Hanovre), mort le 3 décembre 1854 à Weimar. Fils d'un colporteur, il montra des dons pour le dessin et fréquenta l'école élémentaire. C'est en qualité de volontaire qu'il participa à la guerre de libération de 1813-14, puis, ayant obtenu un petit emploi, il fit ses études classiques et entra à l'université. En 1821 (2e éd. en 1838) il publia un petit recueil de poésies et, en 1832, envoya à Goethe un manuscrit de pensées, maximes et brefs récits de voyage qui reçut l'approbation du dieu de Weimar ; ce dernier l'appela près de lui en qualité de secrétaire et, plus tard, de directeur de l'édition complète de ses œuvres. Goethe lui facilita la publication de son ouvrage qui parut sous le titre de *Considérations sur la poésie et plus particulièrement par rapport à Goethe* (1823). Cependant, son œuvre la plus importante consiste dans les notes, qu'il prit durant les dix années où il fréquenta le poète, connues sous le nom de *Conversations de Goethe avec Eckermann* (*) (1836-1848), ouvrage capital pour la connaissance de la pensée, des préoccupations, du caractère de Goethe durant les dix dernières années de sa vie. Eckermann se maria en 1830, après la mort du maître ; il vécut, voué au culte de son souvenir, une existence modeste, solitaire (il avait perdu sa femme, et son fils étudiait la peinture), dans sa maison de veuf, peuplée des animaux les plus étranges qui y vivaient en complète liberté.

RÉF. : J. Petersen, *Die Entstehung der Eckermannschen Gespräche mit Goethe und ihre Glaubwürdigkeit,* 1924. – H. H. Houben, *J. P. Eckermann, sein Leben für Goethe, nach neuaufgefundenen Tagebüchern und Briefen,* 1925-28. – A. Stockmann, *Eckermanns Gespräche mit Goethe und die neueste Forschung* (*Stimmen der Zeit*), 1927. – J. Hofmiller, étude dans *Wege zu Goethe,* Heidelberg, 1946. – E. Beutler, étude dans *Essays um Goethe,* Wiesbaden, 1947. – K. Mandelkow, *Das Goethe-Bild Johann Peter Eckermanns* in *Gratulatio,* Festschrift f. Christian Wegener, Heidelberg, 1963.

ECKHART ou ECKART Johannes (maître Eckhart). Philosophe mystique allemand. Né à Hocheim (Thuringe) vers 1260, mort le 30 avril 1328 à Avignon. D'origine aristocratique, il entra très jeune dans l'ordre des Frères prêcheurs et fréquenta les universités de Strasbourg et de Cologne, et de là fut envoyé à Paris, en 1300, pour y parachever ses études. De retour en Allemagne, il fut « magister theologiae » à Cologne. En 1304, il fut nommé provincial de son ordre en Saxe, et vicaire général pour la Bohême en 1307 puis, en 1311, supérieur de la province d'Allemagne. Après un autre séjour à Paris, il vint prêcher à Strasbourg en 1314 et eut un grand succès. Sa vie ne renferme aucun événement marquant, si ce n'est le procès d'hérésie qui lui fut intenté en 1320 à Cologne et qui se termina en 1327 à Avignon par la condamnation de vingt-huit propositions tirées de ses écrits. Cet événement fut l'une des expressions de la crise de l'époque : l'intériorité et la divinisation de l'« homo justus », que maître Eckhart célébrait dans sa grande synthèse de l'intellectualisme thomiste et du mysticisme néo-platonicien, étaient en effet une condamnation décisive de l'« opus operatum », et donc de la mondanité des grands dignitaires ecclésiastiques. Sa spiritualité, qui fut suivie par les principaux représentants de son école (Suso, Tauler, etc.), bien que s'encadrant dans le cycle de l'année liturgique, ne conduisait pas tant l'expérience religieuse dans la direction du subjectivisme, mais bien plutôt vers un théocentrisme fort ascétique. Face aux affirmations scientifiques que son temps commençait à poser, maître Eckhart, par *Le Livre de la consolation* (*), par son *Œuvre tripartite* (*), représente encore les exigences éternelles du spiritualisme platonico-chrétien. Ses *Sermons* (*) en allemand montrent encore aujourd'hui comment il sut adapter le langage de son pays aux réalités profondes de la vie intérieure.

♦ *« En lui, la pensée philosophique allemande a trouvé ses premières expressions. »* A. Mayrisch Saint-Hubert. ♦ *«* [Il reste que] *l'importance de maître Eckhart est considérable, non pas seulement parce qu'il s'agit d'un grand écrivain, et d'un des fondateurs de la prose allemande – non seulement parce qu'à travers son génie propre certains thèmes néo-platoniciens vont passer dans la plus essentielle tradition germanique en s'y réfractant selon l'esprit créateur d'une race plus métaphysicienne peut-être qu'aucune autre –, mais également sur le plan de la pure spiritualité, car nulle part sans doute ailleurs, dans l'immense trésor de la mystique chrétienne, on ne trouve un certain ton qui révèle une profondeur inégalable de "dépouillement", de "nudité", de "renoncement à soi". »* Maurice de Gandillac.

RÉF. : W. Lehmann, *Meister Eckhart,* Göttingen, 1919. – Galvano della Volpe, *Il Misticismo speculativo di maestro Eckhart nei suoi rapporti storici,* Bologne, 1930. – A. Dempf, *Meister Eckhart, Eine Erführung in sein Werk,* Leipzig, 1934. – Maurice de Gandillac, Introduction à *Maître Eckhart, traités et sermons,* Paris, 1942. – Benno Schmoldt, *Die deutsche Begriffssprache Meister Eckharts, Studien zur philosophischen Terminologie des Mittelhochdeutschen,* Heidelberg, 1954. – J. Ancelet-Hustache, *Maître Eckhart et la mystique rhénane,* Paris, 1956. – R. Schürmann, *Maître Eckhart ou la Joie errante,* Paris, 1972. – J. Tobin, *Meister Eckhart, Thought and Language,* Philadelphie, 1986.

ECO Umberto. Sémiologue, essayiste et romancier italien. Né le 5 janvier 1932 à Alessandria (Piémont). Professeur d'université, il commence sa carrière à Turin, où il enseigne l'esthétique. Son intérêt pour le monde moderne et les phénomènes de masse lui vaut une charge de professeur de communication visuelle aux universités de Florence et de Milan jusqu'en 1971, année où il obtient la chaire de sémiologie de l'université de Bologne. Directeur d'enseignement de la communication et du spectacle à partir de 1975, Eco multiplie et diversifie ses activités en donnant des cours aux États-Unis et en collaborant, entre autres, à l'Unesco et à un programme de recherche et d'expérimentation à la radio italienne.

Auteur de nombreux ouvrages critiques, il cherche à conjuguer sociologie et sémiologie. En 1962, *L'Œuvre ouverte* (*) pose les premiers jalons de sa théorie de la sémiotique, étayée en 1975 par le *Traité de sémiotique générale* [*Trattato di semiotica generale*] qui fait d'Eco l'un des fondateurs de cette nouvelle science. Par ailleurs, une grande partie de sa recherche est centrée sur la culture de masse – *La Guerre du faux* (*) – et la littérature « de bibliothèque de gare » comme le policier ou le roman populaire. Influencé par les théories de Goldman, il tend à mettre en valeur le rapport entre les structures culturelles et idéologiques, et les structures textuelles déterminées par le contexte historique et les modalités du marché. Cependant, ce type d'interprétation s'applique essentiellement à des genres surdéterminés et destinés au grand public... Le roman « problématique », comme l'appelle Eco, échappe, du moins en partie, à ces mêmes conditionnements économiques et sociologiques. Cela ne signifie pas pour autant que ce genre moins lié aux impératifs du marché ne soit pas concerné par les problèmes du public. Dans *Lector in fabula* (*), Eco s'attache précisément à démontrer combien le public est devenu déterminant dans les modes d'expression modernes, au point qu'on peut parler de collaboration entre auteur et lecteur : au lecteur de saisir le sous-entendu, d'interpréter l'allusion, de remplir les « blancs » du texte, à l'auteur de prévoir mais aussi de définir, voire de construire son propre lecteur.

Enfin, sa passion pour le Moyen Âge et l'extraordinaire connaissance qu'il en a poussent Eco à écrire un premier roman à la fois policier et historique, *Le Nom de la rose* (*), publié en 1980 et qui connaît un vif succès, relancé par le film qu'en tire Jean-Jacques Annaud. Il est suivi en 1988 par un second roman, *Le Pendule de Foucault* [*Il pendolo di Foucault*], qui, comme le premier, combine l'Histoire – en l'occurrence celle des Templiers et des sectes ésotériques – et l'actualité la plus contemporaine, celle de l'informatique.

BÉATRICE LAROCHE.

EDDY BAKER Mary. Mystique américaine. Fondatrice de la *Christian Science.* Née le 16 juillet 1821 à Bow (New Hampshire), morte à Chestnut Hill (Massachusetts) le 3 décembre 1910. Atteinte d'une maladie nerveuse chronique qui semblait avoir marqué un recul après une cure psychiatrique préconisée, en 1862, par le docteur P. P. Quimby, et se trouvant dans la misère, elle essaya d'enseigner cette méthode et remporta un succès financier qui lui permit de créer, à Lynn, l'Association des adhérents à la science chrétienne (1876), à Boston, le Massachusetts Metaphysical College – dont elle fut l'unique professeur pendant les neuf ans qu'il dura – et l'Église du Christ scientiste, ainsi que plus tard à Concord (New Hampshire), de publier, avec le livre de base de sa doctrine, *Science et Santé* (*) (1875), le *Journal de la science chrétienne* [*Journal of Christian Science*], y imprimant la matière d'autres publications sans citer la source – une grande partie de ses articles parurent dans *Écrits divers* [*Miscellaneous Writings,* 1896] et le *Christian Science Monitor,* qui existe encore. Sous le nom de « Pastor Emeritus », elle dirigeait ses créations d'une main de fer, toujours victorieuse des dissidents et adversaires, et sa vie retirée lui valut une réputation de sainte. Elle s'était mariée trois fois : en 1843 avec G. W. Glover, qui mourut bientôt, lui laissant un fils ; en 1853 avec Daniel Patterson ; séparée de lui en 1866 et divorcée en 1873, elle épousa, en 1877, un de ses disciples, A. G. Eddy, et ce fut après sa mort qu'elle quitta Boston, en 1884, pour Concord.

EDFELT Johannes. Poète suédois. Né le 21 décembre 1904 à Kyrkefalla. Ses longues études universitaires s'échelonnent de 1923 à 1952. En 1969, le poète entre à l'Académie suédoise. Ses premiers recueils, sombres et glacés, présentent un curieux parallélisme avec ceux, contemporains, de Hjalmar Gullberg, et l'on y trouve en particulier le même choc entre les thèmes graves, les images bibliques, d'une part, et les mots modernes, empruntés aux journaux et à la publicité, d'autre part. Son originalité s'affirme avec *Grand-Messe* (*) (1934) dont l'atmosphère angoissée se retrouve dans *Le Feu dans la crevasse* [*Elden ochklyftan,* 1943]. Une lueur d'espoir cependant y apparaît, qui s'étendra dans *Écho à pic* [*Bråddjupt eko,* 1947]. Son langage poétique, d'abord rigide et antithétique, évolue vers plus de souplesse et de hardies collisions d'images, tout en gardant une fermeté exemplaire. Dans son recueil *Le Réseau des veines* [*Ådernät,* 1968], les poèmes en prose et les aphorismes dominent, et la pensée de la mort est toujours présente. Edfelt a également traduit un grand nombre de poètes allemands, en particulier Trakl, Benn et Nelly Sachs.

EDGEWORTH Maria. Femme de lettres anglaise. Née à Black Bourton (Oxfordshire) le 1er janvier 1767, morte à Edgeworthstown (Irlande) le 22 mai 1849. Elle était la seconde de vingt et un enfants. Son père, homme cultivé et versatile, très féru de pédagogie, l'encouragea à écrire, et lui inculqua son goût pour la vie et les coutumes des paysans irlandais, goût qui ne fit que s'affirmer chez elle et marqua toute son œuvre de conteuse. Sa correspondance avec Thomas Day, ami de son père, la poussa à exprimer ses idées sur l'éducation des femmes : ce fut *Lettres pour les dames lettrées* [*Letters to Literary Ladies,* 1793]. Elle publia en 1796 son premier recueil d'histoires pour enfants : *L'Aide des parents* [*The Parent's Assistant or Stories for Children*]. (Il paraîtra six de ces recueils jusqu'en 1800.) Le père de Maria corrigeait, imposait des changements, remaniait (ce qui ne faisait que le raidir) le style naturel de sa très obéissante fille. Père et fille travaillèrent ensuite ensemble aux deux volumes de *L'Éducation pratique* [*The Pratical Education*] qui devait rénover l'éducation anglaise. Modeste et réservée, Maria Edgeworth s'effaçait dans l'ombre de son père, qui s'attribuait tout le mérite de ses œuvres. Un roman, *Château Rackrent* (*), échappa par hasard, en 1800, aux interventions paternelles ; le talent de véritable écrivain de Maria s'y révéla. Le livre eut du succès et influença certainement Walter Scott. Maria Edgeworth publia ensuite *Belinda* (1801), *La Moderne Grisélidis* [*The Modern Griselda,* 1804], *Leonora* (1806) – ce dernier roman inspiré par l'amour de Maria pour le comte Edelcrantz, jeune Suédois qu'elle avait rencontré à Paris en 1802 et dont elle avait repoussé la demande en mariage –, et *L'Absent ou la Famille irlandaise à Londres* (*) (1812). Après la mort de son père en 1817, Maria, inconsciente de sa propre valeur et souffrant des yeux, espaça ses œuvres nouvelles. Son dernier roman, *Helen,* est l'un de ses meilleurs. Il montre qu'elle n'ignorait rien du mouvement romantique. Elle corrigea et compléta les Mémoires de son père (*Memoirs of Richard Lovell Edgeworth, Esq.,* 1820) et, hormis quelques voyages à Londres et à l'étranger, vécut jusqu'à sa mort à Edgeworthstown où elle se consacra entièrement à sa nombreuse famille.

ELENA VACCARI.

RÉF. : B. C. Slade, *Maria Edgeworth,* Londres, 1937. – P. H. Newby, *Maria Edgeworth,* Londres, 1950. – O. E. M. Harden, *Maria Edgeworth's Art of Prose Fiction,* La Haye, 1971. – M. S. Butler, *Maria Edgeworth,* New York, 1972. – E. Harden, *Maria Edgeworth,* Boston, 1984.

EDSCHMID Kasimir (pseud. d'Eduard Schmid). Écrivain allemand. Né à Darmstadt le 5 octobre 1890, mort à Vulpera (Suisse) le 31 août 1966. Prosateur, porte-parole, théoricien de l'expressionnisme, Edschmid étudie d'abord les langues romanes dans les capitales européennes et devient, à partir de 1913, critique littéraire au journal *Frankfurter Zeitung.* Il vit bientôt de sa plume et entreprend de longs voyages en Afrique, en Amérique du Sud, en Asie. L'avènement du nazisme le réduit au silence, par l'interdiction de publier qui lui est notifiée. Après la guerre, il sera secrétaire, puis vice-président du « Pen-Club » de la République fédérale allemande (1950-1957).

Les premiers recueils de nouvelles d'Edschmid, *Les Six Embouchures* (*) (1915) et *La Vie frénétique* [*Das rasende Leben*, 1915], firent sensation. Érotisme, exotisme, syntaxe outrée, images violentes en font le modèle – d'aucuns disent la caricature – de la prose expressionniste. On retrouve les mêmes caractéristiques dans les ouvrages suivants, nouvelles : *Timour* [*Timur*, 1916], *La Princesse* (+) (1918), *Fem-*

mes (+) (1922), ou romans : *Les Billes d'agate* (+) (1920) ; *L'Ange avec le spleen* (+) (1923). Edschmid fut parmi les premiers à tenter de cerner la notion même d'expressionnisme. Il ouvrit la série *Tribune de l'époque* (+) (1919-24), qu'il dirigea avec Barbusse, Benn, Hausenstein, par un essai critique sur *L'expressionnisme dans la littérature* (1919). Par la suite, Edschmid apaisa les violences de sa première manière et adopta un style très conventionnel pour rédiger de nombreux récits de voyage et des biographies (Albert Schweitzer, lord Byron, Georg Büchner, etc.). Ses derniers romans côtoient malheureusement la frontière de la « Trivialliteratur » – la littérature de « consommation ».

JEAN-JACQUES POLLET.

RÉF. : L. Weltmann (Hrsg.), *Kasimir Edschmid. Der Weg, die Welt, das Werk*, Stuttgart, 1955.

EDWARDS Jonathan. Théologien américain. Né à East Windsor (Connecticut), le 5 octobre 1703, mort à Princeton (New Jersey) le 22 mars 1758. Il appartenait à une famille aisée et cultivée. Il fut à l'histoire de l'éthique américaine ce qu'est saint Paul à l'histoire du catholicisme. Enfant précoce, encouragé par son père, il avait un goût marqué pour l'observation minutieuse des phénomènes de la nature (les mœurs des araignées, par exemple). Cette tendance se développa au cours de ses études et plus tard dans ses œuvres : telles ces fines recherches psychologiques réunies dans *A Treatise concerning Religions Affections.* Étudiant à l'université de Yale tandis que son contemporain, l'homme du peuple Benjamin Franklin (qui partage avec lui l'honneur d'avoir établi les fondements spirituels de la nation américaine), était typographe à Boston, il eut à dix-sept ans la révélation de sa vocation religieuse : la gloire de Dieu s'identifiait pour lui aux splendeurs de la Nature. Il exerça son ministère vingt-sept années mais, ses paroissiens supportant mal l'extrême rigueur de sa doctrine, il dut, malgré son orgueil et sa conviction, renoncer à sa chaire. Ses huit dernières années s'écoulèrent tranquilles dans le petit village frontalier de Stockton, où il prêchait les Indiens et écrivait son important ouvrage sur le *Libre arbitre* (*). Une épidémie de variole l'emporta peu après sa nomination à la présidence de Yale. Son nom reste attaché au sermon *Le Pécheur entre les mains d'un Dieu courroucé* dont on retient surtout, et à tort, la rigueur inexorable, mais non « la foi heureuse en la glorieuse majesté et en la Grâce de Dieu ».

STANLEY GEIST.

RÉF. : Arthur Bamford Crabtree, *J. Edwards, View of man,* Wallington, Surrey, 1948. – P. Miller, *Jonathan Edwards,* New York, 1949.

EDWARDS Jorge. Romancier chilien. Né à Santiago du Chili le 29 juillet 1931. Il fit des études primaires et secondaires au collège des jésuites de Santiago, puis de droit et de philosophie à l'université. Edwards exerça plusieurs métiers : journaliste, avocat, agriculteur, avant d'entrer en 1957 dans le corps diplomatique. De 1971 à 1973, il fut le conseiller personnel de Pablo Neruda, alors ambassadeur à Paris. En décembre 1970, il fut le premier délégué chilien envoyé à Cuba pour y rétablir des relations diplomatiques. Il a retracé cette expérience – soldée par une expulsion – dans *Persona non grata à Cuba* [*Persona non grata,* 1975]. « Un Stendhal à La Havane », a dit de lui Max Gallo. Jorge Edwards avait auparavant publié plusieurs recueils de nouvelles : *La Cour* [*El Patio,* 1952], *Les Gens de la ville* [*Gente de la ciudad*], *Les Masques* [*Las Mascaras,* 1967], *Thèmes et Variations* [*Temas y variaciones,* 1969]. Un roman, *Le Poids de la nuit* [*El peso de la noche,* 1965], prix Atenea du meilleur livre chilien de l'année. C'est une chronique familiale, en partie autobiographique ; il peint de l'intérieur une vieille famille de la haute bourgeoisie chilienne, vue à travers le regard critique d'un adolescent, Francisco. « Un drame bourgeois, issu directement de Zola ou de Maupassant » (*Nouvelles littéraires*), « Livre doublement attachant, écrit à deux voix ». Dans *Les Convives de pierre* [*Los convidados de piedra,* 1978], il reprend le même thème. En 1977, il publie un essai, *De la queue du dragon* [*Desde la cola del dragon*]. Puis en 1981, un roman, *Le Musée de cire* (*).

CLAUDE BOURGUIGNON.

EEKHOUD Georges. Écrivain belge d'expression française. Né à Anvers le 27 mai 1854, mort à Schaerbeeck (faubourg de Bruxelles) le 28 mai 1927. Romancier-né, il publia toutefois d'abord trois recueils de vers assez médiocres : *Myrtes et Cyprès* (1876), *Zigzags poétiques* (1878) et les *Pittoresques* (1879). Son tempérament se révéla bientôt avec *Kees Doorik* (*) (1883), à quoi succédèrent *Kermesses* (1885) et *Nouvelles kermesses* (1887). Farouchement épris de sa terre natale (la Campine), Eekhoud s'attachera dès lors à peindre des tableaux de mœurs aussi violents que hauts en couleur, parmi lesquels il convient de citer : *Les Milices de saint François* (1886, réimprimé sous le titre : *La Faneuse d'amour* en 1900 et 1926), *La Nouvelle Carthage* (1888), *Les Fusillés de Malines* (1891), le *Cycle patibulaire* (1895), *Mes communions* (1883), *Escal-Vigor* (1899), roman esthétique et passionnel qui lui valut un procès. On lui doit en outre les *Libertins d'Anvers* (1912) et un essai intitulé *Le Siècle de Shakespeare* (1893). Fondateur de *La Jeune Belgique* (*) (avec C. Lemonnier, E. Demolder, A. Giraud, etc.), chantre de la vie instinctive et des réfractaires, il obtint l'audience des lettrés de son pays – en dépit d'un style rocailleux et souvent fort affecté. Il était membre de l'Académie royale de langue et de littérature françaises de Belgique.

RÉF. : J. Deladoès, *Eekhoud romancier,* Bruxelles, 1956. – G. Vanwelkenhuysen, *Vocations littéraires,* Genève, 1959. – G. Rency : *Georges Eekhoud, l'homme et l'œuvre,* Bruxelles, 1941.

EFTIMIU Victor. Écrivain roumain. Né à Bobostitza (Macédoine grecque) le 24 janvier 1889, mort à Bucarest le 27 novembre 1972. Encore jeune, il s'établit à Bucarest et, à l'occasion d'un séjour à Paris, sont traduits en français ses *Contes roumains* (1918) et une de ses comédies, *L'Inspecteur des grenouilles* (1922) ; plus tard, il y fera paraître un roman écrit directement en français, *Le Nain du théâtre français* (1931). Directeur général du Théâtre national de Bucarest à trois reprises, il a fait preuve d'esprit d'initiative. Bien qu'ayant abordé tous les genres littéraires dans une centaine de volumes, c'est surtout un dramaturge. Ses thèmes sont variés : légendes roumaines, tragédies antiques, drames et comédies historiques, tragi-comédies, comédies, satires dramatiques, écrites en vers et en prose. Il a le don du dialogue et le sens de l'expression juste. Par contre, son œuvre poétique, aussi féconde, semble aujourd'hui dépassée, tout comme son œuvre romanesque ; plus attachants sont ses souvenirs, liés surtout au monde du théâtre. Parmi ses pièces de théâtre il convient de citer : *Perles, enfilez-vous* (*) (1911), *Le Coq noir* [*Cocosul negru,* 1913], *La Thébaïde* [*Thebaida,* 1924], *L'Homme qui a vu la mort* [*Omul care a văzut moartea,* 1928], *Le Grand Confesseur* [*Marele Duhovnic,* 1929], *Les Atrides* [*Atrizii,* 1939].

NICOLAS GHEORGHIU.

EGINHARD ou **EINHARD.** Historien germanique de langue latine. Né vers 770 dans la vallée du Main, mort le 14 mars 840 à Seligenstadt. Einhard fit ses études au monastère de Fulda, où ses dispositions intellectuelles lui valurent d'être remarqué par l'abbé de ce monastère, Baugolf. Celui-ci l'envoya à la cour de Charlemagne, lequel l'admit au nombre des jeunes gens qui, auprès du roi, se formaient à la carrière des armes et à la vie politique avant de se voir confier de hautes fonctions dans le royaume. Arrivé à Aix (Aix-la-Chapelle) vers 791 ou 792, Einhard, à qui sa petite taille fit donner le sobriquet de *Nardulus,* se fit estimer par son goût pour les lettres latines, en particulier d'Alcuin, ce qui lui valut de faire partie du petit groupe de lettrés qui vivaient aux côtés du roi. Cependant, moins favorisé que la plupart de ses condisciples, il ne semble pas qu'il ait exercé alors de charge importante. En 806, toutefois, il se vit confier une mission, celle de porter au pape une copie de l'acte par lequel Charles répartissait ses États entre ses fils. L'avènement de Louis le Pieux, en 814, le tira de cette semi-obscurité. Louis avait été autrefois son compagnon d'études à l'école du palais, il fit de lui un de ses familiers. Secrétaire particulier de l'empereur, Einhard reçut plusieurs abbayes dont celle de Fontenelle et fut chargé en 817 de l'éducation du fils aîné du souverain, Lothaire, lequel devait être la même année associé au trône impérial. Pendant une dizaine d'années, Einhard joua à la Cour un rôle de premier plan, mais lorsqu'en 828 éclata le conflit entre Louis et ses fils, sa position devint quelque peu délicate, et peu après Einhard quitta la Cour. Il semble qu'il ait vécu quelque temps à Fontenelle avant de se retirer au monastère de Seligenstadt, où il mourut le 14 mars 840. C'est avant 829 qu'Einhard écrivit la *Vie de Charlemagne* (*), un des monuments de la renaissance des lettres latines sous les carolingiens. Les historiens modernes ont contesté l'attribution qui lui était généralement dévolue des *Annales royales* appelées souvent autrefois *Annales Einhardi.* Ils ont de même fait justice de la légende selon laquelle Einhard aurait épousé Emma, propre fille de Charlemagne, union dont serait sortie la lignée des comtes d'Erbach, ville de Hesse-Darmstadt où l'on montrait son tombeau. Il est toutefois certain, les *Lettres* (*) de Loup de Ferrières en témoignent, qu'Einhard fut marié, que sa femme s'appelait Emma et qu'elle mourut en 836.

♦ *« Einhard, un des palatins de ce temps les plus dignes d'éloge non seulement pour sa science, mais aussi pour son caractère sans tache, lequel, en homme qui a participé à presque tout ce qu'il raconte, y a apporté le témoignage de la plus pure vérité. »* Walhafrid Strabo.

RÉF. : Fr. Kurze, *Einhard,* Berlin, 1899. – Fr. L. Ganshof, *Notes critiques sur Éginhard, biographe de Charlemagne,* 1924.

EHRENBOURG Ilia Grigorievitch [Il'ja Grigor'evič Ėrenburg]. Écrivain russe. Né à Kiev le 27 janvier 1891, mort à Moscou le 31 août 1967. Fils d'un ingénieur, directeur de brasserie, il a passé sa jeunesse à Kiev ; après une première arrestation, le lycéen révolutionnaire fut obligé d'émigrer. C'est à Paris que furent publiés ses premiers recueils poétiques ; à partir de 1913, il devint le collaborateur correspondant de plusieurs journaux russes. En 1917, Ehrenbourg retourna en Russie où il ne resta que trois ans : la révolution d'Octobre le fascinait et en même temps l'effrayait ; ce double sentiment se reflète dans les poèmes de cette époque. Reparti pour l'Occident, il publia en 1921 son premier roman, qui devait rester la plus célèbre de ses œuvres en prose, *Les Aventures extraordinaires de Julio Jurenito* (*), satire mordante de toute la civilisation européenne devenue un chaos absurde, alors même que la Première Guerre mondiale fond sur ce monde pourri comme pour un châtiment mérité. Sa critique de l'Occident fut reprise dans *Les Treize Pipes* [*Trinadcat's trubok,* 1923] et dans *Le Trust D.E.*

(1923). Par contre, le caractère inhumain de la nouvelle société soviétique, le péril inévitable qu'elle présente pour la personnalité de chaque individu aux prises avec ce régime forment le fond de romans tels que *La Vie et le péril de Nicolas Kourbov* [*Žizn'i gibel Nikolaja Kurbova,* 1923], *L'Amour de Jeanne Ney* [*Liubov Žanny Ney,* 1923]. La N.E.P. (Nouvelle politique économique) inspire à Ehrenbourg des romans qui opposent la grandeur des idéaux révolutionnaires et socialistes à l'aboutissement de la révolution russe qui lui semble être le triomphe de l'esprit mesquin de la petite bourgeoisie : *Le Profiteur* [*Rvač,* 1925], *Dans la ruelle Prototchny* [*V protočnom perevlke,* 1927].

Vers le début des années 30, Ehrenbourg s'engagea dans la lutte antifasciste qui motiva son activité journalistique en Espagne pendant la guerre civile (1936-1939) et sa participation énergique aux congrès pour la défense de la culture (1935 et 1937). En 1940, il vécut l'occupation allemande de Paris, et raconta la tragédie française dans son roman *La Chute de Paris* (*) (1941) en essayant de démonter les causes politiques et militaires de la défaite. Pendant la guerre germano-soviétique, Ehrenbourg devint le journaliste le plus connu et le plus influent d'U.R.S.S. ; ses articles dans les quotidiens les plus importants du pays *(Pravda, Izvestia, Krasnaïa Zvesda)* étaient lus avec émotion par les soldats comme par les généraux, par les ouvriers comme par les professeurs. Les articles d'Ehrenbourg constituèrent les trois volumes de *La Guerre* [*Vojna,* 1942-1944]. C'est dans le journalisme politique et militaire que le talent d'Ehrenbourg s'épanouit avec le plus d'éclat. Même ses grands romans de l'après-guerre paraissent être des chroniques journalistiques plutôt que des livres « littéraires » : *La Tempête* (1947), *Le Neuvième Flot* (1951). Après la mort de Staline, Ehrenbourg fut un des premiers écrivains russes à lutter pour la réhabilitation des intellectuels injustement condamnés, pour la restauration des lois et de la justice. Il formula ces exigences dans un essai, *Sur le travail de l'écrivain* [*O rabote pisatelja,* 1953], et un petit roman, *Le Dégel* (*) (1954-1956) dont le titre devint la désignation de toute une époque (1953-1964). La dernière œuvre d'Ehrenbourg, ses volumineux mémoires, *Les Années et les Hommes* (*), en six volumes (1961-1965), dresse le bilan d'une vie agitée et déchirée par des contradictions, mais extrêmement nourrie, riche de rencontres et d'amitiés avec presque toutes les personnalités remarquables de son siècle. Dans ce livre, Ehrenbourg continue sa lutte entreprise pour la réhabilitation des arts bafoués en U.R.S.S. (les peintures impressionniste et cubiste, la poésie et le cinéma modernes) et pour celle des hommes persécutés, oubliés, assassinés par le régime soviétique (I. Babel, O. Mandelstam, M. Tsvétaieva, M. Volochine, V. Meyerhold, etc.). Ehrenbourg a d'autre part beaucoup contribué à la diffusion de la culture française en Russie ; ses *Cahiers français* [*Francŭzskie tetradi,* 1958] comprennent des essais sur les lettres et la peinture (Ronsard, du Bellay, Stendhal, Éluard, Picasso, Matisse), des traductions de poèmes (Villon, du Bellay, Éluard) et des aperçus généraux sur l'histoire de la France, sur son caractère national et sur la culture française.

EFIM ETKIND.

RÉF. : Ewa Bérard, *La Vie tumultueuse d'Ilia Ehrenbourg*, Paris, 1991.

EHRENSTEIN Albert. Écrivain autrichien. Né à Vienne le 23 décembre 1886, mort en exil à New York (U.S.A.) le 8 avril 1950. Après avoir été « arraché à l'agréable insouciance par la naissance et autres châtiments corporels... il contracte un doctorat » d'histoire en 1911, l'année même où paraît son *Tubutsch* (*), récit d'un homme « fatigué de la vie et de la mort » qui arpente les rues de Vienne en échafaudant une grinçante dialectique de la déréliction. Ses premiers poèmes sont publiés dans *Die Fackel* de Karl Kraus, et dès 1913 un numéro spécial du *Sturm* de Herwarth Walden lui sera entièrement consacré. Avec son recueil *L'Époque blanche* [*Die weisse Zeit,* 1916], Ehrenstein s'affirme d'emblée comme un des novateurs les plus importants de la poésie lyrique de langue allemande. À bien des égards, son œuvre poétique, toute de ruptures, de fracas d'âmes et de dissonances, renvoie à l'univers sonore du *Pierrot lunaire* (*) de Schönberg. Pourtant cet homme doux qui « a le don de dormir les yeux ouverts, et (qui) en fait usage aussitôt que plusieurs personnes s'assemblent autour de lui » s'engage violemment contre la guerre, dénonçant « la charlatanerie sanglante des abattoirs de la jeunesse » – *L'homme crie* [*Der Mensch schreit,* 1916] ; *L'Époque rouge* [*Die rote Zeit,* 1917] – et signe avec Franz Pfemfert et Carl Zuckmayer un « Manifeste du parti socialiste antinationaliste ». Les proses d'Ehrenstein restent aussi parmi les plus fortes qu'ait produites ce qu'il est convenu d'appeler l'expressionnisme : ainsi les récits de *Suicide d'un matou* [*Selbsmord eines Katers,* 1912] s'attachent à décrire avec minutie et mordant des petites apocalypses intérieures ; son *Ni ici, ni là-bas* [*Nicht da, nicht dort,* 1916] narre l'irruption des mondes anciens de la Grèce et d'Israël dans la capitale de la Kakanie ; et ses *Lettres à Dieu* [*Briefe an Gott,* 1922] n'ont rien à envier dans leur véhémence tragique au soliloque du cheveu de Dieu égaré au bordel dans *Les Chants de Maldoror* (*) de Lautréamont. Vers le milieu des années 20, Ehrenstein s'éloigne des « rivages de la Barbaropa » et se plonge dans la littérature chinoise dont il adaptera la poésie et les romans dans un style très personnel : *La Chanson jaune* [*Das gelbe Lied,* 1933], *Brigands et Soldats* [*Räuber und Soldaten,* 1927]. Réfugié en Suisse, il organise dès

1933, avec l'appui de Hermann Hesse, l'exil des écrivains menacés par les nazis. Lui-même y survivra dans des conditions précaires, condamné au silence par le Comité des écrivains suisses, et sera menacé d'expulsion à plusieurs reprises. En 1941, il parvient à s'embarquer in extremis pour New York où il mourra en 1950, prostré et reclus, dans un dénuement total. Ses derniers projets de livres avaient pour titres : *La Pucelle de la Nouvelle-Orléans, Mohamlet in Manhattan, Malice in Underland*...

CLAUDE RIEHL.

RÉF. : Hanni Mittelmann, *Albert Ehrenstein, Leben und Werk*, Munich, 1988.

EICHENDORFF Josef Freiherr von. Écrivain allemand. Né le 10 mars 1788 au château de Lubowitz, près de Ratibor (Haute-Silésie), mort à Neisse (Silésie) le 26 novembre 1857. Il fut l'un des derniers romantiques allemands. Issu d'une famille catholique d'origine bavaroise, fils d'un officier prussien qui était également un riche propriétaire terrien, Eichendorff reçut une parfaite éducation aristocratique, et connut tout jeune les derniers prestiges de la société d'Ancien Régime. Ses longues courses à travers le domaine familial l'établirent, dès l'enfance, dans une familiarité ardente avec toutes les voix de la nature et ses premières lectures, de vieux romans populaires comme *Geneviève de Brabant* (*) et *Les Quatre fils Aymon* (*), lui donnèrent cette nostalgie du Moyen Âge chrétien, si caractéristique du romantisme d'outre-Rhin. Dès 1798, à l'âge de dix ans, il commence à rédiger son *Journal intime* (*), publié en 1908 – et c'est, avec celui de Léon Bloy, le plus remarquable exemple de précocité dans ce genre littéraire. Après avoir fait ses premières études au Mathias-Gymnasium de Breslau, il se rend en 1806 à l'université de Halle mais, la campagne d'Iéna ayant obligé à interrompre les cours, Eichendorff émigre un an plus tard, en compagnie de son frère, à Heidelberg, où il rencontre Goerres et fréquente le groupe d'Achim von Arnim et de Clemens Brentano. Au retour d'un voyage à Paris (1808), on le retrouve en 1809 étudiant à Berlin, où son amitié avec Brentano devient plus étroite et où il fait la connaissance d'Adam Müller. C'est à cette époque qu'il écrit *Sortilèges d'automne* (*) (1808) et son livre *Pressentiment et temps présent* (*) (1815), « Bildungsroman » évidemment inspiré des *Années d'apprentissage de Wilhelm Meister* (*), mais où l'on sent aussi l'angoisse d'un jeune patriote dans les heures les plus malheureuses de l'Allemagne et, déjà, des réserves assez nettes à l'égard de l'idéologie romantique. En 1810, les deux frères Eichendorff se rendent à Vienne pour poursuivre leurs études juridiques ; ils y rencontrent Friedrich Schlegel. Puis, en 1813, lors de la « guerre de libération », Eichendorff s'engage dans l'armée prussienne, où il servira successivement dans les chasseurs de Lützow, puis comme lieutenant dans la Landwehr silésienne, enfin comme officier d'état-major de Blücher ; de 1814 date son *Chant des soldats* [*Soldatenlied*], qui est incontestablement le meilleur poème de guerre romantique. Démobilisé après son entrée à Paris en 1815 dans les rangs des armées alliées, Eichendorff – marié en 1814 avec Luise von Larish – entre alors dans l'administration prussienne : il sera référendaire au gouvernement de Breslau (1817), assesseur près le gouvernement de la province de Silésie (1819), employé au ministère des Cultes à Berlin (1820), conseiller du gouvernement avec la direction des affaires consistoriales et scolaires catholiques pour la Prusse orientale à Dantzig (1823), membre du gouvernement de la province de Prusse orientale à Königsberg (1824), où il achève la rédaction de ses célèbres *Scènes de la vie d'un propre-à-rien* (*) (1826).

Le caractère indépendant d'Eichendorff lui rendait la carrière de fonctionnaire malaisément supportable. Il trouva cependant quelque agrément à son dernier poste, celui d'attaché au ministère des Cultes à Berlin, qu'il occupe pendant treize ans (1831-44) : fonctionnaire d'un État protestant, il put protéger avec zèle ses frères catholiques et, dans la capitale prussienne, il lia d'étroites relations avec d'intéressants esprits comme Chamisso, Hitzig, l'historien Raumer et le grand jurisconsulte romantique von Savigny. À cette époque de sa vie, Eichendorff paraît surtout attiré par le théâtre, où il ne donnera pourtant que des œuvres sans grand intérêt, deux tragédies historiques : *Ezzelin von Romano*, 1828, inspirée par l'*Histoire des Hofenstaufen* [*Geschichte der Hohenstaufen und ihrer Zeit*, 6 vol., 1823-25] de Raumer, et *Le Dernier Héros de Marienbourg* [*Der letzte Held von Marienburg*, 1830], épisode de l'épopée des chevaliers teutoniques, ainsi qu'une comédie, d'un esprit parfois proche de Marivaux : *Les Prétendants* [*Die Freier*, 1833]. À partir de 1844, date de sa retraite, Eichendorff mena une vie vagabonde à travers l'Allemagne, séjournant à Vienne (1846), à Berlin (1847), à Köthen et à Dresde (1848), de nouveau à Berlin (1850), et, en 1855, s'établissant enfin au château Johannisberg, en Silésie, où il demeura jusqu'à sa mort comme hôte du prince-évêque Förster de Breslau. Cette dernière période fut consacrée à la rédaction de son *Histoire de la littérature poétique de l'Allemagne* (+) (1857) et de ses divers autres essais de critique et d'histoire, réunis plus tard par son fils sous le titre de : *Mélanges* [*Vermischte Schriften*, 6 vol., 1866], où il s'attachait à montrer l'influence du catholicisme sur les destinées de la culture allemande.

À la mort d'Eichendorff, Bettina Brentano restait la seule survivante de l'école romantique (elle devait mourir en 1859). Eichendorff, dernier grand nom du groupe, avait toujours marqué ses distances à l'égard de celui-ci.

N'était-ce pas aux romantiques – mais il disait « les faux romantiques » – qu'il adressait ces lignes, dès *Pressentiment et temps présent :* « Combien êtes-vous qui souffrez réellement de vos misères ? Cessez donc de vous plaindre, si vous n'êtes pas meilleurs que votre époque, car aucune époque n'est foncièrement mauvaise. » Ce qu'il reprochait surtout aux romantiques, c'était de jouer l'émotion, de séparer la poésie et la vie, de prêcher l'orgueilleux isolement du poète. Ce n'est certes pas le défaut d'Eichendorff : il est trop heureux de la vie pour songer à la fuir. « Tout est bien, tout est bien », toutes ces nouvelles et ses *Poésies* (*) semblent reprendre cette conclusion des *Scènes de la vie d'un propre-à-rien.* Le souvenir et le mythe de l'enfance, qu'il a en commun avec tous les romantiques, ne se voilent chez lui d'aucune mélancolie. Son univers, poétique, traversé de délicates évocations d'un ancien temps, d'un monde lointain, mais poli, civilisé, étrangement proche de celui de Nerval, a pour atmosphère naturelle la mystérieuse douceur de la lumière matinale dans les forêts silésiennes, et absolument rien de la violence puissante qu'on trouvera, un siècle plus tard, chez un autre lyrique silésien comme Herman Stehr.

MICHEL MOURRE.

♦ *« Eichendorff nous offre l'exemple singulier d'un romantique heureux, dont l'œuvre est aussi heureuse que la vie. »* Edmond Jaloux. ♦ *« Eichendorff appartient à la lignée de poètes aux facettes nombreuses ; il fut non seulement le plus grand poète lyrique depuis Goethe, mais également romancier, conteur, dramaturge, biographe, etc. Avec lui le romantisme allemand avait atteint son sommet. »* Wilhelm Kosch.

RÉF. : W. Emrich, *Eichendorff*, 1939. – W. Köhler, *Auf Eichendorffs Spuren in Heidelberg*, 1939. – R. Schneider, *Der Pilger : Eichendorffs Weltgefühl*, 1940. – H. Cysarz, *Eichendorff und das grosse Deutschland*, 1940. – C. Riege, *Eichendorffs Gestaltung*, 1941. – Baldur v. Schirach, *Eichendorff. Der Seele ein Friede*, 1943. – R. Schlösser, *Von Traum und Tat : Eichendorff und die Romantik*, 1943. – R. K. Ligniez, *Das Bild des Dichters in Eichendorffs Lyrik*, Francfort, 1943. – C. Wetzel, *Joseph Freihers von Eichendorff 1788-1857 ; Leben, Werk, Wirkung*, Cologne, 1983.

EICHRODT Ludwig. Écrivain allemand. Né à Durlach (grand-duché de Bade), le 2 février 1827, mort à Lahr (Bade) le 2 février 1892. Dès l'école élémentaire, il se concilia les sympathies de ses camarades, mais s'aliéna ses professeurs par des dispositions humoristiques qu'il tenait de sa mère, dit-on, tandis qu'il devait ses dons poétiques, qu'il exerça dès cette même époque, à son père, ministre de l'Intérieur du grand-duc. Il fit son droit à Heidelberg, avec succès, sans négliger pour autant les disciplines humanistes, et vécut la vie gaie des associations estudiantines où circulaient des idées libérales et patriotiques. Lorsqu'en 1851, diplômé, il dut choisir une carrière, il hésita longuement, puis, poussé par sa fiancée, il opta pour un emploi d'État et devint greffier du district d'Achern ; par la suite, changeant de résidence en même temps que de grade, il finit, en 1871, juge-bailli à Lahr où il résida jusqu'à sa mort. Il ne cessa jamais d'écrire et si sa production lyrique et dramatique est médiocre : *Vie et Amour* [*Leben und Liebe*, 1856], *Les Comtes palatins* [*Die Pfalzgrafen*, 1859], *Alboin* (1865), *Melodien* (1875), il donne sa mesure dans les poésies gaies et satiriques publiées en différents volumes : *Feuilles volantes* [*Fliegende Blätter*], *Poésies de toutes humeurs* [*Gedichte in allerlei Humoren*, 1853], *Le Petit Livre des tailleurs* [*Schneiderbüchlein*, 1853], etc., et surtout dans *La Joie de chanter du bonhomme Biedermeyer* (*).

RÉF. : A. Kennel, *L. Eichrodt ; Dichterleben*, 1895. – Karl Blind, *Erinnerungen an L. Eichrodt* (*Vossische Zeitung*, 4 et 11 août 1895).

EICKE von Repgow. Nous ne connaissons de ce Saxon, qui est le plus ancien prosateur du Moyen Âge allemand, que ce qu'il nous dit de lui-même dans une sorte de Préface en vers à son œuvre, *Le Miroir des Saxons* (*). Né dans la seconde moitié du XIIe siècle à Repgow ou Repkow, l'actuel Reppichau, près de Dessau, il fut chancelier ou échevin du comte Hoyer de Falkenstein, et, à la demande de son maître, il traduisit en dialecte de la basse Saxe l'œuvre écrite à l'origine en latin entre 1222 et 1225. Outre le *Sachsenspiegel* ou *Miroir des Saxons* qui est le manuscrit saxon le plus ancien et le plus important, il écrivit la *Chronique universelle saxonne* [*Sächsische Weltchronik*] (*) qui est la première œuvre en prose sur l'histoire allemande.

EIKHENBAUM Boris Mikhailovitch [Boris Mikhajlovič Èjhenbaum]. Critique russe. Né le 16 octobre 1886 à Krasny (région de Smolensk), mort à Leningrad le 24 novembre 1959. Il a suivi des cours d'abord à l'Académie militaire de médecine puis à l'université de Saint-Pétersbourg (jusqu'en 1912). Sa première publication date de 1907 : *Pouchkine, poète, et la révolte de 1825* [*Puškin, poèt i bunt 1825 goda*]. À partir de 1918, Eikhenbaum fut membre de l'O.P.O.I.A.Z. et collabora avec Chklovski à la création d'une nouvelle poétique – v. *Théorie de la littérature* (*). Des ouvrages importants de cette époque contribuent à une théorie de la prose : *Comment est fabriqué « Le Manteau » de Gogol* [*Kak sdelana « Šinel' » Gogolja,* 1919], *Le Jeune Tolstoï* [*Molodoj Tolstoj,* 1922]. Les relations du rythme et de la syntaxe en poésie sont étudiées dans son célèbre traité, *La Mélodie du vers lyrique russe* [*Melodika russkogo liričeskogo stiha,* 1922] et les tendances de la poésie moderne dans la monographie, *Anna Akhmatova, essai d'analyse* [*Anna Ahmatova, opyt analiza,* 1923]. D'autres sujets encore ont attiré l'attention d'Eikhenbaum : Tolstoï, Lermontov, Polonski. Après l'interdiction des méthodes « formalistes » en U.R.S.S., Eikhenbaum fut contraint d'abandonner la critique et la théorie littéraires pour s'adonner à la publication des œuvres complètes d'auteurs classiques. On lui doit d'excellentes éditions de Tolstoï, Lermontov, Tourgueniev, Leskov. Pendant trente ans, de 1918 à 1949, Eikhenbaum a enseigné à l'université de Leningrad d'où il fut licencié en tant que « cosmopolite » (c'est-à-dire Juif) et « faux savant bourgeois ». Après sa mort, il fut réhabilité comme tant d'autres dans son cas et les éditions *Sovetski Pisatel* de Leningrad publièrent pour le dixième anniversaire de sa mort deux recueils de ses articles : *Sur la poésie* [*O poezii,* 1969] et *Sur la prose* [*O proze*, 1969].

EFIM ETKIND.

EINSTEIN Albert. Physicien américain d'origine allemande. Né à Ulm en Bavière le 14 mars 1879, mort à Princeton (New Jersey) le 18 avril 1955. En 1880 sa famille vint s'établir à Munich ; plus tard elle alla habiter Milan (1894-1896). Il fit à Munich les premières classes du lycée, poursuivit ses études en Italie et s'inscrivit enfin à l'École polytechnique de Zurich. Devenu citoyen suisse (1901), il trouva un emploi au bureau des brevets de la ville et se maria la même année. En 1905, il publia dans les *Annales de physique* [*Annalen der Physik*] ses premiers travaux sur la théorie des quanta, la théorie de la relativité, les mouvements browniens, et devint maître de conférences [Privatdozent] à l'université de Berne. En 1909 il fut nommé professeur associé à l'université de Zurich ; en 1910 professeur de physique théorique à l'université allemande de Prague. Plus tard il revient à Zurich comme professeur de physique théorique à l'École polytechnique (1912). Nommé, en 1913, membre de l'Académie des sciences de Berlin, il s'établit en cette ville, publie *Le Fondement formel de la théorie de la relativité généralisée* [*Die formale Grundlage der allgemeinen Relativitästheorie,* 1914], se remarie (1916) et entreprend les voyages aux États-Unis, en Angleterre, en France, en Chine, au Japon, en Palestine, en Espagne (1919-1932). En 1920 il publie *Sur la théorie de la relativité restreinte et générale* [*Ueber die spezielle und die allgemeine Relativitätstheorie*] et, l'année suivante, reçoit le prix Nobel pour sa théorie sur l'effet photo-électrique. En 1933, il donne sa démission de l'Académie de Prusse et prend courageusement parti contre Hitler. Les persécutions nazies contre les Juifs l'obligent à partir pour les États-Unis où il devient professeur à l'Institut d'études supérieures (Institute for advanced Studies) de Princeton (New Jersey). En 1945 il abandonne l'enseignement mais poursuit une intense activité scientifique.

Albert Einstein apparaît comme l'un des plus grands génies que l'humanité ait jamais connus ; il est dans les sciences physiques l'auteur d'une révolution encore en cours et dont on ne saurait de nos jours mesurer toute la portée. Dans la première formulation de sa théorie (théorie de la relativité restreinte), Einstein étend aux phénomènes optiques et électromagnétiques le principe de la relativité de Galilée et de Newton dont les applications étaient limitées jusque-là au domaine de la mécanique. Ce principe affirme que les lois de la mécanique sont valables tant par rapport à un système de référence K que par rapport à un système de référence K' animé d'un mouvement rectiligne et uniforme par rapport à K. D'après la généralisation einsteinienne, la loi de propagation de la lumière dans le vide doit, comme toute autre loi générale de la nature, s'exprimer par la même formule que le système de référence ; en d'autres termes la vitesse de la lumière ne se compose pas avec celles des systèmes de référence, lorsque ces derniers sont animés d'un mouvement rectiligne et uniforme par rapport au sien propre. En fait, l'expérience de Michelson-Morley, répétée et vérifiée d'innombrables fois depuis 1881, avait prouvé que la vitesse de la lumière ne se compose pas avec celle de la Terre. La relativité restreinte explique ce phénomène à première vue inexplicable. La constance de la vitesse de la lumière permet à son tour d'introduire dans la physique les transformations de Lorentz, suivant lesquelles la distance temporelle entre deux événements et la distance spatiale entre deux points d'un corps rigide sont fonction du mouvement du système de référence et ne sont par conséquent pas les mêmes pour K et K'. On peut ainsi se passer, dans la formulation des lois optiques et électromagnétiques, de toute référence à cet hypothétique système immobile « absolu », véritable casse-tête métaphysique de la physique classique ; les lois optiques et électromagnétiques, telles qu'elles sont formulées par la relativité restreinte, sont en effet valables tant pour K que pour K', au même titre que celles de la mécanique. Le passage de la physique classique à la relativité restreinte ne constitue pas seulement un progrès « méthodologique » ; cette dernière a, comme le remarque Einstein *(Sur la theorie de la relativité restreinte et générale),* une valeur euristique bien plus grande que la première, du fait qu'elle permet d'interpréter de nombreux phénomènes, comme par exemple : l'exception apparente représentée par la non-composition de la vitesse de la lumière avec celle d'un courant d'eau dans l'expérience de Fizeau ; l'augmentation de la masse des électrons avec leur vitesse, observée dans les rayons cathodiques et les émanations du radium ; la masse des rayons cosmiques, de 40 000 fois supérieure à celle de leur masse au repos ; l'effet Doppler ; l'effet Compton ; l'existence du photon et sa quantité de mouvement, prévue par Einstein avant d'être vérifiée expérimentalement ; la quantité d'énergie qu'il faut fournir aux masses des noyaux pour la transformation des éléments ;

la structure fine des raies du spectre, calculée par Sommerfield grâce à la mécanique relativiste ; l'existence des électrons positifs, prévue par Dirac à partir de certaines équations relevant de la mécanique relativiste ; le magnétisme des électrons, calculé par Dirac en transformant les équations de Schrödinger en leurs correspondantes en mécanique relativiste, etc. Une des conséquences de la relativité restreinte est que chaque masse m possède une énergie E égale à mc^2. Cette formule célèbre et presque magique nous apprend que la masse peut se transformer en énergie et inversement. D'où l'annonce mémorable faite il y a cinquante ans par Einstein de la possibilité de désintégrer la matière, réalisée ensuite par Fermi.

La relativité restreinte n'élimine cependant pas l'hypothèse d'un système absolument immobile du domaine de la physique gravitationnelle. Cette réserve tient, en dernière analyse, à ce que, dans sa formulation des lois naturelles, la relativité restreinte se place, elle aussi, du point de vue des systèmes privilégiés K et K'. Que se passera-t-il si les lois physiques sont formulées de telle manière qu'elles soient également valables par rapport à un système K'' animé d'un mouvement rectiligne non uniforme ou d'un système uniforme, mais non rectiligne ? Il arrivera que la distinction entre champ d'inertie et champ gravitationnel cessera d'être absolue. Soit par exemple un ascenseur tombant d'un mouvement uniformément accéléré : par rapport aux personnes placées dans l'ascenseur, tous les objets situés à l'intérieur se trouvent dans un champ d'inertie (si quelqu'un lâchait un mouchoir il le verrait rester immobile devant lui), tandis que pour un observateur placé au dehors, relativement auquel l'ascenseur se déplace d'un mouvement uniformément accéléré, celui-ci se comporte comme un champ gravitationnel. La relativité générale est précisément la théorie qui admet la validité des lois physiques, même par rapport à K''. Parmi les conséquences qui découlent immédiatement du postulat de la relativité générale figure l'égalité entre masse inerte et masse pesante que la physique classique se contentait d'accepter comme un fait inexplicable. Grâce à elle, la physique acquiert le plus haut degré de généralité et, si l'on peut dire, d'objectivité. Quelle loi naturelle est-ce en effet que celle qui n'est valable que par rapport à des systèmes de référence privilégiés ? Les lois naturelles ne savent rien de ces systèmes : elles doivent donc être valables par rapport à n'importe quel système de référence, et il est inconcevable qu'on ne puisse pas construire la physique lorsqu'on se trouve dans un ascenseur qui tombe d'un mouvement uniformément accéléré ou dans un manège qui tourne. La relativité générale a permis de prévoir de nombreux phénomènes que l'expérience a depuis largement confirmés, comme par exemple la déviation des rayons lumineux quand ils approchent d'une masse ; les déplacements des raies du spectre ; le déplacement du mouvement périhélique de Mercure, etc.

Dans les dernières années de sa vie, Einstein avait jeté les fondements d'une troisième théorie, la théorie du *champ unitaire*, réunissant en un système unique les équations du champ électromagnétique et celles du champ gravitationnel. Le développement de cette théorie devrait permettre, comme l'a fait observer un disciple d'Einstein, Infeld, de déduire, non seulement les équations gravitationnelles et électromagnétiques, mais aussi les équations de la théorie des quanta. Citons parmi les œuvres d'Einstein : *La Géométrie et l'Expérience* (*), *La Signification de la relativité* [*The Meaning of Relativity*, Princeton, 1945] ; et les recueils d'articles *Comment je vois le monde* [*Mein Weltbild*, 1934] et *Conceptions scientifiques, morales et sociales* (1952). En collaboration avec Infeld, Einstein a publié : *L'Évolution des idées en physique* [*The Evolution in Physics*, 1938] et *La Physique comme aventure de la connaissance* [*Physik als Abenteuer der Erkenntnis*, 1949].

FRANCESCO ALBERGAMO.

♦ *« L'œuvre d'Einstein s'égale à celle de Newton en la complétant. »* Léon Brillouin. ♦ *« Aujourd'hui les autorités scientifiques disent qu'il est le cerveau scientifique le plus formidable de tous les temps. »* David Dietz. ♦ *« Le gouvernement français, en dehors et au-dessus de toute politique, ne pourrait-il offrir à Einstein, que l'Allemagne contraint à l'exil, une chaire au Collège de France, ainsi qu'il faisait naguère pour Mickiewicz ? »* André Gide (1933). ♦ *« Notre admiration pour ce physicien, la conviction qu'il ne nous apportait pas seulement une nouvelle physique mais aussi certaines manières nouvelles de penser... »* Bergson. ♦ *« Le caractère génial de son œuvre, la noble figure de ce savant illustre à qui rien de ce qui est humain ne restait étranger forçaient l'estime et l'admiration. »* Louis de Broglie. ♦ *« Einstein, cet incroyable génie, n'est pas seulement le révélateur de la relativité. Ses interventions répétées dans la théorie des quanta de Planck, puis à l'aube de la mécanique ondulatoire ou "nouvelle théorie des quanta", ont toutes été décisives, et lui valent, à elles seules, une notoriété de première grandeur. Ses pénétrantes (et très embarrassantes) critiques de la nouvelle théorie des quanta restent aujourd'hui de la plus brûlante actualité, et inspirent en ce moment même de subtils travaux théoriques et expérimentaux sur les corrélations à distance de "systèmes ayant interagi". »* Costa de Beauregard (1975).

RÉF. : A. Moszkowski, *Einstein. Einblicke in seine Gedankenwelt*, Hambourg, 1921. — E. M. Lémeray, *Leçons élémentaires sur la gravitation d'après la théorie d'Einstein*, Paris, 1921. — Henri Bergson, *Durée et simultanéité. À propos de la théorie d'Einstein*, Paris, 1922. — L. G. Dupasquier, *Le Principe de la relativité et les théories d'Einstein*, Paris, 1922. — Kopff, *Grunzüge d. Einsteinschen Relativitätstheorie*, 1923. — M. Born, *La théorie de la relativité et ses bases physiques*, Paris, 1923. — H. Gordon Gardebian, *A. Einstein, maker of universes*, New York, 1939. — P. A. Schlipp, éditeur de : *A. Einstein, philosopherscientist*, Evanston, Illinois, 1949. — P. Frank, *Einstein, sa vie, son temps*, Paris, 1950. — L. Infeld, *A. Einstein, his work and its influence on our world*, New York, 1950. — D. Marianoff et

P. Wayne, *Einstein dans l'intimité,* Genève-Paris, 1951. – L. Barnett, *Einstein et l'univers,* T.F., Paris, 1955. – K. W. Clark, *Einstein, The Life and Times,* New York, 1971 (trad. *Einstein, sa vie, son époque,* Paris, 1980). – B. Hoffmann, *A. Einstein, Greator and Rebel,* New York, 1972 (trad. *Einstein créateur et rebelle,* Paris, 1975). – J. Merleau-Ponty, *Einstein,* Paris, 1993.

EINSTEIN Alfred. Musicologue américain d'origine allemande. Né à Munich le 30 décembre 1880, mort à El Cerrito, en Californie, le 13 février 1952. Contrairement à ce qu'affirment les encyclopédies musicologiques les plus notoires, du *New Grove's* au *Riemann* (1959), et même la *Neue deutsche Biographie* (Berlin, 1959), Alfred Einstein n'a aucun lien de parenté avec Albert Einstein (1879-1955). Les deux familles sont bien originaires du même village, situé près d'Ulm ; les deux garçons étudièrent au même moment au *Luitpold-Gymnasium* de Munich ; leurs ménages voisinèrent à Berlin au début des années 30 ; ils émigrèrent simultanément et se retrouvèrent pendant la guerre à Princeton où Alfred, tout en étant basé au Smith College de Northampton, donnait régulièrement des conférences et fut reçu docteur « honoris causa » en 1947. Mais ce détour biographique permet surtout de suggérer la véritable dimension de ce musicologue, le plus éminent de la première moitié du XXe siècle qui, si le prix Nobel avait existé dans sa discipline, l'eût reçu lui aussi à coup sûr.

Empêché par un professeur antisémite de poursuivre une carrière universitaire après sa thèse, en 1903, Alfred Einstein décida de changer l'opinion que ce maître avait sur les Juifs en devenant lui-même un chercheur exemplaire. Il lui fallut une quinzaine d'années pour être reconnu comme tel, et se voir confier – jusqu'en 1933 – la responsabilité d'« institutions » telles que la *Revue de musicologie* [*Zeitschrift für Musikwissenschaft*] ou le *Dictionnaire de musique de Riemann* [*Musik-Lexikon*]. Mais ses qualités seront internationalement reconnues lorsque, révisant en une dizaine d'années le catalogue *Köchel* des œuvres de Mozart, il lui donnera sa véritable assise scientifique, tout en s'effaçant avec élégance derrière son premier auteur. On mentionnera pour mémoire les monogaphies qu'Alfred Einstein consacra à *Schütz* (1928), *Gluck* (1936) ou *Schubert* (1951), ou encore son essai très personnel sur *La Musique romantique* [*Music in the Romantic Era,* 1947]. Mais ses chefs-d'œuvre demeurent sans conteste son lumineux *Mozart* (*) et la monumentale étude *Le Madrigal italien* [*The Italian Madrigal,* 1949], qui, d'après l'avis autorisé de Manfred Bukofzer, reste l'histoire la plus pénétrante jamais écrite sur une forme musicale, mais aussi sur la musique du « Cinquecento » en relation avec l'art et la poésie de cette époque.

PIERRE-ANTOINE HURÉ.

EISLER Hans. Compositeur allemand. Né le 6 juillet 1898 à Leipzig, mort à Berlin le 6 septembre 1962. Il fut l'élève de Schoenberg et de Webern, et composa quelques œuvres sous leur influence, dont la *Sonate pour piano* (1924), avant de quitter Vienne pour aller à Berlin où le tentaient l'« expressionnisme noir » et l'engagement politique d'un Brecht. Il écrivit pour celui-ci plusieurs musiques de scène ; comme Weill et Dessau, il emploie une technique qui consiste à couper complètement le cours de l'action dramatique par des couplets, insistant sur tout ce qu'elle peut contenir de caricatural, créant ainsi un effet de décalage. La première œuvre commune de Brecht et d'Eisler fut *La Décision* (*) (1930) suivie de *La Mère* [*Die Mutter,* 1932], d'après Gorki. L'arrivée au pouvoir du nazisme devait les contraindre l'un et l'autre à l'exil jusqu'en 1948, moment où ils choisirent de s'établir en Allemagne de l'Est. Les principaux fruits de leur collaboration sont *Têtes rondes et têtes pointues* (*) (1934-36), *La Vie de Galilée* (*) (1938) et *Le Soldat Schweik dans la Seconde Guerre mondiale* [*Schweik im zweiten Weltkrieg,* 1941-44]. Pendant son exil américain, Eisler écrivit de nombreuses musiques de films et s'intéressa aux problèmes posés par ce type de composition, publiant en 1947 *Composer pour le cinéma* [*Composing for the film*], ouvrage malheureusement non traduit en français. De retour à Berlin, Eisler a composé, à côté d'œuvres « engagées », de la musique de chambre où il revient en partie aux principes de la musique atonale. Il faut citer son quintette avec piano, *Quatorze manières de décrire la pluie* (1950), dédié à Schoenberg, son *Nonetto* (1957) et des mélodies sur des poèmes de Goethe et d'Hölderlin.

JEAN-FRANÇOIS LABIE.

EKELÖF Gunnar. Poète suédois. Né le 15 septembre 1907 à Stockholm, mort à Uppsala le 16 mars 1968. Issu d'une famille aisée, il fait des études à l'université d'Uppsala, puis à la London School of Oriental Studies, s'intéressant au penseur soufi Ibn'Arabi et au poète mystique persan Djalal ad-Din Rumi. En 1929, il séjourne à Paris où il écrit son premier recueil, *Tard sur la terre* (*) (1932), qui reste la pierre angulaire de son œuvre. De retour en Suède, il collabore aux revues d'avant-garde avec des poèmes et des traductions – en particulier de Rimbaud et des surréalistes français, bien qu'il refuse toujours l'étiquette « surréaliste ». Il a renié les recueils qui suivirent, jusqu'au *Chant du passeur* [*Färjesång,* 1941] et *Non serviam* (1945). *Une élégie de Mölna* [*En Mölnaelegi,* 1960], longtemps en chantier, remonte le temps et élargit le moi. Contrastant avec cette composition subtile, *Riens* [*Strountes,* 1955] témoigne d'une évolution vers l'antiesthétique, laquelle se poursuit dans *Opus incertum* (*) (1959) et *Une nuit à Otocac* [*En natt i Otocac,* 1961]. Cet ascétisme, parfois accompagné d'humour, et qui ne l'empêche pas de poursuivre avec entêtement des thèmes de sa poésie antérieure et des motifs antiques, prépare la simplicité dans l'approfondissement de la trilogie qui va commencer avec *Diwan sur le prince d'Emgion* [*Diwan över fursten av Emgion,* 1965]. Malade, partout mal dans sa peau, Ekelöf voyage beaucoup, principalement en Grèce et dans les pays méditerranéens. C'est à Istanbul que, dans la nuit du 29 au 30 mars, il écrit d'un seul trait les dix-sept premiers poèmes du *Diwan*, suivis de onze autres à Izmir, entre le 7 et le 8 avril. Composé comme un romancero byzantin, le *Diwan* est suivi de la *Légende de Fatumeh* [*Sagan om Fatumeh,* 1966] et du *Guide pour les enfers* [*Vägvisare till underjorden,* 1967], formant une grande trilogie mystique s'ouvrant sur le néant, « plénitude incommensurable à l'être » (Pierre Emmanuel).

CARL GUSTAF BJURSTRÖM.

RÉF. : Bengt Landgren, *Ensamheten, döden och drömmarna,* Stockholm, 1971 ; *Den poetiska världen,* Stockholm, 1982. – Leif Sjöberg, *A Reader's Guide to Gunnar Ekelöf's « A Mölna Elegy »,* New York, 1973. – Anders Olsson, *Ekelöfs nej,* Stockholm, 1983.

ELGAR sir Edward. Compositeur anglais. Né à Broadheath le 2 juin 1857, mort à Worcester le 23 février 1934. Il fut le compositeur anglais le plus célèbre de son temps. Il s'initia à la musique avec son père, organiste de l'église St. George à Worcester. Il étudia ensuite le violon à Londres avec Adolf Pollitzer et assuma quelque temps les fonctions de violoniste et de chef d'orchestre. En 1885, il prit la succession de son père et devint organiste de l'église St. George. Après son mariage en 1889, il se voua entièrement à la composition et acquit rapidement une grande renommée. En 1904, il fut anobli et, vers la même époque, fut nommé docteur honoris causa des universités de Cambridge, Durham, Oxford et Yale. En 1924, il se vit confier la charge de « Master of the King's Music ». Très éclectique dans son inspiration, remarquable technicien, cet artiste nous a laissé une production très abondante : oratorios, cantates, musique symphonique et musique de chambre. Son œuvre principale est un oratorio intitulé *Le Songe de Gerontius* (*) pour soli, chœur et orchestre, qui fut donné en première audition au Festival de Birmingham sous la direction de Hans Richter le 3 octobre 1900 ; il a écrit d'autres oratorios : *La Lumière de la vie* (1896), *Les Apôtres* (+) (1903), *Le Royaume* (+) (1906). Dans le domaine symphonique, on lui doit *Enigma variations* (*), *Introduction et allegro* pour orchestre à cordes (1905), les ouvertures de concert : *Froissart* (1890), *Cockaigne* (1901), *Dans le Sud* [*In the South*, 1903], deux symphonies (1908 et 1911), un *Concerto pour violon et orchestre* (1910), une étude symphonique *Falstaff* (+) (1913), un *Concerto pour violoncelle et orchestre* (1919). Il faut citer également les cantates *La Nuit sombre* (1893), *Le Roi Olaf* (1896), *L'Étendard de saint Georges* (1897), *Caractatus* (1898), *Les Faiseurs de musique* [*The Music Makers*, 1912] et, toujours dans le domaine vocal, *Des monts bavarois* pour chœur et orchestre (1896) et *Visions de la mer* pour contralto et orchestre (1899). Sa musique de chambre comporte une *Sonate pour violon et piano*, un *Quatuor* et un *Quintette* (tous trois de 1918). En dehors du Royaume-Uni, la renommée d'Elgar reste indissociable des cinq marches op. 39 « Pump and Circumstance » (1901-30).

ELIADE Mircea. Écrivain français d'origine roumaine. Né le 9 mars 1907 à Bucarest (Roumanie), mort à Chicago le 23 avril 1986. Il entre à l'université de Bucarest en 1925 et il manifeste aussitôt un grand intérêt pour la philosophie, l'histoire des religions et les langues orientales. Ayant achevé ses études avec un diplôme consacrant son étude sur *Marsile Ficin et Giordano Bruno*, il séjourne aux Indes entre 1928 et 1932 et s'initie au sanscrit à l'université de Calcutta, tout en pratiquant le yoga, sur lequel il écrira plusieurs ouvrages parmi lesquels *Le Yoga. Essai sur les origines de la mystique indienne* (*) (1936) ; *Yoga, immortalité et liberté* (*) (1954). Pendant cette période, il se fait connaître aussi comme essayiste et historien de l'histoire des religions qu'il enseigne à l'université de Bucarest ; il publie des œuvres romanesques, *La Nuit bengali* (+) (1933), *Le Retour du paradis* (+) (1934), *Les Houligans* (*) (1935). Après une carrière diplomatique en qualité d'attaché culturel à Londres en 1940 puis à Lisbonne, il s'installe à l'École des hautes études et publie des ouvrages fondamentaux : *Le Mythe de l'éternel retour* (*) (1949), qui tend à montrer que toutes les religions dans leur profondeur ont sensiblement les mêmes racines, les mêmes thèmes et les mêmes mythes, et que les religions archaïques peuvent être interprétées selon les données des cycles du Cosmos. Il reprendra et développera ces idées dans un autre ouvrage, *Aspects du mythe* (1962), et il les complétera dans son *Traité d'histoire des religions* (1949) ainsi que dans d'autres ouvrages, fruits de ses voyages, de ses études personnelles et de ses cours dans les universités européennes et américaines : *Le Chamanisme et les techniques de l'extase* (*) (1951) et un roman traduit en français en 1956, *Minuit à Sérampore* (*) (1939). En cette même année 1956, il enseigne l'histoire des religions à l'université de Chicago et il fait paraître *Le Sacré et le Profane* (*) qui analyse la désacralisation de l'homme contemporain. Dans *Mythes, rêves et mystères* (1957), il montre à quel point les croyances primitives et leurs analyses peuvent être utiles à la civilisation moderne dans la crise qu'elle traverse. De même, dans *Forgerons et Alchimistes* (1956), il fournit une synthèse de ses recherches sur les mythes du travail et du métal, auxquels se rattache l'alchimie. En dépit des critiques qu'il a dû subir au cours de sa carrière – on a trouvé, par exemple, trop aléatoires ou trop imaginatives ses perspectives d'historien des religions –, Mircea Eliade est, à l'égal d'un Georges Dumézil, un des penseurs les plus originaux de notre XXe siècle et un des interprètes et des analystes les plus singuliers de la symbolique religieuse et de ses incidences sur le comportement humain (il a commencé à publier en 1976 *Histoire des croyances et des idées religieuses*). Il publie en 1980 le premier tome de ses Mémoires (*Promesses de l'équinoxe*). Le deuxième (*Les Moissons du solstice*) est paru posthume en 1988.

JOËL SCHMIDT.

RÉF. : *Myths and Symbols. Studies in Honor of Mircea Eliade*, Chicago, 1968. – *Cahier de l'Herne* n° 33, Paris, 1978. – D. Allen, *Mircea Eliade et le phénomène religieux*, Paris, 1982.

ELIAS Norbert. Sociologue allemand. Né à Breslau, le 22 juin 1897, mort à Amsterdam le 1er août 1990. Né dans une famille de commerçants juifs, il est mobilisé en 1915, sert sur le front et, rendu à la vie civile, entreprend parallèlement des études de médecine, de philosophie et de psychologie à Breslau, Heidelberg et Fribourg, où il entend Rickert, Jaspers, Husserl... En 1923, il soutient une thèse de philosophie, sur l'origine des sciences de la nature, faite sous la direction, qu'il a mal supportée, d'Alfred Weber. La crise du mark ayant entamé la fortune familiale, il entre dans l'industrie, mais n'y reste que quelques mois. En 1925, il s'inscrit à Heidelberg où il suit les cours de Karl Mannheim dont il est l'assistant bénévole. Il est séduit par la thèse centrale de Mannheim selon laquelle toute pensée est idéologie, c'est-à-dire système partisan et mensonger qui nuit à l'action comme à la vision. Lorsque Mannheim est nommé à Francfort (1930), Norbert Elias l'y suit, comme assistant, rétribué cette fois. L'arrivée au pouvoir des nazis le contraint à l'exil. En Suisse, il tente en vain de trouver un poste universitaire ; à Paris, il crée un atelier de fabrication de jouets qui fait de mauvaises affaires. Dépourvu de ressources, il arrive à Londres (1935). Il est pris en charge par un comité d'aide aux réfugiés juifs qui lui accorde une petite allocation qui lui permet, durant trois ans, d'écrire *Le Procès de la civilisation*. Le livre sera publié à Bâle, dans l'été 1939. Un moment mal choisi pour diffuser un livre, de surcroît très dérangeant. C'est alors qu'il commença à enseigner en Angleterre : à la London School of Economics (1939), à Leicester (1954) où il demeura – exception faite d'un séjour à Accra (Ghana) en 1962-64 – jusqu'à sa retraite. Une retraite studieuse qu'il partagea entre Amsterdam (à partir de 1975) et Bielefeld (à partir de 1978). C'est au sein du Z.I.F. – Centre de recherches interdisciplinaires – de Bielefeld, qu'il accomplit la fin d'une longue tâche, avant de se retirer (1984) à Amsterdam où cet errant, qui se définissait comme un « Européen » et un « marginal », mourut à l'âge de 93 ans. Outre *Der Prozess der Zivilisation* (1939) dont la traduction française parut en deux volumes aux titres différents, *La Civilisation des mœurs* (*) (1973) et *La Dynamique de l'Occident* (1977), Norbert Elias a écrit un autre grand livre, *Die höfische Gesellschaft* (1969) – traduit en 1981 sous le titre *La Société de cour* –, dans lequel il analyse, à travers la variante française, cette étape majeure dans la formation de l'État au cours de laquelle naquirent un nouveau code de conduite et un modèle culturel à la fois de conformité et de distinction. En 1987, il publie *La Société des individus* (*). C'est à partir de la fin des années 60 que le nom et l'œuvre de Norbert Elias devinrent connus puis célèbres. Il apparut alors comme un pionnier qui aurait été un vieux compagnon de route de la Nouvelle Histoire.

CHARLES-OLIVIER CARBONELL.

ÉLIEN Claude. Écrivain érudit d'expression grecque appartenant au courant de la deuxième sophistique. Affranchi originaire de Préneste (l'actuelle Palestrina, située à environ 37 km à l'est de Rome), il est né entre 170 et 180 et mort entre 230 et 240. Deux notices nous renseignent sur l'homme et sa personnalité singulière : une page des *Vies des sophistes* (*) de son contemporain Flavius Philostrate et un court article de *La Souda* (*), encyclopédie byzantine du Xe siècle. Après avoir renoncé à une prometteuse carrière de rhéteur et à l'engagement actif dans la vie de la cour impériale, Élien mena une vie retirée en s'adonnant à l'écriture d'œuvres érudites sur des sujets variés, activité considérée à son époque comme de l'historiographie. Il n'est pas exclu qu'il ait néanmoins établi sa propre école de rhétorique à Rome. La seule charge publique qu'il assuma fut, à notre connaissance, celle de grand prêtre [pontifex], exercée peut-être au grand sanctuaire de la déesse Fortune à Préneste, sa patrie. Philostrate nous apprend qu'Élien se vantait de n'avoir jamais voyagé par mer et de n'avoir jamais franchi les frontières de l'Italie. D'après le même auteur, il vécut plus de soixante ans, ne se maria pas et mourut sans laisser d'enfants. Il avait reçu de ses contemporains le surnom de « Langue (ou Voix) de miel » [Μελίγλωσσος], sans aucun doute à cause de la qualité de son grec, qu'on serait tenté de considérer chez lui comme une langue de culture, une langue secondairement acquise. À son propos, en effet, rien ne transparaît au sujet d'éventuelles attaches, ethniques ou familiales, avec la Grèce et avec sa langue. En revanche, Élien affirme très fièrement et explicitement sa romanité. Quant à la pureté et à la beauté de son attique, les philologues modernes ne partagent pas le jugement admiratif apparemment unanime des Anciens. Il se peut que ceux-ci aient pris en considération la particularité d'Élien, seul sophiste romain, et le fait, reconnu même par la philologie actuelle, qu'en tout cas il ne commet pas de latinisme. Dans un but moral, et guidé par l'idée stoïcienne d'une providence divine se manifestant dans la nature, il recueillit une quantité d'observations tout à la fois édifiantes et curieuses, de faits étonnants et étranges se rapportant à la vie des bêtes dans son ouvrage le plus achevé, le *Traité sur la nature des animaux* (*) en dix-sept livres. Son goût de l'anecdote et du fait merveilleux, ainsi que sa perspective éthique et religieuse, transparaissent également dans son *Histoire variée* (*) en quatorze livres, autre compilation érudite consacrée, cette fois-ci, plutôt au monde humain. Au cours des siècles, ces deux œuvres jouirent d'une large popularité à laquelle elles doivent d'avoir été conservées. Nous pouvons encore lire aussi les *Lettres rustiques* [Ἐπιστολαὶ ἀγροικικαί], vingt lettres fictives de paysans et de courtisanes, courts exercices rhétoriques où Élien donne forme à la nostalgie, typique de son époque, pour la simplicité de la vie campagnarde. Comme ce motif, le goût pour l'étude des caractères et les thèmes érotiques révèle également une forte influence de la comédie nouvelle, qui s'ajoute à celle des orateurs attiques. Élien avait consacré à ses conceptions philosophiques et religieuses teintées de stoïcisme deux traités associés (peut-être deux parties d'un même traité) dont il ne reste que les titres et quelques fragments : *Sur la providence* [Περὶ προνοίας] et *Sur les évidences divines* [Περὶ θείων ἐναργῶν]. Il se peut que ces ouvrages aient aussi eu la forme de compilations.

ALESSANDRA LUKINOVICH.

RÉF. : Ælian, *On the Characteristics of Animals*, avec une trad. anglaise par A. F. Scholfield, I-III, Londres/Cambridge Mass., 1858-59. – B. P. Reardon, *Courants littéraires grecs des IIe et IIIe siècles après J.-C.*, Paris, 1971. – Élien, *Histoire variée*, Introduction, traduction et commentaire d'A. Lukinovich et A.-F. Morand, Paris, 1991.

ELIOT George (pseud. de Mary Ann – puis Marian – Evans). Romancière anglaise. Née le 22 novembre 1819 à Arbury Farm (Warwickshire), morte à Chelsea (Londres) le 22 décembre 1880. Elle fut élevée dans trois bons collèges de province ; dans le deuxième, à Nunetown, elle se lia d'une étroite amitié avec l'un de ses professeurs qui renforça en elle le rigorisme évangélique dont témoignent ses premiers vers d'inspiration religieuse. À seize ans elle quitta l'école et, ses frères et sœurs s'étant mariés, resta seule avec son père, s'occupant de l'administration de leurs biens, et étudiant le latin, le grec, l'allemand et l'italien. Un séjour à Coventry fut d'une très grande importance pour l'orientation de son existence ; elle y connut le ménage Bray et leur parent Hennell, auteur d'une œuvre de critique historique sur les origines du christianisme, qui ébranlèrent ses convictions religieuses et finirent par la convertir à l'athéisme rationaliste. Avec une honnêteté intransigeante, elle cessa toute pratique religieuse, bouleversant son père qui ne voulut plus vivre avec elle, et ils ne se réconcilièrent que sur sa promesse de réfléchir à nouveau à sa décision. Bien qu'elle se mît à traduire la fameuse *Vie de Jésus* (*) de D. F. Strauss, publiée anonymement en 1846, rien ne changea. Après la mort de son père (en 1849), qui ne lui laissait qu'une petite rente, George Eliot se rendit sur le continent et passa quelques mois à Gênes. De retour en Grande-Bretagne, elle habita chez les Bray et se consacrait à une traduction, jamais achevée, de Spinoza, quand John Chapman lui proposa d'entrer à la rédaction de la *Westminster Review,* de tendance positiviste et radicale ; elle en fut une active collaboratrice de 1851 à 1854. Elle traduisit dans le même temps *L'Essence du christianisme* (*) de Feuerbach qu'elle publia en 1854 : ce fut l'unique œuvre qui parut sous son vrai nom.

Elle connut Herbert Spencer et peut-être en fut-elle amoureuse, mais sans retour ; c'est lui qui lui présenta George Henry Lewes, brillant journaliste à qui elle s'unit, en 1854, par des liens qui durèrent jusqu'à la mort, et qu'ils considérèrent tous deux comme un mariage, bien que Lewes eût femme et enfants et qu'il ne pût sanctionner légalement cette union : leur situation se heurta à l'ostracisme de la société victorienne. Lewes encouragea George Eliot à écrire, et choisit le pseudonyme sous lequel elle est connue. Les *Scènes de la vie du clergé* (*), publiées sous forme d'esquisses réalistes dans le *Blackwood Magazine* en 1857, révélèrent ses dons de conteuse sérieuse et réfléchie qui s'écarte du récit aimable et pittoresque pour faire du roman une critique de la vie, et son orientation – dans la tradition de Wordsworth – vers l'étude des existences médiocres et banales et des crises de conscience des humbles. Dans *Adam Bede* (*), en dépit de l'élément mélodramatique, la recherche psychologique se creuse dans l'étude de personnages dévoyés, mais pourtant capables de repentir et de remords. Vinrent ensuite *Le Moulin sur la Floss* (*), fondé sur les propres souvenirs d'enfance de l'auteur, enfance passée dans les terres de son père, en compagnie de son frère Isaac qu'elle aimait beaucoup, et *Silas Marner* (*) où l'on trouve tracée, dans ses contrastes d'ombres et de lumières, la silhouette complexe d'un homme tourmenté par sa faute et qui se rachète grâce à une noble affection. C'est l'intérêt moral qui domine également dans *Romola,* roman historique publié en feuilleton dans le *Cornhill Magazine,* et que son auteur avait préparé par deux voyages en Italie, en 1860 et 1861. La tentative fut peu réussie, et George Eliot retourne au cadre plus familier de l'Angleterre moderne avec *Félix Holt* (*) et *Middlemarch. Étude de la vie de province* (*), qui, par sa description réaliste de l'atmosphère et des caractères, est souvent considéré comme son meilleur roman. *Daniel Deronda* (*) connut un succès plus mitigé, sans doute parce que George Eliot, à travers le personnage de Deronda, révélait qu'elle portait au judaïsme un intérêt déjà ancien mais alimenté par son amitié pour Emmanuel Deutsch, un talmudiste renommé qui lui donnait des cours d'hébreu. Cette sympathie pour une cause aussi nouvelle que le sionisme — Eliot avait déjà traité un thème semblable dans son poème dramatique *La Gitane espagnole* [*The Spanish Gipsy,* 1878] — avait de quoi déconcerter le public. Il reste que le portrait de Gwendolen Harleth tracé dans la première partie du roman est peut-être son chef-d'œuvre. *Un portrait de femme* de Henry James lui doit beaucoup.

Après la mort de Lewes, en 1878, George Eliot, qui était devenue une figure littéraire considérable, admirée par des lecteurs aussi divers que James, Tourgueniev et même la reine Victoria, épousa l'un de ses amis intimes, le banquier John W. Cross, âgé d'une quarantaine d'années, qui s'occupa ensuite de la publication de sa correspondance et de ses « journaux ». Venue tard au roman, après une formation intellectuelle profonde, l'auteur a une nette tendance au ton didactique et moralisateur, mais ses dons d'observation, son humour, son intelligence, et des préoccupations éthiques qui ont permis de la comparer à Tolstoï en font l'un des pionniers du roman moderne. Elle exerça une notable influence sur Proust.

♦ « *Dans tout ce qu'elle écrit, je prends plaisir à son intelligence, qui donne un sentiment d'espace et de grand air, comme un beau paysage.* » Henry James. ♦ « Middlemarch, *ce livre magnifique qui, avec toutes ses imperfections, est l'un des rares romans anglais écrits pour des adultes.* » Virginia Woolf. ♦ « *George Eliot, bien sûr, n'est pas aussi transcendentalement grande que Tolstoï, mais elle est grande, et grande de la même manière* [...] *De George Eliot, l'on peut dire que dans le meilleur de son œuvre elle est réellement tolstoïenne.* » F. R. Leavis.

RÉF. : J. Bennett, *George Eliot, her mind and her art,* Cambridge, 1948. — F. R. Leavis, *The Great Tradition,* Londres, 1948. — B. Hardy, *The Novel of George Eliot,* Londres, 1959. — W. J. Harvey, *The Art of George Eliot,* Londres, 1961. — G. S. Haidhgt (éd.), *A Century of George Eliot Criticism,* Boston, Mass., 1965. — L. Emery, *George Eliot's Creative Conflict,* Berkeley, Calif., 1976. — R. Ashton, *George Eliot,* Oxford, 1983. — W. Myers, *The Teaching of George Eliot,* Leicester, 1984.

ELIOT John. Écrivain religieux américain. Né à Nosing, en Angleterre, en 1604 (juillet ou août), il mourut à Roxbury (Massachusetts), le 21 mai 1690. Reçu Bachelor of Arts à Cambridge en 1622, il enseigna dans un collège où Thomas Hooker parvint à le convaincre de quitter l'Église d'Angleterre et de se joindre aux puritains ; on pense que c'est à cette époque qu'il entra dans le clergé. En 1631, il partit pour l'Amérique et enseigna à Boston, où il se maria en 1632. Il se rendit ensuite à Roxbury où il demeura soixante ans, comme pasteur et professeur. Il apprit la langue des Indiens, et à partir de 1647 il consacra tout le reste de sa vie à leur évangélisation ; on lui donna souvent le titre d'« Apôtre des Indiens ». Sa traduction de *La Bible* en langue indienne, publiée entre 1661 et 1663, fut la première *Bible* imprimée en Amérique. Toujours pour les Indiens, il créa une école supérieure à Cambridge (Massachusetts) et, en 1651, il fonda une petite ville à Natick, où vint s'établir une communauté qui se gouverna elle-même selon ses propres lois, très sévères et analogues aux « Blue Laws » du Massachusetts. En 1674, Eliot avait fondé quatorze communautés indiennes similaires et formé vingt-quatre missionnaires peaux-rouges. Mais la guerre et une rébellion des Indiens amenèrent la ruine et la disparition de ces communautés, bien qu'Eliot se fût efforcé de protéger les Indiens convertis contre la fureur des Blancs. Eliot écrivit de nombreux ouvrages, notamment : *L'État chrétien* (*) (1659) interdit en 1661 en raison de ses tendances républicaines ; *Psaumes de Up-Bookum* [*Up-Bookum Psalms,* 1663] ; *La Communion des Églises* [*The Communion of Churches,* 1665] ; *Le Livre élémentaire des Indiens* [*The Indian Primer,* 1669]

RÉF. . C. Francis, *Life of John Eliot, the Apostle to the Indians,* New York, 1849. — W. Walker, *Ten New England Leaders,* New York, 1901. — O. E. Winslow, *John Eliot, Apostle to the Indians,* Boston, 1968.

ELIOT Thomas Stearns. Poète et auteur dramatique américain, naturalisé anglais. Né à Saint Louis, dans le Missouri, le 26 septembre 1888, mort à Londres le 4 janvier 1965. Il acheva ses études à Harvard et les lectures qu'il fit alors reflètent bien l'atmosphère propre à Boston, dans les années qui précèdent la Première Guerre mondiale. Eliot s'enthousiasma pour Henry James, Donne, les poètes métaphysiques, Browning, Dante et pour les dernières productions du théâtre élisabéthain, puis, en 1908, pour le livre d'Arthur Symons, *The Symbolist Movement in Literature,* grâce auquel il connut les « poètes maudits », spécialement Laforgue et Corbière. De James il apprit que la poésie doit être composée avec autant de soin que la meilleure prose ; Browning lui enseigna la manière de conduire un monologue dramatique ; il étudia chez Laforgue les associations verbales et certaine manière de mêler des mots baroques à la prose la plus simple ; ses études de philosophie l'aidèrent à se faire une idée nouvelle du « concept » métaphysique, à relier entre eux des idées et des objets disparates, à écrire d'un seul jet et en langage parlé ; le théâtre élisabéthain, dans ses ultimes manifestations, lui donna le goût du vers flexible et des « enjambements » ; Dante enfin lui apprit à aimer l'exactitude toute nue des images visuelles. Mais il se familiarisa encore davantage avec les symbolistes français lorsqu'il se rendit en Europe (1911) pour y faire des études, à la Sorbonne et à Oxford. Pendant quelque temps, il fut employé de banque en Angleterre, mais il résolut très vite de se consacrer uniquement à la littérature. Dans la première de ses œuvres, *Le Chant d'amour de J. Alfred Prufrock* [*The Love Song of J. Alfred Prufrock,* 1917], l'influence des écrivains français, et tout particulièrement de Laforgue, est évidente. En dépit de cette parenté, et bien que le ton rappelle celui de certains poèmes de Browning, par exemple *My Last Duchess,* Eliot rompt avec la tradition poétique du XIXe siècle. Au cours des dernières années, habitait à Londres un grand animateur des mouvements littéraires, un ami des jeunes poètes, Ezra Pound. C'est avec lui qu'Eliot entra en relation ; après la publication des *Poèmes* [*Poems,* 1919], où se retrouve l'influence des poètes français, Eliot fit paraître *Ara vos prec* (*) (1920), dans lequel l'auteur montre son goût pour la poésie lyrique provençale et pour la nouvelle école italienne que lui avait fait connaître Ezra Pound. Ce fut également ce dernier qui l'introduisit auprès du philosophe anglais T. E. Hulme dont les conseils eurent une grande influence sur la formation de la personnalité critique d'Eliot. Les recherches qu'il fit dans le domaine de la technique se manifestèrent par un bref poème, *Gerontion* (*) (1920). Le spectacle des désordres de toutes espèces qu'avait provoqués la guerre l'aida à faire un retour sur lui-même et à reconnaître vers quoi il devait tendre. Cet état d'âme se retrouve dans *La Terre vaine* (*) qui marque, en 1922, le sommet de la production du poète. Eliot s'élève contre l'anarchie à quoi mène le romantisme et refuse de considérer la poésie comme une effusion individuelle. Il énonce ses principes : détachement, ordre, emploi des allusions et des symboles qui caractérisent *La Terre vaine* et dont les thèmes dominants sont le vide et la futilité de l'existence lorsqu'elle est privée de la foi, ou tout au moins de véritable stabilité intérieure ; et, en second lieu, la mort considérée comme le moyen d'acquérir la vraie vie. À la désolation peinte dans ce bref poème, Eliot oppose les certitudes de la foi religieuse. En 1927, c'est-à-dire l'année même où il acquit la nationalité britannique, il adopta les pratiques religieuses de l'Église anglicane. Dans cette nouvelle orientation, le poète se concentra toujours davantage sur le problème des rapports entre les apparences matérielles et la réalité spirituelle, problème qui inspire un autre de ses poèmes, *Mercredi des Cendres* (*) (1930) dans lequel sont traités les thèmes de la pénitence et de la rédemption, et où alternent des sentiments contradictoires : paix de l'âme et retour d'une angoisse née de l'incertitude. C'est, en somme, l'aveu d'une foi encore imparfaite, mais le poète affirme son désir de s'élever au-dessus de soi-même. Dans un domaine plus strictement poétique, Eliot compose ses *Quatre quatuors* (*) écrits entre 1935 et 1943 (trad. 1950). Parmi les thèmes principaux qui animent cette œuvre, il semble que dominent ceux de la continuité de l'expérience dans le temps et au-delà du temps, de la rédemption à travers le temps. Nous retrouvons ce thème dans sa seconde œuvre dramatique, *La Réunion de famille* (*) (1939), qui date de la même époque. Depuis *Sweeney agonistes* (*) (1932), Eliot s'était essayé à faire des poèmes et des dialogues de théâtre dans un rythme rapide et syncopé. En 1934, il tenta une nouvelle expérience avec la pièce qu'il composa pour une représentation sacrée, *Le Roc* (+) où il ajoute encore au mouvement par l'insertion d'amples versets bibliques. Enfin, en 1935, fut représenté son *Meurtre dans la cathédrale* (*). On peut dire, en bref, que *Mercredi des cendres* exprime la recherche qu'on peut faire de son propre destin, et *Meurtre dans la cathédrale* l'acceptation de ce même destin. Cette recherche fournit encore le thème de *La Réunion de famille,* et Eliot traite les deux sujets à la fois dans *La Cocktail-Party* (*) (1951) et dans *Le Secrétaire particulier* (*) (1954), où il cherche à montrer le passage du premier état au second, réalisant la progression dramatique nécessaire au théâtre. Il existe donc chez Eliot une unité de thème qui se retrouve dans les œuvres dramatiques comme dans les œuvres poétiques ; de même il ne cesse de faire des recherches pour découvrir un langage poétique nouveau, permettant l'utilisation du vers libre. Mais si la rigueur d'une semblable attitude rend intimement dramatiques quelques-unes de ses œuvres poétiques, elle prive souvent de vie scénique ses œuvres théâtrales. Eliot se situe également dans la tradition des poètes-critiques anglais, depuis Ben Jonson jusqu'à Arnold, en passant par Pope, Dryden, et le docteur Johnson. On ne pourrait analyser ses méthodes poétiques sans tenir compte des principes qu'il a formulés. En dépit des études de philosophie qu'il mena à bien pendant sa jeunesse, ce ne fut pas un critique attaché exclusivement aux théories, mais un poète qui commente sa propre poésie et celle des autres ; d'ailleurs, les observations les plus importantes qu'il fit lui furent inspirées par des œuvres qui n'étaient pas les siennes. Il obtint, en 1948, le prix Nobel, consécration de sa renommée qui faisait de lui le plus grand poète anglais contemporain.

SALVATORE ROSATI.

RÉF. : Georges Cattaui, *Trois poètes : Hopkins, Yeats, Eliot,* 1947. – Helen Gardner, *The Art of T. S. Eliot,* N. Y., 1950. – F. R. Leavis, *New Bearings in English Poetry,* Londres, 1950. – Edw. Greene, *T. S. Eliot et la France,* 1951. – Grover Smith, *T. S. Eliot's Poetry and Plays : a Study in Sources and Meaning,* Chicago, 1960. – G. Williamson, *A*

Reader's Guide to T. S. Eliot, New York, 1967. – D. C. Gallups, *T. S. Eliot : a Bibliography,* Londres, 1969. – R. Kojecky, *T. S. Eliot's Social Criticism,* Londres, 1971. – H. Gardner, *Eliot,* Paris, 1975. – L. Gordon, *Eliot's Early Years,* Oxford, 1977. – A. D. Moody, *T. S. Eliot Poet,* Cambridge, 1980. – *Angres Calder, T. S. Eliot,* Brighton, 1987. – Christopher Ricks, *T. S. Eliot and Prejudice,* Londres, 1988. – Martin Scofilld, *T. S. Eliot, the Poems,* Londres, 1988.

ÉLISABETH de la Trinité (Élisabeth Catez). Carmélite française. Née le 18 juillet 1880 au camp d'Arvor, près de Bourges, morte à Dijon le 9 novembre 1906. Son père, Joseph Catez, capitaine de l'armée, est originaire du Pas-de-Calais ; sa mère, Marie Rolland, est lorraine. Sa sœur, Marguerite, dite Guite, née en 1883, sera toujours très proche d'elle. Dès 1887, l'année de la mort de son père, Élisabeth sent s'éveiller sa vocation religieuse. Brillante musicienne, elle obtient le premier prix de piano du Conservatoire de Dijon, en 1893. De nombreux voyages en France marquent sa jeunesse. Le 2 août 1901, elle entre au Carmel de Dijon ; elle y fait profession le 11 janvier 1903. Le 21 novembre 1904, elle rédige sa célèbre prière : « Ô mon Dieu, Trinité que j'adore... », qui définit son itinéraire spirituel. Le reste de sa vie ne sera plus qu'une ascension mystique dans le silence, la vie cachée, la joie de s'accomplir, selon son idéal, comme « louange de gloire de la Trinité » – v. *Œuvres spirituelles* (*). Mais ce bonheur de l'âme s'accompagne bientôt de terribles souffrances du corps. Atteinte, dès 1905, de la maladie d'Addison, alors incurable, elle s'efforce de s'adonner aux diverses observances du couvent, malgré les progrès rapides de la maladie. À la fin du mois de mars 1906, elle entre à l'infirmerie. Les huit derniers mois de sa vie sont un véritable calvaire. Les lettres qu'elle écrit alors gardent le témoignage de l'épreuve et du courage avec lequel elle affronte l'« œuvre de destruction », selon son expression, qui dévaste son être. Elle mourut à l'aube du 9 novembre 1906. Reconnue comme une grande mystique, elle fut béatifiée le 25 novembre 1984.

BERNARD SESÉ

RÉF. : Didier Decoin, *Elisabeth Catez ou l'Obsession de Dieu,* Paris, 1991. – Bernard Sesé, *Petite vie d'Élisabeth de la Trinité,* Paris, 1993.

ELLÉOUËT Yves. Peintre, poète et romancier français. Né le 8 janvier 1932 à Fontenay-sous-Bois, mort à Paris le 27 avril 1975. Une partie de son enfance se déroule à La Roche-Maurice, petit village breton avec église, ossuaire et vieux château ruiné, qui deviendra la patrie de son inspiration. Après une école d'arts appliqués et tout en exerçant divers métiers dont celui de restaurateur de laques anciennes et de marin-pêcheur, il tente de vivre de sa peinture, mais c'est l'écriture et la poésie d'abord qui s'imposent – *La Proue de la table* (1967), *Au pays du sel profond* (1980), *Tête cruelle* (1982). Passionné de mythologie celtique et féru de tout ce qui donna naissance au surréalisme, celui qui fut le gendre d'André Breton s'installe dès 1967 en Touraine où il écrira deux livres fulgurants : *Le Livre des rois de Bretagne* (1974) et *Falc'hun* (*) (1977). Deux sagas tumultueuses dont les héros – moitié bardes, moitié marins de la terre – naviguent dans les trouées du Temps, errent entre présent et passé de la Bretagne, parmi l'autrefois légendaire et les fastes d'un imaginaire hanté par l'âme celtique, le merveilleux quotidien et l'ombre omniprésente de la mort. Hymne à l'amour, rhapsodie enchantée qu'emporte l'élémentaire géométrie du vivre poussée par un roulis de phrases gréées de bouches, d'yeux, d'oreilles et de grands rires familiers. Une épopée digne de ces temps où le réel et l'imaginaire, la vie et la mort n'avaient pas encore commencé d'être perçus contradictoirement et où la parole pouvait s'enchanter de sa propre féerie.

RICHARD BLIN.

ELLISON Ralph Waldo. Romancier américain. Né le 1er mars 1914 à Oklahoma City (Oklahoma). Sa mère, à la mort de son mari en 1917, est obligée de faire des ménages. Très tôt, la musique et notamment le jazz devinrent sa passion. Après ses études secondaires, il étudie la musique au Tuskegee Institute. En 1936, il part dans le Nord, à New York, où il participe au *Federal Writers' Project.* Sa rencontre avec Richard Wright décidera de sa carrière d'écrivain. Il publie des articles dans diverses revues dont *New Challenge,* un magazine communiste, mais, contrairement à Wright, lui n'adhère pas au parti. Après la guerre, où il sert dans la Marine, il reçoit une bourse (Rosenwald Fellowship) qui lui permet d'écrire son premier roman : *Homme invisible, pour qui chantes-tu ?* (*), qui paraîtra en 1952 et qui lui vaudra en 1953 le National Book Award. Il enseigne alors la culture noire dans les plus grandes universités (Columbia, Princeton, Yale, etc). Il fait un séjour de deux ans à Rome de 1955 à 1957. En 1964, il publie un recueil d'essais : *Shadow and Acts.* Ellison a publié de nombreuses nouvelles mais n'a pas à ce jour écrit un deuxième roman.

Écrivain noir américain, Ellison a voulu sortir du ghetto littéraire afro-américain. Délibérément, il rompt avec la tradition de la contestation sociale des écrivains noirs, il rompt avec le mode naturaliste de Richard Wright, dont il a été un moment le disciple, pour proposer une vision du monde et une écriture dans la tradition d'Emerson, de Melville, de Faulkner, et aussi de Joyce et de T. S. Eliot. Ellison se veut d'abord écrivain, et c'est à la littérature qu'un écrivain doit faire allégeance. « Je pense que le style », déclare-t-il dans une interview parue dans *Harper's Maga-*

zine, « est plus important que les idéologies politiques. » Aussi récuse-t-il le rôle étroit de militant, de champion de la cause des Noirs, dans lequel certains aimeraient l'enfermer. « L'écrivain, affirme-t-il, a des devoirs, non pas à l'égard d'une classe ou d'une race, mais d'une culture ou d'une civilisation, dont l'observation fait sortir une vérité plus grande que la politique. » Pour ses prises de position en faveur de l'intégration culturelle, contre les formes extrêmes de la revendication politique, il a été accusé de trahir son peuple et d'être, injure suprême, un « Oncle Tom ». Pourtant le roman est, à bien des égards, un acte politique. Son livre présente une fresque de la condition du Noir aux États-Unis, des images de ses frustrations, de ses souffrances, de son aliénation, qui constituent un réquisitoire implacable contre un système qui produit des êtres sans noms et sans visages, des hommes invisibles. Ellison y dénonce la récupération par les Blancs libéraux de la tragédie noire et l'inanité des solutions qui ne prennent pas en compte l'individu. Son action ne se situe pas sur le terrain politique mais, s'attaquant aux racines du mal, elle se développe au niveau de l'imaginaire. Ellison veut briser les stéréotypes et les contre-stéréotypes qui visent à réduire le Noir à une caricature, à un masque, et à le priver ainsi de son humanité. Ce n'est pas un révolutionnaire, il n'aspire pas à bouleverser la réalité, mais à faire éclater les représentations déformées, falsifiées de cette réalité. Pour lui, cette réalité est une : l'expérience noire, la culture noire sont indissociables de la culture américaine. Le « melting pot » culturel a fonctionné. Dans son roman, Ellison, en jouant sur les deux claviers culturels, réussit à intégrer les motifs, les mythes du folklore et de la tradition noires aux symboles et aux formes de la tradition occidentale. Son ambition est de créer sur le plan littéraire ce que les musiciens noirs ont accompli dans le domaine musical.

CLAUDE LÉVY.

EL MALEH Edmond Amran. Essayiste et romancier marocain de langue française. Né en 1917 à Safi au sein d'une famille juive intimement mêlée à l'histoire de la ville d'Essaouira. Après avoir été surtout critique de littérature et d'art marocains, El Maleh a écrit, depuis 1980, quatre romans : *Parcours immobile* (*) (1980), *Ailen ou la Nuit du récit* (1983), *Mille ans un jour* (1986), *Le Retour d'Abou El Haki* (1990). Les œuvres sont toutes dominées par une question centrale : la disparition de la communauté juive marocaine dont l'auteur est issu et les conséquences de ce drame sur le devenir judéo-arabe. Se revendiquant juif et arabe, il vit profondément le déchirement de ses deux communautés : l'exil juif et la violence anti-arabe, et en particulier anti-palestinienne. À travers ses récits, il veut témoigner du destin commun arabo-juif, dans l'histoire et la culture marocaines. Ses récits montrent que les agressions portées aux deux communautés et les conflits qui ont opposé celles-ci ont été forgés de l'extérieur.

Dans l'optique de El Maleh, seule la littérature peut restituer une certaine vérité de l'histoire et rendre l'existence possible. Loin des bruits et des fureurs des événements historiques imposés, et à partir d'une mémoire vive, une quête en profondeur se mène. Elle peut paraître utopique ; elle se révèle d'une grande portée : c'est dans la seule expression de l'écriture solitaire d'un homme en face de son histoire que prend sens l'interrogation sur le destin d'un homme qui se veut la conscience refoulée de la communauté juive du Maroc.

ABDALLAH MDARHRI-ALAOUI.

ELSKAMP Max. Poète belge d'expression française. Né et mort à Anvers (5 mai 1862-10 décembre 1931). C'est, sans contredit, le plus original des poètes belges de son temps. De bonne bourgeoisie catholique, et très pieux, il éprouva très jeune le goût de son folklore natal. De 1892 à 1895, il publia diverses plaquettes à faible tirage dont l'édition collective parut en 1898 sous le titre de *La Louange de la vie* (*). Ce sont : *Dominical* (+), *Salutations dont d'angéliques* (+), *En symbole vers l'apostolat* (+) et les *Six chansons de pauvre homme pour célébrer la Semaine de Flandre* (+). La même année, il fit paraître *Eluminures* (1898). Il semble que le symbolisme ait été son élément naturel. Il évoque la rumeur des cloches, l'or des retables et la poussière des processions – sans oublier la vie des humbles. Toute son œuvre se déroule comme une litanie où les nuages seraient des anges commis au soin d'embellir notre pauvre vie. On songe à un primitif qui fabrique ses couleurs lui-même. Mais cet art naïf est loin d'être toujours exempt de préciosité. Par là même, Elskamp semble bien le frère septentrional de Francis Jammes. Néanmoins, et en dépit de certaines gaucheries, l'ensemble garde un ton classique. Signalons que la guerre de 1914 inspira au poète deux recueils d'un sentiment tout différent : *Sous les tentes de l'exode* (1921) et *Chansons désabusées* (1922). Avant de mourir, Elskamp retrouva sa vraie veine avec *Chanson de la rue Saint-Paul* (1928).

♦ *« L'âme que je perçoive la plus transparente est la vôtre et sur cette verrière, autrement que des motifs à coloration et chatoiement vains, se figure... candidement comme le chant d'enfants primitifs ou la rêverie elle-même directe, y adhérant pour seule voile et toute blancheur... »* Mallarmé à Elskamp.

RÉF. : Jean de Bosschère, *Max Elskamp,* Paris, 1914. – Charles-Louis Philippe, *Max Elskamp,* Liège, 1951. – Robert Guiette, *Max Elskamp,* Paris, 1955. – Pascal de Sadelear, *Max Elskamp poète et graveur,* Bruxelles, 1985.

ELSSCHOT Willem (pseud. d'Alfons de Ridder). Romancier et poète belge d'expression néerlandaise. Né et mort à Anvers (7 mai 1882-31 mai 1960). Après des études commerciales, il séjourne successivement à Paris, Rotterdam et Bruxelles, puis se fixe dans sa ville natale à la tête d'un bureau de publicité. Loin de considérer la littérature comme une tâche d'importance capitale, il ne produit qu'une œuvre de peu d'ampleur : onze courts romans et un petit volume de vers : *Vers d'autrefois* [*Verzen van vrœger*, 1934]. Ses premiers romans, *Villa des roses* (*) (1913), *Une déception* [*Een ontgoocheling*, 1921], *La Rédemption* [*De verlossing*, 1921] et *Embobiner* [*Lijmen*, 1924], recueillent peu de succès malgré leur aspect novateur, et Elsschot quitte la scène littéraire pour une dizaine d'années. Reconnu comme un précurseur par le groupe « Forum », il revient au roman avec *Fromage* [*Kaas*, 1933], *Tsjip* (1934), *Pension* [*Pensioen*, 1937], *La Jambe* [*Het Been*, 1938], *Le Dompteur de lions* [*De Leeuwentemmer*, 1940], *Le Bateau-Citerne* [*Het tankschip*, 1942] et enfin *Le Feu follet* [*Het dwaallicht*, 1946]. Comme la plupart des titres l'indiquent, Elsschot tend à la banalisation de l'anecdote. Ainsi, *Fromage* nous raconte la mésaventure d'un employé de bureau dans le monde des affaires ; dans *Feu follet*, le narrateur guide trois étrangers dans les rues d'Anvers à la recherche d'une fille et rentre bredouille au foyer. Ce dépouillement, Elsschot le poursuit à la manière d'un principe fondamental dans tous les domaines de la composition romanesque. Il rame ainsi à contre-courant des tendances naturalistes et régionalistes en vogue dans la Flandre de l'époque. Il saute hâtivement les descriptions et l'étude du milieu et des caractères et s'en tient rigoureusement à une perception en surface des faits et gestes de ses quelques protagonistes — des petits-bourgeois ne se mouvant guère en dehors de cercles restreints comme la famille, le quartier, le bureau. L'intérêt offert par de tels romans ne réside dès lors que, d'une part, dans le soin apporté à la composition et, d'autre part, dans le procès qui est implicitement fait à l'univers petit-bourgeois ici perçu avec une rare acuité. Les deux domaines sont d'ailleurs étroitement liés chez Elsschot, car c'est précisément des légères manipulations qu'il fait subir à la perspective, au ton que doit ressortir la dualité du personnage-narrateur, à savoir une tension entre un cynisme matérialiste et un romantisme assoiffé des grands idéaux altruistes.

MICHEL DUPUIS.

RÉF. : F. Smits, *Willem Elsschot*, Bruxelles, 1952.

ÉLUARD Paul (pseud. d'Eugène Grindel). Poète français. Né le 14 décembre 1895 à Saint-Denis, mort le 18 novembre 1952 à Paris. Après des études à Paris, il effectue de longs séjours en Suisse pour rétablir sa santé gravement menacée. À la fin de la Première Guerre mondiale, il fait la connaissance de Breton, Soupault, Aragon, Tzara, Max Ernst, Arp, Magritte, Miró et Man Ray. C'est l'époque où il s'engage pleinement dans l'expérience surréaliste. En 1924, il quitte la France et fait le tour du monde. À son retour, il adhère au parti communiste et milite pour une poésie plus sociale : « Le temps est venu où tous les poètes ont le droit et le devoir de soutenir qu'ils sont profondément enfoncés dans la vie des autres hommes, dans la vie commune » (conférence prononcée en Espagne en 1936). Dès lors, sa trajectoire, sans renier le surréalisme, prendra de plus en plus un aspect politique.

Paul Éluard est sans doute le plus grand poète qu'ait produit le mouvement surréaliste. Et c'est sans doute le seul poète français — avec Jacques Prévert — à avoir connu au XXe siècle une certaine popularité. Non que sa poésie soit facile, au mauvais sens du terme. Quand bien même elle déroute le lecteur habitué au vers traditionnel, elle reste marquée — au-delà de ses obscurités apparentes — par une certaine transparence. *Poèmes pour la paix* (1918), *Les Hommes et leurs animaux* (1920), *Mourir de ne pas mourir* (1924), *Capitale de la douleur* (*) (1926), *Défense de savoir* (1928), *L'Amour la poésie* (*) (1929), *La Vie immédiate* (*) (1932), *La Rose publique* (*) (1934), *Notes sur la poésie* (*) (1936), *Les Yeux fertiles* (*) (1936), *Cours naturel* (*) (1938), *Le Livre ouvert* (*) (1940), *Sept poèmes d'amour en guerre* (1943), *Poésie ininterrompue* (*) (1946), *Le Dur Désir de durer* (1946), *Le temps déborde* (1947), *Corps mémorable* (1947), *Poèmes politiques* (1948), *Pouvoir tout dire* (1951), *La jarre peut-elle être plus belle que l'eau ?* (*) (1951), toutes ces œuvres témoignent d'une conquête de la transparence. Il faut citer aussi les ouvrages publiés avec d'autres poètes, comme *L'Immaculée Conception* (*) (1930), *Ralentir travaux* (*) (1940), et les textes écrits dans *Le Surréalisme au service de la Révolution* (*) à partir de 1930.

D'abord influencé par l'unanimisme, Éluard a évolué vers une poésie de plus en plus libérée des entraves traditionnelles. Nul doute que le surréalisme, en cela, l'ait aidé à trouver sa dimension propre. *Capitale de la douleur* témoigne que cette libération — à la fois poétique et personnelle — a dû être difficile. Proclamé chantre de la vie, de l'amour, de la chaleur humaine, de la simplicité, Éluard a dû lutter pour échapper au monde de la solitude, de la maladie et de la mort. « J'ai été seul, a-t-il dit une fois, et j'en frémis encore. » Cet arrière-fond de souffrance et de « froid » (comme il dit dans *Capitale de la douleur*) donne tout son prix à son éloge du bonheur. Parmi les surréalistes, il est *le* poète de l'amour, plus encore que Breton. Ses poèmes sur la femme aimée (sur les femmes aimées, faudrait-il dire, car Éluard a été marqué par plusieurs amours qui l'ont « inspiré » — voir *Lettres à Gala,* posth., 1984) comptent parmi les plus beaux poèmes d'amour de la langue française. Il chante l'amour dans une poésie simple, directe, riche en images audacieuses, mais toujours accessible. L'une des qualités les plus notables de ses poèmes est certainement l'ouverture. Chaque vers, chaque image, chaque mot est une porte donnant sur un monde diaphane, léger, d'une pureté et d'une liberté qui n'appartiennent qu'à lui. Poète de l'amour, Éluard a logiquement été aussi le poète de l'amitié, de la solidarité entre les hommes : « La poésie, écrit-il, ne se fera chair et sang qu'à partir du moment où elle sera réciproque. Cette réciprocité est entièrement fonction de l'égalité du bonheur entre les hommes. Et l'égalité du bonheur porterait celui-ci à une hauteur dont nous ne pouvons encore avoir que de faibles notions... » Telle est la conviction qui, au fil des années, soutient des recueils comme *La Vie immédiate* et *Poésie ininterrompue.* Titres qui, en eux-mêmes, expriment tout un programme : la vraie poésie est « immédiate » et « ininterrompue », elle est poésie de tous les jours, poésie du quotidien, des gestes journaliers, des choses simples. La poésie éclaire littéralement la vie des hommes. Elle est lumière : « Mille images de moi multiplient ma lumière. » Éluard est unique par cette foi grave et souriante qu'il a dans la lumière. Amour, amitié, bonheur sont lumière. Et la lumière, elle, est liberté. Sa poésie transmet au lecteur cette vision, d'un optimiste plutôt exceptionnel. Non que le poète croie cette liberté facilement accessible. *Le Dur Désir de durer* marque bien qu'il s'agit d'une lutte, voire d'une ascèse, que la souffrance, la mort, la solitude, la folie, et aussi l'oppression et l'incompréhension, sont toujours là, en arrière-fond, un arrière-fond nocturne et obscur contre lequel le poète élève son rideau de paroles lumineuses et tendres.

Éluard est un prodigieux créateur d'images. C'est par l'image qu'il « donne à voir » la lumière. On l'a souvent sommé d'expliquer ce vers apparemment contradictoire ou énigmatique : « La terre est bleue comme une orange. » Cette comparaison au premier abord absurde peut servir à faire comprendre sa poétique, si l'on renonce à l'expliquer et si l'on se confie à la dynamique propre de l'image. À une certaine profondeur de la perception, terre et fruit du Sud, bleu et orange se confondent et évoquent la saveur, la substance de la vie terrestre.

On trouverait facilement chez Éluard des centaines d'images de ce genre, à la fois énigmatiques et lumineuses, toutes secrètement porteuses d'un message de vie et d'espoir. Saint-Just avait dit que « le bonheur est une idée nouvelle en Europe ». Éluard reprend poétiquement ce credo. Sa poésie est, finalement, clarté et générosité. Elle est bonté. De quel autre poète pourrait-on dire la même chose ?

ANTOINE BERMAN

♦ *« Il n'y a pas, dans les temps modernes, de plus grand poète que Paul Éluard : parce que aucun, plus que lui, mieux que lui, n'a montré comment la poésie atteint à sa grandeur totale en aidant les hommes à transformer le monde... et parce que aucun... n'a montré comment la poésie, en luttant pour l'avenir avec tous les hommes, ne renonce à rien, mais prend déjà le visage de l'homme de l'avenir. »* J. Marcenac.

RÉF. : Raymond Jean, *Paul Éluard par lui-même,* Paris, 1968. – Louis Parrot et Jean Marcenac, *Paul Éluard,* Paris, nouvelle éd., 1969. – Jean-Pierre Richard, *Onze études sur la poésie moderne,* Paris, 1981. – Daniel Bergez, *Éluard ou le rayonnement de l'être,* Seyssel, 1982.

ÉLYTIS Odysséas (pseud. de Alépoudélis). Poète grec. Né le 2 novembre 1911 à Héraklion (Crète). En lui attribuant le prix Nobel de littérature en 1979, seize ans après avoir distingué son ami et camarade de jeunesse Georges Séféris, les jurés de l'Académie suédoise ont couronné l'une des voix les plus pures, les plus libres de la poésie grecque contemporaine. Ses parents s'étant installés à Athènes en 1914, Élytis a passé sa jeunesse dans la capitale, tout en retrouvant chaque été ses racines insulaires (sa famille est originaire de Lesbos) grâce à de nombreux voyages dans les îles de l'Égée. Âgé de dix-huit ans lorsque le mouvement surréaliste fait irruption en Grèce, c'est l'un des premiers admirateurs des poèmes d'Éluard et, avec Andreas Embirikos, un adepte des théories de Breton. Il décide de s'inscrire en droit, mais désertera la faculté avant d'obtenir son diplôme pour se consacrer uniquement à la littérature. En 1935, à l'occasion de la première manifestation surréaliste en Grèce, il expose des collages à la façon de Max Ernst (forme d'art qu'il continuera de pratiquer) dans une galerie athénienne et publie ses premiers poèmes dans la revue *Lettres nouvelles* [Νέα Γράμματα], qui regroupait alors poètes confirmés et jeunes talents. Le bouillonnement intellectuel que connaît la capitale lui fournit l'élan nécessaire pour briser le moule de la poésie « rhétorique » en vigueur et pour poser les bases d'un lyrisme nouveau, qui emprunte au surréalisme la liberté des images et la vitalité de l'imagination pour les accorder à l'environnement lumineux de la nature grecque. Car, pour lui comme pour Séféris et les adeptes de la *Nouvelle Poésie*, le vrai visage de leur pays demeure à découvrir, par-delà l'image humaniste qu'en retient volontiers l'Occident. En 1940, il rassemble les poèmes composés à cette date dans un premier recueil, *Orientations* [Προσανατολισμοί], qui est un hymne à la jeunesse, à la beauté et à l'innocence placé sous l'invocation de Rimbaud : « Départ dans l'affection et le bruit neufs... » Son second livre, *Soleil premier* [Ἥλιος ο πρώτος] témoignera d'un même éblouissement devant le monde et ses ressources. Mais la réalité de l'époque est loin d'être aussi lumineuse : en août 1940, Élytis est envoyé sur le front italien, dans les Balkans. Ce sera une période d'épreuves, d'apprentissage de la douleur. Sans renier celle-ci, le poète cherche dans l'écriture un moyen d'exorciser l'adversité, d'atteindre un au-delà de la souffrance qui justifie et transcende le bonheur passé. Telle sera la conclusion du *Chant héroïque et funèbre pour un sous-lieutenant tombé en Albanie* [Ἀσμα ηρωικό και πένθιμο για τον χαμένο ανθυπολοχαγό της Αλβανίας], paru à la Libération et qui contribuera à établir la notoriété du poète, désormais en pleine possession de son outil poétique, dans son pays. En 1948, Élytis quitte la Grèce et vient s'installer à Paris pour un séjour de quatre années, entrecoupé de nombreux voyages en Europe. Il fait à cette occasion la connaissance de nombreux écrivains français (Michaux, Char, Camus, Reverdy, Breton), ainsi que d'artistes étrangers comme Picasso, Giacometti, De Chirico. Ce recul lui permet de porter sur la Grèce un « deuxième regard » affranchi de tout nationalisme, et de mesurer en même temps le sentiment de la « grécité » qu'ont éprouvé comme lui, passionnément, Kazantzakis et Séféris. C'est au terme d'une lente maturation et d'un silence littéraire de près de quinze années qu'il publie, en 1959, *Axion Esti* (*), titre emprunté à la liturgie orthodoxe et que l'on pourrait traduire par « Loué soit... ». Ce très long poème, d'un abord difficile, sera couronné un an plus tard par le prix national de poésie et mis en musique au milieu des années 60 par Mikis Théodorakis, qui assurera à Élytis, dans son pays, une popularité rarement dévolue de son vivant à un poète. Par la suite, il revient à une forme d'expression plus fragmentée : *Six plus un remords pour le ciel* (1960), où il exprime sa hantise d'un monde de pureté et de lumière dans l'éclairage de l'enfance ou de la solitude. Le coup d'État des « colonels », en 1967, l'incitera à quitter une nouvelle fois la Grèce et à s'abstenir de toute publication jusqu'en 1971, qui verra paraître successivement *Soleil soléiculteur* [Ηλιος Ηλιάτορας], *L'Arbre de lumière et la Quatorzième Beauté* [Το Φωτόδεντρο και η Δεκάτη τέταρτη ομορφιά] puis, l'année suivante, *Les R de l'amour* [Τα Ρ του Ερωτα] et *Monogramme* [Μονόγραμμα]. Parmi ses derniers livres, citons enfin *Marie des brumes* [Μαρία Νεφέλη], longue méditation construite en trois parties comme *Axion Esti* et parcourue d'un même souffle créateur. Parallèlement à cette élaboration patiente, exigeante, de son œuvre, Élytis a consacré plusieurs essais à sa conception de la littérature et à ses écrivains de prédilection, *Cartes sur table* [Ανοιχτά Χαρτιά, 1974], et traduit des auteurs aussi différents que Brecht, Lautréamont, Giraudoux, Jouve, Rimbaud, Lorca ou Maïakovski : *Seconde écriture* [Δεύτερη Γραφή, 1976]. Tour à tour prophète, inventeur de mythes, « voyant » et témoin lucide de son siècle, il a ainsi pleinement assumé la tâche du poète, qui est de « jeter des gouttes de lumière dans l'obscurité ». Odysséas Élytis, qui disait écrire « parce que la poésie commence là où la mort n'a pas le dernier mot », restera, avec Séféris, l'un des très grands poètes de sa génération.

GILLES ORTLIEB.

♦ *« Les rochers, les îles, le bleu de la mer grecque, les vents, tout cela, sans cesser d'être réel, devient en même temps « signes », au sens que l'on donnait aux symboles alchimiques. »* Lawrence Durrell. ♦ *« Élytis nous conduit d'emblée dans un monde purifié, allégé, retrouvant la fraîcheur du premier jour de la création. Jamais, en effet, depuis Solomos, la poésie grecque n'avait reçu un tel flot de pureté. »* Georges Spyridakis. ♦ *« Influencé par ce que le surréalisme libérait de torrents d'images, Élytis introduit précisément en Grèce une poésie fondée sur les images et sur le rythme, poésie essentiellement visuelle là où la tradition s'occupe de cerner une attitude. Élytis explose. »* Dominique Grandmont.

RÉF. : Lili Zographou, *Le Buveur de soleil Élytis*, Athènes, 1971. – Castanos de Medicis Stalios, *Notes sur Odysséas Élytis*, Paris, 1980. – Michel Grodent, *Élytis et la génération des années 30*, Bruxelles, 1980.

EMBIRIKOS Andreas. Poète et écrivain grec. Né en 1901 à Braïla (Roumanie), mort le 11 août 1975 à Athènes. Après des études de littérature et de philosophie à Athènes, il a longtemps vécu en Angleterre et en France où, en 1927, il fit la connaissance, décisive, d'André Breton. Mais la personnalité exigeante, érudite et secrète d'Embirikos, que l'on tient généralement pour le premier en date et le plus considérable des surréalistes grecs, dépasse largement le cadre de ce mouvement littéraire qui a trouvé de nombreux adeptes en Grèce. Auteur d'une œuvre abondante, il offre en outre le rare exemple d'un écrivain peu enclin à la publication – laissant parfois s'écouler vingt ans et plus entre la rédaction et la parution – et la majeure partie de son œuvre demeure donc à découvrir. Psychanalyste de formation et praticien, Embirikos débute officiellement dans les lettres en 1935, avec un mince recueil *Haut-Fourneau* (*), qui tranchait vivement avec le lyrisme conventionnel de la production poétique de l'époque. Fasciné par le mot et ses sonorités, s'exprimant dans une langue délibérément ardue, au purisme provocant, le poète y affirmait le droit, sinon au « dérèglement de tous les sens », au moins à un affranchissement total de toutes les conventions. Dans la lignée de l'écriture automatique pratiquée alors par les surréalistes français, ou de la *parola in liberta* des futuristes italiens, Embirikos a ainsi ouvert la voie à un nouveau mode d'expression, débordant d'imagination et de sensualité, et dont Odysséas Élytis allait devenir l'un des représentants les plus inspirés. Il s'est ensuivi un silence littéraire de dix ans jusqu'à la parution, en 1945, de *Domaine intérieur* [Ενδοκώρα], qui marquait une distance avec les mots d'ordre surréalistes pour leur préférer un lyrisme plus transparent et accessible. À l'image de sa vie, partagée entre la Grèce et les capitales européennes, ses écrits témoigneront cependant toujours d'un cosmopolitisme quasi aristocratique, qui a longtemps fait de lui le poète d'un public lettré et restreint. Son audience s'est toutefois accrue avec la parution d'un volumineux roman *Le Grand Oriental* [Ο Μέγας Ἀνατολικός] demeuré inédit de son vivant et dont le sujet (une croisière à bord d'un navire, ponctuée d'épisodes érotiques et narrée dans une langue archaïsante) lui a valu une vaste audience posthume. En 1965, il publie un important recueil de textes théoriques et de poèmes en prose, *Écrits ou Mythologie personnelle* [Γραπιά η Προσωπική Μυθολογία], capital pour la compréhension de l'homme et de l'œuvre. Citons encore, parmi ses autres œuvres, un court roman d'aventures à la façon de Jules Verne, *Argo ou le Voyage en ballon* [Αργώ ἤ Πλους Αεροστάτου], *La Route* [Ο δρόμος], parue une année avant sa mort et, enfin, *Oktana* [Οκτάνα, 1980], tout à la fois manifeste et hymne prophétique, où l'on retrouve les thèmes et l'inspiration de son tout premier recueil.

GILLES ORTLIEB.

EMERSON Ralph Waldo. Essayiste et philosophe américain. Né à Boston (Massachusetts) le 25 mai 1803, mort à Concord (Massachusetts) le 27 avril 1882. Peu lu en Europe, Emerson est reconnu outre-Atlantique comme l'un des pères fondateurs de la littérature américaine. Descendant d'une longue lignée de pasteurs protestants, il fit ses études à l'école de théologie de Harvard, mais ne resta que trois ans au sein de l'Église unitarienne. Chargé à vingt-six ans de l'une des plus anciennes paroisses de Boston, il renonça au pastorat en 1832, après une série d'épreuves (sa première femme mourut en 1831), et une crise de vocation aggravée par sa découverte du romantisme européen. La lecture de Coleridge et de Carlyle transforma le sage unitarien en poète-prophète, et l'un de ses premiers soins, lors de son séjour en Europe (1832-33) fut de leur rendre visite, ainsi qu'il le raconte dans *L'Âme anglaise* (*).

De retour en Nouvelle-Angleterre, Emerson se remaria et s'installa à Concord, paisible bourgade dont il allait faire le premier centre culturel de la jeune nation. Son succès d'orateur, joint au legs de sa première femme, lui permit – fait rare à l'époque – de vivre de sa plume. Son premier livre, *La Nature* (*) [*Nature*, 1836], devint le manifeste du transcendantalisme, mouvement dont Emerson fut l'incontestable maître à penser ; mais si l'écho fut très important dans l'entourage immédiat du prophète, il demeura limité en dehors du cercle étroit de ses disciples. En revanche, l'orateur ne tarda pas à connaître la célébrité qui avait été refusée à l'essayiste : la conférence sur le « Penseur américain » (1837) apparut à beaucoup – pour citer Oliver Wendell Holmes – comme une « Déclaration d'indépendance intellectuelle ». Quant au discours prononcé en 1838 à l'école de théologie de Harvard, il provoqua un tel scandale au sein de l'« alma mater » qu'elle ferma ses portes à son auteur pendant plus de vingt ans.

Pendant toute cette période, les activités d'Emerson furent multiples : il donna plusieurs séries de conférences, publia en 1841 et 1844 deux séries d'*Essais* (*) qui assurèrent sa notoriété, devint rédacteur en chef du *Dial,* organe du transcendantalisme. Ce bouillonnement n'excluait pas le travail patient de l'écrivain : nombre de textes furent repris, corrigés, transformés, depuis les ébauches du *Journal* (*) jusqu'au texte définitif des essais, en passant par l'étape intermédiaire des conférences. Cependant, le zèle quasi messianique des premières œuvres s'émoussait peu à peu : cette évolution, sensible dès la seconde série des *Essais*, devait s'accentuer après le second séjour en Europe (1847-48), et apparaître clairement dans des textes comme *Hommes représentatifs* (*) (1850) et *L'Âme anglaise* (*) (1856). On voit en revanche poindre dans ces textes, et s'épanouir dans *La Conduite de la vie* [*The Conduct of Life*, 1860] ce que Maurice Gonnaud a appelé « un optimisme de substitution » : au fur et à mesure que s'est érodé l'individualisme radical qui s'était exprimé de 1836 à 1841, Emerson semble avoir cherché de nouvelles raisons de croire, fondées sur une foi croissante – qui annonce parfois Nietzsche – dans les forces collectives liées à la nation, à la culture et à la race.

Certains ont vu dans la carrière d'Emerson une série de renoncements, ou même d'apostasies, et ont noté que le pourfendeur des institutions était devenu à son tour une institution nationale, offrant la caution de son immense culture aux appétits de l'Amérique industrielle. D'autres ont souligné la cohérence de sa démarche, faite avant tout d'ouverture, de disponibilité, et pour tout dire d'intelligence, trouvant un équilibre précaire, mais souvent surprenant entre l'absolutisme et le pragmatisme, la ferveur et le doute, la fulgurance du visionnaire et la lucidité du témoin.

YVES CARLET.

♦ *« Une tête grecque, sur de bonnes épaules Yankee... »* James Russell Lowell. ♦ *« Il y avait chez Emerson certaines cordes qui ne vibraient pas du tout. »* Henry James. ♦ *« Le plus grand mérite de la philosophie émersonienne est qu'elle engendre le géant qui la détruira. »* Walt Whitman. ♦ *« La Nouvelle-Angleterre était un sol aride jonché de vieilles orthodoxies : Emerson les dispersa comme cendres. »* Carl Van Doren.

RÉF. : Stephen Whicher, *Freedom and Fate : An Inner Life of Ralph Waldo Emerson*, Philadelphie, 1953, 1971. – Maurice Gonnaud, *Individu et société dans l'œuvre de Ralph Waldo Emerson*, Paris, 1964. – Lewis Leary, *Ralph Waldo Emerson : An Interpretative Essay*, Boston, 1980. – Barbara L. Packer, *Emerson's Fall*, New York, 1982. – David Robinson, *Apostle of Culture : Emerson as Preacher and Lecturer*, Philadelphie, 1982.

ÉMIÉ Louis. Poète français. Né et mort à Bordeaux : 17 avril 1900-27 novembre 1967.

Poète dont l'extrême discrétion cautionne la constante sincérité. Louis Émié est l'auteur d'une œuvre très personnelle qui se situe en marge des modes et des conformismes du siècle. En 1925, il abandonne le poste qu'il occupait à l'hôtel de ville de Bordeaux pour se lancer dans le journalisme, d'abord à *La Petite Gironde,* puis au quotidien *Sud-Ouest* dont il devint rédacteur en chef, cependant qu'il élaborait une œuvre poétique dont le sentiment profondément religieux sera enrichi par sa familiarité avec l'Espagne traditionnelle et son expérience de la guerre de 1940. Il livrera ainsi au public de nombreux recueils témoignant de son inlassable quête spirituelle : *Le Nom de feu* (1944), *L'État de grâce* (1946), *Les Dormeuses* (1948), *Hauts désirs sans absence* (*) (1953), *Plaintes* (1956), *La Rose des mers* (1957), *Invention de l'amour* (1961). Dans ces livres, sur un ton grave et débordant de lyrisme, Émié fait part au lecteur de ses angoisses et de ses perpétuelles interrogations devant la vie et la mort. Ses vers, comme taillés dans le cristal, d'une forme très classique, transparente et musicale, semblent animés d'un souffle étranger à toute pesanteur terrienne et résonnent des clameurs qu'ont fait entendre jadis les poètes métaphysiques du XVIe siècle, comme Jean de Sponde, véritable famille spirituelle d'un homme dont l'œuvre semble défier toute datation.

PHILIPPE FAUCHER.

EMINESCU Mihail. Écrivain roumain. Né à Botosani le 15 janvier 1850, mort à Bucarest le 15 juin 1889. Il passa son enfance dans la verte Moldavie, auprès d'une mère douce et tendre. Envoyé au gymnase de Czernovitz (Cernaŭti), il s'en échappa plusieurs fois dès 1866 soit pour suivre des troupes de comédiens ambulants, soit pour d'autres fugues plus ou moins longues dont la plus marquante fut celle qui le mena, à pied, en Transylvanie. Il ne retourna plus au collège. Pendant un certain temps, il mena une vie de bohème à Giurgiu et à Bucarest, mais son père le retrouva et l'envoya à Vienne (1869). Là, il étudia la philosophie et la philologie avec des maîtres tels que Mussafia, Zimmermann, Vogt et se mêla à ses jeunes compatriotes épris de liberté qui s'agitaient autour de la « Românis Juna ». Malgré des études assez sérieusement suivies, il ne put obtenir aucun diplôme. Mais il écrivait, et grâce à Negruzzi publia ses premiers vers dans la revue *Junimea* [*Les Épigones*]. Il passa l'année 1871 à Jassy où le retint Veronica Micle, sa grande inspiratrice. En 1872, il suivit à Berlin les cours de Dühring et de Zeller, mais il ne parvint pas à obtenir le diplôme de docteur en philosophie. Il se vit alors contraint de prendre en 1874, à Jassy, un modeste emploi de bureau. Il entra, en 1877, au journal conservateur *Timpul,* collaboration qui lui permit d'exprimer ses idées généreuses et de développer son talent de polémiste. Atteint de troubles mentaux en 1883, il fut soigné aux environs de Vienne. Il revint ensuite dans sa patrie et y acheva, coupée de périodes de démence, sa triste existence. Il fut tué par un fou, son compagnon d'internement. Son œuvre vient à peine d'être intégralement publiée. Elle comprend des *Poèmes* (*), des *Contes et Nouvelles* — *La Pauvre Dionise, Le Prince charmant né d'une larme* (*) —, des ébauches théâtrales, des poésies populaires, des articles littéraires, économiques, politiques et philosophiques. Eminescu a fixé la forme de la poésie roumaine qui, avant lui, était en lente évolution.

RÉF. : J. Gherca, *Études critiques,* Bucarest, 1890. — D. Caracostea, *Die Persönlichkeit Eminescu,* Bucarest, 1926. — F. Lang, *Eminescu als Dichter und Denker,* 1928. — I. Jura, *Mitul in poezia lui Eminescu,* Paris, 1933. — Gh. Calinescu, *Eminescu,* Bucarest, 1934-36, 1938. — P. Cuireanu, *Eminescu,* 1946. — G. Muntaneu, *Hypérion I : Viaţa lui Eminescu,* Bucarest, 1973. — B. Taladoire, *Mihail Eminescu,* Paris, 1974. — E. Tacciu, *E poezia elementor,* Bucarest, 1979. — V. Doyaru, *Eminescu, muzician al poeziei, Eminescu poet al muzicii,* Bucarest, 1982. — E. Lovinescu, *Mihail Eminescu,* Iaşi, 1984. — A. Petrescu, *Eminescu : metamorfozele creaţiei,* Bucarest, 1985. — M. Drăgan, *Mihail Eminescu. Interpretări,* Iaşi, 1986. — Z. Dumitrescu-Busulenga, *Eminescu şi romantimul german,* Bucarest, 1986.

EMMANUEL Maurice. Compositeur et musicologue français. Né à Bar-sur-Aube (Aube) le 2 mai 1862, mort à Paris le 14 décembre 1938. Il étudia au Conservatoire de Paris avec Savard, Dubois, Delibes, Bourgault-Ducoudray, et à Bruxelles avec Gevaert. En 1895, il passa son doctorat en Sorbonne avec pour thèses : *L'Orchestique grecque* et *L'Éducation du danseur grec.* En 1897, il se rendit en Allemagne pour y étudier les méthodes d'enseignement musical. En 1909, il fut nommé professeur d'histoire de la musique au Conservatoire de Paris. Ses principaux ouvrages sont : *Histoire de la langue musicale* (1911), *Traité de la musique grecque* (1912), *Traité de l'accompagnement modal des psaumes* (1912). Il composa de la musique symphonique, de la musique de chambre et un opéra *Salamine* (*) représenté à l'Opéra de Paris en 1929.

EMMANUEL Pierre. Poète français. Né à Gan, en Béarn, le 3 mai 1916, mort à Paris le 22 septembre 1984. Ses études secondaires accomplies à Pau, il fait des études scientifiques, devient élève du philosophe Jean Wahl. Après un bref séjour aux États-Unis où son père séjournait, il gagne sa vie comme professeur libre, à Cherbourg, puis à Pontoise. Deux rencontres sont décisives pour sa vocation poétique ; celle de Pierre Jean Jouve, qui l'encourage dans ses premiers essais, puis celle d'Henri Michaux, qui l'introduit dans le « monde des lettres ». Son premier livre paraît en 1940 (*Élégies*) — le livre ne quitta pas les caves de son éditeur belge. Il séjourne durant quatre ans à Dieulefit, dans la Drôme, d'où il envoie le manuscrit du *Tombeau d'Orphée* (*) à Pierre Seghers, qui l'édite avec un certain succès en 1941 (nouvelle édition revue en 1967). Pierre Emmanuel participe alors à la Résistance. En 1942 paraissent divers recueils inspirés par l'horreur des temps et sa foi en l'homme : *XX Cantos* (réédités et considérablement augmentés en 1947 sous le titre *Chansons du dé à coudre*), *Jour de colère, Le Poète et son Christ, Combats avec tes défenseurs, Orphiques.* Période d'intense création que celle qui va jusqu'à la fin de guerre, il rédige *Sodome* (paru en 1944), *Mémento des vivants* (1944) et *La liberté guide nos pas* (1945) (« Où es-tu mon pays d'eau vive et de forêts / Pays aimé des morts, terre fidèle et tendre ? »), en 1946 paraît *Tristesse, Ô ma patrie.* Puis vint la période des remises en question, des engagements plus personnels : entrée à la Radiodiffusion française, où il dirige le service anglais, puis américain ; voyages ; publication d'un essai autobiographique, *Qui est cet homme ?* (1948) (en 1954, il donnera un autre texte autobiographique, *L'Ouvrier de la onzième heure,* qui cherche à « achever la destruction de [ses] enthousiasmes mutilés » — ces deux textes seront repris, en 1970, en un volume, sous le titre *Autobiographies*), d'essais sur la poésie, jugés plus tard « assez juvéniles » : *Poésie raison ardente* (1947), et de sa seule et malheureuse tentative romanesque : *Car enfin je vous aime* (1949, réédité en 1983). En 1952 paraît *Babel,* qui marque une rupture dans sa production et son existence, véritable « épopée spirituelle de l'histoire humaine », gros livre mêlant prose et versets : « Les hommes / Vivent en contrebas de leurs paroles, vains / De ces mots dont ils font des montagnes... » Dès ce tournant du siècle, Pierre Emmanuel occupera une place assez en marge dans la poésie française, à l'écart des courants dominants d'une époque qui préfère les productions plus modestes ou modiques, raréfiées. *Visage nuage* (1956) et *Versant de l'âge* (1958) constituent comme deux résumés de cette quête poétique, et, s'ils reprennent les thèmes essentiels de sa poésie (comprendre l'homme dans son intériorité et dans l'univers, l'éternel et l'actuel, la terre et le ciel, la souffrance et la louange...), ils marquent une inquiétude à l'égard du langage, de ses possibilités et limites (en quoi la démarche de l'auteur rejoint les préoccupations de maints poètes contemporains). L'inspiration biblique, plus spécifiquement chrétienne, ne cesse d'irradier cette œuvre : *Les Jours de la Nativité* (1960), *Évangéliaire* (1961), *Les Jours de la Passion* (1962), *La Nouvelle Naissance* (1963), *Le Goût de l'Un* (1963), *La Face humaine* (1965). En 1967, il donne un *Baudelaire* et, en 1968, il est reçu à l'Académie française (fait unique dans les annales de la maison, il donnera sa démission en 1975, pour protester contre l'élection de Félicien Marceau, dont l'attitude collaborationniste durant la Seconde Guerre mondiale heurtait ses engagements). Un long poème où l'inspiration chrétienne se réaffirme, *Jacob,* paraît en 1970. « La plus profonde nuit pour un homme, c'est l'homme. / Profonde et dure. » L'engagement humaniste pour l'esprit et ses productions ne perd pas ses droits, comme en témoigne *Pour une politique de la culture* (1971) (à cette époque, il préside la Commission des affaires culturelles du VIe plan, l'Institut national de l'audiovisuel...). La dernière décennie de la vie du poète sera marquée par une très foisonnante production : *Sophia* (1973), *Tu* (1978), une trilogie : *Le Livre de l'homme et de la femme,* constituée de *Una, ou la Mort la vie* (1978), *Duel* (1979) et *L'Autre* (1980), enfin *Le Grand Œuvre* (sous-titré *Cosmogonie,* en 1984) vient conclure une œuvre qui n'aura eu de cesse de s'abreuver à la source de ses désirs : « Nantis, repus, nous sommes affamés de l'appétit que nous avons perdu. »

FRANCIS WYBRANDS.

EMPÉDOCLE d'Agrigente. À la fois philanthrope, thaumaturge et mage, il fut, selon les innombrables légendes apocryphes qui fleurirent autour de sa personne et dont un nombre considérable ont été conservées par Diogène Laërce — v. *Vie, doctrines et sentences des philosophes illustres* (*) —, l'une des plus extraordinaires figures de penseur de la philosophie occidentale. Né vers 483 avant notre ère, à Agrigente, alors l'une des plus importantes villes du monde grec (80 000 habitants), d'une riche famille aristocratique, il aurait toujours défendu avec la dernière énergie la cause de la démocratie et refusé la royauté que ses concitoyens lui offraient, préférant la simplicité de la vie privée.

Il passait pour avoir mis sa connaissance de la physique et son esprit créateur au service de sa cité et de toute la Sicile : il aurait assaini les environs de Sélinonte, empoisonnés par un fleuve qui s'embourbait, en détournant à ses frais deux fleuves voisins ; de même, il aurait neutralisé l'action, désastreuse pour l'agriculture, des vents étésiens en faisant écorcher des ânes et en plaçant leurs peaux sur les sommets des montagnes ; et empêché de mourir une femme qui était restée pendant trente jours sans respiration et sans pouls. Et l'on cite encore de nombreux cas où il aurait mis ses pouvoirs au service de ses concitoyens.

Vers 440, il semble avoir été envoyé en mission et voyagea à travers le reste de la Sicile, la Grande Grèce, le Péloponnèse, poussant peut-être jusqu'à Athènes. Il reprit le chemin du retour vers 440 av. J.-C., mais, interdit de séjour dans sa ville natale, il composa sans doute son ouvrage *De la nature* (*) pendant les dernières années de sa vie. Où et comment mourut Empédocle, nous l'ignorons. Plusieurs légendes coururent à propos de sa mort, dont l'une raconte qu'il se serait jeté dans l'Etna pour faire croire qu'il était devenu un dieu, mais que le volcan rendit l'une de ses sandales de bronze, démasquant ainsi l'imposture.

Lui-même fait allusion, dans ses *Purifications* (*), à ses origines divines : « Ô mes amis, qui habitez la grande ville, penchée au-dessus de l'Acragas au limon d'or [...] je viens parmi vous délivré à jamais de la mort, dieu immortel que tous vénèrent, comme il sied, et les bandelettes me couronnent et les guirlandes ont éclos leurs fleurs pour moi. Aussitôt qu'avec mes adorateurs j'ai pénétré dans les cités florissantes, hommes et femmes me comblent d'honneurs, et marchent à ma suite, innombrables, m'interrogeant sur le sentier qui mène au gain ou bien désirant des oracles ; et ceux qui depuis longtemps sont transpercés par les couteaux de la douleur veulent pour toutes les maladies connaître de moi la parole salvatrice. » Dans son autre poème *De la nature,* Empédocle s'adresse à son disciple Pausanias : « Tous les philtres qui soulagent maladie et vieillesse, apprends-les [...] Tu dompteras les vents puissants, infatigables, qui, levés en trombe, au-dessus de la terre, dévastent les labours ; et de nouveau selon ton vouloir, tu ramèneras les brises bienfaisantes. Tu donneras aux hommes, après la sombre pluie, la sécheresse propice, après l'été aride, les eaux fécondes, nourricières de l'arbre et des moissons futures. Tu ramèneras l'âme d'un mort de la maison des Ténèbres. »

La doctrine d'Empédocle, qui fait la matière de ses poèmes, a toujours cette allure épique et inspirée, jusque dans les quelques détails scientifiques que l'auteur fournit. Il en est ainsi de sa cosmogonie, où les deux causes conduisant l'univers, la haine et l'amour, qui luttent l'une contre l'autre incessamment, provoquent successivement la séparation et l'union des quatre éléments radicaux que sont le feu, l'air, la terre et l'eau, selon des cycles nécessaires ; sa zoogonie, extrêmement bizarre et même fantastique, imagine, à un certain stade de la vie sur terre, « bien des têtes sans cou et des bras séparés de leur corps, sans épaules, et des yeux privés de fronts... » ; d'après sa théorie des âmes, enfin, celles-ci sont contraintes d'errer çà et là pendant des myriades d'années, loin du séjour bienheureux d'où elles viennent, et de revêtir successivement toutes les formes mortelles avant de parvenir à la purification.

♦ *« Et Empédocle, la crécelle de place publique ? Tout ce qui était faible, il l'a pris pour principe, et il a institué des principes qui en demandaient d'autres. »* Timon le Sillographe. ♦ *« Néanthe de Cyzique* [...] *dit que lorsque commencèrent à apparaître* [à Agrigente] *les premiers indices de la tyrannie, Empédocle persuada aux Agrigentins de cesser leurs querelles de partis, et de suivre une politique d'égalité. »* Diogène Laërce. ♦ *« Il s'habillait de vêtements de pourpre avec une ceinture d'or, des souliers de bronze et une couronne delphique. Il portait des cheveux longs, se faisait suivre par des esclaves, et gardait toujours la même gravité de visage. Quiconque le rencontrait croyait croiser un roi. »* Phavorinos. ♦ *« Médecin ou mage, poète ou rhéteur, dieu ou homme, savant ou artiste, homme d'État ou prêtre, Pythagore ou Démocrite, il flotte entre deux. Il est la figure la plus bariolée de la philosophie ancienne ; il met fin à l'âge du mythe, de la tragédie, de l'orgiasme, mais en même temps surgit en lui l'image du Grec plus moderne, démocrate, orateur, rationaliste, créateur d'allégories, homme de science. Deux siècles s'affrontent en lui ; il est de pied en cap l'homme agonal. »* Nietzsche. ♦ *« La vérité est qu'Empédocle n'était pas simplement un homme d'État ; il était, en outre, et dans une grande mesure, un charlatan. »* J. Burnet. ♦ « [La doctrine d'Empédocle est une] *synthèse hésitante et confuse, de laquelle émergent çà et là des vues de détail intéressantes, mais que ne domine aucun point de vue supérieur, et beaucoup trop passionnée pour être assez systématique.* » L. Robin.

RÉF. : H. Diels, « Studia Empedoclea », *Hermes XV*, 1880. – C. E. Millerd, *On the Interpretation of Empedocles,* Chicago, 1908. – E. Bignone, *Empedocle, Studio critico, traduzione e commento delle testimonianze e dei frammenti,* Turin, 1916. – G. S. Kirk et J. E. Raven, *The Presocratic Philosophers,* Cambridge, 1957. – J. Brun, *Empédocle ou la philosophie de l'amour et de la haine,* Paris, 1966. – J. Bollack, *Empédocle,* 4 vol. 1965-69 (rééd. 1992). – D. O'Brien, *Pour interpréter Empédocle,* Paris/Leiden, 1981. – J.-P. Dumont, *Les Présocratiques,* Paris, 1988.

EMPSON William. Poète et critique anglais. Né le 27 septembre 1906 à Yorkefleet Hall, dans le Yorkshire, mort le 15 avril 1984 à Londres. Il fit ses études à la « public school » de Winchester, puis à Cambridge, avant de devenir lui-même professeur de littérature anglaise dans plusieurs universités : à Tokyo, Pékin, Sheffield et aux États-Unis. Son essai d'exégèse poétique *Sept types d'ambiguïté* (*) (1930) est devenu un classique de la critique moderne. Empson y reprend et développe certains concepts d'un autre critique anglais, I. A. Richards, tout en s'inspirant des idées de philosophes tels que Wittgenstein, Bertrand Russell, G. E. Moore, Ayer, etc. D'autres ouvrages analogues par le point de vue et la méthode devaient bientôt suivre : *Quelques versions de la Pastorale* (+) (1935) et surtout, *La Structure des mots complexes* [*The Structure of Complex Words*, 1951]. Empson a publié ses *Poésies complètes* [*Complete Poems*] en 1955. C'est une poésie savante – parfois annotée par l'auteur –, en partie écrite sous l'influence de T. S. Eliot. À cet égard, le recueil *L'Orage amassant les nuées* (*) (1940) est tout à fait significatif.

RÉF. : R. Gill (ed.), *W. Empson, the Man and his Work*, Londres, 1974. – F. Day, *Sir W. Empson : an annotated Bibliography*, New York, 1984.

ENCINA Juan del. Écrivain et musicien espagnol. Né le 12 juillet 1468 dans la province de Salamanque (probablement au lieu dit Encinas dont il prit sans doute le nom, suivant un usage qui date de la Renaissance), mort à la fin de 1529. Après avoir fait ses humanités à Salamanque, il eut la chance d'entrer au service du duc d'Albe. Doué de l'imagination la plus précoce, il fit alors représenter devant ce prince ses premières compositions qui obtinrent un grand succès. En 1498, il se rendit à Rome où il se vit confier la direction de la chapelle du pape Léon X. Peu soucieux, pourtant, des divers bénéfices que lui valait sa charge, il revint en Espagne vers 1510. Si l'on est à peu près sûr qu'il vécut à Malaga, on perd sa trace au cours des années suivantes. En 1519 il revint à Rome pour s'y faire ordonner prêtre. Ayant fait la même année un pèlerinage en Terre sainte, il en publia peu après une relation en vers intitulée *La Trivagia* (1521). On sait, en outre, qu'il fut chargé auprès de la cour de Rome par le roi Ferdinand de Castille de missions diplomatiques dont il s'acquitta fort bien. De 1523 jusqu'à sa mort, il se cloîtra dans la ville de León pour se livrer à la méditation. Son œuvre de musicien comprend soixante-huit compositions qui figurent dans le *Cancionero* musical de Barbieri. En tant que poète, Encina est l'auteur d'un *Art de la poésie castillane* (+) (vers 1500) qui lui valut de la part de ses contemporains le titre de « poète par excellence ». Il n'en doit pas moins le meilleur de sa gloire à son *Théâtre* (*), autrement dit à des pièces qu'il nommait « representaciones » ou « eglogas », telle *Plácida y Vitoriano*. Elles sont au nombre de quatorze. Il faut assurément beaucoup de bonne volonté pour voir même l'ébauche d'un drame dans ces dialogues pastoraux. Mais il y règne d'un bout à l'autre une simplicité naïve qui n'est pas sans charme. Tout y décèle l'enfance de l'art et il faudra attendre Lope de Rueda pour voir un progrès sensible. Juan del Encina n'en demeure pas moins le fondateur, pour ne pas dire « le patriarche », de tout le théâtre espagnol.

♦ *« Encina a sécularisé le vieux* mistère *médiéval en le dotant d'un sauf-conduit mondain et en lui inoculant de nouveaux germes de lyrisme et d'action. »* Alonso Zamora.

RÉF. : J. E. Díaz Jiménes y Molleda, *Juan del Encina en León,* Madrid, 1893. – R. Mitjana, *Sobre Juan del Encina, músico y poeta*, Malaga, 1895. – Eugen Kohler, *Sieben spanische dramatische Eklogen* (Introduction), Dresde, 1911.

ENCKELL Rabbe. Poète finlandais d'expression suédoise. Né le 3 mars 1903 à Tammela, mort le 7 juin 1974 à Helsinki. Partagé entre la peinture et la poésie, il collabore aux revues « modernistes » *Ultra* et *Quos ego*, et publie ses premiers *Poèmes* [*Dikter*, 1923], suivis des poèmes d'amour *Bonheur d'un joueur de flûte* (*) (1925). Suivent des ouvrages en prose, d'inspiration autobiographique : *Devenir* [*Tillblivelse,* 1929], *Clair-Obscur* [*Ljusdunkel*, 1930], etc., puis de nouveaux poèmes, *La Citerne du printemps* [*Vårens cistern,* 1931]. Son sensualisme, qu'il appelle « la joie des sens aiguisés », s'assombrit à l'approche de la guerre, en même temps qu'apparaît une attirance pour les thèmes antiques, déjà exprimée – jusque dans le choix des mètres – dans *La Voûte* [*Valvet*, 1937], et dans des drames en vers sur des sujets antiques : *Orphée et Eurydice* [*Orfeus och Eurydike*, 1938], *Jocaste* [*Iokasta*, 1939], qui seront suivis de *Agamemnon* (1949) et *Hécube* [*Hekuba*, 1952] qui reflète le drame des réfugiés. Sa réflexion philosophique s'approfondit dans *Souffle de cuivre* [*Andedräkt av koppar*, 1946] et ses choix esthétiques sont exposés dans des essais et dans les aphorismes de *Traité* [*Traktat*, 1953].

ÉNÉE le Tacticien. Écrivain grec. Auteur d'un « Traité de défense d'une cité assiégée », la *Poliorcétique* (*), que cite Polybe et dont le texte nous est parvenu. Des éléments de datation fournis par le texte lui-même en situent la rédaction entre 360 et 346 av. J.-C. De l'homme, nous ne savons rien de sûr, sinon qu'il était vraisemblablement arcadien. Certains indices laissent à penser qu'il pourrait s'agir d'Énée de Stymphale, stratège de la ligue arcadienne et protagoniste d'épisodes militaires relatés par Xénophon dans *Les Helléniques* (*).

PHILIPPE BORGEAUD.

RÉF. : A. Dain et A. M. Bon, *Énée le Tacticien. « Poliorcétique »*, Paris, 1967. – M. Bettali, *Enea Tattico. La difesa di una città assediata (Poliorketika), introduzione, traduzione e commento,* Pise, 1990.

ENESCO Georges. Violoniste et compositeur roumain. Né le 19 août 1881 à Liveni-Vîrnav, près de Dorohoi (Roumanie), mort à Paris le 4 avril 1955. Enfant prodige, il fut admis au Conservatoire de Vienne dès l'âge de sept ans. En 1894, il était reçu au Conservatoire de Paris, où il eut pour maîtres Marsick (violon), Gédalge, Massenet et Fauré (harmonie et composition musicale). Dès 1897, encore élève au Conservatoire, il se faisait connaître comme compositeur : son *Poème roumain* fut donné en 1897 aux Concerts Colonne. Débutée peu après, sa carrière de violoniste fut encore plus brillante. En quelques années, il s'était imposé comme l'un des plus prestigieux virtuoses de tous les temps. Entre les deux guerres mondiales, il partageait sa vie entre la France et son pays natal où il avait jeté les bases d'une vie musicale moderne. En 1947, il quitta définitivement la Roumanie pour s'établir à Paris. Il s'était fait connaître également, occasionnellement, comme chef d'orchestre et comme pianiste (notamment en accompagnant le violoniste Yehudi Menuhin, qui fut son principal disciple). Son œuvre comprend un opéra, *Œdipe* (*) (1933) ; de la musique symphonique : les *Rhapsodies roumaines* (*) ; trois symphonies ; une *Ouverture sur des thèmes dans le caractère populaire roumain* (1948) ; trois suites pour orchestre et de la musique de chambre et instrumentale : trois sonates pour violon et piano, dont la troisième, « dans le caractère populaire roumain » (1926), est l'une de ses œuvres les plus révélatrices ; deux quatuors à cordes (1920 et 1952) ; deux quatuors avec piano (1909 et 1944) ; un quintette avec piano (1940) ; trois sonates et trois suites pour piano. Elle se caractérise (comme l'œuvre de Bartók, en Hongrie) par une recherche délibérée de retour aux sources populaires nationales, à travers laquelle filtre pourtant l'influence des grands romantiques allemands (celle de Brahms en particulier). Il ne dédaignait pas, dans certains cas, l'utilisation d'un langage résolument moderne, évoluant avec aisance dans la polytonalité et les dissonances les plus raffinées : *Œdipe, Octuor à cordes.*

ROGER COTTE.

RÉF. : Andrei Tudor, *Georges Enesco*, Bucarest, 1961. – Cornel Tăranu, *Georges Enesco dans la conscience du présent,* Bucarest, 1981. – Pascal Bentoiu, *Capodopere enesciene,* Bucarest, 1984. – Noel Malcolm, *George Enescu, His Life and Music,* Londres, 1990.

ENGELMAN Jan. Poète, dramaturge et essayiste hollandais. Né à Utrecht le 7 juin 1900, mort à Amsterdam le 20 mars 1972. D'obédience catholique, il est cofondateur en 1925 de la revue *La Société* [*De Gemeenschap*]. Ses nombreuses critiques ayant trait à la littérature et aux arts plastiques ont été rassemblées dans *Le Parnasse et l'Empyrée* [*Parnassus en Empyreum,* 1931], *Torse* [*Torso*, 1931] et *Tympan* [*Tympanon*, 1934]. *Le Jardin d'Éros* (1932) contient des poèmes d'amour qui frappent par leur musicalité – v. *Le Cœur scellé* (*) (1937). Son intérêt pour la musique le pousse à traduire en 1948 le texte de la *Passion selon saint Matthieu* (*) de J. S. Bach, celui qu'il porte à la culture grecque à traduire en 1955 l'*Œdipe* (*) de Sophocle. Sa poésie s'apparente parfois à celle de Hölderlin, parfois aussi à la poésie pure.

ENGELS Friedrich. Théoricien socialiste allemand. Né à Barmen le 28 novembre 1820, mort à Londres le 5 août 1895. D'une famille luthérienne, fils d'un industriel du textile, il devint vite un fervent hégélien de gauche, c'est-à-dire à tendances immanentistes et anti théologiques ; devenu socialiste, il rencontre Karl Marx en 1844. Ayant constaté l'affinité de leur développement intellectuel, ils se lièrent d'une amitié qui fut cimentée par leurs luttes et leurs activités politiques et scientifiques communes. Engels écrivit d'abord ses *Éléments d'une critique de l'économie politique* [*Umriss zueiner Kritik der Nationalökonomie,* 1844], et *La Situation de la classe ouvrière en Angleterre* [*Die Lage der arbeitenden Klasse in England,* 1845]. Puis il collabora avec Marx à leur œuvre philosophico-politique, *La Sainte Famille* (*), publiée en 1845, ainsi qu'à l'élaboration du *Manifeste du parti communiste* (*) de 1848 et à la préparation du *Capital* (*). Pour ce dernier ouvrage, Engels fit profiter son ami de sa propre expérience industrielle ; de plus, c'est lui qui éditera les volumes II et III, posthumes. En 1878, Engels publia l'*Anti-Dühring* (*), qui contient un chapitre écrit par Marx, et dont le titre exact est *La Révolution scientifique de Monsieur E. Dühring* [*Herrn Eugen Dührings Umwälzung der Wissenschaft ; Philosophie, politische Oekonomie, Sozialismus*] ; dans cet ouvrage, où la polémique avec Dühring n'est qu'un prétexte, est élaboré le système philosophique et historique du matérialisme historique et dialectique. En effet, trois chapitres de cet ouvrage maintenant oublié, publiés à part, formèrent en 1883 la brochure – maintes fois rééditée depuis – *Le Développement du socialisme, De l'utopie à la science* [*Die Entwicklung des Sozialismus von der Utopie zur Wissenschaft*]. Jusqu'en 1870, Engels, qui résidait à Manchester, entretint une correspondance quotidienne avec Marx, qui habitait Londres ; c'est ainsi qu'il eut à s'occuper, d'abord indirectement, de la première Internationale. Après 1870, il s'en occupa encore plus activement et resserra ses liens avec la social-démocratie allemande. Après 1880, il publia divers ouvrages théorico-historiques, comme *L'Origine de la famille, de la propriété privée et de l'État* (*), en 1884, et, en 1888 : *Ludwig Feuerbach et la fin de la philosophie classique allemande* [*Ludwig Feuerbach und der Ausgang der Klassischen deutschen Philosophie*]. Il écrivit également de très nombreuses préfaces : pour de nouvelles éditions du *Manifeste,* pour les éditions françaises et allemandes des écrits de Marx sur la guerre franco-allemande de 1870 et la Commune, etc. Ces préfaces eurent une valeur non seulement historique, mais aussi politique : il tendait à y ramener la social-démocratie allemande et le mouvement ouvrier et socialiste international à l'esprit révolutionnaire et réaliste originel ; elles étaient également destinées à relier la tradition politico-intellectuelle d'avant 1848 (et la tradition hégélienne, malgré l'attention portée par Engels au positivisme, comme le montre la publication par lui des onze thèses de Marx sur Feuerbach, complément de l'*Idéologie allemande* (*), œuvre commune de Marx et de Engels datant de 1846, mais restée inédite jusqu'en 1932) à l'idéologie et à la pratique du mouvement socialiste de la nouvelle période historique. Cette activité systématique de caractère politique, comme guide du mouvement socialiste et de la deuxième Internationale, ne diminua jamais son intérêt originel pour les études purement philosophiques ; on a publié en 1935 sa *Dialectique de la nature,* ouvrage dans lequel, répondant à la problématique philosophique positiviste, il essaie de poser les bases d'une synthèse de la pensée scientifique. Ayant participé directement aux mouvements insurrectionnels allemands de 1848-1849, il en vint à s'intéresser à l'aspect militaire de la vie politique, et il continua de s'occuper des questions militaires, même lorsque la solution insurrectionnelle de la lutte politique fut dépassée, après 1870, par les nouvelles techniques ; il écrivit notamment plusieurs études sur les campagnes italiennes de 1859-1860 et sur la campagne de France de 1870-1871. La *Correspondance de Fr. Engels* avec Karl Marx et divers autres chefs socialistes parut en français en 1950 et forme les t. I et II de l'édition des *Œuvres complètes* d'Engels.

DELIO CANTIMORI.

♦ *« À 70 ans* [...] *son aspect est jeune, mais il est plus jeune encore qu'il ne le paraît. Il est l'homme le plus jeune que je connaisse. »* Eléonore Marx. ♦ *« À part Marx, personne n'a eu plus d'influence sur la social-démocratie internationale que Friedrich Engels. »* Karl Kautsky.

RÉF. : Gustav Mayer, *Friedrich Engels,* 2 vol., Berlin, 1920 (nouv. éd. Cologne, 1973) — Marx Adler, *Engels als Denker,* Berlin, 1921. — J. M. Somerville, *Methodology in social science : a critique of Marx and Engels,* New York, 1938. — Georg Lukacs, *Karl Marx und Fr. Engels als Literaturhistoriker,* Berlin, 1948. — Auguste Cornu, *K. Marx et F. Engels, leur vie et leur œuvre,* 2 vol., Paris, 1955-56. — M. Molnar, *Marx, Engels et la politique internationale,* Paris, 1970. — L. Ilitchev et alii, *Friedrich Engels, sa vie, son œuvre,* Paris, 1976. — D.S. McLellen, *Friedrich Engels,* Rutherford, 1978.

ENNIUS Quintus. Poète latin. Né à Rudiæ dans l'antique Calabre, entre Brindes et Bari, en 239 avant Jésus-Christ, mort à Rome en 169. Il était « à moitié grec », et il n'est pas certain que, pendant la seconde guerre punique, il ait combattu aux côtés des Romains. En 204, il se trouvait en Sardaigne, où il fut découvert par Caton, qui revenait de Sicile où il avait été questeur, et qui l'emmena à Rome. Là, il gagna sa vie en donnant des leçons de grec. Il vécut très modestement sur l'Aventin, bien qu'il se fût fait de puissants amis, tels que Scipion l'Africain, Marcus Fulvius Nobilior et son fils Quintus, et autres patriciens éclairés, amis de la culture grecque. En 189, le consul Marcus Fulvius alla s'emparer d'Ambracie et soumettre l'Étolie, coupable d'être à l'origine du débarquement en Grèce d'Antiochus III de Syrie ; il emmena dans sa suite (suivant une coutume hellénique alors introduite à Rome) un poète, Ennius. En 184, Ennius devint citoyen romain grâce à Quintus Fulvius. Il put ainsi assister aux événements de la grande guerre d'Annibal ; il vit tomber au pouvoir des Romains la Méditerranée occidentale et une grande partie de la Méditerranée orientale. À cette époque, où l'aristocratie romaine accueillait et assimilait la culture hellénique, Ennius adapta ou même recréa les œuvres des poètes grecs, d'Homère aux contemporains, pour les mettre au goût romain. L'ampleur et la nature de sa production littéraire montre la variété des sujets auxquels il s'intéressait, l'étendue de sa culture, et l'importance prise par son œuvre dans l'histoire de la culture romaine. Il composa les *Annales* (*), œuvre immense en dix-huit livres retraçant toute l'histoire de Rome ; les *Satires*, qui introduisaient un genre tout à fait nouveau pour les Romains, et pour le moins une vingtaine de tragédies, dont les arguments sont tirés de la mythologie grecque, et souvent de drames d'Euripide. Il écrivit également deux « fabulae praetextae » (drames dont le thème est politique) : *Ambracie* et *Les Sabines* ; des comédies ; des épigrammes, les premières composées en langue latine ; dans un recueil intitulé *Sotas*, il imita ou traduisit le poète grec Sotade, auteur de vers licencieux ; dans un autre, il énonça des préceptes moraux ; dans *Scipion*, il évoqua la victoire de l'Africain sur Annibal ; dans *Hedyphagetica*, il traita de questions gastronomiques ; l'*Epicharmus* était un poème didactique sur la nature et les quatre éléments ; dans son ouvrage l'*Evhemerus* ou *Histoire sacrée*, inspiré du grec Evhémère (IIIe siècle avant J.-C.), il expliquait rationnellement et en athée l'origine de la mythologie grecque. De toutes ces œuvres, il ne nous est parvenu que quelques fragments. Ennius fut considéré, non sans raison, comme le fondateur de la grande poésie nationale romaine. Jusqu'à l'époque d'Auguste, les poètes épiques prirent modèle sur les *Annales*, histoire romaine chantée en hexamètres. L'influence d'Ennius fut très grande sur Lucrèce et Virgile. Au cours du siècle suivant, son œuvre tragique fut honorée à l'égal de celle de Pacuvius et d'Accius.

FAUSTO CODINO.

RÉF. : L. Muller, *Q. Ennius, Eine Einleitung...* Pétersbourg, 1884. — Charles Dubois, *La Métrique de Lucrèce comparée à celle de ses prédécesseurs Ennius et Lucilius,* Strasbourg, 1933. — André Cordier, *Les Débuts de l'hexamètre latin, Ennius,* Paris, 1947. — Jacques Heurgon, *Ennius,* Les Cours de Sorbonne, 2 fascicules, 1960. — André Arcellaschi, *Médée dans le théâtre latin d'Ennius à Sénèque*, Paris, 1990.

ENNODIUS d'Arles, Félix Magnus (saint Félix). Évêque et écrivain latin. Né en 473 (ou 474) à Arles (Bouches-du-Rhône), mort à Pavie (Lombardie) le 17 juillet 521. Il appartenait à une famille noble. Devenu orphelin et pauvre, il demanda à une femme riche et noble la main de sa fille Speciosa (?), qui était encore une enfant ; il l'obtint et son existence changea. Mais il ne trouva probablement pas une autorité suffisante pour suppléer au manque de « conseils » et sa jeunesse fut marquée d'une crise morale sur laquelle on ne sait rien de certain. On sait seulement qu'il finit par abandonner la jeune fille à laquelle il s'était fiancé et grâce à qui il s'était « changé de mendiant en roi » et, sans amender sa conduite, il demanda à être admis dans le clergé de la ville. Épiphane, évêque de Pavie, le lui accorda. De Pavie, Ennodius passa à Milan où Laurent, évêque de cette ville de 490 à 512, l'ordonna diacre vers 502.

Sa formation culturelle, qui lui permit d'exercer également les fonctions de précepteur, son intelligence et certain don que l'on pourrait nommer politique, le mirent en vue. En 502, Ennodius se rendit à Rome avec l'évêque de Milan, Laurent, pour le concile *(Synodus Pamaris)* qui devait donner la victoire à Symmaque sur l'antipape puis, comme les décisions du concile provoquaient des réactions de la part des tenants de l'antipape, de Milan Ennodius écrivit contre eux le *Libelle en faveur du concile* [*Liber apologeticus*]. Il eut l'honneur de se voir confier la rédaction du *Panégyrique de Théodoric* (*), non seulement en reconnaissance de l'aide qu'il avait apportée dans la lutte contre l'antipape, mais également à cause de ses qualités littéraires où, suivant la mode du temps, la forme était meilleure que le contenu – *Poèmes, Hymnes, Lettres*. En 491, une grave maladie mit la vie d'Ennodius en danger ; avec la guérison, il retrouva une ligne de conduite plus sereine, dont il attribua entièrement le mérite à la Providence divine dans son *Poème d'action de grâce* [*Eucharisticum de vita sua*].

En 515, il devint évêque de Pavie et, comme tel, il fut deux fois légat du pape à Constantinople auprès d'Anasthase, en vue d'apaiser le différend avec l'Église orientale, mais sans y parvenir. Son corps fut déposé d'abord à San Vittore, puis dans la basilique de San Michele à Pavie.

GIUSEPPE LAZZATI.

RÉF. : Auguste Dubois, *La Latinité d'Ennodius*, 1903. – Jacques Fontaine, art. *Ennodius* in *Reallexikon für Antike und Christentum*.

ENQUIST Per Olov. Romancier et dramaturge suédois. Né à Hjoggböle dans le Västerbotten (Suède) le 23 septembre 1934. Après quelques essais de romans psychologiques et allégoriques : *La Route* [*Färdvägen*, 1963], Enquist compose deux œuvres pseudo-documentaires, *Le Cinquième Hiver du magnétiseur* [*Magnetisörens femte vinter*, 1964] et *Hess* [*Hess*, 1966] où il analyse les mécanismes de la manipulation et du fascisme. Son engagement politique à gauche l'entraîne à écrire de véritables romans documentaires dont il cherche à éliminer les éléments de fiction. Influencé par le style des médias et les méthodes sociologiques, utilisant interviews et montages, il entend dévoiler la réalité sous de nouveaux aspects. *L'Extradition des Baltes* [*Legionärerna*, 1968] tente de démasquer les véritables responsables de l'expulsion vers l'U.R.S.S. en 1946 de cent quarante-trois réfugiés. Ni commentaire ni réhabilitation, l'enquête détaillée n'apporte pas de réponse mais de nouvelles interprétations qui bousculent le mythe de la neutralité suédoise et la bonne conscience du peuple suédois. Le rôle du sport dans la société lui inspire un roman, *Le Second* (*) (1971), et une suite de courtes histoires, *La Cathédrale olympique* [*Katedralen i München*, 1972]. Ce livre d'actualité, tiré de ses propres reportages sur les jeux Olympiques de 1972, dénonce les mystifications du journalisme sportif. Avec *Récits d'une époque résignée* [*Berättelser från de inställda upprorens tid*, 1974], où il met en scène des personnages prisonniers de l'aliénation capitaliste et désillusionnés, Enquist retrouve sa verve imaginative et subjective, proclame la fin des idéologies. Déçu, comme de nombreux autres intellectuels de son temps, il s'interroge ensuite sur les origines du mouvement ouvrier dans le nord de la Suède : *Le Départ des musiciens* [*Musikanternas uttåg*, 1978]. *L'Ange déchu* [*Nedstörtad ängel*, 1985] enfin est une étrange réflexion sur les liens de l'amour. Comme dramaturge, Enquist a connu un succès international dès sa première pièce, *La Nuit des tribades* (*) (1975). Il développe, avec *Pour Phèdre* (+) (1980) et *Les Serpents de pluie* (+) (1981), le thème de la communication et de la passion impossibles. *L'Heure du lynx* [*I lodjurets timma*, 1988] illustre une fois de plus le caractère insaisissable de la nature humaine.

MAY-BRIGITTE LEHMAN.

ENRIQUES Federigo. Savant et philosophe italien. Né à Livourne le 5 janvier 1871, mort à Rome le 14 juin 1946. Esprit précoce, il entra au lycée à l'âge de huit ans et demi, et à la faculté des sciences mathématiques de l'école normale de Pise à dix-sept ans. Nommé en 1895 professeur ordinaire de géométrie projective et descriptive à l'université de Bologne, il fut appelé en 1922 à occuper à l'université nationale de Rome la chaire de mathématiques supérieures. Esprit universel, doué d'une intuition prodigieuse, Enriques fut en même temps un mathématicien aux vues très larges, un philosophe et un historien de la science. Il laissa une centaine d'ouvrages. Citons son important traité sur *Les Surfaces algébriques* [*Superficie algebriche*, 1949], résultat de cinquante ans de travail sur la question, ouvrage presque exhaustif qui indique des méthodes nouvelles pour la solution des principaux problèmes ; les *Leçons sur la théorie géométrique des équations et des fonctions algébriques* [*Lezioni sulla teoria geometrica delle esquazioni et delle funzioni algebriche*, 1915] ; l'étude sur l'*Histoire de la pensée scientifique* (+) (1932) écrite en collaboration avec G. Diaz de Santillana pour le recueil collectif *Science et Rationalisme* (+) ; *Les Problèmes de la science* (+) (1906) ; *Pour l'histoire de la logique* (+) (1922). Ces écrits, presque tous édités à Bologne, ont reçu un titre général : *Œuvres de philosophie et histoire de la science* (*).

RÉF. : H. Metzger, *La Signification de l'histoire de la pensée scientifique*, Milan, 1935.

ENZENSBERGER Hans Magnus. Poète, essayiste allemand. Né le 11 novembre 1929 à Kaufbeuren (Bavière). Après des études supérieures de langue et littérature à Erlangen, Hambourg et Paris, conclues en 1955 par un doctorat sur la poétique de Clemens Brentano, il entre sur la scène culturelle ouest-allemande en tant que collaborateur d'Alfred Andersch à la radio de Stuttgart (1955-1957), puis comme lecteur chez Suhrkamp, à Francfort (1960), fondateur et rédacteur de la revue *Kursbuch* (1965), enfin directeur de sa propre maison d'édition (1970). Parallèlement à toutes ces activités, qui font de lui l'une des personnalités phares de l'intelligentsia de R.F.A., il publie lui-même dans les domaines les plus variés.

Ce sont ses premiers recueils de poèmes, *Défense des loups* [*Verteidigung der Wölfe,* 1957], *Parler allemand* [*Landessprache,* 1960], *Écriture Braille* [*Blindenschrift,* 1964] – édités sous le titre français *Poésies* (*), – qui valent à Enzensberger d'être reconnu en tant qu'écrivain. Il leur doit sa réputation de « jeune homme en colère » (Alfred Andersch), acharné à dénoncer tous les conformismes figés dans le langage qui fabrique la bonne conscience de ses concitoyens. Un certain nombre de textes programmatiques, *Naissance d'un poème* [*Die Entstehung eines Gedichtes,* 1962], *Poésie et Politique* [*Poesie und Politik. Einzelheiten II,* 1962], exposent les principes de sa poétique subversive. Enzensberger part de l'idée que la poésie n'a pas à être politique par le contenu qu'elle peut éventuellement véhiculer, mais par sa qualité même de poésie : « L'aspect politique de la poésie doit lui être immanent. Aucune déduction faite du dehors ne peut le révéler ; c'est la condamnation des doctrines littéraires marxistes, telles qu'elles ont été comprises jusqu'à ce jour. » La poésie est par essence anarchique, intolérable, dans la mesure où, « en face de ce qui est présentement en place, elle rappelle ce qui va de soi et qui n'est pas réalisé ».

Dans la même logique que sa poésie s'inscrit l'œuvre d'essayiste de Enzensberger, telle qu'elle apparaît dans plusieurs recueils d'articles virulents dirigés contre toutes les certitudes idéologiques ouest-allemandes : *Culture ou mise en condition ?* (*) (1962), *Politique et Crime* [*Politik und Verbrechen,* 1964], *L'Allemagne, l'Allemagne entre autres* [*Deutschland, Deutschland unter anderem,* 1967]. S'insurger, et non point militer ; dénoncer en refusant toute étiquette, sans autre légitimité que celle de l'écriture : tel est l'esprit de tous les « détails » [Einzelheiten] relevés par Enzensberger, qu'il refuse d'organiser en système.

1968 a quelque peu modifié la stratégie critique d'Enzensberger : « L'Allemagne est devenue habitable, mais il est vrai que tout est devenu, depuis lors, plus compliqué [...] Le langage est devenu incertain. Le noir et le blanc ont fait place à la grisaille. » Enzensberger semble s'écarter – s'il l'a jamais vraiment nourrie – de l'utopie d'un langage « incorruptible », au-delà de toute manipulation et instrumentalisation. L'authenticité ne se gagne pas dans la neutralité, mais dans l'aveu du préjugé, tel qu'il s'exerce par exemple dans *L'Interrogatoire de La Havane* [*Das Verhör von Habana,* 1970] à propos de la contre-révolution, ou encore dans le « roman-collage » *Le Bref Été de l'anarchie* [*Der kurze Sommer der Anarchie,* 1972] consacré à la figure du révolutionnaire espagnol Buanaventura Durruti, fusillé en 1936, également dans les trente-sept portraits qui composent *Mausolée* [*Mausoleum,* 1975]. Le poème épique sur *Le Naufrage du Titanic* [*Der Untergang der Titanic,* 1978], symbole monstre du « progrès » de la civilisation industrielle triomphante, permet à Enzensberger, encore et toujours, de repenser, de ressasser poésie et politique : dans ce naufrage, « les survivants ne se lassent pas de raconter comment ils ont survécu ».

JEAN-JACQUES POLLET.

RÉF. : Joachim Schickel (éd.), *Über Hans Magnus Enzensberger,* Francfort, 1970.

ENZIO ou **ENZO** (de Heinz diminutif de Heinrich). Né à Palerme vers 1220, mort le 14 mars 1272 à Bologne. Fils naturel de l'empereur Frédéric II et probablement de Bianca Lanzia, il épousa Adélaïde, fille d'Ubaldo Visconti, gouverneur de Torres et de Gallura, et reçut de son père le titre de roi de Sardaigne. Favori de Frédéric II, il s'employa activement à soutenir la politique impériale en Italie ; il fut légat à Bologne, combattit dans la marche d'Ancône et prit Viterbe. Le 3 mai 1241, ayant la flotte de Pise sous ses ordres, il captura à Méloria le navire génois qui transportait à Rome les cardinaux convoqués par Grégoire IX pour le concile de Latran. Dès 1242, Enzio prit part avec Ezzelino IV – dit le Féroce, farouche gibelin, séide de l'empereur Frédéric II – à des expéditions en Lombardie, jusqu'en 1249, date de la bataille de Fossalta, au cours de laquelle il fut fait prisonnier par les Guelfes. Conduit à Bologne, il fut retenu malgré les offres de rachat de Frédéric II, pendant vingt-trois ans, c'est-à-dire jusqu'à sa mort. Il y jouit toutefois d'une certaine liberté et eut une existence élégante et raffinée. On lui attribue deux chansons, un sonnet et les fragments d'une autre chanson – v. *Rimes* (*).

RÉF. : Grossmann, *König Enzio,* Göttingen, 1883. – H. Blasius, *König Enzio,* Breslau, 1884. – M. de Szombathely, *Re Enzio nella storia e nella leggenda,* Bologne, 1912.

EÖTVÖS baron József von. Romancier et homme d'État hongrois, né à Buda le 3 septembre 1813, mort dans cette même ville le 2 février 1871. Son père était un conservateur tout dévoué à la monarchie des Habsbourg, mais lui-même subit l'influence d'un précepteur, qui, animé d'un fervent patriotisme, était imbu des idées libérales nouvelles. Eötvös fit ses études supérieures à la faculté des lettres de Pest et écrivit, très jeune encore, des poèmes, des comédies et des essais qui lui firent mériter d'être élu membre de l'Académie et de la société Kisfaludy. Après quelques années passées en voyages d'études (Suisse, Allemagne, France, Angleterre) ou dans les services publics, il publia sa première œuvre importante, *Le Chartreux* (*), roman qui peut faire partie de cette série qui va de *Julie ou la Nouvelle Héloïse* (*) jusqu'à *Volupté* (*) de Sainte-Beuve, en passant par *Werther* (*). Mais l'homme d'action et le réformateur qu'il était se défendait de considérer l'art littéraire comme une fin en soi. Malgré son activité intense à la Chambre haute du parlement hongrois, où il se montrait l'un des orateurs les plus efficaces de l'opposition, il publia en 1845 *Le Notaire du village* (*), tableau de la vie hongroise, puis *La Hongrie en 1514* [*Magyarország, 1514-ben*], roman historique (1846) dans lequel l'auteur décrit la misère du pays avant l'écrasement des Hongrois par les Turcs, et la sanglante révolte paysanne qui se termina par le supplice de son chef Georges Dózsa. En 1848, Eötvös fut chargé pendant quelques mois de l'Instruction publique dans le ministère Kossuth, mais il ne prit point part à la révolution. Il s'exila volontairement pendant deux ans. Son ouvrage *Les Idées maîtresses du XIX*e *siècle* est le fruit de ses méditations sur les événements. Il y expose ses vues sur une conciliation raisonnable entre la liberté individuelle et les intérêts collectifs. Il mit ces conceptions en pratique en adhérant à la politique de F. Deák, et fut une seconde fois ministre de l'Instruction publique et des Cultes en 1867.

EMERICO VÁRADY.

ÉPICTÈTE. Philosophe grec. « Moi, Épictète, j'ai été esclave, boiteux, pauvre comme Irus, cher aux Immortels. » Cette épigramme (conservée par Macrobe) nous propose, comme tant d'autres du même genre, en un raccourci saisissant, l'essentiel d'une vie. Épictète est né en 55 après J.-C. environ, à Hiéropolis de Phrygie, la ville de Cybèle, où l'on célébrait les rites orgiaques, et près de laquelle s'élevaient les vapeurs sacrées. Il est mort à Nicopolis, en Épire, vers 135. On ignore quand et comment il fut conduit à Rome, en qualité d'esclave. Son nom lui-même n'est peut-être tiré que d'un simple adjectif signifiant « adjoint », « à la suite ». Un être anonyme, somme toute. Mais, parmi les nombreux esclaves qui, à commencer par Livius Andronicus, contribuèrent à l'élévation spirituelle de leurs maîtres, Épictète est proprement sublime. Ce pauvre esclave phrygien parvint à lier si étroitement les deux concepts de liberté et de vertu qu'il en fit une équation d'une valeur presque chrétienne, ce que Socrate avait déjà réalisé avec les deux concepts appariés et plus grecs de savoir et de vertu. Et la vertu d'Épictète a passé par l'épreuve du feu. Son patron Épaphrodite – que certains identifient avec le célèbre affranchi de Néron – l'estropie froidement et cruellement. Pendant que l'instrument de torture lui rompt la jambe, Épictète se contente de faire observer à son bourreau : « Fais attention, tu vas la casser ! » Et comme la jambe se brise, l'esclave ajoute simplement : « Je te l'avais bien dit ! » Cette histoire pitoyable nous a été rapportée par Origène qui l'emprunta à Celse (*Contra Celsum,* III, 368) ; et, bien que Suidas refuse cette explication dramatique de l'infirmité dont souffrait Épictète et attribue cette dernière à des rhumatismes, nous n'avons aucune raison de nous refuser à croire ce que tenaient pour véritable Origène et les frères César et Grégoire de Nazianze. Certes, Épaphrodite ne devait guère briller par ses qualités morales ; mais le fait qu'il ait permis à son esclave d'entendre les leçons données par Musonius Rufus, stoïcien qui venait d'ouvrir une école à Rome, et le fait qu'il ait affranchi Épictète un peu plus tard suffisent à le racheter. Epictète rapportait à ses disciples certains des traits de caractère qu'il avait remarqués chez son ancien maître et il ne les leur montrait point en exemple : ce fut sa seule vengeance. Musonius produisit sur Épictète une impression ineffaçable, et fit de l'esclave un « grand missionnaire du stoïcisme » (Souilhé) considéré comme un mode de vie, et un maître de la jeunesse, tout comme Sénèque était le maître des hommes arrivés à l'âge mûr. Les hommes les plus haut placés de l'aristocratie romaine professaient ce même stoïcisme et l'affichaient comme une suprême marque d'élégance. Mais la tyrannie et la philosophie ne pouvaient coexister : Musonius fut exilé par Néron, Épictète fut frappé de bannissement, sous Domitien, par les sénateurs qui avaient englobé dans la même sentence philosophes, mathématiciens et astrologues.

En 94, il se rendit à Nicopolis, en Épire, où il devint rapidement si célèbre que tous les voyageurs amenés à s'arrêter en Grande Grèce, et jusqu'à l'empereur Adrien lui-même, vinrent écouter ses enseignements. À Nicopolis comme à Rome, Épictète vécut dans une pauvreté digne d'un cynique, et dans la solitude. Simplicius raconte que, vers la fin de sa vie, il prit avec lui une femme qu'il chargea de s'occuper de l'orphelin qu'il avait adopté. Il mourut vers 135. Ses paroles étaient si fortes, si sincères et si spontanées qu'elles nous sont parvenues toutes vives dans les notes que prit avec une extraordinaire fidélité un de ses disciples fervents, le futur historien Arrien, originaire de Nicomédie en Bithynie. C'est à ce dernier que nous devons les *Entretiens* (*) et le *Manuel* (*) ; par ailleurs, Marc Aurèle, Aulu-Gelle, Arnobe et Stobée ont recueilli des fragments épars. Le langage rude, les comparaisons vigoureuses, l'énergie austère que l'on trouve dans les *Entretiens* sont le fait du Maître ; Arrien n'ajouta rien de son cru et se contenta d'être un éditeur scrupuleux. Épictète est un Socrate dont l'esprit aurait été formé par Rome et non point par l'Attique, un Socrate dépourvu d'ironie. La vertu – liberté et non pas sagesse –, Épictète la recherche avec une ténacité inflexible, avec une foi communicative qui avive l'éclat de ses phrases et qui nous semble toute proche. Admirés par les penseurs grecs et latins de la fin de l'Empire romain, les enseignements d'Épictète connurent également la faveur des chrétiens. L'anachorète saint Nil, disciple de saint Jean Chrysostome, en imprégna la règle qu'il destinait aux ermites du mont Sinaï. La règle de saint Benoît, elle-même, s'inspira de certains de ces préceptes. À partir du XVIe siècle, le *Manuel* d'Épictète, qui connut de nombreuses traductions, exerça une profonde influence sur nombre de moralistes, et l'on sait en quelle estime le tenait Pascal.

VINCENZO CILENTO.

♦ *« Ce manuel... est une arme de combat qu'il faut toujours avoir à sa portée, et dont il faut que ceux qui veulent bien vivre soient toujours prêts à se servir. »* Simplicius. ♦ *« Je trouve dans Épictète un art incomparable pour troubler le repos de ceux qui le cherchent dans les choses extérieures, et les forcer à reconnaître qu'ils sont de véritables esclaves et de misérables aveugles ; qu'il est impossible qu'ils trouvent autre chose que l'erreur et la douleur qu'ils fuient, s'ils ne se donnent sans réserve à Dieu seul... Mais, si Épictète combat la paresse, il mène à l'orgueil, de sorte qu'il peut être très nuisible à ceux qui ne sont pas persuadés de la corruption de la plus parfaite justice qui n'est pas de la foi. »* Pascal. ♦ *« C'est un maître de force morale et de bonheur, mais un maître exigeant, impérieux dans sa bienveillance. »* M. Croiset.

RÉF. : Th. Colerdeau, *Études sur Épictète*, Paris, 1903. – A. Jagu, *Épictète et Platon*, Paris, 1946. – J. Bouforte, *The Philosophy of Epictet*, New York, 1955. – R. Radice, *La concezione di Dio e del Divino in Epitteto*, Meiland, 1982. – G. Germain, *Épictète et la spiritualité stoïcienne*, Paris, 1964.

ÉPICURE. Philosophe grec. Né à Samos en 341 avant notre ère, mort à Athènes en 271 ou 270. Il fut un des tempéraments les plus remarquables et une des pensées les plus vigoureuses de l'Antiquité. Des documents récemment découverts ont permis de débarrasser sa physionomie des traits que nous avaient donnés de lui la polémique hargneuse des stoïciens, l'interprétation médiocre de Cicéron et le mot du poète Horace. L'on ne possède guère de renseignements sur les détails de sa vie, à part la fondation du « Jardin » en 306, et surtout son long martyre physique, dû à la néphrite. Son père Néoclès, ayant quitté le dème attique de Gargèttos, travaillait à Samos, fidèle colonie de la cité d'Athêna, où il cultivait une petite terre et tenait une école : il fut donc le premier maître de son fils ; mais, n'ayant plus rien à lui enseigner, il l'envoya à Téôs, auprès de Nausiphane, disciple de Démocrite. Ce fut là l'origine de l'atomisme que l'on trouve dans la doctrine épicurienne, mais qui n'était destiné, dans l'intention d'Épicure, qu'à être le support matériel de l'âme, de l'humanité et même de la spiritualité de son système. Puis le jeune Épicure fit son service militaire, à Athènes, en même temps que le futur poète comique Ménandre. Mais, au moment où il retourna à Samos, son père en fut banni. Il ne semble pas que notre philosophe ait connu personnellement les grands penseurs de son temps. En 322, Aristote, exilé d'Athènes, mourait à Chalcis. Xénocrate enseignait alors à l'Académie, mais Épicure, probablement en garnison dans quelque forteresse des frontières de l'Attique, ne semble pas avoir fréquenté ces écoles. En revanche, il subit avec son père l'exil et la pauvreté, séjournant, sur les bords de l'Hellespont, à Colophon, à Mytilène et à Lampsaque. Il médita seul, hors de tout cadre scolastique, mais aussi privé de toutes les facilités d'une jeunesse tranquille comme le furent celles de Platon ou d'Aristote, entouré cependant d'amitiés précieuses qu'il noua notamment à Lampsaque et qu'il garda toute sa vie. Ce furent là les plus belles fleurs de son « Jardin ». Métrodore, son premier ami, fut aussi le premier à mourir ; une fête le commémorait le 20 de chaque mois ; plus tard, c'est à la mémoire du maître lui-même que les disciples consacrèrent ce jour. C'est à ce Métrodore que se réfère la sentence épicurienne : « Un ami mort est doux encore au souvenir. » L'union de ces deux âmes fut symbolisée, dans la sculpture grecque, par plusieurs hermès qui représentaient leurs deux visages. L'enseignement et l'amitié furent pour Épicure deux formes de vie que l'égoïsme féroce de la douleur ne put jamais atteindre ; car la vie du premier épicurien fut tout autre chose qu'un hédonisme ; les douleurs atroces de la néphrite le tinrent jusqu'à la mort. Celle-ci vint lors de sa soixante et onzième année. Il fit ses adieux à son disciple Idoménée en ces termes : « Voici le plus beau jour de ma vie : c'est le dernier ; mes douleurs de vessie et mes coliques me causent une souffrance inexprimable. Mais j'oppose à tout cela la joie de mon âme, lorsque je me rappelle nos conversations passées. Toi qui, depuis l'adolescence, as toujours été fidèle à la philosophie et à moi-même, aie soin des enfants de Métrodore. »

Bien qu'il crût que « la terre entière vit dans la douleur et acquiert par la douleur ses plus grandes forces », il célébra la joie et découvrit la sagesse et l'art d'une vie sereine au sein des luttes de chaque jour. Épicure cherche seulement le calme du port et la sérénité du cœur. Parmi les très nombreux ouvrages qu'il écrivit, et dont Diogène Laërce donne la liste, ne sont parvenus jusqu'à nous que ses *Lettres* (*), des *Fragments* (*), des *Maximes capitales*, son traité *De la nature*, et un double *Testament* (*), l'un philosophique, l'autre simplement humain, tous deux fort émouvants. Ce qu'il cherche c'est le bonheur, non le plaisir, la simplicité frugale et non le faste des festins ; plus que tout, il recherche l'isolement discret, le monde de la vie intérieure, tout cela dans la joie et la liberté : « Il faut savoir rire quand on philosophe. » Mais le testament humain est encore plus touchant. Il affranchit quatre esclaves avec des paroles rappelant celles de saint Paul recommandant Onésime à Philémon. Il se préoccupe de la continuité du « Jardin ». Là est la personnalité véritable d'Épicure. Il est remarquable qu'il soit le seul qui n'ait pas été ridiculisé par Lucien. Depuis Plotine, épouse de Trajan, jusqu'à Anatole France et Renan, quelques-uns seulement – et parmi eux Gassendi – comprirent la valeur profonde de cette doctrine qui n'est, en effet, réservée qu'à une élite véritable. Son *Tetrapharmacon* n'est certes pas à la porté des foules qui se pressaient sous les Portiques pour écouter Zénon, ni pour celles d'aucune époque, car cette pensée requiert une oreille attentive, du sens critique, et surtout la mesure qui caractérise les hommes de goût.

VINCENZO CILENTO.

♦ *« Je suis tes traces, ô honneur du peuple grec, et dans les empreintes laissées par tes pas je pose maintenant le pied, moins désireux de rivaliser avec toi que poussé par l'amour qui m'engage à t'imiter. »* Lucrèce. ♦ *« Le nombre des amis d'Épicure était si grand qu'on ne pouvait même les compter par villes entières. »* Diogène Laërce. ♦ *« Selon Sénèque, Épicure a donné des principes sains et droits ; sa secte a une réputation mauvaise mais imméritée, du fait que, le mot de volupté étant seul mis en avant et mal interprété, il s'est créé une légende. »* Gassendi. ♦ *« On ne saurait dire assez de bien de l'honnêteté de ses mœurs, ni assez de mal de ses opinions sur la religion. Une infinité de gens sont orthodoxes, et vivent mal : lui, au contraire, et plusieurs de ses sectateurs, avaient une mauvaise doctrine et vivaient bien. »* Bayle. ♦ *« Des pédants de collège, des petits-maîtres de séminaire, ont cru, sur quelques plaisanteries d'Horace et de Pétrone, qu'Épicure avait enseigné la volupté par les préceptes et par l'exemple. Épicure fut toute sa vie un philosophe sage, tempérant et juste... Seul de tous les philosophes, il eut pour amis tous ses disciples, et sa secte fut la seule où l'on sut aimer, et qui ne se partagea point en plusieurs autres. »* Voltaire. ♦ *« Jamais philosophie ne fut jamais entendue et plus calomniée que celle d'Épicure. »* Diderot.

RÉF. : P. Gassendi, *Animodversiones de vita et moribus placitisque Epicuri*, Lyon, 1647. – Jacques Du Rondel, *La Vie d'Épicure*, Paris, 1679. – J. Parrain Des Coutures, *La Morale d'Épicure*, La Haye, 1686. – Joh. Chr. Stockhausen, *Epikur als Kenner und Freund des schönen Wissenschaften, wider seiner Ankläger verteidigt*, Helmstadt, 1751. – Guyau, *La Morale d'Épicure et ses rapports avec les doctrines contemporaines*, Paris, 1886. – E. Joyau, *Épicure*, Paris, 1910. – Carlo Pascal, *Epicurei e mistici*, Catania, 1914. – Xenia Atanassiévitch, *L'Atomisme d'Épicure*, Paris, 1927. – Cyril Bailey, *The Greek Atomists and Epicurus*, Oxford, 1928. – R. P. Festugière, *Épicure et ses dieux*, Paris, 1946. – Jean. Bollack et Heinz Wisman, *La Lettre d'Épicure*, 1971 ; *La Pensée du plaisir*, Paris, 1975. – Geneviève Rodis-Lewis, *Épicure et son école*, Paris, 1976. – V. Goldschmidt, *La Doctrine d'Épicure et le droit*, Paris, 1977. – Jean Brun, *Épicure et les épicuriens*, Paris, 1987 ; *L'Épicurisme*, Paris, 1988.

ÉPINAY Louise Florence Pétronille Tardieu des Clavelles, marquise d'. Mémorialiste française. Née à Valenciennes (Nord) le 11 mars 1726, morte à Paris le 15 avril 1783. Elle épousa à dix-neuf ans son cousin Denis de La Live d'Épinay ; ce fut un mariage d'amour, mais les illusions de la jeune femme se dissipèrent rapidement : son mari menait la vie la plus dissolue, mangeant sa grosse fortune ; Mme d'Épinay se consola en devenant la maîtresse de Claude Dupin de Francueil, puis de Melchior Grimm, auquel elle demeura liée jusqu'à la mort, collaborant même à sa *Correspondance* (*). Pendant ce temps, elle réunissait dans son salon les principaux représentants de la culture encyclopédique du demi-siècle : Duclos, Saint-Lambert, Diderot, Rousseau, et entretenait des rapports amicaux avec Goldoni et l'abbé Galiani. Durant le long séjour qu'elle fit à Genève entre 1757 et 1762, elle fut en relations avec Voltaire qui montra beaucoup d'estime pour elle. En plus de différents ouvrages pédagogiques – *Lettres à mon fils* (1758), *La Conversation d'Émilie* (1774) –, elle a laissé une remarquable correspondance, où l'on distingue particulièrement les *Lettres à l'abbé Galiani* (*), et un roman qu'on a pu présenter comme ses mémoires : *Histoire de Madame de Montbrillant*. Elle fut longtemps la protectrice de Rousseau, qu'elle abrita près de son château de la Chevrette, dans cet Ermitage qu'elle avait fait restaurer pour lui en 1756 ; une rupture éclatante survint entre eux, non sans que Grimm et Diderot aient versé de l'huile sur le feu, étant tous deux amis et ennemis du pauvre Jean-Jacques.

♦ *« Il n'y a pas de livre qui nous peigne mieux le XVIII*[e] *siècle, la société d'alors et les mœurs, que les* Mémoires de Mme d'Épinay. *»* Sainte-Beuve.

RÉF. : G. Charlier, *Mme d'Épinay et J.-J. Rousseau*, 1909. – Henri Valentino, *Une femme d'esprit sous Louis XV : Mme d'Épinay*, Paris, 1952.

ÉPIPHANE de Salamine, saint. Docteur de l'Église, archevêque de Salamine. Né en Palestine, à Besanduc près d'Eleutheropolis entre 310 et 320, mort en 402. Issu probablement d'une famille juive, à peine devenu chrétien il fut attiré par la vie des anachorètes égyptiens et voulut se joindre à eux. Mais il ne tarda pas à revenir dans sa patrie et ouvrit près d'Eleutheropolis un couvent où il vécut une trentaine d'années. Selon saint Jérôme, il connaissait cinq langues (l'hébreu, le copte, le syriaque, le grec et, moins bien, le latin). Épiphane se voua à l'étude des Écritures et des Pères et devint un des plus grands érudits en science sacrée de son temps. De ses années de monastère datent probablement son *Des poids et des mesures* [*De mensuris et ponderibus*], sorte d'encyclopédie biblique, conservée partie en grec, partie en syriaque, et son *Des douze gemmes* [*De duodecim Gemnis*] (explication allégorique des pierres précieuses qui ornaient la poitrine des grands prêtres hébreux) dont nous sont parvenus des fragments en grec, copte, éthiopien, une partie importante en latin et en arménien, et l'ouvrage entier en géorgien. Son élection (367) au siège archi-épiscopal de Salamine, métropole de l'île de Chypre, le plongea en pleine lutte dogmatique où ni son intelligence, nullement spéculative, ni ses habitudes de vie contemplative ne pouvaient lui être d'aucune aide. À cette période appartiennent probablement *L'Ancoratus* (*), somme de théologie dogmatique, et le *Panarion ou Pharmacie contre toutes les hérésies* (*), ouvrage apologétique contre au moins quatre-vingts hérésies différentes, y compris les écoles philosophiques païennes et les sept écoles judaïques. Il nous en est parvenu un extrait ou *Récapitulation* [Ἀνακεφαλαίωσις] dont l'authenticité est discutée. Rappelons que Bossuet traduisit cette œuvre sous le titre *Contre quatre-vingts hérésies.* Nous possédons en outre des fragments de lettres. Aux écrits, plutôt prolixes et confus, il joignit naturellement la parole et l'action. Il alla jusqu'à Rome pour assister au synode tenu par le pape Damase, et y gagna l'amitié de saint Jérôme. Voulant étouffer un des principaux foyers de l'origénisme qu'il considérait comme la plus dangereuse des hérésies, Épiphane retourna en Palestine et tenta en vain d'obtenir de Jean, évêque de Jérusalem, qu'il condamne Origène. Il se laissa, par la suite, fortement influencer par Théophile, le patriarche d'Alexandrie. Ce dernier, s'étant déclaré contre Origène, commit à ce titre d'odieuses persécutions, et entraîna Épiphane dans sa querelle avec saint Jean Chrysostome. En un synode des évêques de Chypre (402), Épiphane, poussé par Théophile, condamna Origène et ses écrits, puis, malgré son grand âge, partit pour Constantinople où il lutta de nouveau contre l'hérésie et combattit saint Jean Chrysostome. Il finit cependant par découvrir que l'on avait abusé de sa candeur et se rembarqua pour Chypre. La mort le surprit au cours de la traversée.

ALBERTO PINCHERLE.

RÉF. : Gervais, *L'Histoire et la vie de saint Épiphane,* Paris, 1738. – P. Nautin, Article « Épiphane de Salamine » in *Dictionnaire d'histoire et de géographie ecclésiastique,* vol 15, 1963.

ÉRASISTRATE de Céos. Médecin grec. Né à Iulis à la fin du IVe siècle avant J.-C. Issu d'une famille de médecins, il étudia à Athènes auprès de Théophraste et de Métrodore (le gendre d'Aristote), et fut fortement influencé par la doctrine péripatéticienne. Il étudia peut-être aussi à Cos, séjourna en Grèce, mais son nom demeure lié à Alexandrie : c'est là, selon Galien, que « devenu vieux, il put s'adonner aux seules choses théoriques de l'art médical » : au sein du Musée, il eut l'occasion d'exercer – pour la première fois sans doute dans l'histoire – la dissection humaine et probablement la vivisection sur des prisonniers offerts à cette fin par ses protecteurs. La tradition rapporte qu'il se suicida à la suite d'un mal de pied incurable, et qu'il fut enterré près de Samos. Auparavant, il avait écrit un nombre considérable d'ouvrages dont nous ne possédons que des extraits. Une secte érasistratéenne, active encore plusieurs siècles après lui, assura la transmission de son enseignement. Avec Hérophile, actif comme lui à Alexandrie vers la même époque, il réalise des découvertes majeures en anatomie et en physiologie humaines et marque un tournant dans l'histoire de la médecine scientifique. Voir *Fragments* d'Érasistrate (*).

VINCENT BARRAS et ANNE-FRANCE MORAND.

RÉF. : I. Garofalo, *Erasistrati Fragmenta,* Pise, 1988.

ÉRASME de Rotterdam. Écrivain hollandais d'expression latine. Né dans la nuit du 27 au 28 octobre 1467 à Gouda près de Rotterdam, alors terre des ducs de Bourgogne (le souverain régnant était Charles le Téméraire), mort à Bâle dans la nuit du 11 au 12 juillet 1536. Érasme n'avait pas de nom de famille parce que l'usage d'un patronyme n'était pas encore solidement établi et parce qu'il n'avait pas de vraie famille. On vénérait alors aux Pays-Bas un saint Erasmus (doublet de saint Elme) ; c'est une forme grecque incorrecte tirée du verbe « désirer, aimer » (Érasme emploiera la forme correcte Erasmius pour nommer plus tard son filleul, fils de l'imprimeur Froben de Bâle). Son père était un prêtre qui avait été copiste et avait séjourné en Italie. La concubine (il faut admettre une liaison durable puisque trois ans plus tôt était né un premier garçon) était peut-être fille d'un médecin. C'est la grand-mère maternelle qui s'occupa d'abord de l'enfant ; puis il alla à l'école, d'abord à Gouda, ensuite à Utrecht où il chante dans la chorale de la cathédrale. En 1478 il devient pour cinq ans élève de l'école de Deventer ; celle-ci, dirigée par des Frères de la Vie commune, astreints à une règle, mais vivant dans le siècle, pratiquant une piété dans la tradition de la « dévotion moderne » fondée par Geert Groote, donne à Érasme une très solide formation de latiniste ; il eut pour maître Jean Sintheim qui lui fit découvrir les *Élégances de la langue latine* (*) de Lorenzo Valla, grand pas en avant dans la connaissance de la langue latine. L'école était dirigée par Alexandre Hegius qui avait été l'élève de Rudolf Agricola ; celui-ci (1444-1485) avait étudié à Pavie et répandait l'humanisme dans les pays rhénans du Nord ; il vint à Deventer, Érasme put le voir, il lui rend hommage ainsi qu'à Hegius.

En 1484, à quelques mois d'intervalle il perd sa mère, puis son père. Les deux frères sont envoyés par leurs tuteurs à l'école de Bois-le-Duc, qui relève aussi des Frères de la Vie commune sans avoir le prestige de celle de Deventer. À 18 ans, Érasme devient moine chez les chanoines réguliers de Saint-Augustin au couvent de Steyn. Ce n'était pas l'effet d'une vocation ; mais les conditions de sa naissance lui interdisent toute autre voie pour continuer des études : il n'a point d'argent, et le droit canon ne lui permet de devenir prêtre qu'en se faisant moine. Le jeune homme supporte mal les contraintes de la vie collective et l'ascétisme dur pour sa santé ; certains camarades l'humilient ; avec d'autres, férus comme lui de poésie et d'éloquence latines, il noue des amitiés ardentes. Il écrit des vers, il veut être poète. Il compose un dialogue, les *Antibarbari* [*Antibarbares*], remanié et publié en partie en 1518, dont les interlocuteurs cherchent la raison de la décadence des lettres depuis l'Antiquité ; les coupables sont les moines, ignares et ennemis des lettres ou bien demi-savants (les scolastiques).

En 1492, Érasme est ordonné prêtre. Ses talents de latiniste lui valent d'être choisi comme secrétaire par l'évêque de Cambrai, Henry de Bergen, qui désire se rendre en Italie. Mais le voyage n'a pas lieu. En 1495 il obtient de ses supérieurs la permission d'aller à Paris faire des études de théologie. Déception : les cours de Sorbonne sont faits par des disciples de Duns Scot, franciscains à la langue obscure ; ils ennuient Érasme. Celui-ci noue des relations avec quelques lettrés tel Fausto Andrelini, originaire de Forli, qui à Paris donne des cours et deviendra poète royal (1496). Pendant la première année Érasme loge au collège de Montaigu (à l'emplacement de l'actuelle bibliothèque Sainte-Geneviève), pension pour pauvres fondée par Jean Standonck ; les conditions matérielles y sont détestables : saleté, froid, poisson pourri ; les enfants y sont brutalisés et humiliés ; Érasme décrira plus tard certaines scènes dans sa déclamation [*De pueris statim et liberaliter instituendis,* 1529] : l'éducation des enfants doit commencer tôt et se faire dans un esprit de liberté. Puis Érasme s'installe dans une chambre en ville ; il vit en donnant des leçons de latin à des étudiants riches, venus des villes de la Hanse (Lübeck) ou d'Angleterre. Pour eux il rédige des manuels dont certains, corrigés, seront publiés plus tard : des *Colloquiorum familiarium formulae* (*Formules pour les conversations familières*), point de départ des *Colloques* (*) ; *De duplici copia verborum et rerum* [*La Double Abondance des mots et des idées*, 1511], précis d'éloquence ou d'art d'écrire, fondé sur la notion d'abondance : pour parler ou écrire avec aisance et sans monotonie, il faut s'être constitué dans la mémoire, par la lecture des grands auteurs, un double trésor : de mots, afin de varier l'expression par la synonymie et les moyens apparentés, d'idées afin d'enrichir le développement d'un thème par des exemples tirés de la nature ou de l'histoire, etc. ; *De ratione studii* [*La Méthode pour étudier*, 1511] ; comment lire les auteurs grecs et latins, et lesquels ; le *De conscribendis epistolis* (1521 : adaptation au genre épistolaire des préceptes de l'art oratoire dans un esprit de liberté) ; enfin, sous leur première forme, les *Adages,* liste de formules, locutions, proverbes employés par les Anciens avec un bref commentaire sur leur sens, leur origine, leur utilisation actuelle possible ; leur première édition, dédiée à son élève lord Mountjoy, paraîtra à Paris en 1500 et vaudra à Érasme une réputation d'humaniste.

Au printemps de 1499, invité par Mountjoy, Érasme part en Angleterre où il restera jusqu'en janvier 1500. C'est pour lui la découverte d'un monde tout nouveau, celui de la haute aristocratie anglaise ; la vie de château, la chasse, les baisers aux jeunes filles, tout le ravit. Il devient l'ami de Thomas More (1478-1535), homme de loi et humaniste, promis à une carrière brillante, puis tragique, futur auteur de l'*Utopie* (*) (c'est Érasme qui fera éditer ce livre à Anvers en 1516) ; à l'automne il fait la connaissance de John Colet (1467-1517), théologien et humaniste qui fondera à Londres en 1510 l'école Saint-Paul pour laquelle Érasme mettra au point les ouvrages parus en 1511 ; d'autre part Colet incite Érasme à faire servir à la piété chrétienne ses connaissances d'humaniste, et d'abord à procurer une traduction du *Nouveau Testament* (*) destinée à remplacer la Vulgate de saint Jérôme, vieille de plus d'un millénaire. Pendant les années à venir, malgré bien d'autres travaux et quelles qu'aient été les vicissitudes de son existence, cette tâche va être le souci permanent d'Érasme.

De retour sur le continent, il obtient de son supérieur au couvent de Steyn la permission de prolonger ses études sans rentrer au cloître. Il séjourne dans son pays, à Paris, à Tournehem (entre Calais et Saint-Omer) où son ami Batt, l'un des interlocuteurs des *Antibarbares,* sert de précepteur au fils de la châtelaine, Anne Borsselen de Veere, qui pendant quelque temps aidera financièrement Érasme, puis (Batt étant mort en 1502) à Saint-Omer où il se lie avec un franciscain bien différent des autres, Jean Vitrier, prédicateur enflammé et efficace, qui lui fera lire Origène, théologien et exégète d'une inspiration sensiblement différente de celle d'Augustin car il fait prédominer l'esprit sur la lettre, quitte à abuser parfois de l'allégorisme. Cette influence est visible dans le premier ouvrage pieux écrit par Érasme, l'*Enchiridion militis christiani* [*Le manuel ou le poignard* – le mot grec a les deux sens – *du soldat chrétien,* 1503], destiné à un soldat retraité, d'où l'image du titre ; l'inspiration est un platonisme chrétien : l'homme est composé d'une partie terrestre et périssable, le corps, et d'un esprit par lequel nous ressemblons à Dieu (entre le corps et l'esprit l'âme peut et doit choisir) ; pour faire son salut il faut se détacher de ce monde et des passions charnelles, se guérir de l'amour abusif de soi-même, pratiquer l'amour d'autrui pour l'amour du Christ et de la vie éternelle ; règlements, cérémonies, pratiques matérielles, rites sont sans valeur pour la piété qui est une disposition intérieure ; en particulier « monachatus non est pietas » : la vie monastique n'est nullement nécessaire à la piété, elle ne lui suffit pas ; ceux qui se disent les religieux par excellence ne le sont pas plus, le sont souvent beaucoup moins, que les simples fidèles. Cette formule à laquelle il serait abusif de réduire l'ouvrage fut cependant pour beaucoup dans le succès de sa réédition en 1518.

En janvier 1504, Érasme est chargé de composer et de lire publiquement à Bruxelles un *Panégyrique* de son souverain, Philippe le Beau, qui revient d'Espagne où il a été couronné roi de Castille. Il s'efforce de faire de ce panégyrique un plaidoyer pour la paix. Il consacre beaucoup de temps à l'étude du grec ; il traduit en latin des œuvres de Lucien et deux tragédies d'Euripide, *Hécube* (*) et *Iphigénie à Aulis* (*) (Paris, 1506). Lors d'un séjour à Louvain il découvre le manuscrit d'*Annotations* de Lorenzo Valla sur la Vulgate ; il fait imprimer à Paris ce travail qui lui servira pour sa propre traduction. Au printemps de 1506 s'offre enfin l'occasion de réaliser le voyage en Italie longtemps espéré en vain : il y conduira comme précepteur les fils de Boerio, médecin du roi d'Angleterre Henry VII. Lors de la traversée des Alpes, jetant un regard sur sa vie écoulée (il a 39 ans), il est saisi de mélancolie et écrit en 246 vers le *Poème alpestre* [*Carmen alpestre*] ou *La Vieillesse* [*De Senectute*] qui, quoique surchargé de réminiscences classiques, exprime un sentiment vrai.

En Italie, il profite du passage à Turin, université indulgente, pour se faire recevoir docteur en théologie. En novembre, il voit le pape Jules II, cuirassé, botté, casqué, faire son entrée à cheval dans la ville de Bologne que ses troupes viennent de prendre après quelques mois de siège. Érasme est profondément et durablement scandalisé, en tant que chrétien, de voir le prétendu vicaire du Christ trahir ainsi la doctrine de paix de celui-ci. Un peu plus tard, en 1513, paraîtra un pamphlet anonyme en forme de dialogue, le *Julius exclusus* (Jules II se voit refuser l'entrée du paradis par saint Pierre) ; ce n'est pas Érasme qui l'a fait publier, mais il en est l'auteur. En octobre 1507, répondant à l'invitation du grand imprimeur-éditeur Alde Manuce, Érasme va s'installer chez celui-ci à Venise ; il se familiarise avec le travail d'impression et d'édition, collabore avec plusieurs savants hellénistes, approfondit sa connaissance de la langue et de la littérature grecques. Il publie une édition de ses *Adages* considérablement enrichie (ils sont maintenant plus de quatre mille alors qu'ils étaient moins de mille dans l'édition parisienne de 1500) et développée (les commentaires de maint adage prennent la forme de réflexions morales, religieuses, politiques). À la fin de 1508, Érasme rend les enfants Boerio à leur famille, il trouve un nouvel élève, Alexandre Stewart (1493-1513), fils naturel du roi d'Écosse Jacques IV; de Padoue ils vont à Sienne, puis à Rome et à Naples. Dans la ville pontificale en 1509, Érasme est accueilli flatteusement par plusieurs cardinaux, mais n'obtient aucune charge qui le libérerait des soucis matériels. Aussi, ayant reçu d'Angleterre sinon des promesses, du moins des espérances, il quitte l'Italie en juillet 1509.

Dans la traversée des Alpes il conçoit le divertissement qu'il mettra par écrit à la campagne en quelques jours en Angleterre, *L'Éloge de la folie* (*), qu'il viendra faire imprimer à Paris en 1511 par Gilles de Gourmont. En automne de la même année il reçoit un poste à Cambridge, où il enseigne, sans grand succès, le grec et la théologie. En 1514, il revient sur le continent ; après un bref séjour chez Mountjoy au château de Hammes près de Calais (encore anglaise), il se rend à Bâle en remontant le Rhin, attiré par la renommée de l'imprimeur-éditeur Johannes Froben qui publie plusieurs de ses travaux : une édition encore enrichie des *Adages* (1515) dont certains sont maintenant de véritables essais : « Aut regem aut fatuum nasci oportet » (Il faut naître ou roi ou bouffon : satire de la mauvaise éducation donnée aux futurs rois), « A mortuo tributum exigere » (Exiger un tribut d'un mort : satire de la cupidité du clergé), « Spartam nactus es, hanc orna » (Le sort t'a donné une Sparte, orne-la : satire de l'esprit de conquête), « Sileni Alcibiadis » (Les Silènes d'Alcibiade, ou : l'extérieur et l'intérieur, apparence misérable et sagesse cachée, ou inversement sainteté proclamée et mœurs corrompues), « Dulce bellum inexpertis » (La guerre est douce pour qui n'en a pas l'expérience) ; une édition étoffée de *L'Éloge de la folie* (1515), etc. Cependant Érasme continue à pérégriner : Angleterre, Anvers et Pays-Bas.

1516 est l'année féconde et glorieuse. Il est nommé conseiller de Charles Quint, souverain des Pays-Bas et maintenant roi d'Espagne. Cela lui vaut en théorie une pension qu'en fait il ne touchera que rarement. Il publie à la demande du Chancelier une *Querela Pacis* (Plainte de la Paix chassée de partout) destinée à soutenir la politique de paix entre l'Empire et la France. Il compose aussi une *Institutio principis christiani* (Éducation du prince chrétien) inspirée du même esprit de paix. Il dirige chez Froben une édition des *Œuvres* de saint Jérôme dans laquelle il s'est chargé personnellement des *Lettres* (*) dont depuis quinze ans il travaille à restaurer le texte : saint Jérôme est pieux et il est plus éloquent que Cicéron, réunissant ainsi en lui les deux inspirations qu'Érasme s'efforce lui aussi de fondre dans son œuvre ; il le préfère à Augustin qui ratiocine trop, père de la scolastique, maître des ennemis de l'humanisme. Enfin et surtout 1516 est l'année du *Nouveau Testament* par lequel Érasme prend de vitesse l'équipe qui en Espagne prépare une édition collective (*Complutensis*). Se fondant sur un petit nombre de manuscrits récoltés ou consultés en plusieurs points de l'Europe, Érasme publie d'abord le texte grec qui est ainsi imprimé pour la première fois. Il l'accompagne d'une traduction nouvelle qui corrige les erreurs de la

Vulgate et dont le latin est plus correct, plus élégant. Dédiée au pape Léon X, elle est accompagnée d'*Annotations* qui, lors des rééditions, s'étendront de plus en plus aux problèmes théologiques, mais dont le but premier est de justifier les innovations du traducteur ; la Vulgate avec les ans avait fini par être révérée comme un texte inspiré et donc intouchable ; le mérite essentiel d'Érasme est d'avoir rejeté ce préjugé et traité le *Nouveau Testament* selon les méthodes philologiques appliquées aux textes profanes, sans d'ailleurs prétendre apporter « la » solution des difficultés, mais en proposant ses hypothèses comme une étape sur la voie de la vérité. Les Préfaces, notamment *Paraclesis* [*Exhortation*], demandent aux chrétiens de faire reposer leur piété sur la lecture, la méditation et la mise en pratique de l'enseignement du Christ, la « philosophia Christi », d'origine divine, par opposition aux diverses philosophies humaines (entre lesquelles cependant existe une hiérarchie selon leur proximité plus ou moins grande avec la « philosophia Christi », la plus proche étant celle de Platon).

Le succès fut considérable ; pendant quelques années Érasme apparut à la fois comme un champion de l'humanisme et un maître de piété, une sorte de directeur de conscience des élites. François Ier essaie de l'attirer au tout nouveau Collège royal et lui écrit même de sa propre main, mais ne sait pas prendre une décision sur les conditions financières de cette venue. Érasme assiste au couronnement impérial de Charles Quint (1520). Mais aux grandeurs trompeuses de la Cour il préfère l'indépendance et le travail. Il s'installe tantôt à Anvers, tantôt à Louvain où il dirige pendant quatre ans le Collège trilingue (latin, grec, hébreu) fondé grâce au legs du chanoine lettré Jérôme de Busleiden (1470-1517) pour éduquer dans l'esprit nouveau quelques dizaines d'étudiants. Pendant l'été 1521, fatigué, il se repose dans la banlieue de Bruxelles à Anderlecht (où l'on peut visiter aujourd'hui sa maison). Enfin en 1521, se heurtant à l'opposition croissante des théologiens traditionalistes, il quitte les Pays-Bas pour aller s'installer à Bâle auprès de Froben. Pendant ces années il publie deux séries d'ouvrages majeurs : les *Colloques* (*) à partir de 1518, et les *Paraphrases* du *Nouveau Testament : Épîtres* (1517-1521), *Évangiles* (1522-1523), *Actes* (1524) en laissant de côté l'énigmatique *Apocalypse ;* la paraphrase développe le texte saint sans changer la personne qui parle, en présentant de la façon la plus vivante la pensée quelquefois allusive ou implicite de la source. À cela il faut ajouter des éditions d'auteurs anciens, Pères de l'Église (Cyprien, 1520) ou païens (Suétone, 1518), et des traductions du grec (opuscules de Jean Chrysostome, de Plutarque, œuvre de Basile, etc.). Par ailleurs en 1517 il obtient de Léon X la permission de vivre désormais dans le siècle.

À Bâle, il est entraîné dans la mêlée qui secoue la chrétienté depuis l'excommunication de Luther et sa mise au ban de l'Empire (1521). Il doit répondre à des attaques quelquefois virulentes visant son *Nouveau Testament,* par exemple en 1520 « Apologie réfutant les cris séditieux de certains qui devant le peuple accusaient d'impiété sa traduction par "In principio erat sermo" » (au lieu du traditionnel et impropre « verbum » pour rendre le grec « logos »). D'autre part on (le pape, Henry VIII, etc.) fait pression sur lui pour qu'il prenne la plume contre Luther. En 1524 il cède ; il ne va pas reprocher à Luther ses critiques des pèlerinages, des reliques, des indulgences, du monachisme, etc., puisque sur ces points il est en accord avec lui et lui a même ouvert la voie. Il choisit un sujet de théologie savante pour maintenir la discussion à l'écart de la foule des simples fidèles et lui donne la forme d'un exercice universitaire (« diatribe ») sur les rapports entre libre arbitre humain et grâce divine ; le sujet avait été longuement débattu par Augustin, repris par Valla dans un dialogue admiré de Luther ; pour Érasme, si l'homme réduit à ses seules forces est incapable d'une action juste, il reste maître d'accepter ou de refuser l'aide divine sans laquelle il ne peut faire le bien ; bref, Dieu est responsable de tout le bien qu'accomplit l'homme, celui-ci est seul responsable du mal qu'il commet — alors que Luther, en niant le libre arbitre, semble faire de Dieu le responsable du mal. La réplique de Luther à cette « diatribe » mesurée fut violente : *Du serf arbitre* (*) (1525). Érasme entreprit de le réfuter point par point dans son *Hyperaspistes* [*Le Défenseur*] qu'il fit suivre d'un livre II sur l'insistance de More. Dès lors, sans avoir désarmé ses adversaires traditionalistes, Érasme va être aussi l'objet d'attaques d'un nombre croissant de Réformés, auxquels il reproche de son côté de recourir à la violence et de mettre en danger l'enseignement des bonnes lettres. On notera cependant qu'il garde des relations cordiales avec Melanchton. D'autre part on lui commande des ouvrages pieux : *Institutio Christiani matrimonii* [*Les Fondements du mariage chrétien*] pour Catherine d'Aragon, épouse malheureuse d'Henry VIII (1526) ; *Vidua christiana* [*La Veuve chrétienne,* 1529] pour Marie de Hongrie, sœur de Charles Quint.

Les polémiques religieuses ne l'empêchent pas de poursuivre son travail dans le domaine des bonnes lettres : il publie la *Lingua* (1525) contre le mauvais usage de la langue par les bavards, les médisants, les calomniateurs, des *Apophtegmes* tirés surtout de Plutarque pour l'éducation des hommes d'État (1531), il édite Sénèque (1529). Mais il s'engage dans une nouvelle polémique : son style, en Italie, a été traité de barbare par des admirateurs exclusifs de Cicéron ; Érasme réplique par un dialogue satirique, le *Ciceronianus* (1528), qui raille le culte idolâtrique de l'orateur romain ; selon les principes même de celui-ci, la qualité première de l'orateur doit être d'adapter son style à son sujet et à son auditoire ; on ne peut pas parler dans un monde chrétien comme au temps de l'Empire romain, à moins de vouloir retomber dans le paganisme ; de plus l'orateur doit exprimer sa propre personnalité au lieu de singer celle d'un autre, si grand soit-il ; le dialogue se termine par une revue des écrivains latins, antiques et modernes, pour chercher parmi eux un pur cicéronien ; mais il n'y en a point à part quelques modernes qui, pour cette raison même, ne sont pas du premier rang ; cette revue était assaisonnée de jugements quelquefois réservés, ainsi sur Budé : d'où nouveaux adversaires. En France, Dolet et Scaliger, admirateurs inconditionnels de Cicéron, répliquèrent brutalement. Cependant Érasme publiait en même temps un dialogue sur la « prononciation correcte du latin et du grec » qui résume les principes de l'enseignement humaniste et fixe pour plusieurs siècles les règles de la prononciation scolaire du grec antique. On peut y joindre d'autres ouvrages sur l'éducation : le *De pueris* (voir plus haut) et le *De civilitate morum puerilium* (1526) qui énonce pour la première fois des règles de politesse destinées aux enfants.

Érasme commente aussi des Psaumes qu'il tire dans le sens de l'actualité : Ps. 28 *De bello Turcis inferendo* (Avant d'aller faire la guerre aux Turcs, les chrétiens devraient mettre hors d'état de nuire d'autres ennemis autrement redoutables, les vices qu'ils nourrissent dans leurs cœurs, 1530) ; Ps. 83 *De amabili Ecclesiae concordia* (Comment rétablir la concorde entre chrétiens, 1533). Il achève en 1535 le grand traité en 4 livres sur l'orateur sacré, *Ecclesiastes,* qui lui a été demandé bien des années auparavant et où il s'efforce d'adapter les préceptes de l'art oratoire (Quintilien, Cicéron, *Rhétorique à Herennius*) au but de la prédication chrétienne : transformer les cœurs, les amener à se tourner vers le Christ, l'au-delà, l'éternité, sans attacher d'importance autre que propédeutique aux cérémonies et rites ecclésiastiques. Érasme a été interrompu dans son travail par les événements de Bâle où les Réformés prennent le pouvoir au début de 1529, ce qui le décide à s'exiler à Fribourg-en-Brisgau jusqu'au printemps de 1535 ; il a été gêné par sa mauvaise santé (pituite, gravelle), par les polémiques obligées, par la nécessité de répondre à ses innombrables correspondants des quatre coins de l'Europe (plus de 3 000 lettres), par les rééditions enrichies des *Adages,* des *Colloques,* des *Annotations.* Son traité est donc un peu inégal et décousu, mais il renferme de belles pages méconnues. Revenu à Bâle pour faire imprimer l'ouvrage avant sa mort, il travaille ensuite à une édition des œuvres d'Origène qu'il n'aura pas le temps de mener à bien. Son état de santé s'aggrave en juin 1536 ; il est assisté pendant son dernier mois par son ami humaniste Beatus Rhenanus, de Sélestat. Il n'a recours à aucun prêtre, à aucun sacrement, et meurt dans la nuit du 11 au 12 juillet en invoquant la miséricorde du Christ.

Son œuvre entière fut mise à l'Index des livres interdits par Sixte Quint en 1590. Au XVIIe on lit les *Colloques* et les *Adages* expurgés ; Kant l'admire profondément ; il a retrouvé une actualité dans notre siècle.

JACQUES CHOMARAT.

RÉF. : *Opera omnia,* Leyde (LB), Leclerc (Clericus), 1703-1706, 10 vol., reproduction photomécanique, Hildesheim, Olms, 1962. – *Opera omnia,* Amsterdam (ASD), Elsevier, 1970 sq, en cours. – Trad. fr. *Œuvres choisies* par J. Chomarat, Paris, 1991. – Correspondance : P.S. Allen (et alii), *Opus epistolarum Des. Erasmi Roterodami,* Oxford, 1906-1958, 12 vol. (trad. fr. sous la direction d'A. Gerlo, Paris puis Bruxelles, 1968 sq.). – J. Huizinga, *Érasme,* trad. du néerlandais par V. Bruncel, Paris, 1955 – J. Cl. Margolin, *Érasme par lui-même,* Paris, 1965. – L. E. Halkin, *Érasme parmi nous,* Paris, 1987. – M. Mann Phillips, *The Adages of Erasmus,* Cambridge, 1964. – P. G. Bietenholz, *History and biography in the work of Erasmus,* Genève, 1966. – Margolin, *Douze années de bibliographie érasmienne (1950-1961),* Paris, 1963 ; *Quatorze... (1936-1949),* Paris, 1969 ; *Neuf... (1962-1970),* Paris-Toronto, 1977. – M. Screech, *Ecstasy and the Praise of Folly,* 1980 (trad. 1992). – J. Chomarat, *Présences du latin,* Genève, 1991.

ÉRATOSTHÈNE de Cyrène. Mathématicien, astronome, philologue et poète grec. Né à Cyrène (en Libye actuelle) vers 284 av. J.-C., mort à Alexandrie (Égypte) vers 202 av. J.-C. On sait fort peu de chose sur sa vie. Il suivit des cours de grammaire à Alexandrie sous la direction de Callimaque, puis, à Athènes, des cours de philosophie que lui donnèrent le stoïcien Ariston et l'académicien Arcésilas. Vers 235, Ptolémée Évergète l'appela à Alexandrie et lui confia la direction de la bibliothèque ; il garda cette charge importante jusqu'à la fin de sa vie et eut une grande influence sur tous les littérateurs alexandrins de la fin du IIIe siècle. C'était un esprit universel ; on lui avait donné le surnom de « pentathlos » (maître dans les cinq concours), ce qui signifiait qu'il excellait dans tous les genres : poésie, critique, géométrie, philosophie, etc. Il a énormément écrit : plus de cinquante ouvrages ; mais sa poésie est à peu près complètement perdue et ses traités scientifiques ne nous sont parvenus qu'en seconde main. Avec ses trois livres de la *Géographie* (*), il apparaît bien comme le fondateur de la géographie scientifique : il a donné une évaluation, remarquablement exacte pour les moyens dont il disposait, de la circonférence terrestre (39 700 km) ; il a également déterminé l'obliquité de l'écliptique, qu'il fixa à 23° 51'19" (elle est de 23° 45'19"). Il fut d'autre part un des premiers Grecs à se préoccuper sérieusement de chronologie ; la masse de documents qu'il réunit dans les neuf livres de sa *Chronographie* [Κρονογραφια] fut la source fondamentale à laquelle eurent recours les autres chronologues de l'Antiquité.

Dans le domaine des mathématiques, son nom reste attaché au « crible [Κόσκινον] d'Ératosthène », procédé élémentaire pour le calcul des nombres premiers. Mentionnons enfin son histoire littéraire en douze livres : *De l'ancienne comédie* [Περὶ τῆς ἀρχαίας κωμῳδίας] et son poème *Hermès* [Ἑρμῆς] dont il ne reste que des fragments : il semble que ce fut une épopée didactique où les épisodes mythologiques se mêlaient à des enseignements cosmologiques : Virgile s'en est inspiré dans les *Géorgiques* (*). Les fragments d'Ératosthène ont été recueillis dans : Bernhardy, *Eratosthenica,* Berlin, 1822 ; Berger, *Fragments géographiques d'Ératosthène* [*Geographische Fragmente des Eratosthenes,* 1880] ; Powell, *Collectanea Alexandrina.*

RÉF. : A. Thalamas, *La Géographie d'Ératosthène,* Versailles, 1921. – Th. Heath, *Manuel of Greek Mathematics,* Oxford, 1931. – O. Thomson, *History of Ancient Geography,* Cambridge, 1948. – A. H. Tozer, *A History of Ancient Geography,* New York, 1964. – G. Dragoni, *Eratostene e l'apogeo della scienza greca,* Bologne, 1979.

ERBEN Karel Jaromír. Poète et folkloriste tchèque. Né le 7 novembre 1811 à Miletín, mort à Prague le 21 novembre 1870. Il fit ses études à Prague, où il remplit toute sa vie les fonctions d'archiviste et de directeur des bureaux de bienfaisance de la ville. S'étant d'abord orienté vers l'ethnographie, Erben publia deux recueils de contes slaves (1864 et 1869), reprenant les motifs populaires dans un langage clair et lumineux et adaptant l'exégèse naturiste de Muller à la mythologie slave. En même temps, Erben transcrivait des chants populaires : la troisième et définitive édition de son recueil de chansons et contes tchèques comprenait plus de deux mille textes. Ces travaux lui servirent de base pour l'œuvre à laquelle est attaché son nom : *La Guirlande* (ou *Le Bouquet de fleurs*) (*), qui parut en 1853 et fut considérablement augmentée dans l'édition de 1861. Puisant dans le folklore bohémien et slave, il créa dans ce recueil de très belles ballades qui eurent une influence profonde sur le développement de la littérature tchèque. Erben publia en outre une série de documents sous le titre *Regesta diplomatica nec non epistolaria Bohemiae et Moraviae* (1855). Il traduisit également du russe la chronique de Nestor et publia des éditions critiques de quelques écrits de l'ancienne littérature tchèque.

ERCILLA Y ZÚÑIGA Alonso. Poète épique espagnol. Né le 7 août 1533 à Madrid où il mourut le 29 novembre 1594. La mère d'Ercilla était dame d'honneur de l'impératrice et le poète grandit au palais comme page de l'infant don Felipe, fils de Charles Quint, qu'il accompagna dans tous ses déplacements à travers le royaume et en Angleterre, lors de son mariage avec la princesse Marie, héritière du trône. C'est de Londres qu'Ercilla partit, en compagnie du capitaine et gouverneur militaire don Jeronimo de Aldrete, pour châtier les Araucans du Chili qui s'étaient révoltés contre les Espagnols. Au cours du voyage d'aller, le chef de l'expédition mourut près de Panama et le vice-roi du Pérou, Andrès Hurtado de Mendoza, choisit pour lui succéder son propre fils don Garcia. Il combattit au Chili sous ses ordres et raconte, dans son poème épique en trente-sept chants, *L'Araucana* (*), les épisodes les plus significatifs de cette guerre, non sans laisser percer sa profonde amertume d'avoir été en butte aux persécutions du capitaine. Ercilla, au cours des fêtes données en l'honneur du couronnement du nouveau roi d'Espagne Philippe II, s'étant, pour un motif futile, querellé avec Juan de Pineda, don Garcia fit jeter en prison les deux adversaires et les condamna à mort. Cette sentence, qui allait être révoquée de justesse, laissa une trace ineffaçable dans l'âme d'Ercilla, et il se vengea de son chef en le faisant figurer dans *L'Araucana* comme une personne négligeable. Ercilla se rendit ensuite à Lima, puis à Panama, pour prendre part à la lutte contre le rebelle Lope de Aguirre qui s'était proclamé roi du Venezuela. De retour en Espagne, il remplit différentes missions importantes, puis, en 1570, épousa doña Maria de Bazán. À dater de ce moment, Ercilla connut, dit-on, des jours heureux et à l'abri du besoin, encore que, dans le poème, il se lamente souvent sur son sort.

RÉF. : F. Pierce, *A. de Ercilla y Zuniga,* Amsterdam, 1984. – A. Alvarez, « Histoire et fiction dans "La Araucana" » in *Études de lettres* 2, 1986.

ERCKMANN-CHATRIAN (ERCKMANN Émile et CHATRIAN Alexandre dits). Romanciers français. Le premier naquit à Phalsbourg (Moselle) le 21 mai 1822 et mourut à Lunéville (Meurthe-et-Moselle) le 14 mars 1899. Le second naquit au Grand-Soldat (Soldatenthal, Meurthe) le 18 décembre 1826, et mourut à Villemomble (Seine) le 3 septembre 1890. Les deux futurs romanciers se lièrent d'amitié à Phalsbourg où Erckmann faisait son droit, alors que Chatrian était répétiteur au collège : ce fut l'origine de tant de récits composés en commun, dans lesquels les mœurs alsaciennes sont décrites avec exactitude et tendresse. Cette œuvre, où se rejoignent la nature rêveuse d'Erckmann et la jovialité de Chatrian, comprend notamment la série des romans nationaux : *L'Invasion* (+), parue en 1862 sous le titre *Le Fou Yegof*, *Madame Thérèse* (+) (1863), *Histoire d'un conscrit de 1813* (+) (1864), *Waterloo*, suite du *Conscrit de 1813* (1865), *Histoire d'un homme du peuple* (+) (1865), *La Guerre* (+) (1866), *Le Blocus* (+) (1867) ; la série des contes et romans populaires : *L'Illustre Docteur Mathéus* (1859) qui fut leur premier grand succès, *Maître Daniel Rock* (1861), *Contes des bords du Rhin* (1862), *L'Ami Fritz* (*) (1864), *Les*

Confidences d'un joueur de clarinette (+) (1863), *La Maison forestière* (1866), *Hugues-le-Loup* (1866), *Le Juif polonais* (*). Une autre série postérieure à 1870 contient notamment les *Contes vosgiens* (1877). *Le Juif polonais* et *L'Ami Fritz*, transposés au théâtre, eurent un grand succès. Une rupture survenue entre les deux écrivains mit fin à quarante ans de collaboration – v. *Romans nationaux* (*).

RÉF. : G. Benoît-Guyot, *La Vie et l'œuvre d'Erckmann-Chatrian*, 1963. – J. P. Rioux, *Erckmann et Chatrian ou le trait d'union*, 1989.

ERMENGAUT Matfré. Troubadour biterrois. Il vécut dans la seconde moitié du XIIIe siècle et mourut vers 1322. Juriste en même temps que poète, s'il faut en croire ses propres déclarations, il est resté célèbre à cause d'un long poème, le *Bréviaire d'amour* (*).

ERNST Max. Peintre allemand, naturalisé américain, puis français. Né à Brühl (Allemagne) le 3 avril 1891, mort à Paris le 1er avril 1976. Fils d'un professeur, peintre amateur, et d'une mère aimant à raconter des fables, Max Ernst fut un enfant précoce, d'une sensibilité exacerbée qui marqua son imagination fiévreuse. Après des études au cours desquelles les lectures poétiques, la réflexion philosophique et la contemplation assidue de la peinture achevèrent de former « ce cerveau magnifiquement hanté sous un crâne inquiet » dont parlait André Breton, le jeune homme fut entraîné malgré lui dans l'absurde boucherie de 1914-18. Venue interrompre ses premières tentatives picturales et le séparer de ses amis, la guerre le convainquit de la faillite des valeurs occidentales. À la fin du conflit, Max Ernst fonde aussitôt à Cologne une « maison Dada » et tisse des liens étroits avec les autres centrales du mouvement, à Zurich, New York et Paris. Après avoir organisé quelques expositions provocatrices qui rencontrèrent une incompréhension totale, Max Ernst est invité par Breton, en 1921, à exposer ses collages dans la librairie « Au Sans Pareil » de Paris. Cette exposition est capitale à la fois pour le peintre, qui s'installe à Paris dès l'année suivante, et pour l'histoire du surréalisme qui assoit sa poétique sur le fonctionnement miraculeux de ces petites énigmes visuelles capables d'accoupler des réalités apparemment incompatibles sur un plan qui ne leur appartient pas. De l'amitié nouée avec Paul Éluard naissent deux livres, *Répétitions* (1921) et *Les Malheurs des immortels* (1922), où les images hallucinées de l'Allemand répondent aux libres métaphores du Français. De 1924 à 1938 l'art de Max Ernst est étroitement lié à l'aventure surréaliste : plusieurs toiles en commentent le lent dérèglement. Les expositions, les rencontres, les amitiés, les amours se multiplient et l'activité intellectuelle de Max Ernst semble inépuisable. En 1925 il invente le procédé du « frottage » qui laisse une large part de la décision au hasard ; et dès le début des années 30 il réalise à partir de gravures désuètes, prélevées dans les encyclopédies ou les illustrés du XIXe siècle, des « romans-collages » qui appliquent le système de dépaysement au récit tout entier. Ainsi *La Femme 100 têtes* (1929), *Rêve d'une petite fille qui voulut entrer au Carmel* (1930), enfin *Une semaine de bonté* (1934) cherchent-ils successivement à porter la perturbation maximale au sein de la plus grande banalité.

À la déclaration de la guerre, après avoir été interné comme « ressortissant allemand », Max Ernst décide de rejoindre les États-Unis. Il y arrivera en 1941, non sans difficultés, et y séjournera jusqu'en 1950. Installé à Sedona dans l'Arizona, avec sa nouvelle femme, Dorothea Tanning, peintre elle aussi, il peindra de nombreuses toiles inspirées par le paysage américain. De retour en France, il demeure en Touraine à partir de 1955, après quelques années passées à Paris. En 1954 il reçoit le prix de la Biennale de Venise. Dès lors de nombreuses expositions, catalogues, monographies lui sont consacrés, en Europe comme aux États-Unis. Ce qui n'empêchera guère cet artiste prolifique et toujours inventif de continuer à peindre, dessiner, graver, coller, sculpter jusqu'à ses derniers jours qu'il achèvera dans sa nouvelle maison de Seillans, dans le Var. Ses principaux écrits avaient été réunis en 1970 sous le titre *Écritures* (*).

FLORIAN RODARI.

ERNST Paul. Romancier et dramaturge allemand. Né le 7 mars 1866 à Elbingerode, dans le Harz, mort le 13 mai 1933 à St. Georgen an der Stiefing, Styrie. Fils d'un mineur de condition modeste, destiné d'abord à descendre lui aussi dans la mine, ainsi qu'en font foi ses *Souvenirs de jeunesse* [*Jugenderrinerungen*, 1930] et *Années d'adolescence* [*Jünglingsjahren*, 1931], il parvient cependant à faire des études supérieures, de théologie d'abord, aux universités de Tübingen et de Göttingen, puis d'histoire et d'économie politique à Berlin et à Berne, et publie en 1889 son premier livre, une étude sur *Tolstoï et le roman slave* [*Tolstoj und der slawische Roman*]. Docteur en philosophie de l'université de Berlin en 1897, il se laisse convaincre par le marxisme, écrit dans des journaux sociaux-démocrates, mais évoluera peu à peu vers un socialisme antimarxiste – *Fondements de la société nouvelle* [*Grundlagen der neuen Gesellschaft*, 1930] –, qui exerça une certaine influence dans les cercles nationaux-socialistes. Venu littérairement du naturalisme, ayant également donné en 1897 un recueil de poèmes, *Polymeter*, où l'on reconnaît l'influence d'Arno Holz, Paul Ernst rentre en 1900 d'un voyage en Italie converti à l'esthétique classique. Avec Lublinski et Wilhelm von Scholz, il va devenir l'animateur du mouvement néo-classique qui trouve son manifeste dans *Le Chemin vers la forme* (1906). À partir de cette esthétique, Ernst va donner au théâtre de Düsseldorf des drames symboliques comme *Démétrius* (*) (1905), suivi de *Canossa* (1908), justification de la tyrannie en tant que forme d'héroïsme, de *Brunehilde* (*) et de *Kriemhilde* (1910), où Ernst, à la suite d'Hebbel, utilise les ressources tragiques de la geste des Niebelungen. En 1912 commence la série des « drames de la rédemption » (« Erlösungsdramen »), affirmant le triomphe du héros sur la souffrance : *Ariane à Naxos* [*Ariadne auf Naxos*, 1912], *Manfred et Béatrice* (1912), *L'Esprit de la Prusse* [*Preussengeist*, 1914], *Cassandre* [*Kassander*, 1915], *York* (1917). De son séjour en Italie, Ernst avait également rapporté une prédilection pour les nouvelles de la fin du Moyen Âge, dont il a donné en 1902 une traduction dans ses *Anciennes nouvelles italiennes*, et dont il imite les formes dans *La Princesse d'Orient* (1903), où apparaît cependant le thème original de la domination absolue de la fatalité. C'est l'influence du mysticisme de von Scholz qu'on trouve en 1921 dans les *Nouvelles occultes* [*Okkultische Novellen*], et l'atmosphère du XVIe siècle dans les *Histoires de comédiens et de fripons* (+) (1927), suivies des *Histoires à la manière allemande* (*) (1928). Quoique ayant joué un rôle de pionnier et de théoricien de la résurrection de la nouvelle, Ernst n'a pas présenté d'originalité véritable dans ce genre, ni dans le roman où il a donné *Le Chemin étroit du bonheur* (*) (1904), suivi des *Semailles de l'espérance* [*Saat auf Hoffnung*, 1914] – un millionnaire essaie de sauver une ville, mais la passion aveugle de la foule détruit ce monde socialiste – et du *Bonheur de Lautenthal* (*) (1931), où, à travers une évocation de l'époque de la guerre de Trente Ans, s'exprime la détresse de l'Allemagne en novembre 1918. Comme homme de théâtre, Ernst est demeuré longtemps méconnu, jusqu'à ce qu'en 1933, quelques mois avant la mort du poète, le régime national-socialiste saluât en lui l'un de ses inspirateurs spirituels (sens de la fatalité, antagonisme religieux avec le Destin, culte des héros, etc.). On a souvent reproché à ses drames leur froideur, leur manque de magie verbale : il en reste cependant de majestueuses expériences de représentation de la vie dans ses manifesfations les plus hautes. Citons enfin *Histoires d'amour* (+), *Nouvelles romantiques* (+) (1929) et *Histoires entre le rêve et la lumière du jour* (+) (1930).

MICHEL MOURRE.

RÉF. : R. Faesi, *Paul Ernst und die neuklassistischen Bestrebungen im Drama*, Leipzig, 1913. – Else Schneider, *Paul Ernst als Kunst und Kulturkritiker*, Düsseldorf, 1935. – K. Cunningham, *P. Ernsts Theory of the Novelle*, Oxford, 1938. – N. Fuerst, *Paul Ernst. Der Haudegen des Geistes*, Munich, 1985.

ERTEL Alexandre Ivanovitch [Aleksandr Ivanovič Ertel']. Romancier russe. Né le 19 juillet 1855 dans une propriété rurale de la région de Voronej, mort le 19 février 1908 à Moscou. En 1879, il vint à Saint-Pétersbourg où il accepta le poste de bibliothécaire dans une bibliothèque privée. Entraîné par des amis dans des réunions politiques progressistes, il fut arrêté et envoyé en résidence surveillée à Tver' où il resta cinq ans, de 1885 à 1889. Il avait commencé à écrire dès 1878 ; ses premières nouvelles parurent dans les meilleures revues littéraires de l'époque : *Le Messager de l'Europe, Le Messager du Nord, La Pensée russe,* etc. En 1889, il termina son premier grand roman, *Les Gardénine* (*), suivi par d'autres, parmi lesquels il faut signaler : *La Relève* [*Sména*] et *La Carrière de Stroukov* [*Kar' jera Strukova,* 1895]. En 1894-95, Ertel fit un voyage à Paris et à Londres ; rentré en Russie, il accepta, à partir de 1896, de gérer le domaine d'un grand propriétaire terrien, Khloudov, gérance à laquelle, entre 1900 et 1903, vinrent s'en ajouter d'autres, disséminées dans neuf « gouvernements », ce qui représentait une somme de travail incroyable. La santé d'Ertel, qui n'avait jamais été brillante, fut mise à une épreuve si rude qu'il en tomba malade et mourut à Moscou. Il fut enterré à Moscou à côté de Tchekhov.

ESCHINE. Orateur et politicien grec. Né en 390/389 av. J.-C. à Athènes et mort à Rhodes en 315/314. Ses démêlés avec son rival Démosthène éclairent les relations d'Athènes avec la Macédoine entre 340 et 330. Il appartient à une famille de citoyens athéniens qui, ruinée par la guerre du Péloponnèse, doit travailler : son père Atromètos devient maître d'école, sa sœur, Glaucothéa, prêtresse d'un culte mystique, alors qu'Eschine et son frère Aphobétos se contentent de petits postes d'administration. Scribe, puis acteur, Eschine quitte la scène à la suite d'un incident qui l'a ridiculisé aux yeux du public athénien. Élu secrétaire du Conseil, il s'attache au parti d'Eubule, politicien modéré et excellent financier, et participe à une ambassade envoyée dans le Péloponnèse pour y organiser la lutte contre Philippe de Macédoine. Violemment hostile à Philippe, Eschine va devenir un de ses plus fidèles zélateurs. En 346, après avoir participé avec Eubule à une ambassade auprès de Philippe pour lui faire jurer la « paix de Philocrate », il se porte garant à l'Assemblée des intentions bienveillantes du roi de Macédoine ; c'est pourquoi Démosthène va – sans trêve – l'accuser de s'être vendu à Philippe. Dans un premier temps, accusé par Démosthène et Timarque de haute trahison, Eschine contre-attaque avec son *Contre Timarque* [Κατὰ Τιμάρχου, 346] où celui-ci est convaincu d'immoralité et de corruption : il va perdre son procès (343). Démosthène revient à la charge, accusant Eschine de duplicité et de corruption – *De la fausse ambassade* (*). Dans sa réplique, *Sur l'ambassade infidèle* [Περὶ τῆς παραπρεσβείας],

Eschine, reconnaissant l'erreur, plaide l'aveuglement mais exploite les hésitations du public athénien qui tantôt veut la résistance à outrance, tantôt semble prêt à suivre en tout la politique du parti pro-macédonien. Eschine n'est acquitté que de justesse grâce à l'intervention d'amis politiques modérés, Eubule et Phocion.

En 336 Eschine trouve enfin l'occasion d'attaquer Démosthène par le canal de Ctésiphon. Celui-ci souhaite faire octroyer une couronne d'or à Démosthène en récompense des services rendus à l'État. Dans son discours *Contre Ctésiphon* (*) prononcé en 330 seulement, Eschine attaque la proposition pour illégalité en développant des arguments juridiques auxquels il ajoute des arguments politiques, qui dénoncent l'action antidémocratique de Démosthène et son appétit de gloire et d'argent. Les vieilles discordes entre partisans et ennemis de Philippe, le règlement de comptes final entre les deux orateurs feront de ce procès un grand spectacle pour la Grèce entière. Dans sa réplique *Sur la couronne* (*), Démosthène déploiera une rhétorique éblouissante, et le jury rendra un verdict défavorable à Eschine. Déconsidéré, celui-ci se retire à Rhodes où il fonde une école de rhétorique (ou, selon d'autres, devient simple maître d'école) et y meurt vers 315. Outre les discours mentionnés, on lui attribue douze *Lettres* qui sont considérées comme apocryphes.

Eschine l'orateur est apprécié par son style vif, clair, plein de gravité, pour le souffle et l'élan de son éloquence ; l'homme politique est disqualifié par son adversaire Démosthène. L'art oratoire de ce dernier a donné à la postérité l'image d'un Eschine opportuniste sans scrupules, image que les écrits d'Eschine lui-même ne parviennent pas à effacer.

TERPSICHORE ARGYROU.

RÉF. : G. De Budé et V. Marin, *Discours d'Eschine*, Paris, 1928. – Anastassiou-Irmer, *Kleinere attische Redner*, Darmstadt, s. d. – Kindstrand F., *The Stylistic Evaluation of Aeschines in Antiquity*, Uppsala, 1982.

ESCHYLE. Dramaturge grec. Né à Éleusis en 525 av. J.-C., mort à Géla (Sicile) en 456. Sur sa vie on ne possède que deux documents : les courtes notes biographiques du manuscrit Médicis (comprenant les sept tragédies) et la notice succincte de la *Souda* (*), ouvrage encyclopédique du xe siècle ap. J.-C. Il y a également, dans les *Grenouilles* (*) d'Aristophane, une vive discussion sur ce sujet : quel est, d'Eschyle ou d'Euripide, celui qui mérite le premier rang, et qui se termine à l'avantage du premier. Des renseignements aussi incertains ne satisfont qu'à demi la critique moderne. Les contemporains d'Eschyle et de Pindare s'intéressaient beaucoup plus aux œuvres qu'à l'écrivain, et, dans la suite, les biographes de l'école platonicienne ou aristotélicienne s'en référèrent à une tradition qu'aujourd'hui nous ne tenons pas pour certaine. La date de la naissance d'Eschyle semble établie. Nous savons également qu'il était fils d'Euphorion, lequel appartenait à une famille d'Eupatrides, qu'il avait deux frères, Aminias et Cynégire, et que sa sœur épousa un certain Philopeithès et fut la mère d'une lignée de poètes tragiques. Quant à Eschyle lui-même, il eut deux fils : Euphorion et Euiaon, qui furent tous deux poètes tragiques. Le début de sa carrière dramatique se situerait autour de 500 av. J.-C. Selon Suidas, il rivalisa avec Pratinas et Choerilos aux concours tragiques qui eurent lieu dans la 70e olympiade (500-497).

Selon le marbre de Paros, Eschyle aurait eu trente-cinq ans lors de la bataille de Marathon à laquelle il participa. Sur la formation que reçut le grand tragique nous ne savons rien de précis, mais ses drames témoignent d'une connaissance approfondie de l'œuvre d'Homère, du cycle des poètes qui se réclament d'Hésiode, et, visiblement, il a subi l'influence des lyriques grecs et, en particulier, de Solon. Bien qu'il ait été sensible à la fascination des mystères qui se déroulaient dans sa ville natale, il semble qu'Eschyle ne fut cependant jamais initié. Aristote et Clément d'Alexandrie, qui font allusion à un procès intenté au poète pour avoir révélé certains rites sacrés, ajoutent qu'il en sortit acquitté pour l'excellente raison qu'il ne pouvait profaner ce qui ne lui avait pas été révélé. Soldat valeureux, Eschyle, à plusieurs reprises, combattit pour défendre sa patrie contre les Perses. Il fut un de ces soldats de Marathon, « durs comme des chênes », dont Aristophane a exalté la mémoire en déplorant que ses concitoyens aient oublié leur exemple. La bravoure du poète à la bataille de Marathon, au cours de laquelle Cynégire, son frère, succomba, alors qu'il s'agrippait à un vaisseau ennemi, est évoquée, dans une épitaphe, vraisemblablement composée par Eschyle et, en tout cas, digne de son style : « Ici repose Eschyle, fils d'Euphorion, Athénien mort à Géla l'illustre, Sa valeur, nous pouvons la dire parce que nous l'avons connu ainsi que le bois de Marathon, et le Mède sous les feuillages épais. » Qu'Eschyle ait combattu à Salamine, on le suppose par une scolie commentant le vers 428 des *Perses* (*). Certains fragments de tragédies qui ont été conservés permettent également d'établir qu'il prit part aux combats de Salamine et de Platée. On peut douter, en revanche, qu'il ait été présent à l'Artémision (Paus. I, 14 ; 5). Ce n'est qu'en 484 qu'Eschyle obtint sa première victoire à la scène, et l'on pourrait s'étonner d'un triomphe aussi tardif, suivi de douze autres, sa vie durant, et d'un grand nombre (vingt-huit, selon la *Souda*) après sa mort, n'étaient les innovations qu'Eschyle apporta dans la tragédie, et qui ne satisfaisaient pas toujours les spectateurs. Le récit d'un biographe ancien sur la manière dont le public accueillit l'entrée en scène du chœur dans *Les Euménides* (*) est à ce sujet significatif.

En 472, lorsque triompha la tétralogie dont faisaient partie *Les Perses*, Eschyle devait être déjà au sommet de la renommée. Il se rendit peu après à une invitation de Hiéron, tyran de Syracuse, protecteur des lettres, qui fit donner une nouvelle représentation des *Perses*. Eschyle célébra dans une tragédie *(Les Etnéennes)* la ville d'Etna que ce souverain venait de fonder. Revenu à Athènes, Eschyle participa, en 468, au fameux concours de tragédie où Sophocle devait l'emporter pour la première fois (Plutarque, *Cimon*, 8). L'an 467 marque l'éclatante réussite de la tétralogie thébaine, dont faisaient partie *Les Sept contre Thèbes* (*). C'était alors l'usage que le dramaturge, prenant part au concours, récite lui-même sa tragédie, ou tout au moins, en assure la mise en scène. Eschyle était donc astreint à résider dans sa patrie. Il se rendit encore en Sicile (pour quel motif, on ne sait) après un nouveau triomphe, celui de *L'Orestie* (*), et mourut à Géla à l'âge de soixante-neuf ans. Selon une légende transmise par divers auteurs (cf. Valère Maxime, IX, 12, 2 ; Pline N. H. X., 7) le poète, qui était chauve, aurait été tué par un aigle, lequel prenant son crâne pour un rocher, aurait laisser tomber dessus une tortue afin d'en briser l'écaille. Cette fable, qui n'a même pas une signification symbolique et semble d'origine péripatéticienne, aurait été imaginée par Ermippus de Smyrne. Les Anciens attribuaient à Eschyle 90 ou 70 tragédies. Les sept qui sont parvenues jusqu'à nous sont : *Les Perses, Le Prométhée enchaîné* (*), *Les Sept contre Thèbes, Les Suppliantes, Agamemnon* (*), *Les Choéphores* (*), *Les Euménides* (ces trois dernières formant la trilogie de *L'Orestie*). Les dates des *Perses*, des *Sept* et de *L'Orestie* nous sont fournies par une note chronologique figurant à la fin des manuscrits de chacun de ces drames. C'est à cette source que devaient puiser les Alexandrins et Aristote. Mais aucun document ne permet de situer *Prométhée*, de tous les drames d'Eschyle le plus troublant. Outre ces tragédies, nous sont également parvenus des fragments d'autres drames ou pièces satiriques. C'est une tâche peu aisée de définir en quelques mots le génie d'Eschyle. Créateur de la tragédie, il en est aussi son représentant le plus illustre, au-dessus d'un Sophocle et d'un Euripide. Puissant dans ses conceptions, hardi dans son langage, débordant d'une émotion intense et, chaque fois, se renouvelant, Eschyle est vraiment le seigneur dionysiaque et Nietzsche, bien des siècles plus tard, ne lui donnera pas d'autre nom. On ne saurait mieux qualifier, en effet, ce poète unique dans l'histoire du drame, qui mérite d'être placé à côté de Shakespeare.

UMBERTO ALBINI.

♦ *« Vois donc quels hommes il* [le public] *avait reçus de moi, des vaillants, hauts de quatre coudées, non des citoyens qui se dérobent, ni des flâneurs de l'agora, ni des bouffons comme aujourd'hui, ni des intrigants* [...] *mon génie imagina les nombreuses vertus des Patrocle, des Teucros au cœur de lion, pour inviter chaque citoyen à se hausser à leur taille au premier son de trompette. »* Eschyle à Euripide, dans *Les Grenouilles* d'Aristophane. ♦ *« Eschyle est le premier qui ait introduit la noblesse sur la scène et montré le sentiment des convenances pour les mœurs et les passions. Il emploie avec une habileté rare le style simple et le style figuré. Souvent, il crée des mots nouveaux et des sujets qui lui sont propres. »* Denys d'Halicarnasse ♦ *« Eschyle a, le premier, mis au jour de véritables tragédies. Il a de l'élévation et du nerf, et porte souvent jusqu'à l'excès le grandiose de l'expression ; mais la plupart de ses compositions manquent d'art et sont négligées. Aussi, dans la suite, les Athéniens établirent-ils un concours pour corriger ses pièces, ce qui valut des couronnes à beaucoup de poètes. »* Quintilien. ♦ *« Une sorte d'épouvante emplit Eschyle d'un bout à l'autre ; une méduse profonde s'y dessine vaguement derrière les figures qui se meuvent dans la lumière. Eschyle est magnifique et formidable, comme si l'on voyait un froncement de sourcils au-dessus du soleil. »* Victor Hugo. ♦ *« Chez Eschyle le dégoût se fond dans le frisson sublime qui nous saisit en présence de la sagesse de l'ordre universel que seule la faiblesse de l'homme rend difficile à concevoir. »* Nietzsche. ♦ *« Faire sentir qu'au-delà de ce qui se voit il y a des choses lointaines et grandioses qui ne se voient pas immédiatement, que l'action de l'homme n'a pas en elle-même toute sa raison d'être ni toute son explication, qu'elle obéit à son insu à quelque chose d'obscur et de supérieur, et qu'à travers ses agitations et ses illusions elle aboutit le plus souvent à des fins qu'elle n'a pas cherchées, voilà ce qui lui paraît la partie supérieure de l'œuvre dramatique. »* M. Croiset.

RÉF. : H. Weil, *Aperçu sur Eschyle et les origines de la tragédie grecque*, Besançon, 1849. — Patin, *Études sur les tragiques grecs*, Paris, 1865. — Nietzsche, *L'Origine de la tragédie*, 1872. — H. W. Smith, *Aeschylean Tragedy*, Berkeley, U.S.A., 1921. — M. Croiset, *Eschyle, étude sur l'invention dramatique dans son théâtre*, Paris, 1928. — B. Snell, *Aischylos und das Handeln im Drama*, 1928. — M. Delcourt, *Eschyle*, Paris, 1934. — G. Murray, *Aeschylus, the creator of Tragedy*, Oxford, 1940. — F. Solmsen, *Hesiod and Aeschylus*, New York, 1949. — P. Mazon, *Introduction* à l'édition d'Eschyle, Les Belles-Lettres, Paris, 1949. — K. Reinhardt, *Aschylus als Regisseur and Theologe*, 1949. — J. de Romilly, *La Crainte et l'Angoisse dans le théâtre d'Eschyle*, Paris, 1958 ; *La Tragédie grecque*, Paris, 1970. E. Fraenkel, *Agamemnon, I-III*, Oxford, 1962. — A. Wartelle, « La Vie d'Eschyle, suivie des renseignements donnés par la *Souda* et le marbre de Paros », *Bulletin de l'Association Guillaume Budé*, 1965. — K. Reinhardt, *Euripide, Eschyle*, Paris, 1973. — J. Bollack, J. Judet de la Combe, *L'Agamemnon d'Eschyle*, Lille, 1981-1982. — S. Said, *Sophiste et tyran ou le problème de Prométhée enchaîné*, Paris, 1985. — J. P. Vernant et P. Vidal-Naquet, *Mythe et tragédie en Grèce ancienne*, Paris, 1972-1986. — C. Meier, *De la tragédie comme art politique*, Paris, 1991.

ESDRAS (EZRA). Scribe et docteur de la loi hébraïque du ve siècle av. J.-C. Après avoir vécu en Mésopotamie au milieu de ses compatriotes en exil, il collabora encore jeune avec le gouverneur Néhémie à leur rapatriement. Avec l'autorisation d'Artaxerxès Ier Longuemain, roi de Perse, la caravane, partie le 12 du premier mois de l'année 459 av. J.-C., arriva le premier jour du cinquième mois à Jérusalem. Toute sa vie, Esdras se montra un juriste et un théologien sage et éclairé, animé d'un idéal, un amour brûlant pour la *Torah* (*). Il la commenta en des lectures publiques devant le peuple et dirigea les chœurs qu'il avait lui-même rétablis afin qu'ils puissent accompagner la liturgie remise en vigueur suivant les prescriptions de Moïse. Il fut le vaillant initiateur de ce mouvement qui, s'appuyant sur la loi sacrée, fortifia les Hébreux dans leur foi et dans leur espérance, jusque-là soumises à rude épreuve. Ce fut lui encore qui, avec Néhémie, obligea les chefs et les anciens, les prêtres et le peuple à jurer fidélité aux textes sacrés, faisant ainsi appliquer la Loi par toutes les communautés religieuses. Retourné à Babylone âgé de plus de soixante-dix ans, il organisa un nouveau rapatriement, et c'est ainsi que des Juifs au nombre de mille huit cents arrivèrent à Jérusalem en 398 avant Jésus-Christ.

La légende qui s'est emparée de sa vie a fait d'Esdras une sorte de personnage mythique et lui a attribué la reconstruction du temple de Jérusalem et la constitution du Sanhédrin. Selon elle, il aurait miraculeusement dicté quatre-vingt-quatorze livres saints — v. *Esdras* (*) *(Livre d'), Néhémie* (*) *(Livre de), Paralipomènes ou Livre des chroniques* (*) — parmi lesquels vingt-quatre tomes publiés constituent *La Bible* judaïque destinée à être lue autant « par ceux qui en sont dignes que par ceux qui ne le sont pas », tandis que les soixante-dix autres demeurent secrets et ne seraient connus que des plus savants. Légende mise à part, Esdras est considéré comme l'auteur du premier Livre qui porte son nom. La tradition juive attribue le Livre II à Néhémie, fils d'Helcias, et les autres livres sont apocryphes. On ne saurait dire si Esdras mourut en Judée, à Babylone à l'âge de cent vingt ans, ou au cours d'un voyage, alors qu'il regagnait la Chaldée, à Zamzoumou, près du confluent du Tigre et de l'Euphrate. Il s'y trouve encore un tombeau qui passe pour être le sien.

♦ *« Si la fable d'Esdras est croyable, donc il faut croire que l'Écriture est Écriture sainte. »* Pascal.
♦ *« Tout en considérant les Mémoires d'Esdras comme une œuvre artificielle, il est permis d'en retenir quelques traits que le faussaire aurait empruntés à une tradition sérieuse ou aux historiques générales du temps. »* Renan.

RÉF. : F. Michaeli, *Les Livres des Chroniques, d'Esdras et de Néhémie,* Paris, 1967.

ÉSOPE. Fabuliste grec. Ésope, l'esclave auquel on attribue un ensemble de fables, aurait vécu au VIe siècle av. J.-C., mais il est difficile de déterminer si les légendes sur ce personnage ont un fondement historique. On ignore le lieu de sa naissance, que certains situent en Égypte, la *Souda* (*) à Samos, le scoliaste d'Aristophane en Thrace ; la version la plus courante, quoiqu'elle n'offre pas plus d'arguments en sa faveur que les précédentes, est celle de Planude, qui fait d'Ésope un Phrygien. Laid, difforme même, bègue (selon Plutarque), Ésope, après avoir connu de nombreux maîtres — on nomme en particulier Démarque, à Athènes —, se fit affranchir soit par Xanthus, soit par le Samien Jadmon. Il commença alors à voyager, visita l'Égypte et Babylone, puis revint vers l'Asie Mineure et passa plusieurs années à Sardes, à la cour de Crésus, où il aurait rencontré Solon. Plus tard, envoyé en mission en Grèce par Crésus, il aurait visité Athènes sous Pisistrate et écrit à cette occasion sa fable des « Grenouilles demandant un roi » afin de détourner les Grecs de changer de maître ; selon Plutarque, il aurait également assisté au banquet des Sept Sages qui eut lieu à Corinthe, chez Périandre. Il se rendit ensuite à Delphes où il devait, conformément aux ordres de Crésus, offrir un grand sacrifice à Apollon et donner à chaque habitant de la ville une somme considérable. Il semble qu'il ait été mis à mort après une fausse accusation de sacrilège, soit que les Delphiens aient été irrités de ses railleries, soit qu'ils l'aient soupçonné de détourner à son profit les fonds qui leur étaient destinés par Crésus. Ésope n'a rien écrit. Les fables qui lui furent attribuées par la tradition ont été recueillies pour la première fois par Démétrius de Phalère vers 300 av. J.-C., soit deux siècles après la mort d'Ésope. Ce recueil, probablement en prose, s'intitulait : Λόγων Αἰσωπείων συναγωγή. Puis, trente ans environ avant notre ère, Babrius en donna une version en vers : c'est à cette source que puisèrent Phèdre et les poètes grecs et latins postérieurs. Quant aux *Fables ésopiques* (*) que nous possédons, elles furent compilées en prose grecque, au XIVe siècle, par Planude, un moine de Constantinople, qui est également l'auteur d'une *Vie d'Ésope* fort répandue. Un anonyme italien du XIVe siècle a donné d'autre part un *Ésope en langue vulgaire* (*).

♦ *« Il me semble qu'on le devroit mettre au nombre des sages dont la Grèce s'est tant vantée, lui qui enseignoit la véritable sagesse, et qui l'enseignoit avec bien plus d'art que ceux qui en donnent des définitions et des règles. »* La Fontaine.

RÉF. : E. Chambry, *Ésope, Fables*, Paris, 1925-1927. — B. E. Perry, *Aesopica*, Urbana, Illinois, 1952. — A. Hausrath, H. H. Hunger, *Corpus fabularum Aesopicarum*, Leipzig, 1970. — F. R. Adrados *et al.*, *La Fable*, Genève, 1984. — F. R. Adrados, *Historia de la fábula greco-latina*, Madrid, 1985 (2 vol.).

ESPANCA Florbela de Alma Conceição. Poétesse portugaise. Née le 8 décembre 1894 à Vila Viçosa en Alentejo, morte le 8 décembre 1930 à Matosinhos au nord du Portugal. Fille illégitime d'un photographe et d'une domestique, elle eut un seul frère qui devient son ami et son confident. Elle fait des études secondaires à Évora (Alentejo) et se marie en 1913. Elle écrit alors ses premiers poèmes et en 1919 publie un recueil de sonnets, *Le Livre des douleurs*. Elle poursuit parallèlement des études de droit à l'université de Lisbonne mais, affaiblie par deux fausses couches, elle doit quitter la capitale pour le climat plus propice de l'Algarve (sud du Portugal). Son premier mariage est un échec, elle divorce, se remarie et s'installe au nord du pays. Son état de santé, déjà précaire, s'aggrave considérablement avec la mort de son frère et un second divorce. Un troisième mariage, avec son médecin traitant, ne lui apporte aucune sérénité et, le jour de ses 36 ans, elle prend une dose trop forte de médicaments et meurt. Elle avait publié, outre *Le Livre des douleurs* (+), *Le Livre de sœur Saudade* (+) (1923) et *Lande en fleurs* (+) (1930). Un an après sa mort, *Reliquia* (+) est publié. Ces quatre recueils sont réunis sous le titre de *Sonnets* (*). Son œuvre, marquée par une profonde mélancolie, par la solitude, la recherche de Dieu et la mort, mais aussi sensuelle et passionnée, ne fut pas reconnue par la critique de son époque. Elle est considérée aujourd'hui comme l'un des grands poètes portugais, l'auteur de quelques-uns des plus beaux sonnets de la langue portugaise. Elle laisse également des contes, *Le Masque du destin* [*A Máscara do destino*] et *Le Domino noir* [*O domino preto*].

FRANÇOISE BEAUCAMP.

ESPINEL Vicente. Romancier et poète espagnol. Né à Ronda (Malaga) le 28 septembre 1550, mort à Madrid en 1624. De 1570 à 1574 il fut étudiant à Salamanque, mais abandonna ses études pour s'enrôler dans une expédition qui partait pour l'Amérique ; l'épidémie qui survint avant même de quitter Santander en empêcha le départ. Après quatre ans passés à Valladolid, protégé par le comte de Lemos, Espinel chercha à s'embarquer pour le Maroc avec le roi Sébastien de Portugal. Il n'y réussit pas et resta à Séville où il se mêla à un milieu d'aventuriers. Il passa ensuite en Italie, et il semble que pendant son voyage il fut fait prisonnier par des corsaires berbères dans l'île de Caprera. Mais sa captivité fut de courte durée. Il combattit en Flandre sous les ordres d'Alexandre Farnèse, et revint en Italie où il vécut sous la protection d'Octave de Gonzague ; il perfectionna alors ses études musicales. À son retour en Espagne, il se fit prêtre et obtint la moitié d'un bénéfice à Ronda ; en 1589, il devint bachelier ès arts de l'université de Grenade, et en 1591 publia ses *Poésies* [*Varias rimas*]. Bien qu'aumônier de l'Hôpital royal de Ronda, il vivait surtout à Madrid, ce qui lui attira des observations de ses concitoyens et, en 1595, l'ordre de résider dans leur ville. Mais il se lassa de l'étroitesse de sa vie et se rendit de nouveau à Madrid. L'année suivante, il reçut le titre de maître ès arts d'Alcalá, et, ayant obtenu une chapelle à Madrid, y resta jusqu'à sa mort. En 1618, il avait publié *Marcos de Obregón* (*). On lui attribue l'introduction de la cinquième corde de la guitare, et l'invention en prosodie du dizain ou « espinela ».

ESPRIU Salvador. Poète, nouvelliste et auteur de théâtre catalan. Né le 10 juillet 1913 à Santa Coloma de Farners (La Selva), mort le 22 février 1985 à Barcelone. Issu d'une famille de la vieille bourgeoisie d'Arenys de Mar, il passe l'essentiel de sa vie à Barcelone. Durant toute sa onzième année une grave maladie pulmonaire le tient entre la vie et la mort, et à peine est-il déclaré hors de danger que meurent sa plus jeune sœur et son frère aîné : « Ce furent des années fondamentales de ma vie, où j'acquis le sentiment de la précarité. [...] Sans cela, mon œuvre littéraire n'existerait pas ou elle serait différente. » Ses années d'étudiant – les plus heureuses de sa vie, disait-il – coïncident avec la seconde République. Passionné d'histoire ancienne, il garde un souvenir ébloui de la croisière en Méditerranée organisée au cours de l'été 1933 par l'université autonome de Barcelone. Il s'est déjà fait connaître, en ces années, par des nouvelles telles que « Laia » (1932). Cependant la guerre civile, durant laquelle il « souffre pour les deux camps », va « briser le cours de sa vie », et la mort de son père, en 1940, l'oblige à renoncer à sa vocation d'égyptologue pour prendre un emploi de juriste. À quelques exceptions près, dont la plus notable est l'œuvre théâtrale *Première histoire d'Esther* [*Primera història d'Esther*, 1948], il écrit désormais essentiellement des recueils de poésies : *Cimetière de Sinera* [*Cementiri de Sinera*, 1946], *Les Chansons d'Ariane* [*Les cançons d'Ariadna*, 1949-1981], *Les Heures* [*Les hores*, 1952 et 1955], *La Peau de taureau* [*La pell de brau*, 1960], *Semaine sainte* [*Setmana santa*, 1971], etc. Célibataire, souvent malade, il mène une vie de plus en plus retirée, surtout à partir des années 70 où l'aggravation de son état de santé coïncide avec une éclipse de son prestige.

DENISE BOYER.

RÉF. : J. M. Castellet, *Iniciació a la poesia de Salvador Espriu*, Barcelone, 1971, 3e éd. 1984. – A. Batista, *Salvador Espriu : itinerari personal*, Barcelone, 1985.

ESPRONCEDA Y DELGADO José de. Poète espagnol. Né à Almendralejo (province de Badajoz) le 25 mars 1808, mort à Madrid le 23 mai 1842. Fils d'un colonel de cavalerie, il fut élevé à Madrid, dans le bruit des fusillades de la fameuse guerre de l'Indépendance (1808-1814). Mis, par la suite, au collège de San Mateo (1820), il se signala bientôt par son intelligence précoce et surtout ses dons poétiques. En 1822, il fit sa première ode pour célébrer la victoire remportée par le peuple de Madrid contre les partisans du roi

Ferdinand VII. Ce farouche besoin de liberté allait devenir le grand moteur de sa vie. Dès 1824, par haine du despotisme, il fondait en effet, avec ses condisciples, certaine société secrète appelée les « Numantins ». Découvert, l'adolescent fut reclus alors au couvent de San Francisco de Guadalajara (1824). Dans son affreuse solitude, il se mit à composer, sous le titre de *El Pelayo*, un poème de longue haleine sur la lutte des Goths contre les Maures, qu'il devait d'ailleurs laisser inachevé. Ayant été gracié, il put retourner au collège mais bientôt s'y déplut tellement qu'il préféra s'expatrier (1826). Cet exil allait durer sept ans. Ayant mis le cap sur Gibraltar, il vécut d'abord à Lisbonne, puis à Londres, enfin à Paris : toujours en quête d'une position que son humeur aventureuse l'empêchait de trouver. Par suite de l'amnistie de 1833, il put rentrer dans son pays natal. Sa joie fut de courte durée : ayant, dans un banquet, donné libre cours à son humeur satirique, il se vit bientôt exiler à Cuéllar. C'est dans cette ville qu'il écrivit la seule œuvre en prose qu'il nous ait laissée : *Don Sancho Saldaña o el castellano de Cuéllar* (1834), sorte de roman historique qui évoque avec puissance l'Espagne sous Alphonse X. De retour à Madrid, il se révéla grand polémiste dans le journal *El Siglo.* Mais la plume étant loin de suffire à son esprit combatif, Espronceda fut toujours incapable de se tenir tranquille là où il voyait le peuple se mettre en insurrection. De même qu'à Paris il avait fait le coup de feu pendant les journées de Juillet (1830), il prit part aux soulèvements dont son pays fut le théâtre par la suite : en 1835, en 1836 et en 1840. Sa conduite au cours de l'affaire de l'Ayuntamiento de Madrid lui valut le grade de lieutenant de la garde nationale (1840). L'année suivante, il fut envoyé à La Haye, par Espartero, comme secrétaire de légation. Mal fait pour ce métier, il obtint le droit de rentrer dans sa patrie. Mais il y rapportait le germe d'un cancer à la gorge auquel il devait succomber.

Tout au long de ces vicissitudes, il fut loin de trouver dans l'amour un réconfort. Il ne connut, en ce domaine, qu'un orage perpétuel. S'étant pris, en effet, d'une vive passion pour la fille d'un de ses compagnons d'exil (Teresa Mancha), il se vit plusieurs fois abandonné par elle — pour ne s'en séparer vraiment que le soir où il découvrit son cadavre sur le pavé d'un faubourg de Madrid. Plus qu'aucun de ses contemporains, il incarne l'esprit romantique. C'est à la veille de sa mort et au cours de la même année (1840) qu'il fit paraître les trois livres qui constituent l'essentiel de son œuvre : *Poésies lyriques, L'Étudiant de Salamanque* [*El estudiante de Salamanca*] et *Le Diable-Monde* (*), ce dernier étant la fleur de sa production. Féru qu'il était avant tout de la politique militante, Espronceda fut conduit à négliger sa création littéraire. Cette dernière ne fut jamais, en somme, que le trop-plein du fanatisme qu'il avait pour la liberté. On n'en admire que d'autant plus la perfection dont témoigne le moindre de ses écrits. Mort à trente-quatre ans, il demeure un des plus grands poètes lyriques de l'Espagne du XIXᵉ siècle.

ROLAND PURNAL.

♦ *« Dans l'originalité de l'inspiration, dans la puissance impétueuse et créatrice de l'imagination, dans la véhémence des sentiments et la merveilleuse élégance de l'expression, ni Goethe ni lord Byron n'ont surpassé Espronceda ; on pourrait presque affirmer qu'ils lui furent inférieurs. »* Juan Valera.

RÉF. : Ch. de Mazade, *Études sur l'Espagne*, Paris, 1855. — E. Rodríguez Solís, *Espronceda : su tiempo, su vida y sus obras*, Madrid, 1883. — J. V. Cascales y Muñoz, *Don José de Espronceda : su época, su vida y sus obras*, Madrid, 1914. — J. Romano, *Espronceda, el torbellino romántico*, Madrid, 1949. — E. Pujals, *Espronceda y Lord Byron*, Madrid, 1951. — Robert Marrast, *José de Espronceda et son temps*, 1974.

ESSENINE Serguéi Alexandrovitch [Sergej Aleksandrovič Esenin]. Poète russe. Né le 4 octobre 1895 au village de Konstantinovo, gouvernement de Riazan, Russie ; mort le 28 décembre 1925 à Leningrad. Issu d'une famille de paysans misérables, il passe une enfance anarchique et sauvage où la religion, sous l'influence de son grand-père, « vieux-croyant », tient cependant une place sentimentale si grande qu'Essenine, jeune homme, songera un instant à entrer dans un monastère et que, bien après qu'il aura perdu la foi, on retrouvera dans son œuvre poétique un goût persistant pour le symbolisme religieux. N'ayant reçu d'autre instruction que celle donnée à l'école de son village, il compose cependant ses premiers vers à l'âge de seize ans, fait un bref séjour à Moscou et à dix-huit ans se rend à Saint-Pétersbourg, avec l'espoir de faire accepter ses poèmes par un éditeur. Il fréquente alors les symbolistes, Kljuev, Gorodetzky, Alexandre Blok, un peu plus tard Bely et, comme il en convient lui-même, subit leurs diverses influences, particulièrement sensibles dans les poèmes du début et de la dernière partie de son œuvre — v. *Poésies* (*). Vers 1914, les revues commencent à publier quelques pièces de lui et, en automne 1915, paraît *Radounitza* [*Radunica*], où il a recueilli une partie des œuvres de sa quinzième année. À la même époque, il est admis un jour à lire ses poèmes à Tsarkoïe Selo devant la famille impériale ; mais, mobilisé en 1916, sans voir jamais le feu, il donne toute sa sympathie à la jeune révolution qu'il saluera avec enthousiasme, en 1918, dans son poème *Inonia.* En 1919, avec les poètes Mariengov, Šeršenevič et Ivnev, il publie le manifeste des « imaginistes », sans que son œuvre soit cependant beaucoup influencée par cette école.

Essenine, qui comme Blok et Bely avait attendu de la révolution la mise en œuvre d'un messianisme romantique et surtout la possibilité d'une grande résurrection paysanne russe, voit bientôt ses illusions déçues par l'évolution économique de plus en plus industrielle du régime. Alors commence, après des tentatives épiques comme *Pougatchev* (*) (1921), une période turbulente et désordonnée au cours de laquelle Essenine apparaît comme l'animateur de la bohème littéraire « décadente » de Moscou : c'est cette atmosphère qu'on retrouvera dans des œuvres comme *Confession d'un voyou* [*Ispoved' huligana,* trad. 1922], *Moscou des cabarets, Le Pays des canailles, L'Homme noir* [*Čornyj čelovek,* 1925]. C'est aussi l'époque où le poète suit à travers toute l'Europe la danseuse Isadora Duncan, avec laquelle il se mariera en avion (il s'est d'ailleurs marié trois fois, avec Zinaïda Rajkh, Isadora Duncan et Sophia Tolstoï). Essenine atteint alors à l'apogée de son influence. Il est connu par toute l'« avant-garde » européenne. En Russie, il est plus populaire que Maïakovski. Cependant, bien que dans son recueil *La Russie soviétique* [*Rus' sovetskaja,* 1924-25] il s'efforce encore de s'intéresser à l'actualité politique, il est en butte aux attaques des communistes fidèles. L'« essenisme » se voit dénoncé comme une maladie décadente et contre-révolutionnaire ; la liberté du poète devenait précaire au moment où il se suicide, après avoir écrit un poème d'adieu avec son propre sang.

♦ *« Le grand néo-populiste Serge Essenine, le plus illustre des poètes soviétiques grâce à un dynamisme irrésistible et à une rythmique absolument neuve... »* Hoffmann. ♦ *« La vie de ce paysan-poète incarne dans sa personnalité tragique toutes les contradictions de la période de la révolution d'Octobre. »* F. De Graaf.

RÉF. : Francisca de Graaf, *Serge Esenine. Sa vie et son œuvre,* Leyde, 1933. — Sophie Laffitte, *Serge Essenine* (« Poètes d'aujourd'hui »), Paris, 1959. — Pierre Pascal, *Civilisation paysanne en Russie,* Lausanne, 1969. — Gordon McVay, *Esenin. A Life,* Ann Arbor, 1976.

ESTAUNIÉ Édouard. Romancier français. Né à Dijon le 4 février 1862, mort à Paris le 2 avril 1942. Il appartenait à une ancienne et austère famille bourguignonne. Après avoir fait ses premières études dans sa ville natale, il fut admis à Polytechnique et suivit également des cours de sciences politiques. Devenu ingénieur, il entra dans l'administration des P.T.T. et parvint aux plus hauts postes, publiant deux importants traités sur des questions techniques : *Les Sources de l'énergie électrique* (1895) et un *Traité pratique de télécommunications* (1903). Mais, pendant ses heures de loisir, il se consacrait à la littérature avec une conscience et une probité exemplaires. Faisant de Balzac son maître, il se consacra plus particulièrement à la peinture des rapports du personnage avec l'atmosphère dans laquelle il vit, et mena à bien, avec l'*Empreinte* (*) qu'il publia en 1896, une des œuvres les plus fortes du naturalisme alors sur son déclin. Dans ses romans, il montre toujours sa prédilection pour les drames intérieurs, pour les vies apparemment banales mais en secret tragiques, et d'où se dégage un grand sens de l'amour et du sacrifice. Après *La Vie secrète* (1908), sa période la plus active se situe entre 1913 et 1925, période pendant laquelle il s'affirma grâce à des œuvres lourdes de méditations : *Les choses voient* (*) (1913), *L'Ascension de M. Baslèvre* (*) (1921), *L'Infirme aux mains de lumière* (1923), *Le Labyrinthe* (1925). Élu à l'Académie en 1903, il passa les dernières années de sa vie dans le silence, presque complètement oublié, submergé par les nouvelles modes littéraires.

♦ *« Romancier de la province — et peut-être est-il impossible à un Parisien « pur » de comprendre intégralement son œuvre —, Édouard Estaunié l'a peinte telle qu'elle est, profonde comme une âme et profonde comme une eau ; ses plus secrets périls ne lui sont pas moins connus que ses vertus discrètes, et le tableau qu'il nous en présente puise son dynamisme autant et plus dans ces drames intimes où l'idéal se hausse jusqu'au renoncement et au silence que dans ces intrigues d'apparences plus matérielles où des passions mesquines trouvent à leurs sourdes bagarres le cadre approprié des pierres mortes. »* Daniel-Rops. ♦ *« S'il évoque Balzac par son talent à peindre les milieux provinciaux, à faire vivre des types, à étudier les passions, il fait penser à Dostoïevski par son sens hallucinatoire des personnages et de la vie, à Paul Bourget enfin par son souci de vie morale. »* G. Le Cardonnel.

RÉF. : A. Züblin, *Estaunié, le penseur et l'artiste,* thèse, Zurich, 1930. — Daniel-Rops, *É. Estaunié,* Paris, 1931. — J. Charpentier, *Estaunié,* Paris, 1932. — C. Cé, *Regards sur l'œuvre d'É. Estaunié,* Paris, 1935. — V. Muselli, Introduction à *L'Appel de la Route,* coll. *Texte intégral des chefs-d'œuvre français et étrangers,* 1947. — R. Carter Hok, *E. Estaunié, the Perplexed Positivist,* Londres-New York, 1949. — *Actes du congrès Édouard Estaunié-Lacordaire,* Dijon, 1965. — R. T. de Rosa, *Édouard Estaunié,* Naples, 1973. — G. Cesbron, *Édouard Estaunié, romancier de l'être,* Genève, 1977.

ESTÉBANEZ CALDERÓN Serafín. Poète et romancier espagnol. Né à Malaga (Andalousie) le 27 décembre 1799, mort à Madrid le 5 février 1867. Il fit ses humanités et son droit à Grenade où, à vingt ans, il obtint la chaire de grec, professa ensuite à Malaga et s'y mêla à la vie mondaine, littéraire, populaire même, recherchant partout la « couleur locale ». La politique le tenta également — en 1830 il collabora à Madrid au *Correo literario y mercantil,* signant « El solitario en acecho », puis fut chargé de missions par son parti (anticarliste) à Cadix et à Séville ; il profita d'ailleurs de son passage dans cette ville pour y fonder le Musée de peinture et d'art et une bibliothèque provinciale, car il mena toujours de front politique et littérature. En 1831, Alderio Sefiranis el Solitario publia des vers anacréontiques tout à fait dans le goût du temps, puis, dans la revue *Lettres espagnoles* [*Cartas españolas*], ce fut le tour des articles sur les mœurs qui, réunis en 1847, formeront les *Scènes andalouses* (*) (leur auteur était alors ministre de la Guerre et de la Marine). Ces articles furent à l'origine de toute l'école « folkloriste », car à cette époque de romantisme on appréciait tout ce qui avait trait à la vie populaire. Citons encore *Chrétiens et Maures* [*Cristianos y moriscos*, 1838], roman historique ; *Sous l'invasion du Portugal en 1580* [*Sobre la invasion de Portugal en 1580*, 1858], ouvrage inachevé, et *De la conquête et de la perte du Portugal* [*De la conquista y pérdida de Portugal*], publié après la mort de l'auteur, en 1885.

RÉF. : A. Cánovas del Castillo, *« El Solitario » y su tiempo.*

ESTERHÀZY Péter. Écrivain hongrois. Né à Budapest le 27 mai 1950. Avec *Fáncsiko et Pinta* [*Fáncsiko és Pinta*] et *Ne fais pas le pirate dans les eaux de Pàpa* [*Pàpai vizeken ne kalozkodj !*], publiés respectivement en 1976 et en 1977, Péter Esterhazy s'est aussitôt fait un nom dans la littérature hongroise. Il fait partie des valeurs aujourd'hui indiscutées, même si les caractéristiques de son œuvre ne le rendent pas accessible à tous les publics. Né dans l'une des familles aristocratiques les plus célèbres du pays, frère d'une étoile du football, Péter Esterhàzy, homme de la capitale, est mathématicien de formation, il a travaillé comme informaticien au ministère de l'Industrie avant de vivre de sa plume. Il publie régulièrement, et toutes ses œuvres font événement. Pour ne citer que les plus importantes : *Trois anges me surveillent* [*Termelésirégény*, mot à mot « Roman de production », 1979-83], *Indirect* [*Függö*, 1981], *Une petite pornographie hongroise* [*Kis magyar pornogràfia*, 1984], *Les Auxiliaires du cœur* (*), *Introduction aux belles-lettres* [*Bevezetés a spépirodalomba*, 1986]. En 1987, il pose une devinette aux critiques hongrois en publiant sous le pseudonyme de Lili Csokonai *Dix-sept cygnes* [*Tizenhét hattyúk*]. La surprise n'est pourtant pas totale : c'est qu'Esterhàzy est un écrivain chez qui ce genre de plaisanterie n'a rien d'étonnant. Il aime jouer à cache-cache avec le lecteur, brouiller les pistes, amener le lecteur à chercher des clés pour une œuvre qui ne se laisse pas toujours facilement lire au premier degré, et trouver un code de plus en plus compliqué. La profusion des citations dans les textes d'Esterhàzy est une de leurs caractéristiques : « Le bon écrivain n'a pas seulement son propre esprit, mais aussi celui de ses amis. » Des citations, ses textes en sont remplis, mais elles ne sont pas toujours identifiées par le lecteur. Elles forment tout un système de clins d'œil et de références qui laisse un large champ au décryptage et à l'interprétation. Parfois, Esterhàzy met sur la piste et annonce d'emblée que l'on trouvera des citations de tel et tel auteur. Par ailleurs, sa langue elle-même est un foisonnement à décrypter. On a pu parler de ses bizarreries : en réalité, un haut niveau de métaphorisation, mais aussi une entreprise délibérée de chamboulement des conventions linguistiques introduisent une grande distanciation entre l'objet et son lecteur et qui a un effet « libérateur ». Toutes les ressources de la langue hongroise sont mobilisées pour donner à cette langue étrange saveur et subtilité. Il est souvent difficile de suivre pas à pas une intrigue dans les « romans » d'Esterhàzy — on l'a parfois qualifié d'écrivain « postmoderniste » —, les résumer est impossible. Mais il se dégage de son écriture une impression de vitalité, comme elle ressort de la citation de Wittgenstein mise en exergue des *Auxiliaires du cœur :* « Sait parler celui qui sait espérer, et vice versa. »

EVA TOULOUZE.

ESTIENNE Henri II. Humaniste et imprimeur français. Né à Paris en 1531 à l'imprimerie de son père, Robert Estienne, mort fou à l'hôpital de Lyon en 1598. Henri II, petit-fils, fils, neveu d'imprimeurs érudits, fit ses études sous la direction de Toussain et de Turnèbe et aux côtés de son père qui, très tôt, l'employa comme son second. À quinze ans, le jeune garçon collationnait déjà les manuscrits de Denys d'Halicarnasse ; à seize, il commençait à parcourir l'Italie, se rendant à Rome, Naples, Florence, Venise afin d'y acquérir des manuscrits rares. En 1549, il travailla quelque temps chez les Manuce à Venise, puis reprit sa quête en 1550, cette fois en Angleterre, en Flandre et dans le Brabant. En 1551, il rentra à Paris rejoindre son père. Celui-ci, qui venait de publier une traduction de *La Bible* (*) qu'on accusait d'infidélité, jugea plus prudent de transporter ses affaires à Genève, où il s'installa en 1552, faisant aussitôt profession de calvinisme.

La première édition donnée par Henri II Estienne fut celle des *Odes* (*) d'Anacréon (1554), avec traduction en vers latins ; cette œuvre n'avait jamais encore été imprimée. En 1554, il découvrit à Rome dix livres inédits de Diodore de Sicile et publia chez son oncle, Charles Estienne, une partie de l'œuvre de Denys d'Halicarnasse. Deux ans plus tard, il fonda sa propre imprimerie à Genève, et son père se déchargea sur lui de la publication des œuvres de l'Antiquité. À la mort de ce dernier, Henri II réunira les deux imprimeries (1559). Inlassable, il donna en 1560 une édition de Pindare ; en 1562 une traduction latine de Sextus Empiricus ; en 1568 les *Psaumes* (*) de David, en latin ; en 1572 les œuvres complètes de Plutarque ; en 1578 trois volumes in-folio contenant l'œuvre de Platon ; en 1590 des éditions d'Hérodote, d'Appien, de Dion Cassius ; encore ne citons-nous ici que les principaux ouvrages qu'il ait ainsi mis à la disposition des humanistes. Henri II Estienne, à côté de ce vaste labeur philologique, accumulait les travaux érudits qui témoignent d'une longue familiarité avec ces chefs-d'œuvre ainsi que d'une science fort remarquable ; citons le *Trésor de la langue grecque* (*) (1572), conçu sur le modèle du *Trésor de la langue latine* (+) de son père, les *Maximes des Grecs et Latins* *sur la vertu mises en vers* (1573), le *De latinitate falso suspecta* (1576), le *Pseudo Cicero* (1577), le *Nizoliodidascalus* (1578), les *Paralipomènes* (1581), qui sont des suppléments à la grammaire grecque, les *Hypomnèses* (1582), les *Noctes aliquot Parisianae* (1583), commentaires sur les *Nuits attiques* (*) d'Aulu-Gelle, le *De latinitate Lipsii palaestra prima* (1595), œuvre critique sur Juste Lipse. Enfin et surtout, parallèlement, Henri II entreprenait, pour la justification, la correction et le perfectionnement de la langue française, une œuvre de longue haleine dont les étapes sont marquées par le *Traité de la conformité du langage français avec le grec* (1565) – v. *Conformité du langage français avec le grec* (*) –, les *Deux dialogues du langage français italianizé, et autrement desguizé* (1578) et le *Projet du livre intitulé De la précellence du langage français* (*) (1579). Henri Estienne a aussi touché à la satire, plus ou moins dissimulée avec l'*Apologie pour Hérodote* (*) (1566), son chef-d'œuvre, ouverte avec le *Discours merveilleux de la vie, actions et déportements de Catherine de Médicis* (1574 ou 1575), si du moins cette œuvre est de lui. C'est d'ailleurs pour le premier de ces deux écrits qu'il encourut les foudres du pouvoir. Le secrétaire du conseil de Genève l'accusa d'avoir parlé « trop évidemment des princes en mal » ; en réalité, l'*Apologie* s'attaquait à tous, et le scandale, malgré les corrections apportées par l'auteur à son œuvre, devint assez public pour qu'on procédât à l'arrestation d'Henri II qui fut semoncé. Réfugié à Paris, ce n'est que sur les instances expresses de l'ambassadeur du roi Henri III qu'Estienne put regagner Genève. En 1587, la peste décima sa famille, son imprimerie périclitait, il se vit acculé aux pires expédients financiers, dut de nouveau quitter Genève et errer de ville en ville, poursuivi par ses créanciers. Cette instabilité ne l'empêcha pas de poursuivre ses travaux et de publier encore. Comme plusieurs membres de sa dynastie, c'est ruiné, las, épuisé, qu'il mourut, dément, à l'hôpital.

JACQUES BROSSE.

♦ *« Henri Estienne est de la bonne école en fait de style, de l'école de Rabelais et de Marot. Il faudra toujours remonter là quand on voudra bien parler et bien écrire... Je ne connais pas de style plus net, plus vif, plus gai que celui de H. Estienne... Il est le vrai bourgeois savant et moqueur du* XVI*e siècle. »* De Sacy.
♦ *« Huguenot, helléniste, gaulois et bourgeois, ami des bons contes, et passionné pour la langue française, entre ses continuels voyages et ses travaux philologiques, il trouva le temps d'écrire de mordants et spirituels traités, avec une verve et une verdeur de style fort remarquables. »* G. Lanson.

RÉF. : L. Feugère, *Essai sur Henri Estienne*, Paris, 1853. – L. Clément, *H. Estienne et son œuvre française*, Paris, 1898.

ETHEREGE ou ETHEREDGE sir George. Écrivain anglais. Né en 1635 d'une famille de l'Oxfordshire, mort en janvier ou février 1691 à Paris, où il avait suivi les Stuarts exilés. Élevé par son grand-père (son père était mort en France en 1649), il fit ses études de droit à Londres, puis il retourna à Paris. Sa première comédie, *La Vengeance comique* [*The Comical Revenge, or Love in a Tub*], fut représentée en 1664 ; son succès le rendit célèbre et lui ouvrit les portes de la société élégante où il se lia d'amitié avec des libertins réputés tels que le duc de Dorset, lord Rochester, sir Charles Sedley. Nommé chevalier en 1680, il épousa une femme riche et âgée. Il occupa de nombreux postes diplomatiques ; de 1668 à 1671 il fut secrétaire de l'ambassade d'Angleterre à Constantinople ; de 1685 à 1689, ambassadeur de Jacques II à la Diète de Ratisbonne, d'où il adressa à Dryden et à d'autres amis des lettres assez amusantes, qui furent publiées en 1928 avec les autres dans le *Letter-Book*. Etherege écrivit des drames satiriques et burlesques dans lesquels il tourne en ridicule la société frivole de son temps, jetant ainsi les bases de la comédie de mœurs ; escrime verbale et railleries légères dominent dans ses comédies : *La Vengeance comique, Elle le ferait si elle le pouvait* (*) et *L'Homme à la mode ou sir Fopling Flutter* (*).

♦ *« Etherege a toute la désinvolture, et la connaissance intime de la vie élégante, que réclame la comédie de mœurs. »* L. Cazamian.

RÉF. : U. B. Dobrée, *Essays in Biography*, 1925. – D. Underwood, *Etherege and the Seventeenth Century Comedy of Manners*, New Haven, 1957. – Nadia Rigaud, *G. Etherege, dramaturge de la Restauration anglaise*, Lille (thèse), 1980. – D. Mann, *Sir G. Etherege : A Reference Guide*, Boston, 1981.

ÉTIEMBLE René. Écrivain français. Né le 26 janvier 1909 à Mayenne. Orphelin de père à trois ans, il fait de brillantes études au lycée de Laval dont il est boursier, puis à la khâgne de Louis-le-Grand (1927-1929) et entre à l'École normale supérieure. Son intérêt passionné pour la philosophie, conçue non comme une histoire de spéculations successives, mais bien comme une école de vérité morale et humaine, le conduit dans trois directions apparemment divergentes : l'étude du chinois, afin de connaître l'une des pensées maîtresses de l'humanité ; l'étude de la grammaire qui énonce les règles fondamentales du discours et donc de tout raisonnement ; du droit, enfin, qui organise les rapports des hommes et énonce la morale objective de leurs relations. Sa curiosité passionnée, son appétit prodigieux du savoir ne s'arrêtent pas là. C'est à regret qu'il renonce à des études de médecine qui lui permettraient de fonder en connaissance son intuition de la réalité première, celle du corps, dont on trouve dans ses romans la recherche passionnée. Car cet esprit, dont on a dit justement qu'il était le plus libre de notre temps, entend explorer les déterminismes, biologique, juridique et social, culturel enfin, qui apportent à la liberté ses limites en même temps que sa réalité et les conditions de son exercice.

Dès Normale, René Étiemble se heurte à la politique mais, aussi grandes que soient ses sympathies pour les idées ou partis de progrès, il ne supportera jamais la discipline qu'ils imposent et les demi-vérités dont ils font leur régime quotidien. Son service militaire (1932 à 1933) lui révèle la crise que traversent l'Europe et la France. Pensionnaire à la fondation Thiers où, tout en travaillant le chinois, il entreprend à la fois son œuvre de romancier avec *L'Enfant de chœur* (qui paraîtra en 1937) et son œuvre de chercheur et d'essayiste sur Rimbaud, il se lance dans l'action publique en acceptant la charge de secrétaire des Amis du peuple chinois et de secrétaire de l'Association internationale des écrivains pour la défense de la culture. Professeur au lycée de Beauvais (1936-1938), il veut connaître le monde, quitter l'Europe ; il part pour Chicago où il enseigne à l'université, puis au Mexique, où il commence *Peaux de couleuvre*, qui ne paraîtra qu'en 1948. Quand la guerre éclate, il est de nouveau à Chicago avec Yassu Gauclère, qu'il épousera. Rallié à la France libre, il est détaché à l'« Office of War Information » à New York (1943). Appelé en Égypte par le recteur (futur ministre) Taha Hussein, il fonde la section française de l'université Farouk-Ier d'Alexandrie, fonde et dirige la revue *Valeurs*. Cependant son œuvre critique se développe : critique littéraire des *Temps modernes* (*), de *La Nouvelle Revue française* (*), il publie ses articles et essais dans cinq volumes (de 1952 à 1967), sous le titre de *Hygiène des lettres*, consacre un essai à *Supervielle* (1960), etc. Professeur de littérature à Montpellier, il met au point sa documentation pour l'une de ses œuvres capitales, *Le Mythe de Rimbaud* (*) (1952-1968). Docteur ès lettres (1952), il est nommé à la Sorbonne professeur de littérature générale et comparée. En 1963, il épouse en secondes noces Jeanine Kohn. Son formidable appétit de savoir ne tarit pas : il utilise pour ses recherches une quinzaine de langues, mais connaît particulièrement bien le chinois et le russe. Il poursuit ses recherches philosophiques : *Confucius*, en 1956 ; *L'Orient philosophique*, trois tomes, de 1957 à 1959 ; ses études sur la littérature et le comparatisme : *Le Babélien*, trois tomes (1960-62) ; *Comparaison n'est pas raison* (1963) ; *Le Sonnet des voyelles* (1968), *Essais de littérature (vraiment) générale* (1974), *Quelques essais de littérature universelle* (1982), etc. ; fait le récit de ses voyages : *Retours du monde*, 1969 ; écrit une pièce, *L'Ennemie publique*, couronnée en 1948 par le prix de la Première Pièce et publiée en 1957 ; expose ses idées politiques dans *Six essais sur trois tyrannies* (1950), *Quarante ans de mon maoïsme* (1976) ; entreprend la défense de la langue française : *Parlez-vous franglais ?* (1964). En 1952, Étiemble a reçu le prix Sainte-Beuve pour *Le Mythe de Rimbaud*.

Il est impossible de rendre compte en quelques lignes d'une œuvre aussi vaste, aussi riche, qui a épousé tant de formes différentes et abordé des domaines aussi variés. Son intuition fondamentale n'en demeure pas moins simple et entière : la vérité et, à son service, un combat d'une fougue admirable contre tous les mensonges qui peuvent la voiler ou la dénaturer. De cette vérité, l'homme est l'objet, le sujet, le porteur, l'homme avec son passé infini, situé sur l'horizon mondial où s'épanouissent des cultures multiformes. Démythifier, démystifier, voir clair, dire juste : l'œuvre romanesque développe et illustre ce projet. Dans la civilisation moderne, le corps est caché, brimé, ses justes aspirations dénaturées par l'intensité des relations familiales, l'imposture sociale, la maladie. *Blason d'un corps* (1961) célèbre l'épanouissement érotique d'un corps libéré par l'amour de la honte qui s'inspire et accédant à sa vérité. « Hygiène du corps » (morale autant que physique) pourrait servir de sous-titre à l'œuvre romanesque, de la même façon que la notion d'*Hygiène des lettres* a permis de rassembler l'œuvre critique. Le projet est voisin : une même verve, une même passion s'exercent maintenant sur le corps littéraire. Là encore, il s'agit de guérir de l'imposture, de découvrir la santé. La littérature n'est ni une religion ni une mystique, mais un art et un métier. Dans tous ses essais et articles, de Gide à Robbe-Grillet, de Montaigne à Breton, une même préoccupation guide Étiemble : préserver la mission de la littérature qui est de dire précisément aux hommes ce qu'ils sont, la nature de la société où ils vivent, leurs désirs, leurs aspirations, et d'assurer entre eux une communication fondée sur la vérité. C'est bien pourquoi il devait consacrer son œuvre maîtresse au mythe de Rimbaud. Il n'est pas de mythe sans viol de l'esprit. Par la collation de tous les mensonges proférés sur Rimbaud, par leur analyse, Étiemble parvient à démonter les structures d'un mythe moderne, à éclairer sa formation, à montrer la prolifération de l'imposture, favorisée par la peur et l'égarement des passions. Or, pour restaurer Rimbaud dans sa pure grandeur de poète, il faut le libérer du mythe qui le dénature et corrompt l'esprit de ses lecteurs. C'est ainsi que le mythe, parce qu'il obscurcit les consciences, constitue un obstacle à ce progrès, qui doit avoir pour moteur et moyens une compréhension meilleure et plus vaste des hommes et du monde. En s'intéressant avec une passion et une science égales aux littératures étrangères et, en priorité, à celles qui sont les plus éloignées de la nôtre, Étiemble, par ses écrits autant que par son enseignement, s'est efforcé d'élargir aux dimensions de la planète l'intérêt et la connaissance de ses contemporains. Par l'une et l'autre, il a démontré l'autonomie de ces littératures, leur génie propre et irréductible, qui s'exprime à travers une langue dont la pureté et l'authenticité garantissent l'originalité et la vérité du message. D'où la lutte entreprise contre cette corruption baptisée par lui le « franglais ». Mais il s'est efforcé aussi de découvrir et mettre en valeur les invariants, formels autant que substantiels, qui fondent la vérité unique et générale de l'homme, que par toute son œuvre Étiemble défend, préserve, illustre.

JEAN BLOT.

♦ *« Un des esprits les plus libres de ce temps. »* Ferdinand Alquié. ♦ *« Étiemble, ou l'art de ne pas être tiède. »* Robert Mallet.

RÉF. : Adrian Marino, *Étiemble ou le Comparatisme militant*, Paris, 1982.

EUCHER saint. Évêque et écrivain latin. Né vers 370. D'une famille sénatoriale, il avait épousé Galla, une noble Gauloise dont il eut deux fils, Salonius et Veranus (qui devinrent tous deux évêques). Toutefois, séduit par la vie monastique, il chercha refuge avec les siens d'abord au monastère de Lérins (422). Il n'abandonna cependant pas ses devoirs paternels qu'il transposa sur un plan plus élevé, en écrivant à l'usage de ses fils deux petits traités : le *Livre des formules de l'intelligence et de l'esprit,* et *Les Instructions* – v. *Traités* (*). Bientôt le monastère ne suffit plus à sa soif de solitude et de communion avec Dieu. Avec l'autorisation de sa femme, qui entrera de son côté dans un cloître, il mènera une vie cénobitique à l'île de Lero (aujourd'hui Sainte-Marguerite). Ce fut là qu'il écrivit probablement : *Du mépris du monde* (*) et *La Louange de l'ermite* (+) ou *Éloge du désert de Lérins*, ouvrages dont le principal attrait réside dans la douceur et la profondeur de l'ascétisme de l'auteur, et qui furent l'un et l'autre traduits en français par Arnaud d'Andilly en 1672. Eucher serait également l'auteur de l'*Histoire des martyrs de la légion thébaine* [*Passio jaunensium martyrum*]. En 434, les autorités ecclésiastiques de Lyon rompirent soudain le calme de sa vie contemplative en l'obligeant à accepter les lourds honneurs de l'épiscopat. De sa vie d'évêque (434-450 ?), on ne sait rien, si ce n'est qu'il participa au concile d'Orange en 441 ; la date de sa mort est également incertaine.

RÉF. : A. Guilloud, *Saint Eucher, Lérins et l'Église de Lyon au ve siècle*, Lyon, 1881. – Bardenhewer, *Les Pères de l'Église,* t. II (trad. 1905).

EUCLIDE. Mathématicien grec. Né à Alexandrie vers 365 av. J.-C., mort vers 300 av. J.-C. C'est, avec Archimède et Apollonios (qui vécurent après lui), un des trois plus grands mathématiciens de l'Antiquité grecque et sans doute de tous les temps. On ne sait presque rien sur lui. Cependant, il est certain qu'il fonda à Alexandrie, pendant le règne de Ptolémée Ier (306-283 av. J.-C.), une école de géométrie qui fut la plus importante qu'ait jamais possédée la Grèce. L'œuvre maîtresse d'Euclide est les *Éléments* (*). Aujourd'hui encore, les manuels de géométrie à l'usage des écoliers ne sont fort souvent que des versions remaniées du texte euclidien. Nous ne connaissons les nombreux autres livres qu'écrivit Euclide que par des allusions assez rares, ou par les brefs résumés qu'en ont faits les commentateurs un peu plus tard (Proclus, en particulier). Rappelons toutefois *Les Porismes* (*), dans lesquels Euclide développe les théorèmes de géométrie qu'à présent nous qualifions de théorèmes de géométrie projective, les *Lieux à la surface,* et les *Coniques* qui semblent contenir déjà quelques-unes des conclusions exposées plus tard par Apollonios, enfin les ouvrages sur *L'Optique et la Catoptrique* (*).

LUCIO LOMBARDO RADICE.

RÉF. : M. Boll, *Euclide, Galilée, Newton, Einstein,* Paris, 1922. – M. Sauger, *Einstein ou Euclide,* Paris, 1922. – J. Anglas, *D'Euclide à Einstein,* Paris, 1926. – G. Sarton, *Ancient Science and Modern Civilization. Euclid and His Time. Ptolemy and His Time. The End of Greek Science and Culture,* Londres, 1954. – J. Itard, *Les Livres arithmétiques d'Euclide,* Paris, 1961. – G. Kayas, *Vingt-Trois siècles de tradition euclidienne,* Palaiseau, 1977.

EUDOXE de Cnide. Astronome, mathématicien et philosophe grec. Né à Cnide (Caries) vers 409-408 av. J.-C., mort en 356-355. Son père se serait appelé Eschine. Eudoxe fut assez tardivement élève de Platon (d'après Sotion, *Successions*) ; il est probable qu'il fut également disciple du mathématicien et philosophe pythagoricien Archytas qui lui apprit la géométrie, et de Philistion de Sicile lequel, aux dires de Callimaque, lui enseigna la médecine. Eudoxe, après un séjour à Athènes, aurait voyagé en Égypte et c'est de là qu'il aurait rapporté le calcul plus exact de l'année solaire qu'il introduisit en Grèce. La valeur qu'il attribuait à l'année était de trois cent soixante-cinq jours et un quart, c'est cette valeur qui fut adoptée dans le calendrier julien. Eudoxe aurait cependant passé la plus grande partie de sa vie dans sa patrie même, à Cnide, où il établit une école et fonda un observatoire ; certains auteurs ajoutent qu'il aurait enseigné à Cyzique du Pont, devenu, grâce à lui, un des centres des études mathématiques, et dans la Propontide. Outre le calcul de la durée de l'année, Eudoxe définit plus exactement qu'on ne l'avait fait avant lui la période de huit ans, dite octaétéride, qui jouait un rôle important dans le calendrier grec, et inventa plusieurs instruments dont l'« araignée », cadran solaire ainsi appelé en raison des lignes entrecroisées qui le composent et dont Vitruve donne la description. Les travaux mathématiques d'Eudoxe, d'après ce qu'on en peut savoir, sont d'une importance au moins aussi grande. C'est à lui qu'il faut attribuer l'invention de la méthode d'exhaustion qui permettait de rapprocher autant qu'on le voulait deux quantités inégales par épuisement de leurs différences. Il aurait de plus formulé plusieurs théorèmes nouveaux et se serait occupé des questions relatives aux sections coniques. Mais c'est surtout par son hypothèse cosmologique qu'Eudoxe joua un rôle de premier plan dans le développement de la science grecque. Cette hypothèse est régie par le principe de l'unicité du système du monde, de la symétrie et de l'économie qui y doivent régner. Eudoxe, dans les *Fragments* (*) qui nous sont parvenus de son œuvre, ainsi que dans les nombreuses citations qu'on trouve de celle-ci dans les *Phénomènes* (*) d'Aratos de Soles et surtout dans le commentaire d'Hipparque sur ce poème, considère chaque planète comme formant un ciel à part constitué de sphères concentriques dont les mouvements en se multipliant forment celui des planètes mêmes. À la suite d'une réunion d'astronomes à Athènes, le système d'Eudoxe fit désormais autorité au sein de l'école péripatéticienne et, pratiquement, c'est lui qu'on retrouve, transformé et compliqué, à l'origine de tous les systèmes cosmologiques jusqu'à Kepler. Mais Eudoxe ne fut pas seulement un savant ; s'il n'est pas sûr qu'il ait fait fonction de législateur dans son pays comme l'indiquent Plutarque et Diogène Laërce, il s'occupa certainement de morale, c'est lui qui aurait fondé l'hédonisme en affirmant l'identité du plaisir et du bien.

♦ *« Donc ce qui est un bien pour tous, ce que tous convoitent ne peut manquer d'être le bien par excellence. Ces paroles d'Eudoxe inspiraient confiance, en raison de la vertu morale de leur auteur plus que par leur valeur propre. Aux yeux de tous il passait pour un homme d'une tempérance extraordinaire ; aussi ses paroles semblaient-elles n'exprimer aucune propension au plaisir, mais correspondre exactement à la réalité. »* Aristote. ♦ *« Avec une ingéniosité à laquelle on n'a pas toujours assez rendu justice, Eudoxe imagina une hypothèse, purement géométrique sans doute dans sa pensée, et qui permettait de se "représenter" les faits. »* L. Robin.

EUGAMON (Eugammon) de Cyrène. Poète grec du VIe siècle av. J.-C. Selon un témoignage d'Eusèbe, Eugamon aurait connu la célébrité à Cyrène, vers le milieu du VIe siècle av. J.-C. On lui attribue un poème épique, la *Télégonie* (+), qui faisait suite à l'*Odyssée* (*) et fut intégré à l'ensemble des poèmes qui constituait le *Cycle de la guerre de Troie*. Le poème n'a pas été conservé, mais Proclus, dans sa *Chrestomathie* (*), nous en donne un résumé succinct. Télégonos, né des amours d'Ulysse et de Circé, part à la recherche d'un père qu'il n'a jamais connu (comme Télémaque dans l'*Odyssée*). Il arrive à Ithaque où, sans le savoir, il met à mort son père. Découvrant sa faute tragique, il emmène avec lui Pénélope et Télémaque et retourne chez sa mère Circé qui leur accorde à tous l'immortalité. Le poème se concluait sur un double mariage : Pénélope épousait Télégonos et Circé Télémaque. On a toutes les raisons de penser que, dans cette suite romanesque de l'*Odyssée* (*), Eugamon avait flatté la dynastie des Battiades, alors au pouvoir à Cyrène.

DAVID BOUVIER.

EULER Leonhard. Mathématicien et physicien suisse. Né à Bâle, le 15 avril 1707 ; mort à Saint-Pétersbourg, le 18 septembre 1783. Son père, Paul Euler, pasteur protestant qui s'adonnait aux mathématiques et était ami du célèbre Jean Bernouilli, s'occupa personnellement de l'éducation de son fils. Il s'attacha tout particulièrement à lui enseigner les mathématiques pour lesquelles il lui communiqua sa vive passion. Puis Leonhard Euler fut envoyé à Bâle pour achever ses études à la faculté de théologie ; il y suivit non seulement les cours de théologie, mais ceux de mathématiques, et se perfectionna sous la direction toute paternelle de Bernouilli. En 1723, il fut reçu à son doctorat : il avait présenté une thèse sur la différence entre la philosophie cartésienne et la philosophie newtonienne. Il s'adonna alors presque exclusivement aux sciences mathématiques pures et appliquées ; en 1727 il emporta un prix de l'Académie des sciences de Paris pour la meilleure thèse sur la construction des navires. À Bâle, Euler s'était lié d'une grande amitié avec Hermann et Daniel Bernouilli, fils de Jean, qui comptaient eux aussi parmi les plus grands mathématiciens de l'époque. Appelés par Catherine Ire à l'Académie de Pétersbourg en 1730, ils y firent venir Euler qui, en 1733, obtint la chaire de physique. Ce fut alors qu'il composa et publia une série d'ouvrages qui le mirent au rang des plus grands mathématiciens européens ; mais, en 1735, il tomba gravement malade et faillit mourir. Il guérit, mais perdit l'œil droit à la suite d'un abcès. Ceci ne ralentit nullement son activité, ainsi qu'en fait foi la publication d'une œuvre magistrale, la *Mécanique, exposée analytiquement,* publiée à peine un an après cette maladie, et qui fut suivie de diverses publications concernant la géométrie analytique, les analyses infinitésimales, et les mathématiques appliquées à la physique. En juin 1741, il quitta Pétersbourg pour Berlin, où Frédéric de Prusse, qui l'avait nommé membre de l'Académie des sciences, l'accueillit avec de grands honneurs ; une fois l'Académie réorganisée (1744), Euler y occupa la chaire de mathématiques, et publia la même année un ouvrage classique sur l'astronomie, la *Théorie du mouvement des comètes et des planètes,* qui fut suivi quelques années plus tard de deux traités célèbres, l'*Introduction à l'analyse infinitésimale* (*) (1748) et les *Institutions du calcul différentiel* (1755). Il publia en outre de nombreux traités de mécanique rationnelle, se rattachant surtout au problème (d'intérêt militaire) du mouvement des projectiles. Quelques années auparavant, une nièce du roi, la princesse d'Anhalt-Dessau, avait voulu qu'il lui donnât des leçons de philosophie et de physique ; elles furent réunies et publiées en

1755 sous le titre de *Lettres à une princesse d'Allemagne sur quelques sujets de physique et de philosophie* (1768-1772), qui furent éditées en France par Condorcet. Mais à l'Académie de Berlin, les avantages financiers étaient moindres que les honneurs et Euler, qui avait de lourdes charges de famille, retourna en Russie (juin-juillet 1766) où il se vit offrir un traitement somptueux. Malheureusement, à la suite d'une maladie, il perdit l'œil qui lui restait et devint complètement aveugle. Il n'en poursuivit pas moins ses travaux dont les plus célèbres sont la *Théorie complète de la construction et de la manœuvre des vaisseaux,* une *Dioptrique* et enfin ses célèbres *Institutions du calcul intégral,* considérées à juste titre comme son chef-d'œuvre. Il mourut à Saint-Pétersbourg, âgé de soixante-seize ans. Il se maria deux fois, en 1733 avec Catherine Gsell dont, après la mort, il épousa la demi-sœur, Salomé Gsell. Il eut de sa première femme treize enfants dont plusieurs suivirent brillamment les traces de leur père. D'une nature aimable et ouverte, il se montra fidèle en amitié et généreux envers ses ennemis.

GIULIO PRETI.

♦ *« Euler fut un des hommes les plus grands et les plus extraordinaires que la nature ait jamais produits ; son génie fut également capable des plus grands efforts et du travail le plus soutenu ; il multiplia ses productions au-delà de ce qu'on eût osé attendre des forces humaines, et cependant fut original dans chacune. Sa tête fut toujours occupée, son âme toujours calme. Enfin, par une destinée malheureusement trop rare, il réunit et mérita de réunir un bonheur presque sans nuage à une gloire qui ne fut jamais contestée. »* Condorcet.

RÉF. : N. Fuss, *Éloge de M. L. Euler,* Pétersbourg, 1783. – Condorcet, *Éloge d'Euler,* 1786. – M. Cantor, *Leçons sur l'histoire des mathématiques,* 1880. – Rudio, *L. Euler,* 1884. – O. Spiess, *L. Euler,* 1929. – R. Fueter, *L. Euler,* 1948. – W. Philipp, *Das Werden der Aufklärung,* Göttingen, 1957.

EUNAPE de Sardes. Rhéteur et historien grec néo-platonicien. Né à Sardes vers 346, mort après 414. Sauf durant ses années d'études à Athènes entre seize et vingt ans, il semble avoir vécu surtout dans sa ville natale. Il est l'un des représentants les plus typiques des derniers intellectuels grecs païens opposés au christianisme, contre lequel il polémique dans ses œuvres. Il écrivit une *Histoire* [*Historia*] de l'Empire romain de 270 à 404, publiée en deux parties (peu après 395, et après 414), où il se montre très hostile aux empereurs chrétiens. Il ne reste de cet ouvrage que quelques fragments. Dans l'intervalle entre les deux parties de son *Histoire,* il rédigea son autre œuvre, intégralement conservée, intitulée *Vies des philosophes et des sophistes* (*).

FRANÇOIS PASCHOUD.

EUPHORION. Auteur grec. Né à Chalcis en Eubée vers 270 avant J.-C. Il étudia à Athènes et fut appelé, à un âge avancé, par Antiochus III pour s'occuper de la bibliothèque d'Antioche. Ce statut l'apparente aux grands poètes qui se sont occupés de la bibliothèque d'Alexandrie (Callimaque, Apollonios de Rhodes, Lycophron). Sa production littéraire fut vaste. Selon la *Souda* (*), il a écrit une *Mopsopie* (nom ancien de l'Attique), recueil de légendes attiques, et des *Chiliades* en cinq livres, qui contenaient, semble-t-il, des imprécations contre les gens qui l'avaient dépouillé de ses richesses ainsi qu'une collection d'oracles qui s'étaient réalisés au cours des siècles. Nous possédons également un certain nombre de titres de poèmes : le *Thrace, Philoctète, Hyacinthe, Dionysos* (*)... De cette abondante production ne nous sont parvenus que de bien maigres fragments. Euphorion apparaît comme un poète érudit et livresque, amateur de légendes et de mythes peu connus. Adoptant un langage obscur truffé de termes rares, il porte jusqu'à ses extrêmes limites les principes de la nouvelle poétique callimachéenne. Sa célébrité fut néanmoins importante : les poètes romains « novateurs » le prirent pour modèle, ce qui leur valut de la part de Cicéron la dénomination railleuse de « cantores Euphorionis ».

OLIVIA RODARI.

RÉF. : Bernard Abraham van Groningen, *Euphorion,* Amsterdam, 1977.

EUPOLIS. Poète grec de la comédie ancienne (seconde moitié du Vᵉ siècle av. J.-C.). Il fit ses débuts à la scène en 430/29 av. J.-C. Un peu plus jeune qu'Aristophane, d'après la tradition antique, il aurait eu alors dix-sept ans. Il fut classé sept fois à la première place dans les concours dramatiques. On lui attribuait quatorze ou dix-sept comédies réparties sur une vingtaine d'années de carrière. Grâce à la tradition indirecte et aux trouvailles papyrologiques, nous connaissons aujourd'hui seize de ses titres et lisons quelques centaines de ses vers. En s'aidant d'informations antiques, nous pouvons nous faire une idée du contenu de ses comédies, d'autant plus que certains *Fragments* (*) d'Eupolis comportent plusieurs vers. Les restes d'un papyrus du IVᵉ ou Vᵉ siècle apr. J.-C. (publiés en 1911) ont notamment permis de lire, en plus des fragments de la même comédie déjà connus, une bonne centaine de vers des *Dèmes* [Δῆμοι], peut-être la dernière et meilleure pièce du poète, datable de 412, dans laquelle des grands hommes du passé athénien reviennent de l'Hadès dans leur ville corrompue et affamée après le désastre de l'expédition de Sicile. Les comédies d'Eupolis s'attaquent aux mêmes sujets que celles d'Aristophane : la politique intérieure et extérieure d'Athènes, la guerre, la corruption des démagogues et autres personnalités de la vie citadine, la nouvelle culture représentée par les sophistes et Socrate. Le poète s'est moqué tour à tour de Périclès, du démagogue Cléon et de son successeur Hyperbolos. Il a persiflé

Alcibiade en tant que sectateur efféminé de la déesse thrace Cotytto dans une comédie de 416 ou 415 intitulée *Les Plongeurs* [Βάπται], ce qui fait sans doute allusion à un rite de ce culte. Conformément à l'habitude antique, c'est probablement ce titre qui a fait naître les rumeurs concernant les circonstances de la mort du poète, qui aurait été noyé en mer, pendant l'expédition de Sicile (415), par Alcibiade (ce dernier aurait alors dit : « Comme tu m'as coulé au théâtre, moi je te coule dans la mer ») ou qui serait mort, toujours en mer, en combattant contre les Lacédémoniens dans l'Hellespont (411). Ces bruits contredisent par ailleurs d'autres informations sur l'emplacement du tombeau d'Eupolis (sur l'île d'Égine ou à Sicyone). Toujours dans *Les Plongeurs,* le poète se vante d'avoir autrefois, en 424, gracieusement aidé « le Chauve » (Aristophane) à composer *Les Cavaliers* (*). Cette déclaration rejoint les propos de Cratinos, qui avait dit dans sa *Bouteille* [Πυτίνη] de 423 que derrière Aristophane se cachait Eupolis. Dans la nouvelle parabase des *Nuées* (*), Aristophane reproche à son tour à Eupolis le fait d'avoir plagié ses *Cavaliers* dans le *Maricas* [Μαρικᾶς], comédie de 421. Les deux poètes avaient sans doute eu une relation amicale qui s'est ensuite gâtée pour des raisons que nous ignorons. Les Anciens considéraient Eupolis comme l'un des trois principaux représentants de la comédie ancienne, avec Aristophane et Cratinos, et l'admiraient avant tout pour son charme et son imagination ; il semble bien, toutefois, qu'il ne possède pas la verve mordante ni le génie d'Aristophane.

ALESSANDRA LUKINOVICH.

EURIPIDE. Poète tragique grec. L'an 480 avant Jésus-Christ, année de la bataille de Salamine, a été considéré par la tradition érudite antique comme le point de rencontre des vies des trois grands tragiques athéniens ; Eschyle, âgé alors de quarante-cinq ans, se trouvait dans les rangs des soldats ; Sophocle, adolescent, dirigea le chœur qui après la bataille entonna le chant de victoire, et Euripide serait né le jour même et au lieu du combat. De nos jours, on préfère ajouter foi au témoignage du marbre de Paros, cette chronographie grecque inscrite sur la pierre au IIIe siècle avant Jésus-Christ, et l'on fixe plus vraisemblablement la date de la naissance d'Euripide en 484. Il mourut en 406. Selon une légende fantaisiste due à la malice ou à la malveillance des auteurs comiques dont le poète fut souvent la cible, il aurait été fils d'un boutiquier ou cabaretier et d'une marchande d'herbes. Mais un historien sérieux, Philocore, protestait déjà, au IIIe siècle avant Jésus-Christ, contre cette invention, et le fait qu'adolescent Euripide fut échanson pendant les danses sacrées organisées auprès du temple d'Apollon de Délos, qu'il fut πυρφορος (porteur de feu) d'Apollon Zôstérios prouve qu'il n'était pas d'humble naissance, car ses offices n'étaient accordés qu'à des fils de citoyens de condition élevée. Deux autres faits viennent confirmer qu'Euripide appartenait à la classe aisée : Aristote – dans sa *Rhétorique* (*) – raconte qu'à l'occasion d'une liturgie, l'un des assistants demanda l'antidose, échange de biens avec lui ; Athénée nous affirme qu'Euripide fut le premier à posséder une bibliothèque. Les Anciens, qui reconnaissaient l'influence des sophistes et des philosophes sur la formation spirituelle du poète, en firent le disciple d'Archélaos, d'Anaxagore, de Protagoras, de Prodicos, de Socrate, disciple dans le sens large bien entendu : il est très vraisemblable qu'il les ait tous connus, et qu'il ait subi leur influence, sans pour autant se lier à une philosophie déterminée : les échos des théories pythagoriciennes, des souvenirs de Xénophon, d'Héraclite, de Parménide, qui se retrouvent dans l'œuvre d'Euripide, prouvent que son esprit curieux et méditatif était ouvert à tous les courants d'idées. Il fut un lecteur très attentif ; on rencontre souvent, dans ses tragédies, des souvenirs d'Homère, de Solon, de Théognis, elles révèlent également une bonne connaissance d'Hésiode et des lyriques, et même peut-être des logographes. Lecteur acharné, Euripide fut un solitaire. On raconte qu'à Salamine il passait une grande partie du jour dans une grotte ouverte au vent de la mer, à écrire et à méditer. Il sentait la nécessité pour le sage de s'isoler, mais, croyant voir dans cet isolement du dédain, ses concitoyens ne cachèrent pas leur antipathie et leur mépris pour le poète ; il n'est donc pas étonnant que les sympathies et l'amitié d'Euripide allassent, en dehors des noms déjà cités, à des hommes peu populaires : Agathon, le poète tragique qu'Aristophane tourna en ridicule de son vivant et honora mort – v. *Les Grenouilles* (*), 83-84 ; Alcibiade, génie politique et grand capitaine ; Timothée, le rénovateur de la musique grecque. Contrairement à Sophocle, Euripide ne prit aucune part active à la politique, mais, contrairement à lui également, il n'évita pas dans ses œuvres les allusions politiques. Sa vie conjugale fut un sujet de divertissements et de railleries pour les auteurs comiques ; selon eux, sa seconde femme Choerilé ou Choeriné, fille de Mnésiloque (il avait épousé en premières noces Mélito), l'aurait trompé avec son esclave et secrétaire Céphisophon.

De la vie du poète nous savons peu de chose. En dehors des dates de certaines de ses tragédies, nous ne connaissons que celles de son départ d'Athènes pour se rendre d'abord à Magnésie, puis à Pella, à la cour d'Archelaüs, roi de Macédoine (408) ; la légende veut qu'Euripide ait été dévoré par des chiens. Authentique, par contre, est le récit suivant lequel Sophocle, ayant appris la nouvelle de la disparition de son rival plus jeune au moment où lui-même s'apprêtait à faire représenter une tétralogie, se présenta devant le peuple vêtu de deuil, ainsi que les acteurs et les choristes, qui, en outre, ne portaient pas de couronnes sur la tête.

La renommée, qu'Euripide ne connut pas de son vivant, lui fut accordée mort : l'homme qui n'avait, durant toute son existence, remporté que quatre victoires depuis 455, année où il se présenta pour la première fois au concours tragique, devint le père littéraire de l'âge suivant, le grand modèle à imiter. Les tragiques latins, d'Ennius à Sénèque, suivirent ses traces ; les chrétiens, qui le citèrent et le louèrent, parvinrent presque à faire de lui un précurseur du christianisme ; au Moyen Âge, le *Christus Patiens* (XIe-XIIe siècle) n'est qu'un centon de passages empruntés à Euripide, où la Madone prononce les paroles de *Médée* (*) et d'*Hécube* (*) ; les tragiques italiens du XVIe siècle, les grands tragiques du XVIIe subirent, même à travers les modifications d'un Sénèque, l'influence d'Euripide. Et en plus de Racine qui le redécouvrit, il convient de nommer Lessing, Schiller et même Goethe, qui l'aimèrent et l'admirèrent. Au XIXe siècle la sévère critique de Schlegel, renforcée à la fin du siècle par Nietzsche pour des motifs nouveaux, diminua toutefois la sympathie portée à Euripide, mais, au début du XXe, la critique de Wilamowitz lui rendit à nouveau justice. En dehors de son abondante production dramatique, nous connaissons un chant funèbre pour les Athéniens tombés en 415-413 devant Syracuse, et (si toutefois ils sont de lui) une épigramme funèbre et un chant de victoire.

De son œuvre dramatique elle-même, outre un millier de fragments qui nous sont parvenus directement ou à travers les citations d'auteurs antiques, nous connaissons dix-sept tragédies — v. *Alceste* (*), *Andromaque* (*), *Les Bacchantes* (*), *Électre* (*), *Hécube* (*), *Hélène* (*), *Héraclès furieux* (*), *Les Héraclides* (*), *Hippolyte porte-couronne* (*), *Iphigénie en Aulide* (*), *Iphigénie en Tauride* (*), *Ion* (*), *Médée* (*), *Oreste* (*), *Les Phéniciennes* (*), *Les Suppliantes* (*), *Les Troyennes* (*), et un drame satirique *Le Cyclope* (*) ; on met en doute qu'Euripide soit l'auteur du *Rendu*, qui semble plutôt être l'œuvre d'un imitateur du IVe siècle. On peut donner des dates certaines à *Alceste* (438), *Médée* (431), *Hippolyte porte-couronne* (428), qui valut à son auteur la couronne de lauriers, *Les Troyennes* (416), *Hélène* (412), *Oreste* (408) ; *Les Phéniciennes* furent représentées peu avant 406, *Iphigénie en Aulide* et *Les Bacchantes* furent portées à la scène, après la disparition du poète, par son fils qui portait le même nom. En dehors des innovations techniques du prologue explicatif et du *deus ex machina*, ce qui caractérise Euripide, c'est l'usage de thèmes nouveaux et de formes nouvelles, sa tendance à rendre l'action plus complexe, la liberté avec laquelle il traite les sujets mythiques. Mais ce poète si varié dans le choix des thèmes, dans l'argumentation, dans la technique, ce poète qui agite sur la scène — en digne élève de la sophistique — tous les problèmes et qui semble tout mettre en discussion, a pour unique source d'inspiration son profond pessimisme. Sophocle aussi est pessimiste, mais son pessimisme est corrigé par une puissante volonté de croire : Euripide s'abandonne au contraire à son désespoir. Il est tourmenté et en même temps fasciné par cette grande et mystérieuse tragédie de l'infortune des hommes. Il ne parvient pas à créer des personnages qui puissent opposer leur propre grandeur au destin, personnages emportés par une passion unique et ne formant qu'un avec elle : ses personnages, au contraire, sont toute tendresse et faiblesse. Il n'est pas un poète héroïque, mais celui d'une humanité si douloureuse qu'il ne possède qu'un frère spirituel : Virgile.

UMBERTO ALBINI.

♦ *« Mais aujourd'hui ce poète qui travaille dans les tragédies a persuadé aux hommes qu'il n'y a pas de dieux. »* Aristophane, *Les Thermophories.* ♦ *« Dès l'instant où je reçus de toi la tragédie bouffie de termes emphatiques et de vocables pesants, avant tout je la fis maigrir et la rendis moins lourde au moyen de versiculets, de digressions* [...] *et de bettes blanches, en lui donnant une décoction de fadaises que j'exprimais des livres* [...] *De tels sentiments, c'est pourtant moi qui les inculquais à ceux-ci* [Les spectateurs], *en introduisant dans l'art le raisonnement et l'examen. »* Euripide s'adressant à Eschyle, dans *Les Grenouilles* d'Aristophane. ♦ *« De nobles femmes unies à de nobles époux ont bu la ciguë, honteuses de s'être déshonorées à cause de toi et de tes Bellérophons. »* Eschyle à Euripide, dans *Les Grenouilles.* ♦ *« Et Euripide, même s'il lui arrive de pécher dans l'économie de ses pièces, n'en paraît pas moins comme le plus tragique des poètes. »* Aristote, *Poétique.* ♦ *« Euripide manque de naturel et ne se conforme pas toujours à nos mœurs actuelles ; aussi s'écarte-t-il souvent du beau et des convenances. Il ne sait point rendre aussi bien que Sophocle le caractère et les passions des personnages nobles et élevés ; mais rencontre-t-il un rôle bas, lâche et rampant, il le traite avec une supériorité remarquable. »* Denys d'Halicarnasse. ♦ *« Admirable dans l'expression de toutes les affections de l'âme, de celles particulièrement que fait naître la pitié. »* Quintilien. ♦ *« Il est peu d'écrivains dont on puisse dire avec vérité tant de bien et tant de mal. C'est un esprit extraordinairement ingénieux, d'une adresse merveilleuse dans tous les exercices intellectuels ; mais parmi une foule de qualités aimables et brillantes, on ne trouve en lui ni cette profondeur sérieuse d'une âme élevée, ni cette sagesse harmonieuse et ordonnatrice que nous admirons dans Eschyle et dans Sophocle. Il chercha toujours à plaire, sans être difficile sur les moyens. De là vient qu'il est sans cesse inégal à lui-même ; il a des passages d'une beauté ravissante, et d'autres fois il tombe dans de véritables trivialités. Mais avec tous ses défauts, il possède la facilité la plus heureuse, et un certain charme séduisant qui ne l'abandonne point. »* A. W. Schlegel. ♦ *« Au fond, la petite personne de Schlegel ne parvient pas à comprendre et à dignement apprécier des génies d'une telle envergure. Si cela était, il devrait être juste aussi envers Euripide et l'apprécier tout autrement qu'il ne l'a fait. Mais il sait que les philologues n'ont pas Euripide en très haute estime, et par conséquent il n'est pas médiocrement satisfait, en s'appuyant sur de si hautes autorités, de se jeter ignoblement sur un si glorieux ancien et de lui faire*

la leçon. Je ne nie pas qu'Euripide ait ses défauts ; il fut cependant un digne émule de Sophocle et d'Eschyle. S'il ne possède pas la haute gravité ni la perfection sobre de ses deux prédécesseurs, si en tant que poète dramatique il traite les choses avec un certain relâchement, d'une façon plus humaine, il connaissait sans doute suffisamment les Athéniens pour savoir que le ton qu'il avait adopté convenait précisément à ses contemporains. Mais un poète que Socrate appelait son ami, qu'Aristote mettait fort haut, qu'admirait Ménandre et pour lequel, en apprenant sa mort, Sophocle et la cité d'Athènes prirent le deuil, devait bien avoir quelque valeur. Et quand un moderne comme Schlegel se croit permis de relever les fautes chez un antique de cette importance, il ne devrait le faire qu'à genoux. »
Goethe.

RÉF. : A. Maignan, *Morale d'Euripide*, 1856. – P. Decharme, *Euripide et l'esprit de son théâtre*, Paris, 1893. – W. Nestle, *Euripides, der Dichter der griechischen Aufklärung*, Stuttgart, 1901. – P. Masqueray, *Euripide et ses idées*, Paris, 1908. – Gilbert Murnay, *Euripides and his age*, Londres, 1913. – M. Delcourt, *La Vie d'Euripide*, Paris, 1930. – A. Rivier, *Essai sur le tragique d'Euripide*, Lausanne, 1944 (rééd. 1975). – G. A. Murray, *Euripides and his Age*, Oxford, 1946. – E. Delebecque, *Euripide et la guerre du Péloponnèse*, Paris, 1951. – R. Goossens, *Euripide et Athènes*, Bruxelles, 1962. – G. Zuntz, *The political Plays of Euripides*, Manchester, 1963. – H. Rohdich, *Die euripideische Tragoedie. Untersuchungen zu ihrer Tragik*, Heidelberg, 1967. – T. B. L. Webster, *The Tragedies of Euripides*, Londres, 1967. – D. J. Conacher, *Euripidean Drama : Myth, Theme and Structure*, Toronto, 1967. – C. Collard, *Euripides*, Oxford, 1981. – J. de Romilly, *La Modernité d'Euripide*, Paris, 1986.

EUSÈBE de Césarée. Évêque et écrivain grec. Le « père de l'histoire ecclésiastique » naquit entre 260 et 265, en Palestine, probablement à Césarée, et mourut entre 337 et 341. Eusèbe étudia à l'école qu'Origène avait fondée à Césarée, et eut pour condisciple le prêtre Pamphile, dont il ajouta le nom au sien (Εὐσεβιος τοῦ Παμφύλου, *Eusebius Pamphili*) et avec lequel il fut emprisonné lors de la persécution de 303. Après le martyre de son ami, il put fuir à Tyr et en Égypte, sans toutefois éviter la prison. De retour dans sa patrie, il fut ordonné prêtre et devint évêque vers 313. Réputé pour sa doctrine et comme métropolitain de la Palestine, il prononça une grande homélie, lors de l'inauguration de la nouvelle basilique de Tyr, qui figure au Xe livre de l'*Histoire ecclésiastique* (*). Auteur avec Pamphile d'une apologie d'Origène, il prit parti pour Arius, mais dut signer, au concile de Nicée (325), le formulaire de l'orthodoxie comme l'exigeait Constantin. Eusèbe, cependant, fut de ceux qui poussèrent l'empereur à combattre Eustache d'Antioche, Marcellus d'Ancyre et saint Athanase, lequel fut condamné au concile de Tyr (335). Suspecté quant à son orthodoxie (le second concile de Nicée, en 787, refusa de le reconnaître comme témoin de la foi) et considéré comme le prototype de l'évêque courtisan, Eusèbe avait beaucoup de compétence comme historien et eut une intense activité littéraire. Parmi ses écrits d'exégèse, citons les *Canons évangéliques* [Εὐαγγελικοὶ κανόνες] qui comportent dix tables indiquant les passages communs à plusieurs évangiles ; l'*Onomastique* [Περὶ τῶν τοπικῶν ὀνομάτων τῶν ἐν τῇ δεία γραφῇ], dictionnaire de la toponymie de l'Écriture sainte, qui fait partie d'un vaste ouvrage de géographie biblique traduit en latin et remanié par saint Jérôme ; des commentaires sur les *Psaumes* dont nous possédons d'importants fragments, et sur *Isaïe* dont le texte nous est parvenu presque en entier ; *Problèmes évangéliques et leurs solutions* [Περὶ τῶν, ἐν εὐαγγελίοις ξητητάτων καὶ λύσεων] dont nous avons une grande partie ; et *Sur la fête de Pâques* [Περὶ τῆς τοῦ πάσχα ἑορτῆς]. Mais Eusèbe fut aussi, et principalement, un maître de l'apologétique. On lui doit en effet le *Livre contre Hiéroclès* (*) accompagné d'une « Réfutation et défense » [Ελεγχος καὶ ἀπολογία], aujourd'hui perdue, dirigée contre Porphyre qu'il combattit également dans la *Préparation évangélique* (*), suivie des *Démonstrations évangéliques* (*) qui sont probablement la refonte d'une *Préparation ecclésiastique* et d'une *Démonstration ecclésiastique,* à moins qu'il ne s'agisse des deux parties d'une *Introduction générale élémentaire* [῾Ηκαδόλου στοιχειώδης έίσαγωγή] dont nous possédons les chapitres VI et IX sous ce titre : *Passages choisis des prophètes concernant le Christ* [Περὶ τοῦ Χριοτοῦ προφητικαὶ ἐκλογαι, *Eclogae propheticae*]. Il n'est pas aisé d'établir les rapports existant entre ces œuvres et d'autres qui leur sont postérieures, tel le *De Theophania* [Περὶ θέοφανεὶας]. Mais son œuvre principale est l'*Histoire ecclésiastique* qu'il poursuit jusqu'à l'année 324.

Les thèmes fondamentaux de l'apologétique d'Eusèbe sont : que la tradition de l'enseignement apostolique contre l'hérésie a été conservée ; que la preuve de la vérité du christianisme, c'est qu'il a résisté aux persécutions et remporté une victoire coïncidant avec l'unification de l'empire sous un seul souverain. Aux juifs il reproche de ne pas avoir voulu accepter les prophéties et de ne pas reconnaître dans le christianisme la vraie religion révélée. Aux païens il rappelle que le christianisme n'est pas fondé seulement sur la foi aveugle, mais aussi sur la raison, capable de reconnaître cette vérité. On doit également à Eusèbe *Les Martyrs de Palestine* (*), une *Chronique* (*), écrite vers 303, la *Vie de Constantin* [Εἰς τὸν βίον τοῦ μακαρίου Κωνσταντινου βασιλέως] et l'*Éloge de Constantin* [*De laudibus Constantini*] ; le *De ecclesiastica Theologia* [Περὶ τῆς ἐκκλησιαστικῆς θεολογίας] et quelques fragments de lettres. Stylistiquement, Eusèbe de Césarée n'est pas un écrivain de tout premier plan. Il écrit dans une langue prolixe et quelque peu affectée par un trop grand souci de bien écrire.

♦ *« Tout le monde sait qu'Eusèbe partagea les idées et les sentiments de l'impie Arius [...] Il souscrivit au concile ; mais, s'il honora la vérité, ce fut du bout des lèvres. Son cœur était loin d'elle, comme le prouvent ses livres et ses lettres. Il varia selon les circonstances. Il eut des louanges pour les partisans d'Arius et des hommages menteurs pour la vérité. Il est coupable de duplicité. »* Déclaration du concile de Nicée, septième œcuménique. ♦ *« Un homme faible, plutôt fait pour les temps de prospérité que d'épreuve. Habile, insinuant, né pour être l'ornement d'une cour plutôt que le soutien d'une Église. »* De Broglie.

RÉF. : V. Hély, *Eusèbe de Césarée, premier historien de l'Église,* Paris, 1877. – C. Verschaftel, article in *Dictionnaire de théologie catholique* de Vacant et Mangenot, t. 5-II, Paris, 1924. – F. Cayré, *Patrologie et Histoire de la théologie,* t. I, Paris, 1931. – J. Sirinelli, *Les Vues historiques d'Eusèbe de Césarée durant la période phénicienne,* Paris, 1961. – C. Liubheid, *Eusebius of Caesarea and the Arian Crisis,* Dublin, 1978. – T. D. Barnes, *Constantine and Eusebius,* Cambridge (Mass.), 1981.

EUSTATHE de Thessalonique. Évêque byzantin. Né à Constantinople, probablement vers 1106/07, mort à Thessalonique vers 1195. Il vécut sous le règne des empereurs Manuel Comnène, Andronic, Alexis Comnène et Isaac l'Ange. Une fois entré dans la vie monastique, il fut nommé diacre à Sainte-Sophie et remplit différentes charges, dont celles de préposé aux supplices et de maître de rhétorique. En 1175, il fut élu métropolite de Myna en Lycie (Asie Mineure) ; mais comme le siège épiscopal de Thessalonique était vacant à ce moment-là, l'empereur Manuel lui demanda de l'occuper, ce qu'il fit jusqu'en 1194 et peut-être même plus tard. Sa nomination à un poste si important modifia profondément son existence. Alors qu'il avait commencé, en toute quiétude, de patients travaux d'érudition sur la philologie, il dut s'occuper de ses fidèles. Ses responsabilités grandirent encore lors de l'invasion normande de 1185 : il alla jusqu'à affronter le général ennemi et obtint de lui la fin du pillage, un traitement plus humain de la population et la tolérance de l'exercice du culte orthodoxe. Ce sont les souffrances des habitants de Thessalonique pendant le siège et l'occupation qu'Eustathe a racontées dans son *Occupation de Thessalonique* [*De Thessalonica a Latinis capta*]. Par ailleurs, Eustathe déplore le relâchement de la règle monastique et s'applique à le combattre dans un grand nombre de ses ouvrages, et spécialement dans le traité *Sur l'hypocrisie*. Quant à ses œuvres de philologie classique, fruit des travaux menés à bien avant l'épiscopat, ce sont elles qui l'ont rendu célèbre et qui ont fait de lui un des plus savants grammairiens de la civilisation byzantine. Notons plus particulièrement ses travaux sur Homère – v. *Commentaire aux poèmes d'Homère* (*) –, et sur Pindare – v. *Commentaire à Pindare* (*) –, et la paraphrase accompagnée de scolies qu'il a faite à propos de la Périégèse attribuée à Denys le Périégète.

RÉF. : F. W. Schneidewin, Préface au *Pindar Commentary*, 1837. – J.-P. Migne, *Patrologia Graeca*, T. CXXXV, CXXXVI. – J. E. Kalitsunakis, *Mittel- und Neugriechische Erklärungen bei Eustathius*, 1919. – P. Wirth, *Eustathiana. Gesammelte Aufsätze zu Leben und Werk des Metropoliten Eusthathius von Thessalonike*, Amsterdam, 1980.

EUSTATHE MACREMBOLITE. Écrivain byzantin de la seconde moitié du XIIe siècle. Il servit quelque temps à la Cour et entra dans l'administration impériale ; il fut promu successivement à la dignité d'éparque, de grand cartophylaque et de protonobilissime. C'est peut-être à cette époque qu'il écrivit, pendant ses heures de loisir, un roman érotique en prose, les *Amours d'Hysminè et d'Hysminias* (*), imitation des *Aventures de Leucippe et Clitophon* (*) d'Achille Tatios. Mais, pris de dégoût pour les choses de ce monde, il entra dans un couvent. Dès lors, on ne le désigna plus que sous le nom d'Eustathe. Il avait beaucoup de penchant pour la littérature, comme le prouvent ses poèmes, ses devinettes et une de ses lettres, toutes espèces de vanités auxquelles il renonça.

EUTHYME de Tarnovo saint. Écrivain et théologien bulgare. Né vers 1330, mort vers 1402, originaire et patriarche de Tarnovo, une des personnalités les plus fortes et les plus érudites de la Bulgarie médiévale. Il défendit avec beaucoup de force la préservation de la vie culturelle et spirituelle traditionnelle, ayant été fortement opposé au développement européen occidental. Profondément marqué par l'hésychiasme, un courant ascétique et mystique au cœur de la spiritualité de l'Église orthodoxe, il fonda, en 1371, un centre de lettrés, appelé plus tard l'École de Tarnovo. Excellent helléniste, écrivain, traducteur et éducateur, en l'espace d'une vingtaine d'années, il donna la forme la plus achevée de la littérature bulgare au XIVe siècle. Auteur des biographies des saints : saint Jean de Rila, d'Hilarion, évêque de Maglen, de sainte Parascève – v. *La Vie de sainte Parascève de Tarnovo* (*) –, de sainte Philotée ; des *Panégyriques* de Constantin et Hélène, de saint Cyriaque, de Michel de Potouka, de Jean de Polyboton, Euthyme se manifesta comme écrivain novateur qui brisa le schéma traditionnel des genres pratiqués.

Grâce à ses qualités multiples, il fut à l'origine d'une réforme qui porte son nom et qui touche à la fois les domaines religieux, linguistique et littéraire. Sous sa direction on procéda à la révision des livres d'Église qui, au fil des siècles, présentaient des différences notables par rapport aux traductions faites par saint Cyrille, saint Méthode et leurs disciples.

ÉLÉNA FOULLIARON.

EUTROPE (Flavius Eutropius). Historien latin du IVe siècle. De sa vie, on sait peu de choses. Il avait participé à la campagne de

Julien contre les Perses. Neveu et disciple du rhéteur Acace de Césarée, il vécut à Antioche de 355 à 362, fut « magister memoriae » (épistolographe de cour) sous l'empereur Valens, qui lui demanda d'écrire un précis de l'histoire romaine. Ce fut en style clair et simple l'*Abrégé d'histoire romaine* (*) pour lequel il eut recours à diverses sources, principalement à Suétone et aux chroniques impériales. C'est tout ce qui nous reste de ses œuvres, bien que, selon la *Souda*, il ait beaucoup écrit.

ÉVAGRE (Evagrios le Scolastique). Historien ecclésiastique grec. Né à Épiphane de Coelé-Syrie vers 536, mort aux environs de 600. Il fut avocat à Antioche, puis à Constantinople. L'empereur Tibère II le nomma questeur et préfet honoraire. Il écrivit une *Histoire ecclésiastique* (*) en six livres, allant de 431 à 594, qui continue les *Histoires* de Socrate, Sozomène, et Théodoret ; il utilisa également l'œuvre historique du rhéteur Zacharie. Mais, contrairement à ce dernier, il se montre parfaitement orthodoxe et assez impartial ; son histoire est fort précieuse pour la connaissance des controverses christologiques.

ÉVAGRE du Pont. Écrivain mystique grec. Né à Ibora, dans le Pont, aux environs de 346, mort en 399. Il fut lié dès sa jeunesse avec saint Basile, qui lui conféra l'ordre de lecteur, et saint Grégoire de Nazianze, qui l'ordonna diacre à Constantinople, où il demeura quelque temps après le départ de saint Grégoire et acquit une grande renommée de prédicateur. Puis en 382 il se retira définitivement dans un ermitage. Après un bref séjour à Jérusalem, il se rendit, vers 383, en Égypte, d'abord dans les monts de Nitrie, auprès de saint Macaire l'Égyptien, puis dans le désert. Plongé dans la contemplation, il n'en sortait que pour le patient labeur de copiste, qui lui permettait de vivre, ou pour écrire sur des sujets ascétiques. Son œuvre littéraire ne nous est parvenue qu'au travers de nombreuses versions (latines, syriaques et arméniennes) et sous d'autres noms. Les traductions latines sont dues à Rufin et à Gennade ; quant aux textes grecs, ils n'ont pas, en général, survécu aux condamnations lancées contre Évagre par Eutychius de Constantinople qui présidait le cinquième concile œcuménique de Constantinople (553) et ceux qui suivirent. En fait Évagre fut un disciple d'Origène. Nous possédons d'amples fragments des commentaires sur *Les Proverbes* et *Les Psaumes* (Évagre commenta également Job et d'autres livres saints) ; de lui, nous avons aussi l'*Antirrheticus* (*), *Le Moine ou De la vie active* (*), composé de deux parties ; *Vie active* et *Vie gnostique ;* en version syrienne, soixante-sept *Lettres ;* deux *Miroirs de vertu,* composés l'un pour les moines, l'autre pour les nonnes ; un *De Oratione* et un *De Malignis Cogitationibus,* qui fut attribué à un moment donné à Nilon d'Ancyre ou à Nilon le Sinaïtique. Mais Évagre préférait s'exprimer sous forme de maximes ; à ce genre se rattachent les six cents *Problèmes gnostiques* dont nous possédons des versions syriaque et arménienne, disposés en six groupes de cent, sans ordre défini, sur divers arguments dogmatiques et ascétiques, et *Les Maximes* (quatre séries et les *Capitula XXXIII per seriem,* en grec). L'influence d'Évagre fut considérable.

RÉF. : A. Guillaumont, *Les Kephalaia gnostica d'Évagre le pontique,* Paris, 1967.

EVANS-PRITCHARD, sir Edward Evan. Anthropologue anglais. Né à Crowborough (Sussex) en 1902, mort à Oxford en 1973. Spécialiste des populations de la région du Nil Blanc (Azande, Nuer, Dinka, Shilluk, Anuak, Luo), théoricien des systèmes de pouvoir dans les sociétés sans État, inventeur d'un modèle d'analyse comparative associant les groupes d'unifiliation aux groupes territoriaux, il a joué un rôle décisif dans l'histoire de l'ethnologie africaniste et dans celle de l'anthropologie politique. Son œuvre, sa personnalité et sa carrière l'établissent en outre comme le fondateur incontestable de l'anthropologie structurale britannique.

Élève puis collaborateur de C. G. et B. Z. Seligmann, c'est sous leur direction qu'il entreprendra ses premières recherches au Soudan anglo-égyptien après avoir suivi les enseignements de Malinowski — vis-à-vis duquel il restera toujours assez réservé — et de A. R. Radcliffe-Brown qui lui a fait découvrir É. Durkheim et la sociologie française.

De 1926 à 1940, Evans-Pritchard n'interrompt de longs séjours sur le terrain que pour de brèves périodes d'enseignement à la London School of Economics, à l'université Fuad Ier du Caire où il occupe la chaire de sociologie (1932-34) et à Oxford.

Son premier livre, *Sorcellerie, oracles et magie chez les Azandé* (*) (1937), présente un exposé des croyances et des pratiques rituelles des Azandé. Ce travail suscitera par la suite en Grande-Bretagne un débat passionné sur la question de la « rationalité » (*rationality*) des croyances non scientifiques mais pratiquement efficaces que l'on peut observer dans des sociétés non occidentales.

En 1940 le gouvernement britannique utilise les compétences d'Evans-Pritchard pour organiser la révolte des Anuak contre les Italiens qui occupent l'Éthiopie avant de l'envoyer en Syrie auprès des Bédouins Alaouites. Conseiller de 1942 à 1944 de l'administration militaire en Cyrénaïque, Evans-Pritchard étudie la confrérie musulmane Sanussi ; l'ouvrage qu'il publie sur elle en 1949 témoigne de préoccupations historiques qu'il juge inséparables de toute anthropologie.

Après un bref passage à Cambridge en 1945,

« E.P. », comme l'appellent désormais ses élèves et collègues, succède l'année suivante à Radcliffe-Brown à la chaire d'anthropologie sociale d'Oxford, qu'il occupera jusqu'à son départ à la retraite. Un titre de noblesse vient alors reconnaître ses mérites. Il meurt en 1973, laissant une bibliographie de plus de quatre cents titres.

Pour l'essentiel, le nom d'Evans-Pritchard demeure attaché à l'ethnologie des Nuer, chez lesquels il est arrivé en 1930, après que plusieurs campagnes militaires eurent ravagé leur pays et dont il ne gagnera jamais la confiance. Il leur consacrera néanmoins trois ouvrages et une centaine d'articles.

L'année où paraissent *Les Nuer* (*) (1940), Evans-Pritchard publie une analyse des institutions politiques Anuak et co-dirige avec Meyer Fortes la publication de l'ouvrage collectif *Systèmes politiques africains* (*) qui jette les bases d'un projet comparatif auquel les travaux sur les Nuer servent de modèle.

Il faut attendre la Marett Lecture en 1950 (« Social Anthropology Past and Present ») publiée en 1962, pour que s'affirme publiquement la rupture avec Radcliffe-Brown et, par-delà, avec une tradition d'étude clairement fonctionnaliste de la société que sa propre œuvre avait contribué à renouveler. Evans-Pritchard introduit ainsi une véritable révolution dont, par des cheminements différents, le structuralisme français, avec Lévi-Strauss, découvrait parallèlement la portée. Pour simplifier, sans doute à l'excès, disons que, soucieux jusqu'au scrupule d'une interprétation correcte des faits, Evans-Pritchard se méfiait de grands systèmes intellectuels : sa force était dans le travail de terrain, il demeurait d'un scepticisme invétéré quant à la possibilité d'un savoir pleinement objectif. Ces deux grands anthropologues contemporains suivaient donc des chemins différents, attirés par des problèmes différents et travaillant de façon différente. « De la même façon qu'un linguiste n'apprend pas seulement à comprendre, parler et traduire une langue étrangère, mais cherche aussi à assimiler ses règles phonologiques et grammaticales, de même l'anthropologue ne se contente pas d'observer et de décrire la vie sociale d'un peuple primitif ; il cherche à connaître l'ordre structural sous-jacent et les configurations qui, une fois établies, lui permettront de percevoir l'ensemble comme la conjugaison d'abstractions interdépendantes », déclare Evans-Pritchard dans son livre *Anthropologie sociale* [*Social Anthropology*, 1951].

DENISE PAULME.

EVELYN John. Mémorialiste et polygraphe anglais. Né à Wooton (Surrey) le 31 octobre 1620, mort dans cette même ville le 27 février 1706. Il était un type parfait de gentilhomme campagnard ; ayant étudié le droit au Middle Temple et à Londres, il s'était engagé dans l'armée hollandaise. Il regagna l'Angleterre lorsque la guerre civile y éclata, et se rangea du côté du roi. Entre 1643 et 1647, il voyage en Italie, en France et en Hollande, où il fait une ample moisson d'observations destinées à ses *Mémoires 1641-1706* (*). Après la défaite des monarchistes à Worcester (1652), Evelyn se retire à la campagne, où il vivra une quarantaine d'années, écrivant, étudiant et jardinant. Mais il reprend une place importante dans la vie publique au lendemain de la Restauration, se montre un membre actif de la Royal Society ; toutefois, en 1694, il s'installe définitivement à Wooton. Son œuvre la plus importante et la plus originale est ses *Mémoires,* rédigés sous forme de journal, et qui brossent un tableau intéressant de la société contemporaine, en même temps qu'ils dépeignent leur auteur. Retenons encore, parmi les œuvres d'Evelyn : *La Vie de Mrs. Godolphin* [*The Life of Mrs. Godolphin*], *Sylva* – discours sur les essences forestières –, et *Fumifugium* – dissertation sur la fumée et le brouillard londoniens.

RÉF. : *The Early Life and Education of John Evelyn,* Maynard Smith, éd., 1920. – C. Marburg, *Mr. Pepys and Mr. Evelyn,* Philadelphie, 1935. – W. G. Hiscock, *John Evelyn and his Family Circle,* Londres, 1956. – G. Keynes, *John Evelyn : A Study in Bibliography,* Oxford, 1968. – B. Saunders, *J. Evelyn and his Times,* Oxford, 1970. – J. Bowle, *J. Evelyn and his World,* Londres, 1981.

EVLIYÂ CELEBÎ (pseud. de Dervîsh ou Hâfîz Mehmed Zillî). Voyageur ottoman. Né à Istanbul le 25 mars 1611, mort dans le dernier tiers de l'année 1684, d'après les ultimes étapes de la rédaction de son œuvre, *Le Livre des voyages* (*). Son père exerçant à la cour ottomane les fonctions de premier orfèvre, le jeune Mehmed Zillî reçoit une éducation soignée à la medersa du *sheykh ül-islâm* Hâmid Efendî, la plus haute autorité religieuse de l'islam ottoman, puis une formation artistique au palais. Cependant une vocation de découvreur l'a déjà saisi, et il commence dès 1630 ses promenades d'exploration à Istanbul. Cette date marque le début d'une vie tout entière consacrée aux voyages, qu'Evliyâ Celebî effectuera pour partie à la suite d'un parent de sa mère, le grand vizir Melek Ahmed Pasha (m. 1662), en qualité de muezzin principal mais surtout de courtisan et d'homme de confiance. Pendant une période de presque quarante ans (env. 1640-1676) Evliyâ décrira ses longs voyages dans les dix volumes de son ouvrage monumental connu généralement sous le titre de *Livre des voyages* (*) ou *Chronique d'un voyageur.* La vie d'Evliyâ ne nous est d'ailleurs connue que par son livre... hélas pas toujours digne de confiance, car l'auteur y fait voisiner sans distinction les informations brutes, les emprunts littéraires extensifs et les purs produits de son imagination. Evliyâ parle peu de lui, mais à l'en croire il aurait parcouru la moitié de l'Europe, serait allé jusqu'aux sources du Nil, et aurait rencontré tous les grands de ce monde. Tout ce que l'on peut affirmer est qu'il semble avoir séjourné huit ou neuf ans en Égypte, au retour d'un pèlerinage à La Mecque en 1671, et qu'il y acheva la dernière partie du *Livre des voyages*. La dernière date indiquée dans son ouvrage est celle du 12 juillet 1676 – cependant Evliyâ relate des événements qui se sont déroulés en 1684... Il passe les toutes dernières années de sa vie à Istanbul, occupé à la rédaction finale, inachevée, de son ouvrage. Comme les grands prosateurs ottomans du XVIIe siècle, Evliyâ Celebî est moins un brillant styliste qu'un homme du concret, confiant au calame le fruit de son expérience au service de l'État. À ce titre, *Le Livre des voyages*, malgré son caractère parfois fantaisiste, et parfois même en raison de celui-ci, constitue un document exceptionnel sur la mentalité de l'élite intellectuelle ottomane au moment où elle s'ouvre à la culture d'une Europe désormais conquérante.

STÉPHANE A. DUDOIGNON.

EVTOUCHENKO Evguéni Alexandrovitch [Evgenij Aleksandrovič Evtušenko]. Poète, prosateur, cinéaste, journaliste, homme public russe. Né au bourg de Zima dans la région d'Irkoutsk en Sibérie, le 18 juillet 1933. Il a été le plus en vue des « jeunes gens en colère » d'U.R.S.S. Première publication de poèmes en 1949 dans le *Journal des sports*. Première plaquette, *Les Éclaireurs de l'avenir* [*Razvedčiki grjaduščego*], publiée en 1952. De 1951 à 1954 il étudie à l'Institut de littérature. Après le XXe congrès du P.C.U.S. vient au premier plan la « quatrième génération » : en poésie avec Evtouchenko, Voznessenski, Akhmadoulina, Rojdestvienski, puis Sosnora et Souleïmenov, et leur aîné Okoudjava.

On retiendra au moins autant le personnage que l'œuvre. À la fois courageux et capable de compromissions, généreux et intéressé, sincère et calculateur, hautain et chaleureux, avide de gloire et modeste, il restera comme une des plus singulières et en même temps des plus typiques incarnations de son temps. C'est dans la première moitié des années 60 que sa gloire est à son zénith. Il est alors un des hommes les plus célèbres de toute l'Union soviétique. Il court le monde, ambassadeur itinérant de la déstalinisation. Au cours d'un séjour à Paris, il rédige et publie en français son *Anthologie précoce*. Certains de ses poèmes de ces années-là resteront comme des témoignages poétiques irrécusables : « Les Héritiers de Staline », « Babï Yar », « L'Idole »...

Imitateur assez scolaire du Maïakovski le plus oratoire dans ses tout premiers poèmes, par la suite Evtouchenko contribuera vigoureusement à l'évolution de la forme poétique. Larges emprunts à l'argot des étudiants et au langage populaire, mais aussi à la langue des journaux. Évolution « à gauche » de la rime, seul le radical des mots rimants étant pris en considération, rimes pour l'oreille, association de mots entiers approximativement homophones, intonations du langage parlé. Textes faits pour la profération, la déclamation devant de vastes auditoires.

Véritable « bête de scène », Evtouchenko excelle dans le ton de la confession et de la dénonciation publiques. Habile à saisir les sentiments, espoirs et aspirations du plus grand nombre à l'époque du dégel, il est de ceux qui attirent à la poésie dans cette période d'immenses auditoires. Il peut alors écrire sans craindre la raillerie : « Les vers sont lus par la Russie presque entière / et c'est tout juste si la moitié de la Russie n'en écrit. » La finesse d'oreille et la vivacité avec laquelle il saisit les structures lui ont permis d'apprendre rapidement les langues étrangères, surtout l'anglais et l'espagnol. La même souplesse d'adaptation se manifeste dans son grand poème narratif de 1965 *L'Hydrocentrale électrique de Bratsk* [*Brackâja GÈS*] que beaucoup de ses admirateurs considèrent comme le sommet de son œuvre. Il est né des séjours que fit Evtouchenko sur le plus grand chantier de Sibérie. Ce poème est une vaste évocation de l'histoire russe d'où ne sont pas exclues les répressions staliniennes. Il est précédé d'une invocation aux plus grands poètes russes dont Evtouchenko pastiche habilement le style. L'ensemble quelque peu chaotique, parfois emphatique (apostrophe de la grande pyramide d'Égypte), superficiel, ne manque pas de souffle. Le premier vers, caractéristique à bien des égards, de ce poème est « En Russie un poète est plus qu'un poète ».

Evtouchenko incarne fougueusement en poésie l'âge médiatique. Mais la nécessité d'être toujours présent sur les écrans réels et imaginaires est source d'une angoisse très sensible dans ses poèmes des années 70 et 80. Elle pousse à un accomplissement dans d'autres genres. En 1981, Evtouchenko publie un roman, *Les Coins riches en baies* [*Jagodnye mesta*], qui connaît un succès de curiosité. En 1982, il réalise un film, *Le Jardin d'enfants*. En 1982 également il publie un grand poème en vers libres, *Maman et la bombe à neutrons* [*Mama i nejtronaja bomba*], largement autobiographique et d'une facture pour lui nouvelle.

Après la destitution de Khrouchtchev, Evtouchenko a eu le courage peu répandu à l'époque d'aller s'entretenir, malgré les attaques assez brutales dont il avait été l'objet de sa part, avec le leader de la déstalinisation. En 1968, il s'est exprimé contre l'intervention en Tchécoslovaquie. À l'époque de la perestroïka, il polémique contre conservateurs et nationalistes, publie dans le magazine « radical » *Ogoniok* une anthologie de la poésie russe du XXe siècle où il redonne toute leur place aux exclus. Dans son livre *Citoyens, écoutez-moi...* (*) (1989) Evtouchenko a réuni dans un ordre chronologique inverse ses poèmes qu'il juge les plus significatifs.

Grand travailleur, Evtouchenko a produit une œuvre abondante dans laquelle le temps fera son tri. Certains ont pu lui reprocher des tendances trop journalistiques ou rhétoriques, un goût trop marqué pour les effets de tréteaux. Il n'en aura pas moins marqué un moment de l'histoire de la culture russe où la poésie s'est soudain emparée du plus grand nombre.

LÉON ROBEL.

EWALD Johannes. Poète et dramaturge danois. Né à Copenhague, le 18 novembre 1743, où il mourut le 17 mars 1781. Il eut une enfance triste et instable et devint orphelin de bonne heure. Il commença des études théologiques qu'il abandonna, fut tambour en Autriche pendant la guerre de Sept Ans ; il rentra vite dans sa patrie (en 1760), content d'avoir vu « des monts et des batailles ». Après avoir terminé ses études théologiques, il se fiança et s'abandonna rapidement à une vie de débauche : le contraste entre la hauteur de son idéal religieux et la bassesse de sa vie quotidienne lui inspira des poésies d'un profond lyrisme qui annoncent le romantisme. C'est de cette époque que date la tragédie *Adam et Ève* [*Adam og Eva*]. Il se retira quelque temps à la campagne à la suite d'une attaque de goutte ; de retour à Copenhague (1771) il s'adonna de nouveau à la boisson et à la débauche, tout en continuant à écrire des poèmes et des drames : *Rolf Krage* (1770) ; *Les Célibataires* [*Pebersvendene*], *Les Applaudissements brutaux* [*De brutale Klappere*, 1771], *Arlequin patriote* [*Harlekin patriot*, 1772], *La Mort de Balder* [*Balders Död*, 1775]. Contraint de quitter de nouveau la capitale, il passa deux années paisibles, de 1773 à 1775, à Rungsted, se consacrant à la poésie : *Les Béatitudes de Rungsted* [*Rungste de Lycksaligheter*], et à une étude subtile et très intéressante, qui fut publiée après sa mort, *Vies et Pensées* [*Levned og Meninger*, 1804-1808]. Il se remit à boire et dut être transporté non loin de là, à Humlebaek, où une crise religieuse donna plus de profondeur, dans le sens spirituel, à son lyrisme : *Ode à l'âme* [*Ode til sjaelen*]. Il retourna en 1777 à Copenhague, où il passa ses dernières années tourmenté par la goutte, mais jouissant d'une plus grande sérénité et du succès de ses œuvres ; tout particulièrement du drame musical *Les Pêcheurs* (*) (1778).

RÉF. : Chr. Molbech, *Ewalds Levnet*, 1831. – M. Hammerieh, *Ewalds Levnet*, 1860. – A. D. Jœrgensen, *J. Ewald*, 1888. – L. Magon, *D. Klopstockzeit in Dänemark*, 1926.

EYVIND SKALDASPILLIR Finnsson. Poète et guerrier norvégien. Né vers 910, d'une famille apparentée au roi Harald – « à la belle chevelure » –, mort vers 990. Personnalité d'un grand relief, que ses contemporains affublèrent du surnom de « skaldaspillir » (destructeur des scaldes, plagiaire), parce qu'il avait imité, dans l'éloge du roi Haakon – v. *Chants d'Haakon* (*) –, d'autres chants, tels que les *Eirixsmal* et les *Ynglingatal*. Eyvind fournit, presque sous une forme typique, un exemple de l'incompréhension, due à sa mentalité de polythéiste germanique, de la doctrine chrétienne qu'en Norvège le souverain imposait particulièrement, étant un allié de l'Église catholique. Eyvind conserva toujours sa fidélité à son précédent maître, refusant de servir le nouveau roi (auquel il n'épargna pas de sévères critiques) ; cette fidélité, tandis qu'elle illumine la personnalité morale de ce guerrier-poète profondément conscient de l'indépendance et de la dignité de son art, donne de précieuses indications sur les rapports entre le roi et son entourage dans le cadre social de l'époque. Ses poèmes furent édités en 1908 par F. Jónsson dans le tome I de ses *Norks-islandske Skaldedigtning*.

ÉZÉCHIEL. L'un des quatre prophètes du peuple hébreu, ayant vécu au temps de l'exil (VIe siècle av. J.-C.), dont le nom signifie « Dieu réconforte ». Après avoir lutté en vain pour empêcher la catastrophe nationale (587 av. J.-C.), il renforça par ses visions la confiance en un avenir plus glorieux que le peuple juif conserva toujours, même en ses pires vicissitudes. Véritable poète, mais très austère, il prédit avec une pénétration extraordinaire les horribles malheurs qui devaient frapper les ennemis d'Israël – v. *Ézéchiel* (*) *(Livre d')*. Déporté en même temps que Jékonias et l'élite de la nation, à la suite de la prise de Jérusalem par Nabuchodonosor en 597, il aimait à évoquer le futur temple d'Israël, devant tous ceux qui se réunissaient dans sa petite maison, sur les rives du fleuve Kébar, en Babylonie. Il fut appelé à la mission prophétique par une de ses extases au cours de laquelle il vit un char étrange dont les roues tournaient à une allure vertigineuse, entouré de silhouettes fantastiques. À partir de ce moment, les visions hallucinantes se succédèrent, qu'Ézéchiel traduisait en accomplissant des actes prophétiques, en se livrant à des sortes d'oracles mimés qu'il accompagnait généralement d'un commentaire destiné à en préciser le sens. C'est ainsi que pour signifier à ce peuple endurci son inévitable dispersion, il brûla un tiers de ses cheveux, coupa le second tiers avec une épée et dispersa au vent les cendres du reste. Ce fut lui qui, toujours inspiré du Très-Haut, donna au peuple hébreu sa première impulsion tendant vers un individualisme religieux. La vérité n'ayant jamais plu à personne, il fut fort mal accueilli en Judée par ses compatriotes qui le détestaient parce qu'ils redoutaient ses prophéties catastrophiques. Selon une tradition dont l'origine est assez douteuse, il serait mort en exil, tué par un prince hébreu qu'il avait blâmé pour son idolâtrie. Certains prétendent que sa tombe se trouverait à Bagdad.

♦ *« Ézéchiel est le devin fauve génie de caverne. Pensée à laquelle le rugissement convient. Maintenant, écoutez. Ce sauvage fait au monde une annonce, laquelle ? Le progrès. Rien de plus surprenant. Ah ! Isaïe démolit ? Eh bien ! Ézéchiel reconstruira. Isaïe refuse la civilisation, Ézéchiel l'accepte, mais la transforme. »* Victor Hugo, *William Shakespeare.*
♦ *« Sa manière de concevoir, comparée à celle du poète de la bonne époque, représente une sorte de romantisme et signale déjà le tour nouveau que l'imagination des Hébreux prit sous l'action du génie babylonien et persan. »* Renan.

RÉF. : J. Lajéiak, *Ézéchiel, sa personne et son enseignement*, thèse, Paris, 1905. – Harwey-Jellie, *Ezekiel, His Life and Mission*, Édimbourg, 1906. – G. Höscher, *Ézéchiel*, 1924. – A. Bertholet, *Ézéchiel*, 1936. – P. Auvray, *Ézéchiel*, 2e éd., Paris, 1947. – J. Steinman, *Le Prophète Ézéchiel et les Débuts de l'exil*, Paris, 1953. – L.-J. McGregor, *The Greek Text of Ezekiel : An Examination of Its Homogeneity*, Atlanta, 1985. – W. Brueggemann, *Hopeful Imagination : Prophetic Voices in Exile*, Philadelphie, 1987 ; – R. W. Klein, *Ezekiel : The Prophet and His Message*, Columbia, 1988. – P. Joyce, *Divine Initiative and Human Response in Ezekiel*, Sheffield, 1989.

EZNIK de Kołb. Dignitaire religieux, théologien et traducteur arménien. Né au bourg de Kołb, dans la plaine de l'Ararat, vers 380, mort vers 450. Il est un des auteurs les plus importants de son époque. Disciple des saints Sahak et Mesrob, il fut du nombre des « Premiers traducteurs » qui firent connaître au peuple arménien, par d'excellentes versions, l'Écriture sainte et le patrimoine de la patristique grecque et syriaque (outre ces deux langues, Eznik connaissait le persan). Nous savons par Moïse de Khorène que c'est Eznik qui rapporta d'Edesse, où il avait été envoyé dans ce but, des manuscrits syriaques de l'Écriture. Par la suite, il se rendit à Constantinople dans le même dessein, pour la version grecque, et rapporta aussi en Arménie les canons du concile d'Éphèse (431). On pense également qu'il fut élu évêque de Pagrevan et participa en cette qualité au concile national arménien d'Artachat (449). Eznik n'était guère connu par la tradition que comme traducteur, et c'est seulement au XVIIIe siècle que l'on découvrit et publia son important *Contre les sectes* (*), traité de controverse. On doit encore à cet auteur des *Préceptes moraux* (attribués par certains à saint Nil), un *Traité de rhétorique*, et un *Traité des règles monastiques.* Il écrivit enfin des *Homélies*, presque toutes perdues. Les autres œuvres qui lui sont attribuées sont apocryphes.

RÉF. : J. Michel Schmid, *Des Wardapel Eznik von Kolb « Wider die Sekten »*, Vienne, 1900. – L. Petit, article in *Dictionnaire de théologie catholique* de Vacant et Mangenot, t. 5-II, Paris, 1924. – L. Mariès, *Le « De Deo » d'Eznik de Kolb connu sous le nom de* « Contre les sectes », *Revue des études arméniennes*, 1924-25.

EZZO de Bamberg. Clerc de Bamberg qui vécut au XIe siècle, auteur d'un chant connu sous plusieurs noms : *Cantilèna de Miraculis Christi, Discours de la vraie doctrine, Chant du salut, Chant d'Ezzo* (*). Ezzo aurait composé ce chant à l'instigation de son évêque Günther entre 1057 et 1065, avant le pèlerinage en Terre sainte que celui-ci organisa, à l'occasion de prophéties millénaires renouvelées concernant le proche Jugement dernier. Une strophe d'introduction intercalée dans le manuscrit de Vorau nous dit au contraire que l'évêque Günther ordonna à Ezzo de composer ce chant et à un certain Willo (plus tard, de 1082 à 1085, abbé de Michelsberg) de le mettre en musique. Ce chant aurait réussi à convaincre une grande foule de gens de prendre l'habit monacal.

F

FABRE Émile. Auteur dramatique français. Né à Metz le 24 mars 1869, mort à Paris le 25 septembre 1955. Fils d'un régisseur de théâtre, il fit ses études à Marseille et entra d'abord dans le journalisme. Son talent précoce le fit débuter au théâtre en 1894 avec une pièce en cinq actes : *Comme ils sont tous*, à laquelle succèdent *L'Argent* (1895) et, deux ans plus tard, *Le Bien d'autrui* (1897). Mais dès 1899, il élargira sa manière : *Timon d'Athènes* (*) en est la preuve. Dès lors, Fabre a trouvé sa voie : ayant le goût de la satire sociale, il étudiera sans relâche les vices que l'argent introduit dans le monde de la politique française, dans la métropole comme aux colonies : *La Vie publique* (1901), *Les Ventres dorés* (1905) (*), *Les Sauterelles* (1909). Par son allure un peu hautaine et sa sécheresse volontaire, le style de Fabre accuse l'influence de Becque. Ce style se retrouve dans ses tragédies familiales : *La Maison d'argile* (1907), *Les Vainqueurs* (1908), *Un grand bourgeois* (1914), *La Maison sous l'orage* (1920). Dans ses tableaux de la vie sociale comme dans ceux de la vie familiale, Fabre s'est toujours gardé de modifier sa manière : il ne pêche pas plus du côté de la charpente que de celui de la documentation. Son chef-d'œuvre restera sans doute *Les Ventres dorés*. Grand admirateur de Balzac, il a adapté deux de ses romans : *La Rabouilleuse* (1903) – d'après *Un ménage de garçon* (*) – et *César Birotteau* (1911) – v. *Grandeur et décadence de César Birotteau* (*). Ajoutons qu'Émile Fabre fut administrateur du Théâtre-Français de 1913 à 1936 ; il publia ses observations sur le théâtre en 1947 sous le titre : *De Thalie à Melpomène*.

RÉF. : Albert-Émile Sorel, *Essais de psychologie dramatique... Émile Fabre*, 1910. – Henry Bordeaux, *La Vie au théâtre*, 1910-1921. – Paul Flat, *Figures du théâtre contemporain*, 2e série, 1913. – Hans Beck, *Die sozialen Dramen Emile Fabre's*, Nuremberg, 1937.

FABRE Ferdinand. Romancier français. Né à Bédarieux (Hérault) le 9 février 1827, mort à Paris le 11 février 1898. Fils d'un architecte, il fit ses premières études avec un oncle qui était le curé de Camplong, puis les continua aux séminaires de Saint-Pons et de Montpellier. Mais, ne se sentant pas la vocation religieuse, il renonça à la vie ecclésiastique. Cette grave crise de conscience décida de sa carrière littéraire ; il la retrace en effet dans son œuvre intitulée : *Ma vocation* (1889, éd. définitive 1908). Il se rendit à Paris où il fut quelque temps secrétaire d'un avocat. Un recueil de vers *Feuilles de lierre,* qu'il publia en 1856, passa inaperçu. Après être retourné, pour raison de santé, dans son Midi natal, il revint à Paris où il fut nommé conservateur de la bibliothèque Mazarine (1883). Sa production littéraire est vaste et variée. Ses deux premiers romans *Les Courbezon* et *Julien Savignac* (1863) parurent sous le titre commun de *Scènes de la vie cléricale ;* ils furent couronnés par l'Académie et furent l'objet d'une critique élogieuse de Sainte-Beuve. Ses autres livres décrivent presque tous l'atmosphère de sa première jeunesse : *Mademoiselle de Malavieille* (1865), *L'Abbé Tigrane, candidat à la papauté* (1873) (*), *Lucifer* (1874), *Le Marquis de Pierrerue* (1874) – qu'il récrivit en 1890 sous le titre de *Un illuminé –, Barnabé* (1875), *La Petite Mère,* grande étude romancée en quatre parties (1876-1878), réduite ensuite à un volume sous le titre de *Madame Fuster* (1887), *Mon oncle Célestin,* et encore *Le Roi Ramine* (1884), *Jean* (1886), *Toussaint Galabru* (1887), *Norine* (1889), *L'Abbé Roitelet* (1890), *Xavière* (1890), *Sylviane* (1891), *Germy* (1891), *Mon ami Gaffarot* (1893). *Le Chevrier* (1868) était un roman champêtre écrit dans la langue du XVIe siècle. Ferdinand Fabre écrivit encore *Le Roman d'un peintre* (1878), où il retrace la jeunesse et les études artistiques de Jean-Paul Laurens, et *L'Hospitalière* (1880), drame paysan en cinq actes qui ne fut jamais représenté. Ses meilleures pages sont celles qui mettent en scène, dans leur cadre, les Cévenols qu'il a bien connus.

RÉF. : F. Duviard, *Ferdinand Fabre*, Cahors, 1928. – Anna Eichhorn, *Ferdinand Fabre. Sein Leben und seine Werke*, Vienne, 1949.

FABRE Jean-Henri. Naturaliste français. Né à Saint-Léons (Aveyron) le 22 décembre 1823, mort à Sérignan (Vaucluse) le 11 octobre 1915. Figure très populaire d'instituteur à peu près autodidacte, représentant d'une époque où l'amour naïf et spontané de la nature se faisait science et où le positivisme scientifique devenait poésie. Dans sa jeunesse, très pauvre, il vécut péniblement de travaux agricoles ; c'est probablement de ce contact avec les plantes et les petits animaux qui peuplent la campagne que date cet amour minutieux et patient pour les choses de la nature, et en particulier pour les insectes, qui devait lui donner une grande renommée. Tout en travaillant et observant autour de lui, il étudiait sans aucun maître : il put ainsi entrer à l'école normale d'Avignon. Ayant obtenu le titre d'instituteur, il enseigna à Carpentras, puis à Ajaccio, tout en poursuivant ses recherches entomologiques et en rédigeant de nombreux textes scolaires destinés à l'enseignement des sciences, particulièrement de la botanique. En 1852, il obtint la chaire de chimie au lycée d'Avignon où il devait rester jusqu'en 1871. À cette époque, désormais tranquille au point de vue financier (ses œuvres étaient déjà très répandues), il abandonna l'enseignement et se retira à la campagne. À partir de 1878, il vécut à Sérignan, où il mourut. Parmi ses œuvres, celles qui eurent une réputation mondiale sont les *Souvenirs entomologiques* (*) ; dix volumes ou plutôt dix séries d'essais publiés entre 1879 et 1907 ; l'édition définitive fut publiée à Paris de 1919 à 1925.

♦ *« L'œuvre de Fabre tient du miracle. »* Louis Bouvier. ♦ *« La vie de Fabre est une véritable épopée, où cet enfant de Rouergue, sans maître et presque sans livres, conquit ses grades universitaires de haute lutte et acquit une instruction scientifique supérieure à celle de son temps. »* Louis Mangin. ♦ *« Ce ne fut pas seulement un homme de science, mais aussi un poète. »* Émile Borel.

RÉF. : Y. Delange, *Jean-Henri Fabre, naturaliste total et pédagogue du XIXᵉ siècle*, 1981. – M. Mauron, *J.-H. Fabre, à la rencontre de l'homme et du poète dans le savant*, 1981.

FABRE Lucien. Écrivain français. Né à Pampelonne (Tarn) le 14 février 1889, mort à Paris le 26 novembre 1952. Ingénieur de son état, ce grand ami de Barrès, qui devait ensuite prendre rang de premier disciple de Valéry, se fit d'abord connaître par un essai remarquable sur *Les Théories d'Einstein* (1921). Dans le même domaine, il publia par la suite *La Science et les origines de l'homme* (1926) et un *Essai sur le génie de Copernic* (1926). Féru, par ailleurs, de poésie, il fit paraître en 1923 *Vanikoro* et, l'année suivante, *Connaissance de la déesse* (+), un autre recueil de vers. Lucien Fabre a écrit, en outre, trois romans : *Rabevel ou le Mal des ardents* (*) (1923) qui obtint le prix Goncourt, le *Tarramagnou* (1925) et *Le Paradis des amants* (1931). Philosophe avec l'*Essai sur le génie de Copernic* (1926) et *Le Rire et les Rieurs* (1929), il fit, sur la fin de sa vie, œuvre d'historien, en écrivant deux monographies : *Jeanne d'Arc* (1947) et *Saint Augustin* (1951). Valéry voyait en l'auteur « un homme de la Renaissance » égaré dans notre époque. Fabre, en effet, s'intéressait à l'art autant qu'à la science, sans cesser de mener la vie la plus active. Son aptitude à passer d'un domaine à l'autre tenait du prodige. Par son universalité, il demeure, à n'en pas douter, un des esprits les plus originaux de son temps.

FABRE D'ÉGLANTINE (pseud. de Philippe François Nazaire Fabre). Auteur dramatique français. Né à Limoux (Aude) le 28 décembre 1750, mort à Paris le 5 avril 1794. Fils d'un marchand drapier, il est d'abord destiné à l'Église, prend l'habit chez les Frères de la doctrine chrétienne et enseigne au collège de Toulouse. Le prix (un lys d'argent, et non pas l'églantine d'or dont il prétendait tirer son surnom) qu'il remporte en 1775 aux Jeux floraux, pour un sonnet à la Vierge, le décide sans doute à tenter sa chance dans le monde et dans la littérature et, à vingt ans, il abandonne la soutane. C'est le début d'une vie errante : on voit Fabre d'Églantine à Liège, puis à Chalon, puis à Lyon ; il fait partie quelque temps d'une troupe de comédiens, puis s'essaie comme compositeur de musique, écrit des odes, commence un roman comique. Venu se fixer à Paris en 1787, il fait représenter la même année aux Italiens une comédie, *Les Gens de lettres,* et au Théâtre-Français une tragédie, *Augusta,* qui n'ont, l'une et l'autre, aucun succès. Fabre d'Églantine a pourtant d'incontestables dons de poète comique, l'esprit d'observation, la vigueur d'imagination, qui commencent à s'affirmer dans *L'Amour et l'intérêt* (1789), *Le Présomptueux* (1789), puis dans *L'Intrigue épistolaire* (1791) – où l'on trouve un amusant personnage de peintre qui ne serait autre que Greuze – et surtout dans *Le Convalescent de qualité,* histoire d'un aristocrate tombé malade en mai 1789, sorti seulement de son lit en 1790, et dont les étonnements devant les transformations apportées dans les mœurs quotidiennes par la Révolution fournissent le prétexte à maints épisodes bouffons. Mais la politique, qui n'avait encore place dans cette pièce que d'une manière plaisante, va bientôt prendre tout entier Fabre d'Églantine et orienter ce poète léger vers le théâtre à thèse et la prédication d'une nouvelle morale sociale, dans *Les Précepteurs,* où les principes éducatifs de Rousseau sont victorieusement opposés à la pédagogie traditionnelle – mais l'œuvre ne sera représentée qu'en 1799, avec un grand succès d'ailleurs. C'est encore l'inspiration de

Jean-Jacques, exaltant Alceste, personnification du citoyen vertueux et sensible, contre Philinte, l'aristocrate doucereux et perfide, qu'on retrouve dans la meilleure pièce de Fabre, *Le Philinte de Molière ou la Suite du Misanthrope* (1790). Passionné par le mouvement social dès 1789, à la fois cordelier et jacobin, Fabre contribue à préparer les journées du 20 juin, devient secrétaire de Danton et député de Paris à la Convention, où il vote la mort du roi et montre sa violence en de nombreuses occasions, par exemple contre ses anciens amis girondins. En janvier 1794, accusé d'avoir reçu cent mille francs des administrateurs de la Compagnie des Indes pour falsifier à leur profit un décret de confiscation, il est arrêté et jugé par le Tribunal révolutionnaire en même temps que Danton, Camille Desmoulins, Hérault de Séchelles, etc., qui se plaignirent hautement d'être ainsi « accolés à un voleur » — bien qu'il paraisse aujourd'hui prouvé que Fabre ait été innocent et victime d'une machination. Il fut guillotiné avec les autres dantonistes. Aigri, de caractère assez déplaisant, poète au style des plus négligés, c'est à sa célèbre chanson *Il pleut, il pleut, bergère* (*) et à sa participation à l'établissement du calendrier révolutionnaire que Fabre d'Églantine doit de n'être pas tout à fait oublié, plus qu'à son *Philinte*.

♦ *« Il regardait les avis comme des pièges et les critiques comme des injures. Il avait cependant de l'esprit naturel, et même son talent ne pouvait guère être autre chose ; car on peut conclure de ses récits qu'il manquait d'étude et d'éducation. L'ignorance de la langue y est portée à un excès que l'on ne retrouverait dans aucun écrivain depuis cent cinquante ans que la langue est fixée... »* La Harpe. ♦ *« Il fut prometteur du régime révolutionnaire, et son panégyriste ; l'ami, le compagnon, le conseiller des proconsuls qui portèrent dans toute la France le fer, le feu, la dévastation et la mort. Je ne sais si ses mains furent souillées de dilapidations, mais je sais qu'il fut promoteur d'assassinats... Pauvre avant le 2 septembre 1792, il eut ensuite hôtel, voiture, gens, filles... »* Mercier.

RÉF. : H. d'Alméras, *Fabre d'Églantine,* Paris, 1906.

FABRICI D'ACQUAPENDENTE Girolamo. Médecin italien. Né à Acquapendente, près d'Orvieto, en 1533, mort à Padoue le 21 mai 1619. Sa famille ayant quitté sa ville natale pour Padoue, il étudia la médecine dans cette dernière ville et fut reçu docteur en 1559. Après avoir donné des leçons privées d'anatomie et remplacé plusieurs fois son maître, Gabriele Fallopio, il fut, le 11 avril 1565, nommé professeur d'anatomie et de chirurgie. Plus tard, il fut admis au collège des philosophes et des médecins. Pour ses leçons d'anatomie, il fit construire à ses frais un amphithéâtre. En 1607, appelé à Venise pour soigner l'historien Paolo Sarpi, membre du Conseil des Dix, qui avait été blessé dans un attentat, il fut fait chevalier de Saint-Marc. Ce grand anatomiste, spécialement versé dans l'anatomie comparée, découvrit les valvules des veines et fut aussi un grand chirurgien. On lui doit un vaste traité intitulé *Opera Chirurgica in duas partes divisa* (1617), dont la première partie, connue sous le nom de *Pentateuque chirurgical* (+), servit beaucoup à Ambroise Paré pour sa *Méthode de traicter les playes faictes par hacquebutes et aultres bastons à feu* (*).

FADEEV Alexandre Alexandrovitch [Aleksandr Aleksandrovič Fadeev]. Romancier russe. Né à Kimry (province de Tver) le 24 décembre 1901, mort à Moscou le 13 mai 1956. Fils de paysans pauvres, il se heurta à de grandes difficultés matérielles quand il voulut faire ses études à Vladivostok. À dix-sept ans, il s'inscrivit au parti communiste, combattit, pendant la guerre civile, contre l'amiral Koltchak, et prit part à la liquidation de la fameuse révolte de Kronstadt, étouffée dans le sang.

C'est en 1927 que parut l'un de ses romans les plus connus : *La Défaite* (*), épisode de la guerre des partisans, où il présentait pour la première fois un personnage qui reviendra assez souvent dans ses œuvres : celui d'un garçon du peuple, rude, enthousiaste et généreux, dont le seul désir est de lutter de manière romantique pour un idéal de justice aveuglément accepté. L'action du *Dernier des Udeghè* [*Poslednij iz Udege,* 1930-36], roman plus ample (il comporte trois volumes), se passe en Orient ; cependant que l'auteur conte l'histoire d'un garçon et d'une fille issus de la bourgeoisie, et qui donnent leur adhésion au communisme, il décrit la vie des Udeghè, peuplade à peu près complètement disparue, habitant dans la région de l'Oussourie et dont les coutumes servent de prétexte à Fadeev pour opposer la collectivité à l'individu. *La Jeune Garde* (*) [*Molodaja gvardija,* 1945] reprend le thème de *La Défaite,* mais se passe pendant la Seconde Guerre mondiale. Un article de Fadeev, qui est une attaque contre le romantisme dans la littérature, s'intitule *À bas Schiller !* [*Doloj Šillera !*]. Fadeev était l'écrivain le plus en vue du régime, et extrêmement populaire. Devenu membre du Comité central du parti communiste, il fut également secrétaire général de l'Union des écrivains soviétiques, de 1947 à 1954. Après la mort de Staline, il fut, lors du XXe congrès du parti communiste russe, violemment pris à partie par son confrère Cholokhov. Cette attaque contre les écrivains qui ne se maintiennent à leur poste que grâce aux appuis politiques, toucha d'autant plus Fadeev que celui-ci, alcoolique invétéré, n'écrivait plus rien depuis deux lustres. Quelques semaines après avoir démissionné de son poste de secrétaire général, Fadeev se suicida.

FAGUET Émile. Critique français. Né à La Roche-sur-Yon (Vendée) le 17 septembre 1847, mort à Paris le 7 juin 1916. Normalien, il passa son doctorat en 1883, choisissant comme sujet de thèse *La Tragédie française au XVIe siècle,* qui reçut les plus grands éloges. Il obtint très vite la chaire de poésie française à la Sorbonne (1897), et tira de ses cours cette *Histoire de la poésie française de la Renaissance au Romantisme* (+), en plusieurs volumes, qui, aujourd'hui encore, est fort utile. Ses qualités de fin psychologue et les excellents éclaircissements qu'il apporta aux problèmes idéologiques reparaissent dans ses *Études littéraires* (*), consacrées chacune à un siècle de la littérature française, du XVIe au XXe, mais brillent particulièrement dans les trois volumes des *Politiques et Moralistes* (1891-1899). Il collabora également à de nombreuses revues comme critique littéraire et dramatique, se montrant toujours fort brillant et spirituel : *Propos littéraires* (1902-1909), *Notes sur le théâtre* (1889-1895), *Propos de théâtre* (1903-1907). Ayant foi dans l'intelligence (dans l'acception, traditionnelle alors en France, d'un rationalisme assez aride), dénué du sens du mystère, il montra, par ses qualités mêmes, quelles étaient ses limites : son incompréhension de la poésie de Baudelaire, et en général de tout le mouvement symboliste dont le mysticisme l'ennuyait, est demeurée célèbre. Il s'occupa en outre de politique théorique, d'un point de vue strictement libéral : *L'Anticléricalisme* (1906), *Le Socialisme* (1907), *Le Pacifisme* (1908), *Le Féminisme* (1910).

♦ *« L'opinion chez M. Faguet devient conviction. C'est peu de dire qu'il ait le courage de ses convictions : il en a l'audace et l'intrépidité. »* René Doumic. ♦ *M. Faguet est, plutôt qu'un étourdi, un aveugle volontaire qui se refuse à voir ce qui ne lui plaît pas. Quand il se trouve contredit par les faits, il feint de les ignorer et conclut à sa fantaisie. »* J.-M. Bernard.

RÉF. : René Doumic, *Écrivains d'aujourd'hui,* 1894. — Alphone Séché, *Émile Faguet,* 1904. — Maurice Duval, *Émile Faguet, le critique, le moraliste, le sociologue,* 1911. — Henry Bordeaux, *Pèlerinages littéraires...,* 1913. — Ernest Seillière, *Émile Faguet, historien des idées,* 1938.

FAGUNDES VARELLA Luiz Nicoláo. Écrivain brésilien. Né le 17 août 1841 à Rio Claro (État de Rio de Janeiro), mort le 18 février 1875 à Nitherohy, près de Rio de Janeiro, dans l'isolement d'une léproserie. Il est un des plus grands poètes romantiques brésiliens. Fils d'un magistrat transféré en plein cœur de l'État de Goias, il eut ainsi, encore enfant, toute facilité de voir de près la vie des Indiens. Il alla à São Paulo, puis à Recife, pour y suivre des cours de droit, mais interrompit ses études à la suite d'un mariage d'amour qui le mit dans l'obligation de travailler immédiatement. L'un après l'autre, la mort lui enleva, dans un très court espace de temps, sa mère, sa femme et son fils unique. Il mena alors pendant un certain temps une vie vagabonde, jusqu'au jour où il essaya, mais en vain, de reconstruire un foyer avant que la maladie ne l'abattît. L'écho de sa tragique existence se retrouve dans sa production poétique très féconde, à commencer par ses livres les plus significatifs : *Voix d'Amérique* (*) (1864), *Contes et fantaisies* [*Contos e phantasias,* 1865] et *Nocturnes* [*Nocturnas*].

RÉF. : Visconti Coaracy, Notice biographique *in* première édition des *Obras completas* de Fagundes Varella, Rio de Janeiro, 1892.

FAIK Sait : v. **Abasïnyanïk Sait Faik.**

FALDBAKKEN Knut. Romancier norvégien. Né le 31 août 1941 à Oslo. Contrairement à un Solstad ou un Fløgstad, dont il est le contemporain, il ne se soucie guère de la réalité sociale de son pays et, restant dans les limites du roman psychologique, s'attache avant tout aux problèmes du couple. À un moment où la femme libérée s'approprie de nouveaux territoires, il est tout spécialement préoccupé de la condition de l'homme, aussi déstabilisé que désemparé, et s'emploie périodiquement à lancer des brûlots générateurs de violentes polémiques. D'abord connu pour son roman *La Maison de sa mère* [*Sin mors hus,* 1969], étude quasi freudienne sur un rapport entre une mère et son fils, il donne ensuite avec *L'Été des insectes* [*Insektsommer,* 1972] une image gentiment caustique des amours adolescentes, puis apporte sa contribution au débat écologique en publiant *Années de disette* [*Uår,* 1974 et 1976], un roman de science-fiction en deux volumes où il nous montre les villes de demain au bord de l'effondrement et des habitants qui n'ont plus d'autres ressources que d'aller s'installer sur les dépôts d'ordures. Paru en 1982, *Le Voyage de noces* [*Bryllupsreisen*] est le roman du scandale. Retraçant l'histoire d'un couple en crise, l'auteur fut aussitôt accusé de machisme, de sadisme, d'exhibitionnisme. À quoi il répondit que tout justifiait son intention de défendre l'homme agressé par dix ans de féminisme, un propos qu'il illustre aussi avec subtilité et élégance dans *La Séduction* (*) (1985) et *Le Monarque* (*) (1988).

ÉRIC EYDOUX.

FALKBERGET Johan Peter. Romancier norvégien. Né le 30 septembre 1879 à Rugldalen, près de Røros, mort le 5 avril 1967 à Røros. Issu d'une famille de mineurs, qui avait travaillé pendant trois siècles dans les mines de cuivre de Røros, il descendait aussi par sa mère d'une famille venue vers 1680 du Jämtland, en Suède. Le père était grand lecteur de Hugo et de Zola, sa mère et son oncle faisaient revivre les vieux contes. Dès son jeune âge, il fut donc plongé dans la tradition familiale et l'histoire. De huit à vingt-six ans, il travailla lui-même à la mine, tout en se préparant méthodiquement à une carrière littéraire. Son premier livre parut en 1901, mais ses véritables débuts littéraires eurent lieu avec le roman *Montagnes noires* [*Svarte fjelde,* 1907]. Après plusieurs romans et recueils de nouvelles, parmi lesquels il convient de citer *Lisbet sur la montagne* (*) (1914), il publia *La Quatrième Veillée* (*) (1923), puis la grande trilogie *Christianus Rex* (1927-1935), dont le personnage principal est la mine elle-même. Il s'agit d'un roman historique, se déroulant au XVIIIe siècle, soigneusement documenté. L'engagement social de Falkberget s'exprime dans la grande suite romanesque *Le Pain de la nuit* [*Nattens brød,* 4 vol., 1940-1959], qui se déroule au XVIIe siècle – le « pain de la nuit » étant le minerai. Il a également publié des recueils de nouvelles, des articles divers et des poèmes.

CARL GUSTAF BJURSTRÖM.

FALLA Manuel de. Compositeur espagnol. Né à Cadix, le 23 novembre 1876, mort en Argentine, à Alta Gracia, le 14 novembre 1946. C'est le plus grand compositeur espagnol des temps modernes et, avec le Hongrois Bartók, le principal représentant du nationalisme musical amorcé au XIXe siècle par Chopin et Moussorgski. Au XXe siècle, cette démarche fut développée et soumise à des critères de sévérité scientifique dans l'étude de l'ethnographie musicale, ne concédant qu'une place de plus en plus restreinte aux attraits superficiels d'un folklorisme pittoresque. Cette impulsion, le portant à approfondir la connaissance des ressources musicales ibériques, lui vint du grand musicologue et folkloriste Felipe Pedrell, dont il fut l'élève jusqu'en 1904, après avoir terminé à Cadix et Madrid les études musicales coutumières et s'être déjà affirmé comme compositeur de populaires et traditionnelles « zarzuelas ». De ce genre théâtral inférieur, il passa, en 1905, à une œuvre véritable, *La Vie brève* (*), drame lyrique en deux actes, qui obtint le prix à un concours de l'Académie des beaux-arts de Madrid, mais ne fut joué qu'en 1913, en France.

Sa carrière de pianiste le mena à Paris, en 1907, pour un séjour qui devait durer jusqu'en 1914 et marquer profondément son développement artistique. Il y connut les impressionnistes, devint l'ami de Debussy, Ravel, Florent Schmitt et Paul Dukas, et ces expériences culturelles firent de lui un musicien moderne, l'incitant à dépasser le naturalisme mélodramatique de *La Vie brève.* À Paris, l'inspiration ibérique de De Falla, de provinciale qu'elle était, se fait universelle, par l'assimilation des conquêtes harmoniques et instrumentales les plus récentes. L'œuvre typique de cette symbiose franco-espagnole, ce sont les *Nuits dans les jardins d'Espagne* (*). À Paris il compose, en 1914, les *Sept chansons populaires espagnoles* (+) pour chant et piano, où l'inspiration nationale est plus franche et plus libre d'influences culturelles françaises. Rentré en Espagne à la déclaration de guerre, de Falla affirme, dans les deux ballets, *L'Amour sorcier* (*) (1915) et *Le Tricorne* (*) (1919), ce que nous pourrions appeler la phase riche et luxuriante de son style national espagnol. Dans les aspects de magie et d'enchantements du premier, et plus bourgeoisement comiques et réalistes du second, la couleur nationale s'embrase d'une magnificence de rythmes, d'harmonies et de timbres instrumentaux. L'Espagne qui s'y manifeste est principalement celle de l'Andalousie, à travers les inflexions passionnées de son « cante jondo » (forme dialectale de « cante hondo », chant profond) et l'éclat brillant du chant « flamenco ». Puis une orientation nouvelle intervient dans sa production, une poussée irrésistible vers la simplicité qui se manifeste après 1920, comme si le maigre profil donquichottesque et la rude consistance terreuse du haut plateau de la Manche en déterminaient les formes. Dans ce nouveau style se manifestent les grandes passions musicales du compositeur, toutes orientées vers le caractère linéaire et la clarté transparente des formes : Domenico Scarlatti avant tout, Chopin, et Haydn dont de Falla avait coutume de dire qu'il n'avait écrit ni une note de plus, ni une de moins qu'il n'était nécessaire. Cet idéal de sévère économie des moyens sonores prend corps, principalement, dans trois compositions : le singulier spectacle, *Les Tréteaux de maître Pierre* (*) (1923), tiré d'un épisode de *Don Quichotte* ; le *Concerto* pour clavecin et cinq instruments (1926), et le petit poème *Psyché*, pour voix et instruments (1927). Tandis que le compositeur s'engageait dans cette voie de véritable ascétisme sonore, l'homme accentuait de plus en plus le profond sens religieux qui avait toujours gouverné sa vie et passait par des crises mystiques. Le seul travail mené à terme en ces dernières années est la suite symphonique *Homenajes* (1938) dont les quatre mouvements sont des hommages, respectivement, au musicien espagnol Arbos, à Debussy, à Dukas et à Pedrell. Les seconde et troisième pièces sont des transcriptions orchestrales de pages précédentes, écrites, l'une pour la guitare (1920) et l'autre pour le piano (1936). La dernière pièce est la plus étendue et utilise des thèmes du folklore basque tirés d'une œuvre théâtrale de Felipe Pedrell, *Celestina*, qui ne fut jamais jouée.

Quand la guerre civile déchira l'Espagne, de Falla ne se laissa pas abuser par les apparences de croisade religieuse dont la brutalité fasciste se masquait sous le mouvement phalangiste, et, avec douleur, il quitta sa patrie dès que sa santé chancelante le lui permit, émigrant en Argentine (1939). Il travailla dans ses dernières années à un grand oratorio épique, *L'Atlantide*, œuvre mystérieuse demeurée inachevée et qu'il entendait comme son testament artistique et spirituel, dernier hommage aux valeurs de la foi chrétienne et de la civilisation méditerranéenne qui avaient été l'objet de sa constante vénération. Elle a été terminée par son disciple Ernesto Halffter et créée en 1961.

MASSIMO MILA.

♦ *« Une ferveur douloureuse, une nostalgie qui s'élèvent sans cesse, se spiritualisent toujours, forment le fond du lyrisme ardent dont l'œuvre de De Falla, qu'il le veuille ou non, restera toujours pénétrée. Manuel de Falla s'est élevé à la maîtrise en suivant l'exemple des grands mystiques castillans qui, au milieu des plus dures épreuves, avaient conservé leur allégresse spirituelle, leur goût de l'action, et leur volonté de dévouement. »* Gustave Samazeuilh. ♦ *« Ce pur musicien, cet austère artisan était tout autre chose qu'un esthète. Il considérait la musique comme le moyen qui lui avait été donné de se rendre utile aux autres hommes et aussi comme une aide pour porter sa vie, selon son expression. »* Roland-Manuel.

RÉF. : Roland-Manuel, *Manuel de Falla*, Paris, 1930. – A. Sagardia, *Manuel de Falla*, Madrid, 1946. – J. M. Thomas, *Manuel de Falla*, Palma de Majorque, 1947. – J. Palissa, *Vida y obra de Manuel de Falla*, Buenos Aires, 1947. – Luis Campodonico, *Falla*, Paris, 1959. – Suzanne Demarquez, *Manuel de Falla*, Paris, 1963. – André Gauthier, *Falla*, Paris, 1966.

FALLADA Hans (pseud. de Wilhelm Friedrich Rudolf Ditzen). Romancier allemand. Né à Greifswald (Poméranie) le 21 juillet 1893, mort à Berlin le 5 février 1947. Fils aîné d'un juge, sa timidité le fit échouer au baccalauréat. Il dut choisir une autre orientation et entra à l'École d'agronomie. Il occupa divers emplois d'expert agronome et de comptable ; il fut aussi gardien de nuit, marchand de céréales et agent de publicité. Après la Première Guerre mondiale, il vint s'établir à Berlin et commença à écrire ; il faisait également des traductions et du journalisme. En 1929, il assista comme correspondant d'un journal au fameux procès des paysans de Neumunster, et du compte rendu de ce procès naquit son roman *Paysans, gros bonnets et bombes* [*Bauern, Bonzen und Bomben,* 1930], qui lui valut une grande renommée. Il conquit ensuite une gloire mondiale avec son roman le plus réussi, *Et puis après ?* (*) (1932). Avec le produit de la vente de ses livres, il put s'acheter dans le Mecklembourg une petite propriété qu'il cultiva lui-même avec l'aide de sa famille. Pendant ce temps il écrivit une douzaine de romans, parmi lesquels *Loup parmi les loups* (*) (1932), *Nous avions un enfant* [*Wir hatten mal ein Kind,* 1934], *Pauvre cœur à l'aventure* [*Altes Herz geht auf die Reise,* 1936], *Gustave-de-Fer* (*) (1938), qui ne connurent pas le succès du précédent, et un volume de souvenirs autobiographiques. Les bouleversements causés par la défaite allemande le ramenèrent à Berlin en 1945. Il mourut pour avoir abusé des calmants et des somnifères auxquels une douloureuse maladie l'obligeait à recourir. Sa réputation a sans doute été quelque peu surfaite ; mais ses romans d'un réalisme facile, écrits dans un style volontairement négligé et trivial, offrent un tableau fidèle de la société allemande entre les deux guerres.

RÉF. : *Hans Fallada Werk und Wirkung,* éd. R. Wolff, Bonn, 1983.

FANGEN Ronald. Homme de lettres et critique norvégien. Né le 29 avril 1895 à Kragerø (Telemark), mort le 22 mai 1946 à Oslo. Au lendemain de la Première Guerre mondiale, dans le sillage de la revue *Mot Dag* [*Vers le jour*], nombre d'intellectuels norvégiens, en particulier le « trèfle radical » (Hoel, Øverland et Krog), croient trouver à l'Est la vérité de demain. Fondateur et talentueux animateur de la revue *Vor verden* [*Notre monde*], de 1923 à 1929, Ronald Fangen se posera, au contraire, en rempart de la société « bourgeoise » contre la horde des intellectuels marxisants. Essayiste, romancier ou dramaturge, c'est un auteur prolixe et d'une étonnante vitalité qui se réclame de valeurs libérales imprégnées d'un humanisme chrétien de plus en plus présent avec les années, et même passablement pesant lorsque le réarmement moral fera sentir son influence. La première œuvre de quelque importance, la pièce *Le Jour promis* [*Den forjaettede dag*, 1926], montre la vacuité de l'existence dans une famille riche dépourvue de toute spiritualité. Suivent alors plusieurs romans, en particulier *Erik* (*) (1931), *Duel* [*Duell*, 1936] et *L'Itinéraire d'une femme* [*En kvimes vei*, 1933], où il excelle, s'appuyant sur la psychologie individuelle de Adler, à disséquer les âmes tourmentées et à mettre à jour leurs motivations les plus secrètes. C'est la guerre qui lui inspira son dernier roman *Un ange de lumière* [*En lysets engel,* 1945] où il oppose le sort de deux cousins engagés chacun dans un camp.

ÉRIC EYDOUX.

FANON Frantz. Psychanalyste martiniquais. Né à Fort-de-France le 20 juillet 1925, mort à New York le 3 décembre 1961. Issu de la nouvelle bourgeoisie de couleur des Antilles, il vit son enfance dans l'ignorance des réalités sociales. Il découvre brutalement le racisme avec Aimé Césaire, alors jeune professeur dans son lycée ; il y sera confronté directement pendant la guerre, puis lors de ses études de médecine à Lyon. Un de ses premiers articles paraît en mai 1951 dans la revue *Esprit,* où il prône la réconciliation entre Blancs et Noirs. Parallèlement à ses études, il prépare *Peau noire, masques blancs* (*) qui paraît en 1952. Il éclaire de l'intérieur quelques comportements du colonisé face aux valeurs du colonialisme, comportement névrotique dont il cherche la résolution par la psychanalyse. Devenu psychiatre, il est attaché à l'hôpital de Blida-Joinville (Algérie). Il met en pratique les techniques de thérapie sociale proposées par Tosquelles. À partir de ces recherches, il publie de nombreux essais et articles. Lors de la guerre d'Algérie, il participe activement à la lutte de libération, et s'installe à Tunis. En avril 1961, il entreprend la rédaction des *Damnés de la terre* (*). Condamné par la maladie, il conserve toute sa conscience jusqu'à la mort qui, seule, l'empêche de terminer son ouvrage.

RÉF. : E. Jouve, *« Les Damnés de la terre », Livre-phare pour le Tiers monde* (dans *L'Actualité de F. F. Actes du colloque de Brazzaville*), Paris, 1986. – J.-M. Somgoma, *Comment écouter le cri des « Damnés de la terre »,* ibid.

FANTE John. Romancier et nouvelliste américain. Né le 8 avril 1909 à Boulder (Colorado), mort le 8 mai 1983 à Malibu (Californie). Fils d'immigrés italiens originaires des Abruzzes et installés près des montagnes Rocheuses au début du siècle, John Fante étudia à l'école paroissiale de Boulder, puis dans un établissement scolaire dirigé par les jésuites. Son père, Nick Fante, était un poseur de briques que le froid condamnait chaque hiver au chômage ; sa mère, Mary, trouvait dans la religion une consolation aux problèmes financiers de la famille et aux frasques de son époux, comme en témoignent les romans très autobiographiques de John Fante.

En 1929, Fante commença d'écrire. L'année suivante, il s'installa à Wilmington, Californie, avec sa mère, sa sœur Josephine et ses deux frères Tom et Pete. Son père Nick avait quitté sa mère pour une autre femme, l'abandonnant sans argent. John Fante essaya alors de faire vivre sa famille en prenant des petits boulots sur les quais du port et dans les conserveries de poissons, activités qu'il décrivit ensuite dans *La Route de Los Angeles* [*The Road to Los Angeles,* 1985]. Il suivit des cours d'anglais à l'université de Long Beach. En 1932, John Fante publia sa première nouvelle dans l'*American Mercury,* revue alors dirigée par Henry Louis Mencken, avec qui il resta en correspondance pendant plus de vingt ans, mais sans jamais le rencontrer. Vers cette époque, Nick Fante se remet en ménage avec sa femme, et la famille va s'installer à Roseville, en Californie. John Fante, qui habite désormais Los Angeles, leur rend de fréquentes visites, dont nous retrouvons la trace tardive dans *Les Compagnons de la grappe* [*The Brotherhood of the Grape,* 1977].

Son premier roman, *Bandini* (*), fut publié en 1938. L'année suivante, Fante publia *Demande à la poussière* [*Ask the Dust,* 1939]. Et en 1940, un recueil de nouvelles vit le jour, *Le Vin de la jeunesse* [*Dago Red*].

Dans *Rêves de Bunker Hill* (*) (1982), John Fante raconte ses premiers contacts avec le cinéma et l'écriture de scénarios. Dès 1933, il travaille pour Warner Brothers et entame une longue carrière de scénariste, d'abord à la Warner, puis chez M.G.M., R.K.O., Columbia, Paramount, et de nouveau à la M.G.M. Il a, entre autres, travaillé sur des films comme *Full of Life* (*Pleine de vie,* adapté de son roman, 1956), *Jeanne Eagels* (*Un seul amour,* 1957), *The Reluctant Saint* (*Miracle à Cupertino,* 1961), *Walk on the Wild Side* (*La Rue chaude,* 1961), *My Six Loves* (*Champion,* 1963), *Maya* (1966). Cela ne l'empêcha pas de se plaindre amèrement de son métier de scénariste, ainsi dans une lettre adressée à Mencken, son mentor littéraire : « Le compromis devient de plus en plus difficile à contrôler. Hollywood est un sale endroit. Il tue les auteurs. On meurt jeune et de mort violente, ici. »

En 1937, John Fante se marie et partage dès lors ses activités entre l'écriture et le cinéma. Il est l'ami d'Al Bezzerides, scénariste et romancier comme lui, et de Carey McWilliams, écrivain de Los Angeles. Mais en 1955 John Fante est atteint du diabète, dont les complications le rendront aveugle en 1978 ; il continue néanmoins d'écrire en dictant à sa femme Joyce son dernier roman, *Rêves de Bunker Hill.* Il meurt à 74 ans, écrivain méconnu tant aux États-Unis qu'en Europe.

Comme Raymond Chandler, John Fante fait partie de ces rares écrivains américains qui surent admirablement évoquer la ville de Los Angeles, dans des romans tels que *Demande à la poussière* ou *Rêves de Bunker Hill.* Mais son principal mérite tient à la description du milieu qui fut le sien : les immigrés italiens tiraillés entre leurs habitudes européennes et le mode de vie américain. Les tensions, malentendus et quiproquos qui en découlent constituent les thèmes essentiels de ses livres. Rarement l'enfance et la religion furent aussi bien évoqués, dans une langue simple, tantôt bouleversante d'émotion, tantôt truculente, tantôt franchement comique. Les conflits de générations, le désir d'écrire, l'amitié et l'amour, la révolte adolescente, la vanité de la réussite sont autant de thèmes que John Fante sut aborder avec beaucoup de force et d'originalité.

BRICE MATTHIEUSSENT.

FĀRĀBĪ (al-) Abū Naṣr Muḥammad. Philosophe médiéval d'expression arabe. Né en 872 près de Fārāb (Turkestan occidental), mort en 950 à Damas. Originaire d'une famille de l'aristocratie militaire turque, il fit ses études à Bagdad, où existait alors une importante école philosophique centrée sur l'héritage aristotélicien, dont le corpus était alors disponible en arabe grâce aux efforts de nombreux traducteurs souvent issus des communautés chrétiennes d'Orient (Ḥunayn ibn Isḥāq, 809-873), et à l'appui officiel de certains califes abbassides, notamment al-Ma'mūn (règne : 813-833), fils de Hārūn al-Rashīd, qui fonda en 830 une bibliothèque spécialement consacrée aux sciences de la nature et à la philosophie. Issu d'un milieu social relativement élevé, al-Fārābī semble avoir disposé d'une certaine aisance matérielle qui lui permit de mener une existence indépendante pendant la majeure partie de sa vie ; dans ses toutes dernières années, il exerça cependant la fonction de musicien de cour auprès des princes hamdanites d'Alep, qui furent également protecteurs du poète al-Mutanabbī. Moins connu en Occident qu'Avicenne et Averroès, qui sont en grande partie tributaires de son enseignement, al-Fārābī n'en est pas moins une figure majeure de la philosophie médiévale, comme en témoigne son surnom de « Second Maître », le premier étant Aristote lui-même. Cependant, s'il s'est toujours présenté en disciple du Stagyrite, il n'en intègre pas moins, comme tous les médiévaux, un certain nombre d'éléments néo-platoniciens, notamment la théorie des émanations, introduite dans l'aristotélisme par le biais de la pseudo-*Théologie d'Aristote*, et qui fournissait un compromis viable entre l'affirmation de l'éternité de la matière et le dogme de la Création. Au reste, ce n'est là que l'un des aspects du problème majeur qui se pose alors à la philosophie, aussi bien dans la chrétienté que dans l'islam : celui de définir ses relations avec les religions révélées, et notamment avec celle qui était localement dominante. À cet égard, la position d'al-Fārābī est tout à fait caractéristique d'une époque où la tradition philosophique, exerçant une indiscutable séduction sur une fraction importante de l'élite politique et intellectuelle, vise ouvertement à l'hégémonie culturelle – v. *Le Gouvernement de la cité* (*). S'appuyant sur l'opposition, fortement prégnante dans la culture arabe savante de l'époque, entre la « masse » et l'« élite », il redéfinit cette dernière dans un sens radicalement universaliste, qui correspondait assez bien aux tendances cosmopolites de la société islamique classique ; à cette élite universelle, seule capable d'accéder à une vision rationnelle du monde et de l'action, s'oppose la masse, qui ne peut les appréhender qu'à travers les symboles et les images proposés par la révélation. Celle-ci n'est donc que la transposition des vérités philosophiques dans l'ordre de la « faculté imaginative ». Dépourvue de valeur cognitive, la religion a un simple rôle de régulation sociale ; toutefois, dans la mesure où toutes les philosophies ne sont pas de même valeur, les dogmes révélés qui les transposent ne sauraient être mis sur le même pied. Il est ainsi possible d'affirmer la supériorité de l'islam sur les autres religions, mais aussi de préserver le caractère central de la personne du prophète, conçu principalement dans sa dimension politique de législateur et de réformateur de la société, particulièrement importante dans l'islam officiel. Si la philosophie politique joue un rôle important dans la pensée d'al-Fārābī, ainsi d'ailleurs que chez ses successeurs, la logique et la philosophie du langage ont également été l'un de ses terrains de prédilection. Dans ce domaine, il a en effet exercé une certaine influence sur la tradition linguistique arabe, qui par ailleurs s'est toujours explicitement distinguée de la tradition philosophique, considérée comme « étrangère » et « importée ». De même, sa lecture de la *Poétique* (*) d'Aristote, transposant la notion de « mimèsis » dans le domaine de la métaphore et la liant à la « faculté imaginative », a été reprise, avec des inflexions plus littéraires, dans la rhétorique et la stylistique arabes, notamment chez al-Jurjānī.

JEAN-PATRICK GUILLAUME.

FARADAY Michael. Savant anglais. Né à Newington (Surrey) le 22 septembre 1791, mort à Hampton Court, près de Londres, le 25 août 1867. Fils d'un forgeron originaire du Yorkshire, il entra à treize ans comme garçon de courses chez un relieur de Londres. Il y demeura sept ans et apprit la reliure, ce qui lui permit de compulser quelques encyclopédies. Ainsi s'éveilla son intérêt pour la science. Un client lui donna un jour des billets pour le cours du physicien Davy à la Royal Institution. Il s'appliqua à prendre des notes, dont il fit un recueil avec de belles illustrations, et l'envoya à Davy. Celui-ci le fit engager comme préparateur et, son valet l'ayant quitté, demanda à Faraday de l'accompagner dans un long voyage à l'étranger. La France était alors en guerre avec l'Angleterre, mais ce fut avec un sauf-conduit de Napoléon que les deux hommes débarquèrent à Morlaix, en octobre 1813. À Paris, ils rencontrèrent Ampère, Gay-Lussac, Chevreul, et aperçurent l'Empereur. Si Faraday souffrit d'être traité en domestique par lady Davy, ce voyage de dix-huit mois lui permit du moins de travailler avec le physicien, qui faisait alors ses expériences sur l'iode et sur le chlore, et d'approcher de nombreuses personnalités en France, en Italie, en Suisse et en Allemagne. En 1816, au retour, Faraday travailla avec Davy sur la lampe de mineur, et donna sa première conférence. En 1829, la publication de sa découverte de deux chlorures de carbone appela sur lui l'attention du public. À la même époque, il fabriqua le premier acier inoxydable, sans soupçonner l'importance de sa trouvaille. Mais c'est en 1821 que Faraday fit sa première grande découverte, à la suite des travaux d'Oerstedt, le physicien danois qui, l'année précédente, avait déclaré que l'électricité en mouvement produit de l'énergie magnétique. C'était là le premier aspect des phénomènes électromagnétiques, brillamment exploité par Ampère, qui établit la « règle des trois doigts » (la force exercée par un circuit fermé, sur un élément d'un autre circuit, est dans un plan perpendiculaire à la ligne qui les joint). Faraday, inversant l'expérience d'Oerstedt, découvrit que les aimants exercent une action mécanique sur les conducteurs parcourus par un courant. « J'ai réussi à faire tourner un fil électrique autour d'un pôle magnétique et vice versa », note-t-il dans son *Journal* (*). C'est ainsi que fut inventé le premier « moteur électrique ».

Si, durant les années suivantes, il passa beaucoup de temps à étudier la fabrication des verres optiques, et en 1825 découvrit le bicarbure d'hydrogène (c'est le benzène, qui fut à la source des industries de colorants synthétiques), il poursuivit sans relâche ses expériences sur l'électromagnétisme, et parvint en 1831 à sa découverte majeure, celle de l'induction des courants électriques. Le 29 août, il obtint la certitude qu'un courant peut induire un autre courant dans un circuit différent, et posa en une semaine toutes les bases de l'industrie électrodynamique, ayant trouvé la réponse à sa question : « Comment convertir le magnétisme en électricité ? » Non seulement il décrivit la première dynamo rudimentaire (le 1er octobre, il réussit à induire un courant d'un circuit à l'autre sans l'intermédiaire du fer doux), mais il élabora une théorie descriptive et explicative du phénomène qui est à l'origine des théories d'Einstein sur la relativité. Cependant, pas plus que Davy, il n'était capable de traduire en formules ses recherches, et ce fut Maxwell qui en tira l'interprétation mathématique. Mais Faraday décrivit les « courbes magnétiques » avec tant de précision, et nota avec tant de soin les modifications observées dans les lignes de force que l'on put aisément les mettre en équations. La constance avec laquelle il nota la moindre de ses préparations (et les succès aussi bien que les échecs) fait de son *Journal* (dont la publication intégrale ne fut donnée qu'en 1932-36) un document étonnant, qui le fit reconnaître comme l'un des plus grands expérimentateurs de tous les temps. Einstein a écrit que l'histoire des sciences contenait deux couples d'égale grandeur : Galilée-Newton et Faraday-Maxwell. Faraday poursuivit ses travaux sur l'électrolyse et, ayant établi que l'on peut mesurer une quantité d'électricité par son action de décomposition chimique, il inventa le voltamètre. En 1834, il préconisa des termes comme électrolyte, électrode, anode, cathode, ion, etc., qui sont devenus d'emploi courant. En 1835, il étudia les rapports entre l'électricité statique et l'électricité du courant électrique (expérience des sphères et de l'absorption par des substances diélectriques de l'électricité de charge). En 1840, à la suite de vertiges, il interrompit ses recherches, qu'il ne reprit que cinq ans plus tard, âgé alors de cinquante-quatre ans. Pour sauvegarder son inlassable recherche, il dut écarter bien des sollicitations, et refuser les honneurs qui lui arrivaient avec la gloire. Membre d'une petite secte presbytérienne, il avait épousé à trente-neuf ans la fille d'un joaillier sandemanien, Sarah Barnard, qui en avait vingt et un. Ils n'eurent pas d'enfants, et menèrent une vie simple, entièrement vouée à la science.

En 1845, Faraday reprit donc ses travaux sur les rapports entre la lumière et l'électricité, qui l'amenèrent à une seconde période de découvertes. Étudiant la répulsion du bismuth par un aimant, il établit que l'énergie magnétique, de même que l'énergie électrique, affecte les corps diélectriques, et poursuivit ses recherches sur les champs magnétiques. En 1846, il proposa une théorie électromagnétique de la lumière, et mit en doute l'existence de l'éther. Ses travaux sur les phénomènes de diamagnétisme l'amenèrent, à soixante-neuf ans, à étudier l'action mutuelle entre l'électricité et la gravitation, qui fut démontrée expérimentalement en 1919, quand on observa la déviation des ondes électromagnétiques lumineuses au voisinage du soleil. La dernière recherche du savant, qu'il nota le 12 mars 1862, a trait aux modifications de la réfrangibilité de la lumière sous l'action d'un champ magnétique, expérience qui ne fut réussie que trente-cinq ans plus tard par Zeeman.

En 1854, Faraday avait refusé la présidence de la Royal Society, mais grâce à la protection du prince consort, il finit ses jours dans une maison confortable de Hampton Court. C'est là que mourut le fondateur de l'industrie électrique qui, par l'invention du transformateur et de la dynamo, a ouvert le champ aux applications les plus variées de l'induction, depuis la T.S.F. jusqu'au téléphone, et qui, par sa théorie de la lumière, devait amener Einstein à repenser l'univers.

JEAN DESTERNES.

♦ *« Un phénomène unique en son genre dans l'histoire de la Science. »* W. Ostwald. ♦ *« Faraday combinait une pensée logique à une grande puissance d'invention et d'imagination ; son habileté technique est sans exemple et il n'y a pas de doute qu'il fut un des plus grands, sinon le plus grand savant expérimentateur que le monde ait connu. »* Sir Ambrose Fleming.

RÉF. : J.-B. Dumas, *Éloge historique de M. Faraday,* Paris, 1868. – Bence Jones, *The Life and Letters of Faraday,* 2 vol., Londres, 1869. – Tyndal, *Faraday as a Discoverer,* Londres, 1870. – Gladstone, *M. Faraday,* Londres, 1873. – W. Cramp, *Michael Faraday and some of his Contemporaries,* Londres, 1931.

FARAH Nuruddin. Romancier et dramaturge somalien d'expression anglaise. Né en 1945 à Baidoa. Issu d'une famille du nord de la Somalie, qui fut un temps sous contrôle britannique, Farah finit par choisir de s'exprimer en anglais, manifestant par là que, s'il place ses romans dans la Corne de l'Afrique, c'est de l'Afrique tout entière qu'il veut parler, à des lecteurs de tous pays. Son œuvre, renouvelée dans la forme à chaque roman, présente une vision d'une grande unité. Son premier roman, *Née de la côte d'Adam* [*From a Crooked Rib,* 1970], est l'histoire apparemment simple d'une jeune nomade à la recherche d'une plus grande indépendance dans un pays patriarcal et musulman. Il signala un écrivain original, capable de combiner le ton alerte du conte et des schémas allégoriques et politiques de portée plus universelle. Après *L'Aiguille nue* [*The Naked Needle,* 1976], roman sur la « privilegentzia » qui avait émergé de la Révolution somalie de 1969, texte brillant nourri de références philosophiques et romanesques cosmopolites, Farah centre sur son pays une trilogie de « Variations sur le thème d'une dictature africaine » avec *Lait doux, lait aigre* [*Sweet and Sour Milk,* 1979], *Sardines* (1981), *Sésame, ferme-toi* [*Close Sesame,* 1983]. Nourris de la pensée de Reich sur le pouvoir politique comme prolongement de la structure familiale, ces livres examinent les formes de la complicité terrorisée d'un peuple face à la tyrannie, et la combinatoire redoutable des méthodes policières totalitaires et d'un système d'exactions qui ne laissent pas de traces, dans un pays où l'écriture est encore rare. Les personnages féminins sont traités avec une grande empathie, dans une perspective égalitaire un peu distincte du courant féministe occidental : pour Farah, la violence qui leur est faite est indissociable de l'ordre injuste imposé par une société hiérarchisée, elle-même paralysée par l'arbitraire bureaucratique du dictateur.

La réflexion politique et sociologique fait corps avec l'aspect essentiel de l'écriture du romancier : on entend dans ces récits la voix de la poésie orale somalie. Héritier d'une tradition très vivante, Farah place chaque élément dans une dimension cosmique, utilise une gamme d'images très riche comme ornements précieux ou symboles, joue en permanence sur l'ambiguïté et la richesse des métaphores. Il écrit en anglais pour un public attentif, implicitement aussi prompt à saisir les allusions obliques et à décoder le langage figuré que les auditoires des poètes de son pays. Le premier roman d'une nouvelle trilogie, *Cartes* (*) (1986), s'offre ainsi à des lectures allégoriques, historiques, poétiques. L'attachement fusionnel de la mère au très jeune enfant figure au premier plan, mais cet arrachement inévitable parle en même temps du conflit pour le retour de l'Ogaden, terre que la Somalie dut céder à l'Éthiopie, et pose aussi la question douloureuse de l'identité et de la liberté. Cette question de la rupture nécessaire avec la terre-mère se pose d'autant plus fortement d'œuvre en œuvre que l'auteur a été contraint à l'exil dès ses premiers romans, vivant en nomade d'un continent à l'autre et se servant de sa plume pour donner aux interrogations de son petit pays une place dans le dialogue littéraire international. Il a aussi écrit des pièces pour la radio et une pièce de théâtre *Yussuf et ses frères* [*Yussuf and his Brothers,* 1982]. Romancier singulier et parfois difficile, Farah est l'un des écrivains majeurs de l'Afrique de langue anglaise.

JACQUELINE BARDOLPH.

FAREL Guillaume. Réformateur français. Né aux Fareaux, près de Gap (Hautes-Alpes), en 1489, mort à Neuchâtel (Suisse) le 13 septembre 1565. C'est beaucoup plus parce qu'il fut le chef des réformés à Neuchâtel et à Genève avant Calvin que par son œuvre écrite de polémiste religieux que le nom de Guillaume Farel est connu. Issu d'une famille très catholique, médiocre élève et disciple de Lefèvre d'Étaples auprès de qui il avait assisté à la curieuse tentative de réforme tentée par Guillaume Briçonnet, évêque de Meaux, dans son diocèse, Farel ne disposait pas de la culture nécessaire pour créer une nouvelle doctrine. C'était cependant un propagandiste ardent et zélé, un organisateur entreprenant. Il comprit très vite qu'une des conditions premières de la victoire de la Réforme était la constitution d'Églises solidement établies groupées autour de pasteurs capables d'imposer l'unité doctrinale et d'exercer leur influence sur les pouvoirs publics. Dès 1525, Farel prêchait une réforme radicale. L'agitation qu'entraînait sa prédication le fit chasser successivement de Bâle, de Montbéliard, de Metz. C'est alors qu'il vint en Suisse romande. La situation y était favorable aux réformés, la politique de Berne les appuyait. En 1530, Farel faisait triompher la Réforme à Neuchâtel qui devint à partir de cette date un centre de réfugiés français. C'est là que fut publiée, à l'instigation de Farel, une nouvelle version de la traduction du Nouveau Testament de Lefèvre d'Étaples que Robert Olivier avait soigneusement élaguée de tout ce qui pouvait rappeler les cérémonies de l'Église romaine et qui devint la première bible reconnue des protestants français. Un autre ouvrage, cette fois de Farel, connut un grand succès parmi les huguenots, la *Sommaire et briefve déclaration d'aucuns lieux fort nécessaires à un chacun chrétien* (*) (1525), première somme théologique écrite en français. Mais Farel est avant tout un homme d'action : ce qu'il vise, c'est d'acquérir Genève à la Réforme. En 1530, le parti libéral soutenu par Berne se débarrassait de la tutelle savoyarde ; en 1533 l'évêque dut quitter la ville. Depuis 1532, Guillaume Farel était sur place. Il fit interdire en 1535 la célébration de la messe à l'intérieur des murs. Enfin, le 21 mai 1536, le grand conseil accepta définitivement la Réforme, et Farel commença à travailler à la constitution de l'Église réformée. Mais la tâche était au-dessus de ses forces. Il fallait un grand théoricien pour venir à bout des différentes opinions qui régnaient à Genève et divisaient les réformés. Calvin, qui voyageait alors, vint à passer par Genève. Farel, de vingt ans son aîné, l'y retint et s'effaça devant lui. Dans les mains de Calvin, l'œuvre ébauchée marcha à pas de géant. En novembre 1536, la *Confession de foy,* œuvre de Calvin, contresignée par Farel, était présentée au Grand conseil. Toutefois la réaction de la bourgeoisie à tant d'intransigeance ne tarda pas à se manifester, et les deux chefs religieux furent expulsés (1538). Farel retourna à Neuchâtel, où il devait demeurer jusqu'à sa mort. C'est lui, cependant, qui réussit à persuader Calvin de rentrer à Genève quand il fut rappelé en 1541. Outre la *Déclaration*, Farel a publié quelques traités et opuscules de controverse religieuse : en 1533, *Manière et fasson qu'on tient en baillant le saint baptême ; La Confession de la foy,* *laquelle tous bourgeois et habitants de Genève et subjets du pays doibvent jurer de garder et tenir* (1537) ; *La Sainte Cène du Seigneur*, où apparaît son désaccord avec Calvin sur ce point de doctrine ; en 1550, *Le Glaive de la parole*, et, en 1560, *Du vray usage de la croix.*

RÉF. : *Guillaume Farel (1489-1561), biographie nouvelle écrite d'après les documents originaux par un groupe d'historiens, professeurs et pasteurs de Suisse, de France et d'Italie*, Neuchâtel, 1930.

FARÈS Nabile. Poète et romancier algérien de langue française. Né le 25 septembre 1940 à Collo (Petite Kabylie). Actuellement maître de conférences à l'université de Grenoble. Écrire est chez Nabile Farès indissociable de la blessure. Celle d'un monde « où l'homme tue. Faisant voler la pierre, ou l'argile, là, au-dessus de nous, pour dire : Aucun lieu en ce monde [...] Aucun lieu [...] Que cette déflagration meurtrière de votre terre [...] Oui [...] Une peine à vivre. Qu'une folie à circonscrire [...] Qu'une mort à accomplir... » Son premier roman, *Yahia, pas de chance* (1970) est le récit de l'impossibilité de raconter la guerre (d'Algérie) qu'il a vécue directement avec l'exil du père (Abderrahmane Farès, arrêté en 1961, chef de l'exécutif provisoire en 1962) et son propre engagement au F.L.N., choix volontaire et contraint à la fois, rupture scandaleuse de cette colossale « gloire de vivre » toujours compromise dont Nabile Farès est sans doute l'un des chantres les plus pathétiques, en ce que précisément toute son écriture la développe perpétuellement dans le moment même de sa perte. En ce sens l'écriture de Farès est certes l'inscription même du tragique de « La Découverte du Nouveau Monde », titre qui regroupe en une même trilogie (elle-même brisée par un changement d'éditeur) ses trois textes les plus importants : *Le Champ des oliviers* (+) (1972), *Mémoire de l'absent* (*) (1974) et *L'Exil et le Désarroi* (+) (1976). Or, l'un des lieux majeurs de cette antique gloire de vivre est l'espace mythique de l'ogresse dans le *Champ,* de Kahena, la reine berbère séduite et trahie par l'homme du Livre : l'oralité, expression de l'identité berbère refoulée par les dires univoques des États qui tuent.

CHARLES BONN.

RÉF. : Charles Bonn, *Le Roman algérien de langue française,* Paris, 1984 ; *Nabile Farès, la migration et la marge,* Casablanca, 1986.

FARGUE Léon-Paul. Poète français. Né et mort à Paris : 4 mars 1876–24 novembre 1947. Son enfance fut assombrie par le lancinant mystère dont on entoura longtemps sa naissance – son père, ingénieur de Centrale bientôt renconverti dans la céramique, ayant succombé, ô scandale, aux charmes d'une couturière. Léon-Paul attendra près de trente ans pour voir la situation se régulariser. Secrète blessure et douloureux tourment dans lesquels il faut certainement voir l'origine de sa mélancolie quasi maladive et de son hypersensibilité, lui que « le seul passage d'une pensée à une autre faisait rougir ». Tout naturellement, il trouva refuge dans les rêves et les livres. Après de brillantes études secondaires (il eut Mallarmé et Faguet comme professeurs), il entre en khâgne, au lycée Henri-IV, où Bergson enseigne la philosophie et où Jarry, Charles-Louis Philippe et Thibaudet furent ses condisciples. Mais si ses parents le voyaient déjà normalien, il choisira quant à lui de ne rien faire. Le piano, la peinture l'intéressent ; la poésie l'enchante. Régnier l'introduit aux « Mardis » de Mallarmé, où il rencontre Schwob, Valéry, Viélé-Griffin. Il n'a pas vingt ans mais déjà la musique de l'ineffable, les dessous de la beauté et un sens assez instinctif du jeu des ombres et des plaintes qui travaillent sous l'apparence, ont scellé son destin.

Ses premiers poèmes paraissent dans *L'Art littéraire* en 1894, puis Fargue donne, à la revue *Pan, Tancrède* (*) (1895) dont l'incipit donne le ton : « Il était plusieurs fois un jeune homme si beau que les femmes voulaient expressément qu'il écrivît. » S'y affirme un univers tremblant d'amour, d'intersignes et d'attente, que ne cessera d'enrichir la suite de l'œuvre. Fargue écrit beaucoup mais déchire presqu'autant. Il fait preuve d'un tel souci de la perfection et d'une telle exigence (il voulait par exemple deux points de suspension au lieu des trois habituels), qu'éditer un de ses textes relève de l'exploit. Noctambule et marcheur infatigable, il arpente Paris au gré de l'amitié et des cafés (*Poisons*, 1946, réédité en 1992), allant de la rive gauche à Montmartre et de Clichy à Vincennes. Velléitaire à force de scrupules, il refuse de publier – excepté *Nocturnes* (1905) – jusqu'à ce que Valery Larbaud, rencontré fin 1909, aux obsèques de Charles-Louis Philippe, parvienne à lui subtiliser le manuscrit de *Tancrède* afin d'en assurer l'édition. En 1912 paraissent enfin aux naissantes éditions de la N.R.F. ses *Poèmes* (*) et en 1914, un album de vers intitulé *Pour la musique,* où sont regroupés des poèmes publiés en 1896 dans *Le Mercure de France* (*). Dans *Poèmes* s'exprime toute la personnalité de Fargue. Une tendresse palpable s'y conjugue aux affres de la solitude : « Tout a pour but la solitude. » Empêtré comme malgré lui dans la matière épaisse du temps, l'auteur se sent orphelin du père (mort en 1909), du passé, du bonheur. « Ma vie ! J'ai voulu t'embrasser sur la bouche. Mais tu t'es reculée en me soufflant avec dérision dans la figure. » Déçu, consumé de nostalgie, hanté par son enfance, Fargue soigne sa blessure d'être au feu de sa langue, la vêt de l'étoffe bleue et baptismale de ses images : à son âme exilée, il apprend à voler. Devenu patron de l'atelier paternel, il se débat entre difficultés financières et chroniques lucratives. Mobilisé en 1914 puis rapidement réformé, il fréquentera Breton, Aragon, Soupault mais refusera de se laisser embrigader.

Il se tait jusqu'en 1924, année qui voit la fondation, par la princesse Bassiano, de la revue *Commerce* (*), dont il acceptera la direction avec Larbaud et Valéry. Il y publiera l'essentiel des textes d'*Espaces* (*) (1929) et de *Sous la lampe* (1930).

Avec *Épaisseurs* et *Vulturne* (les deux parties d'*Espaces*), Fargue atteint au merveilleux cosmique. Dépité (« Poète, le resteras-tu, dans cette île tournante musquée de mensonges et de fantômes, qui ne te rendent pas ton amour, qui t'appellent monsieur quand tu les tutoies mais où tout le monde tire de toi le meilleur, jusqu'au moulage de la mort ? »), il fuit vers les enchantements d'une réalité supérieure. Entre réel et surréel, en une écriture quasi astrale, il touche, par-delà l'irrationnel et le pur émoi, au plus secret de l'être et à l'indifférence divine. En 1933, *Ludions*, qui regroupe des vers de jeunesse, fait l'effet d'une embellie, entre *D'après Paris* (*) (1932) et *Le Piéton de Paris* (*) (1939), qui consacrent le Fargue amoureux de la ville, de sa géographie secrète, de ses « quartiers à bretelles » comme de ceux « couleur de pintade et d'arrosoir ». Par les rues où « tout est sanglotant de musique », il va, déshabillant le réel, vendangeant avec ivresse regards et pensées incomprises. Avec *Haute solitude* (*) (1941), « diorama d'états d'âmes », nous ne quittons pas la ville mais nous entrons en communion avec la détresse d'un homme ivre de solitude : « C'est un moule qui se resserre, comme de la terre à blé autour d'un corps de soldat abandonné. » Fantôme murmurant ses pas, veilleur aux aguets de son destin, il noie son âme de roulier sentimental dans l'alcool des nuits et dans l'ombre de Nerval qui « partit dans la nuit pour aller revoir une figure de vierge ».

En 1942 paraîtront deux recueils de chroniques : *Refuges* et *Déjeuners de soleil*. 1943 sera l'année du drame. Un jour qu'attablé, il se penche pour ramasser sa boîte d'allumettes, il est frappé d'hémiplégie. Dès lors, « inscrit dans son écorce », coincé entre l'inerte et la poésie, lui qui affirmait écrire pour mettre de l'ordre dans sa sensualité, est condamné à regarder en face la « douleur aux yeux de corbeau ».

Depuis sa chambre-bateau sise à la proue de Montparnasse, et soigné avec un infini dévouement par sa femme, le peintre Chériane, il reste cependant à l'affût du passé et du miracle, auquel il ne cessa de croire, d'une possible guérison. Hélas, souffrance, hallucinations et insomnies seront son lot. Le lit devient écritoire d'où sortiront les chroniques de *La Lanterne magique* (1944), *Méandres* (1947) qui comporte un émouvant témoignage sur son état (« En rampant au chevet de ma vie »), et *Portraits de famille* (1947). Il mourra n'ayant jamais su s'adapter à l'existence, trop exigeant (« Il faut que chaque mot qui tombe soit le fruit bien mûr de la succulence intérieure, la goutte qui glisse du bec de la bécasse à point »), trop indépendant (« Je préfère les hommes aux œuvres »), trop humainement et trop entièrement poète.

RICHARD BLIN.

♦ *« Poète, constamment poète. »* Paul Valéry. ♦ *« S'il y eut jamais un poète né* [...] *quelqu'un à qui la Fée a remis un grain de sel et une étincelle de feu* [...] *c'est notre ami L. P. Fargue. »* Paul Claudel. ♦ *« Le plus gros propriétaire de mots de son époque. »* Drieu La Rochelle. ♦ *« Entre la masse basaltique d'un Claudel et les pures cristallisations d'un Valéry, il y eut* [...] *ce déroulement, soudain, comme d'une crosse de fougère ivre ; ce dépliement, soudain, comme d'une aile de névroptère séchant au feu des lampes son fin lacis de gaze verte. »* Saint-John Perse. ♦ *« La langue française, entre les mains d'un poète original et puissant, peut donner des accents lyriques aussi purs que les plus beaux et les plus vantés de la lyrique anglaise ou allemande. »* Valery Larbaud.

RÉF. : *Hommage à Léon-Paul Fargue*, recueil collectif, numéro spécial des *Feuilles libres*, juin 1927. – André Beucler, *Dimanche avec Léon-Paul Fargue*, Paris, 1947. – Claudine Chonez, *Léon-Paul Fargue*, Paris, 1950. – *Correspondance (1910-1946)*, Léon-Paul Fargue, Valery Larbaud, établie, présentée et annotée par Th. Alajouanine, Paris, 1971.

FARMER Philip José. Romancier américain. Né à North Terre Haute (Indiana) le 26 janvier 1918. Après dix années passées dans une aciérie, il surgit dans la science-fiction en 1952 avec deux textes classiques, *Les Amants étrangers* [*The Lovers*] et *Par-delà l'océan* [*Sail on ! Sail on !*]. Le roman introduit la sexualité dans un genre réputé prude. La nouvelle, où la première traversée transatlantique s'achève au bord d'une Terre plate par une chute dans le vide commentée par radio, illustre le défi iconoclaste lancé à toutes les orthodoxies. L'œuvre abondante et inégale de Farmer s'organise autour de trois lignes directrices : élaboration de sexualités étrangères, notamment dans ses nouvelles *La Mère* [*Mother*, 1953], *La Fille* [*Daughter*, 1954], *Le Fils* [*Son*, 1954] et *Ouvre-moi, ô ma sœur* [*Open To Me, My Sister*, 1960], réunies dans le recueil *Des rapports étranges* [*Strange Relations*, 1960] ; théologie, agnostique plus qu'hérétique, dans *La Planète du Dieu* [*Father*, 1955] et *La Nuit de la lumière* [*Night of Light*, 1957] ; et surtout affirmation sceptique que sans l'immortalité la vie ne vaut rien, dans sa série monumentale, *Le Fleuve de l'éternité* (*) (1971), *Le Noir Dessein* [*The Dark Design*, 1977], *Le Labyrinthe magique* [*The Magic Labyrinth*, 1980] et *Les Dieux du fleuve* [*Gods of Riverworld*, 1983]. D'autres œuvres à tiroirs pastichent des héros célèbres comme Tarzan [*A Feast Unknown*, 1969] ou échafaudent des univers quasi mythologiques : *Les Faiseurs d'univers* [*The Maker of Universes*, 1965].

GÉRARD KLEIN.

FARQUHAR George. Dramaturge anglais. Né à Londonderry (Irlande) en 1677 ou 1678, mort à Londres le 29 avril 1707. Après avoir fait ses études au Trinity College de Dublin, qu'il quitta vraisemblablement en

1695, lorsque mourut son protecteur l'archevêque Wiseman, de Dromore, il exerça le métier de correcteur d'épreuves, puis celui d'acteur, pendant très peu de temps et sans grand succès (il abandonna la scène, épouvanté d'avoir involontairement blessé un de ses compagnons). Il se rendit alors à Londres, obtint, semble-t-il, un brevet dans l'armée et, sur le conseil de son ami, le célèbre acteur Robert Wilkes, se mit à écrire des comédies. En 1698, sa première pièce, *L'Amour et une bouteille* [*Love and a Bottle*], fut représentée avec succès au théâtre de Drury Lane, puis vinrent *Le Couple fidèle, ou un Pèlerinage pour le jubilé* [*A Constant Couple, or a Trip at the Jubilee,* 1699], satire des pèlerinages religieux ; *Sir Harry Wildair* (1701), suite de la comédie précédente, dont il confia un rôle à Mme Oldfield, qui fut peut-être l'inspiratrice des lettres publiées dans *L'Amour et les affaires* [*Lo'and a Business,* 1702] ; *L'Inconstant* (+) (1702) ; *Les Jumeaux ennemis* [*The Twin Rivals,* 1703] ; enfin, *La Diligence* [*The Stage-Coach,* 1704]. Cette dernière pièce, écrite en collaboration avec Peter Motteux, n'est d'ailleurs qu'une adaptation des *Carrosses d'Orléans* de Jean de la Chapelle. Vers cette époque, Farquhar épousa une femme qui lui avait fait croire qu'elle était riche. Il lui pardonna, mais éprouva des difficultés matérielles insurmontables à cause de la défection du duc d'Ormond, dédicataire du *Sergent recruteur* [*The Recruiting Officer,* 1706], qui avait promis de lui venir en aide. Malade, Farquhar mourut l'année même où l'on applaudissait sa meilleure comédie, *Le Stratagème des roués* (*). Brillant et vif, Farquhar a écrit, dans la préface aux *Jumeaux ennemis,* qu'« une comédie dans laquelle ne se trouverait ni jeune homme élégant, ni gogo, ni cocu, ni femme légère est, pour certains palais, un amusement aussi fade qu'un dîner où manquent le rôti et le pudding ». Il chercha, en effet, à satisfaire les goûts du public, mais, loin de se limiter à la convention, son art tend à l'affiner et à l'humaniser.

♦ *« Peu de poètes comiques – parmi ceux qui ont conquis une place dans l'histoire du théâtre – ont été moins hommes de lettres que Farquhar. Il faisait fi de toutes les règles de l'art* [d'écrire], *usant sans vergogne de tous les expédients que permet la scène. »* Ch. Whibley.

RÉF. : Wm. Hazlitt, *Lectures on the English Comic Writers,* Londres, 1819. – Wm. Congreve, *Farquhar and Vanbrugh,* Londres, 1849. – Thackeray, *The English Humourists of the* XVIII-*th Century,* Londres, 1853. – H. T. E. Perry, *The Comic Spirit in Restauration Drama,* Newhaven, 1925. – E. Rothstein, *George Farquhar,* New York, 1967. – E. N. James, *The Development of G. Farquhar as a Comic Dramatist,* La Haye, 1972 et *G. Farquhar, A Reference Guide,* Boston, 1986.

FARRELL James Thomas. Romancier américain. Né le 27 février 1904 à Chicago dans une famille ouvrière, mort le 22 août 1979 à New York. Il exerce divers métiers (vendeur, pompiste, reporter). Toute sa culture, c'est à lui-même qu'il la doit. En 1937, il obtient le prix du Livre du mois pour sa trilogie : *Young Lonigan* (*), composée de *L'Enfance de Lonigan* (*) (1932), *La Jeunesse de Studs Lonigan* (*) (1934) et *Le Jugement dernier* (*) (1935). Il y raconte la vie du bas quartier irlandais de Chicago où naît son héros. Il peint hommes et choses dans leur réalité quotidienne, brutale ou sordide, avec ses éclairs de tendresse, vite étouffés dans un monde où tout signe de faiblesse est une condamnation. La force de son réalisme alerte un temps la censure. Citons aussi *MacGinty* (*) (1933), *Un monde que je n'ai pas voulu* [*A World I Never Made,* 1936], *Père et Fils* [*Father and Son,* 1940], *Mes jours de colère* [*My Days of Anger,* 1943]. C'est la fin de la période d'inspiration marxiste. Suivent entre autres : *La Voie médiane* [*The Road Between,* 1949] et *Le Visage du temps* [*The Face of Time,* 1953].

FARRÈRE Claude (pseudonyme de Frédéric-Charles Bargone). Romancier français. Né à Lyon le 27 avril 1876, mort à Paris le 21 juin 1957. D'une famille d'origine italienne, il fut d'abord officier de marine, servit quelque temps sous les ordres de Pierre Loti et passa de nombreuses années en Extrême-Orient. C'est là qu'il trouva le cadre de ses meilleurs livres : *Fumée d'opium* (*), *Les Civilisés* (1906), qui décrivaient la vie des Français d'Indochine et qui obtinrent le prix Goncourt ; *La Bataille* (*), qui évoquait la guerre russo-japonaise. Par la suite, Farrère se détourna de l'exotisme pour aborder le roman de mœurs, où il devait être beaucoup moins heureux (*Mademoiselle Dax, jeune fille,* 1907 ; *Les Petites Alliées,* 1910). Il fut élu membre de l'Académie française en 1935, contre Paul Claudel.

JACQUES PATRY.

FARROKHZÂD Forough. Poétesse iranienne. Née en 1934 à Téhéran, morte le 4 février 1967. « Parler de sa vie est à mon sens une tâche bien fastidieuse et inutile. C'est une réalité toute naturelle pour l'homme qui vient au monde d'avoir une date de naissance, d'être originaire d'une ville ou d'un village, d'avoir été à l'école, d'avoir connu les péripéties banales et convenues de la vie, comme d'être tombé dans un bassin étant enfant, d'avoir triché à l'école, d'avoir été amoureux, de s'être marié, etc. » (*Conversations avec Forough Farrokhzâd,* Téhéran, 1987) ; on ne saurait mieux présenter le personnage que ne le fait Farrokhzâd elle-même, dans sa grande simplicité. Comme elle le dira encore elle-même, son bagage de poète est modeste, celui d'une autodidacte : « Une de mes chances fut que je ne me suis jamais vraiment plongée ni dans notre littérature classique ni dans celle de l'Europe. Je suis à la recherche de quelque chose en moi et autour de moi, dans une époque qui a sa spécificité au point de vue social, intellectuel, musical ; le secret de l'art, c'est de comprendre ces traits spécifiques et d'en faire de la poésie. » En 1958, elle découvre le cinéma, son langage, sa technique, son écriture en collaborant avec Ebrâhim Golestân, écrivain, cinéaste et producteur qui sera aussi son amant. À ses débuts, Farrokhzâd écrit une poésie très sentimentale sans grande originalité sur le plan formel – *Asir* (1952), *Divâr* (1956), *Esyân* (1957). Une deuxième période la voit s'ouvrir au monde extérieur et passer de l'expérience individuelle à une vision globale de son art et de sa condition féminine. En ce sens, malgré sa trop brève existence (interrompue brutalement par une mort accidentelle à trente-deux ans), Farrokhzâd eut un destin symbolique de l'évolution de la poésie et de la culture persanes modernes. Cette période coïncide pour elle avec la découverte de la poésie de Nimâ Youshij et celle d'Ahmad Shâmlou. C'est un choc qui transforme sa vision poétique et lui donne l'audace de suivre la voie de la poésie nouvelle [*Shér-e now*]. Farrokhzâd parvient à la maîtrise de la forme poétique et affirme pleinement son originalité dans *Une seconde naissance* (*) (1963). Le monde réel fait irruption dans l'œuvre d'art, mais avec la peur ; l'ombre de l'inconnu et l'angoisse de la nuit menacent la vie que Farrokhzâd reconstruit à partir des morceaux épars du quotidien et des souvenirs d'enfance sous la forme du poème. Elle refuse une poésie technicienne, mais veut une poésie de chair. *Croyons à la saison froide qui commence* [*Imân biyâvarim be âghâz-e fasl-e sard,* 1973] regroupe les derniers poèmes, chargés de symbole et d'allégorie.

CHRISTOPHE BALAŸ.

RÉF. : F. Farrokhzâd, *Gozineh-ye ashâr,* Téhéran, 1985. – M. C. Hillmann, *A lonely Woman : Forough Farrokhzâd and her Poetry,* Washington D.C., 1986. – G. Lazard, « La Versification de Forough Farrokhzâd », *St. Ir.,* n° 12/2, 1985.

FA SIEN [Fa Xian]. C'est le nom qu'avait pris, en religion, Kong Che-tseu ou « Fils de la famille Kong », bonze chinois qui avait été élevé à une haute dignité. Né et mort à des dates inconnues. Il vécut sous la dynastie Tsin (265-420 ap. J.-C.) et devint célèbre à la suite d'un voyage aux Indes dont il fit une relation célèbre dans son *Mémoire sur les royaumes bouddhiques* (*). On sait qu'en 399 il se rendit à Tch'ang-an (aujourd'hui Si-an dans le Chaansi) pour y chercher des textes bouddhistes. Comme il n'en avait point trouvé suffisamment, il projeta d'entreprendre un voyage qui le conduirait jusqu'à la patrie du bouddhisme. Les communications avec les Indes étaient possibles depuis le IIe siècle av. J.-C., époque à laquelle le fameux Tchang ts'ien, qui vécut sous l'empereur Wou (140-86 avant J.-C.), avait été envoyé en qualité d'ambassadeur en Bactriane, et avait rapporté en Chine la vigne et le chanvre, sans s'intéresser toutefois, semble-t-il, au bouddhisme. Cette dernière religion pénétra en Chine au Ier siècle après J.-C., sur la demande expresse – phénomène rare dans l'histoire chinoise – de l'empereur Ming (58-75), qui envoya un groupe de délégués aux Indes pour enquêter officiellement sur la nature de ce nouveau mouvement religieux qui s'était répandu dans tout l'Orient. La mission revint avec deux moines hindous, et on commença, ce qui n'était point une mince entreprise, de traduire en chinois les textes sanskrits et palis.

La nouvelle religion s'implanta et grandit, à telle enseigne que la Chine, au temps de Fa Sien, avait déjà des monastères où les jeunes gens prononçaient des vœux. Kong Che-tseu, encore tout jeune, entra, comme beaucoup de ses compatriotes, dans un couvent et, après avoir prononcé ses vœux, chercha à mieux connaître le canon bouddhiste. En 399, il résolut donc de faire ce voyage et partit en nombreuse compagnie. Il n'arriva au but qu'avec un seul des pèlerins. Il visita plus de trente États, et resta trois ans dans la ville sainte de Bouddha, étudiant le sanskrit. Pendant plus de dix ans, il voyagea de ville en ville (Magadha, Patna, Bénarès, Bouddha Gaya, etc.), priant, recueillant des textes, des reliques, des images. Il se rendit en bateau à Ceylan, et de là, toujours par mer, retourna dans sa patrie en passant par Java, et en courant mille dangers. Il débarqua sur les côtes de Chantong, près de l'actuelle Tsiao Tcho.

Toutes ses relations de voyage, écrites dans un style assez recherché, traduites en plusieurs langues, servirent grandement au rapprochement entre les Indes et la Chine, pays si différents par leur langue et leur civilisation.

FAUCHET Claude. Érudit français. Né à Paris en 1530, mort en 1601 dans cette même ville. Entré très jeune au service du cardinal de Tournon, il l'accompagna en Italie en 1554 ; il reçut de lui plusieurs missions auprès de la cour de France, notamment celle d'y porter la nouvelle du siège de Sienne. En 1569 il obtint la charge de président de chambre à la Cour des comptes, dont, en 1581, il devint premier président. En 1599 il dut, âgé, revendre sa charge pour payer ses dettes. Sous Henri IV, il avait été nommé historiographe de France et, à ce titre, laissa des ouvrages considérables tels que *L'Origine des dignités et magistrats de France* (1600) et les *Antiquités gauloises et françaises*, publiées entre 1579 et 1602, importantes surtout à cause des éclaircissements apportés sur la période qui précéda l'avènement des Capétiens. En plus du *Traité des libertés de l'Église gallicane* (1608), il faut porter à l'actif de Claude Fauchet le mérite particulier de s'être intéressé à la poésie et à la langue du Moyen Âge, en un temps où personne ne songeait encore à en faire un champ de recherches. Dans ce domaine, particulièrement important est son essai : *Recueil de l'origine de la langue et poésie française* (*) (1581), où, entre autres, il mentionne cent vingt-sept troubadours du XIIIe siècle.

♦ *« De la science sans art. »* Lanson. ♦ *« Un précurseur non indigne des Gaston Paris, des Paul Meyer, des historiens comme Augustin Thierry lui-même. »* Mme Espiner-Scott.

RÉF. : J. Simonnet, *Le Président Fauchet,* Paris, 1864. – Janet Girvan Espiner-Scott, *Claude Fauchet, sa vie, son œuvre,* Paris, 1938.

FAUCONNIER Henri. Écrivain français. Né le 26 février 1879 à Barbezieux (Charente) et mort à Paris le 14 avril 1973. Henri Fauconnier fait des études de droit à Bordeaux, puis devient professeur de français dans un collège en Grande-Bretagne. Attiré par les pays lointains, il décide en 1905 de tenter l'aventure. Avec un ami, il s'embarque à destination de Bornéo dans le dessein d'y créer une plantation. Cependant, lors d'une escale en Malaisie, le pays le séduit à tel point qu'il choisit d'y demeurer. Il se fait d'abord engager comme assistant dans la plantation de caoutchouc d'un Anglais. Il se lie avec un aventurier belge, Adrien Hallet, qui l'aide à trouver de l'argent pour fonder sa propre plantation. Ainsi voit le jour la « Fauconnier-Posth » (Posth est le nom de son associé). Le commerce du caoutchouc est en pleine expansion et la firme de Fauconnier marche très bien. Hallet donne également à Fauconnier l'idée d'introduire en Malaisie la culture du palmier à huile. En 1911, ce sera chose faite. La guerre de 1914 éclate, et Fauconnier regagne la France pour combattre. Néanmoins, dès l'interruption des hostilités, il repart pour la Malaisie, et reprend son négoce qu'il n'abandonnera qu'en 1925, date à laquelle il s'établit en Tunisie. C'est là qu'il écrira son unique roman, *Malaisie* (*), puis *Visions* (1938), recueil de nouvelles autobiographiques. Ces deux livres expriment toute la fascination de leur auteur pour son pays d'adoption. *Malaisie* sera couronné par le prix Goncourt, et salué, entre autres, par Jacques Chardonne et André Billy. Ces ouvrages s'inscrivent dans un courant littéraire qui est en réaction contre la civilisation occidentale, et qui manifeste un désir de fuite propre alors à de nombreux écrivains (Malraux, Henry de Monfreid...). Sa sœur, Geneviève Fauconnier, qui l'avait accompagné dans son premier voyage en Malaisie, a écrit pour sa part une œuvre abondante et qui s'inspire également des pays exotiques.

JACQUES-ÉMILE MIRIEL.

FAULKNER William. Romancier américain. Né le 25 septembre 1897 à New Albany (Mississippi), mort le 6 juillet 1962 à Byhalia (Mississippi). Dans la proximité de ces deux lieux de naissance et de mort tient presque toute l'originalité de la vie de Faulkner, ce nom presque mythique auquel nul ne conteste plus guère aujourd'hui la première place parmi les romanciers américains contemporains. C'est même le seul qu'on puisse placer à la hauteur du géant enfin reconnu qu'est Melville, encore que leurs œuvres respectives se présentent sous des formes très différentes, puisque Faulkner n'est pas l'homme d'un très grand livre comme *Moby Dick* (*) ou même, malgré *Le Bruit et la Fureur* (*), comme l'*Ulysse* (*) de Joyce. Au contraire – et c'est ce qui le différencie aussi de son « rival » immédiat, Hemingway –, la grandeur de Faulkner tient surtout en ce qu'il a presque héroïquement produit un « *opus* » dont toutes les dimensions n'apparaissent véritablement qu'à celui qui prend quelque distance pour le juger dans sa totalité. Car il est faux de dire, comme on l'a fait trop souvent, que l'œuvre « s'arrête » en 1942, voire en 1940 ; elle continue bel et bien jusqu'au tout dernier livre, paru un mois avant sa mort.

Celle-ci – sa mort, pitoyable, dans une « maison de repos » délabrée à quelques milles d'Oxford (Mississippi) : mort de thrombose coronaire en réalité consécutive à une énième cure de désintoxication alcoolique – est probablement ce par quoi il faut commencer, car elle pose bien, et tragiquement, le problème de la vie de l'homme. En ceci, d'ailleurs, elle fait étrangement écho à celle d'Hemingway ; car Faulkner a lui aussi « navigué entre le prestige ("glamour") et le désespoir », comme l'écrit Maxwell Geismar à propos d'Hemingway ; seulement, au lieu de tirer des bordées, il a, lui, pris un cap et s'y est tenu, en quelque sorte, à tout prix.

Le prestige, c'est d'abord la figure mémorable (mais dans la mémoire-imagination, puisque Faulkner naquit sept ans après la mort de celui-ci) de l'arrière-grand-père, aventurier, bretteur et romancier, le célèbre colonel Falkner qui, sous les traits de l'ancêtre pétrifié sur son socle, préside à la création de Jefferson et du Yoknapatawpha dans *Sartoris* (*) ; mais c'est aussi le rêve de gloire personnel brutalement aboli, le 11 novembre 1918, par l'armistice, puisque à Toronto, à cette date, William Falkner *(sic)* n'a pas encore tout à fait achevé sa formation de pilote de la R.A.F. Or cette double popularité (la guerre de Sécession et la Première Guerre mondiale) va longtemps régir le paysage temporel de l'œuvre. Les étendards sont donc remisés lorsque à vingt ans le jeune homme se trouve renvoyé dans ses foyers, désœuvré, amer et, par-dessus le marché, frustré d'une quasi-fiancée qui en épouse un autre. Que faire, hormis désespérer ? Écrire, et la grande aventure de substitution commence dès le 6 août 1919 avec la publication, significativement signée avec le « u » de la différence, du premier poème intitulé, en français, « L'Après-Midi d'un faune » (très pâle imitation de l'érotisme mallarméen). C'est aussi de 1919 (« l'an premier du siècle, comme le dit si bien Dos

Passos dans sa préface à l'édition de 1932 de *Trois soldats*) que datent les poèmes qui constituent le premier recueil, *Le Faune de marbre* (*) (1924). On y constate qu'entre le prestige et le désespoir, la voie adolescente, c'est la pose : comment mieux s'enfermer « dramatiquement » dans un dilemme qu'en se représentant soi-même en faune (c'est-à-dire incarné dans l'instinct, le désir) pétrifié dans le marbre d'un esthétisme très fin de siècle ? Mais au-dessus de ce paysage mental qu'on pourrait qualifier de pastoral attardé, plane l'oiseau de l'idéal du moi, ce faucon qui est dans le nom de l'écrivain, et qui a le regard perçant, comme le prouvent les articles critiques alors publiés par l'auteur, et recueillis plus tard dans *Proses, poésies et essais critiques de jeunesse* (*) (1962).

Pendant sept ans, malgré cette grande lucidité critique, le jeune homme s'acharne, en vain, à devenir poète, cependant qu'outre la métropole voisine, Memphis, lieu de bien des « virées » brillantes ou sordides auxquelles il réservera un sort dans son œuvre future, il connaît les trois grandes villes qui marqueront sa vie comme un triangle, au moins jusqu'aux premiers séjours californiens : La Nouvelle-Orléans, New York et Paris. Là, il passera six mois en 1925, et aimera le « petit canyon » de la rue Servandoni et le Luxembourg, mais ne se mêlera guère à ceux de la « génération perdue », et lorsqu'il rentre à Oxford pour Noël (comme il le fera chaque fois qu'il le pourra par la suite), c'est pour y rester. Moins de cinq ans plus tard, en effet, il y fait un choix double et définitif : il épouse Estelle Oldham, récemment divorcée et mère de deux enfants qu'il fera siens ; et il achète Rowan Oak, la belle demeure « ante bellum » qui l'endette pour quinze ans. Alors commence l'exil intérieur, qui ne sera guère interrompu que par les séjours à Hollywood (ou aux « mines de sel »), et qui durera jusqu'au prix Nobel.

En 1927-1928, Faulkner jugeait admirablement ses deux premiers romans : *Monnaie de singe* (*) (1926), « plein d'un prestige adolescent », et *Moustiques* (*) (1927), « brillant mais superficiel » ; et il pensait que *Sartoris* (1929), le troisième – ou plutôt la version intégrale de celui-ci intitulée *Étendards dans la poussière* [*Flags in the Dust,* posth. 1973] –, allait lui faire « un nom d'écrivain ». Il se trompait : non seulement il eut beaucoup de mal à le publier, en acceptant d'ailleurs de le réduire de près d'un quart, mais c'est *Le Bruit et la Fureur* (1929) qui allait lui faire ce nom. Encore faut-il ajouter que le public qui apprécia ce livre (tiré à 1 789 exemplaires) fut très limité. Mais comme il avait, pour l'écrire, « fermé une porte » entre les éditeurs et lui, maintenant il la rouvrait toute grande pour écrire « l'histoire la plus horrible » qu'il pouvait imaginer : c'était la première version de *Sanctuaire* (*) (1931), qu'il abandonna pour écrire *Tandis que j'agonise* (*) (1930), et qu'il dut récrire entièrement pour en faire « un livre honnête », dont le succès, en vérité très modéré (6 457 exemplaires vendus en moins de deux mois), n'en fut pas moins un succès de scandale. Alors Hollywood commença à s'intéresser à lui, ce qui lui permit de continuer à écrire des livres qui ne se vendaient pas.

L'autre source de revenus du Faulkner impécunieux de trente ans était la publication d'une nouvelle de temps à autre dans un grand magazine national, notamment le *Saturday Evening Post,* qui payait le mieux (jusqu'à mille dollars la nouvelle). Rien d'étonnant, dès lors, à ce qu'il en écrive un maximum ; on n'en est pas moins confondu de constater qu'il en publie seize dans la seule année 1931 ; de janvier 1930 à janvier 1932, d'après la liste écrite de sa main, on recense un total de quarante-deux nouvelles, dont trente furent publiées.

Dans le même temps, chaque roman, aussitôt achevé, semblait engendrer le suivant : *Lumière d'août* (*) (1932), œuvre plus longue, plus consciente aussi qu'aucune des précédentes (« Je pesais, mesurais chacun de mes choix à la balance des James, des Conrad, des Balzac », écrira-t-il en 1933), marque peut-être la fin de cette première période de près de six ans de création littéraire à peu près continue et, pour tout dire, extraordinaire, dont l'apogée restera toujours, pour lui, « cette extase, cette foi ardente et joyeuse, cette anticipation de surprise » qu'il avait ressenties en écrivant *Le Bruit et la Fureur* pour se fabriquer une « belle et tragique petite fille » – la sœur qu'il n'avait jamais eue, la première fille qu'il devait perdre en 1931, la fille unique, Jill, qu'il devait avoir en 1933.

En 1934, il écrit *Pylône* (*) (1935), en partie inspiré des événements qui s'étaient déroulés le 14 février précédent lors de l'inauguration d'un aéroport à La Nouvelle-Orléans, pour sortir de l'impasse dans laquelle il se trouvait enfermé à peu près à mi-chemin de la composition d'*Absalon ! Absalon !* (*), deuxième chef-d'œuvre qui paraît un an plus tard, en 1936 – la même année que *Autant en emporte le vent* (*) de Margaret Mitchell.

Simultanément, il envisage de rassembler « une série de six nouvelles sur un petit Blanc et un petit Noir pendant la guerre de Sécession », laquelle, lorsqu'il y aura ajouté « Une odeur de verveine », constituera *Les Invaincus* (*) (1938), première expérience de structuration d'un roman à partir de nouvelles et aussi, peut-être, premier tournant de l'œuvre vers une possibilité d'ouverture, sinon d'optimisme. Autre expérience, celle des récits alternés des *Palmiers sauvages* (*) (1939), l'un des plus beaux romans sur l'amour qu'on puisse imaginer (sinon roman d'amour : c'est peut-être la réponse de Faulkner au juvénile *Adieu aux armes* (*) d'Hemingway).

Avec *Le Hameau* (*) (1940), Faulkner achève un projet qu'il avait formé quinze ans plus tôt, à l'époque où il commençait à concevoir ses Sartoris : c'est celui des Snopes qui, lorsqu'il leur aura consacré un deuxième volume, *La Ville* (*) (1957), puis un troisième, *Le Domaine* (*) (1959), constituera sans nul doute l'un des monuments les plus ambitieux de la littérature américaine contemporaine. Et avec *Descends, Moïse* (*) (1942), certainement le troisième chef-d'œuvre, il atteint la perfection dans l'expérience de structuration de sept nouvelles en un roman, qu'il avait commencée avec *Les Invaincus.*

La Seconde Guerre mondiale est une période sombre dans la vie de Faulkner : il essaie par tous les moyens de se rendre utile, et il en arrive à douter de l'avenir de l'humanité. En outre, il est certain qu'il n'écrivait plus comme durant les années 30. Il a recours à des intrigues policières dans *L'Intrus* (*) (1948), lequel aura un grand retentissement à cause de la question raciale, et dans les nouvelles du *Gambit du cavalier* (*) (1949). En 1950, la publication de ses *Collected Stories,* suivant celle du *Portable Faulkner* concocté par Malcolm Cowley en 1946, achèvera de l'imposer (mais combien tardivement !) aux États-Unis comme un des maîtres de la littérature américaine. Le 10 novembre 1950, il se voit attribuer le prix Nobel de littérature 1949. Alors sa vie va changer, devenir plus « publique », l'honneur n'étant pour lui que l'envers des responsabilités. Il en acceptera trop (par exemple : sa carrière peu glorieuse d'« ambassadeur itinérant » du président Eisenhower).

Mais, depuis la fin de la guerre, il porte une œuvre dont il croit qu'elle peut être son « magnum opus » : ce sera, après une longue et pénible gestation de neuf ans, *Parabole* (*) (1954), précédée de *Requiem pour une nonne* (*) (1951). Cette œuvre est encore une aventure technique puisqu'elle consiste en trois sections narratives alternées avec trois sections dramatiques : celles-ci, traduites par Louis Guilloux et mises en scène par Albert Camus, connaîtront un grand succès sur la scène. Mais elles contribueront, peut-être par association avec Dostoïevski, à accréditer la légende d'un retour de Faulkner au bercail chrétien. Ce retour n'eut probablement jamais lieu ; au contraire, les dix dernières années de sa vie, quoique très occupées (discours, voyages, dernières collaborations avec Howard Hawks, maîtresses et cures de désintoxication), donnent l'impression d'une angoisse jamais assoupie et d'un doute croissant. Mais il restait à Faulkner, dans la tradition qu'il s'était lui-même donnée, à faire un dernier beau geste : ce sera *Les Larrons* (*) (1962), sa *Tempête* (*), son adieu, plein d'humour et souriant, au public, à son œuvre – et à lui-même en tant que romancier - Prospero. Après quoi, comme il l'avait écrit en 1945 dans une lettre à Malcolm Cowley – v. *Lettres choisies* (*) –, il ne lui restait plus qu'à « briser le crayon » : ce qu'il fit, définitivement, le 6 juillet 1962.

MICHEL GRESSET.

♦ *« Bon Dieu, c'est bien moi le meilleur écrivain d'Amérique. »* William Faulkner à Robert Haas, 1939. ♦ *« Pour les jeunes, en France, Faulkner c'est un dieu. »* Malcolm Cowley, citant Sartre, à William Faulkner, 1945. ♦ *« L'intuition la plus centrale, chez Faulkner, celle d'où naissent toutes les situations suscitant le plus profondément l'émotion, c'est un intérêt, pour ne pas dire une sympathie, pour l'incapacité à s'exprimer. »* James Burnham, 1931. ♦ *« On ne peut séparer de la technique faulknérienne les types qui lui donnent sa raison d'exister. Il y a, en effet, concordance absolue entre les personnages et la façon dont ils sont présentés. »* Maurice-Edgar Coindreau, 1931. ♦ *« C'est votre plus grand écrivain : le seul, à mon avis, qui ait sa place dans votre grande tradition littéraire du* XIXe *siècle, et l'un des rares créateurs de l'Occident...* Sanctuaire *et* Pylône *sont des chefs-d'œuvre. »* Albert Camus, 1951. ♦ *« Lu* As I Lay Dying (Tandis que j'agonise)... *C'est une des très rares grandes réussites de ce temps où l'on crie au chef-d'œuvre à tant de livres insignifiants. »* Julien Green, 1962. ♦ *« C'est le seul talent vraiment mâle de la littérature moderne. »* Günter Blöcker, 1958. ♦ *« Le premier, il a chamboulé le roman du* XIXe *siècle pour laisser le champ libre à l'Éros, ses conflits, ses poussées. »* J.-P. Amette, 1975.

RÉF. : Biographie : Joseph Blotner, *Faulkner : A Biography,* New York, 1984. – Frederick Karl, *William Faulkner, American Writer,* New York, 1989.

Bibliographie : a) des œuvres : James B. Meriwether, *The Literary Career of William Faulkner : A Bibliographical Study,* nouv. éd., Columbia (Caroline du Sud), 1971. – b) de la critique : John Bassett, *William Faulkner : An Annotated Checklist of Criticism,* New York, 1972 ; *An Annotated Checklist of Recent Criticism,* Kent State, 1983.

Édition : Library of America, vol I (*As I Lay Dying, Sanctuary, Light in August, Pylon*), vol II (*Absalom, Absalom ! The Unvanquished, The Wild Palms, The Hamlet*).

Critique : Cleanth Brooks, *William Faulkner : The Yoknapatawpha Country,* New Haven (Connecticut), 1963. – Olga Vickery, *The Novels of William Faulkner,* nouv. éd., Baton Rouge (Louisiane), 1964. – Michael Millgate, *The Achievement of William Faulkner,* New York et Londres, 1965. – John Irwin, *Doubling and Incest / Repetition and Revenge,* Baltimore (Maryland), 1975. – Warren Beck, *Man in Motion : Faulkner's Trilogy,* Madison (Wisconsin), 1961 et *Faulkner : Essays,* 1976. – Donald Kartiganer, *The Fragile Thread,* Amherst (Massachusetts), 1979. – John Matthews, *The Play of Faulkner's Language,* Ithaca (New York), 1982. – Judith Sensibar, *The Origins of Faulkner's Art,* Austin (Texas), 1984. – Michael Grimwood, *Heart in Conflict,* Athens (Géorgie), 1987. – Stephen Ross, *Fiction's Inexhaustible Voice,* Athens (Géorgie), 1989.

Chaque été, le *Mississippi Quarterly* publie un numéro spécial *Faulkner,* et une revue, *The Faulkner Journal,* est publiée depuis 1986 par le Department of English de l'université de l'État d'Ohio.

En France, notes et commentaires par Michel Gresset dans le premier volume des *Œuvres romanesques* (Gallimard, « Bibliothèque de la Pléiade », Paris, 1977).

Ouvrages critiques : Michel Gresset, *Faulkner ou la fascination,* Paris, 1982. – André Bleikasten, *Parcours de Faulkner,* Strasbourg, 1982. – Jean Rouberol, *L'Esprit du Sud dans l'œuvre de Faulkner,* Paris, 1982. – François Pitavy, *Oublier Jérusalem : « The Wild Palms » de William Faulkner,* Paris, 1988 – et plusieurs numéros spéciaux de revues : *Sud* (1975 et 1983), *RANAM* (1976 et 1980), *Delta* (1976 et 1987), *Le Magazine littéraire* (1978 et 1989), *L'Arc* (1983), *Europe*, 1992.

FAURE Élie. Écrivain français. Né à Sainte-Foy-la-Grande (Gironde) le 4 avril 1873, mort à Paris le 29 octobre 1937. Cet essayiste, qui tenait par sa mère à la célèbre famille des Reclus, fit d'abord des études de médecine ; à côté de ses travaux littéraires, il ne cessa d'ailleurs d'exercer sa profession médicale. Mais, dès sa jeunesse, il fréquente assidûment les salles du Louvre et se lie avec des artistes, Rodin, Bourdelle, Claude Monet. L'affaire Dreyfus, où il s'engage à fond, décide de sa carrière littéraire : ses premières critiques d'art paraissent dans les journaux dreyfusards et des conférences données à l'université populaire formeront la base de son *Histoire de l'art* (*) (premier volume en 1909) qui connaîtra un grand succès, mais plus à l'étranger qu'en France. Élie Faure, en dépit de ses opinions politiques, subit surtout l'influence de Nietzsche et de Sorel ; et c'est Nietzsche encore, avec Lamarck, Michelet, Dostoïevski et Cézanne qu'il célèbre dans ses *Constructeurs* (1914), livre touffu et grandiose, riche d'aperçus nouveaux sur Dostoïevski particulièrement, dont l'étude critique annonce celle de Gide, *Dostoïevski* (*), qui ne paraîtra qu'en 1923. Pendant les hostilités, Élie Faure servit brillamment au front comme médecin militaire et il tira de cette expérience son livre *La Sainte-Face* (1917), l'un des meilleurs livres de guerre de l'époque. En 1927 paraît *L'Esprit des formes* (*) et, en 1932, *Mon périple* et *Découverte de l'Archipel*, psychologie passionnée des cultures européennes.

FAURÉ Gabriel-Urbain. Compositeur français. Né le 12 mai 1845 à Pamiers (Ariège), mort à Paris le 4 novembre 1924. Fauré qui, autant que Debussy, a parfaitement illustré la réaction française du début du XXe siècle contre le romantisme wagnérien, offre une biographie aussi peu romantique que son œuvre. La discrétion fut la qualité essentielle de l'homme et de l'artiste. Dans sa vie, point de ruptures brutales, de polémiques passionnées, de longues périodes de misère comme dans celle de Wagner, point de luttes pour se délivrer des influences reçues comme celles qu'eut à mener Debussy, ni de longue incompréhension du public comme celle dont fut victime un César Franck, ni d'attitudes théâtrales à la Berlioz. Sous son extérieur modeste et bonhomme, Fauré fut cependant un artiste très tôt sûr de lui et maître de son originalité ; tolérant et même tendre dans les rapports humains, il sut toujours se montrer particulièrement intransigeant lorsqu'il s'agissait de son exigence esthétique. Il était issu d'un milieu populaire. Son grand-père était boucher, mais son père, instituteur, avait épousé la fille d'un officier en retraite. Gabriel fut le plus jeune de leurs six enfants. À l'âge de quatre ans, on l'emmena à Foix, où Toussaint-Honoré Fauré venait d'être nommé directeur de l'École normale primaire. Il semble bien que la musique ne tenait aucune place dans la vie familiale ; mais à l'École normale, établie dans un couvent désaffecté, Gabriel découvrit un mauvais piano et un harmonium : c'est sur ces instruments qu'il fit ses premières improvisations, où s'exprimait la merveilleuse spontanéité de son génie musical. Niedermeyer, de passage à Foix, entendit l'enfant et décida aussitôt de le prendre comme boursier dans la célèbre école qu'il dirigeait à Paris. Fauré y entra à huit ans, en octobre 1853. Condisciple de Messager, il eut parmi ses maîtres le jeune Camille Saint-Saëns qui lui révéla les œuvres de Schumann, de Liszt et aussi de Jean-Sébastien Bach. La stricte discipline de l'école Niedermeyer fut très profitable à cet adolescent sérieux et travailleur qui, lorsqu'il quitta l'établissement, ses études terminées, à la fin de 1865, emportait avec lui les premiers prix de piano, d'harmonie, d'orgue et de composition, ainsi que le manuscrit d'une œuvre chorale intitulée *Cantique de Racine*.

Devenu organiste de l'église Saint-Sauveur, à Rennes, il passa quatre ans en Bretagne (janvier 1866-début 1870), pendant lesquels il composa la plupart des *Mélodies* (*) de son premier recueil. Sa liberté d'allure ayant déplu au curé de Saint-Sauveur, Fauré abandonna son emploi et, rentré à Paris, fut nommé organiste de Notre-Dame de Clignancourt. Il y remplit ses fonctions pendant quelques mois seulement : la guerre venant en effet d'éclater, il s'engagea en août 1870 dans le régiment des voltigeurs de la Garde impériale, participa à la bataille de Champigny, puis, sous la Commune, parvint à s'enfuir à Rambouillet grâce à un faux laissez-passer. La paix revenue, il se vit confier l'orgue de Saint-Honoré-d'Eylau et devint également le suppléant de Saint-Saëns à la Madeleine et de Widor à Saint Sulpice. En 1877, remplaçant Théodore Dubois qui venait de succéder à Saint-Saëns dans la charge d'organiste, Fauré devint maître de chapelle à la Madeleine. Son existence étant désormais modestement assurée, le musicien commença de paraître dans divers salons parisiens où des cantatrices mondaines chantaient ses mélodies, en particulier chez Mme Sigismond Bardac (la future Mme Debussy), à laquelle il devait dédier *La Bonne Chanson.* Le jeune maître bénéficia de l'influente amitié de Saint-Saëns. Il fut également en relations avec Franck, Vincent d'Indy, Duparc, Messager. On le vit souvent aux réunions musicales organisées par la famille Viardot (il noua des fiançailles, rompues par la suite, avec Marianne, la fille de Pauline Viardot). La Société nationale, dont il avait été l'un des fondateurs, le 25 février 1871, révéla au public la plupart de ses mélodies, ses *Nocturnes* (*) et ses *Barcarolles* (*). Mais cet art d'intimité ne pouvait immédiatement toucher les foules ; parce qu'elle refusait résolument les recettes familières du romantisme, la musique de Fauré paraissait difficile. On lui reprochait d'être obscure. Les éditeurs s'en méfiaient et, pendant longtemps, la renommée de Fauré ne dépassa guère le cercle d'une élite raffinée qui devait toutefois s'étendre après le mariage du musicien, en 1883, avec Marie Frémiet, fille du sculpteur célèbre. En 1871, Fauré s'était rendu pour la première fois en Allemagne, à Weimar, où il avait assisté à la représentation de *Samson et Dalila* (*) de Saint-Saëns, que Liszt venait de monter. L'année suivante, à Cologne, il avait entendu *L'Or du Rhin* (*) et *La Walkyrie* (*), puis, en 1879, à Munich, avait assisté à une représentation intégrale de la *Tétralogie ;* mais l'art de Wagner, en face duquel Gabriel Fauré n'éprouvait point les sentiments violents d'un Debussy ou d'un Saint-Saëns, ne laissa aucune trace dans son œuvre.

C'est à cette époque que Fauré composa son deuxième recueil de *Mélodies* (1880), sa *Ballade* (*) (1875) pour piano et orchestre, ses premiers *Impromptus* (*), sa première *Sonate pour violon et piano* — v. *Sonates pour violon et piano* (*) — qui fut exécutée lors de l'Exposition universelle de 1878, ses deux *Quatuors avec piano* (*) (1879 et 1886), enfin son *Requiem* (*) exécuté en 1887 à la Madeleine. Peu à peu le prestige de sa musique s'imposa aux pouvoirs officiels : en 1892, Fauré fut nommé inspecteur des beaux-arts et en 1896 professeur de composition, de fugue et de contrepoint au Conservatoire. La même année, au mois de juin, il prenait possession du grand orgue de la Madeleine et ses exécutions hebdomadaires dans cette église allaient rapidement devenir des rendez-vous où se retrouvaient les plus raffinés des mélomanes parisiens. Commence alors pour Fauré sa plus féconde période de création : sur des poèmes de Verlaine, il compose *La Bonne Chanson* (1892), et en 1895 fait paraître son troisième recueil de *Mélodies* (1885-95) ; il donne également des œuvres pour piano : *Thème et Variations* (*) (1897) et les six pièces à quatre mains de *Dolly* (*) (1898) ; enfin des musiques de scène : *Caligula* (1888), *Shylock* (1889), *Pelléas et Mélisande* (*), œuvre écrite en 1898 pour la représentation à Londres de la pièce de Maeterlinck, et *Prométhée* (*) (1900), représenté aux arènes de Béziers. En 1905, sa nomination à la direction du Conservatoire, où il prend la succession de Théodore Dubois, apparaît comme un scandale à nombre de ses confrères. On lui reproche d'avoir toujours montré un net dédain pour les consécrations officielles. Il n'a jamais concouru pour le prix de Rome ! Il n'est même pas ancien élève du Conservatoire ! Enfin, parce que l'on juge le caractère de l'homme sur l'expression paterne de sa physionomie, on prétend que Fauré n'aura jamais l'énergie que réclament les terribles responsabilités de sa nouvelle charge. En fait, après quelques semaines seulement d'administration, Fauré avait montré une telle autorité que les cadres du Conservatoire lui donnaient le surnom de « Robespierre » et que plusieurs professeurs, qu'il avait obligés à faire régulièrement leurs cours, préféraient remettre leur démission. Fauré les remplaça par des hommes de la valeur d'un Vincent d'Indy ou d'un Debussy. Le Conservatoire eut peu de directeurs aussi intransigeants sur la discipline et sur la qualité de l'enseignement ; il n'en eut pas de moins dogmatique pour tout ce qui concernait la formation des élèves au nombre desquels figurèrent André Caplet, Roger Ducasse, Florent Schmitt, Louis Aubert, Georges Enesco, Maurice Ravel.

Ses occupations administratives ralentirent naturellement le rythme de création du compositeur ; de nombreux honneurs, qui étaient aussi de nouvelles charges, s'étaient d'ailleurs ajoutés à la direction du Conservatoire : en 1903, Gabriel Fauré était devenu critique musical du *Figaro* ; en 1909, il avait été élu membre de l'Institut, au fauteuil de Reyer. C'est pourtant au cours de ces années qu'il donna trois nouveaux recueils de mélodies : *La Chanson d'Ève* (1907-10), *Le Jardin clos* (1915-18), *Mirages* (1919) et le premier *Quintette avec piano* (*) (1906). Fauré qui, avec toute la génération symphoniste française des lendemains de la guerre de 1870, avait vivement réagi contre la tyrannie exercée par la musique de théâtre durant toute la période romantique, ne se décida à aborder la scène que presque septuagénaire, avec *Pénélope* (*), composé sur un livret de René Fauchois et créé à Monte-Carlo en 1913. Atteint de surdité en vieillissant, il fut obligé d'abandonner la direction du Conservatoire : il se retira en 1920, mais ses dernières années, passées à Annecy et sur les bords de la Méditerranée, furent très actives et marquées par de nombreuses œuvres importantes : les deux *Sonates pour violoncelle et piano* (1917 et 1922), la deuxième *Sonate pour violon et piano* (1917), *Masques et bergamasques* (*), donné en 1920 à l'Opéra-Comique, le deuxième *Quintette* (1921), la *Fantaisie pour piano et orchestre* (*) (1919), un dernier cycle de mélodies : *L'Horizon chimérique* (1922), le *Trio* pour piano et cordes (1923), enfin le *Quatuor à cordes* (1924), révélé seulement après sa mort. Ses amis, non sans peine, obtinrent les obsèques nationales. L'art de Fauré est le plus rebelle qui soit à toute tentative de définition : art de souplesse, de nuances, de suggestions, qui séduit d'abord par ses parfums d'intimité, ses voluptueuses imprécisions, et cache pourtant un souci rigoureux de construction. Fauré n'a pas été un théoricien. Il n'a pas non plus bouleversé les formes musicales. Ses moyens sont habituellement ceux de l'harmonie classique (signalons cependant l'emploi fréquent des modes grégoriens avec lesquels il s'était familiarisé pendant ses études à l'école Niedermeyer). Son originalité révolutionnaire réside avant tout dans la qualité et l'intensité de son émotion. Il a voulu, disait-il, « aller aussi loin que possible dans ce qui était permis ».

LOUIS GAUDRAN.

♦ *« On trouve dans cette sonate tout ce qui peut séduire, la nouveauté des formes, la recherche des modulations, des sonorités curieuses, l'emploi des rythmes les plus imprévus ; sur tout cela plane un charme qui enveloppe l'œuvre entière et fait accepter à la foule des auditeurs ordinaires, comme choses toutes naturelles, les hardiesses les plus imprévues. »* Camille Saint-Saëns, sur la Sonate pour violon et piano, op. 13, 1877. ♦ *« Fauré se plaît à confondre la joie de composer avec la volupté de moduler. »* Paul Dukas. ♦ *« L'exemple de Fauré conduit à l'évidence à ceci : on peut être nouveau par des moyens usuels. Seules importent la valeur de l'œuvre, la qualité de la musique et du sentiment. »* Charles Koechlin. ♦ *« Je sais que dans beaucoup de pays où l'on aime et cultive la musique, l'art de Fauré est encore incompris* [...] *J'ai moi-même mis un assez long temps à pénétrer le mystère de cette langue si subtile. Comme à beaucoup d'autres, l'admirable discrétion du discours me paraissait un manque de force, l'élégante nonchalance de certaines lignes me laissait croire à l'usage de quelque facilité ; jusqu'à l'ambiguïté de l'harmonie qui déroutait l'intransigeant beethovénien qui forme la base de mon éducation musicale. Depuis j'ai évolué, et toutes les vertus magiques de cette musique m'ont illuminé. Moins que toute autre, elles ne peuvent s'expliquer littérairement. Je ne connais pas une musique qui soit plus purement et plus uniquement musique, sauf peut-être celle de Mozart. »* Arthur Honegger. ♦ *« Il atteint avec une simple et hautaine grandeur à la suprême et harmonieuse perfection dorique. »* Claude Rostand.

RÉF. : Charles Koechlin, *Fauré*, Paris, 1927. – Philippe Fauré-Frémiet, *Gabriel Fauré*, Paris, 1929. – G. Servières, *Fauré*, Paris, 1930. – V. Jankélévitch, *Gabriel Fauré et ses mélodies*, Paris, 1938. – Claude Rostand, *L'Œuvre de Gabriel Fauré*, Paris, 1946. – Émile Vuillermoz, *Gabriel Fauré*, Paris, 1960. – Marguerite Long, *Au piano avec Gabriel Fauré*, Paris, 1963. – Jean-Michel Nectoux, *Fauré*, Paris, 1972. – Vladimir Jankélévitch, *Fauré et l'inexprimable*, Paris, 1974. – Gabriel Fauré, *Correspondance* (éd. par Jean-Michel Nectoux), Paris, 1980. – Jean-Michel Nectoux, *Gabriel Fauré, les voix du clair-obscur*, Paris, 1990.

FAURIEL Claude Charles. Historien français. Né à Saint-Étienne le 21 octobre 1772, mort à Paris le 17 juillet 1844. Secrétaire de Fouché, il abandonna sa charge en 1802, après que le consulat temporaire eut été transformé en consulat à vie. Esprit des plus singulier, il n'écrivit que fort tard, mais eut une influence certaine sur les tendances littéraires de son temps. Il fut l'ami de Manzoni, dont il traduisit quelques-unes des tragédies, de Berchet, de Stendhal et de Cousin ; c'est lui qui inspira à Mme de Staël ses idées sur le romantisme ; il fut également le confident de Schlegel. Son premier livre, *Chants populaires de la Grèce moderne* (+) (1824-1825), suscita l'intérêt non seulement en Grèce mais dans l'Europe entière. De sorte qu'en 1830 le gouvernement de Louis-Philippe institua pour lui à Paris une chaire de littérature étrangère. Il fut, en France, le créateur de l'histoire des langues comparées. Ses travaux furent publiés dans des revues et dans l'*Histoire littéraire de la France*. En 1836 il publia l'*Histoire de la Gaule méridionale sous la domination des conquérants germains* (+) ; en 1837, l'*Histoire de la Croisade contre les hérétiques albigeois* (+). On fit paraître à titre posthume l'*Histoire de la poésie provençale* (*) (1846), *Dante et les origines de la langue et de la littérature italiennes* (1854). Fauriel fut membre de l'Académie des inscriptions et belles-lettres.

RÉF. : M. Ibrovae, *Claude Fauriel et la fortune européenne des poésies populaires grecques et serbes*, 1966.

FAUSTUS de Byzance [P'awstos Buzand]. Historien arménien du ve siècle, auteur présumé d'une *Histoire des Arméniens*. Les renseignements que l'on trouve dans son œuvre ont fait supposer qu'il avait reçu son éducation à Byzance au IVe siècle de notre ère. Certains ont voulu le faire descendre d'une illustre famille princière d'Arménie, et une allusion placée à la fin de la première partie de son œuvre pouvait aussi laisser croire qu'il s'agissait d'un historien grec. En suivant les recherches les plus récentes, on peut affirmer que l'origine byzantine de Faustus est une fiction (pourtant répandue très tôt, dès la fin du ve siècle), due au fait que l'œuvre de Faustus porte le titre de *Buzandaran* (*). Il faut lire en fait l'*Histoire* de Faustus comme un recueil de récits épiques, reflétant la tradition orale du IVe siècle arménien, et imprégnée de plus par les formes et les normes de la société parthe iranienne, dont l'Arménie se dégageait à peine.

MARC NICHANIAN.

RÉF. : Nina Garsoïan, *The Epic Histories attributed to P'awstos Buzand, Translation and Commentary*, Cambridge, Mass., 1989.

FAYE Jean-Pierre. Écrivain français. Né le 19 juillet 1925. Multiple par ses approches – poésie, théâtre, essais, romans... –, l'œuvre de Faye est profondément engagée dans les combats de son époque. Littérature, réflexion sur l'écriture et intervention dans l'histoire sont inséparables : « La littérature ? C'est pouvoir dire par quels signes notre réalité vient vers nous » (*Le Récit hunique*, 1967). Ce qui vient ne peut être accueilli que par une écriture qui sait inventer les lieux, en perpétuelles métamorphoses, où elle s'inscrit. Les lieux parcourus, les êtres rencontrés, les événements vécus seront autant de repères dans une errance aussi bien produite par l'écriture que vécue dans le monde. L'écriture – poème ou récit – inquiète les limites, déplace les centres, fait jouer les rapports et ainsi désoriente toute position. Le corps, celui de la femme avant tout, sera le lieu du « change » que le poème n'aura de cesse de transfigurer, de multiplier : *Fleuve renversé* (1959), *Couleurs pliées* (1965), *Verres* (1978), *Syeeda* (1980), *Le Livre de*

Lioube (1992). L'aventure romanesque débutera par un réseau de six volumes intitulé *Hexagramme* (*Entre les rues,* 1958 ; *La Cassure,* 1961 ; *Battement,* 1962 ; *Analogues,* 1964 ; *L'Écluse* (*), 1964, prix Renaudot ; *Les Troyens,* 1970), qui explore des lieux, des villes, tisse une narration-migration à l'écoute des transformations de l'Histoire. À ces romans il faut ajouter : *Inferno, versions* (1975), *Les Portes des villes du monde* (1977), texte dans lequel se réfléchit l'aventure romanesque, et enfin *La Grande Nap* (1992). Les essais, qui accompagnent l'entreprise poétique ou narrative, sont une vaste enquête historique et théorique sur le langage et ses liens à l'histoire : *Théorie du récit* (1972), *Langages totalitaires* (1972), *La Critique du langage et son économie* (1973), *La Raison narrative* (Langages totalitaires ; La raison critique de l'économie narrative, II) (1990). En 1974, l'auteur fait paraître un essai important dans lequel se concentre l'esprit de toute l'entreprise : *Migration du récit sur le peuple juif.* Outre de nombreuses activités éditoriales et interventions, Faye fonde en 1967 le « collectif » qui publie la revue *Change* (*) et, depuis 1985, dirige, en marge du Collège international de philosophie, l'Université philosophique européenne.

FRANCIS WYBRANDS.

FEARING Kenneth. Écrivain américain. Né à Oak Park (Illinois) le 28 juillet 1902, mort à New York le 26 juin 1961. Ses études terminées, il s'installe à New York en 1924 et gagne sa vie comme journaliste. Il commence par publier des poèmes puis écrit des romans : *Le Couteau de l'esprit* [*Dagger of the Mind*], paru en 1941, attire l'attention de Raymond Chandler qui y décèle une influence d'Hammet. En 1946 paraît *Le Grand Horloger* (*) traduit en français par Boris Vian en 1947. Fearing y développe très brillamment un thème original : l'enquêteur est le mystérieux témoin qu'il doit retrouver et il fait tout pour échouer dans sa tâche.

DENIS BOUTET DE MONVEL.

FEBVRE Lucien. Historien français. Né le 22 juin 1878 à Nancy, mort le 25 septembre 1956 à Saint-Amour (Jura). Après des études au lycée de Nancy, il entra à la faculté des lettres de cette ville, puis il passa le concours de l'École normale supérieure et fit une carrière d'enseignant après avoir obtenu l'agrégation d'histoire. À trente-trois ans, en 1911, il soutint une thèse sur *Philippe II et la Franche-Comté*, thèse qui, pour l'essentiel, n'a guère vieilli et demeure un des monuments de l'historiographie française. Lucien Febvre entra dans l'enseignement supérieur, enseigna à la faculté des lettres de Dijon, puis à celle de Strasbourg après la guerre 1914-1918. Dès lors, son enseignement comme son œuvre seront orientés vers une dénonciation implicite de ce qu'on appelle l'histoire historicisante, événementielle, anecdotique. Sa conception de l'histoire, toujours en vigueur aujourd'hui, est au contraire plus globale. Partant du principe que l'histoire est inséparable des contextes sociaux et économiques où elle prend nécessairement ses racines, Lucien Febvre cherche à y intégrer des éléments, connaissances et travaux empruntés à d'autres sciences humaines : la géographie avec *La Terre et l'évolution humaine, introduction géographique à l'histoire* (1922) ; les aspirations religieuses et leur éclosion dans le monde en mutation de la Renaissance : *Un destin : Martin Luther* (1928), *Le Problème de l'incroyance au* XVIe *siècle, La religion de Rabelais* (*) (1942) ; les dimensions spirituelles qui s'expriment à travers les langues et les littératures : *Autour de l'Heptaméron, amour sacré, amour profane* (1944). Le XVIe siècle lui paraît une époque privilégiée pour faire sentir à quel point, dans son déroulement, l'histoire peut être tributaire de la technique, de la sociologie, de l'ethnographie, de la linguistique et de toutes les sciences humaines. Lucien Febvre peut donc être considéré comme le fondateur au XXe siècle de l'École française d'histoire qui a trouvé son assise dans la célèbre VIe section de l'École des hautes études et son expression dans la revue *Les Annales d'histoire économique et sociale,* fondée en collaboration avec Marc Bloch en 1929. Deux autres ouvrages, *L'Apparition du livre* (1954) et *Combats pour l'histoire* (1957) montrent bien les orientations des recherches de Lucien Febvre, qui entend réconcilier l'histoire avec les travaux et le quotidien de tous les hommes. Son activité et son prestige — il est membre de l'Académie des sciences morales et politiques en 1949 — lui permettent de jouer un rôle après la guerre dans la création du C.N.R.S. et de lancer la *Revue d'histoire de la Seconde Guerre mondiale.*

JOËL SCHMIDT.

FECHNER Gustav Theodor. Philosophe allemand. Né à Gross-Särchen (Basse-Lusace) le 19 avril 1801, mort à Leipzig le 18 novembre 1887. Fils d'un pasteur protestant, il se rendit à Leipzig en 1817 pour étudier la médecine et passa toute sa vie dans cette ville. Devenu médecin, il entreprit, malgré la précarité de ses ressources, des études de physique et devint, en 1834, professeur ordinaire de physique à l'université de Leipzig. Il ne resta que six ans dans cette chaire, ayant contracté une grave maladie nerveuse localisée surtout dans les yeux, en étudiant les phénomènes lumineux. Menacé de devenir aveugle, Fechner dut demander une pension en 1840 et guérit d'une façon inespérée trois années après. Revenu à l'enseignement (1846) mais, cette fois, comme professeur de philosophie, les préoccupations philosophiques, qui, naguère, avaient été pour lui secondaires, l'absorbèrent tout entier durant ses années de maladie. Ce fut pour lui le début d'une période de spéculation métaphysique, orientée vers le panthéisme et le panpsychisme et qui s'exprime dans *Zend-Avesta ou Sur les choses du ciel et de l'au-delà* [*Zend-Avesta oder über die Dinge des Himmels und des Jenseits*, 1851] : une telle conception poético-philosophique, qu'il avait déjà partiellement exposée dans un écrit de jeunesse, *Le Livret de la vie après la mort* (+), s'oppose au matérialisme, tout en conciliant les exigences des sciences de la nature avec celles d'une métaphysique spiritualiste. Néanmoins, le plus grand titre de Fechner à la célébrité fut la création de la psychologie expérimentale (psycho-physique), ou étude des rapports entre les manifestations d'origine physique et celles qui relèvent du psychisme. Fechner parvient de la sorte à déterminer un rapport mathématique entre la sensation et le stimulus qui la provoque : c'est la loi de Fechner-Weber, ainsi appelée en l'honneur du physiologue qui avait été son maître – v. *Éléments de psycho-physique* (*). C'est en psychologue encore qu'il étudia dans *Propédeutique à l'esthétique* [*Vorschule der Aestetik*, 1876] les faits esthétiques eux-mêmes du point de vue des sens et du plaisir. Il fut l'ami de Lotze qui, plus jeune que lui, s'efforçait d'une autre manière de concilier les techniques et l'idéal. Extrêmement attentif à tous les aspects de l'expérience (il s'occupa même, en dernier lieu, de spiritisme et de métaphysique), Fechner fut le modèle du maître désintéressé, laborieux, avide de vérité – v. également *L'Aspect diurne face à l'aspect nocturne* (*).

RÉF. : M. Wentscher, *Fechner und Lotze*, Munich, 1925. – M. Thiel, *Fechner, Emerson, Feuerbach*, Heidelberg, 1982.

FEDERER Heinrich. Écrivain suisse d'expression allemande. Né le 7 octobre 1866 à Brienz près de Berne, mort le 28 avril 1928 à Zurich. Son père était très doué et s'adonnait à la musique, à la peinture et à la sculpture. Federer fut élève des bénédictins de Sarnem où il eut comme compagnon le peintre Anton Stockmann. Il entra ensuite au séminaire et il fut ordonné prêtre, mais sa santé – il avait de l'asthme – ne lui permit pas d'exercer un sacerdoce. En 1900, il se fixa à Zurich pour entrer à la rédaction du grand quotidien *Neue Züricher Zeitung*. Il écrivit des nouvelles et des romans, où l'on peut reconnaître la manière de Keller et de Gotthelf. Un grand nombre de ses œuvres romanesques a pour cadre l'Italie : *Histoires ombriennes, La Dernière Heure d'Innocent III* (*), *Une nuit dans les Abruzzes* [*Eine Nacht in den Abruzzen*, 1922], *Parmi les hommes et sous le soleil du Sud* [*Unter südlichen Sonnen und Menschen*, 1926], *Histoires de voyages et de miracles dans le Sud* [*Wanderund Wundergeschischten aus dem Süden*, 1921]. Ses autres œuvres se passent en Suisse et agitent des problèmes religieux et moraux.

RÉF. : S. Frick, *H. Federer : Leben und Dichtung*, Lucerne, 1963.

FEDINE Constantin Alexandrovitch [Konstantin Aleksandrovič Fedin]. Écrivain russe. Né le 24 février 1892 à Saratov, mort à Moscou le 15 juillet 1977. Fils d'un commerçant d'origine paysanne et d'une mère noble, il a passé son enfance et sa jeunesse à Saratov, où ont été publiés ses premiers récits (1913-1914). En tant qu'étudiant de l'Institut de commerce, il fait ensuite un séjour en Allemagne où il est interné et retenu au début de la guerre comme prisonnier civil. Après la Révolution, il revient en Russie et se lance définitivement dans la littérature. En 1921, il devient membre du groupe « Les Frères de Sérapion » et publie son premier livre, le recueil de récits *Le Terrain vague* [*Pustyr*, 1923], d'une prose recherchée et ornementée. Le roman *Les Cités et les Années* (*) (1924) eut un succès considérable, dû, certes, à la valeur artistique de ce chef-d'œuvre d'un jeune auteur, mais aussi au thème brûlant qu'expose le livre : un intellectuel passif et perdu, incapable de se soumettre aux exigences de la réalité révolutionnaire, est condamné par son ami, incarnation du bolchevisme. Retrouvant le climat pathétique et le problème posé par *Quatre-vingt-treize* (*), *Les Cités et les Années* restent le meilleur exemple d'un romantisme révolutionnaire qui nous semble de nos jours archaïque, voire incompréhensible. Tous les autres romans de Fedine n'ont jamais pu approcher la qualité de ce livre. *Les Frères* (*) (1928) reprennent le thème de l'attitude de l'intellectuel, ici celle de l'artiste, inadapté vis-à-vis de la Révolution, et sont imprégnés de l'influence évidente de Dostoïevski ; *L'Enlèvement d'Europe* (1933-1935) stigmatise la décadence de l'Occident, de même que *Le Sanatorium Arktour* (1940) qui oppose la santé de la nouvelle Russie à l'état de l'Europe « pourrie ». Les derniers livres de Fedine constituent une épopée (ratée) dans la manière de Tolstoï ; c'est une trilogie qui comprend *Les Premières Joies* (*) (1945), *Un été extraordinaire* (*) (1948), et *Les Feux dans la campagne* (1962). C'est un roman-fleuve à thèse voulant démontrer l'inéluctabilité de la révolution d'Octobre et le caractère salutaire des changements apportés par le socialisme en Russie. Le pouvoir soviétique utilisait Fedine, ce vieil intellectuel d'apparence respectable, pour manipuler les écrivains à sa guise. Pendant presque vingt ans, Fedine dirigea l'Union des écrivains, en tant que premier secrétaire (1959-1971) puis comme président (1971-1976). C'est de son autorité que le Parti se servait pour étouffer le mouvement dissident et, par exemple, interdire les œuvres de Soljenitsyne. Son ancien camarade Kaverine le lui déclara en toute franchise dans une lettre ouverte (1968), et son collègue Tvardovski (Fedine était membre du comité de rédaction de la revue *Novi mir*, dont Tvardovski était le rédacteur en chef), dans une autre lettre ouverte, le traita d'« oppresseur des lettres russes ».

EFIM ETKIND.

RÉF. : E. Krasnostchekova, « K. Fédine », in *Histoire de la littérature russe. Le XXe siècle, la Révolution et les années vingt*, Paris, 1988.

FEDOROV Nicolas [Nikolaj Fedorovič Fedorov]. Penseur russe. Né en mai (?) 1829 dans la province de Tambov, mort à Moscou le 15 (28) décembre 1903. Fils naturel du prince Gagarine. Après de solides études secondaires, N. Fedorov enseigna l'histoire et la géographie dans des collèges de province. En 1868, il s'installa à Moscou et restera jusqu'à la fin de sa vie un modeste bibliothécaire (dont vingt-cinq ans au musée Roumiantsev, future bibliothèque Lénine). Son savoir encyclopédique, sa générosité, sa vie pieuse et ascétique créèrent autour de ce « Socrate de Moscou » une auréole de légende et de sainteté. C'est grâce à deux de ses disciples, Peterson et Kojevnikov, que la pensée de Fedorov, qui par principe publia très peu de son vivant (et toujours anonymement), fut recueillie et éditée après sa mort sous le titre *La Philosophie de l'œuvre commune* (*) (tirée à 480 exemplaires distribués gratuitement). Fedorov est une sorte de « matérialiste religieux » qui croyait pouvoir par la science et la volonté fraternelle rendre effective sur terre la résurrection universelle. L'utopie eschatologique de ce « penseur le plus typiquement russe » (Berdiaev) a eu une grande influence en Russie et en Union soviétique.

MICHEL NIQUEUX.

♦ *« J'avoue qu'au fond je suis tout à fait d'accord avec ses idées. »* Dostoïevski. ♦ *« Je suis fier d'être le contemporain d'un tel homme. »* Tolstoï.

RÉF. : Basile Zenkovski, *Histoire de la philosophie russe*, t. 2, Paris, 1954. – Jacqueline Grunwald, « Fedorov et la philosophie de l'œuvre commune » in *Contacts, Revue française de l'orthodoxie*, n° 58, 1967 ; n° 61, 1968 ; n° 62-63, 1968. – Nicolas Berdiaev, *L'idée russe* (ch. IX), Paris, 1969.

FEIERBERG ou FEUERBERG Mordekhaï Zé'ev. Écrivain russe d'expression hébraïque. Né à Novograd-Volynsk le 20 septembre 1874, mort en cette même ville le 2 mars 1899. Issu d'une famille de hassidim, il fut initié dès son enfance à l'étude des textes traditionnels juifs, et plus particulièrement au *Talmud*. Sous l'influence de la Haskalah, il s'intéressa à *La Bible* et à la littérature hébraïque moderne, puis aborda des textes de la philosophie médiévale. Il fut un membre actif du mouvement sioniste. Sa carrière littéraire débuta véritablement à Varsovie où il était allé se faire soigner de la tuberculose. Une première nouvelle « Jacob le Gardien » [ya'akov hachomer] parut dans *Hatsefirah* en 1897, suivie par quatre autres publiées dans diverses revues en 1897-1898. Apparentées au genre de la confession, ses nouvelles évoquent la vie des Juifs d'Europe de l'Est. La dernière, *Où aller ?* (*), qui est son œuvre majeure, fut publiée après sa mort en 1899. Elle traite du désarroi de la jeunesse juive déchirée entre l'héritage traditionnel dont elle voudrait se libérer, bien qu'elle y soit encore très attachée, et son attirance pour un monde moderne porteur d'une culture qui semble mieux répondre à ses aspirations. Toutes ces nouvelles furent rassemblées en un volume publié en 1904. Bien qu'imparfaite sur un plan purement littéraire, cette œuvre révèle une idéologie originale qui influença de nombreux écrivains de langue hébraïque.

LETITIA LAMBERT.

FEIJOO Y MONTENEGRO Benito Jerónimo. Religieux et écrivain espagnol. Né à Casdemiro (Orense) le 8 octobre 1676, mort à Oviedo (Asturies) le 26 septembre 1764. Après avoir achevé le premier cycle de ses études de philosophie au collège royal de Santa Stefano de Rivas de Sil, il entra, à l'âge de quatorze ans, dans l'ordre de Saint-Benoît, au monastère de San Guiliano de Samos ; il renonçait par là au majorat qui lui était destiné en qualité de premier-né de la famille. En 1709, il faisait des cours de théologie au monastère de San Vincenzo d'Oviedo ; le 27 septembre de cette même année, il recevait le titre de licencié en théologie, puis celui de docteur ; l'année suivante, il obtint la chaire de théologie à l'université d'Oviedo, où il enseigna jusqu'en 1739. C'est également à Oviedo qu'il composa son œuvre, dont les différentes parties ont été groupées sous le titre de *Théâtre critique* (*) et de *Lettres érudites et curieuses*, où il est traité de toutes sortes de questions, et qui suscitèrent force polémiques à propos de l'auteur. Celui-ci refusa d'abandonner Oviedo, en dépit des représentations de Philippe V qui lui avait offert un évêché en Amérique. En 1748, Fernand IV l'avait nommé conseiller, pour lui prouver qu'il appréciait ses mérites littéraires. Mais Feijoo y Montenegro se tint à l'écart, et cet isolement lui fut très profitable du point de vue intellectuel, le gardant de tous les compromis et lui laissant un jugement critique d'une parfaite intégrité.

Sa volumineuse correspondance le maintint en relation avec les esprits les plus distingués du temps, et l'informa exactement de chaque événement. Il fut toujours protégé par la Cour, qui le défendit même contre les attaques de ses adversaires, spécialement contre D. Torres de Villaroel, qu'irritaient au plus haut point le rationalisme de Feijoo y Montenegro et ses tendances de novateur, de réformateur dans le domaine de la vie nationale.

♦ *« Feijoo est le Bayle de l'Espagne. »* Eugène Baret. ♦ *« Ce bénédictin infatigable, un père Bridaine philosophe, fut à lui seul l'* Encyclopédie *de l'Espagne, nous entendons l'* Encyclopédie *de d'Alembert et de*

Diderot [...] *Le bon sens, le rationalisme non sans onction de Feijoo devaient faire école et préparer l'avenir en combattant par des armes très françaises le cultisme et la superstition.* » H. Dietz. ♦ « *Quelle culture variée et choisie, bien qu'en général de seconde main ! Quelle acuité, quelle originalité et quels dons d'invention dans cet esprit ! Quelle vigueur dans la polémique et quel brio dans l'attaque ! Quel jugement exact sur presque toutes choses et quelle divination, quelles audacieuses visions du futur !* [...] *Ce qu'il perd en profondeur, il le gagne en étendue* [...] *Insatiable, il a fait le tour de tous les chemins de l'esprit...* » Menéndez y Pelayo.

RÉF. : M. Menéndez y Pelayo *Heteredoxos españoles*, tome III. – A. Marqués y Espejo, *Diccionario feijoniano*, Madrid, 1802. – M. Morayta, *El P. Feijoo y sus obras*, Orense, 1876. – E. Pardo Bazán, *Examen critico de las obras del P. Feijoo*, Madrid, 1877. – Miguel Morayta, *El padre Feijoo y sus obras*, Valencia, 1910. – A. Millares Carlo, *Feijoo y Mayans*, article in *Rev. Fil. Esp.*, 1925. – Gregorio Marañón, *Las ideas biológicas del P. Feijoo*, Madrid, 1934. – Gaston Delpy, *Feijoo et l'esprit européen*, Paris, 1936.

FÉLIBIEN André, sieur des Avaux et de Javercy. Historien, critique d'art, architecte et polygraphe français, il est surtout connu pour ses écrits sur l'art. Né à Chartres en mai 1619, mort à Paris le 11 juin 1695. Son père, notable et échevin de Chartres, l'envoie à Paris à l'âge de quatorze ans, pour y faire ses études. Ses relations avec Chapelain, Conrart, les habitués de l'Hôtel de Rambouillet et les artistes comme Le Brun, Bourdon, Nicolas Loir, lui permettent alors d'orienter sa carrière tant vers les lettres que vers les arts. En 1647-1649, il est nommé secrétaire d'ambassade du marquis de Fontenay-Mareuil à Rome ; au contact des monuments de l'Antiquité, il rencontre les grands peintres du temps (Claude Gellée, Pierre de Cortone, Lanfranco) et fait la connaissance de Poussin avec lequel il se lie d'amitié. De retour à Chartres, il se marie puis vient habiter Paris, où il exerce la charge de secrétaire de la chambre du roi. Ses amis le présentent au surintendant Fouquet (auquel il dédie l'*Origine de la peinture* en 1660 et pour lequel il dépeint la célèbre fête de Vaux ainsi que la description du château). La disgrâce du ministre ne l'empêche pas, après une courte et prudente retraite à Chartres, d'être appelé à la Cour par Colbert. Dès 1663, il devient l'un des huit qui forment pour Colbert l'Académie des inscriptions créée par le ministre. C'est aussi lui qui compose toutes les *inscriptions* placées dans la cour de l'Hôtel de Ville de Paris depuis 1660 jusqu'en 1686. Fidèle soutien de la politique royale, recherché pour sa compétence, son sérieux et son zèle (sa devise, *Bene facere et dicere vera*, renseigne tout autant sur ses scrupules culturels que sur sa mission politique), il est historiographe du roi, de ses bâtiments, des arts et manufactures de France (1666), garde des antiquités du palais Brion et secrétaire de la nouvelle Académie d'architecture érigée en 1671. Après Fouquet et Colbert, Louvois le prend sous sa protection en le nommant contrôleur général des Ponts et Chaussées, par commission pour Pelletier devenu ministre des Finances et administrateur de l'hôpital des Quinze-Vingts.

Il écrivit de nombreux ouvrages sur l'art et sa fonction, servir la gloire du roi : *Origine de la peinture* (1660), *Entretiens sur les vies et sur les ouvrages des plus excellents peintres anciens et modernes* (*). Il devient spécialiste des descriptions des fêtes royales (Versailles 1668, 1674), des monuments (arc de triomphe de la place Dauphine, 1660 ; grotte de Versailles et château, 1674), des œuvres d'art faites pour le roi (portrait du roi, 1663, tableaux et tapisseries de Le Brun, 1665, 1667, tableaux du cabinet du roi, 1677), etc. La majorité de ces textes, d'abord parus sous forme d'opuscules, sont réunis en 1689 dans le *Recueil de descriptions de peintures et d'autres ouvrages faits pour le roi.* Outre ses ouvrages d'histoire (au début de sa carrière, il écrit une *Relation de ce qui s'est passé en Espagne à la disgrâce du comte-duc d'Olivarès*, 1650) et ses livres d'études d'histoire religieuse et de piété (dont une *Paraphrase des Lamentations de Jérémie, du Cantique des trois enfants et du Misesere,* 1646, et une mise en français, en 1672, de *La Vie du pape Pie V écrite en italien par Agatio di Somma*), Félibien brille surtout par ses ouvrages sur les arts, fort utiles pour connaître les milieux artistiques français de la seconde moitié du XVIIe siècle. Ses *Conférences de l'Académie de peinture et de sculpture pendant l'année 1667* (1668), ses *Principes de l'architecture, de la peinture et des arts qui en dépendent avec un dictionnaire des termes propres à chacun de ces arts* (1676-1690), son *Histoire des maisons royales et bâtiments de France* entreprise à partir de 1674 (publiée partiellement en 1874 sous le titre de *Mémoires pour servir à l'histoire des maisons royales*) et ses *Entretiens* déjà cités, traduits en anglais (1705), en allemand (1711) et en italien (1755) le font reconnaître comme le grand critique d'art du temps et restent fort célèbres jusqu'au XIXe siècle.

CHRISTIAN BIET.

RÉF. : *Procès-verbaux de l'Académie d'architecture*, t. I, p. XLIX et s.

FELIPE León (pseud. de Felipe Camino Galicia). Poète espagnol. Né à Tábara dans la province de Zamora, le 11 avril 1884, mort à Mexico le 18 septembre 1968. Après des études supérieures à Valladolid et à Madrid, il s'établit en 1908 à Santander comme pharmacien. En 1912, fuyant les usuriers, il s'engage dans une troupe de comédiens ambulants. Arrêté, il passe trois ans en prison pendant lesquels il lit les auteurs classiques espagnols et étrangers (Cervantès, Lope de Vega, Calderón de la Barca, Shakespeare), et commence à écrire. Il exerce de nouveau le métier de pharmacien en Biscaye et, à la suite d'une aventure amoureuse, quitte la région pour effectuer des remplacements dans des villages proches de Madrid. Ainsi se lie-t-il d'amitié avec les paysans qui lui inspirent ses *Vers et prières de voyageur* [*Versos y oraciones de caminante*, 1920] publiés sous le pseudonyme de León Felipe. Poursuivant son existence errante, il séjourne successivement en Guinée espagnole (1920-1922), à Mexico (1922), puis à New York, où, marié à un professeur mexicain, il enseigne la langue et la littérature espagnoles. En 1930, il publie la deuxième partie de ses *Vers et Prières de voyageur*, puis partage son existence vagabonde entre l'Espagne et l'Amérique, où on lui attribue une chaire à l'université de Panama (1936). Après la Guerre civile, il s'exile à Mexico, et y publie la plupart de ses œuvres poétiques. Il exprime tout d'abord sa nostalgie du pays natal dans *Espagnol de l'exode et des pleurs* [*Español del éxodo y del llanto*], et *La Torche* [*El hacha*, 1939] ; puis l'espoir renaît avec *Tu gagneras la lumière* [*Ganarás la luz*, 1943]. Après la Seconde Guerre mondiale, il se rend en Amérique du Sud pour y voir sa famille (1946-1948). C'est à Buenos Aires qu'est publiée son *Anthologie brisée* (*) (1947). Puis il regagne Mexico. La mort de son épouse en 1957 donne une nouvelle orientation à sa pensée qui se teinte d'une religiosité accentuée : ses derniers livres se placent sous le signe de la foi et de l'espérance. Ce sont : *Quatre poèmes avec épigraphe et colophon* [*Cuatro poemas con epígrafe y colofón*, 1958], *Oh ce vieux violon brisé* [*Oh este viejo y roto violín*, 1965], *Oh l'argile, l'argile* [*Oh el barro, el barro*, 1967] ; et, posthume, *Rocinante* (1969), dont le titre évoque ses cours donnés sur le Quichotte pendant les années Trente.

MARIE-FRANCE SCHMIDT.

FELIÚ Y CODINA José. Auteur dramatique espagnol. Né à Barcelone le 11 juin 1847, mort à Madrid le 2 mai 1897. Il fit son droit à l'université de sa ville natale et s'affilia en 1867 au groupe des écrivains satirico-politiques qui, avant et après la révolution de septembre, combattirent dans la presse catalane d'une part l'archaïsme et d'autre part l'engouement pour l'étranger. Ce fut un brillant journaliste, spirituel et mesuré. Il fonda des hebdomadaires en langue catalane et écrivit, en catalan aussi, des romans et des drames. Il appartenait au parti libéral dynastique, occupa différents emplois publics, et fit partie de toutes les institutions culturelles de la ville. En 1886, il se fixa à Madrid où, tout en continuant son métier de journaliste, il composa pour le théâtre des pièces réalistes, écrites en castillan, et inspirées de la vie populaire espagnole. Ses premières œuvres : *Bien se taire* [*El buen callar*] et *Un vieux livre* [*Un libro viejo*, 1891] furent bien accueillies par la critique, mais non par le public. Son drame *La Dolorès* (*), refusé plusieurs fois et représenté enfin en 1892 au théâtre de la Comédie de Madrid, remporta au contraire un succès énorme. Encouragé par ce succès, il exploita la même veine avec d'autres provinces, Castille, Estrémadure, Galice, etc. C'est ainsi qu'il écrivit *Miel de la Alcarria, María del Carmen* (*), *La real moza*, etc., œuvres qui furent interprétées par les plus grands artistes du temps. Le dernier ouvrage de Feliú, *Los Ovillejos*, avec une musique de Granados, fut représenté à Madrid après sa mort. Il laissa aussi des romans : *La millonaria, Mateo Bardella, Las hadas del mar*, inspirés de sa province natale.

FÉNELON François de Salignac de La Mothe. Prélat et écrivain français. Né le 6 août 1651 au château de Fénelon, dans le Périgord, mort à Cambrai le 7 janvier 1715. Sorti du séminaire de Saint-Sulpice, ordonné prêtre vers 1675, il rêve de missions lointaines. Mais, après trois ans de ministère paroissial à Saint-Sulpice, l'archevêque de Paris lui confie la direction de l'établissement des Nouvelles catholiques, où l'on recevait les jeunes protestantes récemment converties. Pendant les dix ans qu'il remplit ces fonctions, Fénelon se lie avec des personnalités du monde parisien, en particulier avec le duc de Beauvilliers et sa femme, mère d'une nombreuse famille, pour laquelle il écrit le *Traité de l'éducation des filles* (*) (1689). Il avait également rencontré Bossuet, s'était entièrement attaché à lui, et avait composé sous son inspiration le *Traité du ministère des pasteurs* (1688), dans lequel il établissait l'illégitimité des ministres protestants ; ce fut encore grâce à la recommandation de Bossuet que Louis XIV, qui venait de révoquer l'Édit de Nantes, confia à Fénelon la direction d'une mission en Saintonge et en Poitou. Repoussant tout emploi de la force, Fénelon obtint de grands résultats dans ces provinces troublées par le fanatisme religieux, en n'usant que de prudence et de charité, et grâce à une façon particulière d'accommoder le catholicisme (jusqu'à sacrifier l'« Ave Maria » au début de ses sermons), sans rien renier cependant de l'essentiel. Aussi, malgré les censeurs, Louis XIV accorda toute sa confiance à Fénelon et, poussé par Mme de Maintenon, il le choisit en 1689 comme précepteur de son petit-fils, le duc de Bourgogne, nature dure et hautaine, caractère difficile, que Fénelon saura apprivoiser peu à peu. Il compose pour lui des résumés historiques et moraux comme les *Dialogues des morts* (*), des traités littéraires, des *Fables* (*), et surtout *Les Aventures de Télémaque* (*). Son préceptorat terminé, Fénelon est nommé par Louis XIV archevêque de Cambrai (1694). C'est à la même époque que Mme Guyon commençait à attirer sur elle l'attention des milieux ecclésiastiques : bien vue à la Cour, accueillie par Mme de Maintenon et Mme de Beauvilliers, en relation avec Bossuet lui-même, Mme Guyon — on s'en aperçut bientôt — professait le mysticisme sentimental connu sous le nom de quiétisme, et que l'Église avait condamné dès 1691. Le quiétisme, en face de la mystique traditionnelle, inclinait à dédaigner l'étape ascétique, la lutte contre les passions.

Mme Guyon avait d'autre part l'âme d'une animatrice de secte ; plusieurs fois emprisonnée, elle fut ensuite condamnée par les conférences ecclésiastiques d'Issy. Mais Fénelon, entre-temps, avait été gagné à sa cause : dans le quiétisme, il voyait surtout une religion présente au cœur. Il espéra rallier Bossuet à Mme Guyon ; mais, apprenant que Bossuet préparait une *Instruction* contre le quiétisme, il fit rapidement paraître son *Explication des maximes des saints* (*), fortement influencée par l'hérésie guyonniste. Bossuet, qui voyait dans le quiétisme une primauté accordée à l'expérience intérieure (trait fondamental de Fénelon) aux dépens de la tradition de l'Église, et qui soupçonnait son ancien protégé de verser déjà dans le déisme, rompit avec lui et l'attaqua vivement jusqu'à ce qu'il obtînt, en 1699, la condamnation de son livre par le Saint-Siège. Fénelon fit aussitôt une humble soumission, mais des lèvres plus peut-être que du cœur. Au même moment, sans l'aveu du prélat, était publié le *Télémaque* : Louis XIV y vit une critique de son règne, fit arrêter l'impression, et disgracia l'auteur. D'Alembert a pu dire que « la grande hérésie de Fénelon était en politique, non pas en théologie ». Fénelon était en effet, aux yeux de Louis XIV, « le plus bel esprit et le plus chimérique du royaume ». Il appelait des réformes, mais en rétrograde plus qu'en homme de progrès ; dans son *Examen de conscience sur les devoirs de la royauté* et dans ses fameuses *Tables de Chaulnes,* c'est au nom de la stricte tradition qu'il s'en prend à l'absolutisme. Son idéal, proche de celui de Saint-Simon, est d'une monarchie fortement tempérée par une noblesse honorée et puissante, rénovée par l'accès aux professions commerciales, mais purifiée par l'interdiction de toute mésalliance, et qui, sans exercer directement le gouvernement, contrôlerait l'autorité royale.

Désormais, réfugié et en quelque sorte exilé dans son diocèse, Fénelon ne fut plus qu'un pasteur irréprochable, prenant soin de l'instruction religieuse, secourant ses fidèles, ou se dépouillant de tout, pendant le dur hiver de 1709, pour nourrir l'armée française qui campait devant sa ville. La mort de son élève le duc de Bourgogne mit un terme à ses dernières ambitions politiques ; visité par de nombreux étrangers de distinction, directeur écouté, il écrivait son *Manuel de piété*, et dans ses *Lettres* (*), où il réintégrait son quiétisme dans le cadre du christianisme traditionnel, il prodiguait à ses filles spirituelles d'admirables conseils de renoncement, qu'il était le premier à mettre en pratique. Plus encore que sa doctrine, c'était la personne de Fénelon qui séduisait. Cet être un peu chimérique était plus humain que Bossuet, nerveux, sentimental, à la fois sévère et courtois, lettré, raffiné et gai, enfantin parfois jusqu'au mauvais goût de la sensiblerie guyonniste, d'une extrême tolérance, aimant les artistes, permettant le théâtre, mais capable aussi bien de se révéler comme un directeur exigeant, rigoureux, bien plus que ne le laisserait croire sa doctrine, mais toujours assez délicat — ou assez habile — pour entourer ses injonctions ou ses défenses d'une onction insinuante, irrésistible. Fuyant, péchant par dérobade en face de Bossuet qui pèche par violence, partagé, sinon tourmenté, il fut à l'image de cette époque de transition qu'est la fin du Grand Siècle : son hellénisme n'a pas la grandeur de l'hellénisme des vrais classiques, mais il est plus vivant aussi, et c'est, comme l'écrivait Sainte-Beuve, « de l'antique ressaisi naturellement et sans effort » ; sa religion veut une piété plus amoureuse mais plus libre aussi, elle pousse à se confier à l'instinct de la conscience, à un abandon sentimental à Dieu qui, détaché du dogme, deviendra aisément la religion de Mme de Warens et du Rousseau de Clarens, et des *Rêveries* (*) — celui-ci dans sa jeunesse avait d'ailleurs subi, comme influence majeure, celle de Fénelon. L'utopiste de Salente, exalté par la nature, n'est pas loin non plus du Jean-Jacques politique. Contemporain de Bossuet par l'âge (quoique de vingt-quatre ans son cadet), il l'est bien plus, par l'esprit, des hommes « sensibles » du XVIIIe siècle.

MICHEL MOURRE.

♦ *« Je suis à moi-même tout un grand diocèse, plus accablant que celui du dehors. Mon fond semble changer à toute heure. »* Fénelon. ♦ *« Fénelon imite Homère, Virgile et Platon, jusqu'à la souplesse désossée d'un vêtement qui se plie au nu et aux formes des membres... Il efféminе avec grâce cette langue trop durcie par la trempe de Bossuet ; il la rend malléable et propre aux plus tendres épanchements de la piété, de la rêverie et de l'amour. »* Lamartine. ♦ *« C'est un mystique sans ascension de cœur, comme disent les mystiques. »* J. Barbey d'Aurevilly. ♦ *« On a tracé de Fénelon vingt portraits, qui en donnent une idée juste sans le représenter exactement, tant il fut complexe, ondoyant et flexible, humble et hautain, détaché et soigneux de lui, résigné, puis soudain redressé vers l'espérance. »* Mgr Crente. ♦ *« Tendre et violent, détaché et tenace, avide à la fois de se perdre et de se dominer, cet amant des âmes, cet amant de Dieu offre l'image d'une flamme tantôt fumeuse, tantôt très pure, mais permanente. »* Marcel Arland.

RÉF. : Chevalier de Ramsay, *Histoire de la vie et des ouvrages de Fénelon,* La Haye, 1723. — Henri Brémond, *Apologie pour Fénelon,* Paris, 1910. — Albert Chérel, *Fénelon au XVIIIe siècle en France,* Paris, 1918 ; *Fénelon, ou la Religion du pur amour,* Paris, 1934. — E. Carcassonne, *Fénelon, l'homme et l'œuvre,* Paris, 1946. — J.-L. Goré, *L'Itinéraire de Fénelon, humanisme et spiritualité,* Paris, 1957. — H. Gouthier, *Fénelon philosophe,* Paris, 1977. — M. Haillant, *Culture et imagination dans les œuvres de Fénelon « ad usum Delphini »,* Paris, 1983.

FÉNÉON Félix. Écrivain français. Né le 22 juin 1861 à Turin, mort le 22 février 1944 à Châtenay-Malabry. Félix Fénéon est l'une des personnalités les plus attachantes, les plus intéressantes et les plus énigmatiques du post-impressionnisme et du symbolisme – figure parfaitement évoquée par cette autre éminence grise qu'a été Jean Paulhan, dans un essai intitulé *F. F. ou le Critique*, paru en 1945. Après une enfance et une adolescence en Bourgogne, Félix Fénéon vient à Paris à dix-neuf ans, où il passera un concours pour devenir rédacteur au ministère de la Guerre, et fréquentera les jeunes milieux littéraires de la capitale. De Félix Fénéon, dandy parfait, double de Baudelaire et de Dorian Gray, l'histoire a retenu son très réel attachement à la cause anarchiste – et sa plus hypothétique participation à l'attentat perpétré en 1894 contre le restaurant Foyot, rendez-vous très mondain situé en face du Sénat. Ses amitiés anarchistes le feront alors comparaître devant la cour d'assises de la Seine, lors du très fameux procès des Trente qui met un terme à la grande agitation et aux attentats qui secouèrent la société française, et qui verra Félix Fénéon acquitté après des séances au tribunal qui feront, grâce aux reparties du critique, la joie des chroniqueurs du temps – sans que pour autant, et ce jusqu'à sa mort, la police ne vienne clore son dossier. Mais ces activités anarchistes, pour réelles et pittoresques qu'elles soient, ne doivent pas éclipser la profonde influence qu'a eue Fénéon sur les artistes de son temps, de 1880 à 1914 et dans une mesure autre pendant l'entre-deux-guerres, et l'on pourra ainsi rattacher le nom de Fénéon à toutes les entreprises novatrices en matière de peinture et de littérature. Action maïeutique tout d'abord, et l'on voit Félix Fénéon à l'origine d'un grand nombre d'activités éditoriales, auxquelles collaborent toujours ses amis peintres et écrivains, à la tête de *La Libre Revue*, qu'il fonde en 1883, de *La Revue indépendante*, plus politique, qu'il fonde en 1884, et où sera publiée la « Prose pour des Eisseintes » de Mallarmé, *La Vogue*, qu'il fonde en 1886, avec Kahn, Henry et Laforgue, et où il publiera *Les Illuminations* (*) de Rimbaud, jusqu'aux éditions de la Sirène. Action critique ensuite, par sa participation à plus de vingt revues littéraires, symbolistes et anarchistes (*La Libre Revue, L'Indépendante, La Revue moderniste*...) où il défend le groupe de peintres qu'il affectionne, les post-impressionnistes et les pointillistes, Seurat, Signac, Dubois-Pillet, Luce, Cross, Camille et Lucien Pissarro, sans jamais vouloir adopter les vues de Gauguin sur le symbolisme en peinture. La plus importante de ses collaborations aux revues fut sans conteste celle qu'il assura de 1893 à 1903 à *La Revue blanche*, où son talent et sa connaissance des milieux artistiques trouveront à s'employer au mieux : il publia Laforgue, qu'on avait oublié, il fit connaître Fargue et Apollinaire, réussit, un temps, à glisser des pages de Jarry, et fit travailler, à côté de ses amis Luce et Signac, Van Dongen et Matisse. Dans une petite rubrique de *La Revue blanche* viendront s'inscrire les *Passim*, collection de fusées politiques et sociales qui dans leur forme annoncent les fameuses *Nouvelles en trois lignes* que Fénéon donne au *Matin* en 1906, et qui resteront peut-être parmi les plus étonnantes créations littéraires de Fénéon, par la concision de l'expression et l'exploitation du fait divers. Mais si Fénéon est remarquable par le style critique qu'il invente, adaptant parfaitement son discours à la matière qu'il traite, ses articles demeureront, de son vivant, dispersés, Fénéon ayant été l'homme d'un livre, *Les Impressionnistes en 1886*, dont le style épousera la peinture, comme pour s'assurer de la plus haute probité critique (et on se souviendra du titre de l'essai de Paulhan). On citera, dans un registre proche du canular, le *Petit bottin des lettres et des arts* (1886), livre de critique acerbe qu'on doit à la plume conjointe de Fénéon, Moréas, Paul Adam, Méténier, ainsi que le *Petit glossaire pour servir à l'intelligence des auteurs décadents*, autre collectif paru en 1888 sous le pseudonyme de Jacques Plowert. Fénéon deviendra, à partir de 1906, et jusqu'au tournant des années 30, employé chez le marchand de tableaux Bernheim Jeune, responsable de l'art contemporain, puis très vite directeur artistique de la galerie, pour le plus grand bien de ses amis peintres des années 1885-1895 et de personnages nouveaux comme Matisse. À côté de la galerie et comme pour la prolonger, il fonde en 1919 le *Bulletin de la vie artistique*, crée les éditions Bernheim-Jeune, qui publieront des volumes importants sur les peintres du temps, devenant ainsi – mais ne l'était-il pas déjà ? – un personnage capital de la vie artistique. Ses *Œuvres* (*) ne seront réunies qu'en 1948.

VINCENT WACKENHEIM.

♦ Sur le langage critique de Fénéon *« ... une langue tour à tour concise et dissolue, orbiculaire et acérée, par les substantifs en ribambelles, par les adjectifs qui se haussent, par les trappes à tire-volets... »* Jean Moréas. ♦ *« De sa haute taille, la face yankee, froide et linéaire et anguleuse un peu, domine. »* Paul Adam. ♦ *« Quel critique lapidaire vous êtes, et un ami. »* Mallarmé. ♦ *« Émerveillant critique littéraire aussi, Félix Fénéon apporte une forme d'un verbalisme nourri, une phrase aux vives dentelures d'un rythme personnel. »* Georges Vanor. ♦ *« Le faux Yankee de la rue Richepanse, M. Félix Fénéon* [...] *cet écrivain si dépouillé qu'il avait pour ainsi dire inventé, dans ses immortelles nouvelles en trois lignes du* Matin, *les mots en liberté qu'ont adoptés les futuristes. »* Apollinaire.

RÉF. : Guillaume Apollinaire, « M. Félix Fénéon », in *Mercure de France*, février 1914. – Jean Paulhan, *F. F. ou le critique* – repris comme préface aux *Œuvres* de Félix Fénéon, Paris, 1948. – Joan U. Halperine, *Félix Fénéon*, biographie, Paris, 1991.

FENG MENG-LONG. Écrivain chinois. Né en 1574 près de Sou-tcho, mort en 1646. Il s'est passionné pour la littérature populaire en langue vulgaire. Il a adapté des récits oraux de conteurs pour les publier, des pièces de théâtre, a recueilli et édité des chansons populaires, des histoires drôles, des romans. Devenu fonctionnaire dans des postes locaux subalternes à cinquante-sept ans seulement et pour moins de dix ans, car il n'avait réussi à passer qu'un examen de bas niveau, il semble avoir passé la plus grande partie de sa vie à faire des travaux pour des libraires-éditeurs de Sou-tcho et Nanking. Outre les livres en langue vulgaire, il a compilé des livres en chinois classique, dont certains, un manuel pour préparer les examens, un manuel pour écrire des lettres, laissent penser qu'il faisait aussi cela pour des raisons financières. Il se rattache à tout un courant de lettrés contestataires de la fin des Ming qui luttaient contre le confucianisme sclérosé, défendaient la valeur du sentiment, du naturel, et mirent à l'honneur la littérature populaire. Feng Meng-long fut parmi eux celui qui, en publiant de nombreuses œuvres à l'origine orales, a sauvé celles-ci de l'oubli et les a fait entrer dans la littérature, même si, avant le XXe siècle, seuls quelques esprits indépendants osèrent souscrire à ses goûts. Parmi la cinquantaine de volumes qu'il a édités, ses *Trois recueils d'histoires* (*) sont restés comme une des œuvres majeures de la littérature populaire chinoise.

JACQUES PIMPANEAU.

FENOGLIO Beppe. Romancier et nouvelliste italien. Né le 1er mars 1922 à Albe (province de Coni), mort le 18 février 1963 à Turin. C'est en 1952 que Beppe Fenoglio se fit connaître, avec la parution, chez Einaudi, d'un recueil de nouvelles, *Les Vingt-Trois Jours de la ville d'Albe* (*). Dès ce premier recueil se trouvaient mises en relief les lignes directrices qui reviendraient continuellement dans l'œuvre : la thématique guerrière, s'inspirant des faits de Résistance dans les collines de la région des Langhe (dont Albe est la ville principale), et la thématique paysanne. Parmi les ouvrages appartenant au premier groupe, on peut ranger, notamment, outre une partie des nouvelles des *Vingt-Trois Jours de la ville d'Albe,* les romans *Le Printemps guerrier* [*Primavera di bellezza,* 1959], *Une affaire personnelle* [*Una questione privata,* 1963], *La Paye du samedi* [*La paga del sabato,* 1969] et surtout *La Guerre sur les collines* (*) (1968) ; la thématique paysanne est quant à elle essentiellement représentée par *Le Mauvais Sort* (*) (1954) et la plus grande partie des récits du recueil *Un jour de feu* [*Un giorno di fuoco,* 1963].

Mais, si ce partage entre deux pôles d'intérêt présente l'avantage de donner de l'auteur une vision synthétique et sommaire, une approche plus attentive permet rapidement d'identifier d'autres aspects de sa personnalité littéraire qui font de lui un écrivain à part, à la lisière du néoréalisme finissant et de l'expérimentation littéraire [sperimentalismo] dont Pier Paolo Pasolini fut un des principaux représentants.

Car chez Fenoglio le goût pour les récits de guerre ou les récits paysans prend appui sur le besoin constant d'écrire en anglais, sa langue de prédilection (pour laquelle il avait entamé des études que la guerre ne lui a pas permis de porter à terme). Certains de ses récits, et notamment *La Guerre sur les collines,* semblent avoir dans un premier temps été rédigés dans cette langue. Cette nécessité d'une voie intermédiaire, de transition, marque fortement de son empreinte l'œuvre de Fenoglio ; le passage de la langue d'élection à la langue maternelle, puis le travail constant, acharné, répétitif, compulsif, sur chacune de ses pages, font de son œuvre (dont une grande partie a été publiée après sa mort) l'une des plus précises et achevées du domaine italien.

La Guerre sur les collines mérite certainement une mention particulière : en effet ce roman, publié longtemps après la disparition de l'auteur (cinq ans après), et à partir de divers manuscrits juxtaposés, est tout à la fois le chef-d'œuvre de Fenoglio et un objet de polémiques incessantes entre spécialistes – ceux qui contestent le travail de reconstruction (réalisé par Lorenzo Mondo) et ceux qui l'approuvent. Mais, au-delà de ces polémiques (qui se perpétuent peu ou prou de nos jours), il n'en reste pas moins que ce texte et ses différentes rédactions (dont les *Œuvres complètes,* établies par Maria Corti, permettent de retracer le cheminement) présentent une figure de héros solitaire, individualiste et probe, qui sert de prototype aux personnages qu'on retrouve au fil de l'œuvre. Johnny est un héros de légende, tout droit sorti de l'imaginaire d'un écrivain admirateur de Cromwell et nourri de lectures anglaises, – notamment du *Paradis perdu* (*) de Milton.

Beppe Fenoglio mena une vie discrète dans sa ville natale d'Albe. La guerre, après lui avoir interdit de terminer ses études, le mena d'une école d'officiers à la Résistance, qu'il rejoignit quelques mois après l'armistice du 8 septembre 1943. Après le conflit, il devint gérant d'une des entreprises vinicoles de sa ville. Il mourut d'un cancer des poumons en 1963, à l'hôpital des Molinette à Turin. Fenoglio est également l'auteur de traductions, des œuvres de Coleridge et d'Emily Brontë notamment.

ALAIN SARRABAYROUSE.

FERAOUN Mouloud. Écrivain algérien, d'expression française. Né le 8 mars 1913 à Tizi-Hibel, Haute-Kabylie, assassiné par l'O.A.S. le 15 mars 1962 à El Biar, sur les hauteurs d'Alger. Fils d'un fellah qui n'avait pas souvent de quoi nourrir sa famille, Feraoun ne connut durant son enfance que misère et humiliation. Il devait raconter ce dur apprentissage de la vie dans son premier roman, *Le Fils du pauvre* (*) (1950), qui lui valut immédiatement une large audience en Algérie, puis en France. Grâce à une bourse obtenue avec l'aide d'un instituteur séduit par son intelligence, il avait pu faire ses études à Tizi-Ouzou et entrer ensuite, sur concours, à l'École normale d'Alger-Bouzaréa. Il fut d'abord instituteur dans un village de sa Haute-Kabylie natale, où il se maria, puis devint successivement directeur de l'école de Taouzirt-Moussa et directeur du cours complémentaire de Fort-National. En juillet 1957, il quitta la Kabylie pour Alger (directeur de l'école du Clos-Salembier), et à partir de 1960 se consacra au service des Centres sociaux, dont il fut l'un des principaux animateurs avec le titre d'inspecteur. Son rôle dans cette œuvre d'apaisement lui valut la haine de l'O.A.S., qui le fit assassiner dans des conditions particulièrement révoltantes.

Outre le roman déjà cité, Feraoun en composa deux autres : *La Terre et le Sang* (1953) et *Les Chemins qui montent* (1957) ; il donna par ailleurs un recueil d'impressions et d'anecdotes : *Jours de Kabylie* (1954) et une édition bilingue des *Poèmes de Si Mohand* (1960), grand poète populaire kabyle. Son *Journal*, qui couvre les années 1955-62, fut publié après sa mort en 1962. Conteur savoureux et incisif, Feraoun demeurera sans doute comme l'un des fondateurs de la littérature algérienne d'expression française, car il a su exprimer le souffle et le génie authentiques de sa race dans un français souple, coloré et parfaitement personnel.

BERNARD NOËL.

FERENCZI Sàndor. Psychanalyste hongrois. Né le 7 juillet 1873 à Miskolc, mort le 22 mai 1933 à Budapest. Il fait ses études de médecine à Vienne, et obtient son diplôme en 1894. Il s'établit à Budapest, travaille d'abord à l'hôpital puis, en 1900, s'installe comme neuropsychiatre à Budapest.

Il prend contact avec Freud en janvier 1908. Il s'ensuit une amitié qui durera vingt-cinq ans, malgré une grave crise au cours des trois dernières années. À partir de cette rencontre, Ferenczi se consacre exclusivement à la psychanalyse, comme praticien, chercheur et promoteur : il proposera la fondation d'une Association psychanalytique internationale (« De l'histoire du mouvement psychanalytique », 1911). En 1919, Ferenczi épouse Gizella Altschul. En 1921, il rencontre Groddeck, dont les travaux dans le domaine psychosomatique vont influencer ses propres recherches.

L'œuvre de Ferenczi comprend trois cent huit articles et son *Journal clinique* (*), publié après sa mort. Ferenczi s'y intéresse à tous les aspects de la théorie et de la pratique psychanalytiques. De 1908 à 1918, parmi quelque deux cent dix articles, citons « Psychanalyse et Pédagogie » (1908) ; « Transfert et Introjection » (1909), « Le Développement du sens de réalité et ses stades » (1913)... Très près de la clinique même dans ses articles les plus théoriques, Ferenczi rédige d'innombrables notes cliniques brèves.

À partir de 1919, sur la base d'observations faites pendant la guerre de 1914-18 (« Psychanalyse des névroses de guerre », 1919) et sous l'influence des idées sociales, Ferenczi cherche à raccourcir la cure analytique, et introduit la technique dite « active » ; à l'aide d'injonctions et d'interdictions, il s'efforce d'accélérer le processus thérapeutique. Ces idées sont développées dans un ouvrage commun avec Otto Rank, *Perspectives de la psychanalyse* [*Entwicklungsziehle der Psychoanalyse*, 1924]. Cette même année, Ferenczi publie *Thalassa, essai sur la théorie de la génitalité* [*Versuch einer Genitaltheorie*], une fantaisie scientifique sur le développement phylo- et ontogénétique de la génitalité.

Désormais, Ferenczi montre un intérêt croissant pour les problèmes techniques et thérapeutiques de l'analyse. Il abandonne les rigueurs de l'« activité » pour une technique d'élasticité et d'indulgence (« Élasticité de la technique psychanalytique », 1928 ; « Principe de relaxation et néocatharsis », 1930). Il s'adresse de plus en plus à l'enfant dans l'adulte (« Analyses d'enfants avec des adultes », 1931) et étudie les traumatismes subis dans l'enfance (« L'Adaptation de la famille à l'enfant », 1928, « L'Enfant mal accueilli et sa pulsion de mort », 1929, et « Confusion de langue entre les adultes et l'enfant », 1932, comptent parmi ses écrits les plus actuels). Parmi les écrits posthumes, citons les « Notes et fragments » (1930 à 1933). En traduction française, outre le *Journal clinique* et la *Correspondance Ferenczi-Groddeck*, les *Œuvres complètes* de Ferenczi ont été réunies en quatre volumes, publiés entre 1968 et 1982 par les éditions Payot.

JUDITH DUPONT.

FERLIN Nils. Poète suédois. Né le 11 décembre 1898 à Karlstad, mort le 21 octobre 1961 à Uppsala. La mort par noyade de son père en 1909 laissa sa mère seule avec trois enfants. À l'école, Nils fut un cancre, ce qui ne l'empêcha pas de lire « hors programme » des poètes comme Fröding, Karlfeldt et Lucidor, le Villon suédois. Bagarreur, il s'était frotté à la police et fut envoyé sur un navire-école, puis s'enrôla à bord d'un navire de la marine marchande, mais déserta presque aussitôt. Vagabond, puis électricien, il revint à Filipstad où, en 1918, il se produisit sur la scène d'une revue locale, avec des couplets qu'il avait écrits lui-même. Dès lors, les chansons et les couplets lui furent une source de revenus, à côté de métiers divers et éphémères. Après avoir suivi un cours d'art dramatique à Stockholm, il partit en tournée avec, comme spectacle, une farce populaire. Bohème connu dans le monde des cafés et des théâtres, il publia ses *Chansons d'un mort-vivant* (*) (1930), que suivirent d'autres recueils similaires, tels les *Enfants aux pieds nus* (*). Ces poèmes bouffons, ces chansons gouailleuses — car, auteur de couplets, Ferlin écrit une poésie faite pour être chantée — sont devenus très populaires, dans tous les sens du mot.

FERMAT Pierre de. Mathématicien français. Né à Beaumont-de-Lomagne (Tarn-et-Garonne) le 17 août 1601, mort à Castres (Tarn) le 12 janvier 1665. La vie de cet illustre mathématicien est une des plus simples qui se puissent imaginer. Fils de Dominique Fermat, bourgeois, deuxième échevin de Beaumont, il fit son droit à Toulouse afin d'entrer dans la magistrature. Devenu conseiller au parlement de Toulouse, il y effectua une lente mais tranquille carrière, se distinguant par sa probité, son tact et sa haute tenue. Consacrant ses loisirs aux mathématiques, il était, dès 1637, un des plus célèbres mathématiciens d'Europe. Il se lia d'amitié avec le mathématicien Carcavi et put, grâce à ce dernier, correspondre avec le père Mersenne, l'ami de tous les savants français de cette époque. C'est le père Mersenne qui fit connaître Fermat à Roberval et à Descartes (1637). Mais nul ne pouvait se vanter — pas même Fermat, en dépit de tout son doigté — de conserver l'amitié d'un génie aussi ombrageux que ce dernier. Les deux savants engagèrent, en effet, une polémique sur la réfraction de la lumière et la méthode « de maximis et minimis », à tel point qu'il fallut tout l'esprit de médiation de Roberval et toute la prudence de Fermat pour que leurs relations personnelles gardent ne fût-ce qu'une froide correction. Très vive, en revanche, fut l'amitié qu'un autre grand mathématicien du temps, Blaise Pascal, éprouva pour Fermat, et ce fut encore grâce à Carcavi qu'ils se connurent. De ses nombreuses et géniales études sur les mathématiques, il semble (si l'on excepte certain mémoire joint à un volume du père Lalouvère — 1660) que Fermat n'ait guère publié ; il se bornait à noter ses découvertes en marge de ses livres et, plus particulièrement, en marge d'une édition de 1621 des œuvres du mathématicien grec Diophante d'Alexandrie. Rien d'étonnant donc à ce que son fils Samuel ne parvînt qu'à grand-peine à réunir les *Œuvres mathématiques* (*) (1679), qui représentent tout ce qui nous reste de lui. Le nom de Fermat demeure lié aux origines du calcul différentiel grâce à sa méthode dite « de maximis et minimis » (connue dès 1633), qui contient déjà la méthode dite de « descente infinie » ; à un théorème d'optique (le théorème de Fermat) — principe du temps minimum — et à la théorie des nombres. Cette théorie fut son champ de recherche préféré. Il nous a laissé de nombreux énoncés de théorèmes dont quelques-uns sont très importants (malheureusement, les démonstrations manquent). Fermat fut, avec Blaise Pascal, un des créateurs du calcul des probabilités.

GIULIO PRETI.

♦ *« Je vous tiens pour le plus grand géomètre de toute l'Europe. »* Pascal. ♦ *« Ses recherches ne sont jusqu'ici que de pure curiosité, et je ne conseille de s'y livrer qu'à ceux qui en ont le loisir. Cependant, il est bon de les suivre, elles fournissent d'excellents modèles dans l'art de raisonner ; d'ailleurs, on en fera un jour, peut-être, des applications importantes. Tout se tient dans la chaîne des vérités, et quelquefois un seul phénomène a suffi pour faire passer les plus inutiles en apparence de notre entendement dans la nature. »* Laplace.

RÉF. : Louis Genty, *Influence de Fermat sur son siècle,* Orléans, 1784. — Lucien Babonneau, *Génies occitans de la science,* 1947. — Armand Machabey aîné, *La Philosophie de Pierre de Fermat, mathématicien, humaniste et conseiller au Parlement de Toulouse,* Liège, 1949. — Jean Itard, *Pierre Fermat,* Bâle, 1950.

FERNÁN CABALLERO (pseud. de Cecilia Böhl de Faber y Larrea). Femme de lettres espagnole. Née à Morges (Suisse) en 1796, morte à Séville le 7 avril 1877. Fille d'un commerçant allemand, lettré, établi en Espagne, et d'une Espagnole, elle vécut de 1805 à 1813 en Suisse et en Allemagne, où elle fit ses études dans un institut français. Ses parents la marièrent en 1816, à Cadix, avec le capitaine Antonio Planella, homme rude et grossier, qui la mena à Porto Rico où elle devint veuve deux ans après. Revenue en Espagne après un séjour à Hambourg, elle se remaria en 1822 avec le marquis d'Aroco-Hermoso qui mourut en 1835. Les années de son second mariage, passées à Séville, entrecoupées de voyages à Paris, furent les plus heureuses de son existence. Ce fut alors qu'elle commença d'écrire en français et en allemand, pour son seul plaisir, sans la pensée d'être éditée. Veuve du marquis, elle épousa en troisièmes noces Antonio Arron de Ayala, de dix-huit ans plus jeune qu'elle. Sa situation financière étant précaire, elle décida de publier, sous son pseudonyme, *La Mouette* (*) (1849), écrite en français quelques années auparavant ; le succès de cette œuvre et d'autres qui suivirent lui valut de collaborer à diverses revues. En 1859 son troisième mari, qui était allé en Australie depuis six ans pour chercher fortune, se suicida à Blenheim près d'Oxford, quand il vit que toutes ses ressources étaient perdues. Cecilia vécut désormais à Séville, se consacrant exclusivement à la littérature, à la dévotion, aux bonnes œuvres. Dans ses œuvres les romans alternent avec les nouvelles ; ce sont des tableaux folkloriques. Citons : *Clemencia* (1852) ; *Pleurs* [*Lágrimas*, 1853] ; *La Famille Alvareda* (*) (1856) ; *Un jeune libéral et un légitimiste ; L'Alcazar de Séville* [*El Alcázar de Sevilla*, 1862] ; *La Corruptrice* [*La corruptora y la buena maestra*, 1868] ; *« Chose n'est parfaite... que dans l'autre vie ».*

RÉF. : Cte de Bonneau-Avenant, *Vie et œuvres de F. Caballero*, 1882. — Alfred Morel-Fatio, *Fernán Caballero d'après sa correspondance avec Antoine de Latour*, Bordeaux, 1901. — Camille Pitollet, *Les Premiers Essais littéraires de Fernán Caballero ; documents inédits*, Bordeaux, 1908. — Angelica

Palma, *Fernán Caballero, la novelista novelable*, Bilbao, 1931.

FERNANDEZ Dominique. Écrivain français. Né le 25 août 1929 à Neuilly. Après des études secondaires au lycée Buffon et l'obtention du baccalauréat (1946), il suit les classes de lettres supérieures et de khâgne au lycée Louis-le-Grand puis entre à l'École normale supérieure. Reçu à la licence en 1950, il découvre l'Italie. De cette rencontre avec un pays qui devient sa terre d'élection puis en grande partie d'inspiration, naît une passion qui conduit Fernandez à l'agrégation d'Italien (1955) puis au doctorat d'État (1968) avec une thèse intitulée *L'Échec de Pavese*. Nommé professeur à l'Institut français de Naples en 1957, l'année suivante il est suspendu de ses cours par les autorités françaises pour avoir fait sur Roger Vailland une conférence manquant de « caractère officiel » et où il était question de « communisme » et d'« érotisme »... Marié en 1961, Fernandez à deux enfants : Laetitia et Ramon. Nommé à Rennes en 1966, c'est à l'université de Haute-Bretagne où il enseigne jusqu'en 1989 que se déroule l'essentiel de sa carrière de professeur d'italien.

Fils du romancier et critique Ramon Fernandez (1894-1944), marqué par le divorce de ses parents (1936), par l'ampleur de leur désaccord intellectuel (son père participa à la Collaboration sans donner toutefois dans l'antisémitisme, sa mère fut proche de la Résistance), l'écrivain Dominique Fernandez poursuit dans son œuvre une double quête : celle de la compréhension — pourquoi agissons-nous et réagissons-nous comme nous le faisons ? —, celle de l'harmonie. On ne peut séparer les genres abordés par Fernandez, ni les domaines, motifs et thèmes chers à l'écrivain. Architecture, peinture, littérature, musique, pâtisserie, odeurs des marchés, cris de la rue participent à un mouvement ondoyant qui fait alterner douleur et jubilation. Toute l'œuvre littéraire unit indissolublement l'acuité de l'analyse, l'ampleur de la culture et la pétulence de la sensualité en dépit de l'appel fascinant de l'échec. Ce dernier hante ce même personnage qui, sous des noms divers, parcourt un premier cycle romanesque qui va de *L'Écorce des pierres* (1959) aux *Enfants de Gogol* (1971). Parallèlement, l'essayiste s'appuyant sur la psychobiographie traque le secret de grands créateurs voulant retrouver *L'Arbre jusqu'aux racines* (1975). *Porporino ou les Mystères de Naples* (*) (1974) est le roman de la libération d'un amour et d'une nature enfin avoués : l'homosexualité ; libération douloureuse : *L'Étoile rose* (1978), et remise en question : *La Gloire du paria* (1987). Mais les leçons du Sud — la véritable Italie —, *Le Promeneur amoureux,* (1980), *Le Radeau de la Gorgone* (1988), nous conduisent aux enchantements baroques révélés par le voyageur Fernandez accompagné du photographe Ferrante Ferranti : *Le Banquet des Anges* (1984). Après *Le Rapt de Ganymède* (1989), essai sur la culture et l'homosexualité, le romancier revient aux origines de son « destin » d'écrivain en consacrant une véritable somme romanesque à l'échec du couple de ses parents et au fourvoiement politique de son père : *L'École du Sud* (1991) et *Porfirio et Constance* (1992). Lauréat du prix Goncourt 1982 pour *Dans la main de l'ange,* critique littéraire à *La Nouvelle Revue française* (*), *L'Express, Le Nouvel Observateur...,* Fernandez est également l'auteur d'un livret d'opéra, *Le Rapt de Perséphone,* mis en musique par André Bon (1987).

YANNICK PELLETIER.

FERNÁNDEZ Macedonio. Écrivain argentin. Né et mort à Buenos Aires : 1er juin 1874 – 10 février 1952. De vieille souche argentine, fils d'un militaire propriétaire foncier, Macedonio Fernández fait des études de droit et une carrière d'avocat en province. À la mort de son épouse en 1920, il préfère vivre dans la pauvreté, d'hôtel meublé en pension de famille, et se consacre exclusivement à la réflexion philosophique et à l'écriture de poèmes et romans, de notes éparses qu'il ne se soucie nullement de publier. Son extravagance, son humour, son intelligence et son talent font de lui le modèle des intellectuels d'avant-garde des années 20. On retrouve trace de son influence chez de nombreux écrivains, et notamment chez Borges et Cortázar.

Son œuvre, en partie inédite à sa mort, est redécouverte dans les années 60 ; elle retrace ses interrogations sur le réel et le réalisme, sur les genres littéraires et sur le lecteur lui-même, qu'il transforme en personnage, dans un souci constant de bousculer les conventions d'écritures et les normes littéraires. Elle comporte : *Tout n'est pas veille lorsqu'on a les yeux ouverts* [*No es todo vigilia la de los ojos abiertos*, 1928], *Notes d'un nouveau venu* [*Papeles de recienvenido*, 1930], *Un roman qui commence* [*Una novela que comienza*, 1941], *Adrienne Buenos Aires, dernier mauvais roman* [*Adriana Buenos Aires, ultima novela mala*, 1974], *Le Musée du roman éternel* (*) (1967).

JEAN-CLAUDE VILLEGAS.

RÉF. : C. Fernández Moreno, *Introduction à Macedonio Fernández*, Buenos Aires, 1962. — N. Jitrik, *Le Roman futur*, Caracas, 1973. — J. A. Engelbert, *Macedonio Fernández and the Spanish American New Novel*, New York, 1978. — N. Lindstrom, *Macedonio Fernández*, Lincoln, 1981.

FERNÁNDEZ DE AVELLANEDA Alonso. On ne sait rien de la personnalité de cet écrivain espagnol des XVIe-XVIIe siècles qui serait né à Tordesillas et serait l'auteur d'une suite, apocryphe, de *Don Quichotte* (*), *Deuxième volume de l'ingénieux hidalgo don Quichotte de la Manche* (*). La seule chose qui semble certaine, c'est que Fernández de Avellaneda était aragonais. Il fut peut-être dominicain. Ne serait-ce pas alors Luis de

Aliaga, confesseur de Philippe III ? La question reste entière.

RÉF. : Paul Groussac, *Une énigme littéraire. Le « Don Quixote » de Avellaneda*, Paris, 1903. – A. Morel-Fatio, *Le « Don Quichotte » de Avellaneda*, article in *Bulletin hispanique*, tome V, 1903. – M. Menéndez y Pelayo, *El « Quijote » de Avellaneda*, article in *Estudos de critica literaria*, 4e série, Madrid, 1907. – A. Baig. Baños, *Quién fue el licenciado Alonso de Avellaneda*, Madrid, 1915. – J. Serra Vilaró, *El rector de Vallfogona, doctor Vicente García, autor del « Quijote » de Avellaneda*, Barcelone, 1940. – F. Vindel, *A. de Lesdema, autor del falso « Quijote »*, Madrid, 1941.

FERNÁNDEZ DE LIZARDI José Joaquín. Journaliste, polémiste et romancier mexicain. Né et mort à Mexico : 5 novembre 1776-21 juin 1827. Fils d'un médecin, Lizardi fait ses études primaires à Tepotzotlán. En 1793, il entre au collège de San Ildefonso, où il étudie la logique, la métaphysique et la physique. Cinq ans plus tard, à la mort de son père, il doit interrompre ses études. Presque immédiatement il se lance dans la littérature et la politique, avec des vers satiriques et des pamphlets très caustiques. En 1812, il crée son journal le plus célèbre *Le Penseur mexicain* [*El Pensador mexicano*], titre qui vaudra son surnom à l'écrivain. Patriote convaincu et franc-maçon, Lizardi subit les foudres du gouvernement colonial (il est emprisonné) et de l'Inquisition (il est excommunié). C'est parce qu'il ne peut pas s'exprimer librement dans ses journaux qu'il se tourne vers le roman didactique : il publie *El Periquillo Sarniento* (*) (1816), *Noches tristes y día alegre* (1818) et *La Quijotita y su prima* (1818-1819). Après sa mort, on éditera son meilleur roman, *Don Catrín de la Fachenda* (1832). Son patriotisme, après bien des déboires, est récompensé en 1825, quand il se voit confier la responsabilité éditoriale du *Journal officiel* [*La Gaceta del Gobierno*]. Miné par la tuberculose et la pauvreté, il meurt un mois après la publication de son dernier opuscule : *Testament et adieu du penseur mexicain* [*Testamento y despedida del Pensador mexicano,* 1827].

CLAUDE FELL.

FERNÁNDEZ DE OVIEDO Y VALDÉS Gonzalo. Écrivain espagnol. Né à Madrid en 1478, d'une vieille famille des Asturies, mort à Valladolid (Vieille-Castille) en 1557. Il fut élevé chez un disciple du père Martir de Angleria, Alonso de Aragón, lequel était féru de lettres grecques et romaines ; puis il fut « mozo de cámara » de Juan, l'héritier des Rois Catholiques, pour lequel il écrivit *Le Livre de la chambre royale du prince don Juan...* [*El libro de la cámara real del príncipe don Juan y oficios de su casa y servicios ordinarios*]. Son œuvre montre combien ses lectures furent étendues. En 1513, il fit partie de l'expédition dont Pedrarias Dávila assumait le commandement. Une fois revenu d'Amérique, il se rendit dans les Pays-Bas, puis dans le royaume de Naples. Il rencontra à Barcelone Las Casas, et tous deux déplorèrent de concert la manière dont les Espagnols se conduisaient vis-à-vis des indigènes. En 1520, il se rendit de nouveau en Amérique en qualité de gouverneur. Dans son *Histoire naturelle et générale des Indes* (*) il embrasse une période qui va de la conquête à 1523 ; les vingt premiers livres de cette *Histoire* furent imprimés à Tolède entre 1535 et 1537, et le reste seulement en 1851-55. Après s'être rendu à plusieurs reprises à Saint-Domingue et en être revenu, Fernández fut nommé « regidor » perpétuel et demeura à Saint-Domingue jusqu'en juin 1556 ; sa longanimité bien connue lui valut la reconnaissance des indigènes. Outre son *Histoire* qui parfois n'est point dénuée de naïveté, il laissa d'autres ouvrages manuscrits, tels que *Batallas y Quincuagenas*, 1550 ; *L'Histoire du détroit de Magellan* [*La historia del estrecho de Magallanes*, 1552], la *Relación de lo sucedido en la prisión del rey Francisco, Quincuagenas, El memorial del cardenal F. J. de Cisneros.*

RÉF. : J. Amador de los Ríos, *Vida y obras de Fernández de Oviedo* dans l'édition de ses œuvres publiée par l'Academia de la Historia, Madrid, 1851. – A. Morel-Fatio, *Fernández de Oviedo*, article in *Revue hispanique*, t. XXI, 1883. – M. Menéndez y Pelayo, article in *Estudios de crítica literaria*, t. VII, 1942.

FERNÁNDEZ SANTOS Jesús. Romancier espagnol. Né à Madrid en 1926. Licencié en philosophie et lettres, et diplômé de l'Institut de recherches et d'expériences cinématographiques, il a consacré de nombreuses chroniques au cinéma, notamment dans *El País.* Appartenant au courant réaliste espagnol, ses premiers romans évoquent la vie recluse, misérable et souvent arriérée des campagnes de l'époque. *Les Fiers* (*) (1954) ont pour cadre un village isolé du León et *Dans le brasier* [*En la hoguera*, 1957], un village non moins déshérité de Castille. Fernández Santos, qui est également scénariste, y applique le principe de la caméra objective et suggère la psychologie de ses personnages par leurs seuls actes et dialogues. Ses œuvres postérieures, qui conservent une facture traditionnelle, sondent l'inconscient collectif de certains groupes sociaux et dénoncent les oppressions, les préjugés et le fanatisme séculaires. *L'Homme des saints* [*El hombre de los santos*, prix de la Critique 1969] raconte l'histoire d'un artiste, don Antonio, qui, avec l'aide de son assistant, va de village en village afin de restaurer et de sauver les vieilles peintures murales des églises et des couvents laissées dans l'oubli et l'abandon par les communautés religieuses. Le *Livre de la mémoire des choses* [*Libro de las memorias de las cosas*, prix Nadal 1970] pose le problème du protestantisme en Espagne : la méfiance générale des Espagnols envers les protestants, et les réussites et les échecs de ces derniers. Durant les deux dernières décennies, Jesús

Fernández Santos a également choisi pour thème de ses fictions l'histoire nationale du Siècle d'or (*Extramuros*, 1978), du XIXe siècle (*Cabrera*, 1975) ou de l'époque moderne : *Celle qui n'a pas de nom* [*La que no tiene nombre*, 1977], *Les Cavaliers de l'aube* [*Los jinetes del alba*, 1984]. Il est aussi l'auteur de recueils de nouvelles : *Tête rase* [*Cabeza rapada*, 1958] ; *Les Cathédrales* [*Las catedrales*, 1970] ; *Nouvelles complètes* [*Cuentos completos*, 1978].

CLAUDE COUFFON.

FERNÁNDEZ Y GONZÁLEZ Manuel. Romancier espagnol. Né à Séville le 6 décembre 1821, mort à Madrid dans la nuit du 5 au 6 décembre 1888. Son père, capitaine de cavalerie, défenseur fervent des idées libérales, abandonna Séville pour Grenade, où il fut arrêté ; de sorte que Fernández y González passa son enfance et son adolescence dans cette ville qu'il considéra comme sa seconde patrie. À Grenade, il obtint des diplômes en philosophie et en droit, et, pendant qu'il faisait son service militaire, écrivit son premier drame, *Le Bâtard et le Roi* [*El bastardo y el rey*, 1841], qui remporta un grand succès.

En 1850 il se maria, et à la fin de cette même année s'établit à Madrid, où il ne fit plus que composer des romans. Écrivain exceptionnellement fécond, sa production ne s'élève pas à moins de trois cents romans, et à quelque cinq cents ouvrages historiques – où se retrouve l'influence de Walter Scott – et sociologiques, dans lesquels on reconnait la marque de Victor Hugo. Fernández y González rappelle Alexandre Dumas père pour la facilité avec laquelle il écrivait. Il en arriva même à rédiger en même temps deux ou trois romans qu'il dictait à ses secrétaires, au nombre desquels se trouvait Blasco Ibáñez. En dépit du désordre fastueux dans lequel il vécut, il se montra toujours d'un naturel ouvert et sincère, ainsi qu'en témoignent toutes les données biographiques. Séjournant quelque temps à Paris, il fut fort admiré et fêté ; de retour à Madrid, il reprit son intense activité. Avant de mourir dans un galetas, oublié de tous ceux qu'il avait enrichis, il eut néanmoins la consolation de se voir offrir une chaire à l'Ateneo de Madrid. La critique fut toujours pour lui pleine d'un mépris qu'il lui rendait bien. Ce fut un personnage essentiellement romantique, tant dans sa vie que dans ses œuvres. Parmi ses romans les meilleurs, citons : *La Malédiction de Dieu, Maria* (1868), *Martino Gil, Le Cuisinier du roi* (*).

♦ *« Imagination brillante et fantastique, extrême habileté dans le récit, richesse expressive naturelle, grâce légère dans le dénouement des intrigues : Fernández y González fut sans conteste, même en tenant compte de son manque de mesure et de réflexion, un écrivain suprêmement doué. Mais il valait plus, littérairement, comme poète – où il est simple, délicat, musical – et comme dramaturge – où il se montre habile, puissant, intense – que comme romancier. »* F. C. Saínz de Robles.

RÉF. : A. V. Sánchez Moguel, *Discurso*, 1888. – A. Sánchez Pérez, *Fernández y González*, in *Ilustración Ibérica*, 1888. – M. Ossorio y Bernárd, « La decena », article in *Ilustración Católica*, 1888. – Article in *Ensayo de un Diccionario de la Literatura* de F. C. Saínz de Robles, Madrid, 1953.

FERRAND Anne (Anne Bellinzani, dite la Présidente). Femme de lettres française. Née vers 1658, morte en 1740. Auteur de romans, dont *Histoire nouvelle des amours de la jeune Bélise et de Cléante* (1689) et *Histoire des amours de Cléante et de Bélise, avec le recueil de ses lettres* (1691), roman par lettres réédité en 1983 par B. Bray et I. Landy-Houillon sous le titre de *Lettres galantes de madame* **** (*). Anne Bellinzani épousa en 1676 le robin Michel Ferrand, devenu en 1683 président de la première chambre des requêtes, d'où le nom de présidente Ferrand. En 1686 eut lieu la séparation des époux. On sait qu'elle mourut en 1740.

CHRISTINE DRAN.

FERRARI Giuseppe. Historien et philosophe italien. Né à Milan le 7 mars 1811, mort à Rome le 2 juillet 1876. Ferrari vécut en France plus de vingt ans (1838-1860). Il publia en français, à Paris, ses livres les plus importants. Il eut quelque temps la nationalité française. Il fut toujours franco-italien et parisien de cœur. La relative obscurité dans laquelle est tombé son nom provient sans doute en partie de ces ambiguïtés. Les Italiens, dont le plus grand philosophe, Vico, est un philosophe de l'histoire, connaissent Ferrari comme une figure du Risorgimento, comme un des premiers vulgarisateurs des idées socialistes françaises, comme un découvreur de l'immense littérature politique nationale, comme un spécialiste de Machiavel. Ils ignorent ses travaux de philosophie de l'histoire, parus en français et jamais traduits. Quant aux Français, ils ne s'intéressent guère à ce réfugié italien, ni d'ailleurs aux philosophes de l'histoire.

Dans le Risorgimento, Ferrari représenta, avec son ami Cattaneo, le courant fédéraliste, hostile au Piémont et à l'unité centralisatrice. Il se fit neanmoins élire et réélire au parlement de la nouvelle Italie depuis 1860. Il se signala par de belles interventions en faveur des paysans du Sud. Il ébaucha, parallèlement, une nouvelle carrière universitaire (celle qu'il avait entreprise en France avait été riche de scandales et de déceptions). Il fut, peu avant sa mort, et après la victoire électorale de la « gauche », nommé sénateur par le roi.

Son œuvre, considérable, comprend des essais, souvent très actuels, sur l'État et la Révolution, un virulent pamphlet contre la philosophie scolaire et universitaire française (*Les Philosophes salariés*, 1849), une immense fresque sur l'histoire médiévale italienne, livre de pionnier (*Histoire des révolutions d'Italie*, quatre volumes, Paris, 1858), un *Cours sur les écrivains politiques italiens* [*Corso sugli scrittori politici italiani,* 1862] plein de révélations.

Mais c'est l'*Histoire de la raison d'État* (Paris, 1860), le panorama d'histoire universelle synchronique qu'elle contient, et surtout *La Chine et l'Europe* (*) (Paris, 1867), audacieuse tentative pour traiter l'histoire chinoise et l'histoire occidentale comme deux variantes d'une histoire moyenne, noosphérique, qui sont la partie la plus étonnante et la plus durable de l'œuvre de Ferrari. Si la mondialisation, la désoccidentalisation de la science historique sont un jour des réalités, et si cette histoire nouvelle se donne une galerie des ancêtres, Giuseppe Ferrari y figurera certainement en bonne place.

ROBERT BONNAUD.

RÉF. : Silvia Rota Ghibaudi, *Giuseppe Ferrari,* Florence, 1969. – Clara Maria Lovett, *Giuseppe Ferrari and the Italian Revolution,* Chapel Hill, 1979. – Robert Bonnaud, *Le Système de l'histoire,* Paris, 1989 ; *Y a-t-il des tournants historiques mondiaux ? La Chine, l'Europe et Ferrari,* Paris, 1992.

FERREIRA António. Poète portugais. Né à Lisbonne en 1528, mort de la peste en 1569. Il fut le continuateur de Sá de Miranda pour l'introduction au Portugal de l'idéal et des théories de la Renaissance. Étudiant en droit à l'université de Coïmbre, puis fonctionnaire à Lisbonne en 1556, António Ferreira épousa Marie Pimentel, qui mourut prématurément, et en secondes noces, en 1564, Maria Leite : il eut deux fils de sa seconde femme, dont l'aîné, Miguel Leite Ferreira, devait devenir en 1598 l'éditeur de ses *Poèmes lusitaniens* (*). Cet ouvrage comprend des sonnets, des épigrammes, des odes, des élégies, des épitaphes et des épîtres. Ferreira donna le bon exemple ; à une époque de bilinguisme littéraire, il n'écrivit jamais un vers en espagnol. Son intention d'adapter le classicisme à l'esprit et aux traditions de son pays est au contraire très nette dans sa tragédie *Inès de Castro* (*), composée vers 1558 et publiée, elle aussi, posthume en 1587. Le nom d'António Ferreira demeure essentiellement lié à ce drame, qui reprend un thème cher à la sensibilité portugaise, et qui est un des chefs-d'œuvre de la littérature ibérique.

FERREIRA Vergílio. Romancier portugais. Né le 28 janvier 1916 à Melo dans la Serra de Estrela, au nord-est du pays. Ses parents, d'origine modeste, émigrent au États-Unis, le confiant à ses tantes et grands-parents. De 1926 à 1932, il étudie au séminaire de Fundão. Son roman *Matin perdu* [*Manhã submersa*], publié en 1953, se fera l'écho de ces années difficiles pour l'enfant et l'adolescent. Après des études de philologie classique à l'université de Coimbra, il enseigne, jusqu'à sa retraite en 1981, le latin, le grec et le portugais dans le secondaire. Parallèlement, il mène une carrière d'écrivain qu'il commence dans les années 40 en rejoignant les intellectuels et artistes du mouvement néo-réaliste qui combat la dictature salazariste. Ainsi, son premier roman, *Le Long Chemin* [*O caminho fica longe*], publié en 1943, dénonce les inégalités sociales. Mais dès 1949, il abandonne l'esprit réaliste-socialiste de ce courant en publiant un roman dont le titre, *Changement* [*Mudança*], ne laisse aucun doute quant à sa décision. Il se tourne, dès lors, vers l'existentialisme et consacre des essais à Jean-Paul Sartre et André Malraux. C'est à partir de 1959, date de publication de son roman *Apparition* (*), que se dessine une œuvre originale, dans laquelle la forme romanesque sert une pensée philosophique. Pour Vergilio Ferreira, l'expérience esthétique et sensitive est indissociable de la réflexion intellectuelle. Ensemble, et seulement ensemble, elles permettent de poser correctement les questions métaphysiques qui émanent de l'incessant débat de conscience auquel il se livre : « Philosophie et littérature doivent se fondre, l'art doit être dans la pensée et la pensée dans l'art. » Mais, douloureusement en quête de lui-même, il ne rencontre aucune réponse fiable. Les données de l'énigme sont à répéter constamment : « Le plus difficile et le plus douloureux n'est peut-être pas de trouver ce que l'on cherche mais de le chercher après l'avoir trouvé. » Les romans *Alegria breve, Pour toujours* [*Para sempre*], *Jusqu'à la fin* [*Até ao fim*], publiés respectivement en 1965, 1983 et 1987, sont autant d'interrogations sur la solitude désolée de l'homme, les illusions de la mémoire, la mort enfin comme seule certitude. Cependant les brèches lumineuses qui, parfois, donnent une autre vision de la vie, dans un instant fulgurant, interdisent le désespoir : *Au nom de la Terre* (*) (1990). Le bruissement de cette vie est toujours présent, étonnant : « ... cette vie qui ne peut durer longtemps est absolument unique. Tu as eu la possibilité de vivre. Combien de millions d'hommes ne l'ont pas eue ? Colle à elle avec l'avidité des êtres, absorbe-la, sens-la millimétriquement pour que rien ne se perde. » Au cours des années, la réflexion prend le pas sur la fiction. Il publie en 1992 *Penser* [*Pensar*]. Mais un intense lyrisme irrigue constamment la pensée. Les volumes de son *Journal* [*Conta Corrente*], publiés à partir de 1980, en témoignent : l'auteur y recueille, à défaut des faits et gestes quotidiens, ses réflexions et ses émotions, toujours en quête d'une vérité « jamais proférée et qui meurt si on la profère [...] qui brille humblement dans l'obscurité ». Il confirme cette quête sans cesse renouvelée dans une interview : « Chaque fois que j'écris, je repars à zéro à la poursuite d'une étoile qui émet des signaux. »

FRANÇOISE BEAUCAMP.

FERREIRA DE VASCONCELOS Jorge. Écrivain portugais. Né en 1515 à Lisbonne, et mort avant 1585. C'est à l'université de Coïmbre, où il entra en 1526, qu'il lut les pièces espagnoles et italiennes qui décidèrent de sa vocation d'auteur dramatique. S'il n'est pas négligeable comme romancier, c'est par ses trois pièces qu'il s'inscrit dans la littérature portugaise, entre le théâtre classique de Sá de Miranda et les « autos » populaires de Gil Vicente. Il fait revivre dans *Euphrosyne* (*) Coïmbre, ses étudiants turbulents et ses lavandières du Mondégo, dans l'*Aulegrafia*, des courtisans, des précieuses, des coquettes, et dans l'*Ulisyppo*, une famille bourgeoise de Lisbonne, dont le père mène grand train, et dont les filles, toujours à la fenêtre, prêtent une oreille complaisante aux galants. Par son roman de chevalerie, *Mémorial des prouesses de la seconde Table Ronde*, Ferreira de Vasconcelos a préparé *Les Lusiades* (*) en suggérant à Camoens l'épisode des Douze d'Angleterre.

FERRERO Guglielmo. Historien et sociologue italien. Né à Portici (Campanie) le 21 juillet 1871, mort au mont Pèlerin (près de Genève) le 3 août 1942. Élève de Cesare Lombroso, il en continua le positivisme même au XXe siècle, en grande partie dominé par Croce. Il montra, en effet, une très nette préférence pour la sociologie et la philosophie de l'histoire dès son premier ouvrage important, qui établit sa réputation et mit en relief les qualités mais aussi les défauts de sa méthode historique : *Grandeur et décadence de Rome* (*), publiée entre 1901 et 1907. Durant les premières années du siècle, Ferrero sollicita en vain une chaire de philosophie de l'histoire : une culture, où prédominait l'idéalisme, ne lui permit pas de réaliser ce souhait. À l'époque du fascisme, il se rangea parmi ses plus farouches opposants, au point qu'il dut s'exiler ; il trouva un accueil hospitalier en Suisse, d'où il continua la bataille ; en 1930, on reconnut ses mérites de savant en lui offrant, à l'université de Genève, la chaire d'histoire de la Révolution française.

C'est ainsi que Ferrero put se consacrer à l'enseignement, et ses cours connurent un vif succès auprès du public genevois ; il en profita pour approfondir certains problèmes de la Révolution française, dont il tira la matière de deux ouvrages – *Aventure : Bonaparte en Italie, 1796-1797* [*Avventura Buonaparte in Italia*] et *Reconstruction : Talleyrand à Vienne, 1814-1815* [*Ricostruzione, Talleyrand a Vienna*] – qui visent à indiquer aux hommes d'État contemporains les chemins d'une paix stable. En même temps, Ferrero enseignait l'histoire contemporaine à l'Institut universitaire des hautes études internationales, et écrivait *Pouvoir* [*Potere*], qui fut publié à New York en 1942.

RÉF. : C. Barbagallo, *L'Opera di Guglielmo Ferrero e suoi critici,* Milano, 1911. – Jules Destrée, *Figures italiennes d'aujourd'hui,* 1918. – B. Croce, *Storia della storiagrafia italiana nel secolo XIX*, 3e éd., Bari, 1947.

FERRERO Jesús. Écrivain espagnol. Né le 30 décembre 1952 à Santa Eulalia de Tábara (Zamora). Après avoir vécu enfant dans son village, il fait ses études secondaires à Pampelune et à Saragosse, puis vit à Barcelone et à Genève, avant de gagner Paris où il suit les cours d'histoire de la Grèce ancienne à l'École des hautes études. De retour en Espagne il se révèle par un premier roman écrit à Paris, *Bélver Yin* (*) (1981), où il situe dans une Chine imaginaire des personnages en proie à des penchants et à des fantasmes très modernes. En 1986, il publie un recueil de poèmes, *Fleuve jaune* [*Río amarillo*], collaborant avec Pedro Almodóvar au scénario de *Matador.* Dans son deuxième roman, intitulé *Opium* (1986), les métaphores taoïstes qui constituaient le jeu de miroirs de *Bélver Yin* se transforment en symboles bouddhistes, et l'émigration par le Fleuve de la vie devient la transmigration par le Fleuve de la mort. Dans ses romans suivants, Jesús Ferrero continue de localiser ses fictions hors d'Espagne : *Lady Pepa* (1988), *Débora Blenn* (1988), *L'Effet Doppler* [*El efecto Doppler,* 1990], *Alis le Sauvage* [*Alis el Salvaje,* 1991]. « J'imagine, affirme-t-il, que nous finirons tous par aller fouiller un jour du côté de nos propres racines, mais certains d'entre nous ont choisi, pour le moment, de s'éloigner d'eux-mêmes et de leur entourage immédiat, au point d'aller trouver "ailleurs" les fondements de leur style » (*El País,* 29 mai 1986).

CLAUDE COUFFON.

FERRY Jean (pseud. de Jean André Lévy). Écrivain et scénariste français. Né à Capens (Haute-Garonne) le 13 juin 1906 ; mort à Paris le 5 septembre 1976. Né de père inconnu, il fut reconnu par le mari de sa mère Jeanne Medous. Après le baccalauréat obtenu à Nancy, il est officier télégraphiste à bord du vapeur « Saint-Louis ». Cette expérience nourrira abondamment le recueil de nouvelles *Le Mécanicien et autres nouvelles* (*) paru en 1953. En 1931, il est engagé comme chef de plateau chez Pathé-Nathan. La *Revue de Cinéma* publie une note critique signée Jean Lévy sur *Trader Horn* de W. S. van Dyke. Il participe en 1933 à l'office surréaliste quotidien place Blanche. Il donne sa première étude sur Raymond Roussel signée Jean Lévy à *L'Intervention surréaliste.* Il collabore activement aux représentations du groupe Octobre. En 1939, il cosigne avec René Lefèvre le scénario et les dialogues de son premier long métrage *Les Musiciens du ciel.* C'est dès cette date qu'il prend le pseudonyme de Jean Ferry. Il épouse en 1943 à Mirmande (Drôme) Marcelle Renée Louise Ferry dite Lila. Il participe à la libération de Paris le 18 août 1944. Il cosigne l'adaptation et les dialogues de *L'Invité de la onzième heure.* Première collaboration en 1945 avec H.-G. Clouzot pour *Quai des Orfèvres*, suivi de *Miquette et sa mère* en 1949. En 1950, il prend part à *L'Almanach surréaliste du demi-siècle* et s'inscrit au Collège de Pataphysique. Il est nommé régent de doxographie et doxodoxie roussellienne dès mai 1953. Outre *Le Mécanicien et autres contes* paru dans la collection « Métamorphoses » chez Gallimard, il publie en 1953 *Une étude sur Raymond Roussel* et un scénario *Fidélité,* tous deux chez Arcanes. *Monolo* paraît en 1954 dans la collection « Ha Ha », une publication interne au Collège de Pataphysique. Jean Ferry rédige en 1960 *L'Oraison funèbre d'Oktav Votka* et en 1967 paraît *L'Afrique des impressions* chez J.-J. Pauvert. Il établit parallèlement l'édition complète des œuvres de Raymond Roussel chez le même éditeur.

SHOSHANA RAPPAPORT.

FET Afanasij Afanas'evič [pseud. de Afanasij Afanas'evič Šenšin). Poète russe. Né en octobre ou novembre 1820 dans le village de Novosëlki, du gouvernement d'Orlov, mort le 21 novembre (3 décembre selon le nouveau calendrier) 1892 à Moscou. Fet est le représentant le plus éminent du groupe des poètes qui ont su défendre les valeurs de l'art pour l'art à une époque où la critique idéologique en Russie imposait à l'écrivain un véritable engagement social, en lui prescrivant une thématique liée aux contingences historiques et politiques. Né de l'union, non validée par l'Église orthodoxe, entre A.N. Šenšin, propriétaire noble, et Charlotte Foeth, Afanasij fut privé à l'âge de quatorze ans des privilèges et droits héréditaires accordés à la noblesse. Dans les années 1834-1837 il étudie dans un pensionnat allemand d'une petite ville de Liflande (actuelle Estonie), puis à l'université de Moscou qu'il acheva en 1844, et où il se lia d'amitié avec Grigor'ev, le futur critique littéraire, et avec Polonskij qui allait devenir, avec Fet, l'un des plus grands poètes de sa génération grâce à son don inné pour la chanson, et l'un des champions les plus éminents de l'indépendance de l'art. Désireux de récupérer les titres nobiliaires dont il avait été privé, il entra dans l'armée en 1845. Il se fit connaître comme poète par un recueil de vers, publié en 1840 (sous le nom de sa mère, Fet, qui devait rester son pseudonyme littéraire), *Le Panthéon lyrique* – voir *Poésies* (*) de Fet. Mais la célébrité littéraire ne lui vint vraiment qu'avec la parution de son second volume de vers, en 1850. À partir de 1853, Fet, qui vit près de la capitale Saint-Pétersbourg, entre en relations avec les hommes de lettres qui constituent le cercle du *Contemporain,* revue mensuelle « progressiste » éditée par Nekrasov et Panaev : Nekrasov, Tourgeniev, Botkin, plus tard Tolstoï. Dans les années 1850 et 1860, qui voient l'opposition irréductible entre « radicaux » qui prônent l'enrôlement de l'art au service de la révolution sociale et politique, et « conservateurs » jaloux de préserver les droits imprescriptibles de l'artiste, Fet adopte une attitude nettement hostile aux premiers, ce qui lui vaut un véritable « boycott » organisé par ses ennemis littéraires ; ses œuvres ne sont pas lues, ou presque, ou, quand on les lit, elle sont dénoncées comme balivernes et futilités. Fet se retire de la vie active et de la vie littéraire, et consacre ses loisirs, après son mariage avec Botkina, à l'exploitation de son domaine. Après s'être enfermé dans un silence de près de vingt ans, il revient tardivement à la création littéraire (bien qu'en fait il n'eût jamais cessé d'écrire même pendant les années où il ne publia rien) en offrant au public quatre recueils de vers sous le titre *Feux du soir* [*Večernie ogni,* 1883, 1885, 1888, 1891]. Non seulement Fet est un des plus grands poètes lyriques russes du XIXᵉ siècle, le plus pur représentant de la « ligne mélodique » du vers, pour reprendre l'expression de Èjxenbaum, mais il est aussi le très fin et le très vigilant traducteur d'œuvres d'Ovide, Horace, Sa'adi, Hafiz, Goethe, Schiller, Heine, entre autres. Il fit connaître au public russe le traité de Schopenhauer *Le Monde comme volonté et représentation* (*). Il est enfin l'auteur de Mémoires, *Mes souvenirs* [*Moi vospominanija,* 1890] et *Les Premières Années de ma vie* [*Rannie gody moej žizni,* 1893] qui jettent une vive lumière sur la vie ardente et passionnée de cette âme lyrique.

JEAN-CLAUDE LANNE.

FÉTIS François-Joseph. Compositeur et musicologue belge. Né le 25 mars 1784 à Mons (Hainaut), mort le 26 mars 1871 à Bruxelles. Son père, organiste, lui fit faire ses études de musique au Conservatoire de Paris. Il passa ensuite quelques années à Douai, où il fut organiste et maître de chant et d'harmonie à l'École de musique de cette ville, puis en 1818 s'établit de nouveau à Paris. C'est là que pendant une quinzaine d'années il devait s'adonner à de multiples activités de compositeur, de professeur, d'érudit et de critique. À partir de 1821, il enseigna le contrepoint et la fugue au Conservatoire ; critique musical du *Temps* et du *National,* il fonda en 1826 *La Revue musicale.* Il s'occupa de la rédaction de cette revue pendant cinq ans, donnant ainsi l'impulsion et une contribution remarquable aux études d'histoire et de critique musicales. En 1833, nommé directeur du Conservatoire de Bruxelles, il s'installa dans cette ville où il passa le reste de sa vie. Il était en outre maître de la chapelle royale. Il écrivit beaucoup de musique instrumentale, vocale, symphonique, théâtrale et sacrée, y mettant largement à profit son expérience d'harmoniste et de contrapuntiste, mais fit preuve d'une imagination assez pauvre et de peu d'originalité. Il doit surtout sa renommée à ses travaux historiques et théoriques, à l'*Histoire générale de la musi-*

que (+), à la *Biographie universelle des musiciens et Bibliographie générale de la musique* (*), à *La Musique mise à la portée de tous,* ouvrages qui, malgré quelques inexactitudes et contradictions, sont utiles de nos jours encore pour la richesse des renseignements qu'ils contiennent.

RÉF. : L. Alvin, *François-Joseph Fétis,* Bruxelles, 1874. – W. Gurlitt, *Fétis und seine Rolle in der Musikwissenschaft,* Liège, 1930. – E. Haraszti, article in *Acta musicol,* tome 4, Copenhague, 1932. – B. Huys (éd.), *François-Joseph Fétis et la vie musicale de son temps, 1784-1871,* Bruxelles, 1972.

FEUCHTWANGER Lion. Écrivain allemand. Né le 7 juillet 1884 à Munich, mort le 21 décembre 1958 à Los Angeles. Fils d'industriel, Feuchtwanger suit à Munich et à Berlin des études supérieures de langue et littérature allemandes, de philosophie, et soutient une thèse de doctorat sur Heinrich Heine. À l'issue de divers voyages qui le conduisent en France et en Italie, il devient critique théâtral du journal *Schaubühne,* fondé par Jacobsohn. Feuchtwanger suit les événements de 1918 à Berlin, « dans l'ombre des chefs de la révolution ». C'est pendant une tournée de conférences aux États-Unis (1932-1933) qu'il apprend que les autorités nazies l'ont déchu de sa nationalité, de son titre de docteur, et ont interdit ses livres. De 1933 à 1940, il trouve refuge en France (à Sanary, dans le Var), participe à la fondation du journal *Das Wort* (avec Brecht et Bredel), la plus importante publication antifasciste des écrivains allemands en exil. Le gouvernement de Vichy le fait arrêter et interner au camp des Milles, près d'Aix-en-Provence. Il échappe de justesse à la Gestapo et parvient enfin à gagner les États-Unis, où il s'installe définitivement, à partir de 1941. L'écrivain a obtenu en 1954 le prix National de la R.D.A.

Lion Feuchtwanger est l'un des rénovateurs du roman historique, genre littéraire particulièrement cultivé par les écrivains allemands antifascistes, comme Heinrich Mann (prédilection qui n'est pas un hasard : ne s'agit-il pas, en effet, de combattre les mensonges historiques du nazisme ?). Il connaît son premier succès avec *Le Juif Süss* [*Jud Süss,* 1925] : aventures d'un juif du XVIIIe siècle qui, à force d'intrigues, parvient à devenir ministre des Finances des ducs de Wurtemberg avant de reconnaître la vanité de son ambition et de se sacrifier pour le bien public – fable qui sera reprise dans un film et détournée de son sens sous le troisième Reich au profit de la propagande nazie antisémite. Autres romans historiques célèbres de Feuchtwanger : *La Très Laide Duchesse Margarete Maultasch* [*Die hässliche Herzogin Margarete Maultasch,* 1923], *Le Faux Néron* [*Der falsche Nero,* 1936], *Le Roman de Goya* (*) (1951), *La Juive de Tolède* (*) (1955). L'effet est à chaque fois le même : l'époque historique choisie pour cadre du roman – que ce soit l'Espagne de l'Inquisition ou l'Empire romain – sert de métaphore au présent. Le jeu des analogies et des différences doit amener le lecteur « à mieux juger son époque en lui permettant de prendre du recul ». On ne peut dénier à l'œuvre de Feuchtwanger cette efficacité.

JEAN-JACQUES POLLET.

RÉF. : F. Dietschreit, *Lion Feuchtwanger,* Stuttgart, 1988.

FEUERBACH Ludwig Andreas. Philosophe et sociologue allemand. Né le 28 juillet 1804 à Landshut (Bavière), mort le 13 septembre 1872 à Nuremberg. Fils d'un célèbre juriste anobli en 1808, il fit ses études secondaires à Ansbach, puis il étudia la théologie à Heidelberg et la philosophie à Berlin, où il eut Hegel pour maître. Docteur de l'université d'Erlangen, il y fut chargé de cours de 1829 à 1832. Ayant publié anonymement en 1830 ses *Pensées sur la mort et sur l'immortalité* (+), qui furent saisies, il dut bientôt quitter l'enseignement et se retira dans un village de Bavière, où il prépara son *Histoire de la nouvelle philosophie* [*Geschichte der neueren Philosophie von Bacon bis Spinoza*], publiée de 1836 à 1841, des essais sur Leibniz et Bayle, une étude critique sur la philosophie hégélienne [*Kritik des Anti-Hegels,* 1844], ainsi que plusieurs travaux de critique religieuse qui préludèrent à son œuvre majeure, *L'Essence du christianisme* (*), qui suscita des commentaires passionnés, surtout parmi les jeunes. Puis il publia successivement une *Thèse d'introduction à la réforme de la philosophie* [*Vorläufige Thesen zur Reform der Philosophie,* 1841], les *Principes de la philosophie de l'avenir* (*), et, de 1851 à 1857, ses leçons sur l'*Essence de la religion* (*) et sa *Théogonie* [*Theogonie, nach den Quellen des classischen, hebraïschen und christlichen Altertums,* 1857]. La mort l'empêcha de terminer un essai sur l'éthique. L'on considère surtout chez Feuerbach, généralement, l'influence décisive qu'il exerça sur Marx et Engels, et la direction nouvelle qu'il imprima aux études dans le domaine de la philosophie de la religion ; néanmoins, la signification principale de sa pensée réside plutôt dans la position qu'il prit contre la philosophie spéculative de Hegel. En ce qui concerne le premier rôle de Feuerbach, on connaît l'enthousiasme d'Engels, enthousiasme qui, d'ailleurs, se tempéra bientôt. En effet, les réserves que Marx et Engels commencèrent bientôt à élever à l'égard de Feuerbach relevaient surtout de leur souci de déterminer plus concrètement le rapport historique de l'individu avec la société et avec son temps; il leur semblait que l'homme de Feuerbach portait encore une « auréole théologale ». Les pages de Feuerbach sur la force du miracle (1839) et sur le « désir théogonique » – ces dernières parues dans sa *Théogonie* – ont une importance fondamentale dans la perspective d'une appréhension plus positive de ce qu'est la nature de la religion qui va bien plus loin que l'interprétation logico-métaphysique donnée par Hegel. De fait, Feuerbach s'est libéré de l'appareil dialectico-métaphysique de Hegel bien plus que ne l'a fait Marx (du moins le jeune Marx) ; lorsque ce dernier eut mûri sa pensée, il se consacra à un examen positif des rapports économiques et sociaux selon la position logico-métaphysique de l'*Anti-Dühring* (*) d'Engels, qui avait d'ailleurs suivi Feuerbach bien avant Marx. Dans sa thèse de doctorat de 1828, et dans les *Pensées sur la mort et l'immortalité* de 1830, Feuerbach précise la pensée hégélienne, et affirme que, si l'esprit universel est immortel, il n'en est pas de même de l'individu, développant un thème déjà amorcé par les commentateurs arabes d'Aristote, et que l'on retrouvera notamment chez Benedetto Croce. Par la suite, Feuerbach tend de plus en plus à « remettre sur ses pieds l'homme que la philosophie spéculative avait mis sur la tête », il veut défendre l'intégrité de l'homme individuel, « depuis la tête jusqu'au talon ». Une phrase du philosophe, qui repose sur un jeu de mots (« Der Mensch ist was er IST », que l'on peut traduire soit : « l'homme est ce qu'il *est* » – ou « l'homme est ce qu'il *mange* »), a fait parler de son « matérialisme » ; mais Feuerbach s'est toujours explicitement élevé contre cette interprétation.

FRANCO LOMBARDI.

♦ *« Alors vint l'*Essence du christianisme *de Feuerbach* [...] *L'interdit était levé, le système tombait en ruine* [...] *Nous fûmes tous un temps disciples de Feuerbach. »* Engels.

RÉF. : Fr. Engels, *Ludwig Feuerbach et la fin de la philosophie classique allemande,* 1888, trad. 1952. – Albert Lévy, *La Philosophie de Feuerbach et son influence sur la littérature allemande,* 1904. – A. Kohut, *L. Feuerbach, seine Werke,* Berlin, 1909. – Karl Löwith, *Von Hegel zu Nietzsche,* Zurich, 1941 (trad. *De Hegel à Nietzsche,* 1969). – Karl Barth, *Die protestantische Theologie im 19. Jahrh.,* Zurich, 1947. – Carlo Ascheri, *Feuerbach 1842,* Florence, 1970. – *Revue internationale de philosophie,* 1972. – C. J. Janowski, *Der Mensch als Mass,* Gütersloh, 1982.

FEUILLET Octave. Romancier français. Né à Saint-Lô, le 11 août 1821, mort à Paris le 29 décembre 1890. Issu d'une famille de fonctionnaires, il fait de brillantes études au lycée Louis-le-Grand, commence à suivre des cours de droit mais débute déjà timidement dans la littérature par des nouvelles, des contes enfantins et une collaboration à un roman-feuilleton collectif. Ses premiers succès lui viennent au théâtre, avec *Un bourgeois de Rome,* en 1845, à l'Odéon, puis *Échec et mat,* drame en cinq actes, et *La Vieillesse de Richelieu* (1848). Feuillet commençait à être connu quand l'opposition de son père, qui destinait son fils à la diplomatie, le contraignit à regagner Saint-Lô. Ses *Scènes et proverbes* (1851), parus à *La Revue des Deux Mondes* (*), dont il restera un collaborateur habituel, achèvent cependant de révéler Feuillet : il y imite Musset pour la forme, mais y met une inspiration toute différente, « bourgeoise » et moralisatrice, qui le fait appeler en dérision par les romantiques le « Musset des familles ». Son succès se confirme dans le roman avec *Bellah* (1852), épisode des guerres de Vendée, au théâtre avec *La Crise* (1854) – celle de l'honnête femme de trente ans à qui sa vertu commence de peser –, que suivront des œuvres aimables et assez fades comme *La Petite Comtesse* (1857), *Le Roman d'un jeune homme pauvre* (*) (1858), *Histoire de Sibylle,* plaidoyer pour la religion paru en 1868 qui suscitera *Mademoiselle de la Quintinie,* violente réplique de George Sand. Rendu enfin à la liberté par la mort de son père, Feuillet vient s'établir à Paris où il est fêté comme un auteur officiel, reçu à l'Académie en 1862, et dont les pièces, avant d'être livrées au public parisien, sont représentées à Compiègne devant l'impératrice Eugénie qui y tient parfois elle-même un rôle. C'est elle qui lui confiera le poste de bibliothécaire du palais de Fontainebleau. Bientôt cependant Feuillet s'éloigne à nouveau de Paris, retourne habiter quelque temps dans son domaine dans les environs de Saint-Lô avant de commencer une vie errante et assez triste. L'Empire tombé, il abandonne spontanément sa charge de bibliothécaire et refuse de toucher le traitement que Jules Favre offrait de lui maintenir ; son isolement s'accroît, ses derniers romans, les meilleurs peut-être, comme *Monsieur de Camors, Julia de Trécœur* (1872), *Histoire d'une Parisienne* (1881), *L'Honneur d'un artiste* (1890) sont moins bien accueillis que les précédents. Il connaît au théâtre de véritables échecs mais résiste néanmoins à la vague naturaliste en demeurant le romancier favori du public féminin.

♦ *« Son succès a deux causes :* 1) *la basse classe croit que la haute classe est comme ça ;* 2) *la haute classe se voit là-dedans comme elle voudrait être. »* Gustave Flaubert. ♦ *« Repassant d'un coup d'œil l'œuvre d'Octave Feuillet, je le bénis d'avoir sauvé le romanesque, d'en avoir renouvelé le charme et de lui être resté fidèle dans les temps d'épreuve. Et, bien qu'une autre littérature m'ait fait connaître des plaisirs plus aigus, j'admire franchement de quelle grâce l'auteur du* Roman d'un jeune homme pauvre *a su manier le romanesque, quand je vois ce qu'est devenu ce vieil oiseau bleu entre certaines pattes. »* Jules Lemaître.

RÉF. : Sainte-Beuve, *Nouveaux Lundis,* t. V – Jules Claretie, *Octave Feuillet,* Paris, 1883. – Henri Bordeaux, *La Jeunesse d'Octave Feuillet,* Paris, 1922. – A. Borresen, *Le Théâtre d'Octave Feuillet,* 1929.

FÉVAL Paul Henri Corentin. Romancier français. Né à Rennes le 27 septembre 1817, mort à Paris le 8 mars 1887. Après un début malheureux au barreau de sa ville natale, Féval monte à Paris où il connaît la misère pendant près de six ans, exerçant les métiers les plus divers tout en essayant de se faire un nom en littérature. L'une de ses nouvelles, *Le Club des phoques*, paraît en 1844 dans *La Revue de Paris* et lui vaut quelque intérêt ; mais c'est avec *Les Mystères de Londres*, commandés par Anténor Joly pour concurrencer *Les Mystères de Paris* (*) d'Eugène Sue, que le jeune auteur connaît son premier grand succès. Il y fourbit les armes qui lui serviront dans la centaine d'œuvres qui suivront : vive imagination, sens brillant de l'intrigue, héros contestataires (ici le marquis de Rio-Santo, en lutte contre le despotisme anglais). Féval, devenu riche, ne cesse plus dès lors de publier, s'illustrant dans tous les genres : romans de cape et d'épée (le plus célèbre est sans conteste l'inoubliable *Bossu* (*) paru en 1858), romans de mœurs (*Le Bourgeois de Vitré*, 1841 ; *La Tache rouge*, 1870), écrits fantastiques (*La Sœur des fantômes*, 1853 ; *La Vampire*, 1856 ; *La Ville vampire*, 1874) ou romans inspirés du folklore breton (*La Forêt de Rennes*, 1851 ; *Le Loup blanc*, 1856). Il s'essaie également au mélodrame, avec moins de réussite, et fonde plusieurs journaux (*Le Bon Sens* puis *L'Avenir national*, en 1848 ; *Le Jean-Diable*, en 1862). Mais c'est avec le roman d'aventures qu'il connaît ses plus belles réussites, rivalisant sans peine avec Dumas ou Ponson du Terrail ; après *Les Mystères de Londres* viennent encore *Le Fils du diable* (1846), *Les Couteaux d'or* (1856), *Jean Diable* (1863), et surtout l'imposante somme des *Habits noirs* (*) qui s'échelonne en huit épisodes de 1863 à 1875. S'étant converti vers la fin de sa vie, « non pas à l'idée, mais à la pratique chrétienne », Féval veillera à la réédition de ses volumes, « soigneusement relus et corrigés », tout en publiant les *Étapes d'une conversion* (1876). Son œuvre, abondante, souffre parfois des impératifs de la production journalistique ; l'auteur paie d'ailleurs de sa santé (surmenage et névrose) la surcharge de travail à laquelle il s'astreint durant sa vie. Lorsqu'il est à son mieux, Féval se montre en revanche l'un des feuilletonistes les plus doués de sa génération, alliant humour et invention dans des compositions dont l'habileté et la fougue ont enthousiasmé des lecteurs aussi difficiles que Léon Bloy, Barbey d'Aurevilly ou plus récemment Raymond Queneau.

LAURENT BAZIN.

FEYDEAU Ernest Aimé. Romancier français. Né à Paris, le 16 mars 1821, mort à Paris le 29 octobre 1873. Dès l'adolescence, a-t-il lui-même raconté, il ne songeait qu'à la littérature. Mais ses débuts, avec *Les Nationales* (1844), poésies qui chantaient la France et les Parisiennes, passent complètement inaperçus. Aussi, pendant quelques années, cesse-t-il d'écrire ; il travaille chez un banquier, fait lui-même des opérations de Bourse tout en s'occupant de recherches archéologiques qui lui serviront pour son *Histoire générale des usages funèbres et des sépultures des peuples anciens* (1857-1861) restée inachevée. Son goût des antiquités l'a mis en rapport avec des écrivains comme les Goncourt, Flaubert ; et le succès de scandale de *Madame Bovary* (*) décide Feydeau à écrire un roman, *Fanny* (*) (1858), qui suscitera des protestations violentes dans les milieux bourgeois, fera même, dit-on, rompre des fiançailles, mais obtiendra l'admiration de Flaubert, de George Sand, de Sainte-Beuve qui y vit une des « bibles de ce temps ». Le succès considérable de *Fanny* tourne bientôt la tête de Feydeau, il se prend pour le chef de l'école réaliste et cherche à exploiter la faveur du public par des romans bâclés, assez faibles, comme *Daniel* (1859) — où il refait en quelque sorte *Fanny,* mais en plus long ; comme *Catherine d'Overmeire* (1860) — histoire de fille séduite ; comme *Sylvie,* roman à clef des amours de Baudelaire et de la « Présidente » (1861). *Daniel* sera d'ailleurs très amicalement critiqué par Flaubert, qui, en de longues lettres, en disséquera les pages les moins réussies. Il connut encore un grand succès, mais peu durable, avec *La Comtesse de Chalis ou les Mœurs du jour* (1867), autre roman à clefs où l'on pouvait reconnaître des personnages de la haute société ; mais, ses œuvres se vendant de moins en moins, il mourut dans la misère. Ami de Flaubert, Feydeau n'avait cependant jamais partagé son souci de perfection du style.

♦ *« Je donnerai derechef pour conseil général à l'auteur : éteindre des tons trop bruyants, détendre çà et là des roideurs, assouplir, alléger sa langue dans les intervalles où le pittoresque continu n'est aucunement nécessaire ni même naturel ; se pacifier par places sans se refroidir au cœur ; garder tout son art en écrivant et s'affranchir de tout système... »* Sainte-Beuve. ♦ *« Quel gaillard que mon ami Feydeau et comme je l'envie ! »* Flaubert (1857). Et encore : *« Tu flattes les plus basses manies de la roture intellectuelle, toute la nauséabonde tribu des soi-disant penseurs, philanthropes, socialistes, etc. : les gars du Siècle, que sais-je ? »* (fin 1858). ♦ *« J'achève péniblement, et galopant, sautant des pages, cette absurde* Fanny *de Feydeau que j'avais commencée il y a plus d'un mois. Rien n'empêchait ce livre d'être un beau livre — que l'auteur. »* A. Gide.

RÉF. : Saint-Beuve, *Causeries du Lundi,* t. XIV, — Barbey d'Aurevilly, *Les Œuvres et les Hommes,* t. IV. — P. Martino, *Le Roman réaliste sous le second Empire,* Paris, 1913.

FEYDEAU Georges. Auteur dramatique français. Né à Paris le 8 décembre 1862, mort à Rueil-Malmaison le 6 juin 1921. Fils de l'écrivain Ernest Feydeau, l'auteur de *Fanny* (*), il néglige ses études dès son adolescence, pour se consacrer au théâtre ; ses premiers essais lui valent des encouragements de Labiche, mais deux comédies, *Le Diapason* et *Amour et Piano,* représentées à l'Athénée en 1883, n'attirent guère l'attention sur lui. Feydeau écrit aussi à cette époque de nombreux monologues et en 1886, à vingt-cinq ans, fait accepter par le Théâtre de la Renaissance *Tailleur pour dames,* sa première grande pièce, fort bien accueillie. Il connaît pourtant encore quelques années difficiles, jusqu'en 1892, date à laquelle, avec *Monsieur chasse,* il atteint le grand succès qui ne se démentira plus pendant toute sa carrière, à travers une production très abondante (une pièce environ chaque année). Il va renouveler le genre du vaudeville par une étude plus approfondie des caractères, dans une série d'œuvres qui n'ont pas cessé d'être reprises et de faire rire, *Champignol malgré lui* (*) (1892), *L'Hôtel du libre-échange* (1894), *La Dame de chez Maxim* (*) (1899), *Occupe-toi d'Amélie* (*) (1908). Dans *Le Bourgeon* (1906), *La main passe* (1907), il aborde la vraie comédie mais réussit mieux encore dans ces pièces en un acte, farces conjugales plus simples, plus détendues que celles de Courteline, bâties avec des moyens volontairement rudimentaires — personnages banals, absence d'intrigue —, et déchaînant cependant une gaieté irrésistible par le feu d'artifice des quiproquos, des mots d'esprit : *Feu la mère de Madame* (*), *On purge bébé* (1910), *Mais n'te promène donc pas toute nue !* (1912). Rapidement, Feydeau fit l'unanimité des critiques en sa faveur, il se vit pillé par les confrères, célébré par des hommes d'un esprit bien différent du sien, comme Jean Richepin, Catulle Mendès. Mais son existence, malgré des droits d'auteur considérables, resta jusqu'au bout harcelée par le besoin d'argent et se finit dans la démence.

On a pu sans exagération le comparer au Molière des *Fourberies de Scapin* (*), du *Bourgeois gentilhomme* (*). Personne, dans l'époque contemporaine, n'a eu aussi naturellement et spontanément que Feydeau la vertu comique, mais son originalité est d'avoir réussi à donner, par la truculence bouffonne de la charge, une vérité psychologique, une image suggestive de la vie.

MICHEL MOURRE.

♦ *« Je suis pétrifié d'admiration devant le mathématicien, l'horloger, l'ingénieur, le thaumaturge, le démiurge qui invente, rêve, combine, construit, remonte, fait marcher imperturbablement et impeccablement une machine aussi compliquée, aussi miraculeuse, aussi parfaite, sans que s'affole un seul rouage, sans que saute un seul ressort. »* Jean Richepin. ♦ *« Georges Feydeau... donna à un genre, décrié par les artistes, une gloire inédite et comme des lettres de noblesse, le « réintégra », si l'on peut dire, dans la littérature dramatique. »* Edmond Sée. ♦ *« Feydeau était un grand comique. Le plus grand après Molière... Les pièces de Feydeau ont la progression, la force et la violence des tragédies. Elles en ont l'inéluctable fatalité. Devant les tragédies, on étouffe d'horreur. Devant Feydeau, on étouffe de rire. »* Marcel Achard.

RÉF. : A. Shenkan, *Georges Feydeau,* Paris, 1972. — J. Lorcey, *Georges Feydeau,* Paris, 1977. — H. Gidel, *La Dramaturgie de Georges Feydeau,* Paris 1978. — *Le Théâtre de Georges Feydeau,* Paris, 1979. — M. Estelban, *Georges Feydeau,* Boston, 1983.

FEYERABEND Paul. Philosophe et historien des sciences américain. Né à Vienne le 13 janvier 1924, professeur à l'université de Berkeley (Californie). Depuis son livre : *Contre la méthode* (*), publié en 1975, le nom de Feyerabend est associé à l'idée d'une « théorie anarchiste de la connaissance ». Les positions qui sont aujourd'hui les siennes — et qui s'expriment dans des ouvrages plus récents comme *La Science dans une société libre* [*Science in a Free Society*] (1978) ou *Adieu la raison* [*Farewell to Reason*], publié en 1987 — procèdent d'un itinéraire personnel et intellectuel qui, après des études d'histoire, de physique et d'astronomie à Vienne, le conduisit à suivre les cours de Victor Kraft, membre du « Cercle de Vienne » avant la guerre, puis ceux de Karl Popper, après la guerre, en Angleterre. On rappelle également volontiers qu'il fut un homme de théâtre et refusa de devenir l'assistant de Brecht. Mais pour ce qui concerne la philosophie, sa contribution est celle d'un historien et d'un épistémologue dont les thèses doivent être appréciées à la lumière de son refus de l'empirisme et de ses « dogmes », de son rapport au « rationalisme critique » de Karl Popper et, peut-être, de ce qui le rapproche d'un auteur comme Thomas Kuhn. C'est dans *Contre la méthode* que s'expriment, de la façon la plus claire, sa vision de la science et sa répudiation de l'empirisme. Il y abandonne sans détour les positions plus « conformistes » qui avaient été les siennes jusqu'alors. Si dans les années 60, en effet, ses orientations avaient été celles d'un réaliste partisan du principe de testabilité ; si, d'autre part, le principe de prolifération l'opposait à une conception kuhnienne, avec *Contre la méthode* il s'engage dans une voie beaucoup plus radicale qui lui vaut, d'ailleurs, de nombreux adversaires. Le refus d'une vision cumulative de la science et de son développement, l'affirmation de l'« incommensurabilité » des théories alternatives se prolongent dans une répudiation du rationalisme dont son livre *Adieu la raison* donne toute la mesure. Feyerabend y critique deux idées qu'il associe à l'expansion occidentale, et qu'il tient pour mythiques : la raison et l'objectivité. Contre ces deux mythes, facteurs d'uniformité culturelle à ses yeux, l'auteur affirme que rien, dans la science, n'exclut la diversité culturelle. Pour prendre clairement le parti de la diversité, il défend le principe d'un « relativisme sans contrainte », il répudie jusqu'à l'idée d'une frontière entre les sciences, le mythe ou les arts et, redressant ce qu'il considère comme une transfiguration de la réalité, s'affirme partisan de la seule philosophie ouverte et féconde dont nous possédions selon lui un exemple : la philosophie des sciences d'Ernst Mach.

L'œuvre de Feyerabend pourrait passer pour unique et isolée si elle ne s'inscrivait dans un débat qui oppose, aux États-Unis, le « réalisme » et l'« antiréalisme » et recoupe, en France, les pensées de la différence, du différend ou de la déconstruction. Il est permis d'en juger à partir des réflexions que Richard Rorty consacre à la science, à la philosophie anglo-américaine et à la philosophie continentale contemporaine.

JEAN-PIERRE COMETTI.

RÉF. : G. Holton, *L'Imagination scientifique*, Paris, 1981. – J. Bouveresse, *Rationalité et Cynisme*, Paris, 1984. – R. Rorty, *Science et Solidarité*, Paris, 1990.

FEYNMAN Richard Phillips. Physicien américain. Né à New York le 11 mai 1918, mort à Los Angeles le 15 février 1988. Après des études au « Massachusetts Institute of Technology » et à Princeton, Richard Feynman travailla avec les meilleurs physiciens américains dans le cadre du projet Manhattan à Los Alamos. Professeur de physique théorique à l'université de Cornell, puis au CalTech (California Institute of Technology), il fut l'un des principaux fondateurs de l'électrodynamique quantique. Il développa en particulier, pour expliquer les interactions entre particules, le concept de « diagramme de Feynman », outil théorique d'une remarquable puissance. Il reçut, avec Schwinger et Tomonaga, le prix Nobel de physique 1965.

Théoricien hors pair, Feynman a aussi apporté un souffle nouveau à l'enseignement de la physique. Les trois tomes du *Cours de physique de Feynman* [*Feynman's Lectures in Physics*, 1963] ont formé et ravi des générations de physiciens par leur profondeur et leur légèreté. Anticonformiste célèbre, joueur de bongo réputé, il a laissé de nombreux ouvrages de vulgarisation : *La Nature des lois physiques* [*The Character of Physical Law*, 1980], *Lumière et Matière, une étrange histoire* (*), *Vous voulez rire, Monsieur Feynman !* [*Surely you're joking, Mr. Feynman !*, 1985].

NICOLAS WITKOWSKI.

FIALHO DE ALMEIDA José Valentim. Écrivain portugais. Né le 7 mai 1857 à Vilar de Frades, dans l'Alentejo, mort dans ce même lieu le 4 mars 1911. Fils d'un instituteur de village qui lui enseigna les premiers rudiments, il se rendit en 1866 à Lisbonne, où il termina ses études élémentaires au Collège européen, en 1872. Dans son autobiographie, il se définit « un enfant triste et calme », en dépit des velléités de révolte qui couvaient en lui contre la misère qui le tourmentait. Pendant sept ans, jusqu'en 1880, il fut commis dans une pharmacie du Largo do Mitelo. Dans le même temps, s'étant inscrit au Liceu pour ne pas « pourrir parmi les emplâtres et les pilules », il dévorait avec ardeur les ouvrages des principaux écrivains portugais ayant paru depuis 1830. Au cours de sa première année à l'Escola Politécnica, il fut de nouveau obligé d'interrompre ses études à cause de la mort de son père. Au prix de très lourds sacrifices, il devint toutefois médecin, mais il exerça peu de temps cette profession désirant se consacrer uniquement à la littérature. En 1881, il publia son premier livre de récits, *Contes* [*Contos*], dédié à Camilo Castelo Branco, et l'année suivante *La Cité du vice* (*), qui est sans doute son œuvre de conteur la plus valable. En 1889, poussé par un sentiment de révolte contre les nobles et la monarchie, il accepta avec joie la proposition de l'éditeur Alcino Aranha d'Oporto de publier une chronique (d'abord mensuelle, puis hebdomadaire) sur la vie portugaise, sur le modèle des *Pointes* [*Farpas*] de Ramalho Ortigão. Les chroniques parues sous le titre *Les Crocs* [*Os gatos*], de 1889 à 1894, font de Fialho de Almeida l'un des pamphlétaires européens les plus caractéristiques de la fin du XIXe siècle. Fialho de Almeida fut également un conteur remarquable qui enrichit la littérature portugaise de quelques pages parmi les plus significatives. Il publia encore les volumes suivants : *Pasquinadas* (1890) ; *Lisbonne galante* [*Lisboa galante*, 1890] ; *Vie ironique* [*Vida irónica*, 1892] ; *Le Pays des raisins* [*O país das uvas*, 1893] ; *Au coin de la rue* [*A esquina*, 1903]. Ayant épousé une parente de province vers les dernières années de sa vie, il se retira dans son Alentejo natal, où il mena une existence de petit propriétaire rural. Après sa mort parurent *Raser, peigner* [*Barbear, Pentear*, 1911], et d'autres recueils de ses meilleures productions journalistiques.

RÉF. : A. J. da Costa Pimpão, *Fialho*, Lisbonne, 1945.

FIBONACCI Leonardo Bonacci (appelé également Léonard de Pise). Mathématicien italien. Son véritable nom était Leonardo Bigollo ; Fibonacci est une abréviation de « filius Bonacci » qu'on lit dans ses manuscrits. Né à Pise (1170 ?), mort dans la première moitié du XIIIe siècle. Encore tout enfant, il vint rejoindre son père, Bonaccio Bigollo, qui était tabellion des marchands de Pise, auprès de la douane de Bougie (Algérie), puis l'accompagna dans différents pays du Levant où il apprit l'arithmétique à la « manière des Hindous » et tout ce que l'on enseignait alors dans ces contrées. Il regagna l'Italie en 1200 et, deux ans après, publia le *Livre des abaques* (*). En 1220 il publia la *Pratique de la géométrie* [*Pratica Geometriae*] qui a pour introduction un rappel des propositions fondamentales de la géométrie euclidienne, et contient des théorèmes relatifs à la mesure des longueurs, des surfaces et des volumes, à la division des figures géométriques – théorèmes démontrés avec une rigueur extrême et suivis d'applications pratiques et de développements formant un complément utile au *Livre des abaques*. Parmi les œuvres de Fibonacci rappelons un commentaire au livre des *Éléments* (*) d'Euclide ; un ouvrage intitulé *Flos super solutionibus* et une théorie des nombres : le *Liber Quadratorum* dans lequel, généralisant des problèmes qui lui avaient valu, en 1226, d'être défié par Giovanni da Palermo, à la cour de Frédéric II, il étudie les nombres dont les carrés augmentés ou diminués d'un même nombre donnent encore un carré, question très difficile dont se sont occupés différents mathématiciens modernes, et entre autres Genocchi. Enfin la tradition parle d'un *Livre des commerçants* [*Libro di merchatanti*], dont Fibonacci serait l'auteur et que l'on a perdu. Tous ces ouvrages furent grandement répandus en Italie et en Occident, bien que les difficultés que présentaient ces nouvelles méthodes eussent quelque peu retardé leur diffusion ; et pendant trois siècles ils servirent de modèle aux étudiants et de guide aux hommes de science. La « série de Fibonacci », suite de nombres dans laquelle chaque terme est égal à la somme des deux termes qui le précèdent, est encore utilisée de nos jours par les mathématiciens.

♦ *« Le père de notre algèbre. »* Libri. ♦ *« On ne se doutait guère qu'un géomètre du XIIIe siècle eût dépassé de loin Diophante et les Arabes, et qu'il n'a été dépassé qu'au XVIIe siècle par Fermat. »* Terquem.

RÉF. : Guglielmini, *Elogio di Leonardo Pisano,* Bologne, 1813. – Cte G. Liberi-Carrucci della Sommaia, *Histoire des sciences mathématiques en Italie depuis la renaissance des lettres jusqu'à la fin du XVIIe siècle ;* t. II, 1835. – Prince B. Boncompagni, *Della vita e delle opere di Leonardo Pisano,* Rome, 1852. – Angelo Genocchi, *Sopra tre scritti inediti di Leonardo Pisano...,* Rome, 1855. – E. Merlieux, article *Léonard de Pise* in t. XXX, *Nouvelle biographie générale,* Firmin-Didot, 1862.

FICHET Guillaume. Humaniste français. Né au Petit-Bernard (Faucigny) en 1433, mort à Rome vers 1480. Pendant la guerre de la Ligue du bien public, il fut nommé recteur de l'université de Paris. En 1470, chargé de s'occuper de la bibliothèque de cette université, il fit venir de Mayence les imprimeurs Ulrich Gering, Michael Krantz et Martin Friburger, et fonda dans les locaux mêmes de la Sorbonne la première imprimerie française qui devait jouer un tel rôle dans les débuts de l'humanisme. En effet, de 1470 à 1473, une vingtaine de volumes parurent, grâce à son énergie, parmi lesquels les œuvres de l'humaniste italien G. Barzizza : les *Lettres* [*Epistulae*] et l'*Orthographe* [*Orthographia*], un Salluste, un Florus, un Valère Maxime, les *Élégances de la langue latine* (*) de L. Valla, le *De officiis* – v. *Les Devoirs* (*) – de Cicéron, et enfin, sur les instances de ses disciples, les *Lettres* [*Epistulae*] et les trois livres de la *Rhétorique* (*) de Fichet lui-même. Fier de son œuvre (« Quand j'arrivai à Paris, personne n'étudiait Cicéron nuit et jour comme aujourd'hui... une nouvelle époque a commencé »), il dut s'en séparer, en 1472, pour suivre en Italie le cardinal Bessarion. À Rome, il récolta honneurs et louanges et fut nommé, entre autres, camérier par le pape Sixte IV. Il allait même être élevé au cardinalat, lorsque la mort mit un terme à sa carrière.

♦ *« Guillaume Fichet apprend à écrire et à parler en vrai latin. Il est déjà un cicéronien. »* É. Faguet.

RÉF. : J. Philippe, *Guillaume Fichet,* Paris, 1904. – F. Simone, *Guillaume Fichet retore ed umanista,* Turin, 1938.

FICHMANN Yaakov. Poète et critique israélien. Né à Belz (Russie) le 25 novembre 1881, mort à Tel-Aviv le 18 mai 1958. Il s'établit en Palestine en 1912 et y exerça d'abord le métier de professeur puis ceux de journaliste et d'éditeur. Fichmann appartient à ce que l'on appelle communément l'École de Bialik, mais par la suite il subit également l'influence de Shlonsky. Sa poésie est impressionniste, à la fois par ses thèmes et par ses métaphores. L'œuvre de Fichmann comprend des poèmes en prose, des sonnets et des poèmes dramatiques sur des thèmes nationaux et bibliques. Citons plus particulièrement : *L'Ombre sur les champs* (*) (1935), œuvre qui rassemble des poèmes composés de 1901 à 1934 et *Le Coin des glaneuses* (*) (1945). Citons encore son essai : *À propos de la critique créative* [*Al ha-bikkoret ha-yozeret*].

FICHTE Johann Gottlieb. Philosophe allemand. Né à Rammenau (Saxe) le 19 mai 1762, mort à Berlin le 27 janvier 1814. Il était d'une modeste famille de paysans saxons, et il exerça de très humbles métiers pendant son adolescence, garda des oies, puis fut ouvrier dans une petite entreprise de textile. Ces débuts sont sans doute à l'origine des principaux traits de son caractère : ténacité extrême, volonté très puissante, résistance exceptionnelle à l'adversité, mais aussi brusquerie, tendance exagérée à commander, incapacité (observée notamment par Goethe, qui l'estimait et le méprisait à la fois) de vivre avec les autres hommes, d'agir comme les autres hommes dans la société. Dès son enfance, Fichte fit preuve d'un profond sentiment religieux et d'une forte propension à la spéculation. Pour nourrir ses aspirations intérieures, il eut d'abord les prédications dominicales du pasteur luthérien de Rammenau, qu'il écoutait avec grande attention, puis méditait longtemps, au point de les pouvoir répéter de mémoire. Tout cela frappa un riche propriétaire du village, qui prit le petit Johann sous sa protection et décida de le faire étudier, d'abord par le moyen de leçons particulières, puis, en 1774, au célèbre collège de Pfort, où le jeune collégien eut à subir toutes sortes de vexations de la part de ses condisciples, presque tous appartenant à de riches familles. Peu de temps après, le bienfaiteur du jeune Fichte mourut ; en 1780, au sortir du collège, le jeune homme dut poursuivre ses études universitaires dans des conditions extrêmement difficiles.

Alors commença son grand vagabondage à travers l'Europe. Il s'inscrivit d'abord aux facultés de théologie d'Iéna et de Leipzig, plus par respect pour la mémoire de son bienfaiteur et pour la volonté de sa mère (elle désirait que son fils exerçât le saint ministère) que par vocation ; il avait en effet déjà fortement subi l'influence de la critique illuministe de la théologie, notamment à travers les écrits de l'école de Lessing. Puis il abandonna les études universitaires, à la fois pour des raisons financières, et à cause de sa crise intérieure. En 1788, nous le trouvons à Zurich, où il fait la connaissance de Johanna Rahn (nièce de Klopstock), qu'il épousera, après de longues fiançailles, en 1793. En 1790, il est à Leipzig ; l'année suivante, on le trouve successivement à Varsovie, à Königsberg, à Dantzig. C'est alors qu'il lit les œuvres de Kant et, enthousiasmé, va le voir à Königsberg. Le philosophe l'accueille d'abord froidement, mais il est conquis lorsque Fichte lui présente sa *Critique de toute révélation* (+), application des idées kantiennes à la philosophie de la religion, qui, lorsqu'elle sera publiée anonymement en 1792, sera considérée par tous comme une œuvre du maître de Königsberg lui-même.

C'est le succès. Fichte se décide alors à épouser sa fiancée et à acheter une maison avec l'argent de sa femme. Malgré les violents écrits qu'il publie pour défendre la liberté de pensée, la liberté de la presse et la Révolution française, il obtient du gouvernement de Weimar, pourtant fort opposé au jacobinisme, grâce à l'appui de Goethe (qui s'en repentira ensuite comme d'une erreur), sa nomination à la chaire de philosophie de l'université d'Iéna, par suite de la retraite de Reinhold en 1794. Là, Fichte travaille durement, préparant ses cours, exposant sa pensée. En cette même année 1794, il publie sa *Doctrine de la science* (*) en deux volumes ainsi que son traité *De la destination du savant et de l'homme de lettres* (*). En 1796 paraissent les *Fondements du droit naturel selon les principes de la doctrine de la science* (*), et l'année suivante deux *Introductions à la doctrine de la science* [*Erste Einleitung in die Wissenschaftslehre et Zweite Einleitung in die Wissenschaftslehre*], suivies, en 1798, de développements pratiques exposés dans *Le Système de la morale d'après les principes de la science*. L'inspiration qui l'anime, l'audace de ses idées, le zèle de son enseignement procurent à Fichte une renommée sans cesse grandissante, mais aussi des inimitiés implacables. Les théologiens, notamment, ne lui pardonnent ni de faire ses cours le dimanche, ni ses conceptions rationalistes en matière de religion. Le gouvernement lui tient rigueur de ses sympathies révolutionnaires. Les étudiants, enfin, lui reprochent la lutte furieuse qu'il mène contre les associations de combat et leurs coutumes plus ou moins barbares. De graves incidents le forcent, en 1795, à quitter Iéna pour quelque temps ; mais c'est surtout en 1799 que les attaques contre lui se font impitoyables ; il doit se défendre énergiquement et publie sa *Justification contre l'accusation d'athéisme* (*) ; mais, seul contre ses collègues et contre les étudiants, il doit quitter définitivement sa chaire, et c'est un disciple désavoué, Schelling, qui lui succède. Kant lui-même abandonne Fichte.

Celui-ci, plein de tristesse et d'amertume, se retire à Berlin, en 1800, où il a quelques polémiques avec ses adversaires, remanie sa *Doctrine de la science* et prononce des conférences ; de l'une d'elles sortira son ouvrage sur la *Destination de l'homme* (*). De 1800 date également *L'État commercial fermé* (*). Mais surtout, pendant cette période, la pensée de Fichte se modifie profondément ; parti d'un rationalisme immanentiste, accompagné de jacobinisme politique, il en vient à un spiritualisme transcendant et théiste ; en politique il rejoint la réaction antifrançaise et antijacobine, posant les bases du nationalisme allemand. On pouvait percevoir ces changements dès la *Destination de l'homme* ; mais on les note surtout dans les *Traits caractéristiques du temps présent* (*) et dans l'*Initiation à la vie bienheureuse* (*), ouvrages écrits vers 1806. À ce moment l'Allemagne, et Fichte avec elle, vit des heures dramatiques : le 27 octobre 1806, peu de temps après la bataille d'Iéna, les Français occupent Berlin ; afin de n'avoir pas à rendre hommage aux envahisseurs, Fichte se rend à Königsberg, où il enseigne pendant un semestre. Mais, en 1807, Königsberg également tombe aux mains des Français, et Fichte, avec d'autres patriotes allemands, se réfugie au Danemark. Après la paix d'août, le philosophe regagne Berlin, où il s'inscrit à une ligue nationaliste, le *Tugendbund*, fait de la propagande antifrançaise et nationaliste. Ses fameux *Discours à la nation allemande* (*) furent justement prononcés en 1807 et 1808, tandis que les rues de Berlin résonnaient du pas des patrouilles françaises ; ils constituèrent par la suite l'ouvrage classique du nationalisme allemand. En 1810 fut fondée et inaugurée l'université de Berlin. Fichte en fut le premier professeur de philosophie, et même un certain temps, en 1811, le recteur, ce qui lui valut de nouveaux litiges avec le gouvernement, ses collègues, et les ligues d'étudiants. Son activité, à cette époque, fut principalement politique ; il cherchait à mobiliser tous les esprits pour la guerre contre la France. En 1813 il fit des conférences publiées plus tard sous le titre de la *Doctrine de l'État* (*). Une dernière offensive fut lancée contre Napoléon. Fichte eût voulu participer à la campagne, mais on ne lui permit pas. Cependant, il mourut en quelque sorte au champ d'honneur ; sa femme, en effet, prit la fièvre typhoïde en soignant les blessés de guerre ; Fichte, soignant sa femme, attrapa le mal à son tour et mourut le jour même où Berlin apprenait que les troupes de Blücher avaient passé le Rhin.

GIULIO PRETI.

♦ *« Notre philosophie est l'histoire de notre propre cœur, et c'est d'après notre état que nous nous figurons l'homme et sa destinée. Autrement, il n'y aurait jamais pour nous de vraie liberté, de liberté qui ait en elle-même le fondement absolu de sa détermination. »* Fichte, sur sa philosophie. ♦ *« Le voisinage de Fichte m'est très agréable et m'apporte maint avantage ; la conversation aussi se soutient très bien avec lui et, puisqu'il nous promet de réconcilier le sens commun et la philosophie, nous autres nous ne pouvons être assez attentifs.* » Goethe, lettre à Charlotte von Kalb, 28 juin 1797. ♦ « *Il serait bien possible que Fichte eût inventé une manière toute nouvelle de penser et pour laquelle la langue n'a pas encore de terme.* » Novalis, vers 1797 et encore : « *Kant a joué le rôle de Copernic, il a expliqué le Moi empirique avec son Monde extérieur comme une planète, et placé le centre du système dans la loi morale ou dans le Moi moral. Fichte-Newton est devenu l'inventeur des lois du système du monde interne, le second Copernic.* » Vers 1798. ♦ « *Fichte élèvera la philosophie à une hauteur devant laquelle la plupart des kantiens de jusqu'ici se trouveront des enfants au maillot.* » Schelling, lettre à Hegel, 1795. ♦ « *Les trois grands courants de notre siècle ont été déterminés par la Révolution française, par le* Wilhelm Meister *de Goethe et par la* Doctrine de la science *de Fichte.* » Friedrich Schlegel. ♦ « *C'est le moi qui, dans la philosophie de Fichte, constitue le point de départ des développements ultérieurs de la pensée philosophique, et les catégories doivent se produire comme le résultat de son activité. Mais le moi de Fichte n'est pas l'activité libre, spontanée, parce que c'est par une impulsion extérieure que cette activité est d'abord excitée. Le moi réagit contre cette impulsion, et c'est par cette réaction qu'il atteint à la conscience de lui-même. La nature de l'impulsion demeure un dehors inconnu, et le moi ne cesse pas d'être une activité conditionnée qui a un autre objet en face de lui. C'est ainsi que la philosophie de Fichte a abouti au même résultat que celle de Kant, savoir que le fini seul peut être connu et que l'infini dépasse la sphère de la pensée.* » Hegel. ♦ « *Rarement carrière fut plus mouvementée en apparence, mais en réalité d'une plus belle unité. Fichte fut, toute sa vie, le serviteur de l'Idée, de la liberté, qu'il voulait égale pour tous, de la « philosophie haute et noble qui reflète une volonté magnanime et libérale »... Il fut le stimulateur de toutes les énergies, l'excitateur des volontés fortes. Quel que soit le jugement que l'on porte finalement sur son œuvre philosophique, religieuse, morale et sociale, on est bien forcé de reconnaître qu'il fut, suivant sa propre expression, l'esprit spécifiquement allemand qui a ouvert de nouvelles mines, a fait pénétrer la lumière et le jour dans les abîmes et a fait sauter d'énormes masses de pensées dont les âges futurs se serviront pour se construire des demeures.* » J. Molitor. ♦ « *Le monisme de Fichte est un panthéisme éthique : Fichte veut transformer le monde... Il n'y a qu'un monde, posé par le moi universel... Mais la nature n'est qu'un obstacle pour le moi. Le rapport du moi individuel, empirique, avec le moi absolu reste incompréhensible. C'est là le point faible du monisme de Fichte. Quel moi accomplit l'acte primordial ? Fichte confond la création du monde par Dieu avec l'acte de l'homme. Il ne distingue pas non plus l'infini bon de l'infini mauvais. L'aspiration infinie : voilà le dernier mot de Fichte. L'esprit est dans la mesure où il se réalise.* » Nicolas Berdiaev.

RÉF. : Löwe, *Die philosophie Fichtes*, Stuttgart, 1862. – X. Léon, *Fichte et son temps, 1922-24-27.* – G. Gurwitch, *Fichtes System der Konkreten Ethik*, Tübingen, 1924. – E. Bergmann, *Fichte der Erzieher*, Leipzig, 1924. – N. Wallner, *Fichte als politische Denker*, Halle, 1926. – E. Gelpcke, *Fichte und die Gedanken des Sturm und Drang*, Leipzig, 1928. – M. Gueroult, *La Doctrine de la science chez Fichte*, Strasbourg, 1930. – A. Philonenko, *La Liberté humaine dans la philosophie de Fichte*, Paris, 1966 ; *Théorie et praxis dans la pensée morale et politique de Kant et de Fichte en 1793*, Paris, 1976 ; *L'Œuvre de Fichte*, Paris, 1984.

FICIN Marsile (Marsilio Ficino). Humaniste italien. Né le 19 octobre 1433 à Figline, dans le haut Val d'Arno, mort le 1er octobre 1499 dans sa ville de Careggi. Son père, le médecin Diotifeci, dont Ficin est le diminutif, voulait qu'il suivît sa profession ; en attendant, il l'envoya étudier la philosophie à Florence en 1451. Après un bref séjour à Bologne, où il s'était rendu pour effectuer ses études de médecine, Ficin retourna à Florence. Ce fut là qu'il rencontra Cosme de Médicis, qui exerça une influence décisive sur sa vie. Cosme, désireux de fonder à Florence une école d'études platoniciennes, avait songé tout de suite au jeune Marsile dont les aptitudes et le goût pour la philosophie l'avaient frappé, et il s'employa à vaincre la résistance du père, obstiné dans son idée de faire de son fils un médecin. À vingt-six ans donc, Ficin se mit à étudier Platon, et pour le lire dans le texte approfondit sa connaissance du grec. En 1462, installé par Cosme à Careggi, il commença de traduire Platon avec l'aide d'une assemblée de savants à laquelle, en souvenir de la glorieuse école athénienne, il donna le nom d'académie. Celle-ci fut la préfiguration de l'académie florentine de Laurent le Magnifique. Ces savants que Ficin, dans sa monumentale correspondance, qualifie de « confilosofi » (compagnons en philosophie) étaient des poètes, des orateurs, des juristes, des philosophes (ces derniers, disciples de Saturne, contemplateur des mystères célestes), des prêtres, des médecins et enfin des musiciens, car Ficin lui-même aimait la musique qu'il rapprochait de la médecine. Plus encore qu'à ces entretiens, Ficin doit sa gloire à ses études sur Platon, qui contribuèrent à asseoir les fondations spéculatives de l'humanisme, et excercèrent une influence qui marque encore notre culture, celle du paganisme transfiguré par la conscience chrétienne. Ordonné prêtre en 1473, Ficin n'abandonna pas pour autant l'étude de Platon, dont il traduisait à ce moment les dialogues. Cette traduction fut achevée en 1477, mais Ficin employa encore vingt ans de sa vie à l'enrichir de commentaires. Il étudia également Plotin, dont la pensée était sans doute plus proche des exigences spirituelles du christianisme. Sa traduction des *Ennéades* (*), achevée en 1486, fut publiée en même temps que les commentaires, en 1492. Dix ans auparavant avait paru la *Théologie platonicienne* (*) qui traite de l'immortalité de l'âme dans la perspective du platonisme chrétien. Mais dans la matière comme dans l'âme humaine, l'univers est conçu comme un tout animé dont on peut dominer les forces, qui sont de nature psychique, par la science. D'où une tendance à pratiquer la magie, à laquelle Ficin lui-même ne résista pas, puisqu'il avait l'habitude de soigner les malades par la prière, qu'il croyait à l'influence des astres sur la destinée humaine, et que, accusé de sorcellerie par le pape Innocent VIII, il ne fut sauvé que par l'intervention de ses amis. Ce fut là l'unique incident qui vint troubler son existence tant que vécut Laurent le Magnifique. Après la mort de son protecteur, en 1492, les choses changèrent et l'Académie de Careggi déchut rapidement ; en 1494, à l'arrivée des Français, elle fut pratiquement dissoute. Quelques années plus tard, Marsile Ficin dut défendre ses amis philosophes contre la vague réactionnaire des « pleureurs » de Savonarole, qu'il flétrit comme « hypocrite et antéchrist ». Grâce à l'étendue de ses intérêts, à son désir de concilier la science ancienne avec la nouvelle, Ficin demeure une figure typique de la Renaissance italienne.

CLETO CARBONARE.

RÉF. : Giuseppe Saitta, *La filosofia di Marsilo Ficino,* Messine, 1923. – Werner Horbert, *Metaphysik des Marsilius Ficinus,* thèse, Coblence, 1930. – André Chastel, *Marsile Ficin et l'Art,* Lille et Genève, 1954. – R. Marcel, *Marsile Ficin,* Belles-Lettres, 1958. – M. Cytowska, *Érasme de Rotterdam et Marsile Ficin, son maître,* in *Eos,* 1975. – P. O. Kristeller, *L'État présent des études sur Marsile Ficin* (in *Platon et Aristote à la Renaissance,* XVIe Colloque international de Tours), Paris, 1976. – A. J. Festugière, *La Philosophie de l'amour de Marsile Ficin et son influence sur la littérature française au XVIe siècle,* Paris, 1980.

FIEDLER Konrad. Philosophe allemand. Né le 23 septembre 1841 à Oederau (Saxe), mort le 3 juin 1895 à Munich. À une époque où, en esthétique, prévalaient les doctrines positives ou celles d'un romantisme attardé, il opéra dans ce domaine, et surtout pour les arts figuratifs, une véritable révolution en se réclamant de la philosophie kantienne. Il étudia d'abord le droit, mais sa passion pour la philosophie l'emporta. En 1876 parurent ses premiers essais de critique et d'esthétique recueillis et publiés à titre posthume sous le titre *Écrits sur l'art* (*). Il vécut longtemps en Italie où il étudia avec ferveur l'art classique et celui de la Renaissance. Une amitié profonde l'unit au peintre Hans von Marees et au sculpteur Adolf von Hildebrand, avec lesquels il échangea une correspondance, publiée en 1927.

FIELD Nathan (et non Nathaniel, comme on l'a nommé en le confondant avec son frère le libraire, dont la date de mort (1633) est souvent indiquée comme étant celle de Nathan). Dramaturge anglais. Né en 1587 à Londres où son père, ecclésiastique, était recteur ; mort après 1620.

Passionné dès son jeune âge pour le théâtre, il fut engagé dans la compagnie de la cour, et se vit attribuer des rôles importants dans maintes pièces de Ben Jonson et de Chapman. Deux de ses comédies se ressentent de l'influence de ces auteurs : *La femme est une girouette* [*A Woman is a Weathercock,* 1610] qui traite de l'inconstance des femmes, et *Amende honorable aux dames* [*Amends for Ladies,* 1618], dans laquelle il rétracte la précédente accusation. Ses œuvres présentent un certain intérêt par la vivacité du dialogue et la conduite des épisodes. Il eut pour collaborateurs Beaumont, Fletcher et Massinger, avec lequel il écrivit une tragédie célèbre : *La Dot fatale* (*). En tant qu'acteur, Field connut une grande réputation : il fut l'un des meilleurs comédiens de son temps, se classant immédiatement après Burbage, et Ben Jonson cite son nom comme celui du « meilleur acteur », dans *La Foire de Saint-Barthélemy* (*). On ne sait rien sur la dernière partie de sa vie.

RÉF. : G. Langbaine, *English Dramatic Poets,* Oxford, 1691. – J. P. Collier, *The History of English Dramatic Poetry to the Time of Shakespeare,* Londres, 1879. – Roberta Brinckley, *Nathan Field, the Actor-Playwright,* Newhaven, 1928.

FIELDING Henry. Écrivain anglais. Né à Sharpham Park (Somerset) le 22 avril 1707, mort à Lisbonne le 8 octobre 1754. Fils du général Edmund Fielding, descendant d'une noble famille, il fut élevé à Eton, dont on l'éloigna rapidement en 1725 pour mettre fin à une intrigue sentimentale qu'il avait nouée avec une jeune héritière. Il se rendit à Leyde, où il étudia le droit jusqu'en 1728, date à laquelle, son père lui ayant coupé les vivres, il se vit réduit à ne compter plus que sur lui-même.

Rentré à Londres, il y mena une vie dissipée, produisant toutefois une douzaine de comédies légères et des farces, aujourd'hui toutes tombées dans l'oubli, si l'on excepte *Tom Thumb* (*) qui, dit-on, arracha à Swift un des deux seuls éclats de rire de sa vie. Vers 1735, Fielding connut et épousa Charlotte Cradock, qui lui apporta une riche dot, mais, après un séjour d'un an à East Stour, la somme était déjà largement entamée, et Fielding retourna à Londres, où il dirigea une compagnie théâtrale ainsi que le Little Theatre de Haymarket. Il y fit jouer *Pasquin, satire dramatique de l'époque* [*Pasquin, a Dramatic Satire on the Times,* 1736] et le *Registre historique de 1736* [*Historical Register for 1736,* 1737] : ces deux pièces remportèrent un grand succès, mais le gouvernement Walpole qu'elles visaient fit adopter le « Licensing Act » de 1737 qui marqua la fin de l'activité théâtrale de l'auteur.

Il reprit alors ses études de droit à Middle Temple et devint avocat en 1740, ne négligeant pas pour autant la littérature. De 1741 en effet date la *Défense de la vie de Mrs. Shamela Andrews* (+) et en 1742 paraissaient les *Aventures de Joseph Andrews* (*), sorte de parodie de la *Pamela* (*) de Richardson, suivie en 1743 des trois volumes de *Mélanges* (+), où figurent deux œuvres importantes, *Un Voyage de ce monde-ci à l'autre* [*A Journey* *from this World to the Next*] et *Vie de Jonathan Wild le Grand* (*), qui le placent tout de suite après Swift comme auteur satirique. En reconnaissance des mérites qu'il s'était acquis en dirigeant, après 1745, *The True Patriot* et *The Jacobite Journal*, qui soutenaient la politique du gouvernement, on le nomma juge de paix des comtés de Westminster et de Middlesex ; il s'acquitta consciencieusement de cette charge, publiant entre autres, en 1751, une enquête sur l'augmentation des vols où il indiquait des remèdes qui se révélèrent efficaces. Sa femme étant morte en 1743, il se remaria en 1746 avec une ancienne bonne, Mary Donald, qui fut pour lui une compagne dévouée.

En 1749 parut *Tom Jones, histoire d'un enfant trouvé* (*), que la plupart, dont Hazlitt, Coleridge et Byron qui, dans l'enthousiasme, décerna à son auteur le titre de « notre Homère en prose », considèrent comme son chef-d'œuvre. Un petit nombre lui préfèrent néanmoins *Amélie* (*), inspiré à l'auteur par son ancienne femme et publié deux ans plus tard.

Mais la santé de Fielding, déjà chancelante, était désormais irrémédiablement compromise. Il dirigea encore le *Covent Garden Journal* 1752), publia quelques pamphlets, et en 1754 quitta l'Angleterre pour trouver au Portugal un climat plus clément. Il y mourut. L'année qui suivit sa mort parut son *Journal d'un voyage à Lisbonne* [*Journal of a Voyage to Lisbon*].

Fielding occupe une place de choix dans l'histoire de la littérature anglaise : Walter Scott l'a baptisé le « père du roman anglais ». L'intention didactique qui parfois l'anime n'enlève à ses romans ni leur valeur psychologique ni leur verdeur réaliste et mordante. Peut-être doit-il, en partie, la pénétration et la compréhension des êtres humains dont il fait preuve dans la création de ses personnages à sa fonction de juge qui le mit en contact avec des gens de tous les milieux. Le goût de la scène saisie sur le vif et le choix de ses sujets, tous puisés dans la vie quotidienne, qui caractérisent son art, lui furent inspirés entre autres par le peintre Hogarth, pour lequel il professait une grande admiration. Malgré quelques faiblesses et défaillances, il fut un homme honnête et d'une solide moralité, fidèle à ses devoirs, dévoué aux siens. Thackeray nous le dépeint grand, l'air noble, d'une beauté virile et jusqu'à la fin de sa vie, alors que la maladie le consumait déjà, d'un port fier et majestueux qui imposait le respect.

ELENA VACCARI.

♦ « *Monsieur, il y a plus de connaissance du cœur dans une seule lettre de Richardson que dans tout* Tom Jones. » Samuel Johnson. ♦ « *Quel maître dans l'art de la composition fut Fielding ! Ma parole, je crois bien qu'*Œdipus Tyrannus, L'Alchimist *et* Tom Jones *sont les trois plus parfaites intrigues qu'on ait jamais inventées. Et comme Fielding est toujours plein de charme, toujours plein de santé, le prendre après Richardson revient à déboucher d'une chambre de malade enfumée dans une large prairie frissonnant de la brise d'une journée de mai.* » Coleridge. ♦ « *Fielding est le premier des romanciers anglais. Son nom est immortel comme peintre des mœurs naturelles. De tous les ouvrages d'imagination auxquels le génie anglais a donné naissance, les siens sont d'ailleurs les plus anglais... Avec ses dons d'humour solide et naturel, et cette puissance où il atteint par la description naturelle d'un caractère, le Père du roman anglais n'a plus été approché, même par les plus heureux de ses cadets. Il est vraiment, comme l'a qualifié Byron, "l'Homère prosateur de la nature humaine"*. » Walter Scott. ♦ « *Quel art merveilleux, quel admirable don du naturel, et quelle faculté pour fixer notre intérêt, gagner notre sympathie, forcer notre crédulité, si bien que nous croyons à ses créatures, que nous songeons gravement à leurs fautes et à leurs vertus, que nous prenons parti pour l'une ou pour l'autre... De tout notre cœur, tous, nous sommes des admirateurs de ses héroïnes et nous parlons d'elles comme si nous avions pris ce matin notre petit déjeuner en leur compagnie, dans leur salon, ou comme si nous devions les rencontrer cet après-midi au Bois.* » Thackeray. ♦ « *Sans avoir le goût de la pensée abstraite... Fielding est philosophe.* » L. Cazamian.

RÉF. : Dobson, *Fielding*, 1907. — Digeon, *Les Romans de Fielding*, 1923 ; *Le Texte des romans de Fielding*, 1923. — M. C. Battestin, *The Moral Basis of Fieldings' Art, a Study of Joseph Andrews*, Middleton, 1959 ; *Henry Fielding, a Life*, Londres, 1989. — R. Alter, *Fielding and the Nature of the Novel*, Cambridge, U.S.A., 1968. — C. J. Rawson, *Henry Fielding*, Londres, 1968 ; *Henry Fielding and the Augustan Ideal under Stress*, Londres, 1972. — J. Ducrocq, *Le Théâtre de Henry Fielding*, Paris, 1975. — T. R. Cleary, *Henry Fielding, Political Writer*, Ontario, 1984. — D. Thomas, *Henry Fielding*, Londres, 1990.

FILARETE (pseud. d'Antonio Averlino). Architecte italien. Né à Florence vers 1400, mort probablement à Rome vers 1469, il se fit connaître d'abord comme orfèvre et sculpteur en collaborant avec Ghiberti pour l'exécution de la porte « du Paradis » du baptistère de Florence, et de 1433 à 1455, sur l'invitation du pape Eugène IV, de la grande porte de la basilique vaticane. Accusé de vol, il dut abandonner la cité papale, voyagea longuement en Italie, se rendit à Florence, Lodi, Rimini, Padoue, Plaisance, Mantoue et Venise, jusqu'en 1451, année où, sur le conseil de Pierre de Médicis, Francesco Sforza le fit venir à Milan comme architecte. Chargé de rendre moins sévère la place du château qui gardait la ville, il éleva la très haute tour qui porte son nom. En 1456, Filarete se consacra au projet du nouvel hôpital, à la décoration duquel il contribua de 1460 à 1465 avec sa fantaisie d'orfèvre. Cette fantaisie apparaît également dans les dessins du *Traité d'architecture* (*) daté de la même époque, qu'il dédia au duc de Milan.

RÉF. : P. Tigler, *Die Architektur - theorie des Filarete*, Berlin, 1963.

FILLE DE FUJIWARA NO MOTOYASU. Poétesse japonaise. Elle est connue dans l'histoire de la littérature sous le nom de la « mère du ministre Michitsuna » [Udaisho Michitsuna no haha] ; on ignore non seulement son nom, mais encore la date de sa naissance et la date de sa mort. Quant à son mari, le grand chancelier Fujiwara no Kaneie, tout donne à croire qu'il est né vers 935 et mort vers 990. Fille de Motoyasu qui lui portait une affection particulière, elle reçut une éducation très soignée telle qu'on pouvait en donner à une jeune fille de l'aristocratie. Kaneie, qui devait devenir régent du jeune empereur Ichijô (986-1011), s'éprit d'elle, mais ne l'épousa qu'après en avoir reçu un fils : Michitsuna (955-1920), lequel sera ministre [udaisho]. Considérée comme une des trois plus belles femmes de son temps, elle se montra douce et sérieuse, alors que son mari était joyeux et porté au libertinage. Son nom, sa réputation restent liés à de nombreuses poésies incluses dans les anthologies officielles, comme le *Shûi wakashû,* le *Go-shûi-waka-shû* — et surtout au célèbre *Journal d'une éphémère* (*) où elle décrit sa vie tout abandonnée à l'amour et à la mélancolie. Elle s'y révèle comme un écrivain, comme un poète doué d'un talent exceptionnel.

FILLE DE SUGAWARA NO TAKASUE. Poétesse japonaise. Né en 1009, morte à une date et dans un lieu inconnus. Son père descendait du célèbre lettré Sugawara no Michizane (845-903) ; la sœur de sa mère écrivit le *Kagerô Nikki* (*) ; et sa belle-mère était la nièce de Daini no Sami. Elle fut donc élevée dans une atmosphère extrêmement littéraire. À neuf ans, elle accompagna son père, nommé gouverneur de la province de Kazuka, et trois ans plus tard revint à Kyôto. Son talent de poétesse et d'écrivain, talent qu'on ne peut comparer à celui des sommités de l'époque (car le Japon abondait alors en gloires littéraires), ne fut reconnu et apprécié qu'après sa mort. Elle avait trente-cinq ans lorsqu'elle épousa Tachibana no Toschimichi. Ce dernier devait mourir à cinquante-six ans dans la province de Shinano où il était gouverneur et où sa femme l'avait accompagné. Après avoir eu d'autres déboires et force désappointements, elle se décida à relater ses souvenirs, les comparant aux rêves de sa jeunesse, dans le *Journal de Sarashina* (*). Beaucoup de ses poèmes sont inclus dans les anthologies officielles. D'aucuns la tiennent pour l'auteur de l'*Hamamatsu Chûnagon Monogatari.*

FINLEY Moses, sir. Historien anglais. Né à New York en 1912, mort à Cambridge le 23 juin 1986. Il obtient en 1929 une maîtrise en droit public à l'université Columbia et devient en 1933 assistant de recherche en droit romain dans cette même université. Mais il abandonne très vite le droit pour l'histoire. L'époque s'y prêtait, comme il le rappelait lui-même des années plus tard : montée du fascisme en Europe, fascination exercée par le marxisme sur les intellectuels, arrivée aux États-Unis de réfugiés allemands chassés par le nazisme. C'est avec certains d'entre eux que Finley fut amené à travailler, l'université de Columbia ayant accueilli les chercheurs de l'« Institut pour la recherche en Sciences sociales » de Francfort. L'Institut se réclamait d'un marxisme « ouvert » et critique qui prenait en compte l'une des exigences de Marx : considérer la société comme une totalité. Finley allait en appliquer le principe dans sa thèse sur « La Terre et le crédit dans l'ancienne Athènes » qu'il soutint en 1952. Entre-temps, il avait été nommé à l'université Rutgers où il enseigna l'histoire ancienne de 1948 à 1953. Il fut alors contraint de quitter les États-Unis où la chasse aux sorcières battait son plein. Accueilli à l'université de Cambridge, il devait y enseigner jusqu'à sa retraite en 1979, rassemblant autour de lui une pléiade de jeunes chercheurs venus de toute l'Europe et des États-Unis. Il fut naturalisé anglais en 1962 et fait chevalier en 1979. Avant de quitter les États-Unis, il avait écrit un livre, *Le Monde d'Ulysse* [*The World of Odysseus,* 1954], dans lequel il montrait que la société décrite par le poète n'était pas la société mycénienne, ce que l'étude des tablettes en Linéaire B récemment déchiffrées n'allait pas tarder à confirmer. Dans les années qui suivirent la publication de cet ouvrage, les recherches de Finley allaient se développer dans deux directions essentielles : d'une part l'élaboration d'un modèle susceptible de rendre compte des caractères de l'économie antique, d'autre part l'étude du phénomène servile. Sur le premier point, il publiait une œuvre majeure, *L'Économie antique* (*) (1973), qui allait faire l'objet de nombreux débats et controverses. Sur le second point, il avait fait paraître en 1959 un article au titre provocant : « Was Greek Civilization based on Slave Labour ? », dans lequel il développait l'idée que l'esclavage était inséparable de la conquête par les Grecs de la liberté. Une série d'articles sur le sujet précédait la publication de *Esclavage antique et idéologie moderne* [*Ancient Slavery and Modern Ideology,* 1980], ouvrage dans lequel il montrait comment les querelles qui divisaient les modernes sur la place et l'importance de l'esclavage dans les sociétés anciennes s'inscrivaient dans les conflits idéologiques du monde contemporain. Mais déjà, tout en poursuivant ses recherches sur l'économie antique et sur l'esclavage, il avait mis au premier plan de ses préoccupations le fonctionnement du politique, qui lui paraissait être le facteur qui rendait compte prioritairement de tous les aspects du monde antique, et qui par ailleurs offrait à l'historien le moyen de confronter les expériences du passé avec celles du présent, et de poser au passé les bonnes questions. Déjà, il avait évoqué ce problème dans *Démocratie antique et démocratie moderne* [*Democracy Ancient and Modern,* 1973]. Il reprenait le sujet dans toute son ampleur dans *L'Invention de la politique* [*Politics in the Ancient World,* 1983]. La publication de la traduction française fut l'occasion de son dernier séjour en France, et l'on put mesurer l'importance que son œuvre avait acquise par les nombreux articles et interviews qui lui furent consacrés. Il devait mourir un an plus tard, ayant eu le temps de réunir un recueil d'articles *Sur l'histoire ancienne* [*Ancient History. Evidence and Models,* 1985]. Historien d'une ampleur de vue remarquable, homme de son temps qui n'hésitait pas à prendre parti, il savait en outre mettre son érudition à la portée du grand public, publiant des articles dans des journaux de grande diffusion, participant à des émissions de radio ou de télévision. Il restera une des grandes figures de l'historiographie contemporaine.

CLAUDE MOSSÉ.

RÉF. : P. Vidal-Naquet, « Économie et société dans la Grèce ancienne. L'œuvre de Moses Finley », in *La Démocratie grecque vue d'ailleurs,* Paris, 1990. – Brent D. Shaw et Richard P. Sallers, Introduction à Finley, *Économie et société en Grèce ancienne,* Paris, 1984. – C. Mossé, « Moses Finley ou l'Histoire ancienne au présent », in *Annales* E.S.C. XXXVII, 1982.

FIRBANK Ronald. Romancier anglais. Né à Londres le 17 janvier 1886 et mort à Rome le 21 mai 1926. Fils d'un député conservateur et petit-fils d'un « self-made man » qui avait fait fortune dans les chemins de fer, Ronald Firbank, adoré de sa mère, fréquenta peu les écoles avant d'entrer à Cambridge en 1905, où il se fit surtout remarquer par le raffinement de ses mœurs – son goût des orchidées, notamment – et sa conversion au catholicisme. Il quitta l'université en 1909, sans recevoir son diplôme, pour voyager en Méditerranée. L'héritage de son père, mort en 1910, lui permit de continuer à mener une vie d'élégant excentrique et de financer la publication de la plupart de ses œuvres. Les premières, des recueils de nouvelles, dataient de son arrivée à Cambridge en 1905 : *Odette d'Antrevernes* et *Une étude de tempérament* [*A Study in Temperament*]. L'influence des contes d'Oscar Wilde, pour lequel Firbank nourrit toujours une fervente admiration, y est déjà très sensible. Réformé, il passa les années de guerre à Oxford où il publia quatre romans : *Vanité* [*Vainglory,* 1915] ; *Inclinations* [*Inclinations,* 1916] ; *Caprice* (1917) et *Valmouth* (1919). Sa pièce *La Princesse Zoubaroff* [*The Princess Zubaroff*], qui date de 1920, ne fut jamais représentée. En 1921 il s'installa à Versailles où il entreprit la rédaction de *La Fleur foulée aux pieds* (*) qui parut en 1923, un an avant *Mon piaffeur noir* [*Prancing Nigger*], le premier roman de Firbank à ne pas avoir été publié à compte d'auteur. Situé aux Caraïbes, que Firbank avait visitées en 1922, le roman décrivait avec un maniérisme délicat les paysages tropicaux de la Barbade et prenait de façon provocante pour personnage central une famille noire, les Mouths. Après un séjour aux États-Unis, où il entama *The New Rythm* qui ne fut publié qu'en 1962, puis en Égypte, un de ses pays de prédilection, Firbank s'installa à Rome où il acheva *Les Excentricités du cardinal Pirelli* (*), son dernier livre et sans doute son chef-d'œuvre. Il mourut d'un cancer du poumon quelques jours après avoir achevé son manuscrit.

Le personnage de dandy homosexuel que cultivait Firbank, et dont ses amis comme Osbert Sitwell ou Harold Acton se sont plu, dans leurs Mémoires, à conter les excentricités, a nui, de son vivant, à l'appréciation d'une des œuvres romanesques les plus originales du début du siècle. Seuls des écrivains comme Evelyn Waugh surent en reconnaître l'importance. Aujourd'hui, on considère que ses comédies satiriques aux dialogues étincelants, à l'humour pervers, qui, au-delà de Wilde, renouaient avec une tradition remontant à Sheridan et à Sterne, ont joué un rôle décisif dans l'évolution de la prose anglaise.

FRANÇOIS DUPUIGRENET DESROUSSILLES.

RÉF. : B. Brophy, *Prancing Novelist. A Defence of Fiction in the Form of a Critical Biography in Praise of Ronald Firbank,* Londres, 1973.

FIRDOUSI Abol-Qāsem. Poète persan. Auteur de l'épopée nationale iranienne, le *Livre des rois* [*Châh-nâmé*] (*), il naquit en 934 dans une bourgade voisine de Tous, ville alors capitale du Khorassân et métropole florissante, mais qui devait être détruite au XIVe siècle par les hordes de Tamerlan. Il y termina ses jours entre 1020 et 1025. Firdousi appartenait à la classe des « dehqāns », c'est-à-dire à cette noblesse rurale qui, dans les siècles qui suivirent l'islamisation de l'Iran, se montra la fidèle gardienne des antiques traditions du pays. Il vint au monde à l'époque où s'amorçait la renaissance nationale qui allait permettre l'éclosion de la civilisation persane que nous admirons aujourd'hui. Ayant recueilli l'héritage de plusieurs dynasties locales de moindre importance, les Samanides atteignaient alors à leur apogée et ils faisaient de leur cour de Boukhara le centre de ce mouvement à ses débuts. Depuis le milieu du VIIe siècle, époque de l'invasion arabe, le pehlévi (langue de l'Iran sassanide) avait cessé de s'écrire ; un idiome nouveau, le persan, s'était formé, mais il n'avait pas encore reçu la consécration de grandes œuvres littéraires. C'est au Samanide Nouh II (976-997) que revient le mérite d'avoir (vers 976) incité le poète Daqiqi à mettre en vers persans la vieille chronique du *Khotāy Nāmak* [*Livre des rois*], déjà modernisée en prose. Mais Daqiqi périt assassiné, ayant à peine entrepris cette œuvre gigantesque.

Firdousi avait alors passé la quarantaine, et déjà soufflait l'orage qui allait balayer la puissance des Samanides et modifier la carte de l'Iran. Jusque-là, sans doute, le poète avait vécu sur ses terres : ses biographes rapportent qu'il n'avait que deux ambitions, restaurer une digue nécessaire à la prospérité de son village et doter sa fille. Les allusions que l'on relève, dans son livre, à sa vie personnelle évoquent une existence familiale longtemps paisible, aux côtés d'une épouse qui collaborait à ses travaux littéraires, car elle savait le pehlévi, langue que lui-même ignorait peut-être. Il devait perdre, jeune encore, un fils dont il pleura amèrement la mort.

Il est probable que Firdousi avait formé, bien avant que la Cour s'intéressât à une telle entreprise, le projet de composer un *Livre des rois.* La disparition de Daqiqi, les conseils et les encouragements matériels de quelques amis (en particulier le gouverneur de la province et le receveur des finances de Tous), le confirmèrent dans son dessein et il se mit en devoir de rassembler la documentation indispensable, tâche ingrate à l'extrême, si on l'en croit. Déjà âgé, il craignait ainsi que le destin ne lui laissât pas le temps d'achever son ouvrage ; cette inquiétude s'exprime souvent dans ses vers.

Dès qu'il fut en possession des documents recherchés, et en particulier du texte sur lequel avait travaillé Daqiqi, il se mit à l'œuvre avec une ardeur qui lui fit négliger ses propres intérêts matériels et, lorsque l'assistance de ses protecteurs lui fit défaut, ce fut la gêne. Il semble que la première rédaction du *Chahnâmé* ait été achevée dès 994. L'usage de l'époque était que toute œuvre nouvelle fût présentée au prince qui, en général, récompensait généreusement l'auteur. Par malheur, le trône des Samanides croulait déjà et le poète voyait s'évanouir l'espoir de largesses dont il avait le plus impérieux besoin. Il décida donc de quitter son pays pour chercher fortune ailleurs. Son choix porta sur la cour des Bouyides, lignée iranienne et chiite qui dominait toute la Perse occidentale et dont les chefs jouaient auprès des califes de Baghdâd le rôle de maires du Palais. Il gagna dont l'Iraq, sans doute vers 995-996. Il obtint la protection d'un des grands du royaume, le vizir Movaffaq, qui l'invita à entrer en compétition avec un autre poète pour la composition d'une histoire de Joseph (épisode coranique emprunté à la tradition juive). Firdousi écrivit ainsi son *Youssouf et Zouleïkha* (*), qui fut souvent imité par la suite. Les circonstances dans lesquelles il fut amené à entreprendre cette œuvre montrent assez qu'il n'était pas parvenu à intéresser le souverain bouyide, Behā al-Dowla, à son *Livre des rois.* Or la fortune s'acharnait contre lui : son mécène tomba en disgrâce et dut s'enfuir pour éviter le pire. L'écrivain reprit alors le chemin du Khorassân, s'arrêtant, semble-t-il, à Ispahan, ville aux environs de laquelle il faillit périr accidentellement noyé.

De retour au pays natal, il vit poindre une nouvelle lueur d'espoir ; sur les ruines de la puissance samanide naissait un jeune empire, celui des Ghaznévides, dont le fondateur, Mahmoud de Ghazna, futur conquérant de l'Inde, jouissait déjà d'une flatteuse réputation de protecteur des lettres et des arts. Firdousi décida de lui dédier son poème qu'il passa quelque temps à polir encore. Un de ses amis, un certain Abou Daïlam, calligraphia l'ouvrage en sept volumes, tandis qu'un autre, Abou Doulaf, se proposait pour le réciter devant le monarque. C'est suivi de ces deux compagnons que, probablement en 1012 ou 1013, l'auteur entreprit le voyage de Ghazna (dans l'Afghanistan actuel). Il croyait pouvoir compter sur l'appui du grand vizir, un iranophile, qui venait de remplacer l'arabe par le persan comme langue administrative du royaume. Il fut une fois de plus déçu : lorsqu'il parvint à la capitale, la roue du sort avait tourné et un nouveau ministre, animé de tout autres dispositions, se trouvait déjà en place. Quant au roi, il était turc, et par conséquent peu enclin à s'enthousiasmer pour une œuvre qui magnifiait les luttes de l'Iran contre les peuples touraniens ; farouche sunnite, rien ne le portait non plus à la sympathie pour un solliciteur qui, comme Firdousi, professait le chiisme et se laissait aller, dans son épopée, à l'éloge du zoroastrisme. Enfin, s'il s'intéressait aux lettres, c'était surtout par goût des flatteries que lui prodiguaient les thuriféraires officiels ; la sobre dédicace introduite par l'aède de Tous au début du *Livre des rois* dut lui paraître bien pâle à côté des panégyriques auxquels il était accoutumé.

Privé de tout appui, Firdousi se heurta de surcroît à la malveillance de confrères plus désireux d'écarter le rival dangereux qu'ils reconnaissaient en lui que de l'aider. Les chroniques content qu'un tournoi poétique aurait été organisé dans le but caché de le couvrir de ridicule avant qu'il ne trouvât accès à la Cour ; ses compétiteurs, s'étant concertés à l'avance, l'auraient invité à compléter un poème improvisé — prétendument — sur une rime rare, dont ils venaient déjà d'employer tous les exemples connus. Firdousi aurait triomphé de l'épreuve en exhumant des fastes de l'Iran antique le nom d'une bataille oubliée. Il parvint enfin à présenter son livre à Mahmoud, mais celui-ci n'y prêta guère attention et, pour se débarrasser du quémandeur, lui fit remettre vingt mille pièces d'argent. C'était une aumône en comparaison des présents parfois fabuleux par lesquels les souverains de ce siècle, le ghaznévide tout le premier, récompensaient des œuvres généralement moins belles et, en tout cas, moins étendues que le *Châh-nâmé.* Firdousi, qui escomptait recevoir autant de pièces d'or, ressentit ce don comme un affront. À ce que l'on rapporte, il l'accepta pourtant. Puis il se rendit au bain public et s'y fit servir un verre de bière ; en partant, il partagea les vingt mille pièces d'argent entre le baigneur, le vendeur de rafraîchissements et la personne qui lui apporta la somme de la part du sultan. Le soir même, de crainte de la colère du roi, il s'enfuit vers Hérat où il serait resté caché pendant six mois avant de regagner Tous. Dans le calme de sa retraite, il composa contre Mahmoud de Ghazna une cruelle satire dans laquelle le conquérant était traité de fils d'esclave (il descendait en effet d'un esclave turc de la garde des princes samanides).

Firdousi, qui n'avait pas renoncé à tirer un bénéfice matériel de son *Livre des rois,* entreprit un ultime voyage pour l'offrir à Chahryâr, un émir des côtes de la Caspienne, dont la lignée remontait aux héros de l'Iran antique. Il fut accueilli avec faveur mais le prince, craignant des difficultés avec Mahmoud, refusa la dédicace de l'ouvrage ; en revanche, il insista pour acheter le droit de détruire la satire qui ridiculisait son trop puissant voisin ; il en offrit à l'auteur cent mille pièces d'argent, soit mille par vers. Ses précautions n'ont pas empêché quelques fragments de ce poème vengeur de traverser les siècles. Enfin dans l'aisance, Firdousi se retira sur ses terres ruinées par tant d'absences successives ; il travailla jusqu'à sa mort (entre 1020 et 1025) à polir et à parfaire son œuvre maîtresse, l'enrichissant de maintes méditations désabusées sur le cours des choses de ce monde. La tradition veut que Mahmoud le Ghaznévide, impressionné par le rapide succès du chef-d'œuvre qu'il n'avait pas su apprécier, ait un jour reconnu son erreur et que, désireux d'y remédier, il ait fait envoyer au poète une caravane chargée d'indigo pour une valeur de six mille pièces d'or. En franchissant les portes de Tous, le convoi aurait croisé le cortège funèbre de Firdousi. On dit que les héritiers de ce dernier repoussèrent cette trop tardive réparation, employant le don royal à réparer le barrage que Firdousi souhaitait restaurer dans sa jeunesse ou, selon d'autres versions, à construire un caravansérail.

Au même titre que l'*Iliade* (*) dans la Grèce antique, le *Châh-nâmé* est révéré en Iran comme le livre national par excellence, et il a puissamment contribué à cimenter l'unité spirituelle et politique d'un empire divers à l'extrême. Sa popularité, immense dès sa publication, demeure intacte de nos jours ; il n'est pas rare d'entendre des chanteurs errants le célébrer, pour le plus grand plaisir du public, dans les cafés fréquentés par les petites gens ; le persan a fait preuve au cours des siècles d'une si remarquable stabilité que la langue du poème n'a guère vieilli ; elle reste au moins aussi proche de celle que l'on utilise maintenant que le français de Montaigne du nôtre. Firdousi a suscité de nombreux imitateurs dont les uns ont développé certains épisodes seulement esquissés dans son œuvre, tandis que d'autres, généralement plus tardifs, ont composé d'interminables épopées sur les hauts faits de certains souverains. On possède même un *George-nâmé,* récit de la conquête de l'Inde par les Anglais, dû à la plume d'un poète de ce pays musulman d'expression persane. En Europe, le *Livre des rois* a été apprécié dès le XIXe siècle, et plusieurs traductions en ont été faites en diverses langues. La meilleure est celle de Mohl (1838-1878), dont la grande édition, ornée de reproductions en couleurs d'enluminures orientales, figure au nombre des chefs-d'œuvre de l'Imprimerie nationale française. La publication du premier volume suscita l'enthousiasme des milieux littéraires : elle inspira un article d'Ampère dans *La Revue des Deux Mondes* (août-septembre 1839) et un des *Lundis* de Sainte-Beuve – v. *Causeries du lundi* (*) –, tandis que Lamartine consacrait plusieurs pages au héros iranien Rostam. Victor Hugo, de son côté, dédie une dizaine de vers à Firdousi dans sa *Légende des siècles* (*), mais, oubliant que le malheureux poète n'avait déjà que trop voyagé de son vivant, il le condamne à visiter encore « Mysore » pour obtenir la rime d'« aurore ».

La critique moderne, sans cesser de s'attacher aux beautés du *Châh-nâmé,* lui a découvert un mérite supplémentaire, celui d'une exactitude historique, relative assurément, mais précieuse dans l'indigence où nous sommes de sources iraniennes anciennes. L'ouvrage de Firdousi suit scrupuleusement les chroniques pehlévies qui l'ont inspiré et dont la plupart sont aujourd'hui perdues. Sans doute le poète a-t-il embelli la matière dont il disposait ; il ne s'est néanmoins permis d'autre licence que de donner à ses personnages la vie, l'âme et l'éloquence. De leurs aventures, du milieu où ils vivaient, de leurs costumes même, il n'a rien changé ; il en a seulement ravivé les couleurs. A ce titre, le *Livre des rois,* dont les quelque soixante mille distiques éternisent les fastes de l'Iran, des temps légendaires jusqu'à la conquête islamique, demeure, pour les historiens, une mine inépuisable. C'était là une des principales ambitions de l'auteur.

ROGER LESCOT.

♦ *« La destinée de l'Homère persan ne manque point d'intérêt et d'une sorte de poésie mélancolique ; elle a droit de prendre place à côté de celles de Dante, de Camoens, de Torquato, ses émules en malheur et en génie. »* H. Ampère. ♦ *« C'est l'esprit de sagesse, d'élévation, de justice et de douceur qui circule à travers l'immense poème de Firdousi. »* Sainte-Beuve. ♦ *« Cet émule d'Homère commença par avoir une vie qui ressemble à celle d'Hésiode, sinon qu'une légère teinte de gentilhommerie en couvre le fond rustique. Cet homme qui, comme tous les grands poètes, devait posséder le monde, de la terre au ciel, commença par être seulement le seigneur d'un étroit domaine. Puis il emporta son cœur à travers les hommes ; il traversa le faste des cours sans s'y enrichir : il eut cette longévité qui convient au génie, parce qu'elle lui permet de se couronner de sagesse, et, après beaucoup de traverses, il mourut pauvre, ce qui est une façon d'être resté pur. »* Abel Bonnard.

RÉF. : Traductions : en français par Jules Mohl, *Le Livre des rois,* Paris, 1838-78, 7 vol., dont le premier contient, en guise d'introduction, une *Vie de Firdousi ;* en italien, par Pizzi (Turin, 1886-88) ; en anglais, par Atkinson (Londres, 1832) et par

Rogers (Londres, 1907) ; en allemand, par F. Rückert (Berlin, 1890-95).

Études critiques : Sainte-Beuve, *Causeries du lundi*, t. I, 1850. – Pizzi, *L'épopea persiana*, Florence, 1888. – Browne, *A Literary History of Persia*, t. II, Londres, 1910. – H. Massé, *Firdousi*, Paris (Perrin), 1935. – C.-H. de Fouchécone, « Une lecture du Livre des Rois de Ferdousi », in *Studia Iranica*, 1976.

FIRENZUOLA Agnolo. Écrivain italien. Né à Florence en 1493, mort à Prato le 27 juin 1543. Les informations concernant cet auteur sont souvent incertaines. On sait qu'il mena une vie vagabonde et désordonnée, voire dissolue. Il étudia à Sienne et à Pérouse, où il connut l'Arétin. En 1515, il se fit moine, en vue d'obtenir quelque bénéfice ecclésiastique, ce qui lui fut effectivement concédé sous Léon X et Clément VII. Mais en 1526, à la suite d'une crise de conscience, il demanda et obtint d'être libéré de ses vœux tout en conservant les bénéfices. À la même époque, il écrivait en un style élégant et orné *L'Âne d'or* (*), où il adaptait aux mœurs de son temps *Les Métamorphoses* (*) d'Apulée. Il exposa ses théories de la beauté et de l'amour dans les *Discours d'amour* [*Ragionamenti d'amore*, 1523-24], la *Lettre à la louange des femmes* [*Epistola in lode delle donne*, 1525] et les *Discours sur la beauté des femmes* [*Discorsi intorno alla bellezza delle donne*]. Polémiste, il se dressait notamment contre Trissino qui voulait helléniser la langue italienne. En 1534, il s'établit à Prato. Là, il compta parmi les fondateurs de l'Accademia dell'Addiaccio, qui annonçait dans une certaine mesure l'Arcadie. Privé de ses prébendes dans les dernières années de sa vie, il mourut dans la pauvreté. Le meilleur portrait de cet homme est fourni par ses *Poésies*.

FIRMICUS MATERNUS Julius. Écrivain latin du IVe siècle. Nous savons par lui qu'il naquit en Sicile, peut-être dans les environs d'Enna, où il habitait au moment où il écrivit, entre 335 et 337, son œuvre d'astrologie intitulée *Mathesis* (*) (« le lieu de la Sicile, dit-il, où je suis né et où j'habite »). Il était à l'époque encore païen ; nous ignorons les causes, les circonstances et la date exacte de sa conversion au christianisme : on sait seulement qu'elle a été postérieure à 337 et antérieure à 350, comme en témoigne son œuvre : *Erreurs des religions profanes* (*) qu'on situe entre 346 et 350. Il appartenait à l'ordre des sénateurs et fut d'abord avocat, mais il abandonna rapidement cette profession par suite des inimitiés qu'elle lui avait values. Il put ainsi se consacrer à l'étude : de ces loisirs, la *Mathesis*, traité d'astrologie en huit livres, dédié à Lollianus Marvotius, fut le premier fruit. Cette œuvre le montre déjà « âme naturellement chrétienne », si bien que sa conversion n'a pas vraiment de quoi surprendre ; c'est sans doute à son ardeur de néophyte qu'il faut attribuer son intolérance à l'égard des païens sur lesquels il appelle la persécution des empereurs.

RÉF. : G. Blaskó, *Grundlinien der astrologischen Weltanschauung nach der Mathesis des Firmicus Maternus*, Diss. Innsbruck, 1956.

FISCHART Johann Baptist Friedrich. Polygraphe et humoriste allemand. Né à Strasbourg en 1546, mort à Forbach (Moselle) en 1590. Son vrai nom était Fischer, mais après un voyage en Hollande il préféra donner à son nom une consonance hollandaise. On le surnomma aussi Mentzer (le Mayençais), car son père était originaire de cette ville. D'une famille de marchands aisés, il fréquenta d'abord le lycée de sa ville natale, puis fit ses humanités à Worms sous la direction de son parrain. La peste de 1565 le contraignit à partir en Flandre ; de là il se rendit à Paris, où après deux ans d'études il obtint le titre de bachelier ès arts. Il assista aux persécutions contre les huguenots et passa ensuite en Italie, séjournant à Sienne où il étudia le droit. En 1572 on le trouve en Angleterre, puis en Hollande ; entre-temps avaient paru ses premiers écrits : *Eulenspiegel rimé* (+), version en vers des aventures de *Till Eulenspiegel* (*), et *La Chasse aux puces* (*), où il rêvait d'une culture humaniste de vieilles histoires populaires. En 1574 il fut reçu docteur en droit à Bâle, et l'année suivante publia la première version de sa grande œuvre *Écrit historique, simiesque et impossible...* (*), traduction du *Gargantua* (*) de Rabelais, qu'il reprendra pendant les huit dernières années de sa vie. En 1581 il devint avocat de la Chambre de l'Empire à Spire, et deux ans après il fut appelé à une autre fonction à Forbach. Il se maria et eut deux enfants, continuant à déployer une intense activité littéraire, en écrivant une centaine d'ouvrages dont certains de pure compilation. Il fut très savant homme et fin psychologue, possédant en outre une culture musicale et artistique étendue ; il avait lu Vasari. Dépourvu de génie créateur, les critiques du XIXe siècle ont vu en lui un grand journaliste ; il est surtout l'écrivain satirique le plus important de la période post-luthérienne. Violent polémiste anticatholique – par exemple dans *Le Petit Chapeau des jésuites* (*) (1580) –, il oscilla longtemps entre le luthéranisme et le calvinisme. Il contribua largement à la création d'une langue savoureuse et riche en expressions plébéiennes, et en métaphores qui annoncent déjà le goût baroque.

RÉF. : Günther Rückbeil, *Kleine Beiträge zur Literatur Fischarts*, 1880. – Sondershausen, *Neue Fischart-Studien*, Leipzig, 1908. – Adolf Mauffen, *J. Fischart, ein Literaturbild aus der Zeit der Gegenreformation*, 2 vol., Leipzig, 1921. – H. Sommerhalder, *J. Fischarts Werk. Eine Einführung*, Berlin, 1960. – D. Seitz, *J. Fischarts Geschichtsblitterung*, Francfort-sur-le Main, 1974.

FISHTA Gjergji. Poète albanais. Né et mort à Fishta, village de la Zadrima, dans la province de Scutari (23 octobre 1871-20 décembre 1940). Il est considéré comme l'un des plus grands littérateurs et le plus grand poète épique d'Albanie. Il prit l'habit franciscain, enseigna dans les écoles de l'ordre de Zadrima et participa à la vie politique en un temps où son pays cherchait avec peine à conquérir l'indépendance. Vice-président de la Chambre en 1921, il mit toujours au service de son idéal politique sa forte veine satirique et polémique. Fishta a composé des odes religieuses (*Vallja e Parrizit*), des poésies lyriques, patriotiques, civiques, élégiaques (*Mrizi i Zanave*). Ses derniers recueils, cependant, quel que soit leur mérite, ne s'élèvent pas à la hauteur de son œuvre épique et satirique. Son ouvrage le plus important est *Le Luth de la montagne* (*), poème épique de trente chants en octosyllabes. Fishta a réuni ses compositions satiriques en deux volumes : *Anzat e Parnazit* et *Gomari i Babatasit.*

FITZGERALD Edward. Orientaliste anglais. Né à Bredfield-House, près de Woodbridge (Suffolk), le 31 mars 1809, mort à Merton Rectory (Norfolk) le 14 juin 1883. De son vrai nom Edward Purcell, il prit le nom et le blason des Fitzgerald après la mort (en 1818) du père de sa femme. Après avoir fait ses études au Trinity College d'Oxford où il s'était lié d'amitié avec Tennyson (qui lui dédia *Tirésias*), Thackeray, Spedding, Donne, et où il fut reçu docteur en 1830, Fitzgerald mena une vie solitaire de gentilhomme campagnard dans le Suffolk, à Woodbridge. Outre un dialogue platonicien (*Euphranor,* 1851), et une série d'aphorismes (*Polonius,* 1852) publiés sous l'anonymat, on lui doit de nombreuses traductions d'Eschyle, Sophocle, Calderón de la Barca, et des poètes persans Djami et Farid al-Dîn Attàr. Son chef-d'œuvre est précisément une traduction du persan : les *Rubaiyyàt d'Omar Khayyam transposés en anglais* (*) ; le livre parut en 1859, mais ne devint célèbre qu'après la découverte qu'en firent par hasard Swinburne et Rossetti. Cet ouvrage, maintes fois réédité, enchanta les cercles décadents et préraphaélites de l'Angleterre à la fin du XIXe siècle. Il demeure l'un des livres les plus lus dans les pays anglo-saxons.

RÉF. : A. C. Benson, *Edward Fitzgerald,* Londres, 1905. – Morley Adams, *Omar's Interpreter ; a New Life of Edward Fitzgerald,* Londres, 1909. – John Bailey, *Poets and Poetry,* Oxford, 1911. – Jeanne-M. Thonet, *Étude sur E. Fitzgerald et la littérature persane,* Liège, 1929. – I. B. H. Jewett, *Edward Fitzgerald,* Boston, 1977. – R. B. Martin, *With Friends Possessed : A Life of E. Fitzgerald,* Londres, 1985.

FITZGERALD Francis Scott. Romancier et nouvelliste américain. Né à Saint-Paul (Minnesota) le 24 septembre 1896, mort à Hollywood (Californie) le 21 décembre 1940. À mesure que la seconde moitié du XXe siècle redécouvre avec nostalgie le charme scintillant des années 20, il semble que la réputation de Fitzgerald ne cesse de grandir, sans qu'on sache toujours bien séparer, dans l'image qu'on se fait de sa carrière, la vérité de l'écrivain de la légende du couple qu'il forma avec Zelda.

Cette carrière ne débute guère, pour nous, qu'au moment où il commence à écrire, c'est-à-dire à Princeton, où il entre en 1913, et où il connaîtra la triple frustration de n'être ni riche, ni athlétique, ni brillant étudiant en vérité. Il quittera l'université une première fois en 1915, puis définitivement en 1917, sans avoir obtenu son diplôme. C'est à Camp Sheridan (Alabama), lieu de sa deuxième garnison, qu'il rencontre Zelda Sayre (18 ans). Le 18 février 1919, il est renvoyé dans ses foyers (sans avoir été au front, comme Faulkner) et, après un court séjour dans une agence de publicité, de retour à Saint-Paul, il se met sérieusement à réviser un premier roman, au titre parfaitement choisi, *The Romantic Egoist,* lequel deviendra *De ce côté du paradis* – et non *L'Envers du paradis* – [*This Side of Paradise*], qui paraît chez Scribner's le 26 mars 1920. Huit jours plus tard, le 3 avril, alors que le livre fait sensation et que son rêve de gloire s'accomplit, il épouse Zelda Sayre à la cathédrale de New York.

Alors commence la carrière bien connue, peut-être trop connue, brillante, exhibitionniste, fragile et fondamentalement instable : les premières nouvelles publiées dans le *Saturday Evening Post* (le magazine qui payait le mieux) et dans *Scribner's,* puis recueillies dans *Friponnes et Philosophes* (+) (1920), et dans *Les Enfants du jazz* (+) – v. *Nouvelles* (*) ; premier séjour en Europe (mai-juillet 1921) ; retour à Saint-Paul, où naît une fille, Frances (26 octobre 1921) ; un second roman, *Les Heureux et les Damnés* [*The Beautiful and the Damned,* 1922], très autobiographique ; une pièce de théâtre, *Le Légume* [*The Vegetable,* 1923], qui échoue lamentablement à New York, où les Fitzgerald se sont installés.

De 1924 à 1926, deuxième séjour en Europe : côte d'Azur, Italie et surtout Paris, où il fait la connaissance d'Ernest Hemingway – voir le portrait rien moins que tendre que celui-ci trace de Fitzgerald dans *Paris est une fête* (*). Mais c'est surtout, le 10 avril 1925, la publication de *Gatsby le Magnifique* (*), incontestablement le chef-d'œuvre de Fitzgerald comme *Citizen Kane* est celui d'Orson Welles, mais qui n'eut guère de succès immédiat, malgré les louanges de T. S. Eliot et d'Edmund Wilson. Désormais, Fitzgerald était prisonnier d'un malentendu qui n'était, comme d'habitude, qu'un « trop bien entendu » : derrière le brillant de la vitrine, il percevait l'ombre et le vide ; mais le public, lui, ne voulait pas entendre parler de la « terre gaste ».

La fuite en avant, essentiellement provoquée

par un perpétuel besoin d'argent, continue avec le retour aux États-Unis (1926) et le premier séjour à Hollywood (1927). Mais Zelda veut danser : aussi Paris reverra-t-il le couple pendant l'été de 1928, puis, pour un second long séjour, de mars 1929 à septembre 1931. Entre-temps, Zelda est entrée dans le tunnel de la folie qui, de clinique en clinique, la mènera au tragique incendie du 10 mars 1948 en Caroline du Nord, où elle devait trouver la mort. C'est donc d'abord la Suisse – et le début du travail de Scott sur ce qui devait être son deuxième grand roman, *Tendre est la nuit* (*) (12 avril 1934), puis le retour définitif aux États-Unis en septembre 1931, et un deuxième contrat à Hollywood, où Fitzgerald pas plus que d'autres, dont William Faulkner, ne sera jamais un grand scénariste.

Après la publication – et l'échec – de *Tendre est la nuit,* c'est la « fêlure », la maladie, l'alcoolisme, l'instabilité accrue – et l'écriture de moins en moins facile. On dit que Sheilah Graham, qu'il connut à Hollywood en 1937, « aurait pu le sauver » – mais il était déjà trop tard. Il travaillait à son dernier roman, *Le Dernier Nabab* [*The Last Tycoon,* 1941], lorsqu'une seconde attaque cardiaque le terrassa peu avant la Noël de 1940.

Apprécier Fitzgerald à sa « juste valeur » n'est pas chose facile, surtout si l'on cherche à la fois la justesse et la justice ; car il y va tout simplement de ce qu'on attend de la littérature ; et, d'abord, de qui, ou de quoi parle-t-on ? Malgré la critique désormais surabondante, ne continue-t-on pas, comme le dit Sergio Perosa, à « transformer la légende en réputation littéraire » ? Mieux vaut sans doute, comme le fait ce critique en s'appuyant sur l'idée de T. S. Eliot (qui vit dans *Gatsby* « le premier pas qu'ait fait le roman américain depuis Henry James »), selon laquelle « aucun artiste n'a seul toute sa signification », le placer sur la carte du roman américain. Il apparaît alors, incontestablement, comme l'un de ceux qui ont tenté d'embrasser l'expérience américaine : ni plus ni moins que cela. Comme l'écrit Perosa, « il enregistre l'échec et la frustration tout en réaffirmant constamment la pureté du rêve de ses personnages... Le niveau "représentatif" de ce qu'il écrit n'est donc pas limité au siècle du jazz : on y trouve l'horreur et la gloire de l'expérience américaine en général ». C'est, en effet, face au grand thème du « rêve américain » que Fitzgerald paraît le plus grand. En ce sens, ses ancêtres spirituels seraient Hawthorne et Melville ; mais, plus sûrement encore, il apparaît que son père putatif est et ne peut être que Henry James.

Quant à ses contemporains de la génération née juste avant le siècle, il dépasse sans conteste Caldwell et Steinbeck, qui n'ont pas grand-chose de commun avec lui. Il s'élève sans mal à la hauteur de Hemingway : en effet, même s'il a moins innové sur le plan formel, se contentant d'adapter et d'affiner un art somme toute assez traditionnel (puisque à travers James et Conrad on peut le faire remonter à la « grande tradition » éthico-sociale du roman anglais), il a connu – faut-il dire, dans son cas, il a subi ? – une véritable « mutation » (le mot est d'André Le Vot). Hemingway, au contraire, après ses premières œuvres, les meilleures, s'est trop contenté de s'imiter lui-même. Reste Faulkner : c'est sans doute le seul romancier du XXe siècle américain qui, notamment par les dimensions de l'œuvre produite et par l'universalité des thèmes qui la nourrissent, dépasse largement Fitzgerald. Il reste que celui-ci (la légende autant que l'œuvre ?) a engendré, chez ses admirateurs inconditionnels, une sorte de culte qui est en lui-même un fait de l'histoire littéraire du XXe siècle. Faut-il, malicieusement, pour finir, proposer à leur réflexion ce mot, plein de justesse mais aussi d'injustice, de Leslie Fiedler qui, en 1960, voyait dans l'œuvre de Fitzgerald le « portrait de l'artiste en jeune fille » ?

MICHEL GRESSET.

♦ *« C'est presque trop beau que Scott ait choisi de mourir l'année où il est mort : car il est tout à fait pertinent que sa carrière ait commencé avec la fin d'une guerre et se soit achevée avec le début d'une autre. Il a parlé pour une génération qui a souffert des bombes sans aller au front. Il a été l'un de nos meilleurs historiens de ce "no man's time", l'entre-deux-guerres. Il est faux de dire qu'il était destiné par tempérament à être désabusé, de même que les mendiants qui errent par les nuits glacées ne sont pas nés pour avoir froid. Mais Scott a fait du désabusé un portrait poétique et beau – presque un idéal. »* Budd Schulberg. ♦ *« Fitzgerald se trouve en possession d'un joyau dont il ne sait trop que faire. Il a reçu l'imagination sans avoir les moyens intellectuels requis pour la dominer ; il a reçu le désir du Beau sans avoir un idéal esthétique ; et il a reçu un don d'expression sans avoir beaucoup d'idées à exprimer. »* Edmund Wilson. ♦ *« La majeure partie de l'œuvre de Fitzgerald est une perpétuelle recherche du temps perdu, une quête toujours renouvelée de l'extase des jours passés. La nostalgie de l'illusion que le temps détruit et que la mémoire fait revivre occupe une position privilégiée au cœur de cette œuvre. »* André Le Vot. ♦ *« Il est vrai que nous autres écrivains sommes condamnés à nous répéter. Nous connaissons, dans notre vie, deux ou trois moments grands et bouleversants, si grands et si bouleversants qu'il ne semble pas que quiconque les ait jamais saisis... Puis nous apprenons notre métier, plus ou moins bien, et nous racontons nos deux ou trois histoires, chaque fois sous un voile différent, peut-être dix fois, peut-être cent, aussi longtemps que les gens veulent bien écouter. S'il en allait autrement, il faudrait reconnaître qu'on n'a pas d'individualité du tout. Et chaque fois je me prends à croire sincèrement que, parce que j'ai trouvé un nouveau décor et une nouvelle idée d'intrigue, je me suis enfin débarrassé des deux ou trois histoires que j'ai à raconter. »* Francis Scott Fitzgerald.

RÉF. : Biographie : A. Turnbull, *The Letters of F. Scott Fitzgerald,* New York, 1963. – *Scott Fitzgerald,* New York, 1962. – A. Mizener, *The Far Side of Paradise,* Boston, 1951, éd. rév. 1965 ; *Scott Fitzgerald and His World,* Londres, 1972. – S. Graham & G. Frank, *Beloved Infidel,* New York, 1958. – A. Le Vot, *F. Scott Fitzgerald, a Biography,* New York, 1983.

Critique : A. Kazin, *F. Scott Fitzgerald, The Man*

and His Work, Cleveland, 1951. – J. E. Miller, *The Fictional Technique of F. Scott Fitzgerald,* La Haye, 1957. – K. Eble, *F. Scott Fitzgerald,* New York, 1963. – S. Perosa, *The Art of F. Scott Fitzgerald,* Ann Arbor (Michigan), 1965. – B. Poli, A. Le Vot, G. et M. Fabre, *F. Scott Fitzgerald : « The Great Gatsby », « Tender Is the Night »,* Paris, 1969. – K. E. Eble (éd.), *F. Scott Fitzgerald : A Collection of Criticism,* New York, 1973. – H. Bloom (éd.), *Francis Scott Fitzgerald,* New York, 1985. – « *Francis Scott Fitzgerald* », dans *Americana* n° 5, Paris, 1990.

FLACIUS Matteus, dit **Illyricus** (Mathias Vlacič ou Francowitz). Théologien dalmate d'expression latine. Né le 3 mars 1520 à Albona, en Istrie, d'où son surnom, mort à Francfort le 11 mars 1575. Il reçut une culture humaniste et s'apprêtait à entrer dans les ordres lorsque poussé par un oncle, Baldo Lupetino, provincial des franciscains, qui adhérait secrètement aux idées luthériennes, il se rendit en Allemagne pour étudier les nouvelles doctrines. Il séjourna à Bâle, Tübingen, Wittenberg où il devint disciple de Luther (1541). Il fut professeur d'hébreu dans plusieurs universités allemandes, enseigna longtemps à Iéna l'exégèse du Nouveau Testament et fit de cette université un centre d'orthodoxie luthérienne. Avec une ténacité indomptable et souvent des excès de pensée et de langage, il soutint la thèse extrémiste dans toutes les controverses qui, après la mort de Luther, opposèrent ses disciples rigoristes au parti plus modéré et conciliant dont le chef était Melanchthon. Dans l'ardeur de la controverse, traitant du degré de la corruption originelle, Flacius alla jusqu'à affirmer que, depuis la chute, le péché est la « substance » même de l'homme.

Dénoncé comme manichéen, Flacius perdit la chaire d'Iéna et fut exilé pour avoir refusé de signer une formule de compromis appuyée par le duc de Saxe-Weimar. Il mourut à Francfort rempli d'amertume mais demeuré inébranlable. Flacius publia de nombreux ouvrages d'exégèse, parmi lesquels le plus intéressant par sa nouveauté reste *La Clef des Saintes Écritures* [*Clavis Scripturae Sacrae,* 1567] ; il publia également des travaux historiques tels que le célèbre *Catalogue des Témoins de la Vérité* [*Catalogue Testium Veritatis,* 1556] dans lequel il énumère tous les précurseurs de la Réforme, et les *Centuries de Magdebourg* (*) dont il fut un des principaux auteurs.

Enfin, Flacius édita un recueil de poésies goliardiques, *Varia doctorum piorumque virorum de corrupto ecclesiae statu poemata* (+).

RÉF. : O. Ritschl, *Dogmengeschichte des Protestantismus,* t. I, Leipzig, 1908. – K. Holl, *Gesammelte Aufsätze zur Kirchengeschichte,* t. I, Tübingen, 1928. – L. Haikola, *Gesetz und Evangelium bei Matthias Flacius Illyricus,* thèse, Lund, 1952.

FLAKE Otto. Écrivain allemand d'origine lorraine. Né le 29 octobre 1880 à Metz, mort le 10 novembre 1963 à Baden-Baden. Après avoir fréquenté le lycée de Colmar, Flake suit des études supérieures de philosophie, langue et littérature germaniques à l'université de Strasbourg. Avec E. Stadler et R. Schickele, il fonde en 1903 la revue alsacienne *Der Stürmer*, animée de conceptions européennes. Dans les années 1912-1913, Flake est correspondant du journal *Neue Rundschau* à Constantinople. Après avoir séjourné successivement à Zurich et à Berlin, en 1927 il est expulsé de Bolzen, dans le Tyrol du Sud, sur ordre de Mussolini. Un an plus tard, il se fixe définitivement à Baden-Baden.

Moraliste et philosophe autant que conteur, Flake a trouvé dans le « roman d'éducation » *(Bildungs-Roman)* – si prisé dans la littérature allemande – un genre à sa mesure. Son œuvre majeure, dans la première période de sa production littéraire, est constituée par le cycle romanesque intitulé *Ruland* (+) (1913-1928), qui comprend cinq ouvrages retraçant, autour de la césure décisive du premier conflit mondial, l'évolution spirituelle et sentimentale d'un jeune homme qui abandonne progressivement une attitude individualiste intransigeante pour se muer en citoyen responsable et pacifiste convaincu. À côté de multiples essais (dont un grand nombre sur la littérature française : Flaubert, Stendhal, Diderot, etc.), Flake publie à l'aube du nazisme *Hortense ou le Retour à Baden-Baden* [*Hortense oder die Rückkehr nach Baden-Baden*, 1933] et *Chronique du pays de Bade* [*Badische Chronik*, 1934-1935], deux volumes réunis plus tard sous le titre de *Les Filles de Monthiver* (*) (1952). Au milieu des turbulences de l'immédiat après-guerre paraîtront les deux tomes de *Fortunat* [*Fortunat*, 1946], appel à la raison devant les incertitudes de l'histoire, à travers la biographie exemplaire d'un héros, allemand par sa mère et français par son père. Certains reprochent à Flake sa « mondanité » : son principal mérite demeure néanmoins d'avoir œuvré, comme son compatriote alsacien R. Schickele, à la rencontre de deux cultures prétendument irréconciliables.

JEAN-JACQUES POLLET.

FLAMMARION Camille. Astronome et écrivain français. Né à Montigny-le-Roi (Haute-Marne) le 26 février 1842 et mort à Juvisy-sur-Orge (Essonne) le 3 juin 1925. Fils d'un artisan bientôt ruiné, Camille Flammarion, qui avait commencé ses études grâce au curé de sa paroisse, dut les interrompre et venir à Paris pour gagner sa vie. Il travaille dans l'atelier de Nadar, puis dans celui d'un graveur et ciseleur. Parallèlement il suit les cours gratuits de l'Association polytechnique, qui déterminent sa vocation d'astronome. En 1858, âgé de seize ans, il entre à l'Observatoire de Paris. Lorsqu'il publie son premier livre, *La Pluralité des mondes habités* (1862), Le Verrier le congédie, et Flammarion entre au Bureau des longitudes, où il devait travailler jusqu'en 1866 aux calculs de la *Connaissance* *des temps.* Il donne des conférences, collabore à des revues en tant que rédacteur scientifique (*Le Cosmos*, 1862 ; *Le Magasin pittoresque*, 1864 ; *Le Siècle*, 1865). Les ouvrages de vulgarisation scientifique qu'il écrit, et qui font la somme des connaissances de son époque sur l'astronomie, sont très appréciés du public : *Les Mondes imaginaires et les mondes réels* (1865), son *Astronomie populaire* (*) (1879) éditée par son frère Ernest Flammarion (1846-1936) qui venait tout juste de fonder sa propre maison d'édition ; l'Académie française décerne à cet ouvrage le prix Montyon en 1880. Il faut également mentionner *Catalogue des étoiles doubles* (1878), *Astronomie sidérale* (1879), *Description générale du ciel* (1880), *Les Étoiles et les curiosités du ciel* (1881). Tous ces livres sont amplement illustrés ; dans son *Atlas céleste* (1877) par exemple, Flammarion présente trente et une cartes, dont celles de l'ancien atlas de Charles Dien qu'il a rectifiées, et une série d'inédites composées par ses soins. En 1882, il crée la *Revue mensuelle d'astronomie*, et en 1887 la Société astronomique de France. Établi à Juvisy, il met en place un Observatoire (1883). Les recherches qu'il poursuivra jusqu'à sa mort seront diverses : l'astronomie, bien sûr, mais aussi la météorologie et la climatologie. Esprit très ouvert, curieux de tout, Flammarion s'est intéressé aux questions philosophiques ; *Dieu dans la nature* (1867), *Histoire du ciel* (1872) indiquaient déjà cette préoccupation. Il évoluera vers une sorte d'ésotérisme antireligieux. Ses derniers ouvrages abordent le métapsychisme, et affirment la croyance en une réincarnation des âmes : *L'Inconnu et les problèmes psychiques* (1900), *La Mort et son mystère* (1922) où l'occultisme remplace définitivement une démarche scientifique rigoureuse. Camille Flammarion est par ailleurs l'auteur de nouvelles (*Récits de l'infini*, 1872 ; *Stella*, 1897) qui annoncent certains des thèmes de la science-fiction moderne.

JACQUES-ÉMILE MIRIEL.

FLAUBERT Gustave. Écrivain français. Né à Rouen le 21 décembre 1821, mort à Croisset le 8 mai 1880. On a dit de Gustave Flaubert qu'il fut un trait d'union entre deux époques, ou encore un confluent où vinrent s'unir les courants romantique et réaliste. Ses œuvres, en effet, par leur lyrisme (d'ailleurs très personnel), doivent quelque chose aux poètes de *La Muse française* et du *Cénacle* qu'il admira si fort en sa jeunesse ; mais, plus encore, elles prolongent, sans limites d'aucune sorte, le roman tel que le conçurent Stendhal, mort en 1842, et Balzac, disparu en 1850, bien avant que Flaubert ait imprimé son premier livre.

Fils d'un Champenois et d'une Normande, il joint en lui les traits des deux races ; au physique, il est un pur Viking : il en a la taille haute, le regard, l'opiniâtreté et l'esprit d'indépendance. Mais il doit à son père, professeur de clinique et chirurgien en chef de l'Hôtel-Dieu de Rouen, après avoir été un des plus brillants élèves de Dupuytren, sa méthode d'analyse scrupuleuse, sa précision scientifique. Il rechercha, en clinicien, la vérité sous les faux-semblants ; il la décrira avec une objectivité qui lui sera reprochée comme si elle était une marque d'insensibilité, alors qu'il conservera toute la vie un cœur ingénu.

Il a grandi dans un hôpital, joué, enfant, dans un petit jardin, sous les fenêtres d'un amphithéâtre d'anatomie. Il a connu la souffrance et la mort dès ses premières années. Mais la mélancolie d'un tel lieu était tempérée par la douceur d'un foyer familial très uni, où l'on aimait rire. De ces contrastes sont venus sans doute et sa tendance à la tristesse et son besoin de grosse gaieté, son goût des farces, et cette invention d'un personnage fictif, « Le Garçon », auquel ses camarades et lui – lui surtout, et jusqu'à la fin de sa vie – prêtent les propos cyniques les plus extravagants, les mieux faits pour effaroucher les « bourgeois » qu'il prend en horreur. À côté de cela, il a grand besoin de tendresse, et le montre dans ses lettres à sa mère, à sa sœur de trois ans plus jeune que lui. Il allait la perdre le 20 mars 1846, trois mois après la mort de son père. Ces deuils répétés, la présence au foyer d'une enfant dont la venue avait coûté la vie à la jeune mère, une maladie nerveuse épileptiforme, mais qui vraisemblablement ne fut pas, comme on l'a dit, l'épilepsie vraie, assombrirent encore le destin de Flaubert, inclinèrent davantage son esprit vers le pessimisme. Sa santé l'obligea à interrompre ses études de droit, ce qui fut plutôt un soulagement, car il ne concevait pas, étant encore sur les bancs du lycée, qu'il pût être autre chose qu'un écrivain.

La famille de Mme Flaubert était du pays d'Auge. Le docteur Fleuriot, installé à Pont-l'Évêque, avait épousé une demoiselle Cambremer de Croixmare, dont il eut une fille – la mère du romancier. Ses biens ramenaient chaque été les Flaubert à Trouville, où les parents champenois venaient les rejoindre. Trouville n'était encore qu'un village de pêcheurs ; mais la beauté du site attirait nombre d'artistes, et ce fut là que le jeune collégien fit, au vrai, son éducation sentimentale. Une idylle ébauchée avec une amie de sa sœur, une fille de l'attaché naval anglais, l'amiral Collier, servit de prélude au grand roman d'amour, à la grande passion de Flaubert pour Mme Schlésinger, rencontrée à Trouville en 1836. Cette passion est à l'origine d'un des chefs-d'œuvre du roman français : *L'Éducation sentimentale* (*).

Il est remarquable que, dès sa jeunesse, Flaubert ait été attiré par les sujets qu'il devait développer plus tard dans la pleine maturité : on trouve dans les écrits de l'enfant et de l'adolescent (certains ont été imprimés dans le petit journal *Le Colibri* qu'il rédigeait seul, en troisième, au lycée) l'embryon de ce qui allait devenir *La Tentation de saint Antoine* (*) – dès 1835 : *Voyage en enfer* (+) ; en 1837, *Rêve d'enfer* (+) ; en 1839, *Smarh* (*) ; de même trois versions de *L'Éducation sentimentale* (*) précèdent le roman de 1869 : en 1836 les *Mémoires d'un fou* (*) ; puis, à vingt ans, alors qu'il était étudiant à Paris, *Novembre* (*) ; enfin en 1843, une première *Éducation sentimentale*, qui n'a de commun que le titre avec le texte définitif. Mais les Goncourt ont dit avec raison que certaines pages de *Novembre* étaient un chef-d'œuvre, ce qui n'empêchera pas le jeune auteur d'attendre encore treize années avant de rien livrer au public. Lorsque, obéissant à la mode littéraire, il écrit, en 1837, *Une leçon d'histoire naturelle : genre commis*, et l'imprime dans *Le Colibri*, cette « physiologie » balzacienne préfigure ce que nous retrouverons dans *Madame Bovary* (*) et dans *Bouvard et Pécuchet* (*), évidemment avec plus d'éclat.

Il s'était lié sur les bancs de l'école de droit avec un autre étudiant, comme lui fils de médecin, Maxime Du Camp. Malgré quelques orages, leur amitié fut durable, bien que refroidie par la hâte de Du Camp à se pousser dans le monde, et l'indifférence de Flaubert, qui, aux objurgations de son ami, répondit : « Être connu n'est pas ma principale affaire. Je vise à mieux : à me plaire, et c'est plus difficile [...] Le succès me paraît être un résultat et non pas le but [...] J'ai en tête une manière d'écrire et gentillesse de langage à quoi je veux atteindre. Quand je croirai avoir cueilli l'abricot, je ne refuse pas de le vendre, ni qu'on batte des mains s'il est bon. D'ici là, je ne veux pas flouer le public, voilà tout... Nous ne suivons plus la même route ; nous ne naviguons plus dans la même nacelle. Que Dieu nous conduise où chacun demande ! Moi, je ne cherche pas le port, mais la haute mer. Si j'y fais naufrage, je te dispense du deuil ! » Cela fut écrit en juin 1856, avant même que fût achevé le roman qui le tenait occupé depuis 1851, *Madame Bovary*. Tel il devait demeurer jusqu'à la mort qui le prit, en plein travail, le 8 mai 1880, avant qu'il eût achevé *Bouvard et Pécuchet*.

Il avait, en compagnie de Du Camp, parcouru à pied la Touraine, la Bretagne et la Normandie, en longeant les côtes, de la Loire à la Seine, au printemps de 1847. En avril 1848, il eut le chagrin de perdre un de ses intimes, Alfred Le Poittevin, dont la sœur fut la mère de Guy de Maupassant. Comme pour se consoler en traitant un sujet longuement mûri avec lui, il s'était mis à rédiger *La Tentation de saint Antoine*, après avoir mis au net les notes rapportées de son voyage en Bretagne ; celles-ci devaient former un volume *Par les champs et par les grèves* (*) dont les chapitres impairs sont de Flaubert, les pairs (encore inédits) de Du Camp. *La Tentation de saint Antoine* tint Flaubert jusqu'en septembre 1849. Les médecins lui prescrivaient, son état nerveux s'aggravant, un séjour dans les pays chauds ; il avait décidé de partir avec Du Camp pour l'Orient, mais il voulait auparavant achever sa tâche et lire le manuscrit à Du Camp et à Louis Bouilhet, son grand ami, son « alter ego ». Ceux-ci, la lecture achevée, donnèrent à Flaubert le conseil de jeter le manuscrit au feu et de n'y plus songer. Il importait, ajoutèrent-ils, qu'il « mît sa muse au pain sec, pour la guérir de son lyrisme » et, à cet effet, d'écrire l'histoire de l'officier de santé Delamare, ancien élève du père Flaubert. Sentence que nous jugerions aujourd'hui inique car, si elle avait été obéie littéralement, la littérature française aurait perdu un chef-d'œuvre ; mais s'il fut bon que Flaubert mît dans un tiroir au lieu de le brûler le manuscrit de la première *Tentation*, sans doute fut-il heureux aussi qu'il l'abandonnât provisoirement pour écrire, sur le conseil de ses amis, *Madame Bovary*.

Il se mit en route pour l'Orient le 29 octobre 1849, parcourut avec Du Camp l'Égypte et remonta le Nil jusqu'à la deuxième cataracte, visita l'Asie Mineure, la Turquie, la Grèce, et revint par l'Italie. Il y fit provision de souvenirs qui trouvèrent leur emploi dans *Salammbô* (*), dans *Hérodias* (+), et dans les versions ultérieures de *La Tentation de saint Antoine*.

Avant ce départ, deux événements importants survinrent dans sa vie : il avait retrouvé, en 1842, pendant son séjour à Paris, Elisa Schlésinger, femme de l'éditeur de musique, et était devenu son ami. Fut-elle sa maîtresse ? Cela est peu probable, bien qu'elle l'ait aimé : cette grande passion demeura sans doute insatisfaite, comme dans le livre immortel qui nous en a donné une version sans nous en livrer le secret.

L'autre événement biographique est de même importance, bien que tout différent : dans l'atelier du sculpteur Pradier, ami de sa famille, Gustave avait rencontré, en 1846, la poétesse Louise Colet. Elle était fort belle, mais bas-bleu s'il en fut jamais, et toujours en quête de quelque prix littéraire. Il lui plut. Pendant une dizaine d'années, ils furent amants. Liaison traversée de bien des disputes, de ruptures momentanées, de replâtrages ; les voyages de Flaubert, et surtout son travail acharné firent de cette vie tout le contraire d'une fraîche idylle, souvent même un enfer. Mais lui à Croisset, elle à Paris, comme ils se retrouvaient à Mantes, à mi-chemin, tout alla quand même jusqu'à ce qu'une bourrasque plus forte emportât tout, le jour que la Muse se mit en tête de venir à Croisset, dans l'espoir, sans doute, de convaincre Mme Flaubert de décider son fils à l'épouser.

Retiré à Croisset, près de sa mère, n'ayant guère de distractions que les soins donnés à l'éducation de sa nièce et quelques voyages à Paris, Flaubert vécut en solitaire. Quelques passades, mais surtout un commerce épistolaire assidu avec des amis et amies de choix, lui suffirent. Ses œuvres, peu nombreuses, ne comportent que trois grands romans, trois contes brefs, un « mystère » (*La Tentation de saint Antoine*), si l'on s'en tient à ce qui fut publié de son vivant. Il y faut ajouter une pièce de théâtre, *Le Candidat* (*), qui subit un échec au Vaudeville le 11 mars 1874, une féerie *Le Château des cœurs* (*), écrite avec Bouilhet et d'Osmoy, et qui ne fut pas représentée, un roman posthume *Bouvard et Pécuchet*, inachevé, et surtout cette *Correspondance* (*) qui forme aujourd'hui treize gros volumes, et qui est peut-être le paradoxal chef-d'œuvre d'un écrivain dont le credo artistique tenait en ce seul article : le premier venu est plus intéressant que le nommé Gustave Flaubert – ce qui voulait dire que l'écrivain doit demeurer absent de son œuvre, comme Dieu reste invisible dans la création.

Sa biographie, après son retour d'Orient, se confond avec l'histoire de ses livres. *Madame Bovary*, en 1856, avait commencé de paraître dans *La Revue de Paris* (*), fondée par Du Camp au retour du voyage en Orient, et, à cause de son libéralisme, mal vue du pouvoir. On prit prétexte de quelques scènes du roman pour engager des poursuites contre la revue et l'écrivain. Une habile plaidoirie de Me Sénart provoqua l'acquittement malgré le réquisitoire d'une sévérité inique du substitut Pinard (7 février 1857). En avril, le volume paraissait chez Michel Lévy, et le procès maladroit servit grandement à le lancer. La presse fut d'ailleurs louangeuse, particulièrement avec Sainte-Beuve, dans *Le Moniteur* du 4 mai, et Baudelaire *(L'Artiste)*, mais bien entendu les journaux de droite dénoncèrent l'immoralité de l'auteur et déplorèrent son acquittement. Qu'avait-il fait cependant ? Goncourt rapporte ce mot de Mgr Dupanloup : « *Madame Bovary ?* Un chef-d'œuvre, monsieur. Oui, un chef-d'œuvre pour ceux qui ont confessé en province. » Une œuvre morale, en tout cas, car l'histoire d'Emma n'offre rien qui puisse être regardé comme une apologie du vice. Victime de ses rêves, de ce triste penchant à toujours vouloir ce que la vie ne peut raisonnablement lui donner, dédaignant ce qu'elle tient, poursuivant de chimériques espoirs, Emma Bovary souffre de la médiocrité provinciale. Mariée à un officier de santé, elle étouffe dans le village où son mari exerce la médecine. Un hobereau du voisinage n'a pas de mal à en faire sa maîtresse, puis se lasse vite d'elle ; déçue, elle manque mourir de chagrin, prend sa revanche avec un clerc de notaire, signe des traites pour se faire belle, et, acculée à la ruine, entraînant son pauvre niais de mari dans les pires embarras, elle se fait donner de l'arsenic par le garçon du pharmacien Homais, et s'empoisonne. On ne peut résumer un livre où chaque détail a sa valeur, où tout est ordonné avec un art de composition admirable, où chaque caractère est d'une vérité qui en fait un « type » demeuré vivant, et dont le nom est passé dans la langue. Quand on demandait à Flaubert quel avait été le modèle de Mme Bovary, il répondait : « C'est moi ! » Et cela est exact. Il a pu dire aussi : « Ma pauvre Bovary, à cette heure, souffre et pleure dans vingt villages de France ! » Elle restera vraie tant qu'il y aura des êtres pour rêver et pour souffrir.

Mal consolé de cette histoire du procès, il chercha refuge dans un sujet qui l'entraînait bien loin dans le passé et dans l'espace et il « entreprit de ressusciter Carthage ». Polybe lui fournit les données historiques, avec la guerre des Mercenaires. Patiemment, il entreprit d'immenses lectures pour donner un fondement acceptable à l'histoire de *Salammbô*, fille d'Hamilcar Barca. Il alla sur les lieux voir les paysages historiques. Le nom de l'héroïne est un de ceux que les Phéniciens donnaient à Vénus. Quand le roman parut, l'archéologue Froehner en critiqua la vraisemblance historique. Citant ses sources, Flaubert le confondit, et il se trouve aujourd'hui que les plus récentes découvertes, loin de ruiner ses hypothèses, les confirment en général, comme c'est le cas pour les enfants immolés à Moloch. Le récit suit l'histoire : Carthage n'ayant point tenu les promesses faites aux Mercenaires engagés par la République, ceux-ci se soulèvent et, sous le commandement du Libyen Mâtho, du Grec Spendius et du Numide Narr 'Havas, assiègent Carthage. Mâtho, ayant aperçu Salammbô, fille du suffète Hamilcar, conçoit pour elle une passion qui le brûle. Il pénètre par surprise dans le temple de Tânit, protectrice de la ville, dérobe le voile sacré de la déesse ; le sort des armes semble alors favoriser les Barbares. Schahabarim, le grand prêtre, ordonne à Salammbô d'aller, seule, dans le camp des Mercenaires, et, comme Judith, de tuer le général ennemi et de reprendre le Zaïmph. Elle obéit, s'abandonne au Libyen, reprend le voile, mais profite du sommeil de Mâtho pour s'enfuir, sans le tuer. Les Mercenaires sont vaincus par Hannibal, qui les accule dans le Défilé de la Hache, où ils périssent de faim et de misère. Mâtho est supplicié, et Salammbô meurt à la vue du martyre du Barbare terrible qui avait fait trembler Carthage et, dans ses bras, s'était fait doux comme un enfant... Le succès fut aussi grand que celui de *Madame Bovary* lorsque le livre parut en novembre 1862 : il avait coûté près de six ans passés dans les « affres du style ».

Aussitôt Flaubert fit le plan de *L'Éducation sentimentale ;* il voulait y faire revivre le temps de sa jeunesse, les espoirs et les déceptions de la génération qui fit la révolution de 1848 : le cadre historique est reconstitué avec tant de minutieuse exactitude, tant d'art, que Georges Sorel a pu dire : « Un historien désireux de connaître l'époque qui précéda le coup d'État ne peut négliger *L'Éducation sentimentale.* » Mais c'est aussi l'autobiographie de Flaubert, sa passion pour Mme Schlésinger, et tout est vrai, compte tenu des transpositions indispensables qui, de l'éditeur de musique Schlésinger, font un marchand de tableaux, éditeur d'œuvres d'art, et réunissent en un même personnage Frédéric, Flaubert lui-même (pour tout ce qui concerne son amour pour Marie Arnoux) et Du Camp, pour l'épisode de Mme Dambreuse, qui fut dans la réalité Mme Delessert. La suture est si bien faite qu'elle reste invisible. Publiée en novembre 1869, *L'Éducation sentimentale* n'eut qu'un médiocre succès. Mais un peu plus tard, Banville allait constater que « tout le roman contemporain en était sorti ». Elle fut en effet la bible des naturalistes.

La guerre interrompit la composition de *La Tentation de saint Antoine*, qui ne put paraître qu'en 1874. Avec ce livre, l'écrivain dotait la littérature française d'un ouvrage sans analogue, et dont la portée rappelle celle de *Faust*. En 1875, Commanville, mari de sa nièce, est ruiné et menacé de faillite. Avec un dévouement extrême, Flaubert se dépouille pour le sauver. En vain, il n'y parviendra point, et sera d'ailleurs payé d'ingratitude. Ses amis l'aident : George Sand lui offre d'acheter Croisset et de l'y laisser sa vie durant. Il croit pouvoir se passer de cette aide. Et George Sand meurt six mois plus tard. Il a mis en chantier un autre grand roman qui doit être le récit des déceptions éprouvées par deux anciens commis, qu'un héritage affranchit du labeur quotidien, et qui, installés à la campagne, se mettent en tête d'entreprendre ce qu'ils sont mal préparés à mener à bien, échouent piteusement dans leurs essais d'agronomie, puis d'archéologie, de médecine, puis de littérature, et, écœurés, se remettent, de guerre lasse, à « copier comme autrefois » pour passer la vie. On a dit que ce livre faisait le procès de la science, et c'est une grossière erreur : c'est le procès du manque de méthode que fait Flaubert, la critique de ceux qui croient savoir et n'ont pas même appris à apprendre. Leçon très haute et par cela même destinée à n'être que difficilement comprise, et d'autant moins que le livre est inachevé, et que nous ignorons ce que devaient copier les deux « bonshommes », dont le choix constituait évidemment la preuve de leur enrichissement spirituel, car – Flaubert le dit – ils avaient appris dans toutes leurs expériences à souffrir, comme lui-même, de la bêtise universelle, au point de ne plus la tolérer.

Pour obéir au vœu de George Sand, qui lui reprochait de toujours « travailler dans la désolation », sans jamais écrire rien de consolant, il entreprit *Un cœur simple*. Ces souvenirs d'enfance à Trouville, à Pont-l'Évêque, groupés autour de sa servante Félicité, joints à *La Légende de saint Julien l'Hospitalier* et à *Hérodias* forment les *Trois Contes* (*) inspirés, le premier d'un vitrail, le second d'un tympan de portail de la cathédrale de Rouen, entraînant le lecteur en plein Moyen Âge de la Légende dorée, et puis en Judée, à l'orient de la mer Morte, dans la citadelle de Machaerous. Hérode Antipas, Tétrarque de Galilée, pour obéir à Salomé qui, ayant dansé devant lui, lui avait plu, ordonna au bourreau de trancher la tête de Jean-Baptiste et de l'apporter à la jeune fille sur un plateau. Trois récits de couleur si variée que tout l'art de Flaubert se trouve résumé dans cette opposition des paysages et des nuances psychologiques.

Les dernières lettres publiées dans sa *Correspondance* nous montrent Flaubert « las jusqu'aux moelles » – terrassé par le chagrin et le travail. La mort vint le prendre le 8 mai 1880. Il avait eu avant de mourir la consolation d'assister au triomphe de son disciple Guy de Maupassant dont *Boule de suif* (*), publiée dans *Les Soirées de Médan* (*), était saluée comme un chef-d'œuvre.

Flaubert, traité par les « jeunes » amis de Zola et de Daudet comme leur maître à tous, entouré par eux d'une affection déférente, pouvait trouver en ces marques d'admiration si spontanée le présage de la place réservée à son œuvre dans l'histoire des lettres françaises. L'abondance des travaux récemment consacrés à Flaubert, particulièrement sur son style et ses manuscrits, confirme son rôle capital dans l'évolution du genre romanesque jusqu'au milieu du XXe siècle. Cet écrivain, qui s'est voulu et trouvé à l'écart des modes de son temps, est aujourd'hui reconnu comme l'un des plus considérables de la fin du XIXe siècle.

RENÉ DUMESNIL.

♦ *« Flaubert ? C'était un géant qui abattait une forêt pour faire une boîte. »* A. Dumas père. ♦ *« Un géant, au moral et au physique, tel nous apparaîtra toujours Gustave Flaubert... » « Ce fut par l'effrayante exactitude de l'observation, par l'acuité prodigieuse de la vision, que Flaubert remplaça le grossissement de Balzac, suppléant l'idéalisation par l'intensité, et, venant après le Walter Scott nouveau, il n'acceptera rien de son charlatanisme sublime... »* Th. de Banville. ♦ *« Je puis dire ce que Gustave Flaubert a fait du roman après lui* [Balzac] *: il l'a assujetti à des règles fixes d'observation, l'a débarrassé de l'enflure fausse des personnages, l'a changé en une œuvre d'art harmonique, impersonnelle, vivant de sa beauté propre, ainsi qu'un beau marbre. Telle est l'évolution accomplie par l'auteur de* Madame Bovary. *Après l'épanouissement littéraire, la féconde production de 1830 ; il a trouvé moyen d'inventer un genre, et de jeter les préceptes d'une école... Il semble venu après ces années de fécondité fiévreuse, après l'effroyable avalanche de livres écrits au jour le jour, pour rappeler les écrivains au purisme de la forme, à la recherche lente du trait définitif, au livre unique, où tient une vie d'homme. »* E. Zola. ♦ *« La première qualité de Flaubert, qui, pour moi, éclate aux yeux dès qu'on ouvre un de ses ouvrages, c'est la forme, cette chose si rare chez les écrivains, et si inaperçue du public ; je dis inaperçue, mais sa force domine et pénètre ceux qui y croient le moins, comme la chaleur du soleil chauffe un aveugle qui n'en voit cependant point la lumière.... Chez lui, la forme, c'est l'œuvre elle-même : elle est comme une suite de moules différents qui donnent des contours à l'idée, cette matière dont sont pétris les livres... »* Maupassant. ♦ *« Tout le tempérament du grand artiste éclatait en ces incomparables pages de la* Tentation de saint Antoine *et de* Salammbô *où, loin* *de notre vie mesquine, il évoquait les éclats asiatiques des vieux âges, leurs éjaculations et les abattements mystiques, leurs démenses oisives, leurs férocités commandées par ce lourd ennui qui découle, avant même qu'on les ait épuisées, de l'opulence et de la prière... »* J.-K. Huysmans. ♦ *« Chez Flaubert l'observateur profond corrigeait le visionnaire, et il avait soin de ne pas néliger dans le développement des caractères les images du monde intérieur. »* P. Bourget. ♦ *« Si l'on applique à Flaubert le critère qui sert, selon Brunetière, à reconnaître les écrivains hors pair, et si on se demande ce qui manquerait à notre littérature au cas où il n'eût pas existé, on le voit très grand. Sa place dans notre suite littéraire apparaît sous une lumière saisissante, et son influence est la plus forte qui se soit probablement exercée sur le roman français. »* A. Thibaudet. ♦ *« Ce qui frappe, c'est la merveilleuse absence, dans cette vie, de toute haine, Flaubert déteste les symboles : l'épicier, l'écrivain suave, le réformateur socialiste ; dès qu'il n'est plus question du type général, mais d'un individu, d'un homme vivant, d'un être de chair et de sang, quand il s'agit, en somme, de quelqu'un et non plus d'une idée, les violences de langage aussitôt disparaissent* [...] *Un homme dont il se croit l'ennemi, s'il le regarde avec attention, il se découvre cent raisons de le tolérer, d'abord, et très vite de commencer presque à l'aimer* [...] *En face des hommes qu'il rencontre, Flaubert, si prévenu qu'il soit, spontanément, "pense avec eux", il comprend, même s'il désapprouve : peut-être n'est-il pas défendu de trouver dans ce comportement naturel d'une âme quelque chose de ce qu'on nomme la charité. »* Henri Guillemin. ♦ *« Et je songeais à Flaubert, et toute l'injustice de son art — fruit d'une déplorable théorie et d'un urgent besoin de macération (qui reste avec son enthousiasme, le meilleur de lui, peut être). »* André Gide. ♦ *« Cela paraît énorme, mais la phrase de Flaubert n'a pas toujours cette beauté de ligne et de mouvement qui fait le grand style (mettons le style de Pascal et celui de Voltaire). Elle avance comme un régiment en marche. Le mot semble choisi pour lui-même, il ne se fond pas avec le reste, il se détache avec une énergie continue et fatigante. On aimerait mieux, au prix de quelques défauts, un style qui donnât l'impression de respirer comme un être vivant, avec cette liberté qu'avait Flaubert lorsqu'il ne se surveillait pas, lorsqu'il oubliait sa couronne de fleurs d'oranger. »* Julien Green.

RÉF. : A. Thibaudet, *Gustave Flaubert*, Paris, 1935. — R. Dumesnil, *Gustave Flaubert, l'homme et l'œuvre*, Paris, 1936. — M. J. Durry, *Flaubert et ses projets inédits*, Paris, 1950. — J. Bruneau, *Les débuts littéraires de Gustave Flaubert*, Paris, 1962. — J.-P. Sartre, *L'Idiot de la famille*, Paris, 1971-72. — V. Brombert, *Gustave Flaubert par lui-même*, Paris, 1971. — Jeanne Bem, *Désir et savoir dans l'œuvre de Flaubert*, Paris, 1979. — Cl. Mouchard et J. Neefs, *Flaubert*, Paris, 1986. — R. Debray-Genette, *Métamorphoses du récit. Autour de Flaubert*, Paris, 1988. — H. Lottman, *Gustave Flaubert*, Paris, 1989.

FLAVIUS JOSÈPHE. Historien juif d'expression grecque. Né à Jérusalem en l'an 1 du règne de Caligula (37), mort à Rome dans les dernières années du Iᵉʳ siècle. Grâce à son dernier ouvrage, l'*Autobiographie,* nous connaissons — fait rare pour l'Antiquité — quelques détails sur sa vie privée. Issu d'une famille aristocratique de la caste sacerdotale, Joseph, fils de Mathias, se distinguait déjà à l'âge de treize ans par son savoir. Il étudia successivement les trois courants religieux qui se partageaient alors la Judée : celui des pharisiens, celui des sadducéens et celui des esséniens, séjourna trois ans auprès d'un ermite, Bannous, puis à l'âge de dix-neuf ans opta pour le courant pharisien. On sait encore qu'il fut marié quatre fois et que seuls trois de ses enfants survécurent. Lui-même est le rescapé de terribles événements qui s'abattirent sur la Judée à partir de l'an 66 (début du soulèvement contre Rome), et qu'il fut amené à rapporter plus tard. Les conditions dans lesquelles il sauva sa vie en font un personnage très controversé.

Son existence, une fois parvenu à l'âge d'homme, peut se répartir en trois épisodes inégaux où il joua successivement le rôle d'acteur, de témoin et enfin d'historien. Après avoir été chargé d'une mission diplomatique à Rome d'où il réussit à ramener des prêtres qui y avaient été emprisonnés, il fut entraîné dans le soulèvement des Juifs en l'an 66 et accepta le commandement de la Galilée ; il n'avait que vingt-neuf ans. Sa conduite suscita bientôt la méfiance puis l'hostilité des élites locales, elles-mêmes très divisées face à Rome. Son pire ennemi, Jean de Gischala, obtint de Jérusalem l'envoi d'une commission d'enquête, laquelle revint bredouille grâce à l'habileté de Josèphe à déjouer les complots. Un autre de ses ennemis, Juste de Tibériade, devait plus tard donner sa propre version des événements de Galilée à laquelle Josèphe répondit par ce qui fait l'essentiel de son *Autobiographie*.

Le tournant de la vie de Josèphe se situe à Jotapata en Galilée, une citadelle qu'il eut à défendre contre le général Vespasien envoyé par Néron en 67. Après une héroïque résistance, la ville fut prise et sa population massacrée. Josèphe, réfugié dans une caverne avec quarante notables locaux qui préférèrent mourir plutôt que de se rendre, réussit (ruse ou hasard providentiel comme il le prétend lui-même ?) à échapper au suicide collectif qui eut lieu alors. Il se rendit à Vespasien, lui prédit l'empire et obtint de rester comme prisonnier auprès du général vainqueur et de son fils Titus. Deux ans plus tard, en juin 69, Vespasien fut effectivement élu empereur par ses troupes et il affranchit son prisonnier, Joseph ben Mathias Ha Cohen, qui devint dès lors Flavius Josephus (l'orthographe française « Josèphe » remonte au XVIIIᵉ siècle).

C'est ainsi que Josèphe fut amené à servir d'interprète à Titus qui avait reçu la difficile mission de prendre Jérusalem après l'accession au trône de son père. Il ne réussit pas à convaincre ses concitoyens de se rendre et assista aux dernières péripéties du siège qui se conclut par l'incendie du Temple et de la ville en été 70.

Alors s'ouvre le dernier épisode de la vie de Josèphe. Il est amené par Titus à Rome où il assiste au triomphe des Flaviens. À la demande de l'empereur qui lui a donné une pension et sa propre maison sur le Palatin,

Josèphe consigne l'histoire des événements qu'il vient de vivre dans *La Guerre des Juifs contre les Romains* (*) (écrite d'abord en araméen à l'intention des juifs d'Asie, puis en grec). Cette première œuvre, où Josèphe se met en scène à l'occasion, est bientôt suivie d'une autre beaucoup plus ambitieuse (vingt livres), les *Antiquités juives* (*), où l'auteur reprend l'histoire de son peuple depuis l'aube des temps bibliques jusqu'à la veille de la guerre précédemment racontée. Dans le *Contre Apion* (*), il s'en prend aux calomnies antijuives de certains auteurs ou pamphlétaires alexandrins. Il projetait d'écrire après l'*Autobiographie* (95) des ouvrages sur la religion juive dont on ne sait s'ils virent le jour.

La survie de l'œuvre de Josèphe est essentiellement due à l'usage qu'en firent les Pères de l'Église. Comme elle couvrait la période où était né le christianisme, elle devint un « cinquième évangile ». Sa crédibilité a pourtant souvent été mise en cause à partir du XVIe siècle, et de nos jours pour des raisons très différentes. Les théologiens chrétiens lui ont reproché de contredire sur certains points la chronologie des évangiles synoptiques ou des faits qui y sont rapportés. Les historiens s'en méfient tantôt parce qu'ils voient en lui une sorte d'auteur sacré, tantôt parce qu'ils lui reprochent un manque total d'objectivité dû à ses options politiques. Il n'en demeure pas moins l'historien sans rival des événements pour lesquels il est notre seule source, et l'archéologie d'Israël ne saurait se passer de lui.

MIREILLE HADAS-LEBEL.

RÉF. : Shaye J. D. Cohen, *Josephus in Galilee and Rome, his Vita and Development as a Historian,* Leyde, 1979. – Louis H. Feldman, *Josephus and Modern Scholarship* (1937-1980), Berlin, New York, 1984. – Mireille Hadas Lebel, *Flavius Josèphe, le Juif de Rome,* Paris, 1989.

FLÉCHIER Valentin Esprit. Prédicateur français. Né à Pernes, dans le comtat Venaissin (aujourd'hui Vaucluse) le 19 juin 1632 ; mort le 16 février 1710 à Nîmes. Issu d'une famille d'artisans, il entre à seize ans dans la congrégation de la Doctrine chrétienne, qui l'emploie d'abord dans l'enseignement ; il est quelque temps professeur de rhétorique à Narbonne, et il est ordonné prêtre en 1657. Mais, des dissensions l'opposant aux supérieurs de son ordre, il vient à Paris, se mêle à la vie mondaine, est accueilli à l'Hôtel de Rambouillet et, par le gendre de la marquise, le duc de Montausier, obtient en 1661 une place de lecteur du dauphin. En 1665, il assiste aux Grands Jours d'Auvergne, sur lesquels il a laissé des *Mémoires sur les Grands Jours d'Auvergne* (*). Ses prédications commencent à connaître le succès : Fléchier allait se révéler particulièrement grâce à ses *Oraisons funèbres* (*), et les premières – celles de la duchesse de Montausier en 1762 (Julie d'Angennes, fille de la marquise de Rambouillet) et de la duchesse d'Aiguillon en 1675 – lui valurent une telle renommée qu'il fut élu à l'Académie en 1673 : reçu le même jour que Racine, son discours éclipsa complètement celui du dramaturge. Un an plus tard, lorsqu'il prononça l'oraison funèbre de Turenne, Fléchier se trouvait à son apogée ; et pourtant, mis en rivalité avec Bossuet pour les oraisons funèbres de Marie-Thérèse et de Michel Le Tellier, il ne parvint pas à s'égaler à l'Aigle de Meaux. Louis XIV, qui avait déjà donné à Fléchier la charge d'aumônier de la dauphine, le nomma, en 1685, évêque de Lavaur : « Je vous ai fait un peu attendre une place que vous méritiez depuis longtemps, lui dit le roi, mais je ne voulais pas me priver si tôt du plaisir de vous entendre. » Deux ans plus tard, en 1687, Fléchier prit le siège de Nîmes, au lendemain de la révocation de l'édit de Nantes, dans une province à très forte minorité protestante. Le nouvel évêque s'empressa de modérer l'action rigoureuse de l'intendant de province, et ses *Mandements,* ainsi que ses *Lettres pastorales* (recueillis et édités ensemble pour la première fois en 1826), obtinrent de grands résultats. On vit alors que ce prêtre mondain était pénétré d'esprit évangélique : ainsi, pendant la disette de 1709, il distribua des sommes considérables aux protestants comme aux catholiques, sans aucune discrimination de confession. L'originalité de Fléchier, c'est surtout sa constante préoccupation littéraire. Il contribue à restaurer le beau langage. Il est habile, ingénieux. On craint parfois qu'il ne soit que cela, plus homme de lettres qu'homme d'Église, plus soucieux de plaire par ses phrases que de prêcher et de sauver son auditoire. Rarement énergique (sauf dans les passages saillants de son oraison funèbre de Turenne) mais toujours élégant, habitué de l'Hôtel de Rambouillet, il a les qualités aimées des précieuses : une irréprochable pureté, un art singulier de manier les artifices de style, l'antithèse en particulier.

♦ *« Ses qualités et ses défauts se retrouvent en ses oraisons funèbres. Il enchaîne les développements par d'adroites transitions et satisfait le goût par la justesse des idées et l'harmonie des phrases ; mais il se plaît trop à l'équilibre des images, à la symétrie des antithèses. Ici et là le luxe de style distrait l'attention, au détriment du défaut. »* Mgr Grente.

RÉF. : Sainte-Beuve, *Introduction aux Mémoires de Fléchier,* Paris, 1856. – Abbé A.-E. Delacroix, *Vie de Fléchier,* 1865. – Fabre, *Fléchier orateur,* 1886. – G. Grente, *Fléchier,* Paris, 1934.

FLEG Edmond (pseud. de Edmond Flegenheimer). Écrivain français d'origine suisse. Né à Genève le 26 novembre 1874, mort à Paris le 15 octobre 1963. Il entre à l'École normale supérieure et au moment de l'affaire Dreyfus, qui lui pose, en tant que Juif, un certain nombre de questions, il prend fait et cause pour le sionisme. Il publie en 1913 son premier recueil poétique, *Le Livre de Pâques.* Après la guerre, il fait paraître *Le Mur des* *pleurs* (1919) et *Le Psaume de la Terre promise* (1919). Il reprend une partie de ces textes dans son œuvre capitale, *Ecoute, Israël* (*) (1913, édition intégrale, 1954). Il se propose de retracer sur le mode lyrique l'histoire du peuple hébreu, depuis Abraham jusqu'à Wilson. Sa vision du monde moderne, c'est le Juif errant qui la symbolise. Il ne cessera pas de marcher tant que le monde souffrira. Mais un espoir naît avec l'apparition du sionisme, auquel Edmond Fleg assigne pour mission de faire fleurir en Judée l'« arbre aux racines d'amour ». Essayiste, il montre, dans *Pourquoi je suis juif* (*) (1928), qu'au centre de la mystique juive se trouve une double affirmation : l'unité divine et l'unité humaine. Moïse représente pour lui l'espoir le plus élevé d'Israël : *Moïse* (*) (1928). *Jésus raconté par le Juif errant* (*) (1933) est un appel à la bonne volonté de tous les hommes qui seraient capables de sauver le monde s'ils consentaient seulement à appliquer le principe contenu dans les Évangiles : « Aimez-vous les uns les autres. » Aux Juifs, véritables héritiers de Jésus, d'ouvrir la voie en ce sens. Edmond Fleg fut un apôtre fervent de la paix. Il a composé une importante *Anthologie juive,* des origines à nos jours (1913, complétée en 1954). Il a publié également différentes pièces de théâtre : *La Bête* (1910), *Le Trouble-Fête* (1913), *La Maison du Bon Dieu* (1920), *Le Juif du pape* (*) (1925), *Le Marchand de Paris* (1929).

GUY LE CLEC'H.

FLEMING Ian. Auteur britannique de romans d'espionnage. Né à Londres le 28 mai 1908, mort le 12 août 1964 à Canterbury. Il fit ses études à Eton, à l'école militaire de Sandhurst, puis à Munich et à Genève. D'abord journaliste à l'agence Reuter, il amorce une carrière dans la banque puis chez un agent de change. Au début de la Seconde Guerre mondiale, il s'engage dans la Royal Navy et deviendra directeur-adjoint du centre de contre-espionnage de la marine britannique. Après la guerre, Ian Fleming occupe un poste de direction au *Sunday Times.* En 1952, il commence à écrire la suite des romans d'espionnage qui ont popularisé son héros, James Bond. Ces romans se suivirent à un rythme rapide et plusieurs d'entre eux furent adaptés au cinéma. Citons à titre d'exemple, *James Bond contre Dr No* (*) (1958).

RÉF. : J. M. Paland, *James Bond 007,* Paris, 1987.

FLEMING Paul. Poète allemand. Né à Hartenstein (Saxe) le 5 octobre 1609, mort à Hambourg le 2 avril 1640. À Leipzig où il étudiait la médecine et écrivait des vers, il faisait partie d'un cercle de jeunes gens à la fois disciples d'Opitz et partisans de la tradition des « Lieder ». Il fit d'abord des vers latins (*Suavia*), puis se mit à l'école du pétrarquisme européen, mais ne trouva vraiment sa manière que lorsque, la guerre et la peste l'ayant contraint à quitter Leipzig, il partit pour la Russie et la Perse comme membre d'une délégation commerciale envoyée par le duc d'Holstein-Gottorp. Les aventures qu'il connut en terre lointaine (1633-1639) et son amour pour la fille d'un marchand de Hambourg établi à Reval, Elsabe, le type même de la femme pudique et dédaigneuse de la poésie pétrarquesque, insufflèrent à la poésie intellectualiste de Fleming une chaleur et une spontanéité inusitées à l'époque. Au retour de son voyage, il alla achever ses études de médecine à Leipzig (1640) et s'apprêtait à partir de Reval afin d'y épouser Anna, la sœur de l'infidèle Elsabe, lorsque la mort le terrassa à Hambourg à l'âge de trente et un ans. Ses *Poésies allemandes* (*) parurent en 1642 à Hambourg à titre posthume.

♦ *« Fleming est vraiment un gracieux poète, un peu prosaïque et bourgeois ; de nos jours il ne présente plus aucune valeur. »* Gœthe.

RÉF. : K. A. Findeison, *Paul Fleming,* 1939. – E. Dürrenfeld, *P. Fleming und J. C. Günther,* Tübingen, 1964. – R. F. Ambacher, *P. Fleming and « Erlebnisdichtung »,* New Brunswick, 1972.

FLERS Robert de. Auteur dramatique français. Né le 25 novembre 1872 à Pont-l'Évêque (Calvados), d'une vieille famille normande, mort à Vittel (Vosges) le 30 juillet 1927. Il fait ses études au lycée Condorcet, puis aux facultés de droit et de lettres. Un volume d'impressions, *Vers l'Orient,* publié au retour d'un voyage à Naples, Athènes, Constantinople, marque son entrée dans la littérature. Tandis qu'il débute dans le journalisme au *Soleil,* puis à partir de 1902 au *Figaro,* dont il deviendra directeur littéraire, Robert de Flers s'essaie à la nouvelle et au roman, avec en particulier *La Courtisane Taia et son singe vert* (1896). Dès ses années de collège, il avait cependant montré une véritable passion pour le théâtre et, patronné par son beau-père Victorien Sardou, avec la collaboration d'Arman de Caillavet, il y fait ses débuts, de 1901 à 1906, avec des opérettes bouffes, *Le Sire de Vergy, Monsieur de La Palice,* etc. Viennent alors des comédies-vaudevilles comme *Miquette et sa mère* (1906), *Le Roi* (1908), qui peut être considéré comme son œuvre la meilleure, suivi du *Bois sacré* (1910), de *L'Habit vert* (*) (1913), qui obtient un éclatant succès. Avec *L'amour veille* (1907), *L'Âne de Buridan* (1909), *Primerose* (1911), Flers et Caillavet avaient également abordé le genre de la comédie sentimentale, agréablement superficielle. Volontaire pendant la Grande Guerre, Robert de Flers se conduisit avec bravoure. Après l'armistice, ayant perdu Arman de Caillavet en 1915, il s'adjoignit comme collaborateur Francis de Croisset et revint au théâtre avec *Les Vignes du Seigneur* (*) (1923) et *Les Nouveaux Messieurs* (1925).

Journaliste, chroniqueur mondain, directeur

de journal, académicien, Robert de Flers reste le type de l'auteur parisien de la première avant-guerre. La société bourgeoise, brillante et confortable de la IIIe République fournit en abondance à sa verve de satirique les ridicules des acteurs (dans *Chouchette*), ceux des fausses gloires littéraires (dans *L'Habit vert*), ceux de l'homme d'État, des sottises et des corruptions de l'administration (dans *Le Bois sacré*), ou ceux de la république elle-même (dans *Le Roi*). Seulement la cocasserie endiablée des situations, l'outrance risible des caractères ne manquent jamais ici d'atténuer l'acidité de la critique, et interdisent de supposer chez Robert de Flers des intentions sociales et plus encore « un arrière-goût de pessimisme et d'amertume ».

En fait, la plupart de ces comédies furent écrites avant tout dans l'intention de faire briller des acteurs à la mode : Max Dearly, Prince, Ève Lavallière. Théâtre léger, qui possède néanmoins des qualités indéniables : le sens des situations imprévues, un feu d'artifice de traits d'esprit qui ne tombent jamais dans la vulgarité, et surtout une mesure assez rare dans la verve comique.

♦ *« Il y a dans ces satires trop de jovialité pour qu'on ne s'en aille pas en pensant que le mal est exagéré. Mais il reste pourtant une inquiétude : le soupçon qu'après avoir ri il faudrait se méfier, juger, combattre. La comédie légère* [de R. de Flers] *est plus qu'un divertissement : elle tend vers la satire. »* Daniel Mornet. ♦ *« Il y a chez lui du Beaumarchais à rebours. Il ne démolit que les façades de carton. Dès qu'il rencontre la pierre, la belle pierre de taille qui assure la solidité de l'édifice, il s'arrête. Sa raillerie n'a jamais touché à la construction. »* Henry Bordeaux.

RÉF. : H. Bordeaux et L. Madelin, *Le Fauteuil de Robert de Flers,* Paris, 1929.

FLETCHER Giles, dit le Jeune. Poète anglais. Né à Londres vers 1588, mort en novembre 1623 à Alderton (Suffolk). Frère de Phineas Fletcher, le poète de *L'Ile pourpre* [*The Purple Island*], il était le cousin du dramaturge John, qui collabora avec Beaumont, et le fils de Giles Fletcher (1549-1611), conseiller de la reine Elizabeth, qui fut envoyé en 1588 en Russie pour rétablir la prospérité de la compagnie anglaise de Moscovie. Giles le Jeune entra au Trinity College de Cambridge en 1603, l'année de la mort d'Elizabeth, qu'il célébra aussitôt par un *Chant sur la mort d'Éliza* [*Canto upon the Death of Eliza*]. En 1619, il reçut l'ordination et quitta Cambridge pour sa paroisse d'Alderton, où il demeura jusqu'à sa mort. Mais il s'était fait connaître dès le collège par la publication de *Victoire et triomphe du Christ* (*) (1610).

♦ *« L'esprit de l'Évangile est chez lui suprême. Il semble ignorer les rigueurs et les terreurs de l'Ancien Testament. Avec ses éclatants défauts juvéniles, il tient une belle place parmi les poètes religieux de l'Angleterre. Il a trouvé dans la religion une source de visions bienheureuses, non de scrupules rongeurs et d'épouvantes. »* E. Legouis et L. Cazamian.

RÉF. : D. Bush, *Mythology and the Renaissance Tradition,* New York, 1957. – *The English Spenderians,* éd. par W. B. Hunter, Salt Lake City, 1976.

FLETCHER John. Auteur dramatique anglais. Né à Rye (Sussex) en décembre 1579, mort de la peste à l'hôpital de St. Saviour, Southwark (Londres) le 28 août 1625. Fils d'un ministre anglican, il étudia à Cambridge, jouit des faveurs de la reine Elizabeth jusqu'en 1596, date à laquelle son père, devenu évêque de Bristol puis de Londres, tomba en disgrâce à la suite d'un second mariage. Demeuré orphelin et presque pauvre, John Fletcher s'adonna au théâtre. Il écrivit de 1606 à 1616 pour les compagnies théâtrales, pour l'imprésario Henslowe, mais il ne reste rien de ces premières œuvres. À une date incertaine, que l'on situe entre 1602 et 1607, il se lia d'une grande amitié avec Beaumont ; ils habitèrent la même maison, et écrivirent en collaboration un nombre d'ouvrages que l'on ne peut préciser avec exactitude parce qu'il est très difficile de délimiter l'œuvre de chacun d'eux ; les meilleurs sont : *Le Misogyne ; Le Chevalier du Pilon ardent* (*) ; *Un roi et aucun roi* [*A King and No King*] ; *Tragédie de la jeune fille* (*) ; *Philaster* (*) ; et peut-être *Thierry et Théodoret* (*). Beaumont se montre meilleur poète et meilleur dramaturge, Fletcher brillant, pétillant, plus porté à se plier aux goûts faciles du public. Après la mort de son ami, Fletcher écrivit seul, semble-t-il, au moins dix-sept pièces : *La Bergère fidèle* (*), variation du *Pastor fido* (*) de Guarini, *Le Sujet loyal* (*), *Valentinien, La Chasse à l'oie sauvage* (*). Dans ses dernières années, il collabora avec Rowley, peut-être avec Ben Jonson et Massinger — avec lequel il écrivit entre autres *Le Curé espagnol* (*) et *Le Bois des mendiants* (*) – et probablement avec Shakespeare – *Henry VIII* (*), *Deux nobles cousins* [*Two Noble Kinsmen*], ainsi que *L'Histoire de Cardenio* (+). Cette dernière œuvre se ressent de l'engouement pour le drame espagnol auquel Fletcher apporta aussi sa contribution avec *La Princesse de l'île* [*The Island Princess,* 1619-22] et *Le Pèlerin* [*The Pilgrim*].

♦ *« Beaumont et Fletcher ont encore une grande valeur poétique. Si les caractères sont souvent trahis, la vraisemblance tenue pour rien, et négligé l'intérêt de l'intrigue, leur lecteur est cependant souvent gratifié de la description la plus belle, du dialogue le plus tendre et le plus passionné, de quelque feu d'artifice d'esprit brillant et de gaieté ou d'un régal d'humour comique. Ces qualités ont un tel effet sur le public qu'à la fin du* XVIIe *et au début du* XVIIIe *siècle beaucoup de pièces de Beaumont et de Fletcher régnaient sur la scène tandis que celles de Shakespeare étaient mises au rancart. »* Walter Scott. ♦ *« Beaumont et Fletcher étaient à vrai dire des hommes d'un talent fort distingué ; il leur manquait tout juste ce profond sérieux de l'esprit et cette sagacité artistique qui fait observer toujours une juste mesure, pour prendre rang à côté des plus grands poètes dramatiques de tous les pays. Ils possédaient une extraordinaire fécondité, une souplesse d'esprit et aussi une facilité qui trop souvent dégénérait en négligence... »* Schlegel. ♦ *« Quel que soit leur rang exact comme dramaturges, Beaumont et Fletcher étaient meilleurs poètes que quiconque à leur époque. Shakespeare excepté, ils s'élevèrent plus haut que les autres sur les ailes de la contemplation idéale. Personne non plus ne peut leur être comparé pour l'exubérance et la grâce de l'imagination, et pour la tendresse et la délicatesse de leurs sentiments dans les passages émouvants. »* Macaulay.

RÉF. : Macaulay, *Study of F. Beaumont,* Londres, 1883. – E. H. C. Oliphant, *The Plays of Beaumont and Fletcher,* Newhaven, U.S.A., 1927. – A. Esch, *J. Fletcher, zum Epenstil des englishes Barok,* 1937, New York. – S. A. Tannenbaum, *Bibliography of J. Fletcher,* 1938. – E. M. Waith, *The Pattern of Tragicomedy in Beaumont and Fletcher,* New Haven, 1952. – W. W. Appleton, *Beaumont and Fletcher,* Londres, 1956. – C. Leech, *The John Fletcher Plays,* Londres, 1962. – N. C. Pearse, *John Fletcher's Chastity Plays : Mirrors of Modesty,* Leursburg, Pa., 1973. – C. L. Squier, *John Fletcher,* Boston, 1986.

FLEURET Fernand. Écrivain français. Né à Saint-Pair (Manche) le 1er avril 1884, mort à Paris le 19 juin 1945. Après ses études secondaires, il montra un goût très vif pour l'érudition autant que pour l'art d'écrire. En chacune de ses œuvres, il s'est révélé grand styliste. Ce sont : *Friperies* (1923), *Les Derniers Plaisirs* (1924), *La Bienheureuse Raton, fille de joie* (*) (1926), *Falourdin* (1927), *Jim Click* (1930), *Les Nymphes de Vaux* (1933), *Échec au roi* (1935), apologie d'Henri IV, livre qui, avec son autre roman historique : *Au temps du Bien-Aimé*, lui valut le prix de la Renaissance. Il arrive que sa poésie sente un peu la bibliothèque. Mais sa prose, qui est toujours d'excellente tenue, est infiniment truculente et drolatique dès l'instant qu'elle fait fond sur l'histoire scandaleuse ou la littérature galante du XVIe siècle.

♦ *« Étant au fond très vieille France, avec beaucoup de savoir, Fleuret n'en sut pas moins demeurer très moderne dans la belle humeur. »* H. Clouard.

FLODOARD. Historien franc écrivant en latin. Né à Épernay en 894, mort vers 966. C'est presque seulement par des *Annales* rédigées dans des couvents ou près des églises que nous connaissons un peu la période troublée par où s'achève, dans la semi-anarchie, le règne de la dynastie carolingienne en France. L'Église de Reims tint, en ces temps, un rôle de premier rang dans l'établissement de ces calendriers contenant mention des événements marquants. En effet, l'archevêque de Reims, Hincmar, conseiller de Charles le Chauve, avait rédigé la suite des *Annales* dites de *Saint-Bertin*, et l'Église rémoise, mêlée à la politique et propriétaire de nombreux domaines jusque dans le Midi de la France, avait d'excellents moyens d'information. C'est sans doute la raison pour laquelle Flodoard, chanoine et archiviste de la cathédrale de Reims, entreprit une *Histoire de l'Église de Reims*, ainsi que des *Annales* qui couvrent la période 919-966, bien documentées surtout en ce qui concerne les événements survenus dans les régions de l'Est. Quant à l'*Histoire,* elle contient de précieux détails sur l'époque immédiatement précédente, en particulier sur Hincmar, dont Flodoard analyse la correspondance politique. Flodoard semble d'ailleurs avoir joué lui-même un rôle important, on sait qu'il fut chargé de plusieurs missions diplomatiques, notamment à Rome. De lui, on connaît également un grand poème à la louange du Christ et de son Église.

RÉF. : Apparat critique de l'édit de l'*Histoire de l'Église de Reims* par Lauer, 1906.

FLØGSTAD Kjartan. Écrivain norvégien. Né le 7 juin 1944 à Sauda. Il commence sa carrière littéraire à la fin des années 60, en même temps que les jeunes révoltés du groupe *Profil* dont Dag Solstad est le principal représentant. Mais cet auteur, qui unit l'expérience du monde du travail – il a été ouvrier et marin – à une encyclopédique culture littéraire et philosophique, n'appartient à aucun groupe et a suivi une voie propre. Très tôt reconnue, l'originalité de son talent lui a valu, dès 1977, de se voir décerner le Grand Prix de la littérature nordique. À l'instar de ses contemporains, il commence par porter un regard critique sur la société, s'attachant plus spécialement au monde ouvrier de Sauda, le grand centre industriel du sud-ouest de la Norvège dont il est lui-même originaire. Cependant, tels qu'il nous les décrit dans le recueil de nouvelles *Amarres* [*Fangliner,* 1972] ou le roman *Rasmus* (1974), ses travailleurs n'ont nulle conscience prolétarienne et, plutôt que de faire front contre l'exploiteur, ils préfèrent sacrifier à des plaisirs éminemment prosaïques. Pour sa part, Fløgstad n'entend pas édifier la société de l'avenir, il se contente de dénoncer les aliénations du monde où il vit, en particulier les idéaux et le langage qu'impose une culture de masse totalement directive. Avec *La Cimenterie Dalen Portland* [*Dalen Portland,* 1977] puis *Tout feu tout flamme* (*) (1980), le propos s'élargit singulièrement. Refusant le récit linéaire pour s'engager dans les mille directions que lui indique une imagination réfléchie, nourrie de références politiques, littéraires et philosophiques, il s'efforce de dégager les grandes lignes de force de la société contemporaine.

ÉRIC EYDOUX.

FLORANGES Jules Alexandre, marquis de. Mémorialiste français. Né en 1795 et mort en 1836, il écrivit en 1906 de charmants souvenirs en tenant la plume du malicieux Marcel Boulenger (1873-1932), qui venait de l'inventer, et qui donne en Préface à l'ouvrage une biographie très détaillée, qui n'a qu'un tort : c'est d'être entièrement imaginaire. Néanmoins, le marquis a sa place parmi les mémorialistes de son temps, et sa fiche dans les listes de biographies françaises à la Bibliothèque nationale.

FLORENSKI Paul Alexandrovitch. Philosophe, théologien, scientifique russe. Né le 9 janvier 1882 à Evlakh dans le Caucase, mort aux îles Solovki le 8 décembre 1937. Né d'un père russe, issu d'une lignée sacerdotale qui s'était sécularisée, et d'une mère arménienne, Paul Florenski fait de solides et brillantes études secondaires à Tiflis. Élevé dans une famille agnostique où l'on ne parlait guère de Dieu, Florenski, passionné par l'investigation du réel sous tous ses aspects, perçoit au sortir de l'école « les limites de la connaissance physique » et la nécessité de s'appuyer sur une vision religieuse du monde. Il s'inscrit néanmoins à la faculté de mathématique de l'université de Moscou qu'il quitte brillamment en 1904. Là, dans une démarche insolite pour l'époque, il refuse la carrière universitaire qu'on lui propose, pour continuer ses études à l'Académie de théologie, située dans l'enceinte du monastère de la Trinité-Saint-Serge. Il y reste en qualité de maître de conférences, puis de professeur de philosophie. En 1911, après de longues et douloureuses hésitations sur le chemin à suivre, il se marie avec une institutrice d'origine paysanne et reçoit l'ordination sacerdotale : la famille, il aura cinq enfants, et la prêtrise, vont équilibrer et tempérer sa soif quasi faustienne de connaissances. Sa thèse de maîtrise, véritable somme théologique, soutenue en 1914 sous le titre *Colonne et Fondement de la vérité* (*), devient un événement majeur de la vie intellectuelle et spirituelle de la Russie à la veille de la guerre. À partir de 1912 et jusqu'en 1917, Florenski assume la rédaction du *Messager théologique* de l'Académie, qu'il ouvre sur le monde extra-ecclésial, et où il publie quelques-unes de ses plus importantes recherches, en particulier une étude sur le platonisme *Le Sens de l'idéalisme* [*Smysl idealisma*], et une remarquable exégèse des versets 6-8 du chapitre 2 de l'Épître de saint Paul aux Philippiens. La Révolution change le cours de sa vie. L'Académie et le monastère, dès 1919, doivent fermer leurs portes. Florenski se refuse à émigrer, mais ne sera pas non plus expulsé comme la plupart de ses amis philosophes. En effet, sa formation scientifique lui permet de trouver un emploi dans l'industrie du plastique, puis dans le Conseil central de l'énergie électrique. Bien qu'il ne quitte jamais la soutane, le gouvernement soviétique juge bon d'utiliser ses compétences dans l'œuvre de reconstruction du pays. Parallèlement, de 1921 à 1924, nommé professeur aux Ateliers supérieurs d'art et de techniques (Vxutemas), il y donne des cours qui se concrétiseront par trois ouvrages publiés plus de trente ans après sa mort : *La Perspective inversée* [*Obratnaja perspectiva*], *L'Iconostase* [*Ikonostas*] et *L'Analyse de l'espace dans les œuvres d'art* [*Analiz prostranstvennosti v xudožestvennyx proizvedenijax*], qui renouvellent de fond en comble l'approche esthétique de l'icône. À la même époque, particulièrement féconde, il travaille sur la philosophie du culte, sur la structure du langage et de la forme, rédige plusieurs chapitres de ses souvenirs d'enfance (qu'un critique a pu comparer à la prose de Proust), publie un monumental traité sur les « diélectriques » et des dizaines d'articles dans l'Encyclopédie technique dont il est le principal rédacteur. Bien qu'affecté en qualité d'ingénieur au laboratoire chargé d'étudier la résistance des matériaux, Florenski n'échappe pas à la répression. En 1928, il est exilé à Nijni Novgorod, puis autorisé l'année suivante à rentrer à Moscou. En 1932, il publie son dernier article « La physique au service des mathématiques », taxé par la critique officielle d'idéaliste. Il est arrêté en février 1933 et condamné à dix ans de réclusion dans les camps. De Sibérie où il étudie les phénomènes de glaciation, il est transféré au camp des îles Solovki dans l'extrême-nord où il dirige dans des conditions de détention épouvantables un laboratoire de production de l'iode à partir des algues. Le 25 novembre 1937, il est condamné à la peine capitale et exécuté le 8 décembre (l'administration n'avisera la famille que six ans plus tard et fixera arbitrairement la date de sa mort « naturelle » au 15 décembre 1943 ; ce n'est qu'en 1990 que la date et les circonstances exactes seront enfin communiquées).

Il est malaisé, voire impossible de donner une appréciation globale de l'œuvre de Florenski tant ses dons étaient divers et variés les domaines de ses investigations. Tour à tour mathématicien, poète, philosophe, historien de la pensée, théoricien de l'art, physicien, ingénieur, à ses rares moments de loisir musicien, il a été souvent comparé à Léonard de Vinci ou à Pascal. Homme de la Renaissance, esprit encyclopédique, antinomique jusqu'à l'ambivalence, il aspirait à l'intégrité de la vision unifiante du Moyen Âge. « Qu'ai-je fait tout au long de ma vie ? se demandait-il dans une de ses dernières lettres. J'ai étudié l'univers en tant qu'un tout, en tant que tableau unique, réalité une, mais à chaque étape déterminée sous un angle de vue particulier. D'où l'incessante dialectique de ma pensée, accompagnée d'une non moins constante vision de l'univers en tant que tout. »

NIKITA STRUVE.

FLORIAN Jean-Pierre Claris de. Écrivain français. Né le 6 mars 1755 à Sauve (Gard), d'une famille bourgeoise et aisée des Cévennes, mort le 13 septembre 1794 à Sceaux (Hauts-de-Seine). Il passe toute son enfance dans les Cévennes, sans autre événement que la rencontre, vers sa dixième année, de son grand-oncle Voltaire qui lui fait connaître les

Fables (*) de La Fontaine et l'encouragera dans ses premiers essais littéraires. Amené à Paris, Florian est reçu à quinze ans parmi les pages du duc de Penthièvre, puis passe par l'École militaire de Bapaume et obtient une compagnie dans les dragons de Penthièvre. Mais il abandonne bientôt l'armée pour revenir auprès de son protecteur, qui l'attache à son service avec le titre de gentilhomme. Dès lors, résidant tantôt à Anet, tantôt à Sceaux, auprès du duc qui le charge de distribuer ses libéralités, Florian se consacre tout entier aux lettres : c'est au théâtre qu'il fait ses débuts avec des *Comédies* (*) gracieuses et gaies, par lesquelles il ressuscite au Théâtre-Italien le genre des *Arlequinades,* mais avec un Arlequin plus fin, plus spirituel que celui connu jusqu'alors, avec même une nuance sentimentale, brave homme, bon époux, bon fils et bon père, dans *Les Deux Billets* (1779), *Les Deux Jumeaux de Bergame, Le Bon Ménage* (1782). Amateur et connaisseur de littérature espagnole, Florian donnera une traduction assez libre, mais appauvrie, de *Don Quichotte* (*) ; c'est à Cervantès encore qu'il emprunte le thème de son roman pastoral *Galatée* (*) (1783), suivi d'*Estelle et Némorin* (*) (1788). Florian est très bien en cour, ainsi que nous le montre sa lettre à Boissy d'Anglas, datée du 31 mai 1788 : « J'ai obtenu – dit-il – en trois semaines le brevet de lieutenant-colonel, la croix de Saint-Denis, mon fauteuil académique, et une abbaye à six lieues de Paris pour une tante à moi... » Il suivait la mode – qui allait alors aux bergeries ; c'est l'influence de Gessner surtout qu'il subit, mais il traite le genre avec une telle fadeur larmoyante qu'elle fut sensible aux contemporains eux-mêmes (« de la soupe au lait », disait Marie-Antoinette des romans de Florian). *Numa Pompilius,* faible et prétentieuse imitation de *Télémaque* (*), valut à Florian une féroce critique de la part de Rivarol. Ce sont ses *Fables* (*), publiées en 1792, qui ont sauvé ce poète facile de l'oubli : la bienveillante morale naturelle de Florian, limpide, optimiste, qui jamais ne livrera les agneaux aux loups, y est rajeunie par des traits de malice, de raillerie. Le reste de son œuvre, dont se détachent des *Nouvelles* (rééditées en 1974), est caractéristique de ce retour à un romanesque sentimental, éthéré, moralisateur, que vit la fin du XVIIIe siècle, au milieu des plus audacieuses dépravations de la vie quotidienne. Banni en 1793 par le décret interdisant aux nobles de séjourner à Paris, Florian alla se réfugier à Sceaux, où d'ailleurs il fut bientôt appréhendé. Le 9 thermidor le sauva de la guillotine. Mais il devait mourir, brisé par les émotions, à trente-neuf ans, le 13 septembre 1794. Ses *Lettres au marquis A. de Florian* (1779-1793) ont été publiées en 1957.

JACQUES PATRY.

♦ *« On éprouve à rappeler le souvenir du chevalier de Florian le genre d'agrément que donne la rencontre, dans une boutique de bric-à-brac, d'un vieux pastel très fin, à demi effacé. »* A. France. ♦ *« Un des charmes et aussi une des supériorités de Florian, c'est d'avoir "sensibilisé" la fable. »* G. Saillard.

RÉF. : Sainte-Beuve, *Causeries du lundi,* t. III. – Léo Claretie, *Florian,* 1888. – Gustave Saillard, *Florian, sa vie, son œuvre,* Toulouse, 1912. – « Florian », *Cahiers Roucher-Chénier,* n° 8, Versailles-Rennes, 1988.

FLORIT Eugenio. Poète cubain. Né le 15 octobre 1903 à Madrid. Il passe son enfance à Cuba et s'établit définitivement à La Havane, tout en effectuant des séjours à l'étranger quand l'exige son métier de diplomate. L'œuvre de Florit, assez brève, est marquée par une oscillation – caractéristique de la poésie cubaine – entre les formes populaires (comme la « décima ») et les formes plus complexes héritées de la poésie du Siècle d'or espagnol. Dans *Tropique* [*Trópico,* 1930], la perception concrète du paysage cubain se mêle à une vision plus abstraite, directement héritée de Góngora. *Double accent* (*) (1937) associe un romantisme parfois échevelé à un classicisme mesuré et froid. *Règne* [*Reino,* 1938] constitue une série de paysages brefs et transparents, où le poète s'oblige à une grande tension intérieure. *Assonant final et autres poèmes* (+) (1956) – tout comme les *Cuatro poemas* (+) antérieurs (1940) et *Le Poème mien* [*Poema mío,* 1947] – marquent un tournant : l'écriture de Florit devient plus simple, plus parlée, le poète porte sur le monde un regard plus calme, plus tendre, éclairant de préférence ce qui est humble et quotidien.

FLOTOW Friedrich von. Compositeur allemand. Né à Teutendorf (Mecklembourg) le 27 avril 1812, mort à Darmstadt le 24 janvier 1883. Il a surtout composé des œuvres lyriques qui se ressentent de l'influence du grand opéra français. Il étudia à Paris avec Reicha, de 1828 à 1830, et remporta dans cette ville ses premiers succès avec deux opéras : *Le Naufrage de la Méduse* (1839) et *La Duchesse de Guise* (1840). Vinrent ensuite ses opéras les plus connus : *Stradella,* créé au Théâtre municipal de Hambourg en 1844, *L'Âme en peine* (Paris, Opéra, 1845), et *Martha* (*) qui, exécutée pour la première fois à Vienne le 25 novembre 1847, devait bientôt faire le tour du monde. Ses autres succès furent *Indra* (1853), *La Veuve Grapin* (1859), et *L'Ombre* (1870). On lui doit aussi, outre de la musique symphonique et de chambre, les ballets *Die Libelle* (1856) et *Tanzkönig* (1861). De 1856 à 1863, Flotow fut intendant du théâtre de la cour de Schwerin. Revenu à Paris en 1863, il y demeura jusqu'en 1868, s'installa ensuite dans une villa près de Vienne et enfin à Darmstadt. Il fut nommé en 1864 membre correspondant de l'Institut de France.

FOCH Ferdinand. Maréchal de France. Né à Tarbes (Hautes-Pyrénées) le 2 octobre

1851, mort à Paris le 20 mars 1929. Sorti de l'École polytechnique dans l'artillerie en 1873, professeur de tactique générale à l'École supérieure de guerre, et commandant, avec le grade de général de brigade, de l'École en 1907. Distingué par Joffre pendant la « bataille des frontières », il prit une part active à la victoire de la Marne, à la tête d'un détachement transformé par la suite en IXe armée. En 1916, il dirige la bataille de la Somme : l'année 1917 s'écoule pour lui en une demi-disgrâce ; en mai, après que Pétain eut pris la place de Nivelle comme commandant en chef des armées françaises, Foch devient chef d'état-major général, puis président du comité interallié de Versailles. En mai 1918, la gravité de la situation résultant de l'attaque allemande sur l'Aisne amène la nomination de Foch au titre de généralissime des troupes alliées sur le front occidental, puis sur tous les fronts. C'est sous son commandement que s'opère le retournement de la situation : arrêt des offensives allemandes du printemps et de l'été 1918, puis passage à l'offensive jusqu'à la victoire finale des Alliés et à l'armistice du 11 novembre 1918. Promu maréchal en août 1918, il devenait également maréchal britannique et maréchal polonais. En 1919 il entra à l'Académie française. Ses *Mémoires* (*), publiés en 1929, couvrent la période 1851-1919, mais la plus grande partie en est consacrée au récit des événements auxquels il a participé entre 1914 et 1918. Il y expose entre autres le motif du conflit qui l'avait opposé à Clemenceau : il aurait voulu en effet qu'on imposât à l'Allemagne des conditions plus rigoureuses. Le *Mémorial de Foch* publié par les soins de Raymond Recouly, où il plaide la cause du recul de la frontière allemande jusqu'au Rhin, s'attira la réplique de Clemenceau : *Grandeur et misère d'une victoire* (*).

Réf. : R. Puaux, *Foch, sa vie, sa doctrine, son œuvre...*, 1918. – A. de Maricourt, *Le Maréchal Foch intime*, 1919. – André Tardieu, *Avec Foch*, 1939. – G. Beyerhaus, *Die Europe-Politik des Marschalls Foch*, Leipzig, 1942. – J. D'Esme, *Foch*, 1951. – Général Weygand, *Foch*, 1953. – Cl Grasset, *Foch ou la volonté de vaincre*, 1964.

FOCILLON Henri. Critique d'art français. Né à Dijon le 7 septembre 1881, mort à New Haven (États-Unis), le 3 mars 1943. Fils du graveur Victor Focillon, cet historien d'art entra d'abord à Normale supérieure, passa son agrégation et enseigna plusieurs années dans les lycées de Bourges et de Chartres. En 1913, il obtient la chaire d'histoire de l'art à l'université de Lyon. Il est également nommé conservateur du musée de la ville. On est d'abord frappé par l'étendue des curiosités du jeune maître : il s'intéresse aussi bien à la gravure (écrivant, en 1918, une thèse de doctorat sur le graveur italien du XVIIIe siècle, Piranèse) qu'aux arts asiatiques (il publie *L'Art bouddhique* en 1921 et un *Hokusai* en 1924) et à la peinture européenne (son *Histoire de la peinture en Europe au XIXe et au XXe siècle* paraît en 1928 et ses *Maîtres de l'estampe* en 1930). Mais sa nomination comme professeur à la Sorbonne où il succède à Émile Mâle en 1924 allait ouvrir dans sa vie une carrière toute nouvelle de médiéviste où il s'imposera avec deux volumes : *L'Art des sculpteurs romans* (*) en 1931 et sa grande synthèse sur *Art d'Occident* (*) en 1938, un an après sa nomination au Collège de France. Mais cet excellent professeur savait aussi, des époques particulières, s'élever aux lois de la création esthétique : son principal ouvrage, de ce point de vue, est *La Vie des formes* (*) (1934). S'étant volontairement exilé sous l'Occupation, il devait mourir aux États-Unis.

RÉF. : *Cahiers pour un temps*, « Henri Focillon », Paris, 1986.

FOGAZZARO Antonio. Poète et romancier italien. Né le 25 mars 1842 à Vicence (Italie), où il mourut le 16 février 1911. Issu d'une famille aisée où la culture était à l'honneur, Fogazzaro poussa jusqu'au doctorat (1864) ses études de droit aux universités de Padoue et de Turin. Avocat, il ne tarda pas à quitter le barreau pour la poésie et la littérature. Marié en 1864, il semblait promis à une tranquillité studieuse en harmonie avec sa nature mystique. Il se fit remarquer comme poète et fin scrutateur de l'âme féminine avec une nouvelle en vers, *Miranda* (1871), puis comme romancier avec *Malombra* (1881), *Daniel Cortis* (*) (1885), *Fidèle et autres récits* [*Fedele ed altri racconti*, 1887], *Mystère du poète* (1888), *Petit monde d'autrefois* (*) (1895), *Petit monde d'aujourd'hui* (*) (1901). Les héroïnes de ces récits sont des amoureuses ardentes, mais incrédules pour la plupart en matière de religion. Et comme, chez elles, l'esprit l'emporte finalement sur la chair, un moralisme de cette sorte sembla suspect ; on fit en outre à Fogazzaro le reproche d'avoir osé démasquer certains catholiques hypocrites et intrigants. C'est à cette veine qu'appartiennent les deux romans *Petit monde d'aujourd'hui* et *Le Saint* [*Il santo*] (1905). Fogazzaro, en conséquence, se trouva honni à la fois par les partisans et par les ennemis de l'Église, à tel point que, lorsque *Le Saint* eut été mis à l'Index, les agnostiques ne furent pas les derniers à s'en réjouir. Seul trouva grâce *Le Petit monde d'autrefois*, authentique œuvre d'art qui évoque le Risorgimento. Fogazzaro mourut peu après la publication de son roman *Leïla* (*) (1910).

RÉF. : E. Donadoni, *Antonio Fogazzaro*, Naples, 1913. – T. Gallarati Scotti, *La vita di Antonio Fogazzaro*, Milan, 1920. – B. Crémieux, *Panorama de la littérature italienne*, Paris, 1931. – L. Portier, *Antonio Fogazzaro*, Paris, 1937. – P. Nardi, *Antonio Fogazzaro*, Milan, 1942. – D. et L. Piccroni, *Antonio Fogazzaro*, Turin, 1970. – G. Cavallini, *La dinamica della narrativa di Fogazzaro*, Rome, 1978. – R. A. Hall Jr, *Antonio Fogazzaro*, Boston, 1978.

FOIGNY Gabriel de. Écrivain français. Né vers 1630, à Foigny, village du canton de Vervins (Aisne), mort en 1692 dans un couvent en Savoie. Nulle trace de ses ascendants directs, mais son nom est porté par des imprimeurs et des chanoines de la région. Il a dû recevoir une solide éducation théologique, puisqu'il est choisi comme prédicateur, dans l'ordre des Cordeliers. Objet de remontrances de la part de ses supérieurs, il quitte son habit religieux puis la France, pour Genève, où il arrive en 1666. Secouru par les pasteurs, il se convertit au calvinisme, vit difficilement comme correcteur ou professeur de musique, s'acquiert une réputation de libertin débauché, et doit quitter la ville pour Lausanne où il se marie avec Léa de la Maison, veuve Ducrest, qui le poursuivait pour rupture de bans. Précepteur d'enfants d'étrangers, il tente de se réhabiliter en écrivant, en 1668, un ouvrage d'édification, *Les Attraits au service divin*, qui ne recevra pas l'imprimatur et qui est perdu. Il devient ensuite régent de collège à Morges, d'où il est chassé pour avoir été pris de vomissements alcooliques lors d'un service religieux. Il est admis à Genève en 1672, pour ses trois enfants. Chantre du temple de Saint-Pierre, il vit de leçons qu'il tente de légitimer en écrivant une grammaire : *La Facilité et l'Élégance de la langue latine et française*, rééditée ensuite avec *L'Usage du jeu royal*. Il se lance dans la rédaction d'un almanach, *Le Grand Garantus*, dont on n'a aucune trace. Il écrit une plaquette sur la mort du prince de Hesse-Cassel, et réédite les *Psaumes de Marot et de Bèze* avec des commentaires. De dangereuses erreurs doctrinales lui sont reprochées, amenant confiscation des exemplaires, en 1675.

Entre-temps, il écrit son utopie, *La Terre australe connue* (*), récit attribué au héros, M. Sadeur, et publié en 1676, sous fausse adresse de Vannes, en réalité chez La Pierre, à Genève. Le Consistoire condamne l'œuvre, en 1677. Vingt-trois exemplaires en ont pourtant été retrouvés, et une seconde impression de cette édition originale verra le jour à Lyon, en 1695. Des versions tronquées du texte paraîtront en 1692, et ultérieurement, sous le titre *Les Aventures de Jacques Sadeur*, et seront commentées dans le *Journal des savants*, par Bayle (articles « Sadeur » et « Adam » du *Dictionnaire historique et critique*) et lues par Voltaire. Deux enfants nouveaux, la mort de sa femme n'assagissent pas Foigny, emprisonné, en 1684, pour avoir engrossé une servante. Libéré, il déclare vouloir redevenir catholique et, avec l'aide de l'évêque de Genève, récupère ses enfants et une partie de ses biens. Il se retire ensuite dans un couvent de Savoie, où il meurt en 1692. Il n'était probablement pas l'auteur des remaniements qui mutilent sa passionnante et scandaleuse utopie dans l'édition parue la même année.

PIERRE RONZEAUD.

RÉF. : F. Lachèvre, *Les Successeurs de Cyrano de Bergerac*, Paris, 1922. – P. Ronzeaud, *L'Utopie hermaphrodite. « La Terre australe » connue de G. de Foigny*, 1981. – L. Leibacher-Ouvrard, *Libertinage et Utopies sous le règne de Louis XIV*, Genève, 1989.

FOLENGO Teofilo, dit Merlin Coccaie. Poète italien. Né à Mantoue (Lombardie) le 8 novembre 1491, mort à Campese (Bassano del Grappa, Vénétie) le 9 décembre 1544. Entré à vingt-trois ans dans l'ordre des bénédictins, il dut changer de monastère à la suite de quelque dissentiment, puis retourna à la vie séculière et travailla comme précepteur dans une famille de l'aristocratie. Il y connut des alternances de méditation et de découragement, jusqu'au jour où il obtint l'autorisation de regagner son couvent (1534). Rendu à la vie religieuse, il fut élu prieur, inspecta différents monastères, de l'extrême sud à l'extrême nord de l'Italie, et mourut en Vénétie. L'œuvre de Folengo, et singulièrement *Baldus* (*), peinture savoureuse de son époque qui a rendu fameux le pseudonyme de Merlin Coccaie, est communément appelée « poésie macaronique ». Mais, si Folengo est le seul à avoir porté ce genre à un très haut degré de perfection, ce n'est pas lui qui l'inventa. Les origines en sont obscures et lointaines. C'est une façon humoristique de donner à des propos communs, et même vulgaires, une apparence solennelle empruntée au vocabulaire des savants, tout en demeurant accessible aux personnes non cultivées. Il se peut que le style macaronique ait été, à l'origine, une distraction d'étudiants, car, dès le Moyen Âge, on en trouve la trace dans certaines universités de l'Europe centrale. Folengo, en écrivant *Baldus* – son chef-d'œuvre –, *La Moscheide, Zanitonella, Le Chaos de Triperuno* (*), *Orlandino* (+), les *Épigrammes*, les *Macaronées* (*), etc., donna à ce jeu une dignité jusque-là jamais atteinte, par la métamorphose d'un argot de plaisanterie en langage poétique. La critique et l'histoire, en tout cas, ont bien du mal à situer exactement une telle œuvre dans l'atmosphère culturelle de l'époque. On peut supposer qu'elle fut pour son auteur, alors qu'il se trouvait dans le monde, une manière d'évasion où l'amertume pouvait se cacher sous les traits d'esprit. Folengo est également l'auteur d'ouvrages poétiques d'inspiration religieuse. Cette inspiration, déjà sensible dans le *Chaos de Triperuno*, l'emporte définitivement sur la satire dans les écrits suivants : *L'Atto della Pinta* (1539), *La Palermitana*, l'*Agiomachia*, et surtout *L'Humanité du fils de Dieu* [*Umanità del Figliuol di Dio*, 1533], poème ascétique d'un lyrisme direct et sincère.

RÉF. : A. Luzio, *Studi folenghiani*, Florence, 1899. – Attilio Momigliano, Article *Folengo* in *Enciclopedia italiana* de Treccani, Milan, 1932. – C. F Goffis, *Teofilo Folengo, Studi di storia e di poesia*, Turin, 1935. – G. Billanovich, *Tra don Teofilo Folengo e Merlin Coccaio*, Naples, 1948. – E. Bonora, *Le*

Maccheronee di Teofilo Folengo, Venise, 1956. – L. Messedaglia, *Vita e costume della rinascenza in Merlin Cocai,* 2 vol., Padoue, 1974. – E. Bonora, M. Chiesa, *Cultura letteraria e tradizione popolare in Teofilo Folengo,* Milan, 1979. – I. Paccagnella, *Le macaronee padovane. Tradizione e lingua,* Padoue, 1979. – G. Bellini, *Folengo e dintorni,* Brescia, 1981.

FOLLAIN Jean. Écrivain français. Né à Canisy (Manche) le 29 août 1903, mort à Paris le 10 mars 1971. Son grand-père maternel était notaire, son grand-père paternel instituteur, son père professeur au collège de Saint-Lô où il fit ses études secondaires et obtint le prix d'excellence en douzième et en philosophie. Il gardera toujours un souvenir précieux de cette période d'avant la guerre de 1914, où il était plongé dans un monde attaché aux traditions et au protocole, ravi par les promenades solennelles du dimanche à travers la campagne. Après un séjour à Leeds en Angleterre, il fait à Caen ses études de droit avec un succès et une application si remarquables que ses réponses, excellentes, arrachèrent un jour des larmes à un vieil examinateur. En 1923, premier voyage à Paris, où il s'installe en 1924 et où il fait un stage chez un avoué. Il s'inscrit en 1927 au barreau de Paris où il exercera jusqu'en 1952. Sa vie est partagée entre la pratique attentive du droit, des errances à travers Paris, le souci du cérémonial et de la dignité (son premier achat parisien fut celui d'un habit), enfin la littérature qui était pour lui une constante et minutieuse recherche. Il se lie très tôt avec les peintres et les poètes rassemblés par Fernand Marc, autour de la revue *Sagesse*, où il publie ses premiers poèmes. Il fait la connaissance de Salmon, Reverdy, Mac Orlan, Fargue, Guéguen, Armen Lubin, Max Jacob, Pierre Minet. En 1932, il collabore à *La Nouvelle Revue française*, à *Commerce*, à *Europe*. Mariage en 1934 avec Madeleine Denis, fille de Maurice Denis, peintre elle-même sous le nom de Dinès. En 1940, il est mobilisé comme canonnier dans la D.C.A. à Châteaudun. En 1951, il quitte le barreau pour exercer la fonction de magistrat au tribunal de grande instance de Charleville. S'ouvre une période de longs voyages, en 1957 en Thaïlande et au Japon, en 1960 au Brésil et au Pérou, en 1966 aux États-Unis, en 1967 en Côte-d'Ivoire et au Sénégal, en 1969 à Sainte-Hélène. Il a quitté la magistrature et a cessé toute activité professionnelle en 1961. Il est tué le 10 mars 1971 à 24h10 par une voiture, quai des Tuileries.

Ses ouvrages, assez nombreux, comportent des recueils de poèmes parmi lesquels *Usage du temps* (1943), *Exister* (*) (1947), *Les Choses données* (*) (1951), *Territoires* (1953), *Tout instant* (*) (1957), *Des heures* (1960), *Appareil de la terre* (1964), *D'après tout* (1967), *Espaces d'instants* (1971), et des livres de notations en prose, entre autres *Paris* (*) (1935), *Canisy* (*) (1942), *Chef-Lieu* (1950), *Collège* (posth., 1973) – pour les deux derniers titres, voir *Canisy*. Il fut plus d'une fois honoré par des prix littéraires et obtint en 1970 le Grand prix de la poésie de l'Académie française.

En dépit de la grande estime et de l'admiration qui lui furent toujours accordées, on n'a pas tout à fait compris l'importance de son œuvre. Celle-ci se distingue de façon catégorique de toutes les compositions littéraires de son époque sans s'y opposer le moins du monde, comme si son auteur n'en avait pas connaissance. Jean Follain, mondain aussi bien que solitaire et attentif aux moindres choses et aux moindres êtres, méfiant mais voué à la confiance et à la bonté, soucieux de précision autant que de rêves, ne se laisse à aucun moment classer ni saisir, et on a pu le prendre pour un fantaisiste ou un original dont la plume savante transcrit heureusement les événements les plus divers et les plus secrets. En fait, pour donner le sens de cette sorte d'abîme qu'il creuse en littérature, beaucoup plus étonnant que les manifestations surréalistes ou futuristes, il faut le rattacher à des poètes comme Limbour, Thomas, Lubin, Robin, lesquels, eux-mêmes souvent laissés à l'abandon, présentent ce caractère commun de renoncer à toute idée suivie, pour se livrer à des notations fragmentaires, au mépris de la composition et au bénéfice de certaines visions soudaines tout à fait uniques et d'une vérité criante. Jean Follain, pour sa part, a commencé par s'intéresser à des observations toujours divergentes, saisissant d'abord par exemple dans *Paris* la présence d'une terre ancestrale sous les pavés, et des souvenirs lointains dans l'esprit des passants ordinaires. Puis il s'est passionné pour toutes les démarches rituelles, en particulier celles de l'Église. Ce n'était pas simple curiosité mais le sentiment que ces rites, comme les détails d'une observation commune, laissaient filtrer par leur fragmentation l'éclat d'une intelligence insoupçonnée et même une sorte d'appel de l'éternité. Comme pour les poètes cités plus haut, comme pour Rimbaud, c'est notre salut qu'il semble souvent mettre en jeu. Croyant, incroyant, Jean Follain se livre, selon l'expression de Jean Grosjean, à une « incertitude confiante ». Et c'est alors qu'apparaît entre les témoignages de la mort, des crimes, de la guerre, de la médiocrité même dont il désigne sans cesse les obstacles, une rupture saisissante par où s'annonce une pureté sans doute indicible mais irrécusable.

Jean Follain, refusant toute allusion transcendante, qu'elle soit métaphysique ou religieuse, se bornant à rapporter ce qu'il a regardé et ce qui se passe d'ordinaire ou de sensationnel, a été confronté comme malgré lui à une contradiction essentielle entre la fragilité de nos *instants* et l'étonnement de les voir s'affirmer en dépit de tout et même *durer* dans un présent qu'on ne parvient pas à effacer (« Le Présent fulgure »). Bien loin de profiter de ces dissociations éblouissantes qui lui livrent une espérance pour ainsi dire sacrée, il demande à ses mots de serrer toujours au plus près les objets, les gestes qui marquent les limites de toute vie et de toute prétention. C'est au cours de cet exercice patient et presque rituel que surgissent soudain des éclairs, que ce soient les clous chez un quincaillier, la grâce d'une chevelure ou d'un corps de jeune fille. L'affaire capitale, c'est qu'on a la certitude que ces apparitions, comme les paroles mêmes de Follain, deviennent les médiatrices d'une merveille encore lointaine mais nécessaire.

ANDRÉ DHÔTEL.

FOLQUET de Marseille. Poète provençal. Né à Marseille dans la seconde moitié du XIIe siècle, mort à Toulouse en 1231. Il joue un rôle important dans l'histoire de la poésie provençale. Fils d'un riche marchand génois fixé à Marseille, il est né dans cette ville et non pas à Gênes, comme on le dit souvent. La preuve en est donnée par Pétrarque qui, dans son *Triomphe d'amour,* écrit : « Folquetto, qui a fait don de son nom à Marseille en le retirant à Gênes. » Il fut l'ami de grands seigneurs, tels que Richard Cœur de Lion, Barral, seigneur de Marseille, Alphonse VIII de Castille, d'autres encore. Il se fit moine vers 1200, et entra au monastère cistercien du Toronet. Il est fait allusion à cette conversion dans le chant IX du *Paradis* de Dante. Archevêque de Toulouse de 1205 jusqu'à sa mort, il persécuta les hérétiques, fut un des promoteurs de la croisade contre les Albigeois, et donna son appui à saint Dominique, fondateur des dominicains. Le poème provençal sur la croisade des Albigeois témoigne des dizaines de milliers de victimes qu'il fit périr sur le bûcher. Son œuvre poétique est antérieure à sa conversion (1180-1196). D'une grande érudition, il connaissait parfaitement les classiques de l'Antiquité et imita Ovide et Sénèque. C'était aussi un subtil dialecticien, formé par la philosophie scolastique. Cette tournure d'esprit apparaît même dans ses *Chansons* (*) qui sont toutes fort sensuelles, et où s'exprime son tempérament passionné et raffiné (son biographe provençal lui attribue plusieurs passions).

RÉF. : Fauriel, *Histoire de la poésie provençale,* t. II, 1846. — Hugo Pratsch, *Biographie des troubadours, Folquet von Marseille,* thèse, Berlin, 1879. — R. Stronski, *Le Troubadour Folquet de Marseille,* Cracovie, 1910.

FOMBEURE Maurice. Poète français. Né le 23 septembre 1906 à Jardres (Vienne) mort le 1er janvier 1981. Terrien, fier de l'être et de l'être resté, ayant gardé une solide apparence paysanne, il poursuit des études jusqu'à l'École normale de Saint-Cloud, après avoir fréquenté la faculté des lettres de Poitiers. Lorsqu'il enseigne à l'École normale de Mirecourt en 1932, il a déjà publié deux recueils de poésies : *Silences sur le tout* (1930), *La Rivière aux oies* (1932) ; et, tout en poursuivant sa carrière de professeur à Arras, à Saint-Germain-en-Laye, aux lycées Jean-Baptiste-Say et Lavoisier à Paris, il continue son œuvre de poète. Avec des recueils comme *Les Moulins de la parole* (1936), *À dos d'oiseau* (1942), *Aux créneaux de la pluie* (*) (1946), *Sous les tambours du ciel* (1959), *À chat petit* (1967), cette œuvre perpétue une inspiration pleinement rurale par le choix d'images colorées et par l'évocation des travaux et des jours, d'une vie humble et pourtant riche dans le cadre des champs, des bois et des rivières. Le langage de Maurice Fombeure est à la fois humoristique et précieux, pétillant de virtuosité, gaillard et bon vivant. La rusticité ne tombe jamais chez lui dans le commun et le vulgaire, et la morale de Maurice Fombeure reste candide, fraîche, quelque peu païenne et toujours imprégnée de stoïcisme.

RÉF. : Léon-Gabriel Gros, « Maurice Fombeure ou la chanson retrouvée », dans *Poètes contemporains II,* Marseille, 1951. — Jean Rousselot, *Maurice Fombeure,* Paris, 1957.

FONDANE Benjamin. Écrivain français d'origine roumaine. Né à Iasi, en Roumanie, en 1898, mort à Birkenau le 3 octobre 1944. Issu d'une famille juive, de son vrai nom Benjamin Wexler, il débute comme critique littéraire et journaliste à Bucarest (1919-1923) où il fait partager ses enthousiasmes pour la littérature française (*Images et livres de France,* paraît en 1922, à Bucarest). Il commence dès 1917 à rédiger des poèmes en roumain, réunis en 1930 sous le titre *Paysages* [*Privelisti*]. Il émigre à Paris en 1923 où il commence à travailler comme employé dans les assurances avant d'être engagé, en 1930, comme scénariste à la Paramount (en 1983 seront publiés l'ensemble de ses *Écrits pour le cinéma*). C'est à Paris qu'il fait la rencontre décisive du philosophe russe Léon Chestov (voir ses échanges avec le philosophe réunis sous le titre *Rencontres avec Léon Chestov,* 1982). Ayant déjà rompu avant d'émigrer avec ses rêves de jeunesse de donner une « justification esthétique de l'Univers », il se tourne vers le mouvement Dada (dont Tzara, autre Roumain, avait été le principal protagoniste), puis vers le surréalisme alors en pleine ascension. Mais l'attitude d'André Breton le déçoit — on trouvera traces de cette polémique dans son premier livre paru en France, en 1933, *Rimbaud le Voyou* (*). En 1936 et 1938 paraissent ses deux essais philosophiques les plus importants : *La Conscience malheureuse* (*) et *Faux traité d'esthétique* où s'affirme une pensée rebelle à toutes les récupérations dans des systèmes donnés. L'existence — l'influence de Kierkegaard est majeure — ne peut être enfermée dans le concept, elle s'en échappe, même au prix de la mort. Il n'y a nulle consolation à attendre du désespoir d'être, si ce n'est du désespoir même. En 1990 reparaîtront d'autres essais philosophiques, parus en 1944 et 1945 ; *Le Lundi existentiel et le dimanche de l'histoire,* suivi de ses chroniques données aux *Cahiers du Sud* sous le titre *La Philosophie vivante.* Fondane travaillait à l'édition d'œuvres en cours (notamment des textes poétiques rédigés depuis 1933 : *Ulysse, Titanic, Exode, Le Mal des fantômes,* – poèmes réunis et réédités sous ce dernier titre en 1981) lorsque le malheur s'abattit sur lui. Interné, avec sa sœur, au camp de Drancy, sorti de ce camp grâce à de solides amitiés (Paulhan, Cioran), il décida de la rejoindre et de partager son destin. Il sera déporté à Auschwitz, gazé à Birkenau, le 3 octobre 1944.

FRANCIS WYBRANDS.

FONTANE Theodor. Écrivain allemand. Né le 30 décembre 1819 à Neuruppin, dans les Marches de Brandebourg, mort le 20 septembre 1898 à Berlin. Ses parents étaient originaires de France, et le caractère léger de son père et surtout de son oncle, chez qui il logea lorsque, âgé de quatorze ans, il entra dans une école professionnelle à Berlin, nuisit beaucoup à ses études. Il souffrit, par la suite, de n'avoir pas reçu une solide instruction classique. Destiné dès l'enfance à la pharmacie, il fut, de 1836 à 1849, commis pharmacien à Berlin, à Magdebourg, à Dresde, et de nouveau à Berlin. En 1844, il avait fait un voyage en Angleterre, où il retourna en 1852. Il commença très jeune à écrire, et publia des poésies de genres divers. À Berlin, il fit partie du cénacle littéraire connu sous le nom de « Tunnel sur la Sprée » et décida de se vouer aux lettres.

Devenu journaliste, Theodor Fontane se maria en 1850 et, de 1855 à 1859, il vécut en Angleterre où il dirigea un journal anglo-allemand. Il consigna ses souvenirs de cette époque dans un livre intitulé *D'Angleterre* [*Aus England,* 1860]. Revenu en Allemagne, Fontane, toujours dans le journalisme, disposa de plus de loisirs, qu'il consacra à la littérature, et publia quelques ballades particulièrement réussies, qui furent recueillies plus tard en volume – v. *Ballades* (*). En 1870, il se trouvait en France pendant la guerre franco-allemande, et fut arrêté comme espion. Ce ne fut qu'au bout de quelques mois qu'on le libéra, après une énergique intervention de Bismarck. Cette aventure fut décrite par Fontane dans son livre *Journal de captivité* [*Kriegsgefangen,* 1871]. Mais, comme l'écrit Thomas Mann dans son étude « Le Vieux Fontane » (1910), il dut attendre la vieillesse pour devenir tout à fait lui-même. Il a déjà cinquante-neuf ans lorsqu'il publie le premier de ses dix-sept romans, *Avant la tempête* (*), suivi de *L'Adultera* (*), ses *Promenades à travers la marche de Brandenburg* [*Wanderungen durch die Mark Brandenburg,* 1862-1882], *Dédales* (*), *Stine* (*), *Frau Jenny Treibel* (*), puis son chef-d'œuvre *Effi Briest* (*), enfin *Le Stechlin* (*), publié après sa mort. En 1894, il fut nommé docteur « ad honorem » de la faculté de philosophie de Berlin. Theodor Fontane fut l'un des écrivains les plus représentatifs de la fin du XIXe siècle. Naturaliste dans sa manière de peindre les milieux, il fut, en outre, dans l'observation des personnages, un précurseur du roman psychologique moderne.

♦ *« Pour ma part, tout au moins, qu'il me soit permis d'avouer qu'aucun écrivain du passé ou du présent n'éveille en moi ce ravissement immédiat et instinctif, cet amusement spontané, cet intérêt chaleureux, cette satisfaction que j'éprouve à chaque vers, à chaque ligne de ses lettres, à chaque bribe de ses dialogues. »* Thomas Mann.

RÉF. : H. Spiero, *Fontane,* Wittenberg, 1928. – H. W. Seidel, *Theodor Fontane,* Stuttgart, 1940. – G. Radbruch, *Th. Fontane, oder Skepsis und Glaube,* Leipzig, 1948. – P. Demetz, *Formen des Realismus. T. Fontane.* Munich, 1966. – P. Bange, *Ironie et dialogisme dans les romans de T. Fontane,* Grenoble, 1974. – W. Mueller-Seidel, *T. Fontane,* Stuttgart, 1980. – E. Vorschau, *T. Fontane,* Berlin, 1983.

FONTANIER Pierre. Rhétoricien français (fin XVIIIe-XIXe s.). L'histoire a retenu peu de choses de la vie même de Fontanier. Professeur (en l'an X, on le trouve à l'École centrale de l'Ardèche où il enseigne la grammaire générale), il donne quelques éditions commentées, comme celle de *La Henriade* (*) de Voltaire ou de *La Religion* (*) de Louis Racine, ainsi que des extraits de Boileau. Il publie également une *Clef des étymologies* et des *Études de la langue française sur Racine.* On perd sa trace après 1830.

Toute sa vie fut en fait consacrée à l'édification de son traité en deux volumes : *Manuel classique pour l'étude des tropes* (1821) et *Traité général des figures du discours autres que tropes* (1827) – réunis en 1968 sous le titre *Les Figures du discours* (*) –, « Aboutissement de toute la rhétorique française » (Gérard Genette), qui connut un immense succès. Le regain d'intérêt porté à la rhétorique par la linguistique et le courant structuraliste a replacé le traité de Fontanier au cœur de la réflexion moderne sur les figures.

CHRISTIAN DOUMET.

FONTENELLE Bernard Le Bovier de. Écrivain français. Né le 11 février 1657 à Rouen, mort le 9 janvier 1757 à Paris. Fils d'un avocat et neveu des Corneille par sa mère, il fit ses premières études au collège des jésuites, puis son droit, mais, inscrit au barreau, ne plaida qu'une fois, une cause que d'ailleurs il perdit. Son premier voyage à Paris, en 1674, fut suivi de nombreux autres, mais il ne s'établit définitivement dans la capitale qu'en 1687.

C'est au *Mercure galant*, rédigé alors par son oncle Thomas Corneille et par Donneau de Visé, qu'il fit ses débuts littéraires, en mai 1677, avec des poésies intitulées *L'Amour noyé* et *Élégie du ruisseau à une prairie.* Il se croyait un génie dramatique et en resta persuadé toute sa vie, malgré les cuisants échecs que connurent ses premières œuvres, *Psyché* (1679), comédie lyrique, *Bellérophon* (1679), opéra-ballet, toutes deux sur une musique de Lully, et *Aspar* (1680), tragédie à la représentation de laquelle, si l'on en croit Racine, on employa pour la première fois le sifflet.

Fontenelle était en revanche fort apprécié dans les salons, chez Mme de la Sablière, Mlle de Scudéry, Ninon de Lenclos, où il charmait les femmes par sa conversation spirituelle et toujours parfaitement délicate. Bel esprit, avec des coquetteries un peu désuètes, habitué dès sa jeunesse à rimer des vers galants, compliqués, ingénieux et subtils, il se sentait parfaitement à l'aise au milieu du renouveau de préciosité qui se produisait alors à Paris.

Dès ses *Dialogues des morts* (*) (1683), cependant, se manifestent son originalité et son indépendance de pensée, cachées toutefois par la froide sérénité de la forme. La même année parurent le *Jugement de Pluton* (*) et les *Lettres galantes du chevalier d'Her...* (*), qui remportèrent un succès considérable, mais dont Fontenelle a toujours nié être l'auteur : c'était, pour le style, « du Benserade tout pur », mais l'attaque ne visait rien moins que l'institution du mariage, consacrée par la religion. Peu après, avec les *Entretiens sur la pluralité des mondes* (*) (1686), Fontenelle allait trouver sa place véritable, on ne peut dire de vulgarisateur – la qualité du public auquel il s'adressait, comme sa propre qualité d'écrivain l'interdisent – mais d'intermédiaire entre les savants et les gens du monde. Pour reprendre les expressions de Sainte-Beuve, il faisait « entrer les vérités de Copernic dans une enveloppe à la Scudéry », il offrait « des vérités, bonbonnière à la main, absolument comme on offrirait des dragées et des pastilles ». Il s'imposait aussi par la sûreté et la diversité (mathématiques, géométrie, physique, astronomie, chimie, médecine) de ses connaissances, et par le sentiment tranquille qu'il avait d'un progrès du monde moderne ; comme Voltaire un siècle plus tard avec Newton, il faisait pénétrer dans la mentalité de son temps la nouvelle vision du monde résultant des découvertes de Copernic et de Descartes. En 1686 et 1687 paraissent deux livres qu'on peut considérer comme la première manifestation nette de l'esprit nouveau qui allait triompher au XVIIIe siècle : *L'Origine des fables*, où les mythes religieux des Anciens sont regardés comme autant d'inventions de la niaiserie humaine, et l'*Histoire des oracles* (*).

En 1687, lorsque Perrault, par la lecture, lors d'une séance extraordinaire de l'Académie, de son poème *Le Siècle de Louis le Grand* (*), déclencha la fameuse querelle des Anciens et des Modernes, c'est dans le camp de ces derniers que se rangea Fontenelle : son *Traité sur la nature de l'églogue* (1688) est une impitoyable critique de Théocrite et, dans sa *Digression sur les Anciens et les Modernes* (*) (1688), il affirme la supériorité de ses contemporains sur Homère, Platon, Démosthène, car, « étant montés sur leurs épaules, nous voyons plus loin qu'eux ». Cette attitude ne facilita guère son entrée à l'Académie française. Il n'y fut admis qu'après quatre échecs, en mai 1691, et fit, en guise de discours de réception, un panégyrique enthousiaste des Modernes. C'est encore cette querelle – autant que la guerre entre les partisans de Corneille et ceux de Racine et enfin de vieilles rancunes à venger – qui l'amena peu après à refuser sa voix à La Bruyère qui se vengea en faisant, dans ses *Caractères* (*), un féroce portrait de Fontenelle, sous le nom de Cydias.

Après publication des *Poésies pastorales* (1688), et la représentation, avec succès, des tragédies lyriques *Thétis et Pélée* (1689) et *Énée et Lavinie* (1690), Fontenelle abandonna pendant une trentaine d'années la littérature de divertissement : alors commença la deuxième, et la meilleure époque de son talent. Cartésien dégagé de toute idée préconçue, toujours homme de salon et homme d'esprit, mais épuré de son faux goût, membre de l'Académie des sciences en 1697, secrétaire perpétuel de cette Académie en 1699, reçu à l'Académie des inscriptions et belles-lettres en 1701, il consacra la plus grande part de son temps à sa correspondance avec divers savants étrangers, et surtout à la rédaction de son *Histoire du renouvellement de l'Académie royale des sciences en 1699* (1715) et de ses soixante-dix *Éloges des académiciens* (*) (1715). Bien que pendant ses fonctions de secrétaire de l'Académie des sciences il n'eût publié qu'un livre, *Éléments de la géométrie et de l'infini* (1727), il ne parvenait pas à contenir sa manie d'auteur dramatique ; les tragédies se succédaient, également froides et médiocres : *Macate* (1720), *Le Tyran* (1724), *Abdalonime* (1725), *Henriette* (1740), *Lysianasse* (1741), etc. En 1742, il achevait une *Vie de M. Corneille avec l'histoire du théâtre français jusqu'à lui,* à laquelle il travaillait depuis 1685.

Heureux vieillard, toujours aussi brillant dans le trait d'esprit (mais c'était maintenant chez la duchesse du Maine, ou Adrienne Lecouvreur, ou Mme de Tencin, ou Mme Geoffrin, ou Mme Helvétius), un peu intimidé devant les audaces du nouveau siècle, il restait jaloux de son indépendance et avait refusé les richesses, les dignités et même la place de président perpétuel de l'Académie des sciences que le Régent lui offrait. Sa longévité – il est mort centenaire, à un mois près – paraît symbolique. Plus complètement que Fénelon, Fontenelle fait la transition entre le XVIIe siècle et le XVIIIe. Trop « honnête homme », il fut révolutionnaire à la manière des gens qui ne sauraient se passer de la vie de société, c'est-à-dire simplement paradoxal. Mais personne n'a été aussi savant avec autant de clarté et d'élégance.

JACQUES PATRY.

♦ *« Cydias* [Fontenelle] *est bel esprit : c'est sa profession. Il a une enseigne, un atelier, des ouvrages de commande, et des compagnons qui travaillent sous lui : il ne vous saurait rendre de plus d'un mois les stances qu'il vous a promises, s'il ne manque de parole à Dosithée, qui l'a engagé à faire une élégie ; une idyllle est sur le métier, c'est pour Crantor qui le presse, et qui lui laisse espérer un riche salaire. Prose, vers, que voulez-vous. Il réussit également en l'un et en l'autre... C'est en un mot un composé du pédant et du précieux, fait pour être admiré de la bourgeoisie et de la province, en qui néanmoins on n'aperçoit rien de grand que l'opinion qu'il a de lui-même. »* La Bruyère. ♦ *« Que je vous plains ; ce n'est pas un cœur que vous avez là dans la poitrine, c'est de la cervelle, comme dans la tête. »* Mme de Tencin, à Fontenelle. ♦ *« Fontenelle est autant au-dessus des autres hommes par son cœur qu'au-dessus des hommes de lettres par son esprit. »* Montesquieu. ♦ *« Fontenelle mérite d'être regardé par la postérité comme un des plus grands philosophes de la terre, et, malgré leurs défauts, la plupart de ses ouvrages ne devraient jamais périr... C'est à lui, en grande partie, qu'on doit cet esprit philosophique qui fait mépriser les déclamations et les autorités pour discuter le vrai avec autorité. »* Vauvenargues. ♦ *« Le premier parmi les savants qui n'ont pas eu le don de l'invention. »* Voltaire. ♦ *« Fontenelle a accueilli en lui toutes les connaissances, toutes les influences ; il a simplement laissé, en toute sérénité, chaque affirmation peser en son esprit son juste poids ; il est apparu à ses contemporains comme une énigme, parce qu'il les transformait, sans qu'ils pussent rendre compte de cette force étrange et tout intérieure qui laisse le visage et les yeux immobiles : le calme sourire de la raison. »* Jean-Raoul Carré.

RÉF. : D'Alembert, *Éloge de Fontenelle*. – Flourens, *Fontenelle*, Paris, 1847. – Sainte-Beuve, *Causeries du lundi*, tome III, Paris, 1852. – Maigron, *Fontenelle, l'homme, l'œuvre, l'influence*, Paris, 1906. – Carré, *La Philosophie de Fontenelle*, Paris, 1932. – Pierre Chambry, *Fontenelle*, Paris, 1937. – F. Grégoire, *Fontenelle*, Paris, 1947. – W. Krauss, *Fontenelle und die Aufklärung*, Munich, 1969. – A. Pizzorusso, *Il Ventaglio e il compasso, Fontenelle e le sue teorie letterarie*, Naples, 1964. – A. Niderst, *Fontenelle à la recherche de lui-même*, Paris, 1972. – Actes du colloque de Rouen, éd. A. Niderst, 1989.

FONVIZINE Denis Ivanovitch [Denis Ivanovič Fonvizin]. Écrivain satirique russe. Né le 3 avril 1745 à Moscou, mort le 12 décembre 1792 à Saint-Pétersbourg. Il est, à l'origine du théâtre russe moderne, le premier auteur dont les comédies aient une réelle valeur artistique. De famille noble, il reçut une éducation soignée et, après un stage à l'université de Moscou, devint le secrétaire d'une haute personnalité politique, le comte Panin. Ce poste lui laissait assez de loisir pour s'intéresser à la littérature et au théâtre. Fonvizine écrivit seulement, à seize ans de distance, deux comédies. La première, *Le Brigadier* (*) en 1766, puis *Le Mineur* (*) en 1782. Entre-temps, il voyagea à l'étranger pour refaire sa santé, et se rendit notamment en France et en Italie, dont il a laissé dans ses lettres (publiées plus tard) des descriptions pleines d'esprit critique, d'une réelle valeur artistique et documentaire. Fidèle à la tradition classique, Fonvizine, dans ses comédies, s'inspire moins de Molière, auteur qui lui était pourtant familier, que du Danois Holberg dont il a traduit quelques œuvres de l'allemand. Quand on a lu les *Lettres de France*, les deux comédies de Fonvizine sont particulièrement savoureuses. La francophobie de l'auteur s'y confond avec celle des classes moyennes russes de la seconde moitié du XVIIIe siècle, s'opposant aux tendances de la noblesse dont la culture était d'origine française.

RÉF. : L. Léger, *Russes et Slaves*, tome 2, Paris, 1896. – Patouillet, *Le Théâtre de mœurs russe*, Paris, 1912. – Alexis Stryček, *Denis Fonvizine*, Paris, 1976.

FORD Ford Madox (pseud. de Ford Hermann Hueffer). Écrivain anglais. Né le 17 décembre 1873 à Merton (Sussex), mort le 26 juin 1939 à Deauville. Orphelin de père à l'âge de quinze ans, ce fils d'un Allemand critique musical au *Times* et d'une Anglaise fut élevé par son grand-père maternel, le peintre préraphaélite Ford Madox Brown. À vingt et un ans, il enleva Elsie Martindale, âgée de dix-sept ans. Ils se marièrent, mais très vite l'union tourna mal. Le divorce était impossible car sa femme était catholique. Ford entama alors une liaison avec la romancière Violet Hunt. De 1892 à sa mort, il publia quelque soixante-quinze ouvrages : romans, poèmes, souvenirs, essais, biographies, histoires, récits de voyages, critiques, textes de sociologie... Avec la collaboration de Joseph Conrad, il écrivit *The Inheritors* (1901), roman politique contre la guerre des Boers et l'impérialisme en général, et *Romance* (1903), « roman impressionniste ». Il fonda en 1908 *The English Review,* qui publiait des textes d'auteurs reconnus, tels que Henry James, Conrad, Thomas Hardy et Galsworthy, mais aussi de jeunes écrivains comme D. H. Lawrence ou Ezra Pound. Ford commença sa carrière littéraire comme romancier historique, avec la trilogie *La Cinquième Reine* [*The Fifth Queen*] notamment, dont les personnages ne sont autres que le roi Henry VIII et Catherine Howard, sa cinquième épouse. Quand éclata la Première Guerre mondiale, il s'engagea malgré ses quarante et un ans et fut envoyé sur le front. Gazé lors des combats, il en revint traumatisé, privé des certitudes et des illusions qui étaient les siennes. « Révolutionnaire conservateur », Ford défendait les vertus traditionnelles telles que liberté individuelle et propriété contre le collectivisme et les réformes sociales. Pessimiste, il voyait l'histoire comme un déclin continu, depuis l'Empire romain jusqu'à nos jours. La confusion du monde contemporain lui inspirait une certaine nostalgie du monde féodal. En 1923, il prit le pseudonyme de Ford Madox Ford, en hommage à son grand-père et pour se donner un nom aux sonorités plus anglaises. En 1924, il créa la *Transatlantic Review* installée à Paris, et publia dans l'entre-deux-guerres les œuvres des plus grands écrivains de son temps

(Hemingway, Joyce), partageant sa vie entre l'Angleterre, la France et les États-Unis. Toujours à la recherche de nouveaux talents, Ford avait voulu créer une esthétique propre au XXe siècle, ce qui le rapproche des autres « modernistes » de son époque, comme Virginia Woolf. Ses œuvres majeures, celles où il atteint sa maturité artistique, sont le roman *Le Bon Soldat* (*), publié en 1915, et la tétralogie intitulée *Fin de parade* (*), dans laquelle il évoque les effets de la guerre de 1914-18 sur toute une génération. Ford ne connut aucun grand succès public de son temps, ni aucun succès d'estime auprès des critiques. Après une longue éclipse, il commence à susciter l'intérêt à nouveau depuis les années 60.

LAURENT BURY.

FORD John. Dramaturge anglais. Né en avril 1586 à Ilsington (Devonshire, Grande-Bretagne), mort à Devon après 1639 (?), date après laquelle on perd sa trace. Après avoir étudié à l'Exeter College d'Oxford en 1602, il fut admis au Middle Temple (école de droit), puis exerça, semble-t-il, la profession d'avocat ; mais on sait fort peu de chose sur sa vie, et une partie de son œuvre a été perdue. Il débuta par des poésies de circonstance dédiées à de grands seigneurs, mais, se consacrant surtout au théâtre, il écrivit des comédies : *Les Fantaisies chastes et nobles* [*The Fancies Chaste and Noble,* 1638] ; *La Chérie du soleil* [*The Sun's Darling,* 1656] appelées « masques », c'est-à-dire représentations allégoriques. Mais il est surtout connu par ses tragédies. Rappelons : *Dommage qu'elle soit une putain* (*) ; *Le Cœur brisé* (*) ; *Sacrifice d'amour* (*) ; *Perkin Warbeck,* tirée de l'*Histoire du règne d'Henry VIII* de Bacon (1622). Pour quelques-unes de ses pièces, par exemple *La Sorcière d'Edmonton* [*The Witch of Edmonton,* 1658], Ford eut pour collaborateurs Dekker, Webster et Rowley. Il est aujourd'hui considéré comme le dernier et le plus moderne des grands dramaturges élisabéthains. D'une pénétrante finesse psychologique à fond de mélancolie, qui doit beaucoup à l'*Anatomie de la mélancolie* (*) de Burton, alors populaire, et dont s'inspire *La Mélancolie de l'amant* [*The Lover's Melancholy,* 1628], il analyse les passions, surtout l'amour, avec un raffinement presque morbide qui le rend cher aux décadents. On l'admire aussi pour la perfection formelle de ses vers, dont Swinburne a loué l'harmonie, et pour une pureté de langue qualifiée par Coleridge de « claire comme les étoiles par une nuit de gel ».

♦ *« Un amoraliste païen, convaincu de la fatalité des passions... »* L. Cazamian.

RÉF. : M. E. Cochnower, *John Ford,* Princeton, 1933. – M. J. Sargeaunt, *John Ford,* Oxford, 1935. – G. F. Sensabaugh, *The Tragic Muse of John Ford,* Londres, 1944. – R. Davril, *Le Drame de John Ford,* Paris, 1954. – C. Leech, *John Ford and the Drama of his Time,* Londres, 1957. – D. K. Anderson, *John Ford,* New York, 1972. – R. Huebert, *John Ford, Baroque English Dramatist,* Montréal, 1977. – D. M. Farr, *John Ford and the Caroline Theatre,* Londres, 1979. – M. Neill (ed.), *J. Ford : Critical Re-vision,* Cambridge, 1988.

FORNERET Xavier. Écrivain français. Né et mort à Beaune : 16 août 1809 - 8 juillet 1884. Fils d'un riche propriétaire terrien dont il hérite à l'âge de dix-neuf ans, Xavier Forneret, tel Raymond Roussel, vivra de ses rentes et très tôt mettra un point d'honneur à faire reconnaître le talent qu'il se croyait avoir. En 1834, il publie *Deux destinées,* drame, avec de belles illustrations du romantique Johannot, puis, l'année suivante, *Vingt-trois, Trente-cinq,* deux chiffres qui correspondent à l'âge des deux héros du livre, et *L'Homme noir,* drame en cinq actes. Toutes ces pièces seront jouées, sans succès, sinon de scandale, au théâtre de Dijon. En 1836, il fait imprimer à grand renfort de publicité *Rien... Quelque chose – au profit des pauvres* (ce qui était vrai !). Malmené par ses concitoyens auxquels l'opposeront bien des procès, il s'acquiert vite une réputation d'excentrique : violoniste, il jouerait de son Stradivarius dans sa gothique tour pendant la nuit ; amateur de macabre, il se plairait à dormir dans un cercueil ! Il décide de venir à Paris où il publie luxueusement *Sans titre, par un homme noir blanc de visage* (*), recueil de maximes, et *Vapeurs, ni vers ni prose* (1838) où figurent plusieurs poèmes d'une puissante ironie, comme « Un pauvre honteux ». En 1840 sort *Encore un an de Sans titre,* bientôt suivi de *Pièce de pièces, Temps perdu,* sept contes remarquables par leur originalité éperdue, voire leur sublime maladresse : notamment « Alabrune ou Un pauvre du soir », « Un crétin et "sa" harpe » et surtout « Le Diamant de l'herbe », pur petit chef-d'œuvre romantique.

En 1847, Forneret revient à Beaune où il publie deux fascicules, *Rêves* (on n'a retrouvé que le second), et tient à la *Chronique de Bourgogne* la critique musicale. Il a, de la fille d'un tonnelier, un fils qu'il reconnaît et auquel il dédiera une luxueuse plaquette, *À mon fils naturel.* Un autre enfant naîtra de ce concubinage bientôt destiné à se défaire. Lors de la révolution de 1848, Forneret prend la tête d'un journal républicain modéré, *Le Vrai Patriote,* où il donne des articles de politique. Il s'y révèle un polémiste de talent, croyant plus à l'avenir du général Cavaignac qu'à celui de Louis-Napoléon Bonaparte. À la cessation de cette feuille, il se retire en sa propriété de Mimande, au milieu de ses vignes. En 1851, il propose un divertissant pot-pourri, *Voyage d'agrément de Beaune à Autun,* mais c'est à Paris que vont être imprimées ses piteuses *Lignes rimées* (1853). Toujours à Paris, en 1855, est représenté au Théâtre de Montmartre son drame *Mère et Fille ;* Jules Janin n'en dit pas du bien, mais quelques critiques l'apprécient. Ce germe de succès l'encourage et il devient d'autant plus facilement la victime de directeurs de théâtre ou de folliculaires croyant plus en ses deniers qu'à son réel tempérament d'écrivain. Des procès s'ensuivront. Le démon littéraire s'accrochant à ses basques, il publie en 1858 un roman, *Caressa* (trois cent une pages imprimées au recto seulement). Tant d'efforts désordonnés allaient recevoir une maigre récompense sous l'aspect d'un article de Charles Monselet paru dans *Le Figaro* du 26 juillet 1859 où le critique assure : « Ce terrain inexploré laisse parfois briller un filon de pur métal. » Il n'empêche que ses *Ombres de poésie* (1860) ne mentiront pas, hélas ! à leur titre. Au déclin de sa vie, Forneret donne encore *Broussailles de la pensée* (1870), autre recueil aphoristique, et un libelle, qui reprend une *Lettre à M. Victor Hugo* (1851) où il se montrait l'adversaire des abolitionnistes en matière de peine capitale. Contraint dans ses dernières années qui furent impécunieuses d'abandonner ses aîtres familiers, il revient habiter Beaune où il meurt en 1884. Le jour de son enterrement, son cheval, caparaçonné de noir et tenu en main par un domestique, suit, au premier rang, le corbillard de son maître. Ainsi l'avait voulu cet excentrique impénitent. Ce seront essentiellement les surréalistes (Breton et Péret) qui attireront l'attention sur l'œuvre disparate de cette personnalité fantasque, que tous les amateurs de « marginalia » se doivent de connaître.

JEAN-LUC STEINMETZ.

♦ *« Le style de Forneret est* [...] *de ceux qui font pressentir Lautréamont, comme son répertoire d'images audacieuses et toutes neuves annonce déjà Saint-Pol Roux. »* André Breton. ♦ « [...] *un visionnaire incertain.* » Willy-Paul Romain. ♦ *« La passion n'a jamais atteint chez aucun poète romantique le paroxysme qu'elle connaît avec Xavier Forneret. »* Benjamin Péret.

RÉF. : André Breton, *Anthologie de l'humour noir,* Paris, 1940. – Eldon Kaye, *Xavier Forneret dit « L'Homme noir » (1809-1884),* Genève-Paris, 1971. – Jean-Luc Steinmetz, *La France frénétique de 1830,* Paris, 1978.

FORSTER Edward Morgan. Romancier anglais. Né à Tonbridge le 1er janvier 1879, mort à Coventry le 7 juin 1970. Après des études à Cambridge, il débuta dans les lettres par quelques petits contes qui parurent, pour la plupart, dans l'*Independent Review.* Au cours d'un séjour en Italie, il écrivit son premier roman : *Monteriano* [*Where Angels Fear to Tread,* 1905], bientôt suivi par des souvenirs romancés de sa vie scolaire : *Le plus long des voyages* [*The Longest Journey,* 1907], et par deux romans : *Avec vue sur l'Arno* (*) (1908) et *le Legs de Mrs. Wilcox* [*Howards End,* 1910]. En 1911, Forster écrivit une pièce (qui ne fut jamais jouée) : *Le Cœur de la Bosnie* [*The Heart of Bosnia*], et visita les Indes, voyage qu'il renouvela en 1921, et dont le fruit fut sa *Route des Indes* (*) (1924), livre considéré comme son œuvre maîtresse, et qui lui valut, en France, le prix *Fémina-Vie heureuse.* Il fit beaucoup de journalisme et ses critiques littéraires furent très appréciées, en particulier l'ouvrage intitulé *Aspects du roman* [*Aspects of the Novel,* 1927] ; les articles qu'il écrivit après la Première Guerre mondiale furent réunis par lui en un volume qu'il intitula *Abinger Harvest* (1936). Dans la plupart de ses romans, Forster met en évidence le conflit qui naît des rapports entre les personnes qui vivent guidées par leurs instincts, et celles qui obéissent avant tout aux impératifs des conventions sociales. Se rangeant lui-même dans la première de ces catégories, Forster décrit le monde de la seconde avec une grande acuité d'observation et une veine satirique assez marquée. Après un silence assez long, il publia *Ce que je crois* [*What I Believe,* 1939], puis en 1951 le livret de l'opéra *Billy Budd*, inspiré de l'œuvre de Melville et écrit en collaboration avec Benjamin Britten. Il prépara avant de mourir la publication posthume (1971) de son roman *Maurice* (*) écrit en 1913, dont le héros est homosexuel.

RÉF. : L. Trilling, *E. M. Forster,* Londres, 1944. – J. B. Beer, *The Achievement of E. M. Forster,* Londres, 1962. – F. C. Crews, *E. M. Forster : the Perils of Humanism,* Princeton, 1962. – W. Stone, *The Cave and the Mountain : a Study of E. M. Forster,* Stanford, 1966. – P. N. Furbank, *E. M. Forster, a life* (2 vols.), Londres, 1977-78. – E. Hanquart, *Un humaniste dans la cité moderne : E. M. Forster,* Lille, 1986 (Thèse).

FORSTER Johann Georg Adam. Voyageur et savant allemand. Né le 27 novembre 1754 à Nassenhuben, près de Dantzig, mort le 10 janvier 1794 à Paris. Il était le descendant d'une famille écossaise. À l'âge de dix-huit ans, il prit part avec son père, le botaniste Johann Reinhold Forster, au second voyage de Cook autour du monde. Il avait déjà, tout jeune alors, accompagné son père au cours d'un voyage que celui-ci fit le long de la Volga. Il publia la relation de ce deuxième voyage en 1777 (deux ans après son retour), sous le titre : *Voyage autour du monde sur la corvette « Résolution » commandée par Cook* (*). Ce récit plein de vie et de fraîcheur laisse apparaître déjà ses idées humanitaires. Après avoir été professeur d'histoire naturelle à Cassel et à Vilna, il devint en 1788 bibliothécaire de l'Électeur de Mayence. Quand éclata la Révolution française, il adhéra à ses principes avec enthousiasme ; un voyage qu'il fit avec le jeune Friedrich Alexander von Humboldt à travers la Hollande, le Brabant, la Flandre ainsi qu'en Angleterre et en France fut décisif et ne fit que confirmer Forster dans ses idées. Les deux premiers volumes de relation de ce voyage parurent en 1791 sous le titre : *Tableaux du Rhin inférieur* [*Ansichten vom Niederrhein*] ; le troisième ne parut qu'après sa mort en 1794. À son retour, il s'appliqua à diffuser en Rhénanie les idées nouvelles et fonda à Mayence une Société des amis du peuple, sur le modèle du club des Jacobins. Dans la crainte d'une réaction possible (l'Électeur avait fui et la noblesse l'avait suivi, mais la population n'avait accueilli la Révolution qu'avec tiédeur), il n'hésita pas à prononcer des discours dans lesquels il jugeait nécessaire la réunion de la Rhénanie à la France. « Vous avez été les premiers en Allemagne, disait-il, à briser vos chaînes, ne vous laissez pas distancer par vos voisins. » Il dut se rendre à Paris et en son absence les « Savants de Berlin » lancèrent contre lui des libelles calomnieux contre lesquels il dut se défendre. Mais les armées allemandes vinrent occuper Mayence et Forster mourut seul à Paris. Sa femme publia sa correspondance en 1829. En 1877, Th. Hettner fit paraître sa *Correspondance avec Sommering* [*Briefwechsel mit C. Th. Sommering*].

RÉF. : Kurt Kersten, *Ein europäischer Revolutionär, Georg Forster*, Berlin, 1921. – Paul Zincke, *G. Forsters Bildnis im Wandel der Zeiten. Beitrag zur Geschichte des öffentlichen Geistes in Deutschland*, Reichenberg, 1925. – Marita Gilbi, *Georg Forster : l'œuvre d'un penseur allemand réaliste et révolutionnaire*, Paris, 1975. – Detlef Rasmussen (éd), *Der Weltumsegler und seine Freunde : Georg Forster als gesellschaftlicher Schriftsteller der Goethezeit*, Tübingen, 1988.

FORSTER Johann Reinhold. Botaniste et explorateur allemand d'origine anglaise dont la famille s'était réfugiée à Dirschau (Prusse). Né dans cette ville le 22 octobre 1729, mort à Halle (Prusse) le 9 décembre 1798. Attiré par la médecine, il se rendit à l'université de Halle, mais son père eût voulu qu'il fît son droit. Forster opta finalement pour la théologie et devint même prédicateur. Sa vraie vocation s'affirma lorsque, après deux séjours en Russie, il prit part comme naturaliste, en compagnie de son fils Georg, âgé de dix-huit ans, à la seconde expédition scientifique du capitaine James Cook dans les mers du Sud. Ainsi parurent, en anglais, les *Observations de J. Reinhold Forster faites au cours d'un voyage autour du monde* (*). Professeur d'histoire naturelle à Warrington (Lancashire), Forster, qui avait la passion du jeu, fut emprisonné pour dettes, mais Frédéric II le tira d'affaire en lui donnant une chaire à Halle (1780) et l'inspection du jardin botanique de cette ville. Ses autres ouvrages sont : *Description des caractères et genres des plantes que j'ai rassemblées pendant le voyage aux îles des mers australes* (en latin) [*Descriptio characterum et generum plantarum, quas in itinere ad insulas maris australis 1772-75 collegi* 1776], et *Histoire des découvertes et des voyages faits dans le Nord* [*Geschichte der Entdeckungen und Schiffahrten im Norden*, 1784]. Une baie des îles Sandwich porte son nom.

FORT Paul. Poète français. Né à Reims le 1er février 1872, mort à Montlhéry le 21 avril 1960. Fils d'un minotier champenois, il fait ses études au lycée Louis-le-Grand et se destine à Saint-Cyr lorsqu'il rencontre Pierre Louÿs, qui le présente à André Gide et éveille en lui le goût de la poésie. Au café Voltaire, qu'il commence à fréquenter, il retrouve Barrès et les animateurs du symbolisme, Verlaine, Mallarmé, Moréas. Sur le conseil de Vallette, directeur du *Mercure de France* (*), alors que le naturalisme régnait encore sur la scène, il lance à dix-sept ans un manifeste en faveur d'un théâtre symboliste, qui prépare la création, en 1890, du Théâtre de l'Art, devenu ensuite le Théâtre de l'Œuvre, et où furent interprétés *Les Cenci* (*) de Shelley, *La Tragique Histoire du docteur Faust* (*) de Marlowe, des œuvres de Verlaine, Maeterlinck, Rachilde, et même une adaptation du premier chant de l'*Iliade* (*). Cette tentative dramatique fait grand bruit, mais prend fin en 1893, et Paul Fort commence à publier dans *Le Mercure* et dans *L'Ermitage* des poèmes qui, réunis, deviendront en 1896 les premières *Ballades françaises* (*). Fondateur du *Livre d'art* en 1896, il lance en 1905 l'importante revue *Vers et Prose,* qu'il dirigera plus tard avec Paul Valéry et où se retrouveront les meilleurs poètes issus du symbolisme. Tout en continuant à publier ses *Ballades françaises,* Paul Fort reviendra plusieurs fois et brillamment au théâtre avec des légendes dramatiques, *Les Chroniques de France* (*), un *Louis XI, curieux homme* (+) en 1922, une *Ysabeau* (+) en 1924 à l'Odéon, *Les Compères du roi Louis XI* (+) en 1927, à la Comédie-Française.

Bien qu'il ait été triomphalement élu en 1912 prince des poètes, on peut se demander si l'on a donné à Paul Fort toute la place à laquelle il a droit. Il a d'abord cette originalité d'avoir cultivé, et avec quelle abondance, un genre unique, ces *Ballades françaises,* sans tomber jamais dans la monotonie. Symboliste par sa jeunesse, ses origines et ses amitiés littéraires, proche surtout de Francis Jammes, il a comme ce dernier un sentiment toujours jeune de la nature, il réussit à mêler aux suggestions symbolistes de rêve et de mélancolie le réalisme des images, la simplicité des thèmes familiers. Dans l'intellectualisme de la poésie contemporaine, il a, sans aucun souci de la nouveauté, chanté des thèmes simples, ressassés, épuisés, semble-t-il, qui se voient soudain, chez Paul Fort, emportés dans une infatigable ronde, grâce à un don d'inépuisable créateur d'images, à une langue toute de fraîcheur et d'aisance.

MICHEL MOURRE.

♦ *« Un poète intégral... »* Maeterlinck. ♦ *« Je sais qu'il est prolixe et sentimental, que sa facilité n'évite ni la négligence ni le relâchement, et que l'apparence prosaïque de ses vers agace et lasse. Mais il désarme par sa gentillesse, sa fantaisie et son enthousiasme. »* Marcel Arland.

RÉF. : Edmund Gosse, *French Profiles,* Londres, 1905. – André Fontainas, conférence sur Paul Fort publiée en introduction des *Ballades françaises,* Paris, 1922. – Paul Fort, *Mémoires, toute la vie d'un poète,*

Paris, 1944. – *Hommage à Paul Fort, prince des poètes,* numéro spécial de *Flammes vives,* 1952. – Pierre Béarn, *Paul Fort,* Paris, 1960.

FORTES Meyer. Anthropologue britannique. Né à Bristown (Province du Cap, Afrique du Sud) en 1906, de parents juifs émigrés de Russie, mort à Cambridge en 1983. D'abord attiré par la psychologie, il poursuit sa formation d'anthropologue à Londres avec Malinowski et Radcliffe-Brown. Fidèle à leur pensée, il a été une personnalité marquante de l'anthropologie politique. Un premier travail de terrain d'une minutie exemplaire chez les Tallensi du nord de la Gold Coast (aujourd'hui Ghana) de 1934 à 1938 a pour résultat *Les Dynamiques de clan chez les Tallensi* [*Dynamics of Clanship among the Tallensi,* 1945], ouvrage aussitôt reconnu comme un modèle. Il revient après la guerre au Ghana pour y diriger le West African Institute (1944-1946). Il poursuit d'abord ses travaux chez les Tallensi – *Les Réseaux de parenté chez les Tallensi* [*The Web of Kinship among the Tallensi : The Second Part of an Analysis of a Trans-Volta Tribe,* 1949] – puis entreprend une vaste enquête sur les Ashanti du centre du Ghana : il s'agit là d'une population célèbre dans la littérature ethnographique, sur laquelle les travaux de R. S. Rattray avaient attiré l'attention dans les années 20. Fortes reprit l'observation méthodique de cette société matrilinéaire mais patrilocale, à l'organisation politique complexe. En 1950, Fortes obtient la chaire d'anthropologie à l'université de Cambridge, il y poursuit sa carrière et meurt dans cette ville en 1983.

Dès ses premiers écrits, Fortes s'impose avec son ami Evans-Pritchard comme un théoricien des systèmes politiques africains. L'ouvrage collectif dont ils assurent ensemble la direction, *Systèmes politiques africains* (*), révèle notamment le rôle politique des groupes de filiation. Il lui revient aussi d'avoir démontré, dans *Œdipe et Job dans les religions ouest-africaines* (*) (1959), comment, dans une société sans pouvoir centralisé, toutes les relations sociales s'ordonnent en fonction du système lignager, sorte de paradigme qui permet de penser les rapports politiques, juridiques et rituels. La richesse et la précision des matériaux mis en œuvre par Meyer Fortes permirent plusieurs réélaborations critiques de ses nombreux travaux, qui font figure de classiques de la littérature ethnologique. C'est aussi dans l'étude des phénomènes religieux que se mesure l'apport théorique de Fortes. Son interrogation sur les rapports entre le système lignager d'une part, le culte des ancêtres et les rites liés à la notion de destin individuel d'autre part, a marqué une étape importante dans l'étude de l'ordre symbolique de la parenté.

DENISE PAULME.

FORTINI Franco (pseud. de Franco Lattes). Essayiste et poète italien. Né à Florence le 10 septembre 1917. Né d'un père juif exerçant la profession d'avocat et d'une mère catholique, Franco Fortini étudie à Florence le droit et l'histoire de l'art. Très tôt, il collabore à la revue *Letteratura* que dirige Alessandro Bonsanti et qui, sans s'opposer ouvertement au fascisme, témoigne d'une certaine résistance. Fréquentant les jeunes poètes du groupe hermétiste (Mario Luzi, Alfonso Gatto), il ne subit presque en rien leur influence, mais plutôt celle de Giacomo Noventa, directeur de la *Fiera letteraria.* Au symbolisme ambiant, le jeune Fortini préfère déjà l'allégorie. En 1943, il doit se réfugier en Suisse avant de rejoindre les formations partisanes du Valdossola.

Après la guerre, il collabore activement au *Politecnico,* le grand organe de gauche que vient de créer son ami Elio Vittorini. Son premier recueil poétique, *Feuille de route* [*Foglio di via*], paraît en 1946. Il travaillera quelques années au sein du département publicitaire de la firme Olivetti, où se retrouvent de nombreux écrivains et intellectuels. Il traduit Proust, Éluard et Brecht, mais voyage aussi fréquemment : U.R.S.S., Chine, Allemagne... Rédacteur de la revue *Ragionamenti,* il participe, avec Roland Barthes et Edgar Morin, à la création de la revue *Arguments,* que *Ragionamenti* avait précédée en Italie. Il se consacre en priorité à la critique avec des écrits sur Adorno, Lukács, les mouvements hermétique et néo-réaliste. *Dix hivers* [*Dieci inverni*], son premier recueil d'essais, paraît en 1957, peu avant qu'il ne quitte le parti socialiste italien. Dès lors, il sera sur la scène politique et intellectuelle européenne une figure singulière. Sous le titre *Poésie et Erreur* [*Poesia e errore*], il réunit ses poèmes écrits de 1938 à 1957. Conseiller auprès de l'éditeur Einaudi, à Turin, il collabore aussi aux *Quaderni rossi* et aux *Quaderni piacentini,* publications d'extrême-gauche, ainsi qu'à *Officina,* la revue fondée en 1954 par Pasolini, Leonetti et Roversi. Son recueil *Une fois pour toutes* [*Una volta per sempre*] confirme en 1963 sa présence, parfois contestée, sur la scène poétique italienne. Jusqu'en 1976, il enseignera dans divers lycées techniques tout en poursuivant une intense activité d'essayiste : *Vérification des pouvoirs* [*Verifica dei poteri*] sera un des livres culte des étudiants de 1968 en Italie. Il traduit Goethe – *Wilhelm Meister* (*), les deux *Faust* (*) – et s'engage violemment avec son pamphlet *Les Chiens du Sinaï* [*I cani del Sinai*], inspiré par la guerre des Six Jours et qui trouvera son prolongement dans le film de Jean-Marie Straub et Danièle Huillet : *Fortini/Cani* (1975).

Dans les années 70, il enseigne l'histoire de la critique littéraire à l'université de Sienne, où son empreinte est forte. Son quatrième recueil, *Ce mur* [*Questo muro*], est publié peu avant que Pier Vincenzo Mengaldo ne réalise une anthologie de sa poésie. De nouveaux essais paraissent : *Questions de frontière* [*Questioni di frontiera*], ainsi qu'une étude sur le surréalisme. Tous ses recueils poétiques antérieurs se trouvent bientôt réunis sous le titre *Une fois pour toutes 1938-1973* [*Una volta per sempre 1938-1973*]. Dix-huit poèmes inédits sont préfacés par Andrea Zanzotto : *Une obédience* [*Una obbedienza*]. À la demande d'Einaudi, Fortini publie ses plus importantes traductions poétiques dans *Le Voleur de cerises* [*Il ladro di ciliege*], tout en traduisant *La Colonie pénitentiaire* de Kafka. De 1973 à 1983 voient le jour les poèmes de *Paysage avec serpent* [*Paesaggio con serpente*], tandis que cinquante textes théoriques et critiques constituent *Insistances* [*Insistenze*], dont le titre est caractéristique d'un auteur fondamentalement « acharné » à dire et à remettre en cause. *L'Hôte ingrat* [*L'ospite ingrato*], recueil de proses, de poèmes et d'épigrammes, qui avait fait l'objet d'une première publication, connaît sa version définitive. En 1985, Fortini reçoit l'important prix de poésie Librex-Montale. C'est tardivement que sont réunis ses essais sur la littérature italienne : *Essais italiens* [*Saggi italiani*] et *Nouveaux Essais italiens* [*Nuovi Saggi italiani*], de même que deux récits de l'après-guerre : *Le Festin des cendres* [*La cena delle ceneri*] et *Récit florentin* [*Racconto fiorentino*]. Une nouvelle anthologie réalisée par ses soins, *Poèmes choisis (1939-1989)* (*), inclut inédits et traductions (1990). Entretenant des rapports conflictuels avec la presse italienne, Fortini ressent le besoin de regrouper en volumes ses principaux essais et articles politiques : *Extrema ratio* et *Pas seulement aujourd'hui* [*Non solo oggi*], qui, à l'aube des années 90, confirment en lui une voix incommode et oraculaire, celle d'un polémiste redouté, d'un analyste rigoureux et passionné, d'un poète insuffisamment reconnu. Comme a pu l'écrire un de ses exégètes, Romano Luperini, le « moment de Fortini » reste à venir.

BERNARD SIMEONE.

FORTNER Wolfgang. Compositeur allemand. Né à Leipzig le 12 octobre 1907, mort à Heidelberg le 5 septembre 1987. Élevé dans la tradition musicale protestante, il fait aussi des études de philosophie. En 1931, il est nommé professeur de composition à Heidelberg où il fonde une série de concerts de musique contemporaine, *Musica Viva* (1947). Il est professeur à Darmstadt (1946), Detmold (1956) et Fribourg-en-Brisgau (1957-72). Son chemin esthétique est l'un des plus complets qu'ait pu effectuer un compositeur de notre temps : des formes baroques et du style contrapuntique à l'écriture néo-classique pour parvenir au dodécaphonisme (*Symphonie*, 1947 ; *An die Nachgeboren*, cantate sur un texte de Brecht, 1947) qu'il élargit à tous les paramètres de la musique sans perdre sa grande souplesse d'écriture. C'est surtout dans le domaine théâtral qu'il donne ses œuvres majeures : le ballet *Die weisse Rose*, d'après Oscar Wilde (1950), deux opéras d'après García Lorca, *Bluthochzeit* (+) (1957-63) et *Don Perlimplin* (1962), un opéra historique, *Elizabeth Tudor* (1971), et *That Time* d'après Beckett (1977). Dans le domaine symphonique, la *Phantasie über Bach* pour deux pianos et orchestre (1950) marque la filiation de Leipzig. Dans le domaine vocal, une cantate sur un texte français de Saint-John Perse, *Chant de naissance* (1958), ou les *Machaut Balladen* (1973). Fortner revêt en Allemagne une importance analogue à celle de Messiaen en France. Il a su évoluer avec son temps sans subir la pression des modes ou des courants esthétiques dominants.

ALAIN PÂRIS.

RÉF. : P. J. Tonger, *Wolfgang Fortner, eine Monographie, Werkanalyse, Aufsätze*, Rodenkirchen, 1960. – *Catalogue des œuvres de Wolfgang Fortner*, Mayence, 1977.

FORTUNAT saint (Venantius Honorius Clementianus Fortunatus). Poète latin. Né vers 530 près de Ceneda (Trévisan), mort à Poitiers vers 600. Élevé à Ravenne, il fit de solides études de droit, et surtout de rhétorique et de grammaire. Ses premiers poèmes datent de son adolescence. En 562, s'étant guéri d'une maladie des yeux avec l'huile d'une lampe qui brûlait devant un portrait de saint Martin de Tours, il décida d'entreprendre un pèlerinage au tombeau de ce dernier et se mit en route, non sans de grands détours, franchissant les Alpes et remontant la vallée du Danube jusqu'à la Bavière où il séjourna à la cour du roi d'Austrasie, Sigebert Ier. Un poème qu'il écrivit pour célébrer les noces de Sigebert avec Brunehaut, fille du roi wisigoth Athanagild, lui valut une grande réputation à cette cour, dont il devint en quelque sorte le poète officiel. Au bout d'un an, il reprit son chemin vers l'ouest, franchit le Rhin et, à travers la Champagne et l'Ile-de-France, descendit vers Tours à petites étapes, s'arrêtant chez tous les personnages riches et importants qu'il charmait par ses épigrammes, ses épithalames, ses petites pièces de circonstance, inspirés par les incidents quotidiens de l'existence de ses hôtes. Recueillis dans les onze livres des *Chansons* [*Carmina*], ces poèmes sont certes entachés de mauvaise rhétorique, mais il y passe parfois un dernier souffle de la poésie antique, et surtout ils constituent pour nous un intéressant témoignage sur les mœurs du VIe siècle. Arrivé enfin à Tours, Fortunat devint l'ami de l'évêque de la ville, Euphronius. Il reprit toutefois pendant quelques années son métier de poète ambulant, qui rappelle un peu la vie des troubadours, et parcourut, de ville en ville, tout le sud de la France.

Au cours d'une étape à Poitiers, Fortunat rencontra la reine Radegonde et sa fille Agnès, qui venaient de fonder le célèbre monastère de Sainte-Croix : la gentillesse des deux religieuses le décida à s'installer auprès du monastère et à se faire ordonner prêtre. Désormais aumônier et conseiller de Radegonde, il se tourna de plus en plus vers les études religieuses, entretint une correspondance avec la plupart des grands évêques de l'époque, Grégoire de Tours, Germain (de Paris), Leontius (de Bordeaux), Félix (de Nantes), etc. ; il acquit auprès de la population une réputation de sainteté et, quelques années après la mort de Radegonde, se vit finalement offrir le siège épiscopal de Poitiers (599) qui célèbre toujours sa fête le 14 décembre. Plus qu'à ses *Chansons*, où il ne se montre, en somme, qu'un agréable versificateur de circonstance, la gloire littéraire de Fortunat est attachée à ses *Hymnes* (*), dont une partie a été adoptée par la liturgie catholique — v. *Pange lingua* (*), *Vexilla regis prodeunt* (*). Outre sa *Vie de saint Martin* (*), en quatre livres de vers, écrite avant 576, il a laissé de nombreuses œuvres d'hagiographie populaire, écrites dans un style simple : *Vie de saint Hilaire de Poitiers* (+), *Livre des miracles de saint Hilaire, Vie de saint Albin*, évêque d'Angers, *Vie de saint Marcellus* (+), évêque de Paris, *Vie de saint Paterne* (+), évêque d'Avranches, *Vie de saint Germain* (+), évêque de Paris, *Vie de sainte Radegonde* (+).

JACQUES PATRY.

♦ *« Grégoire de Tours a peint son âme et son monde dans un écrit informe et précieux. Cet écrit vit encore et nous touche. Les vers de son contemporain Fortunat n'existent plus pour nous. Ils ont péri avec la barbarie latine dont ils faisaient l'ornement. »* Anatole France.

RÉF. : W. Meyer, *Der Gelegenheitsdichter V. Fortunatus*, Berlin, 1901. — D. Tardi, *Fortunat, Étude sur le dernier représentant de la poésie latine dans la Gaule mérovingienne*, Paris, 1927. — S. Blomgren, *Studia Fortunatiana*, 2 vol., Upsal, 1933-34.

FOSCOLO Niccoló Ugo. Écrivain italien. Né le 6 février 1778 dans l'île de Zante (Grèce), de Diamantina Spathis et Andrea Foscolo (chirurgien sur un vaisseau et, à partir de 1784, directeur de l'hôpital de Split, en Yougoslavie, où il mourut en 1788), mort le 10 septembre 1827 à Turnham Green, près de Londres. Il quitta définitivement son pays d'origine, et avec ses cadets, Rubina, Gian Dionigi et Giulio, prit le chemin de Venise où il rejoignit sa mère en 1794. Cette ville animée par une vie intellectuelle intense, ouverte aux nouveautés, offrant mille occasions insoupçonnées, dut immédiatement être perçue par l'adolescent comme sa véritable patrie. Venise, donc, lui offrit très vite de quoi satisfaire sa curiosité et exalter son enthousiasme (surtout avec les tragédies d'Alfieri et la littérature française), ainsi que le succès en amour, avec l'admirable Isabella Teotochi, qui venait de quitter son premier mari Marin et n'avait point encore épousé Albrizzi. La « sage » comtesse aimait à s'entourer d'hommes de lettres ; le poète Ippolito Pindemonte l'appela Temira, comme l'héroïne du *Temple de Gnide* (*), et c'est sous ce nom que Foscolo parlera d'elle quelques années plus tard dans des souvenirs restés à l'état d'ébauche et connus sous le titre de *Sixième tome du je* [*Sesto tomo dell'io*].

C'est alors que commença l'époque des succès littéraires, avec un bref poème, *La Justice et la Piété* [*La giustizia e la pietà*], en l'honneur d'un « régent » de Chioggia, puis avec la tragédie *Thyeste* (*), représentée au théâtre S. Angelo en janvier 1797, et reprise huit fois devant un public enthousiaste. La facilité avec laquelle le jeune poète assimilait et exprimait les aspirations de son temps, le désir de liberté qui hantait les esprits, contribuèrent beaucoup à lui assurer ces petits triomphes, et expliquent le succès que remporta l'ode *À Bonaparte libérateur* (*), publiée en mai 1797 par les soins de la ville de Bologne où Foscolo, qui se donnait des allures de jacobin, s'était réfugié pour éviter les représailles possibles de l'Inquisition vénitienne dont les jours étaient comptés. Une sorte de programme établi dans le courant de 1796, intitulé *Plan d'études* [*Piano di studi*], témoigne des préoccupations politiques de l'auteur qui ne s'en tenait pas à la littérature. Le sentiment qu'il avait de lui-même et de son indépendance semblait malheureusement incompatible avec les circonstances : la chute de la République de Saint-Marc se produisit pendant l'été de 1797, et Foscolo rentra à Venise pour prendre les fonctions de secrétaire de la municipalité. Il recommença d'exhorter ses compatriotes en publiant une ode véhémente, *Aux nouveaux républicains* [*Ai novelli repubblicani*], dirigée contre la tyrannie, et composée alors même que Bonaparte ratifiait à Campo-Formio la cession de Venise à l'Autriche. Cet acte, qu'il tint pour la trahison la plus noire, contraignit ce jacobin qui n'avait pas encore vingt ans à chercher refuge à Milan. Il demanda vainement à remplir une charge publique et à faire partie « des écrivains nationaux, ou des gardes de la bibliothèque publique ». On lui permit toutefois de rédiger des comptes rendus sur les séances que tenait l'assemblée législative, pour le compte du *Monitore Italiano*, qui devait cesser de paraître quelques mois plus tard. À Venise, il avait fait la connaissance de Vincenzo Monti qu'il défendit chaleureusement dans un *Examen des accusations* [*Esame su le accuse*] portées contre le compositeur de la *Bassvilliana* (*). Foscolo s'éprit du même coup de la belle Teresa Pikler, femme de Monti, mais on le rebuta et il faillit se suicider. Ce fut peut-être pour échapper à ses souvenirs qu'il se rendit à Bologne pendant l'été 1798 ; là il obtint un petit emploi au tribunal, collabora au *Monitore Bolognese* et au *Genio Democratico*, et publia enfin une œuvre de plus grande envergure, pleine de songes et de mélancolie, de cette sensibilité un peu morbide qui avait fait la fortune des plus célèbres romans du siècle, œuvre dans laquelle l'auteur montre combien passionnément il s'intéressait au sort de l'Italie : *Les Dernières Lettres de Jacopo Ortis* (*). Mais cette entreprise fut interrompue par l'invasion austro-russe ; l'éditeur chargea un certain Angelo Sassoli d'achever l'ouvrage ; Sassoli en trahit l'esprit, le ramenant au conformisme le plus plat. L'auteur, occupé par d'autres affaires, ignora assez longtemps le sort réservé à son œuvre. Officier dans l'armée cisalpine, il se trouva à la bataille de Cento où il fut blessé ; puis il fut envoyé à Trebbia, à Novi, à Gênes (pendant le siège), et put avoir quelque répit, qu'il consacra à son activité littéraire. L'infortune d'une belle dame lui inspira la première de ses *Odes* (*), si parfaites, si aériennes : *A Luigia Pallavicini tombée de cheval* [*A Luigia Pallavicini caduta da cavallo*]. Après les faits d'armes du fort des « Due fratelli » et de la « Colle della Coronata », dans lesquels il se distingua et fut de nouveau blessé, il suivit l'état-major du général Pino en Toscane.

Ce fut la première rencontre de Foscolo avec un pays qui devait prendre place dans son monde poétique, tout comme Zante et Venise, monde où régnaient la beauté classique et la grâce ; ce fut là également qu'il découvrit l'image de la femme parfaite, en la personne d'Isabella Roncioni, blonde créature destinée à un autre, et dont il parla dans la version remaniée des *Dernières lettres de Jacopo Ortis*, qu'il rédigea à Milan entre 1801 et 1802. Là, il fut pris d'une passion orageuse pour Antonietta Fagnani, personnage qu'il évoque dans la seconde des *Odes, À l'amie rétablie* [*All'amica risanata*], et qui lui inspire des lettres frémissantes. Dans cette période qui fait suite à une longue et incessante errance, Foscolo entreprit différents ouvrages : tout d'abord, un roman autobiographique, où il est question de Temira, roman laissé à l'état d'ébauche ; un discours écrit pour le congrès de Lyon (où devait se décider le sort de la République cisalpine) ; les huit *Sonnets* publiés en 1802 ; un commentaire de la *Chevelure de Bérénice* [*Chioma di Berenice*], où l'auteur ne laissait pas de railler plus ou moins ouvertement la pure érudition philologique. Certains embarras d'argent contraignirent Foscolo à suivre, en 1804, une division italienne destinée à l'armée de l'Océan, c'est-à-dire à un hypothétique débarquement en Grande-Bretagne. Pendant qu'il était en garnison dans le nord de la France, il se prit à étudier l'anglais, puis à traduire le *Voyage sentimental en France et en Italie* (*) de Sterne, qu'il avait senti, à travers les traductions déjà existantes, particulièrement proche de sa propre sensibilité. Il connut alors une jeune Anglaise, Fanny Emerit, dont il eut un enfant.

En mars 1806, il put enfin retourner à Milan. En réaction à une mesure prise par le gouvernement, naquit, l'année suivante, le plus beau et le plus puissant de ses poèmes : *Les Tombeaux* (*). Au début de 1809, on lui attribua la chaire d'éloquence à l'université de Pavie ; cette situation nouvelle et stable semblait digne de lui ; le discours d'entrée à l'université qu'il composa alors, *De l'origine et des fonctions de la littérature* [*Dell'origine e dell'ufficio della letteratura*], en témoigne suffisamment, tout comme les leçons qui suivirent. Mais cette chaire lui fut subitement enlevée ; cette déception ne vint pas seule ; son mariage manqué avec Franceschina Giovo, sa querelle avec Monti, offensé par des articles publiés inconsidérément dans les journaux, des polémiques toujours plus âpres, l'échec de l'*Ajax* (*) furent autant de déboires qui incitèrent l'écrivain à quitter Milan et à gagner Florence (août 1812), où il mit la dernière main à sa traduction du *Voyage sentimental*, publiée en juillet 1813, avec la *Notice sur Didimo Chierico* [*Notizia intorno a Didimo Chierico*]. Puis il travailla à une troisième tragédie, qui n'eut pas plus de succès que les précédentes, la *Ricciarda*, et écrivit *Les Grâces* (*), où il tentait d'exprimer encore plus nettement son idéal poétique. La chute de Napoléon eut lieu alors que Foscolo se trouvait à Milan qu'il avait regagné en novembre 1813, un mois après la bataille de Leipzig ; il s'était efforcé d'ailleurs de s'engager à nouveau. Le nouveau gouvernement autrichien sembla adopter une attitude bienveillante envers cet homme qui s'était montré un si farouche adversaire de Napoléon et ses adulateurs, et lui offrit par l'intermédiaire du maréchal Bellegarde la direction d'une revue littéraire ; mais les considérations d'ordre matériel (il avait notamment à sa charge sa mère et sa sœur) ne purent prévaloir sur son aversion à l'égard de toute domination étrangère ; il se ressouvenait trop d'avoir été le disciple d'Alfieri, et il abhorrait les formes de la tyrannie, quelles qu'elles fussent.

À la fin de mars 1815, et peu avant de prêter serment comme il aurait dû le faire, Foscolo résolut de quitter Milan pour la Suisse. Il s'arrêta quelque temps à Zurich où il travailla à une nouvelle édition des *Dernières lettres de Jacopo Ortis*, écrivit une amère satire en style biblique, qu'il signa du nom de Didimo Chierico : l'*Ipercalisse*, ainsi que des *Discours* [*Discorsi*] inspirés par les derniers événements, et intitulés *De la servitude de l'Italie* [*Della servitù dell'Italia*]. En septembre 1816, Foscolo passa de Suisse en Angleterre, où la fortune dont jouissait alors la littérature italienne pouvait lui faire espérer des conditions de vie meilleures. Au cours de ce séjour, il ne revient qu'épisodiquement à la polémique politique, avec la *Lettre apologétique* [*Lettera apologetica*] restée inachevée, et le *Récit des changements et de la cession de Parga* [*Narrazione delle fortune et della cessione di Parga*, 1824] où il traite d'un triste épisode qui marqua alors l'histoire de la Grèce, terre natale et idéal refuge. *Les Lettres écrites d'Angleterre* [*Lettere scritte dall' Inghilterra*], plus généralement connues sous le titre de *Petite gazette du beau monde* [*Il gazettino el bel mondo*], restèrent elles aussi inachevées. Il revint à sa vocation de critique avec quatre *Essais sur Pétrarque* [*Saggi sopra Petrarca*], publiés dans une édition magnifique en 1821, et un commentaire sur *La Divine Comédie* (*) dont il ne parut, en 1825, qu'une première partie intitulée *Discours sur le texte de la poésie de Dante* [*Discorso sul testo del poema di Dante*] ; il donna également un *Discours historique sur le texte du Décaméron* [*Discorso storico sul testo del « Decamerone »*] publié au cours de cette même année, et les six *Discours sur la langue italienne* [*Discorsi sulla lingua italiana*], qui parurent après sa mort. Mais les multiples occasions qui s'offrirent à lui en Angleterre, pays alors singulièrement attentif à la culture et aux problèmes politiques du continent, contribuèrent à lui faire perdre la notion des réalités, de sorte qu'il s'embarqua dans des aventures financières ruineuses. Lorsqu'il retrouva sa fille naturelle, Floriana, en 1822, il était dans une situation désastreuse. Mais il trouva quelque réconfort dans l'affection que lui portait la jeune fille, et la maladie, qui devait entraîner sa mort, l'affecta grâce à elle moins cruellement.

ENZO BOTTASSO.

♦ « ... *Et Foscolo aussi* [en aura assez de Don Juan] ! *Pourquoi ne fait-il rien de plus que les* Lettres d'Ortis, *une tragédie et des pamphlets ? Il a eu à sa disposition quinze années de plus que moi, qu'est-ce qu'il a fait pendant tout ce temps-là ? Prouvé son génie, sans doute, mais non fixé sa réputation, ni donné son maximum.* » Lord Byron (Lettre du 6 avril 1819 adressée de Venise à John Murray). ♦ « *Ce fut en 1819 que je fus présenté à Foscolo. Tout était païen en lui... L'éclat de ses yeux, l'ébouriffement de sa coiffure, la chaise curule sur laquelle il était assis, les malédictions malicieuses qu'il lançait à chaque phrase contre ses ennemis politiques et poétiques, firent de lui pour moi un objet d'étonnement plutôt que d'intérêt. Je croyais voir l'exagération d'Alfieri, qui lui-même était une exagération de Dante. Il ne causait pas, il hurlait. C'était le mensonge du théâtre dans ce qu'il a de plus superficiel. Cependant il n'était pas affecté ; cette sauvage véhémence était devenue sa nature.* » Philarète Chasles. ♦ « *Ugo Foscolo, ce Savonarole de la liberté...* » Lamartine. ♦ « *Ugo Foscolo, qui ne le cède à personne pour la finesse d'esprit, la philosophie de la pensée et la puissance d'expression, est aussi le premier par la noblesse de son cœur et l'indépendance de sa vie.* » Mazzini. ♦ « *Ugo Foscolo, ce faux Goethe, qui refit* Werther *en italien.* » Barbey d'Aurevilly. ♦ « *Foscolo qui savait mettre dans la prose toute la poésie de la passion (ses lettres d'amour sont parmi les plus belles que j'aie jamais lues).* » G. Garducci. ♦ « *Il fut poète, un très pur poète qui composa peu de vers, mais parfaits et éternels.* » B. Croce.

RÉF. : G. Pecchio, *Vita di Ugo Foscolo*, Lugano, 1833. – Carlo Gemelli, *Della vita e delle opere di Ugo Foscolo Libri tre*, Florence, 1849. – Arturo Foà, *Ugo Foscolo*, Turin, 1902. – U. Donadoni, *U. Foscolo, pensatore, critico e poeta*, Palerme, 1910. – Angelo Ottolini, *Bibliographia foscoliana*, Florence, 1921. – C. Antona-Traversi et A. Ottolini, *Ugo Foscolo*, 4 vol., Milan, 1927-28. – M. Fubini, *U. Foscolo*, Turin, 1928. – Valentino Piccoli, *Foscolo*, Milan, 1928. – Armand Caraccio, *Ugo Foscolo, l'homme et le poète*, Paris, 1934. – F. Flora, *Ugo Foscolo*, Milan, 1940. – A. Tripet, *L'Inquiétude et la Forme. Essai sur Ugo Foscolo*, Lausanne, 1973. – M. Fubini, *Ugo Foscolo, saggi, studi, note*, Florence, 1978. – Actes de colloque, *Lezioni su Foscolo*, Florence, 1981. – W. Binni, *Ugo Foscolo. Storia e poesia*, Turin, 1982. – M. Orcel, *Langue mortelle, études sur la poétique du premier romantisme italien (Alfieri, Foscolo, Leopardi)*, Paris, 1987.

FOUCAULT Paul Michel. Philosophe français. Né à Poitiers le 15 octobre 1926, mort à Paris le 25 juin 1984. Après des études secondaires à Poitiers, il décide de préparer le concours d'entrée à l'École normale supérieure, à Poitiers d'abord, en pleine guerre, puis au lycée Henri-IV à Paris où il suit l'enseignement de Jean Hyppolite. Il entre à l'École normale en 1946 et traverse alors une période subjectivement difficile. Il étudie l'allemand, découvre l'œuvre de Heidegger, suit les cours de Desanti, de Merleau-Ponty, et de Louis Althusser, avec lequel il se lie d'amitié. Il adhère au parti communiste en 1951 (et le quittera dès 1953). Reçu à l'agrégation de philosophie en 1951, il s'intéresse beaucoup à la psychologie, lit Lacan et Binswanger, travaille un temps à l'hôpital Sainte-Anne dans une position « intermédiaire entre les malades et les médecins ». Il lit Bataille et Blanchot, et découvre véritablement Nietzsche en 1953. Il est nommé assistant à l'université de Lille en octobre 1952. Il publie en 1954 *Maladie mentale et personnalité*. Grâce à l'intervention de Georges Dumézil, il est nommé lecteur à l'université d'Uppsala en 1955, et commence la rédaction de sa thèse sur l'histoire de la folie. Il quitte Uppsala en 1958 pour Varsovie, puis pour Hambourg. Il achève alors la rédaction de l'*Histoire de la folie à l'âge classique* (*), Georges Canguilhem ayant finalement accepté de patronner un travail qui s'inscrit fort peu dans les normes universitaires. Cette thèse est soutenue à Paris en mai 1961 et publiée la même année. L'*Histoire de la folie* restera l'une des œuvres majeures de Foucault : la folie y est décrite comme cet objet paradoxal résultant d'un violent partage entre raison et déraison, et produit à l'intersection d'une multitude de pratiques et de savoirs propres à une culture donnée (ainsi de la folie à l'âge moderne soumise tout entière à la stratégie du savoir psychiatrique).

Nommé à l'université de Clermont-Ferrand, où il enseigne de 1960 à 1966, il publie en 1963 *Raymond Roussel* et *Naissance de la clinique* présenté comme une archéologie du regard médical. Il publie en 1966 *Les Mots et les Choses* (*), qui connaissent aussitôt un vif succès. Restituant aux sciences humaines leur enracinement dans cet espace anthropologique qui succède à l'espace classique de la représentation, Foucault montre leur dépendance à l'égard d'une idée récente de l'homme qui est déjà selon lui en train de disparaître pour faire place à de nouveaux modes de pensée. Il enseigne à l'université de Tunis en 1966-1968 et écrit *L'Archéologie du savoir*, publiée en 1969. Il participe sur place au mouvement étudiant tandis que se déroulent à Paris les événements de mai 68. Il regagne la France à la fin de 1968 et est nommé à l'université de Vincennes où il réorganise le département de philosophie. De cette époque date la figure du Foucault militant gauchiste : celui qui crée en 1971 le « Groupe information sur les prisons », celui qu'on voit à Madrid en 1975, en Allemagne en 1977, à Téhéran en 1978, et qui soutient en Pologne le mouvement « Solidarité » à partir de 1981.

Il publie en 1971 « Nietzsche, la généalogie, l'histoire », article dans lequel il prend clairement ses distances avec toute perspective structuraliste et revendique une histoire nietzschéenne de la discontinuité et du jeu sans fin des forces. Il est nommé professeur au Collège de France en 1970 et publie sa leçon inaugurale sous le titre *L'Ordre du discours* (il y décrit son projet d'une histoire de la « volonté de vérité » se manifestant dans des jeux de pouvoir-savoir). Il publie en 1975 *Surveiller et punir*, archéologie de la société disciplinaire décrite comme jeu immanent des normes et quadrillage des disciplines, puis en 1976 *La Volonté de savoir* (*), premier tome de l'« Histoire de la sexualité » (généalogie cette fois du dispositif moderne de sexualité destiné à produire le « sexe » comme vérité à dévoiler et comme réel à contrôler au point de rencontre d'une médicalisation de la sexualité et d'une gestion nouvelle de la vie). Après un long silence, il publie enfin en 1984 les tomes II et III de l'« Histoire de la sexualité », *L'Usage des plaisirs* et *Le Souci de soi* : considérant l'expérience grecque, il établit une généalogie du sujet énoncée en termes d'ascèse, de maîtrise, une esthétique de l'existence orientée vers une modulation heureuse de l'acte et vers une libre disposition de soi. Il est brutalement emporté par le sida alors qu'il est en train d'achever le dernier volume, qui ne paraîtra pas.

BERNARD SICHÈRE.

♦ *« L'œuvre de Foucault est une longue exploration de la transgression, du franchissement de la limite sociale, qui tient inséparablement à la connaissance et au pouvoir. »* Pierre Bourdieu. ♦ *« Il avait installé son observatoire sur les zones de l'être vivant où les distinctions traditionnelles du corps et de l'esprit, de l'instinct et de l'idée, paraissent absurdes : la folie, la sexualité, le crime. De là, son regard tournait comme un phare sur l'histoire et sur le présent, prêt aux découvertes les moins rassurantes. »* Georges Dumézil. ♦ *« Foucault a discrédité les questions de possibilité transcendantale au profit des questions de possibilité historique. »* Georges Canguilhem. ♦ *« C'est toute la philosophie de Foucault qui est une pragmatique du multiple. »* Gilles Deleuze.

RÉF. : Hubert Dreyfus et Paul Rabinow, *Michel Foucault, un parcours philosophique*, Paris, 1984. – Gilles Deleuze, *Foucault*, Paris, 1986. – Michel Foucault philosophe, « Rencontre internationale », 1989.

FOUILLÉE Alfred Jules Émile. Philosophe français. Né le 18 octobre 1838 à La Pouëze (Maine-et-Loire), mort à Lyon le 16 janvier 1912. Après avoir fait ses études au lycée de Laval, Alfred Fouillée fut professeur dans divers collèges de province, puis au lycée de Carcassonne. Reçu premier au concours de l'agrégation de philosophie de 1864, Fouillée fut successivement professeur au lycée de Douai, au lycée de Montpellier, puis à la faculté des lettres de Bordeaux, avant d'être appelé en 1872 à Paris, après son doctorat ès lettres, comme maître de conférences à l'École normale supérieure. Sa thèse sur *La Liberté et le Déterminisme* (1873) avait été vivement commentée dans les revues. Mais sa santé l'obligea à prendre sa retraite dès 1879, et il se consacra dès lors uniquement à la publication de ses livres et à des éditions classiques de grands textes philosophiques. Historien des idées (*La Philosophie de Platon*, 1869, *Histoire de la philosophie*, 1875), écrivain politique (*La Propriété sociale et la démocratie*, 1884), Fouillée, par des livres comme *L'Avenir de la métaphysique fondée sur l'expérience* (*) (1889) et *L'Évolutionnisme des idées-forces* (1890), a laissé une philosophie personnelle, de second rang, mais originale. – Mme Fouillé (1833-1923), son épouse, a publié sous le pseudonyme de G. Bruno plusieurs ouvrages éducatifs, dont le célèbre *Tour de la France par deux enfants* (*) (1877), constamment réédité.

RÉF. : Augustin Guyau, *La Philosophie et la sociologie d'Alfred Fouillée*, 1913. – Pierre Janet, *Notice sur la vie et l'œuvre de M. Alfred Fouillée*, 1916.

FOUREST Georges. Poète français. Né à Limoges le 6 avril 1867, mort à Paris le 25 janvier 1945. Après avoir fréquenté les facultés de droit de Toulouse et de Paris, il se qualifie sur sa carte de visite « avocat loin de la cour d'appel ». « Des biens fonciers lui assurant, avec l'indépendance, le plein exercice d'une merveilleuse vocation de paresse, il se laissa aller à la joie de vivre, de fréquenter des poètes et d'être enfin poète à son tour » (José Corti, 1957). Cet amateur a lui-même défini sa philosophie de la vie : « Ne prends rien au sérieux ni toi ni les autres ni rien en ce monde et dans l'autre. » Laurent Tailhade l'introduit en 1989 au *Décadent* où il publie *Le Doigt de Dieu* et use du pseudonyme collectif Mitrophane Crapoussin. Il collabore à *L'Ermitage* d'Henri Mazel, fréquente les cafés du quartier Latin et les cabarets montmartrois. C'est au Soleil d'Or, place Saint-Michel, rapporte Willy (Henri Gauthier-Villars) dans sa préface à *La Négresse blonde* (*), qu'il récite pour la première fois l'*Épître testamentaire pour régler l'ordre et la marche de mes funérailles*. « Artiste méticuleux, il rime patiemment des vers fantasques, et la joie qu'il nous donne vient justement de cette collaboration d'un versificateur impeccable et d'un humoriste irrévérencieux, d'un érudit et d'un burlesque » (André Dumas, 1937). Son premier recueil, *La Négresse blonde*, paraît en 1909 ; ses *Contes pour les Satyres* en 1923 ; enfin, dernier recueil, *Le Géranium ovipare* en 1935 chez José Corti, qui n'a cessé depuis de rééditer ses œuvres.

FRANÇOIS CARADEC.

FOURIER François Marie Charles. Philosophe et sociologue français. Né à Besançon le 7 avril 1772, mort à Paris le 10 octobre 1837. Son père, marchand de draps, l'oblige à continuer sa profession, et Fourier, après avoir été employé à Lyon et à Rouen, réalise sa fortune et achète à Lyon, en 1793, un magasin d'épicerie. Mais l'insurrection et le siège de la ville le ruinent. Il a même de la peine à sauver sa vie, est incorporé dans l'armée, participe à deux campagnes, puis obtient un congé de réforme à cause de sa mauvaise santé et travaille comme commis marchand dans la vallée du Rhône. À cette époque, il commence à publier quelques articles dans un *Bulletin* publié par le philosophe lyonnais Ballanche. Son premier programme d'économie sociale paraît en 1808 sous le titre de *Théorie des quatre mouvements et des destinées générales* (*) : Fourier y proposait l'utopie d'un ordre social où toutes les passions humaines trouveraient leur place légitime, leur satisfaction absolue tournant au bien général. L'ouvrage passe complètement inaperçu, ce qui n'empêche pas Fourier de continuer à développer ses idées, particulièrement dans *Le Nouveau Monde industriel et sociétaire* (*), en 1820, où il critique l'incohérence de l'économie contemporaine, et dans son *Traité d'association domestique agricole* de 1822, réimprimé plus tard par ses disciples sous le titre de *Théorie de l'unité universelle* (*). En 1826, Fourier se fixe à Paris où il vit d'une place de teneur de livres dans une maison de commerce et commence à grouper autour de lui quelques disciples, animés par Victor Considérant, qui formeront l'école sociétaire ou phalanstérienne. Lorsque Fourier mourut en 1837, il était toujours pauvre, mais plein d'espoir dans l'avenir de ses théories ; en 1830, il avait vu de tous les coins de France surgir des disciples aussi ardents et convaincus que les saint-simoniens. Des conférences publiques, des journaux, comme *Le Phalanstère* créé en 1822 et devenu quatre ans plus tard *La Phalange*, répandirent les doctrines fouriéristes. L'école commit toutefois la maladresse de tenter des réalisations pratiques : ce fut une série d'échecs, aussi bien au Brésil, au Texas, en Algérie qu'en France, à Condé-sur-Veigre en 1832, et à Cluny. Et lorsqu'en juillet 1848 les fouriéristes demandèrent à l'Assemblée constituante de leur concéder la forêt de Saint-Germain pour une nouvelle entreprise qu'ils annonçaient décisive, ils furent accueillis par les rires et les huées.

« Une sorte de Rousseau mûri par la pratique des affaires », a-t-on dit de Fourier. Mais Rousseau, écrivant *Le Contrat social* (*), n'entend pas le voir mis en pratique sur-le-champ. Le trait typique de Fourier, c'est au contraire de ne tenir aucun compte des nécessités du présent, de mettre au commencement ce qui ne peut être qu'un but fort lointain, réglant les choses et les hommes comme si l'humanité pouvait passer immédiatement dans l'état de bonheur absolu. Son rêve, c'est la transformation du monde par la liberté individuelle et la construction de l'ordre sur la satisfaction intégrale des passions. Le devoir, à ses yeux, n'est qu'une invention factice de l'homme, et la contrainte opposée aux passions la source de tous nos maux, puisque la passion vient de Dieu. Selon la mode du temps, Fourier s'empresse de donner à son utopie une justification scientifique : c'est l'idée newtonienne de l'attraction universelle qu'il transpose du monde physique à la vie sociale en prenant les passions pour base. Il s'agit donc de substituer la société « naturelle », régie par l'attraction et l'harmonie des passions, à la société fondée jusqu'ici sur les notions de devoir et de contrainte. Fils de Rousseau, Fourier croit sans réserve à la bonté naturelle : rendons les instincts à leur mouvement naturel, l'harmonie naîtra d'elle-même. Mais quelle forme sociale conciliera l'intérêt de la communauté avec la satisfaction absolue de chaque individu ? Fourier propose sa panacée : le phalanstère, camp coopératif prévu pour dix-huit cents personnes et où les membres se grouperont par « séries passionnées ». Le phalanstère doit en effet répondre à tous les choix, à toutes les manies : il aura ses chambres individuelles et ses demeures familiales, ses cuisines personnelles et ses tables d'hôte pour les amateurs de bonne compagnie, ses salles de jeux et ses théâtres, ses bibliothèques, en bref tout ce qu'il faut pour en faire un plaisant séjour sans que ses habitants aient envie d'aller se distraire au-dehors. Car la vie économique, à l'intérieur du phalanstère, se déroule en circuit fermé ; des échanges sont éventuellement prévus entre les différents phalanstères, mais le principe est que chaque camp, par la diversité d'occupation de ses membres, doit se suffire à lui-même ; l'initiative est stimulée, chacun étant propriétaire. Le sens social n'y perd rien, la propriété appartenant à tous. Enfin le bonheur règne, le travail est attrayant, puisque chacun a choisi un métier selon ses goûts. On comprend que cette magnifique organisation n'ait jamais passé le cap de la mise en pratique. Mais, sous ses dehors d'illuminé et d'utopiste, Fourier portait une idée profonde et durable qui rejoint celle de Proudhon : la suppression de l'État par l'organisation économique. Quel pourrait être le rôle du pouvoir politique dans la société de l'avenir, puisque tous les hommes seraient mus et accordés spontanément par la loi d'attraction ? L'esprit d'association, affirme Fourier, crée « un dévouement sans bornes aux intérêts du groupe ». Le travail n'est plus un devoir mais un plaisir : toute contrainte est donc exclue. Une sorte d'harmonie providentielle remplace l'État. N'est-ce pas là, dans une figure excessive, caricaturale, toute l'aspiration du libéralisme ? Mais c'est également l'aboutissement du mysticisme passionnel qui régnait dans la littérature de l'époque, en particulier chez une George Sand. Le fouriérisme était, tel quel, naturellement irréalisable. Il a pourtant contribué à la diffusion des idées collectivistes.

JACQUES PATRY.

♦ *« Fourier part immédiatement de la doctrine des matérialistes français. Les babouvistes étaient des matérialistes grossiers, non civilisés, mais même le communisme développé date directement du matérialisme français. »* Karl Marx. ♦ *« Nous trouvons chez Fourier une critique des conditions sociales existantes qui, pour être faite avec une verve toute française, n'en est pas moins pénétrante. Fourier... dévoile sans pitié la misère matérielle et morale du monde bourgeois et il la confronte avec les promesses flatteuses des philosophes du siècle des Lumières, sur la société où devait régner la raison seule* [...] *il démontre comment, partout, la réalité la plus lamentable correspond à la phraséologie la plus grandiloquente et il déverse son ironie la plus mordante sur ce fiasco irrémédiable de la phrase. »* Fr. Engels. ♦ *« Fourier est venu un jour, trop pompeusement, nous révéler les mystères de l'analogie. Je ne nie pas la valeur de quelques-unes de ses minutieuses découvertes bien que je croie que son cerveau était trop épris d'exactitude matérielle pour ne pas commettre d'erreurs et pour atteindre d'emblée la certitude morale de l'intuition... »* Baudelaire. ♦ *« Il est certain qu'un humour de très haute tension, ponctué des étincelles qu'échangeraient les deux Rousseau (Jean-Jacques et le Douanier), nimbe ce phare, l'un des plus éclairants que je sache, dont la base défie le temps et dont la cime s'accroche aux nuées. »* A. Breton.

RÉF. : Mme Gatti de Gamond, *Histoire de la vie et du système de Ch. Fourier*, 1938. — H. Bourgin, *Fourier. Contribution à l'étude du socialisme français*, 1905. — E. Dessignolle, *Le Féminisme d'après la doctrine socialiste de Ch. Fourier*, 1903 ; thèse. — H. Louvancour, *De Henri de Saint-Simon à Ch. Fourier, étude sur le socialisme romantique français*, Chartres, 1913. — G. Sourine, *Le Fouriérisme en Russie...*, 1936 ; thèse. — F. Armand et R. Maublanc, *Fourier*, 1937 ; 2 vol. — A. Vergez, *Fourier*, 1969. — R. Barthes, *Sade, Fourier, Loyola*, 1971. — J.-P. Lacassagne, *Régénération et reconstruction sociale entre 1780 et 1848*, 1977. — S. Debout, *L'Utopie de Charles Fourier*, 1979. — M. Nathan, *Le Ciel des fouriéristes*, 1981.

FOURMANOV Dmitri Andreïevitch. Écrivain russe. Né le 7 novembre 1891 à Séréda (gouvernement de Kostroma), mort le 15 mars 1926 à Moscou. Fils d'un paysan, il a fait ses études à l'université de Moscou (1912-1914), puis participa à la guerre en tant qu'infirmier. Après une courte période d'anarchisme, il adhéra au parti bolchevique en 1918 et devint commissaire politique de la 25e division commandée par le chef des francs-tireurs Tchapaev. En 1921, il se fixa à Moscou. Son premier livre, *Le Débarquement rouge* [*Krasnyj desant*, 1921], passa presque inaperçu tandis que le roman documentaire *Tchapaev* (*) (1923) obtint un succès formidable : Fourmanov y montrait le processus de la formation d'une armée régulière et le rôle du héros populaire Tchapaev qui, sous l'influence de son commissaire Klytchkov, devient peu à peu un vrai chef d'armée. Le dernier roman de Fourmanov, *La Rébellion* [*Mjatež*, 1925], raconte la pacification des régiments en émeute de l'Asie centrale. Fourmanov a été considéré par le pouvoir comme un écrivain exemplaire grâce à la fonction directrice qu'il accorde toujours au parti communiste. L'expérience de l'anarchisme avait abouti chez lui à la glorification de la discipline politique et militaire.

EFIM ETKIND.

FOURNADJIEV Nikola. Poète bulgare. Né le 27 mai 1903 à Pazardjique, mort le 26 janvier 1968 à Sofia. Il commence des études de médecine, mais par la suite il les abandonne pour suivre les cours de la faculté des lettres où, en 1930, il obtient sa licence. De 1933 à 1937, il est professeur à l'école bulgare à Istanbul. Le poète abandonne ce poste pour entrer au ministère de l'Éducation. Il collabore en même temps aux revues littéraires *Nov păt, Zlatorogue, Iskoustvo i kritika, Bălgarska missăl.* Rédacteur du journal *Litératouren front,* secrétaire de l'Union des écrivains bulgares, rédacteur en chef des éditions Écrivains bulgares et de la revue littéraire *Septemvri,* Fournadjiev est un des poètes bulgares contemporains les plus originaux. Il s'attache à traduire le psychisme du paysan bulgare par un langage rude, tragique, riche en éléments naturalistes. Témoin des événements sanglants des années 1923-1925, il a ressenti profondément l'enthousiasme de la révolte populaire et le tragique de sa défaite.

La poésie de Fournadjiev, traversée par un souffle cosmique violent, chante l'ivresse de la vie, et les paysages, les monologues sont toujours chez lui d'une intensité dramatique particulièrement émouvante. Ses œuvres, *Vent printanier* (*) (1925), *Arc-en-ciel* [*Dăga*, 1929], *Poésies* [*Stikhotvorénja*, 1938], *Jours glorieux* [*Véliki Dni*, 1950], *J'ai marché sur tes chemins* [*Po pătichtata ti vărvjakh*, 1958], *Soleil au-dessus des montagnes* [*Slăntzé nad planinité*, 1961], sont rééditées en quatre volumes.

ÉLÉNA FOULLIARON.

FOURRÉ Maurice. Romancier français. Né et mort à Angers : 27 juin 1876-17 juin 1959. Il fit ses études à Angers. Il habita Paris près de trente ans, avec de longs séjours en Alsace, en Lorraine et de fréquents voyages. Il fut le secrétaire de trois députés, dont deux eurent sur lui une influence déterminante. Le premier était Gaston Deschamps ; celui-ci, quinze ans titulaire du feuilleton de critique littéraire au *Temps,* introduisit Maurice Fourré dans le milieu littéraire officiel. À la même époque, Fourré fréquentait chez René Bazin.

Il devint ensuite secrétaire d'un autre député, Paul Cuny, administrateur d'un ensemble de grandes sociétés textiles dans l'est de la France. S'il avait signé quelques écrits en 1903 et 1905, Maurice Fourré avait alors renoncé à la littérature. Ses livres de chevet étaient des ouvrages de spiritualité, tels que la *Règle* (*) de saint Benoît et les *Exercices spirituels* (*) d'Ignace de Loyola. Un de ses amis d'enfance lui donna l'idée de *La Nuit du Rose Hôtel* (*). Le roman fut rédigé pendant la guerre et parut en 1950, sous le patronage d'André Breton, qui le préfaça. L'auteur avait soixante-quatorze ans. Le livre fut salué comme un grand texte surréaliste. Encouragé par André Breton et Jean Paulhan, Maurice Fourré écrivit ensuite *La Marraine du sel* (1955) et *Tête de nègre* (1960). Ces trois romans se réfèrent sans cesse à sa région natale. Ils mettent en scène des personnages étranges entraînés dans des aventures insolites.

AGNÈS VAQUIN.

FOWLES John. Romancier anglais. Né à Leigh-on-Sea le 31 mars 1926. Écrivain rare, peu suspect d'activisme littéraire (six romans publiés depuis son premier en 1963, et un recueil de nouvelles), cet esprit fort a choisi, après une vie sans histoires, de mettre un terme à ses activités d'enseignant – métier qu'il exerça douze ans, dont deux passés à Poitiers et un sur l'île de Spetsai en Grèce, dont il se souviendra pour son roman *Le Mage* (*) – pour vivre retiré du monde, à Lyme Regis, en bord de mer. Patiemment, et sans jamais céder à la facilité, il s'attache à construire une œuvre empreinte d'une grave fantaisie et d'une indéniable profondeur de réflexion, qui a su conquérir un large public par la force tranquille de son esprit de dissidence comme par la puissance d'envoûtement de ses fictions. Dernier représentant, selon son propre aveu, de la génération des victoriens – proche en cela du personnage éponyme de *Daniel Martin* (1968) –, Fowles a trouvé dans l'écriture le moyen d'expier ce lourd passé, lui assignant un rôle libérateur, que sa rencontre avec l'existentialisme ne fera qu'accroître. Obsédante, la question du libre arbitre nourrit son œuvre, tout comme elle inspire un recueil de pensées [*The Aristos,* 1968], aujourd'hui renié par son auteur en raison du caractère excessif de certains de ses aphorismes. Ses romans, s'ils sont restés descriptifs, à preuve l'aisance avec laquelle le cinéma s'en est emparé, avec un succès inégal d'ailleurs, sont progressivement tentés par les sortilèges de l'allusion, de plus en plus complexe, voire érudite. Après l'étude d'un cas clinique de névrose dans *L'Obsédé* (*) (1963), Fowles plonge le lecteur dans un univers exotique peuplé de songes, *Le Mage* (1966), où l'imbrication, sur fond d'intertextualité, entre fable, mythe, occultisme, légende et réalité est totale. Cette intrication restera la marque distinctive de Fowles, dont l'inspiration, volontiers baroque, est avant tout éprise de bizarreries et de secrets : *Sarah et le lieutenant français* (*) (1969), *La Tour d'ébène* [*The Ebony Tower,* 1974], *Daniel Martin* (1978), *Mantissa* (1982), *La Créature* (*) (1985). Deux problématiques dominent : celles du mystère et de la liberté. Le mystère est premier ; « il a de l'énergie », comme Fowles le fait dire à Conchis, personnage du *Mage.* Et qu'on ne compte pas sur lui pour le résoudre : malicieusement, la nouvelle « L'Énigme » [The Enigma] refuse d'expliquer pourquoi un député conservateur a disparu. L'aléatoire, la contingence, le flux définissent aux yeux de Fowles la condition humaine. Il n'est pas, dans un univers romanesque, de dieu interventionniste, ni de vérité absolue ou dernière. La liberté de l'homme est donc totale. Et Fowles d'articuler dans ses romans une dialectique entre la sécurité, le confort moral que procurent idéologies et croyances, et la dimension du risque librement assumé. « Libre et crucifié », dira Charles, le personnage masculin de *Sarah et le lieutenant français.* La perte des repères familiers prélude chez lui au réveil de la conscience : comme autant de rites de passage, les romans assurent la transition entre la prison du connu et la liberté sombre de l'inconnu – « l'amertume insondable et la mer étrangère » sur laquelle s'achève *Sarah.* La grande alchimie de la sexualité permet de catalyser ce mouvement initiatique. D'où la confrontation, sous forme d'épreuve, avec la femme, qui toujours domine l'homme dans la fiction de Fowles. Elle y est « réalité » alors que l'homme n'est qu'« artifice ». À la jonction du connu et de l'inconnu, la figure féminine incarne encore le pouvoir de l'illusion, de la mystification. En dupant Charles, Sarah ressemble à son créateur, pour qui l'art du romancier s'apparente à celui du truqueur, qui adore égarer son lecteur sur de fausses pistes. L'écrivain satisfait le goût du sensationnel manifesté par le public par une ironique manipulation de la fiction dite d'évasion. Sa conscience très avertie de la manière dont le genre réaliste feint d'ignorer les codes idéologiques et épistémologiques qui le sous-tendent, lui vaut de dénoncer l'asservissement engendré par ces codes, tout en continuant d'exploiter la dimension compulsive et coercitive du récit, dont il démasque paradoxalement les pouvoirs d'illusion. Fowles ne cesse de s'interroger sur le sens de la réalité, mais toujours de manière historicisée, relative et dialectique. Contrairement à nombre de ses confrères, il place une foi immense dans les pouvoirs, et l'avenir, du roman, lieu d'exercice de la « prodigieuse liberté du choix ». Un choix qu'il laisse aussi au lecteur, en le conviant, ainsi dans *Le Mage,* à collaborer dans la production du sens ou encore à choisir entre plusieurs fins possibles (*Sarah*). Cette confiance est égale à celle qu'il place dans l'imagination créatrice : son engagement esthétique se mesure au nombre de peintres, de musiciens, d'hommes de théâtre qui peuplent ses romans : « La liberté humaine vit dans l'art humain », aime-t-il à répéter.

MARC PORÉE.

FOXE John. Théologien et historien anglais. Né à Boston (Lincolnshire) en 1516, mort à Londres en avril 1587. Il fut l'un des principaux écrivains religieux et historiens du mouvement protestant anglais de son siècle. Il étudia au Magdalene College d'Oxford, mais, s'étant converti au protestantisme, il dut renoncer en 1545 au « fellowship », pour n'être pas soumis aux règlements religieux. Précepteur de 1548 à 1553 des fils du duc de Norfolk, et protégé par la duchesse de Richmond, il fut néanmoins contraint de fuir sur le continent à l'avènement de la reine catholique Marie Tudor, après avoir publié son *Instruction à la foi chrétienne* [*Instruccyon of Christen Fayth*]. Il fut lecteur, à Bâle, de 1555 à 1559, de l'imprimeur Oporinus (Herbst), qui publia en 1556 son *Christus Triumphans,* mystère apocalyptique écrit en latin. Cette œuvre fut traduite en vers français sous le titre *Le Triomphe de Jésus-Christ, comédie apocalyptique* et publiée à Genève en 1562. L'année suivante parut l'appel de Foxe à la tolérance, adressé à la noblesse anglaise et, en 1559, l'édition latine de son *Livre des martyrs* (*), martyrologe protestant qui fut réédité de nombreuses fois.

À l'accession au trône de la reine Élisabeth, Foxe rentra en Angleterre et devint prêtre anglican (1560). En 1563, l'édition anglaise du *Livre des martyrs* le rendit célèbre ; il devint alors un prédicateur renommé et fut nommé chanoine de Salisbury ; c'est également en 1563 qu'il publia son *Syllogisticon.*

RÉF. : G. Townsend, *The Life and Defense of J. Foxe,* Londres, 1853. – James Gairdner, *The English Church in the* XVIth *Century,* Londres et New York, 1902. – W. W. Wooden, *John Foxe,* Boston, 1983.

FRAIGNEAU André. Écrivain français. Né à Nîmes en 1907, mort à Paris le 30 avril 1991. Élevé à Nîmes, « ville admirable », il s'initie à la littérature en découvrant l'œuvre de son compatriote Joséphin Péladan, mais aussi Gabriele D'Annunzio, Maurice Barrès et Stendhal. À la suite d'un service militaire mouvementé qu'il raconta dans *Camp volant* (1937), il est interné à Paris, à l'hôpital militaire du Val-de-Grâce dont le service de neuropsychiatrie le réforme. Le journal de cette expérience forme sa première œuvre importante, *Val-de-Grâce* (1930). Enthousiasmé, André Malraux fait publier chez Gallimard ses premiers romans : *L'Irrésistible* (1935), *Camp volant* (1937), *La Grâce humaine* (1938), *La Fleur de l'âge* (1941) – voir *Les Étonnements de Guillaume Francœur* (*). Son idéal revendiquant l'élitisme au nom de l'esthétique le rapproche pendant l'Occupation de Robert Brasillach et de Pierre Drieu La Rochelle, lui inspirant un recueil d'essais et de nouvelles, *Fortune virile* (1944). Il poursuit avec *L'Amour vagabond* (1949), dont la réédition en 1956 est préfacée par Michel Déon, Jacques Laurent, Roger Nimier et Antoine Blondin : il devient alors le « colonel » des hussards. Se tournant vers le journal imaginaire, forme de roman-confidence, il évoquera dans le *Journal profane d'un solitaire* (1947) le jansénisme de Port-Royal ; Louis II de Bavière dans *Le Livre de raison d'un roi fou* (1947) ; enfin Julien l'Apostat avec *Le Songe de l'empereur* (1952). Son œuvre principale demeure, pour sa délicatesse et son lyrisme, la trilogie des *Étonnements de Guillaume Francœur* (1960).

CHRISTOPHE BEAUFILS.

RÉF. : A. Fraigneau et J. Moal, entretien, *in* A. Fraigneau, *Les Enfants de Venise,* Paris, 1988.

FRAISSE Paul. Psychologue français. Né le 20 mars 1911 à Saint-Étienne. Après une licence de philosophie, il se forme en psychologie expérimentale à Louvain (avec le professeur Michotte). Après quatre années de guerre et de captivité, il entre en 1943 comme sous-directeur (il deviendra directeur en 1952) au Laboratoire de psychologie expérimentale de l'École pratique des hautes études. Docteur en 1956, il est professeur à la Sorbonne puis à l'université René-Descartes, Paris V, et en même temps sous-directeur, puis directeur de l'Institut de psychologie de 1952 à 1969. Représentant français à l'Union internationale de psychologie scientifique (1952-1969), il en est président de 1966 à 1969. Depuis 1957, il est codirecteur, puis directeur (1964), de *L'Année psychologique.* Directeur de collection aux Presses universitaires de France, auteur d'une douzaine d'ouvrages et d'environ deux cent vingt articles, ses intérêts se sont orientés vers deux directions : les méthodes en psychologie et la psychologie du temps et du rythme. Très soucieux de la formation des étudiants à la recherche et préoccupé de donner à la psychologie française une assise scientifique, Fraisse, en collaboration avec Piaget, a dirigé *Le Traité de psychologie expérimentale* (1983-1966), neuf tomes traduits en neuf langues et a rédigé lui-même un *Manuel de psychologie expérimentale* traduit en six langues. Deux ouvrages, *La Psychologie de demain* (1982) et *Pour une psychologie scientifique* (1988), témoignent encore de son intérêt pour ce sujet. Mais c'est le problème psychologique du temps qui a été sa préoccupation majeure dans la recherche en étudiant les différents niveaux d'adaptation de l'homme au temps : *Psychologie du temps* (*) (1954) ; *Psychologie du rythme* (1974).

ARLETTE STRERI.

FRANCASTEL Pierre. Historien d'art français. Né et mort à Paris : 8 juin 1900-2 janvier 1970. Ce sont des études de littérature qui le conduisirent à faire des recherches d'histoire de l'art en archives. De 1925 à 1930, il fut attaché au service d'architecture du Palais de Versailles, où il va mûrir sa thèse sur *La Sculpture de Versailles* (1930). Il fut ensuite six années durant directeur de l'Institut français de Varsovie (où il nouera de nombreux liens avec l'intelligentsia d'Europe centrale) avant d'enseigner à l'université de Strasbourg. En 1948, Lucien Febvre créera spécialement à son intention une chaire de « sociologie de l'art » à l'École pratique des hautes études. En réaction contre l'« histoire de l'art » telle que la concevait Panofsky (notamment son *Histoire de l'art, argument de la propagande germanique,* 1945), il y développera une théorie des manifestations artistiques dont l'étude suppose une quadruple approche : critique et historique, esthétique et sociologique, afin de les saisir dans leur totalité. Lui-même définissait son projet comme l'élaboration d'une « sociologie historique comparative » où l'on perçoit, çà et là, l'influence du marxisme hongrois (notamment de G. Lukacs, J. Mukazovsky) alors même qu'il récusera l'hégélianisme marxisant de l'« histoire sociale de l'art » d'un A. Hauser. C'est à ce courant de pensée qu'il faut rattacher son étude de la transformation de l'art moderne à la faveur de la révolution industrielle à travers l'analyse de la rencontre de l'« art et de la machine » dans *Art et technique aux XIX*e *et XX*e *siècles* (1956). Ses travaux couvrent la totalité de l'histoire de l'art occidental, de l'architecture médiévale à l'urbanisme contemporain en passant par l'école de Paris dans les années 40. Ses œuvres principales seront liées à son enseignement, *Peinture et Société* (1951), *Art et Technique* (1956), *La Réalité figurative* (1965) (*) et *La Figure et le Lieu* (1967). Il est également l'auteur de plusieurs ouvrages en collaboration avec sa femme, Galienne Francastel, dont une *Histoire de la peinture française,* qui s'efforce de briser le carcan de la chronologie pour suivre l'histoire de l'art dans la logique de son évolution propre, et *Le Portrait, cinquante siècles d'humanisme en peinture* (1969). Enfin, la forte singularité, pour ne pas dire la marginalité, de l'œuvre de Francastel dans la production des historiens d'art tient sans doute à la place exceptionnelle qu'y occupe l'architecture, dans ses dimensions artistiques mais aussi politiques et sociales : il n'est qu'à se reporter aux actes du colloque *Les Origines des villes polonaises* (1960) ou à son *Paris, une destinée de capitale* (1968). Paris, dira-t-il, est un des rares lieux au monde où la notion même de ville s'est élaborée, ce qui permet de saisir sur le vif les « principes d'intégration » qui ont réglé la disposition des lieux où nous vivons.

PIERRE-EMMANUEL DAUZAT.

FRANCE Anatole (pseud. de François-Anatole Thibault). Écrivain français. Né à Paris le 16 avril 1844, dans une maison du quai Malaquais où son père était libraire, mort le 12 octobre 1924 à « La Béchellerie », Saint-Cyr-sur-Loire (Indre-et-Loire). Après avoir fait ses études au collège Stanislas et composé, à quinze ans, une *Légende de sainte Radegonde,* il collabora à divers bulletins de bibliophilie et sembla s'orienter vers l'érudition, encore qu'il ait publié (1864) un pastiche d'André Chénier dans l'*Intermédiaire des chercheurs et curieux.* En 1868, il publie son premier livre, *Alfred de Vigny,* et entre, l'année suivante, comme lecteur chez Alphonse Lemerre, éditeur du *Parnasse contemporain* (*), dans le second recueil duquel figureront deux de ses poèmes (1871). Il dédie à Leconte de Lisle les *Poèmes dorés* (1873), harmonieux, descriptifs, de facture intégralement parnassienne. Membre du comité chargé de préparer le troisième recueil du *Parnasse contemporain,* il fait écarter les vers de Mallarmé, Verlaine et Charles Cros. En 1876 paraissent les *Noces corinthiennes* (*), drame antique en vers suivi de courts poèmes, composé d'après Goethe, et représenté à l'Odéon en 1902, à l'Opéra-Comique en 1922. Anatole France, nommé commis surveillant à la bibliothèque du Sénat (1876), épouse en 1877 Marie-Valérie Guérin de Sauville dont il aura une fille, Suzanne (il divorcera en 1893). Il publie successivement un recueil de deux nouvelles : *Jocaste* (*) et *Le Chat maigre* (1879) ; *Le Crime de Sylvestre Bonnard* (*) (1881), délicat récit « fait dans l'ombre des livres », et qui connut un grand succès. *Les Désirs de Jean Servien* (*) (1882), dans lequel Anatole France décrit sa passion pour l'actrice Élise Devoyod, fut suivi par *Le Livre de mon ami* (*) (1885) ; *Balthasar* (*) (1889), *Thaïs* (*) (1890), « histoire d'une pécheresse sauvée et d'un ermite damné », qui remporta un succès extraordinaire et fut créée à l'Opéra (musique de Massenet) en 1894 ; *L'Étui de nacre* (*) (1892), recueil de contes, dont le plus important est *Le Procurateur de Judée ; La Rôtisserie de la reine Pédauque* (*) (1893), où sont évoquées pour la première fois la vie et les opinions de l'abbé Jérôme Coignard, évoluant au milieu d'un petit monde très XVIIIe siècle mais déjà « francien ». *Les Opinions de M. Jérôme Coignard* (*) (réunion d'articles de *L'Écho de Paris*) datent de la même année. Dès 1885, France avait commencé à donner au *Temps* des articles de critique qui seront réunis dans les cinq volumes de *La Vie littéraire* (Ier volume : 1888). *Le Lys rouge* (*) (1894), inspiré par Mme Arman de Caillavet — dont la liaison avec l'écrivain avait commencé en 1888 — est la chronique d'un salon parisien à la fin du XIXe siècle. Ce roman (porté au théâtre en 1899) devait, dans l'esprit de l'égérie, montrer que France n'était pas un romancier inférieur à Paul Bourget. *Le Jardin d'Épicure* (*) (1894) est particulièrement imprégné de la philosophie, à la fois désenchantée et sage, du « bon maître ».

Après la publication du *Puits de Sainte-*

Claire (1895), choix de contes rapportés d'Italie, et son élection, l'année suivante, à l'Académie française, au fauteuil de Ferdinand de Lesseps, France – qui, entre-temps, a préfacé *Les Plaisirs et les Jours* (*), premier livre de Marcel Proust – publie *L'Orme du mail* (+) (1897), premier volume de *L'Histoire contemporaine* (*) (réunion d'articles de l'*Écho de Paris*) et *Le Mannequin d'osier* (+) (2e vol. de la série, 1897) qui, adapté pour la scène, fut représenté, sans succès, au théâtre de la Renaissance en 1904. *L'Anneau d'améthyste* (+) (3e vol.) sera publié en 1899 ; *M. Bergeret à Paris* (+) (4e vol., satire des « trublions » nationalistes) en 1901. Ces quatre livres nous donnent, sous forme de conversations très fines sur les problèmes du temps entre les divers notables d'une ville de province, un piquant résumé de la société française à l'époque de l'affaire Dreyfus, telle que France avait pu l'observer dans le salon de Mme de Caillavet, l'un des centres du dreyfusisme mondain ; comme l'a écrit Émile Faguet à propos du *Mannequin d'osier,* c'est « un pamphlet formidable, présenté avec un sourire enchanteur ». La plupart des protagonistes – qu'il s'agisse de prêtres qui convoitent un évêché, ou du préfet juif et franc-maçon – ont un relief durable et, plus que tous, le sceptique M. Bergeret, maître de conférences à la faculté des lettres, qui professe que « les hommes furent jadis ce qu'ils sont à présent, c'est-à-dire médiocrement bons et médiocrement mauvais ». Cette *Histoire contemporaine,* France l'a vraiment vécue. Lorsque Zola publia, en 1898, *J'accuse* (*) dans *L'Aurore,* France signa à la requête de Marcel Proust la pétition dite « des intellectuels » réclamant la révision du procès Dreyfus. Ses écrits politiques et sociaux sont notamment : *Opinions sociales* (1902) ; la Préface du livre de Combes, *Une campagne laïque ; L'Église et la République, Sur la pierre blanche* (*) (1905) et *Vers les temps meilleurs* 1909). L'œuvre littéraire d'Anatole France se poursuivit avec *Au petit bonheur* (1898) ; *Pierre Nozière* (*) (1899), rempli de souvenirs d'enfance, et *L'Affaire Crainquebille* (qui fut illustrée par Steinlen), histoire d'une erreur judiciaire – une nouvelle édition parut en 1902 dans les *Cahiers de la Quinzaine* (*) de Péguy ; en 1903 eut lieu la première représentation de *Crainquebille* (*) à la Renaissance. Crainquebille, marchand des quatre-saisons de la rue Montmartre, est devenu un « type » populaire. Parurent ensuite : *Histoire comique* (*) (1903) ; *La Vie de Jeanne d'Arc* (*) (1908), dont les deux volumes ne réussirent pas à faire admettre France parmi les historiens professionnels ; *L'Île des Pingouins* (*) (1908), fiction sous le couvert de laquelle l'écrivain dit leur fait aux politiciens ; *Les Contes de Jacques Tournebroche* (1908), *Les dieux ont soif* (*) (1912), *Le Génie latin* (1913), *La Révolte des anges* (*) (1914), *Sur la voie glorieuse – Ce que disent nos morts* (1916), *Le Petit Pierre* (*) (1918), *La Vie en fleur* (*) (1922). Les deux ouvrages les plus importants de cette dernière période sont *Les dieux ont soif* et *La Révolte des anges,* romans parus après la mort de Mme de Caillavet. Le premier a pour toile de fond l'époque révolutionnaire que France connaissait bien, et le prodigieux succès qui accueillit ce livre fut la considération de sa grande maîtrise. Quant à *La Révolte,* c'est un mythe où l'auteur s'exprime « une bonne fois à fond, sur la religion, sur l'intelligence, sur la vie, sur Dieu... ». Anatole France, qui avait épousé en secondes noces Emma Laprévotte, passa ses dix dernières années à « La Béchellerie ». En 1921, trois ans avant sa mort, il reçut le prix Nobel de littérature.

HENRI LE BRETON GRANDMAISON.

♦ *« Je n'ai pas assez de vertu pour croire et professer la religion de l'humanité. Je n'ai pas le courage de renoncer aux fantaisies, aux caprices de la conscience individuelle. J'aime mes erreurs. Je ne veux pas renoncer à la liberté délicieuse de m'égarer, de me perdre, de perdre mon âme. Je veux pouvoir me tromper chaque fois que j'en aurai envie. »* Anatole France. ♦ *« Il est disert, fin, élégant. C'est le triomphe de l'euphémisme. Mais il reste sans inquiétude ; on l'épuise du premier coup. Je ne crois pas beaucoup à la survie de ceux sur qui d'abord tout le monde s'entend. »* André Gide. ♦ *« On peut dire que vous avez exercé sur la littérature anglaise une influence plus grande même que celle de vos œuvres sur les lettres françaises. »* H. G. Wells, lettre à Anatole France. ♦ *« Faux bonhomme et affété... »* Romain Rolland. ♦ *« Conteur de grande race. »* François Mauriac. ♦ *« Comme la bêtise n'était pas toujours son fort, il a vu plus loin que la plupart de ses contemporains. »* Étiemble. ♦ *« France est cet écrivain travaillé de trouble, secret. Il est un écrivain de culture, et aussi un chroniqueur ouvert aux questions de son temps. Il est à la fois fluctuant et fidèle à quelques grandes opinions qui nourrissent sa pensée et son œuvre. »* Marie-Claire Bancquart.

RÉF. : J.-J. Brousson, *Anatole France en pantoufles,* Paris, 1924. – C. Maurras, *Anatole France, politique et poète,* Paris, 1924. – Aragon, A. Breton, Drieu la Rochelle, P. Éluard, J. Delteil, Ph. Soupault, *Un cadavre,* Paris, 1924. – L. Carias, *Anatole France,* 1931. – C. Braibant, *Le Secret d'A. France,* Paris, 1935. – J. Suffel, *Anatole France,* 1946. – A. Vandegaus, *A. France. Les Années de formation,* 1954. – J. Levaillant, *Les Aventures du scepticisme. Essai sur l'évolution intellectuelle d'Anatole France,* 1965. – M.-Cl. Bancquart, *Anatole France. Un sceptique passionné,* 1984.

FRANCIS Louis. Romancier français. Né à Nevers en 1900, mort à Paris le 9 novembre 1959. Après des études à l'École normale supérieure, il a accompli de nombreux voyages en Europe et en Asie. Il a enseigné quelques années en Turquie. La première de ses œuvres est le récit d'une sédition militaire à Constantinople au XVIIIe siècle, paru sous le titre *Les nuits sont enceintes*. Un second récit, *Daria ou la Médée contestée,* a pour décor le Caucase. Son meilleur roman demeure *Blanc* (*) (1934) : analyse d'un amour douloureux avec les Alpes pour cadre, qui obtint le prix Renaudot (1934). On lui doit également *Jusqu'à Bergen* (1947),

La Neige de Galata (1936), *Le Peuplier seul* (1955), et un essai : *La Vie privée de Voltaire* (1948).

FRANCK Adolphe. Philosophe français. Né à Liocourt (Meurthe) le 2 octobre 1809, mort à Paris le 11 avril 1893. Après avoir terminé ses études secondaires et universitaires à Nancy et à Toulouse, sorti l'un des premiers au concours d'agrégation de philosophie en 1832, Franck publia son premier livre : *Le Système de Démocrite restauré d'après les textes* (1836). Nommé professeur de philosophie, d'abord au Collège Charlemagne (1840), puis à la Sorbonne, il devint, à trente-cinq ans, membre de l'Académie des sciences morales et politiques. En 1844-1852, il publia, avec quelques collaborateurs choisis, les six volumes du *Dictionnaire des sciences philosophiques,* qui fut pendant près d'un siècle l'instrument de travail indispensable à tout étudiant en philosophie. Bien que Franck ait composé une vingtaine d'ouvrages d'érudition, on ne se souvient généralement – en dehors du *Dictionnaire* – que d'un seul de ses ouvrages : *La Kabbale ou la Philosophie religieuse des Hébreux* (*), qui, lors de sa parution en 1843, avait été accueilli très favorablement par la presse et la critique. Malheureusement, Franck, bien qu'étant vice-président du Consistoire israélite de Paris, n'avait que des connaissances très imparfaites de la langue hébraïque. Les hébraïsants érudits, comme Drach, de Pauly et Paul Vulliaud, ont depuis réduit à des proportions plus modestes l'apport de Franck à la connaissance de la Cabale.

Parmi les ouvrages d'Adolphe Franck, il convient de citer : *Le Communisme jugé par l'histoire* (1849), *Réformateurs et publicistes d'Europe* (1863), *La Philosophie mystique en France au* XVIII*e* *siècle* (1866), *Philosophes modernes français et étrangers* (1879), *Le Péché originel et la femme* (1886) et plusieurs livres consacrés à la philosophie du droit.

RÉF. : Alfred Fouillée, *Adolphe Franck,* 1894. – Eugène Manuel, *Un philosophe d'autrefois : Adolphe Franck,* in *Revue de Paris,* 15 juin 1896. – Paul Vulliaud, *Études et correspondance de Jean de Pauly relatives au Sepher ha-Zohar,* 1933.

FRANCK César Auguste Jean Guillaume Hubert. Compositeur français d'origine belge. Né à Liège le 10 décembre 1822, mort à Paris le 8 novembre 1890. Principal inspirateur de la résurrection de l'école musicale française après la guerre de 1870, il était d'ascendance belge ou, plus exactement, rhénane, puisque sa mère était originaire d'Aix-la-Chapelle et son père du territoire, alors prussien, d'Eupen et Malmédy. Il semble avoir porté toute sa vie le poids de son enfance malheureuse : fils d'un petit banquier, dur, autoritaire, cupide, impatient de faire de lui un jeune prodige à la Mozart ou à la Liszt, il effectua dès l'âge de onze ans des tournées de virtuose à travers la Belgique.

En 1835, lorsque César Franck eut terminé ses premières études à l'École de musique de Liège, son père l'emmena à Paris, où sa vie ne changea guère : son éducation générale et surtout littéraire fut des plus négligées, et l'adolescent fut contraint de gagner déjà sa vie en donnant des leçons particulières de piano. Cependant, admis au Conservatoire, il prit ses premières leçons de composition avec Reichah travailla dans les classes de Leborne et de Zimmermann, et, à la même époque, découvrit les œuvres de Beethoven que présentait la Société des concerts du Conservatoire dirigée par Habeneck ; élève prodige, il obtint en 1838, à l'âge de seize ans, un « grand prix d'honneur de piano », distinction exceptionnelle créée spécialement pour lui. Premier prix de fugue en 1840, d'orgue en 1841, il allait préparer le concours du prix de Rome, lorsqu'il reçut de son père l'ordre de rentrer en Belgique pour y reprendre sa carrière de pianiste virtuose (1841). De cette époque datent ses premières compositions, la majorité de ses œuvres pour piano seul et également les trois *Trios* (1841), pour piano, violon et violoncelle. Les tournées en Belgique s'étant révélées assez peu fructueuses, César Franck, en 1843, revint s'installer à Paris avec sa famille qu'il dut faire vivre avec les revenus de ses leçons et en occupant diverses places d'organiste. Ce ne fut qu'en 1848 qu'il parvint à s'affranchir de la tutelle paternelle, en se mariant avec une de ses élèves : il continua toutefois à vivre dans la gêne, en dépit de son labeur incessant de professeur et d'organiste, qui, durant toute sa vie, ne lui laissa jamais plus de deux heures chaque jour à consacrer à la composition. Sa personnalité commença de s'affirmer avec l'oratorio biblique *Ruth*, exécuté le 4 janvier 1846 ; l'œuvre n'eut pourtant aucun succès, le public n'y voyant qu'une imitation du *Désert* (*) de Félicien David. Après avoir tenu l'orgue de Notre-Dame-de-Lorette et de Saint-Jean-Saint-François, César Franck se vit confier le clavier de Sainte-Clotilde, qu'il tint pendant trente ans et où il fit admirer son génie d'improvisateur que Liszt rapprochait de celui de J.-S. Bach. En 1872, naturalisé français, il obtint le poste de professeur d'orgue au Conservatoire, succédant ainsi à son maître, Benoist ; mais il ne fut jamais très estimé de son directeur, Ambroise Thomas, et lors d'une vacance de la classe de composition, il se vit préférer Ernest Guiraud. On ne lui accordait guère que des talents de virtuose et de professeur : c'est à ce seul titre qu'on lui décerna la Légion d'honneur à l'âge de cinquante-six ans. Les pouvoirs officiels se souciaient si peu de lui qu'à ses obsèques ni le ministre, ni l'administration des beaux-arts, ni même le Conservatoire ne se firent représenter.

L'obscurité dans laquelle resta Franck pendant toute sa carrière est due en partie à ce qu'il fut un compositeur exceptionnellement tardif : aux approches de la cinquantaine, il n'avait encore rien produit d'important, si ce n'est ses premières *Mélodies* (*) (1846-48), *Prélude, fugue et variation* (*) (1860-62), une *Messe à trois voix* (1860), théâtrale et trop proche encore de Gounod, et des œuvres pour orgue (*Six pièces pour grand orgue*, 1860-62). On assimile trop rapidement cette première partie de la production franckiste à l'imagerie pieuse, comme d'ailleurs les célèbres *Psaumes CL* et *Panis angelicus* où l'on aurait tort de chercher des traits de sa personnalité profonde. Isolé de la vie mondaine, Franck a pris lentement conscience de son génie, sans aide extérieure. C'est avec *Rédemption* (*) (1873) et *Les Béatitudes* (*), écrites de 1869 à 1879, que débute la série des œuvres maîtresses comprenant *Prélude, choral et fugue* (*) (1885) ; les œuvres de musique de chambre : le *Quintette* (*) pour piano et cordes écrit en 1877-78, la *Sonate pour violon et piano* (*) (1886), le *Quatuor* (*) (1889) ; les poèmes symphoniques : *Les Éolides* (*) (1876), *Le Chasseur maudit* (*) (1882), *Les Djinns* (*) (1884), *Psyché* (*) (1887-88) ; *Trois chorals pour orgue* (*) (1890) ; enfin les *Variations symphoniques* (*) (1885) pour piano et la *Symphonie en ré mineur* (*) (1886-88).

Professeur timide, à la large face un peu fade, prématurément flasque, à la redingote noire mal soignée, aux pantalons étriqués, César Franck est de cette race de musiciens exclusivement musiciens qui semblent, hors leurs portées, n'avoir ni curiosités ni passions d'aucune sorte. Composer, créer, solitaire et vivifié par les voix intérieures, il semble bien que cela, finalement, lui suffise, et d'être aimé par un petit groupe d'artistes fervents qu'il estime. On dirait qu'il ne sent pas, autour de lui, l'indifférence, la mauvaise volonté officielles ; pourtant, en 1879, lorsqu'il envoie aux personnalités du monde musical des invitations pour une audition privée des *Béatitudes*, personne ne se dérange ; après l'audition de sa *Symphonie*, Gounod proclame que cette œuvre est « l'affirmation de l'impuissance poussée jusqu'au dogme » ; seul le *Quatuor* sera accueilli avec enthousiasme à la Société nationale, mais quelques mois seulement avant la mort du musicien. La nature débonnaire de Franck, sa modestie candide, sa douceur chrétienne ont fait de lui une sorte de personnage légendaire. Et sans doute est-ce la solitude de sa vie laborieuse qui lui permit de réaliser sa mission propre, loin des courants de son temps. En effet, à un moment où les italianisants règnent encore sur Paris, Franck restaure le goût d'un art grave et méditatif, conçu comme un sacerdoce ; à un moment où le théâtre a tout envahi, même la musique d'église, il impose la musique pure, la musique symphonique, et acclimate en France la tradition beethovénienne. Toutefois les ruptures radicales ne sont pas dans la manière de Franck, et il n'a pas manqué à l'occasion de cultiver les genres honorés de ses contemporains, que ce soit le poème symphonique ou même l'opéra, avec *Le Valet de ferme* (1851-53), *Hulda* (1885) et *Ghisèle* (1890), représentés au théâtre de Monte-Carlo en 1894 et 1896. D'autre part, Franck a subi de nombreuses et fortes influences : celle de Bach (goût de l'écriture contrapuntique, des thèmes lents très longs), celle de Wagner (complexité polyphonique, chromatisme), celle de Beethoven, qui lui donna le sentiment des grandes constructions architecturales et surtout l'esquisse de cette « forme cyclique » par laquelle Franck renouvela complètement les œuvres de la musique de chambre en en faisant des touts homogènes, par l'emploi, dans les différents mouvements, de mêmes idées essentielles – ce qui d'ailleurs rejoint manifestement le leitmotiv wagnérien et donne à la musique de Franck sa pathétique expression humaine.

Son influence a été très grande ; mais ce ne fut pas celle d'un doctrinaire. Franck n'a pas imposé des méthodes, il a donné à toute une génération l'exemple entraînant de sa vie, de son respect religieux de la musique, de son mépris des succès faciles, de sa prédilection pour les grandes formes instrumentales, si dédaignées en France dans la première moitié du XIXe siècle. Il a été le modèle de tous les symphonistes français, de ceux particulièrement qui composèrent la fameuse « bande à Franck », les Duparc, Chausson, Arthur Coquard, A. de Castillon, Lekeu, P. de Bréville, Guy Ropartz.

LOUIS GAUDRAN.

♦ *« Musicien qui peut s'attendre aux plus dures épreuves, d'abord parce qu'il a le mauvais goût de se prénommer César, ensuite parce qu'il est exceptionnellement doué. »* Liszt. ♦ *« Berlioz était plus artiste que musicien ; Franck était plus musicien qu'artiste. Ce n'était pas un poète* [...] *le sens du pittoresque paraît absent de sa musique. »* Saint-Saëns. ♦ *« L'ennuyeux maître de chapelle. »* Debussy. ♦ *« Génial continuateur de Wagner, le plus grand créateur de formes musicales avec Beethoven et Wagner. »* Vincent d'Indy. ♦ *« Depuis Beethoven, rien d'aussi riche, d'aussi profond, d'aussi émouvant n'avait été écrit dans le domaine de la musique de chambre et de la musique symphonique. »* Paul Landormy.

RÉF. : F. Baldensperger, *César Franck, l'homme, l'artiste, l'œuvre*, Paris, 1901. – Arthur Coquard, *César Franck*, Paris, 1904. – Vincent d'Indy, *Les Maîtres de la musique*, Paris, 1906. – Octave Séré, *Musiciens français d'aujourd'hui*, Paris, 1921. – P. de Wailly, *La Vie et l'âme de C. Franck*, Amiens, 1922. – Maurice Emmanuel, *César Franck*, Paris, 1930. – Robert Jardillier, *La Musique de chambre de César Franck*, Paris, 1930. – Maurice Kunel, *César Franck, l'homme et son œuvre*, Paris, 1947. – Alfred Colling, *César Franck ou le Concert spirituel*, Paris, 1952. – Léon Vallas, *La Véritable Histoire de César Franck*, Paris, 1955. – Emmanuel Buenzod, *Franck*, Paris, 1966. – Jean Gallois, *Franck*, Paris, 1966. – F. Sabatier, *César Franck et l'orgue*, Paris, 1982. – Jean-Léon Beaunois, *Prélude, aria et final, avec César Franck, cinquante ans de musique française (1830-1880)*, Grenoble, 1990.

FRANCK Sebastian. Théologien allemand. Né à Donauwœrth (Bavière) le 20 janvier 1499, mort à Bâle (Suisse) en 1542 ou 1543. Nous connaissons peu de chose de sa jeunesse et de ses études. La première information précise que nous possédons sur lui remonte à 1524, année où nous savons qu'il fut ordonné prêtre catholique. Il embrassa ensuite la Réforme et fut pasteur à Gustenfelden, près de Nuremberg. Mais sa participation au mouvement protestant allait prendre une orientation spéciale : il entra en contact avec les anabaptistes et avec le médecin théologien Michel Servet, qui niait le dogme de la Trinité. De même qu'il avait été contraint de quitter son poste près de Nuremberg, il dut s'en aller de Strasbourg où il s'était établi. Pendant deux ans, à partir de 1531, il gagna sa vie à Esslingen comme savonnier ; il passa ensuite à Ulm où il ouvrit une typographie. Là non plus, il ne trouva pas la tranquillité ; en 1539, il s'établit à Bâle. Ce fut un esprit inquiet, un homme possédant une vaste culture et, dans sa manière de comprendre la vie, plus moderne et tolérant que beaucoup de ses contemporains. Il traduisit en allemand l'*Éloge de la folie* (*) d'Érasme, écrivit de petites œuvres curieuses et bizarres : *Du vice de l'ivrognerie* [*Vom Laster der Trunkenheit*, 1528], *Petit livre de guerre de la paix – contre la guerre* [*Kriegsbüchlein des Friedens – wider den Krieg*, 1539]. L'ouvrage le plus caractéristique de sa pensée et de son tempérament est *Paradoxa.* Citons encore *Chroniques, Annales et Grand livre d'histoire* (1531), *Proverbes allemands* (*) (1532), *Germaniae Chronikon* (1538) et *Guldin Arck* (1539).

FRANC-NOHAIN (pseud. de Maurice-Étienne Legrand). Humoriste français. Né à Corbigny (Nièvre) le 25 octobre 1873, mort à Paris le 18 octobre 1934. D'abord avocat, et même sous-préfet, il se fit connaître par plusieurs recueils de vers passablement satiriques à l'égard de la bourgeoisie provinciale : *Flûtes* (1898), *Chansons des trains et des gares* (1900), *Dimanches en famille* (1902). Ces morceaux pleins de verve et rimés à la diable furent réunis plus tard dans le volume intitulé le *Kiosque à musique* (1922). Se plaisant à commenter l'actualité, il donnait à plus d'un journal ce qu'il appelait des « Cantates », lesquelles étaient parfois très drôles. De la même veine relèvent ses *Fables* (*) (1921) et *Nouvelles Fables* (1927). Pour le théâtre, il a écrit *La Grenouille et le Capucin* (1900), *L'Heure espagnole* (1904), *La Belle Éveillée* (1927) et *Le Temps des croisades* (1902), livret d'opérette pour le musicien Claude Terrasse. Son œuvre en prose comprend surtout *Jaboune* (1910) et le *Journal de Jaboune* (1914), et un roman, *Couci-couça* (1923).

RÉF. : Louis Coquelin, article *Franc-Nohain,* in *Larousse mensuel,* mars 1935. – Maurice Mignon, *Le Souvenir de Franc-Nohain en Nivernais,* Clamecy, 1951.

FRANCO Niccolò. Écrivain italien, né à Bénévent (Campanie) le 13 septembre 1515, mort pendu à Rome le 10 mars 1570. Après avoir tenté fortune à Naples comme faiseur d'épigrammes et comme plagiaire, Franco s'introduisit à Venise dans les bonnes grâces de l'Arétin et devint, dans une certaine mesure, son collaborateur. Cependant il n'hésita pas à le plagier et rivalisa avec lui en publiant notamment des *Dialogues plaisants* [*Dialoghi piacevolissimi,* 1538-1539]. La rupture éclata lorsque, en 1539, il fit paraître un violent libelle contre l'Arétin – *Vie de l'Arétin* [*Vita di Pietro Aretino*] – bientôt suivi des *Rimes contre l'Arétin* [*Rime contro l'Aretino*] et des *Priapées* (*) (1541), recueil d'épigrammes venimeuses qui remportèrent le plus grand succès. Franco donna, l'année suivante, un *Dialogue des beautés* [*Dialogo delle bellezze,* 1542], calqué sur le livre de Mario Equicola, *De la nature d'amour* [*Della natura de amore*]. Réfugié à Mantoue, Franco publia en 1547 *La Philène* [*La Philena*], roman aux réminiscences autobiographiques, pimenté d'érotisme. Il composa ensuite une histoire contemporaine, *Commentaires* [*Commentarii*], que l'Inquisition livra aux flammes (1558). La même année, Franco, qui avait été banni de Rome pour avoir, dans les *Priapées,* raillé le pape Paul III, tenta de fléchir son successeur Paul IV, qui le fit mettre en prison. Libéré au bout de vingt mois, il entra au service du cardinal Morone et ourdit un complot contre le cardinal Carafa, qui fut condamné à mort (1561). Mais en 1568, le procès fut révisé et Franco condamné à la pendaison. On lui doit également *Le Temple d'amour* [*Tempio d'amore*], ainsi que des *Rimes* [*Rime*] à la manière de Pétrarque et *Le Pétrarquiste* [*Il Petrarchista,* 1538], opuscule assez malveillant pour le poète, mais qui intéresse cependant l'histoire littéraire.

RÉF. : G. Simiani, *Niccolò Franco, La vita e le opere,* Turin, 1894.

FRANÇOIS D'ASSISE, saint. Religieux et fondateur d'ordre italien. Né à Assise en septembre 1182, mort à la Portioncule, près d'Assise, le 3 octobre 1226. Fils de Pietro Bernardone, riche marchand d'étoffes, et de Pica, une Provençale, il apprit dès sa plus tendre enfance « le doulx parler de France ». La légende veut que ce soit en entendant son fils s'exprimer en cette langue que Pietro le surnomma François. Il aida tout d'abord son père et mena la vie habituelle des jeunes hommes de son temps bien pourvus et intelligents de surcroît. Mais en 1204, il tomba aux mains des habitants de Pérouse, après la rencontre du Pont Saint-Jean, et fut amené à faire réflexion, à se replier sur lui-même, tant dans la solitude de la prison qu'au cours de la maladie dont il fut atteint après son retour. Deux ans plus tard (au printemps de 1206), saint François d'Assise eut une première vision. Et pour faire réparer l'église de San Damiano qui tombait en ruines, il s'empara de quelques pièces de drap, les vendit et offrit l'argent aux prêtres de San Damiano. Comme son père, extrêmement irrité, lui ordonnait de renoncer à sa part d'héritage, saint François d'Assise ne se contenta point d'obéir aux ordres paternels : il se dépouilla de ses vêtements et rejeta ainsi, de façon spectaculaire, les biens de ce monde pour embrasser la pauvreté. À vingt-cinq ans, il abandonna sa ville natale et se rendit à Gubbio où il soigna les lépreux. Puis il revint à Assise et releva successivement les églises de San Damiano, de San Pietro in Merullo, de Santa Maria degli Angeli, appelée aussi La Portioncule, participant lui-même aux travaux et demandant aux passants qu'ils voulussent bien l'aider et lui apporter des pierres pour l'amour de Dieu. C'est alors que commencèrent les années de solitude et de prière ; il ne se montrait que pour mendier avec les pauvres et partager leur pain. Le 24 février 1209, dans la petite église de la Portioncule, pendant la lecture de l'Évangile, saint François d'Assise eut une révélation : d'ermite il allait devenir apôtre. Et il appela à lui une poignée de fidèles prêts à le seconder. Ce furent tout d'abord, en avril 1209, Bernardo da Quintavalle et Pietro Cattani, touchés eux aussi par la grâce, ainsi que le prêtre Sylvestre ; puis Egidio. Pour ces « viri poenitentiales », saint François d'Assise institua une première règle tirée de l'Évangile, règle aujourd'hui perdue, qui obtint l'approbation du pape Innocent III, vers 1210.

Encouragé par cette première victoire, saint François commença ses prédications. La communauté s'agrandit et compta, parmi ses membres les plus fervents, sainte Claire. Les vertus les plus contradictoires en apparence, l'humilité et la force, la miséricorde et la justice, l'action et la contemplation, étaient pratiquées par le petit groupe. En 1214, saint François, comme il est rapporté dans les *Fioretti* (*), fit un pèlerinage au sanctuaire de Saint-Jacques-de-Compostelle et, par ses discours et ses exemples, exalta la bonté de Dieu, la charité dont il débordait. Pendant ce temps Innocent III, tout occupé de la nouvelle croisade (11 novembre 1215), interdisait la constitution d'un nouvel ordre religieux. Mais son successeur Honorius III reconnut et approuva la règle franciscaine. En 1219 — peut-être après qu'il eut rencontré saint Dominique — saint François partit pour la Syrie, afin de porter la bonne nouvelle aux Infidèles. Il regagna l'Italie au cours de l'été de 1220. La Curie exigeait un exposé très précis de la règle et, quand saint François se présenta au chapitre de la Portioncule, le 29 septembre 1220, il trouva une bulle d'Honorius III qui imposait la rituelle année d'épreuve à qui désirait entrer dans l'Ordre. Saint François d'Assise confia alors la communauté à Pietro Cattani et se consacra à la tâche de rédiger une règle. Deux textes différents virent le jour, l'un date de 1221 et l'autre, plus schématique, de 1223. Enfin le fondateur put s'abandonner à la contemplation, et les dernières années de sa vie furent, comme les premières, vouées à la solitude et à la prière. En 1224, le Christ lui accorda des signes tangibles de prédilection et saint François fut marqué des stigmates qu'il conserva jusqu'à sa mort (1226). Deux ans plus tard, Grégoire IX le fit canoniser et posa la première pierre de l'église d'Assise. Dans *Le Cantique du soleil* (*), saint François s'adresse encore directement à nous et nous a transmis, à travers ses *Œuvres spirituelles* (*), le meilleur de sa prédication : ce sont des avertissements donnés à ses frères, avertissements d'autant mieux fondés que saint François les tirait de sa propre expérience et de sa vie intérieure. Le premier de ses préceptes est d'aimer Dieu pour lui-même, comme le seul bien. Au regard de cet amour, tout le reste ne peut apparaître que comme néant et ténèbres.

MARIO CASELLA.

♦ *« Heureux mille et mille fois le pauvre François, le plus ardent, le plus transporté, et, si j'ose parler de la sorte, le plus désespéré amateur de la pauvreté qui ait peut-être été dans l'Église... l'inimitable François si heureusement insensé. »* Bossuet. ♦ *« Je suis peu content du bonhomme François ; / Il crut qu'un vrai chrétien doit gueuser dans la rue, / Et voulut que ses fils, robustes fainéants, / Fissent serment à Dieu de vivre à nos dépens... François d'Assise, en instituant les mendiants, fit un mal beaucoup plus grand* [que les riches abbés bénédictins]. *Ce fut un impôt exorbitant mis sur le pauvre peuple, qui n'osa refuser son tribut d'aumône à des moines qui disaient la messe et qui confessaient. »* Voltaire. ♦ *« Saint François parcourut le monde comme le pardon de Dieu. Je veux dire que son apparition marqua le moment où les hommes purent être réconciliés non seulement avec Dieu, mais avec la nature et, ce qui est plus difficile encore, avec eux-mêmes. Car elle marqua le moment où le système social se trouva purgé enfin de tout ce paganisme ranci qui avait empoisonné l'ancien monde. »* G. K. Chesterton.

RÉF. : S. Bonaventura, *Vita del glorioso serafico S. Francesco*, Milan, 1447. — *Chronicles of St. Francis and the Friars Memoirs* (anonyme), Saint-Omer, 1618. — J. A. de Chavanes, *Vie de saint François d'Assise*, Dijon, 1676. — Candide Chalippe, *Vie de saint François d'Assise*, 1727. — Jos. Goerres, *Der heilige Franz von Assisi, ein Troubadour*, Strasbourg, 1826. — Chavin de Malan, *Vie de saint François d'Assise*, 1841. — Et. J. Delécluse, *Grégoire VII, saint François d'Assise, saint Thomas d'Aquin*, 2 vol., 1844. — Paul Sabatier, *Vie de saint François*, 1894. — W. I. Little, *Life of St. Francis of Assisi*, N.Y., 1898. — G. K. Chersterton, *Saint François d'Assise*, trad. 1925. — Johann Jörgensen, *Pèlerinages franciscains*, trad. 1937. — D. Mérejkovsky, *De Jésus à nous*, 1941. — Abel Bonnard, *Saint François d'Assise*, 1943. — Fréd. Ozanam, *Saint François d'Assise*, 1947. — R. Fülöp-Miller, *Les Saints qui bouleversèrent le monde*, 1948. — Louis Lavelle, *Quatre saints*, 1951. — J. Gobry, *Saint François d'Assise et l'esprit franciscain*, Paris, 1957. — T. Desbonnets et D. Vorreux, *Saint François d'Assise. Documents, écrits et premières biographies*, Paris, 1968. — O. Englebert, *Vie de saint François d'Assise*, Paris, 1982. — R. Manselli, *Saint François d'Assise*, Paris, 1982.

FRANÇOIS DE SALES, saint. Auteur spirituel de langue française. Né le 21 août 1567 au château de Sales près de Thorens, en Genevois, mort à Lyon le 28 décembre 1622. Il appartenait à une famille de vieille noblesse paysanne, de culture française et de religion catholique. Son père, M. de Boisy, était renommé pour sa loyauté et son humanité envers les paysans. Sa mère était une dame généreuse, d'une grande piété. Après des études au collège de la Roche, François fut envoyé au collège d'Eustache Chapuis à Annecy, où il se fit remarquer par son intelligence et son application. Tonsuré à l'âge de onze ans, selon l'usage, le 20 septembre 1578, il veut être clerc, malgré l'opposition de son père. Il poursuit ses études à Paris, au collège de Clermont (actuel lycée Louis-le-Grand) tenu par les jésuites, où domine un esprit d'ultramontanisme si fort que le roi Henri III s'en inquiète. François reçoit l'éducation très complète des jeunes nobles. Parmi les maîtres éminents qui le formèrent (Jacques Sirmond, Bernardin Castori, François Suarez d'Avila, Maldonat), il subit surtout l'influence de Gilbert Génébrard, professeur d'hébreu, dont il put en 1584 suivre le cours sur le *Cantique des Cantiques* (*), qui fut pour lui comme une révélation et marquera sa sensibilité religieuse. C'est dans ce milieu d'humanisme dévot que, rejetant l'esprit païen des auteurs anciens tout autant que le scepticisme de Montaigne ou la truculence de Rabelais, le jeune étudiant voit s'affermir sa vocation et sa fascination pour le Christ Sauveur et pour les vérités contenues dans les Saintes Écritures. Soudain, au mois de décembre 1586, une grande crise survient. « Il tomba – raconte sainte Jeanne de Chantal – en de grandes tentations et extrêmes angoisses d'esprit. Il lui semblait absolument qu'il était réprouvé [...] ce dont il transissait, surtout au souvenir de l'impuissance que les damnés ont d'aimer Dieu et de voir la très sainte Vierge. » La question de la prédestination, si débattue alors, résolue de façon opposée par les humanistes chrétiens et par les protestants à la suite de Luther ou Calvin, semble avoir déclenché alors en François de Sales une angoisse mortelle. Agenouillé devant la Vierge noire de Saint-Étienne-des-Grès, s'abandonnant à la volonté divine, il retrouve soudain la paix du cœur et de l'esprit. La crise s'achève ainsi, en janvier 1587, par une résolution sans retour, celle de se donner sans réserve à l'amour de Dieu. En 1588, François achève ses études. Mais l'époque est troublée. C'est le temps de la Ligue et des barricades contre le pouvoir royal. Son père l'envoie étudier le droit à l'université de Padoue. Il y étudie aussi la théologie, sous la direction d'un savant jésuite, l'humaniste Antoine Possevin (1534-1611). Parmi ses lectures spirituelles, le *Combat spirituel* du théatin Scupoli restera pour lui un livre de prédilection. Après avoir obtenu le titre de docteur « en l'un et l'autre droit » (civil et canonique), François de Sales revient dans sa famille en Savoie, en 1592. Refusant le mariage qu'on lui a préparé, ou les honneurs dont le duc de Savoie veut le combler, François décide d'entrer dans les ordres. Il est ordonné prêtre le 18 décembre 1593 ; auparavant, il avait été nommé prévôt du chapitre de Saint-Pierre de Genève (alors en exil à Annecy). En 1594, l'année de l'entrée du roi Henri IV à Paris (après son abjuration à Saint-Denis l'année précédente), François part évangéliser le Chablais, région en bordure du lac Léman gagnée au calvinisme. François multiplie les contacts avec les protestants. Il rencontre Théodore de Bèze (1519-1605), successeur de Calvin à Genève. De nombreuses conversions au catholicisme se produisent. En 1596, François de Sales célèbre sa première messe en l'église Saint-Hippolyte de Thonon. En 1598, le culte protestant est supprimé dans le Chablais.

La même année, il est nommé coadjuteur de Mgr Claude Granier, évêque de Genève, son oncle, et il est reçu à Rome par le pape Clément VIII. En 1602, il fait un long séjour à Paris pour régler la situation religieuse du pays de Gex, rattaché à la France l'année précédente. Ses prêches à Notre-Dame, au Louvre et à Fontainebleau le rendent célèbre. Henri IV, dont il a gagné la confiance, voudrait le retenir à Paris. François de Sales fréquente assidûment le célèbre cercle des dévots rassemblés autour de Mme Acarie, qui le prend pour confesseur. Il rencontre ainsi Pierre de Bérulle, Benoît de Canfeld, dom Beaucousin. Partisan de la spiritualité thérésienne, réticent devant la spiritualité d'inspiration rhénane d'union directe avec le divin, il favorise l'introduction du carmel réformé en France et la fondation de l'Oratoire. Après la mort de Mgr Granier, François est consacré évêque de Genève le 8 décembre 1602. En 1604, tandis qu'il prêche le carême à Dijon, il rencontre la baronne Jeanne de Chantal (1572-1641), veuve, dont il devient le directeur spirituel. Pour instruire le peuple dont il a la charge pastorale, il crée, en 1607, à Annecy, avec Antoine Favre, l'académie florimontane, sorte d'université populaire ouverte à tous. Cependant, François de Sales ne cesse de voyager pour prêcher l'Évangile. À son exemple, il forme des prédicateurs et des missionnaires pour évangéliser le Chablais. Il crée, ou il anime, de nombreuses confréries religieuses. Sous son action, un grand renouveau catholique s'opère. En 1607, il cherche à obtenir l'intervention de Paul V dans la querelle *De Auxiliis*. En 1609, il publie, à Lyon, l'*Introduction à la vie dévote* – v. *Œuvres* (*) de saint François de Sales. La même année, il consacre son ami Jean-Pierre Camus évêque de Belley. La fondation de la Visitation, dont la baronne de Chantal, devenue religieuse, est la première supérieure, a lieu à Annecy, en juin 1610. (Le mois précédent avait eu lieu l'assassinat d'Henri IV par Ravaillac.) La nouvelle congrégation, dont les débuts furent très pauvres, connut bientôt un rapide développement.

Pasteur exemplaire, dévoué au clergé autant qu'aux fidèles de toutes conditions, François de Sales disait de l'enseignement qu'il était le huitième sacrement et que l'ignorance était pire que la malice. C'est ainsi qu'en 1613 il se rend à Turin et à Milan pour y recruter des religieux barnabites, afin d'y enseigner au collège d'Annecy. Le *Traité de l'amour de Dieu* – v. *Œuvres* (*) – destiné aux « âmes avancées en la dévotion » est publié en 1616.

En 1617 (l'année de l'assassinat de Concini), François prêche le carême à Grenoble. Le 30 septembre, il consacre la première église de la Visitation érigée en ordre religieux en 1618, lorsque Paul V en approuve les constitutions. En octobre 1618, François accompagne le cardinal de Savoie venu à la Cour demander la main de Christine de France pour le prince de Piémont. Au cours de ce troisième séjour à Paris, François confie à Vincent de Paul la direction du monastère parisien de la Visitation. Avec Bérulle et Bourdoise, il s'emploie à la formation du clergé, ce qui a toujours été l'un de ses grands soucis. Il rencontre la mère Angélique Arnauld, abbesse de Port-Royal, qui sollicite son aide pour la réforme de l'abbaye de Maubuisson. Ayant refusé la position de coadjuteur à Paris, François repart. En route, il rencontre, à Tours, Richelieu. En 1621 a lieu le sacre de Jean-François de Sales, nommé coadjuteur de son frère François. Alors qu'il songe à se retirer à Saint-Germain-de-Talloires, l'évêque de Genève doit multiplier les déplacements : Lyon, Pignerol, Turin, Avignon où il rejoint le duc de Savoie négociant avec Louis XIII une alliance contre l'Espagne. En novembre 1622, François se rend à Lyon, auprès de Christine de France, qui a fait de lui son grand aumônier. Le 11 décembre 1622 a lieu sa dernière rencontre avec la mère Jeanne de Chantal. Frappé d'apoplexie, il meurt à Lyon, au couvent de la Visitation le 28 décembre. Les funérailles furent célébrées à Annecy le 29 janvier 1623. Béatifié le 28 décembre 1661 par Alexandre VII, il fut canonisé le 19 avril 1665 par le même pape, à la demande notamment de la famille royale de France. Le 19 juillet 1877, le pape Pie IX le proclama docteur de l'Église universelle.

BERNARD SESÉ

♦ *« Malgré son goût très vif pour la spéculation platonicienne, il n'était ni philosophe ni théologien de profession* [...] *De tout ce que les livres dogmatiques lui ont appris, il a éprouvé la pleine vérité par de longues expériences et sur lui-même et sur les autres. »* Henri Brémond. ♦ *« Entre tous ses exercices spirituels il apportait, je le sais, un soin tout particulier à la prière tant vocale que mentale. »* Vincent de Paul. ♦ *« François de Sales pose de plus le problème de l'humanisme dans son sens dramatique ; il le résout par la transcendance. Mais hors de la transcendance, qu'est donc l'homme en sa nature close ? »* E.-M. Lajeunie. ♦ *« François de Sales a insufflé à la spiritualité un air nouveau, venu tout droit des cimes évangéliques. »* André Ravier.

RÉF. : Henri Brémond, *Histoire littéraire du sentiment religieux en France*, Paris, 1916-1936. – Étienne-Marie Lajeunie, *Saint François de Sales et l'Esprit salésien*, Paris, 1962 ; *Saint François de Sales. L'homme, la pensée, l'action*, Paris, 1966. – André Ravier, *La Spiritualité salésienne*, Chambray-lès-Tours, 1980 ; *Un sage et un saint, François de Sales*, Paris, 1985.

FRANÇOIS XAVIER saint. Jésuite espagnol missionnaire. Né le 7 avril 1506 au château de Xavier (Navarre), mort le 3 décembre 1552 dans l'île de Sancian, au large de Canton (Chine). Fils cadet de Jean de Jassu, président du Conseil royal de Navarre, et de Marie de Azpilcueta, descendante des rois d'Aragon, il est destiné à l'état ecclésiastique. Son père meurt en 1515. En 1525, il se rend à Paris pour y poursuivre ses études au collège Sainte-Barbe. En 1530, il obtient le titre de maître ès arts. La rencontre d'Ignace de Loyola, qu'il fait alors, va être décisive. Le 15 août 1534, à Montmartre, François Xavier, avec Ignace et ses premiers compagnons, prononce les vœux évangéliques de pauvreté, de chasteté et de vie commune. En septembre de la même année, François, sous la direction d'Ignace, fait les *Exercices spirituels* (*) de trente jours. Voulant se rendre en Terre sainte, les compagnons se retrouvent à Venise. À Rome, le pape Paul III leur donne licence « d'aller en Palestine, d'y demeurer autant qu'ils le voudront, de prêcher l'Évangile par toute la terre ». Le 24 juin 1537, François Xavier reçoit, avec Ignace et les autres compagnons, à l'exception de Pierre Favre, déjà prêtre, l'ordination sacerdotale. À Rome de nouveau, en 1538, il prend part à l'élaboration des constitutions de la future Compagnie de Jésus. Le roi de Portugal, Jean III, demandait alors des missionnaires pour l'évangélisation des possessions portugaises d'Asie. Désigné par Ignace pour partir en Inde, François quitte Rome le 15 mars 1540. Après un séjour de huit mois à Lisbonne, où il participe à la conversion des « infidèles » non baptisés, et où il prêche à la cour de Jean III, il s'embarque le 7 avril 1541. Après plus d'un an de voyage, il débarque à Goa le 6 mai 1542.

Par un bref de Paul III, il a été nommé nonce apostolique pour tous les pays au-delà du cap de Bonne-Espérance. Il a d'autre part mandat du roi Jean III de visiter les possessions portugaises et de rendre compte de l'état de la religion. À Goa, où existe déjà une communauté chrétienne sous la tutelle de l'évêque Juan de Albuquerque, François Xavier se livre aussitôt à une intense activité d'apostolat et de charité. En septembre 1542 il se rend sur la côte de la Pêcherie, à la pointe méridionale de l'Inde. Pendant deux ans, il évangélise les pêcheurs de perles Paravers, récemment baptisés. Il transcrit en tamoul les prières chrétiennes et les rudiments du catéchisme. Les multiples difficultés qu'il affronte avec courage sont compensées par les « consolations spirituelles », dont font état ses nombreuses lettres. Cependant, son prestige s'étend, et l'on parle déjà des miracles qu'il accomplit. À la fin de 1544, il est au Travancore ; là, en un mois, il baptise quelque dix mille pêcheurs Makua. « La foule est si grande à se convertir à la foi du Christ – écrit-il en 1545 – qu'à les baptiser j'ai souvent le bras fatigué. » Inspiré par la prière auprès du tombeau de saint Thomas, à San Thomé (Madras), François Xavier entreprend l'évangélisation des terres les plus lointaines de l'Extrême-Orient. Après Ceylan, le voici à Malacca, à la pointe de la Malaisie. De là, il gagne l'archipel des Moluques. Le 14 février 1546, il est à Amboine d'où il part pour Tidore, Ternate et les îles du Moro. Il baptise sans relâche, il enseigne les prières, il soigne les malades, il anime les nouvelles communautés chrétiennes. Son apostolat le requiert au point qu'il ne s'intéresse en rien aux civilisations ou aux coutumes qu'il découvre. On lui en a fait le reproche. En 1547, de retour à Malacca, il fait la connaissance de Yajiro, un bouddhiste venu du Japon avec deux serviteurs. Ceux-ci reçoivent le baptême à Goa en 1548. Avec eux et deux autres jésuites, François Xavier s'embarque pour l'archipel nippon. Le 15 août 1549 ils abordent à Kagoshima. Malgré l'anarchie régnante, les difficultés linguistiques et mille obstacles, des communautés chrétiennes sont fondées à Kagoshima, Hirado et Yamaguchi. En dépit de l'opposition des bonzes, grâce à la protection de quelques grands seigneurs (les daimyo), les conversions se multiplient, provoquées davantage par la vie édifiante du missionnaire que par les exposés du dogme catholique dont la traduction est sujette à beaucoup de malentendus. Désirant entreprendre l'évangélisation de la Chine, François Xavier confie la mission chrétienne du Japon au père jésuite Cosme de Torres. De retour à Goa en février 1552, il y reprend en main l'administration du collège Saint-Paul et celle de la Compagnie de Jésus qui s'y développe et dont le père Gaston Barzée est nommé supérieur. Avec deux compagnons et un jeune clerc chinois, Antoine, en guise d'interprète, François Xavier entreprend sa dernière expédition. De Malacca, où ils sont arrivés à la fin du mois de mai 1552, les missionnaires s'embarquent pour Canton, dernier comptoir avant la Chine, où ils pensent pouvoir entrer en se joignant à une ambassade du roi de Siam. Tombé malade, François Xavier est transporté dans l'île de Sancian, au large de Canton, où il meurt le 3 décembre 1552. Son corps est ramené à Goa en 1554. Canonisé en 1622, en même temps qu'Ignace de Loyola et Thérèse d'Avila, il est, en 1748, proclamé patron de toutes les régions à l'est du cap de Bonne-Espérance. En 1904, il est nommé patron de l'œuvre de la Propagation de la foi et, en 1927, avec sainte Thérèse de Lisieux, patron de toutes les missions.

BERNARD SESÉ.

RÉF. : Hugues Didier, *Petite vie de saint François Xavier*, Paris, 1992.

FRANK Anne. Née à Francfort-sur-le-Main le 12 juin 1929, morte à Bergen-Belsen en mars 1945. Petite fille allemande d'origine israélite, émigrée en Hollande avec sa famille en 1933, elle vécut les heures de persécution de la dernière guerre et, avant de mourir, elle aussi en déportation, elle laissa un témoignage par son *Journal* (*), qu'une adaptation théâtrale devait faire connaître dans le monde entier. Ses notations sont profondément émouvantes.

FRANK Bernard. Écrivain français. Né à Neuilly-sur-Seine (Hauts-de-Seine) le 11 octobre 1929. « Je suis juif, je serai donc écrivain. » Famille qu'il évoquera plus tard sous les traits d'un produit typique de la bourgeoisie laïque de la IIIe République ; du côté de son père, des racines alsaciennes. À la fin de la Seconde Guerre mondiale passée à Aurillac, dans le Cantal, Bernard Frank entre en khâgne au lycée Condorcet à Paris, puis à l'École nationale des langues orientales. « J'ai mis quatre ans pour devenir écrivain. De seize à vingt ans, âge où l'on est sensible à la difficulté d'être » (*L'Illusion comique*). À compter de 1952, il collabore à de nombreuses publications dont *Les Cahiers des saisons* (*), *L'Observateur*, et surtout la revue sartrienne *Les Temps modernes* (*), où il publie (no 86, décembre 1952) un article intitulé « Grognards et Hussards ». Le titre connaîtra une certaine fortune. Bernard Frank y développe avec un humour pétaradant un tableau de la critique littéraire parisienne : « Oui, nous les aimions nos guerriers, ceux-là mêmes qui broyaient inlassablement les formules pour nous donner des idées et nous protéger de la littérature. » Défilent tous les « briscards » à la mode et leurs tics (Émile Henriot, Marcel Arland, François Mauriac côté « grognards », Roger Nimier côté « hussards »). L'auteur a définitivement trouvé son ton : celui de l'irrévérence drolatique et sans retenue. La grande époque du Saint-Germain-des-Prés de Jean-Paul Sartre le marque alors profondément. Il fréquente Françoise Sagan, qui l'héberge quelque temps, complice de ses « sottises » (casino, alcool). Puis il publie ses premiers livres : un récit autobiographique, *Géographie universelle* (*), et un roman, *Les Rats* (*), tous deux en 1953. Suivent *Israël* (1955), *L'Illusion comique* (1955), *Le Dernier des Mohicans* (1956), et dans la foulée enfin *La Panoplie littéraire* (1958), une psychologie de la littérature à la hussarde sur Drieu la Rochelle. La plume se casse : il disparaît après avoir éparpillé six livres, resurgit en 1970 avec un ouvrage dont il emprunte le titre à l'auteur des *Essays :* « L'écrivaillerie semble être quelque symptôme d'*Un siècle débordé* » (Montaigne). Son ego s'épanche entre une évocation de Malraux (« À la trappe, Malraux, à la trappe ! ») et un diner en ville. « La littérature (lui) paraît une histoire lointaine, presque comique... Ici, le raisonnable, c'est la démesure. » *Un siècle débordé* obtient le prix des Deux-Magots (1971). De 1981 à 1985, Bernard Frank est chroniqueur au quotidien *Le Matin de Paris* puis au *Monde* jusqu'en 1989. À cette date, il rejoint l'équipe du *Nouvel Observateur* où ses papiers dépassent parfois en qualité ses livres. Ronronnant sous les dehors d'un faux « grognard » qu'on chahuterait volontiers, il évoque comme un bon vin, avec amour, des livres récemment parus et donne à sentir un air du temps digne de la presse d'avant-guerre. Pourtant il semble toujours donner le meilleur de son talent quand il parle de soi. Davantage journaliste qu'écrivain, aussi affable et gourmand dans la vie qu'il est cruel dans ses livres, Bernard Frank, « ce bavard inspiré... » (François Mauriac), figure un Grimod de La Reynière d'une littérature sans doute trop parisienne, potinière à l'envi, mais toujours croustillante d'intelligence.

ÉRIC HEITZ.

FRANK Jean-Michel. Poète français. Né à Paris le 1er juin 1922, mort à Neuilly-sur-Seine le 4 novembre 1988. Formé à la philosophie, Jean-Michel Frank sera l'élève de Gaston Bachelard, et deviendra agrégé en 1945 ; il enseignera quelques années, à Rouen puis à Paris. Mais très tôt la maladie le frappe et le tourmente, au point qu'il devra assez vite renoncer à l'enseignement. Parallèlement, il rompt avec la philosophie et « entre » en poésie. De cette rupture positive date son premier livre, *Journal d'un autre* (1960), « écrit avec la complicité de son auteur », où il rend compte, comme en se dédoublant, de la recherche entreprise pour tenter de « connecter » le penseur et le poète. Il poursuit cette expérience dans *Toute la nuit j'écoute* (1967), livre d'inquiétude maîtrisée, où l'on perçoit déjà, malgré la tentation mystique (et l'influence de Jean de la Croix), qu'il a trouvé sa place et sa vraie parole, en faisant alterner proses poétiques et poèmes proprement dits. Sous l'impulsion de Jean Paulhan, l'« éducateur des poètes », Frank construit patiemment une œuvre de longue haleine où les livres viennent sans précipitation mais à un rythme régulier. *Ma fenêtre sur la folie* (1970) garde cet équilibre fragile entre méditation et inspiration, et Jean-Michel Frank peut ainsi expliciter le titre de ce livre : « Ces jardins d'architecture, que nous appelons des "folies", furent des œuvres de la raison ; mais n'était-ce pas dans un jardin, sur le théâtre de verdure de l'Éden, qu'on a joué le premier drame de l'égarement ? » De cette perception d'un dérèglement esthétique fécond naissent maintenant les grands livres de poèmes qui ont trouvé soudain leur Éden avec le parc de la maison de Margicourt, que le poète avait achetée dans l'Oise. L'apaisement, malgré la maladie toujours active, c'est à ce lieu reconnu qu'il doit sa conquête. Il donne alors *Dieu protège les roses !* (1978), *Le Christ est du matin* (*) (1981), qui recevra le prix Max Jacob, et *Musique raison ardente* (1983), qui sont de la même veine poétique. La grande originalité tonale de ces livres, et l'exaltation d'un panthéisme serein, valent à Jean-Michel Frank sinon la rencontre d'un public, à tout le moins la considération fervente de ses pairs – et notamment celle, exigeante, d'Yves Bonnefoy, Philippe Jaccottet, Lorand Gaspar et Jean Grosjean. Son état valétudinaire courageusement accepté, transcendé par la poésie (et l'écoute quotidienne de beaucoup de musique), Frank écrit chaque matin, dans l'aube, des poèmes qui lui sont donnés dans leur perfection définitive immédiate, et où les voyages imaginaires, nés des lectures de l'enfance, partagent l'espace du livre avec l'enchantement de Margicourt. Il publie, en 1985, *Dernier dernier nuage* et, en 1988, *Changer d'Orient* (*) qui est son dernier ouvrage anthume. Les textes de ces recueils, auxquels il convient d'adjoindre les dix-sept derniers poèmes (*À vos marques !*, 1989) préfacés par Philippe Jaccottet, marquent une évolution certaine de son inspiration. L'irruption d'un humour parfois mordant, qui s'exerce sur les mille aventures toutes plus irréalistes les unes que les autres racontées par ce livre d'un voyageur immobile, singularise cette nouvelle « manière » et lui confère un ton tout à fait surprenant. Cet ouvrage achève de situer l'œuvre de Jean-Michel Frank parmi les plus remarquables de la poésie contemporaine.

FRANÇOIS BODDAERT.

♦ *« Jean-Michel Frank a produit sans tarder quelques-uns de ces fruits de pure grâce qui ne sont donnés qu'à très peu... »* Philippe Jaccottet.

FRANK Leonhard. Romancier et nouvelliste allemand. Né le 4 septembre 1882 à Wurtzbourg, mort le 18 août 1961 à Munich. Quatrième enfant d'un compagnon menuisier, Frank grandit dans des conditions matérielles difficiles. Après avoir exercé divers métiers (ouvrier d'usine, peintre en bâtiment, etc.), il réunit quelques économies qui lui permettent de se rendre à Munich en 1904 pour étudier la peinture. Ayant rejoint Berlin en 1910, il se tourne bientôt vers la littérature. Son premier roman, *La Bande de brigands* [*Die Räuberbande,* 1914], lui vaut de recevoir le prix Fontane. Il y raconte, à la manière de Karl May et de Mark Twain, l'histoire d'un groupe d'adolescents qui se révoltent contre le monde des adultes avant de rentrer tous dans le rang, à l'exception de celui qui devient artiste et qui finit par se suicider.

Leonhard Frank suivra le destin de ces « brigands » à travers d'autres ouvrages, *Le Quatuor d'Ochsenfurt* [*Das Ochsenfurter Männerquartett,* 1927], *Les Disciples de Jésus* [*Die Jünger Jesu,* 1949]. En 1915 paraît la nouvelle intitulée *La Cause* [*Die Ursache*], sans doute le meilleur texte expressionniste sur le thème du meurtre du père : le héros, le poète Anton Seiler, revient sur les lieux de son enfance et étrangle son ancien maître d'école, qui incarne à ses yeux la loi, la force, au terme d'une réminiscence « freudienne ». Pendant la Première Guerre mondiale, Frank, suspect en raison de convictions pacifistes, vit en Suisse où il publie un recueil de nouvelles sous le titre *L'homme est bon* [*Der Mensch ist gut,* 1918] qui éveille quelque écho. « Socialiste sentimental et rebelle » (c'est ainsi que Frank se définit politiquement), l'auteur lance ici un vibrant appel à la paix, à la fraternité. Autre grand succès de l'écrivain : le court roman *Charles et Anne* (*) (1926). Avec l'avènement du nazisme, Frank doit reprendre le chemin de l'exil, qui le conduit successivement en Suisse, en Angleterre, puis en France, où il est plusieurs fois arrêté et incarcéré. Après avoir réussi à gagner les États-Unis, il attend 1950 pour rentrer en Allemagne.

Dernière déconvenue : Leonhard Frank choisit de s'installer à Munich, mais c'est en République démocratique allemande que paraissent ses œuvres complètes. L'écrivain fait le bilan de sa vie dans son livre intitulé *À gauche où se trouve le cœur* [*Links wo das Herz steht,* 1952]. Frank mériterait d'être enfin reconnu à sa juste valeur.

JEAN-JACQUES POLLET.

RÉF. : C. Frank et H. Jobst, *Leonhard Frank*, Munich, 1962.

FRANKFURTER Philip. Poète autrichien de la seconde moitié du XVe siècle. Auteur d'un poème burlesque, *Le Curé de Kalenberg* (*), à la fin duquel il indique son nom et la ville dans laquelle il se trouve : Vienne. « So redt villip franckfurter / czu Wien in der loblichen stat / der das zu reim gemachet hat. » Mais, parce que dans l'exemplaire imprimé le plus ancien, qui remonte au XVe siècle (les manuscrits ayant été perdus), le nom de l'auteur a été coupé en deux – franck furter –, on a supposé quelque temps que le poète était un Philip Franck, originaire de Furt et qui écrivait probablement vers la fin du XVe siècle.

FRANKLIN Benjamin. Homme politique, savant et écrivain américain. Né le 17 janvier 1706 à Boston, mort le 17 avril 1790 à Philadelphie. Issu d'une famille très modeste d'artisans, récemment émigrés en Nouvelle-Angleterre (son père y était venu en 1685), il était le quinzième d'une famille de dix-sept enfants. La modicité des ressources familiales l'obligea à quitter l'école à dix ans, sachant lire et écrire, et à entrer dans l'imprimerie de son frère James qu'il quitta en 1723, à la suite de querelles, pour s'établir à Philadelphie, alors la plus grande ville des colonies américaines. Ayant trouvé un emploi comme imprimeur, il attira l'intérêt du gouverneur Keith, qui lui suggéra de s'installer à son compte et lui proposa de faire auparavant un voyage à Londres pour se perfectionner. Franklin resta deux ans, de 1724 à 1726, dans la capitale anglaise, où il travailla à nouveau chez un imprimeur et écrivit son premier ouvrage, *Une dissertation sur la liberté et la nécessité* [*A Dissertation on Liberty and Necessity*], une réplique à un essai de Wollaston, qu'il répudia plus tard. Ce séjour ne laissa pas de bons souvenirs dans la mémoire de Franklin qui à son retour reprit son métier d'imprimeur avant de devenir, en 1730, le seul propriétaire de son entreprise et d'un journal, *La Gazette de Pennsylvanie* [*The Pennsylvania Gazette*]. Dans les années qui suivirent, il se consacra entièrement à ses affaires, lança avec grand succès, sous le pseudonyme de Richard Saunders, un almanach, *L'Almanach du pauvre Richard* (*) qui parut de 1732 à 1757, se maria et mena une vie heureuse. À une date inconnue, il adhéra à la franc-maçonnerie, dans la hiérarchie de laquelle il parvint à de hautes fonctions.

Franklin avait un esprit ouvert et était curieux de toutes les connaissances pratiques. Il avait une passion pour le savoir, qu'il développa par ses lectures, par l'acquisition des langues étrangères, le latin, l'italien, le français, l'espagnol, par l'intérêt qu'il ne cessa de porter à l'instruction, à la science, à la médecine. Il fut à l'origine de la première société savante fondée dans les colonies (« American Philosophical Society », 1743), d'une bibliothèque circulante, d'un hôpital communal (1751), d'une académie pour l'instruction des jeunes, noyau de la future université de Pennsylvanie. Il ne délaissait pas pour autant les affaires courantes, comme l'éclairage public, le pavage des rues, associant toujours la connaissance et la pratique. Il finit par devenir un notable, membre de l'assemblée de Pennsylvanie, et maître de postes adjoint.

Ce que l'on connaît surtout de Franklin, ce sont ses inventions pratiques, dont la première fut le « poêle de Pennsylvanie » ou « cheminée à la Franklin », un moyen de chauffage plus efficace et plus économique que ceux utilisés auparavant. À partir de 1743, il commença à s'intéresser à l'électricité, en émettant l'hypothèse qu'elle était de même nature que la foudre. En 1750, il proposa de placer une tige de fer sur un tour pour y attirer les éclairs : l'expérience fut décrite dans une lettre parue dans la *Pennsylvania Gazette* deux ans plus tard et eut un grand retentissement dans les colonies, comme en Angleterre et en France. Elle donna lieu à un ouvrage, *Les Expériences et observations sur l'électricité* (*) (Londres, 1751 et 1753). Franklin atteignit aussitôt à la célébrité, reçut des degrés universitaires et fut révéré comme un grand physicien.

Cette célébrité le poussa à s'intéresser aux affaires publiques. C'est ainsi qu'il fut chargé de représenter la Pennsylvanie au Congrès d'Albany, en 1754, où fut pour la première fois exprimée publiquement l'idée d'une union entre les colonies. Il y présenta lui-même un plan, dit plan d'Union, qui, trop audacieux, fut rejeté. De 1757 à 1762, il fut le représentant officiel de la Pennsylvanie à Londres, où il défendit les droits de la colonie contre les descendants de la famille Penn, propriétaire en titre. Il y noua des amitiés avec des philosophes comme Hume, des économistes comme Adam Smith, des savants, et reçut des diplômes des universités de St. Andrews et d'Oxford. Il était devenu le lien entre les colonies et la métropole, et un agent efficace dans le conflit qui menaçait.

De retour à Philadelphie en 1762, il y resta peu de temps, car son expérience le désignait comme médiateur dans la partie qui venait de s'engager avec la loi sur le timbre (« Stamp Act », 1765), qui, en imposant un droit sur toutes les publications, était ainsi le premier impôt levé par la Couronne dans les colonies. À Londres, où il représenta à nouveau la Pennsylvanie, mais aussi d'autres colonies, il protesta efficacement contre cet impôt qui fut aboli l'année suivante. Dès lors, établi à demeure dans la capitale, il y mena le combat, jusqu'en 1774, contre les empiétements du Parlement britannique sur les colons américains, selon le principe : pas d'impôts sans représentation, alors que les colons n'étaient pas représentés à ce Parlement. Le seul lien, à ses yeux, entre la métropole et les colonies était la Couronne, autrement dit le souverain. Il exposa ses idées dans plusieurs pamphlets satiriques, comme l'*Édit du Roi de Prusse* [*Edict by the King of Prussia*] et les *Règles par lesquelles un grand empire peut être réduit à un petit* [*Rules by which a Great Empire may be reduced to a Small One*]. Il contribua également à rendre publiques les lettres dans lesquelles le gouverneur du Massachusetts, Thomas Hutchinson, demandait l'application de mesures de rétorsion contre les colons. Ces interventions lui valurent d'être démis de ses fonctions de maître de postes, qui l'aidaient dans la diffusion de la littérature « subversive ». Jusqu'au bout, il chercha à éviter la rupture, mais la promulgation des lois coercitives de 1774 (« Coercive Acts ») ruinèrent ses espoirs et il quitta définitivement l'Angleterre en mars 1775, pour participer au Second Congrès continental, auquel il avait été nommé par ses concitoyens de Pennsylvanie.

Il y joua un rôle important, quoique de courte durée. Reprenant ses idées du Congrès d'Albany, il y présenta un plan d'union, une fois encore prématuré, et fut l'un des membres chargés de rédiger la *Déclaration d'Indépendance* (*) : s'il n'en fut pas le rédacteur (ce rôle échut à Jefferson), il en améliora le texte et supprima des passages qui prêtaient à controverse. Il fut, entre autres, chargé par le Congrès d'organiser le service des postes. Son expérience européenne le désigna comme l'ambassadeur idéal pour représenter les États-Unis auprès de la cour de France.

En décembre 1776, il débarqua à Auray, d'où il gagna à petites étapes Versailles et Paris. L'accueil qui lui fut réservé fut d'une chaleur extraordinaire : il joua de tous ses atouts, qui étaient nombreux, sa réputation de savant, de philosophe et d'homme des « Lumières », son affiliation à la franc-maçonnerie, sa bonhomie naturelle et calculée, sa mise d'une extrême simplicité qui rappelait le Bon Sauvage, ses succès auprès des femmes. Il s'installa à Passy, dans l'hôtel de Valentinois, d'où il anima le lobby proaméricain. Il eut peu de peine à convaincre Vergennes de soutenir les Insurgents, car une France renaissante voulait effacer les mauvais souvenirs de la guerre de Sept Ans. Grâce à l'action conjointe de Vergennes et de Franklin étaient signés, le 6 février 1778, deux traités, l'un officiel, de commerce et d'amitié, l'autre, secret, d'alliance, entre la monarchie française et la République américaine. Parvenu à ses fins politiques, Franklin put se consacrer de nouveau à ses activités scientifiques (il fut reçu à l'Académie des sciences), philosophiques (il rencontra Voltaire et lui fit bénir son petit-fils), franc-maçonnes (il fut intronisé à la loge des Neuf Sœurs). Il n'oubliait pas ses anciennes activités de journaliste, écrivant des articles anonymes dans *Les Affaires de l'Angleterre et de l'Amérique*, subventionnées par Vergennes. La victoire de Yorktown, en 1781, lui conféra à nouveau un rôle actif, aux côtés de ses collègues John Adams et John Jay, dans les négociations de paix avec l'Angleterre. Il en tint Vergennes constamment informé, à l'insu de ses collègues, qui suspectaient la France d'avoir des ambitions territoriales. En 1783, avec la signature des traités de paix, Franklin considéra sa mission terminée. Il ne quitta pourtant la France qu'en 1785, entouré de l'admiration et de la vénération de ses voisins de Passy.

Il avait alors soixante-dix-neuf ans, souffrait de rhumatismes et de la goutte, et n'aspirait qu'à se retirer des affaires. Pourtant son rôle n'était pas terminé. À son retour à Philadelphie, il fit partie du conseil exécutif de Pennsylvanie, puis, en 1787, il fut coopté comme représentant de cet État à la convention chargée de rédiger la Constitution. Bien que le texte adopté ne le satisfît pas, car il ne le trouvait pas assez démocratique, il demanda à ses collègues de l'adopter, car, dit-il prophétiquement en concluant la dernière séance, « j'ai le plaisir de savoir que c'est un soleil levant et non couchant ».

Dans les derniers mois de sa vie, il travailla à ses *Mémoires* (*), dont la rédaction fut interrompue par sa mort, le 17 avril 1790. Il fut enterré à Philadelphie au cimetière de Christ Church, où sa tombe est toujours l'objet de la vénération publique.

CLAUDE FOHLEN.

RÉF. : Les œuvres de Benjamin Franklin sont en cours de publication, *The Papers of Benjamin*

Franklin, éd. L. W. Labaree and Whitfield Bell, vol. 1-14 ; W. B. Willcox et al., vol. 15-27. New Haven, 1959-1988 (la publication en est à la fin de 1778) ; Benjamin Franklin, *Writings*, J. A. Leo Lemay ed., New York, 1983. – Carl Van Doren, *Benjamin Franklin*, New York, 1938. – Gerald Stourzh, *Benjamin Franklin and American Foreign Policy*, Chicago, 1954. – Jonathan Dull, *Franklin the Diplomat. The French Mission*, Philadelphie, 1982. – Esmond Wright, *Franklin of Philadelphia*, Cambridge, Mass., 1986. – Ronald W. Clark, *Benjamin Franklin*, Paris, 1986. – Claude-Anne Lopez, *Le Spectre et la Foudre*, Paris, 1990.

FRANKO Ivan. Écrivain ukrainien. Né le 27 août 1856 dans le village de Nahuevič̌i (Précarpates), mort le 28 mai 1916 à Lemberg (à l'époque : Pologne autrichienne). Fils d'un forgeron, il réussit pourtant à poursuivre ses études, et obtint le diplôme de philosophie à Lwow. Disciple de Drahomaniv, partisan du mouvement de jeunesse qui préconisait le progrès social, on l'accusa d'idées subversives. Il fut arrêté trois fois entre 1877 et 1889 ; le gouvernement autrichien lui barra le chemin du parlement et de l'université de Lwow. En revanche, il reçut du peuple, à qui il avait dédié toute son activité littéraire, scientifique et politique, honneurs et appuis de toute sorte : titre de docteur honoris causa de l'université de Vienne, élection dans diverses académies, etc. Sa mort fut l'occasion de grandes manifestations de deuil national. Poète et savant illustre, Franko est après Chevtchenko l'écrivain le plus célèbre, le plus varié, le plus fécond de la littérature ukrainienne.

Ivan Franko cultiva toutes les formes littéraires, mais ses réussites les plus éclatantes se situent sans conteste dans le domaine de la poésie : *Les Cantonniers* [*Kamenjari*] ; *Moïse* (*) (1905) ; *Feuilles mortes* [*Zivjale Lyste*] ; *Renard Mykyta* [*Lys Wykyta*]. Parmi les romans, citons *Zachar Berkut* et *Les Récits de Borislav* [*Borislavski opovidanja*] ; parmi les drames : *Le Bonheur dérobé* [*Ukradene sčastja*, 1894] et *Le Maître* [*Učitel*], sans oublier de nombreux essais de philosophie, de philologie et de vulgarisation scientifique.

RÉF. : W. Wacyk, *Ivan Franko, his Thoughts and Struggles*, New York, 1975.

FRAPIÉ Léon. Romancier français. Né et mort à Paris (27 janvier 1863-29 septembre 1949). Après avoir fait ses études dans une institution privée puis aux lycées Saint-Louis et Louis-le-Grand, il entra en qualité d'expéditionnaire dans les services de la préfecture de la Seine, où il rencontra parmi ses collègues l'écrivain Charles-Louis Philippe. Ce ne fut qu'après son mariage avec une institutrice qu'il fit ses débuts dans la littérature ; l'expérience professionnelle de sa femme lui fournit en effet une documentation vivante sur l'existence des enfants des quartiers populaires, qu'il a évoquée dans son célèbre roman *La Maternelle* (*). Ce livre, patronné par Huysmans, obtint le second prix Goncourt en 1904. Dans un style simple et familier, avec un réalisme mélancolique, non toujours exempt de sentimentalisme, Frapié fut un des premiers écrivains français à poser le problème de l'enfance malheureuse. On lui doit également plusieurs autres romans, en particulier : *L'Institutrice de province* (1897), *Marcelin Gayard* (1902), *La Figurante* (1908), *Les Filles à marier* (1923), *La Divinisée* (1927), *La Reine de cœur* (1936), *Sentiments* (1937), etc. Collaborateur de *La Revue bleue* et de divers périodiques, Frapié donna au théâtre, en 1920, une adaptation en trois actes de *La Maternelle* (qui fut également portée à l'écran) et quelques autres œuvres en un acte. Il reçut le prix national de littérature.

♦ *« Un des plus caractéristiques écrivains de ce temps-ci, à cause de sa personnalité d'abord, puis à cause de la classe sociale qu'il s'est chargé de décrire et qu'il est seul, à l'heure actuelle, à avoir vue et bien vue. »* Jules Bertaut, 1912.

RÉF. : Jules Bertaut, *Les Romanciers du nouveau siècle*, Paris, 1912. – Gaston Picard, *Nos écrivains définis par eux-mêmes*, Paris, 1925.

FRAZER James George. Philosophe anglais. Né le 1er janvier 1854 à Glasgow, mort à Cambridge le 7 mai 1941. Fils d'un pasteur presbytérien écossais, il fit ses études classiques aux universités de Glasgow et de Cambridge. Il se tourna ensuite vers l'ethnologie, l'anthropologie et le folklore, et publia un premier ouvrage en 1887, *Totémisme* [*Totemism*] – augmenté plus tard dans le très important *Totémisme et Exogamie* [*Totemism and Exogamy*, 1910] –, dont la suite, *Le Rameau d'or* (*), parut en 1890. Cette œuvre lui procura à la fois honneurs et emplois : on lui confia la chaire d'anthropologie sociale à l'université de Liverpool, en 1907 ; en 1914, il fut anobli ; en 1920, la Royal Society l'accueillit ; enfin, en 1925, il reçut l'ordre du Mérite. En 1896, il avait épousé la femme de lettres Lilly Grove. Sa curiosité ne se limita pas à l'ethnologie, elle s'attaqua audacieusement à l'histoire des religions, à l'histoire des traditions populaires, à la philosophie classique. Travailleur prodigieux, il eut une précieuse collaboratrice en sa femme qui ne lui survécut que quelques heures. L'ouvrage le plus populaire de Frazer, traduit dans presque toutes les langues – c'est lady Frazer qui le traduisit en français –, est *Le Rameau d'or* qui, paru à l'origine en deux volumes, en comprend douze dans l'édition définitive. Dans cette œuvre où sont analysées les croyances, les mœurs et les superstitions des civilisations antiques classiques, des peuples primitifs et des « masses populaires » des peuples civilisés – avec des rapprochements et des enchaînements des plus heureux –, Frazer distingua nettement (c'est là son grand mérite) la magie de la religion ; pourtant, emporté par les courants évolutionnistes de l'époque, il soutint l'antériorité de la magie vis-à-vis de la religion, ce qui s'est révélé faux, la religion et la magie n'appartenant pas nécessairement à des stades successifs de l'évolution de la conscience. De toute façon, il est certain que *Le Rameau d'or,* quels que puissent être ses défauts de « position », reste un grand livre qui fait naître de puissantes suggestions. La preuve en est faite par l'influence qu'il a exercée, non seulement sur l'ethnologie et le folklore, mais aussi dans des domaines bien différents, comme la littérature, la poésie, etc. Un grand poète, T. S. Eliot, affirma que *Le Rameau d'or* avait eu une action profonde sur notre génération, et Thomas Mann partageait cet avis. Après *Le Rameau d'or,* Frazer publia toute une série d'œuvres qui accusèrent toujours plus ses grandes qualités d'organisateur et de savant. Son ouvrage en quatre volumes, édité en 1910, *Totemism and Exogamy*, reste fondamental ; le phénomène du totémisme y est examiné, dans sa formation complexe, comme un phénomène qui marque, où il s'exerce, l'organisation sociale. Les volumes suivants sont limités à l'examen des peuples primitifs : *La Croyance en l'immortalité et le culte rendu aux morts* [*The Belief in Immortality and the Worship of Dead,* 1913], *Mythes sur les origines du feu* [*Myths of the Origins of Fire,* 1930], *La Peur des morts dans la religion primitive* [*The Fear of Dead in Primitive Religion,* 1933]. Des ouvrages tels que *Le Folklore dans l'Ancien Testament* [*Folklore in the Old Testament,* 1918], les commentaires consacrés à la *Périégèse* ou *Description de la Grèce* (*) de Pausanias (1898) et aux *Fastes* (*) d'Ovide (1929) portent l'empreinte de sa méthode favorite du *Rameau d'or.*

G. COCCHIARA.

♦ *« Il est peu de savants étrangers dont les œuvres aient été aussi lues en France, soit dans le texte, soit dans les nombreuses traductions qui en ont été données, et dont les hypothèses et les conclusions aient été commentées avec plus de chaleur, voire d'âpreté, que celles de sir James Frazer. Pendant près de soixante ans, dans une admirable continuité d'efforts et de pensée, il a tracé son sillon, de plus en plus profond, dans un terrain qui n'est autre que l'histoire des origines de l'humanité. »* Marcel Aubert. ♦ *« M. Frazer réussit admirablement à nous dépeindre ce que les sentiments et les croyances humaines ont d'ondoyant et d'indéterminé, ce qu'elles ont d'inconscient, d'inexprimable en formules claires et de réalité pittoresque ; il nous fait voir l'inextricable mélange des rites, les actions et les réactions des coutumes qui se mélangent et s'emboîtent les unes dans les autres. »* H. Hubert.

RÉF. : W. R. Dawson, *Frazer Lectures,* 1922-1932. – Th. Bestermann, *A Bibliography of Sir J. C. Frazer,* Londres, 1934. – R.A. Downie, J. G. Frazer, *The Portrait of a Scholar,* New York, 1941 ; *Frazer and The Golden Bough,* Londres, 1970. – J. B. Vickery, *The Literary Impact of « The Golden Bough »,* Princeton, 1973. – L. Wittgenstein, *Remarques sur le « Rameau d'Or » de Frazer,* trad. franç., Paris, 1982.

FRÉCHETTE Louis Honoré. Poète canadien d'expression française. Né à Lévis, près de Québec, le 16 novembre 1839, d'une famille originaire de l'Aunis, mort à Montréal (province de Québec) le 31 mai 1908. Louis Fréchette jouit dans son pays d'un immense prestige : ce disciple de Victor Hugo est sans doute le meilleur représentant du romantisme canadien. Après avoir étudié le droit chez les frères des écoles chrétiennes, il devient avocat, mais mène parallèlement de nombreuses autres activités. Journaliste, il fonde deux périodiques dont l'existence sera de courte durée (*Le Drapeau* et *La Tribune de Levis*). Il participe également à la vie politique de son pays : il siège de 1874 à 1878 au parlement d'Ottawa dans l'opposition libérale. Après deux échecs électoraux, il abandonne finalement la politique pour se consacrer plus exclusivement à la littérature et surtout à la poésie, qui eut toujours sa préférence. Très attaché à la langue de ses ancêtres, Fréchette veilla toujours à la préserver « avec un soin jaloux »... « Mais, ajoutait-il dans son introduction au *Glossaire franco-canadien* d'Oscar Dunn, conservons-la intacte, et pour cela, il faut l'étudier. » Il lutta pour le « bien-parler » et « contre les barbarismes populaires qui s'introduisent dans la conversation, et devraient être sévèrement proscrits au même titre que les anglicismes ». En 1879, il est lauréat de l'Académie française pour son œuvre poétique, *Fleurs boréales* : il devient ainsi le premier auteur canadien à obtenir une telle distinction. Louis Fréchette vouait d'ailleurs à la France (où il séjourna en 1880, puis en 1895, et fut l'hôte de Xavier Marmier) le culte fidèle des « fils éloignés ». Paraît en 1887 son œuvre la plus marquante, *La Légende d'un peuple* (*), vaste épopée nationale où sont lyriquement évoqués les pionniers et les héros des conquêtes françaises et anglaises, ainsi que l'avènement des temps modernes. Ses autres recueils de vers les plus connus sont *Mes loisirs* (1863), *La Voix d'un exilé* (1867), *Pêle-Mêle* (1877), et un poème lyrique sur Jean-Baptiste de la Salle, fondateur de l'institut des frères des écoles chrétiennes (1889). Prosateur très réputé au Canada pour son humour, Fréchette a rassemblé sous le titre *Originaux et détraqués* (1892) douze types de Québécois hauts en couleur. Fréchette est aussi l'auteur de trois pièces de théâtre : *Félix Pontié* (1871), *Popineau* (1880) et *Véronica* (1881). Cent morceaux choisis de ses poèmes ont été réunis par sa fille en 1924.

♦ *« Il y avait en Fréchette un excellent poète familier* [...] *Mais une mélancolie trop cultivée, un goût naturel pour l'éloquence, la pratique du journalisme et l'influence de ses modèles romantiques firent de Fréchette un poète pessimiste, politique, satirique et oratoire* [...] *Néanmoins Fréchette a mérité sa renommée pour avoir introduit dans la poésie canadienne la richesse plastique et la variété rythmique du romantisme. »* René Gautheron.

RÉF. : Ch. Halden, *Études de littérature canadienne française*, 1904. – H. d'Arles, *Biographie de L. Fréchette*, Toronto, 1914. – F. Rinfret, *Essai sur Fréchette*, Saint Jérôme, 1926. – L.-A. Bisson, *Le Romantisme littéraire au Canada*, Paris, 1932.

— M. Dugas, *Un romantique canadien, Louis Fréchette*, Montréal, 1945.

FRÉDÉRIC II de Hohenstaufen, duc de Souabe. Empereur d'Allemagne. Né le 26 décembre 1194 à Iesi, près d'Ancône, mort le 13 décembre 1250 à Castel Fiorentino, près de Lucera dans les Pouilles. En tant que roi de Sicile et de Jérusalem, et empereur d'Allemagne, il domine un demi-siècle de l'histoire du Moyen Âge. Fils d'Henri VI, il perdit son père à l'âge de trois ans, et peu de temps après sa mère, Constance d'Altavilla, héritière du trône de Sicile, qui, avant de mourir, l'avait confié aux soins du pape Innocent III. Après avoir passé le reste de son enfance au château de Castellammare, Frédéric épousa à quinze ans Constance d'Aragon, puis réussit à se faire couronner empereur à Aquisgrana, et sacrer à Rome, le 22 novembre 1220, par Honorius III. Revenu dans son royaume de Sicile, il y instaura un régime fortement centralisé, dont les lois furent rassemblées dans les *Constitutions* de Melfi. Frédéric privait ainsi les grands féodaux et les cités de leurs privilèges. Quant aux Sarrasins rebelles, il les transféra tous à Lucera, et gagna leur sympathie en adoptant certaines de leurs coutumes, ce qui lui valut d'être traité par ses ennemis de mécréant et d'Antéchrist. Frédéric, qui, en souvenir des bons procédés d'Innocent III, avait fait le vœu de combattre les infidèles, fut excommunié par le nouveau pape Grégoire IX parce qu'il n'était pas parti pour la croisade. Elle eut lieu, cependant, et se termina sans combat par un traité, conclu à prix d'or, avec le sultan (16 décembre 1229) et grâce auquel Frédéric se couronna roi de Jérusalem, titre qu'il tenait déjà de sa seconde femme Yolande, fille du roi Jean Bryenne. Cependant, le libérateur du Saint-Sépulcre affichait un goût des plus vifs pour la culture des Maures et leurs coutumes. Grand ami du sultan, Frédéric avait adopté le faste oriental et, bien qu'il fût sobre et simple de manières, se faisait toujours accompagner d'un harem et d'une multitude d'animaux rares. Frédéric II, à son retour, fit la paix avec le pape, compléta, dans un esprit nettement laïque, l'organisation de son État, et fonda l'université de Naples (1224). Les plus grands esprits, poètes ou savants, fréquentaient sa cour. Frédéric, si jaloux de son autorité, faisait montre en même temps d'une extrême indépendance dans ses jugements, et nul plus que lui n'était sensible aux grands courants de la pensée et à la culture. Nulle science ne lui était étrangère : on le vit même adresser aux étudiants du monde musulman un questionnaire sur des problèmes philosophiques. Musiciens et troubadours recevaient de lui un chaud accueil. Connaissant plusieurs langues, il présida à la traduction de maints traités scientifiques, donna le plus grand essor à l'architecture et à la sculpture. Il était aussi poète, encore que, dans les manuscrits, son nom paraisse seulement en tête de quatre compositions poétiques. Il inspira enfin la fameuse école poétique sicilienne qui, à l'exemple de la Provence, fut la première tentative d'une poésie en langue vulgaire italienne consacrée à la « quaestio de amore ». À cette époque, la cour impériale était devenue, ainsi que Dante l'a écrit dans son *Traité de l'éloquence en langue vulgaire* (*), le « centre de la culture poétique en Europe ».

Frédéric, toutefois, avait surtout la réputation d'un savant, et l'œuvre à laquelle il donna tous ses soins est un traité d'ornithologie en latin : *De l'art de la fauconnerie* (*). Le style pompeux auquel recouraient volontiers les fonctionnaires de la chancellerie impériale était bien dans le ton de la politique de Frédéric II. Cependant, il n'exprimait pas la nature véritable de cet homme au poil roux, sans beauté ni prestance, mais dont la volonté était de fer, le talent immense, et qui n'aimait rien tant que la vérité et la précision. L'âpre lutte que mena Frédéric contre l'Église se poursuivit sous Grégoire IX et Innocent IV. L'empereur dut faire face également aux cités lombardes révoltées, encourut une fois encore l'excommunication pontificale et, finalement, fut déposé par un concile réuni à Lyon. La conjuration et la trahison gagnèrent jusqu'à sa cour, et il n'échappa que de justesse au poison que voulait lui faire boire son médecin. Très cruel dans la répression, Frédéric, après chacun de ses revers, se releva avec une énergie indomptable, jusqu'au jour où une fièvre violente l'emporta, à l'âge de cinquante-six ans. Son corps repose, dans un sarcophage magnifique, à la cathédrale de Palerme.

RÉF. : A. Huillard-Bréholles, *Historia diplomatica Friderici II*, 7 vol., 1852-1861 ; seule l'introduction à cette œuvre fut traduite en français, 1859. — T. L. Kington, *History of Frederick II, Emperor of the Romans*, Cambridge, 1862. — E. Winkelmann, *Kaiser Friedrich II*, 2 vol., Leipzig, 1889-1897. — G. Blondel, *Étude sur la politique de l'empereur Frédéric II...*, 1892. — H. de Ziegler, *Vie de l'empereur Frédéric II de Hohenstaufen*, 1936. — K. Pfister, *Friedrich II*, Munich, 1942. — M. Brion, *Frédéric II de Hohenstaufen*, Paris, 1948. — E. Kantorowicz, *Kaiser Friedrich der Zweite*, Düsseldorf, 1963. — K. Ipser, *Kaiser Friedrich der Zweite*, Berg, 1977.

FRÉDÉRIC II, le Grand. Roi de Prusse. Né le 24 janvier 1712 à Berlin, mort le 17 août 1786 à Potsdam. Son père Frédéric-Guillaume Ier, le « roi sergent », était absolument dépourvu de ce goût raffiné pour la culture que Frédéric II possédait au plus haut degré. Un violent conflit entre le père et le fils ne tarda pas à éclater et atteignit même une extrême acuité (Frédéric, ayant tenté de s'enfuir, fut emprisonné). Toutefois, la discipline rigoureusement militaire, mais appliquée de façon impartiale, le solide sens des affaires, le zèle et la régularité dans l'administration, qui constituaient les assises essentielles du gouvernement de Frédéric-Guillaume, furent une excellente école de grandeur pour le prince héritier et pour l'État prussien. Frédéric II, par des études variées, s'était profondément pénétré des devoirs d'un roi et connaissait à fond la situation politique de l'Europe. Dès 1739, en effet, il avait écrit *L'Anti-Machiavel* (*), un des ouvrages les plus caractéristiques du XVIIIe siècle, en ce qui concerne la doctrine de l'État. Frédéric y expose sa théorie contractuelle de la société, et affirme que l'État doit assurer le bien-être des citoyens, le souverain n'étant que le premier magistrat du royaume. Ces affirmations contenaient déjà le germe d'un absolutisme éclairé, en opposition avec les conceptions étroitement autocratiques de Frédéric-Guillaume. L'année précédente, Frédéric avait écrit les *Considérations sur l'état présent du corps politique en Europe* (*), où il plaide la cause de son pays dans le conflit survenu entre les quatre puissances (France, Hollande, Angleterre et Autriche) à propos des duchés de Juliers et de Berg. Cet écrit, qui ne fut publié qu'en 1788, c'est-à-dire après la mort de Frédéric II, est un guide indispensable pour apprécier son action. Il y affirme que l'instabilité politique de l'Europe « a pour cause la trop grande puissance des uns et l'extrême faiblesse des autres ». Et Frédéric de proclamer avec énergie la grandeur de la Prusse, laissant ainsi entendre que la condition d'un équilibre consisterait à réduire la dangereuse prédominance de quelques États. Son traité sur Machiavel, Frédéric l'avait envoyé à Voltaire en signe d'admiration, et pour qu'il le corrigeât. Ainsi commença cette amitié, l'une des plus fécondes et des plus durables (avec une interruption de 1753 à 1757) entre un souverain et un philosophe en dépit des malentendus. Monté sur le trône en 1740, Frédéric II fut tout de suite requis par les rivalités entre puissances qui étaient, d'une certaine manière, la conséquence logique du précédent règne. Et, sitôt en guerre avec l'Autriche, il mit à profit les difficultés rencontrées par Marie-Thérèse en se faisant céder la Silésie, région très importante par ses mines de fer. Le roi dut défendre ensuite sa conquête pendant la guerre de Sept Ans (1756-1763) et affronter la coalition de la France, de la Saxe, de la Russie et de l'Autriche. Cette guerre lui valut des victoires éclatantes, où il manifesta ses dons remarquables d'homme de guerre, mais aussi de terribles défaites.

De cette réussite, il a d'ailleurs révélé le secret dans des ouvrages tels que les *Principes généraux de la guerre*, le *Testament militaire*, les *Instructions militaires* (*), etc. Ce qui faisait la supériorité de son armée, c'était, en définitive, la rapidité, la perfection de manœuvre, l'efficacité de l'artillerie et une savante coordination entre les diverses armes. Et il s'agissait moins là d'une révolution dans l'art de la guerre, que de l'application très judicieuse de principes traditionnellement reconnus. Frédéric, parvenu au plus haut point de la gloire militaire, poursuivit la réorganisation intérieure de son royaume, et certaines de ses réformes furent celles que l'on pouvait attendre d'un souverain éclairé : unification des lois, tolérance religieuse, développement des industries, grâce à un protectionnisme mercantiliste n'excluant pas les accords économiques avec l'étranger.

On doit à Frédéric II quelques volumes de souvenirs précieux pour l'étude de son règne : *Mémoires pour servir à l'histoire de Brandebourg* (1775), *Histoire de mon temps* (1746) ; *Histoire de la guerre de Sept Ans* (1763). Il a brossé, dans sa *Correspondance* (*), un intéressant tableau de la société au XVIIIe siècle. Mentionnons enfin *De la littérature allemande* (+) (1780) et deux comédies, dont : *L'École du monde* [*Die Schule der Welt*].

FRANCO CATALANO.

♦ *« C'est un fou qui risquera le tout pour le tout, et qui peut gagner la partie, quoique sans religion, sans mœurs et sans principes. »* Louis XV. ♦ *« Aujourd'hui il s'agit de sortir une bonne fois des petites idées d'une rhétorique par trop littéraire, de retrouver l'homme et le roi dans l'écrivain, et de saluer en lui l'un des meilleurs historiens que nous possédions. »* Sainte-Beuve.

RÉF. : Thomas Carlyle, *Histoire de Frédéric II de Prusse*, 1858-1865. — Pierre Gaxotte, *Frédéric II*, Paris, 1938. — Theodor Schieder, *Friedrich der Grosse / Ein Königtum der Widersprüche*, Francfort, Berlin, Vienne, 1983.

FRÉDÉRIQUE André. Poète français. Né à Nanterre le 27 février 1915, mort à Paris le 17 mai 1957. Ce grand garçon à la fois timide et farceur ouvre une pharmacie en 1941, publie sa première plaquette en 1944, *Ana*, préface les *Œuvres poétiques complètes* d'Alfred Jarry, et en 1945, année où Raymond Queneau fait paraître ses *Histoires blanches* (*), entre comme « rewriter » à *Paris-Match* où il tiendra plus tard la rubrique des spectacles. Il publie un nouveau recueil, *Aigremorts*, en 1947, rassemble un choix de contes d'Alphonse Allais et entre en 1948 au Club d'essai de la radiodiffusion française dirigé par Jean Tardieu. En 1954, il achète une nouvelle pharmacie. Il se suicide en 1957 au moment où paraît son dernier recueil, *Poésie sournoise*. Il laisse un roman inachevé, *La Grande Fugue*, et la plupart de ses inédits sont regroupés dans *Non-lieu* (1980). Aux noms de Jarry, Allais, Queneau et Tardieu, il faut ajouter ceux d'Henri Michaux et de Robert Desnos pour connaître les fréquentations de ce poète qui ne sut jamais sortir de l'enfance. « Si vous peuplez tout seul la solitude du monde... / Alors vous êtes un humoriste », dit-il. Il traque les imbéciles (« La Cerce »), conte des rêves qui tournent au cauchemar, et son goût du fantastique est chez lui l'expression de son angoisse, du sentiment de l'absurdité de la vie. L'humour d'André Frédérique est de la légitime défense.

FRANÇOIS CARADEC.

FREDRO Aleksander, comte. Auteur dramatique polonais. Né à Suchorów (Pologne autrichienne) le 20 juin 1793, mort à Lwów (Galicie) le 15 juillet 1876. De très noble famille, il se rallia tout jeune aux armées de Napoléon contre les Russes ; fait prisonnier, il s'évada, et reprit du service jusqu'en 1814. De cette période mouvementée, il a laissé un *Journal* qui connut beaucoup de succès. Après la guerre, il se retira dans ses terres où il commença d'écrire pour le théâtre. Sa première comédie, *Monsieur Geldhab* [*Pan Geldhab*], fut représentée en 1821. En 1824, il se rendit en Italie où il découvrit Goldoni. De 1830 à 1835, il écrivit un certain nombre de pièces en prose et en vers, mais devant l'incompréhension des critiques, il abandonna la plume pour ne la reprendre que dans sa vieillesse. Député pendant un temps au Sejm de Galicie, en 1848 il dut s'enfuir pour échapper aux représailles, son fils ayant rejoint les révolutionnaires hongrois. Rentré plus tard dans sa patrie, il se retira à Lwów. En 1875, toute la Pologne le célébra. Ses trente-cinq comédies, pleines de fraîcheur et de vivacité, lui valent une place de premier ordre dans l'histoire du théâtre polonais. Citons parmi les meilleures : *Monsieur Jowialski* [*Pan Jowialski*, 1831], *Monsieur Benet* [*Pan Benet*, 1861] et surtout *L'Empoignade* (*) et *Vœux de jeunes filles* [*Śluby panieńskie*].

FREGE Gottlob. Mathématicien allemand. Né le 8 novembre 1848 à Wismar, mort le 26 juillet 1925 à Bad Kleinen. Diplômé à Göttingen, Frege enseigna, sa vie durant, à Iéna où la jeune industrie optique encourageait les disciplines mathématiques. Analyste et géomètre de métier, il se distingua par ses travaux ayant trait aux fondements de l'arithmétique. Car c'est en forgeant les moyens supposés adéquats à la question proposée qu'il se trouva être le fondateur incontesté de la logique moderne, et paradoxalement conduit à dénoncer son premier propos. Ce retournement des fins et des moyens, avec ses conséquences scientifiques et philosophiques, articule une carrière tout entière dévolue à la recherche. En 1879, Frege publiait un opuscule de moins de cent pages. Il y expérimentait de facto jusqu'ou l'on pourrait progresser dans le domaine de l'arithmétique en s'en tenant aux seules opérations déductives. Partie du constat qu'une science se distingue par la rigueur de ses preuves, et prenant à sa limite la corrélation entre concepts et fonctions logiques qui fut le fil conducteur de l'analytique kantienne, l'hypothèse était donc que la question serait décidée s'il était possible d'établir une équivalence entre le réseau conceptuel de l'arithmétique et les procédures de déduction les plus générales, c'est-à-dire strictement logiques. De là le terme de *Begriffsschrift* (*) « écriture conceptuelle » ou « idéographie », à la fois titre de ce premier ouvrage et nom propre du système symbolique bidimensionnel où Frege conduisit ses premières démonstrations. Opérant dans les dimensions d'un système quantificationnel axiomatisé, il y put définir la notion de « successeur immédiat », la « correspondance biunivoque » et la « récurrence ». Restait à poursuivre dans la même voie jusqu'au concept de « nombre naturel ». La seconde étape divise la difficulté, Frege menant d'abord dans les *Fondements de l'arithmétique* (*) (1884) une analyse conceptuelle qui tente un parallèle entre la quantification existentielle, le nombre cardinal, et la notion classique d'extension de concept, cette fois entendue comme classe d'équivalence. Devait suivre une définition idéographique du nombre, c'est-à-dire explicitée dans les *Lois fondamentales de l'arithmétique* [*Grundgesetze der Arithmetik* I et II, 1892 et 1903]. C'est ici que Frege infléchit son premier système pour répondre aux réquisits de l'analyse conceptuelle. L'adjonction de quelques symboles, et d'une nouvelle loi ayant trait aux extensions de concept, allait précipiter le système idéographique dans une antinomie qu'avait révélée une correspondance de plusieurs mois avec Bertrand Russell.

Cette part de l'histoire, peut-être trop connue, laisse dans l'ombre ce que l'on tiendra aujourd'hui pour l'essentiel : les multiples conséquences de ce qui fut plutôt qu'un échec, une démonstration d'impossibilité, dont rien n'assure que l'analyse philosophique en soit achevée. À court terme en résulterait la mise au point de la logique quantificationnelle, et au premier chef l'évidence de ses caractéristiques d'extensionnalité. Frege s'y est appliqué dans les *Recherches logiques* (*) (1916-1925) – voir *Écrits logiques et philosophiques* (*) –, où il renonçait à l'hypothèse épistémologique qui avait suscité son premier système idéographique, et reléguait la quantification dans ses usages mathématiques. À partir des années 20, cette recherche (théorie de la démonstration, théorèmes de complétude et de limitation, théorie des modèles) fut intégrée aux mathématiques. Parallèlement, la philosophie anglo-saxonne persévérait dans l'analyse conjointe des concepts et des preuves, en soumettant les premiers aux conditions syntaxiques des secondes. Et s'il fallut renoncer aux effets réducteurs d'un canon analytique universel, de telles recherches ont conduit à la définition de modèles pour les langues humaines, telles les grammaires de Chomsky ou de Montague. À long terme, il restait à méditer l'adhérence de la pensée aux conduites discursives qui l'explicitent, à analyser sur le fait les grammaires et les « jeux de langage » où se diversifie le savoir, à comprendre leur imprescriptible médiation. L'œuvre philosophique de Wittgenstein, qui n'a pas dissimulé sa dette à l'égard de Frege, écartait les immédiatetés transcendantales ou fondationnelles pour s'engager dans le détail des langages, de leurs règles ou de leurs formulaires, et de leurs dépendances. Ce qu'aucune réflexion sur la connaissance ne pourra désormais ignorer.

CLAUDE IMBERT.

FREIDANK ou Frîdanc. Écrivain allemand. Cet auteur de maximes rassemblées dans un ouvrage appelé *Discernement* (*) naquit dans la seconde moitié du XIIe siècle et mourut, à ce qu'on pense, en 1233. Les annales du monastère bavarois de Kaisheim mentionnent en effet à cette date la mort d'un « magister fridancus ». On ne sait si le nom de Frîdanc est un patronyme ou s'il renvoie à l'un de ces noms que les vagants se donnaient si volontiers. Rudolf von Ems l'appelle en effet dès 1240 *Frîgedanc*, « libre pensée ». On pense aussi, du fait que l'une de ses maximes traite d'Acre et des événements en Terre sainte, qu'il prit part à la croisade de l'empereur Frédéric II, en 1228-1229. Ses maximes, brèves et incisives, dénoncent les faiblesses de l'homme, l'exhortent à la conversion de l'âme et à la correction des mœurs.

JEAN-MARC PASTRÉ.

FREILIGRATH Ferdinand. Poète allemand. Né à Detmold (principauté de Lippe) le 17 juin 1810, mort à Canstatt, près de Stuttgart (Wurtemberg), le 18 mars 1876. Après des études commerciales qui suivirent celles du collège, il devint comptable dans une entreprise d'Amsterdam, puis abandonna sa place, en 1839, pour s'adonner entièrement à la poésie. Dans ses premières ballades — v. *Poésies* (*) —, il subit encore le charme de l'imagination romantique et des contrastes de couleurs tirés de la vision de pays exotiques et lointains (« Löwenritt », « Unter den Palmen »). Ensuite, s'étant séparé des romantiques, il devint, en 1841, poète révolutionnaire. Ses chants politiques, nés sous l'influence des poèmes de Georg Herweg, sont groupés en trois recueils : *Profession de foi, Ça ira* (1846), et *Nouvelles poésies politiques et sociales* (+) (1849) — v. *Poésies.* Après la publication du premier de ces volumes, Freiligrath dut se réfugier en Suisse, puis en Angleterre, mais il revint en Allemagne pendant la révolution de 1848. À Düsseldorf, il fut élu chef du parti démocrate ; puis il s'installa à Cologne pour y rédiger, avec Karl Marx, la *Neue Rheinische Zeitung.* Lorsque Marx fut expulsé de Cologne et que leur journal fut contraint de disparaître, Freiligrath publia, le 19 mai 1849, en tête du dernier numéro — imprimé sur papier rouge — son poème célèbre : « Ce n'est pas un coup loyal dans une lutte loyale... » À peu de temps de là, pour raisons politiques encore, il fut contraint de s'expatrier et passa dix-sept ans à Londres, travaillant comme employé d'un bureau commercial, jusqu'à l'année 1868 où, amnistié, il put rentrer en Allemagne. Ses premiers vers, chantant bayadères et cheiks, lions et chameaux, navires corsaires et sépultures de bandits, révèlent une personnalité d'homme de lettres grisé par le goût romantique de l'aventure, non sans traces d'imitation des *Orientales* (*) de Victor Hugo. Plus tard, Freiligrath écrira que « le poète doit aller avec le peuple », mais, au cours des années ultérieures, on voit clairement que ses poésies sociales elles-mêmes ne sortent pas des limites d'une mentalité bourgeoise, et sont plus proches de l'enseignement de Proudhon que de la théorie marxiste de la plus-value et de la lutte des classes. Pendant la campagne d'agression prussienne contre la France en 1870-1871, Freiligrath écrivit encore des poèmes patriotiques, retrouvant son enthousiasme au contact des prétendus thèmes romantiques des feux de camp et des chevauchées de la mort. Dans sa période romantique tardive comme dans la première, on note une certaine tendance à l'excentricité, aux détails horribles et sanglants. Un mérite durable est acquis à Freiligrath par ses traductions des poésies de Musset, Victor Hugo et Walter Scott. Sa *Correspondance* [*Freiligrath-Briefe*] fut publiée en 1910 par sa fille, Luise Wiens.

♦ *« Quand on lit, par exemple, les poèmes de Freiligrath, on pourrait vraiment croire que les hommes n'ont pas d'organes sexuels. »* Fr. Engels. ♦ *« Si l'on voulait, contrairement à la vérité, m'attribuer quelque influence sur toi, cela ne pourrait se rapporter tout au plus qu'à la courte période de la* Nouvelle Gazette rhénane, *où tu as composé d'admirables poésies, certainement les plus populaires que tu as écrites. »* Karl Marx.

RÉF. : Wilh. Buchner, *Ferdinand Freiligrath. Ein Dichterleben in Briefen*, 2 vol., Lahr, 1882. — Kurt Richter, *Freiligrath als Uebersetzer*, Berlin, 1899. — A. Volbert, *F. Freiligrath als politischer Dichter*, Münster i. W., 1907. — E. Kittel, *F. Freiligrath als deutscher Achtundvierziger und westfälischer Dichter*, Lengo, 1960.

FRÉNAUD André. Poète français. Né le 26 juillet 1907 à Montceau-les-Mines ; mort à Paris le 21 juin 1993. Il connaît une enfance protégée (son père était pharmacien, et André Frénaud lui vouera, par-delà la tombe, une sorte de vénération). Études secondaires puis supérieures (droit et philosophie) à Dijon et Paris. Par conviction politique, il arrête ses études et part comme lecteur à Lwow (Pologne), où il reste un an (1930). À son retour à Paris, Frénaud connaît une période de profond abattement ; il lit Dostoïevski — qui deviendra son auteur de prédilection avec Rimbaud — et beaucoup de philosophie. Un voyage en URSS (1935) le rapproche encore de l'expérience communiste (tendance trotskiste). En 1937, il entre dans la fonction publique, et y restera trente ans. Cette même année, il fait la connaissance du général Krivitski, espion de Staline en rupture avec Moscou ; de cette rencontre, et du drame vécu par l'agent soviétique, naîtra le long poème *Agonie du général Krivitski* (1941-1942) qui fera d'emblée de Frénaud un grand poète épique. Après s'être essayé au roman, André Frénaud écrit son premier poème, *Épitaphe*, en 1938. Fait prisonnier en 1940, il passera deux années dans un camp du Brandebourg ; il réussit à faire passer des poèmes en France, qui seront publiés par Pierre Seghers, dans *Poésie 42*, grâce à Aragon. Puis son premier livre paraît l'année suivante (il a été libéré avec de faux papiers) : *Les Rois-Mages* (*), recueil qui inaugure la tragique quête mystique du poète. Parallèlement à son amitié avec Éluard, Frénaud se prend alors de passion pour la peinture. Nombre d'artistes célèbres illustreront dès lors ses poèmes (Miro, Villon, Fautrier, Beaudin, Estève... Et surtout Ubac et Bazaine, avec lesquels il noue une profonde relation). Constituant peu à peu sa propre langue poétique, au rythme puissant et à la syntaxe originale, Frénaud déroule son œuvre : *Poèmes de dessous le plancher* (1949), *Il n'y a pas de paradis* (*) (1962), *L'Étape dans la clairière* (1966), *La Sainte Face* (*) (1968), *Depuis toujours déjà* (1970), *La Sorcière de Rome* (*) (1973). Puis, à dater d'*Haeres* (*) (1982) et de *Nul ne s'égare* (1986), le souffle épique laisse sensiblement la place à des poèmes plus brefs, plus concis – voire à des vers isolés. Après *Nul ne s'égare*, André Frénaud cesse d'écrire. Il partage désormais son temps entre son appartement parisien et sa maison de l'Auxois. En 1979, il a donné un livre d'entretiens avec Bernard Pingaud : *Notre inhabileté fatale*, qui est une pertinente et clairvoyante analyse de son œuvre et de son parcours d'homme. La « mystique » rimbaldienne s'y déploie en parallèle à l'œuvre, et le poète y définit le tragique de l'existence, sans cesse en proie au doute et à l'espérance – espérance qui se concrétise, chez l'artiste, par le désormais fameux « passage de la visitation ». De son origine paysanne, Frénaud a gardé (et souvent sublimé) un fatalisme qui, s'il est noir, n'est pas totalement désespéré : l'acte de création, l'amour, l'engagement politique (il fut notamment signataire du Manifeste des 121), assurent à l'homme des moments de bonheur dans le mouvement de la vie qui va. Car Frénaud est un poète de cette vie en action sur quoi se fonde la liberté. Par ailleurs, il a donné des ouvrages sur les peintres qu'il a le plus aimés : *Monsieur Beaudin* (1957), *Bazaine, Estève, Lapicque* (1946), *Ubac, Fondements de son art* (1970) – ouvrages qui sont autant des essais que des saluts confraternels par-delà les virtualités de la création.

FRANÇOIS BODDAERT.

FRENEAU Philip Morin. Marin, poète et journaliste américain. Né à New York en 1752, mort près de Middletown Point, New Jersey, en 1832. Connu surtout comme le premier poète des États-Unis, il eut des activités très diverses. Après des études au collège du New Jersey, à Princeton, où il fut le condisciple de James Madison, il publia, en 1772 et en collaboration, son premier poème, *La Gloire montante de l'Amérique* [*The Rising Glory of America*]. En 1775, avec les débuts de la révolution américaine, il fit paraître plusieurs pamphlets satiriques contre le général anglais Gage, *Le Soliloque du général Gage* [*General Gage's Soliloquy*] et *La Confession du général Gage* [*General Gage's Confession*]. Au cours des années suivantes, il fut tour à tour secrétaire d'une plantation aux Antilles et marin, ce qui lui valut d'être fait prisonnier par les Anglais et interné dans des conditions pénibles. De cette expérience il tira son œuvre la plus célèbre, *Les Pontons britanniques* (*) (1781). Libéré, il s'installa à Philadelphie et se consacra au journalisme, d'abord dans un journal satirique, le *Freeman's Journal*, où il exerça sa verve aux dépens des Anglais et toujours dans un sens patriotique. Après 1789, il opta délibérément pour les Républicains, le parti de Madison et Jefferson, auxquels il prêta sa plume dans plusieurs journaux, le *Daily Advertiser*, à New York, et surtout la *National Gazette*, à Philadelphie. C'est dans ce dernier qu'il polémiqua avec John Fenno, le porte-parole d'Alexander Hamilton dans la *Gazette of the United States*. Ces polémiques contribuèrent à la cristallisation des partis politiques et attisèrent l'affrontement entre Jefferson et Hamilton. Après plusieurs autres expériences, Freneau abandonna le journalisme pour revenir à ses deux passions, la mer et la vie à sa ferme. Dans la vie littéraire américaine, il apparaît comme le chantre de la mer, un journaliste incisif et l'ancêtre des grands poètes.

CLAUDE FOHLEN.

RÉF. : Philip Freneau, *Poems*, F. L. Pattee éd., 1902-1907, 3 vol. – Lewis Leary, *That Rascal Freneau : A Study in Literary Failure*, New-Brunswick, N-J., 1941. – Jacob Axelrad, *Philip Freneau, Champion of Democracy*, Austin, 1967. – Philip M. Marsh, *Philip Freneau, Poet and Journalist*, 1968.

FRÉRON Élie-Catherine. Journaliste et critique français. Né à Quimper-Corentin en Basse-Bretagne le 18 janvier 1718, marié le 21 janvier 1752 avec Thérèse Guyomar dont il eut huit enfants, parmi lesquels Stanislas le futur révolutionnaire. Devenu veuf, il se remarie en 1766 avec Annétic Royou. Mort dans sa maison de Montrouge à Paris le 10 mars 1776.

Après avoir commencé ses études à l'école des jésuites de Quimper, Fréron se retrouve à Louis-le-Grand en 1734. Il y fait son noviciat et est professeur de 1737 à 1739 à Caen puis à Paris. Il quitte alors la Société de Jésus pour travailler avec le journaliste Desfontaines. C'est là qu'il apprend à la fois à faire un journal et à se méfier de Voltaire. En 1743, Fréron est initié à la franc-maçonnerie et en 1744 il est « le grand orateur de la grande loge de Saint-Jean-de-Toulouse ». À la mort de son maître, Fréron, tout en s'exerçant à la poésie et à l'histoire, va lancer des *Lettres de Madame la Comtesse de...* dont l'insolence primesautière l'envoie à Vincennes du 17 janvier au 12 mars 1745 puis pour trois mois en exil à Bar-sur-Aube. Trois ans plus tard, le journaliste a assez de relations pour publier avec une « permission tacite » *Les Lettres sur quelques écrits de ce temps,* son premier grand périodique (du 8 janvier 1749 au 26 janvier 1754). Ce qui forme un ensemble de 62 cahiers de 72 pages chacun. Mais il était alors trop risqué d'être un journaliste critique. Surtout quand on a un tel talent et que vos feuilles ont un tel succès ! Aussi furent-elles en l'espace de cinq ans six fois suspendues. Les premières grandes victimes de Fréron furent Marmontel et surtout Voltaire. L'année 1752 est importante puisque c'est alors que Fréron, qui va être reçu à l'Académie de Nancy, prend position contre les philosophes. Désormais la vie de Fréron s'identifie à cette bataille philosophique qui est une des plus formidables batailles idéologiques de notre histoire. En 1754, le journaliste fonde *L'Année littéraire* (*) qui va paraître tous les dix jours avec ses 72 pages à douze sous, et que la veuve et le fils reprendront en 1776. Redoutable polémiste, Fréron a, peut-on dire, réussi à empoisonner l'existence des philosophes qui, à leur tour, firent l'impossible pour le faire taire. Citons quelques-unes de ses campagnes de presse : la défense de la musique française lors de la querelle des Bouffons, l'assassinat du théâtre de Diderot, la dénonciation des planches illustrant l'*Encyclopédie* (*) et qui faillit ruiner l'entreprise, tout ce qui, à ses yeux, abaissait le génie de Voltaire. Ce dernier, ulcéré, accepta de faire jouer à la Comédie-Française une pièce de théâtre *L'Écossaise* où Fréron devenu « Frélon » puis, la scène étant à Londres, « Wasp », était traité comme un misérable délateur. Devant cette agression, que n'importe quel tribunal interdirait aujourd'hui, Fréron sut tenir bon. Voltaire récidiva avec des *Anecdotes sur Fréron,* qui ne sont assurément pas à l'honneur de l'auteur. C'est que Fréron représentait une puissante critique. Véritable patron de presse, il dirigeait toute une équipe, avait des correspondants aux quatre coins de l'Europe, mais le combat antiphilosophique de Fréron ne doit faire oublier ni l'ouverture ni la qualité de son esprit. Aussi, par exemple, sait-il reconnaître la grandeur de *Julie ou la Nouvelle Héloïse* (*) ; ou, à l'occasion, de Voltaire même. Ou bien encore il sait se montrer un véritable homme des Lumières dans son action en faveur du bonheur du plus grand nombre. Fréron est certainement un des grands critiques du XVIIIe siècle et son meilleur journaliste littéraire. Citons le fameux quatrain de Voltaire : « L'autre jour, au fond d'un vallon, / Un serpent mordit Jean Fréron. / Que pensez-vous qu'il arriva ? / Ce fut le serpent qui creva. » Citons aussi la réplique moins connue de la victime : « Il n'y a pas grand mal à cela si Voltaire est le serpent. Il m'a tout l'air, en effet, de crever de rage et un peu de mon venin » (À Triboudet, Bourges, le 24 janvier 1763).

JEAN BALCOU.

RÉF. : Jean Balcou, *Fréron contre les philosophes,* Genève, 1975 ; *Le Dossier Fréron,* Saint-Brieuc-Genève, 1975 ; *Anecdotes sur Fréron,* dans *Œuvres complètes de Voltaire,* 1760, Oxford, 1986. — Jacqueline Biard-Millérioux, *L'Esthétique d'Élie-Catherine Fréron,* Paris, 1985.

FRESCOBALDI Girolamo Alessandro. Compositeur italien. Né le 15 septembre 1583 à Ferrare, mort le 1er mars 1643 à Rome. Frescobaldi fut un des plus grands compositeurs italiens de son temps ; il sut, dans son œuvre, faire la synthèse des deux courants représentés par ses prédécesseurs, Palestrina et Monteverdi. Il étudia la musique à Ferrare et on raconte qu'encore enfant il parcourut l'Italie, charmant les auditeurs de son chant et de son habileté à jouer de divers instruments, en particulier du clavecin et de l'orgue. On sait qu'en 1604 il était organiste et chantre de la congrégation de Sainte-Cécile. En 1607, il accompagna, semble-t-il, le nonce apostolique Guido Bentivoglio en Flandre ; à Bruxelles, il composa cette année-là le premier livre de ses *Madrigaux* qu'il dédia à Bentivoglio. En juin 1608, on le trouve à Anvers et le mois suivant à Milan, où il publie le premier livre de ses *Fantaisies* [*Fantasie a quattro*]. Il se rendit ensuite à Ferrare, chargé peut-être d'une mission par le frère de Bentivoglio, et au mois de novembre de la même année (1608), il s'établit à Rome où il remplit les fonctions d'organiste de la Cappella Giulia au Vatican. Sa réputation était telle que, selon ses biographes, la première fois qu'il joua de l'orgue à Saint-Pierre, il aurait attiré plus de trente mille personnes. À Rome, il fut attaché à la maison du cardinal Aldobrandini. En 1613, il épousa Orsola del Pino, qui lui donna cinq enfants. En février 1615, il devint organiste du duc de Mantoue auquel il avait dédié le livre des *Toccate e Partite d'intavolatura di cembalo* — v. *Toccatas* (*). Mais, mécontent de l'accueil qui lui était fait, il retourna à Rome peu de mois après. En 1615 parut le premier livre des *Ricercari e canzoni francese fatte sopra diversi obblighi* — v. *Ricercari* (*) — dédié au cardinal Aldobrandini et, en 1624, le *Primo libro di capricci fatti sopra diversi soggetti e arie in partitura* — v. *Capricci* (*) — dédié à Alphonse d'Este, duc de Modène ; en 1627, le *Secondo libro delle toccate* — v. *Toccatas.* L'année suivante, il entra en relation avec le grand-duc Ferdinand de Médicis, auquel il dédia le *Primo libro delle canzoni a una due tre e quattro voci accommodate per sonare con ogni sorta di strumenti*, et la même année, ayant obtenu son congé de la Cappella Giulia, il se rendit à Florence comme organiste à la cour du grand-duc. Il y resta six ans au cours desquels il se consacra à la publication de ses deux livres : *Arie musicali per cantarsi nel* *gravicimbalo e tiorba a una, a due e a tre voci.* En 1634, il reprit à Rome, mais dans de meilleures conditions, ses fonctions à la Cappella Giulia, qu'il conserva jusqu'à sa mort. À cette époque parurent le célèbre recueil des *Fleurs musicales de compositions diverses* (*), des *Toccatas* (*), des *Kyrie, Canzoni, Capricci e Ricercari in partiture a quattro* (1635), sans compter les nombreuses réimpressions des œuvres antérieures, dont les *Partitas* (*).

FABIO FANO.

♦ « *Le plus habile, le plus savant et le plus célèbre organiste de la fin du* XVIe *siècle.* » F.-J. Fétis. ♦ « *Ses œuvres de clavier, pleines de nouveautés techniques et harmoniques, sont des pages admirables de grandeur et de force, de vivacité d'esprit et d'émotion. D'une valeur éminente et toujours actuelle, elles inaugurent, dans une sorte d'ivresse de la beauté proprement musicale, l'école moderne de l'orgue.* » Hugo Riemann.

RÉF. : F.-X. Haberl, article *G. Frescobaldi* in *Kirchenmusikalisches Jahrbuch,* Ratisbonne, 1887. – A. Machabey, *Girolamo Frescobaldi Ferrarensis,* Paris, 1952. – F. Hammond, *Girolamo Frescobaldi,* Cambridge (Mass.), 1983.

FRESNEL Augustin Jean. Physicien français. Né à Broglie (Eure), le 10 mai 1788, mort à Ville-d'Avray (Seine-et-Oise) le 14 juillet 1827. Il fit ses études à l'École centrale de Caen, puis à l'École polytechnique et à l'École des ponts et chaussées. Ingénieur dans plusieurs départements jusqu'en 1814, il perdit sa situation pour s'être enrôlé dans la petite armée qui tenta de s'opposer au retour de Napoléon de l'île d'Elbe. Il se retira alors à Caen, où, partant de connaissances rudimentaires, il commença ses célèbres recherches sur la théorie de la lumière. Doué de capacités techniques et expérimentales peu communes (qui s'étaient manifestées dès son enfance), il était en mesure de fabriquer des instruments très délicats avec les objets les plus ordinaires (par exemple, un micromètre avec un morceau de carton et des fils d'araignée). À partir de 1815, ses découvertes et ses mémoires scientifiques se succèdent avec une rapidité qui n'a pour ainsi dire pas d'égale dans l'histoire de la science, comme s'il avait deviné qu'il devait mourir tôt et de manière tragique. Contrairement à la plupart des savants, il adopta la théorie ondulatoire de la lumière, qui avait été établie peu de temps auparavant avec une nouvelle vigueur par le médecin Young. Son attention se fixa d'abord sur le phénomène de la diffraction, dont il donna – en suivant Young – une théorie inexacte, en 1815, bientôt corrigée par un supplément qu'il présenta à l'Académie l'année suivante, et qu'il développa ensuite en 1817 et 1818, dans un mémoire classique – v. *Mémoire sur la lumière, Mémoire sur la diffraction de la lumière* et *Second Mémoire sur la double réfraction* (*). Cet ouvrage devait remporter le prix de l'Académie des sciences pour l'année 1818. Ce ne fut pas chose facile pour Arago – lié à Fresnel par des sentiments d'estime et d'amitié – de vaincre l'opposition des membres de la commission (Laplace, Poisson, Biot) fermement convaincus de la validité de la théorie corpusculaire de Newton. C'est alors que Poisson déduisit des intégrales de Fresnel qu'en des conditions déterminées le centre de l'ombre d'un disque opaque devait être éclairé comme si le disque n'était pas là. Il en déduisait la réduction par l'absurde de la théorie de Fresnel ; de délicates expériences prouvèrent au contraire que – bien qu'ayant échappé à l'observation commune faite grossièrement – cette tache lumineuse existe réellement. Au cours des recherches qu'il entreprit par la suite, Fresnel étudia les relations qui existent entre mouvement terrestre et propagation de la lumière, la réfraction des corps en mouvement, et enfin il approfondit la théorie de la polarisation, adoptant l'hypothèse (de Bernouilli-Young) de la vibration transversale de la lumière – et analysant mathématiquement les propriétés dynamiques supposées de l'air. Dans une expérience célèbre qu'il fit avec Arago (1816), il prouva que deux panneaux de lumière polarisés en plan à angle droit ne produisent jamais d'interférences, ne donnant pas toujours lieu à la même intensité lumineuse. Cet étrange phénomène fut longuement discuté (avec Young également) et amena Fresnel au concept de la vibration transversale de la lumière, dont on a parlé plus haut. L'expérience de Fresnel et Arago ne fut rendue publique qu'en 1819 *(Annales de chimie, X),* mais son résultat était si paradoxal qu'Arago ne voulut pas signer le mémoire qui la relatait. Ce fut en effet cette expérience qui, après une longue période de crise, ouvrit la voie à la nouvelle théorie électromagnétique de la lumière. Trois mémoires, véritables chefs-d'œuvre de physique mathématique, avec d'ingénieuses références à la géométrie supérieure, qu'il présenta à l'Académie en 1821-22 – v. *Mémoire sur la diffraction de la lumière* –, suscitèrent l'admiration de Laplace et d'autres hommes de science ; cette année-là, Fresnel fut nommé membre de l'Académie des sciences. En 1825 il fut appelé à faire partie de la Royal Society de Londres, et en 1827 il obtint le prix Rumford. Il s'occupa du perfectionnement des phares de la marine et proposa l'usage – qui se révéla très opportun – de lentilles compactes à la place des miroirs. D'un caractère réservé, il était dénué de toute vanité.

FREUD Anna. Psychanalyste britannique d'origine autrichienne. Née à Vienne le 3 décembre 1895, morte à Londres le 9 octobre 1982. La plus jeune des six enfants de Sigmund et Martha Freud, Anna fut la seule à devenir psychanalyste. Elle a elle-même fait observer que la psychanalyse était pour elle une sœur jumelle avec laquelle elle avait toujours été en compétition pour l'attention de ses parents.

Après des études secondaires, et sans passer par l'université, Anna Freud entreprend au cours de la Première Guerre mondiale une carrière d'institutrice et d'éducatrice. Cet intérêt pour la pédagogie va de pair avec celui pour la psychanalyse naissante. Dès 1918, alors âgée de vingt-trois ans, elle assiste comme invitée à une réunion du groupe de psychanalystes qui se réunissent habituellement autour de son père. Elle est admise comme membre de la Société psychanalytique de Vienne en 1922. Elle s'intéresse alors tout particulièrement à l'application de la psychanalyse à la pédagogie, et organise des enseignements destinés aux différents personnels ayant en charge des jeunes enfants (puéricultrices, jardinières d'enfants, institutrices, etc.). Elle ouvre une école expérimentale, en collaboration avec Siegfried Bernfeld (Kinderheim Baumgarten), réservée à des enfants orphelins de la guerre de 1914-1918, école qui devait être fermée par les nazis en 1938. Par ailleurs, elle tente d'appliquer directement la psychanalyse au traitement des enfants et anime un groupe d'enseignants et d'éducateurs, eux-mêmes formés à la psychanalyse, qui vont constituer les premiers psychanalystes d'enfants. Elle publie une courte monographie intitulée *Le Traitement psychanalytique des enfants.* En même temps, elle développe une activité d'enseignement et de recherche psychanalytique et publie en 1936, en hommage à son père à l'occasion du quatre-vingtième anniversaire de celui-ci, un essai métapsychologique demeuré célèbre : *Le Moi et les mécanismes de défense* [*The Ego and the Mechanisms of Defence*].

En 1938, elle quitte l'Autriche avec ses parents pour émigrer à Londres. Au cours de la Seconde Guerre mondiale, elle fonde, avec son amie Dorothy Burlingham, une nursery spécialement destinée aux très jeunes enfants victimes des bombardements et des séparations familiales dues à la guerre. Les « Hampstead Nurseries » constitueront donc, durant toutes les années de guerre, un lieu privilégié d'accueil et de traitement d'une centaine d'enfants victimes de la guerre. La paix revenue, l'établissement est transformé en un centre d'enseignement et de traitement psychanalytique des enfants, la « Hampstead Child Therapy Course and Clinic ». C'est dans ce cadre que, jusqu'à sa mort, Anna Freud développera une véritable école de psychanalyse. Progressivement, de nombreux médecins, psychologues et éducateurs venant principalement d'Europe et d'Amérique se formeront à la psychanalyse de l'enfant, mais aussi, à travers les supervisions et la recherche, à un certain courant d'idée de la psychanalyse des adultes.

Tout au long de ces années, Anna Freud jouera également un rôle important dans le développement du mouvement psychanalytique international. Elle sera durant longtemps vice-présidente de l'Association psychanalytique internationale, puis présidente honoraire. Ses relations avec la Société britannique de psychanalyse demeurèrent plus complexes. À son arrivée en 1939, avec un groupe d'émigrés viennois, elle trouve une société fortement influencée par la personnalité de Melanie Klein, et l'opposition entre les deux écoles de pensée demeurera très forte tout au long de la guerre. Le développement progressif d'un fort « middle group » autour de personnalités comme Balint et Winnicott, joint au pragmatisme anglais, empêchera la rupture. Il n'en demeurera pas moins que la Hampstead Clinic, lieu prestigieux d'enseignement de la psychanalyse, se maintiendra toujours dans une certaine autonomie vis-à-vis de la Société psychanalytique.

L'influence de la pensée d'Anna Freud demeure très grande, tant par ses écrits sur la psychologie et la psychopathologie de l'enfant – v. *Le Normal et le pathologique chez l'enfant* (*) – que par le nombre de psychanalystes, disséminés dans le monde entier, qui ont été formés à son école.

DANIEL WIDLÖCHER.

FREUD Sigmund. Écrivain et psychanalyste autrichien. Né à Freiberg (Przibor) en Moravie le 6 mai 1856, mort à Londres le 23 septembre 1939. On ne peut guère baptiser Freud que par le « métier » qu'il a rendu possible et par l'œuvre considérable qu'il a produite pour fonder sa découverte d'une « discipline » inédite, baptisée par lui-même « psychanalyse » (néologisme introduit en 1896). C'est donc à la fois un écrivain – par sa contribution à la culture et à la « science » – et le *premier* psychanalyste ! Son « destin de vie » est donc étroitement lié, comme il le dit dans le post-scriptum de son *Autoprésentation* (1935), à celui de sa recherche – ce qui est le propre du fondateur. Venu à Vienne – lieu de naissance de la psychanalyse *et* de résistance à la psychanalyse – avec son père, Jacob Freud, négociant en laines juif, en 1859, Freud devait y demeurer jusqu'en 1938, date à laquelle il dut s'exiler à Londres sous la pression de la persécution nazie.

C'est à la faculté de médecine de Vienne, où il s'inscrit en 1873 – après avoir entendu lors d'une conférence le poème *De la nature* attribué à Goethe (en fait, de Tobler) –, que Freud a acquis la formation qui devait laisser son sceau sur la psychanalyse. Il y acquiert en effet, en même temps que ses connaissances médicales, l'esprit de rigueur des « sciences de la nature » [Naturwissenschaften]. Sous l'influence de ses maîtres, notamment Ernst Brücke (1819-1892), physiologiste inspiré par le mode de penser « physicaliste », et de Theodor Meynert (1833-1892), il devient un chercheur en histologie et neurologie – ce dont témoignent ses monographies des années 1877-1886. Ayant acquis le diplôme de médecin en 1881, titulaire de l'habilitation [Docentur] en neuropathologie (1886), Freud aurait donc pu aspirer à une carrière universitaire en neurologie. Il est de fait l'un des précurseurs de la théorie neuronique et publie en 1884-85 une étude sur les effets thérapeutiques de la cocaïne, puis *Sur les aphasies* (1891). Marié en 1886, devant renoncer à la carrière universitaire (bien que professeur extraordinaire en 1902), c'est l'hystérie qui le réoriente vers la « psychologie ». Nous entrons ainsi dans la période de *Naissance de la psychanalyse* – titre sous lequel fut publiée la correspondance avec Wilhelm Fliess, oto-rhino-laryngologiste berlinois (entre 1887 et 1901). Sensibilisé à cette question par Josef Breuer (1842-1925), médecin et chercheur viennois, notamment par le cas d'Anna O., alias Bertha Pappenheim (1880-1882), Freud découvre lors de son voyage à Paris les perspectives thérapeutiques ouvertes par Charcot (1825-1893) dont il suit les présentations de malades à la Salpêtrière en 1885-86 avant de traduire ses œuvres. L'expérience de l'hypnose, révélant l'effet de la suggestion (il rend visite à Nancy à Liébault et à Bernheim en 1889), l'achemine vers une théorie traumatique dont le principe est consigné dans les *Études sur l'hystérie* [*Studien über Hysterie*] publiées avec Breuer (1893-95) : « Les hystériques souffrent essentiellement de réminiscences. » Par cette voie, Freud se met sur la piste de l'étiologie sexuelle des névroses qui – cristallisée autour d'une « scène originaire », trauma sexuel sous forme de séduction ou de spectacle – fondera la « psychanalyse » comme théorie et pratique. Le terme psychanalyse apparaît en 1896 (dans les *Nouvelles remarques sur les psychonévroses de défense*, et en français dans un écrit sur *L'Hérédité et l'étiologie des névroses*) pour désigner ce procédé nouveau. Renonçant à l'hypnose après avoir compris que la signification de la « scène originaire » tient aux fantasmes œdipiens qui s'y expriment (1897), Freud peut dès lors se consacrer à l'élaboration d'un savoir des processus inconscients (théorie baptisée « métapsychologie ») ouvrant la voie à une « psychologie des profondeurs » (*Tiefenpsychologie*) et au perfectionnement de la technique d'écoute : c'est désormais la « libre association » qui fournit à l'analyste accès à la complexité des conflits – et il ne se contente plus d'espérer l'abréaction des affects bloqués. La propre auto-analyse de Freud a fourni le contexte de cette rupture ainsi que le lien transférentiel à Fliess.

On peut dès lors distinguer les périodes qui scandent en quelque sorte ce trajet vers la conquête de l'« objet » psychanalytique. La première période (1900-1914) est consacrée à l'exploration, via les « formations inconscientes », des modalités conflictuelles des pulsions et du *refoulement*. Le rêve fournit, comme objet d'interprétation, la « voie royale » et le Schibboleth d'accès à l'inconscient : d'où l'importance de *L'Interprétation des rêves* (*) (1900), suivie de l'étude des actes manqués et autres formes de *Psychopathologie de la vie quotidienne* (*) (1901-1904) et l'étude du *Mot d'esprit dans sa relation avec l'inconscient* [*Der Witz und seine Beziehung zum Umbewußten,* 1905]. Ainsi s'organise une véritable syntaxe du travail inconscient qui permet de tirer profit de la pathologie des névroses pour la « psychologie normale ». D'autre part, Freud trouve dans le fonctionnement de la libido et l'hypothèse d'une « sexualité infantile » le modèle qui va lui permettre de fonder l'analyse des modalités de fixation-régression qui éclaire la formation de symptôme. L'ensemble forme la théorie psychosexuelle. C'est pendant cette période que le « conquistador » Freud achève sa « traversée du désert ». Le « cercle » psychanalytique de ses disciples viennois fournit le point de départ du mouvement psychanalytique : les conférences prononcées à la Clark University de Manchester en 1909, la création l'année suivante de l'Association psychanalytique internationale attestent le début de réception du « freudisme », assortie de « résistances » que Freud estime inhérentes à son destin culturel.

La crise qui atteint le mouvement psychanalytique, avec la « dissidence » d'Alfred Adler en 1911 et surtout de Carl Gustav Jung en 1912-1913 (que Freud analyse dans *Pour une histoire du mouvement psychanalytique* en 1914), coïncide avec un renouvellement déterminant de l'édifice psychanalytique, en sorte qu'on peut parler d'un « deuxième souffle » du freudisme.

La période qui commence avec la Première Guerre mondiale inaugure un remaniement de la *Métapsychologie* (*) – cette étude théorique des processus inconscients dans leur « dynamique », leur « économique » et leur « topique ». Freud introduit en effet le narcissisme, *Pour introduire le narcissisme* (*), mettant désormais l'accent sur l'investissement de la libido sur le moi. Cela amènera à terme un bouleversement de la conception générale du conflit psychique, avec l'introduction de la « pulsion de mort » – dans *Au-delà du principe de plaisir* (*) (1920). Simultanément l'apparition de « nouveaux chemins de la théorie psychanalytique » (Rank, Ferenczi) amène un ajustement des principes de la période antérieure.

Cela prépare le grand virage des années 1920 : l'apparition d'une nouvelle topique distinguant, à la place de l'inconscient/préconscient/conscient, les instances du Moi, du Ça et du Surmoi (*Le Moi et le Ça* (*), 1923), et d'une théorie de l'angoisse (*Inhibition, symptôme et angoisse,* 1926) donne à la métapsychologie une physionomie nouvelle. On peut juger de cette évolution en comparant les *Leçons d'introduction de la psychanalyse* de 1916-1917 aux *Nouvelles leçons* de 1932-1933. On peut même parler d'un ultime réajustement dans les années 1930 : engagé depuis 1923 dans une lutte contre la mort et la souffrance – atteint d'un cancer de la mâchoire –, Freud n'a eu de cesse de mettre à jour le savoir psychanalytique. C'est ce qu'attestent d'une part sa théorie du « clivage du moi » (*Le Clivage du moi dans le processus de défense,* 1937) et sa réflexion sur la cure (*Analyse finie et analyse infinie, Constructions dans l'analyse,* 1937), d'autre part *L'Homme Moïse et le monothéisme* [*Der Mann Moses und die monotheistiche Religion*], espèce de testament personnel (1937-39).

Lorsque Freud disparaît, il laisse une œuvre impressionnante – quelque deux cents titres, dix-sept volumes des *Gesammelte Werke* (1940-1952) –, qui malgré sa reconnaissance progressive (il reçut le prix Goethe en 1930, mais non le prix Nobel) fut édifiée dans un climat de « dissidence ». Se présentant comme un « Juif athée », Freud a attribué à sa condition judaïque un sentiment de « minoritaire » qui l'a mis en position chronique d'opposant aux idées reçues de la « majorité compacte ». Il faut précisément souligner la nécessité de dater chacun des écrits pour le situer dans le mouvement d'un incessant *working in progress.*

Il est essentiel de relever que Freud a élaboré ses théories sous la pression constante de son « matériel clinique », soit la parole des « névrosés ». Il a ainsi créé ce véritable genre littéraire qu'est l'histoire de cas, dans le sillage de Charcot mais désormais en référence au sujet même : *Cinq psychanalyses* (*) rédigées entre 1905 et 1918. D'autre part, malgré sa référence aux sciences exactes, Freud n'a cessé de manifester un intérêt pour les problèmes de la culture, comme l'atteste *Totem et Tabou* (*) (1913), où il montre l'importance du « meurtre du père » pour le lien social ; *Psychologie collective et analyse du Moi* [*Massenpsychologie und Ich-Analyse,* 1921] où il en tire les conséquences pour les « foules artificielles » (telles l'Église et l'armée) et *Malaise dans la civilisation* [*Das Unbehagen in der Kultur,* 1930] où le « freudisme » prend sa dimension de diagnostic sur le « malaise » [Unbehagen] œuvrant chroniquement dans le processus « civilisateur » [Kultur]. C'est ainsi qu'il faut comprendre également les « percées » du savoir psychanalytique sur la création esthétique et littéraire (notamment *Un souvenir d'enfance de Léonard de Vinci,* 1914, et l'essai sur *L'Inquiétante Étrangeté,* 1919).

Freud a ainsi attaché son nom non seulement à un processus d'investigation des processus psychiques inconscients – rompant ainsi, il faut le noter, avec les métaphysiques de l'Inconscient – et à une méthode de traitement des troubles dits névrotiques – fondée sur la *psycho*sexualité, ce qui ne doit en aucun cas être confondu avec la sexualité au sens biologique ni même au sens sexologique – mais aussi à une « série de conceptions psychologiques » qui revendiquent à terme le statut de « science » (*Psychanalyse et théorie de la libido,* 1923). La psychanalyse ne saurait passer pour un « système » – Freud a récusé sa réduction à un « pansexualisme » : c'est une méthode de recherche à la fois positive et soucieuse de faire droit aux « énigmes de la vie et du savoir » – ce qui lui donne une dimension faustienne, en une affinité avec Goethe, auteur du *Faust* (*), qui ne s'est jamais démentie chez le fondateur de la psychanalyse.

Freud a toujours insisté sur l'inaptitude de sa « psychologie des profondeurs » à livrer une « conception du monde » [Weltanschauung] spécifique, c'est-à-dire une construction intellectuelle répondant au vœu d'unité et où toute chose aurait sa place. En contraste de ce « vœu » de synthèse, la psychanalyse ne peut qu'explorer de façon « unilatérale », conformément à l'idéal scientifique, les motions pulsionnelles refoulées et ce « morceau d'étranger en nous » qu'est l'inconscient. C'est paradoxalement grâce à la modestie de ce propos que la psychanalyse a pu assigner au sujet sa dépendance effective envers sa part d'« insu ». La théorie du refoulement, pierre de touche de la psychanalyse, prend par là même sa fonction de rappel, à destination de l'« humanité », du prix à payer quant à l'ignorance de cette part pulsionnelle et à la surestimation des pouvoirs de la conscience et de la société. S'il y a une « mission » de Freud, c'est celle de rappeler envers et contre tout à la norme sociale cette part « honnie » et de construire une théorie et une pratique pour lui faire droit – d'où le « courage », seule vertu qu'il revendique fermement.

La vie de Freud apparaît donc animée par un « destin à remplir », celui de réintroduire au cœur du savoir cet objet voué à l'« opprobre ». C'est par là que le freudisme prend la dimension de « révolution » anthropologique (au sens astromomique). C'est ce qu'exprime la « parabole » des « trois blessures d'amour-propre » imposées à l'humanité (*Une difficulté de la psychanalyse,* 1917). Après Copernic, qui a mis fin à l'« illusion cosmologique » en rappelant à l'homme que sa position terrestre n'était pas le centre du monde, et Darwin, qui a mis fin à l'« illusion biologique » en lui retirant sa position privilégiée dans la chaîne des êtres vivants, Freud doit convaincre le Moi qu'il n'« est pas maître dans sa propre maison », dans sa propre psyché – désillusion la plus cruelle puisque entamant le narcissisme en son cœur. C'est parce qu'il était un « penseur par soi-même » [Selbstdenker] que l'aventure intellectuelle attachée au nom de Freud a marqué l'époque contemporaine d'un sceau indélébile.

PAUL-LAURENT ASSOUN.

♦ *« En général, je crois aussi avoir introduit quelque chose qui occupera constamment les hommes ; mais parfois l'insatisfaction me gagne quant à l'extension et à l'approfondissement de la chose... En vérité, il n'y a rien à quoi l'homme, par son organisation, soit moins apte qu'à la psychanalyse. »* Sigmund Freud. ♦ *« Je ne suis ni un véritable homme de science, ni un expérimentateur, ni un penseur, je ne suis qu'un* conquistador, *un explorateur... avec toute la curiosité, l'audace et la ténacité qui caractérisent ce genre d'homme. Généralement, on ne reconnaît de valeur à ces gens que s'ils ont réussi, s'ils ont réellement découvert quelque chose : sinon, on les écarte. »* Sigmund Freud. ♦ *« Il ne s'agit nullement d'admettre quelque chose qui serait plus réjouissant ou plus commode et plus avantageux pour la vie, mais bien ce qui se rapproche le plus de cette mystérieuse réalité existant hors de nous. »* Sigmund Freud. ♦ *« En une méthode strictement conforme aux sciences de la nature, en même temps en une interprétation audacieuse des comparaisons imprégnées par les poètes, votre recherche a frayé un accès aux forces pulsionnelles de l'âme et créé par là même la possibilité de comprendre la naissance et l'édification des forces culturelles en leur racine et de guérir des maladies dont l'art médical ne possédait pas jusqu'alors la clé. »* Alfons Paquet (à Freud, à la remise du prix Goethe). ♦ *« Ce n'est pas la psychanalyse qui est nouvelle, mais Freud. De même que ce n'était pas l'Amérique qui était nouvelle, mais Christoph Colomb. »* Arthur Schnitzler. ♦ *« Si la dangereuse psychose de la dissimulation, qui a tenu en laisse pendant un siècle la morale européenne, est définitivement écartée ; si nous avons appris à regarder sans fausse honte au fond de notre vie ; ... si les juges, renseignés sur la force dominante des instincts humains, hésitent parfois à prononcer une condamnation ; ... s'il y a dans la conception morale plus de sincérité et dans la jeunesse plus de camaraderie ; si les femmes acceptent plus librement leur sexe et leur désir... — tous ces éléments de redressement moral, nous les devons en première ligne à cet homme qui a eu le courage de savoir ce qu'il savait et le triple courage d'imposer ce savoir à la morale obstructive et lâchement résistante de l'époque. »* Stefan Zweig. ♦ *« La doctrine* [de Freud] *est capable de transformer le monde. Avec elle y a été semé un esprit de sereine défiance, une suspicion qui s'exerce sur les cachotteries et les machinations de l'âme et les démasque. Une fois éveillées, elles ne sauraient disparaître. Elles s'infiltrent dans toutes les fibres de la vie, sapent sa grossière naïveté, la dépouillent de ce pathos qui est le propre de l'ignorance. »* Thomas Mann.

RÉF. : E. Glover, *Freud ou Jung ?*, Paris, 1954. — E. Jones, *La Vie et l'œuvre de Sigmund Freud*, Paris, 1958-1969. — D. Anzieu, *L'Auto-Analyse de Freud et la découverte de la psychanalyse*, Paris, 1959-1975. — M. Robert, *La Révolution psychanalytique*, Paris, 1964. — J. Lacan, *Écrits*, Paris, 1966. — A. Plé, *Freud et la religion*, Paris, 1968 ; *Freud et la morale*, Paris, 1969. — P.-L. Assoun, *Freud, la philosophie et les philosophes*, Paris, 1976 ; *Freud et Nietzsche*, Paris, 1980 ; *Freud et la femme*, Paris, 1983 ; *L'Entendement freudien*, Paris, 1984 ; *Freud et Wittgenstein*, Paris, 1988 ; *Le Freudisme*, Paris, 1990. — P. Gay, *Un juif sans Dieu. Freud, l'athéisme et la naissance de la psychanalyse*, Paris, 1990.

FREYRE Gilberto. Essayiste et sociologue brésilien. Né à Recife le 15 mars 1900, dans l'État de Pernambouc, mort le 18 juillet 1987 à Recife. Issu d'une famille de paysans, il reçoit néanmoins une formation classique et est envoyé faire ses études supérieures aux États-Unis (1918). Il étudie dans les universités de Stanford et de Columbia sous la direction de l'ethnologue Franz Boas et du philosophe John Dewey. En 1923, il revient au Brésil, et organise en 1926 le premier congrès régionaliste d'Amérique latine, à l'occasion duquel il lance son *Manifeste régionaliste*. À partir de 1928 commence pour Gilberto Freyre une carrière universitaire extrêmement brillante : il enseigne tour à tour à Pernambouc, à Recife, au Portugal et aux États-Unis, et devient un sociologue de réputation internationale. De 1946 à 1950, il est député de l'État de Pernambouc, et le gouvernement brésilien l'envoie représenter le pays à l'O.N.U. L'œuvre de Freyre n'est pas moins brillante ; elle tourne autour d'un axe fondamental : le problème des races et du mélange des races, dont le Brésil est un exemple typique. En 1933, le sociologue publie son ouvrage fondamental, *Maîtres et Esclaves* (*), qui est une étude du Brésil depuis l'époque de l'esclavage : Freyre examine les rapports complexes qui se sont noués entre les Blancs, les Noirs et les Indiens depuis la colonie, et montre comment, de ce mélange, est né le Brésilien moderne. Véritable « somme sociologique », *Maîtres et Esclaves* peut se lire comme un immense roman, écrit avec verve et passion, et reste aujourd'hui encore l'un des principaux ouvrages sur le Brésil. *Terres du sucre – Nordeste* (*) (1937) raconte une autre épopée, celle du sucre : Freyre nous montre comment, à partir de la culture de la canne à sucre, s'est édifié tout un monde. En 1943, le sociologue publie ses *Problèmes brésiliens d'anthropologie* [*Problemas brasileiros de antropologia*] et, en 1968, un essai sur le Brésil : *Brésil, Brasis, Brasilia*. L'œuvre de Gilberto Freyre est trop vaste pour être citée exhaustivement : outre de très nombreux articles de revues, elle comprend un *Guide pratique, historique et sentimental de la ville de Recife* [*Guia prático, histórico e sentimental da cidade do Recife*, 1934]. Ce sociologue a également publié un roman, *Dona Sinhá et le fils du Père* [*Doa Sinhá e o Filho Padre*, 1964]. Parfois contesté à cause de son nationalisme ardent, Freyre est l'un des plus grands sociologues latino-américains du siècle.

ANTOINE BERMAN.

RÉF. : D. de Melo Menezes, *Gilberto Freyre*, Rio, 1944. — G. Amado, *Gilberto Freyre, sua ciência, sua filosofia, sua arte. Ensaios sôbre o autor de « Casa grande e Senzala » e sua influência na moderna cultura do Brasil*, Rio, 1962. — M. Accioly, *Expressão literária em Gilberto Freyre*, Recife, 1981. — E. Contínho, *A imaginação do real. Una leitura da ficção de Gilberto Freyre*, Rio, 1983. — N. Pereira, *Gilberto Freyre, visto de perto*, Recife, 1986.

FREYTAG Gustav. Romancier allemand. Né le 13 juillet 1816 à Kreuzburg, en Silésie, mort le 30 avril 1895 à Wiesbaden. Toute son activité d'homme politique, d'écrivain et d'historien fut employée à défendre les droits de la bourgeoisie allemande et à démontrer son importance historique et sociale. Après avoir professé quelque temps la littérature allemande à Breslau, il devint en 1848 un des directeurs de l'hebdomadaire politique *Die Grenzboten* et prit rapidement la tête du mouvement national-libéral allemand. Son programme politique visait à l'unification de l'Allemagne sous l'égide de la Prusse et voyait dans la bourgeoisie industrieuse et riche le fondement de l'État. Son œuvre littéraire est elle aussi centrée autour de ce thème fondamental. Aussi éloigné du radicalisme démocratique des « Jeunes Allemands » que de cette fuite de la réalité propre au romantisme, Freytag dans ses romans *Doit et Avoir* (*) et *Les Ancêtres* (*) ainsi que dans ses œuvres historiques, *Tableaux du passé allemand* (*), célèbre les vertus bourgeoises traditionnelles. Il se consacra également au théâtre, donnant des drames et des comédies – dont la meilleure est *Les Journalistes* (*) –, et une œuvre théorique : *La Technique du drame* [*Die Technik des Dramas,* 1863]. Représentant du parti national-libéral de Thuringe auprès du parlement d'Allemagne du Nord, combattant de la guerre de 1870, Freytag en retira de nombreux honneurs et conquit peu à peu une immense faveur auprès du public.

RÉF. : C. Alberti, *Gustav Freytag. Sein Leben und Schaffen,* Leipzig, 1885. – J. Hofmann, *Gustav Freytag als Politiker, Journalist und Mensch,* Leipzig, 1922. – R. Leppla, *Gustav Freytag. Leben und Werk,* Nuremberg, 1969.

FRIDEGÅRD Jan. Romancier suédois. Né le 14 juin 1897 à Enköping-Näs, mort le 8 septembre 1968 à Uppsala. Issu d'un milieu d'ouvriers agricoles, il s'engagea dans la cavalerie de 1915 à 1918 et fit ensuite toutes sortes de métiers. Les premiers essais littéraires de Fridegård datent des années vingt, mais ses débuts ne se firent qu'avec les poèmes du *Luth noir* [*Den svarta lutan,* 1931] et le roman *Une nuit de juillet* [*En natt i juli,* 1933]. Sa trilogie de *Lars Hård* (*) (1935-1936) ne reçut pas l'accueil accordé aux autres écrivains « prolétariens » et ne fut reconnue que progressivement. C'est qu'il s'agissait moins d'un roman à tendance sociale que d'un règlement de comptes personnel, dont la brutalité choquait. Après une série de romans se déroulant à l'âge de pierre ou au temps des Vikings, il publia *Le Coq du clocher* [*Torntuppen,* 1941] dont le personnage principal rappelle le père de Lars Hård, synonyme de bonté et de réconciliation. Ce roman marque aussi une évolution vers le spiritualisme et même vers le spiritisme qui imprègne les dernières œuvres de Fridegård.

RÉF. : Ebbe Schön, *Jan Fridegård. Proletärdiktaren och folkkulturen,* Stockholm, 1978.

FRIEDLÄNDER Max Jacob. Historien d'art allemand. Né le 5 juin 1867 à Berlin, mort le 11 décembre 1958 à Amsterdam. Ses études magistrales sur la peinture néerlandaise des XVe, XVIe, et XVIIe siècles font autorité. Friedländer se défie de toute théorie esthétique et revendique seulement le titre de « connaisseur » : celui d'un amateur d'art cherchant à « pénétrer l'essence d'œuvres individuelles ». C'est ainsi que les quatorze volumes qui composent son ouvrage monumental sur *La Peinture ancienne des Pays-Bas* (+) (1924-1937) se conçoivent comme une suite de monographies détaillées sur chaque artiste. Il développe d'ailleurs sa conception « sensualiste » de la critique artistique – le plaisir, l'émotion ne devant jamais céder le pas au positivisme scientifique – dans *De l'art et du connaisseur* [*Von Kunst und Kennerschaft,* 1946]. Bien que tourné vers les maîtres du passé – comme dans ses livres *De Van Eyck à Breughel* (*) (1916) ou *Altdorfer* (1923) – Friedländer s'est également intéressé à l'art contemporain, en particulier à l'œuvre de son ami Max Liebermann.

FRIEDLÄNDER Walter. Historien d'art américain d'origine allemande. Né à Berlin le 10 mars 1873 et mort à New York en septembre 1966. Après des études de sanskrit, il séjourna quelques années en Italie où, à trente ans, il se consacra à l'histoire de l'art. C'est à Berlin, en 1898, qu'il obtient son doctorat ; en 1912, il publie son premier livre, consacré au casino de Pie IV à Rome. En 1914, il est professeur à l'université de Fribourg où il compte parmi ses étudiants Erwin Panofsky. C'est à cette époque qu'il se spécialise dans l'étude de l'art des XVIe et XVIIe siècles, et plus précisément du baroque et des maniéristes. Révoqué par les nazis dès 1933, il émigre en Angleterre puis, en 1935, aux États-Unis, où il enseignera à la New York University et exercera une grande influence sur les historiens d'art américains, de Meyer Schapiro à Michael Fried en passant par Howard Hibbard. En 1934, il anime à l'institut Courtauld un cours sur Claude Lorrain (auquel il avait consacré un ouvrage dès 1921) et Poussin. Il ne cessa de s'intéresser à ce dernier, publiant à partir de 1939 avec Anthony Blunt le catalogue raisonné des dessins sous le titre *The Drawings of Nicolas Poussin* (1939-1974) et lui consacrant également une monographie parue en français en 1965. En réaction contre la mode caravagesque et la manie des attributions entretenues par Roberto Longhi, il publie en 1955 des *Caravaggio Studies,* qui réduisent l'œuvre à quarante-quatre tableaux connus, auxquels s'ajoutent dix autres perdus. Et il recommande la prudence, le temps n'étant pas encore venu d'une étude complète. Nombreux sont les historiens qui le suivront alors : Lionello Venturi, Baugart, Hugo Wagner. En 1957 suit le magistral *Maniérisme et antimaniérisme dans la peinture italienne* (*), où il démontre que le véritable foyer de la réaction anticlassique ne fut pas Rome – alors que tout le monde la faisait dériver de Michel-Ange et de Raphaël – mais Florence, avec Pontormo et le Rosso, qui réagirent dès 1515 contre leurs maîtres, mais aussi Fra Bartolomeo et Andrea del Sarto. Et c'est de cette ville que le Rosso transportera le nouveau style à Rome en 1523. De là à l'apologie du maniérisme, il n'y avait qu'un pas, que franchit Max Dvorak. Friedländer s'intéressa également à la peinture française du XIXe siècle, qui lui inspira un *David to Delacroix* (1952). Enfin, à la fin de sa vie, il acheva une étude sur Titien. La méthode de Friedländer fut toujours éminemment idiosyncrasique : refusant de s'enfermer dans le cadre de la seule iconographie pour élucider la « signification » de l'œuvre, il chercha toujours à corroborer son interprétation par la recherche de l'intention du peintre et de l'impression qu'il voulait faire naître chez le spectateur. Sa démarche le situe donc à mi-chemin de l'iconologie de Panofsky et des préoccupations plus psychologiques de Gombrich, qui ont l'un et l'autre revendiqué sa paternité.

PIERRE-EMMANUEL DAUZAT.

FRIEDMANN Georges. Sociologue français. Né et mort à Paris : 13 mai 1902-15 novembre 1977. Georges Friedmann compte au nombre des sociologues français qui ont donné un regain de jeunesse aux sciences humaines dans notre pays. Il était professeur à l'Institut d'études politiques de l'université de Paris et directeur à l'École pratique des hautes études, sa spécialité étant la sociologie du travail. Philosophe de formation, il entre, après avoir commencé des études de chimie, à l'École normale supérieure, d'où il sortira agrégé de philosophie en 1926. La société est alors en crise et, armé d'un outillage conceptuel marxiste, Friedmann analyse le travail : il montrera que malgré la différence de sociétés l'ouvrier américain et l'ouvrier russe sont astreints à une même dépendance, logique inéluctable de la production. En 1931-1934, Friedmann est au Centre de documentation sociale de l'École normale supérieure. Son ouvrage, *La Crise du progrès* (1936), marque la première étape de sa réflexion sur l'organisation du travail et les rapports sociaux. Il étudie le russe et, à l'issue de plusieurs voyages en U.R.S.S., il fait paraître *Problèmes du machinisme en U.R.S.S. et dans les pays capitalistes.* Durant la guerre, l'occupation de la France conduit Georges Friedmann à choisir la clandestinité et la résistance. En 1946, il publie deux ouvrages : *Leibniz et Spinoza* (*) et *Problèmes humains du machinisme industriel*, réflexion sur le « taylorisme » et la possibilité d'intervention des sciences humaines pour atténuer la férocité de la société industrielle à l'encontre de l'ouvrier. De cette méditation se dégagera son axe de réflexion principal : en quoi et comment interviennent les réalités de la technologie et les rapports humains dans l'évolution du monde industrialisé ? De 1945 à 1960, Friedmann prendra sa véritable dimension d'éveilleur et d'animateur de la nouvelle vague de la sociologie du travail française. Il dirige le Centre d'études sociologiques français (1949-1951), réunit toute son équipe à l'École pratique des hautes études, en s'adressant non seulement aux jeunes chercheurs, mais aussi aux multiples agents sociaux concernés directement par l'industrie et soumis au mode de vie en milieu industriel. De 1956 à 1959, il préside l'Association internationale de sociologie avant d'être nommé premier président de la faculté latino-américaine de sciences sociales (1958-1964). Avec son ami Pierre Naville, il publie l'ouvrage devenu un classique international : *Traité de la sociologie du travail* (1961) et, après des recherches effectuées aux États-Unis, *Le Travail en miettes* (*) (1956). Cependant, il s'emploie à structurer le Centre de recherches sur les communications de masse. Israël, laboratoire complexe et exemplaire, lui fournit le sujet de son ouvrage *Fin du peuple juif* ? De plus en plus, le sociologue s'efforce de découvrir les sources morales et religieuses capables d'humaniser le secteur primaire des activités laborieuses. Humaniste, philosophe inquiet du devenir de ses concitoyens, enquêteur sensible à la réalité sociale et à sa contingence pour l'homme du commun, Friedmann a mené une longue réflexion et une longue recherche pour l'amélioration de la vie quotidienne.

YANN BARBÉ.

FRIEDRICH Hugo. Critique littéraire allemand. Né le 24 décembre 1904 à Karlsruhe, mort le 25 février 1978 à Fribourg-en-Brisgau. Hugo Friedrich est considéré comme l'un des romanistes les plus éminents de sa génération. Cependant, son influence a dépassé de loin les limites d'une discipline universitaire. L'étendue de son champ d'observation, une compréhension scrupuleuse des textes et une vision synthétique peu commune lui ont permis d'inscrire ses analyses dans une interprétation historique globale de l'innovation poétique. L'ouvrage le plus représentatif de cette méthode est un véritable « best-seller » de la critique, *Structures de la poésie moderne* [*Die Struktur der modernen Lyrik – Von Baudelaire bis zur Gegenwart,* 1956 ; édition revue et augmentée en 1966], traduit en douze langues et constamment réédité.

Hugo Friedrich, qui a notamment compté parmi ses maîtres Gundolf, Jaspers, Spitzer, Curtius, étudie d'abord la germanistique, l'histoire de l'art et la philosophie à l'université de Heidelberg où il soutient, en 1928, une thèse de littérature comparée : *L'Abbé Prévost en Allemagne. Contribution à l'histoire de l'« Empfindsamkeit »* [*Abbé Prévost in Deutschland. Ein Beitrag zur Geschichte der Empfindsamkeit,* 1929]. Il se tourne alors vers la philologie romane sous l'influence de Karl Vossler et poursuit ses études à Munich. Le fruit de ce travail est une thèse d'habilitation soutenue à Cologne en 1934 : *La Pensée antiromantique dans la France moderne* [*Das antiromantische Denken im modernen Frankreich,* 1935], qui analyse le rationalisme de la droite française opposé à l'idéologie néoromantique du national-socialisme (Stackelberg). De 1937 à 1970, Hugo Friedrich occupe la chaire de romanistique de l'université de Fribourg-en-Brisgau, où il assume en outre jusqu'en 1968 la direction du « Romanisches Seminar ». Professeur émérite, il poursuit son activité d'enseignement, à laquelle la maladie met un terme au cours de l'hiver 1978.

Outre *Structures de la poésie moderne,* Hugo Friedrich a laissé, de l'avis général, deux autres livres majeurs : *Montaigne* (1949), qui tente d'éclairer l'« esprit » de Montaigne et son rôle dans l'histoire de la morale occidentale, et *Les Grandes Périodes de la poésie italienne* [*Epochen der italienischen Lyrik,* 1964], qui décrivent les phases décisives de l'évolution poétique en Italie. Son intérêt pour les littératures romanes lui a cependant inspiré d'autres ouvrages marquants : *Descartes et l'esprit français* [*Descartes und der französische Geist,* 1937] ; *Trois classiques du roman français : Stendhal, Balzac, Flaubert* [*Drei Klassiker des französischen Romans : S., B., F., 1939]; La Métaphysique du droit dans « La Divine Comédie »* [*Die Rechtsmetaphysik der Göttlichen Komödie,* 1941] ; *Calderón inconnu* [*Der fremde Calderón,* 1955]. Hugo Friedrich, dont on a vanté le style et la méthode (fondée sur la reconnaissance de l'« individualité » du texte), est enfin l'auteur de nombreux essais rassemblés en deux volumes sous le titre *Littératures romanes. Essais* [*Romanische Literaturen. Aufsätze, 1. Frankreich, 2. Italien und Spanien,* 1972], dont ressortent notamment *La Théorie du langage chez les illuministes français du XVIIIe siècle, notamment Saint-Martin* [*Die Sprachtheorie der französischen Illuminaten des 18. Jahrhunderts, insbesondere Saint Martins,* 1935] ; *Le Paradoxe de Pascal. Langage d'une pensée* [*Pascals Paradox. Das Sprachbild einer Denkform,* 1936] ; *Structuralisme et structure sous l'angle de la critique littéraire* [*Strukturalismus und Struktur in literaturwissenschaftlicher Hinsicht,* 1967]. *Structures de la poésie moderne* propose en appendice un ensemble de « poèmes du XXe siècle » et leur traduction allemande. Ces documents sont, certes, une preuve d'érudition, mais témoignent aussi d'une approche de la poésie : ils démontrent que les grandes constructions synthétiques et la vision historique de Hugo Friedrich reposent sur la compréhension et l'assimilation scrupuleuses des textes. Les réflexions de Friedrich sur ce travail de médiation sont contenues dans ses *Propos sur l'art de la traduction* [*Zur Frage der Übersetzungskunst,* 1965].

RÉMY COLOMBAT.

RÉF. : Manfred Hardt, « Nachruf auf Hugo Friedrich », in *Deutsches Dante-Jahrbuch LIII-LIV* (1978-79), 12-17. – Jürgen von Stackelberg, *Nachwort* zu *Die Struktur der modernen Lyrik,* Reinbek-bei-Hambourg, 1985. – Rémy Colombat, « Hugo Friedrich ou les Incertitudes de la modernité », in *Revue d'Allemagne 16* (1984), 591-615.

FRISCH Karl von. Naturaliste autrichien. Né à Vienne le 20 novembre 1886, mort à Monaco, le 12 juin 1982. Après des études de zoologie à Munich et à Trieste, Karl von Frisch enseigne la zoologie à l'université de Munich. Il passe près de quarante années de sa vie à étudier les abeilles avec un matériel souvent rudimentaire ; il n'est pas exagéré de dire que von Frisch a révolutionné l'éthologie avec des fleurs artificielles et quelques cartons de couleur. Sa principale découverte consiste à avoir déchiffré la « danse des abeilles » : une abeille ayant identifié une source de nourriture en indique la direction et la distance à ses congénères en décrivant des cercles et des « huit » selon une chorégraphie où rien n'est laissé au hasard. Von Frisch montrera ensuite que le vol des abeilles d'un point à un autre repose en grande partie sur la perception de la polarisation de la lumière solaire et du rayonnement ultraviolet. Les études ultérieures prouveront, comme le pressentait von Frisch, que l'odorat et l'ouïe jouent aussi un rôle dans la communication chez les abeilles. Prix Nobel de médecine en 1973 avec Konrad Lorenz et Nikolaas Tinbergen, il a laissé plusieurs livres de vulgarisation, dont *Vie et mœurs des abeilles* (*), qui ont tous connu un grand succès populaire.

NICOLAS WITKOWSKI.

FRISCH Max. Dramaturge et romancier suisse d'expression allemande. Né le 15 mai 1911 à Zurich, mort le 4 avril 1991 à Zurich. Fils d'architecte, il étudie pendant un temps (1930-1933), « des années étranges et peu satisfaisantes », la germanistique et la philosophie à l'université de Zurich. La mort de son père, en 1932, le contraint à interrompre ses études ; il travaille dès lors comme journaliste indépendant, activité qui lui permet, comme correspondant, de sillonner l'Europe, en particulier les Balkans, tout en s'exerçant à quelques essais littéraires (cf. le roman de jeunesse *Jürg Reinhart* paru en 1934). Mais il ne supporte bientôt plus « la vie de bohème », brûle la plupart de ses écrits et « se convertit à l'existence bourgeoise » en reprenant des études, d'architecture cette fois, à partir de 1936, conclues par un diplôme en bonne et due forme (1940), qui lui permet, deux ans après, d'ouvrir son propre cabinet. La conquête de cette sécurité bourgeoise (dans laquelle s'inscrit son premier mariage, en 1942) lui donne le loisir de se réconcilier avec la littérature ; il va mener les deux activités de front pendant une dizaine d'années environ : « L'exercice de ce double métier n'est naturellement pas toujours facile [...], mais je trouve salutaire, par exemple, d'avoir affaire toute la journée à des gens qui n'ont rien à voir avec la littérature... » C'est à partir de 1955 qu'il choisit de se consacrer entièrement à l'écriture. Sa biographie, dès lors, est rythmée par les multiples voyages et séjours à travers le monde ainsi que par la remise des plus hautes distinctions qui signent la reconnaissance de l'écrivain : prix Conrad-Ferdinand Meyer, prix

Wilhelm Raabe, prix Georg Büchner, prix Schiller, etc.

Dès ses premières pièces, *Santa Cruz* (1946), *La Grande Muraille* [*Die Chinesische Mauer,* 1946], *La guerre était finie* [*Als der Krieg zu Ende war,* 1949], *Le Comte Öderland* [*Graf Öderland,* 1951], Max Frisch entend rompre radicalement avec la dramaturgie de l'illusion – cf. son article *Le Théâtre sans illusion* [*Theater ohne Illusion*, 1948]. Il se situe sans doute ainsi dans le sillage de Brecht, qu'il rencontre d'ailleurs personnellement à Zurich, en 1947. Mais sur d'autres bases : revenant à la question fondamentale de savoir « ce que nous appelons réalité », Frisch installe celle-ci moins « dans les événements eux-mêmes » que dans « le vécu que nous en avons ». Au nom de ce principe, l'action dramatique linéaire, chronologique, se dilue en une succession de tableaux transgressant les catégories de l'espace et du temps, les frontières du passé et du présent, du rêve et du quotidien ; un éclatement qui illustre la nostalgie, chez l'individu, d'une liberté – comprise comme la promesse d'une virtualité inédite de lui-même – face à l'oppression de l'Histoire et, le cas échéant, au poids de sa propre biographie. L'actualité politique, ainsi, n'est ni oubliée ni réduite, seulement mise en perspective. Dans cette logique, *Don Juan ou l'Amour de la géométrie* [*Don Juan oder die Liebe zur Geometrie,* 1953] détourne le mythe vers le thème de la théâtralité de l'existence : « Don Juan n'aime que lui [...] Désespéré par le caractère impossible de son existence [...] il met lui-même en scène la légende de sa descente aux enfers. » Et d'inventer, de son vivant, le mythe de don Juan : « Du théâtre ! Rien que du théâtre ! » Dans les pièces suivantes, *Monsieur Bonhomme et les incendiaires* (*) (1958) et *Andorra* (*) (1961), Frisch choisit une autre stratégie qui lui permet d'échapper encore au théâtre illusionniste : la scène-parabole – cf. l'essai *L'Illusion au second degré* [*Illusion zweiten Grades,* 1967]. À travers l'histoire du brave M. Bonhomme, qui accueille complaisamment chez lui les incendiaires avoués, se lit une réflexion sur la responsabilité de la petite bourgeoisie dans l'installation de la terreur ; le martyre d'Andri, contraint d'endosser l'image que les citoyens d'Andorra projettent sur lui, recompose le mécanisme social de tous les racismes. Ici se mesurent très exactement l'héritage et la distanciation par rapport au théâtre brechtien. Si Brecht, sur la question de savoir « si le théâtre peut représenter le monde », en bon apôtre du matérialisme dialectique, veut croire « que le monde moderne est descriptible à partir du moment où il est représenté comme transformable », Frisch s'en tient à une formule apparemment paradoxale : « Le théâtre n'a jamais représenté le monde ; il l'a toujours transformé. » Glissement sémantique d'importance : « la transformation du monde » ressortit à l'esthétique, et non au message politique. Frisch, fondamentalement, suspecte le théâtre propagandiste. Ce qui ne signifie pas pour autant qu'il se réfugie dans le confort de l'apolitisme : « Si j'étais dictateur, je ne ferais jouer que du Ionesco... »

Durant ces années particulièrement fécondes, Frisch s'impose également comme romancier, avec deux fictions complémentaires sur les jeux de rôles de la personne et du personnage social, *Je ne suis pas Stiller* (*) (1954) et *Homo Faber* (*) (1957) : quête angoissée de l'identité « propre » dans le premier cas, déconstruction désabusée de l'identité factice dans le second. Thème obsédant qui dit également l'importance que prend l'écriture autobiographique dans l'œuvre de Frisch. Elle y est concrétisée par le *Journal 1946-1949* [*Tagebuch 1946-1949,* 1950] et le *Journal 1966-1971* [*Tagebuch 1966-1971,* 1972], qui dépassent la forme convenue du « journal intime » traditionnel en ce qu'ils entrecroisent biographèmes imaginaires et vécus, en quête d'un centre, d'une unité.

Le troisième grand roman de Frisch, *Le Désert des miroirs* [*Mein Name sei Gantenbein,* 1964], marque l'extrême limite esthétique et « morale » de cette thématique : l'identité, comme le titre (allemand) l'indique, n'est plus qu'une sorte d'hypothèse ; « la réalité de la personne n'est que la somme des fictions permises à cette personne ». Écrite peu après, la pièce intitulée *Biographie : un jeu théâtral* [*Biographie : ein Spiel,* 1967] est la traduction scénique de ce principe. Frisch y développe une dramaturgie dite de la permutation, qui prête au théâtre la vocation non pas de camper des personnages et de suivre une action, mais au contraire d'esquisser des virtualités et d'illustrer les hasards de l'existence : un jeu de « variantes ».

Il semble que dans les années 70 l'écrivain, avec le temps, soit cependant moins prêt à jouer, tout au moins ce jeu-là. La publication de *Montauk*, en 1975, inaugure un ton nouveau ; dans ce récit le plus privé, le plus confidentiel de toute l'œuvre de Frisch (y compris le *Journal*), voici un narrateur qui revendique la maxime des *Essais* (*) de Montaigne, placée en exergue : « Ceci est un livre de bonne foi, lecteur [...] Je suis moi-même la matière de mon livre. » Exact envers du *Désert des miroirs, Montauk* est tout entier fondé sur le refus de la fiction. C'est dans la même lignée que se place *Triptyque* [*Triptychon,* 1978], dialogue au bord des eaux noires du Styx, avec l'ombre de la mort qui fige définitivement le jeu utopique des « variantes » et révèle le caractère « incorrigible » de toute existence. En 1982, un dernier texte, *Barbe-Bleue. Un récit* [*Blaubart. Eine Erzählung*], prend le masque de la fiction policière : le docteur Felix Schaad, marié et divorcé six fois, est accusé du meurtre d'une de ses ex-épouses ; acquitté faute de preuves, il engage néanmoins pour lui-même son propre procès, décidé, à travers ses souvenirs, les témoignages des vivants et des morts, à savoir et se dire « la vérité, rien que la vérité » sur lui-même ; après qu'il a tenté de se tuer en voiture, on le retrouve à la fin gisant sur un lit d'hôpital ; on ne recevra pas ses aveux, car le véritable assassin a été arrêté entre-temps... Roman, théâtre ou journal, chaque texte de Max Frisch se conçoit finalement comme la recherche urgente, chaque fois réinventée, d'un lieu où être et parler soi-même.

JEAN-JACQUES POLLET.

♦ *« La quintessence de toutes les tendances littéraires d'une époque en sursis... »* Hans Mayer.

RÉF. : H. Bänziger, *Frisch und Dürrenmatt*, Berne, 1962. – H. Karasek, *Frisch*, Munich, 1976. – J. H. Petersen, *Max Frisch*, Stuttgart, 1978. – G. P. Knapp, *Max Frisch. Aspekte des Prosawerkes*, Berne, 1978.

FRÖBEL Friedrich Wilhelm August. Pédagogue allemand. Né à Oberweissbach (Thuringe) le 21 avril 1782, mort le 21 juin 1852 à Marienthal. Il passa son enfance entre son père, pasteur protestant « grave » et « sévère », et une belle-mère revêche. À quinze ans, il trouva un emploi de garde forestier, et dans ses heures de loisir étudia, pêle-mêle, mathématiques, botanique, cartographie, architecture, etc. C'est en 1805, lorsque Gruner, disciple de Pestalozzi, lui offrit un poste d'instituteur dans son école de Francfort, qu'il découvrit sa vocation de pédagogue. Cette vocation se précisa et se développa après de courtes études aux universités de Göttingen (1811) et de Berlin (1812), et après son retour de la campagne contre Napoléon (1814), lorsqu'il eut à s'occuper de l'éducation de cinq neveux. S'inspirant de l'école maternelle de Comenius, il fonda à Keilhau en 1816 l'Institut général allemand d'éducation, qui périclita rapidement. Dans les diverses autres expériences malheureuses du même genre qu'il fit au cours des années suivantes en Suisse, à Blankenburg (1840), où il fonda le premier jardin d'enfants allemand, et un peu partout, il fut soutenu par l'amour de ses deux femmes, G. Hoffmeister, puis Luisa Levin, qu'il épousa après la mort de la première, survenue en 1851. Le duc de Saxe ayant mis à sa disposition le château de Marienthal, il y fonda un nouveau jardin d'enfants qu'il dirigea jusqu'à sa mort. Ses idées pédagogiques sont exposées dans sa grande œuvre *L'Éducation de l'homme* (*). Dans d'autres ouvrages : *Chansons de nourrice et berceuses* [*Mutter und Koselieder*, 1843] et *Jardins d'enfants* [*Kindergarten* 1876], il décrit sa méthode, fondée sur le jeu considéré comme l'activité spontanée par laquelle l'enfant exprime sa personnalité.

RÉF. : G. Richten, *Deutsche Selbsterziehung bei F. Froebel*, 1937. – W. Döpel, *Fröbel-Stätten in Thüringen*, 1939. – H. Scheuerl (éd.), *Klassiker der Pädagogik* (2 tomes), Munich, 1979.

FROBENIUS Leo. Anthropologue allemand. Né à Berlin le 29 juin 1873, mort le 9 août 1938 à Biganzolo, près du lac Majeur. Fils d'un officier prussien, Leo Frobenius s'intéresse très tôt à l'étude des civilisations africaines. Dès 1898, il publie une étude sur les sociétés secrètes en Afrique : *Masques et Sociétés secrètes en Afrique* [*Die Masken und Geheimbunde Afrikas*], mais son ton jugé trop tranchant lui vaut l'hostilité des milieux universitaires avec lesquels Frobenius aura toujours des rapports difficiles. Assistant dans les musées d'ethnographie de Brême, de Bâle, de Leipzig, il enseigne à partir de 1925 à l'université de Francfort, qui le nomme en 1932 professeur honoraire sans jamais lui avoir donné de chaire. Cette résistance surprend, car les conceptions de Frobenius sur l'histoire culturelle de l'Afrique rejoignent celles de nombre de ses confrères allemands qui professent la théorie des cercles culturels [*Kulturkreise*]. De 1921 à 1928 il avait publié les douze volumes d'une importante série d'études sur le folklore de l'Afrique : *Atlantis* – v. *Mythologie de l'Atlantide* (*).

De 1904 à 1916, puis de 1925 à 1932, Frobenius fait de nombreux voyages en Afrique, il visite presque tout le continent : Afrique du Nord, Nubie, Érythrée, Afrique de l'Ouest, Cameroun, Congo, Afrique australe. Au Nigeria, la découverte des arts du Bénin – terres cuites et bronzes –, après l'expédition punitive britannique de 1897, amène Frobenius à proposer une vision totalement nouvelle des civilisations africaines, associant leur développement à la diffusion d'influences méditerranéennes successives. À partir de l'étude des peintures et gravures rupestres présentes en de nombreux sites africains, Frobenius croit pouvoir distinguer différentes étapes d'une évolution unilinéaire. Il poursuit son enquête par l'inventaire de concepts qu'il retrouve dans les œuvres d'art et les légendes historiques, prouvant selon lui qu'il a jadis existé une conception commune de l'homme et du monde : *Le Destin des civilisations* (*). S'appuyant sur des mythes qui ne sont pas toujours localisés, des poésies, des institutions africaines, des œuvres d'art, il discerne des styles où il voit des étapes successives de l'esprit humain. Il distingue ainsi la civilisation érythréenne, la civilisation syrtique, la civilisation atlantique sur la côte de Guinée – v. *Histoire de la civilisation africaine* (*).

Travailleur infatigable, Frobenius est, plus qu'un observateur méticuleux, un visionnaire dont la langue séduit lorsqu'elle n'irrite pas. Ses travaux sont dominés par le souci d'une conception unitaire de la civilisation où l'expression plastique tiendrait la première place. Frobenius est un esprit inclassable, il restera surtout par l'énorme fonds d'archives qu'il crée à Munich en 1922 puis transfère à Francfort en 1925 où depuis sa mort il est connu comme l'Institut Frobenius. On peut mettre en doute la valeur d'assertions qui reposent trop souvent sur des intuitions non vérifiées ; ses thèses basées sur le savoir populaire [Volkerkunde] et qui débouchent sur une apologie de l'Allemagne de Guillaume II sont aujourd'hui condamnées. Il lui reste le mérite d'avoir le premier attiré l'attention sur les connexions de plus en plus évidentes entre les civilisations africaines du golfe de Guinée et celles du bassin méditerranéen.

DENISE PAULME.

RÉF. : L. Frobenius, *Ein Lebenswerk aus der Zeit der Kulturwende*, Leipzig, 1933 ; *Histoire de la civilisation africaine*, Paris, 1936. – *Symposium L. F. Perspectives des études africaines contemporaines*, Cologne/Munich, 1974.

FROBERGER Johann Jakob. Organiste et compositeur allemand. Baptisé le 19 mai 1616 à Stuttgart, mort le 6 ou 7 mai 1667 au château d'Héricourt (près de Montbéliard). Issu d'une famille de musiciens, c'est de son père Basilius, maître de chapelle à la cour de Stuttgart, qu'il reçoit sa première éducation musicale. Organiste à la cour de Vienne en 1637, il se rend à Rome pour poursuivre ses études et devient l'élève du célèbre organiste Girolamo Frescobaldi (1583-1643). Il reprend en 1641 son poste d'organiste à Vienne. Dès 1645, il entreprend plusieurs voyages en Europe, entre au service de l'archiduc Léopold à Bruxelles en 1650, et se lie d'amitié avec Huyghens. Il séjourne en 1652 à Paris, où un grand concert est donné en son honneur. Après un nouveau passage à Vienne (1653-57), il finit ses jours au service de la duchesse Sibylle de Würtemberg, à qui il aurait fait promettre de ne rien donner de son œuvre à personne « car plusieurs en feraient mauvais usage ». Du moins, à l'exception de la *Fantaisie sur l'hexacorde* (Rome, 1650) et une fugue parue dans un recueil collectif (1660), l'œuvre de Froberger, essentiellement pour orgue et clavecin, ne fut publiée que longtemps après sa mort, sous le titre *Diverse ingegnosissime, varissime et non maj piu viste curiose partite* (*) (Mayence, 1693). Fait curieux si l'on sait que Froberger avait une renommée européenne et que ses contemporains le tenaient pour le plus prestigieux compositeur pour clavier de l'époque. Bach, qui l'avait en grande estime, connaissait son œuvre grâce aux manuscrits qui circulaient alors. Opérant une synthèse des styles allemand, italien, anglais et français, Froberger eut une influence considérable sur tous les compositeurs pour clavier qui lui succédèrent, de Nicolas de Grigny à J.-S. Bach et Mozart.

DOMINIQUE JACCOTTET.

FRÖDING Gustaf. Poète suédois. Né à Alster (Värmland) le 22 août 1860, mort le 8 février 1911 à Stockholm. Il fit ses études à l'université d'Uppsala, où il lut avec enthousiasme Burns, Shelley et Byron. En 1885, un journal de province, *Le Journal de Karlstadt* [*Karlstadtstidnigen*], dont il devait devenir rédacteur, publia ses premières poésies. Il passa l'hiver 1889-1890 en Allemagne, où il découvrit Heine, dont il s'inspira dans ses plaisantes parodies en langue allemande. Ce fut en Allemagne qu'il composa en partie son premier recueil de poésies, *Guitare et Orgue de Barbarie* [*Guitarr och dragharmonika*, 1891], devenu bientôt populaire, et suivi en 1894 de *Nouvelles poésies* [*Nya dikter*]. Après la publication de poésies du Värmland, d'inspiration populaire, *Historiettes et Anecdotes* [*Räggler och pas chaser*], il fit paraître un troisième recueil : *Éclaboussures et Loques* [*Stänk och flikar*, 1896], meilleur peut-être encore que les précédents par sa représentation d'un monde humain, simple mais profondément senti, et où l'harmonie parfaite du vers atteint parfois la virtuosité. Dans les poèmes suivants éclate, tantôt comme dans *Neuf et Vieux* [*Nytt och gammalt*, 1897], tantôt comme dans *Gouttelettes du Graal* [*Gralstänk*, 1898], l'angoisse métaphysique. De 1898 à 1905, Fröding fut interné pour maladie mentale dans diverses cliniques d'Uppsala et d'autres villes, et cessa d'écrire durant cette période. En 1910 paraissent *Glanure* [*Eftertskörd*], remaniement de poèmes précédents, et de perspicaces articles de critique littéraire. Ses chansons populaires et ses petits tableaux de genre ont inspiré des compositeurs comme Peterson-Berger, Sjögren, Stenhammar et d'autres, et demeurent toujours vivants en Suède, même dans les milieux les plus humbles – *v. Poésies* (*) de Fröding. Mentionnons pour terminer ses *Airs du Wärmland*.

RÉF. : Günter Krumm, *Gustav Frödings Verbindungen mit der deutschen Literatur*, Greifswald, 1934. – S. Sjöholm, *Overmänniskotanken i Gustav Frödings diktning*, Göteborg, 1940. – John Landquist, *Gustaf Fröding. En biografi*, Stockholm, 1956 ; *Gustaf Fröding. En Levnadsteckning*, Stockholm, 1964. – Henry Olsson, *Vinlövsranka och hagtornskrans. En bok om Fröding*, Stockholm, 1970.

FROISSART Jean. Historien, poète et romancier français. Né en 1337, ou plus probablement en 1333, à Valenciennes (Nord), mort après 1400, peut-être entre 1410 et 1414, à Chimay (Hainaut, Belgique). Nous ne savons à peu près rien de son enfance, sinon ce qu'il en a dit lui-même dans ses poèmes. Dès l'âge de douze ans, si ses souvenirs sont exacts, il attendait d'avoir l'âge d'aimer : « Et lors devisoie a par mi : / Quand revendra le temps por mi / Que par amours porai amer ? », car déjà, il savait : « Que toutes joies et toute honnours / Viennent et d'armes et d'amours. » Il se fit clerc cependant, et reçut donc une bonne instruction, mais il semble qu'il ne fut ordonné prêtre que tardivement. Son métier, très tôt il l'a choisi, ce sera de célébrer les hauts faits des princes, de chanter l'amour courtois ; en cela il fit merveille et acquit une solide réputation. Mais la profession d'homme de lettres ne pouvait s'exercer alors que dans les cours et un auteur comme Froissart ne pouvait vivre que des subsides que lui versaient des protecteurs princiers. D'où ses innombrables voyages qui l'amenèrent à sillonner l'Europe occidentale. Il semble d'ailleurs qu'il ait fait vite de nécessité vertu ; bientôt il les entreprit pour se documenter, pour interroger les gens, voir les lieux afin de mener à bien ses très volumineuses *Chroniques* (*).

D'abord attaché à Robert de Namur, marié à la sœur de la reine d'Angleterre, il forme le dessein d'écrire une histoire des guerres de son temps à l'exemple des *Vrayes chroniques* (+) de Jean le Bel dont il recopiera plus d'un passage. En 1361, nous le trouvons à la cour d'Angleterre, auprès de Philippa ou Philippine de Hainaut, femme d'Édouard III. Il lui portait un récit des événements survenus depuis 1356, qui fut reçu avec faveur, et probablement quelques-unes de ses poésies. Nommé secrétaire de la reine et « clerc de sa chambre », encouragé dans sa vocation d'historiographe, Froissart fréquenta des seigneurs anglais et les chevaliers français faits prisonniers à la bataille de Poitiers par laquelle s'ouvre cette première ébauche des *Chroniques*. Il est même possible qu'il ait vu le roi Jean le Bon qui, après avoir été emprisonné pendant plusieurs années au manoir de Savoie à Londres, y revint pour y mourir en 1364. Froissart ne reste pas dans la capitale, il voyage, vient peut-être en France en 1364, se rend en 1365 en Écosse auprès des comtes de Douglas (dans son livre IIIe, ch. CXIX-CXXV, il fera état des renseignements alors recueillis). En 1366, il est à Bordeaux et en Guyenne où il accompagne le Prince Noir, fils d'Édouard III et de la reine Philippine ; en 1367-1368, il suit en Italie le duc de Clarence, frère du Prince Noir, venu épouser à Milan Yolande, fille de Galéas II, duc de Milan. De Milan, Froissart se rend en Savoie puis à Ferrare, Bologne et Rome où il fait la connaissance de Pétrarque. C'est à Rome qu'il apprend la mort de sa protectrice, la reine d'Angleterre (1369). Rentré en Hainaut, Froissart trouve un autre protecteur en la personne de Wenceslas de Luxembourg, duc de Brabant et fils de Jean, roi de Bohême. C'est pour lui qu'il écrit un long roman en vers, *Méliador* (+). Le duc le récompense en lui donnant la cure de Lestinne-au-Mont, près de Mons. Froissart occupa peu de temps ce poste de pasteur de campagne qui convenait aussi peu que possible à son tempérament. Puis le voilà passé sous un autre mécène, Guy II de Châtillon, dernier comte de Blois, lequel avait combattu à la bataille de Crécy et, par sa femme, Marie de Namur, était apparenté au premier protecteur de l'historiographe. De lui, Froissart reçut la charge de chapelain attaché à sa personne et, en 1384, le canonicat de Chimay. De 1369 à 1384, il semble que Froissart ait assez peu voyagé. Il est donc probable qu'il travailla à ses *Chroniques*. Ce serait à cette époque qu'il aurait compris la nécessité de les faire commencer plus haut et de partir du changement dynastique qui fit passer la couronne de France de la maison des Capétiens directs dans celle des Valois, et préférer le Français Philippe VI à l'Anglais Édouard III, c'est-à-dire aux origines mêmes de la guerre de Cent Ans. Une telle chronique existait déjà, complète et véridique, c'était celle de Jean le Bel. Froissart ne se fit pas scrupule de l'utiliser au point d'en venir à un véritable démarquage. Pour les années subséquentes, il avait auprès des princes anglais recueilli bien des éléments ; jusqu'alors son œuvre, qui s'adressait à des Anglais, subissait presque exclusivement l'influence anglaise. Désormais, par Wenceslas de Luxembourg et surtout par Guy de Blois, il connaissait d'autres points de vue. C'étaient ses protecteurs, il écrivait pour eux, il va de soi qu'il fit tout pour leur agréer. C'est ce qu'illustrent fort bien les rédactions successives du livre I ; commencé en 1369, il fut remanié dans un sens bien plus favorable à la France, sous l'influence de Guy de Blois en 1376, avant d'être repris en 1400 en une nouvelle version. Notons ici que c'est justement grâce à la multiplicité des maîtres qu'il servit que nous pouvons, dans une certaine mesure, faire confiance à Froissart. N'en eût-il eu qu'un, nous risquerions de n'avoir que le point de vue d'un seul sur les événements qu'il rapporte. Dès 1384, Froissart se remet en route à la suite de Guy de Blois qui se rend à la cour de France et y séjourne en 1384, 1385 et 1386. Il rentre en Flandre et nous savons qu'en 1386 il s'est rendu à l'Écluse et peut-être à Riom en Auvergne. Puis, en 1388, attiré par la renommée de Gaston Phébus, comte de Foix, il traverse la France pour gagner le Béarn. À Pamiers, il rencontre un obligeant chevalier de Gaston, Espan du Leu, qui lui sert de guide et lui raconte d'étonnantes prouesses. Après un séjour de trois mois à Orthez, il repart en février 1389 et pousse jusqu'en Avignon ; là il se documente sur les événements et les hommes du Midi qu'il ne connaissait encore que par ouï-dire. Au retour, il traverse l'Auvergne et assiste aux noces de Jean, duc de Berry et frère de Charles V, avec Jeanne de Boulogne et d'Auvergne. Il séjourne à Paris quelque temps (été 1389-1390), et il y compose le IIIe livre — qui contient les événements de Béarn — et une partie du IVe livre de ses *Chroniques*. Après avoir traversé la France du Nord, il se rend en Hollande et en Zélande. En 1392, il est de nouveau à Paris, en 1393 à Abbeville. Il repasse la Manche en 1394-1395 et va à la cour d'Angleterre où règne alors Richard II à qui il offre un exemplaire de ses œuvres poétiques. Ceux qu'il a connus autrefois sont morts ; il semble cependant que Froissart, qui jouissait d'un grand prestige, retrouva aisément des protecteurs. C'est à ce moment qu'on perd sa trace, la nouvelle version du premier livre et les derniers chapitres du livre IV, qui va jusqu'à l'an 1400, sont datés de 1400. Son nom n'est plus mentionné après 1404. On sait seulement qu'il mourut après cette date dans son canonicat de Chimay. Comme, au témoignage de ses contemporains, il ne serait mort qu'à plus de quatre-vingts ans, il semble raisonnable de reporter la date de son décès jusqu'en 1414.

Froissart a donc connu à peu près tous les hommes dont il parle, au moins dans la seconde partie de son récit. Il a voulu voir les êtres et les choses avant d'en parler, et pour cela n'a ménagé ni son temps ni ses fatigues. Ses *Chroniques* sont fondées sur des souvenirs et des témoignages, et comme il est clair qu'il manque d'esprit critique, il devrait donc être un parfait miroir du réel. Est-ce à dire qu'il est objectif ? Certes non, car, d'une part, il écrit pour faire sa cour et entend plaire à ceux qui paieront son œuvre. De plus, et ceci est peut-être plus grave, Froissart est un véritable homme de lettres, un poète et un romancier. Il ne manque pas d'imagination et dramatise à plaisir. Nous le prenons sur le fait lorsqu'il nous raconte par exemple la déroute de Philippe VI et son arrivée devant la porte du château de Labroye. Sa peinture est émouvante, il nous montre le roi « tout desconforté, et y avait bien raison », mais nous avons le récit du même fait par le froid, mais exact, Jean le Bel, et l'on sent tout de suite, à lire les deux versions, que Froissart en a rajouté.

Surtout, épris dès l'enfance de l'idéal chevaleresque, Froissart déforme systématiquement et probablement inconsciemment dans ce sens son récit, et néglige bien des aspects de l'histoire : le sens véritable de la guerre, l'affreuse misère du peuple, les réactions des bourgeois. Son histoire est déjà presque anachronique, comme l'était la chevalerie française à Crécy, comme elle le sera plus encore à Azincourt. Chez lui, la noblesse ne se mêle guère de politique, mais de festins, de chevauchées, d'amour courtois. On ne peut donc demander à Froissart de nous donner une histoire complète de son temps, ce n'est pas d'ailleurs son dessein et il prend soin de nous en avertir. Il écrit pour que « les grans merveilles et li biau fait d'armes qui sont avenu par les grans guerres de France et d'Engleterre... soient notablement registré ».

Ce qui, dans les événements historiques, l'intéresse surtout, c'est donc ce qu'il a mis dans le reste de son œuvre. Car, malgré leurs dimensions gigantesques, Froissart n'a pas écrit que les *Chroniques.* Il a laissé, outre le long roman en vers *Méliador,* plus de vingt-cinq mille vers – v. *Poésies* (*). Poète, Froissart a de l'élégance, de la grâce, de la spontanéité, du naturel. Son œuvre abonde en rêveries pleines de charme, en inventions amusantes, et si les subtilités laborieuses et compassées à la mode du temps n'y sont pas absentes, on y rencontre de très agréables et très adroits poèmes. Il n'est pas douteux qu'ils firent autant pour sa renommée que ses *Chroniques.*

JACQUES BROSSE.

♦ *« J'ayme les historiens ou fort simples ou excellens. Les simples qui n'ont point de quoy y mesler quelque chose du leur, et qui n'y apportent que le soin et la diligence de ramasser tout ce qui vient à leur notice, et d'enregistrer à la bonne foy toutes choses sans chois et sans triange, nous laissant le jugement tout entier pour la cognoissance de la vérité. Tel entre autres, pour exemple, le bon Froissart, qui a marché en son entreprise d'une si franche naïfveté, qu'ayant faict une faute, il ne creit aucunement de la reconnoistre et corriger en l'endroit où il en a esté adverty, et qui nous représente la diversité mesme des bruits qui couroyent, et les différens rapports qu'on luy faisoit : c'est la manière de l'histoire nue et informe ; chacun peut en faire son profit autant qu'il a d'entendement. »* Montaigne. ♦ *« Si l'exactitude de Froissart peut être mise en doute, ce que personne ne conteste c'est le charme du narrateur, le talent de l'écrivain, pour ne pas dire du peintre. »* S. Luce. ♦ *« Une chronique rédigée au jour le jour, sur les grandes routes, au hasard des rencontres... Son œuvre est une chose journalière ; une série de croquis pris sur le vif, d'après nature ou sur ouï-dire. »* Mary Darmsteter. ♦ *« Le chroniqueur par excellence du monde chevaleresque du XIVe siècle. »* J. Calmette.

RÉF. : Kervyn de Lettenhove, Notice en tête de l'édition des *Chroniques,* 1870. – S. Luce, Notice pour son édition des *Chroniques.* – Paulin Paris, *Nouvelles recherches sur la vie de Froissart.* – F. S. Shears, *Froissart, Chronicler and Poet,* Londres, 1930. – B.-J. Whiting, *Proverbs in the Writings of Jean Froissart,* 1935. – P. Philippeau, *Froissart et Jean le Bel,* 1936. – *VIe Centenaire de Jean Froissart,* Valenciennes, 1937. – P. F. Ainsworth, « Style direct et peinture des personnages chez Froissart » dans *Romania,* 93, 1972, p. 498-522. – P. F. Dembowski, *Jean Froissart and his Meliador,* Lexington (Kentucky), 1983.

FROMENTIN Eugène. Peintre et écrivain français. Né le 24 octobre 1820 à La Rochelle, d'une famille d'hommes de loi et de médecins, mort à Saint-Maurice (Charente-Maritime) le 27 août 1876. Il fait d'excellentes études au collège de sa ville natale où il se passionne pour les auteurs de l'Antiquité et du XVIIe siècle, mais découvre aussi les poètes et les écrivains romantiques. Enfin il commence à dessiner. Arrivé à Paris à dix-neuf ans, il reste bientôt bouleversé par la mort d'une jeune femme avec laquelle il avait ébauché une idylle d'adolescent, et c'est dans cette émotion durable qu'il faut voir l'origine de *Dominique* (*). À cette époque, Fromentin hésite encore sur sa carrière, songe au barreau sur les conseils pressants de sa famille mais, sa vocation de peintre paysagiste se précisant, il obtient d'entrer dans un atelier et de travailler avec des paysagistes, d'ailleurs médiocres, Remond et Cabat. L'Orient l'attire ; en 1846, il saisit l'occasion de faire un voyage en Algérie d'où il revient émerveillé : l'Afrique lui fait aimer les couleurs vigoureuses, et, à son retour, Fromentin expose au Salon ses premières toiles, qui furent accueillies avec faveur. Par la suite, sa peinture connut un succès constant ; en 1847, il obtint un prix au Salon et en 1859 reçut la Légion d'honneur. Deux nouveaux voyages algériens, en 1847 et en 1855, ce dernier après son mariage, vont lui donner la matière de ses premiers livres. *Un été dans le Sahara* (*) (1857) et *Une année dans le Sahel* (*) (1858) qui lui valent les éloges de George Sand, Michelet, Sainte-Beuve. Fromentin commence alors sa confession romancée, *Dominique*, qui sera achevée en 1862 : artiste de plus en plus recherché, menant une existence aisée et paisible, tout intérieure, d'homme de famille, il donne à la peinture la plus grande partie de son temps. La guerre de 1870 et surtout la Commune indignent ses sentiments d'homme ordonné, modéré et catholique – car il est revenu de son premier romantisme parisien à la foi de son enfance. La paix revenue, il fait un voyage en Belgique et en Hollande, de musée en musée, et il tirera de ses notes *Les Maîtres d'autrefois* (*), qui demeurent un des chefs-d'œuvre les plus lus de la critique d'art. Il avait également donné dans ce genre deux autres ouvrages : *Visites artistiques* (1852), et *Simples pèlerinages* (1856).

Fromentin a vécu toute sa vie de la vente de ses tableaux : il est pourtant moins original comme peintre que comme écrivain, et au raffinement de ses toiles on peut préférer l'intense coloris de ses deux volumes de descriptions algériennes. Il a le don de l'expression nette, vive, jaillissante et surtout une sensibilité extrêmement mobile qui se trouve naturellement mieux à son aise en littérature qu'en peinture (selon son propre témoignage, c'est d'ailleurs pour dire ce que la peinture ne peut exprimer qu'Eugène Fromentin se mit à écrire ses premières relations de voyages). Évocateur de paysages, cette fois de la Saintonge, il l'est encore dans *Dominique*, ce chef-d'œuvre libre de toute influence due à la mode ou à une école, expression complète et parfaite d'une personnalité ; mais plus encore peintre du cœur, des nuances pudiques du sentiment, de l'insensible passage dans l'âme d'une femme chez qui la droiture et la fidélité seront plus fortes, de la camaraderie à l'amitié, de l'amitié à la passion. À une mélancolie qui n'est pas sans rappeler Maurice de Guérin, Fromentin alliait le réalisme du décor, de la nature. Dans ses tableaux d'Algérie également, la précision du dessin et de la couleur ne pouvait que plaire à la jeune école naturaliste : Flaubert, les Goncourt, ne manquèrent pas de saluer chaleureusement Fromentin. Mais l'œuvre de ce dernier marque aussi une importante étape de l'histoire de la sensibilité au XIXe siècle : à l'évangile romantique de la passion absolue et sainte, l'auteur de *Dominique* oppose avec une sagesse un peu mélancolique les fécondes contraintes des habitudes sociales et morales, la soumission aux fatalités de la vie. On a publié à titre posthume les *Lettres de jeunesse* (1909) de Fromentin datées de ses premiers voyages, ainsi que son carnet de *Voyage en Égypte* (1935).

MICHEL MOURRE.

♦ *« Ce récit ne ressemble à rien et fait beaucoup chercher, beaucoup penser, beaucoup attendre... Tout ce qui est peinture de lieux, de personnes, de situations et d'impressions est exquis. Tout ce qui est analyse est très facile, très profond, encore mystérieux à beaucoup d'égards et bien ménagé. »* George Sand, lettre à Fromentin, à la suite de la publication de la première partie de *Dominique* dans *La Revue des Deux Mondes*, 18 avril 1862. ♦ *« Fromentin nous offre ce rare exemple, ce fait unique d'un peintre distingué et charmant, explorateur d'une région nouvelle, révélateur d'une nature, créateur d'un genre, dont les amateurs se disputent les toiles, et qui a été en même temps l'un des écrivains les plus variés, les plus imprévus, les plus savoureux de notre temps. »* Edmond Schérer. ♦ *« Si habile à s'inventorier, Fromentin connaissait son mal et que la volupté déchirante de se souvenir longtemps lui avait caché la vie, l'avait menacé de ne pouvoir vivre. »* E. Henriot.

RÉF. : Ed. Maynial, *E. Fromentin*, 1904. – C. Reynaud, *La Genèse de Dominique*, 1936. – V. Giraud, *Eugène Fromentin*, 1945. – A. Lagrange, *L'Art de Fromentin*, thèse, 1952. – F. Marcos, *Fromentin et l'Afrique*, thèse, 1954. – A. M. Christin, *Fromentin, conteur d'espace*, 1981. – B. Wright et J. Thompson, *La Vie et l'œuvre d'E. Fromentin*, 1987.

FRONTIN (Sextus Julius Frontinus). Homme d'État et écrivain latin. Né vers l'an 40, mort entre 103 et 104. Il combattit en Gaule en 70, pendant la rébellion de Civilis ; il fut la même année « praetor urbanus » et en 73 il devenait « consul suffectus ». Succédant à Petilius Cerialis au gouvernement de la Bretagne, il resta deux ans dans ce pays, de 76 à 78, pendant lesquels il conduisit une campagne victorieuse contre les Silures qu'il réussit à soumettre définitivement. C'est probablement lui qui fonda le camp des légionnaires d'Isca Silurum. Sous Nerva, en 97, il fut nommé « curator aquarum » et de nouveau consul l'année suivante. Consul une troisième fois en l'an 100, il mourut quelques années plus tard, alors qu'il était augure. Au dire de Pline le Jeune qui lui succéda dans cette charge, Frontin avait exprimé la volonté qu'il ne lui soit érigé aucun monument, trouvant cela « une dépense inutile parce qu'on ne doit se souvenir de nous que par nos mérites ». Frontin n'est nullement un littérateur, mais il a laissé des écrits techniques d'une grande précision. Entre autres un traité de tactique et de stratégie, *Les Stratagèmes* (*), écrit entre 88 et 96, et une œuvre assez courte, *Des aqueducs de la ville de Rome* (*), composée quand il était surintendant des eaux. D'un traité *De re militari*, nous ne possédons que la mention qu'en fait Végèce. On doit aussi à Frontin un traité d'arpentage, *Gronatico*, dont il nous reste des extraits.

♦ *« Homme qui fut grand, autant que le permettait son époque. »* Tacite.

FRONTON (Marcus Cornelius Fronto). Rhéteur latin d'Afrique. Originaire de Cirta en Numidie, il fut à Rome le plus fameux orateur de son temps, représentant de la tendance littéraire archaïsante. Né au début du IIe siècle après J.-C. (110 ?), il gravit tous les échelons de la carrière consulaire, et Antonin le Pieux lui confia l'éducation des futurs empereurs Marc Aurèle et Lucius Verus ; en 143, il devint consul, et mourut en 166 ou peu après. Il demeura en relation avec ses augustes élèves, même après leur accession au trône (en 161), ainsi qu'en témoignent les *Lettres* (*).

FROST Robert Lee. Poète américain. Né à San Francisco le 26 mars 1874, mort à Boston le 29 janvier 1963. Après la mort du père, la famille s'établit dans la Nouvelle-Angleterre d'où il était originaire. Frost entre et sort de plusieurs établissements scolaires, dont Dartmouth et Harvard, mais sa tendance le porte vers la vie retirée, au fin fond de la campagne. Après avoir partagé un temps sa vie entre l'enseignement et les occupations de fermier dans le New Hampshire, il émigre, avec sa femme et ses quatre enfants, en Angleterre. Il y fréquente le groupe des poètes « georgiens » [The Georgian Poets], se situant dans la tradition anglaise qui va de Wordsworth à Hardy. Frost s'y sent comme chez lui et c'est en Angleterre qu'il trouve sa voix. Cette voix est « georgienne » et « georgique », c'est-à-dire qu'elle n'est pas « littéraire ». Pour Frost, plus une langue est idiomatique, plus elle est éloignée de la langue littéraire, mieux elle vaut. De là le ton parlé de ses poèmes. Quant à la matière de sa poésie, là encore, si Frost est « georgique », il n'est pas pastoral. Le pastoral est, pour Frost, l'expression d'une terre facile, mais lui est de la Nouvelle-Angleterre, une terre qui résiste, qui demande un effort musculaire. C'est cet effort musculaire que l'on retrouve dans la prosodie de Frost, le travail prosodique consistant, pour lui, à faire jouer le ton, irrégulier, de la voix qui parle contre le rythme régulier du vers traditionnel. Les réussites sont fréquentes. C'est quand Frost commence à prendre trop facilement la pose du philosophe-paysan que sa poésie perd de sa densité pour devenir l'expression d'une sagesse bucolique un peu creuse. Le meilleur Frost est sans doute celui des premiers livres : *Testament d'un garçon* (+) (1913), *Au nord de Boston* (+) (1914), *Vallée dans la montagne* (+) (1916), *New Hampshire* (+) (1923), *Le Ruisseau de l'Ouest* (+) (1928). Mais on peut citer aussi *Un pas de plus* (+) (1936), *Arbre des ancêtres* (+) (1942), *Un masque de raison* (+) (1945), *Un masque de pitié* (+) (1947), *Une herbe nommée spirée* (+) (1947). Un premier volume de *Poésies complètes* (*) a paru en 1949.

KENNETH WHITE.

RÉF. : R. Asselineau, *Robert Frost*, Paris, 1964. – L. Thomson, *Robert Frost, The Early Years 1874-1915*, New York, 1966 ; *Robert Frost, The Years of Triumph 1915-1938*, New York, 1970. – L. Thomson et R.H. Winnick, *Robert Frost : The Later Years 1938-1963*, New York, 1976. – Ph. L. Gerber (éd.), *Critical Essays on Robert Frost*, Boston, 1982.

FRY Christopher (pseud. de Christopher Harris). Dramaturge anglais. Né à Bristol le 18 décembre 1907. Après des études à Bedford, il enseigne quelque temps, puis se dirige vers le théâtre et s'intègre à différentes troupes de répertoire, successivement à Bath, Tunbridge Wells et Oxford. Tout naturellement il écrira pour le théâtre, au total huit pièces. Il a également traduit en anglais les pièces d'Anouilh et de Giraudoux, et il a parfois été comparé à ce dernier. Enfin, on lui doit différents scénarios, dont une tentative d'adaptation de *La Bible* (*). *La dame ne brûlera pas* (*) (1949) met en scène un jeune soldat et une jeune femme accusée de sorcellerie. C'est une œuvre qui fut encensée pour son côté brillant et blâmée pour sa verbosité. D'autres pièces – par exemple *Un phénix trop pressant* (*) (1946) ou *Vénus au zénith* (*) (1950) –, plus légères, semblent devoir quelque chose aux anciens maîtres. De fait, la première de ces deux pièces s'inspire de Pétrone et la seconde raconte les amours d'un vieillard et d'une jeune fille sur un ton qui se situe entre la parodie et la parabole. Un tour allégorique différent apparaît dans *Le Songe des prisonniers* (*) (1951), où dans le sommeil se love la vérité des personnages, ainsi que dans *La nuit a sa clarté* (*) (1954). Pour l'éclat de sa verve, Christopher Fry a parfois été considéré comme un descendant de Marlowe – ce qui, à vrai dire, le situerait bien loin de Giraudoux.

RÉF. : *Cahiers Renaud-Barrault*, n° 39, « Christopher Fry et la comédie des saisons », Paris, 1962. – Emil Roy, *Christopher Fry*, Southern Ill. U.P., 1968. – H. M. Schnelling, *Christopher Fry's Seasonal Comedies*, Francfort, 1981.

FUENTES Carlos. Écrivain mexicain. Né le 11 novembre 1928 à Panama. Fils du diplomate Rafael Fuentes Boettiger, il passe sa petite enfance dans cette ville, puis à Quito, Montevideo et Rio de Janeiro, où son père occupe différents postes. De 1934 à 1940, accompagnant sa famille, il fait ses études primaires à Washington et ses études secondaires à Santiago du Chili et à Buenos Aires. De retour à Mexico en 1944, bachelier en 1946, il suit des cours au collège français Morelos et publie ses premiers textes dans les revues *Mañana* et *Ideas de México* (1947-1949). Étudiant en droit à l'université nationale autonome de Mexico (1949), il complète ses études à Genève, où il travaille dans des organisations internationales (1950-1952). En 1954, à Mexico, il publie un premier livre de nouvelles, *Jours de Carnaval* [*Los días enmascarados*], et fonde en 1955, avec Octavio Paz et Emmanuel Carballo, la *Revista Mexicana de Literatura*. Directeur du département des Relations culturelles (1956-1959), il écrit son premier roman, *La Plus Limpide Région* (*) (1958), puis *Les Bonnes Consciences* [*Las buenas conciencias*, 1959]. La même année, il se marie avec l'actrice Rita Macedo (un enfant : Cecilia, 1962), renonce à la diplomatie, voyage à Cuba dont il défendra durant plusieurs années la Révolution. La décennie 1962-1972 voit naître une série d'œuvres importantes dans sa carrière d'écrivain : *La Mort d'Artemio Cruz* (*) (1962), *Aura* (nouvelle fantastique, 1962), *Chant des aveugles* [*Cantar de ciegos,* 1964], *Zone sacrée* (*) (1967), *Peau neuve* [*Cambio de piel,* prix Biblioteca Breve, Barcelone, 1967], *Anniversaire* [*Cumpleaños,* 1969]. Au théâtre, il donne *Le borgne est roi* [*El tuerto es rey*] créé en 1970 durant le festival Beethoven de Vienne par Jorge Lavelli et, en 1971, *Tous les chats sont gris* [*Todos los gatos son pardos*]. Vivant tantôt à Mexico, où il collabore à la fondation des éditions Siglo XXI (1965), tantôt à Londres ou à Paris, il écrit des essais politiques (*Paris, la révolution de Mai,* 1968 ; *Temps mexicain,* 1972) ou littéraires, consacrés à Melville, Faulkner, Austen, Genet, Buñuel (*La Maison à deux portes* [*Casa con dos puertas,* 1971]). Divorcé de Rita Macedo (1969), il épouse la journaliste Sylvia Lemus en 1973 (deux enfants : Carlos, 1973, et Natascha, 1974). Ambassadeur en France de 1974 à 1977, il publie un grand roman historique, *Terra Nostra* (1975) et un essai, *Cervantès ou la Critique de la lecture* [*Cervantes o la crítica de la lectura,* 1976]. Aux États-Unis où il enseigne jusqu'en 1982 dans différentes universités, dont celles de Pennsylvanie, Columbia, Cambridge, Princeton et Harvard, il poursuit son œuvre romanesque avec *La Tête de l'hydre* [*La cabeza de la hidra,* 1978], *Une certaine parenté* [*Una familia lejana,* 1980], *Les Eaux brûlées* [*Agua quemada,* 1981], et fait représenter à Cambridge *Des orchidées au clair de lune* [*Orquídeas a la luz de la luna,* 1982]. Prix national de Littérature en 1984, il publie en 1985 *Le Vieux Gringo* [*Gringo viejo*] et, en anglais, l'essai politique *Latin America : At War with the Past,* suivi de *Myself with Others* (1986). Professeur à l'université de Cambridge en 1986, il vit en Angleterre où il écrit *Christophe et son œuf* [*Cristóbal Nonato*]. Prix Miguel de Cervantes en 1987.

CLAUDE COUFFON.

RÉF. : M. Durán, *Tríptico Mexicano. Juan Rulfo, Carlos Fuentes, Salvador Elizondo,* Mexico, 1973. – L. Befumo Boschi et E. Calabrese, *Nostalgia del futuro en la obra de Carlos Fuentes,* Buenos Aires, 1974. – G. B. Durán, *The Archetypes of Carlos Fuentes. From Witch to Androgyne,* Hamden, 1980. – W. B. Farias, *Carlos Fuentes,* New York, 1983. – F. Moreno, *Carlos Fuentes : « La Mort d'Artemio Cruz » entre le mythe et l'histoire,* Paris, 1989.

FUGARD Athol. Dramaturge et romancier sud-africain de langue anglaise. Né le 11 juin 1932 à Middelburg, province du Cap. D'origine à la fois anglaise et afrikaner, il vient à l'écriture par la pratique du texte comme acteur et metteur en scène. Ses pièces courtes, avec peu de personnages, ne traitent pas directement des problèmes politiques et de l'apartheid. Toutefois, comme elles présentent ensemble des personnages noirs, blancs et métis, elles n'ont pu avoir, du fait des lois, accès au public mixte sud-africain pour lequel elles ont été écrites. Elles rencontrent au fil des années un succès non démenti en Grande-Bretagne et aux États-Unis.

Intéressé par les théories de Grotowski sur le « théâtre pauvre », Fugard met en scène un très petit groupe de personnages, dans un moment très intense. Ces rencontres visent à la densité de la musique de chambre. Certaines pièces sont nées d'improvisations, en particulier avec des acteurs noirs. Ce sont celles, surtout les premières, qui tendent le plus à susciter une prise de conscience politique immédiate : *L'Île* [*The Island,* 1970], *Scorze Banzi est mort* [*Scorze Banzi is Dead,* 1972] *Déclarations après une arrestation dans le cadre de la loi sur l'immoralité* [*Statements after an Arrest under the Immorality Act,* 1974]. Les pièces plus récentes donnent le point de vue des Blancs et expriment leur sentiment de culpabilité : *Leçon pour un aloés* [*A Lesson for Aloes,* 1978] exprime le désarroi des Blancs libéraux. L'œuvre la plus connue est *Boesman et Lena* (*) (1969). Avec ce couple de vagabonds métis qui errent sur une scène dépouillée, elle fait penser au théâtre de Beckett, et présente une fable tout autant métaphysique que politique. Fugard ne parle pas directement des lois injustes mais de la mutation des rapports humains qui en découle. Dans une langue très simple, se servant d'objets familiers, de jeux de rôle inattendus, il fait vivre sur scène l'expérience de l'humiliation, la dignité des offensés, le moment de venue à l'existence (et à une identité plus certaine) par la souffrance. Il expose sur un mode à la fois bouffon et triste les malentendus et les stratégies de pouvoir inexprimées, en mettant en scène des nœuds familiaux impossibles à dénouer : père, fils et domestiques noirs dans *Maître Harold* [*Master Harold and the Boys,* 1983], frère, sœur et père dans *Bonjour et au revoir* [*Hello and Goodbye,* 1970], deux frères métis à pigmentation différente dans *Liens du sang* [*The Blood Knot,* 1963].

Il a écrit un roman *Tsotsi* (1980) et réalisé des œuvres pour la télévision ou pour le cinéma, comme *Des soucis au mois d'août* [*Marigolds in August,* 1980]. À l'écoute des grands courants du théâtre contemporain, Fugard est un dramaturge singulier, difficile à classer esthétiquement ou politiquement. Ses personnages dénoncent les absurdités et les souffrances engendrées par l'apartheid, sans être militants. Avec une grande économie de moyens, il présente avec simplicité une vision, celle de personnages isolés, sans futur, à l'identité incertaine. Il est significatif que ses héros de prédilection soient des métis : Fugard prolonge leur difficulté à se situer en difficulté existentielle. Dans ce registre comique et dérisoire, il évoque parfois le théâtre de l'absurde, mais son ancrage premier dans la réalité sud-africaine donne à l'ensemble de ses pièces une résonance originale.

JACQUELINE BARDOLPH.

FUJIWARA NO KINTÔ. Poète japonais. Né en 966, mort en 1041. Fils du ministre Yoritada (924-989), il obtint différentes charges officielles et servit quatre empereurs : En.yû (969-984), Kazan (984-986), Ichijô (986-1011) et Sanjô (1011-1016). Il était presque parvenu au sommet de sa gloire quand mourut sa fille à laquelle il était fort attaché et qui avait épousé Fujiwara no Norimichi (996-1075). Inconsolable, Fujiwara no Kintô donna sa démission et embrassa la vie religieuse ; il passa le reste de ses jours dans la méditation et vécut à Kitayama. Homme d'un talent exceptionnel, Kintô fut un des grands poètes de son temps et considéré comme la plus grande autorité qui fût en matière de poésie. Tenace, même dans les plus petites choses, ambitieux et orgueilleux, il fut toujours sensible aux louanges. Bien que son inspiration lui vienne des choses concrètes, de la vie même, on ne peut dire que sa poésie ait un caractère spontané. Le formalisme et l'étiquette qui régentaient tous les gestes les plus simples, à la Cour, l'ont empêché d'exprimer complètement ses sentiments. En cela, il fut bien formé par son époque. Ses poèmes sont disséminés à travers les anthologies officielles, mais on possède un recueil intitulé : *Recueil du ministre Kintô, déjà « dainagon* [*Zen dainagon Kintô-kyô shû*]. Parmi ses œuvres les plus importantes, citons le *Shinsen zuinô,* dans lequel il définit les canons de la poésie, et un recueil de chants populaires : *Wa-Kan rô-ei-shû* (*).

FUJIWARA NO MICHICHIKA. Écrivain japonais. Né en 1149, mort en 1200. Il appartenait à la célèbre famille des Fujiwara, d'ascendance impériale et donc, selon la tradition, divine, qui, notamment grâce à l'appui qu'elle donna très tôt au bouddhisme, occupa les premières places à la Cour dès le IXe siècle. Guerriers, politiciens, mécènes, les Fujiwara furent aussi écrivains parfois. Ainsi, Fujiwara no Michichika, à qui l'on attribue un ouvrage historique en dix volumes, le *Miroir du présent* (*), également intitulé *Petit Miroir,* et *Suite au Yotsugi Monogatari* [*Shoku Yotsugi*], d'après les deux noms de l'*Ô-Kagami* de Fujiwara no Tamenari auquel il fait suite. Ces deux ouvrages, qui ont trait à l'histoire du Japon entre le IXe et le XIIe siècle, mettent en relief le rôle des Fujiwara. Ces livres font partie, avec *Le Miroir très limpide* (*) de Ichijô Fuyuyoshi et le *Miroir d'eau* [*Mizu Kagami*], de l'ensemble des *Quatre Miroirs* [*Shi Kyô ou Yotsu Kagami*].

FUJIWARA NO TAMENARI. Poète japonais. Second fils de Tametada (mort en 1136), il fut lui aussi poète. Bien qu'il soit considéré comme l'auteur de l'*Histoire des Splendeurs* (*) et de l'*Ô-Kagami,* on a de bonnes raisons pour douter du bien-fondé de ces attributions. Après avoir été pendant quelque temps gouverneur de la province d'Awaji, il embrassa le bouddhisme et se retira du monde en 1139. Il prit alors le nom de Jakunen et alla vivre à Ohara. Ses poésies sont dispersées à travers différentes anthologies officielles.

FUJIWARA NO TEIKA ou Fujiwara-no-Sadaie. Poète japonais. Né en 1162, mort en 1241. Il occupa des postes importants et servit six empereurs, de Takakura (1168-1180) à Go Horikawa (1221-1232). Issu d'une famille de poètes célèbres qui descendaient de Ienaga (1192-1264), d'où sortit toute la « Maison des maîtres de poésie », il fut considéré, très tôt, comme supérieur à son père, Toshinari ou Shunzei (1124-1204), lui aussi poète illustre, qui mourut alors qu'il travaillait à la compilation du *Shin-Kokin-Waka-Shû* (*). Ce deuil empêcha Teika d'apporter tout le soin nécessaire à l'achèvement de la compilation, mais, sous le règne de l'empereur Go Horikawa, il termina l'ouvrage qu'il mena de front avec le *Shin Chokusen-shû.* Il semble être également l'auteur du célèbre *Hyakunin-Isshû* (*). Par ailleurs, il écrivit trois ouvrages importants sur la poésie : *Les Modèles de poésie moderne* [*Kindai shuka*], le *Traité sur la composition poétique* [*Eika taigai*] et la *Sélection pour chaque mois* [*Maigetsu-sho*] qui, un peu plus tard, servit de guide aux jeunes poètes de l'école Nijô. Teika fut singulièrement favorisé par le sort : il vécut en excellente santé, pourvu de fonctions importantes, dans une grande aisance, et jusqu'à un âge fort avancé. La nature lui accorda un esprit aigu et changeant, et son talent poétique s'affina au contact de celui de son père. Il introduisit dans la poésie une élégance et une virtuosité inhabituelles, et son succès dépendit surtout de l'intelligence et du sérieux avec lesquels il traitait un sujet donné. Car sa poésie n'est pas l'expression spontanée d'un sentiment, mais au contraire laborieuses recherches, tournures longuement polies, parfaites du point de vue technique, mais sans originalité profonde. Son école porta cependant atteinte au prestige de la poésie japonaise classique. Les œuvres de Teika sont éparpillées dans des anthologies, mais les *Écrits insensés d'un chambellan* [*Shûigûso*], en quatre volumes, en contiennent bien trois mille six cent cinquante-trois.

FUKUZAWA YUKICHI. Écrivain et pédagogue japonais. Né à Ôsaka en 1834, mort à Tôkyô en 1901. Son père, Fukuzawa Momosuke, était samouraï, vassal modeste des Okudaira, feudataires de Nakatsu (île de Kyûshû). À la mort de Fukuzawa Momosuke (1836), qui avait une culture assez étendue, toute sa famille abandonna Ôsaka pour gagner

Nakatsu où Yukichi ne tarda pas à se sentir fort dépaysé, l'atmosphère y étant trop étouffante pour lui. Lorsqu'il eut quatorze ans, il commença de se rendre à l'école de Shiraishi Shozan (1815-1883), sinologue, et très vite distança ses camarades d'études, peut-être parce qu'il possédait une bibliothèque extraordinairement bien pourvue. À l'âge de vingt ans, il se rendit à Nagasaki pour y étudier la balistique et le hollandais, seule langue occidentale alors connue au Japon. Il continua ses études à Ôsaka où demeurait son frère aîné et où il fréquenta également l'école de médecine que dirigeait Ogata Kôan (1810-1863). À la mort de son frère (1856) il dut cependant prendre les responsabilités d'un chef de famille et retourner à Nakatsu. Mais il se sentit bientôt incapable de supporter davantage un milieu où les études occidentales étaient considérées comme une culture barbare, et revint chez Kôan. En 1858, quand le « daimyô » de Nakatsu décida d'ouvrir à Edo une école hollandaise, Yukichi fut invité à y faire des cours. Telle est l'origine de la célèbre université de Keiôgijuku qu'il fonda et où, avant même que le nouveau gouvernement impérial s'occupât de l'instruction publique, il prépara aux enseignements modernes un groupe d'élèves de grande valeur qui devaient ensuite guider le Japon dans son ascension rapide. Yukichi fut un des premiers Japonais qui parlèrent l'anglais. En 1840, il accompagna une mission en Amérique et revint avec le *Dictionnaire* de Webster que les étudiants considérèrent comme un véritable trésor. Par la suite, il fut nommé traducteur officiel par le gouvernement impérial, et participa à deux missions envoyées en Europe, en 1861 et en 1867. Dès le début de l'ère Meiji (1868), Yukichi fut invité à faire partie du gouvernement, mais il préféra ses activités intellectuelles à la politique, et écrivit force ouvrages éducatifs tendant à élever le niveau culturel de son pays et à moderniser les institutions. Une de ses œuvres, *Conseils pour les études* [*Gakumon no susume,* 1872-76], fut extrêmement répandue. Opposé au féodalisme, Yukichi introduisit au Japon les théories des Bentham et de Stuart Mill, enseignant à la jeunesse le principe de l'indépendance économique, de l'individu, et le respect de ce même individu. En 1882, il fonda un quotidien, *Jiji shinpo,* et les articles qu'il rédigea lui valurent la faveur du public. Le style de ses œuvres, style sans recherche, très clair, en facilita beaucoup la diffusion. Il écrivit — sans compter les essais et les articles de journaux — environ une soixantaine d'ouvrages. Rappelons, entre autres : *Les Pays d'Occident* (*), *notions générales sur l'étude de la civilisation* [*Bummeiron no gairyaku,* 1875] ; *Le Banquet, discours du vieux Fukuzawa* [*Fukuô hyakuwa,* 1897].

YOSHIE KAWAMURA.

FULGENCE saint (Fabius Claudius Fulgentius). Théologien latin. Né en 468 à Thélepte, dans la Byzacène (Afrique du Nord), mort le 1er janvier 533 à Ruspe. Évêque de l'Église d'Afrique, sa vie, comme celle de la plupart des autres évêques de son époque, mais d'une manière encore plus marquée, est dominée par le contraste entre ses aspirations à la vie contemplative et les exigences inéluctables des devoirs du sacerdoce. De famille sénatoriale carthaginoise, il reçut de sa mère restée prématurément veuve une éducation profondément chrétienne. Tout jeune encore, il fut collecteur des impôts dans sa ville natale, puis la lecture du commentaire de saint Augustin sur le psaume XXXVI lui fit abandonner brusquement sa profession et embrasser, malgré les résistances de sa mère, la vie monastique. Chassé par les ariens, il voulut passer par l'Égypte, mais en fut détourné par l'évêque de Syracuse. Alors, rentrant de nouveau dans sa patrie, il y construisit un monastère dont il devint l'abbé. Mais il fut arraché à cette vie par sa nomination au siège épiscopal de Ruspe, en 507 ou 508. Lorsque éclata en Afrique la persécution ordonnée par le roi des Vandales Thrasamond, partisan de l'arianisme, Fulgence prit la tête de la résistance que lui opposèrent les soixante évêques catholiques de la Byzacène exilés en Sardaigne en 510. Cinq ans après, Thrasamond demanda qu'il participât à une controverse avec les ariens : le succès qu'il obtint à cette occasion ne fit qu'envenimer la querelle, et les ariens obtinrent, vers 520, qu'il fût à nouveau exilé en Sardaigne. Tous ses *Écrits contre les ariens* (*) appartiennent à cette époque. Contre les semi-pélagiens, il composa, vers 523, les trois livres *Sur la vérité de la prédestination et de la grâce divine* [*De veritate praedestinationis et gratiae Dei*], écrits dans son style habituel, clair et ferme, sans grandes prétentions à l'originalité. Rentré à Ruspe en 523, il reprit le gouvernement de son diocèse jusqu'à ce que, se sentant proche de la mort, il exprimât le vœu de se retirer dans la solitude d'un monastère. Comme ses fidèles ne pouvaient se résigner à son absence, il revint, mais ce fut seulement pour distribuer ses biens et mourir. Il a laissé un recueil de *Sermons* et de *Lettres* (*). On ne confondra pas l'évêque avec le spécialiste de la mythologie Fulgence (Fabius Planciades Fulgentius) qui a proposé une interprétation moralisante allégorique de l'*Énéide* (*), bien que certains aient identifié les deux Fulgences (Helm).

♦ *« Le plus grand théologien et le plus saint évêque de son temps. »* Bossuet.

RÉF. : Bardenhewer, *Les Pères de l'Église*, t. III, trad. 1905. — G. G. Lapeyre, *Saint Fulgence de Ruspe*, 1929.

FURETIÈRE Antoine. Écrivain et lexicographe français. Né et mort à Paris (1619-14 mai 1688). D'une famille de très petite bourgeoisie, il fit toutefois d'excellentes études, acquit une connaissance approfondie de l'Antiquité, assimila même les rudiments de quelques langues orientales, et se destina d'abord au barreau. Reçu avocat en 1645, il acheta une charge de procureur fiscal à Saint-Germain. Peu après, il entra dans l'état ecclésiastique, et fut nommé abbé de Chalivoy et prieur de Chuines. Mais ses seules passions allaient aux lettres : après avoir publié *Le Voyage de Mercure* en 1653, réquisitoire en vers contre les littérateurs et les pédants, et diverses poésies en 1655, il fut élu à l'Académie française en 1662. La Compagnie était alors absorbée par la rédaction de son premier dictionnaire. Furetière ne tarda pas à juger l'entreprise incomplète, décida de publier lui-même un dictionnaire pour lequel, grâce à une ruse, il obtint un privilège royal. La querelle s'aggravant, Furetière fut accusé de profiter du travail commun pour son propre dictionnaire, et il intenta devant le Conseil du roi un procès à l'Académie. Après avoir fait paraître en 1684, avant celui de l'Académie, l'*Essai d'un dictionnaire universel*, il fut exclu de la Compagnie. En mauvaise posture devant les tribunaux (bien que le roi se fût opposé à l'élection du remplaçant de Furetière du vivant de ce dernier), l'écrivain en appela au public par des libelles en vers et en prose, et par des épigrammes amusantes, mais injurieuses, et assez grossières parfois. Il avait publié entre-temps son *Roman bourgeois* (*) (1666), et collaboré avec Racine en 1668 pour *Les Plaideurs* (*). Il ne put voir ni la fin de son procès, ni l'impression définitive de son *Dictionnaire universel contenant généralement tous les mots français tant vieux que modernes, et les termes des sciences et des arts* (*), qui n'eut lieu, en Hollande, qu'en 1690, deux ans après la mort de son auteur, avec une préface de Bayle. Du courant secondaire mais important des Scarron et des Sorel, poète moyen s'inspirant de Mathurin Régnier dans ses satires – qui restent bien en deçà de celles de Boileau –, Furetière a joué un rôle estimable en tant qu'adversaire de la préciosité et du romanesque.

JACQUES PATRY.

♦ « *Il a publié divers ouvrages tant en vers qu'en prose, où il a montré qu'il avait beaucoup de talent pour cette espèce de morale qui cherche à nous guérir du vice en le tournant en ridicule.* » Bayle. ♦ « *L'abbé Furetière, homme caustique et médiocre écrivain, faisait des satires dans le goût de Régnier. Il les montrait à Boileau jeune encore : le disciple, né avec plus de talent que le maître, profita trop bien dans cette école dangereuse.* » Voltaire. ♦ « *Furetière reprend la voie non de Scarron* [...] *mais de Sorel, un ennemi, celui-là, des emphatiques, des galants et des précieux. Furetière est un ami de Boileau et de Racine, mais ce n'est pas un artiste : son* Roman bourgeois *est une collection assez incohérente de portraits et de satires.* » G. Lanson.

RÉF. : F. Gégou, *Antoine Furetière, abbé de Chalivoy, ou la chute d'un immortel,* Paris, 1962. – B. Quemada, *Histoire des dictionnaires français,* Paris, 1968. – A. Rey, « Antoine Furetière, imagier de la culture classique », in *Le Dictionnaire universel d'Antoine Furetière,* Paris, 1978. – M. Vialet, *Triomphe de l'iconoclaste, Le Roman bourgeois et les lois de la cohérence romanesque,* Paris, 1989.

FÜST Milán. Écrivain hongrois. Né et mort à Budapest : 17 juin 1888 - juillet 1967. Dans la littérature hongroise du XXe siècle, Milán Füst est une figure tout à la fois majestueuse et marginale. Issu d'une famille de la petite bourgeoisie, ce docteur en droit enseigne quelque temps l'économie politique à l'université de Budapest. Il publie son premier recueil de poèmes en 1913 et sa première pièce de théâtre *Les Malheureux* (*) en 1915. En 1919 cependant, sa participation à l'éphémère République des Conseils lui coûte son poste de professeur. Les années de l'entre-deux-guerres lui font découvrir un univers nouveau – il apprend le métier de fourreur – et voient en même temps ses débuts comme romancier (*Advent,* 1922). C'est pendant cette période qu'il se lie à la revue *Nyugat* (*), et qu'il est marqué par la psychanalyse. Il voyage beaucoup en Europe. En 1947, il prend la responsabilité d'une chaire d'esthétique à l'université de Budapest, et publiera en 1963 ses cours sous le titre de *Vision et passion dans l'art* [*Lá tomás és indulat a müvészetben*].

Füst est un solitaire, qui même pendant les années de *Nyugat* reste en marge du monde littéraire. Son influence est cependant importante : d'abord du fait de son activité charismatique de professeur, ensuite par son œuvre, principalement poétique. Füst est un perfectionniste : il travaille longuement ses œuvres jusqu'à leur donner une cohérence formelle qui a quelque chose de classiciste. L'originalité de son œuvre poétique est dans un mélange d'archaïsme – allégories antiques, utilisation de formes telles que l'ode, le psaume – et de modernisme : loin de refléter une idéalisation romantique du passé, ses réminiscences, en images très plastiques, débouchent sur l'abstraction philosophique qui toujours lui a été chère. Se dégage de ses poèmes – rassemblés en 1947 dans *Rue des Esprits* (*) – une impression de monumentale sérénité. Cette poésie, tellement en rupture avec les traditions hongroises, n'a pas touché un large public, mais elle a eu dans les milieux intellectuels un grand retentissement.

Füst auteur dramatique n'a pas non plus atteint de son vivant une grande popularité : ses pièces n'ont pratiquement pas été jouées. Elles lui ont cependant coûté beaucoup de travail ; leur thématique effleure à peine le domaine social pour se concentrer sur la psychologie des relations humaines. Les deux premières pièces, *Les Malheureux* et *Catullus* (1927), traitent, dans des contextes historiques et sociaux très différents, des relations respectivement d'un homme avec trois femmes et d'une femme avec trois hommes. Plus populaire est sa troisième pièce *Le Roi Henri IV* [*IV Henrik király,* 1931], qui allie la dimension psychologique (étude des homme à la mémoire extraordinaire qui avait pris connaissance de tous les anciens documents concernant l'histoire du Japon, depuis les origines jusqu'à l'année 628 de l'ère chrétienne. Le *Kojiki* ou *Furukoto-bumi* est le plus ancien monument écrit de l'histoire et de la littérature japonaises; l'auteur l'écrivit en langue japonaise, mais en utilisant les caractères chinois, soit dans leur sens idéographique habituel, soit avec une valeur phonétique, notamment pour les noms propres et les mots sans équivalent chinois ; c'est ce qu'on appelle le « style phonétique mixte » [kana-majiri]. Il existe bien dans la littérature japonaise un *Livre des choses du passé* [*Kyujiki*] qui aurait été compilé en 620, mais son authenticité est fort douteuse. Le *Kojiki*, qui rapporte sans ordre chronologique les plus anciennes traditions nationales et religieuses, fut commenté (et sous-titré) par un célèbre philologue japonais du XVIIIe siècle, Motoori Norinaga (1730-1801), dans les quarante-quatre volumes de son *Kojiki-den* ; au XIXe siècle, d'autres commentaires fort importants furent élaborés, notamment le *Tokiha-gusa* de Osada Tominobu, *Izu-no-Chi-Waki* et *Izu-no-Koto-Waki* de Tachinaba no Moribé ; le texte du *Kojiki* est, de par ses archaïsmes, fort difficile, et il eut d'abord moins de succès que le *Nihongi* (*), annales chronologiques écrites en chinois par Futo no Yasumaro et le prince Teneri ou Toneri (675-735), dont les trente volumes, publiés en 720, contiennent notamment cent trente poésies anciennes en japonais. Ce dernier ouvrage (qui se terminait par une généalogie des empereurs aujourd'hui perdue) fut également l'objet, au début du IXe siècle, d'un commentaire, le *Kôninshiki*, et d'un autre à la fin du XIIIe siècle, le *Shaku-Nihongi*.

FUX Johann Joseph. Compositeur et théoricien autrichien. Né à Hirtenfeld en 1660, mort à Vienne le 13 février 1741. Fils de paysans, ses talents musicaux se révélèrent très tôt. Il entre comme novice dans l'ordre des jésuites et entreprend des études à l'université de Graz en 1680. Il quittera l'ordre en 1684. Nommé organiste à la Schottenkirche de Vienne en 1696, puis compositeur de Cour par Léopold Ier deux ans plus tard, il restera à la Cour jusqu'à la fin de sa vie, maître de chapelle sous le règne de Charles VI (1713), puis maître de chapelle de l'impératrice Amélie. Son œuvre comporte vingt et un opéras (dont *Costanza et Fortezza,* écrit pour le couronnement à Prague de l'empereur Charles VI, somptueusement représenté en 1723), cent dix messes et fragments de messes, quinze oratorios, des motets, soixante-trois sonates en trio et des concertos pour clavier. Son écriture est influencée par les styles français de Lully et italien de Corelli, mais elle introduit aussi des thèmes empruntés à des mélodies populaires autrichiennes ou slaves. On compte parmi ses élèves Georg Muffat (1653-1704) et Jan Dismas Zelenka (1679-1745). Fux est surtout connu pour son traité *Gradus ad Parnassum* (*), qui a servi de base à tous les traités de contrepoint jusqu'à notre époque.

DOMINIQUE JACCOTTET.

FUŻŪLĪ Meḥmed. Poète turc. Né entre 1480 et 1490 et mort en 1556, probablement à Najaf. Il employait un dialecte anatolien oriental, ancêtre de l'actuel azéri (langue littéraire de l'Azerbaïdjan). D'abord chiite (parce que sujet du chāh d'Iran Ismaïl, fondateur de la dynastie des Safavides), puis sunnite (lorsqu'il se trouva sous l'autorité du sultan ottoman Soliman le Magnifique), il fut l'un des plus grands poètes du XVIe siècle turc. On lui doit principalement un important *Diwan* et un long roman en vers [masnavī] dont le sujet est l'histoire des deux célèbres amants *Leïli et Majnoun* (*) ; cette œuvre est demeurée très populaire ; le même sujet a d'ailleurs été traité par d'autres auteurs arabes, persans et turcs.

combats d'un solitaire) à la dimension politique. Mais c'est surtout par un roman que Füst gagnera un très large public de lecteurs : c'est en 1940 qu'il publie *L'Histoire de ma femme* (*), long roman dans lequel se trouvent condensées toutes ses qualités d'écrivain.

EVA TOULOUZE.

FUSTEL DE COULANGES Numa Denis. Historien français. Né à Paris le 18 mars 1830, mort à Massy (S.-et-O.) le 12 septembre 1889. Fils d'un officier, mais ayant perdu son père tout jeune, il connaît une enfance difficile. Une bourse lui permet cependant de faire ses études secondaires, et à vingt ans il est reçu à l'École normale, puis enseigne quelque temps à Lyon avant d'être nommé membre de l'École française d'Athènes. Rentré en France en 1855, il reprend sa carrière professorale à Amiens et à Paris, passe l'agrégation et, en 1860, quitte l'enseignement secondaire. On le nomme à la faculté de Strasbourg, où il reste dix ans ; ayant fondé un foyer, père de trois enfants, suscitant les premiers disciples, il y passera la meilleure partie, sans doute, de sa vie, et pourra y commencer son œuvre. *La Cité antique* (*), en 1864, soulève de vives polémiques : on reproche à Fustel de Coulanges son esprit de système, son dédain pour l'habituel appareil d'érudition universitaire, mais aussi sa méthode qui, faisant a priori confiance au témoignage, prétendait mener la découverte du passé à partir des textes et des traditions des Anciens, et enfin sa conception même de l'Histoire : Fustel place en effet au premier rang le fait religieux. Il s'est aperçu que toutes les cités grecques et italiennes antiques présentaient les phénomènes d'une évolution analogue : même mode de naissance et de croissance, mêmes crises, mêmes symptômes de décadence ; et la cause générale qui détermine cet immuable processus, Fustel de Coulanges croit la trouver en des traditions et des croyances religieuses semblables. Vers la fin du second Empire, Fustel rêvait d'une plus vaste synthèse, intégrant l'histoire moderne et, pour la facilité de ses recherches, il se décida à demander sa mutation à Paris. En 1870, il fut nommé maître de conférences à l'École normale. Mais, avec la guerre, cet homme de cabinet de travail va tout à coup se transformer en combattant ; non seulement il sert pendant le siège comme garde national, mais il engage des polémiques avec les historiens allemands sur la question alsacienne, opposant aux arguments de Mommsen fondés sur la géographie historique, la race et la langue, une conception beaucoup plus nuancée de la patrie comme « communauté d'idées, d'intérêts, d'affections, de souvenirs et d'espérances ». Dans ses articles de 1871 et 1872, il critique aussi nos propres historiens romantiques, prompts à minimiser le rôle de la France en face de l'étranger. Mais il reste d'abord historien ; il rappelle que, si « le patriotisme est une vertu, l'histoire est une science. Il ne faut pas les confondre ». Sa tâche propre, c'était de restaurer le respect et l'amour du passé. Au patriotisme romantique fondé exclusivement sur l'attachement au sol, Fustel opposait « le respect pour les générations qui nous ont précédés » et délivrait ainsi l'histoire de ce ton hostile à la France prérévolutionnaire, que lui avait donné Michelet. En 1875, Fustel de Coulanges fut nommé professeur à la Sorbonne et membre de l'Institut ; le 17 février 1880 il devint directeur de l'École normale. En 1874, poursuivant l'œuvre de *La Cité antique*, il avait publié le premier volume de l'*Histoire des institutions politiques de l'ancienne France* (*), où, toujours contre l'école romantique, il diminuait le rôle des invasions germaniques dans la constitution juridique de la France et dans l'établissement du système féodal, dont il trouvait les premiers éléments dans les institutions gauloises adaptées et maintenues par le conquérant romain. Fustel de Coulanges n'eut toutefois pas le temps d'achever ce travail, et les volumes suivants ne parurent qu'après sa mort, grâce au dévouement de son disciple Camille Jullian. Il mourut solitaire, si l'on excepte quelques élèves, un peu amer de voir combien ses doctrines originales le séparaient des thèses en honneur dans la pensée officielle.

MICHEL MOURRE.

♦ *« La grandeur de l'œuvre de Fustel de Coulanges vient de ce qu'elle est un modèle de méthode : l'histoire retrouve avec lui l'objectivité et la froideur d'imagination qu'elle avait perdues avec Michelet. La documentation se fait scrupuleuse et exhaustive ; les conclusions ne s'élaborent qu'avec prudence ; les systèmes s'esquissent plutôt qu'ils ne s'affirment ; le style enfin, serrant au plus près la réalité du fait et la précision de l'idée, joint à l'absolue clarté la vigueur et la plénitude. »* P. Van Tieghem.

RÉF. : Barbey d'Aurevilly, *Les Œuvres et les Hommes* t. X, 1888. – P. Guiraud, *Fustel de Coulanges*, Paris, 1896. – G. Hanotaux, *Sur les chemins de l'histoire*, t. II, 1924. – J. M. Tourneur-Aumont, *Fustel de Coulanges*, 1931. – P. Fabre, *Fustel de Coulanges*, 1947. – F. Hartog, *Le XIXe siècle et l'Histoire. Le cas Fustel de Coulanges*, 1988.

FUTO NO YASUMARO ou Ô no Yasumaro, ou Yasumaro Futo no Ason. Lettré japonais. Mort le 30 août 723 de notre ère. Dignitaire de la Cour (« officier de la division supérieure de la première classe du cinquième rang et du cinquième Ordre de Mérite »), il était descendant du prince Kamu-yaki-mimi, second fils du premier empereur japonais Jinmu ou Kamu-yamato-iharé-biko, qui vécut au VIIe siècle avant notre ère. Sur l'ordre de l'impératrice Genmyô (708-714), il rédigea en 712 les trois volumes du *Kojiki* (*) ou *Livre des choses anciennes* (également connu sous deux titres latins : *Liber rerum antiquarum* et *Liber rerum priscorum*), sous la dictée du narrateur de la Cour [katarité] Hieda no Aré,

Aubin Imprimeur
LIGUGÉ, POITIERS

Achevé d'imprimer en août 1994
N° d'édition L 07716 / N° d'impression L 45902
Dépôt légal octobre 1994
Imprimé en France

LAFFONT – BOMPIANI

LE NOUVEAU DICTIONNAIRE DES AUTEURS

DE TOUS LES TEMPS ET DE TOUS LES PAYS

II

G – M

ROBERT LAFFONT

Première édition 1980
Réimpression 1983, 1985, 1986,
1988, 1989, 1990
Nouvelle édition actualisée 1994

ISBN : 2-221-07717-2 (tome 2)
ISBN : 2-221-06888-2 (édition complète)

AVERTISSEMENT

Ce dictionnaire, bien que constituant en lui-même un ouvrage indépendant, est le complément nécessaire du *Nouveau Dictionnaire des œuvres* publié en six volumes.

C'est pourquoi on trouvera, suivant les titres des œuvres citées dans le cours des articles, deux signes typographiques (*) (+) indiquant respectivement : le premier, que l'œuvre suivie de (*) fait l'objet dans *Le Nouveau Dictionnaire des œuvres* d'une analyse complète, le second (+) que cette œuvre est mentionnée dans les colonnes du même dictionnaire.

L'ordre des articles est strictement alphabétique. Les noms des auteurs étrangers figurent dans la graphie la plus courante en français (suivie d'une transcription scientifique pour le russe et d'une transcription en pinyin pour le chinois). Lorsqu'un écrivain est connu sous un pseudonyme, l'article le concernant est à chercher à ce pseudonyme ; le nom complet suit entre parenthèses. Des renvois, dans le cas où il y aurait quelque ambiguïté, sont destinés à faciliter la recherche.

À la suite de la plupart des notices biographiques et critiques on trouvera un certain nombre de jugements d'écrivains célèbres et de grands critiques sur l'œuvre de l'auteur étudié, ainsi qu'une liste des principaux ouvrages qui lui ont été consacrés.

Les auteurs figurant dans cet ouvrage sont nés avant 1951. Ceux nés postérieurement à cette date n'y figurent que s'ils étaient déjà décédés à l'achèvement de la présente réédition (mars 1994).

G

GABORIAU Émile. Romancier français. Né à Saujon (Charente-Inférieure) le 9 novembre 1832, mort à Paris le 28 septembre 1873. D'abord clerc d'avoué, il s'engage en 1852 dans la cavalerie, puis part pour l'Afrique avant d'être réformé en 1856. Il se lance alors dans le journalisme, collaborant à diverses feuilles tout en étant le secrétaire de Paul Féval. Il publie des souvenirs de bivouac et tâte de la satire ; mais c'est avec le « roman judiciaire » qu'il conquiert la célébrité. *L'Affaire Lerouge* (*), publiée dans *Le Pays* en 1865, passe d'abord inaperçue, mais est finalement remarquée par le rédacteur en chef du *Soleil* qui reprend le feuilleton en 1866. Le succès est immédiat. Gaboriau, à son grand étonnement, devient célèbre : il vient de lancer un genre qui lui vaudra la fortune. Il entre au *Petit Journal,* le plus populaire des journaux à un sou de l'Empire ; il y assume la tâche délicate de remplacer Ponson du Terrail, parti pour une feuille concurrente. Il triomphe bientôt avec *Le Crime d'Orcival* (1866), et ne cessera dès lors d'accumuler les succès : *Le Dossier 113* (1867), *Les Esclaves de Paris* (1867), *Monsieur Lecoq* (*) (1868) – sans doute sa meilleure réussite – et, de 1868 à 1873, *La Vie infernale, La Clique dorée, La Dégringolade, Le Petit Vieux des Batignolles, La Corde au cou.* L'histoire littéraire retient volontiers Gaboriau comme le père du roman policier ; s'il n'en est pas l'inventeur (Lamothe-Langon s'est frotté dès 1820 au problème du meurtre en chambre close), il a su néanmoins couler des influences diverses dans une forme qui lui est propre. À Poe, il emprunte la figure du détective raisonnant qui conduit son enquête par induction théorique, à Balzac le goût de la peinture sociale et l'évocation des milieux. Enfin il garde, du feuilleton-roman de son temps, un sens certain du mélodrame : amours illégitimes, captation d'héritage... Le résultat est parfois grandiloquent, mais toujours attachant : parce qu'il a su faire place à l'humain dans le cadre abstrait de l'intrigue, Gaboriau est l'instigateur d'un roman policier « à la française » (Narcejac), moins logique que psychologique.

LAURENT BAZIN.

RÉF. : R. Bonniot, *Émile Gaboriau ou la Naissance du roman policier,* 1985.

GABRIELI Andrea. Compositeur et organiste italien. Né et mort à Venise (vers 1533-vers 1586). Il fut peut-être l'élève du Flamand Willaert, avant d'occuper des postes d'organiste à Vérone et à Venise. Il voyagea ensuite en Europe centrale, avec Roland de Lassus, dans la suite d'Albert de Bavière. De retour à Venise, il y est second, puis premier organiste à Saint Marc. Compositeur réputé, il est chargé d'écrire de la musique pour de grandes occasions, comme l'inauguration du Theatro Olimpico de Palladio, à Vicence (musique pour l'*Œdipe roi* (*) de Sophocle, 1585). Son œuvre comprend des *Chansons* [*Canzoni*] et des *Ricercari* (« recherches », ancêtres de la fugue) pour divers instruments, des *Madrigaux* profanes de trois à seize voix et une importante musique religieuse destinée à Saint-Marc : vingt-quatre *Sacrae Cantiones* (motets à cinq voix), quatre *Messes* à six voix, vingt-neuf *Motets* à quatre voix, sept *Psaumes de David* (*). Dans ces pages, le musicien se dégage des contraintes rigoureuses de la grande polyphonie européenne qui fleurit jusqu'à la fin du XVIe siècle, pour mieux mettre en valeur la force expressive des mots chantés, dans un langage de texture plus aérée. Ses oppositions de chœurs, la variété de ses rythmes et de ses harmonies donnent à ses œuvres un coloris qui est l'une des caractéristiques du style vénitien. Dans ses *Madrigaux*, il suit un chemin analogue, allégeant le contrepoint et donnant à ces chansons polyphoniques un ton plus expressif, parfois à résonance populaire. Il préfigure ainsi les recherches qui aboutiront peu après à la création de l'opéra.

GILLES CANTAGREL.

RÉF. : Nanie Bridgman, *La Musique à Venise*, Paris, 1985.

GABRIELI Giovanni. Compositeur et organiste italien. Né et mort à Venise (vers 1557 - 12 août 1612). Neveu d'Andrea Gabrieli, il fut son élève pour l'orgue et la composition. Comme son oncle, il connut Roland de Lassus, voyagea en Europe et revint à Venise pour y être second, puis premier organiste à Saint-Marc, ainsi qu'à l'école de Saint-Roch. Il forma de nombreux élèves, et principalement Heinrich Schütz qu'il influença profondément — et, à travers lui, J. S. Bach. Il édita les œuvres de son oncle, puis les siennes propres. Son successeur à Saint-Marc fut Claudio Monteverdi. Il laisse surtout de la musique religieuse vocale : cinq *Motets* et deux livres de *Symphonies sacrées* (*), son œuvre majeure (premier livre : quarante motets de cinq pièces diverses, 1597 ; second livre : vingt-six motets et six pièces diverses, de six à dix-neuf voix, 1615). Ces pages jalonnent l'évolution qui mène de la polyphonie rigoureuse au style concertant : les éclatantes fanfares d'instruments à vent qui jaillissent de plusieurs groupes se répondant l'un l'autre sous les voûtes de la basilique Saint-Marc sont ainsi à l'origine du *Concerto grosso*. Giovanni Gabrieli a également composé onze *Intonations* pour orgue, des *Sacrae Symphoniae* instrumentales comportant des *Canzoni* et des *Sonates*, qui témoignent elles aussi de son sens de la construction et de la couleur.

GILLES CANTAGREL.

RÉF. : Nanie Bridgman, *La Musique à Venise*, Paris, 1985.

GACE BRULÉ. Trouvère champenois (fin du XIIe — début du XIIIe siècle). De ce chevalier, nous ignorons tout. Il est fort possible qu'il se soit rendu dans sa jeunesse (avant 1186) en Bretagne. Il mourut probablement vers 1220. Dans un milieu riche en vrais poètes, de Conon de Béthune, son contemporain, à Thibaut de Champagne, Gace Brulé jouit d'une renommée au moins égale à la leur — v. *Poésies* (*) de Gace Brulé.

RÉF. : H. Petersen Dyggve, *Gace Brulé, trouvère champenois*, Helsinki, 1951. — J. Frappier, *La Poésie lyrique en France aux XIIe et XIIIe siècles*, Paris, 1954, p. 141-161. — G. Lavis et M. Stasse, *Les Chansons de Gace Brulé, concordancier et index*, Liège, 1979.

GADAMER Hans Georg. Philosophe allemand. Né à Marbourg le 11 février 1900. Malgré le conseil de son père, un pharmacien-chimiste, de fuir le bavardage professoral, il s'adonne de plein cœur aux études de philosophie et de philologie classique, en suivant tout d'abord le courant de la philosophie néo-kantienne (auprès de Hönigswald, Natorp, Hartmann). Ce n'est toutefois qu'après son doctorat (1922) et après sa rencontre décisive avec Martin Heidegger que Gadamer trouvera les moyens de progresser dans sa propre voie vers un point de vue qui fait la relève entre la théorie néo-kantienne et l'herméneutique de Dilthey, entre la philosophie antique et les exigences de la pensée moderne. Assistant de Heidegger à Marbourg de 1923 à 1928, il est nommé privat-docent en 1929 et professeur à Lipsie en 1937. Se tenant à l'écart de la scène politique, il vit le nazisme dans une sorte d'exil intérieur et sera nommé recteur de l'université de Lipsie sous occupation soviétique en 1946-47. Après une courte période passée à Francfort-sur-le-Main, il est nommé successeur de Karl Jaspers à Heidelberg, université où il exercera une activité marquante pour toute une génération de jeunes philosophes allemands. Il est aujourd'hui encore professeur émérite à l'université de Heidelberg. C'est avec son chef-d'œuvre de 1960, *Vérité et Méthode* (*), que Gadamer acquiert une notoriété mondiale et déclenche une discussion autour de l'herméneutique qui n'a cessé d'occuper les esprits jusqu'à nos jours. Suivront d'innombrables études, notamment sur Platon, Aristote, Husserl, Heidegger et Hegel, ainsi que des interprétations importantes de textes littéraires (surtout sur la poésie de Goethe, Hölderlin, Rilke, Celan, etc.). Malgré son grand âge Gadamer continue son enseignement philosophique à travers le monde illustrant ainsi sa disponibilité à tout dialogue, une attitude digne de celui qui est considéré comme le père de l'herméneutique moderne.

MICHAEL JAKOB.

RÉF. : Peter Christian Lang, *Hermeneutik - Ideologie-kritik-Ästhetik. Über Gadamer und Adorno sowie Fragen einer aktuellen Ästhetik*. Francfort-sur-le-Main, 1981.

GADDA Carlo Emilio. Écrivain italien. Né le 14 novembre 1893 à Milan, mort à Rome le 21 mars 1973. Ses débuts dans la vie se confondent avec la guerre de 1915-1918 : prisonnier, il aura pour compagnon de captivité le futur dramaturge Ugo Betti. Achevant, à son retour des camps, ses études universitaires techniques, il exercera son métier d'ingénieur dans divers pays européens et en Argentine. Son premier livre, *La Madone des philosophes* (*) (1931), est édité et lancé par le cénacle florentin de la revue *Solaria* ; toutefois on le tiendra longtemps pour un amateur bien doué mais irrégulier, ne publiant qu'au gré de son caprice, sous l'inspiration de « faits personnels » (au besoin simplement philologiques) et n'allant jamais jusqu'au bout de son propos. Il est vrai que Gadda a toujours montré un certain goût de l'inachevé — cf. l'énigme policière non résolue dans *L'Affreux Pastis de la rue des Merles* (*) (1957), ou le suspense proclamé de *La Connaissance de la douleur* (*) (1963) — ainsi que d'une certaine procrastination et le goût de l'œuvre perpétuellement en chantier — cf. la publication tardive, en volume, de ce dernier livre rédigé dès

1938-1941, ou de ses souvenirs de 1915-1918 dans le *Journal de guerre et de captivité* [*Giornale di guerra e di prigionia*, 1953]. Cette démarche apparente de dilettante fantasque caractérise d'abord sa période « milanaise », dans la postérité de la « scapigliatura » (ou bohème échevelée) vouée à la glose baroque et même bouffonne – à travers les images de guerre du *Château d'Udine* (+) (1934), dans *Les Merveilles d'Italie* [*Le meraviglie d'Italia*, 1939] et *Les Années* [*Gli anni*, 1943], et surtout à travers les charmantes « esquisses milanaises » de *L'Adalgisa* (*) (1944), où se manifeste déjà la hantise du local et du patoisant qui va devenir l'un des traits principaux de son œuvre. Mêmes aspects ludiques pendant la période dite « florentine », où l'écrivain est tenté par une certaine expérimentation de la forme classique, dans *Le Premier Livre de fables* [*Il primo libro delle favole*, 1952], en même temps qu'il se libère d'un passé récent agacé par le fascisme dans ses *Contes du duché en flammes* [*Novelle del ducato in fiamme*, 1953]. Mais voilà la période « romaine » (Gadda s'est définitivement fixé dans la capitale en 1950) et, après la publication des deux chefs-d'œuvre, *L'Affreux Pastis de la rue des Merles* et *La Connaissance de la douleur*, auxquels il faut joindre les aveux en sourdine que constituent *Les Voyages, la Mort* [*I viaggi, la morte*, 1958], on découvre l'importance et la cohérence de l'œuvre du « dilettante », à propos duquel un critique écrira que « à partir de Gadda, le cours de la prose narrative italienne change, et à jamais » (A. Guglielmi). Œuvre couronnée, en Italie même par le prix Viareggio en 1953, et, au niveau international, par le prix Formentor en 1964 et qui s'achève, dans la vieillesse de l'écrivain, avec *Éros et Priape, de la fureur aux cendres* [*Eros e Priapo, da furore a cenere*, 1967] et *Novella seconda* (1971).

La singularité et la puissance de cette œuvre proviennent d'abord de ses apports linguistiques, dans le sens d'une émancipation absolue de l'écriture par le truchement des dialectes et des humeurs, et cette liberté de l'écriture a fait penser, rituellement, au sempiternel Joyce, mais plus opportunément à Céline où à Günther Grass, sinon à Rabelais. Toutefois, l'essentiel de Gadda se trouve plus en profondeur et, dans la facilité même avec laquelle son registre passe du bouffon au pathétique, on a reconnu les deux composantes de son talent, exprimées par les termes réunis dans le titre de son chef-d'œuvre, la « connaissance » : la quête constante d'une compréhension totale, opposée à une « douleur », donnée fondamentale de la vie et reflétant la souffrance des hommes largement partagée. Après la mort de Gadda parurent de nombreux inédits dont *Les Colères du capitaine en congé libérable* [*Le bizze del Capitano in congedo*, 1981], ainsi que l'amorce d'une abondante correspondance (*Letere a una gentile signora*, 1983).

RÉF. : A. Seran, *Gadda*, Florence, 1969. – G. Baldi, *Carlo Emilio Gadda*, Milan, 1972. – E. Ferrero, *Invito alla lettura di Gadda*, Milan, 1972. – G. Cattaneo, *Il gran Lombardo*, Milan, 1973. – E. Flores, *Accession gaddiane*, Naples, 1973. – R.S. Dombrowski, *Introduzione allo studio di Carlo Emilio Gadda*, Florence, 1974. – L. Cattanei, *Carlo Emilio Gadda. introduzione et guida allo studio dell'opera gaddiana*, Florence, 1975. – G. Cavallini, *Lingua e dialetto in Gadda*, Messine, 1977. – C. Benedetti, *Una trappola di parole. Lettura del « Pasticciaccio »*, Pise, 1980. – A. Andreini, *Studi e testi gaddiani*, Palerme, 1988.

GADDIS William. Écrivain américain. Né le 29 décembre 1922 à New York. Il a trois ans lors du divorce de ses parents. A cinq ans, il est envoyé par sa mère dans un internat de Berlin (Connecticut), où il restera jusqu'à treize ans. William Gaddis entre à l'université Harvard en 1941 ; il y devient président d'un journal satirique, le *Lampoon*. Exclu de Harvard à la suite d'une altercation avec la police, il passe deux ans au Greenwich Village, travaille pour la revue *The New Yorker*, puis voyage pendant cinq ans : au Mexique et Panama en 1947, au Costa-Rica en 1948, en Espagne où il reste trois ans, arrivant à Paris en 1950. Il rentre à New York, puis repart l'année suivante pour l'Afrique du Nord. Son premier roman, *Les Reconnaissances* (*), écrit entre 1947 et 1952, est publié à New York en 1955. Les critiques furent négatives, et les ventes minimes. Ses mille pages contiennent non seulement un portrait satirique du Greenwich Village des années 40, de ses artistes plus ou moins authentiques et de leurs mœurs, mais aussi une réflexion très ambitieuse sur la décadence de l'Amérique, l'univers de la marchandise, l'art et la théologie comme seules valeurs rédemptrices dans un monde miné par le mensonge, la toute-puissance des apparences et la falsification généralisée.

Déçu par le peu d'échos rencontré par *Les Reconnaissances,* William Gaddis travaille entre 1957 et 1961 dans les relations publiques d'une entreprise pharmaceutique, puis pour le service cinématographique de l'armée américaine. En 1975, soit vingt ans après *Les Reconnaissances,* il publie son deuxième roman, *J R* (*), tout aussi gros que le premier, mais que les critiques saluèrent comme l'œuvre d'un écrivain « d'une fureur swiftienne », « sauvagement satirique ». Au printemps suivant, *J. R.* remporta le National Book Award, l'un des plus prestigieux prix littéraires américains. Ce roman, d'où toute considération métaphysique est désormais bannie, narre les exploits en bourse d'un jeune garçon de onze ans, J. R., qui à l'occasion d'une sortie scolaire visite Wall Street avec sa classe. À partir d'actions offertes aux élèves et à force de manipulations plus ou moins louches, J. R. réussira à monter un véritable empire financier, paradigme du pouvoir corrupteur de l'argent dans une société qui a perdu toute notion des valeurs. Le récit traditionnel est abandonné au profit d'une succession de dialogues saisissants où le lecteur apprend à reconnaître tant les interlocuteurs que la situation. L'éblouissante verve satirique de Gaddis s'appuie ici sur une profonde connaissance des mécanismes de la finance. Dans son troisième roman, *Gothique charpentier* [*Carpenter's Gothic*, 1985], Gaddis respecte l'unité de temps et de lieu – une maison de style gothique charpentier, où se déroule un drame tragi-comique entre Elizabeth Booth, une héritière dont la fortune est constamment bloquée par des procès, et son mari, Paul, escroc travaillant dans les relations publiques pour son unique client, le révérend Ude, un télé-évangéliste qui désire implanter un mouvement épiscopal en Afrique. Le monde extérieur fait sans cesse irruption dans la maison-blockhaus par le biais du téléphone, de la radio et de la télévision. Comme *J. R.*, *Gothique charpentier* se compose presque exclusivement de dialogues illustrant sur le mode comique la stupidité des médias, la corruption des politiciens, les manipulations des faux prophètes, l'avarice et les mensonges du mari, tout cela aboutissant à la mort violente de l'héroïne.

Comme Robert Coover, John Hawkes ou William Gass, William Gaddis fait partie de ces grands rénovateurs de la forme romanesque pour qui le langage – dans son cas, on serait tenté de dire la voix – précède le monde. Par ailleurs, l'art en tant que valeur sacralisée par la modernité est fortement remis en question dès *J. R.* Tous ces éléments font de Gaddis l'un des écrivains majeurs de notre temps.

BRICE MATTHIEUSSENT.

GADE Niels Wilhelm. Compositeur danois. Né et mort à Copenhague (22 février 1817-21 décembre 1890). Fils d'un marchand de meubles, il apprit le violon avec Wexschall et donna son premier concert public en 1833. Il ne tarda pas à obtenir un poste à l'orchestre de la Cour et put terminer ses études de composition musicale avec Berggreen. L'ouverture *Souvenirs d'Ossian* [*Efterklang of Ossian*] lui valut en 1840 un prix de la Société musicale de Copenhague et le fit connaître dans les milieux musicaux. Mais l'événement décisif de sa carrière fut l'exécution de la *Symphonie en ut mineur* – v. *Symphonies* (*) – au Gewandhaus de Leipzig, sous la direction de Mendelssohn, le 2 mars 1834. Non seulement cela lui valut un traitement de l'État, mais le poste de suppléant de Mendelssohn à Leipzig. Il y resta jusqu'à la guerre du Schleswig-Holstein en 1848 ; il retourna alors à Copenhague, où il assuma successivement les fonctions de directeur de la Société musicale et du Conservatoire. Il a composé huit symphonies et une cantate, *Psyché* (+) (1882), qui jettent les bases d'une école nationale danoise.

GADENNE Paul. Romancier français. Né le 4 avril 1907 à Armentières (Nord), mort à Cambo-les-Bains le 1er mai 1956. Auteur d'une œuvre exigeante et solitaire, Paul Gadenne appartient – avec Jean Reverzy, Raymond Guérin et quelques autres – à cette lignée d'écrivains qui, assez discrets ou trop originaux pour ne pas demeurer de leur vivant à l'écart des courants et milieux littéraires, ont été reconnus tardivement, mais d'autant plus sûrement. Sa famille ayant été chassée d'Armentières par la guerre, Paul Gadenne a grandi à Boulogne-sur-Mer puis, à partir de 1918, à Paris, où il a fait toutes ses études et reçu une solide formation classique (hypokhâgne, khâgne et agrégation de lettres en 1931) le destinant à l'enseignement. Il occupe son premier poste en Normandie en 1932 mais, dès l'année suivante, un début de tuberculose le contraint à une retraite de deux ans dans un sanatorium de Haute-Savoie, à Praz-Coutant. Il n'en sortira pas guéri et, après une seconde année d'enseignement au lycée climatique de Gap, il entre définitivement dans le cycle des rechutes et rémissions qui lui interdiront, pour plus de quelques mois d'affilée, toute activité extérieure. « Chacun sait que l'on médite d'autant plus volontiers sur la mort que l'on est en meilleure santé » : on aurait tort, toutefois, d'inverser cette phrase de Gadenne et de vouloir rattacher son œuvre à un quelconque sentiment d'exclusion ou d'exil intérieur ; même si elle témoigne d'une attention au monde parfois exacerbée, à laquelle la maladie ne peut être tout à fait étrangère, Paul Gadenne avouait, plus simplement, écrire « pour essayer de savoir un peu de soi-même, expliquer son angoisse, son espérance ou son tremblement » et aussi parce que « le bonheur d'écrire, c'est celui de vivre dans l'avenir, [...] c'est de savoir qu'il est possible de devenir un autre ». C'est cette métamorphose, précisément, que dépeint son premier roman, *Siloé* (*), achevé vers 1937 mais publié en 1941 seulement, alors que son auteur est depuis deux ans réfugié à Bayonne. Ce long récit, en partie autobiographique, d'une rédemption morale dans le milieu clos d'un sanatorium – d'où la comparaison fréquente, sinon tout à fait pertinente, avec *La Montagne magique* (*) de Thomas Mann –, sera suivi, en 1947, par un roman plus ramassé et d'un dessin moins linéaire, *Le Vent noir*, par quoi il faut entendre celui de la passion portée jusqu'à son dénouement extrême. C'est encore à Bayonne, où il s'est marié peu après la guerre, que Paul Gadenne écrira, dans des conditions de vie précaires, ses deux romans suivants, tentatives d'investigation romanesque du mystère de la création artistique : à travers le personnage d'un poète dans *La Rue profonde* (*) (1948) – où l'on croit parfois déceler, sous le récit, les pages de carnet d'un observateur immobile – ou celui d'un sculpteur retiré dans une petite ville du Sud-Ouest, aux prises avec la « lente poursuite de l'idée » et le « grain d'absolu » d'une statue d'Ève à arracher de la matière des jours – *L'Avenue* (*) (1949). En 1951, après une rechute plus grave que toutes les précédentes, Gadenne quitte Bayonne pour Cambo-les-Bains, où il remanie et achève *La Plage de Scheveningen* (*) (1952), illustration d'un thème qui lui est cher, celui de la rencontre et de la séparation, dans l'ombre portée de la guerre et de la collaboration. Si ce livre, sans doute l'un des plus réussis de Gadenne, est aussi une réflexion sur la culpabilité (« être coupable, c'est ne plus faire bloc avec soi-même, ne plus être un »), on serait tenté de dire du dernier et bref récit qu'il a publié de son vivant, *L'Invitation chez les Stirl* (*) (1955), que c'est le roman de l'ambiguïté : celle qui gauchit la plupart des rapports entre les êtres, mais aussi celle recherchée par l'auteur lui-même lorsqu'il avoue que l'intrigue, délibérément ténue, importe moins que « tout ce qui n'est pas dit ». Définitivement alité le 27 mars 1956, Paul Gadenne n'aura guère eu le temps de mettre la dernière main à ce qui est peut-être son chef-d'œuvre et aura grandement contribué à sa reconnaissance posthume, *Les Hauts Quartiers* (*), finalement publié, après bien des vicissitudes, en 1973. Formellement plus proche de *Siloé* qu'aucun des autres romans, ce livre, auquel Gadenne tenait beaucoup, en constitue en même temps l'exacte et troublante antithèse puisqu'il décrit un lent acheminement vers les ténèbres et l'effacement, dans l'enfer ordinaire d'une ville de province à peine fictive, toute bruissante de rumeurs et de personnages diversement intentionnés. S'il est vrai, comme l'affirmait Gadenne dans un projet de préface, qu'« un écrivain n'a toute sa vie qu'une idée dont il montre les différents versants », *Les Hauts Quartiers* marquent sûrement l'aboutissement de l'un de ses efforts les plus constants : atteindre, à travers la littérature, à un au-delà de la littérature qui serait la vie même, des ses manifestations visibles à ses significations les plus secrètes. Signalons également l'ensemble des nouvelles désormais rassemblées sous le titre *Scènes dans le château* (*) (dont *La Coccinelle,* écrite à 21 ans et annonçant déjà certains des romans de la maturité, *Baleine,* qui a la densité d'une roman miniature, *Chronologie courte, Insomnie, Train de banlieue,* etc.), un recueil de *Poèmes* posthumes, des réflexions sur la technique et le métier du romancier (*À propos du roman*) et, en attendant la parution des *Carnets,* les rééditions de quelques textes parus autrefois en revue ou demeurés inédits (*Bal à Espelette, Le Guide du voyageur, La Conférence, Le Jour que voici*), qui jettent a posteriori un éclairage précieux sur certains aspects de son œuvre.

GILLES ORTLIEB.

♦ « *Un romancier qui parvient à donner cette sensation du gouffre, sans que rien semble voulu ou forcé, est un grand romancier.* » Albert Béguin.
♦ « *Semblable en cela à tous les grands romanciers, Gadenne savait que le récit est le lieu privilégié non des réponses mais des questions.* » Pierre Mertens.
♦ « *L'accent de la vérité – écrivons le mot réprouvé – qui est aussi celui du doute et de l'attente, aux écoutes de l'inconnu.* » Henri Thomas.

RÉF. : Robert Kanters, *Des écrivains et des hommes,* Paris, 1952. – Jean Crocq, *Poésie et vie spirituelle dans l'œuvre de Paul Gadenne,* Annales de la faculté des lettres de Toulouse, 1965.

ǦĀḤIẒ (al-) ʿAmr ibn Bahr. Écrivain arabe. Né vers 776 et mort vers 868 à Bassora (Iraq). Ǧāḥiẓ, qui est l'un des plus grands prosateurs qu'ait connu la langue arabe, est issu d'un milieu très modeste, et aurait même compté dans son ascendance des esclaves. Il commence sa vie humblement, vendant du poisson et du pain sur les marchés de Bassora qui est alors, après Baghdad, la seconde grande ville de l'Iraq, province centrale de l'empire abbasside, en pleine phase d'expansion matérielle et de bouillonnement intellectuel. La légende veut que, le soir venu, Ǧāḥiẓ louait les boutiques des libraires pour y passer la nuit à lire absolument tout ce qui lui tombait sous la main. En même temps il fréquente chaque fois qu'il en a le loisir les mosquées où tout ce que la grande métropole comptait d'hommes de culture, philologues, théologiens, juristes, etc. s'assemblait pour enseigner, exposer des vues nouvelles ou discuter. Il hante également avec assiduité la foire de Marbad, proche de Bassora, où périodiquement des joutes littéraires et poétiques opposent des hommes de lettres et des poètes reconnus ou cherchant la célébrité. Grâce à une mémoire prodigieuse qui lui permet de retenir à la lettre tout ce qu'il lit ou entend, Ǧāḥiẓ accumule une culture phénoménale où se mêlent la philologie, les sciences naturelles, l'histoire des tribus arabes et des peuples voisins, la théologie et même l'astronomie et les mathématiques. Croyant, mais doté d'un esprit libre et rationnel, Ǧāḥiẓ suit avec assiduité les enseignements du Shaykh ʿAlī Abū Isḥāq al-Naẓẓām alors l'un des représentants les plus éminents du mu'tazilisme, courant philosophico-théologique le plus rationaliste qu'ait connu la pensée islamique classique. Il deviendra lui-même un spécialiste reconnu de la pensée muʿtazilite et fondera, à l'intérieur de ce courant, sa propre tendance.

Lorsqu'il commence à écrire, Ǧāḥiẓ, à l'instar de nombreux écrivains anciens, juge plus convenable de signer ses œuvres du nom de prestigieux prédécesseurs comme Ibn al-Muqaffaʿ ou Sahl ibn Hārūn. Ce n'est que plus tard, quand son immense culture et son talent inimitable de prosateur signeront malgré lui sa production, qu'il en assumera la paternité. Beaucoup agiront de même avec son nom...

Dans sa jeunesse, Ǧāḥiẓ voyage beaucoup en Iraq et en Syrie, allant de tribu en tribu pour recueillir chez les Bédouins, encore riches de connaissances linguistiques et anthropologiques, des informations philologiques et des récits. Lorsque sa renommée atteint la capitale, le khalife al-Mutawakkil le fait venir à Baghdad dans l'intention d'en faire le précepteur de ses enfants. Mais Ǧāḥiẓ est court sur pattes, a la peau noire, des yeux exorbités (qui lui valent d'ailleurs le surnom qu'il a fait passer à la postérité), un visage peu amène. Le khalife le renvoie poliment après lui avoir donné une bourse d'argent pour sa peine. Désormais le gnome génial restera fidèle à sa ville natale, et ceux qui voudront profiter de sa science devront faire le voyage pour le consulter. Beaucoup le feront comme un pèlerinage.

Des plus de trois cents ouvrages attribués à Ǧāḥiẓ, beaucoup sont perdus, mais il nous reste une part appréciable de sa production, et notamment *Le Livre des animaux* (*), *Le Livre des avares* (*), *Le Livre de l'expression et de l'exposition* (*) et une bonne partie de ses *Épîtres* [*rasā'il*]. Dans son vieil âge Ǧāḥiẓ est atteint d'hémiplégie. Il connaîtra une mort digne de sa vie, écrasé par l'écroulement de son immense bibliothèque.

DJAMEL-EDDINE KOULOUGHLI.

GAILLARD André. Poète français. Né le 4 mars 1898 à Rochefort (Charente-Maritime), mort le 16 décembre 1929 à Marseille (Bouches-du-Rhône). Il fut un des premiers animateurs des *Cahiers du Sud* (*). On a pu le rapprocher du surréalisme par l'un des aspects de son œuvre. Sa poésie est une éthique plus qu'une esthétique. Il mourut d'un mystérieux accident où l'on peut voir le signe du refus d'une vie banale. Son ami Léon-Gabriel Gros qui a rassemblé en 1940 les *Œuvres complètes* (*) d'André Gaillard *(Fond du cœur, La terre n'est à personne, L'Ombre et la Proie, Les Chemins de la passion)* écrit à son propos : « Entre l'homme vivant et l'homme machine, entre le moi de la vie profonde et le Il de l'activité extérieure, une lutte constante est engagée. Qu'importe si la chair s'épuise, si la raison se perd, l'aventure valait la peine d'être vécue. » Entendue en ce sens, la poésie est aspiration à l'Absolu déchiffré à travers le monde visible et sensible. L'amour et la mort sont les points extrêmes de l'inspiration d'André Gaillard. Le poète cherche à les réconcilier par le don de soi qu'il fait à l'être aimé.

GAIUS. Jurisconsulte romain du IIe siècle après J.-C. De sa vie nous savons seulement ce que laissent supposer ses écrits. On présume qu'il naquit au temps d'Hadrien et termina ses *Institutes* (*) après la mort d'Antonin le Pieux. Probablement originaire d'une province orientale de l'empire, et d'éducation grecque, peut-être enseigna-t-il le droit à Rome. La notoriété de Gaius ne semble pas avoir été grande de son vivant, car aucun des juristes classiques qui, cependant, citent fréquemment leurs prédécesseurs, ne fait mention de lui. Seul Justinien l'appelle *Gaius noster*. Ses écrits ne connurent une large diffusion qu'aux IIIe et IVe siècles, époque où, pour la première fois, son nom paraît dans un texte non juridique (Servius, Georg. III, 306). C'est le recueil intitulé *Lois des citations* (426) qui consacre officiellement sa renommée. Gaius, en effet, y est compris au nombre des cinq juristes dont les textes font autorité au sein des tribunaux. La réputation de Gaius est due essentiellement à ses *Institutes*. Le *Digeste* lui attribue en outre les sept livres célèbres des *Rerum cotidianarum (sive aureorum)*, mais la critique moderne tiendrait plutôt cet ouvrage pour une compilation post-classique. Au contraire, la paternité de Gaius ne fait aucun doute en ce qui concerne maintes œuvres que mentionne également le *Digeste* : six livres des XII *Tabularum*, le seul commentaire juridique des lois que nous ayons pour l'époque qui suivit le règne d'Auguste ; un commentaire à l'*Edictum proaetoris urbani ;* les trente livres du *Ad edictum provinciale* ; les quinze livres de *Ad legem Iuliam et Papiam ;* le *Ad legem Glitiam*, le *De formula hypothecaria ;* les *De manu missionibus, Regularum, De verborum obligationibus* et *De fidei commissis* (composés chacun de trois livres), un livre *Ad S. C. Orfitianum.* Les *Institutes* citent aussi un commentaire intitulé *Ex Quinto Mucio.* Toutes ces œuvres présentent un caractère théorique et didactique. Seul le livre *De casibus* contient des discussions sur des cas pratiques, selon une méthode qui s'apparente à celle des grands juristes classiques.

RÉF. : Philippe Meylan, *Le Jurisconsulte Gaius,* Lausanne, 1923. — Joel Birger Nordeblad, *Gaiusstudien*, Lund, 1932. — P. E. Girard, *Textes de droit romain*, Paris, 1937.

GALA Antonio. Dramaturge, poète, essayiste et romancier espagnol. Né le 2 octobre 1936 à Cordoue (Andalousie). Antonio Gala a d'abord été un brillant étudiant. Diplômé en droit, en philosophie et en sciences politiques, il a enseigné la philosophie et l'histoire de l'art. En 1963 il reçoit le prix Calderón de la Barca pour son œuvre dramatique *Les Champs verdoyants de l'Eden* [*Los verdes campos del Edén*]. Ce prix va lui permettre de se consacrer entièrement à la littérature. Il y a chez Gala une véritable osmose entre son travail de poète et celui de dramaturge. Profondément attaché à son Andalousie natale – il a été nommé « Andalou universel » [*Andaluz universal*] –, il ne cesse de la célébrer dans des œuvres riches de sensualité. Des recueils de poésie, *Le Testament andalou* [*Testamento Andaluz*], des essais *L'Andalousie éternelle* [*La Andalucia eterna*]. Avec *Bagues pour une dame* (*) (1973), il mêle la critique des mythes littéraires à celle du pouvoir. Le Cid est conçu comme un « guide » encombrant : à la fois pour sa femme Chimène (qui est enchantée par son veuvage) et pour son pays. Antonio Gala a aussi écrit des comédies musicales : *Bonne chance, champion* [*Suerte, campeón,* 1973], *Le Verdict* [*El veredicto,* 1984] et le livret de l'opéra *Cristophe Colomb* [*Cristobal Colón,* 1985]. Il a aussi signé de nombreuses adaptations pour la scène et pour la télévision espagnole : *Le Roi Lear* (*), *Hamlet* (*). Son œuvre de journaliste est abondante (chronique dans le journal *El País* (*). Il a reçu le prix Planeta 1990 pour son roman *Le Manuscrit cramoisi* [*El manuscrito carmesí*].

PHILIPPE BLONDEAU.

GALACTION Gala (pseud. de Grigore Pisculescu). Écrivain roumain. Né à Didești (Valachie) le 16 avril 1879, mort à Bucarest le 8 mars 1961. Il fait ses études de théologie et publie des nouvelles qui retiennent l'attention par leur intrigue fantastique. Après une intense activité de journaliste, il devient prêtre et professeur à la faculté de théologie de Chișinău, en Bessarabie, alors roumaine, et voyage au mont Athos, en Terre sainte et en Italie. Son œuvre aborde le thème de la conversion et celui de la conscience hantée par le péché et cherchant l'absolution. Il convient de citer son recueil de nouvelles, *La Petite Église de Răzoaré* (*) (1914), ses impressions de Terre sainte, *Lettres à Simforoza – Sur la Terre promise* [*Scrisori către Simforoza – în pământul făgăduinței,* 1930], ses romans : *Roxane* [*Roxana,* 1930] et *Au carrefour des siècles* [*La răspântie de veacuri,* 1935], enfin en édition posthume, son *Journal* [*Jurnal,* publié en deux volumes, 1973-1977].

GALBRAITH John Kenneth. Économiste canadien. Né en 1908 à Iona Station, dans l'Ontario au Canada, il fait ses études à l'université de Californie. Il mène une double carrière de professeur et d'expert. Professeur à Harvard, il devient l'un des conseillers les plus écoutés du président Kennedy. De 1960 à 1963, il est nommé ambassadeur aux Indes, ce qui l'amène à étudier les problèmes de sous-développement. Professeur brillant et humoriste, il ne se contente pas de sensibiliser à l'économie des générations d'étudiants. Il élargit son public en choisissant d'écrire un livre de vulgarisation qui devient un best-seller : *Tout ce que vous avez voulu savoir en économie sans oser le demander.* Au plan théorique, il refuse la représentation néoclassique de l'économie (voir Maurice Allais). Il s'attache à mesurer le rôle des institutions, de la nouvelle organisation des entreprises, du fonctionnement des organismes d'État. Le rôle des managers dans l'entreprise l'emporte sur celui des propriétaires détenteurs du capital. Les managers à tous les niveaux forment ce qu'il appelle la technostructure. Pour assurer et maintenir son pouvoir, cette technostructure modifie la gestion du capitalisme : elle choisit de privilégier la longue durée pour la firme plutôt que l'agressivité qui peut aboutir à plus de profits mais aussi à plus de risques. Son livre le plus révélateur de sa pensée est *Le Nouvel État industriel* (*) paru en 1967 et traduit en français en 1974. On reproche parfois à Galbraith d'avoir seulement théorisé l'époque de la croissance de l'après-guerre. De ce fait, il aurait sous-évalué les modifications de comportement des agents économiques face à la récession, en particulier le comportement des raiders dans la sphère financière.

LUCETTE LE VAN-LEMESLE.

GAŁCZYŃSKI Konstanty Ildefons. Poète, prosateur, dramaturge et traducteur polonais. Né et mort à Varsovie (29 janvier 1905-6 décembre 1953). Pendant la Première Guerre mondiale, il séjourne à Moscou. Son premier poème paraît en 1923, mais ses vrais débuts littéraires sont liés au groupe Quadrige [Kwadryga], opposé tant au « vitalisme anti-intellectuel » des membres du mouvement Skamander qu'à l'« esthétisme » de l'Avant-Garde de Cracovie. Son poème *La Fin du monde : visions de saint Ildefonse ou Satire de l'univers* [*Koniec świata : Wizje świętego Ildefonsa czyli Satyra na Wszechświat,* 1929], sous des dehors humoristiques, présente une vision apocalyptique de la fin de l'humanité. Ce poème, comme *Fête populaire* [*Ludowa zabawa,* 1934], correspondait à l'image catastrophiste des années 30. Après de nombreux voyages en Allemagne et à Vilnius, Gałczyński décide de s'établir à Varsovie où sa collaboration artistique est sollicitée par la revue de droite nationaliste *Sans ambages* [*Prosto z mostu*]. Fait prisonnier par l'armée Rouge en septembre 1939, il est livré aux Allemands et passe la guerre dans des camps en Allemagne. Il rentre en Pologne en 1946.

Son premier recueil de poèmes, *Le Fiacre enchanté* (*) (1948), dans lequel il manifeste la joie de son retour au pays, rassemble les traits les plus représentatifs de son œuvre poétique. Les contradictions, voire la dichotomie de sa personnalité, y apparaissent très tôt. Gałczyński a une prédilection pour la mythologie classique, à laquelle il aime associer le grotesque et l'emphase baroques. Sa popularité ne fut pas toujours appréciée par le pouvoir dans les années 50, qui « démasqua le petit-bourgeois en habit socialiste ». La publication du *Petit Théâtre de l'oie verte* [*Teatrzyk « Zielona Gęś »*], chef-d'œuvre de pataphysique, est interrompue. Cette série de sketches fait fi de la version « obligatoire » de la réalité, mais tourne cependant en dérision les « opposants » et leur vision de la Pologne martyre. Il traduit alors *Le Songe d'une nuit d'été* (*) de Shakespeare, puis commence à collaborer avec le régime. Il se range du côté des « poètes de cour », comme en témoignent les poèmes *L'Entretien des deux villes* [*Rozmowa miast*], *Poème dithyrambique à la gloire de la paix* [*Dytyramb na cześć pokoju*]. Ses options politiques fluctuantes n'ont pas nui à sa carrière. Il est à droite avant la guerre, et communiste après la guerre, comme le confirme son poème *Trahison* [*Zdrada*], inspiré par la décision de son compatriote Czesław Miłosz de choisir l'émigration. Son immense talent, son humour grinçant et surréaliste, font oublier le rôle servile qu'il a si souvent joué. La diversité et l'originalité des sujets traités, inspirés par les « choses de la vie », mais où l'Histoire n'est jamais absente, les stylisations littéraires, avec abondance de « sous-codes » poétiques, le mélange des éléments les plus triviaux et les plus raffinés ont fait de Gałczyński, poète du « quotidien sacré », un phénomène unique dans la poésie polonaise.

LAURENCE DYÈVRE.

GALEANO Eduardo Hughes. Essayiste et romancier uruguayen. Né à Montevideo le 3 septembre 1940. Il fait ses débuts de journaliste à l'hebdomadaire socialiste *El Sol*, puis est rédacteur en chef de l'hebdomadaire *Marcha* et enfin directeur du quotidien *Epoca*. En 1973, il s'exile en Argentine où il fonde la revue *Crisis*. Fin 1976, il s'exile en Espagne. Il est de retour en Uruguay depuis le début de 1985. Ses œuvres principales sont *Les Jours suivants* [*Los dias siguientes*, 1962], *Chine, chronique d'un défi* [*China, crónica de un desafio*, 1964], *Los fantasmas del dia de Leon* (nouvelles, 1967), *Guatemala, pays occupé* [*Guatemala pais ocupado*, 1967], *Les Veines ouvertes de l'Amérique latine* (*), *La Chanson que nous chantons* [*La canción de nosotros*, 1975, prix Casa de las Americas], *Jours d'amour et de guerre* [*Días de amor y guerra*, 1978, prix Casa de las Americas] ; *Mémoire du feu* (*). « Je ne suis pas un historien. Je suis un écrivain qui se sent défié par l'énigme et le mensonge, qui souhaite que le présent ne soit pas une douloureuse expiation du passé et qui aimerait imaginer le futur au lieu de le subir : un chasseur de voix perdues, mais de voix véritables, dispersées au hasard. Car la mémoire qui mérite d'être sauvée est pulvérisée. Elle a volé en éclats » (texte lu par Galeano à Paris, au théâtre de l'Odéon le 22 janvier 1992).

CLAUDE BOURGUIGNON.

GALIANI abbé Ferdinando. Écrivain italien. Né à Chieti le 2 décembre 1728, mort à Naples le 30 octobre 1787. Élevé à Naples par son oncle paternel, il composait déjà, entre seize et vingt ans, une série de dissertations sur des sujets politiques, économiques et archéologiques. Diderot conte qu'il se fit connaître au public à vingt ans « par une plaisanterie poétique et une oraison funèbre du grand maître des hautes œuvres à Naples, Domenico Janaccone ». Après avoir traduit et annoté l'étude de Locke sur la monnaie, il voulut approfondir le sujet et, en 1751, sous le titre *De la monnaie,* il publia un traité devenu classique qui fit de lui non seulement un des premiers, dans l'ordre chronologique, mais un des tout premiers économistes italiens originaux. De retour à Naples après un voyage d'étude en Italie du Nord (1751-1752), il fit paraître, en 1754, un traité *Sur la parfaite conservation du blé* [*Della perfetta conservazione del grano*], destiné à faire connaître l'étuve à blé inventée par un géomètre et homme de lettres toscan, Bartolomeo Intieri. En 1755 il fut l'un des fondateurs associés de l'Académie royale d'Herculanum. La même année, il envoya à Benoît XIV, accompagnées d'une dissertation et d'un catalogue descriptif, publié ensuite en 1772, des pierres venant du Vésuve. Il donna en 1758 une étonnante nécrologie de ce pape. En qualité de secrétaire de l'ambassade napolitaine, il partit en 1759 pour Paris d'où il entretint une correspondance avec le Premier ministre napolitain Bernardo Tanucci et où il ne tarda pas à devenir l'enfant chéri des salons littéraires les plus en vogue. Ses meilleurs amis furent Diderot, Grimm et notamment Mme d'Épinay ; c'est dans le salon de cette dernière que furent ébauchées entre autres (1765) ses *Pensées* sur Horace, reprises sous une autre forme par la suite et publiées en 1821 sous le titre de *Commentaire sur Horace.* Revenu en 1766 à Paris après un bref congé à Naples et un voyage en Hollande et à Londres, il se détourna, après y avoir été favorable, du libéralisme économique total et il le combattit dans ses célèbres *Dialogues sur le commerce des blés* (*), écrits en français et publiés en 1770 par les soins de Diderot et de Mme d'Épinay. Cet ouvrage suscita approbations et attaques également passionnées. Un ennui diplomatique le fit, en 1769, rappeler définitivement à Naples, d'où il échangea avec Mme d'Épinay et d'autres amis français une correspondance abondante qui, maintes fois rééditée, est considérée comme son chef-d'œuvre – v. *Correspondance* (*). Dans sa patrie il fut conseiller (1769), puis secrétaire (1770) auprès du Tribunal suprême de commerce, membre de la Commission des biens allodiaux (1771), premier assesseur au Conseil suprême des finances (1782), assesseur de la Surintendance de ce qu'on appelait le « Fonds de la séparation » (1784) ; et en ces qualités, il écrivit d'importantes consultations sur des sujets politiques et économiques. Il laissa également divers écrits burlesques, le livret de *Socrate imaginaire* composé en collaboration avec G.B. Lorenzi et dont la musique est de Paisiello, un traité de grammaire historique sur le *Dialecte napolitain* avec en annexe un *Dictionnaire* (publié après sa mort en 1789) ainsi que, sur une commande officielle, un gros volume sur les *Devoirs des souverains neutres* (1782).

FAUSTO NICOLINI.

♦ « *Comment pouvez-vous dire que je ne connais point l'abbé Galiani ! est-ce que je ne l'ai pas lu ?* [...]

Il doit ressembler à son ouvrage comme deux gouttes d'eau, ou plutôt comme deux étincelles. N'est-il pas vif, actif, plein de raison et de plaisanterie ? » Voltaire. ♦ *« Je connais peu d'hommes qui aient autant lu, plus réfléchi et acquis une aussi ample provision de connaissances. Je l'ai tâté par les côtés qui me sont familiers, et je ne l'ai trouvé en défaut sur aucun. »* Diderot. ♦ *« Lu aujourd'hui, l'abbé Galiani perd beaucoup ; il fallait l'entendre. Il ne débitait pas ses contes, il les jouait. Il y avait du mime en lui. À propos de chaque chose sérieuse, en politique, en morale, en religion, il avait quelque apologue, quelque bon conte à faire, un conte gai, fou, imprévu, qui vous faisait « rire à chaudes larmes », comme il disait, et qui recelait souvent une moralité profonde. »* Sainte-Beuve.

RÉF. : Eug. Gaudemet, *L'Abbé Galiani et la question du commerce des blés...*, 1899, thèse. – Éd. Dessein, *Galiani et la question de la monnaie au* XVIIIe *siècle*, (thèse) Langres, 1902. – Luigi Magnotti, *L'Abbé Ferdinand Galiani, sa philanthropie et ses rapports avec la France*, Naples, s. d. (thèse, Dijon). – *Ferdinando Galiani*, Actes du congrès italo-français organisé par l'Académie nationale dei Lincei (Rome, 1972), Rome, 1975.

GALIEN de Pergame. Médecin et philosophe grec. Né vers 130, mort après 199. Le nom de Claude qui lui est parfois attribué provient d'une confusion datant de la Renaissance avec l'épithète « clarissimus » (le très illustre) qui lui était souvent accolée. À la différence de la plupart des médecins de l'Antiquité, nous possédons de nombreuses informations sur sa vie, dont la majorité provient à vrai dire de lui-même. « J'ai eu l'immense bonne fortune d'avoir le père le moins colérique, le plus juste, le plus honnête et le plus humain qui soit. Ma mère, elle, était très irascible, au point qu'elle mordait parfois ses servantes, criait sans cesse et cherchait querelle à mon père plus que Xanthippe à Socrate. » De son père Nicon, architecte et mathématicien, il reçoit une excellente éducation en philosophie et mathématique. Un rêve de Nicon où son fils apparaît comme médecin pousse Galien à étudier la médecine, tout d'abord à Pergame auprès de Satyros. Dès ses premières années d'études, il compose plusieurs traités, notamment d'anatomie. Il se rend ensuite à Corinthe auprès de l'anatomiste Numisianus, puis à Smyrne, chez Pelops, et enfin à Alexandrie, le plus grand centre d'enseignement médical de l'époque. Il revient en 157 à Pergame en tant que médecin des gladiateurs, avant de gagner Rome, où il séjourne de 161 à 166. Son art du diagnostic le fait très vite accéder à la célébrité, et plusieurs personnalités romaines le prennent sous leur protection, tel Flavius Boethus, qui le poussera à écrire plusieurs de ses ouvrages et à pratiquer des démonstrations publiques d'anatomie et de physiologie. Il semble que son succès ait fait quelques jaloux, et que les polémiques furent fortes au point de le décider en 166 à rentrer à Pergame (à moins que ce ne soit à cause de la pestilence sévissant alors à Rome). Il effectue alors plusieurs voyages scientifiques, qui lui permettent de compléter sa matière médicale, avant de revenir à Rome, rappelé par Marc Aurèle et Lucius Verus. Il poursuivra sa carrière comme médecin quasi officiel auprès de la Cour : il compte parmi ses patients Commode, Septime Sévère, Caracalla. Il poursuit également ses recherches médicales, et continue de susciter d'actives controverses dans la bonne société romaine. Il rédige un très grand nombre de traités, dont une bonne partie brûle lors de l'incendie de sa bibliothèque en 192, et qu'il s'occupe ensuite à réécrire – v. *Corpus galénique* (*). On ignore la date et le lieu de sa mort : certaines sources arabes le font mourir lors d'un voyage à Pergame à l'âge de quatre-vingts ans. Son prestige de médecin est immense dans l'Antiquité tardive : il représente pour les médecins qui le suivent celui qui condense l'héritage hippocratique et à la fois l'ensemble des doctrines médicales souvent contradictoires qui succédèrent au maître de Cos. La tradition galénique poursuit plusieurs voies : byzantine, latine, syriaque, arabe, et constitue la base de l'enseignement médical bien au-delà du Moyen Âge. À la Renaissance, bien que sur certains points son autorité se voie pour la première fois sérieusement contestée, le respect qui l'entoure demeure très grand. Innombrables sont les rééditions de son œuvre, dont la dernière complète date du début du XIXe siècle. Depuis, on tend à redécouvrir, derrière le Galien médecin, sa dimension littéraire et philosophique, qui renouvelle la compréhension du personnage et de sa portée.

VINCENT BARRAS ET ANNE-FRANCE MORAND.

RÉF. : Ch. Daremberg, *Œuvres anatomiques, physiologiques et médicales de Galien*, Paris, 1854-56. – L. Garcia Ballester, *Galeno en la sociedad y en la ciencia de su tiempo*, Madrid, 1972. – O. Temkin, *Galenism*, Ithaca, 1973. – V. Nutton (éd.), *Galen. Problems and Prospects*, Londres, 1981. – P. Moraux, *Galien de Pergame. Souvenirs d'un médecin*, Paris, 1985. – J. A. López Férez (éd.), *Galeno : obra, pensamiento e influencia*, Madrid, 1991.

GALILÉE (Galileo Galilei). Savant italien. Né le 15 février 1564 à Pise (Toscane), mort le 8 janvier 1642 à Arcetri (Florence). Vers la moitié du XIVe siècle, la famille Galilée était fort connue dans la République florentine. Le père de Galilée, Vincenzo, fut un compositeur de musique très apprécié. Il envoya son fils suivre les cours de médecine à l'université de Pise, mais Galilée ne tarda pas à s'adonner à la géométrie, à l'astronomie et à la physique, sans négliger pour autant les études humanistes. Ses communications scientifiques, surtout celles qu'il désirait faire connaître à l'étranger, sont rédigées en latin, langue alors utilisée dans les relations internationales. Mais son italien est fort beau, son style brillant, caustique parfois ; il y montre une grande originalité de conception et une force de raisonnement tout à fait exceptionnelle. Après avoir abandonné la médecine et s'être tourné vers l'étude des problèmes de « philosophie naturelle », il saisit rapidement ce qu'il fallait abandonner des dogmes de la vieille philosophie péripatéticienne, et ce qui devait être renouvelé d'après l'observation et l'expérience. Ayant laissé tomber des objets de poids divers du haut de la tour de Pise, et avoir observé le mouvement oscillatoire de la grande lampe suspendue dans la nef principale de la cathédrale, il parvint à une conclusion qui troubla grandement les vieux maîtres de l'école pisane – v. *Du centre de gravité des corps solides* (+) ; *Du mouvement* (+) ; *Les Mécaniques* (*) ; *Du mouvement accéléré* (+). Ostilio Ricci, qui enseignait les mathématiques aux pages du grand-duc de Toscane, et le père jésuite Cristoforo Clavio, du collège romain, surnommé l'« Euclide du seizième siècle », amenèrent Galilée à la connaissance des *Éléments* (*) d'Euclide et des œuvres d'Archimède. Il en résulta l'invention de la « balance hydrostatique », qui allait être employée quelques années plus tard par les Académiciens des essais pour la détermination des poids spécifiques – *La Petite Balance* [*La Bilancetta*]. L'étudiant de Pise se fit rapidement remarquer, et en 1589 il se vit confier la chaire de mathématiques à l'université de Pise. Mais ses idées révolutionnaires en sciences, jointes à son caractère caustique et moqueur, ne tardèrent pas à lui créer des ennemis, et il fut contraint de changer de résidence. C'est de cette époque que date un petit poème audacieux intitulé *Contre le port de la toge* [*Contro il portare la toga*], dans lequel Galilée tourne en ridicule le règlement obligeant les professeurs de Pise à porter la toge même au-dehors de l'université. L'invitation du doge de Venise fut opportune ; adressée à « Monsieur Galilée qui enseigne à Pise avec un grand succès les mathématiques, sciences dans lesquelles il est passé maître », elle le priait de venir enseigner dans la célèbre université de Padoue. Galilée était chargé de la géométrie, de la cosmographie, de la théorie des planètes, enseignement fondé alors sur *L'Almageste* (*), c'est-à-dire les fondements de l'astronomie de Ptolémée, les *Éléments* d'Euclide et la mécanique d'Aristote. Ainsi passèrent dix-sept années tranquilles. En 1597, Galilée déclarait à son maître Jacopo Mazzoni que le système compliqué de Ptolémée correspondait mal aux observations et ne le satisfaisait pas. Le système de Copernic lui paraissait infiniment supérieur. Écrivant à son collègue et ami Kepler, qui se trouvait alors à Graz, il affirmait de même que, depuis déjà plusieurs années, il s'était converti au système de Copernic.

Cela provoqua une grande révolution dans la pensée scientifique et religieuse de l'époque. Selon la coutume du temps, les amis et les disciples de Galilée vivaient dans sa maison de Padoue, non loin de la basilique Saint-Antoine. C'était là également qu'il donnait les leçons privées. En 1604, une nouvelle étoile apparut dans le ciel. Ce n'était pas la première fois qu'un tel phénomène se produisait. L'astronome danois Tycho Brahé en avait observé une beaucoup plus lumineuse en 1572. Comme ces apparitions suscitaient un grand intérêt général et des superstitions, Galilée fut appelé à donner son avis sur la nature du phénomène, et à dire s'il s'agissait d'une étoile fixe ou d'une planète. En trois leçons, qui furent suivies par une foule d'étudiants et d'auditeurs, Galilée tenta d'expliquer les particularités du nouvel astre, qu'il ne pouvait observer qu'avec des moyens rudimentaires, sans appareil d'optique. Poussé sans doute par le désir d'en savoir davantage sur les astres, Galilée, ayant appris qu'un instrument d'optique permettant de voir de plus près les objets éloignés venait d'être construit en Hollande, chercha à en fabriquer un, et y parvint au cours de l'été 1609. Le sommet de sa pensée scientifique apparaît dans les faits qui suivirent. Galilée avait transformé l'instrument que l'on avait utilisé au-delà des Alpes à des fins pratiques, telles que la navigation et la guerre, en un puissant moyen d'étudier le ciel. Il put ainsi commencer les observations et les découvertes qui, depuis son époque, nous ont permis de parvenir à une plus grande connaissance de l'univers qui nous entoure. Enthousiasmé par les découvertes que lui permettait son nouvel instrument, Galilée remercia Dieu qui lui donnait à lui, le premier de tous, la possibilité de contempler des choses si merveilleuses, ignorées pendant des siècles. Cette émotion, il la traduisit dans l'opuscule *Le Messager céleste* (*), rédigé d'abord en italien et ensuite en latin. Il adressa les premières copies à Belisario Vinta, conseiller et secrétaire du grand-duc, et à ses amis florentins ; elles soulevèrent un grand enthousiasme et de vives discussions. Tommaso Campanella, de sa prison de Naples, écrivait : « Après ton message, ô Galilée, toute la science doit se renouveler. » Kepler se montra d'abord défiant, puis s'étant servi lui aussi d'une bonne lunette, il s'enthousiasma à son tour pour les merveilleuses découvertes. En ce qui concerne la question de la nature des taches solaires – *Histoire et démonstrations concernant les taches solaires et leurs accidents* – la gloire de Galilée ne fut pas de les avoir découvertes, car d'autres que lui, et lui-même, les avaient déjà observées précédemment, mais provint de sa compréhension rapide et précise du phénomène et de ses diverses manifestations aucun de ses contemporains n'étant parvenu à saisir sa véritable nature. L'astronome observa également l'étrange aspect de Saturne, qui lui parut composé de « trois corps », c'est-à-dire semblable à un disque accompagné de deux autres corps plus petits, de même forme et de même grandeur. Ses lunettes n'étaient pas assez perfectionnées pour lui permettre de voir qu'il s'agissait d'un anneau entourant le globe de Saturne. Le phénomène des phases de Vénus, qu'il avait déjà discuté avec son disciple, le père Benedetto Castelli, complétait ses découvertes astronomiques, et lui donnait une preuve importante, mais non encore décisive, du mouvement de Vénus autour du Soleil. Galilée conclut en outre que toutes les planètes sont obscures et réfléchissent la lumière solaire.

La renommée acquise à Galilée par ses cours, ses travaux et ses découvertes, amena le grand-duc de Toscane à le nommer « premier mathématicien de la cour et de l'université de Pise ». Le savant accueillit avec joie l'invitation, car il avait toujours désiré retourner à Florence ; il ne savait pas qu'il ne jouirait plus de cette liberté et de l'aide qu'il avait toujours reçue de la République sérénissime. En septembre 1610, il partit pour Florence. À cette époque, Galilée cherchait à établir la loi du mouvement des quatre satellites entourant Jupiter pour pouvoir prédire leurs positions respectives. Cela lui aurait permis de résoudre le problème qui consistait à déterminer la longitude en mer. Les Pays-Bas avaient offert un prix à qui trouverait une solution. Au début de 1611, Galilée se rendit à Rome, où il exposa le résultat de ses travaux devant les autorités ecclésiastiques et les hauts dignitaires de la cour papale. Plusieurs furent convaincus, d'autres pensèrent que ce n'était là qu'illusions – *Réponse aux oppositions de M. Ludovica delle Colombe et de M. Vincenzo di Grazia.* Revenu à Florence, Galilée fut l'hôte de son ami, le duc Filippo Salviati – immortalisé comme un des interlocuteurs du *Dialogue sur les deux grands systèmes du monde* (*) – dans sa villa des environs de Florence, où l'astronome eut l'occasion de faire d'autres découvertes sur les taches solaires. Un des problèmes de la « philosophie naturelle », alors en discussion, était celui de la condensation et de la raréfaction de l'eau. À la suite de diverses expériences, Galilée publia son *Discours sur les corps flottants,* puis son *Expérimentateur.* Le père Benedetto Castelli, qui enseignait la physique et les mathématiques au jeune prince Laurent de Médicis, était souvent invité à la table grand-ducale et, à ces occasions, on discutait des récentes découvertes de Galilée et de la question du mouvement de la Terre, qui semblait contraire aux Écritures. Ayant entendu parler de ces discussions, Galilée écrivit la lettre bien connue – *Lettre à Christine de Lorraine* (*) – , dans laquelle, examinant en particulier « le problème de la Sainte Écriture en relation avec les événements naturels », il traitait à fond la question théologique, et définissait de manière admirable les limites entre la science et la foi. Cette lettre, la *Lettre à don Benedetto Castelli* (+) et celle à *Monseigneur Piero Dini* (+) furent rapidement diffusées, et soulevèrent de nombreuses discussions entre les amis et les opposants de Galilée. Parmi ces derniers, le plus acharné fut le père dominicain Tommaso Caccini qui, prêchant en l'église de S. Maria Novella de Florence sur le miracle de Josué, se déchaînait contre les personnes qui s'occupaient de sujets scientifiques, spécialement de mathématiques, « art du diable », et en particulier contre Galilée. À la suite de ces contestations, le Saint-Office examina les œuvres de Galilée, et décida qu'il enseignait des doctrines hétérodoxes. Pour tenter de se défendre, le savant se rendit à Rome, où Grégoire XV le reçut avec bienveillance, mais le Saint-Office lui interdit d'enseigner ou de défendre la doctrine du système héliocentrique. De retour à Florence, Galilée fit néanmoins part à Belisario Vinta de son intention d'écrire un livre sur le système et la construction de l'Univers, œuvre fondée sur la philosophie, l'astronomie et la géométrie. Il élabora donc son fameux *Dialogue sur les grands systèmes du monde* (*). Entre-temps, le cardinal Maffeo Barberini, qui lui avait toujours montré de l'estime et de la bienveillance, était monté sur le trône papal sous le nom d'Urbain VIII, et Galilée pensa obtenir facilement l'imprimatur pour son livre. Il le reçut en effet en 1632, mais, semble-t-il, sans le consentement direct du pape. Et Urbain VIII ne tarda pas à déclarer que le *Dialogue* était une œuvre abominable, et plus dangereuse pour l'Église que les ouvrages du Luther et de Calvin. La diffusion fut suspendue ; Galilée, dénoncé par le Saint-Office, fut appelé à Rome. Après son procès, en 1633, on lui accorda, comme il se trouvait très malade, la permission de retourner dans sa villa des environs de Florence. Un siècle plus tard seulement, en 1728, l'astronome royal de Greenwich, ayant découvert le phénomène de l'éclipse de la Lune et donné ainsi une preuve indiscutable, tant recherchée par Galilée, du mouvement de la Terre autour du Soleil, l'Église retira le *Dialogue* de la liste des livres mis à l'Index. Malgré son âge avancé et sa mauvaise santé, Galilée, dans sa « prison » comme il la nommait, continua ses travaux, assisté de ses fidèles disciples : Vincenzo Viviani, Benedetto Castelli, Evangelista Torricelli. C'est de cette époque que date son œuvre immortelle sur la résistance des corps et sur la dynamique, intitulée *Discours sur les sciences nouvelles* (*). Peu avant sa mort, Galilée inventait, avec l'aide de Viviani, un système de roues (« l'échappement ») réglé par un pendule, première idée de l'horloge à pendule que devait développer plus tard Christian Huyghens. C'est également de cette époque que date l'ouvrage sur les « opérations astronomiques », dans lequel Galilée prévoyait le progrès futur des recherches astronomiques. Dans ses dernières années, devenu aveugle, il regrettait non pas d'avoir perdu la vision des choses terrestres, mais celle de l'univers sidéral. Il a laissé une *Correspondance* (*) (1604-1642).

GIORGIO ABETTI.

♦ « *Un très grand homme* » Huyghens. ♦ « *Si Bacon est considéré simplement comme auteur et comme philosophe, quoique très estimable sous ce point de vue, il est fort inférieur à Galilée, son contemporain. Bacon a montré de loin la route de la vraie philosophie ; Galilée l'a non seulement montrée, mais il y a marché lui-même à grands pas* » Hume. ♦ « *Que n'avons-*

nous pas dit du grand Galilée, le restaurateur et la victime de la raison en Italie, que Descartes eut le malheur de ne citer jamais ! » Voltaire. ♦ « *Newton, dont le génie a surpassé l'esprit humain, a peut-être commis plus d'erreurs que Galilée. Nous devons admirer dans Galilée un philosophe, un géomètre, un mécanicien, et un astronome qui n'avait pas moins de pratique que de théorie ; celui qui a dissipé les erreurs de l'ancienne école, l'écrivain le plus solide et le plus élégant qu'ait produit l'Italie ; le maître de Torricelli, de Castelli, Aggiunti, Viviani, Borelli et Candide Del Bueno.* » Encyclopédie de Diderot. ♦ « *Qui sait jusqu'où il serait parvenu en fait de connaissances sur le système du monde, et combien il aurait enrichi encore toutes les branches de la physique et de la philosophie naturelle, si l'on n'eût pas comprimé l'essor de son génie ! Que d'idées ingénieuses, de germes féconds anéantis avec les écrits de ce grand philosophe !* » Libri. ♦ « *Galilée était d'un caractère aimable et gai, d'un aspect agréable, surtout dans sa vieillesse, d'une taille moyenne et d'un tempérament assez fort ; il aimait à vivre à la campagne, où ses délassements favoris étaient la culture de son jardin et la conversation de ses amis.* » Michaud. ♦ « *Galilée* [...] *n'est pas précisément l'auteur d'une théorie du mécanisme universel, mais il y conduit, en créant une science physico-mathématique de la nature, capable de prévoir les phénomènes. Il ne dit pas ce que sont les choses, mais il montre, par l'épreuve, que les mathématiques, avec leurs triangles, leurs cercles et leurs figures géométriques, sont le seul langage capable de déchiffrer le livre de la nature.* » Émile Bréhier.

RÉF. : Chanoine Figuières, *Galilée et ses juges*, Aix, 1882. – Albert Lévy, *Galilée*, 1882. – A. Koyré, *Études Galiléennes*, Paris, 1939. – Giovanni Paoli, *Galileo Galilei*, Turin, 1947. – Zsolt Harsanyi, *Et pourtant elle tourne*, Paris, 1947. – Alexandre Koyré, *Galilée et la Révolution scientifique du XVIIe siècle*, Paris, 1955. – Giorgio de Santillana, *Le Procès de Galilée*, Paris, 1955. – S. Drake, *Discoveries and Opinions of Galileo*, New York, 1957. – P. Paschini, *Vita e opere di Galileo Galilée*, Rome, 1964. – G. Varanini, *Galileo critico e prosatore. Note e ricerche*, Vérone, 1967. – M. Cravelin, *La Philosophie naturelle de Galilée*, Paris, 1969. – S. Drake, *Galileo studies : Personality, Tradition and Revolution*, Ann Arbor, 1970. – R. W. Shea, *Galileo's Intellectual Revolution*, Londres, 1972 (trad. *La Révolution Galiléenne*, Paris, 1992). – T. Wlassics, *Galileo critico letterario*, Ravenne, 1974. – S. Drake, *Galileo and Work*, Chicago, 1978. – P. Redondi, *Galileo eretico*, Turin, 1983, trad. 1985. – W. A. Wallace, *Galileo and His Sources : The Heritage of the Collegio Romano in Galileo's Science*, Princeton, 1984. – F. Balibar, *Galilée, Newton lus par Einstein*, Paris, 1986.

GALILEI Vincenzo. Compositeur italien. Né à Santa Maria a Monte, près de Florence, vers 1520. Mort à Florence fin juin 1591. Avant son fils Galileo, Vincenzo avait déjà rendu célèbre le nom des Galilée. Il avait étudié la composition à Venise avec le fameux Padre Zarlino, en même temps qu'il travaillait le luth dont il devint un virtuose – son traité sur cet instrument, le *Fronimo* (Venise, 1568), fait autorité en la matière. Installé à Florence, Galilei fut appelé, par le comte de Bardi, à faire partie de la « Camerata » (qu'il venait de fonder) réunie dans le but de discuter des problèmes de la musique à laquelle il cherchait à donner un nouvel essor, en particulier par un retour à l'Antiquité. Des discussions de ce groupe savant naquit le « recitativo », embryon de l'« opéra » et, en 1565, ce fut Galilei, précisément, qui composa les premières pièces pour voix soliste avec accompagnement, conformes aux nouveaux principes (*Lamentation du comte Ugolin*, texte de Dante, et *Lamentations de Jérémie*). Il découvrit ensuite des hymnes grecs qu'il publia – ils ne furent déchiffrés que deux cents ans plus tard – et c'est à propos de musique grecque qu'il entra en opposition avec les *Institutioni armoniche* de son ancien maître et qu'il publia d'abord le *Dialogue de la musique ancienne et moderne* (*) (1581) puis son *Discorso... intorno all' opere di messer Gioseffo Zarlino da Chioggia* (1589).

GALLARDO Y BLANCO José Bartolomé. Célèbre critique littéraire espagnol. Né en 1776 à Campanario (province de Badajoz), mort à Alcoy (province d'Alicante) en 1852. Ayant débuté dans les lettres par la poésie érotique, il céda ensuite à son penchant pour le burlesque et écrivit nombre de vers de circonstance dans les journaux de son temps. Dès la trentaine (1806), il se révéla prosateur de grand mérite. Sa lecture assidue des classiques lui ayant permis d'acquérir un style des plus châtiés, il put alors faire une guerre sans merci aux mauvais écrivains de son temps. Fort bien doué pour l'invective, il y réussit à merveille : en 1811, il fit paraître son *Dictionnaire critico-burlesque* [*Diccionario critico burlesco*], lequel obtint un succès considérable. Ayant, par ailleurs, le goût de la politique, il se dressa plus d'une fois contre l'absolutisme, et, de ce fait, fut condamné à la prison et à l'exil. Sa grande passion fut la bibliographie : à sa mort, il laissa un grand nombre de notices, lesquelles (recueillies par Sancho Rayin et Zarco del Valle) formèrent le remarquable ouvrage intitulé : *Essai d'une bibliothèque de livres rares et curieux*. Redoutable critique, Gallardo y Blanco exerça la plus salutaire influence sur les lettres de son temps.

GALLEGOS Rómulo. Romancier vénézuélien. Né à Caracas le 2 août 1884, mort dans la même ville le 4 avril 1969. Sorti d'une famille très humble, il fit ses études dans un des collèges de sa ville natale, au sortir duquel il entra lui-même dans l'enseignement. Il prit une part toujours plus active à la politique intérieure de son pays. Fou de liberté depuis son plus jeune âge, il ne pouvait que se montrer hostile à la dictature de Juan Vicente Gómez. D'où il s'ensuit qu'il fut contraint de passer en exil les meilleures années de sa vie. Il ne débuta dans les lettres qu'aux approches de la quarantaine en publiant un roman intitulé *Reinaldo Solar* (1921). D'emblée, il s'y révélait créateur original. Bientôt, il confirma ses dons par un autre récit romanesque : *La Plante grimpante* [*La Trepadora*, 1926]. Il devait enfin s'imposer définitivement avec *Doña Bárba-*

ra (*) (1929), âpre épopée de la savane (la *llanura*), comme *Don Segundo Sombra* (*) (1925), de R. Güiraldes, est celle de la pampa argentine, et *La Voragine* (*) (1924), de José Eustasio Rivera, celle de la forêt colombienne. Ce don tout à fait prestigieux qu'il a d'évoquer l'atmosphère d'un pays que sa solitude même voue aux seules forces de l'instinct, nous le retrouvons dans les romans que l'auteur publiera par la suite : *Chanteclair* [*Cantaclaro*, 1934], *Canaïma* (*) (1935), *Pauvre Nègre* [*Pobre negro*, 1937], *Sur la même terre* [*Sobre la misma tierra*, 1943], *La Rébellion et autres contes* [*La rebelión y otros cuentos*, 1947]. Mais il y accuse davantage ses préoccupations sociales.

On sait qu'après la mort du dictateur Gómez, son vieil ennemi, Gallegos fut élu lui-même président de la République vénézuélienne. Renversé l'année suivante par un coup d'État militaire, il se renferma tout entier dans son labeur d'écrivain. Dans le domaine de la morale, Gallegos s'est fait de plus en plus le chantre de l'espoir, en s'attachant à montrer le triomphe du bien sur toutes les forces du mal dont son pays est la proie.

♦ *« La nature créole de ce grand peintre de paysages le pousse à remplir ses livres d'une multitude de types et de situations qui menacent de déborder de ses pages. »* Jorge Campos. ♦ *« L'atmosphère tropicale avec ses passions barbares, son climat lourd d'angoisse, ses dangers infinis, ses couleurs violentes, ses personnages inquiétants, ses maléfices, ses chaleurs de l'âme et du corps, n'avait jamais été évoquée avec une aussi sombre exactitude... Gallegos est, en vérité, un maître authentique du genre romanesque le plus difficile. »* F. C. Saínz de Robles.

RÉF. : M. Picón Salas, *Formación y progreso de la literatura venezolana*, Caracas, 1941. – J. de Nuñez y Domínguez, *Rómulo Gallegos y la novela hispanoamericana*, Mexico, 1944. – F. C. Saínz de Robles, étude sur Gallegos in *Obras escogidas*, Madrid, 1951. – Juan Liscano, *Rómulo Gallegos y su tiempo*, Caracas, 1980.

GALLI BIBIENA Ferdinando. Architecte italien. Né à Bologne le 18 août 1657, il y mourut le 3 janvier 1743. Il descendait d'une famille d'artistes célèbres, les Galli, surnommés Bibbiena, puis Bibiena. Il étudia d'abord la peinture à Bologne dans l'école alors fort célèbre de Carlo Cignani, se consacra ensuite à l'architecture, spécialement en matière de théâtre et de décoration. De lui-même, particulièrement, et de son frère Francesco, plus que de leur père, Giovanni Maria, découle le prestige de cette école de décorateurs bolonais qui, inaugurée par Serlio, répandit à travers le monde ses paysagistes, portraitistes et décorateurs jusqu'au seuil du XIXe siècle. Présenté par Cignani, en 1683, à la mort d'Angré Sighizzi, à la cour ducale de Parme, Bibiena reçut de Ranuce II Farnèse le titre de « premier peintre et architecte ». Il demeura à Parme jusqu'en 1711, pensionné par Farnèse et travaillant par tout le duché. L'œuvre architecturale majeure qui date de cette époque est la transformation de la Rocca del Sanseverino di Colorno en Palais ducal sous Ranuce II et François Farnèse (1660-1728). Sa renommée de décorateur lui valut d'être appelé, en 1708, à Barcelone afin d'y préparer la décoration pour les noces de Charles III, roi d'Espagne parvenu au trône impérial sous le nom de Charles VI. À Vienne, Bibiena se consacra à des travaux d'architecture mais s'y fit connaître surtout comme décorateur ingénieux et créateur d'ornementations. Affligé de la cataracte, il retourna à Bologne en 1717 pour y subir une opération, recouvra la vue et renonça à tout emploi à la cour de Vienne pour se fixer dans sa ville natale. Bibiena a condensé le résultat de ses expériences dans l'ouvrage, *L'Architecture civile basée sur la géométrie et ramenée à la perspective* (*) ; l'édition faite à Parme par Paolo Monti en 1711, sans beaucoup de soins, représente la documentation la plus caractéristique sur la mise en scène du drame musical baroque. Cette œuvre et la plupart des autres ouvrages théoriques de Bibiena connurent un grand succès et une large diffusion dans toute l'Europe.

GALLO Max. Écrivain français. Né à Nice le 7 janvier 1932. Max Gallo fait ses études au lycée du Parc impérial de Nice, puis il entre à l'Institut des études politiques de Paris. Agrégé d'histoire, docteur en histoire contemporaine et docteur ès lettres, il commence à enseigner au lycée de Nice (de 1960 à 1965) ; il est ensuite nommé maître assistant à la faculté des lettres de cette même ville. Son origine niçoise et sa formation d'historien auront une influence prédominante sur son œuvre. Les premiers ouvrages qu'il publie concernent en particulier les différents totalitarismes du XXe siècle : *L'Italie de Mussolini* (1964), *Histoire de l'Espagne franquiste* (1969), *La Nuit des longs couteaux* (1970). Il écrit également *Maximilien Robespierre, Histoire d'une solitude* (1968). Max Gallo veut analyser ce qui s'est passé sur la totalité de la scène historique, afin d'en saisir les articulations idéologiques et de mettre au jour les motivations politiques des acteurs du drame. On retrouve un même projet quand Max Gallo aborde le genre romanesque avec *Le Cortège des vainqueurs* (1972). Ses romans deviennent de vastes fresques qui reconstituent dans la durée les hasards de l'histoire, généralement dans le décor de la ville de Nice. *La Baie des anges* (*) (1975) raconte l'assimilation de trois émigrés italiens arrivés à Nice à la fin du XIXe siècle, et la destinée de leurs descendants jusqu'à la période contemporaine. *Que sont les siècles pour la mer* (1977) est un livre encore plus ambitieux, puisqu'il évoque vingt-cinq siècles d'histoire en Provence. Dans *Les Hommes naissent tous le même jour* (tome I : *Aurore*, 1978 ; tome II : *Crépuscule*, 1979), l'auteur fait s'entremêler les vies parallèles de six familles, éparpillées dans le monde entier. Ici aussi, l'écrivain cherche à saisir la complexité de la réalité psychologique et sociale au milieu des soubresauts de l'histoire. Dans les livres suivants, Max Gallo semble revenir à l'histoire pure, mais c'est de façon beaucoup plus politique : *Le Grand Jaurès* (1984), ou *Lettre ouverte à Maximilien Robespierre sur les nouveaux Muscadins* (1986) qui est plutôt un pamphlet. L'intellectuel de gauche Max Gallo est requis par la politique. En 1981, il a été élu député socialiste des Alpes-Maritimes ; il est en 1984 et 1985 secrétaire d'État et porte-parole du gouvernement. Il siège au Parlement européen. Son activité de journaliste correspond à son engagement politique : il a notamment été rédacteur en chef du *Matin de Paris* en 1985-1986. Cependant, il prend assez vite ses distances avec le pouvoir en place. Auteur extrêmement prolifique, ses nombreuses occupations (mentionnons au passage qu'il travaille dans l'édition et qu'il a par ailleurs réalisé des émissions pour la télévision) ne l'ont pas empêché de continuer à publier des livres à un rythme soutenu : *Jules Vallès* (1988), *Une affaire publique* (1989), etc.

JACQUES-ÉMILE MIRIEL.

GALOIS Évariste. Mathématicien français. Né à Bourg-la-Reine le 26 octobre 1811, mort des suites d'un duel le 31 mai 1832. Galois fut un des plus grands mathématiciens de tous les temps, et peut-être l'exemple le plus exceptionnel d'un précoce génie mathématique qui ait existé. Au cours de sa vie brève et très tourmentée, Galois, que les mathématiciens ignoraient, volontairement ou non, eut une certaine notoriété comme militant de l'extrême gauche républicaine. Il semble que, sous le règne des Bourbons, alors qu'il était encore élève au collège Louis-le-Grand, il ait participé à des manifestations contre la monarchie absolue. En tout cas, il fut écarté de l'École normale peu après les journées de Juillet en 1830. Il s'enrôla dans l'artillerie de la Garde nationale et participa à une tentative manquée de coup d'État républicain. Inscrit à la Société des amis du peuple, il tint, au cours des réunions, des discours enflammés, dont on retrouve la trace dans les journaux du temps (ainsi que dans un écrit de Dumas père). Condamné à plusieurs mois de prison à la suite d'une manifestation d'ex-gardes nationaux, il fut particulièrement persécuté par la police, ainsi qu'il ressort de la correspondance de Raspail, et peut-être l'objet d'une tentative de meurtre (un coup de fusil fut tiré de l'extérieur de sa cellule). Il venait à peine de sortir de prison lorsqu'il fut découvert blessé à mort et abandonné dans les environs de Paris. L'interprétation généralement acceptée est qu'il s'agissait d'un duel à cause d'une femme, mais il a été dit qu'il s'agissait d'une mise en scène montée par la police pour se défaire de Galois. Le jeune homme laissait ses manuscrits scientifiques inédits – v. *Écrits* (*) de Galois – à son ami Auguste Chevalier, mathématicien lui aussi, avec une lettre écrite l'avant-veille de sa mort. Encore sur les bancs du lycée, il avait publié dans les *Annales* de Gergonne (1828, t. XIX) une *Démonstration d'un théorème sur les fractions continues périodiques* ; en 1830, il fit paraître dans le *Bulletin* de Férussac (t. XIII) un mémoire sur la résolution algébrique des équations et en écrivit cinq autres sur les fractions imaginaires, dites de Galois, et sur les conditions de résolution des équations par rameaux. Bien que n'ayant pas été jugé digne d'attention par le grand Cauchy et ayant été rejeté comme trop obscur par Poisson, ce dernier mémoire fut publié par Liouville dans le tome XI de son *Journal* en 1846 ; mais sa portée réelle ne fut tout à fait comprise qu'en 1870, lorsque Jordan lui consacra presque entièrement son *Traité des substitutions et des équations algébriques*. Galois était parvenu à exposer les conditions nécessaires et suffisantes permettant de résoudre les équations algébriques au moyen de radicaux ; pour parvenir à ce résultat, il avait eu recours à un groupe de substitutions sur les racines des équations (groupe de Galois), révélant le lien profond existant entre la théorie moderne des groupes et la théorie classique des équations. L'édition complète des *Écrits* d'Évariste Galois parut en 1951 sous le titre *Œuvres mathématiques*.

RÉF. : P.-M. Dupuy, *La Vie d'Évariste Galois*, 1903. – M. Böcher, *Mathématiques et mathématiciens français*, 1914. – E. T. Bell, *Les Grands Mathématiciens*, trad. 1939. – L. Kollros, *Évariste Galois*, Bâle, 1949. – G. Verriest, *Notice sur Évariste Galois*, placée en tête de l'édition de ses *Œuvres mathématiques*, 1951. – A. Dalmas, *Évariste Galois, révolutionnaire et géomètre*, 1956.

GALSWORTHY John. Romancier anglais. Né à Coombe (Surrey) le 14 août 1867 ; mort à Londres le 31 janvier 1933. Issu d'une famille d'hommes de loi, il fait ses études à Oxford de 1886 à 1889 et débute au barreau en 1890. Mais la profession ne lui convient guère, et Galsworthy entreprend de grands voyages à travers le monde, en Russie et dans le Proche-Orient, en Amérique et en Océanie et, sur un bateau entre l'Australie et l'Afrique du Sud, il va rencontrer Joseph Conrad, alors officier de marine marchande, qui deviendra son ami et dont il encouragera les premières tentatives littéraires. À partir de 1898, Galsworthy commence lui-même à faire paraître des romans, *Jocelyn, Des quatre vents* [*From the four Winds*], et *Un homme de Devon* [*A Man of Devon*], mais sous le pseudonyme de John Sinjohn. Ses années de voyage ont été également des années d'abondantes lectures : Galsworthy a découvert, reconnu, assimilé l'art de ses maîtres, Maupassant, Tourgueniev, Tolstoï, Anatole France. C'est pourtant à plus de trente-cinq ans seulement, en 1904, qu'il commence, cette fois sous son nom, sa véritable carrière littéraire avec *Les Pharisiens de l'Ile* [*The Island Pharisees*], non pas à proprement parler un roman avec une action et une intrigue principales, mais une série de tableaux de mœurs où apparaît déjà le thème essentiel de l'œuvre de Galsworthy, cette critique des classes riches, de leur pharisaïsme, de leur arrogance, de leur mercantilisme inhumain. À la même époque il travaille au premier volume de sa fresque célèbre, *La Saga des Forsyte* (*) : *Le Propriétaire* (+) paraît en 1906, mais la suite se fera attendre dix ans, jusqu'à *Dernier été* (+) (1917). La fresque sera rapidement complétée après la Grande Guerre dans une nouvelle série, *Une comédie moderne* (*), étude de la jeune génération Forsyte comprenant : *Aux aguets* (+) (1920), *À louer* (1921), *Le Singe blanc* (+) (1924), *La Cuillère d'argent* (+) (1926) et *Le Chant du cygne* (+) (1928). En marge de ce roman-fleuve, Galsworthy continuait à faire paraître des récits plus courts comme *La Fleur sombre* (1913) assez brutale étude d'une passion, *Terre libre* [*The Freelands*], hymne de foi et de gratitude à la campagne, à la Nature, fondement de la race, *Les Progrès d'un saint* [*Saint's Progress,* 1919], analyse des débats moraux d'un clergyman. À l'époque de la publication de ses premiers romans, en 1906, Galsworthy abordait le théâtre avec *La Boîte en argent* (*), suivie de *Justice* (*), de *Loyautés* (1922), pièces dans la tradition du théâtre social cultivé à la même époque par Bernard Shaw, véhémentes dénonciations des injustices et des inégalités, critiques de l'État bourgeois, de l'administration pénitentiaire (dont une réforme fut décidée en Angleterre sous le coup de l'émotion suscitée en 1910 par *Justice*).

Pour s'aventurer dans le genre si difficile du roman et du théâtre à thèse, Galsworthy avait en tout cas une vertu : la sincérité totale de son indignation. Ce n'est pas par rancœur personnelle que ce fils de grands bourgeois, cet ancien oxonien bien élevé et fortuné se fait le critique d'une Angleterre moins proche de nous que l'ère victorienne. Ce n'est pas non plus par ambition politique, car Galsworthy ne sacrifiera jamais les exigences de l'art au profit d'une vaste popularité. Ni pour se faire l'apologiste d'une orthodoxie religieuse, ni même d'abord par instinct de révolte, mais par une vraie, une tendre pitié pour les victimes de la civilisation de l'argent. Sans doute ne peut-on s'empêcher de rattacher Galsworthy à cette tradition moralisatrice, vivace dans les lettres anglaises ; il faut aussi tenir compte de l'influence de l'époque, du prestige d'un Zola et d'un Tolstoï. Galsworthy n'échappe pas toujours aux défauts presque inévitables de la littérature à thèse : didactisme, raideur et parfois arbitraire de l'intrigue contrainte de servir la démonstration, prédications sociales introduites au détriment de l'action romanesque. Cependant l'auteur des *Forsyte* vaut plus encore par ses qualités d'écrivain que par ses bonnes intentions de philosophe ; avec ses Forsyte, et surtout Soames, le « propriétaire », il a créé des types qui resteront certainement dans le patrimoine anglais. Portraits qui se complètent sous nos yeux, au fur et à mesure des circonstances, selon le mouvement même de l'action, par d'innombrables petits traits significatifs, magistralement observés et recueillis, qui viennent compléter ou corriger notre première impression. Hommes inséparables de leur famille, de leur tribu, et dans lesquels on reconnaît finalement des personnages mythologiques du monde moderne. Aimable, modeste, vivant la plupart du temps retiré dans une maison de campagne où il s'entourait d'animaux, Galsworthy s'efforça d'échapper aux servitudes de la célébrité, confirmée un an avant sa mort, en 1932, par l'attribution du prix Nobel de littérature.

JACQUES PATRY.

♦ *« Au lieu de chercher l'objectivité par la froideur, il la trouve dans la délicatesse de conscience. Il peut ainsi réagir aux choses avec l'émotion sans laquelle le tableau que l'artiste en trace n'est point vrai. Toute vibrante de sensibilité, sa technique est celle d'un impressionniste. »* L. Cazamian. ♦ *« Romancier trop scrupuleux pour remuer les foules, penseur trop vague pour influencer profondément une élite, Galsworthy parvient pourtant à toucher noblement les âmes. »* René Lalou.

RÉF. : V. S. Kaye-Smith, *John Galsworthy,* 1916. – André Chevrillon, *Trois études anglaises,* 1924. – H. V. Marrot, *Life and Letters of John Galsworthy,* 1935. – D. Barker, *A Man of Principle,* Londres, 1963. – D. Holloway, *Galsworthy,* Londres, 1968. – E. H. Mikhail, *Galsworthy the Dramatist – A Bibliography of Criticism,* Londres, 1971. – Alain Fréchet, *John Galsworthy,* Paris, 1979, et *John Galsworthy : a Reassessment,* Londres, 1982.

GALTIER-BOISSIÈRE Jean. Journaliste et écrivain français. Né et mort à Paris (26 décembre 1891-23 janvier 1966). Il avait pour grand-oncle le poète Louis Ménard et pour oncle Émile-René Ménard, peintre d'antiquités païennes à la Belle Époque. Son grand-père Eustache Ménard, libraire-éditeur, acquit les matériaux de démolition de la chapelle de Cluny, place de la Sorbonne, avec quoi il fit construire trois maisons dont l'une devait abriter *Le Crapouillot* (*), fondé par Jean Galtier-Boissière. Ce fut d'abord un journal du front pendant la Première Guerre mondiale, d'esprit indépendant, visant au « débourrage » de crâne. Mobilisé, Jean Galtier-Boissière sera amené à faire le métier militaire sept ans de suite. Ce qui lui fournit la matière d'un certain nombre de livres : *La Fleur au fusil* (1914), *Loin de la Riflette* (1917-1918). Démobilisé, il expose ses dessins de guerre, exécutés à l'encre de Chine, qui obtiennent un succès plus grand que ses livres. Au printemps de 1919, il fait reparaître le premier numéro du *Crapouillot* de paix, qui ne représente pas une nouvelle école littéraire mais « se donnait pour but de dire des vérités sur un certain nombre de sujets et de soutenir jeunes écrivains indépendants et artistes d'avant-garde ». Y collaborèrent entre autres Mac Orlan, Francis Carco et les peintres Dunoyer de Segonzac, Dignimont, Oberlé. À partir de 1930, *Le Crapouillot* ne publie plus que des numéros spéciaux consacrés à des sujets d'actualité. Il cesse de paraître en 1939 pour reparaître en 1947. En même temps qu'il dirige *Le Crapouillot*, Jean Galtier-Boissière publie un certain nombre d'ouvrages. En 1925, ce fut *La Bonne Vie*, consacré au « milieu », livre « uniquement reconstitué à travers les récits des filles ». Il publie des ouvrages relatifs à l'histoire des deux guerres mondiales et d'autres qui tiennent de la chronique et du pamphlet : *Mon journal pendant l'Occupation* (1944), suivi de *Mon journal depuis la Libération, Mon journal dans la drôle de paix*. De 1960 à 1963, il donne *Mémoires d'un Parisien*, qui couvrent la longue période qui va de son enfance à la guerre d'Algérie. Ainsi qu'il l'écrit lui-même, on trouve là « le Tout-Paris des lettres, des arts et des spectacles évoqué par ses mots et ses anecdotes au cours d'une époque passablement mouvementée ».

GUY LE CLEC'H.

GALUPPI Baldassare. Compositeur italien. Né à Burano, près de Venise, le 18 octobre 1706, mort à Venise le 3 janvier 1785. Après avoir étudié avec son père, il fait représenter en 1722 son premier opéra à Vicenza, *La fede nell'incostanza*. Il travaille ensuite avec Lotti et s'impose rapidement dans le domaine lyrique au point d'être surnommé « le père de l'opéra bouffe ». En 1740, il est engagé comme chef des chœurs à l'Hospice des mendiants. Il séjourne ensuite à Londres, revient à Venise en 1748 où il est adjoint au maître de chapelle avant d'occuper lui-même ce poste (1762-64). Entre 1765 et 1768, il est maître de chapelle de Catherine II, à la cour de Saint-Pétersbourg. On lui doit cent douze opéras, certains sur des livrets de Goldoni – *Le Philosophe de campagne* [*Il filosofo di campagna*, 1754], *La Femme de chambre spirituelle* [*La cameriera spiritosa*, 1766] – et vingt-sept oratorios. Sa musique instrumentale, redécouverte plus tardivement, annonce déjà celle de Cimarosa (sonates et concertos pour clavecin). Dans le domaine de l'« opera seria », Galuppi a volontiers mis en scène des grands héros de la littérature ou de l'histoire : *Didon abandonnée* (+) (1724), *Alexandre aux Indes* (+) (1738), *Bérénice* (+), *Pénélope* (+) (1741), *Scipion à Carthage* (1742), *Iphigénie en Tauride* (+) (1768), *Montezuma* (1772).

ALAIN PÂRIS.

RÉF. : A. Della Corte, *Baldassare Galuppi*, Sienne, 1948.

GALVANI Luigi. Physicien italien. Né à Bologne en 1737, il y mourut le 4 décembre 1798. Il étudia d'abord la théologie, puis l'anatomie et la physiologie. Docteur en médecine en 1759, il fut nommé professeur d'anatomie en 1762 et de chirurgie en 1763. C'est en 1780 qu'il commença ses premières expériences électriques sur des grenouilles. Après la découverte, par l'anatomiste anglais Hunter, de l'organe producteur d'électricité du poisson-torpille, Galvani formula sa théorie électrique de l'influx nerveux, point de départ de l'électrophysiologie moderne. En 1790, il réalise l'une de ses plus célèbres expériences ; il attacha des grenouilles à un balcon, attendant un orage. Le crochet métallique qui traversait la moelle épinière d'une grenouille formait, en touchant le balcon, un circuit fermé (moelle épinière, crochet, balcon) ; et, immédiatement, malgré l'absence d'électricité dans le milieu ambiant, l'animal fut prit de brusques convulsions se renouvelant à chaque contact. Galvani crut pouvoir ainsi prouver l'existence de l'électricité animale : selon lui, le cerveau en était l'organe générateur, les nerfs servant de conducteurs et les muscles se déchargeant à chaque contraction. Peu de temps après, Volta, ancien élève de Galvani, donna l'explication exacte du phénomène ; c'est ainsi qu'il inventa, en 1794, la pile électrique. Bien que Galvani ait eu tort dans l'interprétation de l'expérience, sa théorie de la nature électrique de nombreux phénomènes du système nerveux et de la surface cérébrale a été confirmée par des expériences extrêmement précises. En 1797, Galvani refusa de prêter serment à la République cisalpine et dut quitter l'université. Ses principaux écrits sont : *Des forces électriques* (*), de 1791 ; sur l'électricité animale, sa *Lettre au professeur Bassano Carminato sur le siège de l'électricité animale* [*Lettera al Sig. prof. Bassano Carminato sulla sede dell' animale elettricità*, 1792] ; son traité *Du rôle de l'arc conducteur dans la contraction des muscles* [*Dell'uso e dell' attività dell' arco conduttore nella contrazione dei muscoli*, 1794] ; les *Lettres à Spallanzani* de 1797. Rappelons enfin que le nom de ce savant a été utilisé pour désigner les phénomènes qu'il a découverts ainsi que de nombreux procédés techniques.

GALVÃO António. Navigateur et colonisateur portugais. Né en Inde vers 1490, mort à Lisbonne le 11 mars 1557. Cinquième fils de Duarte Galvão, chroniqueur officiel du royaume de Portugal, grand ami d'Alphonse d'Albuquerque, il vécut en Orient jusqu'à l'âge mûr : il était expert en science et pratique de la navigation, en même temps que vaillant soldat et missionnaire ardent et vénéré. Pour ses services rendus à l'empire portugais, par lettre du 19 mars 1532, le roi João III de Portugal le nommait gouverneur des Moluques où, à partir de 1536, il combattit les roitelets locaux unis contre les Portugais ; il les mit en déroute à Teder et détruisit la ville où ils s'étaient concentrés. Il se consacra ensuite à la réorganisation civile et au développement de l'agriculture, répandant en même temps la doctrine catholique avec un zèle qui lui valut le nom d'Apôtre des Moluques. Les habitants de Ternate le supplièrent de devenir leur rajah, mais il déclina l'offre. Loué pour ses mérites par les chroniqueurs contemporains comme João de Barros, Diogo de Couto et Lopes de Castanheda, il fut négligé par les rois de Portugal qui, lorsqu'il rentra dans son pays, tolérèrent qu'il vécût dans la plus grande misère. Pendant dix-sept ans, jusqu'à sa mort, il fut infirmier à l'hôpital de Lisbonne. Son exécuteur testamentaire, Francisco de Souza Tavares, s'occupa de l'impression du *Traité des découvertes antiques et modernes faites jusqu'en 1550* (*) (1563), tandis qu'un deuxième ouvrage, *Histoire des Moluques* [*Histório das Molucas*], en dix volumes, remis manuscrit à Damião de Góis, disparut après la mort de ce dernier.

GAMA José Basílio da. Poète brésilien. Né vers 1740 à São-José-do-Rio-das-Mortes (État de Minas Gerais), mort le 31 juillet 1795 à Lisbonne. Il est un des représentants brésiliens les plus illustres de l'académie littéraire de l'Arcadie. Il fut élevé au collège des jésuites de Rio de Janeiro ; après l'expulsion de ces derniers du Brésil, pour compléter son éducation, il se rendit à Lisbonne. Avide de connaître et de voir, il alla à Rome mais, ses moyens étant plus que limités, quelques amis durent lui venir en aide ; grâce à eux également il fut reçu dans l'Arcadie (sous le nom pastoral de Termindus Sipilius), et devint professeur dans un séminaire. De retour à Lisbonne, il offrit au tout-puissant dictateur portugais, le marquis de Pombal, son poème *L'Uruguay* (*) (1769), qui remporta un succès immense, en partie peut-être parce que le motif qui l'avait inspiré (la campagne portugaise et espagnole contre les Indiens rebelles de l'Uruguay) lui avait offert le moyen de donner libre cours à son hostilité contre les jésuites. La chute de Pombal fut pour Gama un coup très dur ; il retourna au Brésil en 1795, et là fonda l'Academia ultramarina, académie semblable à celle de Rome. Il avait néanmoins la nostalgie de l'Europe et repartit très rapidement pour Lisbonne où, peu avant de mourir, il fut élu membre de l'Académie des sciences.

RÉF. : Varnhagem, *Épicos Brasileiros*, Lisbonne, 1845. – João Manuel Pereira da Silva, *Plutarco Brasileiro*, Rio de Janeiro, 1864 ; *La Littérature portugaise, son passé, son état actuel* (en français), Rio de Janeiro, 1865. – J. Verísimo, *Estudos de literatura brasileira*, Rio, 1901, p. 104-106. – G. Lelis, *Basílio da Gama e « O Uruguay »*, in Revista das Academias de Letras, 9, 1940. – A. Candido, *Formaçao da literatura brasileira*, vol. I, São Paulo, 1959, p. 122-131. – H. González, *José Basílio da Gama, o poema « Uruguay » e suas implicações*, 1969. – F. C. H. Garcia, *Richard Francis Burton and Basílio da Gama « The Translator and the Poet »*, in LRB, 1975, nº 1, p. 34-57.

GAMBETTA Léon. Homme politique français. Né à Cahors le 2 avril 1838, mort à Paris le 31 décembre 1882. Après avoir été un brillant élève du lycée de Cahors, sa ville natale, il arrive à Paris en 1857, suit les cours de droit et se sert déjà de sa puissante éloquence méridionale pour exalter la République devant ses camarades du quartier Latin. Devenu avocat, sa défense retentissante du député Baudin, poursuivi par le gouvernement impérial en 1868, le fait élire lui-même un an plus tard à l'Assemblée où il ne manque aucune occasion d'attaquer le régime – v. *Discours et plaidoyers politiques* (*). Après s'être opposé à la guerre de 1870, tout en étant persuadé de la victoire française, il proclame au lendemain de Sedan la déchéance de l'empereur devant le corps législatif et la République à l'Hôtel de Ville. Ministre de l'Intérieur dans le gouvernement de la Défense nationale, il presse vainement ses collègues de se réfugier dans une ville de province pour garder toute leur liberté de manœuvre. Lorsque la délégation envoyée dans cette fin à Tours se révèle insuffisante, Gambetta quitte en ballon Paris encerclé, le 7 octobre 1870, et prend en main la résistance militaire. Peut-être l'armée qu'il réussit à lever aurait-elle dégagé Paris si la capitulation de Metz, intervenue entre-temps, n'avait alors libéré de puissants renforts allemands. Triomphalement réélu en 1871 à l'Assemblée nationale par neuf départements, il choisit de représenter Strasbourg, mais proteste en donnant sa démission lorsque l'Assemblée ratifie le traité de Francfort. Après une nouvelle réélection en juillet, il consacre désormais tous ses efforts à l'établissement de la République : malgré les conseils de prudence de Thiers, il parcourt la France et prononce des discours enflammés contre la majorité monarchiste, à Grenoble en particulier, en novembre 1872, où il déclare que le pouvoir doit passer « à de nouvelles couches sociales ». Tribun fiévreux, il sait cependant se soumettre aux possibilités réelles de la politique, et son rôle modérateur à l'intérieur du parti républicain permettra l'adoption de la Constitution de 1875. Aux yeux des foules, il reste le porte-parole intransigeant du parti, le plus terrible adversaire de l'« ordre moral » qui lance, quelques jours après le coup d'État parlementaire du 16 mai, la fameuse formule : « Le cléricalisme, voilà l'ennemi ! » (empruntée à son ami Peyrat) et dont le journal, *La République française*, est un des plus influents de l'époque. Après l'abdication de Mac-Mahon, ayant refusé lui-même d'être porté candidat à la présidence de la République, il fait élire Grévy, accède à la présidence de la Chambre en 1879, fait campagne en 1881 pour imposer le scrutin de liste et forme la même année le « grand ministère », assuré d'une large majorité à la Chambre. Mais les manières autoritaires de Gambetta suscitent de nombreuses attaques : accusé de prétendre à la dictature, il doit démissionner en janvier 1882 et meurt d'une perforation intestinale (certains avancèrent l'hypothèse d'un coup de revolver), dans sa maison des Jardies, où il habitait avec sa maîtresse Léonie Léon.

JACQUES PATRY.

RÉF. : Paul Deschanel, *Gambetta,* Paris, 1919. – J. Chastenet, *Léon Gambetta,* Paris, 1969.

GAMOW George. Physicien russe nationalisé américain. Né à Odessa le 4 mars 1904, mort à Boulder (Colorado) le 20 août 1968. Si l'expression « touche-à-tout de génie » a un sens, elle s'applique incontestablement à George Gamow. « Peut-être le dernier exemple d'amateurisme scientifique à grande échelle », disait de lui le physicien Stanislav Ulam. Fils d'un professeur de littérature d'Odessa, il étudie la physique mathématique et s'initie à la cosmologie relativiste à l'université de Petrograd. Malgré les difficultés liées à la situation en Russie, il se fait rapidement remarquer dans le milieu de la physique internationale par une pensée fort originale. Niels Bohr lui demande en 1928 de le rejoindre à Copenhague, où il travaille sur les réactions thermonucléaires stellaires, et il se rend un an plus tard au célèbre Cavendish Laboratory de Cambridge où il collabore, avec Rutherford, à la construction du premier accélérateur de particules. De retour en Union soviétique en 1931, il se voit privé de visa et enseigne pendant deux ans à Leningrad. Il profitera d'un congrès Solvay à Bruxelles pour s'expatrier aux États-Unis. Travaillant successivement avec Edward Teller (le père de la bombe H américaine) puis Hans Bethe, il est l'auteur de remarquables contributions sur la nucléosynthèse stellaire et la théorie quantique du noyau atomique. Il est surtout le premier à émettre l'hypothèse du « big bang », en 1939, et à prédire l'existence d'un fond de rayonnement cosmique (qui sera décelé vingt-cinq ans plus tard) témoignant de cet événement majeur de l'histoire de l'univers. En 1954, peu après l'élucidation de la structure de l'ADN, il décrivit la construction des acides aminés à partir des nucléotides. Mais c'est sans doute dans son œuvre de vulgarisation, et en particulier dans la célèbre série des *M. Tompkins* – v. *M. Tompkins au pays des merveilles* (*) – que son imagination et sa fantaisie (il écrivit un article sur l'origine des éléments chimiques avec Alpher et Bethe pour le seul plaisir de le signer : Alpher, Bethe, Gamow...) s'expriment le plus librement. Il a publié plus de trente livres, dont beaucoup illustrés par lui-même, et son œuvre a été couronnée par le prix Kalinga décerné par l'U.N.E.S.C.O.

NICOLAS WITKOWSKI.

GĀNDHĪ Mohandās Karamchand, dit le Mahatma. Homme politique indien. Né à Porbandar, ville maritime du Kathiawar, le 2 octobre 1869, mort le 30 janvier 1948, assassiné par un fanatique hindou, à Delhi. Il est la personnalité la plus en vue de l'histoire contemporaine de l'Inde où il domina la scène politique et sociale durant toute la première moitié du XXe siècle. De sa féconde activité, consacrée au mieux-être de ses compatriotes et à l'indépendance de sa patrie, dans le cadre d'une conception philanthropique et humanitaire supérieure, nous sont restés l'œuvre intitulée *Expérience de vérité ou Autobiographie* (*), une masse énorme d'articles divers publiés dans des revues et des périodiques, des discours officiels prononcés en Inde et en Angleterre, ses nombreuses allocutions de ton familier et paternel, adressées au peuple qui en a gardé, encore de nos jours, un souvenir religieux, ainsi que des lettres de direction destinées au groupe de ses proches disciples, les *Lettres à l'Ashram.* C'est à vingt ans environ qu'il eut, pendant trois ans, un premier contact direct avec la civilisation occidentale, habitant Londres pour y parfaire ses études juridiques. Il retourna ensuite en Inde, mais n'y resta pas longtemps. En 1893, il partit pour l'Afrique du Sud où le double idéal qui guidera toute sa vie commença de se manifester – un amour fervent pour l'Inde tout entière (dont l'antique civilisation, la culture et quelques époques glorieuses de son histoire trois fois millénaire lui paraissaient des données intangibles sur lesquelles devait se fonder l'unité nationale), et un besoin inné de remplir un devoir difficile dans un esprit d'amour et de charité envers l'humanité en général. C'est ce généreux élan qui le porta à accomplir son œuvre de relèvement moral et social auprès des milliers d'Indiens qui vivaient en Afrique du Sud ; il fonda des colonies agricoles et des hôpitaux, et, à partir de ce moment-là, toute son action visa à faire disparaître les séparations de caste et de religion qui divisaient son peuple. Dans ses rapports et ses inévitables différends avec le gouvernement sud-africain, il inaugura une méthode de lutte, ou, mieux, de résistance qui ne manque pas au respect de la personne humaine et fuit également la révolte armée ; il pratiqua, déjà en Afrique en 1906, le « Satyagraha » (l'obstination pour la vérité) qui se traduit par la « résistance passive ». À la fin de 1914, il retourna en Inde et y mena une vie retirée jusqu'en 1918.

Dès lors, Gāndhī fut pratiquement le chef du mouvement nationaliste. La tactique adoptée en vue de gagner l'indépendance passe d'abord par l'« autonomie » simple, qui se concrétise dans l'« autonomie économique » qu'on atteint au moyen du « refus de coopération », puis par la « désobéissance civile » qui devient alors le symbole de l'« indépendance nationale » [svaraj]. Gāndhī a été pour son peuple un chef et un maître, il l'a conduit jusqu'au but qu'il avait si ardemment rêvé. Gāndhī vit l'Inde indépendante quoique son vœu de cohabitation harmonieuse entre hindous et musulmans ne se soit pas encore réalisé ; ce fut certainement une douleur pour lui, à laquelle vinrent s'ajouter d'amères désillusions causées par les violences et les massacres qui accompagnèrent la création de l'Union indienne et du Pakistan. Gāndhī, curieuse figure d'ascète indien, ne passa pas sa vie dans le traditionnel ermitage des bois, mais au contraire, poussé par l'amour infini de sa terre natale et de ses frères, et mis à part quelques retraites, il vécut dans le monde et pratiqua l'ascétisme tout en restant en contact avec les hommes et les méthodes politiques. La « non-violence » [ahimsa] fut son arme pacifique, et il nous apparaît tout imprégné de ce sentiment de bonté et de douceur qui est le caractère dominant des disciples de Viṣṇu. Ses jeûnes répétés et douloureux étaient la preuve de son complet dévouement à sa cause, et ils réveillaient la dévotion des masses, sa parole passionnée les enthousiasmait, ses prières et ses invocations au dieu Ram, récitées en public, touchaient et ravissaient l'auditoire. Sur le plan politique, il opéra par des méthodes nettement opposées à celles qui priment de nos jours ; il avait en horreur la règle selon laquelle la fin justifie les moyens, règle que Kautilya, un maître indien de la politique, avait, il y a plusieurs siècles, exaltée et mise en pratique avec un réalisme sans scrupules. La manière de procéder que Gāndhī prêchait et pratiquait obtint le succès prévu. L'appellation de Mahatma (le magnanime) l'honore et le désigne à la postérité comme une des personnalités de premier plan dans l'histoire de l'Inde. La nouvelle pénible de la mort du « père » [bap] communiquée aux foules, la douleur qu'éprouva le peuple frappé par sa fin tragique, la conservation de ses cendres, religieusement immergées dans les nombreux fleuves sacrés de l'immense pays, révélèrent au monde que l'Inde avait perdu son plus grand saint des temps modernes.

MARIO VALLAURI.

♦ *« Il est simple comme un enfant, doux et poli même avec ses adversaires, d'une sincérité immaculée* [...] *Voilà l'homme qui a soulevé trois cents millions d'hommes, ébranlé le British Empire, et inauguré dans la politique humaine le plus puissant mouvement depuis près de deux mille ans. »* Romain Rolland.
♦ *« Gandhi vient d'être abattu par un Hindou* [...] *C'était trop beau, c'était inespérable cette victoire mystique, où la ferveur spirituelle tienne en respect la brutalité ; j'ai le cœur gonflé de sanglots. C'est comme une défaite de Dieu, un recul. »* André Gide.

RÉF. : D. G. Tendulkar, *Mahatma, Life of M. K. Gandhi,* Bombay, 1951-53. – Louis Fischer, *Vie du Mahatma Gandhi,* Paris, 1952. – Romain Rolland, *Mahatma Gandhi,* Paris, 1952. – H. Kabir, *The Gandhian Way,* Paris, 1953. – O. Lacombe, *Gandhi ou la Force de l'âme,* Paris, 1964. – C. Clément, *Gandhi, athlète de la liberté,* Paris, 1989.

GANGOTENA Alfredo. Poète équatorien. Né le 19 avril 1903 à Quito, mort dans cette ville le 29 décembre 1944. Fils d'une famille aristocratique, il fait ses études secondaires chez les jésuites, au collège San Gabriel de Quito. À quatorze ans, il publie son premier poème dans une plaquette intitulée *Deux élégies à la guerre européenne* [*Dos elegías a la guerra europea*], à laquelle participe également Eduardo Samaniego y Alvarez, et commence à collaborer à la revue mensuelle *La Alborada,* puis à *Juventud* (qui eut quatre numéros, de décembre 1919 à avril 1920). En 1920, obéissant à une tradition de l'aristocratie équatorienne qui veut que l'on achève ses études en France, il se rend avec sa famille à Paris et obtient son baccalauréat deux ans plus tard. Admis en 1922 à l'École des mines (qui lui décernera son diplôme d'ingénieur en 1927), il est présenté par l'écrivain diplomate Gonzalo Zaldumbide aux écrivains latino-américains vivant à Paris : Ventura García Calderón, Alfonso Reyes, Ricardo Güiraldes, ainsi qu'à Jules Supervielle et à Georges Pillement. En décembre 1923, il publie ses premiers poèmes écrits en français dans *Intentions.* Devenu l'ami de Max Jacob et de Jean Cocteau, il révèle, de 1923 à 1927, sa poésie « française » dans les revues *Philosophies, Intentions, Le Roseau d'or, La Ligne de cœur.* Ayant rencontré Henri Michaux chez Jules Supervielle, il l'invite à l'accompagner dans son voyage de retour en Équateur, en décembre 1927. En mars 1928, le recueil *Orogénie* (+) est publié par *La Nouvelle Revue française* (coll. « Une œuvre, un portrait »), tandis que Michaux, hôte de Gangotena durant plusieurs mois, réunit ses impressions dans *Ecuador* (*) (1929). En décembre 1932, Gangotena édite à Quito (« Chez l'auteur ») *Absence* (+). En 1934, une première lettre adressée de Lille par la poétesse Marie Lalou marque le début d'une correspondance amoureuse exaltée, qui inspire au poète *Jocaste* (+) (resté inédit), puis *Cruautés* (1935). Attaché culturel à Paris en 1936, il cherche à voir Marie Lalou ; celle-ci, malade, souffrant de myélite, refuse de le recevoir. Rentré en Équateur en 1937, il correspond avec Pierre-Louis Flouquet qui publie, en 1938, à Bruxelles, le recueil *Nuit* (+). Après *Tempestad secreta* (poèmes en espagnol, Quito, 1940), il se fait durant toute la Seconde Guerre mondiale le défenseur actif de la France libre. Atteint d'une péritonite aiguë, il meurt des suites d'une opération et, en 1946, est décoré à titre posthume de la Légion d'honneur. L'ensemble de son œuvre française a été recueilli par Claude Couffon sous le titre *Poèmes français* (*) en 1991-92 (deux volumes).

CLAUDE COUFFON.

♦ *« Alfredo Gangotena est un des rares poètes que j'ai rencontrés qui ne me soit pas apparu comme un être moyen et bâti comme tout le monde. Quantité de réactions et de réflexes se produisaient chez lui tout autrement que chez les autres hommes. Un désespoir irrespirable et bien du dedans était là qui vous fauchait bras et jambes... Tout ce qui est positif dans l'univers gangoténien est angélique et floral. Ce qui est négatif est maudit et minéral. »* Henri Michaux.

RÉF. : Adriana Castillo de Berchenko, *Alfredo Gangotena ou l'Écriture partagée,* Perpignan, 1992.

GANIVET Angel. Écrivain espagnol. Né à Grenade le 13 décembre 1865, mort à Riga (Lettonie) le 29 novembre 1898. De très humble origine, il eut beaucoup à souffrir, dès son plus jeune âge, de la pauvreté de ses parents. Son intelligence précoce fut assez forte, néanmoins, pour triompher en fin de compte de bien des obstacles. Après avoir fait de bonnes études au lycée de sa ville natale, et obtenu son diplôme de bachelier, il résolut de se rendre à Madrid pour se faire inscrire comme élève à la faculté de philosophie et lettres. Il eut la chance d'y avoir pour condisciple Miguel de Unamuno, avec lequel il se lia d'amitié. (Cet attachement devait rester indéfectible.) Bien qu'il dût s'imposer des privations, il ajoutait à ses études celles de langues étrangères. Il obtint sa licence en 1888. Après avoir fait fonction d'archiviste pendant toute l'année suivante, il se démit de son emploi pour préparer la carrière consulaire. Ayant passé avec succès l'examen d'entrée à cette carrière (1892), il obtint la charge de consul d'Espagne : d'abord à Anvers (1894), puis à Helsingfors (Helsinki) (1896), enfin à Riga (Lettonie) (1898). Conscient de la décadence de son pays et soucieux d'y porter remède dans la mesure de ses moyens, Ganivet fut un travailleur infatigable en chacune de ses résidences : d'Anvers, il adressait à une feuille de Grenade les chroniques qu'il réunira plus tard dans *Grenade la belle* [*Granada la bella*, 1895] ; d'Helsingfors, les fameuses *Lettres finlandaises* [*Cartas finlandesas*, 1896] ; de Riga, *Les Hommes du Nord* [*Hombres del Norte*, 1905] et d'autres récits. C'est dans cette dernière ville que, à l'âge de trente-trois ans, il se donna la mort en se jetant dans les eaux de la Dvina : un travail excessif et de graves chagrins intimes lui avaient fait perdre la raison. Il avait épousé, en 1892, une jeune femme, Amalia Rodan, dont il avait eu plusieurs enfants. Bien qu'il ait été toute sa vie tourmenté par le désir « d'être original à tout prix » (comme dit Ortega), prétention commune, d'ailleurs, aux grands écrivains de son temps, Ganivet possédait une culture de tout premier ordre. Familiarisé avec les auteurs français, à commencer par Barrès, tout comme avec ceux du monde germanique, il put, sans se faire violence, devenir un « Européen » tout en restant espagnol. Dans son cœur comme dans son esprit, l'Espagne prévaut sur toutes les autres considérations. Pour s'en convaincre, il suffit de se reporter à sa correspondance avec Unamuno sur *L'Avenir de l'Espagne* [*El porvenir de España*] et à cet admirable livre qu'est l'*Idearium español* (*) (1897). Son angoisse se retrouve même dans ses œuvres d'imagination, où la grandeur épique s'accorde avec l'humour et l'observation réaliste : *La Conquête du royaume de Maya* (*) (1897) et *Les Travaux de l'infatigable créateur Pío Cid – v. La Conquête du royaume de Maya* (1898-1911). Ajoutons-y le drame en vers intitulé *Le Sculpteur de son âme* [*El escultor de su alma*, 1916]. Par l'inquiétude qui lui est propre et son style des plus châtiés, Angel Ganivet passe à juste titre pour le précurseur direct (avec Miguel de Unamuno) de ce qu'en Espagne on appelle « la génération de 98 ».

ROLAND PURNAL.

RÉF. : M. Fernández Almagro, *Vida y obras de Ganivet*, Valencia, 1925. – Q. Saldaña, *Angel Ganivet*, Madrid, 1930. – P. van Vliet, *Angel Ganivet*, Madrid, 1949. – Francisco García Lorca, *Angel Ganivet. Su idea del hombre*, Madrid, 1952.

GANNE Louis. Compositeur français. Né à Buxières-les-Mines (Allier) le 5 avril 1862, mort à Paris le 13 juillet 1923. D'abord élève du lycée de Vanves (lycée Michelet) où il est le condisciple d'Alain et du musicologue Paul Landormy, et où il tient l'orgue de la chapelle, il fait ensuite ses études au Conservatoire de Paris sous la direction de Théodore Dubois et de César Franck. Avec beaucoup de sentimentalité et un goût des rythmes entraînants, il a composé de la musique de ballet : *Les Sources du Nil* (1882) ; des opéras-comiques : *Rabelais* (1892), *Hans, le joueur de flûte* (*) (1906) ; des opérettes : *Les Colles des femmes* (1893), *Les Saltimbanques* (*) (1899). Il est également l'auteur de la célèbre *Marche lorraine*.

RÉF. : P. Landormy, *La Musique française de Franck à Debussy*, Paris, 1943.

GANZO Robert. Poète français. Né à Caracas (Venezuela) le 22 août 1898. Venu en France dès son adolescence, il participa activement à la Résistance durant la Seconde Guerre mondiale. Très peu abondante et très peu connue, rhétorique dans une langue classique, son œuvre forme un ensemble parfaitement cohérent. Tout son effort consiste à faire entrer l'univers intérieur dans la trame du poème de telle sorte que rien ne gêne l'agencement précis des strophes et le mouvement parfait des vers. Il est sans doute le mieux désigné de son époque pour rallier à la poésie contemporaine les tenants de la tradition. Comparable aux parnassiens pour ses rimes riches et ses belles cadences, pour le goût aussi des paysages tropicaux et des couleurs éclatantes que l'on rencontre dans ses premières œuvres – *Orénoque* (1937), *Lespugue* (1940), *Rivière* (1941), *Domaine* (1942), le tout réuni dans *Poèmes* (1942) –, il peut aussi être apparenté à Mallarmé pour la densité de ses vers, leur petit nombre, et l'accumulation des allusions à une réalité qu'il ne précise jamais et qu'il ne décrit qu'en la transformant. L'ensemble de son *Œuvre poétique* (*) a été réuni en 1956.

GARBORG Arne. Écrivain norvégien. Né à Thime le 25 janvier 1851, mort à Oslo le 14 janvier 1924. Élevé dans une ambiance piétiste, il fut maître d'école et journaliste. Il combattit en faveur du « landsmaal » norvégien, fondé sur les dialectes ruraux, qui devait se substituer au danois-norvégien et devenir langue nationale, et qu'il utilisa largement. Il traduisit en landsmaal l'*Odyssée* (*). En 1878, il écrivit *Un libre penseur* (*), dirigé contre l'étouffante orthodoxie ecclésiastique. Cette œuvre fut suivie de plusieurs romans : *Étudiants paysans* (*) (1883), dans lequel il décrit la vie malheureuse qui attend le paysan devenu bureaucrate et laisse percevoir une opposition politique, *Hommes* [*Mannfolk,* 1886], et *La Maman* [*Hjaa ho mor,* 1890], sur l'amour libre, sujet délicat à cette époque. Puis *Âmes lasses* (1891), écrit en danois-norvégien. On y trouve les traces de la profonde crise religieuse qui amena Garborg à renier la libre pensée et l'amour libre tels qu'il les avait jusqu'alors soutenus, et le rapprocha du catholicisme. Les motifs religieux mêlés de quelques éléments nietzschéens et tolstoïens dominent dans le récit *La Paix* [*Fred,* 1892], dans le poème en prose *Le Père prodigue* [*Den borkomne faderen,* 1899] et dans le drame *Le Maître* [*Laereren,* 1896], qui reflètent la psychologie religieuse du paysan norvégien. Son cycle poétique *Haugtussa* (1895) sur le bien et le mal et sur l'existence humaine a exercé une influence profonde sur ses compatriotes.

♦ *« Pendant deux générations sa conscience exigeante a été le baromètre le plus sensible de la vie intellectuelle et morale en Norvège. »* Jean Lescoffier.

RÉF. : Ola Hannson, *Das junge Skandinavien,* Dresde, 1891. – Maurice Bigeon, *Les Révoltés scandinaves. Arne Garborg...* Paris, 1894.

GARÇÃO Pedro António Correia. Poète portugais. Né à Lisbonne le 29 avril 1724, mort dans cette ville le 10 novembre 1772. Il fit son droit à Coïmbre sans passer de diplôme. En 1750, de retour à Lisbonne, il y contracta une riche union qui lui permit, pendant dix ans, de mener une vie tranquille et d'obtenir un emploi administratif à la Maison des Indes. Vers 1760 cependant, l'état de ses finances était devenu désastreux et il en arriva au point de vivre d'emprunts et d'expédients auxquels on trouve de nombreuses allusions dans ses vers. Arrêté le 9 avril 1771, sur ordre du Premier ministre, marquis de Pombal, il fut enfermé à la prison de Limoeiro où il mourut, torturé par des maux physiques et moraux, juste au moment où sa femme avait réussi à obtenir son ordre d'élargissement. Les raisons d'une telle arrestation demeurent obscures. Camilo Castelo Branco cite une lettre, dont Garcão aurait été l'auteur, lettre qui aurait compromis la fille d'un officier supérieur. Il peut se faire également que Pombal ait voulu, de cette manière, se venger de l'indépendance dont l'Arcadie ulysséenne (plus tard « Arcadie lusitanienne ») faisait preuve à l'égard du gouvernement : Correia Garção avait fondé cette académie en 1756 avec António Dinis da Cruz y Silva, Teotonio Gomes de Carvalho et M. Nicolau Esteves Nagrão ; il en avait assumé la présidence sous le nom de Corydon d'Erymanthe, et avait développé dans son sein une campagne énergique contre le « marinisme » et le « gongorisme » et en faveur du retour à une poésie simple et sincère dans son inspiration, raffinée et parfaite dans ses formes métriques. En fait, il fut un imitateur d'Horace, presque un traducteur ; il le prit pour modèle jusque dans l'existence. Son œuvre, publiée à Lisbonne en 1778 sous le titre d'*Œuvres poétiques*, comprend deux comédies : *Assemblée ou Partie de plaisir* (*), et *Nouveau théâtre* (*) qui, en dépit des intentions opposées de l'auteur, se ressentent de l'influence italienne qui dominait à l'époque.

GARCHINE Vsevolod Mikhaïlovitch [Vsevolod Mikhajlovič Garšin]. Écrivain russe. Né le 2 février 1855 dans une propriété située aux environs de Bachmut, mort le 24 mars 1888 à Saint-Pétersbourg. Il fut l'un des représentants les plus typiques de ce qu'on a appelé la littérature des « années 80 » dans cette période de dépression morale qui a caractérisé l'époque d'Alexandre III. D'origine noble, il sentit vivement les problèmes suscités par l'émancipation des serfs, sans cependant participer au mouvement des « nobles pénitents ». En 1877, quand éclata la guerre avec la Turquie, il s'enrôla, pour souffrir avec le peuple. Cette expérience fit de lui un écrivain en lui inspirant son récit *Les Quatre Jours* (les quatre jours passés sur le champ de bataille par un blessé russe étendu contre le corps en putréfaction d'un Turc), que suivit le récit plus connu de *La Fleur rouge*, fruit d'un repliement plus intense de l'écrivain de plus en plus atteint par des manifestations de troubles mentaux qui devaient le conduire au suicide. Écrivain peu fertile, Garchine a donné dans chacun de ses vingt contes, dont les plus connus sont *Les Deux Peintres* (*) et *Nadejda Nikolaevna* (*), la preuve d'une grande sensibilité, d'une compréhension profonde de son prochain, et en même temps d'une discipline artistique dont seuls sont capables les grands écrivains ; ce n'est pas sans raison qu'on l'a rapproché de Dostoïevski et de Tolstoï (le récit *Le Signal* (*) se rattache à la seconde manière de ce dernier). Ses contes sur les plantes et les animaux humanisés tels que *Attalea Princeps* sont particulièrement originaux.

RÉF. : Préface aux recueils de Garchine parus en français (éd. Povolozky, 1923 ; Actes Sud, 1990). – Peter Henry, *A Hamlet of his Time*, Oxford, 1983.

GARCÍA CALDERÓN Ventura. Écrivain péruvien. Né à Paris le 23 février 1886, mort le 28 octobre 1959. Bien qu'il soit péruvien, García Calderón a vécu une grande partie de sa vie à l'étranger, et particulièrement en France, où l'appelait sa carrière diplomatique. À Paris, dont il avait fait sa résidence principale, il a connu les principaux peintres et écrivains de notre temps et joué, semble-t-il, un rôle de mécène auprès des écrivains latino-américains moins fortunés qui arrivaient en Europe. Son œuvre porte la marque de sa double appartenance : les *Cantilènes* [*Cantilenas*, 1919] évoquent Paris et Venise dans le style morbide et précieux. *La Vengeance du Condor* (+) (1919), son ouvrage le plus connu, est un recueil de nouvelles décrivant avec un réalisme cru la vie des Indiens des Andes. Il convient de citer aussi *Sang plus vite* (+) (1933), écrit en français, *Excelsior*, et ses *Contes péruviens* (*), posthumes, en 1961. On a reproché, sans doute à juste titre, à Ventura García Calderón de prendre avec des yeux raffinés et trop « parisiens » le monde souvent primitif de la Cordillère des Andes.

GARCÍA DE LA HUERTA Vicente. Écrivain espagnol. Né à Zafra (Badajoz) le 19 mars 1734, mort à Madrid le 12 mars 1787. De famille pauvre, il étudia à Salamanque et à Madrid, gagnant sa vie dans cette dernière ville comme archiviste au service du duc d'Albe, puis comme chef bibliothécaire à la Bibliothèque royale. García de la Huerta mit ses talents littéraires à la disposition des pouvoirs publics pour la rédaction des épigraphes et inscriptions des monuments élevés dans la capitale à l'entrée du roi Charles III (1759). De caractère inquiet, il voulut quitter l'Espagne et séjourna quelque temps à Paris. À son retour, des allusions offensantes qu'il s'était permises, en vers, contre le comte d'Aranda, lui valurent d'être interné dans une forteresse. Sa peine fut commuée en exil à Grenade, mais, quand García revint à Madrid, il s'en prit encore au comte et fut de nouveau emprisonné, puis exilé, mais cette fois à Oran. Après sa libération, le poète se tint plus tranquille. Revenu dans la capitale, il consacra aux lettres ses dernières années et connut le succès avec *Rachel* (*) (1778), l'unique tragédie de quelque valeur du XVIIIe siècle espagnol. On lui doit également la tragédie *Agamemnon vengé* (+) (1785), le recueil du *Théâtre espagnol* (+) (1785-1796) et des écrits de polémique littéraire : il intervint, notamment, dans la bruyante querelle suscitée par le théâtre national du Siècle d'or, mais ce fut pour proscrire tous les grands auteurs à l'exception de Calderón.

♦ *« Homme de plus de génie que de jugement, de meilleur instinct que de goût, de plus grande fantaisie que de doctrine. »* Menéndez Pelayo.

GARCÍA GUTIÉRREZ Antonio. Auteur dramatique espagnol. Né à Chiclana (province de Cadix) le 5 octobre 1813, mort à Madrid le 26 août 1884. Docteur en médecine, il ne tarda pas à abandonner cette profession, malgré la volonté paternelle, pour se consacrer à la poésie. Il se rendit à Madrid, espérant faire jouer quelques drames qu'il avait composés dans sa jeunesse — *Une nuit d'émotions* [*Una noche de emociones*], *Sélim et Fingal* [*Selim y Fingal*], etc. — mais fut contraint, pour vivre, de devenir rédacteur à la *Revue espagnole*. Enthousiasmé par l'école romantique française, et en particulier par le lyrisme du nouveau théâtre, il dut néanmoins renoncer momentanément à toute activité dramatique et s'enrôler à Leganés dans la fameuse armée de Mendizabal. Le triomphe du *Troubadour* (*) le décida toutefois à quitter l'armée, mais, le sort continuant à lui être contraire, il émigra à Cuba et au Mexique (1844-1849), où il ne fit que du journalisme. Rentré dans sa patrie, García Gutiérrez fut nommé en 1855 « Interventor de la comisión de la Hacienda » à Londres, charge à laquelle il renonça peu d'années après pour travailler à ses pièces : *Juan Lorenzo* (*) et *Vengeance catalane* [*Venganza catalana*], qui devaient être ses plus grands succès.

García Gutiérrez fut nommé membre de l'Académie royale de la langue (1862), puis aux postes de consul d'Espagne à Bayonne et à Genève (1868-1869) et, en 1872, directeur du Musée archéologique de Madrid. Il publia encore, en 1866, des *Œuvres choisies*.

RÉF. : Nicholson B. Adams, *The Romantic Dramas of García Gutiérrez*, New York, 1922.

GARCÍA LORCA Federico. Le plus grand poète espagnol contemporain. Né à Fuentevaqueros, près de Grenade (Andalousie) le 5 juin 1898, fusillé à Viznar, près de Grenade, le 19 août 1936. Il vécut ses premières années près de la terre, se mêlant au peuple rude et simple des campagnes, avec lequel il ne cessera toute sa vie d'être en étroite communication. Son père, propriétaire rural vivant dans l'aisance, l'envoya d'abord au collège d'Almería, puis à l'université de Grenade, où il fit des études de lettres et de droit. Là, il devint l'ami de Manuel de Falla qui, d'une vingtaine d'années plus âgé, devait exercer sur lui une influence décisive en lui insufflant cet amour du folklore dont son œuvre allait porter la marque. En 1918, après un voyage d'études à travers la Castille, il publia à Grenade son premier livre : *Impressions et Paysages* (*).

Mais sa décision est prise : il habitera Madrid. Dès 1919, il s'y installe ; commence alors une merveilleuse époque d'exaltation qu'il partage avec les amis qu'il s'est nouvellement faits et qui sont Salvador Dalí, Buñuel, Alberti, José Bergamín, Guillermo de Torre. À côté de la poésie, il cultive aussi bien la musique que le dessin, et s'intéresse tout particulièrement au théâtre. Cette passion, à vrai dire, l'avait toujours habité, à telle enseigne qu'il devait, plus tard, construire un théâtre de marionnettes chez ses parents, à Grenade, pour lequel de Falla lui écrivit un accompagnement musical, et dont le peintre Manuel Angeles Ortiz brossa les décors. Des nombreuses improvisations qu'il fit pour ce théâtre nous est parvenu *Le Retable de don Cristobal* [*Retablillo de don Cristóbal*, 1931].

Mais pour l'instant cette passion ne lui vaut que déboires et déceptions, puisque la première pièce qu'il ait écrite : *Le Maléfice de la phalène* [*El maleficio de la mariposa*], jouée à Madrid en 1920, fut un échec complet. En cette même année 1921, Lorca publie un *Livre de poèmes* (+) qui attire sur lui l'attention d'un public lettré. Mais la célébrité et le renom ne devaient lui venir qu'avec la publication à Málaga, en 1927, de ses *Chansons*, et surtout avec les représentations triomphales, la même année, à Madrid, de son drame patriotique *Mariana Pineda*. L'année suivante parut à Madrid le *Romancero gitan* (*) composé de poèmes tous écrits entre 1924 et 1927. C'est là sans aucun doute son œuvre la plus populaire, ainsi qu'en témoignent les sept réimpressions qui en furent faites entre 1928 et 1936. Ce recueil de vieilles légendes, de récits fabuleux ou épiques, de chansons, puisés dans la tradition orale, « instaure une tradition – ainsi que l'a très finement noté Armand Guibert – dans l'exacte mesure où il s'insère dans celle du passé, si bien que les âges à venir ne sauront plus faire le départ entre le patient labeur de tous et l'exact génie d'un seul » – v. *Poésies* (*).

Appelé en Amérique pour donner un cycle de conférences, García Lorca se rendit à New York au printemps de 1929. De ce voyage et des impressions particulièrement vives qu'il en reçut devait sortir l'un de ses plus beaux livres : *Le Poète à New York* (*), dans lequel se trouvent deux Odes fameuses, l'une *Au roi de Harlem*, l'autre à *Walt Whitman*. Sur le chemin du retour, Lorca s'arrêta à Cuba, où il manifesta un intérêt tout particulier pour la musique et la danse nègres. En 1932, nommé, avec Eduardo Ugarte, directeur de La Barraca, théâtre universitaire ambulant dont la mission était de faire connaître dans les villes de province et les campagnes les plus reculées les œuvres du théâtre classique espagnol, il se donna avec fougue à cette entreprise qui le mit en contact direct avec son peuple. Figuraient au programme des tournées : *Font-aux-cabres* (*), de Lope de Vega, dont il fit lui-même une adaptation moderne ; *La vie est un songe* (*) et *Le Séducteur de Séville* de Tirso de Molina, ainsi que les « entremeses » – v. *Huit comédies et huit intermèdes* (*) – de Cervantès.

Les dernières années de la vie de García Lorca seront d'ailleurs consacrées à peu près exclusivement au théâtre. En effet, si l'on excepte l'admirable *Chant funèbre pour Ignacio Sánchez Mejías* (*), qu'il publia en août 1935 pour rendre un dernier hommage au courageux torero qui était l'ami de tous les jeunes poètes, les dernières œuvres auxquelles il ait travaillé furent écrites pour la scène : *Noces de sang* (*) (1933) ; *Yerma* (*) (1934) ; *Rosita la célibataire, ou le Langage des fleurs* [*Doña Rosita la soltera, o El lengaje de las flores*, 1935] et *La Maison de Bernarda Alba* (*) (pièce achevée un mois, jour pour jour, avant sa mort, publiée fin 1936 et créée en 1945 au Studio des Champs-Élysées). Directeur et conseiller artistique de la fameuse comédienne Margarita Xirgu, il se rendit avec elle, en 1933-34, à Buenos Aires, pour une série de représentations triomphales des *Noces de sang* (*). Ce voyage en Amérique latine (Argentine, Brésil, Uruguay) fut le dernier qu'il ait entrepris avant la guerre civile.

Quand celle-ci éclata, au début de juillet 1936, il se trouvait à Madrid. Il rejoignit néanmoins Grenade, comme il en avait l'habitude chaque année à ce moment de l'été. Hélas ! c'est là que le « rossignol d'Andalousie », ainsi que l'appelaient ses amis, devait trouver la mort : bien que n'ayant jamais participé à la moindre action politique, il fut arrêté chez le poète Luis Rosales, où il avait cherché un refuge clandestin, et exécuté dix jours plus tard, après tant d'autres victimes, dans les ravins de Víznar.

ROBERT MAILLARD.

♦ *« Moderne en même temps que traditionaliste, cultivé en même temps que primitif, Lorca fut très justement nommé "l'essence de la poésie vivante". »* Angel del Río. ♦ *« Il aimait à se sentir aimé. Il ne recherchait pas l'adulation, mais la sympathie dont il avait besoin pour être stimulé. Il croyait en Dieu. Il avait foi en la justice et en la bonté. Il était fraternel et capable de ce grand dévouement. »* Emmanuel Roblès. ♦ *« ... cette œuvre où sont assimilées avec une perfection classique toutes les acquisitions les plus durables du surréalisme nouveau. »* Armand Guibert.

RÉF. : Edwin Honig, *García Lorca*, Norfolk, U.S.A., 1944. – Guillermo Díaz-Plaja, *Federico García Lorca*, Buenos Aires, 1948. – A. Barea, *Lorca*, New York, 1949. – Emmanuel Roblès, *García Lorca*, Alger, 1949. – R. G. Sánchez, *García Lorca, estudio sobre su teatro*, Madrid, 1950. – Roy Campbell, *Lorca : An Appreciation of his Poetry*, Cambridge, 1952. – Angel del Río, *Vida y obras de F. García Lorca*, Sarragosse, 1952. – J.-L. Flecniakoska, *L'Univers poétique de Federico García Lorca*, Bordeaux, 1952. – Louis Parrot, *Federico García Lorca*, Paris, 1954. – Fr. Nourissier, *F. García Lorca, dramaturge*, 1955. – José Luis Cano, *García Lorca*, Barcelone, 1962. – Claude Couffon, *A Grenade, sur les pas de García Lorca*, Paris, 1962. – André Belamich, *Lorca*, Paris, 1962, puis 1983. – Carlos Edmundo de Ory, *Lorca*, Paris, 1967. – Marie Laffranque, *Les Idées esthétiques de Federico García Lorca*, Paris, 1967. – Ian Gibson, *La Mort de García Lorca*, Paris, 1974 ; *Federico García Lorca*, Paris, 1990.

GARCÍA MÁRQUEZ Gabriel. Écrivain colombien. Né le 6 mars 1928 à Aracataca. Fils d'un télégraphiste venu dans ce village à l'époque de la prospérité bananière, Gabriel Eligio García, et d'une jeune fille de la bourgeoisie locale, Luisa Santiaga Márquez, il fut élevé par ses grands-parents maternels, « pleins d'imagination et de superstitions », dans une « immense maison remplie de fantômes ». Le grand-père, Nicolás Márquez Iguarán, un ancien colonel qui lui racontait ses campagnes durant la guerre civile des Mille Jours (1899-1902) et l'emmenait au cirque, était son compagnon et confident. La grand-mère, Tranquilina Iguarán Cotes, femme nerveuse et visionnaire, entrait la nuit dans sa chambre et le terrorisait par ses histoires de revenants. La maison et son ambiance constitueront le cadre de nombreux contes et romans où García Márquez reprendra en les soumettant au feu de l'imagination ces histoires familiales. En 1936, il étudie au collège de Barranquilla, puis dans un internat de Zipaquirá où il obtient en 1946 le baccalauréat. En 1947, étudiant en droit à l'université de Bogotá, il publie dans *El Espectador* sa nouvelle : *La Troisième Résignation* [*La tercera resignación*], première d'une série écrite de 1947 à 1952. Après l'assassinat du leader politique Jorge Eliécer Gaitán, l'université étant fermée, il rejoint sa famille à Cartagena, où il collabore à *El Universal,* nouvellement fondé. Devenu journaliste à *El Heraldo* de Barranquilla, il se lie d'amitié avec Alvaro Cepeda Samudio, Alvaro Mutis et Plinio Mendoza. Durant ces années de bohème studieuse, il découvre Faulkner, Hemingway, Virginia Woolf, Kafka, Joyce. Il écrit *Des feuilles dans la bourrasque* (*), qui sera publié en 1955. Reporter à Bogota pour *El Espectador* (à partir de février 1954), il relate en particulier avec humour les tribulations du marin Luis Alejandro Velasco (1955, réédité en 1970 sous le titre *Récit d'un naufragé* [*Relato de un náufrago*]. Envoyé en Europe en juillet 1955, il se rend à Genève, puis à Rome, où il s'inscrit au Centre expérimental de cinéma. Quelques mois plus tard, la fermeture du journal par le dictateur Rojas Pinilla le surprend à Paris. Bientôt sans argent, réfugié au dernier étage d'un hôtel du quartier Latin, il travaille à *La Mala hora* (*) (publié en 1962), dont il détache une partie constituant *Pas de lettre pour le colonel* (*) (revue *Mito,* 1958 ; première édition en 1961). En 1958, il visite l'Allemagne de l'Est, l'Union soviétique, la Hongrie, séjourne de nouveau à Paris puis à Londres et à Caracas, avant de gagner la Colombie, où il épouse Mercedes Barcha Pardo. Peu après le triomphe de la révolution cubaine, il ouvre à Bogotá, avec Plinio Mendoza, un bureau de l'agence d'informations Prensa Latina, pour laquelle il travaille ensuite à La Havane et à New York. Démissionnaire en juin 1961, il s'installe à Mexico, écrit des scénarios et les nouvelles de *Les Funérailles de la Grande Mémé* [*Los funerales de la Mamá Grande,* 1962]. En 1965 il commence la rédaction de *Cent ans de solitude* (*) dont la publication à Buenos Aires, en avril 1967, lui vaudra aussitôt la célébrité dans toute l'Amérique latine et bientôt en Europe. À Barcelone, où il vit de 1968 à 1974, paraît en 1972 *L'Incroyable et Triste Histoire de la candide Erendira et de sa grand-mère diabolique* [*La increíble y triste historia de la cándida Eréndira y de su abuela desalmada*]. Sympathisant actif des mouvements révolutionnaires latino-américains, il finance avec un grand prix littéraire (Rómulo Gallegos, 1972) la campagne électorale du M.A.S. au Venezuela, collabore en Colombie à la fondation de l'hebdomadaire *Alternativa* (1974) et écrit le roman baroque politique : *L'Automne du patriarche* (*) (1975). En 1978, il crée la fondation Habeas pour la défense des droits de l'homme et des prisonniers politiques en Amérique latine et rencontre dans cette intention le pape et le roi d'Espagne (1979). Devenu universel et populaire pour l'originalité et la fécondité de son imagination créatrice, il voit, en avril 1981, son roman *Chronique d'une mort annoncée* (*), publié simultanément à Bogotá, Barcelone et Buenos Aires, atteindre un premier tirage de deux millions d'exemplaires. Lauréat du prix Nobel 1982, il est aussi l'auteur de *L'Amour au temps du choléra* [*El amor en tiempo del cólera,* 1986] et d'une fiction sur les derniers jours de Bolivar : *Le Général dans son labyrinthe* [*El general en su laberinto,* 1989].

CLAUDE COUFFON.

RÉF. : *Recopilación de textos sobre Gabriel García Márquez,* La Havane, 1969. – Mario Vargas Llosa, *García Márquez, historia de un deicidio,* Barcelone, 1971. – Gabriel García Márquez, *Une odeur de goyave,* entretiens avec Plinio Mendoza, Paris, 1982.

GARÇON Maurice. Avocat et écrivain français. Né le 25 novembre 1889 à Lille, mort le 28 décembre 1967 à Neuilly. Fils d'un professeur de droit criminel, il s'engage dans la carrière juridique tracée par son père, et après des études aux lycées Montaigne et Louis-le-Grand, et à la faculté de droit de Paris, il s'inscrit au barreau et devient avocat dès 1911. Son goût pour les procès à énigmes et pour les mystères et détours de l'âme humaine que révèlent parfois les crimes et les criminels l'incite à s'intéresser en particulier à la tératologie et au diabolisme, notamment dans l'histoire. Il écrira en 1926 un ouvrage sur *Le Diable,* qui sera suivi de *La Vie exécrable de Guillemette Babin* (*) (1926), de *Trois histoires diaboliques* (1929) et de *Magdeleine de la Croix, abbesse diabolique* (1939). De même, Maurice Garçon s'intéressera à des destins exceptionnels sur lesquels l'histoire n'a pas fait toute la lumière et il écrira *Louis XVII ou la Fausse Énigme* (1952), *Nouvelles histoires curieuses* (1964). Mais c'est sans doute son *Histoire de la justice sous la IIIe République* (1957) qui restera son œuvre majeure par sa clarté et par l'esprit de synthèse qu'elle révèle, et sera le témoignage d'un esprit à la fois curieux et brillant que l'Académie française avait accueilli en 1946.

GÁRDONYI Géza. Romancier hongrois. Né à Agárd le 3 août 1863, mort à Eger le 3 octobre 1922. Fils d'un pauvre artisan, il resta très tôt orphelin et comme il n'avait point d'argent pour continuer ses études à l'université, il décida de se consacrer sans plus attendre à l'enseignement élémentaire. De 1881 à 1885, il enseigna dans des écoles primaires, à la campagne ; puis, las de la misère et des humiliations, il se rendit à Györ pour y faire du journalisme. Un mariage malheureux ne fit qu'aggraver sa situation financière et le laissa profondément désemparé. Il se sépara de sa femme et occupa pendant plusieurs années le poste de rédacteur dans des journaux humoristiques et des quotidiens de Györ et de Szeged ; le fait qu'il était malheureux et fort peu payé l'incita à chercher un réconfort spirituel assez singulier dans le bouddhisme. Le *Magyar Hírlap* de Budapest lui offrit une chance en 1892, et Gárdonyi remporta un franc succès avec une série de textes humoristiques en dialecte, publiés sous l'anonymat et dont il se défendit plus tard d'être l'auteur.

Á l'âge de trente-quatre ans, il se retira à Eger, qu'il n'abandonna que pour quelques brefs voyages à l'étranger. En 1898, il publia les deux volumes de *Mon village* qui le rendirent célèbre d'un coup. Dans *Le Vin,* une comédie extrêmement appréciée, il porte à la scène les coutumes d'un village hongrois et se garde de tomber dans l'idéalisation traditionnelle. On voit, d'ailleurs, dans les grands romans historiques qu'il écrira, qu'il s'intéresse surtout au sort des paysans et des petites gens. Dans *Les Étoiles d'Éger* (*) (1901), il évoque des scènes de la domination turque. *L'Homme invisible* [*A làthatatlan ember,* 1902] a pour décor la cour d'Attila, et *Les Esclaves de Dieu* [*Isten rabjai*, 1908] nous transportent dans la solitude du cloître. Les romans sociaux et les nouvelles de Gárdonyi abondent en traits qui révèlent la nature profonde de l'écrivain. En dépit de la vivacité du récit, de la finesse des analyses psychologiques et de la fantaisie dont l'auteur fait montre, on retrouve aisément la trace des désillusions qui ont parsemé son existence. Quoi qu'il en soit, la limpidité de sa pensée, une sérénité naturelle et la poésie de son style sauvèrent plus ou moins Gárdonyi de l'étrange fascination qu'exerçait sur lui la philosophie qu'il s'était fabriquée et où l'influence de Schopenhauer se mêle à des éléments bouddhiques et théosophiques.

EMERICO VÁRADY.

GARFINKEL Harold. Sociologue américain. Né en 1917 à Newark (New Jersey). Ancien élève de Talcott Parsons, également influencé par la phénoménologie de Husserl (1859-1938) et Schutz (1899-1969), Harold Garfinkel est le fondateur de l'ethnométhodologie, école de pensée américaine qui s'est développée après la parution de ses *Études d'ethnométhodologie* (*). Plus qu'un nouveau courant théorique, l'ethnométhodologie peut être considérée comme une véritable contre-révolution durkheimienne. Un de ses postulats est en effet que toute pratique sociale met en œuvre une connaissance du social qui est une forme de sociologie spontanée. Or cette connaissance est valable, même si elle est partielle. Garfinkel abandonne donc la première règle durkheimienne, qui est que le sociologue doit rompre avec les « prénotions », ou connaissances profanes – v. *Les Règles de la méthode sociologique* (*). La frontière stricte entre connaissance profane et connaissance scientifique est ainsi abolie. Les ethnométhodologues étudient comment ces connaissances sur le réel, qui permettent d'orienter l'action, se constituent dans le cadre d'interactions. Ces interactions sont donc pensées comme premières, par rapport aux connaissances sur le réel, ce qui est un deuxième thème de rupture par rapport à la sociologie durkheimienne. L'ethnométhodologie peut ainsi être rapprochée de l'interactionnisme par certains aspects. Parmi ses domaines d'application les plus féconds, on peut noter la déviance, étudiée par Garfinkel lui-même, et la science, qui a fait l'objet de nombreux travaux introduits en France par Michel Callon et Bruno Latour, dans *La Science telle qu'elle se fait* (1991) notamment.

FLORENT CHAMPY.

RÉF. : Alain Coulon, *L'Ethnométhodologie,* Paris, 1987.

GARGANI Aldo Giorgio. Philosophe italien, né en 1933 à Gênes. Professeur d'histoire de la philosophie moderne et contemporaine à l'université de Pise, Aldo Gargani est aussi membre de l'Osterreichische Wittgenstein Gesellschaft et du Wissenschafts-Kolleg zu Berlin. Après ses années d'études à l'École normale supérieure de Pise et à Oxford, il s'est engagé dans une réflexion tournée vers les questions issues du « tournant linguistique » de la philosophie et, plus généralement, vers les orientations qui ont marqué la philosophie contemporaine depuis le Cercle de Vienne, Ludwig Wittgenstein et les travaux ultérieurs de la tradition analytique anglo-saxonne. Un double intérêt pour cette dernière tradition et pour la culture austro-hongroise s'exprime dans ses recherches et dans les livres qu'il a publiés jusqu'à ce jour. Parmi les philosophes italiens, il est certainement celui qui aura le plus contribué à la connaissance de Wittgenstein. Il lui a consacré deux livres : *Langage et expérience chez Wittgenstein* [*Linguaggio ed esperienza in L. Wittgenstein,* 1966] et *Introduction à Wittgenstein* [*Introduzione a Wittgenstein,* 1973], ainsi que de très nombreuses études. De la sorte, Aldo Gargani a également contribué à ouvrir l'horizon philosophique et culturel à d'autres courants que le marxisme ou l'historicisme d'inspiration hégélienne. Mais l'importance de cette contribution serait mal comprise si elle devait être limitée à cela. Outre les travaux sur Wittgenstein précédemment mentionnés, ou le livre qu'il consacre à Hobbes en 1971, *Hobbes et la science* [*Hobbes e la scienza*], Aldo Gargani a ouvert le débat philosophique à toute une catégorie de problèmes que la science, notre réflexion sur le langage et nos options en faveur de la rationalité nous obligent à poser. Sans céder aux séductions qu'exercent, aujourd'hui comme hier, irrationalisme et relativisme, Aldo Gargani s'attache à penser la raison et le savoir hors de l'emprise que la métaphysique, la philosophie transcendantale ou leurs diverses variantes ont fait peser sur nos pratiques symboliques. Cette tentative qui situe l'entreprise de Gargani au cœur des présentes discussions sur la rationalité s'accomplit dans trois ouvrages importants : *Le Savoir sans fondements* [*Il sapere senza fondamenti,* 1975], *Crises de la raison* [*Crisi della ragione,* 1979], ouvrage collectif qui fut au centre d'un grand débat en Italie au moment de sa parution, et *L'Étonnement et le Hasard* (*). Dès le premier de ces trois livres, on voit s'affirmer l'idée d'une interprétation constructiviste du savoir aux termes de laquelle nos pratiques symboliques et intellectuelles demandent à être rapportées à l'horizon de langage et aux « formes de vie » qui leur donnent le jour. Les opinions qui marquent ces travaux ont conduit l'auteur à reconsidérer les enjeux de la philosophie et à se tourner vers d'autres formes d'écriture. Deux livres en témoignent de manière frappante : *La Phrase infinie de Thomas Bernhard* (1989), où s'exprime l'attachement de l'auteur à l'œuvre de l'écrivain autrichien, et *Regard et Destin* [*Sguardo e destino,* 1988], ouvrage singulier qui associe à un récit pris entre le présent et la mémoire une méditation bernhardienne qui redistribue les cartes respectives de la littérature et de la philosophie.

JEAN-PIERRE COMETTI.

GARIBALDI Giuseppe. Général et écrivain italien. Né à Nice le 4 juillet 1807, mort le 2 juin 1882 à Caprera en Sardaigne. Destiné très jeune à devenir marin, il navigua sur toutes les routes de la Méditerranée, et ce fut au cours de ces voyages qu'il se trouva en contact avec des hommes qui professaient des idées avancées tant dans le domaine politique que dans le domaine social. De la sorte, ces conceptions de patriotisme populaire et de démocratie laïque – élémentaires mais solides et nettement définies – commencèrent à germer dans son cerveau et devaient inspirer, tout au long de sa vie, son action politique et sa production littéraire. Ayant appris l'existence de la « Jeune Italie » [Giovane Italia], il voulut participer au complot contre la maison de Savoie, en 1834 ; mais après l'échec de ce mouvement il dut fuir pour éviter la condamnation à mort. Il combattit pour la liberté comme corsaire et comme chef de bandes de partisans en Amérique du Sud, et les aventures romantiques auxquelles il se trouva mêlé, les hauts faits de son courage légendaire, les victoires arrachées à des adversaires bien supérieurs en nombre, en firent pour les Italiens des années 1840 à 1848, en pleine effervescence libérale et patriotique, le type idéal du héros populaire. Sa renommée grandit jusqu'à devenir mythique après l'épique défense de Rome, en 1849, et la retraite à travers l'Italie au cours de laquelle sa courageuse compagne Anita mourut d'épuisement. À partir de ce moment, Garibaldi fut considéré comme l'un des protagonistes du Risorgimento et comme l'une des principales personnalités du mouvement démocratique européen. Ayant repoussé l'intransigeance républicaine d'un Mazzini, il incarna le principe de l'union de toutes les forces nationales italiennes, et sut exprimer, avec un sens de la réalité bien supérieur à celui de tout autre homme politique du temps, les opinions fondamentales du peuple italien ; peut-être fut-il aidé en cela par le prestige que lui avaient donné ses entreprises militaires, en particulier sa légendaire expédition dite « des Mille ».

Une activité aussi complexe donna lieu à de très nombreux ouvrages : relations de guerre, ordre du jour aux troupes, proclamations et discours aux populations, études et réflexions sur des sujets politiques, militaires, sociaux et religieux naquirent peu à peu sous sa plume, constituant un témoignage idéologique et une documentation historique d'une importance fondamentale pour l'histoire du Risorgimento. Un premier regroupement de ces éléments a été tenté par Tertulliano Mainardi, de Mantoue, et Domenico Ciampoli s'en est servi pour une édition parue en 1907, valable jusqu'au moment où la Commission pour l'édition nationale des œuvres de Garibaldi, entre 1934 et 1937, publia, après de vastes recherches, les trois volumes d'*Ouvrages et Discours politiques et militaires* [*Scritti e discorsi politici e militari*]. En revanche, ses *Lettres* [*Lettere*] demeurent encore en partie inédites, Ciampoli et Wimenés n'en ayant publié qu'un petit nombre. Un autre incomparable monument, à la fois historique et psychologique, de la vie de Garibaldi, est constitué par ses *Mémoires* (*), qui débutent en 1849 et furent constamment modifiés et revus jusqu'en 1872. L'Américain Dwight, l'Allemande van Schwartz, Dumas père et Francesco Carrono en publièrent des éditions partielles dans leur langue respective. La Commission nationale, en 1932, en fit paraître une troisième et définitive rédaction en deux volumes. Les trois romans que Garibaldi publia entre 1872 et 1874 : *Le Volontaire Cantoni* [*Cantoni il volontario*], *Clelia, Les Mille* présentent également un fond biographique ; imitant dans ces ouvrages l'abondante littérature romanesque anticléricale de son temps, il rangea du côté du Mal de hauts prélats tyranniques et corrompus se plaisant à tendre des pièges aux jeunes filles, et du côté du Bien, ses compagnons d'armes ; l'action se passe pendant les campagnes de 1849, 1860 et 1867. Mais peut-être cet irréductible combattant pour la liberté et l'émancipation des peuples manifesta-t-il ses sentiments et ouvrit-il son âme plus encore dans ses poésies que dans ses romans ; il commença a écrire des vers dès ses premiers combats en Amérique du Sud. Ses deux plus belles compositions sont le *Poème autobiographique* [*Poema autobiografico*] et le *Chant pour la mort* [*Carme alla morte*].

STEFANO CANZIO.

RÉF. : Marc Monnier, *Garibaldi, histoire de la conquête des Deux-Siciles,* Paris, 1861. – G. Guerzoni, *G. Garibaldi, con documenti inediti,* 2 vol., Florence, 1882. – E. Loevinson. *G. Garibaldi e la sua legione nello stato romano, 1848-1849,* 3 vol., Rome, 1902-1907. – L. Palomba, *Vita di G. Garibaldi,* 3 vol., Milan, 1908. – F. Hayward, *Garibaldi,* Paris, 1933. – P. Frischauer, *Garibaldi,* Zürich, 1934. – G. M. Trevelyan, *Garibaldi and the Thousand,* Londres, 1948. – E. Provaglio, *Vita di G. Garibaldi,* Florence, 1950.

GARIN Eugenio. Philosophe, historien de la philosophie et érudit italien. Né à Rieti le 9 mai 1909, actuellement professeur honoraire à l'École normale supérieure de Pise. Ami, collaborateur ou correspondant de personnalités comme Gerhard Scholem, R. Klibanski, H. R. Curtius, Hans Baron, Chaïm Perelman, D. P. Walker, Frances Yates, P. O. Kristeller, E. Cassirer, G. Gentile, E. Grassi, Enrico Castelli, Delio Cantimori, Robert Klein, Ernst H. Gombrich ou André Chastel, lecteur babélien aux connaissances inépuisables, auteur d'une *Histoire de la philosophie italienne* (des origines à nos jours) comptant 1 351 pages papier bible, découvreur de textes que l'on considérait comme définitivement perdus – par exemple, en 1964, une série de dialogues latins [intercenali] de Leon Battista Alberti –, professeur et enseignant hors du commun, son œuvre parle plus et mieux que tout discours : elle compte à ce jour 1 415 titres, et fait l'objet d'un catalogage de 244 pages ! Sa réflexion sur les grands problèmes de morale et de philosophie de l'histoire fut indirectement stimulée par une lecture des grands romans russes à la mode chez les jeunes Italiens des années 20 : *La Guerre et la Paix* (*) surtout, *Crime et Châtiment* (*) ou *Les Frères Karamazov* (*). Cette expérience littéraire lui permit de faire voler très vite en éclats la plupart des barrières disciplinaires, et donc de rechercher du philosophique bien au-delà des seuls livres qui voudraient s'en réclamer. Ainsi, pour Garin, la philosophie ne s'est jamais nourrie que de sa seule substance, et les voies d'accès y ont toujours été multiples et différenciées. Dès les années 30, ses recherches d'historiographie philosophique (sur Jean Pic de la Mirandole en particulier) le sensibilisent fortement aux rapports qu'entretient la recherche (scientifique ou philosophique) individuelle avec les institutions officielles en place (dans ce cas spécifique, les écoles universitaires et l'Église romaine), ou encore à la question des rapports que tisse l'époque tant avec les positions traditionnelles (ici la philosophie "scolastique") qu'avec les innovations critiques (l'humanisme et toutes les instances qui lui sont attachées). Dans *Jean Pic de la Mirandole, Vie et doctrine* [*Giovani Pico della Mirandola. Vita e dottrina,* 1937] – qu'il ne voulut jamais rééditer –, Garin inaugurait une méthodologie et des modalités de travail absolument originales par la recherche, constante chez lui, des liens rattachant l'histoire des idées, l'histoire des sciences ou l'histoire de la philosophie à l'histoire des individus (la discipline biographique), à l'histoire des mentalités, aux réalités politiques ou aux institutions déterminant en permanence les cadres de toute recherche. Bien qu'ayant étudié avec les adversaires déclarés de G. Gentile à Florence, Garin se confrontera en permanence à ses œuvres théoriques et philologico-historiques : formes de procédure, « fidélité » aux textes, rapport philologie-histoire-philosophie, défense des « non-philosophes », identification philosophie / histoire de la philosophie, thèmes qu'il approfondira, intégrera et corrigera de manière extrêmement originale. En 1941, il marque de son empreinte les études mondiales sur la Renaissance avec *La Renaissance italienne* [*Il Rinascimento italiano*], suivie de *Philosophes italiens du* XV*e siècle* [*Filosofi italiani del Quattrocento,* 1942], *Histoire de la philosophie* [*Storia della filosofia,* 2 vol., 1945] et *L'Humanisme italien. Philosophie et vie civile à la Renaissance* [*Der italienische Humanismus. Philosophie und bürgerlisches Leben in Renaissance,* 1947] ; ce texte sera publié à Berne dans la collection d'Ernesto Grassi comme volume V de la série *Schriften,* en même temps que le volume V de la série parallèle *Probleme und Hinweise* qui n'était autre que le texte de M. Heidegger, *Doctrine de la vérité chez Platon. Suivi d'une lettre sur l'humanisme* [*Platons Lehre der Wahrheit. Mit einem Brief über den Humanismus*]. Il faut noter encore des études monumentales comme *La Philosophie* [*La filosofia,* 2 vol. 1947, 3 vol. 1978], *L'Éducation humaniste en Italie* [*L'educazione umanista in Italia,* 1949], *Prosateurs latins du* XV*e siècle* [*Prosatori latini del 400,* 1952], *Moyen Âge et Renaissance* (*), *Chroniques de philosophie italienne (1900-1943)* [*Chronache di filosofia italiana,* 1955], *L'Éducation en Europe 1400-1600* (1957), *La Pensée pédagogique de l'humanisme* [*Il pensiero pedagogico dell'umanesimo,* 1958], *L'Âge nouveau. Recherches d'histoire de la culture du* XII*e au* XVI*e siècle* [*L'età nuova,* 1969], *Renaissances et révolutions. Mouvements culturels du* XIV*e au* XVIII*e siècle* [*Rinascite e rivoluzioni. Movimenti culturali dal* XIV *al* XVIII *secolo,* 1975], *Intellectuels italiens du* XX*e siècle* [*Intellettuali italiani del* XX *secolo,* 1987], *Hermétisme de la Renaissance* [*Ermetismo del Rinascimento,* 1988].

CHARLES ALUNNI.

RÉF. : *Scritti in onore di Eugenio Garin,* 1987. – C. Alunni, *Eugenio Garin, historien de la philosophie,* 1990.

GARINE Nicolas (pseud. de Nikolaï Georgievič Mikhaïlovski). Romancier russe.

Né le 8 février 1852 à Saint-Pétersbourg, mort le 27 novembre 1906. Ingénieur des ponts et chaussées, Nicolas Mikhaïlovski ne vint que très tard à la littérature. Sa première œuvre, *Enfance de Tioma* (*), ne parut, en effet, qu'en 1892, dans le numéro de janvier de la revue littéraire *Richesse russe* [*Russkoé bogatstvo*]. Très favorablement accueillie par la critique, elle fut suivie, en 1892-1895, des *Lycéens*, des *Étudiants* et d'une dizaine de nouvelles. Il est intéressant de noter que toutes les œuvres de cette époque sont autobiographiques, ou du moins rapportent des scènes vécues. Vers 1896, ne se contentant plus de l'idéal populiste, Garine évolua vers le marxisme. Il devint l'un des fondateurs de la première revue marxiste, *Le Messager de Samara* [*Samarskij vestnik*], ce qui ne l'empêcha pas de publier des nouvelles dans de nombreuses autres revues, qui accueillaient volontiers sa prose, toujours très vivante et pleine de couleur locale. En 1898, il entreprit un voyage autour du monde, visitant la Sibérie, la Corée, la Chine, le Japon, les îles Sandwich (Hawaï), New York, etc. En Corée, il se fit traduire et — sans y ajouter un mot — transcrivit en russe soixante-quatre contes du folklore local. De retour en Russie, il publia ses récits de voyage et travailla à la quatrième partie de son œuvre autobiographique : *Les Ingénieurs*, mais la mort l'empêcha de voir ce livre imprimé.

GARIOPONTUS. Médecin italien de l'école de Salerne. Il vécut au début du XIe siècle. Certains écrivent son nom Garimpotus, Warmipotus, Warimpotus, Raimpotus, Guarinpotus, Gariponus ou encore Garnipolus. Il enseigna à Salerne entre 1020 et 1050, et eut notamment comme élève le célèbre médecin et archevêque Alphanus. Certains, à tort semble-t-il, ont pensé qu'il était d'origine grecque. Par ailleurs, le livre de la confrérie des *Crociati* de Salerne lui donne le titre de sous-diacre. Son œuvre principale est le *Passionarium* (*), compilation des écrits de Galien, de Théodore, d'Alexandre de Tralles et de Paul d'Égine, qui fut publiée pour la première fois à Lyon en 1526. On lui attribue, avec plus ou moins de certitude, plusieurs autres ouvrages, notamment *De catharticis* (sur les purgatifs) et *De simplicibus medicaminibus ad Paternianum*.

GARMENDIA Salvador. Écrivain vénézuélien. Né à Caracas en 1928. Il appartient à la génération de Carlos Fuentes, Mario Vargas Llosa et Gabriel García Márquez, dont il se différencie par une écriture qu'on a souvent comparée à celle d'Alain Robbe-Grillet. Lié au groupe *Sardio*, il a été rédacteur en chef de la revue *Actual*, éditée par l'université des Andes pour laquelle il a également assumé la direction de la Culture et des publications, et fondateur et animateur du mouvement « Le Toit de la baleine » [El techo de la ballena]. Dans ses nouvelles et ses romans aux thèmes réalistes se répète une volonté presque obsessionnelle : exprimer l'aliénation que provoquent chez l'homme moderne les complexités de la vie urbaine. Œuvres principales : *Les Petits Êtres* [*Los pequeños seres*, 1959], *Les Habitants* [*Los habitantes*, 1961], *Jour des cendres* (*) (1963), *Double fond* [*Doble fondo*, 1966], *La Mauvaise Vie* [*La mala vida*, 1968], *Mémoires d'Altagracia* [*Memorias de Altagracia*, 1969], *Les Cachettes* [*Los escondites*, 1972].

CLAUDE COUFFON.

GARNETT David. Écrivain anglais. Né le 9 mars 1892 à Brighton, mort le 17 février 1981 à Montcuq (Lot). Petit-fils de l'écrivain et conservateur de bibliothèque Richard Garnett (1835-1906), fils de Constance Garnett (1861-1946), écrivain de renom qui traduisit soixante-dix œuvres de littérature russe, et d'Edward Garnett (1868-1937), très influent critique et conseiller éditorial dont le rôle fut crucial pour Galsworthy, Lawrence et Conrad, David ne pouvait qu'écrire à son tour. Devenu membre du groupe de Bloomsbury vers la fin de la Première Guerre mondiale, qu'il ne fit pas, étant objecteur de conscience, son coup d'essai fut un coup de maître : *La Femme changée en renard* (*). En 1921, il épousa Ray Marshall, avec qui il fonda les éditions Nonesuch Press, et publia ensuite une série de livres dont aucun n'égala le succès du premier : *Un homme au zoo* (+) (1924), *Le Retour du marin* (+) (1925), *Elle doit partir* [*Go She Must*, 1927], *No Love* (*), *Les sauterelles arrivent* [*The Grasshoppers Come*, 1931], *Pocahontas* (1933), *Beany-Eye* (1935). Après la mort de sa première femme en 1940, il se remaria l'année suivante avec Angelica Bell, fille de Duncan Grant et de Vanessa Bell, la sœur de Virginia Woolf. Bien que pacifiste, il participa à la Seconde Guerre mondiale, qui lui inspira *Guerre dans les airs* [*War in the Air*, 1941]. Il revint à la littérature avec trois volumes de mémoires : *L'Écho d'or* [*The Golden Echo*, 1953], *Les Fleurs de la forêt* [*The Flowers of the Forest*, 1955] et *Les Visages familiers* [*The Familiar Faces*, 1962]. Après être resté vingt ans sans publier de roman, il donna *Aspects de l'amour* [*Aspects of Love*, 1955], suivi de *Tir aveugle* [*A Shot in the Dark*, 1958], *Un filet pour Vénus* [*A Net for Venus*, 1959], *Deux par deux* [*Two by Two*, 1963], *Ardoise nette* [*A Clean Slate*, 1967], *Les Fils du faucon* [*The Sons of the Falcon*, 1972] et, son dernier roman, *Elle s'élève* [*Up She Rises*, 1977]. Un ultime volume de souvenirs aura eu le temps de paraître avant la mort de cet écrivain prolifique qui s'était établi en France à la fin de sa vie, *Grands amis : portraits de dix-sept écrivains* [*Great Friends : Portraits of Seventeen Writers*, 1980]. David Garnett avait « édité » plusieurs volumes de correspondance, dont les *Lettres* de T. E. Lawrence.

PHILIPPE MIKRIAMMOS.

RÉF. : Angelica Garnett, *Trompeuse gentillesse*, 1986.

GARNIER Robert. Poète tragique français. Né à La Ferté-Bernard (Sarthe) en 1545, mort le 20 septembre 1590 au Mans. Il étudia le droit à Toulouse, où il se lia avec le poète Guy du Faur de Pibrac. Ce fut à Toulouse qu'en 1565, avec d'autres poètes, il accueillit Charles IX et Catherine de Médicis ; la même année il composa son premier recueil de vers : *Plaintes amoureuses* ; il remporta le prix de l'Églantine aux Jeux floraux de 1566. Toujours en compagnie de son ami Pibrac, il devint avocat du parlement de Paris en 1567, et composa un *Hymne à la monarchie* et *Porcie* (1568). Rentré un an plus tard dans sa province natale, il obtint d'abord la charge de conseiller au présidial puis, en 1574, celle de lieutenant au criminel. Sa vie semble avoir été assez tranquille et elle nous est mal connue, marquée seulement par la composition et la représentation de ses ouvrages. En 1573, Garnier écrit son *Hippolyte* (*), que Ronsard proclame devant être « plus dur contre les ans que marbre ni qu'airain » ; en janvier 1574 paraît *Cornélie*, et il collabore au *Tombeau* publié par Ronsard après la mort de Charles IX. En 1580 paraît son premier recueil de tragédies, avec *Marc-Antoine, La Troade* et *Antigone ou la Pitié* (*), cette dernière pièce se conformant, comme les autres, au modèle sénéquien et s'inspirant de Sophocle, dont elle contamine *Les Phéniciennes* et *Œdipe à Colone* (*). En 1582, Garnier donna *Bradamante* (*), tragi-comédie inspirée du *Roland furieux* (*) de l'Arioste (le genre connaîtra une belle fortune au XVIIe siècle). En 1583 parurent *Les Juives* (*), chef-d'œuvre du poète, seule tragédie de Garnier jouée encore assez régulièrement, et que son puissant lyrisme biblique a fait nommer par Faguet l'« *Athalie* (*) du XVIe siècle ». Mais, à cette époque, Garnier est déjà décidé à abandonner le théâtre ; il n'y est revenu un instant avec *Les Juives* que, dit-il, pour chanter « quelque cas de notre Dieu ». Sa carrière culmine avec sa nomination, en 1586, au Grand conseil du roi. Mais ses dernières années semblent avoir été sombres. Dévot, il se rangea quelque temps du côté de la Ligue, puis fit sa soumission. Pendant les trente années qui suivirent sa mort allaient se succéder les éditions de ses œuvres. Il reste le plus grand représentant de la tragédie au XVIe siècle, dont il résume et accomplit tous les efforts.

♦ *« Et maintenant Garnier, sçavant et copieux / Tragique a surmonté les nouveaux et les vieux, / Monstrant par son parler assez doucement grave / Que notre langue passe aujourd'hui la plus brave. »* Vauquelin de La Fresnaye, 1605. ♦ *« Garnier s'éleva au-dessus d'eux* [Jodelle et ses amis] *sans avoir encore ni pureté ni élégance ; sa diction se rapproche davantage de la noblesse tragique, mais de manière à tomber trop souvent dans l'enflure... Il offre pourtant quelques scènes touchantes par les sentiments qu'ils* [les Anciens] *lui ont fournis, quoiqu'il ne sache pas les revêtir d'une expression convenable. »* La Harpe, 1799. ♦ *« Ses pièces ont peu d'action, fatiguent par d'interminables monologues, mais où brillent déjà les répliques foudroyantes, les vers frappés en médailles et les couplets éloquents... Parmi tous les dramaturges français du XVIe siècle, Garnier est incontestablement le meilleur artisan du vers. »* Raymond Lebègue. ♦ *« Garnier a été... un lyrique plus encore qu'un dramaturge. Dans les poèmes lyriques qu'il nous a laissés, le seul défaut semble dans l'excès même de la facilité. Il n'est pas un poète français à qui la grâce poétique ait été donnée avec plus de générosité, pas un dont l'œuvre poétique paraisse alimentée à une source aussi ruisselante et inépuisable. »* Thierry Maulnier.

RÉF. : M.-M. Mouflard, *Robert Garnier*, La Ferté-Bernard, 1961, et La Roche-sur-Yon, 1963, 2 vol. – M. Gras, *R. Garnier, son art et sa méthode*, Genève, 1965.

GARY Romain. Écrivain français. Né à Moscou le 8 mai 1914, mort à Paris le 2 décembre 1980. Romain Gary, de son vrai nom Romain Kacew, ignore l'identité de son père – peut-être le comédien Ivan Mosjoukine –, et passe une enfance pauvre en Lituanie et en Pologne avec sa mère, Nina, une ancienne actrice de théâtre, de culture juive. Il arrive à l'âge de treize ans à Nice, où Nina vit de petits métiers avant de devenir gérante d'hôtel. Il est élève au lycée Masséna, puis étudiant en droit à Aix-en-Provence et Paris. Instructeur de l'armée de l'air, il rejoint la France libre en juin 1940. Il fait toute la guerre dans l'aviation (escadrille Lorraine), et prend part aux campagnes d'Angleterre, d'Afrique et de France. Compagnon de la Libération en 1945, il considérera toujours le gaullisme comme sa seule famille politique. Il deviendra Romain Gary pour l'état civil en 1951.

Après la guerre, il mène simultanément les deux carrières de diplomate et d'écrivain. La première le conduit en Bulgarie, en Suisse, à l'O.N.U. et à Los Angeles (où il est consul général), avec un intermède en Bolivie. La seconde est jalonnée de plusieurs succès dont son premier roman, écrit pendant la guerre, *Éducation européenne* (prix des Critiques, 1945), *Les Racines du ciel* (*) (prix Goncourt, 1956), *Lady L.* (1959) et un texte autobiographique, *La Promesse de l'aube* (*) (1960). À cette date, Gary, qui vient de rencontrer l'actrice américaine Jean Seberg, pour qui il divorce de sa première femme, l'écrivain Lesley Blanch, se sent à l'étroit dans la diplomatie et reprend sa liberté. À l'exception d'un passage, comme chargé de mission, au ministère de l'Information en 1967, il vit désormais de travaux de journalisme et de ses livres. De cette période datent plusieurs réussites romanesques, dont *La Danse de Gengis Cohn* (1967), *La Tête coupable* (1968), *Chien blanc* (1970), *Les Enchanteurs* (1973), ainsi qu'un pamphlet théorique contre le nouveau roman, *Pour Sganarelle* (1965), et deux films qu'il dirige lui-même, *Les Oiseaux vont mourir au Pérou* (1968) et *Kill* (1972).

Auteur populaire, méprisé de l'intelligentsia, Gary souffre de cette méconnaissance et décide de se donner une nouvelle existence littéraire. Il invente de toutes pièces un écrivain, qu'il baptise Émile Ajar, et le dote d'une écriture très personnelle, différente de celle qu'on lui connaît. Après un premier succès, *Gros-Câlin* (*) (1974), il perfectionne le dédoublement en demandant à son petit cousin, Paul Pavlowitch, d'incarner Ajar pour les médias. La mystification réussit au point que Gary, qui ne sera jamais identifié de son vivant, finit, sous cette nouvelle identité, par obtenir une deuxième fois le prix Goncourt, avec *La Vie devant soi* (*) (1975). Parallèlement à l'œuvre d'« Ajar » – *Pseudo* (1976), *L'Angoisse du roi Salomon* (1979) – il continue à publier sous son propre nom des ouvrages à succès : *Au-delà de cette limite votre ticket n'est plus valable* (1975), *Clair de femme* (1977), *Les Cerfs-Volants* (1980). Mais ce jeu sur l'identité accentue peut-être un processus dépressif, en cours de longue date, qui le voit, un an après le suicide de Jean Seberg (proche de lui, malgré leur divorce), mettre fin à ses jours en 1980, laissant comme testament littéraire un court texte révélant l'identité d'Ajar : *Vie et mort d'Émile Ajar.*

Si Gary est assuré de rester dans l'histoire littéraire grâce à l'affaire Ajar, il serait injuste que son œuvre soit méconnue en tant que telle. Entre la condescendance qui accueillait certains des textes signés « Gary » et les dithyrambes suscités par les livres d'« Ajar », une attitude mesurée semble aujourd'hui possible. Elle implique de saisir la cohérence d'une œuvre de plus de trente titres, qui est bien « une » – quelles que soient les périodes ou les identités – et qui puise ses racines dans des traditions peu connues en France, celles de l'humour juif et des conteurs russes. Ancrée dans la résistance au totalitarisme et le souvenir de la Shoah, elle prône un humanisme généreux, ouvert à la diversité culturelle, et dénonce inlassablement toutes les exclusions. Si elle ne s'interdit pas les répétitions et les facilités, elle est aussi portée par une grande créativité formelle – notamment un art d'inventer des « voix » littéraires – et un comique corrosif.

PIERRE BAYARD.

RÉF. : Dominique Bona, *Romain Gary*, Paris, 1987. – Pierre Bayard, *Il était deux fois Romain Gary*, Paris, 1990. – Jean-Marie Catonné, *Romain Gary / Émile Ajar*, Paris, 1990.

GASCAR Pierre (pseud. de Pierre Fournier). Écrivain français. Né à Paris le 13 mars 1916. Rapidement à demi orphelin, il passera une partie de son enfance dans le Périgord, mais c'est du cataclysme de la guerre que naîtra sa vocation d'écrivain. Perdu au cœur d'événements tragiques (le front, la détention de 1940 à 1945, les tentatives d'évasion, le camp disciplinaire de Rawa-Ruska, en Ukraine), il survivra grâce à une force d'inertie quasi minérale. *Le Temps des morts* (prix Goncourt 1953) évoque, sur un ton qui a l'austérité désespérante et résignée du glas, l'univers impitoyable des camps. Bien d'autres pages – *Le Fugitif* (1916) ou *Le Fortin* (1983) – témoigneront de la condition et du sort réservés à l'homme en temps de guerre : régression vers la barbarie, qui tend à effacer la différence entre l'humanité et l'animalité. *Les Bêtes* (*) (1953) disent, mais toujours de biais, cette émergence de l'enfer dans toute sa nudité animale. C'est ainsi que peu à peu l'œuvre de Gascar évoluera d'une conception de la littérature comme témoignage vers celle d'une exploration poétique du sens de notre présence au monde. À partir d'un sentiment très personnel de la solitude, l'auteur va tenter de retrouver la terre originelle de l'esprit. À l'évocation des joies élémentaires et de la candeur sensorielle de l'enfance (*Les Charmes*, 1965) va succéder la quête d'un accord toujours plus intime avec le décor. Ce sera le bouquet des fleurs de sang et de sel des *Chimères* (1969) et la recherche mythique de la grotte dans *L'Arche* (1971), ouvrages qui, aux confins du minéral et du vivant, interrogent l'ombre portée de l'humain dans l'inerte. Avec *Le Présage* (1972) – où le lichen attaqué par les maladies de notre civilisation apparaît comme le miroir de notre désintégration – la réflexion s'élargit au monde végétal. Elle culminera avec *Le Règne végétal* (*) (1981) et *Pour le dire avec des fleurs* (1988) où la plus banale observation se transforme en véritable aventure de l'esprit. Par-delà la confession érudite, une extraordinaire attention à tout ce qui germe, pousse, éclate, aide l'auteur à déceler dans les plantes des sources de vie ignorées, tout en renouant avec les sortilèges salvateurs de l'imagination – cette faculté primitive dont l'énergie fait tant défaut aux hommes d'aujourd'hui. Cette démarche, qui est aussi un style de vie, Pierre Gascar l'a appliquée à ceux auxquels il a consacré une biographie : *Rimbaud* (1971), *Charles VI* (1977), *Maître Bernard Palissy* (1980), *Nerval* (1981), *Buffon* (1983), *Humboldt l'explorateur* (1985) et *Montesquieu* (1988). Parce que s'attacher aux clairs-obscurs d'une existence et souligner ce qu'elle a de fraternel participent de la même quête métaphysique de l'état de grâce originel. Parce que l'homme fait partie du capital obscur de la vie au même titre que le minéral et le végétal. Parce qu'à leur manière ces grands prédécesseurs luttaient déjà contre la pollution mentale et physique qui nous ronge, et savaient que, s'il est une âme, elle est à chercher ici-bas.

RICHARD BLIN.

GASCOYNE David. Poète anglais. Né à Harrow le 10 octobre 1916. Ce poète remarquablement précoce qui échappe à toute classification s'avère être au « lieu » des grands mouvements de la pensée européenne. S'abreuvant dès l'adolescence à la musique de Debussy, Schönberg et Satie et à la lecture des symbolistes, il délaisse toute éducation scolaire à l'âge de 16 ans, publie un premier recueil, *Balcon romain* [*Roman Balcony,* 1932], puis un roman autobiographique, *Jour d'ouverture* [*Opening Day,* 1933]. À Paris, il rencontre Éluard et Max Ernst et devient le « passeur » du surréalisme de France en Angleterre. Après la publication de ce qui est sans doute le premier poème surréaliste anglais (« And the Seventh Dream... », *New Verse,* 1933), il traduit Péret, Unik, Tzara, Dali... En 1935, *Cahiers d'Art* publie son *Premier manifeste anglais du surréalisme* et il écrit *Abrégé du surréalisme* [*A Short Survey of Surrealism*]. En 1936, il traduit *Qu'est-ce que le surréalisme ?* d'André Breton et publie ses propres textes surréalistes, *La vie de l'homme est cette chair* [*Man's Life is this Meat*]. Il co-organise l'exposition internationale du surréalisme de Londres en juin 1936, où il expose objets et collages. En octobre, il parle à la radio de Barcelone et, de retour à Londres, participe au lancement du mouvement ethnosociologique « Mass Observation ». Il apparaît une dernière fois avec les surréalistes en novembre 1937 lors d'une exposition d'objets.

La quête surréaliste de l'« or du temps » se mue alors, sous la pression d'événements personnels déchirants, en une recherche solitaire poétique et philosophique d'une rare intransigeance. En 1937, il rencontre Benjamin Fondane qui l'amène à l'existentialisme libérateur de Léon Chestov, et en 1938 Pierre Jean Jouve, chez qui il découvre les liens profonds entre spiritualité et inconscient et la croyance que l'homme peut retrouver sa liberté essentielle en vivant totalement la tragédie de sa condition, ce que confirme alors sa lecture de Hölderlin, mais aussi de Kierkegaard, Berdiaev et Buber. Ses deux *Journal de Paris et d'ailleurs 1936-1937* et *1937-1939* [*Journal 1936-1937 ; Paris Journal, 1937-39*], publiés respectivement en 1980 et 1978, sont l'évocation épidermique, souvent pathétique, de ces années sans orient.

L'ombre de la guerre inspire alors la descente aux ténèbres de *Miserere* (*) où se heurtent le désir de transcendance et la consummation qu'il implique ; Gascoyne pose la question du libre arbitre de l'homme, se tourne vers Maître Eckhart et Jakob Boehme et lit les métaphysiques anglais comme Herbert et Traherne, pour qui l'homme a le pouvoir d'abolir sa différence avec la divinité. Confronté au désert spirituel de l'après-guerre, ce pèlerin sans église retourne à Chestov ; plus « vagabond » des systèmes que jamais – *Un vagabond* [*A Vagrant,* 1950] –, il s'intéresse à Heidegger, de qui il aime citer : « Le destin du monde s'annonce dans la poésie sans être manifeste déjà comme histoire de l'Être », et compose pour la BBC un long texte polyphonique, *Pensées nocturnes* [*Night Thoughts,* 1956]. Survient alors une longue période d'énormes souffrances psychologiques que ne soulage guère la parution des *Poèmes complets* [*Collected Poems,* 1965] et au terme de laquelle il publie une série d'aphorismes, *Le Soleil à minuit* [*The Sun at Midnight,* 1970] ; à l'ombre de Heidegger il entrevoit la synthèse alchimique de l'Esprit et de la Matière.

D'une écriture ample et développée, d'une versification flexible qui aime les rimes intérieures et privilégie le mot long et abstrait pour mieux le faire jouer avec le concret et le sensuel, sa poésie est marquée par une conscience exacerbée du présent des événements et par l'espoir désespéré d'établir un rapport avec l'Autre dans son absence. En ce sens, l'écriture de Gascoyne est une écriture de la palingénésie.

MICHEL REMY.

♦ *« C'est l'un des meilleurs et des plus purs poètes métaphysiques de notre époque. »* Lawrence Durrell.
♦ *« Son but a été celui de tous les plus grands, donc les plus humbles poètes : la vérité imaginative absolue. »* Kathleen Raine.

RÉF. : Michel Remy, *David Gascoyne ou l'Urgence de l'inexprimé,* Nancy, 1984.

GASKELL Elizabeth (Elizabeth Cleghorn Stevenson). Écrivain anglais. Née le 29 septembre 1810 à Londres, morte le 12 novembre 1865 à Holybourne (Hampshire). De bonne famille, elle demeura orpheline alors qu'elle n'était qu'une enfant et fut élevée par une tante à la campagne aux environs de Manchester. Les lieux où se passèrent son enfance et sa jeunesse lui fournirent les scènes de ses divers romans. Séduisante et distinguée, cultivée et sensible, elle épousa en 1832 le révérend Gaskell, pasteur de l'Église unitarienne de Manchester. C'est à cette époque qu'elle se découvrit une vocation de romancière. En 1848, elle publia anonymement *Mary Barton* inspirée du même climat de découragement social que l'on trouve dans la *Sybil* (*) de Disraeli ; cette œuvre suscita l'enthousiasme et l'approbation d'éminents contemporains tels que Carlyle et Landor. En 1850, Charles Dickens lui demanda de collaborer au quotidien *Household Words* dans lequel elle publia de nombreux contes pendant une longue période, puis son chef-d'œuvre : *Cranford* (*). Il faut également citer d'elle : *Nord et Sud ; Vie de Charlotte Brontë* [*Life of Ch. B.,* 1857], ouvrage excellent en dépit de quelques inexactitudes ; *Ma cousine Phillis* (*) (1863-1864), *Femmes et filles* [*Wives and Daughters,* 1867], demeuré inachevé. Dans ses meilleurs moments, Gaskell se rapproche du style de Jane Austen dont elle se distingue par l'originalité de son talent ; elle aura une profonde influence sur la matière de conter de George Eliot. Elle mourut subitement d'une crise cardiaque à cinquante-cinq ans.

♦ *« Par l'ensemble de son œuvre, Mrs. Gaskell mérite de figurer dans la série de représentants du réalisme psychologique ; elle y occupe une place bien à elle ; [...] elle se meut dans la zone moyenne du monde intérieur avec une aisance et une sûreté remarquables. »* L. Cazamian.

RÉF. : Sanders, *Elisabeth Gaskell,* 1931. – E. Haldane, *Mrs. Gaskell and her Friends,* 1931. – M. Allott, *Elizabeth Gaskell,* Londres, 1960. – A. Pollard, *Mrs. Gaskell,* Manchester, 1965. – E. Wright, *Mrs. Gaskell,* Oxford, 1965. – M. Granz, *E. Gaskell : The Artist in Conflict,* New York, 1968. – W. A. Craik, *E. Gaskell and the English Provincial Novel,* Londres, 1975. – Winsfred Gerin, *E. Gaskell : A Biography,* Oxford, 1976. – E. L. Duthie, *The Themes of E. Gaskell,* Londres, 1980. – P. Stoneman, *Elizabeth Gaskell,* Bloomington, Indiana, 1987.

GASPAR Lorand. Écrivain français d'origine hongroise. Né le 28 février 1925, en Transylvanie orientale (région rattachée à la Roumanie en 1918). Lorand Gaspar a raconté dans un admirable texte – préface à l'édition de poche de *Sol absolu* (*) – son histoire familiale et la gaieté d'une enfance heureuse, dominée par les jeux autant que par l'étude. Très jeune, il apprend plusieurs langues, dont le français. En 1943, il entre à l'École polytechnique de Budapest. En 1944, il est déporté en Allemagne dans un camp de travail de Souabe-Franconie. Libéré, il vient à Paris où il fait des études de médecine. En 1955, il part comme chirurgien à l'Hôpital français de Jérusalem, situé alors en Jordanie. C'est son premier contact avec le désert, qui exercera sur lui une profonde fascination, et où il fera de nombreux séjours. En 1970, il est nommé chirurgien à l'Hôpital Charles-Nicolle de Tunis ; nouvelle fascination pour le désert ; c'est maintenant le Sahara qu'il sillonne dès qu'il le peut. Pendant les quinze années passées au Moyen-Orient, Lorand Gaspar avait exploré aussi les îles du Dodécanèse ; il trouva à Patmos un lieu selon son cœur, et y acheta une petite maison. La médecine (et le corps patient), le désert, Patmos, voilà la triangulation majeure autour de quoi s'articule son œuvre d'écrivain. À cela il faut ajouter l'exercice de la traduction (Séféris, Rilke, Pilinszky, D. H. Lawrence...) – Gaspar pratique au moins six langues –, un compagnonnage spirituel avec les peintres (il a travaillé, notamment, avec Zao Wou Ki, Arpad Szenes, Hadju, T'ang...), un talent remarquable de photographe, et un goût inextinguible pour les voyages. Commencée en 1966 avec un livre de poèmes, *Le Quatrième État de la matière*, la bibliographie de Lorand Gaspar se développe régulièrement et dans plusieurs directions : essais, *Histoire de la Palestine* (1968 ; réédition augmentée, 1978) et *Palestine, année zéro* (1970) ; poésie, *Gisements* (1968), *Sol absolu* (1972), *Corps corrosifs* (1978), *Amandiers* (1980), *Égée* suivi de *Judée* (1980), *Genèse* (1981), *Sefar* (1983), *Patmos* (1989) ; prose, *Approche de la parole* (1978), *Journaux de voyage* (1985), *Feuilles d'observation* (1986), *Carnets de Patmos* (1991). De son métier de chirurgien, Lorand Gaspar a gardé, en écriture, un sens de l'observation fine, une compassion non romantique pour les êtres, une passion pour les choses les plus apparemment simples. Servi par un rythme souple, un vocabulaire précis mais jamais précieux, la phrase de Lorand Gaspar est sobrement lyrique. Et, s'il fallait réduire son œuvre à un mot, c'est celui de « sagesse » qui s'imposerait, permettant d'échapper à la notion trop étroite de « poète » pour conférer à Lorand Gaspar la qualité, plus appropriée, de « penseur ».

FRANÇOIS BODDAERT.

RÉF. : « Espaces de Lorand Gaspar », revue *Sud*, 1983 ; revue *Aporie*, 1988.

GASPRALÏ (GASPRINSKY) Ismâ'îl. Publiciste et romancier tatar, auteur d'écrits idéologiques sur les Turcs de l'empire russe. Né dans le village d'Avtchï, près de Bâqhtchesarây (Crimée) en 1851, mort à Bâqhtchesarây le 11 septembre 1914. Le père d'Ismâ'îl, un notable du bourg de Gaspra, non loin de Yalta, inscrit son fils à la medersa (école supérieure islamique) Zinjirli de Bâqhtchesarây, puis, quand il eut dix ans, au gymnase (école russe) de Simféropol. En 1863, Ismâ'îl entre au lycée militaire de Voronezh, avant d'être envoyé poursuivre ses études à Moscou. Il y est remarqué par son maître, le fameux théoricien du panslavisme Ivan Katkov, dont les idées exerceront une grande influence sur les conceptions du futur idéologue du turquisme. Revenu en Crimée, il se met à l'étude du français avec l'intention de se rendre dans l'empire ottoman et d'entrer dans le métier des armes. Son voyage le mène d'abord à Paris, en 1871, mais il côtoie peu les Jeunes Ottomans, en exil avant son arrivée à Istanbul en 1874. L'ambassadeur russe auprès de la Porte s'opposant à son entrée à l'Académie militaire ottomane, Ismâ'îl n'a plus qu'à rentrer une nouvelle fois chez lui. Pendant les cinq années qui suivent, il se familiarise avec la vie des village des Turcs de Crimée, évoquée dans son roman *Le jour s'est levé* [*Gün doghdu,* 1906]. Élu maire de Bâqhtchesarây en 1878, Ismâ'îl Gaspralï se fait connaître par ses premiers articles sur quelques problèmes politiques et culturels des musulmans de l'empire russe, publiés dans la revue en langue russe de Simféropol *Tavrida*, et repris dans un recueil intitulé *L'Islam russe* [*Russkoe musul'manstvo*]. Au-delà des déclarations de loyalisme à l'empire russe, Gaspralï considère que les « Turco-Tatars » se trouvant sous sa domination constituent une communauté musulmane unie, à laquelle il suggère une voie pour rejoindre le niveau de la civilisation occidentale. L'instrument de cohésion privilégié de cette communauté doit être une langue unique. En 1883, après des années de veto de la censure, Gaspralï reçoit enfin l'autorisation de publier le journal bilingue russo-tatar *L'Interprète* (*), dont son éditeur veut faire l'intermédiaire pour la vulgarisation de la civilisation occidentale dans la communauté musulmane de Russie, et qui exercera une influence profonde sur toute l'intelligentsia turque de l'empire russe. Champion de la renaissance de l'Islam et du turquisme, Gaspralï y prône jusqu'à sa mort l'unité spirituelle et politique du monde turc, enrichie par une coopération avec l'Occident et le refus de toute confrontation immédiate avec la Russie – exprimés dans les pages d'un bref essai sur la « compréhension entre la Russie et l'Orient » publié en russe [*Russko-vostochnoe soglashenie*] en 1896. Une autre préoccupation majeure de Gaspralï est la modernisation par la réforme scolaire, à laquelle il contribue personnellement par l'ouverture d'écoles primaires modernes pour les musulmans de Russie ; à leur intention, il rédige des manuels. Il veut également généraliser à l'ensemble de la communauté musulmane de Russie les écoles normales à l'occidentale, et entreprend pour cette communauté la publication d'une encyclopédie – tâche qu'il ne peut cependant mener à terme. Très attaché aux problèmes de communication, Gaspralï élabore un programme d'enseignement linguistique, selon lequel dans les premières années d'école primaire l'instruction doit être donnée dans les dialectes turcs locaux, qui font place ensuite à une « langue littéraire commune », basée sur une version simplifiée du turc ottoman, appelée à devenir l'instrument général de l'enseignement pour les musulmans de l'empire. En politique, le libéralisme de Gaspralï, son attachement à l'espoir d'une coopération entre la monarchie russe et une communauté musulmane unie se heurtent aux nouvelles réalités issues d'abord de la Révolution de 1905, puis de l'éclatement de la Première Guerre mondiale. Désormais les articles de *L'Interprète* placent le journal à droite, et son immobilisme anti-révolutionnaire lui aliène une partie toujours plus importante de l'intelligentsia musulmane de l'empire, entraînée vers le socialisme et la rupture avec la Russie.

STÉPHANE A. DUDOIGNON.

GASQUET Joachim. Poète français. Né à Aix-en-Provence le 31 mars 1873, mort à Paris des suites de la guerre, le 6 mai 1921. Qu'il emprunte ses formes de l'école hugolienne ou d'écoles plus récentes, il demeure essentiellement un lyrique dont l'optimisme aspire toujours à triompher de la douleur, de l'angoisse et de la mort. Son verbe, qui vient du pays de Mistral, se manifeste avec éclat dans chacun de ses recueils de vers : *L'Arbre et les vents* (+) (1901), *Chants séculaires* (1903), le *Printemps* (1909), les *Hymnes* (+) (1919), *Chants de la forêt* (1920) et *Le Bûcher secret* (*) (1921). Il faut y ajouter un grand drame lyrique, *Dionysos* (1904), un roman, *Tu ne tueras point* (1920) et un livre sur *Cézanne* (1921). Sa femme, Marie Gasquet, a publié son œuvre posthume : *Une enfance provençale* (1926), *Sainte Jeanne d'Arc* (1929) et *Des chants, de l'amour et des hymnes* (1929).

GASS William. Romancier, nouvelliste et essayiste américain. Né le 30 juillet 1924 à Fargo (Dakota du Nord). William Gass a étudié au Kenyon College, à la Wesleyan University et à l'université Washington de Saint Louis. « Je ne suis ni nouvelliste, ni romancier, ni essayiste, dit William Gass. Si l'on tient absolument à me baptiser, je suis écrivain, je suis styliste. » Ses livres témoignent fidèlement de cette protestation : refusant toute démarcation entre genres institués, ils mêlent savamment la fiction et l'essai, l'analyse de texte et l'anecdote personnelle, le développement philosophique et la poésie.

William Gass est l'auteur d'un gros roman, *La Chance d'Omensetter* [*Omensetter's Luck*, 1966], qui décrit les effets destructeurs de l'arrivée d'un personnage messianique dans une petite communauté du Middle West ; la mort frappe et les « changements de cœur » touchent presque tous les habitants dont l'identité se constitue ou se défait par le seul biais du langage.

William Gass a aussi publié trois recueils d'« essais » admirables d'intelligence et qui possèdent la saveur langagière du poème ou du roman : *La Fiction et les figures de la vie* [*Fiction and the Figures of Life*, 1970], *Le Monde à l'intérieur du mot* [*The World Within the Word*, 1978] et *Habitations du mot* (*) (1985). Leurs simples titres témoignent des préoccupations de l'auteur : comme ses compatriotes William Gaddis, Robert Coover ou John Hawkes, William Gass considère que le langage contient le monde, précède ce dernier, et n'a certes pas pour fonction première de désigner ses multiples composants.

Le recueil de nouvelles *Au cœur du cœur de ce pays* (*) (1968) contient une longue et splendide préface où Gass s'interroge sur le rôle de la littérature, évoque la genèse de ses textes et définit son lecteur idéal.

William Gass est aussi l'auteur de deux livres inclassables, *L'Épouse solitaire de maître Willie* [*Willie Mater's Lonesome Wife*, 1971], texte théorique explorant les rapports entre désir et écriture, fiction et sensation, sous une forme presque palpable, car la typographie, le grain, la texture et la couleur des papiers utilisés varient selon les thèmes abordés par Gass. *L'Être du bleu* [*On Being Blue*, 1976], quant à lui, ironiquement sous-titré « enquête philosophique », est une exploration des harmoniques du mot « bleu » en anglais, à la fois une théorie de la lecture et un livre sur l'érotisme, car jamais chez Gass le désir et le langage ne sont séparés. Par ailleurs, l'écrivain travaille depuis de très longues années à un second roman, *Le Tunnel* [*The Tunnel*], dont le personnage central est un érudit aux sympathies nazies.

BRICE MATTHIEUSSENT.

GASSENDI (Pierre Gassend, dit abbé). Philosophe français. Né à Champtercier (Basses-Alpes), le 22 janvier 1592 ; mort à Paris le 24 octobre 1655. Fils de simples cultivateurs, il va faire ses humanités au collège de Digne, et y fait preuve d'une telle précocité qu'on lui confie, à l'âge de seize ans, une chaire de rhétorique. Docteur de l'université d'Avignon en 1614, à vingt-quatre ans il enseigne déjà la philosophie et la théologie à Aix. Entré dans les ordres en 1617, il devient, en 1623, prévôt de la cathédrale de Digne, charge pourvue d'une prébende importante qui lui permet de se consacrer tout entier à des travaux scientifiques. Mais, en querelle avec son chapitre, il doit s'installer à Grenoble où il publie, en 1624, ses *Exercitationes paradoxicae adversus Aristotelaeos,* critique de la philosophie de l'École, qui lui fait naturellement beaucoup d'ennemis, mais appelle l'attention sur lui. En 1630, il publie une satire contre les cabalistes : *Epistolica exercitatio, in qua principia philosophiae Roberti Fluddi, medici, releguntur.* Il fait ensuite un séjour dans les Pays-Bas et, après avoir refusé, en 1641, les fonctions d'agent général du clergé, puis, en 1645, la charge de l'éducation du jeune Louis XIV, il accepte pourtant, la même année, la chaire de mathématiques au Collège de France. Physicien, mathématicien, astronome (il fut le premier à observer le passage de Mercure sur le Soleil), lié avec les plus grands savants de son époque : Kepler, Hobbes, Mersenne et surtout Galilée, Gassendi fut avant tout un philosophe, et c'est surtout grâce à sa querelle avec Descartes que son nom continue de vivre. Les *Méditations métaphysiques* (*), de Descartes, étaient parues en 1641 ; avec Hobbes, Mersenne et Arnauld, Gassendi avança, en 1644, contre la nouvelle philosophie, d'assez nombreuses objections dans sa *Disquisitio metaphysica adversus Cartesium* (*). Les raisons de cette hostilité n'étaient pas toutes très avouables : ainsi, la susceptibilité de Gassendi avait-elle été blessée de ce que Descartes n'avait pas fait écho à ses travaux dans son traité des *Météores.* Surtout, il existait entre Descartes et Gassendi une double rivalité, en tant que savants et en tant que philosophes, encore excitée de part et d'autre par des coteries, et en particulier par Samuel Corbière, ami de Gassendi, et par l'ironie courtoise, l'aisance dans la plaisanterie que Gassendi apportait dans la discussion, ce dont Descartes se montra très irrité. Les deux adversaires se réconcilièrent grâce à l'abbé d'Estrées, en 1648, sans que les désaccords intellectuels eussent été effacés. Comme Descartes cependant, Gassendi est l'adversaire d'Aristote, il affirme les droits de la raison contre l'autorité et les superstitions. Mais il est aussi un empiriste : ce qu'il refuse chez Descartes — qu'il nomme ironiquement une « âme pure » —, c'est avant tout la distinction absolue de l'âme et du corps, la thèse des idées innées, d'une raison séparée des sensations. Gassendi se réclame d'Épicure, auquel il a consacré plusieurs livres, rassemblant toutes les citations des Anciens concernant la vie et la doctrine de son philosophe — dont il ne partage d'ailleurs pas l'impiété. Ce furent : *De la vie et des mœurs d'Épicure* [*De vita et moribus Epicuri,* Lyon, 1647] ; *Animadversiones in decimum librun Diogenis Laertii* (Lyon, 1649) ; et *Manuel de la philosophie d'Épicure* (*) (La Haye, 1659). Sous l'influence de Galilée, sans doute, il reprend la théorie antique de l'atomisme ; mais il n'est pas matérialiste : la théorie de l'atomisme ne lui plaît que parce qu'elle affirme (contre Descartes encore et sa doctrine de l'étendue) la discontinuité de la matière et l'existence du vide. A vrai dire, c'est de Leibniz qu'il convient de rapprocher Gassendi, puisqu'ils tendent tous deux à substituer un dynamisme au mécanisme cartésien. Mais Gassendi se rattache plus immédiatement à ce courant empiriste et scientifique, un peu en marge du XVIIe siècle et qui, par l'intermédiaire de Fontenelle, aura une grande influence sur l'époque suivante.

JACQUES PATRY.

♦ *« Un des hommes qui font le plus honneur à la philosophie et à la nation. »* Diderot.

RÉF. : N. Taxil, *Oraison funèbre pour messire Pierre Gassendi,* Lyon, 1656. — F. Bernier, *Abrégé de la philosophie de Gassendi,* 7 vol., 1674. — De Camburat, *Abrégé de la vie et du système de Gassendi,* Bouillon, 1770. — L. Andrieux, *P. Gassendi prévôt de l'église de Digne,* 1927. — Pintard, *Le Libertinage érudit,* 1943. — *Pierre Gassendi, sa vie, son œuvre,* Actes du Congrès pour le tricentenaire de la mort de Gassendi, 1957.

GATTI Dante, dit Armand. Écrivain et homme de théâtre français. Né le 26 janvier 1924 à Monaco. En 1939, son père — Auguste Reinier Gatti, éboueur — meurt et Gatti écrit sa première pièce : deux mille vers signés Lermontov, premiers signes d'une écriture aussi poétique que démesurée. En 1942, il rejoint un maquis en Corrèze et sera déporté, l'année suivante, au camp de Linderman, près de Hambourg. Dès la Libération, Gatti entre au *Parisien libéré* ; après y avoir tenu la chronique judiciaire, il devient, en 1954, grand reporter pour le compte des journaux les plus divers et obtient le prix Albert Londres. Il sillonne une grande partie du monde, partageant la vie des populations qu'il décrit. Tout cela — l'enfance démunie, l'expérience concentrationnaire, le vécu journalistique — constitue le terreau de ses films : *L'Enclos* (1960), *El otro Cristobal* (1962), *Nous étions tous des noms d'arbres* (1981) et, plus encore, de son théâtre, théâtre dont l'auteur dit qu'il n'est ni historique, ni politique, ni psychologique, mais « de langage ».

En 1959, Jean Vilar monte au T.N.P.-

Récamier *Le Crapaud-Buffle*, second volet d'une trilogie indienne inachevée. Suivront, en 1962, *La Vie imaginaire de l'éboueur Auguste Geai* (*), *La Seconde Existence du camp de Tatenberg, Le Voyage du grand Tchou* ; en 1963, *Chronique d'une planète provisoire* ; en 1966, *Chant public devant deux chaises électriques* ; l'année d'après, *La Passion en violet, rouge et jaune* et *V. comme Viêt-nam*. En 1968, sur demande des autorités espagnoles, le gouvernement français interdit les représentations au T.N.P. de *La Passion du général Franco*. Désormais, que ce soit dans le Brabant-Wallon : *L'Arche d'Adelin* (1972-73), en Allemagne : *Rosa collective* (1973), *La Moitié du ciel et nous* (1975), en Irlande : *Le Labyrinthe* (1982), ou en France, il s'oriente vers l'écriture de spectacles nés d'un travail collectif et largement interprétés par des non-professionnels. Depuis quelques années, Armand Gatti, par le canal de stages, intègre des milieux spécifiquement difficiles où il puise les protagonistes de ses pièces : jeunes en réinsertion (*Les Arches de Noé* (1986), à Toulouse), prisonniers purgeant de courtes peines (*Les Combats du jour et de la nuit à la prison de Fleury-Mérogis* en 1989), jeunes des quartiers Nord – durs – de Marseille (*Le Cinécadre de l'esplanade de Lareto reconstitué pour la grande parade des pays de l'Est* en 1990), ou bien encore adolescents des cités périphériques d'Avignon (*Ces empereurs aux ombrelles trouées*, en 1991).

EMMANUELLE KLAUSSNER.

GAUGUIN Paul. Peintre et écrivain français. Né le 7 juin 1848 à Paris, mort à Atuona (îles Marquises), le 8 mai 1903. Malgré quelques notes d'exotisme (une enfance péruvienne, quelques années passées dans la Marine), les débuts de Gauguin sont des plus conformistes. Titulaire d'une fonction lucrative chez un agent de change, il épouse une Danoise, Mette Gad, dont il aura cinq enfants. Des boursicotages fructueux lui permettent de commencer une collection de tableaux : Monet, Sisley, Renoir... Lui-même s'est mis à peindre dès 1873, sous l'influence de Pissarro. Sa vocation s'affirme : il abandonne son métier en 1883 pour se consacrer à l'art. Face à une vie matérielle devenue difficile, sa famille part pour le Danemark. Gauguin l'y suit en 1884, mais sa vocation l'emporte.

Il regagne la France et s'installe en Bretagne, à Pont-Aven (1886), afin d'y retrouver « le sauvage, le primitif ». Sur le plan pictural, il commence à s'écarter de ses premiers modèles et à montrer son originalité. Après un voyage à la Martinique, il rencontre Vincent Van Gogh qu'il rejoindra à Arles, fin 1888. Durant quelques mois, les deux artistes cohabitent, s'influençant mutuellement, jusqu'à la dramatique rupture, due à un moment de défaillance mentale de Van Gogh.

Paris répugne à Gauguin : il veut « s'ensauvager », rompre avec cette civilisation. En mars 1891, il s'embarque pour Tahiti. Il vit deux ans dans cette île, mêlé aux indigènes et évitant le plus possible les Européens. Ce paradis terrestre, qu'il devra abandonner en 1893 pour régler des affaires de famille, infléchit son inspiration et sa technique : dorénavant primera un jeu de couleurs violentes qui stupéfiera ses contemporains. Gauguin narre ce premier retour à l'innocence naturelle dans *Noa-Noa* (*) (1894), récit tahitien, où il révèle un authentique talent d'écrivain. Peu à l'aise dans la société française, comme dans les milieux artistiques reconnus, il repart pour Tahiti le 3 juillet 1895. Adieu définitif à la vieille Europe.

À Tahiti, il approfondit son inspiration « sauvage ». Cependant, son existence se fait plus difficile : en effet, défenseur des droits des Maoris, il s'oppose avec virulence aux autorités coloniales et aux églises chrétiennes. Voué à diverses brimades, il éprouve la tentation du suicide. À l'issue de cette crise, il peint sa célèbre toile *D'où venons-nous ? Que sommes-nous ? Où allons-nous ?* L'exubérante fécondité de sa création picturale ne l'empêche pas d'écrire beaucoup. Il produit ainsi un essai philosophique, *L'Esprit moderne et le catholicisme* qu'il remaniera jusqu'en 1902. Véritable commentaire de *D'où venons-nous ?* cet essai, de tonalité anarchisante, rejette l'idée de péché, la morale chrétienne, et plaide pour la « sauvagerie ». Quelques *Notes éparses*, publiées à titre posthume, évoquent ses souvenirs : l'enfance au Pérou, Van Gogh, Degas... Cependant ses opinions subversives et son existence familière parmi les autochtones indisposent si fort les autorités qu'il est en butte à d'incessantes persécutions.

Il quitte Tahiti pour les Marquises en 1901, et de nouveau fréquente les Maoris. Sa case, baptisée « La Maison du jouir », s'emplit de vahinés. C'en est trop pour la puissance coloniale ! La gendarmerie poursuit ce « mauvais Français », ce « monsieur récalcitrant » qui, selon elle, « prend la défense de tous les vices indigènes » et participe à des « scènes sauvages ». En février 1903, un traquenard juridique lui vaut d'être condamné à trois mois de prison et cinq cents francs d'amende qu'il est hors d'état de payer. Écrasé, Gauguin écrit à un proche : « Ces préoccupations me tuent. » Le 8 mai 1903, la maladie et les persécutions l'achèvent. Son ami maori Tioka l'inhume selon les rites indigènes, en disant : « Maintenant, il n'y a plus d'hommes. »

Indomptable rebelle, Paul Gauguin aura réussi à devenir le « sauvage civilisé » qu'il rêvait d'être. L'immensité de son œuvre picturale, la marque indélébile qu'elle a laissée dans l'histoire de l'art moderne ne doivent pas occulter ses écrits, qui constituent une œuvre à part entière.

ALAIN QUESNEL.

RÉF. : Jacques Rivière, *Études,* 1911. – Maurice Denis, *Théories, 1890-1910. Du symbolisme et de Gauguin vers un nouvel ordre classique,* 1912. – Octave Mirbeau, *Des artistes,* 1re série, 1922. – M. T. Danielsson et B. Danielsson, *Gauguin à Tahiti,* Société des océanistes, 1973. – Françoise Cachin, *Gauguin,* Paris, 1988 ; *Gauguin,* Hachette-Pluriel, 1988. – René Huyghe, *Gauguin,* Paris, 1988. – Jean Leymarie, *Gauguin,* Genève, 1988.

GAULLE Charles de. Homme d'État et écrivain français. Né le 22 novembre 1890 à Lille, mort le 9 novembre 1970 à Colombey-les-Deux-Églises (Haute-Marne). Fils d'un professeur, préfet des études et directeur de l'école Fontanes, il fait des études primaires et secondaires à l'école Saint-Thomas-d'Aquin de Lille, puis à l'école de l'Immaculée-Conception, où enseigne son père, et enfin à Paris, au collège Stanislas, où il entre en 1908. Il est reçu à Saint-Cyr en 1909 et il est promu sous-lieutenant en 1912, lieutenant en 1913. Il fait la guerre de 1914 et il est blessé à la jambe près de Dinant le 15 août 1914. Promu capitaine en 1915, il sert dans le 3e régiment d'infanterie à Arras. Blessé pour la quatrième fois lors de la bataille de Verdun, à Douaumont, il est fait prisonnier le 2 mars 1916 et il est interné en Allemagne, notamment à Ingolstadt, d'où il tentera plusieurs fois de s'évader. Après l'armistice, Charles de Gaulle est détaché auprès de l'armée polonaise, en 1920, avec le grade de commandant, et il participe à l'offensive contre les armées de l'Union soviétique en Volhynie. Cité à l'ordre de l'armée par deux fois, une première fois par le maréchal Pétain pour sa conduite à Verdun, une seconde fois par le général Weygand pour son action en Pologne, il devient en 1921 professeur d'histoire militaire à l'École spéciale militaire de Saint-Cyr. L'année suivante, en 1922, il est admis à suivre les cours de l'École supérieure de guerre. Deux années plus tard, il publie son premier ouvrage, *La Discorde chez l'ennemi* (1924), qui comporte cinq études où l'auteur tente d'expliquer comment les chefs militaires allemands, dominés par un excès de volonté de puissance, ont pu être vaincus, et il s'emploie également à définir les qualités indispensables à un véritable chef de guerre, dont il trace le portrait idéal. Affecté en 1924 à l'état-major de l'armée du Rhin à Mayence, il entre l'année suivante au cabinet du maréchal Pétain, vice-président du Conseil supérieur de la guerre. Il prononce des conférences très remarquées à l'École supérieure de guerre et à la Sorbonne, et fait paraître des articles de stratégies et de tactiques militaires dans *La Revue militaire française.* Commandant du 19e bataillon des chasseurs à pied en 1927, chargé de mission en Irak, en Iran et en Égypte de 1929 à 1931, comme membre de l'état-major des troupes du Levant à Beyrouth, il est affecté en 1931 au secrétariat du Conseil supérieur de la Défense nationale et il fait paraître son second livre, *Le Fil de l'épée* (*) (1932), qui est dédié au maréchal Pétain, lequel veille de très près à la carrière de son ancien subordonné à Verdun. Dans cet ouvrage, Charles de Gaulle exprime avec son goût de la concision, de la formule frappante, de la syntaxe à la fois ample et incisive ses idées sur le rôle de la France dans le monde, sur l'indépendance qu'elle doit farouchement défendre et sur les hommes de caractère qui doivent veiller sur elle et dont la devise devrait pouvoir tenir en trois mots : « réserve, caractère, grandeur ». Lieutenant-colonel en 1933, Charles de Gaulle fait paraître en 1934 son troisième ouvrage, *Vers l'armée de métier* (*), où il attaque implicitement la conception, à ses yeux périmée, de la stratégie défensive, comme celle de la ligne Maginot, alors en honneur à l'état-major de l'armée française, encore influencé par la guerre de 14-18. Il prône, en revanche, une armée à la fois rapide, puissante et surtout mobile, constituée d'unités de combat cuirassées et motorisées – telle que le général Estienne l'avait déjà préconisée. Il réclame pour la France une organisation de la défense nationale qui ne compte pas a priori sur l'alliance des autres nations, toujours aléatoire. Cet ouvrage provoque une polémique entre ceux qui soutiennent ces conceptions révolutionnaires, notamment Paul Reynaud, au Parlement, et les membres de l'état-major qui ne comprennent pas que la mécanisation est en train de transformer toutes les stratégies. Cet ouvrage, qu'on a dit prémonitoire, inspirera le général allemand Guderian, organisateur des fameuses divisions Panzer. Mais, *Vers l'armée de métier* est également un livre d'écrivain formé à la littérature du classicisme français, un ouvrage de grand style. Du moins, s'il est peu écouté dans les sphères politiques, Charles de Gaulle sera placé à la tête de régiments de chars, à Metz en 1937, en qualité de colonel. En 1938, après une polémique avec le maréchal Pétain qui s'en prétend l'auteur, le colonel de Gaulle fait paraître un nouveau livre, *La France et son armée.* Il y retrace les grandes étapes de l'histoire militaire de la France depuis les origines jusqu'à la Grande Guerre, il étudie l'armée de l'Ancien Régime et, en particulier celle de la Révolution, celle de Napoléon Bonaparte et celle de la IIIe République. Il montre que cette armée n'a été victorieuse que lorsqu'elle a été soutenue par la nation et qu'elle a su obéir à quatre critères généraux : l'unité, la foi, le progrès, le chef. Nommé au début de la guerre de 1939 commandant des chars de la Ve armée en Alsace, le colonel de Gaulle participe ensuite, à la tête de la 4e division cuirassée, à Montcornet, à Crécy-sur-Seine, et à Abbeville à des contre-offensives et réussit un moment à refouler l'ennemi. Promu le 1er juin 1940 général de brigade, il entre le 6 juin dans le ministère Paul Reynaud comme sous-secrétaire d'État à la Défense nationale. Mais la défaite se lit à la fois sur le terrain et dans les esprits. Le 17 juin, le général de Gaulle regagne Londres où il a effectué diverses missions par deux fois et il y lancera le 18 juin son célèbre appel à la Résistance, marquant son refus de l'armistice et de la capitulation, parce que cette guerre est une guerre mondiale et que la France a perdu une bataille, mais n'a pas perdu la guerre, comme il le dira quelques jours plus tard — v. *Appels* (*). Inlassablement Charles de Gaulle reprendra ses thèmes dans les *Discours et Messages* (1940-1946) par lesquels il soutiendra la volonté et le patriotisme des hommes qui se sont ralliés à lui et engagés derrière la « France libre », qui deviendra en 1944, le 4 juin, à Alger, le Gouvernement provisoire de la République française dont il sera le président. Ce gouvernement sera transféré à Paris à la fin d'août 1944, après la libération de la capitale où le général de Gaulle fera son entrée le 25 août 1944. Devant l'impossibilité de faire adopter une constitution qui éviterait le retour des erreurs de la IIIe République et d'un Parlement omnipotent, il donne sa démission le 20 janvier 1946 et se retire à Colombey-les-Deux-Églises. Là il rédigera ses *Mémoires de guerre* (*), divisés en trois tomes, *L'Appel* (*) (1954), *L'Unité* (*) (1956), *Le Salut* (*) (1959). Il y raconte les péripéties et les luttes qu'il a eu à soutenir, notamment contre ses alliés anglais et américains, pour faire admettre au monde que la France était toujours combattante entre 1940 et 1945. Il continuera ses *Mémoires* en 1969, mais de ce nouveau travail ne paraîtra qu'un tome seulement, *Mémoires d'Espoir*, où il raconte son retour aux affaires à partir de juin 1958, à la suite du drame algérien, l'adoption d'une nouvelle constitution qui donne à l'exécutif un rôle primordial, rôle qui sera encore renforcé par l'élection du président de la République au suffrage universel. Chef de l'État, le général de Gaulle entreprend de nombreux voyages dans le monde où il se montre farouchement attaché à l'« indépendance nationale ». Il termine la guerre d'Algérie, reconnaît la Chine populaire de Mao Tsé-Toung, s'élève contre la guerre que mènent les Américains au Vietnam. Réélu président de la République au second tour en 1965, il démissionnera de ses fonctions un an après Mai 1968 et après le rejet par référendum d'une loi qui entendait notamment supprimer le Sénat. Il meurt à Colombey-les-Deux-Églises, sans avoir pu achever ses *Mémoires*, qui resteront comme le reflet, selon la formule célèbre, d'une « certaine idée de la France » que se forgea dès son enfance Charles de Gaulle et qui tendait à la placer, par son rôle exemplaire et par son influence, au premier rang des nations. Mais c'est surtout l'écrivain qui doit, après l'homme politique que l'Histoire n'a pu encore juger dans son ensemble, retenir l'attention et sans aucun doute aussi l'admiration : sûreté du verbe, concision de la syntaxe, efficacité du choix des mots, romantisme des sentiments lié à un pessimisme actif et à une volonté de vaincre qui constituent les deux axes apparemment contradictoires de l'action du militaire et du politique. Sa phrase est parfois très proche de celle des *Mémoires d'outre-tombe* (*) (à la fin desquels ressemble la fin des *Mémoires de guerre*), proche de celle de Chateaubriand et des romantiques par le sentiment de la grandeur, par le goût de l'universalité et de la prophétie. Mais l'écrivain Charles de Gaulle sait aussi tempérer son lyrisme par une sobriété qui l'apparente aux penseurs du XVIIe siècle, comme La Rochefoucauld, du XVIIIe siècle, comme Vauvenargues, ou du XIXe siècle comme Joubert. Le soin qu'il mettait à écrire, les nombreuses ratures que portent ses manuscrits prouvent qu'il faisait sienne la formule classique de Boileau : « Souvent sur le métier, remettez votre ouvrage. Polissez-le sans cesse et le repolissez. » Mais c'est aussi une tradition militaire de la France que ses officiers généraux et ses maréchaux soient souvent de grands écrivains et d'importants mémorialistes : le général de Gaulle ne fait pas exception à cette tradition.

JOËL SCHMIDT.

♦ *« Ce qui est le grand vice du style écrit de De Gaulle, c'est la tendance à accumuler des cascades d'adjectifs et de substantifs là où il devrait y avoir normalement des verbes et des propositions subordonnées indiquant des actes et des mouvements. »* Jean-François Revel. ♦ *« Quel accent de France de Gaulle n'aura-t-il pas fait sien ? Tous lui appartiennent, quoiqu'il ne les maîtrise pas tous également : les moralistes lui conviennent mieux que les romantiques et, parmi ces derniers, Chateaubriand l'inspire mieux que Barrès. »* François Mauriac. ♦ *« Son goût naturel le portait vers le style noble, sinon pompeux, vers Bossuet et Malraux, plutôt que vers Diderot et Sartre ; vers l'oraison funèbre et la plaidoirie, plutôt que vers l'épigramme et la sotie ; Vauvenargues, Chateaubriand et Péguy furent ses modèles, après les Latins. »* Jean Lacouture.

RÉF. P. Barrès, *Charles de Gaulle*, Paris, 1944. — J.-F. Revel, *Le Style du général*, Paris, 1959 — D. de Roux, *L'Écriture de Charles de Gaulle*, Paris, 1967. — J. Lacouture, *De Gaulle*, Paris, 1969. — J.-M. Cotteret et R. Moreau, *Recherches sur le vocabulaire du général de Gaulle*, Paris, 1969. — A. Malraux, *Les Chênes qu'on abat*, Paris, 1971. — J. Boly, *De Gaulle écrivain*, Paris, 1978. — F.-G. Dreufus, *De Gaulle et le gaullisme : essai d'interprétation*, Paris, 1982. — O. Rudelle, *De Gaulle : pour mémoire*, Paris, 1990. — G. Caillet, *De Gaulle : le journal du monde*, Paris, 1990. — J. Serroy, *De Gaulle et les écrivains*, Paris, 1991.

GAULTIER DE CHÂTILLON Philippe (Gualterus de Insulis). Poète français d'expression latine. Né vers 1135 dans la région de Lille, mort à Amiens en 1201. Il alla bientôt habiter Paris, puis Reims où il fit ses études sous la direction d'Étienne de Beauvais. Peut-être revint-il plus tard à Paris en qualité de professeur ; il est certain, en tout cas, qu'il dirigea ensuite les écoles de Laon ; après quoi il retourna à Reims où il obtint un canonicat, mais il ne semble pas que, là non plus, son séjour ait duré longtemps. Entré dans la carrière administrative et attaché à la chancellerie d'Henri II d'Angleterre, il figure parmi les fonctionnaires qui, en 1166, accompagnèrent Plantagenêt en Angleterre. Et là sa situation auprès du roi paraît avoir pris une certaine importance, s'il est vrai que c'est à lui que s'adressa Jean de Salisbury, par une lettre, pour lui demander son entremise en faveur de l'archevêque Thomas Becket. À son retour d'Angleterre (et peut-être tombé en disgrâce auprès du souverain), il abandonna le service royal et alla enseigner à Châtillon (peut-être Châtillon-sur-Marne), localité à laquelle son nom, désormais, se lie définitivement. Ce fut là, en effet, selon toute probabilité, qu'il écrivit son *Traité contre les Juifs* [*Tractatus contra judaeos*] ainsi qu'une partie de ses poèmes satiriques et moraux. En 1176 ou 1177, à la suite du transfert de Guillaume d'Angleterre du diocèse de Sens à celui de Reims, il passa à son service ; il écrivit pour lui et lui dédia son poème épique, l'*Alexandréide* – v. *Alexandre* (*) –, composé entre 1178 et 1182. Peut-être est-ce en récompense de ses services auprès de Guillaume qu'il fut nommé chanoine d'Amiens, ville où il mourut de la lèpre ou de la peste.

RÉF. : J. de Ghellinck, *L'Essor de la littérature latine au XIIe siècle,* Bruxelles, 1946. – R. De Cesare, *Glosse latine e antico-francese all' Alexandreis di Gautier de Châtillon,* in *Publ. dell' Univ. Catholica del Sacro Cuore,* vol. XXXIX, Milan, 1951.

GAUNILON. Moine bénédictin français du monastère de Marmoutier (près de Tours). Il y mourut en 1083. Fils du vicomte de Montigny, il administra d'abord la trésorerie de la basilique Saint-Martin de Tours, puis, las de cette tâche ingrate, il se retira au monastère en 1044. Il est connu pour sa critique très subtile du *Proslogion* (*) de saint Anselme ; son ouvrage *La Défense de l'ignorant* (*) lui gagna la sympathie du saint, qui lui répondit par l'*Apologétique* (*) mais désira que la controverse fût à jamais unie à son œuvre.

GAUTAMA. Littéralement « Fils de Gotama » (c'est-à-dire du meilleur des bovins), patronyme d'origine védique et d'usage courant. L'un des noms de l'auteur ou du rédacteur indien semi-mythique des *Nyāya-Sūtra* (*) ou « Règles de logique ». Autres noms : Akṣapāda, « Qui a des yeux aux pieds », Dīrghatamas, Medhātithi. Ce personnage est antérieur à 250 de notre ère, puisque, à cette date, son œuvre était connue du bouddhiste Harivarman. Par ailleurs, selon certains spécialistes (Jacobi), le *sūtra* IV, 2, 25 présupposerait l'antériorité du fameux dialecticien bouddhiste Nāgārjuna que l'on date avec vraisemblance du IIe siècle de notre ère. On ne sait rien de plus sur Gautama.

JEAN-MARIE VERPOORTEN.

GAUTIER Judith Louise. Femme de lettres française. Née à Paris le 25 août 1845, morte à Dinard-Saint-Enogat (Ille-et-Vilaine) le 26 décembre 1917. Fille de Théophile Gautier et de la danseuse italienne Ernesta Grisi, elle grandit au centre du monde artistique le plus effervescent de la seconde partie du XIXe siècle français. À part un temps de collège très bref, elle passa son enfance et son adolescence en pleine liberté, voyant familièrement les personnages les plus importants et représentatifs de l'époque, Gérard de Nerval et Baudelaire, Flaubert et les deux Dumas, les Goncourt et Théodore de Banville dont, plus tard, devenue femme de lettres, elle fera le portrait sous des aspects inédits, dans ses intéressantes notations – v. *Souvenirs d'une Parisienne* (*). Autour d'elle, à Paris d'abord, puis dans la maison de Neuilly, se déroulait une fantasmagorie continuelle et bruyante d'artistes, gens de lettres, journalistes, musiciens, peintres et sculpteurs ; et ce n'étaient que réceptions, réunions, spectacles donnés dans l'intimité, danses et fêtes. La rencontre d'un mandarin chinois, que Théophile Gautier, compatissant à sa misère, avait accueilli chez lui, détermina l'orientation définitive des facultés poétiques de Judith : ce maître peu courant lui fit découvrir les beautés mystérieuses de l'art oriental, et elle s'y plongea, acquérant une rare compétence dans la connaissance de cette civilisation et de ces mondes raffinés et lointains. À vingt-deux ans, sous le pseudonyme de Judith Walter, elle publiait *Le Livre de jade* (*), recueil de poésies inspirées ou traduites d'originaux chinois ; en 1868, un roman, *Le Dragon impérial* (*), singulier tableau des agitations intérieures de la Chine. Ce fut ainsi qu'elle devint la révélatrice de l'Orient et, pour ainsi dire, une des principales initiatrices à l'exotisme, par une suite de romans, de traductions, de descriptions plus ou moins imaginaires non seulement de la Chine, mais du Japon, de l'Inde, de la Perse, où, sous un apparat et un coloris vraiment orientaux, se déploie une science surprenante. Elle écrivit quelques drames, dont un en collaboration avec Pierre Loti, mais son mérite demeurera toujours d'avoir enrichi l'héritage du romantisme paternel en le rénovant au contact de la poésie et des légendes orientales, de ces récits fabuleux dont elle a fixé l'enchantement dans *Les Parfums de la pagode* (1919). Très belle, elle inspira à Wagner une de ses passions les plus enflammées ; elle-même fut son admiratrice enthousiaste et participa avec ardeur aux luttes pour l'introduction de son œuvre en France. Mariée, en 1870, au poète Catulle Mendès, elle se sépara de lui peu de temps après et reprit son nom de jeune fille.

♦ *« Les livres de Mme Judith Gautier ressemblent à ceux de Théophile Gautier. On pourrait se ressembler de plus loin ; mais l'auteur du* Dragon impérial *et de* La Sœur du Soleil *n'imite nullement son père et n'a pas besoin de l'imiter, étant parfaitement semblable à lui. »* Théodore de Banville.

RÉF. : M. D. Camacho, *Judith Gautier, sa vie et son œuvre*, 1939.

GAUTIER Théophile. Écrivain français. Né à Tarbes (Hautes-Pyrénées) le 30 août 1811, mort à Neuilly (Seine) le 23 octobre 1872. On lui refuse d'habitude une place de premier plan parmi les écrivains de son temps et, en dehors de son *Capitaine Fracasse* (*), on ne le lit plus guère ; il reste pourtant à la croisée des courants littéraires du XIXe siècle puisque, parti du romantisme flamboyant, il allait devenir en quelque sorte le fondateur du Parnasse, et l'inspirateur de la génération de poètes de 1850, parmi lesquels Baudelaire. Il naît dans une famille honorable, ardemment royaliste, et son père, ancien et courageux officier des guerres napoléoniennes, fort lettré de surcroît, encourage ses premières tentatives poétiques. Jeune collégien à Paris, Gautier manifeste déjà bruyamment son aversion pour les classiques et son enthousiasme pour Villon, Rabelais, les Romains de la décadence, et surtout les poètes irréguliers et presque maudits du préclassicisme, dédaignés par la tradition littéraire depuis Boileau, et qu'il remettra plus tard en honneur — en particulier Saint-Amant — dans ses études sur *Les Grotesques* (*). Gautier, à cette époque, hésite un peu sur sa carrière : il commence à écrire, fréquente également un atelier de peinture. Mais l'avènement de Victor Hugo décide de son avenir : il devient, en 1830, l'homme de main émerveillé du chef du romantisme, professant lui-même un romantisme excentrique, s'ingéniant à provoquer le bourgeois, portant habituellement gants jaunes, pourpoints de velours noir et chevelure mérovingienne descendant jusqu'aux épaules. Avant d'être écrivain, Gautier est déjà un personnage. Meneur des « flamboyants » à la première d'*Hernani* (*), pour insulter les classiques, les « grisâtres », il se fait couper le célèbre gilet rouge. Quelques mois plus tard paraissent ses premières poésies, qui montrent déjà son habileté dans la description précise et colorée des objets et des paysages. La coïncidence de la révolution de Juillet empêche qu'elles soient remarquées, mais la légende naïve et démoniaque d'*Albertus* suscite, deux ans plus tard, l'enthousiasme des Jeune-France ; les « philistins », en revanche, sont atterrés en 1835 par la préface de *Mademoiselle de Maupin* (*), aussi importante que la préface de *Cromwell* (*), où Gautier affirme sa religion esthétique, son culte de l'« art pour l'art », son parfait dédain de la morale, mais aussi celui des effusions sentimentales, de la poésie philosophique et sociale, des prophètes avec leurs rêveries de progrès, ce qui commence à séparer le « bon Théo » de ses amis romantiques. Déjà, deux ans plus tôt, dans *Les Jeune-France* (*), il s'était moqué des habitués du cénacle qu'il réunissait dans son impasse du Doyenné, où l'on buvait dans un crâne en se livrant à toute sortes d'excentricités, atmosphère bien rendue encore dans *La Comédie de la mort* (*) (1838), où le plus truculent romantisme s'unit au macabre le plus terrifiant. C'est aussi à cette période qu'il faut rattacher *Le Capitaine Fracasse*, paru bien plus tard et où l'on retrouve, dans une imitation romantique de Scarron, le penchant de Gautier pour l'époque Louis XIII. Ami incomparable, « page de Hugo », compagnon de Balzac, c'est par amitié autant que par besoin d'argent que Gautier s'est fait critique, ayant écrit, dans un style ardent et riche, quelque deux mille feuilletons sur la littérature, la peinture, la danse aussi, qui restent la meilleure évocation de la vie artistique sous la monarchie de Juillet et le second Empire. Un *Voyage en Espagne* (*), en 1840, met en mouvement toute sa sensibilité et offre à Gautier ce décor coloré avec un pinceau autant qu'avec une plume.

Mais il ne tarde pas à sentir que le public est las du romantisme. Il ne se contente plus de railler gentiment les grandes passions : il va rejeter tout le faste romantique des mots et des images où il avait excellé, pour s'enfermer volontairement dans les limites d'une représentation objective et impersonnelle. En 1858, il renouvellera le roman historique de Hugo avec son *Roman de la momie* (*). L'œuvre capitale de la deuxième partie de sa vie est d'ailleurs *Émaux et Camées* (*), parue en 1852, et qui marque vraiment le début d'un art nouveau, dédaigneux des grands sentiments et de l'effet, éliminant complètement tous les élans du moi pour une recherche de la seule perfection formelle. En miniaturiste qui refuse tout ce qui pourrait altérer la netteté de sa vision, Gautier s'enfermait volontairement dans une métrique brève, des strophes courtes, des rythmes peu variés. C'était un coup très dur porté à tous les épanchements et à toutes les éloquences des poètes de 1830. Ceux de 1850 allaient au contraire se grouper autour de Gautier, d'abord à *L'Artiste*, puis à *La Revue de Paris* (*). Non seulement Beaudelaire, mais Banville, Bouilhet, Flaubert se réclamaient de Gautier. Ce qu'ils aimaient chez lui, c'était son sens de l'éminente dignité de l'artiste, son amour de la beauté plastique, une tendance à mêler la volupté et la mort, un exotisme, et surtout une véritable religion de la consolation par l'art, dont le plus grand fidèle sera Baudelaire, dédicaçant ses *Fleurs du mal* (*) à Théophile Gautier comme « au poète impeccable », « au parfait magicien ès lettres françaises ». Mais l'influence du « bon Théo » allait atteindre aussi des poètes comme Leconte de Lisle : l'ode intitulée *L'Art* formulait en effet le credo le plus austère de l'école parnassienne.

On ne saurait oublier enfin que, tout au long de sa carrière, Gautier a écrit des récits fantastiques (« La Morte amoureuse », « Arria Marcella », etc.) qui — selon le mot de Baudelaire — témoignent d'une « intelligence innée de la correspondance et du symbolisme universels ».

MICHEL MOURRE.

♦ *« Théophile Gautier [...] est un des talents que je reconnais ; mais il est sans force de conception... Il a un style ravissant, beaucoup d'esprit, et je crois qu'il ne fera jamais rien, parce qu'il est dans le journalisme. »* Balzac (Lettre à Mme Hanska du 15 octobre 1838). ♦ *« Il ressuscitait l'Antiquité comme ces esprits artistes de la Renaissance, qui commencèrent la Réforme. À trois siècles de distance, il recommençait, hardi et applaudi, le paganisme... »* Edmond et Jules de Goncourt, 1852. ♦ *« Il y a dans le style de Théophile Gautier une justesse qui ravit, qui étonne, et qui fait songer à ces miracles produits dans le jeu par une profonde science mathématique... Il a introduit dans la poésie un élément nouveau que j'appellerai la consolation par les arts de tous les objets pittoresques qui réjouissent les yeux et amusent l'esprit. Dans ce sens, il a vraiment innové. »* Baudelaire. ♦ *« Fils de la Grèce antique et de la jeune France... / Mage à Thèbes, druide au pied du noir menhir, / Flamine aux bords du Tibre et brahme au bord du Gange, / Mettant sur l'arc du dieu la flèche de l'archange / D'Achille et de Roland hantant les deux chevets, / Forgeur mystérieux et puissant, tu savais / Tordre tous les rayons dans une seule flamme. »* Victor Hugo, 1873. ♦ *« Il n'avait pas un grand instinct du rythme. »* Émile Faguet. ♦ *« Nul avant lui, hormis Rabelais, cet autre poète, n'avait fait preuve, même approximative, d'une telle fécondité, d'une pareille abondance verbale. »* Laurent Tailhade. ♦ *« C'est précisément cette délibération soutenue que Gautier apporta dans l'exercice de ses fonctions poétiques qui lui valut, avec la reconnaissance des lettres, cette place particulière, spéciale, royale presque, qu'on peut douter peut-être qu'il mérite, mais dont nous ne le délogerons pas. »* André Gide.

RÉF. : Ch. de Spoelberch de Lovenjoul, *Histoire des œuvres de Théophile Gautier*, 1887. — M. du Camp, *Théophile Gautier*, Paris, 1890. — A. Cassagne, *La Théorie de l'art pour l'art chez les derniers romantiques*, Paris, 1906. — R. Jasinski, *Les Années romantiques de Théophile Gautier*, Paris, 1929. — M. Voisin, *Le Soleil et la nuit. L'Imaginaire dans l'œuvre de Théophile Gautier*, 1981. — M. C. Schapira, *Le Regard de Narcisse. Romans et nouvelles de Théophile Gautier*, 1984.

GAUTIER d'Arras. Poète français du XIIe siècle. Nous ne connaissons pratiquement rien de sa vie. Il semble qu'il ait été ecclésiastique et qu'il ait participé en cette qualité à la seconde croisade de Louis VII. Il est l'auteur d'un célèbre roman en vers, *Eracle* (*), inspiré par un thème classique, composé en 1155, et d'un autre roman postérieur, *Ille et Galeron,* sur un sujet breton déjà mis en œuvre par Marie de France dans son *Lai d'Éliduc* — v. *Lais* (*).

RÉF. : A. Fourrier, *Le Courant réaliste dans le roman courtois en France au Moyen Âge,* Paris, 1960, p. 179-314. — L. Renzi, *Tradizione cortese e realismo in Gautier d'Arras,* Padoue, 1964.

GAUTIER de Coincy, dom. Trouvère et bénédictin français. Né à Amiens en 1177, mort à Soissons en 1236. Une chronique de l'abbaye bénédictine de Saint-Médard de Soissons fait mention de son entrée dans les ordres à l'âge de quinze ou seize ans. Entre 1214 et 1233 il fut prieur de Vic-sur-Aisne. C'est un des plus personnels parmi les poètes lyriques du Moyen Âge, mais il est surtout connu par *Les Miracles de la Sainte Vierge* (*), recueil d'exemples, de légendes, de miracles et de manifestations de la miséricorde de Marie.

RÉF. : A. Ducrot-Granderye, *Études sur les miracles de Notre-Dame,* Helsinki, 1932. — F. V. Kœnig, *Les Miracles de Notre-Dame par Gautier de Coincy,* Genève, 1966. — A. Garnier, *Mutations temporelles et cheminement spirituel,* Paris, 1988.

GAXOTTE Pierre. Écrivain français. Né le 19 novembre 1895 à Revigny (Meuse), mort à Paris en 1982. Après des études secondaires au lycée de Bar-le-Duc dans sa région natale, pays de marche et de patriotisme qui le marquera profondément, il vient à Paris, y prépare l'École normale supérieure, entre à la Rue d'Ulm et obtient le grade d'agrégé d'histoire et de géographie. Il enseigne ces deux disciplines au lycée d'Évreux, mais il s'intéresse également à la politique et apparaît, ce qui n'est pas exceptionnel au commencement du XXe siècle, comme un monarchiste modéré, ou du moins comme un partisan d'un pouvoir autoritaire incontesté. C'est pourquoi il devient le secrétaire de Charles Maurras, directeur de *L'Action française*, puis, après la guerre, le rédacteur en chef de *Candide* entre 1924 et 1940 et de *Ric et Rac*, qui représente le courant traditionaliste de la droite française. Il collabore également à de nombreux journaux et revues, parmi lesquels *La Revue des Deux Mondes* (*). Il fait paraître dans *Le Figaro* des éditoriaux où il se présente en général comme le gardien de la raison et du bon sens face aux bouleversements et aux démissions morales qui, selon lui, ébranlent notre société. Mais c'est moins le polémiste que l'historien qui est connu et apprécié. Pierre Gaxotte a publié de nombreux ouvrages d'histoire dans lesquels le classicisme de son style s'allie à une synthèse éclairée de ses sujets, presque tous consacrés à la royauté, et où l'écrivain marqué politiquement transparaît dans ses goûts, ses choix, ses jugements, ses critiques, ses éloges, et ses partis pris. On lui doit notamment *La Révolution française* (1928) envers laquelle il se montre critique, *Le Siècle de Louis XV* (*) (1933), *Frédéric II* (1938), où il témoigne d'une certaine admiration pour l'unificateur de son pays, *La France en face de l'Allemagne,* 2 vol. (1963), *Paris au XVIIIe siècle* (1968), *Le Nouvel Ingénu* (1971), pastiche de Voltaire pour juger notre temps, avec humour et humeur, *Apogée et chute de la Royauté* : tome I, *Le Roi Soleil, 1661-1682* (1973), tome II, *Le Roi et la Nation*, et tome III, *Louis le Bien-Aimé, 1715-1750* (1974). Il entre à l'Académie française en 1953, occupant le fauteuil laissé vacant par René Grousset, historien des croisades. Si les historiens universitaires regardent avec quelque condescendance les ouvrages de

Pierre Gaxotte, il n'en reste pas moins vrai que celui-ci, comme tout vulgarisateur de talent, même s'il n'est pas toujours très objectif, a ouvert à l'Histoire un public qui, sans lui, ne s'y serait peut-être jamais intéressé.

JOËL SCHMIDT.

GAY John. Poète anglais. Né en septembre 1685 à Barnstaple (Devonshire), mort à Londres le 4 décembre 1732. De famille aisée, mais orphelin de bonne heure, il entra comme apprenti, à l'âge de dix-sept ans, chez un fabricant de soieries ; il abandonna ce métier en 1706 et, avec l'aide de son ancien condisciple Aaron Hill, débuta dans les lettres. Quelque peu léger, de nature simple et sympathique, il sut se gagner la protection de personnages haut placés ; en 1713, l'année même où il publia *Plaisirs champêtres* [*Rural sports*], inspirés de *La Forêt de Windsor* (*), de Pope, il devint secrétaire de la veuve du duc de Monmouth, le fils révolté de Charles II, fut protégé par le comte de Burlington et par William Pulteney, plus tard comte de Bath. Grâce à l'amitié et à l'appui d'écrivains influents tels que Arbuthnot, Pope, Swift, il réussit à obtenir un emploi secondaire dans l'administration. L'esprit de fantaisie domine toute son œuvre. Avec *La Semaine du berger* (*), il tente de réagir contre les pastorales de Philips, mais l'intérêt de l'œuvre réside surtout dans les détails de la vie champêtre minutieusement observée. Avec *Trivia, ou l'Art de se promener dans les rues de Londres* [*Trivia, or the Art of Walking the Streets of London...*], il transporte l'églogue dans la ville en décrivant avec fantaisie certains aspects de la vie londonienne. Dans *Lettre à une dame* [*Letter to a Lady*], dédiée en réalité à la princesse de Galles, récemment arrivée d'Allemagne, il tourne en ridicule le style épistolaire dramatique. Son esprit burlesque perce aussi dans ses chansons, dont les meilleures se trouvent dans ses drames et ses *Fables* (*), qui connurent une grande vogue au XVIIIe siècle et pendant une bonne partie du XIXe siècle. Outre un pamphlet contre la presse de l'époque, il écrivit des comédies légères : *Comment appelez-vous ça ?* [*What D'ye Call it ?* 1717], *Trois heures après les noces* [*Three Hours after Mariage,* 1717], farce tragique d'un goût douteux, écrite en collaboration avec Pope et Arbuthnot. Mais son chef-d'œuvre est certainement le livret de l'*Opéra du gueux* (*), alerte parodie du théâtre sentimental et de l'opéra italien. Son ouvrage suivant, *Polly* (1729), fut interdit, car il offensait Walpole, et ne put être représenté qu'en 1777 ; il fut cependant édité, et remporta un beau succès de librairie. Recueilli par la duchesse de Queensbury, Gay passa avec elle et le duc ses dernières années. Il composa en outre le livre d'*Acis et Galatée* (*), musique de Haendel, parodie des *Métamorphoses* (*) d'Ovide.

FRANCESCO MEI.

♦ *« Bénis soient les grands, et pour les amis qu'ils m'enlèvent et pour ceux qu'ils me laissent ! Car ils m'ont laissé Gay ; ils me l'ont laissé pour me montrer le génie abandonné dans sa fleur et ne laissant pour prix d'une vie sans tache que les larmes de Queensbury et les vers qu'un ami prononce sur sa tombe. »* Pope.
♦ *« Il y a chez lui comme un cynisme d'esprit qui sait voir et faire voir, et sortir ainsi de la convention. »* Cazamian.

RÉF. : Biographie de Coxe, 1797. — Hazlitt, étude in *Lectures on English Poets, Works,* éd. Waller, vol. V. — S. M. Armens, *John Gay, Social Critic,* New York, 1954. — A. Forsgren, *John Gay, Poet « of a Lower Order »* (2 vol.), Stockholm, 1964-1971. — Y. Noble (ed.), *Twentieth Century Interpretations of « The Beggar's Opera »,* Englewood Cliffs, 1975. — P. Lewis et N. Wood (eds), *John Gay and the Scribblerians,* Plymouth, 1988.

GAY-LUSSAC Joseph Louis. Savant français. Né le 6 décembre 1778 à Saint-Léonard-le-Noblat (Haute-Vienne), mort le 9 mai 1850 à Paris. Illustre physicien et chimiste français, élève de Berthollet à l'École polytechnique, à partir de 1809 professeur de physique à la Sorbonne et un peu plus tard au Jardin des Plantes. En 1804, il fit, à trois semaines de distance, deux ascensions en ballon ; au cours de la première il s'éleva en compagnie de Biot à quatre mille mètres, et il atteignit seul au cours de la seconde sept mille seize mètres ; elles lui permirent de recueillir des données importantes pour l'étude de l'atmosphère et du magnétisme terrestre. En 1804 également, il fit la connaissance de Humboldt et se lia d'amitié avec lui. Ils accomplirent ensemble, l'année suivante, un voyage scientifique en Italie et en Allemagne. Gay-Lussac rentra en France en 1806 pour présenter sa candidature à l'Académie des sciences et en 1807, sur l'invitation de Berthollet, il devint membre fondateur de la Société d'Arcueil. Ses recherches sur les gaz l'amenèrent à énoncer les lois qui portent son nom. La première, publiée en 1802, se rapporte à l'expansion des gaz sous l'effet de la chaleur, la seconde, en 1808 (à la suite des études qu'il fit en collaboration avec Humboldt sur la composition de l'eau), a trait aux rapports de volumes dans les combinaisons des gaz. C'est à partir de ces lois qu'Avogadro put énoncer la théorie atomico-moléculaire. Gay-Lussac s'occupa des diverses branches de la chimie. Il étudia les halogènes, les composés du phosphore, les métaux alcalins et leurs composés, découvrit le bore (en même temps que Davy). En collaboration avec Thénard il étudia le chlore et l'acide chlorhydrique. Sur l'iode, découvert par Courtois, il accomplit des recherches classiques ; il en reconnut la nature élémentaire et en prépara de nombreux dérivés. Il découvrit le cyanogène, étudia l'acide cyanhydrique et les cyanures, contribua au développement de la théorie des radicaux en chimie organique, en observant que le radical cyanogène agissait comme un élément analogue au chlore, et il contribua à la connaissance des procédés de substitution. Gay-Lussac eut le mérite d'introduire en chimie analytique les méthodes volumétriques. Avec le physicien Arago, il dirigea, de 1816 jusqu'à sa mort, les *Annales de chimie et de physique,* qui faisaient suite aux *Annales de chimie.* Enfin, Gay-Lussac inventa l'alcoomètre qui porte son nom, construisit un baromètre transportable et introduisit dans les instruments scientifiques une précision inconnue jusque-là. Gay-Lussac fut un remarquable professeur et encouragea les débuts de maintes vocations scientifiques. Son *Cours de physique,* recueilli par Grosselin, fut publié en 1827 ; son *Cours de chimie,* par Gaultier de Claubry en 1828. De plus, Gay-Lussac a publié dans les revues de très nombreux mémoires qu'on trouvera énumérés dans *Recherches sur les gaz* (*).

LOUIS GAUDRAN.

♦ *« Jeune homme, votre destinée est de faire des découvertes ; vous serez désormais mon commensal ; je veux être votre père en matière de science. »* Berthollet. ♦ *« L'amitié dont m'a honoré ce grand et beau caractère a rempli une belle portion de ma vie : personne n'a réagi plus fortement, je ne dis pas seulement sur mes études, qui avaient besoin d'être fortifiées, mais sur l'amélioration de mon sentiment, de mon intérieur. »* Humboldt. ♦ *« Comme homme privé, Gay-Lussac offrait le rare assemblage des plus hautes facultés intellectuelles et des vertus les plus solides. Simple, modeste, bienveillant, excellent ami, son caractère offrait à la fois la plus aimable douceur et la plus grande fermeté. Sa probité scientifique se retrouvait dans toutes les affaires de la vie. »* Becquerel.

RÉF. : Edmond Blanc et Dr Léon Delhoume, *La Vie émouvante et noble de Gay-Lussac,* Saint-Léonard, 1950.

GEERTZ Clifford. Anthropologue américain d'origine néerlandaise. Né à Chicago le 23 août 1926. Il soutient sa thèse d'anthropologie à Harvard en 1956. Après des enquêtes de terrain à Java (1952-53), puis à Bali (1957-58), il poursuit ses recherches au Maroc. Dès 1960 il enseigne l'anthropologie d'abord à l'université de Californie (Berkeley) puis à l'université de Chicago. Aujourd'hui en poste à l'Institute for Advanced Studies à Princeton, Geertz a largement contribué à renouveler l'anthropologie des systèmes symboliques. Ses évocations ethnographiques subtiles, son style émaillé de références littéraires et philosophiques, lui ont valu une place à part dans l'anthropologie nord-américaine. Il n'en continue pas moins d'exercer une grande influence sur de jeunes chercheurs.

En plus de sa contribution à de nombreux domaines théoriques de l'anthropologie ainsi qu'à l'ethnographie de l'Indonésie et du Maroc, Geertz a proposé une nouvelle approche de la culture, la considérant comme autonome de la structure sociale ou de la psychologie individuelle. Dans des situations historiquement stables, toute culture, explique-t-il, développe une cohérence interne présentant un aspect à la fois cognitif (vision du monde) et un aspect affectif et stylistique (ethos). Cette conception de la culture comme entité stylistique ou expressive distingue les recherches de Geertz des courants fonctionnalistes ou structuralistes contemporains et les relie, quant à leur objet, à la tradition nord-américaine de l'anthropologie culturelle. Mais, au lieu d'appréhender et de concevoir la culture à travers un caractère national ou une personnalité de base, Geertz la définit comme un système symbolique vécu, partagé et agi « en commun ». « La persistance d'une partie considérable du caractère culturel d'un peuple, du sens et de la pression des vies de ses membres — au travers d'énormes changements, même des changements historiques discontinus —, la sorte de chose qui relie l'Angleterre de la première à celle de la seconde Élisabeth, le Japon de Tokugawa au Japon moderne, la Russie des tsars et la Russie des secrétaires du parti, est l'un des plus profonds mystères des sciences humaines. Une partie de la réponse se trouve sûrement dans la capacité qu'ont certaines institutions clés — peut-être le système de propriété en Angleterre, l'ordre statutaire au Japon, l'État peut-être en Russie — de s'adapter et de se transformer elles-mêmes selon des lignes posées par elles-mêmes pour devenir en changeant des paraphrases de ce qu'elles étaient » *(Bali, interprétation d'une culture).* L'observation, désormais classique, que l'action symbolique, y compris la pensée, est de nature sociale, et de ce fait connue de tous, exige, selon Geertz, qu'on s'efforce de lire « par-dessus l'épaule des indigènes » plutôt que d'« entrer dans leur tête », c'est-à-dire qu'on apprenne à interpréter l'usage qu'ils font pour eux-mêmes d'un système public, usage qui, de ce fait, doit être également pris en compte par l'ethnographe. L'apprentissage d'un tel système permet d'analyser les actions symboliques comme des « textes » vécus. Cela signifie que les modèles appropriés de l'analyse culturelle sont de type interprétatif : l'ethnographie ne peut être qu'une description en profondeur. Principaux ouvrages : *Colporteurs et Princes* [*Peddlers & Princes*, 1963], *Bali. Interprétation d'une culture* [*The interpretation of cultures : selected essays*, 1973], *Savoir local, savoir global. Les lieux du savoir* (*) (1983).

DENISE PAULME.

GEIBEL Emanuel. Écrivain allemand. Né et mort à Lubeck (17 octobre 1815 - 6 avril 1884). Il fit ses études d'abord à l'université de Bonn où il suivit les cours de F. M. Arndt, puis à l'université de Berlin. Dans cette ville, il se lia avec W. Alexis, B. von Arnim, Eugler et A. von Chamisso. En 1830, il fut précepteur des enfants du prince Katakazis, ambassadeur de Russie à Athènes, où il resta environ deux ans. Ce séjour en Grèce eut une influence heureuse sur sa formation artistique. De retour en Allemagne, il publia un volume de *Poésies*

[*Gedichte*, 1840] qui le fit connaître dans le monde littéraire. Ses premiers vers plurent par leur musicalité et par la sérénité et la joie qu'ils exprimaient. Les suivants eurent un caractère différent : Geibel s'y montrait conservateur et réactionnaire, hostile au mouvement libéral de la « Jeune Allemagne ». En 1844, le roi Frédéric-Guillaume IV de Prusse lui octroya une pension et, en 1859, le roi Maximilien II l'appela en Bavière comme professeur d'esthétique. Il resta néanmoins fidèle à la Prusse et groupa autour de lui les écrivains prussiens qui vivaient à Munich, ce qui rendit difficile sa situation à la mort de Maximilien et détermina, en 1865, son départ pour Lubeck, où il finit ses jours. Outre les *Poésies* – également des *Ballades* (*) – on lui doit des traductions, des *Romanceros* (*) espagnols et portugais, et quelques pièces de théâtre, dont la comédie *Messire Andréa* [*Meister Andrea*, 1855] et le drame *Brunehilde* [*Brunhild*, 1858].

RÉF. : Carl Leimbach, *Em. Geibels Leben, Werke und Bedeutung für das deutsche Volk*, Wolfenbüttel, 1887, 1894. – Ernst Vurtius, *Erinnerungen an Em. Geibel*, Berlin, 1915. – W. Hinck, *Epigonendichtung und Nationalidee. Zur Lyrik E. Geibels*, in : *Von Heine zu Brecht. Lyrik im Geschichtsprozess*, Francfort-sur-le-Main, 1978.

GEIJER Erik Gustaf. Écrivain et érudit suédois. Né à Ransäter dans le Värmland le 12 janvier 1783, mort à Stockholm le 23 avril 1847. Geijer fut, avec Tegnér et Atterbom, l'un des plus éminents poètes romantiques de son pays. Formé à l'école de l'idéalisme allemand, il ne laissa pas, néanmoins, de subir l'influence de l'empirisme anglais et français. Il fonda avec Adlerbeth et quelques autres la « Ligue gothique » [Götiska förbundet] dont la revue *Iduna* fut l'organe. Son but était le développement de l'étude des antiquités nordiques et la renaissance des vieux idéaux héroïques. Dans la préface des *Chants populaires suédois* (*) (1814-1817) publiés en collaboration avec Afzelius et dans ses écrits sur ce thème : *Du refrain dans les antiques ballades scandinaves* [*Om omkvädet i de gamla skandinaviska visorna*, 1816] ; *Remarques sur l'utilisation des mythes nordiques dans les beaux-arts* [*Betraktelser i afseende på de nordiska mythernes användande i skön Konst*, 1817], l'influence du philosophe Schlegel est manifeste, de même que celle de Herder et de Winckelmann ; on la retrouve, mais mêlée à celle de Fichte dans ses meilleurs poèmes de cette époque : *Le Viking* [*Vikingen*] ; *Le Propriétaire affranchi* [*Odalbonden*] ; *Le Dernier Héros* [*Den siste Kämpen*] ; *Le Dernier Scalde* [*Den siste Skalden*] ; *Charles XII* [*Karl XII*]. Premier traducteur de Shakespeare en Suède (*Macbeth*, 1813), il voyagea en Angleterre de 1810 à 1811 et en rapporta des impressions durables. Compositeur de chants patriotiques et de psaumes religieux, professeur d'histoire à l'université d'Uppsala à partir de 1817, Geijer publia de nombreux ouvrages historiques et philosophiques : *Annales du royaume de Suède* [*Svea rickets häfder*, 1825], *Histoire du peuple suédois* [*Svenska folkets historia*, 1832-1836] ; ces ouvrages marquèrent, dans l'historiographie suédoise, le triomphe de la méthode de Savigny (que Geijer connut personnellement en 1825) ainsi que de l'« école historique », mais aussi et surtout de la « philosophie de l'histoire » allemande. Enfin, les *Leçons sur l'histoire du genre humain* [*Föreläsningar öfver menniskans historia*, 1841-1842] témoignent de l'évolution idéologique de Geijer qui sut passer du conservatisme étroit de ses débuts au libéralisme.

RÉF. : John Landquist, *Geijer. En levnadsteckning*, Stockholm, 1954.

GEIJERSTAM Gustaf af. Écrivain suédois. Né à Jönsarbo dans le Västmanland le 15 janvier 1858, mort à Stockholm le 6 mars 1909. Il collabora aux journaux *Aftonbladet* en 1884-1886 et *Dagens nyheter* en 1891-1893. Il écrivit des drames, farces paysannes avec des personnages et des situations traditionnelles telles que *Per Olsson et sa femme* [*Per Olsson och hans käring*, 1894] ; *Lars Anders, Jan Anders et leurs enfants* [*Lars Anders och Jan Anders och deras barn*, 1894] ; des récits dans le genre naturaliste de l'époque, mais pleins de sympathie pour les humbles et les déshérités ; *Le Froid humide* [*Gråkallt*, 1882] ; *Pauvres gens* [*Fattigt Folk*, 1884], et des romans : *Pasteur Hallin* [*Pastor Hallin*, 1887] ; *Erik Grane* (1885), très autobiographique ; *Le Livre du petit frère* (*) (1900), assez populaire, d'autres encore, où le délit est décrit et utilisé comme un document humain.

GELLERT Christian Fürchtegott. Écrivain allemand. Né le 4 juillet 1715 à Mainichen, en Saxe (Allemagne), mort le 13 décembre 1769 à Leipzig. Il fut, à la célèbre école Saint-Afre de Meissen, le condisciple de Rabener et de Gartner, puis étudia la théologie à l'université de Leipzig. Il compta immédiatement parmi les disciples de Gottsched, qui enseignait les belles-lettres. Gellert devait, plus tard, se détacher de Gottsched, mais avec moins d'éclat que ses contemporains, et ne s'occupa que de littérature. Ses deux volumes de *Fables et Contes* (*) – et sa participation à la revue les *Contributions de Brême* (*) – publiés en 1746 et en 1748, lui valurent la renommée, mais il composa aussi des comédies. Il fut l'introducteur en Saxe de la comédie « larmoyante », et puisa dans l'œuvre de Marivaux le goût d'une certaine finesse d'observation psychologique. L'abbé Prévost et Richardson ont exercé, eux aussi, de l'influence sur Gellert, ainsi qu'en témoigne son roman *La Vie de la comtesse suédoise von G.* [*Das Leben der Schwëdischen Gräfin von G.*], qui ouvrit la voie à la littérature sentimentale en Allemagne. Au milieu du XVIIIe siècle, Gellert, protégé des princes et choyé par les bourgeois, était le plus connu et le plus acclamé des poètes allemands. Aujourd'hui, son œuvre n'offre plus d'intérêt que pour l'histoire de la culture.

RÉF. : K. May, *Das Weltbild in Gellerts Dichtung*, Francfort-sur-le-Main, 1928.

GEMINIANI Francesco Saverio. Compositeur italien. Né à Lucques le 5 décembre 1687, mort à Dublin le 17 septembre 1762. Violoniste formé par les meilleurs maîtres (Corelli, notamment et Alessandro Scarlatti pour la composition), c'est d'abord en qualité de virtuose qu'il se fit connaître. Comme Haendel, qu'il rencontra, il se rendit en Angleterre, en 1714, puis en Irlande. Il vécut à Londres et à Dublin jusqu'à sa mort, non sans effectuer de nombreuses tournées et un séjour de plusieurs années à Paris (1749-1755). À sa réputation de violoniste se joignirent bientôt celles de pédagogue et de compositeur. Pédagogue, il laisse plusieurs écrits théoriques, dont un traité, *L'Art de jouer le violon* [*The Art of playing on the Violin*, 1731], qui eut un rôle déterminant dans l'élaboration de la technique moderne de l'instrument. En tant que compositeur, ses œuvres sont constituées des *Concerti grossi* (*) (vingt-quatre *Concerti* originaux, op. 2, op. 3, op. 6 et op. 7 et douze *Concerti grossi* d'après Corelli) et de *Sonates pour diverses formations d'instruments à cordes avec basse continue*. En outre, il écrivit une action chorégraphique, représentée à Paris en 1754 et empruntée à la *Jérusalem délivrée* (*) du Tasse, *La Forêt enchantée* (+), et il effectua de nombreux arrangements et transcriptions d'œuvres de contemporains ou de lui-même. Son talent d'exécutant était immense, mais extravagant : Tartini l'appelait le « furibond », et Burney indique qu'aucun des exécutants ne pouvait le suivre dans ses changements de tempo inattendus. Ce tempérament explique les multiples difficultés qu'il rencontra au cours de sa carrière, et principalement ses échecs comme chef d'orchestre de théâtre. Néanmoins, on ne retrouve guère ces bizarreries dans ses compositions, qui suivent d'assez près les modèles légués par Corelli, sans en posséder toutefois le méticuleux souci de perfection.

GILLES CANTAGREL.

GENET Jean. Écrivain français. Né et mort à Paris : 19 décembre 1910 - 13 avril 1986. Il ne connaîtra jamais son père ni sa mère, et, pendant son enfance, sera confié successivement à l'Assistance publique et à des paysans dans le Morvan. À l'âge de dix ans, injustement accusé de vol, il est envoyé dans une maison de correction. C'est le début d'une longue trajectoire « délinquante » qui, après des années de vie vagabonde en France et en Espagne, le conduit à la prison en 1942, plus précisément à Fresnes, où il écrit son premier poème, *Le Condamné à mort* (*). En 1948, Genet échappe à la relégation grâce à l'intervention de plusieurs écrivains célèbres. Mais dès cette époque sa carrière littéraire et théâtrale est bien engagée : Jouvet a monté *Les Bonnes* (*) en 1947. Auteur discret (malgré sa croissante célébrité), Genet a pris dans les années d'après-guerre certains engagements politiques : défense des « Black Panthers » ou, avec Michel Foucault, des prisonniers et des travailleurs immigrés.

Genet est surtout connu pour ses pièces de théâtre : *Les Bonnes* (1947, dernière version en 1959), *Haute Surveillance* (*) (1949), *Le Balcon* (*) (1956, dernière version en 1962), *Les Nègres* (*) (1959) et *Les Paravents* (1961). Mais son œuvre romanesque n'est pas moins importante : *Pompes funèbres* (*) (1947), *Querelle de Brest* (*) (1947), *Notre-Dame des Fleurs* (*) (1944), *Miracle de la rose* (*) (1947), à quoi il faut ajouter *Le Journal du voleur* (*) (1949), œuvre autobiographique, et les recueils de poèmes qui ont marqué son entrée dans la littérature : *Le Condamné à mort*, *Chants secrets* (*) (1944), *Poèmes* (1948).

On a défini Genet comme le poète du vol, de l'homosexualité, du crime et de la trahison. Et il est vrai qu'il a voulu transformer ces « vices » en véritables « vertus théologales » par l'alchimie d'une écriture somptueuse et flamboyante. Avec Genet, c'est tout un univers réprouvé, réprimé et condamné — celui des voleurs, des travestis, des traîtres, des assassins, des prostituées, des marginaux — qui pénètre dans l'espace littéraire. L'auteur ne décrit pas ce monde de l'extérieur, comme pourrait le faire un journaliste de faits divers ou un écrivain de romans-feuilletons : il fait lui-même partie de ce monde trouble, il est (ou a été) voleur, homosexuel et marginal. Il décrit ce monde concrètement, réalistement, crûment, mais le but de son écriture est de donner à cet « envers » sulfureux du monde — celui des « mauvais quartiers », des prisons, des rues louches, etc. — tout l'éclat possible. Plus profondément, Genet affirme qu'il s'agit de célébrer « ces humeurs bouleversantes, le sang, le sperme et les larmes ». « Sans doute, écrit-il encore, l'une des fonctions de l'art est-elle de substituer à la foi religieuse l'efficace de la beauté. Au moins cette beauté doit-elle avoir la puissance d'un poème, c'est-à-dire d'un crime. » Il faut donc prendre l'expression : poète du crime, de l'homosexualité et du vol au pied de la lettre. C'est en tant que poète, en tant que transmutateur, que Genet aborde l'« envers du monde », dont les lois les plus secrètes sont le désir, la violence, la transgression et la mort. Dès ses premiers vers (dans *Le Condamné à mort*), Genet avait pris conscience de cette étrange vocation poétique. « Et fort de cette force ô reine je serai le ministre secret de ton théâtre d'ombres », ainsi apostrophait-il la Mort.

Son œuvre théâtrale reprend, avec la solennité, la violence et l'immédiateté propres au théâtre, la même tâche transformatrice et célébratrice. Pour Genet, le théâtre est avant tout un rite, un cérémonial rigoureux dans lesquels sont à la fois exaltés et exorcisés les fantômes du désir, du crime, de l'amour et surtout de la mort : « Si nous opposons la vie à la scène, c'est que nous pressentons que la scène est un lieu voisin de la mort, où toutes les libertés sont possibles », écrit-il dans les *Lettres à Roger Blin sur « Les Paravents »*. Au fil des années, son œuvre théâtrale acquiert aussi, en filigrane, un sens politique : la peinture des réprouvés est aussi celle des dominés, des marginalisés, des victimes, et, par une logique implacable, une dénonciation des bourreaux et des oppresseurs. Ici, vices et vertus, bien et mal, pureté et impureté, amour et cruauté, loi et transgression, etc. échangent indéfiniment leurs signes, et c'est ce qui fait de la lecture de Genet un vertige et une fascination.

ANTOINE BERMAN.

♦ *« C'est ce pouvoir de transfiguration poétique qui fait le prix d'une œuvre où les gestes du crime apparaissent à travers les figures aériennes d'une danse à demi féerique, à demi sacrée. »* Gaëtan Picon.

RÉF. : Jean-Paul Sartre, *Saint Genet, comédien et martyr,* t. I des *Œuvres complètes de Jean Genet,* Paris, 1952. – Claude Bonnefoy, *Genet,* Paris, 1965. – Jean-Marie Magnan, *Genet,* Paris, 1967. – Albert Dichy, Pascal Fouché, *Jean Genet, essai de chronologie : 1910-1944*, Paris, 1988. – Jean-Bernard Moraly, *Jean Genet, la vie écrite,* Paris, 1988. – Edmond A. El Maleh, *Jean Genet, le Captif amoureux et autres essais,* Paris, 1988.

GENETTE Gérard. Critique français. Né à Paris le 7 juin 1930. Ancien élève de l'École normale supérieure, agrégé, docteur ès lettres, il a été de 1956 à 1963 professeur d'hypokhâgne au Mans, puis assistant de littérature française à la Sorbonne, avant d'être nommé professeur à l'université de Paris-VIII. Il est également directeur d'études à l'École des hautes études en sciences sociales.

Dès la publication de *Figures* en 1966, Gérard Genette s'imposait comme l'une des personnalités les plus brillantes de la « nouvelle critique » française. Nombre d'essais rassemblés sous ce titre, comme ceux qui composeront *Figures II* (*) (1969), visent précisément à définir le statut de la critique face aux nouvelles réponses qu'apporte le structuralisme à la question du langage et du sens. Tel est en tout cas l'enjeu d'une page essentielle, intitulée « Structuralisme et critique littéraire ». Non seulement Gérard Genette y formule le lien, noué à travers la linguistique, entre structuralisme et critique littéraire (définie comme une « activité structuraliste »), mais il y annonce aussi l'orientation de sa propre démarche.

« La bibliothèque d'une civilisation est toujours complète, écrit Gérard Genette, parce que dans l'esprit des hommes elle fait toujours corps et système. » Décrire le fonctionnement de ce corps, visiter chaque recoin de ce système, tel sera le projet de la critique genettienne. Un projet qui rejoint d'ailleurs le souvenir de Valéry rêvant d'une histoire de la littérature comprise « comme une histoire de l'esprit en tant qu'il produit ou consomme de la "littérature" ».

Cette « histoire de l'esprit » littéraire, elle est d'abord celle des formes et des procédés mis en œuvre par la littérature – ce que l'ancienne rhétorique répertoriait sous ses rubriques de figures et de genres. Mais, pour Gérard Genette, il s'agit moins de « canoniser l'acquis » de la littérature que d'explorer les « divers possibles du discours ». Tel est le sens de cette nouvelle poétique qu'illustre *Figures III* (*) (1972), achevant de fonder, avec l'analyse du récit proustien, une science du narratif ou « narratologie ». Le *Nouveau discours du récit*, en 1983, reviendra sur ces prémices, pour les compléter et parfois les corriger.

Dans ce « balayage » de la rhétorique (aux deux sens du terme), Gérard Genette ne pouvait longtemps ignorer la classification des genres. L'*Introduction à l'architexte* (1979) se propose d'interroger la théorie classique qui les répartit en trois types fondamentaux : le lyrique, l'épique et le dramatique. Concept fructueux, d'ailleurs, que celui d'« architexte », puisque il recouvre l'« ensemble des catégories générales, ou transcendantes [...] dont relève chaque texte singulier ». Son champ n'est autre que celui de la poétique.

Dans *Palimpsestes* (*) (1982), Gérard Genette préférera, à la notion d'« architexte », celle de « transtextualité », définie comme « tout ce qui met (un texte) en relation [...] avec d'autres textes ». Cette nouvelle définition ouvre la réflexion aux œuvres du « second degré », à une littérature de « transformation » et d'« imitation » dont *Palimpsestes* s'attache à décrire les processus et à énumérer les catégories. Ces revues catégorielles, si caractéristiques de la méthode genettienne, paraissent avoir pour ultime ambition (mais une ambition dépourvue de toute illusion, faut-il le préciser...) d'épuiser la textualité jusque sur ses marges en même temps que de fonder la littérature dans son essence. Avec *Seuils* (1987), ce sont ces marges même (présentation éditoriale, nom de l'auteur, titres, dédicaces, épigraphes, préfaces...), rassemblées sous la dénomination de « paratexte », qu'explore l'analyse. À l'inverse, dans *Fiction et Diction* (1991), c'est la définition même des « régimes, des critères et des modes de la littérarité » qui est en cause. Limites de l'entreprise, ou paroxysme de son raffinement ? Il faut avouer que la critique genettienne a su, au-delà du structuralisme, trouver non seulement son territoire, mais son ton, mélange d'érudition et d'humour, de science et de scepticisme, de sérieux et d'ironie. Son succès, en particulier aux États-Unis, tient sans doute à cette vertu qu'elle révèle à la critique : le bonheur d'une poétique.

CHRISTIAN DOUMET.

GENEVOIX Maurice. Écrivain français. Né le 29 novembre 1890 à Decize (Nièvre), mort le 8 septembre 1980 à Alsudia-Cansades (Espagne). Après des études au lycée Pothier d'Orléans et au lycée Lakanal à Sceaux, il est reçu premier à l'École normale supérieure en 1911. La guerre de 1914-1918 décidera peut-être de sa vocation d'écrivain, parce qu'il en connaîtra toutes les tragédies et toutes les souffrances, sera grièvement blessé à la Marne en 1915, et se retrouvera à Verdun en 1916.

Maurice Genevoix rapportera de ces épreuves partagées avec ses compagnons en présence de la mort des souvenirs d'autant plus poignants qu'il n'y cherche pas les effets dramatiques, mais décrit la guerre avec une lucidité sensible d'un saisissant effet, et dénonce le monde funèbre des tranchées d'une manière impitoyable. Ces souvenirs comprennent cinq volumes sous le titre général *Ceux de 14 : Sous Verdun* (1916), *Nuits de guerre* (1917), *Au seuil des guitounes* (1918), *La Boue* (1921), *Les Éparges* (1923). Sur la mort qu'il a approchée au cours de la guerre, qu'il a vue et qu'il a éprouvée dans sa chair et son intelligence, il écrira un essai d'un stoïcisme élevé : *La Mort en face* (1972). Mais Maurice Genevoix n'est pas resté obsédé seulement par la guerre et par la mort. Amoureux de la terre, des eaux, des arbres de sa Loire natale, humaniste agnostique, enchanté par la nature, il a traduit dans nombre de ses romans et essais ses émerveillements, son sens du terroir et de ceux qui y vivent, à la fois modestes et sublimes. Dès *Raboliot* (*) (1925), auquel est décerné le prix Goncourt, il atteint à la consécration littéraire. *La Dernière Harde* (*) (1938), *Eva Charlebois* (1944), *Laframboise et Bellehumeur* (1942), *L'aventure est en nous* (1952), *Fatou Cissé* (1954), *Agnès, la Loire et les garçons* (1962), *Derrière les collines* (1964), *La Forêt perdue* (1967), *Un jour* (1976), *Lorelei* (1978), autant de titres, déjà évocateurs, qui jalonnent l'œuvre d'un écrivain dont l'authenticité n'a jamais failli et qui gagne, de livre en livre, un épanouissement tout à fait exceptionnel.

À ces souvenirs et à ces romans, il convient d'ajouter le goût de Maurice Genevoix pour l'animal qui anime la nature, lui donne sa respiration et ses mouvements, goût qu'il a relaté dans des sortes d'hymnes à la joie de vivre et à l'acceptation de la mort : *Tendre Bestiaire* (1969), *Bestiaire enchanté* (1969), *Bestiaire sans oubli* (1971). Élu à l'Académie française en 1946, Maurice Genevoix en a été le secrétaire perpétuel de 1958 à 1973.

JOËL SCHMIDT.

GENGENBACH Pamphilus. Écrivain suisse d'expression allemande. Né vers 1480, mort en 1525 à Bâle (Suisse). On sait fort peu de chose sur sa vie. Il semble qu'il ait eu une jeunesse mouvementée et qu'il ait été aubergiste et officier de fortune. Il erra à travers l'Allemagne, séjourna en particulier à Nuremberg, où il apprit l'art de l'imprimerie. Après 1509, il se fixa à Bâle, où il devint typographe et libraire. Il ne fut pas un homme de culture, mais un homme du peuple, à l'esprit vif, au tempérament de moraliste belliqueux, et un poète d'une crudité parfois plébéienne. Il fut un écrivain d'une extraordinaire fécondité, composant de petits ouvrages satiriques de genres variés, dans lesquels il s'élevait contre les vices de son temps. Parmi sa production, ses trois *Fastnachtspiele* offrent un relief particulier. Ce sont des farces allégoriques, qui étaient représentées à la veille du Carême. La première, *Les Dix Âges de ce monde* (*), fut jouée à Bâle en 1516 ; l'année suivante fut donné *Nollhart* et, en 1521, *Le Camp des fous d'amour* (*), qui se rattachait à une farce à succès de Murner. Lorsque débutèrent les ardentes luttes religieuses de la Réforme luthérienne, le typographe bâlois prit parti pour les protestants, et apporta dans sa nouvelle foi la même ferveur que celle dont il avait d'abord fait preuve pour soutenir le catholicisme.

Gengenbach écrivit également quelques œuvres polémiques, en particulier contre Murner, l'adversaire le plus batailleur des luthériens. Son art d'imprimeur passa également au service de la Réforme, et il publia entre autres, en 1521, les pamphlets de Jean Eberlin, ex-franciscain devenu défenseur de la cause protestante.

RÉF. : Karl Lendi, *Der Dichter Pamphilus Gengenbach*, Berne, 1926, Nendeln, 1970. – Willi Sehein, *Stilistische Untersuchungen zu den Werken Pamphilus Gengenbach*, Iéna, 1927. – R. Raillard, *P. Gengenbach und die Reformation*, 1936. – D. Brett-Evans, *Von Hrotsvit bis Folz und Gengenbach*, Berlin, 1975.

GENKEI ou GEN-F. Nom de religieux bouddhiste sous lequel est connu un écrivain japonais. Né en 1269, mort en 1350. Certains lui attribuent le *Gempei Seisuiki* (*). Il appartenait à la famille Fujiwara et fut l'un des compilateurs du *Kemmu Shikimoku,* code de lois concernant surtout la noblesse féodale et publié à l'époque Kemmu, d'où son nom, vers 1334 ou 1335. Dès son enfance, Genkei fit preuve de très heureuses dispositions à l'étude ; il fut l'un des principaux représentants de la culture de son temps. Disciple des philosophes chinois de l'époque des Song, il fut le précepteur de l'empereur Go-Daigo (1318-1339), mais fut néanmoins hautement considéré par son grand ennemi Ashikaga Takauji (1305-1358). On connaît aussi de lui une œuvre pédagogique, très appréciée de nombreuses générations, modèle qui ne fut dépassé par aucun écrit de ce genre : *Teikin ōrai* [*Enseignements éducatifs pour les familles*].

GENLIS Stéphanie Félicité du Crest de Saint-Aubin, comtesse de. Écrivain français. Née près d'Autun le 25 janvier 1746, morte à Paris le 31 décembre 1830. Fille d'un pauvre gentilhomme, elle épousa à seize ans un brillant officier, le comte de Genlis. En 1770, elle est nommée dame d'honneur de la duchesse de Chartres. Très en faveur à la Cour, elle fut chargée de l'éducation de plusieurs enfants de la famille d'Orléans, parmi lesquels le futur Louis-Philippe. Par des romans, *Adèle et Théodore* (1782), *Les Veillées du château* (1784) ; par des comédies, *Théâtre d'éducation à l'usage des jeunes personnes* (1771-1780), où elle s'efforçait de rendre intéressantes et amusantes les leçons de morale, elle s'assura un grand succès pendant les dernières années de l'Ancien Régime. Pendant la Révolution, après avoir intrigué pour pousser le duc d'Orléans contre la Cour, elle dut se cacher, errer à travers l'Europe et connaître bien des mésaventures, sans un instant s'arrêter d'écrire. Rentrée en France dès 1800, et ayant obtenu une pension de Bonaparte, elle publie de nombreux romans historiques : *Mlle de Clermont* (1802) – qui passa un certain temps pour un chef-d'œuvre –, *La Duchesse de La Vallière* (1804), *Le Siège de La Rochelle* (1808) qui remportèrent un certain succès, mais ne purent rendre sa place précédente à Mme de Genlis, qui trouvait maintenant en Mme de Staël une redoutable concurrente en tant que femme de lettres. Inlassablement, elle continua cependant d'écrire (quelque quatre-vingts ouvrages en tout) et fit paraître en 1825 des *Mémoires inédits sur le* XVIII*e siècle et sur la Révolution* (*), dont les révélations firent scandale. Solitaire, ayant perdu tout crédit avec la Restauration, elle était presque dans la misère au moment de sa mort.

♦ *« Mme de Genlis a parfaitement raison de s'élever contre la licence et l'effronterie de Voltaire. »* Goethe. ♦ *« En tout, ce qui lui manquait, c'était l'élévation dans l'âme et dans le talent, c'était la vérité et la nature ; d'ailleurs elle avait les finesses, les adresses et les grâces de la société. »* Sainte-Beuve. ♦ *« Cette Danaïde de l'écritoire... »* J. Barbey d'Aurevilly.

RÉF. : Dumonceau, *L'Esprit de madame de Genlis*, Paris, 1805. – Sainte-Beuve, *Causeries du lundi*, t. III. – A. M. Laborde, *L'Œuvre de Mme de Genlis*, Paris, 1966. – A. Nikliborc, *L'Œuvre de Mme de Genlis*, Varsovie, 1969. – J. de Broglie, *Mme de Genlis*, Paris, 1985.

GENNADE de Marseille. Écrivain latin. Né à une date incertaine. Il vécut à Marseille au Ve siècle et mourut entre 492 et 505. Prêtre, il écrivit sur des sujets théologiques et ecclésiastiques. Par son *Des hommes illustres* (*) en cent un chapitres, il continue l'œuvre homonyme de saint Jérôme, devenant ainsi le second chaînon de cette histoire littéraire chrétienne que saint Isidore de Séville et Ildefonse de Tolède continueront sous des titres analogues. Gennade commença sa compilation en 467 ; il s'y montre fidèle dans l'exposé des faits, et objectif dans leur appréciation. Sa production plus proprement théologique fut abondante ; elle s'attache à combattre les hérésies de Nestorius, d'Eutychius et de Pélage, dont il se rapprochait néanmoins par une certaine tendance qu'on pourrait qualifier de semi-pélagienne ; le chapitre centième des *Hommes illustres* comprend encore quelques traités sur le millénarisme et sur l'*Apocalypse* (*) de saint Jean. Mais il ne nous reste qu'un opuscule, *Des dogmes ecclésiastiques* [*De ecclesiasticis dogmatibus*], qui, selon certains critiques, peut-être plus proches de la vérité, serait l'épilogue des livres perdus contre les hérésies ; pour d'autres, cet opuscule correspondrait au contraire à la profession de foi que Gennade adressa au pape Gélase sous le titre de *Lettre sur ma foi* [*Epistula de fide mea*], mentionné au dernier chapitre des *Hommes illustres.*

GENOVESI Antonio. Écrivain italien. Né le 1er novembre 1713 à Castiglione près de Salerne, mort à Naples le 23 septembre 1769. Son père, un pauvre paysan, le destinant à la prêtrise, il commença ses études au pays natal, puis entreprit l'étude du droit canon et de la théologie. Ordonné prêtre en 1736, il se rendit l'année suivante à Naples où vivait encore Giambattista Vico dont il suivit les leçons à partir de 1738. Genovesi pensa tout d'abord faire carrière d'avocat, puis estima préférable de poursuivre ses études et d'enseigner comme simple particulier. Il ouvrit alors un cours de philosophie morale qui lui valut la faveur de Celestino Galiani, préfet des études, qui lui confia en 1741 la chaire de métaphysique à l'université de Naples ; quatre ans plus tard il fut chargé, en outre, d'enseigner l'éthique. Genovesi publia en 1743 la première partie des *Éléments de métaphysique* [*Elementi di metafisica*] qu'il fit suivre, 1747, d'un *Appendice à la métaphysique* [*Appendice alla metafisica*] qui eut un vaste retentissement. Cet ouvrage lui valut un bon nombre d'ennemis dans les milieux littéraires et ecclésiastiques. S'étant attaqué en particulier au cardinal Spinelli, celui-ci réussit à faire condamner comme hérétiques quatorze propositions de ses *Éléments de théologie* [*Elementi di teologia*]. La conséquence de cette condamnation fut que Genovesi se vit refuser la chaire de théologie qu'il ambitionnait ; alors sa déception le décida à abandonner la philosophie. C'est à cette époque que naquit son amitié durable avec le Florentin Bartolomeo Intieri, savant mécanicien, physicien et économiste. Il réconforta Genovesi qui se consacra exclusivement à l'étude des questions économiques et publia en 1753 des traités d'agriculture qui eurent la plus large audience, si bien que Charles III de Bourbon institua, sur l'initiative généreuse d'Intieri, la première chaire européenne de Commerce et de Mécanique dont Genovesi fut chargé, en 1754, en dépit des intrigues de ses adversaires. Afin d'affirmer plus nettement son esprit antiacadémique il écrivit le *Discours sur les véritables fins des lettres et des sciences* [*Discorso sul vero fine delle lettere e delle* *scienze*] qui proposait l'introduction de l'enseignement en langue italienne, puis en 1755 une *Autobiographie* [*Autobiografia*], en 1758 les *Méditations philosophiques* [*Meditazioni filosofiche*] qui eurent pour suite l'année suivante les *Lettres philosophiques* [*Lettere filosofiche*] et en 1764 les *Lettres académiques* [*Lettere accademiche*]. Ses ouvrages les plus importants vinrent ensuite : la *Logique pour les jeunes* [*Logica per li giovanetti,* 1766], *Diceosina* (1766), enfin *De l'enseignement du commerce* (*) qui réunit la matière essentielle de ses leçons et fait partie des meilleurs ouvrages consacrés à ce sujet au XVIIIe siècle. Genovesi avait conquis une situation prépondérante dans le monde cultivé de Naples et même le ministre Tanucci fit appel plus d'une fois à ses conseils. En 1767, les jésuites ayant été expulsés du royaume, Genovesi fut chargé de rédiger un projet de réforme de l'enseignement. Toute son œuvre de savant et de professeur est animée d'un sens actif de la vie et à l'instar de Vico d'un besoin de concret qui l'opposa à toute forme de pédantisme académique. À sa mort, Genovesi laissa à un groupe de savants comme Filangieri, Pagano, Forges-Davanzati et d'autres, le soin de poursuivre son œuvre de réformateur.

RÉF. : G. M. Monti, *Due grande reformatori del settecento : A. Genovesi et G. H. Galanti,* 1926. — G. Gentile, *Storia della filosofia italiana dal Genovesi al Galuppi,* 2 vol., 1930. — A. Tisi, *Il pensiero religioso di Genovesi,* 1932.

GENTILE Giovanni. Philosophe italien. Né à Castelvetrano, en Sicile, le 3 mai 1875, assassiné à Florence le 15 avril 1944. Ancien élève de l'École normale supérieure de Pise où il fut l'élève de Donato Jaja qui l'introduit aux études kantiennes et hégéliennes héritées de B. Spaventa. Il achève ses études de philosophie avec une maîtrise sur *Rosmini et Gioberti* (1897) et entre immédiatement dans l'enseignement. Déjà interlocuteur de B. Croce, il publie à Pise son premier texte fondamental, tant pour la constitution de sa propre philosophie (l'« actualisme ») que pour l'histoire de la philosophie occidentale : *La Philosophie de Marx* [*La Filosofia di Marx,* 1899]. Il imposera l'attention du monde philosophique sur l'importance politico-spéculative fondamentale du commentaire marxien de la XIe *Thèse sur Feuerbach* (*) quant au rapport théorie-pratique. Parallèlement il déploie son concept de « pédagogie philosophique », véritable laboratoire où s'élaborera sa philosophie de l'acte pur ; et c'est en 1911, dans un mémoire intitulé *L'Acte du penser comme acte pur* [*L'Atto del pensiero come atto puro*] qu'il fonde et baptise définitivement son grand œuvre. 1913 est la date où il publie deux grands ouvrages : *La Réforme de la dialectique hégélienne* [*La Riforma della dialettica hegeliana*], sur les traces de B. Spaventa, et le premier volume du *Sommaire de pédagogie comme science philosophique* [*Sommario di pedagogia come scienza filosofica*], suivi en 1914 d'un second. En novembre 1914 il succède à son maître D. Jaja à la chaire de philosophie théorique de l'École normale supérieure de Pise, assurant en 1915-16 l'enseignement de philosophie du droit dans la même université. C'est là une période d'intense engagement spéculatif et de maturation systématique de l'actualisme. Il publie alors les *Études vichiennes* [*Studi Vichiani,* 1915], *L'Esprit, acte pur* (*) (1916), *Les Fondements de la philosophie du droit* [*I Fondamenti della filosofia del diritto,* 1916], *Le Concept d'homme à la Renaissance* (1916), ainsi que le premier volume du *Système de logique comme théorie du connaître* (1917). En 1918, il se transfère à l'université de Rome comme professeur de philosophie ; en 1920 il fonde le « Giornale critico della filosofia italiana » et publie sa *Réforme de l'éducation.* C'est là qu'il articule et traduit le passage politico-spéculatif de l'État pédagogue (de type fichtéen) à l'État totalitaire. On peut parler ici d'une certaine conséquence de l'*Encyclopédie* hégélienne doublement chevillée sur une « philosophie de l'Action » (celle des « post-hégéliens » allemands) et une « destination du savant » auto-qualifié comme grand pédagogue (deux dimensions de dérivation néo-fichtéenne). Ce vaste travail pédagogico-philosophique le conduira, comme ministre de l'Instruction (1922-24), à imposer sa réforme scolaire-universitaire dans le premier cabinet Mussolini (réforme que le Duce devait qualifier comme la « più fascista delle riforme »). Sénateur en 1922, il entre au parti fasciste en 1923 où il devient membre du Grand Conseil (1923-1929) ; il préside l'Institut fasciste de culture qu'il fonde en 1925. Le 21 avril de la même année, il écrit le *Manifeste des intellectuels italiens fascistes* qui provoque sa rupture avec Croce. Inventeur et théoricien du syntagme puis de la « formule » « Stato totalitario » [l'État totalitaire], c'est Mussolini qui le fera passer « à l'acte », en date du 22 juin, sur les ruines du tombeau d'Auguste dans un discours prononcé au IVe Congrès du parti national fasciste. Grand organisateur de culture, Gentile dirigera l'*Encyclopedia italiana* (dite Treccani, nom de son financier) de 1925 à 1944. 1932 est la date où il fonde la « Domus galileiana » à Pise et où il entre chez le grand éditeur Sansoni de Florence pour diriger différentes collections de classiques italiens et de philosophes. G. Gentile est sans conteste le philosophe italien majeur de ce siècle dont la dimension philosophique européenne est comparable à celle de l'allemand Martin Heidegger. Si on trouve des traces textuelles de sa présence dans l'œuvre de Heidegger, on sait aussi que le 2 avril 1936 marque la date de leur rencontre à Rome à l'occasion d'une conférence que ce dernier devait tenir sur invitation du président de l'Institut des études germaniques (Gentile en personne) et qui ouvrait le cycle hölderlinien de sa pensée.

CHARLES ALUNNI.

♦ *« L'ouvrage de l'idéaliste hégélien G. Gentile :* La filosofia di Marx *mérite de retenir l'attention. »* V. I. Lénine. ♦ *« [Gentile], aujourd'hui le Maître le plus insigne et le plus écouté de l'école philosophique italienne. »* Togliati.

RÉF. : R. W. Holmes, *The Idealism of G. Gentile,* 1937. – V. A. Bellezza, *La Problematica gentiliana della storia,* 1983. – Ch. Alunni, *G. Gentile ou l'interminable traduction d'une politique de la pensée,* 1988 ; *G. Gentile-M. Heidegger. Note sur un point de (non) « traduction »,* 1988.

GENTILI Alberico. Juriste italien. Né à San Ginesio (Marche d'Ancône, Italie) le 14 janvier 1552, mort à Oxford le 19 juin 1608. Entré dans la magistrature après avoir fait son droit à Pérouse, il suivit en Carniole son père, qui était persécuté pour ses idées religieuses, et embrassa le protestantisme. En 1589, Gentili se retira en Angleterre où il fut nommé professeur de droit au Saint-John College (1582), puis à l'université d'Oxford (1587), et devint l'avocat de la couronne d'Espagne pour avoir défendu l'ambassadeur de ce royaume, accusé de conspirer contre la reine Élisabeth. Gentili est considéré comme le fondateur du droit international. Outre le traité *Le Droit de la guerre* (*) (1598) qui devance Grotius, il publia un ouvrage de polémique, *L. Alberici Gentilis. De juris interpretibus, Dialogues IV* (1582) et *De Legationibus, Livres III* (1583). Après sa mort parurent ses traités juridiques en faveur de l'Espagne : *Hispanic advocationis libri duo.*

RÉF. : – T.E. Holland, *Studies in International Law,* t. II, Oxford, 1898. – T. A. Walker, *History of Law of Nations,* Cambridge, 1899. – G.H.J. van der Molen, *Alberico Gentili and the Development of International Law,* Amsterdam, 1937. – D. Panizza, *Alberico Gentili, giurista ideologo nell'Inghilterra elisabettiana,* Padoue, 1981.

GEOFFREY de MONMOUTH (Galfridus ou Gaufridus Monumetensis). Écrivain anglais d'expression latine. Né (ou élevé) à Monmouth, dans le sud du Pays de Galles, aux environs de 1100 ; mort à Llandaff, également dans le sud du Pays de Galles, vers 1155. De famille bretonne, peut-être, il fut élevé par un oncle paternel, Uchtryd, archidiacre, puis évêque de Llandaff ; il alla à Oxford où il connut l'archidiacre Walter à la fin de 1129 ; à cette époque nous les retrouvons tous deux comme témoins à l'acte de fondation du monastère d'Oseney, que Geoffrey signe sous le nom de « Gaufridus Arturus ». Son *Histoire des rois de « Bretagne »* (*) marque une date dans l'histoire de la littérature européenne, car elle est la source première du cycle d'Arthur. Il était en train de composer cet ouvrage lorsque l'évêque de Lincoln, Alexandre, lui demande de traduire en latin *Les Prophéties de Merlin* – v. *Merlin* (*) –, faites séparément et incorporées plus tard au livre VII de son *Histoire.* Vers 1140, Geoffrey se rendit à Llandaff, probablement auprès de son oncle, consacré évêque cette année-là, et fut nommé archidiacre d'une des églises de la ville. En 1147-1148, il perdit, en peu de mois, ses protecteurs : Robert, comte de Gloucester, auquel il avait dédié son *Histoire,* et son oncle l'évêque Uchtryd. Geoffrey se chercha d'autres protecteurs, en composant des œuvres nouvelles dont, au début de 1149, un petit poème en vers latins *La Vie de Merlin* (*), qui possède des qualités de style supérieures à celles de son *Histoire* (pour cette raison, son attribution en est contestée). Il adressa cette œuvre au nouvel évêque de Lincoln, Robert de Chesney, très influent à la cour d'Étienne de Blois, roi d'Angleterre. Consacré évêque de St. Asaph le 24 février 1151-52, il fut témoin au traité de succession entre Étienne et Henri II (16 novembre 1153). Il mourut avant d'avoir pris ses fonctions et il ne semble pas qu'il soit jamais allé visiter son propre siège épiscopal.

♦ *« Geoffrey est pour une large part le créateur de la légende arthurienne. »* E. Legouis.

RÉF. : J. Jusserand, *Histoire littéraire du peuple anglais,* t. I, 1896. – W. H. Schafield, *English Literature from the Norman Conquest to Chaucer,* 1906. – A. O. H. Jarman, *Geoffrey of Monmouth,* Cardiff, 1966. – R. W. Leckie, *The Passage of Dominions, Geoffrey of Monmouth and the Periodization of Insular History in the 12th Century,* Toronto, 1981.

GEOFFROY SAINT-HILAIRE Étienne. Naturaliste français. Né à Étampes (Essonne) le 15 avril 1772, mort à Paris le 19 juin 1844. Fils de Jean Gérard Geoffroy, procureur et magistrat d'Étampes, qui le destinait à l'état ecclésiastique. Après un séjour au collège de Navarre, à Paris, où il étudia les sciences naturelles sous la direction de Brisson, il reçut un canonicat et un bénéfice. Mais la science lui offrit une carrière plus conforme à ses goûts, et il obtint de son père l'autorisation de retourner à Paris suivre les cours du Collège de France, à condition d'étudier en même temps le droit. Au collège du cardinal Lemoine où il habite, il devient le pupille et bientôt l'ami de l'abbé Hauy, le minéralogiste, ami lui-même de Brisson. En 1790, devenu bachelier en droit, Geoffroy Saint-Hilaire se mit à étudier la médecine, suivit les cours de Daubenton au Collège de France, et de Fourcroy au Jardin des plantes. Le 10 août 1792, on arrêta Haüy et les autres professeurs du collège du cardinal Lemoine, en tant que prêtres réfractaires. Haüy fut libéré grâce à l'intervention de Geoffroy, qui fit agir Daubenton auprès de l'Académie des sciences. Cet épisode fit connaître Geoffroy à la plupart des savants, et Daubenton le fit nommer, en 1793, démonstrateur au cabinet d'histoire naturelle, à la place de Lacépède. Peu après, Geoffroy Saint-Hilaire réorganisa, sur la proposition de Lakanal, le Jardin des plantes sous le nom du Muséum d'histoire naturelle. Une loi fit de lui l'un des douze professeurs du nouveau Muséum, en lui assignant la chaire de zoologie, matière qu'il ne connaissait pas, s'étant jusque-là occupé surtout de minéralogie. L'année suivante (1794) il offrit un poste au jeune Cuvier, avec lequel il était entré en correspondance, et dont quelques essais manuscrits l'avaient enthousiasmé. C'est ainsi qu'il devint peu à peu son collaborateur, avant de devenir son antagoniste scientifique. Les deux amis écrivirent en collaboration cinq mémoires dont l'un, sur la classification des mammifères, émet l'idée de la subordination des caractères, idée sur laquelle Cuvier fonda son système zoologique. Ce fut dans un article intitulé *Histoire des makis ou singes de Madagascar,* écrit en 1795, que Geoffroy formula pour la première fois sa théorie sur l'unité de la composition organique, théorie qu'il développera dans tous ses ouvrages postérieurs. La nature, fait-il observer, ne nous présente qu'un unique plan de construction, qui ne varie que dans ses parties accessoires. En 1798, il fut désigné pour faire partie de l'expédition d'Égypte avec Bonaparte. Lors de la capitulation d'Alexandrie, Geoffroy, grâce à sa fermeté en face des prétentions du général britannique, parvint à sauver les collections de l'expédition. En 1807, il fut nommé membre de l'Institut ; en 1808, l'empereur lui accorda la Légion d'honneur et lui confia une mission scientifique en Espagne et au Portugal. En 1809, il fut nommé professeur de zoologie à la Sorbonne. En 1815, il siégea à la Chambre des représentants, où il exerça avec courage son mandat jusqu'à la dissolution de la Chambre après la bataille de Waterloo. En 1818, il publia la première partie de sa célèbre *Philosophie anatomique* (*). En 1830, lorsqu'il s'apprêta à appliquer aux invertébrés ses théories sur l'unité de structure des animaux, il trouva en Cuvier un adversaire acharné. Ce fut le début d'une querelle qui ne devait prendre fin qu'avec la mort de Cuvier, en 1832, et qui appela sur eux l'attention de l'Europe entière. Cette polémique atteignit son point culminant dans un débat fameux qui se déroula à l'Académie des sciences, débat auquel s'intéressa vivement Goethe, qui partageait les idées de Geoffroy, développées depuis par Darwin et Wallace. En 1840, devenu aveugle, Geoffroy présenta sa démission du Muséum et de la Sorbonne mais, sur les instances de Dumas, il resta titulaire de cette dernière chaire jusqu'à sa mort, qui survint à la suite d'une attaque de paralysie.

MARIO LEVI.

♦ *« Nous avons pour toujours en Geoffroy Saint-Hilaire un allié puissant. La manière synthétique d'envisager la nature, introduite par lui en France, ne peut plus rétrograder... »* Goethe. ♦ *« Cher ami, cœur, esprit, talent, vous avez tout ! »* Général Foy. ♦ *« Après les vues générales et supérieures était venue l'étude des détails. Les faits n'étaient plus que des faits. La moisson des grandes idées semblait épuisée. Alors un génie nouveau s'élève : original, hardi, d'une pénétration infinie. Il remue toute la science et la ranime. Il rajeunit le fait par l'idée. À l'observation exacte il mêle la conjecture. Il ose : il franchit les bornes connues, et par-delà ces bornes il pose une science nouvelle, à laquelle il donne quelque chose de ce qu'il avait en lui-même de plus essentiellement propre et de plus marqué : de son audace, de son goût pour les combinaisons abstraites et hardies, de ses lumières vives et imprévues. La gloire de Geoffroy sera d'avoir fondé la science profonde de la nature intime des êtres. »* Flourens.

RÉF. : Ducrotay de Blainville, *Cuvier et Geoffroy Saint-Hilaire, biographies scientifiques,* Paris, 1890. — E.-T. Hamy, *La Mission d'Étienne Geoffroy Saint-Hilaire en Espagne et au Portugal,* Paris, 1908. — A. Acloque, *Étienne Geoffroy Saint-Hilaire...* s. l. n. d. — J.-É. Goby, *Étienne Geoffroy Saint-Hilaire en Égypte,* s. l. n. d. — T. Cahn, *La Vie et l'œuvre de Geoffroy Saint-Hilaire,* 1962.

GEORGE Stefan. Poète allemand. Né à Budesheim (Rhénanie) le 12 juillet 1868, mort à Minuso (Locarno, Suisse) le 4 décembre 1933. Ses ancêtres en ligne masculine étaient originaires de la Lorraine de langue allemande, et son grand-père avait servi dans les carabiniers sous Charles X. Familiarisé dès l'âge de vingt ans avec les langues et les littératures étrangères, il voyagea dans plusieurs parties de l'Europe, mais c'est à Paris, dans les milieux symbolistes, que son esprit se développa avec le plus de fruit. Après ce premier apprentissage auquel se rapportent les écrits réunis en 1901 dans *L'Abécédaire* [*Die Fibel*], George vit se confirmer sa vocation à Berlin, qui était alors, en Allemagne, le centre du naturalisme triomphant. Cette doctrine s'opposait à celle du groupe formé par le très jeune Hugo von Hofmannsthal et ses rares disciples, dont le mouvement en faveur d'un art aristocratique, strictement orienté vers l'essentiel, s'exprimait dans l'organe *Feuilles pour l'art* (*). George adhéra à ce dernier groupe et publia d'abord *Hymnes* (*) (1890), *Pèlerinages* (*) (1891), et *Algabal* (*) (1892) qui, tant par les idées que par le style, se heurtèrent à une lourde incompréhension — *Hymnes* parut par la suite (1899) augmenté de *Pèlerinages* et d'*Algabal*, en un seul volume — v. *Hymnes, Pèlerinages, Algabal* (*). Un peu moins froid fut l'accueil réservé aux *Livres des poésies pastorales et des tournois poétiques. Des légendes et chants et des jardins suspendus* (*). Ces derniers livres parurent en 1895-1899. Ici, grâce aux raffinements de l'imagination, le mythe et l'histoire sont parfois évoqués avec une mélodieuse limpidité. Dans *L'Année de l'âme* (*) (1897), l'idéal esthétique de l'art pour l'art s'élargit pour faire place à un sens plus approfondi de l'humain. Les *Feuilles pour l'art*, à ce moment, subissant une évolution parallèle, militent en faveur d'un renouveau de l'esprit allemand que devra refléter la poésie. Dans *Le Tapis de la vie* (*) (1900), le poète voua son art à un idéal héroïque. En 1907, il publia *Le Septième Anneau* (*), où le même idéal est transposé sur le plan mystique. *L'Étoile d'alliance* (*), paru à la veille de la guerre (1913), est un appel prophétique du poète, juge de son époque, et qui sent venir le temps de l'expiation. Les derniers chants du *Nouveau règne* [*Das neue Reich*, 1914-28] laissent prévoir un avènement de l'esprit. Traducteur infatigable, Stefan George délaissa les interprètes de ce que, désormais, il estimait être la décadence européenne (Baudelaire, Verlaine, Mallarmé, Swinburne, D'Annunzio...) pour affronter *La Divine Comédie* (*), dont l'influence est visible dans *Le Septième Anneau*. George publia alors trois volumes d'anthologie, *Poésie allemande* [*Deutsche Dichtung*], dans lesquels, rejoignant la tradition nationale de l'Allemagne moderne, il exaltait de grands poètes négligés tels que Jean-Paul Richter et Hölderlin. Quelques fragments dramatiques et de brèves proses ont été réunis dans *Jours et Gestes* [*Tage und Taten*], souvenirs d'enfance, élévations lyriques inspirées du même esprit que les poèmes. Autour du maître s'étaient rassemblés tout un groupe de disciples unis à Stefan George dans son effort de rénovation spirituelle, littéraire et historique, et qui vénéraient comme lui les grande figures de Dante, de Shakespeare et de Goethe : Karl Wolfskelh, à l'âme de prophète, dont le messianisme éclaire toute une partie du *Septième anneau ;* F. Gundolf, convaincu comme George qu'il fallait aller au-delà de l'individualisme, et dont la ressemblance avec le poète allait jusqu'aux traits du visage ; Robert Boehringer qui, sous forme de dialogue, a fait revivre George dans *Ewiger Augenblick* (1945) ; Ernst Kantorovicz, auteur d'un *Frédéric II* (de Hohenstaufen) à la rédaction duquel Stefan George ne serait pas étranger, etc.

LEONELLO VINCENTI.

♦ *« Je le vois encore... vêtu de noir, cravaté de noir, plein d'une dignité quasi sacerdotale, mais affable, aussi conscient de sa valeur que nous l'étions nous-mêmes, imposant attention et respect. Je n'ai plus eu l'occasion de le revoir et de lui exprimer une admiration qui n'a cessé de grandir. »* André Gide. ♦ *« Par lui, par George, le verbe magique et créateur, depuis longtemps frappé d'inanité, a recouvré sa puissance. »* F. Gundolf. ♦ *« Si, sur le plan de l'art, George domine la poésie européenne de notre temps, cependant* [...] *sa grandeur, en tant qu'artiste précisément, est de celles que les considérants esthétiques ne suffisent jamais à épuiser, ni même tout à fait à qualifier ; des données autres, infra, extra et supra esthétiques sont ici impliquées* [...] *L'accès à la sphère du* monumental *d'une expérience d'ordre tout lyrique, telle est la synthèse qui s'opère dans l'art de George. »* Charles Du Bos. ♦ *« L'influence de cet écrivain sur la jeune génération est insignifiante* [...] *Pour ma part, je ne reproche pas seulement aux poèmes de George qu'ils apparaissent vides ; leur vide ne me dérangerait pas. Mais j'en trouve la forme trop prétentieuse* [...] *Il a sans doute lu une quantité de livres qui sont bien reliés, et fréquenté chez des gens qui vivent de leurs revenus. Aussi nous apparaît-il comme un oisif, et non pas, ce qu'il a peut-être cherché, comme un contemplatif. »* Bertolt Brecht, 1928. ♦ *« L'enseignement de George culmine en ce précepte : changer le corps en un dieu, et au dieu donner un corps. La grande négligence du christianisme fut d'oublier le corps, alors que le consentement d'une seule incarnation divine eût dû suffire à le sanctifier, et celle, non moins grande, des modernes qui ont retrouvé le corps, est d'en expulser Dieu. »* Félix Berteaux. ♦ *« Stefan George est sans doute un génie avant tout littéraire ; mais son influence ne serait pas ce qu'elle est s'il n'y avait, derrière l'œuvre, l'exemple de la vie. »* Robert Minder. ♦ *« Il a vu les cavaliers de l'Apocalypse et l'approche des monstres, il a dénombré les orages et mesuré les ténèbres. »* Maurice Boucher.

RÉF. : F. Gundolf, *George*, Berlin, 1921. – F. Bertaux, *Panorama de la littérature allemande contemporaine*, Paris, 1928. – Revue d'Allemagne, numéro spécial, nov.-déc. 1928. – Charles Du Bos, *Approximations IV*, Paris, 1930. – F. Wolters, *Stefan George und die Blätter für die Kunst*, Berlin, 1930. – E. Morwitz, *Die Dichtung Stefan George*, Berlin, 1934. – R. Benrath, *Stefan George*, Paris, 1936. – Maurice Boucher, introduction au *Choix de poèmes de George*, Paris, 1941. – R. Boehringer, *Mein Bild von Stefan George*, Dusseldorf, 1951. – Claude David, *Stefan George, son œuvre poétique*, thèse, Lyon, 1952. – H. S. Schultz, *Studien zur Dichtung S. Georgs*, Heidelberg, 1967. – M. Durzak, *Zwischen Symbolismus und Expressionismus. S. Georg*, Stuttgart, 1974. – B. Wuerffel, *Wirkungswille und Prophetie. Studien zu Werk und Wirkung S. Georgs*, Bonn, 1978. – K. Kluncker, *Das geheime Deutschland. Ueber S. Georg und seinen Kreis*, Bonn, 1985.

GEORGES CÉDRÉNUS. Chroniqueur byzantin du XIe siècle. On ignore tout de lui. Peut-être fut-il moine. Son nom laisse supposer qu'il naquit à Kedrai, ville située sur le littoral icarien de l'Asie Mineure. Georges Cédrénus est l'auteur d'une *Chronique* (*) écrite à la fin du XIe siècle ou au début du XIIe.

GEORGES LE SYNCELLE. Chroniqueur byzantin de la seconde moitié du VIIIe siècle. Avant de recevoir la dignité de syncelle (le syncelle était le clerc qui habitait la même cellule que le patriarche et l'accompagnait partout), il demeura longtemps en Terre sainte ; de là, il se rendit à Constantinople où il remplit de 784 à 806 les fonctions de secrétaire du patriarche Tarasios. À la mort de celui-ci, il abandonna sa charge et se retira dans un monastère, où il se mit à écrire sa *Chronographie* (*), qui va de la création du monde à l'avènement en 284 de Dioclétien (245-313 ap. J.-C.). Il mourut vers 810-811.

GEORGES PISIDÈS. Poète byzantin. Il vécut durant la première moitié du VIIe siècle, à l'époque de l'empereur Héraclius et du patriarche Serge. On connaît sa province d'origine (la Pisidie) mais non sa ville natale. Georges Pisidès fut diacre à Sainte-Sophie de Constantinople et « artophylaxe ». Il célébra en mètres antiques les événements de son temps (victoires sur les Perses, incursions des Avares) et composa un poème de dix-neuf cent dix trimètres ïambiques sur la création du monde. Ses *Poésies* (*) ne nous donnent malheureusement aucun renseignement sur sa personnalité.

GEORGILLAS LE LIMÉNITE Emmanuel. Écrivain byzantin. Il vécut dans la seconde moitié du xve siècle et nous est connu comme l'auteur d'un petit poème intitulé *Bélisaire* (*) et d'un autre sur *La Peste de Rhodes*, épidémie qui sévit dans cette île en 1498. On ressent tout son attachement pour ce site dans cette dernière œuvre, par ailleurs assez simple. On ignore tout de cet auteur, si ce n'est qu'il fut clerc et prit parti pour l'union des Églises.

GÉRALDY Paul (pseud. de Paul Le Fèvre). Écrivain français. Né le 6 mars 1885 à Paris, mort à Neuilly en 1983. Il fait des études aux lycées Henri-IV et Buffon, et il se destine à la carrière littéraire. Il publie un recueil de poèmes, *Toi et Moi* (*) (1913) – auquel fera écho près de cinquante ans plus tard *Vous et Moi* (1960). Le style et la pensée du premier recueil, à la fois délicats, populaires et sentimentaux, touchent un très large public, qu'il s'efforce ensuite d'atteindre également par le théâtre, pour lequel il écrit un certain nombre de pièces : *Les Noces d'argent* (1917), *Aimer* (1922), *Les Grands Garçons* (1923), *Robert et Marianne* (1925), *Christine* (1932), *Duo* – d'après Colette – (1938), *Trois comédies sentimentales* (1961).

On doit également à Paul Géraldy un roman, *Le Prélude* (1923), et des essais, notamment *La Guerre, Madame...* (1916) et *L'Homme et l'Amour* (1951). Sous le charme d'une écriture légère se dessinent une imagination mélancolique et des sentiments nostalgiques qui sont propres à émouvoir – sans tristesse excessive.

GERBASI Vicente. Poète vénézuélien. Né le 2 juin 1913 à Canoabo (État de Carabobo), d'un père immigrant italien. À dix ans, l'enfant suit sa famille en Italie où il passe une grande partie de son adolescence. Études secondaires à Florence, au lycée Cavour. À dix-sept ans, il regagne avec sa famille le village tropical de Canoabo, qu'il quitte à nouveau deux ans plus tard pour s'installer à Caracas où il exerce différents métiers avant de devenir fonctionnaire. Mais déjà il se mêle à la vie littéraire et publie un premier livre de poèmes, *Veille du naufragé* [*Vigilia del náufrago*, 1937]. En 1939, il est rédacteur en chef de la revue *Viernes* où, jusqu'en mai 1941, confluent tous les courants de l'avant-garde littéraire et artistique vénézuélienne, libérée par la fin de la longue dictature du général Juan Vicente Gómez (1908-1935). De cette époque datent les recueils *Forêt douloureuse* [*Bosque doliente*, 1940], *Liras* (1943), *Poèmes de la nuit et de la terre* [*Poemas de la noche y de la tierra*, 1943] et un essai, *Création et Symbole* [*Creación y Símbolo*, 1942]. En février 1945, il est nommé attaché culturel à Bogotá, où il publie *Trois nocturnes* [*Tres nocturnos*, 1946], et plus tard à La Havane et à Genève. *Mon père, l'Immigrant* [*Mi padre, el inmigrante*], qui chante l'aventure et le rêve de tous les immigrants en Amérique, le place, en 1945, à la tête de la nouvelle poésie vénézuélienne. C'est un éblouissant interprète de la nature tropicale qui écrit alors *Les Espaces chauds* (*) (1952), *Cercles du tonnerre* [*Círculos del trueno*, 1953] et *Par l'art du soleil* [*Por arte de sol*, 1959]. En 1955, *Tyran d'ombre et de feu* [*Tirano de sombra y fuego*] évoque l'épopée de celui dont l'ombre hante de nombreuses légendes du pays : Lope de Aguirre, le conquistador basque qui aborda au Pérou en 1539, se rebella contre le roi, répandit la terreur dans l'île de Margarita et, condamné à mort, se suicida. Ambassadeur en Israël, Gerbasi exprime sa vision de la terre et des hommes dans les poèmes *Oliviers d'éternité* [*Olivos de eternidad*, 1961]. Différentes charges diplomatiques en d'autres pays, notamment au Danemark, sont à l'origine de *Poésie de voyages* [*Poesía de viajes*, 1968]. Vit actuellement à Caracas.

CLAUDE COUFFON.

GERBER Alain. Écrivain français. Né le 31 août 1943 à Belfort. Alain Gerber passe toute son enfance à Belfort, puis il poursuit ses études supérieures aux facultés de lettres de Besançon et Strasbourg. Il obtient une licence de philosophie et un doctorat en psychologie. Il est enseignant (de 1961 à 1969) et commence parallèlement à écrire des articles pour des revues musicales : Alain Gerber est en effet un grand amateur de jazz. Il sera critique à *Diapason*, *Jazz-Magazine* et *Compact*, entre autres. À partir de 1971, il réalise des émissions sur France-Musique et France-Culture. Membre de l'Académie de jazz, spécialiste reconnu de cette musique, Gerber lui a consacré plusieurs ouvrages : *Le Cas Coltrane* (1985), *Portraits en jazz* (1990). Entre 1980 et 1983, il est chroniqueur gastronomique puis littéraire pour le journal *VSD*. Son œuvre romanesque prend évidemment racine dans sa passion pour la musique des Noirs américains. Sens spécifique du rythme dans la phrase, construction baroque, violence des émotions, acuité des images, aucun de ses livres n'échappe à cette facture très particulière : *La Couleur orange* (1975), *Le Buffet de la gare* (1976), *Le Plaisir des sens* (*) (1977). Il évoque sa ville natale de Belfort dans *Le Faubourg des coups-de-trique* (1979), roman grâce auquel il impose définitivement son originalité. Dans *Le Jade et l'Obsidienne* (1981), il plonge le lecteur dans une Amérique aztèque étrange, sauvage, presque intemporelle ; l'aventure du *Lapin de lune* (1982) se déroule dans l'immensité de la forêt canadienne. Quêtes initiatiques dans des paysages que la civilisation n'a pas encore abîmés, ces livres manifestent une vision païenne du monde, à la fois tragique et solaire. D'autres romans viendront : *Une rumeur d'éléphant* (1984), *Les Heureux Jours de monsieur Grichka* (1986) jusqu'à *Une citadelle de sable* (1992). Alain Gerber a aussi publié des nouvelles : *Les Jours de vin et de roses* (1984) et des pièces de théâtre : *Un oiseau au plumage de fumée* (1985), etc.

JACQUES-ÉMILE MIRIEL.

GERBERT ou GIBERT de Montreuil. Trouvère français. Il vécut dans la première moitié du XIIIe siècle. Il fut l'un des continuateurs du *Perceval* (*) de Chrétien de Troyes : ses 17 000 vers, qui se trouvent entre l'interpolation de Wauchier de Denain et celle de Manessin, racontent les aventures que Perceval dut affronter pour expier le péché qui causa la mort de sa mère. Vers 1227, Gibert dédia à la comtesse Marie de Ponthieu son *Roman de la Violette ou de Gérard de Nevers* (*), élégante réélaboration de deux poèmes fameux, *Le Roman de la Rose* (ou *de Guillaume de Dole*), du début du XIIIe siècle, et le *Roman du comte de Poitiers,* datant de 1222.

RÉF. : Fr. Kraus, *Über Gerbert de Montreuil und seine Werke,* Erlangen, 1897. – M. Wilmotte, *Gerbert de Montreuil et les écrits qui lui sont attribués,* in *Bull. Acad. roy. de Belgique,* 1900.

GERD Kouzebaï (pseud. de Kuz'ma Pavlovič Čajnikov). Écrivain oudmourt de langue finno-ougrienne. Né en Oudmourtie en 1898, mort en 1941 en un lieu inconnu. L'Oudmourtie est l'une des républiques autonomes de l'U.R.S.S. se trouvant sur le cours de la Kama, un affluent de la moyenne Volga. Les Oudmourtes, jadis, péjorativement appelés les Votiaks par les Russes, sont un peuple de langue finno-ougrienne qui a connu une très remarquable éclosion culturelle dans les premières années du pouvoir soviétique. La révolution de 1917 a en effet donné à ces peuples dits allogènes la possibilité, pendant quelques années, de développer leur propre culture et leur propre langue. C'est ainsi que toute une génération d'intellectuels enthousiastes déploiera une activité tous azimuts en même temps d'écrivains, de collecteurs de folklore, de chercheurs en traditions populaires, de linguistes, voire d'hommes politiques. Kouzebaï Gerd en est le prototype, par la richesse de son activité et de l'œuvre qu'il a laissée aussi bien que par son sort tragique.

Sa mère était elle-même une sorte de barde de village, ce qui l'a très vite familiarisé avec le folklore oudmourte et notamment avec le chant populaire, qui occupe une place particulièrement importante dans la vie quotidienne du paysan, nous dit-il dans une célèbre étude, *Le Peuple oudmourte dans ses chansons* [*Udmurt kalik as kirdzanosaz...*]. L'expression la plus personnelle et la plus marquante de son œuvre se trouve dans sa poésie : lui et la poétesse Ašalči Oči donneront à la langue oudmourte ses poèmes les plus émouvants, dans un langage en même temps simple et profondément enraciné dans les traditions populaires. Ses poèmes les plus célèbres sont « Keremet », qui rappelle les traditions païennes des anciens Oudmourtes, « L'Usine », une ode au travail, et ceux du *Joueur de cithare* (*) (1922) (la cithare est l'instrument des paysans oudmourtes). Gerd parviendra à publier trois recueils, plusieurs anthologies et une bonne centaine d'articles scientifiques.

Son destin, cependant, à l'image de celui de sa génération chez les peuples de la Volga et de l'Oural, est tragique. Son action en faveur de l'identité de son peuple se heurte à l'absolutisme stalinien, et Gerd est réduit au silence dès 1932. Il est officiellement réhabilité en 1958, mais jusqu'aux années 1980 on ignorera même la date de sa mort. Aujourd'hui ses œuvres sont à nouveau publiées, sa mémoire honorée et sa biographie étudiée.

EVA TOULOUZE.

GERHARD Roberto. Compositeur anglais d'origine espagnole. Né à Valls (Catalogne) le 25 septembre 1896, mort à Cambridge en Grande-Bretagne le 5 janvier 1970. L'opposition de ses parents retarda longtemps ses études musicales. Ce n'est qu'en 1915 qu'il put étudier le piano avec Granados et la composition avec Pedrell. Il continua ses études avec Schoenberg, de 1923 à 1928, en Autriche. À son retour, il fut chargé de la section musicale de la Diputacion de Barcelone. Conseiller au ministère des Beaux-Arts de la République pendant la guerre civile, il dut s'exiler en 1939. Cambridge lui offrit un refuge et la possibilité d'enseigner. Sa seule production marquante avant son exil était le *Quintette pour instrument à vent* (1928), œuvre influencée par Schoenberg. L'essentiel de sa production date de sa période anglaise. On y remarque un opéra, *La Duègne* (1948), plusieurs ballets dont un *Don Quichotte* (+) (1940), des musiques de scène, des concertos pour piano, violon et clavecin, respectivement de 1942, 1951 et 1956, cinq symphonies qui s'échelonnent de 1941 à 1967, deux quatuors à cordes (1955 et 1962), une sonate pour piano et violon (1950), des pièces pour ensemble de chambre, et, en 1963, *La Peste* (+), d'après Camus, pour récitant et orchestre, œuvre brutale mais prenante. Le style de Gerhard dépend étroitement de celui de Schoenberg. Mais il limite rarement son système d'écriture à une seule technique, même au sein d'une œuvre donnée. Généralement atonale, sa musique, souvent sérielle, comporte des passages d'une facture classique, recherchant même parfois, comme dans les danses du *Don Quichotte,* des effets de pittoresque sonore issus de la musique populaire. Gerhard pratique également des permutations, modifiant, en cours d'exécution, l'ordre des degrés d'une série dodécaphonique. Pour se justifier, il écrivait dès 1952 : « que les douze notes sont égales, mais que certaines sont plus égales que les autres » et donnait à l'appui de ce paradoxe des exemples pris dans les œuvres de Schoenberg lui-même.

JEAN-FRANÇOIS LABIE.

GERHARDIE (ou GERHARDI) William Alexander. Romancier anglais. Né à St-Pétersbourg le 21 novembre 1895, mort à Londres le 15 juillet 1977. Issu d'une famille d'industriels expatriés et polyglottes, il est engagé pendant la Première Guerre mondiale auprès de l'attaché militaire à Pétrograd où il assiste de près à la Révolution ; il séjourne ensuite en Sibérie de 1918 à 1920, spectateur sceptique de l'hésitante intervention alliée. Gerhardie regagne ensuite l'Angleterre et Oxford, au Worcester College, où il achève son premier roman, *Futilité* (*) (1922), écrit à la fois en russe et en anglais. On y perçoit déjà son ton original, cette alliance tchékhovienne du tragique et du dérisoire. Éminent connaisseur de Tchekhov, Gerhardie publie l'année suivante la première grande étude de cet auteur en anglais (1923). Le deuxième roman, *Les Polyglottes* (+), son chef-d'œuvre, paraît en 1927. Il est salué par un grand succès critique. On peut également mentionner ses autres romans : *Le Ciel menace* [*Pending Heaven*, 1930], *Resurrection* (+) (1934), *Mortel amour* [*Of Mortal Love*, 1936] ; et son autobiographie, *Mémoires d'un polyglotte* [*Memoirs of a Polyglot*, 1931]. Après avoir beaucoup voyagé dans les années 30, Gerhardie, resté célibataire, mène une vie d'ermite après la Seconde Guerre mondiale et travaille à son « magnum opus », *La Cinquième Colonne de Dieu* [*God's Fifth Column*], étude historique de 1890 à 1940 où la cinquième colonne de Dieu est la force comique des artistes, saboteurs des fausses valeurs sociales (1981). L'ironie géniale de cet Anglo-Russe se retrouve chez Nabokov, versant solaire et reconnu d'une pièce dont Gerhardie est le versant lunaire et oublié.

GUILLAUME VILLENEUVE.

RÉF. : D. Davies, *William Gerhardie : A Biography*, Oxford, 1990.

GERSCHENSON Mikhaïl Ossipovitch [Michail Osipovič Geršenzon]. Écrivain russe. Né le 13 juillet 1869 à Kichinev, mort le 19 février 1925 à Moscou. De famille juive, il commença ses études à l'École polytechnique de Berlin à la suite des pogroms ; il put passer ensuite à la section historico-philosophique de l'université de Moscou. Son activité de journaliste se porta principalement vers les revues libérales telles que *La Pensée russe* [*Russkaja mysl'*], *Le Messager européen* [*Vestnik Evropy*]. Parmi ses études les plus importantes il faut rappeler celles sur Ogarev, Griboédov, le fabuliste Krylov, Pouchkine.

Après la révolution manquée de Février 1917, Mikhaïl Gerschenson considéra celle d'Octobre comme un ouragan dévastateur ayant libéré l'âme moderne des abus de la connaissance. Il défendit cette idée et d'autres dans une œuvre originale écrite en collaboration avec le poète et philosophe Vjačeslav Ivanov, dont il partagea la chambre dans une maison de santé en 1920, et avec lequel il échangea, plutôt que des propos, les lettres qui constituent la *Correspondance d'un coin à l'autre* (*).

RÉF. : I. Serman, « M. Gerschenson » in *Histoire de la littérature russe. Le XXe siècle. L'Âge d'argent*, Paris, 1987.

GERSHWIN George. Compositeur américain. Né le 25 septembre 1898 à Brooklyn (New York), mort le 11 juillet 1937 à Hollywood (Californie). Issu d'une très humble famille, Gershwin dut travailler pour pouvoir se payer des leçons de musique. À l'âge de dix-huit ans, il publia sa première composition musicale : une chanson populaire – et, trois ans plus tard, en 1919, sa première comédie musicale, *La, La, Lucille*. Mais ce fut une autre chanson populaire, *Swanee*, publiée peu de temps après, qui lui apporta la notoriété et l'aisance en se vendant à plus d'un million d'exemplaires ; à partir de ce moment seulement, Gershwin put se permettre de se consacrer à la musique de jazz. Sa première œuvre dans ce domaine fut *Rhapsody in blue* (*), jouée pour la première fois le 12 février 1924. *Un Américain à Paris* (*) (1928), fantaisie symphonique présentée à un festival à Londres en 1931, fut sifflée ; l'opéra nègre *Porgy and Bess* (*) eut également très peu de succès lors de sa première représentation à Boston, le 30 septembre 1935, mais depuis la mort de Gershwin, sa musique connaît un succès toujours croissant auprès d'auditeurs de plus en plus nombreux. On lui doit également un *Concerto pour piano et orchestre* (*) et un certain nombre de comédies musicales.

Mais ce sont ses mélodies : *Funny Face* (+), *Girl Crazy* (+), *Oh Kay* (+), *Pardon my English* (+), *Treasure Girl* (+), etc., qui assurèrent le succès et le renom à leur auteur. Il est intéressant de noter que lorsque Gershwin, en 1928, s'adressa à Maurice Ravel pour lui demander quelques leçons, Ravel – selon Anton Würz – lui aurait répondu : « Pourquoi voulez-vous devenir un Ravel de deuxième rang lorsque vous êtes un Gershwin de premier rang ? Allez votre propre chemin ; vous n'avez pas besoin de maître ! » Atteint d'une tumeur au cerveau, Gershwin mourut à Hollywood, où il composait des partitions pour un producteur de films.

RÉF. : Isaac Goldberg, *George Gershwin*, New York, 1931. – René Chalupt, *George Gershwin, le musicien de « Rhapsody in blue »*, Paris, 1948. – André Gauthier, *George Gershwin*, Paris, 1973.

– Alain Lacombe, *George Gershwin, une chronique de Broadway,* Luynes, 1980. – Eric Lipmann, *L'Amérique de George Gershwin,* Paris, 1981. – Denis Jeambar, *George Gershwin,* Paris, 1982. – *« Porgy and Bess », L'Avant-Scène-Opéra,* n° 103, Paris, 1987.

GERSON Jean Charlier de. Théologien et orateur français. Né à Gerson près de Rethel (Ardennes) en 1363, mort probablement au couvent des célestins de Lyon en 1429. Bien que de famille modeste, Jean Charlier fit ses études au collège de Navarre. Reçu docteur en théologie, il fut curé de Saint-Jean-en-Grève, chanoine de Notre-Dame de Paris et succéda en 1395 à l'illustre Pierre d'Ailly comme chancelier de l'université de Paris. Dès avant cette date, Gerson avait joué un rôle important en prononçant devant la Cour un certain nombre de discours où, avec un grand courage civique et une vue très saine de la situation, il mettait en garde le roi contre les menaces qui pesaient sur le royaume et demandait instamment que la concorde règne entre Charles VI et ses oncles. Gerson prononçait aussi des discours et des sermons – v. *Sermons* (*) – à l'université, devant le Parlement et dans sa paroisse. Partout, il parlait de l'unité nécessaire aussi bien à l'intérieur du royaume divisé par les partis qu'à l'intérieur de l'Église déchirée par le grand schisme d'Occident. L'un de ses discours prononcé devant la Cour, le 6 janvier 1391, exposait la situation qui résultait de la double élection, en 1378, d'Urbain VI à Rome et de Clément VII en Avignon, et proposait des remèdes pour y mettre un terme. Cette prise de position de l'université de Paris qui entendait arbitrer le conflit en se ralliant au pontife romain eut le don d'irriter Louis, duc d'Orléans, partisan du pape français. Malgré les menaces que ce prince alors tout-puissant faisait peser sur lui, Gerson persévéra dans son dessein de réunifier la chrétienté sous le pape romain et défendit ce point de vue dans les conciles de Pise (1409) et de Constance (1414) jusqu'à ce que l'élection de Martin V ait mis un terme au schisme. Au cours de ces deux conciles, le chancelier de l'université soutint les libertés de l'Église gallicane et s'éleva contre le relâchement des mœurs. Lorsque son ennemi, le duc d'Orléans, tomba assassiné par les hommes du duc de Bourgogne, Jean sans Peur (novembre 1407), Gerson s'éleva contre cet attentat odieux et fit condamner Jean Petit qui avait fait l'apologie du crime. La réaction fut violente ; on raconte que la maison de Gerson fut pillée et qu'il dut se réfugier sous les combles de Notre-Dame. Cela ne l'empêcha pas de demander quelques mois plus tard, au concile de Pise, de condamner l'assassinat politique. Après le concile de Constance, Gerson jugea plus prudent de ne pas rentrer en France, où le nouvel ennemi qu'il s'était fait, Jean sans Peur, régnait en maître. Il vécut plusieurs années en Bavière ; c'est là qu'il composa les *Consolations de la théologie* [*Consolatio theologiae*] et ne rentra dans sa patrie qu'après la mort du duc de Bourgogne (1419). Il semble qu'après son retour Gerson se soit tenu à l'écart des affaires politiques ; retiré à Lyon au couvent des célestins dont son frère était le prieur, il y passa ses dernières années à composer des ouvrages de théologie et à se dévouer à l'éducation des enfants pauvres.

Outre ses discours et ses *Sermons* dans lesquels il s'efforçait de faire triompher à la fois le bon sens et l'idéal chrétien, Gerson a laissé un grand nombre de traités. Les uns sont des œuvres de circonstance, dictés par la situation de la chrétienté, ils traitent du gouvernement de l'Église – comme le *De auferibilitate papae,* qui place au-dessus de l'autorité des papes celle des conciles –, ou de la discipline ecclésiastique. Par ses œuvres philosophiques, Gerson a également joué un rôle de tout premier plan dans la réforme de l'enseignement universitaire qui s'ébauchait alors. Dans deux leçons sur le même sujet, *Contra vanam curiositatem in negotio fidei,* dont la première est datée du 8 novembre 1402 et dont la seconde doit lui être de peu postérieure, le chancelier se livre à une critique vigoureuse et pertinente de la théologie scolastique comme on l'enseignait de son temps et s'élève contre l'orgueil des clercs. Dans deux autres traités, tous deux de 1426, le *De modis significandi propositiones quinquaginta* et le *De concordia metaphysicae cum logica,* il profite de son expérience de maître de l'enseignement pour souligner et tenter de résoudre la crise des études universitaires, laquelle trouvait son origine dans la confusion qui consistait à traiter de la logique en métaphysicien et de la métaphysique en logicien. Gerson y insiste sur le fait qu'au-dessus des leçons des hommes il y a l'enseignement du Christ et qu'au-dessus des philosophies il y a la foi, l'espérance et la charité. En ses traités de théologie mystique en latin, comme dans ses petits traités élémentaires en français, destinés au peuple – v. *Traités* (*) –, Gerson manifeste une admirable élévation de pensée qui va de pair avec une simplicité tout évangélique. Aussi n'est-il pas étonnant que des critiques aussi éminents que Bellarmin, Mabillon et les bénédictins de Saint-Maur lui aient attribué la paternité de *L'Imitation de Jésus-Christ* (*) que la critique moderne lui a retirée. Peu d'hommes aux XIVe-XVe siècles étaient plus dignes que lui de l'écrire. En ces temps troubles, Gerson fut une personnalité exemplaire. Dans les très hautes fonctions qu'il occupa il sut toujours mettre en avant la pure doctrine chrétienne ; écouté des princes, il demeura toujours près du peuple qu'il s'efforça de tirer de l'ignorance. Dépourvu d'ambition personnelle, il vécut toujours pour autrui.

JACQUES BROSSE.

♦ *« Quant à Jean de Gerson, il a si dignement discouru des cinquante propriétés du divin amour qui sont çà et là déduites du* Cantique des cantiques, *qu'il semble que luy seul ayt tenu le conte des affections de l'amour de Dieu. Certes, cet homme fut extrêmement docte, judicieux et dévot.* » Saint François de Sales. ♦ « *Il a trop subi l'emprise de Guillaume d'Occam, le plus mauvais génie du* XIV*e siècle. Sa conduite pratique est, en général, plus modérée et plus saine que ses théories.* » Salembier. ♦ « *Une des plus belles, des plus mémorables et des plus vénérables existences que le monde ait vues.* » É. Faguet. ♦ « *C'est un fait que l'œuvre théologique de Jean Gerson se présente, dans son ensemble, comme affranchie de la technique scolastique et retrouvant les formes libres de l'éloquence patristique.* » Étienne Gilson.

RÉF. : Thomassy, *Jean Gerson et le grand schisme d'Occident,* Paris, 1852. – Schwab, *Johannes Gerson, professor der Theologie und Kanzler der Universität Paris,* Würzburg, 1858. – Bess, *Johannes Gerson und die Kirchenpolitiken Parteien Frankreichs vor dem Konzil zu Pisa,* Marbourg, 1900. – Lafontaine, *Jean Gerson,* Paris, 1906. – Conolly, *John Gerson, Reformer and Mystic,* Louvain, 1928. – A. Thomais, *Jean Gerson et l'éducation des dauphins de France,* Paris, 1930. – A. Combes, *Jean Gerson commentateur dionysien,* Paris, 1940. – L. Mourin, *Gerson prédicateur français,* Bruges, 1952. – A. Combes, *La Théologie mystique de Gerson,* 2 vol., Rome, 1964-1966. – Voir aussi Jean Gerson, *Œuvres complètes,* éd. par Mgr Glorieux, 10 vol., Paris-Tournai, 1960-1973. – D. Cecchetti, *Il primo unanesimo francese,* Turin, 1987.

GESSNER Salomon. Poète suisse d'expression allemande. Né à Zurich le 1er avril 1730, mort dans cette même ville le 2 mars 1788. Fils d'un libraire et destiné à continuer le commerce familial, il fut mis en pension dans un village de montagne, chez un pasteur protestant qui devait être son précepteur. Gessner s'éprit de la fille de son hôte et, comme il commençait à rimer, il lui dédia ses premiers poèmes anacréontiques. Il revint dans sa famille à dix-huit ans, puis, peu après, fut envoyé à Berlin, chez un libraire réputé, afin de se perfectionner dans le métier. Il fut bientôt las de son apprentissage et trouva préférable la fréquentation des milieux littéraires et artistiques les plus divers. Comme il ne manquait pas de talent pour le dessin, il se mit à faire de la gravure et, pour se rendre indépendant, essaya de gagner sa vie avec ses eaux-fortes. Après un voyage à Hambourg où il désirait rencontrer Hagedorn, il se réconcilia avec son père, revint à Zurich à temps pour être présenté à Klopstock. Le cercle des disciples de Bodmer l'accueillit, et c'est dans leur revue, *Criton*, qu'il publia ses premiers poèmes, en 1751, puis, en 1754, *Daphnis* (+), enfin, en 1756, la première série des *Idylles* (*) qui devait lui assurer une grande renommée. Il se lia d'amitié avec Gellert, Ewald von Kleist, Wieland (qui plus tard devint le beau-père de sa fille), et plus particulièrement avec son concitoyen Bodmer qui l'encouragea à écrire le poème *La Mort d'Abel* (*). Après 1762, il n'écrivit presque plus de vers ; il s'était marié, et la nécessité d'entretenir une famille – il eut trois filles – l'incita à revenir à l'art plus rémunérateur de la peinture. Gessner illustra de gravures sur cuivre de nombreux ouvrages, dans le goût de l'époque, selon le style imité : imitation de la nature et des grands maîtres, d'où une production maniérée de scènes idylliques rococo, avec des paysages traités non sans finesse. Ses concitoyens qui l'appréciaient le nommèrent surintendant des bois cantonaux.

VINCENZO MARIA VILLA.

♦ « *On ne saurait refuser au Théocrite de nos jours le mérite éminent d'avoir étendu les limites dans lesquelles s'était renfermée jusqu'ici la pastorale, en lui donnant un intérêt à la fois plus moral et plus dramatique, en joignant aux peintures les plus naïves de la simple et belle nature des situations plus touchantes et plus variées avec un caractère de mœurs plus pur et plus idéal.* » Grimm. ♦ « *Un homme selon mon cœur...* » J.-J. Rousseau. ♦ « *Vos ouvrages font le bonheur de ma vie... Gessner l'emporte à mon avis sur les Anciens mêmes. Gessner n'a peut-être pas cette poésie enchanteresse qui ennoblit dans Virgile les détails les plus communs : il ne charme pas toujours l'oreille comme le poète romain ; mais il parle aussi bien au cœur et lui inspire des sentiments plus purs. On forme son goût en lisant Virgile ; on nourrit son âme en lisant Gessner.* » Florian. ♦ « *Ses ouvrages sont de la mauvaise poésie, fardée avec de la morale... C'était un Suisse, un paysan, un Allemand précieux, un petit-maître d'Arcadie.* » Joubert.

RÉF. : Hottinger, *Salomon Gessner,* Zurich, 1796, et Paris, 1799. – Th. Süpfle, *Geschichte des deutschen Kultureinflusses auf Frankreich,* 3 vol., Gotha, 1886-1890. – H. Wölfflin, *Salomon Gessner,* 1889. – D. Mornet, *Le Sentiment de la nature en France, de J.-J. Rousseau à Bernardin de Saint-Pierre,* Paris, 1907. – F. Gergemann, *Salomon Gessner,* Munich, 1913. – P. Leeman van Elck, *Salomon Gessner,* 1929. – B. Burk, *Elemente idyllischen Lebens. Studien zu S. Gessner und J.-J. Rousseau,* Berne, 1981. – M. Bircher, E. Schinkel (Hrsg.), *Salomon Gessner 1730-1788. Maler und Dichter der Idylle, Ausstellungskatalog,* Wolfenbüttel, 1982.

GESUALDO Carlo, prince de Venosa. Compositeur italien. Né à Naples vers 1560, mort à Avellino vers 1613. Aristocrate de naissance (le titre de prince ainsi que l'octroi des terres de Venosa avaient été accordés à son père par le roi Philippe II d'Espagne), Carlo passe son enfance à Naples et fréquente la cour du vice-roi espagnol. Il y est initié à la musique et entend jouer les œuvres du compositeur flamand Giovanni de Macque. Suite à un premier mariage qui se termine tragiquement par le meurtre de sa femme surprise en flagrant délit d'adultère, Carlo s'allie en secondes noces à la famille d'Este. En 1593, il épouse Eleonora, nièce d'Alphonse II, et découvre les splendeurs de Ferrare. D'illustres artistes y avaient séjourné : le compositeur flamand et l'un des premiers madrigalistes, Willaert ; Le Tasse, élevé au rang de gentilhomme à titre de poète de cour par Alphonse II ; Nicola Vicentino, théoricien et compositeur italien constructeur de l'« arcicembalo » ; enfin Cipriano de Rore, élève de Willaert, l'un des compositeurs les plus renommés du milieu du siècle. Gesualdo se lie d'amitié avec le maître de chapelle du duc Alphonse II, Luzzasco Luzzaschi, auteur surtout de madrigaux composés dans la tradition établie par ses prédécesseurs à Ferrare. Dès lors Gesualdo se consacre à la musique. Son œuvre comprend six livres de *Madrigaux* à cinq voix (1594 à 1611), un livre posthume de madrigaux à six voix — v. *Madrigaux* (*) —, des *Sacrae Cantiones* à cinq, six ou sept voix (1603), des *Responsoria* à six voix (1611) et enfin, publiés sept ans après la mort de l'auteur, les *Psaumes des complies* [*Psalmi delle Compiete*].

DOMINIQUE JACCOTTET.

GEULINCX Arnold. Philosophe belge d'expression latine. Né à Anvers où il fut baptisé le 31 janvier 1624, mort à Leyde en novembre 1669. De famille modeste, il se tourna cependant vers les études, révélant une intelligence vive et ouverte aux idées cartésiennes, qui, malgré l'hostilité formelle des sphères académiques, se propageaient à l'université de Louvain, où Geulincx passa deux ans. Licencié ès lettres, il s'inscrivit à la faculté de théologie et professa à la chaire secondaire de philosophie qui lui fut confiée en 1646. Il prit une orientation nettement antiaristotélicienne et adhéra pleinement au cartésianisme. Les conservateurs lui montrèrent alors une hostilité qui, en 1658, lui coûta sa chaire. Il se décida à quitter la Belgique et se rendit en Hollande où régnait une liberté plus grande ; il s'installa à Leyde où il épousa sa cousine Suzanne Stix le 8 décembre 1658. C'est à cette époque qu'il se convertit à la religion réformée. À Leyde, il vécut dans la pauvreté, soutenu par Heydanus, pasteur protestant et fervent cartésien ; il dut se battre pour obtenir un poste à l'université. Malgré l'hostilité que lui valaient sa qualité d'étranger et son génie, il parvint à obtenir des charges et de l'aide, mais il ne devait jamais connaître la satisfaction d'une reconnaissance officielle complète. En 1662, il publia *Logica fondamentis suis, a quibus Lactenus collapsa fuit restituto*, en 1665, le *Premier traité d'éthique* — v. *Éthique* (*) —, en 1668, *Compendium physicum*, études qui le firent connaître et améliorèrent sa situation financière et académique. À quarante-cinq ans, en pleine maturité intellectuelle, il mourut au cours d'une épidémie. En 1694 furent publiés *Metaphysica vera* et des *Notes sur les principes de Descartes.*

♦ *« Ce que Geulincx nous recommande d'abord, c'est de nous purger l'esprit du préjugé de l'efficace, en ce qui regarde les créatures : parce qu'il n'y a véritablement d'efficace qu'en Dieu. »* Damiron.
♦ *« Ce n'est pas seulement de son vivant que Geulincx a été harcelé d'invectives et de reproches : longtemps après sa mort, un ministre de Middelbourg, Charles Tuynman, l'a traité de spinosiste. »* Michaud.

RÉF. : E. Terraillon, *La Morale de Geulincx dans ses rapports avec la philosophie de Descartes*, Paris, 1912. — A. de Lattre, *L'Occasionalisme d'Arnold Geulincx*, Paris, 1967.

GEVERS Marie. Écrivain belge d'expression française. Née le 30 décembre 1883 à Edegem-Anvers, sur le domaine familial de Missembourg, où elle a passé toute sa vie et où elle est morte le 9 mars 1975, ne l'ayant quitté que pour rendre visite à ses enfants et ses petits-enfants au Zaïre et au Ruanda. Ses premiers essais poétiques furent encouragés par Émile Verhaeren et publiés en 1917. Lauréate en 1934 du prix populiste pour son roman *Madame Orpha ou la Sérénade de mai* (*), elle a célébré la Campine anversoise dans *La Ligne de vie* (1937) et dans *Paix sur les champs* (1941) et les bords de l'Escaut dans *La Comtesse des digues* (+) (1931) et *La Grande Marée* (1937) qui ont contribué à asseoir sa réputation littéraire. Si elle a chanté la découverte de la terre africaine dans *Des mille collines aux neuf volcans* (1953) et dans *Plaisir des parallèles* (1958), c'est à l'ombre de la grande maison familiale sur laquelle veillait *Guldentop* (1935), son génie familier, que la « Colette du Nord » a donné sa pleine mesure. C'est là qu'elle a célébré le *Plaisir des météores* (1938), consacrant son temps aux fleurs de son jardin, dont elle a dressé le catalogue nourri de vieilles traditions dans *L'Herbier légendaire* (1949) et réveillant le souvenir de sa jeunesse et des êtres chers qui ont partagé sa vie dans l'admirable *Vie et mort d'un étang* (1961). Elle était membre de l'Académie royale de langue et de littérature françaises.

ANDRÉ GASCHT.

RÉF. : Adrien Jans, *Marie Gevers,* Bruxelles, 1964. — Marnix Gijsen, *Marie Gevers,* Bruges, 1969. — C. Skenazi, *Gevers et la nature,* Bruxelles, 1983.

GEZELLE Guido. Poète belge d'expression flamande, l'un des plus importants du XIXe siècle. Né et mort à Bruges (Flandre occidentale) (1er mai 1830-27 novembre 1899). Fils d'un jardinier, il eut une enfance sensible, ardente, partagée entre un catholicisme rigoureux et une contemplation déjà mystique de la nature. Ordonné prêtre en 1854, il fut nommé professeur au petit séminaire de Roulers, et c'est là qu'il prit conscience de sa vocation poétique, en composant de ces vers de circonstance récités traditionnellement en Flandre à l'occasion des baptêmes, mariages, ordinations, prises de voile, cérémonies funèbres : poésie simple et facile, gracieuse et tendre, inspirée la plupart du temps par les hymnes liturgiques et les textes du bréviaire. Telle est la première manière de Gezelle dans ses *Exercices poétiques* (+). À cette même période littéraire on doit rattacher les *Fleurs de cimetière* (*) (1858), petites pièces consacrées à des amis défunts. Mais, dans son troisième recueil, publié en 1862, *Poésies, chansons et prières* (+), Gezelle se libère des contraintes de la poésie de circonstance et de la stricte inspiration liturgique ; sa poésie devient plus intérieure, sa foi, semble-t-il, plus personnelle, plus indépendante de la vie collective de l'Église, avec une conscience aiguë et tourmentée du péché, une impatience de combattre, un sentiment de la nature tourné en enseignement moral par le contraste entre la résistance de l'homme à Dieu et la docilité inconsciente, sereine, heureuse de la vie végétale aux grandes lois du monde. C'est à cette époque qu'à la suite d'une crise grave mais restée mystérieuse, Gezelle est contraint de quitter le séminaire de Roulers et d'aller s'établir à Bruges, où il est d'abord sous-recteur au séminaire anglais – occasion d'une rencontre avec le cardinal Wiseman – puis vicaire dans une paroisse. Pendant une trentaine d'années il ne publiera plus rien, consacrant toute son activité littéraire à la direction, depuis 1866, d'une revue de langue flamande, *Autour du foyer,* où il réussit à renouveler la propagande religieuse en utilisant le patrimoine folklorique. Les derniers recueils poétiques, publiés en 1893 et 1894, *Guirlande du temps* (*) et *Collier de rimes* [*Rijmsnoer*], révèlent en Gezelle un poète bien supérieur à celui des années 1860, non seulement savant connaisseur de toutes les ressources du folklore, mais surtout capable de donner au symbolisme une valeur authentiquement religieuse, de renouer avec la grande tradition médiévale qui voyait dans la nature un miroir du monde spirituel, et toujours préservé, grâce à son réalisme naturel, spontané d'homme de la terre, de s'égarer dans les brumes un peu fades de l'école symboliste – v. *Poèmes* (*).

MICHEL MOURRE.

♦ *« Gezelle réunit presque toutes les qualités des écrivains de premier ordre : profondeur dans l'émotion, couleur et dessin dans les images, pensée philosophique. Par contre, il manque de variété et d'abondance. »* Paul Hamelius. ♦ *« La poésie de Gezelle, gonflée du suc riche du sol natal, profonde et aérienne, se déploie et monte sans effort et semble procéder du souffle qui anime la création même. »* R. Herreman. ♦ *« Il incarne tout aussi bien la pureté d'expression gothique, que le réalisme espiègle et subtil de l'Ouest flamand. Sa poésie se révèle éternellement fraîche tout en gardant un cachet musical et un rythme des plus personnels. »* K. Jonckheere.

RÉF. : C. Gezelle, *Guido Gezelle,* Amsterdam, 1919. – P. Hamelius, *Introduction à la littérature française et flamande de Belgique,* 1921. – A. Walgrave, *Het Leven van G. Gezelle,* 2 vol., Amsterdam, 1923-24. – B. Verhoeven, *Guido Gezelle,* Utrecht, 1930. – H. Roland-Holst, *Guido Gezelle,* Amsterdam, 1931. – W. Willems, *Guido Gezelle,* poète de Flandre, 1972.

GHĀLIB DEDE. Poète turc. Né à Istanbul en 1757, mort dans cette même ville le 3 janvier 1799. Il reçut sa première instruction au couvent [« tekke »] de la confrérie musulmane des Mevlevi à Galata, près d'Istanbul, confrérie à laquelle son père était affilié ; puis, pris de passion pour les études et la pratique de la vie mystique, il se rendit à Konieh, en Anatolie, siège de la confrérie où se conservait, sous sa forme la plus pure, la tradition du fondateur, Djalal al-Dîn Roumi, auteur du poème mystique *Masnavi* (*). De retour à Istanbul, Shaikh Ghàlib fut élu chef spirituel d'une communauté des Mevlevi. Poète assez doué, il composa, entre autres, un court poème *Beauté et Amour* (*), où, sous une forme très imagée, sont exposés les concepts de la mystique musulmane, poème qui clôt, en quelque sorte, le cycle de la poésie turque ottomane d'inspiration purement orientale.

RÉF. : J. Kúnos et Fr. Giese, *Beiträge zum Studium der türkischen Sprache und Literatur,* Halle, 1907.

GHAZĀLĪ (al-) Abū Ḥamīd Muḥammad. Penseur musulman d'expression arabe. Né près de Ṭūs dans la province de Khurasān (Iran oriental) en 1058, mort dans cette ville en 1111. Issu d'un milieu rural de la petite bourgeoisie lettrée, il fit des études remarquablement brillantes. En 1091, alors qu'il n'avait pas trente-cinq ans, il fut nommé professeur de droit et de théologie à la célèbre université [madrasa] Niẓāmiyya de Bagdad ; toutefois, les succès qu'il y remporta ne firent qu'aggraver une crise spirituelle et intellectuelle latente. Tourmenté par le doute, qu'il vivait comme une véritable « maladie de l'âme », douloureusement conscient du fait que la foi ne saurait se résoudre à une simple adhésion rationnelle, mais provisoirement incapable de lui trouver un fondement vécu, il abandonna abruptement sa chaire en 1095, et, dissimulant son identité, partit en quête d'une guérison spirituelle. Cet exil volontaire dura une dizaine d'années, pendant lesquelles il suivit l'enseignement des maîtres de la mystique musulmane (ṣūfisme), notamment en Syrie et en Arabie. À l'issue de cette période, il reprit pendant quelques années son enseignement public à Nishapūr, avant de se retirer à Ṭūs, sa ville natale, où il acheva sa vie. L'influence d'al-Ghazālī sur l'évolution de la pensée islamique a été fondamentale ; il est l'un des principaux artisans, et le représentant le plus remarquable, de la « restauration sunnite », expression majoritaire de l'islam, mais qui restait encore concurrencée, à l'intérieur des sphères culturellement dominantes, par d'autres courants de pensée : la philosophie de tradition hellénique [falsafa], contre laquelle il polémique dans *La Réfutation des philosophes* [*Tahāfut al-falāsifa*], à laquelle répondra Averroès dans *La Réfutation de la réfutation* (*), mais aussi l'ésotérisme initiatique shi'ite, dont la branche la plus radicale, celle des Ismaéliens nizārites (plus connus sous le nom d'Assassins) venait alors de déclencher sa grande révolte (1090), ainsi que certains courants de la théologie spéculative [kalām]. Contre ces tendances centrifuges, qu'il combat notamment dans *Le Sauveteur de l'égaré* (*), al-Ghazālī s'attache à proposer une synthèse capable de répondre aussi bien aux besoins du « croyant de base » qu'aux exigences intellectuelles et spirituelles les plus élevées ; la clé de voûte en est formée par la « science de dévoilement », le savoir initiatique du ṣūfisme. Mais ici aussi, al-Ghazālī, sans critiquer les positions extrêmes d'un Ḥallāj, s'attache avant tout à définir une voie moyenne, accessible au plus grand nombre : son ouvrage le plus connu, *La Revivification des sciences religieuses* [*Ihyā' 'ulūm al-dīn*], s'applique à montrer que les simples commandements de la « loi révélée » [sharī'a], « revivifiés » par une adhésion intérieure, constituent une règle de vie permettant d'atteindre les plus hauts degrés de purification spirituelle.

JEAN-PATRICK GUILLAUME.

GHELDERODE Michel de (pseud. d'Adolphe-Adhémar Louis Martens). Écrivain belge d'expression française. Né à Ixelles, dans le Brabant, le 3 avril 1898, mort à Schaerbeeb le 1er avril 1962. En profond désaccord avec l'esprit bourgeois de sa famille, il éprouve très tôt le besoin de rompre avec son milieu : il le fera plus tard, symboliquement, en prenant le nom de Michel de Ghelderode.

Après des études classiques à l'institut Saint-Louis de Bruxelles, Ghelderode s'inscrit en 1915 au conservatoire de musique. Mais il n'y restera que deux ans. Il devient alors précepteur et tient à partir du 13 juin 1917 la chronique artistique d'un hebdomadaire financier. Entre-temps, il cisèle des premiers contes et termine sa pièce *La Mort regarde à la fenêtre,* poème dramatique en un acte qui sera créé l'année suivante. Désormais il ne cessera plus d'écrire. En 1920, tandis qu'il effectue son service militaire, Ghelderode achève *Giet Bouteille* et *Le Cavalier bizarre,* pochade en un acte qui ne sera créée que vingt ans plus tard. Les années suivantes, le jeune écrivain publie dans une revue quelques contes et poèmes, et devient professeur à l'institut Dupuich, puis libraire (en 1922). Paraît alors *L'Histoire comique de Keizer Karel,* son premier ouvrage imprimé. Mais c'est seulement trois ans plus tard qu'il écrit sa première pièce importante, *La Mort du docteur Faust* (*), tragédie en trois épisodes qui est montée le 27 janvier 1928. Il récidive l'année suivante avec les trois actes de *Barabbas* (*), drame qu'il vient de terminer et l'acte unique d'*Escurial* (*), écrit en 1927. Michel de Ghelderode est alors au centre même de la vie littéraire bruxelloise. Il vient tout juste d'entrer dans sa trentième année et déjà son œuvre est appréciable. Mais il n'en reste pas là. En 1934, il crée pour la radio *Sire Halewyn* (*), un drame envoûtant tiré d'une vieille ballade flamande. La même année, il écrit encore *La Ballade du Grand Macabre* (*) et commence *Mademoiselle Jaïre* (*), un mystère en quatre tableaux qui sera créé en 1949, suivie par la rédaction en 1936 de *Hop Signor !* (*), un drame cruel aux accents typiques ghelderodiens que montera Gobert six ans plus tard. Mais le 1er février 1939, le dramaturge renonce au théâtre et entreprend la rédaction des premiers contes qui paraîtront en 1941 sous le titre de *Sortilèges* (*). Malgré cette œuvre considérable, Ghelderode a dépassé la cinquantaine quand il se fait connaître en France. C'est à une émission radiophonique enregistrée en 1951 et parue sous le titre *Les Entretiens d'Ostende* (*), que cet homme, par ailleurs solitaire et misanthrope, doit sa notoriété. Mais il meurt à Schaerbeeb le 1er avril 1962 dans cette solitude qui fut toujours la sienne, se croyant oublié de tous.

L'œuvre théatrale de Ghelderode, étrange et fantasque, apparaît comme un carnaval féroce où s'agitent, pareils à des marionnettes, des personnages fantoches au langage vif et coloré. Dans ce monde frénétique nourri des légendes de la vieille Flandre, la fatalité, qui seule agit, pousse le personnage ghelderodien à des situations extrêmes qui le forcent à se dépouiller du déguisement social et culturel dont il s'est revêtu et que symbolise sur la scène la somptuosité du décor dans lequel il évolue. Cette recherche poétique de l'homme à l'état brut où perce la nostalgie profonde d'un instinct archaïque fait de Michel de Ghelderode un des dramaturges les plus originaux du XXe siècle.

PHILIPPE FAUCHER.

♦ *« Ghelderode, c'est le diamant qui ferme le collier des poètes que la Belgique porte autour du cou. Ce diamant noir jette des feux cruels et nobles. Ils ne blessent que de petites âmes. Ils éblouissent les autres. »* Jean Cocteau. ♦ *« Parmi les écrivains contemporains, Ghelderode est l'un des rares capables de faire prisonnier le spectateur d'une sorte d'horreur sacrée, peut-être parce qu'il croit à la magie du théâtre. »* Catherine Valogne.

RÉF. : J. Francis, *Michel de Ghelderode, dramaturge des pays de par-deçà,* Bruxelles, 1949. – P. Vandrome, *Ghelderode,* Paris, 1963. – A. Jans, *La Vie de Ghelderode,* Paris, 1972. – R. Beyen, *Ghelderode,* Paris, 1974. – N. B. Castro, *Un Moyen Âge contemporain, le théâtre de Michel de Ghelderode,* Lausanne, 1979. – *Michel de Ghelderode et le théâtre contemporain,* ed. R. Beyen, Bruxelles, 1980.

GHÉON Henri (pseud. de Henri Vangeon). Écrivain français. Né à Bray-sur-Marne le 15 mars 1875, mort à Paris le 23 juillet 1944. Docteur en médecine qu'attirait la littérature, il ne tarda pas à s'y consacrer tout entier. Ayant débuté par un recueil de vers, *Chansons d'aube* (1897), il ne publia qu'en 1911 le livre qui le fit connaître : *Nos directions,* plaidoyer pour la renaissance du théâtre poétique. Pour appuyer son dire, il donna, la même année, une tragédie populaire intitulée *Le Pain* dont l'esprit se retrouvera plus tard dans *L'Eau de vie,* tragédie rustique (1921). Pendant la guerre de 1914-1918, il se convertit au catholicisme, sur le front de l'Artois. Sous l'effet de cette conversion, il conçut le dessein de reprendre les traditions de notre théâtre religieux du Moyen Âge ; d'où la longue suite de mystères où il tente de rendre une vie ingénue à des sujets depuis longtemps tombés en désuétude.

Le théâtre d'Henri Ghéon sera donc entièrement tiré de la vie des saints, ou peu s'en faut : en 1920, *Le Pauvre sous l'escalier* (*), tragi-comédie que Copeau joua au Vieux-Colombier, *Le Pendu dépendu* (1920), *Les Trois Miracles de sainte Cécile* (1922), *Le Martyre de saint Valérien* (1922), etc. Dès 1924, s'étant fait un public, il crée une troupe, les Compagnons de Notre-Dame. Ghéon, pour qui l'art dramatique était avant tout œuvre de charité, composera beaucoup d'autres pièces. Citons surtout : *Le Triomphe de saint Thomas d'Aquin* (1924), *Le Comédien et la Grâce* (*) (1925), *Les Aventures de Gilles* (1936). Mêlant le drame à la farce, il veut entretenir avec bonhomie un commerce perpétuel entre la terre et le ciel. Homme de théâtre, sa langue ferme, drue et chaude frappe l'esprit de l'auditeur. Mais il manque souvent de discipline et par là tombe dans le pathos. Outre son théâtre, Ghéon a écrit : *L'Homme né de la guerre* (1919), récit de sa conversion, *Parti pris* (1924), réflexions sur l'art littéraire, *Le Saint Curé d'Ars* (1928), *Les Jeux de la terre et du ciel* (1929), roman, et enfin *Promenades avec Mozart* (1932).

♦ *« En Ghéon aucune tristesse ; c'est une âme de cristal et d'or pleine de sonorités merveilleuses, tout ce qui le touche y retentit ; rien ne la laisse indifférente ; pourtant, à travers tout elle reste la même. Tout l'émeut et rien ne la trouble, le monde se revoit en elle dans une charmante, vibrante et souriante harmonie. »* André Gide. ♦ *« En retrouvant la formule du Moyen Âge, il a rencontré celle du théâtre populaire, vainement cherchée par d'autres. »* Gustave Cohen.

RÉF. : Henri Brochet, *Henri Ghéon,* Paris, 1946. – Maurice Deleglise, *Le Théâtre d'Henri Ghéon,* 1947. – M. A. Anglès, *André Gide et le premier groupe de « La Nouvelle Revue française »,* Paris, 1978.

GHEORGHIU Constantin Virgil. Écrivain français d'origine roumaine et de langue roumaine pour une grande part de son œuvre. Né le 15 septembre 1916 à Razboeni-Neamtz. Mort à Paris le 22 juin 1992. Après des études de philosophie et de théologie à Bucarest puis à Heidelberg, il entre dans la carrière diplomatique et devient secrétaire de légation pour les relations culturelles au ministère des Affaires étrangères en Roumanie, entre 1942 et 1943. Très tôt il écrit, et notamment des poèmes ; son livre, *Calligraphie sur la neige,* reçoit le prix royal de poésie, à Bucarest en 1940. Fuyant le régime communiste instauré dans son pays après l'abdication du roi Michel en 1947, Gheorghiu s'installe en France où est publiée la traduction de *La Vingt-Cinquième Heure* (*) (1949), qui rencontre un immense succès (traduit en trente et une langues et vendu à plus d'un million d'exemplaires). Préfacé par Gabriel Marcel – qui y voit comme la « suite de *Erewhon* (*) de Samuel Butler » –, ce roman conte les malheurs du paysan Iohann Moritz pris dans la tourmente de la Seconde Guerre mondiale et de ses conséquences géo-politiques ; le romancier y condamne surtout la barbarie soviétique – ce qui émouvra le monde occidental, alors confronté aux prémices de la « guerre froide ». Curieusement, Gheorghiu ne suscita pas le même engouement avec ses ouvrages suivants qui, pourtant, n'étaient pas dénués de qualités : *La Seconde Chance* (1952), *La Tunique de peau* (1960), *L'Homme qui voyagea seul* (1961), *La Vie de Mahomet* (1962), *De la vingt-cinquième heure à l'heure éternelle* (livre de souvenirs autant que récit d'une quête spirituelle) (1965), *Les Sacrifiés du Danube* (1967), *Les Immortels d'Agapia* (1969), *La Condottiera* (1967), *L'Espionne* (1971), *Le Grand Exterminateur* (1978), *Dieu à Paris* (1980), *Les Amazones du Danube* (1978). Peut-être son engagement religieux et politique (il fut président d'honneur du cercle Renaissance, pour le renouveau des valeurs culturelles, civiques, morales et spirituelles) joua-t-il contre lui. En 1963, il était ordonné prêtre, selon le rite orthodoxe roumain. Par la suite, Gheorghiu deviendra patriarche (1971).

FRANÇOIS BODDAERT.

♦ *« Ici, plus que partout ailleurs, le conflit entre l'homme réel et ce qu'on me permettra d'appeler l'homme-papier sévit de façon angoissante. Dès lors le livre de M. Gheorghiu vient en son lieu et à son heure. »* Gabriel Marcel.

GHIBERTI Lorenzo. Sculpteur, orfèvre, architecte et écrivain italien. Né en 1378 à Florence où il mourut le 1er décembre 1455. En dehors d'un voyage à Rome, où il admira les œuvres de Giotto et de Cavallini, et un bref séjour à Rimini, où il travailla pour les Malatesta, il vécut surtout à Florence dans l'extraordinaire climat artistique du Quattrocento, à une époque où vivaient Brunelleschi, Masaccio, Jacopo della Quercia, Paolo Uccello. Remarquable sculpteur et grand styliste, plus que créateur d'un style, il fut choisi pour exécuter la seconde porte du baptistère de cette ville, bien qu'il eût pour concurrents Brunelleschi et Jacopo della Quercia, et, le 24 avril 1425, il se vit confier la troisième porte, dite porte « du Paradis ». Entre-temps, il exécuta des bas-reliefs pour le Dôme de Sienne et le tombeau de saint Zénobe pour l'église Sainte-Marie-des-Fleurs. De son atelier, où travaillait également son fils Vittorio, qui l'aida pour l'exécution de la troisième porte, sortirent de nombreuses pièces d'orfèvrerie et de terre cuite, qui eurent une grande influence sur la production de cette époque. Nous savons qu'il reçut sa formation artistique dans l'entourage de Giotto, pour lequel il ressentait une grande admiration ainsi qu'il ressort des *Commentaires* (+).

RÉF. : B. Cellini, « Trettato dell' orificeria » in *Le Opere di Benvenuto Cellini*, Florence, 1843. – G. Vasari, *Le vite de più eccellenti pittori, cultori ed architettori*, Florence, 1878 ; trad. fr., Paris, 1981-85. – Ch. Perkins, *Ghiberti et son école*, Paris, 1886. – H. Gollob, *L. Ghibertis künstlerischer Werdegang*, Strasbourg, 1929. – J. van Schlosser, *Leben und Meinungen des florentinischen Bildners. Lorenzo Ghiberti*, Bâle, 1941. – R. Krautheimer, *Lorenzo Ghiberti*, Princeton, 1956. – G. Brunetti, *Ghiberti*, Florence, 1966. – *Lorenzo Ghiberti nel suo tempo. Atti del Convegno Internazionale di studi, 1978*, Florence, 1980.

GHIL René. Littérateur et poète français d'origine belge. Né à Tourcoing (Nord) le 27 septembre 1862, mort à Niort (Deux-Sèvres) le 15 septembre 1925. On peut le classer parmi ceux que Thibaudet a appelés les « militants du symbolisme », c'est-à-dire les symbolistes de la première heure qui ont créé les cadres et posé les problèmes de l'école. Leur activité est liée surtout à celle des « petites revues », comme *Vogue*, dont les rédacteurs étaient Jules Laforgue et Gustave Kahn. René Ghil fait partie du groupe de Laforgue, Kahn, Stuart Merrill, Robert de Souza. Il débuta par un recueil de vers, *Légende d'âmes et de sangs* (1885), et écrivit un *Traité du verbe* (*) (1885) qui met en relief les qualités communes à certaines voyelles et à certains sentiments. En 1888 il créait une « poésie scientifique » et, fort de ses principes, entreprenait de mettre en vers libres l'évolution du monde et de l'humanité. L'œuvre qu'il écrivit dans cet esprit est divisée en trois parties : *Dire du mieux, Dire des sangs, Dire de la loi.* La première comprend : *Le Geste ingénu* (1887), *Le Meilleur Devenir* (1889), *L'Ordre altruiste* (1894) ; la deuxième, *Le Pas humain* (1898), *Le Toit des hommes* (1902), *Les Images du monde* (1912). Citons encore : *De la poésie scientifique* (1909).

RÉF. : Robert Montal, *René Ghil, du symbolisme à la poésie cosmique*, 1962.

GHĪṬĀNĪ Jamāl. Romancier égyptien. Né le 9 mai 1945 à Sohag (Haute-Égypte). Autodidacte, il devient grand reporter, après avoir été artisan tapissier. Ses nouvelles – *Journal d'un jeune homme qui vécut il y a mille ans* [*Awrāq shābb 'āsha mundhu alf 'ām*, 1969] et *Mention des faits qui se sont déroulés* [*Dhikr mā jarā*, 1978] – développent une écriture inquiète, tantôt procès-verbal implacable d'une société concentrationnaire, tantôt écho baroque d'un univers livré aux affres de l'aliénation. N'hésitant pas à puiser dans le dialecte ou à pasticher nostalgiquement le classique, Ghīṭānī a renouvelé les formes romanesques transmises par Maḥfūẓ, en conjuguant les références historiques, les transpositions politiques, le symbolisme, les légendes, l'ésotérisme et le mysticisme : *Le Zaynī Barakāt* (*), *Les Événements de l'impasse Za'farānī* (*) et *Le Livre des apparitions* [*Kitāb al-tajalliyāt*, 1983-1985]. Manipulateur machiavélique de la durée et du récit, Ghīṭānī parvient ainsi à une réécriture mythique de l'histoire, enfin restituée aux chimères des conteurs.

BERNARD MOUSSALI.

GHYKA Matila C. Essayiste français d'origine roumaine. Né en 1881 à Jassy, en Roumanie, mort le 14 juillet 1965. Il suit successivement une carrière d'aspirant de marine (après avoir passé par l'école navale de Brest), puis entre dans la carrière diplomatique. En 1916, il reprend son service dans la marine, comme officier de liaison roumain auprès de la flotte russe de la mer Noire. En 1919, il rentre de nouveau dans la diplomatie, et occupe des postes aux États-Unis, à Londres, à Rome, à Madrid, à Varsovie, à Vienne et à Paris. Après la Seconde Guerre mondiale, il devient professeur d'esthétique au Mary Washington College de l'université de Virginie, aux États-Unis.

L'œuvre de Matila Ghyka est relativement brève : *Esthétique des proportions dans la nature et dans les arts* (*) (1927), *Sortilège du verbe* (1949), *Histoire de ma jeunesse... Heureux qui comme Ulysse...* (1955-1956), *Le Nombre d'or. Rites et rythmes pythagoriciens dans le développement de la civilisation occidentale* (*) (1931) et le roman *Pluie d'étoiles* (1933). L'originalité de la recherche de Ghyka consiste à avoir exploré un champ peu ou mal connu : le rythme en art et en esthétique.

Cette analyse du rythme dans le langage et dans les différents arts, menée à la lumière de la tradition occidentale, n'a pas eu tout le retentissement qu'elle méritait, bien que des poètes prestigieux comme Paul Valéry et Léon-Paul Fargue, qui ont préfacé les ouvrages de Ghyka, aient su en leur temps la saluer.

ANTOINE BERMAN.

GIACOMETTI Alberto. Sculpteur et peintre suisse. Né le 10 octobre 1901 à Borgonovo en Suisse italienne, mort à l'hôpital cantonal de Coire le 11 janvier 1966. Son père, le peintre Giovanni Giacometti (1868-1933), était l'un des principaux représentants de l'impressionnisme en Suisse. Après avoir dessiné et sculpté très jeune, il visite l'Italie où il passe de découverte en découverte, de Tintoret aux Étrusques, puis arrive à Paris en 1922 où il fréquentera jusqu'en 1925 l'Académie de la Grande Chaumière, dans la classe de Bourdelle. Dès 1927 il s'installe dans le petit atelier de la rue Hippolyte-Maindron qu'il occupera jusqu'à sa mort. Il rencontre les dissidents du groupe surréaliste puis adhère au mouvement lui-même en 1930. Il collabore au *Surréalisme au service de la révolution* (*), réalise des sculptures proches de l'art primitif, d'un fort pouvoir magique, dont la plus célèbre est *L'Objet invisible*, évoquée par Breton dans *Nadja* (*). En 1935, il décide de revenir au travail d'après nature, abandonné pendant dix ans, et rompt avec le surréalisme comme avec toute forme d'activité extérieure (il n'exposera plus de 1935 à 1947). Les portraits peints ou sculptés deviennent sa première préoccupation. Mais le réel qu'il cherche à rejoindre et qu'il sent là, devant lui, merveilleusement complexe et tendu, se dissout pour ainsi dire sous ses yeux, et il lutte en vain contre le fatal amenuisement de ses figures. S'engage dès lors un processus singulier qui constitue l'une des aventures les plus intègres et les plus attachantes de l'art moderne. S'il aboutit bien à des statues ou à des bustes, à des visages peints ou à des natures mortes, l'art de Giacometti ne ressemble pourtant en rien à tout ce qui avait pu se faire au sein des cadres de la représentation figurative. La ressemblance avidement cherchée par Giacometti est tout sauf mimétique. Pour lui, il n'y a plus aucun cadre, plus aucun recul : l'espace cesse de préexister comme un contenant, il est au contraire entièrement embouti dans la relation exclusive qui se crée entre le peintre et son modèle, relation qui en épuise, presque jusqu'à disparition, toutes les possibilités vibratoires. Giacometti tire toutes les conséquences de la remise en cause de l'espace classique, mais pour les ramener au commencement, devant la nudité du réel, qui reste ou redevient le grand inconnu. Solitaires, minces, hiératiques, ses statues semblent garder comme des idoles la mémoire de toute l'impatience qui a voulu leur vérité. Le caractère obsédant de sa démarche, la radicalité de son propos et aussi la permanence poétique de sa personnalité ont valu à Giacometti, indifférent à toute gloire, l'amitié et les commentaires de nombre d'écrivains de premier plan, parmi lesquels il faut citer Genet, Sartre, Leiris, Dupin et Bonnefoy. Ses *Écrits* (*), fragments de carnets et textes publiés de son vivant, ont été réunis en 1990.

JEAN-CHRISTOPHE BAILLY.

RÉF. : Ernst Scheidegger, *Alberto Giacometti : Schriften, Fotos, Zeichmangen,* Zurich, 1958. – Jacques Dupin, *Alberto Giacometti,* Paris, 1962. – James Lord, *A. Giacometti Portrait,* New York, 1965 (trad. Paris, 1981). – André du Bouchet, *Alberto Giacometti, Dessins 1914-1965,* Paris, 1969. Reinhold Hohl, *Alberto Giacometti,* Stuttgart, 1971 (trad. Lausanne, 1971). – Yves Bonnefoy, *Giacometti, Biographie d'une œuvre,* Paris, 1991.

GIACOMINO de Vérone. Moine franciscain italien. Il vécut dans la seconde moitié du XIIIe siècle. On ne connaît rien de sa vie, si ce n'est quelques renseignements contenus dans une allusion autobiographique à la fin de son poème didactique, *Babylone, cité infernale* (*), qui fut suivi de la *Jérusalem céleste* (*) ; descriptions crues des peines de l'enfer et des joies du paradis, conformes à la tradition et à l'imagination populaires, faites pour effrayer les pécheurs par la vision de châtiments atroces et séduire les peuples affamés par celle de tables bien garnies.

GIACOSA Giuseppe. Écrivain italien. Né et mort à Collaretto Parella (Ivrea) (21 octobre 1847-1er septembre 1906). Il fit son droit et débuta dans la carrière d'avocat à Turin, alors capitale déchue. À trente ans, il fit jouer un « proverbe » : *Au chien qui lèche de la cendre, ne confie pas de farine* [*A can che lecca cenere non gli fidar farina*], comédie médiocre, mais assez nouvelle alors, et dont le succès fut tel que l'auteur abandonna sa profession pour une carrière littéraire qui lui réussit. D'imagination prompte, s'adaptant par intuition aux goûts du public sans jamais se départir d'une certaine dignité d'écrivain, il n'y eut mode ou problème de large intérêt qu'il ne traitât sur la scène ou dans ses livres. À Milan, président de l'accademia dei Filodrammatici, il dirigea pendant de longues années *La Lettura.* Un voyage aux États-Unis lui inspira le livre *Souvenirs d'Amérique* [*Ricordi d'America*], à côté duquel il faut citer les *Nouvelles et Pays valdotains* [*Novelle e paesi valdostani*]. Son théâtre, d'inspiration romanesque, connut auprès du public un succès qui ne se démentit pas, citons : *La Partie d'échecs* [*La partita a scacchi*], *Madame de Challant.* Mais c'est dans les comédies bourgeoises que Giacosa a donné le meilleur de lui-même : *Tristes amours, Comme les feuilles, Les Droits de l'âme* [*Diritti dell'anima*], *Le Plus Fort* [*Il più forte*], etc. : scènes douloureuses, dépeignant une société de transition minée par les égoïsmes et les faiblesses, mais soutenue par les forces de la vertu, qui triomphe au prix de sembler naïve. Enfin, Giacosa, en collaboration avec Illica, a tiré des *Scènes de la vie de bohème* (*) de Murger, le livret de *La Bohème* (*), opéra de Puccini.

GIBBON Edward. Historien anglais. Né le 18 mai 1737 à Putney (Surrey), mort le 16 janvier 1794 à Londres. Fils d'un gentilhomme campagnard, il eut une enfance maladive (il était affligé d'un trouble nerveux bizarre) et reçut de ce fait une instruction peu suivie : il ne fut élève dans une école de Westminster que pendant deux ans ; mais il lut avec acharnement les ouvrages les plus variés. En 1752, âgé de quinze ans, il entra à Oxford (Magdalen College), mais n'y demeura que quatorze mois. Comme il s'était converti au catholicisme, son père l'envoya à Lausanne et le confia à un pasteur calviniste dans l'espoir de le faire rentrer au sein de l'Église protestante. Gibbon resta cinq ans à Lausanne, s'appliquant à ses études et acquérant une vaste culture ; il apprit le grec, le latin et le français qui devint une seconde langue pour lui ; il lut Pascal et Montesquieu, connut Voltaire, et retourna en Angleterre en 1757, imbu de scepticisme illuministe. En Suisse, il s'était fiancé avec Susanne Curchod, fille d'un pauvre pasteur protestant (elle devait devenir par la suite Mme Necker, femme du célèbre ministre et mère de Mme de Staël), mais il dut renoncer à l'épouser. Pendant deux ans capitaine de la Milice du Hampshire, il se consacra ensuite à ses études historiques et se mit à écrire ; en 1761, il publia en français un *Essai sur l'étude de la littérature.* En janvier 1763, il effectua un nouveau voyage en Europe, et ce fut à Rome que lui vint l'idée de l'ouvrage qui reste lié à son nom, la monumentale *Histoire du déclin et de la chute de l'Empire romain* (*). De retour à Londres, après la mort de son père (1770), il s'y établit, fut membre du Parlement de 1774 à 1783, ne s'y faisant remarquer que pour sa violente opposition à la révolution américaine. Accueilli dans la haute société, il fréquenta le cercle littéraire de Samuel Johnson ainsi que d'autres salons londoniens, où sa petitesse et sa corpulence, ses vêtements trop ornés, voyants et excentriques, ses manières affectées en firent une figure caractéristique.

Après sept années de travail, il publia en 1776 la première partie de son œuvre qui remporta un succès immédiat, en dépit des polémiques suscitées par son interprétation nationaliste des origines du christianisme ; d'autres volumes parurent en 1781. En 1783, après la suppression d'une charge publique qui procurait une bonne rente à Gibbon, celui-ci accepta l'invitation d'un ami et se retira à Lausanne, où il termina son *Histoire,* qu'il publia en entier au cours d'un séjour en Angleterre en 1788. En 1793, pendant les derniers mois qu'il passa à Lausanne (tourmenté par la goutte et attristé par la mort d'amis très chers), il écrivit une *Autobiographie* (*), qui parut dans l'édition des *Œuvres diverses* (+) de Gibbon publiée par lord Sheffield en 1795 : ouvrage subtil et intéressant, qui cependant ne résout pas le mystère de la personnalité de l'auteur, ni de cette contradiction entre son caractère mesquin et vaniteux et la hauteur de vues de son œuvre historique. Citons encore de lui : *Antiquités de la maison de Brunswick* (+) (posth., 1814). Il mourut en Angleterre où il était tombé malade en allant visiter son ami lord Sheffield. Le chef-d'œuvre de Gibbon, son *Histoire,* un classique du genre, est actuellement un des livres les plus lus dans les pays de langue anglaise.

♦ *« Pour le Gibbon, c'est un homme très raisonnable, qui a beaucoup de conversation, infiniment de savoir, vous y ajouteriez, peut-être, infiniment d'esprit, et peut-être auriez-vous raison ; je ne suis pas décidée sur cet article : il fait trop de cas de nos agréments, il a trop de désir de les acquérir. »* Mme Du Deffand. ♦ *« Je n'ai jamais pu lire son livre sans m'étonner qu'il fût écrit en anglais ; à chaque instant j'étais tenté de m'adresser à M. Gibbon et de lui dire : – Vous, un Anglais ! Non, vous ne l'êtes point ! Cette admiration pour un empire de plus de deux cents millions d'hommes, où il n'y a pas un seul homme qui ait le droit de se dire libre ; cette philosophie efféminée qui donne plus d'éloges au luxe et aux plaisirs qu'aux vertus ; ce style toujours élégant et jamais énergique, annoncent tout au plus l'esclave d'un Électeur de Hanovre. »* Mirabeau. ♦ *« ... cette justesse vraiment philosophique d'un esprit qui juge le passé comme il jugerait le présent. »* Guizot. ♦ *« Culture, suite, ordre, méthode, une belle intelligence, froide, fine, toujours exercée et aiguisée, des affections modérées, constantes, d'ailleurs l'étincelle sacrée absente, jamais le coup de tonnerre : c'est sous ces traits que Gibbon s'offre à nous... »* Sainte-Beuve.

RÉF. : Milman, *Life and Correspondence of Gibbon,* Londres, 1839. – Sainte-Beuve, *Causeries du Lundi,* vol. VIII, Paris. – J. M. Robertson, *Gibbon,* 1925. – G. M. Young, *Gibbon,* Londres, 1932. – M. Joyce, *Edward Gibbon,* Londres, 1953. – H. L. Bond, *The Literary Art of Edward Gibbon,* Oxford, 1960. – G. W. Bowersock et al. (eds), *Edward Gibbon and « The Decline and Fall of the Roman Empire »,* Cambridge, Mass., 1977. – P. B. Craddock, *E. Gibbon : A Reference Guide,* Boston, 1987, et *E. Gibbon : Luminous Historian,* Baltimore, 1989.

GIBBONS Orlando. Compositeur et organiste anglais. Né à Oxford vers le 25 décembre 1583, mort à Canterbury le 5 juin 1625. Cadet d'une famille de musiciens, membre du chœur du King's College à Cambridge (de 1596 à 1599), Orlando est nommé organiste de la Chapelle royale en 1603, poste qu'il conservera jusqu'à sa mort. Il fait partie dès 1619 des musiciens de la chambre de Jacques Ier, obtient en 1622 le titre de « Doctor of music » à Oxford, et occupe le poste d'organiste à l'abbaye de Westminster en 1623. Sa mort survient peu après celle de Jacques Ier, lors des cérémonies données à l'avènement de Charles Ier et Henriette-Marie, fille du roi de France, nouvelle reine d'Angleterre. La musique sacrée d'Orlando Gibbons, qui comporte une quarantaine d'*Anthems* (*), reprend la grande tradition polyphonique de ses aînés, Thomas Tallis et William Byrd, mais est exclusivement destinée à l'Église anglicane. Il publie en 1612 un recueil de madrigaux et de motets, suivant en cela la vogue pour la musique italienne qui apparaît en Angleterre à la fin du XVIe siècle, mais il compose dans un style plus contrapuntique et plus sérieux que celui de ses contemporains (Weekles, Wilbye, Ward). Surtout connu de son vivant comme organiste et virginaliste virtuose (les meilleurs doigts de tous les temps, disait-on de lui en 1623), il composa de nombreuses pièces pour virginal. Quelques-unes font partie du recueil *Parthénia* (*), première œuvre imprimée pour virginal, avec également des pièces de Byrd et Bull. Orlando Gibbons a aussi composé une œuvre pour ensemble de violes, genre musical très prisé sous les règnes d'Élisabeth Ire et de Jacques Ier, dont neuf fort belles fantaisies à trois voix.

DOMINIQUE JACCOTTET.

GIBEAU Yves. Romancier et journaliste français. Né le 3 janvier 1916 à Bouzy (Marne). Ce fils de militaire accomplit ses études à l'École des enfants de troupe des Andelys puis de Tulle – expérience qu'il relatera dans son roman le plus connu, *Allons z'enfants* (*) (1952). Il ne reste dans l'armée que cinq ans, de 1934 à 1939. Il devient agent de change puis se dirige très vite vers d'autres activités : il est chansonnier avant de faire du journalisme à *Combat*. Après avoir été critique, il est nommé rédacteur en chef de *Constellation* en 1963. Ce faisant, il publie des romans : *Le Grand Monôme* (1948), *Et la fête continue* (1950), *Les Gros Sous* (prix populiste 1953), *La Ligne droite* (grand prix de la littérature sportive 1956), *La Guerre, c'est la guerre* (1961). Il s'y révèle écrivain réaliste dans son évocation de divers milieux populaires.

JACQUES-ÉMILE MIRIEL.

GIDE André Paul Guillaume. Écrivain français. Né et mort à Paris (22 novembre 1869-19 février 1951). Ses origines éclairent déjà la personnalité de Gide, complexe, fuyante, balancée en des aspirations contradictoires vers la liberté totale et vers le conformisme, tout ensemble sensuelle et puritaine, prédestinée aux doutes et aux retours, à l'inquiétude : Gide était de souche protestante, à la fois paysanne et bourgeoise, Cévenol par son père, se rattachant à la bourgeoisie d'affaires normande par sa mère. Mais, dans l'enfance, ce fut un protestantisme rigide et assez triste qui domina, marquant pour toujours le jeune élève de l'École alsacienne ; il fit des études irrégulières ; silencieux, ses maîtres le croyaient même un peu stupide ; en fait, il vivait replié sur lui-même, perdu dans son inconscient, ne trouvant quelque joie que dans des émotions de nature. À la ferveur religieuse s'oppose bientôt en lui une sensualité précoce, qui se cherche, troublée, dans la honte et la hantise du péché. Lorsque Gide atteint ses vingt ans, c'est l'époque du symbolisme, et il commence à publier dans de petites revues de l'École. Déjà il connaît Pierre Louÿs, à Montpellier il a rencontré Paul Valéry, et on l'introduit chez Mallarmé. C'est en 1891 qu'il publie son premier livre, qu'il intitule « œuvre posthume » : *Les Cahiers d'André Walter* (*), l'histoire d'un jeune homme qui s'épuise, manque le monde et sa vie par excès de richesse intérieure, par impuissance à se choisir. Le livre n'a aucun succès — Gide l'a d'ailleurs fait éditer à ses frais, comme *Les Poésies d'André Walter* (*), à la langue aussi symboliste, aussi mièvre. Le vrai Gide n'est pas dans ces tentatives de jeunesse, mais dans la crise spirituelle qu'il commence de traverser à cette époque et qui l'amènera à secouer les contraintes du piétisme familial. L'occasion de sa libération sera un voyage en Algérie, accompli en 1893-1894 ; il tombe malade et, au cours de sa convalescence, s'abandonne pour la première fois à une exaltation naturelle. C'est sous l'influence symboliste qu'il avait encore écrit *Le Traité du Narcisse* (*) (1891), *La Tentative amoureuse* (*) et *Le Voyage d'Urien* (*) (1893). Deux ans plus tard, *Paludes* (*), satire des milieux parisiens, marque déjà une transition ; mais on peut dire que Gide ne commence vraiment qu'avec *Les Nourritures terrestres* (*) (1897), qui chantent la complicité d'un jeune être avec toutes ses faims, tous ses désirs, la recherche de la ferveur dans une communion avec la joie du monde charnel, la valeur de la surprise pour aviver cette ferveur, enfin le refus de toutes les servitudes familiales, sociales, religieuses, personnelles même, car la liberté ne se vit que dans l'instant et seulement chez l'être en perpétuel état de naissance.

Ce message allait attirer à Gide — malgré lui, ne cessa-t-il de prétendre — bien des disciples. Mais était-ce vraiment tout Gide ? L'hédonisme des *Nourritures* n'est qu'un sursaut indispensable, le début d'une recherche du moi, de son équilibre surtout, et l'auteur de *Saül* (*), publié seulement en 1903 mais écrit dès 1898, sait bien qu'il existe aussi des servitudes pour l'homme en apparence libéré mais tenaillé par ses désirs. Alternance de l'ivresse sensuelle et d'un certain puritanisme, tel est le trait caractéristique de l'œuvre gidienne jusque vers 1910, l'austérité de *La Porte étroite* (*) (1909) répondant ainsi à *L'Immoraliste* (*), qui célébrait la joie de la convalescence et le monde des couleurs, des parfums, du corps peu à peu retrouvé. L'auteur d'*Isabelle* (*) (1912), de *L'École des femmes* (*), de *La Symphonie pastorale* (*), est déjà plus sûr de lui et de son rôle de réformateur qu'il jouera avec tant de succès dans la période d'après-guerre. Solitaire encore, presque complètement inconnu, il a pourtant brillamment participé à la vie littéraire, soit en collaborant à la revue *L'Ermitage* où il retrouve Claudel, Henri Ghéon, Jammes, Paul Valéry, soit, bien plus encore, en fondant en 1908, avec Copeau et Jean Schlumberger, *La Nouvelle Revue française* (*). Être soi, « s'exiger tel qu'on est », libre de la société, libre de son passé, infiniment disponible, ces thèmes, qui figuraient déjà dans les *Nourritures*, sont repris en 1914 dans *Les Caves du Vatican* (*), roman (mais l'auteur l'appelle « sotie ») d'un comique irrésistible, mais qui devra surtout son immense influence au personnage de Lafcadio, vivante et fascinante illustration de la théorie de l'« acte gratuit », c'est-à-dire de l'acte qui n'a pas de cause, ne sert à rien, n'est fait que par plaisir pur, et où l'on peut voir comme l'apogée de la disponibilité gidienne. L'impuissance où nous sommes de soumettre l'homme à des lois, Gide avait pu l'éprouver personnellement en 1912, lorsqu'il avait été appelé à siéger comme juré à la cour d'assises de la Seine-Maritime — v. ses *Souvenirs de la cour d'assises* (*). *Les Caves du Vatican* vont cependant consommer la rupture de Gide et des catholiques : Ghéon, Jammes et surtout Claudel, rencontré en 1905, et qui avait espéré convertir Gide après *La Porte étroite* en 1909, mais qui irrita son ami en lui demandant des explications brutales sur ses mœurs ; Gide y vit une « sommation ».

Pendant la guerre de 1914-1918, alors qu'il se dévoue pour les réfugiés, c'est à son propre puritanisme que Gide doit faire face ; un moment même il semble y céder, donne son adhésion morale à *L'Action française* et traverse une nouvelle crise religieuse. Mais l'immédiat après-guerre va lui donner la célébrité : de nombreux jeunes disciples, fervents, excessifs même, frères et cousins du héros de Radiguet, se montrent impatients de réagir contre la grandiloquence patriotique dont on les a gorgés pendant les hostilités. Ils se reconnaissent dans Nathanaël et plus encore dans Lafcadio. Ils cherchent un libérateur, et se tournent vers cet écrivain âgé maintenant de plus de cinquante ans et qui, malgré une œuvre déjà considérable, n'était connu, jusqu'à la guerre, que des milieux lettrés. Mais on prône alors la « démobilisation de l'intelligence », et n'est-ce pas à cette démobilisation que n'ont cessé de convier tous les livres de Gide ? Non que toutes les résistances soient vaincues : en 1923, le *Dostoïevski* (*) suscite une vive réaction d'Henri Massis ; Henri Béraud mène contre Gide la « croisade des longues figures » ; la publication de *Corydon* (*) et de *Si le grain ne meurt* (*) scandalise les gens moraux. Mais, auprès de la jeune génération, *Les Faux-Monnayeurs* (*), œuvre complexe, de proportions considérables, grand roman mais sans unité, et qui vaut surtout par ce qu'il renferme de confession, vaut à Gide un nouveau succès, en 1925. Le retournement définitif est accompli vers 1930, et le gros de l'opinion littéraire, qui à la même époque découvre Proust, Freud, D. H. Lawrence, se range du côté de Gide.

La préoccupation d'autrui, le sens social, qui s'étaient un moment manifestés pendant la Grande Guerre, reprennent alors le dessus chez Gide : en 1926, il part pour l'Afrique noire, rapporte de ce long voyage deux livres qui sont un réquisitoire contre le colonialisme et suscitent une commission d'enquête – *Voyage au Congo* (*) et *Le Retour du Tchad* (*). L'éveilleur de liberté commence à méditer sur les conditions de la liberté, sa réforme individuelle l'achemine naturellement vers la réforme sociale (à la façon de Rousseau, et l'on peut dire de Gide qu'il fut le Rousseau de notre temps) ; ainsi, à partir de 1930, le voit-on dénoncer le capitalisme, proclamer ses sympathies pour l'État sans religion, sans classes, sans familles, et annoncer, dans ses pages de journal intime, qu'il est prêt à donner sa vie pour le triomphe de l'U.R.S.S. Mais un voyage à Moscou provoque sur cet enthousiasme un effet de douche froide : Gide, pour qui la liberté signifiait avant tout liberté de l'écrivain, se fût peut-être accommodé de Trotsky, non de Staline, et il ne ménage pas ses critiques dans *Retour de l'U.R.S.S.* (*) et dans *Retouches à mon retour de l'U.R.S.S.* (+) en 1937. Les trois actes d'*Œdipe* (*), écrits en 1930 et joués en 1932 par les Pitoëff, avaient déjà mis sur la scène l'échec d'une liberté. Mais, dès 1930, l'œuvre était pour ainsi dire achevée : Gide restait le premier écrivain de l'époque, mais l'enthousiasme de la jeunesse commençait à le déserter pour des littérateurs plus « engagés », comme André Malraux : le temps de Lafcadio était passé, ou plutôt Lafcadio allait courir les révolutions de Chine et d'Espagne. Devant l'événement, Gide prenait au contraire, non sans quelque affectation, une attitude goethéenne : il commente Racine pendant la campagne de 1940 et, l'occupation survenant, il marque pendant quelques mois une certaine hésitation sur l'attitude à prendre avant de rompre, en mars 1941, avec *La Nouvelle Revue française* dirigée par Drieu. En 1942, il rejoignit Tunis, et, après son retour à Paris en 1945, il ne publiera plus que *Thésée* (*), une traduction de *Hamlet* (*) depuis longtemps en chantier, et une adaptation scénique du *Procès* (*) de Kafka. En novembre 1947, il recevait le prix Nobel de littérature ; en décembre 1950, la Comédie-Française représentait une comédie tirée des *Caves du Vatican*. Il meurt le 19 février 1951.

L'influence de Gide a été immense : il est bien, selon le mot de Malraux, le « contemporain capital » de tous les hommes nés à la vie intellectuelle et sensible entre 1920 et 1935. Gide fut le témoin d'un temps, et défini malgré lui par ce temps où l'appel à la liberté bénéficiait encore de facilités matérielles aujourd'hui compromises. Mais on ne se lassera sans doute pas de lire le *Journal* (*) et d'y suivre Gide « avec son visage inquiet, ses doutes et la somme fuyante de ses pensées ». Quoi qu'il advienne de l'œuvre, le personnage ne s'oubliera pas.

JACQUES PATRY.

♦ *« Un être intact, voilà ce que j'admire en Gide. La vie ne l'entame pas, n'arrive pas à le diminuer. »* Jacques Rivière. ♦ *« Son œuvre n'est pas l'œuvre d'un esprit pur, ni celle d'un pur sensuel ni même celle d'un homme extrêmement sensible. Mais on y trouve constamment une âme. »* Marcel Arland. ♦ *« Tout l'avenir du destin de Gide dépend de l'issue de la lutte entre les deux grands courants dont il est traversé, qui se partagent son être intime : le courant de l'inquiétude, et celui de la sérénité. »* Charles Du Bos, 1929. ♦ *« Comme Nietzsche, André Gide a découvert un homme nouveau, une nouvelle religion de l'âme. »* Ernst-Robert Curtius. ♦ *« L'œuvre de Gide n'est peut-être tout entière qu'un vaste débat moral ; sans cesse on y entend dialoguer, comme d'une coulisse mystérieuse, la voix de la conscience. »* Léon Pierre-Quint. ♦ *« Cet écrivain présente une sorte de cas limite : celui d'une finesse extraordinaire, jointe à une absence de système qui touche au pathologique. »* Julien Benda. ♦ *« Gide n'a cessé d'être divisé contre lui-même. Sans doute, de très bonne heure, a-t-il pris parti pour l'épanouissement libre et spontané de l'instinct ; mais, jusqu'à ces dernières années, il n'avait pu se résoudre à jeter par-dessus bord ce qui, en lui, protestait. Parfois même, comme dans les pages de* Num quid et tu, *le gémissement inénarrable couvrait la voix de l'homme charnel. Aujourd'hui toute protestation est étouffée ; le Gide de 1932 semble débarrassé de quelque chose ou de quelqu'un ; ce qu'il écrit pèse moins lourd, il s'est terriblement allégé. »* François Mauriac, 1932. ♦ *« Gide, dont l'œuvre ferait croire qu'il n'a pas de cœur et qu'il a ou qu'il est tout cela, quelles ne sont pas ses limites ! »* Henry de

Montherlant. ♦ « *Le contemporain capital...* » André Malraux.

RÉF. : Charles Du Bos, *Le Dialogue avec André Gide*, Paris, 1929. – Ramon Fernandez, *André Gide*, Paris, 1931. – Jean Hytier, *André Gide*, Alger, 1938. – *Hommage à André Gide*, numéro spécial de *La Nouvelle Revue française*, 1951. – Roger Martin du Gard, *Notes sur André Gide*, Paris, 1951. – Claude Mauriac, *Conversations avec André Gide*, Paris, 1952. – Pierre Herbart, *À la recherche d'André Gide*, Paris, 1952. – Jean Delay, *La Jeunesse d'André Gide*, Paris, 1956-1957. – Claude Martin, *Gide par lui-même*, Paris, 1963. – Maria van Rysselberghe, *Les Cahiers de la petite dame*, Paris, 1973-1977. – Auguste Anglès, *André Gide et le premier groupe de la N.R.F.*, Paris, 1978. – Eric Marty, *André Gide*, Lyon, 1987.

GIELÉE Jacquemart. Poète français. Probablement originaire de Lille, il vécut au XIIIe siècle. La seule date certaine concernant cet auteur est celle de la composition de son long poème satirique, daté de Lille (1289), *Renart le Nouvel* (+), qui fait partie du cycle du *Roman de Renart* (*).

RÉF. : *Alain de Lille, Gaultier de Châtillon, Jacquemart Gielée et leur temps*, Lille, 1980. – H. Roussel, *Renart le Nouvel de Jacquemart Gielée*, Lille, 1984.

GIJSBRECHT. Ce religieux, qui vivait au XIVe siècle, est l'auteur de la version flamande de la légende de *Sœur Béatrice* (*), l'une des œuvres les plus remarquables de la littérature médiévale européenne.

GIKATILA Joseph. Cabaliste espagnol (castillan). Né à Medinaceli en 1248, mort vers 1325. Il vécut de nombreuses années à Ségovie et, entre 1272 et 1274, il étudia la cabale des lettres sous l'égide de Abraham Aboulafia qui le considérait comme son meilleur élève. Il peut être considéré comme l'un des écrivains les plus doués de son temps. Son premier ouvrage, *Le Jardin du noyer* [*Guinat Egoz*], publié en 1615, porte la marque de cet enseignement. Il combine la mystique symbolique de l'alphabet hébreu et des points-voyelles, des spéculations sur les noms divins, avec une doctrine des sefirot (les dix nombres primordiaux du *Livre de la Création*) de type philosophique, qui les identifie avec les « Intelligences » de l'aristotélisme de Maïmonide. On lui doit un commentaire mystico-philosophique sur le *Guide des égarés* (*), un commentaire sur le *Cantique des Cantiques* (*) et sur la vision d'Ezéchiel, ainsi que des poèmes mystiques. Il est l'auteur d'un nombre important d'ouvrages et d'opuscules consacrés aux diverses branches de la Cabale. Dans un deuxième temps, il épousa la cause de la cabale théosophique, celle que l'école du *Zohar* (*) et Moïse de Léon diffusèrent avec brio. Il rédigea dans la veine de ce courant *Les Portes de la justice* [*Cha'aré Tsedeq*], publiées en 1559, qui expliquent le système des sefirot, et surtout *Les Portes de la lumière* (*) qui devinrent un grand classique.

CHARLES MOPSIK.

GILBERT Eugène. Critique littéraire belge d'expression française. Né à Louvain en 1864, mort à Lustin en 1919. Il fit ses études de droit jusqu'au doctorat. Avant de se consacrer entièrement à la critique et aux essais littéraires, il écrivit une étude : *Libéralisme et patronage* (1891). Rédacteur à la *Revue générale* il dirigea cette publication de 1890 à 1919 donnant de nombreux articles à la feuille catholique, le *Journal de Bruxelles*. Il ne prit pas part au mouvement de la « Jeune Belgique » mais s'efforça de faire connaître les qualités littéraires des jeunes écrivains de toutes tendances. Il contribua à rehausser le niveau de la critique littéraire par son esprit d'indépendance vis-à-vis des opinions conventionnelles. Parmi ses œuvres on peut citer *Le Roman en France pendant le* XIXe *siècle* (1896) couronné par l'Académie française, *En marge de quelques pages* (1900), *Les Lettres françaises dans la Belgique d'aujourd'hui* (1906), *Le Mouvement littéraire en Belgique, Balzac à vingt ans, France et Belgique* (1905).

GILBERT Nicolas Joseph Laurent. Poète français. Né le 15 décembre 1750, à Fontenoy-le-Château, près d'Épinal (Vosges), mort à Paris, le 16 novembre 1780. Élevé par un jésuite, puis au collège de l'Arc à Dôle, ce fils de paysans reçoit une éducation solide alors généralement réservée à des enfants de meilleure naissance. Plus tard, l'auteur du *Poète malheureux* verra dans cette anomalie moins une faveur qu'un caprice du destin, mais il demeurera toute sa vie profondément attaché à l'idéal de ses maîtres. À Nancy, qu'il gagne à la mort de son père (1768), il donne des leçons, tente d'ouvrir un cours de littérature, publie ses premiers essais : une histoire persane, les *Familles de Darius et d'Éridame* ou *Statira et Amestris* (1770), un *Début poétique* composé de trois héroïdes (1771), plusieurs odes dont *Le Jugement dernier* (1773). Son isolement, son impatience, son désarroi l'éveillent à sa vraie vocation : *Le Carnaval des auteurs, Le Siècle*, esquisse de la célèbre satire (1773). Sa pauvreté, l'indifférence de l'Académie, dont il a brigué les couronnes pour deux de ses odes, ajoutent à son amertume. À vingt-quatre ans, aigrement critiqué par La Harpe, abandonné de ceux, comme d'Alembert, dont il espérait la protection, il atteint à Paris le comble de sa misère – et de son art : en une véhémente satire en vers, il instruit le procès du Siècle des lumières ; ennemi déclaré des encyclopédistes, il dénonce en style voltairien l'athéisme (« Croire en Dieu fut un tort permis à nos ancêtres »), la facilité des mœurs, l'intellectualisme et l'obscurité de la poésie en faveur. *Le Dix-Huitième Siècle* paraît en 1775 : scandale, succès. Entre-temps, Fréron, M. de Beaumont, archevêque de Paris, s'étaient intéressés au sort du poète. Les grands, comprenant enfin qu'on ne désire que leur bien, pensionnent généreusement l'ingénu champion d'une tradition en péril (cassette du roi, Mercure de France, caisse épiscopale, étrennes de la part de Mesdames, tantes du roi), Gilbert échappera de justesse à cette gloire dorée (la parution de *Mon apologie* (*) en 1778 y avait encore contribué). Chute de cheval. Opération du trépan. Il meurt à l'Hôtel-Dieu, âgé d'à peine trente ans, portant en lui sa clé — cette clé, purement mythique peut-être, qu'il aurait avalée dans une crise de délire consécutive à son accident. Geste absurde, geste exemplaire qui, plus que son œuvre, donne à rêver. « Le malheur est une idée nouvelle en Europe. » Le négatif du mot de Saint-Just trouverait ici son écho. Gilbert croit voir dans l'échec et la misère temporels une intention particulière du destin, les conditions d'un salut littéraire et spirituel définitif. Aussi est-il traditionnellement considéré comme l'un des premiers « poètes maudits ». Au naturel, cet enfant du siècle de Rousseau est un exact disciple de Boileau. L'énergie des vers prouve les vertus des règles. L'étrange est que parfois sa voix s'altère d'émouvante façon. L'*Ode imitée de plusieurs psaumes* qu'il écrivit huit jours avant sa mort — ode plus connue sous le titre d'*Adieux à la vie* (*) — annonce discrètement le romantisme de Chateaubriand et de Lamartine.

PAUL-JOSEPH GILBERT.

♦ *« Si vivre est un devoir, quand je l'aurai bâclé, / Que mon linceul au moins me serve de mystère. / Il faut savoir mourir, Faustine et puis se taire : / Mourir comme Gilbert en avalant sa clé. »* P. J. Toulet.

RÉF. : Nodier, Notice de l'édition de 1817. — Alfred de Vigny, *Stello,* Paris, 1832. — Hégésippe Moreau, *Un souvenir à l'hôpital.* — De Lescure, Notice des *Œuvres choisies* de Gilbert, Paris, 1882. — Ernest Laffay, *Le Poète Gilbert,* Paris, 1898. — B. Wojcieckowska Bianco, *Gilbert, poeta del Malheur*, Lecce, 1984.

GILBERT Oscar-Paul. Romancier belge d'expression française. Né à Wanfercée-Baulet le 21 septembre 1898, mort à Bruxelles le 22 décembre 1972. Bien qu'il ait débuté par un livre sur le prince de Ligne, c'est un écrivain d'action, venu au roman par le journalisme et le grand reportage, et qui s'intéresse aussi bien à la vie des bas-fonds de Shanghai qu'aux luttes industrielles du Pays Noir où il a situé le berceau de la famille des Baudouin, dont il raconte la vie mouvementée dans les cinq volumes de la fresque socialiste que constituent *Carpant* (1941), *Baudouin des Mines* (1942), *Madeleine Baudouin* (1943), *La Citadelle Baudouin* (1945) et *La Fin des Baudouin* — v. *Les Baudouin* (*). Il est aussi l'auteur de *Mollenard* (1936), du *Cercle des ombres* (1937), de *La Légion des vivants* (1941) et des *Portes de la solitude* (1950). Il a lui-même adapté pour la scène et pour la radio plusieurs de ses œuvres. D'une écriture hâtive, encombrée de négligences, ce sont des ouvrages de caractère populaire, qui ont recueilli un vif succès auprès du grand public.

GILBERT DE LA PORRÉE. Théologien et philosophe français. Né à Poitiers en 1076, mort dans cette ville en 1154. Disciple de Bernard de Chartres, Gilbert de la Porrée lui succéda comme chancelier des écoles de Chartres, puis enseigna la dialectique et la théologie à Paris, en 1141. Excellent professeur, Gilbert se trouva amené à prendre parti et à combattre avec Thierry de Chartres, frère de Bernard, qui devint après Gilbert chancelier des écoles de Chartres, avec Guillaume de Conches et avec Abélard, contre les cornificiens qui souhaitaient un allégement des programmes scolaires. Par ses thèses qu'il expose dans le traité *Des six principes* (*), dans ses nombreux commentaires sur Boèce, et en particulier sur le *Traité de la sainte Trinité* — v. *Opuscules théologiques* (*) de Boèce —, Gilbert de la Porrée s'affirme comme un des grands platonisants du Moyen Âge (le platonisme était particulièrement en honneur dans les écoles chartraines), très proche des théories exposées dans le *Timée* (*) et comme l'un des principaux représentants du courant réaliste qui devait être prolongé par ses disciples. Ceux-ci furent si nombreux qu'ils forment dans la philosophie du XIIᵉ siècle une école à part, celle des porrétains ; les plus connus sont Raoul Ardent, Jean Beleth et Nicolas d'Amiens. Mais ses prises de position lui suscitèrent l'inimitié de quelques puissants personnages dont saint Bernard qui le mit en accusation au concile de Reims en 1148. La défense de Gilbert de la Porrée empêcha la condamnation de sa doctrine. Il semble toutefois qu'à la suite de ce concile Gilbert se soit surtout consacré à l'administration du diocèse de Poitiers dont il était titulaire depuis plusieurs années.

♦ *« Gilbert est, avec Abélard, le plus puissant esprit spéculatif du XIIᵉ siècle, et si Abélard l'emporte sur le terrain de la logique, Gilbert dépasse de loin Abélard comme métaphysicien. »* Étienne Gilson.

RÉF. : Berthaud, *Gilbert de la Porrée et sa philosophie,* Poitiers, 1892. — S. Vanni-Rovighi, *La Filosofia di Gilberto Porretano,* Milan, 1956.

GILBERT DE VOISINS Auguste, comte. Romancier français. Né à Dinard (Ille-et-Vilaine) le 7 septembre 1877, mort à Paris le 8 ou 9 décembre 1939. Il débuta dans les lettres en 1900 avec *La Petite Angoisse,* un roman qui fut suivi de deux autres : *Pour l'amour du laurier* (1904) et *Le Démon secret* (1907). Il avait, l'année précédente, publié un curieux recueil de poèmes en prose, *Les Moments perdus de John Shag* (1906), recueil qui contient en germe ce qu'il faut appeler son chef-d'œuvre : *Le Bar de la fourche* (1909). Roman d'aventures sur les chercheurs d'or, ce livre empruntait son cadre à l'Ouest américain. En 1912, il publia *L'Enfant qui prit peur* (*), un récit tout différent où se manifestent des dons d'analyse d'une rare finesse. Vinrent ensuite : *L'Esprit impur* (1919), *La Conscience du mal* (1921), *Le Jour naissant* (1924), etc. Ami de Victor Ségalen, il fut son compagnon de voyage à travers l'Asie comme en témoigne le beau livre qui s'intitule *Écrit en Chine* (1913). Outre un recueil de vers, *Fantasques* (1920), il a composé un ballet que la musique d'Albert Roussel rendit célèbre : *Le Festin de l'araignée* (*) (1912). Signalons qu'en 1926, Gilbert de Voisins a obtenu le grand prix de littérature française. Psychologue subtil, épris d'exotisme, il eut sans doute plus que tout autre le sens du poème en prose.

♦ *« Par la qualité rare de certains de ses ouvrages, par les particularités de son caractère, Gilbert de Voisins mérite de garder une place dans l'histoire de notre temps. »* E. Jaloux.

RÉF. : H. Derieux, *Auguste Gilbert de Voisins*, Coulonges-sur-l'Autize, 1913. – E. Jaloux, *L'Esprit des livres*, 3e série, 1931 ; *Les Saisons littéraires*, t. II, 1950.

GILBERT-LECOMTE Roger. Écrivain français. Né à Reims le 18 mai 1907, mort à Paris le 31 décembre 1943. Les poèmes qu'il composa vers l'âge de quatorze ans témoignent déjà d'une sûreté de vision étonnante. Un peu plus tard, avec ses amis de lycée : René Daumal, Pierre Minet, Roger Vailland, il forma le groupe des « simplistes » basé sur l'exercice de la révolte et de l'humour ; ce que nous en connaissons à travers les *Lettres à ses amis* (posthume, 1958) de Daumal et le *Petit théâtre* (1958) de Daumal et Gilbert-Lecomte prouve une merveilleuse liberté d'esprit et l'abandon radical à ce qu'on pourrait appeler, faute de mieux, le génie de la jeunesse. Vinrent ensuite des expériences plus systématiques et plus dangereuses : la drogue, le dédoublement, la médiumnité, qui permirent à Gilbert-Lecomte et à Daumal de jeter les bases de cette « métaphysique expérimentale », dont le souci ne devait plus cesser de hanter leur vie et dont on retrouve l'obsession dans *Morphée ou l'Empoisonneur public*.

Après avoir commencé ses études de médecine, Gilbert-Lecomte y renonça brusquement pour se consacrer à ses recherches et à l'écriture. Il avait vingt ans ; il était extrêmement beau et comme auréolé de son génie : les milieux littéraires parisiens s'ouvrirent immédiatement à lui, le fêtant, le choyant. Tout en jouant avec ce succès, il était ailleurs, tourné vers ce centre où s'élaborent la vie et la connaissance. En 1928, il lança le premier numéro d'une revue, *Le Grand Jeu* (*), qui sous sa direction et celle de Daumal allait essayer de pousser dans toutes les directions mentales possibles les expériences commencées à Reims. Parallèlement au surréalisme, cette revue apportait un esprit plus nouveau encore, une volonté excessive de débordement de la pensée traditionnelle. L'entreprise se poursuivit jusqu'en 1930 puis échoua ; la voie était ouverte, mais elle devait passer d'abord par la solitude. En 1933 intervint la rupture avec Daumal, sans doute l'événement le plus douloureux de la vie de Gilbert-Lecomte qui, de plus en plus adonné à la drogue, commençait son terrible périple de douleur et de misère, tout en se dirigeant vers son génie le plus profond.

En 1929, Gilbert-Lecomte avait publié, avec une introduction, la *Correspondance inédite d'Arthur Rimbaud ;* il donna ensuite les poèmes de *La Vie, l'Amour, la Mort, le Vide et le Vent* (*) (1933) et un court essai : *Sima, la peinture et « Le Grand Jeu »* (1933), puis ce fut le silence. Il n'avait cependant pas cessé d'écrire ; il accumulait notes et projets en vue d'un grand livre intitulé *Retour à tout,* mais la mise en forme ne venait pas, l'angoisse était plus forte que la parole. Comme Rimbaud, Gilbert-Lecomte refusait d'être une main à plume ; il n'a noté que des éclairs, mais ils sont fulgurants et composent tout de même une œuvre ainsi que l'a prouvé la publication de *Testament* (*), sorte de panorama de sa pensée et de sa poésie. Ces fragments parlent d'ailleurs le langage même de notre être, langage conquis à force de renoncement, de dépossession, de douleur, et qui de plus en plus fait figure d'exemple. Dépouillé de tout : de sa séduction, de son succès, de sa « gloire », Gilbert-Lecomte mourut à l'hôpital Broussais dans la misère ; il avait atteint le fond d'où sa parole, scellée de son vivant, allait commencer à pouvoir rayonner sur l'avenir sans qu'il ait à la compromettre. Son *Œuvre complète* a été publiée : *Correspondance* en 1971, *Prose* en 1974 et *Poésies* en 1977.

BERNARD NOËL.

RÉF. : Alain et Odette Virmeaux, *Roger Gilbert Lecomte et « Le Grand Jeu »*, Paris, 1981.

GILLET Louis. Écrivain français. Né et mort à Paris (11 décembre 1876 - 1er juillet 1943). Élève de l'École normale supérieure, un séjour auprès de la cathédrale de Chartres, pendant son service militaire, éveille son goût pour l'art médiéval. Il débute aux *Cahiers de la Quinzaine* (*), de Péguy, avec une étude sur les primitifs français. Professeur en divers pays étrangers, des séjours en Italie lui font découvrir l'influence de la mystique franciscaine sur la peinture occidentale, et il publie, en 1912, son *Histoire artistique des ordres mendiants* (*). Sa curiosité ne se limite cependant pas au Moyen Âge, puisqu'il publie également des monographies de Raphaël et de Watteau (1921). En dehors même de la critique d'art, il tiendra longtemps la rubrique des lettres étrangères à *La Revue des Deux Mondes* (*). Louis Gillet, élu à l'Académie française le 21 novembre 1935, fut reçu le 11 juin 1936 par Georges Goyau. Il fut, plus qu'un érudit, un écrivain et un artiste. Il était également conservateur du musée Jacquemart-André de Chaalis. La correspondance entre Louis Gillet et Romain Rolland fut publiée, avec une préface de Claudel, en 1949.

GILSON Étienne. Historien et philosophe français. Né à Paris le 13 juin 1884, mort à Cravant (Yonne) le 20 septembre 1978. Après des études au collège Notre-Dame-des-Champs à Paris puis au lycée Henri-IV et à la Sorbonne, il est reçu au concours d'agrégation de philosophie, discipline qu'il enseigne de 1913 à 1919 à Lille, puis à Strasbourg jusqu'en 1921, avant d'être nommé professeur de philosophie médiévale à la Sorbonne. En 1929, il donne des cours à l'université de Toronto au Canada et il est nommé en 1932 professeur au Collège de France, avant de donner des cours à l'université américaine de Harvard. Sa philosophie, tout comme celle de Jacques Maritain, est un compromis entre la raison et la foi. Elle entend démontrer que les œuvres de saint Thomas d'Aquin sont encore d'actualité et capables d'éviter à notre civilisation le chaos. Cette philosophie est également militante, ce qui conduit Étienne Gilson à l'action culturelle et politique, notamment en qualité de membre de la délégation française à la Conférence de San Francisco et à l'Unesco en 1945. Il devient même conseiller de la République française entre 1947 et 1948. Élu en 1946 à l'Académie française, il prend position en 1950 en faveur du neutralisme de l'Europe et par conséquent de la France devant les menaces de guerre entre l'Union soviétique et les États-Unis, guerre qui aurait pu dégénérer en un conflit catastrophique. Il critique notamment l'alliance privilégiée franco-américaine dirigée ostensiblement contre l'Union soviétique. Pour bien marquer son désaccord avec la politique française de cette époque, il donne sa démission de sa chaire au Collège de France et il part pour Toronto où il enseigne à l'Institut d'études médiévales jusqu'à sa retraite. L'ensemble de l'œuvre d'Étienne Gilson est consacré au thomisme sur lequel il a écrit deux ouvrages fondamentaux : *Le Thomisme, Introduction au système de saint Thomas d'Aquin* (+) (1921), et *Saint Thomas d'Aquin* (1925). Il avait auparavant rédigé une thèse qui parut en 1913 : *La Doctrine cartésienne de la liberté et la théologie.*

On doit à Étienne Gilson bien d'autres ouvrages d'érudition et de philosophie comme *La Philosophie au Moyen Âge* (*) (1922), *La Philosophie de saint Bonaventure* (1924), *Introduction à l'étude de saint Augustin* (1929), *L'Esprit de la philosophie médiévale* (1932), *Héloïse et Abélard* (1938), *La Théologie mystique de saint Bernard* (1939), *L'Être et l'Essence* (*) (1948), *Introduction à la philosophie chrétienne* (1960), *Linguistique et philosophie, essai sur les constantes philosophiques du langage* (1969).

JOËL SCHMIDT.

GILSSON Einard. Poète islandais du XIVe siècle. Il était plus fécond que doué ; son *Chant d'Olaf* (*) est la « rime » la plus ancienne que l'on puisse situer avec certitude (moitié du XIVe). La « rime » est un genre poétique qui s'insère entre la poésie des scaldes – v. *Poésies scaldiques* (*) – et l'hymne latine. De 1367 à 1369, Gilsson fut juge de la région nord-ouest de l'Islande.

GIL Y CARRASCO Enrique. Poète espagnol. Né à Villafranca del Bierzo (León) en 1815, mort à Berlin en 1846. Il étudia au couvent de Saint-Augustin de Ponferrada, puis comme interne au collège des bénédictins de Saint-André d'Espinareda, et termina sa philosophie au séminaire d'Astorga. Étudiant en droit à Valladolid, il quitta, faute de ressources, l'université et se rendit à Madrid, y menant une existence obscure jusqu'au moment où Espronceda le révéla au public. Gil remporta un premier succès littéraire avec son *Ode à la Pologne*, qui fut récitée dans les lycées de la capitale. Il tâta ensuite du journalisme, écrivant des articles de critique littéraire, de voyages, etc. Collaborateur d'Espronceda à la revue littéraire *El Pensamiento*, il s'intéressa aussi au théâtre et à la philosophie. On lui doit également une importante étude biographique et critique sur le philosophe Luis Vives. À la même époque, Gil y Carrasco écrivit quelques romans, notamment *Monsieur de Dembibre* (*) (1844). Ami du député González Blanco (1811-1871), Gil reçut de lui la mission d'étudier en Prusse le système des tarifs douaniers. Arrivé à Berlin en 1844, il y devint l'ami de Humboldt, et a laissé de son voyage un livre intéressant, le *Journal de voyage* [*Diario de viaje*]. Il a composé en outre quelques poésies lyriques empreintes d'une discrète mélancolie. Ses œuvres en prose (2 vol.) furent publiées à Madrid en 1883.

♦ *« Le plus doux poète de l'époque romantique. »* González Blanco.

RÉF. : J. R. V. Lomba, *Enrique Gil y Carrasco, su vida y su obra literaria*, thèse, Madrid, 1915. – J. M. Goy, *Enrique Gil y Carrasco, su vida y sus escritos*, Astorga, 1924. – Ricardo Gullón, *Cisne sin lago*, Madrid, 1951.

GIMFERRER Pere. Poète catalan. Né à Barcelone le 22 juin 1945. Étudiant en droit et en lettres, il compose *Malienus* (1962), publiant dès 1963 *Message du tétrarque* [*Mensaje del tetrarca*]. Homme de vaste culture, lecteur d'Ausiàs March, Mallarmé, Ezra Pound, Saint-John Perse et Octavio Paz, passionné de cinéma et de musique, très tôt encouragé par Vicente Aleixandre, il publie d'abord en langue espagnole *Mer embrasée* (*), *La Mort à Beverly Hills* [*La muerte en Beverly*

Hills, 1968], *Étrange fruit et autres poèmes* [*De « Extraña fruta » y otros poemas,* 1968-69]. Ces textes sont aujourd'hui rassemblés en un seul volume : *Poemas 1962-1969,* chez Visor de poesía à Madrid (1988).

Fort indépendant vis-à-vis des autres poètes espagnols de sa génération, Gimferrer s'engage dans une somptueuse exploration du monde : contre l'irruption de la mélancolie et l'inévitable absence qu'implique la célébration de la présence, le moi choisit pour seul recours un langage aussi riche lexicalement que rigoureux dans ses structures. Du fond de l'hiver symbolique, le poète part en quête de signes cosmiques afin d'être vivifié par eux. La polymétrie va de pair avec l'usage de l'isométrie (heptasyllabes et hendécasyllabes sont les vers de prédilection de Gimferrer). Comparaisons et métaphores de type baroque nourrissent l'évocation de paysages essentiellement célestes et marins. Le temps menace impitoyablement toutes les formes, mais il suscite aussi le jaillissement de lieux, d'êtres et de choses qui, désignés par des substantifs, existent sous des éclairages différents, conduisant à une méditation lyrique de portée universelle.

Après 1970, Pere Gimferrer décide d'écrire désormais en langue catalane afin de parvenir à une expression plus profonde et plus authentique de son expérience intérieure ; il publie *Les Miroirs* [*Els miralls,* 1970], *À la tombée de la nuit* [*Hora foscant,* 1972], *Feu aveugle* [*Foc cec,* 1973], *L'Espace désert* [*L'espai desert,* 1977], *Le Vent d'autan* [*El vendaval,* 1988], *La Lumière* (*) (1991). Confronté à l'angoisse qu'éveille son énigmatique et hasardeux destin, l'homme élabore savamment les beautés d'un langage d'amour. Une syntaxe déroutante, la valeur signifiante des sons de la langue catalane, font de la poésie le seul lieu où l'éphémère acquiert une saveur sublime.

Traducteur en espagnol de ses propres recueils, de Raymond Lulle et d'Ausiàs March, le poète se consacre aussi à l'essai : *Lectures d'Octavio Paz* [*Lecturas de Octavio Paz,* 1980] ; ses travaux sur l'art font autorité (Max Ernst, Miró, Tàpies). Son journal, *Dietari 1979-1980,* (1981), *Segon Dietari 1980-1982* (1982), un roman échappant à toute classification, *Fortuny* (1983), lui ont valu, comme sa poésie, d'obtenir plusieurs prix importants.

Personnage brillant et original, membre de la Real Academia Española, Pere Gimferrer est très connu en Espagne et en Amérique latine. Sa renommée internationale ne cesse de grandir. Son œuvre, éblouissante et hermétique, fait de lui le premier des grands poètes catalans du vingtième siècle.

MARIE-CLAIRE ZIMMERMANN.

GINASTERA Alberto. Compositeur argentin. Né à Buenos Aires le 11 avril 1916, mort à Genève le 25 juin 1983. Sa famille est d'origine italienne. Il fait ses études au Conservatoire de Buenos Aires avec Athos Palma, José André et José Gil (1936-38) puis travaille avec Aaron Copland aux États-Unis. Il occupe une place essentielle dans la vie musicale de son pays comme enseignant (au Conservatoire de Buenos Aires) et comme animateur : il fonde la Ligue des compositeurs argentins (1948) et le Centre latino-américain des hautes études musicales (qu'il dirige entre 1962 et 1968). Il se fixe à Genève en 1970. Ses premières œuvres se réfèrent au folklore argentin : *Panambí* (1937) et *Estancia* (1941), ballets. Puis il pratique un nationalisme subjectif qui ne conserve que les motivations populaires de l'inspiration folklorique : *Sonate pour piano nº 1* (1952), *Variations concertantes* pour orchestre (1953), *Concerto pour harpe* (1956). La majeure partie de son œuvre relève d'une troisième manière, expressionniste, véritable trait d'union entre deux cultures où vient se fondre un dodécaphonisme souple et lyrique : *Quatuor nº 2* (1958), *Cantáta para América Mágica* (1960), deux concertos pour violoncelle (1968, 1981) et les opéras *Don Rodrigo* (*) (1964), *Bomarzo* (*) (1967) et *Beatrix Centi* (1971).

ALAIN PÂRIS.

GINGUENÉ Pierre-Louis. Littérateur et historien français. Né à Rennes le 25 avril 1748, mort à Paris le 11 novembre 1816. Après avoir fait de très solides études au collège de sa ville natale — où il fut condisciple de Parny — Ginguené compléta ses connaissances en étudiant les littératures anglaise et italienne. Très jeune, il composa une pièce en vers, *La Confession de Zulmé,* mais celle-ci ne put paraître que dans l'*Almanach des Muses* de 1779. Venu à Paris en 1772, il publia dans divers journaux et plus particulièrement dans l'*Almanach des Muses* des articles de critique littéraire. Lorsque Piccini, à la fin de l'année 1776, vint à Paris et que la guerre entre gluckistes et piccinistes divisa tout Paris en deux clans, Ginguené prit le parti de Piccini, avec lequel il se lia d'amitié ; il écrivit force articles pour défendre son ami des attaques de Suard et de l'abbé Arnaud. Lorsque Piccini mourut, Ginguené publia, en 1800, une *Notice sur la vie et les ouvrages de Piccini.* En 1791, il fit paraître une étude très intéressante, intitulée *De l'autorité de Rabelais dans la révolution présente et dans la constitution civile du clergé, ou Institutions royales, politiques et ecclésiastiques tirées de Gargantua et de Pantagruel.* Il fut le continuateur de Chamfort pour la collection intitulée *Tableaux historiques de la Révolution française*, pour laquelle il fournit le texte des livraisons XIV et XXV. Accusé de tiédeur, rendu suspect par son livre *Éloge de Louis XII, père du peuple* (œuvre avec laquelle il concourut pour le prix de l'Académie française en 1788), Ginguené fut arrêté, mais la chute de Robespierre le sauva. En 1802-1803, Ginguené entreprit un cours de littérature italienne au sein de l'Athénée de

Paris, cours qu'il reprit en 1805 et 1806 et qui, publié en 1811-1824, forma les neuf volumes de l'*Histoire littéraire de l'Italie* (*). Lorsque la reprise de la publication de la monumentale *Histoire littéraire de la France* (*) fut décidée, Ginguené collabora aux volumes XIII et XIV, en particulier en ce qui concerne les poètes provençaux.

RÉF. : Pierre Levot, article *Ginguené* in t. I de la *Biographie bretonne*, Vannes et Paris, 1852. – N. Régaldo, *La Décade philosophique (1794-1807)*, Lille-Paris, 1976.

GINSBERG Allen. Poète américain. Né le 3 juin 1926 à Paterson (New Jersey). Allen Ginsberg est le fils d'une émigrée russe et d'un poète assez connu, Louis Ginsberg. Après de brillantes études au lycée de Paterson, il entre à l'université de Columbia, à New York. Il rencontre alors les membres de ce qu'on allait appeler la « beat generation » : William Burroughs, qui fréquente délinquants et drogués, un milieu dont Burroughs tirera ensuite ses premiers livres, notamment *Le Festin nu* (*) ; Ginsberg fait aussi la connaissance de Jack Kerouac, qui passe un an à l'université de Columbia. Ces deux amitiés ne se démentiront jamais, aboutissant même à la publication d'une correspondance entre Burroughs et Ginsberg, *Les Lettres du Yage* [*The Yage Letters*, 1963].

Au milieu des années quarante, Ginsberg fait un bref passage dans la marine marchande, puis il rencontre Neal Cassady, le futur héros de deux romans majeurs de Kerouac, *Sur la route* (*) et *Visions de Cody* (*). Ginsberg suit Cassady à Denver, puis tous deux rejoignent Burroughs au Texas. À New York, Ginsberg devient le promoteur de ses amis écrivains, tout en travaillant sur un texte poétique qui allait s'intituler *Howl* (*) (1956) et faire sensation en novembre 1955, lorsque Ginsberg le lut à la Six Gallery de San Francisco ; mais plutôt que de simple « lecture » il faudrait parler de « performance » ; cette soirée inaugura le style futur des apparitions publiques de Ginsberg et marqua la naissance d'un mouvement poétique incarné entre autres par Allen Ginsberg, Gregory Corso, Gary Snyder, Robert Duncan, Michael McClure. Cette lecture eut aussi pour effet d'attirer l'attention des médias sur ce qu'un journaliste appela la « beat generation » : un groupe de jeunes gens en colère, révoltés par les valeurs américaines, ennemis déclarés du complexe militaro-industriel, de l'impérialisme et des religions instituées, adeptes du voyage sous toutes ses formes – voyages à travers les États-Unis et le monde, mais aussi explorations intérieures à l'aide des drogues –, désireux de créer des formes d'écriture inédites pour rendre compte d'expériences nouvelles.

Ginsberg réussit alors à faire publier les premiers livres de Burroughs ainsi que *Sur la route* de Kerouac. Par ailleurs, il s'intéresse de plus en plus au bouddhisme, aux techniques de méditation orientales et en vient à considérer la poésie comme un « antique yoga ». Il voyage à Mexico, écrit *Kaddish* (*) (1961), part pour Panama, rejoint Burroughs à Tanger, traverse l'Europe, puis rentre aux États-Unis où il publie *Miroir vide* [*Empty Mirror*, 1961], *Reality Sandwiches* [*Reality Sandwiches*, 1963], *Planet News* [*Planet News*, 1968]. En 1962 et 1963, Ginsberg séjourne aux Indes avec son ami Peter Orlovsky ; il publie ensuite son journal de voyage sous le titre *Journaux indiens* (*) (1970).

Depuis 1974, Allen Ginsberg dirige un département de poésie au sein d'une école de méditation bouddhiste, le Naropa Institute de Boulder (Colorado). Il considère en effet que la culture tibétaine n'est pas très éloignée des écrits de William Blake, le poète qui avec Ezra Pound l'a sans doute le plus influencé. Le titre même du poème *Kaddish* (prière pour les morts) ou le ton incantatoire de *Howl* témoignent aussi de l'influence de la religion juive. La poésie de Ginsberg est à la fois collage, prière et musique : collage, car l'éclatement de sa syntaxe et la juxtaposition d'images tirées de tous les domaines du quotidien américain rappellent les expériences de peintres modernes et surtout d'artistes « pops » américains comme Rauschenberg ou Warhol ; prière visionnaire, comme chez William Blake ou comme dans les mantras du bouddhisme tibétain qui servent à concentrer l'esprit sur un objet sonore et à agrandir le champ de la conscience ; enfin musique, car, comme Jack Kerouac, Allen Ginsberg a été profondément marqué par le jazz moderne et des musiciens tels que Charlie Parker ou Thelonious Monk. La grande diversité des thèmes abordés, le désir d'englober l'intégralité de l'expérience humaine, la profonde originalité formelle de son œuvre font d'Allen Ginsberg l'un des poètes contemporains essentiels.

BRICE MATTHIEUSSENT.

GINZBURG Carlo. Historien italien. Né à Turin le 15 avril 1939. Formé à l'École normale supérieure de Pise où il fut l'élève de Delio Cantimori, Carlo Ginzburg a été enseignant à Rome, à Lecce, avant d'être nommé professeur à l'université de Bologne, et, simultanément, depuis 1989, à l'université de Californie à Los Angeles.

Il occupe une place singulière dans l'historiographie italienne contemporaine : historien de la culture, aux thèses très personnelles, il s'est associé à des historiens de l'économie pour construire une nouvelle histoire sociale profondément neuve. En effet, il a contribué, aux côtés d'Edoardo Grendi, de Carlo Poni et de Giovanni Levi, à l'essor de la « microhistoire », telle qu'elle s'exprime dans la revue *Quaderni Storici* depuis 1970 et dans la collection « Microstorie » depuis 1980. La microhistoire pratique, à partir des sources, un jeu de réduction d'échelle, dans un esprit expérimental qui combine de façon neuve et imprévisible les diverses facettes de la réalité collective, tout en s'interrogeant sans cesse sur les contraintes et les libertés de l'exposition historiographique. Ces principes ont reçu une formulation plus spécifique à l'historien dans un article fameux qui ouvre le recueil *Mythes, emblèmes, traces* [*Miti emblemi spie*, 1986], où Ginzburg pose que l'historien doit cesser de se laisser fasciner par le modèle des sciences déductives pour suivre la voie d'un individualisme herméneutique et pourchasser l'indice, rare et révélateur, à la façon du détective ou du psychanalyste. Ses *Enquêtes sur Piero della Francesca* [*Indagini su Piero*, 1981] en fournissent un exemple.

Son œuvre d'historien des cultures religieuses au XVIe siècle suit deux rythmes ; d'un côté, une série d'études monographiques – *Le Nicomédisme* [*Il Nicodemismo*, 1970], *Jeux de patience* [*Giochi di pazienza*, 1975], avec A. Prosperi, *Le Fromage et les Vers* (*) (1976) – tentent de reconstruire les éléments d'une histoire des cultures « du bas » ou de la marge, dans leur résistance par rapport aux persécutions de la culture dominante.

D'un autre côté, une recherche longue, entreprise dès son premier ouvrage *Les Batailles nocturnes* [*I Benandanti*, 1966], trouve son aboutissement dans le tout dernier ouvrage *Le Sabbat des sorcières* [*Storia notturna*, 1990] : réagissant contre les interprétations réductrices de la sorcellerie, qui n'y voient qu'une construction répressive attachée à de pauvres superstitions, il montre qu'en Frioul les archives judiciaires attestent l'existence de « bons sorciers » [benandanti], qui sortent de leur corps pour protéger la communauté. Après de longues années de recherche, Ginzburg a proposé une vaste fresque qui explique la diffusion eurasiatique et pluriséculaire d'une thématique de l'extase chamanique, appuyée sur un désir universel de retrouver le monde des disparus. L'ouvrage a suscité des discussions passionnées, mais l'œuvre de Ginzburg, qui mêle l'érudition minutieuse et la force des hypothèses, est capitale dans l'historiographie actuelle.

ALAIN BOUREAU.

GINZBURG Natalia. Romancière italienne. Née à Palerme le 14 juillet 1916, morte à Rome dans la nuit du 7 au 8 octobre 1991. Sa famille (les Levi) s'installe à Turin alors qu'elle a trois ans. Elle grandit dans un milieu clos, son père refusant même qu'elle fréquente l'école publique, par crainte des maladies. En revanche, son enfance et sa jeunesse sont jalonnées de rencontres avec les amis antifascistes de la famille, dont Leone Ginzburg, qu'elle épouse en 1938 et qui mourra en prison en 1944. Jalonnées aussi par les arrestations de ses proches. Sa formation est, comme celle de la plupart des jeunes intellectuels antifascistes des années 30, marquée par l'attrait des cultures étrangères : Tchekhov, les romanciers américains, Proust, qu'elle traduit à partir de 1941.

Elle abandonne les tentatives poétiques de son enfance, et c'est comme narratrice qu'elle se fait connaître en 1933 dans la revue *Solaria.* Dès lors, elle ne cesse de publier récits et romans, souvent couronnés par les principaux prix littéraires italiens. Mais c'est avec *Les Mots de la tribu* (*) qu'elle atteint en 1963 une véritable notoriété.

Ses récits – *Valentino* (*) (1957), *Je t'écris pour te dire* (*) (1973) – d'une simplicité linéaire, fortement autobiographiques, se déroulent dans des milieux familiaux restreints, où les orages domestiques sont plus retentissants que les événements historiques extérieurs, ce qui se traduit par l'importance des propos familiers. La langue est volontairement simple, sans effets, ne visant qu'à la lisibilité.

PIERRE LAROCHE.

GIOBERTI Vincenzo. Philosophe italien. Né à Turin le 5 avril 1801, mort à Paris, dans la nuit du 25 au 26 octobre 1852. Sa famille, malgré ses très modestes ressources, le poussa très tôt vers les études. Il passa son doctorat en théologie en 1823 ; deux ans plus tard, il est ordonné prêtre et attaché au collège théologique de l'université où sa thèse *De Deo et naturali religione* souleva une admiration unanime. En 1828, il parcourt l'Italie et lie connaissance avec Manzoni et Leopardi. Gagné depuis sa jeunesse aux idées de rénovation nationale, il est l'ami de patriotes républicains ; il n'en faut pas plus pour le rendre suspect d'appartenir à la « Jeune Italie », le faire incarcérer, puis exiler (1833). De Paris où il s'est réfugié il envoie un article à Mazzini, *De la république et Du christianisme* [*Della Republica e del Cristianesimo*], mais sa collaboration se limite à ces lignes et il s'éloigne de plus en plus de ce mouvement auquel, d'ailleurs, il ne donna jamais son adhésion formelle. En 1834, il rejoint à Bruxelles un groupe d'autres exilés italiens (Giovanni Berchet, l'Arrivabene, etc.) et y trouve un calme propice à la rédaction de ses ouvrages. Il suit toujours attentivement les événements politiques d'Italie dont les portes lui seront ouvertes de nouveau par son traité *De la supériorité morale et civile des italiens* [*Del primato morale e civile degl' Italiani,* 1843]. Élu député à Turin, il devient président de la Chambre piémontaise, ministre de l'Instruction publique et finalement président du Conseil (1848-1849). Son cabinet renversé sur la politique intérieure, il se rendit en France comme ministre plénipotentiaire du Piémont, mais il démissionna rapidement pour se consacrer à ses travaux. Pendant la période bruxelloise il publia successivement : *Théorie du surnaturel* [*Teoria del sovrannaturale,* 1837] ; *Introduction à l'étude de la philosophie* [*Introduzione allo studio della filosofia,* 1840]

— sa philosophie tenait à la fois de l'ontologie de saint Anselme et de saint Bonaventure et des théories de Malebranche et de Vico — que suivit de près l'*Essai sur le beau ou Éléments de philosophie esthétique* (*) (1841) ; puis vint le tour de son ouvrage politique capital, déjà cité, *De la supériorité morale et civile des Italiens* qui fit de son auteur l'un des guides de l'opinion publique européenne. Ce traité fut aussi la clé de sa carrière politique, car Gioberti y aborde la question italienne sous un angle nouveau. Il ne s'agit plus de copier telle puissance étrangère ou d'en dépendre, il faut accomplir des réformes — non des révolutions — et constituer une fédération des États italiens placée sous la présidence du pape : c'est sur une partie de ce programme qu'il tomba en 1849. Un peu plus tard, dans sa *Rénovation civile de l'Italie* [*Rinnovamento civile d'Italia*] il modifia ces vues et la Fédération céda le pas à un État libéral et unitaire. Gioberti publia en outre des ouvrages philosophico-religieux qui provoquèrent d'ardentes polémiques par lesquelles il exerça une forte influence sur la génération de 1848 ; citons *Prolégomènes à la supériorité* [*Prolegomenial Primato,* 1845], *Le Jésuite moderne* [*Gesuita moderno,* 1847], *L'Apologie du Jésuite moderne* [*Apologia del Gesuita moderno,* 1848], la *Protologie* [*Protologia*] et la *Philosophie de la Révélation* [*Filosofia della rivelazione*].

LORENZO GIUSSO.

RÉF. : A. Rosmini-Serbati, *V. Gioberti e il panteismo,* Milan, 1848. — Massari, *Ricordi biografici et carteggio di Vincenzo Gioberti,* 3 vol., Florence, 1860-63. — Spaventa, *La filosofia di Gioberti,* 2 vol., Naples, 1864. — R. Mariano, *La philosophie contemporaine en Italie,* Paris, 1866. — L. Ferri, *L'Histoire de la philosophie en Italie au XIXe siècle,* Paris, 1869. — G. Gentile, *I Profeti del Risorgimento italiano,* Florence, 1923. — Padovani, *Vincenzo Gioberti ed il cattolizismo,* 1927. — Palhoriès. *Gioberti,* Paris, 1929. — T. Vecchietti, *Il pensiero politico di Vicenzo Gioberti,* Milan, 1941. — M. Troisi, *Fonti, critica ed influenza del pensiero economico di Vicenzo Gioberti,* Bari, 1942. — A. Omodeo, *Difesa del risorgimento,* Turin, 1955. — G. de Crescenzio, *La fortuna di Vicenzo Gioberti nel mezzogiorno d'Italia,* Brescia, 1964.

GIONO Jean. Écrivain français. Né et mort à Manosque, dans les Basses-Alpes : 30 mars 1895 - 9 octobre 1970. Son père, cordonnier un peu anarchiste, généreux, amateur de lectures dont *La Bible* (*), était fils d'un Piémontais venu en France en 1831, peut-être déserteur, pour s'engager dans la Légion. Sa mère, repasseuse, très catholique, était fille d'un militaire provençal, clairon dans la musique de la Garde de Napoléon III, et d'une Picarde. Giono attachera surtout de l'importance à ses origines piémontaises. Fils unique, il entre dans une école religieuse puis au collège de sa ville, où il sera un élève moyen. Dès cette époque, il aime à inventer et à raconter des histoires. Après sa première communion, il perd définitivement la foi.

En 1911, son père étant tombé malade, il doit, pour aider à faire vivre sa famille, quitter le collège au début de la première et entrer comme garçon de courses à l'agence manosquine du Comptoir national d'escompte ; il y restera jusqu'en 1929, gravissant tous les échelons. À la même date, lors d'un séjour à Vallorbe chez ses cousins Fiorio, il découvre à la fois la montagne et ce que peut être la vie d'une vaste tribu familiale, avec sa diversité romanesque. Il est passionné de lecture et découvre la littérature gréco-latine, Homère, les tragiques grecs, Virgile, les classiques français, et Cervantès. Il commence à écrire des poèmes et à les publier dans un journal local. En 1914 éclate la guerre, où sera tué son meilleur ami. Il est incorporé au début de 1915 dans la Drôme, à Richerenches, puis à Montségur ; sa période d'instruction l'amène aussi à Montmélian, puis à Briançon. À la fin de mai 1916, il est envoyé au front. Il vivra Verdun, où il verra tomber nombre de ses camarades, puis le Chemin des Dames, le Kemmel. Bien qu'une fois commotionné par un obus, et une autre fois légèrement gazé, il se tire de là sans dommage et sans galon, mais avec une horreur viscérale de la guerre qui ne le quittera jamais : elle restera pour lui le mal absolu. Libéré en 1919, il épouse en 1920, après la mort de son père, Élise Maurin, jeune enseignante manosquine connue en 1914 ; ils auront deux filles, Aline et Sylvie. Il continue à se cultiver, découvrant la peinture à travers les reproductions, et la musique surtout par le disque. Il écrit des poèmes en prose, des contes, des pages autobiographiques, et commence un roman médiéval, *Angélique*, qu'il n'achèvera pas. Il se lie avec Lucien Jacques (1891-1961), poète et peintre, comme lui fils de cordonnier, qui sera son plus grand ami, le guidera souvent dans les débuts de son écriture, publiera sa première plaquette de poésie, *Accompagnés de la flûte* (1924), et le poussera vers le roman. Il écrit *Naissance de l'Odyssée* (*), qui sera refusé par un éditeur comme « jeu littéraire », et apprend ainsi son métier d'écrivain. Avec son roman suivant, *Colline* (*), il se fait le chantre de la Provence ; c'est là que se dérouleront ses six premiers livres, et il y gagnera la réputation, qui l'exaspérera toujours, d'écrivain régionaliste ; elle est d'autant moins fondée que sa Provence, bien que minutieusement observée, est, dans sa nature profonde, très largement imaginaire. En 1929 paraissent *Colline*, que Lucien Jacques a envoyé chez l'éditeur Grasset, et qui obtient le prix américain Brentano, et *Un de Baumugnes* (*). Gide, Guéhenno, Chamson, Paulhan, le soutiennent avec enthousiasme. Le succès est immédiat auprès du public comme de la critique. L'agence bancaire où il travaillait ayant fermé, il prend le risque de devenir uniquement écrivain. Il achète alors, en s'endettant, sa maison du Paraïs, sur les pentes qui dominent Manosque ; il y vivra toute sa vie, la quittant assez rarement : il se proclamera lui-même « voyageur immobile », ne se déplaçant qu'en imagination. Il complète sa trilogie de *Pan* (+) en publiant son troisième roman, *Regain* (*), qui obtient le prix anglais Northcliffe. (Jamais, de toute sa vie, Giono n'aura un prix français important.)

Après dix ans, l'image de la guerre est assez éloignée de lui pour qu'il supporte de l'évoquer en 1931 dans *Le Grand Troupeau* (*), où il oppose l'horreur du front à la paix des campagnes provençales. En 1932, il remonte plus loin encore, jusqu'à son enfance émerveillée, dans *Jean le Bleu* (*). En 1934, *Le Chant du monde* (*), un des plus beaux et des plus équilibrés de ses livres, est le dernier de sa période heureuse, et le premier de ceux qu'il situe en montagne. Ils alterneront jusqu'à la guerre avec ceux qui ont la Provence pour cadre. Mais Giono voit se développer une triple menace : la France s'industrialise, les ligues fascistes prennent de l'importance, Hitler est venu au pouvoir en Allemagne et réarme. À partir de 1934, Giono se met à livrer des combats. Il n'est que pour quelques mois proche des communistes. En revanche, sa lutte contre la guerre, comme pacifiste intégral, durera plusieurs années. Quant à ses efforts pour préserver l'humanité de l'argent-roi, de la technique envahissante, de la défiguration de la nature, de l'expansion des grandes villes, il les poursuivra jusqu'à sa mort. Mais il sait au fond de lui que cette action, qui est pour lui un devoir, est vaine. Les héros de *Que ma joie demeure* (*), de *Batailles dans la montagne* (*) sont des sauveteurs, mais aussi, à la fin, des déserteurs : Giono se bat pour la liberté des autres, mais aussi pour la sienne. Ses essais, *Les Vraies Richesses* (*) en 1936, *Le Poids du ciel* (*) en 1938, ses écrits pacifistes comme *Refus d'obéissance* en 1937, la *Lettre aux paysans sur la pauvreté et la paix* en 1938, expriment en plus clair, parfois presque comme une prédication, ce qu'il dit implicitement dans ses romans : il faut préserver la paix et revenir aux valeurs naturelles. De 1935 à 1939 se réunissent autour de lui deux fois par an, dans la communauté de vacances du Contadour, en haute Provence, des centaines de femmes et d'hommes qui partagent ses idéaux utopiques. Mais la guerre éclate. Giono se résout à se déjuger en ne refusant pas d'obéir ; pour préserver la subsistance de sa famille, et son œuvre à venir, il se laisse mobiliser à Digne. Arrêté presque aussitôt pour ses écrits pacifistes, il est emprisonné à Marseille, au fort Saint-Nicolas, pendant deux mois, dont une partie en cellule. Un non-lieu est finalement prononcé, et il est libéré des obligations militaires. Il renonce à toute action politique.

Mais, dès 1938, il a senti le besoin profond de renouveler son univers romanesque, jusque-là paysan et artisanal, antérieur à la motorisation, sans références culturelles, peuplé de personnages parfois violents mais jamais méchants. La redécouverte de Stendhal, à la même date, le pousse vers plus de retenue et de densité, moins de descriptions et de lyrisme, une langue dégraissée. Il commence à prendre un long virage, qui va durer jusqu'en 1945. Sa capacité de création est perturbée par la guerre. Il ne parvient pas à finir vraiment un roman. Il écrit des textes autour d'écrivains, comme Melville et Virgile, une suite aux *Vraies Richesses*, un roman maritime inachevé, *Fragments d'un paradis* (*). Il publie des textes écrits surtout avant la guerre : *L'Eau vive* (*), nouvelles, et un volume de *Théâtre*. Pour vivre, il accepte de donner en feuilleton à un journal vichyssois, *La Gerbe*, son roman commencé en 1938, *Deux cavaliers de l'orage* (*). Poursuivi par la haine des communistes qui ne lui pardonnent pas de s'être écarté d'eux après en avoir été proche, il est l'objet en 1943 d'un article profondément injuste et malhonnête dans *Les Lettres françaises* clandestines. Il a beau être en contact avec des résistants, abriter des maquisards dans une ferme, en septembre 1944, à la Libération, il est arrêté, et incarcéré d'abord à Digne, puis, non loin, à Saint-Vincent-les-Forts. Il sera libéré le dernier jour de janvier 1945, sans avoir même été inculpé, le dossier étant totalement vide. Mais l'opinion le classe comme collaborateur, sans tenir compte de ce qu'il n'a jamais dit un mot en faveur du nazisme ou de Vichy, et de ce qu'il a en 1943 écrit une pièce interdite par les Allemands, *Le Voyage en calèche* (*). Il est sur la « liste noire » du Comité national des écrivains, et ne peut rien publier pendant trois ans. Il tire de ces expériences amères la découverte que l'homme est souvent mauvais. La capacité de mépris et de haine est née en lui, et alimentera sa création à venir.

Il puise aussi dans cette épreuve une nouvelle vigueur. Son œuvre prend deux directions. C'est d'abord le « cycle du Hussard », commencé en 1945 avec *Angelo* (*) (publié en 1958), suivi de *Mort d'un personnage* (*), du *Hussard sur le toit* (*) écrit de 1946 à 1951, et du *Bonheur fou* (*) écrit de 1953 à 1957. Tout ce « cycle » est ouvertement placé sous le signe de Stendhal. Il n'en est pas de même des *Chroniques*, une série de chefs-d'œuvre écrits à partir de 1946 : *Un roi sans divertissement* (*) publié en 1947, *Noé* (*) en 1948, *Les Âmes fortes* (*) en 1950, *Les Grands Chemins* (*) en 1951, *Le Moulin de Pologne* (*) en 1952. Certes, des constantes subsistent : observation aiguë, imagination débordante, acuité des sensations éclatant en images imprévues. Mais la plupart des œuvres sont des études d'âmes et de caractères. Une psychologie imaginaire y est créée. Les paysages sont devenus rares. L'humanité y est dépeinte sous des couleurs noires ; les calculateurs égoïstes abondent.

Giono, après 1948, resurgit lentement dans le paysage littéraire français, après avoir été injurié ou gommé. En 1951, avec *Le Hussard sur le toit*, il a retrouvé sa stature. En 1953, une série d'entretiens radiodiffusés avec Jean Amrouche obtient un succès éclatant, et le

Grand prix littéraire de Monaco lui est décerné. En 1954, il est élu à l'académie Goncourt. Il se donne le temps de voyager : plusieurs fois en Italie de 1951 à 1960, une fois en Écosse en 1952, en Espagne en 1959. Dans sa création, il garde ce besoin de se renouveler qui le tient depuis 1938. Il aime s'essayer à ce qu'il ne sait pas faire – ou pas encore. Il réussit. Chacune de ses *Chroniques* diffère des autres par le mode de narration. De plus en plus souvent, il délaisse provisoirement le roman. Il s'essaie au récit de voyage avec *Voyage en Italie* en 1952, au compte rendu de procès avec *Notes sur l'affaire Dominici* en 1955, à l'étude historique avec *Le Désastre de Pavie* (*). En 1963, il se renouvelle dans le domaine théâtral avec *Domitien* (+) et *Joseph à Dothan*. Il publie des chroniques journalistiques qui seront recueillies en trois volumes après sa mort. Il se passionne pour le cinéma, écrivant le scénario de *L'Eau vive* (1958), le scénario et les dialogues d'*Un roi sans divertissement* (1963), devenant metteur en scène pour *Crésus* (1960). Dans ses dernières années, redevenu casanier en raison d'une faiblesse cardiaque, il revient au roman avec *Ennemonde* (*), *Le Déserteur* (*), *Dragoon* et *Olympe*, tous deux inachevés, et le dernier chef-d'œuvre, *L'Iris de Suse* (*). Ayant atteint à une sagesse faite de simplicité et d'ironie, il voit sans peur venir la mort, à soixante-quinze ans.

PIERRE CITRON.

♦ *« Pour moi, les trois meilleurs écrivains de cette génération sont Montherlant, Bernanos et Giono... »* André Malraux. ♦ *Sur* Le Chant du monde *: « Pour moi, ce chant, dont il nous donne avec chaque nouveau livre des variations sans fin, est bien plus précieux, plus émouvant, plus poétique que le Cantique des cantiques. »* Henry Miller.

RÉF. : Claudine Chonez, *Giono par lui-même*, Paris, 1956. – Notices de l'éd. Pléiade des *Œuvres romanesques complètes* de Giono (6 vol., 1971-1983), dir. R. Ricatte, et des *Récits et essais* (1988), éd. P. Citron. – *L'Arc* nº 100, Le Revest Saint-Martin, 1986. – Pierre Citron, *Giono 1895-1970*, Paris, 1990.

GIOTTI Virgilio (pseud. de Virgilio Schonberg, d'après le patronyme maternel Ghiotti). Poète italien de dialecte triestin. Né à Trieste le 15 janvier 1885, mort dans la même ville le 21 septembre 1957. Irrédentiste dans sa ville encore soumise à l'empire austro-hongrois, il la quitte de bonne heure pour s'installer à Florence, où il exerça divers métiers de 1907 à 1920. Retourné après la guerre à Trieste, il travaille à l'hôpital de la ville et, à la veille de sa mort, reçoit un prix national de « l'Accademia dei Lincei » (1957). Peu connue à ses débuts – *Petit canzoniere* (1914) – son œuvre poétique en dialecte triestin trouve, après son retour à Trieste, une forme de plus en plus personnelle et chantante, faite de rythmes légers et d'un intimisme touchant : *Fantaisies, chansons et histoires* (+) (1928), *Couleurs* (*) (1941-1957), *Nouvelles couleurs* (*) (1943). L'inspiration du poète s'est amplifiée après la mort de deux de ses fils sur le front russe, dans *Soir* (+) (1948) et dans *Vers* (+) (1953). Giotti avait également publié un recueil de poèmes en italien, *Poèmes lyriques et idylles* [*Liriche e idillii*, 1931], où toutefois, dans sa quête des harmonies « hermétiques » de l'époque, il ne retrouvait pas la verve de son œuvre en dialecte.

RÉF. : B. Maier, *La letterature triestina del Novecento*, Trieste, 1968.

GIRALDI Giambattista, dit Cinzio ou Cintio. Écrivain italien. Né et mort à Ferrare (1504-1573). Élève de l'École de Ferrare, il professa la médecine, la philosophie et succéda à Celio Calcagnini dans la chaire de littérature. Il fut secrétaire du duc de Ferrare de 1547 à 1563, date à laquelle une opposition sur des questions de préséance entre lui-même et Giambattista Pigna, l'autre secrétaire le contraignit à se retirer. Il accepta une offre du duc de Savoie et vint à l'université de Mondovi, puis s'en fut à Turin, à Pavie en 1571, et retourna enfin à Ferrare. Il vécut en enseignant et en écrivant. En quelques années, il écrivit un recueil de nouvelles : *Les Ecatommiti*, où il se révéla plein d'imagination, mais ampoulé et moralisateur. À l'époque où se répandaient les règles de la *Poétique* (*) d'Aristote et où la Contre-Réforme ne laissait pas d'influer sur la production littéraire, il sut concilier classicisme et morale dans l'imitation de Sénèque. De ce compromis sortirent ses neuf tragédies dont la plus célèbre est l'*Orbecche* où l'action dramatique devait susciter l'horreur et l'épouvante. Ce fut la première tragédie italienne représentée à Ferrare en 1541. Dans son poème, *Hercule* (*), il donnait un rôle moralisateur aux héros de l'épopée ; dans *Eglé*, il renouait avec la tradition classique du drame satirique, tandis que l'érudit qu'il était exposait ses théories dans ses fameux *Discours : Discours sur la composition du roman* et *Discours sur la composition de la comédie et de la tragédie*.

GIRARD René. Philosophe et anthropologue français. Né à Avignon en 1923. Ancien élève de l'École des chartes, René Girard fait sa carrière aux États-Unis. Comme archiviste-paléographe, il est d'abord reçu docteur à l'université d'Indiana, puis nommé professeur à la Johns Hopkins University. Son itinéraire intellectuel, l'un des plus originaux de sa génération, part de la critique littéraire pour aboutir à l'anthropologie. On le suit à travers quelques ouvrages majeurs : *Mensonge romantique et vérité romanesque* (*) (1961), *La Violence et le Sacré* (*) (1972), *Critique dans un souterrain* (1976), *Des choses cachées depuis la fondation du monde* (1978), *Shakespeare : les feux de l'envie* (1990). La réflexion de René Girard a son origine dans une herméneutique romanesque. Face aux grands textes de fiction, il mesure vite les limites d'une critique, orientée par la linguistique et le structuralisme, qui s'en tiendrait au texte seul. Il éprouve au contraire la nécessité d'établir une liaison entre les œuvres elles-mêmes, de fonder leur compréhension sur une parenté intertextuelle. Certaines expériences romanesques – les plus grandes, selon Girard (Cervantes, Stendhal, Flaubert, Proust, Dostoïevski...) – connaissent et énoncent cette vérité paradoxale : que les différences conventionnelles entre les acteurs de la fiction recouvrent de profondes identités ; et que leurs relations supposent toujours le désir, c'est-à-dire la reconnaissance en l'autre d'un modèle et d'un rival (*Mensonge romantique et vérité romanesque*).

Poussée à ses ultimes conséquences, cette théorie du « désir triangulaire » (sa circulation supposant un sujet, un objet et un médiateur), ou du « désir mimétique », conduit à la confusion des rôles et à l'indifférenciation. Dans *La Violence et le Sacré*, René Girard situe plus radicalement son hypothèse dans une perspective anthropologique. On n'échappe à l'indifférenciation mimétique, on n'accède à la structure qu'à la faveur d'un interdit initial, que grâce à l'apparition d'une « victime émissaire ». Proposant ici une relecture très personnelle des tragiques grecs et du mythe d'Œdipe, René Girard remet en question les interprétations des premières institutions culturelles et sociales que propose la psychanalyse, en particulier le Freud de *Totem et Tabou* (*). Là où il lui faudrait rendre compte de l'émergence des structures, il découvre que l'œdipe freudien est déjà structuré. C'est la question du savoir des (sur les) origines qui est en cause, et du rapport qu'entretient avec lui la culture, rapport de dénégation, d'occultation et de violence incarné dans les figures de Dionysos et du Christ.

Un tel cheminement ne pouvait que conduire à l'interrogation du religieux. Dans *Des choses cachées depuis la fondation du monde*, René Girard confronte directement la pensée de l'origine et celle de l'interdit. « Comment vivre sans méconnaissance sacrificielle, sans boucs émissaires ? » lui paraît être la question essentielle de l'anthropologie fondamentale à laquelle il tend. Il y répond par une relecture de *La Bible* (*), envisagée comme un grand texte anthropologique où s'énonce la révélation du Logos d'amour opposé au Logos de violence.

Peu d'œuvres manifestent une démarche aussi cohérente, un déploiement à la fois aussi large et aussi précis que celle de René Girard. Ramenant toujours des fondements textuels de notre civilisation les témoignages de sa pensée, cette anthropologie ne cesse de renouer nos questions à leur généalogie, et ce faisant de renvoyer la violence de notre histoire à ses origines les plus profondes.

CHRISTIAN DOUMET.

GIRARDIN Émile de. Journaliste français. Né et mort à Paris (22 juin 1806-27 avril 1881). Le premier roi de la presse moderne était le fils adultérin d'un comte et d'une femme de fonctionnaire, et il ne fut pas tout de suite autorisé à porter le nom de son père. Après une instruction assez négligée, il débute cependant comme romancier et essayiste, fonde en 1828, à vingt-deux ans, son premier journal, qui lui vaut rapidement le succès et l'aisance. En 1830, lorsqu'il épouse Delphine Gay, il est déjà une personnalité du monde parisien et tient sous la monarchie de Juillet un salon de grande importance où se rencontre toute l'élite politique et littéraire de l'époque, et, en vulgarisateur, en remueur d'idées, il lance avec un succès constant toutes sortes de publications, des almanachs, des atlas, un journal des instituteurs, et surtout le fameux *Musée des familles* et le *Panthéon littéraire.* Mais son coup d'éclat incomparable c'est, en 1836, la fondation de *La Presse* (*), journal à deux sous, alors que toutes les autres feuilles coûtaient au moins le double, qui s'imposa aussi par la vérité de ses informations et de ses collaborateurs, par ses chroniques parisiennes, par ses romans-feuilletons. Émile de Girardin essaya naturellement, mais sans grand succès, de jouer un rôle politique actif sous la monarchie de Juillet ; il fut d'ailleurs élu député en 1834, 1837, 1839, 1842 et 1846. Opposant modéré à Louis-Philippe, il fut l'un des principaux artisans de son abdication le 24 février 1848. Rallié aux républicains, il combattit violemment la candidature du général Cavaignac à la présidence de la République, favorisant ainsi la candidature de Louis-Napoléon Bonaparte.

Après avoir acheté en 1872 *Le Petit Journal* et en 1874 *La France,* Émile de Girardin jouera un rôle décisif dans la victoire des républicains en 1877, ayant mis à leur service ses journaux tirant à plus de sept cent mille exemplaires.

MICHEL MOURRE.

♦ *« M. de Girardin, qui a fait plus d'affaires que d'études, n'a pas connu cette détresse que Shakespeare appelait « la grande culture »* [...] *M. de Girardin n'est pas un homme de lettres : c'est un journaliste. »* J. Barbey d'Aurevilly. ♦ *« Cet homme possédait une énergie peu commune, un esprit saisissant, judicieux, contenu, instinctivement porté à la recherche des problèmes sociaux ; il était doué d'une merveilleuse aptitude aux affaires et de ce sens pratique particulier aux hommes qui ont réalisé le bien public et hâté le mouvement de leur siècle. »* Comtesse d'Agout.

RÉF. : Maurice Reclus, *Émile de Girardin,* 1935. – Jacques Vier, *Émile de Girardin inconnu,* 1949. – Pierre Pélissier, *Émile de Girardin, prince de la presse,* 1985.

GIRAUDOUX Jean. Écrivain français. Né à Bellac (Haute-Vienne), le 29 octobre 1882, mort à Paris, le 31 janvier 1944. Fils d'un percepteur, issu d'une famille d'origine paysanne, il entre en 1893 comme boursier au lycée de Châteauroux où il fait de bonnes études classiques. Arrivé à Paris en 1900, il est élève de première supérieure au lycée Lakanal. Charles Andler, son professeur, lui donne le goût de la culture germanique qu'il approfondira pendant son séjour à l'École normale supérieure de 1903 à 1904 et pendant quelques mois passés en Allemagne en 1905 comme précepteur dans une famille princière. Lecteur à Harvard en 1906, il rentre un an plus tard à Paris, devient le secrétaire de Bunau-Varilla, directeur du *Matin* – où Giraudoux donne des contes (*Les Contes d'un matin*) et tient la page littéraire –, se lie avec A. François-Poncet, Pierre Benoit et Bernard Grasset, le jeune éditeur des *Provinciales* (*) en 1909. Ayant passé en 1910 le concours des chancelleries, Giraudoux entre dans la carrière diplomatique, mais est mobilisé comme sergent en août 1914, combat en Alsace et en Champagne, est blessé dès les premiers mois de guerre, cité, décoré, blessé de nouveau aux Dardanelles – v. *Lectures pour une ombre* (*) et *Adorable Clio* (*), souvenirs de guerre. Chargé de mission au Portugal, puis aux États-Unis, il se marie en 1921 et, la même année, devient au Quai d'Orsay chef du service des œuvres françaises à l'étranger, et en 1924 chef des services de presse. Dès lors, en marge de sa carrière administrative, il va se consacrer à la création littéraire, d'abord exclusivement romanesque. Romanesque très différent, il est vrai, de celui qu'on attend d'habitude dans les romans : il ne tient guère aux caractères, aux personnages, qui sont presque des symboles, des ombres gracieuses, des reflets de l'âme de l'auteur, de ses choix, de ses refus, de ses reves en face de la vie ; il ne tient pas plus à l'intrigue, volontairement négligée, parfois tout à fait absente, comme dans *Simon le Pathétique* (*), ou juste ébauchée en passant, dans *Siegfried et le Limousin* (*), ou reprise d'un thème éternel, dans *Bella* (*), ou franchement présentée comme un jeu désinvolte, comme une aimable parodie littéraire, parodie de l'*Odyssée* (*) dans *Elpénor* (*), de *Robinson Crusoé* (*) dans *Suzanne et le Pacifique* (*). Pourtant c'est le style de Giraudoux qui d'abord surprit le plus et fut vivement discuté : cette préciosité faisait crier au gongorisme. On voulait n'y voir qu'une recherche gratuite de la virtuosité, un jeu, alors qu'elle était l'instrument parfait de la volonté métaphysique de l'auteur de créer un monde à part, régi par les seules lois de l'art et de la fantaisie. Ainsi, Giraudoux romancier possédait-il déjà les qualités essentielles du véritable homme de théâtre : le dédain de la réalité quotidienne, l'indifférence à la ressemblance, l'aspiration vers un monde magique, soustrait aux demi-mesures de la réalité et pourtant exemplaire.

Siegfried et le Limousin en 1922 était un roman ; mais cinq ans plus tard, Giraudoux en fait paraître les fragments d'une version dialoguée et il ne faudra plus que la rencontre de Jouvet, en 1928, pour l'introduire au théâtre, avec *Siegfried*, qui ouvrait une série d'éclatants succès. Entre-temps Giraudoux allait parcourir le monde comme inspecteur des postes diplomatiques et consulaires avant d'être nommé, en 1939, au début de la guerre, commissaire à l'Information. Réfugié à Cusset après la défaite de 1940, il rentre deux ans plus tard à Paris où il fait représenter en 1943 *Sodome et Gomorrhe* (*). Deux œuvres posthumes, *La Folle de Chaillot* (*) et *Pour Lucrèce* (*) allaient encore être révélées en 1945 et 1953, ainsi que des recueils d'essais politiques, *Sans pouvoirs* (1945), complétant *Pleins pouvoirs* (1939) et *La Française et la France* (1951). Pas plus que dans ses romans, Giraudoux n'a cherché sur la scène à briller par l'originalité des sujets : *Siegfried* n'est au fond qu'une adaptation, le thème d'*Ondine* (*) a été emprunté à La Motte-Fouqué, ceux d'*Électre* (*), de *Judith* (*), d'*Amphytrion* (*), de *La guerre de Troie n'aura pas lieu* (*) appartiennent au patrimoine le plus traditionnel. Seules de ses pièces, *Intermezzo* (*) et *La Folle de Chaillot* (*) sont absolument originales. Giraudoux dédaigne tout autant les fameux « conflits psychologiques », la peinture sociale ou celle des caractères. Ses pièces sont au-delà des particularités individuelles, hors du temps. Il retrouve ainsi la vertu essentiellement mythique, religieuse, du théâtre. Sans doute nous touche-t-il moins par la sensibilité que par l'intelligence, mais son dessein est de nous arracher à l'accidentel, de nous « confronter solennellement » avec le destin humain.

MICHEL MOURRE.

♦ *« Nul moyen, sinon par barbarie, de résister au sourire de Giraudoux. »* André Gide. ♦ *« Un très bon élève qui ajoute à cette sagesse le prestige mystérieux du cancre. »* Jean Cocteau. ♦ *« Qu'on me pardonne ! C'est, je crois, la France que je m'étais mis à aimer en Giraudoux. »* Aragon. ♦ *« Lorsque Jean Giraudoux offre le monde, il l'offre comme si vraiment cela ne valait rien, en s'excusant de n'avoir rien d'autre pour l'instant à offrir* [...] *Il ne faut pas reprocher à Jean Giraudoux de voir les choses à travers une intelligence raffinée et une très curieuse culture, puisque son but est justement de faire au monde inculte le présent de cette culture. »* Robert Brasillach. ♦ *« La métaphore chez Giraudoux (et à la limite, elle devient calembour) n'est pas autre chose que cette équivalence, cette identité brusquement affirmée entre l'essence d'une chose et son apparence, sans primat métaphysique accordé à l'une ou à l'autre. En d'autres termes, les métaphores de Giraudoux ne sont pas transcendantes au réel, mais immanentes à lui* [...] *"Illusionniste sans matériel", comme il s'appelait lui-même, Giraudoux est le plus grand des romanciers réalistes contemporains. »* Claude-Edmonde Magny.

RÉF. : Maurice Bourdet, *Jean Giraudoux, son œuvre,* Paris, 1928. – Robert Brasillach, *Portraits,* Paris, 1935. – *Hommage à Giraudoux,* numéro spécial de *Confluences,* sept.-oct. 1944. – C.-E. Magny, *Précieux Giraudoux,* Paris, 1945. – V. H. Debidour, *Jean Giraudoux,* Paris-Bruxelles, 1955. – René Marill Albérès, *Esthétique et morale chez Jean Giraudoux,* Paris, 1957. – Jacques Robichez, *Le Théâtre de Giraudoux,* Paris, 1976. – Lise Gauvier, *Giraudoux et le thème d'Électre,*

Paris, 1982. — Jacques Body, *Jean Giraudoux, la légende et le secret,* Paris, 1986.

GIROUX Roger. Poète français. Né le 3 février 1925 à Meximieux (Ain), mort le 26 janvier 1974 à Paris. L'œuvre de Roger Giroux présente la particularité d'être presque entièrement posthume. Parmi les titres publiés, on peut citer essentiellement : *L'Arbre le Temps* (*) (1964), *Voici* (1974), *L'Autre Temps* (1984), *Journal du poème* (1986), *Soit donc cela* (1987). Œuvre sans auteur, œuvre qui tend vers l'anonymat, tant on la reçoit détachée de toutes les contingences. Comme Mallarmé, Giroux a rêvé la possibilité du poème-livre absolu. *Journal du poème,* qui présente un choix parmi les cahiers manuscrits retrouvés après sa mort, témoigne de cette recherche où le poème invente sa déclivité et son rythme, à partir des restes laissés par la prosodie classique (l'alexandrin...). L'impact des mots sur le blanc revêt une signification symbolique, la page étant l'objet d'assauts, de luttes intestines. Dans *Cette* (un des derniers textes écrits par Giroux, recueilli dans *L'Autre Temps*), l'écriture relève de la cosmographie, devient théâtre de l'abîme ; nous assistons à la giration des mots dans l'espace de la page, aux mouvements de la langue aux prises avec l'absence. Poésie souvent tournée vers l'obscur du sens, recourant parfois à l'abstraction, tirant même du côté de l'hermétisme, elle confirme en tout cas un travail sur la spatialité — l'espacement — de la parole qui, depuis Mallarmé jusqu'à André du Bouchet, creuse l'essence du poétique dans la désagrégation syntaxique et prosodique. Sous son apparence austère, cette initiative inaugure un dialogue avec le monde toujours plus dense, puisqu'elle se concentre autour de quelques éléments simples, prélevés dans l'immédiat alentour de l'expérience quotidienne : l'arbre, la mer, la neige. À partir de cette mise au point, le poète questionne le temps et l'espace, où il décèle une tentative de destruction omniprésente : « (Ces) poèmes : petites bulles de quelque chose retournées à l'indistinct. Légers coups frappés ; légers, très légers pour qu'on dresse l'oreille, qu'on écoute ce que tous les bruits empêchent d'entendre. » Car il s'agit avant tout de communiquer avec « l'incommunicable en soi », pour débusquer le « tu absent » qui règne en deçà des mots.

OLIVIER HOUBERT.

GISSING George. Romancier anglais. Né à Wakefield (Yorkshire) le 22 novembre 1857, mort à Saint-Jean-de-Luz, le 28 décembre 1903. Il fit ses études au collège d'Awen (Manchester) et se destinait à l'enseignement. Son mariage avec une prostituée alors qu'il avait à peine vingt ans compromit sa carrière et le réduisit à la misère. Il alla en Amérique dans le vain espoir de gagner sa vie avec sa plume, puis passa en Allemagne en 1877, à Iéna, où il vécut en donnant des leçons particulières. De retour à Londres l'année suivante, il y connut à nouveau la misère jusqu'à ce qu'un héritage d'une centaine de livres lui permît de publier *Travailleurs de l'aube* [*Workers in the Dawn*]. En 1886 il se rendit en Italie et en Grèce ; il y retourna en 1897 avec H. G. Wells et en rapporta son livre de voyage : *Au long de la mer Ionienne* (*). Sa première femme étant morte en 1890, il contracta peu après une nouvelle union tout aussi malheureuse. Il passa les dernières années de sa vie dans les Pyrénées où il s'était réfugié dans l'espoir de se remettre du mal implacable qui le minait ; durant cette période, il avait pour compagne une Française fidèle et dévouée. Gissing a subi l'influence du roman anglais du XIXe siècle, surtout celle de Dickens (objet d'un très bel essai critique, 1898) dont la formation se rapprochait de la sienne ; par affinité, il subit aussi l'influence du naturalisme français. Ses romans sont touffus, orientés par une nette tendance à peindre les milieux les plus infortunés, les aspects les plus sordides de la vie, et un intérêt pour les problèmes sociaux comparable à celui qui se manifeste chez les naturalistes français. Rappelons parmi son abondante production : *Isabel Clarendon* (1886), *Demos* (*), *Thyrza, Le Monde des ténèbres, La Rue des meurt-de-faim* (*), *Né en exil* (*), *Femmes de trop, L'Année du jubilé* [*In the Year of the Jubilee*, 1894], *Notre ami le charlatan* [*Our Friend the Charlatan*, 1901], *Les Carnets de Henri Ryecroft* (*) (1903).

RÉF. : F. Swinnerton, *George Gissing : A Critical Study,* Londres, 1912. — M. Donnelly, *Gissing, Grave Comedian,* Londres, 1954. — J. Korg, *Gissing : A Critical Biography,* Londres, 1963. — P. Coustillas et C. Partridge (eds), *Gissing : The Critical Heritage,* Londres, 1972. — J. Goode, *G. Gissing : Ideology and Fiction,* Londres, 1978. — M. Collie, *G. Gissing : A Bibliographical Study,* Winchester, 1985. — J. Sloan, *G. Gissing. The Cultural Challenge,* Londres, 1989.

GLADKOV Fedor Vassiliévitch [Fëdor Vasil'evič Gladkov]. Écrivain russe. Né à Tchernavka (département de Saratov), le 21 juin 1883, mort à Moscou le 20 décembre 1958. Fils de paysan, il a fait ses études à l'École normale d'instituteurs d'Ekaterinodar puis, à partir de 1902, Gladkov enseigne dans des écoles villageoises. Son activité révolutionnaire à partir de 1905 le conduit à devenir membre du parti social-démocrate en 1906, et aboutit à son arrestation et à son exil en Sibérie de 1906 à 1909. C'est en exil qu'il commence son travail littéraire ; il écrit un roman sur la vie des exilés politiques, *Les Réprouvés* [*Izgoi*, 1908-1909]. Après la Révolution, les lettres deviennent son occupation principale ; son roman qui eut le plus de succès, *Le Ciment* [*Cement*, 1925], est l'un des premiers livres soviétiques écrits sur la restauration de l'économie après la guerre civile et sur les mœurs de la nouvelle classe ouvrière. Le ton pathétique et hyperbolique de la narration, le langage artificiel pullulant de néologismes et d'éléments régionaux déclenchèrent une tempête de critiques, qui forcèrent Gladkov à réviser son roman, lequel devint l'étalon du « réalisme socialiste » avant la lettre. L'autre roman important de Gladkov, *Énergie* [*Energija*, 1932-1938], chante les exploits des travailleurs soviétiques au cours du premier plan quinquennal ; ce livre, qui raconte la construction du barrage du Dniepr, est encore plus typique pour la littérature officielle de l'U.R.S.S., soutenue et favorisée par le Parti. Pendant l'après-guerre, Gladkov publia trois romans autobiographiques, *Récit de mon enfance* (*) (1949), *Les Libres* [*Vol'nica*, 1950], *Le Temps méchant* [*Lihaja godina*, 1954], qui montrent, avec une rare précision, la vie des ouvriers et des paysans russes avant la révolution d'Octobre. Par sa qualité, cette trilogie dépasse, de loin, les romans pseudo-réalistes écrits par Gladkov pendant les années 1920-1930.

EFIM ETKIND.

GLAESER Ernst. Romancier allemand. Né le 29 juillet 1902 à Butzbach (Hesse), mort le 8 février 1963 à Mayence. Curieux itinéraire que celui d'Ernst Glaeser : fils de famille bourgeoise devenu un collaborateur du journal *Frankfurter Zeitung*, on le trouve parmi les compagnons de route des écrivains communistes (il est membre de la délégation allemande, avec J. R. Becher, L. Renn et A. Seghers, à la Conférence internationale des écrivains révolutionnaires qui se tient à Kharkov en 1930). Cet engagement lui vaut, bien entendu, d'être interdit sous le nazisme. Glaeser s'installe en Suisse, à Zurich, à partir de 1933. Volte-face unique dans l'histoire de l'émigration antinazie : Glaeser rentre six ans plus tard dans l'Allemagne hitlérienne et devient rédacteur d'un journal de la Wehrmacht ! Peut-on croire l'écrivain quand il affirme n'avoir obéi qu'à « la nostalgie du pays natal » ? Après la guerre, il poursuit ses activités littéraires en république fédérale.

Ce sont trois romans conçus durant la période de « tentation révolutionnaire » d'E. Glaeser qui ont assuré son renom. *Classe 1922* (*) (1928), qui décrit le désarroi de la jeunesse pendant les années de guerre, *La Paix* (*) (1930), qui raconte la désillusion d'un adolescent devant la révolution de 1918, et *Le Dernier Civil* (*) (1936), qui met en scène un collégien succombant progressivement, sous la république de Weimar, à la tentation du national-socialisme. Trois romans de « formation », trois romans de l'échec. Tout se joue d'ailleurs moins sur des conflits de classes que sur une opposition de générations : quelle que soit la situation, ce sont toujours les « pères » qui triomphent, qui étouffent les aspirations de la jeunesse. Ultérieurement à 1945, dans un dernier roman intitulé *Grandeur et Misère des Allemands* [*Glanz und Elend der Deutschen*, 1960], Glaeser se dépeint lui-même sous les traits de l'architecte Ferdinand von Simmern, partagé entre l'espoir et la résignation devant la réalité allemande.

JEAN-JACQUES POLLET.

RÉF. : L. Richard, Introduction à *La Paix*, Paris, 1977. – E. Rotermund, *Zwischen Exildichtung und Innerer Emigration. E. Glaesers Erzählung « Der Pächter »*, Munich, 1980.

GLASENAPP Helmut von. Écrivain allemand. Né à Berlin le 8 septembre 1891, mort le 25 juin 1963 à Tübingen. Il enseigne successivement à Berlin (1924), Königsberg (1928), Tübingen (1946). Illustre indianiste, Glasenapp se fit connaître par ses travaux sur l'histoire des religions et des philosophies de l'Inde : hindouisme, jaïnisme et surtout bouddhisme. Dans ses nombreux ouvrages, il établit d'utiles comparaisons entre la pensée occidentale et la pensée indienne, et il a beaucoup contribué à faire découvrir celle-ci à un large public par ses œuvres de vulgarisation. Il est l'auteur de : *L'Hindouisme* [*Der Hinduismus*, 1922], *Brahma et Bouddha* [*Brahma und Buddha*, 1926], *De Bouddha à Gandhi* [*Von Buddha zu Gandhi*, 1934], *La Sagesse de Bouddha* [*Die Weisheit des Buddha*, 1942], *Les Cinq Grandes Religions du monde* (*) (1951), *Le Bouddhisme et l'idée de Dieu* (*) (1953), *Les Religions de l'Inde* [*Die Religionen Indiens*, 1955].

GLASGOW Ellen. Romancière américaine. Née et morte à Richmond (Virginie) (22 avril 1874 - 21 novembre 1945). Elle fut, à dix-huit ans, la première et – ainsi qu'elle le disait elle-même – la seule femme socialiste de Richmond. Son premier roman, *Le Descendant*, fut publié en 1897 ; pendant les longs mois d'attente qui précédèrent l'acceptation du livre par son éditeur, elle disait qu'elle « mourrait de bonheur si ce premier essai venait à être accepté ». « Depuis, nous dit-elle avec cette ironie un peu amère qui la caractérise, j'ai publié dix-sept volumes, je ne suis pas morte et je n'ai même pas été heureuse. » Son premier livre à succès fut *La Voix du peuple* [*The Voice of the People*, 1900] ; pour obtenir la « couleur locale » dont elle avait besoin pour ce livre, elle persuada un ami de l'introduire – sous un déguisement masculin – à l'Assemblée législative de l'État de Virginie. De la phase médiane de sa carrière littéraire se dégagent *Terre stérile* (*) (1925) et *La Vie protégée* [*The Sheltered Life*, 1932]. Ellen Glasgow obtint en 1942 le prix Pulitzer pour son dernier roman, *Cette chienne de vie* [*In this our Life*, 1941]. Elle publia encore, en 1935, *Dans un cœur pur* (*), généralement considéré comme l'un de ses meilleurs romans.

RÉF. : M. Parent, *Ellen Glasgow, romancière*, Paris, 1962. – E. S. Godbold, *Ellen Glasgow and the Woman within*, Louisiana State University Press, 1972.

GLATIGNY Albert Joseph Alexandre. Poète français. Né à Lillebonne (Seine-

Maritime) le 21 mai 1839, mort à Sèvres le 16 avril 1873. Fils d'un charpentier qui fut nommé gendarme en 1844. Ayant trouvé une place d'apprenti typographe à Pont-Audemer, il composa, en quatre jours, un grand drame en trois actes et en vers intitulé *Les Bourgeois de Pont-Audemer au XVIIe siècle,* drame destiné au théâtre local ; puis il se fit comédien ambulant dès l'âge de dix-sept ans. Son extraordinaire don d'improvisation lui permit de composer pour la troupe à laquelle il appartenait un certain nombre de comédies, dont la plus connue est *L'Illustre Brizacier,* publiée en 1873. Féru très jeune de l'école parnassienne, il subit avant tout l'influence de Banville, et en particulier de ses *Odes funambulesques* (*), influence qui se manifeste dans ses trois recueils de vers : *Les Vignes folles* (*) (1860), *Les Flèches d'or* (1864), *Gilles et Pasquins* (1872). Poète maudit, Glatigny mourut trop jeune pour pouvoir donner sa vraie mesure. Il a laissé une légende plutôt qu'une œuvre. Rappelons que Catulle Mendès lui a consacré un fort beau drame funambulesque : *Glatigny,* qui fut représenté à l'Odéon le 17 mars 1906.

RÉF. : J. Lazare, *A. Glatigny, sa vie, son œuvre,* 1878. – Th. de Banville, *Petites Études. Mes souvenirs,* 1882. – C. Mendès, *La Légende du Parnasse contemporain,* Bruxelles, 1884. – A. France, *La Vie littéraire,* 1888-92. – J. Reymond, *Albert Glatigny, la vie, l'homme, le poète. Les origines de l'école parnassienne,* Genève, 1936.

GLATSTEIN Jacob. Poète et prosateur yiddish. Né le 28 août 1896 à Lublin, mort le 19 novembre 1971 à New York. Glatstein commence à publier dès l'âge de dix-sept ans. Il se fixe aux États-Unis en 1914. Prosateur, critique et surtout poète, il fonde, avec Minkoff et Leyelès le groupe d'avant-garde « En soi » [In zikh], « introspectionniste » qui proclame la primauté de l'individu, du moi, la nécessité d'explorer les profondeurs de la vie psychique de l'artiste qui seule peut capter la vérité, l'authenticité du monde. Il récuse la dichotomie entre l'intellect et l'émotion, entre le beau et le laid et proclame une esthétique du fragmentaire, du kaléidoscopique, du contradictoire. Virtuose du verbe, il a une passion pour l'expérimentation langagière et prosodique, notamment dans le maniement du vers libre.

Dans les années 1938-39, Glatstein se trouve parmi les premiers dont l'œuvre exprime la prémonition du désastre. Sa poésie, sans rien perdre de sa quête formelle, adopte des thèmes liés au destin du peuple juif. Après le génocide, son œuvre devient une douloureuse méditation sur l'anéantissement, sur la perte de la langue qui condamne à la nuit définitive le peuple juif et ses poètes. Il trouve des accents d'une puissance inouïe et des images fulgurantes pour exprimer l'horreur d'un monde et d'un dieu à jamais maudits, à jamais réduits au silence.

Principales œuvres : *Poésie* [*Lider,* 1921], *Vers libres* [*Fraïè ferzn,* 1926], *Chants du souvenir* [*Guedenk-lider,* 1943], *Juifs rayonnants* [*Shtralndikè yidn,* 1946], *L'Ombre de mon père* [*Dem tatns shotn,* 1953], *De toute ma peine* (*), *La Joie de la parole yiddish* [*Freïd fun yiddishn vort,* 1961], *Un Juif de Lublin* [*A yid fun Lublin,* 1966], *In Memoriam* [*Kh'tu dermonen,* 1967].

RACHEL ERTEL.

GLAZOUNOV Alexandre Konstantinovitch [Aleksandr Konstantinovič Glazunov]. Compositeur russe. Né le 10 août 1865 à Saint-Pétersbourg, mort le 21 mars 1936 à Neuilly-sur-Seine. Il commença ses études musicales dans sa ville natale sous la direction de Balakirev et de Rimski-Korsakov. Ce dernier eut sans nul doute une profonde influence sur le génie précoce de Glazounov qui, à seize ans, avait déjà composé plusieurs œuvres dont un quatuor op. 1, une *Suite* pour piano op. 2 et une *Symphonie* op. 5, qui fut exécutée pour la première fois sous la direction de Balakirev et reçut un accueil enthousiaste. Dans ces pages, certaines impressions ou suggestions qui font songer à Rimski-Korsakov sont utilisées et dosées avec une discrétion et un art qui nous font voir combien Glazounov les a rendues siennes et nous expliquent également la faveur qu'il a rencontrée auprès de musiciens de tendances opposées à celle du cénacle nationaliste ; en fait ce fut Anton Rubinstein qui fit connaître son *Ouverture sur des thèmes grecs* op. 3. L'intérêt qu'il portait à la musique nationale russe et aux vieilles légendes de son pays, dont il s'est inspiré pour le plus coloré de ses poèmes symphoniques, *Stenka Razine*, ne fut jamais exclusif ; il fut bien différent en cela des autres novateurs de son temps et ceci dès ses débuts de compositeur. En cela aussi apparaît ce sens de la mesure qui semble être le caractère constant de tout son art ; toutefois on ne trouve pas toujours en lui une fantaisie également puissante. Après la mort de Borodine (1887) il travailla avec Rimski-Korsakov à l'orchestration du *Prince Igor* (*) dont il reconstitua entièrement l'ouverture à partir de fragments que Borodine lui avait fait entendre au piano. Nommé, en 1899, professeur d'instrumentation au Conservatoire de Saint-Pétersbourg, il en assuma la direction de 1919 à 1928, date de son départ pour la France. Il a laissé une production très abondante : musique de ballets (*Raymonda, Ruses d'amour, Les Saisons* [+]), musique de scène (*Salomé*), huit symphonies, un *Concerto pour violon* (*) (1904), six ouvertures, des compositions de musique de chambre et des mélodies.

♦ *« L'auteur de* Raymonda *et de la* 6e symphonie *avait à cette époque atteint le point culminant de son énorme talent... Sa fantaisie, accompagnée d'une technique étonnante, était alors au plus haut degré de son développement. Il devint, comme chef d'orchestre, un excellent exécutant de ses propres œuvres. L'orches-*

tre commençait à le respecter et à lui obéir. Son autorité musicale croissait de jour en jour. Son oreille et sa mémoire de tous les détails étaient étonnantes... » Rimski-Korsakov. ♦ *« ... Dans la science symphonique, Alexandre Glazounov régnait en maître absolu. Chacune de ses nouvelles productions était accueillie comme un événement musical de premier ordre, tant on appréciait la perfection de sa forme, la pureté de son contrepoint, l'aisance et la sûreté de son écriture. Je partageais alors entièrement cette admiration, fasciné par la maîtrise étonnante de ce savant. »* Igor Stravinski.

RÉF. : A. W. Ossovski, *A. K. Glazounov*, 1907. – V. Belaiev, *A. K. Glazounov, Materialer zu seiner Biographie*, 3 vol., 1921. – G. Fedorova, *A. K. Glazounov*, Moscou, 1947.

GLEIM Johann Wilhelm Ludwig. Poète allemand. Né le 2 avril 1719 à Ermsleben en Saxe, mort le 18 février 1803 à Halberstadt. Fils d'un employé du gouvernement, il alla à dix-neuf ans à l'université de Halle pour y étudier le droit. Il se lia d'amitié avec Gotz et Uz et à eux trois ils finiront par former une nouvelle école poétique de tendance anacréontique. L'*Essai en chansons joyeuses* [*Versuch in Scherzhaften Liedern*, 1744-45] que Gleim publia après ses années d'université fut peut-être le résultat le plus significatif de cette association. Après un court séjour à Potsdam comme précepteur, il devint secrétaire du prince Guillaume de Brandebourg-Schwedt et le suivit dans la seconde guerre de Silésie, faite par Frédéric le Grand à l'Autriche. Secrétaire en 1747 du chapitre de la cathédrale de Halberstadt, puis chanoine, il ne bougea plus de cette petite ville, se donnant tout entier à la poésie et à la correspondance avec les écrivains du temps. La publication en 1758 des *Chants de guerre d'un grenadier prussien* (*) lui valut la renommée.

♦ *« Si les chants de guerre entonnés par Gleim occupent un si haut rang dans la poésie allemande, c'est qu'ils ont jailli avec et dans l'action, et qu'en outre une forme heureuse, qui les met dans la bouche d'un homme ayant pris part aux grandes luttes, produit sur nous l'effet le plus satisfaisant. »* Goethe.

RÉF. : Kurt Böttcher (éd.) *Aufklärung. Erläuterungen zur deutschen Literatur,* Volk und Wissen, V. E. B., Berlin-Est, 1986.

GLINKA Mikhaïl Ivanovitch. Compositeur russe. Né le 1er juin 1804 à Novospasskoïé (district de Smolensk), mort le 15 février 1857 à Berlin. Il est considéré comme le fondateur de l'école musicale russe. Il commença ses études de piano à Saint-Pétersbourg avec Field et celles de violon avec Böhm ; un professeur italien lui enseigna les éléments de l'harmonie. Sa formation musicale était loin d'être achevée lorsqu'il composa ses premières œuvres de musique instrumentale. Puis sa santé fragile l'obligea à passer en Italie quatre années (1830-1834) qui furent pour lui très fécondes. Il séjourna à Milan, Rome et Naples et, au cours de son voyage de retour, s'arrêta à Berlin où il fit la connaissance du compositeur Siegfried Dehn. Celui-ci lui conseilla d'acquérir une préparation technique plus rigoureuse et d'étudier surtout le contrepoint ; c'est peut-être lui qui lui suggéra d'insérer dans ses œuvres théâtrales des motifs de musique populaire, afin de donner au drame un caractère nettement national. De retour en Russie, Glinka se mit avec acharnement à la composition de son premier opéra *La Vie pour le tsar* (*), qui fut représenté avec succès le 9 décembre 1836. Inspirée d'épisodes de la guerre russo-polonaise de 1633, l'œuvre plut par son élan patriotique, mais aussi et surtout par la vivacité des coloris et par l'à-propos des interventions chorales et des danses dans lesquelles s'inséraient des motifs ou des rappels de chants populaires, savamment élaborés. Un accueil plutôt froid fut réservé à l'opéra suivant auquel il avait travaillé près de six ans : *Russlan et Ludmilla* (*), tiré du poème de Pouchkine et représenté en 1842. Liszt, de passage à Pétersbourg, apprécia cependant infiniment l'œuvre de Glinka. Ce dernier, contraint de nouveau à rechercher des climats tempérés, se rendit en 1944 à Paris où Berlioz l'accueillit chaleureusement et le présenta au public français en des articles enthousiastes parus dans le *Journal des débats* (*) et en exécutant ses œuvres. De 1845 à 1847, Glinka vécut à Madrid et à Séville, puis il se rendit à Varsovie. Après un nouveau séjour parisien, il se retira à la campagne près de Saint-Pétersbourg où il écrivit ses *Mémoires* [*Zapiski Mihkaïla Ivanoviča Glinki i perepiska ego s rodnymi i druz'jami,* 1887]. Pendant ses dernières années il s'adonna entièrement à l'harmonisation de chants anciens de l'Église russe ; dans ce but il se rendit à Berlin en 1856 pour recevoir l'aide et les conseils de son vieux maître Dehn. Mais il y mourut l'année suivante. Ses œuvres orchestrales les plus remarquables, à côté de ses compositions de musique de chambre, sont *Kamarinskaïa* et la *Jota aragonese* écrite lors de son premier séjour en Espagne.

♦ *« Le talent de Glinka est essentiellement souple et varié : son style a le rare privilège de se transformer à la volonté du compositeur, selon les exigences et le caractère du sujet qu'il traite. Il peut être simple, et naïf même, sans jamais descendre à l'emploi d'aucune tournure vulgaire. Ses mélodies ont des accents imprévus, des périodes d'une étrangeté charmante ; il est grand harmoniste et emploie les instruments avec un soin et une connaissance de leurs plus secrètes ressources qui font de son orchestre l'un des plus modernes, des plus neufs et des plus brillants qu'on puisse entendre. »* Berlioz. ♦ *« Le produit d'un cerveau mûr qui a atteint le dernier stade de son évolution... C'est un opéra de premier ordre qui peut soutenir la comparaison avec les grands chefs-d'œuvre du genre ; Glinka y a tracé des voies nouvelles et ouvert des horizons insoupçonnés auparavant. »* César Cui.

RÉF. : O. Fouque, *Glinka d'après ses Mémoires,* 1880. – César Cui, *La Musique en Russie,* 1880. – S. Basounov, *M. J. Glinka,* Saint-Pétersbourg, 1891 ; en français. – Soubies, *Histoire de la musique en Russie,* 1898. – A. Pougin, *Essai historique sur la musique en Russie,* 1904. – M. D. Calvocoressi,

Glinka, 1911. – M. Montagu-Nathan, *Glinka,* Londres, 1916.

GLISSANT Édouard. Écrivain martiniquais. Né sur un morne reculé, à Bézaudin, près de Sainte-Marie, au nord de l'île, le 21 septembre 1928. Enfant d'une famille modeste, brillant élève (il a suivi les cours d'Aimé Césaire au lycée Schoelcher), il se fait remarquer par l'ampleur de sa culture littéraire et philosophique. Il continue ses études à Paris et se lie aux milieux intellectuels négro-africains, rassemblés autour de *Présence africaine.* Mais il s'intéresse aussi à l'avant-garde littéraire et il écrit dans la revue *Les Lettres nouvelles.* Après plusieurs recueils poétiques – *Un champ d'îles* (1953), *La Terre inquiète* (1954), *Les Indes* (1955) – le prix Renaudot décerné à *La Lézarde* (+) en 1958 récompense un ambitieux projet romanesque. Militant activement contre le système colonial, Édouard Glissant est expulsé des Antilles et assigné à résidence en France. Il peut rentrer en Martinique en 1965 : il anime alors, autour de l'Institut martiniquais d'études et de la revue *Acoma* (1971-1973), une réflexion en profondeur sur l'identité antillaise. Après avoir dirigé quelques années, à partir de 1982, *Le Courrier de l'UNESCO,* il enseigne dans une université de Louisiane.

Le projet d'Édouard Glissant, développé dans une suite d'essais littéraires et philosophiques de très haute tenue – *Soleil de la conscience* (1956), *L'Intention poétique* (1969), *Le Discours antillais* (1981), *Poétique de la relation* (1990) – a souvent été résumé par le concept d'« antillanité », dépassement de la négritude par la mise en relation du peuple antillais, avec son histoire et son paysage. Contre la pensée close de l'« un », Glissant célèbre le « divers », le consentement à la différence, la fécondité de l'errance. Le principe de « relation » organise son œuvre en un « archipel de livres », les personnages, les thèmes, les images s'échangeant d'une forme littéraire à l'autre, de la poésie : *Le Sel noir* (1959), *Le Sang rivé* (1969), *Boises* (1977), *Pays rêvé, pays réel* (1985), *Fastes* (1991), au théâtre : *Monsieur Toussaint* (1961), et au roman : *Le Quatrième Siècle* (*) (1964), *Malemort* (1975), *La Case du commandeur* (1981), *Mahagony* (1987). La lucidité et l'ampleur de la réflexion, la maîtrise littéraire, l'invention langagière placent Glissant au tout premier rang de la production intellectuelle de la fin du XXe siècle.

JEAN-LOUIS JOUBERT.

GLOTZ Gustave. Historien français. Né à Haguenau (Bas-Rhin) le 17 février 1862, mort à Paris le 16 avril 1935. C'est dans l'enseignement supérieur que Gustave Glotz fit toute sa carrière. Dès 1907, il est professeur titulaire d'histoire grecque à la Sorbonne, chaire qu'il ne quittera qu'à l'âge de la retraite. Dès cette année, il publie sa première œuvre, *Lectures historiques, Histoire grecque.* Spécialisé dans l'étude du droit et des institutions archaïques, il donne coup sur coup : l'*Ordalie dans la Grèce primitive* et *La Solidarité de la famille dans le droit criminel en Grèce,* ses deux thèses de doctorat (1904), puis les *Études sociales et juridiques sur l'Antiquité grecque* (1906), *Le Travail dans la Grèce ancienne* (1920). Ces remarquables travaux où Gustave Glotz se montre un disciple de Fustel de Coulanges, mais un disciple qui a singulièrement élargi les thèses trop dogmatiques de son maître, apportaient des lumières neuves sur des questions encore mal connues. Plus tard, c'est l'expérience accumulée au cours de ses longues années d'enseignement et de recherches qu'il concentrera dans des études d'ensemble : *La Civilisation égéenne* (*) (1923), *La Cité grecque* (*) (1928), enfin la grande *Histoire générale* (*), publiée sous sa direction à partir de 1925, dans laquelle il se chargea de rédiger, en collaboration avec Robert Cohen, l'*Histoire grecque* (+) qu'il ne put achever.

GLUCK Christoph Willibald von. Compositeur allemand. Né le 2 juillet 1714 à Weidenwang, près de Neumarkt (Haut-Palatinat), mort le 15 novembre 1787 à Vienne. Il avait trois ans lorsque son père, surintendant des chasses et forêts, se fixa en Bohême, région dont la famille était originaire. Gluck reçut une bonne éducation, privée d'abord, puis, dès l'âge de douze ans, au collège des jésuites de Kommotau, où il étudia l'orgue et le clavecin, et enfin à l'université de Prague. Vers 1733-1734, la musique était devenue la passion majeure du jeune homme qui jouait de l'orgue dans les églises, donnait des leçons de piano et de chant ; en 1736, il fut nommé maître de chapelle du prince Lobkowitz à Vienne. Le prince François Melzi d'Eril, l'ayant entendu, l'envoya se perfectionner à Milan à l'école de l'éminent symphoniste italien Giovanni Battista Sammartini (1737-1740). Gluck se consacra à la musique de théâtre, faisant représenter avec succès son premier opéra, *Artaxerxès,* sur un livret de Métastase (Milan, 26 décembre 1741). Il se fit connaître avec d'autres opéras à Venise, de nouveau à Milan, à Bologne et Turin parmi ces opéras : *Phèdre* (+) et *Alexandre aux Indes* (+) (1745). En 1745, il eut l'occasion d'accompagner en Angleterre le prince Lobkowitz. Au cours de son voyage à Paris, il découvrit l'opéra français et conçut pour Rameau une vive admiration. En Angleterre, il fit représenter, le 7 janvier 1746, un opéra composé à la hâte : *La Défaite des géants* [*La Caduta de' Giganti*] et entra en relation avec Haendel qui le traita avec bienveillance, bien qu'il ait dit de lui, après avoir écouté cet opéra, qu'il « maniait le contrepoint comme son cuisinier ».

Gluck, cependant, poursuivait sa carrière de compositeur du XVIIIe, selon le goût italien traditionnel, le plus souvent pour la troupe Mingotti, dont l'activité était grande dans les principales villes d'Allemagne, de Hollande et du Danemark. Il écrivait des sérénades et des cantates de circonstance, et remaniait des œuvres d'autres compositeurs. En 1750, après le succès de son *Aetius* à Prague, il épousa Marianne Pergin, fille d'un riche banquier, ce qui lui permit de vivre dans l'aisance et de se consacrer exclusivement à la composition. Il se fixa à Vienne où le comte Durazzo, surintendant des théâtres impériaux, le nomma directeur de la musique de la Cour (1754). À l'occasion de la représentation de ses nouveaux opéras, il se rendit en Italie, à Naples, pour la création de *La Clémence de Titus* (+) (4 novembre 1752) et à Rome pour *Antigone* (9 février 1756). Le pape Benoît XIV le nomma Chevalier de l'Éperon d'or. Des rivalités, des polémiques, la jalousie naquirent des succès du compositeur allemand dans le domaine de l'opéra italien traditionnel ; cette hostilité ne tarda pas à provoquer chez lui quelque insatisfaction et quelque inquiétude devant sa trop facile réussite. Sous l'influence de la vogue, dont jouissait alors la musique française à la cour impériale d'Autriche, Gluck inaugura, en 1758, avec *L'Ile de Merlin* et *Les Faunes enchaînés*, une abondante production d'œuvres selon le goût français qui furent représentées au château de Schönbrunn. Après *L'Arbre enchanté* (1759) et *Cythère assiégée*, sur des livrets de Favart, Gluck atteignit dans ce genre à une véritable perfection avec *L'Ivrogne corrigé* (1760) et *Le Cadi dupé* (1761). Le Ballet *Don Juan* (+) (1761), dont la puissance scénique ne manqua pas de frapper les esprits avertis, montrait le compositeur parvenu au seuil de la maturité de son talent mais cherchant encore sous quelles formes le manifester. La rencontre qu'il fit à cette époque de l'écrivain italien Ranieri de' Calzabigi, réfugié à Vienne, fut décisive. On peut supposer que l'amateur de théâtre averti qu'était le comte Durazzo, amplement au courant des modes du théâtre en Europe et de tous les essais nouveaux, eut une part prépondérante dans la préparation de cette entrevue. Le musicien comme l'écrivain n'ignoraient ni les critiques soulevées par les absurdes conventions qui régissaient le drame musical, ni le discrédit dans lequel était tombé l'art dramatique. C'est en fonction des critiques que s'élabora la « réforme » qu'ils entreprirent en commun. La conception du drame selon Métastase fit place avec eux à celle dont *Orphée* (*), représenté le 5 octobre 1762 au théâtre de la cour de Vienne, fut un des exemples les plus achevés. *Orphée* surprit par sa nouveauté, mais impressionna aussi par son intensité dramatique et par la sublime pureté de l'inspiration musicale. Le désir de réforme n'était pas cependant encore si nettement affirmé chez Gluck qu'il pût éviter de retomber, lors de son retour en Italie en 1763, dans le goût conventionnel avec *Le Triomphe de Clélie* (Bologne, 14 mai) sur un livret de Métastase. Après une dernière incursion brillante dans le domaine de l'opéra-comique français avec *La Rencontre imprévue ou les Pèlerins de La Mecque* (1764), vinrent quelques œuvres mineures dans le goût de Métastase, pour des cérémonies de cour. Finalement, Gluck retourna en 1767 vers une forme d'art plus épurée en mettant en musique l'*Alceste* (*) de Calzabigi. la dernière œuvre née de la collaboration de Gluck et de Calzabigi, *Pâris et Hélène* (Vienne, 30 novembre 1770), est d'un moindre intérêt dramatique. Mais déjà Gluck tournait les yeux vers Paris dont il espérait faire la conquête. Mais les jalousies et les rivalités, la crainte de tous de voir la place prise par un étranger devaient rendre la partie difficile. En 1772, Gluck se fit écrire un livret français tiré par François du Roullet, attaché d'ambassade, de l'*Iphigénie en Aulide* (*) de Racine ; en 1773, il fit un séjour à Paris et prépara le terrain pour la première de son *Iphigénie*, qui fut donnée le 19 avril 1774, avec comme interprète Sophie Arnauld ; il s'ensuivit d'ardentes polémiques qui furent promptement ravivées par la représentation d'*Orphée et Eurydice* (2 août), remaniement en français de la première œuvre de Gluck et Calzabigi. Deux factions surgirent et les partisans de l'opéra italien traditionnel appelèrent à Paris Piccinni afin qu'il combattît la position victorieuse des ouvrages de Gluck (l'*Alceste* avait été également porté à la scène dans une nouvelle version française le 17 avril 1776). Le 23 septembre 1777, l'*Armide* (*) de Gluck sur un livret de Quinault fut créée à l'Opéra ; cette œuvre montre en vérité un certain fléchissement dans les conventions dramatiques, dû peut-être au caractère fabuleux et au style quelque peu démodé du livret. Le 27 janvier 1778, le *Roland* de Piccinni fut porté à la scène, sur un autre livret de Quinault, lequel avait déjà été proposé à Gluck, puis indélicatement remis à l'Italien : ni l'une ni l'autre de ces œuvres ne parvinrent à s'imposer et la polémique continua de faire rage. Gluck obtint à peu de temps de là un triomphe incontesté avec *Iphigénie en Tauride* (*) (18 mai 1779), sur un livret de Guillard, la dernière et sans doute la plus achevée de ses œuvres réformatrices. Mais au même moment, *Écho et Narcisse* (24 septembre 1779) marque un autre de ses faux pas et une nouvelle rechute dans le maniérisme d'une mythologie conventionnelle. Une attaque d'apoplexie, cette année-là, suivie d'une nouvelle attaque en 1781, mit un terme à l'activité de Gluck en tant que compositeur. Sa renommée, pourtant, était à son apogée ; il passa ses dernières années à Vienne, entouré de princes et d'artistes, assistant aux représentations toujours plus nombreuses de ses meilleures œuvres jouées dans les théâtres d'Autriche, d'Allemagne et d'Italie. Il admira le génie de Mozart dans *L'Enlèvement au sérail* (*), mais protégea son rival Salieri auquel il céda le livret des

Danaïdes (*) de Calzabigi (ce qui fut le motif d'une brouille entre les deux vieux collaborateurs), œuvre dont il organisa la représentation à l'Opéra de Paris (1784). Vainement, Gluck tenta d'exécuter au cours de ses dernières années la promesse faite au poète Klopstock d'écrire la musique de scène pour son drame *La Bataille d'Arminius* – v. *Arminius* (*) : sa santé chancelante l'empêcha d'achever ce travail qui le passionnait. Le 15 novembre 1787, il voulut fêter la visite de deux amis parisiens en s'accordant un petit verre de liqueur pendant l'absence de sa femme. Cette infraction aux prescriptions médicales lui fut fatale et une nouvelle attaque d'apoplexie eut raison de sa robuste constitution.

MASSIMO MILA.

♦ « *Si le génie musical uni à l'entente profonde des passions du cœur humain, à la plus vive sensibilité et à la plus haute raison, est susceptible de défier l'oubli, Gluck est assuré de vivre dans l'admiration des hommes tant que l'art ne périra pas...* » Paul Dukas.

RÉF. : Gustave Desnoiresterres, *La Musique française au XVIII*e *siècle. Gluck et Piccinni. 1778-1800,* Paris, 1872. – Paul Landormy, *Gluck*, Paris, 1941. – Jean-Gabriel Prod'homme, *Christoph Willibald Gluck,* Société d'éditions françaises et internationales, Paris, 1948. – François Lesure, *Querelle des gluckistes et des piccinnistes,* Genève, 1984.

GLYKAS Michaïl. Chroniqueur, poète et théologien byzantin du XIIe siècle, né probablement à Corfou vers 1100. Il possédait une vaste culture littéraire et exerça l'emploi de grammairien. Incarcéré en 1159 pour des motifs politiques, il eut les yeux crevés sur l'ordre de l'empereur Manuel Comnène en dépit du poème émouvant que, du fond de sa prison, il avait fait parvenir au souverain et qui est l'un des plus anciens témoignages de la poésie grecque en langue vulgaire. Réduit à la misère en conséquence de sa disgrâce, il tenta de se concilier la pitié de l'empereur en lui dédiant un recueil de proverbes populaires accompagnés de commentaires théologiques rimés. Son œuvre capitale, toutefois, est la *Chronique* (*), compilation historique en quatre parties qui s'étend de la création du monde à la mort d'Alexis Comnène (1118).

GNESSIN Ouri-Nissan. Écrivain russe d'expression hébraïque. Né le 29 octobre 1879 à Starodouv (en Russie), mort à Varsovie le 5 avril 1913. À l'âge de neuf ans, Gnessin quitte sa ville natale pour Potchp, où son père dirige une école talmudique. Il fait alors la connaissance de Brenner, qui deviendra plus tard l'un des écrivains les plus célèbres de sa génération. Les deux adolescents publient ensemble une revue littéraire entièrement manuscrite. Cette collaboration constitue le début d'une amitié profonde mais orageuse, ponctuée d'innombrables brouilles, toutes provoquées par un désaccord intellectuel et idéologique. À l'âge de dix-huit ans, Gnessin part pour Varsovie où il participe à l'élaboration d'un important quotidien hébraïque. Très vite, ce jeune homme talentueux devient un écrivain à part entière. Il publie essentiellement des poèmes et des nouvelles. Mais on lui doit également quelques traductions, notamment celles de Tchekhov, Lermontov, Maupassant et Baudelaire. Poussé par la quête d'un bonheur toujours fugitif, mais aussi par les difficultés économiques, Gnessin quitte Varsovie. Il vit successivement dans différentes villes de l'empire russe, puis, en 1906, se rend à Londres. Il doit participer à la publication d'une nouvelle revue littéraire fondée par Brenner, mais le projet échoue, et Gnessin, une fois de plus, reprend ses errances. Tenté par le rêve sioniste, il part en Palestine, mais cette expérience se solde également par un échec. En 1908, après un bref séjour à Varsovie, Gnessin revient à Potchp et s'y installe définitivement. Cinq ans plus tard, lorsque son état de santé s'aggrave, il se rend à Varsovie pour se soigner. Il y meurt quelques mois plus tard à l'âge de trente-quatre ans. Malgré une production relativement restreinte, Gnessin occupe une place très importante dans la littérature hébraïque. Il doit sa célébrité essentiellement à quatre nouvelles : « À l'écart » [Ha-tzida] publiée en 1905, « Entretemps » [Beinataim] publiée en 1906, « Avant que... » [Be-terem] publiée en 1909 et « Le Marginal » (*), dont le titre original devrait être traduit littéralement par « À côté de... » publiée en 1913. Ces titres originaux et révélateurs témoignent tous du fossé qui sépare le héros gnessinien de la vie. Passifs, désabusés, les personnages de Gnessin déambulent à travers l'existence dans un détachement total, incapables d'aimer, incapables de croire. Ayant perdu la foi, ayant coupé les liens avec leur milieu familial et social, ces « déracinés » ont cherché en vain un idéal nouveau pour remplacer les anciennes valeurs. Ce thème du déracinement apparaît fréquemment dans la littérature hébraïque de l'époque. Cependant, Gnessin y introduit une tonalité personnelle en plaçant au centre de son œuvre non pas le désarroi d'une quête permanente, mais le désespoir devant le vide de l'existence. Il se fait le porte-parole de cette jeunesse perdue, sans avenir et sans espoir. Afin de mieux comprendre cette détresse, Gnessin procède à une introspection, scrutant sans cesse l'âme de ses héros, détaillant dans les moindres détails leurs pensées et leurs sensations. Il abandonne le récit réaliste en faveur d'une écriture impressionniste et plonge son lecteur dans l'intériorité la plus secrète de l'individu. Le monde extérieur est souvent perçu à travers le regard du protagoniste. La voix du narrateur se fond avec celle du héros. Les descriptions, les dialogues, les monologues intérieurs (particulièrement fréquents) sont indissociables, concourant ensemble à dévoiler le subconscient des personnages. Grâce à cette démarche littéraire, Gnessin s'affirme comme un écrivain original et résolument moderne.

Son œuvre, souvent incomprise lors de sa parution, a fortement marqué la prose israélienne, et nombreux sont les écrivains qui se réclament aujourd'hui de l'« école gnessinienne ».

ZIVA AVRAN.

GOBINEAU Joseph Arthur, comte de. Diplomate et écrivain français. Né à Ville-d'Avray (Hauts-de-Seine) le 14 juillet 1816 ; mort à Turin le 13 octobre 1882. Fils d'un officier de la garde royale, il grandit, dès ses premières années, dans les héroïques souvenirs de ses ancêtres vikings et le mépris de la société démocratique moderne. Adolescent, il parle déjà parfaitement l'allemand, étudie les coutumes celtiques et, encouragé par son père, commence à étudier les langues et les cultures orientales. Arrivé à Paris à dix-neuf ans, en 1837, sans fortune, il doit accepter un emploi subalterne à la Compagnie du Gaz, puis aux Postes, publie des articles dans *La Revue des Deux Mondes* (*), *La Quotidienne*, etc. et essaie de vivre en écrivant des romans d'aventures : *Le Prisonnier chanceux* (*) (1846), *Ternove* (1847), *Nicolas Belavoir* (1847), *Mademoiselle Irnois* (*) (1847), *L'Abbaye de Typhaines* (*) (1848). C'est la révolution de 1848 qui va ouvrir à ce légitimiste la carrière diplomatique : le 15 juin 1849, Gobineau devient chef de cabinet de Tocqueville, ministre des Affaires étrangères et, après la chute de son ami, il reste au service de l'État, envoyé successivement à Berne (1849), à Hanovre (1851), à Francfort (1854), où il rencontre Prokesch-Osten. En 1853 paraît la première partie du célèbre *Essai sur l'inégalité des races humaines* (*), presque aussitôt traduit en anglais et en allemand, la deuxième partie en 1855, année où Gobineau part pour Téhéran comme membre d'une mission extraordinaire auprès du shah de Perse — v. *Trois ans en Asie, de 1855 à 1858* (*). Rentré en France en 1858, il dirige en 1861 une mission chargée d'aller délimiter les pêcheries de Terre-Neuve et, aussitôt après ce voyage en Amérique, retourne, comme ministre plénipotentiaire cette fois, à Téhéran où il réside jusqu'à 1863. En 1864 paraît le *Traité des écritures cunéiformes* (+), dont Gobineau affirme qu'elles ne sont aucunement assimilables aux nôtres en raison de leur caractère talismanique, en 1865 *Les Religions et les philosophies dans l'Asie centrale* (*), et en 1869 l'*Histoire des Perses* (+), application à l'Iran de la théorie de la race comme dynamisme de l'Histoire. Ministre à Athènes, puis à Rio de Janeiro, Gobineau rentre en France en mai 1870, passe la guerre dans sa propriété de l'Oise et reçoit en 1872 sa nomination d'ambassadeur à Stockholm, où il achèvera sa carrière en 1877. Ses dernières années seront occupées par des voyages à travers l'Europe, principalement en Italie et en Allemagne, par son amitié spirituelle avec Richard Wagner rencontré à Rome en 1876, et par la publication de plusieurs ouvrages parmi lesquels *Les Pléiades* (*) (1874), *Nouvelles asiatiques* (*) (1876), le poème d'*Amadis* (1876) et *La Renaissance* (*) (1877).

Ses doctrines, poussées à leurs plus extrêmes conclusions par Vacher de Lapouge et mises en pratique par le IIIe Reich, ont valu à Gobineau une célébrité qui a longtemps occulté l'originalité proprement littéraire de son œuvre. Justice lui est aujourd'hui rendue. Comme le remarque Gaëtan Picon, « Sa voix peut ne pas être habile, car elle a pour elle la force de l'expérience la plus hardie, la plus fervente et la mieux dominée. »

RÉF. : L. Thomas, *Arthur de Gobineau inventeur du racisme*, 1941. — J. Gaulmier, *Spectre de Gobineau*, 1965. — J. Boissel, *Gobineau (1816-1882), un Don Quichotte tragique*, 1981. — P. L. Rey, *L'Univers romanesque de Gobineau*, 1981.

GOBLOT Edmond. Philosophe logicien français né à Mamers (Sarthe) le 13 novembre 1858, mort le 9 août 1935 à Labaroche (Vosges). Issu d'une ancienne famille d'agriculteurs, Goblot entre à l'École normale supérieure en 1879, il s'y lie d'amitié avec Bergson et fréquente Durkheim. Agrégé de philosophie en 1883, il enseigne dans plusieurs lycées en Corse, à Valenciennes et à Angers. Il fait des conférences d'économie politique qui lui valent d'être soupçonné d'activités « subversives » par la préfecture. En poste à Toulouse au moment de l'affaire Dreyfus il fonde la section de la « Ligue des droits de l'homme ». Il suit des cours à l'université, en médecine et mathématiques. En 1898 il présente ses deux thèses *Sur la classification des sciences* et *De la musique chez les anciens en lien avec la philosophie* [*De musicae apud veteres cum philosophiae conjonctione*]. Il terminera sa carrière à Lyon tout en militant à la Ligue antialcoolique et à la Ligue de la propagation de la vertu. Goblot, grand érudit passionné de musique, écrit de nombreux articles dans les revues philosophiques. Son ouvrage *La Barrière et le Niveau* (*) le place parmi les sociologues qui, comme Thorstein Veblen, s'intéressent à l'étude de la bourgeoisie, et constitue une tentative pour déterminer les critères de définition de ce groupe social ; il en donne une approche novatrice et fructueuse reposant sur la notion de distinction.

HÉLÈNE THOMAS.

RÉF. : J. Kergomard, P. Salzi et F. Goblot, *Edmond Goblot 1858-1935. La Vie et l'œuvre*, Paris, 1937.

GODEAU Antoine. Évêque et écrivain français. Né à Dreux le 24 septembre 1605, mort à Vence le 21 avril 1672. Issu de la riche bourgeoisie, il est introduit en 1628 dans les salons parisiens par son cousin Conrart. Auteur d'un *Discours sur les œuvres de Malherbe* (1626), il fréquente le groupe des illustres Bergers avec Colletet et Malleville, et le cercle de Conrart avec Chapelain et Guez de Balzac. Il joue un rôle actif dans la constitution de l'Académie française, où il est le premier académicien nommé en 1634. Reçu à l'Hôtel de Rambouillet grâce à Mlle Paulet, il y brille par ses talents d'amuseur et de poète galant qui le posent en rival de Voiture. Sa petite taille le fait surnommer « le nain de Julie », du nom de la fille de la marquise de Rambouillet. Mais sa foi religieuse s'affirme et il dédie à Richelieu ses *Œuvres chrétiennes* (1633), ce qui lui vaut l'évêché de Grasse en 1636. Quittant Paris en 1637, il continue à correspondre avec ses amis et envoie en 1641 des poèmes pour *La Guirlande de Julie* (*). Évêque de Grasse et de Vence en 1639, puis de Vence seulement après 1653, il se consacre avec le plus grand sérieux à la réforme de son diocèse, ce dont témoignent ses *Instructions et Ordonnances synodales* (1644). Prédicateur de grand renom, théologien rigoriste et jansénisant, il compose une *Institution du prince chrétien* (1644) pour le jeune Louis XIV, un *Traité des séminaires* sur la formation des prêtres, une *Histoire de l'Église* (1653) et de nombreuses vies de saints. Poète chrétien abondant mais inégal, on lui doit une *Paraphrase des psaumes* (*) (1648) entreprise dès 1633, une épopée, *Saint Paul* (1654), et des *Poésies chrétiennes et morales* (1663).

ALAIN GÉNETIOT.

RÉF. : Actes du colloque *A. Godeau. De la galanterie à la sainteté,* 1975.

GÖDEL Kurt. Mathématicien naturalisé autrichien en 1929, puis américain en 1940. Né à Brno (Moravie) le 28 avril 1906, mort à Princeton le 14 janvier 1978. C'est un court article dans une revue allemande, *Sur les propositions formellement indécidables des « Principia Mathematica » et des systèmes apparentés* (*) (1931), qui fit connaître Kurt Gödel, jeune professeur de mathématiques à l'université de Vienne. Lorsque son auteur, en 1952, sera fait docteur honoris causa de l'université de Harvard, cet article sera signalé comme « l'un des plus importants travaux effectués en logique à l'époque moderne ». De fait, Gödel a remis en question un mode de pensée largement accepté de tous les mathématiciens de son époque, selon lequel chaque domaine des mathématiques repose sur un certain nombre d'axiomes à partir desquels il est possible de retrouver toutes les propositions vraies de ce domaine. S'attaquant aux fondements des mathématiques, Gödel montra, par une arithmétisation totalement nouvelle (nommée « gödelisation »), l'incomplétude de tout système axiomatique contenant la théorie des nombres ; le « théorème de Gödel », en d'autres termes, stipule qu'il existe en mathématiques des propositions « intuitivement vraies » qui sont indémontrables, ce qui a entraîné un processus, toujours en cours, de réévaluation de la nature des théories mathématiques et des théories de la connaissance en général. En 1940, Gödel émigre aux États-Unis à l'Institute for Advanced Study de Princeton où il rejoint Albert Einstein et John von Neumann. Avec le premier, auquel le lie une grande amitié, il travaille sur la théorie de la relativité et la cosmologie relativiste ; le second le définira comme « le plus grand logicien depuis Aristote ». L'anecdote raconte que, lors de sa naturalisation, il trouva de nombreuses fautes de logique dans la Constitution américaine... À partir de 1943, il accompagne son travail sur la logique et la théorie des ensembles d'une réflexion touchant à l'histoire des mathématiques et à la métaphysique.

NICOLAS WITKOWSKI.

GODWIN William. Écrivain anglais. Né à Wisbeach dans le Cambridgeshire le 3 mars 1756 ; mort à Londres le 7 avril 1836. Fils d'un pasteur dissident, il fut éduqué selon les plus purs principes puritains. Élevé à Guestwich où il résidait, il subit l'influence de la politique de Wilkes et de la théologie des « Sandemanians » ; s'étant vu refuser pour cette raison l'entrée à l'académie de Homerton, il entre en 1773 à celle de Hoxton. Devenu ministre du culte à Ware, il tomba sous l'influence de J. Fawcet, disciple de Jonathan Edwards. En 1780, alors qu'il était ministre du culte à Stowmarket, l'étude des philosophes français l'éloigna de la foi ; après un bref retour dû à la lecture des *Institutions* de Priestley, en 1787, ses entretiens avec Holcroft le conduisirent à l'athéisme, auquel il parvient en 1792, alors qu'il préparait son *Enquête sur la justice politique* (*), publiée en février de l'année suivante. Cette prise de position n'était pas définitive : en 1799, son amitié avec Coleridge le ramena vers un vague déisme. En 1783, à la suite de la crise religieuse qu'il traversait, il avait abandonné la carrière ecclésiastique pour se lancer dans la carrière littéraire. Il écrivit des opuscules, des articles, des nouvelles, et collabora à l'*English Review.* À cette époque, il se mit à fréquenter le cercle politique des « Whigs » et fit la connaissance de Thomas Paine dont il lut le manuscrit des *Droits de l'homme* (*). En 1796, il rencontra Mary Wollstonecraft, écrivain elle aussi, et il l'épousa en mars de l'année suivante ; en septembre, Mary mourut après avoir donné naissance à une fille qui devait épouser Shelley. Cette union n'avait pas été heureuse pour Godwin ; son second mariage en 1801, avec la propriétaire d'une imprimerie, Mrs. Clairmont, ne lui apporta que des déboires (Mrs. Clairmont avait eu d'un précédent mariage Clara Mary Jane Clairmont, dont Byron eut une fille, Allegra). En 1794, Godwin avait publié son roman *Les Aventures de Caleb Williams* (*) ; en 1799, un autre roman, *St. Leon*, et un libelle pour répondre aux critiques sur la *Justice politique.* Pris d'un nouvel intérêt pour l'histoire, il composa deux tragédies : *Antoine* (1800) qui tomba dès la première représentation et *Abbas, roi de Perse.* En 1803, il publia les deux premiers volumes de *La Vie de Chaucer.* En 1807, se trouvant aux prises avec des difficultés financières, il écrivit pour l'imprimerie de sa femme des contes pour enfants, sous le nom de Baldwin. De 1824 à 1828, il composa l'*Histoire du Commonwealth* [*History of the Commonwealth*] en se fondant sur des documents originaux du British Museum. Il continua à travailler jusqu'à sa mort. On connaît également de lui plusieurs autres romans dont *Fleetwood* (1805) et *Mandeville* (1817), et des essais, tel *The Enquirer*.

♦ *« Godwin marque le point extrême atteint en Angleterre par l'intellectualisme absolu dans son application aux problèmes sociaux et moraux* [...] *L'anarchie est l'idéal auquel tend sa pensée ; et son individualisme très accentué complète ou corrige le communisme de ses visions sociales. »* L. Cazamian.

RÉF. : V. Paul, *W. Godwin*, 1876. – F. K. Brown, *Life of William Godwin*, 1926. – D. H. Monro, *Godwin's Moral Philosophy*, Londres, 1953. – J. P. Clark, *The Philosophical Anarchism of William Godwin*, Princeton, N.J., 1977. – J. de Palacio, *W. Godwin et son monde intérieur*, Lille, 1980. – P. H. Marshall, *W. Godwin*, Yale, 1984.

GOES ou **GOIS Damião de.** Historien et humaniste portugais né à Alenquer en février 1502, mort au monastère de la Batalha le 30 janvier 1574. Esprit ouvert, universel, il fut, dans le domaine des idées, le plus libre quoique le plus modéré des représentants de l'humanisme au Portugal. Entré en 1511 au palais royal en qualité de page attaché à la personne du roi Manoel Ier, puis de son successeur João III, il fut chargé par ce dernier de diverses missions à l'étranger dans le but de rencontrer « tous les rois, princes, nobles et peuples de la chrétienté ». À Wittemberg il connut Luther et Mélanchthon, Érasme à Fribourg, en Italie Bembo et Sadoleto. En 1542, il défendit louvain contre les Français ; prisonnier de guerre, il fut libéré moyennant une rançon de 6 000 ducats. Après s'être fixé au Portugal en 1545, il écrivit, sur l'ordre du cardinal infant Henrique, la *Chronique du prince João* (*), puis la *Chronique du roi Manoel Ier* (*), dans laquelle il ne manque pas de critiquer âprement les cruautés commises à l'égard des Juifs. À soixante-dix ans l'Inquisition lui fit un procès sous l'inculpation de luthérianisme et d'hérésie, et le condamna, en 1572, à la confiscation de ses biens ainsi qu'à la réclusion à vie au monastère de la Batalha. Outre ses chroniques qui sont ses chefs-d'œuvre, Goes a laissé diverses œuvres en latin dans lesquelles, avec tout l'intérêt qu'il porte à ce qui est humain, il prend la défense des peuples lointains *(Fides, Religio moresque, Aethiopum, Deploratio lapponiae gentis)* ou bien il fait part de ses impressions personnelles *(Urbis lovaniensis obsidio).* On a conservé de lui de nombreux ouvrages d'un moindre intérêt et quelques compositions musicales qui témoignent de la diversité de ses goûts et de ses aptitudes.

GOETHE Johann Wolfgang von. Écrivain allemand. Né à Francfort-sur-le-Main le 28 août 1749, mort à Weimar le 22 mars 1832. Les Goethe descendaient d'une famille d'artisans originaires de la Thuringe ; le bisaïeul du poète avait été maréchal-ferrant à Artern (sur le mont Kyffhaüser), son grand-père tailleur à Francfort, puis hôtelier cossu. Son père était jurisconsulte avec le titre de conseiller impérial à titre honoraire. C'était un homme possédant une vaste culture ; le journal de son voyage à Venise, Rome et Naples (1740), écrit en italien, a été publié en 1932 par Arturo Farinelli. Sa mère, Katharina Elisabeth Textor, appartenait à une famille de juristes de l'Allemagne méridionale. Le grand-père maternel de Goethe, Johann Wolfgang Textor, avait été bourgmestre de Francfort et, en qualité de maire, avait tenu en main les destinées politiques de la ville. Johann Wolfgang assista, en avril 1764, au couronnement de Joseph II, élu empereur d'Allemagne. Il étudia le droit à Leipzig de 1765 à 1768, et à Strasbourg de 1770 à 1771. De mai à septembre 1772, il fut avocat auprès de la cour impériale de justice [Reichskammergericht] de Francfort après avoir subi les examens d'aptitude à Francfort en décembre 1771. Jusqu'à son installation à Weimar à l'automne de 1775, il s'occupa de vingt-huit procès dont on a conservé les pièces. À Leipzig, le jeune Goethe livra aux flammes ses premiers essais de Francfort, un poème en prose en l'honneur de Joseph II et quelques ébauches de drames. Les poésies de cette époque sont conservées dans le livre *Annette* (1767) et dans *Mélodies et Lieder dédiés à Mlle Frédérique Oeser* [*Lieder mit Melodien, Mlle Friederiken Oeser gewidmet*]. À l'automne 1769 fut publié sans nom d'auteur, postdaté d'un an, le premier recueil de vers de Goethe : *Nouveaux lieder et Mélodies* [*Neue Lieder und Melodien*]. Encore à Leipzig parut : *Caprice de l'amant* [*Die Laune des Verliebten*], et à Francfort la comédie en alexandrins : *Les Complices* [*Die Mitschuldigen*, 1770], qui évoque des souvenirs de Leipzig. Le séjour à Strasbourg devait être capital pour son évolution ; il acquit la maîtrise de lui-même, fréquenta un groupe de contemporains qui se détachaient de l'art rococo, mais ce qui compta surtout ce fut sa rencontre avec Herder. Dans le voisinage de Strasbourg, à Sesenheim, Goethe fut présenté à Frédérique Brion ; leur idylle fut toute platonique et se termina par une séparation pénible. Cet épisode inspira au poète des vers dont on peut bien dire qu'ils sont les premiers en date de la littérature allemande moderne – v. *Poésies* (*). L'impression que fit sur lui la cathédrale de Strasbourg l'incita à écrire sous le titre : *De l'architecture allemande* [*Von deutscher Baukunster*, 1773], un hymne en prose dédié à son constructeur l'architecte Erwin von Steinbach. Cet ouvrage suscita en Allemagne un mouvement d'intérêt vers cet art gothique que Oeser, directeur de l'Académie de Leipzig et maître de Goethe, avait traité avec mépris, le trouvant « outré, dépourvu de proportions régulières et impropre à éveiller dans les esprits autre chose que la peur et l'épouvante ». Au contraire, et parce qu'il ignorait l'origine française de l'art gothique, Goethe loua en la personne d'Erwin le génie, le créateur qui, nouveau Prométhée, forge un monde nouveau en reniant tous les principes antérieurs et puise tout dans la fécondité de son esprit. Ce texte est à l'origine du culte du génie et ouvre la période du « Sturm und Drang ». Le drame en prose *Goetz de Berlichingen à la main de fer* [*Götz von Berlichingen mit der eisernen Hand*, 1773] qu'il écrivit suivant l'exemple de Shakespeare, en passant outre à la règle française des trois unités de temps, de lieu et d'action, a la même valeur inaugurale dans le domaine du théâtre. Le drame est tout entier axé sur la personnalité d'un chevalier de la première moitié du XVIe siècle, homme rude, loyal, droit, dévoué au peuple, dont il veut faire reconnaître les droits. C'est une redécouverte de la chevalerie et du Moyen Âge, qui furent vite remis à la mode. Kleist et Walter Scott ont repris et développé ces thèmes. De même *Egmont*, variante de l'idée qui inspira le *Goetz*, se rattache à la période de Francfort. À côté du « génie », il y a le « cœur », opposé au culte de la raison qui a marqué l'époque antérieure. L'œuvre de Goethe est caractéristique à ce point de vue. *Les Souffrances du jeune Werther* (*) (1774) en témoignent ; la nouveauté du style, le suicide de l'amant infortuné, firent sensation hors des frontières allemandes et déchaînèrent en Europe la fièvre werthérienne. À la base de ce livre, il y a la passion qu'il avait conçue pour Charlotte Buff, rencontrée à Wetzlar mais déjà fiancée à son ami Kestner, et le suicide d'un autre ami, Jérusalem, jeune conseiller de légation. Ne pouvant vivre son amour, écrasé par un monde hostile, Werther, le seul Titan de Goethe capable de renoncement, se tue. L'évangile de la nature selon Rousseau joint au génie et au cœur, voilà les origines d'une suite de drames mineurs entrepris en 1773. Les drames de cette époque sont : *Mahomet* (*) (vers 1772), *Satyros ou le Faune fait dieu* (*) (1773), *Prométhée* (*) (1773), *Vie terrestre de l'artiste* (*), *Stella* (*). *Clavigo* (*) (1774) est né du besoin d'appuyer ses théories sur une œuvre théâtrale sans recourir, comme dans les autres œuvres de la même époque, à des expériences personnelles. À Francfort, Goethe fit la connaissance de Lili Schönemann, la ravissante fille d'un commerçant fortuné, en tomba amoureux et se fiança.

La jeune fille, qui avait sur lui une très forte influence, aurait souhaité pour lui une existence plus conforme à la tradition : le poète se révolta à l'idée de cette atmosphère conformiste où se complaisait, dans sa quiétude, la femme aimée. Après des années de combat intérieur, il rompit définitivement. Le duc Charles-Auguste de Saxe-Weimar, né en 1757, ayant à peine atteint sa majorité, demanda à Goethe de venir à Weimar pour passer au service de son État. Goethe devint conseiller secret de légation en 1776, siégeant dans la plus haute autorité, le Conseil secret. L'intérêt qu'il portait à la géologie le poussa, dans les années 1777, 1783, 1784 et 1789 à faire divers voyages dans le Harz ; les affaires ayant trait aux mines du pays lui furent confiées ; il assuma en outre la charge des routes du duché, il fut nommé commissaire à la Guerre en 1779, fut anobli en 1782 et se vit confier la direction des finances de l'État ; enfin en 1815, après le congrès de Vienne à la suite de l'érection du duché en grand-duché, il devint ministre. Son activité administrative intense paralysait le poète. « Je n'ai rien à te dire sur mon compte sinon que je me sacrifie à ma fonction », écrivait-il dans une lettre datée du 29 juillet 1782. Par ailleurs, le contact quotidien avec les réalités pratiques du gouvernement d'un État l'aidait à dépasser le culte de l'individuel ainsi que le « Sturm und Drang ». L'amour tout platonique qu'il éprouvait pour une dame de la Cour, Charlotte von Stein, favorisa son évolution. « Pureté et Paix », tels sont les principes, telle est la nouvelle devise dont il se fit une règle de vie. Deux grands drames sont issus de cette période, écrits d'abord en prose, puis en pentamètres ïambiques ; ils caractérisent cette première décennie weimarienne : *Iphigénie en Tauride* (*) et *Torquato Tasso* (*).

Au même moment, il se plongeait dans l'écriture d'un roman : *Les Années d'apprentissage de Wilhelm Meister* (*). Ce « roman de formation » relate les désillusions de Wilhelm qui entend faire carrière d'auteur dramatique dans une troupe de comédiens. Mais là encore le théâtre n'est qu'un reflet du monde, de la noblesse et de la vie de cour dont Goethe fait l'éloge non sans en dévoiler sans complaisance les faiblesses. Le 3 septembre 1786, il quitta Carlsbad où il faisait une cure et se rendit secrètement en Italie afin que nul ne pût contrarier la réalisation de son rêve de jeunesse le plus cher, ce rêve qu'avaient inspiré les récits paternels : « En Italie ! en Italie ! Paris sera mon école, Rome mon université. Car c'est vraiment une université ; qui l'a vue a tout vu », voilà ce qu'il écrivait en 1770. Dans l'été de 1775, lors de son premier voyage en Suisse – voir *Lettres de Suisse* (*) –, il s'était arrêté, indécis, au col du Saint-Gothard : le souvenir de sa fiancée de Francfort, Lili Schönemann, le sollicitait. À l'automne, il se mit en route vers le sud, vers l'Italie. Désormais, rien n'eût pu le retenir. Il échappait à l'obsession des affaires, des événements, de la Cour ; en lui, il fallait sauver le poète. Vérone, Vicence, Padoue ne furent que de brèves étapes ; après un séjour de deux semaines à Venise, il se dirigea vers la plaine lombarde par Ferrare et Bologne, fit une halte de trois heures à Florence, toucha Pérouse, et le 29 octobre parvint à Rome. Il demeura sur le Corso, au n° 18. Il fréquenta les milieux artistes allemands, principalement Heinrich Wilhelm Tischebein et Philip Hackert, la femme peintre Angelica Kauffmann et, parmi les Italiens, le graveur Giovanni Volpato. Une amitié réciproque le lia à la jeune et belle Milanaise Maddalena Riggi. En février 1787, il se rendit à Naples, s'embarqua pour Palerme le 29 mars et parcourut la Sicile, revint à Naples vers le milieu de mai et à Rome au début de juin. Il quitta Rome le 23 avril 1788 ; le 18 juin le revit à Weimar. Les années romaines ont été les plus heureuses de la vie de Goethe. Plus tard, il avouera avoir pleuré amèrement, à son réveil, dans les semaines qui précédèrent son départ. À Rome, il avait retrouvé son âme d'artiste et ressenti la force du contact avec le monde classique qui eut une influence déterminante sur le reste de son existence ; l'Antiquité classique qu'il entrevoyait à travers ses lectures de Winckelmann constituait à ses yeux une humanité supérieure. C'est à cet étalon qu'il devait, par la suite, mesurer toutes choses. Un second et bref voyage en Italie, au printemps de 1790, le conduisit seulement à Venise. Le fruit des années romaines fut le *Voyage en Italie* (*) (paru en 1816, 1817 et 1829) qui constitue avec *Poésie et Vérité* (*) (1811-1830), où il relate ses jeunes années, son principal ouvrage autobiographique. Le retour à Weimar plongea de nouveau le poète dans la banalité quotidienne. Nul ne le comprenait. Il fuyait la Cour autant que possible, mais ne put refuser de suivre le duc qui, de 1786 à 1794, combattit dans les rangs de l'armée prussienne ; lors de la campagne contre la France révolutionnaire, Goethe assista à la célèbre canonnade de Valmy (30 septembre 1792). La phrase de Goethe, qu'il aurait, écrira-t-il dans son récit *Campagne de France* (*) rédigé bien plus tard (1820-1822), prononcée le soir même de la bataille : « Aujourd'hui s'ouvre une ère nouvelle de l'histoire du monde », dit assez l'importance que revêtit à ses yeux la retraite allemande. En 1793, Goethe participa, à la suite du duc, au siège et à la reddition de Mayence. En 1797, il partit une troisième fois pour l'Italie, mais les campagnes de Bonaparte en Lombardie l'arrêtèrent en Suisse (qu'il avait déjà visitée en 1775 et en 1779). Le duc, voulant laisser plus de liberté au poète, l'avait dégagé de ses obligations administratives tout en lui laissant titres et traitement. Jusqu'en 1817, Goethe assuma seulement la direction du théâtre de Weimar et jusqu'à sa mort la surintendance des Instituts pour la science et l'art à Weimar et Iéna. Depuis son retour de Rome, Goethe avait trouvé un foyer et un asile dans son amour pour Christiane Vulpius, jeune fille issue de la petite bourgeoisie de Weimar, devenue simple ouvrière. Il l'épousa seulement en 1806. Mais il fallut l'amitié de Friedrich Schiller, le poète qui enseignait l'histoire à l'université voisine de Iéna, pour donner à la vie de Goethe un nouvel élan. La rencontre décisive eut lieu en juillet 1794. Il est à noter que l'entretien ne porta pas sur la poésie mais bien sur les sciences naturelles et la philosophie. Comme Faust, Goethe voulait, par-dessus tout, pénétrer les lois et les secrets de la nature. Déjà, dans les premières années de Weimar, il s'était livré à l'étude de la géologie et de la botanique. La visite du jardin botanique de Palerme lui avait suggéré l'idée de l'*Urspflanze*, la plante originelle, et il en avait induit « le principe de l'identité primitive de tous les organes de la plante ». Déjà en 1786 il avait publié un traité d'ostéologie comparée — v. *De l'os intermaxillaire* (*) — et en 1791 paraîtra, contre Newton, sa *Contribution à l'optique* [*Beiträge zur Optik*], qui fut suivie en 1810 d'un vaste ouvrage en trois parties : *De la théorie des couleurs* (*). *L'Essai sur la métamorphose des plantes* (*) (1790) et *La Métamorphose des animaux* (*) sont des essais qui tentent de démontrer l'unité de la matière, d'en révéler l'origine à la suite de mutations continues, et de prouver que la variété des espèces découle d'une structure originelle très simple. La fréquentation de Schiller, qui dura jusqu'à la mort de ce dernier en 1805, eut un grand retentissement sur la vie privée et publique de Goethe ; l'échange d'idées sur les lois qui régissent la poésie et sur ses formes fut incessant entre eux et donna lieu à une *Correspondance* demeurée célèbre — v. *Correspondance entre Schiller et Goethe* (*), où l'on retrouve l'influence de l'Antiquité classique. En 1797, Goethe écrivit une épopée bourgeoise : *Hermann et Dorothée* (*) en hexamètres, puis des épigrammes en forme de distiques. Un grand drame allégorique, *Pandore* (*) (1807-08), qui est sans doute inachevé, tendait à exalter, en se fondant sur les mythes grecs, un monde futur où la civilisation et l'art atteindraient leur sommet. Dans le *Second Faust*, là où l'accent poétique est le plus intense, c'est-à-dire dans « la nuit de Walpurgis » et l'épisode d'Hélène, il se place sous le signe de la versification classique et de la poétique grecque. Goethe a écrit quatre grands romans : après *Werther* (1774), et *Les Années d'apprentissage de Wilhelm Meister* (achevé en 1796) vinrent en 1809 *Les Affinités électives* (*), roman de la vie conjugale où la volonté de rompre les liens sacrés suffit à entraîner la catastrophe. À cette époque, Goethe avait revu à Iéna Minna Herzlieb, fille adoptive du libraire Frommann. L'amour que lui inspira cette fille un peu étrange — c'est l'Ottilie du roman — trouva son expression dans les *Sonnets* (*) et dans le roman lui-même. Il donna une suite aux *Années d'apprentissage* avec *Les Années de voyage de Wilhelm Meister* (*) en deux parties (1821-1829). L'éducation et la formation de la personnalité individuelle, voilà quel était le sujet central des

Années d'apprentissage ; dans les *Années de voyage* s'y ajoutent des vues pédagogiques et sociales énoncées et vécues par les différents personnages du roman. Le second livre (dans sa deuxième partie) contient la description d'une « province pédagogique », utopie rêvée à l'instar des instituts d'éducation alors en faveur en Suisse. Des récits variés insérés dans le corps du roman en rompent l'unité. Comme poète, Goethe dépasse de loin tous les autres Allemands. Dans ce domaine, également, l'abandon des formes traditionnelles pour une facture personnelle remonte aux années de Strasbourg. Le style rococo, ses tonalités anacréontiques, ses artifices, sa tournure d'esprit sont désormais périmés. Rien ne doit être exprimé qui n'ait d'abord été ressenti, vécu par le poète ; l'amour, la nature ne sont plus de vains mots, la sincérité est une obligation absolue. Les vers de Goethe expriment une vision nouvelle et toute personnelle de la nature ; l'agencement des mots, le rythme, sont aussi des innovations. Ses ballades et surtout ses poèmes philosophiques sont les joyaux de la poésie allemande. À soixante-cinq ans, une fois encore, il trouva de nouveaux accents : inspiré par la traduction de la poésie persane, il composa un recueil de près de deux cent cinquante pièces de vers : *Le Divan occidental-oriental* (*). Ici, l'exaltation de la nature passe au second plan. Les thèmes sont multiples : Dieu, la mission du poète, l'amitié et la haine, l'amour et le renoncement. Les poèmes composant ce recueil furent conçus pour la plupart dans les années 1814-1815, un grand nombre sur les bords du Rhin, d'autres au pays natal, près du Main ; ils furent inspirés par la rencontre de Marianne von Willemer. *Le Divan* parut en 1819. À Marienbad, en 1821, Goethe fit la connaissance d'Ulrique von Levetzow, une jeune fille de dix-sept ans ; ce dernier amour est à l'origine de la *Trilogie de la passion* (*). Quant à l'œuvre capitale de Goethe, *Faust, une tragédie* (*), elle est le fruit de soixante ans d'un travail sans cesse repris et approfondi. Les débuts remontent à l'époque de Francfort. Le personnage du magicien qui veut percer les secrets de la nature s'élève comme une protestation contre le rationalisme des Lumières, impuissant à s'ouvrir un chemin vers le surnaturel. La tragédie de Marguerite, l'amante qui perd la raison à la suite de l'abandon de Faust, tue son enfant, est condamnée, rappelle un fait authentique survenu à Francfort en 1792, ainsi que le remords de Goethe au souvenir d'une jeune fille qu'il avait aimée à Strasbourg, au temps de ses études, puis abandonnée. Le *Second Faust*, dont l'idée est née après 1825, se rattache à la légende du XVIe siècle. Faust, devenu grand colonisateur, finit ses jours sur les bords de la mer et, malgré son pacte avec le diable, obtient le céleste pardon. « Celui qui a fourni de durs efforts, celui-là nous pouvons le délivrer » [Wer immer strebend sich bemüht, den können wir erlösen]. Le 2 février 1832, Goethe avait achevé son œuvre. Il mourut le 22 mars suivant.

ERNST BEUTLER.

♦ *« Il ne m'est jamais arrivé, dans le cours de mon existence, de rencontrer... un bonheur inespéré, un bien que je n'aie dû conquérir de haute lutte. »* Goethe, lettre à Schiller. ♦ *« Qui donc aujourd'hui est encore un chrétien comme le Christ voulait qu'on le fût ? Moi seul, peut-être, bien que vous me preniez pour un païen. »* Goethe, au chancelier Muller. ♦ *« Voilà neuf semaines que je vis avec Goethe ; depuis que nos âmes se sont peu à peu unies, insensiblement et sans le moindre effort, je vis entièrement en lui. À tous les égards, et de quelque côté qu'on le prenne, il est l'être humain le meilleur, le plus grand, le plus magnifique que Dieu ait jamais créé. »* Wieland, 1776. ♦ *« Je serais malheureux si je devais être souvent dans l'entourage de Goethe ; même à l'égard de ses amis les plus intimes, il n'a pas un moment d'abandon, n'offre aucune prise ; vraiment, je le tiens pour égoïste à un rare degré. Il possède le talent de captiver les hommes, de se les attacher par des attentions, grandes et petites, mais toujours il s'arrange pour rester lui-même hors d'atteinte... Les hommes ne devraient pas laisser grandir parmi eux un être pareil. Pour cette raison, je l'ai pris en haine, bien qu'en même temps j'aime son esprit de tout mon cœur et que j'aie la plus haute opinion de lui. »* Schiller, 1788. ♦ *« Si, comme homme, il n'avait pas eu pour moi la plus grande valeur entre tous ceux que j'ai jamais connus personnellement, je me contenterais d'admirer de loin son génie. Mais je peux le dire, au cours des six années que j'ai vécues près de lui, pas un seul instant son caractère ne m'a déçu. Sa nature est toute véracité et loyauté, avec le sens le plus sérieux pour ce qui est juste et bon. Voilà pourquoi les bavards, les hypocrites et les sophistes se sont toujours trouvés fort mal à leur aise dans le voisinage. »* Schiller, 1800. ♦ *« L'air de la Cour plaît trop à Goethe, plus qu'il ne convient à un poète. Il n'a pas lieu de railler les virtuoses, puisque les poètes, qui devraient être les guides de la nation, oublient tout pour ce clinquant. »* Beethoven. ♦ *« Un homme que j'admire, mais que je n'aime pas du tout. »* Chateaubriand. ♦ *« J'ai avec Goethe une gêne dans toute la conversation. Quel dommage que la philosophie mystique de l'Allemagne l'ait entraîné !... L'abus de l'analogie se rencontre beaucoup chez Goethe, et surtout dans ses prétentions en chimie et dans les sciences exactes. »* Benjamin Constant, 27 janvier 1804. ♦ *« Goethe est maintenant le vrai lieutenant de l'Esprit poétique sur la terre... Goethe sera et doit être dépassé – mais seulement à la manière dont les Anciens peuvent être dépassés, en contenu et en force, en diversité et en profondeur. »* Novalis. ♦ *« Goethe : l'Orphée et l'Horace allemands réunis dans un même homme. »* Lamartine. ♦ *« Le manque de charité et d'entrailles fut le caractère constant de Goethe. Son système de neutralité permanente dégénérait avec l'âge en manie. Je ne sache pas qu'aucun homme, non pas même Alexandre, soit descendu au tombeau avec une satisfaction plus intime et plus incurable de sa propre divinité... Amour, désespoir, patrie, terre et cieux, tout cela eut justement pour lui la valeur d'un sonnet régulier. »* Edgar Quinet, 1836. ♦ *« Le propre de Goethe était l'étendue, l'universalité même. Grand naturaliste et poète, il étudie chaque objet et le voit à la fois dans la réalité et dans l'idéal ; il l'étudie en tant qu'individu, et il l'élève, il le place à son rang dans l'ordre général de la nature ; et cependant il en respire le parfum de poésie que toute chose recèle en soi. Goethe tirait de la poésie de tout ; il était curieux de tout. »* Sainte-Beuve. ♦ *« Goethe est tantôt colossal, tantôt puéril ; tantôt un génie altier, moqueur, qui méprise le monde, tantôt un philistin précautionneux, satisfait, étroit.* » Fr. Engels. ♦ « *L'effort divin, qui est en tout, se produit par les justes, les savants, les artistes. Chacun a sa part. Le devoir de Goethe fut d'être égoïste pour son œuvre...* [Goethe] *est sceptique aux yeux des scolastiques : mais celui qui se passionne pour toutes les fleurs qu'il trouve sur son chemin, et les prend pour vraies et bonnes à leur manière, ne saurait être confondu avec celui qui passe dédaigneux sans se pencher vers elles. Goethe embrasse l'univers dans la vaste affirmation de l'amour ; le sceptique n'a pour toute chose que l'étroite négation.* » Renan. ♦ « *Goethe, le maître de tous les esprits modernes.* » Taine. ♦ « *Schiller peut et doit être imité parce qu'il est le modèle d'un genre ; Goethe n'appartient à aucun genre ; c'est une nature exceptionnelle, formée de qualités contraires qui ne se trouveront peut-être plus jamais réunies.* » Grillparzer. ♦ « *Cet homme était un écrivain tel que les dernières générations n'en ont jamais vu de semblable ; croire à son existence, que dis-je, en imaginer seulement la possibilité, c'est aujourd'hui déjà faire preuve de distinction... Tout ce qu'on peut dire de plus haut au sujet de livres écrits, il faut le dire de ses livres : ils contiennent une nouvelle époque, l'annonce et le commencement d'une ère nouvelle. Ils ont posé pour l'humanité la première pierre d'un nouveau monument social ; et nous voyons aussi en eux les grandes lignes d'un plan d'ensemble que les siècles futurs n'ont plus qu'à élargir, perfectionner, réaliser.* » Carlyle. ♦ « *Goethe, au milieu d'une époque aux sentiments irréels, était un réaliste convaincu ; il reconnaissait tout ce qui avait sur ce point une parenté avec lui – il n'y eut pas dans sa vie de plus grand événement que cet* ens realissimum *nommé Napoléon. Goethe concevait un homme fort, hautement cultivé, habile à toutes les choses de la vie physique, se tenant lui-même bien en main, ayant le respect de sa propre individualité, pouvant se risquer à jouir pleinement du naturel dans toute sa richesse et toute son étendue, assez fort pour la liberté... homme pour qui il n'y a plus rien de défendu, sauf du moins la faiblesse, qu'elle s'appelle vice ou vertu... Un tel esprit* libéré *apparaît au centre de l'univers, dans un fatalisme heureux et confiant, avec la foi qu'il n'y a de condamnable que ce qui existe isolément, et que, dans l'ensemble, tout se résout et s'affirme.* Il ne nie plus... *Mais une telle foi est la plus haute de toutes les fois possibles. Je l'ai baptisée du nom de* Dionysos. » Nietzsche. ♦ « *La perfection, pour Goethe, est dans la noblesse personnelle, non dans l'amour. Son centre est l'esthétique, non la morale. Il ignore la sainteté et n'a jamais voulu réfléchir sur le terrible problème du mal. Spinoziste jusqu'à la moelle, il croit à la chance individuelle, non à la liberté ni à la responsabilité. C'est un Grec du bon temps, que la crise antérieure de la conscience religieuse n'a pas effleuré. Il représente donc un état d'âme antérieur ou postérieur au christianisme.* » Amiel. ♦ « *Le pédantisme et l'aplomb de Goethe pourraient déconcerter. Gardons-nous de méconnaître sa magistrature. Il nous ouvre mieux qu'aucun maître la voie du grand art, en nous montrant que, pour produire une plus belle beauté, le secret c'est de perfectionner notre âme... Il nous est utile par l'exemple de sa vie, mieux encore que par son œuvre... Avec quelle heureuse audace il s'appuie sur ses erreurs !* » Maurice Barrès. ♦ « *La puissance et l'originalité de son imagination confèrent aux hommes et aux choses une présence qui est cependant bien éloignée de tout réalisme gênant ; c'est une existence très individualisée dans un monde idéal lointain.* » Dilthey. ♦ « *Goethe, ce naufragé de la vie...* » Ortega y Gasset. ♦ « *Artistiquement, Goethe jette un pont entre le germanisme et la latinité, au-delà entre le germanisme et l'Antiquité grecque, qu'il vantait et concevait si vivement.* » Léon Daudet. ♦ « *Rien ne fausse plus perfidement la figure de Goethe que l'image sereine que l'on s'en fait communément (en France du moins). Cette sorte de félicité supérieure, où se maintenir impassible et souriant dans une région inaccessible aux orages, n'est point la sienne. Son spinozisme ne va pas jusqu'à chercher à se soustraire aux passions... Au contraire, il s'abandonne d'abord à chacune, sachant s'en instruire, et ne cherche à s'en délivrer que lorsqu'elle n'a plus rien à lui apprendre. Son but, s'il en eut un autre que celui de simplement vivre le plus possible, c'est de la culture, non le bonheur.* » André Gide. ♦ « *Un âne solennel...* » Paul Claudel. ♦ « *Le monde de Goethe est passé. Le monde de Goethe est l'achèvement de plusieurs millénaires de l'histoire d'Occident... C'est le monde d'où le nôtre est sorti, mais dont le nôtre s'est déjà à tel point éloigné que Goethe paraît plus proche d'Homère que de nous.* » Karl Jaspers. ♦ « *Un dieu, peut-être, voilà ce qu'il était – mais non point un héros... Je ne suis pas un Goethe ; mais, pour parler comme Adalbert Stifter, je suis tout de même un peu de sa famille, à un degré éloigné.* » Thomas Mann. ♦ « *Goethe est la volonté de la culture plutôt que l'effet. Il en a le génie, sans en être le fruit naturel comme Racine... Ni le plus beau, ni le plus profond, ni même, si l'on veut, le plus poète, Goethe, parce qu'il est le plus complet et qu'il pense le plus, dans tous les ordres, avec beauté, est le plus grand homme des temps modernes.* » André Suarès.

RÉF. : Friedrich Gundolf, *Goethe*, trad. 1932. – Henri Lichtenberger, *Goethe*, 2 vol., Paris, 1937-1939. – Georg Lukacs, *Goethe und seine Zeit*, Berne, 1947. – Jean Boyer, *La pensée de Goethe*, Paris, 1949. – Karl Viëtor, *Goethe*, Berne, 1949. – Richard Friedenthal, *Goethe. Sein Leben und seine Zeit*, Munich, 1963. – « Études germaniques » n° 149, Actes du colloque de Strasbourg, 150e anniversaire de la mort de Goethe (n° spécial), Paris, 1983.

GOFFIN Robert. Écrivain belge d'expression française. Né et mort à Ohain : 21 mai 1898-28 juin 1984. Cet avocat d'assises qui fut le premier historien du jazz a été profondément influencé par le cosmopolitisme de Cendrars et de Larbaud, qu'il renouvelle et actualise dans ses premiers recueils. Son œuvre abondante et diffuse fait alterner les poèmes intimistes en vers réguliers et les amples versets d'une sorte d'épopée permanente de notre temps.

Parmi les nombreux livres de Goffin, citons *Sang bleu* (*) (1939), *Le Voleur de feu* (1950), *Le Temps sans rives* (1958), *Sources du ciel* (1962) et *Sablier pour une cosmogonie* (1965). Essayiste, son *Rimbaud vivant* (1937) fit sensation par l'explication qu'il tentait du poète par l'homosexualité. Dans *Entrer en poésie* (1948) et *Fil d'Ariane pour la poésie* (1964), il a fait montre d'une large connaissance de l'histoire littéraire et de sa sagacité à élucider certaines de ses énigmes. Réfugié aux États-Unis pendant la Seconde Guerre mondiale, il y a écrit plusieurs romans et des études de caractère historique. Il est aussi l'auteur d'essais sur Charlotte et Élisabeth d'Autriche, ainsi que sur les anguilles, les rats et les araignées. Membre de l'Académie royale, Robert Goffin a présidé la section belge du Pen Club.

GOFFMAN Erving. Sociologue américain. Né le 11 juin 1922 à Manville (Alberta) au Canada, mort à San Francisco le 20 novembre 1982. Ses parents, nés en Ukraine et récemment immigrés dans cette petite localité des environs de Winnipeg, parlaient le yiddish. Il commence ses études à Winnipeg où il est un brillant mauvais élève. Il entre à l'université, où il étudie d'abord la chimie avant de s'orienter vers la sociologie. Diplômé de l'université de Toronto en 1945, il poursuit ses études au département de sociologie de l'université de Chicago où il obtient son M.A. en 1959. Il poursuit des recherches sur le terrain dans les îles Shetland en tant que membre du département d'anthropologie sociale à Edimbourg de 1949 à 1951. Elles donneront lieu à sa thèse sur les « conduites de communication dans une communauté insulaire », soutenue en 1953 et qui deviendra son premier livre, peut-être le plus important : *La Mise en scène de la vie quotidienne. La présentation de soi* [*The Presentation of Self in Everyday Life,* 1956]. Il travaille ensuite au laboratoire des études socio-environnementales de l'Institut national pour la santé mentale, ce qui l'amène à observer pendant une année les patients de l'hôpital Sainte-Élisabeth à Washington, étude qui conduira à la publication en 1961 d'*Asiles. Études sur la condition sociale des malades mentaux* (*). En 1958, il rejoint l'équipe du département de sociologie de Berkeley où il deviendra professeur en 1962. Son style très personnel, ses théories sur la communication humaine vont faire de lui une figure capitale de la sociologie américaine. Ses publications se succèdent : *Le Comportement dans les lieux publics* [*Behavior in public Places : Notes on the Social Organization of Gatherings,* 1963] ; *Stigmate. Les Usages sociaux des handicaps* [*Stigma : Notes on the Management of Spoiled Identity,* 1963] ; *Les Rites d'interaction* [*Interaction Ritual : Essays on Face to Face Behavior,* 1967]. En 1968, il est nommé au département d'anthropologie sociale de l'université de Pennsylvanie. Il publie *Interaction stratégique* [*Strategic Interaction*, 1969] ; *La Mise en scène de la vie quotidienne. Les relations en public* [*Relations in Public : Micro Studies of the Public Order,* 1971] ; et *Façons de parler* [*Forms of Talk,* 1981]. Il meurt d'un cancer en 1982.

RÉF. : P. Drew et T. Wootton (éd.), *Erving Goffman : Exploring the Interaction Order,* Oxford, 1988. – R. Castel, J. Cosnier, I. Joseph, *Lectures de Goffman en France, Actes du colloque de Cerisy 1987,* Paris, 1988.

GOGOL Nikolaï Vassilievitch [Nikolaj Vasil'evič Gogol']. Écrivain russe. Né le 19 mars 1809 dans le domaine de Vassilievka, district de Mirgorod, province de Poltava ; mort le 21 février 1852 à Moscou. Le milieu provincial et superstitieux dans lequel il est élevé ne reste sans doute pas étranger à la familiarité précoce qu'il entretient avec le diable. Il appartient à une famille de petits propriétaires fonciers d'Ukraine, et l'on sait que l'Ukraine, avec son folklore, sa vie patriarcale, lui fournit une première source d'inspiration. Le père de Gogol se piquait de littérature et composait des comédies légères pour le théâtre d'amateurs dont s'occupait son riche parent et voisin D. P. Trochtchinski, haut dignitaire sous Catherine, Paul et Alexandre. Les fêtes données par le protecteur de son père durent impressionner vivement le jeune homme, puisqu'on en retrouve souvent le souvenir dans son œuvre, notamment dans *Les Âmes mortes* (*). Mais ce père qui meurt en 1825, quand Gogol a seize ans, ne semble pas avoir eu une grande influence sur son enfance. Sa mère, en revanche, dévote et passionnément attachée à son fils, exerce sur lui une influence religieuse et morale considérable dont il ne s'affranchira jamais.

Médiocre collégien, Gogol se signale à l'attention de ses camarades par un précoce talent de comédien. Encore au collège, il écrit un poème intitulé *Hans Küchelgarten*, que, dès son arrivée à Saint-Pétersbourg, en décembre 1828, il publie à ses frais. Mécontent de l'accueil réservé à cet ouvrage, et sans doute aussi de l'ouvrage lui-même, il s'empresse de le brûler. Ainsi Gogol commence sa carrière littéraire en vouant au feu le travail qu'il vient d'achever. Détail significatif, si l'on pense que sa dernière œuvre, la seconde partie des *Âmes mortes*, connut le même sort.

Gogol a pressé sa mère de l'envoyer dans la capitale, ce qui représentait pour la veuve un gros sacrifice d'argent. Mais il n'éprouve pas de remords à lui demander ce sacrifice, car il veut « servir » son pays, c'est-à-dire, en bon noble russe qu'il est, devenir fonctionnaire, à un échelon quelconque de l'immense appareil bureaucratique qui constitue l'armature de l'État tsariste. Cependant, servir de cette manière n'est guère à sa portée et il ne tarde pas à s'en apercevoir. Lui qui écrira que « toutes les fonctions sont saintes » et qu'« il faut des efforts héroïques pour les ramener à la hauteur voulue », renonce bientôt à sa carrière et quitte le ministère des Apanages où il occupait un modeste poste. Plusieurs échecs lui ayant prouvé que la manière habituelle de servir ne pouvait être la sienne, il transforme l'idée de « service » en l'idée d'une « mission » dont il serait chargé au nom de la Russie. Il pense alors trouver dans la littérature le seul service patriotique qui soit à sa portée, et digne de ses dons ; toute sa vie, il se voudra le poète exemplaire de son peuple.

Mais avant d'avoir trouvé cette voie, Gogol tente encore d'exercer une profession. En 1831, il obtient une chaire d'histoire à l'Institut patriotique des jeunes filles. Se croyant aussitôt l'étoffe d'un grand historien, il projette d'écrire une histoire d'Ukraine ; mais après avoir donné, durant un an, des cours d'histoire du Moyen Âge à l'université de Saint-Pétersbourg, il s'aperçoit qu'il fait fausse route, et se consacre désormais à la littérature.

Néanmoins, son passage à l'université lui permet de se lier avec un certain nombre de personnalités : le critique Pletniov, le célèbre poète Joukovski, Mme Smirnov, dame de la haute société, profondément religieuse et qui exerça sur sa vie d'homme et d'écrivain une durable influence, Pouchkine, enfin, qui devait lui donner le thème des *Âmes mortes.*

Toujours en 1831, Gogol publie, sous le pseudonyme de Rudy Panko, éleveur d'abeilles, la première partie des *Veillées à la ferme de Dikan'ka* (*). La seconde partie du recueil paraît l'année suivante. Dans les *Veillées*, Gogol utilise de nombreux souvenirs d'enfance, et puise dans le folklore petit-russien. La plupart de ces récits, « La Veille de la Saint-Jean », « L'Effroyable Vengeance », « Le Terrain ensorcelé », sont des peintures de la vie villageoise, mêlées à des diableries où sorcières et lutins interviennent, d'une façon plus conventionnelle que cruelle. Mais dans d'autres récits, comme *Ivan Fedorovitch Chponka et sa tante*, apparaît déjà le mélange de réalisme et d'humour qui caractérisera les œuvres de la maturité. Le livre plaît, et du jour au lendemain Gogol se trouve célèbre.

Un an plus tard, durant l'été de 1832, se rendant à Ukraine, il passe par Moscou, où il se lie avec des slavophiles notoires qui resteront longtemps ses amis et ses défenseurs : l'historien Pogodine et l'écrivain Serguei Aksakov. De retour à Saint-Pétersbourg, il prépare activement deux recueils de récits : *Mirgorod* (*) et *Arabesques* (*), qui paraissent tous deux en 1835.

Mirgorod confirme le succès de Gogol, mais ce qui ravit surtout le public et la critique, c'est la nouvelle intitulée *Tarass Boulba* (*), épopée bariolée du passé de la Petite-Russie. En préférant *Tarass Boulba* à *La Brouille d'Ivan Ivanovitch et Ivan Nikiforovitch*, autre nouvelle du même recueil, public et critiques montrent bien à quel point ils sont peu préparés à saisir l'importance des thèmes majeurs de Gogol, déjà dessinés dans *La Brouille.* Les deux Ivan, dont le nom évoque une pseudo-identité et une pseudo-ressemblance, sont déjà les frères des Piotr Ivanitch Bobstchinski et Piotr Ivanitch Dobstchinski, personnages du *Revizor* (*), de la « dame simplement aimable » et de la « dame aimable à tous les points de vue », personnages des *Âmes mortes*, ainsi que de toutes ces figures qui se répètent sans se ressembler tout à fait, et que l'auteur distingue toujours avec le plus grand soin, comme pour faire éclater leur absolue insignifiance.

Dans les trois nouvelles qui composent les *Arabesques : Le Portrait* (*), *La Perspective Nevski* (*) et *Le Journal d'un fou* (*), des souvenirs de Tieck et de Hoffmann viennent encore gêner Gogol dans la maîtrise de son art. Mais tout en étant, dans une certaine mesure, tributaire de ses maîtres, il dégage de plus en plus des poncifs romantiques — celui du *Portrait* à l'œil fascinant et dangereux, par exemple — la ligne ferme de son inspiration personnelle. Ainsi, dans *Le Journal d'un fou*, bien que la description du délire puisse paraître au début un peu trop semblable à ce qu'on attend d'une peinture de ce genre, elle rejoint néanmoins le problème crucial de toute la littérature de Gogol : celui du diable ; mais la vraie nature du diable se révèle ici : il s'appelle humiliation, envie ; il est tout ce qui écrase le petit fonctionnaire bafoué qui n'a jamais pris la parole, à qui personne ne demande rien, et qui ne trouve de remède à son mal que dans l'orgueil de la démence.

À la même époque, Gogol publie *Le Nez* (*), et commence *le Manteau* (*) qu'il finira quelques années plus tard. Avec *Le Nez*, on aborde la première œuvre où son talent si particulier se déploie librement, en dehors de toute réminiscence. Que l'on pense au premier paragraphe du récit : « ... À son immense stupéfaction, il vit que l'endroit que devait occuper son nez était parfaitement lisse. » Ce début n'évoque-t-il pas irrésistiblement cet autre récit fondé sur le même fantastique, dégradé par le contact de la vie quotidienne : *La Métamorphose* (*) de Franz Kafka ? Gogol, avec *Le Nez*, apparaît déjà comme un précurseur.

Mais il n'a encore rien produit qui sorte du cadre étroit de la nouvelle. *Le Manteau*, commencé en 1834, repris en 1839 et achevé deux ans plus tard, est encore un court récit ; la seule différence, c'est que la platitude recherchée par Gogol s'unit ici à une misère si vraie que ce qui l'emporte finalement est l'émotion, une émotion que jusqu'alors il ne semblait pouvoir exprimer qu'à travers le prisme déformant du grotesque.

C'est avec *Le Manteau* que Gogol a exercé la plus grande influence sur la littérature russe de son époque. « Nous sommes tous sortis du *Manteau* de Gogol », s'écrie Tourgueniev, et Dostoïevski reprend la phrase. Mais le premier grand événement de la vie publique de Gogol est la représentation du *Revizor* le 19 avril 1836. Cette ample satire de l'homme et de la société reçoit, une fois surmontées les difficultés créées par la censure tsariste, un accueil retentissant. Le tsar Nicolas Ier aurait même conseillé à ses ministres d'aller voir la pièce et d'en faire leur profit. Les libéraux, aussi, se montrent enthousiastes ; ils félicitent l'auteur de dénoncer avec tant de force convaincante les institutions pourries qu'eux-mêmes combattent ; mais dans les cercles réactionnaires de Saint-Pétersbourg, Gogol est accusé de saper les bases mêmes de la société, et de vouloir, sous le couvert d'une simple satire du fonctionnarisme, s'attaquer au régime lui-même. Gogol s'étonne d'abord, puis s'épouvante devant les réactions que provoque *Le Revizor*, car, ainsi qu'il ne cesse de l'affirmer, il veut condamner des vices, non des institutions. Brusquement, il se sent incompris, calomnié, trahi, en un mot, par tout le monde.

Il prétend n'avoir voulu convaincre que d'une seule chose : chacun porte en lui un Khlestakov (héros du *Revizor*), et le seul scandale est de ne pas le reconnaître.

On peut dater de la représentation du *Revizor* la crise intérieure qui va bouleverser la carrière littéraire de Gogol, et l'équilibre même de sa vie. Le succès que lui vaut sa comédie n'est pas de nature à lui donner l'encouragement et la confiance en soi dont il manque ; aussi sa première idée est-elle de fuir ce pays qui le comprend si mal, et de se réfugier à l'étranger. Aussitôt après la représentation, il part brusquement pour l'Allemagne, sans même revoir son ami Joukovski, qui s'était engagé à lui obtenir un subside de l'impératrice. Il ne fait même pas ses adieux à Pouchkine, qu'il ne reverra jamais et dont il apprendra à l'étranger la mort stupide dans un duel. Pourtant c'est à Pouchkine que, quelques mois auparavant, il a lu les premières pages des *Âmes mortes*, cette œuvre qui le rendra immortel, et à laquelle il travaille déjà depuis un certain temps.

Quand il entreprend d'écrire *Les Âmes mortes*, Gogol est loin de pressentir la portée qu'acquerra son poème. Il écrit à Pouchkine : « Ce sujet prend les proportions d'un grand roman qui, je crois, sera très gai. » C'est seulement à Vevey, puis à Paris, où il séjourne quelques semaines, qu'il prend conscience de ce que va devenir son œuvre. Il note : « Si quelqu'un eût pu voir les monstres qui à ma propre surprise s'étaient échappés de ma plume, il en aurait frémi. »

Après un séjour en Italie (printemps 1839), qui provoque son enthousiasme, et de courts voyages en Allemagne, il met momentanément fin à ses pérégrinations, et rentre à Moscou. En septembre, il lit à Aksakov et Joukovski les six premiers chapitres de son livre. Mais l'accueil chaleureux de ses amis ne suffit pas à dissiper le malaise qui le reprend chaque fois qu'il se retrouve sur le sol russe ; et de nouveau il s'enfuit. Quittant Vienne, où il est tombé malade, il repart pour Rome. Si les préoccupations religieuses prennent déjà une grande place dans son esprit, elles ne l'empêchent pas encore de travailler. Il remanie sans cesse *Les Âmes mortes*, pour lesquelles il montre un souci de la forme dont aucun écrivain russe, à part Pouchkine peut-être, n'a jamais été obsédé.

La première partie des *Âmes mortes* achevée, il rentre à Moscou, en septembre 1841, pour la faire éditer. Il vit d'abord dans la joie, mais très vite celle-ci fait place à l'inquiétude. Inquiétude qui se transforme en rage quand le Comité moscovite de censure, auquel il a remis ce manuscrit le 12 novembre, le refuse. Mais les amis du poète interviennent, et après que Gogol eut consenti à quelques remaniements, le livre paraît sous le titre : *Les Aventures de Tchitchikov, ou les Âmes mortes* (9 mars 1842). L'une des trouvailles de Gogol qui révolta le plus certains critiques fut le sous-titre de « poème » qu'il donna à son livre : pourquoi appeler « poème » une œuvre qui non seulement est écrite en prose, mais encore relève d'une forme d'inspiration si plate et si triviale qu'elle semble une dérision du genre littéraire considéré comme le plus élevé ? Peu de gens virent que le poème, pour Gogol, se rattachait non pas à la poésie en général, mais à la poésie épique, dont il voulait devenir le moderne continuateur. Ses deux modèles étaient Homère et Cervantès, et bien que ces auteurs fussent aussi éloignés que possible l'un de l'autre, Gogol sut leur emprunter, parodiant le premier, tirant merveilleusement parti de la leçon que le second donne à ceux qui savent l'écouter.

La publication des *Âmes mortes* coïncide dans la vie de Gogol avec le moment où celui-ci se trouble et perd pied. Il passe ses journées à étudier les Évangiles, à s'interroger sur la nécessité d'entrer au couvent, à projeter un voyage à Jérusalem ; puis, brusquement, il s'enfuit à Saint-Pétersbourg d'où il repart le 5 juin à destination de Rome. À Rome, où il veut désormais travailler au salut de son âme en écrivant une œuvre lumineuse (la seconde partie des *Âmes mortes* où Tchitchikov, le trafiquant d'âmes, « l'âme morte » par excellence, deviendra « une âme vivante »), il prend connaissance des jugements très divers portés sur *Les Âmes mortes*. Pour Boulgarine, directeur de *L'Abeille du Nord*, il n'est qu'un farceur, un second Paul de Kock. Pour les romantiques, il est un renégat : on ne pardonne pas à l'auteur de *Tarass Boulba* un réalisme aussi sordide. Belinski, lui, apprécie le réalisme des *Âmes mortes*, mais le patriotisme agressif de Gogol lui fait peur ; et lui fait peur aussi l'annonce de la seconde partie. « Qui sait ce que sera la suite des *Âmes mortes* ? On nous promet des êtres comme il n'en fut point encore... » Seuls les slavophiles qui proclament la pourriture de l'Occident s'enthousiasment pour les digressions lyriques et les tirades nationales du livre.

Gogol s'inquiète et s'agite. Il a beau s'appliquer, travailler, il doit reconnaître que les personnages vertueux qu'il veut maintenant dépeindre risquent beaucoup de n'être que des fantoches. De plus, des doutes lui viennent sur la manière dont il remplit sa mission. Il éprouve constamment le besoin de consulter ses amis, et même des inconnus, sur tel défaut, telle erreur, qu'ils discernent dans son « poème ». Il veut le reprendre en vue d'une nouvelle édition ; seulement la seconde partie le torture trop pour qu'il mette à exécution ce projet.

Ce sont toutes ces hésitations, toutes ces irritations, qui l'amèneront cinq ans plus tard à publier un livre intitulé *Passages choisis de ma correspondance avec mes amis* (*) (amis demi-réels, demi-imaginaires, avec lesquels il discutera, devant lesquels il se justifiera sous couleur de s'accuser). Le livre, dès sa publication (le 31 décembre 1846), provoque une indignation presque générale. Belinski adresse à Gogol une lettre violente qui irrite celui-ci et en même temps le trouble. C'est dans cet état d'agitation douloureuse que le poète en vient au geste extrême qu'il répétera plus tard : il brûle tous les chapitres déjà rédigés de la seconde partie des *Âmes mortes*, à laquelle il travaille depuis cinq ans. Il écrit : « Je remercie Dieu de m'avoir donné la force d'agir ainsi. » Il remercie également Dieu de l'avoir enfin décidé à accomplir son pèlerinage à Jérusalem, depuis si longtemps différé. Mais son attente mystique est déçue, et, de retour en Russie, il confie son découragement, le 21 avril 1848, au père Matvei Konstantinovski, prêtre fanatique qui, entre-temps, est devenu son directeur de conscience et ne cessera d'exercer un empire total sur lui.

Malgré tout, son séjour en Palestine ne l'a pas convaincu de la nécessité de renoncer à la littérature pour faire son salut, et il se jette de nouveau dans le travail ; seulement, il croit de moins en moins à la réussite de son entreprise.

À partir de 1849, Gogol passe par des états extrêmes d'exaltation et de dépression qui, s'ils ne l'empêchent pas encore tout à fait de travailler, traduisent une aggravation de son malaise intérieur. Il note : « Le temps me fait défaut ; c'est comme si le Malin me le volait. » Un long voyage qu'il entreprend à travers la Russie n'apporte pas de remède à son mal. Et en octobre 1851, il déclare qu'il ne publiera pas la seconde partie des *Âmes mortes*. Faut-il voir là des doutes religieux, l'influence du père Matvei, la peur de la damnation ? Ou bien juge-t-il son livre tout simplement mauvais ? Comprend-il que du point de vue littéraire il s'est fourvoyé en substituant à la vérité cruelle qu'il avait été capable d'exprimer la fade imagerie qu'il s'imposait au nom du bien ? Il n'est pas possible de donner à ces questions une réponse claire. Quoi qu'il en soit, Gogol se débat, pris entre l'amour de son art qui reste jusqu'au bout une exigence absolue, et la peur de l'enfer ; et il ne voit plus d'issue que dans une ascèse impitoyable.

Le 7 février 1852, alors que, démuni de toute ressource, il habite chez le comte Alexis Tolstoï, il brûle le manuscrit entier de la seconde partie des *Âmes mortes*. Épuisé par les jeûnes, il s'alite. Le 20 février, comme il continue à repousser toute nourriture, on décide de l'alimenter de force. Le jour même il entre en agonie, et meurt le 21 au matin. Ses dernières paroles auraient été : « Une échelle ! Vite, une échelle ! »

ARTHUR ADAMOV.

♦ *« On a beaucoup discuté sur mon compte et étudié quelques-uns de mes aspects, mais nul n'a jamais défini ma véritable essence. Seul Pouchkine l'a comprise. Il me disait toujours qu'aucun autre écrivain ne possédait le don de faire sentir aussi vivement la platitude de la vie, de faire ressortir avec tant de force la trivialité de l'homme vulgaire, de faire jaillir aux yeux de toutes les bagatelles, tous les petits riens qui nous échappent d'habitude. »* Gogol, sur lui-même. ♦ *« C'est une œuvre purement russe, nationale, arrachée au plus profond de la vie du peuple, aussi véridique que patriotique, qui dénude la réalité et respire un amour passionné, par tous ses nerfs, de tout son sang, pour le noyau fertile de la vie russe ; une œuvre immense du point de vue artistique, dans sa conception et son exécution, par les caractères des personnages et les détails des mœurs russes – et en même temps profonde par la pensée sociale et historique. »* Belinski. ♦ *« Prédicateur du knout, apôtre de l'ignorance, champion de l'obscurantisme, panégyriste des mœurs tartares – que faites-vous ? Regardez sous vos pieds – mais vous vous tenez au bord de l'abîme* [...] *Que vous appuyiez une pareille doctrine sur l'Église orthodoxe, je le comprendrais encore : elle a toujours été un soutien pour le knout et le despotisme, mais pourquoi mêlez-vous le Christ à cette affaire ? »* Lettre de Belinski à Gogol (15 juillet 1847) après la publication des *Extraits de lettres à mes amis.* ♦ *« Après* Le Revizor, *Gogol se tourna vers la classe des hobereaux et montra cette Russie de la petite noblesse. Grâce à Gogol, nous les avons vus sortir de leurs palais et de leurs maisons tels qu'ils sont, sans masques, sans fard, perpétuellement ivres et gloutons : esclaves du pouvoir sans dignité, tyrans impitoyables de leurs serfs, qui sucent le sang et la vie du peuple. »* Herzen, 1851. ♦ *« Voilà bien le fils fidèle de sa terre ! Il n'a point écrit ce qui aurait pu plaire davantage* [...] *mais il s'est efforcé d'écrire ce qu'il estimait le plus utile à sa patrie. Et il est mort dans cette lutte* [...] *C'est une personnalité pleine de noblesse, et dans le monde russe la plus vraiment humaine. Il faut souhaiter que sur ses traces marchent les jeunes écrivains de la Russie. »* Nekrassov, lettre du 12 août 1855. ♦ *« Observateur fin jusqu'à la minutie, habile à surprendre le ridicule, hardi à l'exposer, mais enclin à l'outrer jusqu'à la bouffonnerie, M. Gogol est avant tout un satirique plein de verve. »* Mérimée. ♦ *« Jamais auteur quelconque, poète ou romancier, ne fut plus l'homme et même le serf de la réalité que ce Gogol, qui est, dit-on, le créateur et le fondateur d'une école de réalisme russe près de laquelle la nôtre – d'une belle abjection pourtant – n'est qu'une petite école* [...] *primaire. »* Barbey d'Aurevilly. ♦ *« Nous sommes tous sortis du* Manteau *de Gogol. »* Dostoïevski. ♦ *« Avec la forme, Gogol laisse à ses héritiers le fond commun où ils vont puiser. La plupart des types généraux sur lesquels vit le roman russe ont leur embryon dans* Les Âmes mortes. *»* E. M. de Vogüé, 1886. ♦ *« Cette œuvre qui, aux yeux des Russes, se situe à côté de celles de Tolstoï et de Dostoïevski, n'est pas encore appréciée en France à sa juste valeur* [...] *Le rire de Gogol s'attaque à ce qu'il y a en l'homme de permanent, d'essentiel, à son " humanité " même. »* Boris de Schloezer.

RÉF. : Louis Léger, *Nicolas Gogol*, Paris, 1914. – Dimitri Merejkovsky, *Gogol et le diable*, Paris, 1939. – M. et R. Hofmann, *Gogol, sa vie et son œuvre*, Paris, 1946. – Boris de Schloezer, *Gogol*, Paris, 1946. – Alexandre Shick, *Nicolas Gogol, une vie de tourments*, Sceaux, 1949. – *Nicolas Gogol*, numéro spécial d'*Europe*, Paris, juillet 1952. – Vladimir Nabokov, *Nikolaï Gogol*, Paris, 1953. – N. Gourfinkel, *Gogol*, Paris, 1956. – Paul Evdokimov, *Gogol et Dostoïevski, ou la Descente aux enfers*, Paris, 1961. – Henri Troyat, *Gogol*, Paris, 1971. – Abram Tertz (André Siniavski), *Dans l'ombre de Gogol*, Paris, 1978.

GOLDBERG Léa. Poétesse et critique israélienne. Née à Koenigsberg (Lituanie) le 19 mai 1911, morte à Jérusalem le 15 janvier 1970. Elle s'établit en Palestine en 1935 et se consacra à l'enseignement et au journalisme. Léa Goldberg est, avec Altermann et Shlonsky, un des chefs de file de la poésie israélienne contemporaine. Elle appartient à l'École symboliste ; sa langue est simple, d'une surprenante fraîcheur. Les thèmes juifs n'y sont que rarement abordés. Son œuvre est abondante : poèmes, critiques littéraires, traductions, ouvrages destinés aux enfants et même un roman et une pièce de théâtre. Il convient de citer : *Volutes de fumée* [*Tabbe'ot 'Ashan*, 1935], *Lettres d'un voyage imaginaire* [*Mikhtavim mi-nesi'ah medummah*, 1937], *De ma vieille demeure* [*Mi-Beiti ha-yashan*, 1944], *Floraison* [*Al ha-Perihah*, 1948], *Éclair au matin* [*Barak ba-boker*, 1956], *Tôt ou Tard* (*) (1964).

GOLDING William. Écrivain anglais. Né et mort près de Falmouth : 19 septembre 1911 - nuit du 18 au 19 juin 1993. Son père enseignait à la Grammar School de Marlborough (où il fut lui-même élève) et sa mère milita pour l'émancipation de la femme. Dès son plus jeune âge, il éprouva une fascination véritable pour les mots et dévora la littérature anglaise avant de se plonger dans la lecture des classiques grecs. Étudiant en sciences à Brasenose College (Oxford) où il retrouva cet humanisme optimiste si bien incarné par son père, il se tourna bientôt vers les lettres, la littérature anglaise et, plus particulièrement, sa composante médiévale. Il quitta l'université en 1934, année où il publia ses *Poèmes*, devint acteur puis, brièvement, directeur de théâtre. En 1939, il épousa Ann Brookfield, dont il eut deux enfants. Il était enseignant à Salisbury lorsque la guerre éclata et n'avait, de son propre aveu, rien fait de bon depuis Oxford. Golding s'engagea dans la Royal Navy comme quartier-maître. D'abord assigné au centre de recherches navales de lord Cherwell, il devint ensuite enseigne de vaisseau sur un navire lance-missiles, à bord duquel il participa à l'anéantissement du « Bismarck », au débarquement de Normandie et à ceux de Walcheren. Ces expériences guerrières sont essentielles dans le développement de sa philosophie. Confronté aux brutalités des combats et à « l'indicible horreur... des États totalitaires », il sombra dans un pessimisme amer que ses romans illustreront. La guerre terminée, il reprit son poste à Salisbury où il enseigna l'anglais et la philosophie jusqu'en 1961. L'Histoire n'est à ses yeux que la chronique d'erreurs humaines ironiques et récurrentes dans des sociétés soumises à l'anarchie et à la violence. *Sa Majesté des mouches* (*), publié en 1954 après que plusieurs autres romans, aujourd'hui disparus, lui eurent été refusés, constitue la première mise en forme de convictions acquises pendant la guerre et souvent réaffirmées. « Avant la Seconde Guerre mondiale, je croyais à la perfectibilité de l'homme social, qu'une structure sociale correcte engendrait de la bonne volonté ; et que, par conséquent, on pouvait éliminer les fléaux sociaux en réorganisant la société. Il est possible que je croie quelque chose de ce genre aujourd'hui ; mais après la guerre, cela m'était impossible. J'avais découvert ce que l'homme pouvait faire à son prochain. Je croyais alors que l'homme était malade... Je croyais que ce que j'avais de mieux à faire était de montrer la parenté entre sa nature malade et le chaos international où il s'était mis. » Ainsi naquit *Sa Majesté des mouches,* qui, malgré une réception mitigée de la critique, connut un succès mondial (et dont Peter Brook tira un film). Golding, soudain célèbre, ne s'en tint pas là. En 1957, il publia *Chris Martin* (*), suivi de *Chute libre* [*Free Fall*] en 1959, des *Héritiers* [*The Inheritors*] en 1962, année qu'il passa comme « écrivain en résidence » à Hollins College (Virginie) et où il fit une tournée des universités américaines. En 1964, *La Nef* (*) marqua, de l'avis général, un tournant dans sa production. Ayant quitté l'enseignement, il écrivait de nombreux essais et comptes rendus pour la B.B.C. et les hebdomadaires anglais. En 1967, avec *La Pyramide* [*The Pyramid*] semble s'interrompre une carrière qui reprendra — si l'on fait abstraction d'un livre mineur, *Le Dieu Scorpion* [*The Scorpion God,* 1971] — douze ans plus tard, en 1979, avec *Parade sauvage* (+), roman ardu, dense, complexe, moderne dans sa technique, où l'auteur abandonne l'idée que la vérité est UNE et reconnaît conjointement l'impossibilité de l'épiphanie unique et la nécessaire multiciplité des éclairages et des points de vue. En 1980, *Rites de passage* (*), premier volume d'une trilogie marine, qui inclura *Coup de semonce* (*) (1987) et *La Cuirasse de feu* (*) (1989), traite de la vie quotidienne de marins et d'émigrés en route pour l'Australie par le truchement du journal de bord d'Edmund Talbot, jeune aristocrate sceptique du siècle des Lumières. William Golding reçut en 1982 le McConnel Prize pour *Cible mouvante* [*A Moving Target*] et en 1983 le prix Nobel qui lui valut quelques désagréments, mis en scène dans *Les Hommes de papier* [*The Paper Men,* 1984], où il exprime l'irritation d'un homme harcelé par des universitaires qui s'acharnent sur leur célèbre proie. Retiré dans le Wiltshire, puis depuis 1984 en Cornouailles, terre de ses ancêtres, il se consacre à ses marottes, « le grec classique, l'archéologie, la musique et la voile ». Fellow de la Royal Society of Literature depuis 1955, Commandeur de l'Empire britannique, docteur « honoris causa » de nombreuses universités, Golding a su faire de son œuvre l'expression concrète de ses convictions spirituelles et morales, il a voulu suggérer le déterminisme implacable de notre monde par l'utilisation d'une ironie tragique qui aboutit pour chacun de ses personnages à cette graduelle et peu réjouissante connaissance de soi qui marque la grandeur tragique de l'être humain.

ALAIN BLAYAC.

♦ *« Ce que le roman accomplit n'est rien moins que le sauvetage et la sauvegarde de l'individualité et de la dignité de l'être humain* [...] *Il assure qu'à tout le moins un être humain devra être considéré comme autre chose que le milliardième d'un milliard. »* Golding. ♦ *« Les romans de Golding nous offrent l'image d'un homme condamné, pour exister, à s'affirmer contre le chaos qu'il lui faut ordonner et contre l'autre qu'il lui faut asservir, mais affaibli dans sa lutte par des impulsions contradictoires ; sa nostalgie de l'enfance et de la vie végétative, et son exigence de clarté. Menacé par le chaos, image du mal, séparé de Dieu par la faute et l'incertitude, il apparaît comme l'être aliéné par excellence. »* Danielle Escudié. ♦ *« Dans Golding, l'homme contemporain manque d'imagination. Comment peut-il ne pas périr ? Dans chacun de ses romans se retrouve l'effort de liaison entre l'univers physique que l'homme contemporain accepte et l'univers spirituel qu'il feint de ne pas voir ».* V. Tiger.

RÉF. : V. Tiger, *William Golding, The Dark Fields of Discovery,* Londres, 1974. – D. Escudié, *Deux aspects de l'aliénation dans le roman anglais (1945-1965) : Angus Wilson et William Golding,* Paris, Didier, 1975. – D. Crompton, *A View from the Spire : William Golding's Later Novels,* Oxford, 1985. – J. R. Baker, *Critical Essays on William Golding,* Boston, 1988. – F. Regard, *Éthique et esthétique des ténèbres : Naissance de l'œuvre romanesque de William Golding,* Saint-Étienne, CIEREC, université J. Monnet, 1990.

GOLDMANN Lucien. Philosophe et critique français, né le 20 juin 1913 à Bucarest, mort le 3 octobre 1970 à Paris. Après des études de droit, de philosophie et de sociologie, couronnées par deux doctorats, Lucien Goldmann est, en France, attaché au C.N.R.S. Il devient directeur d'études à l'École pratique des hautes études, et enseigne au Centre de sociologie de la littérature, à Bruxelles. Il est généralement considéré comme l'un des fondateurs de la sociologie de la littérature.

Dès sa première thèse, *La Communauté humaine et l'univers chez Kant* (1945), Lucien Goldmann formule le lien qui unit les productions des philosophes et des artistes aux conditions sociales qui les voient naître. Mais c'est dans *Le Dieu caché* (*) (1959) que l'intuition prend toute la force d'un système et d'une méthode. Le système, c'est celui d'une interprétation du phénomène littéraire (le livre est consacré au jansénisme, à Pascal et à Racine) : l'œuvre, selon Lucien Goldmann, n'est pas le produit d'une individualité, mais bien plutôt la traduction de la « vision du monde » commune à un groupe social ; dans le cas du jansénisme, il s'agit de la « noblesse de robe » parlementaire progressivement dépossédée de ses prérogatives politiques par Louis XIV. Pour étudier les œuvres, il ne suffira plus de s'en remettre à l'histoire littéraire ou à la sociologie causaliste – ce en quoi Lucien Goldmann rejoint les positions de la nouvelle critique sur l'invalidité du « biographisme » et l'indifférence aux intentions d'auteur. La première démarche consistera à « comprendre (l'œuvre) elle-même dans sa signification profonde ». Il conviendra ensuite d'analyser les conditions sociologiques de sa production pour finalement définir précisément le rapport qu'entretiennent en elle création individuelle et « vision du monde » collective. Dans *Pour une sociologie du roman* (1964), il revient à l'analyse sociologique en l'appliquant à un genre entier, mais aussi à des œuvres particulières comme celle de Malraux ou de Robbe-Grillet. Il y réaffirme que « les véritables sujets de la création culturelle sont les groupes sociaux et non pas les individus isolés ».

Plus respectueuse de la singularité du phénomène littéraire que celle de son maître Lukacs (elle admet en particulier que « d'authentiques œuvres d'art » expriment des visions du monde « mystiques ou réactionnaires »), la pensée de Lucien Goldmann entend offrir l'exemple de ce que pourrait être une science des productions culturelles dans le cadre théorique du matérialisme dialectique.

CHRISTIAN DOUMET.

GOLDONI Carlo. Auteur dramatique italien. Né le 25 février 1707 à Venise, de Giulio Goldoni et de Margherita Salvioni, mort à Paris le 6 février 1793. Après trois ans d'études à Pérouse, il s'initia à la philosophie (1720) chez les dominicains de Rimini, mais une troupe de comédiens venus jouer dans cette ville l'attira plus que les leçons de logique du père Candini, et il lui arriva de s'échapper, grâce à la barque des religieux, qui reliait directement Rimini à Chioggia, où résidait sa mère. Il y retrouva son père, et ce dernier, qui exerçait la médecine, tenta de lui en donner le goût en l'emmenant avec lui dans ses visites aux malades. Ce fut en vain ; le seul résultat de ces démarches fut d'engager le jeune homme dans une aventure assez scabreuse dont il se tira à temps. Le médecin décida alors d'orienter différemment les études de son fils. En 1728, Carlo prit la tonsure et fit son droit au collège Ghisleri de Pavie. Il y demeura au moins trois ans, partageant son temps entre l'étude et le plaisir, jusqu'au jour où, une cabale ayant été montée contre lui par quelques étudiants, il fut expulsé et embarqué en direction de Chioggia. Dans cette ville, puis à Feltre, il mit à profit ses connaissances juridiques comme adjoint au coadjuteur du chancelier aux affaires criminelles, sans toutefois renoncer aux distractions de son âge. Après la mort de son père (1731), Goldoni, ayant soutenu à Padoue sa thèse de doctorat, commença de professer à Venise. Déjà lui souriait le succès lorsqu'une nouvelle aventure sentimentale, plus délicate que les précédentes, l'obligea de quitter la ville. Goldoni se rendit à Milan, emportant avec lui le manuscrit de l'*Amalasunta*, une tragédie lyrique qu'il allait bientôt livrer aux flammes. En revanche, son

Bélisaire (+), représenté le 24 novembre 1734 à Venise, connut un grand succès. La pièce était jouée par la compagnie Imer dont Goldoni devint sans tarder le poète officiel. Les années suivantes ne furent qu'un prélude dont quelques épisodes seulement méritent d'être retenus parce qu'ils contenaient en germe cette sorte de vision comique si particulière à son talent. Suivant la troupe dans un de ses voyages à Gênes, il y épousa Nicoletta Conio, fille d'un notaire, qui fut l'affectueuse compagne de sa longue vie. Dans la période qui suivit son mariage, il s'éloigna progressivement de la Commedia dell'Arte, d'abord avec discrétion dans *Momolo, homme accompli* [*Momolo cortesan*, 1739], puis d'une façon éclatante dans la *Brave femme* [*Donna di garbo*] dont il donna lecture aux comédiens en 1743. Une série de déboires, cependant, l'empêchèrent de quitter Venise. Durant les cinq années qui suivirent, Goldoni erra avec sa femme en Romagne et en Toscane. Puis il exerça avec succès, pendant trois ans, au barreau, sans que les pandectes lui fissent oublier la muse, si bien qu'en 1748, à force de plaider pour la troupe Medebac, il en devint le poète attitré.

Dès lors, pour Goldoni s'achevait la période d'initiation. Les quatorze années suivantes (cinq au théâtre San Angelo, avec Medebac, et neuf à San Luca, avec Vendramin) furent décisives. De la première période datent, parmi beaucoup d'autres comédies, *La Veuve rusée* (*) (1748), *La Famille de l'antiquaire ou la Belle-Mère et la Belle-Fille* (*) (1749). Il donna ensuite, par défi, seize pièces en une seule année (1750), notamment *Le Café* [*Bottega del caffè*], *Le Menteur* (*), *Les Caquets des femmes* (*), puis *Les Femmes jalouses* (*) (1752), *La Locandiera* (*) (1753), et *Les Curieuses* [*Le Curiose*]. Ses débuts à San Luca ne furent pas heureux, pour cette raison surtout qu'afin de complaire au public, attiré par les comédies de l'abbé Chiari, son rival, il dut sacrifier au genre romanesque. Goldoni, pour autant, ne négligeait pas son théâtre de caractère. Chaque année, en effet, il donnait une de ces comédies dans le goût vénitien populaire, appelées par lui *tabernarie*, comme le *Massere*, les *Dames de Casa soa* [*Donne de Casa soa*], *Le Campiello* (*). À San Luca, dans les derniers temps, le poète vit surgir un autre rival, plus intelligent et plus dangereux que Chiari, Carlo Gozzi. Ce fut entre eux une guerre à mort et, comme Gozzi ne daignait même pas épargner Chiari, celui-ci fit alliance avec son ancien adversaire. Mais la meilleure réponse était celle du génie. Les dernières années à San Luca furent particulièrement fécondes. Citons : *Les Amoureux* (*) (1759), *Les Rustres* (*) (1760), *La Manie de la villégiature* (*) (1761), *Todero brontolon* (1762) et *Baroufe à Chioggia* (*) (1762). Cependant, dès le mois d'août 1761, Goldoni avait reçu de la Comédie italienne de Paris une invitation à se rendre dans cette ville pour y occuper un emploi pendant deux ans. N'étant point parvenu à se faire, dans sa patrie, la situation à laquelle il prétendait, l'écrivain, à contrecœur, donna son acceptation. Avant son départ, toutefois, il fit ses adieux à Venise avec la comédie allégorique *Une des dernières soirées du Carnaval* [*Una delle ultime sere di Carnevale*], et le public, saisissant l'allusion, lui exprima son remords en criant : « Reviens vite. » Mais Goldoni ne devait plus revenir. Le 22 avril 1762, accompagné de sa femme, de son fils et de son frère, il partit pour Paris. Une déception l'y attendait. À la Comédie italienne, il ne donna que des scénarios, et de nouveau dut se plier à une forme de théâtre qu'il avait entièrement dépassée. Mentionnons seulement *Camille et Arlequin* [*Camilla e Arlecchino*], devenue plus tard *Les Amours de Zelinda et de Lindoro* (*) et *L'Éventail* (*), que l'auteur remania avant de le destiner à San Luca.

Les deux ans écoulés, Goldoni demeura à Paris, ayant été nommé professeur d'italien des filles de Louis XV. Établi à Versailles, il fut attaché à la Cour, mais une série de deuils ayant frappé la famille royale, les études d'italien passèrent au second plan, ce qui d'ailleurs n'empêcha pas le professeur de toucher son traitement. Il quitta Versailles pour Paris et, se livrant à son inspiration favorite, écrivit en français *Le Bourru bienfaisant* (*). C'était la dernière comédie (1771) vraiment digne de son nom, et *L'Avare fastueux* (*), donné en 1773, ne fut qu'un assez faible écho de ses réussites précédentes. En 1776, le poète fut appelé de nouveau à Versailles pour enseigner l'italien aux sœurs de Louis XVI, mais dès la fin de l'année, craignant de ne pas s'adapter à l'air de la Cour, il obtint que sa charge fût transférée à son neveu, et s'installa définitivement à Paris. Des treize dernières années qu'il y vécut, on a peu de chose à dire. De 1784 à 1787, il composa ses *Mémoires* (*), sa dernière comédie, pourrait-on dire : la comédie de sa vie. Paris lui plaisait de plus en plus, mais l'Italie était toujours dans son cœur. On eût dit que, de loin, il découvrait en elle des beautés toujours plus grandes, et jamais il ne laissait passer l'occasion de faire valoir les ouvrages marquants de la littérature italienne. Ses *Mémoires* terminés, Goldoni vécut encore six années lourdes d'événements, au milieu desquels cet homme peu habitué aux remous de la politique devait se sentir un peu perdu. À cela s'ajoutaient une santé précaire et la gêne, lorsque le nouveau gouvernement l'eut privé de sa pension. Il mourut en sa modeste maison de la rue Saint-Sauveur. Or, le lendemain, Marie-Joseph Chénier, ignorant la triste nouvelle, obtenait que sa pension lui fût restituée.

Si l'on voulait découvrir le trait fondamental et révélateur de l'âme de Goldoni, ce serait, semble-t-il, une tendance à s'accommoder des obstacles que l'existence nous oppose. Sans doute serait-on tenté d'appliquer à un tel caractère l'étiquette commode de l'optimisme.

Mais alors, ce qu'il y a d'essentiel en Goldoni nous échapperait. Cet homme que ne décourageait point l'adversité se montrait, au sein du bonheur, accessible à l'inquiétude. En pleine euphorie, une crise mystique pouvait le surprendre. L'autre aspect de Goldoni, cependant, ne laisse pas de se manifester, et telle est sa double nature que, s'il acquitte, c'est, au fond, pour condamner. Il absout en effet la nature humaine de ses fautes, pour ne condamner que l'erreur, et autant la faute est superficielle, autant l'erreur est profonde : il a soin de n'en épargner aucune. Mais il ne lui suffit pas d'avoir fondé son œuvre sur cette impitoyable domination de l'erreur, il tient à montrer, en outre, qu'il ne la croit guère curable. Sans doute, dans un moment de crise, peut-il arriver que le personnage se voie tel qu'il est, mais sa clairvoyance sera de courte durée. Et si, d'aventure, il nous fait assister à quelque très rare conversion, le poète aussitôt nous fait comprendre qu'il est le premier à ne pas y croire. Pour cette dénonciation courageuse — en plein siècle du rationalisme — de nos caprices, de nos déraisons et, pour nous avoir dit, en somme, la vérité sans voile, Goldoni est vraiment immortel.

EUGENIO LEVI.

♦ *« Je n'ai jamais sacrifié une comédie qui aurait pu être bonne à un préjugé qui aurait pu la rendre mauvaise. »* Goldoni, sur lui-même. ♦ *« En tous pays on se pique / De molester les talents ; / Goldoni voit maint critique / Combattre ses partisans. / On ne savait à quel titre / On doit juger ses écrits ; / Dans ce procès on a pris / La nature pour arbitre. / Aux critiques, aux rivaux, / La nature a dit sans feinte : "Tout auteur a ses défauts, / Mais ce Goldoni m'a peinte." »* Voltaire. ♦ *« Goldoni réussit à épurer la comédie italienne et il obtint même de si grands succès qu'il se vit presque exclusivement en possession de la scène. On ne peut lui refuser une grande intelligence du théâtre ; mais il n'a point cette profondeur dans l'art de caractériser, ni cette richesse d'invention qui seules peuvent maintenir la réputation d'un auteur. Ses peintures de mœurs ont de la vérité, mais elles ne sortent point de la région des habitudes journalières, et il prend toujours la vie à la superficie. »* W. Schlegel. ♦ *« Un artiste né. »* De Sanctis. ♦ *« Inférieur à Molière pour l'observation psychologique, parce que moins intelligent, et se mouvant dans un champ d'expériences moins étendu, Goldoni tient tout entier dans cette facilité qu'il avait d'avoir une vision joyeuse des hommes. »* Benedetto Croce. ♦ *« Carlo Goldoni ne fut ni un révolutionnaire, ni un penseur d'envergure. C'était un brave homme, doux et sceptique, incapable de comprendre vraiment les tendances qui se faisaient jour en Europe à la fin du XVIIIe siècle. Le mouvement scientifique et philosophique de l'illuminisme eut sur lui une influence pour ainsi dire inconsciente, naturelle. Le bon sens ! Voilà l'élément fondamental de l'art de Carlo Goldoni. »* Maria Brandon-Albini.

RÉF. : Goldoni, *Mémoires*, Paris, 1946. — Ciampi, *La Vita artistica di Carlo Goldoni*, Rome, 1860. — F. Galanti, *Goldoni e Venezia nel secolo XVIII*, Paris, 1882. — Giulio Caprin, *Carlo Goldoni, la sua vita, e sue opere*, Milan, 1907. — A. de Gubernatis, *Carlo Goldoni*, Florence, 1911. — Olga Marchini-Capasso, *Goldoni e la commedia dell' arte*, Naples, 1912. — M. C. Chatfield-Taylor, *Goldoni*, Londres, 1914. — J. S. Kennard, *Goldoni and the Venice of his Time*, New York, 1920. — N. Mangini, *Goldoni*, Paris, 1969. — *Studi Goldoni*, 5 vol., Venise, 1969-1979. — M. Baratto, *Sur Goldoni*, Paris, 1971. — S. Terrone, *Carlo Goldoni*, Florence, 1975. — F. Fido, *Guida a Goldoni*, Turin, 1977. — J. Joly, *Le Désir et l'Utopie. Études sur le théâtre d'Alfieri et de Goldoni*, Clermont-Ferrand, 1978. — G. Nicastro, *Goldoni informatore*, Catane, 1983. — B. Anglani, *Goldoni. Il mercato, la scena, l'utopia*, Naples, 1983. — G. Petronio, *Il punto su : Goldoni*, Rome-Bari, 1986.

GOLDSMITH Oliver. Écrivain anglais. Né le 10 novembre 1728 à Pallas (Longford, Irlande), mort à Londres le 4 avril 1774. Fils d'un ecclésiastique pauvre, timide et peu attirant d'aspect, en partie à cause de la petite vérole qu'il avait contractée à huit ans, il commença très tôt à lutter pour gagner sa vie. Il fit des études secondaires, puis en 1744 il entra au Trinity College de Dublin comme « sizar », c'est-à-dire qu'en échange d'humbles services il recevait des subsides ; sa négligence et une fugue, par laquelle il avait voulu manifester sa rébellion contre un châtiment subi, ne l'empêchèrent pas d'obtenir une licence ès lettres. Refusé aux examens d'entrée dans les ordres ecclésiastiques, il fut quelque temps précepteur mais quitta son poste sitôt qu'il posséda quelque argent à gaspiller. Un oncle bienveillant lui donna les fonds nécessaires pour faire ses études de droit à Londres ; il les gaspilla également, et n'alla pas plus loin que Dublin. En 1752, il fit ses études de médecine à Édimbourg et, en 1754, il se rendit à Leyde. Au bout d'un an, il partit pour une grande randonnée à travers l'Europe ; à pied, il parcourut la France, la Suisse et l'Italie ; parti sans un sou, il semble qu'il ait vécu en jouant de la flûte et en participant à des discussions dans les universités. Dans l'une de celles-ci, il obtint même un diplôme qui lui permit, à son retour à Londres en 1756, d'exercer la médecine. En 1758, il tenta vainement d'obtenir un poste de médecin aux Indes.

Entre-temps il avait commencé à écrire : ses articles sur *L'Abeille* et ses *Lettres chinoises* (+) [*Letters from a Chinese philosopher residing in London, to his friends in the East,* 1760], parus dans le journal de l'éditeur Newbery (pour lequel Goldsmith accomplit divers travaux), lui apportèrent la notoriété, mais non la richesse que son imprévoyance, sa charité envers les pauvres et son amour des plaisirs l'empêchèrent toujours de connaître. Vers 1761 il se lia d'amitié avec Johnson, qui l'introduisit dans la société intellectuelle la plus choisie de l'époque : il fut présenté à Reynolds et à Burke et devint membre du célèbre *Literary Club.* Le manuscrit de son chef-d'œuvre, *Le Vicaire de Wakefield* (*), vendu soixante livres sterling en 1761, le sauva de la prison pour dettes. En 1762 il publia *Le Cosmopolite* (*), réédition de ses *Lettres chinoises. Le Voyageur* [*The Traveller,* 1764], long poème à thème philosophique dans lequel Goldsmith se sert de la connaissance des pays étrangers acquise au cours de ses voyages, consolida sa position en lui faisant connaître son unique bienfaiteur, lord Clare. La même année Goldsmith fit paraître l'*Histoire d'Angleterre en une série de lettres* [*History of England in a Series of Letters*] et deux comédies, *L'Homme au bon naturel* (*) (1768) et *Elle s'abaisse pour triompher ou les Fautes d'une nuit* (*), qui font partie de ses œuvres les meilleures, surtout la seconde, et cherchent à réagir contre le faux sentimentalisme de l'époque. *Le Village abandonné* (*) date de 1770 ; ce poème conserve encore aujourd'hui toute sa fraîcheur et inaugure une tradition littéraire qui conduira aux thèmes sociaux de la littérature de notre temps.

En 1774, Goldsmith fut pris d'une fièvre que la misère, à laquelle l'avait mené son habituelle imprévoyance, ne fit qu'aggraver, aidée par la prise de médicaments déconseillés par les médecins. Goldsmith mourut, regretté par les pauvres qu'il avait aidés et par ses amis qui, malgré ses graves défauts – imprévoyance, vanité et, au moins dans les dernières années, dissipation –, l'aimaient pour sa bonté, sa gentillesse, son humour brillant et spontané ; ces qualités font de lui un écrivain qui, selon Scott, « vous réconcilie avec la nature humaine ». Certaines de ses œuvres, par exemple quelques compilations d'histoire grecque et romaine composées pour ses éditeurs, se ressentent de la hâte avec laquelle il les écrivit et ne valent que par leurs qualités de style ; mais ses meilleurs ouvrages lui font mériter une place importante dans l'histoire de la littérature anglaise.

ELENA VACCARI.

♦ *« Oliver Goldsmith, poète, médecin, historien, toucha à presque tous les genres d'écrire, et embellit tous ceux auxquels il toucha. »* Dr. Johnson. ♦ *« Goldsmith a composé si peu de poésies que, par leur nombre, elles comptent à peine ; pourtant, je maintiens que, comme poète, il est essentiellement productif, et cela précisément parce que le peu qu'il a fait est animé d'une vie qui persiste. »* Goethe. ♦ *« Ce n'est certes pas moi qui médirai de Pope et de ses excellents disciples, surtout quand ils ont douceur et naturel comme Goldsmith. »* Sainte-Beuve. ♦ *« Ses premières pensées sur tous les sujets étaient confuses au point d'en être absurdes ; mais elles n'avaient besoin que d'un peu de temps pour devenir claires. Quand il écrivait, son esprit avait du loisir, aussi ses lecteurs l'appelaient-ils un homme de génie ; mais quand il causait, il disait des bêtises et devenait l'objet de la risée de ses auditeurs. »* Macaulay. ♦ *« Il* [Goldsmith] *fait en Angleterre, comme Voltaire et Rousseau en France, la critique des mœurs et des idées. Il imite Voltaire à l'occasion ; il dénonce les fureurs accusatrices de Rousseau, mais subit son influence. L'idéal de simplicité selon une nature bonne, qu'il suggère ou qui se devine à l'arrière-plan de son œuvre, est celui de son tempérament ; les applications qu'il en fait doivent quelque chose, toutefois, aux thèses de Rousseau. »* Legouis et Cazamian.

RÉF. : A. L. Sells, *Les Sources françaises de Goldsmith,* 1921. – H. J. Smith, *Oliver Goldsmith, Citizen of the World,* New Haven, 1927. – M. Emslie, *Goldsmith : « The Vicar of Wakefield »,* Londres, 1963. – R. Quintana, *Oliver Goldsmith : A Georgian Study,* New York, 1967. – G. S. Rousseau (ed.), *Goldsmith : The Critical Heritage,* Londres et Boston, 1974. – A. Swarbrick (ed), *The Art of O. Goldsmith,* Londres, 1984.

GOLDSTEIN Kurt. Neuropsychiatre allemand dont l'œuvre a eu une influence décisive sur l'évolution de la psychologie clinique. Né le 6 novembre 1878 à Kattowitz (Silésie), mort en 1965. Élève de Wernicke et d'Edinger, Goldstein devient directeur de l'Institut de neurologie de l'université de Francfort-sur-le-Main en 1919 ; il y poursuit avec Gelb et Riese ses travaux sur l'aphasie, en effectuant des recherches sur des soldats blessés au cerveau. Chassé par le nazisme en 1933, il accepte une chaire à l'université d'Amsterdam (1933-1936). Il émigre ensuite aux États-Unis et y poursuit son œuvre dans diverses universités.

Les conceptions théoriques de Goldstein ne se réclament au départ d'aucune école particulière et se fondent sur l'observation neurologique concrète. C'est à partir de sa pratique médicale qu'il est amené à rejeter le modèle associationniste proposé par Wernicke et plus tard par Déjerine pour rendre compte des différents aspects pathologiques des troubles du langage et à considérer l'aphasie, à la suite de Marie et de Jackson, « comme une manifestation spéciale de la modification générale qui atteint l'être entier », tout phénomène psychique particulier devant être interprété à partir de l'ensemble des signes présentés par l'organisme. Cette conception antilocalisationniste ou « holistique » d'une totalité organismique rapproche indirectement Goldstein des notions de globalité et d'autorégulation chères à la « Gestalttheorie » et à sa théorie du champ. Néanmoins, il s'éloigne de la théorie de la forme, étendue à celle de l'isomorphisme de Koehler, en ce qu'il distingue radicalement les faits des sciences de la nature, constructions abstraites quantitatives, et les faits biologiques, processus adaptatifs de nature qualitative. Par son attention constante à la réalité biologique de l'organisme vivant et son refus de réduire les causes réellement présentes dans le sujet à de simples entités abstraites, l'œuvre de Goldstein constitue une véritable psychologie du sujet qui n'est pas sans parenté avec la phénoménologie husserlienne. C'est en 1934 que Goldstein publie son œuvre essentielle : *La Structure de l'organisme* (*). On citera aussi : *Langage et troubles du langage* [*Language and Language Disturbances,* 1949] et *La Nature humaine à la lumière de la psychopathologie* [*Human Nature in the Light of Psychopathology,* 1951].

MICHEL VANOOSTHUYSE.

GOLL Yvan (pseud. d'Isaac Lang). Écrivain français s'exprimant en trois langues : français, allemand et anglais. Né à Saint-Dié dans une famille juive (d'un père alsacien et d'une mère lorraine) le 29 mars 1891, mort à Paris le 27 février 1950. Il fait ses études à Metz, en langue allemande, puis son droit à l'université de Strasbourg : doctorat en 1913. Le jeune homme fait de nombreux séjours en Allemagne, où il prend part aux manifestations expressionnistes. Ses premiers recueils de poèmes sont publiés en allemand : *Le Canal de Panama* [*Der Panamakanal*, 1914] signé Iwan Lassang, et *Films*, signé Tristan Torsi. Dès la déclaration de guerre, il se réfugie à Zurich. Il y fréquente Arp, Zweig, Jouve, Joyce et les milieux pacifistes : *Élégies internationales* (1915), écrit en français et signé, pour la première fois, Yvan Goll ; *Requiem pour les morts de l'Europe* (1916). Il rencontre la poétesse allemande Claire Studer (1890-1977) qu'il épousera en 1921. Le couple s'installe à Paris. Yvan Goll côtoie les peintres cubistes et les poètes Maïakovski, Huidobro, Marinetti. Il écrit *Les Immortels* [*Die Unsterblichen*, 1920] et *Mathusalem ou l'Éternel Bourgeois* [*Mathusalem oder Der Ewige Bürger*, 1923], deux pièces qui anticipent le théâtre moderne d'avant-garde et s'inscrivent dans la lignée des *Mamelles de Tirésias* (*) d'Apollinaire. Goll s'y fait le prophète du surréalisme – c'est un mois avant Breton qu'il publiera sa revue *Le Surréalisme* – et de l'alogisme qui doit servir « à montrer les mille chatoiements d'un cerveau humain qui pense une chose et en dit une autre sans la moindre apparence de lien logique ». Apparenté à *Ubu roi* (*) de Jarry, *Mathusalem* (dont la première eut lieu à Berlin en 1924 dans des décors de Grosz et le 10 mars 1927 à Paris avec Artaud dans un des rôles principaux) illustre la conception surréaliste d'un théâtre qui privilégie l'imaginaire en désorientant le spectateur, en accentuant la dérision et la surprise. Goll innove en introduisant, pour la première fois, un film d'avant-garde dans une pièce de théâtre, réalisant ainsi la confrontation, au même instant, du conscient et de l'inconscient (le film projette les rêves du personnage principal, dévoile son érotisme et ses angoisses animales). Il publie ensuite des *Poèmes d'amour* (+) (1925), *de jalousie* (1926), et *de mort* (1927) écrits avec Claire. Puis ce sera une suite de romans inspirés par la décadence, l'Europe croupissante de l'entre-deux-guerres et le désordre du monde : *Le Microbe de l'or* (1927), *Agnus dei* (1929). Goll y dénonce la vacuité et la rhétorique pathétique de l'expressionnisme dans un monde tendu entre l'ennui cultivé et la barbarie menaçante. *Sodome et Berlin* (1929) narre en une succession de brefs chapitres, aussi déconcertants et incisifs que les caricatures de Grosz, l'épopée tragi-comique d'Odemar Muller, pur produit de l'Allemagne d'alors, qui traverse la guerre, la révolution, la crise économique en embrassant les unes après les autres, et sans le moindre état d'âme, opinions, femmes et carrières. Goll connaîtra ensuite une longue crise personnelle. Déchu de la nationalité allemande (1933) et mal aimé, il sublimera l'amour dont il se voyait privé dans les *Chansons malaises* (+) (1934) et témoignera de ses errances dans le cycle des poèmes de *Jean sans terre* (+) (1936-1939) – v. *Poésies* (*). Pendant la Seconde Guerre mondiale, il séjourne aux États-Unis – il obtient la nationalité américaine. Il y fonde la revue *Hémisphères* (1943) et a la douleur d'apprendre qu'il est atteint de leucémie. De retour en France (1947), il voit son état de santé se détériorer rapidement. À New York paraissent *Love Poems* et à Paris *Le Mythe de la roche percée* (+) (1947) puis *Élégie d'Ihpétonga* (+) (1949). Soigné à Strasbourg, il écrit *Le Char triomphal de l'antimoine* (+) (1949) et, en allemand, *L'Herbe du songe* (+) (1951), suite de poèmes hantés par l'approche de la mort (« Dans ta tête je caresse le feu qui me calcine... ») et les rêves les plus fous, et qui se clôt sur ces ultimes vers : « La forêt de poussière devient toujours plus sombre / Ne touche pas à cette rose de poussière ! » Dans un dernier répit accordé par la maladie, il effectue un voyage en Italie avant de mourir. S'achevait ainsi l'œuvre profondément intransigeante et belle – tour à tour mélancolique ou inspirée, prophétique ou désespérée, gourmande ou éblouissante – d'un homme « sans terre » dont le destin fait souvent étrangement songer au mythe du juif errant.

RICHARD BLIN.

GOMBERVILLE Marin Le Roy de, sieur du Parc. Écrivain français. Né et mort à Paris (1600-14 juin 1674). Fils de famille noble, il débute à quinze ans dans la carrière des lettres par un ennuyeux poème sur la vieillesse. Ami des beaux esprits de son temps, il fait partie, dès sa fondation, de l'Académie française, dont il sera l'un des membres les plus actifs. À partir de 1620, il commence à publier, avec un grand succès, des romans. *La Carithée* (1621), pastorale imitée de *L'Astrée* (*), se veut un roman historique dont l'action se situe en Égypte ; les contemporains reconnurent Louis XIII et le duc de Luynes dans cette œuvre à clés. Mais le chef-d'œuvre de Gomberville est *L'Exil de Polexandre et d'Ériclée* – v. *Polexandre* (*) – : il en donna quatre versions (1619, 1629, 1632, 1637). L'ouvrage exalte l'héroïsme masculin : être d'exception, Polexandre s'inscrit dans la lignée du généreux cartésien ou des personnages cornéliens. La composition du récit obéit à une esthétique baroque de l'irrégularité et du foisonnement : les batailles, les duels, les naufrages y alternent avec des dissertations géographiques et des renseignements techniques sur la navigation. Gomberville s'inspire de la musique qui forme « son tout, de parties non seulement différentes, mais diamétralement opposées ». À la fin de sa vie, s'étant lié avec les solitaires de Port-Royal, Gomberville devint franchement janséniste, fit retraite, écrivit des ouvrages de piété, notamment une allégorie (*La Cythérée,* 1640) et un ouvrage d'emblématique (*La Doctrine des mœurs,* 1646) qui illustre la vanité du monde temporel. Il fut même soupçonné, en 1656, d'être l'auteur de la première *Provinciale* (*). Il mourut bourrelé de remords à cause du mal qu'il croyait avoir fait avec ses romans, qui suscitèrent l'engouement des contemporains, et qui ont fait l'objet d'une redécouverte à l'ère du western et du cinéma à grand spectacle.

RÉF. : S. Kévorkian, *Le Thème de l'amour dans l'œuvre romanesque de Gomberville,* Paris, 1972.

GOMBRICH Ernst Hans. Historien d'art anglais d'origine autrichienne. Né à Vienne le 30 mars 1909. Après des études en histoire de l'art à Vienne (il fut le plus ancien disciple de Julius von Schlosser) puis à Berlin (où Wölfflin le déçut), Gombrich émigra en Angleterre en 1935, où il fut aussitôt associé au Warburg Institute dont il devait assumer la direction de 1959 à 1976 tout en enseignant l'histoire de la tradition classique à Londres et en dispensant divers cours à Cambridge et à Oxford. À côté de son livre *L'Art et son histoire* [*The Story of Art*], publié pour la première fois en 1950 et qui demeure l'introduction la plus suggestive à la discipline, il se consacra à la théorie de l'art, à la psychologie de la représentation picturale et au symbolisme renaissant.

Dans *Images symboliques* [*Symbolic Images,* 1972], il définit les « buts et les limites » de l'iconologie en prenant pour point de départ un monument londonien érigé à la mémoire de lord Shaftesbury pour mieux cerner ce qu'est un symbole et son énigme. Ce prélude lui permet d'aborder ensuite divers problèmes de l'art renaissant, de Botticelli au programme de la décoration du palais Farnèse en passant par le thème des trois Grâces. S'inscrivant en faux contre l'interprétation exclusivement « néo-platonicienne » (dite de la « dissonance ») attachée aux noms de Panofsky et de Wind, il insiste sur une autre tendance, dite « aristotélicienne », fondée sur l'usage rhétorique de la métaphore, qui aboutit au symbole « consonant » : d'où les nombreuses iconologies publiées à la suite de Ripa, permettant de mettre le monde en images.

L'essentiel de son travail portera très vite sur la « psychologie de la représentation picturale », qu'il abordera dès 1960 dans une somme intitulée *L'Art et l'Illusion* (*), et qu'il ne cessera de compléter avec *Méditations sur un cheval de bois* [*Meditations on a Hobby Horse,* 1963], *Les Moyens et les Fins* [*Means and Ends,* 1976], *Le Sens de l'ordre* [*The Sense of Order,* 1979] et *L'Image et l'Œil* [*The Image and the Eye,* 1982]. Loin de l'éclectisme, Gombrich se garde cependant de tout dogme (béhavioriste ou gestaltiste) et ne manque jamais une occasion de rappeler combien les concepts ordinaires de l'histoire de l'art sont « archaïques ». Polémiste cinglant, il ne se privera jamais de dénoncer les égarements idéologiques — psychanalytiques ou marxistes (cf. sa critique sévère de Hauser) — qui conduisent à mettre dans l'œuvre d'art ce que l'on veut y trouver. On lui doit aussi une biographie intellectuelle d'Aby Warburg (1970), très contestée par les premiers collaborateurs du fondateur de l'institut et d'autant plus inattendue que, par sa démarche et ses projets de recherche, Gombrich fut sans doute l'un des historiens d'art les plus éloignés de Warburg. Ainsi lorsqu'il affirme que les « universaux » de la Stanza della Segnatura sont plus réels pour les contemporains de Raphaël que les savants que l'on a cherché à identifier dans les groupes de personnages.

PIERRE-EMMANUEL DAUZAT.

GOMBROWICZ Witold. Écrivain polonais. Né le 4 août 1904 à Małoszyce (Pologne), mort le 24 juillet 1969 à Vence (France). Dans son *Journal* (*), qu'il commença à rédiger en 1953 et tint jusqu'à la fin de sa vie — *Journal* qui paraissait périodiquement grâce aux éditions polonaises *Kultura* à Paris —, Gombrowicz note (en 1966) sa réflexion sur la loi fondamentale du XXe siècle. Réflexion qui, d'ailleurs, traverse sous une forme ou une autre le *Journal* tout entier autant que l'œuvre artistique. Mais, dans ce fragment de 1966, c'est la formulation qui prime ; c'est l'insistance de Gombrowicz pour graver en nous de manière indélébile sa grande découverte : « Quand je lis / Quand j'écris / Quand je participe / Quand je fonctionne / Toujours et partout je rencontre la loi : / Plus c'est savant / Plus c'est bête. » Or les savants contemporains semblent ignorer superbement la loi gombrowiczienne. C'est normal : Gombrowicz n'est pas issu de leurs rangs. Il appartient à la minuscule famille des grands romanciers, et par conséquent sa voix est profondément imprégnée du savoir romanesque, du contact immédiat avec le concret de l'existence ; et face à cette voix les oreilles sont bouchées.

Jojo, le premier personnage gombrowiczien, a trente ans ; il commence à rêver à quelque chose d'authentique, à une vie qui lui appartiendrait en propre. Or son oncle intervient inopinément et le ramène au lycée, car il craint que son neveu ne soit pas suffisamment éduqué. C'est par cette scène de rééducation, cette volonté de replonger l'homme dans la bêtise scolaire que s'ouvre *Ferdydurke* (*) (1937, Pologne), roman à la fois burlesque et extrêmement sérieux, délirant et angoissant. Presque trente ans après, Gombrowicz publie son quatrième et dernier roman, *Cosmos* (*) (1965). Ici la bêtise ne se limite pas à une source précise ; elle n'est plus représentée par un monstre qu'on peut désigner — l'école, le modernisme, la nation —, elle s'empare de l'homme de l'intérieur et fait de lui un idiot de premier ordre — modèle universellement identique — qui, esclave de l'empire du signe, n'est plus capable de distinguer la fraîcheur d'un fruit de la fraîcheur des lèvres d'une jeune fille. Le roman de Gombrowicz peut être défini comme le dévoilement d'une sclérose progressive qui commence par toucher les institutions et aboutit à l'âme, à chaque âme prise séparément.

Witold Gombrowicz était le quatrième et dernier enfant d'une famille de la noblesse polono-lituanienne. La gentilhommière où Witold passa son enfance se trouvait à deux cents kilomètres au sud de Varsovie. Plus tard, en 1915, la famille s'installe à Varsovie où le père devient cadre supérieur dans l'industrie et où Witold entre au lycée. Il aime le polonais et le français ; il lit beaucoup : Spencer, Kant, Schopenhauer, Nietzsche, Shakespeare, Goethe, Montaigne, Pascal, Rabelais. En 1923, il s'inscrit à la faculté de droit. Il obtient son diplôme, mais il n'exercera jamais le métier d'avocat, faute d'avoir terminé son stage qu'il remplace par la fréquentation assidue des cafés littéraires de Varsovie. Il écrit et publie un recueil de huit nouvelles, *Mémoires des temps de l'immaturité* [*Pamietnik z okresu dojrzewania*, 1933] qui, complété plus tard par deux autres nouvelles (1944, 1947), recevra un nouveau titre, *Bakakaï* [*Bakakaj*]. En 1935, il s'essaie au théâtre : il écrit *Yvonne, princesse de Bourgogne* (*), une variante shakespearienne bouffonne et expressionnisante. Gombrowicz a trente et un ans à ce moment-là. Avec *Yvonne* il clôt sa longue phase d'initiation – elle aura duré quinze ans, quelques tentatives littéraires de jeunesse incluses. Lorsque, cette même année 1935, Gombrowicz entame *Ferdydurke*, il laisse déjà derrière lui ses expériences avant-gardistes et ses petites révoltes formalistes dictées en grande partie par les tendances artistiques qui dominaient l'Europe avant la guerre. Désormais, avec *Ferdydurke*, il trouve sa voix propre, distincte et originale : un souffle plein de fraîcheur et de grâce dans une prose polonaise romantico-populiste, une issue salvatrice pour le roman européen qui, à la même époque, est entré dans sa course vertigineuse (Joyce). *Ferdydurke*, c'est la distance, le rire, la lucidité, la farce, l'ironie, le jeu, bref, la renaissance d'un patrimoine romanesque picaresque décrié – décrié par le XIXe siècle et ses épigones, dirait Kundera – et en même temps la radiographie la plus rigoureuse et la plus concrète d'un homme coupé en deux moitiés antagonistes : l'une qui court au-devant de la technique, la modernité, les droits de l'homme, le sourire planétaire ; l'autre qui s'enfuit vers le passé, les « valeurs éternelles », les formes immuables de la vie a-historique. Un homme déchiré et qui plus est constamment ridiculisé, car il ne saura jamais quelle moitié mettre en avant pour être admis et apprécié par ses semblables. Savant infantilisé, criminel tendre, aventurier indifférent à tout, tel est l'homme qui fait irruption dans notre monde avec le roman gombrowiczien. Nouveauté et bizarrerie formelle, découverte et originalité esthétique vont de pair. Mais la critique, qui ne cherche guère le lien entre la nouveauté sur le plan existentiel et la question de la forme, ne veut voir que le second point et réduit ainsi Gombrowicz à l'extravagance anarcho-aristocratique polonaise. Gombrowicz est polonais, comme Rabelais est français, Cervantès espagnol et Sterne anglais : tous innovent, tous posent des jalons distincts et décisifs dans l'évolution du roman européen.

1939 : invité par la ligne de navigation polonaise à participer au voyage inaugural du bateau « Chrobry », Gombrowicz part pour Buenos Aires le 1er août. Pendant son séjour, qu'il prévoyait bref, la guerre éclate. Coupé de la Pologne, il demeurera en Argentine pendant vingt-quatre ans – l'ordre hitlérien étant suivi de l'ordre stalinien –, jusqu'en mai 1963, date à laquelle il repart pour l'Europe (Paris, Berlin, Paris, Vence). L'Argentine incarne pour Gombrowicz à la fois la misère matérielle et l'euphorie du Sud, l'isolement artistique et la joie de nouvelles relations et amitiés, la solitude et la mise sur pied en sol étranger de ses chers « cafés littéraires ». Il se remet au travail en 1944 avec *Le Mariage* (*), une pièce de théâtre (le théâtre sera toujours l'antichambre de son roman), et continue avec son troisième roman, *Le Trans-Atlantique* (*) (1953) : bouffonnerie de la guerre, du patriotisme, et de toute la rhétorique de l'arène publique moderne où les hommes se dressent les uns contre les autres. Suit *La Pornographie* (*) (1960) : dans un monde voulu sans Dieu, l'homme essaie de parfaire son éden érotique ; alchimiste du désir, initiateur de mixages inattendus, apprenti de nouvelles liaisons dangereuses, il accumule gaffe sur gaffe qui, du fond de l'horizon, font entendre encore une fois le rire divin. Parallèlement, Gombrowicz dresse avec son *Journal* (*) (plus de mille pages) une forteresse autour de son œuvre pour la protéger des modes et des slogans qui parasitent la vie littéraire de la seconde moitié du XXe siècle. Son œuvre est faite pour l'homme, l'homme réellement faible et solitaire, et contre l'Histoire, contre la frivolité et les caprices sanglants de la plus grande divinité de notre temps – caprices superbement mis en scène dans son *Mariage* et surtout dans son *Opérette* [*Operetka,* 1966]. En 1968, un an avant sa mort, il rédige ses *Entretiens avec Dominique de Roux*, livre entièrement écrit par lui sous forme d'entretiens et préfacé par Dominique de Roux, qui recevra après sa mort le titre de *Testament*. Il y lie son œuvre à sa vie, il passe en revue toutes ses étapes importantes, toutes ses batailles. Il y met en avant son souci permanent de décharger un peu l'homme du tourment de la course en avant qui lui convulse le visage. Il commence ainsi : « Je ne connais ni ma vie ni mon œuvre. Je traîne le passé derrière moi comme la queue vaporeuse d'une comète, et sur mon œuvre j'en sais bien peu. Obscurité et magie. » Obscurité et magie, la meilleure clef pour entrer dans l'univers d'un des plus grands écrivains du siècle.

LAKIS PROGUIDIS.

RÉF. : *L'Herne. Gombrowicz*, cahier dirigé par Constantin Jelenski et Dominique de Roux, Paris, 1971. – Rita Gombrowicz, *Gombrowicz en Argentine 1939-1963*, témoignages, Paris, 1984 ; *Gombrowicz en Europe 1963-1969*, témoignages, Paris, 1988. – Lakis Proguidis, *Un écrivain malgré la critique*, Paris, 1989.

GÓMEZ DE LA SERNA Ramón. Écrivain espagnol. Né à Madrid le 5 juillet 1888, mort à Buenos Aires le 31 janvier 1963. Auteur prolifique et protée, c'est un véritable « monstre des lettres » qui a beaucoup cultivé l'excentricité, « le ramonisme ». Doué d'une vision déformée et caricaturale qui mêle l'humour et l'ironie aux choses les plus pathétiques, il a inventé une forme littéraire, « la greguería », qui tient du jeu de mots, de la métaphore et du calembour paradoxal. Selon Gonzalo Torrente Ballester, « la *greguería* est le résultat d'une intuition qui devine la singularité absolue des objets et l'exprime par un aphorisme au moyen d'une comparaison, d'une image ou d'une métaphore substantive ou adjective, en détachant avant tout la nuance humoristique de l'objet ». Ainsi, « la foudre est une espèce de tire-bouchon en colère », « le grillon mesure les pulsations de la nuit », « la première chose qui pousse au printemps ce sont les lettres d'amour ». Gómez de la Serna a, dans la vie madrilène, créé, dès 1915, une nouvelle version du café littéraire, décrit dans *Le Café de Pombo*, la plus durable de ses « résidences » littéraires. Écrivain précoce, il publia son premier livre à quinze ans. Madrilène jusqu'au bout des ongles, il passera cependant la fin de sa vie, de 1936 à 1963, dans le pays de sa femme, Luisa Sofovich, à Buenos Aires. Dans sa période de création intensive, avant 1936, ses extravagances sont dignes des meilleurs surréalistes, qu'il précéda formellement : *Le Rastro* [*El Rastro*, 1915], *Le Cirque* [*El circo*, 1917], *Cinéland* [*Cinelandia*, 1923]. Guérillero de la littérature, Gómez de la Serna dépeça le roman à coup de phrases incisives, tentant la définition de l'indéfinissable, l'expression de l'inexprimable. *Le Docteur invraisemblable* [*El doctor inverosímil*, 1914-1921] est un véritable « esperpento » hallucinant et étrange. Parmi ses quelques dizaines de romans et nouvelles, les plus célèbres furent révélés au public français par ses amis Valery Larbaud, Francis de Miomandre et Jean Cassou : *La Veuve blanche et noire* [*La viuda blanca y negra*, 1917], récit érotique, ardent et lubrique, s'achevant sur une pirouette ; *L'Incongru* [*El incongruente*, 1922] ; *Grand Hôtel* (1922) ; *La Villa de Palmyre* [*La quinta de Palmyra*, 1923] ; *Le Chalet des roses* [*El chalet de las rosas*, 1923], demeure d'un Monsieur Verdoux avant la lettre. L'érotisme s'y exprime en une misogynie persistante. Dans ses deux versions, 1924 et 1946, son roman essentiel serait *Le Romancier* [*El novelista*]. Son humour acquiert une certaine tendresse dans *Le Torero Caracho* (*) (1926), *La Femme d'ambre* [*La mujer de ámbar*, 1927], *L'Homme au chapeau gris* [*El caballero del hongo gris*, 1928], *Six fausses nouvelles* [*Seis falsas novelas*, 1927]. Il a, d'autre part, écrit d'excellentes biographies : *Azorín* (1930), *Ma tante Carolina Coronado* [*Mi tía Carolina Coronado*, 1940], *Valle Inclán* (1944), *Portraits contemporains* [*Retratos contemporáneos*, 1945]. Son originalité l'a poussé à nous laisser une heureuse autobiographie avec *Automoribundia* (1948).

LOUIS URRUTIA.

RÉF. : Miguel Pérez Ferrero, *Vida de Ramón*, Madrid, 1935.

GOMPERZ Theodor. Philologue et philosophe autrichien. Né à Brünn en Bohême (actuellement : Brno, en Tchécoslovaquie) le 29 mars 1832, mort à Baden, près de Vienne, le 29 mars 1912. Il fit ses études dans sa ville natale, et à Vienne sous la direction de Herman Bonitz.

En 1864, Theodor Gomperz publia *Demosthène, homme politique* [*Demosthenes, der Staatsmann*] et une édition latine du *De la colère* [*Philodemi de ira*] d'un épicurien grec du Iᵉʳ siècle avant J.-C. ; entre 1865 et 1866 les *Études sur Herculanum* [*Herculanische Studien*] ; en 1869, il entreprit la traduction des ouvrages de Stuart Mill, dont la publication, en douze volumes, fut terminée en 1880 ; plus tard, en 1889, il écrivit également un essai sur Mill. Nommé en 1873 professeur de philosophie classique à l'université de Vienne, il fit paraître, en 1876, les *Nouveaux fragments d'Épicure* [*Neue Bruchstücke Epikurs*] et en 1878 les *Fragments des tragiques grecs* [*Bruchstücke der griechischen Tragiker*].

En 1882, Gomperz fut élu membre de l'Académie des sciences de Vienne ; puis il fut reçu docteur « honoris causa » de philosophie à l'université de Kœnigsberg, et docteur ès lettres aux universités de Dublin et de Cambridge. Jusqu'à sa mort son activité fut intense : outre son ouvrage principal *Les Penseurs de la Grèce* (*), paru à Leipzig entre 1893 et 1909, plusieurs fois réédité, traduit en anglais, en français et en italien, il convient de citer ses *Études sur Hérodote* [*Herodoteische Studien*, 1883] ; les *Essais sur Platon* [*Platonische Aufsatze*] publiés en trois volumes entre 1887 et 1905 ; les études sur la *Poétique* (*) d'Aristote, en deux parties, de 1888-1896 ; les études sur Philodème et sur des écrits sur l'esthétique dont les manuscrits avaient été récemment trouvés à Herculanum (1891) ; les deux volumes intitulés *Hellenika,* publiés en 1912, où se trouvent réunis de nombreux écrits moins importants ; et enfin *Essais et Souvenirs* [*Essay und Lebenserinnerungen*], parus à Stuttgart en 1905, et qui contiennent d'intéressantes notes biographiques sur les personnages qu'il a fréquentés.

GONÇALVES DIAS Antonio. Poète brésilien. Né le 10 août 1823 à Caxias (État de Maranhão), mort le 3 novembre 1864 dans un naufrage sur les bancs d'Atins, près des côtes du Brésil. Chronologiquement parlant, il fut le premier poète du romantisme brésilien, et l'un des plus remarquables de ce mouvement. Fils naturel d'un Portugais et d'une aventurière brésilienne, il se détacha vite de sa mère, à cause du mariage de son père avec une autre femme ; ce fut cette dernière qui, à la mort de son mari, fournit au jeune homme les moyens de se rendre en Europe pour y accomplir, bien qu'à regret, des études de droit à l'université portugaise de Coïmbre. De retour au Brésil, il se consacra tout d'abord à l'enseignement, tout en accomplissant plusieurs missions pour le gouverneur, dans le nord du pays et en Europe. Il se trouvait en dernier lieu en Europe, espérant y consolider une santé très fragile quand, après avoir constaté l'inanité de ses efforts, il s'embarqua pour retourner dans son pays et périt dans le naufrage du bateau qui le portait. Des contrastes amenés dans son existence par l'expérience européenne et son attachement à sa terre natale naquit sa poésie, dont la profonde sensibilité s'exprime en rythmes faciles – v. *Premiers chants* (*) (1846) – qui firent une grande impression sur ses compatriotes, parmi lesquels ses vers furent des plus populaires et le sont toujours restés – v. aussi *Y-Juca-Pirama* (*), *Les Timbiras* (+), *Les Sixains du frère Antão* (+), et enfin *La Chanson de Tamoyo* (+).

RÉF. : L. Miguel-Pereira, *A vida de Gonçalves Dias*, Rio, 1943. – O. M. Garcia, *Luz e fogo no lirismo de Gonçalves Dias*, Rio, 1956. – C. Nunes, *Gonçalves Dias e a estética do indiansmo*, in LRB, 1967, nº 1, p. 35-49. – A. S. Amora, *O romantismo*, São Paulo, 1970. – D. T. Haberly, *Three Sad Races : Racial Identity and National Conciousness in Brazilian Literature*, Cambridge, 1983.

GONCOURT Edmond Louis Antoine, et **Jules Alfred, Huot de.** Écrivains français. Edmond de Goncourt est né à Nancy (Meurthe-et-Moselle) le 26 mai 1822 et mort à Champrosay (Essonne) le 16 juillet 1896 ; son frère Jules est né et mort à Paris (17 décembre 1830 - 20 juin 1870). Fils d'un officier supérieur de la Grande Armée, ils firent l'un après l'autre d'assez bonnes études, en montrant pour les lettres un penchant des plus marqués. De huit ans plus âgé que son frère, Edmond eut le premier le désir d'écrire. Mais en raison de la conformité de leurs goûts, ils s'associèrent bientôt dans cette entreprise. Quant au tempérament, c'était une autre affaire : autant Edmond était d'une humeur taciturne et encline à se concentrer, autant Jules apparaissait comme l'enthousiasme en personne. Ce contraste fit que l'on se partagea la besogne : Edmond, avec minutie, dressait le plan de chaque ouvrage ; Jules, que passionnait l'art d'écrire, s'attachait surtout au style. Il serait pourtant absurde de parler de chacun d'eux en particulier. Bien qu'Edmond ait survécu à son frère tout un quart de siècle, il n'en demeure pas moins son compagnon, parce que leurs œuvres maîtresses ont été toutes achevées, ou du moins conçues pendant leur collaboration. Les frères Goncourt offrent donc le spectacle de deux esprits qui ont su se fondre en un seul pour atteindre au même idéal. Quel était donc cet idéal ? Se consacrer d'abord à la peinture de la *vie vraie* : « De même que l'histoire se fait avec des documents écrits, le roman actuel doit se faire avec des documents relevés d'après nature. » Ce point de vue doit englober tous les types d'humanité, depuis l'aristocratie jusqu'au menu peuple. Ensuite, être résolument « moderne », c'est-à-dire analyser jusqu'à l'exhaustion toute la complexité de l'époque où l'on vit. Pour finir, le problème du « style » : se forger un vocabulaire original, apte à traduire l'univers ainsi mis à jour – ce qui implique l'abandon de la syntaxe traditionnelle. Cet instrument neuf, ils l'appelèrent l'écriture artiste. De là, ce style papillotant et plein de fièvre auquel manque tout naturel et qui devait bientôt vieillir.

S'étant voués de bonne heure à ce roman réaliste dont Zola fut le plus illustre représentant, après Stendhal, Balzac et Flaubert, les Goncourt lui sont toujours restés fidèles. Travailleurs infatigables, ils furent si bien possédés du démon de l'expression que leur vie entière peut passer pour un long martyre. Comme romanciers, ils débutèrent par *En 18...* (1851) ; ils écrivirent ensuite *Les Hommes de lettres* (1860), qui allaient devenir *Charles Demailly* (*) (1868). Puis vinrent *Sœur Philomène* (*) (1861), *René Mauperin* (*) (1864), *Germinie Lacerteux* (*) (1865), *Manette Salomon* (*) (1867), *Madame Gervaisais* (*) (1869). *Germinie Lacerteux* demeure sans doute leur meilleur roman. D'Edmond seul, nous avons quatre récits : *La Fille Élisa* (*) (1877), *Les Frères Zemganno* (1879), *La Faustin* (*) (1882) et *Chérie* (1884). Même dans le domaine de l'histoire, les Goncourt ont eu l'ambition de faire avant tout œuvre d'art. On sait que leur époque favorite fut le XVIIIe siècle français, y compris la Révolution. Il faut citer : *Histoire de la société française pendant la Révolution* (*) (1854), *Portraits intimes du XVIIIe siècle* (*) (1857-1858), *Madame du Barry* (*) (1860), *La Femme au XVIIIe siècle* (*) (1862), *Madame de Pompadour* (*) (1878), sans oublier *L'Art du XVIIIe siècle* (*) (1859). Ouvrages curieux où revit surtout l'anecdote, documentés à merveille et parfois exaspérants par leur minutie. Féru de peinture comme son frère, Edmond s'est en outre consacré à l'étude de l'art japonais comme peuvent en témoigner les études qu'il publia sur ses vieux jours : *Outamaro* (*) (1891), *Hokousai* (1896), etc.

Les Goncourt écrivirent aussi des pièces de théâtre dont l'insuccès les affecta profondément. Retenons *Henriette Maréchal* (1865) et *La Patrie en danger* (1873). S'il faut en venir au *Journal* (*) des Goncourt (1851-1896), que plus d'un tiennent pour leur chef-d'œuvre, on sait qu'Edmond n'en publia qu'une partie après la mort de son frère (entre 1887 et 1896). Le reste est resté inédit pendant longtemps ; la première publication intégrale, établie par Robert Ricatte, sous le patronage de l'académie Goncourt, date de 1956-1958. Le *Journal* fait revivre dans ses notations souvent indiscrètes la vie littéraire d'une époque saisie sur le vif. Il importe, enfin, de faire état d'un point d'histoire littéraire : au second étage de sa maison d'Auteuil (qu'il appelait « le grenier »), Edmond de Goncourt avait l'habitude de réunir le dimanche un petit cénacle d'amis ; c'est dans ce grenier que se concrétisa l'idée de fonder une académie des Goncourt. (Idée qui vint sans doute à Edmond lorsque celui-ci fut élu membre de l'académie de Bellesme.) Instituée par l'écrivain, l'académie fut reconnue d'utilité publique en 1903 – et le premier prix Goncourt décerné la même année. Nul n'ignore qu'elle se compose de dix membres qui sont chargés de décerner chaque année un prix « au meilleur volume d'imagination en prose » (de préférence un roman). Les premiers membres en furent les écrivains suivants : Élémir Bourges, Léon Daudet, Lucien Descaves, Gustave Geffroy, Léon Hennique, J.-K. Huysmans, Paul Margueritte, Octave Mirbeau, les frères Rosny.

ROLAND PURNAL.

♦ *« MM. de Goncourt sont des artistes aussi distingués que convaincus et sincères, un talent rare en deux personnes, de parfaits gentilshommes de lettres. Ce sont des modernes et de purs modernes ; ils marchent hors rang, courageux et unis, à leurs risques et périls, se tenant par goût aux avant-postes de l'art ; ils tentent constamment, ils cherchent sans cesse. Je les définirais encore comme deux hérétiques en littérature, des plus consciencieux et des plus aimables. Et qui est-ce qui n'est pas plus ou moins hérétique aujourd'hui ? »* Sainte-Beuve. ♦ *« Les Goncourt donnèrent de la solidité à l'art même en y introduisant la science sous la forme de document : le document humain* [...] *Zola, Flaubert gagnèrent leur salut dans la description ; les Goncourt s'attachèrent au fait. Voilà la trouvaille ! »* J.-H. Rosny jeune. ♦ *« Je sais trop ce que je dois aux auteurs de* Germinie Lacerteux *et à celui de* La Fille Élisa *pour ne point leur garder, intacte, l'admiration que m'inspirèrent ces deux romans. »* Francis Carco. ♦ *« Il ne m'est pas pénible, il ne me paraît nullement injurieux d'avouer que rien ne m'attache aux romans des frères Goncourt.* Germinie Lacerteux *semble avoir reçu de Réjane, quand elle joua la pièce, sa plus large part de vie réelle. Je lus* René Mauperin, La Faustin [...] *J'avais l'impression, chaque fois, qu'un malheur immérité disputait, à de probes et minutieux observateurs, à des écrivains désintéressés, leur chance d'avoir du génie. »* Colette.

RÉF. : Alidor Delzant, *Les Goncourt*, Paris, 1889. – Pierre Sabatier, *L'Esthétique des Goncourt*, Paris, 1920. – François Fosca, *Edmond et Jules de Goncourt*, Paris, 1941. – Robert Ricatte, *La Création romanesque chez les Goncourt*, Paris, 1953. – André Billy, *Vie des frères Goncourt*, Paris, 1956. – Marcel Sauvage, *Jules et Edmond de Goncourt précurseurs*, Paris, 1970. – E. Caramaschi, *Réalisme et impressionnisme dans l'œuvre des frères Goncourt*, Pise et Paris, 1971.

GONDEBAUD. Roi des Burgondes. Né en 480, mort en 516. Parmi les barbares qui avaient envahi la Gaule au ve siècle, les Burgondes tenaient une partie du Sud-Est ; depuis la victoire d'Aétius, en 435, ils s'étaient repliés sur la Sapaudia (la Savoie, qui s'étendait alors de Grenoble au lac de Neuchâtel) dont Genève était le centre. À la mort de chacun de leurs souverains, l'unité du territoire était remise en question. C'est ainsi que lorsque mourut Chilpéric (vers 480), qui avait succédé à son frère Gundioc, le pouvoir se trouva partagé entre les quatre fils de ce dernier : Gondebaud, Godégisile, Chilpéric II et Godomer. Bien entendu, ce partage ne put durer. Vers 493 restaient seuls en présence Gondebaud, l'aîné, à Lyon, et Godégisile à Genève. Gondebaud, comprenant que l'État bourguignon ne pourrait subsister ainsi divisé, résolut de faire l'unité du royaume. Godégisile affronta alors Clovis qui, ayant épousé la nièce des deux frères, Clotilde, n'attendait qu'une occasion pour intervenir. La lutte fut rude mais Gondebaud eut la victoire et sauva la Bourgogne. Réconcilié avec Clovis et seul maître désormais, il réunit sous sa domination l'actuelle Bourgogne et la gouverna avec talent et, semble-t-il, avec douceur, « y instituant, selon Grégoire de Tours, des lois plus douces pour qu'on n'opprimât pas les Romains ». La *Loi Gombette* (*) et la *Loi romaine des Burgondes* (*) montrent en effet son souci de régler dans l'équité les rapports entre occupants et occupés. Toutefois une grave cause de mésentente subsistait entre eux, la différence de confession religieuse, les Burgondes étant ariens. C'est finalement Clovis, converti au catholicisme, et ses successeurs qui devaient l'emporter.

RÉF. : C. Binding, *Das Burgundisch-romanische Königreich von 443 bis 532*. – A. Jahn, *Geschichte d. Burgundionen und Burgundiens bis zum Ende der I Dynastie*, 1874.

GÓNGORA Y ARGOTE Luis de. Poète espagnol. Né et mort à Cordoue (Andalousie) (11 juillet 1561-23 mai 1627). Issu de familles qui comptaient parmi les plus nobles de Cordoue, fils de don Francisco de Argote, consulteur du Saint-Office, descendant de l'un des premiers conquérants de la grande cité mauresque, et de doña Leonor de Góngora, dont un ancêtre avait commandé les troupes navarraises à la prise de la ville, il se fit remarquer dès son enfance par ses qualités d'esprit et, en 1576, ses premières études achevées à Cordoue, on l'envoya à l'université de Salamanque. Il y suivit des cours de droit canon, mais déjà les lettres seules l'attiraient.

Son oncle maternel, le coadjuteur don Francisco de Góngora, chapelain du roi, ayant renoncé en sa faveur à d'importants bénéfices ecclésiastiques, le jeune homme dut cependant, en échange, accepter de recevoir les ordres mineurs, formalité qui comportait peu d'obligations pratiques, heureusement pour Góngora qui était déjà aussi ardent à l'amour qu'à la poésie. En 1580, il quitta Salamanque, probablement sans avoir soutenu sa thèse de doctorat, et rentra à Cordoue. Dans toute l'Espagne, ce centre d'humanisme était sans doute le milieu le plus propre à préparer l'éclosion du génie du poète dont le père était d'ailleurs lui-même un érudit ; possesseur d'une importante bibliothèque, il avait fait de sa maison un rendez-vous de lettrés. Dès cette époque, Góngora, âgé à peine de vingt ans, composait ses premiers *Sonnets* (*), s'adonnait aux genres espagnols traditionnels, « letrillas » et *Romances* (*), qu'il renouvelait par la vitalité frénétique de son imagination. En 1585, dans sa *Galatée* (*), Cervantès allait le citer parmi les grands poètes : Góngora n'avait cependant à peu près rien publié encore, mais ses sonnets et ses poèmes satiriques commençaient à être largement répandus, en manuscrits, dans les cercles littéraires.

Le 21 février 1585, Góngora reçut la charge de trésorier de la cathédrale de Cordoue, charge à laquelle son oncle renonçait en sa faveur et, le 14 août suivant, il commençait à assister aux réunions du chapitre, sans toutefois avoir été ordonné prêtre. Il mena dès lors une vie mi-religieuse mi-profane, partageant son temps entre les séances du chapitre, la récitation des offices canoniques, diverses missions administratives (enquêtes sur la noblesse de certaines familles, visites de félicitations à des évêques récemment nommés, etc.) et la société des dames, qui appréciaient fort ses talents de bel esprit. Cette existence ambiguë ne tarda pas à susciter des protestations dans le clergé, et en 1589 Góngora reçut de sévères remontrances de son évêque : il lui était reproché d'être irrégulier aux offices, de bavarder pendant les cérémonies du culte, d'assister aux courses de taureaux, de fréquenter les acteurs, de composer des poésies profanes, de « s'adonner de jour et de nuit à des choses légères ». Góngora répliqua, plein de désinvolture : « Au chœur, j'ai pour voisins un sourd et un confrère qui chante toujours. Comment diantre pourrais-je leur parler ? Quant aux corridas, on y voit des gens très bien [...] Et pourquoi ne ferais-je pas le jeune homme, puisque j'en suis un ? [...] Enfin, si j'écris des vers, j'ai pour excuse mon ignorance de la théologie ; au demeurant, il vaut mieux être accusé de frivolité que d'hérésie ! » Góngora avait d'ailleurs trop de protections pour risquer de tomber en disgrâce, et à maintes reprises il se vit confier des missions de « limpieza », c'est-à-dire des enquêtes relatives à la pureté de sang chrétien des candidats à de hautes fonctions ecclésiastiques. Ainsi, d'août 1589 à mars 1590, le trouve-t-on à Madrid, puis de nouveau à la fin de l'année 1590 et pendant l'année 1592 ; en 1603, il alla à Cuenca, puis à Valladolid, alors résidence de la Cour, où il séjourna de mai à novembre, sans y plaire, semble-t-il ; il y trouva cependant l'occasion de rencontrer Pedro de Espinosa qui, deux ans plus tard, allait publier trente-sept poèmes de Góngora, sonnets et odes, dans son anthologie intitulée *Anthologie des poètes illustres d'Espagne* (1605).

Devenu depuis 1598 l'un des deux conseils de l'évêque de Cordoue, Góngora ne tarda pas à s'estimer surchargé par ses besognes ecclésiastiques. La fatigue ressentie lors d'une nouvelle mission qui l'avait conduit successivement, au printemps de 1609, à Madrid, puis à Burgos, à Salvatierra, dans la province d'Alava, et à Pontevedra, en Galice, et aussi les séquelles d'une grave maladie qui l'avait frappé à Salamanque en 1593, lui fournirent un prétexte pour obtenir, en février 1611, que lui fût adjoint un coadjuteur, son neveu don Luis Saavedra y Góngora, sur lequel il se déchargea aussitôt de toutes ses obligations à l'égard du chapitre et de la cathédrale de Cordoue.

À vrai dire, il brûlait d'impatience de pouvoir se consacrer entièrement aux lettres. Dès la fin de 1610, il avait écrit une *Ode sur la prise de Larache* [*A la toma de Larache, fuerte de Africa*], premier signe d'une évolution poétique contrastant avec la limpidité de ses *Romances* de jeunesse, et qui s'affirma pleinement dans *La Fable de Polyphème et de Galatée* (*) (1612) et dans les *Solitudes* (*) (1613), écrites dans la Huerta de San Marcos, à Cordoue, au retour d'un nouveau séjour à Madrid. Ces deux œuvres restèrent inédites jusqu'à la mort du poète, mais celui-ci les soumit à la critique d'amis érudits et, en copies manuscrites, elles pénétrèrent peu à peu dans tous les milieux lettrés : en 1617, année de l'établissement de Góngora à Madrid, le nouveau genre littéraire qu'il venait de créer commençait à susciter des polémiques passionnées.

S'étant rapproché de la cour, le poète se lia avec les favoris de Philippe III, le duc de Lerme et don Rodrigo Calderon, et l'heureux effet produit par son *Panégyrique du duc de Lerme* (1617) fit obtenir à Góngora le titre de chapelain du roi, ce qui l'obligea à se faire enfin ordonner prêtre, à l'âge de cinquante-six ans. Pendant quelque temps, il vécut dans la société des grands, mena une vie fastueuse tout en multipliant les démarches afin d'obtenir toutes sortes de faveurs, de titres, de pensions pour sa famille. Mais ses deux principaux protecteurs tombèrent soudain en disgrâce, Calderon périt sur l'échafaud (1621) et le comte de Villademiana, disciple et meilleur ami de Góngora, soupçonné d'être l'amant de la reine, fut assassiné en pleine rue de Madrid. Au même moment, le poète se trouvait aux prises avec des chicanes relatives à la pureté de son sang familial. Après bien des incidents, l'affaire fut réglée en août 1622 ; mais les énormes dépenses qu'il avait faites depuis son arrivée à la Cour avaient à tel point embrouillé ses affaires que Góngora se voyait menacé de prison par ses créanciers et dut même vendre « une table d'ébène pour pouvoir manger pendant deux semaines ». Toutes ces difficultés se reflètent non seulement dans ses lettres de l'époque, mais dans son inspiration poétique elle-même : si la fable de *Pyrame et Thisbé* (+) (1618) conserve encore la gaieté insouciante des années de jeunesse et d'amour, Góngora apparaît bientôt de plus en plus obsédé par l'instabilité et la brièveté de la vie, et c'est à cette angoisse que nous devons ses derniers et ses plus beaux *Sonnets*. Frappé de congestion cérébrale au début de 1626, il n'allait jamais retrouver toute sa mémoire. À peine rétabli, il se mit en route pour Cordoue où il devait mourir quelques mois plus tard.

En cette même année 1627 parut la première édition des œuvres du poète : *Œuvres en vers de l'Homère espagnol* [*Obras en verso del Homero español*, Madrid]. Mais, depuis longtemps déjà, le « cultisme », ou « gongorisme », faisait fureur à la Cour, les frères Churriguere l'introduisaient bientôt dans l'architecture et, dans les lettres, le jésuite Baltasar Gracián allait s'en faire l'apôtre enflammé. Góngora lui-même avait dû affronter de nombreuses querelles littéraires : tandis que ses amis le célébraient comme le restaurateur des lettres classiques, s'émerveillaient de la subtilité de ses trouvailles et de ses trésors d'imagination et que, dès 1646, Salceco Coronel faisait paraître un commentaire de son œuvre en trois volumes de sept cents pages chacun, ses adversaires le dénonçaient comme un corrupteur du goût littéraire et comme une sorte de poète raté ayant recherché à usurper la célébrité par ses extravagances et son obscurité voulue. Parmi les plus farouches, que Góngora ridiculisait en les traitant de « canards voguant sur la piquette castillane », militaient Martínez de Jáuregui, Francisco de Quevedo et surtout Lope de Vega qui se prodiguait en sonnets satiriques contre le « cultisme ». L'esthétique gongoriste exerçait toutefois un prestige si fort que ses ennemis mêmes n'en restaient pas indemnes et adoptaient ses innovations techniques (Jauregui en particulier). À la fin du XVIIe siècle, Góngora semblait tout de même avoir définitivement perdu la partie : son nom, pendant deux cents ans, allait devenir le symbole de l'outrance, de la complication factice et, au siècle dernier, un critique aussi lucide que Menendez y Pelayo refit, après tant d'autres, le procès du « cultisme » dans son *Histoire des idées esthétiques en Espagne* (*). Mais notre époque allait prononcer la réhabilitation de l'esthète cordouan qui, dans les années 1920, devint même une sorte de chef d'école pour le groupe le plus vivant des jeunes poètes espagnols.

À la racine du mouvement cultiste, on peut déceler une double aspiration : ascétique d'abord (un peu analogue à celle de Mallarmé en France), avec la recherche d'une langue extrêmement concentrée, s'exprimant par demi-mots et suggestions rapides, poussant au plus haut point le caractère ésotérique de toute véritable poésie ; aristocratique, d'autre part, par l'immense érudition qu'elle met en œuvre, sa syntaxe compliquée héritée du latin, ses néologismes audacieux, ses inversions forcées, ses métaphores hyperboliques (d'où le risque de pédantisme), son effort constant vers l'extrême subtilité (d'où le risque d'affectation). C'est, en somme, le luxe d'une époque de grande culture où il semble qu'il soit possible, par la maîtrise de toutes les recettes littéraires, d'étendre indéfiniment les limites de l'art. Rien de plus volontaire, par conséquent, que l'entreprise de Góngora : il tenta une expérience poétique. Mais il ne fut pas le seul à la tenter, et c'est bien ce qui rend dérisoire la thèse selon laquelle les bizarreries de son œuvre s'expliqueraient par une recherche de succès dans l'extravagance. Avant lui déjà, les « conceptistes », avec Alonso de Ledesma, polissaient les antithèses, les jeux de mots, les métaphores ambitieuses, les élégances raffinées et, plus que tout, la subtilité des pensées — en quoi il faut les distinguer de Góngora qui porte son effort principalement sur l'expression ; plus loin encore, c'est aux anciens poètes de langue d'oc, aux pétrarquisants italiens, et même à Ronsard, qu'il faut comparer et rattacher la préciosité gongoriste, qui apparaît bien ainsi non pas comme une fantaisie individuelle mais, en somme, comme le point de perfection d'un profond mouvement littéraire inséparable de la Renaissance. Et, si sa latinisation de la syntaxe impliquait une curieuse méconnaissance du génie propre de la langue castillane, la réforme de Góngora est loin d'avoir été stérile pour le destin des lettres espagnoles : non seulement la plupart de ses néologismes sont passés dans le commun fonds national, mais surtout ses audacieuses expériences apportèrent une contribution décisive à l'assouplissement de la langue. Ajoutons que la personnalité de Góngora dépasse de beaucoup la querelle du gongorisme, car la géniale vitalité imaginative du poète reste le plus souvent fougueusement indépendante de l'artifice incontestable de ses techniques littéraires.

LOUIS GAUDRAN.

♦ *« Je considère que ma poésie m'est honorable en deux façons : si, comprise par les doctes, elle doit me donner autorité et si l'on est forcé d'admettre que notre langue par mon travail atteint la perfection et la grandeur de la latine. »* Góngora. ♦ *« Il ne faut pas lire Góngora, mais l'étudier. Góngora ne vient pas nous solliciter, comme d'autres poètes, d'être mélancoliques, il fait appel à la raison. Il est absolument impossible de comprendre Góngora à première lecture. Il est admis qu'une œuvre philosophique est accessible à un petit nombre sans plus ;... or, il n'en va pas de même en poésie, à ce qu'il semble* [...] *Plus que Cervantès, Góngora mérite d'être nommé père de notre langue. »* Federico Garcia Lorca. ♦ *« Cette poésie est oratoire, en effet, et décorative, musicale aussi, faite de toutes les ressources, de tous les artifices possibles de la rhétorique, depuis la pompe jusqu'à la concision, et cette richesse constitue en même temps le plus dédaigneux dépouillement, une absence totale de sentiment et d'idée. En ce sens elle peut être dite poésie pure. Et cependant la vie frémit dans toute cette splendeur extérieure. Une vie supérieure à l'ordinaire vie humaine, la vie du génie. Fière et brûlante, elle domine les métaphores qu'elle a inventées, surenchérit sur le raffinement des formes que, comme autant d'actes de volonté, elle a créées. »* Jean Cassou.

RÉF. : Lucien-Paul Thomas, *Le Lyrisme et la Préciosité cultiste en Espagne*, Paris, 1909 ; *Góngora et le gongorisme*, Bruxelles, 1910 ; *Don Luis de Góngora y Argote*, Paris, s. d. – Alfonso Reyes, *Cuestiones gongorinas*, Madrid, 1927. – Miguel Artigas, *Don Luis de Góngora y Argote*, Madrid, 1925. – E. K. Kane, *Gongorisme and the Golden Age*, University of North Carolina, 1928. – Walter Pabst, *Gongoras Schoepfung* in *Revue Hispanique*, tome 80 (p. 1-229), 1930. – Federico Garcia Lorca, *L'Image poétique chez don Luis de Góngora* (conférence), Paris, 1947.

GONTCHAROV Ivan Alexandrovitch [Ivan Aleksandrovič Gončarov]. Romancier russe. Né le 6 juin 1812 à Simbirsk, en Sibérie, mort le 15 septembre 1891 à Saint-Pétersbourg. Gontcharov occupe une place très importante dans l'histoire du roman réaliste russe, vers la seconde moitié du XIXe siècle ; il n'a pourtant écrit que trois romans, le premier : *Une simple histoire* (*), est la première manifestation des nouvelles tendances. Homme assez casanier – bien qu'il ait fait un surprenant voyage autour du monde, de 1855 à 1857, sur lequel il a laissé des notes intitulées : *La Frégate Pallas. Esquisses d'un voyage* –, Gontcharov fut toute sa vie un fonctionnaire. Employé tout d'abord au ministère des Finances, puis à la censure, ses œuvres portent la marque de cette lenteur qui était de mise en Russie lorsqu'il s'agissait d'accomplir des tâches administratives. Sa pédanterie de bureaucrate explique assez bien les différends qu'il eut avec Tourgueniev par lui accusé de plagiat (et il s'explique là-dessus dans ses lettres et dans *Une simple histoire*). Les trois romans qui lui valurent la célébrité parurent à des intervalles assez longs : *Une simple histoire* date de 1847 et fut suivi d'*Oblomov* (*) en 1858 (un fragment, *Le Rêve d'Oblomov*, avait été publié en 1849) ; enfin *Le Ravin* (*) ne sortit qu'en 1869. À l'âge de cinquante-six ans, il se retira de la littérature, croyant avoir assez produit ou pensant n'avoir plus à sa disposition la dizaine d'années que lui demandait chacune de ses œuvres. L'originalité de Gontcharov consiste en ceci que, ne voulant point directement traiter les problèmes de son temps et cherchant seulement à représenter la vie, il finit toutefois par soulever les plus vives discussions au sujet de ces problèmes, parmi lesquels il faut citer celui de l'éducation des générations nouvelles, partagées entre l'idéal et la réalité, celui de la servitude où sont tenus ceux qui travaillent la terre alors que d'autres recueillent les avantages, enfin celui du nihilisme. Bien que l'écrivain prétendît être essentiellement objectif, il était encore plus subjectif que Tourgueniev qui ne « se raconte » pas dans ses romans comme le fait Gontcharov, et plus particulièrement dans *Oblomov*, sans contredit la plus parfaite et la plus intéressante de ses œuvres, laquelle fournit la matière d'un essai rédigé par Dobrolioubov : *Qu'est-ce que « l'oblomovisme » ?*

♦ *« Gontcharov est le plus laborieux, le plus patient, le plus infatigable des stylistes. Ses phrases sont traitées avec autant de soin que les phrases de Flaubert : on y sent le goût du travail, la passion de la forme parfaite. »* T. de Wyzewa. ♦ *« Chacun des caractères créés par Gontcharov est une généralisation* idéale *de la nature humaine. Une idée latente élève à une hauteur incomparable les infimes détails de la vie courante, leur prête de la beauté et de la valeur. »* D. Merejkovski.

RÉF. : Teodor de Wyzewa, *Yvan Gontcharov* in *Écrivains étrangers,* 2e série, 1897. – Ossip-Lourié, *La Psychologie des romanciers russes du XIXe siècle,* 1905. – André Mazon, *Un maître du roman russe : Ivan Gontcharov,* Paris, 1914. – Jean Blot, *Ivan Gontcharov ou le Réalisme impossible*, Lausanne, 1986.

GONZAGA Tomás Antônio. Écrivain brésilien. Né le 11 août 1744 à Porto (Portugal), mort début février (?) 1810 au Mozambique. Gonzaga est considéré comme un écrivain brésilien bien qu'il n'ait passé au Brésil qu'une partie de sa vie. C'est au Portugal qu'il s'est formé, a connu et fréquenté les cercles littéraires, s'est initié aux idées du siècle des Lumières. Fils d'un magistrat et de la fille d'un négociant anglais, Tomás Antônio a peut-être fait un premier séjour au Brésil lorsque son père fut envoyé au Pernambouc en 1752, puis nommé intendant général de l'or à Bahia en 1760. Cependant, le jeune homme s'inscrit le 1er octobre 1763 à l'université de Coimbra au Portugal, et termine son droit en 1768. Sans doute s'intéresse-t-il dès lors à la poésie et fréquente-t-il des milieux proches de l'Arcadie lusitanienne, qui veut bannir les excès du baroque et revenir à l'imitation non servile des antiques. Mais il se cherche aussi des protecteurs : il écrit un sonnet flatteur au marquis de Pombal, tout-puissant ministre de Joseph Ier, et lui dédie en 1772 un *Traité de droit naturel,* où, adversaire du despotisme aveugle, il se montre partisan d'un réformisme prudent. À l'avènement de la reine Marie en 1777, il lui adresse une ode dithyrambique. En 1778, il est nommé juge à Beja, et en 1782, part pour le Brésil, en qualité d'auditeur [ouvidor] à Vila Rica do Ouro Preto, capitale de Minas Gerais.

À Vila Rica, il rencontre des poètes, dont Cláudio Manuel da Costa. Tous adoptent des pseudonymes bucoliques. Lui est « Dirceu ». Il s'éprend d'une adolescente de 16 ans, Maria Doroteia de Seixas, la « Marília » de ses poèmes. Mais il s'attire l'inimitié du gouverneur Luis da Cunha e Meneses dont il dénonce les abus – on attribue aujourd'hui à Gonzaga le poème satirique *Lettres chiliennes* (*), publié bien après sa mort, en 1863, mais écrit vers 1787-89. Un nouveau gouverneur, le vicomte de Barbacena, arrive en 1788 à Vila Rica avec la mission expresse de recouvrer les arriérés d'impôts de la province qui ne peut plus payer la taxe fixée par la Couronne dans des temps plus prospères. L'émoi causé par la mesure entraîne la formation d'un complot, l'« Inconfidência Mineira ». Le plus exalté des conspirateurs est Joaquim José da Silva Xavier, surnommé « Tiradentes ». Un traître dénonce les conjurés au gouverneur et désigne Gonzaga comme leur chef. Arrêté le 21 mai 1789, peu avant son mariage avec Maria Doroteia, il clame son innocence. Condamné à l'exil après trois ans de prison à Rio, il embarque le 23 mai 1792 pour le Mozambique, sans avoir revu « Marília ».

Au Mozambique, Gonzaga s'embourgeoise. D'abord avocat, il épouse en 1793 une dame fortunée, Juliana de Mascarenhas, et redevient bientôt fonctionnaire de la Couronne : procureur, puis magistrat. Il finit sa vie riche et honoré, au début de l'année 1810.

Les événements décisifs de la vie de Gonzaga sont concentrés dans les dix années passées au Brésil, de 1782 à 1792. C'est là qu'il a écrit ses plus beaux poèmes, recueillis dans *Marília de Dirceu* (*) ; c'est là qu'il souhaitait vivre et que le malheur l'a frappé, peut-être injustement.

ANNE-MARIE QUINT.

GONZÁLEZ Estebanillo. Aventurier et mémorialiste espagnol du XVIIe siècle. Sa vie ne nous est connue que par l'autobiographie qu'il a publiée à Anvers en 1646 sous le titre de *Vie et aventures de Estebanillo González* (*), ouvrage qui a été imité par Lesage dans son *Histoire d'Estevanille Gonzalez surnommé le garçon de bonne humeur* (+) et lui aurait également donné l'idée de sa fameuse *Histoire de Gil Blas de Santillane* (*). Toujours en marge de la loi, tour à tour barbier, courrier, valet de chambre de différents princes, puis bouffon au service d'Ottavio Piccolomini, le célèbre général de la guerre de Trente Ans, voleur, faussaire, déserteur, González a couru les aventures à travers l'Espagne, l'Italie, la France, l'Autriche, les Flandres, la Pologne, l'Angleterre, avant de se retirer à Amalfi comme tenancier d'un tripot. Son livre, bien que la fiction s'y mêle à la réalité, est un des meilleurs documents sur la société espagnole de l'époque et l'un des derniers grands romans picaresques.

RÉF. : E. Gossart, *Les Espagnols en Flandre. Histoire et Poésie*, 1914.

GONZÁLEZ PRADA Manuel. La figure la plus marquante de la politique péruvienne de son époque, et l'un des meilleurs poètes de l'histoire littéraire du Pérou. Né et mort à Lima (6 janvier 1848-22 juillet 1918). Toute son œuvre de prosateur ou de poète se ressent de son idéologie politique, qu'il s'agisse des recueils de poésies lyriques réunies sous les titres de *Minuscules* (*) (1901), et de *Presbytériennes* [*Presbiterianas*, 1909], ou d'écrits en prose tels que *Heures de lutte* [*Horas de lucha*, 1908] et *Pages libres* [*Páginas libres*, 1894]. Partisan d'une transformation radicale de la vie sociale et politique de sa patrie, González Prada fut opiniâtrement critiqué et combattu, mais les jeunes gens de sa génération voyaient en lui le restaurateur de la nation. Après la guerre malheureuse avec le Chili, Prada dénonça l'état de décomposition morale dans lequel étaient tombées les institutions de son pays, état qui avait pour origine, selon lui, les privilèges dont jouissaient l'armée, l'Église et l'oligarchie terrienne. González fonda au sein de l'Union nationale un parti politique ayant pour but de lutter à fond contre la corruption. En vain l'accusa-t-on de semer la haine au Pérou ; son ardent amour de la justice, il l'inculqua à de jeunes disciples qui, à leur tour, devinrent des figures de premier plan dans la lutte politico-sociale : Abraham Valdelomar, José Maria Eguren, Victor Raul Haya de la Torre. C'est en autodidacte que Prada, dont les études n'avaient pas été régulières, acquit sa culture et forma son style – v. *Minuscules* –, s'imprégnant surtout de la littérature allemande (Goethe, Schiller, Uhland, Heine, Chamisso, von Platen) et de la poésie symboliste. À la fin de sa vie, il succéda à Riccardo Palma en tant que directeur de la Bibliothèque nationale de Lima.

RÉF. : R.V. Blanco Flombona, *Grandes Escritores de America*, Madrid, 1917. – H. Garcia Salvatecci, *El Pensiamento de González Prada*, Lima, 1973.

GOODIS David. Auteur de romans policiers américain. Né à Philadelphie le 2 mars 1917 et mort dans la même ville le 7 janvier 1967. Inconnu aux États-Unis, il a été redécouvert en France grâce notamment à l'adaptation cinématographique que Truffaut a faite en 1960 de *Tirez sur le pianiste* [*Down there*]. Après avoir obtenu un diplôme de journaliste, il écrit dans les magazines à bon marché [pulps], et publie son premier roman, *Retour à la vie* [*Retreat from Oblivion*] en 1938. En 1942, il épouse Elaine, une femme mystérieuse qui le quitte un an plus tard. En 1946, il signe un contrat avec la Warner Bros et travaille à Hollywood, notamment à l'adaptation de son roman *Cauchemar* [*Dark Passage*]. Petit, noiraud au teint basané, amateur de boxe, de jazz et des œuvres d'Henry Miller, Goodis ressemble paraît-il à un clochard, ce qui ne l'empêche pas d'être séduisant. En 1950, il retourne à Philadelphie (où il situe l'action de la plupart de ses romans) pour s'occuper de ses parents très âgés et de son frère Herbert qui est interné. Après la mort de ses parents, il entre lui-même dans une maison de santé et lègue une fortune à Herbert, qui meurt pourtant de faim quelques années plus tard. Le destin de Goodis rappelle celui de Scott Fitzgerald qui, après une gloire éphémère, était mort jeune, oublié, muré dans sa tristesse et dans l'alcool. Son œuvre développe quelques thèmes qui l'obsèdent : la prédestination, on naît du bon ou du mauvais côté et la vie ressemble à une impasse ; l'amour fou impossible car les héros de Goodis aiment toujours des femmes inaccessibles ; le passé obsédant ; la déchéance alcoolique dont on essaie en vain d'émerger. Ses romans racontent toujours un long et douloureux cauchemar peuplé de grosses femmes sadiques et de garces. Il dit qu'il n'écrit pas des romans policiers mais que dans ses livres, il y a du mélodrame et de l'action. Il faut lire : *Le Casse* [*The Burglar,* 1953], *Sans espoir de retour* (*) (1954) ; *Vendredi 13* [*Black Friday,* 1954], *Tirez sur le pianiste* [*Down there,* 1956], *L'Allumette facile* [*Fire in the Flesh,* 1957], *Les Pieds dans les nuages* [*Night Squad,* 1961].

DENIS BOUTET DE MONVEL.

GOODMAN Nelson. Philosophe et logicien américain. Né le 7 août 1906 à Sommerville (Massachusetts). Goodman, après des études à l'université Harvard, y a enseigné avant d'en devenir professeur émérite. Il est un des principaux philosophes américains de la seconde moitié du vingtième siècle. Les deux influences les plus notables sur sa pensée sont celle du pragmatisme, dans la version logique que lui donna C.I. Lewis, et celle de ce qu'il est convenu d'appeler l'empirisme logique, c'est-à-dire les philosophies de B. Russell et de R. Carnap. L'œuvre de Goodman relève donc de la philosophie analytique.

Dans *La Structure de l'apparence* [*The Structure of Appearance,* 1951], Goodman reprend le projet carnapien d'une construction systématique de l'apparence sensible ne faisant aucun recours à des instruments logiques autres que ceux de la logique des prédicats du premier ordre. Si l'analyse de détail est très technique, deux options philosophiques fondamentales y apparaissent : le nominalisme et la définition de la philosophie comme analyse des systèmes symboliques. Le nominalisme inscrit Goodman dans la lignée de la philosophie médiévale des termes, dont le plus illustre représentant fut Guillaume d'Occam. Le nominalisme consiste à n'accepter que des entités individuelles. Toutefois, chez Goodman, l'individu n'est pas défini sémantiquement et métaphysiquement mais syntaxiquement. Les individus sont les valeurs des variables d'un calcul dont les règles sont telles qu'aucune classe d'individus ne pourra être traitée comme un individu.

Le nominalisme pratiqué par Goodman est un principe méthodologique destiné à éviter une trop importante prolifération ontologique.

C'est surtout dans *Langages de l'art* (*) (1968) que Goodman étudie ce qu'est un système symbolique. Il y montre que les œuvres d'art sont des symboles. À la question : comment une œuvre symbolise-t-elle ?, on ne répondra pas en analysant les intentions de l'artiste ou les sentiments de l'esthète mais le rapport référentiel entre l'objet symbolique et ce dont il tient lieu. Bien loin d'être conduit par cette option au naturalisme le plus plat, Goodman propose un examen minutieux de tous les modes relationnels entre symbole et symbolisé dans le domaine de l'art : dénotation, exemplification littérale ou métaphorique, allusion, évocation, référence élémentaire, complexe, directe ou indirecte, etc. Des articles réunis dans *Problèmes et Projets* [*Problems and Projects,* 1972], *L'Esprit et autres questions* [*Of Mind and other Matters,* 1984] et *Nouvelles conceptions en philosophie, arts et sciences* [*Reconceptions in Philosophy and other Arts and Sciences,* 1988] complètent les travaux de Goodman dans ce domaine.

Dans *Comment fabriquer un monde* [*Ways of Worldmaking,* 1978], Goodman tire une conséquence essentielle de son option nominaliste dans l'analyse des systèmes symboliques. On peut construire des systèmes différents et divergents qui seront adéquats à des mondes différents et divergents en fonction de nos intérêts. La vérité ultime quant à une réalité unique ne peut donc plus être ce que recherche l'homme de science ou le philosophe. Il cherche pour chaque monde une cohérence qui justifie la construction symbolique qu'on en fait. Goodman est radicalement relativiste, mais il échappe à l'anarchisme de P. Feyerabend en mettant l'accent sur les contraintes logiques dans la construction d'un monde. On pourrait difficilement voir dans son relativisme une forme de laxisme conceptuel.

Le pluralisme avait déjà été analysé dans l'ouvrage le plus célèbre de Goodman : *Faits, fictions et prédictions* (*) (1955). Pour lui, l'induction suppose un choix de prédicats considérés comme « projectibles ». Ce choix relève justement de la construction d'un monde cohérent et permet d'éviter des difficultés logiques que Goodman s'est attaché à mettre en évidence sous une forme très paradoxale.

En 1951, Goodman espérait qu'un jour viendrait où la philosophie serait appréhendée en termes de recherche plutôt que de controverse entre des systèmes clos et où les philosophes, comme les hommes de science, seraient plus connus pour les thèmes qu'ils traitent que pour les thèses qu'ils soutiennent. La philosophie de Goodman est une tentative pour réaliser cet espoir. L'argumentation fine, l'analyse décapante y ont plus d'importance que le bouleversement des perspectives métaphysiques. Le nominalisme de Goodman est avant tout méthodologique et non pas dogmatique. Il s'agit de montrer tout ce que l'on peut faire en philosophie en refusant de tenir pour acquis qu'il y a des classes, des essences, des entités possibles, des dispositions, des anges et des démons.

ROGER POUIVET.

GOODY Jack John Rankine. Anthropologue britannique. Né à Londres en 1919. Il a enseigné à l'université de Cambridge dont il a dirigé le département d'anthropologie. Africaniste spécialiste des populations du Ghana (ancienne Gold Coast), des enquêtes poursuivies depuis 1950 l'ont mené chez diverses populations du Nord (LoDagaba, LoWilli) ainsi que dans l'ancien royaume du Gonja. Il a publié sur ces sociétés deux monographies aujourd'hui classiques, *L'Organisation sociale des LoWilli* [*The Social Organisation of the LoWilli*, 1956] et *La Mort, la propriété et les ancêtres, étude des coutumes mortuaires des LoDagaba d'Afrique occidentale* [*Death, Property and the Ancestors, a Study of the Mortuary Customs of the LoDagaba of West Africa*, 1966] ainsi que deux livres sur l'initiation au « bagre ». Goody est aussi l'auteur de travaux théoriques sur la parenté et la famille, la double filiation, notamment à propos des LoDagaba, sur l'économie familiale, sur la formation de l'État, la guerre, la transmission du pouvoir et la problématique de la « féodalité » africaine. Sur le royaume de Gonja, il a fait œuvre d'historien. On lui doit encore des travaux d'anthropologie comparée sur la cuisine, la parenté et le mariage en Europe.

Toutefois, né d'un intérêt ancien, le thème majeur des travaux de Goody est aujourd'hui celui du rôle joué par l'écriture dans l'histoire des sociétés – v. *La Raison graphique* (*), 1977. Pour rendre compte de ce développement historique, l'auteur étudie l'incidence de la représentation graphique du langage sur la formation des processus cognitifs. Selon lui, l'écriture et les divers modes d'organisation des données qu'elle permet (listes, tableaux, matrices) sont à l'origine de la constitution d'une logique propre au discours écrit, indépendante du contexte d'énonciation. Le fait que chez Goody l'approche théorique se combine avec l'expérience du travail de terrain explique l'importance de ses travaux pour les africanistes qu'intéresse la reconstruction de l'histoire africaine au moyen de la tradition orale. Il explique aussi, de façon quelque peu paradoxale, l'opposition rencontrée auprès des plus chauds défenseurs de cette tradition : Goody pose en effet la présence de l'écriture comme condition préalable nécessaire à la pensée historique, la réflexion au sujet du passé exigeant, selon lui, la possibilité de se référer à la pensée des auteurs anciens sur le sujet telle que la forme écrite l'a fixée. Néanmoins tous reconnaissent la richesse des arguments amassés par Goody, dont l'un des mérites a été sa capacité, ayant engendré des idées, d'en accepter la libre discussion. Dans son dernier livre, *L'Oral et l'Écrit* [*The Interface between the Written and the Oral*, 1990], Goody distingue dans la rencontre de l'oral et de l'écrit trois aspects souvent confondus : le face-à-face des cultures avec et sans écriture vu du point de vue de l'historien et du géographe ; la rencontre des traditions orales et écrites dans des sociétés qui emploient l'écriture avec des objectifs bien circonscrits ; enfin la double présence de l'écriture et du discours dans la vie linguistique de tout individu.

D'une manière générale, on retiendra deux idées : celle selon laquelle l'opposition entre l'écrit et l'oral s'est souvent accompagnée d'une juxtaposition, l'écrit étant réservé à des domaines limités (les livres sacrés, par exemple) ; et l'idée que, d'un point de vue cognitif aussi bien que sociologique, l'écriture est un puissant soutien de la « civilisation », de la culture des cités.

DENISE PAULME.

GORAN (pseud. de Abdallah Sulaimân Beg). Poète kurde. Né à Halabja (près de Sulaimâni, au Kurdistan d'Irak) en 1904, mort à Sulaimâni le 18 novembre 1962. C'est le plus grand poète kurde contemporain. Son père était le précepteur des fils du chef de la grande tribu des Djaff. Goran souhaitait entrer dans l'enseignement et commença à l'École normale des instituteurs de Kirkouk des études supérieures qui furent interrompues pour des raisons financières. Il devint instituteur à Halabja de 1927 à 1937. Doué pour les langues, il apprit l'arabe, le persan, le turc et l'anglais. Il se passionna surtout pour la littérature anglaise et ce sont principalement les romantiques anglais et Shelley en particulier qui inspireront son œuvre. Il traduit en kurde les textes de nombreux auteurs – *Morceaux choisis* [*Albijârde*, Bagdad, 1953], extraits d'écrits de Pearl Buck, Oscar Wilde, Catulle Mendès, Anatole France. Goran excelle dans de nombreux genres : il a écrit des nouvelles, des pièces de théâtre, mais c'est dans la poésie qu'il se distingue. Celle-ci, d'abord d'un romantisme lyrique, va évoluer vers un lyrisme réaliste avec l'évolution politique du poète. Il adopte d'abord les formes classiques. Influencé par le « helbest », poésie orale rimée de la campagne, il va révolutionner la poésie kurde en introduisant cette forme dans la poésie écrite. C'est dans *Le Paradis et le Souvenir* (*) (Bagdad, 1950), le recueil de poèmes le plus important de Goran, que celui-ci adopte la nouvelle forme de versification. Il publie la même année *Larmes et Art* [*Firmésk u Hunar*]. Tous ces poèmes chantent l'amour, la liberté. Le poète critique les abus sociaux dont il souhaite ardemment la disparition. La colombe de Picasso lui a inspiré de beaux morceaux. Ses idées radicales valurent à Goran une vie très difficile et de fréquents séjours en prison. Après le renversement de la monarchie en Irak, il est nommé à la faculté des lettres de Bagdad. Mais, usé par une vie de constantes privations, il mourra à cinquante-huit ans, à Sulaymaniyya. La majeure partie de l'œuvre de Goran est encore inédite. Deux recueils de poèmes posthumes ont vu le jour : *Nature et Âme* [*Sirusht u darûn*, Bagdad, 1968] et *Ballade et Message* [*Lâwik y peyâm*, Bagdad, 1969]. Ses poèmes ont été traduits en russe, en géorgien, en azéri, en persan, en arabe et en anglais.

JOYCE BLAU.

GORANI Giuseppe. Écrivain italien. Né à Milan en 1740, mort à Genève le 13 décembre 1819. Il connut des fortunes diverses au cours d'une longue existence des plus mouvementées, mais il ne fut en aucun cas l'un de ces aventuriers dont le XVIIIe siècle fut riche. Il avait soif d'expériences nouvelles, mais il sut voir et observer partout où il passa. Pour incohérente qu'elle paraisse, son attitude vis-à-vis de la Révolution française est, au fond, logique : physiocrate convaincu, donc adepte de la liberté et de la propriété individuelle, il suivit et soutint le mouvement révolutionnaire jusqu'au moment où il s'aperçut qu'il s'écartait de ces principes. Gorani était l'ennemi de tout « despotisme sacerdotal, aristocratique et ministériel des gouvernements » ; il expose d'ailleurs ses opinions dans ses très beaux *Mémoires secrets et critiques des cours, des gouvernements et des mœurs des principaux États d'Italie* publiés à Paris, en 1793. Amèrement déçu par la Révolution, il se retira en Suisse, où cet homme qui avait tant aimé le monde et joui de la société adopta une attitude négative, stérile qui lui valut de passer dans l'isolement le restant de ses jours. Il laissa les *Mémoires pour servir à l'histoire de ma vie* (*) publiés en français en 1806-1807, qui tracent un tableau très vivant de la société de la fin du XVIIIe siècle.

GORDIMER Nadine. Romancière et nouvelliste sud-africaine. Née le 20 novembre 1923 à Springs, East Rand, Afrique du Sud. Dans une œuvre de fiction abondante, complétée par des essais et des textes critiques, Nadine Gordimer a toujours fait alterner nouvelles et romans, suivant de très près dans ses thèmes et dans son regard l'évolution de l'histoire de son pays. C'est du sein de la communauté anglophone, assumant sa position privilégiée dans la bourgeoisie blanche, que la romancière s'attache à décrire les conflits politiques et sociaux de l'Afrique du Sud. Sa condamnation du système de l'apartheid se radicalise au fil des années, mais elle se tient à la voie choisie, qui ne mène ni à l'action directe ni à l'exil mais est avant tout écriture. Son combat, elle le mène à travers l'exigence de lucidité qui lui fait rendre compte des tensions raciales et sociales dans toute leur complexité.

Ce sont d'abord ses recueils de nouvelles qui ont contribué à la faire connaître. Dans la tradition des nouvellistes anglaises comme Elisabeth Bowen, elle cultive l'art du regard, donne une présence exacte aux objets et aux lieux, et recherche dans cette forme dense un certain équilibre esthétique. Les sujets de chaque recueil sont parallèles à ceux des romans écrits concurremment.

Les premières œuvres offrent une satire des soucis mesquins de la petite bourgeoisie blanche repliée sur elle-même, *Les Jours menteurs* [*The Lying Days,* 1953]. Une vision plus optimiste explore à travers des personnages d'artistes et d'intellectuels les possibilités de rencontres et d'amitiés interraciales : *Un monde d'étrangers* [*A World of Strangers,* 1958]. Mais l'illusion d'une société fraternelle est de courte durée, et les livres suivants font la chronique de la position inconfortable et des efforts dérisoires des Blancs libéraux. Dans *Occasions d'aimer* [*Occasion for Loving,* 1963], *Le Dernier Monde bourgeois* [*The Late Bourgeois World,* 1966], leurs sentiments de culpabilité eux-mêmes ne sont plus qu'un luxe inefficace. Le roman suivant est plus sombre mais tourné vers des possibilités d'action : *La Fille de Burger* (*) (1979) montre le parcours difficile d'une jeune femme, fille d'un militant communiste mort en prison. Elle s'éveille comme malgré elle à la conscience politique, et accepte, sans illusion, de tenir un rôle, même mineur, dans l'histoire de son pays. *Le Conservateur* (*) (1974) montre de l'intérieur les contradictions d'un riche industriel blanc ; il vient d'acheter une ferme, mais reste maladroit, voire aveugle, dans son attachement à une terre que finalement il connaît mal.

Trois romans récents sont des projections sur l'avenir, *Un rôle d'honneur* [*A Guest of Honour*, 1971] essaie d'imaginer la place d'un Blanc de bonne volonté dans un pays gouverné par des Noirs. *Ceux de July* [*July's People*, 1981] est un conte d'anticipation très sombre, où une bourgeoise blanche, après la guerre civile, découvre la nouvelle réalité de ses rapports avec ses anciens serviteurs. *Un caprice de la nature* [*A Sport of Nature,* 1987] narre sur le mode picaresque les aventures d'une jeune femme qui découvre de bras en bras les divers visages de l'action anticoloniale. *Histoire de mon fils* [*My Son's Story,* 1990] renoue avec une veine plus réaliste, plus intime dans l'évocation de l'Afrique du Sud face au changement.

Ces livres, dans leur ensemble, sont de facture traditionnelle et se veulent un témoignage sur l'histoire en train de se faire, surtout sur l'interaction entre la vie des émotions et les données politiques auxquelles nul ne saurait échapper. Ils présentent des personnages mémorables, en particulier lorsqu'ils disent la difficulté d'être des femmes dans une société qui a intériorisé les valeurs et les hiérarchies de l'homme blanc dominant. Avec une plume aiguë, Nadine Gordimer traque les faux-semblants, les pièges de la conscience, bonne ou mauvaise, souligne dans les dialogues les nuances de l'humiliation raciale. Elle se méfie des illusions romantiques, certes, mais son œuvre n'est pas sèche. Elle sait aussi trouver un lyrisme juste pour parler du pays qu'elle aime : certains symboles clés comme la terre, les oiseaux, la peau, un sens des espaces et des couleurs donnent à ses textes une dimension sensuelle et disent l'attachement à une réalité humaine et politique déchirante. Nadine Gordimer a reçu le prix Nobel de littérature en 1991.

JACQUELINE BARDOLPH.

GORDON Yehuda Leib (acronyme Yalag). Poète et prosateur lituanien d'expression hébraïque. Né à Vilna le 7 décembre 1830, mort à Saint-Pétersbourg le 16 septembre 1892. Fils d'un petit hôtelier juif de Vilna, ruiné lors de la révolution polonaise de 1830, il eut une solide éducation juive qui le mena progressivement de *La Bible* et de la grammaire hébraïque au *Talmud*, selon la démarche préconisée par Wessely dans ses *Paroles de paix et de vérité* (*), qui était alors rarement appliquée. Dès douze ans, il fut mis en contact avec les « maskilim » (adeptes de la Haskalah, les Lumières hébraïques) par son beau-frère, côtoya Adam Ha-Kohen, Kalman Schulman (le traducteur en hébreu des *Mystères de Paris* (*) d'Eugène Sue) et fut l'ami intime de Mikhal. Ayant obtenu son diplôme d'instituteur au séminaire rabbinique de Vilna, il partit – à la différence de tant d'autres – exercer son métier dans trois bourgades successives de Lituanie ; il enseigna, dirigea des écoles, fonda écoles et bibliothèques non seulement pour garçons, mais aussi pour jeunes filles. Comme il ajoutait à l'enseignement juif traditionnel la culture générale, il s'attira l'hostilité des rabbins ; c'est à la polémique qui s'engagea entre eux que nous devons ses meilleurs poèmes satiriques et des articles de grand intérêt. En 1872, il accepta avec soulagement le poste de secrétaire de la communauté juive de Saint-Pétersbourg et de la société pour la propagation de la culture parmi les Juifs. En 1879, un épisode dramatique assombrit sa vie : dans le climat policier des dernières années du tsar Alexandre II, il fut arrêté avec plusieurs membres de sa famille, emprisonné puis exilé durant quelques mois ; il avait sans doute été victime d'une homonymie, mais resta persuadé d'avoir été calomnié et dénoncé par des Juifs orthodoxes, ce qui exacerba sa rancœur contre eux. En 1880, il entra à la rédaction de l'hebdomadaire hébreu *Ha-Melits*, y resta jusqu'en 1888, en assuma la direction pour un temps. Pour fêter le vingt-cinquième anniversaire de la parution de son premier poème, ses amis décidèrent en 1881 de publier ses poèmes en une édition révisée par ses soins. En raison des pogroms qui endeuillèrent la Russie après l'assassinat du tsar, le recueil ne parut qu'en 1884. Les dernières années du poète furent moins productives ; affaibli, malade, il ne cessa pourtant pas d'écrire, avant de succomber au cancer en 1892. Auteur d'un nombre important d'articles parus dans divers périodiques, d'une abondante correspondance, de récits et de nouvelles en prose, Gordon est surtout célèbre pour son œuvre poétique. Il commença par des idylles bibliques, et des poèmes narratifs portant sur l'histoire et la légende juives, pour se spécialiser bientôt, sous la pression des événements, dans une poésie plus combative : poèmes lyriques appelant ses lecteurs à l'action : *Réveille-toi mon peuple* (*), *La Voie de mon peuple* (*) ; fables ésopiques : *Fables de Yehuda* (*) ; puis véritables satires *Épopées de la vie contemporaine*, dont la plus connue, « L'Apex d'un Yod », dénonce l'intransigeance aveugle et cruelle de certains rabbins, leur manque de cœur, leur ignorance qui les pousse à interdire sans étudier le cas proposé, le sort tragique de la femme juive, la sclérose dans laquelle est tombé – selon lui – le judaïsme. Son séjour en prison lui inspira l'émouvant « Sédécias en prison », où il prend le parti du roi captif des Babyloniens, calomnié en dépit de son patriotisme, alors que l'on exalte son adversaire, le prophète défaitiste Jérémie, incarnation du rabbinat. Surnommé le « Lion de la Haskalah », Gordon milita toute sa vie pour la mise en pratique de ses idées. Il réagit aux événements plus qu'il ne les pressentit, ce qui l'obligea à réviser son point de vue au cours des ans. Une lecture chronologique de ses poèmes nous fait parcourir une tranche d'histoire du judaïsme de l'empire des tsars.

JANINE STRAUSS.

RÉF. : Janine Strauss, *Y. L. Gordon, son œuvre de fabuliste*, Paris, 1980.

GORENSTEIN Friedrich. Écrivain russe. Né à Kiev (Ukraine alors soviétique) le 18 mars 1932. Il vit aujourd'hui à Berlin. À l'instar de nombreux intellectuels juifs de l'époque, ses parents sont des communistes et des internationalistes convaincus. Ils compteront parmi les premières victimes de la période stalinienne. Son père, professeur d'économie, est arrêté dès 1935, et fusillé. Sa mère, arrêtée elle aussi, meurt en 1941, peu après sa libération. Le jeune Friedrich connaît alors le sort de bien des « fils d'ennemis du peuple » : la maison d'enfants, où il reçoit une instruction plus que sommaire, puis un emploi de manœuvre sur un chantier.

En dissimulant ses origines et en s'inventant une biographie « prolétarienne » sans tache, Friedrich Gorenstein parvient cependant à entrer à l'Institut des mines de Dniepropetrovsk (Ukraine). À la fin des années 50, avec la déstalinisation et la dénonciation du culte de la personnalité par Nikita Khrouchtchev, ses parents sont réhabilités. Friedrich Gorenstein décide de tenter sa chance à Moscou, où il s'installe en 1962.

En 1964, il réussit à faire paraître sa

première nouvelle, *La Maison à Tourelles*, sa seule publication en U.R.S.S. jusqu'à une date récente. Il n'en continue pas moins à écrire nouvelles, récits, romans, pièces de théâtre, qui restent à l'état de manuscrits. Il devient également scénariste et travaille avec les meilleurs : Nikita Mikhalkov (*L'Esclave de l'amour*), Ali Khamraïev (*La Neuvième Balle*) et Andreï Tarkovski (*Solaris*). Cette activité le rattache à l'Union des cinéastes et lui permet d'éviter, en cas de chômage, une accusation de « parasitisme ». Il sera toutefois exclu de cette union en 1979. N'ayant plus aucune perspective, il émigre un an plus tard à Berlin (Ouest), avec sa femme et son fils.

En dix ans d'exil, Friedrich Gorenstein écrit une vingtaine de textes, dont un de théâtre sur Pierre le Grand, *L'Infanticide* [*Detoubijca*, 1988], et deux scénarios, consacrés respectivement à Chagall et Tamerlan.

Sous un apparent éclectisme de thèmes et de genres – depuis la déstalinisation dans *La Place* (*) jusqu'à la *Discussion sur Dostoïevski* [*Spor o Dostoevskom*, 1988], en passant par la Seconde Guerre mondiale en Ukraine, *Compagnons de route* [*Poputčiki*, 1988], la question juive (*Berditchev* [*Berdičev*, 1988], pièce inédite en français) et même un roman érotique (*Tchok-Tchok*, 1992, à paraître en France) – Friedrich Gorenstein poursuit une quête méthodique et patiente.

Avec l'Histoire pour domaine de prédilection, Gorenstein brasse, de livre en livre, chacun étonnant de puissance, les siècles et les masses, pour en revenir encore et toujours, obsessionnellement, à l'individu qui, « insecte » affolé, tente de résister à la déferlante des événements, s'y cherche en vain une place, inutile et pourtant essentiel. Inutile, parce qu'il ne décide rien, essentiel parce que tout se fait par lui et qu'il est pleinement, définitivement responsable et coupable.

Coupables, les hommes le sont tous chez Gorenstein : bourreaux et victimes, il n'y a pas d'anges ni de démons. Mais il y a, toujours possible, le rachat, pour les individus comme pour les peuples, allemand, par exemple, ou russe.

La Russie, explique-t-il en substance, a, tout au long de son histoire millénaire, subi les pires avatars, vécu les tragédies les plus noires, perpétré les forfaits les plus odieux, montrant par là même au monde la nécessité du rachat. Et c'est là que revient, en fond, dans toute son œuvre, une question lancinante, désespérante : a-t-on besoin de la Russie au XXIe siècle ?

Régulièrement publié en France où il a su, sans tapage, se créer un cercle de lecteurs inconditionnels toujours plus nombreux, Friedrich Gorenstein a enfin accédé à son public en Russie, où il est, depuis 1991, abondamment lu et joué.

Écrivain authentique, inclassable politiquement et littérairement, Gorenstein est sans conteste l'un des meilleurs auteurs russophones actuels. Il travaille aujourd'hui à une œuvre gigantesque sur Ivan le Terrible et l'État russe, et projette d'écrire une série d'essais sur l'Allemagne.

ANNE COLDEFY-FAUCARD.

GORGÂNI Fakhr al-Dîn As'ad. Écrivain du XIe siècle, sans doute originaire du nord-est de l'Iran (ville ou région de Gorgân). Les dates de sa naissance et de sa mort sont inconnues. Lorsqu'il achève son roman *Vîs et Râmîn* (*), vers 1054, il se dit jeune. D'après ses propos au début de cette œuvre, nous déduisons qu'il était fonctionnaire, et notable, à la cour de Toghroul Beg, le Seldjoukide qui conquit la Perse au XIe siècle. C'est à la demande de Amîd al-dîn Abol-Fath, gouverneur d'Ispahan, qu'il écrivit, dans cette ville, son roman. Il possédait une grande maîtrise de l'art poétique, une culture étendue, des connaissances astrologiques, et une incomparable sensibilité à l'amour, sans avoir été lui-même comblé en amour, selon ses dires. Il est le premier grand auteur persan du roman d'amour médiéval, genre qu'il façonne selon les règles d'une esthétique nouvelle, et qu'il imprègne d'une brillante vitalité.

CLAUDE-CLAIRE KAPPLER.

GORKI Maxime [Maksim Gor'kij, pseud. de Aleksej Maksimovič Peškov]. Écrivain russe. Né le 16 (28) mars 1868 à Nijni-Novgorod (rebaptisé Gorki de 1932 à 1990), mort à Gorki (résidence gouvernementale des environs de Moscou) le 18 juin 1936. Orphelin de père à trois ans, Gorki passa sa prime enfance dans la maison de son grand-père maternel, patron despotique et violent d'une teinturerie qui périclitera – voir *Enfance* (*) (1913-1914). En 1878, après deux ans d'école, commencent les « années d'apprentissage », que Gorki décrira en 1916 dans *En gagnant mon pain* (*). À seize ans, il part pour Kazan avec l'espoir d'y faire des études. En fait d'université – voir *Mes universités* (*) (1923) – il tire le diable par la queue et fréquente des « cercles d'études » politiques clandestins (1885-1889). L'été 1888, il fait avec un ami « populiste » une expérience malheureuse de retour au peuple. Il part alors en « vagabondage » : Volga, Don, Ukraine, Bessarabie, Crimée, Caucase. En 1892, il publie son premier récit, *Makar Tchoudra* [*Makar Čudra*], dans un journal de Tiflis (Tbilissi) sous le pseudonyme de Gorki (l'Amer). De retour à Nijni-Novgorod en octobre 1892, Gorki se lance dans le journalisme. Il fait aussi la connaissance d'une sociale-révolutionnaire, Ekaterina Pavlovna Volžina (1878-1965), qu'il épouse en 1896. En 1898, il rassemble ses récits sur les « va-nu-pieds » dans un premier recueil d'*Esquisses et Récits* [*Očerki i rasskazy*], qui le rend célèbre – voir *Les Vagabonds* (*) : un nouveau type littéraire était né, opposé à celui du traditionnel moujik, celui des marginaux, anarchistes romantiques dans lesquels la critique dénoncera l'influence du nietzschéisme. Ses deux premiers romans, *Thomas Gordéev* (*) et *Les Trois* (*), paraissent en 1899 et 1900. En 1902, Gorki fait ses débuts de dramaturge au Théâtre d'Art de Moscou avec *Les Petits-Bourgeois* [*Meščane*] puis *Les Bas-Fonds* (*). Suivront d'autres pièces, opposant des prolétaires à des intellectuels décadents et philistins. À partir de 1902, Gorki soutient financièrement les bolcheviks (il adhérera au parti de 1905 à 1917) et se lie avec une actrice bolchevique, Maria Fiodorovna Andréeva (1872-1953), avec laquelle il quittera la Russie après l'échec de la révolution de 1905 : il est chargé par le parti de collecter des fonds aux U.S.A. et de faire campagne contre les emprunts russes. Aux U.S.A., il écrit *La Mère* (*), où l'héroïne découvre dans le socialisme une nouvelle religion : cela annonce la recherche de la « construction de Dieu », illustrée en 1908 par *Confession* (*) et farouchement combattue par Lénine. Outre *Confession,* Gorki écrit à Capri (où il s'est installé en octobre 1906) *La Vie d'un homme inutile* [*Žizn' nenužnogo čeloveka,* 1908], portrait d'un mouchard, *L'Été* [*Leto,* 1909] sur la montée des sentiments révolutionnaires à la campagne, *La Bourgade d'Okourok* [*Gorodok Okurok,* 1909-1910], qui avec *Matvéi Kojémiakine* (*) peint le marais de la province russe. Grâce à l'amnistie de 1913 (300e anniversaire de la dynastie des Romanov), Gorki peut revenir à Pétersbourg à la fin de l'année. « Défaitiste » pendant la guerre (souhaitant comme Lénine la défaite de l'Empire russe), Gorki devient en 1917 « défaitiste de la révolution », estimant qu'il est prématuré d'instaurer le socialisme « dans notre sombre pays de moujiks » – *Lénine et le paysan russe* (1922). Sa conception prométhéenne de l'homme et sa crainte de l'anarchie lui firent cependant accepter le régime bolchevique après quelques mois d'opposition farouche à « Lénine et ses acolytes » dans les colonnes de son quotidien *Vie nouvelle* [*Novaja Žizn'*], qui sera interdit en juillet 1918. Ses articles, réunis en 1918 sous le titre de *Pensées intempestives* [*Nesvoevremennye mysli*, trad. 1977], ne seront réédités en U.R.S.S. qu'en 1988. Entre 1918 et 1921, Gorki se consacre au sauvetage de la culture et de l'intelligentsia « bourgeoise » qu'il avait si souvent décriée dans ses articles de 1908-1913. Mais, harcelé par Zinoviev (président du soviet de Petrograd) et pressé par Lénine, qu'excède la « vaine agitation » de l'écrivain en faveur des intellectuels arrêtés par la Tcheka, d'aller se faire soigner à l'étranger (Gorki souffre d'hémoptysie et de tuberculose depuis une tentative de suicide en 1887), il quitte la Russie le 16 octobre 1921. Après l'Allemagne et la Tchécoslovaquie, il s'installe à Sorrente en avril 1924, avec sa nouvelle compagne (depuis 1919), Moura Benckendorf (baronne Boudberg), et une nombreuse maisonnée. De Sorrente, Gorki suit (et dirige) attentivement la littérature soviétique. Il y écrit *Les Artamonov* (*) et s'attelle à une grande fresque de la Russie d'avant la révolution à travers la figure d'un homme sans qualité, *La Vie de Klim Samguine* (*) (1927-1931). Pour différentes raisons matérielles et idéologiques, Gorki décide de rentrer au bercail : d'abord chaque été à partir de 1928 (sauf en 1931) puis définitivement en mai 1933. Mais il est « désarmé dès son arrivée par sa prise en charge officielle » (Victor Serge). Fidèle au principe du « mensonge exaltant » opposé à la réalité terre à terre (déjà exprimé dans un conte de 1893), il fait chorus avec la majorité stalinienne et célèbre la « rééducation » par le travail forcé. Toutefois, à partir de 1932, il défend (avec Boukharine, Kirov, Kamenev) une politique de modération et de réconciliation, et déploie une colossale activité éditoriale, éducative et politique. En août 1934, il préside le Ier Congrès des écrivains soviétiques et reprend la théorie du réalisme socialiste (élaborée par une commission dirigée par Staline) dans le sens du romantisme révolutionnaire qui lui est cher. Il ne s'aventurera cependant pas sur la voie du « roman soviétique ». L'assassinat de Kirov, le 1er décembre 1934, met brutalement fin aux espoirs du « camp de Gorki ». Ses rapports avec Staline se dégradent. En mai 1935 son fils Maxime (né en 1897) meurt dans des circonstances suspectes. Gorki va se trouver « de facto » en résidence surveillée, isolé du monde extérieur par le N.K.V.D. Début juin 1936, il contracte une grippe et meurt le 18 juin. En mars 1938, au procès de Boukharine, l'ancien chef du N.K.V.D. Yagoda sera accusé d'avoir hâté la mort de Gorki. Il est maintenant admis en Union soviétique que Staline avait des raisons de craindre un sursaut de conscience de Gorki et qu'il prit « tous les moyens » pour l'empêcher. Châtré, canonisé, Gorki a beaucoup perdu de sa popularité. L'homme et l'œuvre restent cependant à redécouvrir.

MICHEL NIQUEUX.

♦ « *Au fond, l'œuvre de Gorki n'est qu'une longue et fougueuse protestation contre les conditions de l'existence dans son pays* [...] *C'est un Gogol moins joyeux, moins équilibré, un Gogol enragé.* » E.-M. de Vogüé, 1901. ♦ « *Je pense que viendra le temps où les œuvres de Gorki seront oubliées, mais lui-même ne sera certainement pas oublié même au bout de mille ans.* » A. Tchekhov, 1903. ♦ « *S'il existe ce je ne sais quoi d'immense, de vaste, de nostalgique, cette terre promise de l'âme que nous avons accoutumé de désigner du nom de Russie, alors c'est Gorki qui a su le mieux l'exprimer.* » A. Blok, 1907. ♦ « *Le vieil ours a un anneau passé au nez.* » R. Rolland, 1935.

RÉF. : E.-M. de Vogüé, *Maxime Gorki. L'homme et l'œuvre,* Paris, 1905. – Maxime Gorki - Anton Tchekhov, *Correspondance,* Paris, 1947. – Grégoire Alexinsky, *La Vie amère de Maxime Gorki,* Paris, 1950. – Nina Gourfinkel, *Gorki,* Paris, 1954. – Vladimir Pozner, *Souvenirs sur Gorki,* Paris, 1957. – Jean Pérus, *Romain Rolland et Maxime Gorki* ; *Gorki en France,* Paris, 1968. – H. G. Wells, *La Russie dans l'ombre,* Paris, 1985. – Henri Troyat, *Gorki,* Paris, 1986. – *Cahiers du monde russe et soviétique,* XXIX (1), 1988. – Nina Berberova, *Histoire de la baronne Boudberg,* Paris, 1988.

GORNICKI Lukasz (en latin Gornicius). Écrivain polonais. Né à Oswiencim (palatinat de Cracovie) en 1527, mort à Tykocin (palatinat de Bialystok) le 22 juillet 1603. De 1543 à 1548, il fit des études à Padoue. De retour en Pologne, il vécut à la cour du fameux évêque Maciejowiski, ensuite à celle de l'évêque Zebrzydowski, puis devint bibliothécaire du roi Sigismond-Auguste. Il fit un nouveau séjour en Italie, à Padoue et à Venise. La lecture du *Parfait Courtisan* (*) de Castiglione lui inspira la création d'un livre similaire mais adapté à l'esprit et aux coutumes polonaises de l'époque. *Le Courtisan polonais* (*) est un des plus remarquables monuments de la langue et du style polonais. Ce premier chef-d'œuvre en prose allait ouvrir une voie nouvelle aux écrivains polonais. Intéressé par les statuts politiques des différents États italiens, Gornicki publia *Les Entretiens d'un Polonais et d'un Italien* [*Rozmowa Polaka z Wlochem*] où il compare l'anarchie de son pays à l'idée d'un État fort, sur le modèle de la République de Venise.

GOROSTIZA José. Poète mexicain. Né à Villahermosa le 10 novembre 1901. Mort en 1973. Après des études de lettres, il s'oriente vers la carrière diplomatique et séjourne successivement en Europe, en Amérique et dans d'autres parties du monde. C'est l'un des meilleurs poètes du groupe dit des « Contemporains » – du nom de la revue qu'il fonde en 1928 avec Xavier Villaurrutia et Carlos Pellicer : *Contemporáneos*. Son œuvre, assez brève, est d'une exceptionnelle qualité : *Chansons pour chanter dans les barques* (1925), *Mort sans fin* (*) (1939), et *Poésies* (1964), anthologie comprenant quelques poèmes nouveaux. Dans ses *Chansons pour chanter dans les barques*, il retrouve le ton à la fois simple et savant des « cancioneros » espagnols du seizième siècle, et des premiers poèmes de Lorca et d'Alberti. *Mort sans fin,* en revanche, est une longue interrogation métaphysique : le poète, seul dans un monde dépourvu de sens, cherche la connaissance qui pourrait le sauver du temps, de la solitude et de la mort. « Je marche gauchement et à tâtons dans la boue », écrit-il. Il se débat dans des oppositions insolubles : l'impulsion ou la forme, Dieu ou le chaos, et connaît l'angoisse de vivre. Selon Octavio Paz, *Mort sans fin* est « un long délire raisonné. Le poème du temporel, comme son nom l'indique, mais son langage est éclatant, sculptural et abstrait. C'est le poème du mot en même temps que de sa destruction ».

GÖRRES Johann Joseph. Écrivain allemand. Né à Coblence le 25 janvier 1776, mort à Munich le 29 janvier 1848. Sa mère était d'origine italienne. Il s'intéressa de bonne heure à la politique et publia, alors qu'il était encore étudiant, des articles qui montraient son inclination pour les idéaux de la Révolution française. En 1799-1800, il était à Paris, à la tête de la délégation des républiques rhénanes, mais les dures réalités de la révolution atténuèrent son enthousiasme. Rentré dans son pays, il obtint un poste de professeur au gymnase de Coblence. En 1806, il était à l'université de Heidelberg où il fréquenta les cercles romantiques et noua des amitiés précieuses, en particulier avec Achim von Arnim. Il y fit des cours sur la poésie allemande ancienne, ce qui était une innovation et promouvait en Allemagne les études germaniques. En 1807, sous l'influence des frères Grimm, il publia les *Livres populaires allemands* (*). En 1808, revenu à Coblence, il reprit dans son journal, *Le Mercure rhénan* [*Rheinischer Merkur*], sa propagande en faveur de l'unité allemande (1814-1816). Napoléon, qui y était violemment attaqué, appelait ce journal « la cinquième grande puissance ». Görres fut également de ceux qui menaient campagne pour l'achèvement de la cathédrale de Cologne dans laquelle il voyait le symbole de la grandeur et de l'unité allemandes. Après la chute de Napoléon, les services qu'il avait rendus à la cause de la libération furent oubliés ; il dut quitter son emploi et suspendre ses activités de journaliste, car ses idées libérales le rendaient suspect. Ce n'était pas dans son caractère de se taire et de vivre dans l'ombre. À la parution, en 1819, de son livre *L'Allemagne et la Révolution* (*), bientôt suivi de *L'Europe et la Révolution* (+) (1821), le gouvernement prussien lança un mandat d'arrêt contre lui. Il se réfugia en Suisse, puis à Strasbourg, où il se convertit au catholicisme.

En 1826, Görres fut appelé par le roi Louis de Bavière en qualité de professeur d'histoire à l'université de Munich. Il passa dans cette ville une vingtaine d'années, fécondes spirituellement et exemptes de soucis matériels, au cours desquelles il publia, entre autres, le pamphlet intitulé *Athanase* (*) et *Mystique chrétienne* (*). Il réunissait dans sa maison hospitalière les représentants catholiques du mouvement romantique tels que : Brentano, Seiler, Cornélius ; après la mort de l'archevêque de Cologne von Droste-Vischering, il fut considéré par beaucoup d'entre eux comme leur chef spirituel et leur guide.

Ce fut un écrivain vivant, alerte, combatif ; son esprit s'ouvrait aux problèmes les plus divers. Il a laissé des ouvrages d'histoire, de religion et des œuvres d'imagination. Il est intéressant de noter que l'association qui porte son nom *(Görres-Gesellschaft),* fondée à Coblence en 1876 pour aider les savants et les chercheurs catholiques allemands à trouver des positions de synthèse entre les dogmes de leur religion et les postulats de la science moderne, fut interdite en 1941 et ne put reprendre son activité qu'en 1948. C'est sous les auspices de la *Görres-Gesellschaft* que furent édités entre

1926 et 1942 les seize volumes des *Œuvres complètes* de Görres.

GIOVANNI VITTORIO AMORETTI.

RÉF. : Georg Bürke, *Vom Mythos zur Mystik. Joseph von Görres' mystische Lehre und die romantische Naturphilosophie*, Einsiedeln, 1958. – Jacques Droz, *Le romantisme allemand et l'État*, Paris, 1966. – *Das Schrifttum der Görres-Gesellschaft zur Pflege der Wissenschaft 1876-1976. Eine Bibliographie*, Paderborn, 1976. – Esther-Beate Körber, *Görres und die Revolution*, Husum, 1986.

GORTER Herman. Poète hollandais. Né le 26 novembre 1864 à Wormerveer, mort à Bruxelles le 15 septembre 1927. Il étudia la philologie classique et enseigna quelque temps le grec à Amersfoort. Son poème *Mai* (*), l'œuvre la plus remarquable de ce qu'on a appelé « L'École des années 80 », établit sa réputation de poète et de rénovateur des lourdes traditions d'expression du XIXe hollandais. Il rompit avec les symbolistes en cherchant à rendre instantanément les sentiments et les émotions. Il se tourna alors vers Spinoza et vers le socialisme : *Poèmes socialistes* [*Socialistiche Verzen*, 1903], *Une petite épopée* [*Een klein Heldendicht*, 1906]. Déjà rédacteur en chef de la revue *Temps nouveaux* [*De Nieuwe Tijd*] et militant de la gauche socialiste, il passa au communisme. Il écrivit alors le poème épique *Pan* (1912, augmenté en 1916) et *Les Grands Poètes* [*De groote Dichters*], publiés après sa mort en 1935, sur Eschyle, Dante, Shakespeare, Milton, etc.

GOSSAERT Geerten (pseud. de Frederik Carel Gerretson). Poète et critique hollandais. Né à Kralingen le 9 février 1884, mort à Utrecht le 27 octobre 1958. Professeur d'université, politicien nationaliste et âme tourmentée par des problèmes religieux, Gossaert prend pour thème principal de sa poésie – v. *Expériences* (*) (1911) – la tension entre l'intellect et le sentiment, ce dernier semblant prendre le dessus et culminer dans un individualisme exacerbé. Ce subjectivisme caractérise aussi ses *Essais* [*Essays*, 1947].

GOSSE Edmund. Écrivain anglais. Né le 21 août 1849 à Londres, et mort le 16 mai 1928 à Londres. Fils d'un zoologiste calviniste dont il écrivit la biographie, Edmund Gosse fut élevé dans le Devon, au bord de la mer. Il s'installa à Londres en 1867. Il travailla d'abord au British Museum avant de devenir interprète pour le Board of Trade en 1875, l'année de son mariage, puis bibliothécaire à la Chambre des lords en 1904. En 1868 il publia son premier recueil de poèmes, *Madrigaux, chansons et sonnets* [*Madrigals, Songs and Sonnets*], qui n'obtint aucun succès mais lui ouvrit les portes de certains milieux littéraires : reçu par le peintre préraphaélite Ford Madox Brown, il rencontra les poètes Swinburne, Rossetti, Tennyson. En 1871, au cours d'un voyage en Norvège, il découvrit par hasard l'œuvre du dramaturge Enrik Ibsen, qu'il fit connaître en Angleterre à travers ses traductions de *Hedda Gabler* (*) et de *Solness le constructeur* (*), ses *Études de littérature septentrionale* et par sa biographie d'Ibsen (1908). Il devint alors spécialiste de littérature scandinave, même si ses connaissances linguistiques imparfaites ne le mettaient pas à l'abri de bien des inexactitudes. En 1873, il publia, avec succès, son deuxième volume poétique, *Sur la viole et sur la flûte* [*On Viol and Flute*]. C'est à cette époque qu'il rencontra ses meilleurs amis, Stevenson et Henry James. Conférencier à succès, il enseigna la littérature à Cambridge. Au terme d'un cycle de conférences prononcées en Amérique devant des auditoires enthousiastes (1884-85), il publia un volume de critique littéraire intitulé *De Shakespeare à Pope*, qui fut violemment attaqué par J. Churton Collins. Celui-ci voyait dans le recueil un tissu d'erreurs et d'absurdités, indigne d'un universitaire par son manque de références sérieuses. En 1894, Gosse participa à la création du magazine *The Yellow Book ;* il connaissait certaines personnalités de la génération symboliste décadente, comme Oscar Wilde, le poète W. B. Yeats, le dessinateur Aubrey Beardsley. Au début du siècle, il soutint son ami le romancier Thomas Hardy, attaqué pour obscénité lors de la parution de *Tess d'Urberville* (*) et de *Jude l'Obscur* (*). Critique érudit, Gosse s'est surtout intéressé aux personnalités marginales de la littérature. On lui doit une *Histoire de la littérature anglaise,* publiée entre 1897 et 1904, ainsi qu'un livre intitulé *Profils français.* L'Académie française lui rendit d'ailleurs hommage pour les services qu'il avait rendus à notre littérature. Journaliste, ses articles parurent dans le *Sunday Times* jusqu'à sa mort. En 1925, il fut fait chevalier et devint « sir Edmund Gosse ». Malgré l'abondance de sa production poétique, Gosse n'est plus connu aujourd'hui que comme prosateur, et c'est surtout *Père et Fils* (*), son chef-d'œuvre, l'événement littéraire de l'année 1907 en Angleterre, qui trouve encore des lecteurs. À une époque où l'autobiographie-confession n'était pas encore de mode, il y racontait son enfance et ses relations difficiles avec son père.

LAURENT BURY.

RÉF. : E. Charteris, *The Life and Letters of Sir Edmund Gosse,* Londres, 1931. – A. Thwaite, *Edmund Gosse,* Londres, 1984.

GOSSEC François Joseph. Compositeur français. Né à Vergnies (Hainaut) le 17 janvier 1733, mort à Passy (Paris) le 16 février 1829. Fils de paysan, il reçoit sa formation musicale à Maubeuge et à Anvers avant de venir s'installer à Paris, en 1751, où Rameau le fait nommer chef d'orchestre chez le fermier général La Pouplinière. Il est ensuite au service du prince de Conti (1762-66) et du prince de Condé. En 1769, il fonde le Concert des amateurs, rival direct du Concert spirituel, mais où l'on pouvait vendre les billets à d'autres personnes que les actionnaires fondateurs. En 1773, il prend la direction du Concert spirituel. En 1775 et 1780, il est maître de musique à l'Opéra de Paris ; en 1784, il crée une école de chant qui connaît un très vif succès et donnera naissance, en 1795, au Conservatoire dont Gossec sera nommé inspecteur. La même année, il est appelé à siéger à l'Institut de France qui venait de se constituer. En tant que compositeur, Gossec a connu de son vivant une grande popularité ; il a propagé en France la symphonie, et surtout composé plusieurs opéras qui ont été toujours bien accueillis du public : *Les Pêcheurs* (1766), *La Fête du village* (1778), *Électre* (+) (1783), *Rosine* (1786), *La Reprise de Toulon* (1796). On lui doit également une *Messe des morts* (*) (1760) et un *O Salutaris Hostia.* Dans le domaine de la symphonie, il assure une intéressante transition entre les deux siècles : on lui doit plus de soixante symphonies dont les vingt-quatre premières, qui s'échelonnent de 1753 à 1762, se situent dans un contexte pré-haydnien, alors que la dernière, la *Symphonie à 17 parties* (1809), se présente comme une alternative française aux symphonies de Beethoven. Enfin, Gossec fut chargé d'écrire la musique de presque toutes les fêtes patriotiques qui eurent lieu sous la Révolution.

RÉF. : Louis Dufranne, *Gossec, sa vie et ses œuvres,* Bruxelles, 1927. — Jean-Gabriel Prod'homme, *François-Joseph Gossec, la vie, l'œuvre, l'homme et l'artiste,* Paris, 1947. — J. R. Macdonald, *François-Joseph Gossec and French instrumental Music in the 2nd Half on the 18th Century,* Université du Michigan, 1968. — W. Thibaut, *François-Joseph Gossec, Chantre de la Révolution française,* Gilly, 1970.

GOSSUIN de Metz. Poète français. Le nom de « maistre Gossuin de Mès en Loherais » se trouve dans l'« incipit » d'une copie du poème encyclopédique *Image du monde* (*), également connu sous le nom de *Mappemonde,* écrit vers la moitié du XIIIe siècle. Gossuin fut probablement un clerc, ayant ses entrées à la cour de France. En effet, l'une des deux rédactions de l'ouvrage, datée de 1245, est dédiée à Robert d'Artois, frère de Saint Louis ; l'autre rédaction, qui porte la date de 1248, est par contre dédiée à Jacques de Lorraine, évêque de Metz. On n'a aucun autre renseignement sur l'auteur.

GOTTFRIED von Strassburg. Ce très grand poète allemand naquit dans la seconde moitié du XIIe siècle et mourut probablement vers 1210. On ne connaît pratiquement rien de son existence. Son nom même n'est associé à l'œuvre qu'on lui attribue, *Tristan et Iseult* (*), que plus tard et par d'autres poètes, tels Ulrich von Türheim (vers 1230) et Heinrich von Freiberg (vers 1290). On ne peut non plus affirmer qu'il composa son œuvre à Strasbourg : on estime seulement que la plupart des manuscrits connus de son œuvre proviennent d'Alsace. Les mentions qu'on en fit plus tard font apparaître le titre de « meister », maître. Il est probable qu'on définissait par là sa science et sa culture littéraire, et non pas son état. On ne peut donc affirmer, comme on l'a fait souvent, qu'il était bourgeois de Strasbourg. Gottfried était très probablement un clerc, manifestement formé dans une école conventuelle. Sa connaissance du français est remarquable, sa langue riche, raffinée, fluide et claire, faite au moule de la meilleure rhétorique. L'acrostiche du prologue nomme un certain Dieterich, qui fut peut-être son commanditaire, mais dont on ne sait rien non plus. La datation du *Tristan et Iseult* découle des indications contenues dans la longue parenthèse dans laquelle Gottfried, évoquant les poètes de son temps, dit Heinrich von Veldeke et Reinmar l'Ancien déjà morts, mais Hartmann von Aue et Walther von der Vogelweide encore en vie. On estime donc que l'œuvre fut composée entre 1200 et 1210, date à laquelle elle fut interrompue, sans doute par la mort de l'auteur. Son *Tristan et Iseult* est une adaptation du poème anglo-normand de Thomas, composé entre 1170 et 1190. Inachevé, le roman de Gottfried fut continué plus tard par Ulrich von Türheim et Heinrich von Freiberg.

JEAN-MARC PASTRÉ.

GOTTHELF Jeremias (pseud. d'Albert Bitzius). Écrivain suisse d'expression allemande. Né le 4 octobre 1797 à Murten, mort le 22 octobre 1854 à Lützelflüh. Il prépara la carrière ecclésiastique à Berne d'où sa famille était originaire, puis il fit une dernière année d'études théologiques à Göttingen. D'abord vicaire, son caractère batailleur lui valut d'attendre de longues années une paroisse qu'il obtint enfin en 1832. Il fut nommé à Lützelflüh, situé dans une petite vallée, que l'on retrouvera dans presque tous ses récits, et où il vécut jusqu'à sa mort. Tenté par les idées radicales, il s'en détacha lorsqu'il vit en elles un danger pour la religion, la famille et l'État ; et ce fut pour défendre ces valeurs essentielles qu'il se mit à écrire. Son premier roman, *Le Miroir des paysans (Der Bauernspiegel),* cherche à présenter aux paysans parmi lesquels il vivait un miroir moral et satirique, qui leur permette de voir leurs défauts et de mieux utiliser leurs qualités. Il fut suivi de toute une série de romans dont le but était toujours éducatif et pratique ; toutefois l'observation fine, la vive fantaisie, l'humour, la vision plastique, en un mot l'artiste qui était en Gotthelf prenait souvent le pas sur le pédagogue et le polémiste ; si bien qu'en dépit de ses sujets villageois, de ses idées politiques et des faiblesses de style et de structure de ses récits il fut bientôt considéré comme l'auteur suisse doué du plus grand talent épique. De lui il faut citer : *Peines et joies d'un maître d'école* [*Leiden und Freuden eines Schulmeisters*], *Ulric le valet de ferme* (*), *Ulric le fermier* (*) admiré de tous comme le produit le plus parfait de la veine idyllique de Gotthelf, *Argent et Esprit* (*), *Anne Bäbi Jowäger* (*) destiné à attirer l'attention des paysans sur les dangers de recourir aux guérisseurs, *Kathi, la grand-mère* [*Kathi, die Grossmutter*], *La Fromagerie dans le Vehfreude* (*). Il écrivit également des romans politiques dont : *Esprit du temps et esprit bernois* [*Zeitgeist und Berner Geist*], *Le Jour de l'argent* [*Der Geldstag*] ; des recueils de contes : *Scènes et légendes de Suisse. Récits de la vie populaire suisse* [*Erzhälungen und Bilder aus dem Volksleben der Schweiz*], *L'Araignée noire* (*), *Elsi, la servante étrange* (*), *Les Cousins* [*Erbevtter*] et *Kurt von Koppingen*, restent parmi les meilleurs contes allemands.

♦ *« Le plus grand écrivain réaliste de la Suisse, un original et grand génie épique. »* Gottfried Keller.

RÉF. : Hans Bloesch, *Jeremias Gotthelf*, Berne, 1938. – Theodor Salfinger, *Gotthelf und die Romantik*, Bâle, 1945. – Charly Clerc, *Notre Gotthelf*, Genève. – Karl Fehr, *Jeremias Gotthelf*, Zurich, 1954. – Fehr, *Jeremias Gotthelf*, Stuttgart, 1965. – H. P. Holl, *Gotthelf in Zeitgeflecht. Bauerleben, industrielle Revolution und Liberalismus in seinen Romanen*, Tübingen, 1985.

GOTTSCHED Johann Christoph. Écrivain allemand. Né le 2 février 1700 à Judithen, près de Kœnigsberg ; mort le 12 décembre 1766 à Leipzig. Son père était un pasteur protestant, et Gottsched fit lui aussi des études de théologie et de philosophie à l'université de Kœnigsberg. Sa haute taille lui faisant craindre d'être enrôlé, malgré lui, dans les grenadiers de Frédéric le Grand, il se réfugia à Leipzig où il fut nommé professeur de poétique en 1730, puis en 1734 professeur de logique et de métaphysique. Il publia un hebdomadaire à tendance moralisatrice, les *Plaisirs de l'intellect et de l'esprit,* mais surtout s'efforça de donner au théâtre et à la poésie une direction nouvelle dans son *Théâtre allemand* – en s'inspirant des grands poètes et dramaturges français, Boileau, Racine, Corneille qu'il imitait platement. Shakespeare fut par lui considéré comme un ennemi des lettres ; il n'admira aucunement Klopstock, et voulut bannir de la scène la commedia dell'arte et le théâtre populaire. Dans les commencements, il fut appuyé par l'actrice Caroline Neuber et par la compagnie qu'elle dirigeait ; mais la rupture inévitable survint en 1744 quand Gottsched se montra extrêmement sévère dans le choix des œuvres à représenter. Il n'eut guère de succès lorsqu'il fit monter une de ses propres tragédies, *Caton mourant* (*), absolument dénuée de force dramatique. Parmi ses œuvres qui méritent d'être étudiées, citons : *Essai d'une poétique critique, Matériel nécessaire à l'histoire de l'art dramatique allemand* (+), *L'Éloquence académique à l'usage des écoles* [*Ausführliche Redekunst,* 1728], *Contribution à l'histoire critique de la langue, de la poésie et de l'éloquence allemandes* (+) (1732-1744). Les polémiques auxquelles il fut contraint de se livrer lui furent plutôt nuisibles, mais on reconnaît de plus en plus, à l'heure actuelle, à quel point ses efforts furent louables et combien il eut une influence bienfaisante sur le renouveau de l'art allemand. Gottsched laissait également deux recueils de *Poésies* (1736 et 1750), ainsi que plusieurs traductions d'auteurs français dont Bayle et Fontenelle.

♦ *« S'il n'avait pas eu la manie de vouloir passer pour un grand poète, il aurait du moins conservé sa réputation comme philologue ; mais il voulut appuyer ses excellents préceptes sur le bon goût par des exemples de sa façon, et il finit par se couvrir de ridicule. »* Michaud.

RÉF. : F. Brüggemann, *Gottscheds Lebens und Kunstreform in den Zwanziger und dreissiger Jahren*, Leipzig, 1935. – Gerhard Fuchs, *Studien zur Uebersetzungstheorie und Praxis des Gottsched-Kreises...*, Fribourg, 1936. – H. Freier, *Kritische Poetik. Legitimation und Kritik der Poesie in Gottscheds Dichtkunst*, Stuttgart, 1973 – U. Möller, *Rhetorische Überlieferung und Dichtungetheorie im frühen 18. Jahrhundert*, Munich, 1983.

GOUBERT Pierre. Historien français. Né à Saumur le 25 janvier 1915. Ancien élève de l'École normale supérieure de Saint-Cloud où il a reçu l'enseignement de Marc Bloch, l'un des maîtres de l'École des annales, Pierre Goubert place d'emblée au cœur de sa thèse sur *Beauvais et le Beauvaisis de 1600 à 1730*, qui le révèle en 1958, quelques-uns des centres d'intérêt qu'il ne cessera de cultiver par la suite : la masse des humbles, dont l'obscur labeur constitue génération après génération l'essentiel soubassement de la vie sociale, et donc du devenir historique ; et les archives qui permettent de retrouver la trace de toutes ces modestes existences, notamment les registres paroissiaux dont l'utilisation fait de lui l'un des pionniers de l'histoire démographique. Cette attention portée aux humbles, auxquels le rattachent si fort des racines souvent invoquées, et qui lui inspirera en 1982 un ouvrage sur *La Vie quotidienne des paysans français au XVII*e *siècle*, ne l'enferme cependant pas dans le cadre étroit d'une histoire strictement populaire. Rapidement aussi il s'intéresse à ceux qui dirigent, rois et ministres. Mais le titre même de son livre *Louis XIV et vingt millions de Français* (*), publié en 1966, démontre combien à ses yeux l'existence de ces puissants ne prend de sens que par rapport à celle des sujets qu'ils gouvernent, et c'est dans le même esprit qu'un quart de siècle plus tard il écrit un *Mazarin* (publié en 1990). Délibérément rétif à toutes les modes, Pierre Goubert pourfend avec la même vigueur les poncifs de l'histoire traditionnelle et les dérives auxquelles a pu conduire l'utilisation sans précaution des concepts de la nouvelle histoire dans l'enseignement : c'est pour combattre ces dernières qu'il publie en 1984 une *Initiation à l'Histoire de France* dans laquelle il retrouve les voies traditionnelles de la chronologie et du récit. Chaleureux et passionné, contant admirablement, d'une écriture qui n'appartient qu'à lui, mais refusant de s'en laisser conter, Pierre Goubert, qui présente la rare particularité d'être devenu docteur d'État sans s'être jamais présenté au baccalauréat, n'a pas seulement connu un parcours exceptionnel, du modeste faubourg saumurois qui l'a vu naître à la chaire de la Sorbonne où il a achevé une carrière universitaire commencée à Rennes et poursuivie à Nanterre : à travers son enseignement, et de nombreuses publications (notamment *1789, les Français ont la parole*, en collaboration avec Michel Denis, 1964, *L'Avènement du Roi-Soleil*, 1967, et beaucoup d'autres qu'il est impossible de citer toutes ici), il s'est incontestablement imposé comme l'un des maîtres de l'école historique française, et comme l'un des meilleurs connaisseurs de la France des Temps modernes, dont il a présenté un tableau devenu classique dans *L'Ancien Régime*, publié une première fois en 1969-1973, et repris en 1984, dans une version enrichie (en collaboration avec Daniel Roche) sous le titre *Les Français et l'Ancien Régime*.

JEAN VASSORT.

GOUDGE Elizabeth (pseud. d'Elizabeth de Beauchamp Goudge). Romancière anglaise. Née à Wells (Somerset) le 24 avril 1900, morte le 1er avril 1984. Son père fut le principal professeur de théologie de l'université d'Oxford de 1923 à 1939. Elle-même fit ses études à Southbourne et à l'université de Reading. Elle a écrit des livres pour enfants et des biographies pieuses – du Christ, de saint François d'Assise. Entre ses romans et nouvelles, peut-être un peu trop portés vers les bons sentiments, on retiendra ce qu'il entre de magie intime dans *L'Arche dans la tempête* (*) (1934), récit consacré à une famille des îles anglo-normandes, et dans *Le Pays du dauphin vert* (*) (1945), où le tragique des malentendus amoureux se détache dans un cadre exotique.

GOUDIMEL Claude. Compositeur français. Né probablement en Franche-Comté vers 1505, assassiné le 24 ou le 28 août 1572. On connaît mal la vie de ce musicien, l'un des meilleurs du XVIe siècle français. Il fut d'abord catholique, maître de chapelle à Besançon, et composa des messes, des motets (tels que *Videntes Stellam*) et d'autres chants liturgiques. On a cru qu'il avait longtemps séjourné à Rome où il aurait ouvert une école de musique : mais il se pourrait qu'il n'eût jamais passé les Alpes. En France, il fréquente en tout cas les milieux lettrés, écrivant lui-même fort bien le latin, comme le prouvent ses *Épîtres à Melissus*. Il adapta les *Odes* (*) d'Horace en 1555, entra en relation avec les huguenots et mit en musique, jusqu'en 1566, la traduction française des *Psaumes* (*) par Clément Marot et Théodore de Bèze. Suspect à cause de ses amitiés, huguenot lui-même, retenu à Lyon par une grave maladie, il fut une des victimes de la Saint-Barthélemy lyonnaise, et l'on jeta son corps dans la Saône. Goudimel use des mêmes moyens et du même style que les polyphonistes catholiques contemporains. Ses *Psaumes* à quatre voix rappellent à tel point Palestrina qu'on vit parfois entre eux une relation de maître à élève – et là fut peut-être l'origine de la légende de son voyage en Italie.

RÉF. : F. J. Fétis, article *Goudimel* in t. IV *Biographie universelle des musiciens,* 1862. – Michel Brenet, *Claude Goudimel,* Besançon, 1898. – Julien Tiersot, *Ronsard et la musique de son temps,* Leipzig, 1903. – Ennemond Trillat, *Claude Goudimel, le psautier huguenot et la Saint-Barthélemy lyonnaise,* Lyon, 1949. – François Lesure, *Musique et musiciens français du XVIe siècle,* Genève, 1976.

GOUJET abbé Claude Pierre. Érudit français. Né et mort à Paris (19 octobre 1697-1er février 1767). Bien qu'élevé chez les jésuites et se destinant à la prêtrise, il ne voulut pas entrer dans la Société de Jésus et se fit oratorien. Janséniste convaincu, il signa l'acte d'appel du cardinal de Noailles contre la bulle *Unigenitus* (+), ce qui lui nuisit tout le restant de sa vie. C'est ainsi qu'ayant aidé l'abbé Fabre à rédiger la suite de l'*Histoire ecclésiastique* (+) de Fleury il se vit interdire la continuation de ce travail, et les deux volumes qu'il avait déjà préparés furent saisis. Le cardinal Fleury s'étant opposé, en 1735, à la candidature de l'abbé Goujet à un fauteuil vacant de l'Académie des inscriptions, et l'ayant empêché de continuer la *Bibliothèque ecclésiastique* de Dupin, d'Argenson, qui était le protecteur de l'abbé Goujet, lui donna l'idée d'écrire la *Bibliothèque française ou histoire littéraire de la France* (*), dont on connaît l'importance. L'immense labeur auquel il s'astreignit à cette occasion lui fit perdre la vue ; il tomba dans la misère, et mourut peu de temps après. On doit également à cet excellent érudit une *Histoire des inquisitions* (1759), une *Histoire du pontificat de Paul V* (1765), des *Mémoires historiques et littéraires sur le Collège royal de France* (1758), un traité : *Origine et histoire de la poésie française* (+) (1719) et nombre d'ouvrages de moindre importance.

GOULD Stephen Jay. Biologiste et paléontologue américain. Né à New York le 10 septembre 1941. Il fait ses études à l'université Columbia, et passe un doctorat en 1967. Dès ses premiers livres [*Evolutionnary Paleontology and a Science of Form,* 1970], Gould s'affirme comme un scientifique original dont la réflexion dépasse les seules limites de la paléontologie. Professeur à l'université Harvard, il publie avec Eldredge une « théorie des équilibres ponctués » (1972) qui aborde l'évolution des espèces sous un jour nouveau. L'homme, en particulier, dans cette théorie qui prendra le nom de « néodarwinisme », loin d'être la plus belle des réussites évolutionnaires, n'est qu'une espèce qui a survécu par hasard. Les nombreuses preuves paléontologiques apportées par Gould vont susciter de chaudes controverses et le mener à une synthèse liant développement de l'individu et évolution des espèces, *Ontogénie et Philogénie* [*Ontogeny and Philogeny,* 1977]. À côté de ce travail érudit, Gould est surtout connu pour ses livres de vulgarisation réhabilitant cette ancienne forme de pensée que l'on nommait « histoire naturelle ». *Darwin et les grandes énigmes de la vie* [*Even since Darwin Reflexions in Natural History,* 1979], *Le Pouce du panda* [*The Panda's Thumb,* 1982], *Quand les poules auront des dents* [*Hen's Teeth and Horse's toes,* 1983] et *Le Sourire du flamant rose* (*) (1988) sont des recueils de chroniques publiées dans la revue *Natural History,* tandis que *La Malmesure de l'homme* [*The Mismeasure of Man,* 1983] ou *La vie est belle* [*Wonderful Life,* 1991], sont des essais témoignant de l'engagement idéologique de Gould luttant contre les méfaits du créationisme ou les dévoiements des sciences biologiques, et mettant à la portée de tous, avec un incontestable talent de conteur, les subtilités du néodarwinisme.

NICOLAS WITKOWSKI.

GOUMILEV Nikolaï Stepanovitch [Nikolaj Stepanovič Gumilëv]. Poète russe. Né à Cronstadt le 3 (15) avril 1886, fusillé à Petrograd entre le 24 et le 31 août 1921. Après des études au lycée de Tsarskoïe Selo et à la faculté des lettres de Pétersbourg, il suit des cours à Paris, à la Sorbonne. Dans ses premières poésies, il s'affirme proche des symbolistes et disciple de Valery Brioussov. Il ne va pas tarder à affirmer son originalité et à rompre avec ce mouvement. En 1909, il épouse Anna Akhmatova. Ils auront un fils, Lev Goumilev. Avec l'aide de sa femme et de ses amis, Gorodetski et Mandelstam, Goumilev organise la Guilde des poètes et fonde un mouvement antisymboliste. Ce sera l'acméisme, dont Mandelstam a formulé la théorie (voir l'article de Mandelstam). Goumilev mène une vie aventureuse. C'est un grand voyageur. Il parcourt l'Afrique et, en particulier, la côte des Somalis et l'Éthiopie. Dès le début de la Première Guerre mondiale, il s'engage dans un régiment du front. Décoré à deux reprises pour faits d'armes, il devient un correspondant dont les reportages connaissent un grand succès. Affecté au corps expéditionnaire russe, il se trouvera en France au moment de la révolution d'Octobre. En 1918, il regagne Petrograd. Il est arrêté le 4 août 1921, accusé d'activité contre-révolutionnaire (limitée en fait à quelques paroles imprudentes au moment de l'insurrection de Cronstadt) et fusillé.

Dans les recueils qui se sont succédé de 1905 à 1921, *Le Chemin du Conquistador* [*Put' Konkvistadora,* 1905], *Fleurs romantiques* [*Romantičeskie cvety,* 1908], *Les Perles* [*Žemčuga,* 1910], *Ciel étranger* [*Čužoe nebo,* 1912], *Le Bûcher* [*Kostër,* 1918], *La Tente* [*Šatër,* 1921] – v. *Poésies* (*) –, Goumilev a affirmé une personnalité poétique, originale, animée par un romantisme héroïque ouvert au monde et avide d'aventures. Parmi ses modèles affirmés, on relève la présence de Rudyard Kipling et de Robert Louis Stevenson. Il a le goût de l'exotisme, des pays et des peuples barbares. On lui doit l'évocation de beaux paysages africains et c'est grâce à lui que ce continent et son folklore ont trouvé une place dans la poésie russe. Poète engagé, il se veut présent dans l'histoire du siècle, comme en témoigne sa participation à la guerre et à la politique qui laisseront l'une et l'autre des traces dans son œuvre. Champion de la « poésie héroïque », Goumilev a su sauvegarder une qualité lyrique et découvrir des rythmes nouveaux, énergiques, virils, qui font le prix de son œuvre. Son romantisme se veut fidèle au siècle et à son aventure, et s'unit heureusement à un humanisme généreux. Homme de culture, il a chanté dans ses vers les monuments qui en témoignent et, en particulier, ceux du Moyen Âge. Sensible à l'époque, il l'est aussi au passé dont il retrouve et chante l'inspiration. On lui doit des traductions du français (Voltaire), de l'allemand (Goethe), de l'anglais (Coleridge), de nombreux articles critiques et des récits : *À l'ombre des palmiers.*

JEAN BLOT.

RÉF. : Marie Maline, *Nicolas Gumilev poète et critique acméiste*, Bruxelles, 1964.

GOUNOD Charles. Compositeur français. Né le 17 juin 1818 à Paris, mort à Saint-Cloud (Hauts-de-Seine) le 17 octobre 1893. Fils de François-Louis Gounod (mort en 1823), second Grand Prix de Rome de peinture en 1783, et professeur de dessin à l'École polytechnique, il fut l'un des plus célèbres compositeurs français d'opéras du XIXe siècle. Il suivit les cours du Conservatoire de Paris, où il eut pour professeurs Reicha, Halévy, Lesueur et Paër, et fit en même temps ses études secondaires. En 1839, il remporta le Prix de Rome avec une cantate : *Fernande.* À Rome, Fanny Mendelssohn lui révéla la musique pour piano de Beethoven qu'il ignorait : il y découvrit également celle de Palestrina, composant une messe – v. *Messes* (*) – exécutée en l'église Saint-Louis-des-Français, et un *Requiem,* qui eut du succès à Vienne, où Gounod se rendit en 1841. Ce fut au cours de son séjour en Italie, lisant un jour, à Capri, le *Faust* (*) de Goethe, que lui vint l'idée d'en tirer un opéra, idée qui ne devait trouver sa réalisation que vingt ans plus tard. De retour à Paris, Gounod obtint le poste d'organiste à l'église des Missions étrangères (il fut très influencé par Lacordaire, et d'octobre 1847 à février 1848, Gounod portait même l'habit de prêtre et étudiait la théologie à Saint-Sulpice). Mais il comprit vite que sa véritable vocation le portait vers la musique de théâtre. Il composa alors l'opéra *Sapho* (*) et *La Nonne sanglante* (1854), qui n'obtint pas de succès. En 1852, il fut nommé directeur de la société chorale Orphéon, pour laquelle il écrivit notamment la *Messe de sainte Cécile* (+) (1855) — v. *Messes* (*). Il revint au théâtre avec *Le Médecin malgré lui* (*) et *Faust* (*), dont le succès ne fut pas immédiat : on estimait que cette œuvre était trop savante et même, pour certains critiques, « incompréhensible ». Ce fut néanmoins ce dernier ouvrage qui le rendit célèbre ; Gounod prenait place, dans l'histoire de la musique, comme un compositeur romantique à la veine poétique et émouvante. Aucun de ses autres opéras ne connut la même réussite, ni *Philémon et Baucis* (*), ni *Mireille* (*), ni *Roméo et Juliette* (*), ni *Cinq-Mars* (*), ni enfin *Polyeucte* (+). Malgré ses qualités instinctives, peut-être même justement à cause de sa facilité d'improvisateur, il ne retrouva plus, après *Faust*, cet équilibre supérieur et cette intensité lyrique et dramatique qu'il avait atteints dans son chef-d'œuvre. Certaines de ses *Mélodies* (*) sont devenues célèbres, tels l'*Ave Maria* (*) et *Le Soir*. Il a aussi composé des oratorios, notamment *Mors et Vita* (*). Au moment de la guerre de 1870, Gounod se rendit en Angleterre, où il s'adonna à des activités de concert et fonda la société chorale Gounod Choir. Il rentra en France en 1875 et, jusqu'à sa mort, il vécut entre Paris et Saint-Cloud. Gounod avait reçu une très bonne préparation théorique et technique. Il publia une *Méthode de cor à pistons*, un recueil de lettres de Berlioz, des articles pour des revues musicales, et le début d'une autobiographie *Mémoires d'un artiste*, publiés en 1896.

MARIANGELA DONA.

♦ *« Le style de Gounod est avant tout d'une clarté absolue et toute française, bien qu'il rappelle aussi parfois Weber et Wagner. Il est remarquable que l'on y rencontre, outre des inégalités choquantes, certaines incursions dans le domaine de la "chanson" sentimentale ou comique. »* Hugo Riemann.

RÉF. : L. Pagnerre, *Charles Gounod*, Paris, 1890. — H. Imbert, *Profils de musicien*, Paris, 1897. — C. Saint-Saëns, *Portraits et souvenirs*, Paris, 1899. — J.-G. Prod'homme et A. Dandelot, *Gounod, sa vie et ses œuvres d'après des Documents inédits*, Paris, 1911. — A. Soubies et H. de Curzon, *Documents inédits sur le Faust de Gounod*, Paris, 1912. — P. Landormy, *Gounod*, Paris, 1942. — H. Büsser, *Charles Gounod*, Lyon, 1961. — S. Huebner, *The Operas of Charles Gounod*, Oxford, 1990.

GOURAMICHVILI David [Davit Guramišvili]. Poète géorgien. Né en 1705 à Goris-Oubani (près de Tiflis), mort le 21 juillet 1792 à Mirgorod (Ukraine). Le (prince) David Gouramichvili est peut-être le plus grand poète du « siècle d'argent » géorgien. Il suivit son suzerain Vakhtang VI (1675-1737) en exil, devint ensuite officier de l'armée russe et fut notamment fait prisonnier à Kustrine pendant la guerre de Sept Ans. Son chef-d'œuvre est le recueil intitulé *Poèmes de David* (*), encyclopédie poétique d'environ huit mille vers qui retrace toute l'histoire tragique de la Géorgie, depuis les origines jusqu'à la fin du règne de Vakhtang VI en Karthvélie tout en contant la vie mouvementée de son auteur.

GOURMONT Remy de. Écrivain français. Né à Bazoches-au-Houlme (Orne) le 4 avril 1858, mort à Paris le 17 septembre 1915. D'une famille de gentilshommes et de maîtres imprimeurs du XVIe siècle, il fit ses études au lycée de Coutances, pour suivre ensuite les cours de la faculté de Caen. Venu se fixer à Paris en 1884, il entra aussitôt à la Bibliothèque nationale. Il en dut sortir en 1891 pour avoir écrit un article jugé scandaleux sur le « Joujou patriotique » : article qu'il avait fait paraître au *Mercure de France* (*), revue dont il était un des fondateurs (1890). Atteint d'un lupus à la face dès sa vingt-sixième année, il fut réduit à se cacher dans son logis jusqu'à la fin de ses jours. C'est dire que sa vie se confond avec ses œuvres. Homme de goût, curieux de tout et fort enclin à l'érotisme, Gourmont fut d'abord poète, romancier et même dramaturge. Sa production poétique comprend *Les Oraisons mauvaises* (1900), *Simone* (1901) et *Les Divertissements* (1912). Parmi ses romans, il convient de citer *Merlette* (1886), *Une nuit au Luxembourg* (*) (1906) et *Un cœur virginal* (*) (1907). Son théâtre comprend : *Lilith* (1892), *Théodat* (1893), poèmes dramatiques en prose. Il y faut ajouter ce qu'on peut appeler sa contribution au symbolisme : *Les Proses moroses* (1894), *Histoires magiques* (1894), *Le Pèlerin du silence* (1896) et enfin *Le Livre des masques, Portraits symbolistes, gloses et documents sur les écrivains d'hier et d'aujourd'hui* (1896-1898). Mais Gourmont demeure avant tout un admirable essayiste avec : *Le Latin mystique* (*) (1892), *L'Esthétique de la langue française* (1899), *La Cultures des idées* (*) (1900), *Le Problème du style* (1902), *Le Chemin de velours, nouvelles dissociations d'idées* (1902), *La Physique de l'amour* (*) (1903), *Les Promenades littéraires* (*) (1904-1913), etc. Mentionnons enfin *Les Lettres d'un satyre* (1913), les *Lettres à Sixtine* (1921) et *Les Lettres à l'Amazone* (*). Disciple d'Épicure, de Bayle et de Renan, Gourmont ne croyait guère qu'aux vérités partielles. Son pessimisme, comme d'ailleurs son goût pour l'anarchie, l'incitait toujours à prendre l'idée par le biais le plus singulier. Trop souvent, en route, il laissait son érudition s'égarer dans le détail. On lui doit néanmoins bon nombre de découvertes dans le domaine de la critique comme dans celui de l'esthétique. Fondateur, collaborateur et régent du *Mercure de France*, il fut le plus grand critique du groupe symboliste.

ROLAND PURNAL.

RÉF. : P. de Querlon, *Remy de Gourmont*, 1903. – P. Delior, *Remy de Gourmont et son œuvre*, 1909. – A. Lowell, *Six French Poets*, N.Y., 1915. – J. de Gourmont et R. Delle Donne, *Bibliographie des œuvres de Remy de Gourmont*, 1922. – G. Rees, *Remy de Gourmont, essai de biographie intellectuelle*, 1940 ; thèse. – Ed. Martinet, *Princes des lettres*, Genève, 1945. – M. Penaud, *Gourmont et l'individualisme en France, de 1890 à 1914*, thèse, 1976.

GOWER John. Poète anglais écrivant en français, en latin et en anglais, né dans le Kent, peut-être en 1325, mort à Southwark en octobre 1408. Un des premiers poètes anglais, contemporain et probablement ami personnel de Chaucer qui, en lui dédiant *Troïlus et Cressida* (*), l'appelle « Gower le moraliste ». Les terres qu'il possédait dans le Norfolk et dans le Suffolk lui permirent de vivre dans l'aisance à Londres. En 1398, il épousa Agnès Groundoff, qui fut peut-être sa seconde femme ; dans son testament il n'est pas mentionné d'enfants. Dans les dernières années, devenu aveugle, il se retira comme laïque au prieuré de St. Mary Overy. Ses œuvres les plus connues sont, outre les *Confessio Amantis* (*), *Le Miroir de l'homme* [*Speculum Meditantis* ou *Mirour de l'Omme*], retrouvé en 1896, poème allégorique de trente mille vers français qui contient un portrait très vivant de la société de son temps, la *Voix du prophète* [*Vox Clamantis*], poème latin, en distiques élégiaques, qui exprime la terreur du riche propriétaire devant la révolte des paysans menés par Wat Tyler et contient une protestation contre les vices qui régnaient alors. Parmi les œuvres moins importantes, il convient de citer les *Cinquante ballades*, en français, sur l'amour et la vie conjugale, le poème écrit en anglais : *Éloge de la Paix* [*Price of Peace*] et une *Chronique tripartite* en latin, en hexamètres léonins, sur les événements des dernières années de Richard II et sur sa déposition.

RÉF. : G. C. Macaulay, Introduction à l'édition des *Œuvres complètes de Gower*, Oxford, 1899-1902. – W. G. Dodd, *Courtly Love in Gower and Chaucer*, Boston, 1913. – J. H. Fisher, *John Gower, Moral Philosopher and Friend of Chaucer*, New York, 1964. – D. Pearsall, « Gower's Narrative Art », *P.M.L.A.* 81, 1966. – R. A. Peck, *Kingship and Common Profit in Gower's Confessio Amantis*, Carbondale, 1978. – A. J. Minnis (ed.) : *Gower's « Confessio Amantis » : Responses and Reassessments*, Cambridge, 1983.

GOYEN William. Écrivain américain. Né le 23 avril 1915 à Trinity (Texas), mort le 28 août 1983 à Los Angeles. Il a écrit des poèmes, des essais, des pièces de théâtre et, pour le meilleur de son œuvre, une cinquantaine de nouvelles et cinq romans. C'est avant tout un maître nouvelliste, dont les romans peuvent être considérés comme des ensembles de « médaillons » – le terme est de lui – qui, greffés les uns sur les autres, finissent par constituer un tout qui a sa vie propre.

L'écrivain américain préféré du grand traducteur Maurice Edgar Coindreau est né dans une petite ville de l'est du Texas, où il ne vécut que sept ans, mais cette période de la petite enfance devait le hanter et marquer son œuvre jusqu'à sa mort. Ressenti comme une déchirure, l'arrachement à cette contrée des origines nourrira son inspiration, de son premier roman, *La Maison d'haleine* (*), à son dernier, *Arcadio* (+) [*Arcadio,* 1983]. Au fil des années, sa parole s'est faite beaucoup plus concise. Il a employé de plus en plus souvent un langage cru et des images d'une rare violence. Cette évolution vers une expression toujours plus directe s'est opérée parallèlement à la progression de la maladie : une leucémie l'a miné à la fin de sa vie. Il savait qu'il était condamné ; c'est dans ces conditions qu'il a travaillé et retravaillé les nouvelles de *Précieuse porte* (*).

Goyen a su créer un monde bien à lui, aux nombreux traits distinctifs. On a trop associé son nom à celui de Truman Capote, sans doute faute de pouvoir le situer précisément sur la carte de la littérature nord-américaine.

La plupart des personnages de Goyen semblent dans l'attente d'un sauveur qui redresserait ce monde tordu, jetterait des ponts entre les êtres, les laverait de toutes les misères. Goyen était tellement obsédé par la figure du Christ qu'il lui a consacré un ouvrage, *Un livre de Jésus* [*A Book of Jesus,* 1973], dans lequel il s'en tient fidèlement à la chronologie de saint Marc. Mais, parallélisme significatif, alors même qu'il le rédigeait, il concevait la version définitive du *Grand Réparateur* [*Come the Restorer,* 1974], fable à la fois triste, joyeuse et haute en couleur où apparaissent des avatars du Père et du Fils, en satyres ithyphalliques.

Goyen a toujours fait la part belle au merveilleux dans des histoires défiant parfois allègrement la vraisemblance pour mieux cerner une vérité psychique ou spirituelle. Ses paraboles baignent dans un univers volontiers onirique peuplé de serpents à sonnettes, d'acrobates aériens ou de stylites perchés en haut de mâts ou de hampes de drapeaux, le tout sur fond de puits de pétrole en flammes et d'explosions catastrophiques annonçant la fin du monde.

Le ton qui caractérise l'écrivain à la fin de sa vie se manifeste dans la violente candeur d'*Arcadio* et des principales nouvelles de *Précieuse porte.* Mais, en fait, l'œuvre de William Goyen ne cesse jamais d'être prière : « ... ne me rendez pas mon compagnon de joug, ma malédiction. Je traîne cette chose maudite depuis le jour de ma naissance [...] Délivrez-moi de cette sinistre perturbation, réparez-moi, restaurez-moi. Aidez-moi à remettre “en place”. Peut-on jamais “restaurer” ce qui a été blessé, enlevé, déplacé, brisé ? » *(Le Grand Réparateur).*

PATRICE REPUSSEAU.

GOYTISOLO Juan. Écrivain espagnol. Né le 5 janvier 1931 à Barcelone. Originaire d'une famille bourgeoise basque dont les ancêtres paternels avaient fait fortune au XIXe siècle à Cuba, dans l'industrie sucrière, il a également du sang juif, catalan et andalou dans les veines. Son père était actionnaire principal et administrateur d'une société industrielle de colles et d'engrais de Barcelone, et sa mère, femme cultivée, élevait dans ce foyer aisé ses quatre enfants, dont le futur poète José Agustín et les deux futurs romanciers Luis et Juan. La guerre civile, qui interrompit les premières études chez les sœurs thérésiennes, obligea la famille à se réfugier durant l'automne 1937 à Viladrau, un village de Catalogne dont il se souviendra pour écrire *Deuil au paradis* (*) (1955). C'est en revenant pour une brève visite à Barcelone en mars 1938 que sa mère fut tuée, surprise dans la rue par les premiers bombardements. De retour à Barcelone, il étudie chez les pères et écrit à quinze ans, influencé par les magazines de cinéma, « un roman sentimental sur Jeanne d'Arc ». Étudiant en lettres et en droit, il préfère les lectures de Laclos, Proust, Malraux, Dos Passos, à celles, conseillées officiellement, des classiques espagnols, qu'il lira plus tard. Le droit, espère-t-il, lui permettra d'être diplomate, d'avoir un passeport, de sortir d'une Espagne où, contestataire, compagnon de route du parti communiste clandestin, il étouffe. Sa passion pour André Gide et Hermann Hesse lui inspire un récit, *Le Voleur*, publié en 1949, et un roman resté inédit, *Le Monde des miroirs* [*El mundo de los espejos*]. Il partage l'amitié de Sebastián Juan Arbó, Ana María Matute, Carlos Barral, Mariano Castells, lit Kafka, Camus et Sartre. En 1953, à Madrid, où il poursuit ses études en étudiant bohème, il découvre Faulkner, Dos Passos, Hemingway, Truman Capote, et écrit *Jeux de mains* (*) qui sera publié l'année suivante, après un échec au prix Nadal, appris alors qu'il peut enfin séjourner à Paris. Au cours d'une nouvelle étape barcelonaise, il fréquente les quartiers mal famés, sur les traces de Jean Genet, accumulant les expériences qu'il évoquera dans *Le Ressac* [*La resaca*, Paris, 1958] et explorant les tavernes de Barceloneta, ambiance et cadres de *Fiestas* (1958). En lutte ouverte avec le régime franquiste, il s'installe en 1955 à Paris et se lie avec les écrivains Monique Lange et Dionys Mascolo. Devenu lecteur aux éditions Gallimard, il révèle en France les œuvres de ses contemporains et se livre à d'intenses activités politiques. À de nouveaux romans sociaux comme *Le Cirque* [*El circo*, 1957], *Chronique d'une île* [*La isla*, 1961], *Danses d'été* [*Fin de fiesta*, 1962] s'ajoutent des livres de reportages dans les régions déshéritées de l'Espagne : *Terres de Níjar* [*Campos de Níjar*, 1960], *La Chanca* (1962), et les récits de *Pour vivre ici* [*Para vivir aquí*, 1960]. Cuba, qu'il visite à plusieurs reprises après la Révolution, est le thème de *Un peuple en marche* [*Pueblo en marcha*, 1963]. Après *Pièces d'identité* [*Señas de identidad*, 1966], il renonce au réalisme critique pour étudier dans des romans aux structures complexes et à l'écriture originale les racines profondes de l'Espagne, terre métissée par trois cultures : chrétienne, juive et arabe. En prenant souvent le Maroc, pays où il a choisi de vivre, comme observatoire, il développe cette vision culturelle dans *Don Julian* (*) (1970), *Juan sans terre* (*) (1975), *Makbara* (*) (1980). Une tonalité critique et polémique caractérise ses Mémoires : *Chasse gardée* [*Coto vedado*, 1985], *Les Royaumes déchirés* [*En los reinos de taifas*, 1986], et ses essais : *Chroniques sarrasines* [*Crónicas sarracenas*, 1981], *L'Arbre de la littérature* (1990). Autres romans : *Paysages après la bataille* [*Paisajes después de la batalla*, 1982], *Les Vertus de l'oiseau solitaire* [*Las virtudes del pájaro solitario*, 1988].

CLAUDE COUFFON.

RÉF. : J. M. Castellet, *Juan Goytisolo*, Madrid, 1975. – L. Gould-Levine, *Juan Goytisolo : la destrucción creadora*, Mexico, 1976. – F. Martínez Ruiz, *Juan Goytisolo*, Madrid, 1976. – G. Navajas, *La novela de Juan Goytisolo*, Madrid, 1980. – M. Ugarte, *Trilogy of Treason : An Intertextual Study of Juan Goytisolo*, Londres, 1982. – A. Kitching-Schulman, *Juan Goytisolo. Présentation biographique et bibliographique*, Montpellier, 1983. – J. C. Pérez, *La trayectoria novelística de Juan Goytisolo : El autor y sus obsesiones*, Boston/Saragosse, 1984. – L. R. Polanco, *La iconoclasia profética : la desmitificación en la novelística de Juan Goytisolo*, Ann Arbor, 1987.

GOZLAN Léon. Écrivain français. Né à Marseille le 1er septembre 1803, mort à Paris le 1er septembre 1866. Fils d'un riche armateur juif ruiné par les Barbaresques, il dut cesser ses études et eut une jeunesse aventureuse : il s'engagea comme novice au cabotage, voyagea en Afrique, au Sénégal ; il rapporta l'idée d'une jolie nouvelle : *Pour avoir voulu imiter Robinson* qui parut au *Musée des familles*. Ses voyages ne l'ayant pas enrichi, il débarque un beau matin à Paris ; son compatriote, l'avocat Méry, le prend en amitié et lui ouvre la voie du journalisme où il déploie de brillantes qualités de chroniqueur au *Vert-Vert*, au *Corsaire* et au *Figaro*. Il se lance dans le roman et publie, parmi les plus connus, *Le Notaire de Chantilly* (1836), *Le Médecin du Pecq* (1839), *Aristide Froissard* (1843), *Les Nuits du Père Lachaise* (1845), *Les Émotions de Polydore Marasquin* (1857) ; *Le Vampire du Val-de-Grâce* (1862). Secrétaire de Balzac, il écrivit sur lui un livre qui est resté célèbre : *Balzac en pantoufles* (1856). Vers la même époque, il entreprenait sous le titre de *Châteaux de France* une série de monographies d'une réelle valeur documentaire ; les deux volumes de cette œuvre parurent d'abord sous le titre *Tourelles* en 1837 et 1839. Du théâtre où il s'essaya en donnant plus de cinquante drames échevelés et sombres, et des comédies, il ne reste que deux bluettes, *La Pluie et le beau temps* (créée au Théâtre-Français le 21 octobre 1861) et *Une tempête dans un verre d'eau*, acceptée par le Théâtre historique le 18 décembre 1849. Il excellait surtout dans la chronique légère ; il a l'esprit vif et le trait juste. Fort apprécié de ses confrères, il fut élu président de la Société des gens de lettres et de la Société des auteurs dramatiques.

RÉF. : Article in *Galerie des gens de lettres au* XIX*e siècle*, éd. par C. Robin, 1848. – L. Louvet, Article in t. XXI, *Nouvelle biographie générale*, Firmin-Didot, 1858.

GOZZANO Guido. Poète et prosateur italien. Né et mort à Turin : 19 décembre 1883 – 9 août 1916. Avec le romain Corazzini, Gozzano est le poète le plus représentatif du courant « crépusculaire », né dans le sillage du symbolisme. Gozzano partage son enfance et son adolescence entre Turin et la campagne. Comme toute sa génération, il subit la fascination de D'Annunzio. Il collabore à plusieurs revues par des poèmes très fin-de-siècle, il mène une vie mondaine. En 1903, il s'inscrit à la faculté de droit (mais il est davantage attiré par les cours de littérature du poète Graf). Dès 1904, la phtisie se déclare, qui devait l'emporter en 1916. Les séjours dans les Alpes, au bord de la mer, les voyages ne retardent guère les progrès de la maladie. En 1907 paraît *Le Chemin du refuge* [*La via del rifugio*]. Une ironie « métaphysique », proche par moments de Laforgue, cherche à banaliser, dans ce premier recueil, l'idée de la mort. Gozzano s'engage sur le chemin de l'indifférence, de l'oubli. En 1911, *Les Dialogues* (*), son deuxième livre de vers, obtiennent un succès considérable. Ce recueil dresse un bilan désabusé d'une jeunesse minée par la maladie et la littérature, et un constat de faillite : la poésie aboutit au silence. De son voyage en Inde (1911-1912), Gozzano tire des articles, plus tard réunis dans *Carnets indiens* [*Verso la cuna del mondo*, posth. 1917]. Il remet sur le métier les *Papillons* [*Farfalle*], poèmes didactiques marqués par la poésie du XVIIIe siècle et par Maeterlinck. Sa collaboration aux journaux et revues s'intensifie, non sans quelque laisser-aller (les plagiats de Gozzano ont défrayé la chronique). Hostile au futurisme et aux avant-gardes, Gozzano ne refuse cependant pas la modernité : il prépare un scénario de film sur saint François d'Assise. Avant de mourir, il revient à la foi catholique. Sa poésie, très datée quant à ses sujets, mais très moderne dans sa forme, démonte avec ironie les mécanismes de la poésie traditionnelle. Autour de Gozzano s'est constituée à Turin une « école de l'ironie » (Vallini, Chiaves, etc.). Par ses grandes questions sur le langage, par sa poétique de l'objet, Gozzano annonce certains poètes « hermétiques », notamment Montale.

FRANÇOIS LIVI.

GOZZI Carlo. Écrivain italien. Né le 13 décembre 1720 à Venise, où il mourut le 4 avril 1806. Élevé dans une famille de lettrés – véritable « asile de poètes » ainsi qu'il la définit –, la passion des lettres domina toute sa vie. Il ne quitta Venise qu'une seule fois, à vingt ans, pour se rendre en Dalmatie comme « soldat de fortune » à la suite du provéditeur général Gerolamo Quirini. Revenu en 1744, il ne bougea plus ; il reprit ses études interrompues, y trouvant un réconfort aux amertumes que lui causait la mésentente familiale, qui s'aggrava encore après la mort de son père et le partage du patrimoine. Son entrée à l'Académie des Granelleschi marqua pour lui le début d'une activité littéraire nouvelle et plus affirmée, succédant à l'indiscipline de sa jeunesse. Ce fut alors qu'apparut pour la première fois le polémiste batailleur, l'écrivain à l'ironie mordante. Ses cibles favorites furent Chiari et Goldoni, les rois d'une réforme de la comédie qui ne plaisait pas à Carlo Gozzi. Il les attaqua souvent, d'abord dans l'almanach *La Tartane des influences de l'année 1756*, puis dans une satire féroce : *Le Théâtre comique à l'hôtellerie du pèlerin entre les mains des académiciens Granelleschi* [*Il teatro comico all' Osteria del Pellegrino tra la mani degli Accademici Granelleschi*] : mais sa victoire sur ses adversaires fut assurée par la représentation des *Fables* [*Fiabe*], qui lui permit de prouver qu'il était un écrivain de théâtre et qu'il savait susciter l'intérêt du public avec des drames simples, et la récitation improvisée des masques de la commedia dell'arte. Ces années des *Fables* furent les plus fécondes de sa création poétique. En 1761, année où il faisait représenter *L'Amour des trois oranges* (*), le poète avait déjà écrit les dix premiers chants de *Marfisa la bizarre* (*), poème satirique qu'il termina en 1768. Puis il s'adonna à d'autres genres, il écrivit des tragi-comédies, des comédies romanesques, des drames de cape et d'épée, mais il ne devait pas retrouver la veine poétique des *Fables*. Dans cette phase ultime de sa production littéraire, il trouva une amie et une inspiratrice en la personne de Téodora Ricci, femme de Francesco Bartoli et maîtresse de Pier Antonio Gratarol, secrétaire du Sénat, qui était entrée en 1771 dans la compagnie de Giovanni Antonio Sacchi. Ce fut peut-être Sacchi, lui aussi amoureux de la belle actrice, qui suggéra à l'acteur Vitalba, lequel jouait le rôle de don Adone dans la comédie *Les Drogues d'amour* (+), de caricaturer Gratarol en imitant sa mimique et sa manière de s'habiller. Le poète se déclara totalement étranger à l'histoire, mais pour se défendre des accusations que Gratarol avait avancées dans *Apologie narrative* [*Narrazione apologetioa*] il commença de rédiger *Mémoires inutiles* (*), qui demeure son ouvrage le plus intéressant et le plus vivant, et dans lequel il trace une figure de lui-même et peint des portraits de la vie contemporaine qui sont parmi les plus plaisants du siècle. Dans ses dernières années, il eut la douleur d'assister à la chute de la glorieuse république de Saint-Marc. Mais ni les désillusions ni les difficultés ne le détournèrent de travailler jusqu'à son dernier souffle à ce théâtre auquel il avait donné le meilleur de son énergie et de son talent. Citons encore, de Carlo Gozzi, *L'Oiseau vert* [*L'uccellini belverde*] et *La Femme serpent* (1762), *La Princesse Turandot* (*) (1762) et *La Princesse philosophe* (+) (1772-1774).

GABRIELE VUGLIANO.

♦ *« Gozzi a voulu soutenir qu'il n'y a que trente-six situations tragiques. Schiller s'est donné beaucoup de mal pour en trouver davantage, mais il n'est même pas parvenu à ce nombre. »* Goethe.

RÉF. : Ettore Bonora, *Letterati Memorialisti Viaggiatori del Settecento*, Milan-Naples, 1951. – G. Luciani, *C. Gozzi (1720-1806). L'homme et l'œuvre*, 2 vol., Lille-Paris, 1977. – P. Bosisio, *C. Gozzi e Goldoni*, Florence, 1979. – A. Beniscelli, *La Finzione del Fiabesco. Studi sul teatro di Carlo Gozzi*, Casale Monferrato, 1986.

GOZZI Gasparo. Écrivain italien. Né à Venise le 4 décembre 1713, mort à Padoue le 27 décembre 1786. Issu de la noblesse, Gasparo Gozzi connut une jeunesse aisée, mais les difficultés économiques de sa famille, vers 1740, le contraignirent à faire de la littérature un métier. Il mena une intense activité littéraire, surtout dans le domaine des traductions, et fut, avec son frère Carlo, l'un des principaux représentants de l'académie des Granelleschi (fondée en 1747), qui se proposait de défendre la tradition littéraire et la pureté de la langue toscane. Assistant à la décadence de sa classe, Gozzi montra le même conservatisme aristocratique que son frère, mais s'orienta différemment dans la carrière littéraire, portant un vif intérêt au journalisme et faisant surtout œuvre de moraliste. Outre la création et l'animation de deux périodiques, la *Gazzetta veneta* et l'*Osservatore,* qui concoururent au progrès du journalisme, phénomène typique de ce siècle, on doit à Gasparo Gozzi une *Défense de Dante* [*Difesa di Dante*], des *Sermons* [*Sermoni*], des *Lettres variées* (*) et les *Rimes plaisantes d'un auteur moderne* [*Rime piacevoli d'un moderno autore*].

GRABBE Christian Dietrich. Dramaturge allemand. Né le 11 décembre 1801 à Detmold, où il mourut le 12 septembre 1836. Dans sa vie tourmentée comme dans son œuvre, Grabbe reflète cette époque pleine de contrastes qui fit suite, en Allemagne, à la première génération romantique. Il étudia le droit à Leipzig et en 1822 à Berlin où il mena une vie de dissipation, y contractant la maladie qui devait causer sa mort prématurée. Avec Heine, il fréquenta les salons littéraires. En 1823, il rencontra Tieck à Dresde, tenta de devenir acteur mais, ayant rompu toutes relations avec ce poète, il retourna à Detmold où il exerça la charge de juge au conseil de guerre ; il eut bientôt assez de son état et de la mesquinerie du milieu et s'adonna à la boisson. Il fit un mariage malheureux, vite dissous, avec Louise Clostermeier. Délabré physiquement et moralement, il résigna ses fonctions en 1834 ; invité par Immermann à collaborer comme critique et auteur dramatique au théâtre de Dusseldorf qu'il dirigeait, il s'en vint dans cette ville. Là encore il se brouilla avec Immermann et retourna en 1836 à Detmold, pour y mourir. Les pénibles vicissitudes de son existence, dont pour une bonne part il fut seul responsable, aggravèrent ses tendances qui constituent le fond même de son œuvre dramatique : l'antithèse entre le surhomme, le « Titan », et la foule des hommes, et la lutte vaine contre le destin ; l'inutilité de l'effort provoque un sarcasme amer ruinant toute foi, tout idéal, ce qui explique le comportement des protagonistes de ses drames : *Marius et Sylla, Napoléon ou les Cent-Jours* (*) (1831), *Don Juan et Faust* (*) (1829), *Annibal* (*), *La Bataille d'Arminius* (*) (1836). C'est encore l'absurdité du monde et de la vie que Grabbe souligne dans le grotesque *Scherzo, satire, ironie et choses plus profondes.* Incompris par son époque, Grabbe traça, dans le domaine de la poésie et du théâtre, les grandes lignes que l'expressionnisme du XXe siècle devait redécouvrir et reprendre.

♦ *« Une œuvre dont la géniale bouffonnerie n'a jamais été surpassée, qui détonne au plus haut point dans son temps et est douée plus que toute autre de prolongements innombrables jusqu'à nous. »* A. Breton.

RÉF. : A. Bergmann, *Grabbe in Berichten seiner Zeitgenossen*, Stuttgart, 1968. – G. Schneilin, *Le Théâtre de Ch. D. Grabbe* (thèse), Paris, 1976.

GRACIÁN Baltasar. Religieux et écrivain espagnol. Né en 1601 à Belmonte de Calatayud (Aragon), mort le 6 décembre 1658 à Tarazona (province de Saragosse). Fils d'un fonctionnaire – un magistrat probablement – il fit ses études au collège des jésuites de Calatayud, puis à l'université de Huesca, et entra dans la Compagnie de Jésus le 11 mai 1619, à Tarragone, sans doute, où se trouvait le noviciat de la province. Nous avons peu de renseignements sur les événements de sa vie entre cette date et le 25 juillet 1635, jour de sa profession solennelle et de ses vœux définitifs. Un document nous apprend que Gracián se trouvait en 1628 au collège de Calatayud, peut-être au titre de professeur. Il résida ensuite au collège de Huesca, où il eut l'occasion d'entrer en relation avec des milieux très cultivés. Doué d'un organe profond, d'une éloquence à la fois savante et claire – cette dernière qualité était assez rare à l'époque –, Gracián, à partir de 1637, se consacra exclusivement à la prédication. Il fit deux séjours à Madrid, en 1640 et en 1641, vécut à la cour, devint l'ami du célèbre poète Hurtado de Mendoza, secrétaire de Philippe IV, eut l'occasion de remettre un exemplaire de son *Héros* (*) (1630) au souverain lui-même, mais quitta cependant la capitale déçu et irrité. Après avoir assisté en qualité d'aumônier au siège de Lérida (1646), où il eut une conduite courageuse, il revint à Huesca et y acheva en 1647 le manuscrit de son manuel de *L'Homme de cour* (*). C'est quatre ans plus tard, avec la sortie en librairie de la première partie de *L'Homme détrompé* (*), que commencèrent les difficultés de Gracián avec la Compagnie de Jésus. *L'Homme détrompé* avait été publié, comme d'ailleurs le furent les autres ouvrages de Gracián, *Le Sage* (1645), le *Traité des pointes et du bel esprit* (*) (1642-48), sous le nom du frère de l'auteur : Lorenzo Gracián. Mais le subterfuge ne trompa pas les confrères de Gracián, qui se vit dénoncé aux supérieurs de la Compagnie de Jésus et frappé d'une sanction disciplinaire. Fier, impétueux, et surtout beaucoup plus homme de lettres que religieux, Gracián continua à désobéir, publiant la seconde (1653) et la troisième partie (1657) de *L'Homme détrompé.* Le deuxième volume n'avait suscité qu'une nouvelle admonestation des jésuites, mais le troisième valut à Gracián, quelques mois avant sa mort, un véritable exil à Tarazona. Aujourd'hui, les ouvrages de Gracián paraissent beaucoup moins scandaleux que fatigants par leur affectation et leur verbosité : c'est la rançon du « conceptisme », de cet abus des doubles sens et des jeux de mots, esthétique littéraire dont Gracián s'était fait l'adepte à la suite de Góngora, et dont il a laissé la théorie dans son *Traité des pointes et du bel esprit*, qui fut le code de la vie littéraire espagnole jusqu'à la fin du XVIIe siècle et eut une grande influence dans la plupart des pays d'Europe. L'œuvre de Gracián fourmille cependant de traits psychologiques pleins de vérité et de piquant.

RÉF. : K. Borinski, *Baltasar Gracián und die Hofliteratur in Deutschland*, Halle, 1894. – Benedetto Groce, *I trattatisti italiani del concettismo e Baltasar Gracián*, Naples, 1899. – Linan y Heredia, *Baltasar Gracián*, Madrid, 1902. – A. Morel-Fatio, *Gracián interprété par Schopenhauer* in *Bulletin Hispanique*, 1910. – Adolfo V. Coster, *Baltasar Gracián* in *Revue Hispanique*, 1913.

GRACQ Julien (pseud. de Louis Poirier). Écrivain français. Né le 27 juillet 1910 à Saint-Florent-le-Vieil (Maine-et-Loire). Julien Gracq doit avant tout sa renommée à une œuvre romanesque dont les qualités poétiques l'apparentent, par-delà le mouvement surréaliste dont il s'est lui-même réclamé, à l'atmosphère et à l'esprit des plus grands récits romantiques. Après des études secondaires brillantes poursuivies à Nantes (il sera cinq fois lauréat au concours général), Louis Poirier entre en 1930 à l'École normale supérieure et suit les cours de l'École libre des sciences politiques avant d'être reçu à l'agrégation d'histoire en 1934. Nommé ensuite professeur à Quimper, il semble destiné à une carrière universitaire. Sa vocation littéraire se révèle cependant en 1938 par la publication de son premier récit, *Au château d'Argol* (*), dont le tirage reste alors très confidentiel et que Julien Gracq (ce pseudonyme fut choisi dès ce premier ouvrage) place dans sa Préface sous les auspices conjugués de Hegel et du surréalisme. L'univers gracquien se trouve déjà tout entier dans ce petit livre dont l'intrigue, la seule véritablement de toute l'œuvre de Gracq, semble devoir beaucoup à celle du curieux roman de Goethe, *Les Affinités électives* (*). Mais, dans ce récit, comme dans les romans ultérieurs de Gracq, l'aventure psychologique et sentimentale s'estompe au profit du rôle royal que l'auteur réserve au paysage (en l'occurrence la Bretagne). Celui-ci, en effet, bien loin de figurer un banal décor évoqué par l'auteur à des fins qui lui sont étrangères, s'affirme comme une force omniprésente et envoûtante, dépositaire d'un secret que les personnages cherchent à forcer grâce à une mobilisation constante de leur affectivité et de leurs sens. Le lecteur se trouve ainsi sollicité à éprouver avant tout un climat, une atmosphère, grâce à un style particulièrement dynamique et musical, qui rend compte au moyen de nombreuses comparaisons des plus subtiles dispositions psychologiques que son environnement naturel provoque chez le protagoniste.

C'est seulement en 1945 que paraîtra *Un beau ténébreux* (*), le second récit de Gracq. En 1940, en effet, l'écrivain, mobilisé, puis fait prisonnier, devra passer quelques mois dans un stalag de Silésie avant d'être rapatrié pour raison de santé et de pouvoir poursuivre à Amiens, puis à Angers, sa carrière de professeur. Dans ce second livre, Julien Gracq fait participer le lecteur à l'attente de son porte-parole, Gérard, devant un dénouement tragique qu'il sent devoir inéluctablement se produire. Ce sentiment d'attente, où se confondent l'angoisse et une sorte d'espérance insensée, fournira à Gracq le thème de son drame *Le Roi pêcheur* (*), représenté en 1949 à Paris et dans lequel il traite à sa manière le mythe du Graal. La parution de cet essai dramatique survient après celle d'un recueil de poèmes en prose, *Liberté Grande* (*), en 1947. Entre-temps, Gracq s'est installé à Paris où il enseigne de 1947 à 1970 l'histoire et la géographie au lycée Claude Bernard. Poursuivant, parallèlement à cette activité, son œuvre littéraire, Gracq verra son audience brusquement élargie par l'attribution qui lui est faite en 1951 du prix Goncourt pour son somptueux et ample récit, *Le Rivage des Syrtes* (*), prix qu'il refuse au nom d'une honnêteté intellectuelle et d'une volonté de dégagement qu'il avait revendiquées pour l'écrivain l'année précédente dans un court pamphlet, *La Littérature à l'estomac* (*). De tous les récits de Gracq, *Le Rivage des Syrtes* se révèle le plus solennel, le plus dégagé des contingences historiques et géographiques. Le romancier se complaît ici à évoquer inlassablement les paysages marins, à suggérer au lecteur la présence totalement envoûtante de la mer, symbole de la liberté, dont il nous décrit la lente immixtion dans une sorte de Venise délabrée en proie à un pourrissement inexorable. Une trame tout à fait analogue soutient le quatrième roman de Gracq, paru sept ans plus tard, en 1958, *Un balcon en forêt* (*) – à ceci près que l'action est située à une époque précise (1940) et que la forêt tient le rôle de la mer. À partir de 1938, Julien Gracq a donc livré à son public, de sept ans en sept ans, avec une constance remarquable, quatre récits qui font apparaître des préoccupations totalement identiques malgré la personnalité irréductible de chacun. C'est de ce même souci que rendront compte à leur manière les trois nouvelles parues en 1970 sous le titre de *La Presqu'île* (*), mais cette fois, le propos ne comporte plus la moindre trace d'intrigue romanesque. Gracq livre ici au lecteur le compte rendu d'un vagabondage de l'esprit et des sens plus ou moins circonstancié au gré des paysages où il cherche à débusquer l'imprévu qui viendra miraculeusement le libérer de la pesanteur de l'habitude. Parallèlement à cette œuvre de pure création, Gracq s'est adonné à une tâche critique dont la première expression est son admirable étude sur l'œuvre d'André Breton, parue dès 1948 et suivie de *Préférences* (*) en 1961 qui collecte bon nombre de préfaces et d'écrits de circonstance dispersés jusque-là dans différents livres. Après 1970, et *La Presqu'île*, Gracq semble avoir définitivement délaissé la création romanesque, en adoptant une attitude de découvreur, tant dans le domaine critique, avec les deux volumes de *Lettrines* (*) (1967 et 1974) et *En lisant en écrivant* (*) (1980), que dans celui des souvenirs autobiographiques, avec *La Forme d'une ville* (1985) et *Autour des sept collines* (1988), ou les pages des *Carnets du grand chemin* (*) (1992). À l'occasion de ces dernières publications, Gracq retrouve sa vocation originale (et originelle) d'écrivain géographe et d'arpenteur. *Autour des sept collines* consigne ses impressions italiennes. Il fait de Rome la ville-musée par excellence, tout en fouillant derrière cette belle surface polie de prêt-à-porter culturel, pour échafauder en rêve l'image d'une « cité lacunaire, trouée de clairières inquiétantes et encore jamais vues ». À ce genre d'écrit, on peut encore joindre *Les Eaux étroites* (1976), analyse bachelardienne d'une imagination modelée par l'élément aquatique et fortement inspirée du *Domaine d'Arnhem* de Poe. Le nom de Julien Gracq restera donc attaché à ses grands récits poétiques qui invitent le lecteur à autant de tête-à-tête avec une nature qui en représente la part nécessairement complémentaire. Gracq ne cesse d'interroger celle-ci avec obstination, condamnant ses personnages principaux à une attitude expectative en même temps qu'à une tension de toute leur volonté vers l'obtention d'un message que la nature recèle mais ne délivre qu'à ceux qui s'abandonnent totalement à son pouvoir. Lorsque celui-ci se fait enfin jour à l'esprit des protagonistes, a lieu la catastrophe finale (seulement prédite, en ce qui concerne Aldo dans *Le Rivage des Syrtes*). Mais celle-ci cautionne la survenue de la liberté à laquelle ces personnages aspiraient, appréhendée comme un vide qui réduit à néant toute réalité illusoire. À ce titre, les romans de Gracq figurent autant de fenêtres ouvertes sur l'illimité de la vie, indifférencié et inqualifiable. Mais c'est peu à peu qu'il est donné au lecteur d'assister au retrait des apparences, dans un mouvement de résorption qui découvre l'envers du monde et rature définitivement la consistance apparente des choses et des êtres.

PHILIPPE FAUCHER.

♦ *« Tous les romans, récits, nouvelles, poèmes narratifs, publiés par Julien Gracq* [...] *ont en commun le caractère d'être des récits à haute tension et de ne viser à rien d'autre ou presque, semble-t-il, qu'à faire ressentir au lecteur la présence de pareille tension derrière les mots de l'écriture. »* André Pieyre de Mandiargues. ♦ *« J'envisage cette œuvre d'artiste dans son espace volontairement limité comme un immense travail de tapisserie de cette chaude confortable laine drue de Kairouan, un ouvrage de longue patience, de volonté opiniâtre, d'une trame serrée, entrecoupée de nœuds solides, et dont les couleurs de sable et de végétal se laissent en même temps penser et percevoir, mentales autant que visuelles. »* Franz Hellens.

RÉF. : J.-L. Leutrat, *Julien Gracq,* Paris, 1966. – *Julien Gracq,* numéro des *Cahiers de l'Herne* publié sous la direction de J.-L. Leutrat, Paris, 1972. – A. Denis, *Julien Gracq,* Paris, 1978. – *Julien Gracq,* Actes du Colloque international d'Angers (1981), Angers, 1982.

GRADE Haïm. Poète et romancier naturalisé américain d'expression yiddish. Né à Vilno le 4 avril 1910, mort à New York le 26 juin 1982. Déchiré entre la formation religieuse talmudique reçue pendant de longues années et la vocation littéraire découverte au fil de ses études profanes menées en autodidacte, il rompit à vingt-deux ans avec la première pour se consacrer d'abord à la poésie, puis aussi à la prose. La figure de sa mère, modèle de dévouement et de piété dans la pauvreté, occupe une place centrale parmi les thèmes qui parcourent son œuvre en vers et en prose, ainsi que le milieu très particulier des yeshivot – maisons d'études talmudiques – de Lituanie, et spécialement celles qui se rattachent au mouvement « musar », forme de moralisme particulièrement rigoureux qui s'est développé à partir de la fin du XIXe siècle, et qu'il dépeint dans le long poème *Les Moralistes* [*Musernikes,* 1939]. Réfugié en Union soviétique pendant la Seconde Guerre mondiale, il rentra en 1946 en Pologne. En 1948, après un court séjour à Paris où parut son recueil de poèmes *Chemins à l'abandon* [*Farvaksene Vegn,* 1947], il s'installa aux États-Unis. On lui doit notamment le volume de poèmes *Le Testament de ma mère* [*Der Mames Tsavoe,* 1949], les recueils de nouvelles

Les Chabbat de ma mère [*Der mames Shabosim,* 1955] et *La Cour de la synagogue* [*Der Shulhoyf,* 1958], et les romans *La Yeshiva* (*) et *Pérélé, Sarah, Rebbeca et les autres* [*Di Agune,* 1961]. Sa prose comme sa poésie se caractérisent par un style et des formes classiques.

ITZHOK NIBORSKI.

GRADNIK Alojz. Poète slovène. Né à Medana près de Gorica le 3 août 1882, mort à Ljubljana le 14 juillet 1967. Docteur en droit de l'université de Vienne en 1907, puis juge auprès des tribunaux à Belgrade, à Zagreb et en Slovénie, il commence à écrire dès 1902, fortement influencé par la philosophie de Schopenhauer et de Nietzsche, et par Heine. Le thème doublement érotique de l'amour et de la mort – v. *Eros-Thanatos* (*) (1962) –, exprimé en un style élégiaque d'une grande pureté de forme, domine obsessionnellement une œuvre dont l'abondance et la qualité font de son auteur l'un des plus grands poètes de la Yougoslavie moderne. Parmi ses principaux ouvrages, il convient de citer *L'Amour après la mort* [*Ljubezen po smrti*, 1909], élégie à Éros et Thanatos, le cycle de poèmes *De Profundis* (1926), *Le Sang qui chante* [*Projoca kri*, 1944] et *Les Chants de Maja* [*Mesmi o Maji*, 1944], deux recueils sur le thème des horreurs de la guerre, *La Harpe dans le vent* (*) (1954), et des traductions en slovène de Dante et de Pétrarque.

GRAFFIGNY Françoise d'Issembourg d'Happoncourt, dame de (1695-1758). Femme de lettres française. Petite-nièce de Jacques Callot, elle fut mariée toute jeune à Hugues de Graffigny, chambellan de la Cour, homme très brutal, qui faillit plusieurs fois la tuer. Après des années de martyre, elle finit par obtenir la séparation judiciaire, tandis que son mari allait finir sa vie en prison. En 1738, elle séjourna à Cirey chez Mme du Châtelet, où habitait Voltaire, et sa correspondance assez indiscrète (publiée en 1820 seulement) nous restitue l'image d'un Voltaire saisi sur le vif, hypersensible aux attaques de ses adversaires, obsédé par elles, continuellement aux prises avec les querelles de son amie – bref, « le plus malheureux des hommes ». Venue à Paris en 1739, presque sans argent, Mme de Graffigny y trouva des secours inespérés ; elle se fit connaître par ses *Lettres péruviennes* (*), publiées en 1747, où, par le truchement de son héroïne, qu'elle imaginait brusquement transplantée à Paris, elle faisait une vive critique des inégalités sociales. Ce roman eut un très grand et durable succès ; il a inspiré les réflexions de Turgot. Mme de Graffigny s'aventura également au théâtre, d'abord avec succès, grâce à *Cénie,* drame représenté en 1750. Mais *La Fille d'Aristide* (1758), comédie en cinq actes, fut un échec qui, s'ajoutant aux soucis provoqués par de nombreuses et grosses dettes, précipita certainement la fin de l'auteur. Ses *Œuvres complètes* furent éditées en 1788. La publication en cours de sa correspondance complète (depuis 1985) révèle une épistolière de premier ordre, au centre d'un réseau d'informateurs et de fidèles.

♦ *« Sa vie fut un roman plus touchant que ceux qu'elle a écrits. »* Sainte-Beuve.

RÉF. : Sainte-Beuve, *Causeries du lundi,* t. II. – C. Noël, *Une primitive oubliée... Mme de Graffigny,* Paris, 1913.

GRAHAME Kenneth. Écrivain anglais. Né le 8 mars 1859 à Édimbourg, mort le 6 juillet 1932 à Pangbourne. Dès 1864, à la mort de sa mère, Grahame est « exilé » en Angleterre et élevé par sa grand-mère dans une maison de maître entourée d'un vaste parc en bordure de la Tamise, dans le Berkshire. Cet environnement moussu, boisé, humide du bord de l'eau, peuplé de créatures hyperactives à poils et à plumes – milieu de prédilection du féerique anglais – va le fasciner sa vie durant. Les nécessités économiques lui interdiront Oxford et l'amèneront à la Banque d'Angleterre, en 1878. Il y fait une belle carrière de mauvais gré mais se retirera dès 1908, « pour raison de santé ».

Écrivain de toujours, il parvient à placer des essais et des poèmes, notamment dans *The Yellow Book,* revue fin de siècle remarquée quoique météorique (son directeur artistique était Aubrey Beardsley) et dans le *National Observer* de William Henley. Regroupés, en 1893, sous le titre *Écrits païens* [*Pagen Papers*] ses essais éveillent l'intérêt. Suivent deux romans autobiographiques : *L'Âge d'or* [*The Golden Age,* 1895] et *Le Temps du rêve* [*Dream Days,* 1898] qui lui assurent le succès en Angleterre et aux États-Unis. Ce sont des tableaux de la vie enfantine, heureux, humides, et nostalgiques, où il compte ses victoires sur les adultes tutélaires, ces « Olympiens » chez qui tout imaginaire est mort. Après un beau mariage, il eut l'année suivante (1900) un fils unique sur lequel il reporta tous ses rêves. Hélas, Alistair devait se suicider à 20 ans, pendant ses études à Oxford.

Le Vent dans les saules (*) est une version écrite des histoires racontées nuitamment à cet enfant. Le manuscrit déçut les éditeurs par son inclassable originalité et resta longtemps inédit. Publié en 1908 seulement, accompagné d'illustrations exceptionnelles d'Ernest Shepard, l'ouvrage se vendit mal. Paradoxalement, c'est dans le contrecoup de la Première Guerre mondiale que les Anglais firent soudain un retour vers leurs rêves brisés et leur génie insulaire et redécouvrirent *Le Vent dans les saules.* En 1929, Grahame en écrivit une version scénique en collaboration avec A. A. Milne, sous le titre *M. Crapaud, seigneur du château* [*Toad of Toad Hall*]. Ce roman reste un des grands classiques de la littérature animalière anglaise de jeunesse.

JACQUELINE COLOMBAT.

GRAINVILLE Patrick. Romancier français. Né à Villers (Calvados), le 1er juin 1947. Ses trois premiers romans – *La Toison* (1972), *La Lisière* (1973), *L'Abîme* (1974) – composent ce que l'auteur appelle une « autobiographie mythique » et dessinent déjà les linéaments et le réseau d'obsessions qui constitueront le tuf de l'œuvre : un climat d'onirisme et de sensualité, le jeu des forces du désir qui impriment à l'écriture sa tonalité érotique, des personnages excessifs, un monde enfin, mi-naturel, mi-urbain, que l'écriture incantatoire et baroque restitue en une texture serrée de métaphores et de visions. C'est la quête du roi africain Tokor (*Les Flamboyants*, 1976, prix Goncourt) qui révélera Patrick Grainville à un public élargi : cette épopée initiatique déploie un luxe d'images et d'échappées visionnaires dans une Afrique partagée entre la modernité et le fonds archaïque des forces de l'inconscient, du fétichisme et du sortilège que les livres suivants, sous des latitudes plus nordiques (*La Diane rousse*, 1978, *Le Dernier Viking*, 1980) continueront d'explorer. L'œuvre se poursuit toute la décennie suivante, manifestant ainsi la vitalité et l'extrême fécondité du romancier, dans un contexte littéraire plutôt porté au minimalisme et à la rareté. Qu'il évoque en effet la nuit de la grotte de Tautavel (*La Caverne céleste*, 1984), le désir et le corps de la femme (*Le Paradis des orages* (*), 1986), qu'il nous livre son autoportrait en peintre (*L'Atelier du peintre*, 1988), ou qu'il passe de la Normandie de l'enfance, des bêtes et des lieux essentiels (*L'Orgie, la neige*, 1990) au Brésil contemporain (*Colère*, 1992), c'est toujours le même monde tumultueux et violent, la même esthéti que de l'excès, la même frénésie et le même goût des mots qui offrent leur chair à une écriture singulière, somptueuse.

PHILIPPE LE GUILLOU.

GRAMSCI Antonio. Homme politique et essayiste italien. Né à Alès (Sardaigne) le 23 janvier 1891, mort à Rome le 27 avril 1937. Émigré à Turin, il fait dans cette ville des études universitaires (philosophie, histoire et philologie), adhère en 1913 au parti socialiste, dont il devient rapidement l'un des chefs de l'aile gauche, et, après les émeutes de 1917, occupe la fonction de secrétaire du parti. Participant au mouvement des conseils d'usine, il crée en 1919 la revue *Ordine Nuovo*, alliée au mouvement libéral de Piero Gobetti, puis, après les grèves de 1920, il contribue avec Togliatti, Bordiga et Tranquilli (Silone) à la scission de Livourne, devenant le secrétaire général du nouveau parti communiste et fondant l'*Unità*. Député de Turin (1924-1926), il sera déclaré déchu de son mandat par le gouvernement fasciste et, arrêté en 1926, il sera condamné deux ans plus tard à vingt années de réclusion. Relégué aux Îles, il y endurera sa captivité avec un courage tranquille et constant, dont témoignent ses *Lettres de la prison* (+) (posth., 1947), et entamera une longue réflexion, où se manifeste une pensée encyclopédique, sur des sujets sociaux et historiques, philosophiques et littéraires, consignée en trente-deux cahiers – v. *Carnets de prison* (*) (posth. 1948-1951). Atteint d'une grave maladie à la suite de sa détention, ce qui suscita des protestations internationales, il sera « libéré » par le gouvernement fasciste, assuré de sa fin imminente, et transporté dans un hôpital de Formia puis à Rome, où il meurt. De l'imposant corpus de ses cahiers, on a pu extraire quelques essais cohérents qui attestent la maturité et l'autorité de sa réflexion : « Le matérialisme historique et la philosophie de Benedetto Croce » [Il materialismo storico e la filosofia di B. C., 1948], critique générale de l'idéalisme crocien, auquel Gramsci s'oppose un peu à la manière de Marx et d'Engels à la philosophie allemande de leur temps ; « Les Intellectuels et l'organisation de la culture » [Gli intellettuali e l'organizzazione della cultura, 1949] ; puis « Littérature et vie nationale » [Letteratura e vita nazionale, 1950], où Gramsci illustre le caractère non national et non populaire de la culture et de la littérature italiennes, ainsi que le cosmopolitisme des intellectuels, hérité du Moyen Âge ; et il préconise un nouveau type d'intellectuels qui, d'une simple « technique-travail », passeraient à une « technique-science » et à une conception humaniste historique, sans quoi ils continueront à n'être que des « spécialistes » et ne deviendront jamais des « guides » ; « Remarques sur Machiavel, sur la politique et sur l'État moderne » [Note sul Machiavelli, sulla politica e sullo Stato moderno, 1949], où Gramsci esquisse une théorie du parti politique d'avant-garde, autre thème de réflexion que complète, d'une certaine manière, *Le Risorgimento* (1949). On trouve dans cet écrit une critique générale des déformations de tout ordre que la « philosophie de la praxis » (Gramsci évitait le mot « marxisme » afin d'éluder la censure carcérale) a subies, cette philosophie étant entendue comme la forme moderne et actuelle de l'humanisme, destinée à devenir « la base éthique du nouvel État » ; et la critique s'accompagne d'un approfondissement du concept léniniste de « l'hégémonie », c'est-à-dire d'un développement des superstructures sous la conduite de la classe ouvrière et des éléments progressistes de la société. C'est dans cet aspect de la pensée de Gramsci que des commentateurs ont cru déceler, bien avant la lettre, les éléments précurseurs d'un communisme à l'italienne, plus ou moins spécifique, vaguement orienté tant vers un certain eurocommunisme que vers le « compromis historique »...

NINO FRANK.

RÉF. : J. Texier, *Gramsci*, Paris, 1966. – H. Portelli, *Gramsci et le Bloc historique*, Paris, 1973 ; *Gramsci et la question religieuse*, Paris, 1974. – A. Leonetti, *Notes sur Gramsci*, Paris, 1974. – C. Buci-Gluckmann, *Gramsci et l'État*, Paris, 1975. – P. Togliatti, *Sur Gramsci*, Paris, 1977. – P. Anderson, *Sur Gramsci*, Paris, 1978. – G. Berganu, *Gramsci communista critico*, Milan, 1981. – W. Mauro, *Invito alla lettura di Antonio Gramsci*, Milan, 1981.

GRANADOS Enrique. Pianiste et compositeur espagnol. Né le 27 juillet 1867 à Lérida, mort en mer dans la Manche le 24 mars 1916. Fils d'un officier espagnol, il étudia le piano avec Francisco Jurnet et Joan Baptista Pujol, et la composition avec Felipe Pedrell. En 1887, il se rendit à Paris pour y prendre des leçons avec Charles de Bériot. En 1890, il donna à Barcelone son premier concert public. En 1892 furent exécutées en public les trois premières de ses douze *Danses espagnoles* (*) et en 1898 son premier opéra *Maria del Carmen*. Granados n'en poursuivait pas moins sa carrière d'exécutant seul ou avec Malats, Thibaud, Manén, Casals, Risler, Saint-Saëns. Entre 1900 et 1911, il fit représenter quatre opéras sur des livrets de Mestre et exécuter diverses compositions instrumentales, dont le poème symphonique sur la *Divine Comédie* (*) et les *Tonadillas* (*) (1905). Le 11 mars 1911 eut lieu la première audition des deux cahiers de *Goyescas* (*), qui constituent le chef-d'œuvre pianistique de Granados, riche de finesse et de sensualité. Plus tard, Granados accepta d'en tirer un opéra sur un livret de Fernando Periquet, œuvre qui fut représentée au Metropolitan Opera de New York le 28 janvier 1916. Au cours de son voyage de retour, Granados périt en mer avec sa femme dans le naufrage du « Sussex », torpillé entre Folkestone et Dieppe par un sous-marin allemand.

CARLO MARINELLI.

RÉF. : G. Boladeres Ibern, *E. Granados. Recuerdos de su vida y estudio critico de su obra*, Barcelone, 1921. – H. Collet, *Albéniz et Granados*, Paris, 1929. – A. Fernandez Cid, *Granados*, Madrid, 1966.

GRANGER Gilles-Gaston. Philosophe français. Né à Paris le 28 janvier 1920. Titulaire de la chaire d'épistémologie comparative au Collège de France de 1986 à 1991. Après des études à l'École normale supérieure pendant l'Occupation, une participation à la Libération dans les F.F.L.I. et une licence de mathématiques en 1946, Gilles-Gaston Granger a enseigné au Brésil, où il a séjourné plusieurs années (1947-1953), à Rennes et à Aix-en-Provence où il a créé le Séminaire d'épistémologie comparative. Les recherches qui aboutissent à ses deux thèses respectivement publiées en 1955 et 1956 : *Méthodologie économique* et *La Mathématique sociale du marquis de Condorcet* constituent une première étape, à la fois significative et décisive, des intérêts qui marquent son itinéraire intellectuel. Un trait essentiel en est donné dans le choix d'un champ épistémologique qui est celui des sciences de l'homme et dans celui d'une philosophie du « concept » (par opposition à une philosophie de la « conscience ») orientée vers les « structures ». Consacré à l'économique et à la question de savoir ce que signifie « connaître en économie politique », le livre de 1955 ne donnera pas naissance à d'autres ouvrages de la même importance sur la question, mais une double conviction s'y fait jour qui ne se démentira pas. Conformément à une suggestion dont la source se trouve chez Kant, le rôle des mathématiques pour la science y est clairement affirmé. Pour les sciences de l'homme comme pour les sciences de la nature, la mathématisation du phénomène constitue l'une des conditions, sous lesquelles on peut être assuré de s'engager dans ce que Kant appelait la « voie sûre de la science ». En même temps, la réflexion sur la scientificité trouve une possibilité majeure dans une interprétation des « formes » et des « modèles » qui sont à l'œuvre dans la science. Cette double orientation, associée à la reconnaissance de la place du langage et des systèmes symboliques dans la constitution des connaissances, guide les analyses de *Pensée formelle et sciences de l'homme* (1960), ouvrage qui marque une étape importante dans l'exécution du projet de l'auteur. Mais l'étude des modèles mis en œuvre dans les sciences de l'homme, les problèmes qu'y pose le statut de l'individuel – problèmes que rendent manifestes l'histoire et la psychanalyse – n'épuisent cependant pas le champ des recherches de G. G. Granger.

Comme le montre l'*Essai d'une philosophie du style* (1968), l'étude des procédures de construction de l'objet scientifique, l'attention portée au « travail » et à l'articulation de la forme et du contenu comme genèse s'ouvrent sur un caractère inattendu des théories et des démarches scientifiques : le « style » qui en émerge comme pour en signer l'« individualité ». Seule une philosophie de la « structure », au sens où l'entend Granger, une épistémologie attentive aux formes, aux processus de « structuration » dont l'objet scientifique est le résultat pouvait ainsi conceptualiser la part de l'individuel dans la connaissance. On se demandera à quelles sources cette épistémologie s'est nourrie. Si l'influence de Cavaillès ne fait pas de doute, il convient de citer le nom de trois philosophes dont on ne saurait sous-estimer l'importance : Kant, Wittgenstein et dans une certaine mesure Carnap. De Kant, Granger a toujours maintenu, à sa manière il est vrai, l'orientation transcendantale. De la lecture de Wittgenstein, dont Granger prononçait le nom dès ses années d'études, procède probablement la conviction du rôle capital du langage et des systèmes symboliques dans la connaissance. Il lui consacrera un livre : *Ludwig Wittgenstein* (1969) – le premier qui ait été consacré en France à l'auteur du

Tractatus (*) – et proposera en 1971 une traduction des *Carnets* de la période 1914-1916. Mais, comme pour Carnap, l'intérêt pour Wittgenstein est sans doute largement fonction de l'image que celui-ci incarne intellectuellement et moralement. Sur le plan philosophique, en tout cas, cet intérêt ne doit pas être confondu avec ce que la philosophie du langage ordinaire, dans les pays anglo-saxons, a développé de son côté. La question du langage, aux yeux de Granger, ne peut déboucher qu'à la faveur d'un malentendu sur un type d'analyse qui finit par perdre complètement de vue ce qui en noue les aspects à des objectifs de connaissance ou, plus simplement, à une « forme de vie ». Ce qui distingue la philosophie de Granger des frivolités ou des excès auxquels la « philosophie du langage » donne parfois lieu s'exprime clairement dans *Langages et Épistémologie* (1978), aussi bien que dans *La Théorie aristotélicienne de la science* (1976) – le nom du Stagirite peut tout à fait prendre place à côté de ceux qui ont été précédemment cités – et *Pour la connaissance philosophique* (*) (1988).

JEAN-PIERRE COMETTI.

GRASS Günter. Romancier, dramaturge et poète allemand. Né le 16 octobre 1927 à Dantzig. Toute son œuvre se nourrit de ses racines à la fois allemandes, polonaises et cachoubes dans le petit peuple de cette ville « dont l'histoire allemande s'est arrêtée net en 1945 ». Enrôlé à seize ans en 1944, il est bientôt blessé et fait prisonnier par les Américains. À sa libération, en 1946, il travaille comme ouvrier agricole, puis comme manœuvre dans une mine de potasse, avant de s'inscrire à l'Académie des beaux-arts de Düsseldorf pour étudier la sculpture. En 1953, il s'installe à Berlin, où il devient l'élève de Karl Hartung. C'est à peu près à cette époque qu'il fait ses débuts en littérature, avec le soutien du Groupe 47. D'abord avec un recueil de poèmes illustré de ses propres dessins, *Les Avantages des coquecigrues* [*Die Vorzüge der Windhühner*], en 1956, puis avec quelques pièces en un acte « en forme de divertissement », *Tonton* [*Onkel, Onkel,* 1957], *La Crue* [*Hochwasser,* 1957]. Mais c'est avec son premier roman, rédigé tandis qu'il habite une modeste chambre à Paris (1956-1959), *Le Tambour* (*) (1959), que Günter Grass affirme véritablement son talent d'écrivain. L'œuvre connaît immédiatement un succès considérable et vaut à son auteur de recueillir, entre autres, le prix de la Critique de Berlin (1960) et, en France, le prix du Meilleur livre étranger (1962). L'originalité de la perspective narrative – la démystification du nazisme ordinaire, quotidien, à travers la vision « par en dessous », insolente et cynique, d'un nabot « prémédité » –, la profusion picaresque de l'invention romanesque et la truculence du verbe sont la manière de Grass de fouiller la conscience allemande. Il poursuit dans la même veine avec la publication, en 1961, d'un récit intitulé *Le Chat et la Souris* [*Katz und Maus*], dont le héros, le jeune Mahlke, âgé de quatorze ans au début de la guerre, serait un adolescent comme les autres s'il ne se distinguait par une pomme d'Adam proéminente ; c'est la prise de conscience de cette différence qui le conduit à multiplier bravades et défis et à devenir un héros des jeunesses hitlériennes : comme le nanisme d'Oscar dans *Le Tambour,* la difformité physique et le grotesque ouvrent sur la monstruosité dans l'Histoire. Le roman *Les Années de chien* (*) (1963) vient couronner la « trilogie de Dantzig » : il va de 1925 environ jusqu'à l'après-guerre, à travers le destin singulier d'un personnage qui, à la manière d'Oscar avec ses roulements de tambour, intervient et se tient en même temps à distance du monde en fabriquant inlassablement des épouvantails.

Les années 60 se placent pour Günter Grass sous le signe de l'engagement politique concret. Il participe activement, aux côtés de Willy Brandt, avec lequel il est lié d'amitié, à plusieurs campagnes électorales en faveur du S.P.D. (1965, 1969, 1972). Ces préoccupations immédiates, qui, dans le contexte culturel ouest-allemand de l'époque, apparaissent comme une nouvelle provocation et qui répondent, chez Grass, au souci de ne point répéter les erreurs commises par les intellectuels trop peu empressés, sous Weimar, à défendre la démocratie, tempèrent cependant (ou tarissent, disent aussitôt certains) l'imagination débridée et débordante de l'écrivain. La pièce *Les plébéiens répètent l'insurrection* [*Die Plebejer proben den Aufstand,* 1966] offre une réflexion sur le soulèvement populaire du 17 juin 1953 à Berlin-Est et l'attitude de Bertolt Brecht : alors qu'il est en train de travailler à une mise en scène de *Coriolan,* celui-ci se voit interpellé par les ouvriers émeutiers qui lui demandent de les aider à articuler leurs revendications politiques ; mais le « chef » se retranche aussitôt derrière ses préoccupations esthétiques – l'intellectuel manque, à l'heure décisive, le rendez-vous de l'Histoire. Le roman *Anesthésie locale* [*Örtlich betäubt,* 1969], construit sur le dialogue entre le narrateur, Starusch, et son dentiste, illustre, à travers une sorte de collage à la Döblin qui superpose, dans la chronique d'une vie, les faits vécus et les reconstitutions hypothétiques, une attitude intellectuelle de progressisme « modéré » (résigné ?) face à laquelle l'opposition dite extra-parlementaire, par exemple, mobilisée contre la guerre du Viêt-nam et incarnée par l'élève Scherbaum, apparaît trop dérisoire. Dans *Le Journal d'un escargot* [*Aus dem Tagebuch einer Schnecke,* 1972], Grass met en forme, « à l'usage de ses enfants et de ceux des autres », ses notes prises au cours de la campagne électorale de 1969, dominée par la polémique contre le candidat Kiesinger. La métaphore de l'escargot, comme existence lovée sur elle-même, patiente, prudente dans sa marche, revêt une signification politique, en tant qu'elle s'oppose explicitement « à l'image du progrès toujours représentée par l'idéologie de gauche comme quelque chose d'impétueux et de bondissant ».

Après ces années d'« engagement politique direct et quotidien », l'écrivain Grass, à la suite de la démission du chancelier Willy Brandt, en 1974, prend enfin quelque recul et retrouve le souffle épique de ses débuts avec *Le Turbot* (*) (1977), monumentale et truculente fresque historique « culinaire » à partir de la fable romantique du *Pêcheur et sa femme,* de Runge (1777-1810). Parallèle à ce roman, *La Rencontre à Telgte* [*Das Treffen in Telgte,* 1979] imagine l'entrevue, en 1647, entre Münster et Osnabrück, des poètes baroques Martin Opitz et Andreas Gryphius, la relation analogique entre la situation historique de ces derniers, par rapport à la guerre de Trente Ans, et celle de la génération du Groupe 47 permettant à Grass de déployer tout son sens du pastiche. La dernière pièce du bestiaire de Grass, *La Rate* [*Die Rättin,* 1986], confronte les utopies de naguère — Oscar revient à Dantzig pour le 107e anniversaire de sa grand-mère ! — à la vision apocalyptique de la destruction de l'humanité par un cataclysme nucléaire. L'Histoire ne serait la raison ni du chien ni du turbot ou de l'escargot, mais celle, en définitive, du rat. Déjà, à la fin des *Années de chien,* Günter Grass dessinait les cercles de l'enfer. Il n'y met plus seulement, aujourd'hui, « les fautes et les dettes allemandes », mais « l'aveuglement, l'ignorance et la négligence » des nations.

JEAN-JACQUES POLLET.

♦ *« Il était rarement arrivé, depuis l'époque du classicisme allemand, que toute une génération d'écrivains et de lecteurs se reconnaisse dans l'œuvre d'un artiste* [...] *C'est ce qui s'est produit avec le roman du joueur de tambour Oscar Matzerath. Günter Grass est devenu depuis ce jour une figure centrale de la vie littéraire allemande. »* Hans Mayer.

RÉF. : W. J. Schwarz, *Der Erzähler Günter Grass,* Berne, 1969. — K. L. Tank, *Günter Grass,* Berlin, 1974. — R. Geissler (éd.), *Günter Grass. Materialienbuch,* Darmstadt, 1976. — V. Neuhaus, *Günter Grass,* Stuttgart, 1979. — *Atelier des métamorphoses. Entretiens avec Nicole Casanova,* Paris, 1979.

GRASSI Ernesto. Philosophe italien ayant fait sa carrière en Allemagne. Né à Milan en 1902, mort à Munich le 22 décembre 1991. Formé à l'école « actualiste » de Gentile, Grassi se met très tôt en quête d'un maître en philosophie, d'une stature spéculative comparable, en mesure de l'aider dans ses travaux de recherche en Allemagne. Après sa « promotion » à Milan en 1925 sous la direction de Piero Martinetti, il sera en 1928 l'élève de Blondel à Aix-en-Provence. Il soutient son « habilitation » à Rome en 1932. Enseignant à l'université de Fribourg-en-Brisgau (1929-1938), à l'université de Berlin (1938-1940), à Florence (1940-1946), puis à Zurich (1946-1948). Fondateur de la chaire de « Philosophie und Geistwissenschaft des Humanismus » à l'université de Munich (1948-1979). Directeur du « Centre italien d'études humanistes et philosophiques » de Munich. De 1955 à 1979, directeur de l'*Encyclopédie allemande Rowohlt* [*Rowohlts Deutscher Enzyklopädie*] et des « Classiques Rowohlt » chez l'éditeur du même nom. Il y sera directeur de la « Bibliothèque humaniste » jusqu'à sa mort. Grassi demeure la figure symbolique d'une tentative emblématique, tragique et manquée, qui reste indélébilement attachée à l'histoire du XXe siècle : faire valoir la valeur et la dignité de la tradition philosophique latine face au germanisme mytho-politique dominant l'Allemagne de Weimar puis du IIIe Reich. Sa rencontre avec le phénoménologue Husserl à Fribourg-en-Brisgau (1924) fut pour lui déterminante ; après une heure de conversation avec le maître de Heidegger, Husserl lui pronostique un « destin philosophique » : « Car vous, mon jeune ami, vous êtes italien, et que les Italiens ne s'abîment pas dans un philosopher fait de systèmes aprioristes abstraits comme c'est le cas des spéculatifs allemands ; ils s'en tiennent aux phénomènes, à l'analyse concrète des faits. » À Marbourg, il suit les cours de Heidegger qu'il accompagne en 1929 à Fribourg-en-Brisgau ; il restera auprès de lui près de dix ans, d'abord en qualité de lecteur, puis d'assistant, et enfin de « professeur honoraire ». Le sommet de sa tentative de « traduction » radicale de la pensée heideggérienne dans les termes de l'actualisme gentilien (entreprise menée parallèlement mais différemment par Luigi Pareyson) est atteint avec son ouvrage *Du primat du logos* (*) (1939), série de conférences tenues à Fribourg et à Berlin, où sont interrogés, pour la première fois, les présupposés [Voraussetzungen] des rapports entretenus par la philosophie allemande et la philosophie italienne. Grassi, alors véritable introducteur de Heidegger en Italie, tente de revaloriser sa propre tradition philosophique pour aboutir au rapprochement des pensées de Heidegger et de Gentile. Ce texte programmatique ouvre le « dialogue » et l'adresse (unilatéraux) que Grassi n'aura de cesse de relancer dans toutes ses œuvres postérieures : montrer, à partir de Heidegger et contre Heidegger, à travers l'héritage italique renaissant (l'humanisme), moderne (Vico et Spaventa), et contemporain (Gentile), que l'humanisme latin échappe bel et bien à la « clôture métaphysique ». Parmi ses œuvres, *Puissance de l'image. Impuissance du discours rationnel. Pour sauver la rhétorique* [*Macht des Bildes*, 1979] ; *La Puissance de l'imagination. Pour une histoire de la pensée occidentale* [*Die Macht der Phantasie. Zur Geschichte abendländischen Denkens*, 1979] ; *La Rhétorique comme philosophie. La Tradition humaniste* [*Rhetoric as Philosophy. The Humanist Tradition*, 1981] ; *Heidegger et la question de l'humanisme de la Renaissance* [*Heidegger* *and the Question of Renaissance Humanism,* 1983] ; *Introduction au problème philosophique de l'humanisme* [*Einführung in philosophische Probleme des Humanismus*, 1986] ; *La Métaphore inouïe* (*) (1990).

CHARLES ALUNNI.

RÉF. : Charles Alunni - Catherine Paoletti, *M. Heidegger et la piste italienne*, 1988.

GRATIEN de Chiusi. Jurisconsulte et canoniste italien. Né à Chiusi (Toscane) à une date inconnue, mort à Bologne vers le milieu du XIIe siècle. Il rédigea un recueil des décisions des papes connu sous le nom de *Décret de Gratien* (*) et dont le nom latin, *Concordia discordantium canonum,* indique bien le dessein de l'auteur qui était d'éliminer les contradictions nées de la confrontation des différentes collections canoniques. Bien que l'Église ne lui ait jamais reconnu de valeur officielle, le *Décret* (publié pour la première fois à Strasbourg en 1471) fut complété par un nouveau code, dit *Extra,* rédigé par Raimond de Pennafort sur l'ordre de Grégoire IX, puis par un sixième livre, appelé *Sexte,* par Boniface VIII. Enfin, les *Clémentines* et les *Extravagantes* sont également conçues comme des additions au *Décret de Gratien* – v. *Corpus de droit canonique* (*).

GRATRY Auguste Alphonse. Prêtre et philosophe français. Né à Lille le 30 mars 1805, mort à Montreux (Suisse) le 7 février 1872. Issu d'une famille à peu près détachée de la religion, il reste d'abord, comme de nombreux étudiants sous la Restauration, étranger au catholicisme (*Souvenirs de ma jeunesse*). Il se convertit cependant sous l'influence d'un de ses maîtres et décide d'entrer à Polytechnique, avec l'idéal de réaliser une conciliation de la science moderne et de la religion. Classé officier d'artillerie à la sortie de l'école, il donne sa démission, prend l'habit ecclésiastique en 1830, enseigne d'abord comme professeur au petit séminaire de Strasbourg, puis est nommé directeur du collège Stanislas en 1842 et aumônier de l'École normale supérieure en 1847. Il exerce là une profonde influence sur quelques élèves et mène de violentes polémiques contre Vacherot, professeur à l'École, dont il obtient la révocation. En 1852, il abandonne son poste d'aumônier pour participer à la reconstitution des oratoriens et publie alors, à partir de 1855, son *Cours de philosophie* en trois parties : *De la connaissance de Dieu, De la logique, De la connaissance de l'âme* (*). Nommé en 1863 professeur à la faculté de théologie de Paris, il est élu à l'Académie française en 1867. Quelques années plus tard, au moment du concile du Vatican, Gratry joua le rôle de docteur parmi les adversaires de l'infaillibilité pontificale, mais, après la proclamation de ce dogme, il fit une retentissante soumission peu de temps avant sa mort.

RÉF. : Barbey d'Aurevilly, *Les Œuvres et les Hommes,* t. VIII, Paris, 1899. – Perraud, *Le Père Gratry, vie et œuvres,* Paris, 1900. – Chauvin, *Le Père Gratry,* Paris, 1901. – B. Pointud-Guillemot, *Essai sur la philosophie de Gratry,* Paris, 1918 ; *La Doctrine sociale de Gratry*, Paris, 1918. – J. Marias, *La filosafia del Padre Gratry,* Madrid, 1941. – J. Gougou, *Gratry apologiste,* thèse, Paris, 1968.

GRAU Jacinto. Auteur dramatique catalan. Né à Barcelone en 1877, mort à Buenos Aires en août 1958. Après avoir fait de bonnes études dans sa ville natale, il débuta dans les lettres par un roman intitulé *Copies* [*Trasuntos,* 1899] dont la préface fort élogieuse était signée de son compatriote le grand poète Juan Maragall. S'étant cru bientôt, néanmoins, la vocation de dramaturge, Grau se tourna vers le théâtre et lui consacra tout son temps. Il convient de mentionner *Les Noces de Gamache* [*Las bodas de Camacho,* 1903], *Le Troisième Démon* [*El tercer demonio,* 1908], *Au milieu des flammes* [*Entre llamas,* 1915], *Le Comte Alarcos* (1917), drame tiré du *Romancero* (*), *L'Enfant prodigue* [*El hijo pródigo,* 1918], et *Monsieur de Pygmalion* (*) (1921), sorte de conte fantastique. Ajoutons-y *Don Juan de Carillana* (1913), œuvre qui évoque une fois de plus la figure du grand séducteur. Jacinto Grau fut loin d'être un auteur fécond, et on le regrette d'autant plus qu'il possède toutes les vertus qu'exige le théâtre : alliant la profondeur au souffle poétique, il atteint, en effet, à un rare degré de justesse dans la peinture des caractères et des passions.

RÉF. : J. Cejador y Frauca, *Historia de la lengua y literatura españolas,* t. XI, Madrid, 1921. – Jean Cassou, *Le Théâtre de Jacinto Grau* in *Mercure de France,* CLIV, 1923.

GRAVES Robert Ranke. Écrivain anglais. Né à Wimbledon le 24 juillet 1895, mort le 7 décembre 1985, il est d'ascendance mêlée : irlandaise, écossaise, danoise et allemande. Son père, Alfred Perceval Graves (1846-1931), fut l'un des chefs de la renaissance littéraire irlandaise. Robert Graves fit ses études à la « public school » de Charterhouse et à Oxford (St. John's College), il servit avec le « Royal Welch Fusiliers » sur le front français pendant la Première Guerre mondiale et fut officiellement déclaré « décédé des suites de ses blessures » le jour de son vingt-cinquième anniversaire. Mais il survécut pour écrire ses impressions d'officier dans un livre vrai et peu belliciste : *Adieu à tout cela* (*) (1929). Ses premiers recueils de vers (deux en 1916, un en 1917) traitent de cette même expérience. Après-guerre, il termina ses études à Oxford, puis, pendant un an, fut professeur de littérature anglaise au Caire sur la recommandation de Thomas Edward Lawrence. Il passa ensuite une grande partie des années trente à Majorque où, en association avec Laura Riding, il fonda sa propre maison d'édition, la « Seizin Press », où il publia un ouvrage de mélanges critiques, *Épilogue*. Il retourna en Angleterre au moment de la guerre d'Espagne et s'y fixa, quoique faisant de brefs séjours aux États-Unis, où il enseigna, et en France. Après la Seconde Guerre mondiale, il retourna à Majorque, puis passa six années à Oxford (1961-1966) où il avait été élu au poste semi-honorifique de professeur de poésie de l'université. Puis il regagna à nouveau Majorque.

Robert Graves est surtout connu du grand public pour ses romans historiques : notamment, *Moi, Claude* (*) (1934), livre traduit en dix-sept langues, et que prolongera la même année *Le Divin Claude* (*). De la même veine seront des évocations de Byzance, de l'Angleterre de Cromwell et de la guerre d'Indépendance des États-Unis. L'imagination de l'auteur est fascinée par les mythologies plus encore que par l'histoire, d'où les *Mythes grecs* [*The Greek Myths*, 1955], et surtout *La Déesse blanche* (*) (1948), une très savante tentative d'évocation des dieux et de la poésie des Gallois. Perce en tout cela comme une tentative de tout comprendre, par l'érudition et par l'esprit. L'auteur court tous les risques : son *Roi Jésus* (*) de 1946 essaie de renverser la tradition chrétienne et se présente comme une interprétation, ou une reconstitution, qui ne doit rien aux exégèses de nos Églises. Mais surtout, nous sommes en présence d'un vrai poète — selon certains critiques, l'un des meilleurs de son siècle. Critique lui-même, où se tient-il ? Il nous l'a dit : assez loin des novations modernes selon *L'Asphodèle commune* (*) (1949) et *Le Suprême Privilège* (+) (1955). Le poète est drôle et sérieux, inventif et singulier. On aura quelque idée de ses explorations, à deux âges différents de sa vie, dans des recueils comme *Whipperginny* (*) (1922) et *Hors-la-loi* (+) (1941). Plusieurs volumes de *Poésies complètes* [*Complete Poems*] se sont superposés, le dernier paru étant de 1975. Robert Graves a traduit Apulée, Suétone, Homère, Térence, etc.

RÉF. : J. M. Cohen, *Robert Graves*, Londres, 1960. – F. H. Higginson, *A Bibliography of the Works of Robert Graves*, Londres, 1966. – M. Kirkham, *The Poetry of Graves*, Londres, 1969. – M. Seymour-Smith, *R. Graves : His Life and Work*, Londres, 1982. – R. P. Graves, *R. Graves : the Assault Heroic*, Londres, 1986.

GRAVINA Gian Vincenzo. Jurisconsulte et écrivain italien. Né le 16 février 1664 à Rogiano (Cosenza), mort à Rome le 6 janvier 1718. Ses parents voulurent qu'il commençât ses études à Scalea, sous la direction de leur cousin Gregorio Calopreso, fervent cartésien et savant humaniste, qui transmit à l'enfant son amour pour les classiques grecs, latins et italiens, et le mit en mesure d'apprécier des philosophes novateurs tels que Descartes, Gassendi et Telesio. En 1688, Gravina alla s'installer à Rome où le monde savant se groupait autour de Christine de Suède. Il y connut les personnalités les plus importantes du moment, et sut s'en attirer l'estime au point qu'on le chargea d'édicter les lois de l'« Arcadie » (1690).

En 1691, sous le pseudonyme de Prisco Censorino Fotistico, il fit publier en cinquante exemplaires un opuscule de polémique intitulé *Hydre mystique, ou De la doctrine morale corrompue* [*Hydra Mystica sive de corrupta morali doctrina*], dans lequel il attaquait la corruption romaine et, avec beaucoup d'âpreté, la casuistique des jésuites. Le *Discours sur l'« Endymion » d'Alessandro Guidi* date de 1692, et constitue un essai d'esthétique. De 1694 à 1698 il publia un discours *Sur les fables anciennes*, un dialogue, *De la langue latine* [*De lingua latina*], et d'autres œuvres mineures parmi lesquelles il convient de rappeler une *Harangue* [*Orazione*] dédiée à Pierre le Grand de Russie qui, semble-t-il, devait venir à Rome en visite officielle.

En 1699, grâce à l'appui du cardinal Albani, Gravina obtint la chaire de droit civil à la Sapienza, qu'il échangea, quatre ans après, pour celle de droit canon. Pendant cette période d'activité universitaire intense et passionnée, il écrivit trois volumes : *Institutions du droit de perception* [*In juris receptioris institutiones*, publié posthume en 1744], *Trois livres sur les institutions du droit pontifical* [*In pontificii iuris institutiones libri III*, publié posthume en 1742] ; mais le témoignage le plus fameux de son activité professorale est *Trois livres sur les origines du droit civil* [*Originum iuris civilis libri III*, publié partiellement à Naples en 1701, *in extenso* à Leipzig en 1731, puis définitivement à Naples]. Mais son œuvre maîtresse demeure les deux volumes intitulés *De la raison poétique* (*) (1708).

En 1711, Gravina abandonnait l'Arcadie avec une trentaine de partisans et fondait la nouvelle académie des « Quirini », puis, l'année suivante, faisait paraître ses cinq tragédies, *Palamède* [*Palamede*], *Andromède* [*Andromeda*], *Servius Tullius* [*Servio Tullio*], *Appius Claudius* [*Appio Claudio*], *Papinien* [*Papiniano*], témoignages très nets de son esprit anti-jésuitique et de sa fidélité à un idéal poétique très éloigné de toute frivolité « arcadienne ». C'est presque comme appendice aux *Originum* qu'en 1713 il publiait à Naples *De l'Empire romain* [*De Romano imperio*], où, sur les traces de Dante, il rêve d'une restauration de l'Empire. À la mort de Calopreso, survenue en 1714, Gravina se rendit en Calabre pour régler l'héritage que son cousin lui avait laissé. Il y demeura deux ans, refusa entre-temps la chaire de droit qu'on lui avait offerte en Allemagne, et fit paraître à Naples son important petit traité *De la tragédie* [*Della tragedia*]. De retour à Rome, il accepta, par contre, l'offre de Victor-Amédée de Savoie qui, ayant réorganisé l'université de Turin, s'efforçait de s'attacher les plus éminents savants d'Italie. Gravina mourut subitement au moment où il se préparait à s'y rendre.

RENATO FABIETTI.

RÉF. : Montesquieu, *L'Esprit des lois,* 1748. – B. Barillari, *L'estetica di G. V. Gravina,* Bari, 1937 ; *Preestetica e filosofia del diritto in G. V. Gravina,* Bari, 1937 – A. Quondam, *Cultura e ideologia di Gian Vincenzo Gravina,* Milan, 1968. – M. Piccolomini, *Il pensiero estetico di Gian Vincenzo Gravina,* Ravenne, 1984.

GRAY Thomas. Poète anglais. Né à Londres le 26 décembre 1716, mort à Cambridge le 30 juillet 1771. Il fit ses études à Eton et au St. Peter's College de Cambridge, où il se lia d'amitié avec Walpole et Richard West. Il quitta Cambridge en 1738, et partit accompagner Walpole dans un voyage sur le continent le 29 mars 1739. Ensemble ils visitèrent la France, l'Italie du Nord et l'Italie centrale mais, en juillet 1741, à Reggio Emilia, ils se brouillèrent par la faute de Walpole (ce que celui-ci reconnut) et se séparèrent. Gray se rendit à Venise et retourna en Angleterre à l'occasion de la mort de son père. En 1744, il se réconcilia avec Walpole. En 1750, il acheva son *Élégie écrite dans un cimetière campagnard* (*) commencée longtemps auparavant, et en 1757 refusa la distinction de poète-lauréat. Après l'ouverture du British Museum en janvier 1759, il se fixa à Londres pour étudier les œuvres exposées. Il visita l'Écosse en 1768, et fut ensuite nommé professeur d'histoire moderne à Cambridge. L'œuvre littéraire de Gray est de peu de volume, mais de tout premier ordre. Outre l'*Élégie*, la plus populaire, la meilleure de ses œuvres peut-être, et qui se rattache au courant de la « poésie des tombeaux » inauguré par Young, on trouve dans les « odes » pindariques : *Les Progrès de la poésie* (*), *Le Barde, ode prophétique* (*), *Les Parques* (*), *La Descente d'Odin* (*). L'érudition de Gray s'y révèle ; l'un des premiers, il étudia les littératures nordiques et médiévales (ses études n'ont pas toutes été imprimées). Il annonce la passion typiquement romantique pour la littérature des autres peuples et des temps passés.

♦ *« Il a une sorte de dignité pompeuse, et se grandit en marchant sur la pointe des pieds. L'artifice et l'effort sont trop visibles au détriment de l'aisance et du naturel. Dire qu'il n'a rien fait de beau serait injuste : un homme comme lui, très cultivé et habile, ne pouvait produire quelque chose qui n'eût une certaine valeur. Quand il nous plaît moins, on peut remarquer qu'il a tiré mauvais parti d'un bon plan. »* S. Johnson.

RÉF. : R. Martin, *Chronologie de la vie et de l'œuvre de Thomas Gray,* 1931 ; *Essai sur Th. Gray,* 1934. – Sir L. Stephen, *Gray, Dict. of Nat. Biography.* – W. P. Jones, *Thomas Gray, Scholar,* Cambridge, Mass., 1937. – H. W. Starr, *Gray as a Literary Critic,* Philadelphie, 1941 ; *Twentieth Century Interpretations of Gray's, Elegy,* Englewood Cliffs, 1968. – J. Downey and B. Jones (eds.), *Fearful Joy : Papers from the Thomas Gray Bicentenary Conference,* Montréal, 1974. – A. T. McKenzie, *Thomas Gray : A Reference Guide,* Boston, 1982.

GRAZZINI Anton Francesco, dit **« il Lasca »**. Écrivain italien. Né à Florence le 22 mars 1503, mort dans cette ville le 18 février 1584. Nous ne savons rien de sa formation, mais il devait tenir de son père, descendant d'une famille de notaires de la vallée de l'Elsa, une bonne initiation aux lettres italiennes et latines. On le trouve bientôt lié aux lettrés, et en 1540 il fut l'un des douze fondateurs de l'Accademia degli Umidi ; c'est alors qu'il prit le surnom de « gardon » ; l'année suivante, il en fut élu chancelier. L'Academia degli Umidi ayant été transformée en académie florentine, Grazzini se voit exclu en 1547. Il se vengea en écrivant des poèmes satiriques pleins de fiel. Grâce à son ami Salviati, il fut réintégré en 1566 et se retira ensuite pour fonder en 1582, avec Salviati, l'Académie de la Crusca. Il mourut deux ans plus tard.

Médiocre dans ses vers imités de Pétrarque, Anton Grazzini révéla ses dons comiques dans ses *Sonnets, Ballades et Chants de carnaval,* dans diverses *Poésies* satiriques et poèmes burlesques. Dans *Les Soupers* (*), recueil de nouvelles auquel il consacra nombre d'années, il décrit des farces et des aventures amoureuses ; les plus achevées sont celles de caractère tragique. À partir de 1540, il écrivit ses comédies en prose par besoin de se libérer de l'influence des classiques : *Le Caprice* – où l'imitation de la *Farce de maître Pathelin* (*) est sensible –, *La Jalousie, La Sorcière, Le Stratagème, La Possédée, La Bigote.*

GRÉBAN Arnoul. Poète dramatique français. Né au Mans (Sarthe), vers 1420, mort dans la même ville en 1470. Né au Mans et non, comme on a dit parfois, à Compiègne (« Les deux Grébans ont Le Mans honoré », écrit Clément Marot), il vient faire ses études à l'université de Paris où il est reçu maître ès arts en 1444 et bachelier en théologie en 1456.

Après avoir dirigé la maîtrise de la cathédrale Notre-Dame, Arnoul Gréban retourne dans sa ville natale, où il mourra, chanoine de l'église Saint-Julien. Pendant son séjour à l'université de Paris, il avait composé pour l'association dramatique des confrères de la Passion le mystère de *La Passion de Paris* (*), déjà connu en 1452, et avait collaboré avec son frère Simon au *Triumphant mystère des Actes des Apostres* (*) qu'on jouait encore à Bourges et à Paris un siècle plus tard. À la fois poète habile et savant théologien (il le montre bien, par exemple, dans la discussion très serrée où il oppose l'Enfant Jésus aux docteurs de la Loi), organiste, compositeur de musique, Arnoul Gréban n'a rien d'un écrivain naïf, primitif. Organisateur de fêtes publiques, il est au contraire soucieux de plaire, de se mettre au goût du jour ; peu curieux d'innovations, il suit scrupuleusement la démarche théâtrale de *La Passion d'Arras* (*) d'Eustache

Marcadé, qu'il démarque et, quelquefois même, plagie.

Cependant, on ne peut nier qu'Arnoul Gréban a donné une œuvre immense, à la fois poétique et musicale, tragique et grotesque, d'où se dégage une incontestable impression de puissance et de grandeur.

♦ *« La plus magnifique leçon de catéchisme qui fut jamais. »* L. Foulet. ♦ *« Il a tenté une synthèse impossible, essayé une entreprise désespérée : figurer sur les échafauds de la place publique, au cœur de la cité, et sous le ciel de Dieu, l'œuvre du Créateur, mais cette entreprise a laissé des ruines encore imposantes. »* Gustave Cohen.

RÉF. : E. Roy, *Les Mystères de la Passion en France du* XIV*e au* XVI*e siècle,* 1903. – Gustave Cohen, *Le Théâtre au Moyen Âge,* t. I. – O. Jodogne, *Le Mystère de la Passion d'Arnoul Gréban,* 2 vol., Bruxelles, 1959-1983.

GRÉBAN Simon. Poète dramatique français de la seconde moitié du XVe siècle. Il était le frère, probablement cadet, d'Arnoul Gréban, l'auteur du mystère de *La Passion de Paris* (*). Nous n'avons de renseignements sur lui que pour une courte période, 1468 à 1472, pendant laquelle il faisait partie de la maison de Charles d'Anjou, comte du Maine et gouverneur du Languedoc. On sait qu'il finit ses jours comme chanoine de Saint-Julien. C'est à lui, plutôt qu'à son frère, qu'on attribue le *Triumphant Mystère des Actes des Apostres* (*), vaste jeu dramatique qui compte plus de 60 000 vers.

GREEN Henry (pseud. de Henry Vincent Yorke). Romancier anglais. Né près de Tewkesbury le 29 octobre 1905, mort à Londres en décembre 1973. Il fit ses études à Oxford, puis travailla pour la firme paternelle avant de devenir ingénieur. Ensuite, il dirigea une entreprise de Birmingham. Après un premier roman, *Cécité* (+) (1928), il évoqua cet arrière-plan industriel de sa vie quotidienne dans *Vivre* (*) (1931). Il y procède par juxtaposition de scènes brèves et parfois surprenantes. Dans son troisième ouvrage, une sorte d'autobiographie – *Je fais mon sac* (+) (1930) –, il explique sa conception du roman : un tissu de rencontres entre étrangers, qui se comprennent ou se méprennent, de biais somme toute, mais où tout est mieux exprimé que ne le disent les mots. On imagine l'importance du dialogue pour cet auteur : il la montre une seconde fois quand il passe de l'autre côté du décor, c'est-à-dire en nous présentant de jeunes oisifs. Empêchés de se rendre au lieu prévu de leurs réjouissances, ils passent le temps dans une gare de chemin de fer. Dans ce roman-là – *En gare* (*) (1939) – les épisodes incongrus abondent, comme dans le précédent, et de nouveau il y a des oiseaux. Pourquoi ? Peut-être l'oiseau est-il l'Étranger absolu. Pendant la guerre, Green se tait. En 1945, *Amour* (*) révèle un effort pour amplifier son registre ; cette fois, c'est une œuvre baroque dont l'action se déroule pendant les hostilités dans un château irlandais. L'incompréhension quotidienne tend alors à prendre la résonance des mythes. Et, de même que *Vivre* ou *En gare* peuvent se déchiffrer ensemble et dans le contraste de classes sociales opposées, *Amour* semble appeler le roman paru en 1948 : *Conclusion* (*). On y retrouve l'ampleur des harmoniques, et aussi la volonté d'introduire le signe « plus » entre les scènes. Suivirent *Rien* (+) (1950), *Radotage* (+) (1952) et *Orage sur Londres* (*) (1953), ce dernier roman s'efforçant de restituer une intimité tragique au drame de l'incommunicabilité : celle du père et du fils, dans le cadre social des équipes de défense passive à Londres au temps du « blitz ».

RÉF. : E. Stokes, *The Novels of Green,* Londres, 1959. – A. K. Weatherhead, *A Reading of Green,* Seattle, 1961. – R. S. Ryf, *Green,* New York, 1968. – B. Bassoff, *Toward « Loving » : The Poetics of the Novel and the Practice of Green,* Columbia (S. Car.), 1975. – Rod Mengham, *The Idiom of the Times : The Writings of H. Green,* Cambridge (Mass.), 1982. – O. Holmesland, *A Critical Introduction to Henry Green's Novels,* Basingstoke, 1986.

GREEN Julien. Écrivain américain d'expression française. Né à Paris le 6 septembre 1900. Élevé dans un climat d'amour et de piété, au sein d'une famille de sept enfants, il eut une enfance heureuse jusqu'à la mort de sa mère en 1914. De cette disparition qui le marque profondément naît un sentiment d'abandon dont l'œuvre portera plus tard la trace. Mais ce drame provoque aussi l'éveil de l'adolescent qui connaît alors les premiers conflits entre la foi de son enfance et le monde ignoré de la sensualité. À l'âge de seize ans, Julien Green abjure la religion de sa mère, le protestantisme, pour se convertir au catholicisme. Après avoir servi comme ambulancier puis comme aspirant pendant la Première Guerre mondiale, il part pour les États-Unis, à l'université de Virginie, où il complétera ses études de 1919 à 1922. C'est là qu'il connaît la période la plus tourmentée de sa jeunesse et qu'il a la révélation de ses sentiments véritables en s'éprenant d'un étudiant, comme il le racontera dans son *Autobiographie* (*). Divisé entre une sensualité extrême – mais frappée d'interdits moraux – et de profondes aspirations religieuses, il ne trouve de refuge que dans la lecture ou le rêve. C'est aussi de cette époque que date son premier essai littéraire connu, *The Apprentice Psychiatrist* [*L'Apprenti psychiatre*, Paris, 1984], publié dans la revue de l'Université. De retour en France, Green s'interroge sur son avenir, songe un moment à devenir peintre puis décide de se consacrer plus entièrement à la littérature. Il publie en 1924 sa première œuvre d'importance, le *Pamphlet contre les catholiques de France* (*), dans lequel il exprime de façon véhémente un ensemble de positions religieuses marquées par le sens du mystère et de la damnation en même temps qu'il reproche aux catholiques leur indifférence. Œuvre d'un inconnu, le *Pamphlet* n'obtient pas le retentissement espéré mais vaut à Julien Green l'admiration et l'amitié du philosophe Jacques Maritain — v. *Une grande amitié. Correspondance J. Green-J. Maritain* (*) — ainsi qu'une entrée dans le monde des lettres. La même année, il écrit *Le Voyageur sur la terre* (*), qui sera publié en 1926. Dans cette nouvelle, le jeune écrivain aborde le thème de la folie dans un climat mystique empreint de poésie qui tranche avec les tendances littéraires de son époque, partagées entre le réalisme traditionnel et les innovations du subjectivisme. *Mont-Cinère* (*) (1926) révèle le talent du romancier ; *Adrienne Mesurat* (*) (1927) et *Léviathan* (*) (1928) le confirment et mettent Julien Green au rang de ces rares écrivains capables d'imposer, de livre en livre, un univers personnel. Ces trois romans de jeunesse s'inspirent d'une même vision dramatique de la destinée humaine, condamnée à la solitude ou à l'ennui, et vouée à l'anéantissement dans la folie ou la mort lorsqu'elle tente de s'arracher à sa prison pour conquérir une liberté d'ailleurs illusoire. Réalistes en apparence — Julien Green n'a jamais caché ce qu'il devait à Balzac —, ces œuvres proviennent pourtant moins de l'observation du réel ou des comportements humains, en dépit de leur grande précision psychologique, que d'une inspiration onirique, hantée par les visions de la mort et du désir, auxquelles l'auteur s'est efforcé de donner tous les aspects de la vraisemblance. Plus serein, *L'Autre Sommeil* (*) (1930) est le récit d'une libération intérieure qui conduit, cette fois, à la sérénité de la connaissance de soi et à l'acceptation de la mort. Ce récit mesuré de Julien Green sera suivi, avec *Épaves* (*) (1932), d'un retour de l'écrivain aux sources les plus âpres de son inspiration. Roman d'une crise morale avortée, récit immobile, neutre, sans intrigue véritable et sans acte, *Épaves* accomplit et achève cette première période — la plus désolée — de l'œuvre de l'écrivain. *Le Visionnaire* (1934), *Minuit* (+) (1936) et *Varouna* (1940) révèlent les tendances mystiques de l'auteur sans rompre la continuité de son œuvre. Aussi le pessimisme tragique des romans de jeunesse se retrouve-t-il dans ces dernières œuvres, mais il semble transfiguré par la révélation d'un autre monde, celui du rêve mystique, où l'existence trouve le secret de sa destinée et sa délivrance. Peu à peu, cependant, Julien Green comprend que l'expérience mystique n'est qu'une étape d'un itinéraire spirituel qui devait le mener des zones indécises — mais fécondes — de l'agnosticisme, aux certitudes dont il avait reçu entre-temps le témoignage. Reconverti à la foi catholique en 1939, l'écrivain ne manque pas de s'interroger, toutefois, sur la compatibilité de sa vocation religieuse et de sa vocation d'écrivain. Le temps de la réflexion durera sept années qui seront aussi celles d'un exil forcé aux États-Unis (1940-45) pour échapper à la menace de la guerre. Le silence de l'œuvre sera partiellement comblé par la parution des premiers volumes du *Journal* (*), commencé en 1919. Publié pour la première fois en 1938, le *Journal* de Julien Green semble opposer à l'inquiétude d'un conflit mondial la nécessité d'un équilibre spirituel fondé sur la réconciliation de l'âme et du corps en laquelle l'homme pourrait trouver un refuge contre le désespoir. De retour en Europe en 1945, Julien Green poursuit son œuvre qui porte désormais la marque de la foi retrouvée (à l'exception du *Malfaiteur* (*) 1955). Mais les préoccupations religieuses du chrétien ne semblent pas avoir porté atteinte à la liberté du romancier. Aussi *Si j'étais vous* (1947), *Moïra* (*) (1950), *Chaque homme dans sa nuit* (*) (1960) et *L'Autre* (1971) cherchent-ils moins à traduire la certitude de la foi que l'inquiétude du croyant face au mystère de la grâce, inquiétude dont Julien Green lui-même ne s'est jamais départi. Loin de toute intention édifiante, ces quatre romans peuvent donc être considérés comme une tentative de conciliation entre la vérité de la foi et la vérité romanesque : le pessimisme tragique des œuvres de jeunesse se retrouve ici encore mais, à la lumière de la foi, le pathos de la souffrance semble devenir la condition même du salut de l'homme. Encouragé par le comédien Louis Jouvet, l'écrivain vient au théâtre avec *Sud* (*) (1953), *L'Ombre* (1954) et *L'Ennemi* (1958). Ces trois pièces forment une suite de drames intimistes, de facture classique, où se retrouvent les thèmes familiers de l'œuvre, en particulier celui de la passion. Plus encore que ses romans, le théâtre de Julien Green amplifie jusqu'au drame le pouvoir équivoque du dialogue qui, loin d'apporter une solution aux conflits humains, ne fait qu'aggraver le malentendu qui en est la cause.

Cependant, délaissant le théâtre, Julien Green se lance dans une vaste *Autobiographie* (*) qui compte quatre parties : *Partir avant le jour* (1963), *Mille chemins ouverts* (1964), *Terre lointaine* (1966) et *Jeunesse* (1974). Récit de l'enfance et de l'adolescence, cette œuvre de la maturité est aussi une confession spirituelle, témoignage d'une âme et d'un siècle, dans la tradition augustinienne. Écrite dans un style sobre et puissant, sur le ton du détachement sensible, cette *Autobiographie* vient couronner l'œuvre de Julien Green. En 1971, l'écrivain est élu à l'Académie française, où il remplace François Mauriac. Depuis, Julien Green poursuit son œuvre qui, malgré l'âge, semble inépuisable. Ce sont les années d'un éclectisme fécond allant de l'essai (*Liberté chérie*, 1974, *Ce qu'il faut d'amour à l'homme*, 1978, *Le Langage et son double*, 1983) à la biographie religieuse (*Frère François*, 1983) sans oublier le roman (*Les Pays lointains*, 1987, *Les Étoiles du Sud*, 1989) et la rédaction du *Journal*. Moins graves, ces œuvres sont celles d'un homme réconcilié qui semble avoir retrouvé, au soir de la vie, les accents de la jeunesse. Il n'est pas sans intérêt que l'œuvre de Green, surgie il y a près d'un siècle des zones les plus obscures de l'âme, ait pu atteindre ces régions de lumière où nous la voyons aujourd'hui.

PHILIPPE DERIVIÈRE.

♦ *« ... aucune autre époque ne possède de romans de sujets aussi admirables que* Le Tour d'écrou, Le Procès *ou* Le Voyageur sur la terre. *»* Jorge Luis Borgès. ♦ *« Où que l'on classe Julien Green, le rapprochement entre son œuvre et les autres œuvres contemporaines ne pourra qu'apparaître arbitraire. Sa solitude est totale. »* Gaëtan Picon. ♦ *« Philosophique par sa portée, l'œuvre de Julien Green est celle-là même que Kierkegaard appelait de ses vœux, il y a cent ans. Peut-être Kierkegaard eût-il salué en Julien Green le romancier que lui-même n'a pas su être... »* André Blanchet.

RÉF. : Walter Benjamin, *Illuminations*, Francfort, 1928 ; Zurich, 1930. — Jacques Petit, *L'Homme qui venait d'ailleurs*, Paris, 1969. — Annette Tamuly, *J. Green, À la recherche du réel*, Sherbrooke, 1976. — Robert de Saint-Jean, en collaboration avec Luc Estang et Giovanni Lucera, *Julien Green*, Paris, 1990.

GREENE Graham. Romancier anglais. Né à Berkhamsted le 2 octobre 1904, mort le 3 avril 1991 à Vevey en Suisse. Son père était principal de la Berkhamsted School où l'enfant accomplit ses études secondaires de 1915 à 1921. Ses souvenirs scolaires sont rapportés dans *Enfance perdue* [*The Lost Childhood*, 1951] et marqués par la nostalgie d'une époque qu'il évoqua d'autant plus qu'il l'avait détestée. Il passa une enfance heureuse et paisible au milieu de ses cinq frères et sœurs et de ses six cousins. À quatorze ans, il commença à écrire des fables et des contes fantastiques. Mais l'ennui, la morosité, le sentiment de la futilité des choses (qui ne le quittèrent plus) l'accablèrent bientôt. Il passa par une période d'intense désespoir, joua plusieurs fois sa vie à la roulette russe, ce qui amena son père à l'envoyer passer six mois chez un psychanalyste à l'âge de vingt ans. Cette « cure » — courageuse et inusitée pour l'époque — l'éveilla à la puissance des rêves et de l'inconscient tout en l'aidant à mieux faire face à la vie et en le dotant d'instruments d'analyse qu'il utilisa abondamment dans sa création littéraire. Après quatre ans d'études à Balliol College, il quitta Oxford en 1925, non sans avoir obtenu un diplôme de « deuxième classe » en Histoire moderne. Il avait profité de son séjour pour adhérer (pendant quelques semaines) au parti communiste britannique... ce qui lui valut de se voir refuser un visa d'entrée aux États-Unis dans les années 50. Il se mit à boire comme tout « gentleman » qui se respecte et rencontra Evelyn Waugh, athée comme lui à cette époque de sa vie, avec qui il resta toujours lié. Il continua à écrire pour le théâtre et, en 1925, publia son premier livre, recueil de poésies intitulé *Avril babillard* [*Babbling April*]. En 1926, il se convertit au catholicisme pour épouser, l'année suivante, Vivien Dayrell-Browning — elle-même convertie deux ans plus tôt à l'âge de dix-sept ans — qu'il avait rencontrée chez le libraire oxfordien Blackwell's et qui lui donna deux enfants. Durant les dix ans qui suivirent sa conversion, Greene fut d'abord journaliste, puis rédacteur au *Times*. En 1929 parut son premier roman *L'Homme et lui-même* [*The Man Within*], bientôt suivi par *Orient Express* [*Stambul Train*, 1932] puis *C'est un champ de bataille* [*It's a Battlefield*, 1934] et *Mère Angleterre* (*) (1935) où chaque scène introduit une trahison et un décès avec déjà l'intégration essentielle de l'innocence et de la corruption si typique de son œuvre en général. En 1935, à la suite de déboires conjugaux, il entama une vie d'errance — qui n'est pas sans rapport avec celle de Waugh ou d'Orwell. D'une première incursion au Libéria naquit *Voyage sans cartes* [*Journey Without Maps*, 1936]. C'est à cette époque qu'une crise religieuse l'amena à faire la distinction dans sa production littéraire entre drame et mélodrame et à classer ses livres en « divertissement » et « fiction ». Critique de cinéma pour le *Spectator* (1935), rédacteur littéraire à *Night and Day* (1937), son activité ne faiblit jamais, ainsi qu'en attestent deux nouveaux romans, *Le Rocher de Brighton* (*) (1938) et *L'Agent secret* (*) (1939). L'année précédente, un voyage au Mexique lui avait permis d'enquêter sur les persécutions religieuses et fourni les sources de *La Puissance et la Gloire* (*) (1940). Il fit la guerre comme agent du Foreign Office et fut placé comme agent de renseignement en Sierra Leone. Désormais sa vie se passe sous le signe du déracinement. Ses déplacements incessants lui fournissent la matière et le décor de son œuvre, Sierra Leone et Nigeria pour *Le Fond du problème* (*) (1948), Malaisie et Indochine pour *Un Américain bien tranquille* (*) (1955), *Notre agent à La Havane* (*) (1958) dans l'île éponyme, tandis que *La Saison des pluies* (*) (1960) évoque un séjour dans une léproserie du Congo, *Les Comédiens* (*) (1966) Haïti, etc. Il continua à écrire au même rythme et avec la même maîtrise jusqu'au milieu des années 80. *Voyages avec ma tante* (*) (1969), *Le Consul honoraire* (*) (1973), *Le Facteur humain* (*) (1978), *Dr Fischer de Genève* (*) (1980) ponctuèrent une production où se mêlèrent d'autres genres : la biographie avec *La Dottoressa* [*The Memories of Dottoressa Moor of Capri*, 1975], l'autobiographie avec *Échappatoires* [*Ways of Escape*, 1980], etc. En tout Greene écrivit une trentaine de livres dont l'unité se retrouve dans les constantes de sa philosophie et de sa vie, la fuite, le déracinement qu'il revendique en toute conscience, la fracture, le doute, l'angoisse, l'espérance aussi qu'il met en scène dans un « Greeneland » typique de la déréliction de notre siècle. Romancier, nouvelliste, homme de théâtre, essayiste, engagé sur le plan politique et religieux, homme d'action et d'écriture,

Greene a aussi travaillé pour le cinéma, adaptant ses œuvres à l'écran, écrivant des scénarios dont ce grand classique du film noir *Le Troisième Homme* (*) (1950).

Graham Greene restera dans la mémoire collective comme l'homme du XXe siècle. Au carrefour de toutes les tendances, de tous les arts, de tous les événements politiques de son temps, il sut associer action et écriture pour communiquer l'expérience qu'il fit en première ligne de la déliquescence et de la déréliction d'une époque d'« incertitudes et de désespoir » sans cesser de croire en une infinie miséricorde divine susceptible de racheter le pécheur le plus misérable ou d'enrayer la chute la plus vertigineuse. Là se situent sans doute la grandeur et l'humanité d'un homme qui se place au niveau des plus grands. En 1967, il s'installa en France où il resta soit à Paris soit à Antibes, jusqu'à sa mort. Il reçut les plus grands honneurs, Hawthornden Prize pour *La Puissance et la Gloire* (1941), James Tait Black Memorial Prize pour *Le Fond du problème* (1949), Catholic Literary Award pour *La Fin d'une liaison* [*The End of the Affair,* 1952]. Il fut fait compagnon de l'ordre de l'Empire britannique en 1966 et chevalier de la Légion d'honneur en 1969.

ALAIN BLAYAC.

♦ *« J'ai toujours insisté sur le fait que je ne me considérais pas comme un écrivain catholique, mais comme un écrivain qui se trouve également être catholique. »* G. Greene. ♦ *« Je suis un homme de foi, mais aussi un homme de doute. Le doute* [...] *est la principale des qualités humaines. Je pense qu'un communiste doit avoir des doutes, tout comme nous, chrétiens, avons les nôtres. Et je crois que nous pouvons nous rapprocher d'une certaine manière à travers nos doutes. »* G. Greene. ♦ *« Le travail du conteur consiste à se faire l'avocat du diable, à susciter sympathie et une part de compréhension pour ceux qui se situent au-delà de l'approbation officielle. »* G. Greene. ♦ « [Greene] *a laissé entrevoir à tous, sans mièvrerie, l'amour de Dieu, dérisoire mais indispensable adoucissement d'une angoisse de vivre trop grande. »* M. F. Allain. ♦ *« Les nouvelles* [de Greene] *mettent l'accent sur la nature de la chute et de la corruption irrémédiable du monde* [...] *L'écrivain est une sorte d'âme damnée qui a assumé les péchés du monde. »* J. Bayley. ♦ *« Greene est fasciné par le monde de l'espionnage* [...] *par ces hommes d'action qui pour travailler à des causes qui leur semblent justes perdent la notion du bien et du mal. De la même façon il est tout à la fois fasciné et révulsé par le monde communiste, par l'histoire de ces hommes de foi que l'histoire a entraînés à construire une formidable machine totalitaire. »* P. Lepape.

RÉF. : G. R. Boardman, *Graham Greene, The Aesthetics of Exploration,* Gainesville, University of Florida Press, 1971. – M. F. Allain, *L'Autre et son double, Conversations avec Graham Greene,* Paris, 1981. – J. Adamson, *Graham Greene and Cinema,* Norman (Ok.), 1984. – G. Smith, *The Achievement of Graham Greene,* New York, 1986. – J. Meyers (ed.), *Graham Greene : A Revaluation,* Londres, 1990. – N. Sherry, *The Life of Graham Greene,* 2 vol., Londres, 1989-1993.

GREENE Robert. Poète dramatique et romancier anglais. Né à Norwich, probablement en 1558, mort à Londres le 3 septembre 1592. Il fit ses études au St. John's College de Cambridge, en qualité de « sizar » – les « sizars » recevaient des subsides en échange d'humbles services. En 1578, licencié ès lettres, il partit pour la France, l'Espagne, l'Italie (où il apprit, selon lui, tous les vices) et peut-être la Pologne et le Danemark. Revenu en Angleterre, probablement en 1580, il subit une courte crise de conscience qui ne l'empêcha nullement de reprendre peu après sa vie déréglée. Il retourna à Cambridge où, en 1583, il obtint le titre de magister Artium que l'université d'Oxford reconnut en 1588, si bien qu'il put arborer le titre de *Utriusque Academia in Artibus Magister.* Pendant ses dernières années de Cambridge, il avait épousé une jeune fille de bonne famille, qu'il abandonna peu après la naissance d'un enfant, pour aller s'établir à Londres. Il écrivit alors, en une douzaine d'années, outre une quarantaine d'œuvres variées dont des romans, des recueils de contes, des drames, des traductions, des poésies et des opuscules divers. Il fit partie des célèbres *University Wits,* initiateurs géniaux du drame élizabéthain, et se lia avec plusieurs d'entre eux : Watson, Nashe, Lodge, Kyd, Paele, Marlowe et Chettle. Envieux de la renommée naissante de Shakespeare, il l'attaqua dans la lettre qui termine son roman posthume *Deux liards d'esprit au prix d'un million de repentir* (*). Il mourut dans la misère, de cirrhose du foie, conséquence de sa syphilis et de son alcoolisme. Ses romans appartiennent à cinq genres ; certains relèvent du style euphuiste, tels que *Mamillia* (1583) et *Guidonius* ; d'autres, *Arbasto, Pandosto*, comportent un déroulement d'aventure imité des romans grecs ; d'autres encore comme *Ménaphon* sont d'inspiration pastorale, *Ciceronis Amor* et *Philomena* sont des histoires d'amour ; et enfin d'autres ont un caractère autobiographique et exploitent la parabole du fils prodigue : *Le Vêtement de deuil* [*The Mourning Garment*], *Il n'est jamais trop tard* [*Never too late*], *Les Chances de François* [*Franciscoes Fortune*] et le roman posthume déjà cité *Deux liards d'esprit.* Les contes de Greene sont toujours précédés d'introductions à la manière des *Ecatommiti* (+) de Giraldi Cinzio, qui illustrent des thèses diverses. Ses meilleurs drames sont : *Frère Bacon et frère Bungay* (*) dont on a récemment découvert une seconde partie publiée sous le titre de *Jehan de Bordeaux* [*John of Bordeaux*], et *Jacques IV* [*James IV*]. Parmi ses opuscules divers, les plus intéressants sont ceux qui se rapportent à la vie déréglée de Londres ; tel est le sujet également de la comédie écrite en collaboration avec Lodge, *Un miroir pour Londres et l'Angleterre* (*).

♦ *« On n'est pas très sûr qu'il ait eu, comme il le dit, pour premier objet de mettre en garde les innocents contre les pratiques des coquins, ni que ses lecteurs n'aient pas plutôt été attirés vers ses révélations par le désir malsain de connaître l'enfer londonien que par celui de recevoir des leçons de prudence. Il est certain que Green prend goût à conter les mauvais tours.* » E. Legouis.

RÉF. : J. C. Jordan, *Robert Greene*, Columbia, 1909. – René Pruvost, *Robert Greene et ses romans*, 1938. – J. S. Dean, *R. Greene, A Reference Guide*, Boston 1984.

GRÉGOIRE de Narek. Poète arménien. Né en 951 au sud du lac de Van, dans le royaume du Vasbourakan, mort en 1003 au couvent de Narek, dans la même région. Grégoire de Narek est considéré comme l'un des grands poètes mystiques de la chrétienté, et il est surtout connu par son grand œuvre, le *Livre des lamentations* (*). Il tire son nom du couvent qui a été le cadre de toute sa vie, et aussi le meilleur centre d'études de son siècle. Le supérieur de celui-ci, Anania de Narek, était son grand-oncle. Grégoire a suivi son enseignement, il s'est imprégné de littérature philosophique et religieuse, en grec et en arménien. Il a dû connaître les écrits d'Éphrem le Syrien, l'un des grands représentants de la mystique orientale. Au Xe siècle, l'agitation sociale dans les royaumes arméniens des Bagratides et des Artsrouni se traduisait par le mouvement hérétique des T'ondrakétsi, proche sous certains aspects de celui des Bogomiles bulgares. Anania et Grégoire ont été soupçonnés d'appartenir à ce mouvement, soumis à une violente répression.

Outre son *Livre des lamentations*, Grégoire a écrit un commentaire du *Cantique des cantiques* (*), des odes, des poèmes à la Vierge Marie, des cantiques, dans lesquels on remarque souvent une grande sensibilité à la beauté terrestre. Mais la renommée de Grégoire s'est répandue dans toutes les couches de la population du fait de son grand poème lyrique, le *Livre des lamentations*. La légende s'est emparée très tôt de sa figure, qui est devenue le centre de nombreux récits populaires, et son livre s'est transformé en un objet de croyance, vénéré en tant que tel.

MARC NICHANIAN.

GRÉGOIRE de Nazianze, saint (appelé parfois le Théologien). Théologien et poète grec. Né dans le domaine que possédait sa famille à Arianze, près de Nazianze, en Cappadoce (Asie Mineure) vers 329 ou 330 ; mort au même endroit vers 390. Grégoire fit ses premières études à l'école de Césarée de Cappadoce, école qui avait été fondée par Origène après sa fuite d'Alexandrie. Il s'y lia d'une amitié étroite avec Basile de Césarée, le futur saint Basile le Grand, qui avait à peu près le même âge que lui. Malgré les différences de leurs tempéraments – Basile était tourné vers l'action, Grégoire vers la méditation –, cette amitié ne devait jamais se démentir jusqu'à la mort de Basile. Il semble qu'ensuite Grégoire alla perfectionner son éducation en Palestine et à Alexandrie d'Égypte. Les deux jeunes gens se retrouvèrent à Athènes où ils suivirent ensemble les cours du grammairien Himérios et du rhéteur Libanios. Basile rentra en Orient en 359. Il semble que Grégoire ait prolongé son séjour et ait pendant quelque temps enseigné l'éloquence à Athènes. Il avait une trentaine d'années lorsqu'il retourna en Cappadoce. C'est seulement à ce moment-là, vers 367 probablement, que Grégoire reçut le baptême. Il voulait alors vivre dans la retraite, mais, sur les instances de son père, évêque de Nazianze, il fut ordonné prêtre et peu après sacré évêque de Sasima, petite ville de Cappadoce, par Basile qui était devenu entre-temps évêque de Césarée (371). Nommé ensuite coadjuteur de son père, il lui succéda en 374 comme évêque de Nazianze. Mais c'est malgré lui que Grégoire occupait de si hautes fonctions ; un an après, en 375, il quittait Nazianze et se retirait dans la solitude à Séleucie d'Isaurie. C'est à cette époque qu'il écrivit le *Discours théologique (II)* (*), *Apologie pour sa fuite dans le pont*, où, justifiant son départ, il traçait le portrait du prêtre idéal. Mais, en 379, à la mort de Basile de Césarée, Grégoire fut appelé à Constantinople afin d'y combattre les Ariens. Sa renommée était déjà grande dans l'Orient chrétien ; non seulement les œuvres qu'il avait déjà publiées, dont les deux *Discours* (IV et V) *de flétrissure contre l'empereur Julien*, l'*Éloge funèbre d'Athanase d'Alexandrie* (373), celui de *saint Basile*, mais son action pratique – il avait converti un grand nombre d'Ariens – avaient mis en lumière cette figure très pure et très désintéressée. À Constantinople, Grégoire se dévoua à la polémique contre les redoutables adversaires de l'orthodoxie, c'est alors qu'il prononça les célèbres *Discours* (XXVII à XXXI) qui contiennent un exposé du dogme de la Trinité dirigé en particulier contre les partisans d'Eunome. Cet exposé devait fixer définitivement la doctrine de l'Église sur ce point délicat du dogme. C'est dans un de ces sermons que Grégoire emploiera pour la première fois la formule reprise plus tard par Jean Damascène, qui compare Dieu à « un océan de réalité infinie et sans limites, entièrement affranchie de la nature et du temps ». L'année suivante, Grégoire fut désigné par l'empereur Théodose pour occuper le siège de Constantinople, un concile œcuménique confirma cette nomination, mais l'élection fut contestée par les évêques d'Égypte qui soutenaient la candidature de Maxime le Cynique, candidat de Pierre d'Alexandrie. Grégoire se démit immédiatement de ses fonctions et rentra à Nazianze, désireux de vivre désormais à l'écart des agitations politiques et théologiques. Il composa en quittant Constantinople un *Discours d'adieu* qui compte parmi ses plus beaux. Retiré dans son domaine d'Azianze, Grégoire y écrivit un grand nombre de poésies dont les plus remarquables sont autobiographiques, *Sur ma vie, Sur les vicissitudes de ma propre vie*, qui fut traduit en français par Lefranc de Pompignan, *Lamentation sur les malheurs de mon âme* — v. *Poèmes de Grégoire de Nazianze* (*).

Personnage méditatif, nature sensible et délicate, repliée sur elle-même, esprit fin et subtil, Grégoire de Nazianze a joué, malgré lui, un rôle de premier plan dans le siècle. Défenseur convaincu et efficace de l'orthodoxie telle qu'elle avait été définie au concile de Nicée, il a beaucoup contribué à l'élargir et à la fortifier, au point que ses prises de position — en particulier en ce qui concerne le dogme de la Trinité — sont devenues celles de l'Église même. Pour la défense de ses idées, il disposait de dons réels ; son éloquence vibrante, sonore et d'une très grande correction dans la forme, le charme certain de sa poésie — qui demeure toujours proche du discours —, une imagination gracieuse et en même temps pleine de rigueur, son humilité et son amour du prochain ont valu à ses œuvres un succès durable tant dans le monde byzantin que dans l'Occident médiéval.

JACQUES BROSSE.

♦ *« La plupart de ses poésies sont des méditations religieuses, qui, malgré la différence des génies et des temps, ont plus d'une affinité avec les rêveries de l'imagination poétique de nos jours de satiété sceptique et de progrès social. »* Villemain. ♦ *« Grégoire est profondément chrétien [...] sa pensée et sa vie ont toujours été dirigées par sa foi. Mais il gardait, enracinés au cœur, l'amour antique, l'amour hellénique des lettres, l'amour de la poésie et de la rhétorique. Il n'a jamais pensé à y renoncer. »* A. Puech. ♦ *« Toutes ces notions, aujourd'hui familières à qui connaît tant soit peu la théologie naturelle d'un auteur chrétien quelconque, étaient ici rassemblées et formulées pour la première fois dans une langue élégante en termes accessibles à tous. »* E. Gilson.

RÉF. : R. Gottwald, *De Gregorio Nazianzeno, Platonico*, Breslau, 1906. — H. Pinault, *Le Platonisme de saint Grégoire de Nazianze*, Paris, 1926. — I. Coman, *Geniul Sfântalui, Grigorie din Nazianz*, Bucarest, 1937. — P. Gallay, *La Vie de saint Grégoire de Nazianze*, Lyon, 1943. — J. Plagnieux, *Saint Grégoire de Nazianze, théologien*, Paris, 1952.

GRÉGOIRE de Nysse, saint. Docteur de l'Église d'Orient. Né à Césarée de Cappadoce vers 335, mort à Nysse (Cappadoce) vers 394. Avec son frère Basile le Grand et saint Grégoire de Nazianze (et, comme eux, éminent théologien), il forme — mais avec un moindre éclat — la triade des « sommités de la Cappadoce ». Après avoir été « lecteur » (un des premiers degrés de la hiérarchie ecclésiastique), Grégoire se maria, le regretta et, après la mort de sa femme, se retira dans un monastère qu'il dut bientôt quitter pour servir plus activement l'Église. Son frère aîné, bien qu'il n'eût pas une confiance extrême dans le sens pratique de Grégoire et le traitât d'un peu haut, s'empressa néanmoins de l'utiliser. En vérité, Grégoire de Nysse ne fut pas un médiateur heureux, tout au moins lorsqu'il fut chargé de réconcilier Basile avec Grégoire de Nazianze, contraint d'accepter la nomination d'un évêque imposé par son ami. En 371, Basile fit élire son frère évêque de Nysse, petit pays de la Cappadoce orientale. Grégoire rendit à l'Église des services de premier ordre, comme ferme défenseur de l'orthodoxie contre les Ariens. Il fut d'ailleurs victime de leurs calomnies lorsque, l'ayant accusé de dilapidation, ils le firent déposer par un synode réuni à Nysse. Grégoire s'enfuit, mais, après la mort de l'empereur Valens, protecteur de l'arianisme, regagna son diocèse où les fidèles lui firent un accueil triomphal. On doit à Grégoire de Nysse de nombreux écrits inspirés par le dogme, l'exégèse ou la polémique — *Contre Eunome, contre Apollinaire* (+) — et des ouvrages de doctrine — *Livre sur l'Hexaméron, De la création de l'homme* (*), *Discours catéchistique* (*), *Discours théologique* (*), *Sur la vie de Moïse* (*), *Lettres* (*) — qui font de lui l'un des interprètes les plus qualifiés de l'orthodoxie en un temps où la Trinité était l'objet de discussions particulièrement ardentes. Grégoire fut même chargé de missions délicates auprès des évêques d'Arabie et de Palestine. À son retour du synode d'Antioche, en 379, après huit ans d'absence, Grégoire trouva presque mourante sa sœur très aimée, Macrine, qui lui avait servi de mère, et c'est à son chevet qu'il composa le dialogue *De l'âme et de la résurrection* (*), sorte de *Phédon* (*) chrétien où la vie de la pieuse femme est racontée avec une émouvante candeur.

♦ *« Aucun rhéteur n'a une phrase aussi brillante, aussi douce à l'oreille. »* Photius. ♦ *« Rarement l'esprit néo-platonicien et l'esprit chrétien se sont associés en une plus complète et plus heureuse fusion que dans cette forte et pure intelligence. »* Pierre de Labriolle.

RÉF. : J. Daniélou, *Platonisme et Théologie mystique. Essai sur la doctrine spirituelle de Grégoire de Nysse*, Paris, 1954.

GRÉGOIRE de Tours (Georgius Florentinus Gregorius). Historien français, écrivant en latin. Georgius Florentinus (il ne prit que plus tard le nom de Gregorius) est né le 20 novembre 538 à Clermont en Auvergne (Clermont-Ferrand) et mort en 594. Nous ne saurions que bien peu de choses de l'histoire des Mérovingiens, moins encore des mœurs et de la mentalité de leur époque, si nous ne possédions l'*Histoire des Francs* (*) de Grégoire, évêque de Tours ; et ce d'autant plus que Grégoire, en tant que chroniqueur, est un phénomène isolé ; ses devanciers, Renatus Frigeridus et Sulpicius Alexander, dont il parle, sont pour nous des inconnus ; les continuateurs de son œuvre, Frédégaire par exemple, sont loin d'avoir son talent de narrateur et sa relative exactitude. En tant qu'homme d'Église, il semble, au contraire, constituer le type même du saint évêque, type beaucoup plus répandu qu'on ne le pourrait croire dans cette confuse barbarie, un de ces hommes forts de l'Église et de la chrétienté qu'ils représentent, et capables de tenir tête, non sans danger, aux puissants de ce monde. Issu par son père de la noblesse d'une bonne famille bourguignonne, il comptait plusieurs saints évêques parmi ses proches, saint Nizier, évêque de Lyon, saint Grégoire, évêque de Langres. Un de ses oncles, Gallus, était, pendant son enfance, évêque de Clermont ; ce fut lui qui, avec la mère de Georgius Florentinus, pourvut à l'éducation du jeune garçon. À sa mort, le nouvel évêque, Avitus, lui succéda dans ce rôle de tuteur. Destiné dès l'enfance au sacerdoce, Georgius Florentinus fut ordonné diacre en 563 et alla se fixer auprès de son parent éloigné, Euphronius, alors évêque de Tours. En 573, après la mort de l'évêque, c'est lui qui monte à son tour sur le trône épiscopal dans la vénérable basilique de Saint-Martin qu'Euphronius avait fait rebâtir. Dès lors, le jeune évêque (il a trente-cinq ans) se fait le défenseur, tantôt souple, tantôt intransigeant, mais toujours décidé, des droits de l'Église. Sans doute est-ce en tremblant, et il ne nous le cache pas, qu'il résiste à Chilpéric rendu terrible par l'appétit de vengeance de Frédégonde, lorsque celui-ci exige qu'il lui livre son fils, Mérovée, réfugié près du tombeau de saint Martin, mais le droit d'asile est respecté, ou quand, seul au concile de Paris, il ose prendre la défense de l'évêque Prétextat et regroupe l'opposition des évêques contre les volontés du roi, mais le roi cède, malgré sa colère. C'est un rôle de conciliateur qu'il joue entre les rois qui se partagent la Gaule et envahissent mutuellement leurs États.

Fort heureusement pour nous, Grégoire de Tours n'est pas entièrement absorbé par son activité politique et les nombreux voyages qu'il doit faire à la cour itinérante des souverains, non plus que par sa charge épiscopale dont il s'acquitte d'ailleurs fort bien, se faisant aimer de ses ouailles, comme des pèlerins et des réfugiés qui viennent chercher quelque réconfort auprès du patron de la Gaule, saint Martin. Bien qu'il se sache, et se dise lui-même, fort ignorant et médiocre latiniste, Grégoire de Tours a le respect du texte écrit et il écrit beaucoup, des traités d'exégèse, de dogmatique et de liturgie, sept *Livres des miracles* (*), un *Traité sur les psaumes*, les *Offices de Sidoine Apollinaire* (aujourd'hui perdus) mais surtout des œuvres hagiographiques tellement en faveur de son temps : *Vies des Pères de l'Église* [*Vitae patrum*], *De la gloire des martyrs* [*De gloria martyrum*], *Sur les vertus des confesseurs* [*De virtutibus confessorum*], *Sur les vertus de saint Julien* [*De virtutibus sancti Juliani*], *Sur les vertus de saint Martin* [*De virtutibus sancti Martini*], *Les Miracles de saint André.* Toutes ces œuvres ont un intérêt certain, la plupart d'entre elles contiennent des renseignements historiques précieux. Les dernières années de sa vie, l'évêque de Tours les consacre à la rédaction de l'*Histoire des Francs*, appelée aussi *Histoire ecclésiastique des Francs*, qu'il semble avoir commencée vers 575-576 et achevée en 592, certains passages ont même pu être datés de l'année même de sa mort (594). Il est parfaitement conscient de l'importance de la tâche qu'il se propose et que lui seul pouvait mener à bien : « Les villes de la Gaule ont laissé l'étude des Lettres décliner, ou plutôt périr... On ne pouvait trouver personne qui, en grammairien versé dans la dialectique, fût capable de raconter les événements soit en prose, soit en vers. La plupart le déploraient et disaient : Malheur à notre temps, car l'étude des Lettres a péri parmi nous. » Et le latin même de Grégoire, moins doué que son contemporain Fortunat, est la preuve de la véracité de ses dires. Mais on lui pardonne son style pour l'intérêt de sa relation à laquelle Augustin Thierry a emprunté le meilleur de ses *Récits des temps mérovingiens* (*).

JACQUES BROSSE.

♦ *« Son esprit observateur, son goût de la narration l'ont fait surnommer l'Hérodote français. »* J. Calmette. ♦ *« Il n'a rien d'un artiste au sens moderne du terme. Il sait les lacunes de son instruction classique, et même il aurait honte d'écrire bien, puisque, dans les idées du temps, ce serait orner son style de dépouilles empruntées à la mythologie païenne, qui lui inspire crainte et dégoût. »* F. Lot.

RÉF. : Loebell, *Gregor von Tours und seine Zeit*, 1839. – G. Monod, *Études critiques sur les sources de l'histoire mérovingienne*, 1872. – M. Bonnet, *Le Latin de Grégoire de Tours*, Paris, 1890. – S. Hellmann, *Gregor von Tours*, 1911. – L. Halphen, *Grégoire de Tours, historien de Clovis.* – G. Kurth, *Grégoire de Tours et les études classiques* in *Études franques.* – P. de Labriolle, *Histoire de la littérature latine chrétienne*, Paris, 1920 ; 3e éd., 1947. – Grégoire de Tours, *Calamités et miracles*, Paris, 1978.

GRÉGOIRE le Grand, saint. Né vers 535 à Rome où il mourut en mars 604. Issu d'une noble famille de sénateurs, destiné à la carrière politique, il remplit, encore très jeune (573), la charge de « praefectus urbi ». Ému par la misère profonde qui régnait à Rome et en Italie, frappé par la vanité des choses terrestres, à la mort de son père il consacra son patrimoine à des œuvres charitables et religieuses. Il fonda six monastères sur ses terres de Sicile et un dans son palais du Celius qu'il plaça sous l'invocation de saint André et où il prit l'habit bénédictin. Toutefois sa personnalité, sa pratique de la chose publique faisaient de lui un homme précieux en cette époque troublée, et Benoît Ier l'arracha à sa solitude pour le nommer « diaconus regionarius » en 577 ; l'année suivante, Pélage II l'envoya comme légat à Constantinople où il resta de 579 à 585. Il fut élu pape à l'unanimité le 3 septembre 590. Son pontificat fut troublé par la peste, l'invasion lombarde, le siège de Rome, le schisme des Trois Chapitres, les luttes contre Byzance. Il dut non seulement faire face à ces difficultés, mais il s'attaqua également à résoudre d'autres problèmes : pacification de la péninsule, unification de l'Occident par l'évangélisation et la reprise de contact avec les peuples déjà convertis. Se substituant ainsi à l'autorité impériale défaillante, il organisa la défense de l'Italie centrale, de Rome et de Naples. Il établit entre autres des relations étroites avec le roi de France et l'épiscopat français. Il possédait une sensibilité très vive et sut admirablement concilier ses exigences mystiques de moine avec un respect et une sympathie profonde pour l'humanité souffrante. Son œuvre littéraire claire, simple et souvent éloquente constitue le commentaire le plus lumineux de son pontificat. Il faut citer : les *Lettres* (*), où il s'adresse aux puissants, *Le Pastoral* (*), où il se préoccupe de la formation des prêtres, les *Homélies* (*), sur l'Évangile et sur Ezéchiel, les *Dialogues* (*), les *Morales sur Job* (*). Si son activité politique fut importante, son œuvre littéraire demeura jusqu'à la fin du XIIe siècle une source de méditation et de lumière spirituelle pour tout l'Occident. On lui attribue également l'*Antiphonaire grégorien* (*).

GRÉGORAS Nicéphore. Savant, polygraphe et historien byzantin. Né à Héraclée du Pont vers 1295, mort à Constantinople vers 1361. Après avoir fait d'excellentes études de théologie et de rhétorique, il fut introduit à la Cour où il acquit la bienveillance de l'empereur Andronic II Paléologue. Ses études astronomiques le conduisirent, en 1325, à présenter à l'empereur un mémoire pour la réforme du calendrier qui remédiait au désaccord qu'il avait constaté entre le calendrier julien et l'équinoxe de printemps. Étant l'ami de l'empereur Andronic, il fut dépossédé de tous ses biens quand ce dernier fut déposé, mais il évita l'exil en se retirant pour se consacrer exclusivement à ses études. Il sortit de cette retraite pour attaquer dans un écrit satirique, le *Florentius* [Φλωρέντιος ἤ περί δοφίας], le moine calabrais Barlaam de Seminara, dans lequel lui et les autres professeurs du monastère de Chora voyaient un dangereux rival. Avant reconquis la faveur impériale, il fut réintégré dans l'enseignement. Sous Jean Cantacuzène, il prit part à la querelle des hésychastes. Tombé à nouveau en disgrâce, il fut emprisonné dans le monastère de Chora. Parmi ses nombreux ouvrages de philosophie, de théologie et d'astronomie se distinguent les trente-sept livres de l'*Histoire byzantine* (*) qui va de 1204 à 1359 et l'*Histoire des empereurs Michel et Andronic* (+). Il a de plus laissé des *Lettres* (*) précieuses par la connaissance de son époque.

RÉF. : R. Guilland, *Essai sur Nicéphore Grégoras*, 1926.

GREGOR-TAJOVSKÝ Jozef. Écrivain slovaque. Né à Tajov, près de Banská Bystrica (Slovaquie) le 18 octobre 1874, mort à Bratislava le 20 mai 1940. Il étudia à Banská Bystrica, à Kláštor, puis à Znievom et à Prague, et fut ensuite employé de banque à Trnava, à Turčiansky Sv. Martin et à Prešov. Durant la Première Guerre mondiale, Tajovský, mobilisé par les Austro-Hongrois et envoyé sur le front de Galicie, se rendit aux Russes, entra dans les légions tchécoslovaques qui combattaient contre l'empire autrichien et collabora en Russie à des journaux rédigés par les patriotes de son pays. À la fin des hostilités, il revint en Tchécoslovaquie avec le grade de capitaine et s'établit à Bratislava. À la différence des autres écrivains slovaques qui avaient représenté le monde rural sous un jour idyllique et de façon superficielle, Tajovský décrit la vie des champs dans sa brutale réalité, dans ses épisodes de chaque jour. Il critique le fatalisme et l'indifférence de certains milieux prolétariens, met en relief les contrastes entre les classes, soulignant les injustices sociales (*Mamma Pôstková*). Ses croquis, récits et ébauches, qui ont souvent une valeur documentaire, révèlent un naturalisme plein d'amertume et très près de la terre. Plus sombre encore est son œuvre théâtrale dont l'action, également, se déroule dans des villages slovaques. Parmi ses drames, citons notamment : *Les Promesses* [*Sl'uby,* 1898], *La Loi des femmes* [*Žensky zákon,* 1901], *La Mère* [*Matka,* 1911], *Le Péché* [*Hriech,* 1911], *Ténèbre* [*Tma,* 1912] et *La Mort de Durko Langsfeld* (*).

GREGORY Horace. Poète, traducteur et critique américain. Né le 10 avril 1898 à Milwaukee (Wisconsin), mort le 11 mars 1982 à Shelburne Falls (Missouri). Après des études à l'université du Wisconsin, il publie un premier volume de poèmes, *Chambres à louer à Chelsea* (+) (1930), puis un second, *Retraite coupée* (+) (1933) et un troisième, *Chœurs pour notre survie* (*) (1935). Cependant, à partir de 1934 et jusqu'en 1960, il enseigne les classiques et la poésie moderne au Sarah Lawrence College, Bronxville (New York), et il publie des ouvrages critiques : une étude sur D. H. Lawrence intitulée *Le Pèlerin de l'Apocalypse* [*The Pilgrim of the Apocalypse,* 1933] ; des essais sur l'art et la poésie, *Le Bouclier d'Achille* [*The Shield of Achilles,* 1944] ; un portrait de la poétesse *Amy Lowell* (1958) ; une biographie du peintre *James McNeill Whistler* (1959) et un recueil d'essais intitulé *Les Gladiateurs mourants* [*The Dying Gladiators,* 1961]. Avec sa femme, la poétesse d'origine russe Marya Zaturenska, il a aussi écrit une *Histoire de la poésie américaine* [*History of American Poetry, 1900-1940,* 1946]. Mais c'est surtout en tant qu'excellent traducteur des *Odes* de Catulle (1931) et des *Métamorphoses* (*) d'Ovide (1958) que Gregory est connu.

GREGORY Lady Isabella Augusta (née Persse). Écrivain irlandais. Née le 5 mars 1852 à Roxborough House (comté de Galway), et morte le 22 mai 1932 à Coole. Élevée dans une famille de tendance nationaliste, elle reçoit une éducation privée. En 1881, elle épouse sir William Gregory, qui la laisse veuve à trente-neuf ans, en 1892. En 1894, elle apprend le gaélique, et projette en 1897 avec Yeats, qu'elle a rencontré un an plus tôt, de fonder un « Théâtre national irlandais ». Elle consacrera désormais toute sa vie à la cause de la culture irlandaise, et son domaine de Coole deviendra le lieu de réunion des personnalités littéraires les plus marquantes de l'époque. Directrice de l'Abbaye Theatre avec Synge et Yeats, elle déploie une intense activité littéraire : collecte du matériau folklorique, traduction, écriture de toute une série d'ouvrages sur la culture populaire et les légendes irlandaises : *Cuchulain de Muirthemme* (1902) – voir *Deirdre* (*) –, *Poètes et Rêveurs* [*Poets and Dreamers,* 1903], *Dieux et hommes en lutte* [*Gods and fighting Men,* 1904], *Le Livre des saints et des miracles* [*A Book of Saints and Wonders,* 1904], *Notre théâtre irlandais* [*Our Irish Theatre,* 1913], *Visions et croyances à l'ouest de l'Irlande* [*Visions and Beliefs in the West of Ireland,* 1915] ; ainsi que d'une importante œuvre théâtrale : *Sept pièces brèves* (1909) – v. *Comédies brèves* (*) –, *Pièces populaires et historiques irlandaises* [*Irish folk-history Plays,* 1912], inspirées par la mythologie celtique, et un Journal, *Lady Gregory's Journals, 1916-1930* (publ. posth. 1946).

RÉF. : E. Coxhead, *Lady Gregory : A Literary Portrait,* Londres, 1966. – A. Saddlemyer, *In Defence of lady Gregory, Playwright,* Dublin, 1966. – E. H. Mikhail (ed.), *Lady Gregory, Interviews and Recollections,* Londres, 1977. – M. Dalmasso, *Lady Gregory et la Renaissance irlandaise,* Aix-en-Provence, 1982.

GREIFF León de. Poète colombien. Né à Medellín le 22 juillet 1895, d'ascendance espagnole et scandinave, mort à Bogotá en 1976. En 1915, il dirige une revue d'avant-garde, *Panidas*, et est un peu considéré comme l'enfant terrible des lettres colombiennes. En 1948, il devient directeur du service d'« extension culturelle » de Colombie. Greiff est un poète qui ouvre résolument l'âge de la poésie moderne dans son pays. Son œuvre est difficile, souvent hermétique et irritante, d'un symbolisme trop abstrus. *Tergiversations* (*) (1925), *Le Livre des signes* (+) (1930), *Variations autour de rien* (+) (1936), *Fatras* (+) (1955), recueillis dans les *Œuvres complètes* éditées en 1960, témoignent d'un esprit introverti, sarcastique, imaginatif, qui se plaît aux jeux sonores, aux répétitions, aux archaïsmes, aux onomatopées, aux néologismes, et choisit des thèmes poétiques souvent déroutants pour le lecteur colombien : légendes étrangères, réminiscences d'auteurs bizarres et inconnus, description de lointains paysages scandinaves. Le poète change fréquemment de ton et de rythme, se plaît à choquer, à repousser, à dérouter. Les influences étrangères – comme le symbolisme, Baudelaire, Rimbaud, Verlaine et Mallarmé – ne sont pas toujours maîtrisées.

♦ *« C'est l'un des grands poètes américains d'aujourd'hui. Son prodigieux sens musical, son ironie subtile – dirigée avant tout contre lui-même –, son humour sous-jacent, souriant, unique en son genre, qui a inventé un vocabulaire personnel pour s'exprimer avec une étonnante richesse – en créant des mots et des tournures, en en ressuscitant d'autres des époques classiques –, tout cela fait de lui un des phénomènes les plus intéressants de notre poésie. »* Andrés Holguín.

GRENIER Jean. Écrivain français. Né à Paris en 1898, mort à Dreux-Vernouillet (Eure-et-Loir) le 5 mars 1971. S'il naquit à Paris, il n'en est pas moins breton, attendu que ses parents l'étaient et qu'il fut élevé en Bretagne à partir de l'âge de deux ans. Il fit ses premières études à Saint-Brieuc et c'est là qu'il se lia d'amitié avec Louis Guilloux. Il devait écrire, sous une forme légèrement romancée, ses « souvenirs d'enfance et de jeunesse » : ce sont *Les Grèves* (*) (1957). Au bord des côtes bretonnes et d'une mer perpétuellement en mouvement, symbole pour lui de l'indétermination, il rêvait des pays méditerranéens où le soleil donne à toute chose des contours précis, symbole de l'exactitude. Étudiant en philosophie, il est reçu à l'École normale supérieure. Il obtient l'agrégation en 1922. Il enseigne d'abord au lycée Michelet, puis à Albi. Dès 1924, il obtient un poste en Italie, à l'Institut français de Naples. Il utilisera les souvenirs de ce séjour dans un roman tardif, *Voir Naples*, qu'il laissera inachevé (posth. 1973). Parmi les visiteurs, auxquels il eut la joie de faire admirer la ville et la région, figure Max Jacob. De l'Italie, Grenier passa sur le continent africain. C'est à Alger qu'il compta parmi ses élèves Albert Camus, qui devait lui vouer toujours les plus vives admiration et reconnaissance. Grenier venait, de publier *Les Îles* (*) (1932), livre de poète plus que de philosophe, et où s'opposent le goût du monde et le dérisoire de l'existence. En 1939, Grenier rentre en France. Il y passera les années d'Occupation. En 1945, toujours attiré par la Méditerranée, il demande à être envoyé en Égypte. Il enseignera à Alexandrie, puis au Caire. Il est nommé ensuite à la faculté des lettres de Lille. Il terminera sa carrière universitaire à la Sorbonne où il occupera la chaire d'esthétique. Cependant, en dépit des titres dont il aurait pu s'enorgueillir et des postes qu'il occupa, il ne ressemblait en rien à un professeur, en ce sens qu'il ne cherchait nullement à faire partager ses certitudes, mais simplement à communiquer sa curiosité et à éveiller les esprits. Son hostilité à tout enrégimentement s'est manifestée dans son célèbre *Essai sur l'esprit d'orthodoxie* (*) (1938). Plus tard, il exprima ses doutes sur les vertus de l'action dans des essais philosophiques comme *Le Choix* (*) (1941) et dans les *Entretiens sur le bon usage de la liberté* (*) (1948). Il reviendra sur ce sujet dans *Absolu et Choix* (*) (1961). Cette préoccupation de l'absolu ne l'empêchait nullement d'être attentif à tout ce qui concerne l'humain et la vie quotidienne. Il faut lire *À propos de l'humain* (1955), *L'Existence malheureuse* (*) (1957), *La Vie quotidienne* (1968). Tous ces livres sont d'un sagace observateur et d'un poète qui cherche sa vérité dans les faits les plus humbles de son expérience personnelle : ils sont l'œuvre d'un écrivain au style souple qui restera comme un de nos derniers classiques. Il était ami des chiens et des chats, dont il a merveilleusement parlé (*Sur la mort d'un chien,* 1957). Il connaissait mieux que quiconque les peintres d'hier et d'aujourd'hui, ainsi que le prouvent divers essais, tel *L'Esprit de la peinture contemporaine* (*) (1951). Ses *Carnets 1944-1971* ont été publiés en 1991.

GRENIER Roger. Écrivain français. Né le 19 septembre 1919 à Caen. Il passe son enfance à Pau, puis continue ses études de lettres en gagnant sa vie comme maître d'internat. C'est en province sans doute qu'il a observé ces destins discrets qui vont peupler son œuvre. Il a vingt ans lorsqu'arrive la guerre. Il reste trois ans mobilisé, successivement dans l'infanterie coloniale, les zouaves et les éclaireurs skieurs. « Sans le grand bouleversement de ces années de guerre, je serais sans doute resté pion en province », dit-il. Mais en 1944, le jeune provincial est à Paris. Il fait partie du groupe qui s'empare de l'Hôtel de Ville pendant l'insurrection parisienne. Après la Libération, Camus l'engage à *Combat* où il travaille avec Pascal Pia. Il entre ensuite à la rédaction de *France-Soir*, puis en 1964 aux éditions Gallimard, où il fait désormais partie du célèbre comité de lecture. Il découvre et soutient de nombreux auteurs contemporains, et devient l'un des très grands connaisseurs actuels de la littérature.

La province, le journalisme, la guerre, la littérature, voici les expériences qui nourrissent une sensibilité très particulière, toujours reconnaissable, qui n'a cessé de s'affiner au cours d'une œuvre abondante. C'est le journaliste qui s'exprime d'abord en 1948 dans *Le Rôle d'accusé*, un essai paru chez Gallimard, puis dans *Les Monstres* (roman, 1953) puis à nouveau dans les nouvelles de *La Salle de rédaction* (1977). La guerre apparaît dans *Les Embuscades* (roman, 1958), dans *Avant une guerre* (roman, 1971), mais « l'appel de l'histoire y pèse toujours moins que celui de deux yeux gris, d'un regard perdu... » Après *La Voie romaine* (roman 1960), *Le Silence* (nouvelles, 1961), c'est dans *Le Palais d'hiver* (1965) que se déploie tout le talent de Roger Grenier pour raconter la province. On y suit la décadence douce amère d'une famille de bourgeois appauvris par la guerre de 14 et venue cacher sa ruine à Pau. *Ciné-roman* (*), situé à Pau lui aussi, obtient le prix Fémina 1972.

« Il y a des êtres, dès la première rencontre, je les reconnais comme s'ils étaient déjà des personnages de mes livres [...] Qui en voudrait ? Ils furent jeunes, la vie les a rejetés. Ils gardent, à travers les masques de la vieillesse ou de la déchéance, l'air du premier jour où leur respectabilité fut bafouée. Il leur en reste, jusqu'à la fin, une sorte d'étonnement. Je les trouve dignes pas tellement de pitié, mais d'amour. » Cette phrase, la première du *Palais d'hiver*, pourrait servir d'exergue à toute l'œuvre. Avec une tendresse détachée, Roger Grenier accompagne ses personnages comme on accompagne ceux qui sont promis au déclin et à la mort.

Sans jamais hausser le ton, à sa manière précise, mais absolument sans appel, il raconte la vie d'une foule de personnages qui tous pourraient appartenir à cette danse ancienne qui donne son titre à un roman de 1980, *La Follia*. Ceux-ci sont toujours fortement ancrés dans leur époque, de sorte que ses romans et nouvelles finissent par faire un portrait de la société française de notre siècle. Lorsque les Chinois, désireux enfin de faire connaître chez eux d'autres civilisations, chercheront des littératures exemplaires, c'est Roger Grenier qu'ils traduiront.

Dans *Un air de famille* (1979), à partir d'une ville d'eau et de sa légende, le récit se met à sinuer à travers lieux et personnages au gré de subtiles ressemblances. Le même « glissando » musical unit dans *La Fiancée de Fragonard* (1982) une cartomancienne, un soldat au triste Noël, un impie bien puni, une star sur l'éternel retour, et culmine avec les anatomies macabres de Fragonard, le cousin germain du peintre. *Il te faudra quitter Florence* (1985) explore le Paris des années 50 où vivent d'inattendus personnages d'exilés. *Le Pierrot noir* (nom d'une loterie foraine d'autrefois) met en scène un gros enfant riche qui gâchera sa vie par étourderie. *La Mare d'Auteuil* (1988) raconte quatre destins où la vie n'échappe pas à la littérature, dont celui d'une jeune femme d'aujourd'hui qui vit dans le pays de Mme Bovary. *Partita* (1991) nous ramène dans le Béarn, où un pianiste fait le bilan de sa vie : « ...La succession des événements devrait donner son legato, son sens à la vie. Mais il arrive un moment où tous les épisodes se détachent les uns des autres, comme un collier au fil rompu, et l'on comprend qu'on n'a pas eu de vie, pas de passé, pas d'histoire. »

Parmi les essais de Roger Grenier, citons *Albert Camus soleil et ombre* (1987), *Brassai* (1987), *Villas anglaises à Pau*, en collaboration avec la photographe Anne Garde (1991) et surtout le merveilleux *Regardez la neige qui tombe* (1992), sur l'écrivain qui lui est peut-être le plus cher et le plus proche, Tchekhov, avec qui il accomplit ici une promenade toute personnelle, l'accompagnant d'une attention légère et savante, curieuse, pleine d'humour et finalement très perçante, comme il l'a fait avec tous les personnages de ses romans et nouvelles.

PIERRETTE FLEUTIAUX.

GRESSET Jean Baptiste Louis. Poète et littérateur français. Né à Amiens, où son père était échevin, le 29 août 1709, mort dans cette même ville le 16 juin 1777. Il fait des études chez les jésuites de sa ville natale et les termine à Paris, au collège Louis-le-Grand. Entré à seize ans au noviciat des jésuites, on l'envoie enseigner dans divers collèges de l'ordre, mais en 1733, à vingt-quatre ans, il compose un badinage en vers, *Ver-Vert* (*), qu'il se contente d'abord de répandre dans un cercle d'amis. Ce petit livre plaisantait en effet les mœurs des couvents ; mais *Ver-Vert*, imprimé à La Haye un an plus tard sans l'autorisation de l'auteur, connaît tout de suite un grand succès qui attire à Gresset l'animosité d'une supérieure de la Visitation, sœur d'un ministre. Celle-ci porte plainte contre lui. Gresset continue cependant à écrire des poésies légères et ironiques comme *Le Carême impromptu, Le Lutrin vivant, La Chartreuse* (*) (1733-35), bien accueillies, les dernières surtout, par les salons, mais suscitant le scandale des supérieurs de l'auteur qui, après plusieurs réprimandes, décident de le muter de Tours, où il enseigne les humanités, au collège de La Flèche. On demande enfin à Gresset de renoncer à entrer dans la Compagnie. Arrivé à Paris en 1735, il est chaleureusement reçu dans le monde et se marie. Après un essai malheureux dans la tragédie, qui convenait mal à son caractère insouciant, il prend une belle revanche dans la comédie avec *Le Méchant* (*) (1747) qui fait de lui un des auteurs les plus en vue. Frédéric II l'invitera plusieurs fois à venir en Prusse ; Gresset se contentera d'être nommé membre de l'Académie de Berlin. Un an après la représentation du *Méchant*, il est élu à l'Académie française, mais quitte bientôt Paris pour Amiens, où il fonde une société littéraire. À partir de ce moment, il revient à une piété fervente mais un peu bruyante, brûle plusieurs de ses manuscrits, rétracte ses ouvrages dans une lettre publique qui dénonçait la poésie comme un art dangereux. En récompense de ces bons sentiments, Louis XVI lui envoie des lettres de noblesse, et le comte de Provence, futur Louis XVIII, le fait nommer historiographe de l'ordre de Saint-Lazare.

♦ *« Doué du double privilège, / D'être au collège un bel esprit mondain, / Et dans le monde un homme de collège. »* Voltaire.

RÉF. : E. Vogüé, *Gresset*, 1894. – R. Finch, *The Sixth Sense*, Toronto, 1966. – S. Menant, *La Chute d'Icare*, Genève, 1981.

GRÉTRY André Ernest Modeste. Musicien belge. Né le 8 février 1741 à Liège, mort le 29 septembre 1813 à Montmorency. Son père, médiocre violoniste, le fit tout d'abord entrer à la maîtrise de la basilique de Saint-Denis. Il en fut renvoyé en 1752 parce qu'il n'y profitait guère de l'enseignement ; il poursuivit cependant ses études musicales à Liège sous la direction de bons maîtres, puis, ayant obtenu une bourse, il se rendit à Rome où il fut, pendant cinq années, l'élève de G. B. Casali. Doué d'une intelligence vive, mais incapable de se plier pendant longtemps à une discipline théorique et aux formes d'une docte syntaxe musicale, il ne tarda pas à abandonner le genre sacré, à l'étude duquel il s'était jusqu'alors consacré, pour se lancer dans l'opéra-comique. Après un bon début à Genève, il emporta son premier succès à Paris, en 1768, avec *Le Huron*, sur des paroles de Marmontel, suivi l'année suivante de *Lucile* et du *Tableau parlant*. Dès lors, il continua à composer d'autres opéras-comiques d'une veine assez facile dont les plus célèbres furent : *Zémire et Azor* (1771), *L'Amant jaloux* (1778) dont la sérénade devait demeurer célèbre, et *Richard Cœur de Lion* (*) (1784). En 1775, il fit une tentative sans lendemain dans le domaine de l'opéra avec *Céphale et Procris*. Il écrivit en tout cinquante-huit œuvres pour le théâtre, de la musique symphonique, religieuse, et de la musique de chambre. Sa renommée ne souffrit pas des graves événements politiques qui se succédèrent vers la fin du siècle. Grétry a également laissé un traité théorique où il expose sa méthode, l'*Essai sur la musique* (1789). Il avait acquis l'ermitage qu'avait habité J.-J. Rousseau à Montmorency ; c'est là qu'il mourut.

♦ *« La cour a dénigré tes chants, / Dont Paris a dit des merveilles. / Hélas, les oreilles des grands / Sont souvent de grandes oreilles. »* Voltaire. ♦ *« Il faisait de l'esprit et non de la musique. »* Méhul.

RÉF. : M. Brenet, *Grétry*, 1884. – Ch. Gheude, *A.-M. Grétry*, 1906. – Henry de Curzon, *Grétry*, Paris, 1907. – E. Closson, *A.-M. Grétry*, 1920. – Pauline Long, *La Jeunesse de Grétry et ses débuts à Paris*, 1920. – José Bruyr, *Grétry*, Paris, 1931. – Suzanne Clercx, *Grétry, 1741-1813*, Bruxelles, 1944. – Yves Lenoir, *Documents Grétry dans les collections de la Bibliothèque royale Albert Ier*, Bruxelles, 1989.

GRÉVIN Jacques. Médecin et poète français. Né à Clermont-en-Beauvaisis en 1538 ; mort à Turin à la fin de l'année 1570. On possède peu de documents sur sa vie. Étudiant en médecine à Paris en 1558, il écrit très tôt : une *Description du Beauvaisis* (1558), des poèmes de circonstance. Il fait jouer au collège de Beauvais *La Trésorière* (1558) et *Les Esbahis* (*) (1560). Épris sans doute de Nicole, la fille de l'imprimeur Charles Estienne, il publie un canzoniere, *Olympe* (1560). En 1561, il publie son *Théâtre*, augmenté d'une tragédie, *César* (qui reprend le thème traité par Muret), de la seconde partie d'*Olympe* et de sa *Gélodacrye*. Grévin était devenu protestant dès 1560, et en 1563 il attaque violemment Ronsard dans le *Temple de Ronsard* (paru à

Genève en 1563). Après des séjours à Londres puis à Anvers chez Plantin (il y publie un traité de toxicologie, un autre sur les venins, et traduit deux recueils d'emblèmes), Grévin gagne l'Italie et s'occupe alors surtout de médecine. Outre un traité d'anatomie (1564), il publie la traduction des *Histoires, disputes et discours des illusions et impostures des diables* (1567, augmentée en 1579), célèbre traité de Jean Wier. Il est alors à Turin au service de la duchesse Marguerite de Savoie, sœur de Henri II. Médecin renommé de son temps, Grévin est connu de nos jours pour l'aisance de ses vers (imités en partie de Ronsard), et surtout pour l'importance de son apport au théâtre : il est le premier à avoir publié une tragédie et une comédie françaises originales. Ses vers, exclusivement des alexandrins pour sa tragédie, sont vigoureux. Suivant les leçons d'Horace et d'Aristote, Grévin produit les premières pièces totalement coupées de la tradition du théâtre médiéval.

FRANÇOIS ROUDAUT.

RÉF. : L. Pinvert, *Jacques Grévin*, Paris, 1898. – M. Lazard, *La Comédie humaniste au XVIe siècle et ses personnages*, Paris, 1978.

GRIAULE Marcel. Ethnologue français. Né le 16 mai 1898 à Armançon (Côte-d'Or), mort à Paris le 23 février 1956. Élève du linguiste Marcel Cohen puis de Marcel Mauss, Griaule effectue sa première mission en Abyssinie en 1928. Outre des travaux linguistiques, il en ramène un récit de voyage romancé, *Les Flambeurs d'hommes* (1934), dont le titre évoque la mise à mort d'un régicide selon un supplice auquel l'auteur aurait assisté ; le livre reçut le prix Gringoire en 1935. En 1931, le Parlement, à l'initiative de Rivet, vote une loi spéciale organisant une mission qui rapportera au musée d'ethnographie du Trocadéro des collections bien identifiées et posera les jalons d'un programme à long terme d'enquêtes ethnographiques ; le chef en sera Marcel Griaule. Baptisée Dakar-Djibouti, la mission traversera le continent. Elle durera vingt-deux mois, ce sera la dernière grande expédition coloniale. En ont fait partie de bout en bout Michel Leiris qui en rapportera son journal de route – *L'Afrique fantôme* (*) – et, pour un temps, en Afrique de l'ouest le musicologue André Schaeffner, en Abyssinie Deborah Lifchitz, linguiste, et G.L. Roux, peintre. Le début de la mission voit le premier séjour de Griaule chez les Dogons du Mali où il retournera ensuite à de nombreuses reprises poursuivre une recherche en profondeur. Cette première phase aboutit à une thèse de doctorat consacrée aux *Masques dogons* et publiée en 1938, où sont minutieusement décrits, outre les masques eux-mêmes, des rituels aussi longs et compliqués que le « sigi », célébré tous les soixante ans et que les villages se transmettent selon un parcours immuable. La guerre interrompt les recherches sur le terrain. En 1943, Griaule est nommé professeur en Sorbonne, titulaire de la première chaire d'ethnologie générale dans l'université française. Il sera, après la Libération, conseiller de l'Union française. En 1946, il retourne au Mali et a alors avec un vieux chasseur dogon des entretiens qu'il publie en 1948 sous le titre de *Dieu d'eau* (*). Il constate que les informations recueillies jusque-là ne correspondent qu'à un savoir préliminaire. Ogotemmeli lui révèle une connaissance plus profonde, un système cosmologique d'une extraordinaire complexité où la création du monde et la métaphysique servent de modèle à toutes les activités sociales et intellectuelles. Griaule poursuit dans cette voie en collaboration étroite avec son élève, Germaine Dieterlen. Les révélations sont de plus en plus systématiques : selon Griaule, toute culture est un cryptogramme qu'il faut déchiffrer, les symboles sont les signes d'un langage secret accessible aux seuls initiés, les défenses culturelles doivent être abattues l'une après l'autre ; l'enquête est conçue comme une opération militaire dont le but exprès est d'atteindre la révélation de mystères et le déchiffrage des codes de l'adversaire.

Griaule meurt prématurément, laissant une œuvre importante mais inachevée. Germaine Dieterlen publiera en 1965 le premier tome du *Renard pâle* (le seul paru), somme mythologique des Dogons, qui reste une énigme dans la mesure où beaucoup de ses assertions demeurent sans écho sur le terrain.

DENISE PAULME.

GRIBOÉDOV Alexandre Serguéevitch [Aleksandr Sergeevič Griboedov]. Auteur dramatique russe. Né le 15 janvier 1795 à Moscou, mort assassiné le 11 février 1829 à Téhéran (Perse). Il fut un des caractères les plus originaux de son époque. Il fit ses études de droit et de philosophie, et pendant ses deux années de service militaire s'initia au journalisme et au théâtre. Sa première comédie : *Les Jeunes Mariés* [*Molodye suprugi*] date de 1815 ; ce ne fut d'ailleurs qu'une traduction de la pièce *Le Secret du ménage*. Elle fut suivie, en 1817, des *Étudiants* [*Studenty*]. Entré au ministère des Affaires étrangères, il séjourna, entre 1818 et 1825, en partie à Tiflis, en Géorgie, en partie en Russie. En Géorgie, il se lia d'amitié avec le célèbre général Ermolov, commandant de la région caucasienne, et dont il fut quelque temps le secrétaire. En 1822-23, il composa sa comédie *Le Malheur d'avoir trop d'esprit* (*), la seule qui ait une réelle valeur artistique. La censure refusa l'autorisation de la mettre en scène, et la première représentation de cette comédie n'aura lieu que le 14 décembre 1829. La présence de l'auteur à Moscou et à Pétersbourg lui avait permis de faire circuler le manuscrit de cette comédie qui, en conquérant le public, inaugurera le répertoire moderne. Griboédov repartit à la fin de 1825 pour rejoindre Ermolov au Caucase. Il n'y resta pas longtemps ; il fut rejoint par un courrier chargé de l'arrêter à la suite de l'insurrection du 14 décembre dans laquelle il semblait impliqué. En dépit des indices relevés contre lui, il fut rapidement libéré pour des raisons demeurées mystérieuses. Nommé à un poste supérieur, il repartit pour le Caucase, où il tomba en pleines hostilités contre la Perse. En tant que diplomate, il fut chargé de négocier la paix avec la Perse ; elle fut signée le 10 février 1828 à Turkmenčaj. Il fut aussitôt nommé ministre de Russie à Téhéran. En rejoignant son nouveau poste il s'arrêta à Tiflis pour épouser une jeune princesse géorgienne, Nina Tchavtchavadzé, puis il se rendit à Tabriz pour discuter quelques clauses du traité, importantes pour les Persans, car elles touchaient à des principes religieux ; mais n'étant pas parvenu à un accord, il poursuivit sa route vers Téhéran. Mal vu des Persans, il tomba, à peine arrivé, victime d'une attaque soudaine de manifestants contre la légation russe. Ses cendres furent ramenées dans sa patrie avec de grands honneurs, et l'on raconte que Pouchkine, rencontrant le char funèbre sur un chemin montagneux, salua le grand diplomate et le grand poète qui, dans le héros qu'il avait créé, avait su tant mettre de lui-même. Le grand critique russe Belinski consacra au *Malheur d'avoir trop d'esprit* un livre entier, sous le même titre ; quant à Gerschenson, il décrivit la Moscou du début du XIXe siècle dans un livre, qu'il intitula *La Moscou griboédovienne* [*Griboédovskaja Moskva*, 1928].

♦ *« L'un des livres qui nous sont le plus cher. »* Tchernyschevski. ♦ « Eugène Onéguine *de Pouchkine et* Le Malheur d'avoir trop d'esprit *de Griboédov ont été des fondations sur lesquelles fut élevée toute la littérature russe postérieure ; c'est de cette école que sortirent tant Lermontov que Gogol. »* Belinski.

RÉF. : Jean Bonamour, *A. S. Griboédov et la vie littéraire de son temps*, Paris, 1965. — I. Tynianov, *La Mort du Vazir-Moukhtar*, Gallimard, 1979.

GRIEG Edvard Hagerup. Compositeur norvégien. Né le 15 juin 1843 à Bergen (province de Nordenfiels), mort dans cette même ville le 4 septembre 1907. D'origine à la fois bourgeoise et paysanne, issu par son père, qui occupait les fonctions de consul britannique à Bergen, d'une famille écossaise établie depuis une génération seulement en Scandinavie, et par sa mère d'une famille de pasteurs et de petits fonctionnaires profondément enracinée dans la vieille Norvège paysanne de l'Ouest, Edvard Grieg passa sa première enfance à la campagne, et son sens musical fut éveillé à la fois par les vieux airs folkloriques entendus lors des fêtes de village et par les leçons de sa mère, excellente pianiste, qui lui fit découvrir les maîtres allemands, Mozart, Weber, Mendelssohn et également Chopin. Dès l'âge de neuf ans, il notait des variations musicales et, sur le conseil du violoniste Oll Bull, ses parents, qui avaient d'abord espéré faire de leur fils un pasteur, l'envoyèrent au conservatoire de Leipzig où il commença ses études en automne 1858, à l'âge de quinze ans. Il y eut pour maîtres Hauptmann et Richter (composition), Wenzel et Moscheles (piano). En 1860, il fut atteint d'une grave pleurésie, sans doute déjà d'origine tuberculeuse, à la suite de laquelle il perdit l'usage du poumon gauche. Au printemps de 1863, il quitta le Conservatoire de Leipzig, emportant un assez mauvais souvenir du dogmatisme de ses maîtres, et se rendit à Copenhague où il travailla avec le compositeur danois Niels Gade. Il tira peu de profit de ce disciple de Mendelssohn et de Schumann. La révélation de sa mission originale lui vint de la rencontre d'un musicien remarquable, mais qui devait mourir jeune, norvégien comme lui, Rikard Nordraak ; c'est avec lui que Grieg, pendant l'année 1864, se détacha de l'imitation de Mendelssohn et des Allemands comme du « scandinavisme efféminé » de Gade, et qu'il se décida à prendre la tête d'une véritable croisade pour fonder une école musicale vraiment norvégienne, nourrie des rythmes populaires traditionnels.

Cette aspiration se traduisit pour la première fois d'une manière nette dans les quatre *Humoresques* pour piano, op. 6 (1865) et dans la célèbre *Sonate pour violon et piano nº 1*, op. 7, écrite par Grieg peu avant son premier voyage à Rome (année 1865-66). Au printemps 1867, le jeune musicien épousait Nina Hagerup, cantatrice qui devait être l'interprète la plus remarquable de ses *Mélodies* (*), et c'est peu après son mariage qu'il composa un de ses chefs-d'œuvre, la *Sonate pour violon et piano nº 2 en sol majeur* op. 13. À la fin de cette même année 1867 parut le premier des dix cahiers des *Pièces lyriques* (*) (1867-1901). Retourné en Italie au cours de l'hiver 1869-70, Grieg, pendant son séjour à Rome, fit de fréquentes visites à Liszt auquel il présenta son *Concerto pour piano et orchestre en la mineur* (*) op. 16, composé pendant l'été 1868 ; c'est à Liszt qu'il dédiera *À la porte du cloître* [*Bor der Klosterpforte*], pour soli, chœur de femmes et orchestre, op. 20, œuvre écrite en Italie. Rentré dans son pays, il fonda à Oslo la Société de musique « Euterpe », destinée à favoriser la diffusion des œuvres des jeunes compositeurs nationaux. Il la dirigea jusqu'en 1880 et, à partir de cette date, passa dans la région de Bergen les rares périodes de répit que lui laissaient ses continuelles tournées à travers l'Europe et surtout l'Allemagne, où une audition du *Concerto pour piano et orchestre* en 1879, au Gewandhaus de Leipzig, l'avait définitivement imposé. Grieg vint deux fois à Paris, en 1889 et en 1903. C'est au moment où il s'embarquait pour une tournée de concerts en Angleterre qu'il mourut, les poumons rongés par la tuberculose.

Grieg doit avant tout sa notoriété internationale à la musique de scène qu'il écrivit pour le drame d'Ibsen *Peer Gynt* (*) (1876). Mais, outre le *Concerto*, il a écrit de nombreuses œuvres pour orchestre : *Suite Holberg* [*Aus Holbergs Zeit*], op. 40 (également pour piano), *Suite lyrique* [*Lyrische Suite*, op. 54], etc. Cette musique est pleine de couleurs, mais Grieg est généralement assez mal à l'aise en présence des grands développements architecturaux. Ses meilleures œuvres, il les a produites lorsqu'il a pu se laisser aller, sans souci de la forme, à l'inspiration de l'instant, par exemple dans ses *Mélodies – La Chanson de Solveig, Je t'aime,* ou Le *Cygne* – et dont chacune, en quelques mesures pleines de fraîcheur, est un écho spontané de l'âme norvégienne ; dans ses *Danses norvégiennes* (*) (1881), enfin dans ses *Pièces lyriques* [*Lyrische Stücke*], en particulier dans les cahiers 4 à 8 (op. 47, 54, 57, 62, 65), aux motifs si variés, et où, malgré l'influence allemande et schumannienne, Grieg est parvenu à trouver des équivalents pianistiques de la mélodie vocale, à conserver la simplicité sincère d'une brève effusion lyrique. L'idéal de Grieg fut somme toute assez proche de celui des « cinq » grands Russes : comme eux, il s'efforça de créer une musique savante restant cependant nationale par l'utilisation systématique du trésor folklorique et populaire.

JACQUES PATRY.

♦ « *J'aime Grieg : Je chéris Grieg !* » P. Tchaïkovski (en guise d'envoi sur un exemplaire de sa *Suite, n° 3,* op. 55). ♦ « *Dans ses compositions les plus artificielles, on découvre encore des coins sauvages et parfumés, où fleurit la pure mélodie nationale.* » Louis Laloy.

RÉF. : E. Closson, *E. Grieg et la musique scandinave,* Paris, 1882. – L. Monastier, *Edward Grieg,* in *Bibliothèque universelle et Revue Suisse,* août-sept. 1897. – G. Schjelderup, *E. Grieg og hans voerker,* Copenhague, 1903. – E. Grieg, *Mein erster Erfolg,* in : *Neue Musik-Zeitung,* 1905. – P. de Stoccklin, *Grieg,* Paris, 1926. – Y. Rokseth, *Grieg,* Paris, 1933. – *Grieg,* recueil collectif édité par Gerald Abraham, University of Oklahoma, 1950. – D. Schjelderup-Ebbe, *A Study of Grieg's Harmony,* Oslo, 1953. – L. Day, *Grieg,* Paris, 1955. – J. Horton, *Grieg,* Paris, 1989.

GRIEG Nordahl. Poète, romancier et auteur dramatique norvégien. Né à Bergen le 1er novembre 1902, mort au-dessus de Berlin, dans un avion abattu le 2 décembre 1943. Descendant d'une famille célèbre, celle de l'évêque et homme politique Johan Nordahl Brun, l'un de ceux qui rédigèrent la constitution norvégienne en 1814, Nordahl Grieg est aussi le fils d'une ville, Bergen, et d'un port : la mer occupe une place importante dans son œuvre. À l'âge de dix-huit ans, il s'enrôla comme marin et, avant l'âge de vingt-trois ans, il avait vu l'Afrique et l'Australie, parcouru l'Europe à pied de Hambourg à Rome et étudié un an à Oxford. En 1922, il publie *En contournant le cap de Bonne-Espérance* [*Rundt Kap det gode Håb*], recueil de poèmes consacré à la mer, suivi en 1924 du roman *Le navire poursuit sa route* [*Skipet går videre*], peinture de la vie quotidienne et peu attrayante des marins – qui provoqua beaucoup de mécontentement dans les classes aisées. Parti en Extrême-Orient comme correspondant de quelques grands journaux, il en rapporta la pièce *Barabbas* (1927), inspirée par la guerre civile chinoise. Il n'en négligea pas pour autant son propre pays, et un long voyage à travers la Norvège donna naissance au recueil de poèmes *La Norvège dans nos cœurs* [*Norge i våre hjerter,* 1929] – v. *Poèmes choisis* (*). Deux ans passés en Angleterre inspirèrent un recueil d'essais mêlé de traductions, *Les Jeunes Morts* [*De unge döde,* 1932], consacré à Keats, Shelley, Byron et à la génération de la guerre 1914-1918 : Brooke, Sorley et Owen. D'un long séjour en U.R.S.S., de 1932 à 1934, Grieg rentra désargenté mais enthousiaste. C'est au cours des années 30 qu'il fonde la revue *Veien fram (La Route en avant),* un des principaux organes antifascistes scandinaves. Il écrit aussi ses meilleures pièces : *Notre gloire et notre puissance* [*Vår aere og vår makt,* 1935], violente attaque contre les armateurs norvégiens qui, pendant la guerre, ont fait fortune – en risquant la vie de leurs marins –, *La Défaite* [*Nederlaget,* 1936], qui emprunte son sujet à la Commune de Paris, *Mais demain* [*Men imorgen,* 1937], qui s'en prend aux fabricants d'armes. Son grand roman *Que le monde reste jeune !* [*Ung må verden ennu vaere,* 1938], qui se termine avec la guerre civile en Espagne, raille les humanistes passifs de l'Occident, exalte l'Union soviétique et va jusqu'à défendre les procès de Moscou. Lorsque les Allemands débarquent le 9 avril 1940, il est de l'aventureuse expédition qui met en sécurité l'or de la Banque de Norvège à Tromsö. Passé en Angleterre, il y reçut une formation militaire et participa, en tant que correspondant de guerre, à des raids sur l'Atlantique, la mer du Nord et les côtes norvégiennes. C'est au cours d'un de ces raids qu'il fut abattu au-dessus de Berlin.

CARL GUSTAF BJURSTRÖM.

GRIGNY Nicolas de. Organiste et compositeur français. Baptisé à Reims le 8 septembre 1672, mort dans cette même ville le 30 novembre 1703. Petit-fils et fils d'organistes rémois, initié à la musique par ses pères, il achève ses études à Paris sous la direction de Nicolas Lebègue, compositeur et organiste de Saint-Merry puis de la Chapelle royale. En 1693 Nicolas de Grigny devient titulaire de l'orgue de l'abbaye de Saint-Denis (son frère André y est sous-prieur des chanoines réguliers). Il épouse en 1695 la fille d'un marchand parisien, dont il aura sept enfants. De retour à Reims, il reprend le poste d'organiste qu'occupait alors son père à la cathédrale Notre-Dame, et cela jusqu'à sa mort. Son *Premier livre d'orgue contenant une messe et les hymnes des principales festes de l'année* (*), publié à Paris en 1699, est d'une importance considérable dans l'histoire de la musique et de l'art instrumental. Cette œuvre place Nicolas de Grigny au rang des plus grands compositeurs français de l'époque.

DOMINIQUE JACCOTTET.

RÉF. : Norbert Dufourcq, *La Musique d'orgue française, de Jehan Titelouze à Jehan Alain*, Paris, 1941 (nouv. éd. 1992).

GRIGOROVITCH Dimitri Vassilevitch [Dmitrij Vasilevič Grigorovič]. Écrivain russe. Né le 19 mars 1822 à Simbirsk, mort le 22 décembre 1899 à Saint-Pétersbourg. Il occupe une place parmi les écrivains du milieu du XIXe siècle qui, par leurs écrits, préparèrent la libération des serfs ; les deux nouvelles de Grigorovitch : *Le Village* et *Antoine traîne-misère* (*) contribuèrent à créer cette sympathie pour le serf paysan, que Tourgueniev devait ensuite exprimer avec un plus grand sens de l'art dans les *Récits d'un chasseur* (*). Ces deux nouvelles n'auraient sans cela peut-être pas gardé, dans l'histoire de la littérature russe, la place que leur valut l'impression très vive qu'elles produisirent sur un public avide alors d'œuvres « humanitaires ». En dépit cependant de la disparition des circonstances historiques qui favorisèrent son succès, Grigorovitch a conservé une certaine renommée de conteur populaire avec ses récits du terroir, *Les Quatre Saisons, La Mère et la Fille*, et ses deux romans *Les Pêcheurs* et *Les Émigrants*. Enfin, Grigorovitch eut le mérite d'être le premier à découvrir Dostoïevski qu'il fit connaître à Nekrassov et à Belinski qui, en lisant *Les Pauvres Gens* (*), reconnurent un grand écrivain et, plus tard, celui d'encourager Tchekhov dans la voie de l'art narratif.

RÉF. : M. Delaveau, « Le Roman populaire en Russie : M. Grigorovitch », in *Revue des deux mondes*, 15 juillet 1855.

GRILLPARZER Franz. Écrivain autrichien. Né à Vienne le 15 janvier 1791, mort dans cette ville le 21 janvier 1872. Son père, un avocat d'origine paysanne, fanatique de la vérité, défiant à l'égard de la poésie, mourut ruiné, alors que son fils aîné n'avait pas encore terminé son droit ; ses revers étaient dus aux guerres napoléoniennes. Sa mère, passionnée de musique, de santé instable et de tempérament très exalté, se suicida : lourde hérédité qui pesa sur l'esprit de son fils. Dans les notes des innombrables « journaux », dans lesquels Grillparzer s'observait et s'étudiait avec une implacable sévérité, se manifestent une instabilité tourmentée et un déséquilibre profond ; son unique refuge était la poésie. Il ne put malheureusement la cultiver tranquillement car le besoin le contraignit à chercher un poste de fonctionnaire, au ministère des Finances tout d'abord. C'est ainsi qu'il entra dans une carrière qui resta toujours modeste (il finit directeur des archives) et fut une source d'amertume et de vexations qui l'aigrirent encore plus. Aux ennuis nés de son inadaptation à la carrière de « rond-de-cuir », il faut ajouter également les obstacles continuels dressés par la censure et le régime policier de l'Autriche sous le règne de François Ier. Peu à peu, une critique inintelligente lui devenait toujours plus hostile, si bien qu'il tourna le dos à la scène et qu'à cinquante ans à peine il vivait dans « sa » ville, presque oublié. Grillparzer était, avant tout, un poète dramatique ; il avait débuté par une tragédie, *Blanche de Castille* [*Blanka von Kastilien*], inspirée du *Don Carlos* (*) de Schiller. Toutefois, il ne fut pas un épigone de Schiller ou de Goethe : dans ses tragédies ce n'est pas la liberté qui l'emporte sur la nécessité, mais l'inverse, signe distinctif de l'orientation réaliste et pessimiste de son art.

L'Aïeule (*) 1817, son premier drame représenté, était cependant d'un tout autre genre, le genre fataliste alors en vogue, et obtint un brillant succès, peu favorable à la réputation de son auteur, qui resta longtemps liée à cette forme vite démodée du romantisme. C'est pour cette raison que Grillparzer voulut immédiatement (1818) s'essayer sur un sujet et dans le style classiques – v. *Sapho* (*) –, où il triompha de nouveau. Il fut moins heureux avec sa trilogie de *La Toison d'or* (*) (1818-1821), dans laquelle il s'était engagé à fond, mais donna, dans *Médée* (*) (1822), la mesure la plus convaincante de sa force tragique. Dans la pièce suivante, *Le Bonheur et la fin du roi Ottokar* (*), il évoqua, à la lumière de la récente expérience napoléonienne, le destin du roi de Bohême, conquérant par égoïsme et vaincu par le défenseur de la justice, Rodolphe de Habsbourg. *Un fidèle serviteur de son maître* (*) (1828) relata un épisode d'histoire de la Hongrie, tandis que *Les Vagues de la mer et de l'amour* (*) (1831) tirèrent de la légende de *Héro et Léandre* (*) la substance de son plus beau chant d'amour et de mort. Dans son œuvre, Grillparzer montra à plusieurs reprises les liens qui le rattachaient au théâtre populaire viennois de tradition baroque, liens qui sont particulièrement visibles dans sa fable *Le songe est la vie*, qui retourne la formule de Calderon pour ramener un homme assoiffé de gloire à la sage résignation. La seule comédie de Grillparzer, *Malheur à qui ment* (*) (1838), une des rares comédies du théâtre allemand qui soit profondément originale, se heurta à l'incompréhension du public et de la critique et provoqua le retrait de son auteur de la compétition.

Pourtant celui-ci, dans le silence, prépara trois autres drames, l'un tiré de l'histoire espagnole, *La Juive de Tolède* (*) dans le goût de Lope de Vega, dont il avait inlassablement étudié le théâtre ; un second de l'histoire autrichienne, *Les Frères ennemis dans la maison de Habsbourg* (*), dans lequel le faible Matthias l'emporte sur la sagesse de Rodolphe II, la conséquence était le déchaînement de la guerre de Trente Ans ; enfin, *Libussa* (*), la mythique reine de Bohême, fondatrice de

Prague, qui expose le credo historico-politique de l'auteur, déjà affirmé dans *Un Différend. Esther* (+) (1863), drame biblique, demeura inachevé et l'on a juste une scène d'un *Hannibal et Scipion.* Son livret, *Mélusine*, que Beethoven devait mettre en musique, le fut en définitive par K. Kreutzer. Le dramaturge ne démérite pas dans ses deux romans, *Le Monastère de Sendomir* (*) et *Le Pauvre Musicien* (*), ce dernier particulièrement représentatif de l'univers et de l'art de Grillparzer. Son importante production lyrique est surtout intéressante pour la connaissance de l'homme dont elle nous conserve les effusions, les nostalgies, et, en dernier lieu, dans ses nombreuses épigrammes, les sarcasmes et les angoisses que lui inspirait le déclin de sa patrie.

LIONELLO VINCENTI.

RÉF. : H. Laube, *Franz Grillparzers Lebensgeschichte*, Stuttgart, 1884. – E. Reich, *Grillparzers Kunstphilosophie*, Vienne, 1890. – A. Farinelli, *Grillparzer und Lope de Vega*, Berlin, 1894. – A. Ehrhard, *Le Théâtre en Autriche, Franz Grillparzer*, 1900. – A. Tibal, *Études sur Grillparzer*, 1914. – A. Suhl, *Hebbel und Grillparzer in ihren Theorien*, Leipzig, 1921. – F. O. Nolte, *Grillparzer, Lessing and Goethe in the Perspective of European Literature*, Lancaster, 1938. – J. Kaiser, *Grillparzers dramatischer Stil*, Munich, 1961. – G. A. Wells, *The Plays of Grillparzer*, Oxford, 1969. – W. E. Yates, *Grillparzer A Critical Introduction*, Cambridge, 1972. – H. Bachmaier, *F. Grillparzer*, Salzburg, 1980. – R. Geissler, *Ein Dichter der letzten Dinge. Grillparzer heute*, Vienne, 1987.

GRIMM Frédéric Melchior, baron de. Critique allemand d'expression française. Né à Ratisbonne (Bavière) le 26 décembre 1723, mort à Gotha le 19 décembre 1807. Appartenant à une famille sans fortune, il put néanmoins faire de bonnes études de droit à l'université de Leipzig. Ayant su plaire, par la suite, au comte de Schomberg, il se vit confier par lui l'éducation de ses enfants et put bientôt l'accompagner à Paris. Grimm, qui joignait à un solide savoir beaucoup de manège et d'habileté, ne tarda pas à se pousser dans le monde.

Vers 1749, il fit la rencontre de J.-J. Rousseau. Dans le domaine musical une vive querelle partageait alors Paris en deux camps irréductibles : les partisans de la musique française (« le coin du roi ») et ceux de la musique italienne (« le coin de la reine »). Rousseau étant de ces derniers, Grimm s'empressa de le soutenir. Afin de mieux prouver son dire, il lança même dans la mêlée un libelle intitulé *Le Petit Prophète de Boehmischbroda* (1753). Cet opuscule obtint un succès prodigieux. Voltaire lui-même ne put s'empêcher de dire : « De quoi s'avise donc ce Bohémien d'avoir plus d'esprit que nous ? » Ce mot suffit pour fonder la réputation de l'auteur.

Dès lors, Grimm se vit rechercher par tous les cercles de Paris. Après avoir été le secrétaire du comte de Friesen (neveu du maréchal de Saxe) et celui du duc d'Orléans, il allait obtenir une autre sinécure beaucoup plus lucrative encore : en cette même année 1753, il fut chargé, en effet, par le fameux abbé Raynal, de rédiger, avec l'aide de Diderot et de Mme d'Épinay, puis de Meister, la correspondance littéraire qu'il adressait à des princes étrangers. On sait que ces souverains étaient le roi de Pologne, la princesse de Saxe-Gotha, la reine de Suède et l'impératrice Catherine de Russie.

Fort des succès qu'il obtenait, Grimm donna carrière à sa vanité. Présenté par Rousseau à Mme d'Épinay sa bienfaitrice, il entra si bien dans l'intimité de cette dernière que Rousseau fut bientôt contraint de quitter l'ermitage même qu'elle lui avait fait construire à Montmorency (1757). On sait que l'affaire est évoquée dans les *Confessions* (*) de Rousseau. Toute mesure faite à l'esprit de vengeance, il semble bien que Grimm ait joué là le rôle d'un mouchard, pour ne pas dire davantage. Enivré donc par ses succès, il ne se contenta pas de se brouiller avec Rousseau ; il oublia ou attaqua ses autres amis, ne conservant de bonnes relations qu'avec Diderot. En 1776, il fut nommé ministre de la ville de Francfort près de la cour de France et créé, peu après, baron du Saint Empire.

Obligé de quitter la France en 1790, il séjourna quelque temps à Bruxelles, puis se rendit à Pétersbourg. Là, il reçut de la grande Catherine les fonctions de ministre de Russie près le cercle de Basse-Saxe. Il y mourut à quatre-vingt-quatre ans.

Diplomate d'occasion, faiseur et bon styliste, Grimm est surtout l'incarnation d'un certain cosmopolitisme. Sa *Correspondance littéraire* (*), qui fut publiée une première fois en 1812-13, nous offre un taleau fidèle de notre littérature depuis 1753 jusqu'à 1790 : soit un intervalle de près de quarante ans.

ROLAND PURNAL.

♦ *« Il est un homme à côté de moi, aussi supérieur à moi que j'ose me croire supérieur à d'Alembert, aux qualités que j'ai en réunissant une infinité d'autres qui me manquent, plus sage que moi, plus prudent que moi, ayant une expérience des hommes et du monde que je n'aurai jamais ; obtenant sur moi cet empire que je prends quelquefois sur les autres. Ce que la plupart des hommes sont pour moi, des enfants, je le deviens pour lui. »* Diderot, lettre à Falconet, juillet 1767. ♦ *« Il est vrai que, du plus au moins, il était arrogant avec tout le monde... A son ton naturellement tranchant, il ajouta la suffisance d'un parvenu, et devint même ridicule, à force d'être impertinent. Le commerce des grands l'avait séduit au point de se donner à lui-même des avis qu'on ne voit qu'aux moins sensés d'entre eux. »* Rousseau. ♦ *« Peu d'hommes connaissent les hommes aussi bien que Grimm, et on en trouverait moins encore qui possèdent au même degré que lui le talent de vivre avec les grands et de s'en faire aimer, sans compromettre jamais ni la franchise ni l'indépendance de leur caractère. »* Frédéric II de Prusse.

RÉF. : Edmond Schérer, *Melchior Grimm*, Paris, 1887. – G. Rubensohm, *Die Correspondance littéraire unter F. M. Grimm und H. Meister*, thèse, Berlin, 1917. – A. Cazes, *Grimm et les encyclopédistes*, Paris, 1934. – J. Royall Smiley, *Diderot's Relations with Grimm*, Urbana, Illinois, 1950. – L. Schwartz, *The « Correspondance littéraire » and the Philosophical Spirit*, Los Angeles, 1962.

GRIMM Jacob Ludwig Karl. Philologue et érudit allemand. Né à Hanau le 4 janvier 1785, mort à Berlin le 20 septembre 1863. Sa jeunesse fut difficile : très tôt orphelin, il dut assumer la responsabilité de ses cinq frères et sœurs, subvenir à leurs besoins et leur trouver des situations. Après avoir fait ses études à Marbourg et à Paris, il occupa, dans son pays, différents emplois dans l'Administration. En 1814 puis 1815, il revint à Paris pour récupérer des livres et manuscrits, qui avaient été subtilisés par les troupes de Napoléon. Il participa au Congrès de Vienne et, en 1816, il fut nommé bibliothécaire en second à Kassel où il demeura jusqu'en 1829, date à laquelle il se rendit à Göttingen où un nouveau poste de bibliothécaire lui était proposé. Sa destitution, en 1837, fut retentissante, puisque provoquée par la protestation qu'il éleva, avec six de ses collègues, contre le coup d'État du roi de Hanovre. Il vécut alors quatre ans à Kassel avec son frère Wilhelm, jusqu'à leur nomination à l'Académie des sciences de Berlin. En 1848, il fut élu au premier parlement allemand qui se réunissait dans la Pauluskirche de Francfort-sur-le-Main, et il adhéra au parti de la « Kleines Deutschland ».

Jacob Grimm est le fondateur de l'histoire d'Allemagne et le plus grand représentant de la méthode historique appliquée aux travaux littéraires. À Marbourg puis à Paris, il a étudié et travaillé avec Savigny, et restera très influencé par ses théories juridiques. Observateur pénétrant, de grande envergure, chercheur attentif et infatigable, il utilisa son expérience quand, à Kassel, il eut à sa disposition une abondante documentation, en grande partie inexploitée. Il commença l'étude scientifique de la mythologie, en recueillant des exemples tirés des anciennes chroniques, des propos de paysans, des fables transmises oralement et il réunit ainsi un ensemble de récits très anciens qu'il estimait surgis spontanément, sans l'aide d'aucun poète, de l'interprétation populaire des phénomènes naturels. Les contes étaient en quelque sorte la voix même de la nature. De là, il arriva à la théorie de l'origine divine du langage qu'il poussa jusqu'à ses plus extrêmes conséquences et diffusa dans une série de cours faits à Göttingen. Sa curiosité philologique l'amena à recueillir des documents juridiques anciens publiés dans la *Deutsche Rechtsaltertümer* (1828) et des fragments de la poésie germanique ancienne (*Hildebrandslied, Die Lieder der alten Edda*, etc.). Aidé de son frère Wilhelm, il publia une grosse grammaire historique de la langue allemande, *Grammaire allemande* (*), qui, à côté de ses *Contes* (*), déjà parus en plusieurs volumes, consacra sa réputation. Il formula une loi sur le changement de la quantité des voyelles, une autre sur le déplacement des consonnes ; il introduisit les dénominations de flexion faible et forte et, finalement, fit paraître une *Histoire de la langue allemande* [*Geschichte der deutschen Sprache*, 1848] qui, par la précision des notices et la finesse des observations, reste aujourd'hui encore fondamentale.

Durant les dernières années de sa vie, toujours aidé par son frère, il entreprit son monumental *Dictionnaire allemand* (*), qu'il ne publia qu'en partie, et donna également de nouvelles éditions de ses travaux philologiques. L'école critique moderne a rejeté ses théories sur l'origine du mythe et du langage, mais sa méthode a été suivie et ses recherches sont encore aujourd'hui des sources très précieuses pour les études sur la philologie germanique.

Il faut encore citer parmi les œuvres de Jacob Grimm : *Pensées sur le mythe, l'épopée et l'histoire* (*) (1813), *Légendes allemandes* [*Deutsche Sagen*, 1816-1818], *Mythologie allemande* (*) (1835) et le *Discours sur la vieillesse* (*) (1860).

FAUSTO REBUFFAT.

♦ « ... *Jacob, toujours avide de connaissances nouvelles, toujours prêt aux vastes entreprises, explorait sans fatigue et sans relâche tout le domaine de la philologie germanique, grammaire, histoire de la langue, mythologie et même antiquités juridiques* [...]. *Dans son œuvre tumultueuse et drue, les erreurs, les sophismes mêmes se mélangent aux vues neuves ou géniales. Il fut un admirable pionnier, un incomparable initiateur ; mais il n'est aucune de ses œuvres maîtresses qui ne présente des lacunes et de grandes faiblesses.* » E. Tonnelat.

RÉF. : G. Curtius, *Jabob Grimm...*, Leipzig, 1871. – W. Scherer, *J. Grimm*, 1879. – A. Duncker, *Die Brüder Grimm*, 1884. – J. Bolte et G. Polufka, *Anmerkungen zu der Kinder und Hausmärchen der Brüder Grimm*, 3 vol., 1914. – W. P. Ker, *Jacob Grimm...*, Oxford, 1915. – H. Scurla, *Die Brüder Grimm Ein Lebensbild*, Hanau, 1985.

GRIMM Wilhelm. Philologue et érudit allemand. Né le 14 février 1786 à Hanau, mort à Berlin le 16 décembre 1859. Il ne cessa jamais de participer aux recherches philologiques de son frère Jacob, plus connu que lui, et de partager sa vie. Ils étudièrent ensemble le droit à Marbourg sous la direction de Savigny, pour lequel ils conservèrent une déférente amitié, ainsi qu'en témoigne leur correspondance. En 1814, il fut nommé secrétaire de bibliothèque à Kassel et, en 1831, il rejoignit son frère à Göttingen comme bibliothécaire adjoint. Pour des raisons politiques, il quitta, en même temps que son frère et cinq autres professeurs, l'université de Göttingen. Il débuta sa carrière universitaire, en 1831, comme chargé de cours ; en 1845, il fut titulaire. Entre-temps, en 1841, il devint membre de l'Académie des sciences de Berlin. Il mena une vie retirée et consacrée à l'étude. La majeure partie des *Contes* (*) a été recueillie et rédigée par lui. Il collabora activement au

Dictionnaire allemand (*), œuvre monumentale, conçue par son frère Jacob et d'une valeur considérable pour l'histoire de la langue allemande. En outre, il publia une importante collection de documents sur les mythes et les légendes héroïques de l'ancienne Germanie (*Die Deutsche Heldensage*, 1829) et des études sur des points particuliers de la philologie germanique. Bien que de santé très délicate, il fit preuve d'une grande capacité de travail et passa la plus grande partie de sa vie dans les bibliothèques, s'adonnant avec ferveur à ses recherches.

♦ *« Les deux frères Grimm* [...] *dont les différences rendaient la collaboration particulièrement féconde, ont suivi et réalisé en savants une idée de Brentano : ils ont recueilli et livré au public, en leur gardant toute leur saveur populaire et même leur naïveté, les célèbres* Contes (1812) *suivis des* Légendes allemandes (1815), *dus surtout à Guillaume. »* F. Angelloz. ♦ *« Jacob renouvela toutes les matières dont il s'occupa. Mais il ne montra jamais dans son travail autant de circonspection et de prudence que Wilhelm. »* E. Tonnelat.

RÉF. : W. Scherer, *W. Grimm*, 1879. – G. Seitz, *Die Brüder Grimm, Leben, Werk, Zeit*, Munich, 1984.

GRIMMELSHAUSEN Hans Jakob Christoffel von. Romancier allemand. Né entre 1620 et 1622 à Gelnhausen (Hesse-Nassau), où son grand-père tenait une auberge, mort à Renchen (Bade) le 17 août 1676. Élevé dans la religion luthérienne, l'invasion de son pays par les Croates pendant la guerre de Trente Ans eut sur lui un retentissement dont on retrouve la trace dans son roman réaliste *Les Aventures de Simplex Simplicissimus* (*). Une analogie trop étroite entre l'auteur et son héros serait, toutefois, trompeuse. Fait prisonnier à Cassel par les Hessois, il guerroya ensuite en Westphalie et en Wurtemberg dans les rangs de l'armée protestante. D'abord en rapport avec le général suédois Ramsey à Hanau, il passa ensuite dans l'armée impériale catholique. Dès lors, sa vie fut partagée entre ces deux extrêmes : les hasards de la vie des camps, et le sentiment que cette vie n'était que vanité. C'est probablement à cette époque, et dans le milieu catholique de la ligue, qu'aurait eu lieu sa conversion, que certains contestent encore aujourd'hui. Promu commandant major, il épousa en 1642, à Offenburg, selon le rite catholique, Catherine Henninger, fille d'un sous-lieutenant (de même, le *Simplicissimus* deviendra finalement l'histoire d'une conversion). Puis, ayant quitté l'armée, Grimmelshausen parvint à une certaine aisance comme viticulteur et maquignon, et acquit une propriété, ainsi que l'auberge *L'Étoile d'argent.* De 1662 à 1665, il fut, à Ullenburg, intendant au service du Dr Knuffer, médecin et écrivain strasbourgeois. C'est ainsi qu'il entra en relation avec l'Académie des puristes de Strasbourg et avec le poète Moscherosch. À partir de ce moment, toute son expérience, toutes ses lectures se transformèrent en récits épiques de grand style. Nommé, en 1667, maire de Renchen, il exerça les fonctions de notaire, de percepteur et de juge de paix. Se trouvant ainsi en contact avec toutes les classes sociales, il savait, comme Luther, saisir sur le vif les savoureux propos du menu peuple. Les plus récents travaux critiques ne distinguent pas toujours, dans l'œuvre de Grimmelshausen, ce qui lui appartient en propre et ce que les éditions successives ont ajouté. Entre 1669 et 1671 parurent trois éditions différentes des *Aventures de Simplex Simplicissimus ;* en 1670, *La Vagabonde Courage* (*) et *L'Étrange Springinsfeld* (*) ; en 1672 et 1675, la première et la deuxième partie du *Merveilleux nid d'oiseau.* Grimmelshausen mourut en 1676, alors que les soldats de Turenne pillaient Baden. Au registre de sa paroisse, il figure comme « homo honestus et magno ingenio et eruditione ». Son érudition, cependant, ne l'a pas empêché d'être l'unique conteur de l'époque baroque que l'on puisse qualifier de populaire. En des temps troublés et obscurs, Grimmelshausen fit montre d'une âme sensible et accueillante à tous les milieux sociaux jusqu'aux plus méprisés.

RÉF. : A. Bechtold, *Grimmelshausen und seine Zeit*, Heidelberg, 1914. – G. Könnecke, *Quellen und Verschungen zur Lebensgeschichte Grimmelshausens*, 2 vol., Leipzig, 1926-28. – Käte Fuchs, *Die Religiosität des J.-J. Chr. von Grimmelshausen*, Leipzig, 1935. – J. H. Scholte, *Der Simplicissimus und sein Dichter. Ges. Aufsätze*, Tübingen, 1950. – G. Weydt, *Nachahmung und Schöpfung im Barock. Studien im Grimmelshausen*, Berne, 1968. – G. Weydt, *Der Simplicissimus-Dichter und sein Werk*, Darmstadt, 1969. – V. Meid, *Grimmelshausen-Epoche, Werk, Wirkung*, Munich, 1984.

GRINBERG Uri-Tzvi. Poète d'expression yiddish et hébraïque. Né le 10 janvier 1894 à Bialikamien (Galicie orientale), mort en mai 1981 à Tel-Aviv (Israël). Descendant d'une lignée de rabbins hassidiques, il publie ses premiers poèmes en 1912 en yiddish dans *Le Travailleur juif* [*Der yudisher arbeter,* Lvov] et en hébreu dans *Siloë* [*Hashiloakh,* Odessa]. Il participe à la Première Guerre mondiale dans les rangs de l'armée austro-hongroise qu'il déserte en 1918. De retour à Lvov, il réchappe de justesse, en novembre 1918, à un pogrom anti-juif.

En 1920, il arrive à Varsovie, plaque tournante de la culture yiddish. Il sera un des artisans de premier plan de l'avant-garde yiddish, publiant un recueil de poésies, *Or crépusculaire* (+) (1921), et un long poème, *Mephisto* (+) (1921), participant aux revues les plus ambitieuses, *La Bande* [*Khaliastra,* 1922], *Anneaux* [*Ringen,* 1922], créant lui-même sa propre revue expressionniste, *Albatros* (Albatros-revue pour une nouvelle expression poétique et artistique, 1922). Accusé de blasphème, le deuxième numéro de la revue est saisi, et Grinberg en publie encore un numéro en 1923 à Berlin, dans lequel se trouve notamment le poème « Au royaume de la croix » [In malkhus fun tseylem, 1923] qui prédit aux Juifs un avenir funeste en Europe. Allant au bout du refus de l'Europe, il émigre en Palestine en 1924. Il revient quatre ans à Varsovie, de 1931 à 1935, date à laquelle il retourne définitivement en Palestine. Il s'y distingue pour ses options politiques radicales – notamment après la Shoah durant laquelle il verra périr sa famille et son peuple – et devient le poète quasi officiel du parti révisionniste de Menahem Begin.

En 1956, il publie à nouveau quelques poèmes en yiddish, mais ceux-ci resteront isolés. En réalité, depuis 1924 Grinberg se consacre exclusivement à l'hébreu.

Comme son aîné Haïm-Nahman Bialik, Uri-Tzvi Grinberg est très fortement influencé par les prophètes bibliques, mais son écriture y ajoute l'empreinte de l'expressionnisme. C'est à ces deux sources qu'il puise pour décrire les charniers de 1914, les pogroms de 1918 ou la Shoah – v. *Poèmes* (*).

GILLES ROZIER.

GRINE Alexandre (pseud. d'Alexandre Stepanovitch Grinevski). Écrivain russe. Né à Slobodskoï (gouvernement de Viatka) le 11 août 1880, mort à Staryi Krym le 8 juillet 1932. Fils d'un comptable polonais, insurgé de 1863, déporté en Sibérie, il passa sa jeunesse à vagabonder à travers la Russie. Plusieurs fois arrêté et exilé comme révolutionnaire, Grine commença à publier en 1906, mais ses œuvres majeures appartiennent aux années 20 : *Le Cœur du désert* [*Serdce pustyni*, 1923], *Les Voiles rouges* [*Alye parusa*, 1923], *Celle qui court sur les vagues* (*) (1926). Le monde de Grine est imaginaire, ses romans tiennent des contes de fées et des légendes de Hoffmann ; il oppose à la réalité cruelle sa généreuse fantaisie, à la laideur du quotidien soviétique la beauté des images poétiques. Stigmatisé comme auteur bourgeois et réactionnaire, il ne fut pas publié en U.R.S.S. après 1929 quand on eut arrêté ses œuvres complètes, prévues en quinze volumes, au 8e tome. Grine ne fut réhabilité qu'après 1956. Ses œuvres choisies parurent en 1965, sous la direction de Vladimir Rossels, en six volumes tirés à 465 000 exemplaires. Pendant presque quarante ans, cet excellent narrateur romantique, très éloigné de toute politique, a été frappé d'une interdiction parfaitement mystérieuse.

EFIM ETKIND.

GRINGORE Pierre. Poète dramatique français. Né vers 1475, sans doute à Thury-Harcourt (Calvados) ; mort en 1538 ou 1539, sans doute en Lorraine. Nous ne savons rien de sa jeunesse ; après des études assez négligées, semble-t-il, il fait paraître en 1499 son premier livre, le *Chasteau de Labour*, long poème où l'on voit Châtiment, Besoin, Disette, Souci, etc. venir donner des conseils domestiques à un jeune couple, et qui connut treize éditions de 1499 à 1532 ; œuvre morale, par conséquent, à laquelle il faut joindre le *Chasteau d'Amour* (1500), une de ces satires contre les femmes comme le Moyen Âge les a tant aimées, *Les Folles Entreprises* (1505), *Les Abus du monde* (1509 ?), *Les Menus Propos* (1521). En novembre 1501, Gringore (et non Gringoire, comme le XIXe siècle l'a écrit à tort) dirige à Paris la représentation d'une pièce donnée en l'honneur de l'archiduc Philippe d'Autriche ; il fait en effet partie de la confrérie théâtrale des Enfants sans-souci, où il occupe l'importante fonction de mère Sotte, avant de devenir lui-même prince des Sots, c'est-à-dire directeur de la confrérie, pendant une vingtaine d'années. Passionné de théâtre, organisateur de fêtes et de mystères, il finit par en écrire lui-même : c'est d'abord la *Vie monseigneur sainct Loys roy de France, par personnaiges*, puis, beaucoup plus originale, la *Sotye nouvelle des chroniqueurs* (+), attribuée à Gringore, jouée à Paris en mai 1515, où les abus du règne de Louis XI sont railleusement pris à partie. L'œuvre théâtrale la plus importante de Gringore reste cependant *Le Jeu du prince des Sots et de mère Sotte* (*), qui, représenté pour la première fois à Paris le mardi gras 1512, connut un immense succès jusqu'à la seconde moitié du XVIe siècle. Le pape Jules II y faisait les frais des rires populaires. Protégé de Louis XII, Gringore s'empresse en effet d'épouser les querelles du roi, qui lui donneront l'occasion d'écrire des pamphlets violemment injurieux, *L'Entreprise de Venise...* (1509), *L'Obstination des Suisses* (1510) et, contre Jules II encore, contre les richesses et les prétentions au pouvoir temporel de la papauté, *La Chasse du cerf des cerfs* (jeu de mots avec le titre de « servus servorum » que se donnait le souverain pontife) et *L'Espoir de la paix* (1511). Mais François Ier paraît avoir été moins favorable au poète, et au théâtre en général, que son prédécesseur, aussi, après avoir cherché de nouveaux protecteurs chez les magistrats et dans l'épiscopat, Gringore se met au service du duc de Lorraine dont il devient héraut d'armes le 5 avril 1518, charge comportant l'anoblissement et le titre de Vaudémont. Il vit désormais à la cour de Nancy, mais fait encore quelques voyages à Paris et dans la vallée du Rhône, jouissant d'une fin de vie paisible, tournée, semble-t-il, vers la piété, ce qui entraînera Gringore à écrire un dernier pamphlet, contre Luther cette fois, *Le Blason des hérétiques* (1524). Zélé à servir la politique de son souverain, scrupuleusement fidèle à sa devise : « Tout par raison, raison partout, partout raison », Gringore ne ressemble guère au personnage romantique et presque révolutionnaire qu'en ont fait Hugo dans *Notre-Dame de Paris* (*) et Théodore de Banville dans *Gringoire* (*).

MICHEL MOURRE.

RÉF. : É. Picot, *Pierre Gringore et les comédiens italiens*, 1878. – Ch. Oulmont, *P. Gringore*, 1911. – H. Guy, *Histoire de la poésie française au XVIe s.*, Paris, 1968, t. I, p. 278-296.

GRIPARI Pierre. Écrivain français. Né et mort à Paris (7 janvier 1925 - 23 décembre 1990). À la fin de la dernière guerre, en 1944, Pierre Gripari est en khâgne au lycée Louis-le-Grand. Si la mort de son père marque la fin de ses études, il reste néanmoins un grand lecteur et garde le goût d'un savoir encyclopédique. Il vit ensuite de petits travaux, puis s'engage, de 1946 à 1949, dans les troupes aéroportées. De 1949 à 1957, il milite au parti communiste. Le rapport Khrouchtchev au XXe Congrès du P.C. soviétique et les événements de Hongrie induisent chez lui un revirement tel qu'il finit par adopter des positions d'extrême droite. Il se dit désormais, avec un certain goût pour la provocation, néo-fasciste et antisémite, voire révisionniste, bien que farouchement antinazi.

Ces positions et la coloration qu'elles impriment à son œuvre lui nuisent considérablement auprès des éditeurs. Il publiera cependant plus d'une trentaine de volumes, où l'autobiographie et les considérations personnelles adoptent le plus souvent le masque de la fiction, dont il pense qu'elle permet de « reconstruire le monde ». À cette veine appartiennent *L'Incroyable Équipée de Phosphore Noloc* (1964), *La Vie, la mort et la résurrection de Socrate-Marie Gripotard* (1968). Il publie également des essais critiques, comme *Nouvelles critiques* (1987), où il rend un hommage particulier à Marcel Aymé, et fait jouer *Lieutenant Tenant* (1962), qui obtient un certain succès.

À partir de 1967, Pierre Gripari trouve la notoriété avec la publication des *Contes de la rue Broca* (*). Ce volume sera suivi de plusieurs autres, comme *Histoire du prince Pipo* (1976) et *Contes de la Folie-Méricourt* (1983, prix de la Fondation de France). Ce conteur-né a toujours affirmé que les enfants constituent un public tout aussi sérieux et respectable que les adultes. Il est vrai qu'ils ont certainement été ses plus enthousiastes et fidèles lecteurs.

AGNES VAQUIN.

GRODDECK Georg. Médecin, psychanalyste et écrivain allemand, fondateur de la médecine psychosomatique moderne. Né le 13 octobre 1866 à Bad Kösen, en Allemagne, mort le 11 juin 1934 à Zurich, en Suisse. Élève et assistant de Schweninger, médecin personnel de Bismarck, dont les méthodes combinaient massage, diète et suggestion autoritaire. En 1900, Groddeck ouvre un sanatorium à Baden-Baden et, très vite, acquiert une réputation de guérisseur par les succès qu'il obtient dans des cas désespérés. À partir de 1911, la découverte des idées de Freud l'amène à récuser la distinction entre psychique et organique, pour considérer toute maladie comme un complexe de sens inconscient, qui guérit si le malade l'interprète, comprend le but poursuivi par la maladie. C'est l'hypothèse qu'expose, en 1917, *Détermination psychique et traitement psychanalytique des affections organiques* [*Psychische Bedingtheit und psychoanalytische Behandlung organischer Leiden*], manifeste de la psychosomatique groddeckienne – publié en français dans *La Maladie, l'art et le symbole* (1969). Au congrès de psychanalyse de La Haye, en 1920, Groddeck déclare, pour se présenter : « Je suis un psychanalyste sauvage » ; il est admiré comme tel par Freud, qui fera publier ses livres. *Le Chercheur d'âme* [*Der Seelensucher*, 1921, trad. 1982], « roman psychanalytique », relate, sur un mode satirique, l'expérience spirituelle de Groddeck, transformé par la révélation du Ça, principe créateur agissant l'humain, en don Quichotte qui parcourt l'Allemagne pour répandre cette bonne nouvelle, que son pansexualisme ironique rend souvent incongrue. *Le Livre du Ça* (*) (1923), l'œuvre la plus connue de Groddeck, élabore l'hypothèse psychosomatique en s'appuyant sur les théories de Freud. Entre 1925 et 1927, Groddeck publie une revue privée, *L'Arche* [*Die Arche*], où il développe sous tous ses aspects, médicaux, philosophiques, artistiques, l'intuition du Ça ; cependant qu'il se livre à des études d'étymologie psychosomatique, qui formeront la matière de son dernier livre, *L'Être humain comme symbole* (*) (1933). Parallèlement à son activité médicale, Groddeck n'a cessé de tenir, dans son sanatorium ou ailleurs, des cycles de conférences : ainsi, entre 1916 et 1919, devant ses patients, *115 Conférences psychanalytiques* (+) [*Vorträge*], traduites en français en 1978-81 ; et son œuvre écrite, qui aborde les domaines les plus variés – romans, essais littéraires, vulgarisation médicale – , procède presque entièrement de ce discours, en général improvisé, qu'elle met en forme. L'écrivain anglais Lawrence Durrell, qui fut le premier à redécouvrir Groddeck après la guerre, en 1947, l'a comparé à un sage taoïste. Groddeck, comme un maître spirituel, opère, en effet, par une parole paradoxale qui, abolissant les cloisons entre les contraires – santé, maladie ; organique, spirituel ; vie, mort – , libère l'être en lui restituant sa cohérence intérieure, qui le guérit.

ROGER LEWINTER.

GROETHUYSEN Bernard. Philosophe français d'origine allemande. Né à Berlin le 9 janvier 1880, mort au Luxembourg le 17 septembre 1946. Professeur à Berlin de 1931 à 1933, puis en France, il a été un élève du philosophe allemand Dilthey. Son œuvre est assez brève : *Les Origines de l'esprit bourgeois* (*) (deux volumes, 1927-1930), *Anthropologie philosophique* (*) (1953), *Dialectique de la démocratie* (1932), *Mythes et portraits* (*), collection d'articles publiés après sa mort, en 1947. Bernard Groethuysen a également participé à la fondation de la revue *Mesures* (*). Malgré ses dimensions modestes, cette œuvre, injustement oubliée aujourd'hui, est probablement l'une des plus fraîches et des plus originales du XXe siècle. De Dilthey, Bernard Groethuysen a hérité le souci d'édifier une psychologie de la « compréhension » et une histoire de l'Esprit. L'Esprit est historique, c'est-à-dire changeant, et il importe de saisir l'Esprit dans son historicité. Les recherches de Groethuysen, cependant, l'ont conduit dans une direction qui apparaît singulièrement actuelle après les travaux socio-historiques d'un Philippe Ariès ou les interrogations modernes sur la Révolution. Dans son *Anthropologie philosophique* et dans *Les Origines de l'esprit bourgeois*, Bernard Groethuysen s'efforce de déterminer comment a surgi, en Europe occidentale, la notion d'individualité et celle – apparentée – de « bourgeois ». Cette notion, en effet, paraît propre à la civilisation occidentale. Son surgissement a déterminé dans une large mesure des phénomènes aussi importants que la technologie, le capitalisme et la Révolution française. Dans cette recherche, Groethuysen annonce des travaux qui ne s'imposeront que longtemps après lui, ceux de Lewis Mumford en Amérique, de Philippe Ariès ou même de Michel Foucault en France. Les textes publiés dans *Mythes et portraits*, consacrés à l'enfance, à Hölderlin ou à Kafka, pour ne citer que les plus importants, témoignent également d'une acuité poétique inégalée. Groethuysen n'est pas seulement un philosophe : c'est un très grand écrivain, comme son contemporain allemand Walter Benjamin, auquel il ressemble par certains traits, et un écrivain qui mérite d'être mieux connu.

ANTOINE BERMAN.

GROPIUS Walter. Architecte allemand. Né le 18 mai 1883 à Berlin, mort en 1969 à Boston. Une des figures majeures de l'architecture moderne, fondateur du Bauhaus.

Après des études d'architecture, Gropius entre en 1907 dans l'atelier de Behrens. En 1910, il fonde son propre cabinet d'architecture et d'esthétique industrielle à Berlin, et réalise en 1911 l'œuvre qui inaugure l'ère moderne de l'architecture, les usines Fagus à Alfeld-an-der-Leine ; il dessine aussi des carrosseries de voiture, une locomotive Diesel, des chaises, devenant de la sorte le père du « design ». En 1919, il fonde à Weimar le Bauhaus, qui doit émigrer à Dessau en 1925 : il y construit les bâtiments de l'École du Bauhaus et les maisons individuelles des maîtres ; dans le même temps, il conçoit les immeubles sociaux lamelliformes de Berlin-Siemensstadt et dessine les plans d'un théâtre total avec Piscator (qui ne sera jamais réalisé). Fuyant le nazisme, il s'exile en Angleterre (1934-1937), où il construit l'Impington College en collaboration avec Fry. Commence en 1937 aux États-Unis sa « troisième vie » : il dirige la faculté d'architecture de Harvard et en réalise les nouveaux bâtiments en 1949. En 1945, il fonde la T.A.C. (The Architects Collaborative) en s'associant à huit jeunes architectes américains. Sa dernière réalisation importante est le « Pan American Airways Building » de New York (1958).

Chez Gropius, la théorie et la pédagogie sont inséparables de la pratique. En témoignent son activité à la tête du Bauhaus et ses différents écrits : manifestes et programmes, essais comme *Bauhaus à Weimar* (+) (1923), *Architecture internationale* (+), *L'Œuvre de Gropius* (*) (1925), *La Nouvelle Architecture et le Bauhaus* [*The New Architecture and the Bauhaus*, 1935], textes d'allocutions diverses. La réflexion de Gropius envisage l'architecture comme art total, « embrassant tout l'environnement visible, depuis le simple ustensile jusqu'à la ville complexe » et fondé sur « la communauté de toutes les formes du travail créateur ». Ainsi conçue, l'architecture réconcilie l'artiste et l'artisan, l'art et l'industrie, refusant à la fois « l'art pour l'art » stérile et la soumission aux affaires, et privilégie le travail en équipe : c'est la révolution du Bauhaus. « Produit logique des conditions intellectuelles, sociales et techniques de notre époque », intégrant résolument les acquis de la technique et de la rationalisation, l'architecture ne saurait pour autant oublier que « l'homme doit être au centre de tout planning et urbanisme » et que « la beauté est une nécessité primordiale pour tous ». Pensée qui n'est jamais purement technicienne, mais qui est celle d'un humaniste et d'un démocrate, née du présent et tournée vers l'avenir, et dont l'apport demeure essentiel.

MICHEL VANOOSTHUYSE.

GROSJEAN Jean. Écrivain français. Né le 21 décembre 1912 à Paris. Sa mère meurt alors qu'il a trois ans. Il connaît un parcours scolaire original qui le conduit de l'école primaire au baccalauréat de philosophie en 1933, via une école d'agriculture et le métier d'ajusteur. L'année où il obtient son baccalauréat, il entre au grand séminaire sulpicien d'Issy-les-Moulineaux où il apprend les méthodes modernes d'exégèse biblique. En 1936 et 1937 il séjourne en Syrie, Irak, Palestine et Égypte. Ayant rejoint la France après un bref séjour à Rome, il est ordonné prêtre catholique et reçoit son premier ministère ecclésiastique à Port-à-l'Anglais en 1939, année où il est mobilisé. En 1940, au camp de Sens, il se lie avec André Malraux. Leur amitié durera jusqu'à la disparition de ce dernier. Malraux remettra lui-même aux éditions Gallimard, en 1946, les notes qui deviendront le premier recueil publié par Jean Grosjean, *Terre du temps*. C'est encore lui qui incitera Grosjean, en écho à leurs conversations, à écrire *La Gloire* (*). Grosjean fait la connaissance de Claude Gallimard durant sa captivité en Allemagne, de 1941 à 1942. À son retour à Port-à-l'Anglais, il fréquente les tout premiers prêtres ouvriers. En 1950, il quitte l'Église catholique et se marie. Il commence alors à travailler pour le compte des éditions Gallimard. En 1956, il acquiert dans l'Aube une ancienne ferme, où il résidera à maintes reprises. De 1967 à 1986 Jean Grosjean participe à la direction de *La Nouvelle Revue française* (*). Il demeure ensuite conseiller littéraire auprès des éditions Gallimard.

L'œuvre de l'écrivain comporte quatre veines essentielles : la poésie, la traduction, le commentaire des textes johanniques et le récit. Mentionnons également un recueil d'entretiens (*Araméennes*, 1988) qui livre au lecteur une pensée aussi originale que cohérente et qui éclaire l'œuvre.

Ce sont les poèmes appris à l'école communale qui, aux dires mêmes de Grosjean, l'ont initié à la « puissance du langage ». La découverte de *La Bible* (*) viendra après, mais elle lui apparaîtra comme le seul langage qui le concerne. Son œuvre presque entier semble placé au service du récit biblique. La forme poétique a peut-être fini par lui sembler à cet égard insatisfaisante. Un long intervalle sépare en effet la parution de *La Gloire* (1969) de celle de *La Lueur des jours* (1991), le dernier recueil de poèmes publié, où figurent des textes bien antérieurs à la date de publication. Parurent néanmoins entre-temps des poèmes isolés en revues ou intégrés à des récits. Les recueils antérieurs sont : *Terre du temps* (1946, prix de la Pléiade), *Hypostases* (1950), *Le Livre du Juste* (1952), *Fils de l'Homme* (1954, prix Max Jacob), *Majestés et Passants* (1956), *Austrasie* (1960), *Apocalypse* (1962), *Hiver* (1964), *Élégies* (1967, Prix des critiques).

Les traductions sont essentielles à l'œuvre de Grosjean. « Si Amos avait été écrit [traduit] par Rimbaud et Osée par Verlaine, confie-t-il, j'aurais été quelque farouche lecteur jamais lassé des textes qui lui disent le monde et lui dictent sa vie. » La première de ces traductions, *Les Prophètes*, a paru en 1955. Suivent, pour le domaine biblique : une première traduction des textes johanniques (in *Nouveau Testament*, 1971), une seconde traduction de *L'Évangile selon Jean* (1988) et celle de *La Genèse* (1987). Grosjean a également traduit *Le Marchand de Venise* (*) (1956) de Shakespeare, Eschyle et Sophocle (*Tragiques grecs*, 1967) et *Le Coran* (*) (1979). Aux traductions johanniques se rattache un texte majeur, *L'Ironie christique* (1991), commentaire du quatrième évangile. Il s'agit quasiment d'une œuvre de réécriture qui vise à mettre au jour les ressorts dramatiques de l'original.

Tous les récits de Grosjean, de *Clausewitz* (*) (1972) à *Samson* (1989), centrés à des niveaux divers autour de la figure du Christ, manifestent une conception originale du temps. À l'abstraction de l'histoire se substitue la seule durée que nous puissions connaître, celle d'une vie. Ainsi les personnages du *Messie* (1974) et des *Beaux Jours* (1980), d'*Élie* (1982), de *Darius* et de *Pilate* (*) (1983), de *Jonas*, de *Kleist* (1985) et de *La Reine de Saba* (1987) sont tous contemporains du Christ : l'histoire est un éternel présent qui se déplace. Les récits de Grosjean échappent donc tant au genre historique qu'à la compréhension traditionnelle de *La Bible* comme Grand Récit de l'histoire du monde. Or cette conception s'annonce dès le premier recueil publié : « C'est toujours aujourd'hui, mon fils, depuis que tu es né. »

DOMINIQUE BOURG.

GROSSMAN Vassili [Vasilij Semenovič Grossman, pseud. de Iosif Solomonovič Grossman]. Écrivain russe né le 12 décembre 1905 à Berditchev, mort le 14 septembre 1964 à Moscou. Grossman est né dans une famille d'origine juive, dans une ville d'Ukraine à forte population juive. Son père est chimiste et sa mère professeur de français ; elle lui transmettra son amour pour la littérature française. Il commence des études à Kiev et les termine à la faculté de chimie de l'université de Moscou en 1929, part travailler dans une mine du Donbass, puis en 1933 s'installe à Moscou où il a un poste dans un institut de recherche. Il fait ses débuts en littérature, à laquelle il a toujours rêvé, en 1934 avec le roman *Glückauf* [*Gljukauf*] sur la vie des mineurs. Il l'envoie à Gorki qui, tout en lui reconnaissant des mérites, le critique pour sa vision du monde trop imprécise. Son récit sur la guerre civile *Dans la ville de Berditchev* [*V gorode Berdičeve*, 1934] est publié dans la *Literaturnaja gazeta* la même année et Grossman se lie, grâce à lui, au groupe des « Perevaliens ». Devenant, sur le conseil de Gorki, écrivain professionnel, il écrit dans les années qui précèdent la guerre un grand roman de type historique-révolutionnaire qui correspond au goût du jour. On y voit un jeune ouvrier, Stepan Koltchouguine, devenir révolutionnaire. Interrompu par la guerre, *Stepan Koltchouguine* [*Stepan Kolčugin*] ne sera jamais achevé.

Dès le début de la guerre Vassili Grossman travaille comme correspondant du journal de l'armée Rouge *L'Étoile rouge*. C'est à ce titre qu'il participera à la bataille de Stalingrad et qu'il ira jusqu'à Berlin. Ses articles seront toujours très appréciés par les combattants. C'est également en avançant avec l'armée Rouge qu'il découvrira les camps d'extermination nazis. Il écrit alors un des premiers reportages sur les usines de la mort : *L'Enfer de Treblinka* [*Treblinskij ad*].

Au lendemain de la guerre, Grossman compte parmi les responsables de la préparation d'un volume sur le génocide juif dans les territoires soviétiques occupés par les Allemands. Avec la campagne contre le « cosmopolitisme », l'arrestation et l'exécution de la plupart des membres du Comité juif antifasciste, le *Livre noir,* déjà prêt à être publié, est interdit. Dès 1943, Grossman commence à écrire un roman sur la guerre qui paraîtra en 1952 sous le titre *Pour une juste cause* [*Za pravoe delo*]. Après un accueil favorable, il est violemment critiqué pour ses « erreurs idéologiques » et Grossman craint une arrestation. Le deuxième volet de son roman sur la guerre, *Vie et Destin* (*), est achevé en 1961. Le parallélisme qu'y trace Grossman entre les deux systèmes totalitaires, son affirmation que la valeur suprême, oubliée par les communistes, est la liberté de l'homme rendent son roman impubliable en U.R.S.S. Il est confisqué par le K.G.B. et ce n'est qu'en 1980 qu'il paraîtra en Occident, grâce à des amis qui avaient conservé un exemplaire du manuscrit. L'écrivain ne se relèvera pas de ce coup. Mais pendant les deux années qui lui restent à vivre, il achève *Tout passe...* (*) (publ. posthume 1970), œuvre où le récit (celui d'un homme de retour des camps dans les années 1950) et le discours direct de l'auteur réfléchissant sur la nature du régime et sur l'histoire de la Russie se mêlent dans un livre d'une rare force et d'un rare courage intellectuel. Un séjour en Arménie lui inspire *La Paix soit avec vous* [*Dobro vam,* publ. posthume 1965], une série d'impressions, de croquis, de réflexions qui paraîtront fortement censurés. L'ensemble des œuvres de Grossman ne sera édité en U.R.S.S. qu'avec la perestroïka, entre 1987 et 1989.

On peut s'interroger sur ce qui a transformé un écrivain soviétique, certes de talent, mais dans l'ensemble tributaire de l'idéologie dominante, en l'auteur de *Vie et Destin* et *Tout passe,* deux œuvres qui resteront comme les dénonciations les plus implacables du système soviétique. Il se peut, comme l'avance S. Markish, que ce soit la découverte, pendant la guerre, de l'antisémitisme des deux systèmes totalitaires, qui ait déclenché chez Grossman le processus qui devait le libérer du carcan idéologique dont il était prisonnier.

ALEXIS BERELOWITCH.

GROTIUS Hugo (nom latinisé de Huig van Groot). Écrivain hollandais. Né à Delft le 10 avril 1583, mort à Rostock le 28 août 1645. Homme de culture universelle, qui, après Érasme, représente le plus parfaitement la grande tradition humaniste dans les Pays-Bas, il eut pour maîtres Scaliger, Junius, Dumoulin et étudia à Leyde les lettres, la philosophie, la jurisprudence, la théologie. Extrêmement précoce, à huit ans il composait des vers latins, à quinze ans il accompagna Jan van Olden Barneveldt à la cour d'Henri IV à Paris, à seize ans, il publia des travaux de philologie grecque et latine, et fit sa première harangue sur le forum de La Haye. Sa carrière juridique fut rapide mais vite interrompue : avocat à La Haye en 1598, avocat fiscal général de Hollande en 1607, conseiller de Rotterdam en 1613 et recevant, à ce titre, une pension. Ses convictions libérales et arminiennes le firent s'opposer à l'orthodoxie calviniste et à la maison d'Orange. Entraîné dans la disgrâce d'Olden Barneveldt, il fut condamné à la prison perpétuelle en 1619. Au bout de deux ans, il réussit à s'évader, grâce à l'aide courageuse de sa femme. Sa grande renommée le fit bien accueillir à l'étranger. Louis XIII lui accorda une pension et il demeura en France jusqu'à la mort de Maurice d'Orange. Rentré à Rotterdam en 1631, il en fut de nouveau banni l'année suivante. Après un bref séjour à Hambourg, il se rendit à Stockholm auprès de la reine Christine de Suède, qui le nomma ambassadeur en France (1635-44). Il demanda bientôt à être relevé de sa charge et repartit pour la Suède ; mais, sur la Baltique, une tempête l'obligea à débarquer dans les environs de Dantzig d'où il se fit transporter, malade, à Rostock où il mourut. Grotius a laissé sa marque dans tous les domaines auxquels il s'intéressa ; dans le domaine juridique il fut un des premiers théoriciens modernes du droit naturel et le créateur du droit des gens, avec la *Liberté des mers* [*Mare liberum*, 1608], le *De imperio potestatum circa sacra* et surtout *Le Droit de la guerre et de la paix* (*) (1625) ; en théologie, son écrit apologétique *De veritate religionis christianae* (1627) inaugure cette recherche des éléments rationnels communs à toutes les religions historiques, et dont sortira au siècle suivant la « religion naturelle » ; en exégèse (*Adnotationes ad Vetum et Novum Testamentum*), il anticipe sur les méthodes de comparaison philologiques (suivant en cela Scaliger) et de la critique biblique moderne ; en tant qu'historien il écrivit des *Annales* [*Annales et historiae de rebus belgicis*] et l'*Histoire des Goths, des Vandales et des Lombards* [*Historia Gothorum, Vandalorum et Longobardum*]. Son œuvre littéraire n'est pas moindre, elle comprend des traductions et des travaux sur plusieurs auteurs grecs et latins : Euripide, Théocrite, Aratos de Soles, Stobée, Marcien Capella, Lucain, Sénèque le Tragique ; des *Extraits des tragiques et des comiques grecs* [*Excerpta ex tragoediis et comoediis graecis*], une traduction en vers latins de l'*Anthologie grecque* ; des tragédies chrétiennes : *Adam banni* (+) (1601), ainsi que de très nombreuses poésies latines.

♦ *« Voilà le miracle de la Hollande ! »* Henri IV. ♦ *« Jusqu'ici j'ai préféré Grotius à tous les interprètes* [de l'Écriture Sainte]. *»* Leibniz. ♦ *«* [Un] *pédant qui ne fréquentait que les pédants de l'université. »* Marquis d'Argenson.

RÉF. : Lévesque de Burigny, *Vie de Grotius*, 1752. – O. Carlsen, *Hugo Grotius...*, Taastrup, 1938. – O. Kluge, *Die Dichtung das Hugo Grotius...*, Leyde, 1940. – A. Nelson, *Hugo Grotius, quelques observations*, Upsal, 1952. – J. Ter Meulen, *Bibliographie des écrits sur Hugo Grotius, imprimés au XVIIe siècle*, La Hague, 1961. – G. Fassò, *Vico e Grocio*, Naples, 1971. – W.V. Sotirovich, *Grotius' Universe. Divine Law and a Quest for Harmony*, New York, 1978.

– C.S. Edwards, *Hugo Grotius. The Miracle of Holland*, Chicago, 1981. – P. Haggenmacher, *Grotius et la Doctrine de la guerre juste*, Paris, 1983. – N. Paech, *Hugo Grotius*, Berlin, 1985.

GROUSSET René. Historien et orientaliste français. Né le 5 septembre 1885 à Aubais (Gard), mort le 12 septembre 1952 à Paris. Successivement attaché à la direction générale des Beaux-Arts, puis au musée Guimet, conservateur adjoint de ce musée, conservateur du musée Cernuschi, et secrétaire du *Journal asiatique*, René Grousset, collaborateur de Paul Pelliot et fort averti des recherches et des découvertes des philologues et des archéologues orientalistes, s'efforça de transposer sur le plan de l'histoire universelle les acquisitions récentes faites dans ce domaine. Il a par là largement contribué à l'élargissement du champ de l'histoire et à la meilleure compréhension des civilisations de l'Orient dans une série d'ouvrages qui valent également par leur clarté et même par leurs qualités proprement littéraires : *Histoire de l'Asie* en quatre volumes (1922), *Histoire de l'Extrême-Orient* en deux volumes (1928-29), *Sur les traces de Bouddha, tableau du VIIe siècle bouddhique* (1929), *Les Civilisations de l'Orient* en quatre volumes (1929-30), *Histoire des croisades et du royaume franc de Jérusalem* (*), ouvrage magistral publié en trois volumes de 1934 à 1936 et consacré plus particulièrement aux rapports entre le monde chrétien et les civilisations du Proche-Orient, complété par l'*Histoire de l'Orient latin*, qui fait partie de l'*Histoire générale* (*) de Gustave Glotz, *L'Empire des steppes* (1939) et *L'Empire mongol* (1941) sur les grands conquérants asiatiques, *L'Empire du Levant* (1946) sur le Proche-Orient, pour ne citer que les principaux. René Grousset fut pendant de longues années professeur à l'École des langues orientales vivantes, il était membre de l'Académie française.

GRUBIŃSKI Wacław. Écrivain polonais. Né le 25 janvier 1883 à Varsovie, mort à Londres le 8 juin 1973. Il excelle dans la comédie satirique. Ses pièces aux situations paradoxales et aux dialogues spirituels ont fait de lui entre les deux guerres l'amuseur attitré de l'élite varsovienne, à laquelle il offre à bon compte les plaisirs du raffinement intellectuel et le délicieux frisson de l'immoralité. *La Belle Hélène* [*Piekna Helena*, 1919] ridiculise l'amour, *La Lampe d'Aladin* (*) (1923) est un éloge lyrique de la paresse, et l'atmosphère de *La Pécheresse innocente* [*Niewinna grzesznica*, 1925] ou de *Lola Montes* (1938) n'est pas plus édifiante. Grubiński avait pourtant fait des débuts sérieux avec *La Nuit* [*Noc*, 1904], pièce philosophique publiée avec une retentissante préface de Przybyszewski. Surpris à Lwów en 1939 par la guerre et l'occupation soviétique, Grubiński, qui avait fait jouer en 1921 un *Lénine* qui ridiculise le chef de la révolution d'Octobre, fut arrêté pour antisoviétisme et passa deux ans en prison. Libéré en 1942, il se réfugia à Londres où il vécut encore trente ans, en écrivant non plus pour le théâtre, mais des essais historiques et politiques.

GRYPHIUS Andreas (pseud. d'Andreas Greiff ou Greif). Auteur dramatique allemand. Né le 2 octobre 1616 à Gross-Glaugau (Silésie) où il mourut le 16 juillet 1664, ce poète tragique et comique est une des figures marquantes de la littérature allemande préclassique. Une enfance tourmentée, une santé déficiente, les vicissitudes du temps de la guerre de Trente Ans mirent en lui une tristesse qui ne l'abandonna jamais. Le grand thème du siècle, la fugacité, la vanité de toutes choses terrestres, trouva son expression dans ses sonnets, ses odes, ses discours funèbres et ses tragédies. À dix-huit ans, il se fit connaître par un petit poème latin sur Hérode et le massacre des Innocents. À Dantzig, où il se rendit peu après pour y poursuivre plus tranquillement ses études, il composa ses premières poésies en allemand. En 1639 à Leyde, où il étudiait à l'université et enseignait en même temps les matières les plus disparates allant de la philosophie à la dramaturgie et la chiromancie, il publia les *Sonnets pour dimanches et jours fériés* – v. *Poésies* (*). Avide de connaissances, il trouvait un riche aliment dans cette grande époque de l'humanisme hollandais. Lui qui connaissait à peine les épreuves scolastiques des collèges protestants et les « Haupt und Staatsaktionen » des comédiens ambulants, fut vivement intéressé par le théâtre classique de Hooft, Vondel, Vos. De passage à Paris, il fit la connaissance de celui de Corneille et en Italie celle de la commedia dell'arte et du drame musical. À Florence, il fit imprimer un nouveau poème latin, l'*Olivetum* (*), sur Jésus au mont des Oliviers (1648), qu'il présenta à Venise devant le Conseil de la République. Auparavant déjà, suivant l'exemple donné par Tansillo dans *Les Larmes de saint Pierre* (*), il avait retracé dans une suite de chants une rapide histoire de la Passion du Christ (*Thähnen über das Leiden Jesu Christi*). Sur le chemin du retour, à Strasbourg, il composa sa première tragédie, *Leo Armenius*, où la mélancolie provoquée par la brièveté des choses humaines, qui rendait son lyrisme si sombre, était encore accrue par le jeu des personnages historiques disparus. De retour dans sa patrie (où il remplit, jusqu'à sa mort, d'importantes fonctions), il mit en scène le drame d'une reine martyre, *Catherine de Géorgie* (*) (1647-50 ?), puis d'un roi supplicié : *Charles Stuart ou le Roi assassiné* (*) (1649), drame qui traitait d'un événement récent de l'histoire d'Angleterre, et *Papinianus* (1659), dans lesquels le héros patient vainc par sa constance l'inconstance du destin, en payant stoïquement cette victoire de sa vie ; Catherine est martyre de sa foi comme Charles Stuart l'est de la royauté et Papinianus de la justice :

tous ces héros préfigurent à leur manière le héros schillérien qui fait triompher en mourant son propre idéal. *Cardénio et Célinde* (*) occupe une place à part ; cette tragédie tirée d'une nouvelle connue en Italie, se situe dans une ambiance bourgeoise et universitaire, elle a été très appréciée des romantiques Arnim et Immermann qui la réadaptèrent à l'époque moderne. Même sur la scène tragique, Gryphius demeurait un moraliste élégiaque, il continuait à prêcher une renonciation ascétique avec une rhétorique imaginative et solennelle caractéristique de l'âge baroque. Gryphius ne reniait pas le sérieux profond de sa nature dans aucune de ses comédies : *Absurda comica* ou *Peter Squentz* (*), nouvelle version du *Songe d'une nuit d'été* (*) de Shakespeare, *Horribilicribrifax*, moderne Miles gloriosus – v. *Le Soldat fanfaron* (*) de Plaute –, *Le Miracle de l'amour fidèle* [*Wunder treuer Liebe*], dans lesquelles la vanité humaine est, avec toute la méprisante supériorité du sage, représentée comme une folle présomption. Toutefois, *L'Églantine bien-aimée* (*), qui fut représentée en 1660, alternée avec une autre comédie, *Le Fantôme amoureux* (*), est une agréable esquisse de la vie paysanne.

♦ *« La muse de Gryphius s'essaya dans tous les genres de poésie ; mais elle le plaça au premier rang des poètes de son temps par ses productions dramatiques... »* Michaud. ♦ *« Gryphius, érudit et voyageur, emprunte aux Français les trois unités et aux Grecs le chœur pour créer un théâtre lyrique et baroque, où éclate un pessimisme que l'on pourrait déjà qualifier de romantique. »* F. Angelloz. ♦ *« Gryphius est le meilleur protagoniste du baroque en poésie, de l'antithèse violente, du pathétique tendu à l'excès, du style à panache et à volutes... »* G. Bianquis.

RÉF. : Louis-G. Wysocki, *Andreas Gryphius et la tragédie allemande au XVIIe siècle*, Paris, 1893. – W. Mauser, *Dichtung, Religion und Gesellschaft im 17. Jh. Die « Sonnette » des A. Gryphius*, Munich, 1976. – H. Steinhagen, *Wirklichkeit und Handeln im barochen Drama. Studien zum Traverspiel des A. Gryphius*, Tübigen, 1977. – E. Mannach, *Andreas Gryphius*, Stuttgart, 1986.

GUARDINI Romano. Théologien catholique allemand, d'origine italienne. Né le 17 février 1885 à Vérone, mort le 1er octobre 1968 à Munich. Né de parents italiens, Guardini arrive en Allemagne à l'âge de un an et ne la quittera plus. Après des études à Munich, Tübingen et Fribourg, il se retrouve à Mayence. Après la guerre, il fonde le mouvement de jeunesse catholique « Quickborn » (Fontaine de jouvence) et édite une revue. En 1922, il obtient l'habilitation de théologie. Il n'a pas la chaire souhaitée de « Philosophie catholique » [Katholische Weltanschauung] à l'université de Berlin, mais y enseigne néanmoins, tout en étant titulaire de la chaire de théologie de Breslau. En 1945, il enseigne à Tübingen et en 1948 à Munich.

L'œuvre abondante de Guardini se veut une « interprétation du monde à partir de la foi ». Il est possible d'en distinguer quatre moments qui correspondent grosso modo à la chronologie. Le premier, celui des années 20, comprend des écrits qui tentent d'approfondir la question de l'existence religieuse à partir d'une interrogation sur la liturgie : *L'Esprit de la liturgie* (*) date de 1918. Un second groupe d'ouvrages constitue une approche systématique de la théologie biblique pour mieux cerner l'essence de la vie chrétienne. Au centre de cette recherche se trouve le texte *Monde et Personne* (+) (1939), dans lequel le propos de Guardini est d'élucider cette « seule et unique pensée, à savoir que l'homme n'existe pas en tant que bloc de réalité clos ou en tant que forme qui se suffit à elle-même et qui se développe d'elle-même, mais qu'il est tourné vers ce qui vient à sa rencontre ». Ces travaux s'efforcent en outre de faire strictement le départ entre le phénomène religieux en général et la foi chrétienne en particulier. Cette procédure de « différenciation » s'appuie sur une information en histoire de la religion aussi riche que nuancée. Dans un troisième groupe de textes, la recherche de Guardini porte sur la problématique chrétienne d'un certain nombre de vies et d'œuvres exemplaires, et se conçoit comme une « interprétation » ; il s'agit en quelque sorte de mettre les principes chrétiens fondamentaux à l'épreuve des existences concrètes : *L'Homme et la foi, essais sur l'existence religieuse dans les grands romans de Dostoïevski* [*Der Mensch und der Glaube, Versuche über die religiöse Existenz in Dostojewskis grossen Romanen,* 1933], *Hölderlin, vision du monde et religiosité* (*) (1939), *La Mort de Socrate* (*) (1943), *De la mélancolie* (*) (1949), *L'Interprétation de l'existence chez Rilke* [*Rilkes Deutung des Daseins,* 1953], œuvres qui débouchent sur une interrogation plus générale concernant *L'Essence de l'œuvre d'art* [*Über das Wesen des Kunstwerks,* 1947]. Les derniers essais de Guardini, comme *La Fin des temps modernes* (*) (1950) ou *Souci pour l'homme* [*Sorge um den Menschen,* 1962], témoignent d'un intérêt pour l'histoire et la politique en prenant position sur des questions comme la figure du « Führer », le rôle du mouvement de résistance ou le problème juif.

MICHEL VANOOSTHUYSE.

RÉF. : H. Kuhn, *Romano Guardini, Der Mensch und das Werk,* Munich, 1961. – H. R. Schlette, *Romano Guardini, Werk und Wirkung,* Bonn, 1973. – E. Biser, *Interpretation und Veränderung. Werk und Wirkung Romano Guardini,* Munich, 1979. – J. Ratzinger, *Wege zur Wahrheit. Die bleibende Bedeutung von Romano Guardini,* Düsseldorf, 1985.

GUARESCHI Giovanni (ou **Nino**). Journaliste et écrivain italien. Né à Parme le 1er mai 1908, mort à Milan le 22 juillet 1968. Son nom s'attache d'abord à la large floraison de publications humoristiques, et vaguement frondeuses, qui caractérise la fin des années 30 dans l'Italie fasciste : il fonde notamment *Bertoldo,* puis *Candido,* qui connaîtront l'un et l'autre un vaste succès, et imposeront son nom. Dans l'après-guerre, son esprit de polémique va lui procurer de graves ennuis : ayant publié des documents contre le premier ministre Alcide de Gasperi, qu'il croyait authentiques et qui se révèlent faux, il va faire une année de prison. Or cela n'entraînera aucunement sa chute, souhaitée par ses nombreux adversaires, mais sera, au contraire, au point de départ de son grand succès : il entreprend, en effet, la série de ses *Don Camillo*, quatre volumes, entre 1948 et 1964 — v. *Le Petit Monde de Don Camillo* (*) — dont les épisodes deviendront fort populaires grâce aux films célèbres, interprétés notamment par Fernandel et Gino Cervi ; ces épisodes transcrivent, sur une échelle villageoise, le combat que se livrent à Bologne le cardinal Lercaro et le maire communiste de la ville.

GUARINI Gian Battista. Poète italien. Né à Ferrare (Emilie) le 10 décembre 1538, mort à Venise le 7 octobre 1612. Il était l'arrière-neveu de l'humaniste Guarino Guarini, qu'il ne faut pas confondre avec l'architecte du même nom. Encore qu'il se soit exercé en plus d'un genre, l'histoire littéraire a particulièrement retenu sa tragi-comédie en vers, *Le Berger fidèle* (*). Après avoir étudié à Ferrare et à Padoue, il occupa, à partir de 1557, la chaire de poétique et de rhétorique à l'université de Ferrare, devint secrétaire, puis président de l'académie des « Éthérés », fondée à Padoue en 1563 par Scipion de Gonzague, et demeura de longues années (1567-1588) au service du duc Alphonse II d'Este, comme gentilhomme de la Cour. Il occupa des charges diverses à la cour de Ferrare, accomplit de nombreuses missions diplomatiques à Turin auprès d'Emmanuel-Philibert de Savoie (1570), à Venise (1572), à Rome et, à deux reprises, en Pologne (1574-1575). Ces dernières sont évoquées dans son *Discours sur les choses de Pologne* [*Discorso sulle cose di Polonia*] ; il devint secrétaire du duc en 1585. Obligé de se démettre de cette fonction, il passa successivement au service de Vincent de Gonzague (1592), des Médicis (1599), des ducs d'Urbino (1602-1604) et, une fois encore, de la maison d'Este. Retiré des affaires publiques (1606), Guarini passa ses dernières années dans la solitude. Guarini et le Tasse, qu'une étroite amitié unissait alors qu'ils se trouvaient tous deux à la même Cour, nous apparaissent le plus souvent comme des rivaux en poésie, et certes, *Le Pasteur fidèle,* composé entre 1580 et 1583, est incontestablement, à côté de l'*Aminta* (*) du Tasse, une des meilleures œuvres et une des plus caractéristiques du genre, dans la seconde moitié du XVIe siècle. *Le Pasteur fidèle* fit l'objet d'une polémique à laquelle l'auteur répondit par deux écrits, *Verato primo* (1588) et *Verato secondo* (1593), refondus plus tard dans le *Compendium de la poésie tragi-comique* [*Compendio della poesia tragicomica,* 1601]. On doit également à Gian Battista Guarini des *Lettres* [*Lettere,* 1593], deux comédies en prose, *Le Secrétaire* [*Sponsalizio*] et *L'Hydropique* [*Idropico,* 1609], un recueil de poésies, *Rimes* [*Rime,* 1598], et un *Traité de la liberté politique* [*Trattato della politica libertà,* 1955-1600].

DANIELE MATTALIA.

RÉF. : V. Rossi, *Battista Guarini ed « Il pastor fido »,* Turin, 1866. — G. Toffanin, *La fine dell'unanesimo,* Turin, 1920. — L. Olschki, *G.B. Guarini « Pastor fido » in Deutschland,* thèse, Leipzig, 1908. — S. Pasquazi, *Gian Battista Guarini*, Milan, 1958. — D. Battaglin, *Il linguaggio tragicomico del Guarini e l'elaborazione del « Pastor fido »,* Padoue, 1970. — D. Dalla Valle, *Pastorale barocca. Forme e contenuti del « Pastor fido » al dramma pastorale francese,* Ravenne, 1973. — N.J. Parella, *The Critical Fortune of B. Guarini's « Il pastor fido »*, Florence, 1973.

GUARINI Guarino. Architecte italien. Né le 17 janvier 1624 à Modène, mort le 6 mars 1683 à Milan. À quinze ans, il entra comme novice au couvent des théatins de Saint-Silvestre à Rome où il resta jusque vers 1645. Revenu à Modène il fut nommé lecteur de philosophie à l'université, puis appelé à collaborer avec Castigni, architecte des théatins, aux travaux de l'église Saint-Vincent. Il se rendit ensuite à Parme, Guastalla, Messine, où il travailla à la construction de nombreuses églises.

Appelé à Paris par les théatins, Guarino Guarini entreprit l'édification de l'église de Sainte-Anne-la-Royale qui, terminée au siècle suivant par Liéven, devait être démolie en 1823, et enseigna la théologie. Revenu en Italie, il fut chargé de la construction de l'église Saint-Laurent de Turin, et il construisit la chapelle du Saint-Suaire, qui reste son chef-d'œuvre. Son intense activité architecturale se termine avec son retour à Modène en 1680. Son art devait influencer fortement l'architecture du XVIIIe siècle des autres pays.

Guarino Guarini s'intéressa en outre à la théologie, à la philosophie, à l'astronomie et aux mathématiques ; on peut le considérer comme un précurseur de Monge, pour l'établissement des fondements de la geometrie descriptive. Parmi ses nombreux ouvrages, on peut citer *Placita philosophica* (1665), *Caelestis Mathematicae Pars prima et secunda* (1683), le *Traité sur les fortifications* (1676), *Dessins d'architecture civile et ecclésiastique* (1686), et enfin la plus connue de ses œuvres, *Architecture civile* (*), publiée après sa mort.

RÉF. : A. Félibien, *Histoire de la ville de Paris,* t. II, 1725. — Marcel Reymond, *Architecture italienne du XVIIe siècle,* in tome VI de l'*Histoire de l'art* d'André Michel, 1921. — Mario Labò, article *Guarini* in tome XVIII de l'*Enciclopedia Italiana* de Treccani, Milan, 1933.

ǦUBRĀN Khalīl Ǧubrān. Écrivain et artiste libanais. Né à Bcharré (Nord-Liban) le

6 janvier 1883, mort à New York le 10 avril 1931. Khalīl Ǧubrān est l'aîné (et le seul garçon) d'une famille modeste. Le père, collecteur d'impôts, n'est pas une personnalité exceptionnelle : il boit, pratique le jeu, et est plutôt colérique. À l'opposé, la mère est calme et équilibrée, douce et compréhensive. Fille du prêtre du village, elle est mélomane et cultivée. Très tôt elle perçoit les talents artistiques exceptionnels de son fils et fera beaucoup, par ses conseils et ses critiques, pour qu'il les cultive. Jusqu'à sa mort, en 1903, elle aura sur son enfant, qui lui voue un véritable culte, une influence considérable. Khalīl Ǧubrān passe entre les prairies verdoyantes, les montagnes altières et les forêts sombres et mystérieuses du Nord-Liban une enfance paisible et solitaire qu'il occupe par de longues heures de rêverie et de dessin au fusain.

En 1895 la famille de Khalīl Ǧubrān, à la notable exception du père (qui aurait été incarcéré pour des malversations), quitte le Liban pour les États-Unis d'Amérique, pays vers lequel s'expatriaient alors de nombreux Syro-Libanais fuyant la misère et le joug des Turcs ottomans. Les Ǧubrān s'installent à Boston. Commencent alors pour le jeune homme des années difficiles, la précarité des conditions de vie matérielle s'ajoutant à l'indifférence, voire à l'hostilité du milieu. Cependant, ses talents artistiques sont vite remarqués, lui ouvrant certaines portes et lui assurant quelques précieuses et stimulantes amitiés. En 1898, Khalīl Ǧubrān est renvoyé au Liban, officiellement pour y réapprendre l'arabe, officieusement pour mettre fin à une relation amoureuse qui inquiète la famille. Après un bref séjour à Paris en 1901, Ǧubrān retourne à Boston en 1902 et va y subir, en moins de deux ans, les chocs successifs de la perte d'une de ses sœurs, de son demi-frère plus âgé que lui et qui était pratiquement son tuteur, puis de sa mère vénérée. À ces deuils terribles s'ajoute une situation matérielle difficile qui oblige le jeune homme à négliger ses activités artistiques et littéraires pour assurer sa subsistance. Heureusement, le hasard met sur le chemin de Khalīl Ǧubrān une femme de cœur, Mary Haskell, responsable d'une institution d'enseignement, et qui sera désormais pour l'artiste un véritable ange gardien. Aidé matériellement et soutenu moralement, Khalīl Ǧubrān va pouvoir donner toute sa mesure : en 1905 il publie (en arabe) *La Musique* [*Al-mūsīqā*], suivie en 1906 des *Nymphes des prairies* [*'arā'is al-murūǧ*]. Ces textes touchent les lecteurs arabes par la qualité de leurs thèmes. Mais, lorsqu'en 1908 paraissent *Les Âmes révoltées* [*Al-'arwāh al-mutamarrida*], les autorités politiques et religieuses au Liban les mettent à l'Index en raison de leur contenu révolutionnaire. De 1908 à 1910, Khalīl Ǧubrān retourne à Paris pour y étudier les beaux-arts. Il y découvre, dans le domaine artistique les œuvres de Blake et Rodin, et dans le domaine philosophique la pensée de Nietzsche, qui va exercer sur lui une influence profonde. À son retour aux États-Unis, Ǧubrān s'installe à New York. Il publie en 1912 *Les Ailes brisées* [*Al-'ağniḥa al-mutakassira*] qu'il avait commencées avant son départ pour Paris, puis en 1914 *Larme et Sourire* [*Dam'a wa-btisāma*], en 1919 *Les Processions* [*al-mawākib*] et en 1920 *Les Tempêtes* (*). Entre-temps il a commencé également à écrire et à publier en anglais : par exemple, en 1918, *Le Fou* [*The Madman*]. Mais c'est avec *Le Prophète* (*), publié en 1923, qu'il conquiert un véritable public américain puis, plus largement, occidental. En 1920, Khalīl Ǧubrān fonde avec d'autres écrivains originaires du Croissant fertile une association des écrivains, *Al-rābiṭa al-qalamiyya*, qui se propose à la fois de publier les écrits littéraires des auteurs arabes vivant aux États-Unis et de faire connaître au lecteur arabe, par des traductions, des ouvrages occidentaux de première importance. Ils veulent ainsi contribuer au renouveau de l'arabe. Cette « école américaine » dite « école de l'exil » [madrasat al-mahğar] aura une influence considérable sur nombre de jeunes écrivains du monde arabe. Ǧubrān continuera, sans relâche, malgré une santé fragile, d'écrire jusqu'à sa mort survenue en 1931. Sa dépouille, transférée au Liban, y reçoit des funérailles nationales.

DJAMEL EDDINE KOULOUGHLI.

GUÉHENNO Jean. Écrivain français. Né à Fougères (Ille-et-Vilaine) le 25 mars 1890, mort à Paris le 23 septembre 1978. On l'a parfois appelé le « fils du cordonnier de Fougères » comme Péguy était celui de la « rempailleuse de chaises d'Orléans ». Mais parler de cordonnier fait penser à l'artisanat, alors que c'est d'une condition ouvrière misérable que nous a entretenus Guéhenno dans plusieurs de ses livres, notamment dans *Changer la vie* (*) (1961). Qu'est-ce que la vraie misère ? La peur d'avoir faim. Les parents de Guéhenno réussirent pourtant à envoyer leur fils au collège, jusqu'à sa quatorzième année. Il rata l'examen des bourses, mais ne se découragea pas. Devenu petit employé, il décida de préparer tout seul son baccalauréat. Il n'avait guère plus de quinze ans quand éclata la grève des ouvriers de la chaussure. Il en fut vivement impressionné et se demanda si se plonger dans les livres n'était pas trahir ceux qui luttaient pour une vie simplement acceptable. Il a parlé d'un véritable déchirement. Il choisit finalement de continuer ses études. C'est après son baccalauréat qu'il obtint une bourse au lycée de Rennes et put préparer Normale où il fut reçu. Une brillante carrière universitaire commençait. Elle allait être rapidement interrompue par la guerre. Cinquante ans après, Guéhenno publierait *La Mort des autres* et n'hésiterait pas à dire : « Il est clair désormais depuis longtemps que nos camarades ne sont morts que parce que l'Histoire est souvent bête et criminelle, et ce cinquantenaire ne peut être que la commémoration de la sottise et du crime. » Fidélité au petit peuple dont il est sorti et fidélité aux camarades morts à la guerre sont partout présentes dans l'œuvre et la vie de Guéhenno. Elles expliquent ses engagements politiques dans l'entre-deux-guerres et son travail à la revue *Europe* (*).

Grand universitaire, Jean Guéhenno s'interrogeait dès la fin des années vingt sur la valeur des humanités : ne s'agissait-il pas en effet de bienfaits destinés à quelques-uns ? Mais le problème de l'éducation, répondait-il, n'est pas le même que celui de la culture en soi. La culture ne peut être l'apanage d'un groupe d'hommes : elle est une force éternellement révolutionnaire. Il se plaçait dans la descendance de Michelet auquel il a rendu un bel hommage dans son premier livre : *L'Évangile éternel* (*) (1927), que suivit *Caliban parle* (*) (1928). Il n'a jamais renié les hautes valeurs du passé et a vécu entouré d'écrivains classiques. On lui doit notamment une grande biographie de Rousseau : *Jean-Jacques* (*) (1948-1950). Mais son engagement dans le siècle est attesté par les livres tels que *Journal d'un homme de quarante ans* (*) (1934), *Journal des années noires* (1940-1944) (*) (1946), *Sur le chemin des hommes* (*) (1959), *Ce que je crois* (*) (1964). Il termina sa carrière universitaire comme inspecteur général de l'Éducation nationale et fut élu à l'Académie française en 1962.

JACQUES BRENNER.

GUÉNON René Jean Marie Joseph. Philosophe français. Né à Blois le 15 novembre 1886, mort au Caire le 7 janvier 1951. Après des études au lycée de sa ville natale, pendant lesquelles il montra des dispositions spéciales pour les sciences mathématiques, Guénon vint, en octobre 1904, à Paris pour y préparer une licence de mathématiques. Dès son premier contact avec la vie intellectuelle parisienne, il se passionna pour la recherche de la « science cachée », philosophie autant que métaphysique, à laquelle il consacra la majeure partie de sa vie. Après avoir suivi les cours de l'École supérieure libre des sciences hermétiques fondée par Papus, il se fit initier au martinisme et s'affilia à certaines obédiences relevant plus ou moins de la franc-maçonnerie. Il fut également l'un des membres les plus en vue de l'Église gnostique dont il fonda et dirigea sous le pseudonyme de Paligénius la revue *La Gnose*. C'est dans cette publication que parurent, entre 1909 et 1911, ses ouvrages : *L'Homme et son devenir selon la Vedānta* (publié en volume en 1925) et *Le Symbolisme de la Croix* (+) (paru en volume en 1934). On a souvent reproché à René Guénon sa versatilité apparente ; au début de sa vie parisienne, il ne quittait une association que pour s'affilier à une autre. Or, ce faisant, il ne recherchait qu'une chose : la connaissance ; aussi, lorsqu'il voyait qu'il était arrivé à connaître tout ce qu'une société initiatique avait à lui apprendre, il s'en détournait et passait à une autre, sentant que, si la plupart de ces sociétés avaient conservé un certain dépôt de connaissances traditionnelles, ce dernier était dans chaque cas insuffisant pour permettre aux impétrants d'atteindre à une connaissance initiatique complète.

Dans les années 1909-1911 Guénon, n'ayant pas trouvé en Occident une initiation suffisamment complète pour reconstituer une somme métaphysique traditionnelle, se tourna vers l'étude des doctrines d'Extrême-Orient, puis vers l'initiation islamique (selon l'enseignement des « sufis »), initiation qui lui fut régulièrement conférée en 1912 par le cheikh Abderrahman Elish el-Kébir. C'est également en 1912 que Guénon se maria pour la première fois avec une jeune fille de Blois. En 1913-1914 il publia, sous le pseudonyme « Le Sphinx », dans la revue *La France antimaçonnique*, un certain nombre d'articles touchant à l'histoire de la franc-maçonnerie. Réformé, il ne prit point part à la guerre de 1914-1918, mais ses revenus ayant fondu dans le bouleversement économique né de celle-ci, il se vit dans l'obligation d'entrer dans l'enseignement libre et d'accepter, pendant cinq ans, des postes de professeur de philosophie dans différentes institutions. En 1921, il publia son *Introduction générale à l'étude des doctrines hindoues* (*) et *Le Théosophisme, histoire d'une pseudo-religion*. Ces livres furent suivis par : *L'Ésotérisme de Dante* (1925) et *La Crise du monde moderne* (*) (1927).

Ayant perdu sa femme en 1928 et n'ayant plus d'attaches familiales en France, René Guénon décida, en 1930, de partir pour l'Égypte, où il vécut sous son nom arabe d'Abd el Wahed Yahia et où il se remaria, en 1934, avec la fille aînée du cheikh Mohammed Ibrahim. C'est en Égypte qu'il composa les livres suivants (publiés à Paris) : *Les États multiples de l'être* (1932), *La Métaphysique orientale* (1939), *Le Règne de la quantité et les signes des temps* (*) (1945) et *La Grande Triade* (1946). D'autres livres furent composés, à partir de 1946, en recueillant les articles de Guénon dispersés dans différentes revues et principalement dans les *Études traditionnelles*.

ALEXANDRE LABZINE.

♦ *« Que serait-il advenu de moi si j'avais rencontré les livres de René Guénon au temps de ma jeunesse... N'importe ! Ces livres sont remarquables et m'ont beaucoup instruit, fût-ce par réaction. »* André Gide. ♦ *« René Guénon, c'est sa grandeur, n'a jamais trahi la pensée hindoue au profit des besoins particuliers de la philosophie occidentale. »* René Daumal. ♦ *« Avec une fermeté de pensée, une solidité de doctrine, une clarté d'expression et une rare puissance de logique et de pénétration, René Guénon a consacré sa vie à nous faciliter l'accès de tous les temples où se conserve encore, dans l'univers entier, la lumière de l'Esprit et de la Connaissance. »* Mario Meunier.

RÉF. : Numéros spéciaux consacrés à René Guénon : *Études traditionnelles*, juillet à novembre 1951 ; *France-Asie*, Saigon, janvier 1953. – P. Sérant, *René Guénon*, 1953. – A. Desllets, *René Guénon : index, bibliographie*, Laval, 1977. – J. Robin, *René Guénon : témoin de la tradition*, Paris, 1978 ; *René Guénon : la dernière chance de l'Occident*, Paris, 1983. – C. Andruzac, *René Guénon : la contemplation métaphysique et l'expérience mystique*, Paris, 1980. – R. Alleau, M. Scriabine, *René Guénon et l'actualité de la pensée traditionnelle*, Croissy-Beaubourg (77), 1981. – D. Roman, *René Guénon et les destins de la franc-maçonnerie*, Paris, 1982. – P.-M. Sigaud, *René Guénon*, Paris, 1984. – « René Guénon », in *Cahiers de l'Herne*, n° 49, dir. J.-P. Laurant, P. Barbanegra, Paris, 1985. – C.-A. Gilis, *René Guénon et l'avènement du troisième sceau*, Paris, 1991.

GUERICKE Otto von. Physicien allemand. Né à Magdebourg (Saxe) le 20 novembre 1602, mort à Hambourg le 11 mai 1686. Après avoir étudié le droit et les mathématiques en Allemagne et à Leyde, il voyagea en France et en Angleterre. En 1646, il devint bourgmestre de sa ville natale. Son occupation préférée était la recherche scientifique, notamment dans le domaine de la pneumatique. Incité par les découvertes de Galilée, de Pascal et de Torricelli, il tenta de réaliser le vide et inventa en 1650 la pompe aspirante. Puis il étudia l'électrostatique et observa quelques phénomènes lumineux. En outre, il construisit un baroscope et prouva que la combustion ne peut se faire dans un milieu privé d'air ; enfin, ses recherches astronomiques l'amenèrent à découvrir la périodicité des comètes. On trouve ses principales observations dans l'ouvrage qu'il publia en 1672 : *Expériences nouvelles dites de Magdebourg sur l'espace vide* (*). On lui doit aussi une *Histoire du siège et de la prise de Magdebourg* [*Geschichte der Belarung und Eroberung von Magdeburg*]. C'est en 1681 qu'il se retira à Hambourg, où il mourut.

GUÉRIN Charles Louis Joseph Augustin. Poète français. Né le 29 décembre 1873 à Lunéville (Meurthe-et-Moselle), mort dans cette même ville le 17 mars 1907. Il fit ses premières études au collège Saint-Pierre-Fourier de Lunéville, puis au collège Saint-Sigisbert de Nancy. Une très large aisance lui permit de se consacrer entièrement à la poésie, aux études d'art, à des lectures très nombreuses et très diverses ; il acquit ainsi de bonne heure une vaste érudition. Vers sa seizième année, il composa un recueil de sonnets intitulé *Les Perce-Neige,* qui devinrent ensuite *Les Roses noires,* pour prendre, en 1893, le titre définitif de *Fleurs de neige,* œuvre qui se ressent fortement de la lecture que fit l'auteur des poètes symbolistes et qu'il signa d'un pseudonyme anagrammatique, Heirclas Rügen. Rodenbach, à qui il emprunte une des épigraphes, devait devenir le premier maître de Guérin et préfacer son volume plus compact *L'Agonie du soleil (Joies grises)* (1894), à la fin duquel Guérin adoptait nettement les théories de la poésie et de la prosodie nouvelles et se déclarait « décadent ». Cet ouvrage, plus curieux que vraiment original, fut suivi d'un ensemble plus important, *Le Sang des crépuscules* (1895), dédié en partie à Rodenbach, en partie à Mallarmé, qui, voyant en Guérin un poète d'avenir, lui avait donné un avant-dire de quelques lignes élogieuses. Un bon tiers de cette œuvre est formé de poèmes déjà personnels, puissants et suaves, mais que Guérin ne jugea pas dignes d'une réimpression. Dès 1896 furent composées les premières pages du *Cœur solitaire* (*) (1898), qui classera Guérin parmi les plus importants poètes de sa génération. Ce fut au cours d'un voyage dans le Sud-Ouest, jusqu'à Biarritz (où il effectua de fréquents séjours et découvrit la mer, l'une de ses plus puissantes sources d'inspiration), que Guérin rendit visite à Francis Jammes, puis lui adressa, comme remerciement de son accueil à Orthez, l'admirable pièce : *Ô Jammes, ta maison ressemble à ton visage,* une des plus simplement émouvantes qu'ait jamais dictées l'amitié. De la fin de l'année suivante, au cours de laquelle il fit de nombreux séjours en Allemagne, en Italie, à Londres, date la grande élégie de *L'Éros funèbre,* qui, d'abord imprimée dans la revue *L'Ermitage,* puis en plaquette sous ce même titre, ouvrira *Le Semeur de cendres.* Ce second grand livre de Guérin, d'abord intitulé *L'Inquiétude du siècle,* parut en 1901 au *Mercure de France* (*), revue à laquelle Guérin collaborait depuis six ans. Son art y était devenu plus classique et plus ample, son inspiration avait mûri. Il se peut que le poète ait trop écouté les conseils périlleux de l'excellent Heredia, auquel il devait son entrée à *La Revue des Deux Mondes* (*) et qui allait lui faire décerner, en première ligne et avant Anna de Noailles, un grand prix académique (1902). Toutefois le retour à une facture plus stricte ne paralysa nullement la sensibilité de ce jeune maître.

Cependant l'inquiétude, qui était au fond de sa nature ardente, scrupuleuse, sincèrement consciente de la faiblesse humaine, conduisait ce perpétuel rêveur, intimement attaché néanmoins à ses traditions lorraines, de pays en pays, « de ville en ville » afin d'y « user son spleen » ; après de fréquents retours parmi les siens, qu'il adorait, il allait demander au soleil de Provence un réconfort dont avait besoin sa santé déjà déclinante. Barrès l'appelait « un grand poète de sa petite patrie », et lui promettait sa voix au scrutin suivant sous la Coupole. Une nouvelle édition, très augmentée et remaniée, du *Cœur solitaire* parut en 1904. Dans l'intervalle, Guérin préparait son troisième grand livre, *L'Homme intérieur,* qui vit le jour en 1905. Une sorte de durcissement, qui confine simultanément à l'ascèse et au stoïcisme, imprègne cette suite de poèmes austères, mais encore nourris de sève, de grave mélancolie, de doute et d'espoir alternés ; la forme en est parfois trop châtiée, la pensée trop philosophique ; mais on y trouve de lumineux paysages, de douloureuses confidences, et une maturité, une force que bien des poètes pouvaient envier à celui que ses contemporains plaçaient au premier rang, aux côtés d'Henri de Régnier et de Francis Jammes. Mais cet être entre tous discret, réservé, et qui ne confiait son drame qu'à la poésie qui le brûlait et demeurait pourtant sa seule raison de vivre, d'aimer et de croire, sentit bientôt ses forces décroître. Un séjour de plusieurs mois à Saint-Moritz, dans l'Engadine, coupé d'un voyage en Italie (où il alla s'incliner sur les tombes de Shelley et de Keats, ses frères spirituels), ne parvint pas à revigorer un organisme déjà cruellement atteint par la phtisie. Rentré brusquement à Lunéville, en février 1907, il y fut terrassé, le 17 mars, par une congestion cérébrale.

YVES-GÉRARD LE DANTEC.

♦ *« Je jette un regard en arrière et, embrassant la vie de Charles Guérin, je me dis qu'il n'y eut jamais un poète aussi douloureux que lui. Pour que cette opinion soit intéressante, il faut la prendre au pied de la lettre. »* Francis Jammes. ♦ *« La nature et l'amour l'ont déçu ; son art ne l'a pas consolé ; son orgueil, qui était grand, n'a pas comblé son cœur, ses velléités d'action sont restées vaines ; il n'a pas su fonder le foyer qu'il souhaitait ; incapable de supporter sa solitude et son angoisse, il a tourné son regard vers l'Infini et s'est réfugié en Dieu après l'avoir longtemps appelé et désiré. »* A. de Bersaucourt. ♦ *« L'amitié de Guérin était une chose rare et délicieuse ; on y gagnait de la noblesse et de la douceur ; lui, cœur inquiet, devait peut-être à ses amis quelques moments de repos. »* Jean Viollis.

RÉF. : Maurice Gauchez, *Charles Guérin,* Bruxelles, 1907. — Fernand Baldensperger, *Charles Guérin et son œuvre lyrique,* Paris, 1920. — Philippe Quinche, *Les Thèmes principaux de l'œuvre poétique de Charles Guérin,* thèse, Zofingue, 1945. — « Hommage à Charles Guérin », *Points et Contrepoints,* n° 111, 1974.

GUÉRIN Eugénie de. Femme de lettres française. Née au château du Cayla à Andillac (Tarn) le 19 janvier 1805, morte au même endroit le 31 mai 1848. Sœur de Maurice de Guérin, elle s'attacha à recueillir l'œuvre de son frère, auquel elle porta toute sa vie un amour exceptionnel bien qu'ils aient vécu séparés la plus grande partie de leur existence. Mais, comme l'écrit François Mauriac : « On ne peut avoir poussé plus loin qu'elle le parti de vivre cœur à cœur avec quelqu'un qui n'est pas là. » Elle perdit sa mère, qui fut sa véritable éducatrice, à l'âge de quatorze ans, et passa le plus clair de son temps dans sa province, en contact avec la nature. Profondément croyante, voire mystique — elle faillit entrer en religion —, elle demanda à la méditation de lui fournir les ressources intérieures nécessaires pour échapper à l'ennui que lui imposait la vie dans une province retirée. De loin, elle s'inquiète de son frère, voudrait sauver son âme des dissipations parisiennes auxquelles il se trouve mêlé. Elle tremble encore quand se marie Maurice de Guérin — elle vient alors à Paris et rencontre l'ami de son frère, Barbey d'Aurevilly. Écrivain au style naturel (dont elle ne fit jamais état), elle manifeste son talent dans ses lettres et son *Journal intime* (+) (qui couvre les années 1834-1842) ainsi que dans les écrits recueillis dans les *Reliquiae d'Eugénie de Guérin* (*), publiés pour la première fois en 1855.

GUY LE CLEC'H.

RÉF. : E. Barthès, *Eugénie de Guérin,* 1929.

GUÉRIN Georges Maurice de. Poète français. Né et mort au Cayla, près d'Albi (4 août 1810-17 juillet 1839). Descendant d'une famille noble et pauvre, ardemment royaliste et catholique, il passe une enfance rêveuse, imaginative, comblée de toutes les émotions discrètes et profondes de la province et de la nature, très religieuse aussi, ce qui le fait destiner dès lors à l'état ecclésiastique. Après avoir commencé ses études au petit séminaire de Toulouse, il entre au collège Stanislas de Paris, où il rencontre Barbey d'Aurevilly et où il commence à entretenir avec sa sœur, Eugénie, une correspondance passionnée, qui allait continuer, ininterrompue, jusqu'à sa mort. En 1831, retourné dans sa famille pendant les vacances, il s'éprend d'une jeune fille, hésite sur sa destinée, renonce bientôt à la vie religieuse, sent un besoin de repos et de retraite, et va l'assouvir à La Chesnaie, en Bretagne, parmi les disciples de l'abbé de Lamennais. Mais La Chesnaie, où il arrive au début de l'hiver 1832, était alors agitée de fièvres, de rancunes, de haines : Lamennais, qui venait d'encourir une première condamnation du Saint-Siège, était absorbé dans ses projets d'Église nouvelle, il évoluait vers l'apostasie complète et se soucia assez peu de l'âme de ce jeune homme inconnu. Ce séjour marque pourtant dans la vie de Maurice de Guérin une coupure décisive : c'est alors qu'il s'émancipe à peu près complètement de la foi et, dans un déchirement entre l'éducation chrétienne et l'exaltation romantique qui l'entraîne à un culte païen de la nature, son génie poétique s'éveille au contact de la Bretagne. Maurice y passe encore quelques mois chez des amis, après avoir quitté La Chesnaie en septembre 1833, puis en 1834 il part pour Paris, fait un peu de journalisme et obtient une classe provisoire au collège Stanislas. Il se produit alors une transformation radicale de son caractère : Maurice de Guérin retrouve le dandy Barbey d'Aurevilly, il devient lui-même un jeune homme à la mode, mondain, élégant, léger et amoureux, brillant causeur. C'est pourtant à cette époque qu'il écrit son *Centaure* (*) et sa *Bacchante* (*), qui ne sera publiée qu'en 1861. Ce n'était, à ses yeux, qu'un début. Mais, quelques mois après son mariage avec une jolie Indienne de Calcutta, la phtisie dont il était atteint fit soudain d'effrayants progrès. Ramené au Cayla par sa sœur, réconcilié avec la foi chrétienne, Maurice de Guérin allait mourir dans sa famille, pendant l'été 1839. Il n'avait rien publié de son vivant. Mais sa sœur allait se vouer entièrement à sa mémoire, aidée de Barbey d'Aurevilly qui fit paraître les *Reliquiae* (+) de Maurice en 1860. Vingt ans plus tôt, George Sand avait déjà révélé Maurice de Guérin en présentant *Le Centaure* aux lecteurs de *La Revue des Deux Mondes* (*).

L'œuvre qu'il a laissée reste exceptionnelle, unique dans notre littérature : on ne voit pas à Guérin de sources ni d'influence. Elle est née absolument de son drame intérieur qui fut le conflit, dans une nature incontestablement mystique, entre une formation, un héritage moral catholiques et un génie littéraire qui était tout à l'opposé du catholicisme. Avec Nerval, et plus radicalement que Nerval, il se tient en marge du romantisme français, peut-être parce qu'ils sont les seuls, en France, à avoir fait du romantisme une véritable révolution spirituelle qui, à chacun d'eux, a coûté la vie.

MICHEL MOURRE.

♦ *« C'était une de ces âmes froissées par la réalité commune, tendrement éprises du beau et du vrai, douloureusement indignées contre leur propre insuffisance à le découvrir, vouées en un mot à ces mystérieuses souffrances dont René, Obermann et Werther offrent sous des faces différentes le résumé poétique. »* George Sand. ♦ *« Maurice de Guérin est un panthéiste ; mais un panthéiste d'un accent jusqu'à lui inconnu. C'est un panthéiste qui, pour être profond et puissant, n'est ni trouble, ni confus, comme tous les esprits qui inclinent au panthéisme* [...] *C'est un panthéiste ; mais dans la netteté et dans la lumière. »* J. Barbey d'Aurevilly.

RÉF. : G. Sand, *Poètes et romanciers modernes, XXXVIII ; Georges de Guérin* in *Revue des Deux Mondes*, 15 mai 1840. – J. Barbey d'Aurevilly, *Poésie et Poètes,* 1906. – E. Decahors, *Maurice de Guérin, essai de biographie psychologique,* 1932. – B. d'Harcourt, *Maurice de Guérin et le poème en prose,* 1932. – S. Gaulupeau, *Le Rôle de l'imagination chez Maurice de Guérin*, thèse, 1966.

GUÉRIN Raymond. Romancier français. Né à Paris le 2 août 1905, à la Taverne Daumesnil, que gérait son père ; mort le 12 septembre 1955 à Bordeaux. Raymond Guérin a vécu à Paris jusqu'en 1914, avant de faire ses études à Poitiers jusqu'en 1925. Il revient alors à Paris, où son père lui fait faire un stage dans plusieurs grands palaces. Expérience de laquelle il tirera son roman *L'Apprenti* (*) (1946). De 1932 à 1939, il voyage, surtout dans le bassin méditerranéen. Il passe ensuite vingt ans comme agent d'assurances à Bordeaux, coupés par cinq ans de guerre et de captivité en camp de représailles dans le pays de Bade. Ce dont s'inspire son roman *Les Poulpes* (*) (1953). Le journal de la maladie qui l'emporta à cinquante ans a été publié, posthume, en 1982 sous le titre *Le Pus de la plaie*.

L'œuvre de Raymond Guérin fit scandale en son temps. Après *Zobain* (*) (1936), un récit classique, il publie *Quand vient la fin* (*) (1941), suivi de *Après la fin* (1946). C'est l'histoire de son père, assujetti aux exigences de ses maîtres avant de succomber d'un cancer à l'anus. Le fils se souvient alors et déroule toute une vie à la manière dont l'entomologiste Fabre observait les insectes. Dès ce premier récit, Raymond Guérin définit sa recherche : procéder à l'« ébauche d'une mythologie de la réalité ». *L'Apprenti* évoque l'adolescence de M. Hermès, garçon d'hôtel en proie à l'obsession de la masturbation. Avec *La Confession de Diogène* (1947), on a affaire à un autoportrait dont le philosophe grec est le prétexte. C'est une mise à mal des illusions modernes, des honneurs à la morale. Une seule possibilité : se retirer du monde pour n'être que l'« humble serviteur de la condition humaine ». Dans *La main passe,* Patrick Beaurepaire déclare : « La créature n'est rien que par les viscères qui la mènent... » *Parmi tant d'autres feux* (*) (1949) voit ressurgir M. Hermès, à l'âge de vingt-trois ans. Dans ce roman d'apprentissage, l'antihéros affronte les Minotaures que sont la Société et le Monde, toute une faune mythologique dont les principales figures sont l'Amour, l'Argent, l'Art, les Autres. À travers *Empédocle* (1950), Raymond Guérin fixe quelques-unes des raisons minimales d'espérer. Le philosophe grec a connu « les mêmes convulsions cosmiques et les mêmes extravagances sociales » que notre époque. C'est lui qui, le premier, « osa, face aux folies de l'engagement, signifier sa révolte et inscrire son destin dans un refus qui ne fut pas moins tragique qu'exemplaire ». *Les Poulpes* retracent la vie larvaire des prisonniers de guerre. Mais encore une fois Raymond Guérin élève son roman à la hauteur d'un mythe moderne. Ces hommes réunis dans un camp constituent une société. Ils portent des surnoms qui les caractérisent tout en les dépersonnalisant. Ainsi, sous le sobriquet du Grand Dab, réapparaît M. Hermès et sans doute l'auteur lui-même. C'est le dernier livre de Raymond Guérin avant sa mort prématurée, c'est peut-être aussi le plus désespéré de tous ceux qu'il a écrits puisqu'il constitue le bilan d'une destinée placée sous le signe du cauchemar et qui illustre la fantasmagorie criminelle d'une société policière, soumise aux exigences de la faim, à la tyrannie des geôliers, aux sottises de la propagande. Comme le déclara Raymond Guérin lui-même : « Il s'agit avant tout d'un livre de dérision. » Terme qui pourrait s'appliquer à l'ensemble de cette œuvre où semblent se refléter par avance quelques-unes des réalités les plus terribles de notre époque. Raymond Guérin est venu trop tôt. C'est un écrivain à découvrir.

GUY LE CLEC'H.

GUERRA JUNQUEIRO Abílio Manuel de. Écrivain portugais. Né le 17 septembre 1850 à Freixo de Espada à Cinta

(Trás-os-Montes, Portugal), mort à Lisbonne le 7 juillet 1923. Il fait son droit à l'université de Coïmbre, puis il entre dans l'administration où il occupe divers postes. Il est ministre du Portugal à Berne, en 1910, lorsqu'il décide brusquement de quitter la vie active : il se retire à la campagne, dans son pays, et y demeure jusqu'à sa mort. Cette soudaine retraite surprend chez cet homme dont la nature passionnée et violente se révéla dès son séjour à Coïmbre, où l'agitation politique, philosophique et littéraire était grande à l'époque : le « Groupe des cinq » se constitue, il en fait partie, et il publie son premier poème, *La Mort de don Juan* (*) (1874), satirique et paradoxal – fortement influencé par Victor Hugo. Vient ensuite *La Vieillesse du Père Éternel* (*) (1885). Un peu plus tard, un événement de politique extérieure libère tout à coup ses forces d'une efficacité surprenante : il suscite une campagne antireligieuse et antimonarchique qui atteint une ampleur et une violence inouïes ; *Finis patriae* (1890) et *Patrie* (1896) – où il fait le procès de la famille de Bragance – en sont le reflet fidèle. En 1892, ayant « liquidé » le romantisme, il publie alors *Les Humbles* (*), son chef-d'œuvre, qui le rattache à l'école réaliste des « vaincus de la vie » ; c'est un hommage au peuple des campagnes qui, par la beauté inégale de certaines descriptions, survit à une actualité désormais morte. Il donne encore en 1902 et 1903 *L'Oraison au pain* [*Oração do pão*] et *L'Oraison à la lumière* [*Oração à Luz*], où se manifestent ses aspirations panthéistes ; puis c'est le silence. Il ne s'occupe plus que de l'édition complète de ses ouvrages, et, faisant un retour sur lui-même, condamne ses erreurs passées et mène, jusqu'à sa fin, une vie presque franciscaine.

JACINTO PRADO COELHO.

GUERRAZZI Francesco Domenico. Écrivain italien. Né le 12 août 1804 à Livourne (Toscane), mort le 23 septembre 1873 près de Cecina (province de Pise). Après avoir obtenu son doctorat en droit et donné au théâtre *Les Blancs et les Noirs* [*I Bianchi e i Neri,* 1827], il se tourna vers le roman historique, avec une prédilection marquée pour les scènes cruelles et sombres. Ainsi naquirent *La Bataille de Bénévent* (1827), *Le Siège de Florence* [*L'assedio di Firenze*] (publié à Paris sous le nom d'Anselmo Gualandi), *Veronica Cybo* (1837), *Isabella Orsini, duchesse de Bracciano* [*I. O. duchessa di Bracciano,* 1844], *Le Marquis de Santa Prassede* [*Il marchese di Santa Prassede,* 1853], *Beatrice Cenci* (*) (1854), *La Tour de Nonza* [*La torre di Nonza,* 1857]. Guerrazzi fut, en politique, l'un des premiers apôtres de l'unité italienne. Orateur éloquent, batailleur, avec une forte teinte de romantisme, il connut plusieurs fois la prison et publia divers pamphlets ou écrits satiriques. Élu député en 1848, il succéda à Gino Capponi comme ministre de l'Intérieur, forma, avec Montanelli et Mazzoni, un gouvernement provisoire et fut nommé chef du pouvoir exécutif, mais ses tendances dictatoriales lui firent commettre plus d'une erreur. Au retour de Léopold II, Guerrazzi fut exilé en Corse, puis, avec la permission de Cavour, résida à Genève, de 1857 à 1862. Parmi ses autres écrits politiques ou littéraires, citons : *L'Âne* [*L'asino,* 1857], *Le Trou dans le mur* [*Il buco nel muro,* 1862], *Le Siège de Rome* [*L'assedio di Roma,* 1863-1865].

GUEVARA Antonio de. Moine franciscain, essayiste et chroniqueur espagnol. Né à Treceno (Asturies) en 1480, mort à Mondoñedo (prov. de Lugo) le 3 avril 1545. Sorti d'un sang très noble, il vint de bonne heure à la cour de Ferdinand le Catholique en qualité de page du prince don Juan. Ayant d'abord connu toutes les satisfactions que procure la galanterie, il s'assagit au lendemain de la mort de ce dernier (1497). Frappé bien plus encore, quelques années plus tard, par celle de la reine Isabelle (1504), il résolut d'entrer en religion. S'étant fait comme prédicateur une certaine renommée, il devint, en 1512, conseiller du grand captaine. Ayant su plus tard plaire à Charles Quint qui, en 1516, avait hérité de la couronne d'Espagne, il put prendre une part active à sa lutte contre les « Comuneros ». Après l'exécution de leur chef, Juan de Padilla, il obtint la charge de prédicateur de la Cour (1521), celle d'inquisiteur de Tolède (1525), et enfin celle de chroniqueur impérial (1527). L'année suivante, il devint évêque de Guadix (1528). Après avoir fait escorte à Charles Quint dans sa glorieuse expédition contre Tunis (1535), il quitta l'évêché de Guadix pour celui de Mondoñedo (1539) où il acheva sa vie. Son ouvrage le plus célèbre est *L'Horloge des princes* (*) (1529), écrit, d'ailleurs, à l'intention de Charles Quint. Il n'en faut pas moins mentionner ses autres livres : *Le Mépris de la cour et l'Éloge des champs* (1539), *L'Oratoire des religieux* [*Oratorio des religiosos*, 1542], et des *Épîtres familières* [*Epístolas familiares*, 1539-1541]. Écrivain d'un goût très sûr et précurseur du conceptisme, Guevara s'est acquis un très juste renom pour avoir contribué à fixer la prose castillane du XVIe siècle.

RÉF. : L. Clément, *Antoine de Guevara*, in *Revue d'histoire littéraire de la France,* 1900-1901. – R. Costes, *Antonio de Guevara : sa vie*, Paris, 1925. – L. Karl, *Notes sur la fortune d'Antonio de Guevara à l'étranger,* dans *Bulletin hispanique,* XXXV : 1938. – Carlos Clavería, *Guevara en Suecia*, 1942. – A. Redondo, *Antonio de Guevara (1480-1545) et l'Espagne de son temps*, Lille, 1978.

GUEZ RICORD Christian Gabrielle. Poète français. Né et mort à Marseille : 9 janvier 1948 - 7 juin 1988. Son œuvre abondante, imprégnée de la parole des mystiques et de symboles immémoriaux, se place au premier rang dans la poésie française de sa génération, non seulement par sa puissance d'évocation, mais aussi par la singularité des rythmes et des images qui la portent, si bien que l'on y trouve des accents oraculaires. Prix Paul Valéry à 17 ans, Christian Guez Ricord fut pensionnaire de la Villa Médicis en 1974. Parmi les poètes, il trouva des interlocuteurs à sa mesure : Pierre Oster, Pierre Emmanuel, Michel Deguy, Bernard Noël, Yves Bonnefoy. Autant de témoins de son expérience. Il se disait « atteint d'une maladie mentale inconnue », ce qui ne l'empêcha nullement d'exploiter les ressources d'un art dont il espérait faire l'instrument d'une nouvelle quête spirituelle. Les grands cycles poétiques dont il est l'auteur éclairent la grande nuit des mots : *Cènes* (1976), *La Monnaie des morts* (1979), *Maison Dieu* (*) (1982), *Chambres* (1982), *La Secrète* (1988). Son aventure se poursuit par-delà la mort : « Il est mort en son nom, / et en son nom seul. / Sa mort connut la Ville, / L'affrétant pour une / destination qu'il a em- / portée avec lui, et dont / la domiciliation est / gardée inconnue. »

OLIVIER HOUBERT.

GUI II, châtelain de Coucy. Trouvère picard du XIIe siècle, mort probablement en 1203. Nous ne possédons sur sa vie aucun renseignement certain. Il est possible qu'il ait rempli les fonctions de gardien (châtelain signifie gardien) du château de Coucy de 1186 à 1203 et ait pris part aux croisades de 1190 et 1198 ; Villehardouin raconte qu'un châtelain de Coucy mourut dans une traversée et que son corps fut jeté à la mer. Il s'agit sans doute de lui. Il nous reste vingt-six chansons attribuées à Gui II dont une quinzaine seulement sont authentiques ; elles rentrent dans la catégorie des chansons courtoises imitées des troubadours méridionaux, de Bernard de Ventadour en particulier. Cependant, plus que d'autres ses chansons sont douces et tendres et l'on y trouve même une note pénétrante de mélancolie – v. *Poésies* (*). Gui de Coucy est devenu le héros d'une légende romanesque, qui raconte la cruelle histoire d'un amant dont un mari jaloux, après l'avoir fait tuer, fait manger le cœur à sa femme. De cette histoire, auquel le châtelain de Coucy est originairement tout à fait étranger, on possède plusieurs variantes provençales et allemandes, toutes plus ou moins dérivées d'un roman de la fin du XIIIe siècle, le *Roman du châtelain de Coucy et de la dame de Fayel* (*) par Jakemon Sakesep.

RÉF. : F. Fath, *Les Chansons du châtelain de Coucy,* Heidelberg, 1885. – A. Lerond, *Édition critique des œuvres attribuées au Châtelain de Coucy,* Paris, 1964. – D. Barthélémy, *Coucy, deux âges d'une seigneurie banale, XIe-XIIIe siècle,* Paris, 1984.

GUIBERT de Nogent. Théologien et historien français. Né près de Clermont (Oise) en 1053, mort vers 1124 ou même 1130. En 1064, il entre à l'abbaye bénédictine de Saint-Germer, où il reçut les leçons de saint Anselme. Guibert de Nogent a laissé, entre autres, deux ouvrages importants : une *Histoire des croisades* (*) qui est basée sur les *Gesta Dei per Francos* mais où se trouvent insérés des renseignements originaux que l'auteur tenait de Robert de Flandre. Cette histoire comprend huit livres et s'étend sur la période 1095-1101. Elle est de loin la meilleure qui ait été écrite de son temps. Dans les dernières années de sa vie, il écrivit une autobiographie : *Histoire de ma vie* (*). On lui doit encore un *Traité de la manière de prêcher,* des *Livres de louanges à la Vierge,* ainsi qu'un *Traité des reliques des saints* (*), véritable ouvrage critique.

RÉF. : Lefranc, *Le Traité des reliques de Guibert de Nogent et les commencements de la critique historique au Moyen Âge,* Paris, 1896. – B. Monod, *Le Moine Guibert de Nogent et son temps,* Paris, 1905. – C. Spicq, *Esquisse d'une histoire de l'exégèse latine au Moyen Âge,* Paris, 1944.

GUICHARDIN François (Francesco Guicciardini). Homme politique et historien florentin. Né à Florence le 6 mars 1483, mort à Santa Margherita in Montici le 22 mai 1540. Guichardin est issu d'une grande famille florentine, liée aux Médicis, ce qui n'empêche pas le père de François d'être influencé par la prédication de Savonarole ; c'est d'ailleurs cette influence qui amène François à renoncer à la carrière ecclésiastique. Il fait des études de droit, devient docteur en droit civil en 1505 et exerce son métier d'avocat de 1505 à 1511 à Florence. Vers 1509, il commence à rédiger sa première œuvre, l'*Histoire de Florence* (*) qui devait couvrir la période allant du tumulte des Ciompi de 1378 à la reconquête de Pise par la république florentine en 1509. Il laisse cet ouvrage inachevé car, en octobre 1511, il est élu par le Conseil des quatre-vingts à sa première charge politique : ambassadeur auprès du roi d'Espagne Ferdinand le Catholique. Il reste deux ans en Espagne où il rédige le *Discours de Logrogno* [*Discorso di Logrogno*], qui prend son nom de l'un des lieux de résidence de la cour espagnole et qui traite de la façon de gouverner Florence ; il adresse ce texte aux Médicis qui ont repris le pouvoir en septembre 1512. Il commence à noter sur des cahiers les réflexions que lui inspirent sa pratique d'homme politique ; c'est le noyau de ses *Avertissements politiques* (*) qu'il continuera à écrire, à corriger, à modifier sa vie durant car, pour lui, écriture et action politique ne sont jamais dissociées. Après deux années à Florence, Guichardin est nommé, en janvier 1516, gouverneur de Modène par le pape Médicis Léon X. C'est le début d'une longue carrière au service de la Curie romaine. À Modène, il fait valoir ses qualités d'administrateur en épurant l'administration papale et en combattant, avec efficacité et fermeté, les fauteurs de troubles et de discorde. En 1521, il participe, en tant que « commissaire général de l'armée de l'Église », à la guerre entre les troupes françaises et celles du pape et de Charles Quint. Il se lie d'amitié avec Giulio de' Medici, le futur Clément VII, et avec Machiavel. En novembre de la même année, il est nommé gouverneur de Parme, qu'il défend victorieusement, le mois suivant, contre les Français. Il raconte cette entreprise dans sa *Relation de la défense de Parme* [*Relazione della difesa di Parma*]. En janvier 1524, il est nommé par Clément VII à la présidence de la Romagne. Il y reste deux ans pendant lesquels, outre son activité d'administrateur, il écrit le *Dialogue sur le gouvernement de Florence* (*) où il reprend la problématique de la réforme nécessaire du gouvernement de la cité. En janvier 1526, Clément VII fait venir Guichardin à Rome ; dès lors, celui-ci est son ministre le plus important : il va œuvrer dans le sens d'une alliance du pape avec les Français et Venise contre Charles Quint, devenu dangereusement puissant depuis sa victoire sur François Ier à Pavie en 1525. La ligue de Cognac est conclue en mai 1526 et les opérations militaires commencent en juin ; Guichardin y participe en tant que « lieutenant général du pape avec pouvoirs pleins et entiers ». Mais la participation limitée des troupes françaises et vénitiennes et, d'après Guichardin, les hésitations de Clément VII et de son généralissime Francesco Maria della Rovere provoquent un véritable désastre : le 6 mai 1527, l'armée impériale, commandée par le connétable de Bourbon, s'empare de Rome qu'elle met à sac. Guichardin abandonne le service du pape et se retire à Florence, d'où les Médicis ont à nouveau été chassés. En septembre 1527, il rédige trois brefs textes (*Consolatoria, Accusatoria, Difensoria*) où il s'explique sur « sa » guerre ; en 1528, il commence à écrire les *Choses florentines* [*Cose fiorentine*], histoire de Florence à partir de 1375, qu'il laisse inachevée. En 1529, il doit quitter Florence où l'aile « enragée » des républicains le fait condamner comme rebelle. Il se réfugie à Rome où il rédige les *Considérations autour des discours de Machiavel* [*Considerazioni sopra i discorsi del Machiavelli sopra la prima deca di Tito Livio*], où il critique l'abstraction de la méthode de pensée du secrétaire florentin. Guichardin rentre à Florence après la chute de la république (12 août 1530). Il retourne au service de Clément VII de 1531 à 1534, comme gouverneur de Bologne puis rentre à Florence où il est le conseiller d'Alexandre de Médicis jusqu'à l'assassinat de ce dernier par Lorenzaccio, en 1537. Il favorise alors la désignation de Cosme de Médicis, comme successeur, mais celui-ci ne lui confie aucune tâche politique importante. Guichardin se retire dans sa propriété de Santa Margherita in Montici où il rédige, du printemps 1537 à sa mort, l'*Histoire d'Italie* (*) qui couvre la période qui va de la descente de Charles VIII (1494) à la mort de Clément VII (1534). C'est une œuvre majeure, qui fonde l'historiographie moderne.

J.-L. FOURNEL et J.-C. ZANCARINI.

RÉF. : V. de Caprariis, *Francesco Guicciardini, dalla politica alla storia,* Bari, 1950. – R. Ridolfi, *Vita di Francesco Guicciardini,* Rome, 1960 ; *Studi guicciardiniani,* Florence, 1978. – E. Scarano, *La ragione e le cose,* Pise, 1980.

GUIDACCI Margherita. Poétesse italienne. Née à Florence le 25 avril 1921, morte à Rome le 19 juin 1992. Son enfance et sa jeunesse sont tournées vers la lecture ; le décès de son père, survenu quand elle avait dix ans, une famille composée surtout de personnes âgées, la mettent un peu en marge des gens de sa génération, et quand elle commencera à publier – son premier recueil, *Le Sable et l'Ange* [*La sabbia e l'angelo,* 1946], dominé par la présence de la mort en nous et à côté de nous, paraît au lendemain de la guerre –, elle se situera aussi en marge des mouvements littéraires italiens. Elle a certes été marquée par l'œuvre de Ungaretti, à qui elle a consacré sa thèse, et éclairée par l'enseignement de Guiseppe de Robertis, qui lui a révélé la littérature contemporaine. Mais la singularité de son œuvre en terre italienne s'explique sans doute par d'autres affinités : elle est une sœur spirituelle d'Emily Dickinson, dont elle n'a cessé de relire les poèmes et les lettres ; elle a d'ailleurs enseigné pendant de nombreuses années les littératures anglaise et américaine à Rome et traduit, outre Emily Dickinson, T. S. Eliot et Jessica Powers.

Margherita Guidacci a d'emblée fondé la tremblante autorité de sa voix sur l'aveu d'une faiblesse : sur la plainte de ceux qui ont tort au regard des sages, le silence qui suit l'agitation des drapeaux, la préférence déclarée pour le « fond de l'eau ». Un tel choix, qui lui permet de ne jamais forcer sa voix et d'être libre à l'égard de toute idéologie, pouvait aussi l'enfermer dans une confession solitaire. Or, à la faveur de cette expérience nocturne qui est, dans *Neurosuite* (*) (1970), celle d'un séjour en hôpital psychiatrique, elle trouve des accents universels : nous découvrons en la lisant que nous avons tous appartenu, à un moment ou à un autre, à cet envers du monde, cette salle d'attente où nous pouvons nous reconnaître dans une sympathie privée de certitude, « cherchant / de tous côtés une réponse / si difficile à lire ».

En nous faisant partager son intime connaissance de la douleur, Margherita Guidacci, dont le regard sait être critique et juger les juges, n'appelle cependant pas à la révolte et ne s'arrête pas au désespoir. L'ultime leçon des « Sibylles », ses sœurs, est la compréhension, la compassion, le pardon : « Je vois et je lis ce qui était possible / ou impossible. Le pardon que tu demandes / ne te sera pas refusé. » Pour des raisons semblables, la rencontre avec la souffrance et l'injustifiable n'amène pas Guidacci, contrairement à beaucoup de poètes contemporains, à une esthétique convulsive, brisée, lacunaire : « Seul ce qui est limpide / contient intacte la vision », dit la sibylle de Tibur. La remarquable lisibilité de cette poésie ne nie pourtant pas l'opacité du monde, elle ne lui substitue pas la clarté d'un modèle factice : « Sois croissance, non construction ! » recommande le poète ; c'est à force d'attention qu'elle discerne des lignes, des veines, des nervures, et que, chez Guidacci comme chez les sibylles, l'obscurité se fait parole.

La résonance profonde de cette voix discrète ne peut s'oublier ; elle témoigne exemplairement du pouvoir qu'a la poésie de toucher le cœur de chacun de nous sans élever la voix, quand elle a trouvé le ton juste.

JEAN-PIERRE LEMAIRE.

GUIDO d'Arezzo. Théoricien italien de la musique. Natif d'Arezzo vers 990, mort le 17 mai 1050 à Avellano. Les historiens sont désormais d'accord sur ce point depuis que la confusion due à Morin avec le moine français Guy de Saint-Maur, de l'abbaye des Fossés près de Paris, a perdu toute créance. Guido entra dans l'ordre de Saint-Benoît à l'abbaye de Pomposa où il tenta de mettre en pratique ses théories pour un enseignement scientifique de la musique, jusqu'à ce que, une partie des moines s'étant montrée hostile à ses idées, il dût quitter le monastère en 1025. Il trouva un asile à Arezzo et une meilleure compréhension de sa réforme ; l'évêque Théobald l'encouragea et le nomma maître de chant des enfants de la maîtrise épiscopale. C'est là qu'il perfectionna sa méthode, si bien qu'en peu d'années (1028-1032), il put composer ses œuvres capitales : le *Micrologue sur la discipline de l'art musical* (*), les *Règles du rythme*, la *Préface de l'Antiphonaire* et *L'Antiphonaire* même, établi suivant son nouveau système linéaire – la « diastème » ; enfin l'*Épître au moine Michel* (*) dans laquelle il expose les buts de sa méthode. Entre-temps, son action inlassable de maître de chapelle recevait le sceau de l'approbation du pape. En fait, Jean XIX désirait connaître ses principes pédagogiques. Guido alla à Rome aux environs des années 1030-1032 et là enseigna les chanteurs pontificaux. La notation proposée sur des lignes de couleur (Fa = rouge ; Do = jaune ou vert) qui fixe la hauteur des sons et marque les demi-tonalités, le système hexacorde et la « main de Guido », ses procédés d'invention et ses autres découvertes ouvrirent une ère nouvelle dans l'enseignement de la musique, du Moyen Âge aux temps modernes.

RÉF. : C. Margueron, *Recherches sur Guido d'Arezzo, sa vie, son époque, sa culture*, Paris, 1966.

GUIDO delle Colonne. Chroniqueur et poète sicilien du XIIIe siècle. Né peut-être à Messine vers 1210, mort après 1287. Il est le « judex de Messina » dont parle Dante dans le *Traité de l'éloquence en langue vulgaire* (*), au milieu des « doctores indigenas » de la Sicile. Certains prétendent qu'il fut un membre de la famille romaine des Colonna, mais un document de 1242 montre que le poète était juge de la Curia Stratigoziale, treize ans avant qu'une partie de cette famille ne se transporte en Sicile. Guido est l'auteur de quatre poésies en langue vulgaire, *Rimes*, et d'une *Histoire de la destruction de Troie* (*) – v. *Roman de Troie* (*). Ses activités professionnelles et littéraires durent se prolonger jusqu'à un âge assez avancé, s'il est vrai que son œuvre en latin ne fut terminée qu'en 1287.

GUIGUES Louis-Paul. Romancier français. Né à Gênes le 28 mars 1902. Découvert par Jean Paulhan en 1947, il a d'abord publié *Labyrinthes* (*) (1947), *Lisbeth* (1953), *La Dernière Chambre* (1958), puis, après un long silence, *Le Château bégayant* (1984), *Mes agonies* (1984), *Exeunt* (1991), *Le Chemin des apocalypses* (1992). On lui doit également une traduction de la *Vita nova* de Dante et du *Livre des dialogues* de sainte Catherine de Sienne. À la manière des contes initiatiques, les romans de Louis-Paul Guigues sont placés sous le signe du mystère et du secret. Le plus constant souci de l'écrivain est de rendre sensible, comme par transparence, la dimension sacrée des épisodes profanes développés dans ses récits. De cette œuvre que l'on dirait orgueilleusement solitaire et hors du temps, quels sont les signes distinctifs ? Tout d'abord un goût du faste, du décorum. Une froide passion pour le rite, la cérémonie. Le résultat en est une prose où s'allient étrangement l'excès baroque et le plus parfait hiératisme, comme si les puissantes volutes de l'imaginaire se résorbaient dans les lignes pures et concises d'un blason. Chez Louis-Paul Guigues, le monde réel conserve sans doute ses formes, la sensualité de ses couleurs et de ses parfums, mais il se voit soumis à une sorte de processus alchimique au terme duquel il apparaît décanté de toute matière putrescible. Dès lors, les êtres et les choses accèdent à un statut insolite : à la fois matériels et immatériels, ils deviennent de vivantes allégories, comme si se reflétait en eux, avec une grâce altière et solennelle, le ciel platonicien des idées. Dans la poétique de Louis-Paul Guigues, il n'est pas de geste ou de parole qui ne trahisse la nostalgie d'un cosmos et d'un éden. À la fin d'*Exeunt*, livre qui met en scène une réception donnée par l'écrivain en l'honneur des personnages qui peuplent son œuvre, Louis-Paul Guigues fait au lecteur cette confidence : « Si j'ai écrit, ce fut pour vivre, encore prisonnier de mon rôle terrestre actuel, des situations que je ne pourrai vivre que dans un autre univers. » Ainsi, chez cet auteur, l'imagination est-elle la forme la plus vive du souvenir, mais aussi un présage des temps futurs, comme si le songe profond de la parole humaine était de jeter une fragile passerelle entre le jardin de la Genèse et la « terre nouvelle » annoncée par saint Jean dans son *Apocalypse*.

JEAN-BAPTISTE PARA.

GUILLAUME IX, duc d'Aquitaine. Poète de langue romane. Né le 22 octobre 1071, mort en 1127. Il fut l'un des plus étranges et des plus intéressants personnages du Moyen Âge. Neuvième duc d'Aquitaine et septième comte de Poitou en 1086, il était le plus grand feudataire de la France d'alors et gouvernait un territoire bien plus important que celui des rois capétiens. Sa famille, très ancienne, observait les lois religieuses, mais aimait le faste et les plaisirs. Guillaume IX, lui, s'affranchit presque totalement de l'Église et provoqua un véritable scandale. Après avoir engagé presque toute la noblesse française dans la première croisade, le pape Urbain II parcourut en vain les États du duc pour la sainte expédition. Guillaume IX, au lieu d'y participer, profita du départ de Raymond de Saint-Gilles, comte de Toulouse, pour envahir ses terres, prétextant des droits de sa femme, la duchesse Philippa, fille unique de Guillaume IV de Toulouse et nièce de Raymond. Si Guillaume IX se croisa en 1101, avec une armée de trente mille hommes, ce ne fut pas par enthousiasme religieux, mais attiré par les récits d'aventures qui lui parvenaient d'Orient. Peu de mois avant, il avait encore humilié, au concile de Poitiers, l'évêque Pierre II, car celui-ci voulait excommunier une nouvelle fois le roi de France Philippe Ier qui avait enlevé la comtesse d'Anjou.

L'expédition du duc d'Aquitaine en Orient fut d'ailleurs un désastre. Son armée fut en grande partie décimée par les Sarrasins, près d'Héraclée, et le duc eut beaucoup de mal à atteindre Antioche avec ses derniers hommes. Après avoir pris part au siège de Tortose, il fut reçu à Jérusalem par le roi Baudouin le jour de Pâques, en 1102. S'étant rembarqué pour la France, il fut contraint par les vents de retourner à Antioche ; mais la perte de ses fidèles compagnons à la bataille de Ramla et sa participation à l'inutile siège d'Ascalon le guérirent de sa soif d'aventures. Le 29 octobre 1102, nous le retrouvons à Poitiers. Au cours des années suivantes, il lutta contre ses vassaux d'Aquitaine, réussit à les soumettre, mais perdit définitivement le comté de Toulouse. En 1120, Guillaume se rendit avec six cents chevaliers au secours du roi d'Aragon Alphonse Ier le Batailleur (Alphonse VII de Castille), qui fut victorieux des Almoravides à Grenade.

Mais ce n'est pas tellement l'activité politique et militaire de Guillaume qui intéresse l'histoire. Le duc d'Aquitaine fut surtout le premier troubadour, le premier poète d'amour en langue vulgaire. C'est à lui que nous devons probablement la conception de l'amour et de la femme qui dominera jusqu'à nos jours dans la poésie européenne. Dans les onze pièces de ses *Vers* (*) qui nous ont été gardées, l'on passe de l'expression d'un amour purement sensuel, héritage de l'Antiquité transmis au haut Moyen Âge, à une exaltation extatique de la femme, symbole d'une beauté presque divine. Cette transformation d'une poésie uniquement sensuelle, parfois même bassement obscène, en une exaltation poétique qui, tout en demeurant imprégnée d'une forte sensualité, s'élève à une spiritualité absolument nouvelle, et riche d'un prodigieux avenir dans toute l'Europe, peut s'expliquer par la rencontre de Guillaume IX, porte-parole d'une société laïque émancipée de la tutelle de l'Église, avec un mouvement ascétique d'une hardiesse surprenante, qui avait sa source à Fontevrault. Robert d'Arbissel, fondateur de cette congrégation, mit à la tête de l'ordre non pas un homme, mais une femme, invitant les moines à la servir et à la respecter comme le Christ avait demandé à l'apôtre saint Jean de le faire pour la Vierge Marie. Cette abbesse était d'ailleurs toujours une veuve, du moins au commencement de l'ordre. C'est dans l'immense cité monastique de Fontevrault, qui contenait plusieurs maisons de moniales, et d'autres pour les moines, que se retirèrent successivement la première femme de Guillaume IX, Ermengarde d'Anjou, qui, après son divorce, avait épousé le duc de Bretagne Alain Fergant, puis la seconde femme de Guillaume, Philippa, avec sa fille Aldéarde, ainsi que de nombreux autres seigneurs et dames de l'Anjou et du Poitou, notamment la fameuse comtesse d'Anjou Bertrade de Montfort, qui avait ému la France entière en quittant son mari pour vivre avec le roi Philippe Ier, attirant sur le souverain les plus terribles condamnations de l'Église.

À cette véritable épidémie de conversions, Guillaume, qui avait désespéré sa femme par de nombreuses conquêtes féminines et surtout par sa passion pour la vicomtesse de Châtellerault, réagit d'abord par des sarcasmes. En fait, le duc fut beaucoup plus touché et remué qu'il ne voulait le laisser voir, et si, par la suite, ses *chansons* continuèrent de protester contre une ascèse qu'il jugeait contraire à la nature, le poète en vint, tout en voulant justifier son amour naturel pour la femme, à spiritualiser cet amour ; ainsi naquit ce culte fervent de la dame, typique de toute la poésie lyrique des troubadours ; cette dame est d'ailleurs toujours mariée, liée, non pas par la chasteté conventuelle, mais par le sacrement qui l'attache à un mari. Elle induit seulement l'amant qui la vénère à la servir humblement, sans même l'espoir d'être un jour exaucé dans ses vœux. Poète, l'amant doit se contenter d'exprimer sa passion et de la ciseler dans des chansons toujours nouvelles qu'il compose, vers et mélodie, à la gloire de sa dame.

Guillaume IX est le premier poète français chez qui l'on trouve cette conception de l'amour et de la femme. Les chroniqueurs du temps le traitaient de comédien et de débauché sans vergogne ; cependant, encore aujourd'hui, Guillaume d'Aquitaine nous étonne et nous émeut ; ses chansons, bien que typiques du style de l'époque, sont aussi d'un modernisme surprenant, notamment par leur densité, leur spontanéité, leur fraîcheur, la nouveauté des sentiments et des termes. Ajoutons enfin que, si l'esprit de Fontevrault semble avoir tenu pour Guillaume IX le même rôle que le catharisme chez presque tous les autres troubadours, il est une autre influence fort importante qui s'est exercée sur sa poésie ; il s'agit du « zajal » andalou. Il existe en effet de grandes similitudes de thèmes et de métrique entre le *Divan* (*) du poète hispano-arabe Abu Bakr Ibn Quzmãn (1095-1160) et les *Vers* de Guillaume IX ; tout récemment, E. Lévi-Provençal a découvert que certains passages, restés longtemps absolument indéchiffrables, des manuscrits contenant les chansons de notre poète, étaient simplement de l'arabe assez mal transcrit. L'influence arabe sur la poésie des troubadours, longtemps niée par les érudits romanistes modernes à l'encontre de ceux du XVIIIe siècle, est maintenant établie de façon incontestable.

♦ *« On remarque dans les vers de cet illustre troubadour une facilité, une élégance et une harmonie dont les premiers essais de l'art ne sont jamais susceptibles. »* Abbé Millot (1774). ♦ *« Tous les auteurs qui ont parlé de lui l'ont représenté comme doué de la valeur et de l'esprit, mais d'une corruption de mœurs scandaleuse même dans ce siècle, où elle était extrême. »* Ginguené. ♦ *« Ce singulier seigneur que n'embarrasse aucun scrupule religieux, aussi sensuel qu'âpre au gain, incapable de prendre au sérieux les choses les plus graves, qu'il s'agisse de la croisade ou du serment conjugal, prêt à tout sacrifier à ses fantaisies amoureuses, a laissé onze poèmes où une exquise sensibilité s'allie à la plus facétieuse sensualité et où de sublimes accents font oublier un libertinage d'ailleurs fort spirituel. »* A. Fliche.

RÉF. : *Histoire littéraire de la France,* t. XI, 1759, et XIII, 1814. — Palustre, *Histoire de Guillaume IX duc d'Aquitaine,* Poitiers, 1880. — A. Richard, *Histoire des comtes de Poitou, 778-1204,* t. II, 1903. — A. Jeanroy, *Les Chansons de Guillaume IX duc d'Aquitaine,* Paris, 1927. — J.-Ch. Payen, *Le Prince d'Aquitaine,* Paris, 1980.

GUILLAUME d'Auvergne. Théologien français. Né vers 1180 à Aurillac, mort en 1249. Après avoir étudié à Paris, il est en 1223 chanoine à Notre-Dame et maître en théologie. Envoyé à Rome pour protester au nom du chapitre de Notre-Dame contre l'élection de Philippe de Nemours comme évêque de Paris, il fut désigné par le pape pour remplir cette fonction (10 avril 1228). Il s'occupa beaucoup des affaires universitaires : c'est lui qui, pendant la grève de 1229-1231, autorisa les dominicains à ouvrir un cours public de théologie ; il se prononça dans l'affaire du *Talmud* (*), brûlé publiquement en 1240. Il présida l'assemblée d'Ancenis où Pierre, comte de Bretagne, fut déclaré déchu. Il accomplit pour Saint Louis des missions diplomatiques. Il a laissé une œuvre importante, qui contient tous les éléments d'une somme théologique, à mi-chemin entre les doctrines augustiniennes du XIIe siècle et les doctrines aristotéliciennes du XIIIe siècle : *De la Trinité* (*) ; *De universo*, qui traite de l'univers matériel et de l'univers spirituel ; *De la foi et des lois* (+), qui expose la vraie religion ; *De sacramento in generali* et *De sacramentis* (+), qui concernent l'ensemble des sacrements ; *De vitiis et virtutibus*, qui s'occupe des facultés de l'âme, des vices et des vertus. À quoi il faut ajouter des traités ressortissant à l'éloquence sacrée comme l'*Ars praedicandi* (*L'Art de la prédication*), un art de prier (*De rhetorica divina*), des traités spirituels tels que le *De claustro animae* (*Le Cloître de l'âme*), et le *De paupertate spiritali* (*La Pauvreté spirituelle*), des sermons et un traité polémique sur la collation des bénéfices, que l'Université utilisa comme livre de référence sur la question. L'œuvre est encore plus abondante que ne le laisse penser l'énumération de ces titres. Guillaume d'Auvergne est un précieux témoin de l'invasion aristotélicienne, du malaise produit chez un augustinien traditionnel par l'introduction des nouvelles idées qu'il utilise et critique sans parvenir à un système tout à fait cohérent. Il s'attaque à toute une troupe : « philosophi maxime peripatetici, id est sequaces Aristotelis et qui famosiores fuerunt de gente Arabum in disciplinis Aristotelis » ; il s'agit « des philosophes, principalement les péripatéticiens, c'est-à-dire les disciples d'Aristote et ceux de la nation arabe qui furent les plus célèbres » dont Avicenne. Ainsi, selon Paul Vignaux, « pour distinguer l'incréé du créé, notre théologien sait utiliser la doctrine avicénienne de l'essence et de l'existence, mais oppose le vrai Dieu au principe d'une émanation *naturelle*, nécessaire, d'où ne peut sortir *immédiatement qu'une* créature : le Créateur est absolument libre et tout-puissant ».

JEAN DUFOURNET.

RÉF. : P. Glorieux, *Répertoire des maîtres en théologie de Paris au XIIIe siècle*, t. I, Paris, 1933, p. 314-320. — A. Masnovo, *Da Guglielmo d'Auvergne a S. Tommasso d'Aquino*, Milan, 1945-1946. — É. Bréhier, *Histoire de la philosophie, t. I : l'Antiquité et le Moyen Âge*, fasc. 3, Paris, 1951, p. 641-644. — A. Forest, « Guillaume d'Auvergne, critique d'Aristote », dans *Études médiévales offertes à A. Fliche*, Paris, 1952, p. 67-79.

GUILLAUME de Lorris. Poète français. Né dans les premières années du XIIIe siècle, à Lorris en Gâtinais, entre Orléans et Montargis, mort entre 1237 et 1240. Nous ignorons presque tout de ce poète mort très jeune et qui laissa inachevée une œuvre unique, le *Roman de la Rose* (*), composé alors de plus de quatre mille vers. Il n'avait, en effet, que vingt-cinq ans lorsqu'il commença son poème, puisque, nous dit-il, il a eu le songe qu'il raconte cinq ans auparavant alors qu'il était dans sa vingtième année. Incontestablement, Guillaume de Lorris était un lettré ; il connaissait fort bien *L'Art d'aimer* (*) d'Ovide qu'il imite, ainsi que les romans de Chrétien de Troyes. Son style se ressent de sa fréquentation de l'éloquence latine, sa versification est adroite et savante, enfin un dessein didactique se poursuit, avec discrétion d'ailleurs, tout au long du poème. Il y a de fort grandes probabilités pour que Guillaume de Lorris ait été un clerc. Et il se peut que ce soit sa qualité de clerc qui l'ait poussé à faire de l'aimée une rose, donnant un tour décisivement mystique à l'amour courtois qu'il peint. Mais Guillaume de Lorris est d'abord, et avant tout, un véritable poète. Si le sujet qu'il traite n'a rien d'original, s'il n'a fait que rassembler les éléments très conventionnels qui étaient depuis longtemps devenus des lieux communs, il leur donne une saveur nouvelle, une fraîcheur exquise qui n'appartient qu'à lui parce que cette histoire, banale en somme, semble réellement un épisode de sa vie intérieure.

♦ *« Il vaudrait mieux commenter le* Romant de la Rose *que s'amuser à je ne say quelle grammaire latine qui a passé son temps. »* Ronsard. ♦ *« Li* Romans de la Rose *a esté reccu par les librairies des seigneurs comme livre plaisant et rempli de beaux traits de doctrine, malgré les prescheurs et théologiens marris de ce qu'il estoit trop manié et appris de toutes sortes de gens, tellement que plusieurs crierent contre. »* Claude Fauchet. ♦ *« J'ai cogneu plusieurs esprits assez cognoissants qui faisoyent profession de tirer de belles et doctes inventions du* Roman de la Rose *et de livres pareils. Certes je trouvay à la fin que c'estoit* aurum legere ex stercore Ennii. » Agrippa d'Aubigné.

RÉF. : Dr Püschel, *Li Romanz de la Rose, première partie par Guillaume de Lorris,* Berlin, 1872. – E. Langlois, *Origines et sources du Roman de la Rose,* Paris 1891. – G. Paré, *Les Idées et les lettres au XIIIe siècle. Le Roman de la Rose,* Montréal, 1947. – D. Poirion, *Le Roman de la Rose,* Paris, 1973. – R. Lejeune, « Propos sur l'identification de Guillaume de Lorris, auteur du *Roman de la Rose* », dans *Marche romane,* 26, 1976, p. 5-17. – J. Dufournet et coll., *Études sur le Roman de la Rose de G. de Lorris,* Paris, 1984.

GUILLAUME de Machaut ou **Machault.** Poète et musicien français. La date de sa naissance, mal connue, peut se situer entre 1282 et 1300 sans preuves certaines, plus proche de cette dernière date pour la vraisemblance des tardives amours que le poète chante dans son *Voir dit* (+) – v. *Poésies* (*) ; il mourut en 1377. Natif de Machault, dans les Ardennes, il fut remarqué, encore tout jeune clerc, par Jean de Luxembourg, fils de l'empereur Henri VII, roi de Bohême, qui l'attacha à son service comme aumônier et secrétaire vers 1323. Guillaume suivit son maître au cours de toutes ses expéditions, en Bavière, en Pologne, en Lituanie, en Russie, mais il ne sut pas être le chantre du roi de Bohême, dernier chevalier d'aventure, dont la fin héroïque à la bataille de Crécy (1346) (aveugle, il se fait attacher sur son cheval et s'élance vers la mort entouré de quelques fidèles) présentait pourtant le caractère de l'épopée. Mais la poésie épique était bien morte, et ce sera le chroniqueur Froissart qui relatera la journée de Crécy ; lorsque Guillaume de Machaut voudra, vers 1370, s'essayer au poème épique (ou plutôt à l'histoire) en chantant, en neuf mille vers de huit syllabes, dans *La Prise d'Alexandrie*, la vie et les exploits de Pierre Ier de Lusignan, roi de Chypre, il sera plat et ennuyeux. Grâce à la protection de Jean de Luxembourg, Guillaume était depuis 1377 chanoine de Reims. Célèbre autant comme musicien que comme poète – v. *Lais* (*) et *Messe « Notre-Dame »* (*) –, il eut d'illustres protecteurs : Charles III le Mauvais, pour qui il écrivit entre autres son *Jugement du Roy de Navarre* (+) et un long poème, *Confort d'ami*, lorsque le roi de Navarre, accusé de conspiration, fut emprisonné par le roi Jean ; Pierre de Lusignan ensuite, le héros de *La Prise d'Alexandrie.*

Guillaume de Machaut, qui fut tenu au cours de son siècle comme un chef d'école et qui le fut, en un certain sens, n'innova point dans le fond s'il innova dans la forme. Le roman d'amour en vers et en prose du *Voir dit*, vécu ou non, se détache du reste de l'œuvre par un ton de sincérité attachante. L'influence de Guillaume de Machaut ne s'exerça pas seulement en France : en particulier le plus grand des poètes anglais du XIVe siècle, Chaucer, s'est parfois inspiré de notre poète, et l'on a relevé dans ses œuvres de nombreux points de contact, notamment avec le *Dit de la fontaine amoureuse* (+), le *Dit dou vergier* (+), le *Dit du lion* (+), et *Le Remède de fortune* (+).

PIERRE FERRARI.

♦ *« Guillaume de Machaut sut quelquefois écrire, mais il ne sut jamais se borner. »* Petit de Julleville.

RÉF. : L. de Mas Latrie, *Guillaume de Machaut et la prise d'Alexandrie*, dans *Bibliothèque de l'École des Chartes*, t. XXXVII, pp. 445-70, 1876. – C. de Boer, *Guillaume de Machaut et l'Ovide moralisé*, dans *Romania*, t. XLIII, pp. 335-52, 1914. – W. Eichelberg, *Dichtung une Wahrheit in Machauts « Voir Dit »*, Francfort, 1935. – A. Prioult, *Un poète voyageur : Guillaume de Machaut et la « Reise » de Jean l'aveugle roi de Bohême, en 1328-29*, dans *Les Lettres romanes*, t. IV, pp. 3-39, 1950. – W. C. Calin, *A Poet at the Fountain*, Lexington (Kentucky), 1974. – M. P. Cosman et B. Chandler, *Machaut's World*, New York, 1975. – J. Cerquiglini, « *Un engin si subtil* ». *Guillaume de Machaut et l'écriture au XIVe siècle*, Paris, 1984.

GUILLAUME de Saint-Thierry. Moine et théologien français d'expression latine. Né à Liège (Belgique) vers 1085, mort à Signy-l'Abbaye (Ardennes) en 1148. D'origine flamande, il vint très jeune, en compagnie de son frère Simon, faire ses études à Reims, où il entra à l'abbaye bénédictine Saint-Nicaise. En 1119, année où son frère devenait abbé de Saint-Nicolas-aux-Bois, près de Laon, Guillaume fut élu abbé de Saint-Thierry, abbaye située dans les environs de Reims. Cependant, alors qu'il était encore simple étudiant à Saint-Nicaise, il était allé voir Bernard de Clairvaux dont l'intercession l'aurait, par la suite, guéri d'une grave maladie. Devenu un ami intime de Bernard, qui lui demanda même plusieurs fois de revoir ses écrits, il décida sous son influence de mener une vie des plus austères, et démissionna alors de sa charge d'abbé de Saint-Thierry. En 1135, il demanda à être admis au monastère de Signy, dans le diocèse de Reims, où il passa la dernière partie de sa vie dans la pratique la plus rigoureuse de *La Règle monastique* (*) de saint Benoît. À la fois théologien, philosophe et physicien, Guillaume de Saint-Thierry écrivit de nombreux traités, où s'expriment son tempérament d'ascète et sa fidélité intransigeante à l'orthodoxie. Son œuvre principale, que Mabillon attribuait à tort à Guignes, cinquième général des chartreux, est l'*Épître dorée ou Traité de la vie solitaire* (*) (1144-48). On lui doit encore des traités sur *Le Corps et le sang du Seigneur* [*De corpore et sanguini Domini*], sur *La Nature du corps et de l'âme* [*De natura corporis et animae*], des ouvrages polémiques contre Abélard, dont il avait lu les œuvres en 1139 : *Dispute contre Pierre Abélard* [*Disputatio adversus Petrum Abelardum*] et *Dispute des catholiques contre les doctrines d'Abélard* [*Disputatio catholicorum adversus dogmata Petri Abelardi*], des manuels de spiritualité : douze *Oraisons méditatives* [*Meditativae orationes*], destinées à former les moines à la prière, *De la manière de contempler Dieu* [*De contemplando Dei*] et sa suite : *De la nature et De la dignité de l'amour divin* [*De dignitate et natura divini amoris*]. Du vivant même du réformateur de Clairvaux, Guillaume de Saint-Thierry écrivit une *Vie de saint Bernard* [*Vita sancti Bernardi*] qui s'arrête à l'année 1130. Toutes ses œuvres ont été imprimées dans le tome IV de la *Bibliothèque de Cîteaux* (1669).

♦ *« Comment vous êtes-vous avisé de consulter une personne aussi éloignée de vous que je le suis, ayant à votre porte Guillaume, abbé de Saint-Thierry, cet homme excellent qui joint à une rare prudence et à une égale habileté l'affection la plus sincère pour votre maison ? »* Saint Bernard, lettre à l'abbé de Cuissi.

RÉF. : Migne, *Patres latini,* t. 180, col. 187 et suivantes. – E. Gilson, *La Théologie mystique de saint Bernard,* Paris, 1934 (appendice). – J. M. Dechanet, *Guillaume de Saint-Thierry, l'homme et l'œuvre,* Bruges, 1942.

GUILLAUME ou plutôt **GERVAIS du Bus.** Poète français. Né probablement dans la seconde moitié du XIIIe siècle, mort après 1338. Gervais du Bus fut notaire de la chancellerie royale sous Philippe le Bel, nous savons qu'il occupa ce poste au moins de 1313 à 1338. Il a été identifié par Ch.-V. Langlois comme le principal auteur du *Roman de Fauvel* (*), écrit violemment satirique qui fut continué et imité au XIVe siècle. Les auteurs de ces remaniements et de ces augmentations appartenaient d'ailleurs au même milieu que Gervais du Bus, tel le bailli Raoul Chaillou de Pestain.

RÉF. : *Le Roman de Fauvel par Gervais du Bus,* publié d'après tous les mss. connus, par A. Langfors, Paris, 1914-16 – Ch.-V. Langlois, *La Vie en France au Moyen Âge de la fin du XIIe au milieu du XIVe siècle d'après des romans mondains du temps,* Paris, 1924. – E. Dahnk, *L'Hérésie de Fauvel,* Leipzig, 1935.

GUILLAUME le Clerc. Poète français. Né en Normandie et qui vécut à la fin du XIIe et au début du XIIIe siècle. Il est l'auteur d'un *Bestiaire divin* (*) (1210 ou 1211), d'un traité moral, *Le Besant de Dieu,* d'une imitation du *Livre de Tobie* et d'une légende hagiographique, *La Vie de sainte Madeleine.* On lui attribue le lyrique *Roman des romans* et parfois aussi le roman intitulé *Fergus.*

RÉF. : Éd. du *Besant de Dieu* par P. Ruelle, Bruxelles, 1973.

GUILLAUMIN Émile. Écrivain régionaliste français. Né et mort à Ygrande (Allier) (10 novembre 1873-27 septembre 1951). Chose unique : paysan dans toute la force du terme, et satisfait de son état, il est toujours resté fidèle à son terroir, écrivant pour remplir ses dimanches et ses longues soirées d'hiver « à journée faite ». Il débuta en 1904 par un récit, *La Vie d'un simple* (*), qui d'emblée fit une très forte impression sur le public : pour la première fois, dans notre littérature, la vie rurale se trouvait évoquée dans sa sourde réalité par un laboureur. En 1906 parut *Près du sol*, et en 1909 *La Peine aux chaumières.* À partir de 1908, Émile Guillaumin s'engagea dans le syndicalisme, épaulant le fondateur des syndicats agricoles, Michel Bernard. Il collabora en tant que journaliste au *Travailleur rural* – ses articles ont été regroupés et édités en 1977 sous le titre *Six ans de luttes syndicales* –, à *Pages libres*, à *La Revue des Deux Mondes* (*) et à *L'Humanité*. En 1931 parut *À tous vents sur la glèbe*, puis en 1949 *Sur l'appui du manche.* Émile Guillaumin reste une figure rénovatrice du roman rustique français.

RÉF. : L. Lanoizelée, *Émile Guillaumin*, Paris, 1952. – J. Voisin, *Le Vrai Visage d'Émile Guillaumin*, Moulins, 1953. – P. Vernois, *Le Roman rustique de George Sand à Ramuz*, Paris, 1962. – R. Mathé, *Émile Guillaumin, l'homme de la terre et l'homme de lettres*, Paris, 1966. – *Le Centenaire d'Émile Guillaumin,* actes du colloque de Moulins, Paris, 1979. – A. Fournier, « Guillaumin, le sage d'Ygrande », dans A. Fournier, *Peuples des sages et des fous*, Paris, 1981. – Comité Émile Guillaumin, *Cheminements et rencontres de l'œuvre d'Émile Guillaumin*, Moulins, 1983.

GUILLEMIN Henri. Écrivain français. Né le 19 mars 1903 à Mâcon, mort le 4 mai 1992. Élève de l'École normale supérieure, agrégé de lettres, il fait une carrière universitaire au Caire (1936-1938), à Bordeaux (1938-

1942), à Genève (à partir de 1963) après avoir été conseiller culturel de l'ambassade de France à Berne de 1945 à 1962. Ses fonctions de diplomate et de professeur ne l'ont pas empêché de rédiger et de publier un nombre très important d'ouvrages d'Histoire et d'Histoire littéraire qui lui ont valu une réputation, parfois fort contestée, de démystificateur d'un certain nombre d'écrivains du XIXe siècle, en même temps qu'il savait rendre justice à d'autres, plus décriés. C'est ainsi qu'il a par exemple démontré dans *Monsieur de Vigny, homme d'ordre et poète* (1955) que l'auteur de « La Maison du Berger » était au service de la police de Louis-Philippe ; que, dans *Napoléon tel quel* (1969), il a dénoncé avec véhémence les hypocrisies et la férocité de l'empereur ; qu'il a été le contempteur d'Adolphe Thiers dans *L'Avènement de monsieur Thiers* (1971) ; qu'il a voulu redonner sa vraie place historique et psychologique à Jeanne d'Arc dans *Jeanne, dite « Jeanne d'Arc »* (1970). Mais il a montré beaucoup plus d'indulgence à l'égard de Lamartine, son compatriote du Mâconnais, sur lequel il a écrit plusieurs livres : *Le Jocelyn de Lamartine* (1936), *Lamartine, l'homme et l'œuvre* (1940), *Connaissance de Lamartine* (1945), *Lamartine et la question sociale* (1946), *Lamartine en 1848* (1948). Il a voulu faire surgir, par-delà les mythes, les légendes, le véritable et complexe visage d'un Victor Hugo qui ne serait plus statufié : *L'Humour de Victor Hugo* (1950), *Victor Hugo par lui-même* (1954), *Hugo et la sexualité* (1954) ; comme celui de Benjamin Constant : *Benjamin Constant, muscadin* (1958), *Mme de Staël, Benjamin Constant et Napoléon* (1959). De même, comme l'indique le titre de son ouvrage, *Zola, légende et vérité* (1960), il s'est efforcé de saisir les contradictions de l'homme romancier et de l'homme engagé — entreprise qu'il a complétée par *Présentation des Rougon-Macquart* (1964). Enfin, Henri Guillemin a mis en valeur les ambiguïtés et les poses de Chateaubriand, dans *L'Homme des « Mémoires d'outre-tombe »* (1965). Henri Guillemin, qui bouleverse bien des idées reçues sur les écrivains, traque le document, précédemment mal utilisé ou mal interprété, voire inédit, les correspondances, compare les textes, débusque les mensonges, les faux, la mauvaise foi, la duplicité de certains hommes de lettres (parfois de leurs commentateurs). Il adopte la même méthode en Histoire, notamment lorsqu'il se penche sur celle du XIXe siècle, déjà abordée à travers ses études littéraires : *La Tragédie de Quarante-Huit* (+), *Le Coup du deux décembre* (+) (1951), *Les Origines de la Commune* (*) (1959), suivies de *La Capitulation* (1960). *L'Énigme Esterhazy* (1962) à propos de l'affaire Dreyfus, *L'Arrière-Pensée de Jaurès* (1966), *La Première Résurrection de la République, 24 février 1848* (1967), *Nationalistes et Nationaux (1870-1940)* (1974). Jamais les ouvrages d'Henri Guillemin ne laissent indifférent, même si on peut lui reprocher parfois de trop tirer les textes dans le sens de ses démonstrations et si on trouve qu'il ne prend pas toujours une hauteur suffisante à l'égard d'écrivains dont il sait mieux traquer les défauts que mettre en valeur les qualités. Il n'en reste pas moins vrai qu'un tel travail aura été bénéfique à l'histoire de la littérature et à l'Histoire tout court, figées souvent dans des conventions qui les paralysaient. Henri Guillemin leur a redonné le ton de la vie grâce à son talent de polémiste.

JOËL SCHMIDT.

GUILLÉN Jorge. Poète espagnol. Né à Valladolid le 8 janvier 1893 ; mort à Malaga le 6 février 1984. Des études supérieures le destinent à la carrière de professeur de lettres, qu'il va mener de front avec la création poétique. C'est en 1918, alors qu'il occupe un poste de lecteur à Paris, qu'il commence à écrire. Dans la capitale française, où il séjourne jusqu'en 1923, il fait la connaissance de Paul Valéry dont il traduira avec maestria *Le Cimetière marin* (*). Entre 1925 et 1929, il est professeur à Murcie puis à Séville, et rédige en même temps les poèmes de la première édition de *Cántico*, qui paraît en 1928. L'influence de Paul Valéry s'y manifeste par le souci d'appréhender le monde, mais, alors que l'écrivain français exerce essentiellement son entendement dans cette démarche, Jorge Guillén fait intervenir toutes ses facultés, sensibles et intellectuelles, pour saisir les éléments les plus concrets et fondamentaux de l'univers qui l'entoure ; son inspiration s'exprime dans un style dépouillé qui va de pair avec la recherche de l'essence des choses et des êtres ; le regard qu'il leur porte n'en est pas moins passionné. Entre 1929 et 1931, il est lecteur à Oxford, en 1933 professeur à Wellesley College aux États-Unis. La deuxième édition de *Cántico*, parue en 1936, peu avant la Guerre civile, représente une évolution, le sentiment de plénitude se substituant au cri spontané, l'homme adhérant à la fois à l'univers qui l'environne et à un au-delà nullement transcendantal, mais de sublimation à son moi. Cette harmonie authentique implique aussi la présence de la femme et de l'amour qui collaborent à la plénitude du chant. Lorsque le soulèvement de Franco éclate, Jorge Guillén s'exile aux États-Unis comme professeur à Wellesley College. Les deux éditions suivantes de *Cántico* se situent respectivement en 1945 à Mexico et en 1950 à Buenos Aires ; la négation de la douleur et de la mort s'y oppose à la joie élémentaire qui caractérisait les deux premières éditions, et il appartient à l'homme de faire face à ces obstacles avec son dynamisme. De même que l'élaboration de *Cántico* s'était échelonnée sur plusieurs décennies, la composition de *Clameur* [*Clamor*] comporte trois volets : *Mare magnum* (1957), *Qui vont aboutir à la mer* [*Que van a dar en la mar*, 1960], *À la hauteur des* *circonstances* [*A la altura de las circunstancias*, 1963] ; dans cette deuxième série, la mission de l'homme consiste à s'opposer héroïquement aux forces qui désintègrent le monde ; la passion et l'exaltation des sens qui palpitent sous les vers restent soumises à la discipline et à l'effort de la volonté créatrice. *Mare magnum* commence avec le réveil et s'achève par le sommeil, un sommeil identifié à la mort, qui rompt de façon insolite cette harmonie de l'existence. Dans le deuxième volume, c'est encore l'éveil tel un élan cosmique, qui guide toute l'existence jusqu'à la mort acceptée sereinement, tandis que *À la hauteur des circonstances* rappelle par son rythme l'agitation du premier volume mais s'enrichit des circonstances de la vie. Après avoir pris sa retraite, Jorge Guillén quitte les États-Unis pour se fixer en Italie (1961) ; il y poursuit l'élaboration d'un troisième cycle de poèmes intitulé *Hommage* [*Homenaje*, 1949-1966], ouvrage dans lequel il manifeste son admiration pour les écrivains de la littérature universelle et inclut sa traduction du *Cimetière marin* et des citations de plusieurs auteurs. Le sous-titre du livre, *Réunion de vies*, annonce deux niveaux complémentaires dans l'existence : d'une part la poésie, la culture générale et l'exercice de la traduction, fruits de l'intelligence, d'autre part l'amitié qui vient du cœur. Ce livre voit le jour à Milan en 1967. L'année suivante, les œuvres complètes de Jorge Guillén, réunies sous le titre de *Air nôtre* [*Aire nuestro*], sont publiées dans la même ville. On y retrouve l'affirmation de l'être dans sa propre existence et dans ses rapports avec le monde et les hommes. La joie sans mélange du début s'associe à la foi et à l'espérance que la volonté s'efforce d'imposer à la fin. Cette publication coïncide significativement avec le quarantième anniversaire du premier *Cántico*, et les critiques ne cessent de souligner la symétrie entre les poèmes des différentes séries, qui s'exprime par la circularité. Les mille deux cents pièces du recueil n'en présentent pas moins une diversité dans les rythmes. En 1970, le poète, de retour en Espagne, réside à Malaga. En 1973, à l'occasion de son quatre-vingtième anniversaire, sont publiés *Et autres poèmes* [*Y otros poemas*] et rééditées les trois séries de *Air nôtre*, celles de Madrid, de Buenos Aires et de Milan. Dans son étude récente sur l'œuvre poétique de Jorge Guillén (4 avril 1976), Oreste Macri souligne les facettes multiples de cette poésie, où métaphysique et éthique s'harmonisent avec l'engagement dans la réalité du monde et l'histoire de l'homme. Il ajoute que les cycles de poèmes se suivent naturellement, en vertu d'une cohérence interne et d'une intégrité vitale et artistique – v. *Poésies* (*).

MARIE-FRANCE SCHMIDT.

RÉF. : Ricardo Gullón y José María Bluna, *La Poesía de Jorge Guillén*, Madrid, 1949. – J. B. Trend, *Jorge Guillén*, 1952. – Pierre Darmangeat, *Jorge Guillén ou le Cantique émerveillé*, Paris, 1958. – Claude Couffon, *Das encuentros con Jorge Guillén*, Paris, 1963 ; *Ferveur pour Jorge Guillén*, Paris, 1986.

GUILLÉN Nicolás. Poète cubain. Né à Camagüey le 10 juillet 1902, mort à La Havane, le 16 juillet 1989. Typographe à la mort de son père en 1917, il fait quelques études de droit à La Havane, mais y renonce bientôt. Revenu à Camagüey, il y devient journaliste et fonde la revue *Lis* (1923) pour « les gens de couleur ». Le 20 avril 1930, huit poèmes publiés sous le titre *Motifs de son* (*) par le *Diario de la Marina* de La Havane, dans sa rubrique « Idéaux d'une race », le révèlent au grand public. Écrit dans le langage des Noirs de Cuba et empruntant leurs thèmes à la vie dans les « solares » (immeubles collectifs abritant les familles pauvres), ces poèmes scandalisent les partisans de la poésie pure et enchantent les novateurs. Le *son*, jusqu'alors chanson et danse populaires, né du métissage, est devenu poème. Ce métissage, Guillén, mulâtre lui-même, veut en être le chantre dans son recueil suivant, *Sóngoro cosongo* (*) (1931). Il affirme, dans le prologue : « Je dirai, finalement, que ce sont là des vers mulâtres... Les deux races qui émergent dans l'Île, distantes en apparence, se tendent une attache sous-marine, comme ces ponts profonds qui unissent en secret deux continents. » Dans *West Indies Ltd* (*) (1934), la « Ballade des deux aïeux » – l'aïeul noir et l'aïeul blanc – cristallise cette réalité avec bonheur. Mais, à Cuba, la crise économique internationale a déjà des répercussions graves : les cours du sucre, base de l'économie, s'effondrent, entraînant chômage, misère et délinquance ; la dictature sévit, et avec elle la corruption et la terreur policière ; La Havane, paradis du tourisme américain, est aussi l'enfer de la prostitution et de la drogue. Sous son étonnante musicalité, le long poème *West Indies* laisse éclater ce qui deviendra l'essence même de la poésie de Guillén : le lyrisme dénonciateur, le combat pour la dignité de l'homme exploité ou humilié et la véritable indépendance de l'Île, la revendication de la culture noire trop souvent marginalisée. En 1937, alors qu'il se trouve à Mexico, Guillén publie *Chants pour les soldats et sones pour les touristes* [*Cantos para soldados y sones para turistas*], poèmes fustigeant le fascisme montant et l'invasion de l'Abyssinie par Mussolini. En juillet 1937, il participe à Valence (Espagne) au deuxième Congrès international pour la défense de la culture, et rencontre Antonio Machado. Correspondant de guerre durant une année, il se lie d'amitié avec Rafael Alberti, Miguel Hernández et Pablo Neruda. *Espagne, poème en quatre angoisses et une espérance* (*) (1937) reflète l'enthousiasme de son adhésion à la République espagnole agressée. De retour à La Havane, il s'intègre à la rédaction du journal *Hoy*, qui vient d'être fondé. Un voyage à travers l'Amérique du Sud, commencé en novembre 1945, le conduit au Venezuela, en Colombie, au Pérou, en Uruguay, en Argentine où il publie *El son entero* (1947), inspiré par son expérience récente de globe-trotter engagé. Le putsch de Batista, le 10 mars 1952, oblige Guillén à un interminable exil, qui le fixe à Paris de janvier 1955 à juillet 1958. C'est là qu'il écrit et fait connaître d'abord en traductions françaises – *Les Temps Modernes, Les Lettres françaises, Europe, Présence Africaine*... – la plupart de ses *Élégies* (*) et une grande partie de *La Colombe au vol populaire* [*La paloma de vuelo popular*, 1958]. Rentré à Cuba le 24 janvier 1959, au lendemain du triomphe des « barbudos » de Fidel Castro, élu président de l'Union des écrivains et artistes de Cuba (U.N.E.A.C.) dès sa création en 1961, proclamé « poète national », il consacre désormais son œuvre à la défense de la Révolution, notamment dans *J'ai* [*Tengo*, 1964]. Ses publications des deux dernières décennies sont multiples et variées. *Le Grand Zoo* [*El gran zoo*, 1967] présente de courts poèmes satiriques dont les « fauves » sont les hommes avec leurs défauts et leurs vices, les voyous de tout crin. Les *Chansons de Juan Descalzo* [*Coplas de Juan Descalzo*, 1979] réunissent en volume les flèches poétiques et politiques décochées contre Batista dans l'hebdomadaire *La Ultima Hora* de La Havane, de 1952 à 1953. *Musique de chambre* [*Música de cámara*, 1979] est une anthologie des poèmes d'amour et *Le Journal jour après jour* [*El diario que a diario*, 1979] une chronique de l'histoire de Cuba depuis les premiers temps de l'esclavage, « suggérée » à partir de reproductions d'affiches, de gravures, de proclamations, d'annonces, habilement mêlées à des poèmes. *Prose à la hâte* [*Prosa de prisa*, 1982] regroupe les chroniques littéraires, politiques ou de voyages écrites entre 1938 et 1961, et *Soleil du dimanche* [*Sol de domingo*, 1982] des études plus ou moins inédites sur Balzac, Antonio Machado, Don Juan... Nicolás Guillén a aussi laissé un livre de Mémoires : *En tournant la page* [*Páginas vueltas*, 1982].

CLAUDE COUFFON.

RÉF. : Claude Couffon, *Nicolas Guillén*, Paris, 1964. – Angel Augier, *Nicolás Guillén*, Las Villas (Cuba), tome 1 (1962), tome 2 (1964). – *Recopilación de textos sobre Nicolás Guillén*, La Havane, 1974. – Nancy Morejón, *Nación y mestizaje en Nicolás Guillén*, La Havane, 1982. – Claude Couffon, étude-prologue à Nicolás Guillén, *Le Chant de Cuba*, Belfond, Paris, 1984. – Angel Augier, *Nicolás Guillén, estudio biográfico-crítico*, La Havane, 1984. – Joaquín G. Santana, *Nicolás Guillén, juglar americano*, La Havane, 1989.

GUILLERAGUES Gabriel-Joseph de Lavergne, vicomte de. Diplomate et écrivain français, né à Bordeaux le 18 novembre 1628, mort à Constantinople le 4 mars 1685. D'une famille de parlementaires gascons, anoblie au XVIe siècle et cliente des Condés, cet homme ainsi en marge du système louis-quatorzien réussit pourtant à en être un prestigieux ambassadeur. Après une enfance bordelaise et des études parisiennes, il est reçu avocat au parlement de Bordeaux (1650). Naturellement du parti des princes frondeurs, mais diplomate réaliste, il négocie (1653) le ralliement du prince de Conti dont il devient, à la mort de Sarasin (1654), secrétaire des commandements. Dans le sillage des fonctions du prince, Guilleragues poursuit son ascension bordelaise (conseiller au parlement et mariage brillant en 1658, premier président de la cour des aides en 1660) et, adoptant la dévotion nouvelle de Conti, gagne sa confiance jusqu'à le représenter aux états de Languedoc (1666), mais il s'y ruine. À la mort de Conti, il accepte l'office parisien de secrétaire des commandements du duc de Foix, grâce auquel il est au contact des meilleurs salons, de Boileau, de Racine, de Mmes de Sévigné, de La Fayette, Scarron (future Mme de Maintenon). Il sait attirer l'attention du roi par des couplets à sa gloire, des *Valentins*, hommage implicite à Madame, et surtout des *Lettres portugaises* (*) (1669), dont l'immense succès contribue à le promouvoir, la même année, dans la charge de secrétaire ordinaire du roi, bien qu'elles paraissent sans nom d'auteur. Il la remplit avec tact et compétence mais sans plus écrire d'ouvrage d'importance. Cinq ans plus tard, talonné par ses créanciers, il revend sa charge. Devenu rédacteur à *La Gazette de France*, il attend d'être nommé ambassadeur auprès de la Porte (1677), poste clef de la diplomatie royale. De 1679 à 1685, la vie de Guilleragues à Constantinople avec sa famille est sérieuse (correspondance commerciale, affaires du sofa et des corsaires tripolitains, création de la valise diplomatique, achat de manuscrits orientaux...) ; mais sa correspondance au roi et à ses amis (Pomponne, Colbert de Croissy, Seignelay, Racine) traduit sa difficulté à vivre l'éloignement et la crainte de l'oubli. Il mourra avant d'avoir été rappelé à Paris.

FANNY NÉPOTE-DESMARRES.

GUILLEVIC Eugène. Poète français. Né le 5 août 1907 à Carnac (Morbihan). Eugène Guillevic, dont le père abandonna la mer pour la gendarmerie, eut une enfance triste. Ce fils du pays breton devra quitter de bonne heure sa terre natale pour suivre sa famille à Jeumont, dans le Nord, puis à Ferrette, en Alsace, aux hasards des nominations de son père. Écolier très doué, il poursuivra alors ses études secondaires au collège d'Altkirch, avant d'éprouver l'espoir, en 1926, d'abandonner une vie pauvre et étriquée en réussissant un concours d'administration. Nommé receveur d'enregistrement, il devra attendre cependant l'année 1935 pour être dépêché à l'administration centrale à Paris, avant d'occuper, en 1946, le poste important d'inspecteur de l'Économie nationale. Il commença à écrire assez jeune, mais c'est seulement lorsque son art sera parvenu à maturité qu'il se décidera à publier, en 1942, son premier recueil de poèmes, *Terraqué* (*), qui révélera immédiatement une voix totalement nouvelle dans la poésie française. Dans des pièces généralement très concises, surchargées d'une émotion suggérée avec une très grande pudeur, il y évoque pour la première fois sa Bretagne, cet univers pauvre de rochers et de fougères, qu'il ne cessera d'exalter dans ses livres suivants et au centre duquel l'homme fait figure d'étranger, qui ne peut se défaire d'un sentiment permanent d'incomplétude qu'au prix d'une humilité sans limites s'exprimant par une totale sympathie pour les choses les plus « basses » : les animaux, les charognes, la terre. En 1943, conséquence d'une longue réflexion à laquelle le poussèrent ses responsabilités professionnelles, Guillevic adhère au parti communiste, engagement assez étrange si on confronte l'optimisme idéologique du marxisme avec le sentiment de désespérance et de détresse intime qui émane de *Terraqué* et que ne démentiront pas les recueils suivants : *Exécutoire* (*) (1947), *Gagner* (1949). En 1954, Guillevic publiera *Trente et un sonnets* (+) devant illustrer ses convictions politiques. Il y traite la forme classique du sonnet d'une façon très originale, non dépourvue de virtuosité, en répudiant de ces poèmes toute trace d'éloquence, comme s'il se livrait à une entreprise de démythification des somptuosités gratuites habituelles à la poésie française. Son œuvre s'enrichira encore par la suite de nombreux recueils dont *Carnac* (*) (1961), *Sphère* (*) (1963), *Ville* (1969), *Inclus* (1973), *Du domaine* (*) (1977), *Etier* (*) (1979), *Trouées* (1982), *Requis* (1983), *Autrefois* (1984).

Dans tous ses livres, Guillevic livre au lecteur la vision d'un monde étrange et dont l'existence, tout autant que pour le poète latin Lucrèce, ne semble due qu'au hasard, un monde qui aurait dû ne pas être. Son univers, aussi bien moral que physique, se révèle soumis à une pesanteur écrasante qui impose à toute forme de vie une horizontalité minéralisante. Aucune lumière n'y sacralise les existences que le poète nous décrit comme aspirant continuellement, dans un apeurement presque panique, à une résorption totale, en deçà de la naissance et de la germination, et cherchant à s'enfouir le plus profondément possible dans la chair du sol natal auquel les ramène la mort. Guillevic trouvera ainsi dans l'ellipse une forme adéquate à l'expression de ses sentiments, comparable à la gaucherie d'un geste brusque qui révèle une tendresse et une pitié infinies pour les êtres, impossibles à communiquer sans maladresse. Elle confère à nombre de ses poèmes une force lapidaire qu'une éloquence plus éclatante serait incapable d'exprimer. Les mots mêmes dont il use apparaissent compacts, rugueux, fermés sur eux-mêmes, à l'image des bêtes monstrueuses et des galets qui représentent pour ce Breton perpétuellement nostalgique de sa terre les dieux les plus dignes d'invocation.

PHILIPPE FAUCHER.

GUILLOUX Louis. Écrivain français. Né le 15 janvier 1899 à Saint-Brieuc, mort à Paris le 14 octobre 1980. Son père était cordonnier et actif militant socialiste. Par toute sa vie et par toute son œuvre, Guilloux restera fidèle à ce milieu, à ses valeurs, à son idéal. Boursier au lycée de Saint-Brieuc, en 1912, il devient surveillant d'internat en 1916. Dès la fin de la Première Guerre mondiale, il gagne Paris et, en 1921, entre à *L'Intransigeant* comme lecteur d'anglais. Il se marie en 1924. Il aura une fille, Yvonne, en 1932. Il se lie d'amitié avec Jean Grenier, Henri Petit, André Chamson. Celui-ci le présente à Daniel Halévy qui dirige une collection chez Grasset. Guilloux écrit depuis toujours. Il achève et fait lire à Halévy *La Maison du peuple* (*), qui paraîtra en 1927. Le livre va bouleverser Guéhenno. Liés par une même origine, les deux écrivains seront amis. Chez Halévy, Guilloux fait la connaissance d'André Malraux et une amitié va naître qui durera jusqu'à la mort de ce dernier. Sans accepter jamais la discipline d'un parti, Guilloux a toujours eu une vive conscience politique. La montée du fascisme va le conduire à plusieurs engagements : il est secrétaire du premier Congrès mondial des écrivains antifascistes, en 1935, puis responsable du Secours populaire français, organisé pour venir en aide aux réfugiés qui vont bientôt affluer de l'Espagne déchirée par la guerre civile. Cependant, il achève son chef-d'œuvre, *Le Sang noir* (*), qui paraît en 1935. Lié à Gide, il est invité par celui-ci à l'accompagner, lors de son voyage en U.R.S.S. (1936). Guilloux visite Leningrad, Moscou, Tiflis. À son retour, il se voit confier la direction de la page littéraire du journal *Ce soir*, de tendance communiste. Quand paraît le *Retour d'U.R.S.S.* (*) de Gide, on exige de lui une dénonciation critique à laquelle il se refuse. Il se voit contraint de démissionner. Il collabore à la direction littéraire de la Radio, à Paris d'abord, à Rennes ensuite, et fait des conférences. L'aide aux réfugiés espagnols mobilise toute son énergie : il se bat contre le mauvais vouloir des autorités, l'indifférence du public. La guerre l'oblige à regagner la Bretagne, Saint-Brieuc, où il achève *Le Pain des rêves* (*), qui paraît en 1942. De même qu'il a refusé l'engagement dans un parti politique, Guilloux ne s'engagera pas dans la Résistance, mais il l'aidera de mille manières et sera à plusieurs reprises inquiété par les autorités. Il entreprend son second chef-d'œuvre, *Le Jeu de patience* (*), qui ne paraîtra qu'en 1949. À la Libération, Guilloux sera interprète auprès des troupes américaines. Il racontera cette expérience, trente ans plus tard, dans *O.K. Joe*, paru en 1976. De retour à Paris, Louis Guilloux poursuit son œuvre, achève et publie *Le Jeu* *de patience* qui sera couronné par le prix Théophraste Renaudot. Il voyage, en Égypte, en Yougoslavie, et fait nombre de conférences. Il accepte une mission pour le haut-commissariat international des Réfugiés et procède à une enquête sur la situation des personnes déplacées, parquées dans des camps, en Allemagne, en Italie, en Grèce (1961). Cependant, son œuvre se poursuit par la publication de *Absent de Paris* (1952), *Parpagnacco* (1954) *Les Batailles perdues* (*) (1960). Guilloux a trouvé en Albert Camus un ami qu'il aime comme un frère. Sa mort l'affecte profondément. Il fait des adaptations pour la télévision : récits de Conrad et, surtout, *Les Thibault* (*) de Roger Martin du Gard. *La Confrontation*, en 1968, *O.K. Joe*, en 1976, *Coco perdu* et *Carnets*, en 1978, démontrent la vitalité, la richesse de ce talent et assurent sa présence. *Le Sang noir* a été porté à la scène avec grand succès, sous le titre de *Cripure*. L'œuvre de Guilloux, traduite en une quinzaine de langues, a été couronnée par le grand prix national des Lettres, le grand prix du Roman de l'Académie française, le Grand Aigle d'or du Festival de Nice.

Dès ses premiers livres — *Compagnons* (*), *La Maison du peuple* — Guilloux est profondément engagé et restera fidèle à cet engagement. Mais celui-ci est complexe et demande à être compris. Il s'agit bien d'un témoignage qui s'efforce, de livre en livre, de dire une même vérité. Séduit par le fantastique, attentif au rêve (*Parpagnacco*), cet écrivain se méfie pourtant de son imagination. N'est-elle pas une manière de mensonge ? Il se veut simple, dépouillé. La pudeur lui est d'autant plus nécessaire que la vérité qu'il lui faut montrer est douloureuse, souvent atroce, toujours bouleversante. C'est qu'il s'agit du mal qui rôde parmi les hommes ; non pas le diable, haut en couleur, mais ce mal concret, quotidien, que les hommes se font les uns aux autres par cupidité, indifférence ou imbécillité. Des humiliés et offensés, Guilloux sera le chantre, l'apôtre, le prophète et son œuvre et sa vie ressemblent à un sacerdoce. Le milieu qu'il décrit est celui des victimes d'une société injuste, cruelle et qui condamne à la misère ceux qui refusent sa loi d'airain. Il dit leur espoir, leur lutte, leurs victoires sans lendemain et leurs batailles perdues. Ce peuple est porteur d'une vérité qui le dépasse et qu'il manifeste. L'urgence de son besoin, l'immédiateté de son désir le rendent fidèle au concret de la vie. Mieux, il l'exprime et c'est en lui qu'on le peut saisir. Quand, dans *Le Sang noir*, Cripure lève son verre « À la santé des hommes vivants », ceux qu'il salue ainsi se distinguent au premier chef par une vertu morale où se retrouvent, comme dans toute cette œuvre, l'idéal socialiste d'organisation et de justice et l'idéal chrétien de charité, de dépassement, de spiritualité. Mais la simplicité nécessaire de l'existence de « ces hommes vivants » les ouvre aussi à la vérité des choses et à leur vie silencieuse.

Le style de Guilloux est issu de cette matière, de cette pâte humaine qu'il a choisie ou qui l'a choisi. Sa poétique peut se résumer dans le terme de « montrer ». Montrer, et non pas expliquer, juger, commenter : décrire. La nature douloureuse, souvent à la limite du supportable, de ce qu'il y a à montrer, exige une extrême pudeur. Chuchotements, murmures, allusions vont peupler ces livres qui traitent des grands moments de l'Histoire contemporaine. Ce qui est dit est là pour désigner tout ce que l'on ne dit pas, et choisi de telle sorte qu'il en fait deviner l'étendue et la profondeur. Est-ce un hasard si le sport pratiqué par le jeune Guilloux est le fleuret ? Son style est celui de l'escrimeur : à peine touché la cible, il faut rompre aussitôt. Ces saisies, ces ruptures exigent de l'écrivain un grand art de narrateur, afin que ces éclairs de vérité soient noués dans le majestueux ensemble des grands romans. Guilloux est un narrateur consommé dont le propos labyrinthique conduit sûrement le lecteur à ces rendez-vous où la trame se déchire pour révéler un instant le mal et le bien qui s'affrontent ici-bas au sein des couples, des familles, des luttes sociales, des guerres. De cet art de la narration, de la science du temps qu'il suppose, *Le Jeu de patience* constitue le meilleur exemple. Mais c'est sans doute *Le Sang noir*, et surtout son personnage central, Merlin dit Cripure, qui résume le mieux toute la portée de l'œuvre et illustre son projet. On a justement comparé ce professeur de philosophie, révolté contre toutes les bassesses de ce monde, à un Don Quichotte des temps modernes. Mais, parce que aussi mal armé que le fut le chevalier à la triste figure, les moulins qu'il combat n'ont que trop de réalité, Cripure campe pour l'époque l'image d'un saint laïque destiné à lui survivre et à témoigner contre son injustice, mais aussi en faveur de son espoir.

JEAN BLOT.

♦ *« L'éternelle rancune contre le réel. »* André Malraux. ♦ *« J'affirme que Cripure est nécessaire à la pleine compréhension de l'homme de ce temps-ci* [...] *J'affirme que Cripure est une arme pour l'homme de demain contre l'homme d'hier... »* Louis Aragon. ♦ *« J'admire et j'aime l'œuvre de Louis Guilloux, qui ne flatte ni ne méprise le peuple dont il parle et qui lui restitue la seule grandeur qu'on ne puisse lui arracher, celle de la vérité. Ce grand écrivain, parce qu'il a fait ses classes à l'école de la nécessité, a appris à juger sans embarras ce qu'est un homme. »* Albert Camus.

RÉF. : Y. Pelletier, *Thèmes et Symboles dans l'œuvre romanesque de Louis Guilloux*, Rennes, 1979. — M.-J.-M. Green, *Louis Guilloux*, York, 1980. — Sous la direction de Y. Pelletier, *Louis Guilloux*, Châteauneuf-sur-Charente, 1983. — J.-L. Jacob, *Guilloux, romancier du peuple*, Paris, 1983. — Colloque de Cerisy, *Louis Guilloux*, 1986.

GUIMARÃES Luíz. Poète et prosateur brésilien. Né à Rio de Janeiro en 1845, mort à Lisbonne en 1897. Docteur en droit de l'université de Recife, il était encore étudiant lorsque parut son roman *Lirio branco*, suivi, en 1869, d'un recueil de vers, *Corymbos*. Guimarães donna ensuite *Filigranas* (1872), *Nocturnos* (1872) et, en 1880, son chef-d'œuvre, *Sonnets et Rimes* (*). Comme prosateur on lui doit *Historias para gente alegre* (1870), *Curvas e zigzags* (1871) et *Contos sem pretensão* (1872). Notable représentant de la poésie parnassienne au Brésil, après avoir été enthousiaste du romantisme, Guimarães fut attiré par l'art de Théophile Gautier et de Théodore de Banville, de João Penha et de Gonçalves Crespo, de Stecchetti et de Carducci. Il collabora à de nombreux journaux, mais surtout au *Diário do Rio do Janeiro*, se fit le biographe du compositeur Carlos Gomes et du peintre Pedro Américo, et écrivit de nombreux drames, dont quelques-uns demeurent inédits, ainsi que beaucoup de vers. Entré en 1872 dans la carrière diplomatique, il fut envoyé au Chili et au Venezuela. Il était membre de l'Académie brésilienne des lettres et de nombreuses associations littéraires.

GUIMARÃES ROSA João. Romancier brésilien. Né à Cordisburgo, dans l'État de Minas Gerais, le 27 juin 1908, mort le 19 novembre 1967 à Rio de Janeiro. Très doué dès sa prime enfance pour les langues, il fait des études complètes de médecine et va exercer à Itaguara de longues années. En 1938, il est nommé consul à Hambourg et commence une carrière politique et diplomatique qui le mènera à Bogotá, et finalement, de 1948 à 1950, à Paris, où il sera conseiller d'ambassade. Guimarães Rosa est l'un des plus grands romanciers brésiliens, et son œuvre commence à être connue à l'étranger. *Sagarana* (1937) décrit avec un réalisme intense la vie des grandes propriétés de l'intérieur du Brésil, les « fazendas », et l'existence des vachers, les « vaqueiros ». *Buriti* (*), *Grande Sertão* (1956) — v. *Diadorim* (*) — et *Les Nuits du sertão* (*), ainsi que *Premières histoires* [*Primeiras Estorias*, 1962] et *Ces histoires* [*Esias Estorias*, posth. 1969] poursuivent la peinture monumentale et précise du Brésil de l'intérieur. Très vite connu dans son pays, Guimarães Rosa est aujourd'hui salué comme l'égal des plus grands romanciers latino-américains contemporains.

RÉF. : A. Brasil, *Guimarães Rosa*, Rio, 1969. — J. C. Fonseca Santos, *Nomes de personagens em Guimarães Rosa*, Rio, 1971. — S. F. Sperber, *Caos e cosmos*, São Paulo, 1976. — L. M. Covizzi, *O insólito dem Guimarães e Borges*, São Paulo, 1978. — J. S. Vincent, *João Guimarães Rosa*, Boston, 1978. — S. F. Sperber, *Guimarães Rosa, signo e sentimento*, São Paulo, 1982.

GUIMERÁ Angel. Poète catalan. Né à Santa Cruz de Tenerife (Canaries) le 6 mai 1849, mort à Barcelone le 18 juillet 1924. Il avait sept ans lorsque les siens s'installèrent en Catalogne où il vécut, tantôt à Verdell (Tarragone), patrie de son père, tantôt à Barcelone, où il fit ses études avant d'être associé aux affaires de son père. À la mort de ce dernier, Guimerá, féru de poésie, s'établit définitivement à Barcelone, et sa réputation était déjà grande dans les milieux littéraires. Plusieurs fois lauréat des jeux Floraux de Barcelone, il dirigea en 1872 le bimensuel *La Renaixensa*, organe du catalanisme littéraire et politique, puis, comme membre de la *Jove Catalunya* (Jeune Catalogne), prit, en 1874, une part active à la vie politique en défendant l'autonomisme catalan. En 1895, Guimerá, président de l'*Ateneo Barcelonés*, prononça, en catalan, un discours inaugural sur la langue catalane, qui eut le plus grand retentissement. Son œuvre poétique tient en deux volumes : le premier (1887) contient des poésies de caractère historique ou légendaire, le deuxième (1920) est imprégné d'un lyrisme sentimental. Toutefois, c'est au théâtre qu'il dut ses plus grands succès. Il donna tour à tour *Gala Placidia* (1879), tragédie en vers, *Judith de Welp* (1884), *La Mer et le Ciel* [*Mar y cel*, 1889] et *L'Âme morte* [*L'Anima morta*, 1892]. Ces pièces tragiques furent suivies de plusieurs autres, d'inspiration sociale et réaliste, parmi lesquelles son chef-d'œuvre, *Terre basse* (*) (1896), qui a été traduit dans toutes les langues européennes et adapté à l'opéra. Ce drame et ceux qui le suivirent sont empreints d'un naturalisme tempéré et font revivre sur la scène les problèmes sociaux et domestiques de chaque jour. Dans la dernière période de sa vie, avec *La Jeune Reine* [*La Reyna jove*, 1911], *Au cœur de la nuit* [*Al cor de la Nit*, 1918], etc., Guimerá revint, avec moins de bonheur, aux thèmes romantiques. En 1909, à l'occasion de son soixantième anniversaire, toute la Catalogne lui rendit hommage et, lorsqu'il mourut, de grands honneurs lui furent rendus à Barcelone et à Madrid.

RÉF. : Justin Pepratx, *La Renaissance des lettres catalanes*, Perpignan, 1883. — Giovanni Palomba, *Attraverso la letteratura catalana*, Sassari, 1909. — Manuel Montolíu, *Estudis de literatura catalana*, Barcelone, 1911. — J. Bernat y Durán, *Historia del teatro catalán*, Barcelone, 1924. — Luis Via, *Guimerá intim*, Barcelone, 1925.

GUINIZELLI Guido. Poète italien. Né à Bologne entre 1230 et 1240, mort en exil en 1276 à Monselice. Fils d'un certain Guinizello, juge à Magnano, il passa son doctorat à Bologne et fit carrière dans la magistrature. Il participa à la vie politique dans le parti gibelin et en 1270 fut podestat de Castel-franco. Le triomphe de la famille guelfe des Geremei sur les Albertazzi le contraignit, en juin 1274, à prendre le chemin de l'exil avec sa femme et son fils, et à se réfugier à Monselice, où il mourut vers novembre de l'année 1276. Dante salua en lui la première affirmation d'une nouvelle expression poétique qui, s'étant détachée de l'école provençale et des doctrinaires, reflétait l'élan d'une culture plus libérale formée dans l'ambiance bolonaise, mettait la bonté du cœur bien au-dessus de la noblesse de lignage et faisait de l'amour un moyen d'élévation moral. Sa chanson *L'amour trouve son refuge auprès d'un cœur gentil* contient les thèmes fondamentaux de ce que Dante appellera le « dolce stil nuovo », mais ses *Rimes* (*) révèlent aussi une fraîcheur sensible au monde de la nature.

RÉF. : V. Rossi, *Scritti di critica letteraria,* t. I, Florence, 1930. – V. Moleta, *Guinizelli in Dante,* Rome, 1980 – I. Bertelli, *La poesia di Guido Guinizelli e la poetica del « dolce stil nuovo »,* Florence, 1983.

GUIOT de Dijon. Trouvère bourguignon. Né à Dijon vers le commencement du XIIIe siècle. L'on ne connaît rien de la vie de ce trouvère qui composa l'une des chansons les plus populaires de son temps, *La Chanson d'outrée* – v. *Poésies* (*). Ce poème fameux, qui exprime les douleurs et les angoisses de la dame demeurée au pays, devint le chant de marche des croisés. Il demeura célèbre pendant toute la fin du Moyen Âge.

RÉF. : Élisabeth Nissen, *Les Chansons attribuées à Guiot et à Jocelin de Dijon,* Paris, 1929.

GUIOT de Provins. Poète français. Il vécut dans la seconde moitié du XIIe et le début du XIIIe siècle. Il alla à Jérusalem, fut bénédictin à Clairvaux, puis à Cluny. Entre 1203 et 1208, il composa dans un style original un ouvrage satirique en deux mille six cent quatre-vingt-onze vers octosyllabiques qu'il appelle *Bible* (*). Ce poème, dont le titre signifie qu'il prétend ne dire que la vérité, passe en revue toute la société contemporaine. On a aussi de lui cinq *Chansons d'amour.*

RÉF. : J. Orr, *Les Œuvres de Guiot de Provins,* Manchester, 1913. – Ch. V. Langlois, *La Vie au Moyen Âge, d'après quelques moralistes du temps,* Paris, 1926.

GÜIRALDES Ricardo. Romancier argentin. Né le 13 février 1886 à Buenos Aires, mort à Paris le 11 novembre 1927. Il est un des classiques du roman hispano-américain où ses deux récits : *Xaimaca* et *Don Segundo Sombra* (*) (1926), occupent une place de choix. Ce dernier livre, en particulier, eut un grand retentissement et valut à son auteur la consécration définitive. Güiraldes manifesta également un sens artistique exceptionnel en favorisant les tendances littéraires d'avant-garde, et il fut au nombre des écrivains argentins qui fondèrent la revue *Proa.* Durant son séjour en Europe, Güiraldes se lia d'amitié avec plus d'un homme éminent et fut fort apprécié de maints critiques ou poètes espagnols et français. Valery Larbaud – qui, sous le nom à peine déguisé de Valerio Larba, devint un personnage épisodique de *Don Segundo Sombra* – montra un goût très vif pour le style de Güiraldes, si étrange et raffiné, d'un accent si personnel, et savoureusement évocateur de la terre sud-américaine. « Qui sait, écrivit-il, si ce poète subtil, délicat, ultradécadent, formé à l'école de Rimbaud, et surgi de cette nouvelle Alexandrie que fut le Paris des années 1870-1900, ne sera pas considéré comme l'un des grands écrivains nationaux de la grande république hispano-américaine ? » Une prophétie que devait confirmer *Don Segundo Sombra.* Ses œuvres en prose sont : *Contes de la mort et du sang* [*Cuentos de muerte y de sangre*, 1915], *Aventures grotesques* [*Aventuras grotescas*], *Trilogie chrétienne* [*Trilogia cristiana*, 1915], *Raucho* (1917), *Rosaura* (1922), *Six narrations* [*Seis relatos*, 1929]. Güiraldes s'était initié à la littérature en écrivant les vers qui ont été recueillis dans *La Clochette de cristal* [*El cencerro de cristal*, 1915]. En 1928, sa veuve publia les *Poèmes solitaires* [*Poemas solitarios*, 1928]. Ses *Œuvres complètes* ont été réunies en 1930 en Espagne et en Argentine par Espasa-Calpe.

RÉF. : Alfred Coester, *Historia literaria de la América española*, Madrid, 1929. – Juan Pinto, *Panorama de la literatura argentina contemporánea*, Buenos Aires, 1941. – Arturo Torres-Rioseco, *Grandes novelistas de la América hispana*, 2 vol., Berkeley, U.S.A., 1941-43. – Robert Bazin, *Histoire de la littérature américaine de langue espagnole*, 1953. – Ch. V. Aubrun, *Histoire des lettres hispano-américaines,* 1954.

GUIRAUT de Bornelh. Poète limousin. Bien que l'on ne connaisse point la date exacte de la naissance ni celle de la mort de ce troubadour, il est possible de situer son activité poétique entre 1160 et 1200. Il appartenait au riche château du vicomte de Limoges ; l'ancien biographe des *Vies des troubadours* (*) le donne comme « homme de basse condition, mais sage, instruit et intelligent. Et il fut meilleur poète que tous ceux qui avaient été avant lui et qui furent après lui ; aussi fut-il appelé maître des troubadours ». L'admiration de ses contemporains sera partagée plus tard par Dante qui, dans son *Traité de l'éloquence vulgaire* (*), le place comme « poète de la rectitude » entre Arnaut Daniel, poète de l'amour, et Bertran de Born, « poète des armes ». L'ancien biographe mentionne l'austérité de Guiraut, sa charité pieuse. Quelques commentaires qui précèdent ses *Poésies* (*) dans les manuscrits nous font connaître son amour pour une femme qui portait le doux nom d'Alamande, son départ pour la Terre sainte à la suite de Richard Cœur de Lion (troisième croisade, 1188-1189), son séjour dans la Castille auprès d'Alphonse VIII. Et certains de ses poèmes confirment ces renseignements : il alla effectivement en Terre sainte, il fut en rapport avec Richard Cœur de Lion, avec Alphonse II d'Aragon (1162-1196) et avec d'autres seigneurs de la France méridionale.

RÉF. : R. Lavaud, « Le Troubadour Guiraut de Bornelh », dans le *Bulletin de l'École félibréenne du Périgord,* 12, 1904. – A. Kolsen, *Sämtliche Lieder des Trobadors Guiraut de Bornelh,* Halle, 2 vol., 1910-1935.

GUITRY Sacha. Dramaturge et acteur français. Né à Saint-Pétersbourg (Russie) le 21 février 1885, mort à Paris le 24 juillet 1957. Fils du célèbre acteur Lucien Guitry, il fait des études laborieuses à Paris tout en fréquentant le monde du théâtre. En 1902, il fait jouer sa première pièce et se marie en 1904 avec une comédienne. C'est le début d'une chronique sentimentale. Dès 1915, il s'intéresse au cinéma et tourne *Ceux de chez nous* qui a le mérite de conserver des images de Rodin, Manet, Renoir, Anatole France, Tristan Bernard et Saint-Saëns. Auteur de pièces de boulevard, chéri du public, il porte à la scène, comme pour faire oublier les facilités du genre, des personnages illustres : *Deburau* (*) (1918), *Pasteur* (1919), *Mozart* (1926), *Jean de La Fontaine* (1928), *Talleyrand* (1947). Élu à l'académie Goncourt en 1939, il en démissionnera en 1948, son attitude pendant l'Occupation prêtant à la critique. L'après-guerre fut du reste fatale à son théâtre et c'est plutôt au cinéma qu'il s'intéressera jusqu'à sa mort.

De 1902 à 1949, Sacha Guitry a fait jouer quelque cent quarante pièces, dont il fut souvent le principal interprète (certaines – *Les Mémoires d'un tricheur* (*) – furent également portées à l'écran). À ses débuts, certains critiques, tel Paul Léautaud, ont voulu voir en Sacha Guitry un nouveau Molière à propos de pièces comme *Un beau mariage* (1911) ou *Une petite main qui se place* (1922). Il loue sa facilité, sa langue si naturelle, ses dons d'observation, l'émotion et l'esprit dont il fait preuve. Il lui reconnaît aussi un grand mérite, il ne s'occupe pas de la chose publique ni des « questions dites sérieuses ». L'esprit mais pas l'esprit de sérieux, en somme ! Mais les amis du Cartel (Charles Dullin, Louis Jouvet, Jacques Copeau, Gaston Baty) considéraient déjà, vers les années 1926-1936, que ce type de théâtre avait fait son temps...

GUY LE CLEC'H.

RÉF. : R. Benjamin, *Sacha Guitry, roi du théâtre*, Paris, 1933. – J. Harding, *Sacha Guitry, the last Boulevardier,* Londres, 1968. – D. Desanti, *Guitry, cinquante ans de spectacle,* Paris, 1982. – J. Lorcey, *Guitry*, Paris 1982 ; *Cent ans de théâtre et d'esprit,* Paris, 1985. – H. Jadoux, *Le Théâtre et l'Amour, Guitry,* Paris, 1985.

GUITTON Jean. Philosophe français. Né à Saint-Étienne (Loire), le 18 août 1901, Jean Guitton fit ses premières études au lycée de cette ville, puis à Paris, au lycée Louis-le-Grand. Entré à l'École normale supérieure en 1920, il est agrégé de philosophie en 1923. À partir de 1933, il enseigne aux lycées de Troyes, de Moulins, de Lyon, à la faculté de Montpellier. Prisonnier de guerre de juin 1940 à 1945, il regagne l'université de Montpellier, puis est nommé à celle de Dijon, pour devenir en 1955 titulaire à la Sorbonne de la chaire d'histoire de la philosophie. L'Académie française, après lui avoir décerné en 1954 son grand prix de Littérature, l'a élu au siège de Léon Bérard le 8 juin 1961. Le pape Jean XXIII l'appelle au Concile dès la première session, où il fut le seul laïc catholique, comme il sera le premier laïc catholique à intervenir dans un concile en décembre 1963.

Les œuvres complètes de Jean Guitton permettent de distinguer les genres qu'il affectionne particulièrement : Portraits, *Portait de M. Pouget* (*) (1941), *Bossuet, Une mère dans sa vallée*..., Critique religieuse (*Renan et Newman, Le Problème de Jésus*...), Sagesse (*L'amour humain, l'Amour divin*), Philosophie (*Monadologie, Platon, Bergson*...), *Journal de ma vie.* Bien entendu, ces œuvres entretiennent entre elles des relations multiples. Intellectuel catholique qui n'a pas connu de rupture avec sa foi, il place au centre de sa pensée le mystère d'un Dieu, origine du monde et des êtres. Sans sectarisme. Car ce métaphysicien – qui se définit lui-même comme « flexible, modéré, constant, impressionnable » – conçoit la philosophie comme un exercice spirituel qui intéresse tout honnête homme. Jean Guitton n'exclut pas de sa recherche les objections que peut élever l'intelligence contre la foi.

Mais c'est dans son *Journal* qu'il fait œuvre d'écrivain véritable – *Présence du passé* (1912-1957), *Avenir du présent* (1958-1971). Cette méditation sur le temps – la grande affaire de Jean Guitton – fait surgir des réflexions à partir de problèmes quotidiens : le philosophe s'intéresse d'abord à ce qui reste « au creux de son alambic », aux instants rares, aux « étincelles » de sa vie, qui jaillissent d'un mouvement « d'abandon », d'une prière.

GUY LE CLEC'H.

GUITTONE d'Arezzo. Poète italien. Né vers 1225 à Arezzo, mort probablement à Florence en 1293. Il était le fils d'un administrateur communal, ainsi qu'il nous l'apprend lui-même. Son œuvre s'inspira tout d'abord de l'amour et de la politique. Guelfe acharné, on lui doit notamment une éloquente chanson, dans laquelle il admoneste les Florentins après Montaperti – v. *Rimes* (*). Exilé loin d'Arezzo (1260), il entre, à la suite d'une crise spirituelle, au couvent des frères de Sainte-Marie, à Bologne (1261). Nous l'y trouvons encore en 1285, vivant en communauté, et le second recueil de ses chansons *(Rimes)* nous est garant de ses sentiments religieux. Animé par un zèle qui lui fait pousser fort loin l'exigence du moraliste, il accentuera encore cette tendance dans ses *Lettres* (*). Guittone, avant de mourir, fut l'un des fondateurs du monastère des Anges, à Florence. Quant à ses *Poésies* (*), elles demeurent sous le coup du jugement, extrêmement sévère dans sa violence, que Dante a porté sur elles dans son traité *De l'éloquence en langue vulgaire* (*). Guittone, ainsi que tous ceux qui se sont plus ou moins directement réclamés de lui et que l'on a nommés, avec plus ou moins d'exactitude, « guittoniani », se situent, du point de vue historique, entre l'école sicilienne et les partisans du « dolce stil nuovo ».

RÉF. : L. Romanelli, *Di Guittone d'Arezzo e delle sue opere*, Campobasso, 1875. — A. Margueron, *Recherches sur Guittone d'Arezzo*, Paris, 1966. — A. Tartaro, *Il manifesto di Guittone*, Rome, 1974.

GUIZOT François Pierre Guillaume. Homme d'État et historien français. Né à Nîmes le 4 octobre 1787, mort à Val-Richer (Calvados) le 12 octobre 1874. Issu d'une famille protestante, ayant perdu son père (exécuté pendant la Terreur), il fut emmené par sa mère à Genève, où il fit de solides études. Il rentra à Paris sous le Consulat, se trouva obligé d'écrire pour vivre, commença de fréquenter quelques salons et de publier des essais strictement littéraires. Ce fut Fontanes, en 1812, qui décida de sa vocation en lui offrant la chaire d'histoire de la Sorbonne. Guizot commença de jouer un rôle politique avec la première Restauration, se rendit à Gand pendant les Cent-Jours, rentra à Paris en même temps que le roi, occupa quelques mois le poste de secrétaire général du ministère de la Justice, et fut nommé au Conseil d'État en 1818. À cette époque, avec son ami Royer-Collard, il est l'animateur du groupe des « doctrinaires », partisans d'une monarchie constitutionnelle ; mais la réaction ultra-royaliste consécutive à l'assassinat du duc de Berry va le chasser de la politique. Le 12 octobre 1822, son cours sur l'*Histoire du gouvernement représentatif* (*) est interdit ; dès lors il ne s'occupe plus que de travaux historiques — *Essais sur l'histoire de France* (*) (1823), et *Histoire de la Révolution d'Angleterre* (1826-27) —, ou littéraires — études sur Shakespeare, sur Calvin et traduction des œuvres de Shakespeare. Enfin, à partir de 1823, commence à paraître sous sa direction la *Collection des Mémoires relatifs à l'Histoire de France depuis la fondation de la monarchie française jusqu'au* XIII*e* *siècle* (+). La politique libérale du ministère Martignac lui permet, en 1827, de reprendre triomphalement son cours à la Sorbonne , dont il tirera son *Histoire de la civilisation en Europe* (+) et son *Histoire de la civilisation en France* (+).

Élu député de l'opposition en janvier 1830, et ayant pris une part active à la chute de Charles X, Guizot, sous la monarchie de Juillet, sera nommé ministre de l'Intérieur, puis de l'Instruction publique (1832). Mais en 1837, à la suite d'une rivalité avec le président du Conseil Molé, il rentre dans l'opposition et forme avec Thiers, chef du centre gauche, l'« immorale et funeste coalition », qui déchaîne contre lui la colère des conservateurs. Après la chute de Thiers, Guizot va cependant rallier définitivement la droite : jouissant de l'entière confiance de Louis-Philippe, il dirige la politique française à partir du 29 octobre 1840. Époque assez prospère, marquée par la loi des chemins de fer de 1842, l'extension et la consolidation des conquêtes algériennes, la rentrée de la France dans le concert européen, avec l'adhésion à la Convention des Détroits le 13 juillet 1841. Il encourage la grande bourgeoisie capitaliste à la prospérité par le travail et l'épargne, politique qu'on résume souvent par la célèbre formule : « Enrichissez-vous. » Mais Guizot eut le tort de se contenter de l'appui de la majorité conservatrice d'un Parlement qui ne représentait que deux cent mille Français, les « capacités ». Devant son refus de prendre en considération toute réforme électorale, le mécontentement grandit ; l'interdiction d'un banquet « réformiste », au début de l'année 1848, déclencha l'émeute, mais Guizot ne se résigna à abandonner le pouvoir qu'au dernier moment, le 23 février, alors que l'appel de Thiers au ministère ne pouvait plus sauver la monarchie.

Sa carrière politique avait ralenti ses travaux intellectuels ; en 1837 avait cependant paru une étude sur Monck, et en 1839 une vie de Washington. En 1849, Guizot publiait encore *De la démocratie en France* (*), mais le coup d'État de Napoléon III allait le décider à abandonner la politique. Il avait été l'un des plus grands professeurs d'histoire du XIXe siècle. Esprit dogmatique et homme d'action, ce fut un protestant austère et hautain, aux manières raides, impérieuses ; dédaigneux de séduire, partisan d'un « libéralisme éclairé, surveillé ».

♦ *« Guizot possède un regard profond et pénétrant, comme je n'en ai rencontré chez aucun historien. Des choses auxquelles on ne songe pas acquièrent à ses yeux une importance considérable en tant que sources d'événements d'une grande portée. »* Goethe. ♦ *« En littérature, M. Guizot a été aussi surfait qu'en politique. »* J. Barbey d'Aurevilly. ♦ *« M. Guizot oublie que le talent le plus efficace est la sympathie, que les grands événements ne sont pas les actions extérieures de l'homme. »* Hippolyte Taine. ♦ *« Homme politique, Guizot n'a pas séparé l'histoire du passé, qu'on expose, et l'histoire à vivre, à faire, à continuer. Il a demandé à l'histoire des instructions pour le présent. Comme il y avait la doctrine du trône et de l'autel, il y eut pour lui la doctrine de la chaire et du pouvoir. »* Albert Thibaudet. ♦ « [Il fut] *un historien de premier ordre, un orateur puissant, un moraliste éloquent, un théologien rigide et un peu étroit, enfin un politique bien intentionné, mais peu clairvoyant, en retard sur son siècle et souvent égaré par une imperturbable foi en sa propre infaillibilité. »* A. Debidour.

RÉF. : François Guizot, *Biographie de Guizot* (s. d.). — Charles Felgères, *Guizot et la bourgeoisie française* (s. d.). — Armand de Pontmartin, *Guizot*, 1861. — Gustave Frédérix, *Guizot*, 1900. — Louis Champagne, *Les Géants de la politique*, 1943. — P. Rosanvallon, *Le Moment Guizot*, 1985.

GULLBERG Hjalmar. Poète suédois. Né le 30 mai 1898 à Malmö, mort par noyade dans le lac Yddingen le 19 juillet 1961. Fils adoptif d'une famille ouvrière, il fait des études de grec, de latin et de langues scandinaves à l'université de Lund, où l'on cultive la belle langue et les farces estudiantines. Il participe à une vie intellectuelle faite d'érudition et d'humour. Dès 1919, il écrit ses premiers poèmes, avec le sentiment qu'ils lui sont dictés. Ce thème de la vocation revient dans *En une ville étrangère* [*I en främmande stad,* 1927] et surtout dans *Exercices spirituels* (*) (1932). Agrégé d'histoire de la littérature en 1927, il se fixe en 1934 à Stockholm, comme lecteur au Théâtre dramatique puis directeur du Théâtre radiophonique (1936-1950). Il publie *L'Amour au vingtième siècle* [*Kärlek i tjugonde seklet,* 1933]. Les sujets graves, les thèmes bibliques ou classiques y sont abordés en une langue moderne, quotidienne, dans un mélange de pudeur et d'ironie, avec un effet parfois parodique. Dans *Vaincre le monde* [*Att övervinna världen,* 1937], le climat s'alourdit, et dans *La Multiplication des pains* [*Fem kornbröd och två fiskar,* 1942] il témoigne de son engagement spirituel et politique. Lorsque, dix ans plus tard, il revient à la poésie avec *Masque mortuaire et Jardin de plaisir* (*) (1952), il cherche un langage plus nu et s'inspire de Pindare et des poètes persans. Après une nouvelle période de silence, empruntant le mètre de Dante, il fait une synthèse de sa poésie des années 30 et 50 dans *Terza rima au temps du non-art* [*Terziner i okonstens tid,* 1958] et *Yeux, lèvres* [*Ögon, läppar,* 1959]. Il a traduit Euripide et Sophocle, Sappho et Simonide, Sikelianos, Kavafis et Seferis, de même que Gabriela Mistral et Jimenez et même les *Contes* (*) de Perrault. Membre de l'Académie suédoise en 1940, il fut atteint à la fin de sa vie d'une paralysie musculaire progressive.

CARL GUSTAF BJURSTRÖM.

RÉF. : Carl Fehrman, *Hjalmar Gullberg,* Stockholm, rééd. 1968.

GUNĀDHYA. Écrivain indien. L'auteur de la *Bṛhat-Kathā* (*) naquit probablement vers le VIe siècle de notre ère à Pratisthanā, capitale des Andhra-Bhritya, sur les bords de la Godavarī, dans le Dekkan, ou selon certains à Supratisthita. La légende rapporte qu'il était la réincarnation d'un « malyavat » et qu'il fut en faveur à la cour du roi Satavahana jusqu'à une dispute qu'il eut avec un autre poète de cour, nommé Sarvavarman et auteur d'une grammaire intitulée *Katantra.* Ayant parié avec celui-ci qu'il serait impossible d'enseigner le sanskrit au roi en six mois, mais qu'il faudrait pour cela six ans, et qu'il n'écrirait plus en sanskrit ni en prâkrit s'il perdait son pari, Gunādhya dut, ayant perdu, se retirer dans les monts Vindhya. Là, un « yaksha » nommé Kanabhuti lui fit connaître tous les récits (jadis révélés par le dieu Śiva et la déesse Pārvatī) de la *Bṛhat-Kathā* : le poète les transcrivit en dialecte paiśāci, qu'il venait d'apprendre. Il voulut ensuite présenter ce recueil au roi ; celui-ci n'ayant répondu que par un dédaigneux refus, le poète déclama ses vers pour les bêtes des troupeaux et des forêts, déchirant au fur et à mesure chaque page récitée du manuscrit. Les animaux étaient tellement émus qu'ils se mirent à maigrir, ce qui mit les cuisiniers du roi dans une situation très difficile. Alors le roi acquit ce qui restait des sept cent mille strophes du texte original. Selon une autre légende, népalaise, un certain Bhringin serait entré un jour, sous l'apparence d'une abeille, dans la demeure de Śiva et de Pārvatī, y aurait appris les récits, et se serait réincarné à Mathurā en Gunādhya, qui devint par la suite protégé du roi Madana de Ujjayinī. Après un différend avec le poète Sarvavarman il aurait décidé d'écrire son œuvre en paiśāci, sur le conseil d'un sage nommé Pulastya. L'on ne sait d'ailleurs rien de ce dialecte, que les Indiens considèrent comme étant la langue des démons ; le grammairien Hemacandra prétendit en avoir retrouvé des fragments. Quant à l'œuvre de Gunādhya, elle est perdue, mais on possède en sanskrit d'autres textes qui en dérivent directement, comme la *Bṛhatkathāmanjarī* (*) de Kseṃendra, le *Kathāsaritsāgara* (*) de Somadeva, et le *Bṛhatkathāślokasangraha,* ainsi que la traduction tamoule intitulée *Grande histoire* [*Pérounkadéi*].

GÜNDERODE Karoline von. Poétesse allemande. Né le 11 février 1780 à Karlsruhe, en Rhénanie, morte le 26 juillet 1806, près de Winkel. Elle est une des plus typiques figures du romantisme allemand. De santé délicate et de tempérament exalté, elle entra, à dix-sept ans, dans un couvent de jeunes filles nobles, et ne cessa dès lors de cultiver cette mélancolie funèbre, ce mysticisme panthéiste que nous montrent ses premiers *Fragments poétiques* (*) et ses *Poésies et Fantaisies* (*), publiés sous le pseudonyme de Tian. En 1802, elle fit la connaissance de Bettina Brentano, autre égérie du romantisme allemand. De leur amitié naquit une correspondance intime qui permit à Bettina Brentano d'écrire son roman *La Günderode* (*). Après une passion malheureuse pour le juriste Savigny, Karoline von Günderode s'éprit en 1804 du philologue Friedrich Creuzer, lequel, marié, accueillit d'abord avec prudence les sentiments de la poétesse, puis devint son amant. Pourtant, il ne put se résoudre à quitter sa femme qui l'avait soigné avec un grand dévouement au cours d'une grave maladie. Après deux ans d'hésitations terribles, auxquelles s'intéressait tout le cénacle de Francfort, Creuzer se réconcilia avec sa femme et Karoline, nouvelle Sappho, se suicida en se jetant dans le Rhin.

RÉF. : B. v. Arnim, *Die Günderode,* Leipzig, 1804. – L. Geiger, *Karoline v. Günderode und ihre Freunde,* Stuttgart, 1895. – T. de Wyzewa, *Écrivains étrangers,* 2e série, 1897. – G. Bianquis, *Karoline de Günderode,* 1910. – K. Preisendanz (éditeur), *Die Liebe der Günderode, Creuzers Briefe an K. von Günderode,* Munich, 1912. – M. Mattheis, *Die Günderode,*

Berlin, 1934. – R. Wilhelm, *Die Günderode,* Francfort, 1938.

GUNDOLF Friedrich (pseud. de Friedrich Gundelfinger). Littérateur allemand. Né à Darmstadt (Hesse) le 20 juin 1880, mort à Heidelberg (Bade) le 12 juillet 1931. Fils d'un mathématicien professeur d'université, il fit des études de philosophie et de littérature aux universités de Berlin, Heidelberg et Munich. Admis dans le cercle de Stefan George, il en subit profondément l'influence, et finit par devenir un des représentants les plus remarquables du cénacle rassemblé autour du poète rhénan ; il devint aussi un important collaborateur des *Blätter für die Kunst.* Il subit également l'influence de Bergson qui confirma sa réaction contre le positivisme et la tendance littéraire du naturalisme. Comme tous les disciples de George, il avait le culte de la personnalité et du héros et, en tant que critique, il considérait l'histoire de la littérature et de la culture, la beauté et la poésie comme deux choses bien distinctes ; pour la même raison, l'artiste lui paraissait éloigné de l'homme ordinaire lié aux contingences, donc supérieur à lui. Gundolf considère donc l'œuvre poétique comme le point où se rejoignent la vie du poète et sa poésie, et la poésie comme un miroir de la vie du poète, comme une source pour la véritable, intime et supérieure biographie du poète. En 1911, Gundolf publia son premier ouvrage critique important : *Shakespeare et l'esprit allemand* [*Shakespeare und der deutsche Geist*], et devint professeur agrégé à l'université de Heidelberg, où il demeura ensuite comme professeur titulaire de littérature allemande jusqu'à sa mort.

En 1916 parut son *Goethe,* et en 1924 *César, histoire et légende* (*), où le culte de la personnalité, plus qu'une position littéraire, laissait un dangereux passage à des déductions idéologiques partisanes de la dictature. Il consacra un nouvel ouvrage critique à Shakespeare, auquel il s'était consacré pendant des années en travaillant à une traduction de ses œuvres complètes ; il avait choisi pour base la célèbre traduction de Schlegel, reprise selon des critères modernes. Du point de vue purement critique, ses essais de moindre envergure, publiés dans différentes revues, sont peut-être plus importants parce que révélateurs de goûts plus précis : l'essai consacré à Grimmelshausen est fort beau, ainsi que ceux sur les poètes romantiques, groupés ensuite en deux volumes posthumes. L'abandon de la méthode historique, l'importance donnée à l'expérience intérieure des auteurs et, surtout dans ses derniers essais, l'attention accordée au fait littéraire spécifique firent apparaître, dans le milieu académique allemand, la critique de Gundolf d'une nouveauté presque révolutionnaire. En cela, le talent de Gundolf est certain. Ce grand écrivain, maître d'une prose plastique et riche, fut en outre un orateur captivant.

RÉF. : F. Wolters, *Stefan George und die Blatter für die Kunst,* Berlin, 1930. – V. A. Schmitz, *Friedrich Gundolf,* Heidelberg, 1931. – O. Heuschele, *Friedrich Gundolf,* Bad Wörishofen, 1947.

GUNDULIĆ Ivan. Poète croate. Né et mort à Dubrovnik (9 janvier 1589-8 décembre 1638). Patricien de sa ville natale, il y occupa des fonctions publiques élevées. Dans sa jeunesse, il écrivit des poésies amoureuses et pieuses dont bien peu nous ont été conservées : *L'Amoureux timide* [*Ljubovnik sramežljiv*] ; *Les Psaumes de pénitence du roi David* [*Pjesni pokorne kralja Davida,* 1621]. Sa première œuvre importante, *Les Larmes du fils prodigue* [*Suze sina rasmetnoga,* 1622], est une présentation lyrique du motif biblique en trois « pleurs » (monologues) : la faute, la connaissance, le repentir. Ce poème baroque est pénétré de l'idée chrétienne du caractère éphémère de toutes les choses terrestres, de la conviction que les joies de la vie ne sont que mirage et de la nécessité de la concentration religieuse.

Gundulić est également l'auteur d'une dizaine de pièces de théâtre dont nous ne connaissons que cinq : *Arijadna, Prozerpina, Dijana, Armida* et *Dubravska.* Pour les quatre premières, il se servit d'épisodes empruntés à la littérature classique, à l'Arioste et au Tasse. La plus grande valeur revient à *Dubravska* (1628), drame pastoral entièrement original où le poète glorifie la beauté de sa ville et la liberté et condamne l'oppression vénitienne en Dalmatie.

Son œuvre principale, inachevée, fut *Osman* (*), écrit vers la fin de sa vie, imprimé pour la première fois en 1626. Cette vaste fresque épique, rappelant de loin *La Jérusalem délivrée* (*) du Tasse, dépeint les rapports entre le christianisme et l'islam, le combat victorieux des Polonais contre les Turcs (1621), le début du déclin de l'omnipotence ottomane sous les coups d'une puissance slave. *Osman* est né d'un sentiment de fierté et de révolte, chrétien et slave, contre la domination musulmane dans les Balkans. La Serbie médiévale et la poésie populaire y sont évoquées comme témoignages de la grandeur du slavisme.

Gundulić est le plus grand poète de la renaissance dalmate de la littérature croate. Son talent lyrique et épique dispose, dans ses trois œuvres les plus importantes, d'un style harmonieux et toujours approprié au sujet ; il s'y distingue par une rare élévation de pensées inspirées par sa foi chrétienne, par son amour pour sa ville, par son enthousiasme libertaire et humanitaire et par son espoir dans la résurrection des peuples slaves.

GUNNARSSON Gunnar. Romancier islandais. Né le 18 mai 1889 à Fljótsdal, mort le 21 novembre 1975. Après avoir publié un petit recueil de poèmes, *Le Souvenir d'une mère* [*Modurminning,* 1905], écrits en islandais, il quitta l'Islande pour chercher fortune au Danemark. Il y passa deux ans à la « haute école populaire » d'Askov, puis vécut à Århus et à Copenhague, tirant « le diable par la queue », avant de publier son premier grand cycle romanesque, *L'Histoire de la famille Borg* [*Borgslaegtens historie,* 4 vol., 1912-1914], écrit en danois. La guerre, synonyme du mal, lui posa un problème moral qu'il essaya de résoudre dans des romans tels que *Le Rivage de la vie* [*Livets strand,* 1915] – qui contient également une critique de l'exploitation de l'Islande par les Danois – et *Heureux les simples d'esprit* [*Salige er de Enfoldige,* 1920], mais auquel il ne réussit à répondre que par un retour aux sources, le grand cycle d'inspiration autobiographique, *L'Église sur la colline* (*) (5 vol., 1923-1928). Il publia ensuite des nouvelles et le roman *Oiseau noir* [*Svartfugl,* 1929], histoire passionnelle se déroulant au début du XIXe siècle, et comptant parmi ses meilleurs livres. Remontant dans l'histoire de l'Islande, Gunnarsson essaya également de faire une gigantesque analyse des origines de la société actuelle. Cette série de romans indépendants, parus parfois à longs intervalles, porte le titre de « Landnám » par allusion au débarquement des premiers habitants en 870, et comprend entre autres : *Frères jurés* [*Edbroedre,* 1918], *Jón Arason* (1930), trois romans parus en 1933-1936 et des romans écrits en islandais, comme *Heidaharmur* (1940) et *Requiem* [*Sálumessa,* 1952]. Gunnarsson est en effet rentré en Islande en 1939 et dès lors a commencé d'écrire en islandais : c'est Laxness qui, en 1941-1943, publia la traduction de *L'Église sur la colline,* œuvre de son aîné.

CARL GUSTAF BJURSTRÖM.

GUNTHER Johann Christian. Poète allemand. Né à Striegau (Silésie) le 8 avril 1695, mort à Iéna le 15 mars 1723. Fils d'un médecin, il reçut au collège de Schweidnitz un encouragement dans ses essais poétiques et quand, à vingt ans, il passa à l'université de Wittemberg, entraîné à la vie estudiantine, il en chanta la liberté et les réjouissances en des chants goliardiques demeurés célèbres. Sa vie dissipée provoqua une rupture de ses relations avec son père. En 1717, alors qu'il était étudiant à l'université de Leipzig, un protecteur lui procura un poste de poète de cour à Dresde, mais Gunther s'y présenta complètement ivre. Dans ces années turbulentes, la seule bonne étoile du poète fut son amour pour Léonore Jachmann, qu'il avait connue au temps de ses années d'études à Schweidnitz. En 1720, le poète entreprit un voyage à Lauban avec son ami Schubart et s'y fixa comme médecin ; mais l'indigence du lieu ne lui offrait aucune possibilité de gagner sa vie ; il fut également éprouvé par une maladie grave, et, dégoûté de lui-même et de la vie, il rendit sa parole à Léonore, non sans souffrir cruellement quand il apprit qu'elle épousait quelqu'un d'autre. Il tenta ensuite de s'installer comme médecin dans un village de la frontière polonaise, continuant de mener une existence pleine d'excès qui acheva de ruiner sa santé. Pour le sauver, des amis lui suggérèrent de se fiancer à la fille d'un pasteur. Le projet n'aboutit pas. Faisant alors une dernière tentative pour se reprendre, Gunther se rendit à Iéna pour y achever ses études médicales, mais son corps était déjà épuisé. Un an après sa mort, on édita ses *Poésies* (*) qui, par leur ton d'ardente sincérité et la vigueur de leur élan, s'élèvent contre les artifices du baroque.

♦ *« Nous admirons le talent avec lequel il savait ennoblir et orner les poésies de circonstance. Ce qu'il a de brut et d'inculte est le défaut de son temps, de sa manière de vie, et surtout de son caractère. Il ne sut pas dompter ses passions et gaspilla sa vie comme son talent. »* Goethe.

RÉF. : Hans Dahlke, *J. C. Günther, seine dichterische Entwicklung,* Neue Beiträge zur Literaturwissenschaft, t. 10, Rütten & Loening, Berlin, 1960.

GURDJIEFF Georges Ivanovitch. Philosophe russe. Né à Alexandropol en Arménie, le 13 janvier 1869, mort à Paris, le 29 octobre 1949. Son père, ancien éleveur de troupeaux, était un barde qui lui contait de vieilles légendes. Il fit ses études à l'école grecque, puis au collège russe, afin de devenir soit prêtre, soit médecin, puis renonça à ces projets pour partir à la découverte d'une connaissance cachée en compagnie d'un groupe de « chercheurs de vérité » avec lequel il sillonna le Moyen-Orient, l'Asie centrale et le Tibet.

De retour en Russie en 1912, il se lie avec Piotr Demionovich Ouspensky (1878-1947), auteur de *Tertium organum* (+) – qui deviendra son premier interprète – et fonde son « Institut pour le développement harmonique de l'homme ». La guerre civile le chasse de Moscou puis du Caucase vers Constantinople, puis Dresde avant qu'il ne se fixe en 1922, au prieuré d'Avon, près de Fontainebleau, où il réouvre son Institut. Il y reçoit de nombreux élèves, surtout anglais et américains et présente avec eux, à Paris puis aux États-Unis ses « mouvements », dont il a écrit la musique en collaboration avec Thomas de Hartmann. Cloué au lit par un grave accident d'auto, il dicte puis rédige ses ouvrages : *Récits de Belzébuth à son petit fils* (*), *Rencontre avec des hommes remarquables* (*), puis *La vie n'est réelle que lorsque je suis* (1976), qui seront publiés après sa mort. En 1935, il renonce à écrire pour se consacrer à la transmission directe de son enseignement à un groupe de français réunis autour de Jeanne de Salzmann, qui fit connaître au public son œuvre littéraire et musicale. On retrouve la voix de Gurdjieff au cours de ses « groupes » dans *Gurdjieff parle à ses élèves* (1985). Sa musique a été enregistrée par lui-même, T. de Hartmann, A. Kremski et K. Jarrett.

BRUNO DE PANAFIEU.

ǦURǦĀNI (al-) ʿAbd al-Qāhir. Linguiste et rhétoricien d'expression arabe. Né en 1009 et mort en 1078 à Gorgān (dans le nord-est de l'Iran) alors sous contrôle Seldjoukide. Casanier, il acquiert dans sa ville natale une solide formation en grammaire (notamment sous la férule d'Abū al-Ḥusayn al-Fārisī, neveu du grand grammairien Abū ʿAli al-Fārisī) et en théologie ashʿarite. Lorsqu'il devient lui-même un maître, ses cours attirent des disciples de toutes les régions du monde musulman. Il compose un certain nombre d'ouvrages de grammaire, remarquables par leur clarté pédagogique, comme *Les Cent Opérateurs* [*Al-ʿawāmil al-mi'a*]. Mais c'est grâce à son livre *Les Preuves de l'inimitabilité* (*), qui jette les bases de la rhétorique arabe, qu'il passe à la postérité.

DJAMEL-EDDINE KOULOUGHLI.

GURVITCH Georges. Sociologue français. Né à Novorossisk (Russie) le 2 novembre 1894, mort à Paris le 12 décembre 1965. Issu d'un milieu social bourgeois (son père était le directeur de la Banque russo-asiatique), Gurvitch sera formé à l'université de Rostov-sur-le-Don, puis de Riga et enfin de Saint-Pétersbourg. Il participera activement à la Révolution russe, mais son évolution l'amènera à soutenir la tendance autogestionnaire, il s'opposera ainsi à la direction du Parti. Dès lors, il connaîtra l'exil à Prague où il enseignera de 1921 à 1924, avant de s'installer définitivement à Paris. Devenu français en 1928, il passera son doctorat ès lettres en 1932. Sa démarche scientifique sera classificatrice avec le souci de multiplier les nomenclatures dans le but de cerner le fait social, dont la réalité semblait de plus en plus mouvante. Sa tentative de mise en forme de cette réalité produira le concept de typologie verticale. Dix paliers dans cette typologie : la surface morphologique (base matérielle directement observable), les organisations sociales, les modèles sociaux ou « patterns », les conduites collectives, les trames des rôles sociaux, les attitudes collectives (déjà à un degré secondaire d'analyse), les symboles sociaux, terreau des attitudes collectives, les conduites collectives de création, les idées et valeurs de la collectivité, la vie psychique collective. Ces strates se retrouvent dans son célèbre concept de phénomène social total. L'auteur lui-même qualifie sa propre démarche d'« hyper-empirisme dialectique ». Le phénomène social total est un phénomène riche en potentialité d'évolution et hautement significatif de la société dans laquelle il se situe : il permet d'analyser la dynamique du corps social. Pour Gurvitch, la sociologie est essentiellement dialectique et dynamique à l'exemple de la société, car la réalité sociale est un « foyer d'ébullition volcanique compris dans un mouvement de flux et de reflux ». Sa méthode constitue un aller et retour entre l'abstrait et le concret. Ses recherches auront grandement influencé la sociologie française et tout particulièrement la sociologie de la connaissance. Gurvitch est de plus l'un des fondateurs du Centre d'études sociologiques et des *Cahiers internationaux de sociologie*. Citons ses œuvres principales : *Morale théorique et science des mœurs* (1937), *Dialectique et Sociologie* (1962), *Déterminismes sociaux et liberté humaine* (*) (1955), *Les Cadres sociaux de la connaissance* (1965).

YANN BARBÉ.

RÉF. : « Gurvitch », dans *Droit et Société* n° 4, Paris, 1986.

GUSTAFSSON Lars. Romancier et poète suédois. Né le 17 mai 1936 à Västerås (Suède). Philosophe, passionné de sémantique et de musique, Lars Gustafsson est un écrivain qui manie le langage avec élégance, subtilité et recherche formelle. Il se désintéresse tout d'abord des questions politiques et sociales. Ces deux traits le rattachent au courant littéraire suédois de la décennie 1950-1960, dominé par les préoccupations esthétiques. Ses premières œuvres gravitent déjà autour de ce qui demeure son principal centre d'intérêt : une réflexion sur la réalité. Convaincu de l'incohérence du monde, l'auteur s'engage dans un univers imaginaire où les constructions de l'esprit lui procurent un formidable sentiment de liberté. S'élevant contre une vision réductrice de l'existence, il cultive l'ambiguïté et compose des poèmes et des fictions aux perspectives multiples. Il débute par un recueil de poèmes, *Les Aéronautes* [*Ballongfararna,* 1962], et des romans novateurs : *Les Derniers Jours et la mort du poète Brumberg* [*Poeten Brumbergs sista dagar och död,* 1959], *Les Frères* [*Bröderna,* 1960], *La Véritable Histoire de M. Arenander* [*Den egentliga berättelsen om herr Arenander,* 1966]. Dans cette trilogie, Gustafsson hésite : faut-il saisir la complexité du monde ou se réfugier dans les explications toutes faites du mysticisme ? Ces questions l'amènent à s'interroger sur l'insondable identité de l'individu. Profondément marqué par la guerre du Viêt-nam et les tensions internationales, il exprime son désarroi à travers ses poèmes : *Les frères Wright rendent visite à Kitty Hawk* [*Bröderna Wright uppsöker Kitty Hawk,* 1968], *Déclaration d'amour à une séfarade* [*Kärleksförklaring till en sefaradisk dam,* 1970]. Sa création prend alors une orientation nouvelle. En une série de cinq romans indépendants intitulée *Fissures dans le mur* (*) (1971-1978), il analyse, sous diverses facettes, les problèmes éthiques et sociaux de notre époque. *Monsieur Gustafsson en personne* (*) est un roman-confession qui retrace l'itinéraire d'un intellectuel entre 1950 et 1970. Rage et humour caractérisent cette critique acerbe d'une société rongée par un pouvoir insidieux et mensonger, corrupteur du langage. *Une odeur de laine mouillée* (*) stigmatise le désintérêt des dirigeants pour les campagnes, tandis que *Fête de famille* (*) dénonce les scandales politiques. *Sigismond* (*) est un récit baroque, où Gustafsson fait surgir de notre inconscient collectif les rêves de notre époque. *La Mort d'un apiculteur* (*) conclut l'ensemble par l'évocation de différentes formes de félicité. Gustafsson poursuit ensuite l'affirmation de son engagement. Avec ses nouvelles *Histoires de gens heureux* [*Berättelser om lyckliga människor,* 1981], il explore l'énigmatique nature humaine et notre aptitude au bonheur. Dans son roman *Musique funèbre* [*Sorgemusik för frimurare,* 1983], il médite sur le gouffre qui sépare les illusions de jeunesse et la médiocrité de nos sociétés guettées par le totalitarisme, tandis que ses poèmes *Les Oiseaux* [*Fåglarna,* 1984] exaltent les ressources insoupçonnées de la liberté. Cependant, toujours prêt à se renouveler, il approfondit ses expériences littéraires, illustration de sa vision éclatée de l'espace et du temps. Ainsi le héros des *Trois Tours de Bernard Foy* [*Bernard Foys tredje rockad,* 1986] apparaît sous trois incarnations successives. La veine fantastique se retrouve dans une suite de nouvelles, *L'Étrange Animal du nord et autres récits de science-fiction* [*Det sällsamma djuret från norr och andra science fiction berättelser,* 1989], où les huit consciences d'un même esprit artificiel, en route vers une lointaine galaxie, échangent d'étonnantes histoires. Professeur de littérature exilé aux États-Unis, Lars Gustafsson est aussi un éminent critique et un remarquable essayiste qui excelle dans la métaphore et les aphorismes : *Images sur les murs de la ville solaire* [*Bilder på Solstadens murar,* 1985], *Le Privilège de formuler les problèmes* [*Problemformuleringsprivilegiet,* 1989].

MAY-BRIGITTE LEHMAN.

GÜTERSLOH Albert Paris (pseud. de Albert Conrad Kiehtreiber). Romancier, nouvelliste, peintre autrichien. Né le 5 février 1887 à Vienne, mort le 16 mai 1973 à Baden (près de Vienne). Après plusieurs années passées chez les franciscains et les bénédictins, Gütersloh abandonne la vie religieuse pour devenir comédien (un moment sous la direction de Max Reinhardt, à Berlin) et apprendre la peinture (il est l'élève de Gustav Klimt). En 1918-19, il édite à Vienne, en collaboration avec Franz Blei, la revue expressionniste *Die Rettung.* Professeur à l'École des beaux-arts de Vienne de 1929 à 1938, il est frappé d'interdiction professionnelle par les autorités nazies. Professeur après la guerre, puis recteur de l'Académie viennoise des arts plastiques, son œuvre picturale et littéraire est couronnée par de multiples distinctions (prix de la ville de Vienne en 1967, grand prix de la ville de Paris, etc.).

Après un premier roman remarqué, *Le Menteur entre bourgeois* [*Der Lügner unter Bürgern,* 1922], Gütersloh se détourne ostensiblement de la littérature pour se vouer exclusivement à la peinture. Son silence dure près de vingt ans. Ce n'est à vrai dire que juste après la guerre, avec les romans *Une figure légendaire* [*Eine sagenhafte Figur,* 1946] et *Les Fables d'Éros* (*) (1947) que Gütersloh s'affirme comme écrivain. *Soleil et lune, Roman historique du présent* [*Sonne und Mond, ein historischer Roman der Gegenwart,* 1962] peut être considéré comme son œuvre maîtresse. Un château y sert de prétexte à une fable qui met en scène le propriétaire et le régisseur, soleil et lune, deux conceptions du monde, aristocratie et République, deux visages de l'Autriche. Loin de toute pesanteur pédagogique, Gütersloh, comme son contemporain et ami Doderer, se complaît à décrire l'accessoire, l'incident, en une rhétorique savante. Charme et limite du maniérisme viennois.

JEAN-JACQUES POLLET.

GUYAU Jean-Marie. Poète et philosophe français. Né à Laval le 28 octobre 1854, mort à Menton le 31 mars 1888. Sa « religion première » – a dit de lui le philosophe Ernest Fouillée, qui était son beau-père – était l'« idéalisme platonicien » ; mais bientôt il s'enthousiasma pour Corneille, Lamartine, Hugo, Musset. Ses premiers vers, *Vers d'un philosophe,* le montrent en communion avec la vie de la nature. Ainsi va se développant en lui un panthéisme que la lecture des stoïciens – tout jeune il avait traduit le *Manuel* (*) d'Épictète – accentuera et cette morale restera le trait dominant de son caractère. Souffrant depuis son adolescence d'une maladie qui lentement avait miné son énergie sans entamer son courage (il continuera de dicter jusqu'au jour de sa mort), il chercha sur les rives de la Méditerranée un climat plus doux et surtout cette lumière qu'il aimait par-dessus tout. Il se fixa à Menton où il écrivit la plupart de ses œuvres dans un style qui compte parmi les plus purs de la langue française, aisé, supérieur même parfois à celui de Bergson : *La Morale d'Épicure ; La Morale anglaise contemporaine ;* un nouveau recueil de vers sur *La Méditerranée* publié d'abord dans la *Revue des Deux Mondes* (*) en même temps qu'un sonnet sur Venise intitulé : *Le Vertige des choses ; Les Problèmes de l'esthétique contemporaine ; Esquisse d'une morale sans obligation ni sanction* (*) (1885) ; *Éducation et Hérédité ; La Genèse de l'idée du temps ;* enfin ce beau poème, *L'Irréligion de l'avenir,* où se confondent, dans la mystique du don de soi, l'invention poétique, la libération par le sacrifice, tous ses thèmes antérieurs. Il serait intéressant de confronter les idées de Guyau et celles de Nietzsche qui composa, non loin de Menton, sur la colline d'Èze, face aux mêmes sites, son *Ainsi parlait Zarathoustra* (*).

JULES CHAIX-RUY.

RÉF. : A. Fouillée, *La Morale, l'art et la religion d'après Guyau,* Paris, 1923. – J.H. Hablitzel, *Lebensphilosophie und Erziehung bei J.-M. Guyau,* (thèse) Bonn, 1988.

GUYON Madame, Jeanne-Marie Bouvier de la Mothe. Écrivain mystique français. Née le 13 avril 1648 à Montargis, morte le 9 juin 1717 à Blois. Cette laïque, mariée et mère de famille, conduisit un apostolat mystique et l'étaya d'écrits inspirés diserts. Issue du second mariage de Claude Bouvier, l'enfant, élevée dans l'atmosphère des couvents, nourrie de Jeanne de Chantal et de François de Sales, souhaite entrer à la Visitation. Sa famille s'y oppose et la marie, à seize ans, à un homme plus âgé qu'elle et fortuné, Jacques Guyon Du Chesnoy, à qui elle donne cinq enfants en douze ans de vie conjugale. Plusieurs accidents familiaux (mort d'enfants, petite vérole qui la défigure, etc.) avivent alors si fort la piété de la jeune femme qu'elle en vient à se détacher du monde : après avoir contracté « un mariage mystique avec l'Enfant Jésus » (1669) (J. Le Brun), elle entre en relation avec le père La Combe (1671), barnabite aux sympathies molinistes, puis, à la mort de son mari (1676), refuse de se remarier, et, se sentant appelée, abandonne enfants et affaires (1680) pour diffuser, oralement autant que par écrit, une mystique de l'anéantissement de l'homme devant le Très-Haut : un traité sur les « degrés de la vie spirituelle », *Les Torrents spirituels* (1682, première publication partielle 1704) ; *Le Moyen court et très facile pour l'oraison* (*) (1683, publication 1685), et des *Commentaires* sur *La Bible* (1684-85). D'abord installée à Genève, pour convertir les hérétiques, devant l'inquiétude de la hiérarchie religieuse face à une mystique qui la met entre parenthèses et engendre une pratique excessive, Mme Guyon doit se replier d'un diocèse dans un autre (Turin, Grenoble, Marseille, Verceil...). Au bout de cinq ans, elle s'installe à Paris (1686) et tient aussitôt une place telle dans les cercles dévots de la Cour que, lorsque l'archevêque de Paris, à la suite de la condamnation du molinisme (1687), l'astreint à résidence dans un couvent (1688) où elle écrira sa *Vie,* non seulement Mme de Maintenon intervient en faveur de sa libération, mais encore l'invite à œuvrer à Saint-Cyr. Fénelon prend alors contact avec Mme Guyon et assure à sa mystique, avec la diffusion pastorale et l'autorité ecclésiastique, un infléchissement philosophique et politique réformiste qui inquiète. Mme de Maintenon interdit alors Saint-Cyr à Mme Guyon tandis qu'à la suggestion de Fénelon ses écrits, avec ceux de l'abbé, sont soumis à Bossuet. Au terme des entretiens d'Issy (1694-95), trente-quatre principes de vie spirituelle fixant l'orthodoxie catholique sont formulés en termes diplomatiques pour permettre à Mme Guyon et à Fénelon de les contresigner. Mais ni cette volonté de conciliation, ni le sacre de ce dernier comme archevêque par Bossuet, ni le certificat d'orthodoxie délivré à Mme Guyon, n'apaisent le débat ; et, alors que la querelle religieuse du quiétisme est déplacée des principes à leur interprétation, Mme Guyon s'enfuit du couvent de Meaux où elle était retenue. Cette fois, l'autorité civile s'émeut : rattrapée, Mme Guyon est emprisonnée à Vincennes puis à la Bastille (1698) et, bien que l'affaire se conclue en 1699 avec la condamnation de Fénelon, ce n'est qu'en 1703 que Jeanne Guyon, âgée de cinquante-cinq ans, est libérée, à charge pour elle de se retirer dans sa province natale. Établie près de Blois où elle mourra à soixante-neuf ans, elle ranime un cercle de quelques amis (le petit-neveu de Fénelon, des protestants), s'occupe d'œuvres et assure une ample correspondance en particulier avec des Anglais ou des Écossais partisans des Stuart.

FANNY NÉPOTE-DESMARRES.

GUYOTAT Pierre. Écrivain français, né le 9 janvier 1940 à Bourg-Argental (Loire). Élevé dans une famille bourgeoise, Guyotat participe à la guerre d'Algérie de 1960 à 1962. Arrêté un temps pour complicité de désertion, il s'oriente vers le militantisme politique, devient rédacteur littéraire au *Nouvel Observateur.* Ses deux premiers livres passeront inaperçus, mais *Tombeau pour cinq cent mille soldats* (*), publié en 1967, le propulse au premier rang de l'avant-garde. Son deuxième roman d'envergure, *Eden, Eden, Eden* (1970), est condamné par la censure, malgré le soutien de Roland Barthes, de Philippe Sollers, de Michel Foucault : on juge le livre pornographique. À l'instar d'un Georges Bataille, Guyotat apparaît alors comme un auteur de la transgression, dont les écrits allient sexualité et recherche sur la langue ; à la suite de Joyce et d'Artaud, il entreprend un travail sur le signifiant, sur la matérialité du texte envisagé comme un corps en mouvement. Dans ses ouvrages suivants, *Prostitution* (1976), *Livre* (1984), les intentions de sens ont pratiquement disparu, au profit d'une expulsion jubilatoire du langage. Ce retour à l'oralité du texte se confirme par une série de lectures-performances. Guyotat se tourne aussi vers la scène, avec un spectacle intitulé « Bond en avant », créé au festival de La Rochelle en avril 1973. Quant à *Tombeau pour cinq cent mille soldats,* il sera adapté par Antoine Vitez au Théâtre national de Chaillot en 1981.

OLIVIER HOUBERT.

GUZMÁN Martín Luis. Romancier mexicain. Né le 6 octobre 1887 à Chihuahua, mort en 1977. Après des études de droit à Mexico, il participe à la révolution contre Porfirio Díaz. Il connaît personnellement Madero, Carranza, Obregón, et surtout Pancho Villa, dont il devient le secrétaire personnel. Cela lui vaudra d'être arrêté par Carranza, quand celui-ci se retourne contre le « caudillo » mexicain. Libéré, Guzmán part pour l'Europe et vit quelques années en Espagne. De retour dans son pays, il fonde le journal *El Mundo.* En 1925, il repart pour l'Espagne, où il restera jusqu'en 1936. L'œuvre de Martín Luis Guzmán est tout entière une réflexion — assez amère — sur la révolution mexicaine. *Avec Pancho Villa* (*) (1938-1940) retrace la trajectoire du plus populaire des chefs de la révolution mexicaine. Publié antérieurement (1928), *L'Aigle et le Serpent* (*) rapporte à la première personne les années 1913-1915 : il s'agit donc de mémoires où l'auteur nous raconte dans le détail les péripéties de la révolution mexicaine. Publiée un an plus tard (1929), *L'Ombre du Caudillo* (*) reflète par contre toutes les désillusions de Guzmán à propos de cette révolution : les grands chefs ont été trahis ou tués, et remplacés par des généraux vénaux et politiciens qui se maintiennent au pouvoir par tous les moyens, y compris l'élimination physique des opposants. La révolution a donc été vaincue, et tout l'ouvrage est une longue et amère méditation sur ce qui a conduit à cette défaite. Guzmàn, qui avait connu de près Pancho Villa, était bien placé pour juger le processus post-révolutionnaire. À la même époque, un écrivain comme Mariano Azuela reprenait dans son œuvre, et particulièrement dans *Ceux d'en bas* (*) (1916) un thème analogue. Mariano Azuela, Martín Luis Guzmán, Rafael Felipe Múñoz et Gregorio López y Fuentes apparaissent comme les romanciers juges et témoins d'une révolution qu'ils ont vécue.

ANTOINE BERMAN.

GYLLENSTEN Lars. Écrivain suédois. Né le 12 novembre 1921 à Stockholm. Profondément marqué par la Seconde Guerre mondiale et son cortège de totalitarismes, Lars Gyllensten s'inscrit dans la lignée des prosateurs suédois des années 40 par sa remise en cause inlassable des idéologies. Sous l'influence de Kierkegaard et du courant existentialiste contemporain, il construit une œuvre globale, dont les multiples facettes s'agencent dialectiquement. Sa production vaste et différenciée apparaît comme une suite d'expériences théoriques où l'auteur polémique avec lui-même en analysant divers types de comportement humain. Le message est littéraire mais la démarche s'avère scientifique, à l'image de cet écrivain qui mena parallèlement une carrière de médecin chercheur à l'Institut Karolinska jusqu'en 1973. Ses débuts en 1946 avec *Camera obscura,* un pastiche remarqué de la poésie moderniste, destiné à en railler l'ésotérisme, ne reflètent pas vraiment l'angoisse profonde de Gyllensten. Celle-ci éclate au grand jour avec l'exploration des *Mythes modernes* [*Moderna myter,* 1949]. Son pessimisme critique s'exerce vis-à-vis de la foi religieuse dans son roman *Le Navire bleu* [*Det blå skeppet,* 1950], vis-à-vis de la naïveté puérile des individus — *Infantilia* (*) (1952) et *Carnivora* (1953), recueil satirique en prose — ou bien de la résignation caractéristique de la vieillesse dans *Senilia* (*) (1956). Le rejet des dogmes et des doctrines concerne aussi bien l'engagement politique : *Le Sénateur* [*Senatorn,* 1958], que philosophique : *La Mort de Socrate* [*Sokrates' död,* 1960], car tout système aboutit pour Gyllensten à une représentation désespérante et tronquée de la réalité. Partisan d'un scepticisme radical et constant, il affirme que seules une conscience claire et une distanciation ironique permettent à l'homme d'échapper à la pression des forces destructrices qui le minent et qui menacent de l'emporter lorsqu'il aura eu la révélation de la trahison de ses idoles (*Desperados,* 1962, nouvelles). Cependant l'auteur, qui devient membre de l'Académie suédoise en 1966, entame une phase plus constructive en mettant en scène des antihéros, jouets de leur impuissance certes, mais qui luttent pour se soustraire à la sclérose de leur condition — v. *Juvenilia* (*) (1965). Le renouvellement est aussi d'ordre esthétique puisque Gyllensten recourt dorénavant à la technique du montage, incitant le lecteur à participer au processus de création notamment dans les poèmes en prose *Lotus à Hades* [*Lotus i Hades,* 1966]. Poursuivant sans relâche son enquête sur la nature humaine, il fait appel au mythe pour percer les ressorts de l'existence. La légende d'Orphée lui inspire *Le Palais dans le parc* [*Palatset i parken,* 1970]. À travers le personnage de don Juan, il étudie les mécanismes de la vanité et la volonté de jouissance et de pouvoir, besoins qui débouchent immanquablement sur le goût amer de la défaite : *À l'ombre de Don Juan* [*I skuggan av Don Juan,* 1975] et *Le Retour de l'ombre* [*Skuggans återkomst,* 1985]. Amour et érotisme sont également les thèmes abordés dans *Sept sages et l'amour* [*Sju vise män om kärlek,* 1986]. Ces fables humoristiques, à la sagesse tout orientale, dont la matière est d'ailleurs tirée des contes animaliers de l'Inde, constituent une remise en cause du narcissisme complaisant développé jusqu'alors. Délaissant le nihilisme intransigeant de sa jeunesse, Gyllensten tente dans ses derniers essais, *Juste ainsi ou peut-être* [*Just så eller kanske det,* 1989], de définir les conditions d'une vie qui retrouverait un sens. Par sa virtuosité moqueuse et subtile, Lars Gyllensten entraîne le lecteur dans une longue méditation introspective sur le mystère de l'existence. À mi-chemin de l'imaginaire et du vécu, il prend le contre-pied du réalisme et rend le romanesque dérisoire.

MAY-BRIGITTE LEHMAN.

GYP (pseud. de Sibylle Marie Antoinette de Riquetti de Mirabeau, comtesse de Martel de Janville). Femme de lettres française. Née au château de Koëtsoal (Morbihan) le 15 août 1850, morte à Neuilly (Seine) le 29 juin 1932.

Descendante de Mirabeau, elle a, en quelque sorte, continué ses batailles par une allure réactionnaire et cocardière qui a même pu la faire paraître un écrivain politique. En plus de la satire qu'elle dirigeait avec insistance contre la société mondaine, elle participa activement aux combats antisémites et nationalistes. La vivacité de son attitude la rendit populaire auprès de ses contemporains, mais le caractère d'actualité que présentaient ses thèses a fait inexorablement vieillir son œuvre, dont la cohésion et l'intransigeance étaient d'ailleurs menacées par son propre tempérament, bien loin de toute sécheresse et violence, comme par son romantique optimisme, sans parler d'une psychologie superficielle et d'une monotonie qui, à la fin, s'imposaient à l'esprit du lecteur. Elle a écrit plus de cent volumes. Parmi ceux dont le sujet est politique et social citons : *Petit Bob* (1882), qui introduisit dans la littérature le type de l'« enfant terrible » ; *Autour du mariage* (1883), *Autour du divorce* (1886), *Le Journal d'un philosophe* (1894), *Ohé ! les dirigeants* (1896), *Le Baron Sinaï* (1897), *Israël* (1898), *Un ménage dernier cri* (1903), *L'Âge du toc* (1908), *Les Flanchards* (1917), *Les Profitards* (1918), *Le Monde à côté* (1920), etc. Elle eut également du succès dans le genre sentimental. *Le Mariage de Chiffon* (*) (1894) devait être aussi popularisé par le cinéma ; viennent ensuite *Friquet* (1901), *La Fée* (1902), *Le Bonheur de Ginette* (1911), etc. Dans les volumes de *Souvenirs d'une petite fille* (1927-28), Gyp a rassemblé ceux de son enfance.

♦ « ... *il est de fait que c'est une terrible railleuse. Elle fait parler, dans une infinité de spirituels dialogues, tout un monde de viveurs et d'oisifs, et il ressort de tant de légers discours que l'homme est, à l'état civilisé, un vain, grossier et ridicule animal...* » Anatole France. ♦ « [Les romans de Gyp]... *ces petites machines renouvelées de la comtesse de Ségur (moins le charme et la simplicité qu'y mettait celle-ci), la faiblesse des héros salonnards et héroïnes pseudo-mondaines...* » Léon Daudet.

RÉF. : A. France, *La Vie littéraire,* tomes 2, 3 et 4, Paris, 1890-92. — A. Brisson, *Portraits intimes,* tome 2, Paris, 1896. — M. Missoffe, *Gyp et ses amis,* Paris, 1932. — L. Corpechot, *Souvenirs d'un journaliste,* tome 3, Paris, 1937.

GYULAI Pál. Écrivain hongrois. Né à Kolozsvár le 1er janvier 1826, mort à Budapest le 9 novembre 1909. Il fit ses études et, tout jeune, enseigna au collège calviniste de sa ville natale qu'il quitta définitivement en 1862 pour accepter une chaire qui lui fut offerte à Budapest. Connu comme poète et romancier — *Le Dernier Seigneur d'un vieux château* (*) —, il assuma la direction de la revue littéraire *Szépirodalmi Lapok* et, en 1854, publia une étude capitale sur Petőfi, ce qui le mit sur-le-champ au rang de chef du nouveau mouvement critique, opposé à la vogue envahissante de l'imitation tout extérieure de l'art de Petőfi. Tout aussi riches de vues nouvelles, et d'une sûre méthode furent son grand essai consacré au *Bank Ban* (*) de Joseph Katona, publié en 1860, et la magistrale biographie du grand poète romantique hongrois Mihály Vörösmarty (1866). Désormais l'autorité de Gyulai fut telle que l'opinion publique ne réagit même pas aux critiques incessantes et sévères dont il accabla Jókai, la gloire la plus éclatante du roman magyar, dans sa propre revue *Budapesti Szemle ;* en 1876, il fut appelé à occuper la chaire de littérature hongroise de l'université de Budapest. Il abandonna l'enseignement en 1902 ; son tempérament combatif s'apaisa peu à peu, mais sa vive sensibilité ouverte à toute nouvelle acquisition dans le domaine littéraire se maintint.

H

HAANPÄÄ Pentti. Écrivain finlandais. Né et mort à Piippola (14 octobre 1905, 1er octobre 1955). Resté fidèle à sa région natale, l'Ostrobothnie, cet autodidacte, un des principaux représentants de la prose moderne finlandaise, fut tour à tour cheminot, bûcheron, flotteur de bois, non pas pour gagner sa vie mais pour mieux connaître les gens qu'il s'employa à introduire dans ses œuvres avec une patience d'entomologiste. Il fut bientôt reconnu comme une des forces principales de la littérature finlandaise. Parallèlement, son dégoût de l'armée – né au cours d'un service militaire désastreux – qu'il exprima dans des nouvelle satiriques, de tout un côté clinquant et pontifiant de la vie publique et de ses représentants, ainsi que son intérêt exclusif pour les petites gens de la campagne – les oubliés de la société – contribuèrent à la formation d'une image politiquement marquée à gauche. *Guerre dans le désert blanc* (*) (1940) dénonçait l'horreur des combats, mais rendait hommage à ceux qui ne pouvaient éviter d'y participer, de défendre une terre, dont ils ne possédaient pas le moindre lopin. C'est à la mémoire de ceux qui avaient succombé durant les grandes famines d'autrefois qu'il décida d'écrire *Farine* (*) (1949), une description des « chevaliers de la terre de la faim », déformés – au propre et au figuré – par une âpre lutte pour le pain quotidien. Description sombre, quoique humanisée par un humour bien particulier, cher à Haanpää, qui a légué à la littérature finnoise toute une galerie de portraits d'hommes et de femmes du peuple, où dominent les couleurs grises, mais aussi le vert des forêts profondes, le blanc de l'hiver, « lorsqu'une tempête de neige secoua ses ailes et que le froid fit craquer les angles de la bâtisse » mais qu'éclaire aussi – parfois – la lumière d'un sourire. Le style de Haanpää a été fort bien défini par son traducteur français, Aurélien Sauvageot, qui a dit ceci : « ... P. H. écrit une langue rude, aux accents qui évoquent, dans le timbre saccadé de leurs syllabes ostrobothniennes, le mugissement des forêts et la senteur des grands pins. (...) Nous n'avons pu nous résoudre à enjoliver ce style et nous l'avons laissé tel qu'il est : heurté, inégal, tantôt léger d'images fraîches, neuves, tantôt lourd de pensées distordues, mais toujours vivant, direct, sincère, toujours lui-même, toujours l'expression authentique d'un authentique fils de la terre finlandaise. »

INKÉRI-TUOMIKOSKI.

HÁBA Aloys. Compositeur tchèque. Né le 21 juin 1893 à Vizovice (Moravie), mort le 18 novembre 1973 à Prague. Issu d'une famille d'instituteurs musiciens, il se dirige d'abord vers l'enseignement ; mais en 1914 il entre au Conservatoire de Prague (classe de Vítězslav Novák) ; en 1918, il poursuit ses études musicales à Vienne (Schreker) et à Berlin, avec l'approche de l'esthétique de Busoni, de Schoenberg et de l'expressionnisme allemand. À partir de la spécificité de la musique populaire de son pays natal, il crée son propre système atonal en 1/4 de ton, puis en 1/6 et en 1/12 de ton, élaboré sur le plan mélodique, harmonique et polyphonique, et qu'il traduit par une notation appropriée cherchant à susciter la fabrication des instruments adaptés à ces micro-intervalles. Deux traités théoriques explicitent ses vues. Ainsi naît, en 1923, sa fameuse école de composition au Conservatoire de Prague. Outre la poignante *Mère*, son opéra le plus connu (1930) en 1/4 de ton, il compose deux autres ouvrages lyriques : *Le Monde nouveau* [*Nová země*, 1935], en 1/2 ton, *Que ton règne vienne* [*Ať přijde království tvé*], en 1/6 de ton. Ses neuf *Quatuors*, parmi lesquels le fameux *Quatuor à cordes n° 7* (*) (1951), expérimentent tous les systèmes. Ses *Suites, Fantaisies pour piano*, chœurs, mélodies, sont écrits en 1/4 de ton, ses pièces pour harmonium en 1/6 de ton. À partir de 1948, les préférences esthétiques du régime communiste l'incitent à revenir vers une écriture en

1/2 ton qu'il avait toutefois continué à pratiquer, notamment avec la cantate *Pour la Paix* [*Za mír*], *La Suite valaque* [*Valašská suita*, 1952], le 3e *Nonette*, des *Concertos pour violon, pour alto*, etc.

VLADIMIR PESKA.

HABACUC. Le huitième des douze petits prophètes juifs. Il vécut à la fin du VIIe siècle et au commencement du VIe siècle avant J.-C. Son nom, akkadien semble-t-il, serait celui d'une plante : probablement le basilic. Homme d'une grande foi, il soutint le courage des Juifs épouvantés par l'invasion imminente des Chaldéens, avec cette devise reprise ensuite par saint Paul : « Le Juste vivra par sa foi. » De caractère indépendant, comme tous les vrais prophètes, il n'hésita pas à se dresser contre le roi Joachim. Il n'y a pas d'autre renseignement biographique à retirer de son livre – v. *Habacuc* (*) (*Livre de*). Tout le reste n'est que légende.

RÉF. : R. de Saint-Victor, *In Cant. Habacuc*, in *Patrologie latine*, t. 196, col. 401 ss. – L. Reinke, *Der Prophet Habakuk*, Brixen, 1870. – J. Halévy, articles in *Revue sémitique*, Paris, 1906-07. – F. Nicolardot, *La Composition du Livre d'Habacuc*, Paris, 1908. – P. Humbert, *Problèmes du livre d'Habacuc*, Paris, 1944. – K. Elliger, *Studien zum Habakuk-Kommentar vom Toten Meer*, Tübingen, 1953. – Abbé Michel, *Le Maître de justice, d'après les documents de la mer Morte*, Avignon, 1954.

HABERMAS Jürgen. Philosophe allemand. Né à Düsseldorf le 18 juin 1929. Il grandit dans la petite ville de Gummersbach, où son père est directeur de la Chambre d'industrie et de commerce. Entre 1949 et 1954, il étudie à Göttingen, Zurich et Bonn ; en 1953 paraît dans la *Frankfurter Allgemeine Zeitung* son premier article, consacré à une critique de Heidegger (reproduite dans *Profils philosophiques et politiques*), à l'occasion de la parution d'un cours de 1935 ; il met en évidence la « coloration fasciste » de sa conceptualité, et déjà y déplore l'absence du « correctif d'une rationalité pratique ». Fonder la rationalité pratico-morale pour faire contrepoids à une rationalité instrumentale envahissante (rationalité technico-scientifique, orientée vers le seul succès, indépendamment de la qualité des fins), tel sera le motif central guidant son œuvre, qui acquerra des dimensions considérables, tant par son nombre de pages que par son ambition philosophique ; éprouver cette exigence théorique à l'aune des événements politiques restera une préoccupation constante, du mouvement des etudiants dans les années 60 à la guerre du Golfe, en passant par la réunification allemande dont il raille les accents de « nationalisme mafflu faisant du Deutsche Mark son étendard »... Ces deux soucis, théoriques et politiques, structurent déjà ce premier article.

En 1954, il passe sa « promotion » sur Schelling, avant de devenir en 1956 l'assistant d'Adorno au fameux Frankfurter Institut für Sozialforschung. Son premier livre, paru en français sous le titre *L'Espace public* [*Strukturwandel der Öffentlichkeit*] paraît en 1962 ; il s'agit en fait de son « habilitation » (sorte de doctorat d'État) en sociologie. Il y décrit la naissance, à la Révolution française, de l'espace public bourgeois, sphère intermédiaire entre l'État et la société où les citoyens sont appelés à faire un « usage politique de leur raison ». Par la description des distorsions que subit cet espace qui devrait être celui d'une communication transparente, Habermas laisse apparaître en filigrane de cette étude fondée sur des données empiriques un concept normatif d'espace public, qui sera plus tard la préoccupation politique centrale de sa théorie de la démocratie.

Avant même l'obtention de son « habilitation », il est nommé professeur à Heidelberg ; *Théorie et Pratique* [*Theorie und Praxis*] paraît en 1963. En 1964, il succède à Horkheimer à Francfort ; sa leçon inaugurale sera le célèbre exposé *Connaissance et Intérêt* (1965), qui résume l'ouvrage ultérieur homonyme (1968) [*Erkenntnis und Interesse*]. Selon une typologie qu'il affinera encore par la suite, Habermas distingue trois « intérêts de connaissance » distincts : les sciences « empirico-analytiques », procédant d'un intérêt technique, les sciences « historico-herméneutiques » d'un intérêt pratique, les sciences dites « critiques » (psychanalyse, critique de l'idéologie ou sociologie critique...) d'un intérêt « émancipatoire ». Cette typologie, menée ici d'un point de vue d'épistémologie critique, déploiera toute sa force lorsqu'elle sera traduite dans les termes d'une typologie des actes de langage, donc d'une théorie de l'action (communicationnelle) ; mais l'intention de fond est permanente : distinguer différents types de rationalité, afin de combattre la réduction positiviste qui assimile la raison à la seule rationalité instrumentale (calcul moyens/fins). Et ce dans le but de dégager un espace spécifique à la raison pratique (politique et morale), sur la base duquel pourra s'édifier une théorie critique de la société. Celle-ci passe donc par une critique de l'épistémologie positiviste, ennemie de toujours.

De 1971 à 1981, avec Carl-Friedrich von Weiszäcker, il dirige le Max-Planck-Institut de Starnberg, près de Münich. En 1976 paraît *Zur Rekonstruktion des historischen Materialismus*, partiellement traduit en français sous le titre *Après Marx ;* il y pose de façon programmatique les éléments d'une théorie de la communication, deployée dans toute son ampleur dans la monumentale *Théorie de l'agir communicationnel* (*) (1981). L'intuition centrale en est que la communication langagière, par laquelle le sujet à la fois se socialise et s'individualise, recèle un potentiel normatif capable de faire contrepoids à la rationalité instrumentale qui occulte les questions proprement pratiques ou morales ; contre cette colonisation, Habermas, à l'aide de la « pragmatique universelle » (l'étude des préconditions d'une « énonciation » sensée, et non pas simplement des énoncés), revendique l'idée d'une rationalité communicationnelle, qui sous les conditions de notre modernité ne peut plus être que procédurale. Par l'étude des actes de langage, Habermas montre quels sont les présupposés requis (et à la fois toujours déjà là) d'une communication réussie.

Dès ce grand œuvre achevé, ses intérêts iront essentiellement dans la triple direction d'une théorie de la rationalité (dont il affine le concept dans *L'Agir communicationnel : études et compléments* [*Vorstudien und Ergänzungen zur Theorie des kommunikativen Handelns,* 1984] et dans *Pensée post-métaphysique* [*Nachmetaphysisches Denken,* 1988]), d'une théorie de la modernité – *Le Discours philosophique de la modernité* (*) (1989) –, et surtout d'une théorie morale et politique. De cette dernière direction témoigne le capital *Morale et Communication* [*Moralbewusstsein und Kommunikatives Handeln,* 1983] où Habermas tente spécifiquement de fonder un point de vue moral universaliste à partir des présupposés de la communication langagière. Mais c'est peut-être dans le domaine politique que le modèle habermasien se révèle le plus fécond, comme en témoignent non seulement sa théorie d'une démocratie radicale (voir ses *Écrits politiques,* 1990), mais aussi ses fréquentes et vigoureuses prises de position politiques, depuis la fameuse « Historikerstreit » (1986-87) – une polémique avec les historiens révisionnistes allemands, qui tendent à relativiser le phénomène du nazisme, alors que Habermas veut en souligner la spécificité, refusant de voir dans Auschwitz une simple « innovation technique » – jusqu'à ses réflexions sur l'identité allemande, redevenue problématique au soir du 9 novembre 1989.

MARK HUNYADI.

♦ *« Jürgen Habermas, assurément le plus intelligent et le plus avisé des jeunes sociologues allemands... »* Hannah Arendt (1970). ♦ *« La "partialité pour la raison" : c'est le geste fondamental par lequel Habermas s'est imposé comme l'Aufklärer de cette fin de siècle.* [...] *De fait, la philosophie de Habermas s'est internationalisée jusqu'au Japon et à l'Amérique latine. Elle a largement dépassé les frontières allemandes, sans qu'aucune concession n'y soit faite aux conventions stylistiques d'une culture véhiculaire. Du moins, le texte est-il « objectivement clair », en entendant par là qu'il peut être rendu transparent à l'issue d'un travail. Cela tient surtout à la systématicité. »* Jean-Marc Ferry.

RÉF. : Jean-Marc Ferry, *Habermas, l'éthique de la communication,* Paris, 1987.

ḤABĪBĪ Émile. Écrivain et homme politique palestinien de nationalité israélienne. Né à Haïfa le 12 février 1921. Issu d'une famille de la petite bourgeoisie chrétienne grecque-catholique, il fait de bonnes études secondaires au lycée d'Acre, puis travaille comme employé de bureau avant d'être embauché à Radio-Jérusalem dans les années 40. Il commence très tôt à militer dans les rangs du mouvement communiste palestinien – traditionnellement implanté à Haïfa, ville portuaire et industrielle –, qui, tout en s'opposant au plan Balfour, cherche alors à rassembler la classe ouvrière sur des bases non confessionnelles contre le mandat britannique. En 1944, il est l'un des fondateurs du journal l'*Ittiḥād,* l'un des principaux quotidiens de langue arabe de Haïfa, dont il restera rédacteur en chef jusqu'en 1991. Parallèlement à une activité politique importante (il sera trois fois élu député à la Knesset), il commence à écrire ; le *Sixain de la guerre des six jours* [*Sudāsiyyat al-ayyām al-sitta*], recueil de nouvelles inspiré par le drame de 1967, lui vaut l'attention de la critique. Cependant, c'est avec *Les Aventures extraordinaires de Saïd le Peptimiste* (*), paru en 1972, que, se libérant définitivement des contraintes du canon réaliste, il s'imposera comme l'un des écrivains les plus talentueux et originaux de la littérature arabe contemporaine ; cette œuvre, prolongée par *Péchés oubliés* (+), en 1975, et *Sorayya fille de l'ogre* (*), en 1990, représente l'essentiel de la production de Habībī ; quantitativement peu abondante, elle n'en a pas moins suffi à assurer à son auteur une réputation de premier plan, aussi bien dans le monde arabe qu'en Europe. Dès la fin des années 80, Habībī, sous l'influence des évolutions qui se dessinent en Union soviétique, prend peu à peu ses distances avec son parti, où il a toujours représenté la tradition humaniste et chaleureuse du communisme ; il en démissionne en août 1991, à la suite du putsch manqué des conservateurs soviétiques.

JEAN-PATRICK GUILLAUME.

HADDAD Malek. Poète et romancier algérien d'expression française. Né le 5 juillet 1927 à Constantine ; mort le 2 juin 1978 à Alger. L'œuvre de Malek Haddad est inséparable de la guerre d'Algérie, dans le contexte de laquelle il fut remarqué en 1956 pour son recueil poétique *Le Malheur en danger.* D'ailleurs il était arrivé à la littérature quelques années auparavant par le biais du parti communiste algérien, grâce auquel il collabora en même temps que Kateb Yacine au journal *Alger républicain* de 1948 à 1950, avant de militer pendant les années de guerre pour le F.L.N. en Europe. Son œuvre a été écrite dans ce contexte, et développe les difficultés de l'engagement révolutionnaire pour un intellectuel plutôt favorisé par ailleurs. C'est le cas du médecin bien installé en métropole que *L'Élève et la Leçon* (1960) place une nuit entière face à sa fille dont il découvre le militantisme, ce qui remet en cause tout son équilibre d'existence. *Le quai aux fleurs ne répond plus* (*) (1961) est le dernier roman publié, et se termine de façon significative par le suicide du héros écartelé entre son existence confortable d'intellectuel révolutionnaire exilé en métropole et la réalité de la guerre du pays. Or la suite de l'existence littéraire de Malek Haddad ressemble un peu à un suicide, puisqu'il décide qu'écrire dans la langue de l'ancien colon est impossible, alors même que sa formation purement francophone ne lui donne pas les moyens d'écrire en arabe. Ceci ne l'empêche pas d'être de 1968 à 1972 directeur de la culture au ministère de l'Information et de la Culture, et d'y déployer une activité qui équivaut à une censure de fait, obligeant les jeunes écrivains de qualité qui se multiplient alors à chercher à publier ailleurs.

CHARLES BONN.

RÉF. : Tahar Bekri, *L'Œuvre romanesque de Malek Haddad. Pour une poétique de la littérature maghrébine de langue française,* Paris, 1986. – Charles Bonn, *Le Roman algérien de langue française,* Paris, 1984.

HADZIS Dimìtris. Romancier et nouvelliste grec. Né en novembre 1913 à Ioànnina (Épire), mort le 20 juillet 1981 à Athènes. Sa patrie est l'Épire, une région montagneuse au climat rude. À 17 ans il est déjà directeur de journal, à la place de son père qui vient de mourir. À 23 ans, devenu communiste, il est arrêté, torturé, déporté. Résistant pendant la guerre, puis la guerre civile, il doit s'exiler en 1949, à 36 ans. Il va rester vingt-cinq ans hors de Grèce, en Roumanie, en R.D.A., en Hongrie surtout, dans des conditions difficiles. Anti-stalinien sans renier le communisme, il se met à dos la gauche comme la droite. À la chute des Colonels, en 1975, il rentre en Grèce où il meurt bientôt d'un cancer, à 68 ans. Hadzis a peu écrit – en partie à cause de cette vie brisée. Si l'on excepte son premier livre, *Le Feu* [Φωτιά, 1947], le premier roman grec sur la Résistance, écrit à chaud et très marqué idéologiquement, son œuvre a été rédigée sur le tard, hors de Grèce, et se réduit pour l'essentiel à trois grands livres. *La Fin de notre petite ville* (*), recueil de nouvelles paru en 1953 et remanié en 1963, est resté le plus célèbre ; c'est sans doute l'un des deux ou trois livres phares de l'après-guerre grec. Mais il y a aussi des trésors dans les deux suivants. *Les Désarmés* ['Ανυπεράσπιστοι, 1966], autre recueil de nouvelles, n'a pas la cohérence thématique du précédent, mais la majeure partie du recueil est du meilleur Hadzis. *Le Livre double* [Τό διπλό βιβλίο, 1976] aborde un thème quasiment inexploré jusque-là : la vie des travailleurs immigrés grecs en Allemagne. On reproche parfois à ce roman d'être en fait un recueil de nouvelles déguisé ; mais justement, ce relatif manque d'unité n'en fait que mieux sentir le destin inachevé, morcelé, de ces personnages, coupés d'eux-mêmes où qu'ils soient. Quant aux deux derniers livres, *Études* [Σπουδές, 1977] et *Service* [Θητεία, 1979], ils réunissent des textes anciens et nouveaux. La force de Hadzis vient en partie d'une contradiction – rien n'est jamais simple pour lui. Il combat l'ordre ancien ; observateur lucide, impitoyable, il brosse de son pays un portrait sombre, dur, parfois cruel ; mais en même temps un lien sentimental profond le rattache au passé. Son œuvre est baignée de solitude et d'amertume, et pourtant la tendresse est partout. Hadzis aime ses personnages, les humbles surtout, les déshérités, comme le couple de nains difformes dans « Saint Georges » (*Les Désarmés*), dont il fait rayonner la secrète beauté. Il aime les personnages complexes, pétris de lumière et d'ombre, et les plus inoubliables sont les plus ambigus. Bref, le militant n'a pas tué l'homme et l'écrivain ; et si ce Grec, finalement très slave, évoque à première vue Gorki, Dostoïevski n'est pas loin non plus. Enfin, dernière contradiction : cet intellectuel (il fut professeur d'université) écrit dans une langue simple, chaude, vivante, merveilleusement proche de la parole.

MICHEL VOLKOVITCH.

HAECKEL Ernst Heinrich. Biologiste allemand. Né à Potsdam le 16 février 1834, mort à Iéna le 9 août 1919. Il étudia la médecine et les sciences naturelles à Wurtzbourg et à Berlin où il obtint son doctorat (1857). Après une année de pratique, il s'adonna de nouveau à l'anatomie, à l'embryologie et à la physiologie comparée sous la direction de maîtres tels que Schleiden, Müller, Virchow. Pour augmenter ses connaissances déjà considérables, il fit de nombreux voyages en France, en Italie et en Angleterre. C'est alors qu'il connut Darwin et qu'il devint très vite un de ses partisans les plus enthousiastes. De 1862 à 1865, il enseigna l'anatomie comparée et la zoologie à l'université de Iéna où il fonda ensuite une chaire de zoologie phylogénétique et un musée phylétique. En 1866, il publia la *Morphologie générale des organismes* [*Generale Morphologie der Organismen*] où il étudie et approfondit les découvertes récentes faites dans le domaine de l'embryologie. Invité par différentes universités allemandes, Haeckel préféra rester à Iéna. En 1868, il rassembla une série de conférences dans son *Histoire de la création des êtres organisés d'après les lois naturelles* (*) où il cherche à concilier les théories de Lamarck et celles de Darwin. De 1866 à 1879, il poursuivit ses études sur les animaux aquatiques inférieurs, et recueillit une importante documentation au cours de ses nombreux voyages en mer du Nord, en mer Rouge et dans les zones tropicales. Les conclusions qu'il en tire sont exposées dans les *Syphonophores* (1869), les *Éponges calcaires* (1872), les *Coraux de l'Arabie* (1872), les *Méduses* (1879). Mais avant tout il ne cessait point de chercher le « missing link », l'être qui permettait de rattacher l'homme aux primates, le pithécanthrope, ainsi que l'hypothétique animal primitif, baptisé par lui « monère », qui devait servir de lien entre la matière inorganique et le règne animal. En 1873, il publia ses *Études sur la théorie de la gastrula* [*Die Gastraea-Theorie*], dans lesquelles, poursuivant les recherches de Serres, il formule la thèse selon laquelle l'animal réduit à la poche stomacale est la forme primitive de tous les pluricellulaires, puis *L'Anthropogénie* (1874), où il s'élève contre l'agnosticisme de Du Bois-Reymond ; les *Essais de psychologie cellulaire* (1878) ; *Science libre et enseignement libre* [*Freie Wissenschaft und freie Lehre,* 1878] ; *Preuves du transformisme* [*Die heutige Entwicklungslehre...,* 1879] ; *Darwin, Goclhe et Lamarck* [*Darwin, Goclhe und Lamarck,* 1882] ; *Phylogénie systématique* [*Systematische Phylogenie,* 1894] ; *De nos connaissances actuelles sur l'origine de l'homme* [*Ueber unsere gegenwärtige Kenntnis vom Ursprung des Menschen,* 1898] ; *Monisme, trait d'union entre la religion et la science* (1892), enfin *Les Énigmes de l'univers* (*) (1899) et *Miracles de la vie* [*Die Lebenswunder,* 1904], supplément à l'œuvre précédente. Dans le domaine de la politique, Haeckel fut le champion du « Kulturkampf » de Bismarck. Après sa mort, on transforma sa maison, la « Villa Méduse », en musée. Haeckel est l'inventeur du terme « écologie ».

♦ *« À considérer l'image du monde que donne Ernst Haeckel, on croit retrouver les plus anciens philosophes de l'Ionie : un espace infini, un temps sans commencement ni fin, partout une matière animée d'un mouvement incessant et universel qui ramène périodiquement des évolutions qui se répètent... »* Émile Bréhier.

RÉF. : H. Rouvière, *Haeckel et le monisme,* Paris, 1940. — D. H. De Crood, *Haeckel's Theory of the Unity of Nature,* Amsterdam, 1982. — E. Krausse, *Ernst Haeckel,* Leipzig, 1984.

HAENDEL Georg Friedrich. Compositeur allemand. Né le 23 février 1685 à Halle (Saxe), mort le 14 avril 1759 à Londres. Né quatre semaines à peine avant J.-S. Bach, il était comme lui destiné à représenter de façon exceptionnelle la pensée musicale de son époque : mais il le fit d'une manière différente : avec un humanisme expressif, un sentiment intense de la vie qui atteint souvent à une grandeur épique, et qui s'oppose quelque peu à l'intériorité spirituelle de Bach. L'existence de Haendel ne fut pas sans rapports avec sa destinée d'artiste : mouvementée, riche d'expériences, de fortunes diverses, cette vie est bien celle d'un homme combatif qui aimait les épreuves et s'y exposait avec la certitude de les surmonter. Ses études musicales furent d'abord restreintes, accomplies, semble-t-il, à titre d'éducation complémentaire, car son père, barbier élevé au grade de valet de chambre personnel et chirurgien du duc Auguste de Saxe, désirait qu'il fît son droit ; Haendel s'inscrivit donc à l'université de Halle. Enfant, il avait néanmoins eu le meilleur professeur de musique de l'endroit : l'organiste et compositeur Friedrich Wilhelm Zachow, et profita beaucoup de son enseignement, qui lui permit de connaître la musique italienne et allemande du temps. En 1703, ayant abandonné le droit, il se rendit à Hambourg, le centre théâtral le plus important d'Allemagne. Le compositeur d'opéras Reinhard Kaiser l'attira aussitôt, bien qu'il eût travaillé jusqu'alors comme organiste et écrit surtout de la musique religieuse. Admis comme second violon et comme claveciniste dans l'orchestre de l'opéra, il composa une *Passion* et parvint, au bout de deux ans, à faire représenter *Armide* [*Armida*], dont le succès lui valut la commande de deux autres œuvres, notamment *Néron* (+) (1705). En 1706, il se rendit en Italie pour un séjour de quatre années qui devait le marquer profondément. D'une ville à l'autre sa renommée croissait. À Florence il composa la cantate *Lucrèce* (*) (1706). Le jeune Haendel, dédaigné par Ferdinand de Toscane, fut reçu en hôte d'honneur dans la Rome d'une culture raffinée de l'époque arcadienne et, malgré la présence de Corelli, d'Alessandro et Domenico Scarlatti, de Pasquini, de Steffani, princes et cardinaux se disputaient sa présence. À Naples, il reçut le même accueil. Mais, insatisfait des succès obtenus dans le domaine de la musique de chambre et de la musique sacrée — il composa *La Résurrection* [*La Resurrezione*] et *Le Triomphe du temps* [*Il trionfo del tempo*], qui furent exécutés solennellement à Rome —, il voulut revenir à l'opéra et obtint à Venise, avec *Agrippine* [*Agrippina,* 1710], un accueil enthousiaste, dépassant celui reçu l'année précédente par Alessandro Scarlatti, dont il avait néanmoins recueilli la leçon. Il fut alors invité par le prince électeur de Hanovre ; auréolé des succès remportés en Italie et plus sûr de son art, ce compositeur de vingt-cinq ans devint en automne 1710 maître de chapelle de la cour à la place de Steffani. Il ne le demeura pas longtemps.

L'Angleterre, qui aimait la musique et se trouvait privée de grands maîtres, l'attirait, d'autant plus que l'opéra italien venait d'y être introduit. Accueilli avec de grands honneurs par la reine Anne, il répondit à cette attente surtout avec *Rinaldo* (+) (1711), ou *Le Pasteur fidèle* (1712). Tout en se partageant entre Hanovre et Londres, il donna la préférence à cette dernière ville qui, pensait-il, lui permettrait d'atteindre une position de premier plan. De cette époque date son premier *Te Deum* (+) (1713). En peu de temps, il devint le compositeur officiel de la cour anglaise ; l'avènement au trône de l'électeur de Hanovre le conforta dans son choix ; le nouveau monarque lui pardonna aisément ses infidélités précédentes. De 1715 datent l'opéra *Amadis* (*) et *Water Music* (*). C'est la fin de son apprentissage, ainsi qu'il surnommait ses années de vagabondage musical. Cette période fut suivie d'une longue lutte avant de pouvoir s'affirmer définitivement, lutte aussi pour la conquête de sa propre maîtrise. Pendant les trois années de crise que subit l'opéra, Haendel demeura au service du duc de Chandos, pour lequel il écrivit l'admirable *Chandos-Anthems* : recueil de psaumes où il se sert des exemples fournis par la tradition anglaise dans un genre où elle était encore fertile ; de la même façon qu'il pratiquerait plus tard pour la musique instrumentale et, à certains égards, pour la musique d'opéra (avec Lully et ses contemporains), il faisait ici de l'éclectisme un des traits de son propre style. De 1720 date l'oratorio *Acis et Galatée* (*). Dès qu'eut pris corps le projet de la création de la « Royal Academy of Music » réclamée par l'aristocratie et appuyée par le roi, pour donner une base solide aux représentations d'œuvres italiennes, il en devint le directeur artistique et fit représenter son *Rhadamiste* [*Radamisto*], après avoir effectué un voyage en Europe afin de recruter des chanteurs. Suivit *Esther* (*) (1720). De la même année date la *Chaconne* (+). D'Italie arrivèrent, pour le seconder et apporter un peu de nouveauté, les maîtres du répertoire Attilio Ariosti et Giovanni Battista Bononcini, dont le second se montra un concurrent capable parfois de le dépasser. Haendel soutint l'attaque. Il assouplit son style à l'exemple de Bononcini, ou en augmenta la portée dramatique. Avec des créations comme *Ottone* (1723), *Jules César* (*) (1724), *Tamerlan* (+) (1724), *Rodelinda* (1726), *Admète* [*Admeto,* 1728], il sut montrer qu'il était un des plus grands compositeurs d'opéras de son temps ; un de ceux auxquels l'opéra du début du XVIIIe siècle doit une vitalité, une valeur qui devaient lui permettre de survivre. Et ces ouvrages, Haendel les composait alors que l'énergie et l'activité qu'il dépensait dans sa tâche d'organisateur paraissaient devoir se perdre dans les rivalités des chanteurs et les querelles de partis. Les nobles financiers commencèrent à donner des signes de fatigue, puis l'*Opéra du gueux* (*) de John Gay, satire contre les opéras étrangers et la politique du gouvernement, attira ailleurs les fervents de l'opéra. À la fin de 1728, la « Royal Academy » dut fermer ses portes.

Néanmoins, de 1729 à 1737, Haendel s'obstina à poursuivre sa tâche et créa des œuvres nouvelles : *Athalie* (*) (1733), *Ariane* (+) (1734), *Arminius* (+) (1737). Mais sa popularité diminuait de plus en plus, les membres de l'aristocratie s'étaient lancés dans une autre entreprise, semblable à la précédente, avaient appelé Niccolo Porpora à sa tête et lui avaient adjoint les meilleurs chanteurs d'Italie, dont Farinelli. En avril 1737, une paralysie partielle menaça ses facultés intellectuelles. Grâce à sa vigueur exceptionnelle il domina son mal en peu de mois, et la reprise de son activité fut encore plus extraordinaire. Ayant déjà effectué quelques essais du même genre au cours de l'été 1738, il devint avec *Saül* (*) et *Israël en Égypte* (*), composés entre le 23 juillet et le 27 septembre, le maître de l'oratorio considéré comme un drame choral. De la même année date l'opéra *Bérénice* (+). Mais Haendel devait encore attendre son heure. Malgré la composition des *Concerti Grossi* (*) (1739), l'hostilité autour de lui n'avait fait que croître, et il songeait à quitter l'Angleterre quand, en 1741, il reçut de Dublin l'invitation de s'y rendre pour faire entendre quelques-uns de ses oratorios. Il écrivit alors son chef-d'œuvre, *Le Messie* (*). L'Irlande se montra enthousiaste, mais Londres, où il retourna, continua de le méconnaître malgré les oratorios *Samson* (+) (1742) et *Hercule* (*) (1744). Toutefois, le loyalisme de l'étranger naturalisé anglais obtint ce que n'avait pas obtenu le génie du compositeur : Haendel voulut s'associer au réveil patriotique provoqué par la lutte contre le prétendant Stuart en 1745, et il écrivit l'*Oratorio de circonstance* [*Occasional Oratorio*], invitant les Anglais au combat, puis *Judas Macchabée* (*), hymne triomphant à la victoire remportée sur les rebelles. Et lui aussi obtint la victoire. À partir de 1746, il renoua avec la célébrité. Habitué aux salles demi-désertes, il fit salle comble à chaque carême pour les auditions d'oratorios coupées de concert d'orgue, qui révélèrent son extraordinaire talent d'exécutant. De cette époque datent l'oratorio *Josué* (+) (1747) et *Alceste* (*) (1749). Une dernière épreuve attendait Haendel : la cécité ; les premiers symptômes se manifestèrent alors qu'il commençait *Jephté* (*), en 1750. À la fin de cette composition, il était à moitié aveugle. Si le compositeur fut contraint de s'arrêter, le musicien ne se résigna pas à la retraite. Ayant dominé la crise de dépression de 1752, jusqu'à la veille de sa mort il continua à jouer de l'orgue et à présider aux exécutions de ses oratorios, auxquels il ajouta, en mars 1757, une nouvelle version de son œuvre de jeunesse, *Le Triomphe du temps.* Il exprimait souvent son désir de mourir un Vendredi saint, « dans l'espérance, disait-il, de rejoindre mon doux Seigneur et mon Sauveur le jour de la Résurrection ». Il expira le matin du Samedi saint. Célibataire, il possédait une âme généreuse et aimait d'une amitié sincère ses intimes. Dans les années les plus pénibles de sa vie, il tint à participer à deux institutions philanthropiques : l'une au bénéfice des musiciens pauvres ou vieux ; l'autre en faveur des enfants abandonnés auxquels il laissa le manuscrit du *Messie,* et pratiquement l'exclusivité de ses exécutions. Son caractère autoritaire, ses colères devenues proverbiales, lui valurent de nombreux ennemis, mais aucun de ceux-ci, même les auteurs des libelles les plus méchants, n'attaquèrent sa moralité qui resta pure, sans une ombre.

EMILIA ZANETTI.

♦ *« Haendel, notre maître à tous. »* Haydn. ♦ *« Haendel, voici la vérité. »* Beethoven. ♦ *« J'ai beaucoup étudié Haendel et... j'ai eu la curiosité de voir ce qu'écrivaient les contemporains et prédécesseurs du grand homme et de chercher à comprendre pourquoi et en quoi il les avait éclipsés. Je suis arrivé à cette conviction bizarre que c'est par le côté pittoresque et descriptif, alors tout à fait nouveau et inattendu, qu'il avait conquis l'étonnante faveur dont il a joui. »* Saint-Saëns. ♦ *« Ce que j'entends surtout par le caractère populaire de la musique de Haendel, c'est qu'elle est vraiment conçue pour tout un peuple, et non pour une élite de dilettantes, comme l'opéra français entre Lully et Gluck. Sans jamais se départir d'une forme souverainement belle, qui ne fait nulle concession à la foule, elle traduit, en un langage immédiatement accessible à tous, des sentiments que tous peuvent partager. »* Romain Rolland. ♦ *« Il subjugue plutôt qu'il ne charme, et l'admiration qu'il inspire se mêle de cette crainte sacrée dont les peuples sont saisis en écoutant le langage des oracles... Il parle et nous cédons à son éloquence, mais les replis secrets de son cœur et de sa pensée nous sont fermés. »* Michel Brenet. ♦ *« Haendel est un impétueux ; il a du souffle et annonce déjà les romantiques ; non pas qu'il aime les musiques compliquées, les formules difficiles. Son écriture est faite de clarté ; les grands plans, les grandes lignes, voilà ce qu'il aime à côté de la souple mélodie que les Italiens lui ont appris à écrire. Une nature d'une richesse incomparable, un fougueux qui sait se maîtriser, un étincelant improvisateur, un tendre aussi qui évoque à son heure la nature, qui peint les sentiments avec une noble émotion, tel apparaît celui à qui nous devons ce monument polyphonique qu'est l'*Alleluia du Messie. » N. Dufourcq.

RÉF. : J. Mainwaring, *Memoirs of the Life of the alte G. F. Haendel,* Londres, 1760. – J. Mattheson, *G. F. Haendel's Lebens Geschreibung,* Hambourg, 1761. – J. Reichardt, *G. F. Haendel's Jugend,* Berlin, 1785. – Friedrich Chrysander, *G. F. Haendel,* 3 vol., Leipzig, 1858-1867. – Romain Rolland, *Haendel,* Paris, 1910. – M. Brenet, *Haendel,* Paris, 1912. – Hugo Leichtentritt, *Haendel,* Stuttgart-Berlin, 1924. – J. Eisenschmidt, *Die szenische Darstellung der opera F. Händels,* 2 vol., Halle, 1940-1941. – N. Flower, *G. F. Haendel,* New York, 1948. – Janine Alexandre-Debray, *Haendel,* Paris, 1980. – Jean Gallois, *Haendel,* Paris, 1980. – Jean-François Labie, *G. F. Haendel,* Paris, 1980. – Winton Dean et Anthony Hicks, *Haendel,* Monaco, 1985. – Christopher Hogwood, *Haendel,* Paris, 1985.

HÂFEZ Chams al-Dîn Mohammad. Le plus grand des poètes lyriques persans. Il naquit à Chiraz en 1325-26 ; il mourut dans la même ville, en 1389. Son père, originaire d'Isfahan, s'était fixé dans la capitale du Fārs pour s'adonner au négoce. Dans cette cité qu'il chérissait, le poète passa toute sa vie, ne s'en absentant que pour de rares et brefs voyages. Dès son plus jeune âge, il semble s'être dédié à l'étude des sciences religieuses : son nom de plume, Hâfez, signifie « celui qui sait réciter le *Coran* par cœur ». Selon la légende, Ali lui serait apparu en rêve dans son enfance et lui aurait conféré à la fois la connaissance du livre saint et le don de la poésie. Les biographes persans, s'ils rapportent sur notre auteur de nombreuses anecdotes où la fantaisie et le merveilleux entrent pour une grande part, sont singulièrement pauvres en détails précis sur son existence dont on est obligé de reconstituer la trame, autant que faire se peut, à l'aide des allusions à des faits contemporains éparses dans le *Divân* (*).

Une tradition qui remonte au XVIe siècle et qui a guidé la plupart des commentateurs de l'œuvre de Hâfez fait de cet écrivain un poète mystique. La critique moderne va à l'encontre de cette interprétation et reconnaît plus volontiers dans le chantre de Chiraz un homme de cour, épris au moins autant du charme de la vie que d'amour divin. Le quart des poèmes qui nous sont parvenus de lui est dédié, ou contient des allusions, à des souvenirs ou à des grands de l'époque.

Le premier maître que servit Hâfez, tout au début de sa vie littéraire, fut Chāh Abou Ichâq (1343-53). Il lui dédia quelques « ghazals », ainsi qu'à son vizir. Mais le souverain perdit Chiraz, en 1353, après avoir subi un long siège (dont il adoucit le dernier jour par un fastueux banquet) ; fait prisonnier trois ans plus tard, à Isfahan, il fut décapité par son vainqueur, Mobârez al-Dîn, le fondateur de la lignée des Mozaffarides. Entièrement soumis à l'influence du parti de la stricte orthodoxie islamique, le nouveau possesseur de Chiraz imposa à sa capitale une austérité de mœurs inconnue jusqu'alors, faisant fermer cabarets et mauvais lieux. Hâfez, tout en laissant entendre de discrètes lamentations sur la fin de Chāh Abou Ichâq, s'indignait de ces mesures dans des poèmes où il fustigeait également l'hypocrisie des faux dévots de l'époque. On peut penser que ses vers se chantaient dans tout Chiraz et avaient autant de portée politique que littéraire. Mobāriz al-Dîn se rendit bientôt insupportable par sa tyrannie et sa cruauté (il se vantait d'avoir tranché de sa main plus de huit cents têtes). En 1358, son propre fils, Chāh Chodjā, le détrôna et le fit aveugler, afin de le rendre inapte à régner.

Dans les années qui suivirent cet événement se situa la partie la plus heureuse de la carrière de Hâfez. Déjà célèbre par ses œuvres, il jouissait de plus de la faveur royale ; nombre de ses odes vantent la générosité, le génie et – qualité dont celui-ci était fort vain – les charmes physiques de Chāh Chodjā. D'autres sont consacrées à la louange de certains grands du royaume. Cependant, en 1363, le protecteur du poète fut chassé de Chiraz par un de ses frères. Il y revint victorieux deux ans plus tard, mais à son tour gagné au parti des fanatiques. Soit à cause de ce changement, soit pour toute autre raison (la tradition rapporte que le roi, qui se piquait aussi de poésie, se serait montré jaloux du talent de son protégé), il ne tarda pas à marquer de la froideur à l'ancien favori. Celui-ci se plaint amèrement de cette disgrâce et, dans de nombreuses pièces, implore le pardon d'une faute qui aurait causé son infortune. À cette époque aussi il exprime dans ses vers le désir de quitter ce Chiraz qu'il ne cesse d'aimer, mais où, depuis qu'il a perdu la bienveillance royale, tout le monde se détourne de lui. Il paraît probable aussi que plusieurs souverains étrangers, informés de cette situation, cherchèrent alors à l'attirer auprès d'eux : ses œuvres portent témoignage qu'il déclina ces offres, celle, en particulier du roi de Hormoz, port du golfe Persique. La tradition qui, là encore, pèche par inexactitude, veut que Hâfez se soit pourtant mis en route pour rejoindre la cour du Deccan, en Inde. Il aurait fait demi-tour au moment de prendre la mer, épouvanté par le spectacle d'une tempête.

Hâfez s'éloigna cependant de Chiraz pour chercher fortune à Yazd où régnait Chāh Yahya, neveu et farouche ennemi de Chāh Chodjā. Ce fut sans doute à l'occasion de ce voyage que le poète visita Isfahan, ville que chantent quelques-uns de ses vers. Mais cette escapade se termina mal. N'ayant pas obtenu les faveurs qu'il escomptait, l'écrivain se trouva bientôt dans le dénuement ; il fut trop heureux de se joindre à la suite d'un vizir en partance pour le Fārs, décochant une épigramme vengeresse à l'avaricieux Chāh Yahya. Le retour à Chiraz fut marqué par de nouvelles déconvenues : un poème fait allusion à ses démêlés avec la justice et à une retraite forcée dans le palais d'un protecteur.

Hâfez devait attendre, pour retrouver la faveur de la Cour, l'année 1387, date à laquelle Chāh Yahya fut installé à Chiraz par Tamerlan ; ce prince devait alors marquer au poète déjà vieillissant plus de bienveillance qu'il ne l'avait fait dans sa première capitale. Yahya fut bientôt chassé du Fārs par son frère Chāh Chodjā al-Dîn Mansour, auquel Hâfez dédia son beau *Livre de l'échanson* [*Sāqi-nâmé*] et plusieurs odes.

Tels sont les seuls détails à peu près certains que nous possédons sur la vie de l'écrivain. La légende souvent reproduite de sa rencontre avec le conquérant Tamerlan est en effet controuvée, ainsi que la plupart des autres récits rapportés par les biographes. Pour ne rien omettre, on relèvera encore, mais toujours dans le *Divân*, les noms de quelques-uns des objets, sans doute nombreux, de sa passion : Châkh-é Nabât [Branche de sucre Candi], Dorr Dâné [Grain de perle] et, peut-être, Farrokh, un éphèbe. On montre à Chiraz une prétendue maison de Châkh-é Nabāt. On sait également que Hâfez fut marié et qu'il perdit un fils, à la mort duquel il consacra une émouvante élégie. On suppose enfin qu'il dédia à l'enseignement les dernières années de son existence. C'est en tout cas à Chiraz qu'il termina ses jours.

Soit négligence, soit qu'il espérait une vie plus longue, le poète ne laissa point d'édition définitive de son œuvre. Il en aurait seulement mis en ordre un recueil provisoire, en 1368. Ce n'est qu'après sa mort qu'un de ses familiers, un certain Mohammad Golendām, rassembla ses poèmes en un *Divân*, dont le texte fut bientôt vicié par les erreurs, les fantaisies et les interpolations des copistes. Il a fallu attendre 1942 pour disposer d'une édition satisfaisante de Hâfez, celle de M. Qazvini (Téhéran).

Des poètes lyriques de la Perse, Hâfez est de loin le plus populaire : il n'est pas un Iranien, même illettré, qui ne sache par cœur au moins quelques vers de lui. À quoi tient ce succès ? Avant tout à l'extraordinaire harmonie verbale du style ; peu de maîtres ont su faire chanter aussi magnifiquement les mots que Hâfez. À la beauté des images ensuite ; au fait, enfin, qu'il demeure sans doute le meilleur interprète de l'âme de son peuple. Chantant la joie de vivre, mais aussi la vanité de ce monde et l'inconstance du destin, les plaisirs que donne le vin, ceux de l'amour et ses peines, il sait également faire vibrer dans ses vers quelques accents mystiques. Il offre donc, tout en se gardant des audaces d'un Omar Khayyām comme de ces emportements panthéistes qui souvent inquiètent chez Jalâl al-Dîn Roumi, la quintessence de ce que l'on demande, en Perse, à la poésie. En outre, ses nuances de forme et de sens permettent toute la gamme des interprétations et laissent le lecteur (ou l'auditeur, car les « ghazals » sont faits pour être chantés plutôt que lus) libre de découvrir la signification le mieux en rapport avec son état d'âme du moment.

La miraculeuse beauté du *Divân* a fait entourer son auteur d'un véritable culte (on lui a décerné les appellations d'« interprète des mystères » et d'« organe de tout ce qui est caché ») ; sa tombe, aux portes de Chiraz, est vite devenue un lieu de pèlerinage religieux autant que littéraire. Quant au *Divân* lui-même, la superstition populaire le fait utiliser comme livre de divination : si l'on se trouve dans l'embarras, on l'ouvre au hasard, après s'être concentré comme il convient, et l'on s'inspire du premier vers sur lequel tombe le regard. Nombreuses sont les anecdotes merveilleuses que l'on rapporte à ce sujet.

Hâfez fut très tôt connu en Europe où on le traduisit pour la première fois en latin, en 1680 (trad. Meninki), puis dans la même langue, en 1767 (Thomas Hyde) et en 1771 (Revisky). La première traduction française date de 1799. On relève également, au cours du XIXe siècle, de nombreuses versions anglaises (en particulier Herman Bicknell, 1875, et Gertrude Lowthian Bell, 1897) et allemandes ; ces dernières, celles de Wahl (1791) et de Hammer-Purgstall (1812-13) inspirèrent Goethe pour son *Divan occidental-oriental* (*), tandis que celle de Rosenzweig-Schwannau (3 vol., Vienne, 1858-64) fit longtemps autorité. Il n'existe malheureusement pas de traduction française moderne de l'ensemble de l'œuvre de Hâfez.

ROGER LESCOT.

♦ *« Hāfiz, cet autre Voltaire. »* Goethe (paroles rapportées par S. Boisserée). ♦ *« Si passionnées que soient, entre Persans, les controverses sur les choses de la littérature, il est un point, tout au moins, sur lequel tous tombent d'accord, à savoir que Hāfiz est le plus grand poète que leur poétique patrie ait jamais vu naître. Mirza Muhammad de Qazvin, critique austère et très réservé, a, plus tard, parfaitement exprimé l'opinion de ses concitoyens, lorsque, invité à proposer un candidat persan pour une place dans un hypothétique Panthéon des plus grands poètes du monde, il a aussitôt et sans hésitation nommé Hāfiz. »* A. J. Arberry.

RÉF. : Sir Gore Ouseley, *Biographical Notices of Persian Poets,* Londres, 1846. – Browne, *Literary history of Persia*, t. III, Londres, 1910. – R. Lescot, *Essai d'une chronologie de l'œuvre de Hāfiz*, Bulletin d'études orientales de l'Institut français de Damas, 1943. – Qasem Ghanni, *Étude sur l'œuvre, la pensée et la vie de Hāfiz* (en persan), Téhéran, 1943-44. – J. Rypka, *Iranische Literatur Geschichte*, Leipzig, 1959.

HAGEDORN Friedrich von. Poète allemand. Né et mort à Hambourg (23 avril 1708 - 28 octobre 1754). De famille patricienne, il étudia le droit à l'université d'Iéna, où il écrivit ses premières poésies, publiées en 1729. Il se rendit ensuite à Londres, où il resta deux ans, comme secrétaire à l'ambassade de Danemark. Revenu dans sa ville natale, il y devint en 1733 secrétaire d'une société commerciale et il garda, jusqu'à la fin de sa vie, cet emploi tranquille qui lui permit de consacrer la plus grande partie de son temps à ses activités littéraires. Il jouit d'une grande réputation et fut considéré comme le père de la poésie anacréontique en Allemagne, genre qu'il avait d'ailleurs renouvelé au contact des modèles français et anglais. Dans ses *Poésies morales*, il se montre habile versificateur, mais sans grande originalité, lié encore au goût conventionnel de la tradition classique. Il a publié surtout des petits traités de philosophie populaire : *Odes et Chansons* [*Oden und Lieder*, 1747], et *Fables et récits poétiques* (*) où l'on reconnaît l'influence de La Fontaine.

HAHN Reynaldo. Compositeur français. Né à Caracas (Venezuela) le 9 avril 1875, mort à Paris le 28 juin 1947. Son père était homme d'affaires. Très doué pour la musique, Renaldo Hahn entra au Conservatoire de Paris dès l'âge de onze ans. Ses maîtres furent Grandjany pour le solfège, Decombes pour le piano, Théodore Dubois et Lavignac pour l'harmonie et Massenet pour la composition. Son premier drame musical, *L'Île du rêve,* d'après *Le Mariage de Loti* (*), fut représenté à l'Opéra-Comique en décembre 1898, suivant de près l'exécution de son premier poème symphonique : *Nuit d'amour bergamasque* chez Colonne. À l'Opéra-Comique encore fut créée *La Carmélite* (1902) sur un livret de Catulle Mendès, mais cette œuvre ne fut jouée que dix-sept fois. Il composa ensuite des musiques de scène pour des pièces de Sacha Guitry – *Mozart* (*) (1925) – et de Flers et Caillavet (*Le Bois sacré*). Il était excellent chef d'orchestre et avait une vive admiration pour Mozart dont il conduisit magistralement le *Don Giovanni* (*) à Salzbourg. Nommé chef d'orchestre à Cannes en 1919, il y composa de nombreuses œuvres. Sa production est fort diverse ; elle va du ballet : *Le Bal de Béatrice d'Este* (1909), *La Fête chez Thérèse* (1910), *Le Dieu bleu* (1911), *La Colombe de Bouddha* (1921), à l'opéra-comique : *Nausicaa* (1919), à l'opérette : *Ciboulette* (*) (1923) sur un livret de Flers et Croisset, écrit dans la pure tradition de Messager, chef-d'œuvre du genre qui continue à plaire par sa légèreté et son esprit, *Brummel* (1931) sur des paroles de Rip et Dieudonné, *Malvina* (1939), sur un livret de Maurice Donnay et Henri Duvernois, à l'opéra : *Le Marchand de Venise* (+) (1936). Elle comprend même une ode lyrique, *Prométhée*, pour soli, chœurs et orchestre, exécutée au concert Lamoureux. Mais ce sont surtout les *Mélodies* (*) de Hahn : *Chansons grises, Études latines, Chansons espagnoles,* qui connurent une grande vogue. Il les chantait lui-même avec beaucoup de charme. Il fut nommé directeur de l'Opéra en 1945. Il était membre de l'Institut et critique musical au *Figaro*. À sa mort, il laissait inachevé un opéra-comique, *Le Oui des jeunes filles* (*), inspiré de l'œuvre de Moratín, qui fut terminé par Henri Büsser et représenté en 1949. Plein de séduction, disent ceux qui l'ont connu, il fut mêlé à la société artistique et mondaine de son époque et fut, avec Tristan Bernard, un des personnages marquants de Deauville. Grand ami de Marcel Proust, il parle de lui dans les deux charmants volumes de souvenirs qu'il a laissés : *Le Journal d'un musicien* et *L'Oreille au guet.*

OLGA DIDIER.

RÉF. : Paul Landormy, *La Musique française après Debussy,* Paris, 1943. – Marcel Proust, *Lettres à Reynaldo Hahn*, Paris, 1956. – Bernard Gavoty, *Reynaldo Hahn, le musicien de la Belle-Époque,* Paris, 1976.

HAHNEMANN Samuel Christian Friedrich. Médecin allemand, créateur de l'homéopathie. Né à Meissen (Saxe) le 10 avril 1755, mort à Paris le 3 juillet 1843. Fils d'un décorateur de porcelaine, Samuel Hahnemann éveilla, par ses capacités intellectuelles et par son ardeur au travail, l'intérêt de son maître d'école, qui sollicita et obtint pour cet élève exceptionnel une bourse royale qui lui permit de continuer ses études à l'école d'Afra, réservée en principe à la noblesse saxonne. Quittant cette école deux ans plus tard pour aller étudier à l'université de Leipzig, Hahnemann, qui n'avait que dix-neuf ans, choisit pour son allocution d'adieu un thème peu banal : « La curieuse construction de la main. » À une époque où il fallait remonter jusqu'à Paracelse pour trouver un travail de quelque valeur sur ce sujet, le génie précoce de Hahnemann lui faisait entrevoir que, par l'étude de la main, il est possible de déterminer non seulement un classement typologique, mais que les tendances intellectuelles des êtres et leur état de santé peuvent y être indiqués. L'université de Leipzig n'apporta pas grand-chose au futur savant, car chaque maître y avait sa théorie personnelle et construisait son propre système philosophique qui contredisait ceux de tous ses confrères. Comme tous ces théoriciens de la science médicale considéraient au-dessous de leur dignité de vérifier leurs théories expérimentalement, laissant ce soin aux apothicaires, Hahnemann, en quittant l'université de Leipzig (comme, plus tard, celle de Vienne), se rendait parfaitement compte que, tant qu'il ne saurait pas guérir effectivement, il ne pourrait se considérer comme médecin. D'autre part, la plupart des remèdes d'alors ayant pour base des poisons violents, Hahnemann voulut, avant de prescrire des remèdes, savoir lui-même exécuter une ordonnance. Il se mit donc à étudier la chimie ; puis, marié en 1781 avec la fille d'un pharmacien de Dessau, il s'installa comme médecin dans le petit bourg de Gommern, où l'absence d'une pharmacie lui permit de cumuler les deux activités et de vérifier « in vivo » l'action des médicaments qu'il préparait.

De retour à Leipzig en 1789, il eut ce qu'il appela plus tard « sa première révélation » : la nécessité de contrôler l'effet de chaque médicament sur l'homme sain. Courageusement, il absorba à hautes doses le quinquina, puis l'ipécacuana et d'autres substances de la pharmacopée de son temps ; ayant étudié leurs effets sur lui-même et s'étant souvenu de la formule d'Hippocrate (jusque-là demeurée incomprise) : « Similia similibus curantur », il en déduisit la loi qui donna naissance à l'homéopathie : « Pour guérir une maladie, il faut administrer un remède qui provoque sur l'homme sain les mêmes effets que ceux que l'on observe chez le malade. » Cette théorie souleva un tollé dans le corps médical, qui traita Hahnemann de charlatan ; comme celui-ci fabriquait lui-même ses remèdes, les apothicaires se joignirent aux médecins pour persécuter le novateur. Toutefois, ce dernier, s'il se trouvait dépourvu du don de la parole, se montra d'une virulence extrême la plume en main. Son ami Becker lui fournit une tribune : les colonnes de l'*Anzeiger der Deutschen,* dont il était le directeur. Les ennemis de Hahnemann ne désarmaient pas ; traqué, conspué, il quitta la Saxe, se rendit à Hambourg, passa en Prusse, puis s'installa pendant quelques mois à Torgau où il composa son *Organon de l'art de guérir* (*).

Ses guérisons se multipliant, Hahnemann finit par se faire des amis, dont quelques-uns parmi les personnalités en vue : le duc de Saxe-Gotha, le duc d'Ankalt-Köthen, le prince de Schwarzenberg, etc. Ses adversaires ayant fait interdire l'homéopathie en Autriche, en Hongrie et en Prusse, il se retira à Köthen, où il s'attacha à mettre en ordre ses notes afin que son œuvre puisse lui survivre ; il forma également quelques disciples, qui firent de leur mieux pour rendre la vie du maître un peu moins pénible, malgré les deuils successifs qui le frappèrent : la mort de sa femme et de la plupart de ses onze enfants. En 1835 vint à Köthen une Parisienne, Mélanie d'Hervilly, qui, condamnée par la médecine officielle (elle était phtisique), décida — suprême ressource — de chercher la guérison auprès de Hahnemann, dont la renommée avait déjà atteint Paris. À l'issue de la cure, qui accomplit ce que le médecin parisien de Mélanie qualifia plus tard de « miracle », la jeune « miraculée » persuada Hahnemann que seul Paris pouvait lui apporter la consécration dont sa méthode avait besoin ; elle lui demanda de l'épouser. Le couple s'installa à Paris le 21 juin 1835. Hahnemann, aidé par Mélanie, conquit très vite la capitale où il resta jusqu'à sa mort.

ALEXANDRE LABZINE.

♦ *« Hahnemann est un nouveau Paracelse. »* Goethe. ♦ *« Je le tiens en très haute estime. »* Corvisart. ♦ *« Hahnemann est un savant de grand mérite. »* Guizot. ♦ *« Samuel Hahnemann est un des grands novateurs du XIXe siècle. Il a commencé vers 1835 une révolution médicale qui dure encore. »* Ernest Legouvé.

RÉF. : Roger Larnaudie, *La Vie surhumaine de S. Hahnemann,* 1943. — Denis Demarque, *Samuel Hahnemann, fondateur de l'homéopathie,* Paris, 1990.

HAHN-HAHN Ida comtesse von. Femme de lettres allemande. Née le 22 juin 1805 à Tressow dans le Mecklembourg, morte le 12 janvier 1880 à Mayence. Fille du comte Christian Frédéric de Hahn, elle hérita du tempérament bizarre et génial de son père, qui avait dilapidé le patrimoine familial en dirigeant une troupe de comédiens ambulants. À l'âge de vingt et un ans, elle épousa un de ses cousins dont elle divorça trois ans plus tard. George Sand exerça sur elle une grande influence et, se sentant une âme d'héroïne de roman, elle devint elle-même écrivain ; elle avait de la fantaisie et un certain talent, et ses romans : *Dans le grand monde* (*) et *La Comtesse Faustine* (*) (1841) eurent un grand succès. Elle fut un écrivain en vogue, au style facile, et dont l'œuvre offre un curieux mélange de snobisme aristocratique et de vagues programmes féministes. Elle menait une vie mondaine et elle fit en Europe et en Orient de grands voyages qui firent le sujet de plusieurs de ses livres. En 1850, elle se convertit à grand fracas au catholicisme et, dans un roman intitulé *De Babylone à Jérusalem* [*Von Babylon nach Jerusalem* 1851], décrivit l'histoire de sa conversion. Entrée dans un couvent de l'ordre du Bon Pasteur, elle introduisit cet ordre à Mayence ; ce fut là qu'elle se retira, sans toutefois prononcer aucun vœu, et elle continua à écrire des romans de propagande religieuse dans un style primesautier mais indécis et assez fade.

ḤAKĪM (al-) Tawfīq. Écrivain et dramaturge égyptien. Né en 1898 à Alexandrie (Égypte), mort en 1987 au Caire. Il fait ses études primaires à Damanhūr, petite ville au sud-est d'Alexandrie, ses études secondaires à l'école Abbassia d'Alexandrie, puis des études supérieures de droit à l'école de droit du Caire.

Parallèlement à cette formation juridique, Tawfīq al-Ḥakīm s'intéresse très tôt à la littérature : dès 1922 il publie un recueil de pièces inspirées de la vie politique agitée que connaît l'Égypte au lendemain de la « révolution » constitutionnelle de 1919. De famille aisée, il est envoyé à Paris pour y compléter sa formation juridique entre 1924 et 1928. Le jeune homme, passionné de littérature et de théâtre, en profite pour se gaver de romans et fréquenter assidûment les théâtres de la Ville lumière. Cette expérience enrichit la réflexion de Tawfīq al-Ḥakīm qui, à son retour en Égypte, abandonne l'approche politique et « socio-critique » caractéristique de ses premières œuvres, et passe à un niveau de réflexion plus profond, nourri de symbolisme inspiré des œuvres de Maurice Maeterlinck et de Paul Valéry, et de références à l'héritage culturel égyptien, arabe et même universel. Son premier roman, *L'Âme recommencée* [*'awdat al-rūh*], publié en 1933, qui exprime les aspirations de la petite bourgeoisie égyptienne à la dignité et au respect, connaît immédiatement le succès. La même année il publie *Les Gens de la caverne* [*'ahl al-kahf*], pièce de théâtre qui développe, à partir du thème des *Sept Dormeurs* (*), une méditation austère sur le caractère ambigu et la trajectoire hésitante, voire contradictoire du progrès dans les sociétés humaines. Dans la même veine symboliste, il publie en 1924 *Schehrazade* [*Shahrazād*]. Ces œuvres théâtrales sont alors très en avance sur les goûts du public, et resteront longtemps du théâtre lu : *Schehrazade* ne sera mis en scène pour la première fois qu'en 1966 !

Jusqu'en 1938 l'activité littéraire de Tawfīq al-Ḥakīm reste subordonnée à son métier officiel de substitut du parquet. À cette date il démissionne de son poste pour se consacrer à la littérature. Le gouvernement égyptien crée en 1939 un ministère des Affaires sociales, dans lequel notre auteur occupera un temps le poste de directeur de l'orientation sociale. Il sera nommé ensuite directeur de la Bibliothèque nationale puis délégué permanent de l'Égypte au siège de l'Unesco à Paris. Tawfīq al-Ḥakīm a publié un certain nombre de romans où l'élément autobiographique est assez net, comme *Un substitut de campagne en Égypte* (*), paru en 1942, ou *Un oiseau d'orient* [*'uṣfūr min al-šarq*] paru en 1951. Mais c'est essentiellement dans le domaine du théâtre que sa contribution aux lettres arabes reste inégalée. Écrivain d'une exceptionnelle fécondité, animé par une soif constante de nouveauté et le désir de combler le retard de plusieurs siècles que la littérature arabe a accumulé en matière de théâtre, Tawfīq al-Ḥakīm a laissé une œuvre immense. Cette œuvre, nourrie par les grands courants du théâtre moderne, est servie par une langue théâtrale vivante, claire et accessible au plus grand nombre ; elle a valu à juste titre à son auteur le surnom de « Géant » du théâtre arabe. L'auteur distingue lui-même dans cette œuvre deux grands ensembles : le théâtre « conceptuel », prenant souvent sa source dans les grands mythes universels et traitant des problèmes fondamentaux du pouvoir, du progrès et de la justice dans la société humaine, et le *Théâtre de la société* (*) qui, souvent sous forme de pièces en un acte, traite de l'évolution des rapports sociaux et des mœurs dans la société égyptienne.

DJAMEL-EDDINE KOULOUGHLI.

HAKLUYT Richard. Écrivain anglais. Né probablement à Londres en 1553, mort dans cette ville le 23 novembre 1616. On l'appelle quelquefois le « Prédicateur » pour le distinguer de son cousin et homonyme. Il fit ses études à Westminster et à Oxford, entra dans les ordres en 1570 et acquit ses diplômes en 1574. Les voyages et les découvertes qui à cette époque jetaient les fondements de l'Empire britannique le passionnèrent, et il y consacra toute son activité de savant et d'écrivain. Sa première œuvre, *Divers voyages entrepris pour découvrir l'Amérique* [*Divers Voyages touching the Discoverie of America*, 1582], fut suivie d'un *Discours sur la colonisation de l'Ouest* [*Discourse of the Western Planting*] composé à la demande de Ralegh mais publié en 1877 seulement. De 1583 à 1589, il était à Paris chapelain de l'ambassadeur d'Angleterre. Il y élabora une nouvelle édition des *Décades du Nouveau Monde* de Pierre Martire et traduisit les relations de voyage de certains explorateurs français en Floride. De retour en Angleterre, il fut recteur de plusieurs paroisses et, en qualité de membre de la Compagnie de Virginie à Londres, préconisa la colonisation de l'Amérique du Nord. Son œuvre maîtresse, les *Principales navigations* (*), parut en 1589. Il a laissé une copieuse documentation. En 1848 fut fondée la « Société Hakluyt » dont le but était la publication d'ouvrages de voyages et d'explorations.

RÉF. : D. B. Quinn (éd.), *The Hakluyt Handbook* (2 vol.), Londres, 1974.

HAL'AMOVÁ Maša. Poétesse slovaque. Née le 28 août 1908 à Blatnica. Épouse d'un médecin, discrète dans sa vie, elle l'est également dans sa poésie qui a de fervents admirateurs. Elle est pourtant inclassable dans l'éventail poétique de son pays : ses vers, ses images, apparemment simples, allusifs, fragiles, n'expriment ni préoccupations sociales ou nationales ni idées philosophiques, mais évoquent l'enfance, la nature, la tendresse, l'amour – le tout voilé de mélancolie si ce n'est de douleur vécue. Ses recueils sont rares : *Don* [*Dar*, 1928], *Coquelicot* (*) (1932), et *Je vis ta mort* [*Smrt' tvoju žijem*, 1966], cri assourdi d'une âme blessée par la disparition de son mari, et seule désormais avec ses souvenirs.

HALAS František. Poète tchèque. Né le 3 octobre 1901 à Brno, mort le 27 octobre 1949 à Prague. Fils d'un ouvrier syndicaliste révolutionnaire (son père lui survivra et rédigera ses souvenirs), il s'engage également tout jeune dans la lutte ouvrière ; il apprend le métier de libraire, entre dans une maison d'édition, dirige des revues et voyage (plusieurs fois en France, visite aux volontaires tchèques en Espagne). Si ses débuts en poésie se ressentent de l'influence formelle du « poétisme » – voir l'article Teige – il exprime d'emblée ses inquiétudes et angoisses humaines qui, les événements sociaux et politiques aidant, s'approfondissent par une interrogation sur le sens de l'existence et de la mort : *Le coq effarouche la mort* (*) (1930), *La Face* [*Tvář*, 1931], *Gentiane* [*Hořec*, 1933], *Les Vieilles Femmes* [*Staré ženy*, 1935]. Ce dernier cycle provoqua la riposte indignée du poète communiste Stanislav Kostka Neumann (1875-1947) : *Les Vieux Ouvriers* [*Staři dělníci*, 1936]. Son refus de tout frein à la liberté poétique commence à céder dans le recueil *Grand ouvert* [*Dokořán*, 1936] et disparaît avec les poèmes déchirants, d'une rare grandeur, que lui arrachent les malheurs de son pays : *Espérance mutilée* [*Torzo naděje*, 1938]. Sous l'Occupation, où il participe à la Résistance intellectuelle, il recherche des certitudes pour sa nation et pour lui-même, en évoquant la terre de son enfance dans la prose lyrique *J'y retournerai* [*Já se tam vrátím*, 1939], en exaltant la lumineuse et douloureuse figure de *Notre Dame Božena Němcová* [*Naše paní Božena Němcová*, 1940]. L'Occupation, la Libération, les premiers temps de la liberté reconquise trouvent une expression dans le recueil *Dans le rang* [*V řadě*, 1948]. À partir de 1945, Halas occupe un poste important au ministère de l'Information, préside le Syndicat des écrivains tchécoslovaques (il ramène, avec son ami Černý, les cendres de Robert Desnos de Terezín à Paris). Cependant, envahi à nouveau par l'angoisse, le sentiment tragique de la vie, désespéré par la réalité du régime communiste installé en 1948, le poète ne parvient pas à achever ses derniers recueils, qui ne verront le jour qu'après sa mort : *Et le poète* (*) (1957), *Le Déluge* [*Potopa*, 1956, à New York ; 1965 à Prague], *La Faim* [*Hlad*, 1965]. Officiellement proscrite dès 1950 comme « décadente », « morbide » et « étrangère au peuple », l'œuvre de Halas n'a cependant cessé de susciter l'amour et l'admiration de nombreux jeunes poètes.

VLADIMIR PESKA.

HALBE Max. Auteur dramatique et romancier allemand. Né à Güttland, près de Dantzig, le 4 octobre 1865, mort le 30 novembre 1944 à Burg, près de Neuötting (Haute-Bavière). Ses œuvres les meilleures ont leurs racines dans sa terre natale de la Basse-Vistule, entre Tczew et Dantzig, dans la population mixte germano-polonaise de ce qu'on appelait alors la Prusse-Orientale. Ses premiers drames se ressentent, pour le fond, de l'influence d'Ibsen et du naturalisme qui en dérive, d'Arno Holz et de Johannes Schlaf, pour la technique artistique. *Dégel* [*Eisgang*, 1892], qui présente un pays ouvert à la crue des eaux, symbolise l'irruption irréfrénable du socialisme. *Jeunesse* (*) (1893), histoire d'un amour puéril et triste, est un drame bien construit et simple à la fois dans son naïf lyrisme populaire. Jusqu'à sa fin, Halbe fut connu comme l'auteur de *Jeunesse* et, de fait, n'écrivit jamais rien de plus expressif. Représentant le pays natal comme destin et les faits comme déterminés par ce milieu, il fut parfois encore convaincant, notamment dans le drame *Terre mère* (*) (1897) et dans le roman *Ce que fit Dietrich Stobaus* [*Die Tat des Dietrich Stobaus*, 1911]. Dans *Jeunesse*, il avait pris une attitude anticléricale, et dans la comédie *Montagnes bleues* [*Blaue Berge*, 1909], il laissa voir une disposition antisémite ; après 1933, il se conforma aux directives du national-socialisme. Ses livres autobiographiques *Sol natal et Destin* [*Scholle und Schicksal*, 1933] et *Entre deux siècles* [*Jahrhundertwende*, 1935] présentent la théorie nationale-socialiste du « Blut und Boden ».

RÉF. : H. Kindermann, *Halbe und der deutsche Osten*, 1941. – F. Lennartz, *Max Halbe (Dichter unserer Zeit)*, 1941. – F. Zillmann, *Max Halbe. Wesen und Werk*, Würzburg, 1959.

HALBWACHS Maurice. Sociologue et démographe français. Né à Reims le 11 mars 1877, mort à Buchenwald le 16 mars 1945. Élève de khâgne au lycée Henri-IV, il y rencontra Henri Bergson, qui fut son professeur de philosophie. Admis à l'École normale supérieure, il décida de travailler avec Émile Durkheim. Ses ouvrages ont toujours été fortement influencés par ces deux penseurs, auxquels il emprunta ses problématiques, mais dont il sut aussi se démarquer de façon très critique. Comme Bergson, il s'intéressa au thème de la mémoire, en écrivant *Les Cadres sociaux de la mémoire* (1925), puis *La Mémoire collective* (*), publiée à titre posthume en 1950. Mais il s'inspira du concept durkheimien de conscience collective pour critiquer la thèse bergsonienne d'une mémoire purement individuelle : c'est l'appartenance à plusieurs groupes sociaux qui détermine la mémoire des individus. Il s'intéressa aussi au suicide, publiant la première tentative d'évaluation de la validité des statistiques utilisées par Durkheim (*Les Causes du suicide*, 1930). Mais si un thème original donne une unité à ses travaux d'une exceptionnelle diversité, c'est sans doute l'étude de l'articulation entre la morphologie des groupes sociaux d'une part et les phénomènes de pensée et les pratiques sociales d'autre part. À partir du concept durkheimien de morphologie sociale (il s'agit de la description de supports matériels des groupes sociaux), il étudia par exemple les modes de vie, dans le cadre d'une théorie générale des classes sociales : *La Classe ouvrière et les niveaux de vie, recherche sur la hiérarchie des besoins dans la société industrielle* (*) (1913) et *L'Évolution des besoins dans la classe ouvrière* (1933). De même s'intéressa-t-il à l'influence de la démographie sur les pratiques et les normes sociales — *Classes sociales et morphologie,* textes réunis par Victor Karady, 1972 — et sur le fonctionnement du marché immobilier, dans sa thèse de droit sur *Les Expropriations et le prix des terrains à Paris* (publiée en 1929). Parmi les durkheimiens, Halbwachs s'est aussi distingué par l'utilisation de statistiques très élaborées, qu'il a contribué à promouvoir avec le *Calcul des probabilités à la portée de tous* (1924). Il est mort victime de la barbarie dans le camp de Buchenwald en 1945, quelques mois après une élection méritée au Collège de France. On lui doit en outre : *Leibniz* (1907), *La Théorie de l'homme moyen, Essai sur Quételet et la statistique morale* (1913), *Les Origines du sentiment religieux après Durkheim* (1924), *La Population et les tracés de voies à Paris depuis cent ans* (1928), *Morphologie sociale* (1938), *La Topologie légendaire des Évangiles en Terre sainte, Étude de mémoire collective* (1941).

FLORENT CHAMPY.

HALDANE John Burdon Sanderson. Biochimiste anglais. Né à Oxford le 5 novembre 1892, mort à Bhubaneshwar, Orissa (Inde), le 1er décembre 1964. John Haldane est un des pionniers de la « fertilisation croisée » et de l'interdisciplinarité dont les chercheurs font si grand cas aujourd'hui. Ses travaux s'étendent de la théorie de l'évolution à la génétique en passant par une hypothèse nouvelle sur l'origine de la vie, mais aussi à la rédaction de livres pour enfants [*Mon ami, Mr Leakey*, 1937], de sorte qu'il est à la fois considéré comme un scientifique de premier plan et comme un vulgarisateur hors-pair. Outre une dizaine de livres — dont *Une théorie mathématique de la sélection naturelle et artificielle* [*A Mathematical Theory of Natural and Artificial Selection*, 1924] et *La Biochimie de la génétique* [*The Biochemistry of Genetics*, 1954] —, il écrivit près de trois cents articles de vulgarisation pour le *Daily Worker*, le journal du parti communiste britannique dont il fut membre durant quelques années. Haldane se préoccupait beaucoup de la responsabilité sociale de la science mais son engagement politique, curieusement, l'amena à soutenir la thèse frauduleuse de l'agronome soviétique Trofim Lyssenko. Après avoir, paraît-il, testé les lois de Mendel sur les trois cents cochons d'Inde de sa sœur (la romancière Naomi Mitchison), il fit de brillantes études de mathématiques et de biochimie à Cambridge. À la fin de la Première Guerre mondiale, il fut nommé professeur de physiologie à Oxford. Ses recherches portèrent alors sur les taux de réaction des enzymes et les lois fondamentales de la génétique (d'où sera issue une théorie des polyploïdes rendant compte des résultats des croisements d'espèces en botanique). Il travailla ensuite sur l'origine de la vie (il est un des premiers partisans de l'idée selon laquelle les molécules organiques ont été synthétisées sur Terre à partir de molécules inorganiques) et sur la théorie de l'évolution à laquelle il consacra un important ouvrage : *Les Causes de l'évolution* [*The Causes of Evolution*, 1933], où il fonde la théorie synthétique de l'évolution. Il contribua à établir, en 1935, la carte du chromosome X et s'intéressa aux gènes impliqués dans la vision. En 1957, il s'installa en Inde, près de Calcutta, où il créa un laboratoire de génétique. Sa dernière publication, *Drôle de chose que le cancer* [*Cancer's a Funny Thing*], long poème où il raconte par le menu les désagréments apportés par son cancer du côlon, lui valut un extraordinaire courrier en provenance de tous les coins de la planète. Une de ses phrases, tirée de *Une question de taille* (*), est restée dans la littérature scientifique : « Je crois que l'Univers est non seulement plus étrange que nous ne le pensons, mais aussi plus étrange que nous ne pouvons le penser. »

NICOLAS WITKOWSKI.

HALDAS Georges. Écrivain suisse de langue française. Né le 14 août 1917 à Genève. De père grec et de mère suisse française, il a vécu quelques années avec son père à Céphalonie. Mais c'est à Genève qu'il s'est installé. Son œuvre reste marquée de cette double appartenance, dans son souci constant de précision et la rigueur attentive portée à chaque instant vécu. On peut y déceler quelque chose de cette minutie lumineuse de la peinture hollandaise dont il parle dans un livre attachant, *À la recherche du rameau d'or,* lui qui est à la fois profondément présent en sa foi dans les détails concrets et magnifiquement lyrique, méditerranéen, verbal et populaire. C'est un écrivain à la rencontre de la parole, à la recherche de cette lumière humaine enfin retrouvée et rendue avec émotion. Ce qui donne à chacun de ses livres un ton juste, fait de confiance en un savoir sans vanité.

« Mon travail ? Insérer le fil d'or de l'éternité dans le tricot du temps », dit-il dans *Le Livre des passions et des heures* (1979), une longue chronique très aboutie des vies rencontrées au café.

Porté par la volonté d'éclairer le vécu à la lumière de ce qui le fonde, Haldas est devenu, hors des modes, un des maîtres contemporains de l'autobiographie et du journal d'écrivain. Ces livres redressent ses lecteurs, là où tant d'autres les démontent. Là n'est pas son moindre talent. Partir de l'anecdote banale, de sa remémoration, des incises du quotidien, puis remonter aux causes premières du sens, aux nœuds psychiques afin d'en définir la part de relation voulue, ou, retenue, est ici une vraie expérience. Cet accoucheur du sens qu'est Haldas en ses meilleurs moments exige de ses lecteurs une volonté de partage peu commune.

Peu à peu s'ajoutent une dizaine de recueils de poèmes (*Cantiques de l'aube,* 1942, *Sans feu ni lieu,* 1968, *Funéraires,* 1976, *Un grain de blé dans l'eau profonde,* 1982) une longue suite de chroniques (*Boulevard des philosophes,* 1964, *Chroniques de la rue Saint-Ours,* 1973, *La Légende des repas,* 1987), une importante série de carnets regroupés sous le titre *L'État de poésie* (*) et une autobiographie en plusieurs volumes (*La Confession d'une graine*) publiée à partir de 1984. Voué à l'écriture, Haldas se veut un « scribe de l'essentiel ». Les événements de sa vie ne comptent que transmués en sens et en relation.

Georges Haldas a exercé divers emplois, souvent précaires : correcteur d'édition, journaliste, directeur de collections (aux éditions Rencontre et à L'Âge d'Homme). Il a traduit Saba, Catulle et Anacréon, édité en collaboration des œuvres de la littérature espagnole, russe, italienne, et écrit un grand nombre de préfaces. Scénariste de plusieurs films avec le cinéaste Claude Goretta, Haldas voyage en Grèce et en Italie (*Échos d'une vie,* 1980) et plus récemment au Maroc (*L'Intermède marocain,* 1989). Haldas est un témoin lucide et cultivé de nos tensions. Au fil des années, sa réflexion porte toujours plus sur les mythes fondateurs des religions du Livre. On ne peut qu'en pressentir la brûlante actualité : christianisme, judaïsme et islam aujourd'hui.

PATRICK CLOUX.

HALÉVY Daniel. Écrivain français. Né et mort à Paris (12 décembre 1872 - 4 février 1962). Fils de Ludovic Halévy, écrivain qui fut aussi le librettiste d'Offenbach, il fut l'ami de Charles Péguy et collabora aux *Cahiers de la Quinzaine* (*) avec Romain Rolland et les frères Tharaud notamment. Il s'est montré sensible à l'histoire des idées et, s'il n'a pas craint de comprendre et même de défendre les bouleversements, souvent légitimes, qui ont agité la fin du XIXe siècle et la première moitié du XXe siècle, il fut cependant à la fois troublé et fasciné par la rupture de plus en plus nette entre des temps anciens dont il se sentait le témoin et le monde moderne où il vivait. Il a dénoncé le recul de l'esprit humaniste et le renouveau du fanatisme dans *Apologie pour notre passé* (1910), *La Jeunesse de Proudhon* (1913), *La Fin des notables* (*) (1927), *La République des comités* (+) (1934), *La République des ducs* (+) (1937). Il a publié également une étude sur Nietzsche – *Vie de Frédéric Nietzsche* (1909, édition révisée *Nietzsche* 1944) – dont il fut l'un des traducteurs. Tous ces ouvrages, qui témoignent d'une méditation, plus encore que des préoccupations d'un historien, jalonnent une authentique carrière de penseur qui trouva peut-être sa meilleure expression dans son brillant essai sur *L'Accélération de l'Histoire* (1948) – dont le titre légitima la fortune de l'expression.

HALÉVY Jacques Fromental Élie (de son vrai nom Élias Lévy). Compositeur français. Né à Paris le 27 mai 1799, mort à Nice le 17 mars 1862. Entré à dix ans au Conservatoire de Paris, il étudia avec Berton et Cherubini. En 1819, sa cantate *Herminie* lui valut le Grand Prix de Rome. Il part donc pour Rome et, quelques années plus tard, devint professeur au Conservatoire : en 1827, d'harmonie, en 1833 de contrepoint et fugue, et finalement de composition en 1840. Ce n'est qu'en 1827 qu'il trouva une scène disposée à monter l'une de ses œuvres : ce fut *L'Artisan*, joué au Théâtre Feydeau. L'année suivante, sa situation de claveciniste au Théâtre Italien lui permet d'y faire représenter *Clari* (avec la Malibran), puis il entre à l'Opéra-Comique avec *Le Dilettante d'Avignon* (1829) et, grâce au ballet *Manon Lescaut* (+), triomphe en 1830 à l'Opéra. La consécration définitive lui viendra avec *La Juive* (*), opéra de 1835, et *L'Éclair*, opéra-comique de la même année, deux ouvrages totalement opposés, l'un spectaculaire, d'un orientalisme brillant, rempli de conflits dramatiques, l'autre, tout aisance et grâce. Les œuvres qui suivent : *Guido et Ginevra* (1838), *La Reine de Chypre* (1841), *Charles VI* (1843), *Les Mousquetaires de la Reine* (1846), *Prométhée enchaîné* (+) (1849), *La Tempête* (+) (1850), *Le Juif errant* (+) (1852) ne semblent plus procéder de la même inspiration naturelle et sont d'inégale valeur. Il laisse deux œuvres inachevées : *Noé,* que Bizet, son gendre, fit connaître sous le nom du *Déluge*, et *Vanina d'Ornano*. Membre de l'Institut depuis 1836, secrétaire perpétuel de l'Académie des beaux-arts en 1854, Halévy rassembla notices et discours dans un volume paru avec succès en 1861 : *Souvenirs et Portraits.*

RÉF. : Léon Halévy, *F. Halévy, sa vie et ses œuvres,* Paris, 1863. – « La Juive », *L'Avant-Scène-Opéra* no 100, Paris, 1987.

HALÉVY Ludovic. Écrivain français. Né et mort à Paris (1er janvier 1834-8 mai 1908). Il commença très vite à écrire pour la scène, en collaboration avec Meilhac et composa avec lui le livret de presque toutes les œuvres d'Offenbach, en leur donnant certains caractères du « vaudeville », une tournure libertine et sentimentale tout à la fois. À *La Belle Hélène* (*) (1864) succédèrent *La Vie parisienne* (*) (1866), *La Grande-Duchesse de Gérolstein* (*) (1867), *La Périchole* (*) (1868), *Les Brigands* (1869), *Le Petit Duc* (*) (1878), ce dernier mis en musique par Charles Lecocq. Il écrivit pour Bizet le livret de *Carmen* (*) (1875). Toujours en collaboration avec Meilhac, il donna quelques comédies telles que

Fanny Lear (1868), *Frou-Frou* (*) (1869), *Le Réveillon* (1872), *L'Été de la Saint-Martin* (1873), *La Boule* (1875). Enfin, il publia sous son seul nom une suite de scènes intitulées *Monsieur et madame Cardinal* (1873) dans *La Vie parisienne* ; on y retrouve, affinés et plus nuancés, les traits essentiels qui caractérisent son théâtre. Puis ce furent *Les Petites Cardinal* (1880), *La Famille Cardinal* (*) (1883), *L'Invasion,* souvenirs de la guerre de 70 ; et des romans : *Un mariage d'amour* (1881), *Princesse* (1886) et son œuvre la plus appréciée, *L'Abbé Constantin* (*) (1882). En 1884, il entra à l'Académie française.

RÉF. : J. Claretie, *Ludovic Halévy,* 1883. – F. Sarcey, *Quarante ans de théâtre,* 1900-1902. – H. Roujon, *Artistes et amis des arts,* 1912. – E. C. Hansen, *Ludovic Halévy : a Study of Frivolity and Fatalism in the nineteenth Century France,* 1987.

ḤALLĀJ (al-) al-Ḥusayn ibn Manṣūr. Mystique musulman d'expression arabe. Né à Ṭūr (sud de l'Iran) vers 857, mort à Bagdad le 27 mars 922. Il fut disciple de Junayd (mort en 910), l'une des grandes figures du ṣūfisme, et le premier à élaborer un système de pensée fondé sur l'expérience mystique. Il finit toutefois par s'en séparer, impatienté par sa prudence qu'il jugeait excessive : Junayd, soucieux de ne pas choquer la conscience religieuse courante, s'abstenait d'évoquer trop précisément certains états de conscience où s'abolit toute séparation entre Dieu et le mystique, où celui-ci, en quelque sorte, « devient » Dieu. Pendant de longues années, al-Ḥallāj mena une vie de prédicateur errant, visitant l'Iran, l'Inde et le Turkestan, proclamant publiquement que l'expérience immédiate de l'amour divin, accessible à tous, était la seule forme valable de vie religieuse, transcendant les exigences purement formelles de la loi révélée. Étant revenu à Bagdad vers 910, il poursuivit sa prédication, rencontrant un écho important aussi bien parmi la masse du peuple qu'auprès de certains hauts personnages, mais suscitant également l'hostilité des milieux religieux officiels qui le firent emprisonner en 912, sous une accusation d'impiété : faisant allusion à un état de conscience familier aux mystiques, il avait proclamé : « Je suis la Vérité » (c'est-à-dire Dieu). Le procès d'al-Ḥallāj dura neuf ans, et fut marqué par de nombreux rebondissements, analysés en détail par L. Massignon dans *La Passion d'al-Ḥallāj* (1973). Finalement condamné à mort, il fut crucifié et son corps fut brûlé. Pendant son agonie, il manifesta sa joie de souffrir par amour pour Dieu, tout en reconnaissant le bien-fondé de sa condamnation selon la loi humaine. Al-Ḥallāj a assez peu écrit ; ses poèmes ont été rassemblés dans son *Dīwān mystique* (*).

JEAN-PATRICK GUILLAUME.

HALLER Albrecht von. Physiologiste suisse. Né à Berne le 16 octobre 1708, mort le 12 décembre 1777 dans la même ville. Enfant prodige, il était déjà étudiant en médecine en 1723 à l'université de Tubingen. Ses études terminées, il vint suivre des cours d'anatomie à Londres et à Paris, et de mathématiques à Bâle. En 1728, un long voyage à travers les montagnes de la Suisse lui inspira le poème *Les Alpes* (*) et lui fournit les éléments d'un ouvrage de botanique, l'*Enumeratio stirpium helveticarum* qui ne parut qu'en 1742. En 1729, il fut nommé bibliothécaire de la commune de Berne ; en 1736 il obtint la chaire d'anatomie, de botanique et de chirurgie de Göttingen, charge qu'il remplit jusqu'en 1753. Il y fonda le Jardin botanique, la salle d'anatomie, l'institut de physiologie, ainsi que la Société de sciences dont il devint le président perpétuel. De plus il composa au cours de ces années les *Primae Lineae Physiologiae* (1744), les huit fascicules d'un atlas anatomique, *Icones anatomicae* (1753-1756) et les monumentaux *Éléments de physiologie* (*). Rentré à Berne en 1753, il y remplit des charges administratives qui lui laissèrent pourtant le temps de poursuivre ses travaux. Il s'intéressa également à la politique, exposant son idéal d'une république aristocratique dans de médiocres romans, *Alfred* (1773), *Fabius et Caton* [*Fabius und Cato,* 1774]. Ses journaux de voyage parurent à titre posthume en 1883. Il doit surtout sa renommée à ses travaux de physiologie, branche où il fut un des premiers à introduire la méthode expérimentale.

RÉF. : Ch. Siegrist, *Albrecht von Haller,* Stuttgart, 1967.

HALLGRÍMSSON Jónas. Poète islandais. Né à Steinstadhir (Islande du Nord) le 16 novembre 1807, mort le 26 mai 1845 à Copenhague. Il personnifie, avec Bjarni Thorarensen, le romantisme islandais patriotique. En 1835, avec Gislason et Saemundsson, il fonda la revue *Fjölnir* (Fjölnir est un surnom de Odin), dans laquelle parut son poème *Islanda* qui, par son évocation de la gloire et des libertés anciennes, voulait être une exhortation à sortir de la mollesse présente. Les compositions poétiques de Hallgrímsson – v. *Poésies et autres récits* (*) – reflètent pour la plupart ce sentiment patriotique qui se rallume au souvenir d'un passé glorieux illustré de préférence par un goût pour la nature et les coutumes populaires.

RÉF. : Stefán Einarsson, *History of Icelandic Prose Writers, 1800-1940,* Ithaca, U.S.A., 1948.

HALLSTRÖM Per. Nouvelliste et romancier suédois. Né le 29 septembre 1866 à Stockholm, mort le 18 février 1960 à Nacka. Issu d'une famille bourgeoise aisée, il fit d'abord des études à l'École polytechnique de Stockholm (1883-1887), puis travailla comme chimiste aux États-Unis en 1888-1889 et enfin comme fonctionnaire du Télégraphe à Stockholm de 1891 à 1897 avant de vivre de sa plume. Dès 1888, il avait publié un recueil de vers où des traductions de Shelley et de Swinburne étaient également incluses. Son recueil *Poésie et Fantaisies* [*Lyrik och fantasier,* 1891] témoigne de sa familiarité avec les romantiques anglais. Repoussé par la brutalité de la vie moderne aux États-Unis, il y lut Carlyle et Goethe, mais son principal maître fut Schopenhauer dont on retrouve l'influence dans les nouvelles des *Oiseaux égarés* [*Vilsna fåglar,* 1894] et de *Pourpre* (*) (1895). L'idéalisme esthétique se heurte chez Hallström à la rigueur morale, la compassion concilie l'idéal et la vie. Tout en publiant d'autres recueils de nouvelles comme *Thanatos* (*) (1900) et *Les Quatre Éléments* [*De fyra elementena,* 1906], il aborde le roman avec le pastiche d'*Une vieille histoire* [*En gammal historia,* 1895], que suivent la pathétique *Chute morte* [*Döda fallet,* 1902], l'ironique *Roman de Gustaf Sparfvert* [*Gustaf Sparfverts roman,* 1903] et l'humoristique *Roman espiègle* [*En skälmroman,* 1906]. Critique dramatique de 1904 à 1905, il a publié une traduction complète de Shakespeare (1922-1931). Entré à l'Académie suédoise en 1908, il en fut le secrétaire de 1931 à 1941.

CARL GUSTAF BJURSTRÖM.

HALPERN Moshe-Leib. Poète américain d'expression yiddish. Né le 2 janvier 1886 à Zlotchev (Galicie orientale), mort le 31 août 1932 à New York (États-Unis). Envoyé par son père à Vienne pour s'y former à la peinture d'enseignes, il y étudie également la littérature allemande et y fait ses débuts littéraires en langue allemande. En 1907, il rencontre Imber et Mestel qui l'amènent à écrire en yiddish. Ses premiers poèmes paraissent à Lvov dans *Le Quotidien* [*Togblat*]. En 1908, il participe à la conférence pour la langue yiddish de Tchernowitz qui rassemble les plus grands spécialistes du sujet. Il émigre aux États-Unis la même année. Dès 1910, il participe aux publications du groupe des « Jeunes » [Yunge], constitué de jeunes poètes symbolistes qui se font les chantres de l'individu par le biais d'une langue neuve et recherchée, en rupture avec la poésie prolétarienne, très populaire parmi les masses juives immigrées de fraîche date. Il publie en 1910 dans *Littérature* [*Literatur*] puis à partir de 1912 dans l'organe quasi officiel des Yunge, *Les Cahiers* [*Shriftn*]. Toutefois, trop indépendant par sa personnalité et son écriture, il ne fera jamais partie intégrante du groupe.

En 1915, il est l'éditeur du recueil *De l'homme à l'homme* [*Fun mentsh tsu mentsh*] et en 1916 du recueil *East Brodway* [*Ist brodwey*] qui rassemblent les œuvres de plusieurs poètes, dont lui-même. En 1919, il publie son premier recueil de poésie *À New York* (*).

À partir de 1921, il collabore à la nouvelle revue communiste *La Liberté* [*Di frayheyt*] mais rompt en 1923. En 1924, il publie son second recueil de poésie, *Le Paon d'or* (+).

GILLES ROZIER.

HAMADHĀNĪ (al-) Badīʿ al-Zamān Aḥmad. Écrivain arabe, né en 967 à Hamadhān (Iran occidental), mort à Hérat (Afghanistan actuel) en 1007. Doté d'une mémoire remarquable et d'une vive intelligence, causeur fin et spirituel, styliste talentueux, il fit montre d'une précocité qui lui valut son surnom de Badīʿ al-Zamān, « Merveille de son temps », et lui permit de faire dans la haute administration une carrière aussi rapide que brillante. Ses premières années se déroulèrent dans l'entourage du Ṣāḥib ibn ʿAbbād (mort en 995), le tout-puissant vizir des princes buwayhides d'Iran : personnage brillant et complexe, philologue réputé, mais aussi fin connaisseur de l'argot des truands et des vagabonds, aimant à s'entourer des esprits les plus distingués de son temps autant qu'à s'encanailler dans les orgies les plus crapuleuses, il semble l'incarnation parfaite de cette époque raffinée, sceptique et un peu décadente dont Abū l-Fatḥ al-Iskandarī, l'anti-héros cynique et beau parleur des *Maqāmāt* (*), est sans doute l'expression littéraire la plus réussie. C'est après 992 qu'al-Hamadhānī, alors gouverneur de Nishapour (Iran oriental), donna sa forme définitive à cette œuvre, qui devait le faire passer à la postérité. Après le décès de son protecteur, il s'installa à Hérat, où il mourut victime d'un enterrement prématuré. Outre ses *Maqāmāt*, qui constituent son œuvre la plus célèbre il laissait notamment un recueil d'*Épîtres*, destinées à servir de modèles de correspondance officielle. Al-Hamadhānī, considéré à juste titre comme l'un des plus grands prosateurs arabes de la période classique, est avant tout le créateur d'un genre littéraire particulièrement adapté à exprimer, avec une ironie un peu cynique, les interrogations et les incertitudes d'une période complexe, dont nous retrouvons l'écho, mais sous une forme plus sérieuse, voire angoissée, chez des auteurs comme al-Tawḥīdī, son contemporain.

JEAN-PATRICK GUILLAUME.

HAMANN Johann Georg. Philosophe allemand. Né à Königsberg (Prusse orientale) le 27 août 1730, mort à Munster (Westphalie) le 21 juin 1788. Issu d'une famille de bourgeoisie assez aisée, il reçut une sévère éducation piétiste, puis, à partir de 1746, commença à l'université de sa ville natale des études de philosophie, de théologie, de droit et de langues vivantes. D'un tempérament fantasque, au bord du déséquilibre nerveux, il mena ensuite pendant plusieurs années une vie dissipée, errant d'un endroit à un autre, incapable de se maintenir longtemps dans les postes de précepteur qu'il sollicitait. En 1756, les Berens, des négociants de Riga qui le protégeaient, le chargèrent d'une mission commerciale à travers l'Europe. Hamann visita Berlin (où il se lia avec Moses Mendelssohn), Hambourg, Lübeck et, à travers l'Allemagne de l'Ouest et la Hollande, il gagna Londres où il arriva le 18 avril 1757. Il y échoua complètement dans ses affaires de négoce, connut la misère, se remit à étudier *La Bible* (*) et, le 31 mars 1758, en lisant un chapitre du livre de Moïse, eut une sorte d'extase mystique qui le ramena au piétisme de son enfance et lui révéla sa vocation de réformateur religieux — avec laquelle il continua cependant de prendre d'assez grandes libertés morales. De retour à Riga, il séjourna pendant quelques mois dans la famille Berens en qualité de précepteur, puis son père le rappela à Königsberg. Il y suivit des cours de littérature ancienne et orientale mais ne se souciait toujours pas de trouver une situation fixe, en dépit des exhortations de Kant, auxquelles il répliquait en se justifiant au nom d'un vague anarchisme évangélique. Il avait d'ailleurs conclu un « mariage de conscience » avec une servante de son père qui lui donna deux fils. S'étant enfin résigné à prendre un emploi, il fut successivement copiste chez un magistrat de la ville, greffier à la Chambre des Domaines, rédacteur à la *Königsberger Zeitung*, précepteur à Mitau, enfin, à partir de 1777, et grâce à une recommandation de Kant, greffier et traducteur dans l'administration des douanes. Dix ans plus tard, il était mis à la retraite d'office après avoir vainement demandé un congé pour entreprendre un voyage à travers l'Allemagne ; il se rendit alors en Westphalie, où il résida tantôt à Pempelfort, chez son ami Jacobi, tantôt chez la princesse Galizine, à Münster ; c'est dans cette ville que la mort le surprit au moment où, malade, il s'apprêtait à retourner dans sa province natale. Il est difficile de se rendre compte de l'influence de Hamann, qui fut très grande sur Herder et, par celui-ci, sur Goethe, Hegel et tout le romantisme allemand, en lisant les quelques écrits aux titres fantasques qu'il a laissés : *Aesthetica in Nuce. Une rhapsodie en prose cabalistique* (*) (1762) ; *Les Croisades du philologue* (*) (1762) ; *Métacritique des purismes de la raison pure* (1784), etc. Cette influence fut en effet avant tout orale.

MICHEL MOURRE.

♦ *« L'amour de Dieu était dans cet homme. Et comme son amour, sa lumière. »* Jacobi. ♦ *« Hamann est mort — un de mes plus vieux amis. Il est mort, et je ne l'ai pas revu. Oh, je le connais autant qu'on peut connaître quelqu'un, et j'honore ses cendres comme celles d'un prophète. »* Herder. ♦ *« Si le "travail du chrétien consiste à prier et à lire l'Écriture", il semble qu'il ait été indispensable à la nature de Hamann d'être dans son tort socialement et humainement, pour se sentir fortifié et justifié par le Seigneur, le seul et unique Père des hommes* [...] *Hamann prépare par ses faits et gestes l'arsenal kierkegaardien. »* Pierre Klossowski.

RÉF. : Rudolf Unger, *Hamann und die Aufklärung,* 2 vol., Iéna, 1911. — Pierre Klossowski, *Introduction aux « Méditations bibliques » de Hamann,* Paris, 1948. — Wilhelm Koepp, *Der Magier unter Masken. Versuch eines neuen Hamann-Bildes,* Goettingen, 1965. — Sven-Aage Jørgensen, *Johann Georg Hamann,* Stuttgart, 1976. — Renate Knoll, *Johann Georg Hamann. Quellen und Forschungen,* Bonn, 1988.

HAMILTON Alexander. Homme politique américain. Né à Nevis (îles Sous-le-Vent) le 11 janvier 1757, mort à New York le 12 juillet 1804. À peine âgé de dix-sept ans, il se signale par des discours et des articles où il soutient Washington ; dans l'armée révolutionnaire, il devient rapidement lieutenant-colonel et conseiller privé de Washington. Dès la proclamation de la Confédération, en 1782, il entre au Congrès, où il commence sa campagne en faveur d'un gouvernement représentatif fortement centralisé. La souveraineté complète du Congrès était son slogan, et son but était la subordination des différentes législations des États à la loi fédérale, ainsi que la substitution d'un gouvernement unique et fort à la Confédération faible — v. *Le Fédéraliste* (*). Il réussit à gagner l'État de New York à ses idées et, en 1788, il put dicter ses volontés au Continental Congress, faire élire des hommes de confiance au Sénat et convaincre Washington d'assumer la présidence. Peu après, il devient secrétaire au Trésor, tenant ainsi en main la politique du gouvernement, et en profite pour faire passer beaucoup de ses lois — notamment celle portant création d'une Banque nationale ; il met sur pied un système fiscal qui se révéla efficace mais ne tenait compte que de l'élément capitaliste de la population. Ce mépris du « peuple » fut la base de la puissante opposition de Jefferson qui fit échouer ses plans d'établissement d'une sorte d'oligarchie capitaliste. Encore « persona grata » sous la présidence de John Adams, Hamilton dut s'effacer à l'élection de son ennemi Jefferson. Trois ans plus tard, pour des raisons politiques, il fut provoqué en duel par Aaron Burr, et tué, disparaissant à l'un des moments les plus noirs de l'histoire américaine.

RÉF. : Claude G. Bowers, *Jefferson in Power,* Boston, 1936. — Claude G. Bowers, *Jefferson and Hamilton*, Boston, 1945. — Bower Aly, *The Rhetoric of Alexander Hamilton*, New York, 1946. — Forrest McDonald, *Alexander Hamilton, A Biography*, New York, 1979.

HAMILTON Anthony. Écrivain irlandais d'expression française. Né en Irlande en 1646, mort en 1720, il passa presque toute son enfance en France, au service des Stuarts. Sa culture, comme celle de tous les lettrés de la cour de Charles II, était principalement française. D'ailleurs, son œuvre d'écrivain vivant et divertissant est en partie d'expression française, ainsi notamment des *Mémoires du chevalier de Grammont* (*) qui, dans un style brillant, scintillant, constellé de pointes humoristiques, racontent les aventures et la vie galante du beau-frère de l'auteur. Publiés en 1715, ces *Mémoires* eurent aussitôt un grand succès, jusqu'en Angleterre où ils furent traduits l'année suivante. Hamilton écrivit aussi cinq *Récits* où il tenta d'imiter les *Mille et une nuits* (*), ainsi que de mordantes *Poésies diverses.*

HAMILTON sir William Bart. Philosophe écossais. Né à Glasgow le 8 mars 1788, mort à Edimbourg le 6 mai 1856. On le destinait au barreau, mais il en fut détourné par deux voyages qu'il fit en Allemagne, en 1817 et 1820, à la suite desquels il se lança avec passion dans l'étude de la langue et de la philosophie allemandes. En 1821, il fut appelé à l'université d'Édimbourg pour y enseigner l'histoire universelle ; en 1829, il publiait le fameux essai sur *La Philosophie de l'inconditionné* (*) et en 1836 on lui confiait la chaire de logique et de métaphysique dans cette même université. Dès lors, il exerça une énorme influence sur la culture anglaise par sa grande compétence en matière de science et de littérature. Il fut un collaborateur actif de la *Edinburgh Review,* journal très vivant et aux tendances libérales. Ses œuvres fondamentales sont les *Dissertations sur la philosophie et la littérature, sur la réforme de l'éducation et de l'université* [*Discussions in Philosophy, Literature and Education,* 1852] et les *Leçons de logique* [*Lectures on Logic*] qui contiennent l'élaboration d'un nouveau système de logique et le compte rendu d'une fameuse controverse avec Auguste de Morgan. Après sa mort, les *Leçons de logique* et *Leçons de métaphysique* furent recueillies et publiées en quatre volumes. Hamilton fit partie de ce mouvement pour l'adhésion à la philosophie idéaliste allemande qui se concrétisa en Angleterre dans la jeunesse, aux débuts du romantisme, et qui montra un intérêt passionné pour la poésie, le roman et le drame allemands.

RÉF. : John Stuart Mill, *Examination of sir William Hamilton's Philosophy,* 1865. — S. V. Rasmussen, *The Philosophy of sir W. Hamilton,* Copenhague et Londres, 1927.

HAMKA (pseud. de Haji Abdul Malik Karim Amrullah). Écrivain indonésien. Né à Sungai Batang (Sumatra) le 17 février 1908, mort à Jakarta le 24 juillet 1981. Fils d'un uléma réputé de Sumatra-Ouest, il fut toute sa vie actif dans le mouvement musulman réformiste de la Muhammadiyyah (créé à Java en 1912) et, en tant que membre de la Constituante, se fit l'avocat d'un État islamique. Mais c'est en tant qu'uléma, écrivain, journaliste et orateur qu'il acquit en Indonésie, ainsi qu'à l'étranger, une très haute réputation. Il est l'auteur de quelque soixante-dix ouvrages, dont un « Commentaire du Coran » [Tafsir al-Azhar] en trente volumes, un grand nombre d'ouvrages historiques ou didactiques et une douzaine de romans et recueils de nouvelles. Influencé par la littérature arabe, et notamment par l'écrivain égyptien Mustafa Luthfi al-Manfaluthi (1876-1924), il est aussi profondément enraciné dans sa culture nationale. Sa première œuvre de fiction, *Si Sabariah* (du nom de l'héroïne, 1928) est écrite dans sa langue maternelle, le minangkabau ; toutes les autres le sont en indonésien. Ses romans et nouvelles les plus importants, *Sous la protection de la Kaabah* [*Di bawah lindungan Kaabah,* 1936], *Le Naufrage du « Van der Wijck »* (*) (1937), *Dans la vallée de la vie* [*Di dalam lembah kehidupan,* 1939], sont souvent inspirés de sa propre expérience ; ils sont cependant plus idéologiques que réalistes : son œuvre tout entière est animée par ses idéaux islamiques. Il a également publié, dès 1950, une autobiographie [*Kenang-kenangan hidup*] et une biographie de son père [*Ayahku*].

HENRI CHAMBERT-LOIR.

HAMMETT Dashiell. Romancier américain. Né le 27 mai 1894 dans le comté St-Mary (Maryland), mort le 10 janvier 1961 à New York. Élevé à Philadelphie et à Baltimore, il quitte l'école à quatorze ans, exerce divers métiers (coursier, employé, docker...) avant de travailler comme détective pour l'agence Pinkerton. Il revient gravement malade de la Première Guerre mondiale et passe une longue période dans les hôpitaux militaires avant de reprendre son activité. Il se met alors à écrire et est bientôt salué comme un maître du roman policier. Citons : *La Moisson rouge* [*Red Harvest*] et *Sang maudit* [*The Dain Curse,* 1929], *Le Faucon maltais* (*) (1930), *La Clé de verre* (*) (1931), *L'Introuvable* [*The Thin Man,* 1934] et des nouvelles publiées dès 1924 et réunies sous le titre : *Le Grand Braquage* [*The Big Knockover*] en 1966. À 48 ans, il s'engage dans la Seconde Guerre mondiale. En 1951, au temps du maccarthisme, il connaît la prison, ayant refusé par principe de révéler le nom des donateurs au « Fonds de solidarité du Congrès des droits civiques ». Pendant trente et un ans, jusqu'à sa mort, il partage sa vie avec l'auteur dramatique Lillian Hellman. Bien que souvent édité en « séries noires » ou policières, Hammett est désormais considéré comme romancier à part entière. Par-delà l'intrigue et le suspense, il donne une image frappante de l'Amérique de la prohibition, de ses mœurs politiques liées à la montée du gangstérisme calqué sur le « big business », en démonte les rouages, montre sans concession la violence et le crime nés d'une lutte sans merci pour le pouvoir et l'argent. Son style reflète la réalité du langage et des faits. Rendant hommage à l'artiste et au précurseur, Chandler écrit : « Il a réussi chaque fois ce que seuls les meilleurs écrivains peuvent faire : écrire des scènes qui semblent n'avoir jamais été écrites auparavant. »

JEANINE PAROT.

RÉF. : Richard Layman, *Shadow Man : The Life of Dashiell Hammett*, New York, 1981. – Diane Johnson, *Dashiell Hammet : A Life*, New York, 1983. – Sinda Gregory, *Private Investigations : The Novels of Dashiell Hammett*, Carbondale (Illinois), 1985.

HAMSUN Knut (pseud. de Knut Pedersen). Romancier norvégien. Né le 4 août 1859 à Lom, dans la vallée du Gudbrandsdal, mort le 19 février 1952 à Grimstad. Issu d'une famille paysanne assez pauvre, il fut confié, dès l'âge de quatre ans, à un oncle ministre protestant d'une église des îles Lofoten situées dans l'océan Arctique, au-delà du cercle polaire. Ses années d'enfance et d'adolescence passées auprès de cet homme sévère et rigide ont d'ailleurs été décrites par Hamsun dans sa nouvelle *Le Fantôme* [*Et spökelse*, 1918]. Hamsun – il le dit fièrement lui-même dans une note autobiographique destinée au *Who's who* – n'eut que l'instruction qu'il put acquérir par ses propres moyens puisque dès l'âge de dix-sept ans il fut placé comme apprenti chez un cordonnier de Bodö, chef-lieu de la province du Nordland. Ayant réussi à faire publier, en 1878, un poème : *Le Revoir* [*Et gensyn*], il fit imprimer à ses frais une nouvelle, *Björger,* qu'il signa, comme le poème, Knut Pedersen Hamsun. Il ne reprendra la plume que quelque onze ans plus tard, onze années au cours desquelles il sera tour à tour charbonnier aux installations portuaires de Bodö, cantonnier, maître d'école, secrétaire du chef de la police locale, et bien d'autres choses encore. Se rendant parfaitement compte des lacunes de son instruction, il essaya d'entrer à l'université, mais se rendit immédiatement à l'évidence qu'il ne pourrait jamais subvenir à ses besoins et continuer en même temps ses études. Ayant réussi – Dieu sait comment ! – à passer en Amérique, il y pratiqua vingt métiers, dont celui de garçon laitier, de cultivateur, de répétiteur de français (!) et, enfin, de receveur de tramway. La légende veut qu'il ait été renvoyé de cette dernière place pour avoir lu Euripide sur la plate-forme de son tramway au lieu de percevoir le prix des places ; en réalité, il n'avait pu conserver cette place ne possédant aucun sens de l'orientation. Il avait appris tous les arrêts par cœur et pouvait les réciter dans n'importe quel ordre sans se tromper, mais, si le tramway brûlait un arrêt ou deux, il était dans l'incapacité de dire à un voyageur où il se trouvait. Revenu à Christiania (actuelle Oslo) en 1885, il n'y resta qu'une année ; l'automne 1886 le vit réapparaître aux États-Unis comme correspondant du quotidien norvégien *Verdens Gang.* Mais le métier de reporter ne semblait pas pouvoir nourrir son homme (du moins à cette époque) et Hamsun dut de nouveau demander au travail manuel ce que la plume ne pouvait encore lui offrir. Il y avait bien ce consul anglais qui, sur une recommandation de Bjørnson, s'était, à un moment donné, intéressé à Hamsun, mais ce dernier professait à ce moment des idées si subversives, si anarchisantes que la porte du consul lui fut condamnée après sa première visite. Hamsun revint en Norvège à bord d'un chalutier russe qui pratiquait la pêche dans les eaux de Terre-Neuve ; il en rapporta un livre qui, dès sa publication, fut remarqué par les milieux intellectuels et déclencha de nombreuses discussions. L'auteur, pourtant, était un inconnu et le titre de l'ouvrage – *La Vie intellectuelle de l'Amérique moderne* [*Fra det moderne Amerikas aandsliv,* 1889] – était sans prétentions.

Dans son premier roman, *La Faim* (*), qui fit beaucoup de bruit, Hamsun ne s'est presque pas préoccupé des raisons qui ont amené son héros à avoir faim ; d'une œuvre qui aurait facilement pu – et cela lui fut constamment reproché par la critique marxiste – devenir un véritable réquisitoire contre une société ou une classe, il sut ne faire qu'un roman psychologique. La véritable raison de cette limitation volontaire fut le désir de Hamsun de s'opposer au courant réaliste qui, né en France avec Maupassant et Zola, dominait vers 1880 la littérature scandinave avec Ibsen, Bjørnson, Kielland, Strindberg et quelques autres. Ne se contentant pas de prêcher l'exemple, Hamsun n'hésita pas à attaquer les réalistes dans une série de conférences et d'articles. L'un de ces articles « iconoclastes » parut en France sous le titre « La Norvège littéraire », dans les numéros d'octobre et de novembre 1893 de la *Revue des revues.*

La Faim, qui est peut-être le roman contenant le plus d'éléments autobiographiques, a apporté la gloire à Knut Hamsun. Ce fut d'ailleurs un chapitre de cette même œuvre qui, accepté en 1888 par le rédacteur du journal danois *Ny Jord,* fit connaître l'auteur et permit la publication de *La Vie intellectuelle de l'Amérique moderne. La Faim* fut suivie, en 1892, par *Mystères* (*), dont le héros, Johan Nagel, est « vagabond par essence », ce nomade amoureux de la nature, qui est si cher à Hamsun et qui reviendra, sous d'autres noms, et dans d'autres situations, dans *Pan* (*), *Sous l'étoile d'automne* (*) et *Un vagabond joue en sourdine* (*), qui datent respectivement de 1894, 1906 et 1909. L'intérêt des lecteurs pour l'œuvre de Hamsun rebondit avec la publication du *Rédacteur Lynge* [*Redaktör Lynge,* 1893] qui, contrairement aux *Mystères,* fut très favorablement accueilli lors de sa publication, mais est considéré avec beaucoup de sévérité par les critiques modernes qui qualifient cette œuvre de « pamphlet manqué ». Quoi qu'il en soit, en ce qui concerne le quatrième roman de Knut Hamsun : *Pan,* paru en 1894, tout le monde s'accorde pour reconnaître qu'il s'agit là d'un véritable chef-d'œuvre, dont le romancier russe Kouprine disait, que même lorsqu'on le relit pour la dixième fois, on y découvre toujours de nouveaux trésors de poésie. La trilogie suivante : *Aux portes du royaume* [*Ved rikets port,* 1895], *Le Jeu de la* vie [*Livets spil,* 1896] et *Les Feux du couchant* [*Aftenröde,* 1898], fut très fortement influencée par la philosophie nietzschéenne. La figure du professeur Kareno, qui voulait jouer au surhomme, est symptomatique de la nouvelle tendance de Hamsun, tendance qui l'amènera à voir dans la race germanique les futurs maîtres du monde et, quelque trente ans plus tard, à adhérer avec enthousiasme au nazisme.

Les douze premières années du XXe siècle sont marquées pour Hamsun par de longs voyages : en Russie, en Perse et en Turquie. Il décrira son voyage à travers la Russie d'une façon très vivante, mais quelque peu capricieuse, dans *Un pays de rêves* [*I aeventyrland,* 1903]. Contrairement à son livre sur l'Amérique, on ne trouvera pas dans *Un pays de rêves* la moindre critique ; même son arrestation arbitraire par des policiers trop zélés est rapportée comme une anecdote plaisante. Dans ce livre plein d'humour, Hamsun fait part de son admiration pour Dostoïevski et pour la littérature russe en général, loue la musique russe, et même la balalaïka, « cet instrument de musique de l'âge de pierre », trouve grâce à ses yeux. De ce voyage, Hamsun rapporta également une légende géorgienne, *La Reine Tamara* [*Droning Tamara*], publiée la même année. Pendant les courtes haltes entre ces voyages, Hamsun se fit remarquer par des bacchanales à Copenhague. De cette période datent néanmoins des œuvres de grande valeur comme *Rêveries* [*Svaermere,* 1904], son roman le plus exquis, *Sous l'étoile d'automne,* et sa suite, *Un vagabond joue en sourdine,* ainsi que *Benoni* (1908), *Le Chœur sauvage* (*), *Enfants de l'époque* (*) et *La Dernière Joie* (*), œuvre à laquelle on peut appliquer cette parole de Zola : « Une œuvre d'art est un coin de la nature vu à travers un tempérament. »

La Première Guerre mondiale a permis aux Allemands de trouver en Knut Hamsun un défenseur convaincu de leur politique et un adversaire acharné des Anglais et des Américains. Les œuvres de cette période, *Hameau Segelfloss* [Segelfloss by, 1915] et *L'Éveil de la glèbe* (*) sont très différentes de tout ce que Hamsun avait écrit auparavant et nettement inférieures en puissance d'expression ; néanmoins, c'est pour cette dernière œuvre que Hamsun reçut, en 1920, le prix Nobel de littérature. Dans les œuvres suivantes : *Femmes à la fontaine* (*), *Le Dernier Chapitre* (*) et la trilogie, *Les Vagabonds* [*Landstrykere,* 1927], *Auguste* [*August,* 1930] et *La vie continue* [*Men livet lever,* 1933], ainsi que dans *Le cercle s'est refermé* [*Ringen sluttet,* 1937], Hamsun développe de nouveau son antithèse familière dans laquelle la nature est opposée à la culture. La critique de la société moderne, qui apparaît presque à chaque page de ces livres, finit par se muer en un antidémocratisme atrabilaire, qui fit de Knut Hamsun un propagandiste fervent des idées hitlériennes lors de la Seconde Guerre mondiale. Lorsque les Allemands envahirent la Norvège en 1940, Quisling, leur homme de paille, trouva en Hamsun un homme prêt à user de son prestige pour adjurer les Norvégiens de mettre bas les armes et de faire cause commune avec l'envahisseur.

En 1943, Knut Hamsun accepta d'être le délégué de la Norvège pro-allemande au congrès des journalistes à Vienne. La paix revenue, il fut déféré à un tribunal qui le condamna à 325 000 couronnes d'amende (ce qui pour lui équivalait à une confiscation de tous ses biens), mais ne décréta pas de peine d'emprisonnement, le considérant comme atteint de débilité mentale. Celle-ci n'empêcha pourtant pas l'écrivain de faire paraître en 1949 (il était, rappelons-le, âgé de quatre-vingt-dix ans) un plaidoyer « pro domo » intitulé *Par les sentiers où l'herbe croît* [*Pa gjengrodde stier*].

ALEXANDRE LABZINE.

♦ *« Hamsun ne fera pas école. Il est trop original pour cela et ceux qui le copieront se rendront toujours ridicules. »* Kouprine. ♦ *« Montreur de puces. »* H. Pontoppidan. ♦ *« La Norvège lui savait gré d'avoir incarné avec éclat dans ses premières œuvres, varié ensuite avec une éblouissante virtuosité le thème de la grande aventure, du fier individualisme, du rêve nostalgique qui, depuis les Vikings, fait contrepoids dans l'âme norvégienne au réalisme du paysan et du marchand. »* Jean Lescoffier.

RÉF. : C. Boer, « Knut Hamsun », article dans *Revue des revues,* 15 décembre 1896. – Carl Naerup, *Skildringer og Stenninger,* Christiania, 1897. – Jos. Wier, *Knut Hamsun, His Personality and His Outlook upon Life,* Northampton et Paris, 1921. – Hanna Astrup Larsen, *Knut Hamsun,* Londres, 1922. – Ch. Simond, *La Norvège littéraire,* Paris, s.d. – Walter A. Berendsohn, *Knut Hamsun, das unbändige Ich und die menschliche Gemeinschaft,* München, 1929. – Einar Skavlan, *Knut Hamsun,* Oslo, 1929. – H. A. Larsen, « Knut Hamsun », article dans la *Contemporary Review,* juillet 1938, Londres. – Alrik Gustafson, *Six Scandinavian Novelists,* New York, 1940. – Jean Lescoffier, *Histoire de la littérature norvégienne,* 1952.

HAN Yongun (pseud. Manhae). Bonze et poète coréen. Né le 12 juillet 1879 à Hongsŏng, mort le 9 mai 1944 à Séoul. Fils d'une famille de nobles de province ruinés, il reçoit une solide formation en classiques chinois. À dix-huit ans, il participe à la révolte paysanne nationaliste et religieuse du Tonghak. Après l'échec de celle-ci, il se réfugie dans un temple et devient bonze, en 1905, sous le nom de Manhae. Il voyage au Japon en 1908 et commence une œuvre importante, parallèlement à ses activités nationalistes et son action pour la réforme du bouddhisme coréen. *La Revitalisation du bouddhisme coréen* [*Chosŏn Pulgyo Yusin Non*, 1910] insiste sur la recherche du véritable moi, problème essentiel d'une philosophie bouddhiste qui prône l'annulation des désirs de ce même moi. En 1910, il prend contact avec les combattants indépendantistes centrés à Vladivostok et en Mandchourie, avant de lancer son mouvement de réforme religieux. En 1914, il publie sa compilation de textes bouddhistes [*Pulkyo Taejŏn*], et en 1918 son premier poème, ainsi qu'une revue, *Yushim*, avant que le soulèvement de mars 1919 ne le mène en prison pour deux années, pour avoir signé la déclaration d'indépendance. En 1926, il publie le texte qui le rend célèbre, *Votre silence* (*), composé de poèmes de forme assez libre. Il devient alors un membre actif du mouvement des intellectuels nationalistes « Shinganhoe », et, à cinquante et un ans, prend la direction de la revue *Bouddhisme*, d'où il anime son mouvement de revitalisation, marqué par une austérité certaine, et de nombreux temples gardent aujourd'hui la trace de sa fureur purificatrice. En 1935, il publie un roman, *Le Vent noir* [*Hŭkpum*], suivi de *Remords* [*Huhoe*, 1936]. Ses dernières années sont marquées par les difficultés de la lutte nationaliste.

PATRICK MAURUS.

HA-NAGID Samuel B. Joseph Ibn Nagrila. Homme d'État et poète juif d'Espagne. Né à Cordoue, en l'an 993, mort à Grenade en 1055. Samuel Ha-Nagid suivit sa famille lorsqu'elle dut fuir Cordoue lors de l'invasion berbère. Sa carrière politique aurait commencé à la cour des rois berbères de Grenade pour atteindre son apogée lorsqu'il devint « Nagid » (gouverneur des Juifs) et chef militaire à la cour du roi Badis. Sa renommée était immense, tant parmi les poètes et les historiens musulmans qu'au sein des communautés juives de l'Espagne et de la diaspora. Homme de lettres juif, il s'attacha à la langue hébraïque, à *La Bible* et à l'exégèse talmudique. Il composa même un opuscule polémique dirigé contre les musulmans, qui s'est perdu.

Il fut le premier des poètes réputés de l'âge d'or juif espagnol. Sa poésie nous est parvenue dans trois recueils. Le premier, *Fils des psaumes* [*Ben Tehilim*], édité par Joseph, le fils de Samuel, est un « Divan », comprenant plus de deux cents pièces, dont la plupart sont des *Poèmes de guerre* (*), des éloges, des élégies, des poèmes célébrant l'amour et le vin. Le deuxième, *Fils de l'ecclésiaste* [*Ben Qohelet*] est un recueil de textes pessimistes, dans l'esprit du livre biblique, et comprend des centaines d'épigrammes, dont le rapport avec la poésie arabe du Zuhub apparaît nettement. Enfin *Fils des proverbes* [*Ben Mishlé*] rassemble de courtes pièces didactiques, dans l'esprit de la poésie arabe de l'Adabe. Il semblerait que la plus grande partie de la poésie sacrée de Ha-Nagid ne nous soit pas parvenue.

L'importance de Samuel Ha-Nagid comme poète vient de ce qu'il a opéré une symbiose entre l'esprit de la poésie arabe de son temps, sur le plan de la prosodie et de la thématique, avec l'hébreu de *La Bible*. Dans les poèmes où il célèbre les jardins et le vin, il exprime son expérience de courtisan aristocrate ; dans ses poèmes guerriers, il inaugure un genre unique dans la littérature hébraïque. Le *Ben Mishlé* et le *Ben Qohélet* reflètent les concepts philosophiques et moraux de l'aristocratie cultivée de son temps. Ha-Nagid, qui écrit ses poèmes selon la métrique arabe, est en même temps le premier à composer des « muwashas » en hébreu.

MISHA ITZHAKI.

HANDEL-MAZZETTI Enrica Freiin von. Romancière autrichienne. Née le 10 janvier 1871 à Vienne, morte le 8 avril 1955 à Linz. Fille de la noblesse, elle fréquente une institution religieuse renommée (à St Pölten), entreprend des études supérieures (à partir de 1887), avant de se consacrer entièrement à la littérature, au contact du milieu culturel viennois, exceptionnellement fécond en ces années « fin de siècle ».

De l'œuvre de E. von Handel-Mazzetti, il convient surtout de retenir les romans historiques d'inspiration chrétienne : *L'Année mémorable de Meinrad Helmperger* (*) (1900), *Jesse et Marie* (+) (1906) et la trilogie *Stephana Schwertner* (+) (1912-1914). L'auteur privilégie les moments de l'histoire, où le conflit des idéologies — catholicisme et protestantisme — se manifeste dans toute son acuité, toute sa violence : la Contre-Réforme, la guerre de Trente Ans. Une profession de foi qui s'accorde à une précision naturaliste dans la description des atrocités commises au nom de la ferveur religieuse. Née elle-même d'un père catholique et d'une mère protestante, E. von Handel-Mazzetti s'attache à dépasser les querelles confessionnelles en dénonçant toute forme de fanatisme.

HANDKE Peter. Écrivain autrichien. Né à Griffen (Carinthie) en 1942. Comme s'il s'ingéniait à déjouer toute curiosité biographique, l'écrivain n'indique que quelques repères dans une vie de vagabondage : un séjour à Berlin durant l'enfance (1944-1948), le lycée de Klagenfurt (1954-1957), l'université de Graz où il entame des études de droit (1961-1965), puis, entre autres étapes (voyages ?) : Düsseldorf, Berlin, Paris, Kronberg, l'Amérique, l'Alaska, etc., Salzbourg enfin qui le retient sans le fixer. Itinéraire bientôt jalonné de signes de renommée : le prix Hauptmann (1967), le prix Büchner (1973), le prix Kafka (1979)... C'est avec *Les Frelons* [*Die Hornissen*] que s'ouvre, en 1966, l'œuvre narrative de Peter Handke : récit touffu (dont les jeux linguistiques et les méandres ne sont pas sans rappeler certaines techniques du Nouveau roman français) d'un narrateur à la recherche de son enfance à travers quelques scènes de la vie de province, dans un délire obsessionnel dont la clef est l'image d'un frère noyé. *Le Colporteur* [*Der Hausierer*], en 1967, poursuit à travers une parodie d'intrigue policière l'expérience de l'écriture comme introspection cauchemardesque d'un personnage en quête d'identité. Plus lapidaire et linéaire, *L'Angoisse du gardien de but au moment du penalty* (*) (1970), qui vaut à Peter Handke de conquérir la notoriété, est encore le récit d'une aliénation qui laisse cependant entrevoir, à la fin, le tracé d'une frontière salvatrice. À partir de 1970 en effet, dans les œuvres suivantes – *La Courte Lettre pour un long adieu* [*Der kurze Brief zum langen Abschied,* 1972], *Faux mouvement* [*Falsche Bewegung,* 1975] et *L'Heure de la sensation vraie* [*Die Stunde der wahren Empfindung,* 1975] –, la fiction handkéenne, après avoir osé dire l'histoire et le suicide de la mère – *Le Malheur indifférent* (*), 1972 –, quitte l'Autriche pour des lieux inédits, récits de voyage et d'apprentissage d'un Wilhelm Meister moderne dont la flânerie dans l'Amérique quotidienne mythique permet de repousser l'angoisse sans effacer la solitude, grâce à la disponibilité, la curiosité témoignée aux choses du monde. Écrite à Paris, *La Femme gauchère* (*) (1976), néanmoins, envisage une possible conciliation de l'imaginaire et de l'existence sédentaire. L'écriture de Handke, dès lors, est prête au « lent retour », à une réconciliation avec le pays natal ; le héros ne se fuit plus à travers l'espace, mais tente au contraire de s'inscrire dans une continuité temporelle et culturelle. Le protagoniste de *Lent retour* [*Langsame Heimkehr,* 1979], géologue de son état, hôte d'un village perdu au fin fond de l'Alaska, projette son retour en Autriche comme une remontée vers ce qu'il appelle la « loi » au-delà des « formes des temps premiers » et de l'« interdiction d'espace » ; *Histoire d'enfant* [*Kindergeschichte,* 1981] récapitule en quelque sorte les œuvres antérieures pour décider d'une adhésion au souvenir de soi-même. *Le Chinois de la douleur* (*) (1983), enfin, promène dans Salzbourg un archéologue-écrivain qui redécouvre sa ville en la regardant comme « un contemplateur qui regarde ailleurs ».

Peter Handke, cependant, n'est pas pour autant définitivement « installé ». *Après-Midi d'un écrivain* [*Nachmittag eines Schriftstellers,* 1987] décrit au quotidien l'enjeu de l'écriture pour « qui n'a jamais vécu qu'en vue de ce qu'il était en train d'écrire » : celui qui rentre précipitamment de son jardin, au moment où la neige va tomber, pour changer un mot dans son texte. Enfin *L'Absence* [*Die Abwesenheit,* 1987] raconte, une nouvelle fois, une flânerie : parmi quatre promeneurs en route vers des paysages sauvages, celui dit « le vieil homme », qui promet aux autres le plus beau pays, finalement, s'en va seul ; est-il au terme du voyage ? Ses compagnons, en tout cas, le cherchent, en croyant qu'il les a précédés sur le chemin – fable de l'écrivain qui se cache peut-être seulement pour qu'on le cherche.

L'œuvre dramatique de Peter Handke suit la même pente que son œuvre romanesque. Après l'audace provocatrice de ses premières pièces – *Outrage au public* [*Publikumsbeschimpfung,* 1965], insolente litanie et jonglerie d'insultes et d'invectives, ou encore *Prédictions* [*Weissagung,* 1964], qui organise une cacophonie de toutes les formes de discours dogmatiques et prophétiques –, la scène s'ouvre à des personnages-simulacres, comme l'enfant sauvage soumis à l'apprentissage torturant du langage dans *Gaspard* [*Kaspar,* 1967] ou les comédiens prisonniers de leur rôle de *La Chevauchée sur le lac de Constance* (*) (1971). Au-delà des comportements d'angoisse dont le théâtre handkéen semble dresser l'inventaire, *Les gens déraisonnables sont en voie de disparition* [*Die Unvernünftigen sterben aus,* 1973] esquissent une forme de sagesse ironique, stifterienne, en contrepoint du délire meurtrier auquel aboutit l'individualisme forcené. *Par les villages* (*) (1981) apparaît comme un long « poème dramatique » venant couronner le cycle romanesque du lent retour, sur la réconciliation d'un écrivain exilé avec « le lieu et le paysage » des origines.

Parallèlement aux œuvres de fiction, les essais et ouvrages critiques de Handke ne cessent de refléter les exigences, les doutes et les contradictions de l'esthétisme solitaire qu'il s'est choisi comme raison. Le titre du recueil *Je suis un habitant de la tour d'ivoire* [*Ich bin ein Bewohner des Elfenbeinturms,* 1972] a valeur de manifeste provocateur. Plus récemment, le carnet d'impressions et de notes de lecture publié sous le titre *L'Histoire du crayon* [*Die Geschichte des Bleistifts,* 1982] illustre le paradoxe de l'écrivain qui revendique un héritage pour affirmer un solipsisme jaloux. Ce dialogue avec les autres s'élabore concrètement, dans la production de Handke, à travers son travail de traducteur (Ponge, Char, Modiano, etc.) et ses collaborations cinématographiques, en particulier avec Wim Wenders (*Les Ailes du désir*). L'œuvre originale de Handke a dépassé depuis longtemps la renommée polémique acquise dans les années 68. Elle jouit d'une audience particulièrement attentive en France, où la presque totalité des textes sont accessibles, grâce notamment à la diligence du traducteur et ami Goldschmidt.

JEAN-JACQUES POLLET.

♦ *« Cet Autrichien va dominer, c'est l'évidence, sa génération en Europe. »* Bertrand Poirot-Delpech. ♦ *« Peter Handke ou l'autobiographie essentielle. »* Claude Mauriac.

RÉF. : P. Pütz, *Peter Handke,* Francfort, 1982. – M. Durzac, *Peter Handke und die deutsche Gegenwartsliteratur,* Stuttgart, 1982. – E. Tunner, *Peter Handke,* Rouen, 1983. – G.-A. Goldschmidt, *Peter Handke,* Paris, 1988. – A.-F. Bernard, *Peter Handke. Errance d'un Autrichien,* Lille, 1990.

HAN FEI-TSE [Hanfeizi]. Célèbre juriste et philosophe chinois. Né vers 280 avant notre ère, il mourut vers 234. Fils du prince de Han, il fut avec Li Se élève du philosophe Siun-tse, qui enseignait les principes du confucianisme, teintés d'influence légiste. Par la suite, il s'intéressa plus spécialement aux sciences juridiques, et voulut restaurer un pouvoir fort qui gouverna par la loi pénale. Il fut ainsi le plus important penseur de l'école du légisme, sans pour autant, semble-t-il, avoir « tenu école » en acceptant des disciples. Bègue, il se contenta de rédiger des essais, qui circulèrent assez pour le faire connaître de son vivant. En 234, il fut envoyé comme ambassadeur auprès du roi de Ts'in, sur lequel il exerça d'abord une grande influence ; mais son ancien condisciple Li Se, devenu ministre, le fit mettre en prison par jalousie, et le poussa au suicide, avant que Ts'in Che-houang ne le graciât.

Toutes les idées philosophiques et juridiques de ce penseur sont exposées dans l'œuvre intitulée *Han Fei tse* (*), dont sept ou huit chapitres seulement, sur cinquante-cinq, sont authentiques. L'essentiel en est une réaction naturelle contre les erreurs et désordres du temps. Esprit à la fois pratique et spéculateur, Han Fei-tse faisait remarquer que les brigands, les assassins et les égoïstes ont besoin d'autre chose que de bonté et de poésie, c'est-à-dire du fouet et de la peine de mort. Suivant en cela le taoïsme, Han Fei-tse est partisan de l'inexorabilité des lois. Comme Siun-tse, il juge la nature humaine mauvaise. Ses théories, probablement d'origine turco-mongole comme les Ts'in, concernant un gouvernement dynamique, furent adoptées par Ts'in Che Houang Ti. Ainsi, pour la première fois, la Chine fut unifiée sous un gouvernement centralisé et bureaucratique qui durera vingt et un siècles.

RÉF. : L. Vandermeersch, *La Formation du légisme. Recherche sur la constitution d'une philosophie politique de la Chine ancienne,* Paris, 1965. – J. Lévi, *Le Livre du prince Shang,* Paris, 1981.

HANKA Václav. Poète et philologue tchèque. Né le 19 juin 1791 à Horineves près de Kœniggratz (Bohême), mort le 12 janvier 1861 à Prague. Bibliothécaire du Musée tchèque, il entretint des rapports étroits avec les écrivains des autres pays slaves, et fut un grand admirateur de la Russie.

Il est bien connu, moins pour ses chansons (*Pisne*, 1819) et ses travaux de lexicographie, que pour la fameuse histoire des faux manuscrits anciens tchèques : il publia de prétendus parchemins anciens sous le titre de *Manuscrits de Králové Dvur et de Zelená Hora* (*). Ces compositions épiques sur la préhistoire païenne, les tournois chevaleresques, la geste des Tchèques primitifs, et ces chansons d'amour, qui fourmillent de termes russes et d'expressions slavonnes, sont attribuées à Hanka et à son ami le poète Linda. Par leur mythologie et leur vision poétique, ils influencèrent la poésie (Zeyer), la peinture (Mánes, Ales), la culture (Myslbeck), et la musique (Smetana, Fibich, Janácek).

HANLEY James. Écrivain anglais d'origine irlandaise, né à Dublin le 3 septembre 1901, mort à Londres le 11 novembre 1985. La communauté irlandaise de Liverpool dans laquelle il grandit marque son imaginaire et fournit le sujet de ses romans, *Le Tourbillon* [*Drift,* 1930] ou *Flux et Reflux* [*Ebb and Flood,* 1932]. La mer qu'il connaît comme simple marin dans sa jeunesse n'est pas chez lui le lieu d'aventures héroïques ; ses personnages sont des *Hommes de l'ombre* [*Men in Darkness,* 1931] qui suent devant les machines et s'écroulent d'épuisement ou des mousses violentés par l'équipage comme dans *Boy* (*) (1931). L'horreur absolue s'abat sur les tranchées où s'engloutissent les poilus du *Prisonnier allemand* [*The German Prisoner,* 1930] happés par la boue liquide. Souvent considéré comme un adepte du réalisme prolétarien à cause de sa saga romanesque des « Furys » – v. *Le Cycle des Furys* (*) – Hanley a constamment refusé ce qualificatif. Il ne cherche pas à défendre une vision idéologique de la société ; il est dans le petit peuple et dépeint les tragédies familiales de fils annihilés par leurs mères trop possessives ou leur révolte contre une morale catholique puritaine. Hanley préfigure les écrivains de l'absurde par sa puissance obsessionnelle, son écriture économique et lancinante. Il ne fait aucune concession au lecteur dans ses évocations d'univers claustrophobiques et résolument noirs. Pourtant les personnages de *En pleine mer* [*The Ocean,* 1945], *La Sonate galloise* [*The Welsh Sonata,* 1954], *Levine* (1956), *Le Silence* [*Say Nothing,* 1962] ou *Voyage onirique* [*A Dream Journey,* 1976] ne manquent pas de dignité dans leur résistance désespérée face au destin. C'est bien en terme de tragédie qu'il faut lire ces romans qui, avec *La Maison sans issues* (*) (1943) et *L'Embarquement impossible* [*The Closed Harbour,* 1952] constituent les plus belles œuvres de cet écrivain largement autodidacte et injustement méconnu. L'enjeu des luttes impitoyables est bien la possession d'une parole qui fait l'objet de toutes les convoitises. Le silence ou le repli autistique demeurent les derniers remparts derrière lesquels se réfugient nombre de personnages pour échapper au chaos interne qui les menace ou à la captation par l'autre qui les obsède. Lire Hanley, c'est souvent se laisser emporter dans le tourbillon des angoisses intimes que l'auteur sait évoquer à travers un discours fort et poétique, souvent elliptique et merveilleusement maîtrisé, surtout dans des nouvelles telles que *Les Ténèbres* [*The Darkness,* 1973].

JEAN-PIERRE DURIX.

RÉF. : E. Stokes, *The Novels of J. Hanley,* Melbourne, 1964. – L. Gibbs, *J. Hanley, a Bibliography,* Vancouver, 1980 – J. P. Durix, *L'Œuvre romanesque de J. Hanley,* Lille, 1984.

HAN MAC TU (pseud. de François Nguyên Trong Tri). Poète vietnamien. Né le 22 septembre 1912 à Lê My (Dông Hoi), mort le 11 novembre 1940 à Quy Hoa (Qui Nhon). Issu d'une famille pauvre, d'une grande ferveur catholique, orphelin de père jeune, il ne peut terminer ses études. Il doit bientôt abandonner son emploi au cadastre pour raisons de santé. Il se tourne alors vers le journalisme à Saigon (1934-35), mais s'aperçoit en 1936 qu'il est gravement atteint par la lèpre. Il est isolé à la léproserie de Qui Hoa près de Qui Nhon, où il meurt, transporté par une foi ardente. Poète dès 16 ans, il occupe une place originale dans le courant de la « poésie nouvelle » (« tendance folle ou hallucinée »). Ses *Poésies* (*), dont seule une partie est publiée – *Paysannes* [*Gai quê,* 1936], *Souffrances* [*Dau thuong*, 1938] – comme sa prose – *Jouons sous la lune* [*Choi giua mùa Trang*, 1942] – se distinguent par leur mysticisme empreint de visions fantasmagoriques.

THANH-TÂM LANGLET.

HAN PANG-TS'ING [Han Bang-qing] (appelé aussi Han Tse-yun). Romancier chinois. Né en 1856 à Song-tsiang (Tsiang-Sou) et mort en 1894 à Shanghai. Il vécut à la fin de la dynastie Ts'ing (1644-1911). Passionné par le jeu d'échecs et opiomane, il passait presque tout son temps dans les auberges de Shanghai et dépensait dans les lupanars de cette ville tout ce qu'il gagnait en tant que rédacteur en chef d'un journal local. Cette expérience personnelle lui permit de décrire dans ses romans, avec intelligence et réalisme, le monde et la vie des commerçants, des dépravés et des prostituées de cette ville cosmopolite. Le plus connu de ses romans est *La Vie des fleurs du bord de mer* (*) (1892).

RÉF. : Lu Hsin, *A Brief History of Chinese Fiction* (trad. Yang Hsien-yi et G. Yang), Pékin, 1959. – Ou Itai, *Le Roman chinois,* Paris, 1933.

HANSEN Martin Alfred. Romancier danois. Né le 20 août 1909 à Strøby, mort le 27 juin 1955 à Copenhague. Fils d'un petit cultivateur, instituteur de 1930 à 1945. Corédacteur (1950-1951) de la revue *Heretica,* qui réunit autour d'elle l'essentiel de la littérature d'après-guerre, il exerça sur ses contemporains une influence considérable. Ses deux premiers romans, *Maintenant, il renonce* [*Nu opgiver han,* 1935] et *La Colonie* [*Kolonien,* 1937], décrivant la transformation du monde paysan et l'agriculture collective, analysent les nouvelles valeurs qu'exige cette nouvelle forme de vie. Dans deux romans picaresques, *Le Voyage de Jonathan* [*Jonathans rejse,* 1941] et *Heureux Christophe* [*Lykkelige Kristoffer,* 1945], il évoque en des récits pleins d'imagination et d'humour le conflit entre paysans et citadins entre la tradition et la vie moderne, entre la foi et le doute et l'avènement du matérialisme et de l'individualisme. Les nouvelles du *Buisson d'épines* [*Tornebusken,* 1946] et de *La Perdrix* [*Agerhønen,* 1947], qui le classent au premier rang des écrivains danois contemporains, abordent le problème du mal et de la souffrance, pour les accepter enfin comme une partie intégrante du monde et pour rejeter le désespoir et le nihilisme. Le même engagement religieux et moral se retrouve dans le roman *Le Menteur* (*) (1950) commandé par la radio danoise, où il fut lu avec un succès énorme. Hansen a également publié des recueils d'essais, *Pensées dans une cheminée* [*Tanker i en skorsten,* 1948] et *Leviathan* (1950) et une grande étude sur l'introduction du christianisme au Danemark, *Serpent et Taureau* [*Orm og Tyr,* 1952]. Plusieurs recueils de ses nouvelles sont parus après sa mort.

CARL GUSTAF BJURSTRÖM.

HANSLICK Eduard. Critique musical et esthéticien tchèque d'expression allemande. Né le 11 septembre 1825 à Prague, mort en 1904 à Baden, près de Vienne. Nanti d'une solide culture musicale, il se destinait à la composition mais, conscient de son manque de génie créateur, il se résigna à devenir fonctionnaire. À Vienne, en 1846, il débuta comme critique musical dans le *Wiener Musik Zeitung* par un long essai sur le *Tannhäuser* (*) de Wagner, qui lui valut une lettre de remerciements de celui-ci et le lança. Mais, transféré à Klagenfurt par son administration, il ne put reprendre son rôle de critique qu'en 1852, lorsqu'il obtint un poste à Vienne. Il fut alors immédiatement admis à la rédaction du *Wiener Zeitung*, organe gouvernemental, puis en 1855 à celle du grand quotidien *Die Presse*, et en 1864 à la *Neue Freie Presse* qui en recueillit la succession. De cette tribune, il contribua grandement au renouvellement musical de la seconde moitié du XIXe siècle. Son traité d'esthétique, *Du beau dans la musique* (*), publié en 1854 (et traduit en français en 1877), lui ouvrit les portes de l'université de Vienne ; en 1856, il donna bénévolement des conférences auxquelles assista bientôt le Tout-Vienne. Trois ans après, il fut intégré à titre exceptionnel dans les cadres de l'enseignement, et put ainsi se consacrer entièrement à sa passion. Admirateur ardent de Schumann et de Mendelssohn, il combattit la nouvelle manière de Wagner, le romantisme de Liszt et de son cercle de Weimar. Ce champion de la musique pure et du respect de la tradition classique était tout désigné pour défendre Brahms et le wagnérisme viennois d'un Bruckner et plus tard d'un Richard Strauss. Wagner riposta en faisant sa caricature dans *Les Maîtres chanteurs* (*).

RÉF. : Ed. Hanslick, *Aus meinem Leben* (autobiographie), 2 vol., Berlin, 1894. – G. Adler, *Ed. Hanslick*, in t. IX du *Biographisches Jahrbuch und Deutscher Nekrolog*, Berlin, 1906. – W. Abegg, *Musikästhetik und Musikkritik bei Eduard Hanslick*, Ratisbonne, 1974.

HAN YU (prénom social T'ouei-tche, surnoms Han Tch'ang-Li, d'après l'origine géographique de ses ancêtres, ou Han Li-pou, de par l'un de ses titres). Homme politique et lettré chinois. Né à Teng-tcho (Heu-nan) en 768, mort à Tch'ang en 824, sous la dynastie

T'ang (618-906). Orphelin de père dès l'âge de trois ans, il dut vite assurer la subsistance de sa mère et de son frère. Lorsque celui-ci fut exilé dans le Kouang-Tong, Han Yu et sa mère l'accompagnèrent et restèrent avec lui jusqu'à sa mort. De retour dans le Heu-nan, Han Yu se mit avec passion à étudier les lettres, et à ménager sa carrière mandarinale. Diplômé, il obtint un emploi et, s'imposant peu à peu, devint ministre des Rites. Ayant publié un mémoire qui critiquait l'empereur, il fut envoyé à son tour dans le Kouang-tong. En 819, de retour, il écrivit un autre mémoire pour protester contre les honneurs extravagants que l'empereur voulait rendre à un os supposé de Bouddha : le *Mémoire sur la relique de Bouddha* [*Louen Fo kou piao*] : Han Yu fut de nouveau envoyé dans le Kouang-tong, où il se mit à instruire les autochtones. Lorsqu'il put reprendre ses fonctions, sa santé était fortement compromise et une maladie l'emporta. Toutes ces épreuves incrustèrent en lui le sentiment d'avoir été mal utilisé et incompris. C'était alors l'époque de la décadence des T'ang. Les principales figures de la littérature et de l'art venaient de disparaître. Ses œuvres ont été réunies sous le titre *Recueil des œuvres de Han Tch'ang-li* (*). En prose, il est un maître original et révolutionnaire, car il a introduit le choix et la liberté des expressions dans le style traditionnel. Han Yu fut le principal émulateur du mouvement de la prose en « style ancien » [kou-wen], préconisant le retour à une prose épurée et directe, dont l'objet essentiel – quant à Han Yu en tout cas – devait être didactique. Ce mouvement s'insurgeait contre le style trop orné et précieux de la « prose parallèle », et Han Yu lui fit la propagande la plus efficace par sa propre création littéraire. Comme poète, il fut beaucoup moins célébré. On l'a parfois accusé de formalisme, ou encore de n'écrire que de la prose rimée. Il reçut après sa mort le titre de « wen-kong » ou « duc de la littérature », et sa stèle fut placée dans le temple de Confucius en 1084.

RÉF. : E. von Sach, *Han Yü's Poetische Werke*, Cambridge, Massachusetts, 1952. – C. Hartman, *Han Yü and the T'ang Search for Christy*, Princeton, 1986.

HARDELLET André. Poète, romancier et parolier français. Né le 13 février 1911 à Vincennes, mort le 24 juillet 1974 à Paris. L'œuvre d'Hardellet associe l'imaginaire onirique à la flânerie intemporelle, à travers les vieux quartiers de Paris, dont il était devenu un passant aussi considérable que secret, tourné vers les lieux enchantés qui échappent à la ruine de la mort, et gagnent à perdurer dans la mémoire des poètes et des amants éternels. À l'âge de trente-six ans, il adresse ses poèmes à Pierre Mac Orlan, qui l'encourage à publier. Il se fait connaître grâce à la chanson : *Le Bal chez Temporel,* mis en musique par Guy Béart et interprété par Patachou, reçoit le Grand prix du disque en 1957. En 1958, paraît son premier roman, *Le Seuil du jardin* (*), qui lui vaut une lettre enthousiaste d'André Breton. Dans ce livre apparaît la veine la plus originale d'Hardellet, à mi-chemin du réalisme et du fantastique ; le monde romanesque s'inspire du rêve comme des désirs les plus inaccessibles, lorsqu'il s'agit de matérialiser les souvenirs d'enfance ou de sonder son propre avenir. Après *Le Parc des archers* (1962), Hardellet rédige *Les Chasseurs* (*) (1966), recueil de poèmes, de textes en prose qui fonctionnent comme autant de « flashes », qui révèlent l'intimité du souvenir et de la magie. Cette publication attire l'attention de Julien Gracq, avec lequel Hardellet se trouve en affinité élective. À cette époque, il rencontre également Jean-Jacques Pauvert, qui devient son éditeur et son ami. Il lui dédie *Lourdes, lentes...* (*), qui paraît en 1969, sous le pseudonyme de Stève Masson. Ce livre fait scandale, et vaut à Hardellet un procès et une condamnation pour outrages aux mœurs, malgré le soutien de Julien Gracq. *Lourdes, lentes...*, qui reste un chef-d'œuvre de la littérature érotique, est à l'origine d'un malentendu sur Hardellet, poète maudit, soumis à la censure, et cette célébrité posthume – Hardellet est mort un an après son procès – l'a relégué pour un temps dans l'enfer des bibliothèques, occultant la majeure partie de son œuvre, dont la dimension onirique confère un intérêt plus profond aux investigations poétiques de l'auteur de *Lady Long Solo* (1971).

Hardellet appartient à une confrérie dont les membres ont tous arpenté ce lieu alchimique qui désignait selon lui le cœur de l'émotion esthétique, hors des contingences sociales ou historiques : Nerval, Lewis Carroll, George Du Maurier, Robert Louis Stevenson, Herman Melville, Aloysius Bertrand sont les guetteurs de ce royaume perpétuel d'où partent les fusées instantanées d'un art impeccable.

OLIVIER HOUBERT.

RÉF. : Hubert Juin, *André Hardellet,* Paris, 1975. – Guy Darol, *André Hardellet ou le Don de double vie,* Paris, 1990.

HARDY Alexandre. Poète dramatique français. Né à Paris vers 1572, mort (sans doute de la peste) vers 1632. Hardy est le premier auteur dramatique professionnel et le plus prolifique auteur de théâtre du XVIIe siècle, puisqu'il déclarait avoir écrit plus de six cents pièces. Sa vie est extrêmement mal connue. L'extraordinaire érudition historique, mythologique et biblique qu'il déploie dans son œuvre suggère une naissance dans une famille aisée et une éducation dans un collège. Il semble s'être attaché à des troupes de comédiens itinérants (Paris ne possédait pas encore de théâtre professionnel) dès l'âge de vingt ans : d'abord la troupe d'Adrien Talmy le jeune, puis, à partir de 1598, la troupe des Comédiens du Roi de Valleran le Conte, qui sera dirigée une vingtaine d'années plus tard par Bellerose, grâce auquel elle pourra enfin s'installer à Paris en louant l'unique théâtre parisien, l'Hôtel de Bourgogne. Si un contrat daté de 1611 le désigne comme comédien, sa principale fonction était de fournir à ses associés des pièces, et l'énormité de son œuvre nous permet de déduire qu'il écrivait une pièce nouvelle toutes les trois semaines. Mais, comme il était d'usage alors, ces pièces étaient non sa propriété mais celle de toute la troupe, qui en conservait ainsi l'exclusivité. Vers l'âge de cinquante ans, alors qu'il jouit d'un rayonnement considérable (dont témoignent des poèmes à sa gloire écrits par des écrivains aussi fameux que Théophile de Viau ou Tristan L'Hermite), il songe à faire publier une partie de son œuvre : il commence en 1623 par son adaptation du roman grec le plus célèbre au XVIIe siècle, *Les Éthiopiques* (*) d'Héliodore, intitulée *Théagène et Chariclée,* vaste composition constituée de huit « poèmes dramatiques » de cinq actes chacun. De 1624 à 1628, il publie les cinq tomes de son *Théâtre,* chaque tome comprenant des tragédies – parmi lesquelles *Didon se sacrifiant* (*), *Coriolan* (*), *Scédase ou l'hospitalité violée, Panthée, Marianne* (+) – et des tragi-comédies – notamment *La Belle Égyptienne, Félismène, La Force du sang, Gésippe ou les Deux Amis* – et se terminant par une pastorale – entre autres *Alcée ou l'Infidélité* et *Le Triomphe d'amour* –, au total trente-trois pièces en cinq actes.

C'est à cette occasion que ses rapports avec Bellerose se sont détériorés au point d'aboutir à la rupture en 1626 : puisque toute pièce publiée tombait dans le domaine public et pouvait être reprise par n'importe quelle autre troupe, Bellerose souhaitait conserver l'exclusivité du théâtre de Hardy et ne lui restitua qu'une infime partie de son œuvre. Aussi, en janvier 1627, se lie-t-il avec la troupe de Villiers, mais on ne sait ce qu'il advint de cette association. Sa rupture avec Bellerose fut lourde de conséquences : le comédien fit appel à de jeunes auteurs qui triomphèrent rapidement avec des tragi-comédies d'un nouveau genre – sujets empruntés à des romans modernes, surtout à *L'Astrée* (*), refus de toute règle de composition dramatique, adoption des préceptes linguistiques et stylistiques de Malherbe –, qui démodèrent d'un coup, au moment même où elle commençait à être publiée, toute l'œuvre de Hardy. Depuis longtemps figure de proue du parti ronsardien qui résistait contre le discrédit croissant lancé sur l'œuvre de la Pléiade par Malherbe et ses jeunes adeptes, Hardy partit en guerre contre Bellerose et ses protégés dans le tome V de son *Théâtre* (1628). Oubliant qu'il avait lui-même écrit des tragi-comédies et que ses tragédies sont rarement soumises aux règles des unités, il se posa en défenseur de la tragédie régulière et en continuateur de l'œuvre de la Pléiade, reprochant à ses jeunes rivaux le caractère débridé de leur invention dramatique et la préciosité malherbienne de leur écriture. Deux des auteurs visés, Auvray et Pierre Du Ryer, répliquèrent alors par un opuscule intitulé *Lettres à Poliarque et Damon sur les médisances de l'auteur du Théâtre,* qui attaquaient surtout l'orgueil de Hardy et son écriture archaïque, à quoi lui-même répondit par un pamphlet d'une extraordinaire violence, *La Berne des deux rimeurs de l'Hôtel de Bourgogne.* La querelle n'alla pas plus loin, et l'on n'entendit plus parler du vieil auteur (qui n'est pas pour autant mort dans la misère, comme le voudrait la légende) : le succès des tragi-comédies de la jeune génération dut lui apprendre qu'il avait définitivement perdu la partie, d'autant que la nouvelle troupe qui prenait alors pied à Paris (la troupe de Montdory qui s'installera bientôt définitivement dans le jeu de paume du Marais) cherchait à concurrencer l'Hôtel de Bourgogne en faisant appel à de jeunes auteurs qui proposaient de nouvelles formes d'écriture, différentes encore de celles de la tragi-comédie triomphante – v. *Mélite* (*), première comédie de Corneille. Si Hardy a pu être jugé archaïque dès 1628, s'il est effectivement souvent difficile à lire du fait de sa syntaxe complexe et quelquefois décousue, de son goût pour l'érudition mythologique, de son penchant ronsardisant pour le mot rare, technique ou archaïque, et le néologisme, son œuvre, qui mérite d'être redécouverte pour sa force, sa liberté, sa poésie violente (et quelquefois gracieuse), a joué un rôle considérable dans l'avènement de la dramaturgie classique française. Médiateur entre la tragédie humaniste destinée aux lettrés et le public populaire pour lequel il écrivait (friand d'action mouvementée et de scènes spectaculaires ou violentes), il a progressivement tourné le dos au statisme de la tragédie du XVIe siècle, fondé sur la déploration et le lyrisme choral : en pratiquant la tragédie irrégulière et la tragi-comédie, ce contemporain de Shakespeare et de Lope de Vega est véritablement l'inventeur, pour la France, de l'action dramatique.

GEORGES FORESTIER.

♦ *« À une époque où l'on ne discute même pas encore sur les règles, Hardy peut aborder avec une totale liberté, dont la sérénité va parfois jusqu'à la naïveté, les problèmes théâtraux qu'il a choisis, et exercer sans entrave ses considérables facultés d'invention. Rien ne le gêne. Il a, dans ses meilleurs moments, la simplicité confondante et juste des grands primitifs, et le vrai théâtre en liberté, c'est le sien. »* J. Scherer.

RÉF. : T. J. Reiss, *Toward Dramatic Illusion : Theatrical Technique from Hardy to Horace,* New Haven & London, 1971. – C. Frederici, *Réalisme et Dramaturgie. Étude de quatre écrivains : Garnier, Hardy, Rotrou, Corneille,* Paris, 1974. – J. Scherer, *Théâtre du XVIIe siècle,* vol. I, Paris, 1975. – B. Bearez Caravaggi, *La Belle Égyptienne,* Fasano-Paris, 1983. – Ph. Ford, *Panthée,* Exeter, 1984.

HARDY Thomas. Écrivain anglais. Né le 2 juin 1840 à Higher Bockhampton dans la paroisse de Stinsford (Dorset), mort le 11 janvier 1928 à Dorchester. Après avoir fréquenté l'école de Dorchester, il devint à seize ans l'élève et l'assistant de l'architecte John Hicks mais le quitta en 1862 pour se rendre à Londres auprès de l'architecte Arthur Blomfield. Tout en étudiant l'architecture, Hardy cultiva les lettres et tout particulièrement la poésie : le rêve le plus cher de sa longue vie. Son premier roman *Le Pauvre et la Dame* [*The Poor Man and the Lady*], écrit en 1867 et présenté l'année suivante à de nombreux éditeurs, ne fut jamais publié, il l'utilisa en partie dans son récit intitulé : *Une indiscrétion dans la vie d'une héritière* [*An Indiscretion in the Life of an Heiress*]. Sur le conseil de Meredith, qui avait lu son premier essai, il se lança dans un roman d'intrigues sans buts sociaux et fit paraître en 1871 *Les Remèdes désespérés* [*Desperate Remedies*] ; en 1872 *Sous la verte feuillée* (*), le premier roman original de Hardy et le plus rempli de fraîcheur et, en 1873, *Deux yeux bleus* [*Blue Eyes*] où il raconte en l'idéalisant son amour pour Emma Lavinia qu'il devait épouser en 1874. Son ouvrage *Loin de la foule déchaînée* [*Far from the Madding Crowd,* 1874] commence la série des romans les plus typiques de Hardy à laquelle appartiennent : *Le Retour au pays natal* (*) (1878), *Le Maire de Casterbridge* [*The Mayor of Casterbridge,* 1886], *Les Forestiers* (*) (1887), *Tess d'Urberville* (*) (1891) et *Jude l'obscur* (*) (1895). Il fit un voyage en Hollande, suivit les bords du Rhin, visita Bruxelles et le champ de bataille de Waterloo qu'il décrivit dans son grand poème dramatique *Les Dynastes* (*) (1904-1908) sur l'épopée napoléonienne qui lui avait inspiré son roman *Le Trompette-Major* (*) (1880). Au cours d'une longue maladie qui, en 1880, le cloua dans son lit pendant de nombreux mois, il composa *Une Laodicéenne* [*A Laodicean*]. Il fit paraître en 1882 *À la lumière des étoiles* (*) et en 1892 son dernier roman *La Bien-Aimée* [*The Beloved One*]. En 1883, il avait fait construire sa maison « Max Gate » à Dorchester, où il passa le reste de sa vie, à l'exception d'un voyage en France et en Italie en 1887 et de séjours annuels à Londres. Les nombreuses nouvelles qu'il écrivit au cours de sa carrière littéraire furent réunies dans des volumes intitulés : *Contes du Wessex* [*Wessex Tales,* 1888], *Un cercle de dames nobles* [*A Group of Noble Dames,* 1891], *Petites ironies de la vie* [*Life's Little Ironies,* 1894] et *Un homme transformé et autres contes* [*A Changed Man and Other Tales,* 1913]. Devenu veuf en 1912, il épousa en secondes noces, en 1914, Florence Emily Dugdale. À la fin de sa vie, Hardy se consacra exclusivement à la poésie. Il rassembla les poèmes écrits depuis sa jeunesse et en composa de nouveaux. Ils furent réunis en plusieurs volumes intitulés : *Poèmes du Wessex* [*Wessex Poems,* 1898], *Poèmes du passé et du présent* [*Poems of the Past and Present,* 1902], *Jouets du temps* [*Time's Laughing-Stocks and Other Verses,* 1909], *Satires de circonstance* [*Satires of Circumstance,* 1914], *Instants de vision* [*Moments of Vision,* 1917], *Poèmes lyriques anciens et récents* [*Late Lyrics and Earlier,* 1922], *Spectacles humains* [*Human Shows,* 1925] et *Paroles hivernales* (*) (1928). En 1923, il fit représenter une tragédie qu'il avait écrite sur Tristan et Iseult, *La Fameuse Tragédie de la reine de Cornouailles* [*The Famous Tragedy of the Queen of Cornwall*].

♦ *« Il y a en lui comme un Rousseau, aussi extrême en sa révolte, mais différent par la maîtrise de soi, la dignité massive, le calme dans l'amertume. Non seulement il nie l'espoir d'un bonheur fondé sur le progrès de la raison critique, c'est toute la civilisation moderne qu'il condamne, et son cœur meurtri cherche, tel un animal blessé, l'abri de la terre la plus primitive et la plus intacte. »* L. Cazamian. ♦ *« Tous ses personnages sont construits de façon robuste mais laborieuse ; ils ne sont guère variés et n'offrent pas, si l'on excepte Jude et Sue, une extrême complexité [...] Simples, ils ne sont que des taches momentanées dans les paysages élémentaires qui les entourent. Dans les descriptions de la nature, Thomas Hardy se révèle un maître [...] Il se surpasse lorsqu'il peint la nature vidée d'humanité visible, imprégnée cependant des plus farouches désolations humaines. »* René Lalou. ♦ *« Dans les romans rustiques de Thomas Hardy, il y a une protestation aussi ardente contre les crimes de la société que dans* Résurrection. *»* V. Basch.

RÉF : Lord D. Cecil, *Hardy the Novelist,* Londres, 1943. — A. J. Guerard, *Hardy : the Novels and Stories,* Cambridge, Mass., 1949. — S. Hynes, *The Pattern of Hardy's Poetry,* Cambridge, Mass., 1963. — Roy Morrell, *Thomas Hardy, the Will and the Way,* Kuala Lumpur, 1965. — M. Millgate, *Thomas Hardy, his Career as a Novelist,* Londres, 1971. — J. I. M. Stewart, *Thomas Hardy, a Critical Biography,* Londres, 1971. — Ian Gregor, *The Great Web : the Form of Hardy's Major Fiction,* Londres, 1974. — Anne Smith (ed.), *The Novels of Thomas Hardy,* Londres, 1979. — Norman Page (ed.), *Thomas Hardy : the Writer and his Background,* Londres, 1980. — R. H. Taylor, *The Neglected Hardy,* Londres, 1982. — John Goode, *Thomas Hardy : the Offensive Truth,* Oxford, 1988.

ḤARĪRĪ (al-) Abū Muḥammad al-Qāsim. Écrivain arabe. Né près de Bassora (Bas-Iraq) en 1054, mort dans cette ville en 1122. Après une formation philologique et littéraire approfondie, il entra dans l'administration impériale. Sa carrière se déroula tout entière dans sa ville natale, où il exerça la fonction de chef du renseignement. Outre ses *Maqāmāt* (*), qui l'ont fait passer à la postérité, il laissa plusieurs œuvres, dont un poème didactique consacré à la grammaire, les *Récréations syntaxiques* [*Mulḥāt al- iʿrāb*].

JEAN-PATRICK GUILLAUME.

HARNACK Adolf von. Théologien protestant et historien allemand. Né à Dorpat (Estonie), le 7 mai 1851, mort à Heidelberg le 10 juin 1930. Il commença ses études sous la direction de son père, professeur de théologie protestante en Russie, et les termina à l'université de Leipzig. En 1873, il y est chargé d'un cours d'histoire de l'Église et plus tard professeur. Influencé par la théologie historiciste d'A. Ritschl, il entreprit en 1879 à Giessen, où il avait été transféré, puis à Marbourg, la publication de son volumineux *Manuel d'histoire des dogmes* (+) qui fit de lui le chef du protestantisme libéral. Le succès de son œuvre lui attira cependant les foudres de l'Église prussienne, qui lui interdit de revenir à Leipzig. Mais grâce à l'appui de Bismarck il obtint, deux années plus tard, à l'université de Berlin, la chaire d'histoire du christianisme qu'il occupa jusqu'en 1921. Maître séduisant, brillant écrivain et publiciste d'une fécondité prodigieuse, il a été au cœur des fameuses controverses sur le rapport entre le message évangélique et le Symbole des Apôtres et sur l'essence du christianisme. Il fut comblé d'honneurs : membre en 1890, puis président de l'Académie prussienne des sciences ; directeur en 1905 de la Bibliothèque nationale de Berlin ; président de la Kaiser Wilhelm Gesellschaft zur Förderung des Wissenschaften (Société pour l'avancement des sciences) et enfin anobli par Guillaume II en 1914. Ses œuvres les plus importantes sont : *Le Symbole des Apôtres* [*Das apostolische Glaubenssekenntniss*, 1892] ; *Histoire de la littérature chrétienne primitive jusqu'à Eusèbe* [*Geschichte der altkristlischen Literatur bis Eusebius*, 1893-1894] en trois volumes ; *L'Essence du christianisme* (*) (1900) ; *La Mission et le développement de l'Église au cours des trois premiers siècles* [*Die Mission und Ausbreitung des Christentums in drei erstes Jahrhunderten*, 1902]. Il consacra les dernières années de sa vie à l'étude de Marcion — v. *Marcion, l'évangile du dieu étranger* (*) — et surtout du Nouveau Testament. En 1931 ont paru, à titre posthume, les trois volumes des *Études sur l'histoire du Nouveau Testament et de l'Église primitive* [*Studies zur Geschichte des N. T. und der alten Kirche*].

RÉF. : Agnès von Zah-Harnack, *Adolf v. Harnack*, Berlin, 1936. — W. Döbertin, *A. von Harnack Theologe, Pädagoge, Wissenschaftspolitiker*, Francfort-sur-le-Main, 1985.

HARPOCRATION Valerius. Savant grec d'Alexandrie. On ne sait pas d'une façon certaine quand il vécut, à l'époque de Tibère (Ier siècle ap. J.-C.), époque à laquelle appartiennent les auteurs les plus récents qu'il cite dans son ouvrage, ou à une époque ultérieure, particulièrement à celle d'Antonius Verus (fin du IIe siècle), qui aurait été son élève selon l'*Histoire Auguste ;* la seconde hypothèse serait juste, s'il est vrai qu'Harpocration s'inspira, comme il semblerait, du *Livre des Deipnosophistes* (*) d'Athénée, qui fut terminé à la fin du IIe siècle. Il nous est resté de lui les deux rédactions du *Lexique des dix orateurs attiques* (*).

HARRIS Joel Chandler. Journaliste et conteur américain. Né le 9 décembre 1848 près d'Eatonton, en Géorgie, mort le 3 juillet 1908 à Atlanta. À treize ans, Harris devint apprenti au journal *The Countryman*, qui était publié dans une plantation, et dont le directeur devint plus ou moins son professeur. Après avoir été l'employé de divers autres journaux du Sud, il devint celui de la *Constitution* d'Atlanta, où il demeura vingt-quatre ans. C'est là que, pour décrire la vie des Noirs des plantations, il inventa le personnage d'Uncle Remus. Lisant l'année suivante une étude sur le folklore noir dans *Lippincott's Magazine*, il comprit tout le parti littéraire qu'il pouvait tirer des histoires entendues pendant l'enfance. Le 20 juillet 1879 parut dans la *Constitution* la première d'une longue série d'histoires d'animaux dont les deux plus célèbres sont sans nul doute Frère Lapin et Frère Renard. Le premier recueil de ces contes, *L'Oncle Rémus, ses chansons et ses histoires* — v. *Oncle Rémus* (*) —, parut l'année suivante, en 1880, et fut suivi de beaucoup d'autres (neuf du vivant de l'auteur et un posthume), ainsi que de *Mingo et autres récits en noir et blanc* [*Mingo and Other Sketches in Black and White*, 1884], de deux romans et de plusieurs autres nouvelles.

MICHEL GRESSET

RÉF. : Stella Brewer Brooks, *Joel Chandler Harris, Folklorist,* University of Georgia Press, 1950.

HARRIS Wilson. Romancier guyanais. Né le 24 mars 1921 à New Amsterdam (Guyana). Ses poèmes et nouvelles de jeunesse qui paraissent dans *Kyk-over-Al*, revue littéraire publiée à Georgetown, témoignent déjà de l'intérêt que porte l'auteur au dévoilement du caché par-delà la perception matérielle. Empreint de culture classique, Harris n'en pratique pas moins un « dérèglement des sens » qui rappelle souvent Rimbaud. À partir des années 40, cet homme de lettres à la solide formation scientifique participe à de nombreuses expéditions topographiques et hydrologiques dans la forêt guyanaise. Frappé par la haine raciale qui marque l'histoire de sa région, il forge une écriture qui tente de dépasser les antagonismes destructeurs non seulement dans la thématique mais aussi dans les fondements mêmes de la composition romanesque. Avec ses différents ancêtres africains, amérindiens et écossais, l'auteur revendique une sensibilité pluriculturelle qui illumine toute son œuvre.

Le Palais du paon (*) (1960) révèle un talent baroque et visionnaire. Ce chef-d'œuvre ouvre le « quatuor guyanais » où se rejoue la lutte des grands propriétaires terriens avec les paysans importés d'Inde, les Amérindiens retranchés dans la forêt et les descendants d'esclaves africains — v. *L'Échelle secrète* (*) (1963). Dans les paysages visionnaires de ce Dante sud-américain, les préjugés volent en éclats. Les personnages font l'expérience d'une destruction qui conduit à l'orée d'une nouvelle naissance. Avec *L'Œil de l'épouvantail* [*The Eye of the Scarecrow,* 1965] ou *Tumatumari*

(1968), l'élaboration complexe de la fiction, bien loin d'être un pur jeu pour initiés, remet radicalement en cause la langue et le sens. Personnages, intrigues et images se répondent en écho, se déclinent, se font et se défont en un étrange ballet réglé par l'imaginaire surréaliste de l'auteur. Ancrés dans les mythes de son pays (celui de l'Eldorado, par exemple), dans l'extrême violence de la conquête et de l'esclavage, dans le passé oublié des Amérindiens – illustré par *Les Dormeurs de Roraima* [*The Sleepers of Roraima,* 1970] et *L'Âge des faiseurs de pluie* [*The Age of the Rainmakers,* 1971] –, les romans dénouent et renouent inlassablement les fils de la mémoire collective et de la compassion.

L'écriture évolue ensuite vers un certain classicisme ; l'Amérique du Sud subsiste comme cadre privilégié dans *Les Compagnons du jour et de la nuit* [*Companions of the Day and Night,* 1975], roman qui recrée les soubresauts de l'histoire mexicaine contemporaine, ou dans *La Genèse des clowns* [*Genesis of the Clowns,* 1977], retour à la scène guyanaise que l'auteur a quittée depuis son installation en Angleterre en 1959. Avec *Marsden le Noir* [*Black Marsden,* 1972] ou *L'Ange sur le seuil* [*The Angel at the Gate,* 1982] le récit se déplace vers la Grande-Bretagne. Dans *La Friche cultivée de Da Silva da Silva* [*Da Silva da Silva's Cultivated Wilderness,* 1977] et *L'Arbre du soleil* [*The Tree of the Sun,* 1978], les strates de l'histoire se dévoilent à travers les voyages imaginaires d'un peintre.

Théâtre, masques et carnaval dominent dans la trilogie qui comprend *Carnaval* [*Carnival,* 1985], *La Répétition infinie* [*The Infinite Rehearsal,* 1987] et *Les Quatres Rives du fleuve de l'espace* [*The Four Banks of the River of Space,* 1990]. La position du créateur y est mise en scène, dans ses relations avec les autres personnages et instances narratives ainsi qu'avec les multiples citations où le récit puise ses sources. Plus que jamais Wilson Harris brise les limites traditionnelles des genres et de la logique cartésienne en faisant du roman le lieu privilégié de la réflexion philosophique et de l'expression poétique.

JEAN-PIERRE DURIX.

HARSÁNYI Tibor. Compositeur français d'origine hongroise. Né à Magyarkanizsa le 27 juin 1898, mort à Paris le 19 septembre 1954. Après avoir étudié avec Kodály à Budapest, il se fixa à Paris en 1924. Son œuvre, d'une agréable facture néoclassique, conserve quelques traces de tradition hongroise. On lui doit entre autres : deux opéras, une pièce pour marionnettes, l'*Histoire du petit tailleur* (*) (1939) pour sept instruments et percussion, des ballets, dont l'un, *Chota Routaveli*, en collaboration avec Honegger (1946), des œuvres symphoniques : *La Joie de vivre* (1933), *Suite hongroise* (1937), *Divertissement français* (1946). Son répertoire de musique de chambre est important, les qualités d'écriture étant mises en valeur par un sens certain de l'ironie.

HART Robert-Edward. Écrivain mauricien d'expression française. Né à Port-Louis le 17 août 1891 dans une famille aisée, d'origine européenne, mort à Souillac dans son île natale le 6 novembre 1954. Ses occupations de journaliste et de bibliothécaire lui ont laissé le loisir de consacrer l'essentiel de son activité à sa passion pour la littérature. Malgré deux voyages en Europe, il sait résister à la tentation de l'exil parisien et reste fidèle à son île dont, jusqu'à sa mort, il domine la scène littéraire. Sa poésie, d'abord d'inspiration parnassienne et symboliste, dit les émois vagues de la sensibilité (*Les Voix intimes*, 1920), mais aussi les *Sensations de route* (titre d'un recueil de 1918) procurées par un voyage à Madagascar. Elle se fait de plus en plus attentive aux paysages et aux civilisations multiples des îles de l'océan Indien (*Mer indienne*, 1925), tout en évoluant vers une forme plus aérienne et musicale, parallèlement à l'approfondissement de la quête spirituelle du poète sous l'influence des philosophies indiennes (*Poèmes solaires*, 1936 ; *Poèmes védiques*, 1941 ; *Plénitudes*, 1948). Cependant, l'œuvre majeure de Hart reste le *Cycle de Pierre Flandre* (*), suite de récits et de textes poétiques publiés à l'île Maurice entre 1928 et 1936, où l'écrivain, à partir de l'évocation de ses tourments intimes et de son attachement à l'enfance et aux enfants, construit une curieuse mystique de l'île natale, rêvée à travers le sentiment panique d'une nature primordiale et exubérante.

JEAN-LOUIS JOUBERT.

HARTE Bret (Francis Brett Harte). Poète et romancier américain. Né à Albany (New York) le 25 août 1836, mort le 5 mai 1902 à Camberley (Surrey, Angleterre). Après avoir beaucoup voyagé pendant son enfance, dans les États américains de la côte atlantique, il se trouva, à l'âge de seize ans, économiquement indépendant, ayant déjà fait preuve de goûts littéraires et poétiques qui avaient pris naissance dans la bibliothèque de son père (mort en 1845) ; son auteur préféré était Dickens. En 1853 il suivit sa mère en Californie, y exerça divers métiers (dont le journalisme, au *Northern Californian*). En 1854 et 1855, il travailla dans les mines d'or, notamment à Arcata, et put ainsi connaître la vie des mineurs et des pionniers du Far West ; son roman *Gabriel Conroy* (*), publié en 1876, est la transposition de cette expérience. En 1857, Harte s'installa à San Francisco, exerçant à nouveau des métiers très divers, publiant des poèmes dans la *Golden Era* et se mariant en 1862. En 1867, il publia son premier livre, *Pages vagabondes* [*Bohemian Papers*], et fut nommé premier directeur de l'*Overland Monthly* ; dans le deuxième fascicule de cette revue, il publia l'un de ses plus célèbres écrits, « La

Chance de Roaring Hill » [The Luck of Roaring Hill] et, six mois après, « Les Expulsés de Poker Flat » [The Exiles of Poker Flat]. Ces deux récits et plusieurs autres furent réunis en volume en 1870 : *Récits des argonautes* (*). C'est à cette époque qu'il fit la connaissance de Mark Twain, et alla vivre à New York, où il écrivit des œuvres mineures ; il fit aussi des tournées de conférences. En 1878, il fut nommé consul en Prusse et quitta définitivement l'Amérique. En 1885, les circonstances politiques le privèrent de sa charge et il s'installa à Londres où, malgré le succès de ses écrits et de ses comédies, il connut le besoin. En 1902, il alla mourir, d'un cancer à la gorge, chez sa vieille amie Mme Van de Velde, à Chamberley.

♦ *« Bret Harte a réduit Fenimore Cooper à l'absurde. Il semble avoir pris à tâche de le parodier. Le bandit et l'outlaw remplacent dans ses histoires l'Indien et le trappeur* [...] *À la conscience puritaine il substitue le goût des exploits en plein air et des rudes joutes* [...] *Il crée un type américain nouveau armé de plus d'audace que de respectabilité et totalement dénué d'hypocrisie. »* Régis Michaud.

RÉF. : H. C. Merwin, *Life of Bret Harte*, 1911. – G. R. Stewart jr, *Bret Harte Argonaut and Exile*, Boston, 1931. – L. D. Barnett, *Bret Harte, A Reference Guide*, Boston, 1980.

HARTLEY David. Médecin et philosophe anglais. Né à Armley (Yorkshire) le 30 août 1705, mort à Bath le 28 août 1757. Il se tourna d'abord vers la carrière ecclésiastique, qu'il abandonna pour se consacrer à la médecine. Il fit ses études à Bradford et à Cambridge, et pratiqua sa profession successivement à Newark, Bury St. Edmunds, Lonrad et Bath. Ses œuvres principales sont les *Observations sur l'homme : ses facultés physiques et intellectuelles, ses devoirs et ses espérances* (*) (1749) ; rappelons en outre les *Conjecturæ quaedum de motu sensus et idaerum generatione* (1747). Il fut le disciple et le continuateur de Locke et peut être considéré, avec Locke lui-même et Priestley, comme un des fondateurs de la théorie psychologique de l'association. Il explique par les vibrations cérébrales et l'association des idées les phénomènes mentaux, se rencontrant en cela avec Hume. Son œuvre exerça une grande influence sur la pensée et la recherche scientifique au cours du XIXe siècle, notamment sur S. T. Coleridge – v. *Biographia Literaria* (*).

RÉF. : G. S. Bower, *Hartley and J. Mill*, Londres, 1881. – J. Christensen, *Coleridge's Blessed Machine of Language. Coleridge, David Hartley*, Ithaca/Londres, 1981.

HARTLEY Leslie Poles. Romancier anglais. Né le 30 décembre 1895 à Whittlesea, mort le 13 décembre 1972 à Londres. Après avoir fait des études à Harrow puis à Oxford, il sera l'auteur de plusieurs recueils de nouvelles – *L'Effroi nocturne* [*Night Fears*, 1924], *La Tombe voyageuse* [*The Travelling Grave*, 1951] – et d'une douzaine de romans, parmi lesquels *Le Messager* (*) (1953), filmé par Joseph Losey d'après une adaptation de Harold Pinter. Ce très beau et attachant récit a pour principal personnage un enfant, comme était un enfant l'Eustace de *La Crevette et l'Anémone* (*) (1944). Les scènes où sont évoqués Eustace et sa sœur Hilda sont bien ce que Hartley écrivit de plus sensible et de plus émouvant. Deux autres romans – *Le Sixième Ciel* (+) (1946), et *Eustace et Hilda* (*) (1947) – prolongent *La Crevette et l'Anémone* : l'un évoquant le jeune homme à Oxford, l'autre (qui est peut-être le meilleur de la trilogie) aboutissant à son suicide. L'auteur demeurera comme le chroniqueur délicat des scrupules moraux extrêmes. La rigueur de son art lui permit de maîtriser les risques d'une sensibilité peut-être excessive.

RÉF. : P. Bloomfield, *Hartley*, Londres, 1962. – P. Bien, *Hartley*, Londres, 1963. – E. T. Jones, *L. P. Hartley*, Boston, 1978.

HÄRTLING Peter. Écrivain allemand. Né le 13 novembre 1933 à Chemnitz. Après la disparition de sa famille – la mort de son père, en 1945, dans un camp de prisonniers soviétique et le suicide, un an plus tard, de sa mère – et des études secondaires avortées, il débute dans le journalisme au quotidien local de Nürting, poursuit son activité comme rédacteur littéraire au *Deutsche Zeitung* (1955), puis comme coéditeur de la revue *Der Monat* (1962-1970). Il fait véritablement son entrée sur la scène littéraire avec la publication, en 1964, de son roman *Niembsch ou l'Immobilité* (*) qui recueille en France, dans la traduction de Bernard Lortholary, le prix du Meilleur livre étranger (1966). Peter Härtling avoue une prédilection pour la forme du roman dans la mesure où elle lui paraît la mieux appropriée à saisir ce qu'il appelle la « conscience du temps », la manière dont « chacun vit l'histoire et est emporté par elle ». Après la tentation de l'immobilité incarnée dans la composition musicale de *Niembsch*, *Janek. Portrait d'un souvenir* [*Janek. Porträt einer Erinnerung*, 1966] dit le désarroi d'un héros dépossédé de son propre passé et qui, pour ne pas tomber ici entre les mains des autres, se voue à la répétition, sous le signe de la figure paternelle évanouie : « La répétition et le souvenir sont un même mouvement, mais dans des directions opposées... » (Kierkegaard en exergue à *Niembsch*). *La Fête de famille ou la Fin de l'histoire* [*Das Familienfest oder Das Ende der Geschichte*, 1969] vient compléter la trilogie romanesque sur la mémoire, autour du personnage du professeur Georg Lauterbach qui revient à Nürting, en 1857, sur les traces de sa famille et de son enfance et qui ne recueille, pour toute vérité, que lambeaux et citations, même sur l'incendie de la maison paternelle qui, dit-il, l'a « mis au monde ». Peter Härtling ouvre enfin le livre de son propre passé avec *Zwettl. Examen d'un souvenir* [*Zwettl. Nachprüfung einer Erinnerung,* 1973] tout en s'interrogeant sur les conditions qui permettent l'écriture autobiographique ; il évoque l'image de sa mère à travers la figure de Katharina Wüllner, héroïne de *Une femme* [*Eine Frau. Der Roman einer Generation,* 1974], roman d'une émancipation qui n'est pas sans rappeler le *Portrait de groupe avec dame* (*) de Heinrich Böll. Mais c'est avec son *Hölderlin* (1976) que Peter Härtling connaît véritablement son grand succès d'édition. « Je n'écris pas une biographie. Simplement, peut-être, une approche. J'écris sur quelqu'un que je ne connais que par ses histoires, ses lettres [...] et par ses portraits auxquels je tente de prêter vie par mes mots [...] Je m'efforce de toucher des “réalités”, en sachant qu'elles appartiennent plutôt à moi qu'à lui... » Le portrait littéraire, ainsi compris – aux antipodes de la perspective politique illustrée par la pièce de Peter Weiss sur *Hölderlin,* en 1971 –, est encore un exercice de mémoire de soi-même. Il est significatif que Peter Härtling, parallèlement à son œuvre de « poeta doctus », soit également l'un des tout premiers écrivains de littérature dite enfantine : l'intéresse ici la lecture comme aventure, profit pour l'enfant d'un autre temps que le sien. « Écrire des histoires contre l'Histoire » : telle est bien, formulée par Härtling lui-même, toute l'obsession de son œuvre.

JEAN-JACQUES POLLET.

RÉF. : B. Dücker, *Peter Härtling,* Munich, 1983.

HARTMANN Eduard von. Philosophe allemand. Né le 23 février 1842 à Berlin, mort le 5 juin 1906 dans le faubourg de Gross-Lichterfelde. Ayant dû abandonner l'École d'artillerie pour raisons de santé, il se consacra aux études philosophiques et passa son doctorat en 1867. Deux ans plus tard, il publie la première et la plus importante de ses œuvres, *Philosophie de l'inconscient* (*), qui eut douze éditions, et qui demeure la plus significative. Il convient d'indiquer que son activité, à l'image de celle de son maître Schopenhauer, s'exerça en dehors de tout enseignement universitaire et de tout cercle officiel, à Gross-Lichterfelde où s'écoula toute sa calme existence. Ses ouvrages sont nombreux et connurent presque tous un succès immédiat ; citons : *Le Fondement critique du réalisme transcendantal, Phénoménologie de la conscience morale* [*Die Phänomenologie des sittlichen Bewustseins,* 1879], *Philosophie de la religion* (+) (1881), *Esthétique allemande* [*Die deutsche Aesthetik seit Kant,* 1886], *Théorie des catégories* (1896), *Histoire de la métaphysique* [*Geschichte der Metaphysik,* 1899-1900], *La Psychologie moderne* [*Die moderne Psychologie,* 1901], *Système de philosophie* [*System der Philosophie*], etc. La philosophie de Hartmann est l'une des plus typiques parmi les manifestations néo-romantiques de réaction contre le positivisme triomphant en cette fin du XIXe siècle ; son fondement est l'affirmation d'un « principe absolu » du monde, l'inconscient, dans lequel se rejoignent les caractères de l'idée de Hegel et de la volonté de vivre de Schopenhauer.

RÉF. : Raphael Kœber, *Das philosophische System Ed. v. Hartmanns,* Breslau, 1884. – Hermann König, *Die metaphysische Begründung der Ethik im E. v. Hartmanns philosophischem System,* Leipzig, 1910. – N. K. Darnoi, *The Unconscious and Edward von Hartmann,* La Haye, 1967. – M. Weyembergh, *F. Nietzsche et E. von Hartmann,* Bruxelles, 1977.

HARTMANN Nicolai. Philosophe allemand. Né le 20 juillet 1882 à Riga, mort le 9 octobre 1950 à Göttingen. L'œuvre de ce philosophe opère un retour à l'ontologie en intégrant les acquis de la phénoménologie et se situe à la charnière de la métaphysique classique et de l'ontologie heideggerienne. Après des études à l'université de Saint-Pétersbourg, Hartmann se rend à Marburg, où enseignent les néo-kantiens Cohen et Natorp. Il soutient sa thèse en 1909. Professeur extraordinaire en 1917, il obtient une chaire à Marburg en 1920. Il enseigne ensuite successivement à Cologne (1925), Berlin (1931) et Göttingen (1945). Dans *Les Principes d'une métaphysique de la connaissance* (*) (1921), son premier ouvrage important, Hartmann définit l'essence de la connaissance non comme production de l'objet, rompant ainsi avec son kantisme initial, mais comme son appréhension, d'ailleurs imparfaite : « une frontière de l'objectabilité » sépare le connaissable du « transintelligible ». *Le Problème de l'être spirituel* (*) (1933), *La Structure du monde réel* [*Der Aufbau der realen Welt,* 1940], entre autres ouvrages, tentent d'approfondir la question de l'être. *L'Éthique* [*Die Ethik,* 1926] définit la liberté comme essence de la morale : l'éthique s'oppose ainsi à la religion qui, parce qu'elle impose les valeurs, constitue leur négation. L'autonomie de la morale postule ainsi l'athéisme. Hartmann est aussi l'auteur d'une *Philosophie de l'idéalisme allemand* [*Die Philosophie des deutschen Idealismus,* 1923, 1929].

MICHEL VANOOSTHUYSE.

HARTMANN von Aue. Poète allemand. Né en Souabe vers 1165 et mort vers 1215. Dans son *Tristan et Iseult* (*), interrompu vers 1210, Gottfried le dit encore en vie. On ne sait pratiquement rien de son existence. Lui-même se déclare chevalier et « ministérial » d'Aue. Du fait qu'il ne cite aucun commanditaire, on ne sait s'il composa ses œuvres pour les Hohenstaufen, pour les ducs de Zähringen ou pour la cour welfe d'Altdorf-Weingarten. Hartmann connaissait le latin, le français et la littérature de son temps et fit lui-même la remarque qu'il savait lire et qu'il était, fait peu ordinaire pour son temps, passé maître dans l'art d'écrire. La description de l'éducation de son héros Grégoire dans une école conventuelle fit penser que le poète pouvait parler d'une expérience personnelle. Ses chants de croisade permettent d'imaginer qu'il prit part à la croisade de Frédéric Barberousse de 1189-1190. La langue de Hartmann est sobre, classique mais non dépourvue d'ornements. Son œuvre comprend deux romans de chevalerie, adaptés des romans de Chrétien de Troyes, l'*Érec* (*) et l'*Iwein* (*), une légende mise en roman, le *Grégoire* (*), adaptée d'un poème français, et un petit roman lignager, *Le Pauvre Henri* (*) dont le héros appartient, à ce que dit l'auteur, à la famille des seigneurs d'Aue, œuvre dont on ne connaît pas la source. Poète lyrique, Hartmann a composé des *Minnelieder* dans le goût des trouvères du nord de la France dont il reprend les thèmes et le ton. Chantre de l'amour courtois, le poète adopte un ton plus pathétique dans ses chants de croisade, liés à la mort de son seigneur. Dans son *Parzival* (*), Wolfram fait une allusion à l'*Iwein ;* on suppose donc que cette œuvre, le dernier de ses deux romans courtois, fut achevée vers 1200. La période de production littéraire de Hartmann couronnait ainsi les années 1185-1205.

JEAN-MARC PASTRÉ.

RÉF. : Peter Wapnewski, *Hartmann von Aue,* Stuttgart, 1979. – Christoph Cormeau et Wilhelm Störmer, *Hartmann von Aue. Werk. Wirkung,* Munich, 1985.

HARTZENBUSCH Juan Eugenio. Dramaturge espagnol. Né à Madrid le 9 septembre 1806, mort dans la même ville le 2 septembre 1880. Fils d'un menuisier d'origine allemande, il fit de bonnes études au collège des jésuites de San Isidro. Destiné d'abord par son père à l'état ecclésiastique, il fit si bien valoir son peu de vocation qu'il se vit donner licence de cultiver à loisir le théâtre, la peinture et la langue française. Ce bonheur fut de courte durée : en effet, la révolution de 1823 fit perdre à sa famille tout l'argent qu'elle possédait. Pour subvenir à l'entretien de cette dernière, le jeune poète n'hésita pas à travailler comme menuisier avec son frère dans l'atelier paternel. Si absorbé qu'il fût par sa dure besogne, il était loin de laisser s'éteindre sa passion pour le théâtre. Après avoir traduit plusieurs œuvres françaises, il se plut à rajeunir plus d'une de celles qu'il trouvait dans l'ancienne dramaturgie de son propre pays : témoin *Amo y criado,* adaptation de la pièce de Rojas, jouée en 1829. S'étant trouvé, l'année suivante, hors d'état de poursuivre son travail manuel, il apprit la sténographie et parvint à se faire attacher à un grand journal de Madrid, d'où il passa à la Chambre des députés, pour connaître, en fin de compte, la Bibliothèque nationale (dont il devait, beaucoup plus tard, devenir le conservateur). Il put, en 1837, aplanir ses difficultés en faisant jouer sa première œuvre vraiment originale : *Les Amants de Teruel* (*). Ce drame obtint un tel succès que son auteur devint aussitôt l'homme du jour. Ce prestige n'allait subir aucune éclipse avec toutes les pièces qu'il donna par la suite : *Doña Mencía ou un mariage sous l'Inquisition* (1838), *Alphonse le chaste* [*Alfonso el casto,* 1841], *Moi d'abord* [*Primero yo,* 1842], *Honoria* (1842), *Le Bachelier Mendarias* [*El bachiller Mendarias,* 1842], *La Mère de Pélage* [*La madre de Pelayo,* 1846], *La Loi de race* [*La ley de raza,* 1852], *La Vie pour l'honneur* [*La vida por honor,* 1858], etc. Cultivant surtout le drame, Hartzenbusch s'est plus d'une fois laissé tenter par la comédie, comme en témoigne *La Visionnaire* [*La visionaria,* 1840], et même par la féerie, comme *La Bouteille enchantée* [*La redoma encantada,* 1839], etc. Président du Conseil des théâtres depuis 1852, il devint dix ans plus tard conservateur de la Bibliothèque nationale (1862), en remplacement de Breton de los Herreros, autre auteur dramatique célèbre. Outre des *Poésies lyriques* et des *Fables* [*Fábulas*] fort ingénieuses, il a publié des éditions fort estimées de Calderón, Alarcón et Lope de Vega. Dans son théâtre comme ailleurs, Hartzenbusch s'est révélé grand prosateur : la concision était sa vertu essentielle.

ROLAND PURNAL.

♦ *« À force d'études, d'observation et de sages conseils, il parvint à acquérir un certain style expressif, à la fois sérieux et élégant, véritablement espagnol, et qu'on aime dans le Romancero ; sentencieux, à la ressemblance d'Alarcón ; épigrammatique, à la manière de Tirso ; et dont l'élévation, parfois, rappelle Calderón, mais qui, d'autres fois, s'approprie la candeur et la fraîcheur de Lope de Vega. »* Fernández Guerra.

RÉF. : A. Cánovas del Castillo, *Le Théâtre espagnol contemporain,* Paris, 1886. – A. S. Corbière, *J. E. Hartzenbusch and the French Theatre,* Pennsylvania University, 1927. – Article « L'Histoire et le drame romantique de Hartzenbusch », par J. Sarrailh, in *Blib. Hispan.*, t. 38, Barcelone, 1936.

HARVEY William. Médecin anglais. Né à Folkestone le 1er avril 1578, mort à Hampstead le 3 juin 1657. Il fit ses études à Cambridge, puis, désireux de se perfectionner en médecine, il se rendit à Padoue, attiré par la réputation mondiale de cette université. Il étudia l'anatomie avec Fabrizio dont il avait probablement entendu parler en Angleterre à propos des dissections de Vésale qui amenaient à douter de la théorie de Galien sur la circulation du sang. Reçu docteur en médecine en 1602, il retourna en Angleterre où il s'inscrivit au Collège royal de médecine en 1607. En 1609, il était nommé médecin-chef de l'hôpital St. Bartholomew de Londres. Il s'attaque aux conceptions traditionnelles sur la formation et la circulation du sang, convaincu que le foie ne pouvait en produire une quantité aussi considérable et que le corps devait donc toujours contenir à peu près la même quantité de sang qui circulait et se purifiait périodiquement dans les poumons.

L'analogie mécanique entre le cœur et une pompe, qu'il souligna, compléta sa théorie exposée dans un ouvrage intitulé *Étude anatomique du mouvement du cœur et du sang chez les animaux* (*) (1628). Cet ouvrage lui valut la célébrité et la protection du roi Charles Ier dont il devint le médecin personnel. Tout en s'occupant de sa profession, il se livra à des recherches et à des expériences sur des animaux. Il parvint à la conclusion que tout être humain provient d'un œuf. Il écrivit sur ce sujet *Exercitationes de generatione.* Pendant la révolution il suivit le roi, puis en 1646, il se démit de ses fonctions et se retira à la campagne. En 1654, élu président du Collège des médecins, il refusa cet honneur. Il mourut trois ans plus tard.

GIULIO PRETI.

♦ *« Personne n'a encore mieux décrit et mieux prouvé la circulation que Harvey lui-même. »* Encyclopédie de Diderot. ♦ *« Harvey venait de découvrir le plus beau phénomène de l'économie animale. L'Antiquité n'avait pu s'élever jusque-là. Que devenait donc la parole du maître ? L'autorité se déplaçait. Il ne fallait plus jurer par Galien et par Aristote : il fallait jurer par Harvey. »* Flourens.

RÉF. : A. Chauffard, *L'œuvre scientifique de W. Harvey,* Paris, 1928. – G. Keynes, *The Personality of William Harvey...,* Cambridge, 1949. – R. G. Frank Jr., *Harvey and the Oxford Physiologists : Scientific Ideas and social Interaction,* Berkeley, 1980. – G. Keynes, *A Bibliography of the Writings of W. Harvey, 1578-1657,* Winchester, 1989.

HAŠEK Jaroslav. Écrivain tchèque. Né à Prague le 30 avril 1883, mort à Lipnice 3 janvier 1923. Issu d'une famille d'instituteur dans le besoin, il passa son baccalauréat option commerciale, mais tira son principal enseignement de ses longs vagabondages qui le menèrent, souvent à pied et sans argent, avec des compagnons qu'il choisissait parmi les marginaux, à travers l'Europe centrale et les Balkans. Bien que sensible aux paysages, il s'intéressait surtout aux gens de toutes les couches sociales, y compris les bas-fonds ; cette singulière « éducation sentimentale » s'acheva dans les cercles de la bohème pragoise. Après un passage dans une banque et des tentatives au sein de quelques rédactions, Hašek opta pour la liberté d'homme de lettres. Son anarchisme foncier, son goût pour la provocation et la mystification ainsi que ses talents de conteur, ses blagues – et ses beuveries – en firent rapidement l'une des figures de proue des milieux littéraires et artistiques de Prague. Il attira l'attention, entre autres, comme co-fondateur d'un parti parodique qu'il représenta aux élections de 1911 – l'année où Alfred Jarry formulait le principe de sa pataphysique – et dont il nous laissa une chronique ubuesque dans son *Histoire du parti du progrès modéré dans les limites de la loi* [*Dějiny strany mírného pokroku v mezích zákona,* 1962]. Nombre de récits, humoristiques, satiriques, parodiques, dont Hašek inondait la presse, comportent également des éléments autobiographiques. Il en écrivit 1200 en tout, improvisés hâtivement sans ambition littéraire, dans une perpétuelle course au cachet. Ils sont très inégaux, se contentant ordinairement de l'humour conventionnel des almanachs populaires ; mais on y entrevoit déjà ce mélange unique d'expérience personnelle et d'échos de lecture, de réalité et de mystification, de sentimentalité et de cruauté, de rire et de sarcasme qui caractérisera son *Chveïk.* Cet « idiot du bataillon » apparaît pour la première fois dans *Le Brave Soldat Chveïk et autres histoires curieuses* [*Dobrý voják Švejk a jiné podivné historky,* 1912]. Chveïk ne reçut pourtant sa forme définitive qu'après l'« excursion dans l'histoire » que fut pour Hašek la Première Guerre mondiale. Elle l'amena jusqu'au fond de la Galicie, où il passa du côté des Russes ; prisonnier, il s'engagea d'abord dans la légion tchécoslovaque, puis passa à l'armée Rouge. Il évoqua ironiquement ses aventures de commissaire de l'armée Rouge dans les récits de son *Gouverneur de la ville de Bougoulma* [*Velitelem města Bugulmy,* 1966]. En 1920, Hašek regagna Prague, capitale de la nouvelle Tchécoslovaquie ; il partit un an plus tard pour Lipnice, en Bohême de l'Est, pour y achever son œuvre capitale : *Le Brave Soldat Chveïk* (*). Les trois premiers tomes de cette épopée grotesque et monstrueuse de la Grande Guerre furent publiés rapidement entre 1921 et 1923. Ils apportèrent à son auteur, pour la première fois, non seulement la sécurité matérielle, mais aussi un grand succès populaire et la reconnaissance littéraire. Le roman resta inachevé ; gravement malade, Hasek ne fut capable de dicter qu'une partie du quatrième tome. À Prague, on prit d'abord la nouvelle de sa mort prématurée pour une mystification.

XAVIER GALMICHE.

HÂSHIM Ahmed. Poète et mémorialiste turc. Né à Bagdad en 1885, mort à Istanbul le 4 juin 1933. Profondément marqué par la mort de sa mère, survenue alors qu'il a huit ans, le jeune Ahmed est élevé par son père, haut fonctionnaire de la Porte, souvent absent, personnalité distante et stricte. L'adolescent arrive en 1897 à Istanbul, où il fera ses études, terminées en 1907 au lycée de Galatasaray, établissement dirigé par les Français et réservé à l'élite ottomane. À son arrivée dans la capitale, il parle davantage l'arabe de sa mère que le turc de son père. Cependant deux ans plus tard il orne déjà de ses poésies le journal du lycée. Ahmed Hâshim travaille ensuite quelques années comme enseignant de français dans un lycée à Izmir, puis il fait une carrière dans diverses administrations (monopole des Tabacs, ministère des Finances, etc.). Pendant les dernières années de sa vie, il enseigne l'esthétique à l'Académie des beaux-arts. Il meurt prématurément d'une maladie des reins.

Le poète a reçu très tôt l'influence française, par l'intermédiaire de l'école littéraire du *Fedjr-i atï*, dérivé ottoman du symbolisme de Rimbaud et Verlaine, dont le modèle hantera les œuvres de sa maturité – v. *Les Heures du lac* (*). Bien qu'écrivant selon les règles contraignantes du *'arûz*, la métrique quantitative arabo-persane, Ahmed Hâshim est en effet intéressé par l'appel esthétique de la poésie, la musicalité du vers. Consacré de son vivant comme modèle en littérature, Ahmed Hâshim connaîtra en Turquie une éclipse posthume, au profit des courants nationaliste et expressionniste. La prose d'Ahmed Hâshim consiste en articles et reportages où l'auteur, sous couvert de mémoires, se livre à une subtile autoanalyse. Dans ses deux recueils, *À nos yeux* [*Bize göre*, 1928], et le *Voyage à Francfort* [*Frankfurt Seyahatnamesi*, 1933], il montre en outre une grande maîtrise de conteur et un sens aigu de l'observation. Les années de l'enfance en Irak, avant la mort de sa mère, y tiennent une place centrale.

STÉPHANE A. DUDOIGNON.

HATTOUSILI III (vers 1288-1265 av. J.-C.). Fils de Moursii II et petit-fils du grand roi Souppiluliuma, il est un des plus importants souverains de la fin de l'Empire de Hatti. Le nom d'Hattousili signifie « homme d'Hattousa », ville choisie comme capitale par le premier du nom, dont le testament, d'une grande valeur littéraire, est une chronique familière de son règne, rapportant par exemple ses démêlés pittoresques avec sa fille. Avec son *Apologie* (*), Hattousili III donne à la littérature la première autobiographie connue, dans laquelle il prétend expliquer et justifier l'usurpation du trône laissé par son frère Mouwatalli à son fils Ourhi-Tesoup. Du vivant de son frère, il a déjà participé à un complot, lorsque le roi est parti en campagne, à Qadesh, et, à sa mort, gouverneur de province, il se sert du prince héritier comme d'un roi-soliveau. Il ne tue pas son neveu : il s'en débarrasse en le mettant sur un trône secondaire. Les historiens ont démasqué la fourberie de ses agissements politiques et l'hypocrisie de sa vie privée. Frêle, maladif, inquiet, on le nomme « conducteur d'ânes » au début de sa carrière, mais il se pousse vers le pouvoir avec constance, mettant à profit son rôle même de prêtre d'Ištar. Ce fut cependant un sage souverain, qui mit fin au différend égypto-hittite en concluant avec Ramsès II un traité de paix dont nous possédons la version égyptienne gravée sur les murs du temple de Karnak, et la version hittite trouvée sur une tablette d'argile de Boghaz Keui. Cette découverte, offerte par le hasard à Winckler en 1905, fut capitale pour les hittitologues. Ce traité sera renforcé dix ans plus tard par le mariage avec Ramsès II de la fille d'Hattousili, qui prendra le nom égyptien de Matnefoura, « celle qui voit la beauté de Râ ».

RÉF. : Ferd. Sommer und Adam Falkenstein, *Die hetisch-akkadizche Bilingue des Hattušili I.*, Munich, 1938. – Margerete Riemschneider, *Die Welt der Hethiter*, Stuttgart, 1954, trad. Paris, 1955. – E. Laroche, *Catalogue des textes hittites ;* Paris, 2e éd., 1971.

HAUDRICOURT André Georges. Anthropologue, linguiste, naturaliste français. Né le 17 janvier 1911 à Paris. Fils d'un exploitant agricole qui lui communique très tôt le respect du travail manuel, Haudricourt est d'abord formé comme ingénieur agricole et géographe. Après un séjour en Albanie où il s'est intéressé aux rapports de l'homme avec son milieu, il se passionne pour l'enseignement de Marcel Mauss qui voudrait l'orienter vers la biologie végétale et l'envoie en U.R.S.S. travailler un an avec Vavilov au Caucase et au Turkestan. À son retour, Haudricourt fréquente le laboratoire de botanique appliquée du Museum, mais la maladie l'interrompt durant une longue période qu'il occupe par de vastes lectures. Son entrée au C.N.R.S. en 1939 lui permettra de poursuivre une démarche personnelle multidisciplinaire où la linguistique vient bientôt s'ajouter. Détaché à l'École française d'Extrême-Orient (Hanoï) en 1948-49, il séjournera par la suite à de nombreuses reprises en Mélanésie et en Extrême-Orient.

Son œuvre s'articule autour de trois pôles principaux ; l'histoire des techniques, la domestication des plantes, la linguistique. S'intéressant à l'attelage et à la charrue (*L'Homme et la charrue à travers le monde*, 1955), il entend montrer que les innovations techniques ne se produisent pas dans n'importe quelles circonstances : c'est la technologie qui s'adapte à la société et non l'inverse. Abordée d'un triple point de vue (botanique, linguistique, ethnologie), l'étude des plantes cultivées (*L'Homme et les plantes cultivées*, 1943) donne forme à une nouvelle discipline qui s'est beaucoup développée depuis : l'ethnobotanique, à propos d'un même objet, traitera de l'étude des connaissances du groupe, des pratiques culturelles, des croyances et des représentations. En un mot, c'est l'ensemble des rapports entre l'homme et son environnement naturel qui retient l'attention de ce chercheur infatigable. Dans le domaine de la linguistique, Haudricourt s'intéresse à l'étude des traits phonologiques différentiels (*La Notation des langues. Phonétique et phonologie*, 1967 ; et avec Cl. Hagège, *La Phonologie panchronique*, 1978). Plus généralement, il s'appuie sur la linguistique pour mettre en œuvre une démarche anthropologique qui accorde une large place à la comparaison et à la prise en compte de la dimension historique des phénomènes techniques et culturels. Citons encore son important ouvrage *La Technologie, science humaine. Recherches d'histoire et d'ethnologie des techniques* (*).

DENISE PAULME.

HAUFF Wilhelm. Romancier allemand. Né et mort à Stuttgart (Wurtemberg), 29 novembre 1802-18 novembre 1827. Élevé au couvent de Blaubeuren, il étudia la théologie à l'université de Tübingen, puis entra comme précepteur, à Stuttgart, chez un général appartenant à l'aristocratie ; il avait assez de temps libre pour s'adonner aux lettres. Stuttgart, alors centre de premier plan sous ce rapport, devait son éclat à l'école souabe, dont firent partie, entre autres, Uhland et Schwab, avec lesquels Hauff se lia d'une affectueuse amitié. Presque toute sa production littéraire est concentrée dans les années 1825-27 ; elle comprend quelques poésies de saveur populaire, des fables, des nouvelles et des romans. Hauff débuta sur les traces d'un très médiocre écrivain à la mode, H. Clauren (pseudonyme de Karl Heun), mais il fut assez habile pour tourner l'imitation en parodie, dans le roman *L'Homme sur la Lune* [*Der Mann im Monde*] qui lui attira un procès pour transgression des lois sur la presse. Ses *Fables* [*Märchen*], publiées sous forme d'almanach en 1826, 1827 et 1828, présentent plus d'importance. Hauff admirait beaucoup Tieck et E.T.A. Hoffmann ; leur influence est surtout sensible dans *Mémoires de Satan* [*Memoiren des Satan,* 1826], dans les *Nouvelles* [*Novellen,* 1828, 3 vol.], et dans son délicieux et dernier petit livre, *Phantasien im Bremer Rathskeller* (1827), traduit en français sous le titre : *Une nuit dans la cave du Sénat de Brême* (1857). Quant au roman historique *Lichtenstein* (*) (1824), il représente une concession au goût du temps et à l'imitation de Walter Scott. La renommée rapidement grandissante de Hauff lui avait valu d'être chargé par l'éditeur Cotta des fonctions de rédacteur en chef au *Morgenblatt,* et il avait fait un mariage heureux, datant de quelques mois, quand une maladie brusque l'emporta.

RÉF. : F. Pfäfflin, *W. Hauff, Der Verfasser des « Lichtenstein » Chronik seines Lebens und Werkes,* Stuttgart, 1981. – O. Minz, *W. Hauff,* Reinbek, 1989.

HAULLEVILLE Éric de. Poète belge d'expression française. Né à Teroueren (province de Brabant) le 13 septembre 1900, mort à Saint-Paul-de-Vence (Alpes-Maritimes) le 20 mars 1941. Issu d'une famille bourgeoise (son père était conservateur du musée de Teroueren), il fit ses études de droit à l'université de Bruxelles où il eut pour condisciple le poète Odilon-Jean Périer. S'étant lié d'amitié avec ce dernier, il fit, dès 1920, la connaissance de Franz Hellens, qui l'accueillit bientôt dans sa revue *Le Disque vert.*

En 1923, Éric de Haulleville fit paraître son premier « livre poétique » : *Dénouement.* En 1928, il vint s'établir à Paris. S'y occupant à la fois de poésie et de peinture, il devint vendeur de tableaux à la galerie Pierre et put fréquenter à loisir Christian Bérard, Max Jacob, Georges Neveux et bien d'autres. En 1930, il donna *Le Genre épique,* recueil de textes dont le plus riche s'intitule *Tramontane,* sorte de poème en prose où la fantaisie alterne avec un humour singulier. En 1934 il fit paraître sa dernière œuvre, *Le Voyage aux îles Galapagos* (*) qui peut être tenue pour son œuvre maîtresse. Retourné à Bruxelles au cours de la même année, il s'y maria et y vécut jusqu'à la guerre de 1940. Mort au seuil de la quarantaine, Éric de Haulleville est loin d'avoir pu donner toute sa mesure. Il n'empêche qu'à chaque page il se révèle un poète original.

♦ *Qu'il écrive en prose ou en vers, Haulleville est toujours animé d'un souffle intérieur grâce auquel il accède sans peine à la poésie la plus authentique. »* Franz Hellens.

RÉF. : L. Piérard, article in *Poésie 41,* numéro 5, août-septembre 1941. – P. Flonquet, *In memoriam Éric de Haulleville,* Bruxelles, 1942.

HAUPTMANN Gerhart. Écrivain allemand. Né à Ober-Salzbrunn en Silésie le 15 novembre 1862, mort à Agnetendorf le 6 juin 1946. Écrivain de réputation mondiale qui, tout d'abord, se consacra à la sculpture ; ce fut en qualité de sculpteur qu'il se rendit en Italie, après un long périple en mer qu'il décrivit plus tard dans *L'Aventure de ma jeunesse* [*Das Abenteuer meiner Jugend*, 1937]. Son secret dessein était d'aller en Grèce, but de tout Allemand attiré par le classicisme ; mais, à Naples, il lui sembla trouver tant d'art grec qu'un séjour s'y imposait, et qu'il en fit un autre à Rome ensuite. Une maladie infectieuse l'amena à rentrer en Allemagne, et, après quelques essais incertains dans le domaine épico-poétique, il découvrit sa vocation de dramaturge sous l'influence directe des inspirateurs du naturalisme allemand : Arno Holz et Johannes Schlaf. De la première représentation de *Avant le lever du soleil* (*) (1889), qui donna lieu à des incidents et à des discussions violentes, date, en effet, le triomphe du mouvement naturaliste.

Gerhart Hauptmann restera, tout au long de sa carrière, fidèle à certains éléments typiques de ce théâtre : l'étude du milieu, l'emploi de formes dialectales, la présentation de cas plus ou moins pathologiques. Chaque année marque un progrès et un nouveau succès pour le jeune auteur : avec *Âmes solitaires* (*) il nous expose le drame de l'homme isolé dans un étroit milieu bourgeois de province, tandis qu'avec *Les Tisserands* (*) (1892), audacieux drame collectif qui obtint jusqu'à l'approbation de Tolstoï, Hauptmann créait une œuvre qui est encore représentée avec succès de nos jours, spécialement en Russie et sur les scènes européennes de gauche. Parce que l'écrivain avait osé porter sur la scène des images de révolte et d'émeute, il encourut l'ire de Guillaume II, au point que les théâtres allemands n'osaient plus monter ses pièces. En 1895, Hauptmann revint au drame de masses avec *Florian Geyer* (*), mais l'abondance des personnages, l'ampleur d'un sujet qui ne pouvait se concentrer autour d'un protagoniste, ne valurent à la pièce qu'un succès d'estime, et non celui qui permet aux œuvres dramatiques de durer. En revanche, *La Pelisse de castor*, comédie de mœurs, est encore d'actualité. Le fond des sujets traités dans deux des pièces les mieux venues de Hauptmann est encore lié au naturalisme : drame de l'homme trahi dans *Le Voiturier Henschel* [*Fuhrmann Henschel*, 1898], drame d'un infanticide dans *Rose Bernd* (*) (1903). Pourtant, à côté de ces arguments purement naturalistes, Hauptmann en développait d'autres étroitement liés au symbolisme : *L'Apôtre* [*Der Apostel*, 1890], *L'Assomption de Hannele* (*) (1893), et davantage encore *La Cloche engloutie* (*), qui consacra dans le monde entier la réputation de son auteur, et inspira plusieurs transpositions musicales. L'une des caractéristiques de Hauptmann est de transporter sur la scène ou dans ses romans les événements de sa vie personnelle, tels ses différends avec sa première femme et sa seconde expérience conjugale. En marge de l'imposant catalogue de ses œuvres théâtrales, on trouve un ensemble d'écrits, en prose ou en vers, dont certains ne seront pas oubliés de si tôt, comme *Emmanuel Quint, le fou en Christ* (*) (1910), et *Le Mécréant de Soana* (*) (1918).

Vers ses dernières années, Gerhart Hauptmann se tourna avec un nouvel intérêt vers le théâtre grec, et réussit à mener à bien une tétralogie des Atrides, dans laquelle le mythe antique prend une nouvelle signification, tandis qu'une de ses dernières créations ne fut pas une pièce mais *Le Grand Rêve* [*Der grosse Traum*, 1942], sorte d'« itinerarium » médiéval, assez hermétique, modelé sur *La Divine Comédie* (*) de Dante, et également écrit en tercets. C'est après sa mort que fut représenté son dernier drame : *Herbert Engelmann* (1950), dans la mise en scène de Karl Zuckmayer, et que parut un roman inachevé, *Winckelmann* (1954), mis en ordre et terminé par Frank Thiess. Bien qu'il fût un vieillard et qu'il eût préparé en secret un drame antinazi : *Les Ténèbres* [*Aus der Finsternis*, 1943], on ne lui épargna pas le triste sort réservé aux Silésiens. Avant de quitter cette terre qu'il avait chantée dans ses drames, la destinée lui permit d'y mourir ; sa dépouille, ainsi que ses manuscrits et une partie de ses livres et de ses ouvrages furent transférés, non sans maintes difficultés, dans la zone occidentale. Il repose maintenant à Hiddensee, un sachet de terre silésienne sur la poitrine, revêtu d'une robe de bure franciscaine qu'il s'était procurée en Italie.

RODOLFO PAOLI.

♦ *« Son œuvre possède, sans aucun doute, cette qualité immense pour un artiste : on ne peut ni l'oublier, ni attribuer une œuvre de lui, en la lisant, à quelqu'un d'autre... »* Pr. N. Kotljarevsky.

RÉF. : Paul Schlenther, *Gerh. Hauptmann, Leben und Werke*, Berlin, 1898. – P. Besson, *Études sur le théâtre contemporain en Allemagne*, 1900. – K. Hänisch, *Gerhart Hauptmann und das deutsche Volk*, Berlin, 1912. – Hans von Hülsen, *Gerh. Hauptmann. 70 Jahre seines Lebens*, Berlin, 1932. – J. J. Weisert, *The Dream in Gerhart Hauptmann*, New York, 1949. – F. W. J. Heuser, *Gerhart Hauptmann. Zu seinem Leben und Schaffen*, Tübingen, 1961. – K. S. Guthke, *Gerhart Hauptmann Weltbild im Werk*, Munich, 1980. – W. R. Maurer, *Gerhart Hauptmann*, Boston, 1982. – W. Leppmann, *Gerhart Hauptmann. Leben, Werk und Zeit*, Berne 1986.

HAUSHOFER Albrecht. Écrivain allemand, connu surtout comme auteur des *Sonnets de Moabit* (*) (posth., 1946), écrits en prison. Né le 7 janvier 1903 à Munich, exécuté le 23 avril 1945 à Berlin-Moabit par la S.S. Suivant les brisées de son père, Karl Haushofer, il devient, après ses études universitaires, secrétaire de la Société de géographie et publie plusieurs ouvrages de géopolitique. Conseiller de Rudolf Hess, puis au ministère des Affaires étrangères, il entre en 1940 en relation avec des cercles de résistance, est arrêté en 1941, puis en 1944, après l'attentat contre Hitler. Ses premiers essais lyriques, à diffusion confidentielle, *Soir d'automne* [*Abend im Herbst*, 1927], rappellent la manière du jeune Hofmannsthal. Suivent une série de drames « romains », de facture tout à fait classique, où s'exprime de façon déguisée son opposition à la tyrannie : *Scipion* [*Scipio*, 1934], *Sylla* [*Sulla*, 1938], *Auguste* [*Augustus*, 1939]. Les *Sonnets de Moabit*, où expériences et souvenirs personnels se mêlent à une réflexion d'inspiration chrétienne sur la culpabilité personnelle et collective face à l'hitlérisme, constituent un des premiers témoignages littéraires de la résistance intérieure au nazisme.

RÉF. : U. Laack-Michel, *A. Haushofer und der Nationalsozialismus*, Stuttgart, 1974.

HAUSHOFER Karl. Géopoliticien. Né le 27 août 1869 à Munich, mort le 14 mars 1946 à Paehl (Bavière). Après une carrière militaire qui le conduit, entre 1887 et 1919, en Asie et sur les champs de bataille de la Première Guerre mondiale, Karl Haushofer fonde en 1921 la chaire de géopolitique de l'université de Munich, qu'il garde jusqu'en 1939. Conseiller des dirigeants nazis, il tombe alors en disgrâce. Convoqué devant le Tribunal de Nuremberg, il se suicide après sa libération. Il est le père d'Albrecht Haushofer.

Karl Haushofer est sinon l'inventeur – la notion est forgée par le Suédois Kjellén – du moins l'introducteur et le propagateur en Allemagne de la géopolitique, théorie qui étudie, en principe, « les rapports qui unissent les États, leurs politiques et les lois de la nature », mais qui de fait, par l'usage que Haushofer fait de la notion d'« espace vital », qu'il invente, apporte aux desseins impérialistes du fascisme une justification pseudo-scientifique. Hitler, que Hess met en relation avec l'universitaire de Munich, retient la leçon, consignée dans une série d'ouvrages, dont *Les Frontières et leur signification géographique et politique* (*) (1927), et dans les articles de la *Revue de géopolitique* [*Zeitschrift für Geopolitik*] fondée en 1924.

HAUSHOFER Marlen. Romancière autrichienne. Née à Frauenstein le 11 avril 1920, morte à Vienne le 21 mars 1970. Les montagnes et les forêts de Haute-Autriche constituent le paysage d'enfance de Marlen Haushofer, fille d'un garde forestier ; on les retrouve en toile de fond dans toute son œuvre. Marlen est âgée de dix ans quand ses parents l'envoient dans une école religieuse à Linz. Sa vie au pensionnat est évoquée dans les deux romans : *Une poignée de vie* [*Eine Handvoll Leben,* 1955] et *Sous un ciel infini* [*Himmel, der nirgendwo endet,* 1966]. Après avoir passé son baccalauréat en 1939, elle accomplit un « service de travail obligatoire » en Prusse-Orientale, puis commence en 1940, à Vienne, des études de germanistique qu'elle interrompt un an plus tard pour effectuer un séjour à Munich et à Prague et qu'elle reprendra en 1943 à Graz. En 1945, elle se réfugie dans sa ville natale, achevant ainsi prématurément ses études. Ses premières publications datent de 1946. En 1947, elle s'installe définitivement à Steyr avec son mari, dentiste. Elle aura deux fils. Elle mourra en 1970 des suites d'une opération, après une longue maladie.

Marlen Haushofer est un écrivain désabusé. Son existence ressembla sans doute beaucoup à celle de ses « héroïnes ». Passant plus de vingt ans de sa vie dans une petite ville de province, consacrant une bonne partie de son existence à son foyer et au cabinet médical de son mari, elle écrivit, entre autres raisons, pour que sa vie ne se limite pas à l'accomplissement des tâches quotidiennes. Comme la narratrice du *Mur invisible* (*) (1963), de *Dans la mansarde* (*) (1969), voire de *Nous avons tué Stella* [*Wir töten Stella,* 1958], Marlen Haushofer s'est réfugiée dans l'écriture. Ses descriptions psychologiques de la femme sortie du paradis de l'enfance et qui poursuit un « ersatz » de vie auprès d'un compagnon aimable mais foncièrement égoïste sont des études aiguës mais sans colère. Cette femme, qui ne vit plus que dans le souvenir de ses rêves d'enfant, a le sentiment de ne plus avoir sa place nulle part. Cette perte d'appartenance est locale mais surtout temporelle. Marlen Haushofer exprime fréquemment un sentiment d'anachronisme entre personnes, c'est-à-dire le sentiment que ces êtres ne vivent pas dans le même temps.

Marlen Haushofer observe toujours une grande réserve dans son propos. Lorsqu'elle exprime, dans une langue très dépouillée, son angoisse devant certaines hallucinations visuelles (tel le cocon éclaté dans *La Mansarde*), ses espérances mortes, sa phobie de la proximité, elle place son héroïne dans un cadre peu sérieux, par exemple celui d'une séance chez le coiffeur.

L'idée de la précarité et de la mort sous-tend son œuvre. Cette peur peut devenir prémonitoire, comme dans la nouvelle *Le Rat* [*Die Ratte*]. Ce texte, publié en 1968 et racontant l'histoire d'une femme grabataire qui sent un rat ronger ses entrailles, évoque irrésistiblement la fin de Marlen Haushofer, minée par le cancer des os qui l'emportera deux ans plus tard.

MIGUEL COUFFON.

HAUTECŒUR Louis. Historien d'art français. Né à Paris le 11 juin 1884, mort à Paris le 17 novembre 1973. Élève de l'École normale supérieure de 1905 à 1908 et de l'École française de Rome de 1908 à 1910, il passe en 1908 une agrégation d'histoire et en 1912 le doctorat ès lettres. Chargé de fouilles en Tunisie, en 1909, il devient quelques années plus tard professeur à l'Institut français de Saint-Pétersbourg (1912-1913). Nommé à la faculté des lettres de Caen (1919) puis à l'école du Louvre (1920), il devient professeur à l'École des beaux-arts de l'Égypte (1927-1930) puis conservateur du musée du Luxembourg (1928-1940). En 1946, après avoir été directeur général des Beaux-Arts de Paris, il est conservateur des Beaux-Arts de Genève et professeur à l'université de cette ville. Il est surtout connu comme spécialiste de l'histoire de l'architecture française : *L'Architecture française, de la Renaissance à nos jours* (1941), *Histoire de l'architecture classique en France* (*) (1943-1957), *Mystique et architecture : symbolisme du cercle et de la coupole* (1954).

HAVEL Václav. Auteur dramatique, essayiste et homme d'État tchèque. Né le 5 octobre 1936 à Prague. Issu d'une famille de la haute bourgeoisie, il connaît très tôt la marginalisation sociale que lui impose le régime communiste à cause précisément de ses « origines de classe ». À 15 ans, n'ayant pas pu entrer au lycée, il devient apprenti laborantin tout en suivant des cours du soir. En 1960 il trouve un emploi au Théâtre de la Balustrade [Divadlo na zábradlí] ; d'abord machiniste, puis éclairagiste et accessoiriste, il prend finalement part à la mise en scène. À partir de 1963, il écrit des pièces qui vont très vite connaître un succès international. Durant toutes les années 60, il participe activement au « dégel culturel » de la Tchécoslovaquie post-stalinienne. Il fait partie de la rédaction de la revue culturelle *Visage* [*Tvář*], interdite par la suite, et devient président du Cercle des écrivains indépendants. Il effectue plusieurs voyages en Europe occidentale et aux États-Unis en 1968. Après l'invasion de la Tchécoslovaquie en août 1968, il se voit interdire toute activité artistique et vit constamment sous surveillance. L'opposition – la « dissidence » – s'organise progressivement et lance, en 1977, la Charte 77, dont il est l'un des trois premiers porte-parole. Parallèlement il fonde plusieurs collections en samizdat et participe à la création clandestine du Théâtre du Passage [Divadlo na tahu]. Plus tard, il formulera sa conception de la « politique anti-politique » qu'il conçoit comme une attitude strictement éthique, basée sur la responsabilité morale de l'individu. Ses prises de position lui valent plusieurs condamnations à la prison ferme ; au total il passera cinq ans en prison. La problématique de l'individu face au pouvoir corrompu et de la « vie dans la vérité » fournira matière à une série d'essais, dont *Le Pouvoir des sans-pouvoir* (*) (1978), les *Lettres à Olga* [*Dopisy Olze*, 1983], *Pour l'identité humaine* [*O lidskou identitu*, 1984], etc. Leader incontesté de l'opposition, il est élu en décembre 1989, à la suite de la « révolution de velours », président de la République.

L'œuvre dramatique de Havel, enchaînant sur le théâtre de l'absurde et sur l'héritage kafkaïen, connaît en gros trois périodes. La première, de 1963 à 1969, est celle de « l'individu face aux mécanismes sociaux en général ». L'abstraction philosophique, présente à travers toute l'œuvre havelienne, est allégée par un comique « absurde » et une démystification constante des situations et du vocabulaire. Deux pièces ont notamment marqué cette période : *La Fête en plein air* (*) (1963), initiation du jeune Hugo Pludek dans un monde bâti sur des clichés linguistiques, et *Notification* [*Vyrozumění*, 1965], où le haut fonctionnaire Gross reçoit une lettre écrite dans un langage artificiel et indéchiffrable dont il ne comprend mot et qu'il aurait pourtant mis en œuvre lui-même. La seconde période reflète l'expérience de la dissidence : l'atmosphère des pièces se fait plus lourde, le thème central devient celui de « l'homme rejeté par les structures sociales ». Il s'agit notamment du « triptyque », réunissant trois courtes pièces : *Audience* (*) (1975), *Vernissage* (*) (1975), *Pétition* (*) (1978) – v. *Audience* –, les pièces sans doute les plus autobiographiques de l'auteur. Au triptyque fait suite *Largo Desolato* (1984) dont le héros Leopold Kopřiva, devenu aux yeux de son entourage le symbole de la rébellion, voit sa vie personnelle se défaire peu à peu. Les œuvres de la dernière période sont en quelque sorte la synthèse des deux précédentes : tout en revenant à la démystification des structures sociales et politiques, elles présentent néanmoins le héros en tant qu'entité psychologique. Son intériorisation accentue l'ambivalence de toute interprétation ; c'est le personnage et non plus la dramaturgie qui livre les réponses possibles. C'est le cas aussi bien pour la variation faustienne *Tentation* [*Pokoušení*, 1985] que pour l'*Assainissement* [*Asanace*, 1987], histoire d'une reconstruction imposée contre leur gré aux habitants d'un village. En dépit des éléments comiques, présents tout au long des pièces de Havel, ses personnages ne relèvent guère de la satire ; l'auteur évite les jugements et les conclusions de portée générale. La seule certitude est celle de l'incertitude ; la quinzaine de pièces de Havel témoignent avant tout de la crise de l'identité humaine dans le monde d'aujourd'hui.

PATRICK OUREDNIK.

♦ *« Havel est fasciné par l'absurde du rationnel* [...] *Le régime totalitaire a fait une telle parodie du langage que la critique générale de la langue que fait Havel est devenue d'emblée une démystification des relations sociales concrètes. »* Milan Kundera.

HAWKES John. Romancier et nouvelliste américain. Né le 17 août 1925 à Stanford (Connecticut). John Hawkes dit avoir commencé à écrire avec la conviction que « les vrais ennemis du roman étaient l'intrigue, le personnage et le thème ». Loin d'être une simple boutade, cette déclaration de guerre contre le réalisme et ses conventions situe d'emblée ce romancier exceptionnel du côté de la fiction expérimentale et du renouveau formel. Ainsi, dans son premier roman publié, *Le Cannibale* (*) (1949), Hawkes campe une Allemagne imaginaire à la veille de la Première Guerre mondiale et à la fin de la Seconde. Comme chez Flannery O'Connor, le comique et l'horreur se combinent pour créer une atmosphère de fable poétique où évoluent des personnages archétypaux. De même, dans *Le Gluau* [*The Lime Twig*, 1961], le romancier fait mourir son narrateur dès la fin du premier chapitre, montrant ainsi son mépris du réalisme.

L'angoisse provoquée par l'imminence du néant, la dissection des décors sous le scalpel de l'écriture, le refus de toute psychologie, une analyse parfois microscopique de l'intonation et du timbre des voix, l'omniprésence ambiguë, presque « cannibale », d'un narrateur souvent autoritaire, telles sont quelques caractéristiques des fictions saisissantes de John Hawkes. Ainsi, dans *Les Oranges de sang* (*) (1971), le narrateur Cyril se présente-t-il lui-même comme un infatigable séducteur obnubilé par sa « vaste tapisserie d'amour », certes marié mais tout aussi prompt que sa femme à courtiser un couple de passage dans un décor méditerranéen pour « renoncer aux derniers lambeaux de possessivité ». Cyril se pose ainsi en apôtre de l'épicurisme et en tyran de l'amour ; il devient au fil des pages le metteur en scène implacable, fascinant et parfois agaçant d'une intrigue faussement bucolique qui s'achève sur le suicide d'un des protagonistes. C'est dire toute l'ambiguïté des fictions de John Hawkes : les oranges solaires y prennent très vite la couleur du sang ; dans *Le Photographe et ses modèles* (*) (1988), le peintre anglais George Stubbs dissèque des chevaux pour s'initier à leur anatomie et les peindre plus vivants que nature, au point qu'un cheval égaré dans un salon s'y méprendra. Mieux, c'est la dissection d'une femme morte en couches qui lui permet de faire le portrait d'une femme et de son enfant bien vivants. Dans ce jeu des contraires, la figure du cheval occupe d'ailleurs une place privilégiée, car chez John Hawkes cet animal est dangereux, rétif, mortifère, mais aussi symbole d'érotisme et de vitalité, d'art et d'esthétique.

Parmi les œuvres majeures de John Hawkes, citons aussi *La Patte du scarabée* (*) (1951), *Cassandra* [*Second Skin,* 1964], *L'Homme aux louves* [*The Passion Artist,* 1979], *Les Deux Vies de Virginie* [*Virginie : Her Two Lives,* 1981] et *Aventures dans le commerce des peaux en Alaska* [*Adventures in the Alaskan Skin Trade,* 1985]. Directement inspiré par la biographie des parents de l'auteur, ce dernier roman à l'imaginaire foisonnant évoque la vie de Sunny, « l'ensoleillée », parmi les glaces du grand Nord. La veine épique et le souffle lyrique caractérisent les aventures échevelées d'Oncle Jake, le père de Sunny, sorte de capitaine Achab, qui ne cesse d'organiser des expéditions de secours, vouant ainsi son existence à un romanesque à la fois exaltant et dérisoire. Toute cette exubérance trouve sa contrepartie dans des descriptions qu'on dirait tirées des *Aventures d'Arthur Gordon Pym* (*) d'Edgar Poe : le glacier aux crevasses bleutées où Sunny rêve que son père est tombé avec son traîneau de chiens, les blancheurs silencieuses de l'Alaska, immensités désertes où l'homme risque de se perdre corps et biens.

Il faut insister sur la puissance poétique des fictions de John Hawkes, où le tragique exacerbé bascule parfois dans l'autodérision et la parodie comique, un peu comme chez Beckett. D'ailleurs, la dimension théâtrale de cette œuvre mérite d'être soulignée : narrateurs totalitaires pris au piège de leurs propres exagérations, indications scéniques évoquant la didascalie, décors oniriques entièrement conçus par ce grand dramaturge de nos fantasmes qu'est John Hawkes.

BRICE MATTHIEUSSENT.

HAWKING Stephen William. Physicien anglais. Né à Oxford le 8 janvier 1942. Après une thèse à l'université de Cambridge sur la relativité générale, Stephen Hawking s'est spécialisé dans la structure à grande échelle de l'Univers et ses singularités mieux connues sous le nom de « trous noirs ». Victime depuis son adolescence d'une grave dégénérescence neuromusculaire et plus récemment d'une trachéotomie, il ne peut quitter son fauteuil roulant et communique par l'intermédiaire d'un ordinateur et d'un synthétiseur de parole. Il a été nommé en 1979 « Lucasian professor of mathematics » à Cambridge, à la chaire occupée jadis par Isaac Newton.

Ses travaux concernent la cosmogenèse et la physique des trous noirs. Il a en particulier montré que ces hypothétiques objets cosmiques, si compacts qu'ils créent une déchirure d'espace-temps d'où rien, pas même la lumière, ne peut s'échapper, sont en réalité capables de produire un rayonnement et de s'« évaporer » spontanément. Son livre de vulgarisation, *Une brève histoire du temps, du big-bang aux trous noirs* (*) (1988), a connu un extraordinaire succès.

NICOLAS WITKOWSKI.

HAWTHORNE Nathaniel. Romancier américain. Né le 4 juillet 1804 à Salem (Massachusetts), mort le 10 avril 1864 à Plymouth (New Hampshire). Comme il le rappelle dans « La Douane », le texte semi-autobiographique qui sert d'introduction à *La Lettre écarlate* (*), Hawthorne eut une enfance doublement marquée par l'ombre du passé : d'une part, Salem, port naguère prospère, était alors en plein déclin ; d'autre part, la situation de sa famille (sa mère, veuve dès 1808, devait compter sur l'aide familiale pour élever ses trois enfants) contrastait avec la gloire d'ailleurs suspecte de ses premiers ancêtres américains, juges célèbres en leur temps pour leur sévérité (ils avaient participé respectivement à la persécution des Quakers et des « sorcières »). D'où une relation indissoluble, mais complexe et souvent trouble avec l'histoire puritaine.

Après quatre ans d'études supérieures à Bowdoin College (Maine), le jeune homme préféra les incertitudes de la vocation littéraire au choix d'une profession. Il passa donc douze ans de relative solitude dans la maison maternelle (1825-37), à lire et à écrire. En 1828, il publia anonymement un roman, *Fanshawe*, dont il fut si peu satisfait qu'il tenta de détruire les quelques exemplaires existants. Il écrivit également des *Contes* (*), qui parurent souvent dans divers journaux et revues, avant d'être réunis en 1837 et publiés sous le titre *Contes deux fois contés* [*Twice-Told Tales*]. Malgré l'accueil généralement favorable de la critique – en particulier de Longfellow, qui avait été son camarade d'études à Bowdoin –, le livre n'eut qu'un succès modeste, et la deuxième édition, amplifiée, eut encore moins de lecteurs, en dépit d'un compte rendu élogieux d'Edgar Poe. Clairement, Hawthorne ne pouvait espérer vivre de sa plume. Heureusement, il obtint, grâce à un soutien politique, un emploi à la douane de Boston (1839-40), puis à celle de Salem (1846-49). Entre-temps, il passa quelques mois dans la communauté utopique de Brook Farm (1840), expérience qui devait lui inspirer un roman, *Valjoie* (*), puis trois ans (1842-45), avec la jeune femme qu'il venait d'épouser, dans l'ancien presbytère de Concord, à proximité d'Emerson et de Thoreau ; d'où le titre de son second volume de contes, *Mousses d'un vieux presbytère* [*Mosses from an Old Manse*, 1846].

En 1849, les fluctuations de la vie politique lui coûtèrent son emploi à la douane de Salem.

Six mois plus tard, sa mère mourait. Ce double choc provoqua un regain d'énergie créatrice qui lui permit d'écrire trois romans et un recueil de contes en trois ans. De cette production multiple, la postérité n'a retenu – outre quelques contes – que *La Lettre écarlate* (*) (1850), son chef-d'œuvre incontesté. Les deux romans suivants, *La Maison aux sept pignons* (*) (1851), et *Valjoie* sont des œuvres intéressantes, mais inégales, de même que *La Petite Fille de neige et autres contes deux fois contés* [*The Snow-Image, and Other Twice-Told Tales*, 1852]. Ces années virent également la rencontre fortuite de Hawthorne et de Melville, qui venait d'écrire anonymement un compte rendu très élogieux des *Mousses*.

En 1852, Hawthorne écrivit une biographie de son ancien camarade d'études, Franklin Pierce, candidat à la présidence des États-Unis. Une fois élu, ce dernier le remercia en lui procurant un poste de consul à Liverpool, ce qui lui permit de passer quatre ans en Angleterre (1853-57), suivis d'un séjour à Rome et Florence (1857-59). De ces six années, l'écrivain ne devait rapporter qu'un roman, *Le Faune de marbre* (*) (1860), et un livre d'essais sur l'Angleterre, *Notre vieille patrie* [*Our Old Home*, 1863]. Il faut ajouter à cela quatre manuscrits inachevés qui révèlent l'épuisement de ses facultés créatrices. Après son retour en Nouvelle-Angleterre (1859), il sombra dans la maladie et la dépression. Il mourut à l'âge de cinquante-neuf ans.

Lorsqu'on compare la carrière de Hawthorne à celle de James ou de Hemingway, on voit d'emblée ce qui distingue son œuvre de la leur : l'exil, pourtant volontaire, n'a entraîné chez lui ni découverte d'une autre culture, ni redécouverte de sa culture d'origine. Tout se passe comme si le romancier, en s'éloignant de ses racines, s'était condamné à la stérilité. Pourtant – et nous touchons peut-être ici du doigt le drame intime de cet écrivain – sa relation à sa propre culture rendait cet éloignement inévitable : son domaine réservé était en effet un univers crépusculaire, où l'ombre du passé menaçait sans cesse le présent, où la filiation était porteuse de souffrance, bref, un univers marqué par une sorte de malédiction. Ce n'est sans doute pas un hasard si les quatre récits inachevés qu'il laissa à sa mort avaient trait à l'héritage.

L'introduction à *La Lettre écarlate* commence par un dialogue imaginaire des deux ancêtres fondateurs de la lignée Hathorne (le *w* fut ajouté par Nathaniel, pour qui il constitua l'embryon d'un nom de plume). Ils sont indignés de voir leur descendant s'engager dans la voie de la fiction : « Il aurait aussi bien pu être violoneux ! » s'écrie l'un d'eux. Or l'œuvre, que ce dialogue introduit, a précisément pour but, comme le confirme la suite du texte, de « lever la malédiction » née de la faute ancestrale. On ne saurait mieux dire que l'imaginaire hawthornien se nourrit de ce qui le tue.

De ces deux fautes – celle de l'ancêtre maître de la Loi, et celle de l'écrivain coupable d'activités ludiques –, laquelle vient la première ? La promesse solennelle du romancier, s'engageant à laver la famille, la cité, la province, la nation de la souillure originelle ressemble fort à une riposte de celui qui se sait toisé – comme Hester et Pearl dans l'antichambre du gouverneur – par le regard réprobateur des ancêtres. C'est en fait la fiction qui est d'emblée en position d'accusée ; d'ailleurs, chacune des préfaces est prétexte à l'autodénigrement.

L'un des écrivains dont la dette envers Hawthorne était pourtant la plus lourde, Henry James, a souligné la pâleur et l'évanescence de son univers. Hawthorne lui-même lui avait en quelque sorte montré la voie, lorsqu'il regrettait, à la fin de « La Douane », d'avoir créé dans *La Lettre écarlate* une « bulle de savon » condamnée à se briser au premier contact avec la réalité. La critique américaine lui a souvent attribué la paternité de ce genre romanesque autochtone, la *romance* ; mais sa propre définition est beaucoup moins ambitieuse : il évoque dans « La Douane » « un territoire neutre, quelque part entre le monde réel et le monde féerique, où le réel et l'imaginaire peuvent se rencontrer ». Seuls des antagonistes ont besoin d'un terrain neutre pour entrer en contact : preuve que chez Hawthorne, la création littéraire est encore une activité illicite.

YVES CARLET.

♦ *« C'est cette noirceur... qui me retient et me fascine tant chez Hawthorne. »* Herman Melville. ♦ *« Quelle duplicité chez Nathaniel, ce* Wunderkind *aux yeux bleus ! »* D. H. Lawrence. ♦ *« Comme des acteurs hallucinés, les protagonistes de Hawthorne sont mus par une culpabilité aussi hallucinatoire qu'eux-mêmes, mais dont les conséquences sont aussi inévitables que la mystérieuse transgression, dans* Le Procès *de Kafka. »* Leslie Fiedler. ♦ *« L'artiste a souvent écrit ses plus belles pages non sur ce qu'il " croyait ", ou voulait croire, ou pensait qu'il devait croire, mais sur les " fantômes " qui venaient le " hanter ". »* Hyatt Waggoner.

RÉF. : Roy Male, *Hawthorne's Tragic Vision*, Austin, 1957. – Jean Normand, *Nathaniel Hawthorne*, Paris, 1966. – Frederick Crews, *The Sins of the Fathers*, New York, 1966. – John C. Stubbs, *The Pursuit of Form : A Study of Hawthorne and the Romance*, Urbana, 1970. – Nina Baym, *The Shape of Hawthorne's Career*, Ithaca, 1976. – Edgar Dryden, *Nathaniel Hawthorne : The Poetics of Enchantment*, Ithaca, 1977.

HAYASHI Shunzai (dans le siècle Jo). Écrivain japonais. Né à Kyôto, en 1618, mort à Edo en 1680. Fils du célèbre Hayashi Razan ou Doshun (1583-1657), disciple du philosophe chinois Tchou Tseu (1130-1200) et conseiller du shôgun Ieyasu (1542-1616), il fit ses études à Kyôto, et en 1633 se rendit à Edo avec son père ; il prit alors le nom de Shunzai, et le pseudonyme littéraire de Gaho. En 1638 il commença à aider son père : comme il connaissait bien le chinois, il traduisait les lettres et les dépêches venues, par la voie diplomatique, de Chine, de Corée, de Siam, et siégea au Conseil [Hyôjôsho] du shôgun où il pouvait prendre la parole. C'est seulement en 1646 qu'il succéda officiellement à son père. Hayashi est l'auteur de nombreux ouvrages, tels que le *Grand panorama des souverains du Japon* (*) qui est un abrégé de l'histoire du Japon et renferme force commentaires et annotations relatives à des œuvres chinoises et japonaises. À sa mort (1657), Razan avait laissé inachevée une histoire du Japon, l'*Honchō hennen-roku,* Hayashi reprit ce travail et le termina, en lui donnant le titre de *Hongo tsûgan.* Par ailleurs, il fit un recueil des œuvres de son propre père.

HAYDN Franz Joseph. Compositeur autrichien. Né le 1er avril 1732 à Rohrau an der Leitha, mort le 31 mai 1809 à Vienne. Fils d'un modeste artisan qui, doué naturellement, jouait de la harpe sans connaître la musique, il montra une sensibilité musicale très précoce qui trouva un aliment dans les vives et pittoresques chansons populaires souvent entendues à Rohrau, petite ville située presque à la frontière de la Basse-Autriche et de la Hongrie. Il avait été d'abord confié à un cousin maître d'école, mais, en 1740, le maître de chapelle de Saint-Étienne à Vienne, Reutter, découvrit sa belle voix d'enfant et l'emmena à la capitale comme petit chanteur de la cathédrale. Haydn y resta environ dix années, pendant lesquelles il apprit à jouer du violon et du clavecin, et reçut quelque instruction, mais non un véritable enseignement de la théorie musicale. Cependant, il s'était déjà lancé dans la composition et affrontait, avec les seules ressources de son esprit, les difficultés de l'harmonie et du contrepoint ; on doit à cette formation irrégulière l'originalité de l'harmonie de Haydn, souvent si proche de la saveur concrète du chant populaire. Quand sa voix eut mué, il fut remplacé à la maîtrise par son frère Michael ; et, à dix-huit ans, Joseph Haydn dut faire face aux difficultés de l'existence. Il entra au service de Nicollo Porpora, pour recevoir ses leçons de composition et de langue italienne ; par lui, il connut Wagenseil, Ditters von Dittersdorf et Gluck, dont les noms brillaient au firmament musical viennois. Il passa ces années difficiles à donner des leçons, à jouer dans les églises, à prendre part à des sérénades et des fêtes musicales nocturnes. Et pourtant, il n'abandonnait pas la composition ; de 1753 date l'opéra *Orphée* (+) ; en 1755, il écrivit son premier *Quatuor* – v. *Quatuors* (*) – à la demande du baron von Fürnberg, qui donnait de petites réceptions musicales dans sa villa de Weinsierl, et il en avait déjà composé dix-huit quand celui-ci, en 1759, lui procura une situation stable comme directeur de la musique de la chapelle du comte Morzin, à Lukawec, près de Pilsen.

Le culte de la musique était très répandu dans la noblesse autrichienne du temps et presque toutes les familles importantes possédaient un orchestre ou un ensemble de musique de chambre. Les musiciens faisaient partie du personnel des grandes maisons patriciennes, et leur condition ne se distinguait pas beaucoup de celle des serviteurs, mais ils vivaient à l'abri des soucis d'argent, se consacrant seulement à leur art, qu'ils pouvaient cultiver calmement et dans un milieu de connaisseurs. Haydn ne sentit pas le poids de cette situation subordonnée, et la seconde famille aristocratique qui l'engagea – d'abord comme second maître de chapelle (1761), ensuite comme directeur unique (1766) –, celle des fastueux princes hongrois Esterházy, fut l'objet, de sa part, d'un affectueux dévouement qui ne connut pas d'altération.

Il épousa, en 1760, Marie-Anne Keller, fille d'un barbier viennois : femme acariâtre qu'il supporta pendant quarante ans avec une patience toute socratique. Dans la paix laborieuse du splendide palais Esterházy, il composait assidûment, créant sans discontinuer la musique nécessaire aux fêtes qui s'y donnaient. C'est ainsi qu'il eut l'occasion d'aborder le genre dramatique avec de petits opéras comme *L'Apothicaire* (*) (1768) et *Endymion* (+) (1770), *Le Retour de Tobie* (+) (1774), *Le Monde de la lune* [*Il mondo della luna,* 1777], *Ariane* (+) (1782) et *Armide* (+) (1783), *L'Ile déserte* [*L'Isola disabata,* 1786] ; mais c'est dans le domaine de la musique instrumentale – *Quatuors* et *Symphonies* (*) – qu'il devait donner ses œuvres les plus remarquables. S'il fut surnommé « le père de la symphonie », ce ne fut pas pour l'avoir inventée, mais parce qu'il éleva ce genre à une hauteur qui n'avait été ni atteinte, ni même imaginée avant lui. Sa manière savoureuse et personnelle de concevoir l'harmonie renouvela le sens de la dialectique tonale des modulations, sur laquelle était fondée la forme bithématique de l'allegro de sonate, qui était de création récente. En outre, Joseph Haydn développa l'importance des mouvements intermédiaires et du dernier mouvement de la symphonie, avant lui brefs et peu travaillés. Il donna au menuet, ainsi que l'a noté Hugo Riemann, un caractère essentiellement différent de celui de la danse cérémonieuse alors en vogue, et en fit un prétexte à trouvailles humoristiques, préparant sa transformation ultérieure en scherzo, opérée par Beethoven. Il concilia le style galant, qui régnait alors dans la musique instrumentale allemande, style de caractère pastoral et dansant, avec le style dramatique « dialogué », grâce auquel les Italiens comme Rutini, et même des Allemands comme Carl Philipp Emanuel Bach firent exercer à l'opéra une influence manifeste sur la musique instrumentale. Haydn réussit la synthèse, principalement dans les *Quatuors*, où les quatre voix acquièrent finalement une complète indépendance les unes par rapport aux autres, malgré l'accord de leurs répliques animées et significatives. Mais Haydn ne tarda pas à transférer ces résultats dans l'orchestre, où les divers instruments commencèrent, avec lui, à présenter une individualité dramatique et expressive marquée, qui les fit ressembler à des personnages humains s'opposant les uns aux autres dans l'échange d'une conversation pleine de vivacité.

Tempérament de fin observateur, que l'on pourrait comparer à celui de son contemporain Goldoni, Haydn n'était pas, comme Mozart, une sorte d'ange tombé sur la terre et alimentant son art de l'intérieur, en des rapports purement musicaux. Il était un homme vivant parmi les autres, attaché à la vie ; il ne s'excluait pas du monde extérieur et en accueillait, au contraire, tout ce qui stimulait son imagination, qu'il s'agît de thèmes mélodiques populaires ou d'anecdotes. Comme le personnage de Térence, il eût pu dire de lui-même : *Homo sum ; nihil humani a me alienum puto.* Il a lui-même révélé que presque toutes ses symphonies – bien qu'elles présentent une indiscutable autonomie quant à leur valeur purement musicale – avaient été composées sur une sorte de canevas narratif imaginaire qui lui servait non pas de programme, comme cela sera pratiqué dans les poèmes symphoniques du XIXe siècle, mais plus simplement d'agrément stimulant de l'invention. D'ailleurs, nombre d'entre ces symphonies portent des titres caractéristiques et descriptifs : *Symphonie « la Reine », Symphonie « l'Horloge », Symphonie « militaire »,* etc. Cette réceptivité à l'égard du monde extérieur, caractéristique fondamentale de l'art de Haydn, aide à comprendre les deux sujets d'oratorios qu'il rapporta de ses deux voyages en Angleterre en 1790-1792 et 1794-1795, après que la mort du prince Esterházy (1790) l'eut mis à la retraite. Pendant le bref intervalle qui sépare ces deux voyages, il donna quelques leçons de composition à Beethoven, qu'il avait connu à Bonn au cours du premier. En Angleterre, la tradition de l'oratorio vocal et instrumental, instaurée par Haendel, était encore en pleine vigueur et séduisit Haydn, qui rapporta à Vienne des textes poétiques dialogués : l'un sur la création du monde, que le poète Lidley avait tiré du *Paradis perdu* (*) de Milton, et l'autre sur les *Saisons* (*) de Thomson. À Vienne, Haydn se fit traduire ces poèmes par Van Swieten, et se mit au travail. *La Création* (*) fut exécutée pour la première fois à Vienne en 1798, et remporta un immense succès. L'œuvre fut jugée digne du sujet qui, dans la description des choses créées, permettait à Haydn d'employer ses dons d'observateur aigu de la réalité. Au cours des deux années qui suivirent, Haydn travailla aux *Saisons* (*), dont l'exécution, en 1801, connut un égal succès. Citons encore *Les Sept Paroles du Christ* (*) (1801), et *L'Avare* (+) (1802). Par la suite, vieilli et las, le musicien se borna à de brèves compositions vocales, pleines d'esprit, ciselées avec grâce, et parfois plus vives et aisées que les airs des oratorios, quelque peu guindés dans leur solennité.

La fin du compositeur, bon patriote de l'Empire autrichien, pour lequel il avait écrit, en 1797, un hymne célèbre, fut attristée par l'entrée victorieuse des Français à Vienne. Mais, tandis qu'il se trouvait au lit, malade, un officier de Napoléon vint lui rendre visite et, s'asseyant au piano, chanta un air de la *Création*. Haydn, ému, l'embrassa. Quelques jours plus tard, il expirait avec sérénité, comme il avait vécu.

MASSIMO MILA.

♦ « *Personne n'a plus de grâce dans le badinage et plus de larmes dans l'émotion que Josef Haydn : lui seul a le secret de me faire sourire et de m'impressionner au fond de l'âme.* » Mozart. ♦ « *Quand le sage Copernic détermina les planètes / Le système astronomique fut changé... / Haydn ! Grand souverain de l'art des sons ! / Tes œuvres seules dressent une carte immense / De toutes les montagnes, mers et plaines fertiles. / Contenues dans leurs vastes domaines.* » Charles Burney à l'arrivée de Haydn en Angleterre, en 1791. ♦ « *Haydn est un artiste habile, qui manque toutefois d'inspiration.* » Schiller. ♦ « *Je n'ai rien appris de Haydn !* » Beethoven. ♦ « *De nos jours, il est impossible d'apprendre de Haydn quelque chose de neuf. Il est comme un ami familier de la maison que tous saluent avec plaisir et estime, mais qui a cessé d'inspirer un intérêt.* » Schumann. ♦ « *La réforme de la symphonie faite par Haydn est un des plus grands miracles de tous les temps.* » Guido Adler. ♦ « *Haydn, c'est un siècle à lui seul. Avec sa vie et son œuvre, il remplit l'intervalle entre les Bach et Schubert* [...] *Le chapitre le plus important de l'histoire de la musique est celui consacré à Haydn.* » Sir Donald Tovey. ♦ « *Son* au-delà du plaisant et du sévère *a depuis longtemps été senti et reconnu comme l'au-delà, le dépassement de l'art.* » Thomas Mann.

RÉF. : A. E. Dies, *J. Haydn's Biographie,* Vienne, 1810. – Stendhal, *Vies de Haydn, de Mozart et de Métastase,* Paris, 1814. – K. F. Pohl, *Josef Haydn,* 2 vol., Leipzig, 1875-82. – M. Brenet, *Haydn*, Paris, 1909. – K. Kobald, *Josef Haydn,* Vienne-Leipzig, 1932. – J. P. Larsen, *Die Haydn-Ueberlieferung,* Copenhague, 1939. – H. E. Jacob, *Joseph Haydn,* Paris, 1950. – L. Nowak, *J. Haydn, Leben, Bedeutung und Werk,* Zürich, 1951. – A. Van Hoboken, *Joseph Haydn, Thematisch-bibliographisches Werkzeichnis,* Mayence, 1955. – P. Barbaud, *Haydn,* Paris, 1957 ; *Joseph Haydn,* Paris, 1960. – H. C. Robbins Landon, *Haydn,* Londres, 1972. – L. Della Croce, *Les 107 Symphonies de Haydn*, Turin et Bruxelles, 1977. – C. Rosen, *Le Style classique, Haydn, Mozart, Beethoven,* Paris, 1978. – M. Vignal, *Joseph Haydn,* Paris, 1988. – R. Hughes, *Les Quatuors de Haydn,* Arles, 1989.

HAYDN Michael. Compositeur autrichien, frère cadet de Joseph Haydn. Né à Rohrau le 14 septembre 1737, mort à Salzbourg le 10 août 1806. Il reçoit sa formation musicale dans les chœurs de la cathédrale Saint-Étienne de Vienne, et étudie également le piano, l'orgue, le violon et la composition.

Appelé comme maître de chapelle par l'évêque de Grosswardein en 1757, il devient, en 1762, Hofmusicus à la cour de Salzbourg. Au cours de ces années, il compose un *Philémon et Baucis* (1768), son *Requiem* en ut mineur (1771) et une musique de scène pour le *Zaïre* (*) de Voltaire (1777). Le fait le plus marquant de ses années salzbourgeoises est l'amitié qui le lie à Mozart, auquel il devait succéder auprès de Colloredo en 1781. On raconte que, pour rendre service à son ami malade, Mozart composa pour lui deux duos pour violon et alto, qui ont repris leur place au catalogue Koechel sous les numéros 423/4. Certaines œuvres de Michael Haydn sont par contre passées à la postérité sous le nom de Mozart, notamment la *Symphonie en sol majeur K 444.* La fin de sa vie fut attristée par des ennuis de santé et par la perte de ses biens lors de l'invasion de troupes françaises. Son œuvre est importante, surtout dans le domaine de la musique sacrée : quarante messes — v. *Messes et Motets* (*) —, dont huit en allemand, près de deux cents graduels et offertoires, quelques oratorios. À ceci s'ajoute une œuvre non négligeable dans le domaine instrumental : quarante-six symphonies, plusieurs concertos, de la musique de chambre, ainsi que dans le domaine de la musique théâtrale où voisinent singspiel allemand et opéra italien.

JEAN-FRANÇOIS LABIE.

HAYEK Friedrich August Von. Économiste anglais d'origine autrichienne. Né à Vienne le 8 mai 1899, mort le 23 mars 1992. Il commence par des études de droit et de sciences sociales et vient ensuite à l'économie. Il est docteur en droit en 1921 et en sciences sociales en 1925. Dès 1924, il organise le Cercle de Vienne, où se réunissent de nombreux économistes. En 1927, il dirige l'Institut autrichien de recherches économiques pour l'étude des cycles. En 1929, il est professeur à l'université de Vienne. À partir de cette date, il découvre le monde anglo-saxon et prend une place importante dans le débat intellectuel de l'entre-deux-guerres. D'une part, il critique *Le Traité de la monnaie* de Keynes, en publiant ses *Réflexions sur la théorie pure de la monnaie*, et en critiquant toutes ses propositions pour analyser et faire face à la crise. Mais d'autre part, il participe activement à la dénonciation du socialisme : en « administrant » les prix, les pays socialistes se privent des informations fondamentales fournies par les prix de marché. L'économie socialiste ne peut pas fonctionner spontanément ou normalement et en même temps elle est impossible à connaître et à diriger scientifiquement. Hayek participe à tous les colloques et aux organisations des théoriciens du libéralisme. Il fonde la société du Montpellerin pour regrouper au plan mondial les spécialistes libéraux en sciences sociales. Il dénonce l'extension du socialisme, la « route de la servitude ». Il s'oppose même à Aron sur la thèse de la convergence à long terme des deux types de sociétés.

Après la Seconde Guerre mondiale, il quitte l'Angleterre où le keynésianisme a triomphé. Il part aux États-Unis, où il obtient une chaire de sciences sociales à l'université de Chicago. Sa réflexion se fixe alors sur le libéralisme politique et social. Ses études paraissent en 1960 sous le titre *Droit, législation et liberté* (*).

En 1962, il revient enseigner à Fribourg. La crise des années 70 et la remise en cause des remèdes keynésiens lui redonnent une consécration mondiale. Il obtient avec Gunnar Myrdal le prix Nobel d'économie en 1974 « pour leurs travaux de pionniers sur la théorie des fluctuations économiques et monétaires et pour leur analyse pénétrante de l'interprétation des phénomènes économiques, sociaux et institutionnels ». Il a pris sa retraite à Vienne.

LUCETTE LE VAN-LEMESLE.

HAYIM de Volozhyn. Talmudiste et cabaliste lituanien. Né en 1759, mort en 1821. Disciple du prestigieux Gaon Élie de Vilna, il joua un rôle de premier plan dans la vie juive d'Europe orientale. Il fonda en 1802 une Yéchiva, ou Académie talmudique, dans la ville de Volozhyn où il était rabbin depuis l'âge de vingt-cinq ans, bien qu'il tirât ses revenus d'une activité commerciale. Cette Académie devint le modèle de nombreux centres d'étude juive qui se créèrent à son exemple et elle forma les maîtres et rabbins les plus importants du siècle. Hayim introduisit une nouvelle atmosphère au sein de ces études austères, en mettant l'accent sur la puissance cosmique de l'étude de la Torah qui devait se dérouler de manière ininterrompue, les élèves se relayant jour et nuit pour qu'elle ne cesse pas. Bien que l'enseignement fût l'activité principale de Hayim, il connut la célébrité en tant qu'écrivain en rédigeant *L'Âme de la vie* (*), dont il n'autorisa la publication qu'après sa mort. Il fut l'auteur aussi d'un commentaire sur le *Traité des Pères* [*Pirqé Avot*], intitulé *L'Esprit de vie* [*Rouah Hayim*]. Il écrivit aussi des *Responsa* d'ordre juridique. Il consacra beaucoup d'efforts à lutter contre le hassidisme, mouvement piétiste juif qui mettait l'accent sur les prières et l'extase mystique, en montrant que l'étude intellectuelle de la Torah et du *Talmud* (*) est en soi l'union mystique la plus authentique et la plus élevée.

CHARLES MOPSIK.

HAZARD Paul. Professeur et écrivain français. Né à Noordpeene (Nord) le 20 avril 1878, mort à Paris le 13 avril 1944. Fils d'un instituteur, il entra à l'École normale supérieure (1900) et passa son doctorat ès lettres, en 1910, avec la thèse *La Révolution française et les lettres italiennes.* Il fut ensuite professeur aux lycées de Saint-Quentin et de Reims, puis à la Sorbonne (1919) et au Collège de France

(1925), où il occupa la chaire de littérature moderne comparée. À plusieurs reprises, il se rendit en Amérique pour des séries de conférences et de cours qui furent très appréciés, et en 1921 fonda, avec Fernand Baldensperger, la *Revue de littérature comparée*. De nombreuses universités étrangères, parmi lesquelles celle de Turin, lui décernèrent des titres honoraires. Profond connaisseur de la littérature de l'Italie, il lui a consacré plusieurs ouvrages : *Léopardi* (1913) ; *L'Italie vivante* (1923) ; *L'Influence française en Italie au XVIIIe siècle* (en collaboration avec Henri Bédarida, 1934). On lui doit en outre : *Lamartine* (1926), *La Vie de Stendhal* (1927), *Don Quichotte* (1931), *Les Livres, les enfants et les hommes* (1932). Deux œuvres fondamentales, d'autre part, figurent au nombre de ses travaux : *La Crise de la conscience européenne : 1680-1715* (*) (1935), ample et clair exposé du passage de l'esprit discipliné et traditionaliste du XVIIe siècle à l'esprit critique et individualiste du XVIIIe siècle ; et, posthume, *La Pensée européenne du XVIIIe siècle, de Montesquieu à Lessing* (1946). Il conçut et dirigea, avec Joseph Bédier, une grande *Histoire illustrée de la littérature française* (+) (1923-24). Pendant l'occupation allemande, Paul Hazard, dont la nomination de recteur de l'université de Paris fut repoussée par les envahisseurs, publia dans la revue clandestine *France de demain* un article intitulé *Pour que vive l'âme de la France*. Il avait été, en 1940, élu membre de l'Académie française, succédant à Georges Goyau.

RÉF. : R. Mortier, « Un grand historien des idées, Paul Hazard » in *Revue de l'université de Bruxelles* n° 7, 1954.

HAZAZ Haïm. Écrivain israélien. Né à Sidorowiczi (Ukraine) le 16 septembre 1898, mort à Jérusalem le 24 mars 1973. En 1914, Hazaz quitta son village natal et se rendit dans de grandes villes de Russie afin d'y entreprendre des études. Poursuivi par les autorités bolcheviques, en 1920, il se réfugia tout d'abord en Crimée, puis quitta définitivement la Russie pour Constantinople. En 1922, il arriva à Paris et y demeura neuf ans environ, durant lesquels il écrivit les premiers chapitres de plusieurs de ses romans et de nombreuses nouvelles qui furent publiées dans des revues littéraires. En 1931, il immigra en Palestine, et, après avoir séjourné quelque temps à Tel-Aviv, choisit de vivre à Jérusalem. Plusieurs prix couronnèrent sa carrière littéraire (prix Ussihkine en 1950 et prix Bialik en 1971).

Toute l'œuvre de Haïm Hazaz présente une très grande diversité, tant du point de vue historique et géographique que du point de vue ethnographique. Ainsi, outre plusieurs recueils de nouvelles dont le premier fut : *Les Meules brisées* (*) (1942), il a composé une pièce de théâtre : *À la fin des temps* [*Bé-Ketz ha-yamin*, 1933] dans laquelle se retrouvent les thèmes, chers à l'auteur, du messianisme et du sionisme, à travers l'expérience vécue par la communauté juive d'une petite ville d'Allemagne à l'époque du faux messie, Sabbataï Zevi. Traitant des mêmes thèmes sous une forme fondamentalement différente, les romans *Yaish* (*) (1944) et *Toi qui demeures dans les jardins* (*) (1954) ont pour toile de fond la communauté yéménite de Jérusalem. Il convient, en outre, de citer les romans : *Les Portes d'airain* [*Daltot nehoshet*, 1956], dont l'action se déroule au sein d'une communauté juive de Russie lors de la révolution de 1917, et *Dans un même carcan* (*) (1963).

LÉTITIA COSTA.

HAZLITT William. Critique et essayiste anglais. Né le 10 avril 1778 à Maidstone (Kent), mort à Londres le 18 septembre 1830. Fils d'un pasteur unitarien, il habita le Shropshire jusqu'à l'âge de quinze ans, puis on l'envoya au collège de Hackney. On le destinait à la carrière ecclésiastique, il y renonça et quitta cet établissement. C'est par lui-même, en lisant les philosophes et les romanciers du XVIIIe siècle (Rousseau, Fielding, Smollett) et aussi Shakespeare et Boccace, qu'Hazlitt acquit une certaine culture. En 1798-1799, il rencontre Coleridge et Wordsworth, puis, en 1802, il se rend à Paris pour y étudier la peinture ; il y reste peu de temps, mais assez pour s'enthousiasmer pour Napoléon dont, plus tard, il écrira une *Vie* [*Life of Napoléon*, 1827-1828]. De retour à Londres en 1803, il fréquente les cercles littéraires et politiques qui se réunissaient autour de Charles Lamb et de Godwin. Il commence alors à écrire des essais et à faire des conférences philosophiques : *Essais sur les principes de l'activité humaine* [*An Essay on the Principles of Human Action*, 1805], *Développement et progrès de la philosophie moderne* [*The Rise and Progress of Modern Philosophy*, 1812], avant de passer au journalisme et de devenir rédacteur au *Morning Chronicle*, puis de collaborer à des périodiques tels que le *Champion*, le *Times* ou l'*Examiner*. Ses essais critiques obtiennent un vif succès, notamment *Shakespeare et les personnages de ses pièces* (*) (1817), *Conférences sur la littérature dramatique du temps d'Élisabeth* (*) (1820), qui inaugurent l'analyse pychologique du personnage — caractéristique de la critique romantique —, *Panorama du théâtre anglais* [*View of the English Stage*, 1818], *Conférences sur les poètes anglais* (*) (1818), *Conférences sur les écrivains comiques anglais* (*) (1819), et *Propos de table* (1821-22). Hazlitt, en dépit d'une vie conjugale mouvementée, continue d'écrire et ses essais s'élargissent, deviennent souvent biographiques et exaltent la vie, l'action, l'énergie : *L'Esprit de l'époque* (+) (1825), *Le Franc-Parler : Opinion sur les livres, les hommes et les choses* (*) (1826), *Boswell redivivus* (1826-1827). Il toucha également au domaine de la critique d'art qu'il marqua de son sceau personnel, s'élevant contre les principes de Reynolds, et soutenant une appréciation plus sensible et nuancée des divers éléments composants d'une toile.

♦ *« Hazlitt est un personnel, un solitaire, en lutte ouverte ou secrète avec le monde, où l'intransigeance de la sincérité, l'acuité de son regard, inquiètent toutes les valeurs de convention et de compromis... mais il ne perd pas la maîtrise de soi, l'équilibre, s'il n'a pas l'unité facile d'une âme simple. »* L. Cazamian.

RÉF. : Dauady, *Vie de William Hazlitt, l'essayiste,* 1907. – G. Keynes, *Bibliography of W. H.,* Londres, 1931. – E. Schneider, *The Aesthetics* of *W. Hazlitt,* Philadelphie, 1933. – H. Baker, *William Hazlitt,* Cambridge, Mass. 1962. - J. A. Houck, *W. Hazlitt : A Reference guide,* Boston et Londres, 1977. – S. Jones, *Hazlitt : A Life : from Winterslow to Firth Street,* Oxford, 1989.

HEANEY Seamus. Poète de l'Irlande du Nord. Né à Castledown, dans le comté de Derry, le 13 avril 1939. Après des études universitaires à l'université Queens de Belfast il devient enseignant universitaire, en Grande-Bretagne, puis dans divers pays, notamment aux États-Unis. En 1965, il épouse Marie Devlin et, en 1972, quitte l'Irlande du Nord pour vivre dans le sud, d'abord à la campagne, puis à côté de Dublin. Dans le monde anglo-saxon, Heaney, qui a toujours joui d'une grande réputation et d'une grande popularité – ce qui le rend suspect à la fois aux yeux de poètes plus novateurs sur le plan formel, qui se méfient du ton volontiers élégiaque de l'œuvre (un lyrisme qui serait « trop auto-souriant » – too self-smiling – comme l'admet le poète lui-même) et aux yeux d'autres artistes et écrivains plus engagés politiquement, pour lesquels le succès d'un poète irlandais en Angleterre suppose un jeu de séduction compromettant. Son premier recueil, *Mort d'un naturaliste* (+) (1966), sera suivi par toute une série d'autres, dont le thème majeur peut être défini comme « un sens du lieu » : l'appréhension d'un monde qui parle aux sens et sa traduction en une poésie de texture sensuelle, la volonté de comprendre et de rendre compte d'un lieu d'origine qui exprime, dans son microcosme, nombre des tensions, des tentations et des contradictions qui tiraillent l'Irlande. La poésie est ainsi dominée par le rapport au pays : à son histoire, aux multiples couches d'occupation (Celtes, Danois, Normands, Anglais, Écossais), aux multiples substrats linguistiques d'un territoire contradictoire, violent et divisé mais qui garde, notamment dans le monde rural, une unité utopique de type pastoral (qui surgit des souvenirs de l'enfance). C'est là peut-être une façon subtile d'articuler, au niveau métaphorique, le travail manuel et le travail intellectuel, l'espace géographique et l'espace historique, les phénomènes naturels et les choix « politiques » au sens large, articulation qui fait la force de Heaney, une force qui est d'autant plus clairement perçue par le public anglo-saxon que sa poésie s'intègre visiblement dans une tradition ancienne de la poésie de langue anglaise. Son œuvre contient, en outre, mais de manière fort discrète, une érudition considérable, alors que, sur un autre plan, la violence de la réalité de l'Irlande du Nord, et un sens aigu de la matière « visqueuse » (glaise, frai...), tout en en faisant partie intégrante, font contrepoids à une sensualité partout présente. La rencontre entre cette violence et cette sensualité, consonne et voyelle, est interprétée par le poète comme relevant d'une autre conjonction, celle des principes masculins et féminins. Qui plus est, l'œuvre se métamorphose de façon subtile. Partant de poèmes fortement influencés par la poésie britannique (et notamment par Ted Hughes), Heaney s'en est petit à petit dégagé – à travers *Porte vers le noir* (+) (1969), *Endurer l'hiver* (+) (1972), *Nord* (+) et *Fouille* (+) (1979) – aussi bien par une exploration de « paysages » métaphoriquement riches mais dont les poètes anglais parlent peu (par exemple le marais/tourbière [the Bog] dont le noir, la texture, la combustion lente, et les capacités de préservation sont emblématiques) que par un recentrage sur une réflexion politique très complexe et un travail sur la langue et la symbolique à la fois attentif et d'une grande subtilité. C'est peut-être avec *Île de pèlerinage* (+) (1984) et *La Lanterne des cenelles* (+) (1987) que l'on comprend rétrospectivement la richesse d'une poésie non seulement séduisante, mais aussi intellectuellement moins simple qu'il n'y paraissait.

Les qualités des *Poésies* (*) de Heaney – finesse et sensibilité dans l'exploration des métaphores, intelligence, scrupule, générosité, imagination profondément enracinée dans la langue et ses rythmes, érudition considérable – font également de ses deux recueils d'articles : *Préoccupations : proses choisies* [*Preoccupations : Selected Prose 1968-1978,* 1980] et *Le Gouvernement de la langue* [*The Government of the Tongue,* 1988] des ouvrages critiques parmi les plus riches de tous ceux publiés par les poètes de sa génération.

PAUL VOLSIK.

RÉF. : B. Morrison, *Seamus Heaney,* Londres, 1982. – T. Curtis (éd.), *The Art of Seamus Heaney,* Bridgend, 1982. – R. Tamplin, *Seamus Heaney* Milton Keynes, 1989.

HEARN Lafcadio. Écrivain anglais. Né le 27 juin 1850 dans l'île de Leucade (mer Ionienne), mort le 26 septembre 1904 à Tokyo. Fils d'une Grecque et d'un médecin militaire anglais qui fut envoyé aux Indes occidentales et dut laisser sa femme et son fils à Dublin, Hearn fut confié à une tante dont le souci majeur était de lui voir embrasser la carrière ecclésiastique. En 1869, il se rendit à New York, puis à Cincinnati et devint en 1873 chroniqueur au *Cincinnati Enquirer.* Le fait qu'il ait épousé une mulâtresse lui fit perdre son poste. Il écrivit successivement dans le

Commercial, l'*Item* à La Nouvelle-Orléans, puis dans le *Times Democrat.* À partir de 1885, ses articles furent publiés par les revues de New York et, en 1887, le *Harper's Magazine* l'envoya à la Martinique où il resta deux ans et demi. À la suite de ce séjour, il écrivit *Deux ans aux Indes occidentales françaises* [*Two Years in the French West Indies,* 1890] qui reste un des meilleurs ouvrages sur ce sujet qu'on possède actuellement. En 1890, il se rend au Japon, toujours aux frais du *Harper's Magazine,* mais rompt avec le journal et commence à vivre en donnant des cours. Le *Japon inconnu* (*) (1894) est le premier des douze volumes excellents – parmi lesquels *Fantômes de Chine* (*) – qu'Hearn écrivit sur le Japon et l'Extrême-Orient, et parmi lesquels il faut encore citer : *Kokoro* (1896). Il épousa Setsuko Koizumi et prit la nationalité japonaise. En 1894, il abandonna l'enseignement et écrivit dans le *Chronicle,* jusqu'à ce que le professeur Chamberlain eût obtenu pour lui la chaire de littérature anglaise à l'université de Tokyo. Il continua de faire ses cours jusqu'à la fin de 1903 et sa dernière œuvre, *Le Japon, Essai d'interprétation* (*) (1904), résume ce qu'il savait du Japon.

RÉF. : E. Bisland, *Life and Letters of Lafcadio Hearn,* 1906. – E. L. Tinker, *L. Hearn's American Days,* 1925. – E. Stevenson, *Lafcadio Hearn,* New York, 1961. – B. Lemoine, *Exotisme spirituel et esthétique de la vie de Lafcadio Hearn,* Paris, 1988.

HEBBEL Friedrich. Poète et dramaturge allemand. Né à Wesselburen (Holstein danois) le 18 mars 1813, mort le 13 décembre 1863 à Vienne. D'humble et pauvre famille, son enfance fut assombrie non seulement par la misère mais par la sévérité de son père. Demeuré orphelin à quatorze ans, il dut accepter un emploi d'écrivain public de sa paroisse qu'il conserva jusqu'à ce que, à vingt-deux ans, il eût l'idée d'envoyer à une revue de Hambourg ses premiers essais et réussît ainsi à intéresser à son sort un médiocre écrivain, Amalia Schoppe, qui fit une collecte pour permettre au jeune poète autodidacte de venir terminer ses études à la ville. En 1835, il quitte donc Wesselburen pour Hambourg, se plonge dans l'étude pour pouvoir être admis à l'Université et commence à écrire son *Journal* (*) qu'il tiendra sa vie durant. Il fait connaissance d'une pauvre lingère, Élise Lessing, de huit ans son aînée, qui lui voua un amour éperdu et l'aida matériellement. Mais, ennemi de toute chaîne et aspirant à la liberté et à la lutte, enfermé dans un tourment qui l'oppose au monde entier, il ne lui rend pas cet amour. Il a déjà cette conception tragique de l'existence qui inspirera toute son œuvre dramatique. En 1836, il va étudier le droit à Heidelberg, mais les pauvres économies qu'Élise lui envoie ne lui permettent pas de vivre ; il part donc pour Munich à la recherche d'un travail littéraire, mais il y trouve également la misère. Celle-ci est, dans une certaine mesure, adoucie par l'amour d'une jeune fille du peuple, la fille du menuisier chez qui il loge. Plus tard, il évoquera la jeune fille et son milieu dans *Marie-Madeleine* (*). Mais cet amour non plus ne lui donne pas la paix : il ne voit pour l'instant dans la femme qu'un instrument pour parvenir à la connaissance de soi. Ce n'est que plus tard, dans ses drames, qu'il comprendra qu'elle est capable de se venger des offenses qui lui sont faites ; c'est ainsi que naîtront ces extraordinaires figures de femmes, qui ne sont que l'image renversée de celles qui ont traversé sa vie. Revenu à Hambourg en 1839, il y écrit *Judith* (*), qui, représentée à Berlin, lui vaut la réputation, mais non la richesse. Entretemps, il n'a pas rompu avec Élise, qui lui donne un fils, alors qu'il aime une autre femme. Après un deuxième drame, *Geneviève* (*), le roi du Danemark lui accorde en 1842 une bourse de voyage de six cents thalers et l'année suivante il se rend à Paris où il fait la connaissance de Heine. Mais la France n'apporte aucun élément nouveau à son art. Il y écrit *Marie-Madeleine* qui est jouée à Leipzig et le rend célèbre. Son premier enfant meurt, mais il lui en était né un autre entre-temps. De Paris, il gagne l'Italie et passe à Rome une année entière (1844-45), mais sans aucun profit non plus. Il se rend ensuite à Vienne, où il trouve enfin le repos, entre autres grâce à son mariage avec une grande actrice, Christine Enghaus, excellente interprète de son œuvre. Les débuts de cette union furent assombris par la mort d'un enfant de quelques mois et surtout par les récriminations d'Élise qui avait entre-temps perdu son deuxième fils. La délicatesse de Christine réussit à ramener la paix : elle fit venir Élise à Vienne, se lia d'amitié avec elle et pendant quelque temps ils vécurent tous les trois ensemble en bonne harmonie. Élise repartit ensuite pour Hambourg, où elle mourut en 1854. Après la naissance d'une petite fille, Hebbel trouva enfin une certaine stabilité et quelque sérénité. Ses dernières années furent les plus paisibles de son existence : rien ne lui manquait, ni l'affection familiale, ni la célébrité, ni l'aisance qui lui avait permis l'achat d'une petite maison de campagne. Son travail enfin lui causait de profondes satisfactions : c'est alors qu'il écrivit *Agnès Bernauer* (*), *Gygès et son anneau* (*) et la trilogie des *Nibelungen* (*). Mais les privations de sa jeunesse avaient laissé des traces dans son organisme et une maladie de l'épine dorsale le conduisit prématurément à la tombe. Tout ce que l'on sait de la vie de ce poète concourt à nous donner l'image d'un homme inquiet et orgueilleux, enfermé dans un égotisme démesuré qui l'oppose au monde extérieur ; c'est pourquoi le drame était l'unique forme d'art où pouvait s'exprimer l'extrême tension de son esprit.

VINCENZO MARIA VILLA.

♦ *« Il donna, coup sur coup, deux tragédies,* Judith *et* Genovefa, *qui montraient un génie puissant, mais en même temps un manque de goût et de mesure, dont Hebbel ne s'est jamais complètement guéri. Il n'estimait, en poésie, que le premier jet. »* A. Bossert. ♦ *« On retrouve chez lui les grands problèmes d'ensemble de l'histoire de l'humanité, ils prennent seulement un aspect entièrement métaphysique et philosophique ; ils survolent l'action dramatique et n'arrivent pas à s'y rattacher d'une manière organique. Et les moyens par lesquels Hebbel essaie d'établir la relation entre l'individu et l'histoire mondiale brisent encore plus les rapports réels. »* Georges Lukacs. ♦ *« Hebbel est un des plus grands poètes dramatiques du* XIX*e siècle. Réaliste, il peint des hommes dont les destinées sont la conséquence logique et nécessaire de leur caractère et des conditions de leur existence. Ce ne sont pas des types, mais des individualités humaines, ayant leur grandeur et leurs faiblesses. »* Auguste Folz.

RÉF. : Gustav Wethly, *Friedrich Hebbel, der Dramatiker*, Strasbourg, 1935. – Lisbeth Wittig, *Der junge Friedrich Hebbel als Gestalter seines Selbst*, Berlin, 1937. – Johannes Meuser, *Hebbels Anschauungen über die deutsche Literatur der nachklassischen Zeit*, Berlin, 1940. – B. V. Wise, *Die Deutsche Tragödie von Lessing bis Hebbel*, Hambourg, 1964. – H. Matthiesen, *F. Hebbel in Selbstzeugnissen und Bilddokumenten*, Reibek, 1970. – M. Garland, *Hebbel's Prose Tragedies*, Cambridge, 1973. – H. Kaiser, *Friedrich Hebbel*, Munich, 1983.

HEBEL Johann Peter. Écrivain suisse d'expression allemande. Né à Bâle le 10 mai 1760, mort à Schwetzingen près de Heidelberg (Bade) le 23 septembre 1826. Issu d'une famille modeste d'origine paysanne, il étudia la théologie à Erlangen ; il fut quelques années vicaire dans une paroisse de village, puis professeur de séminaire à Lorrach, où il passa huit années paisibles ; en 1798, il devint directeur de lycée à Karlsruhe ; il obtint de nombreux honneurs, dont le doctorat « honoris causa » à l'université de Heidelberg. Excellent maître, sinon grand érudit, il est surtout connu comme poète dialectal allemand. Ses *Poésies alémaniques* [*Alemannischen Gedichte*, 1803], louées par Goethe et par Jean-Paul, et qui connurent en Allemagne une immense popularité, parurent en 1803. Il est aussi l'auteur de contes moraux en prose, recueillis sous le titre de *Contes* (*), et appréciés tant pour leur valeur éducative que pour la clarté de leur style. Mentionnons enfin, de Hebel, *Rencontre imprévue* (+). Le gouvernement de Bade-Wurtemberg créa, en 1946, un prix Hebel, qui fut décerné entre autres à deux Français : le docteur Schweitzer (en 1951) et Max Picard (en 1952).

RÉF. : W. Zentner, *J. P. Hebel*, Karlsruhe, 1948. – R. M. Kully, *Johann Peter Hebel*, Stuttgart, 1969. – R. Kawa (Hrsg.), *Zu J. P. Hebel*, Stuttgart, 1981.

HÉBERT Anne. Poète et romancière québécoise. Née le 1er août 1916 à Sainte-Catherine-de-Fossambault. Élevée dans un milieu littéraire (son père Maurice est critique et poète), elle se tourne vers l'écriture, proposant ses textes aux revues à l'instar de son cousin Saint-Denys-Garneau. Ses premières parutions privilégient la forme courte : deux recueils de poésies – *Les Songes en équilibre* (1942), *Le Tombeau des rois* (1953) – et un recueil de nouvelles, *Le Torrent* (publié à compte d'auteur en 1950), esquissent un univers hanté par la solitude et la dépossession. Elle collabore bientôt aux émissions culturelles de Radio-Canada (1950-1954), et travaille à l'Office national du film comme scénariste et rédactrice de commentaires de films (1953-54). En 1954, une bourse de la Société royale du Canada lui vaut un séjour à Paris ; elle reviendra fréquemment en France pour finalement s'y établir en 1967. Son œuvre a entre-temps amorcé un important virage : à l'exception d'un recueil de poèmes – *Mystère de la parole*, publié en 1960 conjointement avec une réédition du *Tombeau des rois* – et de trois pièces de théâtre – notamment *Le Temps sauvage* (1963) –, les autres écrits seront désormais des romans, instruments d'une remise en question généralisée. Au paysage rural d'un Québec engoncé dans sa tradition se superpose peu à peu l'inquiétante étrangeté de forces élémentaires ; se succèdent ainsi *Les Chambres de bois* (1958, prix France-Canada), *Kamouraska* (1970, prix des Libraires de France), *Les Enfants du Sabbat* (1975, prix de l'Académie française), *Héloïse* (1980), *Les Fous de Bassan* (*) (1982, prix Fémina). Nommée docteur honoris causa de l'université de Toronto (1969), Anne Hébert a reçu à deux reprises le prix du Gouverneur général du Canada, section poésie et section roman. Les deux formes sont en fait indissociables au sein d'une œuvre où l'incantation lyrique et la fascination du verbe sont les derniers refuges contre le vertige des identités et l'angoisse de la mort. Rien n'est dès lors « daté » dans cette parole qui brasse les tensions individuelles au gré d'une subjectivité dilatée : peinture psychologique (*Les Chambres de bois*, *Kamouraska*), parcours initiatique (*Le Torrent*, *Le Tombeau des rois*) ou engagement collectif (*Le Premier Jardin*, *Les Enfants du Sabbat*) se fondent dans un espace-temps universel régi par quelques lois fondamentales (le désir, la transgression, le sacrifice, le souvenir). De la liturgie intimiste des premiers poèmes à l'éclatement exalté des récits plus récents s'élabore ainsi un rituel du langage au service des mystères de l'âme : la pause comme le refrain, le non-dit comme la citation, ou encore la ligne du verset comme la polyphonie des voix y sont les modes – tendus à l'extrême, car chez Anne Hébert la passion est d'autant plus vive qu'elle est retenue – de la révolte et de la rupture.

LAURENT BAZIN.

HÉBERT Jacques. Journaliste et homme politique français. Né à Alençon le 15 novembre 1757, mort à Paris le 24 mars 1794. Fils de maître Jacques Hébert, marchand orfèvre, ancien premier juge consul, échevin et lieutenant de la bourgeoisie d'Alençon. Poursuivant ses études au collège de cette ville, le jeune Hébert met en cause dans un pamphlet un notable d'Alençon, d'où un procès qui ruinera sa famille. Après un bref séjour à Rouen, il se fixe à Paris où il mène une vie misérable. Au tribunal révolutionnaire, on lui reprochera d'avoir à cette époque mis au Mont-de-Piété les effets prêtés par un ami, de même que d'avoir été chassé pour vol du théâtre des Variétés où il occupa la place de contrôleur de 1786 à 1788. Hébert fut également laquais. En 1790, il publie son premier pamphlet politique, *La Lanterne magique ou Fléau des aristocrates,* suivi de pamphlets périodiques (*Le Chien et le Chat,* etc.). En 1791, il épouse Marguerite Françoise Goupil, ancienne religieuse. En juillet de la même année, il signe la fameuse pétition du Champ-de-Mars et devient membre du club des Cordeliers. Son *Père Duchesne* (*), qui parut de 1790 à 1794, se fait remarquer par l'extrémisme de ses positions politiques et par une verve souvent grossière, mais non dépourvue d'esprit ni même de goût, dans la ligne des grands pamphlétaires du XVIe et de Voltaire. Ce journal a eu un rôle très important du point de vue historique et littéraire. Hébert siège à la Commune insurrectionnelle du 10 août en décembre 1792 ; élu second substitut du procureur de la Commune, il prend violemment parti contre les Girondins qu'il désigne à la vindicte du peuple en mai 1793. Arrêté sur l'ordre de la commission des Douze, nommée par la Convention pour enquêter sur les actes de la Commune, on le relâche à la suite d'un mouvement populaire qui prend sa défense. Son nom est, avec celui de Chaumette, lié à la propagande en faveur du culte de la Raison. Il se rétracte cependant lorsque Robespierre dénonçe l'athéisme au club des Jacobins, mais il médite avec ses amis un coup de force contre Robespierre et sa politique « modérée » qu'il fustige au club des Cordeliers. Mais, à la suite d'un foudroyant rapport de Saint-Just, il est arrêté avec ses partisans et traduit devant le tribunal révolutionnaire qui, dans un procès d'« amalgame », où figurent des accusés aussi divers que Ronsin, Pereira et le banquier Koch, le condamne avec tous les autres à la guillotine comme « agent de la conspiration de l'étranger ». Il est exécuté le 4 germinal de l'an II et sa femme, en même temps que Chaumette, vingt jours plus tard.

MARIO LEVI.

RÉF. : Charles Brunet, *Le « Père Duchesne » d'Hébert, notice historique et bibliographique...*, Paris, 1859. – Paul d'Estrée, *Le « Père Duchesne », Hébert et la Commune de Paris,* Paris, s. d. – Gérard Walter, *Hébert et le « Père Duchesne »*, Paris, 1946. – M. Grey, *Hébert : le Père Duchesne agent royaliste*, Paris, 1989.

HÉCATÉE de Milet. Historien et géographe grec du VIe siècle av. J.-C. Les indications que nous possédons sur lui nous viennent presque toutes d'Hérodote, dont il est le précurseur, et de Diodore de Sicile. Il vécut à la fin du VIe siècle et au début du Ve avant J.-C. et était de famille aristocratique. La première partie de sa vie semble avoir été occupée par de grands voyages en Europe, en Asie et en Égypte qu'il mit à profit dans ses ouvrages. Hécatée semble avoir joué un rôle éminent lors de la révolte de l'Ionie contre les Perses (500-494). Après avoir tenté en vain de modérer Aristagoras, chef de la révolte, il soutint que le seul moyen de faire échec à la supériorité des Perses était d'avoir la maîtrise des mers, grâce à une flotte que l'on armerait et grâce aux sommes que l'on tirerait du trésor du temple d'Apollon à Didyme. Mais les Ioniens estimèrent ce projet sacrilège. La guerre finit avec l'incendie de Milet par les Perses, et Hécatée fut un des délégués chargés de négocier la paix avec Artaphernès. Hécatée est considéré comme le plus notoire des logographes (c'est-à-dire des prosateurs), qui, à partir de la fin du VIe siècle, écrivirent ces chroniques mythologiques, historiques, ethnographiques et géographiques qui continuaient la tradition orale. Il prend ses distances à l'égard de ses prédécesseurs et de ses contemporains – dont il qualifie les récits de multiples et ridicules – et affirme que lui ne dira que ce qui lui semble être vrai. À cause de cette attitude, l'on a vu en lui un « homme des lumières », un rationaliste en quête d'univocité, voire un « laïque ». Sa *Description de la terre* [Περίοδος γῆς] résumait les connaissances du monde qu'avaient alors les Grecs, et ses *Généalogies* [Γενεαλογίαι] passaient en revue les données historiques de l'époque en corrigeant leurs fréquentes inexactitudes. De ces œuvres, il ne reste que quelques fragments – v. *Histoires* (*) – mais nous avons de bonnes raisons pour voir en lui le premier des historiens et des géographes scientifiques, ainsi que l'ancêtre immédiat d'Hérodote. L'évaluation d'Hécatée fut contrastée aussi bien chez les anciens que chez les modernes comme il arrive souvent pour les novateurs.

FANI TRIPET-PEDIS.

RÉF. : F. Jacoby, *Die Fragmente der griechischen Historiker,* Leyde, 1968 (vol. 1, fr. 1-373). – A. Momigliano, *Il razionalismo di Ecateo di Mileto,* 1931 ; *La storiografia greca,* Turin, 1982. – G. Nenci, *Hecataei Milesii fragmenta,* Florence, 1954. – P. Tozzi, « Studi su Ecateo di Mileto », I-V, in *Athenaeum,* 51 (1963), 52 (1964), 54 (1966), 55 (1967).

HEDĀYAT Ṣādeq. Écrivain iranien. Né à Téhéran le 17 février 1903, mort à Paris le 9 avril 1951. Il se rendit en France en 1926 pour y poursuivre ses études. Hedāyat rentra dans son pays en 1930, mais pour n'y occuper jamais que de médiocres emplois administratifs. En 1936-37 il effectua, en Inde, un voyage dont il conserva toujours une très forte impression. Il devait également visiter l'Uzbekistan soviétique en 1944. En décembre 1950 il revint en France, mais pour se donner la mort à Paris cinq mois après. Toute son œuvre, étrange et sombre, est d'ailleurs marquée par la hantise du suicide et il avait tenté une première fois de se tuer durant ses années d'études en Europe.

Hedāyat a laissé plusieurs recueils de nouvelles offrant, des mœurs populaires persanes, des tableaux colorés d'un réalisme poétique très original – v. *Clair-Obscur* (*), *Trois gouttes de sang* (*), *L'Élixir de longue vie* (*) et *Enterré vivant* (*). On possède aussi de lui quelques fantaisies pleines d'humour et faisant penser à Jarry. Mais son chef-d'œuvre est un roman fantastique, *La Chouette aveugle* (*) qui relate les hallucinations d'un fumeur d'opium poursuivi jusque dans sa vie présente par les tragiques interférences d'une existence antérieure. André Breton a rangé ce livre au nombre des classiques du surréalisme, mouvement dont Hedāyat n'a cependant subi que très indirectement l'influence (notons qu'intéressé, dès les débuts de leur notoriété, par Kafka et par Sartre, il a publié un essai sur le premier et traduit de longs extraits du second). Jugeant *La Chouette aveugle* trop audacieuse pour le public iranien, Hedāyat n'en a tout d'abord donné qu'une édition confidentielle (1936) ; il attendit 1941 pour la publication réelle de ce livre qui, même alors, fit scandale à Téhéran. Possédant parfaitement le français, l'écrivain a rédigé en cette langue deux nouvelles.

Il faut enfin mentionner, à côté de l'œuvre littéraire de Hedāyat, ses traductions de textes pehlevis (ancienne langue de l'Iran) et ses travaux sur le folklore persan qui, les unes et les autres, ont exercé une influence considérable sur la jeune élite intellectuelle de Téhéran.

ROGER LESCOT.

RÉF. : V. Monteil, *Sādeq Hedāyat,* Téhéran, 1952. – M. Kyanvach, *Sadegh Hedāyat précurseur du Nouveau Roman,* Thèse, Paris, 1977. – I. Bashiri, *The Fiction of Sādeq Hedāyat,* Lexington, 1984.

HEDBERG Olle. Romancier suédois. Né le 31 mai 1899 à Norrköping, mort le 20 septembre 1974 dans sa maison de Verveln, en Östergötland. Son père, ingénieur, mourut en 1903 et, bien qu'ayant par ailleurs une famille fortunée, il grandit dans des conditions assez modestes à Stockholm. Élève médiocre, il brilla en composition suédoise et proposa, dès l'âge de dix-sept ans, un roman à un éditeur – qui lui conseilla d'attendre. Des études universitaires, de 1920 à 1922, n'aboutirent à aucun diplôme et furent suivies d'un long séjour à l'étranger, en particulier en France. De retour en Suède, il publia *Aux gendarmes et aux voleurs* [*Rymmare och fasttagare,* 1930], premier roman d'une carrière brillante et prodigieusement régulière, qui allait se poursuivre jusqu'à sa mort, à raison d'un livre par an, écrit, livré, publié dans les mêmes délais et remportant toujours le même succès – v. *Les Soupirs de la caisse de jouets* (*) (1941). Ce best-seller annuel, présentant à la bourgeoisie suédoise son portrait satirique et spirituel, fut une institution et il fallut attendre *Annoncer la couleur* [*Bekänna färg,* 1947] pour qu'on s'aperçoive des préoccupations religieuses sous-jacentes. Souvent groupés en séries autour d'un personnage central – alter ego de l'auteur mais aussi, souvent, un personnage féminin –, ces romans ont mené leur auteur à l'Académie suédoise en 1957.

CARL GUSTAV BJURSTRÖM.

HEDENVIND-ERIKSSON Gustav. Romancier suédois. Né le 17 mai 1880 à Alanäset, mort le 17 avril 1967 à Stockholm. Fils d'agriculteur, il quitta la maison à l'âge de quinze ans, après une dispute avec son père. Vagabond, bûcheron, graveur ambulant, rétameur, cocher, marin, poseur de rails, mineur, il roula sa bosse dans tout le nord de la Suède et en Norvège, mais poussa aussi jusqu'aux États-Unis et au Congo, tout en poursuivant, dès que possible, des études – entre autres à la « Haute école populaire » de Birka (1903-1904) – plus particulièrement en histoire et en archéologie. Mais sans doute les personnages hauts en couleur qu'il rencontra et dont il semble avoir su tirer tout le suc lui en apprirent-ils autant que ses études ! Ses romans décrivent généralement la mainmise de l'industrie sur d'anciennes régions agricoles, processus dont il fut un témoin direct. Dans le premier, *D'une forêt abattue* [*Ur en fallen skog,* 1910], c'est l'industrie forestière, dans la trilogie *L'Héritage des dispersés* [*De förskingrades arv,* 1926-1930], ce sont le chemin de fer et les centrales électriques. En 1930, Hedenvind-Eriksson achète une ferme mais, la crise agricole survenue, c'est l'écrivain qui tirera le paysan d'affaire et non le contraire. Il a raconté sa vie mouvementée dans *En draisine vers la littérature* (*) (1944). Mais il n'est pas seulement un écrivain autobiographique et un témoin des conflits économiques et sociaux de l'industrialisation conquérante, il y a aussi chez lui un conteur de fables et de mythes, comme en témoignent ses *Contes jämtlandais* (1941-1948).

CARL GUSTAV BJURSTRÖM.

ḤEDJĀZI MOTI' OD'DOWLEH Mohammad. Écrivain iranien. Né en 1900, il mourut peut-être en 1974. Dès la fin de ses études secondaires en Iran, il fut envoyé par Reza Chah en France pour y poursuivre des études supérieures en télécommunications. Lors de son séjour à Paris, il fréquenta l'Institut d'études politiques. À son retour en Iran, il fut nommé directeur de la Radio iranienne. Homme dévoué au chah, il connu les honneurs : il fut nommé vice-premier ministre et, en sa qualité d'écrivain chargé de la direction de la revue gouvernementale *Iran-e-emrouz.* Il fut également nommé sénateur à vie. Relevons parmi ses œuvres les plus connues : *La Pensée* [*Andiché,* 1940], *Parvane* (*) (1954), *La Cadence* [*Ahang,* 1956], *Notre patrie* [*Myhan-E-Mâ,* 1959], *Visage de fée* [*Pariĉehr,* 1966], *Le Miroir* [*Aÿné,* 1970], *La Coupe* [*Sàghar*] et *Les Larmes* [*Serechk*].

HEGEL Georg Wilhelm Friedrich. Philosophe allemand. Né à Stuttgart le 27 août 1770, mort du choléra le 14 novembre 1831 à Berlin. Une curieuse coïncidence fait naître Hegel la même année que Hölderlin ; c'est ainsi que parurent ensemble, dans le monde de l'Allemagne du XVIIIe siècle finissant, le poète qui devait exprimer le crépuscule de cet univers et le dépasser par son œuvre, et le philosophe qui tira du romantisme ses accents les plus profonds tout en les encadrant dans une vision rationnelle complètement étrangère à l'inquiétude des romantiques. C'est en vain, toutefois, que l'on chercherait dans la première jeunesse de Hegel les traces ou le bouillonnement d'un « Sturm und Drang » : rien de plus incolore que son adolescence. Fils d'un modeste employé de l'administration ducale, il passa dix-huit ans entre maison paternelle et collège, sans briller, bien qu'il fût un modèle d'attention et de précision, ni par l'intelligence ni par l'imagination. Il lisait beaucoup, et avec une incroyable patience il faisait des extraits de tout ce qu'il avait lu. Nous possédons encore aujourd'hui une partie de ce travail soigneux dans ses cahiers de notes. En 1788, Hegel a dix-huit ans, la Révolution française est imminente et il s'est inscrit aux cours supérieurs de théologie du séminaire de Tübingen : l'âge, la conjoncture politique, cette nouvelle ambiance accomplirent le miracle d'éveiller en lui les facultés intellectuelles qui, jusqu'alors, y sommeillaient. La connaissance qu'il fit de Hölderlin, également étudiant à Tübingen, contribua pour une large part à cet éveil de sa personnalité. Une immédiate et vive amitié s'établit entre eux. Hegel commence à écrire des méditations, des études et même une poésie, *Éleusis*, imitée de Hölderlin. Peut-être encore plus décisive est, deux ans plus tard, sa rencontre avec Schelling, de cinq ans son cadet, mais infiniment plus précoce et déjà connu dans les milieux intellectuels. En effet, Schelling s'inscrit aussi aux cours de Tübingen et c'est alors que s'établit entre lui et Hegel un vaste courant d'influences réciproques : Schelling avait une formation romantique, celle de Hegel était au contraire profondément classique, leur rencontre ne pouvait être que fructueuse. La « Stift » de Tübingen avait une vie bien à elle : on peut dire que c'était un moyen terme entre l'université et le séminaire : les élèves, en effet, habitaient dans l'institution même où ils étaient surveillés dans leurs études par les « Repetenten » dont c'était le travail. Il régnait dans cet établissement un curieux mélange de rigueur conventuelle et de liberté universitaire : d'une part, la nourriture y était peu abondante et on y souffrait du froid, d'autre part les étudiants jouissaient d'une grande liberté de pensée et n'étaient pas tenus à la stricte orthodoxie protestante. Ces deux éléments, la rigueur des études et la liberté de pensée influèrent beaucoup sur le caractère du jeune Hegel.

En automne 1793 il obtint son diplôme en théologie, et si on le jugea bon logicien, on lui dénia tout don pour l'éloquence. Pour cette raison, Hegel renonça à la carrière de pasteur, et se dirigea vers celle de précepteur privé ; c'était une carrière ennuyeuse, hérissée de difficultés et d'humiliations. Son premier poste fut celui de professeur dans la famille von Streiger, à Berne, l'une des familles les plus aristocratiques de la ville. Hegel accepta, bien que ce métier lui déplût, et la solitude de Berne après la vie intense de Tübingen favorisa grandement sa formation intellectuelle. Il commença à lire (ou à relire) *La Religion dans les limites de la simple raison* (*) de Kant qu'il ne connaissait pas ou qu'il avait au premier abord peu comprise ; elle le transporta dans un univers nouveau pour lui, bien loin de ce monde romantique qui l'avait jusque-là dominé. C'est ainsi qu'il se rapprocha très vite de la morale kantienne, qu'il lut avidement Lessing et Herder, et se convertit dans son for intérieur à un rationalisme fondamental qui deviendra la caractéristique de sa philosophie. Le premier fruit de son changement d'orientation est la célèbre *Vie de Jésus* – v. *Écrits de jeunesse sur la théologie* (*) – rationaliste, et restée inédite jusqu'au XXe siècle. En 1797, Hegel est encore précepteur à Francfort-sur-le-Main, et là, il cherche à concilier les deux tendances et les deux influences opposées qui s'agitaient dans son esprit, d'une part le romantisme dont il s'était imprégné à Tübingen, et de l'autre le rationalisme qui s'était développé en lui au cours de ses méditations solitaires de Berne. L'année suivante se produisait un événement très important : son ami Schelling fut nommé professeur « extraordinaire », sur la recommandation de Niethammer, Fichte et Goethe, à la célèbre université d'Iéna. Cette petite ville était désormais devenue l'un des centres culturels les plus actifs de toute l'Allemagne, grâce surtout à l'œuvre de Reinhold et de Fichte. Autour d'eux se pressaient un grand nombre de « Privatdozenten » dont quelques-uns promis à la renommée, comme Fries, Krause et d'autres. Mais en 1799-1800 éclata le fameux « Atheismusstreit » (ou débat sur l'athéisme) et Fichte fut contraint de quitter Iéna qui, dès lors, commence à décliner. C'est justement au cours de ces années de discussions, en janvier 1801, que Hegel fut appelé à enseigner à Iéna, sur la recommandation de Schelling : à partir de ce moment s'ouvrit une ère d'amitié et de collaboration des plus intenses entre Hegel et Schelling. Les articles si connus – les plus importants de Hegel sont *Foi et Science* et *Sur la méthode scientifique du droit naturel* – parus dans le *Kritisches Journal der Philosophie*, dont ils étaient les directeurs, et dans lesquels Hegel prit la défense de la philosophie de Schelling contre celle de Fichte, en sont les produits. Pendant ce temps, Hegel, dans ses cahiers de notes, expose son système. En effet, le climat universitaire d'Iéna a définitivement achevé sa formation spirituelle, les énergies qui étaient latentes en lui se sont ouvertes et développées, et, tandis que Schelling, l'« enfant prodige », bien plus jeune que lui, va vers le déclin, Hegel est sur le point de produire ses meilleures œuvres. La première d'entre elles ne tarde guère : c'est la célèbre *Phénoménologie de l'esprit* (*) ; Hegel avait promis de la remettre à l'éditeur en octobre 1806, mais l'occupation d'Iéna par les Français retarda son travail qui fut conclu hâtivement l'année suivante : c'est dans cet état qu'il fut publié à Bamberg et à Würzburg. Dans la préface remarquable de cette œuvre on note la rupture définitive de Hegel avec les romantiques et avec Schelling.

Après la chute d'Iéna, Hegel connut des difficultés financières et, pour vivre, fut obligé d'accepter l'ingrate tâche de rédiger un quotidien de province, le *Bamberger Zeitung*. Il fut contraint de demeurer dans cette petite ville sans culture jusqu'en 1808, écrivant à ses amis des lettres remplies d'amertume, jusqu'au jour où, pour le tirer de cette situation difficile, intervint son ami, et aussi celui de Schelling, le puissant Niethammer. Celui-ci avait, justement pendant ces dernières années, mis en œuvre un projet de réforme des lycées de la Bavière. Hegel fut donc envoyé à Nuremberg, comme proviseur du nouveau lycée classique où il professa également la philosophie. Ce furent sans doute les années les plus tranquilles et les plus laborieuses de son existence. Il épousa, en 1811, une jeune fille appartenant à la meilleure noblesse de la ville, et il donna, pendant cette période, la *Science de la logique* (*) et la *Propédeutique philosophique* [*Philosophische Propädeutik*]. Cependant la direction d'un lycée ne pouvait être une position adaptée à la valeur et aux ambitions de Hegel ; il aspirait à l'enseignement universitaire, et cette aspiration fut satisfaite en 1816, lorsqu'il fut appelé à enseigner la philosophie à l'université de Heidelberg. Là, il commença à former son école : autour de lui se réunit tout un groupe de disciples, dont quelques-uns, très fidèles, divulgueront son œuvre dans toute l'Allemagne : Hinrichs, Rosenkranz, Erdmann. Et c'est alors qu'il écrit l'œuvre qui lui vaudra le plus de gloire : l'*Encyclopédie des sciences philosophiques* (*) ; désormais le nom de Hegel circule dans tous les milieux philosophiques, suscitant de chaleureuses approbations mais aussi de violentes réactions. Sa renommée allait toujours croissant et lui fit atteindre le sommet de sa carrière professorale, l'université de Berlin : on l'y appela au cours de l'été 1818 et il y enseigna pendant treize ans, jusqu'à sa mort. Durant ses années berlinoises, il fit paraître notamment les *Principes de la philosophie du droit* (*) (1818) et les *Leçons sur la philosophie de l'histoire* (*). Hegel connut les plus grandes satisfactions qu'ait jamais obtenues un philosophe, on accourait de toute l'Allemagne pour assister à ses cours, il fut en rapport avec les plus hautes personnalités littéraires et scientifiques du temps, parmi lesquelles Goethe et Victor Cousin. Il devint peu à peu le maître de la culture philosophique allemande, et quelques universités (le cas de celle de Halle est typique) furent entièrement dominées par sa doctrine. On dit qu'à Berlin Hegel aurait été pris d'un « vieillissement » spéculatif : rien de plus inexact, il montra dans ses cours combien ses facultés d'observation étaient encore vives, il y repensa son système et l'y renouvela avec une force inattendue. Atteint par l'épidémie de choléra qui avait fait de nombreuses victimes à Berlin, Hegel reprit cependant ses cours le 10 novembre 1831, mais il dut s'aliter le 13 et mourut le 14. Ses obsèques furent célébrées en grande pompe. Sur sa tombe, le recteur de l'université de Berlin, Marheineke, qui fut un des disciples de Hegel, le compara dans son oraison funèbre à Jésus-Christ. Hegel fut enterré, ainsi qu'il l'avait demandé, à côté de Fichte. Le 24 avril 1930, on fonda à La Haye une « Hegel-Bund » internationale qui se réunit en congrès tous les deux ans.

De son vivant, Hegel n'avait publié qu'une petite partie de son œuvre dont la *Phénoménologie*, la *Science de la logique* et l'*Encyclopédie des sciences philosophiques* ; l'essentiel de son système résidait dans les cours qu'il fit à Iéna, Nuremberg, Heidelberg et Berlin. À sa mort, ses amis et ses disciples entreprirent une publication de ses œuvres complètes comprenant, reconstituée à partir des manuscrits qu'il avait laissés et surtout des notes prises à ses cours par ses élèves, la matière de son enseignement. C'est ainsi que virent le jour l'*Esthétique* (*) publiée par H. G. Hotho en 1832, les *Leçons sur la philosophie de la religion* (*), édition préparée par Marheineke en 1832 et dans un texte plus complet en 1840 ; K. L. Michelet prépara les *Leçons sur l'histoire de la philosophie* (*) qui virent le jour en 1832 ; Gans les *Leçons sur la philosophie de l'histoire* (1837) qui furent publiées à nouveau, complétées par le propre fils du philosophe, Karl Hegel (1840). Enfin, l'*Encyclopédie des sciences philosophiques* publiée du vivant de Hegel fut reprise à son tour et augmentée de très importantes additions tirées de ses cours. Von Henning compléta ainsi la *Logique* (*) (1840), K. L. Michelet la *Philosophie de la nature* (*) (1842), Boumann *La Philosophie de l'esprit* (*) (1845) qui virent le jour séparément. Avec la *Propédeutique philosophique*, résumé des cours élémentaires, professés à Nuremberg, toutes ces œuvres formèrent l'édition complète des *Œuvres* de Hegel, en dix-huit volumes publiés à Berlin de 1832 à 1845 ; s'y trouvaient adjoints une biographie du philosophe par

Rosenkranz et un recueil de *Lettres* rassemblées par Karl Hegel.

Il demeurait encore quelques manuscrits de Hegel — ses cours d'Iéna et d'assez nombreuses œuvres de jeunesse. Ceux-ci furent publiés beaucoup plus tard : une partie des cours d'Iéna par G. Mollat sous le titre de *Système des institutions morales* [*System der Sittlichkeit*, 1893] et de *Constitution de l'Allemagne*, écrite par Hegel en 1802 ; les travaux de jeunesse, rédigés de 1788 à 1800, comprenant, en particulier, la *Vie de Jésus*, parurent sous le titre de *Écrits de jeunesse sur la théologie*, édités par Nohl en 1907.

Ce n'est qu'avec l'édition critique publiée à Leipzig, à partir de 1905, par G. Lasson et J. Hoffmeister que ces différents travaux furent annexés définitivement au patrimoine hégélien. Cette nouvelle édition comprend, en outre, l'édition intégrale de tous les écrits de jeunesse dont, en trois volumes, les *Cours d'Iéna*.

Peu d'œuvres philosophiques ont suscité plus de discussions et d'interprétations contradictoires. Après la mort du maître, ses disciples se divisèrent en deux groupes, l'un d'eux qui constitue la droite de l'école hégélienne, en revint au théisme traditionnel, l'autre, comprenant les hégéliens de gauche, aboutit à l'athéisme ; ses représentants les plus remarquables furent Strauss, Feuerbach et surtout Karl Marx. Ces deux interprétations divergentes subsistèrent lorsque la doctrine de Hegel conquit l'Europe ; alors qu'en Angleterre et aux États-Unis s'imposait, avec des penseurs tels que Green, F. H. Bradley et J. Royce, l'esprit religieux de la droite hégélienne, les hégéliens de gauche l'emportaient en Russie dans les milieux d'avant-garde et comptaient comme leur meilleur représentant A. Herzen ; de nos jours ce courant de la gauche hégélienne a donné naissance, à travers Marx, au matérialisme dialectique. En France, après Victor Cousin, la doctrine de Hegel a influencé des penseurs aussi différents que Renan, Vacherot et Hamelin. En Italie, le philosophe Benedetto Croce a tenté de constituer et a défendu, au cours de sa longue carrière, un néo-hégélianisme de tendance éclectique et a précisé les positions de ce mouvement de pensée dans un ouvrage célèbre : *Ce qui est vivant et ce qui est mort dans la philosophie de Hegel* (*).

Les études hégéliennes ont par la suite connu un renouveau qui laissa cependant subsister le fossé séparant la droite et la gauche de l'École. Les deux courants furent représentés par deux exégètes de la pensée hégélienne, H. Niel et A. Kojève. Avec Kojève, mais aussi Jean Hyppolite, les études hégéliennes ont été associées aux discussions que suscitèrent, jusqu'à la fin des années 60, les philosophies de l'existence et le marxisme.

ARMANDO PLEBE.

♦ *« Il attire la religion chrétienne dans la philosophie, alors qu'elle n'y a que faire... Les jugements de Hegel, comme critique, ont toujours été excellents. »* Goethe. ♦ *« Goethe tient Hegel personnellement en très haute estime, quand bien même certains fruits issus de sa philosophie ne lui plaisent guère. »* Conversations de Goethe avec Eckermann, 18 octobre 1827. ♦ *« ... je ne demande grâce que pour la France. Hegel, dites-moi la vérité, puis j'en passerai à mon pays ce qu'il en pourra comprendre... »* (1826) *« Son visage était l'image de sa pensée. Ses traits prononcés et sévères, mais tranquilles et sereins, son parler lent et rare, mais ferme, son regard calme mais décidé, tout en lui était l'emblème d'une réflexion profonde, d'une conviction parfaitement arrêtée, exempte de toute incertitude et de toute agitation, arrivée à la paix du plus absolu dogmatisme... Il demeurait une sorte de philosophe du* XVIII*e* *siècle... Il ne dissimulait pas sa sympathie pour les philosophes du dernier siècle, même pour ceux qui avaient le plus combattu la cause du christianisme et celle de la philosophie spiritualiste. »* Victor Cousin. ♦ *« Ma méthode dialectique, non seulement diffère par la base de la méthode hégélienne, mais elle en est même l'exact opposé... puisque je suis matérialiste et Hegel idéaliste. La dialectique de Hegel est la forme fondamentale de toute dialectique, mais seulement lorsqu'elle a été débarrassée de sa forme mystique, et c'est précisément cela qui distingue ma méthode... Bien que, grâce à son quiproquo, Hegel défigure la dialectique par le mysticisme, ce n'en est pas moins lui qui en a le premier exposé le mouvement d'ensemble. Chez lui, elle marche sur la tête ; il suffit de la remettre sur les pieds pour lui trouver la physionomie tout à fait raisonnable. »* Karl Marx. ♦ *« Ce que les dogmatiques hégéliens appellent foi n'est rien d'autre en définitive que cette immédiateté première, cette disponibilité pour toute chose — le fluide vital —, l'atmosphère que nous respirons... Dans ces conditions, la foi se trouve en quelque sorte rabaissée au niveau du sentiment, de l'humeur, des réactions individuelles... Singulière, la haine, visible dans tous ses écrits, qu'eut Hegel pour toute entreprise d'édification. Mais être édifiant, ce n'est pas donner un opium pour bercer le sommeil, c'est prononcer l'amen de l'Esprit infini et c'est un aspect de la connaissance qui ne devrait pas être surveillé. »* Kierkegaard. ♦ *« La dernière conclusion de la philosophie allemande* [c'est-à-dire Hegel] *veut prouver que l'homme est obligé de faire l'histoire sans la conduite et la protection d'un Dieu, que ce n'est pas Dieu qui a créé le monde, mais que c'est l'homme qui a imaginé Dieu. Si cet enseignement révolutionnaire prenait racine dans les cerveaux allemands, il en serait bientôt fini du calme lourd, de la vénération de l'autorité, de l'ingénuité qui avaient caractérisé jusqu'alors la vie allemande. La philosophie allemande constitue une déclaration de guerre à la réalité allemande et recèle des promesses révolutionnaires. Mais rien ne prouve que cette révolution serait aussi généreuse, libératrice et universelle que l'avait été la Révolution française. »* Henri Heine. ♦ *« La logique de Hegel, telle que je la comprends, satisfait infiniment plus ma raison que tous les vieux apophtegmes dont on nous a bourrés dès l'enfance. »* Proudhon, 1846. ♦ *« Quant à Hegel, je suis vraiment bien heureux que vous ayez accordé quelque attention à ce miraculeux génie, à ce procréateur sans pareil, à ce reconstructeur de l'univers. »* Villiers de L'Isle-Adam, lettre à Mallarmé, septembre 1868. ♦ *« Hegel a du bon, mais il faut savoir le prendre : c'est un thé excellent, mais il ne faut pas mâcher les feuilles. »* Renan, à la fin de sa vie. ♦ *« Il a la tête d'un tenancier de brasserie. »* Schopenhauer. ♦ *« Hegel, qui passa délibérément à travers toutes les habitudes logiques, bonnes et mauvaises, lorsqu'il osa enseigner que les idées spécifiques se développent l'une par l'autre : un principe, par quoi, en Europe, les esprits furent* *préparés au dernier grand mouvement philosophique, au darwinisme – car sans Hegel, point de Darwin... Nous autres, Allemands, nous serions hégéliens même si Hegel n'avait jamais existé, dans la mesure où (en opposition avec tous les Latins) nous accordons instinctivement un sens plus profond, une valeur plus riche au devenir, à l'évolution qu'à ce qui est.* » Nietzsche. ♦ « *Toute sa vie, il demeura le Souabe bonhomme et raide, au travail régulier et tenace, l'homme d'intellectualité pure, sans vie extérieure, l'homme à l'imagination interne puissante, sans charme et sans sympathie, le bourgeois aux vertus modestes et ternes, et, par-dessus tout, le fonctionnaire ami de la force et de l'ordre, réaliste et respectueux.* » Lucien Herr. ♦ « *L'expérience religieuse de Hegel, c'est, amplifiée à travers tous les domaines de la spéculation et de la pratique, l'expérience du Verbe, de l'unité qui, grâce à la fonction médiatrice de la raison, s'établit entre le fond éternel de l'être et la réalité de la nature et de l'histoire.* » L. Brunschvicg. ♦ « *Il était de ceux qui n'ont jamais connu la spontanéité naïve de la jeunesse mais chez qui, même dans la vieillesse, brûle un feu caché.* » Dilthey. ♦ « *La conscience moderne ne peut ni accepter Hegel tout entier, ni le repousser tout entier, comme on le faisait il y a cinquante ans : elle se trouve vis-à-vis de lui dans la situation du poète romain vis-à-vis de sa femme : « nec tecum vivere possum, nec sine te... » Il fallait... en conserver la partie vitale, c'est-à-dire la conception du concept, l'universel concret, avec la dialectique des contraires et la théorie des degrés de la réalité ; repousser, en s'appuyant sur cette nouvelle conception, et en la développant, tout panlogisme et toute construction spéculative de l'individuel et de l'empirique, de l'histoire et de la nature ; reconnaître l'autonomie des diverses formes de l'esprit, même dans leur nécessaire connexion et unité ; et enfin, résoudre toute la philosophie en une pure philosophie de l'esprit...* » Benedetto Croce, 1909. ♦ « *Hegel peut tenir lieu d'Aristote, car c'est l'Aristote des temps modernes, le plus profond des penseurs et celui de tous qui a pesé le plus sur les destinées européennes.* » Alain.

RÉF. : C. F. Goeschel, *Hegel und seine Zeit*, Berlin, 1832. – G. Noël, *La Logique de Hegel*, Paris, 1895. – K. Fischer, *Hegels Leben, Werke und Lehre*, 2 vol., Heidelberg, 1901. – W. Dilthey, *Die Jugendgeschichte Hegels*, 1905. – P. Roques, *Hegel, sa vie et ses œuvres*, Paris, 1912. – N. Hartmann, *Die Philosophie des deutschen Idealismus*, Berlin, 1929. – J. Wahl, *Le Malheur de la conscience dans la philosophie de Hegel*, Paris, 1929. – A. Hartmann, *Der Spätidealismus und die Hegelsche Dialektik*, Berlin, 1937. – V. I. Lénine, *Cahiers sur la dialectique de Hegel*, Paris, 1938. – B. Jakovenko, *Geschichte des Hegelianismus in Russland*, Prague, 1938-40. – H. Niel, *De la méditation dans la philosophie de Hegel*, Paris, 1945. – J. Hippolyte, *Genèse et structure de la Phénoménologie de Hegel*, Paris, 1946 ; *Introduction à la Philosophie de l'histoire de Hegel*, Paris, 1948 ; *Logique et existence, essai sur la Logique de Hegel*, Paris, 1953. – A. Kojève, *Introduction à la lecture de Hegel*, Paris, 1947. – Éric Weil, *Hegel et l'État*, Paris, 1950. – J. d'Hondt, *De Hegel à Marx*, Paris, 1972 ; *Hegel secret*, Paris, 1985. – G. Lebrun, *La Patience du concept*, Paris, 1972. – Jean-Claude Pinson, *Hegel, le droit et le libéralisme*, Paris, 1989.

HEIBERG Johan Ludvig. Littérateur danois. Né le 14 décembre 1791 à Copenhague, mort le 25 août 1860 à Bonderup. Après le divorce de ses parents qui suivit la condamnation à l'exil de son père, l'écrivain Peter Andreas Heiberg, compromis dans des mouvements révolutionnaires, Johan Ludvig, alors tout jeune, fut élevé dans la maison de l'écrivain K. L. Rahbek, la célèbre « Bakkehuset », centre de la vie intellectuelle et mondaine de Copenhague.

Johan Ludvig Heiberg retourna ensuite auprès de sa mère, qui s'était remariée avec le baron suédois Gyllembourg Ehrensvard et vécut alternativement en Suède et au Danemark, toujours dans un milieu mondain et intellectuel. Il écrivit une thèse de doctorat sur le drame espagnol, quelques comédies assez heureuses pour le *Théâtre de marionnettes* (+), dont nous citerons *Don Juan* (*), *Le Potier Walter* [*Pottemager Walter,* 1813], et une satire contre le romantisme excessif de Ingemann : *Badinage de Noël et divertissements de Jour de l'An* [*Juslespog og Nytaarslojer,* 1816] ; il entama, à ce sujet, une polémique avec Brundtvig. Puis il passa quelques années à Paris (1819-22) auprès de son père, en s'intéressant tout particulièrement au théâtre. Lecteur de danois à l'université de Kiel depuis 1822, il eut en 1824 la révélation de la philosophie de Hegel, dont il devait être par la suite un disciple fervent. Après le succès de son vaudeville *Le Roi Salomon et le chapelier Georges* [*Kong Salomon og Jorgen Hattemager,* 1825], il s'établit à Copenhague et composa avec succès de nombreux vaudevilles dans le goût français, mais avec des tendances moralisatrices à l'allemande. Citons : *Les Sots d'avril* [*Aprilsnarrene,* 1826], *Le Critique et la Bête* [*Recensenten og Dyret,* 1826], *Une aventure dans le jardin de Rosenborg* [*Et Eventyr i Rosenborg have,* 1827], *Non* [*Neig,* 1836]. Professeur de littérature et d'esthétique à l'Académie militaire, fondateur de journaux (*Københavns flyvende Post,* 1827-1830, *Interimsblade, Intelligensblade)* et de revues (*Perseus,* 1837-38), il exerça durant des années une sorte de dictature critique sur tout le pays. Ses comédies et ses drames romantiques remportèrent un très grand succès : *La Hauteur des elfes* (*) et *Les Elfes* [*Alferne,* 1835], *Fata Morgana* (*) (1838). Sa femme, la célèbre actrice Johanne Luise Pätges, qu'il avait épousée en 1831, et sa mère qui habitait avec lui depuis 1815, contribuèrent à faire de sa maison le centre de la vie intellectuelle danoise. Très grand fut le succès de la comédie satirique *Une âme après la mort* (*) publiée dans *Poésies nouvelles* [*Nye Digte,* 1841] en même temps que le roman *Les Nouveaux Époux* [*De Nygifte*] et le cycle poétique *Le Protestantisme dans la nature* [*Protestantismen i Naturen*]. Son drame *Les Casse-Noisettes* [*Nøddeknaekkerne,* 1845] connut aussi un grand succès. Directeur du Théâtre royal de 1849 à 1856 (sa femme en était la première actrice), il fut entraîné dans des discussions et des polémiques sans fin, et finit par se retirer de la vie publique pour se consacrer à ses études.

Parmi les écrits philosophiques et esthétiques de Johan Ludvig Heiberg rappelons : *Le*

Vaudeville comme genre dramatique [*Vaudeville som dramatisk digtart,* 1826] ; *De la signification de la philosophie à l'époque actuelle* [*Om Philosophiens Betydning for den naerverende tid,* 1833] ; *Le Précis de philosophie [Grundtæk til philosophiens philosophi,* 1832] ; les quatre traités compris dans *Aestetisk Moral,* les essais critiques *Poésie lyrique* [*Lyrisk Poesie,* 1843] et *Bellman, auteur de dithyrambes comiques* [*Bellman som komisk dityrambiker,* 1843].

HEIDEGGER Martin. Philosophe allemand. Né à Messkirch (Bade) le 26 septembre 1889, mort à Fribourg-en-Brisgau le 26 mai 1976. L'un des plus grands philosophes de l'Allemagne et sans doute le plus important du XXe siècle. Il fut professeur à l'université de Marbourg, puis à celle de Fribourg-en-Brisgau où il succéda à Husserl dont il avait été l'assistant. Recteur de cette dernière université en 1933, il démissionna de sa charge l'année suivante, par désaccord avec la politique culturelle du national-socialisme.

Son adhésion à ce mouvement reste une énigme qui, pour beaucoup, entache son image. Elle ne s'explique en rien par sa pensée, qui fut toujours étrangère aux thèses, surtout raciales, du national-socialisme et jamais ne fut récupérée par lui, à la différence, par exemple, de celle de Nietzsche. Politique, elle ne dura qu'un temps, et ne concernait que la réorganisation de l'Université allemande. Heidegger semble s'être attaché — et être étrangement resté fidèle — à une certaine idée qu'il avait du national-socialisme, plus qu'à sa réalité.

C'est le penseur de l'*être*. Venu de la phénoménologie husserlienne, il en utilisa la méthode, mais l'appliqua à cet unique objet : répondre à la question « qu'est-ce que l'*être* ? », posée par la philosophie depuis ses origines grecques, mais selon lui perpétuellement différée. Pour Heidegger, la métaphysique, c'est-à-dire la philosophie occidentale, a, depuis Platon et jusqu'à Nietzsche, perdu de vue la « différence ontologique », soit la distinction fondamentale entre l'*être* et l'étant, au profit d'une pensée du seul étant avec lequel l'*être* comme tel est confondu. Or l'*être* est ce qui donne à l'étant d'apparaître, à la pensée d'être pensée. Tout l'effort de Heidegger a consisté à « déconstruire » la tradition métaphysique de l'Occident pour y retrouver la trace d'une dimension perdue.

L'entreprise commence avec la publication, en 1927, d'*Être et Temps* (*) [*Sein und Zeit*]. Heidegger estime que, pour avoir une chance de répondre à la question « qu'est-ce que l'être ? », il convient d'interroger au préalable l'être de l'homme, seul étant qui ait par nature la compréhension de l'*être*. Il ne pense pas toutefois cet être comme conscience ou comme sujet, mais comme *Dasein*. Dans l'allemand courant, le mot veut dire : existence, mais Heidegger lui rend son sens originel d'être-là (*Da-sein*). Pour lui, le *Dasein* de l'homme, son mode propre d'exister, consiste à être le *Da,* le *là* de l'*être*. Abandonnant également la notion husserlienne d'intentionnalité, il voit dans le *souci (Sorge)* l'essence du *Dasein*. Notre être-au-monde est fondamentalement souci, projet perpétuel de nous-mêmes vers les autres étants, et tout souci est, en dernière instance, souci de l'*être*. Partant de là, Heidegger développe, dans *Être et Temps*, une analyse phénoménologique de l'existence humaine, d'une grande pénétration. Mais il ne poursuit pas dans cette voie. Le livre devait avoir une seconde partie : *Temps et Être* [*Zeit und Sein*], qui ne fut jamais écrite. On peut considérer qu'elle est à la fois éparse et accomplie dans l'œuvre subséquente.

Heidegger tentait, dans *Être et Temps,* de définir la relation de l'*être* à l'homme à partir de l'homme. Le *Dasein* y était décrit avant tout comme *Da*, comme *là* de l'homme, par quoi l'*être* est là, lorsque l'homme assume pleinement, authentiquement, son existence. La *Kehre* qui s'opère ensuite marque moins un « tournant », comme le mot l'indique, qu'une sorte de renversement ou d'inversion d'accent : dans le même *Dasein,* Heidegger va désormais interroger de façon prioritaire le *Sein* (l'être), dont l'homme est le *là,* le *Da*. Ce renversement s'effectue peu à peu. Avec la conférence *Qu'est-ce que la métaphysique ?* (+), l'*être* est encore approché selon les catégories de pensée de *Être et Temps,* c'est-à-dire à partir d'une analyse phénoménologique de l'angoisse (*Angst*) dont Heidegger montre qu'elle est, comme révélation du néant éprouvé dans une sorte de recul de l'étant dans son ensemble, une possible révélation de l'*être* qui n'est lui-même rien d'étant. Par la suite, le terme humain du rapport est progressivement abandonné. Seul compte de plus en plus l'*être* dont l'homme a charge dans le *là* et qui, pour éviter toute confusion avec l'être traditionnel de la métaphysique, perdra bientôt jusqu'à son nom, écrit d'abord avec un y (*Seyn*), puis barré d'une croix et finalement désigné comme *Ereignis.* Ce terme est à entendre au sens étymologique comme l'appropriation (*Er-eignis*) par laquelle l'*être* revendique l'homme et s'empare de son essence, notamment dans le langage.

Cette seconde époque est celle, entre autres, des ouvrages suivants : *Chemins qui ne mènent nulle part* (*) (1950), *Introduction à la métaphysique* (*) (1953), *Qu'appelle-t-on penser ?* [*Was heisst Denken ?,* 1954], *Essais et Conférences* (*) (1954), *Le Principe de raison* [*Der Satz vom Grund,* 1957], *Acheminement vers la parole* [*Unterwegs zur Sprache,* 1959] ; des deux gros volumes sur *Nietzsche* (1961) et de nombreux petits écrits réunis en traduction française sous le titre de *Questions* (I, II, III, IV). C'est également celle des cours magistraux comme ceux consacrés à *Kant,* à *Schelling,* etc., ou des séminaires tel celui tenu sur *Héraclite* (1970). Heidegger interroge alors la tradition métaphysique, remonte aux Grecs, à leur conception de la *phusis,* de l'*alèthéia,* du *logos,* en vue de dégager la vérité oubliée de l'*être.* Car l'*être,* qui donne d'être, pour cette raison lui-même n'*est* pas. Ce qui permet l'apparaître, jamais comme tel n'apparaît, mais s'efface au seul profit ou en faveur de l'apparu : l'étant. L'*être* n'est *rien* d'étant. Faire l'expérience de l'*être,* c'est se soumettre à l'épreuve du *rien.* Exprimé d'une autre manière, la présence diffère, au sens strict du mot, de ce qui est présent, du présent. Pour que soit présent ce qui est présent, il faut que la présence qui le rend tel soit elle-même absente, absence. L'*être* est l'absence fondatrice, l'Absent, le Manque. Et la pensée qui parviendra à dépasser la métaphysique sera celle qui pensera l'absence, l'Absent.

On s'est interrogé sur cet *être,* sur sa transcendance ambiguë par rapport à l'homme. Seul l'homme peut en faire l'expérience, au sein de l'étant. L'ouverture à l'*être* est constitutive, en dernière instance, de son « humanité ». Elle est la règle de tout « humanisme », comme le souligne Heidegger dans la célèbre *Lettre sur l'humanisme* [*Über den Humanismus,* 1947]. Dans cet écrit, l'homme apparaît comme le « berger de l'*être* », celui que l'*être* revendique dans son essence, qui a charge de lui. L'*être* lui adresse un constant, muet appel, dans le rapport appropriant qu'il entretient avec lui. Il se révèle ainsi comme très étroitement lié à l'homme dans l'exercice même de son humanité.

À cet égard, l'être fonde l'homme. Il est premier dans le rapport d'*Ereignis.* Mais en même temps il dépend de l'homme, en ce qu'il ne se lève que si l'homme répond à son appel — un appel, pourrait on dire, qui n'est réel comme appel que s'il est entendu. C'est ce que Heidegger ne craint pas d'appeler la finitude (*Endlichkeit*) de l'*être.* L'*être* est le Possible (*das Mögliche*), qui aime l'homme, le désire (*mögen*), veut son propre dévoilement par lui — dévoilement qui restera néanmoins toujours en retrait, *Lèthè* dans l'*Alèthéia,* du fait que l'*être,* premier dans le rapport, de soi se garde en sa différence. Le lieu de cet échange est le temps, l'histoire qui le remplit, où l'homme devient, où l'*être* se déploie dans son retrait. C'est en ce sens que l'*être* est temps, selon la formule programmatique du départ : *Être et Temps,*

L'influence de Heidegger fut immense sur la réflexion contemporaine. Reste à savoir si la tâche qu'il assigne à la *pensée* qui doit faire suite, dans la ténuité de son expérience et de son dire, à la philosophie désormais caduque, est praticable à la pensée comme telle. Ce qui fonde la pensée peut-il être en lui-même pensé ? Peut-être l'attention à la présence pure hors du regard oublieux sur l'étant est-elle le fait d'une autre démarche de l'esprit. Ce n'est pas sans raison que Heidegger interrogea constamment, dans sa propre réflexion, la poésie, notamment celle de Hölderlin — v. *Approche de Hölderlin* (*) (1951).

À la fin de sa vie, Heidegger semblait concevoir peu d'espoir sur un avènement effectif de la pensée de l'*être.* La critique aiguë qu'il fit par ailleurs de la *technique* comme aboutissement ultime de la représentation métaphysique du monde donne à son propos, dans le contexte d'aujourd'hui, une dramatique résonance.

ROGER MUNIER.

♦ *« Qu'est-ce que l'Être ? L'Être est Ce qu'Il est. Voilà ce que la pensée future doit apprendre à expérimenter et à dire. L'"Être" — ce n'est ni Dieu ni un fondement du monde. L'Être est plus éloigné que tout étant et cependant plus près de l'homme que chaque étant, que ce soit un rocher, un animal, une œuvre d'art, une machine, que ce soit un ange ou Dieu. L'Être est le plus proche. Cette proximité toutefois reste pour l'homme ce qu'il y a de plus distant. L'homme s'en tient toujours, et d'abord, et seulement, à l'étant. Sans doute, lorsque la pensée représente l'étant comme étant, se réfère-t-elle à l'Être. Mais en vérité elle ne pense constamment que l'étant comme tel, et non point et jamais l'Être comme tel. »* Heidegger, *Lettre sur l'humanisme.* ♦ *« Dans* Sein und Zeit, *le Da-sein n'est encore qu'un point de départ. Son lieu est l'être-au-monde dont le lieu est le temps. Mais le temps* [...] *n'est encore, pour la "maison de l'être" qu'un avant-lieu ou un parvis... Il faut penser être et temps jusqu'à temps et être, l'être auquel on revient à partir du temps n'étant plus identique à ce dont on était parti pour l'interpréter sous l'horizon du temps. Au lieu d'être, Heidegger dira plus tard :* Ereignis. *Il nous encourage à entendre dans* Ereignis *la rencontre insolite de* Auge *et de* eigen. *Nous regardant sans que nous puissions en retour le saisir, dirait Platon, d'une seule vue, l'*Ereignis, *s'il est par là* Eräugnis, *est aussi appropriation* (Vereignung). *Le mot nomme ainsi ce qui tacitement nous tient sous son regard et par là nous amène jusqu'à nous "en une longue provenance". C'est en lui qu'être et temps sont accordés ensemble. Il est le* und *de* Sein und Zeit. » Jean Beaufret. ♦ *« Rien de ce que je tente n'aurait été possible sans l'ouverture des questions heideggeriennes. Et d'abord... sans l'attention à ce que Heidegger appelle la différence entre l'être et l'étant, la différence ontico-ontologique telle qu'elle reste d'une certaine manière impensée par la philosophie. Mais malgré cette dette à l'égard de la pensée heideggerienne, ou plutôt en raison de cette dette, je tente de reconnaître, dans le texte heideggerien... des signes d'appartenance à la métaphysique... La détermination ultime de la différence en différence ontico-ontologique... me semble encore, d'une étrange manière, retenue dans la métaphysique. Peut-être faut-il alors, selon un geste qui serait plus nietzschéen que heideggerien, en allant au bout de cette pensée de la vérité de l'être, s'ouvrir à une différence qui ne soit pas encore déterminée, dans la langue de l'Occident, comme différence entre l'être et l'étant. »* Jacques Derrida. ♦ *« On sait comment, à la fin du* Zarathoustra... *Nietzsche distingue, dans la plus grande proximité, dans une étrange ressemblance et une ultime complicité... l'homme supérieur et le surhomme. Le premier est abandonné à sa détresse avec un dernier mouvement de pitié. Le dernier... s'éveille et part, sans se retourner sur ce qu'il laisse derrière lui. Il brûle son texte et efface les traces de ses pas. Son rire alors éclatera vers un retour qui n'aura plus la forme de la répétition métaphysique de l'humanisme ni sans doute davantage, "au-delà" de la métaphysique, celle du mémorial ou de la garde du sens de l'être, celle de la maison ou de la vérité de l'être. Il dansera, hors de la maison, cette* aktive Vergesslichkeit, *cette "oubliance active" et cette fête* *cruelle dont parle la Généalogie de la morale. Nul doute que Nietzsche en a appelé à un oubli actif de l'être : il n'aurait pas eu la forme métaphysique que lui impute Heidegger.* » Jacques Derrida.

RÉF. : Une bibliographie générale des travaux sur Heidegger a été établie par H.-M. Sass : *Heidegger-Bibliographie,* Meisenheim am Glan, 1968 ; elle comprend 2 201 titres.

A. de Waelhens, *La Philosophie de Martin Heidegger,* Louvain, 1942, 6e édition, 1969. – O. Pöggeler, *Der Denkweg Martin Heideggers,* Pfullingen, 1963 ; *La Pensée de Heidegger,* Paris, 1967. – W. J. Richardson, *Heidegger. Through Phenomenology to Thought,* La Haye, 1963. – W. Biemel, *Heidegger,* Reinbek bei Hamburg, 1973. – J. Beaufret, *Dialogue avec Heidegger,* Paris, 1973-1974 (3 vol.). – H. Birault, *Heidegger et l'expérience de la pensée,* Paris, 1978. – M. Haar, *Heidegger et l'essence de l'homme,* Grenoble, 1990.

Sur les relations de Heidegger avec le national-socialisme : J.-M. Palmier, *Les Écrits politiques de Heidegger,* Paris, 1968. – H. Ott, *Martin Heidegger, éléments pour une biographie,* Paris, 1990.

L'œuvre complète (*Gesamtausgabe*), préparée du vivant de Heidegger, est en cours de publication. Elle comprendra environ 80 volumes.

HEIDENSTAM Carl Gustaf Verner von. Romancier, poète et essayiste suédois. Né le 6 juillet 1859 à Olshammar (Västergötland), mort le 20 mai 1940 à Stockholm. Il descendait d'une famille allemande anoblie sous Adolf Frederik. Jeune, il fit de longs voyages pour sa santé dans le sud de l'Europe et dans le Proche-Orient. À Paris, il étudia la peinture avec Gérôme. Revenu dans sa patrie en 1887, il fit paraître un recueil de poésies lyriques, *Pèlerinages et Vagabondages* [*Vallfart och vaudringesår,* 1888], et un roman, *Endimion* [*Endymion,* 1889] qui, avec le pamphlet *Les Noces de Pepita* [*Pepitas bröllop*], marquèrent la victoire de l'opposition à Brandès et au naturalisme et celle des courants littéraires de la fin du siècle dans le nord de la Scandinavie. Ces publications furent suivies d'un roman *Hans Alienus* (1892), et d'un second recueil de *Poésies* [*Dikter,* 1895], où l'épopée nationale se colorait d'exotisme et qui parurent, à ses contemporains, l'expression même de la nouvelle époque littéraire. Après un voyage en Russie et en Turquie, Heidenstam publia une série d'évocations du passé suédois, inspirées du culte romantique des héros : *Charles XII, Les Carolins* [*Karolinerna,* 1897-98] ; *Sainte Brigitte* [*Heliga Birgittas pilgrimsfärd,* 1901] ; l'histoire du rude Viking *Folke Filbyter* (1905) – première partie de *L'Arbre des Folkungar* (*) –, figure mythique qui serait celle du fondateur de la dynastie ; *Magnus Ladulas* [*Bjaëlboarvet,* 1907], qui représente le triomphe de l'idéal chevaleresque sur la barbarie. Partant de cet esthétisme patriotique, Heidenstam en vint bientôt à un classicisme plus intérieur, à l'exemple de celui de Goethe, avec des œuvres comme : *Classicisme et Germanisme* (1898) ; *Jours et Événements* [*Dagar och händelser,* 1909] ; *Écrits polémiques* [*Stridsskrifter,* 1912] ; *Nouvelles poésies* [*Nya dikter,* 1915]. Membre de l'Académie suédoise en 1912, Heidenstam reçut le prix Nobel de littérature en 1916.

RÉF. : Frederik Böök, *Verner von Heidenstam,* 2 vol., Stockholm, 1945-46, rééd. 1959. – Jan Stenkvist, *Nationalskalden. Heidenstam och politiken från och med 1909,* Stockholm, 1982.

HEINE Heinrich. Poète allemand. La date de sa naissance est incertaine ; elle semble avoir été brouillée à dessein pour des raisons de service militaire – ou parce qu'il était venu au monde avant le mariage de ses parents. Il est né sans doute le 13 décembre 1797 à Düsseldorf, et non pas en 1799, date qui figure sur son acte de baptême ; il mourut à Paris le 17 février 1856. Sa mère était une femme remarquable, Pereira – ou Betty – van Geldern qui bénéficia, grâce à son père, médecin, et à son frère, médecin également, d'une culture rare pour une jeune fille de son temps. Son père, par contre, commerçant rêveur, n'avait pour lui qu'une grande sensibilité et le don de se faire aimer. L'enfant, appelé Harry, du nom d'un ami d'affaires de son père en Angleterre, vient au monde au sein d'une communauté juive, vivant en marge de la société. Mais il profite – à l'encontre d'autres Juifs allemands plus âgés ou plus jeunes – d'un temps d'exception, d'une tolérance et de lois dont l'occupation française faisait bénéficier l'Allemagne. Sur son enfance plane, démesurée, l'ombre de Napoléon, à qui il reconnaît le mérite d'avoir introduit dans une Allemagne retardataire la notion moderne et bourgeoise de la liberté. Un jour, Heine devait résumer toute son admiration pour l'Empereur et toute sa pitié pour les victimes, dans la belle ballade napoléonienne, ce chant populaire d'une gloire évanouie, que la France n'a jamais eu : *Les Deux Grenadiers.* L'Allemagne d'après la défaite impériale, d'après la guerre de libération, retrouve un passé qu'elle veut délibérément vague et moyenâgeux, le retrouve avec la xénophobie, la haine des Français en premier lieu, et l'antisémitisme. À l'enfance épargnée de Heine succède une adolescence pénible, une position de parent pauvre recueilli par un oncle très riche, Salomon Heine, qui devait fonder plusieurs filiales internationales de maisons bancaires. Cette dépendance, difficile à supporter par tout jeune homme sensible, s'aggrave encore d'un amour malheureux pour la fille aînée de Salomon Heine, Amélie, formé de cette alternance de détresse et d'espoir dont tout amour juvénile est fait. Un jour, Amélie se marie avec un autre homme, qu'elle aime, et ce sera la *Vieille Histoire* intemporelle, qui brise le cœur de ceux auxquels elle vient d'arriver, un des poèmes les plus populaires de Heine, que des générations d'amoureux ont répété pendant un siècle et demi. Après de vains essais dans le domaine commercial, Heine doit aux subsides de son oncle, dont il restera malheureusement dépendant jusqu'à la fin de ses jours, la possibilité de faire des études de droit. La vie universitaire lui fait affronter la jeunesse réactionnaire et bornée, avec laquelle il ne s'entend que dans la recherche de plaisirs douteux – et c'est dans une de ces heures troubles, où il trompe son ennui et son amour malheureux, que Heine récolte le germe de l'insidieuse maladie qui devait le paralyser et faire de sa fin un terrible martyre. À un jeune Juif de son temps, tous les chemins sont fermés, sauf ceux d'une réussite commerciale, pour laquelle il ne possède aucun don. À l'issue de ses études universitaires, il se fait baptiser, et la faute en est, écrira-t-il, au professeur de géographie de l'école de Brienne, qui a omis de dire à Napoléon qu'il fait très froid l'hiver en Russie... Il ne se leurre pas sur l'opportunité de cette conversion. Il a cherché en vain un cadre social où s'insérer, il n'a trouvé ni cette communauté d'efforts juive, ni cette solidarité si décriée. Il se sent poète allemand avec des archives de chants allemands dans sa poitrine. Son premier recueil publié le rend célèbre du jour au lendemain. Il est celui qui va à la suite de Clemens Brentano bientôt doter l'Allemagne d'une de ses plus belles légendes : *La Lorelei* (*).

Mais, pour ce poète dont le *Livre des Chants* (*) devient le bréviaire de tous les amoureux allemands – le poète romantique par excellence qui fait scintiller dans ses vers la larme solitaire et le rire sardonique, le nouveau printemps du cœur et l'ironie désabusée –, pour cet amoureux de son pays qui parcourt à pied le Harz et sera le premier à créer le genre des *Images de voyage* – v. *Reisebilder* (*) –, il n'y a pas de place dans une Allemagne où la réaction s'appesantit, où l'envie s'exerce aux dépens de ses origines, où la satire s'efface devant le respect des autorités. La révolution de Juillet paraît être un signal pour celui qui tire moins de gloire de ses dons de poète que de sa qualité de « brave soldat dans la guerre pour la libération de l'humanité ». Il y a en Heine un éveil de la conscience sociale qui se manifeste très tôt dans sa vie, quand savoir que des gens meurent de froid dans les rues de Londres et de faim dans les rues de Naples l'empêche de dormir et d'acquiescer à l'ordre établi. Il est, avec sa sensibilité de créateur, sa susceptibilité maladive d'homme à la fois comblé et malheureux, aussi peu fait que possible pour l'action, pour le contact avec les masses, mais il y a en même temps un besoin en lui de s'identifier avec tous les mouvements qui visent à l'amélioration des conditions sociales, de s'identifier avec ce qu'il appelle d'un mot dont il dote aussi la littérature allemande, l'« esprit du temps ». En apprenant les événements de Paris, il est « tout joie et tout chant, tout arme et tout flamme ». Il se décide à quitter l'Allemagne, et sera jusqu'à la fin de sa vie un exilé volontaire. Au mois d'avril 1831, il traverse le Rhin, le « Jourdain qui sépare le pays sacré de la liberté du pays des Philistins ». Il lui arrive alors une chose étrange. Il est, en Allemagne, le poète dont les vers circulent de bouche en bouche, rendant un son encore tout neuf – ce son, fait d'un mélange de quotidien et de sublime –, qu'au siècle suivant un Guillaume Apollinaire s'efforcera de capter. Il est le poète de la mer qui était alors en Allemagne « quelque chose d'absolument ignoré du grand public ». Ses recueils de vers comme ses récits de voyage commencent à faire la fortune de son éditeur ; dans ses récits en prose, on lui impute la succession de Voltaire. Et, pourtant, sa position personnelle reste précaire, il brigue en vain une chaire à l'université de Munich. Son influence dans les milieux littéraires est négligeable, et sa détresse financière si grande que, pour partir, il emprunte de l'argent aux amis comme aux inconnus. Il arrive cependant à Paris, précédé d'une réputation immense. *Le Globe* signale aussitôt cette arrivée d'un « auteur célèbre », toutes les portes des salons politiques et littéraires s'ouvrent d'emblée devant lui. Pourtant, sa poésie est, par son caractère particulier, presque intraduisible ; même sa prose, par son scintillement d'ironie et d'émotion, ses chutes dans le confidentiel, un voisinage de mots inattendus, est difficile à se laisser couler dans le métal du français – en fait ses vers n'obtiendront jamais droit de cité, et il se plaindra toujours d'être un pauvre rossignol allemand obligé de nicher dans la perruque à allonges de M. de Voltaire. Mais il y a des réputations qui se transmettent sans preuve à l'appui, des présences qui s'affirment sans lettres de créances. À Paris, Heine est accueilli par Victor Hugo et Alfred de Vigny ; Balzac, qui n'a pas lu un mot de lui, parle du « fameux, du puissant Heine » ; Théophile Gautier devient un de ses amis les plus fidèles, et George Sand, sa « cousine » bien-aimée, saura, après une brève passion, lui garder son amitié dévouée. Son influence dans les milieux littéraires est née de la curiosité de cette Allemagne que Mme de Staël a découverte – v. *De l'Allemagne* (*) – royaume de l'imagination qui jouxte le royaume de la raison, pays de la nouvelle religion artistique. Mais cet intérêt, qui pourrait s'apparenter à celui suscité plus d'un siècle après par la philosophie de Husserl ou de Heidegger et par le monde kafkaïen, ne suffit pas à expliquer le rôle joué par Heine à Paris. La notice du *Globe* le caractérise déjà comme un défenseur de la cause du progrès, les libéraux français l'accueillent comme un des leurs, Paris, qui, selon le mot de la princesse Belgiojoso, « sert d'hospice aux blessés politiques de toute l'Europe », lui fait bonne place parmi les exilés de marque. Et Heine se sent à Paris « comme un poisson dans l'eau », ou plutôt dit-il, « si on demande à un poisson dans l'eau comment il se porte, il répond : comme Heine à Paris ». À un moment où les subsides de son oncle s'arrêtent, où la gêne l'accable, ses amis, la princesse Belgiojoso et Mignet, interviennent en sa faveur, et obtiennent pour lui de Thiers une allocation annuelle de quatre mille huit cents francs sur les fonds secrets. Cette allocation sera confirmée par Guizot, qui dit : « Je ne suis pas homme à refuser un morceau de pain à un poète allemand vivant en exil. » Mais quand, après la Révolution de 1848, le député Jules Taschereau, pour dévoiler la corruption du ministère Guizot, publiera la liste des bénéficiaires des fonds secrets, le nom de Heine se trouvera parmi eux. On ne devait jamais pardonner en Allemagne à Heine d'avoir accepté des subsides du gouvernement français. Sa gloire de poète en fut ternie à jamais, et si le *Livre des chants* a survécu à ce naufrage d'une réputation, ses écrits politiques, sa lutte pour la liberté, et surtout ses efforts tendant au rapprochement entre la France et l'Allemagne en furent, pour toujours, entachés et suspects. En fait, ni Thiers, qu'il attaqua violemment plus tard, ni Guizot n'avaient influencé les articles que Heine écrivait pour les journaux allemands, et dont ils prirent seulement connaissance quand ils furent publiés vers la fin de sa vie en traduction française sous le titre *Lutèce*.

L'importance que Heine prend auprès de ses amis réside dans la clairvoyance avec laquelle il les initie au vrai visage de l'Allemagne, si différent de l'image idyllique qu'en donnait Mme de Staël. Dans l'*Europe littéraire* paraît, en 1833, une longue étude consacrée à l'école romantique et à l'histoire de la religion et de la philosophie en Allemagne intitulée *État actuel de la littérature en Allemagne* – v. *L'École romantique* (*). Bien qu'il ne soit ni historien ni philosophe, Heine révèle avec une prescience étrange les dangers du dynamisme allemand, la menace des forces qui sommeillent encore paisiblement au fond de la pensée germanique, les révèle dans des pages, qui, un siècle plus tard, prendront toute leur valeur prophétique. Aussi lucide qu'il soit envers son pays natal, Heine l'est aussi envers les conditions politiques en France, et les articles qu'il écrit pour les journaux allemands – jusqu'au moment où Metternich obtient qu'il cesse sa collaboration – constituent une étude des plus vivantes de la société française de ce temps. Mais cette faculté qu'il possède de saisir l'immédiat et d'en dégager les leçons permanentes pour l'avenir dans le domaine des idées et des conditions sociales l'abandonne aussitôt qu'il s'agit de sa vie personnelle. Il est incapable d'équilibrer son maigre budget, et il continue à compter sur quelque miracle extérieur pour mettre fin à une situation désastreuse. Il est toujours en quête d'emprunts, et une dette contractée ou un prêt refusé seront souvent à l'origine de brouilles avec ses amis. Ce sont ces démêlés sordides, surtout avec sa très riche famille, qui éveillent ce qu'il y a en lui de plus mesquin, ses méchancetés calculées, sa diplomatie puérile, sa méfiance de bête traquée. Il semble considérer ses possibilités créatrices comme un droit acquis sur la société pour qu'elle le fasse vivre décemment et en paix. Mais plus grave encore que ce désordre financier dans lequel il se débat jusqu'à sa fin est le trouble de sa vie affective dans lequel il sombre, se sachant sombrer. Il ne devait jamais surmonter le fait que, dans sa passion humiliée d'adolescent pour sa belle cousine, il ait dû chercher la compensation à son amour-propre, à travers des satisfactions des sens, des hantises érotiques de plus en plus impérieuses. « Je suis condamné à n'aimer que ce qu'il y a de plus bas, de plus insensé... imaginez-vous comme cela tourmente un homme qui a de l'orgueil et de l'esprit », écrit-il un jour à un ami.

Sa liaison avec une petite gantière du passage Choiseul, Crescence Eugénie Murat, qu'il appellera Mathilde, commence en divertissement passager et finit, par la façon dont il se laisse assujettir, en destin cruel. Mathilde sait à peine lire et écrire, elle ne saura jamais que son Henri, qui est si bon et si bête, est un grand poète. Elle le sépare de tous ses amis, l'entraîne dans une vie de plaisirs bruyants et coûteux, aggrave irrémédiablement le désordre financier de son existence. C'est Vénus qui retient pour toujours Tannhauser prisonnier. Tout est alors si trouble en lui que, lors d'une querelle sordide dans le milieu des émigrés allemands, il se laisse emporter à d'odieuses attaques personnelles contre Ludwig Börnes, et se voit exposé à un duel. À la veille d'affronter son adversaire, il épouse Mathilde pour assurer l'avenir de sa « chatte sauvage ». Mais il sait bientôt qu'il a manqué sa vie et compromis son bonheur, et il écrit avec toute son amertume empoisonnée : « Tu me demandes, enfant, / Ce que c'est l'amour : / Une étoile sur un fumier. » Cette conscience de son échec a fait de nouveau jaillir en lui la veine tarie de l'inspiration créatrice. Mais le temps des sentiments troubles, de l'assujettissement érotique n'est plus aux épanchements lyriques, à la pure mélodie des amours printanières, des passions qu'on pleure. L'homme, déchiré entre son orgueil et ses appétits furieux, trouve, pour dire son tourment, d'autres accents que ceux de sa jeunesse. Heine se qualifiera lui-même de « romantique défroqué ». Son *Atta Troll* (*) est « conçu comme le dernier libre chant forestier du romantisme », il est, en fait, une stèle funéraire érigée au lyrisme allemand, la fin d'une vieille école, et le début d'une nouvelle. La rencontre de Heine avec Karl Marx précipite cette évolution, le conduit à la poésie « engagée », à la satire politique. L'éveil de sa conscience sociale, qui s'était traduite au début de son séjour en France par une adhésion passionnée au saint-simonisme, ses amitiés profondes avec les chefs du mouvement, devient, sous l'impulsion de Karl Marx, une prise de conscience de l'injustice sociale, de l'inéluctable lutte des classes. Tous les abus qui se commettent dans le monde trouvent en lui un écho passionné. Après avoir donné à l'Allemagne ses légendes, à la France sa ballade napoléonienne, il crée désormais ce chant de révolte des travailleurs exploités, *Les Tisserands,* dont les revendications en Silésie ont été réprimées dans le sang. L'Allemagne n'a jamais connu avant lui de sons satiriques aussi âpres, de condamnations aussi éloquentes d'un régime réactionnaire, du respect des autorités, enraciné dans l'âme allemande. Les tyranneaux y passent, comme les faux prophètes de la liberté. C'est Karl Marx qui incite Heine à manier le fouet de la satire. Mais c'est avant sa rencontre avec Marx que Heine a déjà reconnu – et il se vantera plus tard d'avoir été le premier à l'évaluer à sa juste mesure – la force des ressentiments accumulés. « Le communisme est le nom secret de ce terrible antagonisme qui oppose le règne du prolétariat, avec toutes ses conséquences, au règne bourgeois actuel. » Heine est pleinement conscient de la supériorité de son optique sur la myopie du temps. « Sur celui qui connaît le mot d'ordre de l'avenir, les larrons d'aujourd'hui ont peu de prise. »

Mais un destin des plus affreux se charge de le séparer de tous les courants de l'actualité, de le retrancher du cercle des vivants. Les médecins d'alors n'ont pas de moyens pour lutter contre sa maladie. La paralysie le gagne ; ce sera la longue agonie d'un homme cloué sur son matelas. Ce sera : « La tombe sans le repos... / La mort sans les privilèges des morts. » Une horrible querelle de famille, un chantage odieux exercé par son cousin, qui veut lui imposer le silence pour prix d'une pension dérisoire, donnent le coup de grâce au malade. Mais dans ce corps réduit, desséché, immobile, vit une plainte poignante, une voix comme d'outre-tombe qui continue à s'affirmer dans des accents comme on ne les a jamais entendus. Dans la chambre exiguë de la rue d'Amsterdam, ou de ce balcon de l'avenue Matignon, où, soulevant la paupière paralysée, il voit encore le jour, Henri Heine, presque oublié des vivants, revient à ses origines, aux sources d'une tradition et d'une foi qu'il a à peine connues. Les plus émouvants et les plus profonds poèmes du lyrisme allemand surgissent dans *Romancero* (*) et les « méthodes hébraïques ». Ce sont comme les voix des prophètes de l'Ancien Testament qui grondent dans ses vers, des malédictions bibliques contre « ceux de son sang qui lui ont donné la mort », mais aussi des blasphèmes contre l'injustice d'ici-bas : « ... à qui imputer la faute ? / Notre Seigneur n'est-il pas tout-puissant ? / ... Voilà ce que nous demandons sans cesse / Jusqu'à ce qu'on nous ferme la bouche / Avec une poignée de terre. / Mais est-ce là une réponse ? » L'homme qui a tant aimé, et tant souffert de l'amour, connaît, dans son déclin, la dernière flambée d'une passion. Un visage de femme se penche sur le mourant, le visage de celle qu'il appelle « Mouche », et rarement un vivant a chanté avec une telle violence l'angoisse d'une attente, les affres de la jalousie, la passion impuissante de cet homme à moitié enseveli. Tout ce que la poésie romantique a connu comme élan, envolée lyrique et d'âpre ironie, se retrouve dans ces poèmes, mais s'y retrouvent aussi les tourments de l'homme moderne, pris dans l'élan de contradictions intimes, de convulsions sociales, de ce qui se présente aux yeux de Heine comme une lutte éternelle entre le beau et le vrai. C'est la *Fleur de la passion,* qui a poussé au chevet d'un mourant dont c'est la conclusion désespérée : « Ô mort, c'est toi, avec ton grand silence / Qui nous donnes les plus pures jouissances, / Tourment passionné, volupté sans répit, / Nous donnes comme bonheur la vie bête et brutale. »

ANTONINA VALLENTIN.

♦ *« L'esprit n'amuse qu'un instant ; la postérité, qui jugera les œuvres d'une période, fera peu de cas de M. Heine, tandis qu'elle couronnera comme ils le méritent les hommes de caractère et de principes qui inculquent à la nouvelle génération l'amour de la patrie et du devoir. Le talent passe : seul le caractère reste. »* Heine, jugé ironiquement par lui-même. ♦ *« Heine Henri est, si ces mots peuvent s'accoupler, un Voltaire pittoresque et sentimental, un sceptique du* XVIII*e siècle, argenté par les doux rayons bleus du clair de lune allemand. Rien n'est plus singulier et plus inattendu que ce mélange involontaire d'où résulte l'originalité du poète. »* Gérard de Nerval, 1948. ♦ *« Heine dit des choses très mordantes et ses saillies emportent le morceau. On le croit foncièrement méchant, mais rien n'est plus faux ; son cœur est aussi bon que sa langue est mauvaise. Il est tendre, affectueux, dévoué, romanesque en amour, avec cela il est cynique, railleur, positif, matérialiste en paroles. Il est, comme ses poésies, un mélange de la sentimentalité la plus élevée et de la moquerie la plus bouffonne. »* George Sand. ♦ *« Jamais nature ne fut composée d'éléments plus divers que celle de Heine ; il était à la fois gai et triste, sceptique et croyant, tendre et cruel, sentimental et persifleur, classique et romantique, allemand et français, délicat et cynique, enthousiaste et plein de sang-froid ; tout, excepté ennuyeux. À la plastique grecque la plus pure, il joignait le sens moderne le plus exquis ; c'était vraiment l'Euphorion, enfant de Faust et de la belle Hélène. »* Théophile Gautier. ♦ *« Un lamentable feu follet... »* Treitschke. ♦ *« Heine est l'esthète pur. Il n'a le respect d'aucun dogme, d'aucune moralité, d'aucune institution. Il a le culte de la seule beauté. Tout système de pensée lui devient antipathique dès qu'il est fixé en un ensemble de formules. Non qu'il n'ait fait le tour de tous les systèmes. Parmi les poètes allemands, il n'y en a pas, ni Schiller et Goethe, qui ait eu une culture philosophique aussi profonde. Mais il sait par l'hégélianisme allemand et le saint-simonisme français qu'une durée limitée est dévolue à tous les systèmes, à toutes les morales, à toutes les idées ; après quoi le contenu sentimental qu'ils expriment finit par s'épuiser. Heine se hausse jusqu'à la pensée impersonnelle qui juge ces systèmes et les intuitions émanées d'eux et qui les détruit après les avoir fait naître. Il est l'artiste créateur, qui se joue des idées mêmes qu'il a formées. »* Charles Andler. ♦ *« Hors de la simplicité, Heine a tous les défauts d'un journaliste très supérieur, y compris celui sans grâce dans sa prose (mais intolérable dans ses vers) de faire de l'esprit* [...] *J'ai compris combien était profonde et appropriée l'expression de Gundolf, que Heine avait comme fait tomber dans le domaine public tout un ordre de sentiments que tout le monde, depuis lui, s'arrogeait de sentir sans y avoir droit, qu'il avait* *vulgarisé l'état lyrique.* » Charles du Bos. ♦ *« Heine nous offre tout un arsenal d'arguments isolés, de traits victorieux, une esquisse tracée avec virtuosité de la pensée sociale en Allemagne. Heine conçut avec beaucoup de perspicacité le principe révolutionnaire et parfois il s'exprima clairement, bien que le guettassent deux gouffres, celui du pessimisme et celui du persiflage. S'il parla souvent de lui-même comme un bouffon, il n'en fut pas moins un combattant remarquable qui, en son temps, rendit des services immenses, non seulement à la révolution de 48, mais aussi à la nôtre.* » Lounatcharsky, à l'Académie des sciences de l'U.R.S.S., 1931. ♦ *« Henri Heine est l'homme de toutes les contradictions, des amours trompées, des espoirs déçus et, ce qui est plus grave, qui ont cessé de croire à leur objet, il est le poète de toutes les dissonances, des larmes qu'efface le rire, du rire que trempent les pleurs.* » Geneviève Bianquis.

RÉF. : Article d'Edgar Quinet in *Revue des Deux Mondes,* 15 février 1834. – Articles de G. de Nerval in *Revue des Deux Mondes,* 15 juillet et 15 septembre 1848. – A. Meissner, *H. Heine, Errinerungen,* Amsterdam, 1856. – Th. Gautier, préface des *Reisebilder,* Paris, 1858. – F. Strodtmann, *H. Heines Leben und Werke,* 2 vol., Hambourg, 1867-69. – Treitschke, *Deutsche Geschichte im 19. Jahrhundert,* t. III et IV, Leipzig, 1889. – J. Legras, *Henri Heine poète,* Paris, 1897. – H. Lichtenberger, *Henri Heine penseur,* Paris, 1904. – M. Brod, *Henrich Heine,* Amsterdam, 1934. – G. Bianquis, *Henri Heine, l'homme et l'œuvre,* Paris, 1948. – C. Andler, *La Poésie de Heine,* Paris, 1948. – A. Vallentin, *Henri Heine,* Paris, 1956. – F. Mende, *H. H. Studien zu seinem Leben und Werk,* Berlin, 1983. – L. Netter, « Heine et les Français. Histoire d'une amitié », in *Recherches Germaniques 15,* 1985.

HEINE Maurice (pseud. de Maurice Henri Meyer-Heine). Écrivain français. Né le 15 mars 1884 à Paris, mort le 26 mai 1940 à Vernouillet (Yvelines). Gilbert Lely, son ami, dans sa *Vie du marquis de Sade,* trace de Maurice Heine un portrait fervent. « Le premier, dit-il, grâce à la rigueur passionnée de ses travaux, il a rendu possible l'étude de la vie et de l'œuvre de Sade sur un plan non confusionnel. » Il a également donné de Sade des éditions critiques d'une « exactitude sans défaut » et des études qui contiennent « nombre d'idées essentielles qui demeurent la base de toute approche critique de l'auteur de *Juliette* ». Ce sont ces études que Gilbert Lely a rassemblées dans un ouvrage posthume de Maurice Heine, *Le Marquis de Sade* (*), publié en 1950. On doit également à Maurice Heine deux recueils de poésies d'inspiration parnassienne : *La Mort posthume* (1917) et *Pénombre* (1919), ainsi que *L'Islam sous la cendre* (1918). « Mais parmi ses ouvrages où le nom du marquis ne figure pas dans le titre, indique encore Gilbert Lely, le plus important y reste, par son contenu, directement associé : nous voulons dire le *Recueil de confessions et observations psychosexuelles tirées de la littérature médicale* (1936). »

HEINESEN William. Écrivain et artiste féroïen. Né à Thorshavn le 15 janvier 1900, mort à Thorshavn en 1991. Le prix Nobel ne lui a pas été décerné et c'est là une omission particulièrement regrettable. Ce Féroïen (qui a rédigé toute son œuvre en danois) a longtemps hésité entre peinture, musique et littérature. Et même dans ce dernier domaine, il a été en quête un bon moment, se voulant tour à tour poète lyrique – *Élégies arctiques* [*Arktiske Elegier,* 1921], c'est sa première œuvre, *Le Soleil obscur* [*Den dunkle Sol,* 1936] – et romancier. C'est toutefois dans ce dernier genre qu'il s'est rendu célèbre : *Aube orageuse* [*Blaesende gry,* 1934] ; *La Marmite noire* [*Den sorte Gryde,* 1949] et surtout *Les Musiciens perdus* (*) (1950) ou *Mère Sept-Étoiles* [*Moder Syvstjerne,* 1952], sans oublier les nouvelles de *La Lumière enchantée* [*Det fortryllede lys,* 1958].

Son trait le plus remarquable est son incapacité à distinguer rêve de réalité, vie quotidienne de légende. Sa divinité majeure, la Vie, se rit de nos misères et laisse dans l'ombre le souvenir de nos imperfections : pour tous ceux d'entre nous qui le veulent bien, elle transfigure – le maître mot de cette inspiration – nos actes les plus quotidiens. Sans outrance, toutefois : son sens des réalités lui interdit les échappées échevelées. Mais il s'entend à faire valoir, comme par magie, les profondeurs que nous portons en nous à notre insu, ou celles que recèle la nature et que seuls savent voir les vrais poètes. Il parvient de la sorte à rendre sensibles à nous-mêmes ces profondeurs que nous véhiculons ainsi qu'à enchanter, littéralement, le monde où nous évoluons si gauchement.

RÉGIS BOYER.

HEINLEIN Robert (Anson). Romancier américain. Né à Butler (Missouri) le 17 juillet 1907, mort à Carmel (Californie) le 8 mai 1988. Il étudie à l'université du Missouri puis à l'U.S. Naval Academy et sert sur le « U.S.S. Lexington », premier porte-avions moderne, qu'il quitte, tuberculeux, en 1934. Il suit des cours de physique et de mathématiques, fait de la politique et, déçu par un échec électoral, se met à écrire. Il épouse en 1934 Leslyn MacDonald, puis se remarie, après un divorce, en 1948 avec Virginia Gerstenfeld, biochimiste, ingénieur aéronautique, et polyglotte, qui devient sa collaboratrice. Sa première nouvelle paraît en août 1939 dans *Astounding Science-Fiction,* suivie d'un grand nombre d'autres qui assurent sa réputation, parfois sous le pseudonyme d'Anson MacDonald. Il introduit dans le genre le souci de la crédibilité des idées scientifiques et des personnages. Durant la Seconde Guerre mondiale, il reprend du service comme ingénieur aéronautique. Il recommence à écrire en 1945 pour les jeunes, et à partir de 1950 pour un public adulte. On retiendra de son abondante production (cinquante-quatre livres) *Une porte sur l'été* [*The Door into Summer,* 1957], *Étoiles, garde à vous !* [*Starship Troopers,* 1959] qui déclencha une polémique sur son militarisme présumé mais lui valut son second prix Hugo. Le plus connu de ses romans reste *En terre étrangère* (*) (1961) qui obtint un succès immédiat, international et durable, ainsi qu'un troisième Hugo. Par la suite, sans se détourner de la science-fiction, il entreprend de conquérir un public plus vaste en enrichissant ses romans de réflexions philosophiques non exemptes de longueurs. Il édifie à travers son œuvre une « Histoire du futur » cohérente que traversent ses personnages favoris. Ainsi, dans *Révolte sur la Lune* [*The Moon is a Harsh Mistress,* 1966], c'est à la précision de ses prévisions, aussi bien technologiques que sociales, et à la vigueur iconoclaste de ses idées qu'il doit son influence sur les lecteurs et les auteurs de science-fiction du monde entier. Il fut *L'Homme qui vendit la Lune* [*The Man who sold the Moon,* 1950].

GÉRARD KLEIN.

HEINRICH der Vogler (Henri l'Oiseleur). Poète errant autrichien connu dans le Tyrol dans la seconde moitié du XIIIe siècle. Il se déclare lui-même l'auteur du poème *La Fuite de Théodoric* (*) ; malgré tout, la critique a récemment décelé deux parties dans ce chant : la première, plus ancienne, se terminerait sur le retour d'exil de Théodoric et la victoire remportée sur Ermenrich près de Milan, et elle compterait six mille neuf cent quatre-vingt-sept vers. C'est à ce moment-là que commencerait l'œuvre originale de Heinrich der Vogler, qui aurait également refait la partie précédente. Du fait que les quatre manuscrits qui nous transmettent *La Fuite de Théodoric* comprennent aussi *La Bataille de Ravenne* (*), on a cru longtemps que les deux poèmes étaient l'œuvre d'un même auteur. Cette hypothèse est cependant complètement abandonnée à l'heure actuelle. *La Bataille de Ravenne* aurait été composée au Tyrol vers 1268 ; Heinrich der Vogler en eut certainement connaissance et voulut la relier à *La Fuite de Théodoric.*

HEINSE Johann Jakob Wilhelm. Écrivain allemand. Né à Langwiesen en Thuringe le 15 février 1746, mort à Mayence le 22 juin 1803. Caractère instable et remuant, il abandonna les études régulières qu'il avait commencées à Iéna et s'acquit très rapidement une certaine notoriété comme poète et romancier, imitateur, tout d'abord, de Wieland qui le protégea et l'introduisit dans le monde des lettres. Pendant deux ans, il fut précepteur particulier dans les milieux aristocratiques, puis s'en alla vivre avec Gleim à Halberstadt où il s'adonna exclusivement à la littérature. Il n'avait pas encore vingt-cinq ans quand il écrivit le roman *Laidion ou les Mystères d'Éleusis.* Quelque temps après, il se rendit à Düsseldorf afin de travailler pour Jacobi et, avec l'aide de ce dernier, il réussit à réaliser son rêve : aller en Italie. En 1780, il partit pour Rome où il vécut plus de trois ans et fréquenta, entre autres, Müller le Peintre. Il parcourut une grande partie de l'Italie à pied, et c'est pendant ce temps qu'il traduisit en allemand la *Jérusalem délivrée* (*) du Tasse et le *Roland furieux* (*) de l'Arioste. Il retourna à Düsseldorf et, donnant une expression aux sentiments éprouvés lors de son voyage, il écrivit *Ardinghello et les îles bienheureuses* (*) (1787), premier exemple de ce genre particulier de « roman artistique » qui fit la réputation d'Heinse. Après le succès de ce roman sur la peinture, il en écrivit un autre sur la musique, *Hildegard de Hohenthal* [*Hildegard von Hohenthal*], qui est d'ailleurs nettement inférieur. Heinse passa les dernières années de sa vie dans une véritable sinécure, comme bibliothécaire du prince électeur de Mayence. La personnalité de Heinse prêta toujours à maintes discussions ; on reprocha à ses œuvres de jeunesse une obscénité lubrique, à tel point que Wieland nia l'avoir eu pour élève. Plus tard, Goethe et Schiller devaient sévèrement critiquer l'*Ardinghello*, et ce fut le mouvement littéraire de la « Jeune Allemagne » qui tenta, en 1830, de redonner à l'œuvre la place qu'elle méritait.

♦ *« Il* [Heinse] *est certainement très bien doué, il a beaucoup de feu et, quand on songe aux circonstances dans lesquelles il a vécu, des connaissances étendues... Ce qui me plaît le moins en lui, c'est son cynisme — qui apparaît surtout dans ses épigrammes — et le peu de respect qu'il montre pour des préjugés qu'un honnête homme doit respecter, et sa morale n'est pas toujours la meilleure... »* Wieland.
♦ *« Il convient de laisser à Herder et à Goethe le mérite de l'originalité, la gloire d'avoir ouvert la voie. Les idées nouvelles avaient déjà fourni une carrière de plusieurs années quand Heinse les saisit à son tour, les rassembla en une théorie d'ensemble et leur imprima la marque de son esprit. »* A. Jolivet.

RÉF. : A. Jolivet, *Wilhelm Heinse, sa vie et son œuvre jusqu'en 1787,* Paris, 1922. — A. Zippel, *Wilhelm Heinse und Italien,* Iéna, 1930. — C. Magris, *Wilhelm Heinse,* Udine, 1968. — R. Terras, *Wilhelm Heinses Ästhetik,* Munich, 1972. — O. Keller, *Wilhelm Heinses Entwicklung zur Humanität,* Berne et Munich, 1972. — M. Dick, *Der junge Heinse in seiner Zeit. Zum Verhältnis von Aufklärung und Religion im 18. Jhdt.*, Munich, 1980.

HEISENBERG Carl Werner. Physicien allemand. Né le 5 décembre 1901 à Würzburg, mort à Munich en 1976. Son père était professeur de grec à l'université de Munich. Heisenberg étudie la physique avec Sommerfeld, Wien, Rosenthal, Born, Frank et Hilbert. En 1923, il devient l'assistant de Born à Göttingen, où il est reçu docteur en 1924. En 1924-25, il va travailler auprès de Niels Bohr à Copenhague. C'est à eux deux, essentiellement, que l'on pense quand on parle de ce « Copenhagener Geist », cet esprit de Copenhague qui a joué un rôle si grand dans la physique atomique. Peu après que Louis de Broglie eut formulé le principe fondamental qui avait pour résultat de remplacer la mécanique classique et la mécanique relativiste par la mécanique ondulatoire dans laquelle à chaque point mobile de la mécanique classique se trouve associée une onde, les mêmes difficultés de la physique classique furent abordées par Heisenberg, et son étude aboutit à la fondation de la mécanique quantique. Heisenberg utilise le calcul des matrices et arrive à un système regardé comme indépendant de la mécanique ondulatoire et qui résout les mêmes problèmes. Une des découvertes essentielles de Heisenberg est celle de la « relation d'indétermination ». On sait qu'en mécanique classique, si on connaît la position et la vitesse d'un mobile, on connaît toute sa trajectoire future. C'est l'expression mathématique du déterminisme de la science classique, notamment de celle d'un Laplace. Il résulte de la relation d'indétermination de Heisenberg qu'il n'est pas possible de connaître en toute rigueur simultanément la position et la vitesse du mobile. Plus la rigueur est grande quant à l'une de ces quantités, moins elle l'est quant à l'autre ; c'est sur cette constatation que repose l'indéterminisme de la physique actuelle. Il n'est plus possible, comme on voit, de prévoir en toute rigueur l'histoire future d'un mobile. L'activité et l'autorité de Heisenberg sont très grandes. Il a enseigné à Copenhague, Leipzig, à l'université de Berlin et, en 1941, était directeur de l'Institut de physique de Berlin. En 1948, il devient directeur de l'Institut Max Planck. Heisenberg a fait des voyages et des conférences en Amérique, au Japon, en Inde, il a écrit de nombreux articles dans des revues de physique nucléaire et a publié plusieurs ouvrages : *Évolution des fondements des sciences naturelles* [*Wandlugen in den Grundlagen der Naturwissenschaft,* 1935] ; *Les Principes physiques de la théorie des quanta* [*Die physikalischen Principien der Quanten-theorie,* 1942] ; *La Physique nucléaire* [*Die Physik der Atomkerne,* 1949] ; *La Nature dans la physique contemporaine* (*) (1955). En 1932, il a reçu le prix Nobel de physique.

RÉF. : G. Araki, *Calculation of X-ray terms according to Heisenberg's theory on electionholes,* Tokyo, 1935. – Article in *Biographischliterarisches Handwörterbuch zur beschichter der exakten Wissenschaften f. Mathematik, Astronomie Physik,* de J. C. Poggendorf, tome VI, 1936-38. – E. Heisenberg, *Heisenberg : 1901-1976 : le témoignage de la femme,* Paris, 1990. – H.-P. Hempel, *Natur und Geschichte : der Jahrhundertdialog zwischen Heidegger und Heisenberg,* Francfort, 1990.

HELDER Herberto. Poète portugais. Né à Funchal, dans l'île de Madère, le 23 novembre 1930. Après une adolescence « insupportable [...], voyage violent et fulminant à travers des peurs et des joies brutales », il part en 1946 pour Lisbonne, où il achève ses études secondaires. Ses études supérieures seront chaotiques : d'abord inscrit à la faculté de droit de Coïmbra, il se dirigera en 1949 vers la philologie qu'il abandonnera trois ans plus tard. En 1952, ses premiers poèmes paraissent en revue. Il occupe divers emplois, fréquente quelque temps les surréalistes. En 1958, il publie *L'Amour en visite,* et part pour la France. Jusqu'en 1960, il vit en France, en Belgique, en Hollande, sans métier fixe et écrit une grande partie des textes de *La Cuiller dans la bouche* (*). En mauvaise santé, il revient au Portugal où il trouve un emploi dans les bibliothèques itinérantes de la Fondation Calouste Gulbenkian. À partir de 1961, date de la parution du recueil cité, il publie régulièrement, collabore à des journaux, des revues et participe à des traductions, notamment des contes d'Italo Calvino. En 1963, il publie un très intéressant livre de contes, *Les Pas en rond* [*Os Passos em volta*], qui lui apporte une certaine notoriété. *Présentation du visage* [*A presentaçao do rosto*] est interdit par la censure lors de sa publication en 1968. Cette même année, après quelques démêlés avec la justice pour avoir participé à l'édition du roman du marquis de Sade, *La Philosophie dans le boudoir* (*), il enregistre deux disques de ses poèmes. Il travaille, entre autres activités, dans l'atelier d'un architecte et collabore également à la revue *Arquitectura.* Il se rend en Angola en 1971, et y effectue des reportages. En 1981 paraît une anthologie de son œuvre poétique, *Poesia toda.* Anthologie dont une nouvelle édition a paru en 1990, incluant les recueils publiés au cours de la dernière décennie. La poésie de Helder échappe aux classifications. Il n'est surréaliste que dans la mesure où il dépasse la notion traditionnelle de réalité ; par ailleurs, il refuse l'écriture automatique. À l'époque où la poésie portugaise s'engageait politiquement contre le pouvoir dictatorial, celle de Herberto Helder ne prétendait délivrer aucun message, n'avait aucune ambition militante, mais elle révélait une contestation bien plus profonde, un refus beaucoup plus radical de toute convention. Contestation portée au cœur même du langage, refus des discours constitués. Pour lui, le poème est un acte, *Poemacto,* qui sonde l'obscurité. Ses longs poèmes, à la riche symbolique, assemblent de façon très particulière les mots et les images ; mais ce n'est pas fantaisie de la part de Helder. Le lecteur perçoit la rigueur avec laquelle il construit lentement et minutieusement son œuvre. Herberto Helder a certes choisi la solitude et la distance par rapport à ses pairs – il refusera d'ailleurs un prix littéraire – mais sa recherche constante sur le langage, son lyrisme, la musicalité, la violence profonde et sourde de son œuvre, l'ont imposé auprès des lecteurs et des critiques.

FRANÇOISE BEAUCAMP.

HÉLINAND. Poète français. Né probablement vers 1160 en Picardie d'une famille d'origine flamande, mort aux environs de 1229. Il fit ses études à Beauvais et mena pendant quelques années la vie brillante et dissipée des trouvères. Admiré et applaudi partout, il conquit rapidement la célébrité, mais son esprit inquiet le poussait continuellement à la recherche d'un idéal, qui n'était peut-être qu'un désir sans bornes de liberté. Et soudainement, un jour, il devait avoir trente ans, au milieu de la stupéfaction générale, il s'enferma dans le monastère cistercien de Froidmont, près de Beauvais, pour expier les jours qu'il avait consacrés à la vie mondaine. La même ardeur que l'adolescent avait déployée dans la recherche des plaisirs, l'homme plus mûr l'employa à des pratiques austères et à faire pénitence. C'est là que, entre 1194 et 1197, il composa ce sublime poème que sont *Les Vers de la mort* (*), chant suprême où le poète invitait ses contemporains à la réflexion et qui fut sa dernière œuvre. Mais on lui doit, en outre, quelques œuvres en latin, des écrits variés, des sermons et une chronique.

RÉF. : M. Boyer et M. Santucci, *Hélinand de Froidmont, Les Vers de la mort,* Paris, 1983.

HÉLIODORE d'Émèse. Romancier grec qui naquit à Émèse, l'actuelle Homs de Syrie, peut-être d'une famille de prêtres. On ne sait pas avec certitude quand a vécu Héliodore. Plusieurs dates ont été proposées, sur la base de sources externes et de l'examen interne de son roman, *Les Éthiopiques* (*), du IIIe au Ve siècle ap. J.-C. On s'accorde actuellement pour situer Héliodore au IIIe siècle ap. J.-C. L'auteur lui-même nous dit à la fin de son roman qu'il est le fils de Théodose et de la race du soleil.

PAUL SCHUBERT.

HELLAAKOSKI Aaro. Poète finlandais d'expression finnoise, né le 22 juin 1863 à Oulu en Finlande septentrionale, mort le 23 novembre 1952 à Helsinki. Aaro Hellaakoski est une figure isolée dans la poésie finnoise : bien qu'elle soit profondément enracinée dans la sensibilité finlandaise, sa poésie est largement ouverte sur les courants esthétiques universels. Ce fils d'instituteur est particulièrement sensible aux arts plastiques, qu'il pratique en secret. Il est proche d'artistes comme l'architecte Alvar Aalto ou le sculpteur Wäinö Aaltonen. De même suit-il avec attention les développements du cubisme, du futurisme, du surréalisme. Il est le premier poète moderniste d'expression finnoise.

Que ses intérêts aient été multiples, sa biographie le révèle sans conteste : une bonne partie de sa vie, il enseignera la géographie et les sciences naturelles. Sa carrière poétique s'articule en trois périodes. Ses premiers *Poèmes* [*Runot*] paraissent en 1916. Sa première période créative, période combative au cours de laquelle il publie *De l'élégie à l'ode* [*Elegiasta Oodiin*, 1921], dure jusqu'en 1928, date à laquelle *Miroir de glace* (*) le porte au sommet de son art. Ce succès est néanmoins suivi de douze années de silence, que viendra interrompre la guerre : en 1941, il reprend la plume, et publie *Vartiossa*, recueil inspiré par la guerre où apparaissent déjà les nouvelles préoccupations éthiques et philosophiques. Le poète s'interroge notamment sur le caractère « primitif », « arctique » de sa petite nation (dans le poème « Solitude »), et sur ce mobile « secret », « anonyme », « inconnu » qui se trouve derrière toutes choses. *Nouvelle Poésie* [*Uusi runo*, 1944], *Proue vacillante* [*Huojuvat keulat*, 1946] sont sous-tendus par un pessimisme existentialiste : ces recueils accompagnent et illustrent de graves crises morales et ont aussi une fonction thérapeutique. Dans *Silence* [*Hiljaisuus*, 1949], cette tonalité est empreinte d'une terreur à peine compensée par l'humour noir. Il aboutira à la forme plus ouverte, moins contraignante et pourtant architecturalement structurée des *Séries* [*Sarjoja*, 1952] : intérieurement libérée, la poésie gagne en légèreté. Son tout dernier recueil, *Ce que demain éclairera* [*Huomenna Seestyvää*, 1953], laisse une large part au sentiment de la mort qui emportera effectivement Hellaakoski quelques semaines plus tard. Il laisse également un recueil posthume d'aphorismes, *Boules de neige* [*Lumipalloja*, 1955], et quelques écrits en prose.

C'est cependant en tant que poète qu'il excelle : d'une sensibilité extrême, en profonde osmose avec une nature qu'il ressent comme positive, il fond dans sa poésie le sens et la perfection formelle. Avec une grande richesse de langage, mais non sans laconisme, son vers est d'une rare musicalité. Il a été le premier en Finlande à mettre au service de son rythme, souvent incantatoire, une disposition typographique originale mais toujours justifiée.

EVA TOULOUZE.

HELLENS Franz (pseud. de Frédéric van Ermenghem). Écrivain belge d'expression française. Né et mort à Bruxelles (8 septembre 1881 - 20 janvier 1972). Il fait ses études à Gand chez les jésuites. À partir de 1912, il devient bibliothécaire au parlement belge. En 1920, avec son roman *Mélusine* (*) qu'il considère comme une œuvre présurréaliste, il prend conscience de sa vocation d'écrivain. Il voyage beaucoup et se lie d'amitié avec quelques-uns des grands artistes de son temps : Modigliani, Maeterlinck, Gorki, Maïakovski et Essenine, Supervielle, Paulhan, Arland, Ponge, Éluard... En 1922, il fait paraître une revue, *Le Disque vert* (*) à la direction de laquelle s'associe Henri Michaux et dans laquelle André Malraux publiera l'un de ses premiers textes. L'œuvre de Franz Hellens est très abondante puisqu'elle comporte plus de cent volumes qui se répartissent dans les genres les plus divers, contes et romans, poèmes et essais, pièces de théâtre. Deux titres : *Les*

Réalités fantastiques (*) (1923) et *Le Fantastique réel* (1967) résument sous cette diversité une constante, tant dans l'inspiration que dans l'élaboration. Le rêve et l'imaginaire procèdent du réel qu'ils métamorphosent pour atteindre à ce que Franz Hellens appelait « la vie seconde », véritable voyage dont le parcours est balisé par la mythologie, la légende et l'histoire. Le réel, ce sont les éléments dont Bachelard a pu relever la présence dans l'œuvre des poètes, tout pénétrés du symbolisme que leur confère la vie intérieure de l'écrivain. Franz Hellens, à cet égard, s'avoua toujours plus proche de la poésie – v. *Poésie complète* (*) (1905-1959) – qui est intuition au premier chef, que de la prose. Cependant, on lui doit de grands romans, dans lesquels le contact avec le réel est maintenu. Les plus riches sont, si l'on met à part *Mélusine : Moreldieu* (1946), *Naître et Mourir* (*) (1948), *L'Homme de soixante ans* (1951) et *Mémoires d'Elseneur* (1954). Moreldieu représenterait la part diabolique de l'homme, entravé sur la terre, hanté par le désir de descendre encore et toujours plus bas. La présence du mal est ainsi révélée par Franz Hellens, sous des formes diverses, dans toute son œuvre romanesque. Il n'en fait pas une catégorie éthique mais un être qui exerce sur chaque homme une puissance qu'il s'agit de conjurer. Non de détruire puisque le monde, pour Franz Hellens, se compose de forces antagonistes.

GUY LE CLEC'H.

RÉF. : A. Lebois, *Franz Hellens*, Seghers, 1963.

HELLER Joseph. Romancier américain. Né le 1er mai 1923 à Brooklyn (New York). Avant de devenir professeur de littérature puis de travailler dans la publicité, Joseph Heller fut bombardier sur un B-25 pendant la Seconde Guerre mondiale et effectua une soixantaine de missions sur la France et l'Italie. Cette expérience le marqua tant qu'il consacra ensuite huit années de sa vie à la rédaction de son premier roman, *Catch 22* (*) (1961), extraordinaire satire de l'armée, saluée par un critique américain en ces termes : « Si Dante revenait sur terre en compagnie de Kafka, ce qu'ils pourraient écrire en collaboration ressemblerait sans doute à *Catch 22.* » Avec une verve féroce, Joseph Heller décrit la vie d'une escadrille de bombardiers américains, basée sur une petite île de la Méditerranée. Yossarian, l'anti-héros de ce livre tragi-comique, considère que « sa seule mission, quand il s'envole, est de revenir vivant ». L'armée est ici une métaphore de la société, régie par la cupidité et l'ambition d'individus sans scrupules. Ce premier roman éblouissant rappelle le *Voyage au bout de la nuit* (*) de Céline.

Joseph Heller est aussi l'auteur de *Panique* [*Something happened,* 1974], *Franc comme l'or* [*Good as Gold,* 1979], *Dieu sait* [*God Knows,* 1984], et de *Figure-toi* [*Picture This,* 1988], romans comiques sur la condition juive, la vie familiale ou le travail dans une grande entreprise.

BRICE MATTHIEUSSENT.

HELLO Ernest. Écrivain français, né et mort à Lorient (4 novembre 1828 - 14 juillet 1885). Fils de magistrat, élevé dans un milieu bourgeois et sceptique où le catholicisme n'avait qu'une place marginale, il fait ses études à Rennes, puis à Paris, au collège Sainte-Barbe et à Louis-le-Grand. Élève très doué, il renonce, après des études de droit, à la profession d'avocat en raison de sa réticence devant la perspective d'avoir à défendre des causes injustes. C'est en écoutant, à partir de 1846 à Notre-Dame, les sermons de Lacordaire, qui jouera, malgré les sévères critiques qu'il lui adressera, le rôle de « médiateur », qu'il découvre sa vocation spirituelle. L'abbé Baudry, de Saint-Sulpice, et l'oratorien Alphonse Gratry compléteront sa formation théologique. Il se consacrera dès lors à la défense et à la promotion du catholicisme intégral. Exclusivement commandée par la foi, sa vision du monde ne se traduira cependant pas, comme pour Louis Veuillot par exemple, par un engagement politique explicite, ou par un goût pour la polémique violente, comme chez Léon Bloy.

En 1857, il se marie avec Zoé Berthier, elle-même écrivain – sous le nom de Jean Lander –, auteur de récits édifiants inspirés de la pensée d'Hello. La constitution fragile d'Hello, son instabilité nerveuse excessive, autoriseront l'épouse à tenir un rôle maternel de protectrice et de garde-malade. Le couple partage son temps entre Kéroman, le manoir familial près de Lorient, et Paris, où Hello rencontre quelques écrivains, notamment Barbey d'Aurevilly et, en novembre 1875, Léon Bloy qui restera, quelques années, son ami. Tous deux seront les premiers à reconnaître l'originalité et le génie singulier, mélangés, d'Hello ; le second dans une proximité spirituelle dont l'essentiel de son œuvre témoigne.

Le premier lieu d'expression de sa pensée, Ernest Hello le trouvera dans la presse. En août 1859, il fonde, avec Georges Seigneur et avec l'approbation de l'abbé Vianney, curé d'Ars, un journal, *Le Croisé*, qui aura seulement deux ans d'existence. Il collabore ensuite à de nombreuses publications, notamment la *Revue du monde catholique*, mais toujours avec difficulté et réticences de la part des responsables de ces organes.

En 1859 également, il publie son premier livre, *M. Renan, l'Allemagne et l'athéisme au XIXe siècle*, début d'un combat qui n'eut guère d'écho contre l'auteur de la *Vie de Jésus* (*). Deux ans plus tard paraît une « Théorie et Histoire » du *Style*, inaugurant la partie critique, de loin la moins intéressante, de son œuvre. Ce texte sera repris en 1872 dans son livre le plus connu, le plus synthétique de sa pensée, *L'Homme* (*). Plusieurs de ses ouvrages sont des recueils d'articles, et ne connurent, même de la part du public catholique, jamais beaucoup plus qu'un succès d'estime. Outre d'assez médiocres *Contes extraordinaires* (1879), sa seule œuvre de fiction, Hello est également l'auteur de traductions et de présentations d'auteurs mystiques : le *Livre des Visions et Instructions de la Bienheureuse Angèle de Foligno* (1868) ; *Rusbrock l'Admirable* (1869) ; les *Œuvres choisies de Jeanne Chézard de Matel* (1870).

Il faut mettre à part, et probablement plus haut, ses *Physionomies des saints* (1875), dans lesquelles la vivacité de la narration confère une sorte de naturel au merveilleux des épisodes contés, et surtout *Paroles de Dieu* (1877), tentative, souvent admirable, d'interprétation symbolique et mystique de textes des Écritures. Enfin, plusieurs recueils posthumes, notamment les deux volumes *Du néant à Dieu* (1921) révèlent l'intimité spirituelle de cet esprit enflammé, perpétuellement inquiet, mêlant l'idée de la gloire divine à celle d'une autre gloire, d'une reconnaissance plutôt, toute terrestre celle-là, dont il fut avide : la sienne.

Le drame et la grandeur d'Ernest Hello résident probablement dans la vision et l'interprétation intégralement mystique et catholique du monde qui ne laisse nulle alternative à ce qui s'en écarte. Ce monde, son monde, c'était le dix-neuvième siècle aspirant à vivre de l'esprit moderne que la Révolution et les Lumières avaient commencé de construire sur les ruines d'un monde ancien, régi par Dieu et conduit par la foi. Le style d'Hello est à l'image de ce drame et de cette grandeur : il peut s'essouffler, faiblir, manquer de toute architecture, et se caricaturer lui-même, ou bien, l'instant d'après, atteindre des sommets, sembler jouir d'une inspiration proprement surnaturelle. C'est Barbey d'Aurevilly qui écrivait de lui : « ... En dehors du mysticisme qui a fait de lui ce qu'il est quand il est absolument supérieur, Ernest Hello n'existe pas. »

PATRICK KÉCHICHIAN.

RÉF. : Patrick Kéchichian, *Les Usages de l'éternité. Essai sur Ernest Hello*, Paris, 1993.

HELMHOLTZ Hermann Ludwig Ferdinand von. Physicien et physiologue allemand. Né à Potsdam le 31 août 1821, mort à Berlin-Charlottenburg le 8 septembre 1894. Fils d'un professeur de lycée de Potsdam, il fit ses premières études sous la direction de son père, puis s'inscrivit à la faculté de médecine de Berlin, où il se consacra à des recherches de physiologie, à l'école du célèbre physiologiste Muller. De 1843 à 1848, il fut médecin militaire, puis commença une glorieuse carrière universitaire : professeur d'anatomie à l'Académie des beaux-arts de Berlin, chargé de cours de physiologie à Königsberg, titulaire de la chaire d'anatomie et physiologie à Bonn en 1855, et de physiologie à Heidelberg. Son premier grand ouvrage, *Mémoire sur la conservation de la force*, traite du principe de la conservation de l'énergie, déjà formulé, mais d'une manière peu rigoureuse, par Mayer. Mais il n'abandonna pas pour autant ses études de physico-physiologie ; citons de lui dans ce domaine *La Théorie physiologique de la musique* (*) et *Optique physiologique*. En 1871, il devint professeur de physique et directeur du laboratoire de physique de l'université de Berlin. En 1888, il fut élu président du nouvel Institut physico-technique de Charlottenburg. En physique, il s'est occupé surtout des phénomènes ondulatoires : il est l'auteur de pénétrantes recherches sur le mouvement ondulatoire des fluides qui ouvrirent la voie à la théorie atomique de Thomson (lord Kelvin). Dans le domaine de la mécanique analytique, il formula une nouvelle théorie de l'électromagnétisme plus générale que celle de Maxwell. Au cours de ses études des phénomènes d'électrolyse, il eut l'intuition de la théorie des quanta. Rappelons encore de lui : *Conférences de science populaire* [*Popularwissenschaftliche Vorträge,* 1855-1870] et son *Recueil de dissertations scientifiques* [*Gesammelte wissenschaftliche Abhandlugen,* 1882-1895]. Ses *Conférences de physique théorique* [*Vorlesungen über theoretische Physik*] furent publiées à titre posthume en cinq volumes en 1897-98. Helmholtz est considéré aujourd'hui comme le pionnier des « sciences de la perception ».

RÉF. : W. Ostwald, *Les Grands Hommes,* tr. fr. 1911, — L. Königsberger, *H. von Helmholtz,* Brunswick, 1902-03, 3 vol. — H. Ebert, *H. von Helmholtz,* Stuttgart, 1949.

HÉLOÏSE. Célèbre religieuse française. Née à Paris en 1101, morte au monastère du Paraclet près de Nogent-sur-Seine le 16 mai 1164. Elle vit dans l'histoire de la littérature universelle grâce à ses lettres à Abélard — v. *Lettres* (*) d'Abélard et d'Héloïse. Le philosophe a atteint les sommets de la renommée ; chaste jusqu'alors, il s'éprend de la toute jeune nièce d'un chanoine de Paris, belle et célèbre par son esprit et sa culture. Elle n'a pas dix-huit ans, il approche de la quarantaine. Vivant auprès d'elle, profitant des leçons qu'il est censé lui donner, il la séduit, l'enlève lorsqu'une grossesse s'annonce, l'épouse ensuite, mais veut tenir secret un mariage qui briserait sa carrière. Le chanoine Fulbert n'a pas pardonné. Et lorsque Abélard, soustrayant Héloïse à ses colères, l'emmena, déguisée en religieuse, au couvent d'Argenteuil, il crut peut-être qu'il voulait l'y enfermer pour retrouver la liberté et, le faisant surprendre la nuit par des sicaires à sa solde, se vengea atrocement. Abélard ensevelit sa honte, son désespoir, son repentir aussi, sous une robe de moine. Mais il aime toujours et sa jalousie exige qu'Héloïse le précède dans la vie monastique. Amoureuse, elle obéit ; passionnée, elle accepte la séparation, l'absence, l'oubli ; sans vocation, elle se plie aux rigueurs du cloître (1119). Après des années de solitude et de silence, abbesse du Paraclet où Abélard a installé en 1131 la communauté des religieuses du couvent d'Argenteuil, elle lit un jour l'*Historia calamitatum Abaelardi* (*) qu'il a écrite pour un ami (1136 env.) ; et l'ancienne blessure, jamais refermée, saigne. Elle écrit « à son maître, et plutôt à son père ; à son époux, et plutôt à son frère... ». La correspondance qui s'engagea ne nous est peut-être pas parvenue tout entière ; tour à tour, on a mis en doute son authenticité, on a attribué toutes les lettres tantôt à Abélard, tantôt à Héloïse, sans aucune raison valable. Un conflit poignant se débat sous la noble et calme ordonnance des phrases latines. Elle est restée Héloïse, brûlante de souvenirs, de révolte et de regrets, « esclave » de son « maître » ; il n'est plus qu'un prêtre, épouvanté de retrouver si vivante la faute ancienne, cherchant à conduire sa complice et sa victime vers la paix de Dieu. Elle se résigne. Ou sous le semblant des exhortations et des conseils, cherche-t-elle encore à goûter le pauvre contact humain, le seul qui soit désormais possible entre le directeur de conscience et l'abbesse dont nul ne contestera jamais l'austérité, la charité, la piété ? À la mort d'Abélard (1142), elle demanda à Pierre le Vénérable le corps de son mari qui fut enseveli au Paraclet. Elle fut inhumée elle-même, vingt-deux ans plus tard, dans le même tombeau. À la Révolution leurs restes furent transportés au Père-Lachaise. On ne sait pas grand-chose du fils d'Abélard et d'Héloïse, Astrolabe ; il fut élevé en Bretagne, par la famille d'Abélard. Son père lui adressa vers la fin de sa vie un poème moral (*Carmen ad Astrolabium*) ; sa mère le recommanda, lors de la mort d'Abélard, à Pierre le Vénérable qui promit de lui obtenir une prébende. Les *Lettres* furent de tout temps traduites et paraphrasées dans toutes les langues ; la traduction de Jean de Meun (XIIIe siècle) est encore inédite. Du début du XVIIIe siècle est la belle paraphrase de Pope, *Épître d'Héloïse à Abélard* (*), suivie en France par de nombreuses autant que fades imitations.

PIERRE FERRARI.

♦ *« Donnez Racine pour interprète à Héloïse et le tableau de ses souffrances va mille fois effacer celui des malheurs de la reine de Carthage. » ... « Héloïse aime, Héloïse brûle ; mais là s'élèvent des murs glacés... »* Chateaubriand. ♦ *« ... cette noble créature qui aima comme sainte Thérèse, écrivit quelquefois comme Sénèque et dont la grâce devait être irrésistible puisqu'elle charma saint Bernard lui-même... »* Victor Cousin. ♦ *« ... d'un côté vous avez un fat de quarante ans... une de ces âmes comme celle de Rousseau coquinement honnête... et de l'autre vous avez un bas-bleu du XIIe siècle... Être célèbre ! voilà le fond de cette bouteille d'encre de la petite vertu qu'on appelait Héloïse... »* Barbey d'Aurevilly. ♦ *« Cette folle petite Française hantée par l'idéal de la grandeur... qui prenait le voile à Argenteuil pour l'amour d'un homme, se consacra pour toujours à Dieu en récitant des vers de la Pharsale. »* E. Gilson.

RÉF. : M. et Mme Guizot, *Abélard et Héloïse,* Paris, 1837. — Charlotte Charrier, *Héloïse dans l'histoire et dans la légende,* Paris, 1933. — E. Gilson, *Héloïse et Abélard,* Paris, 1938. — E. Mc Leod, *Héloïse,* Paris, 1941. — Ch. Plisnier, *Héloïse,* Paris, 1952. — P. Zumthor, « Héloïse et Abélard », dans la *Revue des sciences humaines,* t. 90, 1958. — Y. Jeandet, *Héloïse,* Lausanne, 1966. — R. Pernoud, *Héloïse et Abélard,* Paris, 1970.

HELVÉTIUS Claude Adrien. Philosophe français. Né et mort à Paris (janvier 1715-26 décembre 1771). D'une famille originaire du Palatinat, fils d'un médecin de Louis XV, il fait de bonnes études chez les jésuites, au collège Louis-le-Grand, et à vingt-trois ans, grâce à la protection de la reine, obtient une place de fermier général, avec un revenu de cent mille écus. Avec une pareille fortune, il peut mener sans soucis une vie de plaisirs d'homme à femmes et, comme il a des goûts littéraires, on le trouve bientôt en relation avec la plupart des écrivains et artistes de son temps, notamment Marivaux, Montesquieu, Buffon, Voltaire. Léger, d'humeur facile, accueillant, généreux, sa richesse lui permettra plus d'une fois de secourir des hommes de lettres dans la gêne. À trente-six ans, en 1751, il démissionne de sa charge de fermier, achète celle de maître d'hôtel de la reine, et se marie avec une nièce de Mme de Graffigny, jeune femme jolie mais sans fortune, spirituelle mais sans instruction. Le ménage se retire à la campagne, et Helvétius se consacre à la littérature. Ami des Encyclopédistes, il ne collaborera pourtant pas à l'*Encyclopédie* (*). Écrivain dans un style fleuri, plein d'afféterie, coupé de digressions, il hésite longtemps avant de trouver le genre qui lui convient, s'essayant dans les mathématiques et la tragédie, avant de faire paraître, en 1758, son célèbre ouvrage philosophique, *De l'esprit* (*). Mais ce philosophe reste homme du monde : il semble qu'il ait voulu réunir les principes qu'il entendait professer autour de lui ; mais il n'avait pas la tête assez forte pour réussir cette synthèse. Il donne plutôt un reflet fidèle des opinions contradictoires qu'il recueillait parmi les conversations de ses confrères. De là sa faiblesse philosophique, car on ne peut dire qu'il ait une pensée vraiment personnelle ; de là aussi sa valeur historique, car il est pour nous un utile témoin des opinions de ses contemporains, de celles du moins, bien souvent, que ses contemporains hésitaient à confier au papier imprimé.

Mais toute l'époque, qui tolérait fort bien cette apologie du bonheur et du plaisir dans les romans, les poèmes, et plus encore dans la vie quotidienne, poussa les hauts cris lorsque Helvétius eut l'audace de la présenter sous forme de théorie philosophique. L'égoïsme absolu, plus encore que le matérialisme quelque peu agressif, choqua les philosophes presque autant que la Cour et le clergé. Et Helvétius pouvait bien avoir pris la précaution de publier *De l'esprit* anonymement, il eut beau se rétracter à trois reprises, se défendre formellement d'avoir voulu attaquer le christianisme : le volume, condamné par une lettre apostolique du pape Clément XIII en date du 31 janvier 1759, fut livré au feu par le bourreau, selon un arrêt du Parlement en date du 6 février 1759.

Après l'affaire de l'*Esprit,* Helvétius décida de ne plus rien publier. En 1764, il visita l'Angleterre et, en 1765, la Prusse, où Frédéric II l'admit à sa table. L'amitié de d'Alembert lui ouvrit les portes de l'Académie de Berlin. Helvétius termina sa vie dans sa maison d'Auteuil, où il se plaisait à réunir une société choisie. Il laissait plusieurs ouvrages posthumes : *Le Vrai Sens du système de la nature* (*), le poème du *Bonheur* (*), et surtout *De l'homme, de ses facultés intellectuelles et de son éducation* (*), où il soutient que par l'éducation l'on peut créer toutes les sortes d'hommes — donc de sociétés — que l'on veut. Ce livre fut condamné en 1773 par le Parlement de Paris à être lacéré et brûlé par la main du bourreau, comme le furent tous ses autres livres.

JACQUES PATRY.

♦ *« Comment peut-on se permettre un tel style bigarré ? S'il manque de méthode, ce n'est pas faute de s'être donné de la peine pour en avoir et pour en montrer. »* Président de Brosses. ♦ *« Je vous dirai franchement que je ne sais rien de plus respectable que M. Helvétius, qui a sacrifié deux cent mille livres de rente pour cultiver les lettres en paix. »* Voltaire. ♦ *« Il est vrai que M. Helvétius a fait un livre dangereux et des rétractations humiliantes. Mais il a quitté la place de fermier général ; il a fait la fortune d'une honnête fille ; il s'attache à la rendre heureuse ; il a dans plus d'une occasion soulagé les malheureux ; ses actions valent mieux que ses écrits. »* J.-J. Rousseau. ♦ *Il y a plus de véritable substance dans un de ses chapitres que dans les quinze volumes de Nicole ; il est plus lié, plus suivi que Montaigne ; et Charron n'a ni sa hardiesse ni sa couleur. »* Diderot. ♦ *« On ne peut aller plus loin qu'Helvétius dans la dépréciation des qualités internes et foncières de l'esprit. »* Émile Bréhier.

RÉF. : Ch. Pinot-Duclos, *Essai sur la vie et les ouvrages d'Helvétius,* Londres, 1773. — P. E. Lemontey, *Notice sur C. A. Helvétius*, 1823. — N. Damiron, *Mémoire sur Helvétius*, 1853. — Albert Keim, *Helvétius, sa vie et son œuvre,* 1907, thèse. — Marg. Dupont-Chatelain, *Les Encyclopédistes et les femmes*, 1911. — Louis Lafond, *La Dynastie des Helvétius*, 1926. — Mordecai Grossman, *The Philosophy of Helvétius*, New York, 1926. — J. C. Alciatore, *Stendhal et Helvétius ; les sources de la philosophie de Stendhal*, Genève, 1952. — Irving L. Horowitz, *Cl. Helvétius, Philosopher of Democracy and Enlightenment*, New York, 1954.

HEMINGWAY Ernest. Romancier et nouvelliste américain. Né le 21 juillet 1899 à Oak Park (Illinois), mort le 2 juillet 1961 à Ketchum (Idaho). Il y a une légende Hemingway comme il y a une légende Fitzgerald et, dans les deux cas, la légende repose presque entièrement sur la substitution de l'homme à l'œuvre. Mais on voit clair dans la première depuis que l'auteur lui-même l'a définitivement bouclée par son suicide. Il faut dire que cette légende, Hemingway lui-même, s'il ne l'a fabriquée, l'a toujours entretenue, au moins objectivement, dans la mesure même où par sa vie il a semblé constamment s'y conformer. D'autre part, pour autant qu'il est, à l'opposé d'un Hawthorne, le romancier de l'extérieur, c'est-à-dire que les lieux de son œuvre sont généralement ceux d'un espace physiquement parcouru, la part autobiographique de celle-ci, qui est considérable, est maintenant bien connue, surtout depuis la publication de la biographie de Carlos Baker. Enfin, sa réputation n'a guère varié, du moins à l'étranger, où l'œuvre n'apparaît ni plus ni moins grande plusieurs années après sa mort, nonobstant les publications posthumes. Hemingway était de son vivant, est encore aujourd'hui, et restera probablement le plus connu et le plus lu des romanciers américains du premier demi-siècle.

On a même le sentiment qu'on peut très bien expliquer pourquoi : en gros, sa carrière coïncide exactement avec l'idée qu'on se fait en Europe depuis de nombreuses années du romancier américain contemporain : autodidacte, formé au journalisme et non à l'université, volontiers engagé et cela même physiquement, sportif, voyageur et buveur invétéré, etc — et pour cause : c'est à Hemingway, précisément, que nous sommes sans doute redevables de cette image. On l'a nommé « le Byron de la génération perdue » : il y a du vrai dans cette association, puisqu'on trouve chez ces deux écrivains, derrière le masque romantique, le même couple narcissisme-exhibitionnisme sous une forme si développée qu'il en devient, jusque dans l'exploit physique (et amoureux), le ressort non seulement de l'œuvre, mais de la vie.

Tout commence donc en plein air, comme il se doit, dans le Michigan, avec un père médecin, chasseur et pêcheur, qui se suicidera en novembre 1928 : il serait difficile de minimiser l'importance de ce précédent, surtout lorsqu'on sait à quel point la mort hantera le fils. À l'école celui-ci substitue volontiers des fugues, et rien ne lui plaît davantage que les vacances à Walloon Lake avec sa famille. Il n'en achève pas moins sa scolarité en 1917, sur quoi, renonçant à l'université, il trouve un emploi au *Star* de Kansas City. En avril, c'est l'entrée des États-Unis dans la guerre : mais, pour une ancienne blessure à l'œil, il sera réformé, et devra se contenter de s'engager dans la Croix-Rouge. Chauffeur d'ambulance, il sera gravement blessé en Italie peu avant son dix-neuvième anniversaire. De retour aux États-Unis, il épouse (1919) une amie d'enfance, Hadley Richardson, et avec elle il repart pour l'Europe, cette fois en qualité de correspondant pour le *Star* de Toronto. C'est alors le séjour à Paris, le parrainage de Gertrude Stein et d'Ezra Pound, et les deux premiers livres, *Trois histoires et dix poèmes* (+) (1923), et *De nos jours* (+) (1925). Mais c'est seulement avec *Le soleil se lève aussi* (*) (1926) que sa réputation s'établit, d'un seul coup, comme une explosion que redoublera *L'Adieu aux armes* (*) (1929).

Tout le monde, même ceux qui aiment Hemingway « en bloc », s'accorde maintenant à penser que ces quatre premiers livres contiennent le meilleur de l'œuvre : les toutes premières nouvelles, surtout celles qui ont trait au Michigan, depuis la parfaite miniature qu'est « Camp indien » jusqu'à la justement célèbre « Grande rivière au cœur double », bien supérieure à la pénible répétition qu'en sera « L'Heure triomphale de Francis Macomber » ; et les deux premiers romans, dont l'ordre de publication est inverse de l'ordre chronologique des événements narrés, l'Italie de *L'Adieu aux armes* précédant historiquement le Paris et le Pampelune du *Soleil se lève aussi.* À ces quatre premiers livres, on peut aussi ajouter *Paris est une fête* (*) (publication posthume, 1964), où l'autoportrait indirect (à travers les réminiscences et les portraits, tel celui, mémorable, de Scott Fitzgerald) tantôt attache, tantôt exaspère, tel y est le mélange des modes nostalgique et protecteur.

En 1927, Hemingway revient aux États-Unis, et, la même année, après avoir divorcé, il épouse sa seconde femme, Pauline Pfeiffer, dont il divorcera en 1940 pour épouser la journaliste et romancière Martha Gellhorn (elle-même divorcée de Bertrand de Jouvenel), qu'il avait rencontrée en Espagne et à qui il devait dédier son roman le plus ambitieux, *Pour qui sonne le glas* (*) (1940). Enfin, en 1946, il épousera Mary Welsh.

C'est en 1930 qu'il achète sa maison de Key West (Floride), qui sera longtemps sa « base » – et la scène d'*En avoir ou pas* (*) (1937). En 1936, il est en Espagne pour écrire le commentaire du film *La Terre espagnole* [*The Spanish Earth*] ; il y retourne l'année suivante comme correspondant de guerre, et de cette expérience il tirera d'abord son unique pièce de théâtre, *La Cinquième Colonne* (*) (1938), puis *Pour qui sonne le glas.* En 1942-1944, sur son bateau le « Pilar », il « patrouille » dans les eaux cubaines pour y détecter des sous-marins, et, au printemps de 1944, il est à nouveau en Europe comme correspondant pour *Collier's.* Correspondant si actif (missions aériennes avec l'Air Force ou la RAF – et on sait qu'il « participera » à la libération de Paris aux côtés de la Deuxième Division blindée) qu'on ouvrira une enquête afin de savoir s'il ne violait pas les dispositions de la Convention de Genève sur les correspondants de guerre. Après l'armistice, l'odyssée continue avec l'Espagne des aficionados, qui lui avait déjà inspiré *Mort dans l'après-midi* (*) (1932) ; puis l'Afrique des chasseurs de gibier (c'est là qu'en compagnie de sa femme il s'écrase en avion dans la jungle en janvier 1954, et on le croira mort pendant quelques heures) ; enfin, Cuba. En 1950, *Au-delà du fleuve et sous les arbres* (*) parut marquer le nadir de sa réputation littéraire aux États-Unis ; mais, deux ans plus tard, il atteignait de nouveau le zénith avec *Le Vieil Homme et la mer* (*) (1952), le dernier livre qu'il devait publier de son vivant. Ce livre devait être récompensé par le premier prix Pulitzer qu'il recevait, puis par le prix Nobel, qui lui fut décerné le 28 octobre 1954 « pour le style puissant et nouveau par lequel Ernest Hemingway (avait) maîtrisé l'art de la narration moderne, comme (venait) de le prouver *Le Vieil Homme et la mer* ». À considérer l'œuvre dans son ensemble et dans son mouvement, on se doit de constater d'une part qu'elle est assez limitée en étendue (six romans et une cinquantaine de nouvelles), d'autre part qu'elle l'est aussi en développement : la quasi-totalité des thèmes se trouve en effet dès les nouvelles du premier recueil, que les recueils suivants, *Hommes sans femmes* (+) (1927) et *Le gagnant ne gagne rien* (+) (1933), et surtout les six romans publiés de 1926 à 1952, n'ont généralement fait qu'amplifier, parfois péniblement, comme dans *Au-delà du fleuve et sous les arbres.*

La clé de l'œuvre se trouve sans doute dans le seul véritable « axe de développement » qu'on y trouve avant que le héros ne devienne générique (et que l'auteur ne se répète), à savoir dans ce cycle éducatif que constituent, d'un recueil à l'autre et malgré leur apparent désordre, les nouvelles ayant trait à Nick Adams. C'est ce qu'expose très bien Philip Young, l'un des meilleurs critiques de l'œuvre, dans ses livres et dans son édition du cycle. La disposition des nouvelles ayant trait à « l'éducation de Nick Adams » selon l'âge et les expériences du protagoniste a été également adoptée par Roger Asselineau dans le *Hemingway* de la Pléiade. « La reconstitution de ce passionnant "Bildungsroman" valait bien quelques entorses à la chronologie », écrit-il dans son avant-propos.

Hemingway n'a pas non plus révolutionné la technique du roman ; ce qui reste, c'est incontestablement une écriture, le fameux style « maigre » qui n'est, d'ailleurs, pas plus « réaliste » que le grand style rhétorique : qui a jamais parlé comme le couple de « Paradis perdu » [Hills like White Elephants] ? C'est Maurice Edgar Coindreau, le traducteur des deux premiers romans devenu l'un des plus sévères critiques de l'œuvre (ou plutôt de l'homme ?), qui fait remarquer que ce style tend vers le « télégraphique ». C'est vrai ; c'est même cela le grand apport ; et cela comporte sans aucun doute une morale d'écrivain – voire une ascèse. En effet, Hemingway se situe dans la lignée des écrivains anglo-saxons pour qui toute esthétique implique une éthique (plutôt qu'une métaphysique, comme l'écrivait Sartre à propos de Faulkner) – et réciproquement. On donnera raison sur ce point à Philip Young, qui écrit que, pour lui, « la faille profonde entre le Hemingway sportif et le Hemingway écrivain s'est refermée » – et pour cause : dans les deux cas, il s'agissait avant tout de « style ».

Le moindre paradoxe du cas Hemingway n'est pas de constater que cette œuvre en tous sens limitée est aussi l'une de celles qui ont le plus influencé la littérature moderne. N'est-ce pas aussi le cas de celle d'Albert Camus ?

MICHEL GRESSET.

♦ *« Depuis la nuit du 8 juillet 1918 [celle de sa blessure], date à laquelle j'ai découvert que ça aussi c'était du vent, je n'ai jamais été un "dur" du tout. »* Ernest Hemingway. ♦ *« Il fut donné à Hawthorne de "dramatiser" l'âme humaine. En notre temps, Hemingway a écrit le drame de sa disparition. »* J. P. Bishop. ♦ *« Malgré son goût pour les compétitions physiques, ses héros sont presque toujours vaincus physiquement, nerveusement, ou pratiquement : leurs victoires sont morales. »* E. Wilson. ♦ *« C'est essentiellement un poète, individualiste et romantique, aliéné du monde et naviguant entre le prestige* (glamour) *et le désespoir. Poète de la jeunesse, incapable de faire face aux complexités, ou même à l'avènement, de la maturité. Les conditions universelles de l'existence sont grises et suburbaines ; mais ce qu'il a toujours cherché, lui, c'est l'exotique. »* M. Geismar. ♦ *« Aucun écrivain américain depuis Whitman n'a couru de tels risques à se forger un style, et le succès, dans ces conditions, n'a rien d'accidentel. »* N. Algren. ♦ *« En regardant son sourire, ... je le découvrais, non sans surprise, lui qui n'avait jamais pu s'inventer une protagoniste tragique, comme étant lui-même un personnage tragique... Il avait toujours été seulement un petit garçon, puis subitement un vieillard, et jamais ce que nous autres devons tous endurer péniblement : l'entre-deux. »* Leslie Fiedler. ♦ *« Ce qui importe, finalement, c'est le meilleur de son œuvre, c'est-à-dire bon nombre de ses nouvelles et ses deux premiers romans, qui sont extraordinaires quoiqu'ils ne soient pas parfaits. Ces œuvres-là font date et sont apparemment impérissables... Il n'en reste pas moins qu'assez tôt dans sa carrière il était devenu un amuseur public, un "personnage" hyperconscient, et une sorte de croque-mort qui trompait sa faim en se nourrissant de son propre moi antérieur. »* S. Kauffmann.

RÉF. : Bibliographie : Audre Hanneman, *Ernest Hemingway : A Comprehensive Bibliography*, Princeton (N.J.), 1967, et le *Supplement*, 1975. – Périodiques : *Fitzgerald/Hemingway Annual* (1969-1979). – *Hemingway Notes* (1971-1981). – *Hemingway Review* (depuis 1981). – *Hemingway Newsletter* (depuis 1981).

Biographie : Carlos Baker, *Ernest Hemingway : A Life Story*, 1969 (trad. *Ernest Hemingway, Histoire d'une vie*, 2 vol., Paris, 1971). – A. E. Hotchner, *Papa Hemingway. A Personal Memoir*, New York, 1966 (trad. *Papa Hemingway*, Paris, 1966). – Peter Griffin, *Along with Youth : Hemingway, the Early Years*, New York, 1985. – Kenneth Lynn, *Hemingway*, 1987 (trad. Paris, 1990).

Critique : Carlos Baker, *Hemingway, the Writer as Artist*, 1952, 3e éd., Princeton (New Jersey), 1963. – G.-A. Astre, *Hemingway par lui-même*, Paris, 1961. – Roger Asselineau, resp. *The Literary Reputation of Hemingway in Europe*, Paris, New York, 1965. – Philip Young, *Ernest Hemingway : A Reconsideration*, University Park (Pa), 1966 (trad. *Hemingway*, Paris, 1972). – Jackson Benson, *The Short Stories of Ernest Hemingway : Critical Essays*, Durham (N.C.), 1975. – Anthony Burgess, *Ernest Hemingway and His World*, New York, 1978 (album de photographies) (trad. *Ce sacré Hemingway*, Paris, 1979). – Geneviève Hily-Mane, *Le Style de Ernest Hemingway : la Plume et le Masque*, Paris, 1983. – Michael Reynolds, *The Young Hemingway*, New York, 1986.

HÉMON Louis. Écrivain français. Né le 12 octobre 1880 à Brest, mort le 8 juillet 1913 à Chapleau, dans la province d'Ontario (Canada). À la mort de sa femme, il abandonna ses études, sa famille, le monde où il avait grandi et où il vivait (son père était professeur d'université) ; après huit ans de vagabondage en Angleterre, il s'établit au Canada, d'abord à Québec et à Montréal, puis dans les forêts de Péribonka, dans une famille de bûcherons, menant leur vie, observant leurs mœurs et leurs coutumes. C'est de cette expérience que naquit en 1916 son roman *Maria Chapdelaine* (*), description de la vie des colons français au Canada, qui met en relief leur attachement à la mère patrie, leurs traditions, leur religion. D'abord publié en feuilleton dans *Le Temps,* le roman n'eut guère de succès, jusqu'à ce que Daniel Halévy le reprît en 1921 dans ses *Cahiers verts ;* alors seulement la critique et le public se rendirent compte de la valeur de cette œuvre, et l'auteur devint soudainement célèbre. Mais il était mort huit ans auparavant, écrasé par un train. Nous avons cependant plusieurs romans posthumes de lui : *La Belle que voilà* (1923) ; *Colin-Maillard* (1924) ; *Battling Malone, pugiliste* (1926) ; et enfin, en 1950, *Monsieur Ripois et la Némésis* (*).

♦ *« Elle* [la manière de Louis Hémon] *est directe, sans recherche ni complication, toute pleine de détails de la vie quotidienne ; elle ne hausse pas le ton, elle ne recherche pas les musiques savantes ; et cependant une poésie secrète y sourd, discrète et pure comme une eau de source qui coule, sans bruit, sur la mousse. »* Henry Bordeaux.

RÉF. : Henry Bordeaux, *Portraits d'homme,* tome I, Paris, 1924. – Allan McAndrew, *Louis Hémon, sa vie et son œuvre,* Paris, 1936. – N. Deschamps, *Le Mythe de Maria Chapdelaine,* Montréal, 1981. – *Colloque Louis Hémon,* Quimper, 1986.

HENEIN Georges. Poète et critique égyptien d'expression française. Né au Caire le 20 novembre 1914, mort à Paris le 18 juillet 1973. Fils de diplomate, habitué dès sa jeunesse à une vie cosmopolite, Georges Henein vient faire ses études secondaires et universitaires à Paris, où il découvre les formes littéraires les plus avancées. Tout en conservant des liens étroits avec la France, Georges Henein retourne au Caire en 1934, où il deviendra à partir de 1936 la figure la plus importante du surréalisme en Égypte. Dès son arrivée au Caire, il se lie au groupe des essayistes, publie *Suite et Fin* (1934) et collabore au mensuel *Un effort* où il publie son manifeste *De l'irréalisme* en février 1935. Faisant régulièrement le voyage de Paris, Henein collabore dans un premier temps à la revue *Les Humbles,* d'obédience marxiste-léniniste, et ses contacts dans la capitale française le confirment dans ses choix : il rejoint André Breton et le mouvement surréaliste. À partir de cette époque, Henein reste en relation avec Malraux, Henri Calet, Gide et Perret. Il adhère au trotskisme en 1938, année où paraît chez Corti *Déraisons d'être* : le recueil s'ouvre sur un poème intitulé *Non-Intervention,* qui évoque la guerre d'Espagne. La Seconde Guerre mondiale provoque la dispersion des surréalistes. Henein voit dans cette dispersion une raison de créer au Caire un centre intellectuel de résistance, autour de l'hebdomadaire *Don Quichotte,* du mouvement « Art et Liberté » et d'une nouvelle revue littéraire, *L'Évolution.* Henein devient alors une grande figure pour les jeunes intellectuels de son pays, à la fois engagé politiquement et partisan d'une écriture surréaliste dégagée de l'inféodation politique. Ce compromis sera difficile à tenir : après 1945, Henein retrouve à Paris Breton qui revient de New York, rencontre Victor Brauner, Jacques Hérold, Yves Bonnefoy. En 1947, il fait paraître au Caire *La Part du sable,* cahier international de critique et de littérature. Mais il ne peut échapper aux querelles qui opposent Breton au parti communiste, sans pourtant se sentir très à l'aise dans ces combats fort éloignés de ses préoccupations, ce qui motivera son départ en 1948, sa rupture avec Breton, à un moment aussi où l'écrivain égyptien voudra privilégier une réflexion personnelle au détriment de la logique du groupe. Henein tourne alors ses activités vers l'édition, publiant Bonnefoy et Jabès aux éditions de La Part du sable. Il devient l'interlocuteur des Européens en Égypte, écrit de courts récits qui seront réunis en 1956 dans *Seuil interdit* (*), peut-être son meilleur livre. En 1960, en désaccord avec Nasser, qui le démet des fonctions qu'il occupait, Henein quitte l'Égypte pour la Grèce, Rome puis la France. Il devient en 1966 rédacteur en chef de *Jeune Afrique,* en 1969 chef d'enquête à *L'Express* – en charge des questions du Proche-Orient. Il ne publiera plus de livres de son vivant et il faudra attendre des publications posthumes pour mieux connaître son œuvre : *Notes sur un pays inutile* (1977), *Le Signe le plus obscur* (1977), *La Force de saluer* (1978) *L'Esprit frappeur, Carnets 1940-1973* (1980). Humaniste et extrémiste, Georges Henein reste une figure attachante, cultivée et paradoxale de la littérature égyptienne d'expression française.

VINCENT WACKENHEIM.

RÉF. : *Hommage à Georges Henein,* Le Caire, 1974. – S. Alexandrian : *Georges Henein,* Poètes d'aujourd'hui, Paris, 1981.

HENNIQUE Léon. Écrivain français. Né à Basse-Terre (Guadeloupe) le 4 novembre 1851, mort à Paris le 15 décembre 1935. Adepte de l'école naturaliste, il fut un des six auteurs des *Soirées de Médan* (*) (1880) où parut sa nouvelle *L'Affaire du grand 7* (*). Son œuvre de romancier comporte : *La Dévouée* (1878), *Élisabeth Couronneau* (1879), *Benjamin Rozès* (1882), *Pœuf* (1887), *Un caractère* (1889), *Jacques Demour* (1897), et *Minnie Brandon* (1899). Hormis les deux derniers, ces romans sont fort oubliés, l'influence de Zola s'y faisant trop sentir, tout comme celle des Goncourt. Pourtant l'auteur s'y révélait observateur consciencieux des mœurs de son temps. Parmi ses œuvres dramatiques, il faut retenir : *L'Empereur d'Assoucy* (1880), *Esther Brandès* (1887), *La Mort du duc d'Enghien* (1888), *Amour* (1890), et *L'Argent d'autrui* (1893). Comme les romans cités plus haut, ces drames sont tous de stricte obédience naturaliste. Signalons enfin sa *Chronique du temps qui fut la Jacquerie* (1903). Hennique fut, depuis sa fondation, membre de l'académie Goncourt.

RÉF. : L. Deffoux et E. Zavie, *Le Groupe de Médan,* 1920. – J. Bonclère, article nécrologique in *Larousse mensuel,* août 1936. – G. Ravon, *L'Académie Goncourt en dix couverts,* Avignon, 1943. – N. Hennique-Valentin, *Mon père, Hennique,* Paris, 1959.

HENRIOT Émile. Écrivain français. Né et mort à Paris (3 mars 1889-15 avril 1961). Diplômé des sciences politiques, il entra au *Temps* en 1911. Rédacteur puis courriériste littéraire, il devint en 1944 le critique du *Monde*, et fut élu l'année suivante à l'Académie française. Ses chroniques eurent une influence certaine sur la vie littéraire des années 50 – v. *Courrier littéraire* (*). Parallèlement, il poursuivit une féconde carrière d'homme de lettres. Poète dans la lignée d'Henri de Régnier – *La Flamme et les Cendres* (1914) –, il fut aussi un romancier très traditionnel : *Aricie Brun* (*), *La Rose de Bratislava* (1947), etc., un biographe – *Portraits de femmes* (1935), *Alfred de Musset* (1928), etc. –, et un mémorialiste parfois émouvant.

HENRYSON Robert. Poète écossais. Né vers 1425, mort avant 1508. Malgré sa réputation notoire, on ignore presque tout de sa vie ; on sait seulement qu'il était écossais, qu'il fit, semble-t-il, ses études à l'étranger, que le 10 septembre 1462 il entra comme professeur à l'université de Glasgow, récemment fondée, et qu'ensuite il enseigna probablement à l'abbaye bénédictine de Dunfermeling (Dunferline) dans le Fifeshire. Si son identification avec Robert Henryson, notaire, est valable, on peut en déduire qu'il était entré dans les ordres, la profession notariale étant alors réservée aux membres du clergé. On a défini Henryson comme le plus « chaucerien » des poètes anglais, ce qui est juste à ne considérer que le *Conte d'Orphée* (+) et *Le Testament de Crisède* – v. *Troïlus et Cressida* (*) – longtemps attribué à Chaucer lui-même ; mais sa véritable notoriété lui vient de ses *Fables* [*The Moral Fables of Esope the Phrygian*] dont il sut renouveler les sujets classiques par son esprit mordant, frais et vif. En lui, le moraliste chrétien et le poète lyrique – le premier parmi les Écossais –, loin de s'opposer, se complètent harmonieusement et confèrent à son œuvre une réelle originalité.

RÉF. : J. Mac Queen, *R. Henryson : A Study of the Major Narrative Poems,* Oxford, 1967. – M.P. Mc Diarmid, *Robert Henryson,* Edimbourg, 1981.

HENZE Hans Werner. Compositeur et chef d'orchestre allemand. Né le 1er juillet 1926 à Gütersloh. Il étudie d'abord le piano et la percussion à la Staatsmusikschule de Braunschweig, et travaille la composition à Heidelberg avec Wolfgang Fortner de 1946 à 1948. Il va à Paris pour étudier le dodécaphonisme schönbergien auprès de René Leibowitz. Jusqu'en 1952, il participe aux cours d'été de Darmstadt avec Fortner. Mais Henze prendra vite ses distances par rapport à l'avant-garde musicale. Il est chef d'orchestre de ballets au Hessisches Staatstheater de Wiesbaden entre 1950 et 1953, et compose pour la scène. Très attiré par le théâtre, il va s'imposer comme un des premiers compositeurs d'opéras de sa génération. Son premier ouvrage lyrique *Boulevard Solitude* (*), créé en 1952, obtient un grand succès. À partir de 1953, le musicien s'installe définitivement en Italie. De 1961 à 1967, il enseigne la composition au Mozarteum de Salzbourg et depuis 1980, la composition et l'esthétique à la Musikhochschule de Cologne. Depuis 1970, il est responsable des rencontres internationales à Montepulciano dont le but est de révéler de nouveaux talents dans les domaines musicaux et scéniques. Dès le début, Henze s'est illustré dans tous les genres. Son langage est une synthèse d'éléments très variés allant de la tonalité au sérialisme. Son style intègre aussi bien le postromantisme que le néo-classicisme, mêlant jazz et musiques populaires aux formes traditionnelles de la musique classique. La virtuosité avec laquelle il passe d'un élément à l'autre est frappante dans *Tristan*, préludes pour piano, bande magnétique et orchestre (1973). D'autre part sa démarche est marquée par un engagement politique qui transparaît dans ses opéras. Dans *Le Prince de Hombourg* [*Der Prinz von Homburg,* 1960] il exprime ses idées antimilitaristes, et *Élégie pour de jeunes amants* (*) est une satire sociale féroce. On retiendra *Les Bessarides* [*Die Bassariden*] d'après Euripide (1960), *Le Jeune Lord* [*Der junge Lord,* 1965] et l'oratorio scénique *Le Radeau de la Méduse* [*Der Floss der Medusa,* 1968] qui est un requiem à la mémoire de Che Guevara. En 1990 est créé l'opéra *La Mer trahie.* Chef d'orchestre international, Henze a beaucoup composé pour orchestre, de nombreux concertos, *Ode am Westwind* (1953) pour violoncelle et orchestre, ainsi que sept *Symphonies* (*).

MICHEL RIGONI.

HÉRACLIDE de Tarente. Médecin grec du premier siècle avant J.-C. On ne connaît presque rien de sa vie. Quelques témoignages postérieurs mentionnent le fait qu'il fut le principal représentant de l'école empirique. Cette école, opposée au courant dit « dogmatique », refuse toute spéculation théorique sur les maladies : posant comme principe l'impossibilité d'une connaissance objective, elle affirme en conséquence que la nature n'est pas compréhensible. Il s'agit donc de recourir à ce que nous enseignent les faits d'expérience et la pratique. Seuls demeurent un petit nombre de fragments de ce médecin très fameux de son temps, fort influent pour l'histoire ultérieure de la médecine et, comme disait Galien, « grand amoureux de la vérité » – v. *Fragments* d'Héraclide (*).

VINCENT BARRAS ET ANNE-FRANCE MORAND.

RÉF. : K. Deichgräber, *Die grieschiche Empirikerschule*, Berlin, 1930.

HÉRACLITE d'Éphèse. Philosophe grec. Il était fils de Blyson et vécut (vers la fin du VIe siècle ou le début du Ve av. J.-C.) au moment où les villes d'Ionie étaient en pleine révolte contre la Perse, révolte dont le roi Darius se vengea férocement. Éphèse, la ville natale d'Héraclite, fut épargnée ; mais elle fut la proie de dissensions internes qui, s'ajoutant aux horreurs de la guerre déchaînée à l'extérieur, influèrent sur la pensée du philosophe. Comme il appartenait à la famille royale dont était issu Androclès, le fondateur d'Éphèse, il avait le droit de présider les mystères de Déméter éleusinienne ; mais il le céda à son frère, refusa d'être législateur et vécut dans la solitude, se consacrant tout entier à la méditation, et considérant l'instabilité universelle. C'est grâce à lui que les hommes commencèrent à prendre conscience de ce grand drame philosophique qui se joue sur la scène du monde, et dont les héros sont l'être et le devenir, ennemis irréductibles, lesquels ne songent qu'à s'entre-dévorer. L'histoire de la pensée tient dans le dialogue entre Héraclite et Parménide qui échangèrent leurs opinions et disputèrent, de l'Ionie à la Grande Grèce. C'est à lui que nous sommes redevables du premier ouvrage sur l'Univers qui soit rationnel, ouvrage intitulé *De la nature* (*) ou *Les Muses*, comprenant trois parties clairement délimitées : physique, théologie et politique. Les thèmes fondamentaux de sa cosmologie sont l'explication de l'existence des astres – complètement en feu – par une sorte d'évaporation sèche de la terre, et l'explication des nuages et des vents dus aux vapeurs marines. Le monde est autonome et immortel. La première de toutes ses lois, immuable, est la guerre ; c'est de l'opposition des forces et non d'un rapport numérique que naît l'harmonie ; le jour et la nuit, les hivers et les étés, la vie et la mort, le mal et le bien : ces contraires coexistent ou s'excluent alternativement, se partageant le monde, lequel ne renferme pourtant dans son essence qu'une force vive et unique dont le feu est le symbole. Car le feu vit de la mort de l'air et l'air vit de la mort du feu ; l'eau vit de la mort de la terre, et la terre de la mort de l'eau. Ce double processus constitue la « vie en haut » et la « vie en bas ». De tels propos restaient incompréhensibles pour les contemporains. Plus tard, Hegel les expliquera admirablement. Aux gens de son temps, Héraclite avait coutume de dire que « les ânes préfèrent la paille à l'or ». Héraclite était l'ennemi des poètes, comme Hésiode et Homère, qui avaient, selon lui, abâtardi le concept de Dieu et de Religion. Et non seulement il désirait qu'on expulsât les poètes, mais encore qu'on les fouettât. Il était l'ennemi des érudits, parce que, disait-il, « une grande science est toujours une mauvaise science » ; il n'aimait point les initiations aux mystères et les pratiques du culte dionysiaque. La tradition rapporte qu'Héraclite déposa lui-même dans le sanctuaire d'Artémis le rouleau de papyrus sur lequel il avait consigné l'essentiel de sa pensée.

VINCENZO CILENTO.

♦ *« C'était un homme aux sentiments élevés, plus que tout autre orgueilleux, et méprisant... Il fut dès sa jeunesse un objet d'étonnement. »* Diogène Laërce. ♦ *« Le criard et le méprisant Héraclite qui parle par énigmes... Insulteur de la multitude. »* Timon de Phlionte. ♦ *« Mais où donc Héraclite trouvait-il tant de larmes ? »* Juvénal. ♦ *« Le don royal d'Héraclite, c'est sa faculté sublime de représentation intuitive... Héraclite, homme parmi les hommes, a quelque chose d'incroyable, et s'il est vrai qu'on l'a vu observer les jeux bruyants des enfants, c'est qu'il pensait en les regardant ce qu'aucun homme n'a pensé à cette occasion : il pensait au jeu du grand Enfant universel, de Zeus. Il n'a cure des hommes... Ce qu'il a contemplé,* la présence de la loi dans le devenir et du jeu dans la nécessité, *sera désormais contemplé éternellement, c'est lui qui a levé le rideau sur ce spectacle sublime. »* Nietzsche. ♦ *« Il ne sait encore qu'affirmer, proclamer comme un oracle ce qu'il croit vrai. Mais il affirme avec éclat, avec force, avec précision. »* Croiset. ♦ *« La sagesse d'Héraclite n'a pour le vulgaire que mépris : mépris d'abord pour la religion populaire, pour la vénération des images et particulièrement pour les cultes mystérieux, orphiques ou dionysiaques. »* Émile Bréhier. ♦ *« Originale, vigoureuse et profonde, la pensée d'Héraclite a mis son empreinte même sur les penseurs qui en ont été les adversaires les plus déterminés... il a mis en une lumière toute nouvelle la notion d'une loi immanente au devenir, et servant de lien intelligible à ces contraires, simultanés ou successifs. »* L. Robin. ♦ *« Héraclite ferme le cycle de la modernité qui, à la lumière de Dionysos et de la tragédie, s'avance pour un ultime chant et pour une ultime confrontation. Sa marche aboutit à l'étape sombre et fulgurante de nos journées. Comme un insecte éphémère et comblé, son doigt barre nos lèvres, son index dont l'ongle est arraché. »* R. Char.

RÉF. : Nestle, *Heracleitos und die Orphiker*, 1905. – H. Diels, *Herakleitos von Ephesos*, 2e édit., Berlin, 1909. – E. Bodrera, *Eraclito*, Turin, 1910. – V. Macchioro, *Eraclito*, Bari, 1922. – P. Bise, *La Politique d'Heraclite d'Éphèse*, Paris, 1925. – H. Gomperz, *Heraclitus von Ephesa*, Athènes, 1939. – C. Ramnoux, *Héraclite, l'homme entre les choses et les mots*, 1959. – J. Bollack et H. Wismann, *Héraclite ou la Séparation*, 1972. – M. Heidegger, *Héraclite*, trad. franç., 1973.

HERBART Johann Friedrich. Philosophe allemand. Né à Oldenbourg le 4 mai 1776, mort à Göttingen (Hanovre) le 14 août 1841. En ce qui concerne son activité et sa conception pédagogiques, il tient de sa mère, sympathique et fantaisiste, la fraîcheur et la dispersion, et de son père, magistrat droit et rigide, la méthode et, parfois, une pointe de pédanterie. Ayant terminé ses études secondaires au lycée de sa ville natale, il se rendit en 1794 à l'université d'Iéna, où il eut pour professeurs Reinhold, Schiller et Fichte qui, plus que tout autre, influença sa pensée. À vingt et un ans se dessina la vocation pédagogique d'Herbart : de 1797 à 1800, il fut précepteur à Berne « dans l'atmosphère familiale idéale » des von Steinger. Des documents demeurent, qui montrent la finesse des observations pédagogiques d'Herbart (il resta marqué par cette expérience, bien qu'il visât à la construction d'une pédagogie scientifique et « déductive ») : ce sont les rapports bimestriels qu'il rédigeait à l'intention du père des trois garçons, d'âge et de caractère différents (Ludovic, 14 ans, Charles, son préféré, 10 ans, et Rodolphe, 8 ans). À cette époque, Herbart visita l'école « Pestalozzi » voisine, à Burgdorf, et en tira des motifs d'admiration, de réflexion et de critique, exposés dans son opuscule *L'Idée pestalozzienne d'un ABC de l'intuition* [*Pestalozzi's Idee eines ABC der Anschauung*]. Après une courte période d'enseignement et de polémiques pédagogiques (où il prit position entre les philanthropistes et les néohumanistes) il devint professeur de philosophie aux universités de Göttingen (1802) et de Königsberg (1808). Sa passion pour la pédagogie ne tarit pas ; à Königsberg il fonda un séminaire pédagogique, auquel fut annexée une école expérimentale pour les exercices pratiques, didactiques (1810). En 1835, Herbart retourna à Göttingen, où il enseigna jusqu'à sa mort.

Du point de vue doctrinal, la philosophie de Herbart est un pur renversement de la doctrine idéaliste ; elle suppose la réalité objective des choses et se détermine comme « élaboration des concepts », c'est-à-dire comme la clarification par l'esprit des données de l'expérience qui se divisent en logique, métaphysique et esthétique.

Le rêve de la vie de Herbart fut d'arriver à la construction d'une science psychologique fondée sur les mathématiques, et grâce à laquelle on pourrait connaître « par les formules mathématiques les lois générales des phénomènes psychiques » – *Introduction à la philosophie* [*Lehrbuch zur Einleitung in die Philosophie,* 1815]. Dans le même esprit que Kant, il affirme l'autonomie de la « science des valeurs » ou « esthétique », qui se précise en « éthique » lorsqu'elle devient la science des valeurs obligatoirement réalisables. Cette éthique, cependant, différente en cela de la morale kantienne, s'appuie sur cinq impératifs pratiques ou idées pratiques ou concepts modèles : la liberté intérieure, la perfection, la bienveillance, le droit et l'équité. Mais, plus qu'à la philosophie, discipline à laquelle Herbart donna, en dehors de l'*Introduction à la philosophie* déjà citée, la *Philosophie pratique générale* [*Allgemeine praktische Philosophie*, 1808], la *Métaphysique générale selon les principes de la doctrine philosophique de la nature* (*) (1828-29), etc., le nom de Herbart est lié à sa pédagogie scientifique – *Pédagogie générale déduite du but de l'éducation* [*Allgemeine Pädagogik*, 1806], [*Psychologie als Wissenschaft, neu gegründet auf Erfahrung, Metaphysik und Mathematik*] – qu'il voulut fonder sur l'éthique et sur une rigoureuse psychologie – dans *La Psychologie comme science* (1824-25) – et aux recherches didactiques (ses quatre degrés formels de l'instruction sont célèbres : clarté, association, système, méthode) qui donnèrent une forte impulsion à la rénovation didactique de l'école et à sa connaissance éducative, au moyen du concept d'instruction éducative.

PIETRO BRAIDO.

♦ « *Herbart a laissé une école en Allemagne, et sa philosophie a marqué dans ce pays des traces profondes. Cette influence s'exprime par l'originalité d'une doctrine conçue en opposition avec les systèmes idéalistes et panthéistes du temps. Herbart prétend réagir contre l'esprit de système et rendre tous ses droits à l'expérience.* » Cramaussel. ♦ « *Il est difficile de trouver un esprit plus éloigné par ses goûts des métaphysiques alors régnantes.* » Émile Bréhier.

RÉF. : Ribot, *La Psychologie allemande contemporaine*, 1879. – Mauxion, *La Métaphysique de Herbart et la critique de Kant*, 1895. – W. Kinkel, *Herbart, sein Leben und seine Philosophie*, 1903. – Hans Scheuerl (éd.), *Klassiker der Pädagogik* (2 tomes, Munich : C. H. Beck, 1979). – Gerhard Müßener, *Johann Friedrich Herbarts « Pädagogik der Mitte »*, Darmstadt, 1986. – Wolfgang Fischer/Dieter-Jürgen . *Pädagogisches Denken von den Anfängen bis zur Gegenwart*, Darmstadt, 1989.

HERBART Pierre. Écrivain français. Né à Dunkerque (Nord) en 1904, mort à Grasse (Alpes-Maritimes) le 7 août 1974. Il appartenait à une vieille famille d'armateurs, mais il pensait que son père légal ne devait pas être son véritable père. De plus, ce père légal abandonna un jour les siens pour vivre en vagabond et il devait mourir en clochard dans un fossé. Le jeune Pierre fut élevé par une mère qu'il adorait et près d'un frère aîné qui s'assurera une bonne situation dans une banque. Dès ses dix-huit ans, Herbart vient à Paris où le loge un frère de sa mère, mais il fréquente surtout Pigalle et s'éprend d'une petite prostituée qui disparaîtra mystérieusement. Herbart assure que ce fut le plus grand amour de sa vie. En 1923, sa mère lui offre un voyage en Afrique. À Fez, il rencontre un jeune peintre américain qui l'initie au haschich. Il descend vers Dakar, puis visite le Dahomey. Il rentre en France par Marseille dont les vieux quartiers l'enchantent. Il est attiré par le communisme, promesse de grand chambardement. Cependant, ce sera chez un curé qu'il trouvera son premier emploi : il devient répétiteur à la pension Saint-Pandoise, à Cabris, petit village au-dessus de Grasse. Puis il remonte à Paris, vit dans la bohème, fréquente Cocteau dont le rapprochent l'homosexualité et surtout la drogue. C'est en 1928 qu'il fait par hasard la rencontre de Gide, venu rendre visite à Cocteau. Il apparaît à Gide comme l'incarnation même de Lafcadio. Gide l'encourage à écrire et il compose *Le Rôdeur* (*), qui paraît en 1931. C'est un récit d'un romantisme à la René Crevel. Gide présente Herbart à Elisabeth van Rysselberghe, la mère de sa fille Catherine. Entre Pierre et Elisabeth l'entente est immédiate, et si parfaite qu'ils s'épousent en septembre de cette année 1931. Cependant, Herbart a accepté d'accompagner en Indochine Andrée Viollis, grand reporter au *Petit Parisien*. Il ne renonce pas à ce voyage qui lui permettra de voir les horreurs du colonialisme, plus frappantes encore qu'en Afrique noire. Il reviendra de là-bas communiste décidé. En 1935 il acceptera de partir pour Moscou où on lui propose de diriger la revue *Littérature internationale*. Il vivra un an en U.R.S.S., et c'est avec lui que Gide fera son voyage à travers le pays en juin-juillet 1936. Finalement, leurs conclusions seront les mêmes. Un court voyage en Espagne pendant la Guerre civile permettra à Herbart de découvrir la duplicité de la stratégie soviétique dans le domaine de la politique internationale. Il décide de rompre avec les communistes. En janvier 1938, il s'embarque à nouveau pour l'Afrique noire. Il en rapportera un tract contre les méfaits du colonialisme et le scandale de l'Office du Niger. *Le Chancre du Niger* paraît au printemps 1939. Au début de la guerre, Herbart vit retiré à Cabris. C'est en 1943 qu'il entre dans la Résistance et organise une filière vers l'Espagne pour permettre à de jeunes requis d'échapper au travail en Allemagne. Puis il est nommé responsable régional de la Résistance pour la Bretagne et il sera, sous le nom de général Le Vigan, le libérateur de Rennes en juin 1944. En réalité, il n'a jamais parlé qu'avec le sourire de son activité de résistant, mais, après la libération de Paris, il allait essayer de lancer un hebdomadaire de haute tenue, *Terre des hommes*, qui n'aura qu'une existence éphémère. Il participa aussi quelque temps à l'aventure du journal *Combat*, puis s'abstint de toute activité politique. En 1945, il avait publié un chef-d'œuvre du récit court, *Alcyon* (*) ; puis, à intervalles espacés, vinrent quelques livres admirables : *L'Âge d'or* (1953), *La Ligne de force* (1958), *La Licorne* (*) (1964), *Souvenirs imaginaires* (1968).

JACQUES BRENNER.

HERBERT Frank. Romancier et nouvelliste américain. Né à Tacoma (Washington) le 8 octobre 1920, mort à Madison (Wisconsin) le 12 février 1986. Après avoir servi dans la Marine, il étudie à l'université de Washington et épouse en 1946 Beverley Ann Stuart qui lui donne deux fils et partage sa vie et son œuvre jusqu'à son décès en 1984. Il exerce de nombreux métiers, plongeur sous-marin, cameraman, spécialiste de la survie en milieu hostile, mais se consacre surtout au journalisme et à l'enseignement interdisciplinaire à l'université de Washington (1970-1972). Il publie des nouvelles de science-fiction en 1952, puis un roman, *Le Monstre sous la mer* [*Under Pressure,* 1956], inspiré de son expérience de la Marine. Dès 1963, il donne à la revue *Astounding Science-Fiction* une série de nouvelles qui, développées, deviendront son chef-d'œuvre, *Dune* (*) (1965), suivi de *Le Messie de Dune* [*Dune Messiah,* 1969], *Les Enfants de Dune* [*Children of Dune,* 1976], *L'Empereur-Dieu de Dune* [*The God-Emperor of Dune,* 1981], *Les Hérétiques de Dune* [*Heretics of Dune,* 1984] et *La Maison des mères* [*Chapterhouse : Dune,* 1985]. Cette série, qui couvre plusieurs milliers d'années de la future histoire humaine, a connu un succès immense, en partie en raison de ses connotations écologiques. Herbert excelle à décrire les interactions complexes à l'intérieur de groupes confrontés à des problèmes de rareté, en milieu clos, et contraints à l'adaptation et à l'évolution. Ses personnages atteignent, souvent à l'aide de drogues ou de manipulations génétiques, à des pouvoirs surhumains, mais n'échappent pas à leurs dangers dont l'ennui et la stagnation. Ils interfèrent avec la nature dans *La Ruche d'Hellstrom* [*Hellstrom's Hive,* 1973] où une terrifiante utopie s'est constituée sur le modèle des insectes sociaux en spécialisant à outrance des types humains, ou dans *La Mort blanche* [*The White Plague,* 1982] où un terroriste fabrique un virus qui tue sélectivement les femmes. Herbert examine toutes les formes d'intelligence, mécanique dans *Destination : vide* [*Destination void,* 1966] ou étrangères dans *L'Étoile et le Fouet* [*Whipping Star,* 1970] et *Dosadi* [*The Dosadi Experiment,* 1977]. Il met l'accent sur l'humanisme, le relativisme et la nécessité d'une adaptation permanente à un environnement changeant.

GÉRARD KLEIN.

HERBERT George. Poète anglais. Né le 3 avril 1593 à Montgomery Castle, dans le nord du Pays de Galles, mort à Bemerton le 1er mars 1633. De famille noble et influente, Herbert fit ses études à Westminster School, avant de se rendre à Cambridge où il devint professeur de Trinity College en 1616, puis obtint la charge prestigieuse d'orateur de l'université. Excellent linguiste, érudit, musicien accompli, homme de cour, député de Montgomery, Herbert dut cependant oublier ses ambitions mondaines et politiques à la mort de ses protecteurs, au nombre desquels il comptait le roi Jacques Ier. Après la mort de sa mère, en 1627, il composa une suite de poèmes en latin, *Memoriae matris sacrum ;* Herbert envisagea dès lors d'entrer dans les ordres : c'était renoncer à une brillante carrière séculière, et il lui fallut trois ans pour se décider. En 1630, il fut nommé recteur de Bemerton, une petite paroisse dans la plaine de Salisbury. L'année précédente, il avait épousé Jane Danvers et adopté deux orphelines. Il écrivit alors une série de réflexions sur ses fonctions, *Un prêtre au temple* (*), qui fut publié vingt ans plus tard. Après trois années de travail et de dévotion exemplaires, Herbert mourut de phtisie. Aucun de ses poèmes n'ayant été publié de son vivant, on peut seulement supposer qu'ils furent composés au cours des années d'indécision, avant la prêtrise – bon nombre d'entre eux, en effet, évoquent les regrets, le doute, ou la tentation du monde. Quant à la religion, elle est à la fois le centre et la circonférence de son génie poétique, embrassant l'ensemble des cent soixante-sept « Poèmes sacrés et réflexions personnelles », qui furent publiés par un ami, quelques mois après sa mort, sous le titre *Le Temple* (*). Herbert voyait dans cette suite poétique, qui frappe par sa subtile simplicité, « l'image des divers conflits spirituels surgis entre mon âme et Dieu, avant que je soumette la mienne propre à la volonté de Jésus-Christ ». Plusieurs poèmes relèvent de cette structure de lutte et d'acceptation, marquant la crainte de s'éloigner du divin. Ainsi le poème « Le Col » s'ouvre-t-il sur un apparent refus d'une vie vertueuse jamais récompensée : « J'ai frappé la table du poing, et j'ai crié : assez ! / Je m'en vais prendre la mer. » La relation de l'homme avec son créateur apparaît ici d'une profondeur et d'une douceur inégalées – quel autre poète appelle Dieu son ami (« my dear ») ? –, l'un et l'autre se soutenant dans un amour exigeant et réciproque, qui connaît le doute (« Qu'est devenue, Seigneur, cette chaleur ancienne qui me consumait ? ») mais jamais l'abandon.

PATRICK HERSANT.

RÉF. : I. Walton, *Life of George Herbert,* 1670. – J. Summers, *George Herbert,* Londres, 1954. – T. S. Eliot, *George Herbert,* Londres, 1957. – H. Vendler, *The Poetry of George Herbert,* Cambridge, Mass., 1975. – A. M. Charles, *The Life of George Herbert,* Ithaca, 1977. – J. R. Roberts, *George Herbert : an Annotated Bibliography of Modern Criticism,* 1905-1984, Columbia, 1988.

HERBERT Zbigniew. Poète, dramaturge et essayiste polonais. Né le 29 octobre 1924 à Lwów. En 1944, il quitte sa ville natale devenue soviétique et fait des études de droit et de philosophie à Cracovie et Toruń. Membre élu de l'Union des écrivains polonais en 1948, il publie ses premiers vers en 1950 et collabore à *Tygodnik Powszechny*, hebdomadaire catholique de Cracovie, qu'il quittera bientôt pour des raisons politiques. Auteur presque inconnu, il rompt avec l'Union des écrivains en 1953, après quelques poèmes inspirés par la « lutte pour la paix contre les forces de l'impérialisme mondial », et se tient à l'écart des milieux littéraires. En 1955, il rejoint l'Union des écrivains et certains de ses poèmes sont publiés dans une anthologie.

Le dégel entraîne des changements significatifs dans son existence : il renoue avec *Tygodnik Powszechny*, collabore au mensuel littéraire *Twórczość*. Sa pièce *La Caverne des philosophes* [*Jaskinia filozofów*] et un recueil poétique, *Corde de lumière* [*Struna światła*], sont publiés en 1956, suivis de *Hermes, le chien et l'étoile* [*Hermes, pies i gwiazda*, 1957]. L'accueil réservé à sa poésie est favorable, quoique souvent erroné ou réducteur. La critique veut reconnaître en lui les tendances de la Nouvelle Vague de 1956 : le retour au classicisme, la simplicité de l'expression et une attitude moraliste.

En 1958, un long voyage à travers la France, l'Italie et la Grèce donne naissance au recueil d'articles *Un barbare dans le jardin* (*) (1962).

En 1961, un troisième recueil de poèmes, *Étude de l'objet* [*Studium przedmiotu*], l'une des œuvres les plus marquantes de la poésie polonaise d'après-guerre, lui assure un succès grandissant tant en Pologne qu'à l'étranger, où ses poèmes sont publiés notamment en anglais dans des traductions de Miłosz et de Scott (1968). Dans un quatrième recueil, *Inscription* [*Napis*, 1969], il aborde les tensions entre la société polonaise et le pouvoir (« En marge d'un procès », « Interrogatoire d'un ange »), que la censure considère comme « non nuisible » car tourné vers le mythe, le passé et les problèmes universels de la civilisation. Il sera la cible de violentes attaques de certains représentants de la Nouvelle Vague, mais la parution en 1974 de *Monsieur Cogito* (*) y mettra un terme : la dimension philosophique, l'ironie et l'autodérision de ce recueil sont plus crédibles et d'une plus grande qualité artistique que le « parler franc » de la Nouvelle Vague. La critique officielle est bâillonnée par la censure, mais le livre est unanimement reconnu comme un événement. Attaqué par le pouvoir à la suite de certaines prises de positions politiques en 1975, Herbert revient en Pologne en 1981 et collabore à Solidarnosć, ce qui ne l'empêche pas d'être publié officiellement et introduit dans les manuels scolaires. Après l'instauration de l'état de guerre, il interdit aux théâtres de jouer ses pièces et renonce à la publication de nouveaux textes. *Rapport d'une ville assiégée* (*) (1983), publié à Paris, reprend *18 poèmes* [*18 wierszy*] parus clandestinement en Pologne. En 1987, Herbert quitte la Pologne et s'installe à Paris.

Tous ses écrits, qu'il s'agisse de sa poésie, de son théâtre ou de ses essais, manifestent les mêmes intérêts pour la culture du passé. Certains verront en lui un auteur classique en soulignant la clarté et la structure logique de son œuvre ; d'autres un auteur inspiré par le romantisme.

Témoin et chroniqueur de la réalité, défenseur de la solidarité, de la fidélité et du courage, ce poète de la méditation morale et philosophique, profondément attaché à la tradition humaniste, recourt aux mythes classiques, à la parabole ou à la métaphore pour s'interroger sur la valeur d'une culture dont il ressent douloureusement les contradictions. Son sens de l'humour et de l'ironie relativise toujours les déchirements sans jamais réduire la dimension éthique. Par la clarté de la forme qui épouse le déroulement de la pensée, par la simplicité de son style lapidaire, par son extrême rigueur morale comme par sa volonté de « rester debout parmi ceux qui sont à genoux », amer mais jamais désespéré, Herbert apporte une contribution de valeur à la poésie mondiale du XXe siècle.

LAURENCE DYÈVRE.

RÉF. : J. M. Rymkiewicz, « Poeta i barbarzyńcy », in *Osnowa*, 1964. – J. Błoński, « Tradycja, ironia i głębsze znaczenie », in *Poezja*, Cracovie, 1981. – S. Barańczak, *Uciekinier z utopii. O poezji Zbigniewa Herberta*, Londres, 1984. – T. Burek, *Herbert – linia wierności*, Londres, 1987.

HERBERT of Cherbury, lord Edward. Écrivain anglais. Né à Eyton-on-Severn le 3 mars 1583, mort à Londres le 20 août 1648. Étudiant à Oxford, il apprit tout seul les langues romanes. Excellent musicien et bretteur accompli, il jouissait à la cour d'Angleterre (1600) d'une grande réputation de galanterie et fut nommé, en 1605, shérif du Montgomeryshire. Au cours d'un voyage en Europe (1608-1616), il devint l'ami intime de l'helléniste et théologien calviniste Casaubon et du connétable de Montmorency. Il s'enrôla dans l'armée du prince d'Orange en 1614, fut reçu par l'Électeur palatin, visita les principales villes d'Italie, offrit son aide au duc de Savoie et fut fait prisonnier à Lyon par les Français, alors qu'il cherchait à recruter pour son armée des soldats protestants. En 1616, il rejoignit le prince d'Orange. La même année, il était de retour en Angleterre. Il y devint l'ami de John Donne, de Carew, de Ben Jonson, qui le tenaient en grande estime et l'encouragèrent à poursuivre ses études. Mais, dès 1619, nommé par Buckingham ambassadeur à Paris, il travailla à une alliance entre la Hollande et l'Angleterre, et tenta d'obtenir l'aide de la France pour l'Électeur palatin. Lord Herbert fut enfin l'artisan du mariage de la princesse Henriette de France avec le futur Charles Ier d'Angleterre. Rappelé à la cour de St. James à cause de sa mésentente avec Charles de Luynes, le favori de Louis XIII, il regagna son ambassade à la mort de ce dernier, en 1622, puis retourna une fois encore dans sa patrie, en raison d'un désaccord survenu avec Jacques Ier au sujet du mariage français. Pair d'Irlande et baron de Cherbury en 1629, membre du conseil de guerre en 1632, Herbert suivit Charles Ier dans l'expédition d'Écosse (1639-1640). Emprisonné à la tour de Londres pour avoir prononcé à la Chambre des lords un discours en faveur du roi (1642), il présenta des excuses et fut libéré. Neutre pendant la guerre de 1644, il dut admettre, au château de Montgomery, la présence des forces du Parlement auquel il se soumit en 1645. Il reçut une pension et devint, en 1646, chef du duché de Cornouailles. L'année suivante, lord Herbert alla rendre visite à Gassendi. Son ouvrage le plus connu : *De la vérité en tant qu'elle est distincte de la révélation, du vraisemblable, du possible et du faux* (*), est la première étude métaphysique écrite par un Anglais. Critiqué par Baxter, Locke, etc., il fut loué au contraire par Gassendi et par Descartes ; on peut le considérer comme le père du déisme anglais avec *De la religion des gentils.* Lord Herbert s'apparenterait plutôt aux platoniciens de Cambridge. On lui doit également des *Mémoires* (*) qui s'étendent jusqu'à 1624, des poésies éditées en 1665 et une *Histoire de Henry VIII,* publiée en 1649.

ALDO CAMERINO.

RÉF. : Ch. de Rémusat, *Herbert de Cherbury,* 1874. — J. M. Shuttleworth, *Life of Herbert of Cherbury,* Oxford, 1976. — E. D. Hill, *Edward, Lord J. Cherbury,* Boston, 1987.

HERCULANO de Carvalho e Aranjo, Alexandreo. Poète et historien portugais. Né à Lisbonne le 28 mars 1810, mort à Vale-de-Lobos, près de Santarém (Estrémadure), le 13 septembre 1877. À Lisbonne, ses premières études terminées, ne pouvant, faute des moyens nécessaires, fréquenter l'Université, il entra à l'Académie de marine, où il ne suivit que la première année de cours. Vers 1830, la marquise de Alorna, l'une des introductrices du romantisme dans les pays ibériques, lui fit connaître les grands écrivains allemands, spécialement Klopstock, Bürger, Schiller et Goethe, qui devaient, par la suite, influer énormément sur son œuvre ; il se rangea alors aux côtés de Almeida Garrett pour la diffusion du romantisme au Portugal. Mais presque au même moment, ses opinions libérales l'obligèrent à émigrer en Angleterre et en France (1831-32), d'où il rentra dans son pays comme soldat (1832). Bibliothécaire à la bibliothèque de Porto en 1833, il abandonna cet emploi en 1836 en signe de protestation contre ce qu'on nomme la « Révolution de septembre », qui aboutit à la restauration, puis à l'abolition de la Charte accordée par le souverain libéral Pedro IV. Contre cette nouvelle politique, Herculano publia, toujours en 1836, un libelle en prose biblique, *La Voix du prophète* [*A Voz de propheta*]. S'étant fixé à Lisbonne, il assuma la direction de la revue historico-littéraire *Panorama*, à laquelle il collabora pendant sept ans (1837-1844). Entre-temps, il avait publié *La Harpe du croyant* [*A harpa do crente*, 1938] dans lequel il chantait Dieu, la patrie et la liberté. En 1839, le roi consort Fernand le nomma directeur de la bibliothèque de Ajuda, poste qu'il occupa jusqu'en 1867, année où il se retira à Vale-de-Lobos. Sa meilleure production littéraire remonte à cette époque. Son caractère austère, peu souple, se reflète dans son style solennel, mais parfois passionné. Dans *Panorama,* il fit paraître *O Bobo* (édité à titre posthume en volume, 1878) et *Légendes et Récits* [*Lendas e Narrativas*, groupés en volumes en 1851]. Il donna également des romans historiques, remarquables par la rigueur de la reconstitution des civilisations gothique, arabe et portugaise du Moyen Âge ; ce sont le célèbre *Enrico le prêtre* (1843), *Le Moine cistercien* (1848) et des *Lettres sur l'histoire du Portugal* (1842). Il entreprit une monumentale *Histoire du Portugal* (*) (4 vol., 1846-1853). Ses dons d'historien apparaissent également dans *De l'origine et de l'établissement de l'Inquisition en Portugal* [*Da origem e estabelecimento da Inquisição em Portugal*, 3 vol., 1854-1859], réponse mûrie aux attaques déclenchées contre lui par le clergé à cause de son libéralisme, et contre lesquelles il avait déjà réagi en 1850 par son libelle *Moi et le Clergé* [*Eu e o clero*]. On groupa en dix volumes intitulés *Opuscules* [*Opúsculos*] de nombreux essais d'histoire, de théorie de l'histoire, d'économie, de politique et d'esthétique. De 1851 date *La Dame au pied de chèvre*. Pendant les dix dernières années de sa vie, Herculano, déçu et aigri par les fréquentes attaques dont il était devenu l'objet après la mort de son protecteur le roi Pedro V, consacra une grande partie de son activité à la culture de la terre ; les *Terres de Vale-de-Lobos* [*Cartas de Vale-de-Lobos*] nous ont conservé le souvenir de cette expérience.

J. PRADO COELHO.

HERDER Johann Gottfried. Philosophe et écrivain allemand. Né le 25 août 1744 à Mohrungen en Prusse orientale, mort à Weimar le 18 décembre 1803. Il occupe une place exceptionnelle dans l'histoire de la littérature allemande par le mouvement d'idées qu'il suscita et l'impulsion qu'il donna aux nouvelles générations, en particulier au jeune Goethe. À Königsberg où il étudia la théologie, la philosophie et la médecine, il suivit les leçons de Kant et se lia d'amitié avec Hamann dont l'intuition géniale en matière de linguistique, de poésie, de mythologie et du sens de l'histoire devait influencer profondément sa pensée. Nommé pasteur, il se rendit à Riga pour devenir maître d'école ; là, revenant sur les problèmes posés par la critique de l'époque, il exposa ses conceptions novatrices dans les *Fragments sur la littérature allemande moderne* (*) (1767), inspirés des *Lettres sur la littérature moderne* (*) de Lessing, mais en partant du concept hamannien de la poésie considérée comme langue mère du genre humain et, partant, rejetant l'imitation des classiques, l'emploi du latin et de la mythologie en faveur d'une poésie originale nourrie de sève populaire. Un voyage à Paris renforça cette conception (1769) ; c'est alors qu'il étudia les ouvrages de Rousseau et qu'il publia les *Sylves critiques* (*) (1769) où, s'opposant à Baumgarten, au philologue Klotz et au *Laocoon* (*) de Lessing, il tire les conséquences des principes exposés dans les *Fragments* pour défendre la cause du sensualisme esthétique et démontrer que l'action du temps, du paysage et du peuple au milieu desquels vit l'artiste sont conditions nécessaires à la naissance de la poésie ; ce faisant, il annonce le « Sturm und Drang », c'est-à-dire l'exaltation de la personnalité et du sensualisme. Ce programme est exposé dans une forme à peu près définitive dans le *Journal de mon voyage en l'an 1769* (*).

L'année suivante, Herder se rendit à Hambourg où il connut Lessing, et à Darmstadt où il rencontra Caroline Flachsland qu'il épousa en 1773. De 1770 à 1771, il demeura à Strasbourg où le retenait une maladie des yeux et fréquenta le jeune Goethe sur qui il exerça une influence décisive. L'essai goethéen *De l'architecture allemande* (*), inclus dans le volume *Du style et de l'art allemands* [*Von deutscher Art und Kunst*, 1773], en témoigne amplement. Cet ouvrage comprend, avec l'*Histoire allemande* de Justus Möser, divers textes de Herder, notamment *Sur Ossian et sur les chants des peuples anciens* (+), où il adopte franchement les théories de Hamann et de Rousseau en prétendant démontrer qu'une véritable poésie, originale, naît des peuples frustes à l'opposé des classiques. De la période strasbourgeoise date aussi le *Traité sur l'origine de la langue* (*) (1772), la seule de ses œuvres possédant une base scientifique où il reconnaît la valeur de la raison humaine dans la formation d'une langue : acceptation inattendue d'un rationalisme qui, sur une question aussi capitale, l'écartait nettement de Hamann. Mais il ne tarda pas à se rallier aux conceptions de son ami. Il se rendit à Buckeburg en qualité de conseiller consistorial (1771), loin des agitations de Strasbourg ; Buckeburg était confinée dans une atmosphère provinciale toute faite de religiosité. Herder traversa alors une crise spirituelle qui le ramena au luthéranisme orthodoxe et au piétisme, ensuite à Hamann. La preuve en est *Le plus ancien document du genre humain* (*) (1774-76), où le langage est conçu comme une traduction de l'hiéroglyphe divin et le texte biblique de la *Genèse* comme issu d'une révélation divine. La même année 1774 parut *Une philosophie nouvelle de l'histoire pour l'éducation de l'humanité* [*Auch eine Philosophie der Geschichte zur Bildung der Menschheit*], qui contient en germe la théorie de l'histoire et le renouveau de l'intérêt en faveur du Moyen Âge, qui devaient avoir une telle importance pour les romantiques ; le vaste recueil de chants populaires : *Voix des peuples à travers leurs chants* (+), dont le titre primitif était *Volkslieder* (1778-79), eut aussi une importance capitale. Il importe de souligner que ce choix comprend également des poèmes composés avec un souci esthétique qui n'est plus strictement conforme au dogme de l'art « populaire » ; cela dénotait chez lui une influence classique due au fait que Herder, grâce à l'intervention de Goethe, était devenu en 1776 surintendant à Weimar, la citadelle du classicisme allemand. Et dans l'ouvrage écrit à cette époque, *Idées sur la philosophie de l'histoire de l'humanité* (*) (1784-91), en quatre volumes, mais inachevé, Herder, s'éloignant une fois de plus de Hamann, brosse une vaste fresque de l'histoire du monde, donnant des divers âges une interprétation rationaliste, comme l'évolution naturelle de l'homme vers l'aboutissement d'une « pure humanité », riche en savoir et en amour, qui rejoint d'assez près l'idéal rêvé par Lessing dans *L'Éducation du genre humain* (*). Goethe goûta beaucoup cet ouvrage de Herder, mais les relations de celui-ci avec l'auteur de *Faust* (*) s'espacèrent, et c'est en 1795 que leur amitié fut brisée. Cette rupture ramena Herder à ses anciennes idées qu'il expose à nouveau dans les *Lettres pour faire progresser l'humanité* (*) (1793-97), où il souhaite une nouvelle fois une poésie purement allemande, d'inspiration populaire, et surtout à son irrationalisme fondamental qui le pousse à polémiquer avec Kant. *Intelligence et Jugement* [*Verstand und Erfahrung*, 1799] — une seconde partie parut la même année sous le titre *Raison et Langage* — et *Calligone* (1800), qui s'opposent à la *Critique du jugement* (*), constituent le point culminant de la dispute. La dernière œuvre de Herder est *Le Cid* [*Der Cid*] : sa prédilection pour l'ancienne poésie populaire reparaît à travers son héros, don Ruy Diaz.

SERGIO LUPI.

♦ *« À notre première rencontre, mon cœur a volé au-devant de lui, et maintenant, toutes les fois que je le vois, je voudrais faire de lui le représentant du Christ sur la terre et le chef suprême de l'Ecclesia catholica. »* Wieland. ♦ *« Ses* Idées *sur l'histoire de l'humanité sont sans contredit ce qu'il a de plus remarquable. Plus tard, il adopta une attitude négative et ce ne fut guère réjouissant... »* Goethe. ♦ *« Quelle masse immense de connaissances il renferme !... Je trouve toujours un plaisir infini à la lecture de Herder. »* Benjamin Constant. ♦ *« Il fit renaître la foi par la poésie... Une sorte de théologie poétique, vague, mais animée, libre, mais sensible, tint la place de cette école pédantesque, qui croyait marcher vers la raison en retranchant quelques miracles de cet univers... »*Mme de Staël. ♦ *« Sulzer et Herder sont des philosophes qui jouissent d'une grande réputation en Allemagne ; ce qui n'empêche point que ces passages* [de Herder qu'il était en train de lire] *ne soient d'une force de niaiserie qu'on ne se permettrait pas en France. »* Stendhal. ♦ *« Herder n'est pas une étoile de première grandeur ; c'est une constellation. Il ne nous a pas légué son génie dans une œuvre parfaite, mais il était lui-même un chef-d'œuvre de la Divinité. »* Jean-Paul Richter. ♦ *« Herder eut le malheur d'écrire des ouvrages qui* *étaient toujours trop neufs, ou déjà vieillis pour les esprits plus subtils et plus forts.* » Nietzsche.

RÉF. : Max Rouché, *La Philosophie de l'histoire de Herder*, thèse, Paris, 1940. – Armand Nivelle, *Les Théories esthétiques en Allemagne de Baumgarten à Kant*, Paris, 1955. – Friedrich Wilhelm Kantzenbach, *Johann Gottfried Herder in Selbstzeugnissen und Bilddokumenten*, Reinbek bei Hamburg, 1979. – Peter Frenz, *Studien zu traditionellen Elementen des Geschichtsdenkens und der Bildlichkeit im Werk Johann Gottfreid Herders*, Berne, 1983. – Christoph Fasel, *Herder und das klassische Weimar*, Berne, 1983. – Hans Adler, *Die Prägnanz des Dunkeln : Gnoseologie, Ästhetik, Geschichtsphilosophie bei Johann Gottfried Herder*, Hambourg, 1990.

HEREDIA José-Maria de. Poète français d'origine cubaine. Né aux environs de Santiago de Cuba (île de Cuba) le 22 novembre 1842, mort au château de Bourdonné (Seine-et-Oise) le 3 octobre 1905. D'une famille d'origine espagnole qui compta de nombreux conquistadores, mais français par sa mère, Heredia naît à Cuba, où son père était planteur de café. Après avoir passé en France ses années de collège et obtenu son baccalauréat en 1858, il revient à La Havane où, tout en suivant des cours de droit, il découvre avec enthousiasme Ronsard, Chateaubriand et le Hugo de *La Légende des siècles* (*). Ayant regagné Paris avec sa mère, il passe par l'École des chartes, mais se passionne surtout pour la littérature et publie ses premiers vers en 1862 dans une petite revue. C'est l'époque du déclin du romantisme, et Heredia rejoint les écrivains de la jeune école parnassienne : Sully Prudhomme, dont il est déjà l'ami depuis quelque temps, Catulle Mendès, et surtout Leconte de Lisle qui l'accueille en 1866 parmi les collaborateurs du *Parnasse contemporain* (*).

José-Maria de Heredia connut longtemps cette originalité d'être un des poètes les plus célèbres tout en demeurant à peu près inédit. En effet, son existence étant assurée grâce à la fortune familiale, il ne faisait paraître que quelques traductions. De temps à autre il donnait des sonnets aux revues, mais ce n'est qu'en 1893 qu'il se décida à les réunir en un volume, *Les Trophées* (*), qui connut aussitôt un succès considérable (la première édition fut épuisée en quelques heures). Le 30 mai 1895, Heredia entra à l'Académie française, où il fut reçu par François Coppée. Il n'écrira plus désormais que quelques poésies de circonstance, assumera la direction littéraire du *Journal* et sera nommé, en 1901, administrateur de la bibliothèque de l'Arsenal.

Comme chez tous les parnassiens, l'effort principal de Heredia tend vers la perfection absolue de la forme. Il a adopté toutes les idées du groupe sur la poésie descriptive, qui préfère à tout les belles images empruntées à l'histoire, à la légende, à la nature. Mais son tempérament, à l'opposé du rigide pessimisme d'un Leconte de Lisle, donne un tour très original à l'orthodoxie parnassienne. On trouve en effet chez Heredia une exaltation continuelle de la vie, une joie impétueuse, un goût du panache, de l'héroïsme au grand soleil, qu'il doit à ses origines espagnoles et aux brûlants souvenirs de son adolescence cubaine ; tout cela concilié avec le souci parnassien du réalisme exact, de la précision plastique, poussé ici à l'extrême, puisque l'auteur des *Trophées* adopte la forme poétique la plus sobre : le sonnet. Dans ce cadre de quatorze vers, Heredia essaie de fixer, usant et abusant des diamants et des perles, tout un spectacle naturel, tout un moment de l'Histoire capable de susciter un songe philosophique. Pour personne n'a été plus vrai le célèbre vers de Boileau : « Un sonnet sans défaut vaut seul un long poème. »

MICHEL MOURRE.

♦ « *La couleur !* [...] *C'est là, en effet, qu'il faut en venir, puisqu'il s'agit de Heredia, de ce grand coloriste en prose inconnu encore, même dans le coloriste en vers qu'on connaissait, et qui rayonne et se projette...* » J. Barbey d'Aurevilly. ♦ « *Le beau et noble poète José-Maria de Heredia a ciselé, sculpté, fouillé, enluminé, émaillé, au cours de sa vie, de multiples sonnets auxquels il confiait, pour les mieux définir, sa chaude admiration pour les héros, sa vision épique de l'histoire, ses rêves des siècles morts et sa passion des couleurs éclatantes. Son œuvre aristocratique s'est faite lentement, à l'écart de la réclame et du tapage, avec un net dédain de la hâte et un insouci persistant du public et des disputes littéraires. C'était d'un bel exemple et d'une claire fierté.* » Émile Verhaeren. ♦ « *Heredia mettait dans toute société une joyeuse émotion physique. Il était né sous le signe de la planète Jupiter. Son agrément personnel, ses dons périssables ne nous ont-ils pas masqué l'essentiel de son génie, ce qui ne meurt pas ?* » Maurice Barrès. ♦ « *Il accueillait à bras ouverts, et son accueil était si chaud que l'on ne s'apercevait pas tout de suite que son cerveau était un peu moins ouvert que ses bras ; mais il aimait tant la littérature que, même ce qu'il ne comprenait pas par l'esprit, je crois encore qu'il y parvenait par la lettre, et je ne me souviens pas de l'avoir entendu bêtifier sur rien.* » André Gide.

RÉF. : J. Barbey d'Aurevilly, *Poésies et Poètes*, 1906. – M. Ibrovac, *José-Maria de Heredia, sa vie, son œuvre*, 1923. – W. Ince, *Heredia*, 1979 (en anglais).

HEREDIA Y HEREDIA José-Maria de. Poète cubain, parent de son célèbre homonyme français. Né à Santiago de Cuba le 31 décembre 1803, mort à Toluca (État de Mexico, Mexique) le 7 mai 1839. Il fut le symbole le plus pathétique de l'indépendance cubaine et le représentant le plus pur du classicisme dans la poésie américaine, avec de nettes presciences romantiques. Nous en gardons le vivant témoignage parmi ses meilleures poésies, dans lesquelles, comme du reste dans ses œuvres en prose, palpite tout son amour pour sa patrie, sa passion pour son douloureux destin qui s'identifie avec celui du poète. Il étudia les lettres et le droit, et exerça à Cuba la profession d'avocat jusqu'en 1823, date à laquelle il fut exilé définitivement pour avoir participé à une révolte contre les Espagnols. Il demeura ensuite aux États-Unis, où il publia son œuvre lyrique – v. *Poésies* (*) – et de là il se rendit au Mexique où il demeura jusqu'à sa mort, à l'exception de quelques mois qu'il put passer à Cuba. On doit encore à Heredia une tragédie, *Les Derniers Romains* [*Los ultimos Romanos*], et une grande quantité de lettres et d'articles qui parurent dans de nombreux journaux du continent américain, ainsi que diverses traductions de poésie européenne, notamment à partir du français et de l'italien.

RÉF. : J. M. Chacón y Calvo, *José-Maria de Heredia,* Revista Cubana, 1949, XXIV. A. Harms, *J.-M. de Heredia,* New York, 1975.

HÉRIAT Philippe (pseud. de Raymond Payelle). Écrivain français. Né et mort à Paris (15 septembre 1898-11 octobre 1971). Fils d'un haut magistrat, premier président de la Cour des Comptes, arrière-petit-fils de Zulma Carraud, qui fut l'amie de Balzac, il appartient à la haute bourgeoisie et fait des études au lycée Lakanal à Sceaux, au lycée Louis-le-Grand à Paris, puis à la faculté des lettres. Mais il abandonne les études supérieures pour devenir assistant-metteur en scène dans l'entreprise cinématographique Gaumont au lendemain de la guerre de 1914-1918, et finalement acteur de cinéma et de théâtre. Il joue notamment dans *Le Sexe faible* (*) d'Édouard Bourdet, qui fut l'un des succès de l'entre-deux-guerres. Enfin, Philippe Hériat part pour Hollywood en 1937 comme conseiller technique de la fameuse Metro Goldwyn Mayer. Cet homme, dont les dons et l'éclectisme s'exercèrent dans de nombreux domaines, avait commencé, dès 1931, une carrière littéraire en publiant *L'Innocent* (*) qui obtint le prix Renaudot et fut suivi de *La Main tendue* (1933), *L'Araignée du matin* 1933), *Le Départ du Valdivia* (1933), *La Foire aux garçons* (1934), *Miroirs* (1936), avant de commencer la grande fresque intitulée *Les Boussardel* (*) qui se divise en quatre volumes : *Famille Boussardel* (+), *Les Enfants gâtés* (+), qui obtint le prix Goncourt en 1939, *Les Grilles d'or* (+) (1957), *Le Temps d'aimer* (1960). Ces romans sont consacrés à l'histoire, entre les deux siècles, d'une famille de la bourgeoisie dont il analyse, parfois sans complaisance, la grandeur et la décadence. Le grand prix du Roman de l'Académie française lui fut décerné en 1947. Dès lors, fort de son succès et de l'image à la fois historique et sociologique qu'il avait donnée d'une classe sociale qui lui était familière, Philippe Hériat n'écrira plus de romans, mais il se plaira à rédiger un recueil de souvenirs, *Retour sur mes pas* (1959). Il n'abandonna pas pour autant la carrière littéraire et, comme il avait été acteur, heureux de se mettre à la place de l'auteur dramatique, il écrivit plusieurs pièces de théâtre : *L'Immaculée* (1947), *Belle de jour* (1950), *Les Noces de deuil* (1953), *Les Joies de la famille* (1960). Il fut même journaliste, pendant trois années, assumant la critique dramatique dans le journal *Bataille* (1945-1948). Son sens du visuel qui transparaît dans ses romans et qu'il a nécessairement développé dans son théâtre l'incitera à écrire également des sujets de ballets, comme ce *Piège de lumière* qui sera créé en 1952 par la troupe des ballets du marquis de Cuevas et *Conte cruel* qui sera donné en 1960 à l'Opéra de Paris. Philippe Hériat fut membre de l'Académie Goncourt en 1949, puis du conseil littéraire de la Principauté de Monaco en 1950. Mais, non content de ses dons d'ubiquité littéraire couronnés de succès, il voulut également s'essayer au genre historique et publia un récit, *Le Secret de Mayerling* (1949). Toutefois, le meilleur de son œuvre, popularisé par un feuilleton télévisé, restera sans doute la grande fresque des Boussardel, comparable dans la littérature du XXe siècle à celle des *Thibault* (*) de Roger Martin du Gard ou de *La Chronique des Pasquier* (*) de Georges Duhamel ou même des *Hommes de bonne volonté* (*) de Jules Romains.

JOËL SCHMIDT.

RÉF. : Pierre Gascar, Léonce Peillard, *Philippe Hériat,* Paris, 1956.

HÉRITIER Françoise. Anthropologue française. Professeur au Collège de France où elle est titulaire de la chaire d'étude comparée des sociétés africaines, Françoise Héritier est née le 15 novembre 1933 à Veauche (Loire). Après des études d'histoire et de géographie puis d'ethnographie en Sorbonne, une mission d'un an, en 1957-58, en Haute-Volta (aujourd'hui Burkina Faso), qui portait sur l'étude des aspects humains d'un programme local de développement, décide de son orientation ultérieure : elle sera ethnologue africaniste. Après un intervalle consacré à la mise au point de ses enquêtes généalogiques, qui amena l'élaboration en collaboration avec d'autres chercheurs d'un langage documentaire pour les sciences humaines permettant d'informatiser la recherche de l'information, elle accomplit à partir de 1963 une série de missions en Afrique occidentale, totalisant près de cinq années de travail de terrain auprès de différentes populations du Burkina Faso et du Mali. Entre-temps, sa carrière universitaire se poursuit régulièrement, partagée entre le C.N.R.S. où Lévi-Strauss l'appelle à son laboratoire d'anthropologie sociale et l'École des hautes études en sciences sociales où elle est élue directeur d'études en 1980. En 1982, elle succède à Lévi-Strauss au Collège de France et à la direction du laboratoire d'anthropologie sociale.

Les recherches et l'enseignement de Françoise Héritier se font dans deux directions principales : l'étude des systèmes de parenté et du fonctionnement des systèmes semi-complexes d'alliance ; l'étude d'ensembles intégrés de pratiques sociales et de représentations symboliques du corps.

Françoise Héritier a voulu poursuivre les travaux de Lévi-Strauss portant sur les systèmes de parenté élémentaires en analysant les systèmes semi-complexes dont il existe de multiples exemples en Afrique ; ce qui l'amène à souligner l'importance du rapport frère/sœur, « figure centrale où s'incarne le rapport religieux, économique et social entre fonctions de production et fonctions de reproduction ». Elle suggère qu'on devrait parvenir à découvrir une logique générale du système de parenté, issue de l'invariant qu'est le donné universel biologique, tout en reconnaissant que la logique propre à chaque système doit être étudiée en tant que telle – *L'Exercice de la parenté* (*), 1981.

Le professeur au Collège de France poursuit par ailleurs une entreprise qui vise à décrire une anthropologie symbolique du corps, et elle n'hésite pas à recourir à des comparaisons avec d'autres civilisations, notamment l'Antiquité classique. Après une analyse des notions de stérilité et de fécondité, son cours a porté successivement sur les humeurs du corps, puis sur nourriture, semence, filiation. Travail pionnier où l'ensemble de phénomènes apparemment disparates révèle progressivement une même structure logique d'appariement de concepts dans une vision syntaxique des oppositions fondamentales qui découlent de la différence des sexes.

DENISE PAULME.

HERLING-GRUDZIŃSKI Gustaw. Écrivain polonais. Né le 20 mai 1919 à Kielce. Dès 1937, il publie des articles remarqués, en particulier sur Dąbrowska, Andrzejewski, Gombrowicz et Miłosz. Intercepté par le N.K.V.D. en 1939 alors qu'il tente de rejoindre l'armée polonaise en France, il est interné dans le camp soviétique de Kargopol. *Un monde à part* (*) (1951) est le récit de cette expérience. Libéré en janvier 1942, il rejoint l'armée du général Anders, avec laquelle il s'illustre lors de la bataille du Monte Cassino. À partir de 1947, il collabore à *Kultura*, revue de l'émigration, et s'établit définitivement à Naples en 1955.

Il est l'auteur de nombreux essais littéraires, dont les premiers d'après-guerre : *Les Vivants et les Morts* [*Żywi i umarli*, 1945], témoignent de la recherche d'un programme intellectuel pour la nouvelle émigration. Il s'y oppose à tout radicalisme, donc au fascisme et au communisme, ainsi qu'au messianisme polonais, si néfaste, se rapprochant ainsi de Gombrowicz. Il donne ensuite *Le Second Avènement* [*Drugie przyjście*, 1963], recueil de récits et d'essais sur Gorki, Babel, Soljenitsyne, et *Les Fantômes de la révolution* [*Upiory rewolucji*, 1969], parmi lesquels figurent Dostoïevski, Pasternak, Mandelstam et Platonov. Cet intérêt pour la littérature russe est guidé par la conviction que derrière la culture soviétique étatisée se cache « une autre Russie » que ni la révolution ni le stalinisme n'ont réussi à détruire. Il publie en 1960 un recueil de récits et de nouvelles : *Les Volets de l'autel* [*Skrzydła ołtarza*].

À partir de 1971, il écrit son journal – publié dans *Kultura* et qui sera rassemblé dans les tomes de *Journal écrit la nuit* (*) (1973, 1980, 1984) –, où il apparaît tout à la fois comme observateur et comme chroniqueur des événements contemporains.

Plus proche de Conrad que de Gombrowicz, il dépeint, dans un style laconique, un monde indifférent, voire cruel à l'égard de l'homme condamné à la solitude, dont la vie ne trouve un sens élémentaire que par la foi dans les principes moraux. Son inspiration est d'une grande qualité, tant intellectuelle qu'artistique.

LAURENCE DYÈVRE.

RÉF. : W. Karpiński, *Proza Herlinga-Grudzińskiego*, Cracovie, 1981. – H. L. Kandulski, « O Herlingu-Grudzińskim », in *Arka*, 1987.

HERMANT Abel. Écrivain français. Né à Paris le 8 février 1862, mort à Chantilly le 22 septembre 1950. Issu d'une famille de la bourgeoisie aisée, il fait ses études au lycée Condorcet et en 1880 est reçu premier à Normale supérieure. Comme il l'a lui-même raconté dans *Confession d'un enfant d'hier,* il souffre bientôt du milieu universitaire et démissionne pour tenter sa chance littéraire, d'abord par un recueil de vers sans originalité, *Les Mépris* (1883), puis par des romans conçus selon l'esthétique naturaliste alors absolument régnante, « documents » satiriques sur l'éducation universitaire (*Monsieur Rabosson,* 1884), sur la vie de caserne – v. *Le Cavalier Miserey* (*) (1887) –, sur la prostitution (*Nathalie Madoré,* 1888), sur la bourgeoisie d'administration et le monde du régime républicain (*La Surintendante,* 1889). Tous ces volumes – quoique l'influence des Goncourt ait été plus forte sur Abel Hermant que celle de Zola – ont un ton de polémique sociale particulier au naturalisme. Mais, à partir de 1890, sous l'évidente influence du « roman psychologique » que Paul Bourget venait de mettre à la mode, Hermant porte son intérêt vers l'analyse des sentiments, avec *Cœurs à part* (1890), *Amours de tête* (1890) et surtout *Serge* (1891). Parvenu à la trentaine, déjà fort connu, mais trop docile jusque-là aux influences du moment, l'écrivain, après quelques évocations d'un passé spirituel et libertin – *Les Confidences d'une aïeule* (1893), et plus tard *Les Confidences d'une biche* (*) (1909) –, allait affirmer son originalité comme observateur d'un monde élégant et aristocratique. La chronique d'Abel Hermant est ironique, impitoyable, jamais indignée. Un Saint-Simon, a-t-on pu dire, mais sans colère, se révèle ainsi dans la longue série des volumes réunis sous le titre *Mémoires pour servir à l'histoire de la société* (*Souvenirs du vicomte de Courpières,* 1901, *M. de Courpières marié,* 1904, *Les*

Grands Bourgeois, 1906, *Les Affranchis*, 1908, *Le Cadet de Coutras*, 1909-13, etc.), chroniques parisiennes que viendront compléter les évocations cosmopolites de *Transatlantiques* (*) (1897), de *Trains de luxe* (1908), de nombreux autres romans de la même veine parus de 1913 à 1927, auxquels on peut joindre *Le Cycle de lord Chelsea*, quatre volumes suggérés par le souvenir d'Oscar Wilde. La séduction aristocratique de tous ces livres valut beaucoup de succès à Abel Hermant, qui a d'ailleurs abordé à peu près tous les genres, le théâtre, avec *La Meule* (1896), *Le Faubourg* (1899), etc., bien plus brillamment l'idéologie romancée (*D'une guerre à l'autre*, 1921), la philosophie (*Platon*, 1926), la chronique journalistique (en particulier avec sa *Vie à Paris* publiée par *Le Temps* depuis 1914), les problèmes de style (*Xavier ou Entretiens sur la grammaire française*, 1923). Ayant collaboré à la presse parisienne pendant l'Occupation, Abel Hermant fut arrêté et condamné après 1944 ; il mourut à Chantilly, quelques semaines après sa sortie de prison, à l'âge de quatre-vingt-huit ans.

MICHEL MOURRE.

♦ « *Qui sait si nous ne possédons pas en Abel Hermant notre historien et peintre des mœurs le plus large d'envergure ? Qu'on compte les mondes dont il a fixé l'image, les pays qu'il a abordés, les époques qu'il a embrassées ; il peuple cet univers de personnages fournis plus ou moins complètement par la vie réelle, mais qu'il a stylisés. On les reconnaît, comme le* XVII*e siècle reconnaissait le Misanthrope.* » Henri Clouard.

RÉF. : R. Peltier, *Abel Hermant, son œuvre*, 1924. – A. Thérive, *Essai sur Abel Hermant*, 1926.

HERMAS saint. Écrivain chrétien, un des « Pères apostoliques ». Il vécut dans la première moitié du IIe siècle. C'est à tort qu'Origène l'a confondu avec l'Hermas dont parle saint Paul (*Épître aux Romains*, XVI, 14). Selon le *Canon muratorien*, il aurait été frère du pape Pie Ier, sous le pontificat duquel (140-145) il aurait écrit son ouvrage apocalyptique *Le Pasteur* (*). Mais de cette parenté il ne parle pas dans ce livre où cependant il se vante d'avoir vécu une vie si aventureuse que plus d'un critique pense que cette affirmation relève de l'allégorie ; cependant certaines pages semblent avoir été inspirées plutôt par des souvenirs que par une expérience mystique personnelle et profonde. Esclave de naissance (selon un critique, il serait né en Arcadie), Hermas aurait été vendu adolescent à une matrone nommée Rodé qui, l'ayant pris en amitié, finit par l'affranchir. Il s'adonna au commerce puis, après avoir longtemps voyagé, sentant qu'il l'aimait comme un frère, il voulut retourner auprès d'elle. Cependant, un beau jour, ce sentiment fit place soudain à de vils désirs. Rodé, morte prématurément, lui apparut alors qu'il se rendait un jour à Cumes et le lui reprocha. Peu après, il épousa une femme vulgaire et bavarde, avec laquelle il ne fut pas heureux, et ses enfants le rendirent encore plus malheureux. Images de son péché, ses fils, fripons et dissolus, allèrent jusqu'à le dénoncer pour sa foi.

Il perdit ses richesses et il ne lui resta qu'un petit champ, près de la voie Appienne. Là, peut-être, sous Clément Ier (si toutefois la mention qu'il en fait n'a pas elle aussi un caractère allégorique), il eut les visions qu'il raconte dans *Le Pasteur*. Pendant la rédaction du livre, non seulement son âme était remplie d'allégresse, mais sa maison entière, car les membres de sa famille, repentis, servaient Dieu avec lui.

HERMÈS TRISMÉGISTE. Auteur fictif des livres appelés hermétiques et particulièrement du recueil, parvenu jusqu'à nous, appelé d'après le nom que porte le premier de ces traités, *Poimandrès* (*). Le dieu égyptien Thot, dit « Thot le grand », serait l'auteur de ces révélations philosophico-religieuses et dans plusieurs livres il apparaît également comme personnage de dialogue. Les livres, de l'auteur (si toutefois il fut seul) gréco-égyptien qui a recouvert d'une patine égyptienne des doctrines qui appartiennent essentiellement au néo-pythagorisme, sont écrits en grec (un seul nous est parvenu dans une traduction latine, l'*Asclepius*) ; et ainsi, le dieu Thot est devenu Hermès Trismégiste, c'est-à-dire « trois fois grand ». Thot était le dieu de la sagesse, le scribe des dieux, le modèle idéal du prêtre égyptien gardien de la sagesse divine : il fut considéré ainsi comme l'auteur des livres religieux.

RÉF. : A.-J. Festugière, *La Révélation d'Hermès Trismégiste*, 4 tomes, Paris, 1949-1954 ; *Hermétisme et mystique païenne*, Paris, 1967. – J. Zafiropulo, *Sensorium dei dans l'hermétisme et dans la science*, Paris, 1976. – F. Bonardel, *L'Hermétisme*, Paris, 1985. – R.-A. Segal, *The Poimandres as Myth. Scholarly Theory and Gnostic Meaning*, Amsterdam, 1987.

HERMLIN Stephan. Poète, nouvelliste allemand. Né le 13 avril 1915 à Chemnitz. Issu d'une famille de la bourgeoisie juive, il passe son enfance à Berlin où, dès 1931, alors qu'il est encore lycéen, il milite au sein des Jeunesses communistes. Il entre en 1933 dans l'opposition clandestine au régime, puis choisit en 1936 le chemin de l'émigration qui, par l'Égypte, la Palestine, l'Angleterre, le conduit jusqu'en France. Il participe à la guerre d'Espagne, s'engage en 1939 dans l'armée française. De retour en Allemagne, en 1945, il collabore avec Hans Mayer aux programmes culturels de la radio de Francfort et s'installe à partir de 1947 à Berlin-Est.

C'est dans les années d'exil et de l'après-guerre que naît l'œuvre poétique de Stephan Hermlin, publiée parcimonieusement au fil des recueils *Douze ballades des grandes villes* [*Zwölf Balladen von den grossen Städten*, 1945], *Les Rues de la peur* [*Die Strassen der Furcht*, 1946], *Le Vol de la colombe* [*Der Flug* *der Taube*, 1952] et regroupée en 1963 dans une édition complète — comprenant cinquante textes environ — sous le titre *Poésies* (*). Le lyrisme de Stephan Hermlin, à la mesure du modèle que constitue pour lui le surréalisme de Louis Aragon et Paul Éluard (qu'il a d'ailleurs traduits), se conçoit comme une parole à la fois politique et hermétique, militante et exigeante. Mais ce qu'il appelle lui-même le « miracle » de cette unité entre l'utopie et le combat, le verbe et le faire, l'écriture et l'acte de résistance, devait s'abolir dans l'aube grise de l'édification de la société socialiste de R.D.A. À partir de 1958, le poète s'enferme dans le silence, répétant le geste d'Hölderlin qui, conscient de l'inanité de son « chant de la patrie », du rêve d'Hypérion, se réfugie dans sa tour solitaire (cf. la pièce radiophonique *Scardanelli*, 1970).

Parallèlement à son œuvre poétique, Stephan Hermlin a composé quelques courts récits inspirés à l'origine, avoue-t-il, par la lecture d'Ambrose Bierce. Le premier d'entre eux, *Le Lieutenant Yorck von Wartenburg* [*Der Leutnant Yorck von Wartenburg*, 1946], prête à l'un des conjurés du complot contre Hitler, quelques instants avant son exécution, le rêve hallucinant d'une révolte et d'une possible victoire contre le cours de l'Histoire, qui l'aide à affronter la mort. Cette structure narrative qui met en perspective, décale et transcende l'insupportable présent commande la plupart des récits de Hermlin, *Voyage d'un peintre à Paris* [*Reise eines Malers in Paris*, 1947], *Le Temps de la communauté* [*Die Zeit der Gemeinsamkeit*, 1949], *Le Temps de la solitude* [*Die Zeit der Einsamkeit*, 1950].

Si le poète, le nouvelliste, fait silence à partir des années 60, le critique et traducteur déploie en revanche une inlassable activité pour défendre, face aux gardiens de la politique culturelle officielle (sans rompre pour autant les ponts avec l'appareil qui incarne celle-ci), une esthétique « qui ne dresse pas de mur entre toutes les formes de littérature et celle que nous appelons socialiste ». Au nom de ces principes, il peut s'avouer, face à Hermann Kant, président de l'Union des écrivains, « à la fois communiste et écrivain bourgeois décadent », revendiquer pour l'artiste le « privilège du rêve débridé ». Ces prises de position renvoient à plusieurs écrits de caractère autobiographique où l'auteur réfléchit sur son itinéraire : *Crépuscule* [*Abendlicht*, 1979], *Retour* [*Rückkehr*, 1983], *Situations* [*Bestimmungsorte*, 1985]. « L'art, affirme Stephan Hermlin, prend toujours parti quand, au cœur du combat, il rêve d'un monde d'après les batailles. »

JEAN-JACQUES POLLET.

HERMOGÈNE (ou Hermogenianus]. Juriste latin. Il vécut à la fin du IIIe ou au début du IVe siècle, mais on ne connaît ni son prénom, ni son rang, et les sources contemporaines ou postérieures ne donnent sur sa vie aucune information. Son nom ne nous est connu que par le *Digeste*, qui contient cent quatre fragments de ses *Libri sex epitomarum ou juris epitomarum*, compilation de droit privé, construite sur le plan de l'Édit prétorien, et qui porte déjà une nette empreinte post-classique. Il n'est pas certain que ce juriste puisse être identifié à l'Hermogène auteur du *Code hermogénien* (*), que l'on trouve encore cité par Sedulius, un écrivain du Ve siècle, dans Migne, *Patrologie grecque et latine* (*), XIX, 547. Les documents dont nous disposons actuellement ne permettent pas d'éclaircir ce doute. Nous pouvons, par contre, nous faire une idée assez précise du *Code hermogénien*, bien que le texte original et complet ne nous en soit pas parvenu : c'est un recueil particulier de constitutions impériales — la seconde partie classée par ordre chronologique — qui fut fort utilisé dans les écoles et dans les tribunaux aux IVe et Ve siècles, et inspira les rédacteurs post-classiques de recueils semblables, particulièrement ceux de la *Lexies romanae Wisigothorum* (506) et *Burgundionum* (516) ainsi que la commission qui prépara le *Code justinien* (+) (529) — v. *Corpus de droit civil* (*). Ce recueil, destiné à intégrer le *Code grégorien* (*) publié quelque temps auparavant, fut presque sûrement constitué sous Dioclétien, car il contient les rescrits de cet empereur pour les années 293 et 294. Plus tard, il fut mis à jour par l'adjonction des constitutions successives du même Dioclétien, de Constantin et Licinius (314-323), puis de Valentinien et de Valens (364-365).

RÉF. : Detlef Liebs, *Hermogenianus iuris epitomae*, 1964.

HERMOGÈNE de Tarse. Rhéteur grec. Né à Tarse en Cilicie vers 160 apr. J.-C. Dès l'âge de quinze ans, il fut admiré pour son prodigieux talent d'orateur ; l'empereur Marc Aurèle serait venu l'écouter. Théoricien également, ses compétences en matières oratoires en firent l'autorité majeure de l'époque impériale. Son *Traité de rhétorique* (*), qui n'acquit toute sa réputation qu'à partir du Ve siècle, fut lu et enseigné dans les écoles byzantines jusqu'au Xe siècle.

FANI TRIPET-PEDIS.

RÉF. : M. Patillon, *La Théorie du discours chez Hermogène le rhéteur*, Paris, 1988 (avec bibliographie détaillée).

HERNÁNDEZ Felisberto. Écrivain uruguayen. Né le 20 octobre 1902 à Montevideo, mort dans cette ville le 13 janvier 1964. Issu d'un milieu modeste, il commence assez jeune des études musicales. Jusqu'au début des années 40, il tente de gagner sa vie comme pianiste par des tournées harassantes et infructueuses. Parallèlement, quelques rencontres capitales le mènent peu à peu vers la littérature. Après des essais hésitants dans les années 20, un groupe d'amis édite en 1942 sa première œuvre importante, *Au temps de Clemente Colling* [*Por los tiempos de Clemente Colling*], où dans une langue volontairement simple, presque orale, Hernández se livre à une évocation minutieuse, largement autobiographique et intensément poétique, de son enfance. Jules Supervielle, qu'il connaît et fréquente alors à Montevideo, encourage sa carrière, qui se poursuit en 1943 par une œuvre plus ambitieuse : *Le Cheval errant* (*). Après une troisième tentative « romanesque » restée inachevée, *Terres de la mémoire* [*Tierras de la memoria,* 1944], il écrit ensuite plusieurs nouvelles, où des événements parfois étranges sont rapportés à la première personne, tels des souvenirs imaginaires ou réels, souvent avec beaucoup d'humour : son recueil *Personne n'allumait les lampes* [*Nadie encendía las lámparas*] paraît à Buenos Aires en 1947. Après un séjour en France, Hernández revient en 1948 en Uruguay, où il survit grâce à d'obscurs emplois administratifs, tentant de concilier une vie sentimentale et matérielle difficile avec l'exercice de la littérature ; il publie encore quelques récits brefs, *Les Hortenses* [*Las Hortensias,* 1949], et *La Maison inondée* [*La casa inundada,* 1960], qui ne parviennent cependant pas à le faire connaître vraiment. Il laisse aussi de nombreux fragments, ébauches d'œuvres où se mêlent la fiction, la réflexion générale ou le journal intime, et où se reconnaît toujours un ton inimitable, proche d'une nouvelle forme de poésie en prose. C'est très lentement, bien des années après sa mort, que cet écrivain en marge de toute école commencera à être reconnu, malgré une œuvre relativement courte, pour un des créateurs latino-américains les plus originaux.

JEAN-PHILIPPE BARNABÉ.

HERNÁNDEZ José. Écrivain argentin. Né dans une ferme, à Saint-Martin, près de Buenos Aires, le 10 novembre 1834, mort à Buenos Aires le 21 octobre 1886. Ses premières années se passèrent au milieu de luttes politiques cruelles et odieuses auxquelles ses grands-parents se trouvèrent mêlés. Depuis l'âge de neuf ans, il s'entraîna aux dures fatigues du gaucho argentin, et parvint à s'imprégner profondément des mœurs du langage et du folklore des gauchos, tandis que grandissait en lui un très vif attachement à la terre argentine. Ces éléments, joints à ses dons créateurs, donnèrent naissance à l'ouvrage qui le fit passer à la postérité : *Martín Fierro* (*). Hernández participa activement aux guerres civiles qui secouèrent son pays ; tour à tour soldat, journaliste, homme politique, il fut député au Congrès à plusieurs reprises, et dut parfois émigrer au Brésil. À un certain moment, le gouvernement argentin le pria de visiter l'Australie, pour y étudier les méthodes relatives aux pâturages et aux troupeaux de ce pays, semblable au sien ; Hernández, fort de sa passion nationaliste, refusa l'offre, et recourant à sa propre expérience de la vie agricole argentine, écrivit un livre qu'il intitula *Instruction du fermier* [*Instrucción del estanciero*], qui conserve encore de nos jours beaucoup de sa valeur primitive. Dans la poésie hispano-américaine, Hernández occupe une place de choix en tant que poète, écrivain de mœurs et interprète sincère des types du pays.

HERNÁNDEZ Miguel. Poète espagnol. Né à Orihuela (province d'Alicante) le 30 octobre 1910, mort à Alicante le 28 mars 1942. Ce fils de berger passe son enfance et presque toute son adolescence à garder les chèvres, et cette occupation lui permet de demeurer en contact permanent et intime avec la nature à laquelle il voue un amour quasi mystique. Sa culture est propre à un autodidacte qui n'a fréquenté le collège que deux ans : il lit les poètes classiques tels que Garcilaso, saint Jean de la Croix, Lope de Vega et participe à une réunion littéraire présidée par Ramón Sijé chez un boulanger ami de la famille, où il déclame ses premiers vers. Il part pour Madrid en décembre 1931 et est saisi par l'atmosphère ardente des premiers temps de la République, mais la solitude et la misère lui font regagner bientôt son Levant natal. Federico García Lorca, de passage à Murcie avec le théâtre ambulant de « la Barraca », fait la connaissance de Miguel Hernández qui lui lit les épreuves de son premier recueil de poèmes : *Expert en lunes* [*Perito en lunas,* 1933] ; le baroquisme de cette œuvre, où perce l'influence de Gongora, contraste avec la simplicité élémentaire de la vie champêtre que chante Hernández dans des livres postérieurs, notamment dans son « auto sacramental » *Qui t'a vue et qui te verra ô ombre de qui tu es* [*Quien te ha visto y quien te ve o sombra de lo que eres*, 1934], d'inspiration caldéronienne. Cette année-là, le poète a regagné Madrid, à un moment où les écrivains mettent leur plume au service de la république menacée : ainsi Alberti, Cernuda, Aleixandre avec lesquels il se lie d'amitié. Il commence l'élaboration du livre de poèmes qui portera le titre de *La Foudre perpétuelle* (*) (1936) : le thème essentiel est l'amour avec les réactions vitales et élémentaires qu'il suscite. Miguel Hernández délaisse le baroquisme initial issu de sa culture classique pour revenir à la simplicité propre à sa nature profonde. Son engagement politique résulte du soulèvement des mineurs aux Asturies, qui lui inspire un drame en trois actes : *Les Fils de la pierre* [*Los hijos de la piedra*, 1934] dont le sous-titre est révélateur : « Drame de la montagne et ses journaliers. » Mais il atteint la consécration littéraire avec *L'Éclair sans trêve*, imprimé par les soins d'Altolaguirre et salué avec enthousiasme par des écrivains comme Marañón et Juan Ramón Jiménez. Lorsque éclate le soulèvement franquiste, Miguel Hernández est décidé à servir

« l'Espagne des pauvres », celle des paysans qui vont payer un lourd tribut au conflit. Il leur rend hommage dans une pièce de théâtre, *Le Meilleur Laboureur* [*El labrador de más aire*, 1936] et dans des poèmes que lui inspirent ses visites inlassables sur les fronts. Un nouveau thème se superpose à celui de l'amour : c'est la mort qui constitue la toile de fond d'un drame biblique *Le Berger de la mort* [*El pastor de la muerte*] et de quatre pièces regroupées sous le titre de *Théâtre à la guerre* [*Teatro en la guerra*, 1937]. En cette même année, il épouse Josefina Mansera, humble couturière qu'il avait connue en 1933. Mais le destin les sépare rapidement : poursuivant son exaltation du rôle des humbles dans le combat aux côtés des républicains, il publie à Valence *Vent du peuple* (*) (1937), dont il a déjà récité des extraits à Radio-Valence et qui lui vaut les titres de « premier poète de notre guerre » et de « grand poète du peuple » décernés par l'Alliance des intellectuels. La joie que lui procure la naissance d'un fils au début de 1939 est ternie par la douleur du spectacle de la guerre et ce dualisme apparaît dans *Le Guetteur* [*El hombre acecha*], dédié à Pablo Neruda et publié dans les œuvres complètes en 1960. À la fin de la guerre civile, le poète tente de passer au Portugal mais il est emprisonné à Madrid. Dans son cachot, il se met à écrire les vers poignants de son *Recueil d'absence* [*Cancionero y romancero de ausencias*, 1938-1941], édité en 1958 ; ce sont des vers tout imprégnés de la nostalgie de la vie paysanne et de la terre natale où l'attendent les siens. À la suite de sa mise en liberté provisoire, il se rend dans son village, puis de nouveau arrêté, il est transféré à Madrid en décembre 1939. Condamné à trente ans de détention, il meurt miné par la tuberculose le 28 mars 1942. Dans le prologue de l'*Anthologie* de 1960, une critique dit de Miguel Hernández : « Il n'y a aucun autre poète pour lequel la vie et l'œuvre ont été si humainement liées. » Jamais en effet il ne perd le contact avec la terre-mère et la race paysanne à laquelle il appartenait, dont il loue l'héroïsme au cours de la guerre civile tout comme il est capable d'en exalter les sentiments éternels, suivant en cela une tradition léguée par les dramaturges classiques.

MARIE-FRANCE SCHMIDT.

RÉF. : Concha Zardoya, *Miguel Hernández, vida y obra*, New York, 1955. – Juan Guerrero Zamora, *Miguel Hernández poeta*, Madrid, 1955. – Elvio Romero, *Miguel Hernández, destino y poesía*, Buenos Aires, 1958. – Claude Couffon, *Orihuela et Miguel Hernández*, Paris, 1963, et Buenos Aires, 1967. – Juan Cano Ballesta, *La poesía de Miguel Hernández*, Madrid, 1963. – Jacinto Luis Guereña, *Miguel Hernández*, Paris, 1963. – Dario Puccini, *Miguel Hernández, vida y poesía*, Buenos Aires, 1970. – Vicente Ramos, *Literatura alicantina*, Madrid, 1966, et *Miguel Hernández*, Madrid, 1973. – Marie Chevallier, *L'Homme, ses œuvres et son destin dans la poésie de Miguel Hernández*, Paris, 1974. – María de Gracia Ifach, *Miguel Hernández, rayo que no cesa*, Barcelone, 1975.

HÉROARD Jean. Médecin français. Né à Montpellier le 22 juillet 1551, mort à La Rochelle le 11 février 1628. Appartenant à une famille originaire de Normandie établie à Montpellier au XVIe siècle, il est le fils de Michel Héroard, chirurgien protestant, et de Catherine de Farges. Il épouse en 1602 Anne du Val, fille de Guillaume du Val, seigneur de Vaugrineuse, et de Charlotte Lhuillier. Il n'a pas eu de descendance. Protestant, comme le roi Henri IV, dont il était un compagnon, il s'est converti au catholicisme. Jean Héroard a fait ses études de médecine à l'université de Montpellier. On voit son nom sur le registre matricule de celle-ci à la date de 1571. Il a été chirurgien des écuries de Charles IX et à la cour de celui-ci il a rencontré Ronsard. Il entre au service d'Anne de Joyeuse, favori de Henri III, tué à la bataille de Coutras (1587). Il devient médecin de Henri III, c'est lui qui signe le procès-verbal d'autopsie après l'assassinat du roi par Jacques Clément (1589). Le 21 septembre 1601, Henri IV le nomme médecin du Dauphin ; le 25 mai 1610, Marie de Médicis le nomme premier médecin de Louis XIII. Cette charge lui donne sa place dans l'histoire mais surtout la rédaction de ce document unique que constitue son *Journal* (*) tenu quotidiennement pendant les vingt-six années d'exercice de sa fonction. Il a fait l'objet d'une publication intégrale en deux volumes : *Journal de Jean Héroard,* sous la direction de Madeleine Foisil, préface de Pierre Chaunu, Paris, 1989.

MADELEINE FOISIL.

HÉRODAS. Poète grec. Avant la publication en 1891 d'un papyrus égyptien qui a restitué huit de ses *Mimes* ou *Mimiambes* (*) (le dernier dans un état très fragmentaire), on ne connaissait que le nom et un petit nombre de vers d'Hérodas (ceci est la forme la plus probable de son nom ; Athénée est le seul qui l'appelle Hérondas). On ne peut faire que des hypothèses sur son lieu de naissance, les dates et les circonstances de sa vie. Son nom présuppose une origine dorienne. Comme certains de ses *Mimes* sont situés à Cos, cette île dorienne pourrait être sa patrie, mais il pourrait tout aussi bien être syracusain, étant donné que le mime était un genre particulièrement florissant en Sicile. Selon certains indices référentiels et d'après le caractère de sa poésie, il semble avoir vécu au IIIe siècle avant J.-C. Il a peut-être séjourné à Cos et, très vraisemblablement, à Alexandrie d'Égypte : son œuvre contient des échos de la vie luxueuse de cette capitale et des querelles et jalousies qui divisaient ses cénacles littéraires.

ALESSANDRA LUKINOVICH.

RÉF. : P. Groeneboom, *Les Mimiambes d'Hérodas, I-VI,* Groningen, 1922. – L. Laloy, Introduction à l'édition des *Mimes,* Paris, 1928. – I. C. Cunningham (ed.), *Herodas Mimiambi* Oxford, 1971.

HÉRODIEN. Historien grec. Nous avons très peu de renseignements sur sa vie. Oriental, il serait né peut-être en Syrie ou en Anatolie, d'autres disent à Alexandrie d'Égypte, vers 170 apr. J.-C. La date de sa mort est inconnue. De toute probabilité, il était d'humble origine et n'obtint la citoyenneté romaine qu'en 212, grâce à l'édit de l'empereur Caracalla. D'après son propre témoignage, il exerça diverses fonctions publiques, certainement modestes, sous les Sévères. Il semble avoir vécu assez longtemps à Rome, où il était en 192 et en 204, lors des spectacles donnés par les empereurs Commode et Septime Sévère, dont il parle comme y ayant assisté. Son *Histoire de l'Empire depuis la mort de Marc Aurèle* (*) récapitule les principaux événements qui se déroulèrent de 180 à 238, c'est-à-dire à partir du règne de Commode jusqu'à l'avènement de Gordien III. Hérodien est un contemporain de l'historien Dion Cassius, avec lequel on le compare volontiers en opposant leurs écrits.

ALESSANDRA LUKINOVICH.

HÉRODOTE. Historien grec. Né à Halicarnasse (actuellement Bodroum, petite ville turque d'Asie Mineure), colonie dorienne des côtes de la Carie, entre 490 et 480 av. J.-C. – probablement vers 484 –, mort vers 425. Le nom de son père, Lyxès, et celui d'un parent, oncle ou cousin, Panyassis (auteur d'un poème sur les exploits d'Héraclès), sont d'origine carienne ; le nom de sa mère est incertain, Dryo ou Roio, son frère se nommait Théodore. Sa famille était alors sous la domination perse et gouvernée par le tyran Lygdamis II. Hérodote fut donc un sujet de l'Empire perse, mais dans ses veines coulait du sang grec ; en outre, Halicarnasse, dès l'origine, avait subi l'influence ionienne. Lorsque Hérodote était encore enfant, sa famille dut s'exiler ; peut-être se trouva-t-elle mêlée à quelque tentative de rébellion contre Lygdamis. Il semble bien que ce soit justement par ordre de ce même tyran que Panyassis ait trouvé la mort. Donc, à une époque que nous ne pouvons préciser, mais en tout cas postérieure à 479, Lyxès et Hérodote s'installèrent à Samos où ils vécurent assez longtemps. Bien plus, la tradition veut que ce soit à Samos qu'Hérodote ait appris le dialecte ionien dans lequel il a rédigé son œuvre ; mais les chercheurs modernes ont constaté que ce dialecte était aussi communément employé à Halicarnasse. Peu avant 454, cette ville fut débarrassée des tyrans et il est presque certain qu'Hérodote a participé à cette entreprise. Durant son exil à Samos, il avait accompli quelques voyages dans les régions voisines (Lycie, Phrygie, Carie, Lydie, Rhodes) ; il est possible qu'il ait également visité le Pont-Euxin, avec le centre commercial d'Olbia, et les îles septentrionales de la mer Égée. C'est après 454 qu'il se rendit à Athènes, et le séjour qu'il y fit eut une grande influence sur son esprit. Il se lia d'amitié avec Sophocle qui lui dédia un poème. C'est une opinion communément répandue qu'il devint un admirateur de Périclès et de sa politique au point de se montrer tellement partial à l'égard d'Athènes, dans son *Histoire* (*) que les Anciens déjà le qualifièrent de « philathénien ». On ne peut établir avec précision les dates des nombreux voyages qu'Hérodote fit ensuite, peut-être pour des motifs commerciaux, en Thrace et en Macédoine, poussant jusqu'à Sardes, jusqu'aux colonies grecques de Sicile et d'Italie, à Cyrène, en Égypte et en Perse. Les descriptions si précises, vivantes et détaillées qu'il donne dans son *Histoire* ont une telle empreinte de vérité qu'on ne peut douter qu'il ait réellement visité, sinon tous, tout au moins presque tous ces lieux. Il est probable que ses deux plus longs et plus importants voyages, en Égypte et en Perse, se sont placés entre 448 et 446. En Égypte, Hérodote, entre juillet et novembre, s'enfonça jusqu'à Syène et Éléphantine et assista aux phases culminantes de la crue du Nil ; en Perse, il visita sûrement Tyr, puis il rejoignit Babylone, sans qu'on puisse savoir s'il toucha Écbatane et Suse.

De 446 à 444, il se trouve à Athènes, où il donne des lectures publiques de son œuvre. La tradition veut qu'il ait donné de semblables séances à Olympie et à Corinthe, où il n'aurait pas obtenu le succès escompté et se serait vengé, par la suite, par des calomnies contre les Corinthiens ; il aurait de même détesté les Thébains parce que ses lectures auraient été interdites à Thèbes. Il est bien évident que tout cela tient de la légende et qu'on a seulement cherché à expliquer l'aversion qu'Hérodote a manifestée pour Thèbes et Corinthe. Certains critiques vont jusqu'à nier la réalité historique des lectures athéniennes, lesquelles, au contraire, ne semblent pas pouvoir être mises en doute ; par contre, plus que suspect est le fait que pour une de ses lectures, Hérodote ait reçu dix talents de l'Assemblée athénienne, sur proposition d'Anitos. De la Grèce même, il connut particulièrement les lieux qui présentaient pour lui un intérêt spécial comme les sanctuaires de Delphes, de Dodone, Tégée, Thèbes, les champs de bataille des guerres médiques, Sparte et Olympie. En 446, ou plus probablement en 444, Périclès voulut que sur les ruines de Sybaris, dans la Grande Grèce, on fondât la colonie de Thourioi ; Hérodote prit part à cette fondation, il demeura trois ou quatre ans à Thourioi et, durant cette période, visita les villes les plus importantes de la Grande Grèce et de la Sicile (Tarente, Métaponte, Crotone, Syracuse, Géla), puis il retourna à Athènes. Nous ne savons presque rien des dernières années de sa vie, il n'est même pas possible de déterminer s'il mourut à Athènes ou à Thourioi ; de toute manière, il faut rejeter l'hypothèse qui fait de Pella, ville de Macédoine, le lieu de sa mort ; c'est

Euripide qui, plus tard, en 406, y mourra. On montrait dans l'agora, à Thourioi, bien après, sa tombe où figurait une épitaphe de quatre vers, dont le texte, tel qu'il nous a été transmis, n'est certainement pas l'original : « Ici se trouvent les cendres d'Hérodote, fils de Lyxès ; maître de l'histoire ionienne ancienne, né en pays dorien, fuyant l'insupportable critique des ses concitoyens il eut Thourioi pour patrie. »

VITTORIO DE FALCO.

♦ *« L'histoire compte beaucoup d'écrivains distingués, à la tête desquels on ne balance pas à en placer deux, qui, par des qualités opposées, ont acquis la même portion de gloire. L'un est Thucydide, serré, concis, ne s'arrêtant jamais ; l'autre, Hérodote, doux, clair et abondant. Le premier peint mieux les passions violentes, le second les sentiments modérés ; Thucydide brille dans les harangues, Hérodote dans les entretiens familiers. »* Quintilien. ♦ *« Pour le choix et l'arrangement des mots, ainsi que pour la variété des figures, il éclipsa tous ses devanciers ; il a donné à sa prose la physionomie de la poésie, par le naturel, la grâce et une douceur que rien ne saurait égaler. En lui brillent les qualités les plus heureuses et les plus séduisantes, à l'exception de celles que demandent les discussions animées ; soit que la nature les lui eût refusées, soit que son goût les lui fît regarder comme incompatibles avec le ton de l'histoire* [...] *Jamais il ne cherche à remuer les passions, ni à agrandir les objets. »* Denys d'Halicarnasse. ♦ *« Que ne puis-je imiter Hérodote, je ne dis pas en tout, ce serait trop désirer, mais que ne puis-je arriver à quelques-unes de ses perfections, par exemple, aux grâces de son style, à l'harmonie de sa pensée, à la douceur suave et native de son dialecte ionien, à la richesse de ses idées, à cette réunion de beautés diverses, désespoir de quiconque se flatte d'y atteindre. »* Lucien. ♦ *« Hérodote est un habile écrivain, son style a du charme, ses récits sont pleins d'agréments, d'intérêt, de couleur locale, enfin il est doux et plein de séduction ; seulement la science sérieuse lui fait défaut* [...] *et il faut se méfier de la calomnie et de la médisance que l'écrivain dissimule sous des formes polies et délicates. »* Plutarque. ♦ *« On ne peut refuser à Hérodote l'honneur d'avoir peint les mœurs dans son histoire, quoiqu'elle soit plus en narrations qu'en réflexions, mieux que ne font tous nos historiens en chargeant leurs livres de portraits et de caractères. »* J. J. Rousseau. ♦ *« La bonne foi d'Hérodote est au-dessus de tout soupçon* [...] *cela ne veut pas dire, tant s'en faut, qu'il ne se soit jamais trompé. »* A. Croiset. ♦ *« Les monuments nous disent et nous diront un jour ce que firent les Khéops, les Ramsès, les Thoutmôs du monde réel : Hérodote nous apprend ce qu'on disait d'eux dans les rues de Memphis. »* G. Maspero. ♦ *« Comme historien, Hérodote sera dépassé ; comme conteur, il restera incomparable. »* G. Glotz. ♦ *« On a quelque scrupule à examiner ces récits, ces tableaux attachants, avec les lunettes de l'érudit en quête d'exactitude et de vérité vraie. La chatoyante diversité de l'ensemble, le pittoresque, le romanesque, l'humour, la gaillardise, la touchante familiarité, le tragique, l'héroïque, le merveilleux qui, tour à tour, s'expriment dans les parties, la vie répandue partout, désarment la critique. On est tenté de trouver suffisante cette espèce de vérité seconde dont l'auteur s'est souvent contenté. »* Ph.-E. Legrand.

RÉF. : A. Hauvette, *Hérodote, historien des guerres médiques,* Paris, 1894. – W. H. How, J. Welles, *A Commentary on Herodotus,* 2 vol., Oxford, 1912. – F. Jacoby, *Herodotos,* Pauly-Wissowa, *Real Encyclopaedie,* suppl. II, Stuttgart, 1913. – *Histoire et historiens dans l'Antiquité,* Entretiens sur l'Antiquité classique, IV, Vandœuvres-Genève, 1958. – M. I. Finley, *The Greeks Historians. The Essence of Herodotus, Thucydides, Xenophon, Polybius,* New York, 1959. – W. Marg ed., *Herodot. Eine Auswal aus der neueren Forschung,* Munich, 1962. – H. R. Immerwahr, *Form and Thought in Herodotus,* Cleveland, 1966. – Ph.-E. Legrand, *Hérodote. Introduction,* Paris, 1966. – K. Fritz, *Die griechische Geschichtsschreibung, I : Von den Anfaengen bis Thukydides,* Berlin, 1967. – C. W. Fornara, *Herodotus, an Interpretative Essay,* Oxfod, 1971. – D. Roussel, *Les Historiens grecs,* Paris, 1973. – G. Lachenaud, *Mythologies, religion et philosophie de l'histoire dans Hérodote,* 1979. – F. Hartog, *Le Miroir d'Hérodote. Essai sur la représentation de l'autre,* Paris, 1980. – C. Darbo-Peschanski, *Le Discours du particulier,* Paris, 1987. – A. Sauge, *De l'Épopée à l'histoire. Fondement de la notion d'historié,* Francfort-sur-le-Main, 1992.

HÉROËT Antoine, dit de la Maisonneuve. Poète français. Né et mort à Paris (1492 ?-1568). Originaire d'une famille d'officiers royaux, Antoine Héroët fit carrière de poète de cour. À partir de 1524, il reçut une pension de Marguerite de Navarre, sœur de François Ier, et de Louise de Savoie ; protégé également par François Ier, Héroët fut nommé par le roi abbé de Notre-Dame de Cercanceaux en 1543 et évêque de Digne en 1552. Il composa de nombreux poèmes de circonstance et des pièces galantes dont les plus connues sont l'*Épitaphe de Louise de Savoie* (mère de François Ier et de Marguerite), le *Blason de l'œil, Douleur et Volupté, L'Honneur des femmes*, ainsi que de nombreux rondeaux, dizains et huitains. Mais c'est en tant que poète philosophique qu'Héroët conquit de son temps la gloire et qu'il est passé à la postérité. Deux grands poèmes, *L'Androgyne*, présenté au roi en 1536, et *La Parfaicte Amye* (*), œuvre publiée en 1542, connurent un très vif succès dont témoigne le nombre des éditions parues au XVIe siècle : seize pour *L'Androgyne*, vingt pour *La Parfaicte Amye*, son chef-d'œuvre. Appartenant encore par sa langue et par sa versification à l'école de Marot, ami de Mellin de Saint-Gelais, Héroët se rapproche de l'école lyonnaise, à laquelle il n'a pas appartenu, et annonce, avec elle, la Pléiade. Aussi non seulement Thomas Sebillet dans son *Art poétique français* (*) mais Du Bellay dans sa *Défense et illustration de la langue française* (*) lui rendent-ils hommage. Du Bellay devait aller jusqu'à dédier à Héroët l'un des poèmes de son *Recueil de poésie* de 1549.

♦ *« Un petit œuvre mais qui, en sa petitesse, surmonte les gros ouvrages de plusieurs. »* Étienne Pasquier.

RÉF. : G. Gohin, notice et bibliographie dans édition des *Œuvres poétiques d'Héroët*, Paris, 1909. – M. Deslex, *A. Héroët e la Parfaicte Amye*, Turin, 1952.

HÉROLD Louis Ferdinand. Compositeur français. Né et mort à Paris (28 janvier

1791-19 janvier 1833). Fils du pianiste compositeur François-Joseph Hérold qui avait reçu des leçons de Carl Philipp Emanuel Bach, il fut au Conservatoire l'élève de Fétis, Adam, Catel et Méhul, et remporta en 1812 le Grand Prix de Rome. Pendant son séjour en Italie, il composa diverses œuvres dont les plus intéressantes sont la *Symphonie en ré majeur* (1813) et trois quatuors (1814). Il fit représenter à Naples sa première œuvre théâtrale, *La Jeunesse d'Henri V* (1815). Revenu en France, *Les Rosières* (1817), *La Clochette* (1817) et *Le Muletier* (1823) obtinrent le plus grand succès. De 1820 à 1827, Hérold fut accompagnateur au Théâtre Italien ; invité en Italie à écrire des cantates, il réussit à amener en France la Pasta et la Galli. Devenu maître de chœurs à l'Opéra en 1827, il se consacra surtout à composer de la musique pour piano et des ballets (*La Fille mal gardée,* 1828 ; *La Belle au Bois dormant* (+), 1829). Mais c'était le théâtre qui devait lui réserver ses plus grandes satisfactions et on lui doit encore *Marie* (1826), *Zampa* (1831) et *Le Pré aux Clercs* (*) (1832), œuvres qui non seulement eurent un vif retentissement, mais dans lesquelles Hérold fit preuve du talent le plus souple et d'une compréhension parfaite du théâtre et du drame.

HÉRON d'Alexandrie. Mathématicien grec. Il vécut à Alexandrie à une époque incertaine, située entre le Ier siècle av. J.-C. et le IIe siècle de notre ère. En nous servant de termes actuels, nous dirions qu'il fut directeur de l'École polytechnique d'Alexandrie. Mathématicien, il apporta une contribution modeste à la science pure ; mais, en tant que physicien, Héron fut, à l'époque ptolémaïque, le savant le plus éminent après Claude Ptolémée. Parmi les nombreux écrits qui nous sont parvenus sous son nom, il a été difficile d'établir ceux qui appartiennent au Héron d'Alexandrie dont parle Pappus ; ceux que de nos jours on lui attribue se trouvent recueillis dans une édition critique en cinq volumes, en grec ou dans la version arabe, avec une traduction allemande (Leipzig, 1899-1914). La partie fondamentale de l'œuvre d'Héron est un traité de physique appliquée et de géométrie pratique. *La Mécanique* (*) en trois livres traite des machines simples et de la composition des mouvements. *La Pneumatique* traite des propriétés élémentaires des gaz et du siphon, et décrit également des appareils pratiques, dont la fameuse « fontaine d'Héron », premier modèle d'appareil à réaction. Dans son livre *Sur les automates,* il décrit le mécanisme des machines de théâtre ; cet ouvrage constitue par ailleurs un document fort intéressant sur la scénographie grecque. Dans *La Dioptrique,* il décrit un instrument, utilisé alors par les topographes et les astronomes, analogue à notre actuel théodolite. *La Métrique* est une œuvre en trois livres dans laquelle sont traités des problèmes de géodésie et de géométrie pratique, tels que la recherche des surfaces et des volumes, avec des procédés rigoureux et des calculs approximatifs et la division des figures planes et solides en parties ayant des relations entres elles et avec la figure entière. Dans le premier livre de *La Métrique,* on trouve la formule bien connue $S = \sqrt{p(p-a)(p-b)(p-c)}$ qui permet de calculer la surface d'un triangle en fonction de ses côtés. Selon Proclus c'est à Héron que l'on doit un commentaire d'ordre pratique sur les *Éléments* (+) d'Euclide, enrichissant le vocabulaire géométrique et contenant des observations, dont l'une se réfère à la démonstration euclidienne du théorème de Pythagore.

RÉF. : Letronne, *Recherches sur les fragments d'Héron,* 1852. — D. R. Hill, *Introduction à « Les Mécaniques ou l'Élévateur des corps lourds » d'Héron d'Alexandrie,* Paris, 1988.

HÉROPHILE de Chalcédoine. Médecine grec. Né vers 330 avant J.-C., mort vers 250 avant J.-C. Né sur la rive asiatique du Bosphore, il étudie peut-être à Athènes, et certainement à Cos, où il bénéficie de l'enseignement du grand Praxagoras. C'est à Alexandrie que se déroule l'essentiel de sa carrière médicale, au sein du Musée mis en place par les Ptolémée. Tout comme Érasistrate, et peut-être en même temps que lui, il y trouve la possibilité de mener à bien des dissections animales et humaines, voire des vivisections. L'avancement des connaissances anatomiques et physiologiques rendu ainsi possible peut être considéré comme une véritable révolution dans le savoir médical. Hérophile fut l'auteur de plusieurs traités, dont seuls des fragments subsistent. Un certain nombre de médecins plus tardifs se réclament d'Hérophile, sans que l'on puisse parler d'une école au sens strict. Cependant, son influence fut grande sur la médecine antique, en particulier sur Galien qui n'a pour lui que louanges — v. *Fragments* d'Hérophile (*).

ANNE-FRANCE MORAND et VINCENT BARRAS

RÉF. : H. von Staden, *Herophilus. The Art of Medicine in Early Alexandria*, Cambridge, 1989.

HERRERA Fernando de. Poète espagnol. Né à Séville (Espagne) en 1534, mort dans cette même ville en 1597. Selon le peintre Francisco Pacheco, l'éditeur de ses poèmes, il naquit dans une famille modeste. Sa première œuvre datée est le sonnet à Charles Quint en l'honneur de la victoire de Mühlberg, en 1547. En 1565, Herrera touchait déjà le bénéfice de la paroisse de Saint-André, à Séville, bien qu'il ne fût pas prêtre. Austère, de caractère difficile, adonné aux études et profond connaisseur des lettres classiques, il est la figure centrale du groupe de poètes et d'humanistes sévillans qui composèrent la cour littéraire de nobles illustres, tels le marquis de Tarifa et le comte de Gelves ; Herrera s'éprit de la femme de ce dernier qu'il connut en 1559 — et qui mourut en 1581 – et la célébra sous le nom de Luz. Ses contemporains l'appelèrent « le Divin ». De son vivant il publia la *Relation de la guerre de Chypre et succès de la bataille navale de Lépante* [*Relación de la guerra de Chipre y suceso de la batalla naval de Lepanto,* 1578] avec le chant qu'il avait composé sur ce sujet : les *Annotations aux œuvres de Garcilaso* (1580), œuvre qui provoqua de très vives polémiques auxquelles l'auteur prit part lui-même ; *Thomas Morus,* biographie du martyr anglais aujourd'hui canonisé, et un recueil de poèmes sous le titre de *Quelques œuvres de Fernando de Herrera* [*Alcunas obras de Fernando de Herrera,* 1582]. Le peintre Pacheco publia à Séville, en 1619, une édition augmentée de ses *Poésies* (*), moins soignée que celle donnée par l'auteur. Récemment, Blecua a fait paraître un nouveau manuscrit de Herrera comprenant de nombreuses *Rimes inédites.*

HERRERA Y REISSIG Julio. Poète uruguayen. Né à Montevideo le 9 janvier 1875, mort dans cette même ville le 18 mars 1910. Son éducation première lui fut donnée dans un collège religieux. Descendant d'hommes politiques importants de l'Uruguay, il ne put exploiter leur influence car, à sa naissance, leur prestige était déjà terni ; il passa sa vie dans la plus grande détresse, et les emplois publics qu'il occupa ne lui procurèrent que le strict nécessaire pour son entretien.

Cependant il réussit à voyager en Europe, s'arrêtant toutefois à Paris pour étudier l'œuvre de différents poètes français, puis à Madrid. En 1899, il fonda *La Revista.* En 1910 il fut nommé bibliothécaire de l'université, mais, de santé délicate depuis sa jeunesse, une crise cardiaque l'emporta quelques semaines plus tard, à l'âge de trente-cinq ans. Une certaine tendance critique reconnaît en Herrera y Reissig l'auteur le plus caractéristique de l'époque moderne uruguayenne : chez lui, diverses influences littéraires se rejoignent et se combinent : Gongora, les parnassiens et les symbolistes français ainsi que les Américains « modernes ». Toutes ces influences sont assimilées par la sensibilité et par la féconde imagination créatrice du poète uruguayen, produisant un langage poétique aux curieux accents, profondément originaux, fruit d'un tempérament délicat et hypersensible – v. *Poésies* (*). On a voulu trouver dans la poésie de Herrera y Reissig deux genres d'expression : l'un au langage transparent et au ton idyllico-pastoral, comme dans *Les Extases de la montagne,* l'autre d'un baroque accentué, de syntaxe compliquée, peuplé d'images obscures au moyen desquelles le poète espérait atteindre sa forme la plus personnelle.

RÉF. : B. Gicovate, « La Poesia de J. Herrera y Reissig y el simbolismo » in *El Simbolismo* (éd. par J.O. Jimenez), Madrid, 1979.

HERRICK Robert. Poète anglais. Né à Londres en 1591, mort à Dean Prior en 1674. Fils d'un orfèvre, il travailla dix ans comme apprenti dans la boutique d'un oncle. À vingt-deux ans, il entra à Cambridge où il fit ses études de droit. Maître ès arts en 1620, il se rendit à Londres où il pénétra dans le cercle littéraire de Ben Jonson. Il mena joyeuse vie et composa des poésies légères avec accompagnement de musique qui furent chantées devant le roi et la reine. Devenu ministre de l'Église d'Angleterre puis vicaire à Dean Prior (Devonshire), il prêcha pendant vingt ans aux gens de la campagne, tout en composant des poésies. Il publia en 1648, en un seul volume, un recueil de poésies *Les Hespérides* (*), d'inspiration profane, et *Rimes saintes* [*Holy Numbers*] de caractère sacré mais dont la sincérité est troublée par une note païenne.

RÉF. : F. W. Moorman, *Robert Herrick, a Biographical and Critical Study,* 1910. – F. Delattre, *Robert Herrick. Contribution à l'étude de la poésie anglaise au XVIIe siècle,* 1910. – R. B. Rollin, *Robert Herrick,* New York, 1966. – G. W. Scott, *Robert Herrick,* Londres, 1974. – E. H. Hagerman, *Robert Herrick, A Reference Guide,* Boston, 1983.

HERSCHEL sir Frederik William. Astronome anglais d'origine allemande. Né à Hanovre (Prusse) le 16 novembre 1738, mort à Slough le 25 août 1822. À dix-sept ans, il vint en Angleterre comme joueur de hautbois dans la musique militaire de la garde de Hanovre, et quelques années après il s'y fixa définitivement, ayant obtenu un poste d'organiste à Bath. C'est là que le rejoignit en 1772 sa sœur Caroline, sa fidèle collaboratrice dans ses fameuses observations et découvertes astronomiques. L'observation du ciel exigeant des télescopes toujours plus puissants, il mit à profit ses heures de liberté pour apprendre l'art de fondre et de travailler les miroirs paraboliques de métal, assemblant entre eux des réflecteurs différents, du type newtonien. Le meilleur de ceux-ci mesurait 1,20 m d'ouverture et 13 m de distance focale ; la description de ce célèbre instrument se trouve dans les *Transactions* de la Royal Society – v. *Écrits astronomiques* (*). Dans ces derniers se trouvent également ses œuvres qui ont ouvert un nouveau chapitre dans toutes les branches de l'astronomie. En 1782, Herschel fut invité à Windsor par George III pour y devenir son astronome particulier. À Slough, tout proche de Windsor, il put ainsi s'adonner entièrement aux études et aux observations des étoiles avec des lunettes qu'il avait lui-même construites. C'est là qu'il écrivit son œuvre mémorable *Sur le mouvement du système solaire dans l'espace* (+), puis il prouva, âgé déjà de quatre-vingts ans, que notre soleil est une étoile située à l'intérieur de la Voie lactée, dont il définit la forme et les limites. Il fut enterré non loin de son fameux télescope.

HERTZ Heinrich Rudolph. Ingénieur électricien allemand. Né à Hambourg le

22 février 1857, mort à Bonn (Prusse) le 1er janvier 1894. Fils d'un sénateur, il voulait d'abord devenir ingénieur, puis s'orienta vers la physique, qu'il étudia à Munich et à Berlin. Docteur ès sciences en 1880, il devint ensuite l'assistant de Helmholtz. Étudiant libre à Kiel en 1883, il commença à s'intéresser à la théorie électromagnétique de Maxwell. Nommé professeur de physique à l'école polytechnique de Karlsruhe (1885), il y resta jusqu'en 1889, poursuivant les recherches qui devaient lui valoir la célébrité. Quelques années plus tard, Helmholtz ayant appelé son attention sur un prix offert par l'Académie des sciences de Berlin pour une confirmation expérimentale de la relation entre les actions électromagnétiques et la polarisation d'un diélectrique, Hertz n'y fit pas attention, ayant écarté la possibilité de confirmer à l'aide d'une expérimentation, quelle qu'elle fût, l'analogie de ces actions. Le moment approchait, cependant, où des savants de génie pourraient confirmer expérimentalement une hypothèse qui devait constituer un des points de repère de l'unité physique. À la même époque, en effet, le physicien hollandais Lorentz cherchait à formuler une théorie applicable à cette catégorie de phénomènes. Puis ce fut Hertz qui, disposant des appareils nécessaires, prouva la propagation de l'action électromagnétique dans l'espace. Ayant mesuré la longueur et la vitesse des ondes électromagnétiques, il prouva qu'elles étaient susceptibles de réflexion, de réfraction et de polarisation, mais que ces propriétés étaient les mêmes que celles de la lumière et de la chaleur. La théorie électromagnétique de Maxwell, formulée seize ans avant, trouva ainsi sa confirmation expérimentale, qui permit d'établir la nature électromagnétique de la lumière. À Bonn, où il avait succédé à Clausius à la chaire de physique de l'université (1889), Hertz poursuivit ses expériences en s'occupant des décharges électriques dans les gaz. Ses écrits ont été réunis dans les *Œuvres* (*) : I : *Écrits variés* [*Schriften vermischten Inhalts*, 1895] ; II : *Recherches sur la transmission de l'énergie électrique* ; III : *Les Principes de la mécanique* [*Die Principien der Mechanik*, 1894]. *Les Principes* furent le dernier ouvrage de Heinrich Rudolph Hertz, qui mourut à l'âge de trente-sept ans, après une longue maladie. L'année même de sa mort, le physicien italien Augusto Righi, presque son contemporain, devait, dans un laboratoire de Bologne, mener à son aboutissement l'œuvre entreprise par Hertz. L'unité de mesure de fréquence des phénomènes périodiques fut dénommée « Hertz » en l'honneur du savant allemand.

RICCIOTTI FEDRIANI.

HERVIEU Paul-Ernest. Écrivain français. Né à Neuilly le 2 septembre 1857, mort à Paris le 25 octobre 1915. D'une famille bourgeoise, il fait ses études au lycée Condorcet, passe sa licence en droit en 1877 et débute comme avocat. Mais il ne reste que deux années au barreau et, de 1879 à 1881, sert dans la haute administration, comme attaché à la présidence du Conseil, puis comme secrétaire d'ambassade à Mexico. Ayant donné sa démission, il se consacre dès lors entièrement à la littérature et sera reçu à l'Académie française en 1900. Il débute dans le roman avec *Diogène le Chien* en 1882 et *La Bêtise parisienne* en 1884, s'affirme avec *L'Inconnu* en 1886, suivi de *Flirt*, de *L'Armature* – c'est-à-dire l'argent, base du monde moderne alors que tout le reste n'est que mots et décor –, de *Peints par eux-mêmes*, roman par lettres où chaque correspondant fait son propre portrait et nous montre ses vices avec une parfaite ingénuité. Paul Hervieu se révélait ici comme le peintre impitoyable des gens du « monde », de leur envie, de leurs intrigues dissimulées sous les bonnes manières. Bassesses, lâchetés, compromissions, tout cela était évoqué sans le moindre frémissement, dans un style sobre, indifférent, et sans que jamais une figure sympathique vienne éclaircir le tableau. Dès ses premiers livres, Hervieu avait obtenu de beaux succès auprès d'un public de grands bourgeois qui lui restera fidèle au théâtre. En 1892, en effet, il aborde la scène avec *Les paroles restent*, dénonciation de la médisance mondaine. En abandonnant le roman, Hervieu reste fidèle à l'inspiration de *Peints par eux-mêmes*. Son tempérament de moraliste le porte naturellement à prendre la succession de Dumas fils : il mettra en scène des conflits d'idées, comme le faisait à la même époque François de Curel, mais Hervieu s'engage avec beaucoup plus de rigueur dans la voie du théâtre à thèse, avec *Les Tenailles* (*) (1895) qui pose le problème du divorce et dénonce les injustices du code ; avec *La Loi de l'homme* (1897), où l'on voit un homme et une femme trompés se pardonner l'un et l'autre à cause de leur enfant. Après les problèmes sociaux, les problèmes passionnels : l'adultère dans *L'Énigme* (1901), l'amour des parents et des enfants dans *La Course du flambeau* (*) (1901), l'importance du premier amour dans la vie d'une femme dans *Dédale* (+) (1903), le conflit entre la passion et les liens de la famille et du monde dans *Réveil* (1905).

MICHEL MOURRE.

RÉF. : F. Guirand, article nécrologique in *Larousse Mensuel*, Paris, janvier 1916. – S. Fahmy, *Paul Hervieu, sa vie, son œuvre*, 1942.

HERWEGH Georg. Poète allemand. Né à Stuttgart (Wurtemberg) le 31 mai 1817, mort à Baden-Baden (Bade) le 7 avril 1875. Il fut l'un des plus grands parmi ceux qui, en Allemagne, combattirent politiquement au moyen de leur œuvre ; c'est en ce sens qu'il mit l'accent sur l'activité du mouvement spirituel appelé la « Jeune Allemagne », et il exerça, comme aucun autre, une influence immédiate sur les luttes de son temps. Ayant fréquenté, après ses études classiques, l'université protestante de Tübingen, mais peu attiré par les connaissances théologiques, il passa au journalisme avant même que les cours académiques fussent terminés. Appelé sous les armes, et s'estimant trop offensé par un de ses chefs, dans les droits élémentaires de sa dignité humaine, il déserta et se réfugia en Suisse. Ses *Poésies d'un vivant* (*) (1841-43), dont le style subit l'influence de Ludwig Uhland et de Theodor Körner, produisirent un grand effet par l'habileté surprenante dans l'emploi de la rime et l'extraordinaire vivacité d'imagination déployée, bien que celle-ci fût parfois grossie d'emphase et d'accents démagogiques. En 1842, le poète put rentrer en Allemagne, où il trouva bon accueil, même de la part du roi de Prusse ; mais, l'année suivante, il fut de nouveau contraint à s'expatrier. Pendant la révolution démocratique de 1848, il revint à Paris, à la tête d'un groupe d'ouvriers français et allemands, pour libérer l'État de Bade ; le 27 avril de cette même année, à la bataille de Schopfheim, ses forces étaient battues et dispersées par les troupes royales wurtembergoises. Par la victoire de la réaction, le mouvement littéraire et politique portant le nom de « Vormärz » fut réprimé, et dès lors Herwegh n'écrivit plus guère d'œuvres caractéristiques. Après un long séjour à Paris, Genève et Zurich, il revint en 1866 à Baden-Baden où il mourut. Quelques années plus tard, son fils, Marcel Herwegh, soutint qu'il avait été empoisonné par un médecin prussien en mission politique, mais ce cas n'a jamais été éclairci de manière plausible. L'hymne social *Travailleur, réveille-toi !* [*Mann der Arbeit, aufgewacht !*], destiné à l'Union ouvrière allemande fondée par Lassalle, fut composé par Herwegh en 1864 et est demeuré le chant de guerre du mouvement socialiste.

ULRICH SEELMANN-EGGEBERT.

RÉF. : V. Fleury, *Georg Herwegh (1817-1875)*, Paris, 1911. – Adolf Muschg, *Von Herwegh bis Kaiserangst*, Zurich, 1975.

HERZEN Alexandre Ivanovitch [Aleksandr Ivanovic Gercen]. Philosophe russe. Né le 25 mars 1812 à Moscou, mort le 21 janvier 1870 à Paris. Fils de Jakovlev et d'une Allemande, institutrice des enfants de ce dernier, Luise Haag, il reçut le nom de Herzen, de l'allemand « Herz », cœur, pour indiquer qu'il était « enfant de l'amour ». Il reçut une éducation soignée, mais sa situation d'« illégitime » troubla son enfance et son adolescence, qu'influencèrent profondément deux de ses précepteurs : un Français, Bouchot, « jacobin terroriste », et un séminariste russe, qui lui fit lire les poèmes interdits de Pouchkine, Ryleev, etc. En 1825, Herzen rencontra Ogarev, qui allait partager ses idées et son activité politique, et Zakharina, qui devait devenir sa femme en 1838 et exercer une grande influence sur sa vie. Entré à l'université de Moscou en 1829, il y devint le centre de l'opposition au régime de Nicolas Ier. Arrêté le 20 juin 1834 avec ses camarades, il fut déporté en Sibérie en avril 1835. Il revint à Moscou en 1840, mais, dès l'année suivante il fut à nouveau déporté pour deux ans, cette fois à Novgorod. Revenu à Moscou une seconde fois, en 1842, il inaugura sa carrière d'écrivain en publiant dans deux revues, *Les Annales de la patrie* et *Le Contemporain*, des articles de polémique littéraire et des nouvelles dont *Le Docteur Kroupov* [*Doktor Krupov*] et *La Pie voleuse* [*Soroka-vorovka*], ainsi qu'un roman : *À qui la faute ?* (*). Le 31 janvier 1847, il quitta la Russie pour toujours. Il continua quelque temps à envoyer des lettres au *Contemporain*, extrêmement intéressantes parce qu'elles furent écrites peu de mois avant la révolution de 1848. La position politique qu'il prit alors eut pour conséquence de lui fermer les frontières de Russie et de le faire expulser de France. Il se rendit à Rome, puis en Suisse, dont il devint citoyen. Les années suivantes furent les plus douloureuses de sa vie : sa femme s'éprit du poète révolutionnaire allemand Georg Herwegh, puis tomba gravement malade et mourut ; il perdit en outre sa mère et son fils, et en demeura marqué tout le reste de sa vie. Il avait publié divers essais en allemand, réunis dans un volume paru en 1851, et qui reste encore de nos jours l'un des monuments marquants de la pensée socialiste : *De l'autre rive* [*Vom andern Ufer*]. De Londres devaient partir les appels à la révolution les plus éloquents de Herzen, adressés à l'Europe occidentale et à la Russie, et il créa le premier centre de presse russe libre. Il écrivit l'œuvre à laquelle son nom reste attaché, *Passé et Méditations* (*), et fonda en 1857 la célèbre revue, *La Cloche* [*Kolokol*], qu'il parvint à faire diffuser clandestinement en Russie, contribuant ainsi à la création de l'atmosphère favorable à l'émancipation des serfs promulguée en 1861. Son influence déclina à partir de ce moment, ses idées étant peut-être moins radicales que celles qui s'affirmaient en Russie ; par ailleurs, son attitude favorable à la Pologne avait déplu aux cercles révolutionnaires. Il quitta Londres en 1865 pour Genève, et fit de longues pérégrinations à travers l'Europe. Il mourut à Paris et son corps fut transporté à Nice, où il repose auprès de sa femme.

♦ *« Sa langue, follement incorrecte pourtant, me ravit : c'est de la chair vivante. »* I. Tourgueniev.

RÉF. : Paul Milioukov, *Le Mouvement intellectuel russe*, Paris, 1918. – Raoul Labry, *A. I. Herzen. 1812-1870. Essai sur la formation et le développement de ses idées*, Paris, 1928 ; *Herzen et Proudhon*, Paris, 1928.

HERZL Theodor. Écrivain juif hongrois d'expression allemande. Né à Budapest le 2 mai 1860, mort à Edlach, près de Vienne, le 3 juillet 1904. Avec sa famille il alla habiter

Vienne, en 1878, où il fit son droit ; diplômé en 1884, il commença son apprentissage judiciaire, d'abord dans la capitale, puis à Salzbourg. Mais il l'abandonna rapidement pour se consacrer au théâtre et au journalisme, avec succès. En 1891, la *Neue Freie Presse*, le grand journal libéral viennois, l'envoya comme correspondant à Paris, où il suivit la politique de la IIIe République et écrivit *Le Palais-Bourbon* [*Das Palais Bourbon*], scènes de la vie parlementaire française. L'affaire Dreyfus ranima en lui la conscience du drame de son peuple et, en 1896, il publia à Vienne un opuscule *L'État juif* (*), dans lequel il faisait connaître son projet d'un État juif, solution du problème israélite. En 1897, il créait le mouvement sioniste, l'Organisation sioniste, le Congrès sioniste, puis la Banque coloniale, le Fonds national hébreu, en somme tous les organes essentiels pour la réalisation du plan. Dès lors, il commença sa propagande auprès de la diplomatie et de l'opinion publique européenne pour le retour des Juifs dans leur antique Terre promise, et pour la fondation d'un État hébreu. Cela lui paraissait une nécessité universelle, l'unique moyen de résoudre le problème juif qui n'était pas, d'après lui, un problème religieux mais un problème national devant être abordé et discuté par la politique mondiale. Pour son idée, il rendit visite à des rois, des princes, des hommes d'État, de Londres à Constantinople, de Saint-Pétersbourg à Rome ; il frappa à la porte des millionnaires israélites et réveilla chez les foules le vieux rêve du retour à la Terre promise, sans pour autant obtenir aucun résultat pratique. Il mourut à quarante-quatre ans, son cœur n'ayant pu supporter en effet le combat inégal et incessant mené à la fois contre la politique et contre les hommes.

En dehors de *L'État juif*, il écrivit son *Journal* [*Tagebucher*] en trois gros volumes (Berlin, 1922, 1923), un roman utopique, *Altneulang* (Leipzig, 1904), dans lequel il décrit la future Palestine hébraïque, un drame *Le Nouveau Ghetto* [*Das neue Ghetto*, 1894], des *Récits philosophiques* [*Philosophische Erzählungen*, Berlin, 1900], et seize comédies traitant de sujets sociaux ; enfin, des nouvelles et des feuilletons pour le grand journal viennois dont il était un collaborateur apprécié. En 1897, il fonda et dirigea l'organe du mouvement sioniste, *Die Welt.* Sa plus grande œuvre est l'État d'Israël, né de son rêve après un peu plus de cinquante ans, le 14 mai 1948, ainsi qu'il l'avait prophétiquement annoncé.

DANTE LATTES.

RÉF. : Ad. Friedemann, *Das Leben Th. Herzls*, 1914. – A. Bein, *Th. Herzl*, Vienne, 1934. – A. Böhm, *Die Zionistische Bewegung*, tome I, 2e éd., Tel-Aviv, 1935. – I. Cohen, *Théodor Herzl Founder of Political Zionism*, New York, 1959. – A. Chouraqui, *Theodor Herzl*, Paris, 1960 ; *Un visionnaire nommé Herzl*, Paris, 1991. – A. Elon, *Herzl*, New York, 1975.

HÉSIODE. Poète grec des VIIIe-VIIe siècles av. J.-C. C'est le premier auteur grec à introduire des éléments autobiographiques dans ses œuvres qui nous renseignent sur ses origines, sa famille et ses activités poétiques. Nous savons donc avec certitude qu'Hésiode est né à Ascra en Béotie, où son père s'était installé après avoir quitté Cumes en Éolie. La famille n'avait apparemment pas fait la fortune espérée et menait une vie plutôt modeste dans laquelle Hésiode était berger. Il avait un frère, Persès, vraisemblablement moins scrupuleux que lui dans son travail puisque, devenu poète, il lui a dédié un poème didactique sur la vie paysanne. Selon ses propres paroles, Hésiode reçut l'inspiration poétique des Muses, qui lui rendirent visite un jour qu'il gardait son troupeau sur le mont Hélicon. Hésiode nous dit encore qu'il gagna un concours poétique à Chalcis en Eubée, lors des jeux donnés en l'honneur d'Amphidamas, pour lesquels le poète effectua son seul voyage en mer, loin de sa patrie.

On trouve d'autres renseignements sur Hésiode chez un grand nombre d'écrivains anciens : selon Hérodote par exemple, Hésiode et Homère étaient les plus anciens des poètes. Ayant vécu quatre cents ans avant lui, ils avaient appris aux Grecs l'origine, les noms et les pouvoirs des dieux ; Xénophane reproche aux deux poètes d'avoir attribué aux dieux tous les défauts humains, et Platon les exclut de sa république idéale, car, comme tous les poètes, ils racontent des mensonges. Ces témoignages anciens montrent que dans l'Antiquité Homère et Hésiode étaient considérés et jugés ensemble. Selon la plupart des sources, ils ont été contemporains, selon certaines ils étaient même parents. Sur les éventuels rapports entre les deux poètes, on connaît aussi l'histoire du célèbre tournoi poétique au cours duquel Hésiode l'aurait emporté sur Homère. Cet épisode nous est parvenu dans une compilation intitulée *Tournoi* [en grec Ἀγών, en latin « Certamen »], qui date probablement du IIe siècle et qui rassemble des informations de date beaucoup plus ancienne.

Selon ce texte, le « tournoi » aurait eu lieu lors des jeux funéraires en l'honneur du roi d'Eubée Amphidamas (mentionné par Hésiode lui-même) et ce serait Homère que le public aurait choisi comme vainqueur. Mais le frère du défunt ainsi que les membres du jury du concours auraient octroyé le prix à Hésiode parce qu'il chantait la paix et le travail du paysan, alors qu'Homère glorifiait la guerre meurtrière menée par les rois et les héros. Selon Dion Chrysostome, pour Alexandre le Grand au contraire, Hésiode n'était qu'un poète des paysans, tandis qu'Homère était un vrai poète royal. C'est peut-être aussi la raison pour laquelle Aristote, dans sa *Poétique* (*), n'accorde aucune mention à Hésiode.

Toujours grâce au texte du *Tournoi* on apprend comment Hésiode aurait fini ses jours : après sa victoire à Chalcis il aurait, selon ses propres paroles, dédié son prix, un tripode (trépied), aux Muses d'Hélicon et de là il se serait rendu à Delphes pour consulter l'oracle d'Apollon. La Pythie lui aurait prédit la mort « dans le bois sacré de Zeus à Némée ». Voulant éviter Némée en Péloponnèse, Hésiode serait allé à Locres, ignorant l'existence d'un temple de Zeus Néméen à cet endroit. La légende veut qu'Hésiode y ait trouvé la mort, tué par les fils de son hôte qui le soupçonnaient d'avoir déshonoré leur sœur. Plus tard, toujours à cause d'un oracle, les os du poète auraient été transportés et enterrés à Orchomène. La mort d'Hésiode à Némée est aussi relatée par Thucydide, et le déplacement des reliques du poète de Némée à Orchomène par Pausanias, Plutarque (*Les Sept Sages*) et Aristote (fragments de la *Constitution d'Orchomène*). Ces épisodes sont également mentionnés dans les *Vies d'Hésiode* dans la *Souda* (*) et par Tzetzes. Ces deux sources nous renseignent aussi sur l'œuvre d'Hésiode : la première énumère les titres de ses ouvrages et la deuxième donne le nombre de livres que son œuvre comprenait. Ces données, s'ajoutant aux restes de la poésie d'Hésiode dont nous disposons aujourd'hui, dressent l'image suivante de la production poétique du rival d'Homère : on s'accorde d'admettre comme étant sortis de la main d'Hésiode *La Théogonie* (*) et *Les Travaux et les Jours* (*) qui sont conservés intégralement, tandis que *Le Bouclier d'Héraclès* (*) est considéré comme inauthentique. On attribue à Hésiode *Le Catalogue des femmes ou les Ehées* (*), dont le texte est par endroits fragmentaire, mais suffisamment long pour donner une idée représentative de l'œuvre entière. Grâce aux citations ou paraphrases que l'on trouve chez les auteurs ultérieurs, nous sont encore parvenus sous le nom d'Hésiode des fragments des *Grandes Ehées, Les Grands Travaux, Les Noces de Ceyx,* la *Melampodie*, livres sur de célèbres voyants, *La Descente aux Enfers de Péirithos, Les Dactyles de l'Ida,* consacrés aux premiers métallurgistes, *Les Leçons de Chiron, Astronomie.* Enfin, on ne connaît que les titres de l'*Ornithomantie* et du *Chant funèbre d'une grenouille.*

NADINA RADEVA.

RÉF. : P. Mazon, *Introduction aux œuvres d'Hésiode*, Paris, 1947. – H. Fränkel, *Early Greek Poetry and Philosophy* (trad. anglaise 1973), ch. III. – A. Hoekstra, « Hésiode et la tradition orale », *Mnémosyne*, 10, 1957. – J. Schwartz, *Pseudo-Hesiodeia*, Leyde, 1960. – I. Loeffler, *Die Melampodie*, Meisenheim, 1963. – R. Merkelbach-M. L. West, « The Wedding of Ceyx », *RhM* 108, 1965. – M. L.-West, « Echoes and Imitation of the Hesiodic Poems », *Philologus* 113, 1969. – P. Pucci, *Hesiod and the Language of Poetry*, Baltimore-Londres, 1977.

HESSE Hermann. Écrivain suisse d'origine allemande. Né à Calw (Wurtemberg) le 2 juillet 1877, mort à Montagnola (Suisse) le 9 août 1962. Allemand, mais depuis longtemps émigré et naturalisé suisse, Hesse est issu d'une famille de missionnaires protestants de tendances piétistes, dont l'austérité religieuse le conduisit dès l'enfance au scepticisme, puis à la révolte. À quinze ans, lorsque ses parents décidèrent de faire de lui un théologien, il s'enfuit du couvent de Maulbron où on l'avait placé, échappa à toutes les tentatives faites par sa famille pour l'y ramener, travailla quelque temps comme apprenti horloger, et finit par se placer chez un libraire de Tübingen, ville universitaire où il put fréquenter un milieu intellectuel et commencer sérieusement ses études d'autodidacte : devenir poète, c'est la seule occupation qu'il désire. En 1899, à vingt-deux ans, il s'établit à Bâle, publie ses premiers vers et, en 1904, un roman d'éducation : *Peter Camenzind* (*) qui le rend célèbre, ainsi que *Sous la roue* (+) (1905), deux protestations contre les enfances brimées par l'autorité des parents et des maîtres. Hermann Hesse s'installe alors dans une ferme proche du lac de Constance, espérant y mener une vie laborieuse en communion avec la nature. Il s'est définitivement libéré de sa famille, mais souffre cependant de la pression sociale ; il se sent incapable de s'habituer jamais aux conventions de la société, au bonheur conjugal. Il est tourmenté par le sens de sa vie. Aussi son mariage ne sera-t-il qu'une malheureuse tentative opprimant, sans parvenir à la vaincre, la vocation esthétique de Hermann Hesse, qui ne trouvera finalement de salut que dans l'évasion. Le roman *Gertrude* (*), daté de 1910, évoque cette crise morale. Un an plus tard, l'écrivain fait un voyage aux Indes, pays où avaient résidé les parents de sa mère, mais qui devient aussi pour lui, selon une symbolique goethéenne, le pays des « Mères ». De retour à Berne, il est profondément bouleversé par la guerre, et cette nouvelle crise, si grave qu'il doit être hospitalisé, le décide, la paix revenue, à quitter sa femme et sa famille. *Demian* (*), en 1919, opposera à la vie bourgeoise le puissant appel d'une religion nouvelle où se réconcilieraient les contraires. C'est bien encore cet équilibre difficile du moi profond que poursuit Hesse dans la transposition hindoue de *Siddharta* (*), et plus encore dans *Le Loup des steppes* (*) en 1927, représentation encore symbolique de l'homme d'après guerre, du civilisé qui a vu soudain réapparaître en lui l'animal, l'homme-loup. La spiritualité et l'animalité sont-elles vraiment inconciliables ? L'animalité n'est-elle pas aussi une nourriture pour le dynamisme spirituel ? Nous retrouvons encore ce dialogue intérieur dans *Narcisse et Goldmund* (*), où Goldmund, l'artiste proche de la nature, de la terre, en communion avec le monde originel des Mères, propose déjà l'esquisse d'une conciliation. Désormais, dans l'œuvre de H. Hesse – réfugié dans le Tessin depuis 1919, et qui a fondé une nouvelle famille vers 1930 –, le déchirement qui caractérisait les ouvrages de l'après-guerre va s'effacer quelque peu. L'effort de l'écrivain, jusqu'au *Jeu des perles de verre* (*) (1943), aboutit au rêve (ou à la nostalgie) d'une classe supérieure, d'une aristocratie de l'esprit capable de recueillir le double héritage de l'Asie et de l'Europe, et de faire la synthèse de l'apollinien et du dionysiaque rêvée par Nietzsche. En 1946, il a reçu le prix Nobel de littérature.

♦ *« Chez Hesse, le romancier se double d'un philosophe et le roman n'est souvent qu'un prétexte pour exposer les idées de l'auteur sur l'attitude qu'il convient de prendre devant la vie, ou pour projeter ses visions sur l'évolution de l'humanité. »* Auguste Folz.

RÉF. : H. Ball, *Hermann Hesse, Sein Leben and Werk,* Berlin, 1927. – Otto Engel, *Hermann Hesse,* Stuttgart, 1948. – Helmut Bode, *Hermann Hesse,* Francfort-sur-le-Main, 1948. – Richard B. Matzig, *Hermann Hesse,* Stuttgart, 1949. – Edmund Gnefkow, *Hermann Hesse,* Fribourg-en-Brisgau, 1952. – *Hermann Hesse, A Collection of Criticism,* J. Liebmann (éd.), New York, 1977. – J. Mileck, *Hermann Hesse Life and Art,* Berkeley, 1978 ; *Hermann Hesse heute,* A. Hsia (éd.), Bonn, 1980. – F. Baumer, *Hermann Hesse,* Berlin, 1985.

HÉSYCHIOS de Milet. Écrivain grec. Il vécut aux ve et vi^e siècles et fut contemporain de l'empereur romain d'Orient Anastase Ier (491-518). Pour services rendus il reçut le titre d'« illustrios ». De lui, nous savons qu'il a écrit une chronique romaine et universelle en six volumes, allant des origines du monde jusqu'à la mort d'Anastase. Il n'en reste qu'un extrait du VIe livre, intitulé l'*Antiquité de Constantinople,* histoire allant de la fondation de Byzance à l'époque de Constantin. Un autre ouvrage historique d'Hésychios avait pour sujet le règne de Justinien. Photius nous rapporte que cette œuvre fut interrompue par la mort du fils d'Hésychios et la douleur qu'il en ressentit. Elle est entièrement perdue. Le plus important de ses travaux fut la *Nomenclature* – v. *Souda* (*) –, sorte de dictionnaire des auteurs, qui eût été d'une importance décisive pour l'histoire des littératures antiques, si l'œuvre nous était parvenue.

HEWLETT Maurice Henry. Poète et romancier anglais. Né à Weybridge (Surrey) le 22 janvier 1861, mort à Broadchalke (Salisbury) le 15 juin 1923. Docteur en droit, il exerça pendant quelque temps la profession d'avocat et prit ensuite, de 1896 à 1900, la succession de son père en occupant une charge importante au ministère des Eaux et Forêts ; charge qu'il abandonna ensuite, la prospérité lui étant venue d'une manière inattendue sous la forme d'un roman à succès, *Les Amants de la forêt* (*). Avant ce roman il avait publié *Le Masque des vieux Florentins* [*The Masque of Dead Florentines*], et immédiatement après *Richard-Yea-and-Nay* [*Life of Richard Yea-and-Nay*] qui eut, lui aussi, une grande popularité. On ne pourrait en dire autant des œuvres qui suivirent, comprenant surtout des romans historiques, d'autres sur la vie contemporaine, des contes en vers et des essais autobiographiques, dont il convient de citer quelques-uns comme : *Petits romans d'Italie* [*Little Novels in Italy,* 1899], *Le Démon d'Anjou* [*Richard Yea-and-Nay,* 1900], *Les Nouveaux Contes de Canterbury* [*The New Canterbury Tales,* 1901], *The Queen's Quair* (1904), *Un franc imbécile* [*Fool Errant,* 1905], *La Déchéance d'une femme* [*The Stooping Lady,* 1907], *Mauvaise herbe* [*Rest Harrow,* 1910], *Dans l'ombre verte* [*In a Green Shade,* 1920], *Mainwaring* (1921).

RÉF. : A. B. Sutherland, *Maurice Hewlett,* Philadelphie, 1938.

HEYNICKE Kurt. Écrivain allemand. Né le 20 septembre 1891 à Liegnitz (Silésie), mort le 18 mars 1985 à Merzhausen. Modeste employé de banque au moment où éclate la Première Guerre mondiale, il devient ensuite collaborateur de divers théâtres, à Düsseldorf, puis à Berlin. Il s'installera définitivement à Merzhausen près de Fribourg, pour se consacrer au métier d'écrivain. Heynicke commença par publier quelques poèmes dans la revue expressionniste *Der Sturm.* Ses premiers recueils lyriques – *Les étoiles tombent alentour* (+) (1917), *Les Violons de Dieu* (+) (1918) et *Le Visage sans nom* (*) (1919) – lui valurent de recevoir le prix Heinrich von Kleist en 1919. Il tempéra ensuite les audaces de son style – évolution sensible dans le recueil *La vie dit oui* (+) (1936) – et se mua même en romancier humoriste qui jouit d'une popularité certaine, notamment grâce à *L'Arbre qui pousse dans le ciel* [*Der Baum, der in den Himmel wäschst,* 1940] et *Les roses fleurissent aussi en automne* [*Rosen blühen auch im Herbst,* 1942].

HEYSE Paul Johann Ludwig von. Écrivain allemand. Né le 15 mars 1830 à Berlin, mort le 2 avril 1914 à Munich. Il fit ses études à l'université de Berlin dont il fut nommé docteur ès sciences. Après un voyage en Italie, il fut appelé à Munich par Maximilien de Bavière qui lui offrit un traitement lui permettant de se vouer entièrement à la carrière littéraire (1854). Beau, élégant, écrivant avec facilité, il réunit autour de lui tout ce qui représentait la vie littéraire de Munich, alors un des centres culturels les plus importants d'Allemagne. Fontane, Burckhardt, Gottfried Keller, Storm, Geibel, Hewald, Scheffel et bien d'autres furent ses amis. Il dut sa renommée en grande partie à son éclectisme et à son extraordinaire faculté de refléter les échos les plus divers de la vie littéraire de son temps. Heyse écrivit de nombreuses nouvelles, des drames, des romans, dont il ne subsiste guère que quelques nouvelles dont les personnages et l'ambiance sont loin d'avoir perdu de leur intérêt : *L'Enragée* (+), *Les Enfants du monde* (*), *Nouvelles en vers* (+), *Nouvelles de Merano* (+), ainsi que quelques drames, *La Fin de Don Juan* (*), *Maria von Magdala*

— v. *Marie-Madeleine* (*). Heyse fut également un excellent traducteur ; ses traductions de Leopardi, de Giusti, de Foscolo, sont encore dignes d'être citées. En collaboration avec H. Kurtz, il publia un *Choix de nouvelles allemandes* [*Deutscher Novellenschatz*, 1870-71] et plus tard un *Choix de nouvelles d'autres pays* [*Novellenschatz des Hauslandes*, 1872]. En 1910, il fut le premier écrivain allemand à recevoir le prix Nobel : à cette occasion, il fut anobli par Guillaume II. Les nombreuses lettres qu'il écrivit à ses amis constituent un document sur son époque ; la plupart furent éditées en volumes séparés entre 1916 et 1929.

RÉF. : Georg Brandès, *Moderne Geister*, tr. all., Francfort-sur-le-Main, 1897. — A. Farinelli, *Paul Heyse*, Munich, 1913. — L. Ferrari, *Paul Heyse und die Literaturströmungen seiner Zeit*, thèse, Würzburg, 1938. — M. Krausnick, *Paul Heyse und der Münchener Dichterkreis*, Bonn, 1974.

HEYWOOD Thomas. On sait bien peu de chose sur ce dramaturge anglais de l'âge élisabéthain, né dans le Lincolnshire peut-être en 1574, mort aux environs de 1641. Il aurait fait ses études à Cambridge. En 1596, Henslowe le cite comme auteur d'un « livre » ou drame pour la compagnie du « Lord Admiral », à laquelle il appartint comme acteur attitré en 1598 (il fit ensuite partie d'autres troupes : « Lord Southampton », « Earl of Derby », etc.). Il déclare, dans la préface du *Voyageur anglais* [*The English Traveller*, 1633], qu'il a écrit seul ou collaboré activement à la rédaction de deux cent vingt pièces dont il reste seulement vingt-trois. Ses comédies ont pour titre : *Le Souverain Roi et le loyal sujet* (+), *Une femme tuée par la douceur* (*), *La Belle Fille de l'Ouest* [*The fair Maid of the West*], *Un concours de beauté* [*A Challenge for Beauty*], *La Femme avisée de Hogsdon* [*The Wise Woman of Hogsdon*], *Les Quatre Apprentis de Londres* [*The Four Prentices of London*]. Citons parmi ses drames historiques : *Le Roi Édouard IV* [*King Edward the Fourth*], *Si vous ne me connaissez pas, vous ne connaissez personne* [*If You Know Not Me, You Know Nobody*]. Ce fut donc un auteur fécond, mais comment il vécut et mourut demeure un mystère. La question de l'année de sa mort reste posée. On dirait que, s'étant consacré exclusivement au théâtre et aux spectateurs, il ne se sentait aucune obligation à l'égard des lecteurs. Soit négligence ou manque de temps, il ne revit pas ses œuvres, et s'indigna de les voir imprimées, comme Shakespeare sans doute. C'était un Shakespeare mineur, mais gardons-nous de dire prosaïque. Facilité, talent aimable, langue riche, souple ; en somme, un grand écrivain.

Parmi ses très nombreuses compositions (non destinées au théâtre), on peut citer les deux poèmes : *Troia Britannica* (1609) en dix-sept chants, et *La Hiérarchie des saints anges* [*The Hierarchy of the blessed Angels*, 1635], en neuf livres, qui semblent avoir été écrits d'un seul jet, sans monotonie, d'un ton soutenu librement, sans trahir l'effort.

ALFREDO OBERTELLO.

♦ *« Un Shakespeare en prose. »* Lamb.
♦ *« Heywood était un facile et parfois heureux fournisseur littéraire du goût populaire. »* T. S. Eliot.

RÉF. : A. M. Clark, *Thomas Heywood*, Oxford, 1931. — M. Grivelet, *Thomas Heywood et le drame domestique élisabéthain*, Paris, 1957.

HIÄRNE Urban. Littérateur et médecin suédois. Né le 20 décembre 1641 à Nyenskans, en Ingrie, au sud de la Finlande, mort le 10 mars 1724 à Stockholm. Fils d'un ecclésiastique pauvre, devenu très tôt orphelin, il se réfugia en Suède, où il trouva des protecteurs. Esprit brillant, mais quelque peu versatile, il savait dessiner, peindre, écrire et jouer la comédie. À Uppsala, Rudbeck et Hoffwenius l'orientèrent vers la médecine où il ne tarda pas à exceller (il devint par la suite médecin du roi et président du Collège médical). Esprit encyclopédique à la manière du XVIIe siècle, mais « éclairé » comme un homme du XVIIIe, Hiärne s'occupa également de chimie ; il étudia les ressources minières du pays, en dirigea l'exploitation, et écrivit des articles sur l'utilisation rationnelle des forêts ; enfin, il joua un rôle de premier plan dans la destruction des croyances à la sorcellerie, et, par voie de conséquence, dans la suppression des procès intentés aux sorcières. Son vif amour pour sa langue maternelle le poussa à traiter également de l'orthographe. Il cultivait les lettres depuis sa jeunesse, mais quelques-unes seulement de ses poésies nous sont parvenues (une dizaine). Son roman : *Bref récit et mémorial des amours du berger Céladon et de la noble pastourelle Stratonice* [*En kort Berättelse och Memorial om Heerden Celadons och den ädle Herdinnans Stratonices kärlerk*], conservé dans une rédaction qui n'était vraisemblablement pas définitive, rapporte une expérience vécue (son amour pour Marghareta Bielke, au cours de l'été 1665, ainsi que nous l'apprend son journal) ; c'est l'ouvrage le plus intéressant de sa catégorie (dans le style pastoral traditionnel) de toute la période baroque suédoise. Mais c'est à plus juste titre que sa tragédie *Rosemonde* (*) (1665) est devenue célèbre ; elle fut écrite à l'occasion de la venue à Uppsala de Charles XI, alors âgé de dix ans. Cette pièce, à un certain point de vue, peut être considérée comme l'œuvre dramatique la plus intéressante de la littérature suédoise.

RÉF. : U. Hiärne, *Autobiographie* [*Urban Hiärnes självbiografi*], Stockholm, 1916. — O. Strandberg, *Urban Hiärnes ungdom och diktning*, thèse, Stockholm, 1942. — K. Johannesson, *I polstjärnans tecken. Studier i svensk barock*, Uppsala, 1968.

HICHENS Robert Smythe. Romancier anglais. Né à Speldhurst (Kent) le 14 novembre 1864, mort à Zurich le 20 juillet 1950. Il fit ses études au Clifton College et au Royal

College of Music de Londres, étudia longtemps le piano et l'orgue à Bristol sous la direction de l'organiste de la cathédrale, puis suivit pendant un an les cours d'une école de journalisme. À sa sortie, il se mit à écrire pour les journaux, et publia de brèves nouvelles dans le *Pall Mall Magazine*. Un séjour d'un hiver en Égypte lui donna l'idée d'un petit livre et le temps pour le composer : ce fut *L'Œillet vert* [*The Green Carnation*] qui, en 1894, parut à la fois en Angleterre et en Amérique. Ce livre fut suivi en 1895 par *Un homme imaginatif* [*An Imaginative Man*], qui rencontra un accueil favorable auprès du public et de la critique. Parmi la dizaine de ses romans de jeunesse on peut encore citer : *Les Londoniens* [*The Londoners*, 1898] et *L'Esclave* [*The Slave*, 1899]. Il avait entre-temps succédé à G. B. Shaw comme critique musical au *World*, mais démissionna au bout de trois ans et commença une vie de voyages, ne rentrant en Angleterre que pour y passer l'été. Il visita ainsi l'Afrique du Nord, la Sicile, l'Italie, la Suisse. L'année 1904 fut celle de sa consécration avec la parution de deux de ses meilleurs ouvrages : *La Femme à l'éventail* (*) et *Le Jardin d'Allah* (*). Ce dernier livre se vendit à plus de huit cent mille exemplaires, et connut par la suite trois adaptations cinématographiques. Une version scénique en fut aussi donnée en 1920. Hichens a publié au total une cinquantaine d'ouvrages et collaboré à d'innombrables journaux. Il est le type même du fin lettré occidental que le goût et le talent mettent au premier rang de son époque, mais son œuvre trop nombreuse est assez inégale. Parmi ses ouvrages nous retiendrons : *L'Appel du sang* [*The Call of the Blood*, 1906], *Bella Donna* (1909), *L'Esprit du temps* [*The Spirit of the Time*, 1921], *Le Dieu en lui* [*The God within Him*, 1926], *Le Pouvoir de tuer* [*The Power to Kill*, 1934], *The Journey up* (1938) et *Un nouveau mode de vie* [*A New Way of Life*, 1942]. Outre *Le Jardin d'Allah*, cinq autres livres de Hichens ont paru en français, parmi lesquels on peut citer : *Bella Donna* (1924), *Le Procès Paradine* [*The Paradine Case*, 1933], *Sur l'écran* [*On the screen*, 1938] et *Son double* [*The Dwellers on the Threshold*, 1939].

BERNARD NOËL.

RÉF. : A. D. Chevalley, *Le Roman anglais de notre temps*, Londres, 1921. – Harold H. Williams, *Modern English Writers*, Londres, 1925.

HIDÂYAT (pseud. de Réza-Qouli Khân). Érudit et littérateur persan. Né à Téhéran en 1800, mort en 1871. Descendant du poète Kamal Khojandi. Son père était un des dignitaires de la cour des princes qadjars. Orphelin en 1802, Réza-Qouli passe ses premières années dans le Fars ; il fait ses études à Chiraz, puis entre au service des princes qadjars et est protégé par le gouverneur général du Fars. Il s'est fait remarquer très jeune par ses essais poétiques, sous le pseudonyme de Châker [serviteur], qu'il change par la suite pour celui de Hidâyat. Lorsqu'en 1829 le souverain Fath Ali Châh séjourne à Chiraz, Réza-Qouli compose un panégyrique et d'autres poèmes qui lui attirent la faveur royale : il reçoit le titre honorifique de « Prince des poètes » [Amir al-shu'arâ]. En 1838, Mohammad-Châh, l'appréciant tellement, lui confie l'éducation de son fils Abbas Mirza, mais les troubles politiques suscités par la mort du roi en 1848 poussent Réza-Qouli à la retraite. En 1851, Nâser al-Dîn Châh le rappelle et l'envoie en ambassade à Khiva, au Khwarezm.

Il devient ensuite adjoint du ministre de l'Instruction publique et premier directeur du Collège polytechnique [Dâr al-fonun], créé en 1852. Il a une influence considérable sur le développement de la vie culturelle en Iran. Après quinze ans d'excellent travail, il est nommé précepteur [lâlâ-bâchi] du prince héritier Mozaffar al-Dîn, résidant à Tabriz. Mais, souffrant, il revient à Téhéran, où il meurt en 1871.

Les ouvrages de Réza-Qouli sont fort nombreux, mais plusieurs restent encore inédits, comme ses traités relatifs à la théologie et à l'art littéraire : dans son *Miftâh al-konuz*, il commente les vers de Khâqâni ; dans le *Nizâd-nâmé-yé Salatîn-é ajam-nizâd*, il retrace les anciennes dynasties persanes. Son *Divân*, comptant trente mille distiches, et ses six « masnavis » sont également inédits, à l'exception de son poème épique *La Roseraie d'Iram* [*Golestân-é Iram* ou *Bektâsh-nâmé*], qui chante les amours du jeune héros Béktâch et de la poétesse persane d'origine arabe, Rabi'a Kizdari Balkhi, et dont le sujet est tiré du *Livre divin* (*) de Attar. Si Réza-Qouli n'est pas un très grand poète, son œuvre révèle néanmoins sa très grande érudition et son admiration pour les poètes classiques.

Ses ouvrages publiés sont d'une grande importance étant donné leur caractère documentaire. Son *Répertoire des chroniques* [*Fihris al-tavârikh*] est une chronologie, présentée à Nâser al-Dîn Châh avant le départ de l'auteur pour le Khwarezm (1851). L'*Ajmâl al-tavârikh* est un petit précis de l'histoire de Perse, écrit pour le prince Mozaffar al-Dîn. La *Rowdat al-safâ-yé Nâseri* est la continuation de l'ouvrage historique de Mirkhvand, *Rowdat al-safâ*, fondée sur des sources orientales et des documents officiels : l'auteur y retrace les événements politiques jusqu'en 1853 et y donne de nombreux renseignements géographiques, littéraires et artistiques.

Ses biographies sont particulièrement intéressantes. Le livre intitulé *Les Parterres des initiés* [*Riyâd al-arifîn*] est une biographie des poètes mystiques, avec une introduction sur le soufisme, composée pour Mohammad-Châh. La *Galerie des personnages éloquents* (*) est un ouvrage essentiel : il comprend une introduction générale sur l'histoire de la poésie persane, les biographies et des morceaux choisis de tous les poètes (la première section est consacrée aux princes-poètes) ; il se termine par une autobiographie et une anthologie des poèmes de l'auteur. Son dictionnaire, le *Farhang-é anjomanarâ-yé Nâseri*, donne, après une excellente introduction, les diverses significations de chaque mot persan, avec des citations de poètes. Son *Madârej al-balâgha* est un glossaire des termes de rhétorique et de poétique, avec de nombreux exemples empruntés à divers poètes. Enfin, sa *Relation de voyage au Khwarezm* [*Safar-nâmé-yé Khwarezm*] relate le voyage qu'il entreprit en 1851, en tant qu'ambassadeur chargé de régler les différends entre les cours de Téhéran et de Khiva. Ce document, important pour l'histoire des khânats, sera utilisé par les historiens persans ultérieurs. Outre des renseignements historiques, géographiques et archéologiques, l'ouvrage, écrit en un style simple, est une contribution à l'étude des mœurs de son temps.

MARIE-HÉLÈNE PONROY.

HIERRO José. Poète espagnol. Né à Madrid en 1922. Son enfance et son adolescence se déroulent à Santander. La guerre civile le contraint à abandonner ses études d'expert industriel (1936). Après un séjour à Valence entre 1944 et 1947, il retourne à Santander où il collabore à la revue *Proel.* Il obtient le prix Adonais en 1947 pour son recueil *Allégresse* [*Alegría*]. Il publie en 1950 *Avec les pierres, avec le vent* [*Con las piedras, con el viento*] et *Contingent 42* [*Quinta del 42*] en 1952. Son *Anthologie poétique* [*Antología poética,* 1953] lui vaut le prix national de littérature ; en 1957 lui est décerné le prix de la critique pour *Tout ce que je sais de moi* [*Cuanto sé de mí*]. Les éditions Giner ont publié ses *Poesías completas* (1944-1962). Le *Livre des hallucinations* (*) date de 1964.

Dès le début le poète se dit témoin de son époque : il s'inscrit au cœur d'une Histoire et d'un patrimoine communs, sans remettre en cause le concept de « poésie sociale », à condition toutefois qu'il s'agisse de poésie, c'est-à-dire d'un travail de recréation de la parole. Hierro rejette le pur esthétisme ; il qualifie son propre style de « nu, sec et pauvre, sans images » ; il veille à la rigueur de la structure textuelle. Parfois narratif, le poème est un « reportage » qui dit une réalité criante. Dans le *Livre des hallucinations,* le locuteur désabusé, fasciné par le vide et le manque, invente d'autres rythmes et explore l'irrationnel, ceci afin de forger un nouveau lyrisme, mais toujours avec le souci constant d'être fidèle à la poésie.

Alain Sicard tient l'œuvre de Hierro pour « l'un des chants les plus purs, les plus profonds et les plus vrais qui soient montés d'Espagne » (Chants pour l'Espagne, 1966).

MARIE-CLAIRE ZIMMERMANN.

HIGHSMITH Patricia. Écrivain américain. Née à Fort Worth (Texas) le 19 janvier 1921. Elle écrira aussi sous le pseudonyme de Claire Morgan. Fille unique, elle a passé son enfance à New York où sa mère était dessinatrice de mode. Ses premières nouvelles paraissent dans la revue du Barnard College dont elle sort diplômée en 1942. *Harper's Bazaar* publie *L'Héroïne* en 1944. Son premier roman : *L'Inconnu du Nord-Express* (*) trouve facilement un éditeur en 1950 et elle est lancée par l'adaptation qu'en fait Hitchcock en 1951. Pourtant son deuxième roman est refusé et elle doit changer d'éditeur, elle éprouve aussi des difficultés pour placer ses nouvelles ; ce n'est qu'en Angleterre et qu'en France que ses écrits sont accueillis sans problèmes. Elle choisit d'ailleurs de vivre en Europe à partir de 1963 : à Salzbourg, en France près de Fontainebleau une dizaine d'années, puis en Suisse près de Locarno. Elle vit seule, considérant que les proches agissent souvent « avec autant d'efficacité que des isolants en caoutchouc sur l'étincelle de l'imagination ». Elle révèle ses techniques d'écriture dans *L'Art du suspense* [*Plotting and Writing Suspense Fiction*] qui a été traduit en France en 1987, vingt ans après sa parution aux États-Unis. Il lui faut environ onze mois pour achever un roman. Elle se considère comme une conteuse et refuse l'étiquette restrictive d'auteur de romans policiers. Il est vrai que *Le Journal d'Edith* [*Edith's Diary*, 1977] et *L'Empreinte du faux* [*The Tremor of Forgery,* 1969] sont avant tout de subtiles et profondes analyses psychologiques. Elle aime souvent confronter deux hommes de caractères opposés que le hasard rapproche. C'est le cas pour *L'Inconnu du Nord-Express, Jeux pour les vivants* [*A Game for the Living,* 1963] et pour *Les Deux Visages de janvier* [*The Two Faces of January,* 1964]. Dans *La Cellule de verre* [*The Glass Cell,* 1964] elle dénonce les conditions barbares de la vie en prison et dans : *Ceux qui frappent à la porte* [*People who knock on the Door,* 1983] elle s'en prend à l'intolérance sectaire et hypocrite des représentants de l'ordre moral. Elle juge sévèrement la télévision comme l'« Univers du lieu commun » mais apprécie le cinéma et certaines adaptations de ses romans : celle qu'Hitchcock a faite de *Plein soleil* (sauf la fin), le film que René Clément a tiré de *Monsieur Ripley* (*) (1956) et *L'Ami américain,* le film que Wenders a tiré de *Ripley s'amuse* [*Ripley's Game*, 1974].

DENIS BOUTET DE MONVEL.

HIGUCHI Ichiyô (pseud. de Higuchi Natsuko). Romancière japonaise. Née et morte à Tôkyô (25 mars 1872-23 novembre 1896). Son père, Noriyoshi, et sa mère, Takiko, étaient originaires de Nakaogihara, un village de l'actuel département de Yamanashi. Au cours de l'ère Ansei (1854-59), la famille gagna Edo (maintenat Tôkyô), où Noriyoshi obtint un poste de « yoriki » (sorte de commissaire) dans la police. Depuis son plus jeune âge,

Ichiyô montrait des dispositions particulières pour les lettres et, une fois terminées ses premières études, elle commença, tout en aidant sa mère dans les soins domestiques, à suivre les cours de poésie de l'école dirigée par Nakamura Utako (1841-1903) dont elle devint l'une des meilleures élèves. À seize ans, elle perdit son père, et sa famille dut vivre d'expédients. Ichiyô ne cessa point de lui venir en aide, mais elle décida pourtant de se consacrer à la littérature, et plus spécialement au genre narratif, car la poésie lui semblait dénuée d'utilité. En 1891, elle devint l'élève de Nakarai Tosui (1860-1926) et écrivit alors sa première nouvelle : *Cerises dans l'obscurité* [*Yamizakura*] qui n'obtint qu'un succès médiocre. Mais comme ses relations avec son maître prenaient un tour sentimental, elle fut obligée de les rompre. Elle était sur le point d'abandonner la littérature, quand elle fit la connaissance d'un groupe d'écrivains qui rédigeaient la revue *Le Monde littéraire* [*Bungaku-kai*], dans laquelle elle put publier toutes ses œuvres. En 1893, toujours pour aider sa famille, elle ouvrit une sorte de bazar dans un quartier populaire ; c'est alors qu'elle écrivit *Take Kurabe* (*), qui recueillit les suffrages universels de la critique, et fut à l'origine de sa réputation. Mori Ôgai (1862-1922), critique éminent et écrivain, la tient pour « une véritable poétesse réaliste ». Elle mourut quatre ans plus tard, alors qu'elle n'avait encore que vingt-quatre ans, et qu'elle était devenue l'un des plus grands écrivains de l'ère Meiji (1868-1912). On a dit d'elle qu'elle était la Murasaki Shikibu ou la Sei Shônagon des temps modernes. Dotée d'un sens très aigu de l'observation, d'une grande profondeur de sentiment, elle a eu le mérite d'insuffler une vie nouvelle à la littérature de son temps. Elle a su peindre, avec une minutie admirable et une grande habileté, les bas-fonds de Tôkyô ; son style est à mi-chemin entre le romantisme et le naturalisme et porte la marque de ce curieux compromis en faisant à la fois des emprunts à la langue classique et à la langue parlée. En 1912, on publia son journal intime, dans lequel était relatée toute sa vie privée. Parmi ses œuvres les plus notoires, rappelons encore : *Bois fossiles* [*Umoregi,* 1893], *Le Marécage mortel* [*Nigori-e,* 1894], *Chemins qui divergent* [*Wakare-michi,* 1896].

YOSHIE KAWAMURA.

♦ *« Il y a beaucoup de pathétique dans quelques-uns de ses récits, qui sont pour la plupart d'un tour mélancolique et révèlent une connaissance de la vie qui est remarquable chez une jeune femme. »* W. G. Aston.

HIKMET Nâzim. Poète turc. Né à Salonique en 1902, mort à Moscou le 3 juin 1963. Issu d'une famille de notables, il fit des études secondaires à Istanbul, puis s'inscrivit à l'École navale, qu'il abandonnera en 1919. À la suite de l'occupation d'Istanbul par les troupes alliées, le jeune homme rejoindra clandestinement la résistance armée dirigée par Mustafa Kemal à partir d'Ankara. La découverte par Nâzim Hikmet des dures conditions sociales des paysans en lutte et la rencontre de quelques « spartakistes » turcs de retour d'Allemagne amorcèrent une prise de conscience politique, donnant à ses premiers poèmes sentimentaux et patriotiques une dimension sociale. Après un séjour à la bourgade de Bolu où il fut nommé instituteur, Nâzim décide de compléter ses études en rejoignant Moscou. Là il s'inscrit à l'université des Travailleurs de l'Orient (1922) et développe son style poétique au contact des meilleurs créateurs soviétiques des années 20, tels que Maïakovski, Meyerhold, etc. De retour en Turquie (1924), il participe aux publications socialistes à Istanbul et édite un premier recueil de poèmes. Après la victoire et la fondation de la république (1923), les revendications des travailleurs ayant été ignorées au profit d'une nouvelle élite avide de privilèges économiques, le poète prendra position contre les injustices sociales. La répression ne tardant pas, Nâzim Hikmet sera contraint de rejoindre à nouveau l'Union soviétique, participant à part entière à la vie artistique de Moscou (1925-1928). Revenu clandestinement en Turquie, bien qu'arrêté à différentes reprises, le poète publiera ses œuvres, qui transformeront de fond en comble la thématique et la stylistique de la poésie turque. La mise en question des positions idéologiques du pouvoir par le poète aboutira à des arrestations, procès et emprisonnements, dont une ultime provocation policière qui le maintiendra en prison durant douze années consécutives (1938-1950). C'est durant cette période carcerale que Nâzim Hikmet va créer l'essentiel de la poésie turque contemporaine. Malgré l'isolement d'une prison provinciale (Bursa), les poèmes de l'auteur seront en prise directe avec les principaux événements de notre temps. Atteint d'angine de poitrine, le poète ne sera pourtant pas relâché. Cependant, la Seconde Guerre mondiale s'étant terminée par la chute du fascisme, la Turquie amorcera une démocratisation relative avec les élections de 1950. Nâzim Hikmet choisira de dénoncer le pouvoir et l'iniquité judiciaire par une grève de la faim qui aura de larges échos dans le pays comme à l'étranger. Libéré par une amnistie générale à la suite de la défaite du parti unique au pouvoir depuis 1923, le poète connaîtra enfin une courte période de liberté et de bonheur dans son pays ; il retrouvera l'amour, et la naissance de son fils complétera une euphorie de courte durée, car le nouveau pouvoir fera planer de nouvelles menaces sur sa tête. Nâzim fuira donc encore une fois son pays. Les poèmes de cette époque (1950-1963) sont empreints d'une exigence de liberté dans le socialisme, d'une moralité militante, d'une volonté d'en finir avec le « culte de la personnalité » et le bureaucratisme : *Ivan Ivanovitch a-t-il existé ?* (*). La santé du poète se détériore, mais même un infarctus ne parvient pas à arrêter son élan, son appétit de voir le monde. Il se lie d'amitié avec Louis Aragon, Pablo Neruda, Constantin Simonov et bien d'autres. Sa célébrité atteint une dimension mondiale par des traductions de ses poèmes en de nombreuses langues ; ses pièces de théâtre sont jouées avec succès. Quelques nouveaux poèmes de grande envergure, *Reportage à La Havane* (+), *Un étrange voyage,* jalonneront la fin du périple poétique de Nâzim Hikmet. Son œuvre sera publiée dans son pays, après sa mort, à des centaines de milliers d'exemplaires.

Pour situer l'œuvre de Nâzim Hikmet dans l'histoire de la poésie turque, il faut tenir compte du fait qu'au début de la période républicaine les maîtres incontestés de la poésie étaient Kemal et Hasim, tous deux attachés à la métrique de la poésie du Divan et à un esthétisme élitiste. La poésie de Nâzim Hikmet bouleversa les règles métriques, thématiques et esthétiques de ses prédécesseurs, tout en transformant un courant qui stagnait. S'il fut influencé à ses débuts par la poésie futuriste russe, son œuvre prit rapidement une envergure originale en développant et magnifiant le système de la poésie populaire turque et en s'appuyant sur le langage parlé des campagnes et des villes. Le large champ culturel, à la fois oriental et occidental, populaire et intellectuel, que le poète a su dominer dans sa dialectique poétique le met au premier rang des poètes révolutionnaires contemporains. Citons parmi ses œuvres principales : *La Joconde et Si-Ya-U* (*) (1929), *La Ville qui a perdu sa voix* (*) (1931), *Pourquoi Bénerdji s'est-il tué ?* (*) (1932), *Lettres à Taranta Babou* (*) (1935), *L'Épopée du Cheik Bedrettin, fils du juge de Simavna* (*) (1936), *Paysage humains* (*) (1951), *Les Romantiques* (*) (1960), *En cette année dix-neuf cent quarante et un* (*) (1962), *L'Anthologie poétique* (*) (posth., 1964), *L'Épopée de la guerre d'Indépendance* (*) (posth., 1965).

GUZINE DINO.

RÉF. : Revue *Europe* nº 52, Paris, 1974. – N. Gürsel, *L'Apocalypse et Nâzim Hikmet* (in *Le Cuisinier et le Philosophe. Hommage à M. Rodinson*), Paris, 1982 ; *Nâzim Hikmet et la Littérature populaire turque,* Paris, 1987. – S. Göksu et E. Timms, *Nâzim Hikmet : Poetry and Politics in Kemalist Turkey* (in *Visions and Blueprints : Avant-Garde Culture and Radical Politics in Early Twentieth Century Europe*), Manchester, 1988.

HILAIRE de Poitiers, saint. Théologien latin. Né à Poitiers vers 315, il y mourut le 1er novembre 367. Évêque de sa cité natale à partir de 350, son rayonnement s'étendit, bien au-delà de ce diocèse, à tout l'Occident et à l'Orient, rapprochés dans une même lutte pour l'unité de la foi. Issu d'une noble famille païenne, il fit de solides études à Poitiers, ou plus vraisemblablement à Bordeaux, qui était alors un centre culturel important. Le néo-platonisme l'orienta vers une exigence religieuse toujours plus grande et, après avoir promené son inquiétude à travers les philosophies païennes, il s'initia vers 345 au christianisme et trouva la paix de l'esprit dans la lecture des Évangiles, découvrant avec une particulière dilection la doctrine de saint Jean. Hilaire jouissait, dans son église, d'une telle considération que ses concitoyens unanimes l'élevèrent à l'épiscopat, bien qu'il fût marié et père de famille. L'évêque écrivit peu après le *Commentaire sur saint Matthieu* [*In Evangelium Matthaei commentarius*], mais bientôt, faisant face à un urgent péril, Hilaire dut mener le combat contre les ariens. À Arles (353), puis à Milan (355), Saturnin et Auxentius tinrent, avec l'encouragement de l'empereur Constance, deux conciles à l'issue desquels tous les évêques présents se rallièrent à l'arianisme. Hilaire répondit en réunissant (à Paris ?) un autre concile, à la fin de 355. Saturnin riposta au printemps de l'année suivante en convoquant le synode de Béziers, dont Constance sanctionna les décisions en exilant Hilaire en Phrygie. Hilaire, pour autant, ne ralentit pas son zèle, se livrant à une intense activité épistolaire et polémique – v. *Contre Valence et Ursace* (*). Il profita ensuite d'une tranquillité relative pour terminer les douze livres de son ouvrage *De la Trinité* (*), où l'ardeur spirituelle est renforcée par une logique rigoureuse, et pour étudier le *Des synodes* [*De synodis*, 358] adressé à ses confrères de l'épiscopat. Hilaire participa en 359 au concile de Séleucie et, l'année suivante, adressa de Constantinople à l'empereur le second *Livre à Constance*, suivi presque aussitôt du *Contre l'hérétique Constance* [*Contra Constantium hereticum*], l'empereur l'ayant renvoyé en Gaule sans vouloir l'entendre. Hilaire regagna sa patrie et reçut en Italie un accueil triomphal (saint Martin vint à Rome pour le saluer). Aussi bien, l'astre de Constance, du fait de la rébellion de Julien, commençait à pâlir, et les évêques exilés regagnaient leur pays. Hilaire réunit immédiatement un concile à Paris et donna son appui à Eusèbe de Verceil contre Auxentius de Milan. De retour dans son diocèse, il recouvra le calme des premières années. Nous trouvons l'écho de ses homélies d'abord dans le *Traité sur les psaumes* [*Tractatus super psalmos*]. On lui doit aussi les *Mystères* [*Liber ou Tractatus mysteriorum*, 365]. Les *Hymnes* (*) enfin, si elles ne sont pas l'œuvre d'un poète, témoignent du moins de son zèle pour le chant liturgique. Cet ouvrage marque le début de l'hymnographie chrétienne.

♦ *« Tout le monde reconnaît que notre Gaule est redevable au seul Hilaire du bonheur qu'elle eut d'être délivrée du crime de l'hérésie. »* Sulpice Sévère.
♦ *« Saint Hilaire se dresse sur le cothurne gaulois et, comme il se pare des fleurs de la Grèce, il s'engage parfois dans de longues périodes ; ses ouvrages ne sont pas faits pour des lecteurs d'une portée médiocre* [...] *Le Rhône de l'éloquence latine. »* Saint Jérôme.

RÉF. : Michel Meslin, *Hilaire de Poitiers*, 1959. – F. Galtier, *S. H. de Poitiers, le premier docteur de l'Église latine*, 1960. – P. Brisson, trad. *Traité des mystères*, Sources chrétiennes, 1967.

HILARION (Ilarion). Évêque métropolitain de Kiev. Les renseignements biographiques sur cet ecclésiastique russe de la première moitié du XIe siècle sont à peu près inexistants. Il fut hautement respecté de ses pairs et admiré par Jaroslav, grand-duc de Kiev ; c'est sur le conseil de ce dernier qu'un concile local l'avait élu, en 1051, évêque métropolitain. Il fut le premier prêtre russe à obtenir ce poste qui, depuis la conversion de la Russie au christianisme, était toujours détenu par les Byzantins. Hilarion dut mourir en 1054, car c'est à partir de cette année que les chroniques mentionnent le nom d'un autre métropolitain. On doit à Hilarion de Kiev plusieurs écrits didactiques et une *Confession de la foi* [*Ispovedanié very*] que l'on nomme habituellement *L'Éloge de saint Vladimir* (*) d'après le sous-titre de l'ouvrage. Une autre œuvre célèbre du métropolite Hilarion est le *Dit de la Loi et de la Grâce* [*Slovo o zakone i blagodati*], traduit en français par L. Léger in *La Littérature russe* (Paris, 1899).

HILDEGARDE de Bingen. Poétesse, musicienne et théologienne allemande. Née à Bermersheim, Souabe, en 1098 ; morte à Bingen, Souabe, le 17 septembre 1179. Dixième enfant d'une famille noble de Souabe, Hildegarde est confiée à Dieu à l'âge de huit ans et éduquée au monastère du Disibodenberg. Après plus de quarante années d'une vie religieuse anonyme, elle est sujette en 1141 à une crise majeure de visions, au cours de laquelle l'Esprit saint lui commande de révéler le message par lui « dicté ». Elle s'en ouvre à Bernard de Clairvaux en 1147, demandant confirmation au saint homme de son don, et de l'utilité d'en révéler les fruits. De santé fragile, Hildegarde était de son propre aveu sujette, depuis l'enfance, à la vision « de grandes merveilles que ma langue ne saurait proférer si l'Esprit de Dieu ne me l'avait enseigné pour que je le croie ». Son don reconnu par le pape, et la rédaction de ses visions, les *Scivias*, achevée en 1151, Hildegarde devient une autorité religieuse, un personnage public ; son audience s'étendra à toute l'Europe du Nord. Elle fonde en 1150 un couvent près de Bingen, le Rupertsberg, indépendant de la communauté des moines du Disibodenberg. S'ensuivra une intense activité littéraire, religieuse et même politique : elle bouleverse l'étiquette religieuse et civile, prend part à des conflits séculiers lorsqu'ils menacent le monde religieux, n'hésitant pas à menacer, lors de la querelle des antipapes, l'empereur Frédéric Barberousse. Elle prêche en Lorraine, Westphalie, Souabe, et rédige deux autres ouvrages de visions, après deux autres « crises » en 1159 et 1163 : *Le Livre des mérites* [*Liber Vitae meritorum*] et *Le Livre des œuvres divines* (*). Infatigable, Hildegarde a également laissé une somme poétique étonnante, intitulée *Symphonia harmoniae celestium revelationum* [*Symphonie de l'harmonie des révélations célestes*] – v. *Louanges* (*) – qu'elle mit elle-même en musique ; des ouvrages à vocation scientifique comme le *Livre des subtilités des créatures divines* [*Physica*] ou médicale (*Causæ et curæ*), ainsi qu'une prolixe correspondance avec les grands personnages de son époque, un drame liturgique, *Ordo virtutum*, annonçant avec un siècle d'avance les Passions médiévales... La complexité de son œuvre amène à tenter plusieurs interprétations de sa personnalité : créatrice inspirée, poétesse non dénuée de rationalisme et de sensualité, ayant une conscience aiguë de son destin et de son temps et l'utilisant pour dépasser sa condition sociale féminine ; ou bien visionnaire, instrument de la volonté divine « subissant » son propre don, « transpercée » selon ses mots par le Verbe saint, sinon par sa propre puissance créatrice.

SERGE ROSENBERG.

HILL Geoffrey. Poète anglais. Né à Bromsgrove (Worcestershire) le 18 juin 1932. Son père et son grand-père paternel, imposante figure, étaient fonctionnaires de police. Sa grand-mère maternelle a connu la vie d'une ouvrière de l'époque victorienne : son travail est évoqué dans le poème XXV des *Hymnes de Mercie* (*). Sa mère, d'origine baptiste, rejoignit ensuite l'Église anglicane. Il fait partie du chœur paroissial depuis l'âge de 7 ans jusqu'à son départ, en 1950, pour l'université d'Oxford (Keble College) où il avait obtenu une bourse. Il s'y trouve d'abord assez isolé et mal à l'aise, et gardera de ces années un souvenir mitigé. En 1953, il obtient, avec une excellente mention, son diplôme de langue et littérature anglaises. En 1954, il accepte un poste à l'université de Leeds où il deviendra professeur en 1977. Il continuera d'y enseigner jusqu'à la fin de 1980 avant de devenir *Fellow* de l'université de Cambridge (Emmanuel College) l'année suivante. Au début de 1989, il s'installe aux États-Unis comme professeur à l'université de Boston. Il a donné des conférences et des lectures de ses œuvres dans de nombreux pays. Depuis longtemps familier des poètes, il publie un première plaquette à Oxford (1952), se situant d'emblée sur un terrain personnel, à l'écart de l'école intellectualiste de W. Empson et d'une poésie simplement lyrique ou sentimentale. Il se passionne pour les « métaphysiques » (baroques) anglais : Donne, ainsi que Vaughan et Herbert dont il se sent plus proche. Parmi les poètes plus récents, il est sensible aux œuvres de C. Smart, W. Blake et A. E. Housman. Mais pour sa création ultérieure comptent sans doute davantage les figures de W. B. Yeats, E. Pound, A. Tate et T. S. Eliot. Son premier recueil, *Pour ceux qui ne sont pas tombés* [*For the Unfallen*], fait un tri sévère parmi ses productions du début et ne paraît qu'en 1959. Cette lenteur est caractéristique d'une exigence, presque mallarméenne, dans la composition. Le titre se réfère à ceux qui ont résisté moralement, parfois jusqu'à la mort, aux épreuves de l'histoire, mais aussi à ceux qui sont toujours vivants, au prix d'éventuelles lâchetés. Cette opposition volontairement conjuguée est révélatrice de sa vision et de sa démarche poétiques. Le titre du second recueil *Le Roi soliveau* (*) (1968) fait allusion à la fable d'Ésope, ainsi peut-être qu'au « Logos » johannique. Les trente brefs poèmes, ordonnés en versets, des *Hymnes de Mercie* (*) (1971) ont été écrits relativement vite (trois ans). Puis en 1978 vient *Tenebrae* (contenant en particulier la remarquable suite « Le Château de Pentecôte » [The Pentecost Castle], qui s'inspire très personnellement de poèmes amoureux ou mystiques de l'Espagne baroque) et, en 1983, *Le Mystère de la charité de Charles Péguy* [*The Mystery of the Charity of Charles Peguy*] qui reprend de façon inattendue l'ampleur rythmique de Péguy, et médite, avec une admiration quelque peu perplexe, l'action de celui-ci dans l'histoire de son temps. Tous ces recueils, augmentés de trois *Hymnes à Notre-Dame de Chartres* [*Hymns to Our Lady of Chartres,* 1984] à la dévotion complexe bien qu'elles soient imitées formellement de Péguy, ont été réunis dans une édition de poche, *Œuvre poétique* [*Collected Poems,* 1985]. Cette œuvre exigeante, ramassée, d'une force et densité peu communes, fait de Geoffrey Hill l'un des poètes anglais les plus marquants de la seconde moitié du siècle. Il est en outre l'auteur d'une traduction de *Brand* (*) d'Ibsen (1978) et d'un important recueil d'essais, *Les Maîtres de la limite* [*The Lords of Limit,* 1984], qui portent sur la « littérature et les idées » et définissent sa conception de la poésie.

RENÉ GALLET.

HIMES Chester. Écrivain américain. Né à Jefferson City (Missouri) le 29 juillet 1909, mort à Alicante le 12 novembre 1984. Il a eu la chance, rare pour un Noir à cette époque, de faire des études universitaires. Adolescent, il se sent responsable de l'accident qui rend aveugle son frère Joseph alors qu'ils préparaient un feu d'artifice. Pour payer ses études, il travaille comme liftier dans un hôtel ; une chute dans la cage d'ascenceur vide l'oblige à porter un corset toute sa vie. À 19 ans, il est condamné à vingt-cinq ans de prison pour un vol à main armée. C'est là qu'il découvre Hammett, Chandler, Dostoïevski et qu'il écrit ses premières nouvelles qui paraissent dans *Esquire*. Libéré sept ans plus tard, il épouse Jean, qui appartient à la bourgeoisie noire et qui fait vivre le ménage ; ils se séparent après quelques années de vie commune. Supportant mal le racisme et sa difficile réinsertion dans la société, Himes fait paraître en 1945 *S'il braille, lâche-le* [*If he hollers, let him go*] et deux ans plus tard *La Croisade de Lee Gordon* [*Lonely Crusade*] qui est très mal accueilli par les critiques (Noirs ou Blancs) aux U.S.A. mais bien reçu en France, pour laquelle il s'embarque en 1953. Après un bref séjour à Paris, il vit à Arcachon, Londres, Majorque où il écrit *La Fin d'un primitif* [*The Primitive*, 1955]. Rentré à Paris et sans un sou, il accepte la proposition de Marcel Duhamel d'écrire pour la série noire huit romans ayant pour cadre Harlem. *La Reine des pommes* (*) qui paraît en 1958 obtient le grand prix de littérature policière et les suffrages de Cocteau, Giono et Sartre. *Regrets sans repentir* (1979) condense les deux volumes de son autobiographie : *Une blessure spécifique* [*A quality of hurt*, 1971] et *Ma vie absurde* [*My Life of Absurdity*, 1976]. Chester Himes n'aime pas les étiquettes « écrivain noir », auteur de « romans policiers », il écrit comme « être humain » pour crier sa révolte contre l'humiliation, pour s'évader et ne pas devenir enragé. On lira aussi *Retour en Afrique* [*Cotton comes to Harlem,* 1964] où l'idée bien légitime d'un retour à la terre ancestrale devient prétexte à un racket religieux.

DENIS BOUTET DE MONVEL.

HINDEMITH Paul. Compositeur allemand. Né à Hanau le 16 novembre 1895, mort à Francfort-sur-le-Main le 28 décembre 1963. Il fait des études au Conservatoire supérieur de Francfort, apprenant la composition avec A. Mendelssohn et B. Sekles. Dès ses vingt ans, en 1915, il commence une carrière d'altiste et fonde le Quatuor Amar avec le violoniste Licco Amar. À partir de 1921, il participe au festival de musique de chambre de Donaueschingen ainsi qu'au festival de la Société internationale de musique contemporaine de Salzbourg. C'est dans le cadre de ces manifestations que sont exécutées diverses œuvres de musique de chambre : *Quatuor à cordes en ut majeur* (1922), *Quintette avec clarinette* (1923), *Trio à cordes* (1924). Ces ouvrages représentent une réaction vigoureuse contre les influences qui ont marqué sa formation, Brahms, Bruckner, Reger et Richard Strauss. Mais c'est essentiellement dans le domaine du théâtre que le jeune Hindemith s'attaque aux traditions. Ce sera en 1921 *Assassin* [*Mörder*], *Espoir des femmes* [*Hoffnung der Frauen*] sur un livret du peintre expressionniste Oskar Kokoschka, et un jeu pour marionnettes birmanes, *Nusch-Nuschi.* En 1922, *Sancta Susanna* provoque un tel scandale que la police doit intervenir pour protéger le théâtre. Après une accalmie avec *Cardillac* (*) (1926) d'après un conte de E. T. A. Hoffmann, Hindemith repart à l'attaque avec *En avant, en arrière* [*Hin und zurück,* 1927] et *Nouvelles du jour* (*) (1929). En 1927, il est nommé professeur de composition à l'École supérieure de musique de Berlin. Il occupera ce poste jusqu'en 1937, bien que, dès leur prise de pouvoir, les nazis attaquent violemment sa musique considérée comme « dégénérée ». Pourtant, depuis plusieurs années déjà, Hindemith évoluait vers des formules musicales plus traditionnelles. Dès 1925, sa *Kammer musik* (*) pour piano et douze instruments solistes, où il ne cachait pas ses affinités avec Bach, avait été jouée au festival de Venise. Dans la même lignée, se situait un *Concerto pour orchestre* et le *Concert philharmonique* (*) de 1932. Dès 1922-1923, ce tournant pouvait être observé dans les 15 *Lieder* d'après Rilke, *La Vie de la Vierge Marie* (*). Les menaces politiques se précisant, c'est à Zurich qu'est donnée, en 1938, la première représentation de *Mathis le peintre* (*). Cette œuvre majeure est inspirée par le retable de Mathis Grünewald à Colmar et exprime l'angoisse de l'artiste devant la montée de la violence ; l'œuvre sera proscrite en Allemagne. Désormais, Hindemith va devoir s'organiser une vie d'exilé. Après un bref séjour en Turquie, où il participe à des plans d'éducation musicale, il donne à Londres son ballet *Nobilissima visione* (*), puis, en 1939, s'établit aux États-Unis, où l'université de Yale lui confie la tête de son département musical. La production de sa période américaine est très variée. Il publie, en 1940, une symphonie en mi bémol très marquée d'influence brucknérienne ; en 1943, ce sont les *Métamorphoses symphoniques sur des thèmes de Weber.* Dans le domaine de la musique de chambre, il publie *Les Quatre Tempéraments* (*) (1946), thème et variations pour piano et orchestre à cordes, ainsi qu'une grande quantité de pièces pour piano et instruments à vent. Il est attiré par la musique vocale : remettant en chantier *La Vie de Marie* de 1923, il la transforme complètement, ne gardant qu'un des lieder de la version primitive, et se livrant à des exercices d'utilisation symbolique de la tonalité (1948) ; il compose le *Concerto pour clarinette et orchestre* (*) (1950) et deux grandes cantates, l'une un *Requiem de guerre* sur des poèmes de Walt Whitman (1946), l'autre un *Cantique de l'espérance* sur un texte de Paul Claudel (1952). Cette dernière œuvre précède de très peu son retour en Europe, qu'il avait déjà préparé en acceptant de donner des cours à Zurich, parallèlement à son enseignement à Yale. En 1953, il se fixe définitivement en Suisse. En cette fin de sa vie, Hindemith est considéré par tous comme le plus grand musicien allemand d'audience internationale. Ses dernières œuvres musicales se veulent porteuses d'un message philosophique universel : une symphonie, *Harmonie du monde* (*) (1951) ; sous le même titre, en 1957, un opéra sur la vie de l'astronome Kepler ; une *Messe a capella,* en 1963, sa dernière œuvre. Le problème d'Hindemith est celui d'un musicien qui, parti en guerre contre le poids des conventions sentimentales de son pays, a peu à peu cédé du terrain à la tradition, pour se trouver à la fin de sa vie dans la position même que, jeune homme, il attaquait.

JEAN-FRANÇOIS LABIE.

♦ *« Avec sa maturité, il est parvenu à rendre à sa polyphonie un principe formel tonal, basé aussi sur la gamme de douze sons chromatiques, mais pourvue d'un ordre fonctionnel.* » Ernest Ansermet. ♦ *« Il est certain que personne n'a fait plus pour mettre en valeur aux yeux du monde la musique allemande, dans la jeune génération que Paul Hindemith.* » Wilhelm Furtwängler. ♦ *« À l'heure juste, Hindemith avait su réveiller la vitalité musicale allemande, qui était en train de se scléroser sur les trésors dévalués du postromantisme, au milieu d'une stérile inondation de musique.* » Claude Rostand.

RÉF. : *Hommage à Paul Hindemith,* Yverdon, 1973. – G. Skelton, *Paul Hindemith,* Londres, 1975. – A. Briner, *Paul Hindemith,* Zurich, 1978. – G. Schubert, *Hindemith,* Hambourg, 1981. – P. Hindemith, *Pratique élémentaire de la musique,* Paris, 1986.

HINO Ashihei (pseud. de Tamai Katsunori). Romancier japonais. Né dans le département de Fukuoka le 25 janvier 1907, mort le 24 janvier 1960. Après des études de littérature anglaise à l'université Waseda, à Tôkyô, il subit l'influence du marxisme et anime le syndicat des dockers de son port natal. Arrêté à la suite d'une grève (1932), il est contraint de renoncer à toute activité politique. Il collabore alors à diverses revues littéraires, obtenant en 1937 l'important prix Akutagawa pour son roman *Scatologie* [*Funnyôtan*]. Affecté la même année au service d'information du corps expéditionnaire en Chine centrale, il remporte en 1938 un vif succès de librairie avec *Le Blé et les Soldats* (*), chronique d'une campagne menée au nord de Nankin, et se fait dès lors de la « littérature de guerre » [sensô bungaku] une spécialité dont témoigneront notamment *Les Fleurs et les Soldats* (1939), et *L'Armée de terre* [*Rikugun*, 1943-1944]. Après la défaite, malgré la popularité d'une production au sein de laquelle il convient de distinguer un roman autobiographique, *Les Fleurs et le Dragon* [*Hana to ryû*, 1953], ainsi que *Voyageur au pays rouge* [*Akai kuni no tabibito*] qu'il rapporta en 1955 d'un séjour en Chine populaire, des ennuis de santé et une perte de confiance en son talent le conduisirent au suicide.

MICHEL WASSERMAN.

HINTIKKA Jaakko. Philosophe finlandais. Né à Ventaa (Finlande) le 12 janvier 1929. Il a étudié en Finlande et aux États-Unis les mathématiques et la philosophie. Ce sont surtout les travaux de von Wright qui l'ont influencé. En 1955, il est docteur de l'université d'Helsinki. Les trois années qui suivirent, Jaakoo Hintikka les passa à Harvard. Ensuite, il a été professeur à Helsinki (1959-1970), à Stanford (1965-1981), à l'Académie de Finlande (1970-1981), en Floride (1978-90) et à

Boston. Il a été également invité à Brown (1962), à Berkeley (1963), et à l'université hébraïque de Jérusalem (1974). Hintikka a également donné les John Locke Lectures à Oxford (1964), et les Kant Lectures à Stanford (1965).

Les premiers travaux de Jaakko Hintikka ont trait à la logique et à la fondation des mathématiques. On lui doit notamment la théorie des formes normales distributives, la théorie des structures profondes infinies. Au point de vue plus philosophique, Hintikka est l'un des pères de la sémantique modale, qu'il a appelée la théorie des modèles. Par après, Hintikka a appliqué les techniques logiques à l'épistémologie, à la philosophie des sciences et à la théorie du langage. Il est l'un des pères de la logique épistémique. Ce qui tout naturellement l'a amené à traiter de philosophie des sciences et plus particulièrement de l'induction, du problème de l'expérience et de l'incommensurabilité. Plus récemment encore, il a développé la sémantique des jeux [*game-theorical semantics*].

Cela n'a pas empêché Hintikka, tout au long de sa carrière, de travailler sur les grands philosophes du passé. On lui doit des études décisives sur Leibniz, Newton et Kant, mais son article le plus célèbre est consacré à Descartes. Plus récemment encore, les analyses de Hintikka de la pensée de Frege, Russell et Wittgenstein ont été déterminantes. Son livre *Investigations sur Wittgenstein* (*), réalisé avec Merrill Hintikka, est devenu un classique. Un choix d'articles, publiés sous le titre *L'Intentionnalité et les mondes possibles* (*), a été réuni en français.

Hintikka, par son modèle de l'investigation logico-épistémique, est considéré aujourd'hui comme l'un des plus grands philosophes anglo-saxons.

MICHEL MEYER.

HIPPARQUE de Nicée. Astronome et mathématicien grec. Né à Nicée en Bithynie (Asie Mineure) ou, selon d'autres, à Rhodes où il vécut presque continuellement et où il mourut. Nous ne connaissons point les dates de sa naissance et de sa mort, mais il vécut entre 160 et 125 av. J.-C. Fondateur de l'astronomie mathématique, il ne s'intéressa pas seulement à cette matière, et laissa des témoignages de son activité dans des domaines voisins. Nous ne possédons que deux de ses ouvrages : une critique du poème d'Aratos, intitulée également *Phénomènes* (*) et publiée pour la première fois en grec par Victorius à Florence, en 1567 ; dans le domaine de l'astronomie pratique, un *Catalogue des étoiles* bien connu, et qui renferme ses propres observations et celles qu'avaient déjà faites Aristillos et Timocare. Hipparque découvrit le phénomène de la précession des équinoxes, construisit le niveau d'eau et différents instruments astronomiques, jeta les premiers fondements de la trigonométrie. En se servant des méthodes d'Aristarque, il détermina la parallaxe solaire et trouva un chiffre gravement erroné qui fut cependant adopté pendant des siècles, attendu qu'on n'en possédait point de plus exact. Il étudia le problème du mouvement apparent des planètes dans le ciel, en chercha l'explication et arriva, semble-t-il, à imaginer le système décrit plus tard dans l'*Almageste* (*) de Ptolémée.

HIPPEL Theodor Gottlieb von. Écrivain humoristique allemand. Né le 31 janvier 1741 à Gerdauen (Prusse-Orientale), mort le 23 avril 1796 à Königsberg. De petite noblesse provinciale déchue, il partit à seize ans étudier la théologie à l'université de Königsberg. À vingt ans, un voyage en Russie et son entrée dans la haute société firent de lui un jeune homme ambitieux. Revenu à Königsberg, il abandonna la théologie et se mit à étudier le droit. Devenu avocat en 1765, il entra au service de l'État prussien, assuma des charges de plus en plus importantes et devint président de la province. En 1795, il fut envoyé à Dantzig, occupé par la Prusse à la suite du second partage de la Pologne, pour y organiser l'incorporation administrative de cette province à l'État prussien. Mais l'importance de sa mission, le changement de vie et d'habitudes le fatiguèrent, et il tomba malade. Il ne se remit pas et mourut peu de mois après. Fonctionnaire très consciencieux, son caractère offrait de nombreux contrastes : il prônait le mariage et demeura célibataire ; il prêchait l'indifférence envers les biens de ce monde et, parti de rien, il amassa par avarice des biens importants ; il persiflait les sectes et fut un fervent franc-maçon. Il feignait même de désavouer sa propre activité littéraire qu'il tenait presque secrète. Il écrivit d'abord deux comédies : *L'Homme réglé par sa montre ou l'Homme ordonné* [*Der Mann nach der Uhr, oder Der ordentliche Mann,* 1765], critiquée par Lessing dans la *Dramaturgie de Hambourg* (*), et *Les Rivaux insolites* [*Die ungewöhnlichen Nebenbuhler,* 1768]. Ses deux romans : *Biographies en lignes ascendantes* (*) et *De A à Z : Courses en zigzag du chevalier* [*Kreuz- und Querzüge des Ritters A bis Z,* 1793-94] présentent un grand intérêt historique, bien sûr comme documents sur la culture de l'époque dominée par Kant, mais aussi, et surtout, parce qu'ils préludent par certains aspects à l'œuvre de Jean-Paul Richter.

RÉF. : J. Černy, *Sterne, Hippel und Jean-Paul,* Prague, 1904. – Th. Hönes, *Th. v. Hippel,* Bonn, 1910. – Diesch, *Th.-G. von Hippel* in tome I de l'*Altpreussische Biographie,* Königsberg, 1941.

HIPPIUS Zinaïda Nikolaevna [Zinaïda Nikolaevna Gippius]. Poétesse et critique littéraire russe. Née à Bélev, dans le gouvernement de Tula (Russie) le 20 novembre 1869, morte à Paris le 9 septembre 1945. Issue d'une famille de la noblesse allemande qui avait fait souche en Russie, la jeune Hippius parcourut avec les siens presque toute la Russie. Sa santé laissant à désirer, elle dut faire ses études à la maison. Elle lisait énormément, surtout les poètes ; son auteur préféré était Nadson. En 1888, au cours d'un voyage à Tiflis, en Géorgie, elle rencontra Merejkovsky, qui venait de débuter dans la carrière des lettres. Ils se marièrent l'année suivante et s'installèrent à Saint-Pétersbourg ; leur maison se transforma bientôt en un salon littéraire, où les poètes et les philosophes d'avant-garde étaient toujours certains de trouver audience. Zinaïda Hippius fut l'âme de ces réunions, et c'est un peu grâce à ses efforts qu'une initiative de Nicolas Berdiaev, la création de la « Société philosophico-religieuse », put être menée à bonne fin. Dès 1897, Zinaïda Hippius publia un certain nombre de nouvelles, qui sont toutefois très inférieures à sa poésie — v. *Poésies* (*). Celle-ci parut en deux volumes sous le titre : *Recueil de poésies* [*Sobranie stichov ;* t. I, 1904 ; t. II : 1910]. Elle écrivit également un *Journal littéraire* [*Literaturnyi dnevnik,* 1911], brillant recueil de critiques littéraires, fourmillant d'idées pertinentes et très personnelles. D'opinions très libérales, les époux Merejkovsky durent chercher refuge à l'étranger après les événements de 1905, mais, bien qu'ils aient accueilli avec satisfaction la révolution de 1917, en 1919 ils durent s'expatrier de nouveau et, cette fois-ci, définitivement. En émigration, Zinaïda Hippius fit paraître *Mon journal sous la Terreur* (1921).

RÉF. : J. Bailey, *The Versification of Z. Gippius,* Harvard, 1965. — O. Matich, *Paradox in the Religious Poetry of Z. Gippius,* Munich, 1972.

HIPPOCRATE de Cos. Médecin grec. Né vers 460 avant J.-C., mort vers le milieu du IVe siècle. Il n'existe rien de sûr à propos de sa biographie. Dans son cas, plutôt que de vouloir cerner la réalité historique d'un médecin et de vouloir discerner quelles sont les œuvres réellement écrites par lui, il est préférable de s'intéresser à la postérité du personnage et à ce qu'une tradition historique très fournie en a fait. Platon, parmi les premiers, le cite comme un médecin fameux : Hippocrate personnifie très tôt la médecine, au même titre que Phidias la sculpture. À l'époque d'Aristote, son simple nom, sans autre attribut, suffit déjà pour désigner sans équivoque le grand médecin. Il serait né le 27 du mois d'Agrianos 460 à Cos (un érudit ultérieur aurait retrouvé ce fait dans les archives locales), de la famille des Asclépiades : on désigne ainsi initialement une famille descendant du dieu Asclépios par l'intermédiaire de Podalyre et Machaon et se transmettant le savoir médical de père en fils. D'autres sources le font descendre d'Héraclès. Ses parents se seraient nommés Héraclide, lui-même médecin, et Phénarété. Il aurait eu deux fils médecins, Thessalos et Dracon, et une fille, qui épousa elle-même un médecin, Polybe. Son père aurait été son premier maître en médecine. On lui attribue également divers professeurs fameux en rhétorique et en philosophie, tels Démocrite, Gorgias ou Hérodicos. Certaines anecdotes rapportent que, chargé de la bibliothèque de Cos, il en aurait brûlé les livres, et aurait dû fuir de ce fait en Thessalie. Il est certain qu'il n'est pas resté à Cos, car sa renommée dépasse très vite les limites de l'île. Comme la plupart des médecins d'alors, il a sans doute beaucoup voyagé, en Grèce et peut-être en Égypte ou en Perse. Selon les uns, il aurait pratiqué à la cour du roi de Perse ; selon d'autres, il aurait au contraire été un fervent patriote ayant refusé les présents offerts par ce dernier. Une légende célèbre le décrit appelé par les Abdéritains pour soigner la folie de Démocrite : mais, après l'avoir rencontré et examiné, il se serait rendu compte de la profonde sagesse du philosophe. On raconte également son activité lors d'une pestilence à Athènes (devenue dans les histoires ultérieures identique à la grande pestilence décrite par Thucydide). Quoi qu'il en soit, le faîte de sa carrière se situe pendant la guerre du Péloponnèse. Il meurt en Thessalie entre 375 et 351 avant J.-C. (à un âge avancé : de 85 à 109 ans selon les différentes versions). L'histoire veut que sur sa tombe, près de Larissa, se trouvait un essaim d'abeilles dont le miel avait un pouvoir guérisseur. Un culte héroïque lui fut également consacré à Cos. De tout cet amas d'anecdotes et de légendes, il ne reste guère de fait assuré. Il faut cependant y lire l'élaboration progressive, au cours des siècles, et dès la mort du personnage réel, de l'image d'un médecin modèle. Cette image a d'ailleurs évolué selon les tendances politiques ou culturelles du moment. Dès le IVe siècle, un grand nombre de médecins portent le nom d'Hippocrate. Certains sont peut-être des descendants directs, mais dès cette époque existe la possibilité de transmettre le savoir médical hors du cercle familial : le terme même d'Asclépiade désigne désormais tout médecin. De plus, on ne peut parler d'une école médicale hippocratique au sens où on l'entend pour les écoles médicales ultérieures. En effet, les écrits connus sous le nom de *Corpus hippocratique* (*), écrits vraisemblablement entre le Ve et le IIIe siècle avant J.-C., regroupent des théories médicales souvent fort hétérogènes, d'auteurs très divers (et anonymes). La descendance ne consiste donc pas en une communauté de doctrines bien unifiées ; dans l'histoire, Hippocrate représente bien plus celui qui assure une autonomie conceptuelle à la médecine par rapport à la philosophie ou à la religion. On peut ainsi comprendre que pratiquement tous les médecins, jusqu'au XIXe siècle (voire plus tardivement), se soient réclamés de lui comme le père fondateur de leur science – v. *Serment d'Hippocrate* (*), *Corpus hippocratique* (*).

VINCENT BARRAS ET ANNE-FRANCE MORAND.

RÉF. : É. Littré, *Œuvres complètes d'Hippocrate,* Paris, 1839-1861 (10 vol.). – L. Edelstein, « Hippokrates von Kos », in *Realencyclopädie der classischen Altertumswissenschaft,* vol. suppl. VI, Munich 1935. – P. Laín Entralgo, *La Medicina hipocrática,* Madrid, 1970. – W. D. Smith, *The Hippocratic Tradition,* Ithaca, 1979. – P. Potter, *Short Handbook of Hippocratic Medicine,* Québec, 1988. – J. Jouanna, *Hippocrate,* Paris, 1992.

HIPPOLYTE de Rome, saint. Théologien grec né vers 150, qui fut antipape et martyr en 235 ou 236. Sa vie et sa personnalité nous sont demeurées longtemps mystérieuses. Jusqu'à la découverte de son œuvre la plus importante, on ne possédait guère qu'un petit nombre d'indices d'interprétation difficile : une note figurant dans les annales de l'année 354, mentionnant qu'Hippolyte et le pape Pontien furent déportés en Sardaigne et que les ossements d'Hippolyte furent déposés dans une localité située sur la voie Tiburtine, route de Rome à Tivoli ; un écrit du pape Damase qui rattache Hippolyte au schisme novatien et dit qu'il se réconcilia avec l'Église au moment de mourir ; une statue, mutilée, découverte en 1551 près de la basilique de Saint-Laurent-hors-les-Murs, où l'on reconnut Hippolyte parce que sur son socle se trouve inscrite une liste de ses œuvres et un comput pascal pour les années 222-23, lequel concorde avec celui que rapporte Eusèbe qui donne également une liste des œuvres d'Hippolyte complétée par la suite par saint Jérôme. Tous deux ont su qu'Hippolyte avait été évêque, mais ignorent de quels diocèses – que des écrivains ultérieurs situent en Arabie. D'autre part, certains écrivains ont visiblement confondu Hippolyte de Rome avec d'autres martyrs homonymes, voire avec des personnages légendaires. La découverte au mont Athos des *Philosophoumena ou Réfutation de toutes les hérésies* (*) qui, après plusieurs contestations, furent reconnues comme étant d'Hippolyte, permit de faire la lumière sur cette singulière personnalité. Hippolyte fut donc prêtre sous les papes Victor et Zéphyrin (189-217), adversaire du diacre Calixte, puis pape ; pour s'opposer à Calixte, Hippolyte tenta de se faire élire et se fit en tout cas consacrer, tandis qu'il accusait son adversaire de sabellianisme et de laxisme ; le schisme se poursuivit jusqu'à la persécution et la déportation d'Hippolyte. On peut sans doute remarquer dans sa pensée une évolution ; il se serait peu à peu rapproché de ce millénarisme qui, accompagné chez lui d'un attachement pour les doctrines opposées au gnosticisme, amena Hippolyte à se lancer dans des polémiques avec le prêtre Gaïus et avec Artémon. Mais diverses questions ayant trait aux œuvres – v. *Chronique* (*), *Œuvres dogmatiques* (*), *Œuvres exégétiques* (*) – et à la pensée d'Hippolyte de Rome sont encore en discussion ; il semble qu'on doive en tout cas lui attribuer l'ouvrage intitulé *La Tradition apostolique* (*), ouvrage cité sur l'inscription de la statue.

RÉF. : A. Donini, *Ippolito di Roma,* 1923. – G. Bovini, *Sant'Ippolito dottore et martire,* 1943. – P. Nautin, *Hippolyte et Josippe,* 1947 (contre l'attribution des *Philosophoumena* à Hippolyte ; très discuté). – M. Richard, article « Hippolyte de Rome » in *Dictionnaire de spiritualité ascétique et mystique,* vol. 7, 1986. – J. Liebaert, *Les Pères de l'Église,* Paris, 1986. – C. Osborne, *Rethinking Early Greek Philosophy : Hippolytus of Rome and the Presocratics,* Ithaca, 1987.

HIPPONAX d'Éphèse. Poète grec. Les indications biographiques transmises par les Anciens sont très pauvres et contradictoires. Il semble que les dates les plus recevables soient celles données par Pline l'Ancien, confirmées par le *Marbre de Paros* ; le poète serait né aux environs de 575 av. J.-C., et son akmé se situerait vers 540. Il vit certainement le jour à Éphèse ; on ne sait rien de sa famille (seul Suidas a mentionné les noms de ses parents) et c'est une fausse interprétation d'un fragment qui a accrédité les légendes qui ont fait de lui le descendant d'une famille richissime ruinée ou un terrassier. Il s'occupa activement de politique dans sa jeunesse et, lorsque grâce à l'aide perse les tyrans Athénagoras et Comas s'emparèrent d'Éphèse, il dut s'exiler à Clazomènes, où il connut une vie très difficile. C'est à partir de ce moment-là que son existence devient un peu comparable à celle de son prédécesseur Archiloque, exilé à Thasos, où se trouvait rassemblée « toute la lie de la Grèce ». À Clazomènes, Hipponax fut contrait de vivre au milieu de voleurs, d'entremetteuses dont il partageait la misère et copiait la vulgarité. Querelleur par nature, il n'épargna personne et se répandit en invectives grossières et en sanglantes imprécations. Ses deux ennemis les plus acharnés se nommaient Boupalos et Athénide. On ne connaît pas la cause véritable de cette inimitié. Légende, certainement, que l'histoire de la statue caricaturale exécutée par ces deux personnages qu'on rendit frères et sculpteurs pour l'occasion, et que notre poète aurait réduits au suicide par la dureté de ses ïambes vengeurs. Il est à penser, d'ailleurs, que toutes ces histoires n'ont été rapportées que pour mettre en relief la violence de la poésie d'Hipponax – v. *Iambes* (*). On suppose tout de même qu'à la base de la haine qui existait entre le poète et Boupalos se trouve une rivalité amoureuse : Aréthé aurait préféré Boupalos et Hipponax exhala son dépit en termes grossiers ; il couvrit ses héros d'injures, représentant avec un vérisme d'une crudité inouïe le monde impitoyable et laid dans lequel il vivait. Hipponax avait une prédilection pour les contrastes et les effets originaux : il se servit d'un mètre peu usité, le scazon, dont certains lui attribuèrent à tort l'invention et, à côté de son excessive trivialité, parfois d'un comique très efficace, on découvre chez lui une grâce insoupçonnée lorsqu'il réclame l'amour « d'une enfant belle et tendre ». Il faut reconnaître en lui un poète authentique, et les poètes alexandrins, si raffinés, l'avaient bien senti, eux qui, à l'exemple de Callimaque et d'Hérondas, se l'étaient donné pour modèle. Phénix de Colophon voulut voir en lui un précurseur des moralistes, c'est évidemment la position exagérée d'un « cynique », mais aussi outrée est celle qui consiste à ne voir en lui qu'un voleur ou un grossier personnage : il fut victime de son tempérament bizarre et de la pauvreté.

GIUSEPPE MORELLI.

♦ *« Si, comme on l'a dit, une forme de style brisé favorise la véhémence, la composition qui présente quelque chose de complètement disloqué ne la favorise pas moins. Hipponax a donné un modèle du genre. Ayant dessein d'insulter ses ennemis, il brisa la mesure de son vers et, le faisant irrégulier, boiteux et sans rythme, il lui donna ainsi la forme qui convient le mieux à la satire et à l'injure. »* Démétrius de Phalère.

RÉF. : F. Jung, *Hipponax redivivus*, Giessen, 1929. – E. Degani, *Studi su Ipponatte*, Bari, 1984.

HIRABAYASHI Taiko (pseud. d'Hirabayashi Tai). Romancière japonaise. Née le 3 octobre 1905 dans le département de Nagano, morte en 1972. Issue d'une famille autrefois influente, mais appauvrie, elle se rend à Tôkyô à l'âge de seize ans. Elle y exercera les métiers les plus divers, tout en militant dans les milieux féministes d'abord, puis anarchistes. Arrêtée, puis chassée de la capitale au cours de la vague de répression qui suivit le tremblement de terre de 1923, elle mène pendant plusieurs années une existence errante, notamment en Mandchourie où elle situera en 1927 l'action d'une nouvelle toute de révolte et de désespoir, *À l'assistance médicale gratuite* [*Seryōsitsu nite*], qui lui vaudra une notoriété immédiate au sein du mouvement littéraire prolétarien. Elle s'est en effet rapprochée entre-temps du marxisme, et son activité militante lui vaudra d'être arrêtée une seconde fois au début du conflit sino-japonais (1937). Atteinte en prison d'une grave maladie, elle restera alitée pendant sept ans, et ce n'est qu'après-guerre qu'elle pourra reprendre ses activités politico-littéraires, marquées cette fois-ci par une défiance de plus en plus prononcée à l'égard du communisme et du parti qui l'incarne. De cet écrivain dont la liberté de pensée et de comportement défraya souvent la chronique, on retiendra notamment les nouvelles que lui inspira son long combat contre la maladie : *Une femme comme ça* [*Kôyu onna*, 1946], *Je vis* [*Watakushi wa ikiru*, 1954], le roman qu'elle consacra aux milieux de la pègre *Fleurs souterraines* [*Chitei no hana*, 1948], et un récit autobiographique en forme de règlement de comptes provisoire, *Une fleur dans le désert* (*) (1955-1957).

MICHEL WASSERMAN.

HIRANYAKESHIN. Écrivain indien. Selon la tradition, Hiranyakeshin Satyasadha fut le fondateur d'une école rituelle de « Yajur-Veda noir », de la branche « Taittiriya », dont les adeptes furent assez nombreux dans le sud-ouest et le nord-est de l'Inde au IVe siècle avant notre ère. On lui attribue plusieurs textes qui sont les premiers spécimens de prose courante sanscrite : le *Hiranyakeshi-sūtra*, et une partie du *Grhya-sūtra* (*) et des *Dharma-sūtra* (*).

HIRTIUS Aulus. Historien latin. Né à Ferentum, Apulie, en 90 av. J.-C., mort devant Mutina (Modène) en avril 43 av. J.-C. Militaire et homme politique, on le trouve en 53 lieutenant de César en Gaule, puis à partir de 49 chargé, semble-t-il, de défendre les intérêts de son chef à Rome. Préteur en 46, il fait exclure les pompéiens des honneurs, quoiqu'il n'ait pas pris part lui-même à la guerre civile de Pompée et de César. Après l'assassinat de ce dernier, en mars 44, Hirtius prend parti contre Antoine, auquel il inflige une défaite le 15 avril 43 près de Forum Gallorum ; mais il est lui-même blessé mortellement dix jours plus tard à la bataille de Modène. Hirtius est l'auteur du livre VIIIe de la *Guerre des Gaules* (*) et d'une *Guerre d'Alexandrie* (*). On lui a également attribué, mais à tort sans doute, une *Guerre d'Afrique* (+) et une *Guerre d'Espagne* (+).

RÉF. : O. Seel, *Hirtius*, 1935. – F. Olivier, « A propos d'Aulus Hirtius » (1937) in *Essais dans le domaine du monde gréco-romain antique*, 1963.

HISÂR Abd Ul-Haqq Šinâsî. Romancier turc. Né à Istanbul en 1883, mort le 3 mai 1963. Après des études secondaires dans sa ville natale, il se rend à Paris, où il suit les cours de l'École des sciences politiques (1908). Hisâr occupera différents postes dans l'administration tout en poursuivant son œuvre littéraire, lentement et méticuleusement élaborée. Ses romans – v. *Fahim et nous* (*) –, qui pour la nouvelle génération sont le reflet d'un passé révolu, conservent, outre une valeur de témoignage, une recherche stylistique qui n'est pas sans rappeler la démarche de Marcel Proust, auteur à qui le romancier turc vouait une admiration passionnée. Cette version turque d'*À la recherche du temps perdu* (*) fixe avec poésie et pénétration des personnages d'une élite marginale d'Istanbul.

HITLER Adolf. Homme politique et dictateur allemand. Né le 20 avril 1889 à Braunau-am-Inn (Autriche), mort le 30 avril 1945 à Berlin. Le « Führer » du IIIe Reich fut l'auteur à succès de *Mon Combat* (*) [*Mein Kampf*, 1925-1926], « bible » du national-socialisme allemand.

Hitler verra dans sa naissance à Braunau, petite ville à la frontière de l'Allemagne et de l'Autriche, « une heureuse prédestination » :

il en rendra grâce à Dieu en annexant l'Autriche et en supprimant du même coup la frontière, « le même sang appartenant au même Reich ». Fils de douanier – signe supplémentaire du Destin –, il est élève de la Realschule de Linz qu'il quitte, sans le baccalauréat, pour Vienne, où il pense réaliser son rêve d'artiste : mais ni la peinture ni l'architecture ne veulent de lui. Après son séjour viennois (1908-1913), durant lequel il fréquente les soupes populaires, bien qu'il ne se sente pas « peuple », tout en ingérant aussi les matériaux constitutifs de ce qu'il faut bien appeler sa pensée, il se rend à Munich, et découvre enfin « une ville allemande ». La guerre l'y trouve, qu'il fait comme volontaire de l'armée bavaroise et, la guerre finie, il y revient muni d'une décoration. La Reichswehr désirant reprendre en main une situation qui tend à lui échapper, Hitler sera son homme et ce sera sa chance. En 1919, il prend contact, commandité par ses maîtres, avec un minuscule « Parti ouvrier allemand » qui se transforme en 1920 en « Parti national-socialiste des travailleurs allemands ». Hitler en devient le chef autocratique, le Führer. Après le putsch manqué de 1923, il est arrêté, jugé avec compréhension, incarcéré avec égards et bientôt libéré. Alors commence, à la faveur de la crise et grâce à la complicité des classes dirigeantes, l'ascension qui le conduit au pouvoir en 1933, le rend maître de la « Grande Allemagne » en 1938, de l'Europe en 1941 et à laquelle seul le sacrifice de millions de résistants au fascisme met un terme. On a parlé de fin « wagnérienne » : elle prend la forme, somme toute vulgaire, d'une balle dans la tête.

Que la propagande nazie ait, Hitler au pouvoir, encensé et vendu à des millions d'exemplaires le « livre saint du national-socialisme et de la nouvelle Allemagne » ne saurait faire oublier que le futur « évangile » a été d'abord le laboratoire de cette même propagande, le lieu où elle se met au point. Ni traité politique, comme on le considère trop souvent, ni confession politique, comme le titre le donnerait à penser, *Mein Kampf*, écrit en partie dans la prison dorée de Landsberg, est le lieu où la propagande est mise en pratique, bien plus qu'elle n'y est théorisée. Essentiellement pragmatique et soumettant les thèmes idéologiques eux-mêmes au dessein politique, *Mein Kampf* est la continuation de l'agitation par d'autres moyens.

RÉF. : K. Burke, *Die Rhetorik in Hitlers « Mein Kampf »*, 1967. – W. Maser, *Hitlers « Mein Kampf »*, 1969. – John Toland, *Adolf Hitler : 1889-1945*, Paris, 1983. – Alfred Grosser, *Hitler et la naissance d'une dictature*, Paris, 1985.

HJELMSLEV Louis. Linguiste danois né le 3 octobre 1899 à Copenhague et mort le 30 mai 1965 à Ordrup. Après des études de philologie comparée à Copenhague, en Lituanie, à Prague et à Paris, il fonde en 1931 avec Brøndal le Cercle linguistique de Copenhague, soutient sa thèse en 1932 et reprend en 1937 la chaire de grammaire comparée de l'université de Copenhague. Il publie successivement, en français, ses *Principes de grammaire générale* (1928) et *La Catégorie des cas. Étude de grammaire générale* (2 vol., 1935-1937). Mais Hjelmslev est surtout connu pour sa tentative d'élaborer, dès 1935, en collaboration avec son compatriote Uldall, une nouvelle théorie linguistique, la glossématique, qui s'inspire directement, mais en les approfondissant et en les radicalisant, des principes posés par le *Cours de linguistique générale* (*) de Saussure (1916). Hjelmslev présente les fondements de la glossématique en 1943 dans ses *Prolégomènes à une théorie du langage* (*), un ouvrage qui exercera une influence décisive sur des sémioticiens comme Barthes et Greimas. Par ailleurs, Hjelmslev a écrit de nombreux articles, le plus souvent en français, qui ont été réunis en 1959 et en 1973 dans les deux volumes des *Essais linguistiques* (*).

EDDY ROULET.

HŎ Kyun. Romancier coréen. Né en 1569, mort en 1618. Héritier d'une très puissante famille de lettrés (son père était ministre), Hŏ Kyun exerça lui aussi de hautes fonctions administratives, avant de subir un destin fort fréquent dans l'histoire politique coréenne : impliqué dans une obscure conspiration, accusé d'avoir comploté pour renverser la dynastie, il est arrêté et exécuté.

Il voyage par deux fois en Chine, et on lui prête à cette occasion un rôle dans l'introduction du christianisme en Corée, quoique cela n'ait sans doute pas été le résultat d'une conversion personnelle. S'il écrit quantité de romans, de biographies et de critiques (ses œuvres complètes *Sŏngso pukubo* comptent quarante-deux volumes), il reste essentiellement l'auteur de *L'Histoire de Hong Kiltong* (*), roman d'aventures en coréen.

PATRICK MAURUS.

HOBBES Thomas. Philosophe anglais. Né à Wesport (Malmesbury, Wiltshire) le 5 avril 1588, mort à Hardwick (Devonshire) le 4 décembre 1679. Fils d'un ecclésiastique, il fréquenta les écoles de sa ville natale et, grâce à l'aide d'un oncle, poursuivit ses études au Magdalen Hall d'Oxford. En 1608 il entra au service de la famille Cavendish, en qualité de précepteur de William, second comte de Devonshire, qu'il accompagna deux ans plus tard dans son « grand tour » en Europe. Cette période de la vie de Hobbes demeure assez obscure ; nous savons seulement qu'il étudia opiniâtrement le grec et se lia d'amitié avec Bacon et Ben Jonson. Après la mort de son élève en 1628, il passa au service de sir Gervaise Clinton, au titre de précepteur de son fils, et y demeura jusqu'en 1631, date à laquelle les Cavendish le rappelèrent pour assurer l'éducation du troisième comte de Devonshire à qui il avait dédié, trois ans auparavant, une traduction de Thucydide. Durant ces années, son intérêt se déplaça peu à peu des lettres classiques vers les sciences, et lorsqu'en 1634 il accompagna son élève sur le continent, il profita de l'occasion pour connaître les personnalités du monde scientifique : à Pise, par exemple, il fut en relation avec Galilée. En 1637 il regagna la Grande-Bretagne et s'installa, avec Cavendish, à Chatsworth mais, bientôt, les graves troubles politiques qui suivirent l'ouverture du Long Parliament, et la mauvaise tournure que prit la cause de l'absolutisme royal, dont Hobbes était partisan convaincu, le poussèrent, en hiver 1640, à repasser la Manche pour se fixer à Paris. Peu de temps auparavant, il avait fait connaître à ses amis une de ses œuvres – tout au moins des fragments – connue sous le nom d'*Éléments de la loi naturelle et politique* [*The Elements of Law, Natural and Politic*] ; ce fut sous la forme de deux traités distincts que cet ouvrage fut publié pour la première fois : *De la nature humaine* (*) et *Du corps politique* [*De corpore politico*] ; Hobbes reprit le sujet de la seconde partie et le développa dans *Le Citoyen ou les Fondements de la politique* (*) publié à Paris.

En 1651, Hobbes quitta Paris – où il avait vécu chez un autre membre de la famille Cavendish, sir Charles, et avait fréquenté Descartes et Gassendi – et retourna dans l'Angleterre de Cromwell pour n'être pas contraint de se convertir au catholicisme. Ce n'était point tant par fidélité au protestantisme qu'en raison de ses convictions philosophiques relatives à la supériorité de l'État sur l'Église, et en raison de cet anticléricalisme intransigeant qui provoqua, après sa mort, la condamnation publique de son œuvre entière par l'université d'Oxford. Hobbes, de France, emportait avec lui le manuscrit de *Léviathan* (*), ouvrage auquel son nom est principalement attaché, et qu'il fit éditer à Londres l'année même de son retour. Ce fut à Londres également que parurent les *Lettres sur la liberté et la nécessité* [*Letters upon Liberty and Necessity,* 1654] qui suscitèrent une polémique avec l'évêque Bramhall, ainsi que la première et la deuxième partie des *Éléments de philosophie* (*) : *Du corps* (*) et *De l'homme* [*De homine*] respectivement en 1655 et 1658. Les accusations d'antireligion que le clergé anglais porta contre le philosophe l'obligèrent à se retirer à Chatsworth chez les comtes de Devonshire, ses anciens protecteurs, où il demeura le restant de ses jours. Malgré les attaques de ses adversaires, la réputation de Hobbes se répandait en Europe, et, lorsque le grand-duc Cosme de Médicis se rendit en Grande-Bretagne, il voulut rencontrer le vieux philosophe. Durant ses dernières années, Hobbes s'occupa d'une traduction en vers de l'*Iliade* (*) et de l'*Odyssée* (*), rédigea son *Autobiographie* versifiée [*Vita carmine expressa*], et un ouvrage historique sur la révolution, *Behemoth or the Long Parliament.* En 1669 il voulut suivre le comte de Devonshire lorsqu'il quitta Chatsworth pour Hardwick ; mais il ne put supporter les fatigues du voyage et mourut.

Ses anciens biographes racontent que Hobbes était né prématurément à cause de la terreur éprouvée par sa mère pendant la panique occasionnée par l'approche de l'« Invincible Armada ». Ce fut pour cette raison qu'on fit de Hobbes le philosophe de la peur, car ce fut ainsi que l'on interpréta sa rigoureuse codification de l'autorité de l'État et du souverain qui le personnifie en raison d'un contrat intervenu entre lui et le corps des sujets : peur du désordre (du *« bellum omnium contra omnium »,* de l'*« homo homini lupus »*) et d'être abandonné à lui-même parmi le conflit des plus forts. En réalité, Hobbes est amené à conclure que seul l'absolutisme de l'État peut garantir le droit et imposer la paix sociale (à la suite de l'expérience des guerres de religion en France, et plus proche encore des luttes intestines et de la guerre civile en Angleterre). Dès 1628, avec sa traduction de Thucydide, il avait voulu donner un avertissement modérateur à ses compatriotes, au milieu desquels il entendait personnellement soutenir le parti de l'absolutisme royal légitimiste. Cependant, ce furent précisément les partisans de Charles Ier et de Charles II qui combattirent le philosophe, parce qu'il avait exclu (ce qui était dangereux) le légitimisme de droit divin et le traditionalisme politico-juridique. Sur les bases d'un matérialisme sensualiste et mécanique radical et d'une anthropologie réaliste, Hobbes considère l'homme comme un individu qui agit selon les lois d'un égoïsme utilitaire ; parmi ces lois fondamentales se trouvent celles qui dérivent de l'instinct de conservation et de l'instinct de domination. De ces lois, Hobbes déduit logiquement sa théorie politique. Le naturalisme sensualiste de Hobbes se rattache à celui de la Renaissance italienne, sa théorie politique à celle de Machiavel, son absolutisme à celui de Bodin. Sa polémique rationaliste, matérialiste et anticléricale sera reprise par Diderot, d'Holbach, Voltaire ; au XIXe siècle, le sociologue Tönnies réveilla l'intérêt envers Hobbes et publia certaines de ses œuvres restées manuscrites. Si toutefois le nom de Hobbes est le plus souvent associé à une théorie de l'État et de la loi qui en fait l'un des théoriciens importants de l'État moderne, la pensée de Hobbes n'en est pas moins originale – et d'une certaine manière irréductible aux courants qui pourraient lui être apparentés – par bien d'autres aspects. C'est ce que l'on peut déjà entrevoir à la seule lecture des objections qu'il adresse aux *Méditations métaphysiques* (*) de Descartes ; et c'est aussi ce que permettent d'entrevoir ses écrits de « philosophie première ». Hobbes est l'un des premiers philosophes, par exemple, à mesurer l'importance du langage pour la connaissance et la pensée ; au point de voir dans la science un produit de l'industrie humaine. Sous ce rapport, sa philosophie associe d'une manière tout à fait spécifique un conventionnalisme linguistique et cognitif à un contractualisme politique radical. Une édition des œuvres complètes de Hobbes est en cours de publication en langue française. Cette édition marque un regain d'intérêt pour sa pensée et, peut-être, le renouvellement d'une image qui a passablement souffert des assimilations politiques qui lui ont été appliquées.

♦ *« Je le trouve beaucoup plus habile en morale qu'en métaphysique, ni en physique ; quoique je ne puisse nullement approuver ses principes ni ses maximes, qui sont très mauvaises et très dangereuses. »* Descartes. ♦ *« Profond et bizarre philosophe, bon citoyen, esprit hardi, ennemi de Descartes, toi qui t'es trompé comme lui, toi dont les erreurs en physique sont grandes, et pardonnables parce que tu es venu avant Newton, toi qui as dit des vérités qui ne compensent pas tes erreurs, toi qui le premier fis voir quelle est la chimère des idées innées, toi qui fus le précurseur de Locke en plusieurs choses, mais qui le fus aussi de Spinoza, c'est en vain que tu étonnes tes lecteurs en réussissant presque à leur prouver qu'il n'y a aucune loi dans le monde que des lois de convention ; qu'il n'y a de juste et d'injuste que ce qu'on a convenu d'appeler tel dans un pays. »* Voltaire. ♦ *« Ses erreurs même ont plus servi au progrès de l'esprit humain qu'une foule d'ouvrages tissés de vérités communes. »* Diderot. ♦ *« Esprit d'une trempe exceptionnelle, chez qui un empirisme radical, poussé à la limite, produit une construction singulière de raison intransigeante et de froid réalisme pratique. »* Cazamian.

RÉF. : G. Lyon, *La Philosophie de Hobbes*, 1893. – Sir L. Stephen, *Hobbes*, 1904. – J. Vialatoux, *La Cité de Hobbes*, 1935. – C. E. Vaughan, *Studies in the History of political Philosophy before and after Rousseau*, tome I, Londres, 1939. – R. Polin, *Politique et philosophie de Thomas Hobbes*, 1952. – G. Davy, *Th. Hobbes et J.-J. Rousseau*, Oxford, 1953. – J. N. Watkins, *Hobbes' System of Ideas*, Londres, 1965. – S. Goyard-Fabre, *Le Droit et la loi dans la philosophie de Hobbes*, Paris, 1975.

HOCHHUTH Rolf. Dramaturge allemand. Né le 1er avril 1931 à Eschwege (en Hesse). Il exerce depuis 1955 les fonctions de lecteur auprès de Bertelsmann, à Gütersloh, lorsque se produit l'événement de la première de sa pièce *Le Vicaire* (*), le 20 février 1963, à la Freie Volksbühne de Berlin, dans une mise en scène d'Erwin Piscator. L'œuvre de cet auteur encore inconnu soulève une véritable tempête de réactions, dans l'« atmosphère tiède et feutrée » (Golo Mann) de la R.F.A. d'alors. Elle touche une question presque taboue : le silence, voire la complicité tacite du pape Pie XII avec la dictature nazie lors du génocide des Juifs.

Le caractère provocateur du sujet s'allie à une dramaturgie originale, différente à la fois du théâtre-parabole de Frisch ou Dürrenmatt et du théâtre dit documentaire à la Weiss ou Kipphardt. Rolf Hochhuth accumule sans doute et met en forme un vaste matériau historique – le concept d'« authenticité » est préféré à celui de « vraisemblance » –, mais qui ne vaut cependant pas par lui-même et pour lui-même ; il sert à placer les protagonistes, qui sont des figures pleinement responsables, en situation de décision, à éclairer et déterminer leur « drame de conscience » [Entscheidungsdrama], dans la tradition du drame historique schillerien. La seconde pièce de Hochhuth, *Les Soldats* [*Die Soldaten*, 1967], aborde dans le même esprit un autre épisode d'un passé brûlant : la décision de Churchill, à la fin de la Seconde Guerre, de bombarder les villes allemandes et les populations civiles, contrairement à la lettre de la convention de Genève de 1864. L'affrontement entre Churchill et le général Sikorski, le Premier ministre polonais en exil, oppose pragmatisme et idéalisme politique, débat déjà illustré dans *Le Vicaire* par l'antagonisme entre Pie XII et le père Ricardo. Dans la pièce suivante, *Guerillas* (1970), qui, contrairement aux précédentes, repose sur une action fictive, ces deux pôles sont incarnés par l'agent des services secrets et le sénateur américain Nicolson, porte-parole de l'utopie révolutionnaire. En s'essayant ensuite dans le genre de la comédie, avec *La Sage-Femme* [*Die Hebamme*, 1972] puis *Lysistrata et l'O.T.A.N.* [*Lysistrate und die Nato*, 1974] dont l'héroïne, à l'image du personnage d'Aristophane, convainc ses sœurs de se soustraire au devoir conjugal pour empêcher ici le Parlement de décider l'installation d'une base militaire, Hochhuth prétend rester encore dans le champ de l'éthique et de la politique, qui n'est peut-être pas particulièrement favorable au comique. Il revient à une dramaturgie plus proche de celle de ses débuts avec *Juristes* [*Juristen*, 1980], qui dévoile le passé d'un de ces juges, aujourd'hui homme politique éminent, qui sous le régime hitlérien ont siégé dans les tribunaux militaires qui ont condamné à mort des milliers de soldats. La pièce concrétise de manière exemplaire le modèle dramatique qui sous-tend toute l'œuvre de Hochhuth (et qui structure d'ailleurs également *Doctoresses* [*Ärztinnen*, 1980]) : le théâtre comme tribunal, procès des procès de l'Histoire. La critique peut bien, ici et là, stigmatiser les faiblesses formelles de telle ou telle pièce de Hochhuth : elle ne peut en tout cas leur contester une certaine efficacité, puisqu'elle en parle avec passion.

JEAN-JACQUES POLLET.

HOCQUARD Emmanuel. Écrivain français. Né le 11 avril 1940 à Tanger. Il dirige de 1969 à 1986, avec le peintre Raquel, les éditions Orange Export Ltd. Anime la section poésie de l'Arc au Musée d'art moderne de la ville de Paris. Membre du comité de rédaction de la revue *Action poétique* (*) depuis 1988. Il enseigne à l'université de Bordeaux. Il fonde en collaboration avec le centre de Royaumont un « bureau sur l'Atlantique », établissant un contact entre les nouvelles poésies françaises et américaines qui aboutira à la publication de *49+1 Nouveaux poètes américains* (1991). Sa contribution à la modernité vient en partie de là. Il est également traducteur de Pessoa (*L'Ode triomphale*, 1986), de Cisneros, et surtout de Reznikoff (*Le Musicien*, 1986) et des poètes américains dits objectivistes. « Vraiment je vois quelque chose. Mon contentement pourrait s'exprimer en ces termes : ça jamais un poète français ne l'aurait écrit. » Ses proses : *Album d'images de la villa Harris* (1978), *Une journée dans le détroit* (1980), *Le Cap de Bonne-Espérance* (1988), son roman *Aerea dans les forêts de Manhattan* (1985), ou ses vers : *Les Élégies* (*) (1990), *Trois étages avec terrasse...* (1989), *Théorie des tables* (1991), ses miscellanées *Un privé à Tanger* (1987) constituent une œuvre à part, dont l'intensité émotionnelle ne vient pas que de la tension formelle, mais de l'exceptionnelle cohérence thématique et symbolique, de l'effort de cet homme dépossédé du réel et qui tend à l'impossible effacement d'une fracture originelle. Elle découle d'un refus radical de toute compromission avec la « langue de bois » et les vieux démons du sentimentalisme. Sa poésie, « collection aléatoire d'objets de mémoire qui restent à formuler », où l'observation le dispute à la banalité du fragment archéologique, est tout entière dans une vigilance sans faille à l'égard d'une machine que l'idéalisme encrasse toujours trop vite : « Dans la poésie comme dans l'amour, nous en venons à une petite langue domestique à l'intérieur de la langue générale, une langue pauvre dans sa précision, économe d'adjectifs, d'adverbes, d'images et de métaphores. » Grâce d'une écriture qui dans ses proses a quelque chose de la pureté d'un Nerval ou d'un Larbaud, poésie née du « hasard de ses éclats où le Je n'est plus qu'un objet sous les yeux du " privé " », telle se présente cette œuvre triste, qu'aucune effusion ne vient lâchement offusquer.

CLAUDE ADELEN.

HOEL Sigurd. Romancier norvégien. Né le 14 décembre 1890 à Nord-Odal, mort le 14 octobre 1960 à Oslo. Fils d'un instituteur, il a grandi à la campagne avant de faire des études universitaires à Oslo, enseignant les mathématiques et les sciences naturelles dans diverses écoles. Collaborateur de la revue *Mot Dág* (fondée par l'Association communiste des étudiants) de 1921 à 1924, il y signa nombre d'articles ironiques et satiriques, attaquant « la vie culturelle bourgeoise ». Critique littéraire d'*Arbeiderbladet* (1922-1931), puis à *Dagbladet* (1932-1946), conseiller littéraire d'une importante maison d'édition et directeur de la « Collection jaune », qui introduisit en Norvège tous les sommets de la littérature internationale contemporaine, de Hemingway à Kafka, il a exercé une énorme influence sur toute la vie intellectuelle norvégienne entre les deux guerres. Il publia lui-même, en 1922, un recueil de nouvelles, *La Route où nous allons* [*Veien vi går*] ; l'une d'elles avait été couronnée, en 1918, par un jury littéraire nordique. Son premier grand succès est *Pécheurs au soleil de l'été* [*Syndere i sommersol,* 1927], portrait d'un groupe de jeunes gens modernes, persuadés qu'ils sont libres et débarrassés de toutes les illusions. *Rien* [*Ingenting,* 1929] offre une autre image de la jeunesse, mais sur le plan individuel et en quelque sorte intemporel. Suivent, faisant alterner portraits de groupes et études psychologiques individuelles, *Un jour d'octobre* (*) (1931), *Le Chemin qui mène au bout du monde* (*) (1933), *Quinze jours avant les gelées* (*) (1935) et *Sesam Sesam* (*) (1938). En 1943, Hoel dut se réfugier en Suède. Après la Libération, il publia *Rencontre près de la borne* [*Møte ved milepelen,* 1947], étude approfondie de la psychologie du collaborateur et de la responsabilité de la société, où se rejoignent les deux lignes : critique sociale et examen de conscience, à la lumière de la psychanalyse. Il a ensuite renoué avec le style des *Pécheurs au soleil de l'été* dans *Je suis tombé amoureux d'une autre* [*Jeg er blitt glad i en annen,* 1951] et *Au pied de la tour de Babel* [*Ved foten av Babels torn,* 1956] alors que *Rendez-vous avec les années oubliées* [*Stevnemøte med glemte år,* 1954] reparle de l'Occupation. Sigurd Hoel a également écrit des romans historiques, des nouvelles ainsi que plusieurs recueils d'essais.

CARL GUSTAF BJURSTRÖM.

RÉF. : Éric Eydoux, *Le Groupe et la Revue* Mot Dág, P.U. de Caen, 1973.

HOFFMANN E.T.A. (Ernst Theodor Amadeus). Écrivain allemand. Né à Königsberg (Prusse-Orientale) le 24 janvier 1776, mort à Berlin le 25 juin 1822. Lors de son baptême, il reçoit les trois prénoms, Ernst, Theodor, Wilhelm, mais il changera le troisième en Amadeus, par amour de Mozart. L'abréviation E.T.A. est devenue célèbre. Elle figure pour la première fois sur la publication originale du conte « Le Point d'orgue » [Die Fermate] en 1815.

Les familles de ses parents appartiennent à l'ancienne bourgeoisie de robe. Du côté du père, on est pasteur ou juriste, du côté maternel, c'est essentiellement la magistrature. Le père, avocat, préfère lire les poètes et jouer de la musique plutôt que de plaider. Il se sépare très tôt de sa femme, et E.T.A. Hoffmann passe les vingt premières années de sa vie chez ses grands-parents maternels à Königsberg, dans un milieu épris de respectabilité, soucieux du « qu'en-dira-t-on ». Il s'y ennuie ferme et sèche sur pied. De son père, il n'entend parler qu'à mi-voix ou par sous-entendus. Cette blessure le fera souffrir toute sa vie. De bonne heure, E.T.A. Hoffmann cherche une consolation dans l'exaltation des sentiments. Il noue une amitié profonde et solide avec le jeune Theodor-Gottlieb Hippel, qui parviendra aux plus hautes charges de l'État et se montrera jusqu'à la mort d'Hoffmann d'une fidélité sans faille. « Nous sommes nés l'un pour l'autre ; même si le destin nous arrache l'un à l'autre, nos cœurs ne se sépareront jamais », lui écrit Hoffmann dès le 24 février 1795.

Par ailleurs, Hoffmann s'éprend éperdument de la jeune épouse d'un gros négociant de Königsberg : Johanna Dorothea Hatt qu'il appelle « Cora » (d'après le nom de la grande prêtresse dans un opéra de Marmontel intitulé *Les Incas*). « Elle est », écrit-il à Hippel, « toutes les femmes réunies », son « Inamorata », son éternelle bien-aimée, en tout cas le premier grand amour de sa jeunesse. Il la quitte en 1796, au moment où il a terminé ses études de droits à Königsberg et se trouve appelé au poste d'auditeur au tribunal de Glogau, une des plus anciennes villes de la Silésie prussienne depuis 1742 seulement, et aujourd'hui polonaise. À Königsberg, en plus de ses études universitaires, il avait écrit, fait de la musique et de la peinture. Kant enseignait à l'Université au moment où Hoffmann y fut inscrit, mais le futur créateur du fantastique, qui n'avait pas la tête philosophique, n'a guère assisté aux cours d'un professeur réputé austère, piétiste, systématique, et dont le renom s'étendait déjà bien au-delà de l'Allemagne. À Glogau où il passe « deux malheureuses et fatales années » (lettre à Hippel du 30 juin 1798) et qu'il évoquera dans son récit *L'Église des jésuites à G.* [*Die Jesuiterkirche in G.*], il se convainc que l'existence « rangée » d'un juge-conseiller lui est intolérable. Pourtant, il cède aux pressions de ses proches et se fiance avec une de ses cousines, Minna Dörffler, parfaite ménagère et d'un conformisme sans faille. Lorsque le père de Minna est nommé conseiller intime à la cour d'appel de Berlin en 1798, Hoffmann demande le transfert de son poste et s'installe dans la capitale où il goûte à la vie artistique. Mais il se remet aussi à ses études et passe avec succès un examen pour l'admission aux emplois supérieurs dans l'administration judiciaire.

En 1800, il est envoyé à Posen (Posnan) où il demeure deux ans. À la suite du partage de la Pologne, les Prussiens sont des occupants qui forment une société fermée. Hoffmann n'y est pas à l'aise. Il débute son séjour par une grave maladie de foie due à l'abus du punch, sa boisson préférée. D'un fragile équilibre nerveux, d'une sensibilité d'écorché, il mène une vie double, de fonctionnaire et de bohémien. Arrive le Carnaval de 1802 : Hoffmann s'amuse. Son regard est spontanément irrespectueux. Il dessine des caricatures, notamment celle du commandant de la garnison prussienne. Les images circulent. À la suite de ces plaisanteries, Hoffmann est muté à Plock, petite ville polonaise complètement perdue, plus sombre encore que Königsberg et Glogau. Avant de partir pour cet exil, il rompt ses fiançailles avec Minna et se marie avec une jeune Polonaise, Maria-Thekla-Michailowna Trzcinski, ce qui donne en allemand Michaelina Rohrer. Hoffmann l'appelle Mischa. Elle restera toujours sa patiente et dévouée compagne.

Grâce à l'intervention de son ami Hippel, il obtient son envoi à Varsovie en 1804. Comme Glogau, Posen et Plock, Varsovie est une ville occupée par les Prussiens, mais c'est une ville animée. Hoffmann court les spectacles, se remet à la peinture et, surtout, à la composition, écrit de la musique pour une comédie de Brentano, *Les Joyeux Musiciens* [*Die lustigen Musikanten*] et pour une tragédie de Zacharias Werner, *La Croix sur la Baltique* (*), constitue un orchestre, organise des concerts. Mais les événements politiques mettent fin à cette existence : le 26 novembre 1806, les troupes de Napoléon entrent à Varsovie. Hoffmann, comme tous les fonctionnaires prussiens, est aussitôt destitué. En 1807, il est de nouveau à Berlin, sans poste, sans argent. En août de la même année, il apprend la mort de sa fille unique, Cécile, à peine âgée de deux ans. C'est la misère.

En 1808, l'ex-conseiller de la justice prussienne quitte Berlin pour Bamberg où on lui a proposé la fonction de « maître de chapelle » (Kapellmeister). Hoffmann a toujours rêvé de l'Italie qu'il n'a jamais vue : au moins arrive-t-il maintenant en Allemagne du Sud, où la végétation est plus abondante, et le climat plus doux. Les débuts sont difficiles. Mais lorsque son ami Holbein devient directeur du théâtre, Hoffmann peut enfin mener la vie dont il avait toujours rêvé, en professionnel de la musique : pour la première fois, la direction d'orchestre est son métier. Parallèlement, il donne des leçons de chant et s'éprend de sa très jeune élève Julia Marc, qui sera la grande passion de sa vie et qu'il évoquera par la suite à maintes reprises dans son œuvre littéraire. Mais dès le début, Julia est déjà une création poétique. Hoffmann l'identifie à la Käthchen de la pièce de Kleist, *La Petite Catherine de Heilbronn* (*), la désignant par l'abréviation sibylline de « KTCH... » dans son journal intime. Il note : « KTCH : c'est en elle que nous vivons et que nous sommes ! » puis il rature, remplaçant Käthchen par le mot *Kunst* (l'art) – prudence peut-être vis-à-vis d'une épouse jalouse, mais aussi aveu chargé d'un sens bien profond. Sa production musicale et littéraire est intense : sur un texte de Friedrich de La Motte-Fouqué, *Ondine* (*), Hoffmann compose un opéra qu'il considère comme son chef-d'œuvre. Il rédige les *Fantaisies dans la manière de Callot* (*), les *Kreisleriana* (*) ; *Musique instrumentale de Beethoven* [*Beethovens Instrumentalmusik*], des critiques et des nouvelles musicales. Les dernières années passées à Bamberg sont de nouveau incertaines par manque d'argent. En 1813, Hoffmann accepte le poste de chef d'orchestre au théâtre de Dresde mais n'obtient pas le contrat attendu et passe à Leipzig où il rencontre la même déconvenue. Dresde est une ville en guerre, Napoléon y entre le 8 mai 1813, Hoffmann aperçoit l'Empereur « sur son petit cheval isabelle » sur le pont de l'Elbe. Des combats terribles ont lieu en août. Le théâtre est fermé. Hoffmann trouve cependant l'occasion d'écrire un de ses chefs-d'œuvre, *Le Vase d'or* (*), un « conte des temps modernes », ainsi que divers autres récits qui figureront dans les *Contes nocturnes* (*) dont fait partie un texte aussi célèbre que *Le Marchand de sable* (*) qui inspirera Freud, notamment pour son essai sur *L'Inquiétante Étrangeté*.

Hippel persuade Hoffmann de reprendre sa carrière de fonctionnaire. Hoffmann finit par accepter un poste de magistrat [Gerichtsrat] à Berlin, en 1814. C'est à cette date que commence la dernière phase de sa vie, remplie par une prodigieuse productivité littéraire. Il est à nouveau fonctionnaire mais avec des responsabilités considérables. Musicien, il est aussi en train de devenir un écrivain à succès que les éditeurs pressent de commandes. Pendant les huit ans qui lui restent à vivre, il se révélera un véritable bourreau de travail. Ses récits se succèdent à un rythme étonnant : *Les Aventures de la Saint-Sylvestre* [*Die Abenteuer der Sylversternacht*], *Le Marchand de sable, Casse-noisette et le roi des rats* (*), *Le Conseiller Krespel* [*Rat Krespel*], *Le Majorat, La Maison déserte* [*Das öde Haus*], *Mademoiselle de Scudery* (*), *L'Enfant étranger* (*), *Maître Martin le tonnelier et ses apprentis* [*Martin der Küfner und seine Gesellen*], *Les Mines de Falun* (*), *Le Petit Zachée* (*), *Les Contes des frères Sérapion* (*), *Les Sosies* [*Die Doppeltgänger*], *La Fenêtre d'angle de mon cousin* [*Des Vetters Eckfenster*], pour ne citer que les plus célèbres. S'y ajoutent trois romans : *Les Élixirs du diable* (1816) (*), *Le Chat Murr* (1819) (*) et *Maître Puce* [*Meister Floh*] (1822). Enfin ce grand conte d'initiation à la connaissance de soi et du monde qu'est *Princesse Brambilla* (*) tant admiré par Baudelaire.

Plus que jamais Hoffmann est entouré d'amis et d'artistes, parmi lesquels Chamisso, Fouqué et bien d'autres. Plus que jamais il est provocateur : dans *Maître Puce* (*), il ridiculise le chef de la police en personne. Plus que jamais il est aussi aux prises avec la maladie et avec l'alcoolisme. Dès 1819, il souffre d'une affection de la moelle épinière peut-être due à une syphilis. Pendant de longs mois, il est cloué au lit, tout en continuant à dicter des notes, à recevoir des amis. La paralysie et des douleurs intolérables auront enfin raison de son désir impérieux de vivre : Hoffmann s'éteint à Berlin le 22 janvier 1822. L'inscription suivante est gravée sur sa tombe : « Homme remarquable comme magistrat, comme poète, comme musicien, comme peintre. »

ERIKA TUNNER.

♦ *« Concevez une imagination vigoureuse et un esprit parfaitement clair, une amère mélancolie et une verve intarissable de bouffonnerie et d'extravagance, supposez un homme qui dessine d'une main ferme les figures les plus fantastiques, qui rende présentes par la netteté du récit et la vérité dans le détail les scènes les plus étranges, qui fasse à la fois frissonner, rêver et rire, enfin, qui compose comme Callot, invente comme* Les Mille et Une Nuits, *raconte comme W. Scott, et vous aurez Hoffmann. »* J.-J. Ampère, 1828. ♦ *« Ce qui distingue très particulièrement Hoffmann est le mélange involontaire, et quelquefois très volontaire, d'une certaine dose de comique significatif avec le comique le plus absolu. Ses conceptions comiques les plus supranaturelles, les plus fugitives, et qui ressemblent souvent à des visions de l'ivresse, ont un sens moral très visible : c'est à croire qu'on a affaire à un physiologiste ou à un médecin de fous des plus profonds* [...] *Si l'on veut bien comprendre mon idée, il faut lire* [...] *surtout, avant tout la* Princesse Brambilla, *qui est comme un catéchisme de haute esthétique. »* Baudelaire, 1855.

RÉF. : J. E. Hitzig *Aus Hoffmann's Leben und Nachlaß*, 2 vol. Berlin, 1823. — P. Sucher, *Les Sources du merveilleux chez E.T.A. Hoffmann*, Paris, 1912. — J. F. A. Ricci, *E.T.A. : Hoffmann, l'homme et l'œuvre*, Paris, 1947. — J. Mistler, *Hoffmann, le fantastique*, Paris, 1950. — M. Schneider, *Ernst Theodor Amadeus Hoffmann*, Paris, 1979. — B. Feldges et U. Stadler, *E.T.A. Hoffmann : Epoche-Werk-Wirkung*, Munich, 1986. — G. R. Kaiser, *E.T.A. Hoffmann*, Stuttgart, 1988. — P. Péju, *E.T.A. Hoffmann*, Paris, 1988. — E. Tunner, *Introduction à la « Princesse Brambilla »*, Paris, 1990.

HOFFMANN Heinrich (Hoffmann-Donner). Écrivain allemand. Né et mort à Francfort-sur-le-Main (13 juin 1809 - 20 septembre 1894). Il fit ses études à Halle et exerça la médecine à Francfort. Il fut, pendant quelque temps, professeur dans un institut, et à partir de 1851 dirigea un hospice d'aliénés. D'un caractère à la fois aimable et versatile, sa réputation est due à un livre original et qui remporta un énorme succès, qu'il écrivit à l'intention des jeunes gens, *Pierre l'ébouriffé* (*), publié et republié en d'innombrables éditions et traduit dans presque toutes les langues. Encouragé par ce succès, il écrivit d'autres livres pour l'enfance, un *Livre de chants pour médecins et naturalistes* [*Liederbuch für Arzte und Naturforscher*, 1867], et un volume de recueils autobiographiques [*Struwwelpeter-Hoffmann erzählt aus seinem Leben*].

HOFFMANN VON FALLERSLEBEN August Heinrich. Poète allemand. Né le 2 avril 1798 à Fallersleben près de Luneburg, mort le 19 janvier 1874 à Corvey. Il étudia à Göttingen, puis à Cassel auprès de Jacob Grimm, enfin à Bonn il fit partie d'un groupe d'étudiants libéraux. Très jeune, il composa des chants patriotiques pour la guerre de 1813-1814, influencés par les poésies de Körner. Puis il voyagea dans divers pays d'Europe et s'établit à Breslau en 1823, où il remplit les fonctions de bibliothécaire et de professeur de littérature allemande. En 1840-41, il publia ses *Chants non politiques* (*) qui déplurent à tout le monde. En 1842, il fut contraint de quitter l'enseignement. Il se rendit à Weimar, où il fit la connaissance de Liszt, fonda en 1854 avec Oskar Schude les *Annales de Weimar pour la langue et la littérature allemandes* [*Weimarer Jahrbuch für deutsche Sprache und Literatur*] et en 1860 il devint bibliothécaire du grand-duc de Ratibor. En 1841, il avait écrit sur une mélodie tirée d'un mouvement d'un quatuor de Joseph Haydn le chant *Deutschland, Deutschland über alles*, qui devint par la suite l'hymne national allemand. Son autobiographie en six volumes, *Mein Leben* (1868), présente encore un certain intérêt.

RÉF. : F. André, *Hoffmann von Fallersleben. Des Dichters Leben, Wirken und Gedenkstätten in Wort und Bild*, Höxter, 1972. – I. Heinrich-Jost, *Hoffmann von Fallersleben*, Berlin, 1982.

HOFFMANN VON HOFFMANNSWALDAU Christian. Écrivain allemand. Né le 25 décembre 1617 à Breslau où il mourut le 18 avril 1679. Il fréquenta le gymnase de Dantzig et ses premiers contacts avec le monde littéraire de son temps ne l'empêchèrent pas de subir l'influence de Martin Opitz, dont l'autorité était encore grande. Il étudia à l'université de Leyde et, après avoir voyagé en Angleterre, en France et en Italie, il fut nommé conseiller impérial à Breslau où il devait demeurer jusqu'à sa mort. Admirateur de Guarino et de Marino, il sut imiter leur art, sans perdre pourtant la vivacité naturelle de son talent dans ses *Traductions et Poésies allemandes* [*Deutsche Übersetzungen und Gedichte*, 1679]. À l'usage de son temps, il écrivit les *Lettres de héros* (*), lettres d'amour en vers, échangées par des personnages historiques célèbres mais imaginées de toutes pièces par l'auteur. Hoffmannswaldau est considéré comme le chef de la seconde école poétique de la Silésie ; parmi les poètes de cette école, il se distingue par son style quelque peu ampoulé, et par un certain érotisme répandu dans toute son œuvre.

RÉF. : E. Rotermund, *Ch. Hoffmann von Hoffmannswaldau*, Stuttgart, 1963. – F.G. Cohen, *The Poetry of Ch. Hoffmann von Hoffmannswaldau. A new Reading*, Columbia, 1985.

HOFMANNSTHAL Hugo von. Écrivain autrichien. Né à Vienne le 1er février 1874, mort à Rodaun près de Vienne le 5 juillet 1929. Fils unique d'une famille de la grande bourgeoisie viennoise, Hofmannsthal fait de brillantes études secondaires au lycée académique. Adolescent d'une étonnante culture et d'une rare précocité littéraire, il publie ses premiers poèmes – v. *Poèmes* (*) – dès l'âge de seize ans sous le pseudonyme de Loris. Il est, dès cette époque et encore lycéen, introduit dans le cercle des « Modernes », de ces jeunes écrivains que l'on appelle les « Jeunes Viennois » qui, regroupés autour d'Hermann Bahr, se rencontrent en particulier au célèbre café Griensteidl.

Au cours de cette première période, sa production est essentiellement lyrique, poèmes publiés dans des revues, dont les *Feuilles pour l'art* (*) à laquelle collaborait Stefan George, petits drames en un acte et en vers pour la plupart, de tonalité symboliste, *La Mort du Titien* (*), *Le Fou et la Mort* (*), *L'Éventail blanc* [*Der Weisse Fächer*], *L'Empereur et la Sorcière* [*Der Kaiser und die Hexe*], qui se succèdent entre 1892 et 1899. Dès la parution de ses premiers poèmes, Hofmannsthal atteint le zénith de la gloire littéraire, il est célébré en véritable prodige de la poésie. Les thèmes de son lyrisme, la somptuosité des images, la fluidité musicale de ses vers, le cadre et les personnages de son théâtre en vers, jeunes artistes, princes, aristocrates entourés d'un décor de Renaissance italienne et préoccupés de leurs états d'âme lui valent rapidement une réputation d'esthétisme, sinon de « décadence » que certains critiques continueront de lier à son nom avec une étonnante obstination.

Très tôt en effet, ces œuvres du jeune Hofmannsthal, loin d'être une glorification de l'existence raffinée et protégée de l'esthète, veulent en révéler les dangers, pour soi et pour autrui. Déjà se manifestent les valeurs durables que le poète opposera à ces « impressionnistes » de l'existence et à ces dilettantes de la relation humaine : la fidélité, la relation inscrite dans le temps, la valeur du sacrifice de soi.

Au cours de ces années, l'œuvre d'Hofmannsthal n'est pourtant pas exclusivement lyrique : il publie de nombreux essais, fruit de ses intérêts du moment (sur Bourget, D'Annunzio, Swinburne, Ibsen, etc.), ainsi que quelques récits en prose, dont le célèbre *Conte de la 672e nuit* (*). La thématique de ce récit à la fois oriental et fantastique n'est cependant pas différente de celle de la poésie, l'aventure du Fils de Marchand quittant son univers d'harmonie et d'isolement raffiné pour pénétrer dans la ville hostile révélant l'incapacité de cette existence à affronter la vie « extérieure ».

Des études de droit commencées à Vienne seront vite abandonnées pour celles des littératures romanes. En 1901, il soutient une thèse intitulée *Étude sur l'évolution du poète Victor Hugo* [*Studie über den Dichter Victor Hugo*]. Cette même année 1901, il épouse Gertrud Schlesinger et s'installe à Rodaun, faubourg résidentiel de Vienne, où il demeurera jusqu'à sa mort. Il voyage aussi, en France, en Allemagne, mais surtout à Venise, qui le fascine et influence en permanence son œuvre.

L'année 1902 marque, sinon une « crise », comme on l'a souvent affirmé, du moins un tournant décisif dans la création littéraire d'Hofmannsthal. Renonçant à l'écriture « magique » de la poésie, mettant même en question le pouvoir du langage à exprimer l'idée, ce dont témoigne le fameux texte *Une lettre*, généralement appelé *La Lettre de lord Chandos* (*), Hofmannsthal veut désormais se vouer essentiellement au théâtre, conçu non plus en termes d'expression lyrique mais de rapports entre les personnages et d'action dramatique.

Les premiers pas faits en ce sens seront ceux de l'apprentissage par l'adaptation, du théâtre élisabéthain (avec *Venise sauvée* (*) adaptée de Thomas Otway en 1902), du théâtre antique (*Électre* (*) en 1903, *Œdipe et le Sphinx* (*) en 1904, *Le Roi Œdipe* en 1905). En même temps qu'elles sont une recherche de l'écrivain sur le terrain du théâtre à conquérir, ces pièces sont pénétrées d'une même problématique fondamentale : celle du passage de la pensée à l'acte, de l'équilibre à réaliser entre le souvenir qui fige le temps et l'oubli lié à la vie jamais arrêtée.

Mais le domaine dans lequel Hofmannsthal entendait inscrire son œuvre théâtrale était surtout, à cette époque, celui qui réalisait à ses yeux la véritable fonction « sociale » du théâtre : la comédie. Un premier essai en se sens, *Silvia à l'auberge de l'Étoile* [*Silvia im Stern*], reste inachevé, le second est mené à terme, c'est *Le Retour de voyage de Cristina* (*), écrit en 1908.

En 1906 avait eu lieu la rencontre d'Hofmannsthal avec le compositeur Richard Strauss, l'opéra *Elektra – v. Électre* (*) – marquant le début d'une longue (et souvent difficile) collaboration dont *Le Chevalier à la rose* (*) est, en 1908, l'aboutissement dans le registre de la comédie. À cette date, l'ambition avouée d'Hofmannsthal est de donner à la scène de langue allemande un véritable répertoire contemporain. Le drame, la comédie ne seront pas abandonnés, mais d'autres genres viennent s'y joindre : la pantomime, le ballet, l'opéra et, en 1912, l'adaptation d'une moralité du XIVe siècle, *Jedermann* (*).

Pendant les années qui précèdent la guerre de 1914, l'opéra domine les autres créations, avec *Ariane à Naxos* [*Ariadne auf Naxos*] en 1912 et *La Femme sans ombre* (*), œuvre qu'Hofmannsthal écrit simultanément sous forme de livret et de récit en prose, d'une exceptionnelle densité symbolique, dans laquelle les motifs féeriques font éclater le cadre terrestre de la destinée humaine.

Hofmannsthal succombe quelque temps à l'aveugle enthousiasme patriotique des premiers mois de la guerre, publie des articles et essais qui reflètent aussi ses inquiétudes concernant l'avenir d'une Autriche qu'il sait appelée à être emportée par l'effondrement. Dès 1917, plusieurs projets des années antérieures sont repris, mais ils porteront désormais la marque des ébranlements de l'histoire. Les préoccupations du temps ne sont plus absentes de ses œuvres, ni des dernières comédies, *Le Difficile* (*), achevé en 1921, *L'Incorruptible* [*Der Unbestechliche*] en 1922, ni des dernières pièces inspirées de Calderón et imprégnées de sens religieux, dominées par l'idée du sacrifice, du renoncement : *Le Grand Théâtre du monde de Salzbourg* [*Das Grosse Salzburger Welttheater*], représenté en 1922 dans la collégiale de Salzbourg, et *La Tour* (*) dont la dernière version est achevée en 1928. Reconnu comme l'un des grands esprits de son temps, Hofmannsthal prononce des conférences dans différentes capitales d'Europe : Oslo, Stockholm, Paris, Zurich... Entre-temps, d'autres opéras, toujours composés par Richard Strauss ont vu le jour : *Hélène en Égypte* [*Die ägyptische Helena*] en 1923, *Arabella* en 1927.

Lorsqu'il apprend, le 13 juillet 1929, que son fils Franz vient de se donner la mort, Hofmannsthal ne résiste pas à ce choc. Il meurt, deux jours plus tard, de l'attaque qui vient de le frapper.

GILBERT RAVY.

RÉF. : Helmut A. Fiechtner, *Hugo von Hofmannsthal. Der Dichter im Spiegel der Freunde*, Munich, 1963. – Sibylle Bauer, *Hugo von Hofmannsthal*, Darmstadt, 1968. – Rolf Tarot, *Hugo von Hofmannsthal*, Tübingen, 1970.

HOGARTH William. Peintre et théoricien de l'art anglais. Né le 10 novembre 1697 à Londres, où il mourut le 26 octobre 1764. Il fut le plus « britannique » des peintres anglais, et l'un des plus géniaux dessinateurs satiriques que l'on ait connus. Supérieurement doué pour la peinture, il quitta l'école dès son jeune âge pour travailler comme apprenti chez un graveur de vaisselle. Combien d'années y resta-t-il ? On ne le sait au juste. En tout cas, il est certain qu'en avril 1720 Hogarth, établi à son compte, tenait boutique de graveur. L'écrivain John Nichols rapporte dans ses *Anecdotes* qu'il exerça d'abord comme graveur d'armes et graveur de planches pour des recueils de genres divers. La première de ces planches fut *Mascarades et Opéras* [*Masquerades and Operas*, 1724], satire des folies contemporaines. En 1726, Hogarth composa douze grandes gravures pour l'*Hudibras* (*) de Butler. Mais l'œuvre qui le fit véritablement connaître fut une série d'illustrations pour *Don Quichotte* (*), sujet qui s'accordait merveilleusement à sa veine satirique. Hogarth se spécialisa bientôt dans les scènes de la vie contemporaine, si fécondes en réflexions pour le polémiste et le moraliste. Le 23 mars 1729, il épousa Jane Thornhill. Peu de temps après, il exécuta les portraits d'Henri VIII et d'Anne Boleyn. Les gravures les plus connues de cette période sont : *Large Masquerade Ticket* (1727), satire sur les mascarades, et *La Porte de Burlington* [*Burlington Gate*, 1731], citée par Pope dans l'*Épître à lord Burlington* où il prend la défense de lord Chandos, qui y avait été caricaturé. La gravure, en effet, fut considérée comme très injurieuse, et l'on obligea Hogarth à la détruire. De plus en plus intéressé par ses contemporains, l'artiste aiguisa encore sa vision en fréquentant les milieux de théâtre. Une composition, notamment, tirée de *L'Opéra du gueux* (*) de John Gay, remporta le plus grand succès. Hogarth composa ensuite la première des trois séries fameuses, *La Vie d'une courtisane* [*The Harlot's Progress*]. À partir de 1733, Hogarth résida à Leicester Square pour y demeurer jusqu'à sa mort (ne se déplaçant, de temps à autre, que pour de brèves visites à Chiswick). En décembre de la même année, il entreprit la série *La Carrière d'un libertin* [*The Rake's Progress*], qui eut moins de succès, mais devait inspirer, deux siècles plus tard, à Stravinski un opéra du même nom — v. *Le Libertin* (*). Hogarth s'attaqua ensuite aux travers de la haute bourgeoisie et grava la série du *Mariage à la mode* (avril 1745) qui est sans doute son chef-d'œuvre — v. la comédie du même titre de Dryden (*). De la même année date le fameux autoportrait qui se trouve aujourd'hui à la National Gallery. Les toiles de Hogarth étaient moins prisées que ses gravures, à l'exception, toutefois, de *The Lady's Last Stake*, exécutée pour lord Charlemont, et qui lui valut une commande, sur le même sujet, de sir Richard Grosvenor. L'artiste mourut dans sa maison de Leicester Square. Ses dernières années avaient été assombries par des ennuis de santé, et par un litige qui l'opposa à ses amis Wilkes et Churchill. En 1771, ses admirateurs firent graver sur sa tombe une épitaphe de Garrick. La peinture et la gravure auront été pour William Hogarth, ainsi qu'il l'écrit dans ses notes autobiographiques, comme une scène de théâtre ou une pantomime aux personnages divers dont il surprenait les gestes. Pantomime âpre et véridique d'un instant précis de la vie anglaise, témoignage comme il s'en trouve rarement. On doit en outre à Hogarth, théoricien de l'art, un ouvrage intitulé *L'Analyse de la beauté* (*).

ROBERTO SANESI.

♦ *« C'est encore l'habitude des Anglais, toujours sur la défensive en ce qui concerne leurs propres peintres, de traiter de provinciale l'œuvre de Hogarth : quelque peu à la surprise de ceux qui vivent à l'étranger, et qui montrent souvent une appréciation plus aiguë de l'art de Hogarth que celle qu'on peut généralement trouver en Angleterre. »* R. B. Beckett.
♦ *« Plus que celles d'aucun autre peintre, ses relations avec les écrivains de son temps dépassent de loin une simple réflexion de thèmes communs ; il fut au contraire une source d'inspiration, un artiste dont les œuvres jouèrent un rôle majeur dans la formation d'une tradition de satire réaliste dans la fiction anglaise. Son influence sur les plus grands romanciers du temps est une preuve évidente de sa singulière importance littéraire. »* Robert Etheridge Moore.

RÉF. : A. Dobson, *William Hogarth*, Londres, 1902. — F. Benoît, *Hogarth*, Paris, 1904. — A. Blum, *Hogarth*, Paris, 1922. — A. P. Oppé, *The Drawings of William Hogarth*, New York, 1948. — F. Antal, *Hogarth and His Place in European Art*, Londres, 1962. — R. Paulson, *Hogarth's Graphic Works*, Yale, 1965. — R. L. S. Cowley, *Marriage-à-la-Mode, a Review of Hogarth's Narrative Art*, Manchester, 1983. — E. Einberg, *Manners and Morals, Hogarth and British Painting, 1700-1760*, Londres, 1987.

HOGG James. Poète et prosateur écossais. Né en 1770 (baptisé le 9 décembre) à Ettrickhall Farm (Selkirkshire) et mort à Altrive Lake (Selkirkshire) le 21 novembre 1835. Dès 1777, il doit quitter l'école pour travailler comme pâtre dans les vallées avoisinantes. Ses premiers contacts avec la poésie se font par le truchement des ballades et des chansons traditionnelles. En 1790, il entre au service d'un lointain parent qui lui ouvre sa bibliothèque et l'encourage à écrire des vers. Poète instinctif et naturel, musicien à l'occasion, Hogg publie son premier poème en octobre 1794. En 1800, il retourne à la ferme familiale pour en diriger l'exploitation et, en 1801, publie un premier recueil : *Pastorales écossaises* (*), écrites dans le dialecte des Basses-Terres. Il contribue, en 1802, aux *Poésies écossaises* (*) de sir Walter Scott. Il rassemblera à son tour, en 1819, deux volumes de chansons et ballades populaires, avec les airs, sous le titre *Reliques de l'Écosse jacobite* [*Jacobite Relics of Scotland*]. Sa rencontre avec sir Walter Scott est décisive ; c'est ce dernier qui persuade l'éditeur Constable de publier *Le Barde des montagnes* [*The Mountain Bard*] en 1807, un recueil de poèmes qui apporte à Hogg une certaine notoriété et assez d'argent pour s'installer comme fermier ; mais il fait faillite en 1810 et décide de tenter sa chance à Édimbourg. Il y publie *Le Jongleur de la forêt* [*The Forest Minstrel*], un recueil hétérogène, et fonde un hebdomadaire littéraire : *The Spy* [*L'Espion*], qui s'effondre un an plus tard. En 1813 paraît un long poème autour de Mary Stuart : *La Veillée de la reine* (+), qui assoit définitivement sa réputation et lui vaut l'amitié de lord Byron et de Wordsworth. Dès sa création en avril 1817, il collabore au *Blackwood's Edinburgh Magazine* sous le pseudonyme de « Berger d'Ettrick ». Il deviendra l'une des figures marquantes de son feuilleton éditorial : les *Noctes Ambrosianae*. En 1815, il reçoit en viager la ferme d'Altrive Lake où il vivra jusqu'en 1824, puis de 1830 à sa mort. *Le Miroir poétique* (+), recueil de pastiches et de parodies des poètes romantiques, paraît en 1816. Hogg vit à la lisière de deux mondes dont aucun ne semble lui réussir entièrement : le fermier essuie plusieurs échecs agricoles et le poète reste snobé par l'élite d'Édimbourg. James Hogg délaisse alors la poésie pour se consacrer à la prose et publie plusieurs romans, dont *Le Lutin de Bodsbeck* [*The Brownie of Bodsbeck*, 1818], *Les Trois Périls de l'homme* [*The Three Perils of Man, or War, Women, and Witchcraft*, 1822], et son « magnum opus » : *Confession du pécheur justifié* (*) (1824). Le folklore joue un grand rôle dans tous ses récits et sert de support au regard particulièrement acéré que Hogg jette sur les mœurs de son époque. Les questions religieuses et politiques y surgissent souvent au premier plan et participent activement au déroulement des intrigues. La richesse du dialecte écossais permet en outre à Hogg de dresser des tableaux très nuancés – et non dépourvus d'humour – des mœurs locales, ainsi *Les Aventures galantes de M. Georges Cochrane* [*Love Adventures of M. George Cochrane,* 1810, révisé 1820]. Ce même dialecte est à l'origine de plus d'une situation comique dans son œuvre, et aussi de plus d'une censure des éditeurs qui trouvaient son style trop indélicat. Hogg épouse Margaret Phillips en 1820 ; ils auront cinq enfants. Il publiera encore plusieurs recueils de ses récits dont *Contes d'hiver* [*Winter Evening Tales,* 1820], *L'Almanach du Berger* (*) (1829) et *Contes d'Altrive* [*Altrive tales : Collected among the Peasantry of Scotland, and from Foreign Adventurers,* 1832], ainsi qu'une courte biographie de Walter Scott : *Souvenirs intimes de sir Walter Scott* [*Familiar Anecdotes of Sir Walter Scott,* censurée 1834, intégrale 1983] et un texte autobiographique : *Souvenirs de l'auteur* [*Memoir or the Author's Life,* 1832].

XAVIER PERRET.

RÉF. : M. Garden, *Memorial of James Hogg, the Ettrick Shepherd,* Paisley, 1885. – Sir G. Douglas, *James Hogg,* Édimbourg/Londres, 1899. – H. T. Stephenson, *The Ettrick Shepherd. A Biography,* Bloomington, 1922. – E. C. Batho, *The Ettrick Shepherd,* Cambridge, 1927. – L. Simpson, *James Hogg. A Critical Study,* Édimbourg, 1962. – D. Gifford, *James Hogg,* Édimbourg, 1976. – N. Parr, *James Hogg at Home,* Dollar, 1980. – Collectifs : *Studies in Hogg and his World,* nos 1 et 2, Stirling, 1990 et 1991.

HOHL Ludwig. Écrivain suisse d'expression allemande. Né à Netstal (Glaris) le 9 avril 1904, mort le 3 novembre 1980 à Genève. Enfance et adolescence à Sirnach (Thurgovie), où son père exerce le ministère de pasteur. À dix ans, quelques poèmes sur des thèmes quotidiens montrent la précocité de ses goûts littéraires. L'incompréhension des parents pousse l'adolescent au repli sur soi. Un bref *Journal d'adolescent* [*Jugend-Tagebuch,* 1922] dit l'énergie et l'ambition mises à opposer une activité culturelle intense à une éducation protestante bornée. Hohl établit un « plan d'études privées », lit les écrivains et les philosophes : Socrate, Spinoza, Schopenhauer, Nietzsche, Dante, Shakespeare, Dostoïevski, Novalis, Goethe. Inspirés de Schiller, de Hölderlin et de Kleist, son idéalisme et son goût de l'absolu exigent une endurance et une discipline éprouvées par la pratique passionnée de l'alpinisme. Un journal tenu à cet effet de seize à trente ans indique le détail des itinéraires et le soin de leur préparation.

Expulsé du lycée pour avoir incité à critiquer l'enseignement et à lire Nietzsche, il quitte la famille pour Zurich et prépare le baccalauréat en autodidacte. Recalé, il rompt avec ses parents et gagne Paris avec une amie (Montrouge, Malakoff, 1924-1930). Après de brefs séjours à Marseille (1926, 1929, 1931), Annecy (1929-1931), en Autriche (Vienne, Grein, 1930-1931), il s'établit en Hollande (La Hague, 1931-1937), où il écrit entre 1934 et 1936 la première version de *Notes* (*). La réalisation des ambitions littéraires entraîne une solitude presque totale et des difficultés matérielles qui pèseront lourdement jusqu'à la fin de sa vie. Quelques proses brèves paraissent de temps à autre dans des journaux et revues à Bâle, Zurich, Vienne, Berlin : des récits – *Le Petit Cheval* [*Das Pferdchen,* 1930], *Village de montagne* [*Bergdorf,* 1931], *Chemin de nuit* [*Nächtlicher Weg,* 1943] –, quelques évocations et chroniques dédiées à Paris, la Méditerranée, la Hollande, à des peintres et écrivains : Cézanne, Katherine Mansfield, Lichtenberg, Gide, Kraus. Ces textes seront rassemblés plus tard en deux volumes, consacrés l'un à la littérature [*Mut und Wahl,* 1992], l'autre aux récits et impressions de voyages [*Und eine neue Erde,* 1990].

Inconnu, Hohl se fixe à Genève en 1937 et y reste jusqu'à sa mort. *Nuances et Détails* [*Nuancen und Details,* 1939/1942], des notations parues en deux parties à trois ans d'intervalle passent inaperçues. Seuls quelques confrères relèvent la nouveauté d'un genre et d'une écriture qui préfigurent les œuvres ultérieures, elles aussi indifférentes aux événements de l'époque. Il en va de même du premier volume de *Notes* (1944), ignoré, mais salué cependant par Frisch, et du second (1954), que l'éditeur refusa longtemps de publier. Échappant aux traditions et aux modes, Hohl n'est lu que par des initiés. Durrenmatt le soutient, au début des années 60, les jeunes écrivains suisses voient en lui un mentor, mais les pages méditatives de *Tous les hommes presque toujours s'imaginent* [*Dass fast alles anders ist,* 1967], ne rencontrent que peu d'écho. Ni la publication progressive de ses œuvres en Allemagne, où Suhrkamp reprend *Chemin de nuit* (1971) et édite son récit le plus évocateur, *Une ascension* (*) (1975), ni les éloges de Born et de Handke, ni l'obtention tardive de deux prix littéraires renommés, le prix du Centenaire Robert Walser (1978), et le prix Pétrarque (1980), ne lui valent les faveurs du grand public.

Bien plus qu'à ses écrits, la légende qu'il parvient à créer autour de sa personne et qui le fait connaître s'attache aux circonstances de sa vie : exil à Genève, refus du parler alémanique, chambre de travail dans une cave, manuscrits suspendus à une corde à lessive, nage et varappe en solitaire. Presque inconnue encore à sa mort, son œuvre confirme l'altérité irréductible suggérée par son mode d'existence. Délaissant les formes et thèmes généralement privilégiés en littérature, dense et paradoxale, insolite et péremptoire, elle jette le défi de la contradiction et d'une mise en question permanente.

WILFRED SCHILTKNECHT.

RÉF. : *La Revue des belles-lettres,* nº 94, Genève, 1969.

HÖIJER Björn-Erik. Romancier suédois. Né le 14 mars 1907 à Malmberget. Professeur de travaux manuels jusqu'en 1949, il s'imposa avec son quatrième roman *Éloge funèbre* [*Parentation,* 1945] à la fois par l'originalité de la composition et la perspicacité psychologique et sociale. Presque tous ses romans se déroulent dans le nord de la Suède, confrontant individus et société. Le meilleur de son œuvre est probablement la trilogie autobiographique (1950-1954) dont le premier volume s'intitule *Martin se promène dans l'herbe* [*Martin går i gräset,* 1950]. Citons également le vigoureux roman *Avant l'arrivée des veuves* (*) (1951). Höijer a également écrit un grand nombre de pièces de théâtre, aussi bien pour la scène que pour la radio. On retiendra surtout *Isak Juntti avait beaucoup de fils* [*Isak Juntti hade många söner,* 1954].

HOIL Juan José. Écrivain maya. Auteur d'une des chroniques mayas contenues dans le recueil nommé *Chilam Balam* (*). Nous ne connaissons rien d'autre de lui que le nom et la date de la chronique (de Chumayel) composée en 1782. *Chilam Balam* en langue maya signifie l'*Interprète* ou la *Bouche du tigre* ; le tigre désignant le dieu, Chilam Balam était l'interprète du dieu, et par conséquent le prêtre qui, sous son inspiration, écrivit la chronique. Il est probable qu'Hoil fut effectivement prêtre. C'était certainement un Indien originaire de Chumayel. Bien que sa chronique soit rédigée en caractères mayas, sa transcription des noms espagnols est très claire et, à cause des renseignements précisément datés qu'elle contient, c'est une des meilleures sources que nous ayons sur la civilisation maya.

HOLAN Vladimír. Poète tchèque. Né et mort à Prague : 16 septembre 1905 - 31 mars 1980. Après une enfance passée en province, il regagne la capitale pour y faire ses études secondaires et universitaires, qu'il interrompt en 1927. Exempt du service militaire, il devient fonctionnaire à la Caisse des retraites ; six ans plus tard, il quitte définitivement son poste dont il supporte mal les contraintes. Il dirigera ensuite plusieurs revues culturelles, pour s'adonner finalement, à partir de 1940, exclusivement à la littérature. En marge de son œuvre personnelle, il assumera de nombreuses traductions (Rilke, Baudelaire, Góngora, Ronsard, Vildrac, Lermontov...), principalement pour des raisons de subsistance. Le premier recueil de Holan, *L'Éventail chimérique* [*Blouznivý vějíř*], date de 1926 ; jamais réédité, il s'inscrit dans le « poétisme » ambiant, mouvement littéraire local des années vingt, et apparaît en effet, par rapport à l'ensemble de l'œuvre, davantage comme un exercice poétique. Quatre ans plus tard, Holan publie *Le Triomphe de la mort* [*Triumf smrti,* 1930]. La coupure est radicale : le caractère ludique et la mélancolie impressionniste de *L'Éventail chimérique* disparaissent, le désir de pénétrer sous la surface des choses à travers une langue débarrassée de sa couche de conventions devient le principe de la démarche holanienne. Les recueils suivants – *Souffle* [*Vanutí,* 1932], *Arc* [*Oblouk,* 1934] et *Te voici, pierre* [*Kameni, přicházíš,* 1937] – constituent, avec la prose *Colures* [*Kolury,* 1932] et les poèmes plus tardifs de *Delà le tonnerre* [*Záhřmotí,* 1940], la première période de l'œuvre du poète, confirmant et approfondissant la voie tracée par *Le Triomphe de la mort,* celle qui refuse l'automatisme de la réalité par des moyens parfois violents : néologismes et recréation permanente du lexique, désarticulation de la syntaxe, oxymorons, etc. Étrangère à tous les mouvements qui ont pu défrayer la chronique littéraire depuis 1918, échappant à toute tentative de classement, l'œuvre de Holan est alors considérée comme une œuvre « à part », et vaut à son auteur une image de solitaire vivant loin de la rumeur de ce monde. En 1938, Holan apparaît pourtant comme un auteur résolument engagé, un pamphlétaire dur et passionné. Quatre titres, dont deux interdits par la censure, se succèdent en deux ans : *Septembre 1938* [*Září 1938*], *Réponse à la France* [*Odpověď Francii*], *Rêve* [*Sen*] et *Le Chant des trois mages* [*Zpěv tříkrálový*]. La période « engagée » se prolonge durant les années de guerre et au-delà, avec notamment le *Premier testament* (*) (1940), *Merci à l'Union soviétique* [*Dík Sovětskému svazu,* 1945], *Les Soldats rouges* [*Rudoarmějci,* 1946] et *À toi* [*Tobě,* 1947]. Parallèlement, Holan publie deux recueils « désengagés », qui confirment la tendance vers le genre épique, vers l'« histoire » holanienne de l'après-guerre : *Terezka Planetová* (1943) et *La Voie du nuage* [*Cesta mraku,* 1945]. Le procès contre Akhmatova à Moscou et la première vague des procès staliniens à Prague, dirigés contre les intellectuels et les artistes, ont été pour Holan, au lendemain de la guerre, un véritable choc. Lui-même, accusé de « formalisme », tombe très vite en disgrâce : ses manuscrits devront attendre dix, quinze ans avant d'être publiés durant le dégel culturel des années 60. La double expérience du nazisme et du communisme ayant fourni à Holan son substrat historique, c'est par un langage de « douleur » qu'il dominera dorénavant l'absurdité tragique des choses, pour pouvoir atteindre les questions essentielles, suprahistoriques, questions qu'il pose non pas à la société, ni même au monde, mais à l'univers tel qu'il est conçu dans la tradition archaïque. En se confondant dans un apparent cercle d'identité, la question et la réponse atteignent une dimension nouvelle : cette troisième et dernière période de l'œuvre holanienne fait de son auteur, selon ses propres paroles, le « poète sombre, poète apocalyptique » de son temps. L'œuvre épique de Holan culmine avec les *Histoires* [*Příběhy,* 1963], écrites entre 1954 et 1962, et *Une nuit avec Hamlet* (*), écrite entre 1949 et 1956. Tout en quittant le vers régulier et les structures traditionnelles, Holan devient narrateur actif, donnant au poète un rôle dominant par rapport au message. Mais l'art de la contradiction — contradiction exploitée jusqu'aux ultimes conséquences possibles — permet à l'auteur de dépasser le cadre simplement « épique » de ses histoires et de leur fournir un tissu proprement dramatique. Cette optique s'accentue encore dans *Une nuit avec Hamlet*, le « summum de l'œuvre holanienne » selon certains, réflexion, méditation et dialogue rassemblant réalités et personnages historiques dans une seule tragédie moderne. La « période noire » est également celle des recueils lyriques, dont *En marche* (+) (1964), *Douleur* (+) (1965), *Aux derniers abois* (+) (1967), *À Asclépios le coq* (+) (1970). L'évolution du genre lyrique est semblable à celle des cycles épiques : le vers se libère, le poème se confond avec une réflexion, voire un aphorisme, le paradoxe est plus présent que jamais. Après le Printemps de Prague, interrompu par l'arrivée des chars soviétiques, l'histoire se répète pour les manuscrits de Holan : les deux derniers recueils, rassemblés sous le titre de *L'Abîme de l'abîme* (*) (1982), ne verront le jour qu'après la mort du poète.

PATRICK OUREDNIK.

♦ *« Stratégie du baroque. [...] Une turbulence, une fièvre, un continuel brassage dramatique, sans égal dans l'histoire de la poésie tchèque. »* Angelo Maria Ripellino. ♦ *« Le plus grand poète tragique de notre temps. »* Giancarlo Vigorelli. ♦ *« Le plus grand poète tchèque de ce siècle. »* Milan Kundera.

RÉF. : Patrick Ourednik éd., *Vladimír Holan*, Bassac, 1991.

HOLBACH Paul Henry Dietrich Thiry, baron d'. Écrivain français d'origine allemande. Né à Heidelsheim (Palatinat) le 8 décembre 1723, mort à Paris le 21 janvier 1789. Cet érudit, ce philosophe fut d'abord une personnalité du monde parisien : originaire du Palatinat, venu dans la capitale dès son enfance, à la tête d'une immense fortune, il fit de sa maison un rendez-vous d'écrivains de l'époque : d'Alembert, Buffon, Grimm, Diderot, Helvétius, Raynal, Galiani. Le salon, la salle à manger surtout du baron furent bientôt célèbres et les dîners qu'on y donnait si somptueux que le spirituel abbé Galiani donna même à d'Holbach le surnom de « premier maître d'hôtel de la philosophie ». En plus de la bonne chère, on y trouvait « beaucoup de disputes, jamais de querelles ». L'amphitryon, grand seigneur évolué, esprit hardi et gai, cœur généreux avec une discrétion parfaite, était une puissance dans la société. Le « club holbachique », comme disait Jean-Jacques avec dénigrement, poussait ses protégés à la Cour, faisait et défaisait les réputations. Ses ennemis reprochaient au baron d'avoir l'esprit un peu épais. Ses amis le louaient comme un savant universel. Formé aux sciences naturelles, le baron d'Holbach, avant d'écrire des articles de chimie pour l'*Encyclopédie*, avait traduit de l'allemand des œuvres scientifiques de grand intérêt pour la chimie et la minéralogie ; il avait diffusé la pensée des philosophes anglais, Hobbes, Collins, Toland, Gordon. Mais il allait prendre, dans le mouvement des « Lumières », une part encore plus active : non qu'il faille imaginer son « club » comme une association de conspirateurs étroitement unis par une doctrine explicite et fixée. C'était pourtant, par la liberté d'opinion totale qui y régnait, par une sorte d'émulation vers toutes les hardiesses politiques ou religieuses, une extrême avant-garde de la philosophie. Le baron lui-même écrivait, plus audacieux encore que tous ses amis. Mais il avait des collaborateurs : Lagrange, Naigeon, et surtout Diderot. Rousseau prétend même qu'il se laissait attribuer les ouvrages que ses fidèles hésitaient à reconnaître. La plupart de ses livres parurent en tout cas anonymement ; très peu échappèrent aux condamnations du Parlement et à la mise à l'Index par Rome. Citons *Le Christianisme dévoilé ou Examen des principes et des effets de la religion chrétienne* (*) (1766), publié sous le pseudonyme de Boulanger ; *La Contagion sacrée* (1767) ; *Théologie portative* (1768) ; *Le Système de la nature ou Des lois du monde physique et du monde moral* (*) qui, publié sous le pseudonyme de « Mirabaud, secrétaire perpétuel et l'un des quarante de l'Académie française », suscita, en 1770, de nombreuses réfutations, fut blâmé par Voltaire lui-même et Frédéric II, et était bien le code d'athéisme le plus logique qu'on ait lu ; *La Politique naturelle* (1773) ; *La Morale universelle* (1776).

D'Holbach fait figure d'inspirateur principal de la conspiration encyclopédique : c'est à lui qu'on attribue les excès de langage et de pensée de Diderot ; à lui en particulier l'hostilité au christianisme, qu'il aurait bientôt fait partager à tous ses amis. Mais Diderot était de onze ans l'aîné de d'Holbach, qu'il ne rencontra d'ailleurs qu'en 1749 ; il est plus probable que c'est lui qui eut d'abord l'influence, bien que d'Holbach, en fait d'audace dans l'athéisme, ait rapidement dépassé son maître et ami. Le XVIIIe siècle trouve en lui son doctrinaire le plus hardi, libéré des préjugés au point de verser dans un fanatisme à rebours et d'annoncer parfois le M. Homais de *Madame Bovary* (*) de Flaubert. Mieux vaut ne pas s'attarder à ses ouvrages de pur polémique où d'Holbach se montre souvent, selon l'expression de Grimm, « un homme bilieux qui veut faire le plaisant », attendant impatiemment la destruction radicale non seulement du christianisme mais de toute autre croyance, ce qui ne l'empêche d'ailleurs point d'estimer que la religion reste bonne pour le peuple. Mais ses écrits proprement philosophiques reposent sur une documentation étendue et profonde ; non seulement parce que d'Holbach était un savant, mais parce qu'il recueillait aussi, comme Helvétius, la matière abondamment fournie par les conversations de son salon. Il fait feu de tous les arguments que les sciences naturelles de son temps pouvaient mettre au service du matérialisme.

JACQUES PATRY.

♦ *« Ce M. Mirabaud* [pseudonyme de d'Holbach] *est un vrai abbé Terray de la métaphysique. Il fait des réductions, des suspensions, et cause la banqueroute du savoir, du plaisir et de l'esprit humain. »* Abbé Galiani. ♦ *« Il ne sait jamais ce qu'il veut, et le dernier qui lui parle a toujours raison. »* Grimm. ♦ *« Ce livre* [Le Système de la nature] *nous parut si suranné, si chimérique et si cadavéreux, que la vue même nous en était pénible : peu s'en faut que nous n'en eussions peur, comme d'un spectre. »* Goethe. ♦ *« Si vous voulez, d'ailleurs, ne garder aucun faux respect, aucune considération intellectuelle pour ces prétendus philosophes, tels qu'Helvétius et d'Holbach, lisez Grimm ; vous les voyez réduits à leur valeur personnelle par celui qui les a le mieux connus, et qui, en les peignant si au naturel, n'a songé nullement à les dénigrer. »* Sainte-Beuve.

RÉF. : Damiron, *Étude sur la philosophie du baron d'Holbach*, Paris, 1851. – René Hubert, *D'Holbach et ses amis*, Paris, 1928. – P. Naville, *Paul Thiry d'Holbach et la philosophie scientifique au XVIIIe siècle*, Paris, 1943.

HOLBERG Ludvig. Écrivain danois d'origine norvégienne. Né à Bergen le 3 décembre 1684, mort à Copenhague le 28 janvier 1754. Norvégien de naissance et danois d'élection, il est non seulement une des personnalités les plus intéressantes du monde scandinave mais également un des représentants les plus typiques du cosmopolitisme du XVIIIe siècle dans les pays nordiques. À onze ans, il perdit son père, un colonel qui avait eu douze enfants, passa quelque temps à la campagne dans la famille patriarcale de sa mère, puis reprit ses études en 1696 au collège de sa ville natale, qui était le centre intellectuel le plus important de la Norvège. Il se rendit ensuite à Copenhague ; après deux années d'études théologiques, faute de ressources, il ne put continuer et se fit précepteur. Dès qu'il eut amassé un petit pécule (60 écus), il se rendit à Amsterdam, où il séjourna un an (1704). Quand, un an plus tard, il revint à Bergen, il parlait couramment plusieurs langues. En 1706, il lui prit envie de visiter l'Angleterre. Bien qu'il ait failli plus d'une fois mourir de faim (surtout à Londres), il réussit à suivre les cours de l'université d'Oxford. À peine rentré au Danemark (1708), il se vit confier le fils d'un grand seigneur pour l'accompagner lors d'un séjour en Allemagne. De retour à Copenhague (1710) où il se fixa, il donna ses premiers ouvrages, *Introduction à l'histoire des pays européens* [*Introduction til de fornemste europaeiske rigers historier,* 1711], Appendice à l'*Introduction* (1713), *Introduction à l'étude du droit naturel et du droit des gens* [*Introduction til naturens og folkerettens kundskab,* 1715] qui lui valurent sa nomination de professeur extraordinaire à l'université et une bourse de voyage qui lui permit de se rendre à Paris, où il séjourna jusqu'en août 1715, assistant avec un intérêt égal aux cours de la Sorbonne et aux représentations théâtrales. Il se rendit ensuite à Rome, en passant par Auxerre, Avignon et Marseille. Il se plut beaucoup à Rome, dont il goûta fort la beauté des monuments et la vie pittoresque et animée des habitants, y compris les acteurs de la « commedia dell'arte », ainsi qu'il le raconte dans une longue épître latine. Holberg termina son vagabondage à travers l'Europe en revenant à pied jusqu'à Amsterdam en 1716.

Nommé professeur de métaphysique à l'université de Copenhague en 1717, il y sera successivement professeur d'éloquence latine (1730), puis d'histoire, recteur en 1735, enfin questeur en 1737. Par réaction contre le monde bourgeois et quelque peu étouffant au milieu duquel il allait vivre, Holberg se tourna vers la satire. Son poème héroï-comique, *Peder Paars* (1719-20), parodie des poèmes héroïques, bien qu'il demeurât inachevé, le rendit aussitôt célèbre. Aussi, lorsque les Danois voulurent créer en 1722 un théâtre national, ils firent appel à son aide et à ses conseils. Dès lors, Holberg devait trouver dans le théâtre son moyen d'expression le plus naturel, il écrivit cinq comédies au cours de la même année (1721), dix l'année suivante, dix autres encore en 1724. Ces pièces constituent le meilleur de sa production dramatique ; il ne revint à la scène que beaucoup plus tard (1748), sans y apporter rien qui ajoute à sa gloire. Des trente-quatre pièces qui composent son théâtre publié en 1731, presque toutes sont des comédies de caractère. Les plus brillantes sont sans doute : *Jeppe de Bierget* (*) (1722), *Erasmus Montanus* (*) (1722) et *Le Potier d'étain* (*) (1722). Citons encore : *La Femme irrésolue* [*Den Voegelsindede,* 1725] ; *La Chambre de l'accouchée* [*Barselstuen*] ; *L'Heureux Naufrage* [*Det lykkelige Skibbrud*] ; *Les Invisibles* [*De Usynlige*] ; *Le Voyage à la source* [*Kildereysen*] ; *Henrik et Pernille* [*Henrik og Pernille*] ; *Didier, la terreur des hommes* [*Diderich Menschenschrek*] ; *Mascarade* [*Mascarade*] et *Jean de France* [*Jean de France eller Hans Frandsen*].

L'intérêt pour le théâtre ayant décliné au Danemark à la suite de l'avènement au trône de Christian VI et de l'incendie de Copenhague, Holberg qui, entre-temps, avait accompli un dernier voyage à l'étranger (il passa à Paris l'hiver 1725-26), publia plusieurs œuvres historiques et géographiques de grande valeur, dont *État ecclésiastique et politique du Danemark et de la Norvège* [*Danmarks of Norges Beskrivelse,* 1729] ; *Histoire du royaume de Danemark* [*Danmarks Riges Historie,* 3 vol., 1732-33]. Ayant acquis, grâce aux gains qu'il venait de faire, des propriétés terriennes, il y introduisit des réformes sociales et pédagogiques, qui lui valurent le titre de baron. Il écrivit également de nombreuses œuvres en latin, dont nous citerons outre ses trois *Épîtres* de caractère autobiographique (la plus connue est la première *Epistola ad virum perillustrem,* 1729) un roman humoristique en latin : *Voyage souterrain de Niels Klim* (*) (1741). Le théâtre de Copenhague s'étant rouvert en 1748, Holberg se consacra jusqu'à sa mort à l'activité dramatique, avec le même enthousiasme mais avec une inspiration moindre. De nos jours, ses comédies sont plus connues que ses œuvres historiques et ses écrits latins, leurs personnages sont passés en proverbes dans toute la Scandinavie, où ils semblent vivre d'une vie propre. Grand liseur, Holberg affirmait qu'il devait plus à la France qu'à tous les autres pays réunis. Imitateur de Molière, comme d'ailleurs de Plaute et de Térence, il n'en a pas moins fait la guerre aux ridicules de son temps avec le fond de gaieté qui lui appartenait en propre.

ALDA MANGHI.

♦ *« Par sa spirituelle gaieté et son bon sens, Holberg se range parmi les grands poètes comiques... La fable et l'action, chez lui, sont très simples, quelquefois négligées ; sa force est surtout dans la conception des caractères, dans les situations comiques et dans le dialogue. Là, il créa une langue et une littérature entière dont avant lui il n'existait que des rudiments disparates ; mais la clarté de son esprit et la variété de son érudition firent faire aux mœurs et à la civilisation générale au Danemark un véritable pas de géant. Il créa une nouvelle société en répandant la lumière dans les classes moyennes, en faisant une guerre continue au pédantisme, aux sottises, aux préjugés et aux superstitions du temps. »* L. Moller.
♦ *« L'œuvre de Holberg dans la première moitié du* XVIIIe *siècle est capitale pour le Danemark : il a rendu un contenu vivant à une littérature qui s'épuisait ; il a ouvert son pays aux influences fécondantes des pays occidentaux... »* A. Jolivet.

RÉF. : J. Schlegel, *Gedanken zur Aufnahme des dänischen Theaters,* in *Theatralische Werke,* 1747. – Edvard Brandes, *Holberg og Hans Scene,* Copenhague, 1898. – Oscar James Campbell. *The Comedies of Holberg,* Cambridge, 1914. – Valdemar Vedel, *Molière et Holberg* in *Mélanges Baldensperger,* Paris, 1930. – Magnus Favrholdt, *Un début poétique : Peder Paars, poème héroï-comique de Ludvig Holberg* (thèse), Montpellier, 1936. – A. M. Le Bourg Oule : *Holberg, son théâtre et la France,* P.U. de Toulouse, 1973.

HÖLDERLIN Johann Christian Friedrich. Poète allemand. Né le 20 mars 1770 à Lauffen-sur-Neckar, mort à Tübingen le 7 juin 1843. Le plus grand poète allemand, l'égal en renommée de Lessing, Goethe, Schiller, Heine, mais aussi de Rimbaud, Dante, Pétrarque, García Lorca, l'inspirateur de Hegel, Rilke, et plus tard, de Heidegger, fut d'abord une espèce d'inconnu dans son propre pays, malgré les efforts de ses amis. Et cette ingratitude dégénéra en turpitude lorsque, à peine découvert et publié par les soins du jeune germaniste Norbert von Hellingrath, mort au front à Verdun en 1916, ce retour vint coïncider avec les efforts de la machinerie idéologique du nazisme, préoccupée de fournir aux masses allemandes des mythes utiles à ses fins. L'année du cent cinquantenaire de la Révolution française, en pleins préparatifs de guerre, on fit de lui par la voie d'éditions partielles, glissées dans les musettes des soldats de la Wehrmacht, le chantre prophétique du nationalisme allemand. L'ignorance dans laquelle l'ont tenu ses contemporains, à dire vrai, n'est pas absolue. Celle de Goethe, toujours encombré de son ombre narcissique, fut immense et humiliante pour l'intéressé. Celle de Heine avoisine la négligence et demeure surdéterminée par ses préjugés contre les Souabes. Mais Schiller l'a aidé à publier *Hyperion* (*) et l'a protégé tant qu'il l'a pu. Et dès 1811 Justinus Kerner en faisait dans ses *Reiseschatten* un personnage de la littérature allemande. Toutefois, sa vision du poète fou construit plus un personnage conventionnel du romantisme qu'elle ne parle vraiment de Hölderlin.

Le rythme même de sa vie peut expliquer cette méconnaissance : Hölderlin ne fut pas un météore juvénile emporté en pleine ascension par la mort, ni un vieillard productif. Il n'a bénéficié ni du deuil ni de l'âge, mais a disparu de la perspective des carrières poétiques longtemps avant de mourir physiquement. Il y a même quelque chose d'insupportablement radical dans l'articulation de ces deux moitiés de la vie quasi exactes, qui se firent cruellement face de son vivant, dans l'équilibre mystérieux et tragique où se tiennent pour nous face à face l'adolescent prodigieux, qui eut 19 ans en 1789, et le vieillard malade. Inconciliablement, le « holder Jüngling » du portrait à la gouache de 1772 et la silhouette douloureuse et mal peignée du pensionnaire Scardanelli cohabitent en notre mémoire, comme se dressent et s'ignorent à quelques pas l'un de l'autre le Stift, le séminaire protestant de Tübingen, où il fit ses études de théologie et de philosophie en même temps que Hegel et Schelling, et la tour du menuisier Zimmer, en bordure du bras de Neckar presque arrêté aujourd'hui, au-delà duquel commençaient jadis la campagne et son horizon infini.

De ce destin inquiétant, travaillé par la « maladie de la vie », on a – à bon escient – cherché l'une des causes dans les conditions mêmes de sa jeunesse. Johann Christian Friedrich Hölderlin fut le seul fils du premier mariage de sa mère, Johanna Christiana Heyn, fille de pasteur, avec Heinrich Friedrich Hölderlin, administrateur de biens influent et fortuné, tôt remariée, après son veuvage précoce, à Johann Chritoph Gock, maire de Lauffen, qui mourut peu après. L'urgence agitée en permanence par cette absence de père accentua la pression maternelle sur le bon déroulement de la carrière qui s'annonçait la plus normale et heureuse pour cet enfant : les (dures) écoles protestantes de la vallée du Neckar, puis le Stift à Tübingen. À l'ébranlement initial vinrent faire écho l'aurore et le tonnerre de la Révolution française. L'année d'études 1789 s'achève en juillet par des événements considérables, dans une atmosphère d'enthousiasme inimaginable aujourd'hui. L'un des ordres qui feront les frais de cet événement est celui de la puissance maternelle, avec laquelle il entre en guerre. Hölderlin, comme Hegel et Schelling, et bien d'autres, décide de ne pas devenir pasteur et entre dès la sortie du Stift, en 1793, dans la classique série des emplois de précepteurs : il trouve le premier chez Charlotte von Kalb, à Waltershausen, près d'Iéna, par l'entremise de Schiller. Venu à Iéna avec son élève, il y demeure en position d'étudiant, suit les cours de Fichte et fait la connaissance des premiers romantiques, ainsi que d'un personnage qui devait être son Méphistophélès aux yeux de certains, Isaac von Sinclair, par qui il entrera en contact avec les cercles « jacobins ». Pourtant, au printemps 1795, il quitte brusquement Iéna et rentre au pays, à Nürtingen, d'où il repart pour Francfort quelques mois plus tard, après que Hegel lui eut trouvé un emploi de précepteur chez un banquier d'origine huguenote, Jakob Gontard. Période heureuse pendant laquelle Hölderlin achève et publie le roman par lettres *Hyperion ou l'Ermite de Grèce* (*) (1797-99), mais aussi se départit de la facture néo-schillérienne de ses premiers poèmes et applique une manière originale, proche de l'ode grecque, à des thèmes inspirés par sa réflexion sur l'histoire ; c'est au cours de ce séjour à Francfort qu'il rencontre le grand amour de sa vie, Suzette Gontard, pour qui il écrit ses poèmes à Diotima, en particulier l'élégie *Menon pleurant Diotima* (*). La fin de l'histoire est bien connue : Hölderlin, chassé par le mari banquier, se retire à Homburg, se réfugie dans l'écriture, projette d'éditer une revue, et surtout travaille à une tragédie dont il n'est pas certain qu'il ne l'eût pas présentée à Bonaparte si elle avait été terminée : *La Mort d'Empédocle* (*). En 1800, il revient chez sa mère, puis, après un été relativement heureux et productif pendant lequel, tout en continuant à produire des *Odes* (*), il travaille à de grands poèmes, *L'Archipel* (*), les grandes *Elégies*, il reprend la carrière voyageuse des précepteurs : en Suisse d'abord, un peu au sud du lac de Constance, dans la famille nombreuse d'un industriel (von Gonzenbach), puis à Bordeaux où il arrive le 28 janvier 1802 chez le consul de Hambourg, après un long détour par Lyon, sans doute motivé par l'espoir d'y rencontrer Bonaparte, venu négocier la Consulta avec les députés italiens. Il reste en Aquitaine jusqu'en mai, puis revient brusquement en Allemagne. Il se peut qu'en chemin il ait appris par quelque courrier la mort de Diotima-Suzette Gontard, ou que d'autres événements encore inconnus aient accéléré une dépression déjà repérée par les plus perspicaces de ses amis : tout bascule à partir de ce retour de France. Son ami Sinclair lui procure, à ses propres frais, une place de bibliothécaire à Homburg. Mais l'état de Hölderlin se dégrade à tel point que Sinclair et sa mère décident de le faire interner dans une clinique de Tübingen, qui passait alors pour la plus progressiste en matière psychiatrique, mais où l'on pratiquait des thérapeutiques « dures ». Cette histoire a fait l'objet d'une controverse, aujourd'hui célèbre en Allemagne, déclenchée par la thèse du germaniste français Pierre Bertaux, selon lequel Hölderlin, surtout soucieux de ne pas faire de prison pour jacobinisme, simulait plus qu'il ne subissait la folie. Au bout de quelques mois, en 1807, pensant qu'il ne survivrait pas plus de trois ans à la dégradation de son état, on le transfère chez le menuisier Zimmer, à quelques pas de la clinique (aujourd'hui occupée par l'université de Tübingen). Il devait y rester trente-sept ans ! Cette réclusion est mieux connue que le reste de sa vie : poèmes sur les saisons ou la vue de sa fenêtre écrits en hâte aux visiteurs, renouant avec les mètres réguliers, la rime et les thèmes de la vie simple, signés Scardanelli sous des dates apparemment aberrantes, les marmonnements incompréhensibles, l'épinette dont il coupe les aigus, les promenades dans le petit jardin en bordure de la rivière, la mort paisible, l'autopsie... Pourtant, entre la crise du retour de France et la crise qui l'amène à la clinique de Tübingen, comme sous l'effet d'une mutation dont les prodromes sont perceptibles dans ses écrits dès la fin de 1801 – v. les *Hymnes* (*) –, il avait esquissé, et même partiellement achevé, un projet poétique nouveau tourné vers l'histoire moderne, occidentale, patriotique au sens large du terme, composé d'hymnes héroïques consacrés à de grandes figures historiques (Colomb, Luther...), mais tournés vers les figures constitutives des valeurs de son monde : Jésus, Dionysos, Antigone. Chantier abandonné, hanté par Sophocle – il traduit *Œdipe-Roi* (*) et *Antigone* (*) – et Pindare, dont la beauté prodigieuse a donné au « fragment », dans la poétique moderne, une valeur esthétique propre et marqué toute l'écriture lyrique du XXe siècle.

JEAN-PIERRE LEFEBVRE.

REF : Pierre Bertaux : *Hölderlin : essai de biographie intérieure,* Paris, 1936 ; *Hölderlin ou le Temps d'un poète*, Paris, 1983. – *Hölderlin-Jahrbuch,* Depuis, 1947. – Bernard Böschenstein, *Hölderlins Rheinhymne,* Zurich-Fribourg, 1968. – *Über Hölderlin,* Francfort-sur-le-Main, 1970. – Peter Szondi, *Hölderlin-Studien,* Francfort-sur-le-Main, 1970. – Beck Adolf : *Hölderlin. Chronik seines Lebens mit ausgewählten Bildnissen,* Francfort-sur-le-Main, 1975. – G. Mieth, *Friedrich Hölderlin,* Berlin (Est), 1978. – Jacques Teboul, *Cours Hölderlin,* Paris, 1979. – Peter Härtling, *Hölderlin,* Paris, 1980 (1e éd. all., Darmstadt, 1978. Réédité depuis dans la série Sammlung Luchterhand, n° 260). – *Hölderlin-Varationen,* Francfort-sur-le-Main, 1984. – Wackwitz Stephan, *Friedrich Hölderlin,* Stuttgart, 1985. – *Internationale Hölderlin-Bibliographie,* Stuttgart, 1985. – D. Henrich, *Der Gang des Andenkens. Beobachtungen und Gedanken zu Hölderlins Gedicht,* Stuttgart, 1986. – Bernard Böschenstein et Jacques Le Rider : *Hölderlin vu de France,* Tübingen, 1987. – Jean-François Courtine éd., *Cahiers de l'Herne,* consacrés à Hölderlin, Paris, 1989. – Jean-Pierre Lefebvre : *Hölderlin, journal de Bordeaux*, Bordeaux, 1990.

HOLLÝ Ján. Poète slovaque. Né à Borský Svätý Mikulaš le 24 mars 1785, mort le 14 avril 1849 à Dobrá Voda (près de Trnava). Il fit des études de théologie et exerça le sacerdoce à Pobedim, puis à Madunice, de 1814 à 1843. À la suite d'un incendie qui détruisit sa paroisse, il devint aveugle et se retira à Dobrá Voda, où il mourut. Il étudia et traduisit les classiques grecs et latins, et composa en mètres antiques trois poèmes épiques : *Svätopluk* (*), *Cirillo-Metodiada* (1835), et *Slav* (1839) ; ainsi que des élégies, des odes, des bucoliques, qui « slavisent » le genre pastoral.

RÉF. : Jaroslav Vlcek. *Histoire de la littérature slovaque* (en slovaque), Saint-Marton, 1890. – F. Kulhanek, *Ján Holly*, Bánska Bystrica, 1920. – J. Hodal, *Ján Holly*, Trnava, 1923.

HOLMES Oliver Wendell. Médecin, essayiste et poète américain. Né à Cambridge (Massachusetts) le 29 août 1809, mort à Boston (Massachusetts) le 7 octobre 1894. Élevé dans le milieu cultivé et aisé de Boston, il fit ses études à Harvard, où il se libéra du protestantisme étroit de son enfance : esprit pénétrant et inquiet, à vingt et un ans il était déjà un poète connu, qui abandonna subitement le droit pour la médecine, allant jusqu'à Paris pour étudier. Il débuta comme médecin à l'hôpital de Boston en 1835, puis devint professeur d'anatomie et pathologiste à Dartmouth. Il ne renonçait pas pour cela à s'occuper de belles-lettres, fréquentant le fameux Saturday Club où se rencontraient les littérateurs en vogue, Longfellow, Howells, Lowell, et il en était l'un des plus brillants causeurs. En 1857, Lowell le convainquit d'écrire une série d'essais (sous la forme de « causeries »), pour l'*Atlantic Monthly*, qui parurent l'année suivante en un volume intitulé : *L'Autocrate à table* – v. *Le Poète et l'autocrate à table* (*) ; il atteignit là le sommet de son talent, et ne dépassa jamais cette réussite, même dans ses romans à succès tels qu'*Elsie Venner* (1861), *L'Ange gardien* [*The Guardian Angel*, 1867], *Une antipathie mortelle* [*A Mortal Antipathy*, 1885] et, à plus forte raison, dans ses poèmes.

RÉF. : M. A. de Wolfe Howe, *Holmes at the Breakfast Table*, 1939 ; 1972. – Eleanor M. Tilton, *Amiable Autocrat : A Biography of Dr Oliver Wendell Holmes*, 1947.

HOLST Gustav. Compositeur anglais. Né à Cheltenham le 21 septembre 1874, mort à Londres le 25 mai 1934. Au Royal College of Music de Londres, il étudie la composition avec Charles Villiers Stanford. En 1905, il est nommé directeur musical à St. Paul's Girls' School. Deux ans plus tard, il est responsable de la musique au Morley College de Londres. Ses premières œuvres s'inspirent de la musique populaire britannique. Il trouve ainsi une voie originale, qui lui permet de se situer en marge du courant impressionniste et du postwagnérisme qui trouvent de nombreux adeptes en Grande-Bretagne. Il s'intéresse également à la philosophie orientale et trouve dans l'œuvre de Purcell les racines d'une authentique musique anglaise. En 1919, il est nommé professeur de composition au Royal College of Music de Londres. La création de sa suite pour orchestre *Les Planètes* (*) (1920) lui assure une notoriété confirmée par *A Fugal Overture* (1922) ou *Egdon Heath* (1927). Dans le domaine lyrique, seul *The Perfect Fool* (1921) est resté au répertoire, grâce à son ouverture et à son ballet. Mais c'est surtout dans le domaine de la musique chorale qu'il donne le meilleur de lui-même : *Ode to Death* pour chœur et orchestre (1919) ou *Choral Symphony* (1925) traduisent une parfaite connaissance des moyens vocaux de masse qu'il avait découverts au contact des chorales amateurs.

ALAIN PÂRIS.

HÖLTY Ludwig Heinrich Christoph. Poète allemand. Né le 21 décembre 1748 à Mariensee (Hanovre), où il mourut le 1er septembre 1776. Fils d'un pasteur protestant, il était maladif et passait son temps à lire. Il fit des études classiques, apprit l'anglais, puis étudia la théologie à Göttingen. Il y connut Bürger, qui devint son ami, et collabora à l'*Almanach des muses* (*) ; l'année suivante, Voss et J.-M. Miller se joignirent à eux, et ils fondèrent le « Hainbund ». Hölty se consacra dès lors à la poésie, gagnant péniblement sa vie en donnant des leçons privées et des traductions. En 1874, miné par la phtisie, il se retira à la campagne ; une amélioration de courte durée lui permit de se rendre avec Miller à Hambourg pour voir Klopstock, Voss et Claudius, mais il mourut sur le chemin du retour. Ses *Poésies* (*) ne furent recueillies qu'après sa mort, en 1782 : elles révèlent un talent véritable, une sensibilité exquise, et sont le plus souvent profondément tristes, comme marquées par le pressentiment d'une mort prématurée. Lenau lui consacra une poésie : *À la tombe de Hölty* [*Am Grabe Höltys*, 1832]. Il fut par ailleurs l'un des créateurs de la ballade fantastique inspirée des chants populaires.

RÉF. : Hermann Ruete, *Hölty, sein Leben und Dichten*, 1883. – L. A. Rhoades, *Höltys Verhältnis zur englischen Literatur*, Göttingen, 1892. – Wilh. Michael, *Hölty Studien*, thèse, Halle, 1909.

HOLZ Arno. Écrivain allemand. Né le 26 avril 1863 à Rastenburg (Prusse-Orientale), mort le 26 octobre 1929 à Berlin. Il fit toutes ses études à Berlin. Sa passion de jeunesse fut la poésie, et son premier recueil de vers, *Résonne dans le cœur* [*Klinginsherz*, 1882], remporta un prix littéraire. En 1855, Holz se rapprocha du naturalisme, dont il devint l'un des promoteurs en Allemagne. Il fit la connaissance de Johannès Schlaf (1862-1941), et leur amitié s'accompagna d'une étroite collaboration littéraire (1887-88) ; puis survint la brouille, et chacun chercha à minimiser la part de l'autre dans l'élaboration de la nouvelle et triomphante poétique. Un fait demeure, c'est que Holz ne cessa jamais d'exercer son talent de poète : ses premières poésies, de forme populaire ainsi que l'exigeait son naturalisme du moment, furent suivies de longues suites de vers non plus réguliers selon la stricte métrique, mais suspendus à une sorte de musique intérieure qui rappelle la mélodie wagnérienne, et dans laquelle se trouve également quelque chose de Joyce et des « hermétiques ». *Phantasus* (*) contient un peu de tout, mais on y décèle les deux caractéristiques de Holz poète : une sensibilité musicale très vive, et un humour qui lui permet de se moquer de lui-même en même temps que, très amèrement, de ses contemporains. En tant que dramaturge, avec Schlaf, il écrivit *La Famille Selicke* (*) (1890), drame naturaliste ; en tant que romancier, les esquisses *Papa Hamlet* (1899), de même tendance, mais qui devaient guider le génie naissant de Gerhart Hauptmann. Le succès de la revue *La Scène libre* [*Freje Bühne*], dont Holz était rédacteur en chef, ne remplit pourtant point sa bourse ; il vécut dans une soupente, obligé même d'inventer des jouets pour vivre, jusqu'au succès de sa tragi-comédie *Traumulus* (1904). Il passa presque oublié les dernières années de sa vie. Citons encore, de Holz : *Le Livre du temps* (*) et *Daphné, portrait lyrique du XVIIe siècle* (*). Arno Holz a reçu le prix Nobel de littérature en 1929.

RÉF. : K. H. Reibl, *A. Holz und die jüngste deutsche Bewegung*, Zurich, 1902. — H. W. Fischer, *Arno Holz*, Berlin, 1923. — Ch. Kapral, *Arno Holz (Werk und Wille)*, Prague, 1938. — H. Scheuer, *Arno Holz im literarischen Leben des ausgehanden 19. Jahrhunderts. Eine biographische Studie*, Munich, 1971. — G. Schulz, *Arno Holz. Dilemna eines bürgerlichen Dichterlebens*, Munich, 1974. — R. Burns, *The Quest of modernity. The Place of Arno Holz in the modern German Literature*, Berne, 1981.

HOMÈRE. Poète épique grec de la seconde moitié du VIIIe siècle av. J.-C., probablement originaire d'Ionie en Asie Mineure. Sous le nom d'Homère on désigne depuis l'Antiquité l'auteur de deux grands poèmes épiques, l'*Iliade* (*) et l'*Odyssée* (*). Sur la vie de ce poète nous ne connaissons rien de certain ; l'intérêt d'ailleurs se fixe aujourd'hui sur les conditions de genèse de son œuvre plutôt que sur les éléments de sa biographie, déjà légendaires dans l'Antiquité. Il existe en effet sept *Vies* d'Homère, toutes issues de l'Antiquité tardive mais remontant à une tradition biographique plus ancienne. Elles se rattachent pour l'essentiel au genre de la biographie romancée, destinée à satisfaire la curiosité du public. La multitude et la discordance des informations qu'elles contiennent montrent que les Anciens déjà ne disposaient pas de données indiscutables.

Pour déterminer sa date approximative, l'on se fonde principalement sur des pratiques et des objets qui, présents dans les textes, peuvent être datés par l'histoire et l'archéologie. Ainsi le combat en phalange, les décorations d'une tête de Gorgone, les chaudrons à trépied, entre autres, ne pouvaient-ils être connus avant le VIIIe siècle. Autre indice historique, la notoriété des deux épopées semble établie au tout début du VIIe siècle, puisqu'on en trouve des échos dans des sources littéraires de cette période (par exemple Hésiode, Archiloque) et que des scènes homériques commencent à figurer dans les vases vers 680 av. J.-C. La région d'origine d'Homère, comme sa langue en témoigne, est la région ionienne en Asie Mineure (aujourd'hui la Turquie). Des sept localités qui se disputaient l'honneur de lui avoir donné naissance, Smyrne et l'île de Chios sont les plus probables. En dehors de ces indications concernant la date et la patrie du poète, nous ne pouvons faire que des suppositions. Peut-être était-il lui-même aède, autrement dit chanteur ou récitant professionnel reconnu : un passage de l'*Odyssée* (8, 62-103) nous montre un aède à l'œuvre dans le palais d'Alkinoos ; il est entouré de respect et d'égards. La tradition voulait qu'Homère fût aveugle mais la cécité était souvent liée à l'idée d'inspiration. Quant aux étymologies de son nom, « celui qui ne voit pas » ou bien l'« otage » ou bien « celui qui réunit », on pencherait pour la dernière comme reflétant les réunions festives où les poèmes étaient récités.

Dans l'Antiquité on considérait aussi comme œuvres d'Homère l'ensemble du *Cycle épique* (*), ainsi que la *Batrachomyomachie* (*), le *Margite* (poème comique perdu) et les *Hymnes* (*). Mais les critiques alexandrins déjà ne retenaient comme authentiques que l'*Iliade* et l'*Odyssée*. L'*Iliade* traite un épisode crucial de la guerre de Troie (ou Ilion), la colère d'Achille. L'*Odyssée* raconte le retour d'Ulysse (Odysseus) dans sa patrie, Ithaque, après vingt ans d'absence, dix au siège de Troie et dix pour le voyage du retour. Tandis que les événements racontés dans les poèmes remontent à la fin de l'époque mycénienne (XVIe-XIIe siècles av. J.-C.) la composition, elle, date du VIIIe siècle. Ainsi, quatre siècles au moins séparent le sujet et la narration, siècles qui ont vu des événements historiques extrêmement importants mais peu connus. Ce vaste laps de temps influe de plusieurs manières sur les épopées d'Homère ; c'est pourquoi nous l'évoquons ici succinctement.

Vers le milieu du IIe millénaire avant notre ère, la civilisation mycénienne (du nom de la citadelle de Mycènes, siège du roi Agamemnon) s'étend sur plusieurs localités du continent et des îles grecs. Ayant assimilé les influences de la civilisation crétoise, elle succède à celle-ci comme puissance économique et surtout militaire. Les Mycéniens sont les Achéens (ou Argiens ou Danaens) d'Homère. Ils accomplirent vers 1200 une expédition contre Troie. Mais ils étaient alors proches de leur propre fin. La tradition attribue leur destruction à l'invasion dorienne qui marqua, avec la fin de l'ère mycénienne, le début du « Moyen Âge grec », XIe-IXe siècles, dits obscurs. Les recherches sur cette période n'ont pas encore éclairci tous les problèmes. Dans la perspective des épopées homériques, il est plausible de supposer que les Mycéniens qui, fuyant la catastrophe, s'installèrent sur la côte ionienne amenèrent avec eux leur patrimoine de légendes et le souvenir d'un passé glorieux, qui devint le matériau des épopées.

Nous abordons ainsi la question de la genèse des épopées. Homère n'a pas conçu l'*Iliade* et l'*Odyssée* « ex nihilo » ; tout porte à croire qu'il a puisé dans une longue tradition de poésie composée et transmise oralement. L'oralité étant un élément fondamental, non seulement pour la compréhension des modalités de création mais aussi pour l'appréciation de l'esthétique même de l'épopée homérique, nous mentionnerons ici les travaux qui en révélèrent les mécanismes. À cet égard les recherches de l'Américain Milman Parry (1902-1935) sont véritablement inaugurales. Il les conduisit en 1933-35 en Yougoslavie auprès de bardes qui maintenaient encore vivante la tradition de la composition orale. Il put constater qu'ils produisaient des poèmes qui comptaient jusqu'à plusieurs milliers de vers sans aucun recours à l'écriture. La teneur littéraire de ces productions n'est évidemment pas à comparer avec les poèmes d'Homère ; mais l'analyse de leurs techniques nous aide à expliquer celles des aèdes. Le rôle de la mémoire – infiniment plus développée dans les sociétés sans écriture – est ici primordial. Le compositeur doit en effet posséder l'énorme répertoire des thèmes traditionnels ainsi que des moyens mnémotechniques particuliers tant à l'échelle du vers qu'à celle du chant. En effet, dans ce type de composition où la mémoire est si importante, l'élément de base ne se limite pas au mot isolé. Il est constitué le plus souvent par des expressions stéréotypées – les « formules » – pour reprendre le terme consacré mais de définition variable. Les formules sont constituées par des agrégats de mots qui occupent l'un des trois ou quatre segments naturels de l'hexamètre ou un vers entier ou un groupe de vers. Or l'un des traits saillants du style homérique consiste précisément dans la récurrence de groupes de vers ou de locutions. On connaît les tournures telles qu'« Achille aux pieds rapides », « ... du navire à la proue azurée », « à peine avait paru l'Aurore aux doigts de roses ». Formules « toutes faites », sans doute, mais que le poète singulier manie avec souplesse dans le contexte prosodique, et que des générations d'aèdes ont portées de leur côté à un degré élevé d'affinement esthétique en rejetant la cheville insignifiante et en recherchant l'insertion organique de la formule dans le fil du discours. Lors de chaque récitation l'aède faisait jaillir le chant en combinant la mémorisation (des thèmes traditionnels et des expressions formulaires) et l'improvisation (adaptation aux circonstances précises de la séance). Un chant traditionnel ne devait compter que quelques centaines de vers. L'*Iliade* (15 537 vers) et l'*Odyssée* (12 109) dépassent de beaucoup ces dimensions. La création des poèmes de cette envergure s'explique peut-être par la rencontre d'un poète extraordinaire avec une tradition parvenue à son sommet à cette époque de plein épanouissement que fut le VIIIe siècle grec.

Ce poète, Homère, a-t-il existé ou non ? Voilà, en simplifiant, la fameuse question homérique. Il s'agit en effet de savoir si les deux épopées sont constituées de chants d'origines diverses, plus ou moins bien réunis, sans véritable contrôle de l'ensemble (thèse des analystes) ou bien si l'*Iliade* et l'*Odyssée,* par leur cohérence et leur unité littéraire, sont le résultat de l'acte créateur d'un auteur unique (thèse des unitaires). Dans l'Antiquité et jusqu'au XVIIe siècle cette question ne se posait pas : les critiques alexandrins déjà avaient certes discuté sur les interpolations probables et autres interventions visibles au sein des textes, mais l'existence d'un poète créateur (soit un seul poète pour les deux épopées, soit deux poètes, un pour l'*Iliade* et un pour l'*Odyssée*) ne faisait pas de doute. L'émergence de la question à la fin du XVIIIe siècle peut s'expliquer par un certain climat régnant qui exaltait l'œuvre anonyme issue du génie populaire. À cela s'ajoutaient l'absence d'informations crédibles sur la vie d'Homère, le doute qu'un homme ait pu créer des poèmes de cette envergure sans recours à l'écriture, et certains éléments qui dans la composition des épopées étaient jugés incohérents. La question fut posée pour la première fois par les *Conjectures académiques ou dissertation sur Homère* de l'abbé d'Aubignac, écrites en 1664 et publiées en 1715. Mais ce n'est que depuis les *Prolégomènes à Homère* de F. A. Wolf en 1795 que les philologues se sont divisés en « analystes » et « unitaires ». Jusqu'au début du XXe siècle les théories analystes ont occupé presque tout le terrain des études homériques : le travail a consisté surtout à éliminer des vers, déplacer des épisodes, distinguer les éléments récents des anciens, disséquer le texte afin de reconstituer un hypothétique « texte originel ». Pour les analystes il ne peut pas ne pas y avoir plusieurs mains. En philologues rigoureux ils tirent argument de détails enfreignant la stricte cohérence (le nombre grammatical du « duel » pour un groupe de trois ambassadeurs ; un personnage, mort au chant 5 de l'*Iliade,* pleure son fils tué au chant 13). Dans l'ordre de la trame, tel silence, telle reprise de scène ou tel retardement sont autant d'indices à l'appui de leur thèse pluraliste. De cela même les unitaires, littérairement plus fins, déduisent justement le contraire, c'est-à-dire les signes d'une conception unique de l'ensemble. Ces procédés seraient alors voulus à des fins architecturales. La querelle de l'unité s'est actuellement apaisée, et l'idée d'un acte créateur unique s'est imposée même auprès des néo-analystes modérés.

Les recherches des dernières décennies ont envisagé la poésie orale d'une autre manière. On a vu en elle un moyen de conservation et de transmission du savoir au sein de sociétés sans écriture, le langage formulaire et la versification facilitant la mémorisation et assurant l'exactitude. Or les poèmes homériques, sans que l'on puisse les réduire au rôle d'« encyclopédie tribale », véhiculeraient des souvenirs très anciens. Dans ce contexte la vieille question des rapports entre Homère et les réalités historiques peut se poser d'une manière renouvelée. La découverte au XIXe siècle des sites mycéniens et troyens a confirmé avec éclat l'existence historique des royaumes mentionnés par Homère. Notre connaissance croissante du IIe millénaire éclaire plus d'un aspect du monde homérique, mais démontre aussi que ce monde ne correspond ni à une période historique ni à une région précises : il est fait d'éléments repérables sur toute la trajectoire qui va de l'âge du bronze finissant – époque du contenu – au début de l'âge du fer – époque de la composition. Ainsi dans le domaine de la guerre, par exemple, coexistent des objets de grande ancienneté (le casque aux dents de sanglier) et des pratiques beaucoup plus récentes (la bataille en phalange d'hoplites).

La langue d'Homère ne correspond pas non plus à celle d'une région ou d'une époque uniques. Il s'agit d'un amalgame de dialectes grecs : la base en est l'ionien auquel se mêle l'éolien et l'attique, ce dernier ayant été probablement renforcé lors de la mise par écrit effectuée à Athènes au VIe siècle av. J.-C. Ces premiers textes, biens précieux pour les rhapsodes, sont peut-être liés à l'instauration de la récitation intégrale des poèmes au cours de la fête des Panathénées. Trois siècles plus tard, l'activité philologique des érudits alexandrins fut décisive pour la transmission du texte – nos éditions lui en sont tributaires.

La fortune d'Homère connut une continuité incomparable. Son interprétation fleurit à des époques aussi différentes que le Ve siècle grec et les siècles chrétiens : en l'allégorisant, ou en le moralisant comme on dira au Moyen Âge, chacun y chercha et trouva un « sens caché ». C'est dire aussi qu'il exerça une influence immense sur notre civilisation dont il semble une sorte de point de départ littéraire. Il constitua la base de l'éducation à l'époque classique, puis hellénistique et ensuite à Rome. On y trouva exemples et motifs propres à assurer l'instruction littéraire ; on y puisa aussi des modèles de vie. À plus d'un titre l'homme occidental peut voir dans l'*Iliade* et l'*Odyssée* des œuvres fondatrices. Avant la grande expérience des tragiques, qu'elles influencent, elles dépeignent pour la première fois l'être humain face à un destin qu'il a conscience de devoir accomplir. En outre le héros homérique, au-delà des pulsions qui l'animent et des forces surnaturelles au sein desquelles il se meut, nous offre l'image inaugurale de quelqu'un qui finit par se reconnaître en l'autre et à voir en lui un homme, fût-il son ennemi : dans la scène qui dépeint la rencontre entre Priam et Achille au terme de l'*Iliade*, c'est une certaine idée de l'homme qui commence son cheminement.

FANI TRIPET-PEDIS.

Antiquité. ♦ *« Homère mériterait d'être chassé des jeux publics et de recevoir la bastonnade. »* Héraclite. ♦ *« Cet homme a fait l'éducation de la Grèce. »* Platon.

Ier siècle apr. J.-C. ♦ « [Dans l'énumération des lectures utiles] *nous ne saurions mieux faire que de commencer par le grand nom d'Homère ; car, lui appliquant à lui-même ce qu'il dit de l'Océan, que les mers, les fleuves, les fontaines y prennent tous leur source, ne peut-on pas dire qu'il est le modèle et le type de toutes les parties de l'éloquence ? Non, personne ne le surpassera jamais ni en sublimité dans les grandes choses, ni en naturel et en exactitude dans les petites. Tour à tour fleuri et serré, grave et doux, il n'est pas moins admirable dans son abondance que dans sa concision. Il n'a pas seulement, au plus haut degré, toutes les qualités du poète ; il a encore toutes celles de l'orateur.* » Quintilien.

IVe siècle. ♦ *« Mais d'où vient que j'avais tant d'aversion de la langue grecque, quoiqu'elle soit pleine de contes ? Car Homère excelle dans ces inventions fabuleuses, et charme l'esprit par ces agréables rêveries. »* Saint Augustin.

XVIe siècle. ♦ *« Je veux lire en trois jours l'*Iliade *d'Homère, / Et pour ce, Corydon, ferme bien l'huis sur moi ; / ... Je veux trois jours entiers demeurer à recoi... »* Ronsard.

XVIIe siècle. ♦ *« On dirait que pour plaire, instruit par la nature, / Homère ait à Vénus dérobé sa ceinture. / Son livre est d'agréments un fertile trésor. / Tout ce qu'il a touché se convertit en or, / Tout reçoit dans ses mains une nouvelle grâce ; / Partout il divertit et jamais il ne lasse, / Une heureuse chaleur anime ses discours : / Il ne s'égare point en de trop longs détours. / Sans garder dans ses vers un ordre méthodique, / Son sujet de soi-même et s'arrange et s'explique ; / Tout, sans faire d'apprêts, s'y prépare aisément ; / Chaque vers, chaque mot court à l'événement. / Aimez donc ses écrits, mais d'un amour sincère, / C'est avoir profité que de savoir s'y plaire. »* Boileau. ♦ *« La poésie est, comme la peinture, une imitation. Ainsi Homère atteint au vrai but de l'art quand il représente les objets avec grâce, force et vivacité... J'avoue qu'Agamemnon a une arrogance grossière et Achille un naturel féroce ; mais ces caractères ne sont que trop vrais et trop fréquents. Il faut les peindre pour corriger les mœurs. On prend plaisir à les voir peints fortement par des traits hardis. »* Fénelon.

XVIIIe siècle. ♦ *« Les* Amadis *décrivent des combats comme Homère ; mais ils les décrivent avec une uniformité qui fait de la peine et donne du dégoût. Homère est si varié que rien ne se ressemble. Les combats des* Amadis *sont longs ; ceux d'Homère, rapides. Il ne s'arrête jamais, et court d'événements en événements, pendant que les* Amadis *s'appesantissent. Ses comparaisons sont riantes et admirables. Tout est froid dans les* Amadis *; tout est chaud dans*

Homère... Dans Homère, le merveilleux est dans le tout ensemble ; dans les Amadis, *il n'est que les détails.* » Montesquieu. ♦ « *Tel est le privilège du génie d'invention : il se fait une route où personne n'a marché devant lui ; il court sans guide, sans art, sans règle ; il s'égare dans sa carrière, mais il laisse loin derrière lui tout ce qui n'est que raison et exactitude. Tel à peu près était Homère : il a créé son art, et l'a laissé imparfait : c'est un chaos encore ; mais la lumière y brille déjà de tous côtés.* » Voltaire. ♦ « *Le plus grand chanteur de la Grèce, Homère, est en même temps le plus grand chanteur populaire. Son domaine n'est pas l'épopée, mais l'*epos, *qui est le conte, la légende, le récit populaire vivant.* » Herder, 1779. ♦ « *En relisant Homère je commence à mesurer tout le mal que nous a fait le fatras juif. Si nous n'avions jamais connu ni les péchés de Sodome, ni les chimères de l'Égypte et de Babylone, Homère serait resté notre Bible. Quelle tout autre figure l'humanité n'aurait-elle pas gagnée là !* » Goethe, 1790.

XIXe siècle. ♦ « *Comme l'épopée doit nous représenter un monde spécifiquement déterminé et qui offre un caractère original sous toutes ses faces, c'est bien le monde d'un peuple particulier qui doit s'y réfléchir... Si l'on veut, par exemple, connaître l'esprit grec – et l'histoire grecque – ou, au moins, la raison des faits et gestes qu'il accomplit à son origine pour constituer le drame de sa propre histoire, on ne l'apprend d'aucune autre source d'une manière aussi vivante et aussi simple que dans Homère.* » Hegel. ♦ « *Nous demandons pourquoi Le Tasse, en peignant des chevaliers, a tracé le modèle du parfait guerrier, tandis qu'Homère, en représentant les hommes des temps héroïques, n'a fait que des espèces de monstres. C'est que le christianisme a fourni dès sa naissance le beau idéal moral ou le beau idéal des caractères, et que le polythéisme n'a pu donner cet avantage au chantre d'Ilion.* » Chateaubriand. ♦ « *Homère est l'énorme poète enfant. Le monde naît, Homère chante. C'est l'oiseau de cette aurore. Homère a la candeur sacrée du matin. Il ignore presque l'ombre... Homère est un des génies qui résolvent ce beau problème de l'art, le plus beau de tous peut-être, la peinture vraie de l'humanité obtenue par le grandissement de l'homme, c'est-à-dire la génération du réel dans l'idéal. Fable et histoire, hypothèse et tradition, chimère et science, composent Homère. Il est sans fond, et il est riant. Toutes les profondeurs des vieux âges se meuvent, radieusement éclairées, dans le vaste azur de cet esprit.* » Victor Hugo. ♦ « *Le plus grand fait de la civilisation grecque reste toujours ceci, qu'Homère devint de si bonne heure panhellénique. Toute la liberté intellectuelle et humaine où parvinrent les Grecs revient à ce fait... De temps en temps s'éleva du fond le plus intime de l'hellénisme une protestation contre Homère ; mais il resta toujours vainqueur. Toutes les grandes puissances spirituelles exercent, à côté de leur action libératrice, une autre action déprimante ; mais, à la vérité, cela fait une différence que ce soit Homère ou la Bible ou la Science qui tyrannise les hommes !* » Nietzsche.

XXe siècle. ♦ « [Clio parle]. *Inscrivez en tête d'un papier le nom d'Homère. C'est le plus grand nom, mon enfant. Les dieux ne seraient rien, et non seulement les dieux mais les hommes, s'il ne les avait pas chantés... Rien n'est aussi pur qu'Homère... C'est le plus grand. C'est le plus vieux. C'est le patron. C'est le père. Il est le maître de tout. Et notamment il est le maître de tout ce qu'il y a jamais eu de plus grand dans le monde, qui est le familier.* » Charles Péguy. ♦ « *Comme c'est jeune, ce récit d'Homère, et comme c'est bien fait !* [...] *Et c'est le même qui s'est fabriqué, pour nous raconter toutes ses petites histoires, rien de moins que le vers hexamètre. Tout simplement le plus bel instrument prosodique qui ait été mis à la disposition du génie humain.* » Paul Claudel. ♦ « *Homère, dieu pluriel, avait œuvré sans ratures, en amont et en aval à la fois, nous donnant à voir l'entier pays de l'homme et des dieux.* » René Char.

RÉF. : Pour les éditions des textes et les traductions, voir les articles *Iliade, Odyssée, Hymnes homériques* et *Batrachomyomachie.*

C. M. Bowra, *Heroic Poetry,* Londres, 1952 ; *Homer,* Londres, 1972. – M. I. Finley, *The World of Odysseus,* Londres, 1952 (trad. 1978 avec bibliogr. raisonnée). – G. S. Kirk, *The Songs of Homer,* Cambridge, 1962. – R. Adrados, *Introducción a Homero,* Madrid, 1963. – A. Lesky, « Homeros », in *Realencycl.* suppl. XI, 1968. – A. Parry (éd.), *The Making of Homeric Verse : the Collected Papers of Milman Parry,* Oxford, 1971. – A. Heubeck, *Die Homerische Frage,* Darmstadt, 1974. – J. de Romilly, *Homère,* Paris, 1985. – F. Montanari, *Introduzione a Omero,* Florence, 1990.

HONEGGER Arthur. Compositeur suisse. Né le 1er mars 1892 au Havre, mort à Paris le 27 novembre 1955. Fils d'un importateur suisse établi en France, son tempérament esthétique s'affirma dès son adolescence, et l'audition des cantates de Bach au temple protestant du Havre décida de sa vocation musicale. En dépit d'une certaine résistance de ses parents qui souhaitaient qu'il prît la suite de leur entreprise commerciale, Arthur Honegger entra en 1910 au Conservatoire de Zurich où il passa deux ans : ses professeurs, Friedrich Hegar et Kempter, lui révélèrent Brahms, Richard Strauss et Max Reger. Élève, de 1912 à 1914, du Conservatoire de Paris, il y fréquenta les classes de Gédalge, de Widor et de Vincent d'Indy, et y eut pour condisciple Darius Milhaud, du même âge que lui ; celui-ci exerça une grande influence sur la formation musicale de Honegger et dirigea sa sympathie vers les courants les plus modernes, Stravinski, Schoenberg. À la déclaration de guerre de 1914, Honegger fut rappelé en Suisse et mobilisé dans son pays pendant un an ; en 1916, il put regagner Paris où il donna des mélodies sur *Six poèmes* tirés d'*Alcools* (*) d'Apollinaire, et en 1917 le prélude pour orchestre d'*Aglavaine et Sélysette* de Maeterlinck : ce furent ses premières œuvres avec *Le Chant de Nigamon*, inspiré par un roman d'aventures de Gustave Aymard, donné chez Pasdeloup en 1917. Mais c'est seulement avec *Le Dit des jeux du monde* (*) (1918) que Honegger commença à retenir l'attention du public. Après l'armistice, il fut, avec Darius Milhaud, l'inspirateur du fameux « groupe des Six », formé avec Germaine Tailleferre, Auric, Durey et Poulenc, qui se donnait pour tâche de réagir contre l'impressionnisme : de tous, ce fut sans doute Honegger qui garda le plus de liberté à l'égard des doctrines du groupe, et son originalité s'affirma, à rebours de l'idéal de simplicité prôné dans le manifeste de Cocteau, par son souci des grandes architectures musicales et son goût de la complication polyphonique. La présentation du *Roi David* (*) (1921), sur un livret de René Morax, allait être le premier grand événement musical de la période d'après-guerre : Honegger y renouvelait d'une façon grandiose le genre de l'oratorio – voir également *Cris du monde* (*) (1932) et *Nicolas de Flue* – qui l'amena ensuite à l'opéra : cette transition est particulièrement illustrée par *Judith* (+), sur un livret de René Morax, donnée d'abord comme oratorio le 11 juin 1925, puis transformée en « opéra sérieux » en 1927. Parmi les nombreuses œuvres scéniques de Honegger, il faut diter : *Saül* (*) (1922), *Phèdre* (+) (1926), *L'Impératrice aux rochers, L'Aiglon* (*) (1937), opéra en cinq actes en collaboration avec Jacques Ibert, et la fantaisie sur *Le Roi Pausole* donnée aux Bouffes-Parisiens. La collaboration de Honegger avec de grands écrivains de son temps a produit quelques-unes de ses meilleures œuvres : ce fut d'abord, avec Cocteau, *Antigone* (+) (1922), avec Valéry, *Amphion* et *Sémiramis* (1934) et surtout avec Claudel, *Jeanne au bûcher* (*) (1938), *La Danse des morts* (*) (1940), et enfin la musique de scène du *Soulier de satin* (*) (1943). Dans le domaine chorégraphique, on mentionnera : *L'Appel de la montagne* et *Le Cantique des cantiques* (1938) ; parmi les œuvres de musique de chambre : la *Rhapsodie* pour deux flûtes, clarinette et piano (1917), les *Sept pièces brèves* pour piano (1919-20), *Trois contrepoints* pour flûte, hautbois, violon et violoncelle (1923), les *Sonates* (+) pour violon, alto, violoncelle et piano, la *Sonatine* (+) pour violon et violoncelle (1932) et les *Quatuors* à cordes, le troisième en particulier (1937). Mais, du groupe des Six, et peut-être de toute la musique française contemporaine, Honegger sera surtout le symphoniste par excellence, qui a affirmé sa maîtrise dans des œuvres comme *La Tempête* (+) (1923), *Pacific 231* (*) (1924) – partition qui consacra sa notoriété – *Rugby* (*), *Chant de joie, Pastorale d'été* (*), *Symphonie n° 1* (+) (1930), *Symphonie n° 2* (+) pour orchestre à cordes, *Symphonie n° 3* (*) dite « liturgique » (1946), *Symphonie n° 4* dite « Deliciae Basilienses » (1947), *Symphonie n° 5 « di tre re »* (1950), *Concertino n° 5* pour piano et orchestre (*) (1924), *Mouvement symphonique n° 3* (1933), *Nocturne* pour orchestre (1936), *Les Mille et Une Nuits,* soli et orchestre (1937), *Une cantate de Noël* (1953).

Honegger, surtout après son mariage (1926), mena une vie assez solitaire, loin des cercles mondains. Passionné de sport et de locomotives, protestant nourri de *La Bible* (*) qui a encore enrichi son sens inné de la grandeur et de l'énergie, ce fut un lyrique d'un dynamisme puissant. Contrairement à ses amis du groupe des Six, à Darius Milhaud en particulier, il resta profondément, et pour le meilleur, fidèle à Wagner, quoique son maître d'élection semble être plutôt J. S. Bach. Rien de plus opposé à l'idéal ascétique de Stravinski et à la musique abstraite que l'œuvre de Honegger dont l'art s'est toujours rattaché à quelque grande pensée religieuse ou philosophique, à de nobles sentiments humains. Il a également mené une activité de critique qui révèle autant la spontanéité de son caractère que la lucidité du musicien, même si certaines de ces pages, écrites à la fin de sa vie, traduisent parfois une certaine amertume. Ses principaux écrits ont été regroupés en deux volumes, *Incantation aux fossiles* (Lausanne, 1949) et *Je suis compositeur* (Genève, 1951).

LOUIS GAUDRAN.

♦ « *Honegger fait son métier avec autant de force – et de prudence – que de loyauté.* » Maurice Ravel. ♦ « *Ce qu'il y a de plus typique dans la carrière d'Honegger, c'est la façon dont ce révolutionnaire a gagné le peuple. Toujours il a marché dans un sens très déterminé, sans faire de concessions. Et pourtant le public le plus vaste s'est rallié à ses conceptions. Il faut croire que son génie était particulièrement convaincant.* » Georges Auric. ♦ « *Arthur Honegger a été la réponse vivante à ceux qui, en musique, s'acharnent à vouloir détruire l'avenir au nom du passé et le passé au nom de l'avenir. Lui qui fut le plus grand inspiré de notre siècle a incarné les espoirs des jeunes musiciens des années 25 et ne les a jamais déçus. À ceux qui sont venus plus tard, il a su montrer que tout ce qui avait pu être essayé en musique contenait des possibilités d'expression qu'un homme sincère et connaissant à fond son métier pouvant rendre vivantes en les dégageant de toutes formules.* » Jacques Chailley.

RÉF. : José Bruyr, *Honegger et son œuvre,* Paris, 1947. – Marcel Delannoy, *Honegger,* Paris, 1953 ; rééd. augmentée du catalogue des œuvres d'Arthur Honegger par G.-K. Spratt, Genève, 1986. – Marcel Landowski, *Honegger,* Paris, 1957. – Willy Tappolet, *Arthur Honegger,* Neuchâtel, 1957. – Jacques Feschotte, *Honegger*, Paris, 1966. – Harry Halbreich, *Arthur Honegger*, Paris, 1992.

HONG CHEN [Hong Shen] (ou Hong Ts'ien-tsai). Dramaturge et cinéaste chinois. Né en 1894 à Wou-tsin (province du Tsiang-sou), et mort en 1955 à Pékin. Créateur, ainsi que T'ien Han (1898-1968), du « théâtre parlé » [houa-tsiu] moderne, Hong Chen écrivit ses premières pièces – et participa à leur création – dès 1915-1916. Élève de l'Institut de Ts'ing-houa, il poursuivit ses études aux États-Unis, à l'université d'Ohio, en céramique, puis à Harvard, en art dramatique, où il composa quelques pièces en anglais, telle *Arc-en-ciel* [*Hong*]. À son retour en Chine en 1922, il fait paraître *Yen, roi de Tchao* [*Tchao Yen-wang*], qui, par le truchement d'une conversation entre soldats dans un train, raconte les ravages causés par les « seigneurs de la guerre ». Enseignant et auteur, Hong Chen se fait aussi acteur et metteur en scène ; il participe à la naissance du cinéma chinois, à la fondation de compagnies théâtrales (celle de l'université Fou-tan en 1926), et enfin à la Société du Sud de T'ien Han en 1928, qui veut promouvoir la diffusion du « houa-tsiu ». Sympathisant dans sa jeunesse (et sous l'influence de son père) de Yuan Che-k'ai, il se rapproche à cette époque des milieux de gauche, et compose au début des années 30 *La Trilogie villageoise* (*), considérée comme son œuvre maîtresse.

VALÉRIE LAVOIX.

HONG CHENG [Hong Sheng] (surnommé Fang Se ou encore Pai Ts'i). Poète et auteur de théâtre chinois, essentiellement en genre k'ouen-ts'iu (opéra de la région de K'ouen). Originaire de Hang-tcho, né en 1645 et mort noyé en 1704. Il fit ses études à l'Académie impériale de Pékin, puis établit très vite sa réputation d'auteur dramatique avec son chef-d'œuvre, *Le Palais de la longue vie* (*), écrit entre 1679 et 1688. Ce drame, très populaire, fut même représenté dans les maisons des nobles et des hauts fonctionnaires. C'est encore aujourd'hui l'un des plus célèbres drames lyriques du répertoire chinois, mais qui fut condamné par le pouvoir mandchou en raison de son « caractère séditieux ». Un groupe d'acteurs ayant donné une représentation exceptionnelle du drame, en l'honneur de l'auteur, pendant un deuil de la Cour, en 1689, Hong Cheng dut quitter l'Académie, et vécut par la suite dans l'isolement et la pauvreté. En 1695, il se trouvait à Hang-tcho auprès du lettré Mao Ts'i-ling (1623-1716) qui rédigea une préface pour *Le Palais de la longue vie.* Hong Cheng mourut en tombant dans un fleuve, alors qu'il était ivre. Il écrivit encore une dizaine de drames, dont il ne reste rien ou seulement des fragments, à l'exception des *Quatre belles* [*Se-tch'an-tsiuan*], pièce de genre tsa-tsiu (opéra classique de la dynastie Yuan) en quatre actes, ainsi que plusieurs recueils de poèmes, dont trois seulement ont été conservés.

HONG MAI (prénom social Tsing-lou, surnom Jong-tchai). Nouvelliste, essayiste et critique littéraire chinois. Né à Bo-yang (actuel Tsiang-si) en 1123, et mort en 1202. Hong Mai reçut une éducation traditionnelle complète et même vaste ; on rapporte qu'il s'adonnait tant à la lecture des *Classiques* (*) et à l'histoire qu'aux écrits taoïstes et bouddhiques – et qu'il recopia trois fois le volumineux *Miroir universel de l'Histoire* de Se-ma Kouang. Reçu troisième à l'examen impérial du doctorat en 1145, il commença une carrière tout d'abord diplomatique et militaire. Il occupa ensuite plusieurs petits postes dans l'administration, mais se gagna rapidement l'amitié de l'empereur Siao-tsong (régnant de 1162 à 1189), qu'il conseilla tant dans les domaines de la poésie et de la calligraphie que sur l'art du gouvernement. Sa carrière à la Cour fut interrompue (pour cause de conflit avec certains fonctionnaires impériaux) pendant quinze ans, passés comme gouverneur dans les provinces du Tsiang-si, du Fou-tsien et du Tche-tsiang. Il fut ensuite rappelé dans la capitale pour occuper le poste de Censeur impérial et fut membre de l'Académie Han-lin. Les onze dernières années de sa vie furent occupées à compléter son œuvre très prolifique. Celle-ci comprend les *Relations de Yi-tsien* (*), recueil de « curiosités » dont les deux mille sept cents histoires n'ont été conservées que partiellement, les cinq recueils de *Mélanges au fil du pinceau du Jong-tchai* [*Jong-tchai souei-pi*], dont la rédaction s'étend sur quarante années de la vie de Hong Mai, et qui rassemblent plus de mille essais divers, sur les coutumes et l'histoire non recensée des T'ang (618-907), sur des poètes et prosateurs de cette dynastie, sur l'écriture, les femmes du palais, les fonctionnaires civils et militaires... Hong Mai compila encore une anthologie de *Dix mille quatrains des T'ang,* et exposa dans un recueil d'*Écrits sur la poésie* [*Jong-tchai che-houa*] des idées originales et de grande valeur, notamment à propos de Tou Fou, ou de l'influence des *Élégies de Tch'ou* sur la poésie chinoise.

VALÉRIE LAVOIX.

RÉF. : Tchang Fou-jouei, *La Vie et l'œuvre de Hong Mai (1123-1202)* (thèse non publiée), université Paris-VII, 1971.

HONORÉ d'Autun (Honorius Augustodunensis). Nous n'avons sur cet écrivain ecclésiastique du XIIe siècle que les rares renseignements biographiques contenus dans ses œuvres. Dans *Des lumières de l'Église* (+), il se déclare « Honorius Augustodunensis ecclesiae presbyter et scholasticus... » ; il était donc prêtre du diocèse d'Autun et exerçait la charge de scolastique. Toutefois, d'autres indications contenues dans la même œuvre et l'examen de l'ensemble des écrits d'Honoré ont fait conclure à son origine allemande : il aurait appartenu, peut-être avant de passer à Autun, à l'église de Ratisbonne. Bien qu'il se soit dit « solitarius » et « inclusus », il semble avoir beaucoup voyagé ; il se pourrait même qu'il se soit rendu à Canterbury. Il est en outre probable qu'il a vécu plus en Allemagne qu'en France. Toujours est-il que c'était un esprit curieux de problèmes de toute sorte : questions d'histoire naturelle, questions politiques, théologiques et historiques ; il se donna pour mission de propager le savoir du temps, patrimoine jalousement gardé dans un cercle restreint, et de le vulgariser pour un plus large public. *Des lumières de l'Église,* sorte d'histoire littéraire, est un résumé des œuvres de saint Jérôme, de Gennade, d'Isidore de Séville, de Bède le Vénérable et d'autres encyclopédistes des siècles passés ; Honoré donne un catalogue de tous les écrivains ecclésiastiques. Il y signale qu'il a lui-même « mis au jour de petites œuvres non négligeables » et cite les titres de vingt-deux d'entre elles. Ce sont des ouvrages rarement originaux, mais toujours appréciables pour leur clarté d'expression. Parmi ceux-ci, il faut mentionner surtout : *Image du monde* (+), encyclopédie en trois parties, géographique, cosmographique et chronologique ; *Élucidarium*, encyclopédie théologique en forme de catéchèse dialoguée ; *Le Joyau de l'âme* et *Le Sacramentaire*, œuvres liturgiques ; *Image de l'Église*, destinée aux prédicateurs, et *Le Libre Arbitre*, sur le problème de la prédestination.

RÉF. : *Histoire littéraire de la France*, tome XII. — B. Haureau, *Notices et extraits de quelques manuscrits latins de la Bibliothèque nationale*, 6 vol., Paris, 1890-93. — Endres, *Honorius Augustodunensis*, Munich, 1906. — W. Turner, article in *Catholic Encyclopedia*, tome VII, New York, 1910. — Mgr Amann, *Honorius Augustodunensis*, dans *Le Dictionnaire de théologie catholique*, t. VII, Paris, 1930, col. 139-158.

HOOD Thomas. Écrivain anglais. Né le 23 mai 1799 dans la Cité à Londres, mort dans cette ville le 3 mai 1845. Fils d'un imprimeur écossais qui mourut lorsqu'il avait douze ans, il fut élevé par deux vieilles filles qui l'envoyèrent à la Clapham Academy ; puis, menacé de tuberculose — sa santé sera toujours médiocre —, il dut quitter son emploi dans la Cité et, de 1815 à 1818, il séjourna à Dundee où il fit paraître, irrégulièrement, quelques articles dans les journaux locaux. De retour à Londres, il découvrit sa vocation réelle, et en 1821 fut nommé sous-directeur du *London Magazine*, poste très envié qui le mit en rapport avec Hazlitt, De Quincey, et surtout Charles Lamb qui, après Keats, exerça l'influence la plus durable sur Hood écrivain.

De 1821 à 1823, il vit une période de production féconde que le véritable succès boude, alors qu'en 1825 le nouvel aspect de son talent révélé dans *Odes et adresses aux grands* (+), humoristique et satirique, le porte au premier rang. L'année suivante, il donne dans le même goût *Caprices et Bizarreries* (*), puis en 1829 il commence la publication de sa revue *The Gem* où paraîtra *Le Rêve d'Eugène Aram* [*The Dream of Eugene Aram*] qui fait découvrir toute la force tragique de Hood. De 1830 à 1839, il assume à lui seul la charge du *Comic Annual* ; entre-temps, en 1834, la faillite d'un éditeur l'a mis sur la paille et il doit résider cinq ans sur le continent pour échapper à ses créanciers et se libérer de ses dettes.

À partir de 1840, et pendant deux ans, il dirige le *New Monthly Magazine*, puis il fait encore une expérience avec le *Hood's Monthly Magazine* et meurt, épuisé par un travail supérieur à ses forces. Enfin, signalons que son œuvre refléta également les préoccupations sociales du temps, et certaines de ses poésies furent célèbres à l'époque : *La Plainte du laboureur* [*The Lay of the Labourer*], *L'Horloge de l'usine* [*The Clock of the Workhouse*], *Le Pont des soupirs* [*The Bridge of Sighs*] et surtout *La Chanson de la chemise* (*).

RÉF. : Oswald, *Thomas Hood und die soziale Tendenzdichtung*, 1904. — Jerrold, *Thomas Hood, his Life and Time*, 1907. — J. C. Reid, *Thomas Hood*, Londres, 1963. — J. L. E. Clubbe, *Victorian Forerunner : The Later Career of Thomas Hood*, Durham, N.C., 1968. — L. N. Jeffrey, *Thomas Hood*, New York, 1972.

HOOFT Pieter Cornelisz. Historien et poète hollandais. Né à Amsterdam le 16 mars 1581, mort à La Haye le 21 mai 1647. Fils d'un bourgmestre d'Amsterdam, après avoir reçu une brillante éducation il voyagea pendant trois ans (1598-1601) en France et en Italie, où il séjourna longuement à Venise et à Florence. Déjà il avait écrit une tragédie : *Achille et Plyxène* [*Achilles en Polyxena*], à la manière de Sénèque, puis, excellent italianisant, avait fait de remarquables traductions de plusieurs sonnets de Pétrarque et s'était intéressé aux œuvres du Tasse et de l'Arioste. Après son retour aux Pays-Bas, Hooft étudia le droit à Leyde, fut nommé bourgmestre de Muiden en 1609 par le stathouder Maurice de Nassau et vécut, avec sa jeune femme Christina van Erp, dans le splendide château médiéval de cette ville. Leurs quatre enfants moururent en bas âge et, en 1624, Hooft perdit sa femme. Le stoïcisme et un certain déterminisme inspiré de Montaigne donnèrent au poète, qui s'était éloigné à peu près complètement du christianisme, la force de surmonter son chagrin. Il se remaria en 1627 à Leonora Hellemans, veuve de Giambattista Bartolotti. Cette seconde union fut aussi heureuse que la première. Le couple réunit autour de lui un groupe d'écrivains, d'humanistes, d'artistes et ce « Muiderking » (cercle de Muiden) exerça une grande influence sur la vie culturelle du pays. Les premiers poèmes de Hooft ont trait à l'amour ; ils chantent dames et jeunes filles d'Amsterdam sous le voile de pseudonymes ou de noms empruntés à la mythologie. Ses tragédies sont toutes plus ou moins inspirées de Sénèque ; si l'action dramatique est mince, les vers sont soignés, les répliques incisives et bien choisies. *Granida* (*) (1605), comédie pastorale écrite sous l'influence du *Pastor Fido* (*) de Guarini, et la tragédie *Geeraerdt van Velzen* (*) renferment des passages d'un lyrisme intense. *Warenar* (1616) mérite bien le titre de chef-d'œuvre ; cette comédie transpose dans l'Amsterdam du XVIIe siècle *La Marmite* (*) de Plaute. En 1618, Hooft écrivit une *Vie de Henri IV de France* [*Het Leven van Hendrik de Groote*], qui lui valut un titre de noblesse héréditaire, octroyé par le roi de France. Deux fois au moins il traduisit l'œuvre entier de Tacite. Il entreprit en 1626 une *Histoire des Pays-Bas* [*Nederlandse Historien*], dont les vingt premiers volumes parurent en 1642 ; sept autres furent publiés après sa mort, en 1654. Cette *Histoire* constitue un monument unique de la prose hollandaise. Hooft ne put la terminer, car il mourut des suites d'un refroidissement contracté sur la tombe du stathouder Frédéric-Henri.

ADRIEN H. LUIJDJENS.

RÉF. : G. Brandt, *Het leven van P. C. Hooft*, Amsterdam, 1648 ; rééd. à La Haye, 1932. — Sir

Herbert Grierson, *Two Dutch Poets,* Oxford, 1936. – A. Romein-Verschoor, *P. C. Hooft,* Amsterdam, 1947. – J. Starink, *P. C. Hooft,* Amsterdam, 1975. – S. A. C. Dudok van Heel et alü, *Hooft-Essays,* Amsterdam, 1981.

HOOKE Robert. Physicien anglais. Né le 18 juillet 1635 à Freshwater (Angleterre), mort le 3 mars 1703. Hooke perdit son père en octobre 1648 et, réalisant l'héritage paternel (100 livres sterling !), vint à Londres pour s'instruire. Il étonna ses professeurs en maîtrisant, en l'espace d'une semaine, les six livres de mathématiques d'Euclide. Son extraordinaire habileté manuelle, jointe à une grande puissance d'invention, lui permit d'aider le célèbre Boyle dans la construction de sa pompe pneumatique, et contribua à sa nomination, en novembre 1662, au poste de chef expérimentateur [curator of experiments] de la Royal Society. Son biographe, le savant anglais Richard Waller, assure, entre autres, que Hooke inventa trente-cinq moyens de voler dans l'espace ; ce qui est certain, c'est qu'il étudia et consigna par écrit le nombre de vibrations produites par chaque note de musique, fit correspondre le degré 0 du thermomètre au point de congélation de l'eau, et laissa un très grand nombre d'études se rapportant à presque tous les domaines de la science. Il publia une partie de ses découvertes dans un livre paru en 1665 et intitulé *Micrographie* (*) ; d'autres furent réunies par Richard Waller dans une édition d'*Œuvres posthumes* de Hooke [*Posthumous Works,* 1705]. Ce savant peut être considéré comme un autodidacte malgré ses connaissances étendues (rares pour son époque).

RÉF. : Waller, *Vie de Hooke* [*Life of Hooke*], publiée en introduction à ses *Œuvres posthumes.* – F. F. Centore, *Robert Hooke's Contributions to Mechanics,* La Haye, 1970.

HOPKINS Gerard Manley. Poète et jésuite anglais. Né à Stratford (est de Londres) le 28 juillet 1844, mort à Dublin le 8 juin 1889. Né dans une famille aisée et cultivée, de forte tradition anglicane, il entre à Oxford (Balliol College) en 1863 et s'y montre un esprit sensible, volontaire et brillant, obtenant la plus haute mention aux deux examens finaux. Il s'y trouve aussi exposé à la crise de la culture victorienne. Au scepticisme esthète de Walter Pater ou à la critique biblique rationaliste de Jowett s'oppose l'influence persistante du Mouvement d'Oxford tourné vers la tradition catholique. Ses écrits de l'époque, publiés pour l'essentiel dans *Journaux et Papiers* (*), révèlent des choix philosophiques arrêtés qui ne feront que s'approfondir. Dans ses poèmes, encore conventionnels, se marque de plus en plus son inquiétude religieuse, et les scrupuleux examens de conscience ou les privations de carême notés dans ses carnets confirment son adhésion au mouvement « ritualiste » de l'Église anglicane.

En 1866 il écrit à Newman et est reçu dans l'Église catholique le 21 octobre, malgré l'opposition de ses parents et le risque de rejet de la part de la société victorienne. L'année suivante il enseigne à l'école de l'Oratoire que Newman dirige à Birmingham. Au printemps de 1868, au cours d'une retraite au noviciat jésuite de Roehampton (s.-o. de Londres), il ressent un appel pressant à la vie religieuse, que décrivent en termes ardents, comparables à certains égards au « Mémorial » de Pascal, les strophes 2 et 3 du *Naufrage du Deutschland* – v. *Poèmes* (*), son poème fondateur. Il détruit alors une partie de ses vers de jeunesse, mais hésite toujours entre l'ordre bénédictin et celui de saint Ignace. Le 19 mai il a fait choix de ce dernier et, après un voyage en Suisse, minutieusement relaté dans son *Journal,* il entre au noviciat en septembre pour deux ans. Sa formation philosophique (1870-1873) se fait à Stonyhurst dans le Lancashire. C'est là qu'il découvre, dans un enthousiasme solitaire, la pensée de Duns Scot qui le confirme dans ses intuitions personnelles. Il revient pour un an au noviciat enseigner la rhétorique. Dans les notes de cours conservées, R. Jakobson a cru découvrir les prémices de la poétique structurale. À l'automne de 1874, il se rend à St Beuno (nord du Pays de Galles) pour ses études de théologie. Le paysage l'enchante et il se met à apprendre la langue.

En décembre 1875, à l'occasion du naufrage du « Deutschland » où périssent cinq franciscaines allemandes, il entreprend une ode aux multiples audaces, affirmant pour la première fois toute son originalité poétique. L'œuvre déconcerte la revue des jésuites, *The Month,* qui ne la publie pas, comme son ami Robert Bridges, futur « Poet Laureate ». Jusqu'à son ordination en septembre 1877, il continue cependant d'écrire de nombreux sonnets où l'expérience enthousiaste de la nature est indissociable du sentiment religieux.

À la fin de 1877 commencent des fonctions pastorales variées : il est tour à tour professeur, prédicateur à l'église des jésuites de Londres (1878), prêtre de paroisse à Oxford (1878-1879), puis, de 1879 à 1881 dans des villes industrielles du Nord, Bedford Leigh, Liverpool, Glasgow, où il est confronté à la misère ouvrière. S'il trouve dans ces tâches de nouveaux sujets de poèmes, et si l'accueil des paroissiens simples et chaleureux de Bedford Leigh le rend brièvement heureux (curieusement il ne l'est guère à Oxford), le spectacle de la dégradation de l'homme et de la nature l'affecte profondément. Son « troisième an » au noviciat de Roehampton est une année de ressourcement. C'est là aussi qu'il rédige, en marge des *Exercices* (*) de saint Ignace, une grande partie des écrits difficiles (publiés dans les *Sermons et écrits spirituels* [*Sermons and Devotional Writings,* 1959]) qui précisent sa conception de l'individualité [self], à l'opposé de celle de son contemporain presque exact, Nietzsche.

Il retourne en 1882 à Stonyhurst comme professeur de lettres classiques. Il connaît déjà des accès de mélancolie, écrit peu, et se tourne de plus en plus vers la composition musicale. Au début de 1884 il est élu professeur de lettres classiques à l'université royale de Dublin (University College). Mais c'est pour lui le début d'une période d'exil et de souffrance. À un sentiment d'échec (ses projets de livres avortent et le jugement d'excentricité parfois porté sur lui l'atteint) s'ajoute le climat propre à Dublin. Comme anglais patriote, il ressent douloureusement l'agitation irlandaise nationaliste. Son origine et ses cours mal adaptés sont l'occasion de chahuts. Les avalanches périodiques de copies d'examen plongent dans un abattement anxieux un esprit scrupuleux, jusqu'à l'excès, comme le sien. Au printemps de 1885, il touche le fond de l'accablement, parlant même d'une « impression d'approche de la folie ». Cette souffrance s'exprime dramatiquement en des « sonnets terribles » qui marquent un renouveau paradoxal de sa création. Dans les dernières années quelques amitiés (dont celle d'un jésuite français, le père Jacques Mallac) et des séjours plus fréquents à la campagne atténueront les retours de la mélancolie ou de son abattement. Il compose encore quelques poèmes importants et une bonne partie d'un ambitieux ouvrage (perdu) d'esthétique et de métaphysique. Frappé par la typhoïde au printemps de 1889, il meurt en quelques semaines. À part quelques strophes, sa poésie est alors encore inédite. Bridges, qui rassemblait soigneusement les poèmes envoyés, ne les publiera qu'en 1918, pensant que le public n'était pas prêt à recevoir cette œuvre. De fait, elle ne sera vraiment reconnue qu'avec la seconde édition, en 1930. Comme Hopkins le dit, dans une lettre, de la vie du Christ, une création aussi abruptement singulière était peut-être vouée à « réussir par l'échec ».

RENÉ GALLET.

♦ *« ...je vois nettement comme tout ceci me convient, me* situe. *Excellent point de repère qui me consolide dans mon idée de la poésie, laquelle me devient évidente. Je comprends aussi le mépris des Anglais pour notre poésie, et toute la misère française de l'enseignement de la langue. Négligence totale de l'élément musical. »* Paul Valéry ♦ *« Sa langue bizarre, belle et forte, essaie d'exprimer ce qui demeure au-delà du langage humain ; c'est une langue qui semble près de l'extase et qui essaie désespérément de dire ce que l'homme a vu au Paradis terrestre et dont le poète* se souvient. » Julien Green.

RÉF. : W. H. Gardner, *Gerard Manley Hopkins, 1844-1899,* Londres 1944-49 (rééd. Oxford, 1966). – W. A. M. Peters, *Gerard Manley Hopkins : A Critical Essay Towards the Understanding of his Poetry,* Londres, 1948. – A. Heuser, *The Shaping Vision of Gerard Manley Hopkins,* Londres, 1958. – J.-G. Ritz, *Le Poète Gerard Manley Hopkins, S. J. (1844-1899), Sa vie et son œuvre,* Paris, 1963. – N. H. Mackenzie, *A Reader's Guide to Gerard Manley Hopkins,* Londres, 1981. – René Gallet, *Gerard Manley Hopkins ou l'Excès de présence,* Paris, 1984. – Norman White, *Hopkins, A Literary Biography,* Oxford, 1992.

HORA Josef. Poète et prosateur tchèque. Né le 8 juillet 1891 à Dobříň près de Roudnice, mort le 21 juin 1945 à Prague. Fils de fermier, il entreprend des études de droit à Prague, mais les abandonne pour gagner sa vie comme journaliste dans la presse sociale-démocrate, puis communiste et finalement libérale. Un certain nombre de romans et d'écrits politico-esthétiques accompagnent son engagement : les romans *L'Espérance socialiste* [*Socialisticka Naděje*, 1922], *L'Année de faim* [*Hladový rok*, 1926], l'essai *La Culture et la conscience de classe* [*Kultura a trídní vědomí*, 1922], l'étude *Littérature et Politique* [*Literatura a Politika*, 1929], qui marque sa rupture avec le parti « bolchevisé » sans altérer son sentiment social, le roman *L'Haleine sur la vitre* [*Dech na skle*, 1938] ; une conférence, *Le Poète et la langue maternelle* [*Básník a mateřská řeč*, 1938], révèle son attachement à toute la communauté nationale tragiquement menacée. Son itinéraire poétique est bien plus complexe : dans une première phase, sur l'arrière-fond de la guerre et de la Libération, il passe rapidement de l'impressionnisme et du symbolisme à une célébration de l'ivresse de la vie, de la civilisation moderne, de l'amour : *Poèmes* [*Básně*, 1915], *L'Arbre en fleur* [*Strom v květu*, 1920]. Sa période de poésie « prolétarienne » se fait sous le signe d'une révolution avant tout morale, humaniste (différente de la vision de Jiří Wolker et de Seifert) : *Journée de travail* [*Prascující den*, 1920], *Le Cœur et le tumulte du monde* [*Srdce a vřava světa*, 1922], *Le Printemps d'orages* [*Bouřlivé jaro*, 1923]. Le reflux vers l'intimisme vient vite, à l'occasion d'un voyage qui lui fait découvrir l'enchantement méditerranéen : *Italie* (1925), où il abandonne le vers libre et se rapproche momentanément du « poétisme » naissant. De là, l'intériorité ne fait que s'amplifier alors que la vision du poète s'élargit parallèlement à la méditation cosmique et à celle du temps, toute bergsonienne : *Les Cordes dans le vent* [*Struny ve větru*, 1927], *Dix Ans* (*) (1929), *Ta voix* [*Tvůj hlas*, 1930], *Les Ombres qui se noient* [*Tonoucí stíny*, 1933], *Deux minutes de silence* [*Dvě minuty ticha*, 1934], *Le Message de silence* [*Tiché posl eství*, 1936], *Variations sur Mácha* [*Máchovské variace*, 1936]. Cette méditation est brutalement interrompue par les malheurs qui s'abattent sur son pays (Munich, l'Occupation) qui ne brisent cependant pas sa foi dans l'avenir, sensible dans ses chants d'amour et d'espérance : *La Patrie* [*Domov*, 1938], *Jean le violoniste* [*Jan houslиste*, 1939], poème symbolique du retour du virtuose international à son peuple humilié, *Le Jardin de Cendrillon* [*Zahrada Popelčina*, 1940]. Le temps de guerre qui coïncide avec sa longue maladie lui arrache ses dernières réflexions poétiques sur la souffrance, l'angoisse, l'espérance, la mort, sur l'univers et le temps, sur la lutte et la libération nationales, avec les recueils : *Notes de maladie* [*Zápisky z nemoci*, 1945] et *Torrent* [*Proud*, 1946], les poèmes : *La Vie et l'œuvre du poète Aneli* [*Život a dílo básníka Aneliho*, 1945], *Tentation* [*Pokušení*, publ. posth. 1946]. Hora est également un exceptionnel traducteur des écrivains russes (Essenine, Pasternak, Lermontov, Blok, Gorki), allemands (Goethe, Schiller, Nietzsche) et serbo-croates. Passablement négligée par le régime instauré en 1948, son œuvre ne s'inscrit pas moins dans la lignée de Mácha, Vrchlický, Sova, Březina ; et on peut dire que Hora compte parmi les meilleurs poètes tchèques de ce siècle, aux côtés de Halas, Palivec, Holan, Zahradníček.

VLADIMIR PESKA.

RÉF. : J. Mourková, *Josef Hora*, Prague, 1981.

HORACE (Quintus Horatius Flaccus). Poète latin. Né le 8 décembre 65 av. J.-C. à Venouse, mort le 27 novembre 8 av. J.-C. Nous connaissons sa vie par son œuvre et grâce à la courte biographie que lui a consacrée Suétone. Il vit le jour sous le consulat de L. Manlius Torquatus et d'Aurelius Cotta. Son père, esclave affranchi, possédait un petit domaine. Cet excellent homme, ne voulant pas que l'éducation de son fils fût bornée dans ce petit centre provincial, l'accompagna à Rome où il exerça l'emploi de receveur des enchères publiques (coactor) ; il souhaitait voir son fils instruit dans les écoles fréquentées par les fils de chevaliers et de sénateurs ; il l'accompagnait chez ses maîtres afin de préserver sa pureté et sa vertu. Le poète rappelle ces souvenirs avec une gratitude émue dans la VIe *Satire* du premier livre, et, dans la IVe du même livre, il explique qu'il doit encore à son père l'habitude de parler et d'écrire honnêtement, d'être content de son sort et d'observer les conséquences des excès et des vices chez les autres afin de s'en préserver. Parmi ses maîtres, Horace rappelle Orbilius Pupilius qui lui apprit à lire l'*Odyssée* (*), Livius Andronicus et ses coups de verge. Il dut apprendre par cœur l'*Iliade* (*). Vers sa vingtième année, il se rendit à Athènes pour y compléter son instruction et adopta avec enthousiasme la morale des stoïciens. La paix de ses études fut bientôt troublée par les événements qui suivirent le meurtre de César. Brutus enrôlait les jeunes Romains, et Horace fut nommé tribun commandant une légion ; il prit part à la bataille décisive de Philippes en 42 av. J.-C. Le souvenir de la défaite hantait encore son esprit bien des années plus tard alors qu'il écrivait en 30 av. J.-C. l'ode à Pompeius Varus, la VIIe du deuxième livre : « Avec toi j'ai connu la défaite à Philippes, la fuite rapide et mon bouclier jeté, quand le courage succomba et que les braves mordirent la poussière. » Le jeune Horace traversait une crise morale : l'idéal républicain, la liberté de penser, tout ce qui avait armé le bras des conjurés avait sombré sur le champ de bataille. Si le poète ne rejoignit pas Brutus dans son désespoir en voyant toutes choses, même la vertu, soumises aux volontés du destin, il s'éloigna peu à peu des stoïciens pour se rallier à l'épicurisme, c'est-à-dire à une règle qui trouvait justement dans le sentiment du possible la force de surmonter les peines et l'amertume de la vie quotidienne.

Horace dut bientôt chercher un emploi à Rome ; son petit domaine lui avait été enlevé au profit des vétérans de l'armée des triumvirs lors de la distribution des terres. Il devint scribe d'un préteur avec la charge de tenir les livres de comptes publics. C'est alors que le besoin le rendit audacieux et l'incita à faire des vers (*Épître* II, 2, 51) et qu'il écrivit les premières *Satires* (*) et les premières *Épodes* (*). C'étaient des morceaux de polémique qui puisaient leur vigueur dans sa nouvelle conception de la vie. Ces premiers fruits de son inspiration poétique ne tardèrent pas à le faire connaître ; les réactions qu'ils firent naître l'introduisirent dans les milieux littéraires et lui valurent l'amitié de Virgile et de Varius qui le présentèrent à Mécène en 38 av. J.-C. La VIe *Satire* du premier livre (vv. 55 et suivants) donne une description suggestive de cette entrevue. Ce fut un événement décisif dans la vie du poète : alors que son existence avait été jusque-là précaire, sans espoirs, naissait entre les deux hommes une amitié profonde fondée sur leurs complètes affinités spirituelles. En 32 av. J.-C., Mécène lui donna une villa à l'est de Tivoli, dans la Sabine, du côté de Mandela. Ce fut pour Horace un petit paradis où il aimait se réfugier pour fuir la vie bruyante de Rome qui ne convenait pas à sa santé. Jusqu'à sa mort, il y mena une existence paisible, sans heurts, celle d'un homme possédant le nécessaire et ne convoitant rien de plus, qui pour ces raisons se sent maître de lui comme des événements. Il put observer avec sérénité le monde ambiant à la faveur de son expérience et comprendre les défauts, les faiblesses d'autrui. Ses journées devaient ressembler à celle qu'il dépeint avec une incomparable vérité dans la même *Satire* du premier livre (vv. 111-126) : « Je vais seul, où il me plaît, m'informant sur le prix des légumes et du blé, je vais et viens au cirque, je rencontre des charlatans et le soir, au forum, j'écoute les devins ; puis je reviens chez moi où l'on me sert un plat de poireaux, de pois chiches et de gâteaux frits ; trois esclaves me servent ; une table de marbre blanc supporte deux coupes avec un cyathe ; il y a aussi un récipient grossier en forme d'oursin, la burette pour le vin et la coupe pour les libations ; ces ustensiles proviennent de la Campanie. Puis je vais dormir sans le souci de me lever tôt le lendemain pour aller porter des gages au préteur / ... / Je reste au lit jusque vers dix heures, puis je vais me promener, ou bien, après avoir écrit ou lu ce qui me plaît, je m'oins d'huile mais pas de celle dont se sert Natta qui la vole aux lanternes. Mais quand je me sens las, que le soleil trop ardent m'invite à aller au bain, je laisse le Champ de Mars et le jeu de la balle. Après une légère collation suffisante pour ne pas être à jeun jusqu'au souper, je reste à la maison sans rien faire. Telle est la vie des gens qui ne sont pas liés par les ambitions opprimantes qui rendent malheureux. De telle sorte que je pense vivre plus agréablement que si je descendais d'une famille de questeurs. »

En 37 av. J.-C., Horace quitta Rome pour suivre Mécène qui allait à Brindes préparer l'entrevue entre Octave et Antoine ; il décrit ce voyage dans la fameuse Ve *Satire* du premier livre ; l'idée originale lui en avait été fournie par un semblable voyage par terre et par mer, de Rome à Messine, décrit par Lucilius au troisième livre de ses *Satires* (*). En 35 av. J.-C., Horace publia le premier livre des *Satires* (*) qu'il appelle lui-même des entretiens *(Sermones)* ; il le dédia à Mécène. À cette époque, il poursuivait la rédaction des *Épodes*, dont la première et la neuvième retiennent particulièrement l'attention, car elles renseignent sur les préparatifs qui précédèrent la bataille d'Actium (31 av. J.-C.). En 30 av. J.-C., il publia le IIe livre des *Satires* et les *Épodes* qui, par la diversité des thèmes, peuvent être considérées comme le prélude de son œuvre lyrique. En fait, dans les années suivantes, Horace composa les trois premiers livres des *Odes* (*) qu'il publia en 23 av. J.-C. ; ils s'achèvent sur un chant (le XXXe du troisième livre) dans lequel le poète se déclare assuré de l'immortalité. L'an 17, Auguste voulut donner un nouvel éclat aux jeux Séculaires et chargea le poète d'écrire un hymne à Diane et Apollon que devaient chanter vingt-sept jeunes gens et autant de jeunes filles dans le temple d'Apollon, sur le Palatin. Ainsi fut écrit le *Chant séculaire* mentionné par Suétone et par un procès-verbal dont les fragments furent découverts à Rome en 1890 entre le pont Vittorio et S. Giovanni dei Fiorentini. C'est encore Suétone qui nous apprend qu'en 15 av. J.-C. l'empereur demanda au poète de célébrer la victoire remportée en Rhétie et en Vindélicie par ses beaux-fils Tibère et Drusus. Ainsi naquirent les *Odes* IV et XIV du quatrième livre ; d'autres suivirent jusqu'en 13 av. J.-C., année de la publication du quatrième livre des *Odes*. Le poète déclare qu'il reprend la lyre des mains des grands poètes de Lesbos, Sappho et Alcée. Mais il n'est pas de grande poésie si l'on ne surpasse pas ses propres modèles et si l'on ne recrée pas la matière poétique. Et Horace est un grand poète quand il chante sur les thèmes qui lui sont chers : les festins, les combats que les jeunes filles livrent aux jeunes gens (*Odes*, I, 6, 17), la demeure sonore d'Albunée, la cascade de l'Anio et le bois sacré de Tiburnus (*Odes*, I, 7, 17 et suiv.), les danses des Nymphes et des Satyres (*Odes*, I, 1, 30-31), la fontaine de Bandusie (*Odes*, III, 13, 1), quand il élève un chant d'une exquise fraîcheur à Vénus (*Odes*, I, 30), à Diane (*Odes*, III, 22), ou encore quand, avec une antique solennité, il trace des portraits et célèbre des événements dans les *Odes romaines* du troisième livre.

Nous savons par Suétone qu'en 25 av. J.-C., lors de l'expédition contre les Cantabres, Auguste lui fit demander s'il voulait devenir son secrétaire intime ; le poète prétexta sa mauvaise santé pour opposer un refus courtois dont nous trouvons l'écho dans la VIe ode du second livre où il répond à son ami Septimus qui, sur le point de partir pour l'Espagne, lui porte le salut de l'empereur : qu'aux longs voyages en pays lointains il préfère la paix de sa villa dans la Sabine. En 20, il avait publié le premier livre des *Épîtres* qui révèlent une vision élargie de la vie humaine ; la polémique y est atténuée, et un humanisme mûri, plus intime, les marque de son sceau. Les années suivantes, Auguste lui reprocha de ne lui avoir dédié aucune de ses *Épîtres*, à quoi le poète répondit par la dédicace de la première *Épître* du second livre et l'*Épître aux Pisons*. Cette dernière est connue sous le titre d'*Art poétique* (*), qui exerça une grande influence sur les théories esthétiques ultérieures. Ce second livre fut publié sans doute en 13 av. J.-C. Suétone dit qu'avant de mourir (8 av. J.-C.) Mécène avait recommandé le poète à l'empereur par ces mots : « Pense à Horatius Flaccus comme à moi-même. » Mais le poète, qui avait exprimé le pressentiment qu'il ne survivrait pas à son grand ami, fut bon prophète, car il mourut peu après, le 27 novembre de l'an 8. Il fut enseveli près de Mécène, sur l'Esquilin.

FRANCESCO PICCOLO.

♦ *« Horace ne se contente point d'une superficielle expression, elle le trahiroit, il veoid plus clair et plus oultre dans les choses ; son esprit crochette et furette tout le magasin des mots et des figures pour se représenter ; et les luy fault oultre l'ordinaire, comme sa conception est oultre l'ordinaire. »* Montaigne. ♦ *« Térence est dans mes mains ; je m'instruis dans Horace ; / Homère et son rival sont mes dieux du Parnasse. »* La Fontaine. ♦ *« La beauté de son génie lui donne un privilège pour des hardiesses heureuses* [...] *que notre imagination gênée par un scrupule de justesse ne se permet pas* [...] *Je pense qu'on n'a jamais vu à aucun poète un cœur si tendre, et un esprit si libre dans le même temps. »* Saint-Évremond. ♦ *« Me fiant sur notre Horace, qui donne liberté de tout oser aux poètes ainsi qu'aux peintres... »* Corneille. ♦ *« Ce que vous avez de merveilleux, c'est la variété. Vos odes sont tendres, gracieuses, souvent véhémentes, rapides, sublimes. Vos satires sont simples, naïves, courtes, pleines de sel ; on y trouve une profonde connaissance de l'homme, une philosophie très sérieuse, avec un tour plaisant, qui redresse les mœurs des hommes et les instruit en se jouant. »* Fénelon. ♦ *« J'ai vécu plus que toi ; mes vers dureront moins. / Mais au bord du tombeau je mettrai tous mes soins / A suivre les leçons de ta philosophie, / A mépriser la mort en savourant la vie, / A lire tes écrits pleins de grâce et de sens, / Comme on boit un vin vieux qui rajeunit les sens... » « Horace, l'homme de l'Antiquité qui avait le plus de goût. »* Voltaire. ♦ *« Le poète philosophique, qui a uni l'esprit et la raison plus intimement encore que ne le sont deux sœurs et qui, avec le raffinement d'un homme de cour, a su donner aux plus sévères leçons de sagesse la forme souple d'exhortations amicales et en faire de savantes harmonies pour qu'elles pénètrent d'autant plus infailliblement dans les cœurs.* » Lessing. ♦ « *Jusqu'à maintenant je n'ai trouvé chez aucun poète un ravissement comparable à celui que m'a toujours donné une ode d'Horace.* [...] *Cette mosaïque de mots où la force rayonne à la fois par l'ensemble et par le son, la place, le sens de chaque mot, ce minimum dans le choix et le nombre des signes, ce maximum dans l'énergie atteinte – tout cela est romain et, qu'on veuille bien me croire, la distinction par excellence.* » Nietzsche.

RÉF. : Suétone, *Vie d'Horace.* – Walckenaer, *Histoire de la vie et des poésies d'Horace,* 2 vol., Paris, 1840. – Grimal, *Horace,* « Écrivains de toujours », Paris, 1958. – J. Perret, *Horace,* « Connaissance des lettres », Paris, 1959. – Eduard Fraenkel, *Horace,* Oxford, rééd. 1970.

HOSTOVSKÝ Egon. Romancier, nouvelliste et essayiste tchèque. Né le 23 avril 1908 à Hronov, mort le 7 mai 1973 à New Jersey. Après avoir travaillé dans plusieurs maisons d'édition, il entre dans les services diplomatiques, carrière interrompue en 1939, puis en 1949. Son origine juive et, plus tard, son vécu de l'exil ont donné naissance à des personnages solitaires, déracinés, en marge de la société. Son grand art consiste à élever ces « cas » au niveau de la condition humaine universelle. Les seuls titres de ses volumes de nouvelles sont éloquents : *La Porte fermée* [*Zavřené dveře*, 1926], *Le Ghetto en eux* [*Ghetto v nich*, 1928], *Le Cercle des justes* [*Kruh spravedlivých*, 1938]. *Les Rebelles solitaires* [*Osamělí buřiči*, 1948], etc. Apparentés à l'existentialisme, ses romans – souvent à l'intrigue policière, puis d'espionnage, à l'instar de Graham Greene – constituent l'un des sommets de la prose tchèque contemporaine : *L'Offrande des Grecs* [*Danajský dar*, 1930], *L'Ombre perdue* [*Ztracený stín*, 1932], *Le Cas du professeur Körner* [*Případ profesora Körnera*, 1932], *La Bande noire* [*Černá tlupa*, 1933], *L'Incendiaire* (*) (1935), *La Maison sans maître* [*Dům bez pána*, 1937]. La Seconde Guerre mondiale, qu'il passa aux États-Unis au service du gouvernement de Beneš, se reflète dans ses romans *Sept fois dans le rôle principal* [*Sedmkrát v hlavní úloze*, 1942], *L'Abri* [*Úkryt*, 1943] et *Étranger cherche appartement* [*Cizinec hledá byt*, 1947].

Lors de son second exil en Amérique, il commente à la radio libre les événements littéraires et politico-culturels de la vie tchèque et continue à écrire : *Le Disparu* [*Nezvěstný*, 1952], *Le Vertige de minuit* (*) (1954), *La charité mène le bal* [*Dobročinný večírek*, 1958], *La Conspiration générale* [*Všeobecné spiknutí*, 1962], *Trois nuits* [*Tři noci*, 1964]. Le dégel culturel des années soixante et le Printemps de Prague vont permettre la réédition de plusieurs de ses œuvres, traduites entre-temps dans une vingtaine de langues. À nouveau mis à l'Index en 1969, il ne reviendra sur la scène littéraire tchèque que vingt ans plus tard, avec la « révolution de velours ».

HOSTRUP Jens Christian. Dramaturge danois. Né le 20 mai 1818 à Copenhague, mort le 21 novembre 1892 à Hillerød (Seeland). Joyeux étudiant, il composa des chants assez grivois. En 1844, il composa le vaudeville *Les Voisins* (*), dont le succès l'encouragea à écrire des comédies très gaies telles que *Aventures au cours d'un voyage à pied* [*Eventyr paa Fodrejsen*, 1848], *Un moineau parmi les grues qui dansent* [*En Spurv i Tranedans*, 1849], *Plaisanteries de soldats* [*Soldatelojer*, 1849]. On sent déjà un ton plus sérieux dans *Maître et Disciple* [*Mester og Laerling*, 1852], ton qui s'affirme dans *Rêve et Action* [*Dróm og Daad*, 1854]. Une crise religieuse, accrue par la mort de sa femme, le poussa à entrer dans les ordres. Il se retira à la campagne, et composa des chants à l'intention des écoles supérieures pour le peuple, et des poésies. Il reprit son activité théâtrale au cours des dernières années de sa vie avec le drame *Ève* (1881), pour lutter contre la morale ibsénienne de *Maison de poupée* (*). Il écrivit encore *Karens Garde* et *Dans la tourmente* [*Under Snefog*]. Peu avant sa mort, il rédigea un livre de souvenirs [*Erindringer*, 1891].

HOUANG T'ING-TSIEN [Huang Tingjian] (prénom social Lou-tchen, surnom Chan-kou). Poète et calligraphe chinois. Né en 1045 à Fen-ning (dans l'actuel Tsiang-si), mort en 1105 à Yi-tcho (Yi-chan dans la province du Kouang-si). Après la mort de son père lorsqu'il avait dix ans, Houang T'ing-tsien fut élevé chez un oncle bibliophile, reçut l'éducation confucéenne traditionnelle, passa l'examen doctoral à l'âge de 22 ans, et s'adonna également aux études bouddhiques. Sa carrière officielle le mena dans différents postes d'assez peu d'importance, mais aussi de bannissements en exil où il mourut. En effet, introduit dans la société littéraire de son temps vers 1080, il fut le premier des « Quatre disciples » de Sou Che (ou Sou Tong-p'o), avec lequel il partageait politiquement une position de soutien au « conservateur » Se-ma Kouang, et d'opposition au « réformateur » Wang An-che. Par ailleurs, l'originalité de sa création poétique le fit considérer comme le fondateur de l'« École des poètes du Tsiang-si », et associer en importance à Sou Che. Parmi les quelque mille cinq cents « che » et les cent quatre-vingt-deux « ts'e » conservés de lui, on trouve descriptions de paysages et poèmes de circonstance, d'une écriture érudite et anti-conformiste quant aux règles prosodiques et tonales. Ils sont édités notamment dans le *Recueil complet de Chan-kou* (*).

VALÉRIE LAVOIX.

RÉF. : L. Bieg, *Huang Ting-chien (1045-1105), Leben und Dichtung,* Heidelberg, 1971. – P. Panish, *The Poetry of Huang T'ing-chien (1045-1105)* (thèse non publiée), université de Californie, 1975.

HOUANG TSONG-SI [Huang Zongxi] (prénom social T'ai-tch'ong, surnoms Litcho ou Nan-lei). Historien et philosophe chinois, né en 1610 et mort en 1695, originaire de Yu-yao (dans l'actuelle province du Tche-tsiang). Houang Tsong-si fut élevé dans une famille de fonctionnaires et d'opposants au régime des eunuques sévissant vers la fin des Ming (1368-1644). Il adopta les idées de son père, membre du parti Tong-lin, qui rassemblait des lettrés et des fonctionnaires révoqués et légitimistes. Après la mort de celui-ci en prison (en 1626), Tsong-si entre à la « Société du renouveau » à Nankin, et s'attire, par son activité dans l'opposition, des menaces de persécution dont il est épargné par la victoire des armées mandchoues sur celles des Ming. Il n'en oublie pas pour autant de résister contre les envahisseurs, allant jusqu'à Nagasaki pour demander en vain l'aide du Japon. Il cesse en 1649 son activité politique, et, refusant les postes que la cour des Ts'ing (1644-1911) lui offre, se consacre à l'étude et à la rédaction d'une œuvre importante. Celle-ci est caractérisée par une philosophie politique libérale, que certains ont pu juger révolutionnaire, exercée à travers une critique féroce du gouvernement et des institutions absolutistes de la fin des Ming. Mais Houang Tsong-si est aussi un historien d'une grande érudition, mise au service du *Traité sur les écoles* (philosophiques et littéraires) *des Ming* [*Ming-jou siue-an*], et d'un traité semblable sur les Song et les Yuan (XIe au XIVe siècle), inachevé : le *Song Yuan siue-an.* Il laisse encore trois recueils de prose et un de vers, et surtout *L'Océan de la prose des Ming* (*), qu'il compila dans les dernières années de sa vie.

VALÉRIE LAVOIX.

HOUANG TSOUEN-SIEN [Huang Zunxian] (prénom social Kong-tou). Poète et diplomate chinois né en 1849 à Tsia-ying-tcho (aujourd'hui Mei-tcho dans le Kouang-tong), dans une famille de riches marchands et de fonctionnaires, et mort en 1905. Son enfance fut marquée par les guerres de l'opium et la révolte des T'ai-p'ing (jusqu'en 1865), mais il était à seize ans déjà un poète accompli. Houang Tsouen-sien fut le plus important auteur de la révolution poétique de la fin des Ts'ing (1644-1911) ; usant de vers non classiques, de néologismes et d'expressions orales comme dans ses *Essais poétiques de la chaumière terrestre* (*), prônant avant la « révolution littéraire » de 1919 l'abandon de la langue classique pour la langue vernaculaire. Il fut aussi un partisan des réformes politiques et sociales, très influencé par son expérience à l'étranger, car il passa dix-sept ans dans les ambassades et consulats de Tōkyō (*Mélanges poétiques du Japon* en 1879 et *Traités sur le Japon* en 1890), San Francisco, Londres et Singapour. Convaincu par la voie japonaise des réformes de l'ère Meiji prenant pour modèle les institutions occidentales, il devint dirigeant du mouvement réformiste entre 1895 et 1898, comme K'ang Yo-wei (1858-1927) et Liang Ts'i-tch'ao (1873-1929), avec lequel il continua de correspondre pendant les dernières années de sa vie, de retour dans sa ville natale.

VALÉRIE LAVOIX.

RÉF. : J. D. Schmidt, *Huang Tsun-hsien,* Boston, 1982.

HOU CHE [Hu Shi]. Intellectuel chinois. Né en 1891 dans le Ngan Houei, mort en avril 1962 à Taiwan. Il fut un des principaux créateurs de la littérature et de la pensée chinoises modernes. Né à Shanghai, il fit des études aux États-Unis, à partir de 1910 à l'université Cornell, puis à celle de Columbia, où il étudia la philosophie sous l'influence de Dewey. Celui-ci et Huxley ont été les deux philosophes qui l'ont marqué. En 1917, de retour en Chine, il enseigna à l'université de Pékin et devint l'un des principaux animateurs de la revue *Jeunesse nouvelle* [*Sin-ts'ing-nien*] à qui il avait envoyé des articles quand il était encore aux États-Unis. C'est ainsi qu'il publia son célèbre article « Propositions pour une réforme de la littérature ». Il prôna l'abandon du chinois classique pour la langue parlée, l'enracinement dans l'époque. Il fut le premier créateur de la poésie nouvelle, et ses poèmes furent ensuite publiés en recueil, *Essais* [*Hou Che wen-tsi*, 1918]. Pour montrer qu'il existait déjà toute une littérature en chinois parlé, il écrivit une *Histoire de la littérature en chinois parlé* [*Tchong-Kono pai-houa wen-siwe che*] et réédita les grands romans populaires avec des études qui en renouvelaient l'intérêt, en particulier pour *Rêves au pavillon rouge* (*). Dès le début des années 20, il se sépara des fondateurs de *Jeunesse nouvelle*, qui eux se dirigeaient de plus en plus vers le marxisme. Au début des années 30, il participa au mouvement démocratique, publia des articles qui déplurent au Kouo-min-tang, mais finalement il se rallia à celui-ci à cause de la guerre et fut alors nommé ambassadeur à Washington. Parallèlement à ses études sur la littérature, il publia une *Histoire générale de la philosophie chinoise* [*Tchong-Kono Tchen-sine che ta-gang*], des études sur le bouddhisme tch'an, sur le taoïsme et le confucianisme. À la fin de la guerre, il devint chancelier de l'université de Pékin. Il quitta la Chine à l'arrivée des communistes, fut envoyé par le gouvernement nationaliste comme représentant de la Chine aux Nations-Unies, puis revint à Taiwan où il fut nommé président de l'Academia Sinica. Il publia en anglais *La Renaissance chinoise* (*) pour faire connaître le mouvement moderniste chinois dont il fut l'un des principaux artisans. Ses opinions furent critiquées en Chine populaire, mais maintenant ses œuvres y sont rééditées car il fut incontestablement un des intellectuels qui ont créé la pensée chinoise moderne.

HOUEI NENG. Patriarche du bouddhisme. Né dans la région de Canton (Chine) en 638, mort en 713. Selon la légende, Houei Neng était un orphelin illettré, marchand de bois à Canton, lorsqu'il entendit dans une rue un homme réciter un sûtra qui décida de sa vocation. Il se rendit auprès de Houng Jen, le cinquième patriarche de l'École du bouddhisme chinois, fondée par Boddhidharma vers 520 de l'ère commune. Dans une « autobiographie » qui ouvre le recueil de ses *Discours et Sermons* (*), Houei Neng raconte comment son maître l'intronisa sixième patriarche, et comment il alla prêcher dans le Sud-Ouest (où il mourut, et où sa momie fut vénérée jusqu'à nos jours).

JEAN-PIE LAPIERRE.

HOUGRON Jean. Romancier français. Né le 1er juillet 1923 à Colombelles (Calvados). Son père est chauffeur à la S.N.C.F. Pensionnaire à Saint-Pierre, il entre ensuite au collège Rotrou à Dreux. Licencié en droit, il est professeur d'anglais puis employé de commerce à Marseille et à Saïgon en 1947. Il reste plus de quatre ans dans le Sud-Est asiatique où il exerce divers métiers (chauffeur de camion, planteur de tabac au Siam, ramasseur de benjoin, et de cornemolle de cerf, marchand de bière) et s'initie au laotien et au chinois. En 1951, il devient reporter à Radio-France-Asie à Saïgon. Puis il retourne en France et se consacre à la littérature. C'est au cours d'un séjour dans le haut Laos qu'il rédige le premier tome du cycle de *La Nuit indochinoise* (*) qui sera suivi de six autres volumes (1950-1958) traitant du problème colonial dans une tradition réaliste. Il reçoit le grand prix du roman de l'Académie française en 1953. Son œuvre est partagée entre les romans et les nouvelles : *Je reviendrai à Kandara* (1955), *Le Signe du chien* (1960), *Histoire de Georges Guersant* (1964), prix populiste (1965) qui raconte la réussite sociale d'un homme d'origine modeste et l'échec de sa vie intérieure, *Par qui le scandale* (1966), *La Gueule pleine de dents* (1970), *Les Humiliés* (1971, nouvelles), *L'Homme de proie* (1974), *L'Anti-Jeu* (1977), *Le Naguen* (1980), grand prix de la science-fiction française (1981), *La Chambre* (1982), *Coup de soleil* (1984), *Beauté chinoise* (1987). Si Hougron avait toujours rêvé des tropiques, n'importe lesquels, pour voir « si la vie n'y serait pas plus douce », il reste un observateur lucide, décrivant la difficulté des rapports sociaux et humains, sans perdre une certaine truculence lorsque le thème s'y prête.

CHRISTINE DE CLINCHAMPS.

HOUSMAN Alfred Edward. Poète anglais. Né le 26 mars 1859 à Bromsgrove (Shropshire), mort le 30 avril 1936 à Cambridge. Dans ses œuvres lyriques, il allia la pureté classique à une inspiration romantique triste et presque fataliste. Employé pendant dix ans au bureau des brevets britanniques, il devint professeur de latin à University College à Londres, puis il passa à l'université de Cambridge. Il publia une édition monumentale de Manilius, des textes critiques de Juvénal et de Lucain. Son premier recueil de poésies lui apporta la renommée : *Un gars du Shropshire* (*) (1896) inspiré par les paysages de son enfance. Il écrivit en outre *Derniers Poèmes* [*Last Poems,* 1922], *Encore des poèmes,* publié après sa mort, et deux essais dont le plus intéressant et le plus discuté est *Le nom et la nature de la poésie* [*The Name and Nature of Poetry,* 1933].

RÉF. : R. P. Graves, *A. E. Housman, The Scholar Poet,* Londres, 1979. — N. Page, *A. E. Housman : A Critical Biography,* New York, 1983.

HOUSSAYE Arsène (pseud. d'Arsène Housset). Écrivain français. Né à Bruyères (Aisne) le 28 mars 1815, mort à Paris le 26 février 1896. Il publia en 1836 ses deux premiers romans, *La Couronne de bleuets,* et *La Pécheresse.* Il commença de connaître le succès en 1844, avec sa *Galerie de portraits du XVIIIe siècle,* et en 1847, avec son *Histoire de la peinture flamande et hollandaise.* De 1849 à 1856, il fut administrateur de la Comédie-Française, puis du Théâtre Lyrique. Il écrivit des poèmes et surtout des romans : *Les Onze Maîtresses délaissées* (1840), *La Pantoufle de Cendrillon* et *Les Filles d'Ève* (1852), *Le Violon de Franjolé* (1855), *La Tragique Aventure du bal masqué* (1873), *Les Femmes du diable* (1876), *La Comédienne* (1884). Il publia aussi des ouvrages historiques, pleins d'imagination, comme *Mademoiselle de La Vallière et Madame de Montespan* (en collaboration avec Jules Sandeau) ; *Le Roi Voltaire* (œuvre assez solide, 1858) ; *Notre-Dame de Thermidor* (1867) ; *Histoire de Léonard de Vinci* (1869) ; *Histoire de l'art français* (1860). Outre quelques comédies, on lui doit encore un ouvrage satirique fort remarquable, publié en 1885, l'*Histoire du 41e fauteuil de l'Académie française* (*) et ses *Souvenirs d'un demi-siècle* (1885-1891). Il dirigea, à partir de 1843, la revue *L'Artiste,* dont l'importance fut considérable dans la vie artistique et littéraire du temps.

♦ *« Séduit un jour par l'enfant ennemi, / Arsène, hélas ! pour lui quitta la saine / Littérature et l'art en a gémi. »* Th. de Banville.

RÉF. : E. de Mirecourt, *Arsène Houssaye,* 1870. — J. Barbey d'Aurevilly, *Les Œuvres et les Hommes,* 1909. — R. Cholakian, *Houssaye. His Life and his Works,* thèse, Columbia, 1963.

HOWELLS William Dean. Écrivain américain. Né le 1er mars 1837 à Martin's Ferry (Ohio), mort le 11 mai 1920 à New York. Ses origines très mélangées expliquent sans doute son tempérament hypersensible et hypercritique qui le poussa, très tôt, à sortir de sa sphère familiale. Son père était typographe et lui-même, à douze ans, connaissait bien le métier. Type de l'autodidacte, il lut avec passion les classiques anglais et apprit seul le grec, le latin, le français, l'espagnol et l'allemand. À dix-neuf ans, un travail de journaliste le fit demeurer quelques années dans la capitale de l'État où il écrivit des poésies à la manière de Heine, Longfellow, Tennyson, puis, dès qu'il le put, il se rendit en Nouvelle-Angleterre (alors la Mecque des lettres américaines) et il la décrivit dans *Amis et connaissances littéraires* [*Literary Friends and Acquaintances*, 1900]. L'attrait exercé sur cet homme du Middle West par un monde dont la structure sociale et morale permettait des distinctions de valeurs et de nuances l'incita à adopter Boston comme sa patrie d'élection. Bientôt les hasards de sa profession l'amenèrent à être chargé d'écrire une biographie de Lincoln, et sa récompense fut sa nomination au poste de consul américain à Venise ; il avait vingt-trois ans. Il passa cinq années là-bas, étudiant les littératures anglaise et italienne, écrivant des récits de voyages : *La Vie vénitienne* [*Venetian Life*, 1866], *Voyages en Italie* [*Italian Journeys*, 1867].

Howells épousa une compatriote lors de son passage à Paris, puis rentra à New York, où il travailla comme journaliste indépendant. Enfin, on l'appela à Boston où il fut successivement sous-directeur et directeur de l'*Atlantic Monthly*, la revue la plus importante de l'époque. Sous sa remarquable direction, jusqu'en 1881, les jeunes auteurs furent favorisés, notamment Henry James et Mark Twain qu'il célébra plus tard dans *My Mark Twain* (1910). Nous sommes au temps où ses récits de voyage se transforment en romans, où son intérêt pour ce qui est normal, quotidien, habituel se traduit (1873) par *Une connaissance de hasard* [*A Chance Acquaintance*], interprétation des mœurs et de la manière de vivre de la classe moyenne américaine. Il complète par une série d'ouvrages son tableau des « choses comme elles sont », servi par une perfection de style imperceptible (il fut l'un des maîtres de la prose américaine) et soutenu par la certitude que « rien de ce que Dieu a créé n'est méprisable » : *La Conclusion omise* (*), *La Passagère de l'Aroostook* (*), *Terre non découverte* [*The Undiscovered Country*], l'*Été de la Saint-Martin*, etc. Dans *Un cas moderne* (*) (1882), il se hausse jusqu'aux principes fondamentaux de la morale, et ces principes (dans le style de la Nouvelle-Angleterre) forment le sujet de *La Fortune de Silas Lapham* (*) qui est peut-être son chef-d'œuvre (1885). L'année suivante est décisive pour Howells et pour la littérature américaine : l'influence de Tolstoï vient de pénétrer dans le pays avec *La Guerre et la Paix* (*) ; le goût se transforme aussitôt et s'oriente vers le réalisme. Howells, gagné aux idées nouvelles, par le *Harper's Magazine* – dont il est collaborateur permanent – fait connaître les véristes européens : Verga, Ibsen, Galdós, Dostoïevski, Tourgueniev, etc., puis soutient la cause d'un réalisme américain excluant l'excès en toute matière ; cela ne l'empêche pourtant pas d'encourager Stephen Crane, Hamlin Garland et Frank Norris qui ne donnaient pas au terme « réalisme » la même acception modérée. Pour compléter son évolution, il restait à Howells une dernière étape, celle d'une prise de contact avec le socialisme naissant ; il la franchit avec intérêt, et à ses préoccupations morales ajouta des préoccupations de justice sociale dont dériva *A Hazard of New Fortunes* (1889), étude panoramique sur New York qui embrasse toutes les classes sociales. Il continua d'écrire romans et articles jusqu'à sa mort ; en 1909, il était devenu premier président de l'Académie américaine des lettres et arts, et, au moment où il disparaissait, *Main Street* (*) de Sinclair Lewis consacrait le triomphe du réalisme, mais il ne s'agissait plus ni du même réalisme ni de la même Amérique.

STANLEY GEIST.

RÉF. : Everett Carter, *Howells and the Age of Realism*, Philadelphia, 1954. – Kermit Vanderbilt, *The Achievement of William Dean Howells ; A Reinterpretation*, Princeton, 1968. – Jean Rivière, *William Dean Howells*, Paris, 1972.

HÔ Xuân Huong. Poétesse vietnamienne. Née à Khan Xuân (Hanoi) à la fin du XVIIIe siècle dans une famille très cultivée originaire de Quynh Dôi au Nghê An, d'où sont issus de nombreux lettrés ; morte probablement à Hanoi dans la première moitié du XIXe siècle. Cette méconnaissance de sa vie suscite des controverses ayant même fait douter de son existence, mais des études sérieuses (Nguyên Thuc Khanh sous Tu Duc, Nguyên Van Hanh, Hoàng Xuân Han) rejettent ce soupçon. On sait seulement qu'elle fait deux mariages de deuxième rang, avec le préfet de Vinh Tuong qu'elle aime profondément, puis avec le chef de canton Coc. Elle pleure, dans un poème très connu, son premier mari décédé peu après leur union. De son insatisfaction charnelle du second, elle tire inspiration pour d'autres compositions. Elle est douée d'une intelligence vive, d'une sensibilité exaspérée par un physique ingrat et une certaine obsession sexuelle. Cela se retrouve dans ses *Poésies* (*) qui, outre leur ambiguïté, font preuve d'une grande audace en ce temps où la pruderie féminine est de rigueur dans les milieux sociaux « bien nés ». En plus de ses poésies en nôm, on lui attribue sans preuve certaine un recueil de poèmes *Mémoires d'un parfum* [*Luu huong ky*], récemment découverts.

THANH-TÂM LANGLET.

HRABAL Bohumil. Écrivain tchèque. Né le 28 mars 1914 à Brno. Après une enfance passée à Nymburk, petite ville de province, il occupe les emplois les plus divers, travaillant successivement comme cheminot, télégraphiste, commis voyageur, ouvrier, figurant, etc. – jusqu'à ce que le succès, immédiat, de son premier recueil de nouvelles publié, *Une perle au fond* [*Perlička na dně*, 1963], lui permette de se consacrer entièrement à la littérature. Ce début tardif, qui révéla au grand public la voix sans doute la plus originale de la nouvelle vague de la prose tchèque, était dû à la situation politique des années qui précédèrent le dégel culturel des années 60. Écrivant depuis vingt ans, Hrabal était en effet, au moment de la parution d'*Une perle au fond*, l'auteur de plusieurs manuscrits, dont deux, directement influencés par le surréalisme, avaient été mis au pilon avant même d'arriver dans les librairies. Les titres parus au cours des années 60 sont ainsi, pour la plupart, des textes écrits antérieurement : *Les Palabreurs* [*Pábitelé*, 1964], *Cours de danse pour adultes et élèves avancés* [*Taneční hodiny pro starší a pokročilé*, 1964], *Trains étroitement surveillés* (*) (1965), *Vends maison où je ne veux plus habiter* [*Inzerát na dům, ve kterém už nechci bydlet*, 1965], *Lieds et Légendes* [*Morytáty a legendy*, 1968]. L'univers que décrit Hrabal est en général populaire, ses histoires celles de « gens du peuple », ouvriers, artisans, petits fonctionnaires, ou encore buveurs, prostituées, filous. Mais ce qui les unit est d'une autre nature : un amour de l'hyperbole et du rire. Car tous ces gaillards, ces provocateurs badins qui peuplent les proses de Hrabal ont la capacité de transformer tout événement, toute sensation en une joyeuse monstruosité – ce qui les amène, tout naturellement, à s'attaquer aux préjugés aussi bien sur le plan individuel que social. L'œuvre de Hrabal est formée d'une série continue d'évocations, d'associations en chaîne, de monologues ou de discours entrecoupés, montages qui enregistrent, en la poétisant, la langue populaire urbaine. La technique de narration est basée sur le principe des « propos sur le zinc ». Tout en apportant suffisamment d'éléments réalistes, tout en soignant les détails et la crédibilité du vocabulaire, l'auteur hyperbolise ses histoires en transposant les faits jusqu'à la bouffonnerie, et leur donne ainsi, paradoxalement, un caractère d'authenticité. Dans le même temps, l'expérience vécue passe de la sphère existentielle à la sphère imaginaire, voire mythique.

Avec la « normalisation » qui a suivi l'invasion de la Tchécoslovaquie par les troupes du Pacte de Varsovie en 1968, deux ouvrages de Hrabal sont à nouveau mis au pilon ; ensuite, pendant une dizaine d'années, ses livres ne paraîtront que dans les collections relevant du samizdat ou dans les éditions d'exil. Parmi ces ouvrages, citons : le cycle « nymburquien », inspiré par la ville de son enfance et situé dans les années 20 et 30, *La Petite Ville où le temps s'arrêta* [*Městečko, kde se zastavil čas*, 1973] et *La Chevelure sacrifiée* [*Postřižiny*, 1973] ; *Moi qui ai servi le roi d'Angleterre* (*) (1975), retraçant la carrière, sous l'occupation allemande, d'un garçon de café devenu millionnaire ; *Une trop bruyante solitude* (*) (1976), image à la Jérôme Bosch de la destruction de la culture à travers le récit d'un employé de dépôt de papier usagé, où arrivent, jour après jour, des dizaines de chefs-d'œuvre de l'humanité destinés au « recyclage » ; la trilogie *Noces dans la maison* (*) (1986-87), reconstituant, par la voix de sa femme, la vie de Hrabal jusqu'aux années 70.

L'anarchisme spontané, l'obsession des choses de la rue, le triomphe de l'imagination, de la révolte contre la banalité du quotidien et les normes établies sont les premières caractéristiques de Hrabal romancier. Chez lui le plaisir de la fabulation semble compenser le fait que, dans le contexte politique et social du régime communiste qu'il connut, « la vie est ailleurs ».

OLGA SPILAR.

HRISTOV Kiril. Poète, écrivain et dramaturge bulgare. Né le 25 juin 1875 à Stara Zagora, mort le 7 novembre 1944 à Sofia. Apprécié surtout comme poète, il témoigne d'une extrême sensibilité et d'une très grande vitalité. Dans une société de mœurs encore patriarcales, son effusion émotionnelle, son élan impétueux ainsi que son hédonisme provocant sont perçus comme une menace pour l'esprit traditionnel de la poésie bulgare. En effet, il affirme avec vigueur sa soif d'autonomie individuelle. Fidèle à la clarté, à la simplicité et à la concision de la poétique traditionnelle, le poète, affectionnant particulièrement la forme du sonnet, apparaît avant tout comme novateur dans le domaine de la poétique. L'amour et la nature restent ses thèmes privilégiés. Dans la poésie bulgare, il est le premier à accorder une grande place à la vie sensuelle, et à donner libre cours à son esprit vagabond. Assoiffé de liberté personnelle, il rejette avec force le conformisme : *Chant et soupirs* [*Pesni i vazdichki*, 1896], *Frissons* [*Trépéti*, 1897], *Ombres vespérales* [*Vétcherni senki*, 1899]. En se livrant au jeu des sensations, de leurs moindres nuances et changements, il rend son vers particulièrement léger et délicat. Très marqué par l'impressionnisme, dans ses premières œuvres poétiques, le poète témoigne d'un fort penchant pour la contemplation et le recueillement qui s'exprime dans *Hymnes à l'aurore* [*Himni na zorata*], *Tournesols* [*Slantchoglédi*, 1911] – v. *Anthologie* (*). Très sensible aux mystères de la nature et de l'âme, Hristov, en permanent balancement entre le rêve et la réalité, tâche de rendre la beauté fugitive de l'instant.

ÉLÉNA FOULLIARON.

HRONSKÝ Jozef Cíger. Romancier et nouvelliste slovaque. Né le 23 février 1896 à Zvolen, mort le 3 juillet 1960 à Lujana (Argentine). Instituteur, il devient secrétaire général, puis directeur de « Matica slovenská », la plus importante institution culturelle slovaque. En littérature, sa méthode, héritée de Kukučín, est réaliste, avec une évolution vers un lyrisme expressif et une actualisation thématique. Son domaine préféré reste le traditionnel village slovaque, à l'écart du monde, tel qu'il apparaît dans ses premiers recueils de nouvelles : *Chez nous* [*U nás,* 1924], *Mon pays* [*Domov,* 1925], *Cœur de miel* [*Medové srdce,* 1929], *Contes de la vallée de Polana* [*Podpolianské rozprávky,* 1932], *Sept cœurs* [*Sedem sŕdc,* 1939]. Son succès va croissant avec ses romans *La Maison jaune de Klokoc* [*Žltý dom v Klokoči,* 1929], *La Prophétie du docteur Stankovský* [*Proroctvo doktora Stankovskéko,* 1930]. Deux œuvres surtout ramènent ses thèmes campagnards dans le présent complexe et dur, où le romancier approfondit la psychologie de ses nombreux personnages et leur dimension sociale : *Le Pain* [*Chlieb,* 1931] et *Jozef Mak* (*) (1933) ; ces romans révèlent l'âme du peuple tout en faisant évoluer la prose slovaque. Au temps de l'État slovaque « sous protection allemande », Hronský donne un volume de récits et deux romans, *Gráč, le clerc* [*Pisár Gráč,* 1940] et *À la ferme de Bukva* [*Na Bukvovom dvore,* 1944]. Politiquement compromis, il quitte son pays en 1945, et gagne l'Italie, puis l'Argentine, sans cesser d'écrire, notamment les romans *Maître Andreas Bur* [*Andrea Búr Majster,* 1948], *Le Monde sur le marécage* [*Śvet na trasovisku,* 1960] sur l'insurrection nationale slovaque de 1944... Il est aussi l'auteur de nombreux contes et récits pour enfants, d'une rare qualité. Longtemps interdites par le régime de 1948, ses œuvres d'avant-guerre reparaissent peu à peu.

VLADIMIR PESKA.

HRUBÍN František. Poète et auteur dramatique tchèque. Né le 17 septembre 1910 à Prague, mort le 1er mars 1971 à České Budějovice. D'origine populaire, il interrompt ses études universitaires et travaille comme bibliothécaire. Son lyrisme intimiste repose principalement sur la recherche de certitudes spirituelles — trace de l'influence de son ami Jan Zahradníček. Cette inspiration est celle des recueils *Chanté de loin* [*Zpíváno z dálky*, 1933], *Belle après la pauvreté* [*Krásná po chudobě*, 1935], *La terre après midi* [*Země po polednách*, 1937]. L'Occupation et la guerre font évoluer ce lyrisme méditatif – *Rayon de miel* [*Včelí plást*, 1940], *La Terre-Parque* [*Země sudička*, 1941], *Battement d'ailes* [*Mávnutí křídel*, 1944] – mais, parallèlement, elles font naître une poésie où l'existence de l'individu se situe au cœur du drame universel, et où l'homme porte sa responsabilité dans la terrible lutte entre le « vieux » et le « nouveau » monde : *Pain et Acier* [*Chléb s ocelí*, 1945], *La Nuit de Job* [*Jobova noc*, 1945], *La Rivière du non-oubli* [*Řeka nezapomnění*, 1946]. Déçu dans son attente pathétique, Hrubín cherche ensuite refuge dans l'amour – avec le recueil *Immense et belle vie* (*) (1947) – mais il sait déjà que l'humanité se trouve sous une nouvelle menace permanente : *Hiroshima* (1948) est un cri d'angoisse au moment où le nouveau régime prône l'optimisme. Suivent ensuite les recueils *Mon chant* [*Můj zpěv*, 1956], expression de sa crise surmontée, de l'exaltation de la vie, précaire mais magnifique comme le paysage de la Bohême du Sud qui devient son havre ; *Métamorphose* [*Proměna*, 1957] met en parallèle le mythe d'Icare et le farniente illusoire des gens au bord de la rivière ; *Ballade pour clairon* [*Balada pro křídlovku*, 1962], où le poète ressuscite un souvenir tragique de sa vingtième année, l'amour et la mort de celle qu'il aimait. À l'œuvre poétique de Hrubín, il convient d'ajouter les nombreuses traductions de poètes — notamment français — qui lui sont proches, réunis sous le titre *Fragment des nuits* [*Torzo nocí*, 1967] : Baudelaire, Corbière, Verlaine, Rimbaud, Mallarmé, Ponchon. Enfin, Hrubín est également l'auteur de trois pièces de théâtre : *Un dimanche d'août* [*Srpnová neděle*, 1958], *Une nuit de cristal* [*Křišťálová noc*, 1961], *Oldřich et Božena* (1968).

VLADIMIR PESKA.

HUAMÁN POMA DE AYALA Felipe. Écrivain péruvien. Né en 1534 à San Cristóbal de Suntuto, mort à Lima (?) en 1615 (?). D'après les notes autobiographiques contenues dans son œuvre, *Nouvelle chronique et bon gouvernement* (*), il était le fils de Huamán (ou Guamán) Malqui de Ayala, et de Juana Curi Ocllo qui descendait des nobles de Huánuco, lesquels étaient seigneurs du Chinchaysuyo et établis dans le pays avant les Incas. En dépit de lacunes visibles, il semble avoir fait des études classiques. Il obtint probablement divers postes dans l'administration. En 1594 ou 1595, le « corregidor » de Lucanas, Antonio de Monroy, le fait arrêter et exiler. Après avoir voyagé pendant près de trente ans, Huamán revint à Huamanga d'où il fut expulsé une nouvelle fois. Il se rendit alors à Lima, bien résolu à présenter son ouvrage au vice-roi. Le manuscrit, qui semble avoir été composé entre 1567 et 1615, fut perdu, puis retrouvé en 1908 et publié, en 1936, par les soins de Rivet et de Petschmann.

RÉF. : Luis Alberto Sánchez, *La literatura peruana*, tome II, Buenos Aires, 1928 (2e éd. Asunción, 1951).

HUC Régis Évariste. Missionnaire lazariste et écrivain français. Né à Caylus le 1er juin 1813 et mort à Paris le 25 mars 1860. Fils d'officier, après des études au petit séminaire de Toulouse, puis à la Congrégation de la mission (lazariste) de Paris, il est ordonné prêtre en 1839. Il s'embarque la même année pour la Chine où il séjourne jusqu'en 1852, dans différentes régions, en particulier le nord-est et le sud-est, ainsi que Macao. Il s'est rendu célèbre par sa relation du long et périlleux voyage qu'il effectua dans les marches de l'Empire chinois de 1844 à 1846 en compagnie de son supérieur le père Joseph Gabet (1808-1853). Dans le but d'évangéliser les peuples mongols, les deux missionnaires, partis du nord-est de la Chine, parcourent les steppes et les déserts de Mongolie, puis décident d'affronter les montagnes tibétaines et arrivent enfin à Lhassa. Ils en seront expulsés quelques semaines plus tard, à l'instigation de l'autorité chinoise qui les soupçonne d'espionnage et les fait reconduire sous escorte à la frontière sino-tibétaine, puis à Canton. Huc donne la relation de cette longue errance à travers de vastes régions alors très méconnues dans *Souvenirs d'un voyage dans la Tartarie et le Thibet* (*) (1850, deux volumes), le voyage de retour faisant l'objet de *L'Empire chinois* (*) (1854). Ces deux chefs-d'œuvre du récit de voyages connaîtront un énorme succès dans le grand public comme dans les milieux littéraires. Le premier sera traduit dans plusieurs langues. Rentré en France pour raison de santé, l'auteur, dont le tempérament fougueux s'accommode mal de la vie monastique, démissionne de l'ordre lazariste en 1853, et tente de poursuivre une carrière littéraire en publiant son dernier ouvrage, *Le Christianisme en Chine, en Tartarie et au Thibet* (1857-1858, quatre volumes), avant de mourir à quarante-sept ans, prématurément usé par ses voyages.

CHANTAL BOREL-LECLERCQ.

HUCH Ricarda. Romancière et essayiste allemande. Née à Brunswick le 18 juillet 1864, morte à Schönberg-sur-Taunus le 17 novembre 1947. Issue d'une famille de riches patriciens, Ricarda Huch doit s'exiler à l'âge de vingt-deux ans pour faire des études à Zurich. La firme familiale avait fait faillite, mais la véritable raison de son départ, ce fut le scandale d'un amour coupable et passionné pour son cousin Richard, le mari de sa sœur aînée. À l'université, où elle fréquente tout un monde cosmopolite, elle prépare une thèse d'histoire, tout en cultivant son « penchant instinctif pour tout ce qui est révolutionnaire ». Écrivant des poèmes sous le choc d'un amour condamné, elle sait qu'au fond d'elle-même existent « ces rapports électriques entre les rêves et la parole qui font le poète ».

Travaillant à Zurich, elle y noue ses premières amitiés littéraires, s'initie à l'art des nouvellistes suisses et publie en 1892 son premier grand roman *Souvenirs de Ludolf Ursleu le Jeune* (*). C'est, un an avant les *Buddenbrooks* (*) de Thomas Mann, l'histoire de la décadence d'une famille, la sienne, et celle d'un amour tragique auquel elle n'a pas renoncé. Son travail au lycée la déçoit, elle se réfugie donc dans l'écriture, publie des nouvelles et se plonge dans l'étude du romantisme. En 1897, contre toute attente, la femme de Richard se déclare prête à divorcer. Mais au dernier moment, alors que le train emporte déjà les amants vers Paris, l'homme rebrousse chemin. Ricarda fait face, fièrement, assume la lâcheté de son amant et quitte le Nord pour aller s'installer à Vienne. Elle y rencontre un jeune et beau dentiste italien, Ermanno Cecconi, avec lequel elle se marie en 1898. Tout en le suivant dans ses déplacements, à Trieste, puis à Munich, elle se consacre uniquement à sa plume, à l'éducation de sa fille et à ses recherches historiques. En 1899, elle publie le tome I de sa magistrale étude sur le romantisme, *Les Romantiques allemands* (*), suivi en 1902 du tome II. C'est une période d'intense activité littéraire où elle exploite ses expériences, ses impressions italiennes. Le roman *Vita somnium breve* (1903) est un hymne à la beauté. Le monde du Sud, avec ses légendes et son folklore, éclate avec splendeur dans les *Scènes de la Triumphgasse* [*Aus der Triumphgasse,* 1902] et dans un livre inclassable, *Des rois et de la couronne* [*Von den Königen und der Krone,* 1904], où la dislocation de la forme romanesque est poussée à l'extrême. Son attachement pour l'Italie lui inspire de brillantes études sur le Risorgimento, dont *L'Histoire de Garibaldi* [*Die Geschichte von Garibaldi,* II 1906-08]. L'amour du panache y guide sa plume, un amour qui trouvera plus tard d'autres héros, Wallenstein, Luther, Bakounine. En 1906, elle divorce et, au même moment, Richard entre à nouveau dans sa vie. Toute la force d'une passion contenue pendant neuf ans éclate alors dans ses *Poèmes d'amour* [*Liebesgedichte,* 1907]. Ils peuvent enfin se marier, mais leur union, qui ne dure que trois ans, n'est qu'une suite cruelle de déceptions et d'amertume.

Après un nouveau divorce, Ricarda Huch mène une existence assez instable, séjournant en Italie, à Berlin, puis dans de petites villes universitaires allemandes où elle suit la famille de sa fille. C'est l'époque de ses grandes publications historiques ; l'étude monumentale sur la guerre de Trente Ans, *La Grande Guerre en Allemagne* [*Der grosse Krieg in Deutschland,* III, 1912-14) et l'évocation élégiaque des héros oubliés de la révolution romantique de 1848, *Anciens et nouveaux dieux* [*Alte und neue Götter,* 1930]. Sa conception romantique de l'histoire, où les faits sont mis au service d'une vérité subjective, celle de la grande idée du Saint-Empire, lui dicte enfin cette grandiose fresque, souveraine et unique, qu'est son *Histoire allemande* [*Deutsche Geschichte,* III, 1934-49]. Elle y travaille durant les années de malheur, pour réfuter in vivo le dévoiement hitlérien de la grandiose idée de la nation allemande. Elle puise ses convictions dans un protestantisme intransigeant, à la gloire duquel elle avait consacré plusieurs essais, dans une foi obstinée en la valeur salvatrice de la forte personnalité, la « dépersonnalisation » étant à ses yeux le mal moderne, et dans le respect religieux de ce qu'elle appelle les « Urphänomene », les valeurs intangibles de l'ordre divin de la création. Son opposition au nazisme, dès 1933, fut sans concessions. Elle manifesta ouvertement sa sympathie pour la résistance allemande intérieure, dont elle écrira l'histoire, publiée en 1953 sous le titre *La Révolte silencieuse* [*Der lautlose Aufstand*]. En 1947, devenue figure de consensus, elle fut élue, peu de mois avant sa mort, présidente d'honneur du premier Congrès des écrivains allemands où elle prononça, devant ses pairs, une vibrante et dernière profession de foi en l'avenir de l'Allemagne et en la mission de l'écrivain.

GEORGES UEBERSCHLAG.

RÉF. : M. Baum, *Leuchtende Spur*, Stuttgart, 1950. – E. Hoppe, *Ricarda Huch*, Tübingen, 1950. – H. Baumgarten, *Ricarda Huch von ihrem Leben und Schaffen,* Cologne, 1968.

HUCHEL Peter Helmut. Poète allemand. Né le 3 avril 1903 à Groß-Licherfelde près de Berlin, mort le 30 avril 1981 à Staufen (R.F.A.). Il s'installe, à l'âge de cinq ans, avec sa mère, affectée d'une maladie pulmonaire, à la ferme du grand-père maternel à Langerwisch près de Potsdam. Les années qu'il passera à la campagne auront, de l'aveu même du poète, une influence décisive sur lui. Elles détermineront non seulement sa vocation mais aussi la source d'inspiration qui l'accompagnera durant sa vie entière. La nature, qu'il s'agisse des paysages, des animaux, des plantes, du climat, de la nuit et du jour est, en effet, le grand livre où Peter Huchel trouve et retrouve, dans des expériences de type presque médiumnique, sa matrice poétique. « Pour moi, dira-t-il à la fin de sa vie, la nature était, à l'époque (dans son enfance), ainsi que l'église et l'école me l'avaient enseigné, une création de Dieu, au sens biblique. » Cette création, avec sa force archaïque et mythologique, sera pour Huchel l'énigme indéchiffrable dont le sens ne se laisse jamais épuiser.

En 1920, Huchel prend part à la tentative de coup d'État nationaliste de Wolfgang Kapp à Berlin, au cours de laquelle il est blessé. À l'hôpital, des ouvriers lui font découvrir le communisme. Dès lors, il « deviendra rouge pour longtemps ». Après plusieurs années d'études de littérature et de philosophie à Berlin, Fribourg-en-Brisgau et Vienne, il commence à voyager, et les paysages, les mythes de pays étrangers se mélangeront peu à peu à ceux qui ont peuplé son enfance, sorte de contrepoint. Il se rend ainsi en France (Bretagne, Côte d'Azur, Paris), en Turquie, en Hongrie et surtout en Roumanie puis, plus tard, en Italie et en Écosse.

Dès 1924, Huchel publie régulièrement des poèmes en revue, qui portent la marque de l'expressionnisme allemand et autrichien, en particulier de Georg Trakl.

Pendant la Seconde Guerre mondiale, Huchel est soldat dans la défense anti-aérienne. L'expérience de la guerre, celle du militaire comme de l'individu appartenant au peuple responsable de la *Schoa,* constitueront un fil sombre qui traversera toute son œuvre. Fait prisonnier par l'armée soviétique, il sera ensuite, dans la nouvelle République démocratique allemande, directeur de la radio berlinoise. Son premier recueil, *Poèmes* [*Gedichte*] paraît en 1948, puis, une seconde fois, à l'Ouest, en 1950. Entre 1949 et 1962, Peter Huchel sera rédacteur en chef de la revue littéraire d'Allemagne de l'Est la plus prestigieuse, *Sinn und Form,* bien que sa liberté d'esprit et son ars poetica, résolument apolitique, le rendent rapidement suspect auprès des autorités. C'est *Chaussées, chaussées* (*), publié en 1963, qui imposera véritablement Huchel comme l'un des grands poètes de langue allemande de la seconde moitié du siècle, à l'égal de Paul Celan, de Nelly Sachs, de Johannes Bobrowski ou de Ingeborg Bachmann.

En 1971, après l'intervention du Pen-Club international, Huchel est autorisé à quitter la R.D.A. Il s'installe à Staufen près de Fribourg-en-Brisgau. Il publiera encore deux recueils : *Jours comptés* [*Gezählte Tage*] (1972) et *La Neuvième Heure* (+) (1979), qui prolongent et reprennent les thèmes qui lui sont chers : les paysages, son enfance, la guerre dans une volonté obstinée de connaissance et d'approfondissement du mystère de la poésie, mû, peut-être, par cette formule de Francis Bacon, qu'il avait adoptée : « Une faible connaissance chasse les dieux, une plus grande les fait revenir. »

EMMANUEL MOSES.

REF : Hans Mayer éd., *Ueber Peter Huchel,* Francfort, 1973. – Axel Vieregg éd., *Peter Huchel,* Francfort, 1986.

HUDSON William Henry. Ornithologue et écrivain anglais né le 4 août 1841 à Quilmes près de Buenos Aires, mort le 18 août 1922 à Londres. Les parents de Hudson étaient des agriculteurs anglo-américains installés en Argentine. Hudson grandit dans le ranch familial. Il passa son enfance à courir les pampas environnantes, et ne connut donc qu'une éducation fort irrégulière. À quinze ans, une grave fièvre rhumatismale lui imposa de renoncer à la vie au grand air dont il avait rêvé jusqu'alors. Sa passion pour la nature s'en trouva accrue, et il découvrit à cette époque les travaux de Darwin, qui confirmèrent ses premières observations. Son grand intérêt pour les oiseaux le poussa à écrire quelques articles d'histoire naturelle qui furent publiés dans des journaux anglais et argentins. En 1869 il arriva en Angleterre ; il s'installa en 1874 à Londres, qu'il ne devait plus quitter jusqu'à sa mort. En 1876, il épousa sa logeuse, une femme nettement plus âgée que lui, probablement pour résoudre ses problèmes financiers. En 1885 parut *Le Pays pourpre* [*The Purple Land that England lost*], suite d'anecdotes dont l'Amérique du Sud était le cadre. *L'Âge de cristal* [*The Crystal Age,* 1887] est un récit utopique qui décrit un monde sans sexe, et donc paisible et stable. Il publia en 1888 *Ornithologie argentine* [*Argentine Ornithology*]. Son premier succès fut *Le Naturaliste à La Plata* [*The Naturalist in La Plata*] en 1892. Son goût du voyage se mêle à sa passion de la nature dans *Un flâneur en Patagonie* [*Idle Days in Patagonia*] publié en 1893. 1895 est l'année de *Oiseaux de Grande-Bretagne* [*British Birds*]. En 1902, il publia *El Ombú* (*), recueil de nouvelles sud-américaines. Son ouvrage le plus connu, *Vertes Demeures* (*), date de 1904. En 1910 il écrivit ce que d'aucuns considèrent comme sa meilleure œuvre, *Une vie de berger* [*A Shepherd's Life*], qui dépeint la vie des bergers dans la campagne anglaise. L'ornithologie est le sujet de *Aventures parmi les oiseaux* [*Adventures among Birds*], de 1913. Il raconta son enfance dans *Au loin... jadis...* [*Far Away and Long Ago*] en 1918. Son dernier ouvrage, *Oiseaux de La Plata* [*Birds of La Plata*], fut publié en 1920. Hudson commençait à être reconnu comme un maître des « histoires naturelles », lorsqu'il mourut. En 1901 une pension lui avait été accordée en reconnaissance de ses talents d'ornithologue. Malgré la grande pauvreté dans laquelle il avait vécu jusqu'alors, son caractère indépendant le poussa à renoncer à cette aide dès que possible. Le mouvement de retour à la nature des années 1920-1930 lui donna une certaine notoriété, mais il sombra ensuite dans l'oubli.

Défenseur de la vie sous toutes ses formes, Hudson se voulait l'ennemi de la civilisation occidentale et de ses conventions qui ont coupé l'homme de la nature et ont fait de lui un meurtrier. Dans ses œuvres, Hudson célèbre l'harmonie mythique de l'homme avec la nature, dans un style limpide mais évocateur où s'unissent une sensibilité de poète et l'exactitude du savant.

LAURENT BURY.

RÉF. : J. Conrad, *Last Essays,* Londres, 1926. – R. Tomalin, *W. H. Hudson,* New York, 1954. – A. D. Ronner, *W. H. Hudson : The Man, the Novelist, the Naturalist,* New York, 1986.

HUET Pierre-Daniel. Érudit français. Né à Caen le 8 février 1630, mort à Paris le 27 janvier 1721. Il fit ses études chez les jésuites, mais suivit également les leçons d'un pasteur protestant, Bochart. Il accompagna ce dernier en Suède, auprès de la reine Christine, et découvrit à la Bibliothèque royale de Stockholm des *Commentaires inédits sur les Écritures* qu'il édita à son retour en France en 1668. S'étant acquis une solide renommée pour ses travaux d'érudition, il fut nommé sous-précepteur du dauphin en 1670, et comme tel adjoint à Bossuet. À l'initiative du duc de Montpensier, gouverneur du dauphin, il entreprit la publication de classiques anciens « ad usum Delphini ». En appendice à l'édition de 1670 de *Zaïde* (*), Huet publia son *Traité sur l'origine des romans* (*) : hommage transparent à Mme de La Fayette à laquelle il fut lié par une tendre amitié, cette œuvre dresse un historique du genre romanesque. La Fontaine dédia une célèbre *Épître,* en 1687 – v. *Fables* (*) – à celui qui faisait désormais figure de mentor des lettres.

Ordonné prêtre en 1676, Huet reçut en 1678 l'abbaye d'Aulnay, avant de devenir évêque d'Avranches en 1691. Il s'est longuement posé la question de la conciliation entre foi et raison. Il a engagé une polémique contre Descartes dont il avait été d'abord un partisan enthousiaste. Le fidéisme de Huet, qui ne dissocie pas les arguments d'autorité et d'Antiquité, s'avère incompatible avec le rationalisme cartésien.

S'étant démis de son évêché en 1699, il termina ses jours à Paris dans la maison professe des jésuites (l'actuel lycée Charlemagne), leur léguant une bibliothèque si riche que Catherine II proposa de l'acheter pour cent cinquante mille livres.

DOMINIQUE BERTRAND.

HUGHES James Mercer Langston. Écrivain noir américain. Né à Joplin (Missouri) le 1er février 1902, mort à New York le 22 mai 1967. L'un des principaux artisans de ce qu'on a appelé la « Harlem Renaissance », c'est-à-dire du renouveau des lettres noires aux États-Unis, et plus particulièrement à New York, pendant les années 20, Hughes, comme l'écrivait DuBose Heyward (l'auteur de *Porgy and Bess*) en 1926 à la parution de *The Weary Blues,* « nous a donné un "premier livre" qui marque le début d'une carrière à suivre ». La prophétie fut amplement réalisée. C'est au poète Vachel Lindsay qu'il avait montré ses premiers poèmes, et il doit en effet beaucoup aux « chantres » américains : Whitman, Lindsay, Sandburg, Dunbar. À mesure que s'accumulaient ses livres, la figure de Langston Hughes s'est imposée comme celle d'un père et d'un pionnier pour bien d'autres écrivains noirs. « Le double rôle qu'il a joué pour promouvoir une littérature réaliste parmi les Noirs fait penser à celui qu'a joué Theodore Dreiser pour affranchir la littérature américaine des restrictions puritaines » : ainsi le décrivait Richard Wright en 1940. Parmi ses livres de poèmes, citons : *Chère et tendre mort* (+) (1931), *Le Gardien des rêves* (+) (1932), *Shakespeare à Harlem* (+) (1942), *Champs merveilleux* (+) (1947), *Billet d'aller* (+) (1949), *Montage d'un rêve différé* (+) (1951). Il a aussi écrit un roman, *Non sans rire* (+) (1930), un recueil de nouvelles, *Histoires de Blancs* (*) (1934), et surtout une série de merveilleux croquis satiriques d'abord publiés dans un journal noir, puis sous les titres *L'Ingénu de Harlem* (*) (1950), *Le Meilleur de Simple* [*The Best of Simple,* 1961] et *L'Oncle Sam de Simple* [*Simple's Uncle Sam,* 1965].

Enfin, il a laissé une autobiographie en deux volumes, *Les Grandes Profondeurs* [*The Big Sea*] (*) (1940) et *Errances de l'esprit* [*I Wonder As I Wander,* 1956].

MICHEL GRESSET.

RÉF. : R. Quinot, *Langston Hughes ou l'Étoile noire,* Paris, 1964. – T. B. O'Daniel, *Langston Hughes, Black Genius, a Critical Evaluation,* New York, 1971. – A. Rompersad, *The Life of Langston Hughes,* vol. 1, New York, 1986.

HUGHES Richard (pseud. de Richard Arthur Warren). Romancier anglais d'ascendance galloise. Né à Weybridge le 19 avril 1900, mort à Talsernau Gwyned, dans le pays de Galles, le 28 avril 1976. Après ses études à la « public school » de Charterhouse puis à Oxford, il erre à travers le vaste monde : sur le continent européen, en Amérique du Nord, aux Antilles. Il publie des pièces de théâtre en un acte, des nouvelles, deux recueils de poèmes : *La Nuit de la romanichelle* [*Gipsy Night,* 1922] et *Confessio Juvenis* (1926). Il semble bien plus alors un explorateur, dans la totalité du terme, qu'un écrivain professionnel. Puis c'est le coup d'éclat d'*Un cyclone à la Jamaïque* (*) (1929). Un livre populaire certes, mais différent des autres ; une dernière aventure de corsaires, mais elle renouvelle le genre en montrant combien sont peu sûrs d'eux-mêmes les « écumeurs des mers », et à quel point est bizarre et maligne « la jeunesse ». Et c'est bien la beauté de la terre et de la mer qui semble avoir le dernier mot de l'aventure. Suivent un roman allégorique, *Par hasard* [*In hazard,* 1938] puis, en 1940, des contes vraiment destinés aux enfants, genre abordé par l'auteur dès 1931. Et c'est en 1961 un second coup d'éclat, à peu près aussi inattendu que le précédent : *Le Renard dans le grenier* (*), premier volume annoncé d'une quadrilogie intitulée *La Condition humaine* (+). Augustin, le personnage central, apparemment bien innocent, semble porter sur ses épaules toute l'histoire et le poids de l'Histoire. Il apparaît en 1921, enfant d'une génération décontenancée, un enfant mort sur ses épaules. Puis il se livre à une première traversée de nos mœurs publiques, et le Pays de Galles (qui avait donné lieu à de magnifiques évocations) s'efface peu à peu devant l'Allemagne en proie à la montée du nazisme. Le deuxième et dernier volume, *La Bergère des Bois* [*The Wooden Shepherdess*] paru en 1973, fut moins bien reçu. Le plus étonnant d'une entreprise littéraire semblable est peut-être la cohabitation réussie des personnages de fiction et de personnages d'une notoriété tragiquement historique. Richard Hughes fut peut-être un grand visionnaire. Dans quels pays nous aurait-il fait aborder ? Hélas, il écrivait lentement, et la mort emporta ses ultimes secrets.

ROLAND DAILLY.

RÉF. : P. Thomas, *Hughes,* Cardiff, 1973. – P. Hughes, *Richard Hughes : Author, Father,* Gloucester, 1984. – R. Poole, *Richard Hughes : Novelist,* Bridgend, 1987.

HUGHES Ted (Edward James Hughes). Poète anglais. Né le 17 août 1930 à Mytholmroyd dans le Yorkshire. Il fit ses études à Mexborough Grammar School et Pembroke College, Cambridge, où il abandonna la littérature anglaise pour se consacrer à l'archéologie et à l'anthropologie – cette dernière discipline devant fortement influencer son œuvre. Il fit divers petits métiers : jardinier dans une roseraie, veilleur de nuit, gardien de zoo, etc. et rencontra Sylvia Plath, la poétesse américaine, qu'il épousa en 1956. Leur mariage est peut-être une des plus remarquables et tragiques rencontres entre deux grands poètes de toute l'histoire de la poésie britannique. Hughes suivit sa femme aux États-Unis, où il enseigna à l'université de Massachusetts (Amherst) (1957-1959). C'est en grande partie grâce au dévouement de Sylvia Plath que son premier recueil *Le Faucon sous la pluie* [*The Hawk in the Rain*] fut publié en 1957. Ce recueil qui abordait un monde inhospitalier et violent souleva une intense polémique dans le monde poétique britannique, où régnaient les poètes du « Mouvement » [Movement], dont Philip Larkin. Ceux-ci (et d'autres) récusaient dans la poésie de Hughes ce qu'ils percevaient comme un avatar irresponsable du romantisme, une valorisation presque néo-fasciste de la violence – v. « Le Jaguar ». Le recueil suivant, *Lupercale* (*) (1960) continuait cette exploration avec une remarquable série de poèmes sur des animaux, notamment les carnassiers (« Faucon perché », « Brochets »...). Le couple Plath-Hughes eut une première fille en 1960 et un fils en 1962. Mais le mariage se disloqua à cette époque, et cette rupture fut un facteur important dans le suicide de Plath en février 1963. Hughes parle peu de ce suicide, qui a suscité bien des polémiques. On peut en voir des traces dans certains des textes publiés dans *Wodwo* en 1967. En 1970, il épousa Carol Orchard. C'est surtout le remarquable recueil *Corbeau* (*) (1970) qui établit Hughes, aux yeux de beaucoup, comme l'un des très grands poètes britanniques du XXe siècle. Dans ce recueil, bien des éléments de son œuvre sont entretissés : admiration pour l'énergie du monde animal, pour la culture des peuples « primitifs » (la poésie amérindienne notamment), refus du christianisme et de l'humanisme rationaliste, refus donc de la civilisation moderne (rapports homme/femme ; écosystèmes, etc.) le tout « parlé » par un personnage déroutant : « Corbeau », démiurge problématique qui se manifeste un peu comme l'« Homme coyote » dans les cosmographies amérindiennes. Depuis *Corbeau,* Hughes a continué de produire une œuvre considérable et toujours digne d'intérêt : recueils de poésies, écrits pour enfants, pièces et traductions (notamment l'*Œdipe* (*) de Sénèque pour Peter Brooke). Si l'on considère souvent que *Vestiges d'Elmet* [*Remains of Elmet,* 1979] et *Moortown* (1979) constituent des explorations neuves et intéressantes dans la mesure où ils manifestent une tentative de résurrection d'un univers plus vivable, certains déplorent dans l'œuvre récente une certaine répétition thématique et un relâchement de tension sur le plan formel. L'acceptation par Hughes du poste de « poète lauréat » en 1984, et les poèmes de circonstance écrits à l'occasion d'événements royaux – comme son « Trois voix pour la reine mère » (1990) – expliquent, du moins en partie, de telles réticences.

PAUL VOLSIK.

RÉF. : Keith Sagar, *The Art of Ted Hughes,* Cambridge, 1978. – Ekbert Faas, *Ted Hughes : The Unaccomodated Universe,* Santa Barbara, 1980. – Thomas West, *Ted Hughes,* Londres, 1984. – D. Walder, *Ted Hughes*, Milton Keynes, 1987.

HUGHES Thomas. Écrivain anglais. Né le 22 octobre 1822 à Uffington (Berkshire), mort à Brighton le 22 mars 1896. En février 1834, il entra à la Rugby School et fut l'élève du célèbre Thomas Arnold, réformateur de la pédagogie anglaise. Très tôt, il s'intéressa aux questions sociales et à la classe ouvrière. Bien que d'esprit très religieux et imbu du traditionnel équilibre britannique, il fut très proche du socialisme, et notamment il manifesta une opposition intransigeante à l'égard de la politique intérieure de Gladstone. Il se rendit trois fois en Amérique, pour y prôner des réformes sociales et pour tenter de réaliser un projet de colonisation coopérative qui échoua.

L'œuvre principale de Thomas Hughes, publiée en 1857, est *Tom Brown, scènes de la vie de collège en Angleterre* (*), roman partiellement autobiographique et voulant montrer les avantages de la pédagogie de Thomas Arnold. Ses autres ouvrages sont : *La Course du cheval blanc* [*The Scouring of the White Horse,* 1859], *Tom Brown à Oxford* [*Tom Brown at Oxford,* 1861] et une *Vie d'Alfred le grand* (1869).

RÉF. : M. B. Hamer, *Thomas Hughes and his American Rugby,* 1928. – M. L. Parrish et B. K. Mann, *Charles Kingsley and Thomas Hughes,* 1936. – E. C. Mack et W. H. G. Armytage, *Hughes, The Life of the Author of « Tom Brown's School Days »,* Londres, 1952.

HUGO Victor Marie. Écrivain français. Né à Besançon le 26 février 1802, mort à Paris le 22 mai 1885. Son enfance s'écoule dans la maison des Feuillantines, qu'il a chantée dans des vers célèbres, à l'exception de l'année 1811 qu'il passe à Madrid où Mme Hugo, avec ses trois fils, a rejoint son mari promu général en avril 1809. Fin mars 1812 et jusqu'à fin décembre 1813, la vie reprend aux Feuillantines. La vocation du jeune Victor-Marie s'affirme vite. En 1816, il note : « Je veux être Chateaubriand ou rien » ; en 1819, il est couronné par l'Académie des jeux Floraux et fonde, avec ses frères Abel et Eugène, le *Conservateur littéraire* qui durera jusqu'en mars 1821. Il écrit son premier roman, *Bug-Jargal* (*) (première version publiée en 1820, seconde version en 1826), dont le sujet est une révolte de Noirs à Saint-Domingue. En 1820, il reçoit une gratification du roi Louis XVIII pour son *Ode sur la mort du duc de Berry* – v. *Odes et Ballades* (*). En 1821, il perd sa mère (le général Hugo se remarie peu après).

1822 marque son véritable début dans la vie comme dans la carrière des lettres. Le 8 juin, il publie son premier recueil poétique : *Odes et Poésies diverses* – v. *Odes et Ballades* – et, en octobre, il épouse son amie d'enfance, Adèle Foucher. Viennent ensuite un roman, *Han d'Islande* (*) (1823), *Nouvelles odes* (1824) – v. *Odes et Ballades* –, *Bug-Jargal* (1826), *Odes et Ballades* (1826), recueil complet des premières poésies (édition définitive en 1828), le drame de *Cromwell* (*) (1827), qui s'ouvre sur une *Préface* (*), où l'auteur se pose en théoricien et en chef du romantisme (à la tragédie classique, dont il critique l'artifice et les limites, il oppose le drame moderne qui doit mêler, comme le fait la nature même, le sublime et le grotesque, ces deux éléments de la réalité). Les mêmes années voient la naissance des premiers enfants, Léopold, Léopoldine, Charles, François-Victor, sa nomination de chevalier de la Légion d'honneur, et la mort du général Hugo.

La publication des *Orientales* (*) (1829), qui exploitent avec un éclat et une virtuosité incomparables le goût et la sympathie des contemporains pour l'Orient, celle du *Dernier Jour d'un condamné* (*), appel humanitaire pour la suppression de la peine de mort, affermissent la jeune gloire que les *Odes et Ballades* et la *Préface* de *Cromwell* avaient déjà fondée. L'appartement du poète, rue Notre-Dame-des-Champs, devient le siège du Cénacle romantique. Mais au théâtre il ne s'était pas encore imposé, bien que la rénovation de la scène lui apparût comme la première tâche de la génération nouvelle : *Cromwell* était injouable, et *Marion Delorme* (*) (1829) n'avait pas obtenu le visa de la censure. Avec *Hernani* (*), qui, à partir du 25 février 1830, triompha sur la scène de la Comédie-Française, la gloire de Hugo s'impose définitivement, et la victoire de la jeune garde romantique sur la vieille garde classique devient un fait acquis. La même année voit la naissance de sa fille Adèle.

De 1830 à 1843, Hugo connaît une période particulièrement féconde ; il aborde tous les genres. Avec *Notre-Dame de Paris* (*) (1831), il publie son premier grand roman – éclatante résurrection du Moyen Âge et, en même temps, poème tragique de la fatalité. En poésie, quatre recueils : *Les Feuilles d'automne* (*) (1831), *Les Chants du crépuscule* (*) (1835), *Les Voix intérieures* (*) (1837), *Les Rayons et les Ombres* (*) (1840) dépassent la virtuosité extérieure des premiers poèmes, marquent un progrès constant dans le sens d'une inspiration plus grave et méditative. Au théâtre, il cherche le succès populaire avec un drame en vers : *Le Roi s'amuse* (*) (1832), et trois drames en prose : *Lucrèce Borgia* (*) (1833), *Marie Tudor* (*) (1833), *Angelo, tyran de Padoue* (*) (1835), mais il revient à une inspiration plus élevée dans *Ruy Blas* (*) (1838), son chef-d'œuvre dramatique avec *Hernani*. Ces années sont consacrées à un labeur acharné, à une création littéraire ininterrompue, cependant que, dans la vie privée du poète, se mêlent, comme les rayons et les ombres, la tristesse et la joie ; Mme Hugo est devenue la maîtresse de Sainte-Beuve, mais, à partir de 1833, Hugo trouve consolation et réconfort dans l'amour que, jusqu'à sa mort, lui vouera une jeune actrice, Juliette Drouet. En 1841, après trois échecs qui lui furent fort sensibles, il entre à l'Académie française.

Cette dure et féconde période qui a permis à Hugo de conquérir le premier rang s'achève sur un échec littéraire et sur un malheur. D'un voyage dans la vallée du Rhin, qu'il a fait en 1840 avec Juliette Drouet, Hugo a rapporté un admirable journal de route, *Le Rhin* (*) (1842) et l'idée d'un drame épique, *Les Burgraves* (*), qui fut sifflé en mars 1843 au Théâtre-Français. Découragé, Hugo renonce au théâtre. En juillet, il part pour les Pyrénées, avec Juliette : le 9 septembre, revenant de Cauterets, il apprend par les journaux la mort de sa fille Léopoldine, noyée à Villequier. Il semble que, nommé pair de France en 1845, il ait cherché dans l'activité politique une diversion à ce malheur. De 1843 à 1851, il continue à écrire : des poèmes (et notamment *À Villequier*), le début d'un roman qui deviendra *Les Misérables* (*), mais il n'achève rien ; aucun ouvrage n'est publié dans cette période. En revanche, il participe de plus en plus activement à la vie politique. Il intervient souvent à la tribune dans un sens libéral et humanitaire, mais il n'est encore ni républicain ni socialiste. En 1848, le 4 juin, il est élu sur une liste de droite. Il fonde un journal, *L'Événement*, qui soutient la candidature de Louis-Napoléon Bonaparte à la présidence de la République. Élu en 1849 à l'Assemblée législative comme conservateur, il rompt avec le parti de l'ordre par son discours sur la misère, puis par son discours sur les affaires de Rome, enfin sur la loi Falloux. Le 17 juillet 1851, il prononce un violent réquisitoire contre les desseins dictatoriaux de « Napoléon-le-Petit ». En vain, il essaie d'organiser la résistance au coup d'État : il doit fuir en Belgique, et Louis-Napoléon Bonaparte signe peu après son décret d'expulsion.

L'exil durera de décembre 1851 à septembre 1870. Après un séjour à Bruxelles, Hugo se réfugie, en août 1852, avec sa famille à Jersey, dans la maison de Marine-Terrace. En octobre 1855, sur l'ordre du gouvernement anglais, il doit quitter Jersey ; il s'installe à Guernesey, dans la propriété d'Hauteville-House, qu'il ne quittera qu'en 1870. Ces vingt années d'exil – et de labeur solitaire – seront la période la plus féconde et la plus haute de son génie, et lui-même en eut le sentiment : « Ma proscription est bonne, et j'en remercie la destinée. » La maison d'Hauteville-House est aménagée selon ses goûts ; levé dès six heures du matin, il travaille toute la journée dans une pièce vitrée qui a vue sur les côtes de France. Sa femme et ses enfants sont auprès de lui, mais feront sur le continent des séjours de plus en plus prolongés ; Juliette Drouet s'est installée non loin de lui, et ne le quittera pas un instant ; il réunit aussi des amis, avec lesquels il s'initie au spiritisme, organisant de fréquentes séances de « tables mouvantes ». Devenu ardemment républicain, il ne cesse de dénoncer le nouveau régime : il refuse l'amnistie que lui accorde Napoléon III en 1859. Le proscrit de Guernesey jouit alors d'un prestige mondial. C'est l'époque la plus haute de la vie et de l'œuvre.

Napoléon-le-Petit (*) (1852), virulent pamphlet en prose, et surtout *Les Châtiments* (*) (1853), recueil de poèmes satiriques, engagent le combat contre l'usurpateur. Mais l'année suivante, commençant *La Fin de Satan* (*), et écrivant des milliers de vers qui prendront place dans les recueils ultérieurs, il se tourne vers la poésie philosophique et lyrique. *Les Contemplations* (*), qui paraissent à Paris et à Bruxelles en 1856, sont accueillies comme son chef-d'œuvre lyrique. *Dieu* (*) et *La Fin de Satan* sont en voie d'achèvement, mais l'éditeur Hetzel pousse l'écrivain à terminer *Les Misérables* et à entreprendre un recueil de poèmes narratifs inspirés par l'histoire universelle : *Les Petites Épopées*. Les « petites épopées » deviennent *La Légende des siècles* (*) dont la première série paraît en 1859. En 1861, après un court voyage en Belgique, Hugo termine *Les Misérables* qui paraissent l'année suivante : le succès est considérable. Viennent ensuite : *William Shakespeare* (1864) – long essai qui devait primitivement servir de préface à la traduction de Shakespeare entreprise par François-Victor Hugo, où le poète expose très librement sa théorie du génie –, les *Chansons des rues et des bois* (*) (1865), recueil de poésies légères depuis longtemps commencé, et deux romans : *Les Travailleurs de la mer* (*) (1866), *L'Homme qui rit* (*) (1869). En 1858, Mme Hugo meurt à Bruxelles.

Revenu à Paris le 5 septembre 1870, élu à l'Assemblée nationale qui siège à Bordeaux, Hugo donne en pleine séance sa démission de député. Battu aux élections suivantes, il sera élu sénateur de Paris en 1876. Il interviendra vigoureusement pour l'amnistie en faveur des Communards. Mais il est déçu par l'orientation du nouveau régime ; en août 1872, il regagnera même Hauteville-House, sa demeure d'exil, pour y séjourner près d'un an. Il se mêlera de moins en moins à la vie politique. Il continue à écrire, mais le rythme n'est plus celui des années précédentes : et la plupart des œuvres publiées de 1870 à 1885 sont des œuvres déjà commencées dans l'exil.

Les publications de cette dernière période sont : *L'Année terrible* (*) (1872), *Quatre-Vingt-Treize* (*) (1874), *Actes et Paroles* (1875-76), les dernières séries de *La Légende des siècles* (1877-83), *L'Art d'être grand-père* (*) (1877), poèmes inspirés par ses deux petits-enfants, Georges et Jeanne, qui ont occupé une grande place dans les dernières années de sa vie, le consolant de la perte de ses enfants (Charles est mort en 1871, et François-Victor en 1873), réquisitoire contre Napoléon III, *Le Pape* (1878), *La Pitié suprême* (1879), *Religions et Religion* (1880), *L'Âne* (1880), *Les Quatre Vents de l'esprit* (*) (1881), important recueil où figurent des pièces souvent très anciennes, *Torquemada* (*) (1882). À sa mort, Hugo laisse de nombreux manuscrits qui feront l'objet de publications posthumes : *Théâtre en liberté* (*), *La Fin de Satan* (1886), *Choses vues* (*) (1887-1900), *Toute la lyre* (1888-1893), *Alpes et Pyrénées* (1890), *Dieu* (1891), *France et Belgique* (1892), *Les Années funestes* (*) (1898), *Post-scriptum de ma vie* (1901), *Dernière gerbe* (1902), *Océan, Tas de pierres* (1942).

À vrai dire, de 1870 à 1885 Hugo se contente de récolter la moisson semée pendant les années de l'exil. Sa gloire ne cesse de grandir et, en dépit des deuils et des malheurs domestiques qui l'assombrissent et des manifestations de plus en plus pénibles d'un érotisme sénile qui amène, entre la fidèle Juliette et lui, de fréquentes et dramatiques ruptures, cette vie donne l'impression d'un destin exceptionnellement réussi. Elle s'achève en apothéose. Pour tout le peuple républicain, Hugo est un éclatant symbole. Ses discours (sur la tombe d'Edgar Quinet, sur Voltaire, pour l'ouverture du Congrès littéraire international) ont un vaste retentissement. Les manifestations se multiplient en l'honneur du vieux poète. Le 26 février 1880, c'est le banquet pour le cinquantenaire d'*Hernani ;* le 27 février 1881, Paris célèbre officiellement son entrée dans sa quatre-vingtième année ; le 4 mars, les sénateurs unanimes se lèvent en son honneur. Le 11 mai 1883, Juliette Drouet meurt. Quelques semaines plus tard, Hugo prend ses dispositions testamentaires (« Je refuse l'oraison de toutes les Églises, je demande une prière à toutes les âmes. Je crois en Dieu. » En 1884, il fait un bref voyage en Suisse.

Le vendredi 15 mai 1885, Hugo est atteint de congestion pulmonaire ; il meurt le 22 mai. Le 1er juin, le gouvernement décide les funérailles nationales ; son cercueil est exposé sous l'Arc de Triomphe et transporté au Panthéon.

Hugo a été le plus populaire des écrivains de son époque ; sans doute est-il encore le plus populaire des écrivains français. Il le doit en partie à ce destin d'exilé auquel il a su donner une couleur légendaire, à une position politique qui lui a valu d'être, au moment où naissait la troisième République, le symbole du régime nouveau : mais aussi à sa sensibilité même, à son entente des sentiments fondamentaux, qu'ils soient ceux de l'existence privée ou de la vie civique, à son éloquence à la fois éclatante et simple. Sa gloire a dépassé l'habituelle gloire des littérateurs. Mais cette audience, qui ne s'est pas démentie, a souvent écarté de lui les « connaisseurs ». La tradition académique lui a longtemps préféré Lamartine, Musset ou Vigny, moins violemment romantiques ; et, après Baudelaire, les tenants de la poésie nouvelle lui ont souvent reproché l'impureté de son lyrisme, son caractère narratif, son manque de rigueur et de densité. La réponse d'André Gide « Hugo, hélas ! » à une enquête demandant le nom du plus grand poète français est, à cet égard, significative. Cependant cette œuvre est d'une telle diversité qu'après avoir été l'« écho sonore » de tout un siècle elle est capable de répondre à l'appel de n'importe quelle génération.

La fécondité est le premier caractère du génie hugolien. Mais il ne s'agit pas de l'abondance facile qui se contente de reproduire le résultat d'une spontanéité première ; fécondité, ici, c'est aptitude à tirer de soi-même des formes toujours différentes de création. Il y a loin des pièces les mieux venues des premiers recueils aux grandes pages poétiques de la maturité et de la vieillesse : *Le Satyre* (+), tel passage de *Dieu* et de *La Fin de Satan*, tel poème des *Quatre Vents de l'esprit*, ou le *Tombeau de Théophile Gautier*. Distance qui correspond à la fois à un approfondissement de la vie intérieure, que l'exil a favorisé, et à la progressive conquête de cette souveraineté technique qui permettait à Mallarmé de dire : « Il fut le vers personnellement. »

L'œuvre, dans son étonnante diversité, est sans doute inégale. Le théâtre a vieilli ; il demeure pourtant l'exemple même de la liberté romantique, et on peut retrouver dans le drame claudélien plus d'un écho des idées de la *Préface* de *Cromwell*. Quelques-uns des romans (*Les Misérables, Les Travailleurs de la mer*) sont, sinon des romans au sens où nous prenons le mot depuis Balzac, du moins de prenants poèmes — épiques ou tragiques. Le prosateur est admirable : éloquent avec magnificence, concis avec éclat ou sobriété quand il le veut (comme dans *Choses vues*).

Mais c'est surtout le poète qui demeure. Contrairement aux interdits classiques, qu'il récuse, et aux interdits modernes, qu'il ignore, Hugo voit dans la poésie un « vaste jardin » où « il n'y a pas de fruit défendu ». Il aborde tous les thèmes, utilise tous les tons et tous les registres : tour à tour épique, satirique, élégiaque, allant de la fresque au tableau de genre, exprimant avec une simplicité où chacun peut se reconnaître les grands lieux communs du sentiment, ou se livrant aux mouvements lyriques de l'âme, plongeant au plus profond d'un inconscient ouvert aux voix mystérieuses du monde, et s'abandonnant aussi bien aux jeux d'une fantaisie charmante, rêveuse, érotique, puis saugrenue... Il est le plus varié et le plus puissant poète d'un siècle dont il témoigne éminemment : le mythe de sa grande trilogie (*La Légende des siècles, Dieu* et *La Fin de Satan*) — la rédemption de l'homme à travers le temps — est la seule expression poétique valable de l'optimisme historique du siècle, et cette philosophie de l'histoire est spontanément accordée à l'imagerie la plus personnelle et la plus profonde : le contraste du jour et de la nuit, des rayons et des ombres, est en même temps celui du Bien et du Mal, de la conscience et du non-conscient. Pour Hugo, le grand problème est celui de l'existence du Mal, qui se présente à lui sous la forme de l'injustice sociale, et dans la Nature sous la forme de l'existence infra-humaine ; et la seule finalité — dans l'Histoire comme dans la vie individuelle — est d'extirper le Mal, de rendre l'inconscient à la conscience, la nuit au jour, Satan à Dieu.

Au-delà de son siècle, il semble qu'Hugo témoigne des prochaines aventures poétiques. Son influence sur Baudelaire, sur Rimbaud, sur Mallarmé lui-même, sur les surréalistes, n'est pas niable. Il voit dans l'inconscient une source privilégiée du poétique ; libérant la métaphore de son destin de comparaison rationnelle, il use de l'image avec une hardiesse et une étrangeté toutes nouvelles ; il entrechoque les mots avec une fureur sans précédent. On a mis récemment en lumière, dans les poèmes posthumes *Dieu* et *La Fin de Satan*, la présence d'une imagination mythique étroitement rattachée à ce climat de surrationalité qui est celui de la poésie moderne. Le poète de la « bouche d'ombre » est tout proche de nous.

Mais il ne s'agit pas, pour Hugo, comme pour les poètes qui le suivront, de créer un nouveau langage. Si la poésie moderne tend à substituer un langage de création à un langage d'expression, Hugo n'est pas moderne : sa poésie est une poésie d'expression. Il sait, il sent, il voit des vérités, des présences, des formes, et son magnifique langage n'est que le procès-verbal de sa vision. « Trouvant toujours le sens comme l'eau le niveau », le mot, pour lui, est un signe expressif. Ce poète auquel nous pensons le plus souvent comme au rhéteur type est le moins verbal qui soit, puisque, s'il parle, c'est seulement pour capter sa vision, la contraindre à une immobilité et à une précision où il puisse la posséder au lieu d'être possédé par elle. De *La Pente de la rêverie* aux derniers poèmes, Hugo a vécu avec intensité et sincérité l'expérience de l'homme qui a tout oublié de lui-même, sinon qu'il est conscience et effroi d'être au monde, écho des voix de l'infini, soulevé par un vent ténébreux. Il a vécu la présence de ce qui échappe au regard et au langage humains, et sa recherche n'est qu'un long effort pour contraindre cet invisible à prendre forme, cet indicible à s'incarner dans les mots. Sa poésie est une incantation qui vise et provoque la présence de ce qui ne peut être présent, mais qu'il a cru entrevoir. C'est pourquoi il lui arrive d'user du langage avec négligence, se répétant sans y prendre garde comme si, à force de frapper à la porte, il espérait la voir s'ouvrir. La monotonie, ici, n'est pas une faiblesse ni une ruse de style, mais une sorte d'insistance magique et d'espoir. Le flot des alexandrins, avec leurs rimes et leurs mots aussi monotones que les vagues (*ombre* et *sombre, ténèbres* et *funèbre, horrible* et *terrible*) part à l'assaut d'on ne sait quelle terre, et les mêmes images — *angles de la nuit et de l'immensité, porches de l'infini* — s'entassent comme si de leur reprise allait jaillir l'éclair qui dévoilera enfin la géométrie des ténèbres. Ouvert à la fois aux signes mystérieux du monde et à ceux de l'événement temporel, Hugo apparaît comme un visionnaire cosmique qui a tenté d'accorder sa révélation de l'énigme universelle à une interprétation optimiste et rationaliste de l'histoire humaine.

GAËTAN PICON.

♦ *« Il possède un talent remarquable et sur lequel la littérature allemande a marqué son influence* [...] *Je le comparerai à Manzoni. Il y a en lui beaucoup d'objectivité, et il me semble être aussi important que MM. de Lamartine et Delavigne. » « C'est un beau talent, mais tout engagé dans la fâcheuse direction romantique de son temps. » « Je ne lui fais pas un crime de vouloir s'enrichir, non plus que de s'efforcer de récolter les lauriers du jour ; mais s'il aspire à une gloire durable, il doit d'abord commencer par écrire moins et travailler davantage. »* Goethe. ♦ *« La musique des vers de Hugo s'adapte aux profondes harmonies de la nature ; sculpteur, il découpe, dans ses strophes, la forme inoubliable des choses ; peintre, il les illumine de leur couleur propre. Et, comme si elles venaient directement de la nature, les trois impressions pénètrent simultanément le cerveau du lecteur. De cette triple impression résulte la* morale des choses. *Aucun artiste n'est plus universel que lui, plus apte à se mettre en contact avec les forces de la vie universelle, plus disposé à prendre sans cesse un bain de nature. Non seulement il exprime nettement, il traduit littéralement la lettre nette et claire ; mais il exprime avec l'*obscurité indispensable *ce qui est obscur et confusément révélé. »* Baudelaire. ♦ *« Des injures sont aussi des injures, en vers comme en prose ; et personne, dans ce siècle, à l'exception de Louis Veuillot peut-être, n'en a vomi de plus grossières que V. Hugo... »* F. Brunetière. ♦ *« Hugo,* trop cabochard, *a bien du vu dans les derniers volumes :* Les Misérables *sont un vrai poème. J'ai* Les Châtiments *sous la main.* Stella *donne à peu près la mesure de la* vue *de Hugo. »* Rimbaud. ♦ *« ... Hugo, dans sa tâche mystérieuse, rabattit toute la prose, philosophie, éloquence, histoire au vers, et, comme il était le vers personnellement... »* Mallarmé. ♦ *« Victor Hugo est demeuré le poète de l'individualité dans toute la force de l'expression. Jamais, ou presque jamais, il ne s'est élevé au-dessus d'elle ; jamais il n'a rendu la vie universelle ; il ne réussit pas à pénétrer la pensée d'unité. C'est un poète de fractionnements, d'analyses, qui individualise et isole tout ce qu'il touche, un poète objectif, toujours guidé par ce qui se trouve en dehors de lui-même, toujours attiré de l'esprit à la matière, de l'idée au symbole, de la substance à la forme. »* Mazzini. ♦ *« Cette œuvre signifie la lutte du Génie et de l'Erreur. L'Erreur était certainement plus grande que le Génie. Mais, souvent, celui-ci a été plus fort* *qu'elle. »* Charles Maurras. ♦ *« Le plus grand poète français, hélas !... »* André Gide. ♦ *« Il mangeait son pain d'un meilleur appétit, et sa cuisse de bœuf, il buvait son vin d'un meilleur cœur qu'un compagnon d'Achille... Un homme qui buvait dans le creux de sa main à la source de la création charnelle, d'aussi près que les anciens païens, qui embrassait l'univers charnel d'un embrassement neuf, charnel... il ouvre les yeux, sinon les plus profonds, du moins les plus voyants qui se soient jamais ouverts sur le monde charnel... cet antique, cet homme d'un génie unique était ravagé d'au moins un double politicien, un politicien de politique qui le fit démocrate et un politicien de littérature qui le fit romantique ; mais il avait reçu le don de voir la création comme si elle sortait ce matin de la main du Créateur. »* Charles Péguy. ♦ *« Victor Hugo est un inspiré, on peut même dire qu'il fut l'Inspiré par excellence, et son œuvre est la meilleure démonstration qui soit de ce phénomène étrange, et si embarrassant pour la disposition critique, que l'on appelle l'inspiration. »* Paul Claudel. ♦ *« Hugo n'a sûrement pas ici... le crédit qu'il mérite. Il a écrit beaucoup de bêtises, mais on est excusable d'avoir écrit beaucoup de bêtises quand on a vécu quatre-vingt-trois ans et qu'on avait la plume facile. Ses éclairs sont impressionnants. Il lui arrive d'avoir de la profondeur, et une anthologie de lui, faite du seul point de vue de l'intelligence, causerait des surprises. On dira peut-être que ce qu'il a écrit de profond, en proportion de l'énormité de son œuvre, est peu ; mais, après tout, le nombre des vers divins est très réduit chez Racine : je n'en compte pas plus de vingt-deux. Il est fort possible que l'alternance française ramène Hugo à la surface. »* Henry de Montherlant.

RÉF. : *Victor Hugo raconté par un témoin de sa vie*, Paris, 1863 (par Mme Victor Hugo). – E. Biré, *Victor Hugo*, 4 vol., 1883-94. – E. Dupuy, *Victor Hugo, l'homme et le poète*, Paris, 1885. – Charles Renouvier, *Victor Hugo, Le Poète*, Paris, 1893 ; *Victor Hugo, Le Philosophe*, Paris, 1900. – Ch. Péguy, *Victor-Marie, comte Hugo*, 1912. – P. Berret, *Victor Hugo*, Paris, 1927. – André Maurois, *Olympio*, Paris, 1952. – Chanoine G. Venzac, *Les Origines religieuses de Victor Hugo*, Paris, 1955. – P. Albouy, *La Création mythologique chez Victor Hugo*, Paris, 1963. – J. Gaudon, *Le Temps de la contemplation*, Paris, 1969. – Cl. Gély, *Victor Hugo, poète de l'intimité*, Paris, 1969. – J. B. Barrère, *La Fantaisie de Victor Hugo*, Paris, 1972-73. – A. Ubersfeld, *Le Roi et le Bouffon. Étude sur le théâtre de Victor Hugo de 1830 à 1839*, Paris, 1974. – H. Juin, *Victor Hugo*, 3 vol., Paris, 1980 à 1986. – J. B. Barrère, *Victor Hugo*, Paris, 1984. – Y. Gohin, *Victor Hugo*, Paris, 1986.

HUGUES de Saint-Victor. Philosophe et théologien mystique français. Né près d'Ypres (Flandre occidentale) vers 1096-1097, mort à l'abbaye de Saint-Victor de Paris le 11 février 1141. Il est une des personnalités les plus représentatives du XIIe siècle. On sait peu de chose sur sa vie, et surtout sur sa jeunesse. Né probablement dans la région qu'arrose l'Escaut, près d'Ypres, il quitta vite sa patrie pour se rendre, peut-être, chez les religieux du monastère de Hammersleben, en Saxe, auxquels il dédiera son *De arrha animae.* Vers 1118, il vint à Paris, qui était alors le centre de toute la ferveur intellectuelle et spirituelle, et fit profession chez les chanoines réguliers de Saint-Augustin, à l'abbaye de Saint-Victor fondée par Guillaume de Champeaux. On suppose que, dès son plus jeune âge, Hugues dut s'exercer à acquérir cette merveilleuse ouverture d'esprit grâce à laquelle il saisissait tous les problèmes, s'adaptait à tous les climats, pénétrait au plus profond de l'âme de ses amis et de ses disciples. Plus tard, il confessera, en une remarque très brève sur lui-même, n'avoir jamais méprisé ni négligé aucune discipline. Nul plus que lui, cependant, n'aspirait à l'unité et à la rectitude dans le savoir et dans la vie. Cette variété de dons lui permit d'exercer une grande influence comme professeur à l'école de Saint-Victor, et d'en devenir, après la mort de Thomas, le directeur des études (1133). Son vaste enseignement s'étendait aux sciences profanes – v. *Didascalicon ou Du savoir* (*) – comme aux sciences sacrées – v. *Des sacrements de la foi chrétienne* (*) – sans inutile idéologie, dans un très humain contact avec ses disciples, dont il ne dédaignait pas de corriger les notes. On aspirait, en l'écoutant, à une perfection qui n'était pas seulement intellectuelle (comme il apparaît dans son traité *Sur l'éducation des novices*). Extrêmement sociable, accueillant à toute nouveauté (ainsi que le prouvent ses lettres à saint Bernard, à Gautier de Mortagne et à Jean de Séville), il était, toutefois, essentiellement contemplatif. En effet, il a, de façon remarquable, exprimé, et parfois avec une ardeur lyrique, le lien qui unit la vérité à l'amour (traité *Sur l'arche de Noé* et autres œuvres ascétiques et mystiques). Commentateur pénétrant et avisé d'ouvrages tels que la *Hiérarchie céleste* (*) de Denys l'Aréopagite, il savait heureusement concilier la nouveauté et la tradition. On n'a pu établir avec certitude si Hugues de Saint-Victor exerça la charge de prieur, ni si, dans les dernières années de sa vie, il fit un voyage à Rome. De sa mort, en tout cas, qui semble avoir été aussi sereine que sa vie, l'infirmier Osbert nous a laissé un émouvant récit. C'est le premier écho de la vénération que, pendant de nombreuses années, devait inspirer cette figure à la fois admirable et simple.

FRANCESCO MINUTO.

RÉF. : B. Hauréau, *Les Œuvres de Hugues de Saint Victor*, Paris, 1886. – G.-B. Grassi Bertazzi, *La Filosofia di Hugo da Santo Vittore*, Albrighi, 1912. – Abbé A. Mignon, *Les Origines de la scolastique et H. de S.-V.*, 2 vol., Paris, 1895. – H. Weisweiller, *Die Arbeitsmethode Hugos von St. Viktor, Scholastik*, pp. 59-87, 232-267, 1949. – D. van den Eynde, *Essai sur la succession et la date des écrits de Hugues de Saint-Victor*, Rome, 1960.

HUIDOBRO Vicente. Poète chilien. Né à Santiago le 10 janvier 1893, mort dans sa propriété de Cartagena le 2 janvier 1948. Enfant d'une riche famille de l'oligarchie, Huidobro est élevé chez les jésuites avant d'être renvoyé pour indiscipline. Sa mère tient salon et anime la vie littéraire de la capitale sous le pseudonyme de Monna Lisa. Très tôt Huidobro voyage en Europe avec les siens et vit notamment à Paris, ce qui explique son maniement aisé de la langue française.

Son premier livre de poèmes, *Échos de l'âme* [*Ecos del alma*, 1911], est bien accueilli par la critique chilienne. Il fonde une revue, *Jeune Muse* [*Musa joven*], rédige des articles sur la poésie et voue un culte particulier à Ruben Darío. Très attentif aux mouvements esthétiques européens, il est séduit par le futurisme. Un nouveau recueil, *Chansons dans la nuit* [*Canciones en la noche*, 1913], témoigne de l'influence du symbolisme français ; *La Grotte du silence* [*La gruta del silencio*, 1913] cite en épigraphe Verlaine, Rimbaud et Mallarmé ; une technique personnelle de l'image s'y fait jour. *Les Pagodes occultes* [*Las pagodas ocultas*, 1914], ensemble de proses poétiques, révèlent un travail de réflexion sur le signifiant graphique. La publication de textes violemment hostiles à son milieu et à son éducation provoque la rupture du poète avec sa famille. Des conférences, des articles laissent entrevoir la mise sur pied d'une théorie littéraire qui deviendra le créationnisme [creacionismo] ; les recueils *Adam* [*Adam*] et *Le Miroir d'eau* [*El espejo de agua*, 1916] précèdent le départ pour l'Europe (fin 1916) ; Huidobro séjourne en Italie puis se rend à Paris où il écrit désormais à la fois en français et en espagnol. Devenu l'ami de Picasso, Éluard, Reverdy, Larrea, il participe au lancement de la revue *Nord-Sud* (*) (1917). Très connu des milieux artistiques parisiens, Huidobro se passionne pour toutes les formes d'avant-garde : il juge l'influence du cubisme déterminante en ce début de siècle. Il publie *Horizon carré* en français. À Madrid, en 1918, il rencontre des poètes qui, très marqués par lui, fondent la revue *Ultra* (1921-22) et se diront ultraistes [ultraístas]. Il y publie deux livres en français : *Tour Eiffel* et *Hallali* ; deux autres en espagnol : *Équatorial* [*Ecuatorial*], dédié à Picasso et *Poèmes arctiques* [*Poemas árcticos*]. Le créationnisme s'affirme comme doctrine poétique et, en 1921, Huidobro fonde à Madrid la revue *Creación*. Une violente polémique s'engage entre Huidobro et Reverdy à la suite d'un article de ce dernier où est minimisée l'influence de l'écrivain chilien. En 1923, Huidobro publie à Paris un pamphlet contre le colonialisme anglais : *Finis Britanniae* ; en 1924, une *Élégie à la mort de Lénine* ; en 1925, *Automne régulier, Tout à coup,* et des textes de théorie poétique : *Manifestes* ; selon l'auteur, le poème créationniste n'existe qu'à coup « d'images créées, de situations créées, de concepts créés ; il n'épargne aucun élément de la poésie traditionnelle, seulement ici ces éléments sont tous inventés sans aucun souci du réel ni de la vérité antérieure à l'acte de réalisation ».

Huidobro rentre au Chili (1925), où il déploie une grande activité politique ; il crée le journal *Acción* et dénonce le régime au pouvoir ; cela lui vaut d'être matraqué. Dans un essai, *Vents contraires* [*Vientos contrarios*, 1926], il fait l'éloge du communisme. Il repart pour l'Europe en 1927. Son roman *Mio Cid Campeador* est publié à Madrid. L'année 1931 est essentielle dans l'œuvre de l'écrivain puisque sont édités à Madrid les deux recueils huidobriens considérés comme majeurs : *Altaigle* (*) et *Tremblement de ciel* [*Temblor de cielo*]. En 1932 est publiée à Paris la pièce *Gilles de Raiz* que Corti a rééditée en 1988.

Huidobro retourne au Chili en 1933. Il participe au combat politique auprès du Front populaire chilien et jouit d'un vif prestige littéraire. Il publie des nouvelles : *Cagliostro, La Prochaine* [*La próxima*], une pièce : *Dans la lune* [*En la luna*, 1934]. Il s'insurge contre la montée du fascisme en Italie ; en 1936, il fonde la revue *Vital* (qui s'appellera bientôt *Total*). Son engagement politique s'affirme ; il soutient inconditionnellement le peuple espagnol en lutte. Sa polémique esthétique avec Pablo Neruda connaît divers rebondissements. Correspondant de guerre pendant le second conflit mondial, il est blessé peu avant la chute de Berlin (1945). Il meurt dans son pays (1948) après une vie toute consacrée à la poésie, à de tumultueuses amours et à la défense de la liberté.

MARIE-CLAIRE ZIMMERMANN.

RÉF. : M. Cammurati, *Poesía y poética de Vicente Huidobro*, Buenos Aires, 1980. – J. Concha, *Vicente Huidobro*, Madrid, 1980. – R. de Costa, *En pos de Huidobro : Siete ensayos de aproximación*, Santiago, 1980. – E. Busto Ogden, *El creacionismo de Vicente Huidobro en sus relaciones con la estética cubista*, Madrid, 1983. – R. de Costa, *Vicente Huidobro. The Careers of a Poet*, Oxford, 1984. – P. López-Adorno, *Vías teóricas a « Altazor » de Vicente Huidobro*, New York, 1986.

HUIZINGA Johan. Critique et historien hollandais. Né à Groningue le 7 décembre 1872, mort le 1er février 1945 à De Steeg. Il représente un courant historiographique qui concentre son intérêt sur l'histoire de la civilisation. Mais, au début, il s'était orienté vers les études de lettres et de philologie, à Groningue d'abord, puis à Leipzig. Professeur d'histoire au collège de Haarlem de 1897 à 1905, il obtint en 1903 l'agrégation d'histoire de la civilisation et de la littérature d'Indonésie à l'université d'Amsterdam. En 1905, un travail sur *Les Origines de Haarlem* [*De Opkomst van Haarlem*] lui valut d'être appelé à l'université de Groningue comme professeur d'histoire. En 1915, il est à l'université de Leyde, et se révèle, en 1919, par une œuvre intitulée *L'Automne du Moyen Âge* (*), qui traite de la civilisation franco-bourguignonne des XIVe et XVe siècles. Par la suite, Huizinga demeurera lié à cette histoire de la culture, laquelle, cependant, finit par devenir un moyen très personnel d'expression d'une vision du monde plutôt qu'une pensée historique rigoureuse. L'histoire est, dans le fond, conçue par Huizinga comme un jeu. D'où un relativisme qui met sur le même plan tous les phénomènes de la civilisation. Dans cet esprit sont conçus

Érasme (+) (1924), *Explorations d'histoire culturelle* [*Cultuur-historische verkenningen*, 1929], *Homo ludens* (*) (1939). Dans *La Crise de la civilisation* (*) (1935), Huizinga a cependant décelé, avec inquiétude et tristesse, l'ébranlement qui menace notre civilisation, et l'a identifié avec l'irrationalisme de la vie moderne. En 1929, il avait été élu président de la classe philologico-historique de l'Académie royale des sciences d'Amsterdam. Pendant l'occupation allemande de la Hollande au cours de la dernière guerre, Huizinga, suspect aux envahisseurs, fut d'abord détenu dans un camp de concentration, puis banni.

MICHELE BISCIONE.

RÉF. : W. Kaegi, *J. Huizinga zum Gedächtnis*, Berne, 1945 ; *Das historische Werk J. Huizingas*, Leyde, 1947. — C. T. van Valkenburg, *Johan Huizinga*, Amsterdam, 1946. — P. Polman, *Huizinga als cultuurhistoricus*, Haarlem, 1946. — W.C. Schfallenbert et van Huffel, *Uren met Huizinga*, Baarn, 1950. — *Johan Huizinga, 1872-1945, Papers delivered at the J. H. Conference, Groningen 1972*, La Haye, 1973.

HUMBOLDT Friedrich Heinrich Alexander, baron von. Naturaliste et voyageur allemand. Né le 14 septembre 1769 à Berlin, où il mourut le 6 mai 1859. D'une famille prussienne noble et aisée, sa mère lui fit donner, ainsi qu'à son frère aîné Wilhelm (le futur philologue), une éducation soignée. Les deux frères, décidés à ne rien devoir qu'à leur seul mérite, furent envoyés en 1786 à l'université de Francfort pour y compléter leurs études, puis, en 1788, à celle de Göttingen, où Alexandre soutint une thèse de doctorat ès sciences économiques. Mais ce qui l'attirait surtout, c'étaient les sciences naturelles et les voyages scientifiques, et lorsque, en 1790, il entreprit une longue expédition sur les fleuves de l'Europe occidentale, ce fut son premier pas vers la renommée. Humboldt, à peine de retour, voulut partir pour l'Orient, mais, retenu par l'amour qu'il vouait à sa mère, il se rendit à Hambourg, puis étudia à l'École minière de Freyberg, dans l'Erzgebirge, où il connut Andrea de Rio. Entré en 1792 au Département minier de Berlin, il devint peu après directeur général des mines de Franconie. Il n'en poursuivit pas moins ses observations scientifiques, et publia ses premiers travaux, en particulier un ouvrage sur la végétation des mines de Freyberg, *Florae Fribergensis specimen*, etc. (Berlin, 1793). Humboldt, qui s'intéressait beaucoup à la découverte de Galvani et aux études de Volta sur l'électricité, écrivit également *Expériences sur le galvanisme* [*Versuche über die gereizte Muskel, und Nervenfaser, oder Galvanismus*, etc., 1797-99]. Il put satisfaire enfin sa passion des voyages lorsque, le 5 juin 1799, avec son ami le botaniste Aimé Bonpland, il appareilla à La Corogne sur la corvette « Pizarro », en direction des colonies espagnoles d'Amérique. Humboldt, pendant cinq ans, parcourut l'Amérique du Sud, les mers et les îles du golfe du Mexique, et ses observations fournirent dans la suite un apport fondamental à la géographie physique et à la météorologie. Ce fut lui qui, le premier, eut recours aux « isothermiques » pour la représentation des zones d'égale température, inaugurant ainsi une méthode de comparaison entre les différents climats (*Des lignes isothermes*, 1817). Humboldt escalada divers sommets des Andes pour étudier les variations de température par rapport à l'altitude et au niveau de la mer, et fut un des premiers à étudier la distribution géographique des plantes et des animaux (*De distributione geographica plantarum*, 1817). Quatre mois durant, il parcourut 1 750 milles en pays sauvage, et détermina le point de confluence entre les bassins de l'Orénoque et de l'Amazone. Il découvrit la diminution d'intensité du champ magnétique terrestre du pôle à l'Équateur et, pour décrire un phénomène qu'il était le premier à observer, inventa le terme « tempête magnétique ». Les résultats exceptionnels de ce voyage furent le fruit, non seulement d'une excellente préparation scientifique et de l'expérience mais, avant tout, de cette vision harmonieuse de la nature qui caractérise toute son œuvre. Son livre *Voyage aux régions équinoxiales du Nouveau Continent, fait en 1799-1804* (avec A. Bonpland), qui comprend de nombreux volumes et eut diverses éditions (Paris, 1807, etc.) fut considéré comme un complément de la découverte de l'Amérique. Le savant eut, en effet, le mérite d'initier l'Europe aux problèmes de l'économie américaine. Devenu l'homme le plus célèbre de l'Europe après Bonaparte, et sollicité par toutes les sociétés scientifiques, Humboldt se rendit ensuite avec Gay-Lussac en Italie pour étudier la déclinaison magnétique. En 1808, il s'installa à Paris, et obtint les concours nécessaires à la mise en ordre des résultats de ses voyages. Il comptait en France beaucoup d'amis, et fut un grand admirateur de l'idéal de la Révolution française, dans lequel il voyait une juste revanche des opprimés. En 1829, âgé de soixante ans, il traversa en vingt-cinq semaines toute la Russie, depuis la Néva jusqu'au Ienissei. Ses écrits sont très nombreux : *Tableaux de la nature* (*) ; *Essai politique de la Nouvelle Espagne* (1811) ; *Examen critique de l'histoire de la géographie du Nouveau Continent* (1814-34) ; *Fragments de géologie et de climatologie asiatiques* (1831) ; *Asie centrale, recherches sur les chaînes de montagnes et la climatologie comparée* (1842) ; *Minéralogie-Géognosie* [*Mineralogisch-geognostische Reise nach dem Ural, Altai, und dem Kaspischen Meere*, 1837-42] ; mais son œuvre la plus importante demeure le célèbre *Cosmos* (*), dont les quatre premiers volumes furent publiés entre 1845 et 1858, le cinquième (posthume) en 1862. Alexandre de Humboldt, très considéré à la cour de Prusse, fut chargé de diverses missions diplomatiques.

RICCIOTTI FEDRIANI.

♦ *« En fait de savoir et de connaissances pleines de vie, on peut dire qu'il n'a pas son pareil. Avec cela un savoir encyclopédique comme je n'en connais pas d'autre exemple. Quel que soit le sujet auquel on touche, il lui est familier, et on le voit toujours prêt à vous combler des trésors de son esprit. C'est comme une fontaine aux bouches nombreuses : il suffit de mettre dessous un récipient et la fontaine continue à verser son flot rafraîchissant, inépuisable. » « ... Des hommes tels qu'Alexander von Humbold, qui, pour ce que je cherche et qu'il m'est nécessaire de savoir, m'en disent plus en un seul jour que ce que j'aurais appris en continuant des années à suivre mon chemin solitaire. »* Goethe. ♦ *« M. de Humboldt, de nos jours, pour les grandes observations végétales en divers climats, a donné sur plus d'un point consistance et réalité scientifique à ce qui n'existait chez Bernardin* [de Saint-Pierre] *qu'à l'état de vue attrayante et passagère... »* Sainte-Beuve. ♦ *« Alexandre de Humboldt a été sans conteste le plus éminent naturaliste de son temps. À la fois physicien, chimiste, botaniste, zoologiste, géologue et astronome, il n'a pu devenir le savant hors ligne qu'il aurait dû être s'il avait limité ses investigations à une seule science. Néanmoins, et malgré cette universalité d'activité, il n'a pas été qu'un vulgarisateur ; il a approfondi, il a inventé, et ses travaux sur le magnétisme terrestre, sur la climatologie, sur l'analyse de l'air, ses découvertes d'une foule d'espèces nouvelles dans les règnes végétal et animal, ses observations géologiques et astronomiques le classent, à tous égards, parmi les savants de premier ordre. Il a même constitué à peu près de toutes pièces quelques-unes des branches d'une science nouvelle, dont il a été en quelque sorte le créateur : la physique générale du globe ; la géographie climatologique, celle des plantes, la physique des mers, ne possédaient avant lui qu'une existence problématique. »* Léon Sagnet.

RÉF. : B. von Cotta, J. Schaller, H. Girard, *Briefe über Alexander von Humboldt's Kosmos*, Leipzig. — Docteur Lothar Döring, *Wesen und Aufgaben der Geographie bei Alexander von Humboldt...* Francfort-sur-le-Main, 1931. — Victor W. von Hagen, *South America called them*, Londres, 1949. — E. R. Brann, *The Political Ideas of Alexander von Humboldt*, Madison, 1954 ; *Alexander von Humboldt, Patron of Science*, Madison, 1954. — H. Scurla, *Alexander von Humboldt ; eine Biographie*, Düsseldorf, 1982. — Pierre Gasras, *Humboldt, l'explorateur*, Paris, 1985.

HUMBOLDT Karl Wilhelm von. Philologue et critique littéraire allemand. Né à Postdam le 22 juin 1767, mort au château de Tegel, près de Berlin, le 8 avril 1835. Frère de F. A. von Humboldt, il étudia la philosophie et le droit à Francfort et à Göttingen. Lors de la Révolution française, il se rendit à Paris, pour assister de près aux événements. Son opinion sur la constitution révolutionnaire souleva, en 1792, une polémique à laquelle il répondit par son *Essai sur les limites de l'action de l'État* [*Ideen zu einem Versuch, die Gränzen der Wirksamkeit des Staats zu Bestimen*], publié seulement en 1851, mais dont les fragments ont paru en 1792 dans la *Berlinische Monatsschrift* et dans la *Thalid* de Schiller. Son mariage avec Caroline von Dacheröden le fit entrer dans l'intimité de Schiller, de Goethe, de Heine, de Körner et surtout de Jacobi ; ce dernier surtout eut une grande influence sur lui. En 1797, il entreprit un long voyage en Italie, en France et en Espagne. S'étant arrêté pendant trois ans à Paris, il lia connaissance avec Mme de Staël et écrivit sa fameuse *Lettre à Goethe sur le théâtre français*. De 1801 à 1808, il fut chargé d'affaires du gouvernement prussien auprès du Saint-Siège, puis ministre de l'Instruction publique (en cette qualité, il fonda, en 1810, l'université de Berlin, où il appela notamment Fichte, F. A. Wolff, Schleiermacher et Savigny). Ambassadeur à Vienne de 1810 à 1819, il joua un rôle important au Congrès de Vienne ; ministre de l'Intérieur en 1819, il dut quitter très vite ce poste à cause de ses idées libérales et se consacra dès lors exclusivement à ses recherches. L'introduction de son livre posthume *Sur la langue Kawi dans l'île de Java* (+), intitulée *Sur la structure du langage* (*), est une véritable philosophie du langage. Parmi ses autres livres, nous citerons ses *Essais esthétiques* [*Aesthetishe Versuche*, 1799], dont le plus intéressant est l'*Essai sur « Hermann et Dorothée »* (+) : *La Tâche de l'historien* (*) de 1821 ; *Recherches sur les habitants primitifs de l'Espagne au moyen de la langue basque* [*Prüfung der Untersuchungen über die Urbewohner Hispaniens vermittelst der vaskischen Sprache*, 1821] ; un *Dictionnaire basque*, publié dans le *Mithridate* ou *Dictionnaire polyglotte* d'Adelung ; *Lettre sur les formes grammaticales en général et sur la langue chinoise en particulier* [Paris, 1827], œuvres où Humboldt s'affirme comme l'un des créateurs de la linguistique moderne. En 1830, Humboldt publia sa *Correspondance avec Schiller* précédée d'une fort intéressante introduction. Notons enfin qu'il écrivit des *Mémoires*. Ses *Œuvres* ont été rassemblées en six volumes publiés à Berlin de 1841 à 1848.

RÉF. : Robert Leroux, *Guillaume de Humboldt. La formation de sa pensée jusqu'en 1794*, Strasbourg, 1932. — Ingrid Lecoq-Gellersen, *Die politische Persönlichkeit Wilhelm von Humboldts in der Geschichtsschreibung des deutschen Bürgertums*, Berne, Francfort, New York, 1985. — Peter Bergler, *Wilhelm von Humboldt, mit Selbstzeugnissen und Bilddokumenten dargestellt*, Reinbek bei Hamburg, 1985. — H. W. Scharf (éd.), *Wilhelm von Humboldts Sprachdenken*, Essen, 1988. — Jean Quillien, *L'Anthropologie philosophique de K. W. de Humboldt*, Lille, 1991.

HUME David. Philosophe et historien écossais. Né à Édimbourg le 26 avril 1711, mort dans cette même ville le 25 août 1776. Il était issu d'une famille illustre : son père, descendant des Hume de Douglas, possédait à Ninewells, dans le Berwickshire, une petite propriété dans laquelle David passa son enfance et où il retourna volontiers, plus tard, pour se reposer des luttes amères d'une vie qui tardait à lui accorder cette gloire à laquelle il aspirait depuis ses plus jeunes années. Sa famille aurait voulu le diriger vers le droit, mais l'intérêt qui, en lui, s'était éveillé dès l'adolescence pour la philosophie, le poussa à étudier le problème de la connaissance. Étant tombé malade par excès de travail, il pensa, un temps,

se consacrer aux affaires, et ouvrit une maison de commerce à Bristol, mais, s'étant vite convaincu que cela n'était pas sa voie, il retourna à ses études et partit pour la France, où il passa trois ans à Paris, Reims et La Flèche (où se trouve le fameux collège fondé par Henri IV, et dans lequel étudia Descartes). Animé de grandes ambitions littéraires, il écrivit entre vingt-trois et vingt-six ans son œuvre maîtresse, le *Traité de la nature humaine* (*), pensant que cet ouvrage produirait une telle impression sur ses contemporains que l'orientation des esprits en serait modifiée. Bien au contraire, il passa inaperçu. Ce fut alors que Hume quitta Londres où il avait fait publier, en 1739, la première et la deuxième partie du *Traité* (*L'Entendement, Les Passions*) et, en 1740, la troisième (*Morale*) et se retira à Ninewells où il se mit à étudier la politique et l'économie politique. Il fut plus heureux dans ce domaine : le premier volume des *Essais moraux, politiques et littéraires* [*Moral, Political and Literary essays*] qu'il publia en 1741, fut épuisé en quelques mois, si bien que l'année suivante Hume fit paraître, en même temps que le second volume, une deuxième édition du premier.

Encouragé par ce succès, et se proposant de même d'introduire la méthode expérimentale dans le domaine des sciences morales, il reprit son *Traité,* auquel il travailla pendant quatre ans. S'étant présenté, en 1744, à la chaire de philosophie morale, alors vacante, à Édimbourg, il ne put l'obtenir en raison des soupçons d'hérésie, de déisme et de scepticisme qui jouèrent contre lui ; cet échec lui fut d'autant plus pénible que, parmi les membres du jury, se trouvaient Hutcheson et Leechman, qu'il estimait. Cette fois encore il pensa changer de route, et se fit nommer secrétaire du général Saint-Clair qu'il accompagna en France, puis à Vienne (1748) et Turin. Rentré dans son pays, après un bref séjour à Ninewells, il se fixa à Édimbourg (1751) où, s'étant vu refuser une deuxième fois une chaire à l'université, il se contenta du poste de bibliothécaire, qui lui procurait de vastes possibilités d'étudier. Pendant ce temps, les *Discours politiques* (+), parus la même année, avaient remporté un notable succès, à l'étranger également de même que la troisième partie du *Traité,* que Hume avait rééditée en la simplifiant et en l'abrégeant, sous le titre *Recherches sur les principes de la morale* (*). Au cours de cette période, il écrivit en outre les *Dialogues sur la religion naturelle* (*), publiés à titre posthume en 1779, et prépara son *Histoire d'Angleterre* (*), remarquable par l'importance que l'auteur a donnée, en marge des événements politiques, aux mouvements sociaux et littéraires. Soutenu par le succès enfin atteint, il poursuivit son activité philosophique, et fit paraître quatre dissertations sous le titre : *Histoire naturelle de la religion* (*). Au cours d'un voyage à Paris, en 1763, en qualité de secrétaire de lord Hertford, il eut la satisfaction d'être reçu, avec de grands honneurs, par les encyclopédistes ; il se lia avec d'Alembert, Turgot et aussi Rousseau qui devait, peu après, rompre avec éclat et sans raison valable avec lui. Il passa les dernières années de sa vie à Édimbourg, où il connaissait, finalement, la joie d'être apprécié et aimé. Mentionnons encore son *Enquête sur l'entendement humain* (*). La philosophie de Hume, telle qu'elle s'exprime essentiellement dans le *Traité de la nature humaine,* représente un moment important dans l'histoire de l'empirisme, et plus généralement dans l'histoire de la philosophie. Comme le montre également la lecture de l'*Abrégé* (1740) que Hume publia de manière anonyme afin de relancer le *Traité* qui n'avait pas eu le succès escompté, l'élément majeur en est l'analyse du concept de causalité. Hume y montre effectivement que le pouvoir causal – l'idée de *connexion nécessaire* – que nous attribuons à certains phénomènes repose sur un processus de consécution dont se nourrit la croyance, afin d'anticiper ainsi sur les seules données de l'observation. Hume ne conteste pas l'opportunité ni la fonction de la causalité au regard de la connaissance et de nos croyances, mais nous ne pouvons légitimement accorder aux connexions qui se forment dans notre esprit une portée objective, au sens d'une existence dans les choses. Telle est la portée de l'analyse de Hume. D'une part elle se prolonge dans un scepticisme qui se refuse à statuer sur l'ordre des choses en tant que tel ; d'autre part, elle révèle la présence, au cœur de nos pratiques rationnelles, d'un élément « irrationnel » : la croyance, irréductible à la seule raison. La philosophie de Hume paraîtra à Kant compromettre la validité de la science et celui-ci s'efforcera d'en surmonter les périls. Mais, comme Kant lui-même l'a avoué, le scepticisme de Hume représente un moment décisif dans l'orientation qui fut ensuite celle de sa philosophie et, pour nous, de ses conséquences.

♦ *« C'est un excellent homme que David Hume ; il est naturellement serein. Il entend finement, il dit quelquefois avec sel, quoiqu'il parle peu ; mais il est lourd et n'a ni chaleur, ni grâce, ni agrément dans l'esprit, ni rien qui soit propre à s'allier au ramage de ces charmantes petites machines qu'on appelle jolies femmes. »* Grimm. ♦ *« Mais quelles expressions emploierai-je pour vous faire connaître l'effet que produit sur moi votre divine impartialité ? J'aurais besoin en cette occasion de votre propre éloquence, pour bien rendre ma pensée. En vérité, je crois avoir devant les yeux l'ouvrage de quelque substance céleste, dégagée des passions, qui pour l'utilité a daigné écrire les événements de ces derniers temps. »* Comtesse de Boufflers à Hume. ♦ *« M. Hume, qui a creusé avec tant de hardiesse et de sagacité les fondements de la métaphysique et de la morale. »* Voltaire. ♦ *« Chose remarquable, ce ne sont ni les travaux historiques de Hume, ni ses études morales, ingénieuses, certes, mais bien dépassées par l'utilitarisme de ses successeurs, qui ont fait durable sa renommée ; ç'a été sa philosophie de la connaissance, en dépit de son scepticisme et des inquiétudes qu'elle provoque chez le savant. »* Georges Lyon. ♦ *« Il est sans aucun doute le penseur le plus clair et sans préjugés, en même temps le plus universel et possédant la meilleure formation philosophique que la nation anglaise ait jamais produite.* » Windelband. ♦ « *Comme historien on lui reconnaît le mérite d'avoir été le premier à chercher à faire de l'Histoire autre chose qu'une simple histoire des guerres, car il tint compte des conditions sociales, des coutumes, de la littérature et de l'art.* » Höffding.

RÉF. : Burton, *Life of Hume,* 1846. – Huxley, *Hume (English Men of Letters),* 1879. – G. Lechartier, *David Hume,* 1900. – Teisseire, *Les Essais économiques de Hume,* 1902. – L. Lévy-Bruhl, *L'Orientation de la pensée de David Hume,* 1909. – Thomson, *David Hume,* 1912. – A. Leroy, *La Critique et la religion chez David Hume,* 1930. – G. Deleuze, *Empirisme et subjectivité. Essai sur la nature humaine selon Hume,* Paris, 1953. – M. Malherbe, *La philosophie de David Hume,* Paris, 1976. – D. Deleule, *Hume et la naissance du libéralisme économique,* Paris, 1979. – Y. Michaud, *Hume et la fin de la philosophie,* Paris, 1983.

HUMO Hamza. Écrivain serbe (de Bosnie). Né à Mostar le 30 décembre 1895, mort à Sarajevo le 19 janvier 1970. Journaliste professionnel, il est aussi rédacteur en chef de diverses publications, notamment de *L'Amuseur* [*Zabavnik*] et de *L'Époque moderne* [*Novo doba*]. Poète et prosateur, sa production romanesque est proche de la poésie en prose, et son œuvre tout entière se caractérise par une grande unité de ton et d'inspiration, dont le trait essentiel est l'expression, dans un décor toujours méditerranéen, d'une sensualité tout orientale jointe à des préoccupations morales et à un intérêt profond pour les problèmes sociaux de son époque. Son premier roman lyrique, *Le Ricanement de Grozdana* (*) (1927), est un roman d'amour d'une grande richesse de langage. Parmi ses romans, il faut citer encore *Adem Cabrić* (1947), et, pour son œuvre poétique, les recueils intitulés *La Vie intérieure* [*Nutanji život,* 1919], *La Ville des rimes et des rythmes* [*Grad rima i ritmova,* 1924] et *Poème sur Mostar* [*Poema o Mostaru,* 1949].

HUMPERDINCK Engelbert. Compositeur allemand. Né à Siegburg-am-Rhein le 1er septembre 1854, mort à Neustrelitz le 27 septembre 1921. Il fit ses études avec Hiller à Cologne, puis avec Lachner et Rheinberger à Munich. En 1879, ayant obtenu le prix Mendelssohn, il se rendit en Italie ; à Naples il rencontra Wagner et gagna avec lui Bayreuth, collaborant à la mise au point des représentations de *Parsifal* (*) (1880-81). Après avoir obtenu un nouveau prix, le prix Meyerbeer, il fit un autre voyage en Italie, en France, en Espagne où il enseigna pendant deux ans au Conservatoire de Barcelone. Nommé, en 1890, professeur au Conservatoire Hoch de Francfort, il fit des critiques musicales dans la *Frankfurter Zeitung* et commença à se consacrer au théâtre. *Haensel et Gretel* (*) (1893) fut à la fois son premier opéra et son chef-d'œuvre : les modes d'expression wagnérienne sont en quelque sorte réduits et adaptés à l'univers enfantin des deux personnages principaux, ce qui n'exclut point l'atmosphère fabuleuse et magique. Dans *Dornröschen* (1902) et *Les Enfants du roi* [*Königskinder*] (1910), Humperdinck ne fera que reprendre une formule qui eut du succès. Nommé professeur en 1896, directeur de la « Meister-Schule » et membre du Sénat de l'Académie des beaux-arts de Berlin, en 1900, Humperdinck ralentit peu à peu son activité créatrice et se retira complètement en 1919.

HUNT James Henry Leigh. Journaliste et critique littéraire anglais. Né à Southgate (Middlesex) le 19 octobre 1784, mort à Londres le 28 août 1859. Il eut une vie assez mouvementée, tant par suite de la situation matérielle dans laquelle il se trouvait que parce qu'il était doté d'un naturel gai, affable, généreux, et libre de préjugés. Son activité poétique fut doublée d'une activité intense dans le domaine du journalisme ; il commença d'écrire, en 1805, dans le journal de son frère, *The News,* puis continua dans l'*Examiner* à partir de 1808 ; sa position ultraradicale et les attaques qu'il dirigea contre le Prince Régent (dont il parlait comme d'un « gras Adonis de cinquante ans ») lui valurent en 1818 deux années de prison. Une fois libéré, il publia l'*Histoire de Rimini* qui relate, en vers, les histoires de Paolo et Francesca ; dédié à Byron, ce bref poème fut attaqué par la *Quarterly Review* où la poésie de Hunt était désignée comme l'école argotique de la poésie (The Cockney School of Poetry). Il reprit ensuite son activité de journaliste et fonda *The Indicator* (1819-1821) dans lequel parurent quelques-uns de ses essais les plus notoires. En 1822, il se rendit en Italie avec sa femme et ses sept enfants, pour mettre au point avec Byron et Shelley un périodique de tendance violemment libérale, qui devait contenir de la poésie et des essais sur la politique. Mais il arriva tout juste pour les obsèques de Shelley. *The Liberal* (1822-1823) ne parut que quatre fois parce que l'aristocratique société qui entourait Byron n'approuvait point que ce dernier frayât avec un homme du peuple. Une fois revenu en Angleterre, Hunt publia *Lord Byron et quelques-uns de ses contemporains* [*Lord Byron and Some of His Contemporaries,* 1825] dans lequel il donnait libre cours à son amertume. Au cours des vingt-cinq années suivantes, il se trouva continuellement dans une situation précaire. Il dirigea quelques journaux, dont le fameux *Leigh Hunt's London Journal* (1834-1835) et avec l'aide de Macaulay collabora souvent à l'*Edinburgh Review.* Il publia un recueil de vers, *Poèmes narratifs* et des anthologies critiques : *Imagination et Fantaisie* [*Imagination and Fancy,* 1844] et *Esprit et Humour* [*Wit and Humour,* 1846], auxquels succédèrent, la même année, les *Histoires tirées des poètes italiens* [*Stories from the Italian Poets*] et, en 1849, d'autres anthologies dont la lecture est fort agréable. Son importante *Autobiographie* (*) parut en 1850. Les dernières années de sa vie, dont parle Carlyle, furent des années de véritable misère auxquelles la famille de Shelley apporta un faible soulagement. Il fut l'ami de Lamb, et Dickens le peignit dans *Bleak House* (*) sous les traits de Harold Skimpol.

RÉF. : E. Blunden, *Leigh Hunt's « Examiner » Examined,* Londres, 1928. – G. D. Stout, *The Political History of Leigh Hunt's « Examiner »,* Seattle, 1949. – J. R. Thompson, *Leigh Hunt,* Boston, 1977. – J. L. Waltman, *Leigh Hunt : A Comprehensive Bibliography,* New York, 1985.

HUON DE MÉRY. Poète français de la première moitié du XIIIe siècle. Trouvère champenois, il s'inscrit lui-même à la suite de Raoul de Houdenc, auteur d'un *Songe d'enfer* (*), mais aussi d'une *Voie de Paradis* (+), pour écrire son poème symbolique, *Tournoiement de l'Antéchrist* (*), dont les rapports sont curieux, non seulement avec l'épopée de Dante, mais aussi avec *Le Roman de la Rose* (*), qu'il annonce bien souvent. Chevalier de la maison de Méry (sur Seine), alors ville forte dont le prieuré dépendait de l'abbaye de Molesmes, Huon se refusait à être considéré comme un simple ménestrel et portait sans doute comme ses héros le casque et l'épée.

RÉF. : H. Gelzer, *Huon de Méry, Ein Beitrag zum Beginn des literar. Subjektivismus in Frankreich* in *Germ-rom. Monatschrift,* V, 1913. – M. F. Lyons, *Huon de Mery's « Tournoiement d'Antéchrist » and the « Queste del Saint Graal »* in *French Studies,* tome VI, 1952. – A. Strubel, *La Rose, Renart et le Graal,* Paris, 1989.

HURET Jules. Journaliste français. Né à Boulogne en 1864, mort à Paris en 1915. Il se fit connaître du public par une enquête policière, *Le Dossier de l'affaire Borras-Pradiès* (1890). Puis il va s'intéresser pour ses lecteurs de *L'Écho de Paris* et du *Figaro* aux transformations qui marquent son époque. En 1891 paraît son ouvrage le plus célèbre, *Enquête sur l'évolution littéraire* (*), une série d'interviews d'écrivains qui concluent dans leur ensemble à la fin du naturalisme. Constatant que les grèves se multiplient, Huret entreprend une *Enquête sur la situation sociale en Europe* (1896). Le journaliste réunit des articles variés dans *Logis et Coulisses* (1901) et *Tout yeux, tout oreilles* (1901). Huret parcourt les provinces françaises et voyage à l'étranger, publiant des reportages sur l'Allemagne (1907-1914), l'Amérique du Nord (1907-1911), l'Argentine (1911-1913).

PIERRE-JEAN DUFIEF.

HURTADO DE MENDOZA Diego. Écrivain espagnol. Né à Grenade (Andalousie), vers la fin de 1503, mort à Madrid le 14 août 1575. Fils du comte de Tendilla, premier marquis de Mondejar, gouverneur de la ville, il fit ses études à Grenade, très probablement comme élève de Pietro Martire d'Arghiera, et à Salamanque. Il se rendit ensuite en Italie, où il étudia à Pise avec Niphus (1519-1525) et à Padoue avec Montesdoca. Il fit un voyage au Portugal avant 1531, et prit part à l'expédition de 1535 contre Tunis : ce fut peut-être là qu'il se lia avec Luis de Avila y Zuñiga, et avec Garcilaso de la Vega. Auparavant, mandé comme ambassadeur extraordinaire en Grande-Bretagne pour y négocier un mariage royal, on le trouve en 1539 à Venise, où durant son séjour il fréquenta le Titien, l'Arétin, Bembo, Sadoleto, Sansovino, Vasari, etc. À cette date, déjà, la bibliothèque qu'il avait rassemblée à grand-peine et à grands frais était très riche en manuscrits et livres de tous genres. À sa mort, il la légua à Philippe II pour la bibliothèque du monastère de l'Escurial. De 1546 à 1552, il fut ambassadeur à Rome et représenta l'empereur au concile de Trente ; en 1554, il rentra en Espagne où il devint pourvoyeur de l'armée de Laredo et chevalier de l'ordre d'Alcántara (1556). En 1559, il se trouve aux Pays-Bas, où il avait peut-être pris part à la campagne dont la phase principale fut la bataille de Saint-Quentin, puis, neuf ans plus tard, pour une querelle au palais, la nuit même où mourait don Carlos, il fut emprisonné au château de la Mota, à Medina del Campo, puis exilé à Grenade où il assista à la guerre contre les Maures. Gracié par le roi, il rentra à Madrid où il mourut. Hurtado de Mendoza est le type même de l'humaniste aristocrate du XVIe siècle. Ses *Poésies*, écrites dans une métrique traditionnelle, furent chaleureusement louées par Lope de Vega. Son œuvre capitale, néanmoins, est en prose : *L'Histoire de la guerre de Grenade* (*), publiée pour la première fois en 1627. La personnalité de Hurtado de Mendoza a posé un problème de premier plan dans l'histoire de la littérature espagnole, pour la raison qu'on lui attribua pendant longtemps la paternité des *Aventures de Lazarille de Tormès* (*) ; pourtant, en dépit de cette passagère hypothèse de la critique en faveur de don Diego, on ne peut penser qu'il aurait passé sous silence un tel ouvrage.

ALONSO ZAMORA VICENTE.

HUS Ján. Réformateur tchèque. Né à Husinec en Bohême, non loin de la frontière en Bavière, vers 1370, brûlé à Constance (actuellement Bade-Wurtemberg) le 6 juillet 1415. On ne sait rien des premières années de sa vie, même pas la date exacte de sa naissance ni son vrai nom ; en effet, il adopta pour patronyme – comme c'était l'usage à l'époque de la Renaissance – le nom de son village natal, et signait Johannes de Hussynecz ou Johannes Husz. Issu d'une famille pauvre, il le resta toute sa vie ; Tchèque de pure race, il milita jusqu'à son dernier souffle pour libérer son pays de l'emprise spirituelle des Germains et des Latins. Il obtint en 1393 le grade de bachelier ès arts libéraux de l'université de Prague, fondée en 1348 par Charles IV. Bachelier en théologie en 1394, maître ès arts libéraux en 1396, il fut ordonné prêtre en 1400. Bien que n'ayant jamais été reçu docteur, il fut nommé doyen de la faculté de philosophie en 1401 et, l'année suivante, recteur de l'université. À la même époque, il obtint la chaire de prédicateur à l'église de Bethléem, seule église de Prague où la prédication se faisait en langue tchèque, ce qui lui amenait une très grande assistance.

Ayant étudié à l'université les écrits du réformateur anglais Wycliffe (on possède un exemplaire de son traité *De veris universalibus* transcrit de la main de Hus), il traduisit en tchèque son *Trialogus*, bien qu'à cette époque quarante-cinq propositions de Wycliffe eussent déjà été censurées par Rome. Hus ne protesta pas contre les attendus de ce jugement, mais affirma publiquement que vingt et une d'entre ces propositions étaient présentées d'une manière qui dénaturait la véritable pensée de leur auteur. Hus prêchait volontiers contre les abus du clergé – voire des évêques et même du pape – mais sa prédication atteignit son paroxysme lorsque, se basant sur la bulle du pape Alexandre V contre les sectateurs de Wycliffe, l'archevêque de Prague, Zbyněk z Hasenburka, fit brûler, le 16 juillet 1410, tous les livres de ce réformateur. Hus – toujours sans s'élever contre la condamnation de Wycliffe – stigmatisa le manque d'esprit critique qui commandait cet acte ridicule : furent brûlés non seulement les traités théologiques de Wycliffe mais même ses œuvres scientifiques.

En février 1411, Hus fut frappé d'excommunication par le pape Jean XXIII ; cela ne l'empêcha pas de s'élever quelques mois après contre le pape, lorsque celui-ci – pour trouver les fonds nécessaires à la croisade contre Ladislas de Naples qui soutenait l'antipape Grégoire XII – eut recours aux « indulgences ». Les objections que Hus souleva contre celles-ci étaient empruntées « verbatim » au dernier chapitre du traité de Wycliffe : *De Ecclesia*. Expulsé de Prague et contraint de se réfugier à Kozí Hrádek, Hus y écrivit son propre traité *De l'Église* (*), œuvre dépourvue de toute originalité, véritable paraphrase du traité homonyme de Wycliffe. Sommé de se justifier devant le concile de Constance et muni d'un sauf-conduit de l'empereur Sigismond, Hus mit ordre à ses affaires et se rendit à Constance « afin de confesser le Christ publiquement, ou, si c'est nécessaire, y souffrir la mort pour Sa loi ». Presque immédiatement, Hus fut arrêté malgré le sauf-conduit de l'empereur ; pendant plusieurs mois les membres du concile essayèrent de prouver à Hus que ses positions étaient hérétiques, lui promettant la vie sauve s'il consentait à se rétracter ; toutefois, les preuves qu'on lui imposait ne paraissaient nullement convaincantes à l'accusé. Enfin, la grande décision fut prise. Hus fut défroqué et remis au bras séculier pour être brûlé publiquement comme hérétique.

ALEXANDRE LABZINE.

♦ *« Ses dissertations sur la langue tchèque suffiraient à lui assurer une place distinguée dans la littérature bohême : non seulement il travailla à débarrasser le tchèque des éléments étrangers qui s'y étaient introduits, mais il fixa les règles d'une orthographe rationnelle et créa une langue littéraire indépendante des différences de dialectes. »* Ernest Denis.

RÉF. : Fr. Palacký, *Geschichte von Böhmen*, t. III à V., Prague, 1845-67. – E. de Bonnechose, *Jean Hus et le concile de Constance*, 2 vol., Paris, 1846. – Jordan, *Vorläufer des Hussitenthums*, Leipzig, 1849. – J. A. F. von Helfert, *Hus und Hieronymus*, Prague, 1853. – O. Lechler, *Johannes Hus und Wiclif und die Vorgeschichte der Reformation*, Leipzig, 1872. – E. Denis, *Huss et la Guerre des Hussites*, Paris, 1878. – D. S. Schaff, *John Hus, His Life, Teaching and Death...* New York, 1915. – P. Rubiczek et J. Kalmer, *Warrior of God*, Londres, 1947.

ḤUSAYN Ṭaha. Écrivain et critique littéraire égyptien. Né en 1889 dans le district de Maghāgha en Haute-Égypte, mort en 1973 au Caire. Ṭaha Ḥusayn naquit septième d'une famille de treize enfants appartenant à la moyenne paysannerie. À l'âge de trois ans, il est atteint d'une banale affection ophtalmologique, mais la difficulté et la cherté du recours à un « vrai » médecin, et la croyance dans les vertus des médecines traditionnelles entraînent une aggravation dramatique de cette maladie et condamnent l'enfant à une cécité totale et définitive. Cet événement tragique, accepté par la famille avec tristesse et résignation, ne sera que progressivement « intégré » par Ṭaha Ḥusayn, mais développera chez lui, à côté d'un profond et irréparable sentiment de frustration, des qualités d'écoute, de mémorisation et d'analyse exceptionnelles, perceptibles dans tous ses écrits.

Ṭaha Ḥusayn reçoit pour toute formation scolaire initiale l'enseignement répétitif du *Coran* (*) dans le kuttāb local. À neuf ans, il connaît par cœur le texte sacré et des rudiments de grammaire et de littérature, mais en même temps sa prodigieuse mémoire a enregistré tout ce qui passait à portée de ses oreilles de chansons, de poèmes et de contes populaires, ce qui n'est pas rien dans une région et à une époque où la tradition orale est encore bien vivante.

Entre 1905 et 1908 il va suivre, dans la mosquée-université d'al-Azhar, les enseignements de langue et de littérature arabes ainsi que ceux de théologie et de jurisprudence islamique, sous la houlette de shaykhs qui pratiquent encore, dans la méthode et dans le contenu, des enseignements issus en droite ligne de la tradition arabo-musulmane médiévale. Durant toute cette période le jeune homme vit presque misérablement aux frais de la mosquée. En 1908, Ṭaha Ḥusayn s'inscrit en lettres arabes à l'université laïque du Caire et y découvre avec émerveillement des enseignements fondés sur l'analyse critique des textes comme ceux du grand arabisant occidental Nallino. Il soutient en 1914 le premier doctorat délivré en littérature par la jeune université. Sa thèse a porté, faut-il s'en étonner, sur le grand poète et philosophe aveugle al-Ma'arrī (mort en 1058) – v. *L'Épître du pardon* (*) d'al-Ma'arrī.

En 1916, Ṭaha Ḥusayn arrive à Paris et s'inscrit en Sorbonne. Il étudie le rationalisme et se familiarise particulièrement avec les écrits de Descartes, Brunetière et Lemaître. Il soutiendra en 1918 une thèse de doctorat d'État sur « La Philosophie sociale d'Ibn Khaldūn ». C'est également au cours de son séjour à Paris qu'il rencontre celle qui deviendra sa femme et à laquelle il reconnaîtra, dans son autobiographie *Les Jours* (*), la grâce de lui avoir fait aimer la lecture. Lorsqu'en 1925 est fondée l'université égyptienne au Caire, Ṭaha Ḥusayn y est nommé professeur de littérature arabe à la faculté des lettres. En 1926, il publie *Sur la poésie antéislamique* [*Fī l-ši'r al-ǧāhiliyy*], étude critique qui met en doute l'authenticité des poèmes antéislamiques. Cet ouvrage provoque immédiatement une formidable levée de boucliers de la part de tous les « vieux turbans » d'al-Azhar et d'ailleurs. Des manifestations sont organisées par les conservateurs demandant la révocation de Ṭaha Ḥusayn. L'intervention modératrice du vieux leader politique Saad Zaghlūl calme un instant les esprits, et Ṭaha Ḥusayn retire son ouvrage du marché et en redonne, en 1927, une nouvelle mouture plus modérée qu'il intitule *Sur la littérature antéislamique* [*Fī l-'adab al-ǧāhiliyy*]. Mais, lorsqu'en 1928 Ṭaha Ḥusayn est nommé doyen de la faculté des lettres, les critiques contre lui reprennent de plus belle, d'autant plus que le ministre de l'Éducation nationale voit dans le jeune homme de lettres libéral un adversaire politique. À peine nommé, Ṭaha Ḥusayn est sommé de démissionner, ce qu'il n'accepte de faire qu'après que le ministre eut officiellement entériné sa nomination. Il est de nouveau nommé à ce poste en 1930, puis, parce qu'il est jugé trop indocile (il refuse en particulier d'octroyer des doctorats de complaisance à des serviteurs zélés du trône), il est relégué dans une obscure fonction administrative au ministère de l'Éducation nationale. Ses adversaires ne désarment pas, l'accusant même au parlement « d'œuvrer à la désintégration de l'unité et de la conscience nationales et de la foi dans le Coran et la tradition du prophète ». Ils réussissent en 1932 à obtenir sa mise à la retraite anticipée. Ṭaha Ḥusayn s'attache alors à défendre par la plume les principes d'autonomie de l'université, de liberté de la recherche, et de gratuité de l'enseignement pour toutes les catégories sociales, conditions d'une vraie démocratie. Nommé directeur de l'université d'Alexandrie en 1942, il s'efforce de mettre ses idées en application, notamment en facilitant l'accès des femmes aux études supérieures par diverses mesures dont l'exemption des droits d'inscription. Il devient ministre de l'Éducation nationale en 1950, et durant les deux années où il exerce cette fonction il fait adopter le principe de la gratuité des enseignements secondaire et technique. Lorsqu'il veut en faire de même pour l'enseignement supérieur, il se heurte au veto du roi Fārūq.

Durant toute cette période, et malgré les violentes polémiques dont il ne cesse d'être l'objet, Ṭaha Ḥusayn poursuit une prodigieuse activité d'écriture, non seulement comme journaliste, défendant ses idées, répondant avec courage et pugnacité à ses détracteurs et dénonçant les hypocrisies et le cynisme des politiciens, mais aussi en tant que critique littéraire et écrivain. Comme critique, Ṭaha Ḥusayn a laissé un nombre considérable d'études sur l'histoire littéraire, sur de grands auteurs classiques ou modernes, et il a ouvert des pistes de recherche dont les générations suivantes ont pu mesurer toute la richesse. Comme écrivain, il a laissé, à part son universellement célèbre biographie traduite en plusieurs langues, *Le Livre des jours* (*), un bon nombre d'œuvres romanesques comme *L'Appel du courlis* [*Du'ā al-karawān*] (1934), *L'Arbre de la misère* [*Šaǧarat al-bu's*] (1944) ou *Les Damnés de la terre* [*Al-mu'aḏḏabūn fī l-arḍ*] (1949). Dans toutes ces œuvres on retrouve sous diverses formes l'exaltation de la lutte individuelle pour s'arracher aux fatalités historiques et sociales, et conquérir le bonheur, ainsi qu'une foi inébranlable dans l'intelligence et le courage.

DJAMEL-EDDINE KOULOUGHLI.

♦ *« Une patiente victoire de la lumière spirituelle sur les ténèbres. »* André Gide.

RÉF. : Cachia Pierre, *Ṭaha Ḥusayn : His Place in the Egyptian Literary Renaissance*, Londres, 1956. – *Ṭaha Ḥusayn*, Istituto universitario orientale, Naples, 1964.

HUSSERL Edmund. Philosophe allemand. Né le 8 avril 1859 à Prossnitz (Moravie), mort le 27 avril 1938 à Fribourg-en-Brisgau. Il avait été l'élève de Franz Brentano, et pendant quarante années de sa vie il enseigna lui-même à Halle à partir de 1887, à Göttingen à partir de 1906, enfin à Fribourg-en-Brisgau. Dès 1891, il publiait une *Philosophie der Arithmetik*, dont le premier volume seul a paru, où il analysait les problèmes de l'invention et de l'emploi des symboles numériques. Mais son œuvre proprement philosophique, celle dont l'importance considérable a si profondément marqué la pensée occidentale de ce siècle, ne commence qu'avec les *Recherches logiques* (*), publiées en 1900 et 1901, à Halle, et entièrement différentes du premier ouvrage, aussi bien par le contenu que par le dessein. Pour comprendre l'apport de ce dernier livre, il faut le replacer dans le contexte de la philosophie des premières années du siècle. En 1900, la philosophie était fâcheusement divisée en deux courants aussi insuffisants qu'ignorants l'un de l'autre : d'une part, une pensée scientiste, une méthodologie rationaliste, et d'autre part une philosophie « littéraire » qui se défendait mal contre les errements hasardeux de la subjectivité. Husserl commença par critiquer le « psychologisme » qui était au plus vif de la première tendance (déjà Brentano avait fortement distingué la genèse psychologique et la validité logique d'une pensée) et il entreprit de fonder une rationalité nouvelle qui ne devrait rien aux sciences exactes sans être pour autant moins rigoureuse : une rationalité proprement philosophique. La philosophie est une science, écrira Husserl en 1911, dans un article fameux de la revue *Logos, La Philosophie comme science rigoureuse* (*). Et elle est une science parce qu'il y a, au-delà des impressions sensibles, une permanence et une objectivité des essences, et un monde de relations transcendantales qu'une « Wesensschau » (intuition des essences) permet de saisir. Toute perception en effet est perception d'un perçu, toute conscience est conscience de quelque chose, toute pensée est « visée » d'un phénomène, il y a une « intentionnalité » de la conscience, à quoi correspond dans l'être une rationalité qui lui donne un sens pour la pensée. Tels sont les principes de ce que Husserl nomme la « phénoménologie ». Ce mot désignait avant lui (et principalement chez Hegel) cette partie de la philosophie qui étudie de quelle façon la réalité se manifeste dans la conscience. Avec l'*Introduction générale à la phénoménologie pure* (1913), publiée en traduction française sous le titre d'*Idées directrices pour une phénoménologie* (*), la phénoménologie devient la science philosophique fondamentale, susceptible par sa méthode nouvelle de faire de la philosophie une discipline exacte. Celle-ci en effet n'aura plus à chercher un principe dont tout devra découler. Car la phénoménologie, ou « science eidétique », procédera à la description des essences réelles et immuables, connues a priori et indépendamment de toute expérience par une analyse dont le procédé essentiel est la « réduction », ou « mise entre parenthèses », qui suspend nos jugements et s'apparente ainsi au doute cartésien.

Tout un courant de la philosophie contemporaine (de Heidegger à Merleau-Ponty) est sorti de cette méthode. Mais l'œuvre de Husserl est suffisamment riche pour autoriser d'autres lectures. On assiste par exemple, aujourd'hui, de la part de philosophes ou de chercheurs tournés vers le langage ou les sciences de l'esprit, à un intérêt nouveau pour le Husserl des *Recherches logiques*, c'est-à-dire pour le premier Husserl. Aussi bien, dans les années qui précèdent ou suivent la Première Guerre mondiale, Husserl, dont l'existence ascétique se confond toute avec la pensée, est-il un maître passionnément écouté. On a dit qu'il avait sauvé la philosophie en Allemagne d'une « véritable hantise du suicide ». Il présente la phénoménologie comme la « terre ferme », enfin atteinte, du savoir.

En 1929, Husserl publie *Logique formelle et logique transcendantale* (*), et pose cette fois le problème ontologique. La logique formelle, aussi bien que la mathématique, est présentée comme une théorie de l'objet. Husserl, en tant que juif, est chassé de l'Université en 1933 par le nazisme. En 1936 paraît son dernier ouvrage, *La Crise de la science européenne et la phénoménologie transcendantale* [*Der Krisis der europaïschen Wissenschaften und die transzendentale Phänomenologie*], où il tente une élucidation historique de sa position. Si c'est avec raison qu'il se considère comme l'héritier le plus authentique du grand rationalisme occidental (celui des Grecs, de Descartes, de Locke), c'est évidemment à tort qu'il fait de celui-ci le seul aboutissement logique de l'histoire de la philosophie. Cette conception absolue fera le drame de ses dernières années. D'une part, en effet, il croit que sa méthode a la rigueur d'une science définitive, de l'autre il voit ses meilleurs disciples se refuser, dans la mesure même où ils sont d'authentiques philosophes, à continuer, au sens strict du terme, le travail par lui commencé. Husserl a laissé à sa mort de nombreux inédits, environ trente mille pages in-8° dactylographiées, qui sont classées et qui seront publiées à Louvain sous la direction du Dr H. L. Van Breda. Il avait prononcé en 1929, à la Sorbonne, quatre leçons dont le retentissement fut considérable, et qui furent publiées directement en français sous le titre de *Méditations cartésiennes* (*).

JEAN DUVAL.

♦ *« M. Husserl est avant tout un mathématicien et un logicien mais l'esprit de sa doctrine peut pénétrer et a pénétré en fait dans tous les domaines de la pensée philosophique. »* Émile Bréhier. ♦ *« Husserl, venu des disciplines scientifiques à la philosophie, devait prendre au sérieux la mise en question du dogmatisme en ce qui concerne les principes de la géométrie et de la physique. Son désir de fonder à nouveau des sciences est certainement pour beaucoup dans la décision qu'il prend de poursuivre une recherche philosophique radicale. »* Maurice Merleau-Ponty.

RÉF. : E. Lévinas, *La Théorie de l'intuition dans la phénoménologie de Husserl*, Paris, 1930 ; *En découvrant l'existence avec Husserl et Heidegger*, Paris, 1949. — F. Weidauer, *Kritik der Transzendantalphänomenologie Husserls*, Leipzig, 1933. — Jan Patocka, Bibliographie complète des publications de Husserl in *Revue internationale de philosophie*, 1939. — G. Berger, *Le Cogito dans la pensée de Husserl*, Paris, 1941. — M. Farber, *The Fondation of Phenomenology, Edmond Husserl and the Quest of a Rigourous Science of Philosophy*, 1943. — J. Derrida, *La Voix et le phénomène*, 1967. — G. Granel, *Le Sens du temps et de la perception chez Husserl*, 1968. — J. L. Courtine, *Études phénoménologiques*, 1990.

HUTCHESON Francis. Philosophe et critique anglais. Né le 8 août 1694 à Drumalig (Irlande), mort à Glasgow en 1746. En 1710, il vint à l'université de Glasgow, où il resta pendant six ans, et fut considéré comme l'étudiant le plus brillant en philosophie, en littérature classique et en théologie. Au sortir de l'université, il pensa un moment entrer dans le clergé anglican mais dans une congrégation dissidente ; il y renonça au dernier moment pour fonder une académie d'enseignement privé à Dublin. Là, il jouit de la protection de hauts prélats, bien qu'il fût en désaccord avec l'Église établie. En 1729, il succéda à son vieux maître Gersom Carmichael, à la chaire de philosophie morale de l'université de Glasgow. Dès lors, il put s'adonner avec plus de tranquillité à ses études favorites, réunissant autour de lui de nombreux jeunes, ce qui le rendit très populaire. En 1738, il eut quelques difficultés avec l'Église anglicane à cause de ses doctrines, mais ces incidents n'eurent pas de suite. Il écrivit de nombreuses œuvres (publiées anonymement jusqu'en 1729), dont les principales sont ses *Recherches sur l'origine de nos idées de beauté et de vertu* (*) de 1725 et son *Essai sur la nature et le développement des passions et des émotions* de 1728. Il faut noter que la théorie esthétique de cet auteur a subi l'influence du comte de Shaftesbury et rentre dans la tradition empiriste de son temps.

RÉF. : R. Cantieni, *Die Problematik des Moral-Sens in der Moral-Philosophie Hutchesons*, Bregens, 1950. – L. Vigone, *L'Ética del senso morale in Francis Hutcheson*, Milan, 1954. – W. T. Blackstone, *Francis Hutcheson and Contemporary Ethical Theory*, Athens (U.S.A.), 1965. – P. Kivy, *The Sevente Sense : a Study of F. Hutcheson's Aesthetics and Influence in 18 th Century Britain*, New York, 1976.

HUTTEN Ulrich von. Humaniste allemand. Né le 21 avril 1488 au château de Steckelberg situé non loin de Fulda en Franconie, mort dans l'île d'Ufenau sur le lac de Zurich le 29 août 1523. Il s'enfuit du couvent où il était élève, se rendit à Cologne et à Erfurt où il suivit les cours de l'université. L'un des premiers humanistes allemands, mais doué d'une nature inquiète, aimant la nouveauté et les aventures, il mena à partir de 1509 une vie errante comme étudiant et comme lansquenet. Il se rendit deux fois en Italie, à Padoue en 1513, où il contracta une maladie qui devait, par la suite, le faire mourir prématurément, puis à Rome et à Bologne. Revenu en Allemagne, il participa activement aux polémiques suscitées par l'attitude, conforme aux idées nouvelles, de Reuchlin, et il se rangea aux côtés de l'humaniste allemand, collaborant à la rédaction des *Lettres des hommes obscurs* (*), qui ne sont autre chose qu'un violent acte d'accusation contre la mentalité médiévale qui régnait alors. Il écrivit cinq discours violents contre le duc Ulrich von Würtemberg qui avait fait assassiner son cousin Hans, discours qui rappelle les *Philippiques* (*) de Démosthène. En 1517, l'empereur Maximilien Ier le fit chevalier et le couronna poète. En 1519, il adhéra au mouvement luthérien, non tellement par aversion envers la papauté – v. son libelle *Vadiscus sive de Romana Trinitate* (1519) – que parce qu'il considérait le luthéranisme comme un moyen de réformer la constitution de l'Empire allemand qui donnait des signes évidents de décadence. L'action entreprise par Hutten et Franz von Sickingen échoua et, après la mort de ce dernier, Hutten s'enfuit en Suisse où, abandonné par Érasme, mais protégé par Ulrich Zwingli, il trouva refuge dans l'île d'Ufenau. Il écrivit des dialogues en allemand et en latin – v. *Arminius* (*). Chez lui, la conception théorique de la vie et la vie pratique ne se distinguent pas plus que monde antique et monde moderne qui ne font qu'un. L'« alea jacta est » de César revit dans sa chanson : *Je l'ai osé* (*). Porte-drapeau de l'esprit allemand renaissant, il fit de l'humanisme une expérience personnelle.

RÉF. : C. Meiners, *Leben des Ulrich von Hutten*, Zurich, 1797. – J. Zeller, *U. de Hutten, sa vie, ses œuvres, son époque...*, Rennes, 1849. – V. Chauffour-Kestner, *Études sur les réformateurs du XVIe siècle*, tome I, 1853. – H. Holborn, *Ulrich von Hutten and the German Reformation*, New Haven, 1937. – H. G. Keller, *Hutten und Zwingli*, thèse, Aarau, 1952. – G. Gräter, *Ulrich von Hutten. Ein Lebensbild*, Stuttgart, 1988.

HUXLEY Aldous Leonard. Romancier et essayiste anglais. Né à Godalming (Surrey) le 26 juillet 1894, mort à Hollywood d'un cancer de la gorge le 22 novembre 1963. Il appartenait à une famille illustre. Son grand-père paternel, Thomas Henry Huxley, un des polémistes brillants du XIXe siècle, avait été le compagnon de Darwin et c'est lui qui mit en circulation le mot « agnostique ». Son grand-père maternel, Matthew Arnold, poète intéressant et critique important, fit beaucoup pour améliorer l'éducation en Angleterre. Son propre frère Julian est tenu pour l'un des biologistes influents du XXe siècle. Lui-même fit ses études à Eton et Oxford. À seize ans, il devint presque aveugle : sa lutte contre la cécité devait marquer sa vie tout entière. Il apprit l'alphabet Braille ; néanmoins sa mauvaise vue ne lui permit pas de devenir médecin, comme il l'aurait souhaité. L'obsession de voir davantage est récurrente et manifeste dans son œuvre, et sans doute aurait-il fait un critique d'art remarquable : en tout cas, c'est ce que laisse deviner ce qu'il écrivit sur différents peintres italiens, sur Le Greco, sur Toulouse-Lautrec (et même pour un film consacré aux lumières de New York). Lui-même peignit, un peu, à différentes saisons de sa vie. Peut-être cette voie l'incita-t-elle à s'intéresser aux mystiques, auxquels il a consacré un livre de recherches savantes, fait en grande partie de citations, *La Philosophie éternelle* (*) (1945), puis à tenter l'expérience de la mescaline. Sur ce dernier sujet on lui doit deux livres : *Les Portes de la perception* (+) (1954), dont le titre est emprunté à Blake, et *Le Ciel et l'Enfer*

[*Heaven and Hell,* 1956]. Auparavant, il avait eu recours à la méthode de rééducation de l'œil d'un médecin américain – d'où *L'Art de voir* [*The Art of Seeing,* 1943]. Pourtant, il n'acquit jamais une vision normale. Faute de pouvoir aborder la recherche médicale, Aldous Huxley devint chroniqueur littéraire et critique dramatique. Puis vinrent ses premiers romans : *Jaune de chrome* (*) (1921), *Cercle vicieux* (*) (1923), *Marina di Vezza* (*) (1925). Ces œuvres, qui contribuent à la jeune réputation de l'auteur, sont des récits écrits par un intellectuel, brillants et d'une ironie comique. Les personnages en sont souvent des littérateurs ou de riches oisifs, et le romancier leur prête des échanges de vues qui conviennent à ses fins démonstratives. On a cru déceler le modèle de ses élégantes compositions chez Anatole France, on a dit encore que l'auteur devait aussi quelque chose à Marcel Proust. La référence aux satires romancées de l'Anglais Thomas Love Peacock, écrivain de la première moitié du XIXe siècle, semble moins sollicitée. Dans cette période de ses débuts, Huxley publie aussi des recueils de nouvelles comme *Dépouilles mortelles* [*Mortal Coils,* 1922] et des essais dont le plus significatif est *L'Ange et la Bête* (+) (1929) – v. *Textes et Prétextes* (*) – où l'on remarque cependant une touche de gravité morale ou métaphysique qui amorce une transition.

Quelle est alors la position de Huxley ? Il veut être l'un des artisans d'une libération des mœurs et des pouvoirs (il ne cessera de s'opposer aux nationalismes et à l'omnipotence des États). S'il se garde bien de prêcher, il tisse devant nous un réseau de convictions où s'expriment le refus des valeurs post-victoriennes, le soulagement du premier « après-guerre », et tout simplement l'ivresse de sa propre jeunesse exubérante. De 1923 à 1930, il vit en Italie. Plus tard, il s'établira en France. C'est l'époque de son amitié avec Lawrence, dont il préfaça en 1932 un choix de lettres.

En 1919, Huxley avait alors épousé une jeune Belge, Maria Nys, qui lui donna un fils, Matthew, et devait mourir le 12 février 1955. (Un peu plus tard, il se remaria avec une violoniste et psychothérapeute italienne, Laura Archera.) Un article hebdomadaire pour un magazine américain suffisait, semble-t-il, à assurer les besoins du couple, et permettait à l'écrivain d'œuvrer avec toute la tranquillité et la continuité désirables. En 1938, Huxley décide de s'installer en Californie, en partie pour des raisons de santé. Quelques voyages exceptés (assez nombreux en Europe), c'est là qu'il vivra pour le reste de ses jours.

En 1937, il avait essayé de faire le point sur son époque dans *La Fin et les Moyens* (*), essai dont la perspective apparaît comme la première ébauche d'une synthèse toujours corrigée et recommencée. Il s'y définissait comme un idéaliste rationaliste, et il énonce : à mauvais moyens, mauvaises fins. La guerre de 1939 déclarée, cet Anglais résidant en Californie connut, semble-t-il, des moments d'angoisse, mais son pacifisme n'en fut pas altéré.

La première période de l'œuvre d'Huxley – de 1921 à 1929, c'est-à-dire les romans du scepticisme allègre et les essais contemporains – s'achève et s'accomplit à son plus haut niveau dans *Contrepoint* (*) (1928). Le titre peut s'entendre comme un hommage à la musique, qui toujours passionna l'écrivain, mais ce qu'il entreprend aussi, c'est une fresque où les angles de la vision s'appellent et se répondent, permettant ainsi à Maurois de reconnaître dans l'effet global un « roman-somme ». C'est encore un roman semi-expérimental où l'on a pu discerner l'influence des *Faux-Monnayeurs* (*) d'André Gide.

La seconde période de l'écrivain doit se comprendre comme une interrogation anxieuse sur l'avenir de l'espèce humaine. Elle s'ouvre sur l'autre roman de Huxley qu'assurément la postérité retiendra : *Le Meilleur des mondes* (*) (1932), une utopie prémonitoire où nos « lendemains qui déchantent » – situés en 2500 – sont montrés en proie à l'horreur des technologies scientistes. Un univers de surproduction, de surpopulation et de surconsommation, divisé en classes closes prédéterminées, et soumis à la devise « Communauté, Identité, Stabilité ». En somme, la fin de l'individu, ou de la personne. L'auteur tenait tant à ce sujet qu'il y revint plusieurs fois : explicitement dans l'essai intitulé *Retour au Meilleur des mondes* (+) (1959), implicitement ici et là, puis, avec des correctifs (où la science retrouve une certaine utilité) dans *Temps futurs* (*) (1949) qui est une anticipation de l'ère post-atomique. Quels remèdes propose-t-il en général ? Toujours les mêmes : le refus des combats, la décentralisation, la déconcentration – v. *L'Île* (*) (1962). Il revient sur ces questions concernant le tissu social dans son livre *La Situation humaine* [*The Human Situation,* posth., 1977], où sont rassemblées des conférences prononcées en 1959 à l'université de Californie. Cette œuvre ultime résume la quête d'un esprit encyclopédique qui traça ses itinéraires en référence à une triple culture : littéraire, scientifique et religieuse, ou plutôt mystique, ou syncrétique, c'est-à-dire proche d'un certain taoïsme ou du bouddhisme de *La Paix des profondeurs* (*) (1936).

JEAN QUEVAL.

RÉF. : P. Jouglet, *Huxley,* Paris, 1948. – J. Brooke, *Aldous Huxley,* Londres, 1954. – Claire John Eschelbach et Joyce Lee Shober, *Aldous Huxley, A Bibliography 1916-1959,* University of California Press, 1961. – Sybille Bedbord, *Aldous Huxley, a Biography,* Londres, 1974. – D. Watt (ed.), *A. Huxley : The Critical Heritage,* Londres, 1975. – André Dommergues, *L'Amour dans l'œuvre d'A. Huxley,* Paris, 1979. – C. S. Ferns, *Aldous Huxley, Novelist,* Londres, 1980.

HUXLEY Julian Sorrell. Biologiste anglais. Né et mort à Londres (22 juin 1887-14 février 1975). Il est le frère aîné de l'écrivain Aldous Huxley. Lui-même fit ses études à Eton et à Oxford. Il a enseigné biologie, zoologie et physiologie dans des universités britanniques et américaines avant de veiller sur le destin du zoo de Londres, puis d'accomplir en Afrique, soit orientale soit occidentale, différentes missions d'enseignement ou de préservation de la vie animale. Directeur général de l'U.N.E.S.C.O. de 1946 à 1948, il fut anobli en 1958. On lui doit une *Science de la vie* [*The Science of Life,* 1929] et des essais nombreux où se reflètent ses travaux scientifiques. Il nous décrit la biologie en Afrique, nous entretient des fourmis, nous apprend à observer les oiseaux. Le point de vue de l'humanisme évolutionniste informe ses travaux ainsi qu'il apparaît dans *À vin nouveau, outres nouvelles* (*) (1957), ou *Religion sans révélation* (+) (1961).

HUYGHE René. Historien et critique d'art français. Né à Arras (Pas-de-Calais) le 3 mai 1906. Après des études secondaires aux lycées Montaigne, Michelet et Louis-le-Grand, il passe une licence ès lettres à la faculté de Paris tout en faisant l'École du Louvre. Chargé de mission au musée du Louvre (1927), il devient conservateur adjoint (1930) puis conservateur en chef (1937). En 1951, il obtient une chaire de psychologie des arts plastiques au Collège de France. Homme de musée, il s'est attaché à la transformation de la présentation des salles de peinture du musée du Louvre, interrompue par la guerre et marquée ensuite par la réouverture de la Grande Galerie, l'installation et la réorganisation du musée de l'Impressionnisme au Jeu de paume, du salon Carré et des salles françaises du XIXe siècle au Louvre.

On doit à René Huyghe de nombreux ouvrages : *Cézanne* (1936), *Les Contemporains* (1939), *Le Dessin français au XIXe siècle* (1948), *Le Carnet de Paul Gauguin* (1952), *Degas* (1954), *Dialogue avec le visible* (*) (1955), *L'Art et l'Âme* (1961), *Delacroix ou le Combat solitaire* (1964), *Les Puissances de l'image* (1965), *Sens et destin de l'art* (1967), *Formes et Forces* (1971), *Les Signes du temps et l'art moderne* (1985). Dans ses études, il s'attache à réagir contre la spécialisation excessive en histoire de l'art et à revenir à un esprit de synthèse permettant de saisir les lois profondes de chaque époque. René Huyghe fut également directeur des revues *L'Amour de l'art* à partir de 1930, et *Quadrige* après 1945. Il a été élu membre de l'Académie française le 2 juin 1960. En 1974 il a été nommé conservateur du musée Jacquemart-André à Paris.

DANIÈLE BOONE.

HUYGHENS Christian (son nom s'écrit également : Huighens, Hugehns, Hugenius). Physicien hollandais. Né le 14 avril 1629, à La Haye, où il mourut le 8 juin 1695. Son père, Constantin Huyghens, ministre de Guillaume III d'Orange et homme fort cultivé, commença son instruction qu'il compléta à l'université de Leyde. Il manifesta vite des aptitudes pour les mathématiques. En fait, en 1651, il soumit à une pénétrante critique la méthode pour les quadratures utilisées par le célèbre Gregorio di San Vincenzo. Il s'intéressait également aux constructions mécaniques et à la physique expérimentale (deux domaines alors étroitement liés). En 1655, en collaboration avec son père, il découvrit une nouvelle méthode de polissage des lentilles qui permit la construction d'un nouveau télescope grâce auquel il put observer le système des satellites de Saturne et en découvrir un nouveau (le sixième) ; ces observations lui inspirèrent deux ouvrages : *Observation nouvelle sur le satellite de Saturne* (+) (1656) et *Le Système de Saturne* (*) (1659). Il réussit également à observer effectivement, pour la première fois, la nébuleuse d'Orion (1656). Mais l'invention qui le rendit célèbre fut celle de l'horloge à pendule. Pour en comprendre toute l'importance, il faut se rappeler que cette époque était celle de la navigation océanique et qu'il était donc des plus urgents de résoudre le difficile problème de la détermination de la longitude en haute mer ; ceci aurait pu être théoriquement résolu en dotant les navires d'horloges suffisamment exactes, mais la technique d'alors n'était pas en état de fournir de tels instruments. L'horloge de Huyghens résolut le problème (ou du moins en rendit la solution possible). Huyghens présenta son horloge aux états généraux des Provinces-Unies, et l'année suivante il en publia une description sous le titre de *Horologium.* Entre-temps, il poursuivait ses études mathématiques et ses recherches de dynamique liées au problème du pendule. Sa réputation lui valut d'être nommé en 1663 membre de la Royal Society de Londres ; et en 1665 Colbert l'engagea au service de la marine française. Huyghens se rendit alors en France où il demeura jusqu'en 1681 presque sans interruption (sauf de courts voyages en Hollande et en Angleterre). Ce sera la période la plus heureuse et la plus féconde de son activité ; il deviendra à Paris une sorte de maître pour de nombreux mathématiciens, dont Leibniz ; il obtint un grand succès comme physicien et accomplit ses recherches les plus importantes, parmi lesquelles celles sur la dynamique (sur les lois du pendule et de la force centrifuge) exposées dans l'ouvrage important intitulé *Horologium oscillatorium* (1673). Il commence également ses études sur la lumière (optique physique) qu'il terminera en Hollande. Mais en 1681, dégoûté par les persécutions contre les huguenots ses coreligionnaires, il quitta le service de la France et retourna en Hollande où il reçut de grands honneurs ; à l'université de Leyde, il se forma autour de lui un groupe important de disciples et d'admirateurs. En Hollande il publia en 1690 le célèbre *Traité de la lumière* (*) auquel se trouve aujourd'hui liée sa renommée. En mourant, il laissa à l'université de Leyde ses manuscrits, dont une autobiographie : *De vita propria.*

GIULIO PRETI.

♦ *« Il y a quelque temps que le professeur Schooten m'envoya un écrit du second fils de M. de Zuylichem* [Huyghens], *touchant une invention de mathématiques qu'il avait cherchée ; et encore qu'il n'y eût pas trouvé tout à fait son compte (ce qui n'est pas étrange, parce qu'il cherchait une chose qui n'a jamais pu être trouvée par personne), il s'y était pris de tel biais, que cela m'assure qu'il deviendra excellent en cette science, dans laquelle je ne vois presque personne qui sache rien. »* Descartes. ♦ *« Peut-être sa famille eut-elle de la peine à lui pardonner d'avoir renoncé à tous les avantages qui auraient rejailli sur elle et de n'avoir été qu'un grand homme. »* Condorcet. ♦ *« En général, lorsqu'on examine de près les travaux physiques de Huyghens, on y remarque toujours l'empreinte de la méthode que Descartes porta dans l'étude de la nature, et qui consiste à imaginer des combinaisons artificielles pour la représenter, au lieu de chercher, comme Newton, à déduire mathématiquement et nécessairement les forces qui agissent en elle, d'après la comparaison des faits observés. »* Biot.

HUYSMANS Joris-Karl (de son vrai nom, Georges Charles Marie Huysmans). Écrivain français. Né et mort à Paris (5 février 1848-12 mai 1907). Il connut une « jeunesse d'humiliation et de panne ». Né à Paris, mais héritier par son père d'une lignée d'artistes flamands, son enfance est assombrie par le remariage de sa mère. Élève assez terne au lycée Saint-Louis, il suit pendant quelque temps des cours de droit, puis devient, en 1868, un petit fonctionnaire au ministère de l'Intérieur. Incorporé en 1870 dans les mobiles de la Seine, réformé, réintégré dans son ministère, il fait quelque temps après la guerre un voyage en Hollande, à la suite duquel il prend les prénoms de Joris-Karl et publie en 1874, à ses frais, *Le Drageoir aux épices* (*), recueil de poèmes en prose, suivi d'un premier roman, *Marthe, histoire d'une fille.*

Ces débuts le font remarquer de Zola et, en compagnie de Céard, Maupassant, Alexis, Léon Hennique, Huysmans, avec sa nouvelle *Sac au dos*, collabore aux *Soirées de Médan* (*), recueil qui fut le manifeste de la jeune école naturaliste. En 1879, c'est à Zola qu'il dédie *Les Sœurs Vatard* (*). Dès cette époque, cependant, son originalité s'affirme en marge du groupe : son style d'abord, de visuel, de peintre, avec une précision et un coloris d'enluminure, le distingue des autres naturalistes. Le naturalisme, d'autre part, déborde d'une santé robuste, il manifeste une confiance presque mystique dans les forces élémentaires de la vie, tandis que Huysmans est un petit bourgeois hépatique et pessimiste, exhalant son écœurement devant le monde moderne qu'il considère composé en majorité « de sacripants et d'imbéciles ». Dans *En ménage* (*) (1881), *À vau-l'eau* (*) (1882), c'est lui-même qu'il met en scène dans des personnages de petits célibataires lamentables aux prises avec des filles ou, comme M. Folantin, avec la mauvaise cuisine des restaurants à bon marché. Ces misères dérisoires prennent chez Huysmans une importance démesurée, obsédante, car elles symbolisent l'absurdité d'existences ternes, inconnues, sans issue ; avec une sorte de parti pris et un impitoyable soin du détail, le romancier s'établit dans ce désespoir d'autant plus accablant qu'il ne tient pas à des circonstances exceptionnelles mais à l'essence même de la vie quotidienne. Tout en publiant ses livres, Huysmans poursuivait posément, exactement, sa carrière de fonctionnaire, suivant la filière administrative, voyageant peu, sans autres aventures que celles de son imagination.

À rebours (*) (1884) marque une rupture déjà plus nette avec l'esthétique naturaliste : Des Esseintes, le personnage de ce livre, est le type du « décadent » maniaque impuissant à renouveler sa sensation sinon par un détraquement systématique du système nerveux, par une recherche effrénée d'imaginations bizarres, et d'excentricités morbides. C'est l'époque où le jeune Barrès s'écrie : « Réfugions-nous dans l'artificiel » et *À rebours* illustre le changement profond que va connaître la littérature avec le symbolisme. Des Esseintes reste pourtant de la même famille spirituelle que M. Folantin : si leurs moyens d'évasion sont différents, c'est bien un même dégoût du siècle qui les anime, et Huysmans était ainsi arrivé à une sorte de nihilisme qui justifiait le dilemme où l'acculait Barbey d'Aurevilly : « La bouche d'un pistolet ou les pieds de la Croix. » Avant de se convertir, il allait faire toutefois l'étape satanique, avec *Là-bas* (*) (1891), où s'exprime son intense curiosité des phénomènes surnaturels, suscitée par ses relations avec des occultistes, des magnétiseurs, et surtout avec le prêtre défroqué Boullan. Huysmans vit alors pendant quelque temps entouré de pressentiments, de menaces mystérieuses, il se croit victime des vengeances diaboliques des Rose-Croix, mais Boullan meurt en 1893 et le romancier va se trouver désormais sous la seule influence de l'abbé Mugnier, qu'il a rencontré en 1891. C'est sur le conseil de celui-ci que, l'année suivante, il fait à la trappe d'Igny une retraite suivie, de 1894 à 1896, par plusieurs séjours à Solesmes et à Saint-Wandrille. À Igny, Huysmans s'est confessé et il a communié : conversion soudaine, racontée dans *En route* (*) et qui suscite une vive agitation dans les milieux littéraires parisiens. Centré sur le personnage de Durtal, le roman de sa conversion va se poursuivre par *La Cathédrale* (*) (1898) et *L'Oblat* (*) (1903). En 1898, Huysmans avait en effet décidé de prendre sa retraite et d'aller mener la vie des oblats à côté de l'abbaye de Ligugé. C'est là qu'il écrit sa biographie de *Sainte Lydwine de Schiedam.*

Les moines ayant été expulsés par la loi sur les congrégations, Huysmans rentre à Paris, se retire chez les bénédictines de la rue Monsieur, fait paraître en 1906 *Les Foules de Lourdes* (*), réplique au livre de Zola, et meurt après de terribles souffrances supportées avec une foi ardente.

Car le christianisme de Huysmans a été absolument sincère. L'écrivain n'avait toutefois rien renié de son esthétique passée ; converti, il garda le « style artiste », renouvela avec un réalisme imagé et savoureux la littérature catholique. Il avait le droit de rester fidèle à l'art, puisque c'est l'art d'abord qui l'avait attiré vers l'Église et attaché à elle : le critique qui, en 1883, exaltait des méconnus comme Cézanne, Degas, Seurat, Pissarro, Odilon Redon – v. *L'Art moderne* (*) – ne se lassa plus d'être émerveillé par le symbolisme de la cathédrale de Chartres, par les lumières colorées de ses vitraux, par les in-folios enluminés des vieux moines. Huysmans était un merveilleux érudit – trop érudit pour être un véritable romancier : il s'occupe moins de construire une intrigue que de faire entrer dans son roman d'abondantes et passionnantes digressions sur l'art, l'histoire, la science, la bibliophilie, la religion. Peut-être était-il aussi trop réellement tourmenté par le problème de sa propre vie pour inventer des personnages. Il n'a pas eu de son vivant les triomphes de librairie d'un Zola ou d'un Maupassant ; mais son succès est durable, entretenu par un cercle de fidèles fervents qui aiment en lui l'homme autant que l'écrivain.

MICHEL MOURRE.

♦ *« ... Cette haine carthaginoise du lyrisme, de la mélodie dans le discours, est sa marque indélébile. Quand une phrase pourrait finir avec éloquence, Huysmans la mutile tout à coup, lui coupe la queue méchamment, perversement, avec des cisailles grinçantes et ébréchées, de même qu'un barbare ou un méchant garçon qui détruirait à plaisir une belle chose. »* Léon Bloy. ♦ *« Huysmans... d'une famille originaire de Flandre qui compta parmi ses membres différents peintres célèbres... ; c'est ainsi qu'on a pu dire de leur descendant qu'il ne fit que transporter dans la littérature leurs qualités d'observation minutieuse et de réalisme poussé jusqu'à la trivialité. Il y faudrait ajouter pour les derniers ouvrages de M. Huysmans une tendance au mysticisme, qui n'est point incompatible, d'ailleurs, avec un certain fond de grossièreté naturelle et de « primitivité » d'esprit ; et cela, joint à un l'on ne sait quoi de précieux, de contourné et de bizarre dans l'expression, ne laisse pas de faire un mélange assez intéressant. »* Charles Le Goffic. ♦ *« Victor Hugo, et combien d'autres écrivains de son temps, parlent sans cesse de leur cœur ; Huysmans ne parle que de son âme, et elle est errante, afin presque toujours, d'ailleurs, de s'associer à des images inédites, à des transpositions audacieuses qui prêtent un langage rajeuni aux impressions et aux sensations à traduire. Ce n'est pas, en effet, son cœur, mais plutôt son âme qu'il met à nu, ausculte, prend à partie et à témoin. Et pas plus que Baudelaire il n'a de larmes, "ni d'oignon pour les faire couler", dit encore Suarès. »* Lucien Descaves.

RÉF. : A. Thérive, *J. K. Huysmans*, 1924. – H. Bachelin, *J. K. Huysmans, du naturalisme littéraire au naturalisme mystique*, 1925. – H. Trudgian, *L'Esthétique de Huysmans*, 1935. – R. Baldick, *La Vie de J. K. Huysmans*, Paris, 1958. – F. Zayed, *Huysmans, peintre de son époque*, 1973. – A. Vircondelet, *Joris-Karl Huysmans*, Paris, 1990. – J. Borie, *Huysmans, le diable, le célibataire et Dieu*, Paris, 1992.

HWANG Sunwŏn. Romancier coréen. Né le 26 mars 1915 à Taedong. Hwang finit des études d'anglais à l'université Waseda de Tōkyō en 1939, mais dès 1931, il débute comme poète. En 1934, il s'occupe même de théâtre. Vers la fin de la décennie, il commence enfin à écrire en prose, avec les nouvelles *Le Marécage* [*Nŭp*]. Dans ses premières œuvres, il tâte au conte pour enfants. Ses premières nouvelles « L'Étoile » [Pyŏl, 1940], « Le Vieux qui fabrique des jarres » [Tokjitnŭn nŭlgŭni, 1944], « L'Averse » [Sonagi, 1953] ne témoignent guère d'esprit critique, mais très vite, avec *Les Descendants de Caïn* [*Kainŭi huye*, 1953], *Les Arbres sur la pente* [*Namudŭl Pitalae sŏda*, 1961] et *Le Soleil et la Lune* (*), il affronte la réalité (guerre, réforme agraire). Division et conflits idéologiques ne peuvent selon lui être plus forts que la nature et la fraternité du peuple. Il développe un style poétique, décanté dans les nouvelles, toujours foisonnant dans les romans. À travers la multiplicité des revers de fortune dans lesquels sont pris ses personnages, il veut montrer le conflit de la société ancienne et de la société moderne inextricablement liées. Pour toujours en revenir au thème de la vitalité originelle de l'homme.

PATRICK MAURUS.

HYGIN ou HYGINUS Caius Julius. (Vers 64 av. J.-C. - 17 ap. J.-C.) Sous le nom de Hygin sont réunies des œuvres que la critique, désormais d'accord, attribue à des auteurs latins d'époques diverses. On connaît Caius Julius Hyginus, que Suétone disait d'origine espagnole et que d'autres estiment originaire d'Alexandrie. Amené comme esclave à Rome par César, il fut affranchi par Auguste en 47 avant J.-C. et affecté à la bibliothèque d'Apollon Palatin. Il fut parmi les intimes d'Ovide et de Claudius Licinius, perdit ensuite la faveur impériale, et les dernières années de sa vie s'écoulèrent dans la misère. Dans l'accomplissement des devoirs de sa charge, il se montra un érudit et un encyclopédiste excellent et très fécond. Il écrivit sur l'agriculture, la philologie, l'histoire, la géographie, et fit également des essais critiques, mais nous ne connaissons de ses œuvres que les titres sur l'histoire : *De familiis troianis, De origine urbium italicarum, Exempla, De vita rebusque illustrium virorum* ; sur l'agriculture : *De agricultura, De apibus,* dont Columelle faisait de grands éloges ; nous savons également qu'il écrivit un commentaire à

Propepticon Pollionis de C. Elvius Cinna et un autre, d'au moins cinq livres, à l'*Énéide* (*). C'est d'un autre Hygin qu'on appelle l'astronome que sont : le manuel *L'Astronomie* (*), dédié à un certain M. Fabius (peut-être M. Fabius Marcellinus), qui nous est parvenu incomplet, et un autre manuel mythologique comprenant deux cent vingt-sept *Fables* (*), ou généalogies de dieux et de héros : ces dernières œuvres sont puisées à des sources grecques, mais revêtent une certaine importance par les notions mythologiques, mathématiques et philosophiques qu'elles contiennent. Un troisième Hygin est l'auteur de *Des fortifications du camp.*

RÉF. : A. Bouché-Leclercq, *L'Astrologie grecque,* Paris, 1899 (Bruxelles, 1963). – A. Le Bœuffle, *Le Vocabulaire latin de l'Astronomie,* Lille, 1973.

HYPÉRIDE. Orateur grec. Né à Athènes, en 390/389 av. J.-C. et mort en octobre 322 à Cléones. Fils de Glaucippe, il appartient à une famille aisée, suit les leçons d'Isocrate – voire de Platon, à en croire une légende. Il s'enrichit et se fait une réputation en exerçant le métier de logographe.

Entré dans la politique en 362 en attaquant le gouvernement d'Aristophon, Hypéride s'avère un patriote intransigeant. Ainsi son idéologie le rapproche de Démosthène dans sa lutte contre Philippe II de Macédoine et le parti promacédonien d'Athènes. En 343, il se fait l'accusateur de Philocrate, qui a négocié le traité de 346. Jusque vers 330, il semble qu'une entente totale ait régné entre Démosthène et lui. Mais, après la mort de Philippe, Hypéride en vient à trouver Démosthène trop tiède : il lui conseillera d'écarter les propositions d'Harpale. Et, lorsque à ce propos un scandale va éclater, Hypéride va être un des accusateurs de Démosthène (cf. Démosthène). Après la mort d'Alexandre, il prononce l'« Oraison funèbre » des soldats tombés devant Lamia – v. *Discours* (*). Pris par les Lacédémoniens après la défaite de Crannon, il est livré en supplice sur ordre d'Antipater (322).

Homme de plaisir, voluptueux, élégant, d'une gourmandise proverbiale objet de la risée des poètes comiques, Hypéride aurait prononcé cinquante-deux discours. Six d'entre eux concernent des hétaïres parmi lesquelles on compte sa maîtresse Phryné, qu'il défendit dans un discours célèbre aujourd'hui perdu. Seuls six de ses *Discours* nous sont parvenus – certains très partiellement – retrouvés sur des papyrus dans des tombeaux égyptiens entre 1847 et 1897. Le plus important est l'*Epitaphios*, qui rajeunit avec habileté les lieux communs inséparables du genre.

Si quelques critiques lui reprochent des éléments de la langue parlée, la suavité et l'humour de son style contribuent à faire d'Hypéride « l'un des représentants les plus aimables de l'éloquence attique » – que les anciens plaçaient juste après Démosthène.

TERPSICHORE ARGYROU.

RÉF. : F. Blass, *Attische Beredsamkeit,* Berlin, 1887-98. – G. Colin, *Discours d'Hypéride,* Paris, 1946. – J. Engels, *Studien zur politischen Biographie des Hypereides,* Munich, 1989.

HYVERNAUD Georges. Critique, essayiste et romancier français. Né aux Planes (commune de Saint-Yrieix-sur-Charente, banlieue d'Angoulême) le 22 février 1902, mort à Paris le 24 mars 1983. Issu d'une famille ouvrière et paysanne, il entre à l'École normale d'Angoulême puis à l'École normale supérieure de Saint-Cloud en 1922. Il fait une carrière de professeur de français dans les Écoles normales d'instituteurs d'Arras, de Rouen et, à partir de 1946, d'Auteuil (Paris). De 1926 à 1940, il publie des chroniques et des articles de critique littéraire dans diverses revues, notamment dans *Les Primaires, Les Marges* et *La Grande Revue*. À Rouen, en 1935, il adhère à l'Association des intellectuels antifascistes. Mobilisé dans un régiment de pionniers en août 1939, il est fait prisonnier à la fin mai 1940 et passe près de cinq années en captivité dans des « oflags » de Poméranie. Libéré en avril 1945, il publie dans le nº 4 d'*Espaces* (revue de Clermont-Ferrand), à l'automne de la même année, sa « Lettre à une petite fille », saisissant témoignage sur l'expérience de la souffrance, ébauchée en février à l'intention de sa fille Marie-Claude (née en 1937). En décembre 1946 il fait paraître dans *Les Temps modernes* (*) un chapitre de *La Peau et les Os* (*) édité en 1949. En 1953, il publie un roman, *Le Wagon à vaches* (*). Il a alors entrepris un autre roman, *Lettre anonyme*, qu'il abandonne vers 1954. Sans lien avec les milieux littéraires, découragé par les difficultés rencontrées pour la publication de son deuxième livre et probablement aussi par l'accueil de la critique, il renonce à son travail d'écrivain pour se consacrer à l'éducation de sa fille, à son métier d'enseignant et à la rédaction de manuels de français (collection « Le Plaisir de lire », sous la direction de Jean Guéhenno, 1961-1973) ; il publie en 1976 une présentation de *Du côté de chez Swann* dans la collection pédagogique « Folio F ». Après sa mort, à l'initiative de Jean José Marchand et avec le soutien de Paul Fournel, ses œuvres complètes sont éditées, en quatre tomes, chez Ramsay, de 1985 à 1987 ; aux deux livres publiés de son vivant (tomes I et II) s'ajoutent les fragments de *Lettre anonyme* et des nouvelles inédites (t. III), les *Carnets d'oflag* – journal tenu pendant la captivité – et l'ensemble de ses chroniques et articles de critique (dont plusieurs inédits) (t. IV). C'est alors qu'Hyvernaud est découvert et salué dans la presse comme un des écrivains importants de l'après-guerre. En 1991, les éditions Seghers publient, sous le titre *L'Ivrogne et l'Emmerdeur*, les lettres adressées de septembre 1939 à mai 1940 à sa femme Andrée (épousée en 1936) par Hyvernaud mobilisé. La même année, J.-L. Benoît porte au théâtre, sous le titre *La Peau et les Os*, une adaptation de ses deux livres.

ROLAND DESNÉ.

I

IACOPO (ou GIACOMO) DA LENTINI. Poète de l'école sicilienne, le plus illustre et peut-être le plus ancien. Né à la fin du XIIe siècle près de Sycaruse, il mourut vers 1250. Il signait : *Jacobus de Lentino domini Imperatoris notarius*, mais l'on ne sait rien de certain sur son activité poétique et professionnelle. Il laissa une quarantaine de pièces lyriques (dont quatorze chansons et vingt-deux sonnets), qui suffirent à fonder son autorité de maître parmi ses contemporains et ses successeurs. Dante le nomme, dans le *Purgatoire*, parmi les principaux représentants de la poésie antérieure au *Dolce stil nuovo*, et cite en exemple une de ses chansons dans son traité *De l'éloquence en langue vulgaire* (*). Aujourd'hui, l'on apprécie beaucoup plus les accents personnels et sincères des *Rimes* (*) du notaire impérial, malgré les artifices d'école. Notons enfin que certains lui attribuent l'invention du sonnet.

RÉF. : W. Pagani, *Repertorio tematico della surola poetica siciliana*, Bari, 1968. – R. Russel, *« Ars dialectica » and Poetry : The Aristocratic Love lyric of the Sicilian School*, in *Studies in Philology* n° 77, 1980. – A. Varvaro, *Il regno normanno svevo*, in *Letteratura italiana*, t. I, Turin, 1987.

IBELIN Jean d'. Juriste français. Né au début du XIIIe siècle, mort en 1266. Fils de Philippe d'Ibelin, descendant de Guillaume, comte de Chartres, il participa activement à la première croisade de Saint Louis, se distingua au siège de Beyrouth (1232), fut fait prisonnier à la Mansourah, puis libéré. Il était comte de Jaffa, d'Ascalon et de Rama, et baile de Jérusalem de 1254 à 1256.

Juriste fort expérimenté, il nous a laissé un recueil, les *Assises de Jérusalem* (*), ouvrage considérable en deux cent soixante-treize chapitres, auquel collabora Philippe de Novare et qui fut composé vers 1255. On y trouve exposés l'organisation et le droit féodal en vigueur dans les royaumes de Jérusalem et de Chypre. Une version abrégée des *Assises de Jérusalem* a été traduite en arménien.

IBERT Jacques. Compositeur français. Né et mort à Paris : 15 août 1890-5 février 1962. Élève de Paul Vidal, Émile Pessard et André Gédalge au Conservatoire de Paris (1909-13), il remporte en 1919 le premier grand prix de Rome. Il s'impose dès ses envois de Rome avec la suite symphonique *Escales* (*) (1922), au style luxuriant et impressionniste, mais il montre un visage différent, plein d'humour, dans le *Divertissement pour petit orchestre* (1930). Sa farce lyrique, *Angélique* (*) (1927), fait rapidement le tour du monde. Il a collaboré avec Honegger à l'opéra *L'Aiglon* (*) (1937). Au cours de sa carrière, il a été directeur de la villa Médicis à Rome (1937-40 et 1946-60) et de l'Opéra de Paris (1955-56). Malgré ces fonctions officielles, sa musique reste celle d'un indépendant profondément opposé à toute forme d'académisme.

ALAIN PÂRIS.

RÉF. : Jacques Feschotte, *Jacques Ibert*, Paris, 1958. – Gérard Michel, *Jacques Ibert*, Paris, 1968.

IBN AL-FĀRIḌ 'Umar. Poète mystique sufi, de langue arabe. Né et mort au Caire : 22 mars 1181- 24 janvier 1235. L'événementiel tient peu de place dans son existence méditative, souvent comparée à celles d'al-Ḥallāj et d'Ibn 'Arabī. Fils de notaire, de condition aisée, il a vécu quasiment en reclus, près du Caire, ses voyages n'étant que des parcours initiatiques sur le chemin de La Mecque, où il a longtemps séjourné. Idéalisé de son vivant par les Ayyubides, en quête de soutiens contre le shi'isme, Ibn al-Fāriḍ a rédigé une œuvre ésotérique de haute tenue, recueillie dans un *Dīwān* (*), où l'union ardemment désirée avec Dieu marque le début d'une école mystique. Mais ses vers peuvent aussi être lus exotériquement, comme d'éclatants hymnes à l'amour et au vin. La communion enfin réalisée des langages de la passion, de l'ivresse et de la foi devient alors gage de l'apaisement fugace des consciences, au moment où point le crépuscule mongol.

BERNARD MOUSSALI.

IBN AL-MUQAFFA' 'Abd Allāh. Homme de lettres persan. Né vers 724 dans le petit village de Gour, devenu depuis la ville de Fayrūzābād dans le sud de l'Iran, et mort à Bassora (Iraq) vers 759. Ibn al-Muqaffa' est né dans une grande famille persane zoroastrienne, traditionnellement au service de l'État. Son père, qui a été percepteur d'impôts pour le compte du gouverneur omayyade des provinces orientales, aurait été convaincu de malversations et si sévèrement frappé sur sa main fautive qu'elle se serait racornie, ce qui a valu à son fils le surnom de « Ibn al-Muqaffa' », le fils du racorni, dont il fera un des plus grands noms de la littérature arabe classique. La famille d'Ibn al-Muqaffa' s'installe, alors qu'il est encore enfant, à Bassora, grande métropole méridionale de l'empire musulman en construction, et grand centre de culture et d'activités littéraires. Destiné, selon la tradition familiale, au service de l'État, le jeune homme apprend l'arabe au contact des meilleurs maîtres. Il serait même devenu un proche des grands philologues al-Khalīl Ibn Aḥmad et al-Akhfash. Il parfait sa maîtrise de la langue du *Coran* (*) au contact d'une grande famille arabe, les Banū al-Ahtam, dont il devient un client [mawlā]. Il connaît aussi, outre le persan, sa langue maternelle, le syriaque, l'hébreu et peut-être même le grec, ce qui n'était pas rare dans les grandes familles persanes.

À l'avènement des Abbassides, sanglants vainqueurs des Omeyyades, il devient secrétaire de 'Īsā Ibn 'Alī, nommé gouverneur de la province du Kirmān. Ibn al-Muqaffa' adopte l'islam sous son égide et prend alors le prénom musulman de 'Abd Allāh. Il passe ensuite au service du frère de son puissant protecteur, Sulaymān, qui gouverne Bassora. Tous deux sont oncles du redoutable al-Manṣūr, le second khalife abbasside. Leur troisième frère, gouverneur de la province stratégique de Syrie, s'étant révolté contre le nouveau khalife, est battu par les troupes de celui-ci et vient chercher refuge auprès de ses deux frères. Al-Manṣūr, sous la pression de ses oncles, accepte d'accorder le pardon au rebelle, et Ibn al-Muqaffa' est chargé de rédiger l'acte d'amnistie que le khalife a promis de signer : il y inclura des conditions si contraignantes que le khalife ne le lui pardonnera pas. Peut-être lui pardonnera-t-il encore moins d'avoir osé lui adresser une *Épître sur l'entourage du Khalife* [*Risāla fī l-ṣaḥāba*] dans laquelle il lui prodigue des conseils sur l'art de gouverner ! Le jeune converti aggrave son cas en donnant en arabe une traduction revue et augmentée d'un ouvrage persan, d'origine indienne, et que l'on peut considérer comme un traité sur l'art de gouverner. Cette œuvre, *Le Livre de Kalila et Dimna* (*), est un des plus grands chefs-d'œuvre de la prose arabe classique. Al-Manṣūr nomme comme gouverneur de Bassora Sufyān Ibn Mu'āwiya qui fait assassiner Ibn al-Muqaffa' à peine âgé de trente-six ans.

DJAMEL-EDDINE KOULOUGHLI.

IBN 'ARABĪ ou IBN AL-'ARABĪ Muḥyī l-Dīn Muḥammad. Philosophe mystique musulman d'expression arabe. Né à Murcie (Espagne) en 1165, mort à Damas en octobre 1241. Après avoir suivi l'enseignement des maîtres ṣūfis d'Andalousie et du Maroc, il s'expatria en 1198, visitant le Maghreb, l'Égypte, la Palestine, puis La Mecque où il séjourna à plusieurs reprises et où il commença la rédaction de son œuvre maîtresse, les *Illuminations de La Mecque* (*). En 1223, il se fixa définitivement à Damas, où il mourut. Tout à la fois mystique visionnaire et penseur rigoureux, mais d'une subtilité souvent déroutante, il est considéré comme le maître par excellence de la mystique musulmane et garde aujourd'hui encore de nombreux disciples.

JEAN-PATRICK GUILLAUME.

IBN BĀJĀ ou (Avempace). Philosophe musulman d'Espagne. Né à Saragosse (Aragon) à la fin du XIe siècle, mort à Fez en 1138. Il fut pendant près de vingt ans vizir de Abū Bakr ibn Ibrahim, gouverneur almoravide de Grenade puis de Saragosse. S'étant rendu à Fez, il y fut accusé d'athéisme par ses ennemis, et notamment par le médecin Abū I-Alā ibn Zuhr, qui le firent empoisonner. Bien qu'ayant subi les influences néo-platoniciennes, Ibn Bājā fut surtout l'introducteur en Espagne de l'aristotélisme. Dans sa *Lettre d'adieu* [*Risālat al-wada*], il soutient que seule la philosophie peut mettre la pensée humaine en contact avec l'« intellect agent » ; cette thèse fut développée dans le *Discours sur l'union de l'intellect agent et de l'homme* [*Kalām fi ittisāl al-caql bi l-insān*], récemment publié par Miguel Asín y Palacios, où sont exposés les divers degrés de cette union. Cet « intellect agent », comme le soleil, illumine toutes choses, et absorbe la multiplicité des individus, ce qui supprime la nécessité de la vie sociale : de fait, Avempace croyait que l'homme peut développer ses facultés dans la solitude. C'est ainsi que son ouvrage le plus connu, le *Régime du solitaire* (*), annonce l'œuvre célèbre de Ibn Tufayl, *Hayy ibn Yaqzān* (*). Ibn Bājā s'intéressait, en plus de la philosophie, à la médecine, aux sciences naturelles, aux mathématiques et à la musique.

IBN BAṬṬŪṬA Muḥammad. Géographe et explorateur arabe. Né à Tanger en 1304 et mort à Marrakech en 1377. Il quitte sa ville natale en 1325 pour accomplir le pèlerinage puis s'embarque dans un immense périple. Il visite la Syrie, l'Iraq, et la Perse, poursuit par les confins mésopotamiens, l'Asie Mineure et le sud de la Russie, puis l'Asie centrale, l'Afghanistan et l'Inde où il exerce pendant deux ans les fonctions de juge. Il passe ensuite un an et demi dans les Maldives, puis se rend en Chine en passant par Ceylan et l'Indonésie. Rentré au Maroc en 1349, il se rend un an plus tard en Espagne, puis part pour les pays du Sahel en 1351 avant de rentrer définitivement en 1353 au Maroc où il dicte le récit de ses *Voyages* (*) à Ibn Ǧuzayy.

DJAMEL-EDDINE KOULOUGHLI.

IBN EZRA Abraham B. Meir. Savant, philosophe et poète juif. Né à Toudèle en Espagne en 1089, mort en Angleterre en 1165. Il voyagea à travers l'Espagne, puis visita l'Afrique du Nord, avant de s'exiler définitivement en 1140. Après un séjour de six années en Italie, il gagna le Languedoc (Béziers) vers 1147. De là, il s'en fut vers le nord de la France et passa en Angleterre.

Son œuvre est extrêmement variée. Il a composé deux commentaires du *Pentateuque* (*), l'un en Italie et l'autre à Rodez. Il a également donné d'*Isaïe* (*), de *Daniel* (*), d'*Esther* (*), du *Cantique des Cantiques* (*), des *Psaumes* (*) et des petits prophètes des commentaires qui révèlent un esprit rationaliste et moderne. On y trouve en effet des notations philosophiques néo-platoniciennes, mais ils témoignent aussi d'un intérêt pour les problèmes linguistiques et la critique poétique, et d'une sensibilité au contexte historique. Sur le plan scientifique, il traita principalement de mathématiques, dans le *Livre de l'Un* [*Sefer ha-Ehad*] et dans le *Livre du Nombre* [*Sefer ha-Mispar*] mais aussi d'astronomie et d'astrologie, dans le *Livre de l'intercalation* [*Sefer ha-Ibbur*] et dans le *Début de la sagesse* [*Reshit Hokma*]. Il a également étudié la langue hébraïque dans l'esprit de l'école linguistique espagnole. L'essentiel de sa doctrine philosophique néo-platonicienne trouve son expression dans son ouvrage *Fondement de la crainte* [*Yesod Mora*].

Comme poète, il est connu pour son importante poésie sacrée, caractéristique, dans le fond comme dans la forme, de l'école espagnole. On y perçoit l'écho des conceptions néo-platoniciennes sur les rapports entre l'âme et le corps. De ce point de vue, on voit en lui un disciple de Solomon Ibn Gabirol. Sa poésie sacrée reflète aussi la conception scientifique du monde de son temps et les circonstances dont avaient eu à souffrir les communautés juives. On lui doit l'évolution de certaines formes strophiques sophistiquées et des « Muwwashshah » hébraïques. Ses poèmes religieux se retrouvent dans les rituels séfarades jusqu'à nos jours. Sur le plan de la poésie profane, il a ouvert une ère nouvelle dans l'histoire de la poésie hébraïque de l'Espagne. Il a développé l'humour et la satire (exercés aux dépens de la société aristocratique et de ses mœurs courtoises), introduit le genre polémique dans la poésie, apporté un raffinement jusqu'alors inconnu à l'énigme littéraire, etc. Par ailleurs, il s'inscrit dans la tradition poétique de l'Andalousie et dans l'esprit de la poésie arabe, recourant à la prosodie et à ses genres littéraires. Sa poésie profane est considérée comme le point de passage de l'époque classique andalouse à l'époque nouvelle de l'Espagne chrétienne.

Il est également l'auteur de l'*Épître de Haï ben Mekiz* (*), une œuvre qui relate le périple de l'âme dans les mondes supérieurs qui entourent le globe terrestre. L'épître est unique en son genre et écrite en prose rimée.

MASHA ITZHAKI.

IBN EZRA Moïse B. Jacob. Poète juif d'Espagne. Né à Grenade vers 1055, mort dans l'Espagne chrétienne entre 1135 et 1140. Issu d'une famille aisée, il fut le disciple d'Isaac Ibn Giyyat et le protecteur du jeune Juda Ha-Lévi. Après la prise de Grenade par les Almoravides, il y resta isolé. Quelques années plus tard, il quittait la ville pour n'y plus revenir. Une quarantaine d'années durant, il parcourut les villes de Castille, d'Aragon et de Navarre, séparé de sa famille, en proie à la nostalgie de la lumineuse Andalousie. Il a donné une expression lyrique de cette période malheureuse de sa vie dans sa poésie profane, principalement dans le genre des *Complaintes* (*).

Poète, il est considéré comme un des plus parfaits représentants de l'école poétique hébraïque de l'Andalousie. Son Diwan comprend plus de deux cent soixante poèmes de genre divers : panégyriques, élégies, complaintes, poèmes érotiques et célébrations du vin. Il écrivit également un ensemble appréciable de « muwwashash » et un recueil de poèmes homonymiques, le *Livre du collier* [*Sefer ha-Anak*]. Son style allie la rhétorique, la thématique et la prosodie arabes à la langue hébraïque de *La Bible*. Il est également connu pour ses poèmes sacrés, caractérisés par leur polymorphie et l'abondance de leurs genres. Comparée à celle de sa poésie profane, la langue de ses poèmes sacrés est plus simple, plus directe, et produit une impression de lyrisme personnel. C'est pourquoi ses *Poèmes de pardon* (*), composés pour des fêtes austères acquirent une telle popularité qu'ils se sont perpétués dans les rituels juifs jusqu'à nos jours.

Dans son ouvrage théorique majeur, le *Livre de méditation et de discussion* [*Kitab al-muhadara waal-mudhakara*], il disserte sur les canons de la poésie arabe et de la poésie hébraïque profane et montre leurs relations culturelles tout en insistant sur la singularité de la poésie hébraïque et de son histoire. Il a également écrit un traité consacré à l'usage des métaphores dans *La Bible* sous le titre : *Prairies parfumées* [*Makal al-Hadika*].

MASHA ITZHAKI

RÉF. : D. Pagis, *Secular Poetry and Poetic Theory, Moses Ibn Ezra and his Contemporaries*, Jérusalem, 1970.

IBN GABBAY Meir. Cabaliste constantinopolitain. Né en Espagne en 1480, mort à Magnésie vers 1543. Il subit dans son enfance le traumatisme de l'expulsion des Juifs d'Espagne (1492), et s'installa dans l'Empire ottoman. Il fut membre du tribunal rabbinique de Tire autour de 1516. Il connut dans sa jeunesse de nombreuses difficultés matérielles. Il est l'auteur de trois ouvrages qui jouirent d'une audience assez large : *Le Vermisseau de Jacob* [*Tola'at Ya'aqov*], écrit en 1507, est consacré à l'étude des prières et des rites cultuels, dont la signification mystique et le pouvoir théurgique sont systématiquement dégagés ; *Le Chemin de la foi* [*Derekh émouna*], écrit en 1539, se présente comme un commentaire du *Portique du questionneur* [*Cha'ar ha-Choel*] de Azriel de Gérone, un cabaliste du XIIe siècle, et il dépeint de façon didactique le système des dix sefirot ou émanations ; *Le Culte sacré* (*), son œuvre majeure, fut écrit en 1531. Ce cabaliste recueille dans ses œuvres la majeure partie des grandes élaborations cabalistiques de ses prédécesseurs espagnols, dont il fut l'un des principaux représentants parmi les exilés. Mais l'intérêt de ses écrits ne se limite pas à leur caractère encyclopédique. Sa virtuosité littéraire et son sens aigu de l'exactitude conceptuelle font de lui un interprète classique de la théosophie juive espagnole dont il a souligné la pleine intégration au sein du judaïsme rabbinique.

CHARLES MOPSIK.

RÉF. : Roland Goetschel, Meir Ibn Gabbay, *Le Discours de la cabale espagnole*, Louvain, 1981.

IBN ḤAZM ʿAlī ibn Aḥmad. Penseur, écrivain et poète arabe andalou. Né à Cordoue le 7 novembre 994, mort près de Badajoz le 15 août 1064. Il était issu d'une famille nouvellement convertie à l'islam, mais déjà en pleine ascension sociale : fils d'un vizir au service des califes omayyades d'Espagne, il entama très tôt une carrière politique qui aurait pu être brillante (il devient lui-même vizir en 1023, à l'âge de trente ans), mais qui fut ruinée par l'effondrement de la dynastie : dans la période qui suivit, celle des « rois de partis » [reyes de taifas], Ibn Ḥazm, qui garda toujours une profonde nostalgie du régime déchu, se consacra à une carrière intellectuelle ; après avoir fréquenté diverses petites cours indépendantes, il se retira dans une propriété de famille non loin de Badajoz, où il mourut. Son œuvre abondante et très variée témoigne d'une intelligence vive et brillante, volontiers orientée vers la polémique, ainsi que d'une vaste culture et d'un grand talent d'écrivain. Outre *Le Collier de la colombe* (*), traité de psychologie et d'éthique amoureuses rédigé dans sa jeunesse, elle comprend notamment un certain nombre d'ouvrages consacrés aux sciences religieuses. Dans ce domaine, Ibn Ḥazm est surtout fameux comme défenseur de l'école ẓāhirite, qui, radicalisant l'attitude textualiste déjà présente dans l'*Épître* (*) d'al-Shāfiʿī, ne reconnaissait que l'interprétation littérale du donné révélé, *Le Coran* (*) et surtout *Ḥadīth* (*), comme source prescriptive, à l'exclusion de toute élaboration personnelle. Cette attitude, dans la pratique, revenait à récuser le pesant appareil conceptuel élaboré par les juristes de l'école mālikite dominante en Andalousie et dans le Maghreb, en lui substituant les règles d'une herméneutique purement linguistique ; le ẓāhirisme, qui fut toujours minoritaire dans le monde musulman, n'en attira pas moins nombre d'esprits brillants, séduits tout à la fois par sa rigueur et son élégance intellectuelles, et par la possibilité qu'il offrait de retrouver les valeurs morales fondamentales de l'islam, souvent occultées par la casuistique et l'esprit formaliste des juristes officiels. Ibn Ḥazm s'attacha à généraliser cette doctrine, à l'origine purement juridique, dans toutes les disciplines intellectuelles. C'est notamment dans cet esprit qu'il rédigea son *Traité de la distinction* [*Kitāb al-faṣl*], où, rejetant explicitement les subtilités de la théologie spéculative, il analyse, compare et juge les croyances des différentes sectes et tendances de l'islam, mais aussi celles du christianisme et du judaïsme, du point de vue d'une sorte de « sens commun » monothéiste.

JEAN-PATRICK GUILLAUME.

IBN KHALDŪN ʿAbd al-Raḥmān. Homme politique et historien arabe. Né à Tunis en 1332, mort au Caire en 1406. La famille d'Ibn Khaldūn serait originaire du Yémen, et se serait implantée en Espagne, d'abord à Carmona puis à Séville. C'est une famille de lettrés et de notables ayant traditionnellement exercé des activités d'enseignement ou de haute administration. La famille s'étant transportée à Ceuta puis à Tunis, c'est dans cette grande ville, alors principale ville-État de la dynastie Ḥafṣide, que naît ʿAbd al-Raḥmān. Il va y recevoir une éducation complète, étudiant sous les plus grands maîtres, en particulier dans la célèbre mosquée-université de la Zītūna, *Le Coran* (*) et le *Ḥadīth* (*), le droit et la jurisprudence, la grammaire et la rhétorique, la logique et la philosophie. En 1350 une terrible épidémie de peste noire s'abat sur Tunis : Ibn Khaldūn, qui a alors dix-huit ans, y perd ses parents et nombre de ses maîtres. Il va être contraint, en 1352, de quitter Tunis assiégée puis occupée par le souverain ḥafṣide de Constantine, Abū Zayd, qui veut secouer le joug du « protectorat » exercé par les mérinides de Fès sur les villes-États ḥafṣides du Maghreb oriental. Ibn Khaldūn se retrouve successivement à Gafsa, Biskra puis Tlemcen où il rencontre le souverain mérinide Abū 'Inān qui prépare l'une de ces innombrables expéditions de reconquête du Maghreb central et oriental qui épuiseront petit à petit la dynastie marocaine et causeront finalement sa disparition. Ibn Khaldūn suit le souverain marocain jusqu'à Béjaïa où il demeurera jusqu'en 1353, et se retrouve l'année suivante à Fès dans la cour d'Abū 'Inān qui l'intègre au corps de ses hauts fonctionnaires. Mais le jeune homme noue des contacts secrets avec le prince ḥafṣide de Béjaïa, prisonnier à Fès, en vue de le faire évader. Le complot est éventé, et Ibn Khaldūn se retrouve en prison au début de l'année 1357. Il va y demeurer deux longues années, c'est-à-dire jusqu'à ce qu'Abū 'Inān, vieux et malade, périsse étranglé par un de ses vizirs. Une guerre de succession s'ensuit, qui pour une brève période tourne à la faveur d'Abū Sālim, un des frères d'Abū 'Inān avec lequel Ibn Khaldūn avait noué de bonnes relations. Le prisonnier d'hier se retrouve ministre de la Justice du nouveau gouvernement. Un nouveau complot des vizirs amène nominalement au pouvoir un frère idiot d'Abū Sālim, Tāshfīn : Ibn Khaldūn n'hésite pas à manifester son allégeance aux nouveaux maîtres, mais ceux-ci ne semblent pas lui faire confiance. Déçu, il décide, en 1362, de renvoyer femme et enfants dans leur famille à Constantine et de tenter sa chance en Andalousie où il connaît Abū 'Abd Allāh, le souverain de Grenade et son vizir Ibn al-Khaṭīb qu'il avait rencontrés à Fès quand ils y étaient en exil. À Grenade, il est accueilli chaleureusement, est intégré à la Cour, et reçoit même du souverain un fief. Il fait revenir sa famille près de lui et vit dans le calme durant deux ans. Mais bien vite son ambition frustrée lui fait reprendre ses pérégrinations : il part pour Béjaïa où il est très bien accueilli et où il devient le chambellan du sultan local, c'est-à-dire le véritable détenteur du pouvoir. Cependant la guerre des cités-États amène la prise de Béjaïa par le sultan de Constantine qui, tout en honorant Ibn Khaldūn, ne lui propose rien d'intéressant, ce qui conduit l'ex-chambellan à s'impliquer dans la lutte politique en vue de restaurer la dynastie de Béjaïa dans ses droits. Les vicissitudes de cette lutte vont le conduire de nouveau à Tlemcen puis au Maroc, puis en Andalousie. Mais partout on semble à présent se méfier de lui. À quarante-deux ans, las et déçu, il cherche le repos et la tranquillité dans la citadelle d'Ibn Salāma, petite cité-État du Maghreb central, où les Banū 'Arīf, souverains du lieu, lui donnent l'hospitalité. C'est là, entre 1374 et 1378, dans la solitude et la paix, qu'Ibn Khaldūn rédige *Les Prolégomènes* (*) à une histoire de l'Afrique du Nord qui lui assureront l'immortalité. Ibn Khaldūn repart pour Tunis où il poursuit la rédaction de son histoire, *Le Livre des leçons* [*Kitāb Al-'ibar*]. En 1382, repris par le démon du voyage, il s'embarque pour l'Orient en prenant prétexte du pèlerinage à La Mecque, et s'installe au Caire dont le souverain lui réserve un accueil chaleureux. De là, il effectue divers périples en Arabie et en Palestine. Lorsqu'en 1400 Timour Lang (Tamerlan) envahit la Syrie, Ibn Khaldūn, âgé de près de soixante-dix ans, n'hésite pas à accompagner les troupes mamloukes d'Égypte qui se portent au secours de Damas. Il se retrouve ainsi assiégé dans la ville. Une tentative de sortie nocturne le mettra nez à nez avec le chef mongol. Celui-ci, impressionné par la sagesse du vieil homme, veut le prendre à son service. Ibn Khaldūn fait mine d'accepter et demande à retourner au Caire pour y prendre ses livres. Mais il ne donnera pas suite à sa promesse, et restera au Caire où il va désormais demeurer jusqu'à la fin de ses jours, enseignant et exerçant les fonctions de juge.

DJAMEL-EDDINE KOULOUGHLI.

IBN QUTAYBA 'Abd Allāh. Philologue et homme de lettres persan d'expression arabe. Né à Koufa (sud de l'Iraq) en 828, mort à Baghdad vers 889. Après avoir acquis une formation de base dans sa ville natale, il arrive, encore fort jeune, dans un Baghdad alors en pleine effervescence culturelle. Il va y parfaire sa formation, approfondissant particulièrement l'étude de la philologie et du droit canonique. Son long séjour à Baghdad le fait considérer comme un natif de cette ville. Son intelligence vive et sa remarquable mémoire font rapidement de lui une véritable encyclopédie vivante pour tout ce qui touche à la langue et à la littérature, mais aussi à des sujets plus délicats, en ces temps de violentes controverses théologico-politiques, comme les fondements de la jurisprudence. Ce sont ses compétences dans ce dernier domaine qui le font nommer juge dans la ville de Dinawar. Il y exercera cette fonction pendant de nombreuses années. Il revient finalement à Baghdad, mûri et auréolé d'une solide réputation de savant prudent et mesuré. Il va alors être entouré d'étudiants venus de toutes parts pour profiter de ses connaissances immenses.

Certains auteurs ont accusé Ibn Qutayba de soutenir des idées religieuses et dogmatiques frôlant l'hérésie. Mais l'examen de sa production littéraire ne donne aucune indication qui confirmerait cette thèse. Il y apparaît au contraire comme le représentant typique de la ligne modérée qui devait finalement se dégager comme l'orthodoxie sunnite. Mieux, ce Persan se fait le défenseur des Arabes dans certaines de ses œuvres comme *Le Livre de la supériorité des Arabes sur les non-Arabes* [*Tafḍīl Al-'Arab 'alā l-A'ǧām*]. Les trois œuvres majeures d'Ibn Qutayba sont *Le Livre de la poésie et des poètes* (*), *La Culture du secrétaire* (*) et *Les Sources des récits* [*'Uyūn al-akhbār*]. Dans ses œuvres, Ibn Qutayba aborde un nombre considérable de thèmes touchant à pratiquement tout ce qui concernait les « sciences islamiques » traditionnelles : philologie et grammaire, poésie et récits relatifs aux coutumes et à l'histoire des tribus arabes anciennes, *Le Coran* (*) et tradition, droit et théologie. Mais derrière cette diversité qui ressemblerait à de l'éparpillement, on peut en réalité discerner une très nette unité de propos à condition que l'on repense au contexte historique dans lequel son œuvre se place : cette unité vient du fait que l'auteur se sent investi de la mission de contribuer à établir une norme du « bon usage » de la langue arabe écrite, et à faire respecter cette norme, notamment par la catégorie, de plus en plus nombreuse, des secrétaires que l'administration de l'État abbasside, alors en pleine expansion, est en train de mettre en place. C'est donc dans la double dimension de la normalisation et du souci didactique que l'œuvre protéiforme d'Ibn Qutayba trouve son unité.

DJAMEL-EDDINE KOULOUGHLI.

IBN ṬUFAYL Abū Bakr Muḥammad. Médecin et philosophe arabe. Né en 1110 à Cadix (province de Grenade), mort en 1185 à Marrakech. Armé d'une formation encyclopédique qui couvre, outre la médecine, les mathématiques, l'astronomie, la philosophie et la poésie, il est pendant une brève période secrétaire du gouverneur de Grenade. Mais sa renommée le fait appeler à Marrakech où il devient médecin d'al-Manṣūr, le second khalife Almohade. Il y rencontrera Ibn Rushd et y poursuivra, entouré d'un cénacle de savants, ses recherches scientifiques et philosophiques. On lui prête une production abondante dont seul nous est resté le célèbre roman philosophique *Ḥayy Ibn Yaqẓān* (*).

DJAMEL-EDDINE KOULOUGHLI.

IBN ZAYDŪN Aḥmad Ibn ʿAbd Allāh. Homme politique et poète andalou d'expression arabe. Né en 1003 à Cordoue et mort en 1070 à Séville. Originaire d'une famille de notables, il grandit dans la richesse, la culture et la considération. Il acquiert une solide culture à la fois scientifique, littéraire et philosophique et se fait ainsi connaître dans les sphères dirigeantes de la cité-État de Cordoue ce qui ne fait que nourrir une ambition au demeurant naturelle pour un fils de notable. En même temps il y fréquente les lieux de plaisir et s'initie aux thèmes de la poésie chantée alors dominante dans l'Andalousie arabe. C'est là qu'il fait la connaissance de Wallāda, fille d'un souverain omeyyade d'Espagne, dont la beauté, le raffinement et la culture littéraire (elle est poétesse à ses heures) vont définitivement conquérir le cœur d'Ibn Zaydūn. Toute sa vie va désormais être dominée par ses deux passions : le pouvoir et la belle Wallāda, qui vont être pour lui source de bien des peines et de bien des désillusions. Dans ces deux domaines en effet, Ibn Zaydūn va rencontrer un concurrent redoutable, l'ambitieux et sournois Ibn ʿAbdūs...

Après sa victoire sur le clan omeyyade, Ibn Ǧahwar prend Ibn Zaydūn pour ministre. C'est une période de gloire pour le poète que l'on surnomme alors l'« homme aux deux ministères ». Mais cette période bénie dure peu car Ibn ʿAbdūs réussit à convaincre le prince qu'Ibn Zaydūn ourdit contre lui un complot. Du jour au lendemain le poète-ministre se retrouve en prison et, pour comble d'infortune, apprend que Wallāda n'a plus d'yeux que pour son rival. Il écrit alors à la belle des poèmes restés célèbres et qui constituent une bonne partie de son *Dīwān* (*). Il adresse également au prince des suppliques à fendre l'âme. Mais ce dernier reste inflexible. Ibn Zaydūn réussit finalement à s'évader et trouve refuge auprès des Banū ʿAbbād qui règnent à Séville. Ce n'est qu'à la mort d'Ibn Ǧahwar, auquel succède son fils Abū l-Walīd, que le poète pourra revenir à Cordoue et même retrouver son poste ministériel. Il fera encore de fréquents séjours à Séville et finalement y mourra en 1070.

DJAMEL-EDDINE KOULOUGHLI.

IBRĀHĪM Ṣunʿallāh. Romancier égyptien. Né au Caire en 1938. Étudiant en droit et militant communiste, il est emprisonné (1959-1964), puis se rend à Berlin-Est et à Moscou pour étudier le cinéma, avant de devenir journaliste et employé d'une maison d'édition. Traducteur de Grimm et d'ouvrages divers, entre autres sur le néo-colonialisme, rédacteur de livres de vulgarisation scientifique pour enfants, il publie son premier roman en 1966, *Cette odeur-là* [*Tilka l-rāʾiḥa*], suivi par *Étoile d'août* (*), *La Commission* [*al-Lajna*, 1981] et *Beyrouth* (1984). Élaborateur méticuleux et tourmenté d'une œuvre dont la gestation doit beaucoup à Idrīs, réaliste au point d'inclure rêves, visions et illusions indicibles, Ibrāhīm crée un univers pointilliste, manipulant les dimensions du récit et de la mémoire, pour décrire pudiquement, mais passionnément, l'individu égyptien en train de naître dans le déséquilibre d'un développement économique incontrôlé.

BERNARD MOUSSALI.

IBSEN Henrik. Auteur dramatique norvégien. Né à Skien, le 20 mars 1828 ; mort le 23 mai 1906 à Christiania. Ses débuts dans l'existence furent pénibles. Son père, Knud Ibsen, après avoir fait des spéculations malheureuses, fut acculé à la faillite (1836). Les parents vécurent ensuite en mauvaise intelligence, le père s'adonnant à la boisson, la mère versant dans une piété mystique ; le couple se sépara. (Le père d'Ibsen a peut-être servi de modèle au poète pour la figure du vieil Ekdal, dans *Le Canard sauvage*.) Dès l'âge de seize ans, Henrik Ibsen fut placé en apprentissage chez un apothicaire de Grimstad. Travaillant par ses propres moyens, il réussit à passer les épreuves de l'« examen artium », le baccalauréat norvégien, et voulut commencer ses études de médecine à Christiania. Mais sa vocation d'auteur dramatique s'imposa vite à lui et les événements de 1848 lui inspirèrent une tragédie, *Catilina* (*) (1850). Il s'essaie alors aussi comme poète lyrique, collabore à une revue satirique, écrit des tragédies d'inspiration romantique et nationale : certaines sont publiées, l'une d'entre elles, *Le Tertre des guerriers,* sera même jouée en 1844. En 1851, le théâtre de Bergen s'attache Henrik Ibsen comme auteur dramatique adjoint à la direction ; il doit fournir une pièce par an, il reçoit un modeste traitement, bientôt aussi il travaille, très consciencieusement d'ailleurs, comme metteur en scène suppléant. Il fait jouer le 2 janvier 1853 *La Nuit de la Saint-Jean* (*), c'est une comédie-féerie, où l'on sent l'influence de Shakespeare, ainsi que l'action des doctrines esthétiques que le jeune auteur a puisées dans les traités de J. L. Heiberg et les analyses historiques de Hettner. Mais la direction du théâtre souhaite qu'il complète à l'étranger sa formation professionnelle, il fait un stage au Théâtre royal de Copenhague, il étudie à Dresde l'art des acteurs allemands. Au Danemark, il fait plus ample connaissance avec les œuvres d'Oehlenschlaeger et avec le répertoire français en vogue (Scribe, Legouvé), il découvre la philosophie de Kierkegaard qui va exercer une si grande influence sur sa pensée et sur ses drames. En Allemagne, il se penche sur l'œuvre de Lessing, mais aussi sur le théâtre de Shakespeare. La période de Bergen, qui est marquée par les fiançailles du poète avec Susannah Thoresen (1856), est remplie par une intense production lyrique et dramatique : les drames historiques se succèdent à une cadence régulière, imposée par le contrat que le poète a signé avec la direction du théâtre. C'est d'abord *Madame Inger de Østraat* [*Fru Inger til Østraat*, 1855] : échec, puis *La Fête à Solhaug* (*) (succès, la pièce sera ensuite montée à Christiania) en janvier 1856, *Olaf Liljekrans* (première le 2 janvier 1857) doit être retiré de l'affiche après la seconde représentation. Ibsen quitte Bergen et va habiter la capitale, Christiania, de 1857 à 1864. Un engagement au Théâtre norvégien, en principe plus rémunérateur, l'y attire. Il traverse d'abord une période de bonheur, il épouse en 1858 Susannah Thoresen, qui sera pour le poète, pendant toute sa vie, une compagne attentive et dévouée. Il se fait des amis, en particulier Bjørnson, Botten-Hansen et Vinje. Il écrit beaucoup : en 1857, les *Guerriers de Helgeland* (+) (qui seront joués l'année suivante), *Svanhild* (1859) – il en tire ensuite une version en vers, *La Comédie de l'amour* (*) (1862) –, *Les Prétendants à la couronne* (*) (1863). Mais son activité professionnelle lui cause beaucoup de soucis et de déboires, il ne reste pas longtemps attaché au Théâtre norvégien, qui fera d'ailleurs faillite en 1862, il désespère presque de sa vocation d'auteur dramatique norvégien, il agite des projets de suicide, il se trouve au bord de la misère. Sa poésie lyrique de cette époque est marquée par ce pessimisme (*Sur les hauteurs,* 1859). Il s'essaie dans le journalisme, il compose un poème épique *Teje Vigen* (1861) et sollicite le soutien financier du gouvernement (1860), mais n'obtient pas les subsides escomptés. En 1863, il devient conseiller littéraire du théâtre de Christiania. Il se voit attribuer en septembre 1863 une bourse officielle, augmentée du produit d'une souscription publique, ce qui lui permettra de faire un voyage d'études à l'étranger. Il quitte donc la Norvège et n'y retournera plus pendant une période de vingt-sept ans que pour quelques séjours de vacances. Il est parti amer et déçu par l'accueil que ses compatriotes ont jusqu'ici réservé à son œuvre. Mais il est profondément conscient de sa valeur et ne doute plus guère de sa vocation. Il habite d'abord Copenhague et il est bouleversé par les désastres qui mettent un terme à la guerre des Duchés. Il en veut aux Norvégiens de n'avoir rien fait pour soutenir les Danois dans la lutte contre l'envahisseur allemand. Il traverse Berlin et Vienne et s'établit à Rome. Sa femme et son fils viennent le rejoindre en septembre 1864. Rome sera, avec Dresde et Munich, la résidence d'élection pour notre exilé volontaire. Mais Ibsen ne subira en aucune manière l'influence de la société italienne. S'il vit loin de son pays, c'est parce qu'il se sent comme étouffé par le milieu, par le climat moral qui règne dans la petite ville ou même dans la capitale de la Norvège. Mais à Rome, il ne cesse de songer à son pays, il vit entouré d'écrivains et d'artistes scandinaves ; il devient l'ami du grand lyrique suédois Snoilsky, dont le sort lui inspirera en partie l'intrigue de *Rosmersholm* (*). Si l'on fait abstraction de *César et le Galiléen* (*), les drames qu'il écrit se déroulent tous en Norvège. L'été, la famille Ibsen le passe volontiers dans les montagnes d'Autriche ou de Bavière (Gossensass ou Berchtesgaden). De temps à autre, le poète revient en Scandinavie, il visite son pays en 1874 et 1885, y est accueilli avec enthousiasme par la jeunesse étudiante qui organise en son honneur des manifestations bruyantes, tour à tour la droite et les radicaux le revendiquent comme leur porte-parole, ce qui le surprend et l'embarrasse. Certes, Ibsen s'intéresse vivement à la vie spirituelle et sociale des pays du Nord, il suit en particulier de près la publication des *Grands Courants de la littérature européenne du XIXe siècle* (*) et sa pensée est certes nourrie par les suggestions qu'il puise dans l'œuvre de Georg Brandès. Mais il ne s'associe jamais aux efforts des partis politiques. Depuis 1865, Ibsen écrit ses drames en vue de leur publication aux éditions Gyldendal, à Copenhague. En général, il ne s'occupe pas de leur représentation, pas plus en terre scandinave qu'à l'étranger. Mais toutes les marques d'estime ou de sympathie (en particulier les décorations étrangères qu'il commence à recevoir à partir de 1869) lui sont sensibles, car il souffre d'avoir été longtemps ignoré ou méconnu. Les premières années de l'« exil » sont consacrées à une sorte d'examen de conscience. Le poète s'interroge d'abord sur sa vocation, à laquelle il a consenti tant de sacrifices personnels et familiaux. Ainsi naît le poème épique de *Brand* (*), qu'Ibsen n'achèvera d'ailleurs pas sous cette forme, mais qui deviendra le drame en vers *Brand* (terminé en novembre 1865 et publié en 1866). En même temps, Ibsen a conçu le projet d'écrire une vaste trilogie consacrée à Julien l'Apostat, et dont l'ampleur devait rappeler le *Wallenstein* (*) de Schiller ; sous le voile de l'histoire, cette œuvre (qui ne devait être achevée qu'en 1871-72, en deux parties, sous le titre de *César et le Galiléen*) évoquait les plus graves problèmes posés par l'évolution spirituelle du temps présent. En 1867, Ibsen travaille à *Peer Gynt* (*), fantaisie dramatique et poétique remplie d'allusions au drame scandinave de 1864. Peer incarne le génie national norvégien, trop porté, selon Ibsen, au naïf orgueil, à la vantardise, à l'égoïsme. On rencontre aussi dans cette œuvre une charge contre les outrances bouffonnes du romantisme national (les scènes chez le vieux de Dovre). Mais les Norvégiens reconnaissent dans *Peer Gynt* l'œuvre la plus philosophique qui ait vu le jour dans leur pays, une sorte de *Faust* (*) scandinave. Primitivement destiné à la lecture, ce poème dramatique fut néanmoins porté au théâtre en 1876 à Christiania (après de sévères coupures). Grieg avait composé une musique de scène qui contribua au succès de l'œuvre, tant en Norvège qu'à l'étranger.

Ibsen va rompre complètement avec l'historisme du XIXe siècle. Il écrit à Bjørnson en septembre 1864 : « Il nous faut tirer un trait sur notre histoire ancienne, en effet les Norvégiens d'aujourd'hui n'ont rien à faire avec leur antique passé, pas plus que les pirates grecs d'aujourd'hui ne ressemblent à la race qui fit voile vers Troie et reçut l'aide des dieux ! » C'est la société norvégienne de son temps, tantôt celle de la petite ville, tantôt celle qu'il a pu observer à Christiania, qui va lui fournir ses modèles, ses intrigues, l'atmosphère de ses drames. Quelques-uns de ses amis, certaines factions politiques ou certains clans pourront se reconnaître, se sentir visés dans telle ou telle œuvre du maître qui parfois suit la réalité d'assez près, mais c'est toujours le problème moral ou social qui l'intéresse, jamais il ne songe à la satire directe et il s'étonne parfois de l'effet que produisent plusieurs de ses drames. En 1869 paraît *La Ligue de la jeunesse* (*), qui évoque la vie politique norvégienne et les débuts du parti libéral (Ibsen passe alors pour un auteur de droite !). À partir de 1875, Ibsen renonce à écrire en vers et travaille à donner à son dialogue un ton plus proche du réel. *Les Soutiens de la société* (*) (publiés en octobre 1877) inaugurent la série des grandes pièces sociales (cette fois c'est le tour des libéraux qui s'amusent aux dépens de la droite). En janvier 1879, Ibsen propose une femme comme bibliothécaire de l'Union scandinave à Rome et commence à faire de la propagande en faveur du féminisme. *Maison de poupée* (*), dont le retentissement devait être si grand dans toute l'Europe, est publié en décembre 1879. Puis, en 1881, avec *Les Revenants* (*), Ibsen s'attaque au thème de l'hérédité (les naturalistes, de Zola à Bang, s'intéressent par prédilection aux problèmes de l'hérédité et s'abritent volontiers derrière le nom de Darwin). Cependant l'œuvre surprend et choque même les amis de notre poète en Norvège. *Un ennemi du peuple* (*), écrit pendant l'été 1882 et publié en novembre de la même année, manifeste de façon éclatante l'indépendance d'esprit et l'individualisme aristocratique de l'auteur. 1884 voit apparaître *Le Canard sauvage* (*), œuvre d'abord discutée : elle parut obscure aux meilleurs amis d'Ibsen et le symbolisme (qui s'y affirmait plus que dans les œuvres précédentes) déconcertait le lecteur. Mais ce drame fut par la suite hautement apprécié par les spectateurs de tous les pays et considéré comme le chef-d'œuvre du maître Ibsen, qui au cours de son séjour dans son pays en 1885 paraît s'être rapproché des radicaux, s'étonne des dissensions qui se manifestent entre Georg Brandès et les étudiants radicaux de Norvège. Le scepticisme que lui inspire la doctrine radicale se manifeste alors dans le beau drame de *Rosmersholm*, qui est publié en novembre 1886. Les derniers drames de la série sociale ou naturaliste semblent se détacher davantage des « problèmes », pour faire une plus grande place à la poésie et au mystère de la vie. C'est d'abord *La Dame de la mer* (*), parue en novembre 1888, puis *Hedda Gabler* (*), que le poète écrivit en 1889 et 1890 et publia à la fin de 1890. Le poète vieillissant se compare, dans une lettre à Georg Brandès, à Gœthe retrouvant sa jeunesse, dès le moment où il fait la connaissance de Marianne von Willemer. En effet, à Gossensass, Ibsen s'était lié d'amitié avec une jeune artiste peintre allemande, Helene Raff, et avec une aimable Viennoise, Emilie Bardach, et il avait puisé dans leur commerce un très grand réconfort. D'où l'intérêt nouveau qu'il découvrait à l'analyse de certaines attitudes et de certaines réactions féminines.

En juillet 1891, Ibsen quitte Munich pour venir s'établir en Norvège, il entreprend un voyage jusqu'au cap Nord, puis il s'installe à Christiania, où il demeurera jusqu'à la fin de sa vie. Il reçoit un accueil très chaleureux auquel s'associent tous les partis. Désormais il mènera une existence très régulière et les habitants de la capitale pourront régler leurs montres en le voyant passer. Tous les jours, il se rend au même café, le Grand, où sa présence attire les curieux. À l'occasion de son soixante-dixième anniversaire en 1898, il est comblé d'honneurs tant dans son propre pays, où il préside un solennel banquet, qu'en Suède, où Oscar II l'accueille dans son château et lui donne la grand-croix de l'Étoile polaire, et au Danemark, où il assiste à une représentation de *Brand* et où Christian IX lui remet le grand-cordon du Dannebrog. Pendant les dernières années de son activité littéraire, Ibsen continue à se tenir au courant de l'évolution philosophique et esthétique de son temps. Brandès l'initie à la pensée de Nietzsche, celle-ci ne l'effraie pas outre mesure, car elle s'harmonise assez bien avec les tendances qui se développent en lui. En octobre 1891, Ibsen assiste aux conférences de Knut Hamsun sur la décadence de la littérature moderne. Mais Ibsen prend fort bien le virage des années 90, ses dernières œuvres ne relèvent plus de l'esthétique naturaliste, il a su s'adapter aux exigences de l'âge nouveau, pratiquer davantage l'introversion, se détourner de la reproduction trop fidèle du monde extérieur. Dans ses derniers drames, c'est davantage lui-même qu'il met en scène, il revient à l'examen de conscience, il reprend le courant qu'il avait abandonné depuis *Brand* et *Peer Gynt. Solness le constructeur* (*) (écrit en 1892 et publié en décembre de la même année), c'est lui. *Le Petit Eyolf* (*) (publié en décembre 1894) fait place, de nouveau, à des forces obscures, mais ce drame nous montre aussi l'écrivain pris entre son œuvre à créer et les exigences de la vie ; ici encore, nous sentons que le drame redevient confession. *Jean Gabriel Borkman* (*) (qui parut en décembre 1896), construit avec la même rigueur et la même sobriété qu'une tragédie française, fait aussi songer, tant l'œuvre est tendue et sombre, tant la coexistence de l'homme et de la femme dans le mariage y est dépeinte avec une brutale sincérité, aux œuvres les plus noires de Strindberg, au *Père* (*) et à *La Danse de mort* (*). C'est le drame du couple, et aussi le drame de l'artiste pris entre les impératifs de l'art créateur et ceux de l'amour et de la vie conjugale, que nous trouvons dans *Quand nous nous réveillerons d'entre les morts* (*), « épilogue dramatique », publié en décembre 1899, soit cinquante ans après *Catilina,* la première œuvre du poète. Au printemps de 1900, Ibsen a une première attaque ; bien qu'ayant le côté droit en partie paralysé, il songe encore à composer de nouvelles œuvres, mais une seconde attaque, en 1901, le prive de toute activité. Il ne quitte plus son lit à partir de 1902, il meurt le 23 mai 1906, à deux heures et demie de l'après-midi.

L'œuvre dramatique d'Ibsen s'étale donc sur un demi-siècle, le poète a suivi les enseignements de maîtres fort divers, de Schiller à Dumas fils, en passant par Oehlenschlaeger, Gœthe, Paludan-Müller, Scribe, Augier et d'autres encore, il a surmonté les préjugés du romantisme national, il s'est adapté aux exigences du réalisme et du naturalisme, puis il a franchi le pas, vers 1890, pour aller aborder, en compagnie de Maeterlinck et de Strindberg, aux rivages incertains du « théâtre de l'Âme », sur les confins de l'art symboliste et préexpressionniste. En dépit des efforts plus ou moins conscients que fait l'écrivain pour marcher avec son temps, Ibsen reste constamment fidèle à lui-même et à son inspiration profonde. On peut donc, croyons-nous, chercher à indiquer les préoccupations majeures de l'homme, les thèmes permanents de l'œuvre, ainsi que les caractères essentiels de l'art ibsénien. En dépit des apparences – et bien que le théâtre d'Ibsen tourne constamment autour de problèmes alors actuels et qui depuis lors ont, pour la plupart, cessé de l'être –, derrière l'œuvre, il faut toujours chercher l'homme. Sans doute Ibsen n'a-t-il pas le don de la confession directe comme son rival suédois Strindberg et ne monnaie-t-il pas immédiatement ses propres expériences, il travaille au contraire toujours à transposer l'événement vécu, il sait par ailleurs fort bien donner vie à des aventures qui ont été narrées et qui sont arrivées à d'autres (par exemple l'anecdote qui lui a suggéré l'intrigue de *Maison de poupée* lui avait été contée par une jeune femme écrivain norvégienne, Laura Petersen-Kieler, qui en avait elle-même été l'héroïne et qui dut pâtir de la publicité qu'Ibsen faisait autour d'elle et de son histoire). Mais nous voyons Ibsen s'intéresser par prédilection à des individus souffrant de leur isolement, écrasés par le milieu qui les entoure, qu'il s'agisse de la famille, de la petite ville ou de la société au sens le plus large du terme. Derrière cette sympathie qu'Ibsen porte à l'isolé, à l'individu – c'est à l'individu qu'il donne toujours raison contre tous ceux qui le briment – il faut chercher le souvenir d'une adolescence malheureuse, d'une jeunesse qui s'est épuisée en efforts souvent infructueux ; le jeune écrivain a rencontré les plus grandes difficultés, parce que nul ne voulait admettre sa vocation d'écrivain, de poète, d'homme de théâtre. Il ne réussissait pas à s'imposer, il a été acculé à la misère, il a failli se dégrader et verser dans la boisson, il a même songé à se suicider. Il a donc connu alternativement la certitude et le doute. Kierkegaard lui a appris à dire *Ou bien... ou bien* (*), ou encore « c'est à prendre ou à laisser ». Il a opté en faveur de la vocation. Mais Kierkegaard lui a enseigné aussi qu'il fallait faire un saut dangereux pour passer du stade esthétique au stade éthique. Ibsen, marié, père de famille, chargé de responsabilités économiques, n'oublie pas qu'il doit assurer l'existence des siens. (Il faut d'ailleurs se rappeler qu'Ibsen ne donne aucun contenu spécifiquement religieux à la pensée de Kierkegaard, il l'a dit expressément à Georg Brandès qui craignait que *Brand* fût, malgré tout, une œuvre inspirée par l'esprit du protestantisme.) Donc artiste et chef de famille, Ibsen a pu se demander s'il ne causait pas le malheur des siens au nom d'une vocation qui n'était peut-être pas marquée au coin de l'authenticité. Vocation, exigence idéale, figures d'artistes, de tribuns, de prédicateurs authentiquement inspirés d'un côté, de l'autre mensonge vital, rêves absurdes, songes éveillés, demi-génies, héros abouliques, contents d'eux-mêmes, suffisants et insuffisants à la fois, fanfarons, insaisissables et farouchement égoïstes, d'un côté Brand, de l'autre Peer Gynt, d'un côté le docteur Stockmann, de l'autre Hialmar Ekdal. Et derrière tous ces personnages fictifs, Ibsen lui-même, un Ibsen qui parfois hésite sur son propre compte, qui tantôt se voit sous son jour le plus favorable et tantôt fait avec une impitoyable rigueur son examen de conscience.

Ibsen n'aimait pas que l'on jugeât ses œuvres d'après les intentions morales que l'on croyait y découvrir, ni qu'on l'invitât à prendre parti pour ou contre un de ses personnages ou encore à déchiffrer lui-même ses symboles. Il affirmait toujours qu'il était un artiste et rien d'autre, il fallait donc considérer ses pièces uniquement comme des œuvres d'art. On ne saurait nier néanmoins qu'il se dégage de l'œuvre dramatique – comme d'ailleurs aussi de toute la vie – d'Ibsen une véritable morale et que cette morale est essentiellement une morale de l'individu. Ibsen supporte mal la discipline d'un parti, encore moins accepte-t-il de tolérer les idées toutes faites qui ont cours dans un clan ou une classe sociale et de se plier sans contrôle à la décision de la majorité comme il est bon de le faire quand on vit en démocratie. En 1872, il écrit dans une lettre : « Les libéraux seront toujours les pires ennemis de la liberté [...] la minorité a toujours raison [...] c'est l'individu isolé qui est le plus fort. » Et sept ans plus tard, il déclare dans une lettre à Bjørnson : « Laisse donc en place l'étendard de l'Union (suédo-norvégienne) [...] arrache plutôt l'étendard des préjugés, de l'obscurantisme, des opinions préconçues, de l'oppression, de la foi aveugle en une autorité qui ne s'appuie sur rien, de façon que l'individu puisse naviguer sous son propre pavillon. » C'est bien là le but que se propose avant tout Ibsen, quand il écrit ses drames, amener l'individu à « naviguer sous son propre pavillon », et, pour ce faire, le dramaturge arrache l'étendard des superstitions et des idées préconçues, il aide l'individu à voir clair en lui-même, à dissiper les illusions, les fausses opinions, à se méfier des clichés que nous impose la routine ou le clan dans lequel nous vivons. Il enseigne à l'homme qu'il doit être sincère envers lui-même, fût-ce au prix de son confort ou même de son bonheur. Telle est la leçon que Nora donne aux spectateurs dans *Maison de poupée*. Mais la sincérité n'est rien, si l'homme qui a vu clair en lui-même n'ose pas tirer de cet examen sans faiblesse les conséquences qui s'imposent. Le théâtre d'Ibsen est aussi une école de volonté, un drame comme *Brand* se présente à nous moins comme une œuvre qui définirait un idéal à réaliser que comme un hymne à la volonté intransigeante et irréductible. « C'est la volonté qui compte », proclame le poète. « L'esprit de compromis s'appelle Satan. » Mais quel but Ibsen pourra-t-il proposer à l'homme ? « Se réaliser soi-même. » C'est ainsi qu'il écrit à Bjørnson, à propos d'un jubilé que fêtait ce poète : « S'il fallait que je choisisse l'épitaphe que l'on inscrira un jour sur ta tombe, j'adopterais ces mots : sa vie fut la plus belle de ses œuvres. Et, à mon avis, se réaliser soi-même au cours de sa vie, c'est l'idéal le plus haut que l'homme puisse jamais atteindre. Ce devoir s'impose à nous tous, mais pour la plupart, nous le manquons totalement. » Mais comment se réaliser soi-même, sans tomber dans l'égoïsme, sans pratiquer l'affreuse morale des trolls, qui se contentent trop facilement de ce qu'ils sont, sans ignorer ou méconnaître le moi d'autrui, sans laisser se creuser plus largement chaque jour le fossé qui nous sépare de nos proches et de ceux que nous sommes censés aimer ? Ibsen nous montre l'isolement – existentiel, dirions-nous aujourd'hui – dans lequel souvent nous vivons sans vraiment nous en douter, jusqu'au moment où sonne l'heure de vérité. Et c'est le drame qui, tout à coup, brise une union ancienne, et en apparence solide. *Maison de poupée* s'achève sur cette note tragique et voilà pourquoi ce drame, par ailleurs démodé, éveille encore un écho dans la conscience du spectateur moderne. Le programme social auquel Ibsen apportait l'appui de son talent est aujourd'hui dépassé, les suffragettes et leurs revendications appartiennent à l'Histoire, mais la peinture de la conscience féminine, incarnée ici par Nora, de l'isolement profond dans lequel elle a si longtemps vécu, le respect attendri que manifeste Ibsen devant l'originalité morale de la femme rendront sans doute le drame de 1879 éternellement vivant et actuel.

Drames d'idées, les œuvres d'Ibsen ne sauraient en aucun cas être assimilées à des banales pièces à thèse. Dans ces dernières, les personnages ne sont plus que les données d'un problème abstrait ou les termes d'une équation que l'auteur tient à résoudre de façon à obtenir le résultat prévu. Ibsen, au contraire, voit vivre devant lui ses personnages, il les connaît, il s'efforce de pénétrer progressivement dans leur intimité. Il déclarait un jour, vers la fin des années 1870 : « J'écris en général trois versions de mes drames, elles sont fort différentes l'une de l'autre non pas en ce qui concerne l'action, mais pour ce qui est des caractères. Quand j'aborde pour la première fois mon sujet, tout se passe comme si je connaissais mes personnages pour avoir fait avec eux un voyage en chemin de fer ; la glace est rompue ; on a bavardé ensemble de choses et d'autres. Lors de la seconde rédaction, tout se précise pour moi, je connais mes gens, comme on connaît les relations qu'on a pu se faire dans une ville d'eaux, au bout d'un séjour de quatre semaines ; j'ai saisi les traits essentiels de leur caractère, ainsi que leurs petites manies, mais je peux encore me méprendre sur certains points essentiels. Enfin, lors de la dernière version, j'ai exploré mes personnages aussi complètement que possible, comme des gens que j'ai connus intimement et fréquentés longtemps, ils ne peuvent plus désormais me causer la moindre déception ; tels je les vois à ce moment, tels je les verrai toujours. » Ibsen nous surprend, comme nous surprend Balzac, par la richesse de son invention, par la précision de ce qu'il observe. Non seulement il dessine avec amour le caractère des protagonistes, mais il réussit à individualiser aussi ses personnages de second plan : que l'on songe par exemple à certains de ses domestiques, comme la Régine des *Revenants*. Tel motif secondaire d'une pièce intéressera par la suite l'auteur qui le poussera au premier plan dans le drame suivant. Ainsi le docteur Rank, dans *Maison de poupée*, ne joue qu'un rôle de second plan, mais la figure de ce personnage, qui expie les fautes de son père et souffre d'une atroce maladie héréditaire, annonce le thème des *Revenants*.

Les drames d'Ibsen doivent leur puissance d'évocation non seulement aux caractères individuels si fortement marqués de chaque personnage (l'auteur décrit minutieusement leur costume et dessine à chaque instant leur attitude) mais aussi à la localisation précise de chaque drame. Le dramaturge situe tel d'entre eux à Christiania, tel autre dans une petite ville de province, le décor joue un rôle particulièrement important dans *Rosmersholm* (*Maison de poupée* n'est peut-être que l'exception qui confirme la règle). De plus, Ibsen règle à l'avance les éclairages qui doivent s'accorder avec le cours même de l'action. Peut-on comprendre *Les Revenants*, si l'on oublie que les fenêtres de la propriété donnent sur le fjord et que la pluie ne cesse de tomber pendant une grande partie du drame ?

On a très vite remarqué que Henrik Ibsen était un virtuose dans l'art de composer un drame, il s'est essayé dans des genres fort divers, il triomphe aussi bien quand il s'agit d'ordonner un drame historique selon les recettes traditionnelles que quand il compose un poème dramatique aux formes plus libres, comme *Peer Gynt* ou *Brand*. Mais ce que ses contemporains ont surtout admiré, ce sont les drames modernes où semble régner un certain abandon, la langue est celle de tous les jours et chaque personnage s'exprime comme dans la vie, les scènes se succèdent comme dans une « tranche de vie », pour parler la langue des naturalistes français. Et cependant rien n'est dit qui ne soit utile et même indispensable à l'ensemble du drame. Chacune des scènes et chacune des répliques sont comme les rouages d'un mouvement d'horlogerie dont l'auteur surveille sans cesse la marche. Peut-être ce minutieux agencement, jadis tant admiré, agacera-t-il un jour les spectateurs, dans un monde où l'absurde et le chaotique finissent par occuper une place sans cesse plus grande. Mais, si certains jeunes acteurs et animateurs d'aujourd'hui semblent préférer Kleist, Büchner et Strindberg à Ibsen qu'ils rapprochent irrévérencieusement de Scribe et d'Émile Augier, il ne faut pas oublier que les plus grands comédiens et les plus brillantes actrices se sont empressés de jouer Ibsen. Ainsi, par exemple, Johanna Dybwad en Norvège, Betty Hennings au Danemark, Agnès Sorma en Allemagne, chez nous Réjane, en Italie la Duse et plus près de nous Ludmilla Pitoeff ont connu des triomphes en jouant le rôle de Nora. Lugné-Poe et le Théâtre de l'Œuvre doivent à Ibsen une partie de leur gloire. Et beaucoup d'auteurs dramatiques, dans presque tous les pays de l'Europe, purent considérer Ibsen comme leur inspirateur et leur maître, chez nous François de Curel, en Allemagne Sudermann et Gerhart Hauptmann. Mais la gloire de Henrik Ibsen survivra sans doute longtemps à la renommée de ses nombreux épigones.

MAURICE GRAVIER.

♦ *« Les Norvégiens sont une race étrange. La plupart d'entre eux sont très renfermés, ce sont des esprits spéculatifs, métaphysiques* [...] *Ibsen est un enfant de cette partie du peuple : dominé par le besoin de rêver, il aime à s'exprimer en termes obscurs, en énigmes ; il possède la faculté du poète anglais Robert Browning de parler d'une façon incompréhensible. Il écrit pour ainsi dire avec des signes hermétiques, et chaque signe peut signifier au moins dix choses différentes. Il semble obsédé par la crainte que le lecteur le comprenne trop aisément... Néanmoins, le pathos fastueux d'Ibsen a fait trouver dans ses paroles plus qu'elles ne contiennent. Il a l'aspiration innée de rêvasser et l'on a fait de lui un penseur. »* Knut Hamsun. ♦ *« Qu'est-ce qui fait la puissance de cet homme, et que nous a-t-il enseigné ? Cette puissance, c'est d'abord le courage de la sincérité envers soi-même et envers les autres. C'est ensuite une foi profonde dans les pouvoirs de la volonté, et c'est encore la volonté d'être soi-même tout entier et jusqu'au bout* [...] *L'affirmation courageuse de l'individualité souveraine, voilà sans doute ce qui nous aura le plus frappé dans les drames d'Ibsen. »* Édouard Schuré. ♦ *« Il y a du Shakespeare dans Ibsen ; il est le premier dramaturge d'à présent, mais pour lui comme pour feu Robert Browning et en général pour tous les esprits de race germanique, le caractère est le principe du talent. Leur faculté créatrice est surtout énergie morale, leurs ouvrages, c'est de l'action mise en paroles. »* Paul Desjardins. ♦ *« Pourquoi s'évertuer à chercher un sens profond et lointain aux œuvres de M. Ibsen ? Qu'elles aient un air de mystère, je n'y contredis point, et à cause de cela, je m'y plais. Mais elles n'ont d'énigmatique que leur hésitation, leur lenteur, leur pudeur peut-être à révéler ce qu'elles signifient ; et, l'énigme devinée, on s'étonne que le mot en fût si proche, si peu rare, si banal quelquefois. M. Ibsen m'apparaît comme un esprit très simple en soi. On pourrait dire, je pense, que c'est un génie puéril... »* Catulle Mendès, 1895. ♦ *« Quel poète aurait pu, en s'appuyant sur la muraille du kantisme, ordonner avec une souveraineté plus haute l'hymne de la volonté ?* [...] *Le Norvégien a compris cette harmonie ; ses chants ont été des êtres vivants. Il a été un interprète de cette représentation de Dieu. Il a été un infatigable renverseur de préjugés ; il est allé poursuivre le mal jusque dans ses deux principales forteresses, la chair et l'esprit : la chair qui en son enfer recèle les appétits indomptables, les orageuses poursuites du plaisir, et l'esprit qui, en proie au doute, ou esclave du mensonge ou entraîné par le péché de Lucifer, tombe aussi dans son enfer. »* Ruben Dario. ♦ *« Ibsen doit presque à toutes les beautés de ses pièces d'être maintenant incompris auprès des autres pays d'Europe, mais sa dramaturgie humaine tiendra aux systèmes sociaux nés chez nous pour le prochain siècle, et qui étonneront et surprendront le monde comme ceux de Diderot autrefois. »* Lugné-Poe ♦ *« Ibsen est le type de la grande amertume... Entre tous les poètes Ibsen est le seul rêveur, depuis Shakespeare. »* André Suarès. ♦ *« Lu avec passion, commenté avec superstition, le théâtre d'Ibsen ne pouvait manquer d'avoir chez nous beaucoup d'influence... si on s'est tenu en garde contre l'artiste, on s'est rué vers le penseur. On n'a pas voulu apercevoir les réserves, les corrections dont son œuvre abonde : on n'y a cherché que ce qu'on aimait à y trouver, la glorification de l'individu. »* René Doumic. ♦ *« Au fond d'Ibsen, il y a toujours un* aristocratisme *parfois naïf, une apologie de l'individualité forte, et il est beaucoup plus proche de Nietzsche et de Gobineau que de Rousseau* [...] *La grande vertu d'Ibsen, au milieu de ces défauts, est un peu analogue à la grande vertu de Tolstoï, au milieu de défauts presque pareils : c'est l'art de créer la vie... Malgré les défauts de ce théâtre lourd et passionné, malgré son style désuet, il lui reste pourtant assez de solidité pour nous passionner à notre tour. »* Robert Brasillach.

RÉF. : G. Leneveu, *Ibsen et Maeterlinck,* Paris, 1902. – Anathon Aall, *H. Ibsen als Denker und Dichter,* Halle, 1906. – Ossip-Lourié, *Ibsen,* Paris, 1907. – Edmund Gosse, *Ibsen,* Londres, 1907. – Georg Brandès, *Henrik Ibsen,* Berlin, 1907. – André Suarès, *Le Portrait d'Ibsen,* Paris, 1908. – Sigurd Høst, *H. Ibsen,* Paris, 1924. – H. Koht, *Henrik Ibsen, eit diktarliv,* Oslo, 1928 (trad. angl., Londres, 1931). – Lugné-Poe, *Ibsen,* Paris, 1937. – Th. Jorgenson, *H. Ibsen, a Study in Art and Personnality,* Northfield (Minnesota), 1945. – Maurice Gravier, *D'Ibsen à Sigrid Undset. Le Féminisme et l'amour dans la littérature norvégienne, 1850-1950,* Lettres modernes, 1968. – Maurice Gravier, *Ibsen,* Paris, 1973.

IBUSE Masuji. Romancier japonais. Né le 15 février 1898 dans le département de Hiroshima. Fils de propriétaire terrien, il fait ses études à l'université Waseda, à Tôkyô, et se signale à l'attention du monde littéraire par des nouvelles où se fait jour une tendresse particulière pour le monde animal. À cet égard, tandis que la prose poétique de *La Carpe* [*Koi,* 1926] révèle la solitude et le chagrin d'un jeune homme qui vient de perdre un ami cher, le symbolisme appuyé de *La Salamandre* [*Sanshôuo,* 1929], où l'animal, emprisonné dans une anfractuosité de rocher, assiste impuissant au spectacle de la vie, traduit sous une apparence burlesque un désespoir à peu près fondamental. Reprenant ces deux textes dans un recueil où la cocasserie le dispute au lyrisme en une synthèse déjà caractéristique, *Nuit noire et prunier en fleur* (*) (1930), Ibuse obtient en 1936 le prix littéraire Aoki pour *Chronique d'un naufrage* (+), qui révèle l'influence manifeste des biographies historiques de l'écrivain Mori Ogai (1862-1922). En 1939, il publie son second roman : *Tajinko – Grosjeanville-Le-Vieux* (*). Après la guerre, donnant avec *Pas de consultation aujourd'hui* [*Honjitsu kyûshin,* prix Yomiuri, 1950] la meilleure de ses études de mœurs contemporaines, où un humour léger lui permet d'évoquer sans mièvrerie la souffrance des petites gens, il saura, dans le même esprit, refuser la tentation d'un pathétisme facile en traitant avec pudeur dans *Pluie noire* [*Kuroi ame,* 1965-66] le thème de l'explosion nucléaire de Hiroshima. Entretemps, l'hallucinante aventure de *Usaburô le naufragé* (*) (1954-55) lui aura valu, dans le genre historique, le prix de l'Académie des arts, dont il est membre depuis 1960.

MICHEL WASSERMAN.

IBYCOS de Rhégion. Poète grec. Né à Rhégion (Italie du Sud), il vécut dans la seconde moitié du VIe siècle av. J.-C. Aristocrate, il fut sans doute très estimé dans sa propre cité (la tradition voudrait même qu'il ait refusé le pouvoir qu'on lui offrait là) avant d'aller s'installer à Samos à la cour du tyran Polycrate, vers le milieu du VIe siècle avant J.-C. sans doute (Polycrate est mort en 522), où il côtoya le poète Anacréon. Ibycos, à la suite du poète Stésichore dont il subit une certaine influence, s'illustra dans le genre de la lyrique chorale, à travers une œuvre sans doute importante, mais qui ne nous est plus connue que de manière très fragmentaire – v. *Odes* (*). Certains fragments font apparaître des motifs mythologiques, encore inspirés de la tradition épique. Peut-être même Ibycos se serait-il mêlé de poésie épique et aurait-il écrit une « Prise de Troie ». On constate qu'Ibycos manifeste un intérêt pour les versions rares des légendes et cherche parfois à harmoniser des traditions divergentes, préfigurant par là une tendance qui sera typique de la poésie alexandrine. Toutefois, peut-être sous l'effet de sa vie à la cour de Samos, ce sont principalement aux thèmes amoureux que s'attachent les poèmes d'Ibycos, dans le cadre de la poésie symposiaque : ses chœurs chantent Éros, la violence du désir et les souffrances de la passion. L'emprise d'Éros est parfois montrée comme effrayante (« Je tremble en le voyant venir, comme un cheval attelé, jadis vainqueur, qui, une fois la vieillesse venue, entre contre son gré dans la mêlée où les chars rapides rivalisent ») et elle ne laisse aucun répit (« Pour moi l'amour ne connaît de repos en aucune saison »). Ibycos souligne l'aspect irrationnel et imprévisible de l'amour, à travers des comparaisons avec les éléments de la nature. L'intensité des sentiments exprimés et la richesse des images font la force de cette poésie chorale, qui utilise une langue où des éléments doriens s'ajoutent au dialecte épique, et qui ne craint pas d'innover sur le plan thématique. Un poème évoquant le rapt de Ganymède était ainsi célèbre pour la vision du monde vu d'en haut qu'il proposait. C'est sans doute de la fin de la vie d'Ibycos que date un long panégyrique (connu grâce à un papyrus) du jeune Polycrate, le fils du tyran du même nom, texte de commande probablement, dans lequel une énumération de personnages mythologiques et de leur gloire amène à l'éloge du jeune garçon dont Ibycos va chanter la beauté : « Avec eux, toujours, d'une grande beauté, Polycrate, tu posséderas aussi la gloire impérissable, par l'effet de mon chant et de ma propre célébrité. » Avec ce texte, Ibycos passe pour l'« inventeur » du « poème d'éloge » [encomion].

MADELEINE ROUSSET.

RÉF. : C. M. Bowra, *Greek Lyric Poetry* (2), Oxford, 1961. – D. L. Page, *Poetae melici graeci*, Oxford, 1962 ; *Supplementum Lyricis graecis*, Oxford, 1974. – B. Gentili, *Poesia e pubblico nella Grecia antica*, Rome-Bari, 1989.

ICAZA Jorge. Écrivain équatorien. Né et mort à Quito : 10 juillet 1906 - mai 1978. Orphelin de père dès son plus jeune âge (1909), il fut élevé par sa grand-mère, ses tantes et sa mère, remariée en 1911 à un partisan du caudillo libéral Eloy Alfaro, Luis Alejandro Peñaherra. À quatre ans, l'enfant suit sa famille dans le latifundium d'un oncle maternel, où il prend peu à peu conscience de la misère des péons indiens au service des grands propriétaires. Malgré les idées de son beau-père, c'est dans une école catholique qu'il fait ses études primaires, poursuivant ses études secondaires chez les jésuites du collège San Gabriel de Quito et les terminant, il est vrai, à partir de 1919, au lycée national laïque Mejía. Suivant depuis deux ans les cours de médecine à l'université centrale, la mort de sa mère (1925), puis celle de son beau-père (1926), l'obligent à interrompre ses études. Attiré par le théâtre, il suit les cours d'art dramatique au Conservatoire national et devient comédien et metteur en scène à la Compagnie dramatique nationale. Il écrit pour la scène ses premières œuvres qui révèlent l'influence des techniques françaises et espagnoles contemporaines en même temps qu'une approche freudienne dans l'étude et la représentation des instincts : *L'Intrus* [*El intruso*, 1928], *La Comédie sans nom* [*La comedia sin nombre*, 1929], *Le Vieux* [*Por el viejo*, 1929], *Sans aucun sens* [*Sin sentido*, 1929], *C'est qui ?* [*¿ Cuál es ?* 1931], *À leur gré* [*Como ellos quieren*, 1931], *Flagellation* [*Flagelo*, 1936]. Tout en conservant de son expérience de dramaturge un grand sens du dialogue, Icaza passe à la fiction romanesque en publiant, en 1933, un recueil de nouvelles rurales, *Glaise de la sierra* [*Barro de la sierra*]. Mais c'est en 1934 qu'il s'impose comme chef de file du nouveau mouvement littéraire « indigéniste » avec *Huasipungo* (*), dénonciation violente de la servile condition indienne. La même année, il fonde en Équateur la Société des écrivains révolutionnaires, avec les principaux romanciers indigénistes : Enrique Gil Gilbert, Joaquín Gallegos Lara, Humberto Salvador, Alfredo Pareja Diezcanseco, Demetrio Aguilera Malta, José de la Cuadra, Alfonso Cuesta y Cuesta, Jorge Fernández, Pablo Palacio, Angel F. Rojas. Le succès international de *Huasipungo* (traduit par Georges Pillement et publié pour la première fois en France en 1938 sous le titre *La Fosse aux Indiens*) fit voyager Jorge Icaza dans différents pays, notamment en Chine et en Union soviétique. Travaillant depuis 1932 comme fonctionnaire à la Trésorerie générale de la province du Pichincha, il abandonne la bureaucratie pour ouvrir une librairie à Quito en 1937, un an après son mariage avec l'actrice Marina Moncayo. Prix national de littérature pour son roman *Dans les rues* [*En las calles*, 1935], il consacre aux métis un livre capital, *Cholos* (*) (1938), avant d'étudier les problèmes posés par leur ascension sociale dans *Une demi-vie de poudre aux yeux* [*Media vida deslumbrados*, 1942], *Fils du vent* [*Huairapamushcas*, 1948], *Six récits* [*Seis relatos*, 1952] et surtout *L'Homme de Quito* (*) (1958). En 1944, Icaza a contribué à la fondation de la Casa de la Cultura de Quito.

CLAUDE COUFFON.

♦ *« Les récits et les romans d'Icaza, travaillés comme des eaux-fortes, dénoncent l'injustice sociale, la dégénérescence de l'Indien soumis à l'exploitation économique, l'indifférence des autorités civiles, les abus des autorités militaires. Ces tableaux aux traits satiriques ou caricaturaux, baignant dans une atmosphère sordide, avec leur humanité en clair-obscur (grands propriétaires cruels, curés vénaux et luxurieux, Indiens dévorés par la misère, l'alcoolisme et le sadisme inconscient) exhalent soudain, comme s'ils étaient saturés d'horreur, une intense saveur lyrique et des bouffées de charité humaine. »* Juan Liscano.

RÉF. : J. Eugenio Garro, *Jorge Icaza, Vida y obra, Bibliografía, Antología*, Hispanic Institute, New York, 1947. – Francisco Ferrandiz Alborz, *El novelista hispanoamericano Jorge Icaza*, Quito, 1961. – Claude Couffon, « Conversación con Jorge Icaza », *Cuadernos del Congreso por la libertad de la Cultura*, Paris, août 1961. – Agustin Cueva Dávila, *Jorge Icaza*, Buenos Aires, 1968. – Galo René Pérez, *Jorge Icaza*, Barcelone, 1985. – Ricardo Descalzi y Renaud Richard, Edición crítica de *El chulla Romero y Flores*, coll. Archivos, Paris, 1988.

ICHIJÔ FUYUYOSHI ou Fuyura. Poète et écrivain japonais. Né et mort à Kyôto, 1464-1514. Second fils de Ichijô Kaneyoshi (ou Kanera) (1402-81) qui fut « kampaku » (maître du Palais), Ichijô, poète et lettré de grande valeur, succéda à son père en qualité de chef de famille, après la mort du fils aîné, Norifusa (1423-80). On lui confia différentes charges, dont quelques-unes fort importantes, et il fut considéré comme le plus grand personnage de l'aristocratie de l'époque, tant par la position sociale qu'il occupait que par sa culture. C'est pour cette raison qu'on avait accoutumé de le tenir pour l'auteur du *Miroir très limpide* (*). Mais par la suite, on découvrit deux copies manuscrites de cette œuvre, datées respectivement de 1376 et de 1402, c'est-à-dire d'une époque antérieure à la naissance d'Ichijô Fuyuyoshi. Tout comme son père, Ichijô

Fuyuyoshi fut un poète d'une extrême habileté qui se manifesta particulièrement dans les « renga » (poèmes en chaîne). Pour se conformer aux désirs de son père, Ichijô s'employa à faire paraître une anthologie de ce genre de poèmes, le *Nouveau recueil du Mont Ysukuba* [*Shinsen Ysukuba-shû*] qu'avait composé le poète Sogi (1421-1502) d'après les directives officielles.

IDRĪS Yūsuf. Romancier et auteur dramatique égyptien. Né le 19 mai 1927 à al-Bayrūm (delta du Nil), mort à Londres le 1er août 1991. Fils de fonctionnaire, il devient docteur en chirurgie et diplômé de psychiatrie, puis abandonne rapidement cette carrière pour le journalisme. Surtout inspiré par les problèmes de l'univers rural, son premier recueil, *Les Nuits les moins chères* [*Arkhaṣ al-Layālī*], date de 1954, suivi par une cinquantaine d'œuvres très diverses, incluant nouvelles, romans — v. *Le Tabou* (*) — et pièces de théâtre : *Le Magnat du Coton* [*Malik al-Quṭn*, 1957] ; *Les Scapins* [*al-Farāfīr*, 1964] ; *La Troisième Race* [*al-Jins al-Thālith*, 1971]. Auteur souvent adapté au cinéma et à la télévision, Idrīs apparaît comme l'un des maîtres de la nouvelle et du théâtre arabes, n'hésitant pas à mêler le classique et le dialectal dans une analyse féroce et ironique d'une société en quête d'elle-même. Anticonformiste, profondément ému par les souffrances de ses semblables, défenseur de la laïcité et de la libre pensée jusqu'à subir l'emprisonnement, il livre aussi une leçon d'humanisme et de liberté.

BERNARD MOUSSALI.

IDRĪSĪ (al-) Abū ʿAbdallah Muḥammad. Géographe arabe. Né à Ceuta vers 1100, mort à Ceuta ou en Sicile en 1165 ou en 1166. Il fit ses études à Cordoue ; outre la géographie, il s'intéressa aux sciences mathématiques et naturelles ainsi qu'à la médecine. Comme la plupart des géographes arabes, ce fut avant tout un grand voyageur : il visita la Grèce, l'Anatolie, l'Égypte, le sud de l'Italie et même, selon certains, la France et la Grande-Bretagne. Il séjourna longtemps à Palerme, auprès du roi normand Roger II (règne : 1130-1154), pour qui il réalisa un célèbre planisphère en argent. outre sa *Géographie* (*) il a laissé plusieurs œuvres, dont un traité de botanique.

JEAN-PATRICK GUILLAUME.

IGNACE d'Antioche, saint. Né, vers 35, vraisemblablement en Syrie, mort à Rome vers 107, évêque d'Antioche (depuis 69, probablement) et martyr. On a tenté de l'identifier à l'enfant Ignace Théophore que Jésus avait présenté à ses disciples comme symbole d'humilité, mais sans preuve. Nous connaissons un peu sa personnalité grâce aux sept *Lettres* (*), unique témoignage certain qui nous soit resté de lui. Il les adressa à différentes communautés chrétiennes : Éphèse, Magnésie, Tralles, Rome, Philadelphie (de Lydie), Smyrne ; et à saint Polycarpe en un moment capital de son existence : après sa condamnation « ad bestias », au cours de son transfert d'Antioche à Rome. Au terme des différentes étapes de ce long voyage, il suscita l'enthousiasme des fidèles venus en foule à sa rencontre, et fit preuve d'une grande exaltation mystique ; dans ses *Lettres* se révèle sa doctrine profonde et énergique de défense à la fois contre les « judaïsants » et les « savants » qui menaçaient également l'unité de l'Église (qu'il désigna le premier du nom de « catholique », c'est-à-dire non seulement unitaire mais universelle). Il fut livré aux fauves, sur l'ordre de Trajan, à une date qui est soit un 20 décembre (selon l'Église grecque), soit un 1er février (selon l'Église latine). On a conservé cinq versions différentes du récit de son martyre ; la meilleure semble être celle du *Martyrium colbertinum* (du nom du manuscrit qui le contient).

RÉF. : Tillemont, *Mémoires pour servir à l'histoire ecclésiastique...*, 1701. — J. Réville, *Études sur l'origine de l'épiscopat*, 1891. — E. Bruston, *Ignace d'Antioche, ses épîtres, sa vie, sa théologie*, Montauban, 1897. — G. Bareille, article : *Ignace d'Antioche*, in t. VII du *Dict. de la théologie catholique de* Vacant et Mangenot, 1930.

IGNACE DE LOYOLA, saint. Religieux espagnol et fondateur de la Compagnie de Jésus. Né en 1491 au château de Loyola, près d'Azpeitia (Guipúzcoa), mort à Rome le 31 juillet 1556. De famille noble, Iñigo López de Recalde fut d'abord page à la cour de Ferdinand le Catholique, puis à la cour du vice-roi de Navarre. « Jusqu'à la vingt-sixième année de sa vie — dira-t-il lui-même — il fut un homme adonné aux vanités du monde et principalement il se délectait dans l'exercice des armes avec un grand et vain désir de gagner de l'honneur. » En 1521, à Pampelune assiégée par l'armée de François Ier, Ignace est grièvement blessé aux jambes. Il subit avec un grand courage deux opérations qu'il qualifie de « boucherie ». Il restera boiteux toute sa vie. Durant sa convalescence, faute de romans de chevalerie, il lit des livres pieux, la *Vita Christi* de Ludolphe le Chartreux et la *Vie des Saints* de Jacques de Voragine. Le désir d'imiter les saints se substitue au goût des exploits mondains et à la soif de vaine gloire. Une nuit, il a la vision de la Vierge Marie et de l'Enfant Jésus. Toute sa vie sera marquée de phénomènes surnaturels extraordinaires. En février 1522, Ignace quitte le château de Loyola. Il distribue son argent aux pauvres et il prend la route du monastère de Montserrat. En chemin, le pèlerin, plein de l'ardeur des néophytes, se querelle avec un Maure qui niait la virginité de Marie, la mère de Jésus ; Ignace voulait même tuer son contradicteur si la mule qu'il monte n'avait changé de direction. À Montserrat, dans la nuit du 24 au 25 mars,

Ignace devient « chevalier du Christ ». Habillé en mendiant, n'ayant pour bagage qu'un cahier de notes, première ébauche des *Exercices spirituels* (*), il repart aussitôt. Il fait halte à Manrèse, un petit village où il demeure un an, se livrant à l'ascèse la plus rude, aux dévotions, aux soins des malades, aux entretiens spirituels. Il traverse une terrible crise où les scrupules et les tentations se mêlent aux visions surnaturelles. Une expérience mystique décisive le conduit à « voir Dieu en toutes choses » et à devenir « contemplatif dans l'action ». L'illumination reçue sur la rive du Cardoner est fameuse : il y reçut le clair entendement de tous les mystères de la foi chrétienne. Tout cela nourrit l'inspiration des *Exercices* dont il poursuit la rédaction. Résolu à suivre le chemin du Christ, il veut aller à Jérusalem. En février 1523, Ignace, à Barcelone, s'embarque pour l'Italie. Le 20 mars 1523, il débarque à Gaète où sévit la peste ; de là il part pour Rome où il arrive après de rocambolesques péripéties. Autorisé par le pape Adrien VI à se rendre en Terre sainte, Ignace arrive à Venise. Il s'embarque le 14 juillet, pauvre et malade, sans autre viatique que « l'espérance qu'il mettait en Dieu » et quelques lettres de recommandations. À la fin août, il débarque à Jaffa. Le 4 septembre, il est à Jérusalem décidé à y demeurer le reste de sa vie à l'exemple du Christ. Dans la Palestine occupée par les Turcs, il visite les Lieux saints ; les Franciscains qui les gardent, submergés par les pèlerins trop nombreux, les renvoient chez eux. Après des aventures en mer ou sur terre, Ignace arrive à Venise en janvier 1524. Assailli par les pauvres à qui il ne refuse jamais l'aumône, il part à pied pour Gênes. En Lombardie, où les armées de François Ier et de Charles Quint se font la guerre, il est pris pour un espion et traité comme tel. Dans sa mésaventure, Ignace voit « une représentation du Christ emmené au Golgotha ». Le voici maintenant à Barcelone où, pour mieux « aider les âmes », il se met à l'étude du latin, langue de l'Église. Fort de ses visions ou de ses illuminations mystiques, il cherche à réunir quelques personnes pour organiser son apostolat. Cependant il poursuit ses études de philosophie à l'université d'Alcalá de Henares, de mars 1526 à juin 1527. La petite communauté de quatre compagnons gagnés à sa cause inquiète l'Inquisition, qui tend à les confondre avec les « illuminés » [*alumbrados*]. Lassé de ces tracasseries, Ignace part pour Salamanque où il demeure de juillet à août 1527. Soupçonné de propager les doctrines d'Érasme, il est emprisonné par les juges de l'Inquisition, à qui il doit soumettre le texte des *Exercices spirituels.* Relaxé, autorisé à poursuivre son apostolat spirituel, il préfère se rendre à Paris pour y poursuivre ses études. En 1528, il est inscrit au collège de Montaigu. Obligé de demander l'aumône pour payer ses études, il ira jusqu'en Flandres et à Londres, où l'aumône est plus généreuse. En 1529, étudiant au collège Sainte-Barbe, il y rencontre six camarades à qui il communique son enthousiasme apostolique : le Savoyard Pierre Favre (ordonné prêtre en 1534), le Navarrais François de Xavier, un Portugais Simon Rodríguez, et trois Castillans, Jacques Laynez, Alfonso Salmerón, Nicolás Bobadilla. Maître ès arts en 1533, Ignace entreprend d'étudier la théologie. Cependant le grand projet qui s'est lentement formé dans son esprit prend corps. Le 15 août 1534, dans un oratoire sur la colline de Montmartre, Ignace et ses six compagnons prononcent leurs vœux d'adhésion totale au Christ. Ils ont résolu, après l'achèvement de leurs études, de se consacrer au salut des âmes, par l'apostolat et l'administration des sacrements, et par la soumission sans réserve au pape. Le « vœu de Montmartre », discrète ébauche de la future Compagnie de Jésus, garde pour celle-ci l'importance d'un acte de fondation. En attendant le groupe de Montmartre se sépare, en se donnant rendez-vous à Venise le 25 janvier 1537. Au printemps 1535, Ignace est de retour à Loyola pour y rétablir une santé fort compromise. Il reprend son apostolat à Azpeitia, où il s'attache à réformer les mœurs au grand scandale de son frère le gentilhomme outré par les manières de ce nouveau prophète. Mais Ignace se voue tout entier au « service de la foi » et à « la promotion de la justice » qui seront des principes essentiels de la Compagnie de Jésus. En juillet 1535, Ignace arrive à Venise après un voyage encore fort mouvementé. Pendant toute l'année 1536, il s'y emploie à « donner » les *Exercices,* c'est-à-dire à les faire appliquer par de nombreuses personnes de toutes conditions. Réunis à Venise en janvier 1537 les compagnons, au nombre de dix maintenant, s'adonnent à des tâches charitables. Autorisés par le pape Paul III à aller à Jérusalem, ils ne peuvent pas s'embarquer car les Turcs tiennent la mer sous leur menace. Ils se rassemblent près de Vicence, avant de s'en aller par petits groupes dans diverses villes pour y prêcher. Avec Pierre Favre et Jacques Laynez, Ignace part pour Rome. À une quinzaine de kilomètres avant l'arrivée, à la Storta, une expérience mystique soudaine le convainc définitivement que Dieu « le mettait avec le Christ son Fils » et qu'il lui disait ces mots : « Je veux que tu nous serves. » Cette extase confirme le pèlerin dans son projet de créer une Compagnie au service du Christ Jésus. En 1538, les compagnons sont réunis à Rome ; ils sont en butte à des accusations malveillantes d'hérésie auxquelles une sentence du pape Paul III met fin ; c'est alors qu'ils décident de se mettre sans réserve à la disposition du souverain pontife. Le 25 décembre 1538, Ignace célèbre sa première messe dans la basilique romaine de Sainte-Marie-Majeure. En 1539, après bien des délibérations, les compagnons décident de se constituer en ordre religieux placé sous l'autorité d'un supérieur général élu à vie et avec un vœu d'obéissance spéciale à la personne du pape. Le pape Paul III fonde ainsi la Compagnie de Jésus, par la bulle *Regimini militantis Ecclesiæ*, du 25 septembre 1540. Le 19 avril 1541, Ignace de Loyola est élu à l'unanimité « préposé général » de la Compagnie. Le 22 avril, il fait profession solennelle dans la basilique de Saint-Paul-hors-les-Murs. Aidé de Laynez (qui deviendra le second « préposé général »), il entreprend de rédiger les *Constitutions* de la Compagnie, qui ne seront promulguées qu'après sa mort, en 1558. Ignace établit sa résidence au cœur de Rome, près de l'actuelle église du Gesù. Désormais, il dirige avec autorité la nouvelle Compagnie qui ne cesse de s'accroître. En 1545 s'est ouvert le concile de Trente ; les théologiens de la Compagnie y joueront un grand rôle. En 1548, François de Borgia, duc de Gandie (qui sera le troisième « général ») avait fait secrètement profession. À Rome, Ignace multiplie les tâches apostoliques ou caritatives. Il crée des confréries pour s'occuper des prostituées, des jeunes filles pauvres, des orphelins. En 1551, il ouvre une école de grammaire et de doctrine chrétienne qui inaugure l'œuvre d'éducation où la Compagnie de Jésus va exceller et qui est l'ébauche du collège romain et de la future université grégorienne. De tous côtés affluent des demandes au général de la Compagnie : envois de missionnaires dans le monde entier, fondations de collèges ou d'universités. L'ordre compte bientôt un millier de membres, répartis en douze « provinces ». Visites, correspondance, affaires courantes alternent avec les temps consacrés à la prière ou aux dévotions. Épuisé par les pénitences et son ardeur au travail, Ignace de Loyola meurt à Rome le 31 juillet 1556. Béatifié par Paul V le 27 juillet 1609, il fut canonisé par Grégoire XV le 12 mars 1622.

BERNARD SESÉ.

♦ *« S'il est un mot qui convient pour définir le tempérament intellectuel d'Ignace de Loyola, c'est bien celui de discernement, non seulement pris dans le sens courant : action de « distinguer » avec exactitude, mais encore dans le sens acquis en latin par les dérivés discretio, discretus, où se trouve impliquée la notion d'un tact, d'une réserve pleine de finesse et de sûreté d'intuition. »* Alain Guillermou. ♦ *« Ce mystique, qui tenait dans son Journal spirituel la comptabilité de ses visions et de ses larmes, était un lucide qui sut passer de la piété chevaleresque de la Légende dorée à la spiritualité à la fois très méthodique et très affective de la devotio moderna dont il subit l'empreinte à Montserrat. »* Jean Delumeau.

RÉF. : Alain Guillermou, *Saint Ignace de Loyola et la Compagnie de Jésus*, Paris, 1960. – Albert Longchamp, *Petite vie d'Ignace de Loyola*, Paris, 1989. – Jean Lacouture, *Jésuites 1. Les Conquérants*, Paris, 1991.

IHARA (ou Ibara) SAIKAKU (dans le siècle Hirayama Togo). Poète et romancier japonais. Né à Ôsaka en 1642, mort dans la même ville le 10 août 1693. Il appartenait à une famille de riches commerçants dont on ne sait rien. Profondément affecté par la mort de sa femme et de sa petite fille qui était aveugle, il laissa ses affaires entre les mains d'un homme de confiance, et commença à voyager à travers tout le Japon. Cette nouvelle période de sa vie dura longtemps. Dans le domaine de la littérature, il fut tout d'abord attiré par le « haïkaï », poème de dix-sept syllabes qui était fort prisé à l'époque. Vers 1676, il était l'élève de Nishiyama Soin (1605-81), fondateur de l'école de haïkaï, dite Danrin, dont il fut un des représentants les plus notoires. On n'a pas oublié au Japon ses fameuses exhibitions publiques dans lesquelles il improvisait et composait le plus grand nombre possible de haïkaï. La tradition rapporte qu'il aurait pu en écrire jusqu'à cinq mille (?) dans la même journée. À la mort de Nishiyama Soin (1681), Saikaku abandonna la poésie et se tourna vers la prose, sans doute pour répondre à certains besoins de sa nature qui le poussait vers des descriptions plus développées de sentiments, tant parce qu'il avait un esprit assez subtil que parce qu'il avait beaucoup vu pendant ses voyages et qu'il lui était arrivé force aventures amoureuses. C'est ainsi qu'il publia son premier roman à l'âge de quarante ans, intitulé *Vie d'un libertin* [*Kôshoku-Ichidai-otoko,* 1682] qui remporta un extraordinaire succès et marqua le début d'une nouvelle carrière. Il inaugurait du même coup un genre nouveau, l'« ukiyo-zôshi », roman de mœurs réaliste. En 1686 parut la *Vie d'une amie de volupté* (*) et *Cinq filles de joie* [*Kôshoku go-nin onna*] qui sont ses deux œuvres majeures. Pendant les dernières années de sa vie, il renonça au genre érotique, et prit le parti d'écrire des œuvres narratives, d'un caractère didactique, dans lesquelles il niait que le travail pût avoir quelque efficacité et considérait les avantages matériels comme le bien suprême de l'homme et le but de son activité. C'est de cet esprit que relèvent *Le Magasin éternel du Japon* [*Niihon eidaikura,* 1688], *Les Calculs mentaux dans la vie humaine* [*Seken mune san-yô*, 1692] et quelques autres. Ce revirement était bien dans les habitudes du temps : il convenait de se divertir pendant la jeunesse et d'amasser de l'argent pendant l'âge mûr. Saikaku rapporte fidèlement le genre de vie, les goûts, les tendances des « chônin » (les bourgeois, les habitants des villes) de son époque. Ses tableaux réalistes, ses descriptions érotiques sont extrêmement audacieux et si Ihara ne craint ni l'obscénité ni la pornographie, on ne peut nier que son style soit nouveau. Minutieux observateur, il décrit ses personnages avec une concision qui touche parfois à la brutalité, mais avec une vigueur et des couleurs inimitables, employant tout à la fois des archaïsmes et les tournures de la langue parlée, le japonais le plus pur et le sino-japonais.

YOSHIE KAWAMURA.

ILAṄKŌ-AṬIKAḶ. Poète tamoul, probablement du Ve siècle. L'auteur du célèbre

Roman de l'anneau (*) qui forme une paire avec le *Maṇimēkalai* (*). Ilaṅkō-Aṭikaḷ semble avoir appartenu à la famille royale Cēra qui régnait alors sur la région tamoule correspondant au Kérala actuel. Il aurait cependant renoncé au trône et serait entré dans un ordre monastique jaïn. Son œuvre reflète une grande connaissance des arts, en particulier de la danse et de la musique. Il est remarquable que, contrairement à l'usage établi jusque-là, Ilaṅkō-Aṭikaḷ ait accordé dans son œuvre une importance égale aux trois royaumes tamouls classiques Cōḷa, Cēra et Pāṇḍya.

ÉLISABETH SETHUPATHY.

ILDEFONSE de Tolède, saint. Théologien espagnol. Né et mort à Tolède (vers 607-février 667). Neveu de saint Eugène, qui fut archevêque de Tolède et poète, c'est de lui qu'il reçut sa première éducation, qu'acheva saint Isidore de Séville. Moine, puis abbé du monastère des saints Cosme et Damien d'Agali, près de Tolède, il aima la méditation et l'étude. À la mort de son oncle, en 657, il accepta sa succession, sur l'ordre du roi Réceswinthe. Il avait cinquante ans, et il demeura investi de l'épiscopat de sa ville jusqu'à sa mort. Ses écrits sont empreints d'un sens religieux très pur ; ils furent nombreux, mais il n'en reste que quatre, plus deux lettres. Le plus connu, qui lui valut l'appellation de « Capelán de la Virgen », dans la comédie de Lope de Vega qui lui est consacrée, est une défense de la virginité perpétuelle de Marie [*De perpetua virginitate Sanctae Mariae*] contre les négations et les blasphèmes des disciples d'Helvidius, que saint Jérôme avait jadis combattu. Le zèle pastoral et les profondes connaissances doctrinales de l'archevêque sont attestés par deux autres œuvres : le livre *De Cognitione baptismi* (sur l'organisation du catéchuménat et la liturgie baptismale) et le *De itinere deserti quo pergitur post baptismum* (sur la voix ardue, assimilée au désert où s'épuisa le peuple hébreu qui, du baptême, doit mener à la récompense de Dieu). Par l'ouvrage intitulé *Des écrits des hommes illustres* – v. *Des hommes illustres* (*) –, il voulut continuer l'œuvre de saint Isidore de Séville, en se rattachant, par lui, à Gennade de Marseille et à saint Jérôme.

ILF et PETROV. Écrivains russes. Ilia Ilf (pseud. de Ilia Arnoldovitch Fainsilber), né à Odessa le 3 octobre 1897 est mort à Moscou le 13 avril 1937. Fils d'un employé de banque, il fit ses études dans une école technique (jusqu'en 1913) puis, après avoir essayé plusieurs professions, se lança dans le journalisme. À partir de 1923, il collabora à une dizaine de journaux de Moscou. En 1925, il rencontra Eugène Petrov (pseud. de Evgueni Petrovitch Kataïev), né à Odessa le 30 novembre 1903 et mort à Sébastopol le 2 juillet 1942. Fils d'un professeur d'histoire, Petrov fit ses études au lycée classique, travailla comme correspondant de l'agence télégraphique d'Ukraine, et plus tard comme inspecteur de la police judiciaire. En 1923, il se fixa à Moscou pour devenir journaliste et auteur de feuilletons satiriques.

Le premier roman des deux auteurs, écrit en commun, fut les *Douze Chaises* (*) (1928), une satire mordante et drôle qui eut un grand succès auprès des lecteurs mais fut accueilli sévèrement par la critique officielle. La suite de ce roman parut trois ans plus tard sous le titre *Le Veau d'or* [*Zolotoï telënok*, 1931]. Ces deux volumes ont été publiés dans presque toutes les langues du monde et chaleureusement accueillis par la critique de tous les pays ; ils donnent un tableau véridique de la vie quotidienne des Soviétiques au cours des années 20. Plus tard, les écrivains satiriques furent flétris comme calomniateurs. C'est une des raisons pour lesquelles Ilf et Petrov se détournèrent de la Russie soviétique en faveur de l'Amérique. Leur essai *L'Amérique sans étages* [*Odnoétažnaja Amerika*, 1935] est le compte rendu d'un voyage, un livre plein d'humour et d'amertume.

Petrov a survécu à Ilf pendant cinq ans ; plusieurs scénarios et une pièce de théâtre écrits par lui seul ne présentent aucun intérêt littéraire. Par contre, *Les Carnets* [*Zapisnye knižki*, 1925-1937] d'Ilf sont une œuvre posthume de grande valeur proche des *Carnets* de Tchekhov.

EFIM ETKIND.

ILIAZD (pseud. de Ilia Zdanévitch). Poète russe. Né le 26 avril 1894 à Tiflis (Géorgie), mort le 25 décembre 1975 à Paris. Ilia Zdanévitch (qui prend le nom d'Iliazd en 1920) n'a pas vingt ans quand, avec son ami Mikhaïl Le-Dentu et son frère Kirill, il découvre celui qui fera la gloire de la peinture géorgienne, Pirosmani. Il adhère à l'aile radicale des futuristes. Il fonde avec Le-Dentu la doctrine de la « toutité » [Vsjočestvo], qui considère le temps non comme une durée, mais un espace où toutes les influences sont contemporaines, toutes les voix susceptibles d'être ressuscitées. Il écrit en 1913 le premier livre consacré à ses amis les peintres Larionov et Gontcharova puis se lance dans un cycle dramatique en « zaoum ». De même que le cubisme veut revenir à l'essence du mouvement, le zaoum cherche à retrouver l'origine de la langue – le cri. Zdanévitch est pourtant le seul à organiser ce cri d'une façon musicale, historique et narrative, à lui créer une culture : son cycle de cinq pièces, *Aslaablitchié* (*), indique sa portée, son sens, dans son titre : il s'agit, à la fois des « traits de l'âne » [ablitchia asla], de ses « accusations » [ablitchénia], ou de quelque chose de « faible, affaibli » [slaboïé]. C'est au lecteur de forger le sens. Le cycle est une méditation, parodique et lyrique, sur le pouvoir : *Yanko roi-albanai* (+) (1916), l'amour : *Lanaloué* (+) (1918-19), la révolution : *Lil depac* (+) (1919), l'auteur : *Comsi Zga* (1920), et l'art : *Ledentu Lefar* (+) (1923).

Zdanévitch quitte la Russie en 1920, s'installe en France en 1922 où il publie son *Ledentu Lefar*. Il organise les bals de la communauté russe, lit des conférences sur le futurisme et la Russie, puis, pris par les soucis matériels, s'éloigne de la vie littéraire, entre comme dessinateur sur tissu chez Chanel, écrit de la prose. Le seul roman qu'il publie, *Le Ravissement* [*Voshiščenie*], est mis au pilon. À l'exubérance de ses premières œuvres répond la rigidité de sa deuxième période, mais le fond reste absolument le même. À partir de 1940, il se lance, avec son recueil de sonnets, *Afat*, dans l'édition, en compagnie de ses amis Picasso, Survage, Giacometti, Braque, Miró. Ces livres, modèles d'innovation et d'harmonie toujours renouvelée, font de lui l'un des plus grands éditeurs de son temps. Iliazd n'écrira plus que dans un seul mètre, le pentamètre iambique, le plus noble et le plus lent de la tradition russe et n'emploiera presque plus – sauf dans *La Lettre* (*) (1948) – qu'une seule forme, celle du sonnet, qui regroupe en elle-même toute la tradition de l'Occident et représente l'exemple même de la « toutité ». Mais Iliazd réinvente le sonnet, le varie à l'infini pour dire et redire la même chose, l'exil, la vacance, le travail de la langue comme un long matériau monocorde pour se forger une tombe aérienne, et une patrie réelle, intangible, où le temps comme durée s'anéantit, un cercle duquel ne peut extraire aucune agression de l'histoire. Son livre le plus terrible, le plus hautain, inachevé, écrit entre 1944 et 1946 est *Un de la brigade* [*Brigadny*] ; il est composé d'une couronne de dizains dans lesquels on voit défiler toutes les tragédies de son époque : la guerre d'Espagne, le stalinisme, la guerre mondiale et la tragédie personnelle d'Iliazd.

Iliazd a voulu sa vie comme une couronne, un cercle : son dernier livre de poèmes russes est une couronne de sonnets (illustrée par Braque et Giacometti), *Sentence sans parole* [*Prigovor Bezmolvny*, 1961], puis vient un *Boustrophédon au miroir* (1971), où la langue française, retournée en miroir, devient elle aussi du zaoum, et une republication, en 1972, de son premier travail, daté de 1912, sur Pirosmani. Iliazd, qui rejetait toute biographie, chassait les spécialistes du futurisme qui essayaient de lui rendre visite, et refusait de répondre à toute question sur son œuvre (« Vous vous y retrouverez plus tard », disait-il à sa femme en indiquant tous les dossiers qui tapissaient son logement), mourut d'une crise cardiaque. Il fut retrouvé mort – debout.

ANDRÉ MARKOWICZ.

RÉF. : *Iliazd* (cat. d'exposition du Musée d'art moderne), Paris, 1978. – *Iliazd* (exposition du Museum of Modern Art), New York, 1987. – Cl. Hiver (éd.), *Cahiers de l'Iliazd Club* nos 1 et 2, Paris, 1990-92.

IŁŁAKOWICZ Kazimiera. Poétesse polonaise. Née le 19 août 1892 à Wilno, morte le 16 février 1983 à Poznań. Orpheline de bonne heure, elle eut une enfance mouvementée, séjournant tantôt en Pologne, tantôt en Russie. Revenue en Pologne en 1918, elle se rapprocha du groupe poétique Skamander. D'une extrême sensibilité, douée d'une imagination hors du commun, passant du symbolisme fantastique des ballades populaires au réalisme de la vie quotidienne, elle créa entre les deux guerres une œuvre d'une surprenante variété. Maniant ironie et humour, témoignant d'un grand sens de l'observation et faisant preuve d'originalité dans la versification, elle publia son premier recueil en 1911, *Le Vol d'Icare* [*Ikarowe loty*]. Elle aborda des thèmes sociaux dans *Les Trois Cordes* [*Trzy struny*, 1917], *Chants de Noël de la misère polonaise* [*Kolędy polskiej biedy*, 1917], *La Mort du phénix* [*Śmierć Feniksa*, 1922] ou politiques : *Ballades héroïques* [*Ballady bohaterskie*, 1934], *Poèmes du maréchal Pilsudski* [*Wiersze o marszałku Piłsudskim*, 1936]. Elle chanta la beauté de sa terre natale dans *Le Rossignol de Lituanie* [*Słowik litewski*, 1936]. *L'Oiseau qui pleure* [*Płaczący ptak*, 1927] et *Cendre et Perles* [*Popiół i perły*, 1930] sont des poèmes mystiques ou des confessions intimes. Réfugiée en Transylvanie roumaine pendant la guerre, elle vécut ensuite à Poznań. Elle publia *Poèmes choisis* (*) en 1956 et des *Poèmes religieux* [*Wiersze religijne*] en 1955 et 1967. Iłłakowicz occupe une place à part dans la littérature polonaise.

LAURENCE DYÈVRE.

ILLÉS Béla. Écrivain hongrois né le 22 mars 1895 à Kassa (aujourd'hui Kosice, Tchécoslovaquie), mort en 1974 à Budapest. Il collabora avant la Première Guerre mondiale à la célèbre revue littéraire *Nyugat* (*) (*Occident*). Militant actif du parti communiste hongrois, il dut s'exiler en 1919, et combattit dans les rangs de l'armée soviétique durant la Seconde Guerre mondiale. Son œuvre principale sera la *Rhapsodie des carpates* (*) (1941), roman d'inspiration autobiographique, consacré à l'histoire hongroise des vingt premières années du siècle. Rentré en Hongrie après 1945, Béla Illés a puisé le sujet d'une autre trilogie *La Conquête de la patrie* [*Honfoglalás,* 1950-54] dans l'histoire des batailles entre les troupes hongroises et soviétiques. Il excelle dans le récit anecdotique et humoristique. Parmi ses nouvelles, mentionnons le recueil *Oie d'or* [*Aranyliba,* 1923] qui décrit les épisodes bizarres ou tragicomiques de l'émigration viennoise de 1919-22. Citons également *La Tisza brûle* [*Ég a Tisza,* 1929], relatant la commune hongroise de 1919.

ILLICH Ivan. Essayiste américain d'origine autrichienne. Né à Vienne en 1926. D'ascendance dalmate par son père et juive par sa mère, Ivan Illich fait ses études en Italie. Diplômé de sciences physiques en cristallographie à Florence, il se prépare à la prêtrise à Rome et retourne à Salzbourg préparer une thèse d'histoire sur Arnold Toynbee. Ordonné prêtre en 1951, il est chargé de tâches pastorales chez les Portoricains de Brooklyn. Son succès est tel que le cardinal Spellman l'envoie à Porto Rico même, comme vice-recteur de l'université catholique. En conflit avec les autorités, il doit se retirer en 1960 et part alors au Sahara pour un long séjour à Tamanrasset. Après un périple à pied en Amérique du Sud, il décide de lutter contre les erreurs pastorales qui le scandalisent et il s'installe à Cuernavaca (Mexique), où il fonde le C.I.D.O.C., centre interculturel de documentation pour les missionnaires arrivant d'Europe.

Critique des institutions politiques et religieuses, il allait être en butte à toutes sortes de dénonciations et d'accusations (notamment à propos de l'introduction de la psychanalyse dans un monastère bénédictin de Cuernavaca, et bien qu'il n'y fût pour rien). Après un conflit avec le Saint-Office, en 1969, il choisit de demander d'être déchargé de toute responsabilité ecclésiastique. Polyglotte, d'une culture universelle, proche de la revue française *Esprit* (*), Ivan Illich publie alors une dizaine de livres sur les grands problèmes sociaux du temps, qu'il aborde de façon libre et provocatrice, s'opposant à toute idéologie et proposant des solutions neuves, utopiques, prophétiques. Ont paru ainsi, entre autres, *Libérer l'avenir* [*Celebration of Awareness*, 1969], *Une société sans école* [*Deschooling Society*, 1970], *Énergie et Équité* [*Die sogenannte Energiekrise oder die Lämnung der Gesellschaft*, 1974], *La Convivialité* (*) (1973), *Le Genre vernaculaire* [*Gender*, 1982], etc.

JEAN-PIE LAPIERRE.

ILLYÉS Gyula. Poète hongrois. Né le 2 novembre 1902 à Racegres, mort à Budapest le 15 avril 1983. Élevé à la campagne, Illyés termine ses études secondaires à Budapest, milite en faveur de la Commune hongroise de 1919, et s'exile à Paris, où il se lie avec les principaux poètes surréalistes de l'époque. Rentré en Hongrie en 1926, il collabore d'abord à la revue d'avant-garde *Dokumentum*, puis à *Nyugat* (*) *(Occident)* et, de 1941 à 1944, à *Magyar Csillag* (*) *(Étoile de Hongrie)* dont il est le rédacteur en chef. Son engagement politique – antiallemand et antifasciste – le conduit, en 1947, à fonder le parti paysan populaire. Sa désapprobation du régime stalinien s'exprime dans quelques poèmes retentissants. Épargné par le gouvernement de János Kádár, il ne publie rien entre 1956 et 1961. Il ne cessera ensuite de produire des œuvres dans des genres divers : poésie, essai, roman, théâtre. Poète d'une très large audience, Illyés, sans jamais renier ses débuts surréalistes, est aussi l'auteur d'un grand nombre de poèmes – v. *Poésies* (*) – inspirés par la vie paysanne de son pays, à laquelle il a par ailleurs consacré un ouvrage d'inspiration sociologique : *Ceux des pusztas* (*) (1936). Parmi ses autres œuvres, citons : *De l'ordre dans les ruines* [*Rend a romokban*, 1936], *Nouveaux poèmes* [*Uj versek*, 1961], *Déjeuner au château* (*) (1962), *La Voile penchée* [*Dölt vitorla*, 1965], *Noir et blanc* [*Fekete-fehér*, 1968], *Testament singulier* [*Különös testamentum*, 1977], ainsi que son roman autobiographique, *Les Huns à Paris* [*Hunok Párizsban*, 1946].

IMIBE ou (Imube) NO HIRONARI. Écrivain japonais du IXᵉ siècle. Les Imibe prétendaient descendre de Futotama no Mikoto, une des divinités du Panthéon shintoïste. Ils avaient partagé, pendant longtemps, avec les Nakatomi, le monopole du culte des « kami » (divinités du shintoïsme). Puis les Nakatomi avaient pris une influence toujours plus grande et qui s'étendait même au domaine de la politique, de sorte qu'aux commencements de l'ère Heian (794-1186), ils avaient éclipsé les Imibe. À un certain moment, les deux familles entrèrent en lutte ouverte pour obtenir une charge, et durent recourir à l'arbitrage de l'empereur. Et c'est peut-être pour obéir aux ordres que lui avait donnés l'empereur de fournir les titres qui pouvaient justifier ses revendications qu'Imibe no Hironari commença à étudier les archives de sa famille et composa le *Kogoshûi* (*) où se trouvent exposées les gloires passées des Imibe et où l'auteur déplore leur déchéance actuelle. On ne sait rien de plus sur la vie de cet écrivain japonais.

IMMERMANN Karl Lebrecht. Écrivain allemand. Né à Magdebourg (Saxe) le 24 avril 1796, mort à Düsseldorf (Prusse) le 25 août 1840. Fils d'un magistrat prussien très sévère, il fut destiné à suivre la carrière paternelle, et à dix-sept ans se rendit à l'université de Halle pour y étudier le droit. Il interrompit ses études pour participer à la campagne de 1815 contre Napoléon, puis il les poursuivit. Il prit alors position contre les associations estudiantines qui dominaient la vie universitaire, et écrivit un violent libelle qui fit du bruit. En 1818, il entra dans la carrière judiciaire, qu'il suivit avec honneur. En dehors de son travail, il écrivait des poèmes. Sa fécondité fut extraordinaire ; mais ses premières œuvres, poésies, tragédies et comédies, assez insignifiantes, sont les fruits attardés du romantisme. En 1822 débuta à Munster sa longue passion pour Elisa von Ahlefeldt, femme du célèbre commandant du corps des volontaires des guerres de Libération, von Lutzow. Le poète demandant à être transféré à Magdebourg, son amie, après avoir obtenu le divorce, l'y suivit ; mais il ne voulut pas l'épouser pour ne pas changer la qualité de leur amour. Promu à un poste supérieur, il fut envoyé, quelques années plus tard, à Düsseldorf, où sa demeure devint le rendez-vous de nombreux artistes et poètes. Ce fut pour lui une période d'intense activité littéraire. Il écrivit le petit poème satirique *Tulifäntchen, Carnavalade,* le drame mythique *Merlin* (+), le roman les *Épigones,* son chef-d'œuvre *Münchhausen* et *L'Oberhof* (*) – v. *Aventures du baron de Münchhausen* (*). La polémique qu'il soutint avec Platen, dégénérée en querelle personnelle après les attaques lancées par le noble franconien dans la comédie *L'Œdipe romantique* [*Romantischer Œdipus*], l'avait rendu amer, mais avait renforcé son amitié avec Heine. À partir de 1834, il dirigea le théâtre municipal de Düsseldorf, parvenant à en faire un grand théâtre ; mais il ne put toutefois en empêcher la faillite financière. En automne 1838, il s'éprit d'une toute jeune fille, la filleule de son frère ; de nombreux mois devaient s'écouler avant qu'il ne rompît définitivement avec Elisa, non sans une grande douleur de part et d'autre. Enfin, au mois d'août 1839, Elisa quittait pour toujours la maison du poète, et peu de semaines après il y conduisait sa jeune épouse. Une nouvelle période de bonheur et de production commençait lorsque, peu de jours après la naissance d'une petite fille, il mourut de fièvres malignes. D'une intelligence vive, on sent cependant dans son œuvre un certain manque d'harmonie et d'équilibre. Disciple du romantisme, mais désirant s'en libérer, il était ouvert aux influences les plus diverses et devança à certains égards la littérature de l'époque suivante. Entre ses ambitions – il prétendait entre autres opposer son *Merlin* au *Faust* (*) de Goethe – et leur réalisation artistique, il y eut un grand écart dont le poète fut conscient ; ce fut le vrai drame de sa vie.

VINCENZO MARIA VILLA.

♦ *« Ses visées originales ont leur bon côté, mais trop facilement elles induisent en erreur. »* Goethe.

RÉF : W. Deetjen, *Immermanns Jugenddramen,* Leipzig, 1904. – S. Lempicki, *Immermanns Weltanschauung,* Berlin, 1910. – L. Lauschus, *Ueber Technik und Stil der Romane und Novellen Immermanns,* Bonn, 1913. – H. Mayne, *Immermann, der Mann und sein Werk im Rahmen der Zeit- und Literaturgeschichte,* Munich, 1921. – E. Guzineski, *Immermann als Zeitkritiker,* Cologne, 1937. – W. Fehse, *Immermann,* 1940.

IMRU'L-QAYS. Poète et guerrier arabe de l'époque antéislamique. Né en Arabie centrale, mort à Ancyre (aujourd'hui Ankara) vers 530 ou 540. Fils de Ḥajar ibn al-Ḥārith, « roi » des Banū Kinda, il eut, d'après la tradition, une jeunesse orageuse, marquée par l'amour des beuveries, des escapades amoureuses et des aventures guerrières. Banni par son père à la suite d'un scandale, il voyagea dans tout le Moyen-Orient, menant joyeuse vie avec ses compagnons. Cet exil doré prit fin en 530, lorqu'il apprit la mort de Ḥajar, tué par les Banū Asad, ses vassaux révoltés ; Imru'l-Qays résolut alors de le venger, mais, ne trouvant pas de soutien suffisant parmi sa tribu, fit appel à l'empereur de Byzance, Justinien, à qui il rendit visite, sans succès. Ayant repris la route de l'Arabie, il tomba malade (ou, selon certains, fut empoisonné) et mourut en chemin. Personnification du type idéal du « jeune », amoureux de la vie sous tous ses aspects, disponible pour toutes les aventures et prêt à courir tous les risques, Imru'l-Qays occupe une place centrale dans la poésie arabe. Aîné des grands poètes antéislamiques, on lui attribue le mérite d'avoir été l'inventeur de certains thèmes et motifs « canoniques », repris après lui par tous les autres poètes, mais où il n'a jamais été égalé ; ainsi l'évocation des ruines du campement abandonné par la bien-aimée, par laquelle s'ouvre son poème le plus célèbre, inclus dans les *Mu'allaqāt* (*), et qui reste le chef-d'œuvre du genre. La critique classique souligne également la spontanéité de son talent poétique, en quoi elle voit non l'imitation de modèles préexistants, mais le reflet d'une connaissance vécue de la vie bédouine et de son cadre écologique et humain.

JEAN-PATRICK GUILLAUME.

INBER Vera Mikhaïlovna [Vera Mihajlovna Inber]. Poétesse russe. Née à Odessa le 10 juillet 1890, morte à Leningrad le 11 novembre 1972. Fille d'un éditeur de livres scientifiques et d'une institutrice, elle a passé les années d'avant-guerre à Paris (1901-1914) où est paru son recueil poétique *Vin triste* [*Pečal'noe vino,* 1914] ; les deux suivants ont vu jour à Moscou et à Odessa : *Joie amère* [*Gor'kaja uslada,* 1917], *Les Mots périssables* [*Brennye slova,* 1922]. Les poésies d'Inber, truffées d'associations poétiques, étaient recherchées, parfois sceptiques ou ironiques. En 1922, Inber s'est installée à Moscou et a adhéré au « Centre littéraire des constructivistes », mais cette adhésion ne fut ni sérieuse ni durable. Journaliste, Inber passe quelques années à Paris, à Bruxelles et à Berlin (1924-1926), et publie un livre d'essais sur la France « américanisée » : *L'Amérique à Paris* [*Amerika v Pariže,* 1929]. Son roman autobiographique, *Une place au soleil* (*) (1928), est irremplaçable pour étudier l'évolution de la vieille intelligentsia vers une collaboration avec le pouvoir soviétique. Pendant la guerre, Inber a passé quatre ans à Leningrad où elle a vécu le siège – v. *Le Siège de Leningrad* (*) (1945) – son grand poème, « Le Méridien de Poulkovo » (1943, prix d'État 1946), et son journal *Presque trois ans* [*Počti tri goda,* 1946] sont parmi les meilleurs témoignages humains et artistiques de la tragédie du siège et de la famine. Celles des œuvres de Vera Inber qui ont pleinement conservé leur popularité en Russie sont ses poèmes destinés aux enfants, riches en humour, en jeux de mots et de sonorités, malicieux et lyriques.

EFIM ETKIND.

INDRA (pseud. de Diran Tcherakian). Écrivain arménien, poète et essayiste. Né à Constantinople le 11 septembre 1875, mort près de Diarbékir le 2 juillet 1921. Après des études à l'École des beaux-arts de sa ville natale, puis brièvement à Paris (1897), et un voyage qui l'a mené jusqu'en Égypte, il a enseigné la langue et la littérature arméniennes à Constantinople jusqu'en 1916. Son grand œuvre, *Monde intérieur* (*), écrit en 1900 au retour de ses pérégrinations, et publié en 1905, a été suivi d'une série de productions mineures. Il n'a pas été déporté en 1915, contrairement aux autres intellectuels arméniens. Il a connu pendant la guerre une grave crise, d'ordre psychologique et religieux, qui l'a amené peu à peu à rompre tous ses liens avec sa communauté d'origine, et à prêcher le sabatisme. Arrêté en 1921 pour troubles contre l'État turc, il est mort d'épuisement sur le chemin de l'exil.

MARC NICHANIAN.

INDY Vincent d'. Compositeur français. Né et mort à Paris (27 mars 1851-1er décembre 1931). Issu d'une famille d'ancienne noblesse originaire du Vivarais, il fut toute sa vie très attaché à cette province et y composa plusieurs de ses œuvres, en particulier sa *Symphonie sur un chant montagnard* (+) (1886) – v. *Symphonies* (*) (1886-1917). Élevé par sa mère, la comtesse d'Indy, excellente musicienne, il travailla le piano avec elle, puis avec Diémer et Marmontel, et étudia l'harmonie avec Lavignac. C'est Duparc, rencontré en 1869, qui lui fit découvrir les œuvres de Bach et de Wagner, et qui l'introduisit dans le cercle franckiste au lendemain du siège de Paris, pendant lequel d'Indy s'engagea comme volontaire dans la garde nationale. Il écrivit même une *Histoire du 105e de la garde nationale en l'année 1870-71,* qui parut en 1872. Entré en 1873 dans la classe de Franck au Conservatoire, il obtint un deuxième (1874) puis un premier (1875) accessit d'orgue. Tout en exerçant ensuite des fonctions d'organiste à l'église Saint-Leu, puis de timbalier, enfin de chef des chœurs aux concerts Colonne, il eut l'occasion, en 1876, de faire un voyage en Allemagne, au cours duquel il rencontra Liszt et assista, à Bayreuth, à des représentations de *L'Anneau des Nibelungen* (*) ; devenu aussitôt un wagnérien enthousiaste, c'est à cette époque qu'il composa sa première œuvre importante, la trilogie symphonique intitulée *Wallenstein* (1875-81). Secrétaire, puis président de la Société nationale fondée en 1871 sur l'initiative de Saint-Saëns, Vincent d'Indy organisa en 1891, en collaboration avec Charles Bordes, une retentissante Semaine sainte musicale à Saint-Gervais et, toujours avec Bordes, le 6 juin 1894, il fonda la « Schola Cantorum », qui se donnait pour mission de restaurer la tradition grégorienne et la musique palestrinienne, et de créer une musique religieuse moderne dans un esprit de totale fidélité à la liturgie. Les théories musicales de d'Indy l'inclinaient à admirer le Moyen Âge catholique : la religion était pour lui le principe de tous les arts – mais la religion catholique uniquement : c'est avec violence qu'il rejette la Renaissance païenne et même la Réforme en dépit de son admiration pour Bach. À partir de 1894, et jusqu'à ses toutes dernières années, qu'il passa le plus souvent sur les bords de la Méditerranée, Vincent d'Indy vécut à peu près exclusivement pour la Schola Cantorum, dirigeant les cours, en donnant lui-même, surveillant personnellement tous les échelons de l'établissement.

Il était en effet professeur dans l'âme, et c'est à son œuvre d'enseignement qu'il faut rattacher ses activités d'organisateur de concerts et de critique musical (en particulier son excellente étude sur César Franck). Esprit traditionnel, il estimait que les futurs compositeurs doivent se former non pas seulement par les exemples de leurs contemporains, mais par la connaissance du passé musical le plus vaste possible : ainsi d'Indy a-t-il travaillé à une nécessaire réévaluation de nombreux maîtres anciens, en particulier Monteverdi, Palestrina, Roland de Lassus, Josquin des Prés. Il voulut également renouveler la musique française par le chant populaire et l'inspiration champêtre, en particulier dans la *Symphonie sur un chant montagnard* et dans *Jour d'été à la montagne* (*) (1905). Parmi ses œuvres pour orchestre, il faut citer : les *Souvenirs* (1906), le *Poème des rivages* (1918-21), le *Quintette* (*) (1925), etc. Au théâtre, outre son ballet *Istar* (*) (1897), la première œuvre importante de d'Indy fut *Le Chant de la cloche* (1885) : en wagnérien orthodoxe, il avait écrit le livret et la musique ; il fera de même pour *Fervaal* (*), composé en 1889 et joué pour la première fois à Bruxelles en 1897, pour *L'Étranger* (*) (1903), pour *La Légende de saint Christophe* (*) (1921). Vincent d'Indy compositeur paraît aujourd'hui un peu oublié : l'histoire musicale retient plutôt le rôle important de théoricien qu'il joua à la Schola Cantorum. Artisan scrupuleux, d'un métier très sûr, il ne laissait rien dans ses œuvres à la seule inspiration et son art a pu paraître intellectuel, volontaire, rigoriste, dogmatique à l'excès. D'autre part le wagnérisme fervent de Vincent d'Indy a certainement nui à l'influence de ses œuvres.

MICHEL MOURRE.

♦ *« Comme Tolstoï, comme M. Barrès, comme beaucoup de penseurs, M. d'Indy semble ne voir dans l'Art que l'Expression et la Passion. Il m'est impossible de partager cette manière de voir. »* C. Saint-Saëns.
♦ *« C'est un compositeur réfléchi et sérieux qui ne tient pas à plaire au grand public. Sa mélodie est quelquefois pauvre et ne frappe pas l'oreille, mais ce*

compositeur a une telle maîtrise dans le maniement des ressources de son art, qu'il sait rendre intéressantes les phrases les plus ordinaires. » Adolphe Jullien. ♦ *« Dans l'art de Vincent d'Indy, il n'y a pas en effet tout l'agrément, toutes les séductions, ni même peut-être la sorte particulière d'émotion — toujours un peu sensuelle — de celui d'un Debussy ou d'un Fauré, mais j'y trouve plus d'âme, je veux dire de ce foyer intérieur qui n'a pas tant besoin de se nourrir des impressions du dehors pour donner toute sa flamme. »* Paul Landormy.

RÉF. : H. Imbert, *Profils de musiciens,* Paris, 1888. — Em. Deniau, *Vincent d'Indy,* Paris, 1903. — R. Rolland, *Musiciens d'aujourd'hui,* Paris, 1908. — O. Séré, *Musiciens français d'aujourd'hui,* Paris, 1911. — L. Borgex, *Vincent d'Indy,* Paris, 1913. — C. Saint-Saëns, *Les Idées de M. Vincent d'Indy,* Paris, 1919. — L. Vallas, *Vincent d'Indy,* 2 vol., Paris, 1946-50.

INGARDEN Roman. Philosophe polonais. Né et mort à Cracovie (5 décembre 1893-15 juin 1970). Après des études poursuivies à Lwów et à l'étranger (il fut l'élève de Husserl à Fribourg), il occupe successivement les chaires de philosophie de Lwów (1933), Cracovie (1947) et Varsovie (1952). Ingarden a été l'introducteur et le principal représentant de la phénoménologie en Pologne. Bien qu'il s'oppose à l'idéalisme transcendantal de Husserl, il emprunte à son ancien maître sa thèse de la perception différenciée ainsi que son postulat de l'intuition sensorielle comme fondement d'un système philosophique. Plus réaliste cependant que Husserl, il refuse de réduire le monde réel à une simple création de nos actes de conscience. Son œuvre fondamentale, *Débat sur l'existence du monde* (+) (1947-1948) est à la fois une tentative originale pour délimiter les domaines respectifs de la philosophie et de la science et une introduction à la théorie de différents modes d'existence. C'est cependant dans le domaine de l'esthétique que l'apport de Ingarden est le plus important. De nombreux essais, et surtout *L'Œuvre littéraire* (*) (1931, éd. polonaise : *O dziele literackim* parue en 1960), fondement de l'esthétique descriptive, proposent une délimitation des différentes « couches » qui déterminent la structure et l'œuvre écrite.

INGLIN Meinrad. Romancier suisse d'expression allemande. Né et mort à Schwyz (28 juillet 1893-4 décembre 1971). Il retrace lui-même, dans son roman autobiographique *Werner Amberg* (1949), son itinéraire, « chemin de croix vers une situation bourgeoise » : il a douze ans lorsque son père meurt, quinze lorsqu'il se retrouve orphelin ; après le collège technique, l'apprentissage dans un atelier d'horlogerie, les hôtels où il passe comme serveur, il retourne au lycée, entreprend des études supérieures de littérature et de psychologie et devient finalement journaliste. Il vit de sa plume à partir de 1922. Son premier roman, *Le Monde à Ingoldan* (*) (1922), le situe d'emblée dans la lignée du « réalisme poétique » de Gottfried Keller. Son ouvrage le plus connu, *Chronique de la Suisse* (*) (1938), peint à travers l'histoire d'une famille les bouleversements qui ont ébranlé la société au début du siècle. On retiendra également les nouvelles réunies sous les titres *L'Avalanche* (+) (1947) et *Monde ensorcelé* (+) (1958). Les meilleures pages de Inglin transcendent la banale « littérature de terroir » [Heimatliteratur] tout en plongeant leurs racines dans la tradition populaire.

RÉF. : B. v. Matt, *Meinras Inglin. Eine Biographie,* Zurich, 1976.

INNOCENT III (Jean Lothaire de Segni). Pape et théologien italien. Né vers 1160 à Gavignano, près de Segni, mort à Pérouse le 16 juillet 1216. Descendant d'une illustre famille romaine, il fut tout d'abord instruit par des moines, puis envoyé dans les deux plus grands centres culturels qui existaient à l'époque : à Paris, tout d'abord, où il approfondit ses connaissances littéraires et acquit de solides notions de théologie ; puis à Bologne où il étudia le droit, ce qui devait influer grandement sur sa conduite et sur son caractère, et lui permettre d'entamer toutes sortes de controverses (à propos de la supériorité du pouvoir spirituel, et des rapports que les autorités religieuses devaient entretenir avec les autorités civiles). Une fois ses études achevées, il fait partie de la Curie romaine, sans doute avant 1185 ; sous-diacre en 1187, il est élu cardinal diacre par Clément III dès 1190. Ses activités diverses, activités qui se rapportaient surtout aux affaires juridiques, ne l'empêchèrent point toutefois d'écrire des œuvres brèves, dont la plus importante est un opuscule sur la théologie et l'ascétisme : *Du mépris du monde* (*). À la mort de Célestin III, le 8 janvier 1198, Jean Lothaire de Segni fut élu pape et prit le nom d'Innocent III. Pendant dix-huit ans, Innocent III ne perdit pas de vue les deux objectifs qu'il s'était proposé d'atteindre : la croisade et la réforme de l'Église. Au vrai, la quatrième croisade est le fruit de son activité inlassable ; elle s'embarqua en 1202, mais se dirigea sur Constantinople, de sorte qu'elle n'atteignit pas les lieux saints. Par ailleurs, Innocent III mena avec rigueur la lutte contre les hérétiques et surtout contre les Albigeois (Cathares et Vaudois) et dirigea la « croisade des Albigeois » (1209-12). Il accorda sa protection aux dominicains et aux franciscains. Dès 1198, il avait résolu d'occuper une grande partie de l'Italie centrale pour garantir la sécurité de l'Église romaine ; et en 1213, l'Angleterre et l'Irlande se rattachaient au siège apostolique en qualité de nations vassales. Enfin, au cours du IVe concile de Latran, ouvert le 1er novembre 1215, il fut question d'une nouvelle croisade et de réformes dans la législation ecclésiastique, l'administration et la discipline. Pendant les derniers temps de sa vie, Innocent III ne cessa point d'organiser une nouvelle croisade. Il mourut en pleine vigueur, après un pontificat chargé d'événements, de réformes pertinentes, et où il avait fait preuve d'une fermeté et d'une continuité de vue hors du commun.

PIERO ZERBI.

♦ *« La gloire de ses actions remplit la ville du monde et le monde. »* L'auteur des *Gesta* d'Innocent III, XIIIe siècle. ♦ *« La personnification la plus complète et la plus resplendissante de la papauté au Moyen Âge. »* Hurter.

RÉF. : M. F. Hurter, *Histoire d'Innocent III*, tr. fr. 1839. – Luchaire, *Innocent III, Rome et l'Italie*, Paris, 1904 ; *La Croisade des Albigeois*, Paris, 1905 ; *La Papauté et l'Empire*, Paris, 1906 ; *La Question d'Orient*, Paris, 1907. – E. W. Mayer, *Staatstheorien Papst Inn. III*, 1919. – M. Maccarrone, *Chiesa estato nella dottrina di papa Inn. III*, Vatican 1940. – H. Tillmann, *Innozenz III*, 1954.

INOUE Yasushi. Romancier japonais. Né à Asahikawa (Hokkaidô) le 6 mars 1907, mort le 29 janvier 1991 à Tôkyô. Séparé de ses parents dès l'âge de six ans, il est élevé par sa grand-mère dans une péninsule montagneuse au sud de Tôkyô, et passe une enfance solitaire dont ses héros, esseulés eux-mêmes, et la coloration généralement sombre de son œuvre porteront l'empreinte. Après une scolarité chaotique, il finit par sortir diplômé de philosophie de l'université de Kyôto (1936). Il entame alors à Ôsaka une carrière de journaliste bientôt interrompue par les événements de Chine, où il est dépêché sur le front nord (1938). Rapatrié pour raisons de santé un an plus tard, il se partage jusqu'à la fin de la guerre entre le journalisme et quelques tentatives littéraires qui ne lui vaudront toutefois la notoriété qu'à partir de 1949, date à laquelle l'important prix Akutagawa lui est attribué pour un court roman aux consonances nihilistes, *Le Combat de taureaux* [*Tôgyû*]. Publiant la même année une nouvelle archétypale, *Le Fusil de chasse* (*), Inoue, le succès aidant, rompra en 1951 avec quinze ans de journalisme, poursuivant depuis lors une carrière littéraire particulièrement féconde. Et tandis que deux recueils de poèmes en prose, *Le Pays du Nord* [*Kitaguni,* 1958] et *Méditerranée* [*Chichûkai,* 1962], témoigneront de la permanence d'une vocation lyrique très tôt affirmée, une série de romans et de nouvelles historiques, où le souci documentaire trahit la longue expérience de la presse, achèveront d'assurer à Inoue, membre depuis 1964 de l'Académie des arts, une place de tout premier plan dans le monde des lettres japonaises contemporaines. On citera notamment, à ce dernier titre, *Les Brigands du siècle des guerres* [*Sengoku burai,* 1952-53] et *Le Journal de Dame Yodo* [*Yodo dono nikki,* 1960], qui empruntent leur sujet à l'histoire nationale, ainsi que *Lou-lan* [*Rôran,* 1959], *Tunhuang* [*Tonkô,* id.] et *Le Loup bleu* [*Aoki ôkami,* 1963], qui retrace la vie de Gengis Khan, et dont l'action continentale se situe jusqu'aux marches occidentales de la Chine.

MICHEL WASSERMAN.

IOÀNNOU Yòrgos. Écrivain grec. Né le 22 novembre 1927 à Thessalonique, mort à Athènes le 16 février 1985. Naître à Thessalonique et la quitter un jour pour Athènes, tel est le parcours classique des auteurs grecs. Fils d'un conducteur de locomotive, Ioànnou fait des études de lettres, devient professeur de lycée, est nommé dans quelques villes de province, puis quitte définitivement sa ville natale pour Athènes en 1971. Son œuvre a commencé par deux recueils de poèmes, *Tournesols* [Ἡλιοτρόπια, 1953] et *Les Forêts de Salonique* [Τά χίλια δέντρα, 1963] : deux brèves collections d'instantanés, où s'ébauchent tous les thèmes futurs. Mais c'est avec ses premiers recueils de prose – qui resteront les plus aimés du public – que Ioànnou se révèle. *Pour l'honneur* [Γιά ἕνα φιλότιμο, 1964], *Le Sarcophage* [Ἡ σαρκοφάγος, 1971] et *L'Unique Héritage* [Ἡ μονη κληρονομιά, 1974] regroupent des textes brefs à la première personne, à mi-chemin entre la confession, la fiction et l'essai. Les deux protagonistes en sont la ville natale, que Ioànnou a décrite mieux que personne (un livre entier, *Notre sang* [Τό δικό μας αίμα] lui sera consacré en 1978) et l'auteur lui-même. Aux drames collectifs de l'occupation allemande (Ioànnou est le seul auteur grec à avoir longuement évoqué les Juifs de Salonique et leur martyre de 1943) et de la guerre civile, se superpose, en termes voilés, le drame personnel d'une homosexualité génératrice de solitude et de remords. Ioànnou restera toujours un virtuose de l'allusion et du non-dit ; dans une langue ici très dense, à la fois travaillée et familière, vigoureuse et fine, il joue sur toutes les nuances de l'humour, de l'ironie, de l'émotion, passant du sourire aux larmes avec une aisance étonnante. Avec *Douleur du vendredi saint* (*) (1980), recueil de nouvelles, le ton change brutalement, la sexualité, la passion passent au premier plan, l'écriture se fait débordante. *Trappe* [Καταπακτῆ, 1982], aux textes plus brefs, plus proches de la confession, poursuit dans la même direction. Ioànnou écrit alors de plus en plus : *Fractures multiples* [Πολλαπλά κατάγματα, 1981], récit autobiographique d'un séjour à l'hôpital ; une pièce de théâtre ; des recueils d'essais (dont un nouveau livre sur Thessalonique) et une foule d'articles de journal. Il meurt à 58 ans, des suites d'une opération bénigne, sans avoir eu le temps d'avouer totalement son secret, ni d'écrire le roman dont il rêvait. Ioànnou a traduit Euripide, Tacite, saint Augustin et l'*Anthologie palatine* (*). Passionné de tradition populaire, il est l'un de ceux qui ont fait le plus, par ses superbes anthologies de contes, de chants populaires et de Karaghiòzis (théâtre d'ombres), pour la survie de ces trésors anonymes. Ioànnou, ce provincial, qui n'a jamais quitté son pays (ou presque), est l'un des auteurs grecs les plus grecs.

MICHEL VOLKOVITCH.

IONESCO Eugène. Écrivain français. Né le 26 novembre 1912 à Slatina (Roumanie), mort à Paris le 28 mars 1994. La vie de Ionesco, né de père roumain et de mère française, est très vite l'histoire d'une séparation. Après l'enfance et les années lumineuses de La Chapelle-Anthenaise, dans la Mayenne, Ionesco retourne en Roumanie – il y apprendra le roumain –, où il vivra de 1925 à 1938. C'est la fin du paradis, la révélation du temps et de la mort. C'est aussi la deuxième rupture, celle de ses parents ; dès lors, l'équation est assez simple : mère = France, père = Roumanie : « Le mot patrie n'est pas supportable puisqu'il signifie le pays du père ; mon pays pour moi était la France [...] parce que mon pays ne pouvait être que celui dans lequel vivait ma mère. » En 1937, Ionesco, alors professeur, épousait Rodica Burileano, dont il aura une fille en 1944. C'est en France qu'il entreprend de rédiger une thèse de littérature : *Les Thèmes du péché et de la mort dans la poésie française depuis Baudelaire.* De retour en Roumanie peu avant la guerre, la montée du fascisme lui est vite intolérable : tous ses amis y succombent en « rhinocéros ». Refusant aussi bien de « mourir pour le nazisme » que de « combattre pour Staline », Ionesco décide de quitter promptement le pays, et de s'établir définitivement en France. On est loin encore de l'« antithéâtre », loin même, semble-t-il, du théâtre — que Ionesco avouera plus tard ne pas aimer.

Était-ce cette étrangeté à sa propre langue, son « étonnement » primitif face au monde qui l'entraînera jusqu'à *La Cantatrice chauve* (*) ? C'est, dit-il, en essayant d'apprendre l'anglais dans un manuel de conversation qu'il eut l'intuition de sa première pièce (1950). Si *La Cantatrice chauve* surprit tout le monde, affligea bon nombre de critiques et simples spectateurs – mais reste, avec *La Leçon* (*), la seule pièce jouée sans interruption depuis plus de trente ans dans un théâtre parisien –, elle inaugure une œuvre proliférante et variée, qui n'exclut aucun genre (sinon la poésie) : de la critique (*Non* [*Nu*, 1934], recueil d'articles rédigés en roumain ; *Notes et Contre-notes*, 1962) au cinéma, en passant par l'autobiographe (*Journal en miettes* (*), 1967, *Passé présent présent passé*, 1968), le roman, les contes pour enfants et le dessin (*Le Blanc et le Noir*, 1981). Mais Ionesco est avant tout auteur dramatique. Chaque année, presque, verra la création d'une nouvelle pièce. Hormis peut-être *Les Chaises* (*) (1952), la plus « beckettienne » des œuvres de Ionesco, les premières pièces s'élaborent autour de la dérision du langage et des conventions : *La Leçon* (1951), *Victimes du devoir* (*) (1953), *Amédée ou Comment s'en débarrasser* (*) (1954), *Jacques ou la Soumission* (*) (1955). Avec *Tueur sans gages* (*) (1957), Ionesco introduit le personnage de Bérenger, humaniste naïf qui réapparaît dans *Rhinocéros* (*) (1958) et *Le roi se meurt* (*) (1962). Les pièces suivantes (*La Soif et la Faim*, 1966, *Macbett*, 1972) prennent volontiers un tour parabolique ; jusqu'à *L'Homme aux valises* (1975), dont le titre ne pouvait mieux définir le destin de Ionesco.

C'est aux premières heures de la « révolution roumaine » de décembre 1989 que Ionesco refera une entrée en scène spectaculaire. Multipliant les appels à la communauté internationale pour inciter les gouvernements à venir en aide matériellement et militairement au peuple roumain, Ionesco semble alors retrouver une manière d'identité avec le pays de son père : « Je suis Français par ma culture mais je me sens redevenir Roumain. »

« Antithéâtre », « drame comique », « farce tragique », Ionesco a très souvent, fût-ce sur le mode parodique, apposé ses propres étiquettes à ses œuvres comme sur des pots de confiture savoureuse. Mais la naissance et le développement de son œuvre dramatique — qui, négligée au départ, atteint en dix ans un succès impressionnant — est inséparable, aussi, des jugements critiques auxquels elle a donné lieu. C'est dans un dialogue permanent avec cette critique honnie que Ionesco, qui lui-même a bien volontiers pratiqué le genre, édifie son œuvre. Ionesco se dit toujours fidèle à sa quête d'un théâtre d'« avant-garde », fondé sur quelques principes élémentaires (refus de la psychologie classique, de la séparation en genres, de l'identité), qui se résument en un seul : l'accueil de la contradiction : « Rien n'est tragique, tout est comique, tout est réel, irréel, impossible, concevable, inconcevable. Tout est lourd, tout est léger. » Force est pourtant de constater que l'œuvre a évolué vers moins de provocation vraie et plus de concessions à la convention. *La Cantatrice chauve* et *La Leçon* introduisent indéniablement un ton nouveau, fait d'une continuelle rupture avec les automatismes du quotidien et de la norme : un « scandale » réussi, qu'un seul critique éclairé, Jacques Lemarchand, sut apprécier avec éloquence, humour et poésie : « Ce théâtre est pour moi un théâtre d'aventure, prenant ce mot dans le sens même où l'on parle de roman d'aventure. Il est théâtre de cape et d'épée, illogique comme l'est *Fantômas* (*), invraisemblable comme l'est *L'Île au trésor* (*), aussi irrationnel que *Les Trois Mousquetaires* (*). Mais comme eux poétique et burlesque, et exaltant, et comme eux passionnant. » Avec *Les Chaises*, Ionesco donne à son théâtre la dimension métaphysique qu'il développera jusqu'à la refondre dans une structure plus classique avec *Le roi se meurt*. Mais c'est avec *Tueur sans gages*, puis surtout *Rhinocéros*, que l'auteur fait son entrée dans la signification, voire le théâtre à thèse, ce que certains ne lui pardonneront pas. Si Ionesco, davantage rivé au réel, a quitté son état d'apesanteur linguistique (l'envol et la lévitation comptent parmi les plus beaux fantasmes de son œuvre), sa parole intarissable et sa confiance, malgré qu'il en ait, dans le dialogue avec ses contemporains en font un des « fous » les plus respectables de son temps.

ANOUCHKA VASAK.

RÉF. : Ionesco, *Notes et Contre-notes*, Paris, 1962 et 1966. – *Entre la vie et le rêve, entretiens avec Claude Bonnefoy*, Paris, 1966 et 1977. – Serge Doubrovsky, « Le Rire d'Eugène Ionesco », *N.R.F.*, février 1960. – Paul Vernois, *La Dynamique théâtrale d'Eugène Ionesco*, Paris, 1972. – Emmanuel Jacquart, *Le Théâtre de dérision*, Paris, 1974.

IORGA Nicolae. Écrivain et homme politique roumain. Né à Bostoshani (Moldavie) le 5 juin 1871, mort le 27 novembre 1940. À six ans, il lisait dans le texte les chefs-d'œuvre de la littérature française et à treize ans il écrivait des articles de politique extérieure. Ayant terminé ses examens à dix-neuf ans, il entreprit en 1896 des voyages à l'étranger, y acquérant de nouveaux diplômes et fouillant dans les archives. À vingt-trois ans, il est nommé professeur d'histoire universelle à l'université de Bucarest et il fonde en 1909 l'université populaire de Valenii. En 1911, il est membre de l'académie roumaine, correspondant d'innombrables académies étrangères et docteur « honoris causa » d'universités réputées. Fondateur avec Cuza Voda du parti national-démocrate, il encouragea la participation de la Roumanie à la Première Guerre mondiale aux côtés de la France. Grand travailleur, il écrivait dans de nombreux journaux. Ministre de l'Instruction publique (1931-32) et président du Conseil en 1938, il joua également un rôle important dans la politique intérieure de son pays, mais, hostile à l'orientation inquiétante que prit cette même politique à la veille de la Seconde Guerre mondiale, il sera assassiné par la « garde de fer ». Il est pratiquement impossible de dresser une liste de ses œuvres, dont la plupart touchent à l'histoire de la Roumanie et des Balkans. Parmi les plus connues, citons : *Cléopâtre* (*), *Ovide*, *Saint François*. Iorga a laissé également d'importants ouvrages historiques dont les plus remarquables sont l'*Histoire du peuple roumain* (+) (1905) et surtout, en français, l'*Histoire de la vie byzantine* (+) (1934).

IQBAL Mohammad. Écrivain musulman de l'Inde, d'expression ourdou et persane. Né le 22 février 1878 à Sialkot (Penjab) et mort le 21 avril 1938 à Lahore. Ce grand poète, à la fois philosophe, linguiste, juriste, politicien et pédagogue, cet homme d'action fut également un penseur exceptionnel et le théoricien de la pensée islamique moderne ; il mourut en laissant derrière lui une œuvre considérable. On peut le considérer comme l'un des pères fondateurs du Pakistan. Sa langue maternelle était l'ourdou, mais il connaissait très bien le persan, l'anglais et l'allemand. D'une formation traditionnelle islamique, il avait acquis une connaissance approfondie de la culture, des mœurs et coutumes occidentales à Cambridge et à Munich.

Son héritage ainsi que son œuvre sont revendiqués tout à la fois par l'Iran, par l'Inde, ainsi que par de multiples courants islamiques – modernistes, traditionalistes – et aussi par les « Jeunes Turcs ». Dans ses multiples travaux, il interpellera les religieux et modernistes, les savants et les chercheurs musulmans, leur demandant, sans remettre en cause le « Tawhid » (l'unicité de Dieu), d'interpréter la tradition, la « Sunna », de faire une lecture nouvelle du *Coran* (*), et, à partir de cette vision nouvelle, de penser l'avenir de manière dynamique. Sa devise était « qu'importe d'où tu viens, ce qui importe le plus c'est que tu saches où tu vas ».

Il percevait déjà le début de la double crise, spirituelle et économique, qui bouleverserait les hommes. La coupure du monde en deux blocs et les conflits en résultant ne lui semblaient pas se situer entre l'Est et l'Ouest, mais entre le Nord et le Sud. Devant un monde où prédomine l'éphémère, il nous faut, disait-il, faire le vide en soi et s'interroger pour retrouver le fil conducteur de la connaissance. On retrouve là l'empreinte de sa rencontre avec les mystiques iraniens. Le grand maître Roumi devenait son initiateur lors de son « voyage mystique ». Lecteur de Marx et de Lénine, de Goethe, d'Hegel et de Nietzsche, Iqbal fut également influencé par la pensée allemande, surtout par la pensée dialectique, à laquelle il opposa la réponse de la pensée dialectique islamique : « Nous sommes les parties aussi multiples qu'infinies, Dieu est ce tout absolu. » À partir de cette donnée, il rêvait et travaillait pour que se réalise une « panislamité » dans la droite ligne de la grande « Umma ». Il esquissa les grandes lignes d'une société islamique idéale – d'une République islamique – qui serait une tentative de réponse aux problèmes des sociétés mortifiées et corrompues, aliénées par le pouvoir de l'argent et la règle du profit.

Iqbal fut un homme actif, qui assura plusieurs postes de responsabilité : en 1927, il est élu à l'Assemblée législative du Penjab et en 1930 il est porté à la présidence de la Ligue islamique. C'est à cette époque qu'il élabore un plan de résolution du problème du sous-continent indien. Il défend également avec passion, rigueur et fermeté l'idée de la création d'un État musulman du nord-ouest de l'Inde (actuel Pakistan). Les partisans du Pakistan le considèrent dès lors comme leur chef. En 1932, il assiste à Londres, en qualité de délégué, à la table ronde qui doit établir un projet de Constitution pour l'Inde. La même année, il préside la Conférence islamique et reçoit le titre de docteur ès lettres de l'université du Penjab. À Londres, il donne alors une série de conférences dans lesquelles il aborde les problèmes de la pensée islamique et la nécessité de repenser la doctrine, conférences qui ont fait l'objet d'une publication : *La Reconstruction de la pensée religieuse en Islam* [*Six Lectures on the Reconstruction of religious thought in Islam* (trad. E. de Vitzay-Meyerovitch, 1955)].

L'œuvre philosophique d'Iqbal est devenue le bréviaire de tous ceux qui s'intéressent à l'Islam et à son évolution. Quant à sa poésie, originale et vigoureuse, elle s'exprime dans un style qui combine la poésie mystique puisée chez Roumi et le système de l'interpellation nietzschéenne. Dans cette poésie, Dieu est toujours présent, mais le Dieu iqbalien — Allah — n'aliène pas l'esprit, il pousse à interroger le monde, l'homme et les systèmes en place. Iqbal fut tout à la fois un rénovateur et un mystique attaché à la tradition, tolérant, respectant la différence et la diversité des cultures, rejetant tout sectarisme. Il a donné à la pensée islamique moderne le dynamisme et la rigueur qui lui manquaient. Dans cette œuvre d'un penseur et d'un poète, il convient de citer : en persan : *Plainte* [*Shikwa*], *Réponse à la plainte* [*Jawab-i-Shikwa*], *Les Secrets du moi* [*Asrâr-e-Khodi,* 1915], *Psaumes persans* [*Zabûr-e-Adjam,* 1915], *Les Mystères du non-moi* [*Romuz-e-Bîkhodi,* 1918], *Message de l'Orient* [*Pajâm-e-Machrek,* 1923], *Livre de l'éternité* (*) (1932) ; en ourdou : *L'Appel de la caravane* [*Bâng e dara*], *L'Aile de Gabriel* [*Bâle Djibrail*], *Alors, que faire !* [*Pas Tche Bâyadkard*], *Le Glaive de Moïse* [*Zarb e Kalim*], enfin, en ourdou et persan : *Le Don du Hedjaz* [*Armughân e Hedjâz*].

AHMED FOUATIH.

IRAILH Augustin-Simon. Écrivain français. Né au Puy-en-Velay en 1719, mort à Saint-Vincent-lès-Moissac (Lot) en 1794. Prieur de Saint-Vincent-lès-Moissac, auteur de divers ouvrages historiques, l'abbé Irailh est surtout connu pour les quatre volumes de ses *Querelles littéraires ou Mémoires pour servir à l'histoire des révolutions de la république des lettres, depuis Homère jusqu'à nos jours* (*), publié à Paris en 1761.

IRÉNÉE saint. Père de l'Église. Né probablement à Smyrne, un peu avant la moitié du IIe siècle, mort au début du IIIe siècle. À Smyrne, il fut le disciple du saint évêque Polycarpe. Puis, sans qu'on puisse connaître exactement la raison de son voyage, on le retrouve à Lyon en 177, déjà prêtre et chargé par les martyrs de cette ville d'une mission auprès du pape Éleuthère, au sujet du montanisme. À son retour de Rome, il succéda (178) à Pothin sur le siège épiscopal de la métropole gauloise ; il fut de nouveau en relation avec Rome pour tenter d'accommoder les dissensions qui s'étaient élevées entre le pape Victor et l'Église d'Asie, à propos de la Pâque. Une de ses préoccupations majeures fut de mettre les fidèles en garde contre les dangers du gnosticisme ; il a travaillé à réfuter cette hérésie dans l'une de ses œuvres les plus importantes, dont nous possédons des fragments en grec et en syriaque (ces derniers peu nombreux), les deux derniers livres dans une excellente version arménienne, et la totalité en latin (IIIe-IVe siècles). Cet ouvrage est généralement désigné sous le titre de *Contre les hérésies* (*). Son *Exposition de la prédication apostolique* [Επιθειξιζ τοῦ αποστολικοῦ κῆρυγμαοζ] est de moindre importance ; elle nous est parvenue dans une version arménienne et on connaît surtout les titres des chapitres, tels que : « Sur la connaissance, contre les Grecs » ; « À Blastus, à propos du schisme » ; « À Florinus, sur la monarchie » ; Irénée fut le premier à tracer clairement les grandes lignes d'une théologie chrétienne.

RÉF. : Dom Gervaisie, *Vie de saint Irénée,* 1723. — Abbé Prot, *Vie de saint Irénée,* 1843. — Mgr Freppel, *Saint Irénée,* 1861. — A. Gouilloud, *Saint Irénée et son temps,* Lyon, 1876. — C. F. Bellet, *Les Origines des églises de France et les fastes épiscopaux,* 1898. — J. Chaine, *Le Christ rédempteur d'après saint Irénée,* Le Puy, 1919. — R. P. Sagnard, *La Gnose valentinienne et le témoignage de saint Irénée,* 1947. — A. Houssian, *La Christologie de saint Irénée,* Louvain, 1955. — R. Berthouzor, *Liberté et grâce suivant la théologie d'Irénée de Lyon,* Fribourg, 1980.

IRIARTE Tomás de. Littérateur espagnol. Né le 18 septembre 1750 à Orotava (Ténérife, Canaries), mort le 17 septembre 1791 à Madrid. Ce fut un lettré et un théoricien de l'art. Il gagna très jeune l'Espagne continentale, où il trouva l'occasion de provoquer et de soutenir les polémiques les plus diverses — la plus bruyante fut celle que souleva sa traduction de l'*Art poétique* (*) d'Horace —, dans le but de défendre les théories néoclassiques alors en vogue, mais surtout pour satisfaire son tempérament batailleur et pointilleux. Il devint traducteur officiel de l'État, il traduisit de nombreux ouvrages français dont il s'efforça ensuite d'enrayer la diffusion, et conjointement, après 1776, archiviste du Conseil suprême de la guerre. Il eut néanmoins le loisir de devenir l'un des membres les plus actifs de l'Académie artistique et littéraire madrilène « Fonda de San Sebastián ». Entre-temps, il avait réuni ses *Fables littéraires* (*) (1782) qui lui valurent la célébrité, hors d'Espagne notamment. Parmi ses autres œuvres, citons des comédies : *Le Monsieur ruiné* [*El señorito ruinado*], *La Demoiselle mal élevée* [*La señorita mal criada*], etc. ; *Les Littérateurs en carême* [*Los literatos en Cuaresma*], satire en prose ; *La Musique* [*La música,* 1779], poème que vanta Métastase.

IRISH William (pseud. de Cornell Woolrich). Écrivain américain. Né à New York le 4 décembre 1903, il y meurt le 25 septembre 1968. Ses parents ayant divorcé, il vit d'abord au Mexique avec son père pendant la guerre révolutionnaire de Pancho Villa et Zapata, puis rejoint sa mère qui est pianiste à New York. Cloué au lit, il écrit son premier roman, *Chef d'accusation* [*Cover charge*] en 1925, très inspiré par l'œuvre de Scott Fitzgerald qu'il vénérait. *Les Enfants du Ritz* [*Children of the Ritz*] paraissent en 1927 et Hollywood l'invite à venir travailler à l'adaptation de son roman. Après un mariage raté, il se complaît dans la solitude et vit chez sa mère : de 1933 à 1940, les éditeurs refusent ses manuscrits, il s'endette et serait mort de faim sans l'aide de sa mère et sans ses premières publications de nouvelles dans les magazines à bon marché [pulps] – il en écrira près de trois cent cinquante. En 1940, il publie son premier roman policier : *La mariée était en noir* [*The Bride wore black*]. Après la mort de sa mère en 1957, diabétique et alcoolique, il vit en reclus et doit être amputé d'une jambe gagnée par la gangrène. Irish joue avec les nerfs du lecteur et c'est à juste titre qu'on le considère comme le maître du suspense. Sa recette contient trois éléments essentiels : l'amour, l'angoisse et la mort. Il faut lire : *La Sirène du Mississippi* [*Waltz into Darkness,* 1947], *J'ai épousé une ombre* (*) (1948) et voir *Fenêtre sur cour* [*Rear Window*], le film qu'Hitchcock a tiré en 1954 d'une de ses nouvelles, qui porte le même titre.

DENIS BOUTET DE MONVEL.

IRVING John. Romancier américain. Né le 2 mars 1942 à Exeter (New Hampshire). Après des études de lettres et de longs séjours en Europe, notamment à Londres et à Vienne, John Irving enseigne la littérature dans plusieurs universités américaines et entame sa carrière d'écrivain. Ses trois premiers romans : *Liberté pour les ours* [*Setting Free the Bears,* 1968], *L'Épopée du buveur d'eau* [*The Water-Method Man,* 1972] et *Un mariage poids moyen* [*The 158-Pound Marriage,* 1974], n'ont qu'un très modeste succès commercial. Il établit sa notoriété et son statut d'auteur à succès avec *Le Monde selon Garp* (*), énorme saga tragi-comique illustrant les démêlées d'un jeune écrivain avec sa mère féministe entre la Nouvelle-Angleterre et Vienne, juste après la Seconde Guerre mondiale. Un humour corrosif, un réel talent pour la parodie, un souffle inextinguible caractérisent ce roman touffu qui aborde tant les problèmes de l'écrivain (un romancier est un « médecin qui ne s'occupe que des incurables ») que les rapports mère-fils, et qui annonce déjà les deux thèmes récurrents dans l'œuvre de John Irving, Vienne et les ours, en particulier dans *L'Hôtel New Hampshire* [*The Hotel New Hampshire,* 1981], autre saga familiale, distrayante et rondement menée. À défaut de manifester la moindre originalité formelle ou une ambition littéraire digne de ce nom, l'œuvre de John Irving témoigne d'un réel talent et d'une grande imagination.

BRICE MATTHIEUSSENT.

IRVING Washington. Écrivain américain. Né à New York le 3 avril 1783, mort le 28 novembre 1859 dans sa villa « Sunnyside » sur l'Hudson, alors dans les environs de New York, aujourd'hui aux portes mêmes de cette ville. Il était le fils d'un marchand écossais, et fut successivement avocat, homme d'affaires, soldat, grand voyageur, jusqu'à la parution de *Histoire de New York par Knickerbocker* (*), qui le consacra écrivain. Le *Livre d'esquisses* (*), paru dix ans plus tard, fit d'Irving, aux yeux du monde entier, le premier littérateur de la jeune république. C'est en Europe qu'Irving trouva les documents qui lui servirent pour *Vie et voyages de Christophe Colomb* [*A History of the Life and Voyages of Christopher Colombus*, 1828], *L'Histoire de la conquête de Grenade* [*The Conquest of Granada*], et *Les Contes de l'Alhambra* (*). Ce furent les aspects « pittoresques » et « folkloriques » qui le retinrent au cours des longs séjours qu'il effectua sur l'ancien continent (il fut ministre d'Amérique en Espagne). De l'ensemble de son œuvre, il n'est guère que le *Livre d'esquisses* (*) qui se lise encore aujourd'hui, mais le nom d'Irving demeure néanmoins comme celui d'un écrivain consciencieux et original, qui a montré à ses compatriotes que l'art d'écrire en prose est un art difficile et subtil. Il a fait école, en particulier chez Poe et Hawthorne.

RÉF. : Edward Wagenknecht, *Washington Irving : Moderation Displayed*, New York, 1962. – Lewis Leavy, *Washington Irving*, Minneapolis, 1963. – William Hedges, *Washington Irving, an American Study, 1802-1832*, Baltimore, 1965. – Martin Roth, *Comedy and America : The Lost World of Washington Irving*, Port Washington, 1976. – Mary Bowden, *Washington Irving*, Boston, 1981.

IRYŎN (pseud. de Kim Hoeyŏn). Bonze et écrivain coréen. Né et mort à Kyôngju (1206-8 juillet 1289). Ce membre du clan Kim de Namhae, entré très jeune, en 1214, dans la secte bouddhiste sŏn [zen], très admiré pour sa connaissance des classiques, fait une admirable carrière ecclésiastique, parsemée de titres et de publications prestigieuses. Au moment où le zen s'impose dans tout le pays, il participe à la compilation des classiques du bouddhisme [*Tripitaka*, 1246], puis commence à rédiger ses *Antiquités des Trois Royaumes* (*) vers 1280. Mais la stèle énumérant ses nombreuses œuvres ne mentionne pas ce texte, qui n'a donc sans doute pas été publié de son vivant. Parvenu au fait des honneurs, recevant l'hommage public de la Cour, Iryŏn refuse les fonctions officielles et retourne dans son village natal finir les quelque quatre-vingts volumes de ses œuvres.

PATRICK MAURUS.

ISAAC (Ishāq). On sait seulement de cet auteur éthiopien qu'il vécut sous le règne du négus 'Amda-Tsion (1314-1344), et qu'il était « nebūra-'ed », c'est-à-dire chef laïc, de la ville sainte d'Axum. Il est probable que l'œuvre importante qui lui est attribuée, le *Kebra Nagašt* (*), roman historique très vénéré en Éthiopie qui raconte les glorieuses origines de la dynastie salomonide, a été traduite en guèze par Ishāq plutôt qu'écrite directement en cette langue par lui, d'après un texte arabe (précédemment traduit du copte par Abal' ez et Abalfarağ, selon les colophons des manuscrits). Les mêmes manuscrits indiquent que Ishāq se fit aider par cinq collaborateurs, vraisemblablement moines ou « dabtaras » (chantres) : Yemharana-Ab, Hezba-Krestos, Andryas, Filpos et Mahāri-Ab.

ISAACS Jorge. Écrivain colombien. Né en 1837 à Cali, dans la vallée du Cauca, mort à Ibagué (État de Tolima) le 17 avril 1895. D'origine mi-juive mi-catholique, il fit ses études à Bogotá, et toute cette première partie de son existence est rapportée dans *María* (*) (1867), le chef-d'œuvre en prose de cet auteur, qui fut également un poète remarquable. Tenté plusieurs fois de faire sa médecine, toujours des obstacles imprévus l'en empêchèrent jusqu'au jour où des revers de fortune familiaux l'obligèrent à travailler. De tempérament inquiet, aimant les expériences multiples, mécontent des perspectives de vie qui s'offraient à lui, il prit part à la révolte de Melo à seize ans, à dix-neuf ans se maria, se mêla de nouveau à la guerre civile, puis, à la mort de son père, s'occupa des affaires familiales. Ensuite, il exerça des professions différentes, devint membre de l'association littéraire *El Mosaico*, fit du journalisme, enseigna et finit président de l'État de Antioquía. Il ne connut jamais de satisfaction durable au cours de cette existence agitée, riche en désillusions qui aiguisèrent la mélancolie romantique de sa nature et sa fine sensibilité, qui apparaissent dans *Poésies* [*Poesías*, 1864], *La Révolution radicale à Antioquia* [*La Revolución radical en Antioquía*, 1880] et *Saül* [*Saulo*, poème, 1881].

RÉF. : Germán Arciniegas, *Genio y figura de Jorge Isaacs*, Buenos Aires, 1967.

ISAÏE [transcription de l'hébreu *Yechayah* : « Yahvé est délivrance »]. Généralement considéré comme le plus grand des prophètes d'Israël, il naquit vers 760 avant J.-C. d'une famille de notables du pays de Juda, et accomplit sa mission à partir de 740 pendant presque un demi-siècle. Voici, d'après le livre de l'« Ancien Testament » – v. *La Bible* (*) – qui porte son nom – v. *Isaïe* (*) *(Livre d')* – comment prit naissance sa vocation. Peu après la mort d'Osias, roi de Juda, monarque pacifique et craignant Dieu, Isaïe méditait dans le temple lorsque Yahvé, environné de séraphins, lui apparut : « Malheur à moi ! je suis perdu ! s'écria Isaïe, car je suis un homme aux lèvres souillées, et j'habite au milieu d'un peuple aux lèvres souillées... » Alors un des séraphins, ayant pris sur l'autel un charbon ardent, en effleure les lèvres du prophète et lui dit : « Ton iniquité est enlevée et ton péché expié. » Puis, entendant le Seigneur demander : « Qui enverrai-je ? – Me voici, répond Isaïe sans hésiter, envoyez-moi. » Le prophète ainsi désigné était une de ces personnalités exceptionnelles, vouées par leur génie aux illuminations de la plus sublime poésie, et qui, avec une promptitude foudroyante, savent se montrer également homme d'action. Isaïe, témoin véhément de Dieu, tantôt fait acte de thaumaturge, et tantôt devine l'avenir avec une précision surprenante, à moins qu'il ne se dresse contre les scandales, ou ne secoue la torpeur du peuple idolâtre et ne l'exhorte au repentir. La langue qu'il parle rejoint les sommets de la perfection classique et, même à travers les traductions, elle nous émerveille encore. Le livre d'Isaïe contient en résumé toute l'évolution du messianisme hébraïque : d'abord national, puis douloureux, et s'élargissant enfin à la mesure du genre humain tout entier, pour célébrer le « prince de la Paix ». Mais cette œuvre peut-elle être attribuée à un seul homme ? Le livre se compose de deux parties bien distinctes : les trente-neuf premiers chapitres, qu'il convient de situer sous les règnes d'Osias, de Joatham, d'Achaz et d'Ézéchias. À partir du chapitre XL jusqu'à la fin du LV, c'est une seconde partie de l'œuvre. Le drame s'est abattu sur le peuple élu, à cause de ses infidélités. La chute de Samarie, en 722, ne lui a pas été un avertissement. Malgré les appels réitérés des prophètes, Israël s'est mal conduit et le destin de Dieu s'est abattu sur lui. Quinze chapitres visiblement évoquent le milieu des exilés en Babylonie. La catastrophe a estompé les aspects proprement nationaux de la grande espérance messianique. L'opinion qui, jusqu'à ces derniers temps, a prévalu chez les catholiques, c'est qu'Isaïe s'y adresse, avec deux siècles d'avance, aux Juifs en exil ou réintégrés lors de la restauration, comme s'il était leur contemporain. Cependant, un très grand nombre d'historiens indépendants présument que les chapitres XL à LXVI seraient attribuables à un ou deux prophètes inconnus et auraient été ajoutés aux prophéties d'Isaïe. Cette deuxième partie si pathétique contient une série de poèmes mystérieux concernant le « Serviteur du Seigneur », « homme de douleurs », maltraité et qui se soumet « comme un agneau qu'on mène à la boucherie », dans lequel la tradition chrétienne voit une image de Jésus-Christ. Mais, après le chapitre LV, le ton change encore une fois. Visiblement, la douleur a fait place à la joie. Les exilés sont revenus dans leur pays. Que le Peuple élu redevienne fidèle ! Qu'il obéisse aux saints commandements ; et Yahvé lui rendra sa protection. Mais ce triomphe de Dieu, au lieu de le limiter au cadre étroit du nationalisme hébraïque, le prophète le voit désormais élargi : issu d'une détresse plus grande, le salut sera plus grand, universel. Les poèmes mystérieux du « serviteur de Yahvé » prendront ici tout leur sens : de la mort rédemptrice sortira la vie. L'Israël régénéré préfigurera le Christ.

Ainsi, en trois étapes de la pensée, le grand prophète a-t-il assumé la plénitude des intentions profondes du messianisme : national en ses débuts, consacré ensuite par la douleur, enfin élargi à la mesure de l'humanité entière, et c'est pourquoi les Pères de l'Église l'ont unanimement considéré comme le plus précis des annonciateurs du Christ. Ces trois étapes couvrant plus de cent cinquante années, il est impossible qu'un seul homme les ait vécues : mais l'esprit génial et inspiré n'a-t-il pas pu voir, dans l'avenir, se dérouler les seconde et troisième étapes ? Joseph de Maistre n'a-t-il pas souligné, avec exactitude, que dans les perspectives de l'esprit prophétique, le passé, le présent et l'avenir coexistent ?

HENRI DANIEL-ROPS.

♦ *« L'autre, Isaïe, semble, au-dessus de l'humanité, un grondement de foudre continu. Il est le grand reproche [...] C'est une espèce de bouche du désert parlant aux multitudes, et réclamant, au nom des sables, des broussailles et des souffles, la place où sont les villes : parce que c'est juste ; parce que le tyran et l'esclave, c'est-à-dire l'orgueil et la honte, sont partout où il y a des enceintes de murailles ; parce que le mal est là, incarné dans l'homme ; parce que dans la solitude il n'y a que la bête, tandis que dans la cité il y a le monstre. Ce qu'Isaïe reproche à son temps, l'idolâtrie, l'orgie, la guerre, la prostitution, l'ignorance, dure encore ; Isaïe est l'éternel contemporain des vices qui se font valets et des crimes qui se font rois. »* V. Hugo.

RÉF. : A. Guignard, *Le Livre du prophète Isaïe*, Chalon-sur-Saône, 1938. — G. Brillet, *Isaïe*, Paris, 1948. — P. Claudel, *L'Évangile d'Isaïe*, Paris, 1951. — Abbé J. Steinmann, *Le Prophète Isaïe, sa vie, son œuvre et son temps*, Paris, 1955. — P. Auvray, *Isaïe 1 à 39*, Paris, 1974. — *Isaïe expliqué par les Pères*, Paris, 1983. — D. Barthélemy, *Isaïe, Jérémie, lamentations*, Fribourg, 1986. — B. Gosse, *Isaïe 13, 1-14, 23 dans la tradition littéraire du livre d'Isaïe et dans la tradition des Oracles contre les nations*, Fribourg, 1988. — J. Vermeylen, *Le Livre d'Isaïe*, Louvain, 1989.

IṢBAHĀNĪ (al-) Abū l-Farağ. Homme de lettres. Né à Ispahan (Iran) en 897 et mort à Baghdad en 967. D'origine arabe et même omeyyade malgré son lieu de naissance, il acquiert une formation encyclopédique auprès de grands maîtres, et accumule sur la littérature, l'histoire culturelle et le folklore arabes un savoir d'une ampleur exceptionnelle. Il bénéficie du patronnage de Sayf al-Dawla al-Ḥamadānī, mais il aurait aussi entretenu des relations secrètes avec les omeyyades d'Espagne auxquels il se sentait apparenté, et desquels il aurait reçu des subsides en secret. Il rédige un nombre considérable d'ouvrages sur la littérature et le folklore arabes anciens, mais c'est pour son *Livre des poèmes à chanter* (*) qu'il passe à la postérité.

DJAMEL-EDDINE KOULOUGHLI.

ISÉE. Orateur grec. Né vers 420 av. J.-C. et mort vers 350. Nous n'avons aucune indication sûre sur sa vie, et même les dates de sa naissance et de sa mort restent hypothétiques. On sait qu'il a vécu presque continuellement à Athènes, mais sans y être né, semble-t-il. On croit qu'il est originaire de Chalcis, en Eubée. Appartenant à la classe des métèques et ne pouvant participer à la vie politique, il exercera, à Athènes, la profession de logographe et peut-être de maître d'éloquence. Selon la tradition, il a été l'élève d'Isocrate et l'un des maîtres de Démosthène.

Ses *Discours* (*) sont remarquables par la netteté de l'argumentation et unissent la fermeté du langage à une élégante pureté. Tous ceux qui restent — soixante-quatre à l'origine, onze aujourd'hui — traitent d'affaires d'héritage. Dès lors, Isée est notre autorité suprême en matière de droit d'héritage et de législation civile athénienne.

TERPSICHORE ARGYROU.

RÉF. : P. Roussel, *Discours d'Isée*, Paris, 1922, 1960. — J. M. Dénommé, *Recherches sur la langue et le style d'Isée*, New York, 1974.

ISHERWOOD Christopher William Bradshaw. Romancier anglais, naturalisé américain en 1946. Né dans le Cheshire le 26 août 1904, mort le 4 janvier 1986. Il a été éduqué à l'école Repton puis à Cambridge (Corpus Christi). Il étudia la médecine à l'université de Londres en 1928-1929 avant de gagner l'Allemagne où il enseigna l'anglais de 1930 à 1933. Il a connu la notoriété dans les années trente en même temps que le poète Auden quand tous deux écrivirent en collaboration trois pièces successives : *Le Chien sous la peau* (*) (1935), *L'Ascension de F 6* (1936), *Sur la frontière* (*) (1938). Ces pièces laissent une impression d'improvisation, entre farce et satire, semée d'allusions freudiennes. Quant à l'intimité des auteurs, elle a été rendue publique par le dernier volume autobiographique d'Isherwood, *Christopher et son monde* [*Christopher and his Kind,* 1977]. L'influence réciproque des deux écrivains apparaît encore, marquée des mêmes signes ou symboles que leurs pièces, dans *Le Lion et son ombre* (*) (1938), récit composé à moitié de fictions, moitié de réminiscences où Isherwood fait revivre le village imaginaire de Mortmere qu'il avait imaginé avec son ami Auden. Dix années plus tôt, Isherwood avait publié son premier roman, *Tous les conspirateurs* (*) (1928), qui est à la fois un « comment vivre » et la tragédie intérieure du fils unique trop choyé par sa mère restée veuve. Ce dernier thème sera plus ou moins repris cette fois de façon directe dans les évocations autobiographiques de *Kathleen et Frank* [*Kathleen and Frank,* 1971], Kathleen désignant la mère de l'écrivain. Dans l'ordre des recherches ou techniques littéraires, *Tous les conspirateurs* a l'intérêt d'expulser toute explication d'auteur et de s'apparenter au découpage des films. On peut dire la même chose de son second roman, *Le Mémorial* (*)

(1932), qui de plus niait les responsabilités individuelles en les reportant sur la guerre (celle de 1914-18). Le procédé est plus accusé encore dans *Adieu à Berlin* (*) (1939), roman qui en réalité rassemble et complète des récits antérieurs : *M. Norris change de train* (*) (1935), *Les Howard* (+) (1936) et *Sally Bowles* (+) (1937). Peut-être plus subtilement convaincante encore est la reprise au second degré de ces données dans *La Violette du Prater* (*) (1945), où la parabole de la guerre menaçante et de la décadence deviennent substance et broderie d'un film. Dans cette fiction, Isherwood est scénariste sous son propre nom. C'est fort significatif d'un aller et retour, constant chez lui, entre ses expériences de la vie et le parti de romancier-metteur en scène qu'il en tire. De fait, l'auteur s'est fixé dès 1939 sur la côte ouest des États-Unis, et c'est le cinéma qui lui fournit de quoi vivre avant qu'il n'enseigne à l'université de Californie — où se situe en 1965 le roman *Un homme au singulier* (*). En Californie, Isherwood s'est absorbé dans l'étude des religions orientales. De là plusieurs traductions écrites en collaboration avec Swami Prabhavananda. Ses derniers romans furent écrits aux États-Unis : *Le Monde au crépuscule* [*The World in the Evening*, 1954] et *Là-bas en visite* [*Down There on a Visit,* 1962]. En 1980 parurent deux récits de souvenirs personnels : *Mon gourou et son disciple* [*My Guru and his Disciple*] et *Octobre* [*October*].

RÉF. : J. Fryer, *Isherwood : A Biography,* Londres, 1977. — B. Finney, *Christopher Isherwood, a Critical Biography,* Londres, 1979. — John Lehmann, *Christopher Isherwood : a personal memoir,* New York, 1987.

ISHIKAWA Jun. Romancier et critique japonais. Né et mort à Tôkyô (7 mars 1899-28 décembre 1987). Après des études de français à l'École des langues étrangères, au cours desquelles il subit notamment l'ascendant de la morale gidienne et du marxisme de Boukharine, il enseigne quelques années dans un lycée de province, qu'il quitte en 1925 pour protester contre la dissolution du groupe de recherches socialistes de l'établissement. Suivent alors plusieurs années d'une existence difficile, au cours desquelles il doit recourir, pour assurer sa subsistance, à la traduction : celle des *Caves du Vatican* (*) de Gide, en 1928, exercera une influence manifeste sur les premières œuvres d'Ishikawa qui, débutant relativement tard dans les lettres avec la nouvelle *La Belle* [*Kajin,* 1935], obtient dès l'année suivante l'important prix Akutagawa pour *Fugen* (*). En une période de désespoir profond pour une gauche impuissante et muselée, Ishikawa, se réfugiant dans la dérision, bâtit à la lisière du surnaturel un monde symbolique et fantaisiste qu'il jette comme un pavé dans la mare du naturalisme finissant. L'antibellicisme par trop avoué du *Chant de Mars* [*Marusu no uta,* 1938] lui valant toutefois, au début du conflit sino-japonais, de faire connaissance avec la censure, l'écrivain devait, jusqu'à la défaite de 1945, s'orienter plus particulièrement vers l'activité critique, consacrant notamment en 1941 un important ouvrage à l'écrivain Mori Ôgai. Ishikawa Jun allait poursuivre par la suite une production romanesque qui, de par l'intervention du merveilleux et l'allégorisme manifeste du propos, tient en fait tout du conte philosophique. On retiendra notamment à cet égard deux œuvres : *Légende dorée* [*Ôgon densetsu,* 1946] et *Le Faucon* (*) (1953).

MICHEL WASSERMAN.

ISHIKAWA Tatsuzô. Romancier japonais. Né le 2 juillet 1905 dans le département d'Akita, mort le 31 janvier 1985 à Tôkyô. Après avoir quitté l'université en cours de scolarité, il participe en 1930 au vaste mouvement d'émigration qui poussait alors les paysans déshérités du nord-est du Japon vers les terres vierges du Brésil. Il n'y restera que six mois, mais en rapportera la matière d'un gros roman de type prolétarien, *Le Peuple* [*Sôbô,* 1935-39], dont la première partie lui vaudra d'obtenir le prix Akutagawa lors de la création de ce dernier. Ishikawa inaugurait ainsi très brillamment une carrière qui devait le mener de la transcription à peine romancée d'une expérience de grand reporter dans *Les Soldats vivants* [*Ikiteiru heitai,* 1938] à des études de mœurs qui allaient faire de lui l'un des feuilletonistes les plus appréciés de l'après-guerre, et parmi lesquelles on retiendra notamment *Non sans espérance* [*Nozomi naki ni arazu,* 1947], *Les Plaisirs du mal* [*Aku no tanoshisa,* 1953-54] et *La Résistance à quarante-huit ans* [*Shijûhassai no teikô,* 1955-56]. Citons enfin son grand roman, publié en 1949-1951 : *Roseaux agités par le vent* (*).

ISHIKAWA GABÔ ou Ishikawa Masamochi. Poète lettré et écrivain japonais. Né à Edo (actuellement Tôkyô) en 1753, mort en 1830. Il adopta nombre de pseudonymes, et entre autres celui de Yadoya Meshimori. Il était fils du célèbre peintre Ishikawa Toyonobu (1711-85) qui, en épousant la fille du propriétaire d'une vieille auberge, avait pris la place de son beau-père en même temps que le nom de Nukaya Shichibei. À la mort de son père, Ishikawa Masamochi hérita lui-même de l'auberge et, suivant l'usage, du nom choisi par son père. Du même coup, il renonça à la vie de désordre qu'il avait menée jusqu'alors et commença d'étudier la poésie et la littérature en général, sous la direction de Tsumura-Soan (?-1806), et le haikai (poésie de dix-sept syllabes) sous la direction de Shokusanjin (1749-1823). En 1791, on l'accusa d'avoir reçu dans son auberge des individus qui n'étaient pas en règle avec la police ; de sorte qu'il fut expulsé d'Edo et qu'il dut vivre en exil pendant quelque temps. Vers 1804, sa réputation était déjà faite et il était considéré comme l'un des plus grands lettrés et des plus remarquables poètes satiriques de son temps. Le style d'Ishikawa est uni, fluide, et d'une beauté toute classique. D'un naturel peu conciliant, comme il arrive souvent à ceux qui ont confiance en eux-mêmes, Ishikawa se fit des ennemis, mais ce fut un homme pénétré de ses responsabilités et qui se montra, vis-à-vis de ses élèves, plein de scrupules et d'honnêteté. On connaît une quarantaine de ses œuvres, qui se divisent en romans, en poèmes satiriques, en traités de linguistique. Citons le *Panorama de la langue classique* (*), l'*Histoire du charpentier Hida* [*Hida no takumi monogatari,* 1808], et *Récits de la province d'Ômi* [*Ômi-agata monogatari,* 1808] ; enfin l'*Histoire d'une demeure vermoulue* [*Shimi no sumika monogatari,* 1831].

ISIDORE de Péluse, saint. Moine d'expression grecque. Né à la fin du IVe siècle à Alexandrie, mort vers 499. Après une éducation classique soignée (il fut probablement sophiste dans sa jeunesse), il se sentit attiré par la vie monastique. S'étant retiré dans un monastère près de Péluse, il y exerça une grande activité apologétique, interprétant les Écritures et défendant la foi jusqu'à sa mort. Dès 395, il fut en rapports épistolaires avec Rufin, ministre de Théodose Ier. D'ailleurs, seules ses *Lettres* (*) nous sont parvenues ; elles traitent de divers sujets, mais surtout d'exégèse, d'ascèse et de morale, et portent témoignage de l'influence sociale exercée par le monachisme égyptien et par leur auteur. Celui-ci défendit aussi la mémoire de saint Jean Chrysostome et intervint dans la lutte contre les nestoriens.

ISIDORE de Séville, saint. Théologien espagnol d'expression latine. Né vers 570 à Séville, mort le 4 avril 636. Son père avait quitté Carthagène, où il semble avoir été un personnage en vue, après la destruction de la ville (552). Resté orphelin très tôt, Isidore fut accueilli par son frère Léandre, qui devint en 576 archevêque de Séville, et par sa sœur Florentina. C'est dans un couvent des environs, à moins que ce ne soit à Séville même, qu'il commença ses études, s'attachant très vite aux lettres et à la théologie. Tout jeune encore, il assista en témoin attentif aux événements qui précédèrent la conversion des Goths, et en 600, au plus tard, il succéda à Léandre en tant qu'archevêque de Séville et métropolite de la Bétique. Dès 610, il assista à plusieurs synodes, et en 633 présida le IVe concile de Tolède où l'Église d'Espagne joua un rôle exceptionnel et où furent prises d'importantes décisions relatives à la discipline ecclésiastique, à la liturgie, aux juifs et à l'institution d'écoles fondées pour les jeunes clercs, sur le modèle de celle qu'avait inaugurée Isidore à Séville.

L'activité que déploya Isidore en tant qu'homme d'Église ou en tant qu'homme politique semble dérisoire au regard de son œuvre littéraire. Cette œuvre exerça une immense influence sur la culture médiévale et explique la réputation dont il a joui jusqu'à nos jours. C'est ainsi que le *Livre des étymologies* (*), source des connaissances générales de cet ordre qu'on pouvait avoir au Moyen Âge, fut largement répandu ; de même pour le *Livre des hommes illustres*, la *Chronique* (*), *Des différences ou de la propriété des verbes*, et *Des synonymes*. Le traité intitulé *Des charges ecclésiastiques*, d'un grand intérêt pour l'histoire politique et ecclésiastique de l'Espagne, offre de précieux renseignements sur l'organisation et la liturgie de l'Église gothique ; quant à l'*Histoire des Goths, des Vandales et des Suèves* (*), elle est pleine de détails sur les invasions barbares en Espagne. Isidore est aussi l'auteur de : *La Nature* [*De rerum natura*], *La Hiérarchie des créatures* [*De ordine creaturarum*], *La Foi catholique contre les Juifs* [*De fide catholica contra Iudaeos*]. En 1722, le pape Innocent XIII conféra à Isidore le titre de docteur de l'Église ; le VIIIe concile de Tolède lui avait donné, en 653, celui de « doctor egregius ».

G. VINAY.

♦ *« Le docteur extraordinaire, le plus bel ornement de l'Église catholique, l'homme le plus savant des âges modernes, qu'il soit toujours nommé avec respect, Isidore. »* Hommage rendu par le VIIIe concile de Tolède, 653. ♦ *« C'est peut-être le plus grand compilateur qui ait jamais existé. »* Eberth. ♦ *« Sur l'Écriture, le dogme, la morale, la discipline et la liturgie, saint Isidore a résumé la science de son temps ; mais c'est moins sa pensée qu'il nous donne que celle des autres. Il s'est contenté d'être l'écho de la tradition, dont il a pris soin de recueillir et de reproduire les témoignages et, à ce point de vue, son œuvre est des plus précieuses : c'est celle d'un disciple très averti, d'un témoin autorisé, mais ce n'est pas celle d'un initiateur ou d'un maître. »* G. Bareille. ♦ *« Saint Isidore fut le premier écrivain chrétien à avoir tenté de rassembler en une* Somme *toutes les connaissances humaines. Son érudition était prodigieuse ; son style, un modèle de concision et de brièveté ; l'ordre de son discours, admirable. »* F. C. Sainz de Roblès.

RÉF. : Jacques Fontaine, *Isidore de Séville et la culture classique dans l'Espagne wisigothique*, Études augustiniennes, 1959, 2 vol.

ISKANDER Fazil [*Fazil' Abdulovič Iskander*]. Écrivain russe d'origine abkhaze. Né le 6 mars 1929 à Soukhoumi (république autonome d'Abkhazie, au sud du Caucase occidental). L'action de la plupart de ses œuvres se situe dans les régions montagneuses de son pays natal. Il a fait des études de bibliothécaire et, après avoir achevé ses études à l'Institut des écrivains à Moscou, il a travaillé comme journaliste dans diverses publications puis dans des maisons d'édition. Il s'est d'abord fait connaître comme poète, avec plusieurs recueils parus à Soukhoumi à la fin des années 50. Il s'installe bientôt à Moscou et publie dans les deux revues « libérales » de l'époque du dégel : *Nouveau monde* [*Novy Mir*] et *Jeunesse* [*Junost'*]. Son premier roman *La Constellation* *du chèvrauroch* [*Sozvezdie kozlotura*, 1966] a un grand succès, et Iskander est resté depuis un des écrivains les plus populaires de l'Union soviétique, et l'un des rares travaillant dans le genre satirique. *La Constellation du chèvrauroch* tourne en dérision les célèbres « campagnes » soviétiques où, à grand renfort d'articles, on propose une nouvelle solution aux problèmes du pays. Ici, il s'agit de l'apparition d'un croisement entre la chèvre et une sorte de mouflon qui est censé posséder toutes les vertus possibles et imaginables. Durant les années 70, Iskander écrit tout un cycle de nouvelles qui ont pour personnage central un petit garçon, Tchik, dont les aventures sont manifestement inspirées par les souvenirs d'enfance de l'auteur : *Une journée de Tchik* [*Den' Čika*, 1971], *La Défense de Tchik* [*Zaščita Čika*, 1983]. Vers la même époque, Iskander écrit son chef-d'œuvre, *Sandro de Tchéguème* (*), dont les premiers épisodes paraissent en 1970 et la version définitive en 1981. C'est le récit plein d'humour des aventures picaresques de Sandro, incarnation de toutes les qualités du peuple abkhaze. L'auteur fait partie de ces écrivains soviétiques qui, tout en restant dans leur pays et en essayant de s'y faire publier, ont constamment cherché à défendre leur liberté de création. C'est ainsi qu'il a participé, en 1979, à la création hors censure d'un almanach, *Métropole* [*Metropol'*] qui sera publié en Occident. Son récit satirique *Lapins et Boas* [*Kroliki i udavy*, 1982] est une parabole sur le pouvoir totalitaire et la peur intériorisée qui le fonde. Depuis les débuts de la perestroïka, Iskander voit enfin publier en U.R.S.S. ses œuvres jusqu'alors complètement ou partiellement censurées. Il participe activement aux débats politiques et idéologiques par de nombreux articles.

ALEXIS BERELOWITCH.

ISLA Y ROJO, père José Francisco de. Écrivain espagnol. Né à Vidanes (León) le 24 avril 1703, mort à Bologne (Émilie, Italie) le 2 novembre 1781. Il donna des signes précoces de l'intelligence dont il fit preuve tout au long de sa vie littéraire. Entré à seize ans au séminaire des jésuites à Villagarcía de Campos, il étudia ensuite la théologie à Salamanque. Il fut professeur de philosophie et de théologie à Ségovie, Santiago et Pampelune ; ce fut là qu'il traduisit le *Résumé d'histoire de l'Espagne* du père Duchesne, et qu'en 1746 il publia le *Triunfo del amor y de la lealtad, o Día grande de Navarra*, satire dissimulée des fêtes célébrées à Pampelune pour l'avènement de Ferdinand VI, ouvrage qui lui attira de graves ennuis. Il se consacra à la prédication, et ses sermons constituent un véritable acte d'accusation contre les orateurs religieux de son temps qui avaient porté en chaire un ensemble d'idées vides. Contre eux, le père Isla y Rojo écrivit (sous le pseudonyme de Francisco Lobón de Salazar) *Histoire du fameux prédicateur frère Gerundio de Campasos, dit Zotes* (1758), élégante parodie sur une trame de roman, dans laquelle la moquerie est mêlée à de justes conseils de rhétorique. Cet ouvrage produisit chez ses victimes une réaction si violente que l'Inquisition retira le premier volume et défendit qu'on en parlât (1760). Tandis qu'il se préparait à partir pour l'exil, afin de se soumettre au décret d'expulsion de la Compagnie (1767), le père Isla tomba gravement malade en Galice ; figurant, ainsi que trois autres prêtres, dans un décret d'exemption de Charles III, il refusa cette grâce. Il partit pour la Corse, puis pour Bologne, mais la Curie, donnant une mauvaise interprétation à ses écrits pour la défense de la Compagnie, prit un nouveau décret d'exil à son endroit (1773). Finalement, toutefois, il rentra à Bologne où les comtes Tedeschi l'accueillirent favorablement et l'abritèrent chez eux. Il défendit alors brillamment la culture espagnole, traduisit les *Aventures de Gil Blas de Santillane* (*) de Lesage, soutenant l'origine espagnole de l'ouvrage. Il entretint avec sa sœur María Francisca une affectueuse et intelligente correspondance qu'on recueillit dans les *Lettres* [*Cartas familiares*, 1785-90], et, posthumes également, parurent ses *Sermons*, en 1792.

ISOCRATE. Orateur grec. Né en 436 av. J.-C. dans le dème d'Erchia, à Athènes, et mort en 338. L'aisance de son père, qui possédait une fabrique de flûtes, lui permit de recevoir une éducation soignée. Il eut ainsi comme maîtres Gorgias et probablement Teisias, Théramène et Prodicos de Téos, sophistes et rhéteurs renommés. Grâce à son étonnante longévité, Isocrate partagea l'histoire de sa ville durant un siècle, de l'époque de l'hégémonie sous Périclès jusqu'au début du déclin politique et économique qui accompagna la guerre du Péloponnèse. Puis il assista aux vains efforts d'Athènes pour regagner son pouvoir grâce à la Deuxième Confédération et, finalement, à la perte de son autonomie sous Philippe II de Macédoine. Initiateur du panhellénisme, Isocrate vit en la personne de Philippe l'incarnation de cette idée, et il se laissa mourir, selon une tradition, le lendemain de la bataille de Chéronée, lorsque Philippe détruisit l'image de cet idéal pacifique.

La ruine économique d'Athènes après la guerre du Péloponnèse toucha également Isocrate, qui dut adopter le métier de logographe et écrire contre rémunération des discours pour des clients. De cette époque, qu'Isocrate passe volontiers sous silence, restent six discours dont le *À Euthynous* [Πρὸς Εὐθύνουν] et le *À Callimaque* [Πρὸς Καλλίμαχον] — témoignages utiles de la situation à Athènes après le rétablissement de la démocratie —, un autre concernant le jeune Alcibiade, puis l'*Éginétique* [Αἰγινητικός], le

plus apprécié, discours à propos d'un héritage, prononcé devant un tribunal de l'île d'Égine.

La faiblesse de sa voix et un certain manque d'audace dissuadèrent Isocrate de faire une carrière politique. Enrichi grâce au métier de logographe, il put l'abandonner pour fonder, vers 392, une école de rhétorique. Cette école renommée forma des politiciens importants et des orateurs tels qu'Isée et Démosthène ; elle marqua aussi des historiens tels que Théopompe et Ephore. Les discours écrits à partir de cette époque, n'étant pas destinés à un tribunal ou à une action politique immédiate, sont le fruit d'un travail minutieux et patient, parfois de plusieurs années pour un seul d'entre eux. Destinés d'abord à ses élèves, ces discours doivent servir de modèle de style et de composition ; quant à leur contenu, ils visent à la préparation des futurs hommes d'État. Conçus aussi pour le grand public, ils ont une fonction de propagande pour son école, mais cherchent surtout à influencer l'opinion sur des questions politiques, sociales ou philosophiques. Aussi est-il important, vu le rôle que l'Antiquité a reconnu à Isocrate, d'analyser quelques termes clés de sa conception de l'éducation, à savoir l'éloquence et la philosophie. Dans son discours écrit dans les années 380, *Contre les sophistes* [Κατὰ τῶν Σοφιστῶν] – dont il manque une partie –, il prend position contre l'enseignement des sophistes au seul entraînement rhétorique. Comme dans l'*Éloge d'Hélène* [Ἑλένης ἐγκωμιον], Isocrate, qui se voulait élève de Socrate, attaque le concept platonicien d'une éducation par la seule dialectique et sans but pratique. L'éloquence, qui devait en fait constituer la majeure partie de son enseignement, est considérée comme un moyen indispensable, qui permet d'exposer des arguments, de communiquer avec le public et qui est par là formatrice d'esprit. Isocrate, qui aspire à préparer des hommes politiques justes et bons, veut que l'éloquence soit ancrée dans une éducation plus large et, de ce fait, il accorde à l'enseignement de la pensée politique une grande importance et la possibilité, mais non pas la certitude, d'améliorer le caractère humain, sous condition que les prédispositions personnelles y soient favorables. Telle qu'il la décrit dans son discours de vieillesse *Sur l'échange* [Περὶ τῆς ἀντιδόσεως], la philosophie, axée sur la théorie et l'action politique, vise à conférer « une supériorité réelle et efficace », comprise comme la maîtrise de la pensée et de l'expression et surtout comme la capacité de juger ancrée dans une conscience morale élevée.

Ses pensées politiques s'expriment, au cours des années 380 d'abord, dans son chef-d'œuvre, le *Panégyrique* (*), un appel à la coopération entre Sparte et Athènes, sous l'hégémonie de celle-ci, au sein d'un programme panhellénique pour résister au roi de Perse. Ainsi Isocrate lance et développe l'idée de l'unité politique et culturelle des Grecs. Trois discours marquent sa distance par rapport à la démocratie radicale d'Athènes : dans *À Nicoclès* [Πρὸς Νικοκλέα], roi de Salamine de Chypre, il expose les devoirs d'un monarque, devoirs qu'il croit remplis par le père de Nicoclès *Evagoras* [Εὐαγόρας], dont il fait l'éloge dans le discours homonyme en y inaugurant un genre littéraire nouveau, l'« enkomion » [ἐγκώμιον], l'éloge en prose ; dans *Nicoclès* [Νικοκλῆς], il expose les devoirs des citoyens ; dans *Bousiris* [Βούσιρις], un autre « enkomion », il se réfère au roi égyptien mythique qui portait ce nom. Dans ses discours, l'attachement d'Isocrate à un idéal monarchique apparaît toujours plus clairement. Voyant ses idées panhelléniques menacées par la montée de Thèbes, alliée des démocrates athéniens, il l'attaque dans le *Plataïque* [Πλαταικός], puis, dans *Archidamos* ['Αρχίδαμος], il soutient la Sparte oligarchique. Au milieu des années 350, il prend position sur la politique intérieure de sa cité avec l'*Aréopagitique* [Αρεοπαγιτικός] et le discours *Sur la paix* [Περὶ τῆς εἰρήνης] : il s'oppose à la démocratie radicale et propose un renforcement du pouvoir de l'Aréopage, instance aristocratique et conservatrice composée d'anciens magistrats. Enfin, dans *Philippe* [Φίλιππος, 346], il revient à l'idée du panhellénisme avec, cette fois, Philippe de Macédoine comme unificateur de la Grèce ; il s'oppose ainsi à la politique étroitement patriotique de Démosthène et sert la propagande du parti promacédonien.

Alors qu'Isocrate considère que sa réussite professionnelle va de pair avec sa popularité, une affaire révèle pourtant un malentendu entre le public athénien et lui. En raison de sa richesse, Isocrate devait ou bien accepter une « liturgie » (charge fiscale pour une dépense publique) ou bien, s'il refusait, échanger sa fortune contre celle d'un citoyen moins aisé. Le refus d'Isocrate entraîna un procès qu'il perdit. Cette défaite exprime la méfiance des Athéniens vis-à-vis du maître trop enrichi par son école. En réponse, Isocrate écrivit son discours *Sur l'échange,* calqué sur l'*Apologie de Socrate* de Platon. Ce discours, dans lequel Isocrate se pose en victime, dans une analogie qui est loin de convaincre, est une exposition complaisante mais importante de son enseignement et de ses idées sur l'éducation, comme le témoigne la résonance qu'elle a eue dans l'Antiquité.

Son dernier discours, le *Panathénaïque* (*), est une tentative de justifier ses opinions et d'en faire une synthèse. Il n'en porte moins les marques du grand âge d'Isocrate : terminé un an avant sa mort, trop développé, moins structuré que les précédents, il montre les limites de l'art de l'orateur : un style froid, la présentation exhaustive des arguments avec le déploiement de tout l'arsenal stylistique n'échappent pas à la répétition et à l'ennui. Malgré cette critique, Isocrate est indéniablement, de tous les maîtres de rhétorique, celui

qui a exercé la plus grande influence sur la prose et qui, avec Platon, l'a élevée à la hauteur de la poésie. La composition est centrée sur la période, qui, organisée autour d'une idée principale, accompagnée de tous les éléments accessoires et de tous les moyens de la syntaxe grecque, vise à ce que l'architecture de la phrase mette en relief toutes les nuances de sa pensée. De même que sa conception de l'éducation a inspiré toute l'Antiquité, son style aux périodes divisées en partie d'un nombre quasiment égal de syllabes, l'évitement de l'hiatus, le jeu des sonorités, le rythme, la clarté et la symétrie de sa prose, sont les éléments qui ont été le plus admirés et le plus imités, par la deuxième sophistique notamment, par les Latins et jusqu'aux Byzantins.

Une phrase célèbre du *Panégyrique* : « On appelle Grecs plutôt les gens qui participent à notre éducation (c'est-à-dire d'Athènes) que ceux qui ont la même origine que nous », de même que son idéal de l'unification, qu'il espéra naïvement voir réalisé par Philippe de Macédoine, restent, au-delà de leur référence aux circonstances de son époque, son testament culturel le plus précieux.

TERPSICHORE ARGYROU.

RÉF. : F. Blass, *Die Rhythmen des attischen Kunstprosa – Isokrates, Demosthenes, Platon,* Leipzig, 1901. – G. Mathieu, *Les Idées politiques d'Isocrate,* Paris, 1925. – G. Mathieu et E. Brémond, *Discours d'Isocrate,* texte et trad., Paris, 1928. – P. Cloché, *Isocrate et son temps,* Paris, 1963. – Fr. Seck, *Isokrates,* Darmstadt, 1976. – R. Gualdo, *La fede nella « paideia » ospretti della fortuna europea di Isorati nei Secol : XVe XVIe,* Rome, 1984. – J. Lombard, *Isocrate : rhétorique et éducation,* Paris, 1990.

ISSAÏEV Mladen. Poète bulgare. Né le 7 juin 1907 à Baluvitza (district de Mikhaïlovgrade). D'origine paysanne, militant communiste actif depuis 1922, il collabore à plusieurs journaux et revues littéraires de tendances révolutionnaires. Dans sa poésie, d'inspiration romantique, Issaïev chante avec un lyrisme viril et tendre à la fois l'héroïsme de ceux qui luttent pour un avenir meilleur et la beauté de la terre natale à laquelle il reste profondément attaché. Par son vers mélodieux, d'une facture classique, un peu monotone par l'excès d'informations et de pathos moralisateur, le poète est un créateur qui domine son émotion, ce qui n'enlève rien à l'authenticité de ses révélations poétiques et n'altère point une conscience toujours éveillée et attentive. Parmi ses nombreuses œuvres, deux recueils se distinguent particulièrement : *Le Feu* (*) (1946) et *Poème sur ma carabine* (+) (1947). Ses traductions des œuvres de Pouchkine et de Blok ont été rééditées plusieurs fois. En 1967 sont parues ses œuvres choisies, en deux volumes.

ISTRATI Panaït. Écrivain roumain. Né à Braïla (Roumanie) le 10 août 1884, mort à Bucarest le 16 avril 1935. Fils de contrebandier grec, roumain par sa mère, gamin du port, rédacteur, à vingt ans, à la *Roumanie ouvrière*, fervent des causes sociales et finalement secrétaire du syndicat des travailleurs portuaires, il erra de par le monde, visitant, malgré les pires difficultés, les rives méditerranéennes, l'Europe ou l'Afrique du Sud, s'embarquant parfois clandestinement sur un vapeur d'où on le jetait à terre à la première escale, tantôt valet de chambre, tantôt photographe ambulant. Ainsi se formait la matière d'observations, qu'il rend souvent avec un réalisme brutal et une vigoureuse originalité. En janvier 1921, Romain Rolland recevait, de l'hôpital de Nice, une lettre trouvée sur un homme qui avait essayé de se suicider en s'ouvrant la gorge. Frappé de cette lecture, il voulut, à la guérison du blessé – qui était Istrati – le connaître, et il écrivit pour lui la Préface de *Kyra Kyralina* (*), roman qui eut un grand succès et qui forma par la suite le premier volume de la trilogie : *Les Récits d'Adrien* [*Zograffi,* 1924-26]. Bien que celle-ci ainsi que plusieurs autres œuvres d'Istrati, tels *Les Chardons du Baragan* (*) (1928), *Pour avoir aimé la terre* (1930), etc., fut écrite en français, Istrati reste un écrivain roumain par les thèmes qui l'inspirent. Des œuvres écrites en sa langue maternelle, rappelons *Passé et Avenir* [*Trecut si viitor*], *Les Aveux d'un vaincu* [*Spovedania unui invis*]. D'abord communiste convaincu, il changea d'opinions à la suite d'un voyage en Russie. Il consigna les impressions de ce voyage dans les deux volumes de *Vers l'autre flamme*, paru en français, en 1929.

♦ *« Un Gorki balkanique. »* Romain Rolland.

RÉF. : P. Istrati, *Mes départs* et *Le Pêcheur d'éponges. Pages autobiographiques*, Paris, 1928 et 1930. – L. Chéronnet, *Panaït Istrati...* in *Chronique des Lettres françaises*, 4e trim. 1926. – H. Barbusse, *De chaque côté de la barricade* in *Humanité*, 22.5.1927.– A. Billy, *La Littérature française contemporaine*, 1927.– F. Lefèvre, *Une heure avec...*, 5e série, Paris, 1929. – V. Marcu, *Männer und Mächte der Gegenwart*, Berlin, 1930. – I. Capatana, *Panaït Istrati, ou l'Homme qui n'adhère à rien*, Soutraine (Oise), 1941. – E. Raydon, *Panaït Istrati. Vagabond de génie*, Paris, 1968. – M. Jutrin-Klener, *Panaït Istrati, un chardon déraciné*, Paris, 1970. – A. Oprea, *Panaït Istrati. Dosar al vieţii şi al operei*, Bucarest, 1976. – D. Seidmann, *L'Existence juive dans l'œuvre de Panaït Istrati*, Paris, 1984. – *Panaït Istrati, notre contemporain, le livre du centenaire : 1884-1984*, Association des amis de Panaït Istrati, Aix-en-Provence, 1986. – E. Geblesco, *Panaït Istrati et la Métaphore paternelle*, Paris, 1989.

ĪŚVARAKṚṢṆA. Nom d'un personnage à demi légendaire, auteur des *Sāṃkhya-Kārikās* (*), système qui compte parmi les six « philosophies » classiques de l'Inde. Traditionnellement, on date cet écrivain et son œuvre du IVe siècle environ de notre ère. Īśvarakṛṣṇa se dit lui-même abréviateur de l'ouvrage du sage Kapila et de son élève Āsuri.

JEAN-MARIE VERPOORTEN.

ITÔ Jinsaï. Un des penseurs confucianistes les plus originaux du Japon féodal. Né et mort à Kyôto (20 juillet 1627-12 mars 1705). Inspiré par la pensée antique de Confucius et de Mencius, critiquant la théorie néo-confucianiste de Chu Si, Itô Jinsaï a créé une théorie métaphysique et morale, fidèle à la tradition vitaliste japonaise. Fils d'un commerçant riche de Kyôto, Itô possédait dès sa jeunesse un esprit libre et généreux qui le distinguait de ses contemporains confucianistes de la classe dirigeante [samouraï]. Pendant que ces derniers se soumettaient à l'interprétation officielle néo-confucianiste des textes sacrés de Confucius ou de Mencius, Itô s'est proposé de l'abandonner et de commencer une lecture plus libre et plus directe, sans dépendre d'aucune autorité autre que la sienne. Il n'existe, selon la théorie métaphysique de Itô : « Ichi-gen-ki-setsu » [la théorie de l'énergie vitale], qu'il a développée dans *Explications des propos de Confucius et de Mencius* (*), d'autre élément constituant de l'univers que l'énergie vitale [ki]. Tous les phénomènes du monde sont, d'après cette théorie, des manifestations de cette même énergie et le monde y est conçu, par conséquent, comme un corps vivant. Cette vision à la fois moniste et vitaliste, qui nous rappelle l'« évolution créatrice » de Bergson, correspond bien à la pensée traditionnelle shintô et présente, bien entendu, une incompatibilité avec la vision dualiste et rationaliste du néo-confucianisme. Parmi les penseurs postérieurs à Itô qu'il a influencés, nous pouvons citer le nom de Ogyû Soraï et de Motoori Norinaga, qui ont, chacun d'une façon différente, joué un rôle important dans la formation de la pensée japonaise moderne.

HITOSHI OSHIMA.

ITÔ Sei (pseud. de Itô Hitoshi). Romancier et critique japonais. Né le 16 janvier 1905 dans le Hokkaidô, mort à Tôkyô le 15 novembre 1969. Jeune professeur dans son île natale, il s'adonne un temps à la poésie, publiant à compte d'auteur un recueil d'inspiration élégiaque, *Le Chemin éclairé par la neige* [*Yukiakari no michi,* 1926]. Puis il se rend à Tôkyô, en principe pour y étudier le commerce : il s'y occupera surtout de littérature, contribuant notamment à la traduction de l'*Ulysse* (*) de Joyce en 1931, et s'attachant à la défense et illustration du « nouveau psychologisme », placé sous les auspices conjoints de l'investigation psychanalytique et de la technique joycienne. De cette recherche littéraire très sophistiquée témoigneront notamment un roman expérimental, *Narumi Senkichi* (1946-50), où la poésie, le fragment dramatique et l'essai le disputent à la narration, ainsi qu'un recueil d'articles critiques, *La Méthode du roman* [*Shôsetsu no hôhô,* 1948], dans lequel Itô s'efforce de dégager la nature du fait littéraire à partir d'une comparaison entre les techniques japonaises et occidentales. Sa réputation ne franchissait guère toutefois les cercles d'avant-garde, lorsqu'un procès littéraire retentissant – on lui reprochait l'obscénité de sa traduction de *L'Amant de lady Chatterley* (*) – allait, au début des années 50, faire soudain d'Itô une manière de champion de la liberté d'expression. De cette période datent, directement liés à l'affaire, *Le Phénix* (*) (1949-1953), puis un « roman documentaire », *Le Procès* [*Saiban,* 1952], ainsi qu'un plaidoyer pro domo, *Vie et opinions du maître Itô Sei* (*) (1951-52).

MICHEL WASSERMAN.

IVAN IV, dit le Terrible [Ivan Vasil'jevič Groznyj]. Tsar de Russie. Né à Moscou le 25 août 1530, mort à Alexandrovskaja Sloboda, près de Moscou, le 18 mars 1584. Son père, Vassilij (Basile) III, étant mort lorsque Ivan n'avait que trois ans, la régence fut exercée d'abord par sa mère, puis, après la mort de celle-ci, par un conseil de boyards. Ayant atteint seize ans, Ivan épousa en premières noces (il se mariera sept fois) Anastasie Zakharjina-Jurjeva, après s'être fait couronner, le 16 janvier 1546, tsar (caesar) de Russie. Ce titre ne faisait d'ailleurs que confirmer la thèse, répandue déjà lors du mariage de son grand-père Ivan III avec Sophie Paléologue, nièce du dernier empereur de Byzance, thèse suivant laquelle Moscou était héritière de Byzance, elle-même héritière de Rome. Le 21 juin 1547, un formidable incendie ayant ravagé Moscou, le tsar Ivan crut que cet incendie était une punition divine pour les exactions que commettaient constamment les boyards, et décida de cesser sa vie de débauche et de régner « comme il sied à un prince orthodoxe ». Il s'entoura de nouveaux conseillers, à la tête desquels il plaça l'archiprêtre de la cathédrale de Moscou, Sylvestre, et un homme de petite noblesse, Adašev. Avec le prince André Kurbskij comme troisième conseiller, ils créèrent auprès du tsar un « Conseil des élus », chargé de mettre sur pied les réformes intérieures dont le pays avait grand besoin.

Ivan inaugura cette politique nouvelle par une cérémonie solennelle, au cours de laquelle il prononça un discours d'une grande élévation de pensée. Un nouveau *Code* [*Sudebnik*], promulgué en 1550, appelle des représentants élus de la population à siéger dans les tribunaux, à côté des fonctionnaires royaux. La procédure judiciaire est également réformée. Un concile local, réunissant tout le haut clergé et les représentants du tsar, est chargé de réformer la vie intérieure de l'Église russe et, plus particulièrement, la vie du bas clergé ; ses *Actes*, divisés en cent chapitres (d'où leur nom de *Stoglav*), constituent l'un des monuments les plus remarquables de la littérature russe de cette époque. Des réformes non moins importantes sont décrétées dans le domaine de l'administration rurale ; pour la première fois depuis des siècles, les communes (« mir ») reçoivent une certaine autonomie administrative et financière. Dans le domaine de la politique extérieure, si les guerres avec la Lituanie, l'ordre Teutonique et la Suède tournent, après quelques succès passagers, au désastre, à l'Est, l'ataman Ermak, avec une poignée de Cosaques, conquiert à la Russie le royaume tatar de Kutchum (1582), ouvrant la voie à la conquête de la Sibérie.

Malheureusement, l'influence de Sylvestre et de ses compagnons fut de courte durée (1547-1553). Ivan IV ayant rompu avec eux, Sylvestre se retira dans un monastère lointain, Adasěv se fit tuer à la guerre, et Kurbskij s'enfuit en Lituanie : « passé à l'ennemi », dira le tsar. L'ère qui suivra sera celle de l'« opričnina », des exactions, des meurtres, mais aussi des repentirs spectaculaires et des prières publiques pour tous ceux que l'on supplicie. Toutefois, l'aspect politique de ce règne dépasse le cadre de la présente étude ; ce qui nous importe surtout, c'est de délimiter le rôle d'Ivan le Terrible dans l'histoire littéraire russe. Ce fut un épistolier remarquable et un orateur de talent. Deux de ses discours sont parvenus jusqu'à nous ; celui prononcé à l'Assemblée nationale [Zemskij sobor] de 1550, et celui du concile de 1551. Quant à ses *Lettres*, nous en connaissons deux écrites au prince Kurbskij, lettres dans lesquelles le tsar se révèle un défenseur chaleureux de l'idée du pouvoir autocratique. La même idée est nettement perceptible dans les lettres adressées par Ivan IV à Étienne Batory et à la reine Élisabeth Ire d'Angleterre. Un ton très différent apparaît dans son *Épître au couvent de Bélo-Ozersk* (*), philippique dirigée contre les mœurs des clercs et des moines de son époque. Cette lettre a un intérêt d'autant plus considérable que le tsar n'emploie le slavon que pour des citations de l'Écriture, tout le corps de la lettre étant en langue russe parlée, contrairement à l'usage. Le grand défaut d'Ivan IV, en tant qu'écrivain, est sa prolixité et l'absence de tout plan directeur dans ses écrits ; néanmoins, l'ironie mordante dont il fait preuve, ainsi que son style imagé, en font l'un des premiers écrivains de l'époque qui précéda les réformes de Pierre le Grand.

ALEXANDRE LABZINE.

RÉF. : K. Waliszewski, *Ivan le Terrible*, Paris, 1904. – Ivan le Terrible, *Correspondance*, Paris, 1959. – Prince André Kourbski, *Histoire du règne de Jean IV-Ivan le Terrible*, Genève, 1965. – Catherine Durand-Cheynet, *Ivan le Terrible*, Paris, 1981. – Henri Troyat, *Ivan le Terrible*, Paris, 1982.

IVANOV Viatcheslav Ivanovitch [Vjačeslav Ivanovič Ivanov]. Écrivain russe. Né à Moscou le 28 février 1866, mort à Rome le 16 juillet 1949. D'origine modeste, il fut très vite attiré par l'histoire et la philosophie, et suivit à Berlin les cours de Mommsen. Tout en travaillant à son étude *De societatibus vectigulium publicorum populi Romani*, qu'il ne devait publier qu'en 1911, il s'imprégna des idées de Nietzsche dont l'influence devait être sur lui déterminante, comme le fut également celle de Vladimir Soloviev. Ivanov séjourna successivement à Paris et à Rome où il fréquentait l'Institut germanique. Il regagna la Russie en 1905, après avoir publié un ouvrage sur le culte dionysiaque (1903-04), et son premier recueil de vers, *Les Astres pilotes* [*Kormčie zvezdy*, 1903]. À Saint-Pétersbourg, sa maison devint un des centres les plus recherchés de la vie intellectuelle. Ayant perdu sa femme, puis la fille du premier lit de cette dernière, qu'il avait ensuite épousée, Ivanov quitta pour quelque temps la Russie et, à son retour, s'établit à Moscou. Sans doute, les poèmes d'Ivanov tels que *Cor ardens* (*), *Transparence* [*Prozračnost'*, 1904], *Doux mystère* [*Nežnaja tajna*, 1912], ses tragédies *Tantale* et *Prométhée* [*Prometej*, 1919], ses essais de critique *À travers les étoiles* [*Po zvezdam*, 1909], *Sillons et Limites* [*Borozdy i méži*, 1916], *Le National et l'Universel* [*Rodnoe i vselenskoe*, 1917] sont-ils plus appréciés des amateurs délicats que connus du grand public, mais son nom demeure dans l'histoire de la littérature russe comme celui du principal théoricien du symbolisme. La révolution de 1917 inspira à Ivanov un de ses plus beaux recueils poétiques, les *Sonnets d'hiver*, et une des œuvres les plus originales de la pensée moderne, *Correspondance d'un coin à l'autre* (*) en collaboration avec le philosophe Gerschenson. On lui doit également un essai sur Dostoïevski. En 1921, Ivanov fut nommé professeur de grec à l'université de Bakou. Il obtint dans la suite la permission de se rendre en Italie, à Pavie, puis à Rome, où il se fixa définitivement, enseignant, publiant dans des revues et donnant des rééditions de ses œuvres.

RÉF. : Vasily Rudich, V. Ivanov in *Histoire de la littérature russe. Le XXe siècle. L'Âge d'argent*, Paris, 1987.

IVANOV Vsévolod Viatcheslavovitch. Écrivain russe. Né le 24 février 1895 à Lebiajié (gouvernement de Semipalatinsk) dans une famille d'enseignants de campagne, mort le 15 août 1963 à Moscou. Il n'a pas eu d'instruction suivie et, après l'école primaire, fut obligé de travailler comme simple ouvrier. Ses premières publications dans les journaux provinciaux datent de 1915. Après la Révolution, il acquit rapidement une immense renommée grâce à ses récits : *Les Partisans* (1921), *Train blindé No 14-69* (*) (1922), *Les Vents multicolores* [*Cvetnye vetra*, 1922] qui tous les trois formèrent un recueil, *Les Monts, Récits partisans* [*Sopki, Partizanskie povesti*, 1923]. Cette prose d'Ivanov est proche du folklore et de la poésie, le style en est dense, coloré, métaphorique, débordant d'images inattendues et parfois recherchées. Ivanov a poétisé la guerre civile sans lui enlever son caractère dramatique, voire fratricide ; il a su montrer le romantisme des luttes partisanes et l'héroïsme des simples paysans. Ces récits sont restés les chefs-d'œuvre d'Ivanov : il n'a jamais réussi à les dépasser. Durement critiqué, il a été forcé de céder à la pression du pouvoir. Le célèbre *Train blindé N° 14-69* a été remanié pour devenir une pièce de théâtre (1927) mais en même temps, l'auteur, obéissant aux exigences de l'heure, a mis en relief le rôle organisateur du parti communiste. Le dessein de cette pièce est encore de faire voir au spectateur l'importance du rôle des masses populaires dans la guerre civile et en même temps de « montrer la Révolution à travers l'âme humaine » (Stanislavski). Au cours des années 30, Ivanov a écrit un roman autobiographique, *Les Aventures d'un fakir* [*Pohoždenija fakira,* 1934-1935], et un autre sur un héros de la guerre civile, *Parkhomenko* (1939), ce dernier, portant des traces trop évidentes de l'époque stalinienne, a été sérieusement remanié plus tard. Pendant l'après-guerre, Ivanov a écrit plusieurs œuvres autobiographiques, *Rencontres avec Maxime Gorki* [*Vstreči s Maximom Gorkim,* 1947], *Nous allons en Inde* (*) (1960), et historiques, *Le Drame* [*Lomonosov,* 1953]. Mais une partie importante de l'œuvre d'Ivanov (notamment les romans *Ou* et *Kremlin*) est restée inédite jusqu'aux années 80.

EFIM ETKIND.

RÉF. : L. Spindler-Troubetzkoy, « Vsévolod Ivanov » in *Histoire de la littérature russe. Le XXe siècle. La Révolution et les Années vingt,* Paris, 1988.

IVES Charles Edward. Compositeur américain. Né le 20 octobre 1874 à Danbury (Connecticut), mort à New York le 19 mai 1954. On a pu dire de Ives que c'était le premier vrai musicien américain, car, à la différence de tous ses prédécesseurs, il ne fit pas d'études musicales en Europe, et son œuvre musicale tout entière est marquée par le provincialisme d'une certaine Amérique, étrangère aux mœurs européennes. Aujourd'hui encore, l'opinion reste divisée à son sujet : musicien maladroit et de peu d'importance ou génie musical du XXe siècle ? On ne peut répondre à une telle question si l'on ne tient pas compte des deux éléments formateurs de sa jeunesse. Le premier de ces éléments, c'est la vie même à Danbury dans les dernières années du XIXe siècle, avec toute la vitalité d'une Amérique proche encore de la guerre de Sécession : chant des hymnes à la chapelle, fanfare municipale, fêtes de village où l'on danse autour d'un violoneux. L'Amérique est déjà une grande puissance, cela lui pose des problèmes, mais c'est encore, en partie, un monde villageois et bucolique. L'autre influence qui a marqué Ives est la personnalité de son père, George Ives. Celui-ci, après avoir été, pendant la guerre de Sécession, le plus jeune chef de fanfare des armées de l'Union, était resté passionné de musique et d'expériences musicales. Grand admirateur de Bach, il apprit à ses enfants le chant choral. Lecteur de Helmholz, il tente de pousser les voix à la précision du quart de ton. Il se livrait, dit-on, à des expériences de musique spatiale. Utilisant trois fanfares, il en faisait converger deux, des deux extrémités du village, jouant des musiques différentes, vers la place centrale, où une troisième fanfare exécutait un troisième morceau ; le tout étant fait pour être écouté du clocher de l'église. Toutes ces expériences marquent le jeune Ives, à qui elles donnent à la fois le goût de la musique et le mépris des règles avant même d'en connaître le contenu. Dès l'âge de quatorze ans, il est organiste de l'église baptiste de Danbury. Il compose pour le chœur de l'église, et c'est quasi spontanément qu'en 1891 il harmonisera le Psaume LXVII en y introduisant des éléments de polytonalité et de polyrythmie, à une époque où Schoenberg, son jumeau à un mois près, en est encore à gagner sa vie en orchestrant des opérettes ! D'autres psaumes, datant de la même époque, présentent des passages entiers en langage atonal. En 1894, Ives décide de faire des études musicales officielles à l'université Yale, auprès de Parker, respectable musicien de formation traditionnelle. Aussi le maître est-il scandalisé par les réalisations antérieures de son élève. Cette même année voit la mort de George Ives. Pendant son séjour universitaire (1894-1898), Ives est organiste de la Central Church. Accompagnant des hymnes ressassés depuis longtemps, il y insère parfois une série de notes dissonantes. « Depuis le temps que le Seigneur les écoute, il doit être fatigué d'entendre toujours la même chose ; une dissonance par ci par là devrait lui faire plaisir. » Il compose son premier quatuor et sa première symphonie, exercice scolaire où se sent l'influence de Dvořák. A sa sortie de Yale, Ives se trouve confronté à son avenir. Il estime impossible de gagner sa vie comme musicien, en gardant son intégrité, c'est-à-dire en écrivant la musique qu'il veut écrire. Il lui faut donc choisir une profession commerciale. Il devient clerc à la Mutual Life Insurance Company. Il fera une brillante carrière, fondant avec un ami sa propre firme, publiant en 1912 un manuel à l'usage des agents d'assurances, dans lequel il insiste sur les responsabilités morales qui sont les leurs « dans le progrès des valeurs humaines les plus importantes ». Quand il se retirera en 1929, sa société sera devenue la plus grosse agence de courtage du pays. Mais il ne retire pas de profit matériel important de l'affaire, se contentant de ce qu'il estime lui être nécessaire pour son confort. Ce mélange de sens pratique et d'idéalisme est une des composantes de la psychologie de Ives dont la vie s'est déroulée sur le double plan de la musique et des affaires. L'importance de son œuvre musicale montre qu'il a été plus qu'un musicien du dimanche. Cette œuvre est en effet abondante et difficile à cataloguer. Il semble avoir toujours eu plusieurs ouvrages en chantier en même temps, faisant passer certains éléments d'une œuvre à une autre. Chaque composition s'étend sur une longue durée, ce qui ne présente que peu d'importance, car son auteur n'a été joué de son vivant qu'après avoir cessé toute activité musicale. Dans son œuvre symphonique, on sent une évolution qui mène à la quatrième symphonie (1910-1916) pour plusieurs orchestres avec orgue, en passant par un certain nombre d'œuvres de taille plus réduite, dont le caractère descriptif ou évocateur est un trait typique de Ives. Il faut citer, à côté de quatre symphonies, *Vacances* [*Holidays*, 1904-13], consacré aux quatre fêtes nationales américaines. Dans « L'Anniversaire de Washington » [Washington's Birthday], l'auteur s'est souvenu des expériences de musique spatiale à plusieurs fanfares de son père. *Trois Évocations de la Nouvelle-Angleterre* (*) (1903-14) sont, avec *Nuit sur Central Park* [*Central Park in the Dark*, 1907], les chefs-d'œuvre de Ives comme musicien impressionniste, recréant par des moyens très simples, confinant au « collage » d'hymnes et de morceaux de fanfares, la fraîcheur de paysages musicaux que des années de vulgarité ont laissé s'avilir. Le compositeur inverse la démarche habituelle. Au lieu d'utiliser comme matériau de base de la musique « noble », il recrée, avec les débris de notre vie musicale quotidienne, un paysage à la fois nouveau et familier. Ce procédé est très sensible dans le stupéfiant *Le Général William Booth* (fondateur de l'Armée du Salut) *entre au ciel* [*General William Booth enters into Heaven*, 1914], pour chœur et orchestre, où les battements de caisse, les Alleluia répétés, les fragments de cantiques, créent un climat de simplicité autour de l'entrée des pauvres dans « leur » paradis. À partir de 1920, des difficultés de santé ont freiné l'activité de Ives ; la guerre l'avait profondément attristé. Il ne reste que des fragments d'une dernière symphonie, qui devait s'appeler *Symphonie universelle*. Sa musique de chambre n'est pas moins intéressante. Il faut signaler deux quatuors à cordes dont le second (1907-13) est d'une densité de composition qui fait penser à l'école de Vienne. À ces quatuors il faut ajouter *Toussaint* [*Hallow'een*, 1911] qui peut être tenue pour la première musique aléatoire, puisque le même thème doit être joué dans plusieurs tempi différents, « la décision en la matière devant être prise par les interprètes eux-mêmes ». Citons encore quatre sonates pour violon et piano, un trio avec piano (1911). L'essentiel de l'œuvre pour piano est la seconde sonate (1915), baptisée *Concord, Massachusetts, 1840-1860*, en hommage au groupe d'écrivains ayant vécu à Concord et dont la pensée avait marqué la jeunesse de Ives. Toute l'œuvre de Ives est acte de création en dehors de règles qui s'élaborent dans un monde qu'il ignore.

JEAN-FRANÇOIS LABIE.

♦ *« Un grand homme vit dans ce pays, un compositeur. Il a trouvé la solution du problème : comment préserver son identité tout en apprenant des autres. Il répond à l'indifférence par le mépris. Son nom est Ives. »* Trouvé après sa mort dans les papiers personnels d'A. Schoenberg.

RÉF. : H. et S. Cowell, *Charles Ives and His Music*, Oxford, 1955. – D. Wooldridge, *Charles Ives*, Londres, 1974. – M. Cadieu, *Charles Ives*, Paris, 1975. – H. W. Hitchcock, *Charles Ives*, Londres, 1977. – G. Block, *Charles Ives ; A Bio-Bibliography*, Wesport, Connecticut, 1988.

IVOI Paul d' (pseud. de Paul Deleutre d'Ivoi). Romancier français. Né et mort à Paris (25 octobre 1856-6 septembre 1915). Ses romans d'aventures destinés à la jeunesse respectent la vraisemblance et l'on y apprend à son insu la géographie. L'un des plus connus, tout rempli de situations cocasses, est *Les Cinq Sous de Lavarède* (*) (1894), ce tour du monde peu banal que le jeune et débrouillard Armand Lavarède devra accomplir avec seulement cinq sous en poche. Paul d'Ivoi a publié également *Le Sergent Simplet* (1895), *Le Cousin de Lavarède* (1896), *Le Capitaine Nilia* (1899), *Le Corsaire Triplex* (1898), *Massiliague de Marseille* (1902), *Le Maître du drapeau bleu* (1906), etc.

RÉF. : Article in *Larousse mensuel illustré*, Paris, novembre 1915.

IWASZKIEWICZ Jarosław. Poète et prosateur polonais. Né le 20 février 1894 à Kalnik (Ukraine), mort le 2 mars 1982 à Varsovie. Il étudie le droit et la musique à Kiev, puis émigre en 1918 en Pologne où il prend part, avec Tuwim, Słonimski, Lechoń et Wierzyński, à la fondation du groupe poétique Skamander et de la revue du même nom. Il fait ses débuts littéraires en 1918. Il aime évoquer des atmosphères et des états d'âme étranges, et décrire avec sensualité les paysages mélancoliques de son Ukraine natale : *Fuite à Bagdad* [*Ucieczka do Bagdadu*, 1923], *Une soirée chez Abdon* [*Wieczór u Abdona*, 1923]. La métrique et l'assonance de *Huitains* [*Oktostychy*, 1919] attirèrent l'attention de la critique, comme *Dionysies* [*Dionizje*, 1922], à l'érotisme expressionniste. La poésie de sa maturité est marquée par ses voyages en Europe et sa fascination pour des poètes comme Jean Cocteau ou Stefan George : *Le Livre du jour et Le Livre de la nuit* [*Księga dnia i Księga nocy*, 1929], *Retour en Europe* [*Powrót do Europy*, 1931]. Ses poèmes métaphysiques, *L'Été 1932* [*Lato 1932*, 1933], *Une autre vie* [*Inne życie*, 1938], sont considérés comme le sommet de son art poétique. Dans ses recueils plus récents, *La Tresse de l'automne* [*Warkocz jesieni*, 1954] ou *Sentiers obscurs* [*Ciemne ścieżki*, 1957], *La Carte du temps* [*Mapa pogody*, 1977], le ton est plus classique, la pensée plus humaniste.

Dans quelques œuvres théâtrales, il met en scène les drames intimes de personnages historiques choisis pour leur caractère exceptionnel et le romantisme de leurs passions : Chopin et George Sand dans *Un été à Nohant* [*Lato w Nohant*, 1936], Balzac et Éveline Hańska dans *Le Mariage de M. Balzac* [*Wesele pana Balzaka*, 1959].

Couvert d'honneurs par le régime socialiste, député à la Diète, président de l'Union des écrivains, Iwaszkiewicz n'a changé ni de style ni de ton. Ses récits de guerre, *Icare* [*Ikar*, 1945], ou d'après guerre sont d'un écrivain engagé mais éloigné du réalisme socialiste. Ses romans, dans lesquels il exprime une vision réaliste du monde, plutôt pessimiste, associent lyrisme et sens épique. Ses personnages sont en général doués d'une grande sensibilité, épris de beauté, et vivent intensément, douloureusement. On citera *Les Boucliers rouges* (*) (1934), roman historique qui fait le récit des aventures d'un croisé polonais ; *La Renommée et la Gloire* [*Sława i chwała*, 1956-1962], tableau de l'intelligentsia polonaise entre 1914 et 1945 ; et surtout ses nouvelles *Les Demoiselles de Wilko* (*) (1933) ; *Le Bois de bouleaux* [*Brzezina*, 1933] ainsi que l'extraordinaire *Mère Jeanne des Anges* (*) (1946), inspirée par l'affaire des possédées de Loudun.

Rédacteur en chef de la revue *La Création* [*Twórczość*] de 1955 à sa mort, cet écrivain très fécond, à l'œuvre profondément homogène, a aussi publié un récit autobiographique, *Le Livre de mes souvenirs* [*Książka moich wspomnień*, 1968], des souvenirs de voyages, *Voyages en Italie* [*Podróże do Włoch*, 1976], et des recueils d'essais critiques, *Causeries sur les livres* [*Rozmowy o książkach*, 1968], *Les Hommes et les Livres* [*Ludzie i książki*, 1971].

LAURENCE DYÈVRE.

IZUMI SHIKIBU. Poétesse japonaise (X-XIe siècle). Fille de Oe no Masamune, gouverneur de la province d'Echizen, elle épousa, peut-être en 995, Tachibana no Michisada, gouverneur de la province d'Izumi, d'où le nom que les historiens, qui n'en connaissent point d'autre, ont accoutumé de donner à la poétesse. On ne sait quand elle divorça et se sépara de son mari avec lequel elle avait eu (en 997 ?) une fille, Koshikibu no Naishi, poétesse elle aussi, et devint la maîtresse du prince impérial Tametaka (977-1002) avant de s'éprendre, à la mort de ce prince, d'Atsumichi (981-1007), frère cadet de Tametaka. Cette nouvelle liaison dura assez longtemps mais Izumi Shikibu se décida à épouser Fujiwara no Yasumasa, gouverneur de la province de Tango où elle se rendit, semble-t-il, en 1005. Une fois revenue à Kyôto, elle entra à la Cour (1008 ?) comme dame de compagnie de l'impératrice Akiko, et mena la même vie que Murasaki no Shikibu et Sei Shônagon. Izumi Shikibu est un des plus grands écrivains du Japon, et l'emporte sur tous les talents littéraires d'un siècle où les poètes abondaient. Elle n'eut point la retenue et la sagesse de Murasaki, ni la douce modestie d'Akazome Emon, ni l'esprit étincelant de Sei Shônagon. Elle apparaît sous les traits d'une femme ardente et passionnée, qui vécut intensément et qui fut incapable de réprimer les mouvements de son cœur et de sa sensualité. Ses poèmes sont à la fois d'une grande fraîcheur et d'une grande violence. Outre quelques œuvres incluses dans les anthologies officielles elle a laissé un recueil de poèmes en sept volumes et une seule œuvre en prose, *Le Journal d'Izumi Shikibu* (*), journal célèbre dans lequel elle conte, avec une délicatesse extrême, l'histoire de ses relations avec le prince Atsumichi.

J

JABÈS Edmond. Écrivain français. Né au Caire le 16 avril 1912, mort à Paris le 2 janvier 1991. Jusqu'en 1957, année où il est contraint de quitter l'Égypte pour la France, la vie d'Edmond Jabès est avant tout marquée par la publication de plaquettes de poésies (qu'il reniera en 1943), de rencontres décisives, celle de Max Jacob (en 1935, à Paris), de Paul Éluard (en 1937), de Jean Grenier (en 1947), de Gabriel Bounoure (en 1952), de René Char (en 1954) et par diverses activités éditoriales (notamment à *La Part du sable* avec Georges Henein) et politiques (antifasciste et contre l'antisémitisme). Écrites à partir de 1943, et publiées en 1947 par Pierre Seghers, les *Chansons du repas de l'ogre* inaugurent un ensemble de textes poétiques ou aphoristiques qui seront réunis et publiés avec une préface de Gabriel Bounoure, à Paris, en 1959, sous le titre *Je bâtis ma demeure* (*). L'installation à Paris en 1957 marque une rupture tant sur le plan de la vie que sur celui de l'orientation de l'œuvre. Dans le silence et les difficultés, Jabès se met à la rédaction du premier volet d'un cycle qui devait primitivement en comporter trois : *Le Livre des questions* (1963), *Le Livre de Yukel* (1964) et *Le Retour au livre* (1965), triptyque bientôt suivi d'une série de quatre autres titres : *Yaël* (1967), *Elya* (1969), *Aely* (1972) et *El, ou le Dernier Livre* (1973) – cet ensemble formant *Le Livre des questions* (*). Fragments, ébauches de récits, dialogues de rabbins imaginaires, méditations sur l'écriture et le livre, témoignent d'une quête qui, de livre en livre, de reprises en réécritures, ne cesse de s'aventurer à la recherche de la plus grande justesse de l'expression. Incessante fébrilité d'une écriture qui sans relâche s'efforce de se réfléchir pour échapper aux pièges narcissiques ou spéculaires et qu'une autre trilogie thématisera et approfondira : *Le Livre des ressemblances* (*) : *Le Livre des ressemblances* (1976), *Le Soupçon le Désert* (1978) et *L'Ineffaçable l'Inaperçu* (1980). « Notre histoire ne sera jamais que l'histoire d'un livre dans la transparence des jours défunts, où s'effeuille la ressemblance. » Cette méditation de la ressemblance aboutira deux ans plus tard à la publication d'un nouveau livre, *Le Petit Livre de la subversion hors de soupçon* (1982), livre de méditations où la notion de subversion vient comme doubler celle de ressemblance : « L'écrit n'est pas un miroir. Écrire, c'est affronter un visage inconnu. » Avec *Le Livre du dialogue* (1984), *Le Parcours* (1985) et *Le Livre du Partage* (1987) se clôt un troisième cycle intitulé *Le Livre des limites.* Limites de la pensée butant sur un impensé lorsqu'elle ne peut se satisfaire des réponses déjà données, limites de l'identité qui doit passer par l'autre pour se reconnaître, limites de la vie en proie à l'effritement d'un incessant mourir : « ... Ce intervalle insignifiant qui sépare la mort du "mourir". » La dernière décennie de l'œuvre et de l'activité de Jabès, enfin reconnu en France et à l'étranger (colloques, traductions...) est marquée aussi par la publication de deux livres, *Un étranger avec, sous le bras, un livre de petit format* (1989) et, publié de façon posthume, *Le Livre de l'hospitalité* (1991). Si les mots « livre » et « désert » reviennent si souvent sous la plume de Jabès, c'est qu'ils définissent l'espace jamais clos où s'exerce une parole ouverte sur son origine et sur l'effraction du silence qu'elle entraîne. « La parole n'a droit de cité que dans le silence des autres paroles. Parler c'est d'abord s'appuyer sur une métaphore du désert, c'est occuper une blancheur, un espace de poussière ou de cendre, où la parole victorieuse s'offre dans sa nudité affranchie. » La condition poétique est donc proche de la condition qu'une longue histoire de persécutions a faite aux Juifs : Juif et poète, tel se revendique Jabès, dans la difficulté – sans compromis possibles. Si le poids du passé fait retour à chaque moment du présent de l'histoire juive, l'écriture en quête du livre inachevable, d'un lieu toujours espéré, doit assumer dans sa tension les déchirures du temps. « Créer c'est, du futur, faire le passé de tout acte. » Mémoire (souvenirs personnels et collectifs) et anticipation d'un avenir encore à faire tissent leurs fils à même les vocables qui en ont la charge. L'écriture épouse le temps, le fabrique dans des récits de fiction qui n'ont rien de fictif ou d'évasif. Le dernier mot n'appartient à personne : la parole n'est qu'à être partagée, rompue.

FRANCIS WYBRANDS.

RÉF. : Adolfo Fernandez Zoïla, *Le livre, recherche autre d'Edmond Jabès,* Paris, 1978. – *Du désert au livre* (Entretiens avec Marcel Cohen), Paris, 1980. – *E. Jabès* (collectif), *Cahiers Obsidiane,* Paris, 1982. – *Écrire le livre,* colloque de Cerisy, Seyssel, 1989. – Didier Cahen, *Edmond Jabès,* Paris, 1991.

JACCOTTET Philippe. Écrivain suisse français. Né le 30 juin 1925 à Moudon (canton de Vaud). Après une enfance passée dans sa petite ville natale, il fait ses études à Lausanne. La rencontre capitale de la jeunesse est celle du poète Gustave Roud qui l'initie au romantisme allemand (en particulier à Novalis et à Hölderlin) et qui lui offre l'exemple d'un chemin poétique tout d'humilité, d'écoute patiente du monde, hors de tout souci de gloire. L'inspiration poétique touche Jaccottet précocement, et dès 1944 il publie des poèmes, des proses et des chroniques littéraires. Paraissent les premiers livres, assez vite retranchés pour insuffisance de la liste des œuvres : les proses oniriques de *Trois poèmes aux démons* (1945) et l'ample poème du *Requiem* (1947), réédité en 1991 accompagné d'importantes remarques.

Après la licence de lettres, il rencontre en Italie Ungaretti, avec lequel il se lie d'une amitié durable. Il s'installe à l'automne 1946 à Paris, comme collaborateur des éditions Mermod : il fréquente surtout Francis Ponge, mais aussi Henri Thomas et André Dhôtel. Dans ces années de l'après-guerre, Jaccottet entre dans une carrière de grand traducteur avec des versions de livres de Thomas Mann, et surtout de Robert Musil, dont il traduit au fil des ans la quasi-totalité de l'œuvre. Mais il sait servir également Platon, Homère, Hölderlin, Leopardi, Ungaretti, Rilke, Góngora et Mandelstam. De 1950 à 1970 se développe une intense activité critique : les plus belles de ses études sont réunies en 1968 dans *L'Entretien des muses* (*) et en 1987 dans *Une transaction secrète* (*), tandis que des monographies sont consacrées à Gustave Roud (1968) et à Rilke (1970).

L'œuvre poétique reconnue débute en 1953 avec *L'Effraie* (*) (poèmes de 1946-1950), où la prosodie reste assez proche de la tradition et où la présence du moi est encore importante. Cette même année, l'installation à Grignan, dans la Drôme, et le mariage avec Anne-Marie Haesler, peintre, lui permettent d'atteindre une plus grande justesse du rapport au monde. *La Promenade sous les arbres* (+) (1957) est une méditation sur l'expérience poétique. *L'Ignorant* (1958) – v. *L'Effraie* – rassemble des poèmes écrits de 1952 à 1956, dans lesquels le moi s'efface sensiblement. De 1957 à 1960, une crise poétique est surmontée à travers les proses d'*Éléments d'un songe* (*) (1961) et le récit *L'Obscurité* (*) (1961). La rencontre émerveillée des poètes japonais du haïku permet l'essor des heureux poèmes d'*Airs* (*) (1967) et des proses du « milieu doré » recueillies dans *Paysages avec figures absentes* (*) (1970). Jaccottet donne des poèmes organisés en suites dans *Leçons* (1969) et *Chants d'en bas* (1974), deux livres de deuil. Proches de l'inspiration très sombre de ces recueils, les proses d'*À travers un verger* et de *Les Cormorans* affrontent la mort sans pouvoir la contourner. Les poèmes d'*À la lumière d'hiver* (*) (1977) et les proses de *Beauregard* (1981) apparaissent comme des éclaircies. *Pensées sous les nuages* (*) (1983) réunit des poèmes écrits de 1976 à 1982 et contient quelques-uns des vers les plus purs de toute l'œuvre, tandis que *Cahier de verdure* (1990) rassemble des proses et des poèmes. *Libretto* (1990) recueille des proses anciennes et nouvelles consacrées à l'Italie.

Un des apports principaux de Philippe Jaccottet à la poésie de ce temps réside peut-être dans les carnets de *La Semaison* (*), publiés à partir de 1963 et augmentés régulièrement. Le poète de Grignan s'y forge un outil poétique précis et léger, apte à recueillir la lumière des journées.

Le souci de Jaccottet n'a jamais été l'invention, mais bien plutôt la justesse. Il s'agit de lire le monde, de voir, d'écouter. « L'attachement à soi augmente l'opacité de la vie. Un moment de vrai oubli, et tous les écrans les uns derrière les autres deviennent transparents. » La poésie est donc une opération spirituelle qui épure l'âme et la rapproche du centre, et du réel. Une poésie qui s'écarte du réel, selon Jaccottet, se perd.

Une des principales difficultés est de bien user de l'image, qui peut étourdir et brouiller les rapports entre les éléments du monde. « Les images ne doivent pas se substituer aux choses, mais montrer comment elles s'ouvrent, et comment nous entrons dedans. Leur tâche est délicate. » La critique de l'image court dans toute l'œuvre, à la suite de Musil.

On a voulu voir dans Jaccottet le « poète de l'insaisissable » ; formule exacte en un sens : « Il y a de l'inconnu, de l'insaisissable, à la source, au foyer même de notre être. » Mais il faut marquer avec force que l'œuvre de Jaccottet est aussi le lieu d'une confiance dans la capacité de la poésie de rapprocher du monde. Ce grand douteur sait aussi saisir les choses « brusquement mais exactement, comme d'un coup de fusil ».

La pensée de la mort habite toute l'œuvre : « une voix donnée à la mort ». Mort seulement pensée dans les premiers poèmes – c'est la mort qui obsède Jaccottet, et non les morts, que voulait rejoindre la poésie de Roud. À partir de *Leçons*, la mort n'est plus pensée mais vue en face, affrontée. L'épreuve impose une critique sévère de tel « Livre des morts » (dans *L'Ignorant*). De 1966 à 1974, le poète subit les assauts d'un doute absolu, assez proche de celui d'un Leopardi. Par la suite, un équilibre se rétablit, une liberté intérieure est acquise, dans une sorte de légèreté taoïste.

Le doute est presque toujours là ; dans l'impossibilité essentielle de s'adosser à une quelconque foi, il est seulement permis d'avancer des hypothèses fragiles : « La plus haute espérance, ce serait que tout le ciel fût vraiment un regard », et de s'ouvrir à la lumière, même si elle aussi peut mentir.

Une quête minutieuse et patiente de la justesse, un refus de tous les mensonges de l'époque, un désir de pureté (celle trouvée dans Hölderlin ou dans Novalis) et de hauteur, un congé à toutes les poses avantageuses : telle est la figure humble et noble de Philippe Jaccottet, dans sa vie comme dans ses écrits. La poésie comme probité.

JEAN-PIERRE VIDAL.

♦ *« À l'approche de ces poèmes s'éveille une confiance. Notre regard, passant d'un mot à l'autre, voit se déployer une parole loyale, qui habite le sens, comme la voix juste habite la mélodie. Nulle feinte, nul apprêt, nul masque. »* Jean Starobinski. ♦ *« Dire juste, selon l'éthique et la poétique de Jaccottet, c'est toujours parvenir à dire le moins. »* Jean-Luc Seylaz. ♦ *« À peine si ce chuchotement paraît être encore celui d'un être, d'une personne. On croirait que c'est le monde même qui, ici, se mire et se chante. »* Jacques Borel.

RÉF. : J.-P. Richard, *Onze études sur la poésie moderne*, Paris, 1964. — J. Starobinski, Préface à *Poésie 1946-1967*, Paris, 1971. — J. Borel, *Poésie et Nostalgie*, Paris, 1979. — J. Onimus, *Philippe Jaccottet, une poétique de l'insaisissable*, Seyssel, 1982. — J.-L. Seylaz, *Philippe Jaccottet, une poésie et ses enjeux*, Lausanne, 1982. — M.-C. Dumas et al., *La poésie de Philippe Jaccottet*, Paris, 1986. — *Alentour de Philippe Jaccottet*, *Sud*, n° 80-81, Marseille, 1989. — J.P. Vidal et al., *Philippe Jaccottet*, Lausanne, 1989. — J.-L. Steinmetz, *La Poésie et ses raisons*, Paris, 1990.

JACKSON Helen Hunt. Femme de lettres américaine. Née à Amherst (Massachusetts, États-Unis) le 15 octobre 1830, morte le 12 août 1885 à San Francisco (Californie). Fille de Nathan W. Fiske, professeur de grec et de philosophie au collège d'Amherst, on la connaît également sous ce nom ou sous celui de son premier mari, Edward B. Hunt. Ce fut après la mort de ce dernier qu'elle se mit à écrire des poésies et des articles qui parurent dans *The Nation, The Independant* et dans *Hearth and Home*.

Après la publication en 1866 de son premier livre : *Dans les montagnes blanches* [*In the White Mountains*], elle fit un voyage de deux ans en Europe (1868-70), à l'issue duquel elle publia son premier livre : *Vers* [*Verses*].

Elle se remaria ensuite en 1875 avec William Sharpless Jackson, industriel du Colorado, et écrivit quelques romans et un livre sur les mauvais traitements infligés aux Indiens : *Un siècle de déshonneur* [*A Century of Dishonour*, 1881], dont elle envoya un exemplaire à chacun des membres du Congrès. Nommée commissaire extraordinaire en vue d'étudier la nécessité de missions auprès des Indiens de Californie, son rapport ne fut malheureusement suivi d'aucun effet. Indignée, elle écrivit *Ramona* (*), réquisitoire contre le gouvernement. Elle a fait paraître une quinzaine de volumes, la plupart non signés, car elle avait horreur de la publicité. Son tombeau de Colorado Springs a reçu de nombreuses visites.

RÉF. : R. Odell, *Helen Hunt Jackson*, New York, 1939. — R. Whitaker, *Helen Hunt Jackson*, Boise, 1987.

JACOB Max. Poète et romancier français. Né à Quimper le 12 juillet 1876 (ses connaissances astrologiques lui ayant fait, plus tard, juger maléfique ce jour, il se déclara né le 11 juillet), mort au camp de Drancy le 5 mars 1944. Le grand-père, Samuel Alexandre, natif de Neunkirchen, vint habiter en Bretagne et mourut à Quimper (1889). Fils de Prudence Jacob et de Lazare Alexandre (qui, en 1888, fit substituer le nom de Jacob à celui d'Alexandre comme patronyme), Max Jacob était le quatrième de six enfants. Sa plus jeune sœur, à qui il fut très attaché, Mirthé-Lea, était née en 1884. À Quimper, Max Jacob suit une scolarité ordinaire, menant à bien des études classiques, s'adonnant parallèlement au dessin et à la musique, découvrant en dehors de l'école la littérature des symbolistes. Bénéficiaire en 1894 d'une bourse d'études supérieures, il quitte Quimper pour Paris, et choisit de préparer l'École coloniale. Ce qu'il abandonnera rapidement, avant d'être appelé sous les drapeaux en 1896, pour seulement six semaines, se disant désolé d'avoir été réformé. Dès 1898, il rend compte de diverses expositions dans *Le Moniteur des arts*. Il traverse une période de pauvreté et de douleur qu'il évoquera dans plusieurs de ses textes : « Alors commença cette vie de privations et de souffrances qui est encore aujourd'hui la mienne... » (*Le Roi de Boétie* [*], 1921). La misère brise son amour pour une jeune femme, Cécile. Au début du siècle, entre 1901 et 1902, il fait la connaissance de Picasso puis de Guillaume Apollinaire, qu'il rencontre par l'intermédiaire du « baron » Mollet. Les amitiés jouent un rôle considérable dans la vie de Max Jacob ; elles sont nombreuses et fidèles bien que capricieuses. De nouveaux lecteurs viendront régulièrement le voir, et deviendront ses amis et ses correspondants.

Il occupe ces années à des lectures multiples, et fondamentales. Son intérêt le porte vers les zones frontières de la pensée, la chiromancie ou l'astrologie, à quoi il s'adonnera de plus en plus sérieusement, ayant pour guide Conrad Moricand ; plusieurs de ses livres sont organisés selon les principes d'une caractérologie liée à l'astrologie (*Cinematoma*, 1920, *Tableau de la bourgeoisie*, 1929). Très soucieux des questions religieuses, encore que sa famille n'ait pas été pratiquante, il se passionne pour la Kabbale (la traduction du Zohar par Jean de Pauly paraît en 1906-1911). Habitant au 7, rue Ravignan, il élabore durant cette même période les poèmes en prose qui constitueront le recueil *Cornet à dés* (*) (1917). L'événement déterminant de son existence se produit le 22 septembre 1909, vers quatre heures de l'après-midi. Dans *Les Œuvres burlesques et mystiques de Frère Matorel* (1912) – v. *Saint Matorel* (*) –, puis dans *La Défense de Tartufe* (*) (1919), il racontera poétiquement l'émotion qui le saisit à constater que, sous l'aspect d'un ange, Dieu lui rend visite : « Il a une robe de soie jaune et des parements bleus. Il se retourne et je vois cette face paisible et rayonnante. » Le 29 juin 1939, à la demande de l'abbé Foucher, il rédige le : « Récit de ma conversion ». Au retour d'une journée de travail à la Bibliothèque nationale, rentré dans sa chambre et décidé à se mettre à l'aise, il ôte son chapeau haut de forme, sa redingote, et pousse un cri : « Il y avait sur mon mur un Hôte. Je tombai à genoux, mes yeux s'emplirent de larmes soudaines. Un ineffable bien-être descendit sur moi, je restai immobile, sans comprendre. En une minute, je vivais un siècle. Il me semble que tout m'était révélé. J'eus instantanément la notion que je n'avais jamais été qu'un animal, que je devenais un homme. Un animal timide. Un homme libre. Instantanément aussi, dès que mes yeux eurent rencontré l'Être Ineffable, je me sentis déshabillé de ma chair humaine, et deux mots seulement m'emplissaient : mourir, naître. Le personnage de mon mur était un homme d'une élégance dont rien sur terre ne peut donner l'idée. Il était immobile dans une campagne ; il était vêtu d'une longue robe de soie jaune clair, ornée de parements bleu clair. Je le vis d'abord de dos, sa belle chevelure tombait sur ses nobles épaules. Il tourna légèrement la tête et je vis une partie de son front, la pointe de son sourcil et sa bouche. La campagne dans laquelle il se trouvait était un paysage très agrandi que j'avais dessiné quelques mois auparavant et qui représentait le bord d'un canal » (cité en appendice de *La Défense de Tartufe* par le père Blanchet). Il se sent, à l'instant même, totalement requis par l'évidence religieuse. Les années suivantes (il passe l'été 1913 à Céret dans les Pyrénées avec Braque, Picasso et Gris) sont occupées par sa conversion au christianisme. Le 18 février 1915, il est baptisé sous le nom de Cyprien (ce qui signifie, selon lui, la croissance comme le nom de Vénus. Aragon, dans *Anicet* (*), le désigne sous le nom de Chipre). Il a pour parrain Picasso. Dès lors, il mène une vie qui pourrait être tenue pour double : passant la nuit au « Lapin agile », et se précipitant au Sacré-Cœur le matin, pour faire ses dévotions. Généreux, il est toujours démuni, et doit faire appel à des mécènes : Paul Poiret l'invite à l'île Tudy, Liane de Pougy, qui est devenue en 1910 princesse Ghika, l'accueille à Roscoff. Ses relations tumultueuses sont ponctuées par des ruptures et des réconciliations. Il collabore à *Littérature* (*), fréquente ceux qui constitueront bientôt le groupe surréaliste. Mais, dans la préface au *Cornet à dés* (1917), Max Jacob marque ses distances à l'égard de Rimbaud, que, justement, exalte alors André Breton. Cela marquera la séparation de Max Jacob et des membres du groupe, André Breton lui reprochant tout autant son homosexualité gaie que sa foi catholique. Les bien-pensants ne l'accueillent pas plus généreusement : le goût littéraire de Max Jacob pour les mots et leurs jeux fait douter de la véracité de sa conversion, d'autant que Max Jacob cède volontiers au Démon qui le navre. Jouant dans les titres de plusieurs de ses ouvrages à joindre le cabotinage et la foi, il est entendu de peu de gens : « Et toi qui sens mes larmes au travers de ces lignes, / Songe que de la Vérité elles sont les signes », écrit-il dans *Le Laboratoire central* (*) (1921). Son livre sur *La Défense de Tartufe* (1919) le fait passer pour un Tartufe. Sa poésie est taxée de fantaisiste – en la compagnie de Larbaud, *Barnabooth* (*), 1908 ; de Fourest, *La Négresse blonde* (*), 1909 ; de Carco, *Chansons aigres douces* (+), 1913). Au milieu de la guerre, associé à Cendrars, Apollinaire, Fargue, Reverdy, il sera qualifié de cubiste.

Se rendant à l'Opéra, le 27 janvier 1920, il est renversé par une voiture place Pigalle. Il narre son douloureux séjour à l'hôpital Lariboisière dans *Le Roi de Boétie* (1921). La même année, il quitte Paris pour s'établir à Saint-Benoît-sur-Loire, au presbytère de l'abbé Fleureau. Il y réside sept ans, revient à Paris en 1928, retourne à Saint-Benoît en 1936. Ses séjours ne sont pas continus ; il voyage, retourne à maintes reprises en Bretagne. En 1931 paraissent les *Poèmes de Morven Le Gaélique* (*). Il se rend à Guéret en 1923 pour rencontrer Jouhandeau, tant est vive son admiration pour *Monsieur Godeau intime* (*). En juin 1925, il traverse l'Italie jusqu'à Naples, où enseigne Jean Grenier. En 1926, il va jusqu'à Madrid, Tolède ; au retour, il rencontre Louis Emié à Bordeaux. De nouvelles amitiés se nouent avec Lucien Lanoë, Roger Secrétain. Mais en décembre 1925, il a fait la connaissance de Maurice Sachs ; le récit de leurs relations, *Alias*, le fera profondément souffrir. Il travaille intensément ; il publie la même année un recueil de lettres fictives *Le Cabinet noir* (*), 1922 (l'édition est complétée en 1928), un roman *Filibuth ou la Montre en or* (*), ainsi que des réflexions sur l'*Art poétique* (*). Et, en 1923, *Le Terrain Bouchaballe* (*).

Depuis sa première exposition de gouaches chez Bernheim le 8 mars 1926, Max Jacob consacre une bonne part de son temps à la peinture, et à l'enluminure de ses manuscrits. Une partie de ses revenus dépend de ces travaux. Ses amitiés s'étendent : Michel Leiris, Yvon Bélaval, pour qui il écrit des *Méditations* (*) afin de l'inciter à se convertir, lui rendent visite. André Beaudin l'illustre.

Il revient à Paris en 1928, et s'installe rue Nollet, où lui rendront visite Georges Hugnet, Philippe Lavastine, Alain Daniélou. En avril 1928, Jean Cassou publie dans la *N.R.F.* un article essentiel sur « Max Jacob et la liberté ». Il a cinquante-deux ans ; il est reconnu comme écrivain, ce qui se marquera, en 1936, par la publication de *Morceaux choisis*. Il correspond avec Edmond Jabès, Roger Toulouse, Michel Manoll, Marcel Béalu – v. *Correspondance* (*) –, fait des conférences à Nantes, Brest, Morlaix. En 1938 paraît le dernier livre publié de son vivant, *Ballades* – qui reprend notamment un ouvrage antérieur, *Les Pénitents en maillots roses* (*) (1925).

Depuis son retour à Saint-Benoît, Max Jacob appréhende la guerre. Le 1er mars 1939, il écrit à Edmond Jabès : « Je suis hors du monde. / Je ne puis subir que le martyre. » Il sert quotidiennement la messe, envisage de se consacrer à des travaux d'exégèse, rédige de nombreux horoscopes. Durant l'occupation allemande, les meurtres frapperont les siens, sa sœur aînée succombe, en 1942, quand son beau-frère, déporté, meurt à Compiègne. En 1943, son frère est déporté. Max Jacob porte l'étoile jaune, ce qui rend sa vie pire que celle du crapaud : « Jadis personne ne me remarquait dans la rue, maintenant les enfants se moquent de mon étoile jaune. Heureux crapaud ! tu n'as pas d'étoile jaune », écrit-il dans un de ses *Derniers poèmes* (*). Sa plus jeune sœur (« ma préférée ») est arrêtée, et meurt en 1944. De la famille Alexandre de Quimper seul survivra un fils, Jacques. Le 24 février 1944, Max Jacob est arrêté à la sortie de la messe par la Gestapo, dont il prononçait le nom selon la prononciation française : « J'ai ta peau. » Il est mené au camp de Drancy, où il meurt le 5 mars 1944.

Au lendemain de la guerre ont paru les *Derniers poèmes en vers et en prose* (1945) (« Passé de mon passé toi seul es funéraire. / La mort est un printemps qui n'est pas éphémère. »), *Le Miroir d'astrologie* (1949), et surtout une importante correspondance.

L'importance littéraire de Max Jacob a été longtemps sous-estimée, malgré les témoignages d'admiration de ses contemporains, Saint-Pol Roux, Gide, Claudel, Gingria, Malraux, Guilloux. Raymond Queneau, dans un texte de 1974 (« C'était il y a trente ans... »), lui a rendu le plus juste et le plus bel hommage : « Quelques-uns sont allés jusqu'à employer le mot "martyr" à propos de la fin de Max Jacob. Il me semble qu'on peut le dire non seulement à cause de sa mort mais aussi à cause de sa vie entière. Martyr, c'est être témoin. Max fut un témoin de la poésie, un témoin aussi de sa religion. On ne le prit pas toujours au sérieux (il s'y prêtait d'ailleurs – par humilité ? par négligence ?). Il fut un méconnu, méconnu par ses pairs, les poètes eux-mêmes, il faut bien le reconnaître qui, pour la plupart, l'exclurent du nombre des grands. Il fut aussi méconnu par ses coreligionnaires (j'entends les catholiques) qui ne virent en lui que le pécheur, le fantasque, l'inconséquent. Seuls le prirent au sérieux des persécuteurs qui, le replaçant parmi ses *autres* coreligionnaires, lui donnèrent enfin – et hélas – la palme qu'il méritait, la palme réelle du martyr et du témoin véritable. »

JEAN ROUDAUT.

♦ *« Vous avez à la fois les dons d'un poète et les grâces d'un chrétien, rien nulle part d'artificiel et de méchant, mais partout ces belles vertus qu'on appelle l'humilité et la charité, celle-ci dans son double sens. »* Paul Claudel, lettre à Max Jacob, 13 janvier 1937. ♦ *« Il n'est sans doute pas, de nos jours, d'auteur plus déconcertant que Max Jacob. Il semble ne se prendre jamais au sérieux, comme Henri Heine : et le rire, le sourire du moins, est toujours chez lui voisin des pleurs. On dirait, par moments, qu'il se moque un peu du lecteur. Mais je sais un moyen de ne jamais être sa dupe : c'est de l'aimer. Alors tout s'éclaircit soudain et ce qui paraissait feint d'abord devient pudeur et tendresse. »* André Gide. ♦ *« Ce qui caractérise son œuvre, c'est l'absence d'erreur, même lorsqu'il se complaît dans le saugrenu ou le fantastique pur. Le toucher est toujours juste. Quant au clavier sur lequel il jouait, c'est un des plus étendus : il va de la fantaisie inquiète, du choquant, de l'incroyable et parfois de la simple assonance, à une sorte de mysticisme voilé, de sincérité profonde et pure qui devait nécessairement lui conseiller de s'adresser directement à Dieu. »* Léon Paul Fargue. ♦ *« Max Jacob est de ces gens que les gens sérieux ne veulent pas prendre au sérieux. »* Daniel-Rops. ♦ *« Nous devons tous beaucoup à Max Jacob : il nous a éveillés au sentiment secret des êtres et des choses et préservés de bien des confusions. Sans lui, la Poésie aurait fini par se disperser. »* Francis Carco. ♦ *« Nul mieux que Max n'a su réussir ce miracle : se rendre invisible, tromper l'œuvre à force de transparence et donner en pâture à l'époque un homme de paille qu'elle puisse brûler sans atteindre le poète. »* Jean Cocteau.

RÉF. : P. Lagarde, *Max Jacob mystique et martyr*, Paris, 1944. – M. Parturier, *Max Jacob, note biographique*, Paris, 1944. – A. Billy, *Max Jacob. Une étude avec des lettres inédites à Guillaume Apollinaire*, Paris, 1945. – M. Béalu, *Dernier visage de Max Jacob, 1937-44*, Périgueux, 1946. – Y. Beleval, *La Rencontre avec Max Jacob*, Paris, 1946. – J. Rousselot, *Max Jacob, l'homme qui faisait penser à Dieu*, Paris, 1946. – *Revue des Lettres modernes*, numéro spécial, Paris, 1973. – J. Pérard, *Max Jacob l'universel*, Colmar, 1974. – R. Plantier, *L'Univers poétique de Max Jacob*, Paris, 1976. – A. Thau, *Poetry and Anti-poetry : a Study of Selected Aspects of Max Jacob's Poetic Style*, North Carolina, 1976. – M. Pleynet, C. Parisot, J. Warnod, *Max Jacob, dessins*, Paris, 1978. – J. Morganroth Schneider, *Clown at the Altar : the Religious Poetry of Max Jacob*, North Carolina, 1978. – S. Levy, *The Play of the Text : Max Jacob's « Le Cornet à dés »*, Wisconsin, 1981. – P. Andreu, *Vie et mort de Max Jacob*, Paris, 1982.

JACOBI Friedrich Heinrich. Philosophe allemand. Né à Düsseldorf le 25 janvier 1743, mort à Munich le 10 mars 1819. Dès son enfance, il manifeste des goûts et des attitudes qui seront le ferment le plus actif et la justification la plus intime d'une doctrine professionnellement non exploitée : un fort sentiment religieux, une tendance à l'introspection, les effusions du cœur contemplatif. Il vit à part : aux jeux avec ses compagnons, il préfère la lecture de *La Bible* (*) et d'ouvrages édifiants en compagnie d'une domestique ; après sa confirmation, il devient membre d'une société dont le but est la discussion des problèmes religieux. Chez lui, son comportement ne le fait pas juger digne d'entreprendre des études universitaires auxquelles on destine, au contraire, son frère aîné, le poète Johann Georg ; son père, commerçant, pense à faire de lui un aide, puis un successeur à la direction de son entreprise ; il l'envoie donc comme apprenti dans une maison de commerce à Genève, où le mathématicien Lesage l'initia à la philosophie. Là, Jacobi réalisa l'accord entre ses inclinations d'enfant solitaire et l'esprit du temps, et trouva dans l'*Émile* (*) de Rousseau les plus exactes correspondances à ses aspirations. La certitude du vicaire savoyard, à savoir que l'homme existe parce qu'il sent et que la sensation est le plus sûr témoin de la réalité d'un monde extérieur, sera le point de départ de son réalisme. Rentré dans son pays en 1762, il se consacra à la lecture de Spinoza, et son attention fut particulièrement appelée par les solutions que Kant et Mendelssohn apportèrent au thème proposé en 1763 par l'Académie de Berlin : sur l'évidence dans les sciences métaphysiques. Son activité matérielle accrue (en 1764, il assuma la gestion de la maison de son père) ne le détourna cependant pas de l'étude de la philosophie ; cette même année il épousa Betty de Clermont, femme riche et intelligente, qui pendant vingt ans fut pour lui une compagne affectionnée. En 1772, il abandonna le commerce, ayant été appelé à une charge de conseiller des finances.

Entre-temps, il avait fait la connaissance de Wieland avec lequel il publiera le *Mercure allemand* (*), et sa maison de campagne de Pempetfort, près de Düsseldorf, était devenue le centre des intellectuels allemands. Le 21 juillet 1774, Goethe lui-même y passa, et au sujet de sa visite il écrivit : « Les pensées dont Jacobi m'a fait part jaillissaient directement de son sentiment ; et comme j'en fus pénétré lorsqu'il m'ouvrit avec une absolue confiance les plus profondes exigences de son âme !... Nous nourrissions le vif espoir d'une activité commune et je le priai de décrire, sous une forme quelconque, tout ce qui s'agitait en lui. » Plus tard, le jugement de Goethe devint moins enthousiaste et plus critique. Jacobi répondit aux sollicitations de Goethe par la publication de deux romans philosophiques : *Lettres d'Allwill* [*Aus Eduard Allwills Papieren*, 1775 ; nouv. éd. *Eduard Allwills Briefsammlung*, 1792] et *Woldemar* (*) dont les personnages veulent exprimer le dépassement du « Sturm und Drang », du « génie original », dans la recherche intérieure de la foi et de l'absolu. En janvier 1779, Jacobi est à Munich où le prince électeur l'a fait appeler comme conseiller secret et rapporteur ministériel pour les douanes et le commerce ; mais, en juin, il regagne Düsseldorf à cause de différends nés de ses idées « libérales » contre l'extension des octrois. Un article de lui contre les obstacles dirigistes dans le commerce paraît dans les *Baierische Beiträge*. En 1780, un entretien avec Lessing sur le spinozisme et la lecture de la *Critique de la raison pure* (*) de Kant l'aident à préciser sa position philosophique. En 1784, tandis qu'il séjourne à Bad Hofgeismar, anéanti par la mort de sa femme et d'un de ses enfants, il échange une correspondance avec Moses Mendelssohn au sujet du spinozisme et, lorsque l'année suivante paraissent les *Matinées* [*Morgenstunder oder über das Dasein Gottes*] de Mendelssohn, il publie *Sur la philosophie de Spinoza, lettres à Mendelssohn* [*Über die Lehre des Spinoza in Briefen an den Herrn Moses Mendelssohn*] qui, dans la seconde édition de 1789, comprendront en appendice un résumé du dialogue de Bruno : *Cause, principe et unité* (*).

Dans cette œuvre, le noyau central de la pensée de Jacobi est désormais constitué : la nécessité d'aller au-delà de la connaissance démontrable, au-delà du savoir intellectuel dont, justement, le spinozisme est, pour lui, l'expression la plus rigoureuse et la plus solide, pour puiser à une connaissance immédiate de l'absolu. Les œuvres qui suivent sont nées, bien plus que pour marquer les étapes du développement complexe de sa doctrine, de la nécessité de réfuter ou de mettre au point la position mystique et antirationaliste des *Lettres*, ou ont été occasionnées par des polémiques. Ainsi *David Hume et la foi, ou Idéalisme et réalisme* [*David Hume über den Glauben, oder Idealismus und Realismus*, 1779], enrichi d'un appendice *Sur l'idéalisme transcendantal* [*Über den transcendentalen Idealismus*] ; *Lettres à Friedrich Nicolai* [*Schreiben an Friedrich Nicolai*, 1788] ; *Missive à Fichte* [*Sendschreiben an Fichte*] ; le mémoire *Sur l'entreprise du criticisme d'amener la raison à l'intelligence* [*Über das Unternehmen des Kritizismus, die Vernunft zu Verstand zu bringen*, 1801] sont-ils des ouvrages dictés par les circonstances. En 1794, Jacobi abandonna Düsseldorf pendant quelque temps, à l'approche des troupes françaises, et quitta définitivement cette ville dix ans après, lorsqu'une débâcle financière l'eut privé des deux tiers de ses revenus. Ce fut alors qu'il accepta l'offre de se rendre à Munich pour y constituer cette Académie des sciences dont il devint le président, et ce fut également dans cette ville qu'il publia son autre ouvrage fondamental *Des choses divines et de leur révélation* (*) (1811), et qu'il s'occupa de l'édition complète de ses œuvres. Jacobi a eu une grande importance dans l'histoire de l'idéalisme allemand ; on lui doit, à son corps défendant, la remise en lumière de la philosophie de Spinoza, et sa critique de Kant, comme ses polémiques avec les « encyclopédistes » berlinois, avec Fichte et Schelling, seront fécondes en stimulants. Hegel, qui fut le plus sévère critique de sa pensée, devait pourtant écrire que la toute nouvelle philosophie allemande commençait à lui et à Kant.

MARIO SPAGNOL.

♦ *« J'ai fait, ces jours derniers, une curieuse lecture : celle des lettres de Jacobi et de ses amis* [publ. en 1825-27]. *C'est un livre des plus remarquables et vous devez le lire non pour y apprendre quelque chose, mais pour avoir d'abord un aperçu de la civilisation et de la littérature dont on n'a aucune idée. »* Goethe.

RÉF. : T. Wizenmann, *Die Resultate der Jacobi'schen und Mendelssohn'schen Philos., Kritisch untersucht von einem Freywilligen*, Lpz., Göschen, 1786. – L. Lévy-Bruhl, *La Philosophie de Jacobi*, Paris, 1894. – Von Weiller et Thiersch, *Jacobi's Leben, Lehre und Wirken*, Munich, 1918. – O. Heraenes, *F. Jacobi und der Sturm und Drang*, 1928. – O. F. Bollnow, *Die Lebensphilosophie Jacobis*, 1933. – V. Verra, *F. H. Jacobi. Dall'illuminismo all'idealismo*, Turin, 1963. – K. Homan, *F. H. Jacobis Philosophie der Freiheit*, Munich, 1969. – Klaus Hammacher, *Die Philosophie Friedrich Heinrich Jacobis* (Kritik und Leben 2), Munich, 1969. – G. Baum, *Vernunft und Erkenntnis. Die Philosophie F. H. Jacobis*, Bonn, 1969. – Klaus Hammacher, *Friedrich Heinrich Jacobi, Philosoph und Literat der Goethe-Zeit*, Francfort, 1971.

JACOBSEN Jens Peter. Romancier et botaniste danois. Né et mort à Thisted, dans le Jutland (7 avril 1847-30 avril 1885). Dès son enfance, passée à la campagne, il montra un esprit d'observation particulièrement éveillé, et fut curieux aussi bien de la vie de la nature que des mœurs traditionnelles de son pays. La littérature et les sciences le passionnant également, il connut une certaine hésitation au moment de choisir sa carrière. Bien qu'encore adolescent il eût déjà écrit des poésies, il décida de devenir botaniste et, à partir de 1868, suivit à l'université de Copenhague des cours de sciences naturelles. Sa thèse lui valut une médaille d'or de l'Université. Il avait été également chargé par une société scientifique de faire un rapport sur la flore des îles de Anholt et de Laesö. À cette époque, le darwinisme commençait à se répandre dans les milieux intellectuels européens, et Jacobsen fut un des plus ardents propagandistes de la nouvelle doctrine : ce fut lui qui traduisit en danois *De l'origine des espèces par voie de sélection naturelle* (*) et *La Descendance de l'homme et la sélection sexuelle* (+) ; en collaboration avec Vilhelm Möller, il écrivit également un essai sur Darwin, publié après sa mort : *Darwin, sa vie et son enseignement* [*Darwin, hans liv og hans laere,* 1893]. Mais atteint de tuberculose, il fut contraint d'interrompre ses travaux scientifiques. Il n'avait d'ailleurs jamais cessé de se passionner pour la littérature et, dès 1872, avait fait paraître un recueil de six nouvelles – v. *Mogens et autres nouvelles* (*). Encouragé par le célèbre critique Georg Brandès, il commença ensuite *Madame Marie Grubbe* (*), grand roman historique situé au XVIIe siècle, époque de la Renaissance danoise. Ce livre, publié en 1876, fut suivi par *Niels Lyhne* (*) (1880) et, en 1882, par un nouveau recueil de nouvelles. Après sa mort parurent encore quelques textes de prose et un livre de poèmes, les *Chants de Gurre* [*Gurresange*], qu'il avait composés dans sa chambre de malade, et qui furent mis en musique en 1911 par Arnold Schönberg. Jacobsen, que le jeune Stefan George et Rainer-Maria Rilke admirèrent beaucoup (on dit même que Rilke aurait appris le danois pour pouvoir lire Jacobsen dans le texte original), est sans doute, par son style aux nuances raffinées et chatoyantes, le plus grand prosateur danois.

RÉF. : Théodore Wolff, étude en préface à la traduction allemande de *Niels Lyhne,* Copenhague, 1889. – Georg Brandès, *Det moderne Gjennembruds Moend,* Copenhague, 1891. – Lucie Jacobi, *Jens Peter Jacobsen,* Iéna, 1911. – Lydia Baer, *Rilke and Jens Peter Jacobsen,* article in *Publications of the Modern Language Association,* tome 54, New York, 1939. – B. Tigerschioeld, *Jens Peter Jacobsen och hans Roman Niels Lyhne,* thèse, Göterborg, 1945. – Frédéric Durand : *J. P. Jacobsen ou la Gravitation d'une solitude,* P.U. de Caen, 1968.

JACOPONE DA TODI (Jacopo Benedetti). Poète italien. Né entre 1230 et 1236 à Todi (Pérouse), mort probablement le jour de Noël 1306 à Collazone, entre Pérouse et Todi. De famille noble, il reçut une excellente éducation et, semble-t-il, se serait adonné très tôt à l'art poétique et aurait été procureur de sa ville. Selon les biographes anciens, il aurait mené une vie de débauche avant sa conversion provoquée par la mort de sa femme, tuée à la suite de l'effondrement d'une estrade dans une salle de bal. Jacopone, selon ce récit, aurait découvert sur le cadavre de son épouse un cilice. Il se prit à réfléchir au sens profond des choses et en 1268 choisit de mener une vie de pénitence et de mortification. En 1278, il entra dans l'ordre des Frères mineurs. À cette époque, l'ordre était divisé entre deux tendances opposées : les conventuels, modérés enclins à adoucir la sévérité de la règle de saint François, et les spirituels, intransigeants et fidèles à la règle de pauvreté absolue. Jacopone se joignit à ces derniers, vers qui l'attirait son tempérament impétueux et violent. Lorsque Boniface VIII abrogea la concession accordée aux spirituels par son prédécesseur, Jacopone entra en lutte ouverte contre le pape et s'unit aux deux cardinaux Colonna, qui s'étaient déclarés en faveur des spirituels ; en 1297, il signa le manifeste déclarant Boniface déchu et demandant la réunion d'un concile. L'excommunication frappa les deux Colonna et leurs partisans. Palestrina, centre des rebelles, fut assiégé, pris, et Jacopone fait prisonnier et condamné. Il languit longtemps en prison et dut attendre la mort de Boniface en 1303 pour obtenir sa libération. C'est en grande partie durant sa captivité qu'il composa ses *Laudes* (*) qui reflètent les raisons de sa lutte religieuse et sa curieuse expérience mystique. Il vécut ses dernières années dans le couvent de San Lorenzo di Collazone. C'est dans les dernières années de sa vie qu'il aurait composé l'hymne *Stabat Mater* (*).

RÉF. : N. Sapegno, *Frate Iacopone*, Turin, 1926 (réimp., Naples, 1969). — Dr Pierre Barbet, *Bienheureux Jacopone de Todi*, Paris, 1943. — Irene Steiger, *Jacopone da Todi Welthass und Gottesliebe*, Zurich, 1945. — E. Menesto (aux soins de), Actes du colloque historique sur Jacopo (Todi, 1930), Todi, 1981.

JACQUES saint. Apôtre tenu pour le premier évêque de Jérusalem, dont le nom a pour origine Jacob. Suivant la tradition chrétienne, il est soit « frère de Jésus » (Jacques le Mineur), soit « frère de Jean » (Jacques le Majeur), sans que l'on puisse vraiment dire s'il s'agit d'un seul et même personnage. L'auteur de l'*Épître* (*), reconnu plus fréquemment comme « Jacques frère de Jésus » vécut au Ier siècle après J.-C., il mourut martyrisé en 62. C'était un paysan de Galilée et, dans une comparaison de son *Épître*, il semble se souvenir du temps où il mettait « le mors dans la bouche des chevaux ». Au nom des traditions d'Israël, Jacques s'opposa d'abord, ainsi que les autres « frères » (c'est-à-dire parents) du Christ, à la prédication de Jésus. Puis (peut-être à la suite d'une apparition du Ressuscité), il crut et, annonçant la bonne parole, devint un orateur assez estimé de la communauté de Jérusalem. Renommé pour son austérité, saint Jacques, rapporte à son propos Hégésippe, historien ecclésiastique du IIe siècle, « était un saint dès le ventre de sa mère. Il ne but jamais ni vin, ni cervoise, et ne mangea de rien qui eût vie. Jamais le rasoir ne passa sur sa tête, il ne s'oignit jamais d'huile et n'usa pas de bains. Il pouvait seul entrer dans le lieu saint, car il ne portait pas de vêtements de laine, mais seulement du lin. Il se rendait seul au temple, et on le trouvait prosterné à genoux, priant pour les péchés du peuple, tellement que ses genoux s'étaient couverts de callosités comme il arrive aux chameaux, à cause de ses génuflexions réitérées, tandis qu'il implorait le pardon du peuple. Cette vertu extraordinaire lui fit donner le surnom de Juste et d'Oblias, c'est-à-dire rempart et justice du peuple, ainsi que les prophètes avaient prédit de lui. » Malgré ses tendances judaïsantes, Jacques sut préserver la pureté du christianisme, et le défendre contre la tendance de certains judéo-chrétiens à revendiquer les droits du judaïsme sur les gentils devenus chrétiens. L'apôtre affirma, en effet, au concile de Jérusalem (51) « qu'il ne faut pas inquiéter ceux d'entre les gentils qui se convertissent à Dieu » (*Actes des apôtres*, XV, 19).

RÉF. : J. Cantinat, *Les Épîtres de saint Jacques et de saint Jude*, Paris, 1973. — J. Calloud, F. Genuyt, *L'Épître de saint Jacques : analyses sémiotiques*, L'Arbresle (Rhône), 3e éd., 1983. — F. Vouga, *L'Épître de saint Jacques*, Paris, 1984.

JACQUES d'Édesse. Écrivain sacré jacobite de langue syriaque. Né à Indēbā, près d'Antioche, en 633, mort à Tel'Edā le 5 juin 708. D'abord disciple du périodeute de son bourg natal, il continua ses études au couvent de Qenneshrīn, et fit un voyage en Égypte. Ses profondes connaissances donnèrent à ses écrits une précision, une clarté, une logique et une élégance fort appréciables. Élu évêque d'Édesse en 684, il se démit de sa charge au bout de quatre ans, à cause de la résistance que le clergé opposait à ses réformes, et se retira au couvent de Saint-Jacques, à Qāyshūm, puis à celui d'Eusēbōnā, où il passa onze ans à expliquer les Écritures en partant du texte grec. Ayant séjourné pendant neuf ans au couvent de Tel'Edā, il fut rappelé à Édesse à la mort de son successeur l'évêque Habid ; mais il mourut quatre mois après, au cours d'un voyage à Tel'Edā. Inventeur du système de vocalisation pour l'écriture syriaque (massore), il révisa la version syriaque des Écritures ; il écrivit aussi des *Scholies* sur divers passages de *La Bible* (*), qui nous ont été conservées par le moine Sévère dans sa *Catena Patrum*. Outre des *Résolutions canoniques*, les fragments d'une *Chronique* allant jusqu'en 692, des *Homélies* en prose et en vers, et divers écrits liturgiques, on a de cet auteur des *Lettres* traitant des sujets grammaticaux, théologiques et exégétiques ; un *Enchiridion* (*), traité des termes techniques philosophico-théologiques ; des fragments de sa *Grammaire de la langue mésopotamienne* (syriaque). L'*Hexaemeron* ou traité *De la création et des créatures* en sept parties (terminé par Georges des Arabes, évêque d'Akoula) est la suite d'un traité de théodicée, intitulé *La Cause première créatrice, éternelle, toute-puissante et incréée*, qui ne nous est pas parvenu. Les *Homélies cathédrales* ont été traduites en français et publiées dans la *Patrologia orientalis* (t. IV, VIII, XII, XVI et XXV) en 1907-1935.

RÉF. : R. Duval, *La Littérature syriaque*, Paris, 1907. — A. Baumstark, *Geschichte d. syrischen Literatur*, Bonn, 1922. — E. Tisserant, article *Jacques d'Édesse*, in t. VIII du *Dictionnaire de théologie catholique* de Vacant et Mangenot, 1924.

JACQUES de Voragine (Jacopo da Varazze). Écrivain religieux italien d'expression latine. Né à Voragine (Varazze, en Ligurie) vers 1228-29, mort à Gênes le 14 juillet 1298. Sa *Legenda sanctorum*, plus connue sous le nom de *Légende dorée* (*), d'après le titre de la version italienne en langue vulgaire du XIVe siècle, eut un si grand succès que la réputation de l'auteur lui est exclusivement liée. Mais il ne fut pas obscur de son temps non plus, puisqu'il s'éleva dans la hiérarchie de l'ordre dominicain, auquel il appartenait depuis 1244, jusqu'au grade de provincial pour la Lombardie, de 1267 à 1285, année où il renonça à cette charge. Son prestige était même si grand qu'il fut appelé, en 1292, à la tête du diocèse de Gênes, bien qu'il eût déjà opposé un refus, en 1288, lorsque le pape lui avait, une première fois, proposé cet évêché. L'étude et l'enseignement de la théologie ainsi que l'éloquence sacrée furent sa véritable vocation. Il voulut toujours être utile pratiquement aux fidèles, auxquels il donnait, vers 1260, la primeur de son œuvre d'écrivain sacré : précisément *La Légende dorée.* Dans ces vies de saints, chacun devait trouver un modèle et un encouragement, et chacun y trouve encore la séduction d'une foi sans réserve. Du reste, ses écrits moins connus témoignent aussi en ce sens ; les *Sermons,* par exemple, écrits pour diverses fêtes religieuses, et même le *Chronicon Januense,* histoire de la ville de Gênes, ont surtout une intention éducative.

RÉF. : Francesco Luigi Mannucci, *La cronaca di Jacopo da Voragine,* Genova, 1904. – Jacobus Jan Agathus Zuidweg, *De Werkwijze van Jacobus de Voragine in de Legenda aurea,* Amsterdam, 1941. – E. Mâle, *L'Art religieux du XIIIe siècle en France,* Paris, 1948. – R. Aigrain, *L'Hagiographie, ses sources, ses méthodes, son histoire,* Paris, 1953. – P. Brown, *The Cult of Saints, Its Rise and Function in Late Christianity,* Chicago, 1981.

JAEGER Werner. Helléniste allemand. Né le 30 juillet 1888 à Lobberich (Rhénanie), mort le 19 octobre 1961 à Boston. Collaborateur de la Fondation Wilamowitz à Rome en 1911, il est ensuite « Privatdozent » (maître de conférences) en philologie classique à l'université de Berlin (1913), puis professeur à Bâle (1914), Kiel (1915), Berlin (1921) et Chicago (1936). Directeur de la revue *Die Antike.* Auteur de : *Aristote. Fondement d'une histoire de son évolution* (*) (1923) ; *Dioclès de Carystos* (+) (1938) ; *Paideia* (*) (1933-1961) ; *Discours et conférences sur l'humanisme* (+) (1960).

JAHNN Hans Henny. Dramaturge, romancier et essayiste allemand. Né et mort à Hambourg (17 décembre 1894-29 novembre 1959). Sa biographie est celle d'une des personnalités les plus fortes parmi les écrivains allemands contemporains. Descendant d'une vieille famille d'artisans (en lutherie, en constructions navales), il grandit « en esprit révolté, rebelle à toute forme d'autorité » ; après avoir quitté le collège, il passe tout le temps de la Première Guerre mondiale en Norvège, en raison de ses convictions pacifistes. Il fonde en 1921 (avec la collaboration de Gottlieb Harms) la société d'édition de partitions musicales « Ugrino » et publie des traités de musicologie. Facteur d'orgues de renommée mondiale, il s'attache à redécouvrir les techniques anciennes de cet instrument. Mais dès 1933, les nouveaux maîtres lui interdisent toute activité. Il se réfugie alors au Danemark, où il s'occupe de l'élevage de chevaux, tout en menant des recherches sur les hormones ! Après la guerre, il rentre en république fédérale et devient président de l'Académie des arts de Hambourg.

C'est en tant que dramaturge que H. H. Jahnn commença sa carrière d'écrivain, dans le sillage de l'expressionnisme. Ses premières pièces soulevèrent controverses et polémiques : *Le Pasteur Ephraim Magnus* (*) (1919), qui lui valut de recevoir, sur la proposition d'O. Loerke, le prix Heinrich von Kleist (en 1920), *Le Couronnement de Richard III* (*) (1921), *Le Médecin, sa femme et son fils* (*) (1922), *Le Dieu volé* (*) (1924), *Médée* (*) (1926). L'ambition de H. H. Jahnn est de montrer que « l'homme est capable de tout ». Ses personnages se débattent en vain dans une quête désespérée du salut, au sein d'un univers de violences, de perversités, dans « l'enfer de la chair ». Dans ses pièces les plus récentes, l'action dramatique, sur le même arrière-plan métaphysique, est plus solidement ancrée dans l'Histoire : *Coin de rue* (*) (1931) qui traite du racisme, *Thomas Chatterton* (1955) qui fait revivre la figure du poète anglais.

Perrudja (*) (1929) inaugure l'œuvre romanesque de H. H. Jahnn, suivi de la monumentale trilogie réunie sous le titre *Fleuve sans rivages* (*) qui comprend les livres *Le Navire de bois* (1949), *Le Récit de G. A. Horn* (1949-50), auxquels s'ajoute un *Épilogue* (posthume, 1961). Dans ces récits « polyphoniques », dont la technique narrative rappelle à maints égards J. Joyce, H. H. Jahnn décrit en définitive toujours la même situation : l'individu menacé, aliéné, parfois englouti par les « autres » « solitaire pour toujours » dans un univers « dévoré et dévorant ». Si, dans son dernier roman *La Nuit de plomb* (*) (1956), H. H. Jahnn dépouille sa manière d'écrire pour atteindre une sobriété kafkaïenne, le sujet n'a pas varié puisqu'il s'agit du cauchemar d'un personnage « confronté à lui-même ».

H. H. Jahnn, par la place qu'il accorde à la sexualité dans ses pièces et ses romans, fut souvent accusé d'obscénité et rangé avec Strindberg et Wedeking au rang des « prophètes de la luxure ». Il n'y a pourtant aucune complaisance, chez l'écrivain, pour ce genre de motif : la « chair », impérieuse et cruelle, se confond au contraire, pour lui, avec une tragique solitude.

JEAN-JACQUES POLLET.

RÉF. : W. Muschg, *Hans Henny Jahnn*, in : *Von Trokl zu Brecht. Dichter des Expressionismus*, Munich, 1961. – M. Maurenbrecher, *Subjekt und Körper. Eine Studie zur Kulturkritik im Aufbau der Werke H. H. Jahnns*, Francfort-sur-le-Main, 1983.

JAIMINI. Nom (de famille) porté par divers sages plus ou moins légendaires, auxquels sont attribuées des œuvres de l'ancienne littérature indienne. Le premier est fondateur d'une école de ritualistes védiques, spécialistes des mélodies sacrées du *Sāma-Veda* (*), et localisés à haute époque (600 av. notre ère ?) au Rajputana. La légende fait de Jaimini un disciple de ce Vyāsa qui est le rédacteur classique mais légendaire de maintes œuvres sanskrites, Vyāsa lui aurait confié le *Sāma-Veda* qui serait ensuite passé de père en fils à Sumantu, Sutvan puis Sukarman.

On doit à Jaimini et à son cénacle le *Jaiminīya-Brāhmaṇa* (*) et d'autres traités de rituel. Propriété des descendants modernes de ce sage, lesquels vivent présentement en Inde du Sud et sont parmi les rares à célébrer encore les grands sacrifices védiques. Cette littérature est peu à peu exhumée et publiée.

Un autre Jaimini est l'auteur des *Mīmāṃsa-Sūtra* (*). Comme dans cette œuvre, il n'existe aucun indice propice à la datation, et on situe ce Jaimini « philosophe » entre 350 av. et 500 de notre ère. Ce nom pourrait d'ailleurs recouvrir toute une lignée de docteurs. Entre le Jaimini du *Veda* et le second, il n'y a guère plus, jusqu'à présent, qu'une homonymie.

JEAN-MARIE VERPOOTEN.

JAKEMON (ou Jakemes) **Sakesep** (?). Poète picard de la seconde moitié du XIIIe siècle, auteur du *Roman du châtelain de Coucy et de la dame de Fayel* (*), composé probablement après 1285 et qui est l'une des plus célèbres variations sur le thème du « cœur mangé ». Certaines indications du poème font supposer que l'auteur ne fut pas trouvère de métier, mais plutôt un gentilhomme sans fortune, écrivant en amateur. À la fin du *Roman,* l'auteur annonce qu'il va cacher son nom dans un « engien » ; et les sept vers qui suivent permettent de lire en acrostiche « Jakemes », forme picarde de Jacques (Jakemon, au cas régime). Il est fort probable que là se borna l'« engien », et qu'il faille totalement négliger les sept vers suivants qui terminent le poème et d'où l'on a tiré les différents noms proposés tour à tour, Sakesep, Makesep, Sakès, Makès, et autres. Est-il Jacques Bretel ?

RÉF. : M. Delbouille, *Problèmes d'attribution et de composition,* IV ; *Rev. belge de philol. et d'hist.*, tome XII, 1933. *Le Roman du Castelain de Coucy, etc.*, par Jakemes, Paris, 1936. – A. Petit et F. Suard, *Le Châtelain de Coucy par Jakemes,* Troesnes (La Ferté-Milon), 1986.

JAKOBSON Roman. Linguiste américain d'origine russe. Né à Moscou le 11 octobre 1896, mort à Harvard le 18 juillet 1982. Roman Jakobson se passionne très tôt pour la poésie. Étudiant, il participe à la fondation du Cercle linguistique de Moscou (1915) et de celui de Pétrograd (1917), où se retrouvent de jeunes poètes, théoriciens de la littérature, ethnologues et linguistes. Ils reprendront à leur compte l'appellation de « formalistes » employée par leurs détracteurs. En littérature comme en linguistique, ils veulent poser les problèmes en termes de « structure » et de « fonction » – v. *Morphologie du conte* (*) de Propp –, où les thèmes des contes s'organisent et dérivent les uns des autres par transformations ; on sait comment Lévi-Strauss développera cette méthode dans l'analyse structurale des mythes, des relations de parenté, etc.

Ils s'opposent à l'analyse littéraire traditionnelle et à l'école linguistique néogrammairienne (1870-1914) qui étudiait les phénomènes linguistiques séparément et de façon purement historique, abstraction faite de leur fonction. Ils s'inspirent des linguistes polono-russes de Kazan (Baudouin de Courtenay, Kruszewski), qui, structuralistes avant la lettre, avaient dégagé dès les années 1880 les notions de « phonème » et de « morphème ». De 1920 à 1939, Jakobson, alors en Tchécoslovaquie, jouera un grand rôle dans le développement de l'École de Prague. L'École de Prague, ouverte aux linguistes, aux poètes, aux folkloristes et aux philosophes, s'inspire de Baudouin, de la dialectique de Hegel, de la phénoménologie de Husserl et Anton Marty, de l'analyse des fonctions du langage par le philosophe viennois Karl Bühler. Prague conçoit le langage comme un « système de structures » finalisées pour remplir certaines « fonctions » (référentielle, expressive, intersubjective, poétique, etc.) – voir l'article « Linguistique et poétique » in *Essais de linguistique générale* (*) et le recueil d'articles *Questions de poétique* (*).

Jakobson et Troubetzkoy développent l'analyse « phonologique » des sons d'une langue. Au-delà des variations physiques, multiformes et non toujours significatives, de ces sons – domaine de la phonétique –, la phonologie s'attache à dégager les unités « invariantes » jouant un rôle distinctif : les « phonèmes ».

L'École de Prague reprend les apports de Saussure, mais critique la notion d'arbitraire du signe, la séparation radicale entre synchronie et diachronie, et surtout l'idée que les changements sont « aveugles ». Jakobson répétera que les changements font partie du système synchronique, grâce à la coexistence chez le même locuteur de plusieurs « styles », aux fonctions sociales différentes.

L'École de Prague développe la théorie des deux axes : axe horizontal de la phrase ou axe syntagmatique des contiguïtés externes entre morphèmes successifs, et axe vertical ou paradigmatique des choix par similarité ou dissemblance entre éléments pouvant apparaître au même point. Jakobson appliquera cette théorie à la poésie : les deux figures fondamentales sont la « métaphore », qui jouera pour la « similarité », et la « métonymie », association par « contiguïté ».

En 1939, Jakobson quitte la Tchécoslovaquie pour la Scandinavie à la suite de l'agression hitlérienne. Il fréquente le Cercle linguistique de Copenhague et y rencontre Niels Bohr, avec lequel il fera plus tard, au Massachusetts Institute of Technology (M. I. T.), un séminaire conjoint sur la linguistique et la physique. Dans *Langage enfantin et*

Aphasie (traduit en 1969) [*Aphasie, Kindersprache und allgemeine Lautgesetze,* 1941], il compare les stades de l'acquisition phonétique du langage chez les enfants, et de sa désintégration chez les aphasiques. Plus tard, il appliquera les notions de similarité et de contiguïté pour caractériser les deux types fondamentaux d'aphasie : perte de la syntaxe ou aphasie de contiguïté, perte du vocabulaire ou aphasie de similarité (« Deux aspects du langage et deux types d'aphasie »).

Il émigre aux États-Unis en 1942. Il enseignera à Columbia, puis à Harvard et au M. I. T. Dans les années de guerre, il participe à New York à l'École libre des hautes études, de fondation française, où il rencontre Lévi-Strauss et enseigne *Six leçons sur le son et le sens* (1976, qui comporte une préface de Lévi-Strauss).

Avec Fant et Halle, il établit une caractérisation acoustique universelle des traits distinctifs dont se composent les phonèmes *Préliminaires à l'analyse du langage* [*Preliminaries to Speech Analysis,* 1952].

Il édite des textes médiévaux russes, s'intéresse à la théorie mathématique de la communication et à la typologie universelle des langues. Il rencontre Lacan, intéressé par l'opposition métaphore/métonymie. Il compare le code génétique, récemment découvert, et le code linguistique : tous deux produisent du sens en combinant des unités vides de sens par elles-mêmes (acides animés, phonèmes). Il reprend l'étude de l'aphasie avec des neurologues.

Dès ses débuts, Roman Jakobson a fait éclater les barrières entre les disciplines, retrouvant dans tous les domaines des systèmes structurés. Son apport personnel est considérable. En France, Lévi-Strauss, Lacan, la critique structuraliste ont subi son influence. Aux États-Unis, il a participé aux débuts du courant génératif en phonologie et fortement stimulé les études slaves et la poétique.

Sa conviction fonctionnaliste (étudier le langage en liaison avec les fonctions qu'il remplit) l'a empêché de s'associer activement au travail de son élève Chomsky sur la syntaxe comme domaine relativement isolé.

Son intérêt pour les « styles » coexistant chez le même locuteur annonce les « règles variables » de Labov, et tout le courant sociolinguistique actuel.

JACQUES BOULLE.

JAKŠIČ Djura. Poète, écrivain et peintre serbe. Né à Srpska Crnja (Banat) le 27 juillet 1832, mort à Belgrade le 16 novembre 1878. Issu d'une famille de prêtres orthodoxes, il fréquenta le lycée à Szeged qu'il quitta après trois ans pour étudier la peinture à Timishoara et à Budapest. Volontaire dans les combats contre les Hongrois en 1848-49, il poursuivit plus tard ses études de peinture à Vienne et Munich. De retour dans sa patrie, il travailla comme peintre d'icônes et de scènes historiques. Il est considéré comme un des bons peintres serbes de son temps. Vivant après 1856 toujours en Serbie, il y fut instituteur, professeur de dessin, correcteur d'imprimerie, souvent sans travail, mal vu par les autorités et luttant sans cesse contre la misère.

Son œuvre littéraire comporte trente-deux contes, trois pièces de théâtre et des vers lyriques et épiques. Ses récits traitent de sujets se rapportant au Moyen Âge serbe, des souffrances du paysan opprimé par les féodaux hongrois et la bureaucratie du nouvel État serbe, rapportent des scènes de guerre et de la vie politique. Sa prose part du pur romantisme et se rapproche du réalisme par ses tendances sociales. Son œuvre dramatique est animée d'esprit patriotique et libertaire : *La Migration des Serbes* [*Seoba Srbalja,* 1862] ; *Élisabeth, princesse monténégrine* (*) et *Stanoje Glavaš* (1878). Il donna sa pleine mesure comme poète lyrique, le plus grand poète du romantisme serbe finissant.

JALOUX Edmond. Écrivain français. Né à Marseille le 19 juin 1878, mort à Lutry, près de Lausanne, le 15 août 1949. Il mena de front une active carrière de romancier et une besogne assidue de critique, de journaliste. Académicien depuis 1936, il atteignit plutôt le grand public par ses articles et son action personnelle que par ses romans — qui sont pourtant près d'une trentaine. Les plus connus datent de la première partie de sa carrière : *Le reste est silence* (1909), *L'Incertaine* (1918), *Fumées dans la campagne* (1918), *L'Escalier d'or* (*) (1922) et *La Balance faussée* (*) (1932). Par la peinture de mœurs et la psychologie, il s'apparenterait plutôt aux romanciers anglais, dont il avait d'ailleurs le culte, avant de s'adonner à celui des romantiques allemands. Ses fables, toujours maintenues dans un cadre d'oisifs, d'esthètes, ne doivent rien au réalisme. Peu à peu il évolua d'ailleurs vers l'irréalisme absolu, sinon le surréalisme, et il en a donné la théorie dans des revues suisses : il vécut en effet ses dix dernières années au bord du Léman. Mais son libéralisme artistique était extrême ; et on en trouvera la preuve dans son feuilleton célèbre des *Nouvelles littéraires,* de 1924 à 1940 : *L'Esprit des livres,* et dans plusieurs recueils de critique, dont l'un s'intitule justement *D'Eschyle à Giraudoux !* Aucune tentative d'avant-garde ne le trouvait hostile ni prévenu. Aussi garda-t-il l'audience de ses cadets et rivalisa-t-il avec feu Albert Thibaudet, dans la faveur des milieux *N.R.F.* Esprit inquiet, cœur tendre et mélancolique, ce Provençal glacé a laissé le souvenir d'un homme qui ne vivait que pour l'art ; il unit la génération de son maître Henri de Régnier à celles qui naquirent de la Seconde Guerre. Son livre posthume de pensées et maximes, *Essences* (1944), révèle un moraliste très subtil, un psychologue raffiné, et permet de le classer comme écrivain très original.

ANDRÉ THERIVE.

♦ *« Ce rêveur révélant n'était pas un prince des nuées. Quand on suit son discours, quand on pressent ce qui va surgir de délicat sous sa plume, on se demande comment il va réussir à le dire. Cela semble ténu, insaisissable. Et l'on assiste à ce prodige : Edmond Jaloux ne rencontre pas d'indicible. Le mot juste et fort lui est donné, la phrase s'organise autour de l'idée, la cristallise, la fait briller. Avec du vaporeux, il crée du net ; avec de l'indistinct, du clair. »* Robert Kemp. ♦ *« Edmond Jaloux appartient évidemment à la race des artistes qui trouvent leur refuge dans l'imaginaire... C'était un homme qui demandait à la littérature une protection contre la vie... L'erreur de Jaloux romancier, ce ne fut pas de partir du rêve, ce fut de s'y enliser et de ne pas suffisamment déboucher sur le réel. Sans doute aspirait-il à une surréalité, plus authentique à ses yeux que les apparences... Critique, Edmond Jaloux a assumé le rôle éminent de frayer la voie chez nous aux littératures étrangères. Il s'y est employé avec une admirable passion. Quelle noblesse émane de ces vies d'écrivains toutes vouées à la pensée et où l'argent ne tient aucune place ! »* François Mauriac.

RÉF. : Henri Martineau, *Edmond Jaloux,* Paris, 1911. – Y. Delétang-Tardif, *Edmond Jaloux,* Paris, 1947. – Jack Kolbert, *Edmond Jaloux et sa critique littéraire,* Genève, 1962.

ǏAMAL-ZADÉ Seyyed Mohammad 'Ali. Écrivain iranien. Né en 1895. En choisissant le nom de plume de Ǐamal-Zadé (Ǐamal Fils), il voulait ainsi honorer la mémoire de son père, le célèbre orateur Ǐamal, qui s'était illustré dans la lutte pour l'adoption de la constitution. Son premier recueil de nouvelles, *Il y avait une fois* (*), publié en 1921, marque le début de la prose moderne en langue persane. Il sut mettre en œuvre toutes les ressources de la langue parlée, émaillant ses textes d'expressions savoureuses et imagées, en usage dans le parler populaire iranien, recourant à l'occasion au jargon des divers métiers traditionnels qu'il connaissait très bien. Il s'éleva souvent, et dans ses écrits et lors de ses interventions publiques, contre l'emploi dans la langue parlée des notions occidentales, des « occidentalismes » introduits par des Iraniens ayant fait leurs études en Europe. Cependant, il était partisan de prendre comme exemple le travail des écrivains occidentaux – de s'inspirer du roman et de la nouvelle –, ces formes pouvant être adoptées en Iran. Il s'attacha surtout dans ses écrits à brosser un tableau des conditions sociales iraniennes de son époque faisant preuve dans sa recherche d'une vive compréhension de la nature humaine.

Prise dans son ensemble, cette œuvre d'un écrivain de grand talent a été révélatrice des tendances profondes et des aspirations nouvelles de la société iranienne de son temps et, du point de vue littéraire, elle a été le moteur d'un véritable mouvement de renouveau en Iran. Parmi ses œuvres les plus célèbres, citons : *Il y avait une fois...* (1921), *La Maison de fous* (*), *L'Oncle Oseyn'Ali* (*) (1942-43), *L'Histoire d'une conduite d'eau* (+) (1947).

AHMED FOUATIH.

JAMBLIQUE de Chalcis. Philosophe néo-platonicien. Né à Chalcis de Syrie, dans la Coelésyrie, vers 280, mort autour de 330-35, ou, suivant l'opinion de Croiset, seulement vers le milieu du IVᵉ siècle. On sait peu de chose sur sa vie, car ce que nous a transmis Eunaque de Sardes est tendancieux ou fantastique. Nous savons avec certitude qu'il fut le disciple de Porphyre, qui lui a dédié son *De nosce te ipsum,* et qu'il enseigna de nombreuses années à Apamée, donnant ainsi naissance à l'école néo-platonicienne de Syrie. Il eut maints disciples, parmi lesquels saint Edèse (Aedesios), Eustathe de Cappadoce, Théodore d'Asiné, Dexippos et Sopatros, qui diffusèrent les idées néo-platoniciennes en Cappadoce, à Pergame et à Constantinople. L'œuvre fondamentale de Jamblique était intitulée *Recueil des doctrines pythagoriciennes* [Συναγωγῆτῶν πυδαγορείων δογματων] et comprenait dix livres dont nous sont restés *De la vie de Pythagore* (*), une *Exhortation à la philosophie,* un traité *De la science mathématique en général,* une *Introduction à l'arithmétique* ou, mieux, *Théologie de l'arithmétique. Les Mystères d'Égypte* [*De mysteriis Ægyptiorum*], dont le titre exact est : *Réponse du maître Abammon à la lettre de Porphyre à Anébon et solution des doutes qui y sont proposés,* écrit dirigé contre la philosophie religieuse de Porphyre, n'est pas considéré par tous comme authentique, bien que certainement émanant de son école. Avec Jamblique, le néo-platonisme se plonge dans le mysticisme magique et la théurgie : le salut des âmes n'est plus obtenu au prix de l'apaisement des passions, mais par le recours aux rites magiques et aux pratiques occultes.

GIUSEPPE FAGGIN.

♦ *« Ses écrits, sans être obscurs ou incorrects, ne sont pas remplis de grâce et d'agrément comme ceux de Porphyre ; ils n'en ont pas la lucidité, la pureté ; mais comme Platon le dit de Xénocrate, Jamblique n'avait pas sacrifié aux grâces ; aussi, loin d'attirer et d'attacher le lecteur, il le fatigue et le repousse. »* Eunape. ♦ *« L'école néo-platonicienne... est surtout représentée, dans la première moitié du IVᵉ siècle, par un homme étrange et mal connu, le « divin » Jamblique, de Chalcis en Syrie, rêveur enthousiaste et métaphysicien subtil, adoré de ses disciples comme un être surnaturel, opérant des prodiges, commandant aux démons et conversant avec les dieux. »* Croiset.

RÉF. : C. Rasche, *De Jambliche libri qui inscribitur de mysteriis auctore...,* Monasterii Guestfal, 1911. – G. Bestermann, *De Jamblichi vitae pythagoricae fontibus...,* Regimonti, 1913.

JAMBLIQUE le Syrien. Écrivain grec. Né vers 125 ap. J.-C. d'une famille d'esclaves. Syrien de race, mais Grec d'éducation, il fut initié à la langue et aux usages de Babylone, y compris la magie, par un Mésopotamien, scribe impérial fait prisonnier au cours de l'expédition de Trajan contre les Parthes. Il apprit aussi le grec et semble avoir professé la rhétorique en cette langue. Il vécut au temps de l'Arsacide Sohême, qui avait été mis sur le trône par les Romains, vainqueurs des Parthes. En 162, il prédit la victoire de l'empereur Lucius Verus sur Vologète. De son grand roman *Les Histoires babyloniennes* (*) ne subsistent que de rares fragments.

RÉF. : R. Helm, *Der Antike Roman,* Göttingen, 1956. – R. Beck, « Soteriology, the Mysteries and the Ancient Novel. Iamblichus "Babyloniaca" as a Test-Case » in *La Soteriologia dei culti orientali nell' impero Romano,* Leider, 1982.

JAMES Henry. Romancier américain. Né à New York le 15 avril 1843, mort à Londres le 28 février 1916, enterré à Cambridge (Massachusetts). Il était le frère du philosophe William James. Son grand-père, un émigré irlandais, avait amassé une telle fortune dans le Nouveau Monde qu'il épargna à deux générations de ses descendants la « honte de faire du commerce ». Son père, visionnaire à la Swedenborg, détracteur de la société, iconoclaste, patriarche et homme d'esprit, fut une des personnalités les plus attachantes de son temps. Le jeune Henry, taciturne et sensible, se considérait, au milieu des brillants orateurs de sa famille, comme un « fils et frère » respectueux mais insignifiant. À travers les rues de ce « vieux New York » encore provincial qui devait servir de cadre à son premier roman, *Washington Square* (*), l'enfant s'abandonnait à une orgie de rêves, où il imaginait cette vie dont il se sentait obscurément exclu. Au dire même de son père, Henry James était, dès son plus jeune âge, un « dévoreur de bibliothèques » et un intarissable écrivain de romans et de pièces de théâtre. Mais, par-dessus tout, il subit le « vaste, profond et aveuglant » rayonnement de cette Europe où sa famille se rendait sans cesse et qui s'imposa à son esprit avec toute la force d'une révélation mystique.

L'éducation des enfants James fut irrégulière et volontairement éclectique, marquée par un changement perpétuel de maîtres, d'écoles, d'études et de résidences, suivant l'idéal pédagogique de leur père qui voulait former des intelligences libres et dépourvues de préjugés. Après un séjour de cinq ans en Europe, la famille alla s'établir en 1860 en Nouvelle-Angleterre où elle demeura pendant la guerre civile. Bien qu'il ne considérât jamais la Nouvelle-Angleterre comme sa patrie, Henry James en assimila cependant cet aspect du puritanisme qu'est l'introspection, la connaissance des fonctions, des mouvements, des « lois naturelles » de l'âme, et de tout ce qui, dans la tradition puritaine, constitue la « servitude et grandeur de la vie humaine ». Une lésion à la colonne vertébrale l'empêcha de prendre part à la guerre civile, et cette circonstance accentua en lui la sensation d'être un « étranger » sur la scène humaine, destiné, tel un moderne Tirésias, à tout voir et prévoir sans y participer, et à supporter les conséquences merveilleuses et terribles de sa vision. Peu à peu la conscience de ce rôle devint pour lui une règle aussi rigoureuse qu'un vœu monastique. S'y consacrer signifiait pour lui devenir une sorte de « rédempteur », libérer l'expérience humaine de l'aveuglement et du désordre, en la condensant en de lumineuses créations de l'esprit ; transformer le « splendide gaspillage » de la vie dans la « sublime économie » de l'art ; créer, à partir des données brutes de l'expérience, des « toiles » dont tous les éléments seraient éclairés jusqu'à l'incandescence, des scènes rayonnantes et harmonieuses dans leur perfection tragique, comme celles de Racine. Pour qu'il en fût ainsi, il lui fallait auparavant choisir un art : après qu'il se fut essayé dans la peinture, Balzac lui révéla sa véritable vocation : la littérature.

Ses premiers écrits (contes et articles de critique destinés à des revues) ne laissent cependant pas encore deviner l'artiste de la maturité : ils se distinguent surtout par leur perfection formelle. Dans les contes, comme d'ailleurs dans l'ensemble de son œuvre, on discerne l'influence de Hawthorne. Pendant quelque temps, les voyages en Europe alternent avec les louables efforts du jeune homme pour s'astreindre à ce jeûne de l'esprit et des sens qu'était pour lui la vie en Amérique. Puis en 1875, âgé de trente-deux ans, il décida, non sans de longues hésitations, de s'établir définitivement à l'étranger. Il connaissait les dangers que comporte pour un artiste le fait de s'expatrier : son roman, *Roderick Hudson* (*), était en train de paraître au moment où il s'embarquait pour l'Europe. Le Paris de Flaubert et des Goncourt, où il voulut tout d'abord se fixer, n'était pas fait pour lui plaire, et il se rendit en Angleterre, où il devait rester jusqu'à la fin de ses jours. Les contrastes intimes et les conflits entre la vie européenne et américaine lui fournirent pendant plusieurs années ce qu'on appelle le « thème international » de *L'Américain* (*), des *Européens* (*), de *Daisy Miller* (*), etc. – v. *Nouvelles* (*). La figure symbolique de Daisy Miller devint à son tour le point de départ de ses études qui ont pour sujet l'une de ces jeunes Américaines à l'âme noble et au cœur pur comme les siens pour qui l'Europe marque l'étape d'un réveil moral : Isabelle Archer, l'héroïne d'*Un portrait de femme* (*), est la première d'une longue lignée de femmes qui aboutit à Maggie Verver et Milly Theale. Tout d'abord, entre 1886 et 1890, un groupe de trois romans expérimentaux vit le jour : *Les Bostoniennes* (*), *La Princesse Casamassima* [*The Princess Casamassima*] et *La Muse tragique* (*), très différents l'un de l'autre, et aussi du reste de l'œuvre de James par le sujet de la construction, mais tous également parfaits. Le deuxième d'entre eux, considéré autrefois comme un mauvais roman-feuilleton à sujet politique, œuvre d'un écrivain tout à fait ignorant de la politique, a été reconnu comme le récit le plus perspicace qui ait jamais été écrit sur les aspects psychologiques et moraux des mouvements révolutionnaires au XIXe siècle.

En 1890, la vieille passion de James pour le théâtre, qui apparaît dans toute son œuvre, le poussa à écrire un certain nombre de drames dont l'échec total le fit souffrir toute sa vie. Mais son expérience de dramaturge profita à son art de romancier. Ce dernier atteignait alors à un degré d'économie dans la composition, de rigueur et de raffinement inconnus jusqu'à cette heure dans la prose narrative, même en France. Et la virtuosité technique déployée dans des œuvres telles que *Ce que savait Maisie* (*) (1897) et *L'Âge ingrat* [*The Awkward Age*] cacha pendant longtemps aux yeux du public leur étonnante poésie. Dans *Les Dépouilles de Poynton* (*), ce ne fut pas la technique, mais une certaine ressemblance trompeuse avec le roman social, qui empêcha les lecteurs d'apprécier le véritable sens de l'écroulement intérieur et de la métamorphose d'un ordre social, de cette « destruction par le feu » qui n'était que vérité poétique en 1897, mais devint vérité historique en 1914.

La fin du siècle trouve James en train d'écrire trois romans qu'il avait depuis longtemps mûris : *La Coupe d'or* (*), *Les Ailes de la colombe* (*), *Les Ambassadeurs* (*), dans lesquels son imagination s'aventure à des hauteurs si vertigineuses qu'une quarantaine d'années devaient se passer pour que quelques rares lecteurs eussent le courage de le suivre tout au long de son ascèse. Un voyage en Amérique en 1904 donne naissance à la *Scène américaine* [*American Scene*], qui elle aussi, après quarante ans, fut reconnue comme une des œuvres les plus extraordinaires qui aient été écrites sur la civilisation américaine. Entre 1907 et 1909, James travailla à une série de préfaces pour un recueil de ses romans. Ces préfaces sont la première analyse cohérente du roman en tant que forme d'art. L'annonce de la guerre mondiale le bouleversa : il ne savait que trop bien — ne l'avait-il pas annoncé ? — que ce qui allait venir à la surface n'était que l'immense fond de bestialité de cette « haute civilisation » dont toute son œuvre avait été l'exaltation. Le découragement le conduisit à laisser sur le métier les deux nouveaux romans qu'il projetait d'écrire : *La Tour d'ivoire* [*The Ivory Tower*] et *Le Sens du passé* [*The Sense of the Past*], dans lesquels il se proposait d'explorer ces obscures régions de l'esprit où personne ne s'était encore aventuré, sinon peut-être Hawthorne dans les œuvres également inachevées de ses deux dernières années. Pendant le conflit, il se consacra à des œuvres d'assistance, demanda et obtint en 1915 la nationalité anglaise. Il devait s'éteindre l'année suivante.

STANLEY GEIST.

♦ *« Derrière toutes les petites tragédies et comédies de la vie internationale s'est délicieusement révélée à moi l'idée d'un groupement, d'une entente éventuelle et sublime des personnes d'éducation. Du point de vue intellectuel, moral, émotif, sensuel, social, politique, et en présence des difficultés et des dangers éprouvés, cette idée exquise peut fournir des situations capables de faire pâlir bon nombre des plus familières. C'est là qu'il faut chercher le drame personnel de l'avenir. »* Henry James. ♦ *« Mr. James, si précis de contours, si habile de pointe, si scrupuleux quant au fini... Mr. James, le type même de l'artiste délibéré... »* Robert Louis Stevenson.

RÉF. : Édition française : la traduction de l'œuvre complète de Henry James a été entreprise aux Éditions de la Différence ; les nouvelles y sont traduites par Jean Pavans. Les préfaces de l'édition de New York ont été réunies sous le titre *La Création littéraire* (Médiations, 1980).

Bibliographie : LeRoy Phillips, *A Bibliography of the Writings of Henry James*, 1930.

Biographie : Leon Edel, *The Life of Henry James*, 5 vol., Philadelphie, 1953-1972 ; *Henry James, Une vie*, Seuil, 1990.

Critique : Percy Lubbock, *The Craft of Fiction*, 1921. — Francis Matthiessen, *Henry James : The Major Phase*, New York, 1944. — Richard Poirier, *The Comic Sense of Henry James : A Study of the Early Novels*, Londres, 1960. — Charles Anderson, *Person, Place and Thing in Henry James's Novels*, Duke University Press, 1977. — Michel Zéraffa (éd.), *L'Art de la fiction : Henry James*, Klincksieck, 1978. — Daniel Fogel, *Henry James and the Structure of the Romantic Imagination*, Louisiana State University Press, 1981. — Jean Perrot, *Henry James, une écriture énigmatique*, Aubier, 1982. — *Delta* n° 15 (Montpellier), novembre 1982. *L'Arc*, n° 89 (1983). — Nancy Blake, *Henry James : Écriture et absence*, Cistre, 1985. — Evelyne Labbé, *Écrits sur l'abîme : les derniers romans de Henry James*, Presses universitaires de Lyon, 1990.

JAMES William. Philosophe américain. Né le 11 janvier 1842 à New York, mort le 26 août 1910 à Cocorua (New Hampshire). Frère aîné du romancier Henry James et fils d'Henry James, l'éminent philosophe disciple de Swedenborg. Sa famille descendait d'émigrants irlandais enrichis. Comme son frère, William passa son enfance en longs voyages à travers l'Europe avec sa famille et fréquenta une multitude d'écoles en divers pays. L'irrégularité de ses études et la variété de ses aspirations lui rendirent difficile le choix d'un métier ; il se décida enfin pour les sciences. Ses études faites à l'Harvard Medical School, interrompues par une expédition dans le bassin de l'Amazone en compagnie du naturaliste Louis Agassiz, et reprises ensuite, furent suivies d'un séjour de dix-sept mois en Allemagne ; ce fut une période de lectures, d'observations et de méditations, à laquelle remonte sans doute l'éclosion de sa pensée, mais également période d'indécision et de découragement qui le menèrent presque au suicide. William James avait hérité de son père une tendance aux spéculations non orthodoxes mais également un intérêt profond pour les valeurs morales et spirituelles, un besoin de foi religieuse et une forte propension au mysticisme que ses travaux scientifiques, et plus particulièrement la lecture de Darwin, mirent gravement en doute. Le problème de concilier sa tendance religieuse intérieure et la pensée scientifique qui semblait miner sa foi le préoccupa toute sa vie et fut un des moteurs principaux de son œuvre. Le résultat immédiat de ce dilemme classique du XIXe siècle uni dans son cas à un drame psychologique personnel fut, à son retour en Amérique en 1868, une période de doutes torturants, de profonde tristesse et d'une crise nerveuse très grave qui le conduisit au bord de la folie et qui se termina ensuite en un « jugement » presque mystique, dont la formulation philosophique exprimée brutalement fut : si l'esprit est vraiment, comme l'affirme Darwin, un produit de l'évolution biologique, un instrument élaboré pour permettre à l'organisme humain d'affronter le milieu ambiant, la volonté humaine n'en reste pas moins « libre » ; la foi, bien que privée de son contenu théologique, conserve cependant ses droits propres comme fonction intérieure indispensable au maintien de la vie ; la vie, par elle-même, vaut d'être vécue. L'« optimisme » voulu grâce auquel l'esprit intuitivement équilibré de William James réussit ainsi à dominer son propre déséquilibre fondamental donna naissance à un système compliqué de pensée spéculative.

En 1872, James commença à Harvard sa carrière de professeur qu'il devait poursuivre toute sa vie. Ses cours de physiologie se développèrent peu à peu et comprirent bientôt la biologie, la philosophie, la psychologie et leurs rapports réciproques. Son mariage, survenu en 1878 — il devait avoir cinq enfants —, fut suivi par des années de travaux intellectuels intenses qui donnèrent le jour, en 1891, à son *Précis de psychologie* (*) qui, pour la première fois en Amérique, fit de la psychologie une discipline scientifique indépendante et qui, peut-être pour la dernière fois, démontra comment elle peut être, également, une forme de littérature humaniste. Ayant ainsi jeté les fondements psychologiques de sa pensée, James s'attacha à en élaborer les ramifications philosophiques. *La Volonté de croire* (*) (1897) offrit une justification « intérieure » (psychologique) du phénomène de la « foi ». De longues recherches dans le domaine de la psychologie et de la philosophie des religions aboutirent en 1902 à l'ouvrage intitulé *Les Formes diverses d'expérience religieuse* (*), où culmine une tradition de la pensée américaine qui avait pris naissance un siècle et demi auparavant avec le *Treatise Concerning Religious Affections* de Jonathan Edwards. Dans ce volume, James étudie la foi religieuse du point de vue, non pas de l'« exactitude scientifique » de certaines doctrines religieuses, mais de la validité psychologique — et, en conséquence, « pragmatique » — de l'expérience religieuse même ; est-elle ou n'est-elle pas favorable à la survie humaine, à la perpétuation de la vie, au salut spirituel et social ? Puisque l'homme qui avait connu la maladie et la folie était devenu le grand défenseur américain de la santé physique, de la force, de la joie, de l'énergie, de l'initiative, de l'exaltation, de l'esprit d'aventure, l'homme qui avait connu le désespoir, émergeant des ombres de la mort, était devenu un poète philosophe qui entonnait les louanges de la variété infinie et surabondante de la vie, l'apôtre de la « foi en soi-même » d'Emerson, de la « disponibilité » intellectuelle gidienne, de la liberté d'esprit, de l'ouverture vers le monde extérieur. Le critère pragmatique, étendu au domaine des idées comme une preuve nouvelle de la « vérité » philosophique, se trouve pleinement décrit dans le *Pragmatisme* (*) (1907), et pour répondre aux critiques, il en élabora ultérieurement la doctrine dans *L'idée de vérité* (1909). Lui qui aimait l'abondance illogique et la diversité infinie de la vie, et haïssait tout ce qui réduisait la vie à quelque unité spécieuse et systématique se touva encouragé par les pages que son ami Bergson avait consacrées à la continuité de l'expérience « vivante », à entreprendre, dans *Un Univers pluraliste* (*), l'exposé des implications ultimes du pragmatisme. Pendant toute sa vie, il maintint des rapports étroits avec des philosophes et des psychologues européens, et il se rendit fréquemment en Europe. Il reçut, dans ses dernières années, de grands honneurs, tant dans son pays qu'à l'étranger. Après sa mort parurent divers écrits de lui dont : *Essais sur l'empirisme radical* (*) (1912) et *Idéaux de la vie* [*Talks to Teachers on Psychology and to Students on some of Life's Ideals*], essai rédigé en 1899, ainsi que la plus humaine de toutes ses œuvres, sa *Correspondance* [*The letters of W. James,* 2 vol., 1921].

STANLEY GEIST.

♦ *« La philosophie de James est essentiellement ouverte. Il va devant lui hardiment, avec l'expérience pour unique guide. Le résultat de son investigation est fort remarquable. Il part de la science, comme si elle était, à elle seule, tout le savoir. Et le développement même de la science ramène finalement à ses yeux un genre de spéculation qui, d'abord, paraissait exclu par sa méthode même ; la métaphysique* [...] *L'idée essentielle de la métaphysique de James est l'identification de la réalité avec l'expérience la plus large, la plus complète, la plus profonde et la plus directe, à savoir avec la vie la plus intime de la conscience* [...] *Philosophie très cohérente, en somme, et de plus en plus claire, à mesure qu'elle se développe. »* Émile Boutroux. ♦ *« Les personnes qui prennent au sérieux ce que l'on appelle communément : sciences morales et politiques, doivent beaucoup de reconnaissance à William James pour la part importante qu'il a prise à la lutte engagée contre les servants du scientisme* [...] *William James a osé dire à ses compatriotes qu'ils devaient s'émanciper de* [la] *tutelle* [des universités européennes] ; *il les a engagés à raisonner sur toutes choses comme ils avaient l'habitude de raisonner sur les questions les plus graves de leur vie sociale* [...] *Il a parfois affecté d'employer un langage vulgaire pour parler de la métaphysique européenne, afin d'exciter les Américains à répudier les enseignements de l'Europe. »* Georges Sorel. ♦ *« On a dit que le pragmatisme de James n'était qu'une forme du scepticisme, qu'il rabaissait la vérité, qu'il la subordon-*

nait à l'utilité matérielle, qu'il déconseillait, qu'il décourageait la recherche scientifique désintéressée. Une telle interprétation [...] surprendra profondément ceux qui ont eu le bonheur de connaître l'homme. Nul n'aima la vérité d'un plus ardent amour. Nul ne la chercha avec plus de passion. Une immense inquiétude le soulevait ; et, de science en science [...] il allait, tendu sur les grands problèmes, insoucieux du reste, oublieux de lui-même... » Henri Bergson. ♦ « *Je trouve en lui une anticipation du problème le plus prenant de la philosophie contemporaine : à savoir la nécessité de bâtir la philosophie empirique sur une base reconnaissant que l'expérience est en union intime avec l'émotion et la connaissance. James fut un précurseur en prenant conscience de cette réelle union.* » John Dewey.

RÉF. : É. Boutroux, *William James,* Paris 1911. – Th. Flournoy, *La Philosophie de W. James,* Saint-Blaise, 1911. – J. Royce, *W. James and Other Essays,* New York, 1911. – M. W. Knox, *The Philosophy of W. James,* Londres, 1914. – H. Bergson, *Sur le pragmatisme de W. James* in *La Pensée et le Mouvant,* Paris, 1934. – R. B. Perry, *Thought and Character of W. James,*2 vol., 1935. – L. Morris, *William James, The Message of a Modern Mind,* New York, 1950. – G. W. Allen, *William James,* Minneapolis, 1970. – D. W. Bjork, *The Compromised Scientist : William James in the Development of American Psychology,* New York, 1983. – G. Bird, *William James,* Londres, 1986.

JAMMES Francis. Poète français. Né à Tournay (Haute-Pyrénées) le 2 décembre 1868, mort à Hasparren (Pyrénées-Atlantiques) le 1er novembre 1938. Son grand-père, Jean-Baptiste, docteur en médecine, et son père, Victor, étaient nés à Pointe-à-Pitre ; sa mère était originaire de Sisteron ; son père quitta la Guadeloupe à sept ans pour rejoindre sa famille à Orthez, puis vécut à Tournay et devint receveur de l'enregistrement à Bordeaux. Le futur poète fit ses études aux collèges de Pau et de Bordeaux, et fut quelque temps clerc de notaire à Orthez, où il demeurera plus de trente ans.

Ses premiers poèmes, de forme très régulière, parurent en de minces cahiers par les soins d'un imprimeur orthézien (*Six sonnets* et deux recueils intitulés *Vers*), en 1891 et 1892. Une troisième plaquette, plus étoffée, en 1893, toujours titrée *Vers*, inaugura la vraie manière du poète : « J'ai fait des vers faux, écrivait-il dans sa préface, et j'ai laissé de côté, ou à peu près, toute forme et toute métrique [...] Mon style balbutie, mais j'ai dit la vérité... » On y lisait une dédicace à Hubert Crackanthorpe et à Charles Lacoste (peintre depuis réputé). Le premier de ces amis, en regagnant l'Angleterre, déposa le petit volume chez Mallarmé, de qui Jammes reçut immédiatement un merci délicieux : « Il faut, ajoutait-il, que ceci ne passe pas inaperçu. » Dès l'année suivante, par l'entremise d'Arthur Chassériau, de Loti, de Régnier et de Gide, aiguillonné par Mallarmé, la librairie Ollendorff acceptait de publier un nouvel ensemble de *Vers*, où étaient repris en partie les premiers cahiers et le volume de 1893. Tout le milieu symboliste accueillait avec une sympathie mêlée de surprise cette flûte gauche aux accords dissonants, mais d'une incontestable et neuve mélodie. André Gide, particulièrement séduit, tint à acquitter, en 1895, les frais d'impression d'*Un jour,* dialogue rustique, dédié à Régnier, au *Mercure de France.*

Jammes se décida à visiter ses nouveaux amis, et fit à Paris la connaissance d'Henry Bataille, de Rodenbach, de Samain, de Marcel Schwob. Après un voyage à Biskra, où il retrouva Gide et sa jeune femme, et une rencontre de Coppée à Pau, il reçut, à Orthez, Samain et le musicien Raymond Bonheur et leur lut sa nouvelle œuvre, *La Mort du poète.* En 1898, à la suite de touchantes *Litanies en l'honneur de Francis Jammes* dans l'*Ermitage*, il invita Charles Guérin : ce dimanche des Rameaux orthézien marque une date au calendrier de la poésie et de l'amitié ; de Biarritz, peu après, Jammes recevait l'admirable pièce votive *Ô Jammes ta maison...*, qui allait prendre place dans *Le Cœur solitaire* (*), alors que Guérin s'enchantait du premier livre compact de son ami, paru deux mois plus tôt : *De l'Angélus de l'aube à l'Angélus du soir* (*). Quelques mois après, Jammes fit un séjour à La Roque-Baignard, en Normandie, chez Gide ; il y composa la merveilleuse *Élégie quatrième*, qui devint l'un des joyaux du *Deuil des primevères* (*) : c'est l'avènement de sa seconde phase poétique, où s'épanouit un registre libre, sans procédé mais non sans mystère.

Puis, entre 1899 et 1904, Jammes s'affirmera prosateur de grande classe, avec le triptyque de ses jeunes filles mélancoliques ou naïves : *Clara d'Ellébeuse* (*), *Almaïde d'Étremont* (*), *Pommes d'anis* (+) : prose, en vérité, aussi mélodieuse, plus subtile encore que ses vers, moderne en une atmosphère de l'ancien temps. Période agitée que celle-là, coupée de voyages en Provence, à Paris, où Jammes est présenté à Debussy, à Redon, à Claudel ; à Bruxelles, où il est salué par Thomas Braun et Max Elskamp, et jusqu'à Amsterdam. Féconde aussi pour la poésie, puisqu'elle voit naître l'épopée villageoise de *Jean de Noarrieu*, les *Tristesses*, reflet d'une déconvenue amoureuse, et l'exquise geste en prose du *Roman du lièvre* (*).

En 1906, un pèlerinage au Cayla lui inspire son premier poème vraiment chrétien, *En Dieu*, sur quoi s'ouvre *Clairières dans le ciel* (+). Durement frappé par la mort soudaine de Charles Guérin, son meilleur ami, il est sauvé du désespoir par une jeune fille de Soissons, Geneviève Gœdorp, que les *Tristesses* ont enthousiasmée ; il l'épouse à Lourdes à la fin de 1907. Sa destinée est désormais fixée dans un climat de paisible et fécond bonheur. Après les beaux distiques des *Géorgiques chrétiennes* (*), des sonnets placés sous le vocable de la Vierge sont groupés autour du *Cantique de Lourdes*. Jammes s'imposait dès lors comme l'un de nos meilleurs poètes catholiques, aux côtés de Le Cardonnel, de Péguy, de Claudel. Les jeunes l'entouraient, le vénéraient, accomplissaient le pèlerinage d'Orthez comme un rite.

En 1921, la famille émigrait au pays basque, dans une demeure plus vaste du village d'Hasparren, léguée par une vieille admiratrice. Jammes y rédigea ses *Mémoires*, pittoresques et pleins de bonhomie ; il y écrivit encore des récits, d'émouvants *Quatrains*, et les frais paysages de *Ma France poétique*, enfin les souples décasyllabes d'*Alouette*, des *Sources* et des *Feux*. Ces quinze dernières années furent une apothéose. En 1937 eut lieu, pour l'Exposition, son dernier voyage à Paris ; une longue causerie sur lui-même y charma un nombreux et fervent auditoire. Ce fut, hélas ! sa suprême joie. Un mal impitoyable envahit soudain cet organisme qui semblait construit pour durer un siècle. À la Toussaint de 1938, il expirait après une longue et douloureuse agonie, le jour même où l'une de ses filles prenait le voile à Lyon.

YVES-GÉGARD LE DANTEC.

♦ *« J'aimais mieux sa rosée que son eau bénite. »* Anna de Noailles. ♦ *« Francis Jammes avait pleinement conscience de son importance ; dans le mouvement littéraire contemporain, elle est considérable et peut justifier son orgueil. Je crois qu'il fallait cet orgueil pour lui permettre de s'affirmer, et dès ses tout premiers poèmes, avec une aussi intransigeante originalité. Jammes rompait net avec les écoles et la tradition poétique. Son œuvre n'est dans le prolongement de rien ; elle part à neuf et du sol même ; c'est une source où les altérés, où* ceux qui ont le cœur pur, *viennent boire. Jammes est d'une authenticité ravissante. »* André Gide. ♦ *« Il ne s'agit pas d'un poète, dans le sens professionnel du mot, il ne s'agit pas de prosodies, il ne s'agit pas d'écriture, il s'agit d'une voix, et jamais accent plus pur et plus naturel ne s'était élevé de notre terre chrétienne et baptisée. »* Paul Claudel. ♦ *« Cher Jammes, poète grand et doux, votre œuvre est ce gave bondissant entre les aulnes qui jaillit sans fin d'un cœur sanctifié. J'honore en vous et dans tous les inspirés, vos frères, une de ces images indiscernables de la bonté de Dieu en ce monde... Un vers de Jammes, un air de Mozart, il n'en faut pas plus pour savoir que, si l'humanité s'enfonce dans ces ténèbres où le sang d'Abel n'a jamais fini d'être répandu, cette lumière n'en existe pas moins dont vous êtes le témoin et le héros. Cette lumière et cette joie. »* François Mauriac.

RÉF. : André Gide, *Prétextes*, 1905 ; *Nouveaux Prétextes*, 1911. – Pierre Lasserre, *Les Chapelles littéraires : Claudel, Jammes, Péguy*, Paris, 1920. – A. Schilla, *F. Jammes unter Berücksichtigung seiner Naturdichtung*, thèse, Königsberg, 1930. – A. Flory, *Francis Jammes*, 1941. – Jean Soulairol, *Francis Jammes*, 1941. – Robert Mallet, *Francis Jammes. Sa vie, son œuvre*, Paris, 1947 ; *Francis Jammes et le jammisme*, Paris, 1961 ; *Francis Jammes*, Paris, 1969.

JAMYN Amadis. Poète français. Né et mort à Chaource près de Troyes (probablement 1538-1593). Jamyn n'avait guère que treize ou quatorze ans lorsque Ronsard le prit à son service en qualité de page. Le chef de la Pléiade le traita comme un fils, et c'est sous sa direction qu'il fit ses études avec des maîtres comme Dorat et Turnèbe. Ronsard le prit comme secrétaire de 1565 environ à 1573 ; en 1566, il lui assura une rente en échange du prieuré de Croixval ; les deux poètes habitèrent ensemble au prieuré de Saint-Cosme-lez-Tours. Collaborant avec Ronsard à la préparation de *La Franciade* (*), Jamyn fut amené à étudier de très près l'*Iliade* (*) et reprit la traduction en vers français qui avait été commencée par Hugues Salel et dont il devait publier les treize derniers livres en 1580. Il commença la traduction de l'*Odyssée* (*), qu'il laissa inachevée. Grâce à la protection de Ronsard, Jamyn obtint les postes de lecteur royal en 1571 et de secrétaire du roi vers 1573 et il reçut divers bénéfices. En 1570, il avait publié à Lyon un *Avant-Chant nuptial* pour le mariage de Charles IX, mais c'est en 1575 que Jamyn devait donner, sous le titre d'*Œuvres poétiques* – v. *Poésies* (*) –, l'ensemble des poèmes composés jusqu'alors. Le recueil comprenait les *Poésies adressées à leurs Majestez*, *Oriane*, suite de pièces en l'honneur d'une Tourangelle dont Jamyn avait été amoureux, *Callirée*, poèmes dédiés à Marguerite d'Atri-Acquaviva, maîtresse de Charles IX, *Artémis* : sous ce nom mythologique, Jamyn célébrait les mérites de la maréchale de Retz dont il fréquentait le salon. Les succès mondains de Jamyn furent vifs et, sous Henri III, il fut appelé à faire partie de l'Académie du Palais ; on le comptait alors au nombre des « plus excellents poètes français ». Après la mort de Ronsard, il se retira dans sa ville natale, où il mourut, sans doute au commencement de 1593.

RÉF. : Sainte-Beuve, *Tableau historique et critique de la poésie française au XVIe siècle*. – P. Champion, *Ronsard et Amadis Jamyn*, Paris, 1924. – Th. Graur, *Amadis Jamyn*, Paris, 1929.

JANÁČEK Leoš. Compositeur tchèque. Né à Hukvaldy le 3 juillet 1854, mort à Ostrava le 12 août 1928. Il commence ses études à Brno (1865-74) puis travaille l'orgue à Prague (1874-75). En 1876, il embrasse la carrière d'instituteur à Brno et commence à composer des œuvres chorales. Il effectue ensuite deux courts séjours à Leipzig (1879-80) et Vienne (1880) pour se perfectionner. Il fonde une classe d'orgue au Conservatoire de Brno en 1881, qu'il dirigera par la suite, et enseigne également la composition. Pendant la première partie de son activité créatrice, qui s'échelonne sur une trentaine d'années, il reste sous l'emprise des compositeurs pragois tout en découvrant la finesse de l'écriture française. Sa musique commence à s'imprégner progressivement des chants traditionnels moraves, qu'il recueille à partir de 1885. Il étudie également les rythmes et les inflexions spécifiques de sa langue natale, à la recherche d'un style vocal adapté que l'on découvre dans son premier opéra important. *Jenůfa* (*) (1904). Sa création à Prague en 1916 marque le véritable début de la carrière de Janáček. En quelques années, il compose la plupart de ses œuvres importantes : la rhapsodie pour orchestre *Tarass Boulba* (+) (1915-18), la *Sinfonietta* (*) (1926), la *Messe glagolitique* (*) (1926), les deux quatuors à cordes (1923 et 1928). Dans le domaine lyrique, il compose *Les Excursions de M. Brouček* (1920), *Kátia Kabanová* (+) (1921), *La Petite Renarde rusée* (1924), *L'Affaire Makropoulos* (*) (1926) et *De la maison des morts* (+) (inachevé, créé après sa mort en 1930). Il y montre une extraordinaire habileté dans la peinture des personnages, dans la façon d'épouser le texte (dont il est généralement l'auteur) et par un sens dramatique intense lié à une utilisation très originale de l'orchestre, avec des sonorités pures et un développement rapide de motifs mordants. Après le courant nationaliste illustré par Smetana et Dvořák, Janáček apporte à la musique tchèque une note plus dramatique et une dimension profondément humaine.

ALAIN PÂRIS.

♦ *« La musique de Janáček est ancrée dans un monde de vérité, amère, virile, où la nature est le retour à la paix avec soi-même. »* Martine Cadieu. ♦ *« Un langage rythmique inimitable qui trouve ses sources dans les tréfonds de la vie organique de l'homme. »* Antoine Goléa. ♦ *« Son style concentré et passionné travaille sur des leitmotives non d'après un système bien calculé, mais au gré de sa fantaisie, pour esquisser les états d'âme des personnages. »* Émile Haraszti.

RÉF. : Max Brod, *Leoš Janáček*, Vienne, 1925. – Daniel Muller, *Janáček*, Paris, 1930. – Guy Erismann, *Janáček ou la Passion de la vérité*, Paris, 1980. – K. Konolka, *Leoš Janáček : sein Leben, sein Werk, seine Zeit*, Stuttgart, 1982. – *Jenůfa, L'Avant-Scène-Opéra* n° 102, Paris, 1987. – *Katia Kabanová, L'Avant-Scène-Opéra* n° 114, Paris, 1988.

JĀNAKIRĀMAN. Écrivain tamoul, né le 8 juin 1921 à Tevangudi, district de Tanjore, Inde, mort le 18 novembre 1982. Enseignant de formation, Jānakirāman a passé la majeure partie de sa vie professionnelle au sein des services éducatifs de la radio indienne. Il est l'auteur de nombreux recueils de nouvelles parmi lesquels il faut citer *Le Pousse-Pousse rouge* [*Civappu Rikṣā*] (1956), plusieurs romans dont *L'Épine de la passion* [*Mōka Mul*] (1961) et *La mère vint* (*) (1966), des récits de voyages dont *Le Soleil levant* [*Utaya Cūriyan*] (1967) sur le Japon et plusieurs pièces de théâtre. Écrivain réaliste et modérément progressiste, Jānakirāman sait restituer à merveille l'atmosphère de la vie dans le district de Tanjore, sa région natale, grâce à de superbes descriptions, de dialogues vivants et naturels et une grande finesse psychologique.

ÉLISABETH SETHUPATHY.

JANEQUIN (Jannequin) Clément. Compositeur français. On n'a, sur ce musicien qui compta parmi les plus éminents disciples de Josquin des Prés et qui eut, en son temps, une renommée considérable, que des données rares et incertaines. Né peut-être à Châtellerault, vers 1485, mort à Paris à la fin de l'année 1558. Tout jeune, il entra au service de Louis de Ronsard, le père du poète, vint avec lui en Italie et prit part à la bataille de Marignan (1515) au cours de laquelle François Ier l'emporta sur les forces conjuguées de l'Espagne et de Maximilien Sforza. C'est de cette bataille que s'inspira Janequin pour composer son œuvre la plus célèbre, une chanson intitulée *La Bataille de Marignan* (*) qui eut une grande vogue et qui plut surtout à cause de certains effets d'imitation que le musicien avait réussi à obtenir par l'emploi des seules voix. En 1520, Janequin se rendit à Paris qu'il abandonna pour gagner, semble-t-il, l'Espagne. Il entra par la suite au service du cardinal de Lorraine. Son influence sur la polyphonie française du XVIe siècle fut prépondérante. Ses morceaux les plus célèbres dans le style descriptif sont : *Le Chant des oiseaux* (*), *Le Chant de l'alouette, La Chasse du lièvre, Le Caquet des femmes, Le Rossignol, Les Cris de Paris.* Le sujet de *La Bataille de Marignan* se retrouve dans d'autres chansons que Janequin écrivit pour exalter les entreprises du duc de Guise, son protecteur, et dans lesquelles on ne trouve ni flatterie ni grandiloquence parce que les louanges s'adressent à la vertu en général, à travers la personne du duc. Il faut retenir également qu'il écrivit de la bonne musique d'église : Motets, Psaumes et Messes, ainsi que des *Inventions musicales* (*), publiées en 1544-1545.

RÉF. : Charles van den Boren, *Origines et développement de l'art polyphonique vocal du XVIe siècle*, Bruxelles, 1920. – Raffaele Casimiri, *La Polifonia vocale del sec. XVI...*, Rome, 1942. – Jacques Levron, *Clément Janequin, musicien de la Renaissance*, Paris, 1948. – François Lesure, *Musique et musiciens français du XVIe siècle*, Genève, 1976.

JANET Pierre. Psychologue français. Né et mort à Paris (30 mai 1859-24 février 1947). D'abord homme de lettres (il soutient sa thèse en 1889) puis médecin, Janet succède à Charcot comme directeur du laboratoire de psychologie à la Salpêtrière dans le service de neurologie. Il devient professeur au Collège de France en 1902 et enseigne la psychopathologie. Dès sa thèse sur *L'Automatisme psychologique* (1889), il aborde l'inconscient comme un objet de science, quelques années avant les découvertes de Freud. Ses relations avec ce dernier ont d'ailleurs parfois été hostiles. Ses observations le conduisent à séparer la personnalité en deux instances, l'une conservant les éléments du passé et pouvant agir de manière inconsciente sur l'autre, organisatrice du présent. Dans les états pathologiques, la personnalité peut perdre sa cohésion. La conséquence de cette analyse est que les troubles mentaux ne peuvent être soignés que par des moyens psychologiques (psychothérapie). Les amis et élèves de Janet s'accordent à lui reconnaître une intelligence et un esprit de synthèse remarquables. Sa capacité de travail est aussi légendaire : Janet est l'auteur de vingt-trois ouvrages parmi lesquels : *Les Névroses* (1899), *La Médecine psychologique* (1924), *De l'angoisse à l'extase* (*) (1926-28), *L'Évolution psychologique personnelle* (1929), *L'Amour et la Haine* (1932), *Les Débuts de l'intelligence* (1935) et de cent soixante-dix-sept articles et contributions à des ouvrages collectifs.

ARLETTE STRERI.

JANKÉLÉVITCH Vladimir. Philosophe français. Né à Bourges le 31 août 1903, mort à Paris le 6 juin 1985. Après des études secondaires au lycée Louis-le-Grand, il entre à l'École normale supérieure et est agrégé en 1926. Il enseigne ensuite, après avoir passé son doctorat en 1933, à l'Institut français de Prague et dans divers lycées. Sa carrière proprement universitaire commence à Toulouse en 1936 ; il enseignera successivement à Lille et à Paris, après avoir momentanément perdu son poste pendant la guerre.

Vladimir Jankélévitch est à la fois un philosophe de la morale et un éminent connaisseur de la musique. Sa pensée possède certaines affinités avec le christianisme d'un Kierkegaard, qu'il a profondément étudié. Mais, dans son œuvre, l'influence de Bergson, qui a été son maître, est tout aussi importante. C'est d'ailleurs avec un ouvrage consacré à ce dernier qu'il commence son œuvre philosophique en 1933. De nombreux autres livres suivront : *La Mauvaise Conscience* (1933), *L'Odyssée de la conscience dans la dernière philosophie de Schelling* (1933), *L'Ironie ou La Bonne Conscience* (1936), *L'Alternative* (1938), *Du mensonge* (1943), *Le Mal* 1947), le monumental *Traité des vertus* (*) (1949), *Philosophie première* (1954), *Le Je-ne-sais-quoi et le Presque-rien* (*) (1957), *L'Aventure, l'ennui, le sérieux* (1963), *La Mort* (1966), *L'Irréversible et la Nostalgie* (1983), œuvres auxquelles il faut ajouter les livres consacrés à la musique et aux musiciens : *Gabriel Fauré et ses mélodies* (1938), *Maurice Ravel* (1939), *Le Nocturne* (1942), *La Musique et l'Ineffable* (*) (1961). Moraliste, Jankélévitch prend pour thème de réflexion – fidèle en ceci à Bergson – l'existence de la conscience dans le temps. Il salue la « vertu de l'instant », et donc du concret, s'élevant contre l'intellectualisme et l'ironie qui ne sont qu'une manière de nier le temps et l'existence. Cette réflexion sur la valeur morale du temps et de l'instant ne tombe à aucun moment dans les abstractions que, du reste, elle dénonce. Jankélévitch fait également preuve d'originalité en analysant des expériences humaines comme l'ennui ou le mensonge, généralement fort peu étudiées par les philosophes. Mais cet élève de Bergson, cet admirateur de Schelling et de Kierkegaard est aussi un disciple indirect des grands moralistes français. Comme eux, il aime le style, la mélodie des phrases, et refuse la sécheresse des traités philosophiques traditionnels. On retrouve ces mêmes qualités d'analyse et d'écriture dans ses livres sur les musiciens romantiques ou impressionnistes, auxquels il a consacré des pages d'une extrême finesse. Avec Jean Wahl, son contemporain, Vladimir Jankélévitch témoigne d'une certaine école de la philosophie contemporaine. On a pu lui reprocher son dédain presque total des « systématiques », son mépris presque évident pour les architectures conceptuelles trop ordonnées. Il reste que ses ouvrages, qui donnent souvent une impression d'improvisation continue, ont redonné une certaine vie à la philosophie française de l'entre-deux-guerres, dominée par un kantisme abstrait et desséchant. Jankélévitch a su unir réflexion éthique et réflexion esthétique, comme Bachelard et Wahl ont su, presque à la même époque, unir réflexion poétique et réflexion épistémologique ou métaphysique. Bien que les grands philosophes de l'après-guerre, comme Sartre et Merleau-Ponty, l'aient fait passer quelque peu à l'arrière-plan, il serait injuste d'oublier sa contribution à la philosophie française contemporaine.

ANTOINE BERMAN.

RÉF. : L. Jerphagnon, *Jankélévitch,* Paris, 1969. – *Écrit pour V. Jankélévitch* (collectif), Paris, 1978. – « Jankélévitch », *L'Arc,* Aix-en-Provence, 1979 (réimpr. 1990). – Guy Suarès, *Vladimir Jankélévitch,* Lyon, 1990.

JANSÉNIUS Cornelius (nom latinisé de Cornelius Otto Jansen). Théologien hollandais, septième évêque d'Ypres, né le 28 octobre 1585 à Acquoy, près de Leerdam (Hollande), mort le 6 mai 1638 à Ypres. Jansénius a laissé son nom à un courant d'idées qui, à travers Port-Royal des Champs, a marqué d'une profonde influence le catholicisme français et jusqu'aux mœurs provinciales. Son père était un artisan pauvre, qui, en flamand – sa langue natale –, s'appelait Jean Otthe ; sa mère, Lyntje Gysberts, était aussi de condition modeste. Mais l'enfant se fit remarquer par la vivacité de son esprit ; un prêtre de Leerdam lui fit faire ses premières études, en le destinant à l'état ecclésiastique. De Leerdam, il alla à Utrecht, au collège de Saint-Jérôme, où il se perfectionna en latin et acheva ses « humanités ». Mais c'est à la philosophie que son esprit réfléchi et subtil le destinait : à l'issue de sept années d'études au collège Faucon à Louvain, il conquit son diplôme, surpassant ses concurrents des quatre Instituts. En 1608 il entreprit donc des études de théologie sous la direction de Jacob Jansson, mais s'adonna à ce travail avec tant d'application qu'il tomba sérieusement malade. C'est à cette circonstance qu'il doit – sur le conseil de ses médecins – de se rendre en France et de rencontrer à Paris (où il fut précepteur des enfants d'un magistrat) l'abbé Duvergier de Hauranne, plus connu sous le nom d'abbé de Saint-Cyran. C'est de l'échange d'idées qui en résulta que naquit le jansénisme : Jansénius apportait une érudition déjà immense, l'abbé de Saint-Cyran, une flamme, un dynamisme, une éloquence qui devaient multiplier les vocations. Les deux amis, pour chercher le calme nécessaire à leurs discussions et un climat plus propice, se rendirent ensemble à Bayonne ; là ils s'attachèrent à résoudre, selon l'esprit des premiers Pères, les problèmes théologiques les plus délicats, celui notamment des rapports de la grâce divine et de la liberté humaine. Jansénius resta cinq ans à Bayonne. Saint-Cyran lui avait fait confier par l'évêque Bertrand d'Eschaud la direction d'un collège d'étudiants séculiers. De retour à Louvain, la recommandation de son ancien maître Jacob Jansson lui permit d'obtenir la direction du collège de Sainte-Pulchérie qui venait d'être construit. Nul n'était d'ailleurs moins ambitieux que lui, et il le prouva en refusant une chaire de philosophie à l'université de Louvain ; c'était à l'étude des Écritures qu'il consacrait tout son temps. Le 24 octobre 1619, il conquit son grade de docteur en théologie.

C'est sans doute à cette époque que se place l'illumination qui devait décider de l'orientation de sa pensée : « Cependant, écrit-il le 5 mars 1621 à Saint-Cyran, je poursuis mes estudes que j'ay commencé un an et demy ou deux ans environ, c'est-à-dire de travailler avec saint Augustin, lequel je lis avec un estrange désir et profit, à mon advis, estant venu jusqu'au septiesme tosme et ayant leu les livres d'importance deux ou trois fois ; je n'ay cependant rien manqué de luy, faisant estat de le lire et de le relire toute ma vie. Je ne seaurais dire comme je suis changé d'opinion et de jugement que je faisais auparavant de luy et des autres et m'estonne tous les jours davantage de la hauteur et profondeur de cest esprit, et que sa doctrine est si peu cogneue parmi les sçavants, non de ce siècle seulement, mais de plusieurs siècles passez » (cf. également *Lettre* LXXXI du 29 décembre 1623). Dès cette époque il pressentait le danger de sa position : « Je n'ose dire à personne ce que je sens [selon les principes de saint Augustin] d'une grande partie des opinions de ce temps et particulièrement de celles de la grâce et de la prédestination, de peur qu'on me fasse le tour à Rome qu'on a fait à d'autres. » Très vite en effet ses rapports avec les jésuites s'enveniment (cf. la *Correspondance* avec Saint-Cyran). Il n'en poursuit pas moins sa carrière de théologien, et, en 1630, l'archevêque de Malines le nomme professeur d'Écriture sacrée (chaire comportant le titre de chanoine et une dotation annuelle de sept cents à huit cents florins) ; il se verra même gratifié peu après de deux autres prébendes, une à Saint-Pierre de Louvain, l'autre à Saint-Pierre de Lille (voir *Lettre* à Saint-Cyran CXXXVIII du 27 mars 1630) : il se réjouit que la profession qui lui est dévolue comporte deux cent vingt jours où l'on n'enseigne pas, et que son traitement lui permette « de pourvoir à son neveu sans s'incommoder ». Un moment, il est question de le nommer à l'évêché de Bruges, tant ses leçons d'exégèse sont goûtées et applaudies. Bésian-Arroy ayant fait paraître à Paris, en 1634, un livre intitulé : *Questions décidées sur la justice des armes des rois de France et l'alliance avec les hérétiques et les infidèles*, Jansénius prit, pour répondre à ce panégyrique de la politique française, le pseudonyme d'Alexandre-Patrice Armacan : son ouvrage constituait une fine satire des actes du cardinal de Richelieu et une apologie de la monarchie espagnole. La cour d'Espagne lui en fut reconnaissante et Philippe IV donna son adhésion à sa nomination à l'évêché d'Ypres deux ans plus tard, en 1636. Il prêta serment de fidélité et d'obéissance au Saint-Père, cette même année, le 29 novembre. Il devait jouir bien peu de temps de cette nouvelle dignité : une grave maladie infectieuse minait ses forces quand il se rendit au printemps 1638 à Bruxelles, avec Rovenius et les suffragants de Malines. Il mourut très pieusement à Ypres le 6 mai. Stravius annonça sa mort en ces termes à Rome le 15 mai : « Persona molto stimata per la sua virtù e dottrina. »

Nul ne pouvait prévoir alors quel tumulte allait déchaîner l'œuvre à laquelle Jansénius travaillait depuis vingt ans. L'*Augustinus* (*), *seu doctrina Sancti Augustini de humanae naturae sanitate, aegritudine et medicina adversus Pelagianos et Massilienses* devait paraître en 1640. Jansénius, avant de mourir, avait chargé un de ses amis, Reginal Lamoens, et son collègue Fromond de l'université de Louvain de publier l'énorme manuscrit confié à leurs soins. Prévoyait-il le retentissement de ce livre et quelle eût été son attitude devant les polémiques qu'il déchaîna ? Il avait toujours défendu l'infaillibilité du pape (comme le fera Pascal) ; il confirmait ce vœu de stricte obédience dans les toutes dernières pages de l'*Augustinus* (Epilogius omnium) : « Pour tout ce qui est ici affirmé sur ces points divers et difficiles ce n'est pas mon propre jugement que je suis ; je me conforme à celui d'un très saint Docteur [saint Augustin]. Je ne l'en soumets pas moins au jugement et sentence de l'Église romaine, ma Mère, prêt à maintenir ce que je dis si elle juge que cela doit être maintenu mais disposé à me rétracter si tel est son désir ; et si elle exige que de telles opinions soient condamnées et anathémisées, j'y souscris pleinement. Car, depuis ma plus tendre enfance, je crois aux doctrines de cette Église ; tandis que je me nourrissais du lait de ma mère, je me suis fortifié de ses leçons ; rien ne saurait donc creuser un fossé entre elle et moi, ni les écrits, ni les paroles, ni l'enseignement ; j'entends garder cette foi jusqu'à ma mort, et c'est revêtu d'elle que je me soumettrai au jugement de Dieu. » On sait qu'après de longues et laborieuses discussions, le pape devait condamner, le 8 septembre 1713, par la bulle *Unigenitus*, trente-trois propositions extraites de l'*Augustinus*.

JULES CHAIX-RUY.

♦ *« Loin de penser à être chef de secte, Jansénius hésitait à publier son livre sur la doctrine de saint Augustin. »* Voltaire. ♦ *« Quand on étudie dans son ensemble la correspondance de Jansénius, on y peut rencontrer parfois* [...] *le désir de jeter des lumières sur des questions délicates, mais on reconnaît bientôt aussi que l'on a tiré de passages isolés des conséquences exagérées, illogiques, voire même absurdes, et l'on n'y trouve d'ailleurs aucune trace de desseins prémédités ou de conspirations contre le Saint-Siège. »* Alphonse Vandenpeereboom. ♦ *« Il est mort catholique de nom, hérétique de fait. »* Fuzet.

RÉF. : Sainte-Beuve, *Port-Royal*, Paris, 1882. — J. Forguet, *Jansénius*, in *The Cath. Encl.*, tome VIII. — A. Gazier, *Histoire générale du mouvement janséniste depuis ses origines jusqu'à nos jours*, Paris, 1923. — J. Laporte, *La Doctrine de Port-Royal : 1) Saint-Cyran ; 2) Les Vérités de la grâce*, Paris, 1923, et *Études d'histoire de la philosophie française* : chapitre *Jansénisme*, Paris, 1951. — J. Carreyre, article *Jansénisme* in *Dictionnaire de théologie catholique* de Vacant et Mangenot, t. VIII, Paris, 1924. — J. Chaix-Ruy, *Le Jansénisme, Pascal et Port-Royal*, Paris, 1930. — J. Orcibal, *Les Origines du jansénisme*, 3 vol., Paris, 1948. — J.-F. Thomas, *La Querelle de l'Unigenitus*, 1949. — L. Cognet, *Le Jansénisme*, Paris, 1961. — A. Adam, *Du mysticisme à la révolte. Les jansénistes du XVIIe siècle*, Paris, 1968. — W. R. Newton, *Port-Royal and Jansenism. Social Experience, Group Formation and Religious Attitudes in 17th Century France*, 3 tomes, thèse, Ann Arbor (Michigan), 1974. — E.J.M. Van Eijl, *L'Image de Cornelius Jansenius jusqu'au XVIIIe siècle*, Louvain, 1987.

JANŠEVSKIS Jékabs. Romancier letton. Né le 16 février 1865 à Nigranda en Courlande, mort le 22 décembre 1931 à Riga. Il représente dans la littérature lettone ce qu'on peut nommer le roman folklorique. Jeune professeur nourri de classiques latins et allemands, il écrit des vers qui chantent la femme, l'amour et la joie. Nica, aux confins de la Lettonie où les anciennes traditions s'étaient conservées dans le peuple, l'inspire et orientera sa production artistique. Il laissera mûrir pendant vingt ans, dans le secret, ses premières œuvres. En 1902, il quitte l'enseignement, se fixe à Riga et collabore à plusieurs journaux. En 1924-25 seulement paraît son premier roman : *Patrie* (*), véritable épopée nationale. D'autres romans suivent à de courts intervalles. L'action se passe à des époques historiques précises, mais on y distingue des épisodes inspirés par la vie de l'auteur, et les personnages évoluent dans un cadre qui n'a guère changé depuis des siècles.

RÉF. : Ed. Virza, *La Littérature lettone*, Riga, s.d.

JANSSON Tove. Romancière finlandaise d'expression suédoise. Née le 9 août 1914 à Helsinki. Issue d'une famille d'artistes, elle se tourne d'abord vers la peinture, discipline qui alternera avec l'écriture de façon constante. Elle illustrera notamment sa propre œuvre. Tove Jansson débute en 1945 avec un livre pour enfants, *Les Petits Trolls et la Grande Inondation* [*Småtrollen och den stora översvämmningen*] où apparaît pour la première fois Moumine, petit personnage par lequel elle signait ses illustrations. Elle élabore un monde idyllique habité par la famille Moumine et ses amis, personnifications simplifiées d'autant d'approches du monde. Moraliste sans s'avouer de but pédagogique, l'auteur défend les valeurs traditionnelles : la bonté, la tolérance, la générosité. Sur le plan existentiel, cependant, c'est une libertaire, une utopiste éclairée, à la recherche éperdue de la vérité. La chronologie des livres Moumine illustre l'enrichissement de sa démarche d'écrivain : *Une comète au pays de Moumine* [*Kometen kommer,* 1946, remanié en 1968] ; *Moumine le troll* (*) (1948), *Les Mémoires de papa Moumine* [*Muminpappas memoarer,* 1950, remanié en 1968] ; *L'Été dramatique des Moumine* [*Farlig midsommar,* 1954] sont des contes pour enfants que sous-tend une dimension adulte. Dans *Un hiver dans la vallée des Moumine* [*Trollvinter,* 1957] s'amorce une évolution psychologique des personnages, et les trois derniers livres de la série, *L'Enfant invisible* [*Det osynliga barnet,* 1962], *Papa Moumine et la mer* [*Pappan och havet,* 1965], *À la fin du mois de novembre* [*Sent i november,* 1970], apparaissent comme une transition vers l'œuvre pour adultes. *La Fille du sculpteur* [*Bildhuggarens dotter,* 1968], dont la continuité thématique et structurelle est frappante, dévoile d'une manière discrètement autobiographique les correspondances entre la petite enfance de l'auteur et le monde Moumine. En 1972, avec *Celle qui écoute* [*Lyssnerskan*], Tove Jansson publie un premier recueil de nouvelles, forme qui lui convient particulièrement. Le thème de la solitude, pesante bien que sciemment voulue, et celui de la monomanie trouvent ici leurs premières expressions. Les relations entre une grand-mère et sa petite-fille dans l'isolement d'une île sont le sujet du *Livre d'un été* (*), publié en 1972, un roman léger et tendre teinté d'une mélancolie annonciatrice de l'approfondissement du thème de la vieillesse deux ans plus tard dans *La Ville soleil* [*Solstaden*]. L'éthique artistique et l'aliénation progressive qu'apporte tout fanatisme sont les thèmes majeurs de *La Maison de poupée* [*Dockskåpet,* 1978], recueil de nouvelles qui fouillent le vampirisme cynique de l'artiste, thème approfondi dans *L'Honnête Tricheuse* [*Den ärliga bedragaren*] en 1982. *Voyager léger* [*Resa med lätt bagage,* 1987] défend la part de rêve chez l'homme. Autobiographique, *Franc jeu* [*Rent spel,* 1989] aborde un thème central chez Tove Jansson : les moyens de rompre l'isolement existentiel et la perte d'intégrité qui s'ensuit. Parmi les nombreux prix et distinctions décernés à l'auteur, on peut noter le prix Nils Holgersson, la médaille Hans Christian Andersen et le prix de l'Académie suédoise.

KERSTIN DEDYE.

JANUS PANNONIUS (nom latin de Jean Csezmicei). Poète hongrois d'expression latine. Né dans les environs d'Eszég (actuellement Ossiek, en Croatie), le 29 août 1434, mort au château de Medve, près de Zagreb le 27 mars 1472. De treize à vingt ans, il s'initia aux lettres classiques à la célèbre école de Ferrare où enseignait Guarini de Vérone, et révéla sa précocité par des satires, des épigrammes, des épithalames : *Poème à Louis de Gonzague, prince de Mantoue* [*Carmen ad Ludovicum Gonzagam, principem Mantuanum*] et des panégyriques : *Panégyrique pour René* [*Panegyricus in Renatum*], pour René d'Anjou ; *Silva Panegyrica ad Guarinum, Veronensem praeceptorem suum,* d'une grande perfection de forme, qui établirent bien vite sa réputation. Docteur en droit canon de l'université de Padoue (1458), Janus Pannonius n'en avait pas moins poursuivi son œuvre poétique en écrivant la *Louange d'André Mantegna, peintre padouan* [*Laus Andreae Mantegnae, pictoris patavini*]. De retour en Hongrie, il fut, à peine âgé de vingt-cinq ans, nommé évêque de Pécs et ne revit l'Italie qu'en 1465, lorsque Matthias Corvin, roi de Hongrie, l'envoya comme ambassadeur à Rome pour demander l'aide de Paul II contre les Turcs. Ce fut vers cette époque que son art atteignit le plus haut degré de perfection par la fantaisie, le ton personnel, particulièrement dans ses derniers poèmes élégiaques. Janus Pannonius, compromis dans une conjuration contre l'autocratie de Matthias Corvin, dut quitter Bude pour échapper à sa vengeance et, n'étant pas d'humeur à demander pardon, mourut dans la forteresse de Medve où il s'était caché. À ceux de ses ouvrages déjà cités, ajoutons le poème *La Course des vents* (*), publié à Vienne en 1567. La plupart de ses poésies ne parurent qu'après sa mort dans les *Deliciae poetarum hungaricorum* (Francfort, 1619).

JAPRISOT Sébastien (pseud. de Jean-Baptiste Rossi). Romancier français né à Marseille en 1931. Ses parents sont d'origine italienne, son père est transporteur. Il est déclaré à la fois par son père et sa grand-mère dans deux mairies de Marseille à des jours, des heures et sous des prénoms différents — et les archives de Marseille disparaissent en 1944... Chahuteur mais bon en français, il fait paraître à dix-sept ans son premier roman *Les Mal partis* (1948), qui, réédité en 1966, obtient le prix décerné à l'unanimité par un jury qui comprend notamment Aragon et Sartre. Après avoir fabriqué des meubles, travaillé dans la publicité et traduit *L'Attrape-Cœurs* et les nouvelles de Salinger, Japrisot publie en 1962 *Compartiment tueurs* et en 1963 *Pièges pour Cendrillon*, qui lui vaut le grand prix de littérature policière. *La Dame dans l'auto avec des lunettes et un fusil* paraît en 1966 et ces trois romans sont portés à l'écran, ce qui n'est pas étonnant pour un auteur qui déclare être avant tout un visuel. Il est lui-même scénariste pour *Adieu l'ami, Le Passager de la pluie* et *La Course du lièvre à travers les champs. L'Été meurtrier* (*) (1977) obtient le prix des Deux Magots. Japrisot relit régulièrement *Alice au pays des merveilles* (*), il a *La Passion des femmes* (1986) et considère le temps comme le personnage essentiel de ses romans. Le prix Interallié 1991 a été attribué à son roman *Un long dimanche de fiançailles.*

DENIS BOUTET DE MONVEL.

JÄRNEFELT Arvid. Écrivain finlandais. Né à Pulkovo près de Saint-Pétersbourg le 16 novembre 1861, mort à Helsinki le 27 décembre 1932. Son père, général, fut gouverneur de province et sénateur. Sa mère était une baronne balte. Il fit son droit à Helsinki et obtint son diplôme en 1890. S'inspirant de Tolstoï dont il était, ainsi que sa mère, un fervent admirateur, il se retira dans sa terre où il vécut en agriculteur et en père de famille, tout en écrivant. L'un de ses meilleurs romans est *La Patrie* [*Isänmaa,* 1893], où il décrit la vie des étudiants pendant les années 1880-1890 ; il publia ensuite *Mon réveil* [*Heräämiseni,* 1894], récit de sa crise morale et de sa conversion. Ce fut au printemps de 1899 qu'il se rendit pour la première fois à Jasnaja Poljana chez Tolstoï, qu'il ne connaissait pas. Il publia la même année la relation de son voyage et de sa visite. Il a exprimé directement dans des essais ses idées sur l'athéisme, l'idéal d'une vie pure, l'interprétation des Évangiles, le droit de propriété, etc. Ces idées se retrouvent dans ses romans, ses récits et ses drames, où la thèse fait parfois ombrage à la qualité littéraire. Il convient de retenir parmi ses romans *Les Fils de la terre* (*) (1905) et *Greta et son seigneur* [*Greta ja hänen Herransa,* 1925].

JARNÉS Benjamín. Écrivain espagnol. Né à Codo (Saragosse) le 7 octobre 1888, mort à Madrid le 10 août 1949. Ayant renoncé à être prêtre, il fut un temps militaire dans la milice avant de se consacrer à la littérature. Son premier livre, *Le Professeur inutile* [*El profesor inútil,* 1926], reflète l'influence de Jean Giraudoux. Disciple d'Ortega y Gasset, il collabora souvent à la *Revista de Occidente* (fondée par celui-ci en 1923) où il développa ses idées littéraires et esthétiques européanisantes dans des articles réunis plus tard en deux volumes : *Exercices* [*Ejercicios,* 1927] et *Rubriques* [*Rúbricas,* 1931]. Joliment descriptives, jamais sentencieuses, ses critiques appliquent le principe d'Ortega : ne pas approuver ou condamner mais « éclairer la lecture », « apprendre à lire les livres en adaptant les yeux du lecteur à l'intention de l'auteur ». S'interrogeant sur le problème de la personnalité, il écrivit son roman *Folie et mort de personne* (*) (1929) dont le protagoniste, Juan Sánchez, sorti du néant de l'origine, cherche par tous les moyens à devenir un héros avant que l'échec ne le rende au néant de la mort.

Moins désespérés, teintés d'une forte sensualité et d'une note stendhalienne dans l'expression, sont les romans *Paule et Paulette* [*Paula y Paulita,* 1929] et *Viviane et Merlin* [*Viviana y Merlin,* 1936]. L'ironie, qui constituait une constante du caractère de Jarnés, s'exerça avec verve contre la religion et les conformismes dans *L'Invité de papier* [*El convidado de papel,* 1928], *La Vie de saint Alexis* [*La vida de San Alejo,* 1928] et *Sœur Patrocinio* [*Sor Patrocinio,* 1929]. D'opinions républicaines, Benjamín Jarnés fut le biographe d'Emilio Castelar (1832-1899), figure clef des luttes républicaines espagnoles et dernier président de la Première République en 1873. Ses biographies de Zumalacárregui (1931) et de Gustavo Adolfo Bécquer (*La Double Agonie de Bécquer* [*Doble agonía de Bécquer*], 1936) sont riches en perspectives originales. En 1939, Jarnés s'exila en France, à Limoges et à Paris, puis au Mexique. Rentré en Espagne après de longues années d'absence, il y mourut quelque peu méconnu.

CLAUDE COUFFON.

RÉF. : V.-J. Vinch, *The Narrative Art of Benjamín Jarnés,* Thèse, Université du Michigan, 1968. — J.-S. Bernstein, *Benjamín Jarnés,* New York, 1972. — E. de Zuleta, *Arte y vida en la obra de Benjamín Jarnés,* Madrid, 1977. — M. Andújar, *Grandes escritores aragoneses en la narrativa española del siglo XX,* Saragosse, 1981. — M.-C. Guilott, *La poética novelística de Benjamí Jarnés,* thèse, Tulane, 1984.

JARRELL Randall. Poète américain. Né à Nashville, dans l'État du Tennessee, le 6 mai 1914, mort à Greensboro, Caroline du Nord, le 14 octobre 1965. Il a fait des études de psychologie et de littérature américaine à l'université Vanderbilt, à Nashville. Il a ensuite enseigné dans diverses universités, notamment à Kenyon College, dans l'Ohio, à l'université du Texas à Austin, au Sarah Lawrence College de Bronxville, dans l'État de New York, établissement connu pour avoir accueilli parmi son corps enseignant de nombreux écrivains, dont Marguerite Yourcenar. Randall Jarrell s'est ensuite établi à l'université de Caroline du Nord, où il a occupé un poste de rang magistral jusqu'à sa disparition en 1965 à la suite d'un accident de voiture. Parmi les fonctions prestigieuses qu'il a occupées dans la vie intellectuelle américaine, notons la direction littéraire de la revue de l'université Yale (*The Yale Review*), et le poste de consultant pour la poésie à la bibliothèque du Congrès à Washington, l'équivalent de notre Bibliothèque nationale.

Son œuvre littéraire est extrêmement abondante. On y trouve une dizaine de volumes de poésie, plusieurs recueils d'essais critiques, une pièce de théâtre, la traduction de la première partie du *Faust* (*) de Goethe, et plusieurs volumes de contes pour enfants, dont certains ont été traduits en français (*Des animaux pour toute la famille, Le Lapin de pain d'épice*). Randall Jarrell est le traducteur en anglais des contes des frères Grimm. Son *Œuvre poétique complète* (*) a été publiée après sa mort en 1969, à New York.

ALAIN SUBERCHICOT.

JARRY Alfred. Écrivain français. Né le 8 septembre 1873 à Laval, mort à Paris le 1er novembre 1907. Il vit d'abord à Laval, où son père est négociant ; mais ses parents se séparent en 1879, et Mme Jarry s'installe à Saint-Brieuc avec ses deux enfants, Alfred et sa sœur aînée, Charlotte. En 1888, ils arrivent à Rennes. Là, au lycée, Jarry rencontre la figure déjà mythique du professeur de physique, M. Hébert, dit père Héb, solennel et chahuté. Autour de lui, depuis plusieurs années, les lycéens composent des poèmes et des pièces où il est roi de Pologne. Jarry lit ces textes et monte l'un d'eux, *Les Polonais,* sur un théâtre familial.

Il prépare à Rennes d'abord puis à Paris (1891) l'entrée à l'École normale supérieure, mais ces tentatives échouent : la littérature l'intéresse davantage. Il publie à partir de 1893 dans diverses revues ; surtout, il se lie avec l'équipe du *Mercure de France* (*) : Vallette, sa femme (Rachilde) et Remy de Gourmont. Le *Mercure* publie, en octobre 1894, le premier livre de Jarry, *Les Minutes de sable mémorial,* proses et vers marqués par le symbolisme décadent — v. *Œuvres poétiques complètes* (*). L'un des morceaux, « Guignol », met en scène le père Héb, devenu père Ubu.

Après son service militaire (1894-95) écourté pour raisons de santé, Jarry publie *Ubu roi* (*) (qui reprend *Les Polonais*) en juin 1896. Secrétaire du théâtre de l'Œuvre, il parvient à y faire jouer sa pièce le 10 décembre 1896. Le « merdre » initial lancé au public voit le début du scandale auquel la presse fait largement écho.

Jarry dispose alors de tout ce qui peut favoriser une carrière d'écrivain, même le scandale qui rend un nom célèbre. Délibérément ou non, il refuse l'intégration sociale et se met peu à peu en marge. Sa brouille avec Gourmont, épisode décisif, l'écarte de fait du *Mercure de France.* Vivant souvent solitaire dans le « Phalanstère », petite villa de Corbeil, il semble coupé du monde, si ce n'est en voie de « clochardisation ». Sa misère réelle passe pour de l'extravagance auprès de ses amis, tandis qu'il joue à être « père Ubu ».

Il écrit beaucoup ; de 1897 à 1900 paraissent *Les Jours et les Nuits,* une large partie de *Gestes et opinions du docteur Faustroll, pataphysicien* (*), *L'Amour en visites, L'Amour absolu,* deux *Almanachs du père Ubu* et *Ubu enchaîné...* Mais la littérature n'est pas la seule activité de Jarry, qui travaille au « Théâtre des Pantins », installé chez son ami le musicien Claude Terrasse. Il y fait jouer et y monte nombre de spectacles, écrivant des « vers de mirliton » qu'il affectionne beaucoup.

De 1900 à 1903, sa collaboration régulière,

soutenue par Fénéon, à *La Revue blanche* (*), le conduit à renouveler sa production et à élargir son public. Il y donne de très abondantes chroniques, *Les Spéculations* (qui deviendront *La Chandelle verte,* posthume), mais aussi des critiques de livres et de théâtre, et deux romans, *Messaline* (*) et *Le Surmâle* (*). La fin de *La Revue blanche* (avril 1903) met un terme à ce relatif équilibre. Pendant ses dernières années dominées par la dégradation de sa santé, due à la misère et à l'alcoolisme, le travail de Jarry paraît s'enliser dans des entreprises littéralement interminables, une adaptation de Rabelais sous forme d'opéra-bouffe ou le grand roman que devait être *La Dragonne* : il n'achèvera ni l'une ni l'autre. Il fait à partir de 1906 de longs séjours à Laval avec sa sœur. En mai 1906, la maladie déclenche en lui d'étonnantes visions mystiques, qu'il raconte en détail dans plusieurs lettres et qu'il intègre au projet de *La Dragonne.*

La maladie, la misère laissent de moins en moins de répit. Jarry donne deux volumes encore, une opérette, *Le Moutardier du pape,* et une plaquette de « souvenirs » à propos d'Albert Samain. Il meurt de méningite tuberculeuse, le 1er novembre 1907, à trente-quatre ans.

Jarry appartient à une génération marquée par Mallarmé, qui constate les limites de la littérature. Comment s'en protéger, éviter de devenir un « homme de lettres » ? Le prodigieux masque d'Ubu lui a en ce sens servi de bouclier ; lourd de parodies et de dérision, il sert aussi à critiquer l'auteur que Jarry refuse d'être : il n'a pas écrit *Ubu,* emprunté à ses condisciples rennais. Plutôt que l'auteur, il choisit d'être le personnage aux yeux de ses contemporains, s'identifiant à Ubu, lui empruntant un ton, des tics et même son nom (il signe fréquemment ses lettres « Père Ubu »).

S'il fait ainsi un théâtre de sa vie, s'il devient son personnage, c'est aussi qu'il s'est toujours intéressé au corps de l'acteur comme marionnette. Son activité au « Théâtre des Pantins » fut bien plus importante que ne le laissent supposer les traces écrites, une poignée de livrets d'opérettes. Le vers de mirliton est à la littérature ce que la marionnette est au corps humain : il en montre l'essence. Dans le même esprit, Jarry fait jouer, travailler les mots en tous sens, les démonte, pratique la dérive étymologique et la pluralité des langues comme le font Jean-Pierre Brisset et le Joyce de *Finnegans Wake* (*).

C'est qu'il porte sur l'existence le regard à la fois proche et infiniment lointain du logicien. Sa méthode, la pataphysique, définie dans *Gestes et opinions du docteur Faustroll, pataphysicien,* est une pratique perpétuelle et rigoureuse de la spéculation, de la « solution imaginaire » ; le monde est une fiction, un gigantesque jeu. Pour Faustroll, l'espace quotidien est un damier ou un jeu de l'oie ; l'univers de Jarry est menacé d'être purement intellectuel : mais le ventre — Ubu et sa « gidouille » —, le sexe sont tout aussi présents : l'extraordinaire défi du *Surmâle* dit, jusqu'au vertige, la nature du désir sexuel : « L'amour est un acte sans importance, puisqu'on peut le faire indéfiniment. »

L'œuvre de Jarry, surtout jusqu'en 1900, est marquée par le style de son époque, par le raffinement et la préciosité symbolistes, s'accomplissant dans le poème en prose. Mais tout aussi forte est l'exigence d'échapper à la « littérature », tant par le primitivisme d'*Ubu roi* que par une écriture quasi mathématique, tendant au théorème, à la spéculation pure. Jarry est alors proche de Valéry, qu'il fascina. Pour tous deux, il s'agissait bien de « tuer la marionnette » littéraire — mais les moyens qu'ils employèrent pour le faire divergèrent à l'infini. Jarry n'est finalement peut-être comparable qu'à Isidore Ducasse, dont il avait la violence et l'intelligence masquées ; il en fut d'ailleurs un des tout premiers lecteurs et, assurément, le premier écrivain à tenter de le penser.

PATRICK BESNIER.

♦ *« Tout était machinal chez lui et il n'avait pas d'autre prétention que de s'imposer à l'humanité en qualité de machine très bien réglée. »* Rachilde. ♦ *« La littérature, à partir de Jarry, se déplace dangereusement en terrain miné. L'auteur s'impose en marge de l'œuvre ; l'accessoiriste, désolant à souhait, passe et repasse sans cesse devant l'objectif en fumant un cigare. »* André Breton. ♦ *« L'œuvre d'Alfred Jarry est le Carnac de notre littérature. »* Maurice Saillet.

RÉF. : Noël Arnaud, *Alfred Jarry, d'Ubu roi au docteur Faustroll,* Paris, 1974. — François Caradec, *À la recherche d'Alfred Jarry,* Paris, 1974. — Henri Béhar, *Les Cultures de Jarry,* Paris, 1988. — Patrick Besnier, *Alfred Jarry,* Paris, 1990.

JASPERS Karl. Philosophe allemand. Né le 23 février 1883 à Oldenburg (Basse-Saxe), mort le 26 février 1969 à Bâle. Son nom est attaché à « la philosophie existentielle ». « Philosopher ne signifie rien d'autre qu'être en chemin », écrit Jaspers. Lui-même commence par le détour de la médecine (il fait ses études à Berlin, Göttingen et Heidelberg, de 1902 à 1909) : « Parce qu'elle avait l'homme pour objet, la médecine ouvrait, me semblait-il, le champ le plus vaste. » Il se spécialise bientôt en psychiatrie : praticien à la clinique neurologique d'Heidelberg de 1909 à 1915, il exerce en même temps à l'université en qualité de « Privatdozent » (maître de conférences) (à partir de 1913), puis de « professeur extraordinaire » (en 1916). Mais Jaspers franchit déjà insensiblement le pas qui sépare la psychologie de la philosophie, évolution sensible dans la comparaison de son premier ouvrage *Psychopathologie générale* (*) (1913) avec le second, *Psychologie des conceptions du monde* [*Psychologie der Weltanschauungen*, 1919], qu'il considère lui-même comme « le témoignage précoce de ce qu'on appellera plus tard l'éclairement de l'existence ». Les circonstances historiques, avec l'avènement du nazisme, devaient amener Karl Jaspers à ne pas séparer philosophie et pensée politique. Avec *La Situation spirituelle de notre temps* [*Die geistige Situation der Zeit*, 1931], Jaspers veut « éveiller ses contemporains », « leur apprendre à voir », lui qui sera bientôt frappé de l'interdiction d'enseigner et de publier. Au nom de l'exigence existentielle première qui est de « permettre à l'homme de devenir vraiment lui-même en prenant conscience de l'être », Jaspers condamne le totalitarisme comme mensonge projeté sur autrui et sur soi-même.

Après 1945, lorsqu'il sera réintégré dans ses fonctions de professeur, puis tout au long de sa retraite laborieuse à Bâle, il poursuivra ses réflexions sur l'histoire, suivant le principe « qu'une philosophie montre ce qu'elle est en se manifestant dans sa pensée politique ». *Origine et sens de l'histoire* (*) (1949), *Raison et déraison de notre temps* [*Vernunft und Unvernunft in unserer Zeit*, 1950], *La Culpabilité allemande* (*) (1946), *La Bombe atomique et l'avenir de l'homme* (*) (1958), *Liberté et réunification* [*Freiheit und Wiedervereinigung*, 1960]. Le leitmotiv de ces réflexions est le problème de la communication. La société, l'État doivent permettre la reconnaissance mutuelle qui suppose l'exercice de la liberté comme condition du dialogue.

Certains ont regretté l'importance croissante (tentaculaire dans les dernières années) prise au sein de l'œuvre de Jaspers par les écrits politiques, les interventions pressantes dans l'actualité. Il faut néanmoins concéder qu'aux yeux de Jaspers le philosophe, s'il doit « refuser d'ignorer le réel », est investi d'une autre responsabilité que le politicien. « J'avais l'impression, écrit-il, dans son *Autobiographie philosophique*, que seul mon souci politique profond me permettrait d'accéder à une pleine conscience de moi et me faisait déboucher sur la métaphysique. » Bien qu'elle ne s'érige pas en système dogmatique, qu'elle se conçoive simplement comme « éclairement », il y a bien une métaphysique jaspérienne, développée à travers les ouvrages *Philosophie* [*Philosophie*, 1932], *Raison et existence* [*Vernunft und Existenz*, 1935], *De la Vérité*, tome premier de *Logique philosophique* [*Von der Wahrheit, Philosophische Logik*, 1948]. Quête ontologique qui ouvre un questionnement multiple : Y a-t-il un Être indépendant de l'être-pensé ? L'Être est-il transformé dans l'être-pensé, la réalité dans l'être-connu ? Au lieu d'être séparable, la pensée est-elle inhérente à l'Être ? etc., interrogations qui aboutissent au paradoxe jaspérien du cogito : « Avec la pensée, je comprends ce qui est plus que la pensée, mais qui n'est pour moi que lorsqu'il est présent dans la pensée. » Prise de conscience qui doit être la tâche philosophique par excellence : penser l'existence à partir de l'« Umgreifendes », mot intraduisible qui signifie à peu près « l'englobant ».

À la fin de sa vie, K. Jaspers, en dépit de la célébrité (grâce à ses interventions à la radio et à la télévision), de l'afflux des honneurs (prix Goethe en 1947, prix de la Paix en 1958, prix Érasme en 1959), ne revendiquait plus, modestement, que le titre de « professeur de philosophie ». Il fut assurément, malgré ceux qui ne voient dans son œuvre qu'une sorte de plaidoyer pour « une raison pratique », un moniteur de son temps.

JEAN-JACQUES POLLET.

RÉF. : M. Dufrenne et P. Ricœur, *Karl Jaspers et la philosophie de l'existence*, Paris, 1947. – P. Ricœur, *Gabriel Marcel et Karl Jaspers*, Paris, 1947. – X. Tilliette, *Karl Jaspers*, Paris, 1960. – A. Kremer-Marietti, *Jaspers et la scission de l'être*, Paris, 1967. – Jeanne Hersch, *Jaspers*, Lausanne, 1979.

JASTRUN Mieczysław. Poète, traducteur et critique littéraire polonais. Né le 29 octobre 1903 à Korolówka (Ukraine polonaise), mort le 23 février 1983 à Varsovie. S'il débuta en 1925 sous l'égide de la revue *Skamander*, il ne fut jamais lié à aucun groupe. Influencé par Rilke, il se présente dans ses premières œuvres, d'une lecture difficile, marquées par le pessimisme, comme un épigone du symbolisme : *Rencontre dans le temps* [*Spotkanie w czasie*, 1929], *Une autre jeunesse* [*Inna młodość*, 1933], *Le Ruisseau et le Silence* [*Strumień i milczenie*, 1937]. Il fut l'un des grands poètes de la Résistance, témoin du « temps des assassins », et publia des œuvres engagées, proches du communisme : *Le Couvre-Feu* [*Godzina Strzeżona*, 1944] et *Affaire d'hommes* [*Rzecz ludzka*, 1946]. Après la guerre, il fit partie du comité de rédaction de l'hebdomadaire des intellectuels marxistes *La Forge* [*Kuźnica*], dans lequel il dénonça l'antisémitisme. Un recueil de *Poèmes choisis* (*) fut édité en 1947. Les effets du réalisme socialiste apparurent dans *L'Année de la récolte* [*Rok urodzaju*, 1950], *Les Couleurs de la terre* [*Barwy ziemi*, 1952] et *Poème sur la langue polonaise* [*Poemat o mowie polskiej*, 1952] qu'il reniera dans *Poésie et Vérité* [*Poezja i prawda*, 1955]. Ses derniers recueils, *Genèses* [*Genezy*, 1960], *Plus grand que la vie* [*Większe od życia*, 1960], *En plein jour* [*W biały dzień*, 1967], *L'Île* [*Wyspa*, 1973], *L'Eclat du tableau* [*Błysk obrazu*, 1975] et *Intonations* [*Intonacje*, 1962], révèlent un poète plus enclin à la méditation ontologique qu'à l'action.

Traducteur d'Apollinaire, de Rimbaud, d'Éluard, de Pouchkine et de Maïakowski, il fut aussi l'auteur de biographies de grands poètes, comme Mickiewicz, Słowacki, Kochanowski et Leśmian, et de nombreux essais sur la culture européenne.

LAURENCE DYÈVRE.

JAUFRÉ (ou Geoffroi) RUDEL. Troubadour du XIIe siècle. Né à Blaye (Gironde) dont il était « prince », ou, à tout le moins, seigneur en tant que cadet des comtes d'Angoulême, mort à Tripoli, Palestine (?). Sur la foi d'une de ces notices ou *vidas,* rédigées en provençal par Jehan de Nostredame (fils du fameux Nostradamus) et reprises par Raynouard dans ses *Biographies des troubadours* (1820), Jaufré Rudel est devenu le héros d'une légende qui a pris le pas sur son œuvre. De cette dernière nous possédons seulement six poésies – v. *Vers* (*) de Jaufré Rudel : les unes (II, V et VI) se rapportent à un amour idéal et lointain (« amor de terra lonhdana ») et les autres (I, III et IV) à des aventures dont le caractère charnel ne saurait faire de doute. En tout état de cause, il est possible que le poète ait accompagné en Terre sainte un fils naturel d'Alphonse Jourdain, comte de Toulouse, lorsqu'il se croisa à la suite de Hugues VII de Lusignan, dit le Brun, comte de la Marche (de fait, le troubadour Marcabrun composait à la même époque un sirvente adressé « an Jaufré Rudel outra mar »). Quant à la légende, peut-être a-t-elle pour origine une passion que Jaufré Rudel aurait réellement éprouvée pour Odierne, femme de Raimon Ier, comte de Tripoli. Mais l'histoire de la comtesse de Tripoli, telle qu'elle est venue jusqu'à nous, se révèle autrement romanesque. Jaufré Rudel serait devenu amoureux de la princesse d'Orient sur le portrait qu'avaient fait d'elle des pèlerins venus d'Antioche. Il s'embarque, tombe gravement malade en mer et n'arrive à Tripoli que juste à temps pour mourir dans les bras de l'aimée (« Et en aissi el moric entr'els braz de la comtessa », nous dit Jehan de Nostredame) ; celle-ci, de désespoir, finira ses jours dans un cloître. Telle est la jolie légende dont devaient s'inspirer Uhland, Heine, Swinburne, Carducci et Edmond Rostand dans son drame *La Princesse lointaine* (*) (1895).

RÉF. : Jehan de Nostredame, *Les Vies des plus célèbres et anciens poètes provensaux* (sic)... Lyon, 1575 (réimpr. à Paris en 1913). – Crescimbeni, *Le Vite de' più celebri poeti provenzali* in t. 2. *Istoria della volgar poesia,* Venise, 1730. – P.-L. Ginguené, *Geoffroi Rudel, poète provençal,* in t. XIV, *Histoire littéraire de la France,* Paris, 1817. – A. Jeanroy, *Les Chansons de Jaufré Rudel,* Paris, 1915. – R. T. Pickens, « Jaufré Rudel et la poétique de la mouvance » dans les *Cahiers de civilisation médiévale,* 20, 1977, p. 323.

JAURÈS Jean Léon. Homme politique français. Né à Castres (Tarn) le 3 septembre 1859, mort à Paris le 31 juillet 1914. D'une famille bourgeoise – son frère sera amiral –, il fait ses études à Sainte-Barbe, puis à Louis-le-Grand, et entre à l'École normale supérieure en 1878. Ayant obtenu en 1881 son agrégation de philosophie, il commence à enseigner au lycée d'Albi et sera ensuite appelé au lycée de Toulouse et à la faculté des lettres de cette même ville. Mais, dès cette époque, il se sent attiré par la politique : élu en 1885 député du Tarn, il va siéger au parlement avec la gauche radicale. Bien qu'il cherche encore sa voie, Jaurès montre déjà ses préoccupations sociales, et fait une violente impression sur la Chambre par son éloquence poétique et imagée d'homme du Midi. On le connaîtra surtout, on l'aimera en tant qu'orateur incomparable, capable de communiquer aux foules sa puissance chaleureuse, mais en même temps attentif à toujours conserver à sa langue une forme parfaite.

Battu aux élections de 1889, Jaurès retourne à l'enseignement et passe ses deux thèses sur *La Réalité du monde sensible* et sur *Les Premières Bases du socialisme allemand chez Luther, Kant, Fichte, Hegel.* À partir de ce moment, son socialisme s'affirme ; il revient à la Chambre en 1893, mais il est de nouveau battu en 1898. Il trouve dans cet échec l'occasion de se consacrer entièrement au journalisme : d'une part, engagé dans l'affaire Dreyfus, il mène une campagne retentissante pour la libération du condamné ; d'autre part, avec Millerand et Briand, il oriente le parti socialiste dans une voie « réformiste » qui le conduit, une fois rentré à la Chambre en 1902, à devenir l'un des plus fidèles soutiens du ministère « bourgeois » de Combes – ce qui décide un homme comme Péguy, qui lui reproche d'être devenu un « chef parlementaire », à rompre avec lui. Mais, après 1904 et la fondation du journal *L'Humanité,* Jaurès revient à une conception révolutionnaire de l'action socialiste, il abandonne Millerand, se réconcilie avec Guesde et, lorsque tombe le ministère Combes, refuse son appui aux nouveaux gouvernements Rouvier et Clemenceau (1906-1908). Désormais, il concentre toute son action sur l'affaire marocaine et sur la sauvegarde de la paix européenne : avec son invincible optimisme, il croit en effet à la réconciliation prochaine des peuples par le progrès. Internationaliste, il maintient cependant la valeur du patriotisme, destiné, selon lui, à trouver sa place dans une « libre fédération des nations autonomes ». Cette fédération, naturellement, posait en premier lieu le problème des rapports franco-allemands : bien des sympathies de Jaurès allaient outre-Rhin, non seulement à cause de la puissance de la social-démocratie allemande, mais aussi parce qu'il voyait des affinités entre la France de la Révolution et l'Allemagne de la Réforme. Ces sympathies attirèrent à Jaurès des haines furieuses, celle de Péguy, celle de Maurras. Mais son assassinat, à la veille de la déclaration de guerre, ne fut que le geste d'un déséquilibré sans parti.

Orateur, historien – *La Commune* (*), *Histoire socialiste, 1789-1900* (*), *Histoire socialiste de la Révolution française* (*) –, Jaurès n'a pas de pensée politique originale : son rôle, à l'intérieur du socialisme, fut pourtant considérable en tant que conciliateur des deux grandes tendances, collectiviste et personnaliste, représentées de son temps, la première par Guesde, la seconde, plus sensible à l'idée de régénération morale, par Andler.

Marxiste, mais refusant toutefois de rompre

totalement avec l'État bourgeois qu'il juge susceptible d'être pénétré par le prolétariat, et voyant dans la démocratie parlementaire une préparation au socialisme, Jaurès restait avant tout l'homme du socialisme humaniste : « C'est l'individu humain qui est la mesure de toute chose, de la patrie, de la famille, de la propriété, de l'humanité, de Dieu. Voilà la logique de l'idée révolutionnaire. Voilà le socialisme. » Mais peut-être emportait-il surtout les enthousiasmes par ses qualités de cœur, de générosité, de sincérité, reconnues par un adversaire aussi déclaré que Barrès.

Aujourd'hui encore, si Jean Jaurès n'est plus beaucoup lu, il reste une grande ombre, un « héros » du socialisme.

MICHEL MOURRE.

♦ *« Les manifestations les plus hautes de la vie trouvent ici leur confluent. »* Romain Rolland. ♦ *« Un génie symphonique... »* Léon Blum. ♦ *« La cause profonde de sa mésentente avec Jules Guesde et la justification de ce que ses adversaires appelaient son « opportunisme » étaient dans sa croyance réfléchie à une possible rationalisation des institutions et des lois, à une progression pacifique vers un ordre meilleur. »* P.-H. Simon.

RÉF. : Félicien Challaye, *Jaurès,* Paris, 1937. – Paul Desanges et Luc Meriga, *Vie de Jaurès,* Paris, 1938. – Alexandre Zévaès, *Un apôtre du rapprochement franco-allemand, Jean Jaurès,* Paris, 1941 ; *Jean Jaurès,* Paris, 1951. – Jean Feuillard, *Jaurès, homme d'aujourd'hui,* Périgueux, 1950. – Marcelle Auclair, *Vie de Jean Jaurès,* 1954. – J. Rabaud, *J. Jaurès,* 1982.

JAUSS Hans Robert. Critique et universitaire allemand. Né le 12 décembre 1921 à Göppingen (Wurtemberg). Il étudie la philosophie et l'histoire à Heidelberg. Il séjourne en France et en Italie, commence à enseigner en 1957 à Heidelberg. Depuis 1966, il est professeur à l'université de Constance dont il est l'un des fondateurs. Ses multiples activités, l'ampleur de son champ de travail et de sa pensée en ont fait l'un des principaux représentants de l'École de Constance, qui en Allemagne a renouvelé les études littéraires en reliant l'histoire de la littérature aux questions de poétique et à la théorie de la communication. Spécialiste de littérature moderne, auteur de *Temps et mémoire dans « À la recherche du temps perdu »* [*Zeit und Erinnerung in... Ein Beitrag zur Theorie des Roman,* 1955], et de nombreux articles sur les XVIIIe et XIXe siècles, il est aussi médiéviste – collaborateur de Erich Köhler : *Recherches sur les contes d'animaux* [*Untersuchungen zur mitteralterlichen Tierdichtung,* 1959] ; *Genèse de la poésie allégorique française au Moyen Âge* (1962) ; *Altérité et modernité dans la littérature médiévale* [*Alteritát und Modernität der mit. lit.,* 1977]. Réfléchissant sur l'histoire littéraire, il s'est intéressé à des moments de rupture, avec *Norme esthétique et Réflexion historique dans la « Querelle des Anciens et des Modernes »* [*Ästetische Normen und geschichtliche Reflexion in...,* 1964], ou *1912, une époque charnière. « Zone » et « Lundi rue Christine » de Guillaume Apollinaire* [*Die Epochenschwelle von 1912...,* 1986]. Il a donné à ses vues théoriques, qui réintroduisent la notion d'expérience immanente dans la recherche historique, le nom d'« esthétique de la réception » – développée à travers une série de livres et d'articles : *L'Histoire de la littérature comme provocation* [*Literaturgeschichte als Provokation,* 1970] ; *Petite apologie de l'expérience esthétique* [*Kleine Apologie der ästhetischen Erfahrung,* 1972] ; *Expérience esthétique et herméneutique littéraire* [*Ästhetische Erfahrung und literarische Hermeneutik,* 1977] ; *La Théorie de la réception, regard rétrospectif* [*Die Theorie der Rezeption, Rückschau auf ihre unerkannte Vorgeschichte,* 1987]. Un recueil important d'essais de Jauss a été publié en France sous le titre *Pour une esthétique de la réception* (*), préfacé par Jean Starobinski, en 1978 ; il a été suivi de *Pour une herméneutique littéraire* (1988). Jauss est membre de diverses académies (Heidelberg, 1980 ; Europea, 1988).

FRANÇOIS LALLIER.

JAVOROV Pejo (pseud. de Pejo Kračolov). Poète bulgare. Né à Čirpan (Thrace) le 1er janvier 1877, mort le 16 octobre 1914 à Sofia. Poursuivi par le sort dès sa naissance, la pauvreté des siens l'empêcha de poursuivre régulièrement ses études. Menant une vie de privations, il dut se contenter d'emplois provisoires, dans les Postes, à la Bibliothèque nationale, au théâtre de Sofia et, en 1902, participa aux mouvements révolutionnaires de Macédoine. Ces événements furent à l'origine de ses vibrants poèmes d'inspiration patriotique et sociale, notamment les *Chants des Haïdouks* (+), qui sont parmi les plus beaux. De ses voyages, en Autriche, en Suisse et surtout en France, qui élargirent sensiblement sa culture, et sa vision du monde, Javorov rapporta ce symbolisme dont il devait être, dans son pays, l'interprète le plus brillant. Et non seulement sa vie extérieure était faite de soucis, d'incertitudes et d'humiliations, mais son désarroi intime n'avait pas de limites. Tout lui était souffrance : lui-même et les autres, un idéal impossible à atteindre ; tout lui était ténèbres, terreurs, et la mort lui apparut comme un refuge inéluctable contre le réel. Sa vie fut une course à l'abîme. À deux reprises, il tenta de se tuer – avant de réussir lors d'une troisième tentative –, acculé au désespoir par une insupportable calomnie. Javorov finit misérablement ses jours, en proie à d'indicibles tourments physiques et moraux, dans les ténèbres de la cécité, conséquence de sa première tentative de suicide. Toutes les nuances de l'angoisse et de la douleur sont contenues dans cette poésie sombre comme la nuit. Les plus beaux poèmes de Javorov ont été recueillis sous le titre : *Derrière l'ombre des nuages* (*) (1910).

JAY John. Homme d'État américain. Né le 12 décembre 1745 à New York, mort près de Bedford le 17 mai 1829. Jay, ses études de droit terminées, s'inscrivit, en 1768, au barreau de sa ville natale. À l'issue des deux Congrès qui précédèrent la *Déclaration d'indépendance* (*), il fut chargé de rédiger un *Appel au peuple de la Grande-Bretagne* (1774) et les *Appels aux peuples du Canada, de la Jamaïque et de l'Irlande* (1775). Il joua un rôle très important dans les négociations qui aboutirent au traité de paix avec la Grande-Bretagne (1782-83) et occupa des postes de premier plan au gouvernement de la Confédération. Sous le pseudonyme de Publius, il composa, en 1787-88, les numéros 2, 3, 4, 5 et 64 de la publication collective connue sous le nom de *Fédéraliste* (*). Il prit sa retraite en 1801 et, moderne Cincinnatus, mourut dans sa ferme, près de Bedford.

JAYADEVA. Auteur dramatique indien. Le célèbre auteur du *Gītagovinda* (*) naquit au XIIe siècle à Kenduli, dans le Birbhum, district du Bengale. Il fut, avec les poètes Govardhana, Dhoyi Srutadhara Kaviraja, Sarana, Umāpatidhara, l'un des cinq joyaux qui illustrèrent la cour de Lakṣhmanasenā, roi du Bengale, à la fin du XIIe siècle de notre ère. Selon une tradition très répandue, il aurait été « nimbarkī », mais plusieurs détails de son œuvre s'opposent à cette assertion. Le *Gītagovinda,* drame lyrique dont plusieurs vers ont été repris dans le *Saduktikarnamrita,* anthologie attribuée à Śridhara Dāsa (XIIIe siècle), est intimement lié aux fêtes célébrées en l'honneur de Kriṣṇa à Yatra, dans le Bengale. Jayadeva montre dans ce poème l'étendue de ses dons.

JEAN l'Évangéliste, saint. L'un des douze apôtres (Ier s. ap. J.-C.) et frère cadet de saint Jacques le Majeur qui fut mis à mort par Hérode Agrippa. Né dans une famille de pêcheurs originaire de Capharnaüm ou de Bethsaïde, il comptait parmi les rares intimes qui furent témoins des événements les plus marquants de la vie du Maître : la résurrection de la fille de Jaïre, la transfiguration, l'agonie à Gethsémani – v. *Évangile de saint Jean* (*). Fort ambitieux et d'une nature fougueuse qui le faisait surnommer « fils du tonnerre », il souhaitait d'être mis au-dessus des autres apôtres. C'est ainsi que, par l'intermédiaire et avec le consentement de Salomé, sa mère – une des femmes de l'entourage de Jésus –, il demanda au Christ de lui réserver, ainsi qu'à son frère, une place de choix dans le futur royaume de Dieu. Une autre fois, il informa Jésus des efforts qu'il avait tentés pour empêcher de se réclamer du Christ un inconnu qui n'avait pas encore fait ses preuves de disciple loyal. Dans une autre circonstance, Jean adjurera le feu du ciel de consumer un village samaritain qui n'avait pas voulu accueillir Jésus parce qu'il était de Jérusalem. Dans l'*Apocalypse* (*), ou « Révélation » – message de réconfort et d'encouragement aux chrétiens persécutés –, on retrouve cette insistance de saint Jean à promettre aux martyrs la consolation divine, ainsi que l'inéluctable châtiment des persécuteurs.

Celui qui posa sa tête sur la poitrine du Christ, qui, seul de tous les apôtres, était présent au Calvaire, et aurait été accueilli dans la famille charnelle du Christ au point de devenir fils d'adoption de Marie, est aussi un chantre sublime de l'amour chrétien – v. *Épîtres* (*). C'est saint Jean qui a écrit : « Dieu est amour », c'est lui, si l'on en croit la tradition, qui, avant d'être exilé à l'île de Patmos, fut immergé dans une cuve d'huile bouillante sans perdre la vie, et qui disait à ses disciples : « Mes bien-aimés, aimez-vous les uns les autres. » Et comme on lui demandait pourquoi il revenait toujours sur ce précepte, il répondit : « C'est le précepte du Seigneur ; si on l'observe, il suffit. » C'est lui, dit-on, qui retrouva sur une montagne inaccessible et ramena à Dieu un jeune homme confié aux soins de l'évêque d'Éphèse et qui était devenu chef de brigands. Saint Jean mourut à un âge avancé vers l'an 101, sous le règne de Trajan (le bruit avait même couru dans son entourage qu'il ne succomberait pas avant le retour du Christ), probablement à Éphèse. On y aurait récemment identifié sa tombe qui, depuis un temps immémorial, était un lieu de pèlerinage et une source de légendes extraordinaires.

♦ *« Le quatrième évangile peut et doit être ramené à l'apôtre Jean, mais d'une façon médiate et indirecte. Il représente la forme qu'avait revêtue l'histoire évangélique en Asie Mineure dans les cercles où s'était exercé son long ministère. C'est une solution moyenne résultant du double caractère de cet écrit, où il est aussi difficile de méconnaître la préoccupation du théologien et du commentateur que la tradition positive et précieuse d'un témoin de Jésus. »* Sabatier.

RÉF. : Renée Zeller, *L'Homme qui a connu le Christ...,* Paris, 1945. – Dr Joseph Goubert et chanoine Léon Cristiani, *Saint Jean l'Évangéliste,* Ucel, 1954. – C.H. Dodd, *La Tradition historique du quatrième évangile,* Paris, 1987.

JEAN CHRYSOSTOME, saint. Père de l'Église grec. Né à Antioche entre 344 et 347, mort le 14 septembre 407 à Comane de Cappadoce. Fils d'un préfet des soldats, il eut pour maître le rhéteur Libanios, reçut le baptême probablement des mains de l'évêque Mélétios, en 369 ou 372, et fut ensuite le disciple de Diodore de Tarse. Retiré dans un cloître, il réapparut à Antioche en 381 et y fut ordonné prêtre (386) par saint Flavien, évêque de cette ville. En 397, l'empereur Arcadius, par l'entreprise de son favori Eutrope, l'éleva au siège épiscopal de Constantinople. Son éloquence passionnée (d'où son surnom de « Bouche d'or ») et sa grande austérité rendirent Jean extrêmement populaire. Pour cette raison, et aussi à cause de la réforme morale qu'il avait entreprise, l'impératrice Eudoxie et Théophile d'Alexandrie se coalisèrent contre lui, et il fut déposé, puis exilé en 403. Il partit alors pour la Bithynie, mais, véhémentement réclamé par le peuple, il fut rétabli sur son siège. Trêve de courte durée : le concile de Constantinople (404) ayant contesté la légitimité de sa restauration, Jean fut de nouveau déposé et exilé, d'abord à Cucuse (en Cataonie) et finalement à Pityunte, dans le Pont, mais il mourut en cours de route.

L'œuvre littéraire de saint Jean Chrysostome (traités, homélies et correspondance) est extrêmement abondante. De la période d'Antioche datent surtout des traités, dogmatiques ou autres : le dialogue *Du sacerdoce* [*De Sacerdotio*], *De la virginité* [*De Virginitate*], *À une jeune veuve* [*Ad Viduam juniorem*] et les *Consolations à Stagirius tourmenté par le démon* [*Ad Stagirium a daemone vexatum*] ; les deux *Paraenaeses : À Théodore* [*A Theodorum lapsum*], *Sur la componction* [*De Compunctione*], *Contre les adversaires de la vie monastique* [*Adversus oppugnatores vitae monasticae*], *Sur l'éducation des enfants* [*Ecloge de liberorum educatione*], *Que personne n'est damné, sinon par soi-même* [*De eo quod nemo laeditur ab alio nisi a semetipso*], *À ceux qui sont scandalisés dans l'adversité* [*Ad eos qui scandalisati sunt ob adversitates*]. À la période de Constantinople appartient *Contre ceux qui avaient des femmes sous-introduites* [*De subintroductis*], mais, dès les premières années, Jean avait adopté une règle de vie exemplaire s'inspirant de la simplicité et de la pauvreté. Son exaltation de l'ascétisme n'est cependant pas inhumaine : elle aboutit, au contraire, dans les rapports sociaux, à un idéal de bonté et de compréhension réciproques. Ainsi, dans les nombreuses *Lettres* (*) et dans les *Homélies* (*) consacrées, pour la plupart, à des sujets d'exégèse, dans les deux séries sur la *Genèse*, sur les *Psaumes*, sur *Isaïe*, sur *Saint Jean*, sur les *Actes*, sur les *Épîtres* pauliniennes.

Certaines se rapportent même à des cas particuliers, ou traitent encore de morale. Saint Jean Chrysostome, s'il n'est pas un théologien très original, procède du moins tout naturellement, et avec beaucoup de clarté, de la tradition qui est à la base de la théologie des Pères de Cappadoce. La liturgie orientale qui porte son nom ne saurait lui être attribuée.

GIUSEPPE GIARRIZZO.

♦ *« Heureux le panégyriste, d'avoir de tels empereurs à louer ! Heureux aussi les empereurs, d'avoir trouvé un tel panégyriste ! »* Libanius. ♦ *« Comment pourriez-vous espérer de voir Constantinople délivrée des coups de l'ange exterminateur, après le bannissement de Jean* [Chrysostome], *cette colonne de l'Église, ce flambeau de la vérité, cette trompette de Jésus-Christ ? Vous avez exilé Jean, la plus brillante lumière du monde... Mais du moins ne persévérez pas dans votre crime. »* Saint Nil. ♦ *« Saint Chrysostome ne cherche point de faux ornements, tout tend à la persuasion. Il place chaque chose avec dessein. Il connaît bien l'Écriture sainte et les mœurs des hommes. Il entre dans les cœurs. Il rend les choses sensibles. Il a des pensées hautes et solides... Dans son tout c'est un grand orateur. »* Fénelon.

RÉF. : E. Boularand. *La Venue de l'homme à la foi, d'après saint Jean Chrysostome,* Rome, 1939. – Priscilla, *La Bible et saint Jean Chrysostome,* Paris, 1946. – A. Moulard, *Saint Jean Chrysostome, sa vie, son œuvre,* Paris, 1949. – A. J. Festagière, *Antioche païenne et chrétienne : Libanius, Chrysostome et les moines de Syrie,* Paris, 1959. – E. Nowak, *Étude sur la pensée de Jean Chrysostome*, Paris, 1972.

JEAN CLIMAQUE saint, dit aussi Jean le Scholastique. Docteur de l'Église, disciple de saint Grégoire de Nazianze. Né à Constantinople vers 577, mort au monastère du mont Sinaï vers 650. Une vie intérieure nourrie de méditations et dialogues avec Dieu : ainsi peut-on résumer la vie de ce solitaire, dont la fête est célébrée chaque année à la fois par les catholiques et les orthodoxes. Dès l'âge de seize ans, il abandonna Constantinople pour se rendre dans les déserts du mont Sinaï, au monastère de Sainte-Catherine d'Alexandrie où il revêtit l'habit monacal. Il en sortit dix-neuf ans plus tard pour se consacrer, dans un solitude absolue, à la contemplation et à l'ascétisme, au désert de Tholas. Il y demeura quarante ans à prier et à écrire, dans une grotte, et bientôt les fidèles accoururent pour lui demander conseil. De tous les écrits qu'il rédigea à la demande de l'abbé de Raithu, le plus célèbre est *L'Échelle sainte* (*) (Klimax veut dire échelle en grec : d'où le nom donné au saint), ouvrage d'édification ascétique qui a pour but d'élever « comme sur une échelle » ceux qui en appliquent les préceptes, du degré le plus bas jusqu'aux plus célestes hauteurs. L'*Échelle* a pour complément le *Discours au pasteur*, véritable traité de direction spirituelle.

À la fin de sa vie, saint Jean Climaque, cédant aux instances des moines, abandonna l'ermitage de Tholas et accepta de devenir abbé du monastère du Sinaï où il devait mourir peu après.

RÉF. : L. Petit, article *Jean Climaque* in tome VIII du *Dictionnaire de théologie catholique* de Vacant et Mangenot, 1934. – J.-R. Martin, *The Illustration of the « Heavenly Ladder » of John Climacus*, Princeton, 1954.

JEAN DAMASCÈNE saint. Docteur de l'Église grecque. Né à Damas, peut-être en 650, mort près de Jérusalem, probablement en 754. Fils d'un chrétien de Syrie qui avait recouvré quelques charges à la Cour des califes, il eut pour maître le moine sicilien Cosme que son père, dans ce but, avait fait sortir de prison. Revêtu de hautes fonctions à la cour, Jean, dont la situation était devenue intenable, se retira avec Cosme au célèbre monastère de Saint-Sabas, près de Jérusalem, où il devait finir ses jours. Jean était, en effet, intervenu avec vigueur dans la polémique engagée à propos du culte des images. Son nom est inséparable des travaux entrepris, et menés à bien, pour fixer et définir théologiquement la doctrine de l'Église qu'il a exposée dans la *Source de la connaissance* (*). Cette œuvre, qui lui a valu le renom de plus grand dogmatique de l'Église d'Orient, connut une grande vogue au Moyen Âge.

Jean Damascène applique aux constructions des Pères de l'Église grecque les principes de la logique aristotélicienne. Le nom de saint Jean Damascène n'est pas moins lié à la lutte contre les iconoclastes. Jean soutint contre les iconoclastes la légitimité du culte des images (entendues comme symboles) et, en même temps, affirma avec force « qu'il n'appartient pas aux empereurs de dicter des lois à l'Église ». Jean Damascène n'était pas seulement un polémiste ardent et batailleur, un esprit armé de logique et, comme il le dit lui-même, « inébranlable sur le fondement de la foi » : il fut aussi un poète dont les « canons » sont l'honneur de l'hymnographie byzantine – v. *Poésies* (*). Il est, en outre, l'auteur d'une tentative de retour à la métrique classique. Si l'on en croit une légende, la Madone, apparue à un vieux moine, aurait prophétisé que Jean serait assez grand poète « pour rivaliser avec les chérubins dans le chant des louanges de Dieu ».

QUINTINO CATAUDELLA.

♦ *« On doit certainement voir en lui l'un des intermédiaires les plus importants entre la culture des Pères grecs et la culture latine des théologiens occidentaux au Moyen Âge. »* E. Gilson.

RÉF. : V. Ermoni, *Saint Jean Damascène*, Paris, 1904. – M. Jugie, art. *Jean Damascène*, in *Dictionnaire de théologie catholique* de Vacant et Mangenot. – J. Nasrallah, *Saint Jean de Damas. Son époque, sa vie, son œuvre*, Harissa, 1950. – Ch. K. Paraskeviades, *Hē peri christologias didaskalia tu en hagiois patros hemōn Iōannu tu Damaskēnu*, Athènes, 1976. – D.-J. Sathas, *Encounter and Refutation : John of Damas. Attitude Towards the Muslims and His Evaluation of Islam*, Londres, 1981.

JEAN D'ARRAS. Ce que nous savons de cet écrivain français est bien peu de chose, même si on doit l'identifier avec l'objet des rares indications fournies par certains documents. Il semble qu'on doive reconnaître en lui le Jean d'Arras qui, en 1361, fit hommage au duc de Bourgogne d'un fief lui appartenant, et qui est mentionné dans un document de 1382 comme propriétaire, à Arras, de maisons grevées de rentes à payer aux chevaliers de Rhodes. Ultérieurement, d'autres textes, datant de 1392, 1394, 1398, nous le montrent libraire et relieur à Paris, en rapport avec de grands seigneurs, amateurs éclairés de belles œuvres et épris de culture : le roi Charles VI, Marie de France, le duc de Bar, Jean de Berry. Ce dernier, au cours des années 1387-1394, aurait chargé de la composition du *Roman de Mélusine* (*) l'artiste raffiné et cultivé qui reliait ses livres et qui, le premier, recueillit la légende de la femme serpent, fable liée à la maison de Lusignan (Mélusinz - Mère-Lusigne). Dans le roman, Jean d'Arras ne manque pas une occasion de démontrer, en s'aidant de la terminologie technique appropriée, sa parfaite connaissance de l'art du libraire. C'est là tout ce que nous savons de l'auteur de *Mélusine,* si vraiment il se confond avec ce personnage.

RÉF. : L. Stouff, *Essai sur Mélusine, roman du XIVe siècle, par Jean d'Arras,* Dijon, 1930. – *Jean d'Arras, Le Roman de Mélusine ou l'Histoire des Lusignan,* trad. par M. Perret, Paris, 1979.

JEAN DE LA CROIX saint. Auteur spirituel espagnol. Né le 24 juin (ou le 27 décembre) 1542, à Fontiveros, en Castille, mort le 14 décembre 1591 à Úbeda, en Andalousie. Son père, Gonzalo de Yepes, d'origine noble, avait épousé une jeune fille pauvre, Catalina Alvarez, d'origine juive, ce qui lui valut d'être rejeté par sa famille. Gonzalo meurt quelques mois après la naissance de Jean. Pour Catalina et ses trois fils, c'est aussitôt la misère. L'un des enfants meurt de privations. En 1548, la petite famille s'installe à Arévalo, vivant du métier de tisserand, puis en 1551 à Medina del Campo. Jean y fait ses études, d'abord dans un collège de la Doctrine (école pour enfants pauvres), puis au collège des jésuites, tandis que pour gagner sa vie il est aide-soignant à l'hôpital. Entré en 1563 au couvent des carmes mitigés de Medina del Campo, Jean y fait profession. Il reçoit le nom de Jean de Saint-Matthias. Sa dévotion pour la Vierge Marie a été décisive dans son choix de l'ordre des carmes, dont la Règle primitive (vers 1208) avait été amendée, ou mitigée, en 1432. Bien que vivant dans un couvent de la règle mitigée, Jean avait été autorisé à pratiquer la règle primitive. De 1564 à 1568, Jean est étudiant à l'université de Salamanque. Il y suit les cours de la faculté des arts, avant ceux de théologie, et il complète sa formation au couvent des carmes de San Andrés, où il devient préfet des études. Il reçoit alors une formation intellectuelle, spirituelle et théologique très rigoureuse à partir de quoi il définira sa propre doctrine de la contemplation, cette « science d'amour » par laquelle « Dieu commence en cette vie à se communiquer à l'âme ». Ordonné prêtre, Jean songe à entrer à la Chartreuse. La rencontre avec Thérèse d'Avila, en 1567, décide de son orientation. À son incitation, il va s'engager dans la réforme du Carmel, déjà entreprise par Thérèse pour la branche féminine. En 1568, il accompagne la fondatrice à Valladolid afin de s'initier à l'esprit et à la pratique de la réforme. Le premier couvent de carmes déchaux est fondé en 1568 à Duruelo, hameau perdu à une quarantaine de kilomètres d'Avila. Le jeune carme, jurant d'observer la règle primitive, prend désormais le nom de Jean de la Croix. Au couvent de Mancera où s'est déplacée la fondation (1570), Jean de la Croix exerce sa fonction de maître spirituel à laquelle il se consacrera toute sa vie. Après un bref séjour à Pastrana, Jean de la Croix accompagne Thérèse à la fondation d'Alba de Tormes. En avril 1571, il devient recteur du premier collège de carmes déchaux créé à Alcalá de Henares. Il y applique la maxime qui restera célèbre : « Religieux et étudiant, religieux d'abord. » En 1572, Thérèse d'Avila, nommée prieure du couvent de l'Incarnation à Avila, invite Jean de la Croix à la rejoindre comme chapelain et confesseur du monastère. Il y poursuit son rôle de maître spirituel, transmettant l'esprit du carmel de la règle primitive. L'essentiel de son enseignement est recueilli dans les maximes ou conseils, qu'il envoie aux religieuses et qu'il rassemblera plus tard sous le titre de *Dits de lumière et d'amour* – v. *Œuvres spirituelles* (*). C'est alors qu'il fait, à la plume, un petit dessin du Christ en croix dont Salvador Dalí s'inspirera, en 1951, pour un tableau célèbre. En 1574, Jean de la Croix prend part aux côtés de Thérèse à la fondation du couvent de carmélites de Ségovie. Cependant l'extension de la réforme du Carmel ne s'était pas faite sans susciter bien des réserves ou des oppositions. Le conflit latent entre carmes de l'observance (c'est-à-dire de la règle mitigée) et les carmes déchaux (revenus à la règle primitive) finit par éclater de façon dramatique. Dans la nuit du 3 décembre 1577, Jean de la Croix est enlevé de force et enfermé au couvent de carmes chaussés (ou mitigés) de Tolède. L'ordre a été donné par le père Tostado, vicaire général des carmes de l'observance. Le père Maldonado, prieur des carmes mitigés de Tolède, va tenir Jean enfermé dans la geôle conventuelle, d'usage à l'époque, pendant près de neuf mois. Thérèse, indignée, écrit au roi Philippe II, pour l'informer et lui demander d'intervenir. Soumis aux pires vexations, au chantage, aux menaces, Jean est sommé de renoncer à la réforme qu'il a entreprise. Mais il supporte tout – châtiments corporels, injures, admonestations – sans révolte, avec une héroïque patience. Pendant plusieurs mois, Jean de la Croix endure les tourments de la nuit des sens et de la nuit de l'esprit qu'il décrira plus tard dans ses écrits. Dans sa détresse, il écrit cependant certains de ses plus beaux poèmes – v. *Poésies* (*) : la plus grande partie du *Cantique spirituel,* le poème de *La Source cachée,* dix *romances.* Le poème de *La Nuit obscure* fut peut-être composé aussi durant cette période, en tout cas peu après, et il porte bien témoignage de l'expérience mystique qu'il vécut alors. À la mi-août 1578, le prisonnier s'évade. En octobre, il participe au chapitre des carmes déchaux à Almodóvar del Campo. On envoie des messagers à Rome pour obtenir la séparation d'avec les carmes chaussés. Jean de la Croix est nommé supérieur du couvent du Calvario, en Andalousie. En route, il fait halte au couvent de carmélites de Beas de Segura où il revoit la mère Anne de Jésus, à qui il dédiera plus tard le traité du *Cantique spirituel* – v. *Œuvres spirituelles.* Devenu le confesseur de ce couvent, à la demande de Thérèse d'Avila, Jean de la Croix s'y rend souvent depuis le monastère du Calvario, qui n'en est guère éloigné. L'enseignement spirituel qu'il dispense est noté, en formules brèves, pour les moniales. Ces maximes sur le renoncement, l'imitation du Christ, l'oubli de soi s'ajouteront aux *Dits de lumière et d'amour.* Le dessin du *Mont de Perfection,* qu'il trace alors de sa main, résume sa doctrine. Pour atteindre la perfection, trois chemins sont indiqués ; celui de droite et celui de gauche, chemins d'imperfection, doivent être évités. Le chemin du centre, renonçant aux consolations offertes par les deux chemins précédents, est parcouru du mot *nada* répété sept fois : *rien.* Ne rien vouloir, ne rien désirer, ne rien aimer d'autre que Dieu : telle est la voie qui mène à Dieu, dont « l'honneur et la gloire » règnent seuls sur le sommet du mont Carmel. Au pied du dessin, vingt-deux vers, jouant en antithèse des mots *nada* (rien) et *todo* (tout), résument la doctrine radicale du maître spirituel dont la profonde sensibilité et l'affectivité atténuent cependant l'apparence implacable : « Pour en venir à goûter tout, / ne veuille avoir goût en rien. / Pour en venir à tout savoir, / ne veuille en rien savoir aucune chose... » En juin 1579, Jean de la Croix fonde à Baeza un collège de carmes déchaux qui suivent les cours de l'université toute proche dont le maître Juan de Avila avait été l'un des fondateurs. Jean de la Croix s'impose alors de plus en plus comme un maître spirituel reconnu. En 1580, un bref du pape Grégoire XIII ordonne la séparation, en provinces distinctes, des carmes déchaux et des carmes mitigés. Ainsi s'achève un conflit de juridiction qui avait connu de dramatiques péripéties. Au chapitre des carmes déchaux qui se tient à Alcalá de Henares, en 1581, au cours duquel les nouvelles constitutions sont adoptées, Jean de la Croix est nommé définiteur auprès du nouveau provincial, le père Jerónimo Gracián. En novembre 1581, il rencontre pour la dernière fois, à Avila, Thérèse de Jésus. Au début de l'année 1582, en compagnie d'Anne de Jésus, il fonde à Grenade un couvent de carmélites. La fondation a lieu dans la demeure d'Ana de Peñalosa. Jean de la Croix est alors nommé prieur du couvent de Los Mártires, à proximité de l'Alhambra. De ce couvent, où il demeurera six ans, il entreprend, pour les affaires de l'Ordre, diverses missions en Castille et en Andalousie. C'est au cours de ces années qu'il écrit les grands commentaires en prose de ses poèmes – v. *Œuvres spirituelles* : *La Montée du mont Carmel, La Nuit obscure, Le Cantique spirituel entre l'âme et Jésus-Christ son époux, La Vive Flamme d'amour.* Il écrit de nouveaux poèmes. Il poursuit aussi, auprès des carmes et des carmélites, son rôle de directeur spirituel auquel il semble s'être toujours adonné avec prédilection. *Nada* (rien, le vide), silence, solitude, amour, mortification... : ces quelques mots pourraient résumer son enseignement qui s'en tient toujours à l'essentiel, qui se fonde toujours sur la méditation de *La Bible* (*) et se réfère toujours à l'image du Christ. En mai 1583, Jean de la Croix assiste au chapitre des déchaux à Almodóvar del Campo. En mai 1585, il participe à celui de Lisbonne. Au chapitre de Pastrana, en octobre de la même année, le père Nicolás Doria, nouveau provincial, veut imposer une conception de l'observance avec laquelle Jean de la Croix va être profondément en désaccord. En 1588, nommé membre de la *Consulta,* instance administrative créée par le père Doria, Jean devient prieur du couvent de Ségovie. Le conflit est encore latent. « De Thérèse de Jésus et Jean de la Croix à Doria – écrit Jean Baruzi –, c'est le brusque passage du rêve mystique à l'impur mélange du plan politique et du plan religieux. » Les dernières années de Jean vont être marquées par cette dissension. À Ségovie il s'adonne avec autant d'enthousiasme aux tâches matérielles qu'à l'oraison ou à la direction spirituelle. Au printemps 1591, Jean de la Croix fait à son frère Francisco de Yepes une confidence sur sa vie mystique : à un tableau du Christ qui lui demandait ce qu'il désirait, il avait répondu « qu'il ne souhaitait qu'épreuves, mépris et humiliations ». Cette locution est un des rares phénomènes extraordinaires dont Jean de la Croix ait directement témoigné. L'anecdote rappelle surtout à quel point l'imitation du Christ est, selon lui, fondamentale pour qui veut s'appliquer à suivre le « chemin de Dieu », selon son expression. Au chapitre des carmes déchaux qui s'ouvre à Madrid le 1er juin 1591, le conflit éclate entre Jean de la Croix et le père Doria qui désire soumettre les carmélites à l'autorité de la *Consulta.* Privé de toute charge, Jean de la Croix est envoyé au couvent de la Peñuela en Andalousie. Cependant une campagne de diffamation est lancée contre lui par un compagnon de la Réforme, Diego Evangelista, à qui il avait fait un jour une remontrance. Comme à l'accoutumée dans ce genre de circonstances, Jean de la Croix supporte tout avec patience. Quand ses persécuteurs songent même à le renvoyer de l'Ordre qu'il a réformé, il réplique à qui l'en informe : « Mon fils, ne soyez pas en peine de cela, car on ne peut m'ôter l'habit que si je suis incorrigible ou désobéissant, et quant à moi, je suis tout disposé à m'amender en tout ce que j'aurais pu faire de mal et à me soumettre à toute pénitence que l'on voudrait m'infliger. » À la mi-septembre 1591, Jean de la Croix tombe malade. Souffrant d'une inflammation à la jambe, il doit quitter la Peñuela pour le couvent d'Úbeda. Cependant le procès de diffamation poursuit son cours. Mais Jean ne peut plus quitter sa cellule du couvent d'Úbeda. La médecine du temps ne peut venir à bout de l'érésipèle dont il est atteint. Pendant plusieurs semaines, Jean de la Croix va faire l'expérience des souffrances et des purifications des nuits des sens et des nuits de l'esprit dont ses traités en prose font l'analyse minutieuse. Tout le ramène alors « à la nudité et à la pauvreté spirituelle, qui est la nuit obscure » (*Montée du mont Carmel,* II, 23), qui est le centre de sa doctrine. Aux soins douloureux qu'il reçoit, il répond, selon sa propre expression, par « encore plus de patience, plus d'amour et plus de douleurs ». Consumé de souffrances, comme il le déclara lui-même, Jean de la Croix mourut le 14 décembre 1591. Béatifié le 25 janvier 1675 par Clément X, il fut canonisé le 27 décembre 1726 par Benoît XIII. Pie XI le déclara « Docteur de l'Église » le 24 août 1926. En 1952, Pie XII le nomma « patron des poètes espagnols ».

BERNARD SESÉ.

♦ *« Tous ceux qui l'approchaient, hommes ou femmes, devenaient en un haut degré spirituels, religieux, affectionnés à la vertu. On remarquait en lui un goût extraordinaire pour l'oraison. »* Père Élisée des Martyrs (carme, compagnon de Jean de la Croix). ♦ *« Saint Jean de la Croix est un poète (...) Dans l'histoire de la mystique chrétienne, Jean de la Croix est, à cet égard, d'un type unique. »* Jean Baruzi. ♦ *« Plus on étudie saint Jean de la Croix et plus on est frappé de l'extraordinaire richesse de ses dons. »* Père Lucien-Marie de Saint-Joseph. ♦ *« Au plus haut sommet de la poésie espagnole ce n'est pas un artiste essentiellement artiste qui accède, mais un saint, et par le plus rigoureux chemin de sa perfection. »* Jorge Guillén. ♦ *« Le paradoxe veut que cet homme qui a tant écrit et qui a été très actif (...) soit considéré dans la tradition catholique comme le mystique contemplatif par excellence. »* Père Dominique Poirot.

RÉF. : Jean Baruzi, *Saint Jean de la Croix et le Problème de l'expérience mystique,* Paris, 1931. – Yvonne Pellé-Douël, *Saint Jean de la Croix et la Nuit mystique,* Paris, 1977. – Georges Tavard, *Saint Jean de la Croix, poète mystique,* Paris, 1987. – Dominique Poirot, *Jean de la Croix, ami et guide pour la vie,* Paris, 1989. – Bernard Sesé, *Petite vie de Jean de la Croix,* Paris, 1990.

JEAN DE MEUN ou (Meung). Il s'appelait de son vrai nom Jean Clopinel ou Chopinel, c'est-à-dire le Boiteux. Érudit et poète français, né à Meung-sur-Loire (Loiret) vers 1250, mort vers 1305. Si nous ne connaissons rien de Guillaume de Lorris, auteur de la première partie du *Roman de la Rose* (*) et qui semble ne rien avoir écrit d'autre, nous savons que Jean de Meun ne fut pas seulement l'auteur de la seconde partie du même roman. Il semble même certain que cette immense suite de 17 722 vers n'ait pas constitué l'élément prépondérant de la renommée qu'il sut acquérir de son vivant.

C'est vers 1277, entre 1275 et 1280, que Jean de Meun décida de reprendre le poème inachevé, il avait alors probablement quelque vingt-cinq ans, c'est-à-dire sans doute au sortir de ses études qu'il poussa jusqu'au doctorat en théologie. On ne sait quel motif inspira une entreprise si longue, si disproportionnée apparemment aux buts du nouvel auteur qui sont tout différents de ceux de son prédécesseur. Est-ce simplement la renommée dont jouissait le premier *Roman,* vieux déjà d'une quarantaine d'années, sous le manteau de laquelle le jeune poète entendait abriter l'exposé de ses idées ? Voulut-il le mettre au goût du jour ? Est-ce à la suite d'une commande qu'il se mit à l'œuvre ? Nous n'en savons rien. En tout état de cause, ce qui saute immédiatement aux yeux, c'est la différence des tempéraments des deux écrivains. Ce que Guillaume de Lorris nous contait, c'était un songe, tout se passait entre les murs du verger, dans l'intimité du cœur humain ; Jean de Meun en fait un microcosme contenant la nature et la société, le monde des idées de Platon et le Dieu des chrétiens. C'était une histoire d'amour et de l'amour le plus éthéré, le plus compassé ; l'amour, pour le nouveau rédacteur, n'est plus qu'une nécessité de nature, et la femme, cette créature qui chez l'un n'est qu'une fleur, devient, chez l'autre, un être vil et insupportable. Guillaume de Lorris était didactique mais ce qu'il enseignait, c'était l'art de courtoisie ; Jean de Meun expose et impose un système du monde auquel rien ne manque.

Son érudition n'a ni discrétion ni limite, elle est faite d'emprunts à presque tous les auteurs de l'Antiquité qui faisaient partie du bagage d'un clerc cultivé du XIIIe siècle, aux philosophes et aux savants modernes. Poète philosophe, Jean de Meun exprime la règle d'or à laquelle est soumise toute créature : suivre la nature ; au nom de ce principe, il condamne et l'ascétisme monastique et l'amour courtois, il montre le caractère tout relatif de la hiérarchie sociale et du pouvoir royal, lequel n'est fondé que sur l'intérêt du public : « Un grand vilain entre eux élurent / Le plus ossu de tant qu'ils furent / Le plus corsu et le plus grand : / Si le firent prince et seigneur. » Le détachement aristocratique de Guillaume de Lorris n'est plus qu'un souvenir, Jean de Meun cite en exemple les gens du peuple, ceux qui travaillent de leurs mains. Somme toute, et en dix-huit mille vers, il a tout le temps de nous en persuader, Jean de Meun est ce qu'on pourrait appeler un préhumaniste et, comme tout vrai satirique, un réformateur ; il est déjà proche, à certains points de vue, des humanistes du XVIe siècle qui, au nom de la raison et de la raison chrétienne, espéreront que les progrès de la pensée amèneront la réforme nécessaire de l'Église et des mœurs. C'est ce dont témoigne d'ailleurs tout le reste de son œuvre.

Jean de Meun a laissé des traductions de la *Consolation de la philosophie* (*) de Boèce, texte qui connut une faveur immense pendant tout le Moyen Âge, du *Traité de l'art militaire* (*) de Végèce, entreprise peut-être à la demande d'un de ses protecteurs, des *Lettres* (*) d'Héloïse et Abélard. On connaît de lui plusieurs autres poèmes, tels *Le Trésor* ou *Les Sept Articles de foi, Les Loys des Trespasséz,* imprimés respectivement en 1503 et 1481-1484, *Le Miroir d'alchymie, Les Proverbes dorez.* Il est également l'auteur de *Remontrances au roi,* enfin d'un *Testament,* précieux, car il contient quelques indications sur son personnage. Il y réprimande à son habitude les femmes et les ordres mendiants. C'est probablement à ce passage du *Testament* que se rapporte l'anecdote qui veut que Jean de Meun ait légué aux jacobins (dominicains) de Paris, auxquels il s'attaque dans *Le Roman de la Rose,* un coffre et son contenu. Dès qu'ils apprennent la nouvelle de sa mort, les pères s'empressent d'ouvrir le coffre et n'y trouvent que des ardoises « sur lesquelles possible il tiroit des figures d'arithmétique et de géométrie ». Dans son *Testament,* il laisse entendre qu'il était au service d'un grand seigneur. Ce qui est certain, c'est que Jean de Meun fut, en son temps, un personnage considérable et riche, fort considéré pour sa science et sa sagesse. Il habitait à Paris une maison qui comprenait tourelle, cour et jardin, attenant à l'hôtel de la Tournelle. C'était, à n'en point douter, un opulent bourgeois et sans doute un universitaire, le représentant d'une classe sociale qui commençait à jouer dans la société de la fin du XIIIe siècle un rôle qui, sous le règne de Philippe le Bel, dont notre auteur fut le contemporain, allait devenir un rôle de premier plan.

JACQUES BROSSE.

♦ *«* [Le Roman de la Rose] *l'Iliade et l'Énéide de la France. »* Th. Sibilet. ♦ *« De ce mesme temps (je veux dire souz le regne de S. Louys) nous eusmes Guillaume de Lorry, et sous Philippe le Bel, Jean de Mehum, lesquels quelques-uns des nostres ont voulu comparer à Dante Poëte italien : Et moy je les opposerois volontiers à tous les Poëtes d'Italie, soit que nous considérions ou leurs mouëlleuses sentences, ou leurs belles loqutions, encores que l'oeconomie generale ne se rapporte a ce que nous pratiquons aujourd'huy. Recherchez-vous la philosophie Naturelle ou Morale ? elle ne leur defaut au besoin. Voulez-vous quelques sages traits ? les voulez-vous de folie ? vous y en trouverez à suffisance ; traits de folie toutes fois dont vous pourrez vous faire sages. Il n'est pas que, quand il faut repasser sur la Théologie, ils se monstrent n'y estre aprentifs. Et tel depuis eux a esté en grande vogue, lequel s'est enrichy de leurs plumes, sans en faire semblant. Aussi ont-ils conservé et leur œuvre et leur mémoire jusques à huy, au milieu d'une infinité d'autres, qui ont esté ensevelis avec les ans dedans le cercueil de tenebres. »* Et. Pasquier. ♦ *« En France, l'influence de ce livre domina toute la période qui suivit, et on ne peut pas dire qu'elle ait été heureuse : elle donna pour longtemps à la littérature une forme allégorique... et, d'autre part, un caractère prosaïque, positif, souvent pédant qui enlève tout charme à la plupart des poèmes des XIVe et XVe siècles. »* G. Paris. ♦ *« Jean de Meun fut non seulement un grand poète, le plus grand écrivain en vers du XIIIe siècle, mais un homme de lettres accompli, dans le sens moderne du mot. »* A. Mary.

RÉF. : Stanley Galpin, *The Influence of the Medieval Christian Vision on Jean de Meun,* 1913. – John Livingston Lowes, *Chaucer's Boethius and Jean de Meun,* 1917. – Albert B. Friedman, *Jean de Meun an Englishman,* 1950. – P. Y. Badel, *Le*

Roman de la Rose au XIVe, Genève, 1980. — A. Strubel, *Le Roman de la Rose,* Paris, 1984.

JEAN DE PLAN CARPIN (Giovanni da Pian del Carpine). Moine italien. Né au village de Pian del Carpine (actuellement Magione), petite bourgade de l'Ombrie proche du lac de Trasimène, vers 1190, mort à Antivari, dans le Monténégro, le 1er août 1252. Entré jeune dans l'ordre des Frères mineurs, il remplit de hautes charges (custode de Saxe en 1223, provincial d'Allemagne en 1228, puis de Pologne et de Saxe en 1238), répandit l'ordre de saint François en Hongrie, au Danemark, en Norvège, mais il est surtout célèbre pour avoir accompli un voyage diplomatique en Orient auprès du Grand Khan des Tartares, voyage qu'il devait raconter dans l'*Histoire des Mongols* [*Historia Mongolorum*]. Parti de Lyon le 16 avril 1245, il traversa Kiev (4 février 1246) et la steppe de Kirghizes, parvint à Caracorum (alors capitale des Mongols), au nord du désert de Gobi et aux frontières de la Mandchourie, le 22 juillet 1246, et remit des lettres du pape Innocent XV au Grand Khan dont on redoutait une nouvelle invasion de l'Occident. Sans avoir obtenu rien de concret, Jean de Plan Carpin repartit ; son voyage de retour eut lieu au cours de cette même année 1246 et de l'année suivante. Ainsi venait d'être accompli le premier grand voyage dans le centre de l'Asie, dont trente années plus tôt Marco Polo n'avait fait qu'une partie, tandis que Giovanni de Montecorvino ne fera le voyage à la cour du Grand Khan que vers la fin du siècle (1289-93), et par des voies plus faciles, à travers la Géorgie, l'Arménie et la Perse, jusqu'en Inde et en Chine. Revenu dans sa patrie après une brève mission diplomatique auprès de Louis IX de France, Jean de Plan Carpin fut nommé archevêque d'Antivari, ville dalmate située en face de Bari, de l'autre côté de l'Adriatique. Attristé par les difficultés de son diocèse en lutte avec Raguse (qui lui donnèrent beaucoup plus de tourments que son voyage chez les Tartares), le vieux franciscain y mourut. Il avait été l'une des personnalités les plus fortes de son temps.

RÉF. : M. d'Avezac, *Relation des Mongols ou Tartares par le frère Jean du Plan Carpin...*, 1839. — H. Matrod, *Notes sur le voyage du Frère Jean de Plan Carpin (1245-47)* in t. XXVII-XXVIII des *Études franciscaines*, 1912. — Giogio Pullè, article in t. XXVII de l'*Enciclopedia italiana* de Treccani, Rome, 1935. — *Jean de Plan Carpin, Histoire des Mongols*, trad. par J. Becquet et L. Hambis, Paris, 1965. — M. Mollat, *Grands Voyages et connaissance du monde du milieu du* XIIe *à la fin du* XVe *siècle*, Paris, 1966. — J. P. Roux, *Les Explorateurs au Moyen Âge*, Paris, 1985.

JEAN DE SALISBURY (Johannes Saresberiensis). Philosophe scolastique d'origine anglaise et d'expression latine. Né à Salisbury entre 1110 et 1120, mort à Chartres en 1180. Il est, par sa pensée et sa culture, un des plus illustres représentants de l'humanisme médiéval. Après avoir étudié à Paris avec Abélard (1136), puis à Chartres, Jean regagna l'Angleterre (1150) pour y devenir le secrétaire de l'archevêque de Canterbury, Théobald, et il fut chargé de nombreuses missions par le roi Henri II Plantagenêt. Il se rendit ensuite à Rome, et peut-être reçut-il du pape Adrien IV la bulle qui autorisait Henri II à conquérir l'Irlande. Maintenu dans sa charge de secrétaire par Thomas Becket, successeur de Théobald (1162), il le suivit en France lorsque ce prélat, en conflit avec le roi, dut fuir l'Angleterre. Retiré à Reims, il y composa son *Historia pontificalis,* retourna avec Thomas en Angleterre (1170) et, après l'assassinat de ce dernier par des gentilshommes du roi, dans la cathédrale de Canterbury, rédigea la vie et l'apologie de l'archevêque en vue de sa béatification. Dès 1173, en effet, Thomas Becket fut canonisé par le pape Alexandre III. C'est à son maître que Jean de Salisbury dédia le *Policraticus* (*), important traité de morale et de politique où s'exprime avec chaleur son amour de la culture et des « Lettres » au sens le plus largement humain de ce terme. On lui doit aussi un poème de neuf cent vingt-six distiques, l'*Entheticus de dogmate philosophorum,* à la louange de Thomas Becket. Appelé par Louis VII le Jeune (1176) au siège épiscopal de Chartres, il s'éteignit dans cette ville quatre ans plus tard. Jean de Salisbury a écrit : le *Metalogicon* (*), éloge de la logique en tant qu'instrument de vérité, une vie de saint Anselme et trois cents lettres fort curieuses, adressées à des courtisans et à des ecclésiastiques.

♦ *« Un esprit plus délicat sans doute que puissant, mais si fin, si riche, et si parfaitement cultivé que sa présence rehausse et ennoblit dans notre pensée l'image du* XIIe *siècle tout entier. »* E. Gilson.

RÉF. : Schaarschmidt, *Johannes Saresberiensis,* Leipzig, 1862. — M. Demiduid, *Jean de Salisbury,* Paris, 1873. — Helen Waddell, *John of Salisbury,* Oxford, 1928. — M. Dal Pra, *Giovanni di Salisbury,* Milan, 1961.

JEAN DU PRIER, dit le Prieur. Auteur dramatique de la seconde moitié du XVe siècle. On ignore la date de sa naissance comme celle de sa mort. Il est mentionné dans des documents allant de 1455 à 1478. On sait qu'il fut « maréchal des logis » du roi de Sicile, René le Bon, et qu'il « œuvra » (vers 1450), à la requête de son seigneur, le *Mistère du Roy Advenir,* divisé en trois journées, adaptation à la scène de la légende d'origine orientale, très populaire au Moyen Âge, de *Barlaam et Josaphat* (*) ; l'adaptation est adroite et la langue parfois excellente, selon Petit de Julleville. On a des raisons de croire que Jean du Prier a collaboré à la composition du *Triumphant mystère des Actes des Apostres* (*), attribué autrefois à Arnoul Gréban, mais plus probablement œuvre du frère d'Arnoul, Simon. Enfin, on est fondé d'attribuer à Jean du Prier *Le Mystère de la Passion* anonyme, représenté à Angers en 1446, ainsi que *Le Mystère de la Résurrection* (*) attribué autrefois à Jean Michel, représenté à Angers en 1456, devant le roi René, comme le précédent. Leur style archaïque et très différent de celui de *La Passion de Paris* (*) de Gréban (vers 1450) fait croire leur auteur tout à fait étranger à la composition de celle-ci ainsi qu'à la *Passion* de Jean Michel de 1486, publiée en partie par Vérard entre 1486 et 1490.

RÉF. : *(Passion et Résurrection),* v. art. de G. Paris, *Romania,* t. XXVII, 1878. – Max Hippe, *Le Mystère du Roy Advenir,* Greifswald, 1906. – Raym. Lebègue, *Le Mystère des Actes des Apôtres,* etc., Paris, 1929. – *Jean du Prier dit le Prieur, Le Mystère du Roy Advenir,* éd. par A. Meiller, Genève, 1970.

JEAN MAUROPOUS ou (Mauropode). Ce métropolite d'Euchaites (dans l'Hellespont) fut l'un des principaux représentants de la seconde renaissance byzantine au XIe siècle. Sa curiosité était vaste, son esprit très large, comme le prouve son amour des lettres tant profanes que sacrées. Ses *Épigrammes* (*) révèlent sa sympathie pour les auteurs de l'Antiquité grecque, notamment pour Platon et Plutarque. À la fin de sa vie, il se retira au monastère de Saint-Jean Prodromes, à Constantinople, et enseigna la philosophie dans cette ville. Outre plusieurs biographies ecclésiastiques – *Biographie de Dorothée le jeune*, *Biographie du moine Baras* – et homélies, on lui doit d'intéressants *Discours*, des *Lettres* et un *Lexique étymologique* (*).

RÉF. : G. Dreves, *Johannes Mauropus, Biographische Studie* in *Stimmen aus Maria-Laach*, t. XXVI, 1884. – J. Dräseke, *Johannes Mauropus*, article in *Byzantinische Zeitschrift*, t. II, 1893. – M. Jugie, article in *Dictionnaire de théologie catholique* de Vacant et Mangenot, t. X-1, Paris, 1928.

JEAN-PAUL (Johann Paul Friedrich Richter). Écrivain allemand. Né à Wunsiedel (Bavière) le 21 mars 1763, mort à Bayreuth (Bavière) le 14 novembre 1825. Aîné des sept enfants d'un pasteur protestant de village, il passa son enfance dans la calme atmosphère familiale, montrant déjà un tempérament imaginatif et idyllique, attentif aux petites choses et perdu dans ses rêves ; dès l'enfance, comme il le dira lui-même, il souffrit de la différence entre songe et réalité. Jusqu'à treize ans, son unique professeur fut son père, puis, lorsque ce dernier fut nommé dans une petite ville, il put fréquenter une école publique et, enfin, à seize ans, on l'envoya à Hof faire ses dernières classes secondaires ; entre-temps son père était mort. Les années passées à Hof laissèrent une profonde empreinte dans l'esprit de Jean-Paul en raison des amitiés qu'il y noua et de la diversité des lectures qu'il y dévora, des classiques aux encyclopédistes. À dix-huit ans, il s'inscrivit à la faculté de théologie de Leipzig, par respect pour la tradition familiale qui voulait que l'aîné fît des études théologiques, mais ce n'était certes pas une matière qui pouvait satisfaire un garçon à l'esprit aussi actif, encore que les énergies extraordinaires de son intelligence n'eussent pas jusqu'alors trouvé la forme sous laquelle s'exprimer. Il chercha d'abord, à l'Université, une grande variété d'expériences, étudiant tout, en désordre et avidement, de la métaphysique aux mathématiques et à la philologie classique. En même temps, il commença d'écrire, disant qu'il n'avait pas le loisir d'attendre ; il lui fallait « écrire des livres pour avoir le moyen d'acheter des livres ». À vingt ans, il publia les *Procès groenlandais* [*Grönländische Prozesse oder Satirische Skizzen*], petit ouvrage bizarre qui tient à la fois de la satire, de la pensée morale et du caprice littéraire : bien que ce soit une œuvre inégale et manquant de maturité, elle présente déjà les caractères qu'auront tous les ouvrages ultérieurs de l'écrivain, y compris ses meilleurs romans et ses meilleurs récits : l'ironie, le jeu de l'esprit, l'anatomie des sentiments. Même ses relations amoureuses révèlent une semblable nature : son amour était toujours un jeu avec les sensations de l'amour, et jusqu'à son mariage qui devait, longtemps après, se traîner dans une réciproque froideur.

Cependant, l'extrême pauvreté à laquelle la famille s'était trouvée réduite après la mort du père ne permit pas à Jean-Paul (il avait ainsi francisé son nom en hommage à Rousseau) de continuer ses études, et en 1784 il dut fuir Leipzig pour échapper à ses créanciers ; il passa ensuite deux années misérables auprès de sa mère. Sa condition s'améliora quand des amis secourables lui offrirent un poste de précepteur ; pendant dix ans environ, il se consacra à l'enseignement, d'abord privé, puis dans une école élémentaire, qu'il finit par abandonner lorsqu'il fut en mesure de vivre des seules ressources de son activité littéraire. Au cours de cette période, il écrivit quelques-unes de ses plus belles œuvres : *La Vie du joyeux maître d'école Maria Wuz à Auenthal* (*), *La Loge invisible* (*), *Hespérus ou quarante-cinq jours de la poste au chien* (*), *Vie de Quintus Fixlein* (*) et *Siebenkäs* (*).

En 1796, il accomplit un voyage à Weimar et y fit la connaissance de Goethe et de Schiller, avec lesquels il n'eut que quelques froides relations, et de Herder, avec qui, au contraire, il noua une solide amitié. Ses relations avec Charlotte von Kalb, la protectrice de Schiller et de Hölderlin, furent plus étroites. Désormais célèbre, il vagabonda pendant plusieurs années entre Leipzig, Berlin, Weimar, etc., partout fêté et idolâtré par les femmes : il en courtisa beaucoup, se fiança même, mais ne se maria qu'en 1804 avec la fille d'un magistrat berlinois, se fixant définitivement à Bayreuth. Pendant ses années d'errance, il avait écrit *Titan* (*), *L'Âge ingrat* (*) ; mais dans le calme de la vie conjugale, il ne se sentit plus la force de concevoir de tels ouvrages, si l'on excepte *Levana* (*) et les deux délicieux récits : *Le*

Voyage balnéaire du docteur Katzenberger [*Doktor Katzenbergers Badereise,* 1809] et *Le Voyage de Schmelzle à Flätz* [*Des Feldpredigers Schmelzle Reise nach Flätz mit fortgehenden Noten,* 1809]. L'histoire de son personnage Siebenkäs, d'une époque bien antérieure, semble à ce moment presque une prescience autobiographique. Son tempérament inquiet le portait à la vie errante, ses absences de chez lui devinrent de plus en plus nombreuses, il se rendit partout où il avait des amis et des cercles d'admiratrices. Sa manière de jouer avec le feu des sentiments féminins aboutit une fois à une tragédie, lorsqu'une enfant se suicida pour lui en 1813 ; une autre, plus tard, chercha à échapper à une situation angoissante en concluant précipitamment un mariage malheureux avec August Wilhelm von Schlegel, déjà âgé.

Dans ses dernières années, l'humour de Jean-Paul cède peu à peu le pas à une conception plus résignée de l'existence ; mais ce ne furent pas des années heureuses, car, en 1822, il vit mourir son fils Max en qui il avait mis son espérance. Une maladie des yeux le réduisit bientôt à une cécité complète, et cet auteur qui aimait tant la vie dut, vers sa fin, se sentir contraint au renoncement. Sa dernière œuvre, *Selina ou De l'immortalité de l'âme* [*Selina oder Über die Unsterblichkeit der Seele*], tente justement de traduire la conquête d'une lumière intérieure ; elle ne parut qu'après sa mort.

VINCENZO MARIA VILLA.

♦ *« Ordonner et classer, avoir sans cesse les yeux fixés sur un but, ce n'est pas mon affaire. J'aime mieux sauter que marcher, tout en sachant que l'un fatigue plus le lecteur que l'autre. Qui ne souhaiterait d'écrire comme Montaigne ou comme Sterne ? L'esprit est inconstant par nature, il ne va jamais droit devant lui. Pourquoi ? Parce qu'il cherche à attraper des analogies, parce que, indifférent aux vraies relations des choses, il court après des rapports extérieurs, et que, dans cette poursuite, il ne sait pas toujours où il va. »* Jean-Paul sur lui-même, *Journal,* 9 août 1782. ♦ *« Ce diable d'homme ressemble en tout point à ses écrits ; on se sent affecté en sa présence des mouvements les plus contraires, et rien n'est plus difficile que de l'entretenir. Il est trop lui ; n'importe, je le déclare un intéressant original* [...] *Jean-Paul a, pour être ce qu'il est, une excuse divine qu'il tient de la nature. »* Wieland. ♦ *« Le ciel m'a donné dans Richter un trésor que je n'eusse jamais ni mérité, ni seulement rêvé ! »* Herder. ♦ *« On l'estime trop bas ou trop haut* [...] *Son sincère amour de la vérité, l'intérêt bienveillant qu'il porte au bonheur de l'espèce humaine m'ont disposé en sa faveur. C'est dommage que l'isolement où il se plaît l'empêche de purifier son goût, car il y a en lui beaucoup de bon. »* Goethe. ♦ *« J'ai vu Jean-Paul et je l'ai trouvé Iroquois comme un homme qui tomberait de la lune ; bon diable au fond et le plus excellent cœur du monde, mais porté sur toute chose à ne rien voir par l'organe dont chacun se sert pour voir. »* Schiller, à Goethe, 1796. ♦ *« Je serais curieux de savoir si tous ces Schmid, ces* [Jean-Paul] *Richter, ces Hölderlin étaient, de nature, et quelles que fussent les circonstances, condamnés à demeurer aussi exclusivement subjectifs, aussi tendus, aussi guindés qu'ils le sont, si ces défauts tiennent à l'essence même de leur structure, ou si ce fâcheux résultat ne provient pas de ce qu'ils ont été à court d'éléments artistiques, de ce qu'ils n'ont subi aucune influence extérieure et de ce que l'idéalisme de leurs tendances naturelles s'est heurté à la platitude du monde banal dans lequel ils vivent. »* Schiller, 1797. ♦ *« Richter, dans ses ouvrages bizarres et inimitables, ne s'est jamais adressé à la foule, ce juge grossier et vif. Il parle à la méditation, au silence des nuits, à l'amant, au philosophe, à l'artiste ; il parle à tous ceux qui ont une âme et qui s'en servent pour juger, plutôt que de leur esprit ; il s'adresse à ces auteurs infortunés qui ont la mauvaise manie de laisser saigner leur cœur sur le papier ; lui-même, il leur ouvre le sien ; il est plein de franchise, de bonté, de candeur. On voit s'il mérite le nom d'original* [...] *Il est évident qu'il vécut dans le monde des fous, qui est celui des heureux. »* Alfred de Musset, 1831. ♦ *« Jean-Paul savait beaucoup de choses, mais ne possédait pas de science ; il s'entendait à toutes sortes d'artifices dans les arts, mais il ne possédait pas d'art. »* Nietzsche. ♦ *« Le poète des harmonies et des rêves. »* Stefan George. ♦ *« Le génie de Jean-Paul a été d'unir ce qu'il y a de permanent et de quotidien dans l'âme germanique à ce magnifique sursaut de l'âme humaine qu'a été le romantisme ; et qui ne le connaît pas ne peut savoir ce qu'a été celui-ci. »* Edmond Jaloux.

RÉF. : Edmond Jaloux, Études in *Du rêve à la réalité,* Paris, 1932. — Albert Béguin, Étude in *L'Âme romantique et le rêve,* Paris, 1937. — Hugo Alker, *Jean-Paul : Wandel seines Bildes in der Kritik,* Vienne, 1946. — Étude in *Le Romantisme allemand,* numéro spécial des *Cahiers du Sud,* 1949. — Max Kommerell, *Jean-Paul,* Francfort, 1957. — Marcel Brion, Étude dans *L'Allemagne romantique* (t. 2), Paris, 1963. — Peter Sprengel, *Innerlichkeit. Jean Paul oder das Leiden an der Gesellschaft,* Munich, 1977. — Wolfgang Harich, *Jean Pauls Revolutionsdichtung,* Reinbeck bei Hamburg, 1974.

JEANS sir James Hopwood. Astronome et physicien anglais. Né à Southport (comté de Lancastre) le 11 septembre 1877, mort à Dorking le 16 septembre 1946. Élève de Cambridge, il devint titulaire d'une chaire de mathématiques appliquées à l'université de Princeton (États-Unis). En 1935, de retour en Angleterre, il fut nommé professeur d'astronomie au Royal Institute. Ses travaux sur les mathématiques appliquées sont les premiers en date ; il s'y consacra en abordant les plus grands problèmes d'astronomie et de cosmogonie comprenant ceux de l'évolution des corps célestes et, en particulier, ceux de la stabilité des masses fluides, avec ou sans rotation. On lui doit *La Théorie dynamique des gaz* [*The Dynamical Theory of Gases,* 1904], le *Traité élémentaire de mathématiques théoriques* [*Elementary Treatise on Theoretical Mathematics*], composé à Princeton en 1906, la *Théorie mathématique de l'électricité et du magnétisme* [*Mathematical Theory of Electricity and Magnetism,* 1908], les *Problèmes de cosmogonie et de dynamique stellaire* [*Problems of Cosmogony and Stellar Dynamics,* 1919] et *Astronomie et Cosmogonie* [*Astronomy and Cosmogony,* 1928]. Ces deux derniers ouvrages préludaient aux importants travaux ultérieurs sur la structure de l'univers. Jeans reçut de nombreuses distinctions, en hommage à ses travaux, entre autres la médaille de la Royal Society dont il fut le secrétaire dès 1919. Il sut unir l'élégance du style à sa grande profondeur de vues, et divulguer l'astronomie dans des ouvrages qui furent traduits en plusieurs langues. Parmi ceux-ci : *L'Univers* (*) (1929), *Les Étoiles dans leurs cours* [*The Stars in their Courses*], *Le Mystérieux Univers* (*) (1930) et *Physique et Philosophie* [*Physics and Philosophy,* 1942]. Cette dernière œuvre ouvre un débat contre la philosophie traditionnelle. En 1948 parut, à titre posthume, *L'Évolution des sciences physiques* [*The Crowth of Physical Science*].

RÉF. : E. A. Milne, *Sir James Jeans,* Cambridge, 1952.

JEFFERS Robinson. Poète américain. Né à Pittsburgh (Pennsylvanie) le 10 janvier 1887, mort à Carmel (Californie) le 20 janvier 1962. Le père de Jeffers, d'origine écossaise, enseigne au « Western Theological Seminary » ; l'ambiance familiale est calviniste, mais ouverte et cultivée. En 1903, la famille s'établit en Californie et Jeffers, qui a déjà fréquenté des écoles en Allemagne et en Suisse, s'inscrit à l'« Occidental College », qu'il quitte pour entrer à l'université de la Californie du Sud. Il fait des études littéraires suivies d'études de médecine. Quand ses parents partent pour Seattle, il les accompagne et s'inscrit à l'école de sylviculture de l'université de Washington. En 1911, il retourne en Californie publier son premier livre *Flacons et Pommes* (+), qui paraît en 1912. Deux ans plus tard, il s'installe définitivement en Californie et son deuxième livre *Californiens* (+) paraît en 1916. Dans les années qui suivent, il se construit au bord de l'Océan une maison en granit avec une tour et, enraciné là, il va écrire son œuvre, tout inspirée de la contemplation de la côte et d'une analyse dramatique de la pathologie humaine. Son troisième livre, *Tamar et autres poèmes* (*) paraît en 1924 et il suscite un grand enthousiasme, enthousiasme qui est confirmé en 1925 lors de la parution du volume intitulé *L'Étalon rouan, Tamar et autres poèmes* (*). Par contre, le livre qu'il publie en 1927, *Les Femmes de Point Sur* (*), est reçu très froidement. Cela ne fait que confirmer Jeffers dans la distance qu'il a prise vis-à-vis de « cette Amérique qui s'installe dans sa vulgarité ». Et les livres n'en continuent pas moins de se suivre régulièrement. *Cawdor et autres poèmes* (*) paraît en 1928, *Cher Judas et autres poèmes* (*) en 1929. Cette année-là, Jeffers voyage en Angleterre, en Écosse et en Irlande, aux pays des ancêtres, ce qui donne, en 1931, *La Descente chez les morts* [*Descent to the Dead*], suivie, en 1932, de *Thurso* (+) qui revient au paysage côtier californien. L'année 1933 voit la publication de *Donnez votre cœur aux éperviers* [*Give Your Heart to the Hawks*], titre typiquement jeffersien dans son stoïcisme « inhumaniste » (le terme est de lui). En 1935 paraît *Solstice* [*Solstice and Other Poems*] ; en 1937, *Tels furent vos conseils* [*Such Counsels You Gave to Me*] ; en 1941 *Jetez votre colère contre le soleil* [*Be Angry at the Sun*] ; en 1946, sa tragédie *Médée* (+) ; en 1948, *La Hache double* [*The Double Axe and Other Poems*]. L'exploration que fait Jeffers, de plus en plus isolé, de son espace « inhumain » se poursuit avec un autre poème dramatique, *La Tour au-delà de la tragédie* [*The Tower beyond Tragedy,* 1950], et, avec son dernier livre, *Hungerfield* [*Hungerfield and Other Poems,* 1954], point final poétique de cette vie, vécue et pensée à l'extrême limite de la société, de la culture et de l'humanité.

KENNETH WHITE.

RÉF. : L. C. Powell, *Robinson Jeffers : The Man and His Work,* Pasadena, 1934 (nouv. éd. 1973). – M. B. Bennett, *The Stone Mason of Tor House : The Life and Work of R. Jeffers,* Los Angeles, 1966. – R. Brophy (éd.), *Robinson Jeffers : Poetry and Response : A Centennial Tribute,* Los Angeles, 1987.

JEFFERSON Thomas. Homme politique et écrivain américain. Né le 2 avril 1743 à Shadwell, comté d'Albemarle, Virginie, mort le 4 juillet 1826 à Monticello, Virginie. Troisième président des États-Unis. Né dans une famille de petits planteurs virginiens établis dans l'arrière-pays, il reçut une instruction très poussée qu'il compléta au collège de William and Mary, à Williamsburg, par des études de droit, sous la direction de George Wythe, le meilleur juriste américain de l'époque. Il se lança alors dans une carrière d'avocat, tout en étant intéressé par la politique, car c'était l'époque où les colons commençaient à réagir contre la tutelle, trop lourde à leurs yeux, de la mère patrie britannique. En 1774, il rédigea les instructions pour les délégués de Virginie au premier Congrès continental, à Philadelphie, ultérieurement publiées sous le titre *Aperçu sommaire des droits de l'Amérique britannique* [*A Summary View of the Rights of British America*]. En 1775 et 1776, il fut lui-même désigné comme délégué de Virginie au Congrès et membre de la commission chargée de préparer la rupture avec la Grande-Bretagne. Il rédigea de sa main le projet de *Déclaration d'Indépendance* (*) adopté par le Congrès le 4 juillet 1776. De 1776 à 1784, il retourna en Virginie où il remplit plusieurs fonctions officielles : d'abord membre de la Chambre des Délégués, puis gouverneur de l'État de 1779 à 1781. À ce titre, il dut faire face à une offensive britannique que les maigres ressources militaires de la Virginie ne purent contenir. Sa conduite de gouverneur fit l'objet de vives critiques, qui le conduisirent à quitter la scène politique et à se retirer sur ses terres de Monticello, tout près de Charlottesville. Il y mena la vie d'un gentleman-farmer, intéressé par les innovations agricoles, d'un homme curieux des changements de son temps et avide lecteur des classiques et des philosophes, d'un mari et père de famille attentionné. La mort, en 1782, de sa femme qui lui avait donné six enfants, dont deux seulement survécurent, lui causa un immense chagrin et parut l'éloigner à jamais de la vie politique. Cependant, deux ans plus tard, après plusieurs refus, il accepta de devenir l'adjoint de Franklin à Paris, puis en 1785, à la retraite de celui-ci, le ministre des États-Unis en France. En cette qualité, il déploya une grande activité pour resserrer les liens entre les deux pays, faire mieux connaître son pays, grâce à la publication de ses *Notes sur l'État de Virginie* [*Notes on the State of Virginia*], son œuvre la plus originale, dont l'édition anglaise parut en 1787. Il se lia d'amitié avec des personnalités libérales comme La Fayette, La Rochefoucauld-Liancourt, Dupont de Nemours, des philosophes, des savants.

En 1789, il rentra aux États-Unis et devint le premier secrétaire d'État (ministre des Affaires étrangères) dans l'administration de Washington. Son rôle consista avant tout à maintenir la balance entre partisans de la France, dont il était, et ceux de l'Angleterre. De ces divergences naquirent les deux partis politiques, celui des Fédéralistes, regroupé autour de son collègue au Trésor, Alexander Hamilton, et celui des Républicains, dont il fut le leader. Lassé par les confrontations du pouvoir, il retourna à la vie privée à la fin de 1793 et retrouva avec plaisir le calme de Monticello. Ses partisans le pressèrent de se présenter aux élections de 1796, qui en firent le vice-président aux côtés de John Adams, président. Quatre ans plus tard, il accéda à la présidence, qu'il occupa pendant deux mandats consécutifs, de 1801 à 1809. Son œuvre essentielle consista à acheter la Louisiane à la France, en 1803, pour une somme dérisoire et à ouvrir ainsi le continent à l'expansion des États-Unis. Il se retrouva confronté aux difficultés qu'il avait connues précédemment, le maintien de la neutralité américaine dans la confrontation entre Napoléon et l'Angleterre. Il y répondit en 1807 par l'établissement d'un embargo sur le commerce avec ces deux pays, au risque de mécontenter ses concitoyens.

En 1809, il repartit définitivement pour Monticello, d'où il entretint une abondante correspondance, encore en partie inédite, avec ses amis et relations en Amérique aussi bien qu'en Europe. La Fayette (qu'il reçut en 1824), Dupont de Nemours, Alexandre de Humboldt, Destutt de Tracy, Mme de Staël. Cette correspondance, qui comprend plusieurs milliers de lettres, et demeure son œuvre littéraire la plus abondante et la plus révélatrice, dénote un esprit encyclopédique unique en son pays. On lui doit aussi une *Autobiographie*, qui, malheureusement, s'arrête en 1790. Il mourut cinquante ans, jour pour jour, après la Déclaration d'indépendance qu'il avait rédigée.

CLAUDE FOHLEN.

RÉF. : *The Papers of Thomas Jefferson*, Julian P. Boyd, éd., 20 vol., Princeton, 1950 ; Series 2, Princeton, 1983 (la publication en est actuellement à 1791) ; Thomas Jefferson, *Writings*, Merrill D. Peterson éd., New York, 1984. – Dumas Malone, *Jefferson and His Time*, Boston, 1948 ; 1977, 6 vol. – Merrill D. Peterson, *Thomas Jefferson and the New Nation*, Oxford, 1970. – Noble E. Cunningham, Jr., *In Pursuit of Reason, The Life of Thomas Jefferson*, Baton Rouge et Londres, 1987. – Claude Fohlen, *Thomas Jefferson*, Nancy, 1991.

JEHUDA HA-LEVI ben Samuel. Poète et philosophe juif d'Espagne. Né à Tolède vers 1080, mort en Palestine probablement en 1145, tué, selon la légende, aux portes de Jérusalem par un cavalier arabe, pendant qu'il chantait ses hymnes passionnés sur les ruines de la Cité sainte. Sa jeunesse se passa dans l'atmosphère sereine de Tolède, ce carrefour où trois civilisations et trois populations – maure, chrétienne et juive – vivaient dans une paix relative. Jehuda fit des études de philosophie hébraïque et de médecine dans les grandes écoles de l'Espagne maure, principalement à Grenade, mais dès son jeune âge il fit preuve d'un véritable génie poétique, composant des sérénades, des épithalames, des épigrammes et des chants d'amour. Plus tard son inspiration, se modelant sur l'élévation spirituelle de son être intérieur, glorifiera les fastes de la vie nationale juive d'avant la destruction du Temple et les gloires passées du peuple d'Israël. Plein de ferveur presque extatique, il chantera – comme il le fait dans *Sion* (*), le plus beau de ses hymnes – la terre de ses ancêtres et la liberté perdue. Mais chanter ce sol sacré ne lui suffisait plus ; il voulut le voir et, quittant sa maison, sa fille unique et ses amis, s'embarqua en 1141 pour l'Égypte, d'où il comptait passer en Palestine. Il décrit d'ailleurs ce voyage, non exempt de périls à son époque, dans l'une de ses poésies ; dans d'autres, il loue l'hospitalité égyptienne pour l'accueil reçu à Alexandrie et au Caire. On dit qu'il réussit à passer en Palestine et à en visiter les hauts lieux : Jérusalem, Tyr, Damas ; toutefois, on ne sait rien de précis des dernières années de sa vie. Une partie des poésies sacrées de Jehuda ha-Levi font maintenant partie des hymnes rituels chantés dans les synagogues du rite séphardi. Il laissa également un traité philosophique : *Le Kitab al-Khazari* [*Livre de Kuzari*], écrit en arabe sous forme d'un dialogue entre un rabbin et le roi des Khosares, cette peuplade du delta de la Volga, au nord de la mer Caspienne, qui s'était convertie effectivement au judaïsme au début du VIIIe siècle.

RÉF. : D. Kaufmann, *Jehuda Halevi. Versuch einer Charakteristik*, Breslau, 1877. – S. S. Cohon, article in *American Jewish Yearbook*, 1941-42. – M. Wiener, *Juda-Halevi's Concept of Religion*, article in *Hebrew Union College Annual*, 1950-51. – Y. Burla, *Rabbi Jehuda ha-Levi*, Tel-Aviv, 1968. – S. B. Urbach, *Pillars of Jewish Tought*, Jérusalem, 1971.

JENSEN Johannes Vilhelm. Écrivain danois. Né à Farsø, dans le Jutland septentrional, le 20 janvier 1873, mort à Copenhague le 25 novembre 1950. Il était fils d'un vétérinaire, mais au lieu de rester fidèle à sa chère province natale, il alla à Copenhague en 1893 pour faire des études médicales qu'il délaissa dès 1895, afin de se consacrer au journalisme et à la carrière des lettres, sans renoncer pour autant à l'étude des questions scientifiques et biologiques. Deux romans émergent seuls de la vaste production de ses premières années : *Les Danois* [*Danskere*, 1896] et *Einar Elkjaer* (1897) ; leur symbolisme ne se retrouvera pas dans ses œuvres ultérieures. En 1898, il assuma la correspondance étrangère de divers journaux d'Espagne, de France, d'Angleterre, de Norvège, voyagea ensuite aux Indes, en Chine et en Amérique ; ce dernier séjour fut capital, car il l'orienta vers une admiration sans réserve pour la race germanique et la technique moderne. Ses succès de littérateur furent consacrés par le titre de docteur « honoris causa » que lui décerna l'université de Lund en 1929, et le prix Nobel qui lui échut en 1944. Ses voyages aux pays lointains ont inspiré les œuvres suivantes : *Forêts* [*Skovene*, 1904], *Nouvelles exotiques* [*Eksotiske Noveller*, 1907-1909], *Nouvelles de Singapour* [*Singaporenoveller*, 1907], tandis que l'Amérique qu'il considérait, ainsi que l'Angleterre, comme le type même des « nations gothiques » promises à la primauté mondiale dans la nouvelle ère de la technique, est au centre d'œuvres didactiques comme *La Renaissance gothique* [*Den gotiske Renaissance*, 1901] et *Le Nouveau Monde* [*Den ny verden*, 1907] ou de romans : *Madame d'Ora* (1904) et *La Roue* [*Hjulet*, 1905]. L'exaltation de la nature et de l'homme, qui forme déjà le centre du roman historique *La Chute du roi* (*) (1900-1901), est développée dans le vaste cycle d'histoire romancée : *Le Long Voyage* (*) (1908-1922) comprenant les six romans : *La Terre perdue* (+) (1919) ; *Le Glacier* (+) (1908) : *L'Invasion des Cimbres* (+) (1922) ; *Norne Gaest* (+) (1919) ; *Le Navire* (+) (1912) ; *Christophe Colomb* (+) (1921). Moins didactiques et plus simples, mais d'une vérité exquise et d'un art plus achevé : *Histoires du Himmerland* (*) publiées en trois volumes de 1898 à 1910 et dont le récit *Jørgine* paru en 1926 constitue la conclusion. Les ouvrages suivants affirment son art de parfait prosateur : *Introduction à notre temps* [*Introduction til vaar tidsalder*, 1915] ; *Chronique* [*Aarbog*, 1916-17] ; *Évolution et Morale* [*Evolution og Moral*, 1925] ; *La Métamorphose des animaux* [*Dyrenes Forvandling*, 1927]. Ce sont des essais et même des œuvres de polémique. Ses derniers romans sont de la même perfection : *La Tentation du Dr Renault* [*Dr Renaults Fristelser*, 1935] et *Gudrun* (1936). Mais *Les Mythes* [*Myter*] qui tiennent plus de l'essai que du récit, publiés en neuf volumes entre 1907 et 1944, sont encore supérieurs aux autres ouvrages. De même que les *Histoires du Himmerland* et *Les Mythes* pour la prose, son premier recueil de *Poésies* [*Digte*, 1906] inaugure, dans le domaine de la poésie, une ère nouvelle de la littérature danoise. De moindre intérêt, à ce point de vue, sont ses autres recueils de vers : *Les Saisons* [*Aarstiderne*, 1923] ; *Lumière du monde* [*Verdenlys*, 1925] ; *Le Vent du Jutland* [*Den jyske blaest*, 1931] ; *Bain pascal* [*Paaskebadet*, 1937].

ALDA MANGHI.

RÉF. : Otto Gelsted, *Jensen*, Copenhague, 1916. — A. P. Ringsbo, *J. V. Jensen, en digter og udviklingen*, 1934. — L. Nedergaard, *J. V. Jensen*, 1943. — A. Herdeman, *J. V. Jensen*, Stockholm, 1944.

JENSEN Wilhelm. Écrivain allemand. Né le 15 février 1837 à Heiligenhafen (Holstein), mort le 24 novembre 1911 à Munich. Écrivain très lu de son temps, mais qui doit sa seule gloire posthume à Freud, auquel il offre, avec sa nouvelle *Gradiva* (*) (1903), le terrain de la première approche psychanalytique de la littérature : *Délires et rêves dans la « Gradiva » de Jensen* [*Der Wahn und die Träume in W. Jensens « Gradiva »*, 1906]. Après des études de médecine, de philosophie et de littérature, Jensen exerce les fonctions de directeur de journal à Kiel, avant de séjourner tour à tour à Munich, où il fréquente le poète Geibel, à Stuttgart, où il devient l'ami de Raabe, à Flensburg. Il s'installe définitivement en Bavière en 1888. Dans la production fort abondante de Jensen, on distinguera l'œuvre lyrique *Album de croquis* [*Das Skizzenbuch*, 1884], poésie mélancolique, un peu molle ; les nouvelles, à la manière de Storm, *Erika la Brune* [*Die braune Erika*, 1868], ou historiques *Du temps de la Hanse* [*Aus den Tagen der Hansa*, 1885] ; les romans historiques, alors en vogue. Jensen s'y abandonne à son imagination foisonnante mais creuse et à son goût des contrastes violents, exaltant le passé germanique (*Minatka*, 1871) et pourfendant la Révolution française (*Nirwana*, 1877) : une littérature au service de l'Allemagne bismarckienne.

MICHEL VANOOSTHUYSE.

JÉRÉMIE. Prophète hébreu, auteur du livre de *La Bible* (*) qui porte son nom — v. *Jérémie* (*) (Livre de). Fils d'un prêtre de la tribu de Benjamin, il naquit vers 650 av. J.-C. et passa ses premières années à Anatôt. D'un naturel tendre et délicat, il aurait volontiers passé le reste de ses jours dans ce village de Judée situé non loin de Jérusalem. Jérémie prophétisa très jeune (628 av. J.-C.), mais l'accomplissement de sa mission lui inspirait une vive répugnance. Néanmoins il s'y résignait avec beaucoup de courage et de modestie, se sachant promis au martyre. Le prophète sacrifia tout à Dieu. Avide d'affection, il ne prit point femme ; dévoré d'amour pour son pays, il fut maintes fois jeté en prison par ses compatriotes, furieux de ce qu'il leur prédisait ; sensible au plus haut point et couvert d'opprobres, son courage était tel qu'on l'eût dit « insensible comme un mur ». Mais ce mélancolique maudissait le jour de sa naissance et ressentait avec angoisse les malheurs de sa patrie. Alors que s'avançaient les troupes de Nabuchodonosor, Jérémie n'en fit pas moins un acte suprême de foi, en demandant à son fidèle secrétaire Baruch de lui acheter un champ à Anatôt, parce que, disait-il, « on achètera encore des maisons, des champs et des vignes en ce pays ». Estimé par les Babyloniens, il voulut demeurer dans la capitale détruite et tombée sous la domination chaldéenne, pour collaborer avec le gouverneur Godolias au relèvement des ruines. Après le meurtre de ce dernier, Jérémie, âgé de soixante-dix ans, fut entraîné malgré lui en Égypte par les Juifs pris de panique. C'est là que le prophète, si l'on en croit une tradition incertaine, aurait été lapidé par ses coreligionnaires. On attribue à Jérémie une *Épître* (*) et les *Lamentations* (*).

♦ *« Jérémie est de tous les prophètes d'Israël celui qui a entrevu le plus clairement cette religion de l'esprit opposée à la religion de la lettre. »* A. Lods.

RÉF. : A. Gelin, *Jérémie*, Paris, 1952. – J. Steinmann, *Le Prophète Jérémie*, Paris, 1952.

JÉRÔME saint (Eusebius Hieronymus). Père et docteur de l'Église latine, né à Stridon aux frontières de la Dalmatie et de la Pannonie entre 341 et 350, d'une famille païenne fortunée, mort à Bethléem le 30 septembre 420. Il prit une part prépondérante à l'assimilation du classicisme païen par le christianisme, et on lui doit pour l'essentiel la traduction latine de *La Bible* (*), d'après l'hébreu, connue sous le nom de *Vulgate* et adoptée par le concile de Trente, qui est le seul texte faisant autorité dans l'Église. Après avoir reçu à Stridon son éducation première, Jérôme se rendit à Rome. Il y eut pour maîtres le grammairien Donat et peut-être aussi l'écrivain Victorinus, qui lui donnèrent un ardent amour des lettres classiques, et reçut le baptême. Même plus tard, au fond du désert, il ne renonça pas à ses livres, et s'entendit reprocher en songe d'être moins chrétien que cicéronien. Le jeune homme séjourna ensuite à Trévise, puis à Aquilée où, pendant peu de temps, il mena une vie studieuse et édifiante en compagnie de jeunes gens tels qu'Héliodore, Valérien, Bonosus, Rufin, Innocent, Chrysogone. Le groupe s'étant dissous (372 ou 373), Jérôme se retira dans sa ville natale, mais, attristé par des malheurs familiaux et ne parvenant pas à s'entendre avec son entourage, il partit pour l'Orient.

Jérôme, dont le voyage avait pour but Jérusalem, dut s'arrêter à Antioche où il se perfectionna dans la connaissance du grec, mais, ayant rencontré l'ermite Malchus, il se retira au désert de Chalcis. Pour mieux pénétrer le sens des Écritures, il étudia l'hébreu, mais, deux ans plus tard, sa solitude était troublée par le schisme d'Antioche. Jérôme, alors, se réfugia auprès de Grégoire de Nazianze, Grégoire de Nysse, Amphilochius et Apollinaire. Élargissant encore, à leur contact, le champ de ses connaissances, il reconnut la valeur d'Origène et traduisit quelques-unes de ses *Homélies* (*), traduisit également et continua la *Chronique* (*) d'Eusèbe, et voulut même écrire une histoire de son temps. Jérôme se rendit ensuite à Rome avec saint Épiphane et Paulin d'Antioche (382), puis, ayant gagné la confiance du pape saint Damase Ier, il en devint le secrétaire, fut chargé par lui de la traduction de *La Bible* : la *Vulgate* – v. *Bible* (*) – et contribua beaucoup à répandre, spécialement chez les femmes, l'idéal monastique. Ses travaux, son prestige lui valurent bien des tracas, dont on retrouve dans ses *Épîtres* (*) l'émouvant écho. Après la mort de Damase (384), Jérôme, pour échapper à ses ennemis, abandonna Rome sans retour (385), suivi de sainte Paule et de la fille de cette dernière, Eustachie. Après un séjour en Égypte, ils s'installèrent à Bethléem. Là, Jérôme et Paule fondèrent respectivement un monastère d'hommes et un couvent de femmes. C'est à Bethléem que Jérôme composa les *Commentaires sur la Bible* (*) et autres introductions à l'étude des Écritures. Cependant, il gardait le contact, par sa correspondance, avec le monde occidental. De toute la fougue de son tempérament, le saint prit part à la polémique contre Origène, allant même jusqu'à rompre son amitié avec Rufin – v. *Œuvres polémiques* (*). L'existence de ce Père de l'Église n'était pas vouée seulement à l'étude et à la lutte contre les ennemis de la foi. Durant les trente et quelques années qu'il passa à Bethléem, saint Jérôme, en effet, se rendit souvent à l'hospice voisin de son monastère pour y faire œuvre charitable.

GIUSEPPE LAZZATI.

♦ *« Jérôme trouvait dans ces deux maîtres* [Donat et Victorin] *l'inspiration de deux écoles, ici le goût pur de la poésie profane, là les traditions de l'éloquence antique mêlées à la ferveur chrétienne. Lui-même confondait tout cela dans sa studieuse ardeur, aimant alors le christianisme plus qu'il ne le connaissait, cherchant le beau langage dans les orateurs, la vérité morale dans les philosophes, et lisant assez Empédocle et Platon pour en retenir beaucoup de maximes, qu'il croyait plus tard, disait-il, avoir apprises dans les épîtres des apôtres. »* Villemain. ♦ *« La véhémence de caractère, qu'il ne domina jamais complètement, l'âpreté de sa polémique, qui allait chercher l'adversaire jusqu'au plus intime de la vie privée, la raideur de sa doctrine, ennemie des accommodements, blessèrent plusieurs de ses contemporains et lui ont suscité des critiques dans les siècles rapprochés du nôtre. Mais la justice s'est faite. »* Abbé Héry. ♦ *« Il ne peut être question d'exposer le système théologique d'un penseur aussi médiocre ; une vue d'ensemble était ce qui lui manquait le plus. »* F. H. Krüger.

RÉF. : H. Leclercq, *Saint Jérôme*, Louvain, 1927. – P. Monceaux, *Saint Jérôme : sa jeunesse, l'étudiant, l'ermite*, Paris, 1932. – Valery Larbaud, *Sous l'invocation de saint Jérôme*, Paris, 1945. – P. Antin, *Essai sur saint Jérôme*, Paris, 1951. – M. Testard, *Saint Jérôme*, Paris, 1969.

JEROME K. JEROME (Jerome Klapka Jerome). Écrivain anglais. Né à Walsall (Staffordshire) le 2 mai 1859, mort à Northampton le 14 juin 1927. Ses parents s'étant établis à Londres, il y fit ses premières études. Après avoir tâté de différentes professions (employé au chemin de fer, maître d'école, acteur et journaliste), il devint subitement célèbre en 1889 avec son *Éloge de ma paresse* [*Idle Thoughts of an Idle Fellow*], suivi la même année de *Trois hommes dans un bateau, sans compter le chien* (*), où se manifeste son humour très original. Il fonda, avec Robert Barr et G.B. Burgin, *The Idler* (1892-97), revue mensuelle illustrée qui eut un succès considérable et, à lui seul, un hebdomadaire, *To-day* (1893-97). Rappelons encore *Trois hommes en Allemagne* [*Three Men on the Bummel,* 1900], récit d'un voyage burlesque, et *Paul Kelver* (1902), roman autobiographique, que l'auteur tenait pour son œuvre maîtresse. Passionné par le théâtre, il réussit à faire représenter en 1886, au Gabe Theatre, une comédie en un acte, *Barbara,* suivie de quelques autres, mais ce fut seulement en 1908 qu'il obtint un réel succès avec *Le Locataire du 3e sur cour* (*). Outre un grand nombre de romans, nouvelles et comédies, on lui doit un volume de souvenirs : *Ma vie et mon temps* [*My Life and Times,* 1926].

RÉF. : A. Moss, *J. K. Jerome : His Life and Works,* Londres, 1929. – J. Conolly, *J. K. Jerome : A Critical Bibliography,* Londres, 1982.

JESENSKÝ Janko. Poète et prosateur slovaque. Né le 30 décembre 1874 à Turčianský svätý Martin, mort le 26 décembre 1945 à Bratislava. Fils d'un avocat patriote et avocat lui-même, il prend, pendant la Grande Guerre, une part active à l'organisation des « légions tchécoslovaques » en Russie. Après 1918, il exerce de hautes fonctions dans l'administration de la Slovaquie. Son premier recueil, *Vers* [*Verše*, 1905], impressionniste, élégant, rythmique, est surtout d'inspiration amoureuse. D'autres préoccupations, nationales, sociales, refont également jour, non sans éclairs ironiques, dans les poèmes de Jesenský. Son second volume de *Vers* ne paraît qu'en 1923. Entre-temps, en Russie, il exprime sa nostalgie et son amour de la patrie opprimée avec *En captivité* [*Zo zajatia*, 1918]. Arrivé à la maturité, il revient quelque peu au ton de ses débuts : *Après les tempêtes* [*Po búrkach*, 1932]. La prose se prête mieux à son esprit critique et ironique. Dès son premier livre, *Récits d'une petite ville* [*Malomestské rozprávky*, 1913], il croque un cortège pittoresque de personnages dont il appuie les traits ridicules, prétentieux, mesquins. Toute sa verve, sa lucidité et son art élégant de la narration se retrouvent dans son seul roman, *Les Démocrates* (*), satire de la société slovaque et bel exemple de son indépendance d'esprit. Le régime de l'État slovaque l'écarte de la vie publique mais, sans se laisser intimider, il fait circuler « sous le manteau » des poèmes qui fustigent férocement les fascistes, entretiennent le sentiment d'unité avec les Tchèques, et saluent l'Insurrection nationale slovaque (1944) et la Libération – textes recueillis dans *Jours noirs* [*Cierne dni*] et *À la méchanceté du jour* [*Na zlobu dňa*]... Ses souvenirs soulignent son rôle de témoin privilégié des grands moments historiques que connurent les Slovaques et les Tchèques et sa fidélité à la démocratie. La littérature slovaque moderne a reconnu en lui l'un des représentants éminents du réalisme psychologique et critique.

VLADIMIR PESKA.

JÉSUS fils de Sirach (Yéchoua ben Sira ou le Siracide). Écrivain hébreu, originaire de Jérusalem, auteur de l'*Ecclésiastique* (*), ayant vécu probablement au IIe siècle avant notre ère. Le peu de renseignements biographiques que nous possédons sur cet auteur nous sont donnés par son petit-fils, qui traduisit l'*Ecclésiastique* de l'hébreu en grec et qui a placé en tête de cette traduction un prologue – considéré d'ailleurs comme non canonique – dans lequel il donne quelques renseignements sur l'auteur. C'est ainsi que nous savons qu'il étudia la *Torah* (*) dès son enfance, qu'il fut pieux, studieux et érudit, et qu'il voyagea beaucoup. Il aimait aller au Temple et s'exclamait, à propos du grand prêtre Siméon II : « Qu'il était glorieux dans ses relations avec le peuple, lorsqu'il sortait de la maison du voile ! [...] Quand j'étais encore jeune, avant que j'eusse erré de par le monde, je recherchais ouvertement la sagesse dans ma prière [...]. De sa fleur, comme d'une grappe qui commence à se colorer, mon cœur prenait plaisir en elle [...] L'homme qui a voyagé sait beaucoup de choses, et l'homme de grande expérience parle sagement. Celui qui n'a pas été éprouvé sait peu de chose, et celui qui a voyagé possède une grande prudence [...] Souvent j'ai été en danger de mort, et j'ai été sauvé grâce à cette expérience [...] Celui qui craint le Seigneur n'a peur de rien [...] Les yeux du Seigneur sont sur ceux qui L'aiment ; Il est [...] un abri contre le vent d'Orient, un abri contre les feux du midi [...] Revenu dans la Ville sainte, Jésus dit à ses compatriotes : “ Approchez-vous de moi, ignorants, et demeurez dans la maison de l'instruction. ” [...] J'ouvre ma bouche et je parle : Procurez-vous cette sagesse sans argent. » Les manuscrits syriaques nomment l'auteur de l'*Ecclésiastique* : Siméon, fils de Jésus, fils d'Éléazar, fils de Sira.

RÉF. : R. Michaud, « Ben Sira et le Judaïsme », *La Littérature de sagesse*, t. 3, Paris, 1988.

JHABVALA Ruth Prawer. Romancière et nouvelliste indienne d'expression anglaise. Née à Cologne en 1927 de parents juifs polonais. Elle passa son enfance en Allemagne mais fit ses études en Grande-Bretagne, où elle acquit la nationalité anglaise en 1948. En 1951, elle épousa un architecte indien et partit s'installer en Inde où elle resta vingt-quatre ans. En 1975, elle s'installe aux États-Unis et elle divise actuellement son temps entre Londres, New York et Delhi. Elle a publié dix romans : *A qui elle le veut* [*To Whom she will,* 1955], *La Nature de la passion* [*The Nature of Passion,* 1956], *Esmond en Inde* [*Esmond in India,* 1957], *Le Chef de famille* [*The Householder,* 1960], *Cette lutte incertaine* [*Get Ready for the Battle,* 1963], *La Vie comme à Delhi* (*), *Un nouveau dominion* [*A New Dominion,* 1972]. *Chaleur et Poussière* (*), *En quête d'amour et de beauté* [*In Search of Love and Beauty,* 1983], *Trois continents* [*Three Continents,* 1987] et cinq recueils de nouvelles : *Comme des oiseaux, comme des poissons* [*Like Birds, Like Fishes,* 1963], *Une expérience de l'Inde* [*An Experience of India,* 1966], *Un climat plus fort* [*A Stronger Climate,* 1968], *Comment je suis devenue une mère sainte* [*How I became a Holy Mother,* 1976]. En collaboration avec James Ivory et Ismail Merchant, elle a écrit plusieurs scénarios de films, en particulier *Shakespeare Wallah* (1965), *Les Européens* [*The Europeans,* 1979] et *Quartet* (1981).

Ruth Prawer Jhabvala a écrit essentiellement sur l'Inde mais le regard qu'elle pose sur son pays d'adoption est resté très occidental, à tel point que nombre d'intellectuels du sous-continent répugnent à lui décerner un brevet d'indianité. Il est vrai que son propos est essentiellement cosmopolitain, à la fois dans la structure de ses récits (où les expatriés sont aussi – sinon plus – nombreux que les résidents) et dans la texture de son écriture (si ironique qu'elle a parfois été comparée à celle de Jane Austen). En fait, c'est de E. M. Forster qu'elle est l'héritière évidente, en particulier dans son souci constant d'opposer des visiteurs européens plus ou moins bien intentionnés mais toujours mal avertis et des Indiens constamment ombrageux et souvent frustrés. Comme dans *La Route des Indes* (*), l'impossibilité de communiquer – en tout cas, « pas encore » – devient le thème premier de ces récits d'acculturation où tout contact est vicié à la base et ne débouche que sur des leurres et des échecs. La comédie sociale devient féroce (haineuse, ont dit certains) car l'auteur condamne avec hauteur ceux qui se contentent de s'installer en Inde afin d'y trouver, consciemment ou non, un terrain de mépris. Elle est plus indulgente pour ceux qui, comme elle, ont tenté de préciser leurs relations ambiguës avec un pays qui les fascine et les révulse à la fois. Ses rares personnages références sont tous des inquiets, des insatisfaits dont la sensibilité idéaliste sert de jauge à la sottise ambiante. Sans cesse en mouvement (ou en désir de mouvement), ces Indiens ou Européens privilégiés mais minoritaires témoignent de l'attitude éthique de l'auteur qui se lit dans le filigrane de sa satire : pour elle, vivre en Inde c'est partir à la recherche d'une identification – à défaut d'une identité – et construire sa vie sur des préceptes moraux comme la générosité discrète, l'austérité consentie et, surtout, le refus du prosélytisme.

DENISE COUSSY.

JIMÉNEZ Juan Ramón. Écrivain espagnol. Né à Moguer (Huelva) le 23 décembre 1881, mort à Porto Rico le 29 mai 1958. Son enfance se déroule dans cette bourgade andalouse, Moguer, où son père est négociant en vins. Il gardera toujours le souvenir ébloui de ce paysage champêtre. À onze ans, il est pensionnaire au collège des jésuites, à Puerto de Santa María, dans la province de Cadix. Étudiant à Séville en 1897, il s'adonne davantage à la peinture et à la lecture des poètes (Bécquer, Rosalía de Castro, Verdaguer, Lamartine...) qu'aux études de droit. Il publie ses premières poésies et il se lie d'amitié, par correspondance, avec des écrivains : Francisco Villaespesa, Salvador Rueda et, surtout, Rubén Darío, dont il fait la connaissance à Madrid, en 1900, et pour qui il éprouvera toujours la plus vive admiration. Il y rencontre aussi Ramón del Valle Inclán, Jacinto Benavente, Azorín, Gregorio Martinez Sierra, Julio Pellicer. La même année, il publie ses deux premiers livres : *Nymphéas* [*Nīnfeas*] et *Âmes de violette* (+) – v. *Poésies* (*). Il lit Baudelaire, Mallarmé, Claudel, Wilde, Pierre Louÿs. La mort soudaine de son père déclenche en lui une crise d'angoisse intense. Toute sa vie Jiménez souffrira, par intermittence, de violentes crises de dépression. En 1901, il est soigné dans la clinique du docteur Lalanne, à Castel d'Andorte, près de Bordeaux. Il lit Leconte de Lisle, Laforgue, Verlaine, Francis Jammes. De retour en Espagne, le poète est soigné à la clinique du Rosario, à Madrid, par le docteur Simarro, chez qui il habite de 1903 à 1905. Après *Rimes* [*Rimas*, 1902], il publie *Airs tristes* (+). Dans les onze numéros de la revue qu'il a fondée, *Helios* (1903-1904), collaborent les plus grands écrivains de l'époque (Unamuno, Manuel et Antonio Machado, Rubén Darío, Azorín, Benavente). Il fréquente la célèbre Institución libre de Enseñanza créée par Francisco Giner de los Ríos.

Il se lie d'amitié avec Manuel et Antonio Machado. Il écrit *Jardins lointains* (+) et *Pastorales* [*Pastorales*]. De 1905 à 1911, à Moguer ou dans sa maison de campagne de Fuentepiña, Jiménez se livre à une intense activité littéraire. Il écrit *Platero et Moi* [*Platero y yo*, 1914], et il publie plusieurs livres de vers : *Élégies pures* [*Elejías puras*, 1908], *Oublis* [*Olvidanzas*, 1909], *Élégies lamentables* [*Elejías lamentables*, 1910], *La Solitude sonore* [*La Soledad sonora*, 1911], *Poèmes magiques et dolents* [*Poemas májicos y dolientes*]. De retour à Madrid, il s'installe pendant quatre ans (1912-1916) à la Residencia de Estudiantes où il rencontre beaucoup d'écrivains ou d'artistes (Ramon Menéndez Pidal, José Ortega y

Gasset, Salvador Dalí, Rafael Alberti). Il dirige les éditions de la Residencia, et il devient directeur littéraire de la maison Calleja. Sa production poétique ne cesse pas : *Mélancolie* [*Melancolía*, 1912], *Labyrinthe* [*Laberinto*, 1913], *Été* [*Estío*, 1916]. Les *Sonnets spirituels* [*Sonetos espirituales*] qu'il écrit alors (1914-1915), reflètent l'amour qu'il éprouve pour la jeune fille dont il s'est épris avec passion, Zenobia Camprubí Aymar, qu'il épouse, le 2 mars 1916, à New York. La traversée jusqu'aux États-Unis et un séjour de trois mois sont relatés dans le *Journal d'un poète jeune marié* [*Diario de un poeta recién casado*, 1917]. À New York, Jiménez est reçu notamment par Archer M. Huntington, fondateur de la Hispanic Society of America, qui fait faire le portrait du poète par le grand peintre espagnol Sorolla.

De 1916 à 1936, Jiménez et son épouse s'installent à Madrid. Voué à la création poétique, figure prestigieuse des milieux littéraires avec lesquels il entretient des relations souvent conflictuelles, il publie de nombreux ouvrages : *Éternités* [*Eternidades*, 1918], *Pierre et Ciel* [*Piedra y cielo*, 1919], *Seconde Anthologie poétique* [*Segunda antolojía poética*, 1922], *Beauté* [*Belleza*, 1923], *Unité* [*Unidad*, 1925], *Chant* [*Canción*, 1936], *Politique poétique* [*Política poética*, 1936]. Il crée diverses revues, toujours éphémères : *Índice* (1921-1922), *Sí* (1925), *Ley* (1927). La guerre civile, qui éclate le 18 juillet 1936, met fin à toutes ces activités. Jiménez et sa femme quittent l'Espagne pour les États-Unis. New York, Porto Rico, Cuba (où ils restent deux ans), Miami (où ils s'installent pendant trois ans), Washington, telles sont les étapes successives, avant leur installation définitive à Porto Rico, en 1951. Au cours de ce long périple, qui le mena aussi en Argentine (où il fut accueilli triomphalement) et en Uruguay, Jiménez donne des conférences, fait des cours dans diverses universités, sans délaisser son œuvre littéraire qui s'enrichit de plusieurs titres : *Vers et prose pour enfants* [*Verso y prosa para niños*, 1937], *Espagnols de trois mondes* [*Españoles de tres mundos*, 1942], *Voix de mon chansonnier* [*Voces de mi copla*, 1945], *La Saison totale avec les Chansons de la lumière nouvelle* [*La estación total con las Canciones de la nueva luz*, 1946], *Romances de Coral Gables* (1948), *Animal de fond* [*Animal de fondo*, 1949]. En mars 1951, Jiménez et Zenobia s'installent définitivement à Porto Rico. Ils deviennent professeurs à l'université de Río Piedras. Le poète collabore aux revues *La Torre* et *Asomante*. Il publie *Espace* [*Espacio*, 1954]. Le 25 octobre 1956, le prix Nobel de littérature lui est décerné avec cette mention : « Pour sa poésie lyrique qui, en langue espagnole, constitue un exemple de haute spiritualité et de pureté artistique. » La mort de son épouse, atteinte d'un cancer, quelques jours plus tard, plonge le poète dans un profond désarroi. Le recteur de l'université se rend, à sa place, à Stockholm, pour y recevoir le prix. La *Troisième anthologie poétique* [*Tercera antolojía poética*, 1908-1953] est la dernière œuvre publiée, en 1957, d'un poète toujours soucieux de perfection qui ne cessa de retoucher ou de reprendre ses poèmes. Après sa mort, le corps de Juan Ramón Jiménez et celui de son épouse furent transportés en Espagne et inhumés à Moguer.

BERNARD SESÉ.

♦ *« Il y a deux maîtres : Antonio Machado et Juan Ramón Jiménez* [...] *Le second, grand poète troublé par une terrible exaltation de son moi, écorché par la réalité qui l'environne, incroyablement déchiré par des riens, à l'aguet du moindre bruit, véritable ennemi de son exceptionnelle et merveilleuse âme de poète. »* Federico García Lorca. « *Beauté et éternité se conjuguent, vivantes et plus grandes toujours, dans toute sa poésie, sûrement comme en nul autre poète des meilleures époques de la poésie.* » German Bleiberg.

RÉF. : René L.-F. Durand, *Juan Ramón Jiménez*, Paris, 1963. – G. Palau de Nemes, *Vida y obra de Juan Ramón Jiménez*, Madrid, 1974. – Gilbert Azam, *L'Œuvre de don Juan Ramón Jiménez*, Paris, 1980. – Isabel Paraíso de Leal, *Juan Ramón Jiménez. Vivencia y palabra*, Madrid, 1976 ; *Cómo leer a Juan Ramón Jiménez*, Madrid, 1990.

JIMÉNEZ DE ENCISO Diego. Poète dramatique espagnol. Né à Séville en 1585, mort dans cette même ville en 1634. Il était de souche noble et, à la mort de son père, devenu chef de famille, il commença à briguer honneurs et charges susceptibles de lui procurer renommée et argent. En 1612, il fut nommé conseiller du Saint-Office à Séville ; plus tard, il figura parmi les Vingt-Quatre de la même ville et devint trésorier de la Casa de Contratación. Il occupa également d'autres emplois et vécut à Madrid pendant quelque temps, très bien vu du roi et de la Cour. Rentré à Séville en 1625, grâce à son protecteur le duc d'Olivarès, il obtint la charge d'Alguacil mayor, très bien rétribuée. En 1629, sa santé s'étant altérée, son activité se fit moins importante, et de nombreux ennuis familiaux vinrent assombrir ses dernières années. De sa production dramatique restreinte, il convient de retenir en particulier *Santa Margarita, Juan Latino, Los Medicis de Florencia* (bonne peinture de la Renaissance italienne) et son chef-d'œuvre *Don Carlos* (*), premier ouvrage consacré au malheureux fils de Philippe II, reconstitution historique fort valable, d'une grande pureté de style et d'une fine recherche psychologique. Jiménez de Enciso écrivit en outre, pour différentes fêtes de la Cour, des vers de circonstance et, dès sa jeunesse, reçut des éloges de Lope de Vega, Cervantès et Montalbán.

JIPPENSHA IKKU (pseud. de Shigeta Sadakazu). Écrivain japonais. Né à Fuchû, dans la province de Suruga, en 1766, mort à Edo (actuellement Tôkyô), en 1831. Fils d'un fonctionnaire de police, il devint, alors qu'il était encore tout jeune, copiste chez des seigneurs de Tosa, les Odagiri ; il les suivit quand ces derniers s'installèrent à Ôsaka. Mais peu après, il commença de vagabonder et ses voyages durèrent pendant une période qui va de 1786 à 1800 environ ; il fut alors souvent l'hôte des chanteurs de « jôruri » (drames écrits pour le théâtre de marionnettes). Il épousa la fille d'un marchand de bois, et ne tarda guère à divorcer, son caractère irrésolu le rendant difficile à vivre. C'est en 1789 qu'il fit ses débuts d'écrivain, avec un « jôruri » rédigé en collaboration avec Namiki Senryû (1695-1751), *La Lutte dans le défilé à l'ombre des arbres* [*Konoshita-kagé hazama kassen*]. Après avoir séjourné pendant sept ans à Ôsaka, il gagna Edo où il fut reçu par le libraire Tsutaya Shigesaburo ; tout en aidant son hôte, il continua d'écrire et se mit à peindre. Son premier roman, *Variétés d'« horloges » morales* [*Shingaku tokei-gusa*], date de 1795, et il l'illustra lui-même, ce qui lui valut une soudaine célébrité. En 1802, il publia le premier volume de son œuvre majeure, *À cheval sur ses jambes* (*), qui eut un succès considérable. Au cours des années suivantes, il ne cessa d'écrire et de voyager, approfondissant ses connaissances. En 1790 il se maria une seconde fois avec la veuve d'un commerçant qu'il ne tarda point à abandonner pour prendre une troisième épouse dont il eut une fille qui devint professeur de danse et l'assista lorsqu'il fut devenu vieux. Jippensha Ikku mourut en 1831, presque dans la misère, paralysé, semble-t-il, en cherchant des consolations dans le vin.

Esprit original et bizarre, vagabond par choix, épris du désordre et du gaspillage, Jippensha Ikku mena une vie assez dissolue. Bien qu'il eût été en mesure de se créer une situation stable, il fut toujours pauvre mais doté d'une bonne humeur inaltérable, comme les héros de son chef-d'œuvre, l'*Hizakurige*. Ses coquineries, son excentricité sont restées proverbiales. Ce qui ne signifie point qu'il ne prit pas son métier au sérieux.

Jippensha Ikku était capable de noter continuellement les bizarreries et les traits de caractère des gens qu'il rencontrait, il a eu le mérite de créer et de porter à son point de perfection un nouveau genre littéraire, le roman humoristique « Kokkeibon » dont il est, avec Shikitei Sanba, le plus grand représentant. Il a laissé environ trois cents œuvres.

YOSHIE KAWAMURA.

JIRÁSEK Alois. Écrivain tchèque. Né à Hronov, dans une famille de tisserands pauvres, le 23 août 1851, mort à Prague le 12 mars 1930. Il passa toute son existence paisible à Litomyšl et à Prague, où il était professeur. À la suite de Walter Scott, il reconstruisit avec une minutie d'archéologue les époques lointaines, et passa de loin en maîtrise et en imagination les autres romanciers de Bohême, tels que Tyl, Klicpera, Chochouloušek, Třebízský qui puisaient eux aussi leurs sujets dans l'histoire mais qui restaient prisonniers du romantisme. Du fait qu'il rappelait les événements de l'histoire nationale, événements déjà consignés par l'historien Palacký, qu'il les magnifiait dans des trilogies et des cycles, Jirásek exerça une profonde influence sur la conscience populaire au cours des années qui précédèrent l'indépendance tchécoslovaque ; en décembre 1918, il accueillait personnellement le président Masaryk sur la terre tchèque. Jirásek interpréta l'histoire de son pays comme la lutte du peuple contre les tyrannies. Ses principales œuvres sont : *Entre les courants* (*) (1891), *Contre tous* (+) (1894), *Confraternité* (*) (1908). Notons également : *Skaláci* (1875), *Les Têtes de chiens* (+) (1886), *Les Roches* (+) (1887), *Obscurité* [*Temno*, 1915], *F. L. Věk* (*) (1888-1906).

RÉF. : Zdeněk Nejedlý, *Čtyři studie o Al. Jiráskovi*, Prague, 1951 ; *Alois Jirásek*, Prague, 1952.

JOACHIM DE FLORE (Gioacchino da Fiore). Théologien mystique italien d'expression latine. Né vers 1130 à Celico (Calabre), mort à San Martino, près de Cosenza (Calabre), probablement le 30 mars 1202.

L'« abbé calabrais Joachim, favorisé du don de prophétie », que Dante mentionne dans le *Paradis* [*Paradiso*] (XII) – v. *La Divine Comédie* (*) : l'une des figures les plus intéressantes et les plus complexes du monde spirituel chrétien médiéval. Rares et incertaines sont les indications concernant les premières années et la prédication de Joachim, dont la vie fut rapidement modifiée par de pieuses légendes.

Après une jeunesse voyageuse, il entra au monastère cistercien de Sambucina vers 1150-1155, passant ensuite à Corazzo, dont il devint l'abbé en 1177, puis à Casamari. Plus tard (1191), se retirant de l'ordre, il en fondera un nouveau, sur la Sila, au monastère de Saint-Jean de Flore. Des documents religieux veulent placer sous la protection pontificale l'œuvre de Joachim, qui aurait exposé son programme d'exégèse au pape Lucien III, après avoir été sollicité par lui à plusieurs reprises, ainsi que par ses successeurs Urbain III et Clément III, de terminer ses commentaires sur les Écritures. Mais ces indications et le testament de Joachim sont probablement de pieuses falsifications nées au lendemain de sa mort, au sein de l'ordre joachimiste désireux de sauvegarder ainsi l'orthodoxie de son fondateur. Il convient de rappeler, cependant, que la condamnation du IVe concile de Latran (1215) était limitée à la doctrine trinitaire de Joachim et même bornée au traité, perdu de nos jours, sur Pierre Lombard ; elle ne manquait pas de souligner la louable volonté de soumission à l'Église manifestée par Joachim dans son testament, et le fait qu'elle ne frappait pas l'ordre de Flore ; Honorius III le répétera un peu plus tard. La réputation de sainteté de l'abbé calabrais dura longtemps, et pas uniquement dans son ordre.

Les ouvrages fondamentaux de Joachim de Flore sont la *Concordance de l'Ancien et du Nouveau Testament* (*), le *Commentaire sur l'Apocalypse* (*), *Les Dix Cordes du Psalterium* [*Psalterium decem chordarum*], *le Traité sur les quatre Évangiles* (*), le *Des articles de foi* [*De articulis fidei*, éd. E. Buonaiuti, Rome, 1936] et *Contre les Juifs* [*Adversus Judaeos*, encore inédit] ; en revanche, il est très difficile de déterminer l'auteur des autres œuvres que la tradition attribue au prophète de Celico. L'enseignement de Joachim est dominé par des mobiles purement moraux, auxquels obéissent également ses écrits théologiques.

Le fondement du message joachimiste est la conception de l'histoire comme un développement progressif et une manifestation du dogme de la Trinité : l'évolution de l'humanité s'accomplit en trois temps successifs, à chacun desquels correspond une des trois personnes divines. Le mystère de la Trinité, ainsi, devient presque la représentation schématique des âges qui doivent se suivre dans l'histoire, à savoir de quelle manière le Père s'est manifesté au cours du premier, le Fils au cours du second, et l'Esprit Saint se manifestera au cours du troisième dont « l'aube éclaire déjà nos yeux ». Puisque l'histoire, résumée dans l'histoire judéo-chrétienne, donc dans l'Ancien et le Nouveau Testament, y répond point par point, de même que l'on a pu voir dans l'Ancien Testament la préfiguration de la seconde période, de même, celui qui sait saisir l'esprit sous le voile épais de la lettre pourra recueillir dans les deux Testaments les symboles de l'imminente troisième période. De là, l'abondance des interprétations allégoriques (inspirées de l'exégèse augustinienne et surtout de celle d'Eucher de Lyon) qui, appliquées aux faits, aux personnes et jusqu'aux institutions sacramentelles et ecclésiastiques, finissent par transformer toute l'histoire passée, désormais envisagée uniquement comme préfiguration de l'âge de l'Esprit Saint. D'ailleurs, c'est justement à cette troisième période, selon Joachim, qu'il appartient de dépasser les symboles pour arriver à la contemplation face à face des vérités symbolisées. Ce sera l'âge de la liberté, de la grande profusion des grâces, de la contemplation et de la paix. À ce moment, même l'Église charnelle fera place à l'Église spirituelle qui est sur le point de naître, ainsi que l'annonce la riche floraison d'abbayes, fruit de la réforme cistercienne. Dans ce message prophétique se résume toute l'exégèse de Joachim, dont l'écho le plus éclatant sera la spiritualité franciscaine du XIIᵉ siècle.

ALEXANDRE LABZINE.

♦ *« Placé sur les confins de l'Église grecque et de l'Église latine* [Joachim de Flore] *vit avec une rare clairvoyance l'état général de la chrétienté* [...] *L'idée qui, trois siècles plus tard, amènera une révolution religieuse, je veux dire la profonde dissemblance de l'Église du Moyen Âge et de l'Église primitive, est déjà chez lui tout entière* [...] *Telle qu'elle est, malgré ses défaillances et son mauvais succès, cette tentative n'en est pas moins l'essai le plus hardi de création religieuse dont les siècles modernes offrent l'exemple, et l'on peut dire qu'elle eût changé la face du monde, si toutes les forces disciplinées et réfléchies du* XIIIᵉ *siècle ne l'eussent brusquement arrêtée. »* Ernest Renan.

RÉF. : Ernest Renan, *Nouvelles études d'histoire religieuse,* Paris, 1884. — Fournier, *Études sur Joachim de Flore et ses doctrines,* Paris, 1909. — Heney Bett, *Joachim of Flora,* Londres, 1931. — Ernesto Buonainti, *Gioacchino da Fiore, i tempi, la vita, il messagio,* Rome, 1931. — H. Grundmann, *Neue Forschungen über Joachim von Fiore,* Marbourg, 1950 — G. Leff, *Heresy in the Later Middle Ages,* Manchester-New York, 1967.

JOÃO Iᵉʳ (João de Avis). Roi de Portugal. Né le 11 avril 1357, sans doute à Lisbonne, mort dans cette ville le 14 août 1433. C'est le fondateur de la seconde des trois dynasties des rois du Portugal, celle des Avis (dite aussi « Joanina » à cause de son nom). Fils naturel du roi Pedro Iᵉʳ et de Thérèse Lourenço. Son père l'arma chevalier et le nomma maître de l'ordre d'Avis (nom qui demeura attaché à la future dynastie), alors qu'il avait à peine sept ans, ce qui nécessita une dispense du pape. Très tôt, les aventures sentimentales le tinrent à l'écart des événements très confus du règne. Ayant échappé de peu à un complot tramé contre lui par sa belle-sœur, Éléonore Tellez — l'intrigante et scandaleuse femme de son frère, le valétudinaire roi Ferdinand Iᵉʳ, dont la santé était minée par les médecins qu'elle s'était attachés —, il tua l'amant de cette dernière, le comte d'Ourem, et le peuple le proclama « gouverneur et défenseur du royaume ». À la mort de son frère, la régente fut déposée, et il fut élu roi en 1385. Après la retentissante victoire d'Aljubarrota (1385) sur les Espagnols qui maintenaient leurs prétentions sur le Portugal, il raffermit l'alliance avec l'Angleterre (traité de Windsor, 1386) en épousant la fille aînée du duc de Lancaster, doña Filippa ; de cette union naquit cette « illustre génération, grands Infants » — pour traduire littéralement le vers célèbre de Camoëns — qui donna au Portugal une gloire impérissable. Une trêve avec l'Espagne fut conclue en 1411 ; avec l'aide efficace de la reine qui, à bien des points de vue, exerça sur lui une influence opportune, il s'efforça de donner au Portugal une nouvelle orientation, inaugurant une politique commerciale et expansionniste en réaction contre la tradition agricole et continentale de la précédente dynastie des Bragance. Il commença la conquête de l'Afrique par la prise de Ceuta (1415) ; cette entreprise facilita les premières explorations de la côte africaine et des îles voisines par l'infant Henri le Navigateur. Il ne négligea pas pour autant la politique intérieure et fut secondé dans cette tâche par son fils aîné, le futur roi Édouard. Entre-temps, la mort de la reine l'avait laissé désemparé pour le restant de ses jours. João Iᵉʳ fit disparaître les derniers vestiges de la féodalité, réorganisa les lois (avec l'aide du grand jurisconsulte João das Regras), soutint l'Université, fit construire — pour commémorer la victoire d'Aljubarrota — le célèbre monastère de Batalha, où il devait être inhumé avec la reine et les Infants. Sentant les approches de la mort tandis qu'il se trouvait à Alenquer, il se fit ramener dans sa capitale, où il mourut après avoir fait de dignes adieux à ses intimes et s'être fait transporter à la cathédrale pour les derniers devoirs du croyant. La nouvelle de sa mort parvint au Concile de Bâle qui fit célébrer un service funéraire d'une exceptionnelle solennité. On a conservé de lui un *Livre de la chasse à courre* (*).

RÉF. : Damião de Goes, *Crónica do principe D. João*, Lisbonne, 1567. — Duarte Nuñez de Lião, *Chronica del Rey D. João,* 1645. — Fr. de Menezes *Vida y acçoês del Rey João I,* 1674. — M. Monteiro, *Joannes, Portugalliae Reges*, 1742. — F. M. Esteves Pereira, *Livro da Montaria*, 1918.

JOB. L'« homme du pays d'Ouç », le sage Iduméen (du pays d'Édom) ou Arabe, héros du livre qui porte son nom, n'a jamais existé que par la grâce de l'écrivain hébreu inconnu qui en raconta l'histoire vers 450 av. J.-C. Si les idées nouvelles mises en œuvre dans ce récit dramatique ne permettent guère de faire remonter très haut la date du *Livre de Job* et indiquent probablement une influence égyptienne, il se peut que le noyau autour duquel il s'est formé ait été constitué par un conte populaire datant de l'époque des patriarches (IIe millénaire). Quoi qu'il en soit, le personnage de Job est certainement légendaire. Le *Talmud* (+) de Babylone l'atteste : « Job n'a pas existé et n'a pas été créé ; il n'a été qu'une parabole », et Maïmonide précise que le *Livre de Job* « a pour fondement une fiction conçue dans le but d'exposer les différentes opinions qu'on avait sur la Providence divine ».

RÉF. : J. Lindblom, *La Composition du livre de Job*, Lund, 1945. — J. Steinmann, *Job*, Paris, 1946. — J.-J. Weber, *Le Livre de Job*, Paris, 1947. — G. Fohrer, *Das Buch Hiob*, Krefeld, 1948. — S. Terrien, *Job*, Paris, 1963. — J. Steinmann, *Job, témoin de la souffrance humaine,* Paris, 1969. — J. Levêque, *Job et son Dieu*, Paris, 1970. — R. de Pury, *Job ou l'Homme révolté*, Paris, 1982. — *Job et le Silence de Dieu* in *Concilium* n° 189, Paris, 1983. — J. Lévêque, *Job : le livre et le message*, Paris, 1985. — E. Wiesel et J. Eisenberg, *Job ou Dieu dans la tempête*, Paris, 1986. — J. Vermeylen, *Job, ses amis et son Dieu*, Paris, 1986.

JODELLE Étienne, sieur du Lymodin. Poète français. Né à Paris en 1532 ; mort dans cette même ville fin juillet 1573. Sa vie est assez mal connue. Il fit sans doute des études au collège de Boncourt, en compagnie notamment du poète Rémi Belleau, et à dix-sept ans écrivit des *Sonnets, odes et charontides.* En février 1553, âgé de vingt ans seulement, il fit représenter à l'hôtel de Reims, devant le roi Henri II, une tragédie : *Cléopâtre captive* (*), et une comédie : *Eugène,* qu'il interpréta lui-même avec ses amis poètes. Une autre représentation de *Cléopâtre,* en 1553, au collège de Boncourt, s'acheva par un véritable triomphe, qui donna lieu à des solennités bouffonnes en faveur de Jodelle, auxquelles participèrent Ronsard et Baïf, mais qui attirèrent au jeune acteur l'animosité des dévots des deux camps, catholique et protestant, celle en particulier de Théodore de Bèze, lui aussi auteur de tragédies. Étienne Jodelle donne ultérieurement deux nouvelles pièces, une comédie : *La Rencontre,* et la tragédie *Didon se sacrifiant* (*) (1564 ?). Il fait figure à cette époque de digne et dangereux rival de Ronsard lui-même, organise des fêtes et des mascarades (ses contemporains ont souligné ses dons multiples en architecture, peinture, sculpture, etc.) ; il publie, d'ailleurs, en 1558, pour la réception donnée en l'honneur du roi et du duc de Guise, un *Recueil des inscriptions, figures, devises et masquarades* (sic), *ordonnées en l'hôtel de ville à Paris, le jeudi 17 de février 1558.* Il fait, à cette occasion, de folles dépenses, que les gratifications qu'il obtient grâce à ses vers parviennent difficilement à combler. Une erreur de machinerie, lors d'une fête donnée à l'Hôtel de Ville, en 1558, paraît avoir commencé son discrédit, qui se confirmera lors de la mort d'Henri II. Après une période très troublée, Jodelle revient à Paris, écrit pour Catherine de Médicis et Charles IX, dont il célèbre le mariage en 1571. Étienne Jodelle meurt à quarante et un ans, couvert de dettes, harcelé par ses créanciers, « sans laisser de quoi se faire enterrer », et d'Aubigné put célébrer ainsi le poète : « Le ciel avait mis en Jodelle / Un esprit tout autre qu'humain ; / La France lui nia le pain, / Tant elle fut mère cruelle. » Ses œuvres ne furent publiées qu'un an plus tard, par son ami Charles de la Mothe.

Depuis le début du XVIe siècle, on s'était mis à traduire les tragédies de Sophocle, d'Euripide. Deux ans avant la première pièce de Jodelle, les étudiants de Lausanne avaient fait représenter l'*Abraham sacrifiant* (*) de Théodore de Bèze. Jodelle marque cependant une date décisive dans l'histoire littéraire : il est le premier à avoir introduit l'alexandrin dans la tragédie ; le premier surtout à avoir appliqué au théâtre les principes d'imitation de l'Antiquité formulés par la Pléiade. Cette voie était alors trop absolument nouvelle pour qu'on puisse demander à Jodelle une réelle maîtrise : il manque d'originalité dans la construction des situations et des caractères ; il suit de trop près le modèle ancien. Peut-être aussi souffre-t-il d'une facilité assez répandue chez les écrivains d'alors, et qui pourtant, chez Jodelle, faisait l'étonnement de ses contemporains ; mais dans ses pièces, écrites en quelques semaines, passent souvent de beaux éclairs. Il n'est pas un grand dramaturge, mais un poète vigoureux (telle invocation à Diane dans ses *Sonnets* suffirait à le prouver). Si balbutiante qu'elle fût, sa tentative n'en marquait pas moins un premier pas vers la tragédie classique, d'abord par la grandeur des sujets choisis, puis par un très net effort vers la simplification de l'action, si compliquée dans les œuvres analogues de l'époque, enfin par un resserrement du conflit dramatique en son moment de paroxysme. La soumission aux unités est réelle. La tragédie de Jodelle, apparition encore discrète du drame antique, suffisait à reléguer les mystères dans un passé « gothique ». Elle fondait véritablement le théâtre moderne français.

JACQUES BROSSE.

RÉF. : E. Balmas (éd.), Biographie et apparat critique in Étienne Jodelle, *Œuvres complètes*, Paris, 1965-1968.

JOËL. Second des petits prophètes de l'Ancien Testament – v. *La Bible* (*) –, il vivait à Jérusalem au IVe siècle av. J.-C.(?). Le plus grand mystère entoure la figure du fils de Phatuel dont le nom exprime la croyance même des Juifs puisqu'il veut dire : « Yahvé est Dieu. » Son inspiration, guidée par la foi, n'hésitait pas à déceler dans les désastres du moment les signes précurseurs d'une calamité plus redoutable encore – v. *Joël (Livre de)* (*). Il criait, telle une sentinelle avancée, au peuple étourdi : « Sonnez du cor en Sion, et sonnez de la trompette sur ma sainte montagne ! Que tous les habitants du pays tremblent, car le jour de Yahvé vient, car il est proche ! Jour de ténèbres et d'obscurité, jour de nuages et de sombre nuée ! » Puis, s'adressant aux prêtres : « Craignez-vous, leur disait-il, et poussez des plaintes ; lamentez-vous, ministres de l'autel ! Venez, passez la nuit vêtus du sac, ministres de mon Dieu. » Seul dans la cité sainte, il pouvait ordonner : « Qu'entre le portique et l'autel, les prêtres, ministres de Yahvé, pleurent. » Avant de s'éteindre, Joël tourna enfin son regard prophétique vers Jérusalem, dont il prédit le châtiment et la gloire future : « Mais Juda sera habité éternellement, et Jérusalem d'âge en âge. »

L'apôtre Pierre et l'Église, après lui, découvrirent dans ses paroles l'annonce de la Pentecôte chrétienne.

JOHNSON Eyvind. Romancier suédois. Né le 29 juillet 1900 à Svartbjörnsbyn, près de Boden, mort le 26 août 1976 à Stockholm. D'origine modeste – le père, ancien ouvrier, avait une petite ferme –, il commence à travailler à quatorze ans, faisant toutes sortes de métiers. C'est également un militant socialiste et syndicaliste. Au lendemain de la guerre, il connaît le chômage. De 1921 à 1923, il vit à Berlin et surtout à Paris des maigres honoraires de deux journaux socialistes. Il publie un premier recueil de nouvelles, *Les Quatre Étrangers* [*De fyra främlingarna*, 1924], puis un roman anticapitaliste, *Timans et la justice* [*Timans och rättfärdigheten,* 1925], et fait de nouveau un long séjour en France. Il y écrit *Ville dans les ténèbres* (+) (1927), décrivant Boden, et *Lettre recommandée* (*) (1928), se déroulant à Paris et rappelant *La Faim* (*) de Hamsun. (On y a vu aussi l'influence de Gide.) Ouvert à toutes les recherches, Johnson lit beaucoup et on a décelé l'influence de Proust et du monologue intérieur de Joyce en particulier dans *Commentaires sur la chute d'une étoile* [*Kommentar till ett stjärnfall,* 1929]. Dans *Bobinack* (1932), il essaie de concilier la critique sociale, d'inspiration utopique et marxiste, et la foi en une renaissance des forces primitives de l'homme, teintée de freudisme mais surtout inspirée de Sherwood Anderson. Après deux recueils de nouvelles vient la grande série autobiographique, *Le Roman d'Olof* (*), publiée en un volume en 1945. Ayant pris parti contre les dictatures, puis pour la Finlande, il critique la politique de neutralité suédoise dans la trilogie de *Krilon* (1941-1943). Reprenant en une langue irrespectueusement moderne le poème d'Homère, il traite dans *Heureux Ulysse...* (*) (1946) le thème du « retour du guerrier » et de l'après-guerre et, sous les dehors des procès de sorcellerie du XVIIe siècle, les méthodes communistes dans *De roses et de feu* (*) (1949). Son art ironique triomphe dans la description de la tyrannie dans l'Europe de Charlemagne : *Le Temps de Sa Grâce* [*Hans Nådes tid,* 1960]. Dans *Récit romantique* [*Romantisk berättelse,* 1953] et *La Marche du temps* [*Tidens gång,* 1955], il esquisse une nouvelle série autobiographique. Dans *Quelques pas vers le silence* [*Några steg mot tystnaden,* 1973] le présent et plusieurs passés se mêlent en une réflexion sur notre temps et sur la violence. Cet expérimentateur, qui considère la « dissolution du roman » comme fatale, est un humaniste qui procède par analyses et raisonnements, ce qui nuit parfois à la « vie » de ses romans, mais fait de lui une conscience toujours en éveil devant les événements de son temps. Membre de l'Académie suédoise en 1957, il a partagé le prix Nobel de littérature avec Harry Martinson en 1974.

CARL GUSTAF BJURSTRÖM.

RÉF. : Gavin Orton, *Eyvind Johnson*, New York, 1972 ; traduction suédoise, Stockholm, 1974. – Örjan Lindberger, *Norrbottningen som blev europé. Eyvind Johnsons liv och författarskap,* 1, Stockholm, 1986, *Människan i Tiden,* 2, Stockholm, 1990.

JOHNSON Samuel. Écrivain et moraliste anglais. Né le 8 septembre 1709 à Lichfield (comté de Stafford), mort le 13 décembre 1784 à Londres. Il est connu d'ordinaire sous le nom du « Dr. Johnson », en grande partie afin de le différencier de son homonyme Ben Jonson. Il était le fils d'un libraire de Lichfield. Après avoir fait ses études dans une école de cette ville, où il se montra un élève remarquablement précoce, il se rendit pour une courte période à Oxford, mais toutes ses jeunes années furent harcelées par la pauvreté. Il lutta, écrivant quelques articles, enseignant, et même se lançant dans la fondation d'une école privée, ce qui s'avéra une aventure désastreuse ; il attira une demi-douzaine de jeunes garçons en tout et pour tout, mais, par une chance extraordinaire, parmi ces élèves se trouvait David Garrick. Le maître et l'élève devinrent immédiatement amis, et en 1737 tous deux partirent pour Londres où par la suite Garrick devint le centre du monde théâtral et Johnson le centre du monde littéraire. À part un bref retour à Lichfield, où il écrivit sa tragédie *Irène* [*Irene*], et un ou deux voyages tels que celui qu'il effectua en Écosse, Johnson vécut presque continuellement à Londres : cette ville, disait-il, offrait « tout ce que la vie peut offrir ».

Ses premières années dans la métropole furent occupées à des travaux rémunérateurs, principalement pour le *Gentleman's Magazine* ; ce fut pour ce journal qu'il écrivit une série de « reportages parlementaires », en un temps où il n'était point permis aux reporters d'assister aux débats de la Chambre des communes. Mais Johnson avait des ambitions plus vastes, et bientôt il se lança dans des domaines plus profitables. De 1747 date le plan du célèbre *Dictionnaire de la langue anglaise* (*) qui, à la suite d'un travail fiévreux, parut en 1755 — ouvrage qui établissait les bases de l'étude historique de la langue anglaise et qui exerça une profonde influence. Quand on se rend compte que rien de semblable n'avait été tenté jusque-là, on peut juger de la réussite de Johnson : presque toutes les définitions durent être forgées par lui. Sa puissance de travail apparaît dans le fait que, pendant les actives années consacrées à la préparation de ce *Dictionnaire*, il écrivit également son long poème, *La Vanité des souhaits humains* [*The Vanity of Human Wishes*, 1749], et une série d'essais dans le périodique *The Rambler* (1750-52) dont il était l'éditeur. À peine le *Dictionnaire* avait-il paru qu'en 1756 il annonçait son *Shakespeare* qui, publié en 1765, démontra bien son robuste talent de critique ; tandis qu'au même moment il révélait d'autres faces de son génie dans son roman *Histoire de Rasselas, prince d'Abyssinie* (*) (1759), et dans ses essais de l'*Idler* (1758-60), nouveau périodique édité par Johnson lui-même.

En 1773, il fit son voyage en Écosse : le compte rendu de Johnson, *Voyage aux îles occidentales de l'Écosse* (+), parut en 1775 ; puis vint une nouvelle grande entreprise, les *Vies des poètes anglais les plus célèbres* (*) en 1779-80. Pendant tout ce temps, Johnson mena une vie sociale active, et peut-être aussi importantes qu'aucun de ses écrits furent la formation de son illustre Club en 1764, et l'heureuse rencontre de cet Écossais excentrique : James Boswell. Le génie de Johnson s'épanouissait quand il se trouvait en compagnie de ses confrères, et il fit de la conversation un art. Ses écrits auraient suffi à établir sa réputation, mais quand nous l'évoquons maintenant, son image et notre appréciation de son talent dépendent pour une très grande part de ses conversations intimes telles que les a notées Boswell. Quelques-uns de ses jugements les plus pertinents semblent provenir de ces discours familiers. Que Johnson ait aimé se trouver le « lion » littéraire parmi ses compagnons est certain, mais l'affection dans laquelle ils le tenaient provenait de la chaude cordialité de sa nature. Extérieurement il avait l'aspect d'un ogre ; dès sa prime enfance il avait été scrofuleux, ce qui lui avait fait perdre un œil ; il était épais, grossier et désordonné dans ses manières ; une agitation continuelle semblait le secouer d'une perpétuelle danse de Saint-Guy. Intérieurement, il était victime de terribles dépressions et d'une mélancolie lancinante. Malgré tout cela, il était aimé de ses amis, en partie à cause de son courage, mais surtout pour sa chaleureuse humanité. De ce fait (et aussi à cause de la biographie de Boswell), il demeure presque unique en tant que grande figure littéraire dont la valeur dépend autant de sa personnalité que de ses écrits.

ALLARDYCE NICOLL.

♦ *« Je l'ai toujours considéré comme étant, par nature, une de nos grandes âmes anglaises. Un homme noble et fort ; tant de choses restées non développées en lui jusqu'à la fin : dans un élément plus clément, que n'eût-il pas pu devenir — Poète, Prêtre, souverain Régulateur !... L'essence de l'originalité n'est pas la nouveauté : Johnson croyait tout à fait aux vieilles choses ; il trouvait les vieilles opinions convenables pour lui ; et d'une droite et héroïque manière, il vécut sous leur empire. Il mérite bien d'être étudié à cet égard. Car nous devons dire que Johnson était un tout autre homme qu'un pur homme de mots et de formules ; c'était un homme de vérités et de faits. Ses écrits, qui ont eu jadis un tel cours et une telle célébrité, sont maintenant, pour ainsi dire, reniés par la jeune génération. Ce n'est pas étonnant ; les opinions de Johnson deviennent rapidement surannées ; mais sa façon de penser et de vivre, nous pouvons l'espérer, ne le deviendra jamais. »* Carlyle. ♦ *« Johnson avait un bon jugement et l'autorité nécessaire pour le faire valoir, qualités essentielles à tout critique... Du bon sens « sterling », voilà ce qu'avait Johnson et c'est à quoi toutes les malices et les fines ironies ne suppléent pas. »* Sainte-Beuve.

RÉF. : J. Boswell, *Vie de Samuel Johnson*, Londres, 1791 ; Paris, 1955. — Carlyle, *Les Héros*, Londres, 1840 ; Paris, 1905. — P. H. Houston, *Doct. Johnson, a Study in 18th Century Humanism*, 1923. — C. Hibbert, *The Personal History of Samuel Johnson*, 1971. — W. J. Bate, *Samuel Johnson*, 1984.

JOHNSON Uwe. Romancier allemand. Né le 20 juillet 1934 à Cammin (Poméranie), mort à Sheerness (Angleterre) le 23 mars 1984. Il achève des études de germanistique en R.D.A., à Rostock et Leipzig, mais est reconnu « impropre à exercer une activité dans le cadre d'une institution d'État ». Devenu « chômeur dans un pays où, officiellement, le chômage n'existe pas », il vit de petits travaux d'écriture : « À l'époque, la méthode pour se débarrasser de gens indésirables consistait à les laisser s'enfoncer jusqu'à ce qu'ils se découragent et passent à l'Ouest. » Effectivement, au bout de trois ans, il choisit de s'installer à Berlin-Ouest, au moment de la publication, chez Suhrkamp, de son premier roman, *La Frontière* (*), en 1959, qui lui vaut de recevoir le prix Fontane : « J'ai simplement déménagé ; ce n'était pas un geste politique, mais simplement technique, hygiénique. » Il séjourne ensuite aux États-Unis, de 1966 à 1968, « non qu'[il] aime l'Amérique, mais parce qu'[il] éprouve une véritable fascination pour New York ». À son retour en Europe (Berlin, puis l'Angleterre, à partir de 1974) commence la longue et difficile maturation, entrecoupée de diverses tournées de conférences et interrompue par une grave crise d'« aphasie littéraire », d'une vaste fresque romanesque, *Jours anniversaires* [*Jahrestage*], dont le dernier volet paraît en 1983, peu avant sa mort brutale, due à une crise cardiaque (que certains interprètent comme le résultat d'une volonté délibérée d'autodestruction).

« Mais Jakob a toujours traversé les voies... » : ces premiers mots de *La Frontière* pourraient servir d'exergue à l'ensemble de l'œuvre d'Uwe Johnson. Ils inaugurent un récit en forme d'enquête policière sur les circonstances de la mort de Jakob Abs, qui s'est fait écraser par un train ; mais ils avouent déjà l'impossibilité de jamais fixer, pour le personnage que l'écriture voudrait comprendre, une vérité univoque et définitive. Avec *L'Impossible Biographie* [*Das dritte Buch über Achim,* 1961], Uwe Johnson persévère dans l'écriture romanesque « conjecturale ». Karsch, journaliste sportif de Hambourg, entreprend d'écrire un livre sur le champion cycliste de R.D.A. Achim, adulé par les foules et dont la notoriété lui ouvre une carrière politique ; mais le projet n'aboutit pas, malgré — ou, justement, à cause de — l'abondance des informations qu'il recueille ; les témoignages divers, contradictoires, ne se laissent pas intégrer en une biographie linéaire. Responsable de cet échec est certainement aussi « la distance, la différence » installée par la frontière entre les deux Allemagnes. La maison d'édition est-allemande qui a passé commande de l'ouvrage à Karsch pose des conditions : à la différence des deux premiers livres qui ont déjà été consacrés au champion et qui se contentaient de retracer sa carrière sportive, celui-ci est censé s'intéresser davantage à sa personnalité, pour en souligner la valeur exemplaire, notamment sur le plan politique. Karsch ne peut se plier à cette exigence hagiographique, qui lui ferait gommer le fait, par exemple, qu'Achim ait appartenu à quinze ans aux Jeunesses hitlériennes ou participé, aux dires de certains, au soulèvement du 17 juin 1953. Le recueil de nouvelles *Karsch et autres morceaux en prose* [*Karsch und andere Prosa,* 1964] offre une sorte d'épilogue au roman : au malaise dans la culture de R.D.A. succède celui dans la société de R.F.A. ; rentré à Hambourg, Karsch se voit refuser tous les articles qu'il propose sur « l'autre côté », devient l'objet de menaces, de persécutions qui le contraignent, finalement, à s'exiler en Italie. La séparation symbolisée par le mur de Berlin fournit encore l'arrière-plan du récit *Deux points de vue* [*Zwei Ansichten,* 1965] où se racontent tour à tour « l'histoire de B. », photographe de presse à l'Ouest, et celle de « l'infirmière D. », citoyenne de l'Est ; ils se sont connus, aimés, puis perdus de vue ; ils se seraient peut-être oubliés sans la construction du Mur, le 13 avril 1961 : « Il se sentit personnellement atteint de la savoir incarcérée dans sa propre ville » ; quant à elle, « qui s'était sentie chez elle dans ce pays, elle eut l'impression d'être flouée, trompée, bafouée » ; D. parvient à passer clandestinement à l'Ouest et retrouve B., qui lui propose de l'épouser, mais l'idylle trop factice avorte bientôt. La différence est plus forte que l'unité de lieu. La fresque romanesque des *Jours anniversaires,* dont les quatre volets paraissent de 1970 à 1983, élargit l'horizon géographique et temporel (à la chronique de la petite ville de Jerichow sous la république de Weimar et le national-socialisme se mêle celle de la vie quotidienne new-yorkaise, entre 1967 et 1968), à travers une structure narrative dite flexible (dialogues, souvenirs, articles de journaux, commentaires, etc.) focalisée sur le personnage de Gesine Cresspahl (l'amie de Jakob Abs, dans *La Frontière*). Le lecteur, face à l'histoire qu'elle recompose, se trouve dans la position de sa petite fille Marie, qui cherche à comprendre, « vigilante jusqu'à la méfiance ». Par rapport aux autres œuvres d'Uwe Johnson perce ici une angoisse liée au fait que lieux et personnages sortent en vérité des romans précédents et voudraient compenser en quelque sorte leur inanité par la recherche obsédante du détail prétendument authentique. Écriture difficile, exigeante que celle d'Uwe Johnson. « Description d'une description » (sic), chaque mot entraîne une suspicion (de là la méfiance, et les libertés, de l'écrivain à l'égard des signes conventionnels de ponctuation, par exemple). L'importance d'Uwe Johnson se situe bien au-delà de la réputation d'« écrivain de la déchirure allemande » que certains lui ont faite. C'est l'une des voix les plus singulières, dans une génération avide de certitudes.

JEAN-JACQUES POLLET.

RÉF. : R. Baumgart (éd.), *Über Uwe Johnson,* Francfort, 1970. — W. J. Schwarz, *Der Erzähler Uwe Johnson,* Berne, 1970.

JOHNSTON Denis. Dramaturge irlandais. Né à Dublin le 18 juin 1901, mort le 8 août 1984. Après des études à Dublin, Édimbourg, Cambridge et Harvard, il dirige à Dublin le « Gold Gate Theatre », de 1931 à 1936, puis travaille pour la B.B.C. avant de diriger, à partir de 1961, les études théâtrales d'une université du Massachusetts (U.S.A.). Il a écrit de nombreuses pièces recueillies en deux volumes (1960). Le vœu de ses premières années d'homme de théâtre fut de monter en Irlande les grandes œuvres du répertoire international. Inquiet et s'interrogeant devant le passage du monde rural au monde moderne, il ne voyait pas seulement dans cette mutation un problème propre à son pays d'origine, ainsi que permet de le comprendre l'une de ses pièces, d'inspiration chinoise : *La Lune dans la rivière Jaune* (*) (représentée en 1932). Johnston est également l'auteur d'une autobiographie et d'une étude critique sur Swift.

JOHNSTON Jennifer. Romancière irlandaise. Née à Dublin le 12 janvier 1930. Fille du grand dramaturge irlandais Denis Johnston et de l'actrice Shelagh Richard, elle fit ses études à Trinity College. Après un séjour de plusieurs années à Londres, elle s'installe à Derry en Irlande du Nord. De son enfance passée dans les coulisses, elle a conservé un goût prononcé pour le théâtre : on lui doit plusieurs pièces, notamment *Le Rossignol, pas l'alouette* [*The Nightingale and not the Lark,* 1979], et *Été indien* [*Indian Summer,* 1984]. Mais c'est dans la création romanesque qu'elle donne la pleine mesure de son talent. L'essentiel de son œuvre s'inscrit dans la tradition du roman des « Grandes Maisons » (« Big Houses »), ces manoirs de l'aristocratie anglo-irlandaise, hantée par les fantômes des ancêtres, dont le déclin devait accompagner la montée du nationalisme irlandais au début de notre siècle. Ici, l'Histoire s'efface devant les histoires individuelles : l'auteur dépeint les conflits internes de ses personnages, qui font écho aux bouleversements sociaux, la rencontre douloureuse entre les valeurs d'une élite anglo-irlandaise désormais sans avenir et les idéaux conquérants des représentants de la nouvelle Irlande, paysanne, catholique et nationaliste. Dès son premier roman, *Les Portes* (+) – qui ne parut qu'en 1973, un an après *Princes et Capitaines* (+) –, Jennifer Johnston nous livre des personnages rongés par l'isolement et l'incommunicabilité ; l'amour, l'amitié naissent, mais entre des êtres que tout sépare : l'âge, la religion, l'extraction sociale. Dans *Princes et Capitaines*, un vieil aristocrate, dernier de sa lignée, découvre la tendresse en la personne du fils de l'épicier venu chercher du travail. *Si loin de Babylone* (*) dépeint, sur fond de Première Guerre mondiale, l'amitié d'un fils de famille et d'un garçon d'écurie. L'écrivain reste fidèle aux mêmes préoccupations dans *Une histoire irlandaise* [*The Old Jest,* 1979], *Le Sanctuaire des fous* [*Fool's Sanctuary,* 1987] et *Le Ver invisible* [*The Invisible Worm,* 1991]. Trois romans de Jennifer Johnston abordent d'autres thèmes : *Un Noël blanc* [*The Christmas Tree,* 1981] est la chronique des derniers temps de la vie d'une femme atteinte d'un mal incurable. Dans *Les Ombres sur la peau* [*Shadows on Our Skin,* 1977] et *L'Homme de la gare* [*The Railway Station Man,* 1981], ce sont les événements en Irlande du Nord qui servent de toile de fond au récit. Le premier de ces deux romans raconte un autre amour impossible, celui d'un jeune garçon pour une institutrice de dix ans son aînée. Ces rencontres, fragiles passerelles entre des solitudes, sont presque toujours vouées à l'échec ; parfois l'issue en est dramatique. Avec une grande sobriété et des accents qui ont souvent été qualifiés de tchékhoviens, Jennifer Johnston nous fait pénétrer dans l'intimité de ces destinées humaines qui, malgré la mélancolie omniprésente, sont éclairées par la tendresse.

ÉLISABETH GAUDIN.

JOINVILLE Jean, sire de. Sénéchal de Champagne et chroniqueur. Né en 1224 au château de Joinville qui dominait la petite ville du même nom au bord de la Marne (Haute-Marne) ; mort en ce même château le 24 décembre 1317. Il était fils de Simon de Joinville, sénéchal héréditaire des comtes de Champagne, et de Béatrix, fille d'Étienne III, comte d'Auxonne, cousine de l'empereur Frédéric II, c'est dire qu'il appartenait à une famille de très bonne noblesse. Envoyé très jeune à la cour de Thibaut IV, comte de Champagne et de Brie et roi de Navarre, qui n'était point seulement un grand féodal, mais un poète, il y reçut l'éducation qui fut celle de tous les jeunes gens nobles de son temps ; il savait lire et écrire et connaissait quelques rudiments de latin. Jean de Joinville fut, après son père, sénéchal de Champagne et attaché à la personne de Thibaut IV. Plus tard, devenu homme lige de Louis IX, roi de France, il servit d'intermédiaire dans le règlement des différends qui existaient entre les maisons de Champagne et de France et joua un rôle important dans les négociations qui amenèrent à la conclusion du mariage d'Isabelle de France, fille du roi, avec Thibaut IV, roi de Navarre.

Lorsque, après avoir décidé, en 1244, à la suite d'une grave maladie, de se croiser, Louis IX organisa la VIIe croisade, Joinville décida de se joindre aux chevaliers chrétiens. À Pâques 1248, Joinville, qui avait été armé chevalier en 1245, prit ses dispositions et peu de temps après, quitta son château, « à pié, deschaus et en langes » (chemise). Il laissait à Joinville sa première femme, Alix, sœur de Henri VI comte de Grandpré, et deux enfants, dont son fils aîné, Jean sire d'Ancerville-Joinville, qui devait épouser en secondes noces Alix de Reynel. Embarquée en août 1248, l'expédition fit escale à Chypre où l'on prit les quartiers d'hiver ; c'est là que Louis IX s'attacha le sénéchal de Champagne. Puis l'armée débarqua en Égypte, en juin 1249 ; la prise de Damiette, occupée presque sans combats, l'effroi que causait en Islam la venue d'une telle force militaire semblaient du meilleur augure, mais les imprudences commises lors de la Mansourah firent de cette bataille un désastre (5-6 avril 1250). L'armée, décimée par les maladies, fut assaillie à l'improviste, massacrée ou capturée ; le roi lui-même, fait prisonnier et menacé de la torture, dut traiter avec les Sarrasins. De son côté, Joinville avait été pris avec ses gens. Délivré, Louis renvoya en France ses frères, mais demeura en Terre sainte et retint auprès de lui le sire de Joinville.

Pendant les quatre années suivantes, en Syrie et en Palestine, Joinville fut le conseiller très écouté du roi, qui s'amusait de ses emportements et de ses brusqueries, de sa naïveté et de ses faiblesses, le reprenait parfois mais savait qu'il pouvait compter sur son absolu dévouement et sur sa franchise. Ces années se passèrent en petites expéditions militaires, après quoi le roi se résolut à rentrer en France. Désormais, Joinville ne devait plus se séparer de son maître, résidant tantôt auprès du roi, tantôt à la cour de Champagne, tantôt dans ses terres, jouissant partout de l'estime de ses suzerains qui le chargèrent de nombreuses missions dont il semble qu'il se soit acquitté avec habileté. Jamais la confiance du roi ne lui manqua mais, lorsqu'en 1270 Louis IX, bien que physiquement très affaibli, se croisa de nouveau avec ses trois fils, Joinville refusa de le suivre, alléguant qu'il lui fallait « demeurer ci pour son peuple aidier et deffendre » et, dans son *Histoire,* il ne cache pas ce qu'il pensait de cette folle entreprise : « Je pensai que tous ceux-là firent péché mortel qui lui conseillèrent ce voyage, parce qu'au point où il en était en France, tout le royaume était en bonne paix au-dedans et avec tous ses voisins ; et depuis qu'il partit l'état du royaume ne fit jamais qu'empirer. »

Après la mort du roi, survenue près de Tunis, les enquêteurs ecclésiastiques menés par l'archevêque de Rouen à Saint-Denis entendirent à plusieurs reprises Joinville comme témoin lors du procès de canonisation de Louis IX en 1282. Il devait assister, en 1298, aux cérémonies qui marquèrent la béatification du saint roi. Parmi les évêques qui portaient la dépouille mortelle de Louis, se trouvait le propre neveu de Joinville, Henri de Villers, archevêque de Lyon. Quelques années plus tard, après avoir revu en rêve son maître, Joinville établit en la chapelle de son château un autel consacré à Saint Louis. C'est au sénéchal de Champagne que Jeanne de Navarre, la propre petite-fille de l'ancien suzerain de Joinville, Thibaut IV, devenue l'épouse de Philippe IV le Bel, roi de France, demanda tout naturellement d'écrire la vie du saint roi. En 1305 lorsque la reine mourut, *L'Histoire de Saint Louis* ou *Livre des sainctes paroles et des bonnes actions de Saint Louis* (*) n'était pas encore terminée. Joinville la dédia en 1309 au fils de sa protectrice, Louis le Hutin, comte de Champagne et roi de Navarre, qui devait succéder en 1314 à son père sous le nom de Louis X. Après la mort de Saint Louis, Joinville avait paru se retirer de la vie politique ; il y participa à nouveau, fort âgé, en 1314, pendant un court épisode lorsque les féodaux, à la suite de la mort de Philippe le Bel, fondèrent des ligues en vue d'empêcher les empiétements du pouvoir royal. Le bon sénéchal mourut le 24 décembre 1317, âgé de plus de quatre-vingt-treize ans, ayant survécu près de cinquante ans à son maître.

JACQUES BROSSE.

♦ *« Il est à douter si la plume lui aurait acquis plus d'honneur que son épée... Il escrit de soy même et le doit-on croire pour sa noble ingénuité, comme d'autant éloigné d'ostentation. »* Histoire manuscrite de la principauté de Joinville, 1632. ♦ *« La vive imagination et en même temps l'imagination ignorante de cet ingénieux chevalier lui a donné des paroles qui ne peuvent s'oublier. Tout est nouveau, tout est extraordinaire pour lui. »* Villemain. ♦ *« Joinville n'a pas la gravité simple ni le ton uni de Villehardouin ; mais il a plus de bonhomie, jointe à un sens subtil ; il a de la gentillesse, de la grâce enfantine si l'on peut dire, une imagination tendre et riante... Il montre, comme écrivain, de ravissants commencements de talent. Il a l'image parfaitement nette et qui joue à l'œil, la comparaison à la fois naturelle et poétique. »* Sainte-Beuve. ♦ *« Il a le don de sentir si vivement et de rendre si bien ce qu'il éprouve, que ses lecteurs ne se peuvent défendre de ressentir à leur tour les mêmes impressions. Pour exercer un tel empire, il lui suffit d'interroger sa mémoire, d'où la vérité jaillit comme de source. La vérité, il ne l'épargne à personne, ni au clergé qu'il respecte, ni au saint roi qu'il a tant aimé sur la terre avant de le vénérer au ciel. Joinville a des saillies de brusque franchise qui étonnent, et qu'on serait tenté de prendre pour des inconséquences, si elles n'attestaient sa constance dans la sincérité. En un mot, quiconque n'a pas lu Joinville ne connaît véritablement ni Saint Louis ni le XIIIe siècle. »* Natalis de Wailly.

RÉF. : Delaborde, *Jean de Joinville et les seigneurs de Joinville,* Paris, 1894. – Foulet, *Notes sur la vie de Saint Louis de Joinville, Romania,* LVIII, 1933. – G. Paris, *Histoire littéraire de la France,* XXXII. – N. L. Corbett, *La Vie de Saint Louis,* Sherbrooke (Québec), 1977. – Ph. Ménard, « L'Esprit de la croisade chez Joinville », dans *Les Champenois et la croisade,* Paris, 1989, p. 131-147. – A. Strubel, « Joinville, historien de la croisade », *ibidem,* p. 149-156.

JÓKAI Mór. Romancier hongrois. Né à Komárom le 18 février 1825, mort à Budapest le 5 mai 1904. Issu d'une noble famille calviniste, Jókai manifesta de bonne heure des dons littéraires et, à vingt et un ans, publia son premier roman : *Jours ouvrables* [*Hétköznapok*]. Ses études terminées, il se rendit à Pest où il dirigea la revue *Eletképek,* épousa la célèbre actrice Rosa Láborfalvi Benke et, aux côtés de Petőfi dont il fut le condisciple et resta l'ami le plus intime, prit une part active au mouvement révolutionnaire de 1848-49. Après l'écrasement de la révolution, Jókai, grâce à sa bonté candide, à son humour et à son optimisme inébranlable, fut pour son pays un consolateur. Au gré de sa fantaisie, des siècles de cruauté et de domination turque se métamorphosèrent sous la plume du romancier en une épopée de l'héroïsme magyar, *L'Âge d'or de la Transylvanie* [*Erdély aranykora,* 1851], *Le Monde turc en Hongrie* [*Török világ*

Magyarországon, 1853]. Il célébra jusqu'à l'exaltation les patriotes de l'indépendance dans *Un nabab hongrois* (*) et *Karpáthy Zoltán,* qui en est la suite, ainsi que dans *Et pourtant elle tourne* (*). Il chanta les victimes du despotisme autrichien dans *Les Fils de l'homme au cœur de pierre* [*A Köszívü ember fiai,* 1904], *Le Nouveau Propriétaire* [*Az új földesúr,* 1904]. Un des secrets de son succès fut la tendresse partiale qu'il éprouvait pour les aspects étranges de la vie hongroise. Irrésistiblement attiré par l'inaccoutumé, l'extraordinaire, Jókai teignait de couleurs exotiques jusqu'à la réalité quotidienne, parcourant en imagination, non seulement les cinq continents et les millénaires passés, mais aussi le monde à venir, comme en témoignent les *Diamants noirs* [*Fekete gyémántok,* 1896], *L'Homme d'or* [*Az arany ember,* 1896], *Le Roman du siècle à venir* [*Ajövö század regénye,* 1872], *Le Mien, le tien, le sien* [*Enyim, tied, övé,* 1896], *La Liberté sous la neige* [*Szabadság a hó alatt,* 1904]. Dans la plupart de ses œuvres, du reste, le réel et l'irréel se confondent. Auteur de cent dix volumes — romans, nouvelles ou drames — parmi lesquels il convient de citer encore *Les Pauvres riches* [*Szegény Gardagok,* 1860] et *La Rose jaune* (*), Jókai était, en Hongrie, l'écrivain le plus populaire et, à l'étranger, l'unique conteur hongrois connu : ses livres furent traduits en trente langues. Il fut élu député au Parlement en 1861. Ayant perdu sa femme en 1886, l'écrivain vécut solitaire jusqu'en 1899, année de son remariage avec une très jeune et obscure actrice juive, union qui lui fut beaucoup reprochée. En 1900, à l'occasion de l'Exposition universelle, les écrivains français rendirent à Jókai un hommage éclatant.

EMERIC VARADY.

JOLIOT-CURIE Frédéric et Irène. Savants français. Fille de Pierre et Marie Curie, Irène Joliot-Curie (née et morte à Paris, 12 septembre 1897 - 17 mars 1956) collabora d'abord avec sa mère à l'Institut du radium où elle rencontra en 1925 son futur mari, Frédéric Joliot (né et mort à Paris, 19 mars 1900 - 14 août 1958). Celui-ci, ancien élève de l'École de physique et de chimie, était un assistant de Marie Curie. Irène venait de passer sa thèse (1925) consacrée à l'étude des rayons X du polonium. Les deux jeunes savants se marièrent en 1926. Frédéric Joliot-Curie, licencié ès sciences en 1927, présenta en 1930 une thèse sur l'électrochimie des éléments radioactifs. De 1932 à 1935, travaillant en étroite collaboration à l'Institut du radium, les deux époux se consacrent entièrement à la recherche pure dans le domaine de la radioactivité artificielle ; en juin 1934, Frédéric Joliot-Curie pouvait présenter à l'Académie des sciences un mémoire où il annonçait qu'ils avaient créé la radio-activité artificielle en bombardant des substances avec des rayons de radium. Leurs travaux étaient consacrés en 1935 par le prix Nobel de physique. En juin 1936, après la victoire du Front populaire, Irène Joliot-Curie devint sous-secrétaire d'État à la Recherche scientifique. En 1937, son mari est nommé professeur au Collège de France, donne dès lors une grande part de ses efforts à la construction d'accélérateurs de particules et s'attache à montrer les possibilités de libérer l'énergie nucléaire utilisable. 1940 et la victoire allemande marquent un temps d'arrêt dans l'activité scientifique du couple Joliot-Curie, qui doit pendant quatre ans interrompre ses recherches pratiques sur la fission. Membre du parti communiste, Frédéric Joliot-Curie milita dans la Résistance ; après la Libération, il fut nommé directeur du Centre national de la recherche scientifique puis, en 1946, chef de la Commission de l'énergie atomique. Il fut révoqué en 1950 après un discours politique, mais reçut en 1951 le prix Staline. Sa femme mourut d'une leucémie contractée à la suite d'une trop longue exposition aux radiations atomiques. L'ensemble des travaux du couple fut réuni dans une publication posthume, *Œuvres scientifiques complètes* (*).

JACQUES PATRY.

JOLIVET André. Compositeur français. Né et mort à Paris (8 août 1905-20 décembre 1974). Ayant commencé sa carrière comme instituteur, malgré des dons précoces pour la musique, Jolivet ne suivit pas la filière traditionnelle de l'enseignement du Conservatoire, mais il travailla avec deux maîtres dont l'influence complémentaire allait profondément le marquer, Paul Le Flem et Edgar Varèse (dont il fut l'un des rares disciples). Auprès de Le Flem, il se rompit à la haute école française de l'écriture, à l'harmonie savante et subtile. Au contact de Varèse, au contraire, se révéla sa nature intime d'alchimiste du son, de musicien-sorcier en relation avec les forces incantatoires de la musique — de Varèse, il tiendra son goût pour une orchestration véhémente, traitant davantage de la matière sonore que des instruments de musique. Sa première grande œuvre, *Mana* — *v. Œuvres pour piano seul* (*) —, date de 1935. En 1936, il fonde le groupe « Jeune France », avec Olivier Messiaen, Daniel Lesur et Yves Baudrier. À la fin de la guerre, il est nommé directeur de la musique à la Comédie-Française (1945-1959). Entre 1966 et 1970, il est professeur de composition au Conservatoire de Paris. La mort le surprend en 1974, alors qu'il travaille à un ouvrage lyrique commandé par l'Opéra de Paris. André Jolivet avait été lauréat de plusieurs grands prix (Ville de Paris en 1951, SACEM en 1960, prix national de la Musique en 1972) ; en 1959, il avait créé, à Aix-en-Provence, un Centre français d'humanisme musical. Son œuvre, importante, aborde tous les genres. Dans ses premières participations, Jolivet se ressent de l'influence de Varèse. Ce sont *Mana, Cinq incantations pour flûte seule* (1936), *Cosmogonie* (1938), *Cinq danses rituelles* (1939), pages abruptes, violentes, à l'harmonie et à l'orchestration volontiers « sauvages », dans un langage atonal complexe. Se tournant ensuite davantage vers le public à qui il veut communiquer ses conceptions humanistes, il simplifie son écriture : *Trois complaintes du soldat* (1940), *Trois chansons de ménestrels* (1943) – v. *Pastorales de Noël* (*) –, *Poèmes intimes*, pour voix et orchestre (1944), *Chant de Linos*, pour flûte et piano (1944), et pour le théâtre l'opéra bouffe *Dolorès ou le Miracle de la femme laide* (texte d'Henri Ghéon, 1942) ou le ballet *Guignol et Pandore* (1944). Au lendemain de la guerre, alors qu'une nouvelle avant-garde se réclame exclusivement du système sériel, Jolivet affirme sa personnalité et l'originalité de sa démarche, celle de proposer « une vision du monde, la lutte ancestrale entre le spirituel et le matériel » ; sa musique se veut magique, religieuse, mais touchant directement le cœur des hommes, sans arrière-plans spéculatifs. C'est l'époque qui voit fleurir les grands concertos : douze partitions, parmi lesquelles les *Concertos pour ondes Martenot* (1947), *pour piano* (1949), *pour flûte* (1949), *pour trompette* (1948 et 1954), *pour harpe* (1952), *pour basson* (1954), *pour percussion* (1958), *pour violoncelle* (1962 et 1966). Les autres œuvres majeures de sa maturité sont cinq symphonies, *Épithalame*, pour « orchestre vocal » (1953), *Suite transocéane* (1955), *La Vérité de Jeanne*, oratorio (1956), *Le Cœur de la matière*, cantate (d'après Teilhard de Chardin, 1965), *Songe à nouveau rêvé,* mélodies pour soprano et orchestre (Antoine Goléa, 1971). En musique instrumentale, ses principales œuvres sont deux *Sonates pour piano* (*) (1945 et 1957), *Hymne à l'univers*, pour orgue (1961), *Suite rhapsodique* pour violon seul (1965). Il a également écrit un ouvrage sur *Beethoven* (Paris, 1943). Son épouse, Hilda Jolivet, qui l'a infatigablement soutenu, a écrit un livre sur Varèse et une biographie, *Avec André Jolivet.*

GILLES CANTAGREL.

RÉF. : Suzanne Demarquez, *André Jolivet*, Paris, 1958. – Alain Pâris, « André Jolivet », in *Universalia*, Paris, 1975. – Serge Gut, *Le Groupe Jeune France*, Paris, 1977. – Hilda Jolivet, *Avec André Jolivet*, Paris, 1978. – Dom Angelico Surchamp (éd.), *André Jolivet*, Sainte-Marie-de-la-Pierre-qui-Vire, 1979.

JOLY Guy. Mémorialiste français du XVIIe siècle (mort en 1678 à Paris). Attaché au cardinal de Retz jusqu'en 1665, il en continua les *Mémoires* (*) – v. *Mémoires* (*) de Joly. Ces *Mémoires* constituent un document précieux sur la régence d'Anne d'Autriche.

JOMMELLI Niccolò. Compositeur. Né à Aversa le 10 septembre 1714, mort à Naples le 25 août 1774. Après avoir travaillé le chant et le clavecin avec un chanoine de la cathédrale d'Aversa, il continua ses études musicales à Naples où il composa ses premiers opéras : *L'Erreur amoureuse* [*L'Errore amorosa*], *Odoardo* (1737-38) et *Ricimero,* qui fut représenté à Rome en 1740. Sa *Mérope* fut jouée à Venise où il dirigeait le Conservatoire *degli Incurabili.* En 1747, il fut nommé maître de chapelle à Saint-Pierre de Rome. À cette époque, il se consacrait à la musique sacrée, mais composait aussi des opéras, parmi lesquels *L'Iphigénie en Aulide* (+), *Don Trastullo et Attilius Regulus* (+). Au cours d'un séjour à Vienne (1749-50), il rencontra Métastase et écrivit plusieurs drames musicaux, notamment *Achille à Scyros* (+) et *Didon abandonnée* (*). Il fut appelé à Stuttgart en qualité de maître de chapelle du duc de Wurtemberg, et regagna sa patrie en 1769. La fin de sa vie fut ternie par le déclin de son succès. Pourtant, on l'a surnommé le « Gluck italien » car il a su conférer au drame son expression musicale propre, grâce à une instrumentation savante, à des récitatifs et à des chœurs remarquables ; mais il ne possède ni l'originalité ni la grâce du compositeur allemand.

RÉF. : Hermann Abert, *Niccolò Jommelli als Opernkomponist,* Halle, 1908.

JONAS. Un des douze petits prophètes de *La Bible* (*). Son nom signifie « colombe ». Contemporain d'Osée et d'Amos (VIIIe siècle av. J.-C.), il prophétisa sous le règne de Jéroboam II. On ne sait rien de sa vie, à moins de tenir pour historique le récit merveilleux, rédigé après l'exil de Babylone, contenu dans le livre de *La Bible* qui porte son nom – v. *Jonas* (*) *(Livre de)*. Une légende judaïque, mais non biblique, l'identifie avec le fils de la veuve de Sarepta ressuscité par Élie. D'après le *Livre des Rois* (*), il aurait annoncé au nom de Yahvé qu'Israël retrouverait ses anciennes frontières « de l'entrée de Hamat jusqu'à la mer de la Araba », sensiblement celles du royaume de Salomon, fortement entamées par les Araméens de Damas.

RÉF. : H. Schmidt, *Jona, eine Untersuchung zur vergleichenden Religionsgeschichte*, 1907. – A. Lods, *Histoire de la littérature hébraïque et juive*, 1950. – V. Mora, *Jonas*, Paris, 1981 ; *Le Signe de Jonas*, Paris, 1983. – A. et P.-E. Lacocque, *Le Complexe de Jonas*, Paris, 1989.

JONCKHEERE Karel. Poète et essayiste belge d'expression néerlandaise. Né à Ostende le 9 avril 1906. Après des études de philologie germanique à l'École normale de Gand, il devient successivement professeur, inspecteur des bibliothèques publiques et chef de cabinet du ministre de la Culture néerlandaise. Son goût de la mer et de l'aventure le mène aux quatre coins du monde. Il en rapporte de nombreux récits de voyage comme *Le Septième Port* [*De zevende haven*, 1942] et en nourrit ses écrits autobiographiques. Très influencée à ses débuts par le romantisme du poète flamand Karel Van de Woestijne, sa poésie, de *Vol d'essai* [*Proefvlucht,* 1933] à *Petit testament* [*Klein Testament,* 1938], est empreinte de douceur et de mélancolie. La quarantaine venue, l'expérience de la vie et ses désillusions affermissent la voix du poète. Revenu de l'intoxication littéraire, il parle désormais comme nul autre, direct, sarcastique et tendre, de la solitude, de la vie et de la mort, et des « itinérances du cœur ». Puisés dans le quotidien, ses thèmes poétiques sont simples mais traités avec une retenue et une lucidité émouvantes. Retenons parmi ses livres de poèmes : *Ce qui ne guérit pas* [*Wat niet geneest,* 1942], *Miroir de la mer* [*Spiegel der zee,* 1946], *Le Quart de minuit* (*) (1951), *De la mer à la conque* [*Van zee tot schelp,* 1955], *Consolation des yeux* [*Ogentroost,* 1961], *Suite roumaine* [*Roemeense suite,* 1965], *Retour à la case départ* [*Recht op da capo,* 1988]. Parallèlement, Jonckheere n'a cessé de réfléchir sur la poésie et sa pratique. On lui doit une bonne dizaine d'essais incisifs où l'intelligence se marie avec la fantaisie et l'humour ; citons : *Poésie et Expérimentation* [*Poëzie en experiment,* 1956], *La Littérature néerlandaise au temps moderne* [*De literatuur van de Nederlanden in de moderne tijd,* 1961] et *Ostende raconté* [*Oostende verteld,* 1970].

GUY GOFFETTE.

RÉF. : Roger Bodart, *Karel Jonckheere,* Paris, 1968.

JONES Ernest. Psychanalyste britannique. Né à Gowerton, dans le Glamorganshire, le 1er janvier 1879, mort à Londres le 11 février 1958. Il est connu pour ses *Essais de psychanalyse appliquée* (*) (1922), où il propose une explication de Hamlet, et plus encore pour sa monumentale biographie de Freud, son maître : *La Vie et l'œuvre de Sigmund Freud* (*) (1954-58). Il a fait plus qu'aucun autre pour la diffusion de la théorie psychanalytique dans les pays de langue anglaise.

JONES Henry Arthur. Auteur dramatique anglais. Né à Grandborough (Buckinghamshire) le 28 septembre 1851, mort à Hampstead (Middlesex) le 4 janvier 1929. Il était le descendant d'une famille galloise « dissidente » et fut employé de commerce jusqu'au moment où il composa ses mélodrames populaires : *Une erreur cléricale* [*A Clerical Error,* 1879] – pièce dans laquelle il jouait lui-même –, *L'Anneau d'argent* [*The Silver Ring,* 1882] en collaboration avec Henry Herman et *Saints et Pécheurs* [*Saints and Sinners,* 1884]. Il écrivit ensuite les comédies bourgeoises qui firent sa réputation ; comédies dans la manière de Dumas et de Sardou, où l'on retrouve les trois inévitables personnages, et dont l'intrigue est assez conventionnelle. Ce sont : *L'Intermédiaire* [*The Middleman,* 1889], *La Danseuse* [*The Dancing Girl,* 1891], *Les Croisés* [*The Crusaders,* 1891], *Le Cas de Suzanne la rebelle* (*) (1894). La satire de la société s'accentue dans *Les Masques* [*The Masqueraders,* 1894], *Le Triomphe des Philistins* [*The Triumphs of the Philistines,* 1895], *La Défense de Mrs. Deane* [*Mrs. Deane's Defence,* 1900], *La Conversion de Dolly* [*Dolly Reforming Herself,* 1908]. Jones considérait comme ses meilleures pièces *Michel et son ange perdu* [*Michael and His Lost Angel,* 1890] et *Les Menteurs* [*The Liars,* 1897]. Bernard Shaw disait avec un certain mépris que cette dernière œuvre était le type du drame « bien fait » et conventionnel. Les opinions politiques à tendances impérialistes de Jones l'opposaient d'ailleurs à Shaw et aussi à Wells. On lui doit encore deux essais sur le théâtre, *La Renaissance du drame anglais* [*The Renascence of the English Drama,* 1895] et *Les Fondements d'un drame national* [*The Foundations of a National Drama,* 1913].

♦ *« Dans la renaissance du théâtre anglais, Jones a joué un rôle important. Il eut une conception élevée de son œuvre, et, bien qu'il ait dit un jour qu'il avait été très rarement en mesure d'écrire exactement ce qu'il désirait, il ne cessa jamais de tenir le théâtre pour une branche de la littérature – à son point de vue, la branche la plus haute et la plus difficile. »* H. B. Grimesditch. ♦ *« Plus qu'un profond philosophe, ce fut un perspicace observateur. »* Percy Allen.

RÉF. : Jenny Doris Jones, *The Life and Letters of H. A. Jones,* 1930. – J. P. Wearing, *H. A. Jones : an Annotated Bibliography,* 1979.

JONSON Ben (Benjamin). Poète dramatique anglais. Né le 11 juin 1572 (?) à Westminster (Londres), mort le 6 août 1637, à Londres. Pendant quelque temps il suivit les cours de la Westminster School, mais ses études furent de courte durée, et il fut bientôt retiré de l'école pour devenir apprenti maçon. Suivit un temps de service dans l'armée en qualité de volontaire, puis, vers 1597, il se tourna vers le théâtre, à la fois en tant qu'acteur et en tant que dramaturge. Cette année-là, il fut arrêté pour avoir collaboré à une pièce satirique intitulée *L'Île des chiens* [*The Isle of Dogs*], et peu après (1598) il encourut un grave procès pour avoir tué un de ses jeunes collègues auteurs, Gabriel Spencer. Il établit pour la première fois sa réputation grâce à la version initiale de *Chacun dans son caractère* (*) (1598), qui fut représenté par la troupe de Shakespeare : la tradition veut que l'aîné des deux dramaturges ait été responsable de l'acceptation de la pièce. Bien que le mot « caractère » (« humour ») fût déjà d'un usage courant en ce qui concernait les personnages dramatiques, son apparition dans le titre de Jonson le fit indiscutablement ressortir, et c'est ainsi que fut créée la « comédie de caractères ». Cette pièce fut suivie de *Chacun hors de son caractère* (*) (1599), *Les Fêtes de Cynthie* [*Cynthia's Revels,* 1600]. *Le Poétereau* [*The Poetaster, or, his Arraignement,* 1601], *La Chute de Séjan* (*)

(1603), *Volpone* (*) (1605), *Épicène ou la Femme silencieuse* (*) (1609), *L'Alchimiste* (*) (1610), *Conspiration de Catilina* (*) (1611), *La Foire de la Saint-Barthélemy* (*) (1614) et *Le Diable est un sot* (*) (1616). Outre ces pièces, et d'autres, il composa un certain nombre de poèmes lyriques, de la prose critique, et une longue série de brefs « masques », allant, depuis *Le Masque de la noirceur* [*The Mask of Blackness*] en 1605, jusqu'en 1631 ; pour la préparation de ces « masques », Jonson avait toujours été associé avec l'« architecte », le décorateur de théâtre Inigo Jones ; mais une violente querelle, due au fait que Jonson croyait qu'on accordait une plus grande estime à Jones qu'à lui-même, brisa leur collaboration. En 1616 parurent les *Œuvres de Benjamin Jonson* [*The Works of Benjamin Jonson*], le premier livre dans lequel des pièces de théâtre étaient appelées des « œuvres » et, après sa mort, un recueil supplémentaire en fut publié (1640), édité par son ami sir Kenelm Digby.

De même que son homonyme le Dr. Johnson, Ben Jonson gagna sa renommée parmi ses contemporains non seulement grâce à ses écrits, mais aussi à cause de sa conversation ; il présidait un cénacle littéraire qui se rencontrait, comme une sorte de club, d'abord à la taverne de la Sirène, puis à celle du Diable ; des fragments de sa conversation furent notés par le poète Drummond quand Jonson effectua son voyage vers le nord, qui donnent quelque idée de ses positions critiques telles que les exprimait son langage familier. Par son contact personnel et par ses écrits, il exerça une grande influence sur les écrivains qui le suivirent ; certains d'entre eux aimaient à se présenter comme ses « fils » ; et, en vérité, son influence, du moins en ce qui concernait la dramaturgie, rivalisa un temps avec celle de Shakespeare et même la surpassa. Son admiration pour le génie de celui-ci se manifeste dans les vers qu'il écrivit pour le *Premier Folio* [*First Folio,* 1623].

Il avait acquis une vaste culture, et chercha à imposer à la scène les modèles classiques. Ses tragédies ne remportèrent pas de succès mais, en suivant l'exemple des auteurs latins et en adaptant pour ses desseins personnels la théorie médicale des « humeurs », il créa dans la comédie un style dramatique qui survécut pendant des générations. Ce style de comédie, qui mêlait le réalisme et la satire à l'emploi des « humeurs », comme caractères types, inspira maints auteurs dramatiques jusqu'au XVIIIe siècle, et son influence s'étendit même au roman. On peut en trouver la trace jusqu'à l'époque de Dickens. Comme le Dr. Johnson, Ben Jonson fut une autorité littéraire durant sa vie, et orienta dans une large mesure la comédie vers une de ses formes plus récentes : la « comédie de mœurs ». Il encouragea en outre la formation d'une école critique, et en cela peut être considéré comme le précurseur de Dryden.

ALLARDYCE NICOLL.

♦ *« Jonson était un poète critique, dans le bon comme dans le mauvais sens de ce terme. Il s'efforçait de se former une conception rigoureuse de ce qu'il se proposait chaque fois de mettre en scène ; aussi réussissait-il mieux dans cette catégorie du drame qui en appelle surtout à l'intelligence en demandant peu au sentiment et à l'imagination : la comédie de caractère... Ses pièces, en général, manquent d'âme, de ce je ne sais quoi qui ne cesse pas de nous attirer et de nous enchanter, justement parce que nous ne pouvons le définir, alors que Jonson n'introduisait rien dans son œuvre que sa faculté de dissection critique n'aurait pas été capable de définir ensuite. »* A. Wilhelm von Schlegel. ♦ *« L'un* [B. Jonson] *est comme une statue ancienne dont la beauté, jaillissant de l'exactitude des proportions, ne frappe pas toujours au premier regard, mais s'élève si nous prenons le temps de la bien considérer ; l'autre* [Shakespeare] *est la représentation d'un monstre qui n'est surprenant qu'au début seulement, et toujours horrible et dégoûtant ensuite. »* Walter Scott. ♦ *« Il appartient à mes yeux à une espèce repoussante et désagréable. C'était un grand homme, mais on ne peut sympathiser avec lui du premier coup. On ne peut placer trop haut ses œuvres, qui valent autant comme productions individuelles que comme témoignages sur les mœurs d'une époque particulière ; elles ont pourtant peu de charme pour la plupart des lecteurs. »* Hazlitt. ♦ *« Quelques critiques modernes, dont la délicatesse de goût, dans sa langueur naturelle, ne peut pas se hausser à la vigueur de Ben Jonson, ont étrangement échoué à pénétrer dans les profondeurs de ce puissant esprit ; et quelques poètes modernes ont rendu publique cette triste évidence que le coryphée de nos anciens dramaturges est devenu pour eux inintelligible. »* Disraëli. ♦ *« C'est du réalisme comique qu'il est permis d'offrir la paternité à Ben Jonson... Cela, sans préjudice des autres qualités dont s'illustre légitimement le rare talent de celui qui fut si souvent considéré comme le flambeau du théâtre élisabéthain, talent plus appliqué peut-être que spontané, mais plein de force, de pénétration et de verve comique. »* Gaston Baty.

RÉF. : A. C. Swinburne, *Study of Ben Jonson,* Londres, 1889. – M. Castelain, *Ben Jonson : L'Homme et l'œuvre,* Paris, 1907. – L. C. Knights, *Drama and Society in the Age of Jonson,* Londres, 1937. – G. B. Johnston, *Ben Jonson, poet,* 1945. – J. Barish (ed.), *A Collection of Critical Essays,* 1963. – C. Marchette, *Ben Jonson of Westminster,* 1964. – Marie-Thérèse Jones-Davies, *Ben Jonson,* Paris, 1980.

JOPPOLO Beniamino. Romancier et auteur dramatique italien. Né à Patti (Sicile) le 31 juillet 1906, mort à Paris le 2 octobre 1963. Il fit ses études à Florence où il passa son doctorat en sciences politiques et sociales, que suivront diverses mésaventures pour cause d'antifascisme notoire : arrestations et relégation en 1933, répétées en 1937. Mobilisé en 1942, il déserte et participe à la Résistance. Il avait fait ses débuts littéraires à Milan, où il résida entre 1934 et 1954, avant d'émigrer définitivement à Paris : là, son « abhumanisme » (1951) séduira Jacques Audiberti, qui deviendra son traducteur, celui, notamment, des deux romans : *Les Chevaux de bois* (*) (1946, trad. en 1947) et *Le Chien, le photographe et le tram* (*) (1949, trad. en 1951). Plus encore que dans le roman, le talent singulier et polémique de cet auteur dans son réquisitoire constant contre la vie, s'exerce à travers une œuvre dramatique abondante qui débute par *La Dernière Station* [*L'Ultima stazione,* 1941], mise en scène à Milan par Paolo Grassi et Giorgio Strehler : une autre de ses pièces, *Les Carabiniers* [*I Carabinieri,* 1945], inspirera en 1963 un film à Jean-Luc Godard. Critique d'art et peintre lui-même, Joppolo fut en Italie, à partir de 1948, l'un des promoteurs du mouvement « spatialiste ».

JORDANÈS ou **Jornandès.** Historien goth d'expression latine (VIe siècle). Il aurait été, d'après certains, moine en Moesie ou en Thrace, d'après d'autres évêque de Ravenne. Quoi qu'il en soit, ses deux œuvres, dédiées au pape Vigile, datent des années 551 ou 552. Ce sont la *Succession des règnes et des temps* [*De regnorum et temporum successione*], mauvais abrégé d'histoire universelle principalement copié sur Florus, et l'important ouvrage intitulé *Origine et histoire des Goths* (*), composé d'après un ouvrage perdu de Cassiodore, et qui se termine par un éloge de la dynastie des Amales, avec le souhait que les Goths soient complètement intégrés à l'Empire romain.

JØRGENSEN Jens Johannes. Écrivain danois. Né le 6 novembre 1866 à Svendborg, dans l'île de Fionie, où il retourna pour mourir, le 29 mai 1956, après avoir vécu longtemps à Assise dont il était citoyen. Son enfance s'écoula dans l'atmosphère profondément religieuse de sa famille ; il se rendit à Copenhague pour y faire ses études, et s'enthousiasma aussitôt pour les théories de Brandès et pour le naturalisme, qui dominait alors les milieux intellectuels de la ville. Avec toute l'impulsion de la jeunesse, il s'imagina avoir dépassé l'éthique traditionnelle ; mais il renia bien vite le naturalisme pour devenir le propagandiste du symbolisme français (en particulier dans la revue *Taarnet* [*La Tour*] et par les traductions de Baudelaire et de Verlaine). Son tempérament mystique le porta bientôt à ressentir en lui-même la lutte entre « le matin païen » et « le soir chrétien ». Les recueils *Confession* (*) (1894), *Poésies* [*Digte*, 1898] et le récit *Le Jour du jugement* [*Den yderste Dag*, 1897] portent la marque de cette période de crise. Enfin, après un voyage en Allemagne et en Italie, auquel l'avait poussé son ami Mogens Ballin, juif converti au catholicisme, il se convertit également avec éclat au catholicisme, renonçant par là à plusieurs de ses plus chères amitiés. Son nouveau credo religieux est encore tout brûlant dans *Mensonge vital et vérité de vie* [*Livslögn og Livssandhed*, 1896], *Paraboles* [*Lignelser*, 1898] et dans le récit *Conversion* [*Omvendelse,* 1899]. Dès lors, il ne séjourna plus que rarement dans sa patrie, et chercha dans des pays catholiques une atmosphère convenant davantage à sa nouvelle foi, qu'il affirma dans toutes ses œuvres. Dans ses nombreux livres de voyage, l'inspiration catholique ne domine pas toujours ; citons parmi ces derniers : *Mosaïque romaine* [*Romersk Misaik*, 1901], *Le Livre du pèlerin* [*Pilgrimsbogen*, 1903], *Scènes de voyage du Nord et du Sud* [*Rejsebilleder fra Nord og Syd*, 1905], alors que les œuvres suivantes présentent un caractère d'édification : *Les Saints Romans* [*Romerske Helgenbilleder*, 1902], *Notre-Dame de Danemark* [*Vor Frue of Danmark*, 1900], *Don Bosco* (1929), *Saint François d'Assise, Sainte Catherine de Sienne* [*Den hellige Katerina af Siena*, 1915]. Appelé à la chaire d'esthétique de l'université de Louvain, à la veille de la Première Guerre mondiale, il se rangea aussitôt aux côtés des Alliés avec l'écrit *La Cloche appelée Roland* [*Klokke Roland*, 1915]. Établi, à la fin de la guerre, à Assise, il se mit à écrire sa longue et poétique autobiographie : *La Légende de ma vie* [*Mit Livs Legende*] en sept volumes, qu'il termina en 1928. Un séjour à Vadstena pendant la Seconde Guerre mondiale lui a inspiré sa vie de *Sainte Brigitte* [*Den Hellige Birgitta af Vadstena*, 1941-43]. Dans sa production lyrique très abondante, peu à peu l'esthétisme non dépourvu de sensualité de la jeunesse s'affaiblit, et un idéal plus clair se dessine, lié à l'inspiration chrétienne. Citons : *Une source courte* [*Der er en Brond som rinder*, 1920], *Poésies au Danemark* [*Digte i Danmark*, 1943]. Rappelons encore ses traductions lyriques réunies dans *Fruits étrangers* [*Fremmed Frugt*, 1945].

ALDA MANGHI.

RÉF. : Arno Walden, *Der Dichter-Philosoph Jens Jorgensen,* Mainz, 1904.

JÓSIKA Miklós. Romancier hongrois. Né à Torda (Transylvanie) le 28 avril 1794, mort à Dresde le 27 février 1865. Après avoir achevé ses études, il entra, en 1811, dans un des régiments de la cavalerie impériale. Il prit part aux dernières campagnes dirigées contre Napoléon, approfondit ses connaissances littéraires à Vienne, abandonna la carrière militaire et retourna dans son pays pour s'y marier une première fois. Ce mariage fut désastreux. Grâce aux conseils et à l'amitié de Miklós Wesselényi, une des figures les plus notables de la renaissance hongroise, il vint à bout de ses infortunes, et en 1836 se rendit à Pest où il publia son premier roman, *Abafi* (*). C'est alors que commença une époque d'activité fébrile. Jósika fit paraître successivement cent vingt-sept volumes, tant romans que nouvelles, dans lesquels se retrouve l'influence de Walter Scott, d'Eugène Sue, de Dumas, de Balzac, de George Sand et de Flaubert. Ses premiers succès furent si considérables qu'on lui offrit un siège à l'Académie des sciences et à la Société Kisfaludy dont, en 1841, il devint président. À cinquante-trois ans, il tenta une seconde expérience conjugale, et épousa la baronne Julie Podmaniczky. Ses convictions politiques l'obligèrent à se réfugier à l'étranger en 1849. Il vécut à Bruxelles, après qu'un tribunal militaire autrichien l'eut fait exécuter « en effigie ». Malheureusement, il perdit peu à peu la faveur du public et le rapide déclin de sa réputation contribua grandement à assombrir les dernières années de son existence.

JOSQUIN DES PRÉS. Compositeur flamand. Né vers 1440 en Picardie, mort le 27 août 1521 à Condé (Hainaut). Les renseignements biographiques que l'on possède sur ce compositeur, qui fut pourtant un des plus célèbres de son temps, sont fort peu nombreux et incertains. On suppose qu'il commença ses études à l'école de chant de Cambrai et qu'il fut plus tard l'élève d'Ockeghem. Il est hors de doute que ses rapports avec les autres musiciens de l'école flamande eurent une grande influence sur sa formation. Il eut l'occasion de les rencontrer d'abord à la cour des ducs de Bourgogne, puis à celle de Galeazzo Maria Sforza à Milan où il se rendit en 1474. L'art si évolué qui se manifestait déjà en Italie dans tout son éclat dut lui permettre d'opérer la synthèse de ses expériences passées et de parvenir à la pleine maturité de son talent. Il resta à Milan jusqu'en 1479, puis suivit le cardinal Ascanio Sforza à Rome où, de 1484 à 1494, il fut choriste à la Chapelle vaticane. Les œuvres qu'il composa à cette époque, et qui furent publiées par Petrucci portent le nom de *Jusquin d'Ascanio,* en hommage peut-être à son protecteur, mais peut-être aussi n'est-ce qu'un témoignage de plus de la bizarrerie désinvolte qui le poussa à écrire une messe sur le thème : la sol fa ré mi [*lascia fare a me*] et sur le jeu de dés (di da di super n'arai-je). Il est probable que durant son séjour à Rome, Josquin fit la connaissance d'Hercule Ier duc de Ferrare, car il lui dédia la messe *Herkules dux Ferrarae* et écrivit pour lui son magnificat *Miserere à cinq voix.* Il quitta Rome en 1495 et rentra en France où, jusqu'en 1499, il dirigea les chœurs de la cathédrale de Cambrai. De 1500 à 1503, il vécut à Paris, probablement à la cour de Louis XII et après un nouveau séjour à Ferrare, il s'établit à Condé, où il fut prieur de l'église jusqu'à sa mort. Josquin des Prés fut un compositeur fécond. On lui doit une trentaine de *Messes* (*), de nombreux *Motets* (*), des *Hymnes,* des *Psaumes,* des *Chansons* (+), un *Stabat Mater* (*) et plusieurs *Ave Maria.* Pareil en cela aux autres compositeurs flamands, il fut un contrapuntiste d'une extraordinaire habileté ; à ce talent il joignait une sensibilité prompte et forte, jointe à une spiritualité très haute, qui donna à sa musique, où la trame polyphonique apparaît plus complexe que chez ses prédécesseurs, une vivacité, une souplesse et une aisance qui devaient lui valoir de franchir victorieusement l'épreuve des siècles.

♦ *« Les musiciens font ce qu'ils peuvent des notes, Josquin seul en fait ce qu'il veut. »* Luther. ♦ *« Mieux que ses prédécesseurs et que ses contemporains, Deprès sait idéaliser le style contrepointique, assortir étroitement ses harmonies et ses thèmes au sens des paroles, insérer au milieu de la polyphonie la plus serrée des parties vraiment mélodiques, répandre sur tout le tissu sonore un charme personnel et nouveau. Sa musique a duré jusqu'au temps où une révolution complète accomplie dans l'art rendit incompréhensibles pour la foule les productions de l'ancienne école polyphonique. Après une longue période d'oubli, ces œuvres ont inspiré aux historiens qui en ont abordé l'étude en notre siècle une admiration presque sans réserve, qui sera peut-être partagée dans l'avenir par un grand nombre de musiciens. »* Michel Brenet.

RÉF. : A. Smijers, *De Uitgave der werken van Josquin des Prés,* s. l., vers 1921. – L. Ch. Delpuech, *Josquin des Prés,* Saint-Quentin, 1945. – H. Osthoff, *Josquin des Prés,* 2 vol., Tutzing, 1962-65. – S. R. Charles, *Josquin des Prés, a Guide to Research,* New York, 1983. – Jean-Pierre Ouvrard, *Josquin Desprez et ses contemporains,* Arles, 1986.

JOUAN TSI [Ruan Ji]. Poète chinois. Né dans la province du Heu-nan en 210, mort en 263. Il est l'un des Sept Sages de la Forêt de Bambous. Son goût pour l'alcool et son attitude dégagée des conventions lui valurent la notoriété. Vivant à une époque où la Chine était divisée en Trois Royaumes, ne pouvant exprimer ses véritables attachements car il devait servir ceux qui allaient fonder la dynastie Tsin, sa poésie est souvent si allusive qu'elle est difficile à comprendre. À la fois fidèle au confucianisme, tout en ridiculisant les confucianistes étroits, et séduit par le taoïsme que le mouvement néo taoïste de son époque avait remis à l'honneur, son œuvre inclut les deux courants de pensée en mettant l'accent sur le second. Ses poèmes les plus célèbres sont *Poèmes où j'exprime mon for intérieur* (*).

JACQUES PIMPANEAU.

RÉF. : D. Holzman, *Poetry and Politics : the Life and Works of Juan Chi (210-263),* Cambridge, (Mass.), 1970.

JOUBERT Joseph. Écrivain français. Né le 7 mai 1754 à Montignac-le-Comte (aujourd'hui Montignac-sur-Vézère, Dordogne) ; mort à Paris, rue Saint-Honoré, le 4 mai 1824. Après avoir terminé ses études au collège de l'Esquile à Toulouse, il reste chez les Doctrinaires sans prononcer de vœux jusqu'en 1776. À 24 ans, Joubert monte à Paris et ne tarde pas à rencontrer Fontanes, auquel le liera jusqu'à la mort une tendre et fidèle amitié. Il entre en contact avec les philosophes, fréquente d'Alembert et Diderot, Marmontel et La Harpe. Vivant d'expédients, Joubert servit alors de secrétaire à Diderot, qui l'engagea à entreprendre un ouvrage sur la bienveillance universelle (1779, 1783). Il « connut les passions » et fut l'amant d'Agnès Lebègue, la femme de Restif de la Bretonne. À cette époque, il passe pour impie, voire athée. Un projet de journal lancé avec

Fontanes, la *Correspondance française,* échoue. Au cours de ces années difficiles, Joubert sert de « nègre » au chevalier de Langeac : réunion de documents, rédactions préparatoires d'ouvrages. De ces matériaux et de cet « enthousiasme qui tient aux Lumières », ses manuscrits gardent la trace. En 1789, il donne quelques articles non signés au *Journal de la ville ou le Modérateur,* notamment le « Salon de 1789 ». Des fragments inachevés (une *Étude sur la peinture à la cire des Anciens,* un *Éloge de Cook,* une *Histoire impartiale de la France*) ne verront pas le jour de son vivant.

La Révolution fit accéder Joubert à des fonctions publiques : le 28 novembre 1790, il fut élu juge de paix à Montignac, où son père venait de mourir et où résidait sa mère ; il remplit ponctuellement sa tâche mais renonça au bout de deux ans. Il présida quelques mois un « tribunal de conciliation » avant de regagner Paris où se tenait le procès de Louis XVI, qui le navra. Le contact avec l'action politique ne pouvait que décevoir un tempérament comme le sien. Son mariage en 1793 avec Mlle Moreau de Bussy (il a 39 ans, elle 37) lui procure une maison rue Saint-Honoré à Paris, une propriété à Villeneuve-sur-Yonne et toutes les conditions d'une aisance bourgeoise. Un fils naîtra l'année suivante. De ce temps date ce qu'il nommera plus tard son « retour aux préjugés ». Il dira aussi : « La Révolution a chassé mon esprit du monde réel en me le rendant trop horrible. » Dans le fond, il était resté attaché à la monarchie et à la religion : surtout la violence offusquait sa modération naturelle.

Dès lors « Joubert entrait dans la "partie fixe" de sa vie » (R. Tessonneau). Il séjourne soit à Paris soit à Villeneuve-le-Roi, avec un penchant grandissant pour la campagne. Son temps se répartit entre la vie de famille, la lecture, la réflexion et l'amitié. Il consigne au fil des jours ses pensées sur de petits carnets et entretient une correspondance assidue avec ses amis et amies quand ils sont éloignés de lui – voir *Carnets* (*) de Joubert. Mal remise des ébranlements de la Terreur et de l'émigration, la France retrouve peu à peu la douceur de vivre. De cette convalescence nationale, de ce passage du siècle moribond des Lumières à l'aube incertaine d'une nouvelle ère, Joubert a été le témoin exemplaire, avec moins de fracas et peut-être plus d'authenticité que Chateaubriand : à peu près nul par la carrière et sans jamais rien publier il a été, pour le meilleur, la conscience vigilante de sa génération et tous ceux qui l'ont approché ont rendu hommage aux qualités rares de son esprit et de son cœur. « C'était un égoïste qui ne s'occupait que des autres », dira de lui Chateaubriand, bien placé pour en juger.

Dès 1794, Joubert avait rencontré, dans une « chaumière » du voisinage, Pauline de Beaumont, rescapée des massacres, âme dolente et passionnée dans un corps malade, à laquelle il s'attacha immédiatement avec l'intention de lui faire perdre sa « belle fantaisie de mourir ». C'est elle, l'hirondelle, qui allait réunir dans son salon de la rue Neuve-du-Luxembourg à Paris, de 1801 à 1803, la célèbre « petite société » où se retrouvaient Fontanes (le sanglier), Joubert (le cerf), Mme Joubert (le loup), Chateaubriand (le chat ou le corbeau), Chênedollé (le corbeau de Vire), Guéneau de Mussy (le petit corbeau), Molé et bien d'autres. De cette époque datent les grandes amitiés de Joubert, amitiés subtilement amoureuses lorsqu'il s'agissait de femmes (Mme de Beaumont, Mme de Vintimille). C'est merveille de reconstituer à distance le commerce de ces êtres exceptionnels. Joubert savait admirablement se mettre à la disposition des autres, les écouter, les conseiller, les houspiller si nécessaire ; il avait une propension exquise à prendre chacun par son meilleur côté et à le hisser vers le haut : « Quand mon ami est borgne, je le regarde de profil. » Nullement bégueule, il acceptait toutes les situations, toutes les conduites, pourvu qu'elles n'attentent pas à la qualité morale. On sait l'ascendant qu'il exerça sur Chateaubriand, à qui il servit pendant des années de mentor, l'encourageant mais le critiquant parfois âprement. Joubert fut, avec Fontanes, une des rares personnes dont l'Enchanteur acceptât une telle sévérité ; il profita de leurs conseils et leur témoigna un attachement indéfectible.

Le meilleur de Joubert a passé dans ses lettres et ses carnets. Fuyant toute vie publique et, sous l'empereur, jugeant de loin le train des choses, il se laissa tirer de sa retraite lorsque Fontanes, devenu grand maître de l'Université, le fit nommer en 1808 inspecteur général et conseiller ordinaire de l'université impériale. Fonctions qu'il accomplit avec le zèle et la compétence d'un « éducateur » né : son activité administrative est « importante, consciencieuse, féconde » (R. Tessonneau) ; il voyage, inspecte, rédige des rapports et use sa santé. Aussi quittera-t-il l'université sans regret lorsque l'âge et la Restauration le congédieront. « Le soir de la vie apporte avec lui ses lumières que les autres âges n'ont pas », déclarait-il : lumières spirituelles, alors que le corps ne cessait de s'affaiblir. Ses dernières années sont très casanières : il passe au lit la plus grande partie de la journée, recevant ainsi les visiteurs. Le roi l'a nommé chevalier de la Légion d'honneur. Déçu par son fils Victor, il reporte son attachement sur les filles de son frère Arnaud qui habite avec lui à Villeneuve. Toujours accueillants, les Joubert vivent dans une très honorable aisance. En 1819, Fontanes perd son fils naturel tué en duel et en éprouve un vif chagrin : en guise de dérivatif, Joubert s'intéresse alors à la fille de son ami afin « d'amener le père à concentrer sur elle son affection éplorée » (R. Tessonneau). Lui qui avait si habilement négocié en 1788 le mariage de Fontanes restait jusqu'à la fin le plus délicat des « entremetteurs ».

Fontanes mourut d'une attaque le 17 mars

1821. De plus en plus valétudinaire, Joubert se réfugie dans la méditation, notant à plusieurs reprises : « La sagesse est le repos dans la lumière » ou écrivant cette phrase-talisman : « Je reprends ma joie et mes ailes et je vole à d'autres clartés. » Le 22 mars 1824, il inscrit à la fin de son carnet ces mots : « Le vrai – le beau = le juste – le saint. » Il s'éteignit à Paris, entouré des siens, trois jours avant ses soixante-dix ans, et fut enterré au cimetière de Montmartre. Ses amis le pleurèrent.

ÉDOUARD GUITTON.

♦ *« En lui tout était âme, et* [...] *cette âme, qui semblait n'avoir rencontré un corps que par hasard, en ressortait de tous côtés et ne s'en arrangeait qu'à peu près ».* Mme de Chastenay. ♦ *« Sa grande prétention était au calme et personne n'était aussi troublé que lui* [...] *Afin de retrouver des forces, il se croyait souvent obligé de fermer les yeux et de ne point parler pendant des heures entières. Dieu sait quel bruit et quel mouvement se passaient intérieurement chez lui, pendant ce silence et ce repos qu'il s'ordonnait. »* Chateaubriand. ♦ *« De petite santé, M. Joubert prenait soin de sa tranquillité, de sa sécurité, de son silence. Il aimait la causerie ; et plus encore, la rêverie* [...]. *Il était sensible, très vite alarmé, nerveux, extrêmement chimérique. Mais il était aussi fort raisonnable et voulait que sa raison fût maîtresse de son émoi* [...] *Il a cherché la vérité, non pour la répandre mais pour la posséder* [...] *Il a désiré, par-dessus tout, d'améliorer son esprit, de réaliser sa perfection* [...] *Son chef d'œuvre, c'est lui. »* André Beaunier. ♦ *« Tendu vers le bien, il s'est sans cesse efforcé de trouver des formules destinées à cristalliser l'exellence de l'idée dans la beauté des mots. En édifiant la cathédrale de soi-même, il en sculpta, pour ainsi dire, chaque pierre* [...] » Rémy Tessonneau.

RÉF. : Arnaud Joubert, *Notice historique sur M. J. Joubert,* 1824. – J. Condamin, *Essai sur les pensées et la correspondance de J. Joubert,* Paris, 1877. – A. Beaunier, *La Jeunesse de Joseph Joubert,* Paris, 1918. – *Le Roman d'une amitié,* Paris, 1924. – R. Tessonneau, *Joubert éducateur,* Paris, 1944. – L. Perche, *Joubert parmi nous,* Limoges, 1954. – A. Billy, *Joubert énigmatique et délicieux,* Paris, 1969.

JOUFFROY Théodore Simon. Philosophe français. Né au hameau des Pontets (Doubs) le 7 juillet 1796, mort à Paris le 4 février 1842. Fils d'un percepteur, il reçoit une éducation très religieuse, mais dès le collège, sa foi est entamée par la lecture de Voltaire et de Rousseau. À l'École normale, plus tard, il traverse une grande crise spirituelle dont il a laissé un récit pathétique. Il se retourne alors contre ses anciennes croyances et publie dans *Le Globe* l'article célèbre *Comment finissent les dogmes.* Professeur à la faculté des lettres, puis au Collège de France, Jouffroy essaiera vainement toute sa vie de trouver les certitudes rationnelles qui auraient pu le consoler de la perte de la foi. Spiritualiste à la façon de Cousin, il subit aussi l'influence des philosophes écossais dont il traduisit de nombreux ouvrages, parmi lesquels il convient de citer les *Œuvres complètes* de Thomas Reid ; comme eux, il tend à réduire la philosophie à la psychologie. Dans son *Cours d'esthétique* (*), l'influence kantienne est néanmoins plus nette. Il fut élu député de Pontarlier en 1831 et se vit engagé avec Guizot dans le parti des « doctrinaires » ; cependant, sa nature, droite et honnête, était incapable de se reconnaître dans les méandres de la compromission politique et il se vit quelquefois désavoué par son propre parti. À la fin de sa vie, il semblait sur le point de revenir au catholicisme, qu'il déclarait « aux trois quarts vrai ».

JOUHANDEAU Marcel. Écrivain français. Né à Guéret (Creuse) le 26 juillet 1888, mort le 7 avril 1979. Ses parents tenaient une boucherie. Ils étaient de tempéraments opposés : le père aussi sanguin et dominateur que la mère était discrète et sensible. Le petit Marcel fut élevé par des femmes et tout d'abord par sa grand-mère Blanchet qui était boulangère dans une rue voisine. À l'âge de sa première communion, il devient quasiment inséparable d'une jeune fille qui, pour des raisons de santé, avait dû quitter le Carmel de Limoges où elle avait espéré vivre, et où elle retourna par la suite. C'est elle qui révéla à Marcel les textes spirituels qui auront sur lui une influence décisive, et tout d'abord la maxime de saint Jean de la Croix selon laquelle « une seule pensée de l'Homme vaut plus que le monde ». Devenu adolescent, une dame mûre, dévote et même mystique, Mme Alban, s'empara de son esprit et il nourrit le projet d'entrer dans les ordres. Il a besoin de s'évader du monde cruel de la boucherie et de l'étroitesse de la vie provinciale, bien que le pittoresque des habitants de Guéret l'enchante et très tôt le fascine. Il passe assez tardivement son baccalauréat et, libéré de Mme Alban, part pour Paris en 1908 et entre en rhétorique supérieure au lycée Henri-IV. Mais il abandonne bientôt le lycée pour la Sorbonne. En vérité, ce qui le passionne, c'est d'écrire. Il tient un journal où il note des réflexions, trace des portraits, compose des poèmes et des contes. Il a pris aussi conscience des bizarres désirs qui l'habitent : après son adolescence pieuse, voici que le culte qu'il avait la plus constante envie de célébrer était celui du corps masculin. L'homosexualité était alors un sujet tabou, mais Freud et Gide eussent-ils déjà publié leurs livres sur la question, le jeune Jouhandeau n'en eût pas été pour cela réconforté : c'était envers Dieu qu'il se sentait coupable et non envers les lois naturelles. Quand il s'abandonnait à ses désirs, il éprouvait le sentiment de sombrer dans l'abjection. Il entreprit de lutter contre lui-même, mais il n'était pas souvent vainqueur. En 1912, le temps des études paraissant terminé, son père lui demande de choisir un métier. Après un court passage chez Baret, organisateur de tournées théâtrales, il devient professeur de sixième au pensionnat Saint-Jean de Passy, où il enseignera pendant trente-sept ans, sans jamais solliciter d'avancement. Sans doute était-ce une fonction modeste, mais l'enseignement le passionnait et son poste lui garantissait une parfaite indépendance. En février 1914, il se trouvait l'auteur de toute une œuvre manuscrite. Une nuit où le remords le tenaillait, il la détruisit intégralement par le feu, afin de se punir de ses fautes. Le sacrifice consommé, il eut la tentation de se supprimer lui-même. Un ami lui fut d'un grand secours en le persuadant de reprendre la plume. En avril 1914, les premiers contes des *Pincengrain* (*) et les premières pages de *La Jeunesse de Théophile* (*) se trouvèrent rédigés. Pendant la guerre, Jouhandeau bénéficie d'abord d'une réforme. S'il est mobilisé en 1915, il est aussitôt versé dans l'auxiliaire et il passe tout son temps de service à Guéret, comme secrétaire d'un capitaine-trésorier. Il mène une vie monacale et studieuse. Il se perfectionne dans la langue grecque classique et prend des notes pour ce qui deviendra *Monsieur Godeau intime* (*). Il est profondément affecté par la mort d'un camarade du lycée Henri-IV, Léon Laveine, et il écrit à sa veuve, une femme riche et très belle, qui ajoutait à ses séductions le prestige d'avoir chanté à Bayreuth. C'est elle qu'il appellera plus tard « la Duchesse ». La guerre finie, il reprend son poste de professeur au pensionnat de Passy. En 1919, il dépose la première partie de *La Jeunesse de Théophile* aux éditions de *La Nouvelle Revue française*. Six mois plus tard, on lui réclame la seconde partie. Le livre complet paraît en 1921. Dès lors, Jouhandeau ne cessera plus de publier, avec une régularité remarquable et à des intervalles rapprochés. La publication de *Pincengrain,* en 1924, provoque un scandale à Guéret car il est facile de mettre un nom véritable sur tous les personnages présentés. Et il en sera de même pour *Prudence Hautechaume* (*) (1927) et les contes de *Chaminadour* (*) (1934). Jouhandeau aime à dire qu'il n'a jamais quitté Guéret, en ce sens qu'il « pense et sent Guéret ». Au surplus, pendant longtemps, la lettre quotidienne de sa mère lui « donnait le *la* » pour écrire ses contes. Toutefois, il avait sa vie parisienne, qui était une vie double ou triple. Il était le petit professeur de sixième qui remplissait ses tâches avec une conscience exemplaire. Il était le jeune écrivain qui n'avait pas encore obtenu les suffrages du grand public, mais qui avait attiré d'emblée l'attention des connaisseurs et d'abord celle d'André Gide. Il était l'ami de la Duchesse qui l'accueillait chaque soir dans sa splendide maison. Il devait voyager avec elle en Espagne, en Autriche, en Italie. Enfin, il était redevenu un *Amateur d'imprudences* (*) (c'est le titre d'un de ses livres), se livrant à des aventures tout à fait secrètes. En juin 1928, il fit la connaissance de celle qu'il immortalisera sous le nom d'Élise, Élisabeth Toulemon, chez leur amie commune, le peintre Marie Laurencin. Comme lui-même, cette femme avait atteint la quarantaine. Elle avait été danseuse sous le nom de Caryathis, Carya pour les intimes. Elle jouissait du prestige d'avoir créé des ballets de Ravel, de Poulenc, d'Auric et surtout *La Belle Excentrique* d'Erik Satie. Elle avait partagé pendant dix ans la vie du comédien Charles Dullin. Elle avait ensuite mené ce qu'on appelle une existence mouvementée. Elle se trouvait maintenant propriétaire d'un immeuble près de la porte Maillot et louait des chambres. Au fond du jardin, elle possédait une autre maison qu'elle habitait et où elle recevait beaucoup d'amis écrivains et poètes : Max Jacob et Cocteau comptaient parmi ses familiers. Quand ils se rencontrèrent, Marcel et Carya songeaient, chacun de son côté, au mariage. C'est qu'ils appartenaient tous deux à d'honnêtes familles provinciales et ne méprisaient pas du tout les bons principes dans lesquels on les avait élevés : ils ne s'étaient jamais moqués de la morale et de la religion. À quarante ans, le moment était sans doute venu de mener une existence ordonnée et de retrouver la ligne droite dont ils avaient pu paraître s'écarter. Marcel ne cacha rien à Carya de ses « penchants irréguliers ». Dans le même temps, il sut lui prouver qu'il pouvait être pour une femme un amant plus que satisfaisant. Carya pensa qu'elle allait le détourner à jamais d'aventures inavouables. Pour sa part, elle aspirait à la respectabilité bourgeoise et, ses démons écartés, Jouhandeau représentait le mari idéal : considéré à la fois par les religieux chez lesquels il enseignait et par les meilleurs écrivains de l'époque. Le mariage fut donc décidé. Non sans hésitations de la dernière minute du côté de Jouhandeau qui comprenait qu'il allait devoir renoncer à sa pleine liberté et à cette solitude dont il se demandait si elle n'était pas indispensable à l'élaboration de son œuvre. Le mariage fut célébré le 4 juin 1929. Les trois années qui suivirent, l'entente charnelle fut parfaite entre les époux. Puis la fidélité commença à peser à Jouhandeau, qui songea à reprendre sa liberté mais fut retenu par sa mère pour qui le divorce représentait, en plus de la séparation des époux, une rupture avec l'Église. Il renoua cependant avec sa vie d'aventures et c'est en 1935 qu'Élise eut la certitude d'avoir perdu son pari de sauver du vice son mari. Elle réagit tout d'abord brutalement et se proposa tout bonnement de tuer le peintre qu'elle accusait d'avoir séduit son mari. Jouhandeau a raconté l'histoire dans *Chronique d'une passion* (*). Mais Élise se contenta d'interdire désormais à celui-ci l'accès de la chambre conjugale. Elle ne se priva pas non plus de lui faire sentir son mépris pour ce qu'elle appelait ses faiblesses. Jouhandeau prit son parti de la situation. De nature heureuse, il cessa même de qualifier de vice un penchant qui lui procurait bien des plaisirs divers. Au moment où parut son traité *De l'abjection* (*) (1939), il était devenu un nouvel homme, celui qui prononcera *L'Éloge de la volupté* (*) (1952). Sa mère était morte en 1936 et il avait pris sa retraite de professeur en 1949. Dès lors, plus rien ne le retint de vivre sans le moindre masque. Toutefois, ce sont ses livres consacrés au récit de sa vie avec Élise qui lui valurent de connaître les faveurs d'un public étendu : *Monsieur Godeau marié* (*) (1933), *Chroniques maritales* (*) (1938), *Scènes de la vie conjugale* (*) (1938) et notamment *L'Imposteur* (*), lancé par Grasset en 1950. Citons aussi, dans la même série, *Élise architecte* (*) (1951), *L'Incroyable Journée* (*) (1951), *Jaunisse* (*) (1956), *L'Éternel Procès* (*) (1959), *Ménagerie domestique* (*) (1948), *Nouveau Bestiaire* (*) (1953), sans oublier les livres situés du côté de chez Mme Apremont, la mère d'Élise : *Galande* (*) (1953), *Ana de Mme Apremont* (*) (1954), *La Ferme en folie* (*) (1950). Les époux terribles accueillirent à leur foyer une fillette prénommée Céline. Dans *L'École des filles* (*) (1960), Jouhandeau a montré qu'Élise considéra Céline comme une domestique plutôt que comme une fille adoptive. Et celle-ci, devenue adolescente, tourna mal. Ayant décidé de « vivre sa vie », elle mit au monde un petit garçon que tout sembla destiner à devenir un enfant martyr. Les Jouhandeau intervinrent et obtinrent qu'on leur confiât le petit Marc. Et cette fois, l'on vit la tendresse et la pitié fleurir en Élise qui avait ignoré jusque-là ces sentiments. L'enfant permit au couple, non pas de se réconcilier, mais d'avoir du moins un souci commun. Élise mourut en 1971, Jouhandeau allait vieillir auprès de Marc dans un rôle inattendu de grand-père.

Jouhandeau s'est voulu le « notaire de la vie » : il n'est rien de ce qu'il a vu, senti ou pensé qu'il n'ait transcrit sur ses carnets. Il a dit qu'il écrivait comme on fait oraison mais, amateur d'âmes et de visages, il a créé toute une comédie humaine. À côté des contes et nouvelles de Chaminadour, il faut citer encore *Astaroth* (*) (1929), *Contes d'enfer* (*) (1955), *La Faute plutôt que le scandale* (*) (1949), *Léonora* (*) (1955). Ce sont là des œuvres admirablement composées. Pourtant Jouhandeau a prétendu que, s'il n'avait pas été contraint à des transpositions, il n'aurait jamais rien écrit qu'un journal. C'eût été dommage car son chef-d'œuvre est sans doute *Le Mémorial* (*) (1948-1972), qui comprend *Le Livre de mon père et de ma mère, Le Fils du boucher, La Paroisse du temps jadis, Apprentis et Garçons, Le Langage de la tribu, Les Chemins de l'adolescence* et *Bon an, mal an.* Certains de ses livres sont bien faits de notes de journal, mais regroupées suivant des thèmes particuliers. Ainsi a-t-il publié séparément son journal de professeur et des *Carnets de l'écrivain* (*) (1957). Il a rassemblé sous le titre *Trois crimes rituels* (*) (1962) ses réflexions sur des faits divers criminels. Toutefois, à partir de 1961, il a commencé de publier tels quels ses carnets, qu'il appelle ses *Journaliers* (*). Chaque volume porte un titre particulier : *Les Instantanés de la mémoire, Littérature confidentielle, Que tout n'est qu'allusion,* etc., le vingt-cinquième volume, paru en 1978, s'intitule *La Mort d'Élise.* Jouhandeau considère comme sa marque propre d'avoir pu souligner, dans chaque être, tout à la fois ce qu'il a de caricatural et ce qu'il a de sublime. Car Jouhandeau n'a jamais douté de la grandeur de l'homme, créature de Dieu. Pour sa part, il s'est donné comme règle, dans ses *Éléments pour une éthique* (*), d'être inimitable. Dès lors, il prétend échapper aux catégories du Bien et du Mal, avec lesquelles il a jonglé dans sa curieuse *Algèbre des valeurs morales* (*) (1935). Un homme qui est satisfait de lui-même ne peut être mécontent de la vie : à une époque où triomphe une littérature noire, Jouhandeau nie l'absurde et proclame que « la vie est une fête ». Par là, il apparaît comme une espèce de héros.

JACQUES BRENNER.

♦ *« Je ne puis aimer Jouhandeau que parfait ; mais, dès lors, c'est passionnément. »* André Gide. ♦ *« Jouhandeau cherche la formule et il la trouve. Son art est statique, il est beau comme un lac de montagne, comme une fleur de lavande séchée. »* Jean Grenier. ♦ *« Portraits, anecdotes, choses vues, propos entendus, nous en apprennent ici plus sur l'Homme que de longs discours, et les a fixés le stylet d'un maître-graveur. Alors, là, oui, par son butin, il inquiète et ravit à plein, cet extraordinaire détrousseur d'âmes. »* Maurice Nadeau.

RÉF. : Claude Mauriac, *Introduction à une mystique de l'enfer,* Paris, 1938. – José Cabanis, *Jouhandeau,* Paris, 1959. – H. Rode, *Marcel Jouhandeau,* Paris, 1972.

JOUKOVSKI Vassili Andreïevitch [Vasilij Andreevič Žukovskij]. Poète russe. Né a Michensk (gouvernement de Toula) le 9 février 1783 (29 janvier d'après le calendrier russe), mort à Baden-Baden (Allemagne) le 24 (12) avril 1852. Fils d'un propriétaire terrien nommé Athanase Ivanovitch Bunin et d'une servante de race turque, il fut adopté par son parrain, un aristocrate peu fortuné de Kiev, qui lui donna son nom et le fit entrer en 1796 à la « pension de l'université de Moscou », institution réservée aux jeunes gens nobles. C'est là qu'il écrivit ses premières poésies et, dès cette époque, ses dons littéraires attirèrent l'attention de Dmitriev et de Karamzine. En 1801, à sa sortie de l'école, Joukovski passa un an dans l'administration, puis alla s'établir à Toula, auprès de sa mère, écrivant des nouvelles, des essais historiques et des poèmes, en particulier *Le Cimetière de campagne* [*Sel'skoe kladbišče,* 1802]. Ayant regagné Moscou en 1807, il prit la direction de 1808 à 1810 de la revue de Karamzine, *Le Messager de l'Europe* [*Vestnik Evropy*], où il fit paraître de nombreuses traductions de la jeune littérature allemande, anglaise et française. Deux ans passés ensuite à Dorpat (Jur'ev), dans les pays baltes, où il était l'hôte d'une nièce mariée à un professeur à l'université de la ville, lui donnèrent l'occasion de compléter sa connaissance des auteurs allemands : c'est alors qu'il fit sa traduction de Uhland. Lieutenant de la milice moscovite lors de la campagne de 1812 contre Napoléon, il se fit remarquer par sa bravoure et fut nommé capitaine ; la guerre lui inspira des poèmes d'un ardent patriotisme, qui connurent une immense popularité dans toute la Russie : *Au chef des vainqueurs* [*Voždju pobeditelej,* 1812] et, surtout, *Le Chanteur dans le camp des guerriers russes* [*Pevec v stane russkih vojnov,* 1812] et *Le Chanteur au Kremlin* [*Pevec v Kremle,* 1816]. La paix revenue, Joukovski fut choisi comme lecteur par l'impératrice, puis devint professeur de littérature de la grande-duchesse et future impératrice Alexandra Féodorovna (pour laquelle il nourrit une secrète passion dont on trouvera les échos dans *Lalla Roukh*). Pour cette élève, il composa en français une grammaire élémentaire qui fut imprimée en 1818 en dix exemplaires, sous le titre *Esquisse de grammaire russe.* Sous le règne de Nicolas Ier, en 1826, il se vit confier la charge de précepteur du tsarévitch, le futur Alexandre II, sur lequel l'humanisme idéaliste de Joukovski eut une grande influence. Le poète et son élève firent plusieurs voyages ensemble à travers la Russie (1837) et à l'étranger (1838). Lorsqu'il fut libéré de ses fonctions, Joukovski, qui avait été douloureusement éprouvé par la mort (1823) de Machen'ka Protassova, épousa à Düsseldorf, en 1841, la fille du peintre von Reutern. Il vécut dès lors en Allemagne. Si Joukovski a mérité d'être appelé « le père des romantiques russes », c'est surtout par son important travail de traducteur ; avec ses imitations de Schiller : *La Pucelle d'Orléans* [*Orleanskaja deva*] ; de Goethe ; de Bürger : *Svetlana* (*) (1811) et *Ludmilla,* poésies imitées de *Lénore* (*) ; d'Hebel ; de *L'Ondine* (*) de La Motte-Fouqué [*Undina,* 1837] ; du *Prisonnier de Chillon* (*) [*Šil'jonskij uznik*] de Byron, il a révélé aux jeunes écrivains russes la nouvelle littérature européenne. Il faut encore mentionner parmi ses œuvres : *Le Juif errant ou Ahasvérus* [*Stranstvujuščij žid*] resté inachevé, ses contes pour enfants et ses traductions de l'*Odyssée* (*) et de l'*Énéide* (*), celle-ci restée inachevée, le poète étant devenu presque aveugle dans les dernières années de sa vie.

Vassili Joukovski mourut en Allemagne, mais sa dépouille mortelle fut transférée à Saint-Pétersbourg en grande pompe.

♦ *« Chez moi, tout est emprunté ou inspiré par les autres, et pourtant tout est à moi. »* Joukovski. ♦ *« À toi, Joukovski, je lègue ma lyre... »* Derjavine. ♦ *« De ses beaux vers la douceur charmeresse / Subsistera dans les siècles à venir, / Les jeunes gens rêveront de prouesses / Et la gaieté cessera de sourire, / Et se taira l'irascible tristesse... »* Pouchkine, 1818. ♦ *« Joukovski... a une très grande signification pour la poésie russe en général ; en la spiritualisant par un apport d'éléments romantiques, il la mit à la portée de la société et lui donna une possibilité de se développer. Sans Joukovski, nous n'aurions pas Pouchkine. »* Belinski.

RÉF. : Abbé James Condamin, *Le Centenaire de Joukovski, étude sur le patriotisme littéraire en Russie,* Paris, 1883 et Moscou, 1891. – Marielle Ehrhard, *V. A. Joukovski et le préromantisme russe,* Paris, 1938. – B. K. Zaïtzev, *Joukovski* (en russe), Paris, 1951.

JOURDAN Pierre Albert Écrivain français. Né le 3 février 1924 à Paris, mort le 13 septembre 1981 à Caromb (Vaucluse). Né d'un père originaire du Gard, mais qui vivait à Paris, et d'une mère parisienne, il sera marqué dès l'enfance par le partage entre deux mondes. Après des études de droit, il entre en 1947 comme chef de service à la mutuelle des Transports, où il restera jusqu'à la fin de sa vie. Mais il s'attache aussi, par son mariage avec une jeune fille de Caromb, à ce village proche du mont Ventoux, où il séjournera régulièrement, d'année en année, comme en son vrai lieu. L'émerveillé d'un pays secret y découvre en écho à la splendeur première une énigme rigoureuse, et la contre-présence d'une puissance prisonnière, substituant à l'appel du jour sa propre nuit. Si une part essentielle de son inspiration naît de cette terre, une autre vient du rythme des séparations et des retrouvailles à quoi le contraint son existence parisienne, et qui porte témoignage aussi d'une crise du monde moderne détruisant la campagne millénaire. Cette déchirure vécue et transposée dans l'écriture ouvrira sur une clarté paradoxale, où l'approfondissement de la nuit qui habite aussi le paysage en feu fait voir ensemble le pays absolu et l'exil. D'abord peintre – il expose à Paris en 1953 – Pierre Albert Jourdan commence à écrire des poèmes en 1956. En 1957, il rencontre René Char, et publie en 1961 son premier livre, *La Langue des fumées*, recueil de textes en prose qui marque son allégeance au paysage du Comtat Venaissin, à la poursuite de la « parole royale » que semble receler cette campagne en son alchimie. Il écrit par ailleurs, entre 1956 et 1973, de nombreux poèmes qui resteront inédits de son vivant – si l'on excepte des publications partielles dans plusieurs revues. L'édition de 1991 (*Le Bonjour et l'Adieu*) montre des regroupements aux variations complexes, aux titres changeants – *Le Chemin nu, Ce torrent d'ombres.* Un tournant toutefois se produit, entre 1969 et 1973, avec les admirables *Ébauches d'un paradis perdu, Ciel absinthe*, et *Sortir avec Jérôme Bosch.* Dans ce dernier recueil surtout commence à apparaître la forme aphoristique et l'on trouve plusieurs citations des *Entretiens de Lin Tsi* (*). C'est la première marque de l'influence du bouddhisme Tch'an, mais aussi l'aveu discret d'une reconnaissance des analogies de sa recherche et de la tradition spirituelle ésotérique : la sagesse au visage de folie, pour révéler la folie plus grande de l'illusion, au sein même du désir de vérité – ou de poésie. L'intériorisation de l'exigence poétique jusqu'à la mise en jeu de son attachement au moi débouche sur un renoncement au poème, auquel il substitue le « fragment » : phrases ou visions, qui ne s'élaborent, et parfois ne fulgurent qu'en rejoignant le silence, l'inaccompli. Dans les années 70 il rencontre ou retrouve des proches (R. Munier, P. de Roux, Y. Bonnefoy, P. Jaccottet, et le peintre J. Hartmann), et fonde en 1975 la revue *Port-des-Singes*, sous le signe de René Daumal. Il publie en 1976 *Le Matin*, premier recueil de textes écrits dans la forme nouvelle, qui sera le noyau de *Fragments* (1979). Dès lors, assuré d'une écriture en accord avec son expérience, et comme dans la prescience du peu de temps qui lui reste, il publie *L'Angle mort* (1980), *L'Entrée dans le jardin* (1981), et *Les Sandales de paille* (1982), qu'il n'aura pas le temps de voir paraître. En 1984 paraissent, posthumes, les carnets écrits durant sa maladie, *L'Approche*. Deux livres enfin, pour répondre à l'intérêt grandissant pour cette œuvre aventureuse et proche, ont paru ultérieurement : *Les Sandales de paille* (*) (1987), qui réunissent les textes déjà publiés, *Le Bonjour et l'Adieu* (1991, qui rassemble une grande part des poèmes inédits).

FRANÇOIS LALLIER.

JOUVE Pierre-Jean. Poète français. Né le 11 octobre 1887 à Arras, mort le 8 janvier 1976 à Paris. Dans *En miroir* (*) (1954), il a évoqué avec pudeur sa vie, qui se confond pratiquement avec son travail poétique. À seize ans, sévèrement malade, il découvre la poésie, subit l'influence de l'unanimisme, et publie une série de recueils qu'il rejettera en 1925 et exclura même de ses *Œuvres complètes*. Pendant la Seconde Guerre mondiale, il se réfugie à Genève, où il écrit des poèmes qui comptent parmi les plus beaux de la poésie de la Résistance, et appuie de Gaulle. Discret, hostile aux chapelles et aux mouvements littéraires, il édifie patiemment une œuvre poétique qui est peut-être la plus importante du siècle (dans le domaine français) : *Mystérieuses noces* (1925), *Nouvelles noces* (1926), *Le Paradis perdu* (*) (1929), *Les Noces* (*) (1931), *Sueur de sang* (*) (1933), *Matière céleste* (*) (1937), *Kyrie* (*) (1938), *La Vierge de Paris* (*) (1946), *Hymne* (*) (1947), *Génie* (1948), *Diadème* (*) (1949), *Ode* (*) (1950), *Langue* (*) (1952), *Lyrique* (*) (1956), *Mélodrame* (*) (1957), *Inventions* (*) (1959), *Moires* (*) (1962), *Ténèbre* (*) (1965), recueils rassemblés de 1964 à 1967 dans des *Œuvres complètes (Poésie I-IV, V-VI, VII-IX, X-XI)*. Il faut ajouter à ces recueils des essais : *Défense et illustration* (1943), *Le Don Juan de Mozart* (*) (1942), *Wozzeck ou le Nouvel Opéra* (+) (1953), *Tombeau de Baudelaire* (1958). Entre les deux guerres, Pierre-Jean Jouve a également publié une série de « romans poétiques » : *Paulina 1880* (*) (1925), *Le Monde désert* (*) (1927), *Hécate* (*) (1928), *Vagadu* (*) (1931), *Histoires sanglantes* (*) (1932), *La Scène capitale* (*) (1935), *Hélène* (1936), certains de ces textes ayant été rassemblés ultérieurement dans *Aventure de Catherine Crachat* (*) (1947). L'œuvre romanesque de Jouve est étroitement reliée, tant dans sa thématique que dans ses personnages, à l'œuvre poétique proprement dite.

Pierre-Jean Jouve est sans doute le seul poète de ce siècle à avoir essayé d'exprimer dans son œuvre la sexualité. À cet égard, son œuvre n'est pas séparable de la psychanalyse, que le poète a connue de très près. Non que Jouve soit un poète « psychanalytique » : l'expression serait absurde. Mais c'est un poète qui élabore poétiquement les grands thèmes que l'expérience analytique a mis au jour : l'inconscient, l'éros, la faute, la mort, le symbolisme psychique. Dans cette optique, Jouve a rejeté l'écriture automatique des surréalistes, en alléguant que l'« association verbale » – avec toute la mythologie de la liberté de l'esprit qu'elle implique – n'était pas l'« association libre », telle que la définit la psychanalyse et telle qu'il s'efforce de la pratiquer dans son œuvre, liée à un effort difficile et douloureux de « mise en forme ». Ainsi est née, surtout avec *Sueur de sang*, la première poésie de l'inconscient. Jouve se rend parfaitement compte de l'originalité de sa démarche : « La poésie est un véhicule intérieur de l'amour. Nous devons donc, poètes, produire cette "sueur de sang" qu'est l'élévation à des substances si profondes, ou si élevées, qui dérivent de la pauvre, de la belle puissance érotique humaine » (préface de *Sueur de sang*). Jouve restera fidèle jusqu'au bout à cette définition de la poésie. Mais ce n'est pas le seul axe de sa création. Profondément religieux, le poète a été marqué par la lecture des mystiques : François d'Assise, Catherine de Sienne, Thérèse d'Avila. L'acte poétique est pour lui un acte quasi « rédempteur » : « Je n'aurais jamais écrit une ligne si je n'avais pas cru au rôle sanctificateur de l'Art » *(En miroir)*. Mysticisme catholique, sens du péché, fascination de la chair, mais aussi de la mort, de la « Nada » (l'absence) sont ainsi repris dans une poésie qui, au fil des années, s'approche toujours davantage du *chant*. Jouve, qui a consacré un essai au *Don Juan* (*) de Mozart et au *Wozzeck* (*) d'Alban Berg, a d'ailleurs été toute sa vie attiré par la musique. Sa poésie pourrait être définie par le titre de l'un de ses recueils : *Mélodrame*, où s'unissent drame et mélodie. Le drame est celui de la psyché humaine et de ses aspirations contradictoires, et la mélodie le chant que le poète crée à partir de l'« humus » tragique de l'âme.

Dans *Sueur de sang*, la poésie est délibérément explosion d'images douloureuses, violentes, insoutenables, où affleurent les symboles qui structurent l'inconscient : sang, œil, chevelure, toison, arbre, cristal, perle, cerf, serpent, etc. Les poèmes, généralement brefs, nous offrent des grappes de symboles, où s'exprime toujours l'« érotique humaine ». Bien qu'ici toute syntaxe traditionnelle, toute versification aient été abandonnées – comme si les mots explosaient sous la pression de ce qu'ils ont à dire — nous n'avons pas affaire à une poésie « hermétique » au sens mallarméen : l'obscurité des poèmes est l'obscurité de la psyché où se mêlent pulsion de mort et pulsion de vie, Éros et Thanatos, élans vers la sainteté et élans vers la chair. Dans les œuvres qui suivent, au contraire, les vers libres s'allongent, deviennent — tout en se maintenant dans la même dimension fondamentale — musique et chant : « Le chant du cygne est chant de la mort, mais où va / ton chant de pure absence ? Et nous ne mourrons pas / Nous, connaissant le vers issu des nébuleuses / et pli rose où l'odeur a la science de l'homme. / Tes cheveux se tordent toujours, toujours ton souffle / rit en bruns mamelons ; rivière de ta hanche / La jeunesse descend au sombre carrefour... » Cette musicalité des vers préserve cependant ce qui, pour Jouve, est le cœur de la poésie : le mot. « Le poète est un diseur de mots. » Comme Rilke ou Hölderlin (Jouve a d'ailleurs traduit les « poèmes de la folie » de ce dernier), l'auteur de *Langue* et de *Diadème* privilégie les mots et on pourrait fort bien caractériser son œuvre comme une série de variations — au sens musical du terme — autour de certains mots ou noms fondamentaux : cygne, cerf, mort, Nada, absence, pli, chevelure, Hélène, etc. Ce n'est pas un hasard si Jouve a traduit également un grand orfèvre des mots : Góngora.

Du contact, ou plutôt du choc, entre une matière incandescente (tour à tour charnelle et « céleste ») et un souci de la forme confinant à la préciosité, surgit toute l'originalité de sa poésie. En ceci, Jouve est sans doute l'héritier direct de Baudelaire et de Nerval.

L'œuvre romanesque est liée souterrainement à l'œuvre poétique : on pourrait dire que sa thématique est la même (Hélène, l'une des figures principales de cette œuvre, resurgit très longtemps dans les recueils poétiques, et Jouve, dans *En miroir*, nous explique pourquoi). Mais leur élaboration est différente. Non que Jouve, là encore, se contente d'adopter sans la changer la structure romanesque. Bien au contraire : il crée une nouvelle forme — à la fois élégante, nerveuse, presque stendhalienne, et profondément poétique — propre à exprimer les rapports de ses personnages. *Paulina 1880, La Scène capitale, Le Monde désert*, etc., comptent parmi les plus beaux romans de ce siècle. Ils tournent tous autour de ce triangle, lui-même symbolique, constitué par la faute, l'amour et la mort. Dans *La Scène capitale*, l'héroïne, Hélène de Sannis, meurt après avoir fait l'amour avec un jeune homme. Cette « scène » étonnante — où Éros et Thanatos échangent leurs signes — est, nous suggère Jouve, « la scène capitale ». On ne peut s'empêcher de penser à la « scène primordiale » de Freud. Et certes, dans l'inconscient, pulsion de vie et pulsion de mort sont étroitement mêlées. Aucun autre poète — Baudelaire excepté — n'a su exprimer cela. Et c'est la grandeur de Jouve que d'avoir mené à bien cette tâche d'expression avec une précision poétique jusqu'à présent inégalée.

ANTOINE BERMAN.

♦ *« La grandeur de Pierre-Jean Jouve est dans cette longue passion de témoigner, par le roman et les poèmes, d'une obscurité qui n'est jamais des mots, mais de l'être, de la vie. »* G. Ungaretti. ♦ *« Pierre-Jean Jouve est un des plus grands poètes de notre langue... Constamment, dans la poésie de Pierre-Jean Jouve, il y a le mouvement dialectique par quoi la présence perdue comme être est remémorée comme mystère, trace qui défait le réseau des métaphores heureuses, mais foudre, aussi, parfois, qui dans ce monde créé enveloppe tout, unissant brusquement les deux plans, celui de la faute proche et celui de l'unité, et l'innocence lointaine... »* Yves Bonnefoy.

RÉF. : Gabriel Bounoure, *Marelles sur le parvis*, Paris, 1958. — Jean Starobinski, Préface à *Les Noces* suivies de *Sueur de sang*, Paris, 1966. — Numéro spécial de la *N.R.F.*, Paris, 1968. — René Micha, *Pierre-Jean Jouve*, Paris, 1971. — *Pierre-Jean Jouve*, N° des « Cahiers de l'Herne », Paris, 1972. — Martine Broda, *Jouve*, Lausanne, 1982.

JOUY Victor Joseph Étienne, dit de. Écrivain français. Né à Jouy-en-Josas (Yvelines) le 12 septembre 1764, mort à Saint-Germain-en-Laye (Yvelines) le 4 septembre 1846. Dans sa jeunesse, il fut soldat au service de l'Ancien Régime, dans les colonies de la Guyane et de l'Inde, revint en France lorsque éclata la Révolution, et fut attaché à l'armée du Nord, où il gagna les galons d'adjudant-général à la prise de Furnes. Mais, suspect de royalisme, il dut se réfugier en Suisse d'où il revint après le 9 Thermidor ; il reprit son activité politique et, cette fois, fut arrêté. À partir de 1797, il s'adonna à la littérature, révélant une extraordinaire fécondité. Il commença par un volume de nouvelles libertines, *Galeries de femmes* (1799), qui le fit connaître ; mais la renommée lui vint surtout de la série des *Hermites*, publiée d'abord dans des journaux, puis rassemblée en différents volumes — *L'Hermite de la Chaussée-d'Antin* (+) (1812-14), *L'Hermite de la Guiane* (1816), *L'Hermite en province : Observations sur les mœurs et les usages français au commencement du* XIX*ᵉ siècle* (+) (1813-18), etc. ; ce sont des mémoires et des polémiques qui suscitèrent alors les discussions les plus âpres. Sa production théâtrale, d'autre part, fut très vaste ; outre les livrets d'opéra mis en musique par Spontini — *La Vestale* (*) (1807) et *Fernand Cortez ou la Conquête du Mexique* (*) (1809-17) —, par Cherubini — *Les Abencérages* (1813) —, et par Rossini — *Moïse* (*) (1827) et *Guillaume Tell* (*) (1829) —, il composa des tragédies de style classique comme *Tippo-Saïb* (1813), contre la politique anglaise dans l'Inde, *Bélisaire* (1818), interdit par la censure sous l'accusation de napoléonisme, et *Sylla* (1822), qui remporta un grand succès. En 1815, il avait été reçu à l'Académie française. Sous la Restauration, il joua un certain rôle politique dans le parti libéral. Après 1830, il fut maire de Paris pendant quelques jours, puis conservateur du Louvre.

RÉF. : Article in *Revue encyclopédique*, tome XXII, 1824. – Marie-Louise Bourget-Pailleron, *Les Aventures de Jouy à l'Académie française*, article in *Revue hebdomadaire*, 1919.

JOVEÏNI Atâ Malek. Historien persan. Né en 1226 à Azâdvâr, village du district de Joveïn (dans le Khorassân), et mort en 1283 à Moghân ou Arrân. Il appartient à une vieille famille aristocratique iranienne, dont les membres ont toujours eu de hautes fonctions sous la dynastie saldjoukide et celle des rois du Khwarezm, surtout comme ministres des Finances. Ses ancêtres prétendaient descendre de Fadl b. al-Rabi, qui succéda aux Barmécides comme chambellan des califes abbassides. Son père, Baha al-Dîn, passe trente-cinq ans de sa vie au service des gouverneurs mongols, et son frère, Chams al-Dîn, est Premier ministre d'Abaqa. Quant à Atâ Malek, il devient dès l'âge de dix-huit ans l'un des secrétaires particuliers de l'émir Arghoun qui, de 1243 à 1256, est le gouverneur mongol des provinces situées à l'ouest de l'Oxus (du Khorassân à la Mésopotamie). Durant cette période, Atâ Malek et son père accompagnent à plusieurs reprises Arghoun en Mongolie.

Lorsque Houlagou arrive en Iran en 1256, il prend à son service Atâ Malek, qui participe à la prise d'Alamout, où règne encore le dernier grand maître de la secte ismaélienne des Assassins. Atâ Malek peut, avec l'accord d'Houlagou, sauver de nombreux livres précieux qui, depuis cent soixante-dix ans, ont été accumulés dans la célèbre bibliothèque. Il conserve, entre autres, une biographie du premier grand maître, Hassan-é Sabbah, et plusieurs instruments d'astronomie et d'astrologie. En 1257, Houlagou marche sur Baghdâd et renverse le califat abbasside. Atâ Malek, qui est à ses côtés, est nommé en 1259 gouverneur de cette capitale, puis des provinces de l'Iraq arabe et du Khouzistân. C'est grâce à lui que peuvent être remises en valeur les terres ravagées, et qu'est creusé le grand canal d'al-Anbâr sur l'Euphrate. À la mort d'Houlagou en 1265, son fils Abaqa garde Chams al-Dîn comme Premier ministre, Baha al-Dîn comme gouverneur d'Isfahan et de l'Iraq persan. Quant à Atâ Malek, il est, durant les dix-sept ans du règne d'Abaqa, député-gouverneur du noble mongol Sounjaq, et gouverneur de Baghdâd et de l'Iraq arabe.

Atâ Malek suscite la jalousie de nombreux intrigants, alors qu'il est gouverneur de Baghdâd de 1259 à 1281, mais les Mongols lui ont accordé, ainsi qu'à ses père et frère, une telle confiance qu'ils ne donnent jamais crédit aux calomnies de leurs ennemis. Cependant, à la suite d'un emprisonnement injustifié, Atâ Malek est pris d'une violente migraine et meurt à Moghân ou à Arrân en 1283, bien que son biographe al-Dhahabi affirme que sa mort est causée par une chute de cheval.

Il entreprend sa vaste *Histoire du conquérant du monde* (*) à Qara-Qoroum en Mongolie, en 1252-53, et l'achève en 1260. C'est le premier ouvrage historique concernant les Mongols, et certainement l'un des plus importants. D'autres historiens, tels Rachid al-Dîn Fazlollâh et Vassaf, utiliseront ses sources pour rédiger leurs ouvrages. En outre, Atâ Malek compose, à la fin de sa vie, des tracts dans lesquels il se défend contre ses calomniateurs, et qui seront plus tard incorporés dans son *Histoire du conquérant du monde*.

MARIE-HÉLÈNE PONROY.

JOVELLANOS Gaspar Melchior de. Publiciste et homme d'État espagnol. Né à Gijón (Asturies) le 5 février 1744, mort à Puerto de Vega (Asturies) le 27 novembre 1811. Issu d'une illustre famille, il étudia à Oviedo, à Avila et à Alcalá de Hénarès, avec l'intention d'entrer dans la carrière ecclésiastique, puis s'orienta vers le droit et fut nommé, en 1767, juge au tribunal de Séville, où il fréquenta la famille d'Olavide. De cette époque datent sa tragédie *Pélage*, sa comédie *Criminel par honneur* (*), ses premières poésies et ses écrits en prose. Juge à Madrid (1778), membre des Académies d'histoire (1779), des beaux-arts (1780) et de la langue (1781), Jovellanos appartint en outre à la Société économique madrilène, pour laquelle il rédigea des rapports et mémoires tels que le *Rapport sur le libre exercice des arts* [*Informe sobre el libre ejercicio de las artes*, 1785]. De 1790 à 1797, il fut officiellement chargé d'étudier les mines de charbon des Asturies, mais c'était un exil déguisé ayant pour cause l'amitié qui l'unissait à Francisco Cabarrus alors en disgrâce. En résidence à Gijón, il y fonda, en 1794, le célèbre Institut asturien. Rentré en grâce après la réhabilitation de Cabarrus, Jovellanos fut nommé par Godoy ministre de la Justice (1797) mais, au bout de neuf mois, de nouveau suspecté pour son *Rapport relatif au tribunal de l'Inquisition* [*Informe acerca del Tribunal de la Inquisición*]. De retour à Gijón, il s'enferma en 1801 à la chartreuse de Valdemosa (Majorque) et, l'année suivante, s'installa au château de Bellver. À la chute de Charles IV (1808), Jovellanos parcourut toute l'île en triomphe mais refusa d'être ministre comme le lui offrait Joseph Bonaparte, et représenta au contraire les Asturies dans l'Union centrale qui organisait la résistance à Napoléon. Après la dissolution de l'Union à Cadix (1810), Jovellanos vécut obscurément pendant un an dans les Asturies, et mourut alors qu'il tentait de regagner Cadix, devenu le siège du gouvernement. Outre les œuvres déjà citées, rappelons le fameux *Rapport sur le dossier de la loi agraire* [*Informe sobre la ley Agraria*, 1795], qui reste un modèle de compétence et de style.

RÉF. : J.-A. Cean Bermudez, *Memorias para la vida de Jovellanos, y noticias analíticas de sus obras*, Madrid, 1814. – Baumgarten. *D. G. M. de Jovellanos*, article in *Historische Zeitschrift*, 1863. – F. Bareño, *Ideas pedagógicas de Jovellanos*, Gijón, 1910. – E. González-Blanco, *Jovellanos : su vida y su obra*, Madrid, 1911. – G. de Artiñano y Galdacana, *Jovellanos y su España*, Madrid, 1913. – J. Juderías, *Don Gaspar Melchior de Jovellanos : su vida, su tiempo, su obras, su influencia social*, Madrid, 1913. – Angel del Río, étude in édition des *Obras escogidas*, 1935.

JOYCE James Augustine. Romancier irlandais de langue anglaise, né à Dublin le 2 février 1882, mort à Zurich le 13 janvier 1941. Les dates et les lieux qui constituent les repères extrêmes de son existence sont significatifs, les premières le situant au cœur de la période moderne, les seconds soulignant l'importance de la polarisation entre le lieu des origines et l'orientation vers les cultures étrangères. Les racines sont effectivement irlandaises (Cork et Dublin) et situent la famille dans une bourgeoisie aisée, aux alliances flatteuses : le « Libérateur » des catholiques irlandais, Daniel O'Connell, figure dans l'arbre généalogique. L'évolution politique et socio-économique du pays, mais plus encore l'impéritie du père, hélas, compromirent gravement l'avenir des enfants : la position de John Stanislaus Joyce évolua en effet vers une modeste situation d'employé municipal, puis de retraité impécunieux (il avait hypothéqué sa pension afin de satisfaire un penchant pour la boisson), avant d'achever son existence aux limites de l'indigence. Il s'agissait au demeurant d'une personnalité extrêmement conviviale, non dépourvue d'esprit et de culture (notamment locale, irlandaise) et douée, comme l'écrivain, d'une remarquable voix de ténor. À la différence de son frère et confident Stanislaus, James resta toute sa vie profondément attaché à cet homme qui, par ses dons musicaux et son verbe brillant, devait servir d'inspirateur à tout un pan de sa création littéraire. Quand son père mourut en 1931, Joyce confia à Louis Gillet : « Il ne m'a jamais parlé de mes livres, mais il ne pouvait les renier. L'humour d'*Ulysse* (*) est le sien ; ses enfants sont ses amis. Le livre est son portrait craché. » Le lent déclin économique et social de la famille accompagna l'enfance et l'adolescence, mais pas au point de compromettre les chances de James, aîné de la famille, auquel fut assurée la meilleure éducation possible, celle des jésuites, qui l'accueillirent très tôt dans leur « Prep School » de Clongowes Wood, puis à Belvedere College, et enfin à University College, Dublin. Les textes autobiographiques, *Portrait de l'artiste en jeune homme* (*) et son brouillon *Stephen le Héros* (*), accordent une large place à ces années de formation. Joyce soulignera plus tard la dette qu'il estimait avoir contractée auprès de ses maîtres, expliquant au sculpteur suisse August Suter qu'auprès d'eux il avait « appris à arranger les choses de telle sorte qu'elles deviennent faciles à embrasser et à juger », et insistant auprès de son ami Frank Budgen : « Vous dites que je suis catholique. Mais, pour être précis et donner de moi une image correcte, vous devriez me dire jésuite. » Cette formation, on l'a compris, fut à la fois rigoureuse et complète au point de constituer, comme l'affirme le psychanalyste Jacques Lacan, « l'armature de ses pensées » : d'où l'importance chez lui de la méthode, sinon même des systèmes aristotélicien et thomiste. Un autre aspect de l'influence de l'Église romaine fut ressenti, lui, négativement : son omniprésence dans la vie familiale et individuelle autant que dans la vie sociale et politique. À travers l'histoire du jeune Stephen Dedalus, de nombreux passages de caractère autobiographique analysent cette situation vécue comme insupportable. Plus tard, dans *Ulysse*, le même personnage poussera un peu plus loin l'analyse : « Je suis le serviteur de deux maîtres, un Anglais et une Italienne [...]. L'Empire britannique [...] et la sainte Église catholique, apostolique et romaine. » Le jeune Irlandais se trouve aliéné doublement par la complicité objective de ces deux pouvoirs. Mais il faut bien voir que si l'Église est souvent accusée de simonie et de compromission avec le siècle, c'est au nom d'une aspiration à la vérité : la revendication de liberté du jeune Joyce procède d'une haute exigence, volontiers qualifiée de « spirituelle », qui lui inspire son éloge vibrant de Giordano Bruno, l'hérétique martyr. D'où aussi le malentendu possible avec les tenants de la Renaissance celtique, mouvement qui se développe en Irlande à partir des années 1880, et qui laissait espérer une ouverture idéologique, une libération des esprits, par l'abandon des modèles victoriens, la redécouverte de l'héritage et des mythes de la « race irlandaise », enfin par la place donnée à la création poétique et dramatique. Mais de ce côté encore devaient venir de multiples déceptions. D'une part, ce retour aux sources imaginaires de l'identité nationale, s'il avait figure de libération, cachait une autre aliénation : l'orientation nostalgique vers le passé. D'autre part, cette fixation aux risques mortifères posait du même coup la question de la langue : fallait-il, pour mieux respecter la revendication politique d'une authenticité nationale pleine et entière, affirmer la prééminence de la langue gaélique maintenant ressuscitée ? N'était-ce pas tomber dans le piège que tend implacablement toute construction imaginaire ? Un piège auquel, comme par hasard, semblait participer l'Église, enfin ralliée au mouvement nationaliste, et qui s'affairait à enseigner ce gaélique si longtemps oublié par elle comme par les autres. La vraie vie, pour le jeune Joyce, ne pouvait donc être qu'ailleurs : dans la vaste Europe, d'où se propagent les œuvres d'Ibsen, celles des romanciers et essayistes italiens, des dramaturges allemands. Autant de textes dont il entretient qui veut l'entendre. Et c'est en même temps, dans un autre registre, la vie de la langue. Une vie que l'on pouvait, certes, aller chercher dans les dictionnaires étymologiques récemment publiés (il ne s'en faisait pas faute), mais qui subsistait aussi dans le simple « parler » des gens. Le rejet par Joyce, aux environs de sa vingtième année, de ces divers mouvements : nationalisme, renaissance gaélique, linguistique et culturelle, tient pour une large part à son refus d'une langue à ses yeux artificiellement ranimée. C'est que son expérience, dans ce qu'elle avait de plus vif, était indissociable de sa langue maternelle, l'anglais, adoptée, qu'on le veuille ou non, disait-il, par ses ancêtres. Il y a chez Joyce, dès ce moment-là, une fidélité viscérale à l'expérience du langage, dont les manifestations seront multiples. C'est même à elle que l'on peut assigner la permanence chez lui des références aux sacrements et à la liturgie de l'Église catholique ; il était né, avait été élevé et formé dans la langue de l'Église, et dans la certitude des effets « spirituels » (il a volontiers recours à ce mot) de la parole. Faut-il s'étonner qu'il ait baptisé « épiphanie » une expérience qui lui fut propre où s'unissaient la singularité de l'événement et l'universalité du sens ? « Par épiphanie, il entendait une soudaine manifestation spirituelle se traduisant par la vulgarité de la parole ou du geste, ou bien par quelque phase mémorable de l'esprit même. Il pensait qu'il incombait à l'homme de lettres d'enregistrer ces épiphanies avec un soin extrême, car elles représentaient les moments les plus délicats et les plus fugitifs. » La première phase de son parcours de créateur sera marquée par des tentatives pour donner une forme littéraire minimale à cette expérience. Ce sont d'abord des « épiphanies » proprement dites, courts fragments en prose, bribes de dialogues réalistes, transcriptions de rêves, etc., autant d'efforts pour donner la parole à l'Autre de l'expérience. À la même époque, il s'exerce à la composition de poèmes lyriques, rassemblés plus tard sous le titre *Musique de chambre* (*), premier volume publié de ses œuvres (1907). Certains de ces morceaux sont composés à Paris, où il séjourne en décembre 1902, puis en janvier-mars 1903. L'année 1904 est le premier repère majeur de la carrière littéraire, intriquée à la vie. En janvier, un petit essai autobiographique très dense est refusé par la toute nouvelle revue littéraire *Dana*. Il va servir à Joyce de point de départ pour le premier texte romanesque, *Stephen le Héros*, composé en 1904-1905 qui, resté inachevé, sera entièrement remanié et prendra pour titre *Portrait de l'artiste en jeune homme*. Au cours du printemps et de l'été sont publiés çà et là quelques poèmes, et les premières nouvelles de *Dublinois* (*), composées à la demande d'un journal de la ville. Ces quelques marques de reconnaissance ne suffisent pas à Joyce. Il se sent tenu à l'écart de la vie culturelle irlandaise (l'épisode de la Bibliothèque, dans *Ulysse*, garde la trace de cet ostracisme) et supporte de plus en plus mal le poids des conventions sociales qui y règnent ; de plus, il sent que son père est plus que jamais prêt à se décharger sur lui des responsabilités familiales. La rencontre avec Nora Barnacle précipite les choses ; on pense que sa date est celle même où se déroule *Ulysse*, le 16 juin 1904. Joyce quitte Dublin définitivement en octobre avec la compagne de sa vie. Commencent les années difficiles. Le lieu : Trieste, de 1905 à 1915. Professeur à l'école Berlitz, puis à l'École supérieure de commerce, et répétiteur privé, Joyce connaît de sérieuses difficultés à entretenir une famille élargie à son fils Giorgio (1905) et à sa fille Lucia (1907). Il n'en poursuit pas moins la composition de *Dublinois*, où se forge un style de plus en plus exigeant. De dix, le nombre des nouvelles passe à quinze, et le volume s'achève en 1907 avec « Les Morts », texte au large substrat autobiographique à travers lequel il vise également à rendre justice à Dublin : « Parfois, écrit-il à son frère, quand je pense à l'Irlande, il me semble avoir été inutilement dur. Je n'ai représenté (au moins dans *Dublinois*) aucun des attraits de cette ville ; or je ne me suis jamais senti bien dans aucune ville, sauf Paris, depuis que je l'ai quittée. Je n'ai pas décrit son insularité candide, ni son hospitalité. Cette dernière " vertu ", autant que je sache, n'existe nulle part ailleurs en Europe. Je n'ai pas rendu justice à sa beauté : car l'Irlande est plus naturellement belle, à mon avis, que ce que j'ai vu d'Angleterre, de Suisse, de France, d'Autriche ou d'Italie. » Joyce découvre avec retard une dimension de l'exil qu'il n'avait pas envisagée au moment de son départ : une émotion poignante et nostalgique touchant au plus secret de son être et que son écriture doit sans plus tarder mettre au jour. Cette exploration intérieure va se poursuivre jusqu'en 1915 : c'est le travail secret de récriture de *Stephen le Héros*, engagé dès 1907 mais achevé seulement en 1914-1915. C'est aussi le curieux et admirable petit journal intime, *Giacomo Joyce*, inspiré par la rencontre de la jeune Amalia Popper, son élève. Ce sont enfin *Les Exilés* (*), qu'il s'empresse de mettre au point parallèlement au *Portrait*, mais qui ne seront publiés qu'en 1918. Tout se passe comme si Joyce s'occupait à faire place nette pour la composition d'*Ulysse*, qui va l'absorber jusqu'à la publication du roman en 1922. Les conditions de travail sont à la fois pires et meilleures : pires, car la guerre le contraint à se réfugier à Zurich, à y trouver logement et moyens d'existence dans un contexte difficile ; meilleures dans la mesure où Ezra Pound, qui l'a fait connaître des milieux littéraires anglais et américain, se dépense en sa faveur, lui procurant une bourse de la Couronne britannique, puis une aide régulière, anonyme dans un premier temps, de Harriet Shaw Weaver, éditrice de la revue *The Egoist*. Il va pouvoir reprendre l'idée d'un « Ulysse à Dublin », titre d'une nouvelle jadis envisagée. Au fil des sept années de sa composition, l'écriture du livre subira plusieurs inflexions. Dans un premier temps, l'optique reste relativement romanesque au sens traditionnel du terme. Il commence par réutiliser, dans les trois premiers épisodes, des pages écartées du *Portrait*. Il introduit ensuite les personnages de Marion et Léopold Bloom, qui vont occuper une place croissante au fil des pages. Petit à petit, dans une deuxième phase, celle de la composition des épisodes centraux, il va s'efforcer d'accentuer, dans ses révisions, une dimension « symbolique » du texte, caractérisée par un jeu plus ou moins systématique de correspondances. La dernière phase est beaucoup plus expérimentale ; Joyce y bouscule les conventions, invente des écritures nouvelles pour ses derniers épisodes : une dramatisation du langage pour « Circé », une sorte d'histoire des styles de la langue anglaise dans les « Bœufs du Soleil », la mise en sommeil de la parole dans « Eumée », un mode catéchistique original avec « Ithaque », pour clore avec le célèbre « monologue intérieur » sans ponctuation de « Pénélope ». Cette phase se déroule entre juillet 1920 et janvier 1922, à Paris, où Adrienne Monnier et Valery Larbaud l'accueillent et le font connaître avec enthousiasme, et où Sylvia Beach le publie (c'est là enfin qu'il passera les vingt dernières années de sa vie). *Ulysse* se donne comme « l'épopée de deux races (israélite-irlandaise) en même temps que le cycle du corps humain et la petite histoire d'un jour (vie). Le caractère d'Ulysse m'a toujours fasciné, même lorsque j'étais enfant [...] C'est aussi une sorte d'encyclopédie. Mon intention est de transposer le mythe "sub specie temporis nostri". Chaque aventure (c'est-à-dire chaque heure, chaque organe, chaque art intimement lié et en étroite corrélation avec le schéma structurel du tout) ne doit pas seulement conditionner, mais même créer sa propre technique. Chaque aventure, tout en étant composée de plusieurs personnes, n'en forme, pour ainsi dire, qu'une seule – comme Thomas d'Aquin le raconte des milices célestes » (lettre à Carlo Linati). La seule dimension collective est celle de la ville, Ulysse restant, à l'arrière-plan, une sorte d'« homme par excellence ». Joyce l'a expliqué à son ami Georges Borach : pour lui, le thème de l'Odyssée était « plus grand, plus humain que Hamlet, Don Quichotte, Dante, Faust », et c'est ce qu'il re-découvrit « al mezzo del' camin ». Au début pacifiste, il feint la folie, mais doit renoncer lorsque son fils est placé devant sa charrue. Il devient le guerrier rusé, puis l'errant aventureux, le musicien désireux, au risque de sa vie, d'écouter les Sirènes ; son humour s'exerce aux dépens de Polyphème, sa générosité dans son entrevue avec Ajax chez les morts. Telle est la face consciente de l'œuvre, qui dissimule mal une écriture sans cesse à la recherche d'elle-même. *Finnegans Wake* (*) en témoigne, qui débute en 1923 pour ne s'achever qu'avec sa publication en 1939 : jusqu'au dernier moment elle ne sera que « Work in Progress », œuvre publiée en partie par fragments, au fil des années, dans diverses revues anglo-saxonnes (*Transatlantic Review, Criterion, This Quarter*), française (*Le Navire d'Argent*) et surtout dans la revue cosmopolite de Maria et d'Eugene Jolas, *transition*, à partir de 1927. Joyce crée là une matière verbale opaque, qui a la texture du rêve, sinon même du cauchemar, où se dessine une sorte d'histoire mythique de l'humanité qui est celle aussi d'une famille-archétype composée d'un père formidable, HCE (Humphrey Chimpden Earwicker, mais également Here Comes Everybody, etc.), une mère, ALP (Anna Livia Plurabelle), une fille, Issy (Iseult), des frères ennemis, Shem l'écrivain et Shaun le facteur. Joyce pousse là jusqu'aux limites extrêmes du lisible l'entreprise engagée dans les derniers chapitres d'*Ulysse*. Une innovation majeure est le recours aux langues étrangères hachées menu et réutilisées dans la composition de vocables inouïs, de syntaxes nouvelles, qui revitalisent une langue anglaise restée la référence fondamentale. Joyce ouvre ainsi la voie à d'autres créateurs de par le monde : Arno Schmidt, Philippe Sollers, Luciano Berio, John Cage, parmi bien d'autres.

JACQUES AUBERT.

RÉF. : Harry Levin, *James Joyce*, 1941 (trad. fr. Paris, 1950). – Jean Paris, *James Joyce par lui-même*, Paris, 1957. – Richard Ellmann, *James Joyce*, New York, 1959 (trad. fr. Paris, 1962 ; nouv. éd. 1987). – Jacques Mercanton, *Les Heures de James Joyce*, Lausanne, 1967. – Hélène Cixous, *L'Exil de James Joyce ou l'art du remplacement*, Paris, 1968. – Frank Budgen, *James Joyce et la création d'« Ulysses »*, Paris, 1972. – *« Ulysse » cinquante ans après*, éd. Louis Bonnerot, Paris, 1974. *Œuvres*, éd. critique et commentée, bibl. de la Pléiade, Paris, 1982. – J. M. Rabaté, *Joyce, Portrait de l'artiste en autre lecteur*, Paris, 1984. – *James Joyce*, Cahier de l'Herne, Paris, 1985. – Jacques Aubert, éd. *Joyce avec Lacan*, Paris, 1987.

JÓZSEF Attila. Poète hongrois. Né le 11 avril 1905 à Budapest, mort le 3 décembre 1937 à Balatonszárszó. Son père Áron était ouvrier, sa mère blanchisseuse. L'enfant n'avait que trois ans lorsque Áron abandonna sa famille pour émigrer en Amérique. Il fut élevé, ainsi que ses deux sœurs, chez un tuteur, à Ocsöd (Hongrie méridionale), où il demeura jusqu'à l'âge de sept ans. Sa mère l'emmena alors à Budapest et l'inscrivit à l'école primaire. L'enfant fit preuve d'un vif intérêt pour la lecture. Survint la Première Guerre mondiale : pour aider sa mère, Attila fut successivement vendeur de journaux, marchand de rafraîchissements dans les cinémas et garçon de café dans la célèbre brasserie Emke. À la mort de sa mère, en 1919, il a quinze ans : on lui donna un nouveau tuteur. Déjà meurtri par la vie, il tenta à plusieurs reprises de se suicider. Un emploi sur les navires de la compagnie Atlantica lui permit de poursuivre seul ses études : l'obtention du brevet vint récompenser son ardeur. Son tuteur s'avisa alors de le faire entrer au séminaire de Nyergesújfalu : mais il en fut renvoyé lorsqu'on s'aperçut qu'il était de confession orthodoxe. Une bourse d'études lui permit néanmoins de parfaire son instruction à Szeged. Brillant élève, il publia à cette époque, en 1922, un recueil de poèmes, *Le Mendiant de la beauté* – v. *Poésies* (*) –, qui fit sensation et lui valut un procès sous l'inculpation de blasphème. Il fut acquitté parce qu'il n'avait que dix-sept ans. Mais il allait désormais, par la violence de sa révolte, ses convictions socialistes, son originalité, susciter de vives controverses et prendre rang parmi les grands poètes de la Hongrie moderne. Après son baccalauréat, il devint représentant en librairie, puis employé de banque. Le journal littéraire *Nyugat* (*) [*Occident*] publia les poèmes qui composeront, en 1925, le recueil *Ce n'est pas moi qui crie* (+) – v. *Poésies*. Un salaire décent permet au jeune poète de s'inscrire à la faculté des lettres de Szeged. Mais ses origines prolétariennes lui valent l'hostilité d'un de ses professeurs, Horger Antal, qui le fera chasser de l'Université lorsque paraîtra dans un quotidien local un de ses poèmes *Avec le cœur en paix* [*Tziszta szivvel*]. Contraint de vendre des journaux pour subsister, József trouve par chance un emploi de précepteur à Vienne, gagne Paris et parachève ses études à la Sorbonne. On le retrouve à Budapest, où il est chargé de la correspondance dans une maison de commerce. Il publiera, de 1929 à 1932, trois nouveaux recueils de poèmes : *Je n'ai ni père ni mère* (+), *Travaille au lieu de te lamenter* (+) et *La Nuit du faubourg* [*Külvarosi éj*] – v. *Poésies*. Mais les privations, la misère, le travail intensif ont miné sa santé déjà délicate et exacerbé sa sensibilité d'écorché vif : des accès de neurasthénie l'obligent à séjourner dans une maison de repos. Rétabli, il assume la rédaction du journal *Szép Szó* et proclame sa foi en la libération prolétarienne, bravant la police et le régime dans les poèmes tels que *Ouvriers* [*Munkások*], tout en exaltant le sentiment national – *Hongrois !* [*Magyarok !*], *Ma patrie* [*Hazám*] –, et en prônant l'amitié entre les peuples : *Les voix du Danube et du Olt sont les mêmes* [*A Duna és az Olt hangja egyforma*], *Au bord du Danube* [*Dunánál*]. Toutefois dans ses derniers recueils de poèmes : *J'ai très mal* (+) – v. *Poésies* – et *Il n'y a pas de pardon* [*Nincs bocsánat*, 1936-37], il délaisse les grands problèmes pour s'attacher aux souvenirs douloureux de son enfance. Affligé de troubles mentaux, il se suicide en se jetant sous un train. Une édition posthume de sa correspondance et divers textes en prose ont été publiés sous le titre *Écrits en prose* [*Prozai irások*].

JUANA INÉS DE LA CRUZ Sor [Juana Ramírez de Asbaje]. Poète mexicain. Née vers 1650 à San Miguel de Nepantla (Nouvelle-Espagne [Mexique]), morte à Mexico le 17 avril 1695. La future « Dixième Muse de Mexico » voit le jour hors mariage, non loin des volcans Popocatepetl et Ixtaccihuatl, d'un père basque volage et d'une mère créole. Surdouée, elle apprend à lire en cachette, dévore les livres de son grand-père, commence à écrire des vers et se retrouve, à peine adolescente, dame d'honneur de la vice-reine de Mexico qui a entendu parler de son charme, de son talent, et de sa science d'autodidacte... infuse aux dires de certains Mexicains !

Dans ce pays neuf, les naissances illégitimes et les abandons sont trop fréquents pour être vraiment des tares, mais les dons exceptionnels de Juana, joints à la pauvreté, lui ferment pratiquement la voie du mariage. Le rôle de courtisane de haute volée n'existe pas à Mexico, et, d'ailleurs, elle n'en voudrait pas. « Heureusement », il existe à Mexico des couvents suffisamment mondains et confortables, sans être dissolus, pour lui procurer à la fois honorabilité et studieuse retraite à défaut d'un vrai confort moral. On trouve aisément un parent pour payer sa dot. Juana professe à Sainte Paule, dans l'ordre espagnol de Saint-Jérôme. Elle va y mener une triple vie de religieuse très régulière, de brillante causeuse au parloir, merveille locale que l'on montre aux étrangers, enfin de femme d'étude, religieuse et profane, dans une « cellule » assez grande pour abriter une bibliothèque. Équilibre un peu fragile ; la jalousie des « sœurs » peut être venimeuse. Durant quelques mois, une supérieure interdira même la lecture à Sor Juana !

Dans ce cadre, la littérature est le fruit des commandes. Les visiteurs sont utiles parce qu'ils apportent l'air – et surtout les livres – du dehors, mais ils sont exigeants. Ils veulent des vers de circonstance, religieux ou profanes, que, d'ailleurs, ils paient souvent généreusement et publient quelquefois. Entre 1680 et 1686, une vice-reine aussi belle que noble devient une visiteuse assidue, puis, de retour en Espagne, apporte la notoriété éditoriale à son amie avec quelques-unes de ses meilleures œuvres. Sor Juana est virtuose mais prétend n'écrire que contrainte et forcée ; la réalité est sûrement plus subtile. Ligotée de toutes parts, elle trouve le moyen d'être une femme libre. La poésie mystique n'est pas son fort, mais elle écrit pour l'Église des pièces populaires, *Villanelles* [*Villancicos*] pleines de chaleur à l'égard des Indiens et des Noirs, de beaux sonnets d'amour – qui traitent souvent de l'absence –, des pièces de théâtre profanes et sacrées – dont *Le Divin Narcisse* (*) –, quelques œuvres de dévotion, etc. Elle parvient toujours à renouveler par la bande les lieux communs, mettant à son service toutes les subtilités de l'esthétique baroque. Et elle écrit de son propre chef un poème philosophique inclassable et intemporel : *Le Songe* – v. *Premier songe* (*).

Cette vie se termine de manière énigmatique. Quelques années après la rédaction d'une éloquente autodéfense, la *Réponse à Sœur Philotée* (*), Sor Juana cesse d'aller au parloir et d'écrire, vend sa bibliothèque au profit des pauvres et se consacre entièrement à la piété. Environ deux ans plus tard (car la date exacte de la conversion n'est pas connue), elle « tombe malade de charité » au chevet de ses sœurs malades. Sor Juana avait certes été l'objet de quelques blâmes de la part du clergé, mais elle avait été capable de congédier son confesseur dix ans plus tôt. Il n'existe aucun dossier de persécution religieuse. D'Espagne arrivent alors des concerts de louanges signées de plumes ecclésiastiques. Le moment semblerait bien mal choisi. En l'attente de nouveaux documents, le débat reste ouvert.

Sor Juana a souffert d'être mythifiée pendant sa vie. Elle l'a été de bien des façons, après sa mort, même par le cinéma. Certains amants posthumes se montrent très possessifs. De leur côté, les féministes peuvent être imprudentes. Une chose est sûre, ce poète n'est ni sainte Thérèse, ni la « religieuse portugaise », ni *La Religieuse* (*) de Diderot, pas non plus Ninon de Lenclos. Mexicaine de conviction, elle semble proche en fait de l'intellectualisme français. Elle est unique et nécessaire.

MARIE-CÉCILE BÉNASSY.

♦ *« Fusion très espagnole qui s'est admirablement bien mexicanisée entre les diverses classes sociales, les divers niveaux de l'inspiration et de la culture, le comique et le religieux, le ciel et la terre : point de confluence instable et délicieux, équilibre qui, hélas, n'a duré qu'un instant. »* Alfonso Reyes (à propos des *Villanelles*).

RÉF. : M.-C. Bénassy, *Humanisme et religion chez Sor Juana Inés de la Cruz*, Paris, 1982. – Octavio Paz, *Sor Juana Inés de la Cruz ou les Pièges de la foi* (trad.), Paris, 1987.

JUAN DE AVILA saint. Religieux espagnol. Né à Almodovar del Campo (Ciudad Real) le 6 janvier 1499, mort à Montilla (Cordoue) le 10 mai 1569. Son père, Alfonso de Avila (d'ascendance juive), et sa mère, Catalina Jijón, étaient propriétaires d'une mine d'argent dans la Sierra Morena. Après des études de droit à l'université de Salamanque (1513-1517), il étudie les arts et la théologie à l'université d'Alcalá de Henares (1520-1526), où il a pour professeur le célèbre dominicain Domingo de Soto. Ordonné prêtre en 1526, il veut partir pour le Nouveau Monde comme missionnaire. Mais l'archevêque de Séville, dont il dépend, lui donne pour mission l'apostolat du sud de l'Espagne. Ses multiples prédications, son inépuisable charité, la direction spirituelle de personnes de toutes conditions lui valurent ainsi le titre d'apôtre de l'Andalousie. Adonné à l'étude et à l'oraison, Juan, entouré de quelques prêtres, mène une vie des plus austères, ce qui ne l'empêche pas d'être accusé, en 1531, devant l'Inquisition, de diffuser une doctrine hérétique et de se livrer à des pratiques immorales. Son ascendance juive le rendait suspect aux yeux de ses accusateurs. Emprisonné de 1531 à 1533, il rédige une première version de son grand livre, *Audi filia*, et il traduit en castillan *L'Imitation de Jésus-Christ* (*). Reconnu innocent, il reprend ses prédications. En 1535, il poursuit son apostolat à Cordoue à la demande de l'évêque de cette ville, où il crée des centres d'études pour la formation des prêtres, ce qui était une de ses grandes préoccupations. Depuis Cordoue, devenue sa résidence principale, il organise des missions d'apostolat qui s'étendent dans toute l'Andalousie et même au-delà, en Estrémadure et dans la Manche. Au cours d'une mission d'apostolat à Grenade (1536), il convertit João Cidade (le futur saint Jean de Dieu, fondateur de l'ordre des Frères hospitaliers). En 1539, il est le conseiller spirituel du duc de Gandía (saint François de Borgia) bouleversé par le spectacle de la dépouille de l'impératrice Isabelle. Le zèle apostolique de Juan de Avila l'entraîne dans de nombreuses villes : Baeza (1539), Jerez (1541), Séville, Montilla, Zafra, Fregenal de la Sierra, Priego. Outre la prédication, la catéchèse et la direction spirituelle de très nombreux disciples, il s'emploie à la fondation de plusieurs établissements d'éducation (onze collèges et trois universités, dont celle de Baeza où enseigne notamment Jean de la Croix). Il s'attache aussi à former des prédicateurs donnant, à son exemple, les plus grands soins à la préparation de leurs sermons. Fatigué par tous ces travaux, Juan de Avila se retire, en 1554, à Montilla, non loin de Cordoue. Outre la rédaction définitive de l'*Audi filia*, il se consacre alors à une intense activité épistolaire. Il correspond ainsi avec les plus hautes personnalités spirituelles de son époque. Thérèse d'Avila prend conseil auprès de lui en 1568. Le pape Paul III lui propose le titre de cardinal, qu'il refuse, de même que les évêchés de Ségovie et de Grenade. Les vertus chrétiennes qu'il pratiqua avec héroïsme furent mises en valeur par le plus célèbre de ses biographes, Louis de Grenade. Par les traductions françaises de ses œuvres, Juan de Avila influença l'école française de spiritualité du XVIIe siècle, principalement le cardinal de Bérulle. Béatifié par Léon XIII le 4 avril 1894, il fut canonisé par Paul VI le 31 mai 1970.

BERNARD SESÉ.

JUARROZ Roberto. Poète argentin. Né à Coronel Dorrego (province de Buenos Aires) le 5 octobre 1925. Enseigne à l'université de Buenos Aires. Membre de l'Académie argentine des lettres depuis 1984. Il donne à son premier recueil *Poésie verticale* (*) (1958) un titre dont il ne se départira plus dans la suite pour le reste de son œuvre, chaque volume étant seulement affecté d'un numéro d'ordre : *Deuxième, Troisième...*, aujourd'hui *Douzième* *poésie verticale* [*Duodécima poesía vertical*]. Une large anthologie de ses poèmes a été publiée en français : *Poésie verticale* (1980 et 1989). Outre de nombreux articles et travaux, son œuvre en prose comprend : *Poésie et Création* [*Poesía y creación*, 1980], *Poésie et Réalité* [*Poesía y realidad*], les deux traduites en français, et *Poésie, littérature et herméneutique* [*Poesía, literatura y hermenéutica*].

Tant par la forme originale de sa création que par la grande nouveauté de son lyrisme, l'œuvre de Juarroz n'a pas d'équivalent dans la littérature mondiale. Poésie du questionnement, érigée dans une sorte de suspens « vertical », elle dérange notre vision du monde. Partant du quotidien, elle en déploie les dimensions insolites, le défait subtilement dans son image, dans son endroit rassurant pour nous, laissant à chaque fois pressentir son envers ou ce qui pourrait être son envers, ses abîmes. L'homme qui s'y dessine en filigrane y apparaît, dans sa dignité et liberté, comme un être à découvert, lui-même « vertical », dressé seul et sans appui, dans le vertige.

ROGER MUNIER.

JUDE. Transcription du Yehoûdah hébreu et du grec Ioudas (Judas) généralement adaptée quand il s'agit de désigner un proche parent de Jésus. Jude, frère de Jacques, vécut au Ier siècle ap. J.-C. On lui attribue une *Épître* (*) qui adjure les « combattants de la foi » d'adhérer au Christ sans se laisser détourner par des maîtres d'erreur éphémères, semblables aux « nuées sans eau, emportées au hasard par les vents », ou aux « arbres d'automne sans fruits, deux fois morts, déracinés ». La formulation est empruntée à celle de l'Ancien Testament — v. *La Bible* (*). « Cette réactualisation de l'Écriture ancienne est un des traits caractéristiques de la petite épître. Un autre tient à l'utilisation d'apocryphes qui ont cours dans les milieux judéo-chrétiens de cette époque, aussi bien que dans la communauté essénienne de Qumrân par exemple » (André Marie Gérard).

JUIN Hubert (pseud. de Hubert Lœscher). Écrivain belge d'expression française. Né le 5 juin 1926 à Athus (Lorraine belge), mort à Paris le 7 juillet 1987. Poète, romancier, essayiste, critique et homme de radio, Hubert Juin a travaillé dans tous les genres liés à la littérature. À cette prolixité, souvent heureuse, correspond une existence aussi laborieuse que mouvementée. Issu d'un milieu paysan, Juin sera marqué à jamais par la coutume et la psychologie du monde de sa jeunesse. Après de brillantes études primaires, le jeune homme, qui fera plusieurs fugues au cours de sa scolarité, ne s'adapte pas à la vie d'interne ; ses études secondaires et supérieures, décousues dans leur cours, s'en ressentent, d'autant qu'un engagement politique particulièrement précoce le mène à la Résistance, après un exode à Toulouse et Lourdes. Mais, en dépit d'un itinéraire désordonné, Hubert Juin, qui possède une mémoire phénoménale, a déjà acquis d'importantes connaissances en littérature, en histoire et en cinéma — matières qui resteront toujours (avec la politique et les arts plastiques) ses centres d'intérêt primordiaux. En 1945, après avoir collaboré à différentes revues belges, il se rend à Paris où il se lie avec René Char, Tristan Tzara, Aimé Césaire, Albert Camus, Louis Aragon, Maurice Nadeau et Joe Bousquet. Il écrit quelques textes pour *Combat.* De retour en Belgique, entre 1946 et 1951, il s'essaie à plusieurs métiers (notamment dans le matériel agricole), tout en écrivant des critiques, et publie son premier livre : *Jean-Paul Sartre ou la Condition humaine.* Sa vie sentimentale agitée, son incapacité à s'insérer socialement, et son goût pour les milieux interlopes lui font mener une vie extrêmement précaire ; il n'en donne pas moins des articles fréquents aux *Cahiers d'art,* à *Cobra* et aux *Lettres françaises.* En 1952, il s'installe définitivement à Paris où, après avoir été clochard quelque temps, il travaille au Club d'essai (qui deviendra France-Culture). À partir de 1953, et de sa collaboration régulière à *Combat* et à *Esprit* (Albert Béguin aura une grande influence sur lui), sa vie se stabilise, et son œuvre d'écrivain commence. *Les Bavards,* essai fortement autobiographique, paraissent en 1956, ainsi que *Pouchkine* et *Aimé Césaire.* L'année suivante il publie son premier recueil de poèmes, *Le Livre des déserts,* et son admirable *Léon Bloy,* né d'une crise religieuse profonde. Puis, parallèlement à un engagement politique actif (il participe au « réseau Jeanson »), qui le fait collaborer aux *Lettres françaises,* où il sera très proche d'Aragon, à *L'Humanité* et à *France nouvelle,* il écrit et publie abondamment des études sur des peintres et des poètes, des préfaces, des traductions, des romans, des poèmes... Cette activité inlassable ne s'arrêtera plus, et l'on ne peut citer ici toutes les œuvres produites par cet écrivain acharné ! Il faut cependant mentionner les ouvrages essentiels que sont les *Chroniques sentimentales* (*) (1962) qui regroupent une série de portraits vivants d'auteurs véritablement aimés au hasard de leurs rencontres, et où Juin fait montre de son talent instinctif de critique, *Célébration du grand-père* (1965) où reviennent et s'imposent les figures familières et touchantes de l'enfance, *Écrivains de l'avant-siècle* (1972) qui annonce la redécouverte des auteurs oubliés de la fin du XIXe, qu'il fera relire par le biais de sa collection « Fins de siècles » (10/18), *Les Guerriers du Chalco* (1976), considérés comme son meilleur livre de poèmes, et dont la phrase ample et « parleuse » est au mieux de sa forme, *Les Hameaux* (1978), qui regroupent les cinq romans du pays natal et de la formation, et *La Destruction des remparts,* parue quelques semaines après sa mort, et où la veine lyrique profondément travaillée par la parole fertile des poètes mystiques s'augmente d'une vigueur nouvelle. Mais, depuis le début des années soixante-dix, nonobstant l'activité considérable déployée en maints domaines (il est aussi le producteur d'émissions très prisées sur France-Culture), Hubert Juin est habité par une ambition formidable : écrire la vie de Victor Hugo et, par-delà, celle du XIXe siècle. Il mènera à bien cette tâche et donnera trois volumes qui sont appelés à faire date dans la critique littéraire française. L'ombre écrasante de Hugo finira d'ailleurs par le terrasser, et il tombera malade peu de temps après avoir relu les épreuves du dernier tome de son imposante biographie qui a, entre autres mérites, celui de n'être jamais une hagiographie (*Victor Hugo,* 1980-1986).

FRANÇOIS BODDAERT.

♦ *« Il a dit une chose qui atteint à l'être même de la parole et authentifie la sienne, sa vérité de poète : que l'essentiel, dans la parole, est dans le mot et non dans le discours. »* Pierre Emmanuel.

RÉF. : Guy Denis, *Hubert Juin,* Paris, 1978.

JULIEN L'APOSTAT (Flavius Claudius Julianus). Empereur romain écrivant en grec. Né vers la fin de 331 à Constantinople, mort le 25 juin 363 près de Ctésiphon (actuellement en Irak). Neveu de Constantin le Grand, il échappa avec son frère Gallus aux massacres de septembre 337, qui firent de lui un orphelin. Le nouvel empereur d'Orient, Constance, lui assigna comme résidence Nicomédie (aujourd'hui Ismid, en Asie Mineure). Ce fut l'évêque local Eusèbe qui assuma envers Julien le rôle de tuteur ; un ancien lecteur de sa mère, le scythe Mardonius, se chargea de sa première instruction, éveillant en Julien l'amour de la culture hellénique. Cet esclave lettré donna à son élève royal non seulement le goût des livres, mais encore l'habitude d'avoir recours aux ouvrages mêmes, sans se contenter, comme la plupart de ses contemporains, des notions puisées dans des anthologies. À la mort d'Eusèbe de Nicomédie, Julien dut quitter Mardonius et la ville de Nicomédie et s'installer à Macellum, bourg fortifié perdu au cœur de la sauvage Anatolie. Ses études y furent étroitement surveillées ; il n'était plus question ni d'Homère ni d'Hésiode : il s'agissait avant tout de parfaire son instruction religieuse. Julien s'y mit avec l'ardeur qu'il déployait chaque fois qu'il s'agissait d'étudier quelque chose de nouveau. Si son intellect subissait l'attrait envoûtant de la sagesse traditionnelle, son âme ne restait pas insensible à la mystique chrétienne. Il se prêta aux rites de l'initiation chrétienne : exorcismes, baptême, communion, avec une docilité fervente, et cette empreinte sera si forte que, même lorsqu'il entreprendra plus tard de régénérer le paganisme, il proposera toujours les chrétiens en exemple pour ce qui a trait à l'ordonnance du culte, à la nécessité d'une vie en rapport avec la morale enseignée et aux pratiques qui s'y rapportent. Ce qui le frappera surtout dans le christianisme, c'est la place que l'on y accorde aux bonnes œuvres, sans lesquelles la foi n'est qu'une foi morte. Lorsqu'il deviendra le « pontifex maximus » du néo-paganisme, Julien écrira des mandements pour démontrer que tous les hommes sont frères, qu'ils doivent s'entraider, donnant à manger à ceux qui ont faim, habillant ceux qui sont nus, fussent-ils des ennemis ou des condamnés de droit commun.

Julien ne recouvra la liberté que quelques années plus tard : il en profita immédiatement pour essayer de joindre les derniers philosophes néo-platoniciens, dont les écrits avaient laissé une trace indélébile dans sa mémoire. Jamblique était mort depuis près de vingt ans, mais, à force de voyages et de largesses, Julien apprit qu'il existait encore un théurge néo-platonicien et qu'il résidait à Éphèse. Il fit immédiatement le voyage ; ayant retrouvé Maxime d'Éphèse et, par lui, un autre disciple de Jamblique, Chrisanthe, il devint leur disciple et l'adepte de cette sagesse antique qui, depuis le temps des théurges chaldéens, était censée être transmise oralement jusqu'à ces hiérophantes d'un platonisme rénové.

Puis ce fut un voyage à travers la Grèce, ou plutôt un pèlerinage à travers les hauts lieux de la philosophie. Julien en retrace l'itinéraire dans son *Panégyrique à Eusébie* [Εὐσεβίας τῆς βασιλίδος ἐγκώμιον], l'impératrice grâce à laquelle ce voyage lui fut possible. C'est encore grâce à elle que Julien fut non seulement rappelé à Milan en octobre 355, mais encore proclamé César et gouverneur des Gaules. Et, présent qui comblait plus le cœur de Julien que la pourpre, Eusébie lui fit cadeau, avant son départ, de toute une bibliothèque des meilleurs auteurs classiques de l'époque.

La conduite de Julien pendant les quatre années de combats qu'il passa en Gaule fut au-dessus de tout éloge. Non seulement il montra de réelles qualités de soldat, mais, adepte convaincu d'une initiation qui pour lui n'était pas un vain mot, il pratiqua la continence et la pureté et fit preuve, dans ses rapports avec l'ennemi qu'il était obligé de combattre, d'une loyauté, d'un sens de la justice et d'une humanité extraordinaires pour l'époque, puisqu'il allait jusqu'à vêtir et nourrir ses ennemis vaincus.

Proclamé Auguste par ses légions en 360, la mort de Constance, survenue l'année suivante, remettait entre ses mains tout l'Empire romain. Fidèle à ses principes, à peine entré dans le palais royal, Julien en chassa les milliers de parasites qui, détenteurs d'innombrables sinécures, pillaient le pays. Il ne conserva qu'une maison réduite au strict nécessaire, ne gardant, par exemple, pour sa chancellerie personnelle que quatre secrétaires et dix-sept agents de liaison. Voulant revenir à la magistrature toute républicaine des Antonins, il rendit au Sénat ses anciens privilèges et soumit son propre avènement à la ratification de l'auguste assemblée.

Après les réformes civiles vint l'ère des réformes religieuses. Si, aux fêtes de l'Épiphanie de l'année 361, Julien paraît encore à l'église et y fait ses prières publiques ; si, dans son *Épître à Thémistios* écrite au début de l'année 361 — v. *Lettres* (*) — l'empereur professe encore une neutralité bienveillante pour les doctrines les plus diverses, à l'exception de celles des épicuriens, à la fin de cette même année il autorise la reprise des « cultes traditionnels qui avaient fait la grandeur de la Grèce et de l'Empire », et, le 17 juin 362, promulgue une loi qui tend à retirer aux chrétiens l'autorisation d'enseigner dans les écoles publiques. Ayant vu les meilleures de ses intentions tournées en ridicule, Julien voulut répondre à ses détracteurs par une satire : c'est ainsi que vit le jour son *Misopogon* (*). Cette satire, seule œuvre de Julien qui présente une valeur littéraire, n'ayant pas suffi à combattre le christianisme, déjà fortement implanté (surtout aux confins de l'Empire), le dernier empereur païen se lança dans la polémique. Lors de son séjour à Antioche, au début de l'année 363, il composa une série de traités d'une valeur inégale qui, reprenant les thèses philosophiques déjà esquissées dans son écrit antérieur, *Sur la mère des dieux* [Περί Μητρος Θεῶν], attaquaient la religion chrétienne d'une façon peu digne d'un véritable philosophe. Le plus connu de ces traités : *Contre les Galiléens* [Κατα Γαλιλαιων] serait, étant donné son peu d'intérêt, depuis longtemps oublié sans la réfutation que lui opposa saint Cyrille d'Alexandrie dans son écrit connu en français sous le titre *Pour la sainte religion des chrétiens* (*).

Ces traités de polémique religieuse furent les dernières œuvres de Julien ; parti, en mars 363, à la tête de ses troupes, en expédition contre les Perses, il fut mortellement blessé au combat et enterré, suivant son désir, à Tarse. Il n'avait régné que vingt mois.

ALEXANDRE LABZINE.

♦ *« Un prince qui pouvait d'un seul signe faire exterminer ses insolents détracteurs, et qui se contente de tirer raison d'un libelle par un pamphlet, est un exemple unique dans l'histoire des peuples et des rois. »* Chateaubriand. ♦ *« Ce qu'il y a d'intéressant chez Julien, c'est qu'il est à la fois un croyant exalté et un philosophe plein d'humanité. Il a donné au monde ce spectacle unique d'un fanatique tolérant. »* Anatole France. ♦ *« Loin d'avoir passé à travers le christianisme sans y rien comprendre, Julien nota, avec une justesse de vue remarquable, ce qui constituait, de son temps, au service de la religion nouvelle, le plus efficace de ses moyens de pénétration : la charité. »* Wilhelm Koch.

RÉF. : Ammien Marcellin, *Historiae*, livres XIV à XXIV. — P. Allard, *Julien l'Apostat*, 3 vol., 1900-02. — J. Bidez, *La Vie de l'empereur Julien*, 1930. — Roger Farney, *La Religion de l'empereur Julien et le mysticisme de son temps*, 1934. — *Œuvres*, 2 tomes en 4 volumes, 1932 à 1964. — Sous la direction de René Braun et de Jean Richer, *L'Empereur Julien*, I *De l'histoire à la légende* (331-1715), II *De la légende au mythe* (de Voltaire à nos jours), Paris, 1978 et 1981.

JULIET Charles. Écrivain français. Né le 30 septembre 1934 à Jujurieux (Ain). Admis comme enfant de troupe au pensionnat de l'École militaire d'Aix-en-Provence en 1946, Charles Juliet restera à jamais marqué par une adolescence étouffée, et en gardera une attitude de repli et de défiance instinctive. Après des études de médecine avortées, il tient à partir de 1950 un journal, où il consigne toute sa détresse en même temps qu'il s'y livre à une autopsie sans concession du moi. L'écriture se présente alors sous l'espèce de la consolation et du refus de paraître, expérience lucide qui endigue l'inéluctable tentation du suicide. À la fin des années 50, il fait la connaissance de Michel Leiris. Il se découvre également des affinités avec les peintres et les artistes, qui l'amènent à se pencher sur sa propre démarche. Ces rencontres providentielles se soldent par deux livres importants : *Rencontres avec Bram Van Velde* (1973) et *Rencontre avec Samuel Beckett* (1986). Juliet témoigne là d'une fraternité silencieuse, laisse percevoir derrière l'échange des mots la misère, le doute, la nécessité malgré tout d'aller jusqu'au bout de la création. La publication du *Journal* (*) (1978-1982), longtemps différée, vient éclairer aussi ce lent parcours vers l'éveil de la conscience.

Poète, Charles Juliet fouille, décape l'espace intérieur pour mieux définir les conditions d'un ressourcement. Citons, parmi ses principaux recueils : *L'œil se scrute* (1976), *Affûts* (1979), *Bribes pour un double* (1984). C'est une poésie incisive, qui parle sur la lame acérée d'un regard, afin d'entrevoir l'origine et d'entamer « la lente migration / vers la transparence ». Le premier récit publié par Juliet, *L'Année de l'éveil* (*) (1989), d'inspiration autobiographique, reprend la trame interrompue d'un rêve qui sommeille en chaque homme : acquérir son indépendance en s'affranchissant de la corruption et du néant. Ce livre exutoire a peut-être délivré son auteur d'un trop lourd secret. Il a été suivi par un second ouvrage autobiographique, *L'Inattendu* (1992).

OLIVIER HOUBERT.

JULIUS VALERIUS Alexander Polemius. Auteur d'une adaptation latine du roman du pseudo-Callisthène, l'*Histoire d'Alexandre le Grand* (*), certainement rédigée entre 270 et 361, ce qui permet de situer Julius entre le IIIe et le IVe siècle. Il était peut-être consul et, en tout cas, revêtu d'une haute charge. Sa vulgarisation et le résumé connu sous le titre *Epitome Julis Valeris* transportèrent en Occident le roman d'Alexandre, qui allait devenir un des thèmes préférés de la littérature médiévale.

RÉF. : B. Axelson, *Zum Alexanderroman des I.V.*, 1936. — M. Galdi, *L'Epitome*, 1922.

JULLIAN Camille. Professeur et historien français. Né à Marseille le 15 janvier 1859, mort en 1933. Il fut élève à l'École normale supérieure et agrégé d'histoire, membre de l'École française de Rome, chargé d'une mission scientifique en Allemagne et, à partir de 1891, professeur à l'université de Bordeaux. Nommé à la chaire d'Antiquités nationales au Collège de France en 1905, il entra, en 1924, à l'Académie française. Il inaugura ses activités d'historien par des études régionalistes et particulièrement dans le domaine de l'épigraphie : *Mélanges d'épigraphie bordelaise* (1884), *Inscriptions romaines de Bordeaux* (1886), *Histoire de Bordeaux* (1895). Mais, dès sa thèse de doctorat, il avait étendu le champ de ses recherches avec *Les Transformations de l'Italie sous les empereurs romains* (1883) ; il fut attiré ensuite par l'histoire de la Gaule et écrivit *Gallia* (1892), *Vercingétorix* (1901), livre vivant et coloré, et *Recherches sur la religion gauloise* (1904). Celle-ci et d'autres œuvres aboutirent enfin à une monumentale *Histoire de la Gaule* (*) en huit volumes, publiés à Paris entre 1907 et 1927. Mentionnons encore : *De la Gaule à la France* (1922). Enfin, Jullian dirigea la publication posthume des œuvres de Fustel de Coulanges qui fut son maître.

JUNG Carl Gustav. Psychiatre, psychologue et psychanalyste suisse. Né le 26 juillet 1875 à Kesswill (canton de Thurgovie), mort le 6 juin 1961 à Küsnacht (sur les bords du lac de Zurich). Fils d'un père pasteur qui lui parut très vite décevant et d'une mère assez souvent énigmatique, le jeune Carl Gustav Jung se trouve dès sa prime enfance et tout au long de son adolescence aux prises avec des questions sans réponses sur les évidences pressantes de sa vie intérieure, les lois de la nature et les fondements de l'enseignement qu'on veut lui transmettre. D'où sa réserve précoce face à sa famille, puis à ses condisciples et à ses maîtres du collège. Étonnamment attentif à ses rêves dont il gardera longtemps le secret mais qu'à la fin de sa vie il relatera très précisément dans son autobiographie – traduite sous le titre *Ma vie* (*) –, il pense tout d'abord satisfaire son besoin de savoir en se vouant aux sciences naturelles, mais opte enfin pour la médecine, qu'il étudie à l'université de Bâle.

C'est au cours de ses études médicales que, parallèlement à son goût pour l'anatomie et la morphologie comparée, il cherche à comprendre des manifestations de spiritisme dont il se détournera après avoir observé la fraude d'un médium : il en fera l'objet de sa thèse de doctorat sur *La Psychopathologie des phénomènes dits occultes* (1902, trad. *L'Énergétique psychique*) après avoir choisi de se spécialiser en psychiatrie, un choix assez peu valorisé à l'époque mais qui lui paraît pouvoir lier en une même recherche son goût pour les sciences de la nature et pour les données de l'esprit, et qui répond aussi à sa découverte de l'œuvre et du destin tragique de Frédéric Nietzsche.

En 1900, Jung devient premier assistant de Eugen Bleuler, le pionnier des recherches sur la schizophrénie à l'hôpital universitaire du Burghölzli à Zurich, où il restera jusqu'en 1909. Au cours de ces années, il publie tout un ensemble de travaux de psychiatrie et de psychologie normale et pathologique qui lui vaut très rapidement une solide réputation internationale, notamment son *Essai sur la psychologie de la démence précoce* et ses *Études expérimentales sur les associations,* soit les trois premiers volumes, non encore traduits en français, de l'édition allemande de ses *Œuvres complètes* [*Gesammelte Werke*].

C'est en 1907, alors qu'il enseigne depuis deux ans à l'université de Zurich, qu'il rencontre à Vienne Sigmund Freud, de dix-neuf ans son aîné, une rencontre passionnée de part et d'autre, qui les place d'emblée dans une relation impossible de filiation en même temps que de collaboration et de discussion parfois vive. En 1909, Jung se rend avec Freud aux États-Unis, à l'invitation de diverses universités. En 1910, il devient président de l'Association internationale de psychanalyse et il est rédacteur en chef du *Jahrbuch fur psychoanalytische und psychopathologische Forschung,* fondé par Freud et Bleuler.

Au cours de ces années, ses relations avec Freud s'avèrent de plus en plus difficiles et, comme on peut le voir dans sa *Correspondance,* ses réserves, puis ses réticences, enfin ses vives critiques envers l'autoritarisme de Freud témoignent bientôt de l'impossibilité où il se trouve de couler sa propre recherche dans le moule qui lui est offert, et avec la publication, en 1912, de *Métamorphoses et symboles de la libido* (+), il devient évident que l'inconscient, pour lui, ne saurait se définir par le seul refoulement et que ses productions ne sauraient donc être ramenées par l'interprétation à la seule histoire de la sexualité infantile. Ce livre provoque sa rupture définitive avec Freud.

Commence alors pour lui une période de solitude et de désorientation au cours de laquelle il se résout à ne plus rien avancer de théorique qui ne soit mis à l'épreuve de son expérience propre : il décide de se vouer à l'étude empirique et exploratoire de ses propres rêves et fantasmes, et toute son œuvre ultérieure restera marquée par cette confrontation singulière avec l'inconscient.

En 1916 paraît son étude sur la « fonction transcendante » (trad. *L'Âme et le Soi*) où, par référence à ce que les mathématiciens entendent par « fonction », il pose les bases d'une pratique dialectique qui permet de reconnaître sur le vif à la fois la relative autonomie du travail inconscient et ses effets de complémentarité et compensation. En 1921, il publie ses *Types psychologiques* (*) où il propose une analyse systématique des « attitudes » et des

« fonctions » qui orientent le conscient. Et en 1933, dans *Dialectique du moi et de l'inconscient* (*), il présente une vue d'ensemble de ce qu'il appelle le « processus d'individuation » au cours duquel s'opère la confrontation active avec l'« ombre », l'« anima » ou l'« animus » et le « soi ».

Jung voyage alors en Afrique du Nord, en Arizona et au Nouveau-Mexique, puis au Kenya ; et en 1929, grâce à sa rencontre avec le sinologue Richard Wilhelm, il découvre dans la tradition taoïste d'étonnants parallèles avec ses propres recherches et publie son *Commentaire sur Le Mystère de la fleur d'or* [*Das Geheimnis der goldenen Blüte*]. Sa psychologie a trouvé à s'affermir par l'étude d'autres traditions culturelles et religieuses et sa conception des « archétypes » est maintenant bien établie : il ne s'agit pas d'images ou d'idées innées et toujours semblables à elles-mêmes, mais de structures inconscientes qui organisent les représentations et les comportements observables.

Au cours des années trente, Jung accepte la présidence de la Société médicale et internationale de psychothérapie dont le siège est à Zurich et dont un des groupes nationaux est le groupe allemand contrôlé par le régime nazi, ce qui lui sera reproché par certains. En fait il a le tort évident de s'obstiner à parler alors des spécificités de la psychologie allemande par rapport à la psychologie juive comme il l'avait fait de la chinoise, mais, outre que son action institutionnelle vise clairement à sauver ce qui peut l'être encore des personnes et des idées, ses écrits de l'époque témoignent clairement de ses craintes et de ses mises en garde face aux débordements du moment : *Aspects du drame contemporain* (*) et *Problèmes de l'âme moderne* (*).

Après la publication, en 1940, d'une série de conférences prononcées à Yale (*Psychologie et Religion*) et, l'année suivante, de son *Introduction à l'essence de la mythologie* (*), commence, dès 1944, la dernière période de la vie et de l'œuvre de Jung, sans doute la plus féconde : il rend publiques les patientes recherches que depuis plusieurs années, dans le secret de sa bibliothèque, il conduit sur la littérature et sur l'iconographie alchimiques dans leurs rapports avec le christianisme et la psychologie d'aujourd'hui. Ce sera successivement *Psychologie et Alchimie* (*) en 1944, la *Psychologie du transfert* (*) en 1946, *La Symbolique de l'esprit* en 1948, *Aïon* en 1951, puis, en 1954, les *Racines de la conscience* et l'année suivante *Mysterium conjunctionis*.

Qu'on n'imagine pourtant pas le Jung des dernières années perdu dans ses grimoires et ses recherches érudites. En 1951, il se lance dans la rédaction d'une *Réponse à Job* (*) où il analyse l'histoire de notre culture, en 1957 il publie *Présent et Avenir*, et l'année suivante *Un mythe moderne* où il tente de rendre compte des bases psychologiques de la croyance aux OVNI, et il consacrera une bonne partie de ses dernières forces à son énorme correspondance et à la composition de son autobiographie.

L'édition de référence des œuvres complètes de Jung en allemand (*Gesammelte Werke*, dix-huit volumes et un volume d'index) a d'abord été entreprise par Rascher à Zurich et est assurée actuellement par Walter à Olten en Suisse. L'édition anglaise correspondante (*Collected Works*) est assurée par Routledge and Kegan à Londres et Princeton University Press à New Jersey, U.S.A. Ses œuvres complètes en traduction française sont en cours de publication chez Albin Michel. S'y ajoutent la publication de sa correspondance avec Freud (trad. en 1975), celle de sa correspondance générale (en cours chez Albin Michel), enfin l'édition pro manuscripto par l'Institut Jung de Zurich de ses Séminaires de 1928 à 1941.

Cette œuvre abondante et diverse fait l'objet de recherches et de développements nouveaux notamment de la part des analystes membres de l'Association internationale de psychologie analytique qui a été fondée par Jung en 1958 et regroupe une trentaine de Sociétés nationales ou régionales dont la Société française de psychologie analytique qui, avec le groupe d'études C. G. Jung de Paris, édite les *Cahiers jungiens de psychanalyse*.

CHRISTIAN GAILLARD.

RÉF. : J. Jacobi, *La Psychologie de Jung*, Paris, 1950. – C. Baudouin, *L'Œuvre de Jung*, Paris, 1963. – M. L. von Franz, *C. G. Jung*, Paris, 1975. – F. Fordham, *Introduction à la psychologie de Jung*, Paris, 1979. – E. G. Humbert, *Jung*, 1983. – « Jung », *L'Herne*, nº 46, 1984. – V. Brome, *Jung*, Paris, 1986. – B. Hannah, *Jung*, Paris, 1989.

JÜNGER Ernst. Écrivain allemand. Né à Heidelberg le 29 mars 1895. Issu d'une famille aisée, il est l'aîné de sept enfants. Sa scolarité se déroule de façon chaotique : il s'ennuie à l'école et passe d'un établissement à l'autre en rêvant d'aventures. En 1913, une fugue l'entraîne à la Légion étrangère, à Sidi Bel Abbès, d'où son père le tire malgré lui par la voie diplomatique. Saisi par l'enthousiasme patriotique qui accompagne la déclaration de la Première Guerre mondiale, il s'engage aussitôt comme volontaire. Son héroïsme dans les troupes de choc lui vaut quatorze blessures et la plus haute décoration allemande, l'ordre « Pour le mérite ». En 1917, il a la chance de sauver la vie de son frère Friedrich Georg, qui deviendra lui aussi écrivain et demeurera jusqu'à sa mort l'un de ses interlocuteurs privilégiés. Bien qu'il reste dans la petite armée de la République de Weimar jusqu'en 1923, Jünger entame dès 1920 sa carrière d'écrivain avec un ouvrage magistral, *Orages d'acier* (*), tiré de son expérience de la guerre et qui remporte un immense succès. Après avoir quitté l'armée, il commence des études de philosophie et de zoologie à Naples et à Leipzig. De 1925 à 1930, il collabore activement à des publications militaristes *(Die Standarte, Arminius, Der Vormarsch)* où il écrit des articles extrémistes, dans l'esprit de la « révolution conservatrice ». Mais son activité de journaliste se tarit peu à peu dans les années suivantes, au profit d'essais plus ambitieux comme *Le Travailleur* (*). À leur arrivée au pouvoir en 1933, les nazis, sensibles à son prestige d'ancien combattant et de brillant intellectuel de droite, lui font de multiples avances qu'il refuse fermement. Lorsque l'association des anciens de son régiment exclut les membres juifs, Jünger lui adresse aussitôt sa démission. En 1939, le roman « emblématique » *Sur les falaises de marbre* (*) attaque sous une forme voilée la barbarie nazie. Il déclenche l'hostilité du parti, mais Hitler, par sympathie pour ses premiers livres de guerre, décide de laisser Jünger tranquille. Il joue un rôle effacé dans la campagne de France avant d'être nommé à l'état-major parisien. Informé du projet d'attentat contre Hitler du comte Stauffenberg, Jünger ne participe cependant pas directement au complot ; lorsque son échec suscite des représailles sauvages, il est renvoyé en Allemagne et versé dans la territoriale. Après la guerre, il refuse de remplir le fameux questionnaire des Alliés et est frappé de quatre années d'interdiction de publication. Mais cela ne l'empêche pas de se livrer à une intense activité d'écriture. Depuis 1950, il vit retiré en Souabe, dans le petit village de Wilflingen qu'il quitte périodiquement pour de lointains voyages à travers le monde. Son dernier ouvrage, *Les Ciseaux* (*), a paru en 1990.

La force et la diversité de son œuvre placent Jünger au niveau des plus grands écrivains de notre temps, mais sa personnalité et ses orientations sont loin de faire l'unanimité, particulièrement en Allemagne où son passé militariste est très mal accepté par l'opinion libérale : en lui décernant le prix Goethe, la ville de Francfort souleva de très vives polémiques en 1982. De façon paradoxale, il se heurte à l'hostilité des « verts », alors qu'il est peu d'écrivains contemporains aussi sensibles que lui aux problèmes d'environnement et à la dévastation de la planète qu'il dénonce dans ses journaux de voyage – v. *Soixante-dix s'efface* (*). Sa volonté d'impassibilité qui n'exclut pas une vulnérabilité latente le fait taxer de froideur, cette même froideur que l'on reproche parfois à la perfection distanciée de son écriture. En France, ses qualités de styliste lui valent l'estime de ses pairs, sensibles également aux influences françaises qui ont contribué à sa formation intellectuelle. Chez nos classiques, Jünger prise surtout les moralistes ou les mémorialistes comme Rivarol ou Saint-Simon, mais ce sont les symbolistes et les décadents qui ont le plus marqué sa vision du monde : avec Baudelaire, Rimbaud, Huysmans, Léon Bloy, il entretient un dialogue permanent.

Par son âge, Jünger appartient à cette génération de jeunes bourgeois qui a pris contact à vingt ans avec un autre monde dans les charniers de la Première Guerre mondiale. Les valeurs anciennes semblaient balayées par ce retour à l'élémentaire que seuls pouvaient dominer le « réalisme héroïque » et l'impassibilité de l'artiste appliqué à transformer son expérience en vision. *Orages d'acier* témoigne de cette volonté de maîtriser par l'écriture une réalité apparemment indicible, sur laquelle Jünger reviendra dans *La Guerre, notre mère* (*) (1922), *Le Boqueteau 125* (*) (1924), *Feu et Sang* (1925) (*). Soucieux de maintenir sa foi dans le courage individuel, il est néanmoins bouleversé par la révélation d'une surpuissance technique qui s'impose de façon écrasante à l'humain. Si longtemps considérée comme un facteur de progrès, la technique pose désormais problème autant que la violence. Jünger ne cessera plus de méditer sur elle et, en 1932, dans *Le Travailleur,* il formule un diagnostic clinique plus précoce et plus complet qu'aucune autre réflexion contemporaine : la technique n'est pas un simple instrument dont on puisse user, elle modifie fondamentalement nos structures intellectuelles et spirituelles autant que notre appréhension du quotidien. De même que l'on a pu être autrefois paysan, prêtre ou soldat, nous dépendons tous aujourd'hui de la figure métaphysique du travailleur. La volonté de puissance nietzschéenne engendre un monde de titans, appliqués à tout assujettir à leur maîtrise technique.

Car après la guerre, Jünger a connu une nouvelle révélation terrifiante de la modernité, celle du totalitarisme où s'en donnent à cœur joie les techniciens de la puissance qu'il a longtemps désignés sous le terme de Maurétaniens, par référence au magicien de l'histoire d'Aladin. Contre l'État-Léviathan, le *Traité du rebelle* (*) (1951) ne voit d'autre recours qu'une sédition totale de l'homme qui affirme héroïquement ses valeurs individualistes, les armes à la main s'il le faut. L'œuvre tardive épurera encore cette attitude en substituant au personnage du rebelle celui de l'anarque *Eumeswil* (*) (1977). Contrairement au rebelle qui s'expose trop facilement à l'extermination en luttant à visage découvert, l'anarque entre en apparence dans le jeu de la puissance en sauvegardant une irréductible autonomie personnelle. Alors que les anarchistes se regroupent en partis et ambitionnent de remplacer un pouvoir par un autre, l'anarque oppose sournoisement à l'État la forme la plus radicale et la plus subversive de l'individualisme.

Dans cette lutte, il peut compter sur deux auxiliaires. Le premier est Éros, pouvoir des profondeurs, car « là où deux êtres s'aiment, ils conquièrent du terrain sur Léviathan, ils créent un espace qu'il ne contrôle pas » – v. *Passage de la ligne* (*) (1950). Ainsi dans *Héliopolis* (*) (1949), le héros Lucius combat un tyran démagogue, le bailli, et trouve la voie du salut dans l'amour d'une jeune Parsi, Boudour Péri, représentante d'un peuple persécuté. Mais le suprême recours est l'art, dans lequel Jünger voit une possibilité d'accéder à la transcendance. Lecteur forcené dès ses premières années, il lui arrive au sein des plus sanglantes batailles de confondre le réel et l'imaginaire, au point de mettre sur le même plan la grande offensive allemande de mars 1918 et la lecture de *Tristram Shandy* (*) qu'il poursuit dans l'intervalle des combats. Parallèlement à ses essais critiques, il développe une œuvre de fiction où la part du rêve est prépondérante. Après ses grands livres de guerre, il déçoit une partie de ses premiers admirateurs en publiant *Le Cœur aventureux* (*) (1929), recueil de nouvelles brèves, d'observations, de récits de rêves, qui se rapproche par certains côtés du surréalisme sans qu'il y ait toutefois d'influence directe. Jünger est d'ailleurs peu intéressé par les travaux de Freud et son art calculé est incompatible avec l'écriture automatique. Cette atmosphère onirique se retrouve dans son chef-d'œuvre, *Sur les falaises de marbre,* dont l'inspiration initiale lui est venue en rêve. La réalité nazie s'y projette dans un univers intemporel, comme plus tard dans le roman *Héliopolis,* marqué par certains traits de la science-fiction. Dans cette filiation de l'utopie romanesque se situent aussi *Abeilles de verre* (*) (1957) et *Eumeswil.* Jünger prend plaisir à emprunter les procédés des genres mineurs, et le cadre du roman policier lui sert dans *Une dangereuse rencontre* [*Eine gefährliche Begegnung,* 1985] pour évoquer l'atmosphère de la « Belle Époque ». Ses romans peuvent aussi s'appuyer sur une tradition plus réaliste, comme ceux dont la trame lui est fournie par ses souvenirs d'enfance et de jeunesse : *Jeux africains* (*) (1936) raconte ainsi sous forme à peine romancée sa fugue à la Légion étrangère, tandis que *Le Lance-Pierres* [*Die Zwille,* 1973] propose une élaboration plus complexe du passé en présentant à travers Clamor, enfant sensible et anxieux, le monde austère de l'internat.

Mais Jünger puise aussi son inspiration dans des expériences plus risquées. Tout ce qui permet de dépasser l'appréhension banale des choses le fascine : le vin, mais aussi la drogue dont les visions sont à l'origine de *Visite à Godenholm* [*Besuch auf Godenholm,* 1952]. Il leur a consacré un essai intitulé *Approches, drogues et ivresse* (*) (1970) où s'entremêlent avec un vif talent de conteur les anecdotes personnelles. Cette présence alerte fait le charme de ses souvenirs d'entomologiste, les *Chasses subtiles* (*) (1967) ; bien que spécialiste reconnu en la matière, Jünger, dont plusieurs insectes portent le nom, est aux antipodes d'une recherche où dominerait le chiffre. Il admire Linné plus que Darwin et se situe dans la tradition d'une science goethéenne, reposant sur l'acuité de l'observation et la minutie de la description.

Ses préoccupations spiritualistes qui s'affirmaient déjà dans son *Journal* (*) de la Seconde Guerre mondiale s'accusent dans ses œuvres tardives, qu'il s'agisse encore de journaux — v. *Soixante-dix s'efface* (*) (1980 et 1981) — ou d'essais. Dès *Le Mur du temps* (*) (1959), les conclusions du *Travailleur* étaient reprises dans une perspective plus théologique qu'analytique et l'histoire apparaissait comme la projection d'une réalité suprasensible d'inspiration presque platonicienne. Dans le diagnostic que Jünger porte sur notre époque, l'influence de Hölderlin se conjugue désormais à celle de Nietzsche ; le travailleur évolue vers la figure mythique du titan, en révolte contre les dieux dont nous vivons douloureusement le retrait. Cet interrègne ne livre cependant pas l'homme à l'absurde : le monde est une énigme cryptée où la parfaite harmonie des cristaux renvoie à un ordre mystérieux que l'art permet de pressentir — *L'Auteur et l'Écriture* [*Autor und Autorschaft,* 1984 et 1988]. Plus optimiste que Heidegger dans le débat amical qui les avait opposés en 1955 sur le « passage de la ligne » du nihilisme, Jünger reste persuadé qu'après une période de ténèbres l'homme retrouvera son sens dans une nouvelle relation au sacré : *Les Ciseaux.*

JULIEN HERVIER.

♦ *« Le livre d'Ernst Jünger sur la guerre de 14,* Orages d'acier, *est incontestablement le plus beau livre de guerre que j'ai lu. »* André Gide. ♦ *« L'œuvre d'Ernst Jünger* Le Travailleur *est une œuvre de poids parce qu'elle entreprend, d'une autre façon que Spengler, ce dont jusqu'ici toute la littérature nietzschéenne s'est montrée incapable ; elle entreprend de rendre possible une expérience de l'étant et de la façon dont il est, à la lumière du projet nietzschéen de l'étant comme volonté de puissance. »* Martin Heidegger. ♦ *« Il a une tournure d'esprit de moraliste, et cependant il est aussi très bon romancier. Quel pittoresque, quelle vérité dans les figures de* Jeux africains. *»* Marcel Jouhandeau. ♦ *« Rien ne pouvait paraître plus déconcertant de prime abord — rien ne peut être plus stimulant pour le lecteur français — que le contact avec l'œuvre de Jünger qui, pour sa plus grande part, m'apparaît souvent comme une tentative goethéenne — grave, pondérée, attentive, et qui ne se refuse aucun des apports de la tradition — de lecture, et parfois de décryptement, de l'univers. »* Julien Gracq. ♦ *« Je ne sais pas si l'on a suffisamment remarqué combien le journal en tant qu'œuvre littéraire, tel que le conçoit Ernst Jünger, est une nouveauté, une innovation qui est en train de se préciser, bien qu'elle ne puisse être reconnue comme telle que dans dix ou quinze ans. »* Mircea Eliade.

RÉF. : Julien Hervier, *Deux individus contre l'histoire : Drieu la Rochelle, Ernst Jünger,* Paris, 1978 ; *Entretiens avec Ernst Jünger,* Paris, 1986. — Banine, *Ernst Jünger aux faces multiples,* Paris, 1989. — Martin Meyer, *Ernst Jünger,* Munich, 1990.

JÜNGER Friedrich Georg. Poète, essayiste et nouvelliste allemand. Né le 1er septembre 1898 à Hanovre, mort le 20 juillet 1977 à Überlingen. Frère de l'écrivain Ernst Jünger, dès la fin de ses études secondaires, il est entraîné dans la Première Guerre mondiale, au cours de laquelle il est grièvement blessé. Lieutenant de la Reichswehr jusqu'en 1921, il partage l'idéal héroïque et militariste de son frère. Il entreprend des études supérieures de droit dans les universités de Leipzig et de Halle, passe son doctorat, mais n'exerce que peu de temps : installé à Berlin, il se consacre dès 1926 au métier d'écrivain. De 1928 à 1935, il est en relation avec le cercle réuni autour d'Ernst Niekisch. Plusieurs écrits antinazis dont *Le Pavot* (+) (1934) diffusé dans le public sous forme de tract lui valent d'être interrogé par la Gestapo et placé sous surveillance par les nouveaux maîtres. Depuis 1937, il vit à Überlingen, recevant de multiples distinctions : prix de l'Académie des beaux-arts de Bavière en 1950, prix Immermann en 1957, etc.

À travers les premiers vers de F. G. Jünger, réunis sous le titre *Poèmes* (+) (1934), de facture très classique, dans la lignée du *Divan* (*) de Goethe, nourris de mythologie gréco-latine, transparaît un culte de la beauté formelle rappelant l'esthétisme de S. George. Immédiatement après 1945, il publie, à intervalles rapprochés, toute une série de recueils lyriques : *Le Vent d'ouest* (+) (1946), *Le Collier de perles* (+) (1947), *La Cellule de chardons d'argent* (+) (1947) — ces trois derniers ouvrages réunis dans le volume *L'Anneau des années* (*) (1954) —, *Iris dans le vent* [*Iris im Wind*, 1952], *Fleuve noir, forêt blanche-vent* [*Schwarzer Fluss, windweisser Wald*, 1955]. Art de la litote, maîtrise transparente et glacée de l'expression : « Vers qui ne connaissent l'ombre, / Qui ne respirent l'air frais de la ballade. » Grâce à (ou à cause de) cette perfection formelle unanimement reconnue, la poésie de F. G. Jünger est peut-être (seulement) un beau marbre. Des essais de l'écrivain, le plus connu est *La Perfection de la technique* [*Über die Perfektion der Technik*, 1946], qui stigmatise, dans une perspective nietzschéenne, l'esprit « moderne ». Comme pour Nietzsche d'ailleurs, son maître à penser, la critique de la civilisation passe, chez F. G. Jünger, par une réflexion philologique : *Langage et Calcul* (+) (1956), *Langage et Pensée* [*Sprache und Denken*, 1962]. À partir de 1950 à peu près, F. G. Jünger fait œuvre de narrateur : deux recueils de nouvelles, *Nuit dalmate* [*Dalmatische Nacht*, 1950] et *Les Paons* (+) (1952) ; des livres de souvenirs, *Verts rameaux* [*Grüne Zweige*, 1951], qui retrace la jeunesse de l'écrivain, et *Miroir des ans* (+) (1958) qui évoque l'atmosphère berlinoise dans les années qui précèdent l'avènement du nazisme ; deux romans enfin, *Les Premiers Pas* (+) (1954), sur la débâcle de la monarchie habsbourgeoise, et *Deux sœurs* (*) (1956), dont l'action se déroule dans la Rome fasciste.

JEAN-JACQUES POLLET.

RÉF. : B. V. Wiese, *Rede auf Friedrich Georg Jünger*, in *F. G. Jünger zum 60 Geburstag*, Munich, 1958.

JUNG-STILLING Johann Heinrich. Écrivain allemand. Né à Grund (Nassau) le 12 septembre 1740, mort à Karlsruhe (Bade) le 2 avril 1817. Élevé de façon bizarre et exceptionnellement sévère par un père maître d'école et tailleur, qu'un veuvage prématuré avait rendu neurasthénique, il profita de son isolement pour lire beaucoup, *La Bible* (*) en particulier. Il lui resta une double empreinte de ces dix singulières premières années : son profond sentiment religieux (il fut toujours un piétiste convaincu), et des dispositions pour l'étude qui lui permirent d'atteindre un niveau de culture inhabituel chez quelqu'un de sa condition. S'il entra fort tard à l'Université — à trente ans — il n'en réussit pas moins à assimiler des connaissances un peu confuses, peut-être, mais variées, puisqu'il fut successivement instituteur, tailleur, précepteur, administrateur, médecin, professeur de science financière et propagandiste religieux. La rencontre décisive de son existence fut celle de Goethe (étudiant en droit à Strasbourg alors que lui-même y préparait sa médecine), non tant à cause de leur communauté de pensée qu'en raison de l'initiative que prit Goethe de faire publier, à l'insu de l'auteur, la première partie de l'autobiographie de Jung : *La Jeunesse de Henri Stilling* — v. *Histoire de la vie d'Henri Jung dit Stilling* (*) ; ce pseudonyme avait été spirituellement tiré du surnom donné aux piétistes « Die Stillen im Lande » : les Tranquilles. Jung-Stilling entretint une vaste correspondance avec des personnages illustres, écrivit une quantité d'ouvrages didactiques, des œuvres « occultistes » comme les *Scènes du royaume des esprits* [*Szenen aus dem Geisterreich*, 1797-1801] et des romans, comme *L'Histoire de Monsieur von Morgenthau* [*Geschichte des Herrn von Morgenthau*, 1779], qui rappellent les romans de Richardson. En tant que médecin, Jung se distingua par la diffusion de l'opération de la cataracte, encore fort peu répandue à l'époque. De nos jours, sa réputation littéraire n'est plus assurée que par son autobiographie.

♦ *« Jung-Stilling, fils de paysans, autodidacte, a raconté sa vie dans une série de livres, modèle de récit naïf plein d'observation menue et précise. »* Geneviève Bianquis.

RÉF. : Hans R. G. Günther, *Jung-Stilling. Ein Beitrag zur Psychologie des Pietismus*, 2e éd. 1948. — Max Geiger, *Aufklärung und Erweckung. Beiträge zur Erforschung Johann Heinrich Jung-Stillings und der Erweckungstheologie*, Zurich, 1963. — Gotthilf Stecher, *Jung-Stilling als Schriftsteller*, New York, 1967. — Otto W. Hahn, *Jung-Stilling zwischen Pietismus und Aufklärung*, Francfort-sur-le-Main, Berne, New York, Paris, 1988.

JUNIUS (pseud. de sir Philip Francis). Homme politique et écrivain anglais. Né à Dublin le 22 octobre 1740, mort à Londres le 23 décembre 1818. Sa carrière politique débute en 1756, et, dès 1762, il est un important fonctionnaire du ministère de la Guerre. Il prend une part active aux controverses politiques, malgré sa position officielle, et c'est entre janvier 1769 et janvier 1772 que sont publiées les fameuses *Lettres* (*) dont il n'avouera jamais être l'auteur. Ces pamphlets, signés de divers pseudonymes (Junius, Philo-Junius, Lucius, Brutus, etc.), ne pouvaient être que l'œuvre d'un personnage possédant de hautes relations et connaissant les affaires de l'État ; on avait donc les meilleures raisons de les attribuer à sir Philip qui, en mars 1772 précisément, quitte son poste pour voyager en Europe. À son retour, il entre, sur sa demande, dans l'administration de l'Inde où, pendant dix ans, il s'opposera avec violence au gouverneur général Warren Hastings au point d'en arriver à un duel dont il sort grièvement blessé. Il regagne la Grande-Bretagne en 1784 et est élu au Parlement ; puis, après deux tentatives infructueuses de réélection, il abandonne la vie publique. Libéral convaincu, bon réformateur, courageux – mais parfois injurieux dans ses attaques contre les gens en place –, acharné contre la corruption, Junius vit la Révolution française avec sympathie, lutta contre l'esclavage, et fut l'un des fondateurs de la « Society of the Friends of the People » (La Société des amis du peuple) dont la plus grande partie du programme de base est due à sa plume.

JURČIČ Josip. Écrivain slovène. Né à Muljava le 4 mars 1844, mort à Ljubljana le 3 mai 1881. Avant même de terminer ses études au lycée de Ljubljana, ce fils de paysans pauvres vécut de sa plume. Il étudia, à Vienne, pendant trois semestres, la philologie classique et slave, mais la misère et sa passion d'écrire l'obligèrent, dès 1868, à se consacrer exclusivement au journalisme et à la littérature. Rédacteur dans un journal de Maribor et dans une revue slovène à Vienne, il devint codirecteur d'un journal pro-yougoslave paraissant en allemand à Sisak (Croatie). Depuis 1871, il fut rédacteur en chef de la *Nation slovène* [*Slovenski Narod*], organe libéral, transféré en 1872 de Maribor à Ljubljana.

Romantique dans le choix du sujet – historique ou folklorique – de la plupart de ses récits, il répondit ainsi au programme littéraire de la renaissance nationale des Slovènes au XIXe siècle, sa peinture des caractères et de la vie accusa cependant tôt des traits réalistes. Sa force réside dans la description du milieu paysan. Son grand talent de conteur populaire, formé sous l'influence de Levstik, s'inspira souvent des motifs et de la technique de Walter Scott, surtout dans son roman principal *Le Dixième Frère* (*) (1866). Il publia des contes, dès 1861, et conquit, à l'âge de vingt ans, son premier succès avec la nouvelle « J. K., janissaire slovène » [Jurij Kozjak, slovenski janičar, 1864], qui fut traduite en français. Ses autres œuvres les plus importantes sont : *Domen* (1864) ; *Le Contrebandier* [*Tihotapec*, 1865] ; « Le Fils du voisin » [Sosedov sin, 1868], sa meilleure nouvelle, *Doktor Zober* (1876) ; *Entre deux chaises* [*Med dvema stoloma*, 1876] ; *La Belle Vida* [*Lepa Vida*, 1877], et – en collaboration avec Levstik – *Tugomer* (1876), tragédie en vers, présentant un épisode de l'histoire des Slaves de l'Elbe. Il adapta les souvenirs d'un soldat napoléonien d'origine slovène sur la campagne de Russie.

Son œuvre, volumineuse et de valeur durable, inscrite pour toujours au cœur de son peuple, est caractéristique de la première grande époque de la nouvelle, du roman, et des débuts de la tragédie slovènes.

BORUT ZERJAV.

RÉF. : A. Slodnjak, *Pregled slovenskega slovstva*, 1934. – I. Grafenauer, in *Slovenski Biografski Leksikon*, I.

JUSSIEU Antoine Laurent de. Botaniste français. Né à Lyon le 22 avril 1748, mort à Paris le 17 septembre 1836. Neveu de Bernard de Jussieu, conservateur du « Jardin du Roi », il lui succéda et poursuivit des recherches de botanique expérimentale entreprises depuis de longues années déjà. En 1772, il présenta à l'Académie des sciences un mémoire sur les renonculacées, où il exposait des principes nouveaux sur l'ordre naturel des plantes. Son mémoire lui valut un siège à cette académie. Mais l'exposé complet de ses travaux sur la classification des espèces végétales, contenu dans le *Genera plantarum secundum ordines naturales disposita* (*), ne parut qu'en 1789, établissant sa réputation. Comme d'autre part il avait adhéré aux principes de la Révolution, il fut nommé administrateur des hôpitaux de Paris, et fut en outre chargé de rechercher, dans les bibliothèques des monastères, des ouvrages scientifiques, qui devaient figurer dans les premières bibliothèques publiques instaurées en France. Il fonda en 1790 le Museum d'histoire naturelle dont en 1800 il refusa la direction, peut-être pour des raisons politiques. Il se retira en 1824, après avoir constamment travaillé à compléter son important ouvrage dont il ne put, pour raison de santé, publier une seconde édition. Il a écrit de nombreux articles dans les *Annales* et les *Mémoires* du Muséum.

RÉF. : Alfred Lacroix, *Notice historique sur les Cinq de Jussieu...*, Paris, 1936.

JUSTIN (Marcus Iunianus Iustinus). Historien latin. On ne sait presque rien de lui. Certains, constatant que saint Jérôme est le premier à le mentionner, placent son existence au IIIe siècle. D'autres le font vivre sous l'empereur Antonin, auquel il aurait dédié son œuvre ; mais cette dédicace est sans doute apocryphe. Seule certitude : il rédigea, à Rome, un *Epitomé des Histoires philippiques* (*) de Trogue-Pompée, un Gaulois contemporain d'Auguste. Il fait donc partie de ces abréviateurs qui, au Bas-Empire, résumaient à l'usage des nouvelles classes dirigeantes, souvent peu cultivées, l'histoire ancienne de Rome. Semblant suivre de près son modèle, Justin n'est pas un auteur original, mais il nous a conservé un texte important.

ÉTIENNE WOLFF.

JUSTIN saint, dit le Philosophe. Docteur de l'Église. Né à Flavia Neapolis, l'ancienne Sichem, aujourd'hui Naplouse, au commencement du IIe siècle, martyrisé à Rome entre 163 et 165. De famille païenne, il ne se convertira au christianisme qu'après avoir cherché vainement la vérité dans différentes écoles philosophiques, et principalement dans celle de Platon. La date de sa conversion est incertaine, et le récit qu'il en a laissé dans le *Dialogue avec le juif Tryphon* (*), exact en ce qui concerne les idées, mais très littéraire, n'offre pas, quant aux circonstances, toutes les garanties d'une vraie confession. Il est certain, cependant, que Justin fut amené, pour une grande part, à se convertir par suite de l'accomplissement des prophéties, de la haute moralité des chrétiens et de l'héroïsme des martyrs. Même après sa conversion — survenue, croit-on, à Éphèse — il continua à enseigner la philosophie, en se gardant, toutefois, d'imiter la jactance de ces rhéteurs qu'il appelle des « amants du bruit et non de la sagesse ». Il fit deux séjours à Rome et y ouvrit une école de philosophie chrétienne. À partir de 150, il écrivit deux *Apologies* (*) des chrétiens (en se qualifiant « l'un d'eux ») et du christianisme, qu'il adressa à Antonin le Pieux, à Marc Aurèle, à Lusius Verus, au Sénat et au peuple de Rome. La *Deuxième apologie à Antonin le Pieux en faveur des chrétiens* [*Eorundem ad Antoninum Pium defensio*] n'est, à vrai dire, qu'un appendice à la première : *Apologie au Sénat romain en faveur des chrétiens* [*Ad Senatum romanum christianorum defensio*]. Dans cet ouvrage apparaît sa doctrine du « logos spermatikos », grâce à laquelle un pont est jeté entre quelques philosophes grecs considérés comme ayant eu une révélation partielle du Verbe, et le christianisme. Dans ces apologies, Justin, avec beaucoup de sérénité, ne cache pas qu'il s'attend à subir à son tour le martyre. Toute sa vie fut d'ailleurs une « méditation sur le martyre », qui donnait du poids à sa parole et renforçait son courage. Ce martyre qu'il prévoyait sans le redouter fut l'aboutissement des calomnies du philosophe cynique Crescentius qu'il avait, au cours d'un débat contradictoire, convaincu d'ignorance en ce qui concerne la religion chrétienne. Il eut lieu sous le préfectorat d'un autre philosophe, le stoïcien Junius Rusticus, et le règne de Marc Aurèle qui, plus que tout autre, pourtant, était apte à comprendre une grande âme. On a conservé les *Actes* de son martyre (saint Justin l'affronta en compagnie de quelques autres chrétiens, entre 163 et 165). Comme le préfet Rusticus lui demandait ironiquement : « Toi qui es un savant, comment peux-tu t'imaginer que, si je te fais décapiter, tu ressusciteras et monteras au ciel ? — Je ne me l'imagine pas, répondit Justin, mais je le sais d'une science certaine. »

RÉF. : Walther Jehne, *Die Apologie Justins de Philosophen und Martyrers...*, Leipzig, 1914. — Dom Jean Leclercq, *L'idée de la royauté du Christ dans l'œuvre de saint Justin*, s. l., 1946. — Benedict Kominiak, *The Theophanies of the Old Testament in the Writings of St. Justin*, Washington, 1948. — Edmond Robillard, *Justin, l'itinéraire philosophique*, Paris, 1989.

JUSTINIEN (appelé dans les diptyques consulaires Flavius Petrus Sabbatius Justinianus). Empereur romain d'Orient. Né à Tauresium, en Mésie, village des montagnes de Macédoine, en 482, mort le 14 novembre 565. D'une famille de paysans originaires de l'Illyrie et qui avaient subi l'influence romaine, Justinien fut envoyé à Constantinople et y reçut une éducation et une instruction conformes aux habitudes de Rome ; il eut la bonne fortune d'être adopté par son oncle Justin, empereur d'Orient depuis 518, qui était vieux et n'avait point d'enfants. Celui-ci bientôt l'associa au pouvoir, le 1er avril 527, le jour où Justinien épousait Théodora. Il succéda à Justin quelques mois plus tard. Toutes les forces byzantines furent par lui employées à une restauration de l'Empire romain sous le signe du Christ. Justinien, aidé par ses généraux Bélisaire et Nartès, réussit en partie dans son entreprise de conquérir l'Occident, envahi par les Vandales, les Francs, les Wisigoths et les Ostrogoths, et à s'opposer aux incursions des Perses, des Huns, des Slaves. Dans le domaine administratif, il fit des réformes importantes, unifia les pouvoirs civils et les pouvoirs militaires, allégea les impôts qui pesaient lourdement sur les populations par suite des guerres continuelles, des fastes de la cour byzantine et des constructions de basiliques comme celle de Sainte-Sophie à Constantinople et celles de Ravenne. Il donna une impulsion nouvelle à l'agriculture, au commerce, à la reconstruction des monuments. Dans le domaine religieux il tenta de rétablir la paix et l'unité, le monde chrétien étant bouleversé par des controverses d'ordre théologique, et il ne se priva point de faire violemment pression sur l'Église de Rome et sur ses papes. Mais son talent de réorganisation apparaît surtout dans son œuvre juridique, la plus vaste qu'on ait menée à bien depuis la décadence de l'Empire romain. Il recueillit, en faisant une vaste compilation, les pricipales lois du droit romain, lois dispersées, confuses et souvent contradictoires, et les présenta sous le titre de *Corpus de droit civil* (*), le plus célèbre des Corpus qui existaient alors et grâce auquel le droit fut délimité avec certitude, à une époque où régnait le plus extrême désordre. L'influence exercée par cette œuvre gigantesque n'a pas cessé de se faire sentir à travers les siècles.

♦ *« Gloire à Dieu qui m'a jugé digne d'accomplir un tel ouvrage ! Salomon, je t'ai vaincu. »* Justinien.

♦ *« Lorsqu'on lit Procope sur les édifices de Justinien, et qu'on voit les places et les forts que ce prince fit élever partout, il vient toujours dans l'esprit une idée, mais bien fausse, d'un État florissant / ... / Toutes ces listes de noms des forts que Justinien fit bâtir, dont Procope couvre des pages entières, ne sont que des monuments de la faiblesse de l'empire. »* Montesquieu. ♦ *« Si l'œuvre fut peu durable, la pensée du moins était grande. »* Ch. Diehl.

RÉF. : Paul Collinet, *The General Problems Raised by the Codification of Justinian*, Haarlem, 1922 ; *Les Preuves directes de l'influence de l'enseignement de Beyrouth sur la codification de Justinien*, Paris, 1938. – Rodolphe Guilland, *Politique intérieure de l'Empire byzantin de 525 à 717*, Paris, 1950. – Gerostergios, *Justinian the Great*, Belmont (Mass.), 1982.

JUVÉNAL (Decimus Junius Juvenalis). Poète satirique latin. Ses *Satires* (*), à la différence de celles de Lucilius et d'Horace, ne contiennent pas d'allusions précises à la personne et à la vie du poète, ni aux hommes ou aux événements de son temps. À l'exception de Martial, les écrivains contemporains ne semblent pas connaître Juvénal, et ses plus anciennes biographies, toutes passablement postérieures à son époque, ne méritent pas grand crédit. On sait seulement que, né à Aquinum vers 60 ap. J.-C., il fut peut-être, à Rome, client d'un affranchi, étudia la rhétorique et s'entraîna longtemps dans l'art oratoire. Juvénal, sans qu'on puisse l'affirmer, aurait été relégué à Syène, en Haute-Égypte (d'où, peut-être, la connaissance de ce pays dont il témoigne dans la satire XV), mais on ne saurait en préciser l'époque. Le poète publia assez tardivement ses satires, dont le recueil remonte aux règnes de Trajan et d'Hadrien. C'est alors, en effet, que furent rétablies les libertés supprimées sous le sombre règne de Domitien, honni du satirique. Juvénal vivait encore en 127 et, si l'on devait en croire une ancienne biographie, il vit le début du règne d'Antonin le Pieux (138). Les *Satires* de Juvénal eurent peu de lecteurs dans les premiers siècles, et leur diffusion commença seulement à la fin du IVe. Lues même dans les écoles, elles eurent plusieurs dizaines d'éditions avant 1500 et connurent un grand succès au temps de la Renaissance. Quant à l'auteur, on s'efforça de percer le mystère de sa vie et, faute de détails, on en inventa.

♦ *« Juvénal, élevé dans les cris de l'école, / Poussa jusqu'à l'excès sa mordante hyperbole. / Ses ouvrages, tout pleins d'affreuses vérités, / Étincellent pourtant de sublimes beautés. »* Boileau. ♦ *« Pas une corde ne manque à cette lyre, ni à ce fouet... Qu'est-ce que Régnier ? qu'est-ce que d'Aubigné ? qu'est-ce que Corneille ? Des étincelles de Juvénal. »* Victor Hugo.

RÉF. : P. de Labriolle, *Les Satires de Juvénal*, Paris, 1932. – P. Ercole, *Studi Criovenaliani*, Carabba, 1935. – E. V. Marmorale, *Giovenale*, Naples, 1939. – J. Gérard, *Juvénal et la réalité contemporaine*, 2 vol., Lille, 1976. – E. Courtney, *A Commentary on the Satires of Juvenal*, Londres, 1980.

K

KABALEVSKI Dimitri. Compositeur russe. Né à Saint-Pétersbourg le 30 décembre 1904, mort à Moscou le 17 février 1987. Il fait ses études au Conservatoire de Moscou à partir de 1925 avec Miaskowski et Goldenweiser. Il se fait connaître avec ses *3 Mélodies d'Alexandre Blok* (1927). Il enseigne la composition au Conservatoire de Moscou à partir de 1932. Rapidement, il s'impose comme une figure dominante de la vie musicale soviétique : secrétaire de l'Union des compositeurs de l'U.R.S.S., il adhère au parti communiste en 1940. Son œuvre, facile et vivante, respecte les formes traditionnelles : trois concertos pour piano (1929, 1935, 1952), un pour violon (1948) et un pour violoncelle, plus quatre symphonies. Dans le domaine lyrique, il a écrit cinq opéras dont seul le premier s'est véritablement imposé : *Colas Breugnon* (+) (1937-72). Il doit sa notoriété à la pétillante suite d'orchestre qu'il a tirée, en 1940, de sa musique de scène pour la pièce d'Ostrovski, *Les Comédiens* (1933). Mais le véritable visage de Kabalevski se trouve dans les petites formes, dans les œuvres pour piano à vocation pédagogique qu'il a malheureusement abandonnées à la fin des années 40.

ALAIN PÂRIS.

RÉF. : Dimitri Kabalevski, *Un compositeur parle de l'éducation musicale*, Lausanne, 1988.

KABĪR. Poète mystique indien de langue hindie. Né vers 1440, mort à Maghar (district de Basti) en 1518. D'origine brahmane, mais tôt orphelin, il fut recueilli par des tisserands musulmans, puis devint disciple du réformateur vichnouite Rāmānanda, à Bénarès, tout en continuant de pratiquer le métier de ses parents adoptifs. Il se fit peu à peu connaître comme le poète mystique de l'union à Dieu. Si les deux traditions islamique et hindoue se rencontraient en lui, Kabīr rejetait également les deux orthodoxies et toutes leurs prescriptions rituelles : « Ceux-là sont bons cavaliers qui se tiennent éloignés des *Veda* (*) et du *Coran* (*). » Toute sa dévotion s'adresse au Dieu unique, qu'il trouve partout, et qu'il appelle tantôt, comme les Hindous, Hari ou Rām, ou encore comme les musulmans : Rāhim [le Compatissant] et Sahib [Seigneur]. Des rares fragments attribués à Kabīr, certains sont contenus dans la première partie du *Granth* (*), livre sacré des Sikhs, composé en 1604 par son disciple Nānak. Un recueil de ses courts poèmes, le *Bījak,* fut réuni par ses disciples en 1750. Certains de ces textes ont été traduits en anglais par Tagore. Aujourd'hui encore, plusieurs sectes hindoues se réclament de Kabīr, notamment les Kabīrpanthi, qui sont près d'un demi-million.

RÉF. : Ch. Vaudeville, *Kabīr, Au cabaret de l'amour,* Paris, 1959. – R. Varma, *Kabīr*, Delhi, 1977. – D. Scott, *Kabīr's Mythology : The Religious Perceptions, Doctrins and Practices of a Medieval Indian Saint,* Delhi, 1985.

KÂCHÉFI SABZEVÂRI Hossein Vâ'ez. Écrivain iranien. Né à Beyhaq (environs de Sabzevâr), mort à Hérat en 1504-05. Il passa sa jeunesse à Beyhaq, vécut à Nichapour et Machad puis, jusqu'à sa mort à un âge avancé, une vingtaine d'années à Hérat où il fut prédicateur [vâ'ez] à la cour du sultan timouride Hossein Bayqarâ. Contemporain du grand peintre Behzâd et du poète et soufi Djâmi, il vécut l'une des brillantes périodes de la culture iranienne classique, et offre une figure de lettré typique de son temps. Il composa des poèmes en persan, mais produisit surtout nombre d'œuvres en prose. On lui en doit une quarantaine, dont deux en particulier firent sa renommée, *Les Lumières de Canope* (*), et *Le Jardin des martyrs* [*Rowzat al-chohadâ,* 1502-3], populaire chez les Chiites, et consacré pour l'essentiel aux martyres d'Ali et de Hossein, petit-fils du Prophète. Kâchéfi était né en pays chiite, quoiqu'il se serait ensuite affilié à l'ordre sunnite des Naqchbandis. Il rédigea des ouvrages très divers, pour la plupart en persan, des commentaires et un traité de récitation du Coran, des anthologies du *Masnavi* (*) de Roumi, mais aussi des écrits scientifiques, en particulier dans le domaine des sciences occultes (alchimie, astrologie). On lui doit encore trois œuvres importantes : *L'Éthique à Abou Mohsen* [*Akhlâq-é Mohseni,* 1494-5], offerte au fils du sultan Hossein, qui compte parmi les plus célèbres traités de morale en persan ; à côté de plusieurs ouvrages sur l'art épistolaire en persan, *Les Merveilles de la pensée dans l'art de la poésie* [*Badâ'i' al-afkâr fi sanâ'i' al-ach'âr*], traité de technique poétique ; le *Fotovvat-nâmé-yé Soltâni,* à tendance soufie, rare traité réunissant des renseignements détaillés sur l'organisation sociale des « fityân » (ou « javânmardân »), jeunes gens adhérant à l'éthique particulière de la « fotovvat », et dont les groupements eurent part à l'histoire de l'Iran médiéval. Son fils Fakhr al-Dîn 'Ali Safi lui succéda comme prédicateur, qui fut aussi un lettré.

MARINA GAILLARD.

RÉF. : Henry G. Keene, *Akhlak-e Muhsini,* Hertford, 1850. – Edward G. Browne, *A Literary History of Persia,* III, Cambridge, 1928. – Jan Rypka, *History of Iranian Literature,* Dordrecht, 1968. – Gholam Hosein Yousofi, « Kâshifî », *Encyclopédie de l'Islam,* 2e édition. – Henry Corbin, *Histoire de la philosophie islamique*, Paris, 1986. – G. M. Wickens, « Anwâr-e Sohaylî », *Encyclopaedia iranica,* II.

KAČIĆ MIOŠIĆ Andrija. Écrivain croate. Né à Brist en 1704, mort à Zaostrog le 14 décembre 1760. Issu d'une famille dalmate fortunée, il devint frère franciscain à seize ans. Appelé à exercer des fonctions élevées dans son ordre, il fut envoyé à Bude pour étudier la théologie et la philosophie. Ordonné prêtre en 1728, il devint professeur au monastère de Zaostrog et, en 1735, « lector generalis » au séminaire de Sibenik. En 1745, on l'envoya à Sumartin sur l'île de Brač où des franciscains chassés par les Turcs s'étaient réfugiés ; il y fit construire un nouveau monastère à l'édification duquel il participa de ses mains. Il fut rappelé à Zaostrog, en 1750, pour y rester jusqu'à sa mort. Comme professeur, il écrivit des manuels. Plus tard, il publia ses *Elementa peripatetica juxta mentem subtilissimi doctoris Ioannis Duns Scoti* (1752). Beaucoup plus importante est son œuvre en langue nationale. Sa vie au milieu du peuple, en Dalmatie et en Bosnie, lui fit déplorer l'ignorance des masses arriérées. Il découvrit cependant que ce peuple possédait une source précieuse : la poésie épique. Aussi décida-t-il de raconter le passé des Slaves du Sud à la manière des vieilles chroniques et, en partie, dans les vers de la poésie populaire afin de rendre ses écrits accessibles à tous. Il publia deux livres de chroniques dont le plus important fut *Conversation agréable du peuple slave* (*) (1756).

KADARÉ Ismaïl. Écrivain albanais. Né le 28 janvier 1936 à Gjirokastër, l'Argyrikastron de l'Antiquité, la grande ville de l'Empire romain du sud de l'Albanie. Après avoir étudié à l'université de Tirana, il poursuit ses études littéraires à l'Institut Gorki de Moscou avant d'en être chassé, fin 1960, au moment de la rupture de son pays avec l'U.R.S.S., mais il restera marqué par la culture russe qu'il y a découverte. À dix-huit ans, en 1954, il avait publié son premier recueil de poèmes, *Vers de jeunesse*, et, à son retour en Albanie, un nouveau recueil, *Mon siècle* (1961). Mais il va bientôt s'affirmer comme romancier, tout en poursuivant son œuvre poétique : *À quoi pensent les montagnes* (1964), *Motifs solaires* (1968).

Son premier roman, *Le Général de l'armée morte* (*) (1963), qu'il travaille, retravaille, pendant plus de cinq ans après son séjour soviétique, va apporter la consécration internationale à cet inconnu : publié en France en 1970, il sera traduit, au fil des années, en une trentaine de langues. Tandis que se durcit l'isolement de l'Albanie en même temps que fleurit l'entente sino-albanaise, Ismaïl Kadaré publie à Tirana *Les Tambours de la pluie* [*Keshtjella,* 1970], sur la lutte de Skanderbeg contre l'occupant ottoman au XVe siècle, puis *Chronique de la ville de pierre* [*Kronike ne gur,* 1971], une chronique autobiographique de l'enfance de l'auteur dans sa ville natale pendant les années de la guerre et sa découverte, qui sera capitale pour toute son œuvre, de Shakespeare et de *Macbeth* (*). Député à l'Assemblée populaire de 1970 jusqu'en 1982, ce qui est une fonction honorifique comme dans les autres pays de l'Est, il est un des rares Albanais qui réussit alors à voyager à l'étranger, le seul Albanais de renom en tout cas, grâce à qui l'Occident va découvrir alors l'existence de ce pays enfermé et de ce qui survit sous la chape de plomb du régime. En 1973, il publie *Le Grand Hiver* (*), dans lequel il décrit de l'intérieur la rupture de son pays avec Moscou en 1961, sujet qu'il reprendra quelques années plus tard dans *Le Crépuscule des dieux de la steppe* (+), sous la forme d'un roman dont le narrateur, étudiant à Moscou au moment des événements, lui ressemble comme un frère.

Le début des années 70 va marquer un tournant dans son existence et dans son œuvre et une prise de conscience de plus en plus affirmée, et téméraire, de la nature du totalitarisme. *Avril brisé* (*), *Le Pont aux trois arches* [*Ura me tre harqe*], *Qui a ramené Doruntine ?* (*), vont essuyer des critiques de la part des bureaucrates qui lui reprochent « son traitement subjectiviste des éléments historiques et son utilisation arbitraire des vieilles légendes albanaises » et en interdisent la publication jusqu'en 1978. En 1985, de nouveau, il ne peut publier et, pour la première fois, songe à quitter son pays. Il écrit alors un roman épico-burlesque sur les prémices de l'indépendance de l'Albanie en 1912, mais sans jamais tomber dans le piège du roman historique ou hagiographique, qu'il nomme d'un titre à double fond : *L'Année noire* (1986)... Le Kosovo, berceau de l'Église serbe, mais peuplé en grande majorité d'Albanais, périodiquement en proie à des troubles, lui inspire, après les événements sanglants de 1981, un beau récit sur le mariage empêché d'une Serbe et d'un Albanais, *Le cortège de la noce s'est figé dans la glace*.

Extraordinaire conteur, qui ne cesse de polir et de repolir ses écrits, il utilise les ballades sans âge comme antidote aux dogmes staliniens avec un extraordinaire pouvoir de suggestion, revenant sans cesse à ses thèmes préférés : Shakespeare et la Grèce (traduction de *L'Orestie*), les œuvres de la tradition orale (dans *Le Pont aux trois arches, Avril brisé, Qui a ramené Doruntine ?*). Œuvres où l'épique se prolonge dans le présent et dont on retrouve d'un livre à l'autre les lieux et les personnages, admirablement imbriqués. Attachement au monde antique grec plutôt qu'à l'islam, comme il le montre dans *Eschyle ou l'Éternel Perdant* (1988), ou comme il s'en amuse dans *Le Dossier H* [*Dosja H*]. Tiré d'une histoire véridique sur les mésaventures de deux Américains venus rechercher les sources homériques des épopées albanaises, ce récit plein d'humour allusif, terminé en 1981 et publié en revue, ne paraîtra en livre qu'en 1990. *Le Concert* (*), achevé en 1981, ne sera pas diffusé en librairie ; *Le Palais des rêves* (*), une fable d'une grande hardiesse sur la police des âmes, publié en 1982, sera vivement critiqué. Dans *Le Concert* (1988), qui fait pendant, d'une certaine manière, au *Grand Hiver,* Kadaré use d'une forme shakespearienne — tragédie et bouffonnerie mêlées — pour traiter des années d'amitié avec la Chine et de la rupture de Tirana avec Pékin au début des années 70. Petite puissance qui parle d'égal à égal avec les plus grands, l'Albanie veut avoir son mot à dire dans le concert mondial, une symphonie chaotique dramatico-bouffonne qui, entre Tirana, Pékin et même Paris ou Cuba, met au centre du monde ce pays fier de son splendide isolement et plein de mépris pour l'ex-ami chinois qui a « trahi le peuple albanais ». Une drôle de promenade dans un pays où les étrangers circulent peu, où l'information ne circule pas du tout, où la rumeur est reine et où les acteurs de l'Histoire sont, tel Œdipe, aveugles, ignorants de ce que trament, derrière la Grande Muraille, leurs dieux du moment. Prisonniers d'une fatalité qui ne peut être qu'inquiétante.

La mort d'Enver Hoxha en 1985, puis l'arrivée à la présidence de la République albanaise de Ramiz Alia soulèvent d'abord des espérances chez Kadaré, jusqu'au printemps 1990. Il se fait remarquer mondialement par un article pour défendre le roman de son concitoyen Neshat Tozaj, *Les Couteaux,* puis, lors d'une entrevue, réclame une démocratisation à Ramiz Alia qui reconnaît : « Tu as raison. En Albanie, on viole les droits de l'homme. » Les déceptions s'accumulent. Il va décider de partir. « Alors il fait le pari d'une absence explosive contre une puissance muette, qui ne risquait plus que de le faire passer pour le soutien d'un régime totalitaire », écrit Éric Faye pour expliquer le départ de l'écrivain et sa décision de ne plus revenir à Tirana tant que la démocratisation n'aurait pas été adoptée.

Il aura été pendant des années le messager unique d'un État enfermé, un pays où on n'allait pas, dont on ne savait rien et qui ne voulait pas se faire connaître, ce qui a longtemps prêté à une confusion, l'Occident attribuant à l'écrivain un mélange de mystère et de dissimulation dû à ses rapports avec le régime plutôt qu'à sa volonté. Il s'en est expliqué après son départ dans *Printemps albanais* [*Nga nje dhjetor ne tjetrin*], puis dans *L'Invitation à l'atelier de l'écrivain* (*) et dans *Le Poids de la croix* (*), la série de confessions à la fois politiques et littéraires qu'il a écrites et publiées après son départ d'Albanie. Après les élections qui ont mis fin au pouvoir des communistes, et l'arrivée au pouvoir de Berisha, Ismaïl Kadaré est revenu dans son pays, se partageant désormais entre l'Albanie et la France.

NICOLE ZAND.

RÉF. : Michel Métais, *Ismaïl Kadaré et la nouvelle poésie albanaise,* Paris, 1973. – *Anthologie de la prose albanaise,* présentée par Alexandre Zotos, Paris, 1984. – Anne-Marie Mitchell, *Un rhapsode albanais : Ismaïl Kadaré,* Paris, 1990. – Éric Faye, *Ismaïl Kadaré. Prométhée porte-feu et Entretiens,* Paris, 1991. – Fabien Terpan, *Ismaïl Kadaré,* Paris, 1992.

KADEN-BANDROWSKI Juljusz. Romancier polonais. Né à Rzeszów (Pologne) le 24 février 1885, mort à Varsovie entre le 6 et le 10 août 1944. Il passa son enfance et son adolescence à Rzeszów, qu'il appelait « la ville de ma mère », et y reçut l'empreinte d'une famille encline à la bonté et à la justice, où l'on ressentait un fraternel amour pour tous les hommes. Ces premières années marquèrent son âme pour la vie entière, lui inspirant son chef-d'œuvre : *La Ville de ma mère* (*) (1925). Il fit ses études à Varsovie, suivit à Bruxelles des cours de musique et de philosophie, puis regagna la Pologne en 1914 pour s'engager dans les légions de Pilsudski. Ces expériences, ainsi que beaucoup d'autres, lui inspirèrent des nouvelles et des romans : *Le Général Bartch* [*General Barcz,* 1923], *Ailes noires* [*Czarne skrzydla,* 2 vol., 1928-1929], *À l'ombre des aunes oubliés* [*W cieniu zapomnianej olszyni,* 1926], etc. Kaden-Bandrowski est considéré comme l'un des conteurs les plus doués de la Pologne libre de 1922, et sa renommée a franchi les frontières de son pays. Lorsque éclata la Seconde Guerre mondiale, l'écrivain combattit dès le premier jour l'envahisseur, participa à l'insurrection de Varsovie et mourut, atteint par une balle allemande, dans une rue de la capitale.

♦ *« Kaden-Bandrowski est l'écrivain par excellence de sa génération, profondément uni à la vie de son époque, dont il analyse courageusement les manifestations. »* St. Gogluska.

RÉF. : *Pologne, 1919-1939* (ouvrage collectif), Neuchâtel, 1947.

KAFKA Franz. Écrivain tchèque d'expression allemande. Né à Prague le 3 juillet 1883, mort au sanatorium de Kierling le 3 juin 1924. Fils d'un commerçant israélite aisé, son enfance s'écoula dans le vieil empire d'Autriche où, déjà, apparaissaient les signes avant-coureurs d'une déflagration inévitable, au carrefour des cultures slave (tchèque), allemande et juive. Depuis des siècles, les trois humanismes, si différents, avaient pris racine à Prague et, pour chacun d'eux, cette rencontre fut la source d'un enrichissement spirituel intense. Ses études dans une école, puis dans une université allemandes où il obtint son doctorat en droit, exercèrent sur Kafka la plus grande influence. Plus tard, il subit l'attrait de la sagesse et de la religion hébraïques transmises par ses ancêtres. Sioniste ardent, il comptait s'établir en Palestine, mais, voyant apparaître les premiers symptômes de la tuberculose, il dut renoncer à son projet (1917). La culture tchèque, elle aussi, le marqua, comme les autres écrivains de l'école de Prague (Rilke, Werfel, Brod, Meyrink, etc.) d'une façon décisive. Ce qui distinguait cette école, c'était une grande propension à la métaphysique, un double attrait pour les aspects réalistes du monde et pour la musique qui s'en dégage, une synthèse de rêve, d'ironie et de lucidité raisonnée. Ce monde du rêve, que Kafka (le plus représentatif et le plus original écrivain de l'école) décrit avec un réalisme minutieux, est déjà présent dans sa première et longue nouvelle : *Description d'un combat* (+), qui commence par une leçon de danse, et dont le héros, transporté ensuite au Japon, subira les plus terribles épreuves spirituelles. Cette nouvelle parut en partie dans la revue *Hyperion* (1909) que dirigeait Franz Blei. En 1913, l'éditeur Rowohlt publia le premier livre de Kafka, *Considérations* [*Betrachtungen*], recueil de petits fragments en prose, d'une inquiétude extraordinairement pénétrante, et dont le style, d'une frappante nouveauté, est tout ensemble lyrique, dramatique et mélodieux. Ces fragments, Kafka les avait choisis sur le conseil de son ami Max Brod, dans son *Journal* (*), commencé en 1910 et qu'il continua presque sans interruption jusqu'à sa mort. Le livre passa inaperçu, et les suivants n'eurent guère de succès, du vivant de Kafka, en dehors d'un cercle restreint d'amis qui, dès le premier jour, l'avaient admiré jusqu'au fanatisme pour la noblesse de son caractère.

En 1914, des fiançailles malheureuses – rompues, renouées, puis encore une fois rompues – plongèrent dans le désespoir ce jeune homme avide de mener une vie saine et pure, épris de perfection et presque de sainteté. Malgré des épreuves de toutes sortes – la guerre mondiale, qui l'ébranla profondément, les incertitudes de sa vie professionnelle (il était employé dans une compagnie d'assurances) et des rapports difficiles avec ses parents – Kafka écrivit *Le Procès* (*), publia *Le Chauffeur* [*Der Heizer*], qui formera le premier chapitre d'*Amérique* (*), et *La Colonie pénitentiaire* (*). En 1916, il avait terminé *La Métamorphose* (*) et *Le Verdict* [*Das Urteil*]. En 1919, l'éditeur Kurt Wolff publia un recueil de ses nouvelles sous le titre *Un médecin de campagne* [*Ein Landarzt*]. En 1920, ayant quitté son emploi, Kafka chercha la guérison dans un sanatorium, puis dans un pays où sa sœur possédait une propriété qu'il devait décrire dans *Le Château* (*). En 1920-21, il fit la connaissance de l'écrivain tchèque Milena Jesenská-Pollak (ses lettres à Milena ont été publiées récemment), mais ce fut seulement au cours de la dernière année de sa vie qu'il éprouva, pour Dora Dymant, le grand amour qui devait lui redonner espoir. Avec elle, il vécut les plus heureux jours de sa vie. Mais son mal ne pardonnait pas, et l'écrivain s'éteignit au sanatorium de Kierling, près de Vienne. Ses chefs-d'œuvre : *Amérique, Le Château, Le Procès,* le *Journal,* ses aphorismes et ses lettres ont été publiés après sa mort. Mentionnons encore *Un champion du jeûne* (*) (1924) et *La Muraille de Chine* (*) (posth., 1931). La vie lamentable de Kafka ne justifie que trop, à la réflexion, le doute et le désespoir dont son œuvre est imprégnée. Cependant, à la différence de ses romans et de ses récits, beaucoup de ses aphorismes font apparaître sa foi en un principe supérieur régissant le monde, et la certitude qu'il existe en l'homme quelque chose qui ne saurait mourir.

MAX BROD.

♦ *« Le réalisme de ses peintures empiète sans cesse sur l'imaginaire, et je ne saurais dire ce que j'y admire le plus : la notation « naturaliste » d'un univers fantastique mais que la minutieuse exactitude des peintures sait rendre réel à nos yeux, ou la sûre audace des embardées vers l'étrange. Il y a beaucoup à apprendre. »* André Gide. ♦ *« Il ne dit jamais ce qu'on pourrait attendre, mais tout ce qu'il dit est d'un grand prix. »* Julien Green. ♦ *« Partout Kafka s'entendait à dégager la clarté cachée. Il semblait que l'on découvrît une mer de soleil où chaque vague fût un jet de lumière, et que l'on dût, ébloui, fermer les yeux afin de se réfugier dans l'ombre. »* Max Brod. ♦ *« Il considère notre vie quotidienne avec une minutie qu'elle ne supporte guère. L'état d'extrême lucidité que suscite en nous cette vision ressemble à s'y méprendre à un cauchemar. Mais alors que tant de poètes s'efforçaient, à la même époque, de délirer méthodiquement, Kafka nous ramène sans cesse, avec une sorte d'humour inflexible, à la conscience la plus sobre de notre humaine condition. »* Denis de Rougemont. ♦ *« Celui qui n'a pas fait le geste de se déplacer et de vivre a retenu certaines choses que les autres ont dû oublier, pour ne pas se voir arrêter dans un monde dont les autres sont sortis et qu'ils ne rencontrent que parfois en s'assoupissant et en oubliant où ils sont. Ils se hâtent alors de se dire à eux-mêmes : « J'ai rêvé, il faut que que je me remette à ma besogne. » Mais ceux qui demeurent dans l'attente de la vie, hésitant à naître, n'ont pas de besogne. Kafka fut de ceux-là ; esprit lucide, il sut nous donner des nouvelles du monde abandonné dans lequel il avait séjourné. »* B. Grœthuysen. ♦ *« Les récits de Kafka sont, dans la littérature, parmi les plus noirs, les plus rivés à un désastre absolu. Et ce sont aussi ceux qui torturent le plus tragiquement l'espoir, non parce que l'espoir est condamné, mais parce qu'il ne parvient pas à être condamné. Si complète que soit la catastrophe, une marge infime subsiste dont on ne sait si elle réserve l'espérance ou si elle l'écarte pour toujours. »* M. Blanchot.

RÉF. : Gérard Boden, *Franz Kafka,* Alger, s.d. – Marthe Robert, *Introduction à la lecture de Kafka,* Paris, 1946. – Robert Rochefort, *Kafka ou l'irréductible espoir,* Paris, 1947. – Michel Carrouges, *Franz Kafka,* Paris, 1948. – Max Brod, *Franz Kafka, eine Biographie,* Berlin, 1954. – M. Walser, *Beschreibung einer Form. Versuch über die epische Dichtung F. Kafkas,* Munich, 1961. – K. Wagenbach, *Franz Kafka,* Reinbek, 1964. – H. Politzer, *Franz Kafka du Künstler,* Francfort-sur-le-Main, 1965. – Revue *Europe,* Paris, 1971. – C. Rabouin, *Les Critiques de notre temps et Kafka,* Paris, 1973. – L. Dietz, *Franz Kafka,* Stuttgart, 1975. – Maurice Blanchot, *De Kafka à Kafka,* Paris, 1982. – R. Haymann, *Franz Kafka,* Munich, 1986.

KAGEL Mauricio. Compositeur, librettiste et chef d'orchestre argentin. Né le 24 décembre 1931 à Buenos Aires, il étudie la philosophie à l'université de sa ville natale puis la musique avec Ginastera, Paz, Schiuma, Fuchs. Membre du Studio électronique de la Radio de Cologne en 1956, il est titulaire de la chaire de théâtre musical à la Hochschule de cette ville depuis 1974. Son art musico-théâtral conjugue à la fois la dérision, l'humour déguisé – *Finale* (*), 1980-81 –, la politique et la provocation (*Privat,* 1968, pour auditeur-acteur). D'environnement pluriel, son œuvre fait appel aux mixtures électroniques (*Transición I,* 1958-60), aux décors électrifiés (*Musica parra la torre,* 1952 ; *Prima Vista,* 1962-64 avec diapositives), aux sons naturels (*Ornithologica multiplicata,* 1968 pour deux volières) ou concrets (*Antithèse,* 1962), aux gestes (*Sur scène,* 1959-60 ; *Pas de cinq,* 1965 pour acteurs), à l'instrumentarium traditionnel (*Quatuor à cordes,* 1965-67) ou expérimental – *Zwei-Mann-Orchester* (*), 1971-73. À partir de la fin des années 70, il a imaginé de grandes fresques monumentales comme l'« opéra de lieder » écrit à la gloire de sa terre d'accueil, intitulé *Aus Deutschland* (1977-1980), et la *Passion selon Saint Bach* (1985). S'il est l'auteur de bon nombre d'articles sur le « théâtre instrumental », les formes compositionnelles, les concepts d'interprétation ou de post-modernité, d'éminents musicologues et compositeurs ont écrit sur sa personnalité attachante (Adorno, Metzger, Pousseur, Stockhausen).

PIERRE-ALBERT CASTANET.

KAHN Gustave. Poète et romancier français. Né à Metz le 29 décembre 1859, mort à Paris le 5 septembre 1936. De Gustave Kahn, les manuels de littérature ne retiennent presque rien d'autre que l'invention, d'ailleurs contestée par certains, du « vers libre ». L'activité littéraire de ce contemporain de Rimbaud et de Valéry fut pourtant l'une des plus riches de son temps.

Grand lecteur de Zola et de Baudelaire, ami de Laforgue, proche de Mallarmé, Kahn participe très tôt à la *Revue moderne et naturaliste.* Il assiste, rue Cujas, aux séances des hydropathes. Mêlé au milieu symboliste, il s'en veut le défenseur et l'illustrateur, dans la revue *La Vogue,* qu'il fonde au retour d'un long séjour en Afrique (1886), puis dans *Le Symboliste.* La direction de *La Revue indépendante* confirme ce talent d'« animateur », que n'entamera pas un long séjour en Belgique, de 1890 à 1895. Ainsi, à son retour, organise-t-il, avec Catulle Mendès, les *Matinées de poètes* au théâtre de l'Odéon, célèbres à partir de 1897 pour leur action en faveur de la poésie nouvelle.

Entre-temps, Gustave Kahn est devenu poète. *Les Palais nomades* (*) paraissent en 1887, *Chansons d'amant* (*) en 1891, *Domaine de fée* en 1895, *La Pluie et le beau temps* en 1896, *Limbes et Lumière* et *Le Livre d'images* en 1897. Cette régulière production marque la plus importante contribution de Kahn à la poésie de son temps. Les deux romans de 1900 et 1902 (*Les Fleurs de la passion* et *L'Adultère sentimental*) passeront, eux, plus inaperçus. L'intérêt pour d'autres esthétiques fait également de Kahn un critique d'art abondant (*Boucher,* 1905 ; *Fragonard,* 1906 ; *Fantin-Latour,* 1926), à qui revient le mérite d'une des premières études consacrées à Rodin (1906). Enfin, la situation des Juifs dans le monde, surtout à partir de la montée du nazisme, inspire à Gustave Kahn un recueil de *Contes juifs* (1926), les poèmes d'*Images bibliques* (1926) et les contes de *Terre d'Israël* (1933).

C'est Gustave Kahn qui, le premier, dans un article de *L'Événement* du 28 septembre 1886, a introduit l'idée du vers libre. Rompant en cela avec les symbolistes confinés dans des formes fixes, Kahn prône essentiellement la libération du vers et de la rime, sans jamais prétendre proscrire le vers classique. Il restera toujours autant soucieux d'assouplir le vers que de lui préserver ses qualités musicales : *Les Palais nomades* et *Chansons d'amant* utilisent indifféremment vers rimés ou assonancés, allitérés ou non, pairs ou impairs. Ces deux recueils ont eu une grande influence sur la poésie de leur temps, pour les nouvelles solutions formelles qu'ils proposaient. Influence immédiatement sensible chez des contemporains comme Stuart Merrill, Remy de Gourmont, Jean Moréas, Henri de Régnier ou Francis Vielé-Griffin. Il n'est pas sûr que la voie ouverte par Kahn ne soit pas celle qu'empruntent encore, dans la scansion de leurs amples versets, Paul Claudel, Victor Segalen, Saint-Pol-Roux et Saint-John Perse, sans lui reconnaître vraiment le tribut qu'ils lui doivent.

Chez Gustave Kahn, la paternité du vers libre a donc fait oublier l'essayiste, le romancier, le chroniqueur littéraire (*Symbolistes et décadents* en 1902), le critique et même le poète. Il serait sans doute injuste de réduire cette invention à une trouvaille, et d'oublier la réflexion sur les techniques de la poésie qui la sous-tend dans *Le Vers libre* (1912).

CHRISTIAN DOUMET.

KAIBARA EKIKEN (dans le siècle Atsunobu). Philosophe japonais. Né à Fukuoka, en 1630, mort à Kyôto en 1714. Descendant d'une famille de médecins, les Kuroda, seigneurs de Fukuoka, fils du médecin Kansai et médecin lui-même, Kaibara Ekiken étudia tout d'abord le bouddhisme, puis, à l'âge de vingt-sept ans, se rendit à Kyôto où, sous la direction de Yamazaki Ansai (1618-82) et de Kinoshita Jun-an (1621-98), il étudia la philosophie de Lou Siang-Chan (1139-91) et de Wang Yang-ming (1472-1529). Devenu ensuite adepte de la philosophie de Tchou Tseu (1130-1200), il ne se détacha des doctrines de ce dernier que très tard pour formuler ses théories propres. Il voyagea beaucoup à travers le Japon et fonda une école à Kyôto. À l'âge de trente-trois ans, il épousa une jeune fille de seize ans qu'il aida à prendre conscience de ses dons et qui devint la poétesse Tôken. Possédant une immense culture, Kaibara Ekiken fut un homme des plus modestes ; il a laissé une quantité prodigieuse d'ouvrages sur des sujets divers. Mais ce fut avant tout un philosophe et un des grands représentants de l'école des « Sinologues » [kangakusha]. Dans le domaine de la cosmogonie, il adopta la même attitude que Wang Yang-ming et que Ito Jinsai (1627-1705). Mais la partie la plus importante de son œuvre est, sans contredit, ce qui a trait à la morale, laquelle a pour fondement cette même cosmogonie. Pour Kaibara Ekiken, la nature aime et protège l'homme, et lui fournit tout ce dont il a besoin. Le Ciel joue vis-à-vis de l'homme le rôle de père, et la Terre celui d'une mère, et l'homme leur doit à tous deux amours et reconnaissance. À la différence des autres « kangakusha » qui écrivirent en chinois pour un cercle restreint d'étudiants, Kaibara Ekiken s'adresse surtout au peuple ; il adopte donc la langue nationale, un style simple et tout uni. Ce fut également le premier Japonais qui prit en considération les problèmes de pédagogie. Il écrivit de nombreux ouvrages de vulgarisation à vocation éducative. C'est pourquoi on lui attribue *La Grande École des femmes* (*), écrit sur l'éducation des femmes et qui fit autorité durant l'époque d'Edo.

KAÏLAS Uuno. Poète finlandais. Né le 29 mars 1901, près d'Heinola (Finlande méridionale), mort le 22 mars 1933 à Nice. Les premières années de sa vie qu'il passa à la campagne lui laissèrent une impression ineffaçable. En 1919, il s'enrôla dans l'expédition envoyée en Carélie orientale. Après avoir entrepris des études de lettres, il songea à se consacrer à la théologie, mais dut chercher du travail. Il fut tout d'abord conférencier ambulant pour le compte d'une société de tempérance, puis journaliste. Ses premiers recueils de poèmes, *Le Vent et l'Épi* [*Tuuli ja tähkä*, 1922] et *Les Navigateurs à voile* [*Purjehtijat*, 1925] sont en vers libres. On trouve une rigueur plus grande dans *D'œil à œil* [*Silmästä silmään*, 1926] qui reflète certain conflit entre la joie de vivre, joie purement sensuelle, et la spiritualité. Dans le recueil qui parut en 1928, *Pieds nus* [*Paljain jaloin*], foisonnent les couleurs et les images, et dans *Le Rêve et la Mort* (*) (1931) Kaïlas affronte avec courage la maladie mentale dont Gérard de Nerval avait déjà été affligé. Le choix de poèmes qu'il fit lui-même et qui parut en 1932 sous le titre de *Poésies* comporte bon nombre de corrections. Atteint de tuberculose, Kaïlas mourut à Nice après avoir passé la dernière partie de sa vie à errer d'un sanatorium à l'autre.

KAISER Georg. Auteur dramatique et romancier allemand. Né le 25 novembre 1878 à Magdebourg (Saxe), mort le 4 juin 1945 à Ascona, en Suisse. Fils d'un commerçant, il se rendit en Argentine, dans une firme d'appareils électriques, où il demeura trois ans. La vie dans la capitale sud-américaine apparut pleine de contrastes aux yeux du jeune homme qui avait fait ses études au collège de sa ville natale. De l'Argentine, il passa ensuite au Brésil. Ses capacités commerciales ne l'empêchèrent pas de lire beaucoup, en particulier Schopenhauer, Dostoïevski et Nietzsche. Mais une maladie tropicale contractée au cours d'un voyage à cheval le contraignit à songer au retour en Europe ; il abandonna donc l'Amérique du Sud et, passant par l'Espagne et l'Italie, rentra dans son pays où, le plus souvent, il vécut à Magdebourg. Désormais, le littérateur dominait en lui, et même, cette nouvelle activité lui parut la seule qui pût l'aider à surmonter l'état d'âme créé en lui par la maladie qu'il traînait depuis des années. Il s'orienta vers le théâtre en publiant, en 1911, son premier drame, *La Veuve juive* [*Die jüdische Witwe*] qui fut suivi de plusieurs autres jusqu'au succès des *Bourgeois de Calais* (*) représentés à Francfort : cette réussite l'amena au premier plan, et révéla certains aspects de son talent, qui se retrouvèrent dans le théâtre expressionniste. Dans les deux années qui suivirent la consécration obtenue à Francfort, Kaiser donna à la scène treize autres ouvrages parmi lesquels : *De l'aube à minuit* (*), *Le Recteur Kleist* [*Rektor Kleist*], qui suscita la colère de la censure, *Gaz* [*Gas*], qui met nettement en évidence le contraste entre la civilisation mécanique moderne et la vie de l'esprit, qui semble suffoquer dans cette atmosphère. Kaiser pensa plusieurs fois à se suicider, mais il n'en eut pas le courage. En 1931, à l'avènement du national-socialisme, il se trouvait à Gründheide, près de Berlin. Pendant quelque temps il vécut, pour ainsi dire oublié, tout en continuant à écrire, puis on lui imposa silence. Ayant dû abandonner sa famille, il se réfugia en Suisse où il demeura jusqu'à sa mort.

Le théâtre de Georg Kaiser est, comme le théâtre expressionniste, un théâtre à thèse : soit qu'il traite des problèmes universels que le poète place à la base de la vie humaine, comme les rapports entre l'homme et la civilisation mécanique dans *Gaz*, soit qu'il en arrive à la polémique ouverte comme dans *Le Soldat Tanaka*, gonflé d'esprit antimilitariste. Parmi ses autres œuvres, on peut citer : *Côte à côte* (*), *Drames grecs* (*), *Le Feu à l'Opéra* (*), *La Fuite à Venise* (*), *Gilles et Jeanne* (*).

RÉF. : Leroy Marion Linick, *Der Subjektivismus im Werke Georg Kaisers*, Zurich, 1937. – Eric Albert Fivian, *Georg Kaiser und seine Stellung im Expressionismus*, Munich, 1947. – Adolf Schütz, *Georg Kaisers Nachlass. Eine Untersuchung über die Entwicklungslinien im Lebenswerke des Dichters*, Bâle, 1951. – B. J. Kenworthy, *Georg Kaiser*, Oxford, 1957. – W. Steffens, *Georg Kaiser*, Münich, 1976.

KAKINOMOTO NO HITOMARO. Poète japonais, surnommé Ka sei, c'est-à-dire le Sage de la poésie. Nous ne savons presque rien de sa vie. Il semble être né d'une famille noble et ancienne mais quelque peu déchue, vers 660, dans la province de Yamato et mort en 710 dans la province d'Iwani. Hitomaro occupa d'assez modestes emplois dans les cours de l'impératrice Jitô (645-702) et de l'empereur Mommu (687-707) qu'il suivit au cours de leurs nombreux déplacements. On pense qu'il fut marié trois fois, la première de ses épouses a laissé deux élégies à la mémoire de son mari qui font partie du grand recueil de l'ancienne poésie japonaise, le *Man-yôshû* (*). C'est également dans cette anthologie que figurent tous les poèmes de Hitomaro qui sont parvenus jusqu'à nous. Ils sont au nombre de soixante-dix-neuf, seize longs et soixante-trois cours. Poète d'une exquise sensibilité, Hitomaro se distingue des autres écrivains contemporains ou successeurs immédiats, tels Yamabe no Akahito, Yamanoe no Okura, Otomo no Tabito et Otomo no Yakamochi, par l'ampleur de son imagination poétique, la noblesse de son inspiration qui, avec une apparente facilité, atteint le sublime. Il est habituellement considéré comme le plus grand poète de l'antiquité japonaise.

KALAN Filip (pseud. de Filip Kumbatović). Écrivain slovène. Né à Graz (Autriche), le 25 mars 1910. Après des études d'ingénieur et d'architecte, il s'oriente vers l'histoire du théâtre puis devient pendant la guerre, chez les « partisans », directeur du « Théâtre national slovène » et, dès 1945, professeur d'histoire du théâtre à l'Académie d'art dramatique de Ljubljana. Il est l'auteur de nouvelles d'une facture froidement mais efficacement analytique, où sont étudiés certains aspects de la vie bourgeoise, nouvelles réunies en trois recueils : *Les Aventuriers* [*Pustolovci*, 1933], *L'Enfant* [*Otrok*, 1948] et *Mademoiselle Mary* [*Gospodična Mary*, 1950]. Dans le domaine de l'essai et de l'histoire du théâtre, on lui doit plusieurs travaux publiés soit en slovène, soit en traduction dans des revues étrangères et qui suivent de près l'évolution du théâtre slovène dans son processus d'européanisation. Les principaux sont : *Le Vent joyeux* [*Veseli veter*, 1956], *Essais sur le théâtre* (*) (1959), et *Échos de l'écran* [*Odmevi z ekrana*, 1969], recueils d'essais sur le cinéma.

KALHAṆA. Fils d'un ministre du roi Harṣa du Cachemire (né aux environs de 1100, mort aux environs de 1150), il fut le premier historien véritable de son pays. Né shivaïte, il fit cependant bon accueil aux principes généraux du bouddhisme, qui s'adaptait alors à l'hindouisme. À la suite de l'assassinat de Harṣa et de l'anarchie qui s'ensuivit, Kalhaṇa dut renoncer à la vie publique.

C'est en 1148 ou 1149 que Kalhaṇa commença d'écrire l'histoire systématique et complète du Cachemire, la *Rājataraṅginī* (*), qu'il acheva en 1150. Il affirme s'être servi d'au moins onze ouvrages antérieurs, dont le *Nīlamata purāna* et la *Nripāvalī* de Kṣemendra Vyāsadāsa. D'ailleurs, la méthode de Kalhaṇa devient plus rigoureuse à mesure qu'il s'éloigne des temps anciens, pour lesquels il semble subir très fortement l'influence des grandes œuvres classiques, telles que le *Raghuvamça* (*), le *Meghadūta*, le *Harṣacarita* (*), ce qui le mène à rapporter comme vraies toutes les légendes locales.

Pour les époques plus récentes, et plus proches de lui, Kalhaṇa se fonde sur l'épigraphie, la numismatique, les indications topographiques et les archives privées.

KĀLIDĀSA. Écrivain indien. Des juges aussi insignes que Vāgbhata, Anandavardhana, Abhinavagupta, Mallinātha, Viśvanatha et Jagannātha Pandita ont salué Kālidāsa comme le poète classique par excellence ; mais toutes les données biographiques le concernant relèvent de la légende. On croit qu'il naquit à Mandasor, dans le district de Ujjayinī ; il aurait été l'un des « neufs joyaux » de la cour de Vikramāditya. Une tradition cinghalaise le fait mourir en 522 à Ceylan, sous le règne de Kumāradōsa. Enfin, le Tibétain Tāranātha, dans son *Histoire du bouddhisme,* rapporte que Kālidāsa, brahmane śivaïte, orphelin dès son plus jeune âge, aurait été recueilli par un bouvier et aurait grandi sans recevoir aucune instruction. Un jour, la princesse Vasantī, fille du roi Bhimaśukla, décida de se choisir pour époux un homme connaissant toutes les sciences et tous les arts ; le ministre Vararucchi, qu'elle avait évincé, lui présenta le fils du bouvier, déguisé pour la circonstance en médecin, mais gardant un mutisme absolu qui était censé marquer son mépris pour l'ignorance d'autrui. La supercherie ayant été découverte, la princesse lui conseilla de se vouer à la déesse Kālī (d'où le nom de Kālidāsa : « esclave de Kālī »), pour implorer le don d'intelligence. Un peu plus tard, cette même princesse Vasantī le maudit et lui prédit qu'il mourrait de la main d'une femme ; de fait, une courtisane le tua en lui volant un cadeau du roi Bhimaśukla. Kālidāsa, dans la littérature sanskrite, est sans rival non seulement pour le choix des sujets, mais aussi pour la manière de peindre les situations amoureuses, pour la virtuosité de la forme, la profondeur et la délicatesse des sentiments, la chaleur et la variété des tons. Des nombreuses œuvres qui lui sont attribuées, les sept principales, probablement authentiques, sont trois drames, *L'Anneau de Śakuntalā* (*), *Vikramorvaśīya* (*) et *Mālavikā et Agnimitra* (*) ; deux poèmes épiques, *Raghuvamśa* (*) et *Kumārasambhava* (*) ; le poème élégiaque *Meghadūta* (*) et le poème descriptif *Ṛtusaṃhāra* (*).

OSCAR BOTTO.

♦ *« L'œuvre de Kālidāsa reflète l'idéal pieux, chevaleresque, courtois, de la société brahmanique vue à travers un tempérament poétique. Dans la peinture des passions elle atteste la délicatesse plutôt que la force. Entre l'art primitif et le baroque qui dominera peu à peu, c'est un point d'équilibre dont la valeur est unique. »* Louis Renou.

RÉF. : L. Renou, *L'Inde classique,* t. II, 1953. — M. Dambuyant, article *Kālidāsa* in revue *Europe,* juillet 1956. — V.-V. Mirashi et N.-R. Navlekar, *Kālidāsa, His Style and His Times,* Bombay, 1969. — K. Krishnamoorthy, *Kālidāsa,* New York, 1972 ; 2e éd. Delhi, 1982. — B.-R. Yadav, *A Critical Study of the Sources of Kālidāsa,* Delhi, 1974. — H. Śukla, *Kālidāsakośah,* Allahabad, 1981. — V. Aggarwal, *The Imagery of Kālidāsa,* Delhi, 1985. — P.-C. Mandal, *Kālidāsa as a Dramatist,* Dhaka, 1986.

KALINČIAK Ján. Écrivain slovaque né à Horné Záturči le 10 août 1822, mort à Turčianský Svätý Martin le 16 juin 1871. Il fit carrière dans l'enseignement secondaire à Modra et à Těšín de 1846 à 1869. Mais il fut mis à la retraite à cause de ses idées nationalistes, et se retira à Turčianský Svätý Martin, où il dirigea la revue *Orol* [*L'Aigle*] jusqu'à sa mort. Kalinčiak écrivit de nombreux récits et romans inspirés de l'histoire du peuple slovaque, sur le modèle des récits cosaques de l'écrivain polonais Michal Czajkowski. Il a su évoquer à merveille, souvent avec humour et romantisme, le vieux monde féodal slovaque. Citons ses principaux livres : *La Main fraternelle* [*Bratova ruka,* 1846], *Le Chemin de l'amour* [*Pút' lásky,* 1847], *Saint-Esprit* [*Svätý Duch,* 1848], *Le Prince de Liptov* [*Liptovské Knieža,* 1852], *Amour et Vengeance* [*Láska a pomsta,* 1858], *Les Élections* (*) (1860), *Le Moine* [*Mnich,* 1864].

KALLAS Aino. Femme de lettres finlandaise. Née le 2 août 1878 près de Viipuri, morte le 9 novembre 1956 à Helsinki. Fille du poète Krohn-Suonio, elle débuta avec un recueil de poèmes, épousa en 1900 un intellectuel et diplomate estonien, Oskar Kallas, et s'intéressa profondément au folklore, à l'histoire et au présent culturel de sa patrie d'adoption, désormais sa source d'inspiration principale.

Ses recueils de nouvelles des années 1910, dont *Au-delà de la mer I-II* [*Meren takaa*], occupent une place de choix dans la littérature de langue finnoise. Dans les années 20 et 30, elle adopta un style archaïque fort personnel pour conter les destins de ses héroïnes indissolublement liées à un Éros tragique, comme le montrent les récits *Le Pasteur de Reigi* [*Reigin pappi,* 1926], *Barbara von Tisenhusen* et *La Fiancée du loup* (*), histoire d'une jeune femme, mi-louve, mi-humaine, ensorcelée par le grand Esprit de la nature. La version scénique de cette légende inspira au compositeur Tauno Pylkkänen un opéra, qui remporta le « Prix d'Italie » en 1950. Après la guerre, où elle perdit deux fils, Aino Kallas habita d'abord à Stockholm, ensuite à Helsinki, publia quelques recueils de poèmes, des souvenirs de ses nombreux voyages, de son séjour à Londres, où son mari fut ambassadeur d'Estonie de 1922 à 1934. Son *Journal* [*Païväkirja*] en cinq volumes, qui parut de 1952 à 1956, reste un témoignage précieux de la vie culturelle finlandaise et européenne d'avant la Seconde Guerre mondiale.

INKERI TUOMIKOSKI.

KALVOS Andreas. Poète grec. Né en 1792 dans l'île de Zante, mort en novembre 1869 à Louth, dans le Lincolnshire (Angleterre). Auteur d'une œuvre aussi dense qu'elle est rare, contemporain de la révolution de 1821 qu'il s'est attaché à célébrer, Kalvos est souvent cité, avec Solomós et Cavafy, comme l'un des « trois grands poètes du passé qui ne savaient pas le grec » (G. Séféris). Arraché très jeune à sa mère et à son pays par un père aventurier, il a en effet passé toute son adolescence à Livourne et c'est en italien qu'il rédige ses premiers écrits (deux tragédies d'inspiration classique et une ode à Napoléon dont on a récemment retrouvé un fragment). En 1812, il fait la connaissance d'Ugo Foscolo, qui aura une influence décisive sur sa vie et sur son œuvre, et qu'il accompagnera, en qualité de secrétaire, dans divers pays d'Europe jusqu'en 1817, date de la brouille entre les deux hommes. En 1824, un an après la parution de l'*Hymne à la liberté* de Solomós

— v. *Poésies* (*) de Solomós —, il publie à Genève son premier recueil, *La Lyre patriotique de la Grèce*, suivi deux ans plus tard d'un second recueil d'*Odes* (*) lyriques. Ce dernier s'ouvre sur une lettre au général Lafayette dans laquelle le poète (qui n'ira jamais combattre les Turcs) déclare : « Je quitte la France avec regret ; mon devoir m'appelle dans ma patrie, pour exposer un cœur de plus au fer des musulmans. » De fait, revenu en Grèce, Kalvos prend le chemin de Corfou où, professeur à l'Académie ionienne, il passera vingt-cinq années dans un isolement et un silence poétique à peu près absolus. Nous avons peu de détails sur cette période de sa vie, mais plusieurs témoins de l'époque le décrivent allant toujours vêtu de noir et fuyant la compagnie des hommes, y compris celle de Solomós qui vivait alors sur l'île et dont les préoccupations poétiques, très proches des siennes, auraient dû le rapprocher. À part quelques articles philosophiques publiés dans les journaux corfiotes, Kalvos n'est donc que l'auteur de vingt odes toutes composées entre sa trentième et sa trente-cinquième année, selon une métrique invariable (quatre heptasyllabes suivis d'un dernier vers de cinq syllabes), et qui chantent tour à tour la liberté, la révolution grecque, la mémoire de sa mère ou l'île qui l'a vu naître. Mais on peut dire qu'il a atteint, à travers elles, à un idéal poétique qui autorise la comparaison avec Homère et Pindare ou, plus près de nous, avec le romantique anglais Edward Young. En 1852, il quitte Corfou pour l'Angleterre, se marie et s'installe dans une petite ville du Lincolnshire, où il dirigera jusqu'à sa mort un lycée de jeunes filles. Jusque dans ses dernières années, il ne reprendra plus la plume que pour traduire des ouvrages savants pour le compte de l'Église anglicane. Oublié ensuite durant près d'un siècle, il s'est à nouveau imposé dans les lettres grecques à la fin du XIXe siècle, notamment grâce à Kostis Palamàs, qui a été le premier à remettre en lumière la profonde originalité de son œuvre. Sa dépouille a été transférée, avec les honneurs, dans son île natale en 1960.

GILLES ORTLIEB.

KĀMANDAKI. Écrivain indien ayant vécu probablement au VIIIe siècle de notre ère. On ne sait rien de précis sur cet auteur sinon qu'on lui doit le *Nītisāra,* texte plus connu sous le nom de *Kamandakīya-Nītisāra* (*) qui se réfère aux doctrines de Kanṭilya — v. *Artha-śastra* (*).

KAMO NO CHÔMEI. Écrivain japonais. Né en 1153, mort à Toyama le 13 octobre 1216. Il appartenait à une famille où s'étaient succédé les prêtres shintoïstes, et son père, Chôkei, occupait un grade assez élevé dans la hiérarchie sacerdotale, celui de « negi », au temple de Kamo, près de Kyôto, alors capitale. Ayant perdu très tôt son père, Kamo no Chômei fut élevé par sa grand-mère et, comme il avait de rares dispositions, il excella dans le domaine de la musique comme dans celui de la poésie. Il fut l'élève du bonze Shun-e, un des plus grands poètes du temps. Sa grand-mère, qui avait autrefois servi à la Cour, l'y introduisit, et lorsque, en 1201, fut réorganisé le « Waka-dokoro », bureau de poésie, Kamo no Chômei fut invité par l'ex-empereur Go Toba (1184-98) à accepter l'emploi de « yoriudo » (c'est-à-dire qu'on lui confiait le soin de faire des sélections). Un peu plus tard cependant, comme il n'avait pas réussi à obtenir de charge au temple, il abandonna le shintoïsme et se fit bouddhiste. Après s'être rasé la tête, il prit le nom de Ren-in, et se retira dans la solitude, sur le mont Ohara, à quelque distance de Kyôto ; il dut résister aux sollicitations de l'empereur qui l'invitait à reprendre son poste, au « Waka-dokoro ». Au bout de quelque temps, il abandonna sa première retraite et gagna Toyama, sur le mont Hino ; c'est là qu'il passa les dernières années de sa vie, et qu'il composa ses *Notes de ma cabane* (*). Cependant, en 1211, il se rendit à Kamakura pour y rencontrer Minamoto no Sanetomo (1192-1219), poète lui aussi ; puis il regagna assez vite son ermitage. Voilà tout ce que l'on sait de lui et ce que nous ont appris différents témoignages. D'autres ouvrages lui sont attribués, ouvrages qui sont parvenus jusqu'à nous, comme les *Notes sans nom* [*Mumyôshô*], le *Shiki Monogatari*, et différents manuscrits, tous de piètre valeur ; la réputation de Kamo no Chômei reste donc exclusivement liée à *Notes de ma cabane*.

KAMPAR. Célèbre poète tamoul du XIIe siècle, auteur du *Irāmāvatāram* (*La Descente de Rāma*), le *Rāmāyaṇa* (*) tamoul. De Kampar lui-même, on ne sait pas grand-chose. Il était, semble-t-il, de caste uvaccaṉ, un groupe de prêtres desservants des temples de Kāḷi. Son patron était un certain Caṭaiyappa Vaḷḷal. Il semble avoir eu un différend avec le roi Cōla et, selon les versions, se serait enfui en Andhra et serait mort plus tard dans la région du Ramnad ou bien aurait péri sur ordre du roi qui était jaloux de sa réputation.

ÉLISABETH SETHUPATHY.

KAṆĀDA (littéralement « le mangeur de grains, c'est-à-dire d'atomes »). Personnage semi-mythique de l'Inde auquel on attribue la rédaction des *Sūtra* (*) du *Vaiśeṣika* (*). Autres noms : Kaṇabhuj, Kaṇabhakṣa, de même sens que Kaṇāda ; Ulūka « le Hibou » ; Kāśyapa. Les informations relatives au personnage sont inspirées par ses noms et ne possèdent pas d'autre valeur qu'anecdotique. Les *Vaiśeṣika-sūtra* (*) peuvent dater du tout début de l'ère chrétienne.

JEAN-MARIE VERPOORTEN.

KANAFĀNI Ghassān. Écrivain palestinien. Né en 1936 à Acre, dans le nord de la

Palestine, mort à Beyrouth le 8 juillet 1972 dans l'explosion de sa voiture, piégée par les services secrets israéliens. Ghassān Kanafāni est issu d'une famille de la petite bourgeoisie aisée. Sa famille se transporte à Jaffa (au sud de l'actuelle Tel-Aviv), puis, en 1948, est obligée, comme des milliers de Palestiniens, de quitter le pays, fuyant la violence de la répression sioniste. Les Kanafāni vivent alors durant une courte période dans le Sud-Liban puis s'installent à Damas en Syrie. Ghassān commence sa vie active comme enseignant dans un camp de l'Office de secours et de travaux des Nations Unies pour les réfugiés de Palestine dans le Proche-Orient (U.N.R.W.A.). En 1956 il part pour le Koweit où il travaille toujours comme enseignant. C'est là qu'il fait ses premiers pas dans le journalisme et qu'il commence sa carrière littéraire. En 1960, il s'installe à Beyrouth, où il travaille pour divers journaux. En 1969 il participe à la fondation de l'hebdomadaire *Le But* [*Al-hadaf*], dont il sera le rédacteur en chef jusqu'à sa mort tragique en 1972. L'œuvre littéraire de Ghassān Kanafāni, trop tôt interrompue, est cependant remarquable : outre des nouvelles, des romans, et des pièces de théâtre, il a laissé des essais critiques et politiques, le tout servi par une plume utilisée avec la rigueur et la précision d'un scalpel, comme en témoigne le roman *Hommes dans le soleil* (*).

DJAMEL-EDDINE KOULOUGHLI.

KAN-AMI KIYOTSUGU (dans le siècle, Yûzaki Kiyotsugu). Né en 1333 dans la province d'Iga, mort le 19 mai 1384 à Suruga. Troisième fils d'Hattori Motonari, qui appartenait à la célèbre famille des Taira, Kan-Ami fut un acteur en renom ; il jouait dans les « sarugaku », spectacles où se mêlaient le chant, les danses et la musique, et il est considéré comme le créateur du « nô » (drame classique).

C'est en 1374, que le shôgun Ashikaga Yoshimitsu (1350-1408) eut l'occasion d'assister à la représentation d'une de ses pièces, et il apprécia à tel point le talent de Kan-Ami qu'il lui fit présent d'une seigneurie située à Hûsaki et l'attacha à sa personne. Kan-Ami vint alors vivre dans le palais du shôgun pour se consacrer spécialement au « sarugaku ». Au « dengaku » (autre forme de spectacle qui existait déjà) il voulut ajouter des éléments empruntés aux « kuse-mai », espèces de danses chantées, aux « ko-uta », ballets populaires, et au « kôwaka », sorte de récitation accompagnée de coups d'éventail. L'ensemble du spectacle ainsi constitué, d'une grâce sans précédent et d'une réelle valeur artistique, est connu sous le nom de « nô ». Kan-Ami s'inspira certainement de la manière d'un grand acteur de « dengaku », Itchu, qui vivait à la même époque que lui et qu'il admirait fort. Quatorze « nô » lui sont attribués, dont *L'Arbre dans le vase* [*Hachi no ki*], *Le Vent dans les pins* [*Matsu Kaze*], *Komachi au stupa* (*). Le fils de Kan-Ami, Zeami, dans son *Kwadensho,* parle de l'habileté de son père dont il a continué et perfectionné l'œuvre. L'école des acteurs de nô fondée par Kan-Ami fut appelée *Kanze-ryû* et compte vingt-quatre générations d'artistes. C'est une des cinq écoles qui existent encore à l'heure actuelle.

KANDINSKY Vassili. Peintre d'origine russe. Né à Moscou le 5 décembre 1866, mort à Neuilly-sur-Seine le 13 décembre 1944. D'origine juive, après avoir passé toute son enfance en Italie, il se destine aux sciences, puis fait ses études de droit et passe son doctorat. Mais différents voyages en Europe et surtout un séjour à Munich, dans les années 1895-1896, l'introduisent au monde de la peinture qu'il commence à étudier en Allemagne, où il ouvrira lui-même une école en 1902. À cette époque, Kandinsky peint encore des paysages impressionnistes assez traditionnels, puis violemment fauves. Mais dès 1895, en méditant sur l'œuvre de Monet, il a commencé à s'interroger sur la possibilité d'une peinture nouvelle, dégagée de toute référence « significative » ; comme il l'a raconté lui-même, « il a fallu que bien des années passent pour que le sentiment et la réflexion m'amènent à cette simple conclusion que les buts autant que les moyens de l'art et ceux de la nature sont organiquement et logiquement différents ». La conclusion de son étude de Monet va être cependant décisive pour l'évolution de l'art moderne : l'essentiel est dans la peinture elle-même, non dans le sujet. Il va travailler désormais à « se passer d'une référence à l'objet, support linéaire des plages colorées. La suppression de l'objet c'est le vague des lignes, c'est la forme flottante ou encore échevelée, presque extravagante » (Philippe Sers) et, vers 1910, il exécute ses premières œuvres totalement abstraites. Entreprise révolutionnaire dont la portée est précisée dans *Du spirituel dans l'art* (*), publié en allemand en 1911. Ainsi Kandinsky ne libère-t-il l'art qu'en apparence et seulement pour le soumettre à l'intransigeante exigence de l'âme : de là le mouvement, le riche lyrisme des œuvres de sa première période abstraite, dans les années 1910-14. Après avoir fondé à Munich le groupe du *Cavalier bleu (Der blaue Reiter),* Kandinsky rentre à Moscou en 1914, évolue alors vers des formes plus géométriques tout en maintenant la valeur de l'art comme expression psychologique. Il participe au mouvement des intellectuels révolutionnaires et est nommé, en 1919, professeur à l'Académie, directeur du musée de culture picturale. Un an plus tard, il collabore à la fondation de l'Académie russe des sciences et arts. Mais sentant que le nouveau régime ne tardera pas à entraver ses recherches esthétiques, Kandinsky quitte à nouveau la Russie en 1921 ;

il passe dix ans en Allemagne, à Weimar, puis à Dessau ; il est professeur au Bauhaus (fondée par Walter Gropius, cette école d'enseignement artistique fut fermée par les Nazis en 1933). Il s'établit en France en 1933. Il y mourra après avoir refusé un nouvel exil pendant la guerre, malgré les menaces de l'Occupation.

Une édition (en français) de ses *Écrits complets* a été entreprise en 1970 (deux volumes ont paru : *La Forme* et *La Synthèse des arts*).

♦ *« Saluons en Kandinsky ce romantisme indéfectible qui, pour une fois, une éclatante fois, n'est pas le masque, la caricature, mais le visage, la forme et la méthode mêmes de la liberté. »* Charles Estienne.

RÉF. : Marcel Arland, *Kandinsky,* 1947. – Charles Estienne, *Kandinsky,* Paris, 1950. – Max Bill, *Vassily Kandinsky,* Paris, 1951. – W. Grohmann, *Vassili Kandinsky,* Paris, 1958. – Herbert Read, *Kandinsky,* Londres, 1959. – Jean Cassou, *Interférences, aquarelles et dessins,* Paris, 1960. – Pierre Volbondt, *Kandinsky 1896-1921 et 1922-1944,* Paris, 1963 ; *Kandinsky,* Paris, 1984. – Jacques Lassaigne, *Kandinsky,* Genève, 1964. – Paul Overy, *Kandinsky, the Language of the Eye,* Londres, 1969. – Hans Konrad Röthel, *Kandinsky, Das Graphische Werk,* Cologne, 1970. – *XXe siècle,* numéro spécial consacré à Kandinsky, Paris, 1974, rééd. 1984. – Nina Kandinsky, *Kandinsky und Ich,* Munich, 1977, trad. française, Paris, 1978. – Michel Corril-Lacoste, *Kandinsky,* Paris, 1979. – Hans. K. Röthel et Jean K. Benjamin, *Catalogue raisonné de l'œuvre de Kandinsky,* Paris, 1982. – François Le Targat, *Kandinsky,* Paris, 1990.

KANE Cheikh Hamidou. Écrivain sénégalais. Né le 2 avril 1928 à Matam, paisible bourgade du Sénégal oriental dont les maisons de banco et les factoreries décrépites s'égrènent négligemment le long du fleuve. Issu d'une grande famille de nobles peuls, musulmans fervents, il suit régulièrement, jusqu'à l'âge de dix ans, les cours de l'école coranique et il est élevé dans la plus pure tradition musulmane. Toutefois la famille de Cheikh Hamidou Kane décide de l'envoyer à l'école française du chef-lieu de cercle ; son intelligence, jointe à une mémoire exceptionnelle, due en grande partie à la récitation des versets du Coran, lui permettent d'y obtenir, trois ans plus tard, le certificat d'études primaires. Il est ensuite envoyé à l'école des fils de chefs, puis de là au lycée de Dakar, où il achève normalement ses études secondaires par l'obtention du baccalauréat.

Les années parisiennes, consacrées à la préparation du concours d'entrée à l'École nationale de la France d'outre-mer, sont décisives dans la formation de l'auteur de *L'Aventure ambiguë* (*) (1961), dans la mesure où le contact direct et parfois brutal avec l'Europe va lui permettre à la fois de forger son intelligence et d'affiner sa sensibilité. Juriste, économiste et philosophe, Cheikh Hamidou Kane obtient en effet sa licence en droit et en philosophie en juillet 1969, tandis que la réussite à l'École de la France d'outre-mer lui assure un débouché professionnel dans l'administration. Mais le jeune homme ne se borne pas à collectionner les « peaux d'âne » : marcheur infatigable et lecteur impénitent, il multiplie les rencontres, feuillette d'un main diurne ou nocturne tous les livres qui lui tombent sous la main, mais surtout il réfléchit au spectacle d'un Occident qui lui paraît déboussolé. Hamidou Kane confesse en particulier avoir été très fortement impressionné par une toile de Paul Klee « qui représentait des êtres extrêmement mécanisés et presque réduits à l'état de machines », et ce n'est certainement pas un hasard si le « fou » que le romancier met en scène dans *L'Aventure ambiguë* est littéralement frappé de stupéfaction à son arrivée à Marseille par le « fantastique fleuve de mécaniques enragées » qui déferle à travers les rues de la ville.

De retour au pays, Cheikh Hamidou Kane a été très rapidement accaparé par d'importantes fonctions, administratives et politiques, ce qui pourrait expliquer qu'il est demeuré, jusqu'à ce jour, l'homme d'un seul livre.

JACQUES CHEVRIER.

K'ANG Yowei (Kang Youwei, prénom d'enfance Tsou-i, prénom public Kouang-sia, surnoms Tch'ang-sou et Keng-cheng). Publiciste, lettré et réformateur utopiste chinois. Né le 19 mars 1858 dans le district de Nan-hai, au sud-ouest de Canton, mort le 31 mars 1927 à Ts'ing-tao. K'ang naquit dans une famille de fonctionnaires. Orphelin de père à l'âge de 9 ans, il fut éduqué par son grand-père. En 1876, après avoir échoué à l'examen de licence [tsiu-jen], K'ang entreprit des études sous la direction de Tchou Ts'e-ts'i (1807-1882), un célèbre lettré de Canton, qui lui enseigna le savoir confucéen tout en l'introduisant aux idées occidentales. À la mort de son grand-père en 1879, K'ang se retira pendant des mois dans la montagne pour se plonger dans l'étude du bouddhisme et du taoïsme. Puis un voyage qu'il fit dans plusieurs villes de la côte lui permit de mieux se familiariser avec les cultures étrangères. Il commença alors une carrière journalistique et ses articles ainsi que son engagement socio-politique firent de lui au cours des années un des chefs de file du mouvement réformateur les plus controversés.

Suite à sa rencontre avec le lettré sichuannais Liao P'ing (1852-1932), K'ang publia en 1891 *L'Étude des faux classiques forgés par les savants de la dynastie Xin* [*Sin-siue wei-tsing k'ao*] puis, en 1894, il fit paraître un deuxième ouvrage intitulé *Confucius réformateur* [*K'ong-tse kai-tche k'ao*]. K'ang y reprenait en les systématisant les idées de son maître Liao, fervent représentant de l'école des textes en écriture nouvelle [tsin-wen] à laquelle avaient appartenu maints illustres lettrés modernes. Remontant à la dynastie des Han, l'école, qui donnait au confucianisme une forte tendance religieuse et idéalisait la figure de Confucius, basait son enseignement sur l'interprétation du *Commentaire de Kong-yang* aux *Annales des printemps et des automnes* (*). Reprenant la théorie historique des « Trois Âges » formulée par cette école, K'ang se faisait fort d'amener l'humanité vers le règne de la « Grande Paix » [t'ai-p'ing]. Par le biais d'une critique philologique des classiques qui ne reculait pas devant les arguties les plus osées, il prétendait dégager un confucianisme « authentique » qui donnerait à la Chine les armes morales pour résister aux assauts de la civilisation occidentale. Il dépeignait Confucius comme un « roi sans couronne », à la fois fondateur de religion investi d'une mission céleste et législateur inspiré destiné à sauver le monde, rôle dans lequel K'ang se voyait fort bien lui-même. Les essais de K'ang firent l'effet d'une bombe : acclamés par les uns, décriés par les autres, ses livres furent interdits peu après leur publication. K'ang persista néanmoins en faisant en 1902-1903 la synthèse de son système dans une vaste fresque utopique intitulée *Le Livre de la grande communauté* (*). Son élève Liang Ts'i-tch'ao (1873-1929), autre réformateur éminent, aimait à comparer l'effet du premier livre à celui d'un typhon, celui du deuxième à un volcan et du troisième à un tremblement de terre.

K'ang, qui s'était fait enseignant à Canton, réussit finalement à passer l'examen de licence en 1893. En 1895, il obtint le grade de docteur [tsin-che] et fut affecté à la capitale comme secrétaire de deuxième classe au ministère des Travaux publics.

Les défaites militaires de la Chine se succédant, K'ang redoubla de zèle réformateur, envoyant au trône force mémoires et pétitions. L'une d'entre elles, qui proposait un programme complet de restructuration économique, culturelle et politique, recueillit les signatures de plus de mille trois cents candidats à l'examen impérial. Il fonda également la Société pour l'encouragement des études [Ts'iang-siue-houei] et finit par gagner le soutien d'hommes politiques influents qui le recommandèrent à l'empereur Kouang-siu. Avide de moderniser le pays, ce dernier déclencha en 1898 la Réforme dite « des cent jours » et fit de K'ang un de ses principaux conseillers. Celui-ci put croire que la Chine allait enfin s'engager dans une révolution semblable à celle qu'avait patronnée au Japon, vingt ans auparavant, l'empereur Meiji. Mais trois mois après, l'impératrice douairière Tse-si, soutenue par la faction des conservateurs, faisait mettre l'empereur en résidence surveillée et mettait un terme au mouvement de réformes. Six de ses dirigeants, dont un frère cadet de K'ang et le publiciste T'an Se-t'ong, furent exécutés. K'ang Yowei, prévenu à temps du complot par l'empereur, put s'enfuir à Hongkong.

Il passa les années suivantes à voyager à travers le monde, cherchant le soutien d'hommes politiques et d'intellectuels étrangers et de Chinois d'outre-mer, car il restait un fervent partisan de la dynastie. Il fonda une « Société pour la protection de l'empereur » [Pao-houang-houei] qu'il croyait en danger après son arrestation. Plus tard, il la transforma en « Société pour un gouvernement constitutionnel » [Sien-tch'eng-houei]. K'ang prônait alors la mise en œuvre d'une politique d'industrialisation de type occidental sous la supervision de l'administration impériale. Si ses efforts n'eurent guère d'influence sur la politique de la Cour, ils lui valurent en revanche les critiques de ses contemporains républicains comme Sun Yat-sen, chef de la « Ligue jurée » [T'ong-meng-houej] et futur premier président de la République, ou de l'essayiste Tchang T'ai-yen, qui avait été emprisonné deux années durant pour ses attaques anti-mandchoues.

En 1913, deux ans après la chute de la dynastie des Ts'ing, K'ang rentra en Chine. Il se consacra surtout à la littérature et à la cosmologie, mais continua néanmoins jusqu'à la fin de sa vie, en 1927, à plaider pour la restauration impériale et à défendre l'idéologie confucéenne en dépit des critiques des partisans du « Mouvement pour une nouvelle culture » [Sin-wen-houa yun-tong] auquel se ralliaient désormais la plupart des intellectuels de la jeune République chinoise.

À côté de son œuvre d'essayiste, K'ang a laissé un recueil de poèmes apprécié, le *Ming'yi-ke che-tsi,* où il s'inspire du poète Tang Tou Fou (712-770), pour lequel il avait la plus vive admiration.

GABRIELE GOLDFUSS et VINCENT DURAND-DASTÉS.

RÉF. : Kung-chuan Hsiao, *A Modern China and a New World : K'ang Yu-wei, Reformer and Utopian, 1858-1927,* Seattle et Londres, 1975. – *K'ang Yu-wei : A Biography and a Symposium,* Tucson, University of Arizona Press, 1967.

KANİK Orhan Veli. Poète turc. Né et mort à Istanbul (1914-14 novembre 1950). Fils du chef d'orchestre de la Symphonie présidentielle, Orhan Veli reçoit une bonne éducation libérale mais, attiré par la vie littéraire, il quitte l'université d'Istanbul, en 1935, avant d'avoir achevé ses études. La publication, en 1941, du recueil de poèmes intitulé *L'Étrange* (*) le fait d'emblée connaître comme chef d'une nouvelle école littéraire, et rénovateur radical de la poésie turque. Il travaille alors à la poste d'Ankara, avant d'être mobilisé pour la Seconde Guerre mondiale. À la fin du conflit, auquel la Turquie ne participe que fort brièvement, il obtient un poste de traducteur au ministère de l'Éducation, qu'il quitte moins de deux ans plus tard pour la bohème littéraire d'Istanbul. Tandis que son frère cadet Adnan Veli est emprisonné pour délit politique en 1949, Orhan trouve le moyen de publier vingt-huit numéros d'un journal littéraire, *La*

Feuille [*Yaprak*], qu'interrompt sa mort brutale, causée par une hémorragie cérébrale.

Orhan Veli, qui voulait extraire la poésie turque de ses carcans formels et idéologiques, considérait qu'il fallait la « libérer des conceptions spécifiquement poétiques et du souci de rendre beau l'usage des mots ». Et, quant à lui chercher des paternités littéraires, on le trouvera beaucoup plus influencé par le haïku japonais que par aucune source turque ou même européenne. Orhan Veli représente avec son école du *Garip* (titre en turc de son recueil-manifeste de 1941) une « ligne de partage des eaux » (L. Mitler) dans l'histoire de la littérature turque moderne. Après lui le vers libre et la liberté des thèmes devinrent la règle, tandis que l'ancienne prosodie du 'arûz et l'esthétique du dîvân devenaient définitivement obsolètes. Son œuvre, guère très abondante, a brisé le moule conventionnel de la versification turque ; et la vision nihiliste qu'Orhan Veli avait du monde, axée sur le personnage du petit homme ordinaire, impuissant face à une société qui l'écrase à l'échelle du cosmos, a bouleversé les schémas philosophiques qui jusque-là prévalaient en Turquie. Proche de celle du nouvelliste Sait Faik Abasïyanïk, l'œuvre d'Orhan Veli Kanïk annonce également la fortune de l'existentialisme dans les lettres turques.

STÉPHANE A. DUDOIGNON.

KAN PAO [Gan Bao] (prénom social Ling-cheng). Historien et prosateur chinois, originaire de la province du Heu-nan, et qui serait mort en 336. De Kan Pao, on sait seulement qu'il compila pour la cour des Tsin orientaux (317-420) des faits historiques concernant la dynastie précédente des Tsin occidentaux (265-316), travail dont il ne reste que quelques fragments. On lui attribue le plus célèbre des premiers recueils de « description d'anomalies » [tche-kouai] : *À la recherche des esprits* (*). On suppose en effet que deux événements extraordinaires survenus dans sa famille l'auraient poussé à recueillir toutes sortes d'histoires fantastiques parmi ses contemporains et dans le passé. Ces faits sont rapportés dans *Histoire des Tsin* où l'on trouve la biographie de Kan Pao. Ainsi, la mère de Kan Pao aurait enterré vivante la concubine favorite de son mari, à la mort de celui-ci. Le corps aurait été retrouvé intact au bout de dix ans lorsqu'on ouvrit la tombe pour y loger à son tour le cadavre de la mère, et la concubine serait revenue à la vie. Quant au frère de Kan Pao, il aurait cessé de respirer pendant plusieurs jours, et raconté à son réveil des « faits et gestes » de fantômes et d'esprits.

VALÉRIE LAVOIX.

RÉF. : D. Bodde, « Some Chinese Tales of the Supernatural, Kan Pao and his "Soushen-chi" », *Harvard Journal of Asiatic Studies*, n° 6, 1942.

KANT Emmanuel. Philosophe allemand. Né et mort à Königsberg (22 avril 1724-12 février 1804). Issu d'une famille de la petite bourgeoisie, originaire, semble-t-il, d'Écosse. Son père, sellier, jouissait d'une modeste aisance ; sa mère, adepte du mouvement piétiste et très dévote, exerça une influence profonde sur son esprit : c'est toujours le piétisme qu'on retrouve au fond du caractère et de la pensée de Kant. De 1732 à 1740 le petit Emmanuel fut l'élève du « Collegium Fridericianum » ; l'enseignement dispensé dans cette école piétiste n'était que le prolongement de l'éducation qu'il avait reçue dans le milieu familial ; il lui fit sentir en même temps les limites du piétisme lui-même et de toute éducation religieuse en général. Ces limites étaient la contrainte et l'hypocrisie qu'il s'efforcera – non toujours avec succès, disent ses critiques – de combattre dans la construction de son système éthique et religieux. Sorti du collège, il fréquenta de seize à vingt-deux ans (1741-47) les cours de l'université de Königsberg ; théoriquement inscrit à la faculté de théologie, il se consacrait surtout à des études de philosophie et de physique sous la conduite de Martin Knutsen, disciple de Christian Wolff non dépourvu d'originalité. Les universités allemandes se trouvaient à cette époque sous l'influence prépondérante de la philosophie rationaliste de Wolff et de Baumgarten, dont les manuels étaient largement adoptés ; toutefois en physique (considérée alors comme « philosophia naturalis » et donc comme une branche de la philosophie) les idées et les écrits de Newton et de son école étaient déjà largement répandus. Ce dualisme, né de l'adoption du rationalisme en philosophie théorique et de l'empirisme en philosophie scientifique, deviendra l'un des thèmes fondamentaux de la philosophie kantienne, jusqu'au jour où le philosophe tentera de le dépasser par la philosophie critique. Déjà au cours de ses dernières années d'université il s'était trouvé aux prises avec des difficultés pécuniaires, qui le contraignirent, ses études une fois terminées, à s'employer, entre 1747 et 1754, comme précepteur dans les familles nobles. Bien qu'elle ne fût pas toujours heureuse, cette expérience lui permit d'acquérir ces manières distinguées qui par la suite jouèrent un rôle important dans l'ascendant personnel du professeur Kant, ainsi qu'une certaine connaissance du monde et des hommes qui compensera les effets de la vie très retirée qu'il mènera par la suite.

En 1755, il débuta dans l'enseignement. Grâce à ses dissertations *De igne et Principiorum primorum cognitionis metaphysicae nova delucidatio,* qui datent toutes deux de cette année, il obtint le doctorat et le titre de « Dozent » (habilitation à enseigner une matière facultative) de l'université de Königsberg. L'année d'après, une autre dissertation, la *Monadologie physique* (+), lui valut de succéder dans la chaire de professeur extraordinaire de mathématiques et de philosophie à son maître Knutzen qui venait de mourir. Les cours du jeune professeur allaient de la géographie physique à la philosophie théorique ; si l'on en juge par les souvenirs de Herder, ils étaient suivis par un auditoire attentif et enthousiaste. C'est alors que Kant commença sa carrière d'écrivain. L'*Histoire naturelle générale et théorie du Ciel* [*Allgemeine Naturgeschichte und Theorie des Himmels*] date de 1755 ; elle représente sa contribution la plus importante dans le domaine des sciences naturelles. On y trouve en effet cette célèbre hypothèse sur l'origine du système solaire qui, formulée plus tard en termes mathématiques par Laplace, fera autorité jusqu'à la fin du XIXe siècle. Alors que, dans ses dissertations en latin, Kant s'inspirait du rationalisme wolffien, il fait ici figure de newtonien ; il critique cependant dans un esprit rationaliste la philosophie newtonienne sur un de ses points les plus délicats ; la conception de la contingence de la nature, caractéristique de la tradition anglaise, à laquelle il oppose une conception mécanico-déterministe même pour la nature dans son ensemble.

L'hésitation entre wolffisme et empirisme se poursuivra pendant toute la « période précritique », c'est-à-dire jusqu'en 1770, mais déjà à partir de 1760 l'horizon kantien devient plus vaste, sa production jusque-là étroitement académique se fait brillante et vigoureuse, et le cercle de ses intérêts s'étend à son tour ; le philosophe commence à prendre parti sur les problèmes les plus débattus par la philosophie des Lumières et à l'égard de cette philosophie elle-même. Il étend également le cercle de ses lectures ; il lit les auteurs français et anglais de son temps, et particulièrement Rousseau et Hume. L'influence de Rousseau est visible dans toute l'œuvre kantienne, et plus spécialement dans les écrits de morale et de politique. Une anecdote significative illustre l'attention et la passion avec lesquelles il aborda les livres de Rousseau. Kant était l'homme le plus méthodique du monde ; dans ses écrits philosophiques, son esprit méthodique se traduit par la rigueur, qui s'accompagne d'une passion parfois exaspérante pour les schémas et les constructions symétriques (un exemple typique en est le fameux « tableau des catégories » dont il était si fier) ; dans la vie courante, il se manifestait par une quantité de petites manies qui furent sans doute l'une des raisons, et non la moindre, qui le condamnèrent au célibat en dépit de l'estime qu'il professait en théorie pour le mariage et la vie de famille. Au nombre de ces manies figurait l'habitude de faire chaque soir, au coucher du soleil, toujours à la même heure, la même promenade ; au point qu'il était devenu l'horloge des ménagères de la ville qui, quand elles le voyaient passer sous leurs fenêtres, savaient que c'était l'heure de mettre la soupe sur le feu. Mais un soir le professeur Kant ne sortit pas ; persuadés qu'il était malade, quelques amis et disciples coururent chez lui, où ils le trouvèrent plongé dans la lecture de l'*Émile* (*) de Rousseau, qu'il venait de recevoir et qui l'avait absorbé au point de lui faire oublier, pour la première et sans doute la dernière fois de sa vie, l'heure de la promenade. Quant à l'influence de Hume, Kant lui-même en a défini l'importance lorsqu'il a dit que Hume « l'avait tiré de son sommeil dogmatique ». On ne sait pas au juste à quelle époque il lut ses œuvres et lesquelles ; il semble qu'il en ait d'abord eu connaissance à travers une critique contenue dans un écrit de Beattie qui lui aurait inspiré le désir d'en savoir davantage. Outre ces lectures, celles des philosophes anglais du sentiment, qu'il devait critiquer par la suite, et de d'Alembert exercèrent à cette époque une influence sur sa pensée. Celle-ci prend alors un tour moins métaphysique et, d'une manière générale, se rapproche de celle des philosophes français de son temps ; il oppose déjà (et c'est là un des thèmes qui inspireront la *Critique de la raison pure*) la certitude des sciences à l'incertitude et à l'obscurité de la métaphysique. En ce sens il y a progrès ; alors que dans *L'Unique Fondement possible d'une démonstration de l'existence de Dieu* (*), qui est de 1763, il ébauche une critique, qu'on retrouve dans la *Raison pure,* de la preuve cartésienne de l'existence de Dieu, qu'il remplace par une autre, également ontologique – il est donc encore métaphysicien –, dans les *Rêveries d'un visionnaire* (*), écrit en 1766 ; par contre, il ironise sur les divagations de Swedenborg, qu'il compare à celles des métaphysiciens ; à cette époque l'influence de Hume est déjà manifeste. Au cours de ces années, son enseignement universitaire subit un changement parallèle ; dans un programme pour les cours du semestre 1765-66, il affirme que les étudiants, avant d'être acheminés vers la spéculation, doivent recevoir un fondement empirique solide, et qu'on ne saurait enseigner la philosophie, mais seulement la manière de philosopher. Entre-temps, dans les *Observations sur le sentiment du beau et du sublime* (*) qui datent de 1764, il se consacre, sur les traces de Hume et de Burke, à l'analyse psychologique de quelques catégories esthétiques, tandis que dans sa *Tentative d'introduire le concept de grandeurs négatives dans la science,* qui est de 1763, on entrevoit déjà les lignes directrices de sa future philosophie de la science, qu'on retrouve dans la *Raison pure.*

1770 représente une étape capitale dans la vie de Kant. Jusque-là, il n'avait occupé dans l'Université qu'un poste secondaire et mal rétribué auquel la charge et le salaire de bibliothécaire adjoint n'ajoutaient qu'un maigre supplément. La chaire de professeur ordinaire de logique et de métaphysique avait été tenue, à partir de 1758, par un certain Buck, mais en mars 1770 le titulaire de la chaire de mathématiques, Langhansen, étant mort, Kant obtint, conformément d'ailleurs au désir de Buck, que celui-ci fût appelé à en assurer la succession et que lui-même fût désigné pour remplacer Buck, le poste qu'il devait garder, peut-on dire, jusqu'à sa mort. À cette occasion, se conformant aux règles académiques, il écrivit la célèbre dissertation *De la forme et des principes du monde sensible et intelligible* (*) où se trouvent exposées pour la première fois les lignes de sa pensée critique. Puis, pendant onze ans, le philosophe qui avait été jusque-là très actif et si fécond ne publie plus rien. Même ses leçons, au cours de cette période, ne semblent pas avoir brillé par excès d'originalité. Jusqu'au jour où, en 1781, paraît l'œuvre qui devait révolutionner le monde philosophique : la *Critique de la raison pure* (*), dans laquelle Kant, définitivement sorti de son « sommeil dogmatique », annonce au monde non seulement une nouvelle philosophie, mais une nouvelle méthode d'envisager et d'analyser les problèmes philosophiques. Mais ce message devait au début passer inaperçu ; ce n'est qu'en 1782 que parut dans les *Gelehrte Anzeigen* de Göttingen un compte rendu anonyme de l'ouvrage (écrit comme on le sut plus tard par Christian Gave et remanié par G. E. Feder), qui montrait bien que l'auteur n'y avait rien compris. D'ailleurs nombreux étaient les amis de Kant qui se plaignaient que l'œuvre fût « difficile ». Pour répondre à son critique de Göttingen et donner un exposé plus accessible des idées contenues dans la *Critique,* Kant écrivit alors les *Prolégomènes à toute métaphysique future* (*), qu'il publia en 1783.

Là commence la deuxième période de son activité ; sa plume redevient féconde et, riche d'une conscience nouvelle, guidé par la philosophie critique, il reprend et résout d'une manière originale tous les problèmes de la philosophie des Lumières qui l'avaient occupé jadis, du religieux au politique. C'est ainsi qu'entre 1785 et 1790 paraissent les deux autres grandes « Critiques » ; la *Critique de la raison pratique* (*) (1788), précédée du *Fondement de la métaphysique des mœurs* (*) (1785) et la *Critique de la faculté de juger* (*) (1790), précédée par *De l'usage des principes téléologiques en philosophie* (*) (1788). Et, à côté d'elles, quelques œuvres mineures, comme : *Réponse à la question « Qu'est-ce que les Lumières ? »* (*) (1784), *Idée d'une histoire universelle du point de vue cosmopolite* (*) (1784), et *Origine probable du genre humain* (*) (1786). Entre-temps la révolution éclate en France ; comme de nombreux autres grands esprits en Allemagne, Kant est ému et enthousiasmé. Les idées de Rousseau triomphaient ; l'événement impliquait à ses yeux l'affirmation de la valeur de sa pensée éthique et religieuse. C'est alors qu'il publie deux de ses œuvres les plus significatives : l'une politique, le *Projet de paix perpétuelle* (*) (1795) et l'autre de philosophie de la religion : *La Religion dans les limites de la simple raison* (*) (1793). Si Kant fut un « libre penseur », il ne le parut jamais autant que dans cette œuvre. Mais le moment se prêtait mal, alors que tous les souverains réactionnaires étaient mobilisés contre la Révolution et les idées « jacobines », à la parution, dans la Prusse de Frédéric Guillaume II, d'un livre de ce genre, même s'il avait été approuvé par les théologiens (apparemment conciliants) de Königsberg – surtout venant d'un auteur aussi célèbre que l'était déjà Kant. Aussi fit-il l'objet d'une réprimande sévère de la part du roi, poussé par son ministre Wolmar, avec menace de sanctions en cas de récidive. Kant n'était peut-être pas un héros ; il était surtout foncièrement conservateur, très respectueux de l'autorité constituée. Il écrivit dans son journal : « Se rétracter serait une lâcheté, mais se taire, dans un cas comme celui-ci, est le devoir d'un sujet. » Et il répondit au roi que, « en tant que sujet très fidèle de Sa Majesté », il s'abstiendrait d'écrire désormais sur la philosophie de la religion. Une telle formule avait à ses yeux la valeur d'un engagement personnel vis-à-vis du roi Frédéric Guillaume II ; aussi se considéra-t-il délié de sa parole à la mort de celui-ci (1797), et il reprit immédiatement la plume en racontant toute l'histoire dans *Le Conflit des facultés* (*) (1798). Il avait, l'année d'avant, publié sa dernière grande œuvre de philosophie morale, la *Métaphysique des mœurs.* Au cours des années suivantes, jusqu'à sa mort survenue après une très longue agonie, il s'essaya encore dans la philosophie, cherchant à asseoir un système métaphysique définitif sur les fondations qu'il avait jetées dans les dix années précédentes, mais ces tentatives, recueillies dans l'*Opus postumum* (*), montrent seulement à quel point de relâchement intellectuel était parvenu vers la fin de sa vie celui qui avait été l'un des plus grands esprits d'Europe.

GIULIO PRETI.

♦ *« C'est Kant qui sans aucun doute est le meilleur* [des philosophes modernes]. *Il est aussi celui dont l'enseignement a montré une action persistante et a pénétré le plus profondément dans notre culture... »* Goethe. ♦ *« La Critique de Kant est un tissu de subtilités et d'absurdités... Les principes malsains d'une critique qui résout les réalités les plus sérieuses en faits de sensation. L'influence nuisible de la philosophie critique sur la moralité et le bonheur intérieur de l'homme... »* Herder. ♦ *« Que Kant soit notre esprit le plus ingénieux, ses ennemis eux-mêmes doivent le reconnaître ; mais malheureusement cette ingéniosité est son mauvais démon, comme elle le fut aussi pour Lessing. »* J. G. Hamann. ♦ *« Kant a parfaitement démontré l'idéalité du réel, mais il n'a pas démontré la réalité de l'idéal, et par conséquent pas non plus la réalité du réel. »* Friedrich Schlegel. ♦ *« D'une façon générale, Kant possède la philosophie vraie, mais seulement dans ses résultats, non dans les principes capables de la fonder. Ce penseur unique m'apparaît toujours plus admirable ; il a, ce me semble, un génie qui lui révèle la vérité sans lui en montrer les raisons. »* Fichte. ♦ *« La pointe de cette pensée me transperce au plus intime, au plus sacré de mon être... »* Kleist. ♦ *« Le résultat principal de la philosophie de Kant, c'est d'avoir éveillé la conscience de cette énergie interne absolue* [de la pensée sans détermination] ;

et bien qu'à cause de la façon abstraite dont ce principe a été saisi on n'en puisse tirer aucun développement, aucune détermination, ni connaissances, ni lois morales, il a cependant cette importance qu'il ferme l'accès à toute autorité et à tout élément extérieur. Depuis Kant, l'indépendance absolue de la raison doit être considérée comme un principe essentiel de la philosophie et comme une des croyances de notre temps. » Hegel. ♦ « *Il faut en convenir, la partie systématique des diverses Critiques ne résiste point à un sérieux examen ; elle est avec elle-même en une incroyable et perpétuelle contradiction.* » Victor Cousin. ♦ « *L'on commence généralement à se persuader que la vraie, que la sérieuse philosophie en est encore où Kant l'a laissée. En tout cas, je conteste qu'entre lui et moi l'on ait fait en cette matière le moindre progrès.* » Schopenhauer. ♦ « *Kant a jusqu'ici pris la voix effrayante d'un philosophe inexorable qui a passé toute la garnison du ciel au fil de l'épée. Vous voyez étendus sans vie les gardes du corps ontologiques et physicothéologiques ; il n'est plus désormais de miséricorde divine, de bonté paternelle, de récompense future pour les privations actuelles ; l'immortalité de l'âme est à l'agonie... Et le vieux Lampe, spectateur affligé de cette catastrophe, laisse tomber son parapluie, une sueur d'angoisse et de grosses larmes coulent de son visage. Alors Emmanuel Kant s'attendrit, et montre qu'il est non seulement un grand philosophe, mais encore un brave homme ; il réfléchit, et dit d'un air moitié débonnaire, moitié malin : "Il faut que le vieux Lampe ait un Dieu, sans quoi point de bonheur pour le pauvre homme... Or, l'homme doit être heureux en ce monde ; ... c'est ce que dit la raison pratique... Eh bien, soit ! que la raison pratique garantisse donc l'existence de Dieu." En conséquence de ce raisonnement, Kant distingue entre la raison théorique et la raison pratique, et, à l'aide de celle-ci, comme avec une baguette magique, il ressuscite le Dieu que la raison théorique avait tué.* » Henri Heine. ♦ « *La morale de Kant est bien supérieure à toute sa logique ou philosophie intellectuelle, et nos Français n'en ont pas dit un mot. Cela se comprend : nos hommes du jour n'ont pas de sens moral.* » Ernest Renan, 1845. ♦ « *Le plus rare et le plus compliqué des musées d'antiquités.* » William James. ♦ « *Kant le premier a donné à la morale un fondement scientifique. Kant est le créateur de la morale comme science. On lui connaît d'autres titres de gloire ; il faut lui accorder aussi celui-là, qui est le plus grand de tous.* » Renouvier. ♦ « *Après Platon, après Descartes, nous ne savons si la civilisation de l'Occident présente un autre exemple de génie aussi universel, aussi universellement bienfaisant.* » Léon Brunschvicg. ♦ « *Kant frayait la voie à une philosophie nouvelle, qui se fût installée dans la matière extra-intellectuelle de la connaissance par un effort supérieur d'intuition.* » Bergson. ♦ « *Le kantisme a les mains pures, mais il n'a pas de mains.* » Péguy. ♦ « *Préoccupé d'établir les lois universelles de la subjectivité, qui sont les mêmes pour tous, il n'a pas abordé la question des personnes... Kant et la majorité des post-kantiens continuent d'affirmer l'existence d'autrui. Mais ils ne peuvent se référer qu'au bon sens ou à nos tendances profondes pour justifier leur affirmation.* » Jean-Paul Sartre.

RÉF. : B. Erdmann, *Kants Kriticismus in der ersten und der zweiten Auflage der Kritik der reinen Vernunft,* Leipzig, 1878. – B. Erdmann, *La Critique kantienne comme synthèse du rationalisme et de l'empirisme,* article in *Revue de métaphysique et de morale,* XII, 1905. – J. Riehl, *Kant und seine Philosophie,* Berlin, 1907. – K. Fischer, *Kants Leben und die Grundlage seiner Lehre,* in *Geschichte der neweren Philosophie,* vol. IV et V, 5ᵉ édit., 1909. – Th. Ruyssen, *Kant,* Paris, 1909. – E. Cassirer, *Kants Leben und Lehre,* in vol. IX de l'édition de Kant par Cassirer, Berlin, 1918. – J. Ward, *A study of Kant,* Cambridge, 1922. – L. Brunschvicg, *L'Idée critique et le système kantien,* in *Revue de métaphysique et de morale,* 1924. – H. Cornelius, *Kommentar zur Kritik der reinen Vernunft,* Erlangen, 1926. – M. Heidegger, *Kant et le problème de la métaphysique,* trad., Paris, 1953. – V. Vuillemin, *L'Héritage kantien et la révolution copernicienne,* Paris, 1954. – A. Philonenko, *L'Œuvre de Kant,* Paris, 1968. – G. Lebrun, *Kant et la fin de la métaphysique,* Paris, 1970. – G. Granel, *L'Équivoque ontologique de la pensée kantienne,* 1980. – M. Meyer, *Science et métaphysique chez Kant,* Paris, 1988.

KANTEMIR Antioche, prince [Antioh Dmitrievič Kantemir]. Écrivain russe d'origine moldave. Né le 10 septembre 1708 à Constantinople, mort le 31 mars 1744 à Paris. Fils cadet du « hospodar » de Moldavie, le jeune Antioche reçoit une éducation raffinée. Son père, polyglotte, historien (son *Histoire de l'Empire othoman* est citée par Diderot et Voltaire), trahit le sultan au profit du tsar Pierre Iᵉʳ. Après la campagne du Prout (1711), désastreuse pour les armes russes, les Kantemir doivent s'exiler. Après un séjour à Kharkov et à Moscou, ils s'installent, en 1719, à Saint-Pétersbourg, où Antioche bénéficie de l'enseignement de la jeune Académie des sciences. Inscrit au régiment Préobrajenski, il s'essaie à la poésie lyrique (1726-1728), et publie un recueil : *Symphonie sur le Psautier* [*Simfonija na psaltir',* 1727]. Ce Moldave doit tout à Pierre Iᵉʳ. Déiste hostile au clergé conservateur, ce prince ennemi des nobles, monarchiste fervent, a partie liée avec ces « homines novi » sur lesquels s'est appuyé le tsar pour promouvoir ses réformes. Protégé par le brillant Théophane Prokopovitch, qui a aidé Pierre à assujettir l'Église, Antioche traduit et commente (1730) les *Entretiens sur la pluralité des mondes* (*) de Fontenelle, pièce importante de la lutte contre le prédicateur Stéphane Iavorski, hostile à l'Occident et resté fidèle au géocentrisme ptolémaïque.

En 1730, l'héritage politique de Pierre est menacé. Profitant de la vacance du pouvoir, les aristocrates qui siègent au Conseil suprême veulent imposer à l'héritière pressentie, Anna Ioanovna, une oligarchie de fait. Kantemir appelle alors l'impératrice à recouvrer l'autocratie, ce qu'elle fait brutalement. Pourtant, nul ne sort vainqueur de cette journée des dupes : le jeune Antioche le premier, qui ne reçoit aucune gratification. L'impératrice l'éloigne en 1732, en le nommant ambassadeur à Londres, puis, en 1738, à Paris. Il ne reverra plus la Russie.

Kantemir a laissé, outre des traductions, des odes, des fables, des épigrammes, une épopée inachevée à la gloire de Pierre le Grand, la *Pétride* [*Petrida*], ainsi qu'un traité de versification, la *Lettre de Chariton Makentin à son ami, sur la composition des vers russes* [*Pis'mo Haritona Makentina o složenii stihov russkih,*

1744] où, tout en défendant le vers syllabique *(wiersz)* d'origine polonaise, il fait une concession au principe tonique proposé par Trediakovski. Son œuvre centrale, toutefois, est formée par ses dix *Satires* (*) où il s'affirme comme le fondateur de la littérature « accusatrice » (1729-1738).

Diplomate avisé, Kantemir a compris l'enjeu politique de l'« image » du pays qu'il représentait. Ses relations personnelles avec le monde des lettres et des arts (Montesquieu, Nivelle de la Chaussée, Riccoboni, etc.) ont contribué puissamment à asseoir en France le rêve russe, le mythe de Pierre le Grand surtout, qui deviendra une référence obligée de la doctrine du despotisme éclairé.

JEAN BREUILLARD.

KANTOR Tadeusz. Peintre et homme de théâtre polonais. Né le 6 avril 1915 à Wielopole Skrzynskie, voïvodie de Cracovie, mort le 8 décembre 1990 à Cracovie. Élève de Karol Frycz à l'Académie des beaux-arts de Cracovie, il fonde durant la guerre un théâtre clandestin avec lequel il monte sous l'influence du cubisme et du Bauhaus *Balladyna* de Slowacki en 1942 et *Le Retour d'Ulysse* [*Powrót Odysà*] de Wyspianski en 1944. Il écrit alors ses premiers textes théoriques. Après la guerre et durant la période du réalisme socialiste, il se consacre essentiellement à son œuvre de plasticien et collabore à une centaine de spectacles comme scénographe et décorateur. Un voyage en France en 1947 lui permet d'approfondir ses contacts avec le surréalisme. Tout en participant activement aux premières manifestations polonaises d'art moderne, il fonde en 1955 avec le peintre Maria Jarema le théâtre expérimental Cricot 2 qui s'installe à la galerie Krzysztofory à Cracovie. La première de *La Pieuvre* [*Mątwa*] de Witkiewicz en 1956 inaugure une longue période de complicité avec l'œuvre de cet auteur dont Kantor utilise de nombreux textes comme support de ses recherches. Les diverses étapes de celles-ci, marquées chacune par un spectacle et un manifeste ou un essai, s'achèvent en 1975 avec la création de *La Classe morte* [*Umarla Klasa*] et le manifeste *Le Théâtre de la mort* (*). Ce spectacle rencontre un succès mondial et entame une tournée de plusieurs années tandis que les premiers textes de Kantor sont rassemblés par Denis Bablet dans *Le Théâtre de la mort* en 1977. C'est en 1980 à Florence qu'a lieu la création de *Wielopole-Wielopole*, premier spectacle où Kantor ne dialogue plus avec Witkiewicz mais pénètre dans sa propre mémoire, dans sa « chambre de l'imagination », pour y retrouver des bribes du passé qu'il reconstruit sur scène. En 1985, *Qu'ils crèvent les artistes* [*Niech szczezną artyści*] se construit autour du retable de l'église Sainte-Marie de Cracovie, œuvre du sculpteur Wit Stwosz, et de la vie tourmentée de celui-ci. Cette même année, Kantor anime un stage de théâtre dont l'enseignement sera rassemblé dans *Les Leçons de Milan* [*Lezioni milanesi*] en 1990. Son œuvre picturale s'imbrique de plus en plus étroitement avec son œuvre théâtrale et Cricot 2 réalise en 1988 la première de *Je ne reviendrai jamais* [*Nigdy tu juz nie powróce*], où les éléments des premiers spectacles reviennent hanter l'artiste attablé dans un bar misérable et douteux, semblable à une morgue. Le cricotage *Ô douce nuit* conclut le travail réalisé à Avignon en juillet 1990. Un mois après la mort de son créateur a lieu à Toulouse la première du dernier spectacle de Kantor *Aujourd'hui c'est mon anniversaire* [*Dziś są moje urodziny*] et en juillet 1991 paraît *Ma création-mon voyage* [*Moja twórczość-moja podróz*], l'édition posthume de son ultime œuvre poétique et picturale.

MARIE-THÉRÈSE VIDO-RZEWUSKA.

KANTOROWICZ Ernst Hartwig. Historien américain d'origine allemande. Né à Poznan le 3 mai 1895, mort à Princeton en 1963. La carrière mouvementée de Kantorowicz rend sans doute compte d'une production historiographique originale et puissante, connue surtout par deux grands ouvrages sans rapport apparent : *L'Empereur Frédéric II* [*Kaiser Friedrich den Zweite,* 1927] et *Les Deux Corps du roi* (*) (1957).

Né dans la bourgeoisie industrielle juive de la Posnanie prussienne, il s'engage dès 1914, à l'âge de dix-neuf ans, dans l'armée impériale ; immédiatement après la guerre, il combat les Polonais, puis les communistes, en 1918 et 1919, dans les corps francs, en Posnanie, à Berlin et à Munich. Il entreprend des études orientées vers l'économie politique. Ce grand médiéviste sera donc un autodidacte. En 1920, à Heidelberg, se produit la rencontre décisive avec Stefan George, le vieux chantre de l'Allemagne secrète, au langage hiératique. C'est dans le cercle masculin et nationaliste de George qu'il compose sa grande biographie de l'empereur Frédéric II Hohenstaufen, dépeint en termes nietzschéens. Le ton exalté, l'absence de références savantes, malgré une réelle érudition, firent le succès du livre auprès du public et des milieux nationalistes ; l'accueil universitaire fut réservé. C'est peut-être cette réserve qui, paradoxalement, poussa Kantorowicz vers une carrière universitaire ; en 1930, il obtint un poste de professeur à l'université de Francfort. Mais en 1933, il eut à subir la politique antisémite des nazis ; après un court séjour en Angleterre, il refusa de prêter serment à Hitler et se fit admettre à l'honorariat. Il ne quitta l'Allemagne qu'à la fin de 1938. Il obtint en 1940 un poste à l'université de Berkeley, qu'il quitta en 1949 après avoir refusé, au nom de la dignité de la charge universitaire, de prêter le serment anticommuniste exigé par les autorités maccarthystes. De 1951 à sa mort en 1963, il devint membre de l'Institute for Advanced Studies de Princeton. Depuis 1935, il avait continué à travailler sur les fondements du pouvoir politique médiéval ; mais, abandonnant la fascination pour le charisme individuel, il s'intéressait aux captations politiques des ritualités religieuses (*Laudes Regiae. A Study in Liturgical Acclamations and Medieval Ruler Worship,* Berkeley, 1946). De nombreux articles (partiellement réédités dans *Selected Studies,* New York, 1965, très partiellement traduits dans *Mourir pour la patrie,* Paris, 1984), consacrés aux juristes et artistes du Moyen Âge, à l'élaboration des appuis formels du pouvoir, aboutirent à la rédaction du chef-d'œuvre, *Les Deux Corps du roi,* qui montre comment la souveraineté royale et étatique, au Moyen Âge, se fit sous l'impact du droit, qui réussit à transposer dans l'immanence du politique les concepts et les images de la transcendance divine.

ALAIN BOUREAU.

RÉF. : E. Grünewald, *Ernst Kantorowicz und Stefan George,* Wiesbaden 1982. — A. Boureau, *Histoires d'un historien. Kantorowicz,* Paris, 1990.

KAN-ZE SHÔJIRÔ. Acteur et écrivain japonais célèbre qui composa des « drames classiques » [nô], né en 1435, mort en 1516. Fils de On-Ami Motoshige (?-1473) qui était chronologiquement le troisième dans la dynastie des acteurs appartenant à l'école Kanze fondée par Kan-Ami Kiyotsugu (1333-84), Kan-ze Shôjirô s'intéressa particulièrement aux mythes et aux traditions locales ; ce fut, par ailleurs, un poète avisé, et un joueur de tambour fort apprécié dans l'orchestre qui accompagnait les nô. Il écrivit trente-deux « yôkyoku » (textes de nô), parmi lesquels on peut citer : *Benkei à la barque* (*), *La Porte de l'Enfer* [*Rashômon*], *La Barrière d'Ataka* [*Ataka*], *Le Recueil des feuilles d'érable* [*Momijigari*].

KAO LIEN [Gao Lian]. Dramaturge chinois de l'époque Ming, dont on ne sait rien sur la vie si ce n'est qu'il occupa un poste subalterne à la Cour avant de se retirer au bord du lac de l'Ouest à Hang-tcho. Une de ses pièces est restée célèbre, *L'Épingle à cheveux en jade* (*).

JACQUES PIMPANEAU.

KAO MING [Gao Ming]. Dramaturge chinois. Né vers 1305, mort en 1370. Il fit une carrière officielle sous les Mongols, finit par se retirer vers cinquante ans et écrivit alors sa pièce *Le Luth* (*), qui allait créer un nouveau genre d'opéra, celui du Sud. Celui-ci, sous la dynastie Ming, remplaça le genre qui avait prévalu sous la dynastie mongole : désormais les parties chantées sont écrites pour des mélodies du Sud, tous les personnages chantent et, la règle des quatre actes étant abolie, les pièces tendent à être très longues. Kao Ming aurait écrit cette pièce pour contrecarrer un opéra populaire où le lettré des Han, Ts'ai Yong, sans preuve historique, était dépeint comme un mari qui abandonna sa femme pour une princesse sans avouer qu'il était déjà marié et qui tenta de faire assassiner sa première épouse pour éviter le scandale. Dans *Le Luth* le héros se marie en effet deux fois mais malgré lui, avoue à sa seconde femme qu'il est déjà marié et, quand la première épouse le rejoint à la capitale, l'accueille dans le nouveau foyer. Ici la vertu, la piété filiale et le dilemme moral entre deux devoirs sont au contraire ce qui inspire la conduite du lettré.

JACQUES PIMPANEAU.

KARADŽIĆ Vuk Stefanović. Écrivain et philologue serbe. Né à Trsić le 26 octobre 1787, mort à Vienne le 26 janvier 1864. Issu d'une famille originaire de l'Herzégovine, il reçut sa première instruction dans un monastère. Après avoir été, en 1804, secrétaire d'un détachement insurrectionnel, il se rendit sur le sol autrichien, à Sremski Karlovci et à Petrinja, pour apprendre les langues. De retour en Serbie, il fut fonctionnaire et instituteur et, en 1809, secrétaire du gouvernement. En 1813, les Turcs ayant réoccupé le pays, il se réfugia à Vienne où il rencontra le philologue slovène Kopitar. Ainsi commença une féconde collaboration, décisive pour toute son œuvre. L'instinct démocratique de cet homme du peuple, autodidacte d'esprit méthodique, doué d'un sens sûr pour l'ensemble du patrimoine culturel populaire, s'harmonisa parfaitement avec les idées de son inspirateur, philologue romantique influencé par Herder. Encouragé par Kopitar, il publia, en 1814-15, ses deux premiers recueils de poèmes populaires et une grammaire et, en 1818, son premier ouvrage fondamental — *Dictionnaire serbe* [*Srpski Rječnik*]. Après un voyage en Russie et la publication de ses *Chants populaires serbes* (*), il retourna dans sa patrie qu'il quitta bientôt, déçu par l'entourage du prince Miloš. Il se rendit en Allemagne où, recommandé par Grimm, il commença la publication de sa grande collection de poésie populaire (*Narodne Srpske Pjesme,* 1823, 24, 33 ; 2e éd. 1841-66) qui émerveilla l'Europe romantique. Il fit une visite à Goethe et fut reçu docteur honoris causa à Iéna. Il fournit à Ranke le matériel pour sa *Révolution serbe* (1829). Appelé de nouveau en Serbie pour collaborer à l'organisation judiciaire, il n'y resta que peu de temps ; il écrivit à Miloš, en 1832, une lettre fort sévère pour son régime. Réinstallé à Vienne, il publia en 1836 *Proverbes populaires serbes* [*Narodne Srpske Poslovice*]. Il entreprit encore de nombreux voyages dans les pays serbo-croates. Éditeur d'une suite d'almanachs, il fut auteur d'ouvrages historiographiques et ethnographiques et publia, en 1847, une traduction du Nouveau Testament — v. *La Bible* (*). Il s'intéressa aussi à la poésie populaire bulgare, russe et roumaine.

Son mérite n'est pas seulement d'avoir su sauver de l'oubli et éditer de façon magistrale l'essentiel du trésor poétique populaire serbo-croate. Sa signification historique réside également dans son rôle de réformateur de la langue littéraire. Il donna une nouvelle direction, à partir de la base populaire, à toute la culture serbe. Le grand obstacle au développement des littératures serbe et croate à l'époque préromantique fut l'absence d'une langue littéraire employée par tous. Cette anarchie fut aggravée, chez les Serbes, par le maintien d'une langue livresque artificielle, le « slavo-serbe », défendu par les orthodoxes et les conservateurs. Karadžić posa le principe de la langue vivante parlée par le peuple comme langue littéraire. Il choisit comme modèle le dialecte méridional, le plus pur, proche de celui utilisé jadis par les poètes ragusains et pouvant unir dans une même langue les orthodoxes et les « frères de la loi romaine ». Le second aspect de sa réforme fut l'introduction de l'orthographe phonétique et la simplification de la graphie cyrillique par l'élimination des signes muets empruntés au russe et par l'adoption de plusieurs signes nouveaux. Cette réforme, jetant les fondements de la langue serbo-croate moderne, s'imposa complètement dans la seconde moitié du XIXe siècle. L'essor de la poésie et de la philologie romantiques et les décisions officielles (1862, 65, 68) consacrèrent sa victoire définitive, confirmée, en 1899, par la première grammaire vraiment scientifique, celle du Croate Maretić.

BORUT ZERJAV.

KARALIJČEV Angel. Écrivain bulgare. Né le 21 août 1902 à Stragitza, mort le 14 décembre 1972 à Sofia. Après des études relatives à la diplomatie à l'université libre de Sofia, Karalijčev se destine aux lettres et collabore à plusieurs revues. Après la Seconde Guerre mondiale, il participe d'une manière active à la vie littéraire bulgare et publie des livres pour adultes et pour enfants qui frappent par leur exigence de perfection artistique et de justesse psychologique. Prisonnier du souvenir, du passé, l'écrivain, avec une originalité certaine, évoque à travers les traditions et les légendes un univers d'harmonie et de lumière où des personnages vaillants et fiers nous émerveillent par leur beauté morale. Karalijčev s'attache à recréer par sa riche imagination la vie du paysan bulgare en tant que drame individuel, expérience de souffrance, d'amour et de sagesse. Sa langue est incantatoire et suggestive. Parmi ses œuvres, il convient de citer : *Le Seigle* [*Raj,* 1925], *Le Trésor* [*Sacrovichté,* 1927], *Le Pont de pierre sur la Rossitza* (*) (1945).

ÉLÉNA FOULLIARON.

KARAMZINE Nikolaï Mikhailovitch [Nikolaj Mihajlovič Karamzin]. Historien, romancier et poète russe. Né le 1er décembre 1766 dans le gouvernement de Simbirsk, mort à Saint-Pétersbourg le 22 mai 1826. Il fit des études supérieures à Moscou mais, ne sachant point encore ce qu'il allait faire, s'installa à Simbirsk, où il resta environ deux ans. Après avoir regagné Moscou, il entra en relation avec la société cultivée de son temps, et en particulier avec des personnages importants comme le publiciste Novikov et le poète Dmitriev, mais sans trouver aucune occupation qui pût l'intéresser. Il résolut alors de visiter l'Europe et, de mai 1789 à septembre 1790, voyagea en Allemagne, en Suisse, en France et en Angleterre, s'arrêtant dans les plus grandes villes. De retour à Moscou, il commença à publier le compte rendu de ses pérégrinations, dans le *Journal de Moscou,* sous le titre de *Lettres d'un voyageur russe* (*). En 1792, la revue suspendit ses publications, peut-être à la suite de l'arrestation de Novikov, et Karamzine se retira à la campagne pour rédiger quelques nouvelles que lui avait inspirées le roman larmoyant anglais, entre autres *La Pauvre Lise* (*), qui fut extrêmement célèbre, et quelques autres nouvelles qu'il publia sous le titre d'*Aglaé,* en 1793 et 1794. En 1796, il fit une anthologie des poètes russes, et l'année d'après, prépara une anthologie des écrivains étrangers d'où la censure décida d'exclure Cicéron, Salluste et quelques autres classiques. Mais c'est à cette époque, entre 1796 et 1801, sous le règne de Paul Ier, que Karamzine fut ordinairement reconnu comme l'écrivain le plus représentatif de sa génération. En 1802, pendant les premiers temps du règne d'Alexandre Ier, Karamzine fit paraître le premier numéro du *Messager d'Europe,* revue dans laquelle il fait montre d'inclinations nouvelles pour la politique et les études historiques. Et en fait, il abandonnait deux ans après toute activité littéraire pour préparer la grande œuvre à laquelle son nom reste lié : l'*Histoire de l'empire de Russie* (*), dont les huit premiers volumes furent publiés en 1816, et qui souleva l'enthousiasme, peut-être à cause de l'attitude même qu'avait adoptée Karamzine, partagé entre les aspirations libérales de son temps et sa foi dans la tradition russe. Les derniers volumes de l'œuvre furent publiés au cours des années suivantes, quand déjà, en Europe, commençaient de paraître les premières traductions. La vie de Karamzine ne fut guère mouvementée à partir de 1804 ; il entretint toutefois des relations étroites avec l'empereur (relations auxquelles nous devons un mémoire daté de 1811 et qui défend l'autocratie). La mort de ce même empereur fit grande impression sur Karamzine, alors occupé à préparer le XIIe volume de l'*Histoire.* Il mourut peu après.

♦ *«* [Pouchkine] *avait eu, dès sa tendre enfance, un grand culte pour cet écrivain. Tout petit encore, il comprenait que Karamzine était un homme peu ordinaire... Un soir que Karamzine s'était attardé chez moi, Alexandre vint s'asseoir en face de lui, buvant ses paroles et ne le quittant pas des yeux : et il n'avait que six ans.* » Souvenirs du père de Pouchkine sur son fils. ♦ *« Karamzine a découvert l'ancienne Russie comme Christophe Colomb a découvert l'Amérique. »* Pouchkine. ♦ *« Les poésies de Karamzine présentent un intérêt considérable par le genre des chansons et leur tonalité entièrement neuve. Non seulement Karamzine s'élève contre le classicisme froid et raisonneur, mais il recule les limites de la poésie... Renonçant aux subdivisions conventionnelles de la poésie en genres différents, Karamzine passe à la poésie lyrique pure et devance Pouchkine dès la fin du* XVIII*e siècle. »* M. Hofmann.

RÉF. : J. L. Black (éd.), Essays on Karamzin : *Russian Man-of-Letters, Political Thinker, Historian, 1766-1826*, La Haye, Paris, 1975.

KARAOSMANOGHLU Yakup Kadri. Romancier turc. Né au Caire le 27 mars 1889, mort à Ankara le 13 décembre 1974. Il fit des études secondaires en Turquie puis en Égypte. Atteint de tuberculose, il séjourna en Suisse (1916-1918) avant de rejoindre la résistance armée dirigée par Mustafa Kemal en Anatolie. Député en 1923 dans le nouveau parlement républicain, il se consacra parallèlement à l'analyse des problèmes de sa génération dans des romans qui touchèrent un large public. À la suite de la crise économique mondiale des années 30, il fonda avec un groupe d'amis la revue *Dadro* (1932) teintée d'idées socialistes et étatistes se réclamant du kémalisme. Cette tentative idéologique, d'abord tolérée et même encouragée par les milieux officiels, devint par la suite gênante au fur et à mesure du renforcement du capitalisme en Turquie. La revue fut donc supprimée et son fondateur éloigné du pays avec le titre d'ambassadeur de Turquie en Albanie. Par la suite, Karaosmanoghlu fit à nouveau partie du Parlement, il occupa également le poste de rédacteur en chef du journal *Ulus*, organe du parti républicain populaire. À partir de 1970, il consacra tout son temps à son travail d'écrivain, s'attelant notamment à la rédaction de ses Mémoires, qui constituent un précieux témoignage sur les débuts de la République turque. La culture littéraire de Karaosmanoghlu et son ambition de réaliste, sa volonté d'exprimer les mutations de la société turque avec ses contradictions, ses drames et ses hésitations entre le passé et le présent, l'Orient et l'Occident, font que son œuvre est non seulement une contribution majeure à l'art du roman en Turquie mais aussi un document précieux pour comprendre les problèmes d'une civilisation. Ses livres les plus importants sont : *Maisons à louer* [*Kiralik Konak*, 1922], *Sodome et Gomorrhe* (1928), *L'Étranger* (*) (1932), *Ankara* (1934).

GUZINE DINO.

KARASLAVOV Georgi. Écrivain bulgare. Né le 12 janvier 1904 à Delăr dans une famille paysanne, mort à Sofia le 26 janvier 1980. Il fait ses études dans une école de pédagogie. En 1921, il enseigne dans son village natal. Expulsé de la faculté agronomique de Sofia, il part en 1929 pour Prague afin de continuer ses études. Là-bas, il travaille comme ouvrier du bâtiment. En 1921 il était déjà entré dans la vie littéraire en participant à la rédaction de journaux comme *Pogled, Joupel, PLF, Kormilo, Echo* et en écrivant des récits et des articles très engagés. Après 1944, Karaslavov devient directeur du « Théâtre National » de Sofia, rédacteur en chef de la revue *Septemvri*, président de l'Union des écrivains, membre du présidium de l'Assemblée nationale et du comité central du parti communiste ainsi que de l'Académie des sciences. Représentant éminent de la prose contemporaine bulgare, il a considérablement enrichi la thématique littéraire. Dans ses récits, romans, pièces de théâtre, l'écrivain ne s'intéresse pas uniquement aux conflits sociaux du village, mais il explore un monde psychique nouveau où le drame de la propriété, de son pouvoir funeste sur l'homme, apparaît dans toute sa vérité cruelle. L'analyse pénétrante des états d'âme, la précision du langage lui permettent, dans son œuvre la meilleure, le roman *La Bru* (*) (1942), traduit en vingt-cinq langues, de créer des personnages représentatifs d'une réalité typiquement nationale mais dotés d'une psychologie ayant un intérêt universel. Ses œuvres les plus importantes sont : *Le Datura* (*) (1938), *La Bru* et *Tango* (*) (1949).

ÉLÉNA FOULLIARON.

KARAVELOV Ljùben. Écrivain bulgare. Né le 17 novembre 1834 à Koprivštica (Roumélie-Orientale), mort à Tirnovo le 21 janvier 1879. Il est une des figures marquantes de la littérature et de la renaissance nationales bulgares. De 1857 à 1867, il habita Moscou et fréquenta les penseurs de l'école libérale, tout en formant son style à la lecture des grands romanciers russes. Karavelov se mit bientôt à écrire en russe, publia les vibrantes *Pages du livre des souffrances de la race bulgare* [*Stranicy iz knigi stradanij bolgarskago plemeni*], peinture réaliste de la domination ottomane. Expulsé de Russie comme suspect d'avoir favorisé l'insurrection polonaise de 1863, Karavelov, toujours militant, se réfugia en Serbie et publia en langue serbe un livre qui fit grand bruit : *Ce n'est peut-être pas la faute du destin ?* [*Je li kriva sudbina ?*], critique de la vie à Belgrade et du despotisme monarchique, qui n'est pas sans rappeler Herzen — v. *À qui la faute ?* (*) — et Tchernychevski dans *Que faire ?* Arrêté en Hongrie, Karavelov fit sept ans de prison à Budapest. C'est là que naquirent ses Mémoires *De la maison morte* [*Iz mrtvog doma*], qui devaient inspirer les fameux *Souvenirs de la maison des morts* (*) de Dostoïevski. Réfugié en Roumanie, il appuya l'action politique de Botev, puis la libération de la Bulgarie (1878) lui permit de regagner sa patrie où, découragé par la politique, il abandonna toute activité révolutionnaire et publia *Les Bulgares des temps anciens* (*).

KARINTHY Frigyes. Écrivain hongrois. Né à Budapest le 24 juin 1887, mort à Siófok le 29 août 1938. Rédacteur au *Pesti Naplo,* il publia en 1912 un volume de nouvelles humoristiques qui montrent déjà fort bien sa conception de la vie, la critique aiguë mais compréhensive des imperfections de l'homme qui sera toujours sienne, son besoin d'évasion, son goût de la fiction, du rêve, de la folie même ou au contraire son désir d'un monde dominé par une logique de fer n'admettant aucune contradiction. Ses autres œuvres nous font connaître son pacifisme : *Le Christ ou Barabbas ?* [*Krisztus vagy Barabás ?* 1918], son dégoût des liens de l'existence corporelle, notamment dans le *Voyage autour de mon crâne* (*), sa recherche d'une libération des instincts : *La Ballade des hommes muets, Demain matin* [*Holnap reggel,* 1916], sa confiance dans les forces rédemptrices de la technique. Karinthy a aussi écrit d'excellents pastiches des auteurs hongrois contemporains : *Ainsi vous écrivez* [*Igy irtok ti,* 1912], *Miroir courbe* [*Görbe tükör,* 1912], etc.

KARKAVITSAS Andréas. Romancier et nouvelliste grec. Né en Élide, à Lechainà, en 1866, mort à Amarusi, le 24 octobre 1922. Après ses études médicales à Athènes, sa carrière, qu'il fit tout entière dans le service de santé de l'armée, devait l'amener à exercer les fonctions de médecin-chef d'un hôpital militaire d'Athènes. Les mutations d'une garnison à l'autre lui avaient fait connaître de près la vie de la province grecque : coutumes et préjugés, superstitions, rares joies et abondance de maux. Par l'intermédiaire de traductions, il avait découvert Zola et le roman russe ; aussi est-ce avec un réalisme cruel et pessimiste qu'il retrace, bien qu'il n'ait pas perdu la foi en l'avenir, la vie du village grec. Son œuvre, commencée dès 1886, est jalonnée par un volume de nouvelles en 1892, puis le court roman *La Belle* [*Hè Lygere*] ; *Le Mendiant* [*Ho Zetianos,* 1896] ; *L'Archéologue* (*) (1904). Les dix-sept nouvelles rassemblées sous le titre *Récits à la proue* [*Logia tes plores,* 1899-1902] tirent leur sujet de la vie maritime.

KARLFELDT Erik Axel. Poète suédois. Né le 20 juillet 1864 près de Folkärna, en Dalécarlie, mort le 8 avril 1931 à Stockholm. Fils d'agriculteurs, il étudia les lettres à l'université d'Uppsala, professa quelque temps dans l'enseignement secondaire, puis fut nommé à la Bibliothèque nationale de Stockholm. Élu en 1904 membre de l'Académie de Suède et, en 1907, membre du comité Nobel pour les prix littéraires, Karlfeldt en devint le secrétaire perpétuel (1912) et, comme tel, ne voulut pas, en 1920, accepter le prix Nobel, qui lui fut alors attribué, à titre posthume, en 1931. Ni les honneurs ni le succès qui lui sourit dès la publication de son premier recueil de poésies lyriques, *Chants sauvages et chants d'amour* (1895), ne parvinrent à le griser, et toujours il resta fidèle aux traditions populaires et à la vie rustique de sa Dalécarlie natale qui lui inspirait des poèmes extrêmement raffinés — v. *Les Chants de Fridolin* (*) (1898), *Le Jardin de Fridolin et les peintures de Dalécarlie en vers* [*Fridolins lustgård och Dalmålningar på rim,* 1901]. Non content de célébrer en des recueils d'une composition solide, comme *Flore et Pomone* [*Flora och Pomona,* 1906], le culte semi-païen de la terre en recourant à des images majestueuses, Karlfeldt excellait à rendre les accents d'un amour non partagé, ou ceux de l'inquiétude religieuse — *Flore et Bellone* [*Flora och Bellona,* 1918), *Cor d'automne* [*Hösthorn,* 1927] — que seule peut apaiser la transfiguration de l'art. Un recueil de ses *Pensées et Discours* [*Tankar och tal*] a été publié en 1932.

RÉF. : Sven Stolpe, *Det Svenska geniet och andra studier,* Stockholm, 1935. — Lucien Maury, *Panorama de la littérature suédoise contemporaine,* Paris, 1940. — Karl Ivar Hildeman, *Sub luna och andra Karlfeldtsessaër,* Stockholm, 1966 ; *En löskekarl,* Stockholm, 1977. — Nils Afzelius och Arne Bergstrand, *En Karlfeldtbibliografi,* Stockholm, 1974.

KARR Alphonse. Écrivain français. Né à Paris le 24 novembre 1808, mort à Saint-Raphaël (Var) le 29 septembre 1890. Fils d'un pianiste renommé, il fait de brillantes études au collège de Bourbon mais, après la mort de son père, doit, pour vivre, accepter un poste de répétiteur. Son premier roman, le meilleur aussi, *Sous les tilleuls,* en partie autobiographique, paraît en 1832, suivi de nombreux autres volumes d'imagination, où le sentimentalisme se mêle d'une façon originale à l'humour : *Une heure trop tard* (1833), *Fa dièse* (1834), *Le Chemin le plus court* (1836), etc. De tous, c'est certainement le *Voyage autour de mon jardin* (1845) qui obtint le plus grand succès. Cependant Alphonse Karr, devenu en 1839 directeur du *Figaro,* lançait la même année, au mois de novembre, une petite revue mensuelle, *Les Guêpes* (*), dont il allait être à peu près le seul rédacteur, et où allait s'affirmer sa veine acerbe de satiriste. Après la révolution de 1848, Alphonse Karr, candidat malheureux aux élections de la Seine-Inférieure, lança *Le Journal,* qui soutenait la politique de Cavaignac, mais ne survécut guère à la chute de celui-ci. En 1855, Karr quitta Paris pour s'établir sur la Côte d'Azur, où il fonda une exploitation qui inaugura en fait le commerce des fleurs coupées sur la Riviera. Cette retraite contribua à le faire oublier du public, et ce fut sans grand succès qu'il fit deux tentatives théâtrales, *La Pénélope normande,* cinq actes représentés à la Comédie-Française en 1860 et, six ans plus tard, *Les Roses jaunes.* Il continuait toutefois à publier des séries de « guêpes », dans *Le Figaro* en particulier, qui furent réunies en trois volumes : *Une poignée de vérités, Trois cents pages et menus propos.* En 1880, Alphonse Karr devait encore faire paraître un recueil de souvenirs, sous le titre de *Livre de bord.*

♦ *« Esprit de bonne humeur et gaieté sans malice, / Qui même en le grondant badine avec le vice, / Et qui, levant la main sans frapper jusqu'aux pleurs, / Ne fustige les sots qu'avec un fouet de fleurs... »* Lamartine à Alphonse Karr.

RÉF. : D. P. Scales, *Karr, sa vie et son œuvre,* Genève-Paris, 1959.

KARYOTAKIS Kostas. Poète grec. Né le 30 octobre 1896 à Tripolis (Péloponnèse), mort le 21 juillet 1928 à Prevéza (Épire). Quasiment inconnu hors des frontières de son pays, ce poète est pourtant l'un de ceux qui ont profondément marqué la littérature grecque du XXe siècle : à la charnière entre la génération de Palamas et celle de 1930, il a exercé une influence déterminante sur les premières œuvres d'écrivains comme Georges Séféris ou Yannis Ritsos, son suicide à l'âge de trente-deux ans, au milieu d'une vie littérairement très active, apparaissant comme la signature et l'aboutissement d'une œuvre empreinte d'un pessimisme sans appel : « Quelle volonté divine nous gouverne, / quel destin tragique tient le fil / des journées vides qu'à présent nous vivons / comme mus par une ancienne et funeste habitude ? » Second enfant d'une famille de la bourgeoisie grecque, il manifeste des dons précoces en publiant ses premiers textes dans des journaux dès l'âge de seize ans. Diplômé de l'université de droit en 1919, il publie la même année un premier et mince recueil *La Douleur de l'homme et des choses* ['O Πόνος τού Aνθρώπου και τών Πραμάτων], aux accents mélancoliques et parnassiens. Nommé fonctionnaire ministériel, il connaîtra ensuite pendant dix ans une existence itinérante de poste en poste, accablé par un emploi qui lui pèse et qu'il songera maintes fois à quitter sans y parvenir jamais, autant que par un « spleen » qu'il s'efforce de tenir à distance dans le sarcasme et l'ironie. En 1921, il publie un second volume de vers *Népenthès* [Nηπενθή], terme homérique repris par Baudelaire pour désigner l'opium, où sa voix se cherche et s'affirme parmi diverses influences. Il traduit par ailleurs de nombreux poètes français et allemands, fonde un journal satirique qui disparaît après quelques numéros, se lie à la poétesse Maria Polydouri, voyage à l'étranger et publie dans des revues la plupart des poèmes rassemblés dans son troisième et dernier recueil *Élégies et Satires* (*), paru quelques mois avant sa mort. Certains critiques ont voulu voir dans le désespoir affiché par Karyotakis l'impasse d'une génération qui a assisté, impuissante, à la ruine de ses idéaux et à la « catastrophe » d'Asie Mineure de 1921. En vérité, le mal, chez lui, a d'autres racines que le cadre historique ; il provient de l'être même, ou plutôt de l'insatisfaction d'être : « La pensée, les poèmes / poids superflu. » C'est précisément dans cette distance du poète par rapport à son œuvre que réside la modernité de Karyotakis, qui a su concilier les inquiétudes métaphysiques d'un Laforgue avec l'évocation d'une nature urbaine proche de celle des *Poèmes saturniens* (*). Publiés à titre posthume, ses derniers textes en prose semblent même, parfois, préfigurer l'attitude d'un Michaux : « J'éprouve la réalité avec une douleur physique. » Lui-même demeure toutefois constamment rivé à la réalité grecque dans ce qu'elle peut avoir de plus prosaïque et provincial. En 1928, déplacé à Prevéza alors qu'il espérait être nommé à Athènes, il décide de renoncer à la poésie pour ne plus s'exprimer qu'en prose, envisage un temps de tout abandonner pour commencer des études de philosophie ou s'installer à Paris, mais la conscience aiguë de son incapacité à « changer la vie » et, avant tout, la sienne propre, le rapproche désormais de son dénouement logique : « Sans foi, sans amour, sans lest, / nous voilà devenus la proie du vent... / Trouverons-nous seulement le fond de l'abîme ? » Le 21 juillet, après avoir vainement tenté, durant toute la nuit, de se noyer dans la mer, il va s'acheter une arme et met fin à ses jours. Novatrice, tendue vers une impossible « réconciliation avec le néant et l'infini », abondamment plagiée durant les années qui ont suivi la mort de Karyotakis, cette œuvre tôt interrompue continuera longtemps de servir de référence obligée à la poésie contemporaine en Grèce.

GILLES ORTLIEB.

KASACK Hermann. Écrivain allemand. Né le 24 juillet 1896 à Potsdam, mort le 10 janvier 1966 à Stuttgart. Fils de médecin, il entreprend en 1915 des études supérieures de philosophie, langue et littérature germaniques dans les universités de Berlin et de Munich. De 1920 à 1925, il est lecteur, puis directeur des éditions Kiepenheuer (à Potsdam) ; il passe ensuite deux années (1926-27) chez l'éditeur S. Fischer (à Berlin), avant de succéder en 1941 à Oskar Loerke aux éditions Suhrkamp. À partir de 1949, il s'installe définitivement à Stuttgart, où il vit de sa plume. Il a présidé l'Académie allemande de langue et littérature de 1953 à 1963.

Kasack fit ses premières armes d'écrivain en 1916, en publiant quelques poèmes dans la revue expressionniste *Die Aktion* et réunis en 1918 sous le titre *L'Homme* (+). Sous l'influence de Loerke, après s'être imprégné de « lumière grecque » au cours d'un séjour prolongé sur les bords de la Méditerranée (1933-34), il épure son lyrisme, le dépouille de son caractère extatique pour atteindre une rigueur « classique » : *La Vie éternelle* (*) (1943) est un titre en lui-même significatif de l'esthétique nouvelle du poète. C'est cependant en tant que romancier, juste après la guerre, que Kasack connaît la renommée, grâce à *La Ville au-delà du fleuve* (*) (1947). Une intrigue kafkaïenne — un archiviste appelé par une mystérieuse autorité supérieure, « La Préfecture », pour effectuer un travail inconnu — sert de point de départ à une fantasmagorie qui rappelle à maints égards *L'Autre Côté* (*) d'Alfred Kubin : le héros déambule dans une sorte de royaume des ombres, entre la vie et la mort, salle d'attente du néant et qui symbolise la civilisation occidentale, où tous les gestes perdent leur authenticité. La fin du roman n'est pas exempte d'un didactisme jugé trop pesant par certains : l'archiviste trouve secours auprès d'une sagesse orientale qui enseigne que l'hypertrophie du moi est la source de tous les maux. Après ce livre qui connut un grand retentissement et qui valut à son auteur le prix Fontane en 1949, tous les autres récits de Kasack — romans ou nouvelles — affichent de manière plus ou moins prononcée le même caractère allégorique : *Le Métier à tisser* (+) (1952), *Le Grand Filet* (*) (1952), *Contrefaçons* (+) (1953).

JEAN-JACQUES POLLET.

RÉF. : W. Kasack (Hrsg.), *Leben und Werk von Hermann Kasack, Eni Brevier,* Francfort-sur-le-Main, 1966.

KASCHNITZ Marie Luise. Romancière, poétesse et nouvelliste allemande. Née le 31 janvier 1901 à Karlsruhe, morte le 10 octobre 1974 à Rome. Après ses études secondaires, elle est bibliographe à Rome lorsqu'elle épouse, en 1925, l'archéologue viennois Guido von Kaschnitz-Weinberg, qu'elle suivra dans les différentes universités où il sera appelé : Königsberg (1932), Marburg (1937), puis Francfort-sur-le-Main (1941), et Rome (1955). À la mort de son mari, en 1958, elle réside de nouveau à Francfort. Membre de l'Académie allemande de langue et de littérature, de l'Académie des beaux-arts de Bavière, elle reçoit de nombreuses distinctions : le prix Georg-Büchner (en 1955), le prix Immermann (en 1957), etc.

M. L. Kaschnitz entama sa carrière d'écrivain dans les années trente, en publiant des essais, des romans à caractère autobiographique, comme *L'amour naît* [*Liebe beginnt*, 1933] et *Elissa* [*Elissa*, 1937]. Mais ce n'est que plus tard, immédiatement après la guerre, et en tant que poète, qu'elle attira véritablement l'attention. Son premier recueil lyrique, réunissant des textes composés au fil des vingt années précédentes, parut en 1947, sous le titre *Poésies* [*Gedichte*], suivi de *Danse macabre et poèmes de notre temps* [*Totentanz und Gedichte zur Zeit*, 1947] et de *Musique du futur* [*Zukunftmusik*, 1950]. M. L. Kaschnitz, à cette époque, conçoit la poésie comme un « hymne tragique », ainsi qu'elle l'expliquera dans son essai *Pourquoi je n'écris pas comme Georg Trakl* [*Warum ich nicht wie Georg Trakl schreibe*, 1967], où elle définit l'esthétique qui régit son œuvre. Son vers se fait ample et pathétique pour évoquer terreurs et angoisses dans les années troublées de la dictature et de la guerre. Le lyrisme de M. L. Kaschnitz évolua ensuite, avec les recueils suivants — *Ville éternelle* (*) (1952), *Nouveaux poèmes* [*Neue Gedichte*, 1957] —, vers une écriture plus ramassée, plus elliptique, aux accents parfois très personnels — comme dans *Ton silence. Ma voix* (+) (1962). L'écrivain conquit également une nouvelle forme d'expression à travers quelques récits — *La Maison de l'enfance* [*Das Haus der Kindheit*, 1956], *Longues ombres* (+) (1960) — où la prose poétique est l'instrument de ce que l'on pourrait appeler un « réalisme intimiste ».

JEAN-JACQUES POLLET.

RÉF. : E. Pulver, *Marie Luise Kaschnitz*, Munich, 1984. — W. Schweikert (Hrsg.), *Marie Luise Kaschnitz*, Francfort-sur-le-Main, 1984.

KASPROWICZ Ján. Poète polonais. Né à Szymborze le 12 décembre 1860, mort à Poronin le 1er août 1926. Fils de paysans, il eut une jeunesse dure, par suite de la pauvreté de sa famille et des persécutions politiques que ses idées lui occasionnèrent. Après avoir été emprisonné pour propagande socialiste, il obtint en 1887 de s'établir à Lwów, où il commença à se consacrer au journalisme et aux lettres. Il avait fait des études aux universités de Leipzig et de Wroclaw (Breslau), mais n'était pas parvenu au doctorat ; cependant il étendit ensuite sa culture à un point tel qu'il fut appelé en 1909 à occuper la chaire de littérature comparée de l'université de Lwów. Poète à la pensée profonde et de technique parfaite, il publia des recueils où vibre sa révolte contre toute oppression et toute injustice sociale : *Au monde mourant* [*Ginacemu światu*] ; *Anima lacrimans ; Sur les hauteurs de la mort* [*Na wzgórzu śmierci*] et *Hymnes* (*). Sa vision religieuse de la vie et de la douleur s'élargit en une compréhension de la douleur même et des aspirations de l'âme humaine. Des poèmes tels que les *Hymnes à saint François, Salve Regina*, des recueils comme *La Bible des pauvres* (*) et *Mon monde* [*M'oj świat*] le consacrent poète des humbles et de la nature.

RÉF. : Article in *Kronika Uniwersyt. Lwowskiego*, t. II, 1912. — N. Z. Wasilewski, *J. Kasprowicz*, Varsovie, 1923. — K. Czachowski, *Jean Kasprowicz*, 1929. — Korbut, *Literatura polska*, t. IV, 1931.

KASSÁK Lajos. Écrivain et peintre hongrois. Né le 21 mars 1887 à Ersejùjvar, mort à Budapest en 1967. Après une enfance difficile, Kassák milite dans le mouvement ouvrier hongrois, parcourt à pied la moitié de l'Europe, publie ses premiers poèmes et fonde, en 1915, la revue *Tett (Action),* interdite peu après à cause de son antimilitarisme. Il crée alors une autre revue *Ma* (*) *(Aujourd'hui)* qui, au cours des années, devient le point de ralliement de l'avant-garde hongroise. Après l'échec de la Commune hongroise de 1919, envers laquelle Kassák et son groupe formulent de sérieuses réserves, il émigre à Vienne où il reste six ans. Rentré en Hongrie en 1926, il publie son grand roman autobiographique en huit volumes *Vie d'un homme* (*) (1928-1939). En 1928, il fonde une nouvelle revue, *Munka* (+) *(Travail)* destinée à grouper la gauche littéraire hongroise. L'échec de cette tentative le condamne à une relative solitude dont ses œuvres portent la trace. Après 1945, il dirige encore deux revues éphémères, mais refuse ensuite toute collaboration avec le régime. Kassák est sans aucun doute la personnalité la plus marquante de l'avant-garde hongroise. Son éclectisme lui permet d'assimiler et de transmettre tous les acquis des mouvements surréalistes et dadaïstes des années vingt, mais il sait aussi être réaliste comme Gorki (notamment dans son roman autobiographique) ou même classique, comme dans ses derniers écrits. C'est aussi un peintre original, adepte du constructivisme. Avec son grand roman autobiographique, ses œuvres les plus importantes sont : *Épopée sous le masque de Wagner* (+) (1915), *Poèmes choisis* [*Válogatott versei,* 1956], *Les Feuilles du chêne,* (+) (1964) – voir *Poésies* (*).

GEORGES KASSAÏ.

KASSNER Pawlo Rudolf. Écrivain autrichien. Né le 11 septembre 1873 à Gross-Pawlowitz (Moravie), mort le 1er avril 1959 à Sierre (Valais). Issu d'un milieu aisé, Kassner suit à Vienne puis à Berlin des études d'histoire, de philosophie et de philologie. Il entre en relation avec l'élite intellectuelle de son temps : Rilke, Hofmannsthal, O. Wilde, Paul Valéry, etc. Grand voyageur en dépit d'une infirmité physique, il fait des séjours en Afrique, aux Indes, au Turkestan. Il vit en Suisse à partir de 1946. Il obtient le prix Gottfried Keller en 1949.

Kassner, sur les traces de Nietzsche et de Kierkegaard, construit une critique de « l'esprit du temps » à travers essais, dialogues, aphorismes, ce qu'il appelle une « physiognomonie » de l'histoire. Parmi ses principaux ouvrages, retenons *Des éléments de la grandeur humaine* (*) (1911), *Le Christ et l'âme du monde* (+) (1927), *Les Mythes de l'âme* (+) (1927). Préférant la parabole et le symbole à la pensée conceptuelle, Kassner s'efforce d'appréhender « la nature spirituelle » des événements, en interprétant le devenir historique selon les catégories de l'évolution de l'individu. On lui doit également des traductions de Sterne, Gogol, Pouchkine, Dostoïevski, Gide.

JEAN-JACQUES POLLET.

RÉF. : T. Wieser, *Die Einbildungskraft bei R. Kassner,* 1949. – G. Mayer, *Rilke und Kassner,* 1960. – H. Paeschke, *Rudolf Kassner,* Pfullingen, 1963.

KÄSTNER Erhart. Écrivain allemand. Né le 13 mars 1904 à Augsbourg, mort le 3 février 1974 à Wolfenbüttel. Après des études supérieures menées à Fribourg et Leipzig, il devient conservateur de la bibliothèque de Dresde (1930), puis secrétaire de Gerhart Hauptmann (1936-1938). Pendant la Seconde Guerre mondiale, les opérations militaires le conduisent en Grèce. Il est ensuite conservateur de la bibliothèque ducale de Wolfenbüttel (à partir de 1950) et membre de l'Académie des beaux-arts de Bavière.

La rencontre avec la civilisation hellénique fut déterminante dans la vocation d'Erhart Kästner, dans la mesure où elle inspira directement ses deux premiers ouvrages, livres de souvenirs et de réflexions, *Grèce* (+) (1942) et *Oliveraies et Vignes* [*Olberge, Weinberge,* 1953]. Kästner conquit ensuite une certaine renommée grâce au *Livre de camp de Tumilad* (*) (1949), souvent comparé avec les textes de Saint-Exupéry, où il évoque ses souvenirs de captivité dans le désert africain, mêlant l'autobiographie et l'essai. Cependant, son ouvrage le plus achevé, aux yeux de la critique, est certainement *Le Tambour des heures du mont sacré Athos* (+) (1956).

KÄSTNER Erich. Journaliste et écrivain allemand. Né à Dresde le 23 février 1899, mort à Munich le 29 juillet 1974. Issu de la petite bourgeoisie, Kästner se prépare à l'enseignement lorsqu'il est mobilisé, en 1914. À la fin de la guerre, il entreprend des études supérieures – littérature, histoire et philologie –, successivement à Leipzig, Rostock et Berlin, tout en s'engageant déjà dans la voie du journalisme : il est rédacteur du journal de la gauche démocrate *Neue Leipziger Zeitung.* Il devient d'ailleurs bientôt collaborateur de divers journaux, dont *Weltbühne, Berliner Tageblatt, Frankfurter Zeitung.* Si ses livres sont brûlés par les nazis en 1933, Kästner obtient néanmoins l'autorisation spéciale d'écrire des scénarios de film. Il s'installe à Munich à partir de 1945. En 1957, il obtient le prix Georg Büchner.

Par ses recueils lyriques, Kästner prend place parmi les humoristes de la littérature allemande héritiers de Heine – *Cœur sur mesure* [*Herz auf Taille*, 1928], *Pharmacie poétique du docteur Erich Kästner* (+) (1949). Sous une forme épigrammatique, dans la tradition des chansons de cabaret littéraire, l'écrivain choisit comme cibles favorites le philistin, la famille, l'État, l'armée – dans la célèbre parodie du poème goethéen *Connais-tu le pays où fleurissent les canons ?* [*Kennst du das Land, wo die Kanonen blühen ?*]. Le point de vue est celui d'un moraliste convaincu des valeurs humanistes – v. *Fabian, histoire d'un moraliste* (*) (1931) – qui, de son propre aveu, revendique l'héritage de la philosophie des Lumières. Mais c'est surtout par ses livres d'enfants qu'Erich Kästner est connu du grand public : *Émile et les détectives* (*) (1928), *La Salle de classe volante* [*Das fliegende Klassenzimmer*, 1933]. Les bons, bien entendu, y triomphent des méchants, mais non sans humour de la part de l'auteur.

JEAN-JACQUES POLLET.

KATAÏEV Valentin Petrovitch [Valentin Petrovič Kataev]. Écrivain russe. Né le 28 janvier 1897 à Odessa, mort le 12 avril 1986 à Moscou. Fils d'un enseignant, il prit part à la Première Guerre mondiale et, à partir de 1919, devint officier de l'armée Rouge. Après la guerre civile et jusqu'en 1922, il s'adonna pleinement au journalisme, à Odessa, et à la littérature, à Moscou. Au cours des années 20, il publia des romans de politique-fiction prévoyant l'avènement de la révolution mondiale : *L'Île Erendorf* [*Ostrov Erendorf,* 1924] et *Le Souverain de fer* [*Povelitel Železa,* 1924]. Le roman satirique *Les Concussionnaires* (*) (1926) qui tournait en dérision les mœurs des nouveaux riches de la N.E.P. le rendit célèbre, de même qu'une comédie de la même époque fréquemment jouée dans les théâtres russes jusqu'à nos jours, *La Quadrature du cercle* (*) (1928). Au début des années 30, Kataïev suivit les mots d'ordre du Parti qui appelaient les écrivains à propager le plan quinquennal, et écrivit le roman-chronique *Temps, en avant !* (*) (1932) sur les exploits des travailleurs de Magnitogorsk : malgré maints procédés novateurs (montage cinématographique, dialogues éclair, etc.), ce roman ne fut qu'un « livre officiel » commandé par le régime. Le roman *Une voile au loin* (*) (1936) est la première partie d'une tétralogie sur l'histoire de la Révolution russe ; l'action de cette première partie se joue à Odessa en 1905, les événements vus avec les yeux d'un jeune garçon y sont narrés avec beaucoup d'humour et une naïveté fascinante. Les autres parties de cette fresque, qui plus tard fut intitulée *Les Vagues de la mer Noire* [*Volny Černogo morja,* 1936-1961], portent les titres suivants : *La Ferme dans la steppe* [*Hutorok v stepi,* 1956], où l'action se passe en 1910-1911, *Le Vent d'hiver* [*Zimnij veter,* 1960], épisode de la guerre civile, *Les Catacombes* [*Katakomby,* 1961] qui traitent d'Odessa sous l'occupation nazie. Cette dernière partie avait été publiée en 1948, mais sévèrement critiquée à cause de l'atténuation du rôle du parti communiste dans la lutte libératrice contre les envahisseurs. Kataïev ne s'obstina pas dans ses « erreurs » et, se pliant docilement aux exigences du pouvoir, créa une deuxième variante de son roman qui sortit comme livre, puis comme film sous le titre *Pour le pouvoir des Soviets* [*Za vlast Sovetov,* 1951]. Pendant la guerre, Kataïev, qui était correspondant au front des journaux *Pravda* et *Krasnaïa Zvezda,* écrivit le fameux roman *Le Fils du régiment* (1945), histoire d'un orphelin adopté et éduqué par les soldats, qui lui valut le prix d'État. Après la guerre, Kataïev joua un certain rôle social en tant que membre du comité de rédaction de la revue *Novy mir* (1946-1954), et plus tard comme fondateur et rédacteur en chef de la revue pour la jeunesse *Younost* (1955-1962). Au cours des années 60 et 70, Kataïev publia plusieurs ouvrages autobiographiques toujours novateurs et inattendus du point de vue de la forme : *Le Puits sacré* [*Svjatoj Kolodec,* 1965] où le réel est mêlé au fantastique et au fantasmagorique ; *L'Herbe de l'oubli* [*Trava zabvenia,* 1967] où Kataïev raconte ses souvenirs de ses maîtres littéraires Ivan Bounine et Vladimir Maïakovski ; *Le Cube* [*Kubik,* 1970] et *La Vie détruite ou le Cor miraculeux d'Obéron* [*Razbitaja žizn' ili rog Oberona,* 1972] où des souvenirs d'enfance surgissent sans ordre chronologique ou logique, enfin *Ma couronne de diamants* (*Almaznyj moj venec,* 1978), un roman documentaire racontant les amitiés littéraires de l'auteur et donnant des renseignements précieux (mais rarement vraisemblables) sur Maïakovski, Mandelstam, Essenine, Ilf et Petrov, etc. Pendant l'après-guerre, Kataïev joua un rôle sinistre dans la littérature soviétique : il utilisa son influence de doyen et de romancier très connu pour bafouer ceux qu'il avait consenti à considérer comme traîtres à leur patrie, les écrivains de la dissidence.

EFIM ETKIND.

KATEB Yacine. Poète, dramaturge et romancier algérien d'expression française. Né à Constantine le 6 août 1929, mort à Grenoble en 1989. Kateb Yacine (l'inversion de l'ordre nom-prénom habituel est un pied de nez à l'état civil français et un clin d'œil à l'école, en même temps qu'elle joue sur le sens du mot « Kateb », qui veut dire « l'écrivain » en arabe) est, avec Mohammed Dib, le plus grand écrivain maghrébin. De plus, contrairement à Mohammed Dib dont l'œuvre en perpétuel renouvellement évolue vers une écriture de plus en plus personnelle, Kateb Yacine est devenu une sorte de symbole vivant de cette littérature elle-même, en ce qu'elle a à la fois de provocatrice et d'éternelle errance, géographique et formelle à la fois. Le poème et la vie se confondent chez lui, de même que son œuvre entière développe inlassablement les mêmes obsessions, anime les mêmes personnages et les mêmes mythes, de sorte que, quels que soient les genres utilisés, tous les textes se confondent en un seul et vaste poème, dont le centre reste presque toujours le cycle de Nedjma.

Le point de départ biographique de cette œuvre peut être situé, même si le jeune Kateb écrivait déjà avant, dans la répression sanglante des manifestations du 8 mai 1945 auxquelles, lycéen âgé de seize ans, il avait participé à Sétif, et à la suite desquelles il fut emprisonné et menacé de l'exécution capitale. Il découvre, dit-il, en prison son rôle d'« écrivain public », cependant qu'à la sortie il est renvoyé du lycée et caché par les siens à Bône où il rencontre sa cousine Nedjma (« étoile » en arabe) : « invivable consomption du zénith », dira le roman, amour impossible avec celle en qui il veut voir le symbole du pays à venir et qui pourtant le détourne de son engagement révolutionnaire. Les premiers poèmes publiés en recueil (*Soliloques,* 1946) datent de cette époque. Commence alors l'errance dans le monde entier, grâce en partie au militantisme au parti communiste algérien qui l'avait amené aussi à collaborer comme Dib et Malek Haddad au journal *Alger républicain,* avec lequel il va rompre cependant à cause d'une conception différente du travail d'écriture. La tragédie *Le Cadavre encerclé,* début du cycle du *Cercle des représailles* (+) (1959) et le roman *Nedjma* (*), publié en 1956, sont à peu près contemporains. Et de fait les deux écritures sont proches : roman, certes, *Nedjma* est aussi d'abord la tragédie d'une « génération sacrifiée » : étoile symbole pour une lecture idéologique de la nation à venir, Nedjma n'en est pas moins le seul, parmi les personnages principaux du roman, à ne jamais être narratrice. Le pays à venir n'a pas encore trouvé son propre récit identitaire, de même que Rachid et Mourad se perdent dans de faux problèmes de lignage, cependant que Lakhdar, pourtant militant comme Mustapha, échoue par manque de perspicacité. Mais ce texte bouleverse avant tout l'écriture héritée des romanciers réalistes français qui prévalait jusque-là dans la littérature maghrébine, pour poser, à travers un rapport complexe avec la mythologie tribale, la question politiquement essentielle de la possibilité même de se dire dans une narration non héritée. En ce sens, *Nedjma* peut être considéré comme le texte fondateur, la référence quasi obligée pour les écrivains maghrébins qui vont suivre.

Le cycle tragique rassemblé sous le titre *Le Cercle des représailles* en 1959, et représenté au T.N.P. par J. M. Serreau, est indissociable du roman *Nedjma.* Les personnages du roman s'y retrouvent, ayant franchi le pas de l'action militante, de même que Nedjma a conçu avec Lakhdar un fils, Ali, dont l'apparition furtive en treillis militaire dans l'intermède comique *La Poudre d'intelligence* annonce peut-être la génération suivante. Ici en tout cas les dissensions internes des personnages les conduisent tous à la mort. Les lendemains qui chantent que voudrait une littérature militante sont loin, et l'humour féroce de Kateb, alors même que le militantisme de l'homme est constant, ne laisse aucune possibilité à la récupération idéologique de son œuvre. Et ceci est peut-être encore plus vrai pour *Le Polygone étoilé* (1966), probablement le texte le plus déroutant de Kateb et peut-être le plus fascinant de ce fait, même si *Nedjma* reste l'œuvre maîtresse.

Après de très nombreux voyages, particulièrement au Viet-nâm à propos duquel il écrira la pièce *L'Homme aux sandales de caoutchouc* (1970) et dont les représentations à Lyon par la troupe de Marcel Maréchal provoquèrent des incidents avec l'extrême droite, Kateb décide de revenir en Algérie produire un théâtre populaire en arabe dialectal en prise directe sur les grands problèmes politiques du moment. Avec les groupes qu'il anime, il parcourt le pays ainsi que les foyers d'émigration en Europe. Les pièces représentées sont en partie des improvisations collectives : *Mohammed, prends ta valise* (1971), *Saout-En-Nisa* (1972), *La Guerre de 2000 ans* (1974), *Le Roi de l'Ouest* (1977), *Palestine trahie* (1978). Ce travail, qu'on pourrait qualifier d'« agit-prop », lui vaut l'hostilité très forte des autorités algériennes, et l'impact est donc moindre que celui attendu. D'ailleurs ces pièces, encore inédites, n'évitent pas le didactisme et les simplifications que refusait l'auteur de *Nedjma* ou du *Cercle des représailles.* Sans compter les difficultés inhérentes au projet même d'un théâtre vraiment populaire.

CHARLES BONN.

RÉF. : Jacqueline Arnaud, *Recherches sur la littérature maghrébine de langue française. Le cas de Kateb Yacine,* Paris, 1982. – Charles Bonn, *Le Roman algérien de langue française,* Paris, 1984. – Marc Gontard, *Nedjma de Kateb Yacine. Essai sur la structure formelle du roman,* Paris, 1985. – Jean Déjeux, *La Littérature maghrébine d'expression française,* Paris, 1992. – Saïd Tamba, *Kateb Yacine,* Paris, 1992.

KATONA József. Auteur dramatique hongrois. Né en 1791 à Kecskemét, il y mourut en 1830. Son père, tisserand, lui fit donner une bonne éducation. Étudiant en droit de 1810 à 1815, à Pest, il fut vite attiré par la littérature et le théâtre. Il commença par traduire et adapter en hongrois des auteurs dramatiques étrangers, montant parfois lui-même sur la scène. C'est à ce moment aussi qu'il écrivit son unique œuvre originale, *Bánk Bán* (*), dont le sujet, tiré d'un épisode de l'histoire du Moyen Âge hongrois, fut repris par Grillparzer dans *Un fidèle serviteur de son maître* (*). Cette pièce devint une sorte de tragédie nationale. Mais le succès ne dura pas, malgré la publication du texte de la pièce en 1820. Le jeune auteur, découragé, se retira dans sa ville natale pour y exercer la profession d'avocat. Il mourut oublié des milieux littéraires. C'est seulement trente ans après que le grand critique Pál Gyulai rendit à Katona le renom qu'il méritait dans l'histoire du théâtre hongrois.

KATZENELSON Itzhok. Poète et dramaturge polonais d'expression yiddish et hébraïque. Né le 1er juillet 1885 à Karelitz (Biélorussie), mort le 3 mai 1944 à Auschwitz. Fils d'un écrivain hébraïque, il commence à écrire à l'âge de seize ans et publie ses premiers poèmes en 1904, à la fois en hébreu et en yiddish. Même s'il sera finalement plus largement reconnu dans les milieux yiddish, sa carrière littéraire sera néanmoins constamment marquée par ce bilinguisme.

Installé à Lodz (Pologne) avec sa famille à partir de 1896, il y fait ses études, puis y fonde un réseau d'écoles hébraïques qu'il dirigera jusqu'à l'invasion de la Pologne par les nazis en 1939.

À Lodz, il est, dès la fin de la Première Guerre mondiale, l'un des piliers de la vie littéraire yiddish. Son appartement est un des lieux de rendez-vous des jeunes écrivains, et il concourt, notamment grâce à la revue *Les Cahiers littéraires et artistiques* [*Heftn far literatur un kunst,* 1919] qu'il dirige, à faire de la ville le second centre de création littéraire après Varsovie.

Son œuvre se compose de poèmes, de pièces de théâtre et d'ouvrages pour enfants au ton léger mais aussi sentimental, rieur quoique parfois également triste. Le ton change avec la guerre. En 1939, Itzhok Katzenelson est envoyé au ghetto de Cracovie, puis en 1940 à Varsovie. Son écriture devient dramatique, sous l'influence des tragiques conditions de survie dans le ghetto. Ses œuvres ont alors pour titre *Job* [*Iyev*], *Quand le diable a raison* [*Ven teivl iz gerekht*], *Poèmes de froid* [*Lider fun kelt*]. Il traduit également des chapitres des livres prophétiques d'Isaïe, Ézéchiel et Osée. Sa dernière œuvre, et sans doute la plus remarquable, est *Le Chant du peuple juif assassiné* (*), qu'il commence dans le ghetto en octobre 1943 et qu'il termine au camp d'internement de Vittel en janvier 1944, avant d'être déporté à Auschwitz.

GILLES ROZIER.

KĀUDZĪTE Reinis et Matīss. Écrivains lettons. Nés et morts à Vecpiebalga, le premier : 12 mai 1839-21 août 1920 ; le second : 18 août 1848-8 novembre 1926. Ces deux frères sont célèbres dans la littérature lettonne pour le roman qu'ils écrivirent en commun, *L'Époque des arpenteurs* (*) (1879). Reinis, l'aîné, autodidacte, mais observateur perspicace et humoriste, donnait d'habitude les idées que son frère cadet, plus cultivé et expansif, revêtait d'une forme artistique. Quand Matīss, ayant obtenu un grade dans l'enseignement, eut à diriger l'école de son district natal, Reinis lui prêta son concours ; tous les deux déployèrent une intense activité dans le pays. Écrivains l'un et l'autre, Reinis a traité de sujets sociaux, Matīss est l'auteur de poésies, réunies en deux volumes, et de nombreux essais critiques sur les problèmes littéraires du temps. Après le succès retentissant de leur grand roman, ils voyagèrent ensemble par le monde ; leurs impressions sont particulièrement intéressantes. En 1911, Matīss se retira de l'enseignement, dans le calme de sa demeure rurale, où Reinis le rejoignit peu après.

KAUṬILYA (ou **Kautalya** ou **Cāṇakya**). La tradition fait de l'auteur de l'*Artha-Śastra* (*), le plus important texte politique de la littérature indienne, un conseiller du fondateur de l'empire Maurya, Candragupta (321-298 avant Jésus-Christ). C'est d'ailleurs lui qui avait mis le prince à la tête des Magadha, à Pātaliputra, après avoir détrôné le dernier roi de la dynastie Nanda. Le nom que lui avait donné son père au cours de la cérémonie du *nāmakaran* était Viṣṇugupta (protégé de Viṣṇu), mais le machiavélisme sans scrupules de sa politique tortueuse lui valut le surnom de Kauṭilya (en sanskrit, *kutila* signifie « tortueux »). Son autre surnom, *Cānakya,* lui vient de son district natal, le Cānaka, et du nom de ses parents, Cānak et Cānesvari. Hemacandra raconte que, dès sa naissance, Kauṭilya avait toutes ses dents et que ce prodige fut interprété par un moine jaïn comme annonçant un futur pouvoir royal pour l'enfant. Pour éviter à son fils les dangers du pouvoir suprême, et espérant ainsi forcer le cours du destin, Cānak fit tomber les dents de l'enfant, mais le moine l'avertit que son fils deviendrait quand même aussi puissant qu'un roi. De fait, pour se venger d'un affront, Kauṭilya parvint à abattre la dynastie des Nanda et à instaurer celle des Maurya avec Candragupta. La critique moderne hésite à attribuer l'*Artha-Śastra* à Kauṭilya, et voit plutôt dans cette compilation l'œuvre d'une école de théoriciens politiques du IIIe ou du IVe siècle de notre ère.

RÉF. : U.-N. Ghoshal, *A History of Indian Political Ideas,* Oxford, 1959, 2e éd. 1966. – J.-W. Spellman, *Political Theory of Ancient India,* Oxford, 1964. – A.-A. Vigasin et A.-M. Samozvantsev, *Society, State and Law in Ancient India,* New Delhi, 1985.

KAVAN Anna. Romancière et nouvelliste anglaise. Née le 10 avril 1901 à Cannes (France), morte le 5 décembre 1968 à Londres. Mal aimée par une mère dominatrice, elle est élevée dans divers pensionnats, en Europe et aux États-Unis, avant de terminer ses études en Angleterre. Un premier mariage la conduit en Birmanie. Ce sera le prélude à de nombreux séjours à l'étranger, parfois dans des pays aussi lointains que l'Afrique du Sud ou la Nouvelle-Zélande. La recherche d'un ailleurs, le plus souvent imaginaire, pour apaiser le mal de vivre, fait de cet écrivain l'une des figures les moins insulaires de la littérature britannique.

Ses six premiers livres, écrits dans les années 20 et publiés sous son nom de femme mariée, Helen Ferguson, sont des romans de type traditionnel, mais déjà le nom d'Anna Kavan – rappel évident de l'écrivain Kafka – apparaît comme celui d'un personnage dans deux d'entre eux, dont *Laissez-moi ma solitude* [*Let me alone,* 1930], œuvre de caractère plus autobiographique.

En 1930, Anna Kavan contracte un second mariage (le premier ayant assez vite échoué) et, tout en continuant à écrire, semble s'orienter vers la peinture. Ce n'est que dix ans plus tard, dix ans marqués par un second divorce, deux séjours en hôpital psychiatrique et le recours de plus en plus intensif à la drogue, l'héroïne, qu'elle signe de ce nom un recueil de nouvelles inspirées de son expérience. Ce livre, au titre révélateur d'*Une représentation à l'asile* [*Asylum Piece,* 1940], est en totale rupture avec les précédents.

La guerre ayant éclaté, Anna Kavan part pour New York et s'occupe pendant quelque temps de recherche au sein d'une unité psychiatrique militaire. En 1942, elle retourne à Londres, où elle collabore à la prestigieuse revue *Horizon.* Après la guerre, romans et nouvelles se succèdent régulièrement, sans qu'aucune de ces œuvres hallucinées parvienne toutefois à s'imposer : *I am Lazarus* (1945), *Les Demeures du sommeil* [*Sleep has his House,* 1948], *Mal Aimée* [*A Scarcity of Love,* 1956], *Nid d'aigle* [*Eagle's Nest,* 1957], *Le Pré vert* [*A Bright Green Field,* 1958], *L'Oiseau qui es-tu* [*Who are you,* 1963]. En 1967, un roman remarquable, *Neige* (+), attire l'attention du romancier de science-fiction Brian Aldiss, qui le choisit comme meilleur ouvrage de science-fiction de l'année, bien qu'il n'appartienne nullement à cette catégorie. Un an après, Anna est retrouvée morte à son domicile, terrassée par une overdose d'héroïne. Peter Owen, devenu son éditeur en 1956, publie à titre posthume deux recueils de nouvelles encore inédites. *Nouvelles d'une vie* (*) (1970), *Mon âme en Chine* [*My Soul in China,* 1975]. La renommée d'Anna Kavan ne cesse depuis de grandir. Lawrence Durrell a été un des premiers en France à saluer cet écrivain rare qu'il considérait comme « appartenant à la grande tradition subjective féminine illustrée par Virginia Woolf, Djuna Barnes, Anaïs Nin ».

CLAIRE MALROUX.

KAVANAGH Patrick. Poète irlandais. Né à Iniskeen, dans le comté Monaghan, le 21 octobre 1904, mort le 30 novembre 1967. Son père était petit cultivateur et cordonnier. Lui-même, journaliste à Dublin, fit figure d'original avant d'être nommé professeur de poésie à l'université nationale de son pays. Il a publié deux romans d'inspiration autobiographique : *Le Fou vert* (+) (1938) et *Tarry Flynn* (1948). *Autoportrait* [*Self Portrait*] parut en 1964 ainsi que les *Poésies complètes* [*Complete Poems*] ; les *Proses choisies* [*Collected Prose*] furent éditées en 1967. « La Grande Faim » [The Great Hunger, 1942] et *Une âme à vendre* (*) (1947) donnent une idée juste de la poésie indignée, dépouillée et drue de Patrick Kavanagh.

RÉF. : A. Warner, *Clay is the Word : Patrick Kavanagh 1904-1967,* Dublin, 1973. — P. Kavanagh, *Sacred Keeper, A Biography of P. Kavanagh,* Dublin, 1980.

KAVÉRINE Veniamine Alexandrovitch (pseud. de V. A. Zilber) [Veniamin Aleksandrovič Kaverin]. Écrivain russe. Né à Pskov le 19 avril 1902, mort en mai 1989 à Moscou. Fils d'un musicien, il fit ses études à l'Institut des langues orientales (1923) et à la faculté des lettres de l'université de Leningrad (1924). Il débuta comme membre des « Frères de Sérapion » en publiant dans l'almanach de ce groupe son premier récit : *Chronique de la ville de Leipzig en 18..* [*Hronika goroda Leipziga za 18.. god,* 1922]. Les autres romans de cette première période sont toujours originaux et pétillants d'esprit et de trouvailles stylistiques (ce qui a valu à Kavérine l'inculpation officielle de « formaliste ») ; tels sont *La Fin de la « Khaza »* (*) (1925), un roman policier, *Le Fauteur de scandales ou Soirées sur l'île Vassilevski* (*) (1928), dont les héros sont des savants et dont le thème est développé dans un autre roman, *L'Accomplissement des désirs* (1934-1936), dont Kavérine donna en 1973 une nouvelle variante qui, hélas, sera beaucoup plus faible.

Kavérine considère le travail des chercheurs comme celui des détectives et ses livres traitant des aventures de la pensée scientifique sont plus ou moins des romans policiers. Cette prédilection pour les aventures lui permit de créer le roman le plus lu par la jeunesse soviétique, *Deux capitaines* (*) (1945), et une trilogie passionnante sur les luttes de savants honnêtes et courageux contre de puissants aventuriers qui ne voient dans la science qu'un moyen pour arriver au pouvoir, *Le Livre ouvert* [*Otkrytaja kniga,* 1949-1956]. Le dernier volume de cette trilogie porte un titre symbolique de l'époque khrouchtchévienne : *Recherches et Espoirs* [*Pojski i nadeždy,* 1956]. Kavérine a beaucoup contribué à la libération des lettres soviétiques après le XXe congrès ; il a été coéditeur de l'almanach *Moscou littéraire* (1956), il a lutté pour la réhabilitation des écrivains exécutés ou oubliés, il a courageusement signé des lettres de protestation contre le procès Siniavski-Daniel et la persécution de Soljenitsyne. Dans un roman, *La Pluie oblique* (1962), il glorifie l'influence libératrice du XXe congrès ; dans un autre, *Double portrait* [*Dvojnoj portret,* 1966], il démontre le danger d'un renouvellement du stalinisme ; dans ses Mémoires, *La Vieille Maison* [*Vstarom dome,* 1971] et *L'Interlocuteur* [*Sobesednik,* 1973], il exige une véritable histoire des lettres russes de notre époque avec la réhabilitation de tous les noms bannis et oubliés.

Le dernier livre de Kavérine est un roman épistolaire : *Devant le miroir* [*Pered zerkalom,* 1971], c'est l'histoire d'une femme artiste contrainte à l'émigration en 1932.

EFIM ETKIND.

KAVIRĀJ Kṛṣṇadās. Poète bengali. Né dans la première moitié du XVIe siècle à Jhāmatpur, district actuel de Burdwan, Bengale occidental (Inde). Il composa la biographie versifiée du saint mystique bengali

ŚriKṛṣṇa Caitanya (1486-1533) qui est intitulée *Nectar des faits et gestes de Śrī Śrī Caitanya* (*). Le poète avait quitté le Bengale pour s'établir à Bṛndāvan, lieu saint du Kṛṣnaïsme, à la suite d'un rêve. Il s'y dévoua au service des premiers théologiens de la secte fondée après la mort de Caitanya, et rédigea la biographie de ce saint qui fut considéré, de son vivant même, comme une incarnation conjointe du dieu Kṛṣṇa et de Rādhā, sa bien-aimée. Disciple de Nityānanda, compagnon le plus proche de Caitanya, le poète ne dit rien de lui-même, se conformant ainsi à l'idéal d'humilité des viṣṇuïtes. On ne connaît même pas avec certitude sa caste bien que l'appellation Kavirāj puisse faire penser qu'il est vaidya, c'est-à-dire médecin. Il est probable qu'il se fit renonçant. Il écrivit le *Nectar des faits et gestes* dans sa vieillesse. Outre cette biographie, une des œuvres capitales de la littérature bengali médiévale, Kṛṣṇadās Kavirāj écrivit deux autres ouvrages en sanskrit.

FRANCE BHATTACHARYA.

KAVVADIAS Nikos. Écrivain grec. Né en 1910 à Nikolsk, près de Kharbin (Mandchourie), mort le 10 février 1975 à Athènes. Auteur parcimonieux, Nikos Kavvadias est sans doute aussi l'un des rares écrivains contemporains dont les poèmes, en Grèce, aient été sus par cœur par plusieurs générations et, privilège plus singulier encore, dans des milieux parfois peu lettrés. Trois recueils de poèmes, un récit et quelques écrits posthumes composent toute son œuvre, laquelle est cependant parvenue à condenser l'expérience d'une vie passée à naviguer, en se gardant du lyrisme et de l'exotisme faciles qui sont les écueils du genre. Fils d'un grand commerçant fournisseur de l'armée tsariste, Kavvadias n'a passé en Mandchourie que les toutes premières années de sa vie : en 1914, l'approche des affrontements à venir incite la famille à rentrer en Grèce, à Céphalonie d'abord, où elle avait ses racines, puis au Pirée, où Nikos fera toutes ses études et manifestera un intérêt précoce pour la littérature. En 1929, il décroche son premier emploi dans les bureaux d'une compagnie maritime, mais ne tarde pas à s'embarquer, de plus en plus souvent, à bord des navires de ligne. Son premier recueil, *Marabout* [Μαραμπού, 1933], du nom de l'animal qu'il avait choisi pour surnom, en pensant peut-être à l'albatros baudelairien, offre en près de vingt-cinq poèmes — à travers silhouettes de marins, destins d'infortune ou lettres fictives — la leçon de ces premières années en mer. Quelques influences ont été, ici ou là, décelées : celle des *Cartes postales* de H. J.-M. Levet ou même, dans les titres (« J'ai une pipe », « Lettre de Marseille », « Le Pilote Nagel », etc.) et le regard peu amène porté sur soi, des *Gens de mer* — v. *Amours jaunes* (*) — de Tristan Corbière. Mais la tonalité, déjà, est unique : narrative, musicale, douloureuse et pudique. Ce premier livre publié à l'âge de vingt-trois ans rend le nom de Kavvadias bientôt familier à bord d'un certain nombre de navires grecs, mais aussi dans le milieu des poètes et écrivains où il nouera des amitiés durables. Mobilisé en 1939, Kavvadias est envoyé sur le front albanais dont il sera l'un des derniers à revenir, physiquement et moralement éprouvé (deux nouvelles parues en 1987, « De la guerre » et « À mon cheval », laissent entendre en sourdine, comme à l'accoutumée, ce qu'a représenté pour lui l'expérience du front). Dès la fin de la guerre, dont il a passé les dernières années dans les milieux de la résistance à Athènes, il s'embarque à nouveau en qualité de radiotélégraphiste et sillonne tour à tour la Méditerranée, l'océan Indien ou la mer de Chine. Près de quinze ans se sont écoulés depuis la parution de *Marabout* lorsqu'il publie *Brume* [Πούσι, 1947]. Le thème en est encore, dans un chapelet égrené de ports lointains, celui, inépuisable, du voyage et des personnages qui le peuplent, mais l'évolution formelle est nette : la langue apparaît plus ramassée, parsemée de mots étrangers, et la métrique plus rigoureuse et audacieuse à la fois, l'auteur ayant tendance à mêler les temps et les épisodes dans le creuset d'une chronologie toute personnelle. Au cours des années 1951-1952, Kavvadias s'écartera de la forme poétique privilégiée jusqu'alors pour composer le récit, ponctué par les veilles et les souvenirs des membres de l'équipage, d'une traversée qui les exprimerait toutes : *Le Quart* (*), régulièrement réédité depuis sa parution en 1954, a valeur de témoignage absolu sur les conditions de vie à bord ou bien d'allégorie de la condition humaine ? — et peut être considéré, à l'égal de certains romans de Conrad ou de Melville, comme un classique de la littérature maritime. Plus de vingt ans s'écouleront encore avant que ne paraisse quelques mois après sa mort, comme un post-scriptum à ses précédents recueils, *À la cape* [Τραβέρσο, 1975], qui rassemble des poèmes écrits dans les années 50 ou plus récents. Signalons encore un petit récit, *Li*, publié en traduction française en 1989, avec les deux nouvelles déjà citées, et qui fait le portrait d'une fragile amitié nouée lors d'une escale dans un port de Chine. L'œuvre de Nikos Kavvadias doit à son réalisme, à son pessimisme lucide et fraternel, à l'absence de toute pose ou affectation littéraire une bonne part de la longue popularité qu'elle connaît en Grèce, et devrait mériter à l'étranger. Mais sa force et son originalité — et ce qui la rend plus qu'une autre attachante — tiennent davantage à une façon particulière de laisser deviner sans s'appesantir jamais, et qui apparente parfois sa lecture à une forme de pacte secret.

GILLES ORTLIEB.

KAWABATA Yasunari. Écrivain japonais. Né à Ôsaka le 11 juin 1899, mort à Zushi, près de Kamakura, le 16 avril 1972. Une solitude profonde semble avoir marqué toute la vie intime de Kawabata, depuis sa prime jeunesse jusqu'au moment tragique où l'écrivain s'est donné la mort. Peu après sa naissance, il perd son père, sa mère, son unique sœur et sa grand-mère. Il vit avec son grand-père qui, devenu aveugle et malade, meurt à son tour en 1914. Sa première expérience littéraire remonte à cette époque. *Le Journal intime de ma seizième année* [*Jûroku-sai no nikki*], rédigé en 1914 et publié en 1925, décrit l'agonie de son grand-père, et *Ossements* [*Kotsu-hiroi*], conçu vers 1916 et publié en 1945, évoque la dernière scène des obsèques. Un don d'observation extraordinaire s'exprime déjà dans ces récits fragmentaires. Quand la solitude lui pèse trop, le jeune homme cherche à rompre avec la vie quotidienne en fuyant la ville. Seul, à pied, il parcourt la péninsule d'Izu encore peu fréquentée. Ces promenades solitaires lui inspirent son premier chef-d'œuvre, *La Danseuse d'Izu* [*Izu no odoriko*, version définitive parue en 1926]. Dans ce récit assez court, sans aucune prétention, l'auteur raconte comment un orphelin parvient à découvrir le sens de la vie, la valeur d'une bonté sans limites grâce à laquelle il acquiert la faculté d'une certaine communion de sentiments avec les autres. C'est en ce sens que cette période apporte le salut à l'écrivain lui-même, observateur inné et esthète par inclination. Sa sensibilité aiguë perdra toute amertume, et fournira la base de la vaste production littéraire qui, tout en étant destinée par sa nature aux « happy few », aura le rare bonheur d'être appréciée par des millions de lecteurs. De son état d'isolement de jadis, il ne restera qu'une attitude insolite dans ses rapports avec les autres humains, qu'il a tendance à observer avec un détachement parfois glacial, tout en acceptant de se mêler à eux avec une grande complaisance.

C'est ainsi qu'il commence en 1921, avec quelques camarades, la publication d'une revue littéraire nommée *Pensées nouvelles* [*Shinshichô*]. Il contribue aussi à la fondation de deux autres revues célèbres, *Annales littéraires* [*Bungei-shunjû*] et *L'Ère de la littérature* [*Bungei-jidai*]. Il déborde d'activités, bouillonne d'idées, toujours à l'affût du nouveau. Le mouvement « Sensations nouvelles » [Shin-kankaku-ha] est ainsi lancé, et Kawabata est considéré, avec son ami Yokomitsu Rüchi (1898-1947), comme l'un des jeunes maîtres de cette nouvelle tendance. Il recherche toutes les formes possibles d'expression : roman, nouvelle, essai, feuilleton, et même le cinéma. Il inaugure aussi un genre inédit, qu'il se plaît à appeler « roman miniature » [tenohira no shôsetsu]. En quelques dizaines à quelques centaines de lignes, il écrit toutes sortes de récits, qui sont autant de champs d'expérience sur l'expressivité de la langue.

Cependant Kawabata se dégage peu à peu de ces tentatives d'avant-garde. On peut même observer à l'apogée de sa carrière littéraire un retour progressif vers le classicisme. Celui-ci commence avec la genèse de son roman le plus connu : *Pays de neige* (*) (1935-48). Ce monument de sensibilité, dont l'élaboration s'est poursuivie durant treize ans, étonne par sa dimension modeste (deux cent cinquante pages) et par son unique thème aussi simple que limpide : l'amour, à l'état pur, d'une femme du pays de neige pour un homme qui vient de la ville. Entre les deux partenaires naît un amour irréel et désespéré, et l'inévitable déphasage engendre la détresse, dont le symbole est exprimé par la magistrale scène d'incendie qui termine la version définitive de 1948. Le drame intérieur, décrit seulement par des indices externes, concrets et tangibles, est mené jusqu'à la limite de rupture, à l'image des tragédies classiques.

L'admirable lignée des « tragédies du sentiment humain », apothéose de la carrière du grand écrivain, vient ainsi de voir le jour. Deux autres chefs-d'œuvre, *Nuée d'oiseaux blancs* (*) (1949-1952) et *Le Grondement de la montagne* (*) (1942-1954), viennent former une trilogie avec *Pays de neige*.

Ces trois romans, apparemment très différents, montrent autant de possibilités de rendre plus vrai encore que la réalité extérieure l'élan insondable du sentiment humain. Le style devient de plus en plus sobre, surtout dans *Le Grondement de la montagne*. Un long chemin a été parcouru depuis la recherche délibérée d'une beauté cristalline jusqu'à ce dépouillement extrême qui semble incarner l'ennui redoutable de la vie réelle.

Kawabata renouvelle aussi ses tentatives de roman-feuilleton. Surtout à partir de 1950, on assiste à une succession grandiose de romans d'une facture apparemment facile, à travers lesquels s'exprime toute la personnalité de l'auteur, avec une maîtrise surprenante dans des domaines très variés. Citons : *La Danseuse* [*Maihime*, 1950-1951], *Le Lac* [*Mizu-umi*, 1954-1955], *Être une femme* [*Onna de aru koto*, 1956-1957], *Kyôto* [*Koto*, 1961-1962]. Kawabata est l'auteur d'une dizaine d'autres, sans compter les innombrables nouvelles.

Il convient de classer à part *Les Belles Endormies* [*Nemureru bijo*, 1960-1961], expression d'un érotisme d'une gratuité absolue, qui représente l'aboutissement des épreuves que Kawabata s'était imposées à travers sa quête esthétique. Logique avec lui-même, l'écrivain est allé délibérément jusqu'au fond de son propre enfer mental.

Certains ont recherché un lien direct entre cet enfer et le suicide solitaire et lugubre de Kawabata, le 16 avril 1972, dans un petit appartement loué à Zushi au bord de la mer, non loin de sa maison de Kamakura.

Sans doute serait-il plus juste d'écouter les propos tenus par l'écrivain lui-même, lors de l'attribution du prix Nobel de littérature en 1968 : « Il est facile d'entrer dans le monde des bouddhas, il est difficile d'entrer dans le

monde des démons [....] Tout artiste aspirant au vrai, au bien et au beau comme objet ultime de sa quête est fatalement hanté par le désir de forcer cet accès difficile du monde des démons, et cette pensée, apparente ou secrète, hésite entre la peur et la prière. »

Quoi qu'il en soit, un fait demeure certain : Kawabata a démontré la possibilité de laisser parler la sensation pure, dans des œuvres frémissantes de beauté. Cette beauté était-elle divine ou diabolique ? Le secret, emporté par l'écrivain dans sa tombe, ne sera plus divulgué.

BUNKICHI FUJIMORI.

♦ *« Chacune de ses œuvres fait voir comment, même dans le pire dénuement, l'homme garde la hantise d'une beauté cristalline. »* (L. Dumont).

RÉF. : Bunkichi Fujimori, *La Vie et les œuvres de Kawabata*, préface à *Nuée d'oiseaux blancs*, coll. « Prix Nobel », Paris, 1969. – Y. Brunet, *Naissance d'un écrivain. Étude sur Kawabata Yasunari*, Paris, 1982.

KAZANTZAKIS Nikos. Poète, dramaturge et romancier grec. Né le 18 février 1883 à Héraklion (Crète), mort le 26 octobre 1957 à Fribourg-en-Brisgau (Allemagne). S'il fut longtemps la figure la plus célèbre, à l'étranger, de la littérature grecque, il fut aussi dans son pays, malgré une officialisation tardive et controversée, l'un de ses représentants les plus méconnus. Écrivain doué d'appétits intellectuels insatiables et d'une étonnante force de travail, Kazantzakis réquisitionna pour son œuvre tous les genres, depuis l'essai philosophique de jeunesse aux grands romans de la maturité, en passant par les 33 333 vers de son *Odyssée*, en laquelle il voulait voir « la prodigieuse épopée de la race blanche » et le couronnement de toute son œuvre. Fils aîné d'une vieille et patriarcale famille crétoise, il eut une enfance marquée par les guerres d'insurrection contre la domination turque. C'est à celles-ci qu'il dut de suivre pendant deux ans les cours du lycée français de Naxos, où sa famille s'était réfugiée. En septembre 1902, il quitte son « berceau » crétois pour venir faire son droit à Athènes. Et quatre ans plus tard, en même temps qu'il obtient son diplôme de docteur, il fait sa première apparition dans les lettres grecques : par un essai d'abord, « La Maladie du siècle », publié sous le pseudonyme de Karma Nirvani, et surtout par une longue nouvelle baroque dont « l'immoralité » fit scandale, *Le Serpent et le Lys* [Οφις καί κρίνο, 1906]. Les mois suivants, il compose plusieurs pièces de théâtre, dont l'une est même couronnée dans un concours dramatique. Mais déjà la vie d'homme de lettres à Athènes ne lui suffit plus et il décide d'aller faire l'apprentissage de Paris. Il y passera un an, travaillant sans relâche à une thèse sur Nietzsche, assidu aux cours de Bergson, trouvant encore le temps d'envoyer quelques reportages à des quotidiens d'Athènes. On voit, par ces premières années, se dessiner les grands traits de l'homme, qui seront à l'origine de son œuvre : une instabilité foncière que les voyages ne parviennent pas à épuiser, une volonté obstinée inflexible, une attirance pour les grandes figures spirituelles. Comme il devait le déclarer dans sa *Lettre au Greco* (*) en 1956, il reconnaissait quatre étapes à son « ascension » : le Christ, Bouddha, Lénine, Ulysse. Et si elles ne se succédèrent pas chronologiquement, chacune d'elles éclaire un aspect de l'œuvre : sa conception du christianisme fera l'objet de nombreuses pièces de théâtre et de deux romans, *Le Pauvre d'Assise* (*) (1956) et *La Dernière Tentation* (*) (1954), mis à l'index par le Vatican peu après sa parution. La pensée philosophique, celle de Nietzsche en particulier, continua de l'occuper bien au-delà de ses études parisiennes, comme en témoignent les nombreuses traductions qu'il fit à son retour en Grèce en 1911 : *Ainsi parlait Zarathoustra* (*), mais aussi des œuvres de Bergson, Darwin, Büchner, Maeterlinck, etc. Pour Lénine, « le Christ rouge », il abandonna ses premières convictions aristocratiques et entreprit plusieurs longs voyages en Russie. Et s'il s'éloigna plus tard des conceptions marxistes (dont il n'avait jamais entièrement accepté la philosophie) pour prôner une révolution individuelle, mystique au besoin, sa réputation, en Grèce, a néanmoins longtemps souffert de ses engagements politiques, ce qui a multiplié les malentendus avec son pays. À Ulysse enfin, la dernière et la plus idéale de ses figures héroïques, il s'identifie à plusieurs reprises dans les chants de son *Odyssée*, parfois même dans sa vie personnelle : c'est ainsi qu'au cours de l'été 1919 il se charge de ramener à bon port plus de cent mille citoyens grecs du Caucase, chassés par la Révolution. À côté de ces figures légendaires auxquelles se conforma plus ou moins l'écrivain, l'homme eut dans sa vie des amitiés aussi déterminantes, sinon davantage : c'est d'abord, en 1914, Sikélianos, nature dionysiaque, poète comblé par le sort, avec lequel il parcourra la Grèce à plusieurs reprises, à la recherche « d'une terre et d'une race ». Puis en 1917, la fameuse rencontre avec Georges Zorba. Leur vie commune dura un an et demi, dans le Magne, et l'on sait de quel prix elle fut pour Kazantzakis malgré l'échec final de leur entreprise. Nommons enfin « l'esprit frère », Panaït Istrati, à qui l'unissaient un talent égal de conteur et un humanisme désespéré. Ils se rencontrent à Moscou en 1927, invités pour le dixième anniversaire de la Révolution, et ensemble voyagent à travers la Russie, s'enthousiasment, pensent même s'y installer, rendent visite à Gorki. Puis les divergences apparaissent, accrues par leur force de caractère : la brouille qui les sépare, l'année suivante, ne s'estompera que devant la mort prochaine de l'écrivain roumain. En 1929, âgé de 46 ans, Kazantzakis n'avait donc fait que chercher sa voie à travers d'innombrables voyages en Europe, en Russie ou au Proche-Orient. Comme écrivain, à

l'exception de son premier roman, déjà oublié, il n'est que l'auteur du volume *En voyageant* (1927), de tragédies pas toujours publiées – illustrant son penchant pour les figures héroïques (Ulysse, Héraklès, Bouddha), et souvent difficiles à jouer – et d'un tout petit livre : *Ascèse* (*) (1927). Composé durant un séjour à Berlin, « cri de recherche et d'angoisse » devant la décomposition générale de l'après-guerre, c'était pour lui la « graine d'où allait fleurir toute son œuvre ». Sous forme d'aphorismes métaphysiques, il y condensait toutes ses conceptions morales et philosophiques par la théorie des « Cinq cercles » : Ego-Humanité-Terre-Univers-Dieu. Après le semi-échec d'un roman inspiré par la Russie, *Toda-Raba* (*) (1929), Kazantzakis se remet à la composition de son « grand œuvre », qui n'était que le prolongement poétique d'*Ascèce*, l'*Odyssée*. Jusqu'à sa parution en 1938, elle connut sept versions successives et lui demanda quatorze années d'un travail acharné. Commençant à dessein là où s'achevait celle d'Homère (le retour à Ithaque), elle suivait l'errance spirituelle d'un nouvel Ulysse jusqu'à sa mort, suprême initiation, au pôle Sud. Écrite dans une langue parfois très ardue, sa taille démesurée, son mètre inhabituel de dix-sept syllabes, lui réservèrent un accueil partagé et elle reste encore aujourd'hui l'œuvre la plus ignorée de Kazantzakis.

À la même époque, comme autant de petits « gardes du corps » de l'*Odyssée*, il composait une série de vingt-quatre *Tercets* [Τερτσίνες, parus en 1960 seulement] à la manière de Dante, consacrés à tous ceux qui eurent un rôle dans le façonnement de sa personnalité : Moïse, le Greco, Vinci, Shakespeare, etc. Durant l'entre-deux-guerres, la vie de Kazantzakis offre le tableau d'une activité infatigable et presque frénétique : il compose une histoire de la littérature russe, rédige un dictionnaire français-grec, traduit *La Divine Comédie* (*) ou le *Faust* (*) de Goethe en moins de deux mois. Tout en revenant régulièrement à la solitude de sa maison à Égine, il passe plusieurs étés à Paris, un an à Gottesgab, traverse l'Espagne en 1932 puis y séjourne lors de la guerre civile, visite le Japon, la Chine, l'Angleterre (au début de la guerre). De chacune de ses randonnées, il ramène un volume *En voyageant* où, derrière les épisodes, les personnages évoqués, transparaissent toujours ses inquiétudes fondamentales. Puis la guerre s'installe en Grèce et il se retire à Égine, occupé à la composition de plusieurs pièces de théâtre et surtout d'*Alexis Zorba* (*) (1946). À la Libération, ébranlé par le drame que venaient de connaître la Grèce et l'Europe, il se lance dans des activités politiques qui, toutes, seront vouées à l'échec : il fonde une « Union ouvrière socialiste » sans avenir, participe même au gouvernement, pour démissionner presque aussitôt. En Angleterre, invité du British Council, il tente vainement de mettre sur pied une « Internationale de l'esprit ». Propose-t-il sa candidature à l'Académie grecque ? Il lui manque deux voix, Essaie-t-il de se faire attribuer le prix Nobel ? Il échouera en 1946 comme les années suivantes. En revanche, pour l'écrivain, la grande période romanesque qui s'est ouverte avec la parution d'*Alexis Zorba* va bientôt connaître une consécration internationale. Car si son apport à la littérature a été jusqu'à présent plutôt austère, Kazantzakis sent également en lui une veine réaliste, « où il n'y aurait pas de lui », qu'il brûle d'exploiter. Désormais délivré de toute obligation, il se fixe à Antibes en 1948 et il ne lui faudra pas plus de quatre ans pour composer quatre grandes fresques romanesques et autant de pièces de théâtre. Et ce n'est pas la moindre des contradictions de sa vie que la reconnaissance à laquelle il aspirait lui parvînt d'un « délassement » romanesque, venant bien après ce qu'il avait pris pour l'achèvement de son « œuvre ». En deux mois, il compose *Le Christ recrucifié* (*) (1954) qui met en scène, parallèlement à la représentation symbolique de la Passion, le drame des réfugiés dans un petit village d'Anatolie, et leur lutte pour survivre dans un monde inique. Le livre a un succès immense, fait l'objet de nombreuses traductions étrangères, connaît même une adaptation cinématographique. L'année suivante, en même temps qu'un roman sur la guerre civile, *Les Frères ennemis* (*) (1963), il achève *La Liberté ou la Mort* (*) (1953). La Grèce et son combat pour l'indépendance en sont le véritable sujet, à travers le personnage héroïque du kapétan Michalis, où l'on retrouve souvent, en filigrane, des traits du père de l'écrivain. Cette somme romanesque, foisonnante peinture de mœurs écrite dans une langue très riche, permet à Kazantzakis d'appréhender les grands thèmes qui l'on hanté toute sa vie : la mort, Dieu, l'éternel affrontement entre la chair et l'esprit. En 1955, il s'attelle à la composition de la *Lettre au Greco* (1956), testament spirituel sous forme de roman autobiographique. Et il travaille de façon ininterrompue jusqu'à son départ pour la Chine, qui lui sera fatal. La mort l'a enlevé au délai de dix ans qu'il s'était fixé pour achever son œuvre, ne laissant que celle ci comme témoignage et justification d'une vie acharnée à se dépasser elle-même. Tel l'un de ses personnages qui, encerclé par les Turcs, leur avait lancé : « La Liberté *et* la Mort ! », il a fait graver sur sa tombe, à Héraklion : « Je n'espère rien, je ne crains rien, je suis libre. »

GILLES ORTLIEB.

♦ *« Le bon et le mauvais, le fort et le faible cohabitent en lui ; il met tous ces éléments à son service, les dompte et se laisse guider par eux. Ses personnages sont ses égaux, sont lui. Peu d'écrivains ont eu le courage de regarder en face, avec autant de lucidité, l'image que lui renvoyaient ses créatures. »* Aziz Izzet.

♦ *« Kazantzakis appartient à un type d'homme que notre époque appelle Outsider, ou Étranger, ou Rebelle. Une dénomination plus appropriée serait peut-être "le Solitaire" – ainsi Kazantzakis surnomme-t-il son*

Ulysse — puisque son signe le plus distinctif est son recul par rapport au monde. » Pandélis Prévélakis. ♦ « *Kazantzakis!... Ces quatre syllabes évoquent aujourd'hui en Grèce un personnage énigmatique, légendaire, admiré de quelques isolés, aimé de ceux qui l'ont vraiment connu, dénigré par ceux qui refusent de le reconnaître, redouté du plus grand nombre.* » Colette Janiaud-Lust.

RÉF. : Pandélis Prévélakis, *Le Poète et le poème de l'Odyssée*, Athènes, 1958. – *400 Lettres de Kazantzakis à Prévélakis*, Athènes, 1965. – Aziz Izzet, *Nikos Kazantzakis*, Paris, 1965. – Eleni N. Kazantzakis, *Le Dissident*, Paris, 1968. – Colette Janiaud-Lust, *Nikos Kazantzakis, sa vie, son œuvre*, Paris, 1970. – A. Churmuzios, *Nikos Kazantzakis*, Athènes, 1977. – J. F. Lea, *Kazantzakis : The Politics of Salvation*, Tuscaloosa, 1979. – M. P. Levitt, *The Cretan Glance*, Colombus, 1980. – G. Ch. Kumakis, *Nikos Kazantzakis, themeliódi provlímata sti filosofía tu*, Athènes, 1982.

KEATS John. Poète anglais. Né le 31 octobre 1795 à Londres, mort à Rome le 23 février 1821. Fils de Thomas Keats, propriétaire d'écuries de louage, qui meurt d'une chute de cheval en 1804, et de Frances Jennings qui décède des suites d'une tuberculose en 1810. Dès la mort de son père, l'enfant a été confié, avec ses frères et sa sœur, aux soins de sa grand-mère maternelle, puis éduqué à la pension d'Enfield, avant d'entrer en apprentissage, dès 1811, chez un chirurgien d'Edmonton, puis d'aller étudier la médecine au « Guy's Hospital » de Londres. Habilité à exercer les fonctions d'apothicaire, de médecin ou de chirurgien, il choisit cependant de se consacrer tout entier à la poésie pour laquelle il s'est pris de passion durant ses années d'études. Outre une traduction en prose de l'*Énéide* (*) (1811), ses premières tentatives poétiques connues datent de 1814, avec, notamment, une « Imitation de Spenser » et un sonnet « À lord Byron ». Deux ans plus tard, il publie son premier poème, « Ô Solitude », dans l'*Examiner*, le journal libéral de Leigh Hunt, dont Keats avait salué par un sonnet la sortie de prison en 1815, et qu'il ne tarde pas à rencontrer grâce à son ancien condisciple et ami, Charles Cowden Clarke. Cette année 1816 marque assurément le début de l'épanouissement prodigieusement rapide de son génie poétique. La découverte d'Homère grâce à la traduction de Chapman inspire à Keats, qui n'avait pas étudié le grec, un de ses plus célèbres sonnets. Admis désormais dans le cercle de Hunt, il s'y lie d'amitié avec le peintre Benjamin Haydon et le poète John Hamilton Reynolds, bientôt destinataires de quelques-unes de ses plus admirables *Lettres* (*). En revanche, il montre la plus extrême réserve à l'égard de Shelley, familier du même groupe, dont le tempérament hystérique l'agace au plus haut point. Reconnu dès lors comme un poète d'avenir, du moins dans les milieux libéraux, Keats publie en 1817 son premier volume de poèmes chez Ollier, avant que Taylor et Hessey ne décident d'éditer ses futures œuvres. Il entreprend alors la rédaction d'un long poème, *Endymion* (*), qui paraîtra l'année suivante et fera l'objet d'attaques perfides dans la *Quarterly Review*, le grand magazine tory d'Édimbourg, ainsi que dans le *Blackwood's Magazine* qui s'est mis depuis un certain temps déjà en campagne contre ce qu'il appelle la « Cockney School ». Après la mort de Keats, Shelley, qui le célébra dans un beau poème élégiaque sous le nom d'*Adonais* (*), tenta d'accréditer la thèse, souvent reprise, selon laquelle ces critiques auraient atteint le poète au point d'avoir un effet désastreux sur sa santé physique et d'avoir précipité l'issue fatale. En réalité, celui-ci souffrait déjà gravement du mal qui devait l'emporter et se trouvait exposé à des chagrins autrement plus cruels : le départ de son frère George avec son épouse, Georgiana, pour l'Amérique, la mort de son frère Tom des suites d'une tuberculose, le début d'une passion malheureuse pour Fanny Brawne. Nonobstant, toute cette période reste placée sous le signe d'une intense activité poétique. Après avoir terminé *Isabelle* (*), Keats s'est attelé à la composition d'*Hypérion* (*). Il a rencontré Wordsworth à plusieurs reprises, visité le « Lake District » et les « Highlands » où il s'est rendu sur la tombe de Robert Burns, auquel il consacre un étonnant poème en vers de quatorze pieds. Mais ce sont les années 1818-1819 qui sont sans doute celles de sa complète maturation : c'est au cours de celles-ci, en effet, qu'il écrit ses principales *Odes* (*) : « Sur une urne grecque », « À Psyché », « À un rossignol », « Sur la mélancolie », « Sur l'indolence » et « À l'automne ». C'est alors également qu'il entreprend *Othon le Grand* [*Otho the Great*], *Lamia* (*), *La Chute d'Hypérion* (+) ainsi que « Bonnet et clochettes » [*The Cap and Bells*]. La plupart de ces œuvres seront publiées en 1820, alors que son état ne cesse d'empirer, le décidant à s'embarquer pour les cieux réputés salutaires d'Italie en compagnie de son ami le peintre Joseph Severn. C'est une longue agonie qui l'attend au terme d'une traversée remplie de contretemps et qui consume le peu de forces qui lui restent, à bord de la « Maria Crowther ». Déclinant l'offre de Shelley de venir le rejoindre, Keats s'installe place d'Espagne à Rome, le 17 novembre. Il s'y éteint quelque trois mois plus tard, en demandant que sur sa tombe, au cimetière protestant de la ville, figurent ces simples mots : « Here lies One Whose Name was Writ in Water » : « Ci-gît un dont le nom fut écrit sur de l'eau. »

Si l'œuvre de Keats est aujourd'hui unanimement reconnue comme l'une des plus hautes de toute la poésie anglaise, et pas seulement du mouvement romantique, il n'en a pas toujours été ainsi. Tout en créditant l'homme de dons exceptionnels, nombre de critiques et d'écrivains anglais du siècle dernier ont souvent reproché à son œuvre une prétendue absence de virilité, selon des stéréotypes puritains. La sensibilité du poète serait « éva-

nescente », voire « dégénérée » ; la force, la puissance, la substance lui auraient fait défaut. Il aurait même fait du mal à la poésie anglaise ! Si l'on peut comprendre la violence d'un lord Byron – qui va jusqu'à traiter Keats de « petit singe » – jaloux d'un rival qui pourrait lui faire de l'ombre, on reste de nos jours stupéfait devant l'aveuglement idéologique d'hommes parfois fort intelligents et subtils (Matthew Arnold, Hazlitt, Coventry Patmore et même, à un degré moindre, Hopkins), à l'égard de quelqu'un qui a employé très consciemment et librement, comme en témoigne sa correspondance, toute son immense énergie à devenir selon la formule shakespearienne l'instrument à travers lequel tout se mue en mélodie, le médium de plus en plus souple et précis, de plus en plus vibrant, de ce qui nous dépasse de toutes parts, à se faire en somme toujours plus réceptif et plus ouvert à ce qui nous entoure. Lire Keats dans sa langue, c'est d'abord faire l'épreuve d'une parole inaugurale et comme d'un éveil au surgissement multiple de l'Être. Sa sensualité, son hyperréceptivité, notée par tous ceux qui l'ont approché, ne sont ainsi pas du tout le contraire d'une intellectualité qui lui ferait défaut, mais la vibration de l'être tout entier offert, tout entier tendu, tout entier transi dans l'attente, à l'écoute et comme à l'affût d'une venue en présence, d'une éclosion qui est la nature elle-même. L'indolence chantée par Keats est à comprendre comme une ascèse et, en définitive, comme un mode spécifiquement poétique de la connaissance, un moyen d'atteindre au vrai par d'autres voies que celles de la philosophie ou de la mystique. Ainsi la poésie de Keats se situe-t-elle bien au-delà des faux débats et des oppositions scolaires, comme celle du romantisme et du classicisme, auxquels on a tenté de la réduire et c'est parce qu'il est le plus purement poète de tous les poètes que Charles Du Bos a eu bien raison de voir en lui « le plus profond métaphysicien qui se soit jamais rencontré parmi tous les poètes de premier rang ». Contrairement à Shelley qui, tout en reconnaissant le génie de son rival, subordonna toujours la poésie à des visées morales et politiques, Keats est celui qui refusa toujours toute forme d'allégeance de la poésie à toute autre mission que sa mission essentielle : révéler la beauté, en appliquant la puissance de l'imagination à tous les aspects de la vie.

ROBERT DAVREU.

♦ *« Ses poèmes, je le sais, sont voluptueux et ils sont assurément sensuels. Cette sensualité constitue leur défaut, mais je ne vois pas qu'elle les rende féminins. Mais en tout cas, dans cette imperfection même, il ressemble à Shakespeare, loin d'en différer. »* G. M. Hopkins. ♦ *« C'est chez Keats qu'on constate la renaissance littéraire de l'Angleterre. Byron était un révolté et Shelley un rêveur ; mais dans le calme et la clarté de sa vision, avec sa maîtrise de soi, son sens inné de la beauté et son expérience du monde séparé de l'imagination, Keats était l'artiste pur et serein* [...] *un prêtre de la Beauté. »* O. Wilde.

RÉF. : H. E. Rollins, *The Keats circle, letters and papers, 1816-1878*, Cambridge, Massachusetts, 1948. – A. Laffay, préface aux *Poèmes choisis*, Paris, 1952. – W. H. Evert, *Aesthetic and Myth in the Poetry of Keats*, Princeton, 1965. —W. J. Bate, *John Keats*, Londres, 1966. – Aileen Ward, *John Keats : The Making of a Poet*, Londres, 1966. – I. Jack, *Keats and the Mirror of Art*, Londres, 1967. – R. Gittings, *John Keats*, Londres, 1968. – S. Sperry, *Keats the Poet*, Princeton, 1973. – J.-Cl. Sallé, *Temps et éternité dans l'œuvre de Keats*, Paris, 1977.

KEBLE John. Prêtre et théologien anglais. Né à Fairford (Gloucestershire) le 25 avril 1792, mort à Bournemouth le 29 mars 1866. Fils du révérend John Keble, qui lui fit commencer ses études, ainsi qu'à son frère aîné, il entra ensuite au Corpus Christi College d'Oxford en 1806, et termina brillamment ses études en 1811. Élu « fellow » de l'Oriel College, où il resta de 1811 à 1823, en prenant plus tard les grades de « tutor » et de « public examiner », il y eut pour camarades J. H. Newman, R. Whateley, E. Copleston, E. Pusey, et fut avec eux l'un des chefs du mouvement dit des « tractarians ». Il entra dans les ordres en 1816. C'est au cours de cette période qu'il écrivit les poésies recueillies dans *L'Année chrétienne* (*) ; il fut amené plus tard à les publier, cédant à l'insistance de ses amis et pour faire plaisir à son père. Revenu à Fairford près de celui-ci après la mort de sa mère, il exerça pendant quelques années son ministère de pasteur dans des paroisses de campagne. Professeur de poésie à Oxford de 1831 à 1841, il y prononça en 1833 le célèbre sermon sur l'*Apostasie nationale* (*) – v. *Tracts pour les temps présents* (*) – qui, selon Newman, serait à l'origine du mouvement d'Oxford. En 1835, il se maria et, l'année suivante, devint vicaire de Hursley, où il demeura jusqu'à sa mort. D'un caractère timide et réservé, nullement ambitieux, il fut très estimé de ses contemporains. Trois ans après sa mort, un des collèges d'Oxford reçut son nom. Après *L'Année chrétienne*, il composa deux autres recueils poétiques, *Lyra innocentium* (1846) et *Poèmes divers* [*Miscellaneous Poems*, 1869] ; il a laissé, outre des sermons, une édition critique des œuvres de l'évêque Hooker (1836), une traduction en vers du *Psautier* (1840) et quelques essais littéraires.

RÉF. : J. H. Newman, *Apologia pro vita sua*, Londres, 1864. – K. Ingram, *John Keble*, Londres, 1933. – G. Battiscombe, *John Keble*, Londres, 1963. – B. W. Martin, *John Keble, Priest, Professor and Poet*, Londres, 1976.

KEGELS Anne-Marie. Poète belge d'origine et d'expression françaises. Née Anne-Marie Canet, à Dunes (Tarn-et-Garonne) le 26 novembre 1912, dans une vieille famille de vignerons. Après l'école primaire, à Dunes, elle étudie à Valence-d'Agen avant d'épouser en 1931 Joseph Kegels, un Belge originaire d'Anvers. Quittant alors la France, elle s'installe définitivement en Belgique, à Tamise

d'abord, puis à Bruxelles où naît sa fille Éliane, enfin en 1942, à Arlon, petite ville de garnison au sud-est du pays. C'est là qu'elle écrit ses premiers poèmes et collabore par des billets d'humeur à des journaux issus de la résistance. En 1948, elle participe à l'aventure du « Jeune Faune », petit groupe littéraire turbulent fort mal vu dans la ville. Deux ans plus tard, elle publie *Douze poèmes pour une année* (*), une mince plaquette qui l'impose d'emblée comme une « nouvelle » Catherine Pozzi. Dans une langue d'une grande musicalité, elle déploie un lyrisme sensuel et frémissant autour de son unique domaine : l'amour. S'y entrelacent, de recueil en recueil, des thèmes qu'elle place sous le signe du feu qui la dévore : la solitude, le monde familier, le pays d'enfance, l'exil, la mort. Un chant de vivre, en somme, dont chaque livre élargira le registre en passant du vers classique à des formes plus libres. Citons parmi ses ouvrages importants : *Rien que vivre* (1951), *Chants de la sourde joie* (1955), *Haute vigne* (1963), *Lumière adverse* (1970), *Porter l'orage* (1978). De nombreux prix en France et en Belgique ont couronné cette œuvre discrète mais brûlante.

GUY GOFFETTE.

KELLER Gottfried. Poète et romancier suisse d'expression allemande. Né à Zurich le 19 juillet 1819, mort dans cette même ville le 15 juillet 1890. Expulsé en juillet 1834 de l'école pour un « chahut », il ne put faire des études régulières. Il s'essaya alors dans la peinture et devint l'élève d'un aquarelliste original, Rudolf Meyer ; plus tard, il persuada sa mère que, pour sa formation artistique, un séjour à Munich lui était indispensable. Il s'y rendit grâce aux économies et aux durs sacrifices faits par sa mère et, au bout de deux ans d'efforts et de désillusions, se convainquit de son inaptitude à la peinture.

Mais ce sera la passion politique qui éveillera en lui l'écrivain et le poète, à l'exemple de A. Grün et de G. Herwegh. De retour à Zurich, Keller, en effet, entra en contact avec le milieu des émigrés politiques allemands, et ce fut A. Follen qui publia (en le remaniant) son premier petit recueil de vers (1846) dans lequel, précisément, domine le ton polémique et patriotique. En 1848, ayant obtenu une bourse de la ville de Zurich, Keller partit pour Heidelberg, où les cours de Ludwig Feuerbach le renforcèrent dans la conception immanentiste du monde et dans un calme athéisme, qui était déjà ancré en lui par la lecture de D. Strauss. Mais ce ne fut qu'à Berlin, où il put se rendre grâce à une seconde bourse d'études, que Keller trouva sa voie, car, en fait, les années berlinoises (1850-1855) furent non seulement les plus fécondes, mais celles qui laissèrent une trace. C'est sans doute par réaction contre le type de société qui s'offrait à lui que Keller acquit cette particulière résonance à la foi satirique et éducative, ou ironique et élégamment allusive, qui se glisse jusque dans ses œuvres les plus aériennes et poétiques, et seulement en apparence privées de toute attache avec la réalité, comme les nouvelles des *Gens de Seldwyla* (*). Ainsi, tandis qu'échouait sa seconde ambition erronée, celle de devenir auteur dramatique — raison de son voyage à Berlin —, naquirent en marge celles de ses œuvres qui devinrent au contraire les plus importantes : en particulier *Henri le Vert* (*) (1854 et 1880), roman dans lequel, sous forme de biographie idéalisée et édifiante, Keller conte sa propre autobiographie, douloureuse histoire d'un artiste raté, récit qui s'enfle ensuite très « goethéennement » jusqu'à devenir un véritable et solennel « Bildungsroman ». Le pessimisme d'une fin dramatique ne gâtait pas la fraîche et étonnante beauté de la première partie, l'histoire de jeunesse « Jugendgeschichte » dont, d'ailleurs, le ton tragique sera très atténué dans la nouvelle version du roman de 1879-1880. On considère aujourd'hui ce livre comme un des classiques de la littérature allemande.

En 1855, Keller rentra de nouveau à Zurich, désormais connu et de plus en plus estimé, mais aigri, aussi, car il n'avait pas encore trouvé sa place dans la vie ordinaire. En 1856 parurent les nouvelles des *Gens de Seldwyla* qui incluaient *Roméo et Juliette au village* (+), une des plus belles nouvelles de la littérature allemande. Cinq ans plus tard, en 1861, Keller fut nommé premier secrétaire cantonal (Staatsschreiber), et pendant quinze ans accomplit scrupuleusement sa charge. Il faut rappeler de cette période qui, naturellement, accuse une diminution de son activité poétique, les *Sept légendes* [*Sieben Legenden*, 1872], petit bijou de « malice » littéraire sur un texte antérieur de Kosegarten. En 1876, Keller abandonna son poste, puis, ayant surmonté la douleur causée par la mort imprévue de sa fiancée Luise Scheidegger, il se tourna avec une ferveur renouvelée vers le roman, bien que son pessimisme, jamais complètement étouffé sous son rire de pédagogue, s'accompagnât désormais d'un peu de fatigue. C'est ainsi qu'il donna en 1878 les *Nouvelles zurichoises* (*), juste hommage et avertissement à sa ville, et, en 1881, *L'Épigramme* [*Das Sinngedicht*], dont l'histoire « européenne » cette fois, et privée du soutien de l'habituel « climat » suisse, atteignit encore de hauts sommets poétiques ; puis, finalement, en 1886, ce fut *Martin Salander* (*), roman dans lequel se retrouve l'ambition de jeunesse de Keller : écrire une satire de mœurs épique. En 1883, il réunit toutes ses *Poésies*, en les rejetant cependant à la dernière place dans l'édition complète de ses œuvres (1889), qu'il révisa lui-même.

C'est ainsi que s'acheminait vers sa fin une existence pauvre en événements extérieurs, adoucie par l'estime d'un petit nombre d'amis (H. Hettner et T. Storm), exemple d'attachement à des idéaux que Keller ne voulut jamais séparer de son métier d'écrivain. Il fut le plus grand représentant de la littérature suisse de langue allemande au XIXe siècle.

♦ *« Prise dans son ensemble, l'œuvre de M. Gottfried Keller... offre toutes les caractéristiques de l'humour, fait de contrastes heurtés, de sentiment et de raillerie, de minutie d'observation, de caprice et de rêve et que l'on ne saurait définir qu'en des termes contradictoires. »* J. Bourdeau (1855). ♦ *« La part de l'individuel et de l'original, la singularité et presque le tic ont une telle importance dans la psychologie des personnages de Keller, que ces cas particuliers, vivant d'une vie intense, mais trop différenciés, allongeront sans doute de peu de lignes l'état civil idéal que constituent les imaginations des poètes. »* F. Baldensperger (1899).

RÉF. : G. Keller, *Autobiographisches*, 1876. – Baldensperger, *G. Keller, sa vie et ses œuvres*, Paris, 1899 (thèse). – C. Clerc, *Deux bons génies de la cité, Rodolphe Töpffer et Gottfried Keller*, Genève, 1934. – Georg Lukacs, *Gottfried Keller*, Berlin, 1946. – Carl Spitteler, *Gottfried Keller*, 1947. – Herman Boeschenstein, *Gottfried Keller. Grundzüge seines Lebens und Werkes*, 1947. – Alfred Zaech, *Gottfried Keller*, Neuchâtel, 1948. – H. W. Reichert, « Basic Concepts in the Philosophy of Gottfried Keller », *University of North Carolina Studies in the Germanic Languages and Literatures nº 1*, 1949. – Karl Fohr, « Leben und Tod bei Gottfried Keller », *Schweizer Monathshefte nº 9*, 1950. – J.-D. Demagny, *Les Idées politiques de J. Gotthelf et de G. Keller et leur évolution*, La Celle-St-Cloud, 1952. – A. Muschg, *Gottfried Keller*, Munich, 1977. – G. Kaiser, *G. Keller*, Munich, 1985. – K. T. Locher, *G. Keller. Welterfahrung, Wertstruktur und Stil*, Berne, 1985. – W. Baumann, *G. Keller. Leben, Werk, Zeit*, Zurich, 1986.

KEMÂL Namïq. Poète, publiciste, traducteur, romancier, dramaturge et historien ottoman. Né à Tekirdagh, sur la côte européenne de la mer de Marmara, le 21 décembre 1840, mort à Mytilène le 2 décembre 1888. « La littérature turque moderne prit naissance avec les œuvres de Namïq Kemâl, le premier à pratiquer avec succès les genres importés d'Occident : le drame et le roman » (A. Bombaci). Initiateur de la littérature turque d'influence européenne, Namïq Kemâl fut aussi l'un des plus éminents représentants de la nouvelle intelligentsia ottomane, opposée à la tyrannie et au conservatisme du pouvoir sous Abd ül-Azîz et Abd ül-Hâmid II. Il mena d'ailleurs l'existence mouvementée des exilés politiques. Son père Mustafa Asïmbey appartenait à une vieille famille aristocratique, et Namïq eut une éducation soignée. Après avoir terminé ses études à la Rüshdiye d'Istanbul, il entre en 1860 au bureau des traducteurs du ministère des Affaires étrangères. La rencontre, trois ans plus tard, d'Ibrâhîm Shinâsî (1826-1871) est déterminante pour toute l'évolution des conceptions politiques et littéraires du jeune intellectuel. Namïq Kemâl fait connaissance avec le français (il traduira Rousseau et Montesquieu) et le monde occidental par son expérience du journalisme acquise aux côtés de Shinâsî. Le journal *L'Opinion illustrée* [*Tasvîr-i efkâr*], fondé par Shinâsî en 1862, constituait alors en Turquie une véritable école de littérature moderne, grâce notamment à la publication en feuilleton d'œuvres littéraires tant traduites qu'originales. Au départ de Shinâsî pour l'exil, Namïq Kemâl en devient le rédacteur en chef. En 1865, il participe activement à la fondation de la « Société des nouveaux Ottomans », dont il est un des leaders, et qui milite pour la promotion d'idées nouvelles, venues d'Occident : celles de patrie [vatan], et de nation [millet]. La réaction du régime ne se fait pas attendre : Namïq Kemâl doit partir pour l'exil en 1867, accompagné de Ziyâ Pâshâ et d'autres Jeunes Turcs. Jusqu'en 1870, il vivra successivement à Paris, Londres et Vienne, collaborant à la propagande des exilés, dans les colonnes des journaux *Le Correspondant* [*Muhbir*] et *Liberté* [*Hürriyet*]. Revenu en Turquie, il poursuit son œuvre de publiciste et fonde le journal *L'Exemple* [*'Ibret*]. En 1873 est joué le premier de ses six drames, *La Patrie ou Silistrie* [*Vatan yâkhûd Silistre*], dans lequel une action d'éclat accomplie par un fonctionnaire d'origine albanaise, Islâm Bey, pendant le siège de Silistrie, rehausse les harangues de l'auteur exhortant à l'amour de la patrie ottomane. À l'indifférence des Ottomans envers l'idée de patrie – car ils fondent la légitimité de leur dynastie sur l'islam – Namïq Kemâl oppose le patriotisme du paysan turc. La pièce connaît un immédiat retentissement, et son auteur d'être à nouveau exilé, cette fois à Famagouste, puis dans un obscur souterrain dans l'île de Chios. Il écrit en détention un drame sentimental, *La Pauvre Fillette* [*Zavallï Cocuk*], histoire d'une jeune fille qui meurt de langueur parce qu'elle a consenti à épouser un riche pacha pour sauver les siens de la misère, et qui pose l'épineuse question du statut de la femme et du droit des pères sur leurs filles en Islam. Le roman *Le Réveil* (*) paraît en 1876 : il s'agit du « premier roman turc moderne », un « étrange mélange de l'ancien style ottoman, ampoulé, et de la prose fastueuse d'un Hugo » (A. Bombaci). La victoire des libéraux en 1876 permet à Namïq Kemâl de rentrer à Constantinople, mais, à la suite de la réaction hamidienne, il est bientôt accusé de complot pendant la guerre russo-turque, arrêté puis emprisonné à Mytilène. Le bouillant réformiste ne reverra plus la capitale. Sa peine est progressivement adoucie : on le nomme même gouverneur de l'île en 1879, puis de Rhodes, de Chypre enfin – où il meurt de tuberculose. Pendant les dix dernières années de sa vie, Namïq ne cesse d'écrire : des études historiques (une histoire des Ottomans interdite de publication par la Porte en 1888), un drame et un roman historique. L'exilé se livre à une critique acerbe des hommes au pouvoir à Istanbul, décrits comme une clique d'arrivistes prêts à sacrifier le bien public à leur intérêt personnel. La pensée politique et sociale de ce brillant touche-à-tout littéraire, rompu à toutes les disciplines – l'un des premiers en Turquie, il introduisit la lutte politique dans la poésie —, exerça une profonde influence sur une opinion publique ottomane que ses journaux contribuaient à former ; elle contient les germes de la future pensée moderniste turque. Présenté par maints auteurs actuels comme un écrivain « bourgeois » (V. S. Garbuzova), Namïq Kemâl est un libéral pour lequel prime l'abolition du régime tyrannique du sultan. En cela sa réflexion présente une parenté évidente avec celle des réformistes musulmans du XIXe siècle, et il convient, pour l'analyser, de la replacer dans la perspective de l'histoire de la pensée politique en Islam.

STÉPHANE A. DUDOIGNON.

KEMAL Yahya : v. **Beyatlï** Yahya Kemal.

KEMAL YACHAR : v. **Yashar** Kemal.

KEMPE Margery. Mystique anglaise. Née en 1373 et morte vers 1440 à Lynn, dans le Norfolk. Fille du maire de Lynn, Margery Brunham épouse en mai 1393 John Kempe, trésorier de la ville, auquel elle donne quatorze enfants. Femme d'affaires, elle s'occupe de meunerie et de brasserie tout en menant une vie de pénitence, de tentations, de visions. En 1413, elle fait vœu de chasteté et commence une vie errante de pénitence et de souffrance qui la mènera à Dantzig, Jérusalem, Rome, Saint-Jacques. Les retours en Angleterre sont mouvementés et elle doit à plusieurs reprises se défendre de l'accusation d'hérésie. Elle revient définitivement à Lynn en 1433 et commence en 1436 à mettre au propre *Le Livre* (*) où elle consigne le récit de sa vie.

JEAN-PIE LAPIERRE.

KENNEDY Margaret. Romancière anglaise. Née à Londres le 23 avril 1896, morte à Addersbury (Oxfordshire) le 31 juillet 1967. Elle fit ses études à Cheltenham puis à Oxford, mais toute jeune elle avait commencé à écrire. Son premier livre, publié en 1922, *Un siècle de révolution* [*A Century of Revolution*], ne laissait en rien pressentir sa brillante carrière : c'était un manuel d'histoire. Son second livre, *La Nymphe au cœur fidèle* (*) (1924), obtint un succès prodigieux que ses composants nous permettent de comprendre : une vaste famille bohème contrainte à se disperser et devant faire face à une misère relative, le conflit des amours jeunes face à l'incompréhension de la société. La critique fut favorable. En 1925, Basil Dean adapta le récit pour la scène en collaboration avec l'auteur, et de cette pièce Jean Giraudoux tira en novembre 1934 une adaptation française qui fut bien accueillie. En 1925, Margaret Kennedy épousa sir David Davies, devenant ainsi lady Davies pour la « Society ». En 1950, elle publia une suite à son roman à succès, *Le Bouffon de la famille* [*The Fool of the Family*] et en 1934 une seconde pièce, *Ne m'échappe jamais* [*Escape me Never !*], plut beaucoup aussi au public. Une œuvre de romancière allait suivre, assez différente, où figurent *La Fête* (+) (1950), *Lucy Carmichael* (*) (1951) et *Le Cygne sauvage* (+) (1957). Margaret Kennedy est aussi l'auteur d'une étude critique sur Jane Austen publiée en 1950.

KEPLER Johann. Savant allemand. Né à Weilderstadt (Wurtemberg) le 27 décembre 1571, mort à Ratisbonne (Bavière) le 15 novembre 1630. Il commença ses études de théologie à l'université de Tübingen où, sous la direction de l'astronome et mathématicien P. Michael Mästlin, il s'initia à la théorie de Copernic. Vouant toute son activité à l'astronomie, dans l'admiration de l'harmonie qui régissait l'univers, il chercha à en découvrir les lois, et écrivit son *Mystère cosmographique* (*) qu'il s'empressa d'envoyer à Tycho Brahé, en Allemagne, et à Galilée, à Padoue, priant ces astronomes de faire leurs observations particulières en vue de prouver l'éventuelle existence de la parallaxe des étoiles fixes. En 1600, les protestants, et notamment Kepler, ayant été expulsés de Styrie, Tycho Brahé ne manqua pas de le faire inviter à Prague auprès de l'empereur Rodolphe II, comme mathématicien de la Cour. C'est ainsi que Kepler put mettre à profit les précieuses observations de Brahé, et ses découvertes fameuses l'aidèrent à trouver la vraie théorie du système solaire, qui était le but même de sa vie. Pour distraire Rodolphe et sa Cour, Kepler dut recourir aussi à l'astrologie, et il s'en excusait, disant : « De même que la nature donne à tous les êtres le moyen de vivre, c'est grâce à l'astrologie que l'astronomie peut subsister. » En l'année 1609, celle où Galilée inventait les lunettes d'approche, Kepler, ayant résumé et vérifié les observations de Tycho Brahé, compléta son « grand travail martien, ayant réussi à amener la planète Mars sur les marches du trône impérial ». Il pouvait ainsi, dans la *Nouvelle astronomie* (*) et dans *Harmonie du monde* (*), énoncer ses lois sur les mouvements des planètes autour du soleil. Cependant, Galilée publiait *Le Messager astral* (*) et en envoyait immédiatement une copie à Kepler, lequel ne tarda pas à lui répondre avec la *Dissertation sur le « Messager astral »* (+) dans laquelle il exprime ses doutes, en particulier sur l'existence des satellites de Jupiter. Plus tard, grâce aux excellentes lunettes que lui avait envoyées Galilée, il ne tarda pas à reconnaître l'évidence et publia ses observations de 1610, qui confirmaient pleinement les découvertes de Galilée. Kepler, ainsi équipé pour l'étude de l'optique, écrivit sa *Dioptrique, ou démonstration de ces choses que l'on n'avait encore jamais vues, et qui se peuvent voir avec des lunettes* [*Dioptrice, seu Demonstratio eorum quae visui* *et visibilibus propter conspicilla non ita pridem inventa accidunt*]. Ce travail constituait véritablement la base d'une science nouvelle : l'optique. Kepler, qui avait refusé une chaire de mathématiques offerte par l'université de Bologne, fut contraint par les persécutions religieuses de quitter Linz pour Ulm, où il put dénombrer les résultats obtenus par les observations de Tycho Brahé et ses propres théories, calculant et publiant, en 1627, les *Tables rodolphines* (*), commencées par Brahé, et ainsi appelées en l'honneur de son protecteur Rodolphe II. Kepler dédia ensuite au mathématicien écossais Napier de Merchiston la première d'une série d'éphémérides calculées par lui et qui forment le fondement de ses trois lois. C'était la première fois qu'il se servait des logarithmes, dont l'usage se répandit rapidement en Allemagne. Des déboires domestiques, des faillites financières dues à l'insolvabilité de l'empereur, dont il était pensionné, et les persécutions religieuses assombrirent les dernières années de Kepler, sans que se ralentît, d'ailleurs, son activité scientifique.

GIORGIO ABETTI.

RÉF. : Francis Warrain, *Essai sur l'Harmonices mundi ou musique du monde de J. Kepler*, 2 vol., 1942. – Max Caspar, *Johannes Kepler*, Stuttgart, 1950. – Carola Baumgardt, *Johannes Kepler ; life and letters*, N. Y., 1951. – Gérard Simon, *Structure de pensée et objets du savoir chez Kepler*, thèse, Paris, 1979. – Jürgen Hübner, *Die Theologie Johannes Keplers zwischen Orthodoxie und Naturwissenschaft*, Tübingen, 1979. – Fernand Hallyn, *La Structure poétique du monde : Copernic, Kepler*, Paris, 1987. – Elisabeth von Samsonow, *Die Erzeugung des Sichtbaren : die philosophische Begründung naturwissenschaftlicher Wahrheit bei Johannes Kepler*, Munich, 1986.

KÉRÉNYI Charles. Philologue et historien des religions hongrois d'expression allemande. Né à Temesvar le 19 janvier 1897, mort le 15 avril 1973 à Ascona. Professeur à l'université de Budapest jusqu'en 1943, puis directeur, à partir de 1948, de l'Institut de recherches Jung à Zurich. Charles Kérényi, à l'école de Jung, analyse la mythologie grecque à la lumière de l'histoire des religions, de la philosophie, de la psychanalyse : *Dionysos et le tragique dans Antigone* [*Dionysos und das Tragische in der Antigone*, 1935], *Introduction à l'essence de la mythologie* (*) (1941, nouv. éd. 1951), *La Religion antique* (*) (1940, nouv. éd. 1952), *Mythologie et Gnose* [*Mythologie und Gnosis*, 1942], *Prométhée* [*Prometheus*, 1946], *La Mythologie des Grecs* (*) (1951). Suivant l'exemple de Jung, Kérényi tente également de jeter un pont entre mythologie et création littéraire, à travers sa correspondance et sa collaboration avec Thomas Mann – *Roman et Mythologie* [*Romandichtung und Mythologie*, 1945].

KERNER Andreas Justinus. Écrivain allemand. Né le 18 septembre 1786 à Ludwigsburg, mort le 21 février 1862 à Weinsberg. Il perdit très jeune son père et dut abandonner ses études commencées à l'école du célèbre monastère de Maulbronn. Las des divers métiers auxquels il se livrait (menuisier, garçon pâtissier, et confectionneur de sacs de toile auprès d'un marchand), il se tourna vers son ex-maître, le poète Conz, et, grâce à l'intervention de celui-ci, put enfin s'inscrire à la faculté de médecine de l'université de Tübingen (1804). Pendant son séjour à l'université, il se lia d'amitié avec le poète Uhland. Son diplôme obtenu, il exerça la profession de médecin dans divers petits villages de l'Allemagne du Sud et s'établit enfin, en 1819, à Weinsberg, en Souabe, où sa maison devint le lieu de rencontre de ses amis et de ses admirateurs, attirés par sa générosité et sa croissante renommée littéraire, et aussi par les hommes illustres avec lesquels il s'entretenait et qui le traitaient en égal. Il s'intéressait tout particulièrement aux aspects les moins connus et les plus obscurs de l'âme humaine, au magnétisme et aux phénomènes de somnambulisme, et témoignait d'un grand mysticisme et d'une certaine exaltation religieuse. Ces tendances dataient de sa jeunesse, au cours de laquelle il avait été guéri d'une longue maladie par l'hypnotisme. En 1828, il prit chez lui une femme de Prevorst, Friederike Hauffe, qui avait des accès de voyance, et il exposa le résultat de ses observations dans le livre *La Voyante de Prevorst* (+) (1829), qui eut un grand succès en Europe et qui fut suivi de divers ouvrages du même genre. Mais la renommée de Kerner est surtout attachée à des œuvres littéraires où un talent caricatural et un humour très personnel se combinent à sa mélancolie foncière et à l'attrait qu'exerçait sur lui le surnaturel : *Silhouettes de voyage* [*Reiseschatten, von dem Schattenspieler Luchs*, 1811], *Livre d'images-souvenirs de mon enfance* (*) (1849) et cinq recueils de *Poésies* (*).

RÉF. : H. Fröschle, *Justinus Kerner und Ludwig Uhland. Geschichte einer Dichterfreundschaft*, Öppingen, 1972. – L. B. Jennings, *Justinus Kerners Weg nach Weinsberg. Die Entpolitisierung eines Romantikers*, Columbia, 1982.

KEROUAC Jean-Louis Lebris de (Jack). Romancier américain. Né le 12 mars 1922 à Lowell (Massachusetts), mort le 21 octobre 1969 à Saint Petersburg (Floride). D'origine bretonne par ses ancêtres paternels, et normande par ses ancêtres maternels, Jack Kerouac grandit dans une famille de Canadiens français émigrés en Nouvelle-Angleterre. Il apprit l'anglais, non sans mal, à l'école primaire. L'événement marquant de son enfance fut la mort de son frère Gérard, de cinq ans son aîné, qui lui inspira plus tard un roman, *Visions de Gérard* [*Visions of Gerard*]. À la veille de la guerre, il passe deux ans à New York, renonce bien vite au football professionnel à Columbia University pour cause de blessure, puis tente sa chance dans la marine de guerre, où il se voit réformé. Il effectue alors quelques voyages dans la marine marchande. En 1944, il rencontre Allen Ginsberg et William Burroughs, et entame la rédaction de son premier roman, *Avant la route* [*The Town and the City,* 1950], fortement influencé par Thomas Wolfe. Il fait alors la connaissance de celui qui lui inspirera deux parmi ses plus grands livres, *Sur la route* (*) (1957) et *Visions de Cody* (*) (1959) : Neal Cassady, originaire de Denver, où il vécut une enfance misérable parmi les vagabonds, fit de la prison pour vol de voitures, et où Jack Kerouac se rend bientôt, traversant les États-Unis en auto-stop pour retrouver son ami et son héros. À partir de 1947, date de ce premier voyage, Jack Kerouac tiendra constamment son journal, prenant des notes « sur le vif » et perfectionnant sa technique de l'« esquisse » (équivalent du croquis en peinture) ; parallèlement, il écrira une ou plusieurs versions de ses œuvres, lesquelles ne seront publiées que beaucoup plus tard. Ainsi, *Sur la route,* le livre qui le rendit célèbre et que l'on considère à juste titre comme son meilleur, ne fut accepté qu'en 1955 par un éditeur américain.

En 1951-52, à New York et San Francisco, il écrit *Visions de Cody,* extraordinaire « roman » entièrement centré sur son ami Neal, et dont le style s'inspire du jazz be bop de Charlie « Bird » Parker. En 1952, il rédige *Docteur Sax* (*) (publié en 1963), à Mexico, chez William Burroughs. Jack Kerouac partage alors son temps entre l'écriture et les voyages ; pour lui comme pour Neal Cassady, la vie est mouvement, déplacement, instabilité permanente. Ce qui n'empêche pas Kerouac d'avoir son point fixe, son port d'attache, en la personne de sa mère (« Mémêre »), qui lui fournit tant l'affection que l'argent dont il a besoin. Ainsi, en 1956, il écrit *Visions de Gérard* (1963) en Caroline du Nord, chez sa sœur Caroline, où sa mère vivait aussi depuis peu ; *Les Clochards célestes* [*The Dharma Bums,* 1958] en Floride en 1957 ; *Les Anges vagabonds* [*Desolation Angels,* 1965] à Mexico en 1956, puis en 1961 ; *Big Sur* (1962) la même année en Floride ; *Satori à Paris* [*Satori in Paris,* 1966] de nouveau en Floride et en 1965. Dans son dernier livre, *Vanité de Duluoz* [*Vanity of Duluoz,* 1968], il évoque à nouveau son enfance à Lowell, sa jeunesse, ses voyages dans la marine marchande, la mort de son père et sa découverte de l'écriture. Aigri par les clichés que les médias donnent de lui et de la « beat generation », brouillé avec tous ses anciens amis, il affiche ouvertement des opinions politiques réactionnaires. Fin 1968, avec sa troisième femme et sa mère, il s'installe en Floride, à Saint Petersburg. Neal Cassady meurt début 1969, d'une overdose, et Jack Kerouac quelques mois plus tard, à 47 ans.

Vers la fin de sa vie, Kerouac exprima le désir d'harmoniser les noms des personnages de tous ses livres pour fondre ces derniers en une seule grande œuvre, qui aurait alors couvert l'existence tout entière de son auteur, et qu'il aurait intitulée *La Légende des Duluoz.* Ce dessein proustien est à rapprocher du surnom que Ginsberg donnait à Kerouac : « le grand remémorateur ». Par ailleurs, sa chronique personnelle de l'Amérique des années 40 et 50 se double d'une formidable évocation de l'espace américain, qui rattache Kerouac à la tradition des poètes bardes, comme Walt Whitman : l'auteur de *Sur la route* voulait inventer une forme romanesque aux dimensions du continent, une écriture aussi souple et nerveuse qu'un solo de jazz, aussi ample et fluide que le Mississippi. C'est là l'originalité et la réussite incomparables de Jack Kerouac.

BRICE MATTHIEUSSENT.

KESSEL Joseph. Écrivain français. Né à Clara (Argentine) le 10 février 1898, de parents russes, mort le 23 juillet 1979 à Avernes (Val-d'Oise). Il passe une partie de son enfance chez ses grands-parents maternels à Orenbourg, au pied de l'Oural, avant de poursuivre ses études en France au lycée de Nice puis à Paris au lycée Louis-le-Grand (en 1914). Il fait une licence de lettres en Sorbonne et des études pour devenir comédien. Il s'engage en 1916 dans l'aviation. Après la guerre, il voyage aux États-Unis, fait des reportages sur la Chine, l'Indochine, l'Inde et Ceylan. De ses expériences, il tire la matière de ses premiers romans – *L'Équipage* (*) (1923) –, des récits et des reportages : *Mémoires d'un commissaire du peuple* (1925) et *Les Rois aveugles* (1925) qui lui vaudront le grand prix du roman de l'Académie française en 1927. Dès lors, l'œuvre se développe à un rythme accéléré, parallèlement à une vie d'homme d'action. Kessel participe en 1936 à la guerre d'Espagne. En 1940, il est correspondant de guerre, en 1941 il entre dans la clandestinité puis, en 1942, passe en Angleterre où il devient capitaine d'escadrille. Il écrit le *Chant des partisans* avec son neveu Maurice Druon. Il est élu à l'Académie française en 1963 et poursuit ses voyages en Inde, au Brésil, en Afghanistan.

Pour Joseph Kessel, la littérature est l'expression d'aventures vécues dont il rend de façon réaliste le foisonnement et le mouvement dramatique. L'auteur était là, il dit ce qu'il a vu et c'est son tempérament qui impose à l'œuvre sa force persuasive. Tout naturellement, l'ensemble des ouvrages de Joseph Kessel – près de quatre-vingts volumes – suit les phases essentielles de son existence. On y trouve toute une imagerie violente évoquant la Russie d'après la révolution d'Octobre – *La Steppe rouge* (1922), *Le Journal d'une petite fille sous le bolchevisme* (1926) –, ou les émigrés russes venus se réfugier à Paris, *Nuits de princes* (*) (1927). Il y a l'évocation de la fraternité qu'engendrent la guerre ou les dangers, soit qu'un homme seul les ait courus (*Mermoz,* 1938) ou qu'ils aient été partagés :

L'Équipage, Vent de sable (1929), *Fortune carrée* (*) (1930). Il y a enfin les reportages rapportés de pays plus ou moins lointains (*En Syrie*, 1927, *Dames de Californie*, 1928) ou puisés dans la faune des hors-la-loi (*Bas-Fonds*, 1932, *Nuits de Montmartre*, 1932). La Seconde Guerre mondiale opère une coupure dans le ton général de l'œuvre. La curiosité de Kessel demeure toujours vive, mais elle se teinte de pitié pour parler des drogués de *La Tour du malheur* (1950) ou des alcooliques (*Avec les alcooliques anonymes*, 1960) ou d'un petit mendiant bossu : *Au grand Socco* (*) (1952). Il se veut, comme l'indique un de ses titres, *Témoin parmi les hommes* (1956). Dans cette œuvre, où la psychologie de la perversion (*Belle de jour*, 1928) a occupé une certaine place, se fait jour une fraîcheur toute poétique avec *Le Lion* (*) (1958), qui raconte l'amour que porte une fillette à un superbe lion du Kilimandjaro. Les voyages que Joseph Kessel effectue en 1966 pour le compte de l'Organisation mondiale de la santé lui permettent d'approcher des civilisations encore mal connues comme celle dont il décrit les mœurs, hautes en couleur, dans *Les Cavaliers* (1967), roman consacré aux Afghans des steppes qu'exalte une « liberté merveilleuse et sauvage ». Enfin, parlant devant l'Académie française, il revendique hautement son appartenance au judaïsme, de même qu'il en avait témoigné dans *Terre de feu* (1948), publié au moment de la création de l'État d'Israël.

GUY LE CLEC'H.

KESTEN Hermann. Écrivain allemand. Né le 28 janvier 1900 à Nuremberg. Fils de commerçant, il fait d'abord des études de droit, puis de littérature et de philosophie et soutient sa thèse de doctorat sur Heinrich Mann. De 1927 à 1933, il est directeur littéraire des Éditions Kiepenheuer, à Berlin. L'avènement du nazisme le contraint à l'exil : Paris, Bruxelles, Nice, Londres, puis finalement Amsterdam, où il prend la tête de la première et de la plus importante des maisons d'édition allemandes en exil, « Allert de Lange ». En 1940, il part pour New York où il acquiert la nationalité américaine. Il reçoit le prix Kleist pour son premier roman, *Joseph cherche la liberté* [*Josef sucht die Freiheit*, 1927]. Il devient bientôt l'un des représentants les plus connus de l'école de la « Nouvelle objectivité » [Neue Sachlichkeit]. Sous le nazisme, Kesten, comme d'autres écrivains allemands de l'époque (par exemple Heinrich Mann ou Lion Feuchtwanger), emprunta la forme du roman historique pour s'exprimer et éveiller la conscience de ses contemporains : *Ferdinand et Isabelle* [*Ferdinand und Isabella*, 1936], *Le Roi Philippe II* [*König Philipp der Zweite*, 1938]. L'Espagne moderne, déchirée par la guerre civile, lui inspira *Les Enfants de Guernica* (*) (1938). On retrouve ses convictions « libérales » — au sens le plus large du terme : politique et moral — dans son œuvre de biographe : *Le Monde de Copernic* [*Copernikus und seine Welt*, 1948], *Casanova* [*Casanova*, 1952], ainsi que dans ses essais *Poètes, mes amis* [*Meine Freunde, die Poeten*, 1953, 1959], *Révolutionnaires, avec patience* [*Revolutionäre, mit Geduld*, 1973].

JEAN-JACQUES POLLET.

RÉF. : A. Winkler, *Hermann Kesten in Exil* (1933-40), Hambourg, 1977. — H. Bienek (Hrsg), *Hommage à Hermann Kesten*, Francfort/Main, 1980.

KEU HONG [Ge Hong] (prénom social Tche-tch'ouan, surnom Pao-p'ou Tse). Alchimiste et penseur taoïste. Né à Tsu-jong (Tsiang-sou) vers 283, mort vers 343, et qui vécut sous les deux dynasties Tsin (265-420). Il fut tout d'abord si pauvre qu'il dut se faire bûcheron pour pouvoir achever ses études. La légende dit qu'il était affligé d'un fort bégaiement et que, se souciant peu des richesses et de l'amour, il s'enferma chez lui et se retrancha complètement du monde. Les ronces poussaient si dru devant sa porte que ceux qui allaient le visiter de temps à autre avaient peine à parvenir jusqu'à lui. En réalité, il fut fonctionnaire, et même militaire afin de défendre le gouvernement des Tsin occidentaux, lorsque celui-ci tomba en 316. Pour récompense, il reçut un fief dans sa région natale, puis se vit proposer une préfecture, qu'il ne put atteindre parce qu'il fut retenu au Kouangtong. Dès lors, il se retira en ermitage sur le mont Louo-fou, chercha le cinabre nécessaire aux expériences alchimiques, et s'appliqua à fabriquer une drogue magique, capable de donner l'immortalité.

À cette époque, le crédit que l'on accordait à l'alchimie était déjà assez considérable, et Keu Hong ne fit qu'ajouter à l'engouement général avec ses ouvrages et ses recherches précises. « Ceux qui absorberont cette drogue d'immortalité, écrit-il, verront leurs cheveux blancs redevenir noirs, et repousser les dents qui leur manquaient ; la force qu'ils avaient perdue leur reviendra. Ceux qui prendront de cette drogue ne vieilliront plus, les vieillards redeviendront jeunes et vivront éternellement. » La tradition rapporte que, mort en pleine méditation, Keu Hong, devenu immortel, quitta la terre. Il est l'auteur d'un traité d'alchimie et de magie intitulé *Pao-p'ou-tse* (*), mais on lui attribue par ailleurs les *Biographies des immortels* [*Chen-sien-tchouan*] qu'il aurait rédigées afin de répondre aux questions de ses disciples à leur sujet. Les *Récits divers de la capitale occidentale* [*Si-tsing tsa-tsi*] ont sans doute été composés et présentés en imitation de Keu Hong. On lui attribue encore parfois *Le Livre des récompenses et des peines* (*).

KEYKÂVOUS ibn Iskandar. Écrivain persan (XIe siècle), petit-fils de Qabous le Ziyaride, prince des provinces au sud de la mer Caspienne, qui servirent d'État tampon entre les Samanides et les Bouyides. Les Bouyides favorisèrent la culture arabe, et Qabous se fit un nom dans les lettres arabes, alors que les Samanides favorisèrent la culture persane : Keykâvous écrivit en persan *Le Livre de conseils* (*) [*Qabus-nâmé*], l'un des ouvrages les plus réputés de la dynastie seldjoukide.

Keykâvous fut un feudataire des Ghaznévides, lorsque les Turcs de Toghril occupèrent les provinces au sud de la mer Caspienne entre 1040 et 1043 ; son père Iskandar n'en fut pas inquiété, car le but des nouveaux conquérants était uniquement de tenir les grandes routes du pèlerinage musulman. Cependant les Turcs s'enracinèrent, entraînant le déclin de ces provinces.

Keykâvous, fier d'appartenir à une grande famille issue de la période pré-islamique, était cependant conscient qu'un prince pouvait se trouver dans l'obligation d'exercer toutes les fonctions de son temps. Il succéda à son père en 1049, mais l'on ne sait rien de sa vie politique. Il acheva à l'âge de soixante-trois ans son *Livre de conseils*, commencé en 1082. Il l'écrivit sous forme de testament à son fils, prince du Guilân, qu'il eut de son mariage avec la fille de Mahmoud le Ghaznévide.

MARIE-HÉLÈNE PONROY.

KEYNES John Maynard, premier baron de Tilton. Économiste anglais. Né le 5 juin 1883 à Cambridge et mort le 21 avril 1946 à Firle (Sussex). Élevé à Cambridge dans la tradition classique, il fut d'abord fonctionnaire des finances aux Indes, puis en 1915 entra au ministère des Finances. Depuis 1912 il dirigeait l'*Economic Journal.* En 1919, il prit part à la conférence de la Paix, mais renonça rapidement à cette mission pour écrire une étude sur *Les Conséquences économiques de la paix* [*The Economic Consequences of the Peace,* 1919], dans laquelle il critiquait les charges excessives que le traité imposait à l'économie allemande. Membre du Comité gouvernemental des finances et de l'industrie, Keynes fut bientôt considéré comme le critique économique et financier le plus important de son époque. Il estimait que l'économie était une science constructive, étroitement liée à la politique et à la sociologie, et permettant d'atteindre de vastes objectifs. À l'appui de ses thèses, il écrivit de nombreux ouvrages dont nous citerons : *Finance et monnaie indiennes* [*Indian Currency and Finance,* 1913] ; *Une révision du traité* [*A Revision of the Treaty,* 1922] ; *Une étude sur la réforme monétaire* [*A Tract on Monetary Reform,* 1923] ; *Un traité sur la monnaie* [*A Treatise on Money,* 1929] ; *Aperçu sur la Russie* [*A Short View of Russia,* 1925] ; *Les Essais de persuasion* (1932) et surtout son ouvrage le plus important : *Théorie générale de l'emploi, de l'intérêt et de la monnaie* (*) (1936). Durant la Seconde Guerre mondiale, Keynes fut directeur de la Banque d'Angleterre et membre du Conseil de l'Échiquier. Partisan de la limitation de l'inflation, de la libération des échanges internationaux et des investissements, il proposa, pour atteindre ces deux derniers objectifs, la création d'une monnaie et d'une banque internationales.

RÉF. : J. Domarchi, *La Pensée économique de J. M. Keynes et son influence en Angleterre,* Paris, 1943. – L. R. Klein, *The Keynesian Revolution,* New York, 1948. – Alain Barrère, *Théorie économique et impulsion keynésienne,* Paris, 1952. – Benjamin Bardet, *Les Contradictions de la « General Theory » de J. M. Keynes, ou les leçons d'une expérience manquée,* Poitiers, 1955. – S. E. Harris, *J. M. Keynes Economist and Policy Maker,* 1955. – C. Hession, *J. M. Keynes, une biographie,* 1985.

KEYSERLING comte Eduard von. Écrivain allemand. Né le 14 mai 1855 au château ancestral de Paddermin, en Courlande, province baltique qui à cette époque faisait partie de l'Empire russe, et où sa famille – dont les origines remontent à 1230 – était établie depuis 1492 ; mort à Munich le 28 septembre 1918. Toutefois, si les chevaliers de l'ordre teutonique, venus d'Allemagne, s'établirent sur les bords de la Baltique, apportant – bien que sans grande douceur – aux autochtones idolâtres les lumières conjuguées de la foi et de la civilisation, au XIXᵉ siècle, devant la russification de plus en plus intense de ces provinces, un mouvement contraire se dessina parmi les descendants des conquérants de jadis. C'est pour suivre ce mouvement que le comte Keyserling, qui avait fait ses études à l'université de Dorpat, quitta de bonne heure le domaine familial et vint d'abord à Vienne, puis, après un long séjour en Italie, s'établit en 1899 à Munich qu'il ne quitta plus jusqu'à sa mort. Sa carrière littéraire débuta en 1883, avec les nouvelles *Rosa Herz* et *Beate et Mareille* (*), suivies de deux drames : *Une offrande de printemps* [*Ein Frühlingsopfer,* 1899] et *Peter Hawel* (1904). Lorsque, en 1907, il fut frappé de cécité, il continua à dicter ses œuvres qui devinrent plus intériorisées, empreintes d'une sorte de résignation sereine, mais sans rien perdre de leur délicatesse. Le monde décrit par Eduard Keyserling est un monde quelque peu décadent, où des personnages hautement civilisés, mais faibles de caractère, aux nerfs usés, évoluent dans un milieu primitif mais fort et sain.

RÉF. : F. Löffler, *Das epische Schaffen Eduard von Keyserlings,* thèse, Munich, 1928. – K. Knoop, *Die Erzälungen Eduard von Keyserlings,* Marbourg, 1929. – R. Steinhilber, *E.v. Keyserling. Spachskipsis und Zeitkritik in seinem Werk,* Darmstadt, 1977.

KEYSERLING comte Hermann. Écrivain allemand. Né à Könno, en Livonie, le 20 juillet 1880, mort à Innsbruck le 26 avril 1946. Keyserling appartenait à une vieille famille de noblesse balte, devenue russe après la conquête de ces provinces sous Pierre le Grand. Dès l'âge de quinze ans, il se rend au lycée russe de Pernov, en Estonie. Dès le début, il s'intéresse vivement aux sciences naturelles, et cet intérêt ne faiblira point, même lorsqu'il se tournera vers la philosophie. Après avoir étudié les sciences naturelles à Genève, Dorpat, Heidelberg, il passe avec succès un examen de géologie. C'est alors qu'il est blessé fort grièvement dans un duel, et cet épisode influera beaucoup sur le développement de sa personnalité. En 1903, Keyserling se trouve à Paris. De 1906 à 1908, il vit à Berlin. À cette époque, il a déjà abandonné la géologie, s'est définitivement tourné vers la philosophie, et a publié à Munich *La Structure du monde. Essai de philosophie critique* [*Das Gefüge der Welt. Versuch einer kritischen Philosophie*, 1907], puis *Immortalité* [*Unsterblichkeit. Eine Kritik der Beziehungen zwischen Naturgeschehen und menschlicher Vorstellungwelt*]. Après un voyage en Grèce, Keyserling se retire, en 1908, à Rayküll (Estonie), dans ses domaines. Mais en 1911, il quitte sa retraite pendant une année et fait un voyage autour du monde. À son retour, il publie *La Nature de l'intuition et son rôle dans la philosophie* [*Das Wesen der Intuition und ihre Rolle in der Philosophie*, 1912]. Au moment de la Révolution, Keyserling perd tous ses biens et la possibilité de vivre dans sa patrie. Il gagne donc l'Allemagne où il s'établit. Ayant épousé en 1919 une fille de Bismarck, il ouvre à Darmstadt, en 1920, une « école de la sagesse ». Mais la renommée qu'il acquiert résulte moins de cette institution que de ses activités de philosophe errant. Déjà, en 1919, il avait publié *Le Journal de voyage d'un philosophe* (*) qui avait été fort remarqué. En 1925, il commence à faire de nouveaux voyages et publie : *Le Monde qui naît, Psychanalyse de l'Amérique* (*), *Méditations sud-américaines* (*), *La Révolution mondiale et la responsabilité de l'esprit* (*), ouvrage daté de 1934 et rédigé en français. Les partisans du nazisme frappèrent Keyserling d'une sorte d'interdit. Peu avant la défaite de l'Allemagne, il put s'enfuir jusqu'au Tyrol.

♦ *« L'étrange figure que celle de ce comte Hermann Keyserling... De ce dilettante épris de solitude, de détachement intérieur, de cet esthète qui, des années durant, avait cherché à s'évader des lois du temps, l'écroulement de l'Europe faisait soudain l'*homme *nécessaire, le type représentatif des temps prochains, le rénovateur de l'Allemagne, le restaurateur d'une humanité œcuménique. »* Henri Massis. ♦ *« Graf Hermann Keyserling eût pu rapporter d'Orient une sagesse détournant l'Europe de faire du machinisme une fin dernière. Mais, habile à prendre le vent,* [il] *n'était pas homme à créer un courant. Il se contente de proposer une mixture des valeurs spirituelles et des ingrédients du nationalisme ou de l'industrialisme dont la guerre avait amené à se défier. »* F. Bertaux.

RÉF. : Henri Massis, *Défense de l'Occident*, Paris, 1925. – Maurice Boucher, *La Philosophie de Hermann Keyserling*, Paris, 1927. – Hugo Vondran, *Kritik der Philosophie des Grafen Hermann Keyserling*, Erlangen, 1927. – E. Vermeil, *Doctrinaires de la Révolution allemande*, Paris, 1937. – Rudolf Röhr, *Die Grundlegung einer Geschichts-philosophie in Graf Hermann Keyserlings « Sinnmetaphysik »*, Leipzig, 1939. – H. Dyserinck, *Graf Hermann Keyserling und Frankreich*, Bonn, 1970. – B. Garthe, *Über Leben und Werk des Grafen Hermann Keyserling*, Erlangen/Nuremberg, 1976. – J.-P. Boyer, *Hermann Keyserling, le personnage et l'œuvre*, Paris, 1977. – A. M. Bouisson-Maas, *Hermann Keyserling et l'Inde*, Paris, 1978.

KHAI HUNG (pseud. de Trân Khanh Giu). Écrivain vietnamien. Né en 1896 à Cô Am (Hai Duong), mort en 1947 à Xuân Truong. De famille lettrée, après des études au lycée A.-Sarraut, il se lance dans la littérature, fonde avec Nhât Linh en 1933 le Groupe littéraire indépendant [Tu luc van doàn] dont il devient vite le représentant talentueux. Son premier roman *Âme de papillon dans un rêve d'immortalité* [*Hôn buom mo tiên*] inaugure la grande période du roman de tendance romantique (1932-1940). C'est le récit d'un amour idéaliste, immortel parce que non consommé. Le titre rappelle le rêve de Tchouang-Tse, les vers de Lê Thanh Tông, et l'histoire populaire du bodhisattva Quan Âm. Écrivain fécond, il laisse une œuvre imposante où le bouddhisme est rarement absent. Plusieurs de ses romans traitant des problèmes sociaux issus de conflits dans la grande famille traditionnelle : *Héritage* [*Thua tu*], *Délivrance* [*Thoat ly*], *Famille* [*Gia dinh*], trouvent leur inspiration dans la sienne propre. En 1945, membre du parti nationaliste alors que les communistes ont pris le pouvoir, il continue ses activités littéraires d'opposition. Sa production, outre des romans écrits avec Nhât Linh, compte encore de nombreux ouvrages marquants dont : *Printemps interrompu* (*), *Beauté* [*Dep*] célébrant l'art pour l'art, *Mâle et Femelle* [*Trông Mai*], *Inquiétudes* [*Ban khoan*], *Les Malheurs de l'existence* [*Tuc luy*], *Les Chevaliers de Tiêu Son* [*Tiêu Son trang si*], roman historique relatant la lutte d'un groupe de chevaliers pour la restauration des Lê, intéressant par l'histoire d'amour des deux personnages réels Pham Thai et Quynh Nhu dans le cours du récit, faisant l'objet, au XIXe siècle, d'un roman autobiographique par Pham Thai dans un esprit déjà romantique.

THANH-TÂM LANGLET.

KHAÏR-EDDINE Mohammed. Poète et romancier marocain de langue française. Né en 1941 à Tafraout dans l'Anti-Atlas. En avril 1964 paraît un manifeste, *Poésie Toute,* dans lequel un jeune poète, Mohammed Khaïr-Eddine s'exprime en faveur d'une nouvelle poésie marocaine de langue française, refusant toute forme héritée du colonialisme. En 1966, on retrouve Khaïr-Eddine (exilé en France depuis 1965) parmi les poètes fondateurs de la revue *Souffles* (*). L'esprit de *Souffles* marque l'œuvre poétique de Khaïr-Eddine. En effet, *Nausée noire* (1964), *Soleil Arachnide* (1969), *Ce Maroc* (1975), *Résurrection des fleurs sauvages* (1981) et *Mémorial* (1992) constituent le terrain où se livre la « guérilla linguistique » déclarée par le poète, où le langage devient parole-projectile.

Les récits de Khaïr-Eddine, comme on le voit dans *Agadir* (1967), ne sont pas épargnés par ce type de langage en incessante métamorphose et toujours à la recherche d'une totalité. Le poétique, le narratif et le discursif composent une écriture régie par le principe de la remise en question et le symbole majeur du séisme, préalable destructeur nécessaire au renouveau. Conçue dans l'exil, l'œuvre de Khaïr-Eddine s'ancre de façon obsessionnelle dans un espace, celui du Sud marocain, nommé « sudique ». Tel que dans *Légende et vie d'Agoun'chich* (1984), son œuvre tout entière s'emploie à restituer dans leur déroulement et leur stratégie scripturale l'espace et la symbolique culturels de la terre « sudique » en se ressourçant dans sa tradition orale, en révélant et en consacrant le pouvoir de la parole libératrice, fondatrice et toujours en devenir — v. *Le Déterreur* (*).

ZOHRA MEZGUELDI.

RÉF. : M. Gontard, *Violence du texte,* Paris, 1981. — J. Arnaud, *Recherches sur la littérature maghrébine de langue française. Le Cas de Kateb Yacine,* Paris, 1982. — A. Tenkoul, *Littérature marocaine d'écriture française,* Casablanca, 1985.— J. Dejeux, *La Littérature maghrébine d'expression française,* Paris, « Que sais-je ? », n° 2675, 1992.

KHANSĀ' (al-) Tumāḍir bint 'Amr. Poétesse arabe de l'époque préislamique. Née et morte en Arabie centrale (575 ?-664 ?). Ayant perdu ses deux frères, Mu'āwiya et Ṣakhr, au cours de guerres intertribales (612 et 615), elle consacra sa vie et sa poésie à les pleurer et à appeler sa tribu à les venger. Farouchement crispée dans son deuil et son rôle de gardienne du souvenir des morts, elle refusa toute consolation, même après qu'elle se fut convertie à l'islam en même temps que toute sa tribu (630). Son *Dīwān* (*), essentiellement composé d'élégies funèbres [rithā'], est considéré comme l'un des chefs-d'œuvre de la poésie féminine arabe.

JEAN-PATRICK GUILLAUME.

KHÂQÂNI Afdal al-Dîn. Poète persan. Né vers 1126 à Ganjé, mort en 1199 à Tabriz. Son père est menuisier, et sa mère une ancienne esclave nestorienne. Il est élevé par son oncle (son véritable père, selon O. L. Vil'chevski), médecin et apothicaire, qui lui donne une éducation scientifique et lui enseigne l'arabe. Il est très attaché à son pays natal, l'Azerbaïdjan, et, pour comprendre sa personnalité et sa poésie, il faut un tant soit peu connaître la vie politique et culturelle de cette région, où se côtoient les cultures et religions musulmanes et chrétiennes. Par sa mère, il connaît fort bien la religion chrétienne, dont il utilise l'imagerie et les symboles dans sa poésie. C'est à travers son œuvre que l'on peut suivre le développement de sa poésie et avoir des renseignements sur sa vie.

Très jeune, il compose des « ghazals » et des « na'ts » sous le nom de plume de Haqâ'iqi, « celui qui recherche la Vérité ». Sa fortune semble assurée lorsqu'il rencontre le poète Abol-Alâ Ganjavi, qui devient son maître et lui donne sa fille en mariage. Abol-Alâ introduit Khâqâni auprès du roi de Chirvân, Manouchehr, dont il devient le panégyriste, et de qui il reçoit l'autorisation d'utiliser Khâqâni comme nom de plume. Une querelle oppose alors Khâqâni à son beau-père, qu'il accuse d'avoir des sympathies pour Hassan Sabbah, fondateur et chef des Assassins.

Le poète veut tenter sa chance ailleurs, surtout auprès du roi du Khwarezm, Alâ al-Dîn Atsîz, mais le poète Vatvat s'y oppose. Quand survient la mort de son oncle en 1150, Khâqâni souhaite mener une vie d'anachorète. Il essaie sans succès d'être admis à la cour de Sanjar et ne peut voyager au-delà de Rayy, car le grand Empire saldjoukide vient d'être détruit par l'invasion des tribus de Ghouz. Il entreprend alors son premier pèlerinage en 1156-57 ; il s'arrête à Isfahan et à Baghdâd. Il est mal reçu dans la première de ces villes, car l'un de ses disciples a composé en son nom une satire sur la population ; Khâqâni écrit une longue « qasidé » pour apaiser la colère des habitants d'Isfahan. C'est lors de ce pèlerinage qu'il compose *Le Présent des deux Irâqs* (*) Peu après son retour, il est jeté en prison en 1159, ce dont il se plaint dans ses *Poèmes de prison* [*Habsiyyât*] : la confusion règne après la mort du roi Manouchehr (1159-62).

En 1168, il compose une qasidé en l'honneur de l'empereur byzantin Manuel Kommenos (1143-1180), quitte Chirvân, part en Géorgie, puis à Constantinople ; dans une seconde qasidé, il offre ses services à Andronikos, le frère de Manuel. Son attitude déplaît à Akhsatân, fils et successeur de Manouchehr. Il repart alors pour un second pèlerinage, en 1175. Il séjourne à Baghdâd, où il fait la connaissance du prince de Darband, à qui il adresse une qasidé en six parties, dans laquelle il critique sévèrement les tyrans (sans doute fait-il allusion à Akhsatân). Peu après son retour, il perd son fils et exprime son désespoir dans une qasidé adressée à Qizil Arslan en 1180. Akhsatân n'éprouve guère de sympathie pour Khâqâni, mais tient à le garder comme panégyriste. En 1184, il part pour Tabriz. C'est là qu'il compose la majeure partie de son *Divân*, ainsi que huit élégies en mémoire de sa femme, morte entre-temps à Chirvân. Il finit ses jours à Tabriz, en 1199, retiré du monde.

Outre son *Divân*, il écrit soixante lettres. Son œuvre la plus importante est certainement *Le Présent des deux Irâqs*, composée lors de son premier pèlerinage à La Mecque, en 1156-57 : c'est le premier livre de voyage composé en vers [masnavis]. Il dédie de nombreuses qasidés aux souverains et à de hauts personnages, mais aussi à des amis et à des parents.

Son *Divân*, composé essentiellement d'éléments biographiques, soulève de nombreux problèmes d'interprétation. C'est une mine de documentation sur la vie du poète, l'histoire des villes et des pays qu'il visite. Mais il faut, pour l'apprécier, bien connaître l'histoire du Caucase et le rôle qu'y jouent les deux religions musulmane et chrétienne. Khâqâni ne cesse de se lamenter dans ses poésies. Bien qu'il soit bien rémunéré par Manouchehr qui l'apprécie, puis par Akhsatân, qui le rappelle à son service, il a l'impression d'être injustement traité, et il est toujours en quête d'une vie meilleure. C'est un poète de génie, mais sa très grande sensibilité le fait constamment souffrir ; ce qui explique sa vie instable.

Khâqâni n'est pas un panégyriste ordinaire : il imprime à ce genre artificiel la marque de sa personnalité ; c'est un des plus grands auteurs de la littérature persane. Érudit, il met ses connaissances au service de la poésie, faisant preuve d'une grande virtuosité rhétorique. Il exprime toutes ses émotions dans ses élégies funèbres, se lamentant sur la nature transitoire du monde matériel, notamment dans son poème sur Madâ'in (Ctésiphon). Il souffre du manque d'amis, de l'envie, de la trahison, de l'emprisonnement. Ses descriptions de la nature, surtout du lever et du coucher du soleil, sont magnifiques, influencées par la beauté de son pays natal. Cependant, il sait aussi attaquer et injurier avec véhémence. Plus marqué par le soufisme que par la religion, il est influencé dans ses ghazals par Sanâ'i. Il connaît et admire les grands poètes du Khorassân, qu'il veut imiter (Manouchehri) ou surpasser (Onsori), mais sa poésie, d'un accès malaisé, suscite de nombreux commentaires, car elle abonde en raccourcis, en métaphores inattendues et en allusions à tous les savoirs de l'époque.

Son influence sur la poésie panégyrique est considérable : Mowlavi (Jalâl al-Dîn Roumi), dans ses ghazals, saura faire usage des exordes de Khâqâni. Le ton espiègle de quelques-uns de ses poèmes se retrouvera chez Hâfez, deux siècles plus tard.

MARIE-HÉLÈNE PONROY.

KHARRĀṬ (al-) Édouard. Romancier égyptien. Né à Alexandrie en 1926. Issu d'une famille copte, il est d'abord licencié en droit, auteur radiophonique, traducteur d'Anouilh, de Tolstoï et de Marcuse, enseignant en Grande-Bretagne, avant d'entrer au service de l'Organisation de solidarité afro-asiatique. Ses nouvelles, *Les Heures d'orgueil* [*Sā'āt al-Kibriyā'*, 1972] et *Les Suffocations de la passion et du matin* [*Ikhtināqāt al-'ishq wa-l-ṣabāḥ*, 1983], rompent avec l'exemple de Maḥfūẓ, en développant un univers souvent absurde, où l'objectif se confond avec le subjectif pour des héros quelquefois sans nom, luttant opiniâtrement contre d'obscures fatalités. Chantre de la vision intérieure et de l'amalgame entre la vérité et l'illusion, Kharrāṭ désarticule ou élonge même le langage, n'hésitant pas à saboter la réalité par la légende ou la fantaisie – v. *Rama et le dragon* (*) –, à disséquer les méandres d'une mémoire urbaine – v. *Alexandrie, terre de safran* (*) – ou à jongler avec la durée : *L'Autre Temps* [*al-Zaman al-ākhar*, 1985]. Liée au nouveau roman, son œuvre profondément subversive apparaît comme un des chantiers expérimentaux de l'arabe moderne.

BERNARD MOUSSALI.

KHATCHATURIAN Aram. Compositeur soviétique (arménien). Né à Tiflis le 6 juin 1903, mort le 1er mai 1978. Fils d'un ouvrier arménien, Khatchaturian ne put commencer ses études qu'après la fin de la révolution et de la guerre civile. Ce n'est qu'en 1929 qu'il est admis au Conservatoire de Moscou, dans la classe de Miaskovski, et c'est la trentaine passée qu'il commence à publier. Il pratique une musique strictement tonale, très imprégnée du folklore et des rythmes de l'Arménie. Le mélange de sentimentalisme, d'exaltation des émotions héroïques et de régionalisme musical, convient parfaitement à l'esthétique officielle de la Russie soviétique. Aussi Khatchaturian fera-t-il une belle carrière et sera-t-il couvert d'honneurs. Ses œuvres les plus connues sont ses deux ballets : *Spartacus* (1952) et *Gayaneh* (*), dans lequel se trouve la célèbre *Danse du sabre*, et son *Concerto pour violon* (*) (1940). Il faut y ajouter trois symphonies (1934, 1943 et 1947), une *Ode funèbre à la mémoire de Lénine* (1950), une *Ballade à la Patrie* (1961) ainsi que de nombreuses musiques de scène et de films.

JEAN-FRANÇOIS LABIE.

RÉF. : A. Pâris, « Aram Khatchaturian », in *Encyclopedia Universalis*, Paris, 1979. – M. Biesold, *Aram Chatschaturjan (1906-1978), Komponist zwischen Kaukasus und Moskau*, Wittmund, 1989.

KHATIBI Abdelkébir. Écrivain marocain de langue française. Né en 1938 à El Jadida. Abdelkébir Khatibi compte parmi les penseurs et écrivains marocains les plus prolifiques de sa génération. Il a fait partie d'un des premiers groupes d'études sur la littérature maghrébine d'expression française, animé par Albert Memmi. Il sera aussi collaborateur à la revue *Souffles* (*). Son œuvre va de la poésie et du roman : *La Mémoire tatouée* (*), *Le Lutteur de classe à la manière taoïste* (1976), *Le Livre du sang* (*), *Amour bilingue* (1983), jusqu'à l'essai : *La Blessure du nom propre* (1974), *Maghreb pluriel* (1983), *Vomito Blanco* (1974) ; et ceci à travers une forme d'écriture en marge de la philosophie et de la littérature.

Khatibi introduit et impose, dans la variété de ses écrits, une pensée tout à fait singulière fondée sur deux notions qui articulent toute son œuvre : celle de « pensée autre » et de « bi-langue ». Ces notions sont largement influencées par la pensée de Jacques Derrida, de Maurice Blanchot, dans une filiation double avec les grands textes de poésie française (Mallarmé, surtout), et de la tradition intellectuelle, mystique et littéraire arabo-musulmane (ibn 'Arabi, Hallāj, mais aussi Abu Nawas).

Formé à la sociologie et chercheur à l'université Mohammed-V de Rabat, Khatibi présente, dans son plus récent ouvrage, un projet de société fondé sur le rôle que doit y jouer l'intellectuel. Mais la proposition la plus inactuelle de son œuvre, et sans doute la plus originale, tient dans son style particulier, un vacillement du langage à la limite du social et de la poésie ; un style, en somme, intraitable.

ISABELLE LARRIVÉE.

KHAYYÂM Omar. Savant et poète persan. Né à Nichapour (Khorassân) en 1021-22, mort en 1122. Si en Occident on ne connaît que le poète, en revanche l'Orient, pendant tout le Moyen Âge, ne connut presque que l'astronome, le mathématicien et le philosophe ; ce ne fut qu'à partir du milieu du siècle dernier, depuis que le remaniement des *Rubâ'iyyât* (*) par les soins de Fitzgerald mit son nom à la mode en Europe et en Amérique, que l'Orient persan et arabe se prit à célébrer et à étudier Omar Khayyâm comme un grand poète. Rares sont les événements de son existence qui soient attestés historiquement. Le nom complet qu'il se donne lui même dans son *Algèbre* est Omar ibn Ibrahim al-Khayyâmi, d'où fut tirée la forme qu'il emploie lui-même dans ses quatrains comme forme poétique, Khayyâm (en arabe littéraire : fabricant de tentes). L'indication de relations de jeunesse avec le futur ministre seldjoukide Nizâm al-Molk et le futur chef des Assassins, Hassan ibn Sabbâh, soulève de sérieuses difficultés chronologiques. Il est certain qu'en 1074 cet homme de sciences encore jeune fut envoyé, ainsi que deux autres savants, auprès du sultan Malekchâh, pour préparer une réforme du calendrier persan, qui aboutit à la fixation d'une nouvelle ère, l'ère jalaléenne, du surnom de ce sultan Jalâl al-Dîn. En 1112, le compilateur Nizâmi Arouzi Samarqandi rappelle qu'il a rencontré le maître à Balkh et qu'il l'a entendu prophétiser au sujet de sa tombe ; qu'à Nichapour, où se trouve la sépulture d'Omar, il a été à même de constater la véracité de sa prédiction, la tombe étant effectivement recouverte par les pétales tombés d'un poirier et d'un pêcher. Un fragment de texte, récemment découvert, de al-Zamak-Chari (homme de lettres et théologien khwarezmi, mort en 1143) témoigne de ses relations avec Omar Khayyâm, de la doctrine et aussi de la modestie du savant poète persan (d'autres auteurs l'avaient au contraire dépeint comme revêche et arrogant) et de la connaissance qu'il avait de celui qu'on peut, à certains égards, considérer comme son précurseur arabe, Abol-Alâ al-Ma'larri. Ces données épuisent presque complètement les sources peu abondantes de témoignages biographiques anciens concernant le plus illustre poète de Perse.

La reconstitution de sa pensée, de sa personnalité artistique et psychologique, dépend de l'interprétation du *Divân,* et celle-ci dépend à son tour de son authenticité. Il semble qu'il faille écarter l'exégèse mystique et affirmer l'exégèse sceptique et hédoniste, qui avait été comprise et développée par Fitzgerald. De précieuses et toutes récentes découvertes de manuscrits ont permis d'identifier un « corpus » de quatrains khayyamiens constitué relativement peu de temps après sa mort, et, par conséquent, presque sûrement authentique. La personnalité du poète qui en découle est sans équivoque, orientée vers une aimable jouissance des joies éphémères de l'existence et un profond et amer scepticisme quant aux possibilités offertes à l'homme d'atteindre aux vérités suprêmes. C'est là un état d'âme qui continue toute une tradition de poésie sceptique orientale, tradition qui remonte jusqu'à Avicenne (et l'on sait qu'Omar étudia passionnément Avicenne), mais qui est traduit avec une puissance épigrammatique exceptionnelle, et non sans une veine d'intellectualisme assez prononcée. Le rapport entre Omar poète et Omar homme de sciences, qui, d'abord, semblait totalement faire défaut, s'est révélé à la suite de récents travaux, dans de fréquentes allusions à des données scientifiques qui figurent dans les quatrains, dans l'emploi de termes techniques, philosophiques, théologiques et naturalistes, révélant d'assez solides connaissances spécialisées, mises au service d'une vision poétique de l'existence douce et douloureuse, et de l'outre-tombe inconnu. Ainsi émerge, sous des traits mal définis, une personnalité extrêmement curieuse, « prunelle solitaire » comme l'a définie Pascoli, non tant par cette note sceptico-épicurienne (qui, nous l'avons déjà indiqué, était traditionnelle dans une branche de la poésie en quatrains préomarienne) mais par le mélange d'une profonde inspiration lyrique avec une éducation scientifique et philosophique accomplie, passée dans la poésie, où son rôle dépasse de beaucoup celui de simple ornement de rhétorique. Le problème omarien, qui semblait quelque temps au point mort au cours de ces dernières années, est parvenu si près de sa solution que, simultanément, se sont éclairées l'énigmatique figure de l'auteur, l'importance désormais prouvable et l'interprétation d'une œuvre qui est sans doute l'une des plus brillantes contributions du génie persan à la littérature universelle.

FRANCESCO GABRIELI.

♦ *« Rien ne ressemble moins à ce qu'on entend chez nous par poésie orientale, c'est-à-dire un amoncellement de pierreries, de fleurs et de parfums, de comparaisons outrées, emphatiques et bizarres, que les vers de Kéyam. La pensée y domine et y jaillit par brefs éclairs, dans une forme concise, abrupte, mystique, illuminant d'une lueur subite les obscurités de la doctrine, et déchirant les voiles d'un langage dont chaque mot, suivant les commentateurs, est un symbole. On est étonné de cette liberté absolue d'esprit, que les plus hardis penseurs modernes égalent à peine, à une époque où la crédulité la plus superstitieuse régnait en Europe, aux années les plus noires du Moyen Âge.* » Théophile Gautier. ♦ « *Le considérer comme un sage, ni athée ni mystique, conscient de son ignorance, obsédé par l'indigence de la nature humaine et recherchant un instant d'oubli, non certes dans l'ivrognerie mais dans l'usage modéré du vin, quand l'âme succombe sous la tristesse causée par un sentiment trop vif de l'inconnaissable.* » Henri Massé.

RÉF. : A. Christensen, *Recherches sur les Rubaiyats d'Omar Khayyâm,* Heidelberg, 1905. – Daoud S. Kasir, *The Algebra of Omar Khayyâm,* New York, 1931. – V. Minorsky, article in t. III de l'*Encyclopédie de l'Islam* de Houtsma, Paris et Leyde, 1936. – J. A. Mattei, *Les Rubaiyats d'Omar Khayyâm,* Oran, 1936. – E. Rolland, *En relisant Omar Khayyâm,* Rabat, 1942. – « Quatrains d'Omar Khayyâm », éd. V. Monteil, in *Revue des études islamiques,* 1970 ; *Robâ'iyat du sage Khayyâm,* C. Anet et M. M. Qazwini éd., étude G. Lazard, Paris, 1957.

KHLEBNIKOV Viktor Vladimirovič. Écrivain russe. Né le 28 octobre (9 novembre, nouveau style) 1885, au village de Malye Derbety dans le gouvernement d'Astrahan', mort le 28 juin 1922 au village de Santalovo dans le gouvernement de Novgorod. Plus connu sous son prénom « Velimir », Khlebnikov est le représentant le plus doué du groupe futuriste russe de tendance slavophile pour lequel il inventa une désignation purement slave, « budetljanstvo » (traduction fantaisiste, à partir de la base « budet », futur du verbe être en russe, du vocable étranger « futurizm » (futurisme)). Après des études à l'université de Kazan' (dont fut recteur le célèbre mathématicien Lobatchevski, dont l'audacieuse géométrie antieuclidienne devait inspirer la méthode du futur futuriste), le jeune Khlebnikov s'inscrivit à l'université de Saint-Pétersbourg qu'il quitta, sans avoir achevé ses études, pour se lancer dans la vie littéraire. En effet, il débuta comme auteur en 1908 avec la parution d'un étrange récit en prose, « La Tentation du pécheur » [Iskušenie grešnika], fourmillant de néologismes et de métaphores stupéfiantes, et dès 1910 il devint, bien malgré lui d'ailleurs, le chef du groupuscule qui devait entrer en guerre contre le symbolisme sous les noms successifs de « Hylée », « cubofuturisme », puis « Budetljanstvo » et qui regroupait des peintres, voire des poètes-peintres épris de nouveauté (D. et N. Burljuk, E. Guro, Livšic, Maïakovskij, Kručënyh). Le manifeste *La Gifle au goût public* [*Poščečina obščestvennomu vkusu*] fut un retentissant acte de guerre, qui proclamait, entre autres, les droits imprescriptibles du « verbe indépendant », du « verbe en tant que tel ». Dans les années 10 sortent ses recueils poétiques *Hurl* [*Rjav,* 1913], *Recueil de poèmes 1907-1914* [*Izbornik Stichov 1907-1914*], *Créations 1906-1908* [*Tvorenija 1906-1908*] où s'affirme avec éclat son talent d'inventeur de mots et de virtuose dans l'expérimentation verbale. Dès 1913, dans la déclaration du « mot comme tel » [Slovo kak takovoe], qu'il signe avec son compagnon d'armes Kručënyh, Khlebnikov avait posé les fondements de ses recherches linguistiques qui devaient le conduire, quelques années plus tard, à l'élaboration de son utopie linguistique, la « zaoum » ou langue universelle basée sur les lettres de l'alphabet (russe !) dotées d'un sens réputé naturel. Obsédé depuis le désastre de Tsushima de 1905 par la recherche des lois du temps qui permettraient, à ses yeux, d'intelligibiliser l'histoire et d'éliminer les guerres, bref d'assurer à l'humanité la pleine maîtrise de son destin, Khlebnikov se lance à corps perdu dans des considérations arithmosophiques qui se concrétisent avec la publication d'opuscules comme *Les Batailles de 1915-1917. Nouvelle doctrine de la guerre* [*Bitvy 1915-1917 gg., Novoe učenie o vojne,* 1915], *Le Temps, mesure du monde* [*Vremja mera mira,* 1916], enfin ses fameuses *Tables du destin* [*Dosky Sud'by*] publiées l'année même de sa mort en 1922, ouvrages qui témoignent de l'obsession majeure de sa vie, la victoire définitive sur la mort et le destin. Il n'est guère étonnant que cet insurgé existentiel qu'était Khlebnikov accueillît la révolution avec ferveur. Sa création poétique des années 1917-1922 s'enrichit d'une vision grandiose, épique et utopique, de l'humanité régénérée par le cataclysme salvifique et rendue à l'harmonie païenne et champêtre des premiers temps (« Le Poète », « La Blanchisseuse », « Le Présent », « Ladomir », « Perquisition nocturne »). Les années de guerre civile marquèrent une période d'intense créativité poétique et arithmétique (de juin à août 1921). Le poète suivit l'armée Rouge dans sa campagne de Perse, d'où il ramena de splendides poèmes à thématique « orientale » : « La Trompette de Gul-mullah » [Truba Gul'mully]. Épuisé par ses pérégrinations incessantes, le poète revint, malade, à Moscou, où il s'occupa, avec son ami Miturič, d'éditer sa dernière grande œuvre, *Zangezi* (*). Il mourut du typhus, dans le plus complet dénuement, le 28 juin 1922, dans le petit village de Santalovo, près de Novgorod, où Miturič l'avait fait transporter, dans l'espoir de favoriser sa guérison.

JEAN-CLAUDE LANNE.

RÉF. : J.-C. Lanne, *V. Khlebnikov, poète futurien,* Paris, 1983. – R. Cooke, *V. Khlebnikov. A Critical Study,* Cambridge, 1987.

KHODASSEVITCH Vladislav Felitsianovitch [Hodasevič, Vladislav Felistianovič]. Poète russe. Né à Moscou le 16 (28) mai 1886, mort le 14 juin 1939 à Paris. Né de parents déjà âgés, onze ans après son frère aîné, Khodassevitch a toujours été un « déplacé ». Déplacé dans sa famille (il garde la hantise d'être un enfant trouvé), il l'est aussi dans son époque, comme il le remarquait lui-même, car s'il est trop jeune pour être un proche d'Alexandre Blok (né en 1880), il est trop vieux pour débuter avec Anna Akhmatova ou Ossip Mandelstam. D'autre part, comme Tsvetaeva, il est un pur Moscovite, et ne participe pas aux mouvements littéraires qui s'agitent à Petersbourg. Et puis, il évolue a contrario. Akhmatova, Mandelstam deviennent célèbres dès leur premier recueil, Khodassevitch, lui, ne trouve sa voie qu'après les autres, en 1914, non sans avoir publié deux livres, *Jeunesse* [*Molodost,* 1908], *La Maisonnette heureuse* [*Ščastliviy domik,* 1914], qu'il renie. Ses Œuvres complètes – qu'il a lui-même réunies sous le titre *Choix de vers* [*Sobranié stixov*] en 1927, car il avait une confiance limitée, comme Vigny auquel il fait parfois penser, dans le goût de la postérité – commencent à son troisième volume, *La Voie du grain* [*Putjom zerna,* 1921]. Appelé par Gorki à Petrograd en 1920, Khodassevitch devient l'un des animateurs de la « Maison des arts », qui regroupait quasiment toute la littérature de la ville dans un seul immeuble – pour sauver les écrivains du froid et de la famine. Il consacre une partie essentielle de son temps à l'étude de Pouchkine. Il participe, en février 1921, à cette grande soirée d'hommage à Pouchkine qui regroupe les forces les plus antagonistes de la littérature russe, de Kouzmine jusqu'à Maïakovski, autour d'une même exigence de liberté, et prononce un discours célèbre : « Fait trembler ton trépied... » [Koleblet tvoï trenožnik] (d'après un sonnet de Pouchkine), sur le rôle du poète – discours auquel répond le testament spirituel de Blok, prononcé le lendemain, « Du rôle du poète » [O naznačenii poeta]. En 1921, âgé de 35 ans, il est donc considéré comme l'un des premiers poètes russes et un aîné, une des consciences morales de son époque. Mais il reste isolé.

Il émigre en juin 1922, avec sa compagne, Nina Berberova, vit à Berlin, fait de fréquents séjours à Sorrente, chez Gorki, avant de s'installer en France, où il cesse peu à peu d'écrire des poèmes – en 1923 il a publié son recueil central, *La Lourde Lyre* (*). Il se consacre à des travaux susceptibles de lui permettre de gagner son pain, le journalisme – il devient l'un des deux ou trois chroniqueurs les plus redoutés de la presse de l'émigration –, le roman historique (son *Derjavine,* 1931, reste un document étonnant non seulement sur le poète Derjavine mais sur toute son époque) et les souvenirs sur ses contemporains, qu'il regroupera sous le titre significatif de *Nécropole* [*Nekropol',* 1939]. Son dernier recueil de poèmes, qui forme la conclusion de ses « Œuvres choisies », était intitulé *La Nuit européenne* [*Jevropeijskaïa noč*].

La poétique de Khodassevitch se fonde sur le « déplacement ». D'un côté, il est le poète qui, à son époque, a étudié de plus près l'œuvre de Pouchkine et s'en est imprégné le plus, mais il déteste le romantisme, l'effusion. Il est aussi, de l'autre, empreint de symbolisme, mais il refuse tout abandon à la musique. De là une impression d'étrangeté. Il pose sur le monde un regard froid et acéré – on devrait dire coupant, et l'ironie dont il fait preuve à mesure qu'il vieillit est une ironie froide, sans espérance, libre de toute revendication –, ainsi pour ce sonnet « L'Enterrement » [Poxorony, 1927], écrit en monosyllabes.

Khodassevitch n'éprouve qu'une nostalgie, celle du classicisme antique. Un des motifs récurrents de son œuvre est l'horreur de se voir dans la glace – « Devant le miroir » [Pered zerkalom, 1924]. Enfant, il avait voulu être danseur ; son physique, sa santé l'en avaient empêché. On sent en refermant ses livres que cette horreur de soi est assumée, que le poète traverse le miroir, et se retrouve, en toute éternité, non pas au XXe siècle, isolé à Paris, non au XIXe avec Pouchkine et les poètes de son groupe, mais dans l'Antiquité. Comme une espèce de Caton d'Utique. Silhouette sans lieu, solitaire – passant « par la voie du grain », sûre de son droit, sûre de sa mort. Khodassevitch le dit dans le poème « L'Or » [Zoloto, 1917] : un archéologue retrouvera un jour la pièce d'or qu'on lui a mise dans la bouche en l'enterrant, une fois la bouche et le crâne disparus – cette pièce d'or, une trace « petite » de son âme.

ANDRÉ MARKOWICZ.

KHOMIAKOV Alexis Stépanovitch [Homjakov], Théologien russe. Né à Moscou le 1er mai 1804. Mort le 15 octobre 1860 à Ternovskoïé, district de Riazan. Au terme d'une éducation soignée, qui lui donne la maîtrise des langues classiques anciennes ainsi que de l'allemand, de l'anglais et du français, il voyage en Occident pour parachever sa formation. De retour en Russie, il sera d'abord officier de cavalerie et participera brillamment à la guerre russo-turque de 1828. Rentré chez lui, il se passionne pour les réformes sociales et économiques qui s'imposent à la Russie d'alors : abolition du servage et modernisation technique, deux domaines où il joue un rôle actif. Par ailleurs, son esprit vif et prompt à la réplique, son immense lecture et sa mémoire infaillible, joints à son talent de dialecticien, font de lui un causeur fascinant. Il va consacrer tous ces dons au problème majeur des hommes de sa génération : définir l'identité de la Russie, discerner sa vocation, préciser pour l'avenir les tâches que sa mission implique. De cette réflexion résulte ce qu'on a appelé le « slavophilisme », cette version russe du mouvement national de l'époque romantique. La contribution de Khomiakov à l'idéal slavophile est considérable : il en est la figure la plus voyante, la plus importante aussi avec Ivan Kireievski.

À ce propos, on peut noter que ce slavophilisme n'est pas toujours du goût des autorités, qui ont le leur ; et les slavophiles comme

Khomiakov auront du mal à publier leurs œuvres. Ils ne pourront le faire librement qu'une fois terminée la guerre de Crimée, lorsque *La Conversation russe* [*Rousskaïa Bécéda*] sera autorisée.

Pour bien saisir l'idéal slavophile, l'œuvre entière de Khomiakov est à considérer. Son œuvre littéraire, d'abord : porté vers la poésie, il laisse un héritage toujours estimé, auquel il convient de joindre ses drames (*Ermak, Dimitri l'Imposteur*). Son œuvre philologique — parfois plus patriotique que scientifique — comporte un *Lexique comparé du russe et du sanskrit* (1855). Son œuvre historique, matériellement la plus importante, s'intitule *Mémoires sur l'histoire universelle* : œuvre posthume (1872), longuement mûrie, elle nous présente l'histoire comme dominée par deux principes antagonistes, l'un de liberté spirituelle (Iran), l'autre de civilisation matérielle (Kousch). Ce manichéisme historique relève davantage de l'esprit de système que d'une histoire objectivement analysée ; en effet, tout y est construit de façon à opposer Orient et Occident, et à faire de la Russie la seule héritière authentique de la liberté spirituelle et de l'esprit communautaire (dont la commune rurale russe est l'archétype). Cependant, l'œuvre qui l'a rendu célèbre appartient au domaine théologique. Il s'agit d'une série d'opuscules écrits en français et de caractère polémique : *Quelques mots d'un chrétien orthodoxe sur les communions occidentales, à l'occasion d'un article de M. Laurentie* (1853) ; *Quelques mots... à l'occasion d'un mandement de l'archevêque de Paris* (1855) ; *Quelques mots... à l'occasion de plusieurs publications religieuses latines et protestantes* (1858). Ces brochures furent réunies, après sa mort, sous le titre *L'Église latine et le protestantisme, au point de vue de l'Église d'Orient* (Lausanne-Vevey, 1872). Mais l'ouvrage théologique qui devait assurer sa notoriété est un bref « essai d'exposition catéchétique de la doctrine sur l'Église », connu sous le titre *L'Église est une* (*) (1840), publié seulement en 1867. Dans cette œuvre, l'Église nous est présentée comme une synthèse de l'unité et de la liberté dans la charité. La condition humaine de l'Église, son institution, est quelque peu négligée au profit de sa figure idéale, mais il reste que cette ecclésiologie a le mérite de mettre en lumière l'essentiel : le primat de l'amour et des valeurs de communion.

Les œuvres de Khomiakov furent rassemblées et éditées par ses amis après sa mort. Une première édition (1861-1886) fut suivie d'une édition plus complète en huit volumes (à partir de 1900). Le premier volume contient les articles publiés dans des revues ; le deuxième est consacré aux opuscules théologiques et à la correspondance avec Palmer ; le troisième rassemble la production littéraire et philosophique ; le quatrième renferme la poésie et les drames ; les cinquième, sixième et septième sont consacrés aux Mémoires sur l'histoire universelle ; le huitième et dernier contient la correspondance.

Khomiakov a été l'initiateur d'un renouveau d'intérêt pour l'Orthodoxie, renouveau parfois teinté de nationalisme, mais qui marque, et peut-être commande, toute la renaissance religieuse russe du XIXe siècle.

ROGER TANDONNET.

RÉF. : Berdiaev, *A. S. Khomiakov*, Moscou, 1912 ; trad. Paris-Lausanne, 1988. — A. Gratieux, *A. S. Khomiakov*, 2 vol., Paris, 1939. — P. Baron, *Un théologien laïc orthodoxe russe au XIXe siècle : Alexis Stépanovitch Khomiakov*, Rome, 1940. — D. Plank, *Katholizität und Sobornost'*, Wurtzbourg, 1960. — P. K. Christoff, *An Introduction to Nineteenth-Century Russian Slavophilism*, vol. I : *A. S. Xomiakov*, 's Gravenhage, 1961. — A. Walicki, *The Slavophile Controversy. History of a Conservative Utopia in Nineteenth-Century Russian Thought*, Oxford, 1975.

KIANTO Ilmari. Écrivain finlandais. Né le 7 mai 1874 à Pulkkila, mort le 27 avril 1970 à Helsinki. Descendant d'une vieille famille finlandaise, fils du pasteur de Suomussalmi, il passa toute sa jeunesse dans cette région du Kainuu, une des plus déshéritées de son pays — celle « de la faim et du pain de bois ». Il resta toute sa vie attaché aux habitants pauvres et aux paysages grandioses de ces grandes forêts frontalières, dont il s'inspira pour ses poèmes patriotiques, écrits aux pires moments de la russification menée par Nicolas II à l'époque même où il étudiait le russe à Saint-Pétersbourg. En 1904, il s'installa pour quelque temps comme professeur à Kajaani et, en opposition avec sa famille, il fut le premier dans son pays à contracter un mariage civil, en dehors de l'Église. Mais sa vocation d'écrivain fut la plus forte, et il échangea l'enseignement contre une certaine liberté, qui lui permit d'effectuer plusieurs séjours en Carélie orientale, dont il défendait les intérêts culturels et le droit à une autonomie partielle. Mais les sources de l'œuvre de sa maturité sont à Suomussalmi, où il fit construire sa fameuse villa de Turjanlinna (château de « turja » : un monstre de la mythologie finnoise). C'est là qu'il fit la connaissance des personnages inimitables du *Trait rouge* (*) (1909) et de *Jooseppi de Ryysyranta* (*) (1924) qui, malgré un réalisme bien senti, teinté d'humour noir, accusent certains traits du romantisme national du début du siècle. Original, indépendant, grand amateur de femmes, le verbe haut, ne ménageant pas ses rivaux, cet artiste au tempérament bouillonnant, bien en vue dans la vie littéraire et culturelle de son pays, avait ses admirateurs inconditionnels, mais aussi ses détracteurs. C'est à cause de ces derniers qu'en 1940 le vieil écrivain, appelé affectueusement « Iki » (éternel) par ses lecteurs, dut passer quelques mois en prison, pour avoir laissé dans sa villa, à l'intention de l'ennemi, un mot rédigé en russe où il priait les soldats de bien vouloir se conduire en hommes civilisés dans la maison du « conteur des forêts profondes », missive qui faillit le faire condamner pour « intelligence avec l'ennemi ». Tout s'arrangea grâce à l'intervention du président Kallio et, après avoir encore secoué l'opinion plusieurs fois, écrit des récits à caractère autobiographique et traduit des œuvres des grands auteurs russes, Kianto s'éteignit paisiblement, presque centenaire, à son domicile de Helsinki.

INKERI TUOMIKOSKI.

KIELLAND Alexander Lange. Écrivain norvégien. Né à Stavanger le 18 février 1849, mort le 6 avril 1906 à Bergen. Il fut, sur les traces de Georg Brandès, le grand polémiste des années de transition entre le romantisme et le naturalisme. Après avoir fait son droit à l'université de Christiania, il suivit une carrière commerciale, mais continua de s'intéresser aux lettres. Collaborant aux journaux, et fort attentif à ce qui venait de France, il lut à Bjørnson, lors d'un voyage à Paris (1878), ses premiers essais dans le genre narratif : *Nouvelles brèves* [*Novelletter*, 1879]. Il publia ensuite son roman *Garman et Worse* (1880), où, fortement influencé par Brandès, il traitait de problèmes contemporains avec le talent d'un satiriste-né. Plus tard, dans ses romans et nouvelles : *Les Travailleurs* [*Arbejdsfolk*, 1881], *Else. Conte de Noël* (*) (1881), *Capitaine Worse* (*) (1882), *Poison* [*Gift*, 1883], *Fortune* [*Fortuna*, 1884], il s'éleva avec fougue contre les bastilles sociales (inertie des bureaux, hypocrisie de la morale sexuelle, étroitesse de l'éducation à l'école et dans la famille, corruption des milieux financiers, fanatisme attardé de Lars Oftedal) et professa un radicalisme si avancé qu'au Parlement l'extrême droite refusa de lui accorder une pension de l'État. Kielland, qui s'était installé à Paris, stigmatisa de nouveau, dans son roman *La Fête de la Saint-Jean* [*Sankt Hans fest*, 1887], le piétisme d'Oftedal (désigné sous le nom de Morten Kruse) et de ses partisans. Rentré en Norvège (1888), l'écrivain dirigea quelque temps le journal de Stavanger et entreprit la rédaction d'un dernier et vaste roman : *Jacob* (*) (1891). Élu cette même année bourgmestre de Stavanger, Kielland fut ensuite nommé préfet de Romsdalen et combattit la politique unioniste de la Suède. Son radicalisme cependant ne l'empêcha pas de se livrer (semblable en cela à Bjørnson) à d'inopportunes manifestations d'hommage et de soumission au roi de Suède.

♦ *« Kielland a rempli une tâche personnelle dans notre littérature. Il introduisit dans le roman une plus grande envolée, un mouvement plus vif ; il le conduisit à l'action. »* Knut Hamsun.

RÉF. : Betty Kielland, *Min far, Alexander Lange Kielland*, Stockholm, 1949. – Niels E. Baehrendtz, *Alexander Kiellands litterära genombrott*, Uddevalla, 1952. – Jean Lescoffier, *Histoire de la littérature norvégienne*, Paris, 1952.

KIERKEGAARD Søren Aabye. Philosophe danois (dont le nom, à une voyelle près, signifie cimetière) né le 5 mai 1813 à Copenhague, et mort le 11 novembre 1855 dans la même ville, d'où il ne s'est absenté qu'après la rupture de ses fiançailles pour un séjour à Berlin (octobre 1841-mars 1842), puis pour trois courts voyages en 1843, 1845, 1846 à Berlin également. Sa vie et sa pensée – les deux intimement mêlées – ont été influencées par l'éducation religieuse qu'il reçut et la personnalité de son père. Cette éducation fut très austère, ce fut celle que peut donner le piétisme morave (dans lequel fut élevé son père), pénétré de crainte vis-à-vis de Dieu et soupçonneux à l'égard du monde. « Il n'avait guère entendu parler, écrit-il plus tard de lui-même, comme les autres bambins de l'enfant Jésus, des anges et de la joie du ciel. En revanche, on ne lui en avait que plus souvent montré le Crucifié, si bien que la croix était la seule image et la seule impression qu'il ait du Sauveur ; et, quoique enfant, il était déjà vieux comme un homme âgé. »

Le père de Kierkegaard, lui, se présente sous un double aspect. Sous le premier, c'était un négociant en bonneterie retiré du commerce après fortune faite à l'âge de quarante-quatre ans, honorable et considéré, vêtu d'une jaquette jaune, de culottes courtes, chaussé de souliers à boucles d'argent, s'intéressant à la discussion des idées puisqu'il réunissait chez lui des amis qui se livraient à des controverses théologiques. Et puis, sous un second aspect, c'était l'homme qui avait eu des chagrins intimes, avait perdu successivement sa femme et cinq de ses enfants. Søren Kierkegaard était le fils de sa seconde femme, la servante ; et il s'appelle lui-même « le fils de la vieillesse » parce que son père avait cinquante-six ans lorsqu'il naquit, et à ce propos il ajoute : « Hélas, pourquoi neuf mois dans le sein de ma mère ont-ils fait de moi un vieillard ? » Et son père lui répétait : « Pauvre enfant, tu t'avances dans un profond désespoir. » Pourtant Kierkegaard déclare que son père est l'homme qu'il a le plus aimé, parce que cet homme a fait son malheur par amour. Aimer celui qui vous rend heureux, c'est de l'amour, mais insuffisant ; aimer celui qui par méchanceté vous a rendu malheureux, c'est de la vertu ; aimer celui qui, par amour mal compris, fait votre malheur, c'est le véritable amour.

Une enfance aussi singulière annonçait une vie singulière. Elle le fut. On peut y distinguer trois périodes : le stade esthétique, le stade éthique ou moral, le stade religieux. L'importance de cette division, faite par Kierkegaard lui-même, n'est pas tellement dans la succession des manières de penser – selon une règle artistique, une loi morale, une foi religieuse – que dans l'étroite correspondance entre des modes de penser et des manières de vivre.

Kierkegaard commence, comme beaucoup, par une vie de dissipation. Il pourrait dire comme saint Augustin : « Les ronces des plaisirs croissaient par-dessus ma tête. » Il a des succès auprès de ses camarades. Ce n'est pas qu'il soit beau : maigre, frêle, le menton massif, le corps déjeté, la voix criarde ou mourante, les cheveux formant toupet, mais il est très spirituel, très brillant et son brio lui fait pardonner ses sarcasmes. Tout en étant un homme de plaisir, il demeure « un homme de pensée » : détaché de l'Église, révolté contre elle en qui il voit un instrument d'abâtardissement, il cherche, ailleurs que chez les saints, des modèles de vie. Il en trouve trois qui seront comme la Trinité du stade esthétique : Don Juan, le modèle de la sensualité, Faust, le modèle du doute, Ahasvérus, le modèle de l'incroyance. Mais Kierkegaard n'arrive à faire corps avec aucun des trois : « Je peux faire abstraction de tout, mais *non de moi-même.* Je ne peux pas même m'oublier quand je dors. » C'est que partout, en Faust, en Ahasvérus, en Don Juan, il cherche une vérité qui puisse être une direction de vie. Voilà le but de Kierkegaard : la vérité, mais une vérité qui fasse vivre, celle pour laquelle il est fait, pas une autre. « Qu'est-ce que la vérité, si ce n'est la vie pour une idée ? » Cette vérité lui sera révélée par les événements. Les uns ont trait à son père, les autres à sa fiancée. Un vieillard et une jeune fille furent les médiateurs de Kierkegaard. C'est le premier qui le fit passer du stade esthétique au stade éthique. D'abord, il éprouva une grande émotion le jour où il apprit que son père, seul dans la lande, avait, très jeune encore, maudit Dieu. Cette malédiction devait s'être retournée contre lui et contre les siens. L'homme qu'il admirait par-dessus tout, son père, s'était rendu coupable du plus grand blasphème. Dès lors la longévité de celui-ci n'est plus une bénédiction mais une malédiction, puisqu'il survit à ses enfants ; sa famille est vouée, semble-t-il, à la disparition. C'est probablement ce grand événement psychologique qu'il appelle le « tremblement de terre » et dont la date probable est le 19 mai 1838. En tout cas, Kierkegaard écrivit sur une feuille volante, non datée : « C'est alors que se produisit le grand tremblement de terre qui m'obligea soudain à une nouvelle et infaillible interprétation de tous les phénomènes. Alors, je soupçonnai que le grand âge de mon père n'était pas une bénédiction divine, mais plutôt une malédiction, que les remarquables facultés intellectuelles de notre famille n'étaient données que pour se déchirer entre elles, alors je sentis le silence de la mort s'étendre autour de moi, quand je vis en mon père un malheureux qui devait survivre à nous tous, croix plantée sur le tombeau de toutes ses espérances. Une faute devait peser sur toute la famille, un châtiment de Dieu devait s'être abattu sur elle ; la famille devait disparaître, rayée par la main puissante de Dieu, effacée comme un essai manqué, et parfois seulement je trouvais un peu de soulagement à penser que mon père avait eu le lourd devoir de nous tranquilliser par la consolation de la religion, de nous administrer à tous les sacrements, de sorte qu'un monde meilleur s'ouvrît à nous, même si nous perdions tout dans celui-ci, même si nous atteignait le châtiment que les Juifs appelaient toujours sur leurs ennemis : que le souvenir de notre nom fût effacé complètement afin qu'on ne le trouvât plus. »

Après le « tremblement de terre », Kierkegaard revient à la foi et surtout à la morale. Le stade éthique est caractérisé par la conformité aux devoirs sociaux qui semblent s'imposer à l'homme au sortir de l'adolescence ; et particulièrement celui de fonder une famille. Kierkegaard songe au mariage. Il se fiance avec la fille du conseiller Olsen, qui a seize ans, et hésite à l'agréer, car elle croit aimer un de ses professeurs. Lui-même a beau aimer Regina, il est rempli de scrupules. C'est l'homme le moins spontané du monde, il vit, écrit-il, toujours dans le « ressouvenir ». Regina, conquise par lui, essaie de le soulager : « Dis-moi les plus secrètes de tes pensées, les plus douloureuses. » Il demeurait secret et renfermé. Pourtant, après plusieurs péripéties sentimentales, Kierkegaard finit par rompre ; il rend l'anneau au moment où il vient de soutenir sa thèse de doctorat, un an après ses fiançailles. Regina le supplie de revenir ; il cède en apparence mais se montre froid et dédaigneux de manière à détacher définitivement sa fiancée. Il souffre beaucoup, mais d'une façon différente : « Elle a choisi la vie ; j'ai choisi la douleur. »

Pourquoi donc a-t-il rompu ? Il en a fourni, on en a fourni après lui de nombreuses explications, et finalement Regina reconnaîtra plus tard que, même pour elle, il y eut toujours quelque chose d'inexplicable. Les explications s'ajoutent sans s'annuler mutuellement. D'abord il est voué au culte de l'Absolu et a le sentiment d'exercer, en tant que tel, un sacerdoce, vocation incompatible avec le mariage — comme le pensait jadis Abélard, et encore plus Héloïse qui, plus courageuse et plus intellectuelle que Regina, considérait le mariage comme indigne d'un philosophe. « Celui qui combat pour l'existence suprême doit se priver des joies suprêmes de l'existence. » De plus, il est poète, et un poète ne peut aimer qu'en désir et en souvenir. La jeune fille n'est qu'un prétexte... Et c'est le rôle extraordinaire qu'elle a joué dans sa vie qui lui permet de se détacher d'elle. Consommer le mariage, c'est effacer ce qui attire dans le mariage. Réaliser, c'est détruire... Lorsque Eurydice est rappelée à la lumière du jour, Orphée doit procéder à sa réaffirmation. Kierkegaard ne peut réaffirmer ; il affirme, mais c'est dans l'atmosphère du rêve.

Kierkegaard fait aussi continuellement allusion à un « secret ». Il parle d'un « manque de relation entre le corps et l'esprit » qu'il appelle « l'écharde dans la chair ». D'où l'hypothèse de l'impuissance. Une autre, qui ressort de la psychanalyse, est qu'il aurait cru retrouver sa mère dans la personne de sa fiancée... Enfin il a pu trouver dans la souffrance qu'il inflige à Regina et dans la sienne propre un amer plaisir qui lui fait goûter une communauté avec Dieu : le pacte des larmes. En tout cas, il se noircit aux yeux de sa fiancée pour lui infliger une épreuve, pour voir si elle perce son masque, et lui permettre de choisir entre l'esthète et l'homme moral qu'il pourrait être. Ainsi la rend-il malheureuse pour la rendre heureuse. (« Ma dissimulation d'un secret intérieur c'est "l'ironie". ») Est-il coupable ? Est-il non coupable ? Voilà la question qu'il se pose : coupable devant Dieu naturellement, d'avoir désespéré de son aide, non coupable parce qu'il a réalisé le détachement religieux.

Que deviendra-t-il dorénavant ? Il se consacrera à une idée ; et après avoir sacrifié l'art, après avoir sacrifié l'amour, il sacrifiera sa propre personne. Il la réalisera ainsi ! Il imitera Job qui, dépouillé de tout, attend de Dieu, qui l'a dépouillé, la restitution de tout. « C'est ce qu'on peut appeler un recommencement. » Lui aussi attend : « Vous voyez comment d'une vie moralement brisée sort la question centrale : un recommencement est-il possible ? Si oui, le jeune homme a gagné la vie ; si non, il l'a perdue. Me voici qui attends un orage. Je ne bouge pas. J'attends l'orage et le recommencement. »

Le christianisme n'est pas une doctrine. De deux choses l'une : ou bien le christianisme est le recommencement, ou bien le christianisme n'existe pas. Pour prouver que le christianisme est un recommencement, il faut le débarrasser de tout ce qui n'est pas lui. Déjà Kierkegaard a démontré qu'il n'avait rien à voir avec l'esthétique, comme les romantiques essayaient de le faire croire depuis Chateaubriand. Le passage par le stade esthétique fait éclater cette vérité que la religion n'est pas un point de vue poétique sur la vie humaine. Le christianisme n'est pas non plus le modèle de la vie sérieuse, grave, réfléchie et conventionnelle, il ne se confond pas avec une morale, comme le montre la nécessité douloureuse de dépasser le stade éthique. Il faut abandonner le sérieux pour atteindre au tragique (comme le dira plus tard Sartre).

Il faut également désolidariser le christianisme de la philosophie, en combattant Hegel ; de l'Église elle-même, en combattant les pasteurs de son temps. La méthode que Kierkegaard emploiera sera appelée après lui « existentielle » ; il ne fera rien, il ne dira rien qui n'ait d'abord pénétré sa vie. Il ne demandera rien aux autres qui ne puisse être non seulement compris par eux, mais vécu par eux. « Si, en vérité, on veut parvenir à conduire quelqu'un à un point déterminé, il faut avoir soin d'aller le trouver là où il se trouve, lui, et partir de là. »

C'est pourquoi la conduite de Kierkegaard devient extrêmement hardie et incompréhensible. D'abord en ce qui le concerne, lui. Au moment où il devient le plus convaincu de la vérité du christianisme, il renonce à devenir pasteur, comme il avait renoncé au plaisir et à la poésie, au mariage. Il veut limiter sa vie pour l'intensifier. Délaissé des hommes et même de Dieu, il est l'élu. Mais il doit agir malgré l'angoisse, malgré « l'écharde dans la chair ». Imaginer l'existence de l'extraordinaire, ce n'est rien, il faut être l'extraordinaire lui-même. Il ignore s'il est chrétien, il prétend ne pas l'être, démontrant ainsi l'ignorance des prétendus chrétiens.

En 1848, il se sent ainsi chargé d'une mission dans laquelle il sera soutenu par la Providence, et qui consistera dans l'expression polémique du christianisme. « Ma tâche est d'arrêter l'expansion du christianisme. » Il lutte avec un journal de Copenhague, multiplie les publications sous des pseudonymes, il soulève volontairement la raillerie puis l'indignation et va jusqu'à faire éclater un scandale en publiant un article violent contre l'évêque Mynster et l'Église officielle, les prêtres étant devenus fonctionnaires de l'État. C'est dans cet état d'esprit, plein de foi en Dieu, mais aussi hostile irréductiblement à l'Église qu'il mourut à l'hôpital où il avait été transporté.

Kierkegaard a été peu connu et peu apprécié de son vivant. Il a eu quelques adeptes dans son pays, mais Brandès et Höffding, ses compatriotes, qui l'étudièrent après sa mort, ne lui étaient pas favorables. Son influence ne devint grande qu'après la guerre de 1914, à la fois en réaction contre celle de Hegel et dans les prodromes de l'existentialisme qui s'oppose aux critériums de la connaissance rationnelle, historique, générale, jusque-là prédominants. Mais le culte de l'intériorité, de l'individualité et de l'instant fut aussi profitable à la philosophie de Heidegger (et à celle de Jaspers) qu'à la philosophie de Karl Barth ; l'« existence » fut laïcisée par celui-ci et donna naissance à la conception de Sartre. Kierkegaard demeure avec Pascal celui qui a le plus approfondi la subjectivité dans ce qu'elle a de plus pur, jusqu'à y retrouver un sujet transcendant et absolu avec lequel elle se trouve dans une relation paradoxale mais nécessaire.

JEAN GRENIER.

CHRONOLOGIE :

1813, 5 mai – Naissance de Kierkegaard.

1833 – Mort de son père.

1840 – Fiançailles avec Regina Olsen.

1841 – Rupture avec Regina et doctorat avec une thèse sur le *Concept d'ironie constamment rapporté à Socrate*.

1841-42 – Séjour à Berlin.

1843 – Publication de *L'Alternative* – v. *Ou bien..., ou bien* (*) –, *Le Journal du séducteur* (*), *Crainte et Tremblement* (*), et *La Répétition* (*).

1844 – Publication de *Miettes philosophiques* (*) et du *Concept de l'angoisse* (*).

1845 – Publication des *Étapes sur le chemin de la vie* (*).

1846 – Publication du *Post-scriptum aux Miettes philosophiques* (*) ; polémique avec le journal *Le Corsaire*.

1846-48 – *Vie et règne de l'amour* (*), *Discours édifiants, Discours chrétiens* (*).

1849 – *La Maladie mortelle* – v. *Traité du*

désespoir (*) –, *Le Lys des champs et l'oiseau du ciel* (*).

1850 – *L'École du christianisme* (*).

1851 – *Pour un examen de conscience de l'époque actuelle* (+).

1854 – Mort de l'évêque Mynster, nomination de Martensen à l'épiscopat et protestation de Kierkegaard.

1855 – *L'Instant* (*).

1855, 11 novembre – Mort de Kierkegaard.

1859 – Publication posthume de *Point de vue explicatif de mon œuvre* (*) rédigé entre 1841 et 1848.

♦ *« Je me suis proposé pour mon voyage en Allemagne de m'occuper du problème psychologique de Kierkegaard... »* Nietzsche, lettre à Brandès, 19 février 1888. ♦ *« Kierkegaard a conduit la vie spirituelle du Danemark jusqu'au point où elle doit prendre son élan, soit en bas dans le sombre gouffre du catholicisme, soit en haut, vers le promontoire où la liberté nous fait signe. »* G. Brandès. ♦ *« Kierkegaard fut le dernier grand protestant. On ne peut le comparer qu'aux fondateurs du christianisme, à Luther, à Calvin. Tous les autres paraissent petits à côté de lui. La question essentielle pour Kierkegaard était : Comment deviendrais-je chrétien ? Seul un protestant pouvait trouver pareille formule... On ne peut* [lui] *trouver d'analogie que chez Dostoïevski. Kierkegaard, d'ailleurs, ne peut être placé qu'à côté du poète russe. Tous deux marchent de pair, et aucun autre esprit du siècle ne les dépasse. »* Rudolf Kassner. ♦ *« Søren Kierkegaard est sans doute le penseur capital de notre époque, nous voulons dire : l'objection la plus absolue, la plus fondamentale qui lui soit faite, une figure littéralement gênante, un rappel presque insupportable à la présence dans ce temps de l'éternel. »* Denis de Rougemont. ♦ *« Les livres et les journaux de Kierkegaard, toutes ses expressions directes et indirectes, ne sont que le récit ininterrompu de la lutte désespérée, insensée, convulsive de l'homme contre le péché originel et contre les horreurs de la vie qu'apporta le péché. »* Léon Chestov. ♦ *« Dans l'œuvre de Kierkegaard, qui insuffla une âme nouvelle aux maximes de la théologie, on peut découvrir l'art extraordinaire qu'un ignorant sut développer pour se forcer à croire. »* Karl Jaspers. ♦ *« Les œuvres de Kierkegaard sont un long pamphlet contre la religion et la philosophie. »* Alain, 1945. ♦ *« Comme Hegel reste le maître de la dialectique intellectuelle dans les temps modernes, Kierkegaard est avec Nietzsche le maître de la dialectique existentielle ; avec lui, il nous enseigne l'art des contraires dans la vie : et si l'esprit est non pas toujours ni surtout synthèse, mais lutte entre des contraires maintenus dans leur pureté, et en même temps effort pour penser ce qui les dépasse et réside au-dessus d'eux, s'il est conçu comme le monologue devant la réalité qui l'excite, l'attire et ne lui répond pas, la pensée de Kierkegaard est une de celles où s'est manifesté le mieux le caractère de l'Esprit. »* Jean Wahl.

RÉF. : Harald Höffding, *S. Kierkegaard als Philosoph*, Stuttgart, 1896. – V. Deleuran, *Esquisse d'une étude sur S. Kierkegaard*, thèse, Paris, 1897. – T. Bohlin, *S. Kierkegaard und das religiöse Denken der Gegenwart*, Munich, 1923. – Eduard Geismar, *S. Kierkegaard, seine Lebensentwicklung und seine Wirksamkeit als Schrifsteller*, Göttingen, 1929. – M. Thust, *S. Kierkegaard*, Munich, 1931. – Walter Lowrie, *Kierkegaard*, Londres, 1938. – Régis Jolivet, *Introduction à Kierkegaard*, Saint-Wandrille, 1946. – Léon Chestov, *Kierkegaard et la philosophie existentielle*, Paris, 1948. – Pierre Mesnard, *Le Vrai Visage de Kierkegaard*, Paris, 1948. – Jean Wahl, *Études kierkegaardiennes*, Paris, 1949 ; *1848-1948, cent années de l'histoire de l'idée d'existence*, fascicule I, Paris, 1951. – *Kierkegaard vivant*, Paris, 1966. – Michel Cornu, *Kierkegaard et la communication de l'existence*, Paris, 1972. – Nelly Viallaneix, *Kierkegaard : l'unique devant Dieu*, Paris, 1974. – *Kierkegaard*, Paris, 1982. – Bruno Avrain, *Kierkegaard et Freud*, Paris, 1988. – *Kierkegaard ou le Don Juan chrétien : panorama de la pensée et de la vie du premier philosophe de la modernité*, Paris, Monaco, 1989.

KIHLMAN Christer. Romancier finlandais d'expression suédoise. Né le 14 juin 1930 à Helsinki. Rédacteur en chef et critique littéraire, Christer Kihlman débute en 1951 comme poète dans la lignée du modernisme finlandais. En 1960, bien qu'individuelle, la révolte contenue dans son premier roman *Gare à toi, bienheureux !* (*), étude sans complaisance de la bourgeoisie dont il est issu, déclenche en Finlande le mouvement littéraire contestataire des années 60 et 70, et place immédiatement l'auteur en première ligne des prosateurs finlandais. Dans le climat littéraire plus documentaire qu'esthétique de l'époque, Kihlman, polémiste et exhibitionniste, met son expérience personnelle au service d'un intérêt moral plus général. *La Mère bleue* [*Den blå modern*, 1963], *Madeleine* (1965) au lyrisme maîtrisé, et *L'Homme qui trembla* [*Människan som skalv*, 1971], autobiographie sans fard, sont empreints d'un malaise moral, d'une nausée devant la fausse respectabilité. Solidaire, Kihlman témoigne de la diversité humaine et de la douloureuse nécessité d'endurer. En 1975, *Cher prince* [*Dyre prins*], fresque socio-politique de l'après-guerre, marque un retour à la fiction et accorde une large place au débat sur la musique et l'art en tant que témoins de leur temps. Deux autres œuvres autobiographiques, *Tous mes fils* [*Alla mina söner*, 1971] et *Le Rêve pur d'une vie* [*Livsdrömmen rena*, 1982], abordent les thèmes de la passion et de l'amour homosexuel. En 1987, dans *La Chute de Gert Bladh* [*Gert Bladhs undergång*], Kihlman renoue avec le roman et avec la chronique familiale de *Cher prince*.

KERSTIN DEDYE.

KIM Dongin (pseud. de Kŭmdong]. Romancier coréen. Né le 2 octobre 1900 à Pyŏngyang, mort le 5 janvier 1951, à Séoul, alors aux mains des troupes nord-coréennes. D'éducation protestante, il s'intéresse à la littérature et à la peinture. Il finance et lance la revue *Création* [*Ch'angjo*] à Tokyo en 1919 (il y fait entre autres connaître le poète Kim Sowŏl). Emprisonné pendant six mois au moment du soulèvement du 1er mars, il débute en 1919 avec la nouvelle *La Tristesse des faibles* [*Yakhanjaŭi sŭlpŭng*]. À partir de 1921, il commence à mener une vie désordonnée, mais connaît le succès en 1921 avec *Chant pour un bateau en partance* [*Paeddaragi*]. Il crée à ses frais une autre revue qui le ruine, et sa femme le quitte. En 1925, il publie son chef-d'œuvre *Les Patates* (*), puis se remarie. Il publie beaucoup, en particulier des récits historiques. En 1942, six mois de prison punissent son « manque de respect » à l'empereur. Après 1945, il sombre dans la pauvreté et la drogue. Ses personnages sont pris dans des situations catastrophiques, et constituent de véritables plaidoyers illustrés contre le consensus humaniste. Son évolution vers le naturalisme a été d'autant plus marquée qu'elle a été perçue comme une réaction contre le moralisme d'un Yi Kwangsu.

PATRICK MAURUS.

KIM Manjung (pseud. de Sŏp'o, « port de l'Ouest »). Haut fonctionnaire et romancier coréen. Né à Kwangsan en 1635, mort en 1692. Né peu après le suicide de son père, consécutif à l'invasion mandchoue, il est élevé dans une famille de femmes très strictement confucéenne et d'un statut social très élevé. La figure de sa mère autoritaire et lettrée domine son enfance. Reçu premier aux examens royaux, il occupe des fonctions officielles. Dès 1674, pris dans sa première lutte de factions, il est disgracié. Ministre en 1683, il connaît une succession d'exils et de retours en grâce, comme tous les hauts fonctionnaires du temps. C'est d'ailleurs à la suite d'un exil qu'il se retrouve dans l'île de Namhae, en 1689, et qu'il y meurt trois années plus tard. Il est réhabilité à titre posthume, et donné comme modèle de piété filiale. D'un esprit encyclopédique, il est particulièrement versé dans la musique, qui joue un grand rôle dans son chef-d'œuvre *Un rêve de neuf nuages* (*). Il est aussi l'auteur d'un grand nombre de poésies ainsi que d'un autre récit, plus court, *L'Histoire de dame Sa* [*Sassi namjŏng ki*, vers 1689].

Kim Manjung s'avère un romancier progressiste dans la lignée de Hŏ Kyun qui bâtit un genre romanesque nouveau, lequel constitue une étape importante entre le roman d'aventures de Hŏ Kyun et les textes de la « science pratique » [silhak] à la fin de la dynastie Yi. Grâce à lui, le roman voit sa fonction artistique soulignée, alors qu'il était largement déprécié à l'époque, considéré comme un genre populaire et féminin, donc trop éloigné des règles classiques chinoises. Kim Manjung défendait d'ailleurs la même position en poésie, et plaidait pour la priorité du sentiment sur les règles.

PATRICK MAURUS.

KIM Pushik. Écrivain coréen. Né en 1075, mort en 1151. Haut fonctionnaire de la dynastie Koryŏ (935-1392), ses œuvres complètes (*Undae munjip, Recueil du Pavillon d'argent*) ne nous sont pas parvenues, mais il reste dans l'histoire comme le rédacteur compilateur, vers 1146, des *Mémoires historiques des Trois Royaumes* (*). Naturellement, s'agissant d'un travail très officiel, il le fait dans la perspective de la dynastie régnante et « à la chinoise », selon le modèle des Mémoires historiques de Se Ma ts'ien. L'essentiel de son propos concerne les Trois Royaumes qui se sont partagé la Corée pendant le premier millénaire, Koguryŏ, Paekche et Shilla. En tant que confucéen, Kim Pushik produit néanmoins la première tentative, certes politiquement intéressée et polémique, de lire le passé coréen en dehors des cadres métaphysiques.

PATRICK MAURUS.

KIM Sowŏl (pseud. de Kim Chŏngshik). Poète coréen. Né le 6 août 1902 à Kwaksan et mort le 24 décembre 1934. Ses études dans une école ultra-nationaliste à Osan marqueront toute sa vie. Ses premiers poèmes, publiés dans *Création* [*Ch'angjo*], le font remarquer, mais s'il part ensuite au Japon, c'est pour étudier le commerce. La faillite de son grand-père le fait revenir. Dès lors, d'échecs financiers en échecs poétiques, il s'exile de plus en plus loin de la capitale. Le noir pessimisme de ses textes, lus par la suite comme l'écho du sentiment des Coréens soumis à la botte japonaise, se concrétise dans son unique recueil, *Azalées* (*), qu'accompagne une sorte d'art poétique publié dans la revue *Kaebyŏk*. L'essentiel de son œuvre aura été écrit entre 1920 et 1925. L'accumulation d'échecs (il est devenu usurier) et les difficultés domestiques (alcoolisme conjugal) le conduisent à un suicide à l'opium.

PATRICK MAURUS.

KIM Suyŏng. Poète coréen. Né et mort à Séoul (27 novembre 1921-16 juin 1968). En 1941, il part étudier au Japon, puis émigre en Mandchourie en 1944, où il enseigne et fait du théâtre. Après la Libération, il commence des études d'anglais mais ne les finit pas. Emmené par l'armée du Nord qui se retire, enfermé par l'armée du Sud, il devient interprète pour l'armée américaine. Il débute avec *Le Jardin de la tombe* [*Myojŏng*, 1945] et participe à la publication collective du *Nouveau chœur de la ville et des citoyens* [*Saeroun toshiwashimintŭlŭi hapch'ang*, 1949]. À partir de 1956, il se consacre uniquement à la poésie – v. *Le Jeu du pays de la lune* (*) – et à la traduction. Chef de file de l'avant-garde moderniste, il traduit l'errance intellectuelle devant l'urbanisation et l'industrialisation effrénées. Pour ce poète de la ville, la révolution d'avril 1960 marque un tournant, et son œuvre traduit alors ses options révolutionnaires. Son influence avant-gardiste est considérable, jusqu'en 1968, où il est écrasé par un bus.

PATRICK MAURUS.

KINÉTHON (Cinéthon) de Lacédémone. Poète grec du VIIIe siècle av. J.-C. Parallèlement au *Cycle troyen* qui rassemblait les épopées relatives à la guerre de Troie et au retour des Grecs, les Anciens ont connu un *Cycle thébain* qui réunissait des épopées traitant des vieilles légendes de Thèbes. L'une de ces épopées, l'*Œdipodie* (+) ou geste d'*Œdipe* (qui comptait plus de six mille vers selon l'inscription de la *Tabula Borgia*), était attribuée à Kinéthon de Lacédémone – v. *Cycle épique grec* (*). Ce poème chantait l'histoire d'Œdipe, sa rencontre avec le Sphinx, le meurtre de son père et le mariage incestueux avec sa mère.

Pausanias semble avoir encore pu lire le poème de Kinéthon. Parfois, on lui attribue aussi une *Petite-Iliade* (+) et une *Télégonie* (+).

DAVID BOUVIER.

KINGLAKE Alexander William. Écrivain anglais. Né à Wilton, près de Tauton, le 5 août 1809, mort à Londres le 2 janvier 1891. Après des études de droit au Trinity College de Cambridge, il pensa d'abord faire carrière dans la magistrature. Mais, à la suite d'un long périple en Palestine, en Égypte et au Liban, il publia en 1844 *Eothen* (*), récit de son voyage qui eut un très grand succès et reflète bien la riche personnalité de l'auteur. En 1845, Kinglake suivit l'armée française en Algérie, puis participa à la campagne de Crimée aux côtés de lord Raglan. Rentré en Angleterre, il se mit à préparer sa monumentale et fort intéressante apologie intitulée *L'Invasion de la Crimée : son origine et ses développements jusqu'à la mort de lord Raglan* [*Invasion of Crimea : its Origin and its Progress down to the Death of Lord Raglan*, 1863-1887]. Défavorable à Napoléon III, cet ouvrage fut interdit en France jusqu'en 1871.

KINGSLEY Charles. Romancier et historien anglais. Né à Holne près de Dartmoor (Devonshire) le 12 juin 1819, mort à Eversley (Hampshire) le 23 janvier 1875. Prêtre anglican, il est avec F. D. Maurice le principal représentant du socialisme chrétien anglais. Il fit ses études au King's College de Londres, puis à Cambridge, et devint le chapelain de la reine Victoria en 1849. De 1860 à 1869, il enseigna l'histoire moderne à Cambridge et fut nommé chanoine de Westminster. Ses idées libérales l'opposèrent à Newman ; son article *Que fait donc le Dr Newman ?* [*What, then, does Dr. Newman ?*] fut le début d'une polémique qui provoqua la célèbre *Apologia pro vita sua* (*) de ce dernier. Kingsley a réuni en volume quelques-unes de ses prédications : *Vingt-cinq sermons villageois* [*Twenty-Five Village Sermons*, 1844] ; il a publié de nombreux opuscules de propagande politico-sociale tels que *Le Message de l'Église aux ouvriers* [*The Message of the Church to Working Men*] ; et il a écrit quelques poèmes, *Andromède* [*Andromeda*, 1858], *Idylle en prose* [*Prose Idylle*, 1873]. Cependant, sa renommée lui vint de ses romans à thèses sociales : *Le Ferment* [*Yeast*, 1848], *Alton Locke* (1850), et de ses romans historiques : *Hypatia ou le Triomphe de la foi* (1853), *Vers l'ouest* [*Westward Ho !*, 1855], *Hereward the Wake* (1866). Il mit son talent au service de la diffusion de ses idées et de l'appel à l'action. On lui doit aussi des récits pour les enfants, dont les meilleurs sont *Les Héros* [*The Heroes*, 1860], et *Les Bébés d'eau* (*) (1863). Son style de conteur est alerte et facile. Son œuvre de romancier marque la transition entre le roman historique dans la tradition de Scott et de Thackeray, et le roman d'idées et d'aventures. Ses *Œuvres complètes*, formant vingt-huit volumes, furent éditées à Londres en 1884.

RÉF. : Louis Cazamian, *Le Roman social en Angleterre, 1840-1850*, Paris, 1935, 2 vol. – S. Chitty *The Beast and the Monk*, 1974. – B. Collom, *Charles Kingsley*, 1975.

KI NO KAION (dans le siècle, Enami Kiuemon). Écrivain japonais, auteur de « jôruri » (drames pour le théâtre de marionnettes). Né à Ôsaka en 1663, mort en 1742. Fils d'un confiseur, comme Zen'uemon, il écrivit tout d'abord des « haïkaïs » (poèmes brefs de dix-sept syllabes) fort appréciés ; son frère, Yuensai Teiryû (1654-1734), est un des plus grands poètes du Japon. Très tôt, il fit montre d'une intelligence brillante, et entra au temple bouddhiste de la province de Yamato, le Kakimoto-dera. Mais à vingt ans il retourna dans le monde, commença d'exercer la médecine et, tout à la fois, d'étudier la littérature à l'école de Keichû (1640-1701) qui l'initia aux classiques. Il fut également l'élève de Yasuhara Teishitsu (1610-1673) qui lui enseigna les règles du haïkaï, et de son propre frère Teiryû auquel il eut recours pour le « kyôka » (poésie comique). En 1703, Toyotake Wakadayû (1681-1764) avait ouvert son théâtre de marionnettes, le Toyotake-za, et en 1706 il pria Ki no Kaion de se joindre à lui, afin de pouvoir plus dignement soutenir la comparaison avec le théâtre rival, le Takemoto-za, fondé en 1685, et dont faisait partie le célèbre Chikamatsu Monzaemon, considéré comme une manière de Shakespeare japonais. En 1708, Ki no Kaion fit représenter son premier drame : *Wankyû sue no Matsuyama*. Il écrivit par la suite une cinquantaine d'autres drames, dont : *Osomé et Hisamatsu* (*) (1711), *O Shichi, le marchand de légumes* [*Yaoya O Shichi*, 1711-15], *Kokusen-ya chez les prostituées* (+) (1713), *La Cloche infernale des prostituées* [*Keisei mugen no kane*, 1723]. En 1723, après seize ans d'une activité ininterrompue, il abandonna le théâtre et retourna à son commerce de confiserie. Pendant les dernières années de sa vie, il se consacra à l'enseignement des classiques.

KI NO TOMONORI. Poète japonais du IXe-Xe siècle. Fils – semble-t-il – de Ki no Arinori, peut-être cousin de Ki no Tsurayuki, il fut, comme ce dernier, courtisan, et remplit différentes charges de médiocre importance, jusqu'au moment où il fut nommé « dainaiki » (haut secrétaire des décrets). Il fut considéré comme un des plus grands poètes de son temps, et, à ce titre, fit partie de la commission des cinq compilateurs qui, sur ordre de l'empereur, entreprit le *Kokin-waka-shû* (*) ; mais Ki no Tomonori mourut avant que l'ouvrage ne fût achevé. C'est tout au moins ce que permettent de conclure deux poésies (le n° 838 et le n° 839) du *Kokin-waka-shû*, poésies attribuées respectivement à Ki no Tsurayuki et à Mibuno Tadamine, et composées à l'occasion de la mort de Ki no Tomonori. On ne sait rien d'autre sur ce dernier. Le *Kokin-waka-shû* contient quarante-cinq de ses poèmes, et on en a découvert quelques-uns dans des anthologies ultérieures ; mais la plus grande partie des œuvres de Ki no Tomonori se trouve dans une anthologie personnelle, intitulée *Tomonori-shû*, recueil en un volume.

KI NO TSURAYUKI. Poète japonais. Né en 883, mort en 946. Fils de Ki no Mochiyuki, et cousin de Ki no Tomonori, poète comme eux, il l'emporta sur ces derniers dans le domaine de la poésie, et fut considéré par ailleurs comme un fonctionnaire habile. Pendant l'époque Engi (901-22), il dirigea la Bibliothèque impériale et remplit différentes charges plus ou moins élevées. Il fut placé à la tête de la commission qui, sur ordre de l'empereur, eut à compiler le *Kokin-waka-shû* (*) ; cet ouvrage considérable fut achevé en 905 et remis à l'empereur Daigo. Nommé en 930 gouverneur de la province de Tosa (maintenant département de Kochi, dans l'île de Shikoku), Ki no Tsurayuki ne revint à Kyôto que quatre ans plus tard, en 934. À Tosa, il compila, également sur ordre de l'empereur, une autre anthologie poétique, en quatre volumes, le *Nouveau Florilège de poésies japonaises* [*Shinsen-waka-shû*] qui ne put être inclus dans les recueils officiels, car l'empereur Daigo mourut entre-temps. Par ailleurs, Ki no Tsurayuki composa à titre privé un recueil de poèmes en dix volumes, intitulé *Ki no Tsurayuki-shû* (shû signifiant recueil), et un certain nombre de ses poèmes se trouvent dans des anthologies officielles ou privées. Le *Kokin-waka-shû* en contient à lui seul cent un. Ki no Tsurayuki a été considéré comme l'égal de Hitomaro, c'est-à-dire comme un véritable génie. Mais le jugement que nous portons à l'heure actuelle est bien différent. Ses poèmes sont ceux d'un intellectuel et manquent absolument de cette chaleur à quoi l'on reconnaît le vrai poète. Même la douleur qu'il dut éprouver à la mort de sa fille et qu'il exprime dans le *Journal de Tosa* (*) semble conventionnelle ; peut-être faut-il attribuer cette froideur aux goûts d'une époque où l'on avait accoutumé de déguiser ses sentiments et de ne leur jamais laisser libre cours.

KINSEY Alfred. Sexologue américain. Né le 25 juin 1894 à Hoboken (New Jersey), mort le 25 août 1956 à Bloomington (Indiana). Après une formation de zoologiste, il s'intéresse aux mesures et classifications scientifiques dans le domaine de la sexualité. En 1938, il crée à l'université d'Indiana l'« Institut de recherches sexuelles » et lance un programme d'enquête et de statistiques à base d'interviews. *Le Rapport Kinsey* (*) se compose de deux volumes : *Le Comportement sexuel de l'homme* (*) (1945), et *Le Comportement sexuel de la femme* (*) (1953). La parution du rapport fait l'effet d'une bombe et provoque des polémiques ardentes. On lui reproche ses intitulés alors que l'enquête porte sur un échantillon de femmes « blanches américaines ». On le traite de naïf pour avoir accepté les réponses comme des faits avérés, etc. Quoi qu'il en soit, Kinsey a brisé un tabou majeur et révélé l'influence du contexte socio-culturel sur le comportement sexuel. Utilisant la biologie, l'anthropologie, la psychologie, la sociologie pour interpréter ses données, il a suscité et permis l'essor d'une science nouvelle.

KIPLING Rudyard. Romancier et poète anglais. Né à Bombay (Inde) d'une famille anglaise, le 30 décembre 1865, mort à Londres le 18 janvier 1936. Après avoir passé en Italie sa prime enfance, il fut envoyé en Angleterre et fit ses études à l'United Services College et Westward Ho, dans le Devonshire, qu'il devait décrire dans son roman *Stalky et Co* (*). De retour aux Indes en 1882, Kipling collabora à la *Lahore Civil and Military Gazette,* puis au *Pioneer* (1887-1889). À vingt et un ans, il publiait son premier volume, *Departmental Ditties* (1886), composé de vers de circonstance et, l'année suivante, son premier recueil de récits : *Simples contes des collines* (*) (1887), bientôt suivi de six autres : *Trois soldats* (*), *Sous les cèdres Deodars* [*Under the Deodars*], *Le Rickshaw fantôme* (*), *L'Histoire des Gadsby* [*The Story of the Gadsbys*], *Histoires en noir et blanc* (*) et *Le Petit Guillaume* [*Wee Willie Winkie*]. Dans le décor de la vie indienne, telle qu'un Anglais pouvait l'observer, ces récits sont contés en une langue directe et vigoureuse, que pimente l'argot de l'armée des Indes. Kipling y révèle l'acuité de son observation, un esprit inventif et une singulière aptitude à « croquer » sur le vif des types d'officiers et de jeunes gens cultivés. Le détail vécu, l'anecdote racontée, le soir, sous la tente, gardent toute leur saveur, grâce à ce ton tranchant, rapide, et à ce réalisme qui annoncent Stephen Crane et Hemingway. Après avoir réuni, sous le titre : *D'une mer à l'autre* (*) (1889), des correspondances datées du Japon et des États-Unis, Kipling entreprit une nouvelle série de récits indiens : *Handicap de la vie* [*Life's Handicap,* Londres, 1891]. L'écrivain publia ensuite un recueil de ballades : *Chansons de la chambrée* (1892), ainsi que *Les Sept Mers* (*) (1896) et *Les Cinq Nations* (*) (1903), inspirées de l'épopée coloniale anglo-saxonne ; cette évocation fit de Kipling le poète de l'impérialisme britannique triomphant. Après s'être essayé dans le roman, avec *La Lumière qui s'éteint* (1891), il entreprit de longs voyages, puis, en 1892, épousa Caroline Starr Balestier, de New York, et s'établit avec elle dans le Vermont, où il séjourna pendant quatre ans. Ses écrits d'alors doivent beaucoup à l'influence américaine. Ce sont : *Multiples inventions* (1893), *Le Livre de la jungle* (*) (1894), *Le Second Livre de la jungle* (+) (1895), *Capitaines courageux* (*) (1897). Le premier et le second *Livre de la jungle* ouvrent le cycle des ouvrages, si réussis, que Kipling écrivit pour les jeunes garçons : les *Histoires comme ça pour les petits* (*) (1902), *Puck, lutin de la colline* (*) (1906) et *Retour de Puck* (*) (1910). En 1896, Kipling regagna l'Angleterre pour s'établir définitivement dans un village du Surrey, qu'il ne quitta que pour faire des voyages en Amérique et en Afrique du Sud pendant la guerre des Boers. En 1907, il remporta le prix Nobel et, en 1926, la médaille d'or de la Royal Society of Literature. Ses dernières œuvres comprennent d'autres recueils de récits et d'écrits divers, inspirés par la Première Guerre mondiale. Les plus importants sont : *Débits et Crédits* [*Debits and Credits*, 1926], *Limits and Renewals* (1932). Citons naturellement son chef-d'œuvre : *Kim* (*) (1901), roman dans lequel, prenant pour héros un petit garçon, l'auteur a brossé le tableau des aspects les plus pittoresques des Indes. On possède également de Kipling les notes autobiographiques publiées après sa mort sous le titre : *Souvenirs. Un peu de moi-même pour mes amis connus et inconnus* (*) (1937). Œuvres contemporaines de la Première Guerre mondiale, *La France en guerre* [*France in War*, 1915] et le *Poème à la France* (1917).

FRANCESCO MEI.

♦ *« Au point de vue littéraire, Kipling est un génie qui ne se préoccupe pas de bien parler. Du point de vue de la vie, Kipling est un "reporter" qui connaît mieux que quiconque la réalité de tous les jours. Dickens en connaît les apparences et la comédie. Kipling en connaît l'essence et la profondeur. Il fait autorité sur les choses de seconde classe et il a découvert des choses stupéfiantes à travers le trou de la serrure. Ses peintures sont de vrais chefs-d'œuvre. »* O. Wilde. ♦ *« Toutes ses œuvres sont animées d'une intense vitalité ; il a créé une mode d'une durée surprenante que, sans une telle vitalité, il n'aurait pas pu imposer. »* E. Shanks. ♦ *« Un écrivain-né, élevé par des Hommes Fameux dans le respect de la loi non écrite, se trouve mêlé très jeune aux Indes, à la vie des hommes d'action et à celle des indigènes. À ces contacts, il doit à la fois des sujets de récits qui illustrent une philosophie occidentale de l'action, et un sens du merveilleux tout oriental. Grâce à lui, des imaginations sevrées des miracles de l'Orient ont pu plonger soudain en des couches très profondes de souvenirs ancestraux. »* André Maurois.

RÉF. : C. Charles, *Rudyard Kipling, Life and Works*, 1911. – C. Falls, *Rudyard Kipling*, 1915. – A. Chevrillon, *Kipling*, 1936. – F. Leaud, *La Poétique de Rudyard Kipling*, 1958. – R. Escarpit, *Rudyard Kipling, servitudes et grandeurs impériales*, 1970.

KIRCHER Athanasius. Jésuite, érudit et mathématicien allemand. Né le 2 mai 1602 à Geisa près de Fulda, mort à Rome le 28 novembre 1680. Entré dans la Compagnie en 1618, il enseigna d'abord la philosophie, les mathématiques et les langues orientales à Würzburg. Après la guerre de Trente Ans, il dut se rendre en Avignon, puis à Malte (avec le cardinal Frédéric de Saxe). Il enseigna enfin les mathématiques et l'hébreu à Rome jusqu'en 1643, date à partir de laquelle il se consacra à l'archéologie. On lui doit notamment les œuvres suivantes : *Ars magna ; Ars magnesia sive conclusiones experimentales de effectibus magnetis* (1631) ; *Primitiae gnomonicae catoptricae, etc.* (1635) ; *Specula Melitensis encyclica sive Syntagma novum instrumentorum mathematicorun* (1638) ; *Magnes, sive De arte magnetica opus tripartitum* (1641). Citons encore des ouvrages de linguistique ou sur la *Kabbale* : *Prodromus coptus* (1636) ; *Lingue Ægyptiaca restituata* (1643) ; *Obeliscus Pamphilius* (1650) ; *Œdipe d'Égypte* (*) ; *Arithmologie ou livre des mystères des nombres* (+) (1665) ; *La Kabbale hébraïque ancienne et sa concordance avec le catéchisme chrétien* (+) (1681). Le père Kircher a aussi écrit des ouvrages de géographie, notamment *Le Monde souterrain* [*Mundus subterraneus*, 1678]. Enfin, on lui doit plusieurs inventions dans le domaine de l'optique.

RÉF. : C. Reilly, *Athanasius Kircher Master of a Hundred Arts 1602-1680*, Wiesbaden/Rome, 1974. – V. Rivosecchi, *Esotismo in Roma Barocca, Studi sul Padre Kircher*, Rome, 1982.

KIRÉIEVSKI Ivan Vassilievitch. [Kireevskij I.V.]. Écrivain russe. Né à Moscou le 22 mars 1806, mort à Saint-Pétersbourg le 11 juin 1856. Celui qui devait être le théoricien du mouvement slavophile russe s'est d'abord fait connaître comme critique littéraire. Sa première publication, *Quelques traits sur le caractère de la poésie de Pouchkine* (1828), analyse les diverses étapes de l'œuvre du poète et montre son importance décisive pour la Russie. En discernant le génie de Pouchkine, le jeune Kiréievski s'est lui-même révélé un maître. D'autres écrits littéraires devaient suivre.

Cependant, si Pouchkine est admiré, c'est comme « poète-philosophe » : c'est dire que la littérature et la philosophie sont inséparables. Cette conviction, Kiréievski la doit d'abord à Odoïevski. Ce dernier lui inculque aussi l'idée du grand rôle que la Russie est appelée à jouer dans l'histoire du monde. Rôle qui implique une ouverture à l'Europe. Kiréievski séjourne en Allemagne (1830-1831), où il suit les cours de Hegel et de Schelling. À son retour à Moscou, il édite une revue qui se veut médiatrice de la culture occidentale en Russie : *L'Européen* [*Evropeec*]. Elle dure de

1831 à 1832. À la troisième parution, la censure interdit la revue à cause d'un article de Kiréievski intitulé *Le Dix-Neuvième Siècle* [*Dvenadžatij vek*], le 22 février 1832.

Après cet échec, son évolution prend une orientation différente : selon l'optique du mouvement national romantique, il cherche à préciser les caractéristiques du monde slave, son originalité, ses valeurs spécifiques : ainsi, dans le passé, la commune rurale (mir), indemne de toute influence juridique romaine, est présentée comme un modèle de solution des problèmes sociaux, et, de façon générale, l'archaïsme du monde slave devient la preuve de sa supériorité morale, dans le passé comme dans l'avenir.

Pour tracer cette voie russe, Kiréievski va élaborer une philosophie de l'histoire qui oppose systématiquement Orient et Occident, Russie et Europe. Cette vision dualiste se fonde sur une théorie de la connaissance qui oppose le rationalisme occidental à l'intégralité spirituelle de l'Orient chrétien. Au terme de cette réflexion nous est promise une philosophie de la culture qui récapitulerait toutes ces oppositions Orient-Occident en une synthèse russe qui ouvrirait à l'Europe un nouvel avenir. Cette théorie se trouve exposée dans *Du caractère de la culture européenne et de ses rapports avec la culture russe* [*O haraktere prosveščenija Evropy i evo otnošenii k prosveščeniju Rossii,* 1852], et dans *Sur la nécessité et la possibilité de nouveaux principes en philosophie* [*O neobhodimosti i vozmožnosti novyh načal dlja filosofii,* 1856] – voir *Essais philosophiques* (*) de Kiréievski.

Enfin et surtout, Kiréievski a lié cette version russe du nationalisme romantique avec le renouveau patristique et hésychaste qui marque la Russie d'alors. Le centre de ce renouveau se trouvait dans un monastère de la région de Toula, Optino Poustyne. Ainsi cette philosophie slavophile et anti-occidentaliste se trouve dotée d'une dimension religieuse et même d'une supériorité mystique qui la situe dans un ordre supérieur, inaccessible à ce qui lui est étranger.

La pensée de Kiréievski a été prolongée, développée et diffusée par Khomiakov : ces deux noms sont ainsi inséparables dans l'histoire du slavophilisme, mouvement qui n'a pas seulement marqué un moment décisif de la vie intellectuelle du XIXe siècle russe mais qui demeure, aujourd'hui encore, une composante essentielle de cette vie.

L'ensemble des écrits de Kiréievski a été publié une première fois à Moscou en 1861 (éd. Kochelev), puis en 1911 de façon plus complète (éd. Gerchenzon). Une édition partielle a été publiée par V. Kotel'nikov : *Choix d'articles* [*Izbranye stat'i,* Moscou, 1984]. Une traduction française des articles philosophiques a paru en 1988 sous le titre *Essais philosophiques.*

FRANÇOIS ROULEAU.

RÉF. : T. G. Masaryk, *Slavjanofilstvi Ivana Vasiljevice Kiréjevského,* Prague, 1889. – P. Vinogradov, *I. V. Kireevsky et les Débuts du slavophilisme moscovite* (en russe), Saint-Pétersbourg, 1891. – V. Ljaskovsky, *Les Frères Kireevsky* (en russe), St-Pétersbourg, 1899. – A. G. Louchnikov, *I. V. Kiréievski,* Kazan, 1918 (en russe). – A. Walicki, *The Slavophile Controversy,* Oxford, Clarendon, 1975. – F. Rouleau, *Ivan Kiréievski et la Naissance du slavophilisme,* Namur-Paris, 1990.

KIRSANOV Sémion Isaakovitch [Semën Isaakovič Kirsanov]. Poète russe. Né à Odessa le 18 septembre 1906, mort à Moscou le 10 décembre 1972. Fils d'un pauvre tailleur juif. C'est à Odessa, à la faculté des lettres, que Kirsanov fit ses études et qu'il commença à publier, en 1922, des poésies d'avant-garde. En 1924, il rencontra Maïakovski et devint son disciple fervent et son allié. En 1925, il s'installa à Moscou et publia des textes dans la revue *Lef.* Ses recueils des années vingt débordent d'images fantastiques et de jeux de mots phonétiques et sémantiques, à la manière de Khlebnikov et de Maïakovski. Au cours des années trente, Kirsanov devint plus lyrique et plus dramatique. C'est ainsi qu'il apparaît dans ses livres : *Le Désir* [*Želanie,* 1935], *Le Poème des poètes* [*Poéma poétov,* 1939], et dans son grand poème tragique, *Ton poème* [*Tvoja poema,* 1937], dédié à la mémoire de sa bien-aimée.

Après la guerre, au cours de laquelle il a été correspondant sur le front, Kirsanov publia plusieurs recueils de poésies lyriques et philosophiques, toujours expérimentales du point de vue de la forme. Parmi les œuvres importantes de cette époque, citons *Les Sept Jours de la semaine* [*Sém dnej nédéli,* 1956], qui attaque les bureaucrates « au cœur de pierre ». Kirsanov est un virtuose du vers, des jeux de mots et des sonorités, des nouvelles formes rythmiques. (Léon Robel a donné une excellente traduction française de ses *Poèmes* dans la collection « Poètes russes contemporains », dirigée par Elsa Triolet.)

EFIM ETKIND.

KIŠ Danilo. Écrivain yougoslave d'expression serbo-croate. Né le 22 février 1935 à Subotica, aux confins de la Hongrie et de la Vojvodine, d'un père juif et hongrois, d'une mère orthodoxe et monténégrine, mort le 15 octobre 1989 à Paris. Baptisé orthodoxe et éduqué selon le rite catholique, Danilo Kiš s'élèvera toute sa vie au-dessus des contingences ethniques et religieuses tout en conservant dans le réceptacle de sa conscience le sens aigu des disparités et des différences qui constituent autant de strates problématiques et ambiguës, mais enrichissantes.

Baptisé en 1939 pour le mettre à l'abri des lois anti-juives édictées par la Hongrie, c'est en Hongrie qu'il trouve refuge après le massacre de Novi Sad (janvier 1942). Berger chez un riche propriétaire, il s'imprègne de l'amour de la nature ; il fréquente l'école hongroise, apprend le latin et la lecture catholique de *La Bible* ; c'est ainsi qu'il échappe à Auschwitz, d'où son père et presque tous les siens ne revinrent jamais. En 1947, il est transféré, sous les auspices de la Croix-Rouge, à Cetinje, patrie de sa mère, où il retrouve l'orthodoxie. Il y accomplit ses humanités, passe le concours d'entrée à l'École des arts graphiques, pratique pendant deux ans le violon sous la férule de Simonutti. À l'université de Belgrade, il obtient ses diplômes en littérature comparée, puis il enseigne le serbo-croate et la littérature yougoslave à Strasbourg, Bordeaux et Lille.

Ses œuvres complètes ont été publiées en dix volumes à Belgrade en 1985. Esprit extraordinairement ouvert, il excelle aussi bien dans la poésie, l'analyse critique, la traduction (du français, du russe, du hongrois), la polémique, le théâtre et le roman. C'est dans ce genre qu'il se forge une réputation mondiale. Il a hérité de sa mère un penchant à combiner faits et légendes, mais aussi une aversion pour les pures inventions. Son père lui lègue le pathétique et l'ironie, et également, par l'Indicateur des transports internationaux, dont il était l'auteur, une vision synthétique du monde qui deviendra le fondement de son champ littéraire. Ainsi Danilo Kiš va acquérir une exigence sans cesse grandissante d'exactitude et de minutie, d'accomplissement esthétique qui va de pair avec une faculté sans égal d'élévation et d'amplitude. L'individu et l'humanité sont chez lui reliés en permanence par mille causes et achèvements dont le récit dans sa narration et sa structure est tenu de rendre compte par sa fragmentation, son émiettement dans une émulsion où aucun élément ne disparaît et d'où jaillit le sens qui engendre essence et existence. Le travail auquel il s'est voué consiste à tirer des harmoniques aux polysémies foisonnantes par leur interaction jusqu'à produire une œuvre achevée mais en perpétuel devenir.

Ni épigone ni théologien, Danilo Kiš est l'ouvrier de sa propre pensée et il a lui-même forgé ses outils. D'abord et avant tout, il prend conscience de la subversion de l'Histoire, d'où elle tire pourtant forme et assise, par la gangrène du totalitarisme proliférant : qu'elle se nomme religion, national-socialisme, communisme, il s'agit toujours de la même volonté d'anéantissement de l'individu au profit d'une société anonyme, insidieuse puis triomphante et meurtrière. Aussi l'Histoire, avec sa solennité et ses implications coercitives, lui inspire-t-elle la plus grande méfiance ; il lui préfère son histoire, celle de sa famille, les histoires, les anecdotes, les aventures qui révèlent mieux que les théories l'absolu mensonge, la criminelle entreprise du pouvoir habillé ou non de philosophie. À l'origine il y a l'homme, à la fin il y a l'homme ; le temps traverse le sommeil et l'amour, la douleur et la mort.

L'aventure publique de l'écrivain commence par *La Mansarde* [*Mansarda*, 1962] que l'on qualifie à l'époque de « littérature en jeans », mais qui en fait, sous sa désinvolture juvénile et sa poésie ironique, est une attaque en règle contre le réalisme socialiste qui, malgré la rupture avec Staline, prévalait encore dans la Yougoslavie autoritaire des années 50. Ce roman onirique est une sorte de solo de jazz avec tous les rag-times joyeux, mélancoliques, méditatifs, qui plus tard demeureront au centre de l'esthétique de Danilo Kiš en prenant des timbres plus sombres, plus douloureux. *Psaume 44* [*Psalam 44*, 1962] inaugure le thème tragique de ce qu'il appellera lui-même le « Cirque de famille » : l'extermination des Juifs. Ce « Cirque » est constitué par *Jardin-Cendre* (*) (1965), *Chagrins précoces* [*Rani jadi*, 1969] et *Sablier* (*) (1972) qui en est l'aboutissement. Dans une sorte d'envol, dira-t-il, l'auteur passe du récit personnel, ancré dans la réalité quotidienne, nimbé du bonheur d'être, à un roman brisé, anéanti où le héros, Eduard Sam, quasi anonyme, quitte le sol prosaïque pour s'enfoncer dans le destin de la multitude des suppliciés qu'il représente.

Cette technique de la myriade agglutinante qu'il a si superbement mise au point, il la reprendra avec une plus grande évidence narrative dans *Un tombeau pour Boris Davidovič* (*) (1976) pour dénoncer l'autre grand crime contemporain que constitue le stalinisme. À travers des personnages bien incarnés, des situations précises, il parvient à créer une impression d'anonymat qui, conjuguée à un arpentage géographique et temporel, concourt à dénoncer toutes les entreprises totalitaires de quelque ordre qu'elles soient.

On sort paradoxalement du cauchemar avec *L'Encyclopédie des morts* [*Enciklopedija mrtvih*, 1983] où se donnent libre cours la fantaisie, la gravité, la tendresse, l'acuité iconoclaste de Danilo Kiš face à la mort et à l'amour, mais plus encore contre le travestissement dont ces sentiments sont victimes dans la conscience historique ou individuelle.

Dans ces deux derniers livres, il parachève sa volonté de démystification du récit en mêlant le vrai et le faux, la pièce d'archive et la fiction avec la même puissance de l'esprit, la même autorité de la voix, et aboutit ainsi, au lieu de le détruire, à consacrer l'art de la parole dans sa mission créatrice.

LAURAND KOVACS.

KISAKÜREK Necip Fazil. Écrivain turc. Né à Istanbul en 1905, il fit des études secondaires dans les collèges français et américains puis à l'École navale et à la faculté des lettres d'Istanbul. Après de brèves études en France, il occupera différents postes à la Banque d'affaires de Turquie. Ses premiers poèmes, écrits dans un langage très pur et riche d'images, se signalent par un caractère mystique qui n'est pas sans allier aux affinités orientales les accents de l'école symboliste française. Attiré par la politique, il prendra position pour un « fondamentalisme » musulman et un conservatisme social marqués ; il exposa ses idées dans la presse et dans des revues dont il sera le fondateur. Sa volonté d'immobilisme esthétique et politique lui feront perdre le contact avec les générations successives qui marqueront l'évolution de l'art et de la pensée en Turquie contemporaine. On peut citer parmi ses œuvres les plus importantes : *Les Trottoirs* (*) (1928), *Moi et l'au-delà* [*Ben ve Otesi,* 1932].

KITABATAKE CHIKAFUSA. Homme d'État et historien japonais. Né en 1293, mort en 1354. Fils du ministre Moroshige (1270-1322), Chikafusa obtint une charge à la Cour sous le règne de l'empereur Hanazono (1308-18) et arriva peu à peu aux plus hautes fonctions. L'empereur Go Daigo, qui succéda à Hanazono, l'estimait fort, et lui confia l'éducation de son propre fils, le prince Tokinaga, jeune garçon assez remarquablement doué et auquel Chikafusa donna de grandes marques d'attachement. En 1330, à la mort du prince Tokinaga, Chikafusa se retira du monde et se fit bonze. Au bout de trois ans, il fut contraint de reprendre ses anciennes fonctions. À ce moment-là, Go Daigo, qui s'était enfui de Chiburi (Oki) où il avait été exilé, se préparait, avec l'aide de ses partisans, à donner le coup de grâce aux usurpateurs Hôjô. Une longue période de luttes s'ouvrit alors, luttes entre la cour du Nord (Kyôto) soutenue par Takauji, et la cour du Sud (Yoshino) pour laquelle combattaient Chikafusa et nombre d'autres défenseurs valeureux. Resté à peu près seul après la disparition de ses compagnons, Chikafusa devint un personnage irremplaçable ; il n'hésita point à offrir à l'empereur Go Daigo les services de son fils Akiie (1317-38), lequel mourut en combattant pour la même cause que son père. Homme d'action et penseur tout à la fois, il ne laissa pas, au milieu des responsabilités et des multiples occupations qui découlaient de ses fonctions civiles et militaires, au milieu du tumulte des batailles, d'approfondir ses connaissances, allant même jusqu'à écrire une série d'œuvres importantes, dont la plus notoire est le *Jinnô Shôtôki* [*Histoire de la succession légitime des monarques divins*] (*). Après sa mort, la dynastie eut un sort misérable, et la situation ne changea qu'avec la fin du schisme en 1392.

KITZBERG August. Auteur dramatique estonien. Né le 29 décembre 1855 à Laatre, mort le 10 octobre 1927 à Tartu. Sa mère étant morte peu de temps après sa naissance, il fut élevé par son frère aîné. Il n'eut jamais de métier stable, fut tantôt comptable, tantôt archiviste, tantôt journaliste, jusqu'à ce que le gouvernement estonien lui verse, en 1920, une pension régulière. Homme calme et modéré, il n'écrivit d'abord que de petites pièces de théâtre et quelques récits humoristiques ou sentimentaux : aussi fut-ce une révélation quand, en 1906, on connut ce drame en tout point remarquable qu'est *Dans le tourbillon* [*Tuulte pöörises*] et où Kitzberg traite avec maîtrise d'un conflit psychologique inspiré par l'actualité du moment. Le succès fut tel que sa réputation de plus grand dramaturge estonien fut dès lors assurée, et tout ce qu'il produisit ensuite fut accueilli triomphalement. Mentionnons spécialement *Loup-Garou* (*), pièce remarquable par son coloris romantique et symboliste.

KIVI Alexis (pseud. d'Alexis Stenvall). Écrivain finlandais d'expression finnoise. Né à Nurmijärvi (Finlande méridionale) le 10 octobre 1834, mort à Tuusula le 21 décembre 1872. Ce fils d'un modeste tailleur de village d'expression finnoise réussit, malgré les difficultés matérielles, à acquérir à l'école suédoise une formation de base. Il essaie également de fréquenter l'université d'Helsinki, mais ses moyens ne le lui permettent guère. Il fréquente cependant un milieu d'intellectuels suédophones ardemment engagés dans la défense de la langue et de l'identité finnoises.

Quand Kivi arrive à l'âge adulte, la vie culturelle finlandaise est dominée par la parution, en 1849, d'une épopée nationale, le *Kalevala* (*) : il subira l'influence de cette œuvre, qui lui inspirera son premier écrit, le drame *Kullervo,* première œuvre scénique en langue finnoise. Publié en 1864, ce fut un événement, qui donna pourtant à Kivi l'occasion de se heurter une première fois aux partis pris des critiques, qui ne partageaient pas tous ses choix linguistiques. En effet, Kivi fait avec *Kullervo* œuvre de fondateur d'une langue littéraire qui n'avait pas encore ses lettres de noblesse. Ce rôle de pionnier, il le jouera d'ailleurs dans plus d'un domaine : le théâtre, la poésie, le roman. Il laisse le premier drame, mais aussi la première comédie en langue finnoise *Les Cordonniers de la lande* (*) (1864) qui sera suivie par *Les Fiançailles* [*Kihlaus,* 1866]. Le 10 mai 1869, la représentation de sa pièce à thème biblique *Léa* (*) signe l'acte de naissance du théâtre national finnois.

Kivi est également le premier poète d'inspiration personnelle en langue finnoise. Sa poésie, peu connue de son vivant, moins soumise à l'intervention des critiques, lui permet plus de spontanéité. Bien qu'elle naisse dans une période de romantisme national, ce n'est pas une poésie claironnante, même si la Finlande y est constamment présente par ses champs, ses landes, ses forêts. Kivi s'éloigne dans sa poésie de la pratique kalévaléenne, qui fige l'environnement en archétypes, et qui impose un langage prenant appui sur les dialectes orientaux et une versification spécifique. Kivi fait appel à un mètre varié, souple, personnel. Échappant à l'incantatoire, sa poésie est descriptive et narrative.

Enfin, il est le fondateur du roman finnois, par une œuvre, *Les Sept Frères* (*) (1870), qui reste encore aujourd'hui un classique apprécié. Sa langue, robuste et ancrée dans le réel, d'une foisonnante richesse, s'inscrit dans une tradition qui le rattache à la traduction de *La Bible* par Mikael Agricola. Il est vrai que le roman, du fait de la réserve des milieux intellectuels, connut plusieurs versions. Sa forme — mêlant narration et dialogues comme au théâtre — ainsi que son thème — le parcours initiatique de sept frères de l'état sauvage à l'état de citoyens — témoignent de sa profonde et solide originalité.

EVA TOULOUZE.

KLABUND (pseud. d'Alfred Henschke). Écrivain allemand. Né le 4 novembre 1890 à Grossen-sur-l'Oder, mort le 14 août 1928 à Davos (Suisse). Un des auteurs les plus populaires de la génération expressionniste. Fils de pharmacien, Klabund, dès le lycée, se lie d'amitié avec Benn. Après des études de littérature et de philosophie, il mène une vie d'écrivain vagabond entre Munich, Berlin et la Suisse. Pacifiste, il est arrêté en 1919, soupçonné d'appartenir au mouvement spartakiste. Tuberculeux depuis l'âge de seize ans, il meurt dans un sanatorium de Davos. Poète — v. *Poésies* (*) —, auteur dramatique, romancier, adaptateur du lyrisme chinois et persan, traducteur de Daudet et de Rostand, éditeur, Klabund touche à tout avec une grande virtuosité.

Sa poésie, tantôt tendre, tantôt burlesque et gouailleuse, tantôt érotique à la manière de Wedekind, tantôt plus grave, utilise avec prédilection les procédés de la chanson des rues et de cabaret. En 1919, il dédie à Villon un « portrait lyrique », *Le vagabond céleste* (+). Ses romans : *Moreau* (+) (1916), *La Maladie* [*Die Krankheit*, 1917], *Bracke* (+) (1918), *Pjotr* (+) (1923) — v. *Romans* (*) de Klabund —, par le mélange des éléments narratifs, lyriques et dramatiques, la composition ramassée, la prose rythmique, les instructions du grotesque, le choc des contrastes et l'appel désespéré à la fraternité humaine, constituent un témoignage important de l'expressionnisme. *Le Cercle de craie* (*) (1924), pièce écrite d'après un texte chinois et dont Brecht se souvint lorsqu'il écrivit *Le Cercle de craie caucasien* (*), connut un éclatant succès.

MICHEL VANOOSTHUYSE.

KLACZKO Juliusz. Écrivain polonais. Né à Vilnius (Pologne) le 6 novembre 1825, mort à Cracovie le 26 novembre 1906. D'origine juive, il fut étudiant en Allemagne, où il prit part aux insurrections de 1848, puis se rendit à Paris. De retour en Galicie, il fut élu député et dirigea un journal. Il séjourna ensuite à Paris, à Vienne, à Rome et à Florence, ne faisant que de brefs séjours dans son pays, où il devait pourtant passer ses dernières années. Essayiste et critique de valeur, il est surtout connu pour ses deux ouvrages *Causeries florentines* (*) et *Rome et la Renaissance* (1898), rédigés en français.

KLAGES Ludwig. Philosophe allemand. Né le 10 décembre 1872 à Hanovre, mort le 29 juillet 1956 à Kilchberg (près de Zurich). Il représente, dans le sillage de Nietzsche, une pensée d'inspiration « vitaliste », selon laquelle l'intellectualisme et le technicisme détruisent tout ce qui est « vie » et « âme » : *L'Homme et la Terre* [*Mensch und Erde*, 1920], *L'Esprit comme adversaire de l'âme* (*) (1929-37). L'entendement ruine « l'innocence du devenir », sépare le corps et l'âme unis dans la profondeur de l'inconscient. Ce n'est pas un hasard si Klages fit un temps partie du cercle réuni autour du poète « ésotérique » Stefan George. Renouant avec les démarches analogiques traditionnelles, il chercha une application pratique de ses théories néo-romantiques en psychologie, en particulier en essayant de fonder une graphologie scientifique : *Problèmes de graphologie* [*Die Probleme der Graphologie*, 1910], *Introduction à la psychologie de l'écriture* [*Einführung in die Psychologie der Handschrift*, 1924, 1928], *Écriture et Caractère* [*Handschrift und Charakter*, 1917, 1949].

KLEE Paul. Peintre allemand. Né à Münchenbuchsee, près de Berne, de père allemand et de mère suisse, le 18 décembre 1879, mort à Berne le 29 juin 1940 à la suite d'une mystérieuse consomption qui dura cinq ans. À partir de 1898, il fut, à Munich, le disciple de Franz Stuck qui lui apprit la minutie et la préciosité du trait dans le dessin et la gravure, tandis qu'il cultivait la musique pour laquelle il avait un goût profond, et rédigeait déjà ses premiers écrits. En 1901, il accomplit avec le sculpteur Hermann Haller son premier voyage en Italie, et en 1905 son premier voyage à Paris. C'était l'époque du « fauvisme » ; Klee n'en fut pas touché. Dès son premier contact avec l'univers pictural, il savait (en se reconnaissant déjà une naturelle « inclination pour le bizarre ») quel serait son destin d'artiste. « Il ne s'agit pas », écrivait-il en 1899 dans son *Journal* (*) (publié en 1956), « de réfléchir la surface mais de pénétrer l'intérieur. » Il n'abandonnera jamais cette idée de l'art qui s'oppose à n'importe quelle forme d'impressionnisme, et sa peinture en sera l'incarnation. En 1920, il répète une fois de plus, dans l'une de ses plus célèbres définitions : « L'art digne de ce nom n'est pas une représentation du visible mais ouvre les yeux sur l'invisible. » En 1906, il épousa une musicienne allemande et demeura désormais à Munich, y vivant pauvrement et faisant la connaissance des derniers expressionnistes et des premiers abstraits : Kandinsky (rencontré en 1911), Marc, Macke et Jawiensky. En 1912, il rencontra les futuristes et, à Paris, Robert Delaunay et les cubistes. C'est vers cette époque qu'il commença d'exposer : en 1910 à Berne, en 1912 à la seconde exposition du « Blaue Reiter » à Munich ; entre-temps, il suit passionnément les mouvements variés et complexes de la culture contemporaine, du « Jugendstil » à Wedeking et Strindberg, de Tolstoï à Dostoïevski, mais Goethe, l'homme à l'esprit limpide et à l'âme profonde, ne cessera de le fasciner par-dessus tout. Appelé à l'armée en 1915, à cause d'une guerre qu'il détestait, on lui fera peindre des autocars militaires et il ne connaîtra rien du carnage. Il restera peut-être des traces de cette « absence » dans sa peinture, marquée par le détachement et un accès intemporel qui en constituent l'innocence secrète et enchanteresse mais aussi la limite ; limite à peine dépassée dans ses dernières œuvres où la mort n'est pas qu'un pressentiment mais une sombre certitude. Le drame l'entoure, et il l'affronte avec l'ironie supérieure de celui qui sait.

Il ne cessa jamais d'écrire ; en 1920 parut un recueil collectif : *Confessions créatrices* [*Schöpferische Konfession*], l'un de ses essais ; en 1925, ses *Ébauches pédagogiques* [*Pädagogisches Skizzenbuch*], et il n'abandonne jamais son *Journal* qui demeure, à côté de sa peinture, l'admirable témoignage de son progrès quotidien. Sa célébrité va croissant, et l'homme surprend et fascine non moins que l'œuvre. Gropius lui propose, en 1920, d'enseigner au « Bauhaus » de Weimar ; Klee accepte et y demeure malgré les difficultés politiques qui entraîneront, en 1925, le transfert de l'école à Dessau. Klee s'établit alors à Dessau avec sa famille et y devient une sorte de figure symbolique, sans doute incomprise de tous, mais non de Gropius qui écrivait : « Klee est l'ultime instance morale du Bauhaus. » Mais dès 1931 et avant la dissolution de l'école, Klee avait accepté une chaire à l'Académie de Düsseldorf et quitté Dessau. Ses expositions se succédaient depuis des années (1923, Berlin ; 1924, New York ; 1925, Paris, puis Londres et Berne), mais sa vie était en train de s'épuiser, tandis que son pays courait vers la catastrophe. Dix-sept de ses œuvres figurèrent à l'exposition de l'art « dégénéré » organisée par le régime nazi. Vaincu par le dégoût et l'amertume, Klee abandonna définitivement l'Allemagne en 1933 et regagna la cité de son enfance, où il devait mourir à la veille de se voir accorder cette citoyenneté suisse qu'il avait tant désirée. Il a laissé neuf mille œuvres, dessins et peintures ; ce sont les œuvres d'un des poètes les plus secrets et les plus enchanteurs du siècle, celui peut-être qui plus qu'aucun autre s'est approché, à travers sa peinture, du mystère de la vie. « On ne saurait me définir dans l'immanence », écrivait-il en 1926, « car j'habite avec les morts et ceux qui ne sont pas encore nés, près du cœur de la création... »

GIULIA VERONESI.

♦ *« Il est impossible de parler de Klee sans alléguer la légèreté, la grâce, l'esprit, le charme et la finesse qui lui sont essentiellement propres. »* Aragon. ♦ *« Klee ne permet pas qu'on ajoute quoi que ce soit d'étranger à sa peinture. Il se révolte si l'on ose l'encadrer de mots fleuris, de guirlandes de phrases. En un mot, il peint... »* Philippe Soupault. ♦ *« Paul Klee nous a tirés du doute de nos sens ; et ce sont nos vertiges, nos agacements, nos frissons, tous les verjus du tableau noir et de la soie qu'il a capturés avec ses armes minuscules dans les tableaux les plus émouvants et les plus rassurants du monde. »* Roger Vitrac.

RÉF. : H. von Wedderkop, *Paul Klee*, Leipzig, 1920. — René Crevel, *Paul Klee*, Paris, 1930. — Hans-Friedrich Geist, *Paul Klee*, Hambourg, 1948. — Daniel Kahnweiler, *Klee*, Paris, 1950. — Pierre Courthion, *Klee*, Paris, 1953. — Will Grohmann, *Paul Klee, 1879-1940*, Paris, 1956. — Félix Klee, *Paul Klee par lui-même et par son fils*, Paris-Genève, 1963. — Christian Geelhaar, *Paul Klee et le Bauhaus*, Neuchâtel, 1972. — Constance Naubert-Riser, *La Création chez Paul Klee*, Paris, 1978. — James Smith-Pierce, *Paul Klee and Primitive Art*, New York, 1976. — Catalogue *Paul Klee*, New York, MOMA, 1987. — Pierre Boulez, *Le Pays fertile, Paul Klee*, Paris, 1989.

KLEIN Melanie. Psychanalyste britannique d'origine hongroise. Née le 30 mars 1882 à Vienne. Morte le 22 décembre 1960 à Londres. Elle était la plus jeune de quatre enfants. Son frère Emmanuel compta beaucoup pour elle tant du point de vue affectif qu'intellectuel. Il l'aida à entrer au gymnase puis à l'Université. Elle eut beaucoup de mal à accepter la mort prématurée de celui-ci en 1902. Mariée en 1903 à Arthur Klein, ingénieur chimiste, elle en eut trois enfants : Melitta, 1904 ; Hans, 1907 ; Erich, 1914. De 1911 à 1920, la famille vit à Budapest, où Melanie découvre l'œuvre de Freud. Ferenczi fut, dans cette ville, son premier analyste (à partir de 1913) dans des conditions mal connues du fait de la guerre. Elle fut très vite membre de la Société hongroise de psychanalyse grâce à ses travaux sur l'analyse des enfants. De 1920 à 1926, elle vécut à Berlin et participa à la société locale de psychanalyse. Elle entreprit sa seconde analyse avec Karl Abraham, interrompue par la mort de celui-ci en 1925. Elle s'installa en 1926 à Londres, au moment de son divorce. Les idées d'Abraham eurent un écho favorable chez Melanie Klein, et cette orientation nouvelle en fit une rivale d'Anna Freud. Leur divergence repose en particulier sur la question du transfert de l'enfant dans la situation analytique. (Ce conflit théorique n'est d'ailleurs toujours pas réglé et reste l'objet de vives discussions dans les sociétés psychanalytiques actuelles.)

Depuis 1916, Klein pratiquait l'analyse des enfants. En 1919, elle lut un texte très remarqué sur le « roman familial » à la Société de Budapest que Jones avait réorganisée. Très vite ses idées eurent du succès parmi les analystes de l'époque. Freud lui-même les approuva et s'y intéressa, jusqu'au conflit avec sa fille Anna. C'est en 1932 seulement qu'elle rassembla ses travaux les plus importants sous le titre *La Psychanalyse de l'enfant* (*). En partant de l'observation des enfants, elle fut amenée à constater la précocité du complexe d'Œdipe et du Surmoi. Elle introduisit de nouveaux concepts issus de cette idée essentielle que la vie psychique commence avec la naissance et que la sexualité se construit autour de la relation d'objet. Le premier objet d'amour (la mère) est le support des angoisses où se trouve plongé le nourrisson du fait de l'antagonisme des pulsions de vie et de mort. Deux situations fondamentales apparaissent dans le développement psychique durant la première année de la vie : la position paranoïde-schizoïde, puis la position dépressive. L'enfant se distingue alors de sa mère comme un moi total, non plus clivé en bon et mauvais, mais ambivalent. Ces notions, de même que d'autres telles que projection et introjection, sont un apport notoire à l'analyse en général. Elles ont, en particulier, entraîné une meilleure compréhension de la psychose.

On peut citer comme autres ouvrages importants de Melanie Klein : en 1948, *Essais de psychanalyse* [*Contributions to Psychoanalysis*] ; en 1952, *Développements de la psychanalyse* [*Developments in Psychoanalysis*] ; en 1957, *Envie et gratitude* (+) [*Envy and Gratitude*].

ANNIE ANZIEU.

KLEIN Robert. Historien d'art français d'origine hongroise. Né à Timisoara (Roumanie) le 9 septembre 1918 et mort à Settignano le 22 avril 1967. Après des études de médecine (1936-1937) puis de philosophie (1937-1938), il se consacre aux sciences en 1938-1939. En 1947, il obtient une licence de philosophie puis, grâce à une bourse du gouvernement français, s'installe en France. En 1953, il obtient un diplôme d'esthétique à la Sorbonne (avec un travail sur *Technè* et *ars* dans la tradition de Platon à Giordano Bruno), puis en 1959 un diplôme de l'École des hautes études, sous la direction d'André Chastel, avec une édition critique et une traduction française de *L'Idea dell tempio della Pittura* de Lomazzo, publiée en 1590 à Milan. Secrétaire de l'historien Augustin Renaudet, il sera ensuite le collaborateur de Marcel Bataillon puis d'André Chastel tout en poursuivant un enseignement à Montréal à partir de 1965. C'est enfin dans le cadre du C.N.R.S., où il est attaché de recherche dès 1952, qu'il mène à bien une édition critique du *De Sculptura* de Gauricus (1504). Espoir de l'école française d'histoire de l'art, profondément marqué par Warburg, il soulignera les lacunes du chef-d'œuvre de Burckhardt, *La Civilisation en Italie au temps de la Renaissance* (*). On lui doit aussi la meilleure édition à l'heure actuelle des actes du *Procès de Savonarole* (1957). Il mit fin à ses jours lors d'un stage qu'il effectuait à la fondation Berenson. Ses principaux écrits ont été réunis en un volume, préfacé par Chastel, sous le titre *La Forme et l'Intelligible* (*) (1970).

PIERRE-EMMANUEL DAUZAT.

KLEIST Berndt Wilhelm Heinrich von. Écrivain allemand. Né le 18 octobre 1777 à Francfort-sur-l'Oder (Brandebourg), mort à Wannsee, près de Potsdam, le 21 novembre 1811. Issu d'une famille de l'aristocratie militaire prussienne, héritier d'un nom qu'illustra son grand-oncle, le poète-guerrier Ewald-Christian von Kleist, il connaît, enfant, l'ambiance, peu propice aux effusions, d'un foyer aux ressources modestes mais étroitement fidèle à l'esprit de caste des Junkers, le despotisme éclairé d'une éducation qui s'inspire des principes de l'Aufklärung, la tutélaire et parfois autoritaire tendresse de sa demi-sœur Ulrike, de trois ans son aînée. En compagnie de son cousin, Karl von Pannwitz (qui, devançant Kleist, se tuera), il reçoit les leçons d'un précepteur, puis, en 1788, entre au Collège français de Berlin. Voué à la carrière des armes, il participe aux campagnes menées contre les armées de la Révolution et, au témoignage de La Motte-Fouqué, reçoit vaillamment à Jemmapes le baptême du feu. Enseigne en 1795, sous-lieutenant en 1797, il suit à contrecœur l'ordre des choses et connaît jusqu'au dégoût le ridicule caricatural et l'arbitraire de la discipline militaire. À vingt-deux ans, bravant l'indignation des siens, il quitte l'armée pour assouvir à l'université de sa ville natale une passion de savoir trop longtemps contrariée.

Seule lui semble alors digne d'être vécue une vie rigoureusement préméditée et tout ordonnée à la recherche de l'absolu. Le plan qu'il met au point comporte l'étude de la philosophie et des mathématiques. L'œuvre de Kant, lue deux ans plus tard et interprétée hâtivement dans le sens de l'idéalisme le plus fermé, le convaincra de la vanité de tout savoir, car il ne saurait s'accommoder d'une science qui le rend à lui-même, l'oblige à se reconnaître captif de ses propres représentations et lui interdit définitivement l'accès à l'absolu – ni utiliser en virtuose le paradoxe de cette connaissance qui nie la connaissance. « La colonne elle-même chancelle, à laquelle je m'accrochais dans le tourbillon de la vie », confiera-t-il à sa sœur Ulrike en février 1801. Son « plan de vie » ne s'accomplit pas plus heureusement dans le domaine sentimental. S'étant fiancé en janvier 1800 à une jeune fille de Francfort, Wilhelmine von Zenge, il fait dépendre le sort de leur amour de leur perfectionnement spirituel. Au vrai, Kleist est convaincu de son inaptitude au mariage et c'est probablement l'espoir d'une transformation qui le conduit à Würzburg en septembre de la même année. Vain espoir s'il tente de guérir de l'extérieur le mal qui constitue sa raison d'être. Le sentiment que l'amour se perd en s'accomplissant, le sentiment aigu de cette menace, commande un scénario immuable : l'étrange séducteur prolongerait indéfiniment l'idylle si ne sonnait l'heure inéluctable du succès — où il s'esquive. Aimé de Louise Wieland, la fille du poète. « J'ai trouvé ici, écrira-t-il, plus d'amour que je n'en méritais ; tôt ou tard il faudra que je reparte. Tel est mon étrange destin. » Le consentement candide de Wilhelmine, dépourvu de toute arrière-pensée, ne saurait le retenir définitivement. La rupture s'annonce dès octobre 1801.

La même année, Kleist a lu Rousseau et décidé de vivre à la campagne. Mais, brusquement, il se rend à Paris avec sa sœur Ulrike (juillet 1801). Inaccessible aux prestiges de la capitale intellectuelle (et bientôt politique) de l'Europe, Kleist y prend la mesure et le parti de sa solitude, et consent enfin à libérer ses démons. Un certain refus de soi fait ici la vertu du dramaturge : Kleist, loin d'exploiter sa singularité, en souffre. Ses obsessions fondamentales, condamnées en lui-même à la clandestinité, s'imposeront, une fois libérées dans l'espace scénique, avec une puissance de contagion d'autant plus irrésistible qu'elles n'auront fait au préalable l'objet d'aucun marché intellectuel. Le thème de la méfiance, « maladie noire de l'âme », est à l'œuvre déjà dans son premier drame, commencé à Paris : *La Famille Ghonorez* [*Die Familie Ghonorez*], plus tard, *La Famille Schroffenstein* (*), où Kleist se souvient de Shakespeare et illumine par éclairs l'étendue du désastre qu'entraîne cette superstition de la raison : l'autorité de la « preuve ». Fausse porte, la preuve n'assure que le confort mental du sujet, l'exacte articulation des apparences, elle ne donne pas sur le vrai, mais déclenche au contraire un cycle infernal où la victime erre indéfiniment d'effets en causes.

En octobre 1801, Ulrike, hostile à ses projets littéraires, l'ayant quitté à Paris, Kleist part pour la Suisse, à la rencontre d'un ancien condisciple, Heinrich von Zschokke, féru de sciences psychiques et de littérature, ami du fils de Wieland et du petit-fils de Gessner. C'est chez lui, à Berne, que Kleist lit, devant les trois amis, le drame ébauché à Paris, *La Famille Ghonorez*, qui sur leur conseil devient *La Famille Schroffenstein*, et que les jeunes gens mettent au concours le sujet d'une gravure de Debucourt dont Zschokke possède la reproduction, *La Cruche cassée*. Mais l'œuvre qui requiert le meilleur de son génie est, à cette époque, la tragédie *Robert Guiscard, duc des Normands* (*). « Le début de mon poème, qui doit expliquer au monde ton amour pour moi, écrit-il à Ulrike, me vaut l'admiration de tous les gens à qui je le lis... » Principalement, celle de Wieland, à qui, en 1802, lors d'un voyage à Óssmannstädt, il récite de mémoire un fragment de son drame. Infiniment plus clairvoyant — ou moins intéressé — que ne le sera Goethe, le vieux maître, enthousiasmé, évoque au sujet de *Guiscard* « les esprits d'Eschyle, de Sophocle et de Shakespeare ». Cet éloge chaleureux, loin d'être un stimulant pour une nature aussi complexe que celle de Kleist, est peut-être au contraire à l'origine de l'échec final de *Guiscard*. Fasciné par l'ampleur de la tâche que lui impose l'admiration de ses premiers lecteurs, Kleist renonce et brûle son manuscrit lors d'un nouveau séjour à Paris (1803). Dès lors, il erre comme une bête blessée à la recherche de la plus anonyme des morts : mort inévitable selon lui s'il s'engage dans l'armée mise sur pied par Napoléon contre l'Angleterre (« Notre tombe à tous est là qui me guette, c'est la mer... ») ou, mieux encore, s'il assassine le Premier Consul. Arrêté comme espion à Boulogne-sur-Mer, puis libéré, il échoue finalement à Mayence, privé de ressources et de raison.

À un sommeil mental de cinq mois succède une période (1804-1807) relativement calme et féconde, si l'on excepte l'incident de son emprisonnement au fort de Joux, près de Besançon, puis à Châlons-sur-Marne, conséquence de son hostilité à l'occupant français en 1807. Kleist reprend peu à peu possession de lui-même et, grâce à l'amitié de son frère d'armes, Ernst von Pfuel, et à l'intérêt passionné que lui porte Marie von Kleist, sa cousine par alliance, s'insère à nouveau dans la société : il fréquente (sans s'y manifester) les milieux littéraires de Berlin, reçoit de la reine Louise de Mecklembourg une pension de cinq louis d'or par mois et accepte le modeste emploi de surnuméraire à l'administration des domaines de Königsberg jusqu'au moment où la régularité de sa production littéraire l'incite à vivre de sa plume. Ulrike, qu'il a presque ruinée, lui refusant de nouveaux subsides, il décide de se faire journaliste et fonde avec Adam Müller, animateur d'un groupe littéraire à Dresde, la revue *Phœbus*, qui ne connaîtra que quelques numéros, constitués en grande partie par de larges extraits de ses propres œuvres (notamment, un fragment, transcrit de mémoire, de *Robert Guiscard*). C'est dans sa solitude de Königsberg (1805-1806) que Kleist réalise ou achève quelques unes de ses œuvres les plus importantes : sa comédie *La Cruche cassée* (*) ; ses deux nouvelles « La Marquise d'O... » et *Michel Kolhaas* — v. *Nouvelles* (*) et *Histoire de Michel Kolhaas* (*) ; ses très libres adaptations de l'*Amphitryon* (*) de Molière et de la fable *Les Deux Pigeons* [*Die beiden Tauben*] ; son essai : *L'Élaboration de la pensée par le discours* [*Über die allmählige Verfertigung der Gedanken beim Reden*]. C'est à Königsberg encore qu'il entreprend son œuvre la plus singulière, la tragédie *Penthésilée* (*). La fiction choisie est assez déroutante pour que Kleist ose y dissimuler un thème essentiel de son destin : peu d'êtres ont identifié avec une conviction aussi absolue le vertige de l'amour et celui de la mort. Au reste, Goethe ne s'y trompe pas qui, prié par Kleist de donner un avis, se détourne avec horreur de l'auteur de *Penthésilée*, fuyant peut-être en lui le fantôme inapaisé de son propre passé. « Encore ces maudits monstres... », s'écriera-t-il un peu plus tard, à la lecture de *La Petite Catherine de Heilbronn* (*) (commencée en 1808, achevée en 1810).

Requis par les malheurs de sa patrie (à Tilsit, Napoléon a exigé le démembrement de la Prusse), Kleist rêve d'écrire le grand drame historique capable de réveiller les énergies nationales. Mais *La Bataille d'Arminius* (*), composée en 1807, et *Le Prince de Hombourg* (*), écrit à Berlin en 1810 à la gloire des Hohenzollern, échappent par leur richesse au farouche et aveugle engagement de leur auteur, et manquent leur objectif immédiat : la première de ces pièces ne peut être représentée au théâtre de Vienne, comme Kleist l'espérait ; quant à la seconde, les membres de la famille royale, jugeant incompatibles la défaillance passagère du héros et la dignité soutenue qu'ils prêtent à leurs ancêtres, interdiront la représentation et même la publication de la pièce. Kleist ne sera guère plus heureux dans son rôle de militant nationaliste. Ses écrits de circonstance publiés en 1809, *La Germanie à ses enfants* [*Germania an ihre Kinder*], *Chant de guerre des Allemands* [*Kriegslied der Deutschen*], *Le Catéchisme des Allemands* [*Katechismus der Deutschen*], révèlent dans leur outrance une profonde incompréhension de la conjoncture historique. L'échec des *Feuilles berlinoises du soir* [*Berliner Abendblätter*], quotidien créé par Kleist en 1810, le persuade de se battre avec d'autres armes que la plume et de reprendre du service. L'uniforme serait en effet le seul remède à la misère morale et matérielle qui de nouveau l'accable si, sur ces entrefaites, ne se présentait l'occasion qu'il a cherchée ou essayé de susciter toute sa vie. Adolfine Vogel, mélancolique jeune femme rencontrée à Berlin en 1810 (elle est épouse et mère, et atteinte d'un cancer), s'éprend du poète laissé en souffrance par les événements. Kleist lui donne son prénom (elle sera désormais Henriette) et gagne avec elle une zone peu accessible, d'où l'écho de leur amour ne peut nous parvenir que déformé. Les lettres qu'ils échangent exaltent leur commun délire. Une exclamation fortuite (« C'est beau à mériter un coup de feu ! ») leur révèle le fond de leur pensée. Dès lors (1811), le suicide à deux est décidé et minutieusement préparé. En novembre, ils se rendent au bord du lac de Wannsee. Kleist tue Henriette d'un coup de pistolet et se tue ensuite. Folle de douleur, Ulrike rendra la froideur de Goethe et sa propre incompréhension responsables de la mort de son frère. À la fin de sa vie, elle perdra la raison.

Nul exemple, mieux que la vie de Kleist, ne saurait illustrer le petit essai qu'il écrivit peu avant sa mort, *Sur le théâtre de marionnettes* [*Über das Marionettentheater*] : avec une rare intelligence, Kleist y dénonce la stérilité de l'effort volontaire, l'action néfaste de la conscience claire, séparée, et se persuade que la grâce est le fruit d'une totale passivité, sans toutefois pouvoir discerner aux doigts de quel montreur s'abandonnera la marionnette humaine. En Kleist, l'ancien officier ne se résorbe pas mais se fige — aux arrêts de rigueur ou « cassé » pour n'avoir su entendre, dans le vacarme de son siècle, les ordres d'un supérieur irrécusable. S'il est vrai, comme le suggère *Penthésilée*, que l'homme se meut dans un espace enchanté où les actes rendent dérisoires les intentions, où l'amour authentiquement vécu aboutit à la destruction de son objet, les baisers se changeant en morsures, les caresses en étreintes mortelles, il faut alors se rendre à l'évidence d'un monde faussé dont la « fragile organisation » atteste qu'il a perdu son unité et où tout espoir est vain d'y recouvrer, au terme d'un chemin direct, l'innocence première, car c'est chargé du fardeau de sa conscience que l'homme devra se présenter, pour le franchir, au seuil du Paradis retrouvé. « Par conséquent, il nous faudrait goûter une nouvelle fois à l'Arbre de la Connaissance, afin de retomber en l'état d'innocence ? — Absolument, c'est là l'ultime chapitre de l'histoire du monde. » À cette lumière, les lézardes deviennent visibles, qui menacent l'imposant édifice de l'idéalisme allemand. L'œuvre de Kleist en est la contestation — spontanée, non délibérée — dans la mesure où cet idéalisme n'admet si volontiers les limites (Kant) ou la valeur dialectique de la connaissance (Hegel) que pour mieux se satisfaire des résultats qu'elle obtient dans le domaine des apparences. De même (dans *Le Prince de Hombourg*), la morale de l'impératif catégorique — morale rigide mais dont la rigidité permet précisément qu'on s'y appuie en toute quiétude — reçoit un sens et un sang nouveaux de cela même qui la met en question : la démarche hasardeuse, le funambulisme éthique du héros qui, pour restituer à la loi son contenu, accepte le risque de la chute. Ainsi, Kleist, qui désespéra du monde, jamais ne désespère de l'absolu. En dépit de toutes les sagesses prestigieuses de son siècle, sa recherche ne consent jamais à rien perdre de sa naïveté.

Nul n'est moins rêveur que lui, si rêver est combler de façon imaginaire les lacunes du réel, s'exiler dans un arrière-monde idéal mais illusoire. Nul ne se résigne moins au divorce de la veille et du sommeil, du jour et de la nuit. Si les travaux de Schubert sur les phénomènes inconscients requièrent sa plus fervente attention, ce n'est pas qu'il veuille, mieux outillé, explorer plus profondément ses ténèbres intimes ou utiliser en esthète le matériel singulier que chacun porte en soi. Bien au contraire, dans son œuvre comme dans sa vie — qui résume tous les malheurs de la subjectivité —, Kleist vise à l'abolition du moi (de ce souci, l'obsession fondamentale de son existence est singulièrement révélatrice : celle de la mort volontaire et partagée), tente de rétablir une libre circulation entre les existences séparées, « verrouillées de l'intérieur », prisonnières de systèmes de représentation où la logique est le meilleur mercenaire des passions. À des paroles prononcées en rêve, la petite Catherine doit de se faire entendre de celui qu'elle aime, de trouver leur lieu commun et d'en fouler avec lui le sol ferme, objectif, enfin. Comme le rêveur de Coleridge trouve à son réveil la fleur qu'on lui offrit en songe, le prince de Hombourg sort de son rêve, tenant à la main un gant de femme – fragment éblouissant de la réalité nocturne autour duquel l'unique réalité se cristallisera et se réconciliera, instituant l'univers solide et transparent où véritablement l'action soit la sœur du rêve.

Car le théâtre est pour Kleist le lieu objectif – oraculaire –, où il est donné à l'être de s'atteindre et de se reconstituer sans le secours compromettant d'aucune méditation rationnelle. Taciturne, irréductible, son œuvre, sous le regard, se consume en pure action. Des paroles trébuchantes, des lapsus, des calembours, des mots en l'air (que justifie toujours la « situation ») y cernent et protègent le silence où doit se consommer la faillite des concepts et, libéré de tout écran verbal, parler l'essentiel. Il arrive aussi que, débusqué, l'animal humain n'ait plus à opposer à son malheur qu'un cri : naît alors entre le malheur et son expression une manière de compétition où c'est finalement aux mots que revient le dernier mot. Cette jubilation du désespoir – le bonheur verbal de l'ironie par laquelle la victime, forte d'avoir atteint la limite de son destin, le provoque et en attise la cruauté – fait de Kleist l'un des rares dramaturges que l'on puisse comparer précisément à Shakespeare. De cette œuvre fascinée par le « côté incurable de la Nature » (Nietzsche) s'étonnera-t-on que puisse naître le sentiment d'une incoercible allégresse – celle-là même, faite d'attente passionnée, dont la créature, malgré sa déchéance et sa détresse, honore le fait de vivre –, celle-là même qui, dans son ingénuité obstinée, inspire peut-être aux dieux quelque remords ?

VINCENT THÉLUS.

♦ *« S'il existait une tragédie composée par les esprits d'Eschyle, de Sophocle et de Shakespeare réunis, elle serait ce qu'est le* Guiscard *de Kleist, pour autant que l'ensemble soit conforme aux parties qu'il m'a fait entendre. À partir de ce moment, je n'ai plus douté que Kleist fût né pour combler dans notre littérature dramatique la grande lacune que Goethe et Schiller eux-mêmes n'ont pas encore comblée. »* Wieland. ♦ *« Quelque franc que fût mon désir de m'intéresser à lui, il ne laissa pas de m'inspirer le frisson de l'horreur, comme un être que la Nature aurait créé avec de grandes intentions et qui serait la proie d'un mal incurable. »* Goethe. ♦ *« Une nature très bizarre, un peu déséquilibrée, comme il arrive toujours quand le talent, pour sortir, doit d'abord faire craquer le vieil uniforme prussien... »* Achim von Arnim. ♦ *« Il est bien plus grand et plus parfait que lui* [Schiller]. *On ne peut le ranger qu'à côté de Goethe, qui a peut-être pu l'inspirer, mais auquel il ne s'est jamais subordonné. Seul Shakespeare l'a enfanté. »* J. Grimm. ♦ *« Il a faussé compagnie au monde comme s'il en était l'unique moineau superflu... »* Hebbel. ♦ *« Une dramaturgie de l'acte manqué. Homme de théâtre, homme théâtral au double sens du mot, il a su ne jamais faire de sa passion dangereuse un problème à résoudre ou une situation à peindre ; en la montrant, il l'a purifiée, mais non endormie, et pour la mieux faire voir, il en a violemment tendu les ressorts jusqu'à ce qu'ils éclatent sous nos yeux. »* Marthe Robert.

RÉF. : E. von Bülow, *Heinrich von Kleist's Leben und Briefe*, Berlin, 1848. – H. Bonafous, *Henri de Kleist*, thèse, Paris, 1894. – W. Herzog, *H. von Kleist, sein Leben und sein Werk*, Munich, 1911. – O. Brahm, *Das Leben H. von Kleist*, Berlin, 1911. – F. Gundolf, *Heinrich von Kleist*, Berlin, 1922. – W. Muschg, *Kleist*, Zurich, 1923. – E. Cassirer, *Idee und Gestalt : Goethe, Schiller, Hölderlin, Kleist*, Berlin, 1924. – I. Rouge, *H. von Kleist*, Paris, s. d. – E. et G. Romieu, *La Vie de Henri de Kleist*, Paris, 1931. – R. Huch, *Les Romantiques allemands*, Paris, 1933. – R. Ayrault, *Heinrich von Kleist*, thèse, Paris, 1934 ; *La Légende de H. von Kleist, un poète devant la critique*, thèse, Paris, 1934. – S. Zweig, *Le Combat avec le démon*, Paris, 1937. – A. Béguin, *L'Âme romantique et le rêve*, Paris, 1937. – J. Cassou, *Kleist et le somnambulisme tragique*, étude in *Cahiers du Sud*, mai-juin 1937. – E. L. Stahl, *H. von Kleist's Dramas*, Oxford, 1948. – A. Schlagdenhauffen, *L'Univers existentiel dans « Le Prince de Hombourg »*, Paris, 1953. – M. Robert, *Heinrich von Kleist dramaturge*, Paris, 1955 ; *Un homme inexprimable. Essai sur l'œuvre de Heinrich von Kleist*, Paris, 1981.

KLÍMA Ladislav. Écrivain et philosophe tchèque. Né le 22 août 1878 à Domažlice (Bohême occidentale), mort le 19 avril 1928 à Prague. Exclu du lycée à seize ans pour insulte à Ferdinand Ier de Habsbourg, autodidacte, il demeure délibérément marginal par rapport à la culture de son temps, menant une vie qui se veut une « déviation systématique par rapport à toute norme humaine ». Son premier ouvrage philosophique, *Le Monde comme conscience et comme rien* [*Svět jako vědomí a nic*, 1904], publié à compte d'auteur, est un recueil d'aphorismes qui superpose des échos du « esse est percipi » de Berkeley à un fond de volontarisme inspiré de Schopenhauer et de Nietzsche. Il ne sera suivi, du vivant de l'auteur, que de deux volumes d'essais philosophico-polémiques – *Traités et Diktats* (*) (1922) et *Instant et Éternité* (+) (1927) – réunissant les fruits de l'activité journalistique dont Klíma essaie de vivre, sans grand succès, après avoir mangé l'héritage paternel et tâté, passagèrement et en guise de plaisanterie, des métiers de conducteur de locomobile, gardien d'usine et fabricant d'un ersatz de tabac. Avec les extraits de sa correspondance et de son journal publiés après sa mort – notamment *Lettres philosophiques* [*Filosofické listy*, 1939] et *Lutte pour tout* [*Boj o vše*, 1942] –, ces volumes permettent de reconstituer l'essentiel de son système philosophique, fondé sur un scepticisme radicalisé qui, par-delà la quête nietzschéenne du sens, désavoue la réalité du réel par le biais d'une critique de la structure logique de l'expérience et d'une réfutation logique de la logique. Pensée protéiforme, dépaysante, subversive, c'est un solipsisme explicite que Klíma, grand amateur de violences langagières, nomme « égosolisme » ou « égodéisme » et qu'il conçoit, non pas comme un à-côté théorique de l'existence, mais comme un programme de vie, une « pratique » dont le but est d'« être, dès cette vie ici présente, essentiellement et réellement, pleinement et intégralement, "Deus creator omnium" ». Les tentatives sans cesse reprises pour poser dans la boue de l'ici-bas une subjectivité absolue, absolument libre, dont tout serait moins l'œuvre que le jeu ou le jouet, se soldent invariablement par des échecs, jusqu'à ce que l'alcool, la misère et la tuberculose y mettent une fin prématurée. Mais, le langage s'identifiant à la « personne même de Dieu » et les choses n'étant, « illusionnisme » aidant, rien de plus que les idées qu'on s'en fait, la praxis philosophique trouve sa meilleure expression dans une création littéraire que l'auteur lui-même qualifie de « "non plus ultra" d'immoralité, de malfaisance et d'extravagance » et qui figure parmi les expériences les plus originales tentées par les lettres européennes au XXe siècle. Sur les dix romans, deux drames et trente contes et nouvelles philosophico-fantastiques écrits entre 1906 et 1909, seuls quelques fragments seront publiés à titre posthume – *Les Souffrances du prince Sternenhoch* (*) (1928), *Némésis la glorieuse* [*Slávná Nemesis*, 1932], *Entre réalité et rêve* [*Mezi skutečností a snem*, s.d.].

KLINGER Friedrich Maximilian. Poète allemand. Né à Francfort-sur-le-Main (Allemagne) le 17 février 1752, mort à Dorpat le 9 mars 1831. D'une famille modeste, il fut très tôt orphelin ; mais il se distingua par son intelligence et, aidé par des bienfaiteurs, commença d'étudier le droit. Cependant, il se sentait attiré par le théâtre. En 1774, il écrivit sa première tragédie *Otto*, bientôt suivie – comme dans « une explosion de dépit », dira-t-il – de *La Femme souffrante* [*Das leilende Weib*, 1775] ; *Les Jumeaux* (*) ; *La Nouvelle Arria* [*Die neue Arria*, 1776] ; *Simsone Grisaldo* (1776). Mais l'ouvrage qui lui valut sa renommée est la tragédie *Sturm und Drang* [*Tempête et Passions*] (*), qui devait donner son titre à tout un mouvement littéraire. En 1776, Klinger passa quelque temps à Weimar pour vivre près de Goethe ; mais il se brouilla avec celui-ci, et s'unit alors, comme dramaturge, à la compagnie de Seyler. En 1778 cependant, il embrassa la carrière des armes. Deux ans plus tard, il passa au service de la Russie et fut nommé officier d'ordonnance du grand-duc Paul (il fit même un voyage en Italie en 1781 pour l'escorter). Ses vertus militaires lui valurent une rapide carrière : en 1798, il était général. Directeur de l'école des cadets, curateur de l'université de Dorpat, il était très bien vu à la Cour. Il avait continué, dans l'intervalle, à écrire des tragédies mais, pendant la période russe, le meilleur de sa production est constitué par ses romans, dont *Vie, exploits et descente aux Enfers de Faust* (*). En 1790, il avait épousé une Russe dont il eut trois enfants : deux moururent précocement, le troisième, officier lui aussi, fut blessé à la bataille de la Moskova et ne survécut pas à l'amputation d'un pied. Klinger en fut profondément atteint ; il n'écrivit plus rien, et peu à peu abandonna toutes ses charges. Il renoua par correspondance son amitié avec Goethe, mais c'était désormais un homme fini, qui n'avait plus rien à dire. Il fut l'unique représentant du mouvement – qu'il avait lui-même baptisé – qui lui survécut ; mais, au fond, il représente un phénomène qui intéresse plus l'histoire de la culture que celle de la poésie.

RÉF. : E. Schmidt, *Lenz und Klinger, zwei Dichter der Geniezeit*, Berlin, 1878. – M. Rieger, *Klinger in der Sturm- und Drangsperiode*, Darmstadt, 1880 ; *Klinger in seiner Reife*, Darmstadt, 1896. – O. Palitzsch, *Erlebnisgehalt und Form-problem in Klingers Jugenddramen*, Dortmund, 1924. – E. Volhard, *F. M. Klingers philosophische Romane*, Halle, 1930. – H. Steinberg, *Studien zu Schicksal und Ethos bei Klinger*, 1941. – M. Lanz, *Klinger und Shakespeare*, Zurich, 1941. – H. Segeberg, *F. M. Klingers Romandichtung*, Heidelberg, 1974. – F. Osterwalder, *Die Überwindung des Sturm und Drang im Werk F. M. Klingers*, Berlin, 1979. – D. Hill, *Klingers Novels. The Structure of the Cycle*, Stuttgart, 1982.

KLINGSOR Tristan (pseud. de Léon Leclère). Poète, peintre et musicien français. Né le 8 août 1874 à La Chapelle-aux-Pots (Oise) et mort à Paris en 1966. Il fait ses études à Beauvais, passe son baccalauréat puis devance l'appel et effectue quatre ans de service militaire. Il entre alors à l'Hôtel de Ville de Paris où il accomplira toute sa carrière. Il s'occupe notamment, pendant sept ans, du choix des livres pour les bibliothèques municipales. Marqué par l'œuvre de Nerval et le courant symboliste, Klingsor commence très tôt à écrire des poèmes. Il publie d'abord deux petites plaquettes, *Le Triptyque des châtelaines* (1892) et *Le Triptyque de la marguerite* (1894) : on trouve dans ces textes un univers médiéval idéalisé, « wagnérien », qui réapparaîtra dans la plupart de ses recueils. Il fonde la revue *Ibis* (1894) et fréquente à la Closerie des lilas Verlaine et Paul Fort. Ses ouvrages suivants appartiennent déjà plus à l'école fantaisiste, tout en gardant l'empreinte d'époques lointaines, légendaires. *Le Livre d'esquisses* (1902) est un texte en prose. Dans *Schéhérazade* (1903) il s'inspire des *Mille et Une Nuits* (*) (son ami Maurice Ravel mettra quelques-uns de ses poèmes en musique). *Humoresques* (1921), *L'Escarbille d'or* (1922) font montre de beaucoup de cocasserie. Dans ses œuvres plus tardives, sans se départir toutefois de cet humour, il ajoutera une touche de gravité plus évidente : *Cinquante sonnets du dormeur éveillé* (1949), *Le Tambour voilé* (*) (1960).

Klingsor pratiqua également la peinture (on lui doit surtout des paysages et des portraits) ; il consacra des études à Cézanne (1923), Chardin (1924) : son œuvre d'essayiste est du reste abondante. En tant que compositeur de musique, il laissa surtout des chansons (*Chansons sous l'organdi*, 1925). Il publia deux pièces de théâtre (*La Duègne apprivoisée*, 1907 ; *La Double Illusion*, 1937).

JACQUES-ÉMILE MIRIEL.

KLOOS Willem. Poète et critique néerlandais. Né à Amsterdam le 6 mai 1859, mort à La Haye, le 31 mars 1938. Après avoir fait ses études classiques à Amsterdam, il passe en 1884 un diplôme d'études littéraires, mais dès 1879 il avait fait ses débuts d'écrivain en publiant dans la revue *Nederland* son fragment dramatique *Rhodopis.* En 1885, avec Van Eeden, Van der Goes, Paap, etc., il fonde la revue *Le Nouveau Guide* [*De Niewe Gids*] qui s'affirme comme le principal organe de critique du renouveau des lettres hollandaises. Dès 1890, Kloos atteignait à la célébrité. Il devait épouser en 1900 la femme de lettres Jeanne Reyneke van Stuwe et, en 1935, être reçu docteur « honoris causa » de l'université d'Amsterdam. Traducteur d'Euripide, de Sophocle, d'Edmond Rostand et de Gerhart Hauptmann, Kloos, comme poète, professe une religion de la vie et de la beauté, dont le lyrisme dionysiaque s'oppose au christianisme. C'est l'homme antique, plein de la joyeuse force terrestre, qui lui a inspiré ses meilleures *Poésies,* en particulier *Okeanos* (1884), influencé par l'*Hypérion* (*) de Keats, et *Sappho* — v. *Poèmes* (*).

RÉF. : K. H. de Raaf, *Willem Kloos,* 1934. – H.G.M. Prick (ed.), *W. Kloos Zelfportret*, Amsterdam, 1986.

KLOPSTOCK Friedrich Gottlieb. Poète allemand. Né le 2 juillet 1724 à Quedlinburg dans le Harz, mort à Hambourg le 14 mars 1803. Aîné des dix-sept enfants d'un avocat, il fit ses premières études à Pforta. Dès cette époque il se familiarisa avec les auteurs anciens ; il montrait un goût particulier pour la poésie épique, et ébaucha le plan d'une épopée nationale en l'honneur d'Henri l'Oiseleur, bienfaiteur de sa ville natale, mais la lecture du *Paradis perdu* (*) de Milton et son ardente foi luthérienne l'incitèrent bientôt à entreprendre une grande fresque épique centrée sur le thème du Messie. Ses études de théologie, commencées à Iéna en automne 1745, le confirmèrent encore dans ses projets ; ce fut pendant ce séjour à Iéna qu'il écrivit les trois premiers chants de sa *Messiade* (*). Inscrit à l'université de Leipzig à partir de Pâques 1746, il fréquenta un groupe de jeunes poètes qui réagissaient contre l'influence de Gottsched, disciple intransigeant de Boileau, et se mit à rêver avec eux d'un prochain âge d'or pour l'Allemagne. Ce fut dans les *Contributions de Brême* [*Bremer Beiträgen*], organe de ce groupe, que parurent en 1748 les premiers chants de *La Messiade*, et l'exaltation que connut Klopstock pendant ce séjour à Leipzig lui inspira quelques-unes de ses plus belles *Odes* (*) : « Le Disciple des Grecs » [Der Lehrling der Griechen], « À Giseke [An Giseke], « Aux amis » [An die Freunde], etc. À Leipzig encore, il fit la connaissance d'une jeune fille nommée Marie-Sophie, pour laquelle il se prit d'une passion malheureuse, et qu'il a célébrée dans plusieurs poésies sous le nom de Fanny. La forme hexamétrique des vers de *La Messiade* avait d'abord surpris le public, qui cependant se laissa rapidement enthousiasmer par le lyrisme piétiste de l'œuvre. L'école des poètes suisses, en particulier, et son animateur J. J. Bodmer devinrent des disciples fervents de Klopstock, et celui-ci, sur l'invitation de Bodmer, abandonna la charge de précepteur qu'il avait dû accepter à Langensalza, pour se rendre à Zurich où il arriva en juillet 1750. Mais les amis de Bodmer, qui avaient imaginé l'auteur de *La Messiade* comme un poète sacré, comme un Jean-Baptiste ascétique, furent déçus par ce jeune homme ardent et joyeux, qui n'entendait nullement rompre avec le monde. En février 1751, Klopstock quittait la Suisse : il venait d'obtenir du roi Frédéric V de Danemark une pension de quatre cents thalers et partait s'installer à Copenhague. En passant par Hambourg, il rencontra Meta (Margarete) Moller, jeune femme fort cultivée et écrivain elle-même, qu'il épousa en 1754 ; mais cette heureuse union fut brisée quatre ans plus tard par la mort de Meta, que Klopstock a chantée sous le nom de Cidli [An Cidli] et dont il fit paraître des œuvres posthumes.

De 1757 date sa première tentative théâtrale, *La Mort d'Adam* (*), suivie par *Salomon* (1764) et *David* (1772) ; ce n'étaient encore que de pieuses idylles dialoguées, mais à partir de 1765 Klopstock commença de lire l'*Edda* (*), y trouvant un fond de traditions mythologiques germaniques analogue à celui qui avait jadis fécondé la tragédie grecque. Il se mit alors à composer des « bardits », c'est-à-dire des drames patriotiques en prose avec chœurs chantés par les bardes : *La Bataille d'Arminius* (+) (1769), *Arminius et les princes* (+) (1784), *La Mort d'Arminius* (+) (1787) – v. *Arminius* (*) –, tentatives littérairement assez malheureuses, mais d'une grande importance dans l'histoire de la culture puisque Klopstock, alors que Frédéric II maintenait l'Allemagne intellectuelle sous l'influence française, s'efforçait de retrouver les sources ethniques allemandes (il convient de rapprocher de cet effort son ouvrage en prose intitulé *La République allemande des savants* [*Die deutsche Gelehrtenrepublik*, 1774]). *La Messiade*, dont le vingtième et dernier chant fut achevé en 1773, porta à son point le plus haut la gloire de Klopstock ; son influence sur la jeunesse cultivée de son pays était immense : en 1774, lors d'un séjour à Karlsruhe à la cour du margrave de Bade, il se vit solennellement décerner le titre de « poète de la religion et de la patrie ». La vie de cour cependant ne lui convenait guère, et au printemps de 1775 il quittait Karlsruhe et s'établissait à Hambourg où il se remaria en 1791 et où il allait passer dans la retraite les dernières vingt-huit années de sa vie, d'abord exalté par la Révolution française qui lui donna en 1792 le titre de citoyen français, puis effrayé par les massacres de Septembre : il se mit alors à flétrir la Terreur et célébra Charlotte Corday dans son ode intitulée *Mon erreur* [*Mein Irrthum*, 1793]. Mais il n'abandonnait pas pour autant ses rêves de liberté, et prévoyait pour un prochain avenir la naissance d'une Allemagne indépendante des influences étrangères.

MICHEL MOURRE.

♦ *« Je le vénérais avec toute la piété qui était en moi ; je le considérais comme un ancêtre. J'éprouvais du respect devant sa production, et il ne me venait pas à l'idée de la critiquer ou d'y trouver rien à reprendre. J'ai laissé agir sur moi ce qu'il contient d'excellent, et pour le reste j'ai continué dans ma propre voie... Un jeune homme qui voudrait aujourd'hui se mettre à la remorque de Klopstock et de Herder resterait fort en arrière. »* Goethe, 1824. ♦ *« Klopstock vieillit déjà de son vivant d'une façon très vénérable, et si foncièrement que le livre réfléchi de ses années de vieillesse, sa* République des savants, *n'a été jusqu'aujourd'hui prise au sérieux par personne. »* Nietzsche.

RÉF. : Jean Murat, *Klopstock. Les thèmes principaux de son œuvre*, thèse, Paris, 1959. – Gerhard Kaiser, *Klopstock. Religion und Dichtung*, Gütersloh, 1963. – André Bogaert, *La Religion dans « La Messiade »*, Paris, 1965. – Wilhelm Grosse, *Studien zu Klopstocks Poetik*, Munich, 1977.

KLOSSOWSKI Pierre. Écrivain français. Né à Paris dans une famille d'artistes d'origine polonaise le 9 août 1905, il fréquente tôt peintres et écrivains, dont Bonnard, Rilke et Gide. Il est lié ensuite à certains groupes philosophiques et psychanalytiques. On retiendra surtout sa participation aux côtés de Georges Bataille au Collège de sociologie, et à son revers clandestin, la revue *Acéphale* (*). Contrairement aux écrivains pour lesquels le travail d'écriture consiste en une évolution permanente, en une recherche où l'écriture même peut à son tour être objet d'écriture, Klossowski s'est limité au travail de quelques thèmes, à leur confrontation avec des instances qui sont tour à tour la technique romanesque, la traduction (Virgile et Nietzsche entre autres), une langue à la syntaxe rigoureuse, les nécessités technologiques des activités plastique (dès 1972, il délaisse l'écriture pour se consacrer exclusivement au dessin) et cinématographique. Pierre Klossowski s'est expliqué sur ses propres rapports à son œuvre : elle est une somme d'instants d'une réflexion autonome. Plus qu'un écrivain, il pense être un scripteur qui donne à voir, par un système de signes, quelques intensités d'une pensée commune. Le monde de Klossowski, tel celui des grands utopistes, est un « déjà-là », et rarement avant la sienne une œuvre ne s'était posée pareillement comme indice. Il nomme théophanie cette vaste création où l'auteur-démiurge organise tous les méandres de son développement ; l'œuvre est un ensemble de digressions dans une théologie à rebours où le centre vacant est occupé par celui qui s'en montre digne. D'où l'attirance de Klossowski pour Sade, *Sade mon prochain* (*) (1947), ou pour les théologiens (*Hamann*, 1948, repris sous le titre *Le Mage du Nord*, 1988). D'où aussi l'abondance des procédés d'écriture qui posent le livre comme une scène avec tous les effets de cette clôture : les travestissements, les commentaires, les reconstitutions de puzzles ténébreux. *La Vocation suspendue* (*) (1950) est éloquente à ce sujet : ce roman est une succession d'impacts sur des personnages d'un livre que le lecteur ne peut découvrir. Ce thème de l'œuvre à venir, du texte qui se dérobe, est repris dans le triptyque des *Lois de l'hospitalité* (*) (1965), qui réunit trois livres parus dans le désordre. Dans son importante postface, Klossowski souligne la présence dans son œuvre et dans sa vie de ce qu'il nomme le « signe unique », le nom de Roberte qui porte sa pensée entière, dont la peau même peut être comparée à l'œuvre de l'écrivain. Le corps de Roberte, fût-il révélé dans un simple dégantement, sera offert aux regards de son mari, des autres personnages et du lecteur lors de tableaux vivants qui sont des moments où la souveraineté peut à tout instant basculer. *Les Lois* recouvrent successivement *La Révocation de l'édit de Nantes* (*) (1959), entrecroisement des journaux intimes des époux Octave et Roberte, puis *Roberte ce soir* (*) (1953), pièce représentée par leur neveu Antoine, et enfin *Le Souffleur* (*) (1960), assomption romanesque de ce qui précède avec deux progrès notables : l'apparence réaliste du récit et l'indécision où l'auteur nous plonge quant à l'identité du narrateur. Est-ce Théodore Lacaze ou K., ou un autre personnage, ou la parole elle-même ? Cette suite est en fait la généalogie d'un sourire, celui de l'écrivain qui, dominant son art, montre un monde, simulacre de monde réel, par l'épuisement de son propre désir. Il n'est pas surprenant alors que Pierre Klossowski se soit intéressé au mythe de Diane et d'Actéon dans *Le Bain de Diane* (*) (1956), que certains considèrent comme son œuvre la plus accomplie. Après en avoir tracé savamment la genèse, l'auteur nous permet de mieux distinguer en quoi ce mythe est fondateur de notre propre culture ainsi que de ses préoccupations : tout est dans la métamorphose, dans le regard de côté d'Actéon, qui n'est plus homme et pas encore cerf, vers Diane et sa purification. Mais le roman le plus abouti, où les obsessions de Klossowski s'allient le mieux avec sa langue retenue et les situations les plus baroques, où il réussit à fondre ses diverses conceptions – comme celle de l'« éternel retour », dont il a traqué le fonctionnement subtil dans *Nietzsche et le cercle vicieux* (1969) –, est sans nul doute *Le Baphomet* (*) (1965), où les ingrédients du récit klossowskien nous sont livrés dans la plus grande harmonie : image obsédante, gnose, temps circulaire et climat sulfureux. La variété et la richesse de sa culture, la discrétion brûlante de son projet, l'acuité de son regard critique – *Un si funeste désir* (*) (1963), *La Ressemblance* (1984) – font de Pierre Klossowski l'un des écrivains les plus présents et nécessaires, parce que ce qu'il nous offre tient dans ce don rare de l'« hilarité du sérieux » (Maurice Blanchot).

HERVÉ CARN.

RÉF. : *L'Arc*, n° 43, Aix-en-Provence, 1970. – G. Deleuze, *Logique du sens*, Paris, 1971. – D. Wilhem, *Pierre Klossowski, le corps impie*, Paris, 1979. – *Pierre Klossowski* (Cahiers pour un temps), Paris, 1985. – A. Arnaud, *Pierre Klossowski*, Paris, 1990.

KNAP Josef. Romancier, nouvelliste et théoricien du « ruralisme » tchèque. Né le 27 juillet 1900 à Podúslší, près de Jičín, mort le 13 décembre 1973 à Prague. D'origine paysanne, il fait des études universitaires et entre au département du théâtre du Musée national de Prague où il travaille jusqu'en 1951. Grâce à lui, la traditionnelle littérature « paysanne » se transforme pour répondre aux problèmes contemporains (réforme agraire, industrialisation et déracinement, crise économique et chômage, antagonisme ville-campagne, décomposition des valeurs morales et religieuses). S'inspirant des littératures scandinave et russe, des Français Pourrat et Giono, ou du Suisse Ramuz, le mouvement « ruraliste » tente de redresser la situation en exaltant les campagnes, source d'énergie et de disciplines morales, rappelant parfois leurs ressources religieuses et prônant un retour à la terre, au pays natal, à ses certitudes. Cette « doctrine » optimiste et idéaliste s'exprime par des moyens littéraires formant un large éventail, allant du naturalisme au lyrisme symbolique. Chez Knap, marqué par l'impression du poète Fráňa Šrámek (1877-1952), la chaleur des sentiments va de pair avec le réalisme, une psychologie et une accentuation des personnages typés. Outre plusieurs livres de récits et de nouvelles, deux romans situés en ville, *Le Ciel haut de printemps* [*Vysoké jarní nebe*, 1932], *La Voix de jeune fille* [*Dívčí hlas*, 1940], l'essentiel de son œuvre comprend des romans « ruralistes » : *La Vigne au mur* [*Réva na zdi*, 1926], *Hommes et Montagnes* [*Muži a hory*, 1928], *Puszta* (1937), *La Dot* [*Věno*, 1944] et son chef-d'œuvre *L'Étranger* (*) (1934). Parallèlement, il dirige la revue théorique *Nord et Est* [*Sever a východ*, 1925-1930], publie ses essais *Les Poètes de la paysannerie* [*Básn ici selství*, 1932], *La Littérature de la terre tchèque* [*Literatura české půdy*, 1939], ainsi que des études sur plusieurs poètes, sur l'auteur dramatique Jaroslav Hilbert (1871-1936), sur Selma Lagerlöf, etc. Le régime communiste de 1948 qualifie les « ruralistes » de réactionnaires, exclut leurs œuvres des bibliothèques et les condamne au silence et à la prison – comme « criminels, espions, traîtres ». Knap y passe quatre ans (sur onze) puis il peut travailler comme archiviste et publier ses études sur l'histoire du théâtre, un roman, *Le Pays lointain* [*Vzdálená země*], et un recueil de nouvelles (1970). Ses compagnons « ruralistes », notamment František Křelina (1903-1976), poète et romancier lyrique, douloureux, profondément croyant, et Václav Prokůpek (1902-1974), romancier aux préoccupations sociales et morales, sont frappés encore plus lourdement. Tous « réhabilités » à la veille du Printemps de Prague, ils peuvent alors publier à nouveau avant d'être remis à l'index après 1970.

KNIGHTS Lionel Charles. Critique anglais. Né à Grantham (Lincolnshire) le 15 mai 1906. Professeur de littérature à Cambridge, il souscrit d'abord à la théorie de la critique textuelle, puis s'attache à l'étude du milieu économique où vécut l'écrivain. *Explorations* (*), recueil d'essais de 1946, éclaire ses recherches, lesquelles se comprennent mieux encore si l'on sait qu'il fut du comité de rédaction de l'influente revue *Scrutiny* (*), en compagnie de F. R. Leavis, de l'épouse de celui-ci, Q. D. Leavis, et de Ronald Bottral. Knights est de plus l'un des bons exégètes de Shakespeare à qui il a consacré trois ouvrages : *La Politique de Shakespeare* (+) (1957), *Quelques thèmes de Shakespeare* (+) (1959), *Un point de vue sur Hamlet* (+) (1960).

KNITTEL John (pseud. de Hermann Knittel). Romancier suisse d'expression allemande et anglaise. Né le 24 mars 1891 à Dharwar (Inde), mort le 26 avril 1970 à Maienfeld (Grisons). À dix-neuf ans, il partit pour Londres, où il fut successivement employé de banque, agent d'une société cinématographique et directeur de théâtre (1922-23). Son ami Robert Hichens encouragea alors sa vocation littéraire. Il séjourna ensuite dans différents pays méditerranéens (Algérie, Turquie, Égypte), fonda au Caire l'Institut de psychologie orientale, s'intéressa au problème de l'alphabétisation des populations arabes. Il résida à Maienfeld, en Suisse, à partir de 1938.

John Knittel publia d'abord en anglais, puis en allemand. Son œuvre de romancier se divise en deux volets : le premier ensemble regroupe les livres consacrés au monde arabe, comme *Abd el-Kader* (1930), *Le Basalte bleu* (+) [*Der blaue Basalt*, 1929], *El Hakim* (1936), *Terra Magna* (1948), dans lesquels l'auteur prend parti pour les revendications nationales des peuples arabes (sans toutefois rendre compte des racines politiques du colonialisme), tout en plaidant pour une coexistence pacifique des colons et des colonisés. Le second volet comprend les romans qui ont pour cadre la Suisse, et dont l'action dramatique repose le plus souvent sur un conflit entre l'individu et les conventions ou la loi : *Thérèse Étienne* (*) (1927), *Amadeus* (1939), et le plus connu, *Via Mala* (*) (1934), adapté deux fois à l'écran (en 1948 et en 1961), où une famille entière va perpétrer le « meurtre du père » tyrannique.

Sans souscrire aux louanges que lui décerne Romain Rolland, qui voit en lui « l'un des plus grands romanciers de notre époque », il est indubitable que John Knittel vaut beaucoup plus qu'un médiocre « auteur à succès », comme d'aucuns l'ont quelquefois qualifié.

JEAN-JACQUES POLLET.

RÉF. : R. Carisch, *Du Romancier J. Knittel*, Fribourg, 1972.

KOBAYASHI Hideo. Critique japonais. Né le 11 avril 1902 à Tôkyô, mort le 1er mars 1983. Après des études de littérature française au cours desquelles il témoigne un intérêt tout particulier pour la poésie symboliste, il se fait connaître au début des années trente par la tribune, très critique à l'égard de la littérature prolétarienne alors en vogue, qu'il tient régulièrement dans le mensuel *Bungei Shunjû*. Par la suite, après avoir énoncé, dans l'étude controversée qu'il consacre à un avatar typiquement japonais du naturalisme, *Le Roman à la première personne* [*Watakushishôsetsu-ron,* 1935], sa théorie du « moi socialisé », il donne à la revue *Bungaku-kai,* qu'il a contribué à fonder, une *Vie de Dostoïevski* [*Dosutoefusukii no seikatsu,* 1935-37], des articles plus tard recueillis sous le titre *De l'impermanence* (*) (1946), puis, en une polémique célèbre, il rompt quelques lances à propos de Tolstoï avec le critique Masamune Hakuchô. Il devait par la suite quelque peu délaisser le fait littéraire pour l'esthétique, évoquant notamment dans son *Mozart* (1947) la « tristesse allante » de la symphonie en sol mineur, et rapportant d'un voyage en Europe la matière d'un ouvrage sur *La Peinture moderne* [*Kindai kaiga,* 1954-57], où il s'efforce de déterminer, chez les impressionnistes, le point de tangence entre la création et la vie. Membre à partir de 1964 de l'Académie des arts, Kobayashi s'exprima désormais sur les aspects les plus divers de la civilisation contemporaine – *L'Édification de l'homme* [*Ningen no kensetsu,* 1965] – et peut être considéré comme l'un des maîtres à penser du Japon d'aujourd'hui.

MICHEL WASSERMAN.

KOCHANOWSKI Jan. Poète polonais. Né à Sycyna en 1530, mort à Lublin le 22 août 1584. Il fréquenta l'université de Cracovie, puis se rendit en Italie où il compléta l'étude des humanités à Padoue. Un voyage en France lui permit de connaître Ronsard et les poètes de la Pléiade, et fit naître sa passion secrète pour la marquise d'Aubusson, qu'il nomme Lydia dans ses vers. De retour en Pologne, il fut, avec un grand zèle, secrétaire du roi Sigismond et participa en cette qualité aux événements historiques de l'époque, dont le dernier fut l'Union de Lublin. Le poète était alors à l'apogée de sa carrière à la Cour. On lui offrit des bénéfices ecclésiastiques et des charges honorifiques, mais il préféra se retirer dans les terres de ses ancêtres, à Czarnolas. Là, il épousa Dorothée Podlodowska, à qui il avait dédié ses plus beaux poèmes d'amour. Avec elle, il put jouir d'une existence sereine de propriétaire terrien dans sa maison toujours remplie d'amis en visite, tout en continuant son œuvre de poète. Nous rappellerons notamment son court poème intitulé *Les Échecs* [*Szachy*] ; la satire sur *La Concorde* [*Zgoda*] ; un autre poème intitulé *Le Porte-Étendard* [*Proporzec*] ; sa fameuse tragédie *Le Renvoi des ambassadeurs grecs* ; enfin ses *Chants* [*Pieśni*] et ses *Bagatelles* [*Fraszki*]. Mais la mort de sa fille Ursule vint briser le bonheur de Kochanowski ; les *Thrènes sur la mort de sa fille* (*), écrits à la suite de ce malheur, sont certainement l'un des plus beaux poèmes de toute la littérature polonaise ; la douce figure de l'enfant y revit à travers la douleur du père. Jan Kochanowski est d'ailleurs généralement considéré comme le père de la poésie polonaise.

RÉF. : Przyborowski, *Kochanowski*, Poznań, 1857. – Löwenfeld, *Jan Kochanowski und seine lateinischen Dichtungen*, Poznań, 1878. – J. Langlade, *J. Kochanowski, l'homme, le penseur, le poète lyrique*, 1932. – S. Windakiewicz, *Jan Kochanowski*, Cracovie, 1947.

KOCK Charles Paul de. Romancier français d'origine hollandaise. Né à Passy le 21 mai 1794, mort à Romainville (Seine-saint-Denis) le 29 août 1871. La lecture – en compagnie de son précepteur – des romans populaires de Ducray-Duminil orienta sans doute la vocation de ce fils d'un banquier batave guillotiné sous la Révolution. Entré à quinze ans comme commis chez des financiers parisiens, il y écrivit, entre deux bordereaux, des romans dont les manuscrits, découverts, furent cause de son renvoi. Après avoir publié sans succès *L'Enfant de ma femme* (1812 ; transformé plus tard en vaudeville et représenté le 28 octobre 1835), Paul de Kock se tourna vers le théâtre et connut, à l'Ambigu Comique, le 23 mars 1814, un triomphe avec son mélodrame *Madame de Valnoir.* Dès lors la vogue immense du romancier populaire ne devait pas tarder. Ce furent *Georgette ou la Nièce du tabellion* (1820), *Gustave ou le Mauvais Sujet* (1821) et *Mon voisin Raymond* (1823). Les romans, avec une croissante fortune, se succédèrent en cascade, formant au total plus de deux cents volumes. Citons entre autres *Monsieur Dupont ou la Jeune Fille* *et sa bonne* (*) (1824), *La Laitière de Montfermeil* (1827), *La Pucelle de Belleville* (*) (1834), *Un jeune homme charmant* (1835), *L'Homme aux trois culottes* (1842), *L'Amoureux transi* (1843), *L'Amant de la lune* (1847) et *La Fille aux trois jupons* (1863). Le jour où paraissait un roman de Paul de Kock, il y avait, au dire d'un chroniqueur, une « véritable émeute en librairie ».

RÉF. : Charles Paul de Kock, *Mémoires,* 1873. – Léo Lespès, *La Vie de Ch.-P. de Kock,* 1873. – Théophile Gautier, *Portraits contemporains,* 1874. – Alphonse Daudet, *Pages inédites de critique dramatique,* 1923. – Yves Olivier-Martin, *Histoire du roman populaire en France,* Paris, 1980.

KODÁLY Zoltán. Compositeur hongrois. Né à Kecskemét le 16 décembre 1882, mort à Budapest le 16 mars 1967. Il mena de front des études littéraires universitaires et des études musicales à l'académie F. Liszt. C'est sous ce double aspect qu'il commence, en 1906, avec son ami Béla Bartók, des recherches sur les traditions de la musique populaire hongroise. Leur travail les mènera, dès 1906, à la publication commune d'un premier recueil de vingt chants du folklore hongrois. Leur collaboration dans le domaine de l'ethnomusicologie durera jusqu'à l'exil de Bartók en 1940. Kodály passe l'année 1907 à Paris où il étudie avec Widor et découvre la musique de Debussy. De retour à Budapest, il est nommé, à l'automne 1907, professeur à l'académie F. Liszt où il conservera sa chaire jusqu'en 1940. L'œuvre musicale de Kodály se divise en deux époques distinctes, dont la charnière se situe dans les années 20. Dans un premier temps, il écrit essentiellement de la musique de chambre ; une *Méditation sur un thème de Claude Debussy,* pour piano (1907), les deux *Quatuors pour cordes* (1908 et 1916), pièces essentielles de cette période, la *Sonate pour violoncelle et piano* (1909), les quatre *Duos pour violon et violoncelle* (1914), la *Sonate pour violoncelle seul* (1915), la *Sérénade en trio* (1920), et divers recueils de pièces pour piano. Toute cette œuvre, à laquelle s'ajoutent de nombreuses mélodies et des chœurs, fait preuve d'une grande capacité à allier une technique très sûre, qui doit beaucoup à Ravel, à une utilisation de la musique populaire qui ne soit pas seulement citations de folkloriste, mais assimilation de la substance même des mélodies et des rythmes ; le compositeur se crée un idiome naturel. Comme l'a écrit Kodály lui-même : « Il n'y a pas d'originalité individuelle qui ne soit enracinée dans une originalité nationale. » La secousse nationale que subit la Hongrie, guerre puis révolution, modifie profondément la carrière de Kodály. Il n'écrira pratiquement plus de musique de chambre, mais, en 1923, un oratorio, le *Psalmus hungaricus* (*), destiné à commémorer le cinquantenaire de la fusion des villes de Buda et de Pest. Sur un poème biblique du XVIe siècle, c'est l'expression contrastée de la douleur de l'homme devant son destin et de l'exaltation joyeuse d'un peuple enfin uni. Dans la même veine se situe le *Te Deum du château de Buda* (1936) destiné à commémorer le 250e anniversaire de la reprise du château de Buda aux Turcs.

Pour le théâtre, Kodály produit *Háry János* (1925), épopée comique sur le thème du housard légendaire qui a tout seul abattu Napoléon, et les *Fileuses de Transylvanie* [*Székely fonó,* 1924], simple récit d'une veillée de village sans élément dramatique. Ces deux œuvres sont, de bout en bout, empreintes d'un folklore que les chants et les danses font ressortir, sans erreur possible, sur les intentions du compositeur. Deux suites de danses, *Les Danses de Marosszék* (1927) et les *Danses de Galánta* (*) (1933), précèdent *le Paon* (1938), variations sur un chant populaire hongrois, et le *Concerto pour orchestre* (1939). Par ailleurs, Kodály a, dès 1927, tiré de son *Háry János* une suite d'orchestre appelée à être son œuvre la plus souvent jouée, en raison de sa bonne humeur contagieuse et du charme de ses rythmes. Au cours de la Seconde Guerre mondiale, il écrit une *Missa brevis* (1942) pour solistes et orgue, qu'il harmonisera, en 1944, pour soli, chœur mixte, orgue et orchestre. Cette œuvre, très émouvante, se ressent des circonstances de sa composition. Après la guerre, Kodály compose encore un opéra, *Czinka panna* (1948), une seconde *Messe brève* (1950) et un *Te Deum* (1961). Mais ce serait donner de l'activité de Kodály une vue très fausse que de la limiter à la seule composition.

Toute sa vie, Zoltán Kodály a fait œuvre d'ethnomusicologue, recueillant avec le plus grand soin tout ce que la Hongrie possédait comme musique populaire. Le travail commencé tout jeune avec Bartók a continué après son départ, et c'est en 1960, à plus de quatre-vingts ans, qu'il publie le dernier de ses recueils de chansons populaires. Il faut lier ce souci de maintenir le passé musical de son pays à la préoccupation constante d'éducateur qui a animé toute la vie de Kodály. Il a publié un très grand nombre d'œuvres chorales a cappella, destinées à la formation de la jeunesse. Cette tâche d'éducateur, inséparable des travaux du musicologue et du compositeur, s'est accompagnée d'une importante littérature théorique, qui sert encore aujourd'hui de base à l'enseignement de la musique par le chant choral, aussi bien en Hongrie que dans nombre d'autres pays.

JEAN-FRANÇOIS LABIE.

RÉF. : P. M. Young, *Zoltán Kodály, a Hungarian Musician,* Londres, 1964. – J.-P. Amann, *Zoltán Kodály,* Lausanne, 1983. – G. Ránki, *Bartók et Kodály Revisited,* Budapest, 1987.

KOECHLIN Charles. Compositeur français. Né à Paris le 27 novembre 1867, mort à Canadel (Var) le 31 décembre 1950. Il reçut une double formation scientifique (École polytechnique) et musicale (Conservatoire de Paris, avec pour maîtres Massenet et Fauré). Il consacra sa vie à la composition et à l'enseignement, à Paris (où il eut pour élèves Poulenc et Sauguet) et aux États-Unis. Se plaçant en marge des coteries, il édifia une œuvre de compositeur et de théoricien considérable, en qualité comme en quantité. Presque oublié de nos jours, il n'en fut pas moins un musicien de très grand talent et un esprit remarquablement éclairé et ouvert, à qui son indépendance résolue continue à nuire bien après sa mort. Il était l'un des rares Français à connaître le dodécaphonisme avant la Seconde Guerre mondiale et à en adopter certains principes, tout comme il aimait emprunter aux techniques de composition du Moyen Âge ou de la Renaissance, qu'il connaissait fort bien également. Son lyrisme généreux, sa puissance et son optimisme s'expriment dans un langage protéiforme qui échappe à tout classement, mais où s'affirme constamment une grande science de l'écriture. Dans une œuvre aussi vaste, tout n'est pas d'une égale réussite ; mais les *Sonatines pour piano,* les mélodies, les pages symphoniques qui illustrent *Le Livre de la jungle* (*) — notamment *La Course de printemps* (*) (1925) et *Les Bandar-Log* (+) (1939), la musique de chambre mériteraient une résurrection. Enfin, parmi ses écrits didactiques, son *Traité d'orchestration* (3 volumes, 1928), qui témoigne de sa prodigieuse connaissance des ressources instrumentales, demeure aujourd'hui un modèle du genre et une inépuisable source d'enseignements.

GILLES CANTAGREL.

RÉF. : *Catalogue de l'œuvre de Charles Koechlin,* Paris, 1975. — Paul-Gilbert Langevin, « Musiciens de France, la génération des grands symphonistes », in *La Revue Musicale* nos 324-325-326, Paris, 1979. — « Charles Koechlin, hommages, repères biographiques, Koechlin par lui-même », *La Revue Musicale* nos 340-341, Paris, 1981. — « Charles Koechlin, 1867-1950, correspondance », *La Revue Musicale* nos 348-349-350, Paris, 1982. — Robert Orledge, *Charles Koechlin (1867-1950). His Life and Works,* Londres, 1989.

KOEPPEN Wolfgang. Romancier et essayiste allemand. Né le 23 juin 1906 à Greifswald. Individualiste impénitent : échappé du giron familial, il exerce tous les métiers, entame des études supérieures dans différentes universités, devient comédien, dramaturge, journaliste (il est un temps rédacteur au *Berliner-Börsen-Courier*), voyage à travers l'Europe, les États-Unis. Après avoir longtemps résidé aux Pays-Bas, il vit à Munich. Les premiers livres de W. Koeppen — *Un amour malheureux* [*Eine unglückliche Liebe*, 1934] et *Le Mur chancelle* [*Die Mauer schwankt*, 1935] — éveillèrent peu d'écho. Sous le nazisme, il choisit de se taire, « tout occupé à survivre ». Ce n'est que dans les années cinquante qu'il s'affirma véritablement comme écrivain : avec d'abord le roman *Pigeons sur l'herbe* (*) (1951), description « sociologique » d'une journée banale dans le Munich de l'immédiat après-guerre, au cours de laquelle s'entrecroisent fortuitement les destinées de plusieurs personnages. La critique est plus acerbe dans le roman suivant, *La Serre* [*Das Treibhaus*, 1953], roman politique dont le héros, député de l'opposition au Parlement de Bonn, désespère de la nouvelle société allemande. Enfin, *Mort à Rome* [*Der Tod in Rom*, 1954] qui met en scène des individus hantés par le passé nazi. Après ces années particulièrement fécondes, W. Koeppen délaissa le genre romanesque pour ne plus publier qu'essais et récits de voyage : *Vers la Russie et vers d'autres lieux* [*Nach Russland und anderswohin*, 1958], *Voyage en Amérique* [*Amerikafahrt*, 1959] et *Voyages en France* [*Reisen nach Frankreich*, 1961]. Paradoxe : ces œuvres, qualifiées de « secondaires » par la critique, connurent un succès plus grand que les romans.

Sous le titre *Jeunesse* [*Jugend*] parut en 1976 un récit autobiographique-imaginaire, placé sous l'exergue de la sentence goethéenne : « La création poétique affirme son droit tout comme le fait réel. » Roman d'une vie ou vie romanesque : le monde intérieur et la réalité vécue se pénètrent, l'imaginaire (historique, littéraire, mythologique) s'immisce dans la relation des faits, la troisième personne grammaticale subvertissant insidieusement le « je » du narrateur. Les métaphores de la mort dominent le récit : l'enfant est jeté dans le monde « avec une tête de vieillard ». W. Koeppen, l'écrivain comme le personnage public, se situe délibérément « en marge » : « C'est à dessein que je marchais penché. Je souhaitais être bossu, je voulais être un paria... » Hans Magnus Enzensberger a dit de la prose de W. Koeppen qu'elle était « la plus délicate et la plus souple de la littérature allemande contemporaine ».

JEAN-JACQUES POLLET.

RÉF. : H. Buchkolz, *Eine eigene Wahrheit. Über W. Koeppens Romantrilogie « Tauben im Gras », « Das Treibhaus », « Der Tod in Rom »*, Francfort-sur-le-Main, 1982. — M. U. Treichel, *Fragment ohne Ende. Eine Studie über W. Koeppen*, Heidelberg, 1984.

KOESTLER Arthur. Écrivain anglais d'origine hongroise. Né le 5 septembre 1905 à Budapest, mort à Londres le 3 mars 1983. Il fit ses études à l'université de Vienne et adopta la langue allemande, à laquelle il renonça à l'âge de trente-cinq ans en faveur de l'anglais. En 1926, il fut tenté par l'aventure sioniste, mais réflexion faite demeura sceptique. Juif lui-même, il écrira plus tard : « Les Juifs sont comme tout le monde, seulement un peu plus. » À son retour de Palestine, il devint le correspondant à l'étranger de différents journaux allemands ; il fut marxiste, quoique avec des centres d'intérêt très personnels. En 1931, il adhéra au parti communiste et, en 1933, passa une année en Union soviétique. (Après sa rupture avec le parti, en 1938, il décrira celui-ci comme une infaillible machine « à avoir toujours le dernier mot ».) Au début de la guerre civile espagnole, il fut nommé correspondant du quotidien libéral anglais *News Chronicle* auprès du quartier général de Franco. Il prit presque aussitôt la fuite et dénonça l'intervention nazie. De retour en Espagne, il fut arrêté par les franquistes et condamné à mort. Libéré grâce à la Croix-Rouge en application d'un accord d'échanges internationaux, il fut à son retour en France interné au Vernet. En 1939, il s'engagea dans la Légion étrangère, puis servit dans l'armée britannique en 1941-1942.

Dans *Un testament espagnol* (*) (1938), Koestler nous dit que, quatre mois durant, il s'attendit à être exécuté par les nationalistes. Cette attente était ponctuée par les salves des pelotons d'exécution : presque tous ses compagnons furent fusillés. Le livre rapporte cette tragédie à la façon d'un reportage, puis tourne à la méditation métaphysique. Qu'est-ce que la vie ? la mort ? la peur de mourir ? Seize ans plus tard, Koestler prendra, dans son pays d'adoption (l'Angleterre), la tête de la campagne pour l'abolition de la peine de mort et publiera, en 1957, en collaboration avec Albert Camus, des *Réflexions sur la peine capitale* (+). Cependant, alors qu'il était menacé d'être « liquidé », comme disaient les idéologues, il se promettait d'entreprendre une réflexion sur ce qui lui arrivait, d'où ces deux volumes d'autobiographie : le premier, *La Corde raide* (*) (1952), raconte ses études viennoises, son passage dans le journalisme berlinois, dans les kibboutzim d'Israël, et son adhésion au « parti » ; le second [*The Invisible Writing*, 1954], devenu *Hiéroglyphes* (+) dans la traduction française, relate essentiellement la chronique des expéditions de l'auteur à travers les républiques de l'Union soviétique : espérances, étonnements, indignations. Autrement dit, Koestler rassemblait et distillait les matériaux d'une œuvre née au cœur de l'anxiété moderne. De ce point de vue, le titre le plus fameux reste : *Le Zéro et l'Infini* (*) (1940). Le livre fut peut-être un peu surestimé à l'époque, quoique l'auteur ait su garder ses distances envers nos querelles de politique pure. Il nous atteint mieux quand il aborde d'autres aspects de la même difficulté de réconcilier la communauté et l'individu, notamment dans *Croisade sans croix* (*) (1943) et dans *Les hommes ont soif* (*) (1951). Cependant, son témoignage pro-sioniste de *La Tour d'Ezra* (*) (1946) demeure émouvant. Koestler restera comme l'écrivain qui sut, à travers ses propres expériences, témoigner sur un moment de la crise du monde.

ROLAND DAILLY.

RÉF. : John Atkins, *Arthur Koestler*, Londres, 1956. – *Arthur Koestler*, in *Cahiers de l'Herne*, Paris, 1975. – P. Debray-Ritzen, *A. Koestler*, Paris, 1987.

KOFFKA Kurt. Psychologue américain d'origine allemande. Né le 18 mars 1886 à Berlin, mort le 22 novembre 1941 à Northampton, Massachusetts. Il prépare à Berlin une thèse de doctorat (1908), sous la direction de Carl Stumpf, consacrée à l'étude expérimentale de l'apprentissage du rythme. Il rencontre en 1910 Wertheimer et Köhler, avec lesquels il fondera le mouvement de la gestalt-psychologie en réaction aux théories associationnistes de Wundt. Professeur (1918-1924) à l'université de Giessen, il émigre aux États-Unis quand les nazis arrivent au pouvoir. Il accepte un poste de professeur aux universités de Cornell et de Wisconsin, et enfin à Smith College. Auteur de cinq ouvrages, son œuvre majeure est *Les Principes de la psychologie de la forme* (*) (1935), écrite en Russie en 1932 où il travailla avec Luria. Dans les dernières années de sa vie, Koffka s'intéressera à la vision des couleurs et à l'organisation perceptive.

ARLETTE STRERI.

KÖHLER Wolfgang. Psychologue américain d'origine allemande. Né le 21 janvier 1887 à Reval (aujourd'hui Tallin, Estonie), mort le 11 juin 1967 à Enfield (New Hampshire). Élève du psychologue Carl Stumpf et du physicien Max Planck, Köhler présente son doctorat en 1909 sur un travail en psycho-acoustique. En 1910, il rencontre Wertheimer et Koffka. Tous trois constituent l'école de Berlin et fondent le mouvement gestaltiste en réaction aux conceptions empiristes et atomistes de l'époque. Ce courant a particulièrement mis l'accent sur les aspects de configuration et de prééminence de la totalité sur les éléments. En 1913, il est nommé directeur de la station de recherche prussienne située à Ténériffe (îles Canaries) et, surpris par la déclaration de guerre, il doit y rester jusqu'en 1920. Il étudie expérimentalement l'intelligence des animaux et publie son ouvrage qui le rend célèbre en 1917 : *L'Intelligence des singes supérieurs* (*). Avec la montée du nazisme, il quitte l'Allemagne pour les États-Unis où il enseigne à Swarthmore et Dartmouth. Il est président de l'Association américaine de psychologie en 1959. Auteur de nombreux articles et de six ouvrages, Köhler se situe au carrefour de la physique, la biologie et la psychologie. Il voit dans *La Psychologie de la forme* [*Gestalt Psychology*, 1929] une application aux questions de la psychologie de la théorie des champs, au sens des champs de force de la physique. Son intérêt pour l'anthropologie est très fort. Il est considéré comme l'un des plus ardents défenseurs des principes gestaltistes qui marquent encore profondément la psychologie.

ARLETTE STRERI.

KOIDULA Lydia (pseud. de Lydia Michelson, née Jannsen). Poétesse estonienne, née le 24 décembre 1843 à Vändra, dans la région de Pärnu, morte à Kronstadt le 11 août 1886. Koidula est l'une des principales personnalités de l'éveil national et intellectuel estonien, comme son père, Johann Voldemar Jannsen, qui a fondé le premier grand journal en langue estonienne (le *Pärnu Postimees*). Quand la famille quitte Pärnu et s'installe dans la ville universitaire de Tartu, Lydia fréquente des milieux stimulants et participe activement au travail de rédaction d'*Eesti Postimees*, le nouveau journal de son père, où elle publie ses premiers poèmes. Elle prend de plus en plus d'autorité comme poétesse, publie dès 1866 *Fleurs des champs* [*Waino-Lilled*] et l'année suivante *Le Rossignol de l'Emajõgi* (*), des recueils d'une poésie romantique et patriotique qui touche profondément ses contemporains. Elle est de plus en plus populaire, sa figure prend valeur de symbole ; collaboratrice de son père, elle est en contact avec les principaux intellectuels progressistes estoniens et finnois de l'époque, et laisse une très intéressante correspondance avec Kreutzwald. Comme lui, elle subit l'influence du romantisme allemand, sensible surtout dans ses premiers poèmes. Sa langue, alors que l'estonien se cherche encore, est assurée et expressive. L'essentiel de sa carrière est pourtant accompli quand, à trente ans, elle épouse Eduard Michelson, un médecin militaire, qu'elle suit à Kronstadt. C'est une sorte d'exil, loin de son pays, au cours duquel elle écrit des poèmes tragiques et des élégies, et se consacre à la vie de famille. Fondatrice de la poésie estonienne, elle est également le premier auteur dramatique et laisse quatre comédies. Trois seront jouées de son vivant, dont *Le Cousin de Saaremaa* [*Saaremaa Onupoeg*, 1870]. Elles n'ont pas quitté le répertoire scénique en langue estonienne. Koidula laisse également une large œuvre en prose : des adaptations libres d'œuvres allemandes et des récits sur la vie du village estonien. Elle y exprime sa sensibilité au sort des peuples opprimés dans le monde et y révèle ses aspirations progressistes en condamnant les mœurs rétrogrades de la campagne et en défendant, par exemple, les droits des femmes.

EVA TOULOUZE.

KOJÈVE Alexandre. Philosophe français. Né à Moscou en 1902, mort à Paris en mai 1968. Après des études en Allemagne avec Karl Jaspers et en France avec Alexandre Koyrë, il devient en 1933 professeur à Paris, et donne des cours à la Sorbonne sur Hegel. Son œuvre, relativement brève, a eu une importance considérable : *Introduction à la lecture de Hegel* (*) (1947), *De la tyrannie* (1954), *Essai d'une histoire raisonnée de la philosophie païenne* (tome I, 1968), *Le Concept, le Temps et le Discours*, posthume, 1990. Mais c'est surtout l'*Introduction à la lecture de Hegel* qui a consacré la gloire de Kojève. Il s'agit en fait de notes de cours donnés avant la Seconde Guerre mondiale, éditées ultérieurement par Raymond Queneau. Ces cours, qui ravivaient l'intérêt envers Hegel, du moins en France — où il était encore mal connu — et en donnaient une interprétation originale, furent suivis par des personnalités aussi diverses que Jean-Paul Sartre, Raymond Queneau, Georges Bataille, Jacques Lacan, Jean Hyppolite, Merleau-Ponty ou Roger Caillois. Kojève, avec une liberté qu'aucun commentateur de Hegel n'avait eue avant lui, interprétait le philosophe allemand à la lumière de Heidegger et de Karl Marx. Pour Kojève, Hegel est le philosophe de l'Histoire, du travail, du désir et de la négativité. Le désir humain est négativité, négation active ou pensante de l'être naturel. Par cette négation qui est à la fois travail et lutte (travail sur l'être naturel, lutte des hommes, des « consciences » entre elles), l'homme crée littéralement le temps. Mais ce temps est fini, car l'horizon ontologique du temps, c'est la mort, mort déjà présente dans la conscience en tant qu'elle est conscience. Il revient à Kojève d'avoir analysé, après que Jean Wahl l'eut traduite dans *La Conscience malheureuse chez Hegel*, la célèbre dialectique du maître et de l'esclave, qui est l'un des moteurs de la philosophie hégélienne, et le point où Marx s'est inspiré de celle-ci. L'influence de ces commentaires sur les intellectuels contemporains a été considérable : on n'imagine guère *L'Être et le Néant* (*) de Jean-Paul Sartre sans l'existence de l'*Introduction à la lecture de Hegel* — et il en va de même pour un certain nombre de textes de Georges Bataille, de Raymond Queneau ou de Jean Hyppolite. Les cours de Kojève ont d'ailleurs poussé ce dernier à traduire la *Phénoménologie de l'esprit* (*) de Hegel dans un esprit nouveau. Kojève a donc influencé toute une génération — extrêmement importante — d'intellectuels français, et a marqué une césure dans les études hégéliennes. Son influence est sensible jusque dans la réflexion psychanalytique de Jacques Lacan. Certes son interprétation de Hegel est très libre, parfois trop influencée par le Heidegger de *Être et Temps* (*) ou par le marxisme. Mais il revient à Kojève d'avoir été le premier à introduire vraiment l'œuvre de Hegel dans l'espace culturel français.

ANTOINE BERMAN.

RÉF. : Dominique Auffret, *Alexandre Kojève : la philosophie, l'État, la fin de l'histoire*, Paris, 1990.

KOJIMA. Religieux japonais du XIVe siècle. Auteur du *Taiheiki* (*). On ne sait de lui que ce qu'en rapporte le ministre Tôin Kinsada (1340-99) dans son *Journal* [*Tôin Kinsada nichijiki*], où, à la date du 3e jour de la Ve lune de la 7e année de l'ère Oan (13 juin 1374), il est dit : « Le bruit court qu'entre le 28 et le 29 (8-9 juin 1374) est mort le révérend Kojima... Ce dernier, tout récemment, et par manière de raillerie envers le monde, a écrit le *Taiheiki*. Bien que personnage éminent, il a composé cette œuvre, semble-t-il, pour les petites gens. Ce qui est vraiment une faute. » En dehors de cette mention, on n'a rien pu apprendre sur Kojima.

KOKKO Yrjö. Écrivain finlandais. Né le 16 octobre 1903 à Sortavala, mort le 6 septembre 1977 à Helsinki. Vétérinaire de son état, il devint célèbre du jour au lendemain grâce à un conte de fées pour adultes et enfants : *Pessi et Illusia* (*) (1944). Il fit la connaissance d'Illusia sur le front, lorsqu'il aperçut sur la vitre avant d'un camion militaire la silhouette minuscule d'une fillette de givre. Photographe habile, il illustra lui-même les aventures fort symboliques de cette petite fée. D'après ce conte fut créé en 1952 un ballet dont la musique fut composée par Ahti Sonninen. Au cours d'un long séjour à Muonio, Kokko publia plusieurs livres ayant pour sujet la nature, les animaux et les habitants de la Laponie, tous illustrés par ses soins. *Le Cygne chanteur* [*Laulujoutsen*] contribua à la sauvegarde d'une espèce en voie de disparition : l'oiseau mythique des anciens Finnois, auquel étaient attribués des pouvoirs extraordinaires. Ainsi Yrjö Kokko peut-il être considéré comme le premier des écrivains « écologistes » de son pays : toute son œuvre est empreinte d'un respect profond pour la nature lapone sous toutes ses formes, ainsi que pour les Lapons eux-mêmes.

KOKOSCHKA Oskar. Peintre et écrivain autrichien. Né à Pöchlarn, près de Vienne, le 1er mars 1886 ; mort à Villeneuve, près de Montreux, le 21 février 1980. Figure de proue de l'expressionnisme autrichien. Fils d'un orfèvre praguois, Kokoschka passe sa jeunesse à Vienne, où il fréquente, à partir de 1905, l'École des arts décoratifs. En 1907, il devient collaborateur des « ateliers de Vienne », qui publient son premier livre, un recueil de poèmes intitulé *Les Enfants qui rêvent* [*Traümende Kinder*, 1908], illustré par les soins de l'auteur. À la même époque, la représentation de sa pièce en un acte *L'Assassin, espérance des femmes* [*Mörder, Hoffnung der Frauen*, 1910], drame extatique, où des figures allégoriques rendent leurs oracles déchirants, suscite un véritable scandale. En 1910, Kokoschka se rend à Berlin, où il devient collaborateur de la revue *Der Sturm*, ce qui le fait connaître rapidement et lui permet bientôt d'exposer, pour la première fois seul, à la galerie Paul Cassirer. Ses pièces de théâtre continuent de provoquer des controverses passionnées : *Le Buisson ardent* [*Der brennende Dornbusch*, 1911], *Orphée et Eurydice* (1918), qui mêlent mysticisme et sexualité dans une forme que l'on a parfois appelée le « dramecri » [Schreidrama].

Grièvement blessé en 1914, Kokoschka accepte, après la guerre, un poste de professeur à l'Académie de Dresde. C'est dès lors l'art graphique qui, dans sa production, constitue sa préoccupation essentielle. Sous le nazisme, il se réfugie à Prague (où il exécute le célèbre *Autoportrait d'un artiste dégénéré*, en réponse à « l'esthétique » national-socialiste), puis en Angleterre. Kokoschka s'est retiré, depuis 1954, sur les bords du lac de Genève, et a publié en 1956 *Mirages du passé* (*).

JEAN-JACQUES POLLET.

KOŁAKOWSKI Leszek. Philosophe marxiste polonais. Né le 23 octobre 1927 à Radom. Intellectuel communiste, il est en 1956 l'un des animateurs du courant révisionniste et devient un véritable symbole du socialisme démocratique. Profondément marxiste, se sentant « récupéré » par l'opposition antimarxiste, il s'abstiendra pendant un certain temps de toute publication critique susceptible d'aider celle-ci. Professeur d'histoire de la philosophie moderne à partir de 1959, il est exclu du parti en 1966 et destitué de sa chaire en 1968. Émigré, il enseigne à Oxford, Berkeley et Montréal.

Il est l'auteur de nombreux ouvrages d'érudition, témoignant tous d'une rigueur intellectuelle profonde, écrits parfois dans un style difficile : *Essais sur la philosophie catholique* [*Szkice o filozofii katolickiej*, 1955] ; *Vision du monde et vie quotidienne* [*Światopogląd a życie codzienne*, 1957] ; *L'Individu et l'Infini* [*Jednostka a nieskończoność*, 1958] ; *La Philosophie du XVIIe siècle* [*Filozofia XVII wieku*, 1959] ; *La Civilisation et les Fétiches* [*Kultura a fetysze*, 1967]. Son volume *Chrétiens sans Église, la conscience religieuse et le lien confessionnel au XVIIe siècle* [*Świadomość religijna i więź kościelna w XVII wieku*, 1965] est l'aboutissement de longues recherches sur les courants mystiques en France et en Hollande. *La Philosophie positiviste* [*Filozofia pozytywistyczna*, 1966] rend compte des étapes les plus importantes de la pensée positiviste. Dans un ouvrage capital, *Histoire du marxisme* (*) (1976-1978), il retrace l'évolution de la doctrine. Il procède dans un brillant essai écrit en anglais, *Philosophie de la religion* [*Religion*, 1982], à l'analyse et à la critique des arguments traditionnellement avancés pour ou contre l'existence de Dieu.

Son ironie, que Miłosz qualifie de voltairienne, lui fait exploiter divers genres littéraires. Il est l'auteur de pièces de théâtre et de récits écrits dans une langue familière. *L'Hôtel Eden* [*Hotel Eden*] est une pièce comique dont la morale est qu'il n'y a de liberté que si l'on assume sa condition. *La Clef des cieux ou Contes édifiants tirés de l'Histoire sainte et rassemblés à des fins d'instruction et de mise en garde* [*Klucz niebieski albo opowieści budujące z historii świętej zebrane ku pouczeniu i przestrodze*, 1964] est un exercice philosophique et moral de caractère volontairement ambigu dans lequel il déforme sur un ton railleur des passages célèbres de *La Bible* (*). Les *Entretiens avec le diable* [*Rozmowy z diablem*, 1965], de formes variées, parfois même en vers, se composent de parodies de sermons, de déclarations de démons mises dans la bouche de personnages historiques.

Incarnant l'esprit rebelle de l'intelligentsia polonaise, rationaliste et anticléricale, Leszek Kołakowski est l'une des figures de proue de la Pologne d'après-guerre.

LAURENCE DYÈVRE.

KOLÁŘ Jiří. Poète et plasticien tchèque. Né le 24 septembre 1914 à Protivín (Bohême méridionale). Fils de boulanger, il apprend la menuiserie au sortir de l'école primaire, passe plusieurs années au chômage, tâte de divers petits métiers et expose en 1937 des collages « poétistes » avant de publier son premier recueil de poésie avec l'appui de František Halas. *Extrait de naissance* [*Křestní list*, 1941] annonce déjà l'esthétique du « Groupe 42 » qu'il fonde l'année suivante avec d'autres poètes (Hanč, Blatný) et artistes, conception qui identifie le « sens et l'intention de l'art » au « drame quotidien, terrifiant et glorieux, de l'homme et de la réalité ». Ce respect inconditionnel du réel sous la forme concrète d'un ici et maintenant qui, de la représentation, passe insensiblement à la mise en question et à la métamorphose, régit les recueils *Odes et Variations* [*Ódy a variace*, 1946], *Limbes et autres poèmes* [*Limb a jiné básně*, 1945], *Sept cantates* [*Sedm kantát*, 1945] et *Jours de l'année* [*Dny v roce*, 1948], journal poétique de 1946-1947 dont le second volet en prose, *Années des jours* [*Roky v dnech*], sera saisi par la censure. Les journaux écrits en 1949 et 1950, *Témoin oculaire* [*Očitý svědek*, 1969] et *Le Foie de Prométhée* (*) (1970), connaîtront le même sort avec vingt ans de retard, moins en raison de l'expérimentation qui s'y fait jour que pour leur critique lucide du totalitarisme commençant. En 1953, l'auteur est condamné à un an de prison. Amnistié après neuf mois d'incarcération, Kolář se pique au jeu, rapprochant de plus en plus l'écrit du vécu dans des poèmes « déstatiques » et « documentaires », partiellement publiés dans *L'Ésope de Vršovice* [*Vršovický Ezop*, 1966] et *Mode d'emploi* [*Návod k upotřebení*, 1969]. En 1956 et 1957, détournant des textes d'un stratège chinois du IVe siècle avant Jésus-Christ et d'un philosophe grec, il rédige des professions de foi esthétique et éthique : *L'Art poétique de maître Sun* [*Mistr Sun o básnickém umění*, 1957] et *Le Nouvel Épictète* [*Nový Epiktet*, 1968]. L'an 1958 voit la création de deux « collages » dramatiques proches du théâtre de l'absurde, *Notre pain quotidien* [*Chléb náš vezdejší*, inédit] et *La Peste d'Athènes* [*Mor v Athénach*, 1965], qui se proposent de « bannir la fable de la scène » et de « donner toute sa portée à la polyphonie comme pierre angulaire d'une forme dramatique nouvelle ». Entre 1959 et 1961 enfin, Kolář travaille à ses *Poèmes du silence* (*) (1970) qui consomment la rupture avec la poésie verbale (la « camisole de force des mots ») en faveur d'une poésie « concrète » et « évidente » qui prendra dès lors la forme du collage. La suite de son œuvre écrite, après l'interdiction dont le frappe le régime de la « normalisation » et l'émigration, d'abord à Berlin en 1979, puis à Paris en 1980, ne sera qu'un commentaire de l'œuvre plastique, avec l'interview *Réponses* [*Odpovědi*, 1984] et surtout le *Dictionnaire des méthodes* [*Slovník métod*, 1986] qui dresse l'inventaire de l'inventivité de celui qui restera pour les Tchèques un exemple de droiture et de liberté créatrice.

KOLAR Slavko. Écrivain croate. Né à Palesnik le 1er décembre 1891, mort à Zagreb le 15 septembre 1963. Entre les deux guerres, il exerce le métier d'agronome puis, en 1945, s'installe à Zagreb pour se consacrer à la littérature. C'est un conteur-né dont les récits et les nouvelles sont parmi les meilleurs du genre en Yougoslavie. Il publie dès 1917 *Les Contes souriants* [*Nasmi jane pripovijesti*], son premier recueil de nouvelles, mais c'est dans les années trente que son talent s'affirme en développant parallèlement les deux thèmes antinomiques mais complémentaires du primitivisme rural et de l'intellectualisme urbain. Cette œuvre à tendance sociale se complaît dans l'analyse humoristique et la satire, notamment dans *Nous sommes ou nous ne sommes pas* [*Ili jesmo – ili nismo*, 1933], *Retour dans la naphtaline* [*Natrag u naftalin*, 1946], et *L'Essentiel c'est d'avoir le chapeau sur la tête* [*Glavno da je kapa na glavi*, 1956], ses trois principaux recueils de nouvelles. Il convient d'ajouter qu'il fut aussi l'auteur d'une remarquable pièce de théâtre, publiée en 1956 : *Maître de son propre corps* (*).

KOLBENHEYER Erwin Guido. Écrivain allemand. Né le 30 décembre 1878 à Budapest, mort le 12 avril 1962 à Munich. Fils d'architecte, il fit des études supérieures de philosophie, de psychologie, de sciences physiques à Vienne, et passa son doctorat en 1905. Ses premiers succès littéraires lui permirent de vivre de sa plume dès 1919, date à laquelle il s'installa à Tübingen. Ses romans historiques, comme la trilogie consacrée à *Paracelse* [*Paracelsus*, 1917-1925] ; ses drames, comme *Giordano Bruno* [*Giordano Bruno*, 1903] ; ses essais, comme *La Cabane sur le chantier* (*), (1925) prêchent une morale héroïque, nationaliste, mystique de l'« âme germanique ». La pesanteur pédagogique et l'emphase voilent le biologisme primaire érigé en « métaphysique ». Kolbenheyer devint écrivain officiel du nazisme, glorifié, comblé d'honneurs par le nouveau régime. Son « engagement » lui valut d'être frappé, après la guerre, de l'interdiction de publier pendant une durée de cinq ans.

RÉF. : F. Koch, *Kolbenheyer*, Göttingen, 1953. – E. Frank, *Jahie des Glücks. Jahie des Leids. Eine Kolbenheyer Biographie*, Velbert/Kettwig, 1969. – R. König, *Der Metaphysische Naturalismus E.G.K.S.*, Nüremberg, 1971.

KÖLCSEY Ferenc. Écrivain hongrois. Né à Szödemeter (Transylvanie) en 1790, mort subitement à Cseke le 24 août 1838. De famille noble, tôt orphelin, il montra vite des goûts littéraires et philosophiques. Après des études de droit, il dut se consacrer à l'administration de son patrimoine, ce qui lui imposa une solitude pénible pour sa nature pessimiste. C'est alors qu'il écrivit plusieurs essais sur les poètes hongrois de son temps. Par scrupule, il publia peu de vers : tous expriment ses doutes et ses inquiétudes. Même son poème *Himnusz*, (1823), qui est devenu l'hymne national hongrois, est le fruit d'un pessimisme exacerbé. Malgré sa renommée littéraire, il ne réussit à entrer dans la vie politique qu'à trente-neuf ans. De 1832 à 1834, à la Diète, il préconisa de grandes réformes sociales, comme l'affranchissement des paysans et la démocratisation de la noblesse. À cette occasion, il se révéla grand orateur. Les discours qu'il prononça à l'Académie des sciences (où il avait été reçu en 1830) et sa dernière œuvre, *Parénèse* (*), comptent parmi les chefs-d'œuvre de la prose hongroise.

KOLLÁR Ján. Écrivain tchèque. Né le 29 juillet 1793 à Mošovce, en Slovaquie, mort à Vienne le 24 janvier 1852. Il étudia la théologie protestante à Iéna de 1817 à 1819. Les doctrines de Herder, l'idéalisme romantique, les aspirations nationalistes des étudiants allemands influèrent grandement sur les conceptions panslavistes de Kollár. Au printemps de 1818, il fit la connaissance de Wilhelmina Schmidt, fille cultivée d'un pasteur protestant ; elle refusa d'abord de le suivre, mais elle fut désormais la muse Mina qui inspira le poème *La Fille de Sláva* (*). Kollár devint ensuite pasteur de la communauté réformée slovaque de Budapest, où Mina vint le rejoindre en 1835. Après deux voyages en Italie, en 1841 et en 1844, il écrivit un curieux ouvrage archéologique, intitulé *L'Ancienne Italie slave* [*Staroitalia slavjanská*], publié en 1853, et où il se propose de démontrer que les habitants de l'Italie du Nord sont d'origine slave. En 1849 enfin il fut nommé professeur d'antiquités slaves à Vienne. Kollár écrivit aussi des épigrammes, un recueil de poésies populaires slovaques et, en 1831, un choix de sermons, ainsi que de nombreux travaux sur la fraternité des peuples slaves.

RÉF. : Bačkovský, *Histoire de la littérature tchèque au XIXe siècle*, Prague, 1886. – L. Léger, *Russes et Slaves*, Paris, 1891. – Article de J. Jakubec in *Literatura Ceska*, tome II, 1917. – H. Kolm, *Panslavismus*, 1954.

KOLTÈS Bernard-Marie. Romancier et dramaturge français. Né le 9 avril 1948 à Metz, mort le 15 avril 1989 à Paris. Après un bref passage dans la section « mise en scène » de l'école du Théâtre de Strasbourg (TNS), Koltès choisit d'écrire pour le théâtre. C'est au théâtre du Pont-Saint-Martin, à Strasbourg, que sont créées ses deux premières pièces : *Les Amertumes* et *La Marche.* Sa troisième pièce, *L'Héritage,* est diffusée en 1972 sur France-Culture dans le cadre du « Nouveau répertoire dramatique » de L. Attoun. Après plusieurs travaux d'écriture destinés aux élèves comédiens du Théâtre national de Strasbourg, Koltès fait véritablement en 1977 ses débuts de créateur. De sa pièce *La Nuit juste avant les forêts,* monologue mis en scène par Y. Ferry et créé à Avignon, le critique G. Sandier soulignera le « lyrisme sauvage ». En 1979 c'est la « mise en voix » par G. Monnet de *Combat de Nègre et de chiens* (*), tournant décisif dans la carrière de Koltès. *Combat de Nègre et de chiens,* d'abord publié en tapuscrit par Théâtre ouvert, va permettre la rencontre « essentielle » entre un metteur en scène, Patrice Chéreau, et celui qui allait devenir son auteur de prédilection. Chéreau décide de souligner l'importance que revêt pour lui le travail de Koltès en choisissant d'inaugurer le théâtre des Amandiers de Nanterre par la création de *Combat de Nègre et de chiens* (1983). Ce fut un véritable événement théâtral. Un trio d'acteurs remarquables, Michel Piccoli, Myriam Boyer et le « phénomène » Philippe Léotard, donna à la mise en scène et au texte toute son envergure. Dès lors une sorte de pacte de « création » est scellé entre le metteur en scène et son auteur. Chéreau va se charger de mettre en scène, successivement : *Quai Ouest* (1986) – qui est un échec –, *Dans la solitude des champs de coton* (1987) – dialogue entre un dealer et un client, qui verra le retour sur scène de Chéreau –, et enfin *Le Retour au désert* (1988). Sur cette dernière création, évoquant l'atmosphère étouffante de la province française pendant la guerre d'Algérie, Koltès déclarera qu'il a voulu faire une comédie « sur un sujet qui n'est peut-être pas tout à fait un sujet de comédie ». La dernière œuvre de Koltès, très controversée, a pour thème la vie et la mort d'un personnage de faits divers que Koltès a voulu élever au rang de mythe. « *Roberto Zucco,* déclarait-il, c'est un trajet invraisemblable, un héros comme Samson ou Goliath, monstres de force, abattus finalement par un caillou ou par une femme. » *Roberto Zucco* a été lu en 1990 par Michel Piccoli au T.N.P. de Villeurbanne. Patrice Chéreau a vu dans le théâtre de Koltès une « métaphore du monde contemporain, une forme de théâtre allégorique tourné non vers le passé mais en prise directe sur notre société ».

PHILIPPE BLONDEAU.

KOMENSKÝ Jan Amos : v. **Comenius.**

K'ONG CHANG-JEN [Kong Shangren] (appellations honorifiques : Pin-tche, Tsi-tchong ; surnoms : Tong-t'ang, An-t'ang, Yun-t'ing Chan-jen). Écrivain chinois. Né le 1er novembre 1648 à Ts'u-fou (Chantong), mort le 14 février 1718. Soixante-quatrième descendant de Confucius, il s'occupa en érudit de questions relatives à la doctrine du maître, de recherches généalogiques et autres points de culture générale. Il instruisit environ sept cents disciples de Confucius et les initia aux rites et à la musique. En 1684, quand l'empereur Cheng Tsou s'arrêta à Ts'u-fou en revenant du Sud, K'ong Chang-jen fut prié de faire une conférence sur les Classiques. Pour le récompenser de ses activités, l'empereur le fit nommer docteur de l'Académie impériale. Il remplit différentes charges administratives. En 1699, il termina son chef-d'œuvre, *L'Éventail aux fleurs de pêcher* (*), que l'on tient pour un des meilleurs drames de la littérature chinoise.

RÉF. : A. W. Hummel, *Eminent Chinese of the Ch ïng Period,* Washington, 1943, vol. I. – R. E. Strassberg, *The World of K'ung Shang Jen,* New York, 1983.

KONRÀD György. Écrivain hongrois. Né à Debrecen le 2 avril 1933. De la deuxième moitié des années 60 à la fin des années 80, le nom de Konràd incarne en Hongrie l'opposition intellectuelle au régime de Jànos Kàdàr ; une dissidence intérieure, puisque Konràd n'a jamais voulu quitter son pays. Ayant fait à Budapest des études supérieures de hongrois et de littérature hongroise, Konràd a toujours éprouvé un intérêt particulier pour les sciences sociales et la philosophie : n'a-t-il pas, à ses débuts, travaillé avec l'École de Budapest fondée par György Lukàcs ? Il a donc du marxisme une excellente connaissance. De plus, il bénéficie d'une expérience professionnelle très variée : en plus de ses activités de journaliste, il a travaillé, avant 1965, dans des maisons d'édition, dans un asile comme aide-infirmier, dans les services de l'Assistance publique de Budapest. Cette dernière expérience le conduit d'ailleurs à écrire son premier roman, *Le Visiteur* (*), paru en 1969. Entre 1965 et 1973, il travaille comme sociologue urbain au bureau de l'Urbanisme et de la Planification. Cette expérience le conduira également à l'écriture : il publie en 1969 avec Ivàn Szelényi, une étude intitulée *Problèmes sociologiques des nouvelles cités* ; on retrouve particulièrement les préoccupations de l'urbaniste dans son deuxième roman *Le Fondateur* [*À vàrosalapito*], publié quelques années plus tard en 1977. Depuis 1973, il vit de sa plume. Bien qu'interdit de publication en Hongrie jusqu'en 1988, il est publié à l'étranger, traduit et reçoit des prix littéraires. L'intelligentzia hongroise n'a cessé de suivre avec attention la pensée de cet « enfant terrible ». Il faut avant tout citer, pour ses répercussions politiques, l'essai intitulé *La Voie des intellectuels au pouvoir de classe* [*Àz értelmiség útja az osztàlyhatalomhoz,* avec Ivàn Szelényi, Genève 1978]. Dans cette œuvre, il reprend de manière critique des éléments de l'analyse marxiste de la société et, mettant en cause le caractère central de la classe ouvrière dans les transformations révolutionnaires, il confère la première responsabilité aux intellectuels. György Konràd a ouvertement joué un rôle politique, ce qui explique la place que tient l'essai dans son œuvre : citons *La Tentation de l'autonomie* [*Àz autonómia kisértése,* Paris, 1980] et *L'Antipolitique* [*Àntipolitika,* 1986]. Il n'a cependant pas renoncé à la prose de fiction, et a écrit deux autres romans, *Le Complice* [*A cinkos,* 1983] et *Divertissement au jardin* [*Kerti mulatsàg,* 1987].

Bien que l'importance de l'homme politique et du théoricien ait quelque peu rejeté dans l'ombre l'écrivain, Konràd s'était affirmé avec son premier roman, à tonalité lyrique, qui avait été traduit dans plusieurs langues. Son œuvre est traversée par l'aspiration à comprendre une histoire qui paraît absurde, et par la préoccupation de la responsabilité individuelle.

EVA TOULOUZE.

KONRÁD Karel. Écrivain tchèque. Né le 28 mars 1899 à Louny, mort le 11 décembre 1971 à Prague. Fils de commerçant devenu instituteur, il devient journaliste et opte pour le communisme. Si son esprit reste marqué par la Grande Guerre, ses écrits révèlent une profonde empreinte du dadaïsme, du « poétisme » (v. Karel Teige), voire du surréalisme : associations de souvenirs, de rêves, de fantaisies, jeux de mots, passages de journaux intimes, etc. Ce flux de prose lyrique, porté par l'humour et l'ironie, laisse cependant un goût de scepticisme amer et de tristesse. Ses nouvelles évoquent les premiers élans du cœur et des sens : *Robinsonade* [*Robinsonáda,* 1926], *Rinaldino* (1927), *Dinah* (1928), etc. Si son premier roman, *Lits sans baldaquins* [*Postele bez nebes,* 1934], baigne dans l'atmosphère de sa jeunesse et de sa petite ville natale, son second roman, *Rompez !* (*) (1934), constitue le journal sentimental de sa génération et une violente accusation portée contre la brutale absurdité de la guerre. Après 1948, il publie des reportages sur les pays socialistes, des aphorismes sur son meilleur ami, le poète Konstantin Biebl (1898-1951).

KONRAD von Regensburg. Ce poète allemand du XIIe siècle est l'auteur d'une adaptation en neuf mille vers de la *Chanson de Roland* (*), le *Rolandslied.* Prêtre bavarois, Konrad composa son œuvre pour Henri le Lion à l'instigation de la princesse Mathilde, fille du roi Henri II d'Angleterre, qu'Henri le Lion avait épousée en 1168. Transformant l'épopée en roman, Konrad en infléchit aussi l'esprit. Le thème de l'amitié entre Roland et Olivier et celui de la « doulce France » perdent en importance pour laisser la place à l'esprit de croisade. Harangues et commentaires donnent à l'œuvre des accents religieux qui l'ont fait rapprocher de Bernard de Clairvaux. Les preux deviennent en effet les soldats de Dieu, des croisés prêts à sacrifier leur vie en martyrs de la foi pour gagner le Ciel. Une bonne partie de l'œuvre narre ainsi les exploits guerriers de cette « nova militia Dei », dont Bernard de Clairvaux avait tracé les traits dans son éloge des Templiers.

JEAN-MARC PASTRÉ.

KONRAD von Würzburg. Poète allemand. Né à Würzburg (Bavière) entre 1220 et 1230, mort à Bâle en 1287. Il fut très apprécié de ses contemporains, et continua de l'être par la suite, pour le choix de ses sujets et pour son style. Il vécut notamment à Strasbourg et à Bâle, où il eut l'appui, dans le patriciat et le haut clergé, de riches mécènes. La profonde culture théologique et juridique de Konrad, et ses solides connaissances héraldiques firent de lui l'un des principaux représentants de cette poésie héraldique propre aux pays germains, et dont son *Tournoi de Nantes* est une pièce significative. Bien qu'il fût de naissance bourgeoise, ses œuvres relèvent toutes des genres chevaleresques traditionnels. Konrad, qui était maître ès arts, était aussi un connaisseur très érudit des lettres latines, et il étudia même le français. Les « Meistersinger », qui prirent ensuite sa doctrine pour exemple, le comptèrent au nombre de leurs douze maîtres anciens. Enfin, à la date de 1287, les annales de Colmar nous apprennent qu'à Bâle « obiit Cuonradus de Wirciburch in theutonico multorum bonorum dictaminum compilator », une preuve de l'estime dont jouissait Konrad est la sépulture qui lui fut donnée au couvent noble de Sainte-Marie-Madeleine. On a longtemps discuté sur la chronologie de ses œuvres. Aujourd'hui, l'on place ses récits en vers, *La Fable du cœur* (*), *Le Salaire du monde* [*Der Weltlohn*], *Othon le Barbu* [*Otto mit dem Barte*], et les légendes concernant les saints Sylvestre, Alexis et Pantaléon, au début de sa carrière littéraire ; en revanche, c'est à la maturité de l'auteur que l'on doit ses grands romans en vers : *Engelhart, Partonopier et Meliur,* le *Tournoi de Nantes* et la *Guerre de Troie* (*) ; ce dernier poème, de quarante mille vers, inachevé, semble avoir été la dernière œuvre de Konrad. Mentionnons aussi *La Forge d'or* [*Die goldene Schmiede*], très bel hymne en l'honneur de la Sainte Vierge, et *Le Chevalier au cygne* (*). La virtuosité de style inventée par Gottfried von Strassburg dans son *Tristan et Iseult* (*) a été reprise et portée à l'extrême par Konrad, qui se joue de toutes les difficultés de la langue, de la prosodie et de la métrique. Dans *Partonopier et Meliur* et dans la *Guerre de Troie,* Konrad a exprimé ses conceptions artistiques personnelles, qui s'opposaient à la tendance artisanale des « Meistersinger » d'alors, pour qui la poésie était un art facilement accessible par l'étude ; notre auteur soutenait que l'intuition, qui procède de la grâce divine, est le point de départ indispensable à toute création artistique, celle-ci pouvant être seulement favorisée et perfectionnée par le « studium » et l'« exercitium ». En 1277, Konrad von Würzburg avait d'ailleurs publié à ce sujet une *Plainte de l'art* [*Klage der Kunst*], dans ce même sens.

RÉF. : Rüdiger Brandt, *Konrad von Würzburg,* Darmstadt, 1987.

KONSTANTINOV Aleko. Écrivain bulgare. Né le 1er janvier 1863 à Sissovo, mort le 11 mai 1897 à Pazardžik-Peštera. Son nom est lié au personnage de *Baj Ganju* (*) qu'il créa pour caricaturer, souvent avec férocité, certains de ses concitoyens et spécialement les provinciaux. Alors qu'il faisait son droit à Odessa, très jeune encore, il avait recueilli des observations qui lui servirent à camper son héros. Il voyagea à l'étranger, était à Paris en 1889, à Prague en 1891, et à Chicago en 1892. En dehors de *Baj Ganju,* il a publié *Chicago aller et retour* [*Do Chicago i nazad*], simple récit de voyage, des traductions de poètes russes et français, et quelques articles de journaux. Il mourut à trente-quatre ans, tué par erreur d'un coup de feu destiné à un autre. Malgré ses défauts, *Baj Ganju* obtint un succès durable. Son auteur reste le maître de l'humour caricatural bulgare. Konstantinov a fait connaître, en le traduisant, Molière à ses compatriotes.

KONWICKI Tadeusz. Écrivain et cinéaste polonais. Né le 22 juin 1926 à Nowa Wilejka, près de Wilno. Il fait ses débuts en littérature dès 1946 en publiant reportages et nouvelles dans lesquels il règle ses comptes avec la guerre. Son premier roman, *Les Marécages* [*Rojsty*], écrit en 1948, ne sera publié qu'en 1956. *Au chantier* [*Przy budowie*, 1950], dans lequel il tente de présenter le modèle de héros imposé par le régime (il entre au parti en 1951), scelle son adhésion au réalisme socialiste. Suivront *Le Pouvoir* [*Władza*, 1953], son premier grand roman, et quelques autres œuvres dans la même veine. En 1956, il devient le directeur littéraire d'une unité de production cinématographique (il le reste jusqu'en mars 1968, date à laquelle il est exclu du parti). Le dégel permet la publication des *Marécages* et de *De la ville assiégée* [*Z oblężonego miasta*], écrit en 1954, roman qui marque un tournant dans sa création. Il revient alors à un univers artistique personnel avec le *Trou dans le ciel* [*Dziura w niebie*, 1959], *La Clef des songes contemporains* (*) (1963), *L'Ascension* [*Wniebowstąpienie*, 1967], *Bêtho-*

fantôme [*Zwierzoczłekoupiór*, 1969], *Rien ou rien* [*Nic albo nic*, 1971], *Chronique des événements amoureux* [*Kronika wypadków miłosnych*, 1974], porté à l'écran par Wajda en 1986. Ses romans postérieurs, de genres divers, dénotant une perception originale et critique de la réalité polonaise, feront voir en lui l'un des plus grands écrivains contemporains de son pays. *Le Complexe polonais* (*) (1977), refusé par la censure, paraît dans une maison d'édition parallèle, de même que *La Petite Apocalypse* (*) (1979) et *Rivière souterraine, oiseaux de nuit* [*Rzeka podziemna, podziemne ptaki*, 1984], roman sur Varsovie la nuit du 13 décembre 1981. En 1987 paraît le roman qu'il considère comme l'aboutissement de son œuvre, *Bohini, un manoir en Lituanie* (*).

Dans tous les romans de Konwicki resurgissent les mêmes thèmes, les mêmes personnages, les mêmes lieux, notamment sa Lituanie natale, qui occupe dans son œuvre une position clé. C'est le havre de grâce, la référence d'ordre et de paix, et tous les héros qui l'ont quittée perdent leur identité culturelle et ethnique. Loin d'elle, ils sont condamnés à l'impuissance et à la fragilité (ses héros sont souvent infirmes ou malades) et, incapables de diriger leur vie, se réfugient dans le passé, dans une époque où existaient des principes d'ordre et de justice unanimement reconnus. Pour exprimer ces thèmes, Konwicki fait appel à différents procédés littéraires : mélanges des temps, d'éléments réels — souvent autobiographiques — et d'éléments imaginaires ; il introduit des citations et des déclarations diverses. La structure de ses romans est une conséquence logique de la connaissance de l'état du monde. Toute l'œuvre de Konwicki est régie par le principe du dialogue intérieur. Personnages, situations, thèmes et idées sont toujours mis en état de résonance. Le romancier joue avec le lecteur et parfois avec lui-même, dans une sorte de provocation esthétique qui est une introduction à des réflexions plus profondes.

Les journaux de Konwicki : *Le Calendrier et la clepsydre* [*Kalendarz i klepsydra*, 1976], abondamment censuré, *Les Levers et les couchers de la lune* [*Wschody i Zachody księżyca*, 1982], *Le Nouveau Monde et ses abords* [*Nowy Świat i okolice*, 1985], sont à la fois le complément et le contrepoint de ses romans. Il y introduit comme thèmes sa propre création, la fonction de la littérature, des critiques littéraires ainsi que des observations sur les comportements artistiques et moraux. Issus du sentiment d'avoir épuisé toutes les formes pratiquées jusque-là, ils ne renoncent pas, cependant, au jeu établi dans ses romans, discréditant ainsi la crédibilité des confidences.

Considéré en Pologne comme l'un des pionniers du cinéma d'auteur, il reçut le grand prix du Festival de Venise en 1958 pour son long métrage *Le Dernier Jour de l'été* [*Ostatni dzień lata*] et tourna en 1981 *La Vallée de l'Issa* d'après le roman de Czesław Miłosz. Scénariste, il signa notamment le scénario de *Mère Jeanne des anges* (*), d'après une nouvelle de Jarosław Iwaszkiewicz, et celui de *Faraon*, d'après le roman de Bolesław Prus.

LAURENCE DYÈVRE.

RÉF. : J. Walc, « Nieepickie powieści Konwickiego », in *Pamiętnik literacki*, 1975 ; « Wy chcecie pieśni », in *Kultura niezależna*, 1985. — S. Nowicki, *Pól wieku czyśćca. Rozmowy z Tadeuszem Konwickim*, Londres, 1986 ; *Tadeusz Konwicki, écrivain et cinéaste polonais d'aujourd'hui*, Paris, 1986.

KOPLAND Rutger (pseud. de Rutger Hendrik van den Hoofdakker). Poète néerlandais. Né à Goor le 4 août 1934. Professeur de psychiatrie à l'hôpital académique de Groningue, il a publié sous son vrai nom deux recueils d'essais à caractère scientifique, mais c'est par son œuvre poétique — neuf livres en vingt-cinq ans — qu'il acquiert la renommée. À l'heure actuelle, il est considéré comme un des poètes majeurs de langue néerlandaise. Dès son premier recueil, *Parmi le bétail* [*Onder het vee*, 1966], le ton de l'œuvre est trouvé : une « nostalgie désarmée », selon le mot de Jean Grosjean, et qui s'exprime avec une grande économie de moyens. Le poète pose sur le monde qui l'interroge un regard tendre et désabusé à la fois. L'émerveillement face à la nature y voisine avec le désarroi et la détresse que suscitent la fuite du temps et l'irréversibilité du cours des choses. C'est la trame de nos vies avec ses amours et ses déchirures, ses violences et ses beautés que Kopland fait apparaître à travers un tissu de mots simples, de vers sans éclat. Il rend sa vue à l'aveugle existence, son mystère à l'évidence du quotidien. S'il ne cesse de « songer à partir, / à disparaître », il demeure en même temps ouvert, à l'écoute de ce qui vient car « Ce qui était hier, ce qui sera demain / est connu, divisé depuis une éternité / mais aujourd'hui est secret comme une main / sans corps qui tire un rideau ». Retenons parmi ses livres, dont une anthologie est parue en français sous le titre *Songer à partir* (1986) (*) : *Le Petit Orgue d'hier* [*Het orgeltje van yesterday*, 1968], *Tout à vélo* [*Alles op de fiets*, 1969], *Qui trouve a mal cherché* [*Wie wat vindt heeft slecht gezocht*, 1972], *Un endroit vide pour rester* [*Een lege plek om te blijven*, 1975], *Toutes ces belles promesses* [*Al die mooie beloften*, 1979], *Avant que ça disparaisse et après* [*Voor het verdwijnt en daarna*, 1985]. En 1988, Rutger Kopland a reçu le prix Hooft, la plus haute distinction littéraire des Pays-Bas.

GUY GOFFETTE.

KOPTA Josef. Romancier et nouvelliste tchèque. Né le 16 juin 1894 à Libochovice nad Ohři, mort le 3 avril 1962 à Prague. Employé de banque, il est mobilisé dans l'armée austro-hongroise, fait prisonnier sur le front russe ; il entre dans les « légions tchécoslovaques » et, la guerre terminée, il est nommé secrétaire du « Mémorial de la Libération » à Prague. Il quitte ces fonctions en 1925 pour se consacrer au seul travail littéraire et journalistique, après le grand succès de la première partie de sa trilogie romanesque sur les « légions » en Russie tsariste, puis révolutionnaire, et enfin sur leur retour au pays : *La Troisième Compagnie* (*) (1924). Avec moins de succès, il brosse de vastes tableaux de la vie sociale et des mœurs après la Grande Guerre, dans deux trilogies : *La Seule Issue* [*Jediné východisko*, 1930, 1931, 1936] et *Le Marin bleu* [*Modrý námořník*, 1936, 1937]. Il est cependant plus heureux dans le roman court ou la nouvelle, où il fait valoir son sens de la psychologie. Citons de ce point de vue les romans *Le Garde-Barrière n° 47* (+), *L'Oiseleur Ané* [*Ptačník Ané*, 1940], *Dies irae* (1945) et les nouvelles *Cinq pêcheurs à la baleine* [*Pět hříšníků u Velryby*, 1925], *Adolphe attend la mort* [*Adolf čeká na smrt*, 1933], *L'Amour sous cinq formes* [*Láska v pěti podobách*, 1946]... Kopta écrit également pour les enfants, surtout après 1948. Ce fidèle de la République de Masaryk quitte alors la chancellerie et se retire pratiquement de la vie publique. Il reste, avec Langer, l'un des principaux représentants de la littérature dite « légionnaire », à égale distance de la tendance héroïsante de Rudolf Medek (1890-1940), rejetée par les communistes comme « réactionnaire », et de la tendance bolchevisante de Jaroslav Kratochvíl (1885-1945), très célébrée après 1948...

VLADIMIR PESKA.

KÖRNER Theodor Karl. Poète allemand. Né à Dresde le 23 septembre 1791, mort à Gadebusch près de Schwerin le 26 août 1813. Il était fils du magistrat et écrivain Gottfried Körner, homme extrêmement fin et cultivé chez lequel Schiller avait longuement vécu — v. *Correspondance entre Schiller et G. Körner* (*) — et qui était resté en contact avec les plus grands hommes de son époque dont Mozart, Goethe, Humbolt, Novalis, Friedrich Schlegel et Kleist. Il montra un talent précoce et, encore adolescent, commença à s'adonner à la poésie. Après avoir fréquenté les écoles de sa ville natale, il suivit les cours de l'École des mines à Freiberg, suivant la prédilection des romantiques pour ce genre d'études. Il passa ensuite à l'université de Leipzig, mais il se montra étudiant si turbulent qu'il fut expulsé de la faculté et banni de la ville. De là il se rendit à Vienne d'où il écrivit à son père en lui annonçant qu'il avait interrompu ses études et qu'il choisissait comme profession la poésie. Afin de mieux marquer cette rupture, il se fit appeler Theodor alors que son nom de baptême était Karl.

Theodor Körner se mit à écrire pour le théâtre et ses premières œuvres, des petites pièces dont *La Gouvernante* (*) et des drames dont *Zriny* et *Toni* (+), le firent rapidement connaître. Il se fiança à l'actrice Toni Adamberger et fut nommé poète du théâtre de la Cour, en remplacement de Kotzebue. Il projetait d'aller à Weimar pour se perfectionner sous la direction de Goethe, quand l'appel du roi de Prusse pour la guerre de libération le poussa à s'enrôler parmi les volontaires. En mars 1813, il quittait Vienne et rejoignait à Breslau le régiment de von Lützow. Son enthousiasme juvénile lui inspira toute une série de chants patriotiques et guerriers que son père devait réunir sous le titre de *Lyre et Épée* (*). Il y manifestait ses meilleures qualités de poète : jusqu'alors il était resté un aimable littérateur romantique de second plan, imitant Schiller et même Kotzebue dans ses œuvres destinées au théâtre ; la guerre en fit le Tyrtée allemand, le symbole de la jeunesse guerrière tombée pour la liberté de la patrie. C'est à cette valeur symbolique que s'adresse la dédicace de *Mars 1821* de Manzoni (qui toutefois fait une erreur en croyant qu'il fut tué à la bataille de Leipzig, survenue quelques mois après sa mort).

La grande renommée de Theodor Körner repose plus sur sa mort au combat que sur la valeur artistique de ses vers, où souvent l'emphase domine la poésie.

RÉF. : Karl Berger, *Theodor Körner*, Bielefeld et Leipzig, 1912. — Alfred Rother-Carlowitz, *Sänger, Soldat und Held. Leben und Sterben Theodor Körners*, 1942. — Erhart Jöst, *Der Heldentod des Dichters Theodor Körner. Der Einfluss eines Mythos auf die Rezeption einer Lyrik und ihrer literarischen Kritik*, in « Orbis litterarum 32 », 1977.

KOROLENKO Vladimir Galaktionovič. Écrivain russe. Né le 15 juillet 1853 à Zitomir, d'un père de race cosaque, juge de profession, et d'une mère polonaise de noble origine ; mort à Poltava (Ukraine) le 25 décembre 1921. Il grandit dans de petites villes dont la population était très mélangée : Polonais, Russes, Ukrainiens et Juifs, dans des lieux de traditions historiques mouvementées, dans une atmosphère de souvenirs littéraires romantiques, qui le préparèrent aux milieux russes dans lesquels, entre 1860 et 1880, les mouvements sociaux se teintaient d'altruisme. En 1871, il se rendit à Saint-Pétersbourg pour y faire des études à l'Institut de technologie ; ensuite, il passa par l'École d'agriculture de Moscou, d'où il fut expulsé pour s'être inscrit à une association politique secrète. En 1879 parut sa première nouvelle : *Épisodes de la vie d'un chercheur* [*Epizody iz žizni iskatelja*], série d'esquisses, qui laissait déjà paraître ce que serait l'ardent « populiste » des années suivantes. Arrêté en cette même année 1879, il fut exilé dans le nord-est de la Sibérie où il s'établit comme cordonnier ; en 1885, il fut autorisé à rentrer en Russie et se fixa à Nijni-Novgorod, où il passa presque dix ans, et publia la majeure partie des contes qui appelèrent l'attention sur lui : *Le Rêve de Makar* (*) (écrit en Sibérie), *Le Musicien aveugle* (*), *En mauvaise société* (*), *La forêt* *murmure* [*Les šumit*, 1886], etc. Lorsque éclata, en 1891, la grande famine de la Russie méridionale, il prit part aux œuvres d'entraide, et confia ensuite ses impressions dans son livre : *En l'année de la faim* [*V golodnyj god*, 1893]. Il s'y révèle déjà défenseur des causes sociales, position qui allait s'affirmer au cours des années suivantes, en particulier par sa participation active à la défense des Juifs, accusés d'assassinat rituel (1895). En 1893, Korolenko fit un voyage en Amérique et, en 1896, revint enfin à Saint-Pétersbourg pour collaborer activement à la revue des « populistes » : *La Richesse russe* [*Russkoe Bogatstvo*]. Bientôt cependant, comme il ne réussissait pas à s'acclimater, il se transféra de nouveau dans le Sud, à Poltava : il y resta plus de vingt ans, de 1900 à 1921, et écrivit d'autres contes, mais surtout participa par des écrits aux divers événements de la vie sociale russe, discutant par exemple dans *Maison n° 13* [*Dom n° 13*, 1903], le pogrom de Kharkov, dans *La Tragédie de Sorotchintsy* [*Soročinskaja tragedija*, 1906], la réaction qui suivit la révolution manquée de 1905, etc. L'attitude de Korolenko devant les lois militaires et la peine de mort eut un grand retentissement. Il faisait de fréquents voyages et la guerre le surprit à l'étranger. Il rentra en Russie à la fin de 1915, époque où se situe sa défense des Juifs. La révolution de 1917 ayant éclaté, il écrivit *La Chute du pouvoir tsariste* [*Padenie carskoj vlasti*] et, après le coup d'État bolchevique, il adressa une série de lettres à Lunatcharskij, traitant du péril que courait la culture du fait des destructions révolutionnaires. Lorsqu'il mourut, il travaillait à son œuvre principale, ses Mémoires, intitulés *Histoire de mon contemporain* (*), dont le premier volume avait paru en 1909.

RÉF. : Maurice Comtet, *V. G. Korolenko. L'homme et l'œuvre* (thèse), Lille, 1975.

KORSCH Karl. Philosophe allemand. Né le 15 août 1886 à Tostedt et mort le 21 octobre 1961 à Belmont (Massachusetts). Il se situe, avec Bloch, Marcuse et le groupe de Francfort réuni autour d'Adorno et d'Horkheimer, dans le courant dit parfois du « métamarxisme humaniste ». Comme la plupart de ces derniers, Korsch connut l'exil pendant la dictature hitlérienne.

Korsch conteste les thèses léninistes en se référant aux textes du jeune Marx. Pour lui, la philosophie marxiste se réalise comme critique et lutte politique et ne fait que dégénérer en prétendant s'ériger en une science, au sens bourgeois du terme, théorie historique ou économie politique. La méthode dialectique n'a pas à se figer en une philosophie de l'État, fût-elle matérialiste : elle est avant tout pratique transformatrice, critique de toutes les sciences saisies comme éléments d'une même idéologie. Les livres de Korsch, comme *Marxisme et Philosophie* (*) (1923) ou *Dix thèses sur le marxisme aujourd'hui* (+) (1950), jettent les bases de la « théorie critique » de l'école de Francfort.

RÉF. : I. Fetscher, *Über Karl Korsch*, Francfort-sur-le-Main, 1973. – P. Mattick, *Von der Notwendigkeit, den Marximus mit Marx zu kritisieren. Ein Blick auf das Werk von Karl Korsch*, in *Spontaneität und Organization*, Francfort-sur-le-Main, 1975. – H. Grebing, *Karl Korsch*, in *Der Revisionismus*, Munich, 1977.

KOSINSKI Jerzy. Écrivain américain d'origine polonaise. Né à Lodz le 14 juin 1933 ; mort le 3 mai 1991 à New York. Issu d'une famille d'artistes et d'intellectuels juifs qui disparaîtront tous hormis son père et sa mère ; témoin de la barbarie transposée dans *L'Oiseau bariolé* (*) (1965), trouvé muet dans un orphelinat en 1945 (il retrouvera l'usage de la parole à la suite d'un accident de ski), Kosinski est un étudiant turbulent à Varsovie et en Union soviétique. Il obtient son diplôme de sciences sociales sans se plier aux contraintes du genre. Il pratique abondamment la photographie. Le 20 décembre 1957, sans que l'on sache comment il obtient l'autorisation d'émigrer – se référer à la version donnée par *Cockpit*, 1975 –, Kosinski débarque aux États-Unis avec deux dollars cinquante en poche et quelques maigres rudiments d'anglais. Il épouse en 1962 une richissime américaine, veuve du magnat de l'acier Ernest Weir. Dûment boursier, il écrit en anglais *L'avenir est à nous* [*The Future is ours*], *Camarade* [*Comrade*], et *Pas de troisième voie* [*No third Path*], des livres anticommunistes qu'il signe Joseph Novak. Menant une existence choyée, Kosinski ne paie que les pourboires. Sa femme Mary meurt d'un cancer en 1968. Sa fortune réintégrant l'empire Weir, Kosinski enseigne dans diverses universités où il terrorise ses étudiants. Ainsi débute la saga controversée d'un auteur dont la vie et l'œuvre se confondent. *Les Pas* [*Steps*, 1969] obtiennent le National Book Award et Kosinski est nommé président du Pen Club. Il pense à un cycle romanesque qui « présenterait les aspects archétypiques des rapports de l'individu avec la société ». En effet, que ce soit dans *Les Pas* [*Steps*], *Le Jeu de la passion* [*Passion Play*, 1980], *Cockpit*, *Le Partenaire inconnu* [*Blind Date*, 1977], ou *Flipper* [*Pinball*, 1982], les personnages semblent menacés de rupture. Ils exploitent divers masques pour ne pas exposer un moi labile, ils parlent du sexe et de la violence avec une totale franchise. La fiction exhibe chaque fantasme. Voyeurs engagés mais d'un voyeurisme différent de celui particulier de Kosinski qui fréquenta tous les sex-clubs d'avant le sida pour le seul plaisir d'en parler, les personnages assistent au règne télévisuel des « vidéocrates soft ». Journalistes fictifs de *L'Ermite de la 69ᵉ rue* [*The Hermit of 69th Street*] ou écrivains engagés dans l'« histoire d'un écrivain en proie à une panique intérieure », chaque figure participe à l'instauration d'une sorte de liturgie de l'esprit. L'esprit de ceux qui doutent. La frontière entre vrai et faux est si ténue que d'aucuns accusèrent Kosinski d'être un faussaire. Ce n'est pourtant pas pour cette raison qu'il mit fin à ses jours le 3 mai 1991, en s'étouffant dans un sac en plastique — puisque la fiction qu'on lui contestait ne devait rien aux mythologies multiples dont on l'affubla. Kosinski avait l'art de se volatiliser. Norbert Kosky (soixante-neuf kilos), son double métaphorique et biographique, revendiqua le droit de s'inventer. Détient-il quelques motifs de l'énigme ?

SHOSHANA RAPPAPORT.

RÉF. : Th. Walsh et C. Northhouse, *John Barth, Jerzy Kosinski and Thomas Pynchon, A Reference Guide*, Boston, 1978. — B. L. Sherwin, *Jerzy Kosinski, Literary Alarmclock*, Chicago, 1981.

KOSKENNIEMI Veikko Antero (pseud. de V. A. Forsnas). Poète finlandais d'expression finnoise, né à Oulu le 8 juillet 1885, mort à Turku le 4 août 1962. Fils d'instituteurs, Koskenniemi sera longuement marqué par l'environnement, le « paysage spirituel » de son enfance. Il a hérité de son père, qu'il perd très jeune, la conscience de sa « finnitude ». Son enfance est solitaire, très proche de la nature ; sa sensibilité le porte surtout vers les nuits glacées et lui inspire des visions de fin du monde qui le conduiront jusqu'à la métaphysique. Koskenniemi sera ainsi en Finlande le premier poète philosophe : profondément influencé par Schopenhauer, il n'en garde pas moins une aspiration à l'idéalisme platonicien qui se renforcera au fil des années. Son premier recueil, *Poèmes* [*Runoja*], date de 1906. Il est déjà caractérisé par un rythme très personnel. Ses paysages nocturnes et hivernaux annoncent le futur parnassien. Dès ce recueil transparaît un pessimisme qui prend ses racines dans le sentiment de solitude. La parenté avec Leconte de Lisle et José Maria de Heredia est déjà patente. En 1908 paraît *Villes blanches* [*Valkeat kaupungit*], son deuxième recueil, dont les vers mélodiques inspireront bien des compositeurs. Les voyages qu'il fait en Europe entre 1909 et 1914 renforcent son attirance d'une part pour l'esthétisme et la luminosité romaine, et d'autre part pour les régimes fascistes. Il s'oriente de plus en plus vers un nationalisme militant : si dans *Charbons ardents* [*Hiilivalkea*, 1913] se reflète déjà une résignation de jeune vieillard, un de ses poèmes deviendra l'hymne des mouvements paysans. Son rêve d'Antiquité transparaît dans *Élégies* [*Elegioja*, 1917], qui chantent sa ville natale. Écrit en pleine guerre civile, *Cœur et Mort* [*Sydän ja Kuolema*, 1919] fait de la lutte des Hellènes contre les Perses un symbole politique. Avec son épopée runebergienne *Le Jeune Anssi* (*) (1918), il s'était affirmé comme porte-parole de la Finlande blanche. Après l'écrasement des rouges, il prend la place naguère occupée par Leino, celle de poète national. Sa poésie est froide, solennelle, elle chante une beauté panthéiste. En même temps Koskenniemi est la principale autorité de la vie littéraire ; professeur de littérature, il ravive la querelle linguistique entre le finnois et le suédois, et veut que l'université finnophone rivalise avec son homologue suédophone. Dans les années 30, avec *Les Grues* [*Kurkiaura*, 1930], son soutien aux mouvements fascistes et notamment à l'Allemagne nazie se précise. L'idéal antique réapparaît pourtant dans les derniers recueils de l'auteur : *Feu et Cendre* [*Tuli ja Tuhka*, 1936], *Pistes dans la neige* [*Latuja lumessa*, 1940] sur la guerre d'hiver et *Les Ailes de l'automne* [*Syksyn siivet*, 1949]. Cet existentialiste avant la lettre laisse aussi quelques recueils d'aphorismes. Malgré son nationalisme politique, sa poésie est cosmopolite : le caractère contestable de son activité politique n'enlève rien à l'originalité novatrice de sa poésie.

EVA TOULOUZE.

KOSMAČ Ciril. Écrivain slovène. Né à Slap (Slovénie), le 28 septembre 1910, mort à Ljubljana le 27 janvier 1980. Il fait en Italie des études secondaires tumultueuses, chassé d'un lycée à l'autre pour ses opinions irrédentistes. Il se réfugie en Yougoslavie en 1931, puis en France et en Grande-Bretagne. Il participe à la lutte de libération nationale yougoslave et après la guerre se fixe en Slovénie où il exerce la profession de journaliste, avant de se consacrer complètement à la littérature. Kosmač se situe d'abord dans la ligne du réalisme socialiste, et ses premières œuvres veulent donner une image objective de la vie du peuple en Slovénie sous l'Occupation italienne, pendant la guerre et après la Libération — *Bonheur et Pain* (*), recueil de nouvelles (1946). Il évoluera plus tard vers le symbolisme fantastique et la méditation lyrique, dont son roman *La Ballade de la trompette et du nuage* [*Balado o trobenti in oblaku*, 1956] constitue un exemple type. Il est aussi l'auteur du premier scénario en langue slovène, *Le Terroir* [*Na sviji zemlji*, 1949].

KOSSAK Zofia. Romancière polonaise. Née le 8 août 1890 à Kośmina, morte le 9 avril 1968 à Bielsko-Biała. Petite-fille du peintre Juliusz Kossak, elle étudia à l'École des beaux-arts de Varsovie, puis à Genève, mais abandonna bientôt le pinceau pour la plume et débuta en 1922 avec *L'Incendie* [*Pożoga*], recueil de ses souvenirs sur les luttes révolutionnaires en Volhynie de 1917 à 1919. Comparée par la critique à Sienkiewicz et à Kraszewski, elle se consacra dès lors au roman historique, exploitant tantôt le passé de la Pologne : *La Liberté dorée* [*Złota wolność*, 1928], *Le Champ de Legnica* [*Legnickie pole*, 1930], dans lequel perçait son intérêt pour la Silésie ; tantôt les grandes aventures médiévales, *Les Croisés* [*Krzyżowcy*, 1935], *Le Roi lépreux* (*) (1937), ou l'hagiographie, *Les Fous* *de Dieu* [*Szaleńcy Boży*, 1929]. Cette abondante production se distingue par le réalisme de la description des événements et des mœurs, et par une interprétation presque mystique de la réalité évoquée. Pendant l'Occupation, son activité de résistante lui valut d'être déportée à Auschwitz en 1943 et condamnée à mort en 1944. Libérée par la Résistance, elle prit part à l'insurrection de Varsovie. Elle émigra en 1945 en Angleterre, où elle publia *L'Alliance* [*Przymierze*, 1952] et le premier tome (1956) de sa trilogie, *L'Héritage* [*Dziedzictwo*], saga de la famille Kossak. Rentrée en Pologne en 1957, elle s'installa dans les Beskides et en écrivit les deux derniers tomes (1964 et 1967), le troisième étant rédigé avec son mari.

LAURENCE DYÈVRE.

KOSTRA Ján. Poète slovaque. Né le 4 décembre 1910 à Štiavnička, mort le 5 novembre 1975 à Bratislava. Étudiant à Prague, il approche non seulement la poésie « prolétarienne », mais aussi le « poétisme » (voir Karel Teige) qui l'aident à trouver sa propre voie. Près de dix ans après ses premiers poèmes, il publie ses recueils *Les Nids* (+) (1937) et *Mon pays natal* (+) (1939), où s'affermit un lyrisme bien à lui avec les thèmes de l'enfance liée à l'horizon natal. Avec la secousse historique de 1939, le poète ressent l'inquiétude, voire l'angoisse de l'individu désarmé face à des forces déchaînées ; mais il trouve l'amour, la femme, autres éléments de ses certitudes profondes : *Le Temps denté* [*Ozubený čas*, 1940], *Tout est bien ainsi* [*Všetko je dobre tak*, 1942], *Le Vase fêlé* [*Puknutá váza*, 1942], *Ave Eva* (1943), *Trop de tristesse* [*Presila smútku*, 1946]. Avec l'avènement du régime communiste, il abandonne la poésie intimiste et paie sincèrement son tribut au conformisme schématique de l'époque avec son poème *À Staline* [*Na Stalina*, 1949] et son recueil *Une feuille d'érable* (*) (1953), considéré alors comme son œuvre maîtresse. Lors du premier « dégel », autour de 1956, il revient fortement à ses sources originelles d'inspiration, à son « moi » lyrique, existentiel, dans ses recueils *Églantiers et Tournesols* (+) (1958), *Poème, ton œuvre* [*Báseň, dielo tvoje*, 1960], *Chaque jour* [*Každý deň*], *Une fois seulement* [*Len ráz*], etc.

KOSZTOLÀNYI Dezsö. Écrivain hongrois. Né à Szabadka le 29 mars 1885, mort à Budapest le 3 novembre 1936. Né d'un père professeur de lycée, le jeune Kosztolànyi entreprend des études de philosophie dans la capitale. Il y rencontre des personnalités comme Mihály Babits, qui jouera un rôle important dans ses débuts. Mais très vite il se tourne vers le journalisme, voie à laquelle il restera fidèle jusqu'à sa mort, due à un cancer, en 1936. Il publie ses poèmes dans les journaux de toutes opinions, ainsi que dans *Nyugat* (*), dont il représente l'aile la moins engagée à gauche ; sa sensibilité lui vaudra l'appellation d'« homo œstheticus ». Kosztolànyi a été une personnalité marquante de la littérature hongroise – premier président du Pen club –, en rapport avec des écrivains comme Thomas Mann et Maxime Gorki. Son œuvre est très diverse. La poésie le rendit célèbre ; mais c'est certainement son œuvre en prose qui est retenue au premier titre par la postérité : il a écrit de très nombreuses nouvelles et laisse quatre romans. De plus, il a réalisé une très grande œuvre de traduction de poètes du monde entier ainsi que d'œuvres scéniques (on joue encore ses traductions de Tchekhov). Il n'a cessé d'écrire également des critiques, des essais, des réflexions sur la langue.

C'est en 1907 qu'il publie son premier recueil poétique, *Entre quatre murs* [*Nègy fal között*], qui attire l'attention par les distances qu'il prend avec la poésie représentée par la figure dominante de l'époque, Endre Ady, que Kosztolànyi critiquera violemment quelques années plus tard. Son premier grand succès vient en 1910 avec *Les Lamentations d'un pauvre petit enfant* (*), où il donne la parole à l'enfant qui a jadis vécu en lui. Ses recueils suivants (*Concerto automnal* [*Öszi koncert*, 1911], *Magie* [*Mágia*, 1912], etc.) semblent relever d'une inspiration morbide et décadente, mais plus tard sa poésie prend un autre cours, avec *Pain et Vin* [*Kenyér és Bor*, 1920], *Les Lamentations de l'homme triste* [*A bus férfi panaszai*, 1924], réponse de maturité au premier grand succès, et surtout avec *Nu* [*Meztelen*, 1928] et *Compte Rendu* [*Szàmadàs*, 1935]. Sa voix est de plus en plus sincère, modeste et directe : il dépeint des petits drames du quotidien. Son vers est libre, mais très structuré. En même temps, en poésie comme en prose il aime jouer avec les mots, travailler la musicalité du vers.

La nouvelle est le premier genre en prose qu'il pratique ; ses premières nouvelles, apparentées à l'univers d'Ernst Theodor Amadeus Hoffmann, laissent une grande part au pathologique. On y retrouve la même angoisse qui émerge dans ses poésies de jeunesse. Mais au fil des années Kosztolànyi évolue vers un réalisme qui prend d'abord le fantastique comme auxiliaire, mais qui s'en éloigne de plus en plus, pour aboutir à des jeux de langue sur des faits minimes.

Son premier roman est situé dans la Rome impériale et a pour personnage principal Néron : *Le Poète sanguinaire* [*Nero, a véres költö*, 1922]. Empêtré dans ses complexes d'infériorité, l'empereur-poète ne trouve dans aucune de ses identités la plénitude, et se réfugie dans une parodie de l'art et dans la tyrannie. Face à ses excès, la sagesse et l'humanité de Sénèque. Kosztolànyi aborde ici les problèmes de l'art et de la politique, de la morale et des actes, ainsi que la problématique de l'émergence d'un irrationnel non maîtrisable. *Alouette* [*Pacsirta*, 1924] est un court roman particulièrement cruel : dans une ville de province, une fille laide, qui n'a aucun espoir de se marier, tyrannise ses parents qui ne vivent que pour elle. Ceux-ci, lors de quelques jours d'absence de leur fille, prennent conscience de la misère de leur situation. *Le Cerf-Volant doré* [*Arany sárkány*, 1925] décrit la tragédie d'un professeur de lycée provincial poussé au suicide. Enfin *Anna Edes* (*) (1926) montre comment Anna, la jeune bonne modèle, est poussée par des forces irrationnelles au meurtre de ses patrons. Kosztolànyi a enfin un personnage fétiche, que l'on retrouve dans bien des nouvelles, dans un poème, et dans une œuvre qui portera son nom et qui sera formée d'une dizaine de récits : c'est *Kornél Esti* (*) (1933) (Esti signifiant en hongrois vespéral). On a considéré Kornél Esti comme un double, cynique, nihiliste, ironique, s'opposant à la latinité rationnelle de l'auteur. *L'Œil de mer* (*) (1936), son recueil de nouvelles posthume, peut être considéré comme un testament.

Ces romans témoignent d'une grande profondeur psychologique, fortement inspirée de la psychanalyse, alliée à une rigueur de style et à une simplicité saisissantes. « J'ai appris à écrire dans Jules Renard », disait Kosztolànyi lui-même. Il représente dans la littérature hongroise une tendance urbaine et ouverte sur le monde.

EVA TOULOUZE

KOT Stanisław. Historien et homme politique polonais. Né le 22 octobre 1885 à Ruda, mort le 25 décembre 1975 à Londres. Spécialiste de l'histoire des idées politiques et religieuses aux XVIe et XVIIe siècles, professeur d'histoire de la civilisation polonaise à l'université de Cracovie, rédacteur en chef de la revue *Reformacja w Polsce (La Réforme en Pologne)*, il a publié des études sur l'histoire de l'éducation – *La Commission de l'Éducation nationale* [*Komisja Edukacji Narodowej*, 1923] – ou sur la vie religieuse des sectes polonaises : *Les Idées politiques et sociales des Frères polonais dits sociniens* (*) (1932). Révoqué de sa chaire en 1933 pour avoir organisé une protestation contre l'emprisonnement à Brześć des chefs politiques du Centre gauche, membre influent du parti populiste, Kot émigra en 1939, devint membre du gouvernement polonais en exil, ambassadeur en U.R.S.S. et à nouveau ministre. Rentré en Pologne en 1945, ambassadeur à Rome, il choisit une seconde fois l'exil en 1947 et vécut dès lors à Londres, publiant de nombreux ouvrages historiques en français et en anglais.

KOTLIAREVSKI Ivan. Écrivain ukrainien. Né le 9 août 1769 à Poltava, mort dans cette même ville, le 11 novembre 1838. Pour réagir contre la tendance pseudo-classique, alors à la mode, il tira son inspiration personnelle de la vie du peuple, mettant à profit le vaste patrimoine folklorique ukrainien et conférant à la langue du pays la dignité littéraire. Après avoir terminé ses études classiques, au séminaire de Poltava, Kotliarevski fut professeur, puis il s'engagea et se distingua au cours de la guerre russo-turque (1806). Il quitta l'armée avec le grade de capitaine et se consacra à la littérature, aux études ethnographiques (on le considère comme le premier ethnographe ukrainien) et à l'éducation de la jeunesse. De tempérament jovial et calme, sa vie fut exempte de passions; ce fut un véritable ami du peuple et, pour se conformer à son credo humanitaire et libéral, il rendit la liberté à ses propres paysans. Malade, il passa les dernières années de sa vie dans un isolement volontaire. Ses œuvres principales sont *L'Énéide à la mode d'Ukraine* (*), poème burlesque qui comprend un peu plus de sept mille vers, et retrace la geste des Troyens personnifiés par des cosaques ukrainiens, *Nathalie de Poltava* [*Natalka Poltavka*], comédie inspirée de la vie populaire, encore représentée de nos jours dans les théâtres ukrainiens, ainsi que *Le Soldat magicien* [*Soldat carodéj*], toutes œuvres éclairées du plus pur « humour » ukrainien. La valeur de l'auteur n'a jamais été et n'est pas discutée. Quelques voix discordantes s'élevèrent, en particulier celle de Kuliš, à qui le ton humoristique paraissait peu convenable étant donné la vie douloureuse du peuple ukrainien, mais elles restèrent sans écho.

KOTT Jan. Écrivain, poète, essayiste, traducteur, d'origine polonaise. Né en 1914 à Varsovie. Né d'un père commerçant et d'une mère issue d'un milieu intellectuel, dans une famille juive de Varsovie, Jan Kott sera pourtant baptisé à l'âge de cinq ans dans le rite catholique, selon le souhait de son père qui voulait ainsi faciliter son assimilation. Il accomplira sa scolarité dans la meilleure école catholique de Varsovie, et fréquentera un milieu très intellectuel. Devenu passionnément croyant, il ira jusqu'à tenter de convertir son père ! Étudiant en droit, il préférera de loin suivre en auditeur libre les cours de la faculté de lettres françaises. Passionné par la politique : « J'appartenais à une génération fascinée par l'action », dira-t-il, il s'engage dans un parti quasi clandestin, à la gauche du parti nationaliste, puis dans l'organisation de la Jeunesse démocratique, ce qui lui vaudra quelques jours de prison. Il se rapproche ensuite du « Cercle des polonisants », un mouvement très ouvert aux courants d'idées qui traversaient le monde intellectuel de l'époque, où se conjuguaient l'amour de la littérature et le goût de la politique. À vingt ans il sera le premier traducteur des surréalistes et des dadaïstes (Éluard, Tzara, etc.) en langue polonaise. Considéré comme « suspect politique », il fera son service militaire dans un camp disciplinaire. C'est l'époque où se développe en Pologne un « catholicisme progressiste », ouvert à la réflexion et au doute. En 1935, il écrit un essai sur la poésie d'inspiration catholique et sur le poète Liberte. Il se passionne pour la pensée de saint Thomas d'Aquin. « J'étais, dit-il, fasciné par les systèmes de pensée qui expliquent le monde de façon totalitaire, le marxisme d'abord puis le thomisme. Mais comment être thomiste sans avoir la foi ? » Passionné de littérature française, il sollicitera une bourse pour poursuivre ses études en Sorbonne, à Paris. De 1935 à 1936, il y rencontrera Jacques et Raïssa Maritain avec qui il partage un profond intérêt pour la pensée de saint Thomas et pour la poésie (Nerval, Lautréamont, Apollinaire, Max Jacob, les surréalistes...). Il y liera amitié avec de nombreux poètes dont Éluard, Tzara et André Breton qui vient de fonder sa revue *Le Minotaure*.

Lorsqu'il décide de regagner la Pologne pour faire la guerre dans son pays, Jan Kott échappe de peu, à Lvov, à la déportation pour la Sibérie. Il connaîtra ensuite, à partir de juin 1941, l'occupation nazie dont les juifs seront la cible « privilégiée ». Non circoncis, il échappera ainsi plusieurs fois à la mort. Se faisant passer pour médecin, il aboutira au camp de transfert de Maidenek, dont il sera miraculeusement libéré pour cause d'homonymie avec le chauffeur d'un commandant. Il s'engage alors dans le groupe de propagande d'un réseau communiste de la résistance où il édite des journaux clandestins. Après la libération il devient éditeur du journal littéraire *La Forge* où ses articles de critique théâtrale lui valent une certaine renommée. Accusé par les autorités, comme tous les communistes restés en Pologne pendant la guerre, de « dérive droitière », il est nommé d'office professeur à l'université de lettres françaises. Jan Kott sera l'un des artisans du mouvement d'octobre 1956 qui fit suite aux révélations de Khrouchtchev sur la vraie nature du stalinisme. *Shakespeare notre contemporain* (*), son œuvre majeure, qui nous fait redécouvrir le théâtre de Shakespeare à travers les cahots de l'histoire moderne, sera publiée d'abord en France grâce à Jean-Paul Sartre, dans la collection des « Temps modernes » chez Julliard en 1962, ensuite chez Marabout-université avec une préface de Peter Brook, et enfin chez Payot. Il reçoit ensuite une bourse pour donner des cours dans les universités nord-américaines. Les nouvelles persécutions antisémites lui feront perdre son poste à l'université de Varsovie, l'obligeant à rester aux États-Unis. Il finira par s'exiler définitivement aux USA, en 1966. Là paraîtra en 1973 *Manger les dieux*, son recueil d'essais sur les relations entre la tragédie grecque et la modernité, puis *La Vie en sursis*, son autobiographie.

NICOLAS ROMÉAS.

KOTZEBUE August von. Écrivain allemand. Né le 3 mai 1761 à Weimar, mort le 23 mars 1819 à Mannheim (Bade). Après avoir étudié le droit, au lieu de devenir avocat il entra à vingt ans, en qualité de secrétaire, chez un ingénieur qui se rendait à Saint-Pétersbourg. Il demeura en Russie une quinzaine d'années, et assuma des charges administratives importantes en Livonie. Passionné de théâtre, il s'en occupa activement, et devint intendant du théâtre allemand de Saint-Pétersbourg, débutant ainsi dans sa carrière de dramaturge. Parmi ses œuvres de jeunesse les plus célèbres, il convient de citer *La Prêtresse du soleil, Misanthropie et repentir, Les Espagnols au Pérou.* Revenu en Allemagne, il déploya une activité féconde dans le domaine de la comédie et devint rapidement très populaire. Il fut appelé à diriger le théâtre de la Cour à Vienne, puis à Weimar où il chercha à susciter une querelle entre Goethe et Schiller. Hostile aux romantiques, il s'en moqua dans *L'Âne hyperboréen* (*). En 1801, il effectua un nouveau voyage en Russie mais, arrêté à la frontière comme suspect politique, il fut déporté en Sibérie. Le tsar Paul Ier reconnut que ses soupçons n'étaient pas fondés, et le libéra sans tarder en lui offrant, à titre de compensation, une propriété en Livonie ; dès lors, Kotzebue fut à la solde du tsar. Après la mort de Paul Ier, il retourna en Allemagne et publia un hebdomadaire très antinapoléonien, ce qui lui attira les sympathies de nombreux patriotes. Après la chute de Napoléon, il continua son rôle d'informateur secret du tsar Alexandre Ier, auquel il envoyait des rapports sur la situation en Allemagne. Cet espionnage lui valut la haine des associations universitaires patriotiques qui brûlèrent ses œuvres en public en 1817 ; en 1819, il mourut poignardé par l'étudiant Karl Ludwig Sand, ce qui donna lieu aux mesures antilibérales de Karlsbad, décidées à l'instigation de Metternich. Il avait écrit deux cent seize œuvres théâtrales : tragédies, comédies et farces, toutes assez superficielles et sans prétentions littéraires : on se souvient encore à peine de *Gustav Vasa* (+), de *La Petite Ville allemande* (*), des *Ruines d'Athènes* (*). À sa moralité correspondait sa facilité artistique ; il n'en fut pas moins l'auteur le plus lu et le plus représenté de son temps.

♦ *« Si j'avais égard aux masses et non à ma personnalité, je leur ferais des contes et me moquerais d'elles comme fit le défunt Kotzebue. »* Goethe.

RÉF. : Frithjof Stock, *Kotzebue im literarischen Leben der Goethe-Zeit*, Düsseldorf, 1971. – Doris Maurer, *August von Kotzebue. Ursachen seines Erfolges*, Bonn, 1979. – Peter Kaeding, *August von Kotzebue. Auch ein deutsches Dichterleben*, Berlin, 1985.

KOUAN HAN-TS'ING [Guan Hanqing]. Auteur dramatique chinois, né vers 1210, mort vers 1300 ; il vécut donc à la fin de l'époque des Tsin (1115-1234) et au début des Yuan (1279-1368). On ignore presque tout de sa vie, si ce n'est qu'il écrivit de très nombreuses pièces. Le père Wieger cite soixante-trois titres ; seize de ces textes sont parvenus jusqu'à nous (l'attribution de certains étant contestée). Les principaux sont *L'Injustice faite à To Eu* (*), *Sauvée du malheur* [*Tsio feng-tch'en*], *Le Kiosque d'où l'on voit le fleuve* [*Wang-tsiang t'ing*], et *Kouan-ta Wang se rend au banquet armé d'un sabre* [*Kouan-ta Wang tan-tao-houei*]. À travers ces pièces se dessine la figure d'un grand écrivain qui sut décrire toute la vie et la mentalité de son temps. La première exalte le chaste veuvage d'une femme injustement accusée d'un crime et exécutée à tort ; ce drame se rattache aux plus anciennes traditions chinoises. La seconde pièce, qui est une comédie, met en scène avec beaucoup d'esprit une courtisane rusée qui parvient à libérer des liens matrimoniaux une de ses jeunes amies mal mariée. *Le Kiosque* compte aussi comme comédie, et dépeint la fidélité et la ruse d'une femme qui sauve son mari d'une injuste condamnation à mort. La dernière enfin prend pour thème historique une illustre scène : celle du banquet auquel Kouan Yu se rendit en 214 apr. J.-C., conscient qu'on lui préparait un piège, mais dont il se sortit à l'aide de son seul sabre, et en prenant en otage son ennemi. Kouan Han-ts'ing est considéré comme le plus grand dramaturge chinois ; son œuvre est caractérisée par une extrême diversité de sujets, qui sont, outre ceux déjà cités, aussi bien policiers, littéraires (sur la vie de poètes), que sociaux (faits divers, histoires de courtisanes et méfaits des tyrans-fonctionnaires). Il situe souvent la tragédie aussi bien que la comédie dans un milieu populaire. Par ailleurs, il est sans doute l'un des auteurs qui contribua le plus à la définition du genre théâtral « tsa-tsu » des Yuan, « âge d'or » du théâtre chinois — v. *Choix de pièces Yuan* (*).

RÉF. : G. Yang et Yang Hsien-yi, *Selected Plays of Kuan Han-ching,* Pékin, 1958. — Li Tche-houa, « Le Dramaturge chinois Kouan Han-k'ing », in *Les Théâtres d'Asie,* Paris, 1961. — Shih Chung-wen, *The Golden Age of Chinese Drama : Yuan tsa-chü,* New Jersey, 1976.

KOUAN TSE [Guanzi] (ou Kouan Yi-wou, ou Kouan Tchong). Homme d'État et juriste chinois. Né à une date inconnue dans l'État féodal de Ts'i (l'actuel Chan-tong), mort probablement en 645 avant notre ère. En 685, il était Premier ministre du prince de Ts'i. L'œuvre connue sous son nom, *Kouan Tse* (*), a été écrite longtemps après sa mort et aurait remplacé un ouvrage du même titre mais perdu, et qui devait contenir les discours politiques et les théories administratives de Kouan Yi-wou. Le *Kouan Tse* que nous connaissons lui a donc été attribué, en hommage à la personnalité de juriste et d'homme d'État de celui qui est considéré comme le père du droit chinois. L'œuvre en question est importante pour qui veut connaître les idées sociales et économiques des siècles qui ont précédé notre ère, lorsque la conscience juridique de la nation chinoise se forma, après les terribles expériences de la période des Printemps et Automnes (770-476) ; cette conscience s'affirma plus encore à l'époque des Royaumes combattants (475-221) et sous la dynastie des Ts'in (221-206). Pendant son gouvernement, Kouan Tse innova certaines mesures qui augmentèrent considérablement la puissance de la principauté Ts'i et fit d'elle le plus important des États féodaux. Il sut y développer l'agriculture, le commerce intérieur et extérieur, le trafic maritime et fluvial du bronze et du fer (réparti ensuite dans tout le nord de la Chine), l'exploitation du sel. C'est à Ts'i que l'on battit de la monnaie pour la première fois. Ce monopole, outre ceux du fer, du bronze et du sel, procura à la cour de Ts'i une richesse supérieure à celle de la cour impériale des Tcho.

RÉF. : G. von Gabelentz, « L'Œuvre du philosophe Kuan tse », *Mémoires de la Société d'études japonaises,* vol V, 1886.

KOUEI YO-KOUANG [Gui Youguang] (prénom social Si-fou, surnoms Siang-tsi cheng ou Tchen-tch'ouan). Prosateur chinois. Né en 1506 et mort en 1571 à Nan-tsing, originaire de Kouen-chan (dans le Tsiang-sou). Bien qu'ayant fait de savantes études classiques et historiques, Kouei Yo-kouang ne réussit que tardivement aux examens mandarinaux, et ne fut reçu à l'examen impérial qu'à près de 60 ans. Sa carrière officielle fut en conséquence assez peu reluisante, jusqu'à ce qu'il fût dans les dernières années de sa vie appelé comme compilateur historique à la Cour. Il eut de très nombreux enfants, servit dans les provinces du Heu-pei et du Tche-tsiang, et surtout enseigna à An-t'ing-tsiang, près de Sou-tcho, d'où sa réputation se répandit très largement. Il aurait eu plusieurs milliers d'étudiants, et fut très estimé et étudié parmi les lettrés, malgré la querelle qui l'opposa à Wang Che-tchen (1526-1590) — et peut-être aussi grâce à ce dernier car il rendit finalement honneur à Kouei Yo-kouang en le tenant pour le descendant des plus grands prosateurs des T'ang (618-907) et des Song (960-1279) : Han Yu (768-824) et O-yang Sio (1007-1072). Kouei se prononçait en effet pour l'étude des anciens, pour la prose des *Mémoires historiques* (92 av. J.-C.) de Se-ma Ts'ien, et des deux dynasties citées ; à savoir pour la prose dite ancienne, mais dont il refusait que l'imitation fût prétexte à l'archaïsme de certains de ses contemporains. Son style naturel a produit des essais informels, de description ou d'humeur, souvent sur des sujets propres à la ville de Sou-tcho, que l'on peut trouver dans le *Recueil de Tchen-tch'ouan* (*).

VALÉRIE LAVOIX.

RÉF. : Tseng Li, « Kuei Yu-kuang and Early Ming Dynasty Essays », in *Chinese Literature,* nov. 1962.

KOUNEV Trifon. Poète bulgare. Né le 20 février 1880 à Aglen (district de Lovetch), mort le 2 février 1954 à Sofia. Il termine des études de droit à Sofia (1908) et travaille comme journaliste. Membre du parti agrarien bulgare, il est élu député en 1931. Après 1944, il est rédacteur du journal *Zémédelsko znamé,* organe de l'opposition. Kounev est un poète qui gravite autour des symbolistes, tout en restant proche du folklore où il puise largement thèmes et images. Son œuvre lyrique illustre la rencontre de deux mondes entièrement opposés : l'optimisme du paysan, débordant de vie, et les états d'âme d'un intellectuel isolé et triste. Il est aussi l'auteur de récits humoristiques. Parmi ses œuvres, il faut citer : *Chrysanthèmes* [*Khrizantémi,* 1907], *Chansons* (*) (1938).

KOUO MAO-TS'IEN [Guo Maoqian]. Lettré chinois. Né à Siu-tch'eng (Chan-tong) vers 1100, il vécut sous la dynastie des Song du Sud (1127-1279). D'après le *Tsi Nien Yao Lou* (catalogue de la période Tshie Yen des Song), il aurait été lecteur à l'académie Han-lin. L'on ne sait rien d'autre de sa vie. Cet auteur laissa une importante anthologie des anciens chants chinois, de la dynastie Han à la dynastie Song, intitulée *Anthologie de poèmes à chanter* (*).

KOUO MO-JO [Guo Moruo] (pseud. de Kouo K'ai-tchen). Poète, romancier, dramaturge, érudit et homme politique chinois. Né à Cha-wan (Se-tch'ouan) le 10 (ou 16) novembre 1892, mort à Pékin le 12 juin 1978. Personnage fascinant, pétri de contradictions, il fut une des figures marquantes de la vie littéraire et de la scène politique chinoise pendant près de soixante ans. Issu d'une famille de propriétaires terriens, il manifesta très jeune un caractère impulsif. En 1913, déçu par un mariage imposé, il partit pour le Japon afin d'y étudier la médecine, qu'il ne devait jamais exercer en raison de sa surdité. Il se tourna alors vers la littérature : influencé par le romantisme occidental et par des auteurs tels que Shelley, Whitman, Tagore, il composa dès 1919 ses plus beaux poèmes, réunis en 1921 en un recueil intitulé *Déesses* (*) : pièces en vers libres qui ouvraient une nouvelle période de la poésie chinoise et traduisaient les aspirations passionnées de la « génération du 4 mai ». En 1921 au Japon, Kouo Mo-jo fonda avec Yu Tafou et Tch'eng Fang-wu le groupe « Création », qui publia à Shanghai plusieurs périodiques du même nom, s'opposant d'abord par son esthétisme et son romantisme à l'école réaliste et sociale de la « Société d'études littéraires ». Mais les années 1924-1925 et les événements du 30 mai 1925 devaient marquer un tournant radical dans l'histoire de « Création » et dans celle de Kouo Mo-jo. Il annonça sa conversion au marxisme, et « Création » proclama qu'il fallait passer « de la révolution littéraire à la littérature révolutionnaire ». Kouo Mo-jo se rendit à Canton et y eut une intense activité politique : il participa à l'Expédition du Nord et prit part au soulèvement de Nan-tch'ang en août 1927. Après son échec, contraint de s'enfuir au Japon, il y resta dix ans. Ce fut cet exil qui le conduisit aux recherches érudites. Il s'intéressa alors aux inscriptions sur os et vases de bronze et rédigea plusieurs études qui font autorité, et des ouvrages plus contestés sur l'histoire sociale ancienne de la Chine. C'est également à cette époque qu'il commença à rédiger son autobiographie. Le « Front uni antijaponais » lui permit de rentrer en Chine en 1937. Pendant la guerre, il vécut à Tch'ong-ts'ing, occupant des postes importants. De cette période datent plusieurs de ses drames historiques, allégories permettant à l'auteur la critique d'événements contemporains. *Ts'iu Yuan* (1942) est le plus connu. Depuis la fondation de la République populaire chinoise, Kouo Mo-jo n'a jamais cessé d'occuper de hautes fonctions : il était notamment président de l'Académie des sciences, président de la Fédération des écrivains et des artistes chinois. Il adhéra au parti communiste en 1958 et a toujours suivi fidèlement la ligne politique du parti, quelles que fussent ses orientations. S'il n'a plus écrit d'œuvre marquante, il a composé encore des pièces historiques et des poèmes de circonstance. À la différence d'autres écrivains, la Révolution culturelle l'a épargné. L'œuvre de Kouo Mo-jo est immense et diverse. Outre *Déesses* et *Ts'iu Yuan*, on doit citer des recueils de poèmes : *Ciel étoilé* [*Sing k'ong*, 1923], *Le Vase* [*P'ing*, 1925], des œuvres en prose empreintes de romantisme et de subjectivisme : *La Pagode* [*T'a*, 1925], *Une olive* [*Kan lan*, 1926], *Feuilles tombées* [*Lovo ye*, 1928], ce dernier récit composé de lettres d'amour d'une Japonaise à son fiancé chinois. Parmi ses drames historiques, citons encore *Ts'ai Wen-tsi* (1959) et *Wou Tsen-t'ien* (1962). Kouo Mo-jo a traduit de nombreux auteurs occidentaux : sa traduction des *Souffrances du jeune Werther* (*) de Goethe (1922) eut un immense retentissement sur la jeunesse. Il a composé plusieurs ouvrages d'histoire. Il a écrit enfin huit volumes autobiographiques, dont *Autobiographie, une année d'enfance* (*), avec l'intention de révéler « à travers une existence individuelle le visage d'une époque ». C'est « paradoxalement », juge Ryckmans, « ce que Kouo Mo-jo a écrit de meilleur ».

NICOLE DULIOUST.

♦ *« Kouo Mo-jo reste... pour ses compatriotes le poète inégalable des* Déesses. *»* M. Loi.

RÉF. : Kouo Mo-jo, *K'iu Yan* (trad., préf. et notes de Liang Pai-tchin), Paris, 1957. – M. Dolezelova-Velingerova, *Kuo Mo-jos Autobiographical Works* in *Studien zur modernen chine-sischen literatur*, Berlin, 1964. – D. T. Roy, *Kuo Mo-jo : The Early Years*, Cambridge, Mass., 1971.

KOUPRINE Alexandre Ivanovitch [Aleksandr Ivanovič Kuprin]. Nouvelliste et romancier russe. Né le 26 août 1870 à Narovchat, dans le gouvernement de Penza (Russie), mort à Moscou le 15 mars 1938. Ses années d'études dans un « corps de cadets », institution militarisée, ainsi qu'un court passage dans l'armée russe expliquent la place qu'il réserva à ce milieu dans son œuvre. À partir de 1896, il collabora à des journaux et à des revues, tout en exerçant les professions de dentiste, arpenteur, chantre d'église, acteur, expériences qui enrichirent plus tard ses créations littéraires. C'est ainsi qu'en 1896 il publia sa première œuvre : *Types de Kiev* [*Kievskie tipy*], suivie en 1897 de *Miniature* [*Miniatjura*], qui remportèrent un succès qui dépassa les espérances de l'auteur ; puis parut *Moloch,* mais la consécration vint avec son long récit : *La Relève de nuit* [*Nočnaja smena,* 1899]. Il s'installa alors à Saint-Pétersbourg où, à partir de 1901, il collabora à la revue *Le Monde de Dieu* [*Mir Božij*] et à la maison d'édition *La Connaissance* [*Znanie*] de Maxime Gorki, firme qui, en 1903 et 1906, réédita les premiers recueils de nouvelles de Kouprine, dont la personnalité littéraire était désormais fixée. Il est réaliste, mais représente surtout une époque de transition, tant par les types humains et les événements qui y sont mis en œuvre que par sa tendance au pessimisme. Son héros du *Duel* (*) fut traité d'intellectuel « à la Tchekhov », et fit de son créateur l'un des auteurs les plus discutés de Russie. Jusqu'en 1917, Kouprine se livra à des expériences diverses : dans *Izumrud,* influencé par l'œuvre de Tolstoï, dans *La Sulamite* (*), qui rappelle Flaubert, *Le Capitaine Rybnikov* [*Kapitan Rybnikov*], qui tient à la fois de Kipling et de Jack London, et dans *Gambrinus,* proche de Maupassant ; Kouprine tint pourtant à montrer son originalité dans *Le Bracelet de grenats* [*Granatovyj braslet*]. Riche, romantique à sa manière, teintée de réalisme pour ne pas dire de naturalisme, telle nous apparaît *La Fosse aux filles* (*) (1912), l'œuvre maîtresse et suprême de Kouprine, décrivant la vie dans les maisons de tolérance de la Russie du Sud. Contraint de s'exiler lors de la Révolution, le romancier vint en France, mais la nostalgie paralysa ses facultés créatrices ; il regagna donc son pays, où il mourut avant d'avoir pu reprendre toute son activité.

RÉF. : Charles Ledré, *Trois romanciers russes. Ivan Bounine, Alexandre Kouprine, Marc Aldanov,* Paris, 1935. – R. Zernova, A. Kouprine in *Histoire de la littérature russe. Le XXe siècle. La Révolution et les années vingt,* Paris, 1988.

KOURATOV Ivan. Poète komi, né en 1839 au village de Lebran (aujourd'hui Kouratovo), mort à Vernin (aujourd'hui Alma-Ata) en 1875. Ivan Kouratov est aujourd'hui un classique de la littérature komi. Les Komi sont un peuple de langue finno-ougrienne vivant au nord-est de la Russie d'Europe dans une république autonome. Ils sont aussi connus sous le nom de Zyriènes, appellation qui leur avait été dépréciativement donnée par les colonisateurs russes. En effet, les contacts entre Russes et Komi remontent au XIVe siècle, époque à laquelle ils ont été christianisés par l'évêque Stéphane de Perm, qui a inventé un alphabet et traduit les *Évangiles* en komi. Après plusieurs siècles d'intervalle, l'écriture komi renaît grâce à l'activité et à la ténacité de cet écrivain qui restera pratiquement inconnu de son vivant.

Ivan Kouratov est le neuvième enfant d'un diacre de village. Il perd son père à l'âge de neuf ans. En 1850, l'enfant commence ses études au séminaire de Vologda, sans toutefois avoir l'intention de devenir ecclésiastique, il se destine en effet à l'enseignement. À la fin de ses études, il entreprend un voyage à Moscou qui le met en contact avec les jeunes intellectuels progressistes et les révolutionnaires russes. En même temps, il s'ouvre à la culture mondiale et à la philosophie. Ce voyage alimente puissamment la créativité du jeune Komi, qui écrivait des poèmes dans sa langue maternelle dès l'âge de treize ans.

De retour en pays komi, il s'installe à Oust'Sysol'sk (aujourd'hui Syktyvkar, la capitale), commence à enseigner et continue à écrire des poèmes, dont quatre seront publiés en 1866 à Vologda – v. *Poèmes* (*) d'Ivan Kouratov. Il écrit en même temps un manuel de komi et propose un nouvel alphabet. C'est un pionnier absolu : il n'a ni compagnons ni lecteurs potentiels. Cette situation désespérante ne l'empêche pas de traduire en komi Horace, Voltaire, Schiller, Heine, Pouchkine, Lermontov... Sommé cependant de renoncer à ses contacts avec les révolutionnaires, il répond par un poème : « Ma muse n'est pas à vendre ! » Aussitôt, il est mobilisé et envoyé à Vernin (aujourd'hui Alma-Ata), où, sans renier ses opinions, il continuera son œuvre littéraire. Affaibli par la malaria, il meurt de tuberculose en 1875.

À cause de problèmes d'héritage, ses œuvres manuscrites, dont une partie a été perdue, ne seront rendues disponibles qu'en 1923. Depuis, l'œuvre d'Ivan Kouratov, dont il existe deux éditions complètes (1939 et 1979), n'a fait qu'acquérir un rayonnement de plus en plus grand.

EVA TOULOUZE.

KOUROUMA Ahmadou. Romancier ivoirien. Né en 1927 à Togobala, en Guinée, au sein d'une famille de notables. Comme le veut la tradition malinké, en sa qualité de fils aîné il est confié dès l'âge de sept ans à son oncle maternel, infirmier à Boundiali, en Côte-d'Ivoire. Grâce à l'entregent du « docteur de Boundiali », qui entretenait d'excellentes relations avec le commandant de cercle, Kourouma peut ainsi avoir accès à l'école primaire et poursuivre ensuite ses études à l'École supérieure de Bamako, dans l'ex-Soudan français. Exclu de l'établissement en raison de ses activités politiques, il est alors enrôlé de force dans les troupes coloniales et, après avoir refusé de participer à la répression des manifestations organisées à Abengourou par le R.D.A. (Rassemblement démocratique africain), il est envoyé en Indochine où il sera le témoin de l'agonie d'un des derniers bastions de l'Empire français.

Ses études d'actuaire achevées à la faculté de droit de Lyon, Kourouma rentre dans son pays en 1963, date à laquelle la Côte-d'Ivoire traverse une grave crise politique, engendrée par la crainte de présumés « complots ». Inquiété, arrêté puis relâché, faute de preuves, le futur auteur des *Soleils des indépendances* (*) se retrouve au chômage, et nul doute que son premier roman, sans être pour autant un ouvrage autobiographique, ne se fasse l'écho des turbulences post-coloniales dont, à l'instar de son héros Fama, il a été la victime et qui l'ont ensuite contraint à l'exil. Kourouma a en effet accompli l'essentiel de sa carrière à l'étranger, en Algérie d'abord, au Cameroun ensuite, puis à Lomé, au Togo, où il dirige aujourd'hui une importante compagnie de réassurance.

Après vingt ans de silence, Ahmadou Kourouma a publié en 1990 un second roman *Monnè, outrages et défis*, dans lequel il fait un retour ironique sur le passé colonial du pays malinké.

JACQUES CHEVRIER.

RÉF. : P. N. Khashama, *Kourouma et le mythe*, Paris, 1985.

K'OUTCHAK Nahapet. Troubadour arménien. Né dans la région de Van au début du XVIe siècle, mort en 1592 à Kharakonis, même région. Auteur de poèmes populaires en arménien et en turc. On lui a attribué, sans doute par erreur, les poèmes anonymes du Moyen Âge connus sous le nom *Hayrèn* (*), poèmes d'amour et d'exil, qui ont pris naissance entre le XIIIe et le XVIe siècle. Ces poèmes célèbres ont été traduits et publiés en diverses langues (notamment en français) sous le nom collectif de Nahapet K'outchak, dont ils sont désormais inséparables.

MARC NICHANIAN.

KOU YEN-WOU [Gu Yanwu] ou Kou T'ing-lin. Érudit chinois. Né en 1613 à Kouan-chan, mort en 1682. Fonctionnaire de la dynastie impériale des Ming (1366-1644), il se refusa ensuite à servir la nouvelle dynastie, qui était mandchoue. Il attribuait la décadence de son siècle à une interprétation erronée des classiques ; pour sa part, il prônait un retour aux sources, d'ailleurs très différent d'une imitation servile des Anciens. Son savoir, très sûr, était vaste et s'étendait des lettres classiques à l'histoire, la géographie, l'épigraphie et la science des mœurs. Son érudition se retrouve dans son œuvre principale, le *Recueil des connaissances journalières* (*) en trente-deux volumes (1673), qui contient les notes qu'il prit au cours de ses lectures et de ses recherches. Kou Yen-wou, qui est le père de la critique textuelle des Ts'ing, a aussi laissé des commentaires philologiques sur le *Livre des vers* (*), le *Commentaire de Tsouo* (*), le *Yi tsing* (*) et le *Yuen-Pou*, une *Étude sur les finales* datant de la dynastie des T'ang, enfin des ouvrages d'archéologie et d'épigraphie : *Sur les antiquités du Chan-Tong* [*Chang-Tong k'ao-kou-lou*] et *Sur les inscriptions des Chang aux Yuan* [*Tsin-che wan-tse ke*].

RÉF. : H. Wilhelm, *bu Ting Lin der Ethiker*, 1932.

KOUZMINE Mikhaïl Alexeïevitch [Michaïl Alekseevič Kuzmin]. Poète russe. Né à Jaroslav en 1875, mort à Leningrad en 1938. Issu d'une famille noble, il passe sa jeunesse à Saratov, puis, à partir de 1885, à Saint-Pétersbourg, où il suit les cours du conservatoire ; mais ses excentricités le font déjà remarquer et Rimski-Korsakov le met à la porte de l'école en lui reprochant de manquer de sérieux. Après un long voyage en Italie et sur les bords de la Méditerranée, Kouzmine rentre en Russie en 1906 ; il fréquente alors le milieu des « vieux-croyants » : époque mystique, pendant laquelle il compose une musique religieuse exaltée et parcourt les provinces du nord de la Russie, en compagnie de fidèles de la secte, à la recherche de vieilles icônes. Cette crise ne dure pas longtemps et Kouzmine, qui a publié ses premiers livres en 1905, adopte bientôt un style d'esthète « décadent » imité d'Oscar Wilde. La grâce qu'il met à réciter ses poèmes en les accompagnant lui-même au piano lui vaut l'engouement des salons ; mais cet artiste efféminé est bien plus qu'un amuseur : peut-être le plus typique représentant du courant symboliste en Russie, d'abord par sa culture cosmopolite (il parle parfaitement le français, l'italien, l'allemand, traduit aussi facilement Henri de Régnier, Anatole France, Pierre Louÿs que les vieux livres russes du XVIe siècle) ; puis par son besoin de styliser toute chose (il aurait dit volontiers que le monde et la vie sont faits pour aboutir à un livre) ; par son orientalisme voluptueux et morbide, si proche de Pierre Louÿs ; enfin, dans les meilleures de ses *Poésies* (*), par sa prédilection pour toutes les époques de décadence lettrée et élégante, Alexandrie, Byzance, le XVIIIe siècle français en particulier qu'il sait évoquer en musiques toutes verlainiennes. On peut s'étonner qu'un poète aussi typiquement aristocratique n'ait pas fui la Russie lors de la Révolution de 1917 : il publia encore des romans, *Les Navigateurs* [*Plavajuščiéputešestvujuščié*, 1925], *La Vie merveilleuse de Joseph Balsamo et de Cagliostro* [*Čudesnaja žizn' Josifa Bal'zamo, grafa Kaliostro*, 1919], mais il lui était tout à fait impossible de trouver sa place dans la nouvelle littérature soviétique et ses dernières années restent mystérieuses.

♦ *« Un Alexandrin égaré en plein XXe siècle. »* Emmanuel Rais.

RÉF. : S. Tchimichkian, M. Kouzmine in *Histoire de la littérature russe. Le XXe siècle. L'Âge d'argent*, Paris, 1987.

KOVAČIĆ Ivan Goran. Écrivain croate. Né à Kukovdol (Croatie) le 21 mars 1913, mort en juin 1943. Son poème, *La Fosse commune* (*) (1944), écrit tandis qu'il se battait dans les rangs des partisans, traduit en plusieurs langues étrangères, est considéré comme la plus grande œuvre poétique sur la libération nationale yougoslave et comme le symbole lyrique de la souffrance humaine engendrée par l'atrocité de la guerre. Cette œuvre allie le naturalisme de l'image au raffinement d'une expression fondée sur l'iambe hendécasyllabique. Kovačić est également l'auteur de récits, de différents essais, et de deux romans, *Le Bateau sur le ruisseau* [*Brod na potoku*] et *Le Tambour de Dieu* [*Bozji bubanj*]. Cherchant difficilement sa voie, Kovačić s'est efforcé de concilier l'expérience vécue et une expression inspirée des plus grands écrivains européens, dont il a abondamment traduit les œuvres.

KOYRÉ Alexandre. Philosophe français, historien de la pensée religieuse, philosophique et scientifique. Né à Taganrog (Ukraine) le 29 août 1892, mort à Paris le 28 avril 1964. De 1908 à 1911, Koyré suivit les cours de Husserl et Hilbert à Göttingen ainsi que ceux de Bergson, Lalande, Delbos, Picavet et Brunschvicg à Paris (1909-1911). Il émigra définitivement en France en 1919. Durant la Première Guerre mondiale, engagé volontaire, il servit comme officier dans l'armée française sur le front russe, puis, après un nouveau séjour en Russie (1916-1919), il revint en France où il se maria et adopta finalement la nationalité française. En 1929, il soutint sa thèse d'État sur *La Philosophie de Jacob Böhme* qui parut la même année. En 1932, nommé directeur d'études à la Ve section de l'École pratique des hautes études, Koyré eut la chaire d'« Histoire des idées religieuses dans l'Europe moderne ». Peu après, Koyré fut détaché à l'université du Caire, où il séjourna à plusieurs reprises (1933-1934 ; 1936-1938 ; 1940), mais il donna des conférences à Berlin, Amsterdam, Groningue, Bruxelles. S'étant rallié au général de Gaulle dès le début de l'Occupation, il quitta la France de Vichy en 1941 et se rendit aux États-Unis où il enseigna la philosophie et l'histoire des sciences à la New School for Social Research de New York. De retour en France en 1945, Koyré continua cependant de venir enseigner régulièrement aux États-Unis dans les universités de Columbia, Yale, Baltimore, Boston, Princeton et Chicago. En 1954, Koyré est nommé directeur d'études à la VIe section de l'École pratique des hautes études, puis, en 1958, sous les auspices de Fernand Braudel, lui est confiée la direction du Centre de recherches d'histoire des sciences et des techniques.

Toute l'œuvre de Koyré repose sur une conviction unique que l'auteur érigea à titre de principe : « Dès le début de mes recherches, j'ai été inspiré par la conviction de l'unité de la pensée humaine [...] ; il m'a semblé impossible de séparer, en compartiments étanches, l'histoire de la pensée philosophique et celle de la pensée religieuse dans laquelle baigne toujours la première, soit pour s'en inspirer soit pour s'y opposer. [...] Mais j'ai dû rapidement me convaincre qu'il était pareillement impossible de négliger l'étude de la structure de la pensée scientifique. » Cette triple orientation de Koyré permit d'éclairer la « révolution scientifique ». Ainsi, les *Études galiléennes* (+) (1939) analysent les bouleversements des cadres de notre pensée qui présidèrent à la naissance de la science du mouvement : abandon de la physique aristotélicienne (prisonnière des pièges de l'expérience courante) et substitution d'un modèle d'intelligibilité géométrique hérité d'Archimède. Avec Galilée et Descartes, le mouvement n'est plus conçu comme une « action » consistant à changer d'état (passage de la « puissance » à l'« acte »), mais comme un état tout aussi réel que le repos. Toutefois, cette refonte des concepts fondamentaux (mouvement, inertie, espace, vitesse et accélération, hypothèse, loi, cause et connaissance) opérée au XVIIe siècle n'aurait jamais été possible sans la révolution cosmologique qui bouleversa la pensée de la Renaissance : « La substitution d'un Univers infini et homogène au cosmos fini et hiérarchiquement ordonné de la pensée antique et médiévale. » C'est cette révolution cosmologique qu'étudie l'un des plus célèbres ouvrages de Koyré : *Du monde clos à l'Univers infini* (*) (1957). Reprenant ses travaux sur Copernic (1934), Koyré poursuit son analyse de la *Révolution astronomique* (1961) en l'étendant à Kepler et Borelli afin de comprendre la mise en place de la mécanique céleste. Enfin, dans *Les Études newtoniennes* [*Newtonian Studies*, Cambridge, Mass., 1965 ; Paris, 1966], Koyré étudie comment Newton réussit à opérer la synthèse de la mécanique terrestre (fondée par Descartes et Galilée) et de la mécanique céleste (développée par Copernic, Kepler et Huygens) dans sa théorie physique, qui devint le modèle de la science classique.

Rejoignant explicitement l'idéalisme critique de Ernst Cassirer, Koyré reste attaché à un certain « platonisme ». Ainsi montre-t-il que la « révolution scientifique » fut déclenchée par une révolution philosophique : c'est le retour du « platonisme » de Galilée qui provoqua la ruine du péripatétisme médiéval. Dès lors, la pensée scientifique a subverti le concept de réalité en substituant à l'objet empirique un objet rationnel, mathématisé, donc analysable et définissable comme tout autre objet mathématique. Or, cette subversion est l'œuvre de l'esprit humain. Donc, la tâche de l'histoire de la pensée scientifique, selon Koyré, consiste à « saisir le cheminement de cette pensée dans le mouvement même de son activité productrice ».

JEAN SEIDENGART.

RÉF. : Gérard Jorland, *La Science dans la philosophie : Les recherches épistémologiques d'Alexandre Koyré*, Paris, 1981. – Pietro Redondi, *Alexandre Koyré. De la mystique à la science : Cours, conférences et documents 1922-1962*, Paris, 1986.

KOZAK Juš. Écrivain slovène. Né et mort à Ljubljana (26 juin 1892 - 29 août 1964). Il fait des études d'histoire et de géographie à l'université de Vienne et appartient au mouvement national yougoslave « Renaissance » [Preporod]. Professeur dans l'enseignement secondaire, puis rédacteur en chef de plusieurs revues, il débute dans la nouvelle en 1918 en publiant un recueil, *Sillons* [*Razori*], où il développe en un style analytique parfois teinté de lyrisme épique le thème qui sera celui de son œuvre jusqu'en 1930 : les contradictions entre la vie rurale patriarcale et la vie urbaine. Son chef-d'œuvre, *Saint-Pierre* (+) (1931), donne une peinture réaliste de la vie des artisans à Ljubljana dans la deuxième moitié du XIVe siècle. Il convient de citer encore *La Tour de miel* [*Lectov grad*, 1929], *La Réforme agraire* [*Agrarna reforma*, 1947], *Gasper Osat* (1949), des recueils de nouvelles. Kozak est aussi essayiste – v. *Les Masques* (*) –, et l'auteur de reportages et de récits de voyages.

KOZMA Prezviter (Cosma le Prêtre). On ne sait rien de la vie de ce moine bulgare, sinon l'année de sa mort (969). Il vécut à l'époque troublée du faible tsar Pierre (927-969) et est resté célèbre par son véhément *Sermon contre l'hérésie des bogomiles qui s'est récemment manifestée* (*) qui fait partie d'une œuvre plus vaste, le *Sermon sur les hérétiques et doctrine tirée des livres divins* (+). Ce sermon constitue une source précieuse de renseignements sur la secte manichéenne des Bogomiles qui s'était implantée en Bulgarie au Xe siècle, puis répandue dans divers pays d'Europe, sous des noms différents (les Cathares, etc.). Cette œuvre reflète un tempérament de polémiste et d'apologiste peu banal qui ne craint pas de semer l'épouvante par de violentes malédictions.

KRANJEC Miško. Écrivain slovène. Né à Velika Polana, en Slovénie, le 15 septembre 1908, mort à Ljubljana le 8 juin 1983. Il interrompt ses études de lettres dès 1934 pour se consacrer entièrement à ses activités littéraires et politiques. Rédacteur et directeur du journal *Les Droits de l'homme* [*Ljudska pravica*, 1934-36], il publie en 1935 un roman poignant et bien construit, *L'Axe de la vie* (*). En 1944, il rejoint les partisans. L'après-guerre le trouve successivement directeur de plusieurs maisons d'édition, président de l'Association des écrivains slovènes et député à l'Assemblée fédérale. Il est l'un des écrivains les plus féconds du réalisme slovène et développe, en un style rappelant Tolstoï et Hamsun, les thèmes de la réforme agraire entre les deux guerres, de la misère paysanne, et de la transformation de la société dans la Yougoslavie socialiste. Il est l'auteur de nouvelles, d'œuvres dramatiques, d'essais, et de nombreux romans parmi lesquels il faut citer surtout une tétralogie consacrée aux combats de la 14e division de la Lutte de libération nationale, *Horizons clairs* [*Za svetlim horizontima*, 1963], et une trilogie intitulée *Le Garde rouge* [*Crveni gardist*, 1966].

KRASICKI Ignacy. Écrivain polonais. Né le 3 février 1735 à Dubiecko, mort le 14 mars 1801 à Berlin. Aristocrate sans fortune, il choisit la carrière ecclésiastique. À trente-deux ans, il était évêque de Warmie, chapelain de la Cour et ami du roi Stanislas Auguste. Lorsque son diocèse passa sous la domination prussienne, en 1772, il devint également l'ami de Frédéric le Grand. En 1775, il fut nommé archevêque de Gniezno. Cet éminent représentant des Lumières laissa une œuvre éclectique : une Histoire universelle, la première encyclopédie polonaise, des romans, des comédies et des biographies, des poèmes héroï-comiques comme *La Souriade* [*Myszeis*, 1775], dans la veine de Boileau ; *La Monomachie ou la Guerre des moines* [*Monachomachia czyli wojna mnichów*, 1778], qui lui valut de nombreuses attaques auxquelles il répondit par *L'Antimonomachie* [*Anti-Monachomachia*, 1780]. *Les Aventures de Nicolas l'Expérience* [*Mikolaja Doswiaczyńskiego przypadki*, 1778] sont un roman d'éducation picaresque influencé par Rousseau, Swift et Voltaire. *Monsieur l'Écuyer de bouche* [*Pan Podstoli*, 1778-1784] est un traité romancé sur la gestion des grands domaines ruraux. Mais l'on retient surtout, dans l'œuvre du « prince des poètes », ses *Fables et Apologues* [*Bajki i przepowieści*, 1779], inspirés de La Fontaine, d'une concision extrême, ainsi que ses *Satires* (*) (1779), son chef-d'œuvre, et ses *Épîtres* [*Listy*] adressées au roi ou à ses amis.

LAURENCE DYÈVRE.

KRASIŃSKI Zygmunt. Écrivain polonais. Né et mort à Paris (19 février 1812-23 février 1859). De famille noble, fils d'un général napoléonien devenu par la suite fervent légitimiste, Krasiński fut élevé par son père qui lui imposa toutes ses volontés : à dix-sept ans, à la suite d'un différend avec ses camarades d'école survenu justement à cause des idées de son père, il fut, par celui-ci, envoyé en Suisse. C'est là que lui parvint la nouvelle de l'insurrection polonaise de 1831, mais son père lui interdit de bouger, et plus encore, en 1832, lui enjoignit de se présenter à la cour de Saint-Pétersbourg. Ayant obtenu de vivre à l'étranger, il y restera toujours. Voyageant à travers toute l'Europe, il se fixa à Rome. C'est là qu'il rencontra Delphine Potocka pour qui il conçut une ardente passion, mais son père le contraignit à épouser Isabelle Branicka qui lui était indifférente et qu'il rendit malheureuse. Il entretint une vive amitié avec Juliusz Słowacki et August Cieszkowski, puis il retourna à Paris. Il avait commencé à écrire, d'abord un roman : *Agay Chan*, mais sous le pseudonyme de « Poète anonyme de la Pologne » tant il connaissait la haine que le nom de son père suscitait chez les exilés. Les deux drames qui suivirent constituent son œuvre maîtresse : *La Comédie non divine* (*) et *Irydion* (*), qui traite de la décadence du monde romain. Ce fut ensuite le tour des *Trois méditations de Henri Ligenza* [*Trzy myśli ś. p. Henryka Ligensy*, 1840], de *Légende*, et finalement de *L'Aube* [*Przedświt*, 1843], court et magnifique poème écrit pour la consolation des exilés et des condamnés par l'oppresseur. Le recueil des lettres à Delphine Potocka est d'un intérêt exceptionnel, et, si Krasiński est inférieur en puissance poétique aux deux autres grands romantiques Mickiewicz et Słowacki, il les dépasse en profondeur philosophique, comme en font foi les *Psaumes de l'avenir* [*Psalmy przyszlości*, 1845] qu'il écrivit vers la fin de sa vie.

KRASKO Ivan (pseud. de Ján Botto). Poète slovaque (nommé « artiste national » en 1947). Né le 17 juillet 1876 à Lukovistia, mort le 3 mars 1958 à Bratislava. Issu d'une famille paysanne protestante, il fait ses études à l'École polytechnique de Prague et travaille ensuite comme ingénieur chimiste dans une sucrerie en Bohême. Après la libération de 1918, il est membre du parlement tchécoslovaque. Inspiré par la tradition biblique slovaque, stimulé par la poésie tchèque (Vrchlický, Březina, Bezruč, etc.), il n'écrit que pendant quelques années. Il publie deux minces recueils qui ont surpris, voire choqué ses compatriotes absorbés par la lutte désespérée contre l'oppression hongroise : *Nox et Solitudo* (*) (1909) et *Vers* (+) (1912). S'il n'oublie point sa nation, il exprime, en des vers dépouillés, insolites, envoûtants, la douloureuse nostalgie et le noir scepticisme de l'homme moderne. Il exercera sur la poésie slovaque, dans le climat de liberté conquise, une influence décisive, parallèlement au poète de l'inquiétude humaine et nationale, Valdimír Roy (1885-1936). Son passage météorique évoque celui de Březina, l'un et l'autre étant à rapprocher de la pléiade des poètes symbolistes européens.

KRASZEWSKI Józef Ignacy. Romancier et critique polonais. Né à Varsovie le 28 juillet 1812, mort à Genève le 19 mars 1887. D'origine lituanienne, il fit ses études à l'université de Vilna – coupées par deux ans de prison consécutifs à la révolution polonaise de 1831. Il se fixa ensuite en Volhynie comme administrateur de terres pour près de vingt années et commença d'écrire, mais il dut attendre son retour à Varsovie pour trouver un vaste champ d'action journalistique ; il devint rédacteur à la *Gazeta Codzienna*. Après 1863, il dut s'exiler à Dresde où il séjourna une vingtaine d'années. Sa production comprend environ six cents volumes, en majeure partie des romans, mais aussi des comédies, des essais et des poèmes ; c'est sous son influence que le roman français fut, en Pologne, remplacé par des œuvres d'auteurs nationaux. Ses récits sont souvent cycliques et se déroulent dans un cadre historique ; *Brühl* (*) est son meilleur roman, mais *La Chaumière au bout du village* [*Chata we wsi*], *La Comtesse Cosel, Ulana, Budnik, Le Poète et le Monde* [*Poeta i świat*] sont également excellents et jouirent de la même vaste diffusion. Le jubilé littéraire de Kraszewski fut fêté par toute la nation en 1879, puis le malheur s'abattit sur lui sous la forme d'une accusation d'espionnage militaire ; enfermé à la forteresse de Magdebourg, il n'en sortit que grâce aux pressions exercées de toutes parts en sa faveur, mais, âgé, exténué, il mourut peu de temps après à Genève.

RÉF. : P. Chmielowski, *Józef Ignacy Kraszewski*, Cracovie, 1888.

KRAUS Karl. Écrivain satirique autrichien né le 28 avril 1874 à Jicin (Bohême), mort à Vienne le 12 juin 1936. La famille de Karl Kraus vient s'établir en 1877 à Vienne et il fait ses études secondaires au lycée François-Joseph. Étudiant en droit, puis en lettres au début des années 1890, il fréquente à cette époque le célèbre café littéraire des « Modernes » viennois, le café Griensteidl. Il ne tarde pas cependant à prendre ses distances et son premier écrit satirique important est *La Littérature démolie* [*Die demolirte Literatur*], virulente attaque menée contre les poètes de la *Jeune Vienne* groupés autour d'Hermann Bahr. Kraus publie des articles dans divers journaux et revues de Vienne, Berlin, Hambourg, etc., mais, estimant que le monde de la presse ne laisse pas de place à la liberté satirique du journaliste, il fonde son propre journal. Ce sera le célèbre *Flambeau* [*Die Fackel*], petit fascicule rouge dont le premier numéro, publié le 1er avril 1899, est immédiatement épuisé. Peu à peu, *Le Flambeau* deviendra une véritable institution de la vie viennoise, et Kraus en écrira bientôt entièrement seul chaque numéro. *Le Flambeau* sera ainsi publié jusqu'à la mort de Kraus en 1936, soit presque un millier de numéros. Les premiers recueils d'essais paraissent en 1908 : *Morale et Criminalité* [*Sittlichkeit und Kriminalität*], et 1910 : *La Muraille de Chine* [*Die chinesische*

Mauer], dans lesquels Kraus met sa plume satirique au service de la liberté de l'individu contre l'injustice, l'hypocrisie de la morale bourgeoise, les préjugés, l'intrusion de la sphère publique-journalistique dans la vie privée. L'aphorisme est également une forme d'écriture à laquelle il consacre un recueil en 1909, *Dits et Contredits* [*Sprüche und Widersprüche*]. Dès avant 1914, Kraus affirme haut et fort son opposition à la guerre, dénonçant désormais sans relâche les mensonges du discours « patriotique » et de la phraséologie guerrière. Dès 1915, il commence à rédiger ce qui sera son chef-d'œuvre, le monumental drame des *Derniers Jours de l'humanité* (*). La guerre a révélé à Kraus que l'art et la politique ne sont pas des sphères séparées. Désormais, l'écrivain satirique devient polémiste et moraliste, et intervient de plus en plus vigoureusement dans la vie publique. Avec pour seule arme la force acérée de sa plume, il attaque, dénonce, défend ; les polémiques touchent les domaines culturels, politiques, sociaux. Son œuvre littéraire en est, pour une large part, inséparable : essais réunis, par exemple, dans *Littérature et Mensonge* [*Literatur und Lüge*], poèmes publiés en recueils portant le titre *Paroles en vers* [*Worte in Versen*], entre 1916 et 1930. Cette activité de l'écrivain s'accompagne de lectures publiques de ses œuvres et de celles d'auteurs admirés, à Vienne et dans d'autres capitales, dont Paris, à la Sorbonne, en 1925. La dernière de ces lectures, qui exercent sur un public fidèle une véritable fascination, aura lieu quelques mois avant sa mort : ce sera la 700e ! La langue — son pouvoir, sa valeur absolue de critère moral — est au cœur de l'œuvre de Karl Kraus, habité par la conviction que le relâchement du langage, les négligences de la forme, le faux style de l'écriture « journalistique », la phraséologie sont le signe extérieur d'une décadence plus profonde, celle de la vie sociale, spirituelle et morale.

GILBERT RAVY.

RÉF. : Nike Wagner, *Geist und Geschlecht. Karl Kraus und die Erotik der Wiener Moderne*, Francfort-sur-le-Main, 1982. – Thomas Szasz, *Karl Kraus et les docteurs de l'âme*, Paris, 1985. – *Karl Kraus in neuer Sicht. Londoner Kraus Symposium*. Éd. par S. P. Scheichl et Edward Timms, Munich, 1986.

KRENEK Ernst. Compositeur autrichien naturalisé américain. Né à Vienne le 23 août 1900, mort à Palm Springs (Californie) le 23 décembre 1991. D'origine tchèque, il travaille avec Franz Schreker à Vienne (1916-20) et à Berlin (1920-23). Il connaît le succès dès son second opéra, *Jonny mène la danse* (*), qui provoque un scandale à la création en 1927. De retour à Vienne en 1928, il est correspondant du *Frankfurter Zeitung* (1929-1933) et se lie d'amitié avec Alban Berg et Anton Webern. En 1938, il quitte l'Autriche pour les États-Unis où il enseigne dans le Minnesota (1942-47) avant de se fixer en Californie. Il revient régulièrement en Europe à partir de 1950 où il donne notamment des cours à Darmstadt. Il enseigne à Baltimore et à Tanglewood. Son catalogue comporte près de deux cent cinquante numéros d'opus. Après quelques œuvres marquées par l'héritage du XIXe siècle, il se tourne vers une écriture atonale austère, proche de l'expressionnisme, mais qui conserve une certaine parenté avec l'influence mahlérienne (*Der Zwingburg*, cantate sur un texte de Franz Werfel, 1922 ; *Orphée et Eurydice* (+), 1926). Puis il subit l'influence des principaux courants artistiques en vogue à Berlin dans les années vingt, la polytonalité, le néoclassicisme (*Concerto grosso n° 2*, 1924), le jazz ou le néoromantisme — comme en témoigne son opéra *Vie d'Oreste* [*Leben des Orest*, 1928-29]. Il opte ensuite pour un dodécaphonisme dont la rigueur varie au fil des années, avec des références au chant grégorien et à la polyphonie médiévale (*Lamentatio Jeremiae prophetae*, pour chœur a cappella, 1941). Il s'en est expliqué dans son livre *Über neue Musik* (1937, rév. 1967). En dehors de ses huit quatuors à cordes, cinq symphonies, huit concertos (pour piano, violon, violoncelle, orgue) et sept sonates pour piano, c'est surtout son œuvre lyrique (dix-sept opéras) qui reste la plus significative : *Karl V* (1930-33), *Pallas Athene weint* (1952-55), *Le Bélier d'or* [*Das goldener Bock*, 1964], *Le Miroir magique* [*Der Zauberspiegel*, 1966].

ALAIN PÂRIS.

KREUDER Ernst. Romancier allemand. Né le 29 août 1903 à Zeitz, mort le 24 décembre 1972 à Darmstadt. Pendant les premières années troublées de la république de Weimar, il est étudiant en philosophie à l'université de Francfort-sur-le-Main et gagne sa vie en travaillant comme ouvrier. Il fait de modestes débuts d'écrivain en publiant dans le journal *Frankfurter Zeitung* des essais, des récits de voyages. De 1932 à 1933, il est rédacteur au *Simplicissimus*, le célèbre journal munichois. Il s'installe ensuite à Darmstadt et commence à vivre de sa plume.

C'est immédiatement après la guerre qu'Ernst Kreuder, avec son roman *La Société du grenier* (*) (1946), connaît la célébrité. C'est un livre typique de l'état d'esprit de l'époque : les personnages de l'histoire font du grenier où ils se retrouvent un lieu mythique qui échappe à la banalité et à la misère du quotidien et où ils sauvent une part de rêve. Suivent d'autres romans : *Les Introuvables* (*) (1948), *Entrez sans frapper* [*Herein ohne anzuklopfen*, 1954], *Agimos ou l'Histoire universelle* [*Agimos oder die Weltgeschichte*, 1959], à travers lesquels s'exprime toujours la même nostalgie romantique de l'« ailleurs ». Membre de l'Académie allemande de langue et littérature, E. Kreuder reçoit en 1953 le prix Georg Büchner pour l'ensemble de son œuvre. À cette occasion, il définit en ces termes son esthétique : « Il m'avait semblé que le monde était régi par la raison et le profit. J'appris à le voir autrement. Une autre dimension, libre de tout utilitarisme, dégagée de tout intérêt pratique, échappant au calcul, dimension impondérable, plus proche de l'avenir que de l'instant historique... : l'art. » Héritage avoué de Novalis.

JEAN-JACQUES POLLET.

RÉF. : C. Stoll et B. Goldmann, *E. Kreuder. Von ihn. Über ihn*, Mayence, 1974.

KREUTZER Conradin (Conrad). Compositeur allemand. Né à Messkirch, près de Bade, le 22 novembre 1780. Mort à Riga, le 14 décembre 1849. Élève d'Albrechstberger et de Joseph Haydn, il fait représenter quelques opéras à Vienne avant de s'imposer à Stuttgart avec *Konradin von Schwaben* (1812). Il y est aussitôt nommé maître de chapelle. Il occupe ensuite la même fonction à Donaueschingen (1818-22) puis occupe plusieurs places de chef d'orchestre à Vienne. En 1840, il est nommé à Cologne. On lui doit une trentaine d'opéras, notamment *Oreste* (*) (1818) et *Das Nachtlager von Granada* (1834).

KREUTZWALD Friedrich Reinhold. Écrivain estonien, né le 26 (14) décembre 1803 au manoir de Jõepele à Kadrina en Estonie septentrionale, mort à Tartu le 25 (13) août 1882. Kreutzwald est l'une des principales figures du mouvement d'éveil national estonien. Issu d'une famille de serfs, il fait des études et travaille à Tallinn comme instituteur dès 1823. En 1826, il s'inscrit à la faculté de médecine de l'université de Tartu où il termine ses études en 1833. Installé en Estonie méridionale, il vivra l'essentiel de sa vie au milieu de soucis d'argent. Élevé dans un milieu très proche des traditions populaires, son intérêt n'avait fait que s'accroître avec la fréquentation, à Tartu, de Friedrich Robert Faehlmann (1798-1850), qui, médecin lui aussi et enseignant universitaire, a joué un rôle central dans la formation d'une génération d'intellectuels résolus à servir la cause du peuple estonien. Les premiers écrits de Kreutzwald en tant que journaliste et écrivain sont cependant en allemand, la langue de ses études : Kreutzwald connaît bien la littérature allemande, la théorie de Herder selon laquelle les littératures nationales naissent de la poésie populaire, et il est profondément marqué par le romantisme allemand. Ses premières œuvres en estonien (à partir de 1838) sont des adaptations libres de l'allemand : *La Peste de l'eau-de-vie* [*Wina-Katk*, 1840] et *Le Goupil* [*Reinowadder Rebbane*, 1848], inspiré de Goethe. Mais déjà les contes populaires estoniens lui fournissent de précieux matériaux, *La Fourmi* [*Sipelgas*, 1843]. Ses premiers écrits, publiés sans nom d'auteur, ont une préoccupation didactique. C'est ainsi qu'en 1846 il fonde le *Calendrier utile* [*Kasuline Kalender*], tout en poursuivant une activité de journaliste hostile au piétisme et au féodalisme. Les quinze années suivantes, Kreutzwald produira quelques œuvres essentielles. Il est en contact avec les principaux folkloristes de Saint-Pétersbourg, et donnera à l'Estonie son épopée nationale à partir d'éléments épiques présents dans les contes populaires. D'abord rédigé en prose, le *Kalevipoeg* (*), après la parution en Finlande du *Kalevala* (*), sera mis en vers suivant le mètre populaire estonien. Imprégnée de l'esprit romantique allemand, son épopée est à mi-chemin entre celle de Lönnrot et celle de Macpherson. Le *Kalevipoeg*, avec une traduction allemande, est publié en Estonie entre 1857 et 1861 ; mais c'est en Finlande qu'il paraît à mille exemplaires, en 1862. Le retentissement est international. De plus, à l'instar des frères Grimm et de H. C. Andersen, il publie à Tallinn, en 1860, et à Helsinki, en 1866, un recueil de contes, *Les Anciens Contes du peuple estonien* [*Eesti rahva ennemuistsed jutud*], dont la valeur est littéraire plus que scientifique. Kreutzwald laisse d'autres œuvres, comme un recueil de poèmes, *Chants du poète de Viru* [*Viru lauliku laulud*, 1865], un poème philosophique posthume, *Lembitu* (Helsinki, 1885), et une correspondance du plus haut intérêt avec les principaux représentants de l'intelligentsia finlandaise et estonienne (Faehlmann, Koidula...).

EVA TOULOUZE.

KRÉVÉ-MICKEVIČIUS Vincas. Écrivain lituanien. Né le 19 octobre 1882 à Subartonys, Kirchspiel Merkine, Lituanie du Sud, mort le 7 juillet 1954 à Marple Township (États-Unis). Attaché à deux cultures par ses origines, il commença dès ses années de lycée à Vilna et à Kazan (Russie) à osciller de la tradition polonaise à la tradition lituanienne. Après de brillantes études de philosophie, de littérature et de philologie aux universités de Kiev (1907), de Lemberg (1908), de Vienne (1908), il fut nommé professeur de littérature russe à Bakou. Au moment de la proclamation de l'indépendance de la Lituanie et de l'Azerbaïdjan, il fut envoyé à Bakou en qualité de consul lituanien, puis, après l'annexion de l'Azerbaïdjan par l'Union soviétique, en 1920, rentra en Lituanie et devint professeur de littératures slaves à l'université de Kaunas (1922-39), puis, de 1940 à 1944, professeur à l'université de Vilna, récemment fondée. Il fut le premier membre de l'Académie lituanienne des sciences et des beaux-arts. Il dut fuir lors de l'occupation de la Lituanie par l'Union soviétique et se vit appeler en 1947 à l'université de Pennsylvanie. La personnalité de Krévé-Mickevičius est à la fois celle d'un poète et d'un observateur. Il a conquis une réputation internationale en recueillant et en publiant la poésie populaire de son pays — v. *Dainos* (*) —, et comme rédacteur en chef de la revue philologique *Tauta ir Zodis*

(1924-31). Le succès, en Lituanie même, lui vint également de ses drames historiques romantiques : *Šarūnas, prince de Daivana* [*Šarūnas, Daivanos kunigaikstis*, 1923], *Skirgaila* (1925), *Sur la route du destin* [*Lekimo Keliais*, 1929], *La Mort de Mindangas* [*Mindaugo mirtis*, 1935], et de ses évocations réalistes de la vie paysanne lituanienne : *Dans les crépuscules* [*Sutemose*, 1921] et *Sous le toit de chaume* [*Saudinej pastogei*, 1922], où il se révèle un extraordinaire psychologue des hommes simples de sa patrie, de ces « dzukai » à la conception primitive et panthéiste de la vie. Il s'est orienté par la suite vers des thèmes orientaux et bibliques : *Petits contes orientaux* [*Ritu pasakos*, 1930] est un recueil de contes orientaux transcrits en vers lituaniens, et sa dernière œuvre, *Les Fils du ciel et de la terre* [*Dangos ir zemes sunus*, 1949], raconte la vie des Juifs sous le règne d'Hérode Antipas : on y trouve un mélange original de symbolisme et de réalisme et, bien qu'influencé secrètement par les dures conditions de l'exil, c'est un livre rempli de fraîcheur juvénile.

RÉF. : J. Mauclère, *Littérature lituanienne*, Paris, 1938. — Numéro d'hommage des *Studi Baltici*, Florence, 1952. — P. Cešnulevičiuté, *Vincas Krévé-Mickevičius*, Kaunas, 1976.

KRIPKE Saul Aaron. Philosophe et logicien américain. Né le 13 novembre 1940 à Bay Shore. Il fait ses études à Harvard. De 1962 à 1968, il poursuit ses recherches et son enseignement à Oxford, Harvard et Princeton. Il établit sa réputation dans le domaine de la logique mathématique, notamment par le développement d'une sémantique pour la logique modale. Dans *L'Analyse sémantique du calcul modal* [*Semantical Analysis of Modal Calculi*, 1963], il réutilise la notion leibnizienne des « mondes possibles » pour montrer qu'une proposition est nécessaire si elle est vraie dans tous les mondes possibles, possible si elle est vraie dans l'un au moins de ces mondes. Toute sa pensée ultérieure se développera en rapport avec cette sémantique. En 1968, il est « professeur associé » à Harvard avant d'être nommé en 1972 à l'université Rockefeller puis, en 1977, professeur à Princeton où il enseigne désormais. Dès 1970, ses conférences sur *La Logique des noms propres* (*), publiées en 1972, le font largement connaître hors du cercle des logiciens. Kripke y propose une théorie de la référence des noms propres qui lui permet d'aborder des problèmes philosophiques aussi « classiques » que la distinction entre a priori et a posteriori, nécessaire et contingent, analytique et synthétique, la signification des énoncés d'identité, la question des propriétés essentielles et le problème du rapport corps-esprit. En 1975, Kripke publie son *Esquisse d'une théorie de la vérité* [*Outline of a Theory of Truth*] qui suggère de nouveaux moyens d'éviter les paradoxes comme celui du menteur, tout en préservant l'unicité du prédicat de vérité. En 1982 paraît *Wittgenstein, règles et langage privé* [*Wittgenstein on Rules and private Language*], où Kripke expose ce qu'il tient pour la question majeure de la seconde philosophie de Wittgenstein : « Qu'est-ce que suivre une règle ? » Il s'attache au paradoxe énonçant : « Aucune manière d'agir ne pourrait être déterminée par une règle, puisque chaque manière d'agir pourrait se conformer à la règle. » Kripke y voit la forme la plus radicale de scepticisme jamais proposée à la réflexion contemporaine. D'après Kripke, Wittgenstein avance une « solution sceptique » où le fameux argument tendant à montrer qu'un langage privé est impossible ne figure qu'à titre de conséquence. Il s'agit surtout de montrer comment « n'importe quel » langage est « possible », ce qui suppose que l'on rapporte les énoncés non à des conditions de vérité mais aux conditions (publiques) dans lesquelles nous sommes autorisés à faire telle ou telle assertion. Un « jeu de langage » autorisant telle assertion dans telles conditions, l'examen de ces « conditions d'assertabilité » devrait éclairer le rôle qu'une telle autorisation joue dans notre vie.

MICHAEL A. SOUBBOTNIK.

KRISTENSEN Tom. Poète, romancier et critique danois. Né à Londres le 4 août 1893, mort le 2 juin 1974 à Svendborg. Après des études universitaires à Copenhague, il fut professeur d'anglais et fit ses débuts littéraires avec le recueil de poésie *Rêves de pirates* (*) (1920). Il voyage en Chine, au Japon et en Europe, fait de la critique littéraire dans *Politiken* de 1924 à 1963, et traduit une longue série de romans américains, anglais et allemands. Représentant typique de la « lost generation », il balance entre les extrêmes, l'angoisse et la joie de vivre, la révolte et la grimace, recherchant les expériences violentes pour pouvoir analyser ses propres réactions. La fièvre de ses premiers recueils, *Miracles* [*Mirakler*, 1922] et *La Plume de paon* [*Paafuglefjeren*, 1922] — ce dernier écrit sous l'influence du voyage en Chine —, se calme peu à peu dans *Chants laïques* [*Verdslige Sange*, 1927] et *Vers l'extrême bord* [*Mod den ydeste rand*, 1936] mais, même dans son dernier recueil, *La Dernière Lanterne* [*Den Sidste Lygte*, 1954], on perçoit l'angoisse. Romancier, il a publié, après deux œuvres expressionnistes, le grand roman *Vandalisme* (*) (1930), son livre le plus connu, qui est le bilan, amer et perspicace, de toute une génération. Ses livres de voyage ne sont pas moins personnels et engagés, et certains comptent, comme *Un cavalier en Espagne* [*En Kavaler i Spanien*, 1926], parmi ses œuvres les plus importantes. Comme critique, il a dominé son époque et joué un rôle énorme, à la fois par sa sensibilité et l'acuité de ses analyses.

CARL GUSTAF BJURSTRÖM.

KRKLEC Gustav. Poète croate. Né à Udbinja le 23 juin 1899, mort à Zagreb le 30 octobre 1977. Après des études de philosophie, il occupe des postes de responsabilité dans l'édition et dirige plusieurs revues littéraires tout en se consacrant à son œuvre. Son premier recueil de vers, *Poésie* [*Lirika*, 1919], le classe parmi les poètes lyriques d'inspiration impressionniste pour la forme et panthéiste pour le fond. Plus tard, son goût de la perfection formelle l'oriente vers des structures rigoureuses comme le sonnet, où il excelle, sans toutefois le détourner des thèmes essentiels de son œuvre : le sentiment de la nature et le souci métaphysique de trouver un sens au destin de l'homme. Membre de l'Académie yougoslave des sciences et des arts, il est l'auteur de poésies pour enfants, d'ouvrages de critique littéraire, de traductions de Tolstoï, de Rilke et de Goethe, et de nombreux recueils de vers parmi lesquels il faut citer *Voyages dans le ciel* [*Izlet u nebo*, 1928], *Rêve sous le bouleau* [*San pod brezom*, 1940], *La Prison du temps* (*) (1944) et *Le Murmure de la vie* [*Žubor života*, 1964].

KRLEŽA Miroslav. Écrivain croate. Né et mort à Zagreb : 7 juillet 1893 - 29 décembre 1981. Élève de l'Académie militaire de Budapest, il s'enfuit et abandonne le métier des armes pour la littérature. Devenu écrivain professionnel, il est le rédacteur en chef de plusieurs revues, souvent saisies ou censurées par le pouvoir. Ses opinions de gauche donnent lieu à de virulentes polémiques, surtout après la publication de *Voyage en Russie* [*Izlet u Rusiju*, 1925], récit de voyage et essai sur l'Europe et l'U.R.S.S., où sa sympathie pour l'expérience soviétique ne s'affirme pas sans quelque réserve. Pendant la guerre et sous la dictature fasciste en Croatie, son œuvre sera interdite et brûlée. En 1945, il anime de nouveau deux revues et supervise les travaux de l'*Encyclopédie* de Yougoslavie tout en devenant directeur de « l'Institut de lexicographie » de Zagreb, et membre de l'Académie yougoslave des sciences et des arts.

Poète, auteur dramatique, romancier et nouvelliste, auteur d'essais sur la littérature, l'art, la politique, et sur les rapports de ceux-ci entre eux, il n'est domaine littéraire où Krleža ne se soit montré inspiré et fécond. Il commence à écrire avant la Première Guerre mondiale, mais ce n'est qu'après celle-ci qu'il publie trois recueils de poèmes, *Poèmes I* [*Pjesme I*, 1918], *Poèmes II* [*Pjesme II*, 1918] et *Poèmes III* [*Pjesme III*, 1919], poésie de guerre à la fois épique et naturaliste, disant l'horreur de la destruction et le désespoir suscité par l'Histoire – v. *Poésies* (*) de Krleža. Dans *Symphonies* [*Simfonije*, 1933], il met son lyrisme d'inspiration païenne au service de son anticléricalisme virulent, et célèbre les plaisirs et les beautés du monde. Entre les deux guerres, il écrira une poésie d'inspiration sociale et historique, dont le sommet est représenté par *Les Ballades de Petritsa Kerempuh* (*) (1936), où il décrit, en dialecte kaïkavien, la misère du paysan croate, éternellement soumis, exploité et maltraité. À signaler encore dans le domaine de la poésie *Poèmes de l'ombre* [*Pjesme u tmini*, 1937], et *Poésies* (1949). Auteur dramatique, Krleža débute dans le style expressionniste avec *Michelangelo Buonarroti* (1919) et *Christophe Colomb* [*Cristoval Colon*, 1918], où sont peints les destins dramatiques des grands découvreurs incompris. Dans *Kraljevo* (1918), qui mêle le réaliste au fantastique, le dramatique au comique, c'est à nouveau, dans le cadre d'une foire paysanne, le destin tragique du peuple croate qui est examiné. Entre les deux guerres, Krleža évolue vers un théâtre plus classique, caractérisé par la tension de l'action et l'habileté de la composition, avec *Au camp* [*U logoru*, 1922], *Golgotha* (1922) et *Vučjak* (1923), chroniques dramatiques sur la misère ou l'idéal de l'homme, l'horreur de la guerre et les grandes injustices de l'Europe bourgeoise. Enfin, le cycle intitulé *Les Glembay* (*) (1928-1931), drame de la ruine d'une famille bourgeoise de Zagreb, est un exemple type de théâtre psychologique. Krleža prosateur se fait remarquer dès 1922 avec *Le Dieu Mars croate* [*Hrvatski bog Mars*], recueil de nouvelles qui démystifie la notion même de guerre. Dans le domaine du roman, il convient de citer, entre autres, *Le Retour de Philippe Latinovicz* (*) (1932), roman psychologique sur le malheur du déracinement, *Le Banquet en Blithuanie* (*) (1938-1939) et *Les Drapeaux* [*Zastave*, 1967], grands romans chroniques de l'Europe du XXᵉ siècle où s'entrelacent les destins individuels et les événements historiques. Enfin, dans le domaine de l'essai, Krleža a traité de l'art, de la littérature, de la politique, de la philosophie, de l'histoire, en développant l'idée d'une « troisième composante » qui permettrait à la Yougoslavie d'échapper à l'impérialisme politique et culturel de l'Est comme de l'Ouest, et d'atteindre à son identité. Tel est le trait commun de *Dix années sanglantes* [*Deset Krvave godine*, 1937], *Eppur si muove* (1938), *L'Antibarbarus dialectique* [*Dijalektički antibarbarus*, 1939], *Comment vont les choses* [*Kako stoje stvari*, 1953], et des six livres d'essais que comprend son œuvre. À signaler enfin *Le Journal* [*Dnevnik*] en cinq tomes, publié au jour le jour de 1952 à 1973.

JANINE MATILLON.

KROG Helge. Auteur dramatique norvégien. Né et mort à Oslo (9 février 1889-30 juillet 1962). Issu de la haute bourgeoisie intellectuelle et libérale d'Oslo – son père était un juriste réputé –, il se signala d'abord par un article polémique et spirituel dirigé contre Hamsun. Peu de temps après, il devint critique littéraire et dramatique. Sa première pièce, *Le Grand Nous* (*) (1919), est une comédie satirique, la deuxième, *Jarlshus* (1923), un drame, toutes deux des critiques sociales. *Le Coquillage* (*) (1929), suivi de *En route* (+) (1931) et de *Départ* (+) (1936) sont des pièces « érotiques », en ce sens que le personnage principal est une femme, synonyme de sensibilité, d'amour et de sincérité. Krog a également écrit une série de comédies légères, dont le personnage principal le plus souvent reste une femme. Par sa position de critique et la radicalisation progressive de ses opinions, il a joué un rôle important dans la vie intellectuelle norvégienne entre les deux guerres.

KROPOTKINE, prince Pierre Alexeïevitch [Pëtr Alekseevič Kropotkin]. Écrivain révolutionnaire et géographe russe. Né à Moscou le 26 novembre 1842, mort à Dmitrov (gouvernement de Moscou) le 8 février 1921. Descendant d'une très vieille famille princière, ce futur théoricien de l'anarchie entra au corps des pages à Saint-Pétersbourg et, plus tard, ayant conquis les galons d'officier, fut sur sa demande affecté à un régiment de cosaques en Sibérie. Il put ainsi explorer le bassin de l'Amour et la Sibérie orientale. De retour en Russie, il enseigna les mathématiques à la Faculté, et fut secrétaire de la Société de géographie. Président de la section de géographie physique, il publia un ouvrage sur la période glaciaire. En 1872, voyageant à l'étranger, il adhéra au groupe révolutionnaire dit de Bakounine, groupe qui s'opposait à l'époque à la première Internationale. Rentré dans son pays, il participa à l'activité politique et sociale du groupe de Tchaïkovski. Arrêté en 1874, il simula la folie et réussit à se faire transporter dans un hôpital d'où il s'enfuit en 1876, se réfugiant d'abord en Suisse, puis à Londres où il vécut jusqu'en 1917, s'adonnant aux sciences, à la politique et à la littérature. Il publia un grand nombre de brochures qui exposaient ses idées sur l'anarchisme et sur un système de philosophie optimiste fondé sur la théorie de l'évolution. Il écrivit aussi *Champs, usines et ateliers, ou l'industrie combinée avec l'agriculture et le travail cérébral avec le travail manuel,* paru à Londres en 1909 et traduit en français en 1910, ainsi qu'une histoire de la Révolution française : *La Grande Révolution,* publiée en français en 1909. On lui doit également des pages très vivantes consacrées à la littérature russe, parues sous le titre *Idéal et réalité dans la littérature russe* (*), et enfin *Les Mémoires d'un révolutionnaire* [*Zapiski revoljucionera*], dont la première édition parut à Londres en 1906 et qui, par l'intérêt qu'ils présentent par leur valeur littéraire, peuvent se comparer à *Passé et Méditations* (*) de Herzen. Durant la guerre mondiale, Kropotkine, animé d'un grand patriotisme, prit parti pour les alliés contre l'Allemagne. La révolution le ramena en Russie, mais il fut hostile au coup d'État bolchevique et refusa d'adhérer à ce mouvement. Son *Journal* [*Dnevnik*] parut à Moscou en 1923.

♦ *« C'est un révolutionnaire sans emphase et sans emblèmes. Il rit des serments et des cérémonies qui lient les conspirateurs dans des tragédies et des opéras. Cet homme est la simplicité en personne, mais son caractère supporte la comparaison avec n'importe quel autre combattant pour la liberté, de n'importe quel autre pays. »* Georg Brandès.

RÉF. : G. Woodkock et I. Avakoumovitch, *Pierre Kropotkine, le prince anarchiste,* tr. fr. Paris, 1953. – Carolin Cahm, *Kropotkin and the Rise of Revolutionary Anarchism, 1872-1886,* Cambridge, 1989.

KROSS Jaan. Écrivain estonien. Né le 19 février 1920 à Tallinn. Né la même année que l'indépendance estonienne, il commence à peine ses études de droit à Tartu quand son pays subit la tourmente de la Seconde Guerre mondiale. Militant actif de l'Union des étudiants estoniens, il résiste aux occupations successives du pays par l'armée Rouge et par les Allemands. En 1944, il est arrêté par ces derniers. À la fin de la guerre, il enseignera quelque temps le droit à l'université. Arrêté en 1946, il est déporté d'abord en pays komi (1948-50) puis en Sibérie, dans la région de Krasnoïarsk (1951-54). C'est à son retour qu'il commence à écrire, tout d'abord de la poésie. Dans les années 60, ses activités sont multiples : traductions, composition de libretti et de scénarios, rédaction d'essais et d'articles polémiques. C'est à partir des années 70 qu'il se lance dans la fiction : il a à son actif plus de vingt romans et récits historiques, qui couvrent pratiquement toute l'histoire de l'Estonie, depuis le XVe siècle jusqu'à l'époque post-stalinienne. Aussi ont-ils profondément marqué la littérature et la vie sociale du pays. Dans le climat de la « stagnation », les romans de Kross ont eu en U.R.S.S. des répercussions bien au-delà des frontières de l'Estonie.

Chacun de ses romans a pour axe un héros estonien, ou originaire d'Estonie, de Livonie. Une personnalité appartenant à tel ou tel domaine des arts, des sciences ou de la vie sociale. À commencer par Kreutzwald, l'auteur du *Kalevipoeg* (*), l'épopée nationale estonienne, héros de *Histoire de deux papiers perdus* [*Kahe kaoksiläinud paberi lugu*, 1966]. Celui de *La Triple Peste* [*Kolme katku vahel*, 1969-80] est Balthazar Russow, célèbre chroniqueur et pasteur à Reval (aujourd'hui Tallinn). Dans *Quatre monologues à propos de saint Georges* [*Neli monoloogi Püha Jüri asjus*, 1970-72], il s'agit du peintre Michel Sittow (1469-1525), formé à Bruges, et œuvrant en Espagne, en Angleterre et au Danemark. Dans *L'Annoblissement de Michelson* [*Michelsoni immatrikuleerimine*, 1971], le héros est officier dans l'armée russe qui écrase la révolte de Pougatchev en 1773. Ailleurs, il traite de Jannsen, fondateur de la presse, promoteur actif de la vie culturelle estonienne au siècle dernier : *L'Heure du carrousel* [*Pöördtoolitund*, 1972], ou du peintre estonien le plus important du XIXe siècle, J. Köler : *Les Troisièmes Montagnes* [*Kolmandad Mäed*, 1975]. Les héros de *L'Aérolithe* [*Taevakivi*, 1975] sont le premier poète estonien Kristjan Jaak Petersen et son professeur, le philologue Otto Masing, figure de proue de la culture estonienne montante, à qui il rend visite en 1822. Dans *Le Fou du tsar* (*) (1978), Timothée von Bock, noble allemand de Livonie, élève de ce même Masing, ami de Joukovski et lié autant à Dumouriez qu'à Goethe, s'oppose à ses risques et périls à Alexandre Ier. Quant à Martens, éminent théoricien du droit international, expert des services diplomatiques de Nicolas II et arbitre reconnu au plan mondial, il sera le héros du *Départ du professeur Martens* (*) (1984) alors que Bernhard Schmidt – *Navire contre le vent* [*Vastutuulelaev*, 1987] – est un astronome de réputation mondiale qui travaille à Hambourg. C'est un alter ego qui traverse, depuis l'exil sibérien, pendant et après Staline, les pages de *Exhumations* [*Väljakaevamised*, 1990].

Cette histoire estonienne – comme le montre le *Roman de Rakvere* [*Rakvere romaan*, 1982] (un épisode du conflit entre la noblesse balte de souche allemande et la paysannerie estonienne dans la localité de Rakvere) – c'est celle d'une région à la population certes d'origine finno-ougrienne, mais largement ouverte sur les mondes russe et germanique. Profondément insérée en Europe, elle est traversée de problématiques universelles.

Les héros de Kross – peintres, juristes, hommes politiques, militaires, poètes ou hommes de lettres, astronomes – sont, par leur savoir et leur action, des personnalités estoniennes dont le rayonnement s'étend à l'Empire russe (Michelson, von Bock), à l'Europe (Sittow, Schmidt), voire au monde entier (Martens). Conscients ou instinctifs, les liens entre leur cosmopolitisme et leur identité nationale forment l'un des thèmes clés de l'œuvre de Jaan Kross, dont les romans sont en même temps informatifs, réflexifs et captivants. Informatifs, car la présentation de ses héros permet à Kross de toucher à des domaines historiques et culturels très divers et d'offrir au lecteur tout un foisonnement d'informations et d'explications. Réflexifs, car ce qui intéresse Kross, c'est la multitude des réponses possibles à ce dilemme : comment l'individu responsable doit-il se situer dans l'histoire, par exemple face au pouvoir politique, à l'oppresseur, à l'occupant. Kross a souvent été appelé l'« écrivain du compromis » : il étudie en effet soigneusement les choix de ses personnages, choix éthiques, choix de survie, plus ou moins lucides, conscients – se soumettre, agir avec discrétion, dénoncer l'arbitraire, émigrer. Ses personnages balancent entre deux principes : face à l'injustice du monde, être soit fou, soit raisonnable. Ses œuvres, enfin, sont captivantes, car il utilise avec une adresse remarquable les techniques du roman. Vie publique et vie intime des personnages se mêlent, les rebondissements gardent sans cesse le lecteur en haleine. L'écriture, très « visuelle », quasi cinématographique, faisant souvent appel à un narrateur, permet un jeu subtil entre la distanciation et l'analyse de soi. Kross joue sur le mélange de la fiction et de la réalité historique : des personnages secondaires authentiques – du musicien Kapp au médecin Faehlmann – coexistent avec les produits de sa fantaisie, tel Jakob Mättik, le prétendu auteur du journal qui constitue le texte du *Fou du tsar*.

Avec son épouse, la poétesse Ellen Niit, Jaan Kross est au début des années 90 la figure de proue de la vie littéraire estonienne ; il commence à connaître, grâce à de récentes traductions, notamment en français, une belle popularité internationale.

EVA TOULOUZE.

KṚṢṆAMIŚRA. Écrivain indien. Il fut le poète de cour du roi de Chandella, Kīrtivarman (1050-1116). On trouve quelques allusions à des événements historiques de son temps dans le prologue de son drame *Prabodhacandrodaya* (*) ; l'auteur y affirme que l'œuvre a été écrite sur ordre d'un certain Gopāla, dans le but de célébrer la victoire de Kīrtivarman de Jejakabhukhti sur le roi Cedi Karna dont le souvenir est rappelé dans une épigraphe de 1042. Le drame précité est le premier d'une série de drames allégoriques, il fait l'apologie de la doctrine « vedānta » et exalte le triomphe de la vérité et de la foi « vishnuiste-moniste » sur toute autre conception religieuse et philosophique.

KṚTTIVĀS (dit Kṛttivās Ojhā ou Kṛttivās paṇḍit). Poète bengali. Né à Phuliya, Bengale occidental (Inde), au XVe siècle. Il est l'auteur de la plus célèbre adaptation bengali du *Rāmāyaṇa* (*) de Vālmīki. Quelques vers autobiographiques précisent que les ancêtres de ce brâhmane de haute lignée étaient venus du Bengale oriental s'établir au bord du Gange. Kṛttivās composa le *Rāmāyaṇa* sur l'ordre de son guru et quand il en récita des passages à la cour du roi, identifié par certains comme Rukannuddīn Bārbak Sāh (1459-1474), il fut grandement récompensé. À sa sortie du palais, le public lui fit fête. On ne sait rien de plus sur sa vie. Son œuvre dont on a retrouvé plus de mille cinq cents manuscrits est la plus célèbre et la plus aimée de toute la littérature bengali médiévale.

FRANCE BHATTACHARYA.

KRUCZKOWSKI Léon. Auteur dramatique et romancier polonais. Né à Cracovie le 28 juin 1900, mort à Varsovie le 1er août 1962. Chimiste de formation, il ne fait ses débuts d'écrivain qu'en 1928. Son premier roman,

Kordian et le paysan (*) (1932), s'attaque au mythe romantique d'une noblesse héroïque conduisant à la victoire une armée de paysans patriotes. Kruczkowski y montre que l'indifférence politique de la paysannerie a pour origine l'égoïsme, la frivolité et l'aveuglement des hobereaux. *Les Plumes de paon* [*Pawie pióra*], roman de 1935, s'en prennent aux prétendues vertus nationales et morales du paysan polonais, célébrées par le mouvement littéraire « Jeune Pologne ». Membre du parti communiste, Kruczkowski a très tôt dénoncé la montée du fascisme en Europe. *Un héros de notre temps* [*Bohater naszych czasów*, 1935] et *Les Allemands* [*Niemcy*, 1949] sont des drames politiques qui montrent, non sans schématisme, mais avec puissance, l'emprise du totalitarisme sur les esprits. Les dernières pièces de Kruczkowski, *Le Premier Jour de liberté* [*Pierwszy dzień wolności*, 1960] et *La Mort du gouverneur* [*Śmierć gubernatora*, 1961], posent, la première dans le contexte réel de l'année 1945, l'autre dans le cadre d'une fiction, le même problème, c'est-à-dire celui de l'antinomie entre la liberté de l'individu et la nécessité historique.

KRUDENER Julie, baronne de. Romancière et mystique balte d'expression française. Née à Riga le 11 (23) novembre 1764, morte à Karasou-Bazar (Crimée) le 13 (25) décembre 1824. Fille du baron Otto Hermann de Vietinghoff, sénateur russe, arrière-petite-fille du maréchal de Munnich, Premier ministre de Russie, elle connaissait à neuf ans l'allemand, le français, le russe, le latin et l'histoire grecque. En 1782, elle épousait le baron de Krudener, de vingt ans son aîné, ambassadeur russe à Venise, Copenhague et Berlin. Elle inspira à Venise une passion secrète au secrétaire d'ambassade Stakhiev qui tenta de se suicider pour elle. Après la naissance de deux enfants (Paul 1784, Juliette 1787), elle quitta son mari, trop homme des Lumières pour une romantique, et se rendit à Paris, où elle se lia avec Bernardin de Saint-Pierre et le poète Ducis. Puis elle gagna Montpellier, où elle connut le grand amour avec le comte Lézay-Marnésia et ensuite avec le comte de Frégeville. Retirée à Leipzig (1797-1800), elle eut une liaison avec Hippolyte Terray de Rozières et noua une solide amitié avec le romancier Jean-Paul Richter, l'un des représentants les plus éminents de la première génération des romantiques allemands. Revenue en Suisse et en France (1802-03), elle devint l'amie de Mme de Staël, Chateaubriand et Camille Jordan, produisit des « Pensées » au *Mercure de France* (1802) et son roman *Valérie* (*) (décembre 1803), qui eut un succès européen (neuf éditions en 1804). Lors de la bataille d'Eylau (1807), elle soigna avec dévouement les blessés des diverses armées et eut une profonde influence religieuse sur la reine Louise de Prusse. Elle entretint alors des relations littéraires et d'amitié avec Achim von Arnim, Schenkendorf, Zacharias Werner et Jung-Stilling. Très attirée par la vie communautaire et spirituelle des Frères Moraves, elle fonda en 1809 dans le Wurtemberg une colonie évangélique qui fut dispersée par ordre du roi. Réfugiée à la cour de Bade, elle y noua connaissance avec la reine Hortense, la princesse Stéphanie et l'impératrice Élisabeth de Russie, femme d'Alexandre Ier. À la chute de l'Empire et pendant le congrès de Vienne, elle prédit le retour de Napoléon et la chute des Bourbons. Après Waterloo, elle désigna le tsar comme l'« élu du Seigneur » devant régénérer le christianisme. De retour à Paris (juillet-octobre 1815), elle exhorta le tsar à fonder la politique sur les préceptes chrétiens, et fut l'instigatrice du pacte de la Sainte-Alliance (26 septembre 1815). Cet acte, souscrit par l'empereur d'Autriche (catholique), le roi de Prusse (protestant), le tsar (orthodoxe), symbolisait la fraternité chrétienne. Dans son salon du 35, rue du Faubourg-Saint-Honoré, elle prêcha, entre autres, Chateaubriand, Benjamin Constant, Mme Récamier, Mme de Genlis, Ampère, Bergasse et l'abbé Grégoire. La grande misère de la Suisse l'incita à y apporter des secours aux foules faméliques (1816-17) tout en prêchant l'Évangile « aux laboureurs comme aux têtes couronnées ». Metternich s'en inquiéta, voyant en Julie une dangereuse « communautariste », et il demanda qu'elle soit chassée de Suisse, d'Alsace et d'Allemagne. Rentrée en Livonie, elle revit encore Alexandre Ier, mais son intervention en faveur du soulèvement de la Grèce la fit exiler. Elle alla mourir en Crimée, où elle désirait fonder une colonie chrétienne avec la princesse Galitzine.

FRANCIS LEY.

KRUDY Gyula. Écrivain hongrois né en 1878 à Nyiregyhàza (Hongrie orientale), mort en 1933 à Budapest. Gyula Krudy, l'un des principaux prosateurs du début du siècle, a fait le choix, contre la volonté paternelle, de vivre entièrement de sa plume. Journaliste et écrivain productif, avant de connaître la gloire il devait traverser une première période de dénuement, au cours de laquelle il erra de ville en ville et se familiarisa avec le pays ; il devait également finir sa vie au milieu des difficultés matérielles. Il s'installe finalement dans la capitale dont il affectionne l'ancien quartier d'Obuda, qui avait gardé ses allures de village. Son existence allie une grande régularité dans le travail littéraire, des recherches des plus sérieuses, et la prodigalité, les duels, la fréquentation des hippodromes, la vie de café et de cabaret qui était celle de l'aristocratie déchue dont il était issu par son père. Par ses écrits, Krudy incarne la fin d'un monde, décadence à laquelle il ne présente aucune échappatoire. Son écriture est fortement empreinte de nostalgie, marquée par un passé qui devient mythique en échappant au temps.

Proche d'Endre Ady, Krudy apparaît pourtant comme un écrivain en marge des conflits politiques de son temps. Non point qu'il se désintéresse de la société hongroise : il laisse par exemple un roman documentaire, *Eszter Solymosi de Tisza-Eszlár* [*Tisza-Eszlári Solymosi Eszter*, 1975], sorte d'affaire Dreyfus hongroise. Mais il montre la vie comme une illusion, et ses personnages sont des déclassés, des figures d'aristocrates fantomatiques, sans but, oisifs, se mouvant dans une immobilité onirique. L'immobilité est en effet l'une des caractéristiques de l'œuvre de Krudy, une œuvre très abondante, mais relativement homogène : mélange d'un passé patriarcal et idyllique, et du présent de la narration. Parmi ses principaux écrits, citons *Le Fantôme de Podolin* [*A podolini kisértet*, 1906], *La Diligence rouge* [*A Vörös postakocsi*, 1918], *Les Sept Hiboux* [*A hët bagoly*, 1922], *Ma jeunesse dorée* [*Boldogult urfikorom*, 1930]. Mais il faut surtout mentionner le personnage de Sindbad, qui traverse plusieurs romans et nouvelles homonymes – v. *Sindbad* (*) –, et dont les errances dans l'espace et le temps font émerger dans la littérature hongroise le thème, propre au romantisme allemand, du « Hollandais volant ». L'œuvre de Krudy est surtout remarquable pour son style, un style très sensuel, qui accorde une large place aux impressions sensitives : couleurs, sons, goûts, odeurs, et dont la musicalité est envoûtante.

EVA TOULOUZE.

KRUSENSTJERNA Agnes von. Écrivain suédois. Née à Växjó (Småland) le 9 octobre 1894, morte le 10 mars 1940 à Stockholm. Krusenstjerna naquit et grandit au sein de cette aristocratie et de cette bourgeoisie qui avaient donné à la génération de 1890 ses écrivains les plus aimés, Heidenstam, Lagerlöf, Fröding. À la suite de ses aînés, elle exprime le drame de la rupture sociale dans le monde moderne, recueillant en outre l'héritage poétique, romantique et légendaire de la Suède. Mais il existait en elle une troisième ligne de force profonde, qui marque toute son œuvre d'un caractère insolite et dans laquelle on peut déterminer l'influence de son mari, l'écrivain David Sprengel (1880-1951) : hantise de l'enfer intérieur, des éclairs, des cris jaillissant au cœur de l'épopée ou de l'idylle. Son œuvre se compose de plusieurs séries comprenant chacune quelques volumes : *Tony,* trois vol. (1922-1926), *Les Demoiselles de Pahlen* (*), sept vol. (1930-35) dont on a traduit en français : *La Route des femmes, Noblesse pauvre* [*Fattigadel,* 1935-1938, 4 vol.]. Krusenstjerna s'inscrit dans la lignée des visionnaires de Stagnelius et de Strindberg. Toute la description réaliste de la société de Stockholm se dégage d'un monde souterrain aux profondeurs ténébreuses. Le drame est là, caché dans l'universelle magie de la sensualité, mêlé aux terreurs paniques auxquelles n'échappe presque aucun des personnages. Univers somnambulique, peuplé de trolls, de monstres, de princesses captives, qui, délivrées, « ne supportent pas l'amour », jeunes filles en fleur au milieu de scènes de démence et de terreur, cette œuvre chargée d'un mysticisme sexuel aux prolongements cosmiques confère à Agnes von Krusenstjerna une place tout à fait à part dans la littérature suédoise contemporaine.

RÉF. : St. Ahlgren, *Krusenstjernastudier,* Uppsala, 1940. – O. Lagerkrantz, *Agnes von Krusenstjerna,* Stockholm, 1951, rééd. 1980. – L. Maury, *Une romancière à la recherche du temps perdu. Agnes von Krusenstjerna et David Sprengel,* in *Mercure de France*, p. 273-296, Paris, 1952. – B. Teijler, *Agnes von Krusenstjerna och David Sprengel,* Hallstahammar, 1977.

KRYLOV Ivan Andreïevitch [Ivan Andreevič Krylov]. Fabuliste russe. Né à Moscou le 2 février 1769, mort à Saint-Pétersbourg le 9 novembre 1844. Il ne reçut pas une instruction régulière, mais il lut énormément, jusqu'au moment où il partit habiter Saint-Pétersbourg, à quinze ans, pour y occuper un emploi d'État. Un vaudeville d'Ablessimov, *Le Meunier sorcier, trompeur et entremetteur* [*Mel'nik koldun, obman'ščik i svat,* 1779], remportait alors un grand succès et Krylov s'en inspira pour écrire *La Voyante au marc de café* [*Kofeinica*], qu'un éditeur accepta. Sa vocation d'auteur dramatique était pourtant douteuse et ses différentes autres pièces ne lui rapportèrent pas grand-chose. Peu convaincant, également, fut son premier essai journalistique : *Le Courrier des esprits* [*Počta Duhov*], paru dans le courant de l'année 1789, ne vécut que quelques mois ; par contre, *Le Spectateur* [*Zritel'*] connut plus de succès grâce à la polémique entamée avec la *Revue moscovite* [*Moskovskoe Obozrenie*] de Karamzine. *Le Spectateur* se transforma en *Mercure de Saint-Pétersbourg* [*Sanktpetersburgskij Merkurij*] et Krylov y fut critique littéraire ; il y fit paraître aussi quelques poésies qui ne révélèrent pas des dons exceptionnels. Entre 1793 et 1801, il fut absent de Saint-Pétersbourg. Lorsqu'il y revint, ce fut en qualité de précepteur des enfants du prince Serge Galitzine, fonction dans laquelle il fit preuve d'une grande culture. Il se tourna de nouveau vers la scène, et donna avec succès *Le Pâté* [*Pirog*], représenté à Moscou le 25 janvier 1804, mais sa nomination au titre de secrétaire particulier du prince coupa court à cette nouvelle tentative théâtrale. De 1804 à 1806, deuxième lacune dans la carrière littéraire de Krylov, qui effectua sa rentrée avec une traduction de certaines *Fables* (*) de La Fontaine. Loué et poussé par Dmitriev – jusque-là le meilleur fabuliste russe –, Krylov, qui venait de trouver sa véritable voie, à partir de 1808 se consacra, en marge de son emploi de bibliothécaire, à la composition de ses *Fables* (*) qui sont des chefs-d'œuvre de bon sens, d'esprit et de finesse. Sa popularité fut immédiate et immense ; il fut comblé d'honneurs, nommé académicien, et devint un classique avant même de mourir. Dès 1825, un choix de ses *Fables* originales fut traduit en français et en italien, et le grand Pouchkine écrivit l'introduction pour l'édition française.

♦ *« Nous vous remercions au nom du peuple russe, dont vous avez si justement fixé dans vos œuvres la sagesse et auquel vous avez laissé un enseignement si profond. »* Joukovski. ♦ *« Aucun poète n'a su rendre sa pensée aussi perceptible et aussi facilement compréhensible à tous. Krylov réunissait en soi le poète et le sage. »* Gogol. ♦ *« I. A. Krylov, plus qu'aucun autre de nos écrivains, a le droit de prétendre à la place – encore libre – de* poète populaire ; *ce titre lui appartiendra dès que le peuple russe ne sera plus analphabète. »* Belinski.

RÉF. : M. Colin, *Krylov fabuliste, étude littéraire et historique,* Paris, 1975. – F. de Labriolle, *I. A. Krylov et les courants littéraires de son temps,* Paris, 1975.

KṢEMENDRA, surnommé **Vyāsadāsa.** Écrivain indien. Né dans le Cachemire, où s'écoula probablement toute son existence, il fut poète de cour au temps du roi Ananta (1029-1064) et du fils de ce dernier, Kalaśa (1064-1088). C'est des détails que nous trouvons dans les strophes soit initiales soit finales de certaines poésies que nous tirons quelques indications biographiques ; nous savons ainsi que son père se nommait Prakaçendra, qu'il était fils d'un certain Sindhu, vivait dans une grande aisance, et qu'en plusieurs occasions il avait donné des preuves de sa générosité à l'égard de brahmanes ou de nécessiteux. Kṣemendra eut un fils, Somendra, à qui nous devons un récit ajouté, en guise de conclusion, à la longue série de ceux que contient l'*Avadāna-Kalpalatā.* Nous savons qu'il suivit les cours sur l'« alamkāra » (ou art poétique) faits par le célèbre Abhinavagupta, et l'enseignement religieux du fameux « ācaryā » Soma, et qu'il eut pour élèves, à son tour, Udayasimha et Rajaputra Laksmanaditya. D'abord « shivaite », puis « vishnuïte » de la doctrine « bhāgavata », il était l'ami des brahmanes Rāmayasas et Devadhara, et écrivit la *Bṛhatkāthāmanjarī* (*) à la suggestion de ce dernier. Les relations suivies qu'il entretint plus tard avec le bouddhiste Nakka, pour qui fut composée l'*Avadāna-Kalpalatā,* conduiraient peut-être à supposer qu'il se convertit au bouddhisme, mais elles ne sont, en fait, qu'une preuve de l'équilibre moral et religieux qui se reflète dans la sereine liberté de ses œuvres. Ce fut un écrivain très divers qui fit montre d'un éclectisme de culture assez exceptionnel. Doué d'une particulière habileté dans la description, il s'attarde avec une satisfaction intime aux images et aux constructions artificielles, usant d'une rare préciosité de langage. Il laissa une quarantaine d'ouvrages, fables, légendes, traités d'art poétique, exposés didactiques et historiques, etc. Parmi les plus importants, citons les suivants : *Aucitya-vicāra, Avadā-nakalpalatā, Bhārata-manjarī, Bṛhatkāthāmanjarī, Daśāvatāra-carita, Kalāvilāsa* (*), *Lokaprakāsha, Rāmāyana-manjarī, Samayamātrikā.*

RÉF. : O. Botto, *Il poeta Kṣemendra e il suo « Daśāvatāracarita »,* Turin, 1951. – Sūrya Kanta, *Kṣemendra Studies,* Poona, 1954. – R. Dattaray, *A Critical Survey of the Life and Works of Kṣemendra,* Calcutta, 1974.

KUBIN Alfred. Dessinateur et écrivain autrichien. Né à Leitmeritz (Bohême) le 10 avril 1877, mort à Zwickledt, le 20 août 1959. Kubin grandit à Salzbourg, où il suit les cours de l'École des beaux-arts (1891-1892). Il consacre ensuite plusieurs années à l'apprentissage de la technique de la photographie, avant de venir à Munich, en 1898, où il s'inscrit à l'Académie des beaux-arts. Il découvre la gravure dans les œuvres de Beardsley, Max Klinger et Odilon Redon, et expose ses dessins pour la première fois à Berlin en 1902. Après divers voyages en France et en Italie, il s'installe à partir de 1906 dans sa demeure de Zwickledt, en Haute-Autriche, où il réside jusqu'à sa mort.

Toute l'œuvre picturale d'Alfred Kubin répond à un même souci : ouvrir l'art sur le rêve. Univers d'ombres démesurées, peuplé de créatures mythiques, vampires, sorcières, oiseaux de proie, etc., aux distorsions violentes. Kubin se situe en marge de l'expressionnisme (il entre en 1909 en relation avec la « Nouvelle union des artistes » de Munich, participe à la seconde exposition du « Blaue Reiter », sans jamais cependant s'intégrer pleinement au mouvement) : si les portraits, les paysages d'un Nolde, d'un Kirschner, d'un Kokoschka, même cruels, célèbrent la vie, le monde de Kubin est une danse macabre.

La littérature se conçoit également, pour lui, comme une plongée dans l'inconscient. Nourri d'E. A. Poe, d'E. T. A. Hoffmann, il publie en 1909 le roman *L'Autre Côté* (*) : voyage dans une ville fantomatique qui se désagrège lentement. L'ouvrage s'inscrit dans le renouveau de la littérature fantastique allemande au début du siècle, renouveau incarné par G. Meyrink, H. H. Ewers, K. H. Strobl... Kubin trouve d'ailleurs dans l'illustration des « classiques » du genre le terrain le plus propre à l'expression de son talent : ses dessins enrichissent les éditions allemandes de Barbey d'Aurevilly, Gérard de Nerval, Edgar Poe, etc.

JEAN-JACQUES POLLET.

RÉF. : A. Hewig, *Phantastische Wirklichkeit Kubin « Die andere Seite »,* Munich, 1967. – Heinz Lippuner, *Alfred Kubins Roman « Die andere Seite »,* Bern, 1977.

KUHN Thomas S. Philosophe et historien des sciences américain. Né à Cincinnati le 28 juillet 1922. Professeur à l'université de

Berkeley, Thomas S. Kuhn a également enseigné à Harvard, au M.I.T. et dans d'autres universités américaines. Physicien de formation, c'est à la faveur d'un enseignement de la physique destiné à des non-scientifiques qu'il fut conduit à se tourner vers l'histoire des sciences pour aborder les problèmes à la fois historiques et philosophiques qui s'y posent. Le résultat en fut, selon ses propres termes, un bouleversement de ses « conceptions fondamentales sur la nature de la science ». Dans *La Structure des révolutions scientifiques* (*) (1962), ouvrage qui marque cette conversion fondamentale, et qui lui a valu la notoriété qui est la sienne aux États-Unis, mais également en Europe, Kuhn exprime sa dette à l'égard des travaux d'Alexandre Koyré, Meyerson et Hélène Metzger. Mais les influences qu'il reconnaît s'étendent également à l'œuvre de Jean Piaget, à celle des psychologues de la « Gestalt », ainsi qu'aux travaux de Whorf en anthropologie et aux recherches de Quine. La critique des « dogmes de l'empirisme » accomplie par ce dernier, les thèses sur l'indétermination de la traduction ou l'inscrutabilité de la référence dont il s'est fait le défenseur ne sont sans doute pas, en effet, sans éclairer les orientations de la pensée de Kuhn et la conception de la science qui leur est liée. Il n'en va pas différemment de l'épistémologie de Koyré et de la place qu'elle accorde à l'histoire et à la constitution des concepts, du relativisme culturel de Benjamin Lee Whorf ou des recherches de Piaget en épistémologie génétique.

Kuhn, qui s'intéresse à l'émergence des découvertes qui scandent le développement de la science, refuse l'image, communément admise, d'une progression cumulative. La thèse qu'il défend est celle d'une alternance de la « science normale » et de la « science révolutionnaire ». Mais c'est l'intérêt qu'il porte à la première et à la constitution des « paradigmes » qui orientent la recherche et définissent les problèmes possibles et légitimes dans une science donnée qui occupe le plus de place dans ses analyses. Ces thèmes, ainsi que les études historiques qui en constituent l'argument, sont au cœur de tous ses travaux. Le dernier de ses ouvrages traduit en français : *La Tension essentielle* [*The Essential Tension*], en témoigne amplement. Le livre réunit diverses études appartenant à la période 1959-1974. L'étude qui donne son titre au recueil est la plus ancienne ; elle est aussi l'une de celles qui permettent le mieux de saisir l'originalité des recherches de Kuhn et de la problématique qui est la sienne : la volonté de percer à jour les rapports complexes autour desquels s'articulent, dans l'histoire des sciences, « tradition et innovation ».

Kuhn a incontestablement bousculé l'image toute faite d'une science autonome, clairement installée dans ses frontières. Le psychologisme, le sociologisme et le relativisme sont les maux dont il a été accusé. Ses travaux n'en renouvellent pas moins la réflexion épistémologique et l'histoire des sciences. Avec celles de Feyerabend, ses positions ont largement contribué au développement des débats qui ont aujourd'hui la science pour objet, aux États-Unis et dans le monde.

JEAN-PIERRE COMETTI.

KÛKAI (litt. « Océan du vide »). L'un des plus illustres moines bouddhiques japonais, né en 774, mort en 835, connu, de nos jours encore, sous l'appellation de Grand Maître de la propagation de la Loi, « Kôbô-daishi ». Originaire du clan noble des Saeki, il manifesta dès sa prime adolescence, d'après son propre témoignage, une profonde inquiétude religieuse qui le mena, à la suite de solides études littéraires à Nara, à se plonger dans les pratiques ascétiques au plus profond des montagnes pendant plus d'un an. Dans sa vingtième année, il approfondit sa connaissance de la scolastique bouddhique auprès de Gonzô, célèbre moine de l'école dite des Trois Traités, pour être deux ans plus tard ordonné au Tôdai-ji de Nara. Mais, plus que les méandres de la philosophie, c'est la grande tradition du tantrisme, l'ésotérisme bouddhique [mikkyô] sous sa forme chinoise, encore pratiquement inconnu au Japon, qui attirait Kûkai, et pour en approfondir la connaissance, il demanda à la cour l'autorisation de se joindre à une ambassade partant pour la Chine. Il y séjourna de 804 à 806 et les initiations tantriques qu'il y obtint lui permirent, de retour au Japon, de se consacrer à l'implantation sur le sol japonais d'un courant tantrique autonome, l'école des Mantra, Shingon-shû, dont le centre fut d'abord au temple Tôji à Kyôto puis sur le mont Kôya dans la préfecture de Wakayama. Le Shingon-shû fleurit encore de nos jours et l'influence de l'ésotérisme bouddhique sur l'ensemble de la culture japonaise a été, et demeure, immense. Kûkai fut certainement le plus grand écrivain japonais de son époque. Rédigée entièrement en chinois classique [kanbun], son œuvre concerne d'une part le bouddhisme, *La Portée des trois doctrines* (*), surtout ésotérique *(Jûjûshin ron)*, et de l'autre les belles-lettres chinoises, notamment la théorie poétique *(Seirei-shû ; Bunkyô-hifu ron)*. Il compte aussi au nombre des plus grands calligraphes du pays. Resté très vivant dans la conscience japonaise, il est le sujet de nombreux contes et légendes populaires.

JEAN-NOËL ROBERT.

RÉF. : Article « Kûkai », *Dictionnaire historique du Japon*, fsc. XIII.

KULBAK Moshe. Poète, dramaturge et romancier yiddish. Né le 20 mars 1896 à Smorgon (Lituanie), mort le 17 juillet 1940 au Goulag. Après avoir reçu une éducation juive traditionnelle, Moshe Kulbak se mit à acquérir une éducation générale (en yiddish, hébreu, russe, polonais et allemand), une passion qu'il évoque avec ironie dans son poème autobiographique « Disne Childe Harold ». Il ne quitta sa Lituanie-Biélorussie natale que pour une échappée déterminante entre 1920 et 1923 à Berlin, la plus cosmopolite des capitales européennes d'alors. À son retour à Vilno, la Jérusalem de Lituanie, devenu l'objet d'un véritable culte de la part des jeunes modernistes de *Yung Vilne,* il enseigne au lycée juif et à l'école normale yiddish. En 1928, il choisit de se fixer en U.R.S.S., à Minsk. Arrêté en 1939, lors des répétitions de sa comédie *Benyomin Maguidoff,* il meurt au Goulag.

L'originalité de son œuvre (prose, théâtre, poésie) réside dans la synthèse très personnelle qu'il a su opérer entre le symbolisme et le néo-primitivisme russes, l'expressionnisme allemand, les codes littéraires yiddish et la pensée juive. Son œuvre poétique évolue dans trois registres : un lyrisme personnel, une veine néo-primitiviste enracinée dans la nature et le parler populaire hautement stylisé *(Reisn-Biélorussie, Bunié et Bere sur la Grand'Route),* une veine moderniste et avant-gardiste proche de l'expressionnisme par l'audace de ses images, de ses métaphores et de ses rythmes (*Disne Childe Harold,* 1931, 1932, 1933).

De son œuvre théâtrale (*Benyomin Maguidoff,* disparu avec l'auteur, *Boïtrè,* poème dramatique en six tableaux), c'est la pièce *Jacob Frank,* inspirée par ce fondateur d'une secte antinomienne judéo-chrétienne (1726-1791), qui est la plus marquante dans sa tentative de transposer à la sphère philosophique et dramatique les aspirations messianiques de ces Juifs qu'il décrit « frustes comme la glèbe ».

Sa première œuvre en prose, *Le Messie fils d'Éphraïm* [*Moshiakh ben Efroïm,* 1924], hausse Reb Beniè, pauvre meunier accablé de malheurs, à la stature de cette figure messianique vouée, selon la mystique juive, à être emportée par la catastrophe avant l'avènement du véritable Messie, fils de David. Le « petit roman » *Lundi* (*) (Varsovie, 1926) oppose la sainteté de la pauvreté, sorte de quiétisme panthéiste, à la brutalité de la révolution et du modernisme. Enfin *Les Zelminiens* (*) (1931-1935), l'œuvre la plus importante de sa période soviétique, montrent à travers de multiples personnages, avec humour, tendresse et désespoir, l'affrontement entre le monde traditionnel et l'ordre nouveau.

Dans les trois genres utilisés par Kulbak, les chevauchements et les recoupements sont multiples, du point de vue formel — tout un registre métaphorique nocturne — et thématique — incorporation dans ses écrits de légendes et de mythes populaires, création de personnages qui aspirent au non-être, à la fusion organique avec la nature, à la dissolution dans le cosmos.

RACHEL ERTEL.

KULENOVIĆ Skender. Écrivain serbe (de Bosnie). Né à Bosanski Petrovac le 2 septembre 1910, mort à Belgrade le 25 janvier 1978. Il publie ses premiers vers dès l'âge de dix-sept ans, mais c'est pendant la Lutte de libération nationale, à laquelle il participe activement, qu'il atteint la notoriété avec *Stoyanka, mère de Knejpolie* (*) (1942), l'un des poèmes les plus célèbres sur la Seconde Guerre mondiale en Yougoslavie. Il y réussit la synthèse entre une expression poétique toute moderne, la poésie populaire, et les grands thèmes historiques de la révolution, de la révolte et de la lutte antifasciste. À côté de cette œuvre, il convient de citer encore *La Réunion des derviches* [*Zbor derviša,* 1950], poésie satirique, le poème, « L'Alouette » [Seva, 1952], et *Sonnets* [*Soneti,* 1968]. Ses œuvres dramatiques les plus connues sont *Partage* [*Djelidba,* 1948], *Le Soir* [*Večera,* 1950] et *Lumière au deuxième étage* [*Svjetlo na drugom spratu,* 1950].

KULIŠ Pantelejmon. Écrivain ukrainien. Né le 8 août 1819 à Voroniž (province de Cherson), mort le 14 février 1897 dans sa propriété de Montronivka. Il fit ses études à l'université de Kiev, et fut professeur dans diverses villes ukrainiennes et russes, puis se consacra à la littérature et au journalisme. Il voyagea beaucoup à l'étranger, puis anima le journal *Osnova,* imprimé en ukrainien à Saint-Pétersbourg (1861-62) ; persécuté par le gouvernement tsariste pour ses idées avancées, il fut arrêté pendant son voyage de noces, et purgea deux mois de forteresse avec interdiction d'écrire. Gracié, il reprit ses activités diverses d'écrivain, de peintre, d'inventeur. Il a laissé une très riche production littéraire et scientifique, et il convient de rappeler son poème *Marusja Bohuslavka, L'Assemblée noire* (*), roman, *Bajda, prince Vychnevski* [*Bajda,* 1885], drame, et ses ouvrages d'ethnographie, de philologie et d'histoire, sans oublier de très nombreuses traductions (il connaissait six langues) et ses essais critiques dont l'objectivité fut malheureusement compromise par son tempérament passionné. Il était l'ami de Chevtchenko, et, après la mort de celui-ci, on le considéra comme le représentant le plus important du mouvement littéraire ukrainien.

KUMĀR Jainendra. Romancier et nouvelliste indien de langue hindie. Né en 1905 à Kauriyāganj, mort en 1989 à Delhi. Jeune étudiant, il adhère au mouvement de non-coopération lancé par le Mahatma Gandhi, milite dans des formations révolutionnaires, puis se consacre à la littérature. Son premier roman, *L'Épreuve* [*Parakh*], paraît en 1929. Épigone de Premchand, il abandonna néanmoins la vision sociale au profit de l'introspection, et l'idéologie au profit de l'analyse psychologique à forte coloration philosophique. Dans un style incisif, percutant, qui frise parfois le maniérisme, ses romans excellent à dépeindre l'exacerbation des affres de la vie domestique d'une couche de la population indienne : la classe moyenne urbaine, dont il est issu, en accusant un tour volontiers provocant (ainsi dans *Sunīta,* œuvre de 1935 qui fit scandale, où se trouve poussé jusqu'à l'extrême le principe gandhien de résistance passive). Auteur d'une dizaine de romans dont l'influence demeure considérable – il faut citer notamment *La Lettre de démission* (*) (1937), *Kalyānī* (1939), *Sunkhdā* (1953) et *Jaevarddhan* (1956) –, il donne libre cours dans ses essais et ses nouvelles (réunies en dix volumes) à son goût de l'abstraction et du symbole.

KUNCEWICZOWA Maria. Romancière polonaise. Née le 30 octobre 1899 à Samara sur la Volga (Russie), morte le 15 juillet 1989 à Kazimierz Dolny. Une licence de lettres obtenue à Nancy et une maîtrise de polonais à Varsovie, des études de chant aux Conservatoires de Varsovie et de Paris pouvaient la conduire à l'enseignement ou à l'opéra. Elle choisit d'écrire et débuta en 1927 avec *L'Alliance avec l'enfant* [*Przymierze z dzieckiem*], un récit qui traite des problèmes de la maternité. Son premier roman, *L'Étrangère* (*), publié en 1936, est aussi son chef-d'œuvre. Il dépeint, dans le temps d'une seule journée, l'existence d'une vieille femme acariâtre et hystérique, étrangère au monde qui l'entoure, et que sauve de la déchéance une secrète passion pour la musique. Maria Kuncewiczowa s'y révèle comme un des maîtres du roman psychologique polonais, capable de mener un récit avec une magistrale virtuosité et d'analyser des sentiments ou des caractères extrêmes avec une minutie qui n'exclut ni le lyrisme ni l'ironie. Réfugiée en Angleterre de 1940 à 1955, puis professeur de polonais aux États-Unis, Maria Kuncewiczowa vécut ensuite à Kazimierz Dolny.

KUNDERA Milan. Romancier tchèque. Né le 1er avril 1929 à Brno ; de nationalité française à partir de 1981. Son père, pianiste, a été l'un des proches collaborateurs du compositeur Leos Janacek. Les années de formation de Kundera ont donc été orientées dès le début par deux amours : la musique et l'art moderne en général. L'art moderne, en Tchécoslovaquie plus qu'ailleurs, fut lié dès les années 20 à l'idéologie de l'avant-garde et au rêve de la révolution prolétarienne ; celle-ci se réalisera monstrueusement en 1948, année où Kundera passe son baccalauréat et se rend à Prague pour effectuer ses études universitaires. Il subit alors, pour une brève période, le sort plus ou moins commun à toute sa génération : aveuglement lyrique, désillusion, exclusion, et finalement opposition au régime, notamment à sa politique culturelle. Il s'essaie à l'art : compositions musicales, poésie, une pièce de théâtre, choses auxquelles il n'accorde aujourd'hui aucune importance. Sa véritable histoire d'écrivain ne commence qu'au moment où il écrit, vers 1958, sa première prose : il s'agit de l'une des nouvelles qui fera partie plus tard du cycle *Risibles amours* [*Smesne Lasky*] (écrit entre 1958 et 1968 et ayant dans son œuvre la même importance que ses romans). Comme le titre l'indique, Kundera y fait voir le « comique » des choses dites sérieuses et, se détournant des sujets « responsables » imposés par les uns ou par les autres, il met les amours au centre de sa vision. Par la suite, l'évolution du romancier réservera de nombreuses surprises mais aucun changement fondamental d'orientation. L'esprit de *Risibles amours* est donc aussi celui de son premier roman, *La Plaisanterie* (*) (achevé en 1965), qui compte déjà parmi les plus grands du siècle. Ce même esprit restera présent dans toute son œuvre ; ainsi, dans *La Plaisanterie*, le Kremlin en forme de bijou accroché au corps nu de l'héroïne Helena Zemanek, fidèle au parti et infidèle à son mari, est le seul témoin d'un coït aussi superbe que grotesque. La critique y a vu une manière originale de ridiculiser le Kremlin. Mais c'est l'inverse qui est nouveau et important : le rapprochement du Kremlin avec une scène de copulation ridiculise l'amour (ou, si on veut, l'Amour). Les événements historiques sont intensément présents dans toute l'œuvre de Kundera, mais ils ne lui servent que de projecteur pour éclairer en l'homme des aspects jusqu'alors inconnus ; l'intérêt analytique du romancier se concentre sur les thèmes dits existentiels. On pourrait dire que Kundera est par excellence un romancier existentiel si ce terme n'était traditionnellement réservé à un Sartre ou un Camus. De ceux-ci pourtant, Kundera se distingue radicalement : d'abord par le caractère toujours ironique, sinon bouffon, de son discours ; ensuite, par le fait que, dans cette orientation existentielle, il a su construire une esthétique originale du roman. Cette esthétique est basée sur deux principes : celui de la variation (le roman est bâti sur une unité des thèmes qui reviennent sous des variantes toujours nouvelles) et celui de la polyphonie (le roman est un développement « simultané » de plusieurs discours « hétérogènes » : récit, essai, rêve, anecdote, etc.).

Si *Risibles amours* et *La Plaisanterie* ont vu leur première parution dans leur langue d'origine et dans une maison d'édition pragoise, les romans ultérieurs seront publiés d'emblée en traduction française, chez Gallimard. En effet, après l'invasion russe de 1968, tous les livres de Kundera sont bannis des bibliothèques publiques, lui-même perd son poste à l'Institut cinématographique de Prague et il ne pourra plus publier dans son pays quoi que ce soit. C'est pourquoi, en 1975, il s'installe en France, à Rennes d'abord où il est invité par l'Université, puis plus tard à Paris, comme professeur à l'École des hautes études en sciences sociales (E.H.E.S.S.). Entre-temps, son œuvre se poursuit : il est encore en Tchécoslovaquie lorsqu'il écrit *La vie est ailleurs* (*) (achevé en 1970), une critique romanesque de la poésie et de l'attitude lyrique en général, et *La Valse aux adieux* (*) (achevé en 1972), roman vaudevillesque qui allie la forme la plus légère à la vision la plus noire de l'homme. En France, il écrit : *Le Livre du rire et de l'oubli* (*) (édité en 1978), livre capital au regard de l'esthétique kundérienne du « roman en forme de variations », qui trouve ici sa définition et sa plénitude ; *L'Insoutenable Légèreté de l'être* (*) (édité en 1984), histoire d'un amour miraculeusement survenu dans un monde métaphysiquement et culturellement mort ; et enfin, *L'Immortalité* [*Nesmrtelnost*] (édité en 1990), méditation romanesque sur l'homme contemporain du règne de l'image. Son œuvre compte aussi un écrit théorique, *L'Art du roman* (1986), et une pièce de théâtre, *Jacques et son maître, hommage à Denis Diderot* (1971), geste d'amitié et de reconnaissance du romancier envers son maître ; dans ces deux ouvrages, aussi bien que dans son séminaire et dans d'autres – très rares – interventions, Kundera montre l'importance décisive de la pléiade des grands romanciers centre-européens du XXe siècle : Kafka, Hasek, Broch, Musil, Gombrowicz, qui ont ouvert selon lui la période après-proustienne de l'histoire du roman et dont l'un des caractères spécifiques réside dans leur volonté de renouer avec l'esthétique du roman pré-balzacien (de Rabelais à Sterne), décriée ou refoulée au XIXe siècle. Cette attention aux plus anciens héritages caractérise aussi l'attitude de Kundera, ce moderne fidèle aux temps révolus.

Les traductions françaises de ses romans, entièrement revues par l'auteur entre 1985 et 1987, ont la même valeur d'authenticité que le texte tchèque.

LAKIS PROGUIDIS.

RÉF. : Maria Nemcova Banerjee, *Terminal Paradox (The Novels of Milan Kundera)*, New York, 1990. – *Salmagundi* n° 73, spécial M. Kundera. – *The Review of Contemporary Fiction*, été 1989 (dossier Kundera avec bibliographie des critiques importantes).

KÜNG Hans. Théologien suisse d'expression allemande. Né à Sursee (canton de Lucerne) le 19 mars 1928, dans une famille de la bourgeoisie industrielle. Il prend ses licences de philosophie et de théologie à Rome et il est ordonné prêtre en 1954 par l'évêque de Bâle. Après deux années en paroisse, il prépare son doctorat en théologie à l'Institut catholique de Paris avec une thèse sur la justification (publiée en 1957), où il compare la théologie catholique à celle de Karl Barth. Il séjourne ensuite à Amsterdam, Berlin, Madrid, Londres et Münster avant de se fixer à Tübingen où il enseigne la théologie fondamentale à la faculté de théologie catholique. En 1963, il est nommé à la chaire de théologie dogmatique et de théologie œcuménique.

Entre-temps, il a été nommé expert au concile Vatican II où il se révèle un théologien dynamique et entreprenant : là où Jean XXIII parle d'aggiornamento, il n'hésite pas à parler de Réforme et propose, pour parvenir à l'unité entre les chrétiens, un plan comportant des étapes précises. S'ensuivent des controverses avec les structures conservatrices de l'Église catholique, dont ses livres rendent compte : il publie notamment *L'Église* [*Die Kirche*] en 1968, qui lui vaut de nombreux tracas à la Congrégation romaine pour la doctrine de la foi, héritière directe de l'Inquisition. Dans *Infaillible ? Une interpellation* [*Unfehlbar ? Eine Anfrage*] en 1970 et dans *L'Église assurée dans la vérité ?* [*Kirche, gehalten in der Wahreit ?*] en 1979, il s'attaque à une dogme exclusivement catholique et touche un point sans doute plus sensible que la christologie elle-même. Puis il reprend ses études fondamentales, dans une perspective œcuménique, et fait paraître *Être chrétien* (*) en 1974, et *Dieu existe-t-il ?* [*Existiert Gott ?*] en 1978, où il utilise la méthode comparative en présentant un vaste panorama de positions différentes avant de préciser son point de vue personnel, toujours au-delà des antagonismes. Le grand succès de librairie de ces livres n'arrange pas son cas à Rome : ses thèses sur le catholicisme ont été violemment combattues par l'épiscopat allemand, par des théologiens conservateurs de la revue *Communio* qui s'opposaient à la revue internationale *Concilium* des théologiens de progrès (à laquelle participait Hans Küng), et, surtout, par l'autorité romaine qui lui retira le droit d'enseigner en 1980. L'Institut d'études œcuméniques qu'il avait fondé fut séparé de la faculté de théologie de Tübingen et mis directement sous l'autorité de l'Université, l'abritant ainsi des contraintes du Concordat qui lie aux Églises l'enseignement de la théologie en Allemagne. Hans Küng, sans renier ses fidélités, put alors étendre le champ de ses études et de ses travaux aux religions non chrétiennes : il publia dès lors des livres sur les religions comparées, dans une perspective planétaire et en soutenant la thèse que la paix du monde passe par la paix entre les religions.

JEAN-PIE LAPIERRE.

KUREK Jalu (Franciszek). Poète et romancier polonais. Né le 27 février 1904 à Cracovie. En 1923, il se joint à la première « Avant-Garde » cracovienne, groupée autour de la revue *L'Aiguillage* [*Zwrotnica*] et, après 1931, autour de *La Ligne* [*Linia*], dont il sera le rédacteur en chef. Hostile au néo-romantisme sur le déclin du mouvement littéraire « Jeune Pologne », comme au romantisme masqué de « Skamander », l'« Avant-Garde » combat l'évasion et le sentimentalisme et veut peindre l'homme d'aujourd'hui, en accord avec la civilisation industrielle. En outre, elle se veut « de gauche », à la fois par conviction politique et par mépris de poète pour les « philistins » de la bourgeoisie. Dans ses premiers recueils de vers, *Chaleurs* [*Upaly,* 1925], *Chants républicains* [*Spiewy o Rzeczypospolitej,* 1929], *L'Arbre de douleur* [*Drzewo boleści,* 1938], Kurek se révèle très proche du futurisme (il est le traducteur de Marinetti). Dans ses romans, qui ont pour cadre les villages de montagne du Podhale, il donne, dans un style très réaliste, un tableau fouillé et fidèle de la misère paysanne : *La grippe sévit à Naprawa* (*) (1934) ou *L'eau monte* [*Woda wyżej,* 1935]. Il a aussi évoqué des personnages du folklore des Tatras, *Janosik* (1945-1948) ou Kostka Napierski, dans *Éclairs sur Czorsztyn* [*Nad Czorsztynem sie blyska,* 1953].

KURTÁG György. Compositeur hongrois. Né le 19 février 1926 à Lugos (actuellement Lugoj, en Roumanie). Il a commencé ses études (piano et composition) à Timişoara en 1940. Dès 1946, il entre à l'Académie de musique de Budapest où il continue ses études avec Veress, Farkas (composition), Kadosa (piano) et Weiner (musique de chambre). En 1957-58, il suit les cours de Messiaen et Milhaud à Paris où il travaille également avec Marianne Stein. Dès 1968, il enseigne en tant que professeur de musique de chambre à l'Académie de musique Liszt à Budapest, jusqu'à sa retraite en 1986.

Son op. 1 pour *Quatuor à cordes* est né en 1959, après son séjour à Paris, et présente un style déjà presque achevé, qui mêle un « style savant » extrêmement concentré, économique et ascétique dans ses moyens, à une expression dramatique, passionnelle et intense. Techniquement, Kurtág est héritier des microformes et du dodécaphonisme de Webern, du style des *Quatuors* (*) de Bartók et de la rigueur du premier et du dernier Stravinski.

Son grand concerto *Les Dits de Péter Bornemisza* [*Bornemisza Péter mondásai,* op. 7], écrit de 1963 à 1968, marque la naissance de son dispositif préféré : voix et instrument, ou voix et ensemble instrumental qui lui permettent de mettre en musique de grands poètes. Les *Quatre Chansons sur les poèmes de János Pilinszky* [*Négy dal Pilinszky János verseire,* op. 11, 1975) ; les *Messages de feue demoiselle R. V. Trousova* (*) ; les *Sept Chansons* [*Hét dal,* op. 22, 1981] pour soprano et cymbalum ; les *Fragments de Kafka* [*Kafkatöredékek,* op. 24, 1985-1986] pour soprano et violon, *What is the Word ?* sur un texte de S. Beckett, op. 30, 1991, pour voix et ensemble instrumental, sont des œuvres qui relèvent toutes de ce genre musical.

Il écrit peu et avec un soin immesurable mais depuis le succès de *Messages de feue demoiselle R. V. Trousova*, créés en 1981 par l'Ensemble Intercontemporain à Paris, on assiste à une éclosion, un foisonnement de ses œuvres vocales/instrumentales ou purement instrumentales.

Son moyen d'expression, le plus souvent, est une série de mouvements minuscules dans lesquels certaines formules concentrées à l'extrême « décrivent » les images poétiques offertes par le poème en images musicales évocatrices ou en figures rhétoriques/onomatopéiques ou encore en gestes, en diverses formes de mouvement, pour accompagner la déclamation passionnelle ou résignée du texte. Son style se meut donc entre « stile rappresentativo » et « stile espressivo », pour reprendre les termes de l'époque de Monteverdi. La référence aux styles anciens du baroque, ou même au style du début du XXe siècle, n'est pas gratuite. Kurtág s'inspire non seulement des *Concerts spirituels* (*) de Schütz, des œuvres dramatiques de Monteverdi ou du contrepoint de J. S. Bach, mais il utilise de manière consciente les principales significations des genres musicaux du passé. Dans ses mouvements succincts, on retrouve, entre autres, le canon à deux ou trois voix ainsi que la fugue dans des énonciations rhétoriques d'ordre moral ou philosophique ; les rythmes de danse comme la « tchastouchka » ou la valse pour exprimer l'affrontement avec le « vulgaire » ou le « macabre » ; l'ostinato et le perpetuum mobile pour exprimer la peur, la fièvre ou la poursuite ; la passacaille ou le style « grave » pour décrire la disparition, l'écoulement de l'existence ; le scherzo mystérieux pour représenter l'irréel, l'absurde, etc.

En accumulant ainsi, à l'intérieur de son langage musical propre, les expériences cristallisées des différents genres musicaux et des formules descriptives/référentielles du passé, le raffinement et la richesse de l'orchestration et la symbolique des rapports de hauteur dans l'écriture dodécaphonique, il arrive à créer un monde sonore où tout élément possède sa signification cachée ou précise, possède un symbolisme des images, même dans ses œuvres purement instrumentales comme les *Huit pièces pour piano,* [*Nyolc zongoradarab,* op. 3, 1960] ; l'*Hommage à Mihály András. Douze Microludes pour quatuor à cordes,* op. 13 (1977) ; les *Jeux pour piano* (1973-76) ; et *Quasi una fantasia,* op. 27 (1988) pour piano et groupes instrumentaux.

MÁRTA GRABÓCZ.

RÉF. : F. Spangemacher (éd.), *György Kurtág. Musik der Zeit. Dokumentationen und Studien,* n° 5, Bonn, 1986. — Ligeti, « Kurtág », in *Contrechamps,* n°s 12-13, Genève, 1990.

KUŚNIEWICZ Andrzej. Poète et romancier polonais. Né le 30 novembre 1904 à Kowenice (Galicie), mort le 14 mai 1993 à Varsovie. De famille noble, il fit des études de droit et entra dans la carrière diplomatique. Après un poste en Tchécoslovaquie, il fut nommé en France, à Toulouse, où il aida la

Résistance. Arrêté par la Gestapo, il séjourna dans plusieurs camps de concentration, notamment à Mauthausen, de 1943 à 1945. Consul à Lille et à Strasbourg de 1946 à 1950, à son retour en Pologne il fut journaliste à la radio et dans une revue littéraire, *Le Mensuel littéraire* [*Miesięcznik Literacki*].

Kuśniewicz fit une entrée tardive en littérature. Après la publication de recueils de poèmes, *Le Dit de la haine* [*Słowa o nienawiści,* 1955] et *La Chandelle du diable* [*Diabłu ogarek,* 1959], il se consacra à la prose. Son premier roman, *La Corruption* [*Korupcja,* 1961], roman policier héroïque sur la Résistance et l'espionnage en France pendant la Seconde Guerre mondiale, a des échos grotesques qui ne sont pas sans évoquer Gombrowicz. Échos que l'on retrouve dans *Le Chemin de Corinthe* [*W drodze do Koryntu,* 1964] qui confronte avec ironie le monde des rêves intimes et des mythes avec la réalité de l'après-guerre de l'Europe bourgeoise. L'inspiration « austro-hongroise » apparaît dans plusieurs œuvres. Le héros de *Eroica* (1969), dont l'action se déroule dans une prison parisienne et témoigne d'une connaissance profonde et vécue des réalités françaises, est un aristocrate autrichien qui se prononce en faveur du fascisme et devient S.S. afin d'avoir le sentiment de vivre intensément. Celui du *Roi des Deux-Siciles* (*) (1970) est officier de l'élite viennoise, qui, à la veille de la Première Guerre mondiale, commettra un crime hypothétique. L'œuvre elle-même est un tableau bariolé de cultures qui se croisent au moment du déclin de la monarchie austro-hongroise dans une atmosphère d'érotisme exacerbé. La première partie de *Zones* [*Strefy,* 1971], *Les Signes du zodiaque* [*Znaki Zodiaku*], évoque l'enfance et la jeunesse du héros passées en Galicie orientale, région frontière où coexistent des populations polonaise, ukrainienne, juive et allemande. Dans ces romans comme dans *La Leçon de langue morte* (*) (1977), l'auteur dépeint des milieux élitistes et des hommes qui participent à un processus de déclin culturel. L'amour devient une valeur ambiguë, libérant des passions démoniaques, alliant les goûts esthétiques à la cruauté et au crime. *Le Troisième Royaume* [*Trzecie Królestwo,* 1975] évoque les conflits de générations contemporains.

Kuśniewicz sait utiliser avec art les expériences des différentes traditions stylistiques, pouvant se rattacher ainsi au Nouveau Roman. Juxtaposant plusieurs plans temporels et plusieurs récits d'un même fait, il associe de plus divers climats historiques et sociaux, comme dans *L'État d'apesanteur* (*) (1973), où se mêlent le réel, l'irréel et le surréel. L'Europe centrale et l'Europe de l'Est, cette « immense marmite où différentes cultures mijotaient ensemble », lui fournissent un thème inépuisable avec leurs intrigues politiques, les déchaînements de leurs passions, et leurs modes intellectuelles ou artistiques.

Le critique Piotr Rawicz, qui le rapproche de Joseph Roth, dit de lui : « Le raffinement décadent, parfois morbide, de ses procédés, l'agencement subtil de son écriture, le dosage savant des effets, vont, paradoxalement, de pair avec une imagination débordante, avec le souffle d'un grand seigneur de la poésie chthonienne. » « Une sensibilité extrême aux couleurs, aux sons, aux vibrations infimes de la matière et de l'âme, une sensualité diffuse, allusive, faussement innocente, octroient à cette œuvre un rythme cosmique, celui-là même du devenir et de l'univers. »

Sa dernière œuvre, *Vitrail* [*Witraż,* 1980], roman historique, psychologique et philosophique, retrace la vie d'une famille aristocratique française à la fin des années 30 et au début des années 40.

Auteur à succès, abondamment traduit, Kuśniewicz reçut entre autres le Prix national de littérature en 1965 et en 1971.

LAURENCE DYÈVRE.

KUZNETS Simon. Économiste américain d'origine russe. Né en Ukraine à Kharkov, en 1901. Il commence ses études d'économie en Russie. Son père émigre aux États-Unis au début de la guerre de 1914-1918 et fait venir sa famille en 1922. Kuznets termine ses études à Columbia en 1926. Dès 1925, il est membre du Centre de recherche des sciences sociales et il s'intéresse à l'analyse du mouvement de l'économie, des fluctuations. Il se spécialise dans l'étude de la croissance et dans la recherche des moyens de la maximiser en maîtrisant ses irrégularités. Son but est d'obtenir le produit intérieur brut le plus élevé possible, sans crises, dans le cadre du plein emploi. Keynes l'influence sans toutefois le convaincre pleinement. La méthode de Kuznets combine la théorie et l'observation. Il organise de larges équipes de spécialistes de toutes les sciences humaines, utilisant les calculateurs les plus perfectionnés du temps pour réunir un nombre énorme de données statistiques sur l'économie américaine. Membre du Bureau national de la recherche économique, il crée le Social Science National Bureau of Economic Research qui élargit sa recherche au plan international. De 1931 à 1954 à l'université de Pennsylvanie, puis de 1955 à 1960 à Harvard, il enseigne le résultat de ses recherches. Il est conseiller technique auprès du gouvernement américain pour planifier l'effort de guerre contre le nazisme, puis, après la Seconde Guerre mondiale, il est recruté comme conseiller économique de l'État d'Israël.

À 70 ans il obtient le prix Nobel « pour son interprétation fondée sur l'analyse empirique de la croissance économique qui a permis de développer et d'approfondir la connaissance de la structure et du processus socio-économique du développement ». Son œuvre essentielle, *Croissance et structures économiques* (*), paraît en 1960 et est traduite en français en 1972.

LUCETTE LE VAN-LEMESLE.

L

LAÂBI Abdellatif. Poète, romancier et traducteur marocain de langue française. Né à Fès en 1942. Autant que le créateur qui s'affirme de plus en plus dans ses derniers textes, Abdellatif Laâbi, même s'il prend actuellement quelques distances avec cette image dans laquelle on a parfois trop tendance à l'enfermer, est d'abord un symbole, à plusieurs titres.

Il est le fondateur, avec Mohammed Khaïr-Eddine et Mostefa Nissaboury, de la revue *Souffles* (*), qui fut de 1966 à 1972, sous sa direction, le point de départ de toute la nouvelle création littéraire marocaine, laquelle se limitait jusque-là pour la langue française, essentiellement à Ahmed Sefrioui et Driss Chraïbi. Cette revue fit connaître des écrivains comme Mohammed Khaïr-Eddine, Abdelkebir Khatibi ou Tahar Ben Jelloun, et son rayonnement dépassa de loin les frontières du Maroc : l'Algérien Rachid Boudjedra, entre autres, y publia ses premiers textes. Cette revue, militante dès le départ, se radicalisera très vite avec notamment Abraham Serfaty. Elle fut interdite en 1972, en même temps qu'Abdellatif Laâbi et Abraham Serfaty étaient arrêtés.

Dans le sillage de la revue, Laâbi animait les éditions Atlantes, où il publia en 1967 un long poème : *Race,* et en 1969 *L'Œil et la Nuit,* « roman-itinéraire » dont le sous-titre indique la volonté de tout le groupe de bouleverser les modèles littéraires hérités, pour mener une sorte de « guérilla linguistique » à une Francophonie qui reste cependant l'arme littéraire la plus efficace contre l'impérialisme occidental. Il est aussi déjà à cette époque un traducteur remarqué, particulièrement des poètes palestiniens dont il publie une anthologie en 1970.

Mais Laâbi est surtout connu pour son long séjour en prison, de 1972 à 1980, en même temps qu'Abraham Serfaty, libéré encore bien plus tard. De nombreux comités d'intellectuels s'étaient mobilisés en France pour obtenir leur libération. Ses lettres et ses poèmes de prison sont alors publiés (*L'arbre de fer fleurit,* 1972 ; *Le Règne de Barbarie,* 1976 ; *Chroniques de la citadelle d'exil,* 1978 ; *Histoire des sept crucifiés de l'espoir,* 1980 ; *Sous le bâillon, le poème,* 1981). Il n'est pas exagéré de dire que tout le Maroc intellectuel et tous ses sympathisants étrangers vibraient alors à ces textes, parmi lesquels les lettres à sa femme Jocelyne ne sont pas parmi les moins poignants. En même temps un débat commençait à se faire jour entre des conceptions de l'écriture opposées : l'écriture « engagée » représentée par Laâbi et Serfaty d'un côté, et de l'autre les recherches de Ben Jelloun et Khatibi, parmi d'autres.

Une fois sorti de prison, puis installé en France à partir de 1985, il raconte son expérience carcérale dans *Le Chemin des Ordalies* (1982), où l'on trouve déjà cette sorte de distance qui deviendra dans *Les Rides du lion* (1989) un véritable dédoublement ironique propre à déconcerter tous ceux qui après l'expérience carcérale voulaient enfermer l'écrivain dans une image somme toute rassurante. Il n'en renie pas pour autant son militantisme, mais s'affirme comme un poète diversifié et un introducteur privilégié en France de l'écriture arabe la plus vivante. Son recueil de poèmes *Le soleil se meurt* (1992) développe, comme le faisait aussi sa pièce de théâtre *Le Baptême chacaliste* en 1987, une sorte de dérision chaleureuse à travers laquelle on devine une œuvre qui est loin de nous avoir donné son dernier mot.

CHARLES BONN.

RÉF. : J. Dejeux, *La Littérature maghrébine d'expression française,* Paris, « Que sais-je ? », n° 2675, 1992. – M. Gontard, *Violence du texte,* Paris, 1981. – A. Tenkoul, *Littérature marocaine d'écriture française,* Casablanca, 1985. – A. Laâbi et J. Alessandra, *La Brûlure des interrogations,* Paris, 1985 (Entretiens).

LABÉ Louise (Louise Perrin, née Charly). Poétesse française. Née à Lyon entre 1516 et

1523, morte avant le 15 février 1566 dans sa maison campagnarde de Parcieux-en-Dombes. Elle était la fille d'un riche cordier lyonnais, Pierre Charly, dit Labé. Celui-ci lui fit donner une éducation à l'italienne : elle savait le latin et l'italien, chantait et jouait du luth, pratiquait l'équitation et les armes. Selon Antoine du Verdier, elle aurait pris part, en 1542, au siège ou au tournoi de Perpignan, déguisée en homme et se faisant passer pour un certain capitaine Loys. Peut-être entre 1542 et 1545, elle accorda sa main à un cordier, Ennemond Perrin ; cette union, qui valut à Louise son surnom de Belle Cordière, se termina par la mort du mari, entre janvier 1555 et septembre 1557. Elle entretint une longue relation amoureuse avec le poète Olivier de Magny, qui séjourna à Lyon vers 1553-1554 et se vanta de sa bonne fortune dans une *Ode à sire Aymon* (1569), où il nasardait l'époux trompé et lui prêtait d'étranges complaisances. Ce fait avéré, sa revendication d'indépendance, la liberté de sa parole amoureuse ont suffi, l'antiféminisme aidant, à lui faire la réputation d'une courtisane aux amours orageuses. L'œuvre littéraire de Louise Labé, qui comprend *Le Débat de Folie et d'Amour* (*), dialogue en prose, vingt-quatre *Sonnets* (*), dont un, le premier, en italien, et trois *Élégies* (*), fut publiée en 1555 ; une seconde édition parut en 1556. On trouve à la fin vingt-quatre poèmes écrits anonymement par des amis poètes à la gloire de Louise. On la voit, au terme de sa vie, acheter et accroître ses propriétés de Parcieux. En 1565, malade, elle se retire chez son ami Thomas Fortin, banquier d'origine italienne, en présence de qui, le 28 avril, elle dicte son testament.

♦ *« Et bien qu'ell'soit en tel nombre si belle, / La beauté est le moins qui soit en elle : / Car le savoir qu'elle a, / Et le parler que soevement distille, / Si vivement animé d'un doux style, / Sont trop plus que cela. / Sus donc, mes vers, louez cette Louise. »* Jacques Peletier du Mans. ♦ *« Jamais, dans la littérature, l'impudeur même des sens n'a atteint à une telle gravité. Jamais l'âme et le corps n'ont paru aussi peu séparés, la lucidité la plus claire ainsi présente dans les exigences de l'amour et dans ses gratitudes...* [une] *fusion nuptiale de la connaissance et de la sensualité. »* Thierry Maulnier.

RÉF. : O'Connor, *Louise Labé, sa vie et son œuvre*, Paris, 1926. – G. Tricou, « Louise Labé et sa famille », dans *Bibliothèque d'Humanisme et Renaissance*, V, 1944, p. 60-104. – K. Varty, « The Life and Legend of Louise Labé », dans *Nottingham Medieval Studies*, III, 1959, p. 78-108. – Enzo Giudici, *Louise Labé*, Paris, 1981.

LA BEAUMELLE Laurent Angliviel de. Écrivain français. Né à Valleraugue (Gard) le 28 janvier 1726, mort à Paris le 17 novembre 1773. Ses démêlés avec Voltaire lui valurent deux séjours à la Bastille (1753, 1756-1757), et une célébrité construite sur les invectives de son adversaire. Philosophe et huguenot, il combattit pour la tolérance civile des protestants – *L'Asiatique tolérant*, 1748 – et défendit Calas avant Voltaire. Issu de la bourgeoisie cévenole, sa plume lui assura l'aisance ; il vivait noblement et mourut bibliothécaire du roi. Étudiant en théologie à Genève, où il abandonna son nom patronymique (1745-1747), précepteur, journaliste – *La Spectatrice danoise* –, philosophe – *Mes pensées* (*) – et professeur de belles-lettres françaises à Copenhague (1747-1751), négociateur malheureux à Berlin (1751-1752), historien et polémiste à Paris – *Réponse au Supplément au Siècle de Louis XIV* – (1753-1755), éditeur à Amsterdam – *Mémoires pour servir à l'histoire de Mme de Maintenon* (*) – (1755-1756), exilé en Languedoc (1757-1772), il se fixa à Toulouse, épousa la sœur d'un des accusés de l'affaire Calas, et acquit la seigneurie du Carlat. Proche de Montesquieu – *Suite de la défense de l'Esprit des lois*, 1751 –, de Maupertuis – *Vie de Maupertuis*, 1757 –, du pasteur Rabaut, ami de La Condamine, il fut un polémiste redoutable, un écrivain talentueux, un esprit hardi ennemi de l'absolutisme.

CLAUDE LAURIOL.

RÉF. : Claude Lauriol, *La Beaumelle. Un protestant cévenol entre Montesquieu et Voltaire*, Genève, 1978.

LABERTHONNIÈRE R. P. Lucien. Philosophe chrétien français. Né le 5 octobre 1860 à Chazelet (Indre), mort à Paris le 6 octobre 1932. Il fut un passionné représentant de cette « apologétique nouvelle » qui, détachant le christianisme catholique de la scolastique aristotélicienne et, par conséquent, du thomisme, cherchait à le concilier avec la pensée moderne, et se lançait dans l'entreprise désespérée de faire coexister en parfait accord l'immanence et la transcendance. Prêtre, il entra, en 1886, dans la congrégation de l'Oratoire. Professeur et directeur de collèges, il eut « le verbe haut, la plume en bataille », comme il le disait lui-même de Charles Denis auquel il succéda à la direction des *Annales de philosophie chrétienne* (1905-1913). Il avait alors déjà écrit ses œuvres les plus importantes : *Essais de philosophie religieuse* (*) (1903), *Le Réalisme chrétien et l'idéalisme grec* (1902), livres mis le 5 avril 1907 à l'Index par les autorités ecclésiastiques. Cette première condamnation, préludant à l'encyclique antimoderniste de Pie X, *Pascendi dominici gregis,* du 8 septembre 1907, fut suivie par une autre condamnation qui, le 16 juin 1913, frappa les *Annales* et contraignit le religieux au silence. Il se soumit. Les ouvrages auxquels il travailla dans ce tragique isolement et qui furent publiés après sa mort, *Études sur Descartes,* en deux volumes, n'échappèrent pas à la condamnation des censeurs romains (1936). De l'angoisse intime de Laberthonnière ne survivent, après sa fin douloureuse, que les confidences privées confiées à sa correspondance, qui, ainsi que celles des autres modernistes, sont intéressantes à rassembler.

RÉF. : Marie-M. d'Hendecourt, *Essai sur la philosophie du père Laberthonnière*, Paris, 1947.

LABICHE Eugène Marin. Auteur dramatique français. Né et mort à Paris (5 mai 1815-13 janvier 1888). Fils d'un riche industriel, il fit ses études secondaires au collège Bourbon, actuel lycée Condorcet, puis s'inscrivit à la faculté de droit. Mais, déjà attiré par la littérature, il profite d'un voyage en Italie pour envoyer à un journal parisien des petites scènes et impressions familières pleines de fantaisie, réunies sous le titre *La Clef des champs*, deux volumes (1838). Sa première pièce, *La Cuvette d'eau*, date de 1837, et son premier grand succès de l'année suivante, avec *Monsieur de Coislin*, vaudeville qui devait être suivi par une centaine d'autres, la plupart écrits en collaboration avec Marc-Michel, Émile Augier, Th. Barrière, Albert Monnier, Édouard Martin, etc., et qui furent joués au Palais-Royal, à la Comédie-Française, au Gymnase, aux Variétés. Dans cette production abondante figure une série de véritables chefs-d'œuvre du genre : *Embrassons-nous, Folleville* (*) (1850), *Le Chapeau de paille d'Italie* (*) (1851), *Le Misanthrope et l'Auvergnat* (*) (1852), *L'Affaire de la rue de Lourcine* (*) (1857), *Le Voyage de M. Perrichon* (*) (1860), *La Poudre aux yeux* (*) (1861), *La Cagnotte* (*) (1864). Ces pièces soutiennent d'ailleurs fort bien la lecture, comme suffirait à le prouver le succès obtenu en 1879 par l'édition en dix volumes du *Théâtre* de Labiche, avec une préface d'Émile Augier. Reçu à l'Académie française le 28 février 1880, au fauteuil de De Sacy, Labiche, l'auteur le plus gai du XIXe siècle, devait faire l'éloge solennel du plus farouche critique de la littérature moderne : il se tira de cette épreuve avec esprit. Il sut très bien se définir lui-même en écrivant : « J'ai beau faire, je ne peux pas prendre l'homme au sérieux, il me semble n'avoir été créé que pour amuser ceux qui le regardent d'une certaine façon. » Même après Feydeau, son œuvre reste la réalisation exemplaire du vaudeville qu'il fait tendre jusqu'aux limites de l'absurdité. Si Labiche paraît moins à son aise lorsqu'il essaye de peindre des caractères, il est inégalable chaque fois qu'il peut donner libre cours à sa vivacité naturelle et à son sens aigu du ridicule. Ses pièces fourmillent de sous-entendus, d'inventions cocasses, de coups de théâtre, et jamais cependant elles ne cessent de donner une parfaite impression de naturel.

♦ *« Labiche n'est pas seulement un merveilleux amuseur, mais un observateur profond, un railleur qui sait toujours où va son rire. »* Alphonse Daudet.

RÉF. : P. Soupault, *Eugène Labiche, sa vie, son œuvre*, Paris, 1945. – J. Autrusseau, *Labiche et son théâtre*, 1971. – E. Haymann, *Labiche ou l'Esprit du second Empire*, 1988.

LA BOÉTIE Étienne de. Écrivain français. Né le 1er novembre 1530 à Sarlat (Périgord), province qui nous donna plusieurs écrivains de la Renaissance comme Montaigne, Monluc, Bernard Palissy ; mort le 18 août 1563 à Germignan. Il appartient à une famille de petite noblesse de robe. Son père étant mort prématurément, il fut élevé par son oncle, qui était prêtre. On ne sait où il fit ses études. Elles s'achevèrent à Orléans, où, le 23 septembre 1553, il prit son grade de licencié en droit civil. Il obtint tout de suite, avec une dispense d'âge, un office de conseiller au parlement de Bordeaux. C'est en 1557 qu'il fit la connaissance de Montaigne. À cette date, il avait déjà écrit le *Discours de la servitude volontaire* (*), sans qu'on puisse dire à quel âge exactement : à dix-huit, ou même à seize ans, comme l'assure Montaigne, qui varie dans ses déclarations, peut-être pour atténuer la portée d'un ouvrage diffusé alors par les protestants ? L'ouvrage, en tout cas, porte trace de faits dont la consignation ne peut être antérieure à 1552-1553. Vers la fin de l'année 1561, La Boétie rédigea un important *Mémoire sur la pacification des troubles*, sans doute pour préparer l'assemblée de parlementaires qui s'ouvrit le 3 janvier 1562. Lorsqu'il mourut, à trente-trois ans, il laissait encore des traductions de Plutarque, de Xénophon et de l'Arioste, des lettres, des sonnets et des poésies latines. Montaigne en publia une grande partie, omettant toutefois le *Discours* et le *Mémoire*. C'est en effet à l'amitié de Montaigne, son cadet de deux ans, que La Boétie doit de n'être pas oublié. Ce fut le « type de l'amitié-passion », née soudain « avec l'imprévu et la rapidité de l'amour », dit Sainte-Beuve. En vers latins, La Boétie célébrait entre eux ce « mariage des âmes » ; après la mort de son ami, Montaigne portera le deuil de La Boétie, vivra dans le culte de sa mémoire. Grossissant son importance, lui si peu prodigue en admiration, il le proclamera le « plus grand homme » de tout le siècle et fera de lui un génie méconnu ayant, « tout le long de sa vie, croupi méprisé aux cendres de son foyer domestique ».

Le titre principal de La Boétie reste ce *Contr'Un ou Discours de la servitude volontaire*. Non seulement les pamphlétaires protestants l'utilisèrent, mais aussi à chaque époque troublée, en 1789, sous la Restauration, on devait s'en resservir. Lamennais le réédita après 1830 et en fit une arme contre la monarchie de Juillet. En 1942 encore, il fut publié en anglais sous le titre d'*Anti-Didactor*.

♦ *« Je l'aimais* [...] *parce que c'était lui, parce que c'était moi. »* Montaigne. ♦ *« L'immortel honneur de La Boétie est de nous représenter Montaigne en cette époque de stoïcisme moral et avant le scepticisme, Montaigne enthousiaste du bien ; et toutes les fois qu'il lui arrivera plus tard de resonger à son ami et d'en parler, Montaigne redeviendra ce qu'il était en ces années où il le connut et où ils s'unirent. L'image de La Boétie demeura jusqu'à la fin dans sa vie et s'y maintint debout comme la colonne isolée d'un temple. »* Sainte-Beuve.

RÉF. : P. Bonnefon, *É. de La Boétie, sa vie, ses ouvrages, ses relations avec Montaigne*, Bordeaux, 1888. – R. Trinquet, « Montaigne et la divulgation du *Contr'Un* », dans *Revue d'histoire littéraire de la France*, LXIV, 1964, p. 1-12. – Malcolm Smith, introduction aux éditions du *Mémoire* (Genève, 1983) et du *Discours* (Genève, 1987).

LABOU TANSI Sony (pseud. de Marcel Sony). Dramaturge et romancier congolais. Né à Brazzaville le 5 juin 1947. Ce romancier fécond – cinq romans en neuf ans, *La Vie et demie* (*) (1979), *L'État honteux* (1981), *L'Antépeuple* (1983), *Les Sept Solitudes de Lorsa Lopez* (1985) et *Les Yeux du volcan* (1988) – est aujourd'hui considéré comme l'un des talents les plus prometteurs de la nouvelle génération des écrivains africains. Il se double en effet d'un dramaturge infatigable dont le talent se déploie à la fois dans la création dramatique et la mise en scène. Fondateur et directeur de la troupe du « Rocado Zulu Théâtre », avec lequel il a déjà sillonné une bonne partie du monde, Sony Labou Tansi peut à juste titre revendiquer la paternité d'une dizaine de titres, le plus ancien étant certainement *Conscience de tracteur* (1979), distingué en son temps par le jury du quatrième concours théâtral inter-africain de Radio France internationale. Après *La Coutume d'être fou* (1980), paraissent simultanément, en 1981, deux textes capitaux dans la production dramatique de l'écrivain, *Je, soussigné cardiaque* et *La Parenthèse de sang*, dont les personnages ont le malheur de défendre une conception de la liberté peu compatible avec les impératifs d'une dictature dans laquelle la férocité le dispute sans cesse à l'absurde. Cette réflexion sur le pouvoir post-colonial se poursuit dans les pièces suivantes, *Antoine m'a vendu son destin* (1986), *Moi, veuve de l'Empire* (1987) et *Qui a mangé madame d'Avoine Bergotha ?* (1989).

On peut donc estimer que l'œuvre de Sony Labou Tansi, roman et théâtre confondus, ne se départ à aucun moment du double projet qui anime son auteur : dénoncer la bêtise et ses conséquences souvent cruelles partout où elle sévit, exalter la condition humaine. Cet écrivain qui compose des farces ubuesques et nargue à longueur de textes les tyrans dérisoires, dont les modèles sont parfois très proches de lui, est en effet, contre vents et marées, habité par une inébranlable foi en l'homme qui lui fait dire : « Si je gueule, si je rage, c'est parce que j'ai plein d'espoir à communiquer. »

JACQUES CHEVRIER.

LABRADOR RUIZ Enrique. Romancier, nouvelliste, essayiste et chroniqueur cubain. Né le 11 mai 1902 à Sagua la Grande (prov. de Las Villas), mort le 10 novembre 1991 à Miami. Il est considéré comme l'un des pères fondateurs de la littérature cubaine. Autodidacte, il devient journaliste à La Havane dès 1923, fait des reportages en Amérique latine et en Europe, ce qu'il mène de front avec son œuvre littéraire. À partir des années 40, il remporte plusieurs prix.

Il est plus proche de James Joyce que de Ricardo Güiraldes, du néo-baroque que du réalisme. Ses trois romans « gazéiformes », *Le Labyrinthe de soi-même* (*) (1933), *Cresival* (1936) et *Antée* [*Anteo*, 1940], marquent une rupture dans les lettres hispano-américaines. Un autre roman, *Le Sang affamé* [*La sangre hambrienta*, 1950], évoque la dictature de Machado. Les recueils de nouvelles « nébuleuses » se succèdent : *Chair de chimère (Historiettes nébuleuses)* [*Carne de quimera (Novelines neblinosos)*, 1947], *Le Coq dans le miroir* [*El gallo en el espejo*, 1953], repris en partie après la Révolution dans *Contes* [*Cuentos*, 1970]. La nouvelle « Ulan le Lapin » [Conejito Ulán], son chef-d'œuvre, qui se situe dans la campagne cubaine, est une exploration de l'inconscient, tendre et douloureuse, chargée de poésie. On lui doit aussi de brillants essais littéraires ou philosophiques : *Manière de vivre* [*Manera de vivir*, 1941], *Papier à cigarettes* [*Papel de fumar*, 1945] et *Le Pain des morts* [*El pan de los muertos*, 1958]. Toutes ces œuvres sont parues à La Havane.

Sous la Révolution, il est marginalisé en raison de son indépendance d'esprit. Il devient membre de l'Académie royale espagnole. En 1973, il obtient enfin l'autorisation de s'exiler. Après des séjours à Madrid et à Caracas, il s'installe à Miami. Il écrit une sorte de testament spirituel sous forme de lettres fictives sur les thèmes les plus divers, où alternent, dans une langue somptueuse, la rage et l'humour : *Lettres à la carte* [*Cartas a la carta*, Miami, 1982].

L'œuvre de Labrador Ruiz est peu traduite en français à l'heure actuelle ; seule une nouvelle « Un nid sur l'avion » est parue en anthologie in *Cuba nouvelles et contes d'aujourd'hui* aux éditions L'Harmattan en 1985.

LILIANE HASSON.

♦ *« L'humour tend au mélange des genres : les romans " gazéiformes " de Labrador Ruiz relèvent de la poésie lyrique, de la réflexion philosophique propre à l'essai et du dialogue dramatique, genres qui ont fort peu à voir avec le roman traditionnel. »* Perla Rozencvaig.

RÉF. : Rita Molinero, *La narrativa de Enrique Labrador Ruiz*, Madrid, 1977. – Coll., *Enrique Labrador Ruiz : textos críticos*, Montevideo, 1981.

LABROUSSE Ernest Camille. Historien économiste français. Né le 16 mars 1895 à Barbezieux, mort le 23 mai 1988 à Paris. Le père d'Ernest Labrousse tenait un magasin de nouveautés à Barbezieux, sous-préfecture des Charentes. Sa famille était de tradition républicaine. Il disait être un « bleu de l'Ouest ». Enfant, il est fasciné par l'histoire de la Révolution française et s'engage dans l'action politique dès l'âge de quinze ans. En 1912, il s'inscrit comme étudiant d'histoire à la Sorbonne, où il adhère au groupe des étudiants socialistes révolutionnaires. Il rédige sa maîtrise en 1914. Elle porte sur l'histoire de la Révolution. En 1919, il entre comme rédacteur à *L'Humanité,* puis au *Populaire* du soir, puis à *L'Internationale.* Au congrès de Tours, en 1920, il vote l'adhésion à la troisième Internationale et se rallie donc aux thèses communistes.

Mais il démissionne de ce parti en 1925. Ses activités universitaires vont dès lors l'emporter sur ses activités politiques. Il ne cessa pourtant jamais d'être un militant : il adhéra de nouveau au parti socialiste en 1938, il fut pour quelques semaines directeur du cabinet de Léon Blum pendant son dernier passage au pouvoir en juillet-août 1948. Il dirigea la *Revue socialiste* depuis la fondation en 1946 jusqu'à sa démission en 1951. Il rédigea en 1954 le manifeste des professeurs de l'enseignement supérieur contre la C.E.D. Son engagement le plus constant fut son adhésion à la Ligue des droits de l'homme, dont il fut pendant des décennies membre du Comité central, et sa véritable fidélité est celle qui le rattache à la Révolution française, ce « bloc » sans limites disait-il.

Ernest Labrousse fut d'abord un grand professeur. Il avait un don de parole remarquable, non exempt d'une certaine emphase. Il fut un chercheur engagé mais un professeur tolérant, toujours ouvert aux idées des autres. Devenu en 1925 assistant d'Albert Aftalion à la faculté de droit de Paris, il soutient en 1932 sa thèse d'économie intitulée « Esquisse du mouvement des prix et des revenus en France au XVIIIe siècle ». Mais, à partir de 1930, la carrière d'Ernest Labrousse prend une autre direction : il est nommé professeur à l'École des hautes études au moment même où la rédaction de l'« Esquisse » avait fait de lui plus un historien qu'un économiste. Ernest Labrousse est alors très proche de François Simiand et s'affirme comme l'un des grands spécialistes de l'histoire des prix.

En réalité l'« Esquisse » ouvre, au travers de l'analyse des courbes de prix, des perspectives beaucoup plus larges, qui formeront les bases de l'histoire labroussienne, une histoire principalement attachée à la description des structures économiques et de leur dynamique. Ce que découvre Labrousse derrière les fluctuations des prix du blé ou du vin, ce sont les structures et les conjonctures de ce qu'il appelait l'« Ancien Régime économique », les secondes étant d'abord les révélatrices des premières. Il soutient sa thèse de doctorat en 1943 sous le titre *La Crise de l'économie française à la fin de l'Ancien Régime et au début de la Révolution* (*). Publiée en 1944, elle lui permet en 1945 d'accéder à un poste de professeur à la Sorbonne. Il conserva sa chaire jusqu'à sa retraite.

À partir de 1945, son activité se déploya dans deux directions. Tout d'abord, pendant plus de vingt ans, il fut le maître incontesté de l'histoire économique et sociale française. Il dirigea un nombre considérable de thèses. Il est impossible de les énumérer toutes. Citons au hasard Pierre Vilar, Jean Bouvier, Michelle Perrot, Georges Dupeux, Pierre Goubert. Il fut un directeur de thèse attentionné, qui ne laissait rien au hasard. Il laissa s'épanouir toutes les orientations de recherche et toutes les innovations. Son approche fut fortement influencée par les hypothèses marxistes, mais il ne jeta aucune exclusive sur ceux de ses disciples qui ne partageaient pas son point de vue.

Ernest Labrousse est d'abord un historien des structures et plus précisément de la dynamique des structures. Il faut relire les pages qu'il a consacrées à la description des « temps intermédiaires » qui séparent l'« économie d'Ancien Régime » de l'économie des « temps contemporains » dans le tome II de *L'Histoire économique et sociale de la France,* publiée sous sa direction et celle de Fernand Braudel aux Presses universitaires de France. Labrousse analyse en termes particulièrement pertinents et modernes une économie de transition et propose ainsi une interprétation globale du processus de développement. Autant que Braudel, Labrousse est un historien du temps long, et plus précisément un historien des grandes mutations.

Mais, en tant qu'historien, Ernest Labrousse n'oublia jamais ses racines « révolutionnaires » : l'histoire de la classe ouvrière resta toujours au cœur de son enseignement et de ses recherches. Il n'abandonna jamais le concept de classe. Mais il suscita des travaux et des recherches qui orientèrent sur des voies entièrement nouvelles l'histoire du monde du travail : histoire des métiers et des conditions de travail, histoire de la consommation, histoire des syndicalismes. Il fut ainsi le fondateur de l'histoire sociale contemporaine, une histoire qui, paradoxalement, a évacué le concept de classe. Il fut enfin l'un des initiateurs de l'histoire des mentalités. Ernest Labrousse, en tant qu'homme et en tant que professeur, fut constamment à l'écoute de la nouveauté et des autres, il fut un homme de tolérance.

FRANÇOIS CARON.

LA BRUYÈRE Jean de. Moraliste français. Baptisé à Paris, où il est peut-être né, le 17 août 1645, en l'église Saint-Christophe dans l'île de la Cité, mort à Versailles le 10 mai 1696. Son père, Louis, est contrôleur général des rentes de l'Hôtel de Ville, sa mère, Élisabeth Hamonyn, fille d'un procureur au Châtelet. Son oncle et parrain, Jean de La Bruyère, financier, lui léguera un confortable héritage, en 1671, lui permettant d'acheter une charge. Il ne descend pas d'un ancien ligueur, comme on l'a cru, mais d'une famille de laboureurs aisés du Perche. Cette lointaine origine se combine avec des séjours dans une propriété familiale, près de Dourdan, pour offrir au futur auteur des *Caractères* (*) une connaissance directe de la vie campagnarde qui se manifeste autant dans l'emploi d'un vocabulaire technique de l'agriculture (« De la ville », 21) que dans la compassion pour les misères paysannes (« Des biens de fortune », 47, « De l'homme », 128). Son appartenance à un groupe en pleine expansion pourrait rendre paradoxale sa condamnation de l'ascension sociale, s'il n'invitait pas à distinguer celle, juste, qui relève du mérite, de celle, inique, qui repose sur l'argent mal acquis. Il en retire un certain esprit de sérieux, un sens de l'honorabilité, la prise en compte de la valeur positive du travail, qui se traduisent par la révérence du juste, du mesuré, et par le rejet de l'outrance, de la facticité et de l'ostentation de certaines grandeurs nobles.

Sans doute fait-il ses études au collège des Oratoriens à Paris. Il reçoit une formation moderne, teintée d'un augustinisme qui se retrouvera dans sa conception pessimiste de la nature humaine déchue, et qui, réactivé par l'imitation des *Pensées* (*) de Pascal, donnera une partie de son souffle au chapitre « Des esprits forts ». Licencié en droit en 1665, à Orléans, avec une thèse sur les tutelles et les donations, il est inscrit au barreau, mais ne plaidera jamais. Après la mort de son père, puis celle de son tuteur, il achète en 1673 une charge de Trésorier de France à Caen ; il devient conseiller du roi, en 1674, ce qui lui confère la noblesse et des revenus substantiels. En dehors de sa prise de fonction, il n'ira qu'une fois à Caen, en 1686, pour revendre sa charge, ayant sans doute obtenu dispense pour les services rendus dans l'éducation du Grand Dauphin, à laquelle il participe avec des penseurs et des pédagogues qui l'influenceront beaucoup : Bossuet, Fleury, Malézieux, Cordemoy. Plus studieux qu'ambitieux, ses contemporains le dépeignent comme un homme de cabinet, amateur de conversations érudites et philosophiques. Ce que prouvent son célibat, et son maintien dans de modestes logements familiaux, chez ses frères, rue Chapon ou rue des Grands-Augustins, dans le quartier du Marais. Son goût de la retraite n'a même peut-être pas été troublé par le préceptorat des fils du marquis de Soyecourt, dont il déplore la mort dans un ajout de 1691 (« Du souverain », 9). Un tel précédent, ajouté à l'influence de Bossuet, expliquerait pourtant son recrutement, en 1684, comme précepteur du petit-fils du Grand Condé, le duc Louis de Bourbon à qui il enseigne la philosophie, l'histoire, les institutions, les généalogies, et la géographie. Mais son élève s'avérera ignare et insupportable par cette morgue aristocratique qui sera stigmatisée dans le chapitre « Des Grands ». Son mariage, en 1685, avec Mlle de Nantes, bâtarde de Louis XIV et de Mme de Montespan, puis la mort de Condé, en 1686, qui le fera duc d'Enghien, libèrent La Bruyère, qui demeure comme bibliothécaire dans la maison de Condé, avec le titre de gentilhomme de la maison de monsieur le Duc, une pension, et surtout des logements à Chantilly, à Paris et à Versailles qui lui donnent un point de vue privilégié sur cette société qu'il peint dans le chapitre « De la Cour ».

Cette expérience sociale multiple sera utile à l'observation du moraliste, tandis que l'indépendance assurée par ces maigres responsabilités lui conférera la distance nécessaire à la lucidité. Dès 1670, La Bruyère commence à noter ses pensées, peut-être déjà sous forme de maximes ou de réflexions. Il lit des fragments de son futur livre à Malézieux, à Boileau, avant de proposer son manuscrit au libraire Michallet, qu'il connaissait, offrant à la fille de celui-ci les hypothétiques bénéfices de vente. Non signé, présenté comme une simple imitation suivant une traduction d'un auteur antique faisant autorité, l'ouvrage : *Les Caractères de Théophraste traduits du grec, avec les caractères ou les mœurs de ce siècle*, est mis en vente en mars 1688, avec un succès immédiat : les éditions deux et trois, publiées la même année, sont pratiquement identiques à la première. Ce succès foudroyant s'explique par la qualité de l'œuvre, par l'originalité surprenante de sa structure, par le brillant du style, mais aussi par la vérité d'une peinture des mœurs contemporaines qui sait également refléter des maux sociaux et culturels éternels, et croquer sur le vif les vices à la mode. D'où des identifications à des personnalités en vue et des analogies avec des anecdotes connues qui ont assuré une sorte de publicité orale immédiate aux *Caractères*. En évoquant d'emblée sa dette vis-à-vis de ce public qu'il dit avoir peint d'après nature, puis en multipliant les portraits dans les éditions suivantes, La Bruyère, qui s'en défendra pourtant plus tard, a encouragé, au début, un type de lecture mondaine, s'attachant à découvrir les modèles des personnages qu'il met en scène. Des clés manuscrites circuleront dès 1693, l'une sera imprimée en 1697, d'autres verront encore le jour au XVIIIe siècle. Elles restent purement hypothétiques, comme le prouvent leurs divergences, même si quelques identifications paraissent probables et sont reprises dans les éditions critiques modernes. La Bruyère protestera pourtant, dans une addition de 1694 à sa Préface, contre ces « applications » scandaleuses mais surtout réductrices d'un propos plus universel et plus atemporel. Caricaturiste satirique des individus de son temps, il se voulait en effet peintre de l'humaine nature tout entière et réformateur des générations futures.

Ces buts multiples se retrouvent dans les métamorphoses d'un livre, en perpétuelle évolution, qui connaîtra neuf éditions, du vivant de son auteur, et une croissance faisant passer des quatre cent vingt remarques originelles aux onze cent vingt remarques finales. Les plus importantes modifications interviennent dans la quatrième édition, en 1689, avec les ajouts de trois cent quarante-quatre remarques (dont beaucoup devaient être rédigées avant), de la citation d'Érasme en exergue, et d'une argumentation déontologique légitimant la satire au nom de l'utilité morale, en préface. La cinquième édition s'enrichit de cent cinquante remarques nouvelles, et laisse apparaître le « moi » du moraliste ; la sixième édition, en 1691, ajoute soixante-quatorze caractères, elle est enfin signée ; la septième édition, soixante-seize, et un développement important du chapitre « Des esprits forts » ; la huitième édition, en 1694, comporte en outre le *Discours à l'Académie française.*

Jusqu'en 1693, La Bruyère s'est en effet plusieurs fois présenté à l'Académie, battu à chaque fois par un partisan des Modernes : Fontenelle ou Pavillon (auteur de poésies mondaines et de lettres galantes). Son discours comporte un véritable éloge des partisans des Anciens, Bossuet et Boileau surtout, et des manifestations de mépris pour leurs adversaires, qu'il n'attaque pas directement, mais dont il omet de parler. Un parallèle entre Racine et Corneille, tournant au désavantage du second, des allusions satiriques aux nouvellistes du *Mercure galant*, déclenchent des réactions polémiques. Une campagne de protestation s'élève, le journal de Donneau de Visé fait paraître un article, en juin, où on lit : « L'ouvrage de M. de La Bruyère ne peut être appelé livre que parce qu'il a une couverture et qu'il est relié comme les autres livres. » La Bruyère répond sans aménité à ces « Théobaldes » en publiant son *Discours* « in extenso » séparément en 1693, puis dans l'édition de 1694 des *Caractères* avec en ajout une « Préface » encore moins académique et encore plus violente, aggravée du portrait-charge de Fontenelle en Cydias (« De la société et de la conversation », 75). Ce qui ne va pas sans enfreindre les vertus de patience et de charité attendues d'un moraliste chrétien, mais peut-être La Bruyère est-il, par-dessus tout, homme de lettres. Il se contente pourtant de quelques corrections pour la neuvième édition des *Caractères*, en 1696. Il avait en revanche entrepris d'écrire des *Dialogues sur le quiétisme,* anti-fénéloniens, qu'il ne put achever, la mort l'emportant brutalement le 10 mai 1696, à la suite d'une attaque d'apoplexie. « Toute la Cour le regrette », écrit Bossuet, mais de même qu'il avait vécu constamment avec son œuvre, il revivra en elle. Le « je » de La Bruyère perce en effet souvent sous le masque du moraliste.

PIERRE RONZEAUD.

RÉF. : M. Lange, *La Bruyère, critique des conditions et des institutions sociales,* Genève, 1962. – L. Van Delft, *La Bruyère moraliste,* Genève, 1971. – A. Stegmann, *« Les Caractères » de La Bruyère, Bible de l'honnête homme,* Paris, 1972. – L. Van Delft, *Le Moraliste classique, essai de définition et de typologie,* Genève, 1972. – J. Hellegouarc'h, *La Phrase dans « Les Caractères » de La Bruyère,* Paris, 1975. – R. Garapon, *« Les Caractères » de La Bruyère, La Bruyère au travail,* Paris, 1978. – *Le Tricentenaire des « Caractères »,* Actes de Mac Gill, ed. L. Van Delft, Genève, 1989. – *Les Caractères,* Actes de Marseille, éd. R. Duchêne et P. Ronzeaud, 1991.

LA CALPRENÈDE Gautier de Costes, sieur de. Écrivain français. Né en 1609 ou 1610 au château de Toulgou, près de Cahors (Lot), mort en 1663. De famille noble, ce romancier eut une destinée des plus romanesque. Voué par ses parents à faire carrière dans la magistrature, à vingt ans il préféra le métier des armes, fut un soldat intrépide, servit comme garde du corps de la reine et se vit récompensé de ses services par un brevet de gentilhomme de la chambre. Il se maria avec une précieuse (1636), et mourut des suites d'un accident de cheval.

La Calprenède se fit d'abord connaître au théâtre, avec la tragi-comédie *Bradamante* (1637), puis avec *Mithridate,* tragédie représentée l'année du *Cid* (*), *Le Comte d'Essex* (*) (1639), que son sujet moderne place résolument en dehors de l'esthétique classique, *La Mort des enfants d'Hérode,* tragédie représentée également en 1639 et, vingt ans plus tard, *Bélisaire* (*), tragi-comédie. Ce sont cependant ses romans qui, de son temps, valurent la gloire à La Calprenède : le Grand Condé raffolait de *Cassandre* (*), dont la première partie parut en 1642, et Mme de Sévigné, après une lecture de *Cléopâtre* (*), qui avait été publiée en 1647, écrivait qu'elle s'y laissait « prendre comme à la glu ». La Fontaine était dans le même sentiment et plaçait La Calprenède parmi les premiers écrivains de l'époque. Ces témoignages, plus quelques allusions de Boileau, entretiennent le souvenir de ce romancier prolixe qu'une anecdote de Tallemant a campé dans une attitude de Rodomont, digne de ses personnages.

Les ouvrages de La Calprenède correspondent à la définition du roman héroïque selon Sorel : « aventures héroïques, où les reflets de l'amour sont agréablement mêlés à ceux de la valeur » et entremêlées de conversations. Le dessein de l'auteur était de réaliser une œuvre historique, et il était convaincu que le roman est plus vrai qu'une relation objective, dans la mesure où l'auteur pénètre l'âme de ses personnages. Les héros de La Calprenède sont tous des êtres d'exception. Plus romanesques encore, les intrigues abusent des enlèvements, des déguisements et des fausses identités.

♦ « *La beauté des sentiments, la violence des passions, la grandeur des événements et le succès miraculeux de leurs redoutables épées, tout cela m'entraîne comme une petite fille.* » Mme de Sévigné.

LACAN Jacques. Psychanalyste français. Né et mort à Paris : 13 avril 1901 - 9 septembre 1981. Jacques-Marie Lacan naît dans une famille catholique de la moyenne bourgeoisie. Après des études classiques au collège Stanislas, il entreprend des études de médecine. Passionné par la philosophie, et avant tout celle de Spinoza, il rompt avec la foi sans pour autant renoncer à sa culture religieuse. Son histoire intellectuelle suit celle d'une partie de sa génération. Après l'hécatombe de la Première Guerre mondiale, il n'est plus possible de croire en des « idéaux de néant ». Cette révolte non exempte de dandysme ni d'aristocratie le rapproche des surréalistes, l'ouvre à la modernité et le prépare à l'étude des liens secrets qui unissent folie et vérité.

Sa formation de psychiatre, pendant laquelle il côtoie J. Delay, H. Ey et P. Mâle, se fait auprès d'Henri Claude, puis à l'infirmerie spéciale des aliénés de la préfecture de police, auprès de son premier maître, Gaëtan Gatian de Clérambault. Celui-ci, grand aliéniste, tente de développer une doctrine cohérente des psychoses dans laquelle le « syndrome d'automatisme mental » tient une place essentielle. Cette notion d'automatisme, qui ne se référait nullement à Freud, était cliniquement parente de celle d'« automatisme inconscient de répétition » que le maître de Vienne développait à la même époque dans *Au-delà du principe de plaisir.*

Son maître se passionnait pour l'érotomanie, Lacan se passionne pour les femmes paranoïaques. Ami de René Crevel, il fréquente André Breton et les surréalistes. Il rencontre Salvador Dali et partage certaines de ses thèses sur la paranoïa-critique et les rapports entre la paranoïa et la création. Lacan publie dans la revue surréaliste *Le Minotaure,* écrit sur le crime des sœurs Papin, et en 1932 publie sa thèse : *De la psychose paranoïaque dans ses rapports avec la personnalité.* À travers une monographie, celle d'une patiente, Aimée, Lacan soutient une approche de la folie qui prenne en compte la personnalité concrète et entière du sujet contre toute explication par la constitution ou l'organique.

En 1932, Lacan entreprend une analyse avec R. Lœwenstein. Il adhère à la Société psychanalytique de Paris, rencontre Pichon, un autre de ses maîtres, et d'autres jeunes psychanalystes : Laforgue, Nacht, Lagache. Il fait une analyse de contrôle avec Odier. Contrairement à bien d'autres, il aborde l'expérience de l'inconscient avec une véritable culture et une formation intellectuelle exceptionnelle qui, d'emblée, le rendent hostile à toute médicalisation de la psychanalyse comme à son imprégnation et son ravalement par des idéologies fermées à ce que l'inconscient introduit de subversion.

En 1936, au congrès de l'I. P. A. (Association internationale de psychanalyse), qui se tient à Marienbad (Autriche), Lacan expose ses idées sur le « stade du miroir » dont il emprunte l'observation au psychologue Henri Wallon. La communauté analytique l'accueille mal. Lacan reprendra cette communication en 1949 au congrès de Zurich. Parallèlement et dès 1933, il rencontre son autre maître, Alexandre Kojève, qui tient à l'École pratique des hautes études un séminaire sur la *Phénoménologie de l'esprit* (*) de Hegel. Lacan y côtoie Raymond Queneau, Pierre Klossowski, Maurice Merleau-Ponty, Alexandre Koyré. Kojève l'introduit à l'altérité et à la négation du désir. Pendant la guerre, Lacan n'écrit pas. Il poursuit son travail clinique et étudie le chinois.

En 1952 débute au sein de la Société psychanalytique de Paris, elle-même affiliée à l'Association internationale de psychanalyse, une crise qui conduira en 1953 à la première scission importante dans le mouvement psychanalytique français. Mis en cause dans sa pratique des « séances courtes » et sa légitimité à former des psychanalystes, Lacan tente, sans rien céder, d'éviter le pire. L'intervention de l'Internationale, la constitution d'une « commission d'enquête », le poids de Marie Bonaparte, Anna Freud et Hartmann, conduisent malgré l'appui de Balint et de Lœwenstein à la scission. Avec de nombreux analystes, dont Françoise Dolto et Pierre Lagache, Lacan fonde la Société française de psychanalyse. Au-delà de la question de la formation des psychanalystes qui est au cœur de toutes les scissions, un débat théorique est en jeu. Au freudisme de l'Internationale qui s'appuie sur des idéaux d'adaptation et de normalité et sur une théorie du « moi » génératrice de confusions, Lacan oppose un retour au sens de la découverte freudienne et à la psychanalyse comme expérience de parole dans le champ du langage. À Rome, en 1953, en plein cœur des problèmes institutionnels, Lacan lit un rapport intitulé *Fonction et champ de la parole et du langage dans la psychanalyse.* Véritable refondation de la psychanalyse, ce rapport est repris dans le premier numéro de la revue *La Psychanalyse,* revue de la Société française de psychanalyse qui publiera, jusqu'en 1963, un écrit de Lacan dans chacune de ses livraisons. En novembre 1953 commence le séminaire, qui, au rythme d'une séance par semaine, se tient à l'hôpital Sainte-Anne.

L'affiliation à l'Internationale, jointe à l'influence grandissante de Lacan et à ses effets sur ses élèves et analystes, sera le motif de la seconde scission. En 1964, Lacan fonde, « seul et aussi seul qu'il l'a toujours été devant la cause psychanalytique », l'École freudienne de Paris. En 1967, il propose une nouvelle structure pour reconnaître le « passage » à l'analyste : la passe. Un nouvel éclatement se produit. Mais l'essor de l'école de Lacan est donné.

Parallèlement le séminaire se poursuit. Exclu de Sainte-Anne, il se tient à l'École normale supérieure de la rue d'Ulm, à partir de 1964, où, grâce à Louis Althusser et Jean Hippolyte, Lacan trouve accueil. Puis, après une nouvelle exclusion, en 1969, à la faculté de droit jusqu'en 1980. Ces différentes audiences marquent l'enseignement de Lacan qui, comme il l'a toujours fait, sans concessions aux modes et à partir de sa pratique de l'analyse, s'efforce de maintenir l'ouverture de la question freudienne. La publication, en 1966, des *Écrits* (*), recueil de textes dont une bonne part était peu connus, lui donne enfin une audience à sa mesure. Il débat et parfois polémique avec Lévi-Strauss, Althusser, Foucault, Deleuze et Derrida. En 1969, un département de psychanalyse s'ouvre à l'université de Vincennes, sa composition et son orientation sont lacaniennes. En 1973 paraît le premier volume (*Séminaire XI. Les quatre concepts fondamentaux de la psychanalyse*) des séminaires.

Comblé par son école, le « manque me manque », dira-t-il, malade, Lacan ouvre la question de l'avenir de la psychanalyse, en prononçant seul, en janvier 1980, la dissolution de l'École freudienne de Paris. L'éclatement qui s'ensuit ouvre un autre temps. Le séminaire s'interrompt. Lacan ne parle plus. Il meurt à Paris, le 9 septembre 1981.

PATRICK GUYOMARD.

RÉF. : Anika Rifflet-Lemaire, *Jacques Lacan,* Bruxelles, 1970. – Joël Dor, *Introduction à la lecture de Lacan,* tome I, Paris, 1984. – Patrick Guyomard, article Lacan de l'*Encyclopedia Universalis,* Paris, 1986. – *Lacan,* ouvrage collectif sous la direction de Gérard Miller, Paris, 1987.

LA CEPPÈDE Jean de. Poète français. Né probablement à Marseille en 1550, mort en Avignon le 21 juillet 1623. Ami de Malherbe, il est bien connu en son temps et dans sa province comme magistrat et poète. Puis, victime de la rapide évolution du goût au début du XVIIe siècle, il est oublié jusqu'au commencement du XXe. De son œuvre il nous est parvenu un recueil, *L'Imitation des Psaumes de la Pénitence de David,* publié en 1594, remanié et réédité en 1612 ; *Les Théorèmes sur le sacré mystère de nostre rédemption* (*), publiés en 1613 ; *La Seconde Partie des Théorèmes,* parue en 1621, qui évoque la suite de l'histoire du salut, de la Résurrection à la Pentecôte. La Ceppède est considéré aujourd'hui comme un poète religieux baroque.

Son enfance et son adolescence se déroulent durant l'époque difficile des guerres de Religion. Il fait ensuite des études de droit ; le 19 février 1575 il est reçu avocat au parlement de Provence et le 22 octobre 1578 il est nommé conseiller à ce même parlement.

En 1579, Henri d'Angoulême, fils naturel d'Henri II, est nommé gouverneur de Provence. Autour de lui, dans la ville d'Aix, gravite une cour de poètes dont Malherbe, le secrétaire du jeune prince. La production poétique se développe. En 1582, La Ceppède publie *L'Idée de la Beauté,* œuvre dont nous ne connaissons que le titre.

Le poète épouse en 1585 Madeleine de Brancas dont il aura deux filles. Le 23 juin 1586, il succède à son oncle, Vincent Bompar, comme second président à la Cour des comptes. En Provence, ligueurs et partisans de la légitimité s'opposent alors durement. Dans le courant de 1589, La Ceppède, qui a refusé de signer la ligue, essaie en vain, à plusieurs reprises, de quitter la ville. Il n'y parvient qu'en mars 1590 et s'exile à Avignon, laissant sa famille à Aix. Il se querelle, de loin, avec sa femme puisque celle-ci, le 8 avril 1592, demande la séparation. Sans doute écrit-il beaucoup durant ses loisirs forcés. Après la soumission au roi du parlement de Provence, en janvier 1594, il se fait confirmer dans sa charge par Henri IV et regagne Aix à la fin de l'année.

En 1595, il est député auprès du roi, à Lyon ; de mai 1597 à avril 1598, il passe un an à Paris, chargé par sa cour de régler des conflits de préséance et de juridiction. En 1599, il achète près de Marseille la bastide des Aygalades. À la même époque, Guillaume du Vair est nommé premier président du parlement de Provence. Avec lui et jusqu'à son départ en 1616, La Ceppède tentera de régler les nombreuses difficultés de la province.

Il exerce une activité intense, aussi bien publique que privée, et le roi, en 1608, le nomme premier président à la Cour des comptes. Sa femme meurt en 1610 ; il se remarie l'année suivante avec Anne de Faret. La première partie des *Théorèmes,* annoncée dès 1594, paraît enfin en 1613. Sans doute cet aboutissement l'encourage-t-il à écrire *La Seconde Partie des Théorèmes*, qui, dédiée à Louis XIII, est publiée en 1621. Le poète accueille son roi lors de sa visite en Provence, en 1622. Il meurt l'été suivant ; on l'enterre aux Aygalades, dans l'église des Carmes.

YVETTE QUENOT.

RÉF. : François Ruchon, *Essai sur la vie et l'œuvre de Jean de La Ceppède,* Genève, 1953. – Lance K. Donaldson-Evans, *Poésie et méditation chez Jean de La Ceppède,* Genève, 1969. – Yvette Quenot, *Les Lectures de Jean de La Ceppède,* Genève, 1986.

LA CHALOTAIS Louis René de Caradeuc de. Magistrat français. Né et mort à Rennes (Ille-et-Vilaine) (6 mars 1701-12 juillet 1785). Procureur général au parlement de Rennes, il mena d'abord de vives campagnes contre les jésuites et son *Compte rendu des constitutions des jésuites* (1761) contribua à faire chasser de France les pères de la Compagnie. Leur départ exigeant une rapide réorganisation de l'instruction publique, La Chalotais publia alors son *Essai d'éducation nationale ou Plan des études pour la jeunesse* (*) (1763), qui suscita un immense intérêt tant en France qu'à l'étranger. Mais sa nature combative avait attiré au magistrat de nombreuses inimitiés, en particulier celle du duc d'Aiguillon. En 1764, le Parlement et les États de Bretagne ayant fait une vive opposition à des édits qu'ils jugeaient attentatoires aux franchises traditionnelles de la province, La Chalotais fut accusé d'être l'âme de cette résistance et le 11 novembre 1765 il fut arrêté ainsi que son fils (également magistrat) et plusieurs parlementaires. Ils furent enfermés dans la citadelle de Saint-Malo. C'est pendant cette détention que La Chalotais fit paraître (1767) des *Mémoires* pour sa défense. Une commission du Conseil d'État, dans laquelle Calonne tenait le rôle de procureur général, fut réunie à Saint-Malo pour juger les parlementaires, mais, après de nombreux incidents de procédure, Louis XV déclara les poursuites éteintes. La Chalotais et ses compagnons n'en furent pas moins exilés à Saintes et n'obtinrent justice qu'une dizaine d'années plus tard, du roi Louis XVI, qui réintégra La Chalotais dans ses fonctions de procureur (1785). Le courageux parlementaire devait mourir quelques mois seulement après cette réhabilitation.

RÉF. : *Précis historique sur la vie de La Chalotais* en tête de l'édition de son *Essai d'éducation nationale,* Paris, 1825. — Bertrand Robidou, *La Chalotais et les Jésuites,* Rennes, 1870. — Henri Carré, *La Chalotais et le duc d'Aiguillon,* Paris, 1893.

LACHAMBEAUDIE Pierre. Fabuliste français. Né à Sarlat (Dordogne) le 16 décembre 1807, mort à Brunoy (Essonne) le 8 juillet 1872. De très humble origine, il s'affilia de bonne heure à la secte saint-simonienne, et se rendit à Paris vers 1828. Tout laborieux qu'il fût, sa vie fut difficile en raison de la part qu'il prit aux agitations politiques. Ayant débuté par des *Essais poétiques* (1829), il fit paraître, dix ans plus tard, ses *Fables populaires* (*) (1839) qui furent couronnées par l'Académie. Lié avec Blanqui et le père Enfantin, il fut arrêté après les journées de juin 1848 et remis en liberté grâce à l'appui de Béranger. Après le 2 décembre, il dut se réfugier à Bruxelles. C'est là qu'il publia son dernier recueil de vers qui mérite quelque attention : *Fleurs de Villemomble* (1861). Aujourd'hui bien oublié, ce poète a fait figure dans le monde démocratique de son temps.

RÉF. : *P. Lachambeaudie, poète périgourdin,* Périgueux, 1907.

LA CHAUSSÉE Pierre Claude Nivelle de. Auteur dramatique français. Né à Paris en 1692, mort dans la même ville le 14 mars 1754. Fils d'un fermier général et, par là même, en état de faire carrière dans les finances, il y renonça de bonne heure pour se consacrer à la littérature. Il n'y débuta pourtant officiellement qu'aux approches de la quarantaine en publiant un poème didactique : *Épître de Clio à M. de B** au sujet des opinions répandues depuis peu contre la poésie* (1731). Ce n'était point là une mesure pour rien : se proposant, en effet, de cultiver le théâtre en vers, l'auteur tenait, avant tout, à défendre l'alexandrin dont La Motte s'était fait alors le détracteur. Un peu plus tard, il fit jouer sa première pièce intitulée *La Fausse Antipathie* (1733), qui visait à la création d'un genre où la comédie s'accorde avec la tragédie, tout en conservant avec soin la forme du vers et la règle des trois unités. Tout timide qu'il fût encore, ce genre bâtard n'en contenait pas moins en germe ce qu'aujourd'hui l'on nomme le drame. Inventeur et champion du « comique larmoyant », La Chaussée produisit alors : *Le Préjugé à la mode* (1735), *L'École des amis* (1737), *Mélanide* (1741), *Geneviève de Brabant* (+) (1741), *Amour pour amour* (1742), *Paméla* (1743), *L'École des mères* (1744), *Le Rival de lui-même* (1746), *L'Amour castillan* (1747), *La Gouvernante* (1747), *L'École de la jeunesse* (1749), *Le Retour imprévu* (1756).

Reçu en 1736 à l'Académie française, La Chaussée fut toute sa vie en butte aux attaques de son siècle. Voltaire se fit, d'ailleurs, l'organe des mécontents. Ses œuvres complètes ont été publiées par Sablier (Paris, 5 vol., 1762).

♦ *« Un des premiers après ceux qui ont du talent. »* Voltaire.

RÉF. : E. C. Fréron, *Lettres sur quelques écrits de ce temps*, t. IV, Genève, 1750. — Bougainville, *Discours de réception à l'Académie française*, 30 mai 1754. — G. Lanson, *Nivelle de la Chaussée et la comédie larmoyante*, Paris, 1887. — J. Lemaitre, *Impressions de théâtre*, XIe série, Paris, 1920.

LACHELIER Jules. Philosophe français. Né et mort à Fontainebleau (Seine-et-Marne), 27 mai 1832-16 janvier 1918. Élève de l'École normale supérieure de 1851 à 1854, il fut ensuite chargé du cours de rhétorique au lycée de Sens, passa son agrégation (lettres) et, sous la direction de son maître Ravaisson, revint faire une quatrième année d'études à l'École normale (1856-57). Professeur à Toulouse (1857-58), à Caen (1858-61), professeur suppléant au lycée Bonaparte à Paris (1862), il passa son agrégation de philosophie et fut nommé aussitôt après maître de conférences à l'École normale, où il enseigna la philosophie de 1864 à 1875. Le 1er décembre 1871, il était reçu docteur ès lettres. Nommé inspecteur d'académie en septembre 1875, il devint inspecteur général de l'Instruction publique en mars 1879. L'œuvre écrite de Lachelier, qui a pourtant exercé une immense influence sur les générations philosophiques françaises des trente premières années de la IIIe République, est de taille relativement réduite. Elle comprend en premier lieu des ouvrages de logique : la thèse latine *De la nature du syllogisme* [*De natura syllogismi,* 1871], et les deux essais réunis sous le titre *Études sur le syllogisme* (1907) ; en second lieu les textes métaphysiques : la thèse française intitulée *Du fondement de l'induction* (*) (1871), et la fameuse *Psychologie et Métaphysique* (*), publiée dans la *Revue philosophique* en 1885. Contre l'empirisme de Hume et de Stuart Mill, et pour remédier aux insuffisances de l'éclectisme encore en faveur au temps de ses études, Lachelier entend démontrer la certitude absolue de la raison. Après avoir réfuté les explications de la causalité données par l'école positiviste, il confirme d'abord les conclusions de la critique kantienne sur la causalité comprise comme fonction a priori : penser le monde, c'est l'unifier. Comme le temps, la causalité est la forme nécessaire de l'application de notre pensée à la réalité. Mais le monde peut-il se réduire à une simple causalité mécanique ? En ce cas, il se dissoudrait en une infinité d'effets de plus en plus étrangers. Il faut donc que les séries causales soient réunies entre elles en séries convergentes : intervient donc l'idée de finalité, qui est essentielle chez Lachelier. Il faut toutefois noter que le finalisme n'est nullement ici opposé au mécanisme, mais en apparaît au contraire comme une exigence supérieure. À la suite d'un « pari » tout rationnel, Lachelier parvient ainsi à la foi en un Dieu qui se pense lui-même en s'objectivant dans le monde. On peut dire que Lachelier est le premier kantien original de l'histoire de la philosophie française. Son vigoureux idéalisme a grandement contribué à ruiner le déterminisme scientifique devenu un dogme à l'époque de Taine, et il a permis sans aucun doute les réactions d'un Bergson et d'un Blondel.

JACQUES PATRY.

♦ *« Lachelier n'a pas construit de système, mais ses notes les plus brèves et les plus menues retiennent aussitôt notre regard, qui découvre en elles les parcelles d'un vaste édifice spirituel. Sa réflexion est extraordinairement ramassée et recouvre pourtant le champ le plus étendu depuis le principe suprême du monde créé jusqu'aux détails les plus subtils de la perception visuelle. Elle est d'une implacable rigueur [...] et d'une hardiesse presque aventureuse. »* Louis Lavelle.

RÉF. : L. Dauriac, « La Doctrine et la méthode de Lachelier », étude in *Année philosophique,* 7e année, Paris, 1897. – G. Séailles, *La Philosophie de Jules Lachelier,* Paris, 1920. – É. Boutroux, « Jules Lachelier » étude in *Revue de métaphysique et de morale,* Paris, 1921.

LA CHESNAYE Nicolas ou **Nicole de.** Écrivain français du début du XVIe siècle. Il fut médecin du roi Louis XII et nous a laissé un ouvrage au titre curieux : *La Nef de santé avec le gouvernail du corps humain et la Condannacion des bancquetz à la louenge de dieptc et sobriété et le Traictié des passions de l'âme* (+). Ce livre, publié en 1507, est une traduction de Benoît de Norcia, suivie d'une moralité, *La Condannacion des bancquetz* (*) – v. *Les Moralités* (*) –, qui fut sans doute représentée par les Enfants sans-souci.

LĀCHĪN Mahmūd Ṭāhir. Écrivain égyptien. Né en 1897, mort en 1955, au Caire. Polytechnicien, il travailla comme ingénieur au ministère des Travaux publics. Son contact avec tous les milieux, sa sociabilité et sa sympathie foncière pour les humbles lui permirent de recueillir toutes les observations nécessaires pour étoffer ses contes ou ses romans. Il fut ainsi un des maîtres du naturalisme dans la littérature arabe. Le roman principal de Lāchīn, *Ève sans Adam* (*) (1934), pose le problème du féminisme dans les pays arabes. Les recueils de nouvelles : *L'Ironie de la flûte* [*Sakhriyyate al-nāy*, 1927], *On raconte que* [*Yuhka ann*, 1929], ouvrent la voie au réalisme et à la sincérité qui s'imposeront après lui aux jeunes romanciers égyptiens.

LACLOS Pierre-Ambroise Choderlos de. Écrivain français. Né le 18 octobre 1741 à Amiens, mort le 5 septembre 1803 à Tarente (Italie). Issu d'une famille de petite noblesse récente, il est reçu au corps d'artillerie qui accepte des élèves n'ayant que trois quartiers de noblesse. Promu sous-lieutenant, il est affecté à la brigade des Colonies. À partir de 1763 (fin de la guerre de Sept Ans), il mène une vie de garnison à Toul, Strasbourg, Grenoble, Besançon, Valence, puis à l'île d'Aix où il surveille la construction d'un fort armé. Il séduit puis épouse Marie-Soûlange Duperré, fille d'un receveur des tailles de La Rochelle ; elle lui donnera trois enfants, dont un fils Étienne-Fargeau, futur officier qui mourra en 1814 pendant la campagne de France. C'est au cours de ces années de garnison que Laclos rédige ses premières œuvres : des épîtres, des poèmes, et deux contes libertins, *La Procession* et *Le Bon Choix,* publiés dans l'*Almanach des Muses.* Entre 1779 et 1782, à l'île d'Aix puis à Paris, Laclos compose *Les Liaisons dangereuses* (*), roman épistolaire dont le retentissement fut considérable, jouissant surtout d'un succès de scandale.

En 1783, l'Académie de Châlons-sur-Marne présente comme sujet de concours : « Quels seraient les meilleurs moyens de perfectionner l'éducation des femmes », thème particulièrement en vogue dans la seconde moitié du XVIIIe siècle. Laclos rédige trois essais en réponse à la question ; il s'y révèle comme un ardent féministe. Dans le premier essai il affirme que « dans toute société les femmes sont esclaves ; donc la femme sociale n'est pas susceptible d'éducation » ; il faut changer la structure sociale. Le deuxième essai, *Des femmes et de leur éducation*, est fortement inspiré du deuxième Discours de Rousseau : la société a fait d'« êtres libres » des « tyrans et des esclaves ». Le troisième essai trace pour la femme un programme pratique de lectures pour qu'elle acquière de la « raison », de la « bonté » et de l'« amabilité ». Les trois traités sont empreints de moralisme. En 1784, Laclos rédige pour le *Mercure de France* (*) des réflexions sur le roman de miss Burney *Cécilia ;* il s'y essaie comme critique littéraire. Dans le domaine militaire, l'Académie de Dijon puis l'Académie française proposent, pour leur concours d'éloquence, un éloge du maréchal de Vauban ; en guise de réponse, Laclos fait paraître sa *Lettre à Messieurs de l'Académie française sur l'éloge de M. de Vauban* (1786). Il y prend le contre-pied de l'attitude officielle, en critiquant Vauban dont il juge les fortifications inefficaces. Ce pamphlet vaut à son auteur le désaveu du ministre, le maréchal de Ségur, pour qui Laclos est d'une part coupable d'avoir critiqué Vauban, d'autre part d'avoir publié ce texte sans autorisation officielle. Disgracié, Laclos est affecté à Metz. Sa carrière militaire tourne court en 1788, lorsqu'il se fait mettre en congé pour entrer au service du duc d'Orléans avec le titre de « secrétaire aux commandements ». Il devient l'un des principaux instigateurs de la politique du duc qui aspire à la régence du royaume en cas de déchéance de Louis XVI. En 1789, il rédige des *Instructions aux bailliages* dépendant de l'apanage du duc d'Orléans. Il y présente un programme de réformes et s'y montre attaché aux principes de la justice et de la liberté. Accusé d'avoir suscité des émeutes, Laclos suit le duc d'Orléans à Londres. En 1790, lors de son retour en France, il s'affilie à la Société des amis de la Constitution dont il rédige le *Journal,* et il devient un orateur écouté au club des Jacobins. Après Varennes, Laclos œuvre en faveur de Philippe d'Orléans ; mais, à la suite de son échec, le duc se sépare de lui.

En 1792, Laclos reprend du service dans l'armée en tant que commissaire du pouvoir exécutif. Il réorganise l'artillerie et est promu général de brigade et chef d'état-major de l'armée des Pyrénées, puis gouverneur des établissements français de l'Inde. Mais il est bientôt arrêté comme ancien partisan du duc d'Orléans et emprisonné, après avoir présenté un boulet de son invention ; sous surveillance, il en dirige les expériences. Puis il est incarcéré à nouveau et craint la guillotine. Relâché en 1794, il est alors nommé conservateur des hypothèques et rédige un article « De la guerre et de la paix » (1795), qui contient nombre de vues pertinentes sur un plan non seulement militaire et politique, mais économique et moral. Puis, ardent partisan de Bonaparte, il est réintégré dans l'armée avec le grade de général. Il entame alors une nouvelle carrière militaire à l'âge de 59 ans et est affecté à l'armée du Rhin, puis à l'armée d'Italie ; en 1803, il est chargé de la défense de Tarente, où il meurt le 5 septembre.

La carrière militaire de Laclos fut sans éclat ; son action politique fut jugée opportuniste : partisan d'une monarchie constitutionnelle, il se rallie dans un premier temps au duc d'Orléans, puis aux Jacobins et à la République, avant d'applaudir Bonaparte. Indubitablement le général Laclos n'aurait guère laissé de traces si ce « militaire grand écrivain », comme l'appelle Léon Daudet, n'était l'auteur d'un chef-d'œuvre, *Les Liaisons dangereuses,* dont il prédisait lui-même qu'il allait « retentir encore sur la terre quand il y aurait passé ». Ses autres œuvres sont mineures, voire médiocres ; sa correspondance avec sa femme offre l'image d'un excellent mari, affectueux et quelque peu moralisateur. Quant à la correspondance avec Mme Riccoboni, elle présente un certain intérêt, car Laclos y défend ses intentions morales en tant que romancier. En 1782, après la publication des *Liaisons dangereuses,* Mme Riccoboni avait reproché au livre son immoralité, décrivant l'héroïne, Mme de Merteuil, comme une « vile créature » : « Tant de dépravation irrite et n'instruit pas. » Laclos répond en affirmant « l'impression d'horreur que le vice doit toujours exciter ». Le débat reste ouvert quand à la moralité du roman...

MADELEINE THERRIEN.

♦ *« Ce livre, s'il brûle, ne peut brûler qu'à la manière de la glace. »* Baudelaire. ♦ *« C'est le spectacle de ce superbe assemblage lâché à la chasse du plaisir qui est nouveau, de l'égalité de la femme et de l'homme dans l'exercice de leurs passions. »* Jean Giraudoux. ♦ *« Le plus effroyablement pervers des livres. »* Marcel Proust. ♦ *« Par leurs deux personnages significatifs,* Les Liaisons *sont une mythologie de la volonté ; et leur mélange permanent de volonté et de sensualité est leur plus puissant moyen d'attraction. »* André Malraux. ♦ *« Dans son ouvrage unique, il a donné corps à une certaine idée française du beau, faite de géométrie, d'élégance et d'esprit. »* René Pomeau.

RÉF. : Roger Vailland, *Laclos par lui-même,* Paris, 1953. – Jean-Luc Seylaz, *« Les Liaisons dangereuses » et la création romanesque chez Laclos,* Genève, 1958. – Laurent Versini, *Laclos et la tradition,* Paris, 1968. – Madeleine Therrien, *« Les Liaisons dangereuses », une interprétation psychologique,* Paris, 1973. – René Pomeau, *Laclos,* 1975. – Georges Poisson, *Choderlos de Laclos,* Paris, 1985.

LACORDAIRE Jean Baptiste Henri Dominique. Prédicateur et écrivain français. Né à Recey-sur-Ource (Côte-d'Or) le 18 mai 1802, mort au collège de Sorèze (Tarn) le 20 novembre 1861. Bourguignon, comme Bossuet et saint Bernard, il fut comme eux un orateur-né, impétueux, passionné. Issu d'une famille de bourgeoisie aisée, d'abord élève au lycée de Dijon, il étudia le droit et vint faire son stage au barreau de Paris. À cette époque de la Restauration, alors que l'armée conspirait et que la jeunesse des grandes écoles frondait le régime et militait pour la cause des idées libérales, Lacordaire se donnait volontiers pour un voltairien. Il partageait fougueusement les rêves d'un siècle dont il écrivit plus tard qu'il « a tout aimé ». Cependant, sa vie privée restait calme, le jeune avocat subissait l'influence des pieuses exhortations de sa mère, et sa propre nature, énergique et exaltée, l'inclinait vers quelque engagement absolu. Au printemps de 1824, ayant commencé à plaider et déjà fait admirer ses dispositions à l'éloquence, il décida brusquement d'entrer au séminaire de Saint-Sulpice. Devenu prêtre, nommé aumônier de lycée, il s'ennuya, désira faire de grandes choses, et songea un instant à partir pour l'Amérique en qualité de missionnaire. Mais des préoccupations sociales semblent avoir été, pour une part du moins, à l'origine de sa vocation : s'il est entré dans l'Église, c'est parce qu'il jugeait le christianisme seul capable de sauver la société. Prêtre, il demeura fidèle à l'idéal libéral de sa génération, et s'efforça d'intégrer cet idéal dans la religion traditionnelle. Aussi, en 1830, lorsque Lamennais, évoluant de la théocratie à la démocratie, fonda le journal *L'Avenir* (*), dont le premier numéro parut le 16 octobre 1830, arborant la devise : « Dieu et la liberté », il prit bientôt pour principal collaborateur, avec Montalembert, l'abbé Lacordaire. Ce dernier apportait à l'entreprise commune sa note propre : tandis que la méditation de Lamennais conduisait celui-ci vers un néo-christianisme de plus en plus panthéiste, Lacordaire se consacrait à une action toute religieuse : il fit campagne pour la liberté d'enseignement, ouvrant même une école sans autorisation ministérielle, ce qui lui valut d'être traduit, ainsi que Montalembert, devant la Chambre des pairs.

En 1832, lorsque l'encyclique *Mirari vos* condamna *L'Avenir,* Lacordaire fit aussitôt sa soumission au Saint-Siège, et peu après se sépara complètement de Lamennais. Ce fut au carême de 1835 qu'il commença ses fameuses *Conférences de Notre-Dame de Paris* (*), avec un immédiat et immense succès, particulièrement auprès de la jeune génération. Mais Lacordaire, qui avait été bouleversé par la crise du groupe lamennaisien et par l'apostasie de son ancien maître — v. *Considérations sur le système philosophique de Lamennais,* 1834 —, éprouvait le besoin d'enraciner solidement son apostolat dans la tradition catholique. Il partit donc pour Rome, y fit une longue retraite et, en 1839, au couvent de la Minerve, revêtit l'habit dominicain. L'ordre des Frères Prêcheurs, supprimé par la Révolution, n'existait plus en France, et le rôle qu'il avait joué dans l'Inquisition le déconsidérait auprès de l'opinion libérale. Aussi Lacordaire se voua-t-il à la double tâche de le réhabiliter, en publiant une *Vie de saint Dominique* (1841), et d'obtenir sa restauration en France, qu'il demande par un retentissant mémoire. En cette même année 1841, avec une expérience mûrie, Lacordaire reparut à la chaire de Notre-Dame ; mais le prêtre moderne, dans la pensée de Lacordaire, devait être présent à tous les grands mouvements de son époque : en 1848, on vit donc le dominicain, dans sa robe blanche, siéger à l'extrême gauche de l'Assemblée constituante où l'avaient envoyé les électeurs des Bouches-du-Rhône. Il y brilla peu cependant, et donna sa démission dès le coup de force du 15 mai, ainsi rendu à son indépendance, à ses conférences qui avaient exercé une si grande séduction sur un public à la fois universitaire et mondain ; mais ce fut à l'ordre de Saint-Dominique qu'il voulut d'abord se consacrer. En 1850, il obtint du pape l'érection des couvents français en province particulière dont il fut nommé provincial ; quatre ans plus tard, il prenait la direction du collège de Sorèze qu'il avait fondé dans le Toulousain. C'était là qu'il devait mourir, ayant consacré ses dernières années à la direction des jeunes gens. Le 24 janvier 1861, il avait été admis à l'Académie française, au fauteuil de Tocqueville.

On pourrait envisager l'influence de Lacordaire selon trois directions essentielles. En politique, tout en restant rigoureusement fidèle à l'orthodoxie romaine, il a cependant continué l'œuvre de Lamennais et de *L'Avenir,* et contribué plus que quiconque à répandre les idées libérales dans le catholicisme français. À l'intérieur de l'Église, avec dom Guéranger et Montalembert, il a suscité le renouveau monastique du monde moderne. Sa biographie, enfin, a proposé un nouveau style de vie sacerdotale s'efforçant de concilier l'appel de Dieu et les appels divers, politiques, littéraires, sentimentaux, d'une époque. Lacordaire, pourrait-on dire, fut un prêtre « engagé ». De là le caractère particulier de sa prédication. Comme elle est loin de celle d'un Bossuet ou d'un Bourdaloue ! Elle manque surtout de la solidité doctrinale des maîtres du « grand siècle ». L'argumentation est facile, l'orateur prend souvent des images luxuriantes et des comparaisons pittoresques pour des raisonnements. Mais ce n'est pas à la tête qu'il veut d'abord toucher, c'est au cœur. Ce qu'il eut, c'était le pathétique, l'émotion communicative, irrésistible. Il n'a pu former des esprits, mais il a réveillé des âmes et maintenu dans un siècle de doute et de songes la réalité du souci chrétien. Telle fut sa vocation : non celle d'un théologien, mais celle d'un poète religieux.

MICHEL MOURRE.

♦ *« J'ai l'âme extrêmement religieuse et l'esprit très incrédule ; mais, comme il est dans la nature de l'esprit de se laisser subjuguer par l'âme, il est probable qu'un jour je serai chrétien. »* Lacordaire, lettre datée de 1823. ♦ *« Cette physionomie singulière, originale, attrayante, si peu gallicane et si française, qui plaît jusque dans ses hasards, où le naturel se dégage en jets heureux de quelques bizarreries de goût, où l'audace ne compromet pas de réelles beautés... »* Sainte-Beuve.

RÉF. : Mgr Gillet, *Lacordaire,* Paris, 1951. — J. Peyrade, *La Conversion de Lacordaire ou le Baptême du romantisme,* 1966. — F. Mauriac, *Lacordaire,* Paris, 1976. — J. Y. Chevalier, *La Pensée religieuse chez Lacordaire,* Thèse, Paris, 1978.

LA COUR Paul. Poète danois. Né le 9 novembre 1902 à Rislev, mort le 20 septembre 1956 à Roskilde. Il vécut en France de 1923 à 1930. Après deux recueils de poésie, reniés par la suite, il publia en 1927 *L'Été gaulois* [*Den galliske Sommer*] qui reste le recueil le plus heureux, le plus lumineux, dans une œuvre qui s'assombrit progressivement. Dans ses premiers recueils, c'est une sorte d'union panthéiste avec la nature qu'il recherche, sur un fond d'inquiétude et d'angoisse. Le roman *Kramer s'en va* [*Kramer bryder op*, 1935] est de caractère autobiographique et décrit un éveil aux réalités de la vie, qu'on retrouve dans ses poèmes *Ceci est notre vie* [*Dette er vort liv*,

1936] et *J'exige tout* (*) (1938). Mais dans *Les Cent Étés* [*De Hundrede Somre*, 1940], l'enfance et le rêve apparaissent encore comme des états idéaux de pureté et d'innocence. Cette solution de facilité est rejetée dans *Eau vivante* [*Levende vande*, 1946] et *Entre l'écorce et l'arbre* [*Mellem bark og ved*, 1950]. Dans *Fragments d'un journal* (+) [*Fragmenter af en dagbog*, 1948], qui eut un grand retentissement dans tous les pays scandinaves, il plaide pour une poésie qui « est ce qui est irrationnel en toi, le monde obscur de tes instincts, transformé en esprit et lumière », une poésie qui est « le rempart le plus fort que nous ayons contre une rechute dans la barbarie ». Il a également beaucoup écrit sur l'art. Après sa mort ont paru, entre autres, *Poèmes posthumes* [*Efterladte digte*, 1957] et un recueil d'essais, *Hauteur du soleil* [*Solhøjde*, 1959].

CARL GUSTAF BJURSTRÖM.

LACRETELLE Jacques de. Écrivain français. Né le 14 juillet 1888 à Cormatin (Saône-et-Loire) dans une famille d'historiens, dont deux membres appartinrent jadis à l'Académie française, mort à Paris le 2 janvier 1985. Fils de diplomate, il entreprend, dès l'âge de dix ans, de nombreux voyages, activités dont il ne se lassera pas au cours de sa vie, et qui sont souvent à la source de ses inspirations romanesques. Après avoir fait des études au lycée Jeanson-de-Sailly, puis à Cambridge, il publie *La Vie inquiète de Jean Hermelin* (1920), qui est un peu le reflet de sa jeunesse passée dans un climat social conformiste et traditionaliste. Il sent croître sa vocation d'écrivain, rencontre Anatole France et Marcel Proust, et il écrit *Silbermann* (*) (1922), histoire de la persécution d'un jeune juif par ses camarades de lycée catholique. Ce livre obtint le prix Femina et remporta un grand succès. Cependant, Jacques de Lacretelle collabore à différentes revues, notamment *La Nouvelle Revue française* (*). Il voyage en Grèce, en Italie et en Espagne.

Jacques de Lacretelle publie toute une série de romans et de récits, dans lesquels il se montre un analyste de la famille de Balzac et de Flaubert : *La Bonifas* (*) (1925), *L'Âme cachée* (1929), et surtout *L'Amour nuptial* (1930), qui obtient le grand prix du roman de l'Académie française. Après *La Monnaie de plomb* (1929) et *Le Retour de Silbermann* (+) (1932), il publie en quatre volumes *Les Hauts-Ponts* (*) (1932-35), qui est à la fois une étude historique et un essai psychologique sur une famille vendéenne. Après la Seconde Guerre mondiale, il écrit moins de romans – *La Longue Nuit* (1945), sur l'occupation allemande, *Deux cœurs simples* (1953), *Le Pour et le Contre* (1946) – mais beaucoup plus d'études et de récits de voyages : les unes sur *Racine* en 1949 et en 1970 (son épouse est une descendante du dramaturge), les autres sur ses séjours en Grèce : *Le Demi-Dieu ou le Voyage en Grèce* (1944), *La Grèce que j'aime* (1960), et des études d'histoire littéraire : *La Galerie des amants* (1963), *L'Amour sur la place* (1964), *Portraits d'autrefois, figures d'aujourd'hui* (1973).

Son style simple, la finesse de ses analyses donnent aux romans et aux essais de Jacques de Lacretelle une allure classique, que tempèrent la tristesse et la mélancolie de leur ton.

JOËL SCHMIDT.

LACTANCE (Lucius Caecilius Firmanius, surnommé). Écrivain latin. Il naquit en Afrique (Numidie) vers l'année 250 et mourut à Trèves sous le règne de Constantin. Les renseignements que nous possédons sur sa vie, rares et pas toujours sûrs, sont tirés de ses œuvres et de saint Jérôme : *Des hommes illustres*, 80 (*). Il fut disciple d'Arnobe et devint maître de rhétorique. Il acquit une telle renommée qu'il fut appelé à Nicomédie (Bithynie) par l'empereur Dioclétien, vers l'année 290, pour y occuper la chaire d'éloquence latine. Mais il n'en retira pas de grandes satisfactions : la discipline qu'il enseignait ne présentait que peu d'attrait dans une ville grecque. Parallèlement à son enseignement, il composait des ouvrages sur divers sujets, entre autres un petit poème, *Odoiporicon*, où il décrivait son voyage d'Afrique à Nicomédie, un *Symposium (Banquet)* et un traité de rhétorique *Grammaticus*, aujourd'hui perdus. Ce fut peut-être à Nicomédie qu'après mûre réflexion il se convertit au christianisme. La tourmente de la persécution de Dioclétien, qui éclata en 303, s'abattit sur lui ; il fut obligé de quitter la Bithynie (305-306), au moment où l'édit de Galère englobait dans la persécution écoles et hommes de lettres. De retour à Nicomédie en 311, il y resta jusqu'en 317, année où Constantin le fit venir en Gaule et lui confia l'éducation de son fils Crispus. C'est le dernier renseignement que l'on possède sur sa vie, et saint Jérôme le dit déjà très vieux à cette époque. Il écrivit, après sa conversion au christianisme, *De l'ouvrage de Dieu* (*), *Institutions divines* (*), *De la colère de Dieu* (*), probablement : *De la mort des persécuteurs de l'Église* (*) et *Chant de l'oiseau Phénix*.

RÉF. : *Lactance et son temps... Actes du IVe Colloque d'études historiques...*, par J. Fontaine et M. Perrin, Paris, 1978.

LAENNEC René Théophile Hyacinthe. Médecin français. Né le 17 février 1781 à Quimper, mort le 13 août 1826 dans son château de Kerlouarnec, près de Douarnenez (Finistère), à l'âge de quarante-cinq ans. Sa famille avait toujours occupé, depuis le XVIe siècle, des charges importantes au parlement de Bretagne et dans l'administration royale. Orphelin de mère et délaissé par son père, il fut élevé par un oncle paternel, Guillaume, docteur en médecine de l'université de Montpellier, établi à Nantes. Déjà diplômé en rhétorique et en physique, à quatorze ans Laennec s'orienta vers la médecine ; la Révolution ayant supprimé l'université de Nantes, il apprit les premiers rudiments auprès d'un médecin privé, puis la clinique sous la direction de son oncle, qui était à la tête d'un hôpital militaire. En 1800, au prix de grands sacrifices, il se rendit à Paris où il s'inscrivit à l'École spéciale de santé qui avait, après 1794, remplacé la faculté. Il s'inscrivit au cours de Corvisart, ce dernier et Pinel étant alors les autorités médicales les plus considérées, se lia d'amitié avec Bayle, après avoir soutenu avec éclat sa thèse sur *La Doctrine d'Hippocrate appliquée à la médecine pratique* (1803), se fit remarquer par d'importants travaux, dont la première description de la péritonite. D'autres suivirent, sur l'anatomie de la capsule fibreuse du foie, sur les kystes hydatiques. Il ne rechercha ni les honneurs ni les récompenses, et demeura quasi inconnu jusqu'en 1816, date à laquelle il fut nommé médecin à l'hôpital Necker. C'est à cette époque qu'il fît sa découverte la plus importante, celle de l'auscultation médiate, pour laquelle il inventa un instrument qu'il nomma d'abord « pectoriloque » et, plus tard, stéthoscope ; en 1819, il publia sur ce sujet deux volumes intitulés *De l'auscultation médiate* ou *Traité des maladies des poumons et du cœur...* (*). Malade, il se réfugia en 1820 en Bretagne où il demeura deux ans dans son château de Kerlouarnec. De retour à Paris, il fut nommé professeur au Collège de France (1822), et en 1823 succéda à Corvisart à la chaire de clinique médicale à la Santé. Sa renommée lui attira de nombreux élèves français et étrangers. Mais, sa santé déclinant de plus en plus, il dut à nouveau abandonner la capitale pour se réfugier dans la paix de son château ; il ne devait plus en sortir. Sa vie fut marquée par des polémiques incessantes et très vives avec son fameux collègue Broussais.

RÉF. : Dr H. Saintignon, *Laennec, sa vie et son œuvre,* Paris, 1904. – Dr A. Rouxeau, *L'Enfance et la jeunesse d'un grand homme...,* Paris, 1912, et *Laennec après 1806,* Paris, 1920. – Dr H. Duclos, *Laennec...* Paris, 1932. – A. de Corbie, *La Vie ardente de Laennec,* Paris, 1950. – Dr R. Kervran, *Laennec, médecin breton,* Paris, 1955. – Dr É. Rist, *La Jeunesse de Laennec,* Paris, 1955. – C. et S. Malard, *Laennec,* 1960.

LÆVIUS. Peut-être Lævius Melissus. Poète latin qui vécut dans la première moitié du Ier siècle avant J.-C. De son œuvre lyrique, il ne nous reste que quelques fragments réduits à un ou quelques vers, les *Plaisanteries érotiques* (*), qui constituent le premier échantillon de poésie érotique en langue latine. Lævius, selon Priscien, aurait aussi été l'auteur de *Polymetri*, poèmes en vers variés.

RÉF. : *Fragmenta poetarum latinorum epicorum et lyricorum*, Leipzig, 1927. – J. Granarolo, *D'Ennius à Catulle. Recherches sur les antécédents romains de la poésie nouvelle*, Paris, 1971.

LAFARGUE Paul. Homme politique, médecin et écrivain français. Né le 15 janvier 1842 à Santiago de Cuba, mort le 26 novembre 1911 à Draveil. Sa famille revient en France en 1851. Il suit des études secondaires à Bordeaux, puis, nanti du baccalauréat, monte à Paris où il s'inscrit en faculté de médecine. À cette époque, il est pris d'une boulimie de lectures et devient socialiste de tendance proudhonienne. Il adhère à l'Association internationale des travailleurs. C'est en février 1865, au Congrès de Londres de cette première Internationale, qu'il rencontre Karl Marx que son proudhonisme exaspère assez vite. Reçu chez le philosophe, Lafargue s'éprend d'une de ses filles, Laura. Marx réagit en père sourcilleux et fort bourgeois, avant d'accorder, le 2 avril 1868, la main de sa fille préférée au jeune et bouillonnant mulâtre. De retour à Paris, Lafargue achève ses études de médecine et, son épouse à ses côtés, se lance à corps perdu dans le combat politique : organisation de l'Internationale en France et en Espagne, lutte contre les partisans de Bakounine, tentative pour soutenir en province la Commune de Paris (1871). Il écrit de nombreux articles et brochures de circonstance. C'est en 1880, dans le journal *L'Égalité*, qu'il publie en plusieurs livraisons son *Droit à la paresse* (*), pamphlet qui constitue son seul, mais fort probant, titre à la gloire littéraire. Violente désacralisation du travail, éloquent éloge du loisir, ce texte inspiré détonne par son ton libertaire dans la sévère et rigide littérature socialiste de l'époque. La vie de Lafargue se confond ensuite avec les luttes de la S.F.I.O. (Section française de l'Internationale ouvrière) dont il est, au même titre que Guesde ou Jaurès, l'une des grandes figures. Le 26 novembre 1911, Paul et Laura Lafargue mettent fin à leurs jours par empoisonnement. Le testament de Paul justifie ce suicide par le refus de la décrépitude physique et intellectuelle liée à l'« impitoyable vieillesse ».

ALAIN QUESNEL.

LA FAYETTE Marie-Magdeleine Pioche de La Vergne, comtesse de. Écrivain français. Née et morte à Paris (18 mars 1634-25 mai 1693). Fille d'un gentilhomme de petite noblesse, simple écuyer, mais passionné de littérature, elle passa sa première enfance au Havre où son père exerçait le commandement de la place au nom du marquis de Brézé. En 1640, la famille revint à Paris et s'installa dans un hôtel du quartier du Luxembourg. M. de la Vergne mourut en 1649 et, un an plus tard, la mère de la future romancière se remaria avec Renaud de Sévigné, oncle de la marquise de Sévigné ; la jeune Marie-Magdeleine, sa cadette de huit ans, fut présentée à celle-ci en 1652 et les deux femmes restèrent toujours amies. C'est le 15 février 1655, à l'âge de vingt et un ans, que Marie-Magdeleine de la Vergne épousa à Paris

Jean-François Motier, comte de La Fayette et frère d'une ancienne favorite de Louis XIII. De cette union naquirent deux fils ; mais, pour la jeune femme qui avait déjà, semble-t-il, connu une grave déception sentimentale, le comte de La Fayette fut le moins encombrant des maris : comme il n'aimait que la campagne, il se retira bientôt dans son domaine d'Auvergne et laissa la comtesse vivre à Paris. Peu après son mariage, Mme de La Fayette fit la connaissance de La Rochefoucauld ; mais celui-ci était alors tout entier sous l'influence de Mme de Sablé, et ce n'est qu'une dizaine d'années plus tard, vers 1665, lorsque Mme de Sablé se fut tournée décidément vers l'Église, que commença l'étroite et fameuse amitié de l'auteur des *Réflexions ou Sentences et Maximes morales* (*) et de Mme de La Fayette. Mais, à cette époque, celle-ci avait déjà fait ses débuts littéraires. Sa première œuvre fut sans doute, selon une mode du temps, ce « portrait » de son amie la marquise de Sévigné, rédigé en 1659. Mme de La Fayette avait reçu une bonne éducation ; ses maîtres de latin furent le père Rapin et le docte Ménage – lequel tomba d'ailleurs amoureux de son élève et se mit un jour à la célébrer en madrigaux latins. Par La Rochefoucauld, elle noua de nombreuses relations avec le monde des lettrés ; c'est chez le duc qu'en 1665 elle entendit le jeune Racine faire la lecture de son *Alexandre le Grand* (*) et, sept ans plus tard, le vieux Corneille déclamer sa *Pulchérie* (*), tandis que le 15 décembre 1673, chez Gourville cette fois, elle fit partie de la société d'élite à laquelle Boileau donna la primeur de son *Art poétique* (*). Elle avait lu enfin tous les livres de son temps, ce qui explique que ses deux premiers récits, *La Princesse de Montpensier* (*) (1662) et *Zaïde* (*) (1670), exploitent encore des recettes littéraires (naufrages, enlèvements, reconnaissances imprévues, etc.) dignes de La Calprenède et de Mlle de Scudéry. Cependant, Mme de La Fayette se montrait aussi attirée par l'histoire, par le détail vivant, par le trait moral, exact ; amie intime de Madame, première duchesse d'Orléans, c'est avec la collaboration de celle-ci qu'elle écrivit ces sortes de mémoires intitulés *Histoire d'Henriette d'Angleterre* (*) ; rédigé peu après la mort de la princesse, ce livre ne fut publié qu'en 1720, à Amsterdam.

Dans quelle mesure La Rochefoucauld participa-t-il à la composition du chef-d'œuvre de Mme de La Fayette, *La Princesse de Clèves* (*) ? Une telle question pose le problème, toujours irrésolu, de la propriété réelle de Mme de La Fayette sur les ouvrages que nous lui attribuons. Cette femme de lettres était en effet, en grande dame de son temps, dépourvue de toute vanité d'auteur ; ainsi dans une lettre d'avril 1678, donc de peu postérieure à la publication de *La Princesse de Clèves*, la voit-on nier toute part dans la rédaction de ce livre. Et c'est à Segrais, familier de La Rochefoucauld et auteur du discours préliminaire des *Réflexions...*, que le public attribua le roman ; n'était-ce point d'ailleurs le même Segrais qui avait signé les deux premiers livres de la comtesse ? Il n'est pas douteux qu'il y fit des corrections de style ; mais peut-être, à part cela, ne s'occupa-t-il que des démarches auprès du libraire en vue de la publication. Lui-même, quoique revendiquant « quelque part dans la disposition du roman », a affirmé expressément que *La Princesse de Clèves* et *Zaïde* étaient bien de Mme de La Fayette. Parmi les collaborateurs de celle-ci, on a également cité les noms de Ménage, de Corbinelli et, naturellement, de La Rochefoucauld. *La Princesse de Clèves* était en tout cas une œuvre représentative de toute la nouvelle école littéraire ; elle est d'ailleurs le premier livre qui corresponde à la conception moderne que nous avons du roman. Le livre parut le 17 mars 1678 et eut un immense succès : Mme de Sévigné clama son enthousiasme ; Fontenelle lut et relut le livre quatre fois ; Boursault en fit une tragédie en cinq actes ; Valincour passionna l'opinion en publiant ses *Lettres à Mme la marquise de X... sur le sujet de « La Princesse de Clèves »* (+) (1678), auxquelles répliqua l'abbé de Charnes par sa *Conversation sur la critique de « La Princesse de Clèves »* (+) (1679).

En 1680 mourut La Rochefoucauld ; si les relations de celui-ci avec Mme de La Fayette restent entourées d'un réel mystère (protégé, semble-t-il, par une tacite entente de leurs amis), nous avons pourtant à ce sujet un mot révélateur de Mme de Sévigné : « Je crois que nulle passion ne peut surpasser la force d'une telle liaison. » Au point de vue littéraire et spirituel, ils s'influencèrent réciproquement, car si la concision de *La Princesse de Clèves* doit certainement beaucoup au duc, Mme de La Fayette adoucit heureusement l'état d'esprit janséniste que son amitié avec Mme de Sablé avait confirmé chez La Rochefoucauld. Peut-être même le persuada-t-elle d'atténuer plusieurs maximes par trop rigoureuses, et l'on cite souvent d'elle cette parole : « M. de La Rochefoucauld m'a donné de l'esprit, mais j'ai réformé son cœur. » Son ami disparu, elle s'enferma dans la solitude. Elle avait quitté la Cour après la mort mystérieuse de Madame, dont elle nous a laissé une description émouvante. Des *Mémoires de la cour de France pour les années 1688 et 1689*, qui ne furent publiés qu'en 1731, lui sont parfois attribués sans raison évidente. Elle mourut d'une maladie de cœur dont elle était depuis longtemps atteinte et qui lui causa de multiples souffrances. En juin 1724 parut dans le *Mercure galant* une œuvre inédite, *La Comtesse de Tende*, « nouvelle historique », écrite probablement en 1664.

MICHEL MOURRE.

♦ « *Elle était fort jolie et fort aimable, et elle avait, de plus, beaucoup d'air de Mme de Lesdiguières. Elle me plut beaucoup ; la vérité est que je ne lui plus guère.* » Cardinal de Retz. ♦ « *La femme de France qui avait le plus d'esprit et qui écrivait le mieux.* » Boileau. ♦ « [Elle fit] *les premiers romans où l'on vit les mœurs des honnêtes gens et des aventures naturelles décrites avec grâce. Avant elle, on écrivait d'un style ampoulé des choses peu vraisemblables.* » Voltaire. ♦ « *Ce style est aussi mesuré que noble ; au lieu d'exagérer, il atténue. Mme de La Fayette n'élève jamais la voix. Son ton uniforme et modéré n'a point d'accent passionné ni brusque... Presque toujours les habitudes de l'esprit annoncent les habitudes du cœur. Ici les émotions sont aussi délicates que la manière de les dire ; on reconnaît le tact exquis d'une femme et d'une femme de haut rang.* » Taine.

RÉF. : S. Doubrovski, « *La Princesse de Clèves* » : *une explication existentielle*, Paris, 1959. – B. Pingaud, *Mme de La Fayette par elle-même*, Paris, 1965. – M. Laugaa, *Lectures de Mme de La Fayette*, Paris, 1971. – R. Francillon, *L'Œuvre romanesque de Mme de La Fayette*, Paris, 1973. – P. Malandain, *Mme de La Fayette, « La Princesse de Clèves »*, Paris, 1985. – R. Duchêne, *Mme de La Fayette*, Paris, 1988 (biographie). – R. Duchêne, P. Ronzeaud, *« La Princesse de Clèves », « La Princesse de Montpensier »*, Actes de Marseille, 1990.

LA FONTAINE Jean de. Poète français. Né à Château-Thierry le 7 ou 8 septembre 1621, mort à Paris le 13 avril 1695. Il était issu d'une famille aisée, de bonne bourgeoisie et de noblesse de robe. Sa mère, veuve d'un premier mariage avec un riche marchand de Coulommiers, se nommait Françoise Pidoux ; son père avait les charges de maître des eaux et forêts et capitaine des chasses de Château-Thierry, juridiction qui relevait du duc de Bouillon, aristocrate très puissant. Il possédait dans cette ville, dans le beau quartier de l'époque, une vaste demeure à aspect de gentilhommière, avec deux ailes à tourelles, large cour et jardins à l'arrière, qui avait été construite au siècle précédent ; elle subsiste encore, et le musée La Fontaine y est installé, mais elle a été en partie défigurée. Ses parents sont déjà d'un certain âge quand naît ce premier enfant ; ils auront un cadet en 1623. Il fait ses études à Château-Thierry d'abord, puis à Paris. Le 27 avril 1641, il entre comme novice à la congrégation de l'Oratoire. Il y restera dix-huit mois. Élan de vocation ? Conflit avec son père ? Il y a là une part d'inconnu dans sa biographie. Ce qui est sûr c'est que dans sa vieillesse, La Fontaine lui-même plaisante sur ce séjour dans les ordres, et raconte que son occupation la plus assidue avait consisté à y lire *L'Astrée* (*). Mais il est possible qu'il y ait eu là rien d'autre qu'un calcul de carrière : les affaires du père n'étaient pas si florissantes et un chanoine de l'Oratoire bénéficiait d'une situation cossue. Reste qu'il quitte cette voie, et retourne vers Paris, où il se fait recevoir comme avocat en la cour du Parlement. Il est certain qu'il a acquis des compétences juridiques, comme certains aspects de sa carrière sociale l'attesteront ensuite. Dès 1646, il fréquente les cercles littéraires de la capitale, il côtoie Conrart, secrétaire de l'Académie, et participe aux réunions d'un groupe qui a pris pour nom, par plaisanterie : « Les Chevaliers de la Table ronde » ; il y retrouve Maucroix, son ami de longue date, Furetière, Cassandre, Patru, avocat réputé et écrivain considéré, plus âgé que la moyenne du groupe, prosateur puriste dans la lignée malherbienne, et qui animera plus tard le *Dictionnaire de Richelet* – v. *Dictionnaire de l'Académie* (*) ; Pellisson, lors de son premier séjour à Paris, a aussi fréquenté ces réunions. Tout cela est conforme aux usages de ce temps et de ce milieu, tant pour les études que pour les accointances entre gens de lettres. Le trait le plus notable, en fait, est qu'à cet âge-là (vingt-cinq ans), les jeunes lettrés de ce siècle s'étaient en général déjà signalés par quelques publications, alors que La Fontaine, lui, ne semble avoir encore rien donné. Les témoignages de l'époque disent qu'il rimait depuis le temps de ses études, ce qui est vraisemblable, mais il n'a pas publié, et on n'a pas conservé ses écrits de jeunesse.

En 1647, il se marie. Il épouse Marie Héricart : mariage de raison ; elle a quatorze ans et demi, elle est d'une bonne famille bourgeoise de Château-Thierry (et apparentée de loin à l'une des branches de la famille de Racine). Elle aussi est curieuse de littérature, grande liseuse, amatrice de réunions entre lettrés de la ville. Le ménage ne semble pas avoir été très uni ; pour des raisons de gestion, il procédera à une séparation des biens entre époux en 1659, et en fait, assez vite, ils vivront chacun de leur côté, se séparant tout à fait sur la fin de leur vie.

En 1652, il achète une charge de « maître des eaux et forêts », charge modeste puisqu'il n'est que « maître particulier triennal », mais qui lui donne un statut. Il hérite quelques années plus tard des deux charges de son père. Il a exercé ces fonctions pendant une vingtaine d'années, avant de s'en débarrasser pour clarifier ses affaires financières et pouvoir être à plein temps à Paris, se consacrer à sa carrière d'écrivain. Elles ne l'occupaient pas tout au long de son temps, mais elles n'étaient pas non plus une sinécure. Il vivait ainsi entre sa province et Paris, entre des responsabilités administratives d'un côté, les mondanités et la littérature de l'autre. Là encore, situation semblable à celle de beaucoup d'écrivains de l'époque, obligés d'avoir une place dans le clergé ou un emploi pour subsister, les droits d'auteur étant alors encore plus incertains qu'aujourd'hui. Ce qui est notable dans le cas de La Fontaine, c'est qu'il finira par réussir à se débarrasser de ses charges et à se consacrer tout entier à la vie mondaine et au rôle d'écrivain.

Ses débuts dans la carrière littéraire se dessinent en 1654, où il fait paraître une comédie imitée de Térence, *L'Eunuque.* Un embryon de réputation dans le petit milieu des lettres, et ses relations (Pellisson devient secrétaire de Fouquet, alors en plein essor dans sa carrière de ministre) lui permettent de se placer dans la clientèle du surintendant des Finances, et de trouver là un contexte propice pour développer son œuvre : le mécénat de Fouquet lui apporte un appui décisif pour se lancer. Il lui dédie son poème d'*Adonis* (*) en 1658 ; Fouquet lui fait une pension que La Fontaine restitue sous forme de petits poèmes à l'intention et l'éloge du ministre et de son épouse.

Il devient un habitué du salon de celle-ci, où se tiennent des réunions littéraires et mondaines qui sont les plus brillantes de la fin des années 1650. Il côtoie ainsi Gombauld, Ménage, Pellisson, Madeleine de Scudéry, qui sont en vedette du courant « galant », qui représente alors la tendance dominante. Bientôt, dès 1660, il se lie d'amitié avec l'abbé Le Vasseur et (effet des liens familiaux évoqués plus haut) avec Racine, alors tout jeune débutant, et qui l'admire comme un aîné déjà confirmé dans la carrière d'écrivain. C'est le moment où il compose *Le Songe de Vaux* (*), ouvrage à la gloire de Fouquet et de son château de Vaux-le-Vicomte, mais aussi ouvrage de réflexion sur les arts, à la gloire de la littérature : quoique restée inachevée, cette œuvre est une manifestation tout à fait caractérisée de l'esthétique galante, et elle marque une manière qui demeurera significative dans tous les écrits ultérieurs de La Fontaine. Fouquet est arrêté le 5 septembre 1661. La Fontaine demeure fidèle à son protecteur en disgrâce, composant en sa faveur un appel au roi, l'*Élégie aux nymphes de Vaux* (*). Prise de position courageuse, d'autant que son oncle par alliance, Jannart, homme de loi mêlé aux affaires de Fouquet, se trouvait lui aussi compromis dans la chute du surintendant. De fait, La Fontaine se voit assigner en 1663 un temps d'exil en compagnie de Jannart, en Limousin, circonstance qui produit un ensemble de lettres à son épouse, composant une *Relation d'un voyage de Paris en Limousin* (*).

Privé des avantages que lui procurait le clientélisme auprès de Fouquet, La Fontaine se retourne vers une clientèle plus traditionnelle pour sa famille, celle du duc de Bouillon. Grâce à la protection de celui-ci, il reçoit (juillet 1664) une charge de gentilhomme servant de Marguerite de Lorraine, veuve de Gaston d'Orléans (le frère de Louis XIII) au palais du Luxembourg. Il fréquente les salons de l'Hôtel de Nevers, où se retrouvent les anciens fidèles de Fouquet, et de la duchesse de Bouillon. Au même moment, il a des contacts avec les milieux jansénistes... Les années 1660 sont les plus productives de sa vie littéraire. Il publie ses premiers *Contes* (*) en 1665, ses premières *Fables* (*) (livre I à VI) en 1668. Et il obtient très vite du succès, en partie un succès de scandale dû au caractère licencieux de ses *Contes,* qui sont bientôt frappés de censure et interdits de diffusion (mais leur vente continue sous le manteau). Dans les années suivantes, il publie le roman de *Psyché* (*), le poème mythologique de *Clymène,* des poèmes divers. Et en même temps que ces ouvrages profanes, souvent galants, parfois licencieux, il compose et publie des œuvres à caractère religieux : le poème de *La Captivité de saint Malc,* une paraphrase de Psaume, un *Recueil de poésies chrétiennes* dont il est le maître d'œuvre... Il apparaît ainsi comme un des auteurs les plus polygraphes de son époque, chose que la tradition scolaire a un peu perdue de vue en ne retenant que les *Fables* (*) et, accessoirement, les *Contes.* Dans cette diversité des genres, il privilégie les formes que la poétique de l'époque considérait comme mineures, et qui par conséquent y étaient moins nettement codifiées : cela lui permet de les traiter avec une plus grande liberté de ton et de manière. Les *Contes* représentent un maximum de cette liberté. Mais après les avoir largement exploités durant une dizaine d'années, La Fontaine s'en détourne après 1674, cherchant d'autres espaces d'écriture à explorer. Il faut noter également, pour cette période d'intense production littéraire, qu'elle vient au moment où il a largement dépassé la quarantaine : entré tardivement dans l'activité littéraire plénière, il s'y montre singulièrement prolixe, comme si des idées et des essais stockés et mûris des années durant trouvaient enfin leur aboutissement.

En 1672, la duchesse d'Orléans meurt. Toujours en quête de protecteurs, selon l'image ancienne du poète installé sous la protection d'un grand mécène, La Fontaine trouve alors accueil chez Mme de La Sablière. Héritière de la famille de Rambouillet et de sa tradition de curiosité littéraire, elle tenait chez elle un des salons intellectuels et mondains les plus brillants du moment, y recevant aussi bien des savants que des poètes et des dames de la belle société. Il reste mal vu du roi et de Colbert, suite à la fidélité qu'il a témoignée à Fouquet. Mais il recherche pourtant un retour en grâce, a ses entrées à la Cour, et parvient à se glisser dans l'entourage de Mme de Montespan, comme son ami Racine l'a fait avant lui, et figure avec ce dernier et Boileau dès 1674 dans le groupe des poètes qu'elle déclare protéger, qui formeront ce qu'à la suite d'une anecdote de cour (une maquette garnie de figurines offerte par Mme de Montespan et sa sœur Mme de Thianges au duc du Maine) on appelle alors la « chambre sublime », et qui est le noyau du parti des Anciens, dans la querelle des Anciens et des Modernes qui couve déjà. La Fontaine, en ces années, élabore son second recueil de *Fables.* Il donne en 1678 et 1679 les livres VII à XI de cette œuvre. Il tente aussi de s'imposer dans la production théâtrale, selon une tentation qui l'a toujours tenu (et qui en ce siècle où le théâtre est le genre le plus en vogue est usuelle comme voie de carrière) : il collabore avec Lully et rime le livret de l'opéra *Daphné* (*), que Lully finalement refuse. Il fera diverses autres tentatives, sans jamais aboutir vraiment en ce domaine.

En 1680, Mme de La Sablière, vieillissante, se convertit à une pratique religieuse plus rigoriste, change de résidence et de mode de vie. Elle continue à protéger La Fontaine et à subvenir à l'essentiel de ses besoins. La Fontaine est alors d'une activité mondaine fébrile, en relations avec nombre d'écrivains (aussi bien les doctes jésuites Bouhours et Rapin que les libres-penseurs Chaulieu et Saint-Évremond, le jansénisant Boileau), d'artistes (Mignard, Girardon), et auprès des aristocrates, des gens de finances (D'Hervart), et à la Cour. En 1683, il est élu à l'Académie, élection qui avait d'abord été refusée par Louis XIV et Colbert. Il y donne, pour son entrée, une première lecture de son *Discours à Mme de La Sablière* (*) qui est, pour cet écrivain déjà vieux, un retour sur lui-même et un aveu de son « inquiétude ». Il donne en 1682 et 1685 des recueils de poésies diverses, et un poème du *Quinquina,* nouveauté médicale alors à la mode. Il travaille à ses dernières fables. Il se mêle aux querelles qui agitent le monde littéraire et académique dans les années 1680, prenant position contre Furetière, pourtant jadis son ami, dans l'affaire du *Dictionnaire universel* (*), se rangeant dans le parti des Anciens, mais de façon modérée, nuancée et humoristique, dans la querelle des Anciens et des Modernes, ménageant à la fois Perrault, leader des Modernes, et Boileau, champion de l'autre camp, qui sont tous deux ses amis. Fin 1692, il est gravement malade. Il promet, en cette occasion, de ne plus rien écrire de licencieux et de consacrer le reste de sa vie à des ouvrages de piété ; une tradition dit qu'il aurait solennisé cette promesse et fait la revue de ses fautes passées devant une délégation de l'Académie... Mme de La Sablière étant morte en janvier 1693, il va alors s'installer chez les D'Hervart. En 1694, il publie le dernier livre des *Fables.* Il meurt chez les D'Hervart au printemps suivant.

Sa biographie et sa carrière littéraire sont, pour leurs traits généraux, dans la norme de ce qui composait la vie des poètes à cette époque. La recherche constante de « patrons », protecteurs et mécènes, montre que La Fontaine conservait des traits de mentalité ancienne, misant sur une figure de l'écrivain au service des grands plus que sur une carrière littéraire au sens moderne : mais ce trait de mentalité, s'il se nuance chez quelques-uns, est banal chez les écrivains de son temps. Comme y est banale aussi la polygraphie. Et il a été, comme d'autres mais plus que d'autres, affublé dès son vivant d'une image de rêveur impénitent : « un garçon de belles-lettres et qui fait des vers » et qui « est encore un grand resveur » dit de lui Tallemant dans ses *Historiettes* (*), dès le début de sa carrière. Cette image, il l'a reprise à son compte et lui-même entretenue. C'est aussi qu'elle lui servait à justifier les libertés d'allure, de pensée et d'écriture par lesquelles il nourrissait sa création. Et de fait, en un temps où les poètes étaient légion, même si l'Histoire en a oublié le plus grand nombre, il apparaît comme un des plus prolixes et, en termes formels, un de ceux qui ont exploré le plus de voies diverses, un des plus inventifs.

ALAIN VIALA.

XVIIe siècle ♦ *« La Fontaine* [...] *est un peu sorti de son cercle... Il n'y a que ses fables et que ses contes que l'on puisse louer hardiment, parce que cette nature d'ouvrage tombe dans le propre caractère de son esprit. Tout le reste ne plaît pas de même... »* G. Guéret, vers 1669. ♦ *« N'avez-vous point trouvé jolies les cinq ou six fables de La Fontaine qui sont dans un de tomes que je vous ai envoyés ? Nous en étions l'autre soir ravis chez M. de La Rochefoucauld... » « Je voudrais faire une fable qui lui fît entendre combien cela est misérable de forcer son esprit à sortir de son genre, et combien la folie de vouloir chanter sur tous les tons fait une mauvaise musique. Il ne faut point qu'il sorte du talent qu'il a de conter. »* Mme de Sévigné, 1671. ♦ *« ... La Fontaine, si connu par ses fables et ses contes, et toutefois si pesant en conversation. »* Saint-Simon, 1695.

XVIIIe siècle ♦ *« On fait apprendre les fables de La Fontaine à tous les enfants, et il n'y en a pas un seul qui les entende. Quand ils les entendroient, ce seroit encore pis ; car la morale en est tellement mêlée et si disproportionnée à leur âge qu'elle les porteroit plus au vice qu'à la vertu. »* J.-J. Rousseau, 1762. ♦ *« La Fontaine n'était pas né inventeur ; ce n'était pas un écrivain sublime, un homme d'un goût toujours sûr, un des premiers génies du grand siècle ; et c'est encore un défaut très remarquable dans lui de ne pas parler correctement sa langue : il est dans cette partie très inférieur à Phèdre ; mais c'est un homme unique dans les excellents morceaux qu'il nous a laissés ; ils sont dans la bouche de tous ceux qui ont été élevés honnêtement ; ils contribuent même à leur éducation et iront à la dernière postérité. »* Voltaire, 1771.

XIXe siècle ♦ *« La Fontaine est en si haute estime chez les Français non à cause de sa valeur poétique, mais à cause de la grandeur de son caractère, qui se manifeste à travers ses écrits. »* Goethe, 1824. ♦ *« Ôtez à La Fontaine ses incorrections, il perdra une partie de sa naïveté. »* Chateaubriand. ♦ *« Le caractère tout à fait gaulois de ce poète lui a fait trouver grâce et faveur dans sa postérité gauloise comme lui, malgré ses négligences, ses immoralités, ses imperfections et ses pauvretés d'invention* [...] *À l'exception de quelques prologues courts et véritablement inimitables de ses fables, le style en est vulgaire, inharmonieux, disloqué, plein de constructions obscures, baroques, embarrassées, dont le sens se dégage avec effort et par circonlocutions prosaïques. Ce ne sont pas des vers, ce n'est pas de la prose, ce sont des limbes de la pensée. »* Lamartine. ♦ *« La Fontaine est le seul qui n'ait point expié le don de son génie par le malheur. Mais aussi sut-il cultiver la muse pour la muse elle-même et, loin d'escompter avidement ses inspirations en applaudissements fugitifs, en richesses, en honneurs, il se crut assez payé par les délices de l'inspiration et il en trouva l'extase trop voluptueuse pour la quitter et se jeter dans les embarras de la vie ! »* Balzac.

XXe siècle ♦ *« Il court sur La Fontaine une rumeur de paresse et de rêverie, un murmure ordinaire d'absence et de distraction perpétuelle qui nous fait songer sans effort d'un personnage fabuleux, toujours infiniment docile à la plus douce pente de sa durée* [...] *Prenons garde que la nonchalance, ici* [Adonis], *est savante ; la mollesse, étudiée ; la facilité, le comble de l'art. Quant à la naïveté, elle est nécessairement hors de cause : l'art et la pureté si soutenue excluent à mon regard toute paresse et toute bonhomie* [...] *Même un fabuliste est loin de ressembler à ce distrait, que nous formions distraitement naguère. Phèdre est tout élégance, le La Fontaine des Fables est plein d'artifices. »* Paul Valéry. ♦ *« L'art de La Fontaine est de dire légèrement et comme en jouant cette accablante vérité que Nietzsche, en 1870, étale avec une pathétique éloquence. »* A. Gide.

RÉF. : A. Walckenaer, *Histoire de la vie et des ouvrages de La Fontaine,* Paris, 1820. – H. Taine, *La Fontaine et ses Fables,* Paris, 1860. – Saint-Marc-Girardin, *La Fontaine et ses Fables,* Paris, 1867. – Chamfort, *Éloge de La Fontaine,* Paris, 1874. – P. Mesnard, *Notice biographique sur La Fontaine,* en tête du t. Ier de ses *Œuvres,* éditées par H. Régnier, Paris, 1883. – Em. Faguet, *La Fontaine,* Paris, 1889. – L. Roche, *La Vie de Jean de La Fontaine,* Paris, 1913. – G. Michaut, *La Fontaine,* 2 vol., Paris, 1913-1914. – J. Demeure, *Les Quatre Amis de Psyché,* 1928. – F. Gohin, *Les Comédies attribuées à La Fontaine,* Paris, 1935. – H. Busson, *La Fontaine et l'âme des bêtes,* in *Rev. d'hist, litt. de la F.,* 1935 et 1936. – Jean Giraudoux, *Les Cinq Tentations de La Fontaine,* Paris, 1938. – P. Clarac, *La Fontaine et Port-Royal,* in *Revue d'histoire de la philosophie,* 1943 ; *La Fontaine, l'homme et l'œuvre,* Paris, 1947. – P. A. Wadsworth, *Young La Fontaine, a Study of His Artistic Growth in His Early Poety and First Fables,* Evanston, 1952. – L. Petit, *La Fontaine et Saint-Évremond,* Paris, 1953. – R. Kohn, *Le Goût de La Fontaine,* Grenoble, 1962. – J.-P. Collinet, *Le Monde littéraire de La Fontaine,* Paris, 1970. – G. Mongrédien, *Recueil de textes et documents du XVIIe siècle relatifs à La Fontaine,* Paris, C.N.R.S., 1973. – J. Grimm, *La Fontaine's Fabeln,* Stuggart, 1988. – J.-P. Collinet, *La Fontaine en amont et en aval,* Pise, 1990. – R. Duchêne, *La Fontaine,* Paris, 1990. – P. Dandrey, *La Fabrique des fables,* Paris, 1991.

LAFORET Carmen. Femme de lettres espagnole. Née à Barcelone en 1921. À deux ans, elle suit sa famille à Las Palmas (îles Canaries) où elle passe son enfance et sa jeunesse. Après avoir étudié l'art et le droit à Barcelone, elle s'installe à Madrid où elle se marie avec le journaliste Manuel González Cerezales. Son roman *Nada* (*) (prix Nadal 1944) la révèle à vingt-trois ans et connaît un grand succès, que confirme une œuvre de pleine maturité, située aux Canaries et reflétant le même souci d'exprimer l'étouffante condition féminine espagnole de l'époque : *L'Île et les Démons* [*La isla y los demonios,* 1952]. En 1951, sa conversion au catholicisme marque un tournant dans son inspiration et dans son style, désormais chargés de militantisme dogmatique. Dans *La Femme nouvelle* [*La mujer nueva,* 1955], Paulina, la protagoniste, visiblement proche de sa créatrice, change radicalement de vie après sa conversion. Une profonde sentimentalité religieuse lui dicte en 1967 *Parallèle 35* [*Paralelo 35*], ainsi que *L'Insolation* [*La insolación,* 1963], premier volume de la trilogie *Trois pas hors du temps* [*Tres pasos fuera del tiempo*] et les nouvelles de *La Fillette et autres récits* [*La niña y otros relatos,* 1970].

CLAUDE COUFFON.

LAFORGUE Jules. Poète français. Né à Montevideo le 16 août 1860, mort à Paris le 29 août 1887. Son père, Charles-Benoît, d'origine tarbaise, fut professeur libre, puis employé de banque ; sa mère, Pauline-Ernestine Lacolley, née au Havre de parents bretons, eut onze enfants et mourut en couches à la naissance du douzième. En 1866, Jules Laforgue entra comme pensionnaire au lycée de Tarbes avec son frère aîné Émile ; ils y demeurèrent sept ans ; puis la famille, retournée en Amérique dans l'intervalle, s'étant transportée à Paris, il poursuivit ses études au lycée Fontanes (depuis Condorcet). Après son échec au baccalauréat et le retour de ses parents dans le Midi, il commença de fréquenter les milieux littéraires, dont le cercle des Hydropathes, où il se lia avec Charles Cros, Rollinat, Goudeau, Bourget (qui n'était encore que l'auteur de vers sentimentaux et faciles). Laforgue vivait d'humbles emplois, de travaux de copie pour Charles Éphrussi, critique d'art, écrivait aux petites revues, correspondait avec Gustave Kahn, alors zouave en Algérie. Sur le conseil de celui-ci, il renonçait à publier ses premiers poèmes, *Le Sanglot de la terre* (+), et inaugurait, en même temps que l'auteur des *Palais nomades,* une technique libérée du vers. À la fin de 1881, par l'entremise de Bourget, il obtint un poste de lecteur auprès de l'impératrice Augusta, grand-mère du futur Guillaume II, et séjourna à Berlin, accompagnant la souveraine dans ses déplacements à Bade, à Coblence et jusqu'à Elseneur, où il dut croiser l'ombre d'Hamlet et concevoir le thème d'un de ses plus jolis contes des *Moralités légendaires* (*).

Rentré en France, il y rejoignit Kahn, qui avait reçu d'Allemagne les premières *Complaintes* (*). L'admirable recueil parut en 1885, un an après la révélation par Verlaine, dans ses *Poètes maudits* (*), des *Amours jaunes* (*) de Tristan Corbière. Bien que Laforgue s'en soit défendu jusqu'à dénigrer son prédécesseur, l'influence de Corbière, intermittente, est indéniable, si émouvante et profonde que demeure l'originalité du génie laforguien : art, vraiment, qui échappe à toute analyse comparative, fait de douceur, de gouaille, tout cela porté sur une mélodie tenant à la fois de la chanson populaire et du lied le plus raffiné. Enfin, l'amour, dont le poète n'avait jusque-là connu que les déceptions, se transfigura soudain sous les traits d'une jeune Anglaise, Leah Lee, fréquentée quelques mois plus tôt à Berlin, d'où il l'emmena en France et qu'il épousa à Londres le 31 décembre 1886. Déjà miné par la phtisie, il eut encore le temps de composer et de publier le délicieux *Concile féerique*, les chansons cruelles et suaves de *L'Imitation de Notre-Dame la Lune* (*), de collaborer à *La Vogue* – fondée par Kahn et où il découvrit les *Illuminations* (*) de Rimbaud –, et d'achever les *Moralités légendaires* (qui ne verront le jour que posthumes). Quelques proses de Laforgue furent encore insérées dans *La Revue indépendante* d'Édouard Dujardin et dans les *Entretiens politiques et littéraires* de Teodor de Wyzewa. Il s'était revélé critique d'art perspicace et pertinent dans des chroniques éparpillées dans les revues et réunies ultérieurement en volume. Installé rue de Commaille avec sa jeune femme, le poète dut bientôt s'aliter et cesser tout travail. Au moment où son médecin décidait de l'envoyer en convalescence en Algérie, il s'éteignit sans souffrances, au milieu de l'été et dans sa vingt-septième année. La pauvre Leah, qui avait contracté son mal, lui survécut peu de mois. *Des fleurs de bonne volonté* (+) et d'autres poèmes épars, édités par souscription et par les soins de ses amis Édouard Dujardin et Félix Fénéon, en 1890, sont sans doute les plus neufs que Jules Laforgue ait écrits et, en tout cas, restent comme l'exemple accompli du plus authentique, du plus musical vers libre – v. *Poésies* (*), *Derniers vers* (*) et *Mélanges posthumes* (*).

♦ *« On pourrait retourner à son propos la boutade d'Edmond de Goncourt. C'était quelqu'un pour qui le monde extérieur n'existait pas. Ce père des impressionnistes ne fut jamais impressionniste* [...] *Tout était chez lui construction sur plan préétabli ; avec une indifférence à peu près complète pour les matériaux employés. »* Benjamin Crémieux. ♦ *« Jules Laforgue, et Tristan Corbière dans nombre de ses poèmes, sont plus proches de l'école de Donne que n'importe lequel des poètes modernes anglais. »* T. S. Eliot. ♦ *« Malgré son air mortellement moqueur, on le découvre naïf, sensible comme un enfant, doux, primitif et simple, bon supérieurement et clair. L'esprit et la blague ne sont chez lui que masques. »* Émile Verhaeren.

RÉF. : C. Mauclair, *Jules Laforgue*, Paris, 1896. – F. Ruchon, *Jules Laforgue, sa vie, son œuvre*, thèse, Genève, 1924. – L. J. Metford, *Jules Laforgue, poète de l'ennui*, thèse, Paris, 1948. – L. Guichard, *Jules Laforgue et ses poésies*, 1950. – M.-J. Durry, *Jules Laforgue*, Paris, 1952. – P. Reboul, *Laforgue*, 1960. – J. L. Debauve, *Laforgue en son temps*, 1972. – D. Grojnowski, *Jules Laforgue et l'« originalité »*, 1988.

LAGERKVIST Pär. Écrivain suédois. Né le 23 mai 1891 à Väsjö, mort le 11 juillet 1974 à Danderyd. Fils d'un employé des chemins de fer, il a grandi dans une atmosphère très religieuse et en contact avec la vieille paysannerie. La confrontation, au lycée et à l'université, avec un autre type de pensée comme la théorie de l'évolution le pousse vers le radicalisme politique et artistique. Ayant publié son premier livre en prose, *Hommes* [*Människor*, 1912], il découvre le cubisme (à Paris, en 1913) et lance son manifeste *Art des mots et art des images* [*Ordkonst och bildkonst*, 1913], qui constate la décadence de la littérature moderne, la vitalité de l'art moderne et réclame un retour aux sources. Ses ouvrages suivants s'efforcent de répondre à ces exigences, mais c'est surtout un violent engagement dans la catastrophe qui s'abat sur l'Europe qui retentit dans son cri d'*Angoisse* [*Angest*, 1916] et dans le recueil *Chaos* [*Kaos*, 1919]. Celui-ci comprend aussi une courte pièce, de facture expressionniste, *Le Secret du ciel* [*Himlens hemlighet*], qui se joint aux trois pièces en un acte, *Le Moment difficile*, comprises dans *Théâtre* [*Teater*, 1918], livre dans lequel il exposait également ses opinions sur l'art dramatique, rejetant le théâtre naturaliste et illusionniste d'Ibsen, pour invoquer Shakespeare et le Strindberg de la fin. Quel est le sens de la vie ? Telle est la question que ses personnages se posent et que les hommes, dans *Le Sourire éternel* [*Det eviga leendet*, 1920], vont poser à Dieu lui-même, le retrouvant sous les traits d'un vieillard un peu simple, qui ne sait quoi répondre. Cette question, Lagerkvist ne cessera de se la poser, tout en affirmant, de façon de plus en plus insistante, sa foi dans l'Homme, porteur de l'Éternité. C'est ce qu'il fait dans le drame *L'Invisible* [*Den osynlige*, 1923], dans les poèmes *Les Chants du cœur* [*Hjärtats sånger*, 1926] – parmi lesquels il y a aussi de beaux poèmes d'amour – et la méditation en prose *La Vie vaincue* [*Det besegrade livet*, 1927], tandis que les nouvelles des *Contes cruels* [*Onda sagor*, 1924], à une ou deux exceptions près, s'attachent avec un mordant satirique frôlant le désespoir à décrire justement le monde absurde dont il est le prisonnier. Dans son récit autobiographique *L'Exil de la terre* [*Gäst hos verkligheten*, 1925], Lagerkvist donne une clef précieuse – et émouvante – pour la compréhension de son mode de pensées et de sentiments.

Les années 30 voient la montée des dictatures et, peut-être plus clairvoyant que d'autres, ce poète métaphysique y distingue le mal. Il s'élève contre les victoires de celui-ci par ses pièces de théâtre – *L'Homme sans âme* [*Mannen utan själ*, 1936], *Victoire dans les ténèbres* [*Seger i mörkret*, 1939] – tout en défendant un « humanisme combattant » dans ses livres en prose – *Esprit combattant* [*Kämpande ande*, 1930] – et ses poèmes : *Au feu de camp* [*Vid lägereld*, 1932], *Genius* (1937), *La Maison et l'Étoile* [*Hemmet och stjärnan*, 1942]. Le récit *Le Bourreau* (*) (1933), également porté à la scène, occupe une place à part dans cette série. C'est le premier d'une autre série, explorant le mal et ses origines métaphysiques, comprenant *Le Nain* (*) (1944), *Barabbas* (*) (1950), *La Sibylle* (*) (1956) – où les rapports de l'homme et de Dieu se retrouvent aussi, pour le poète, dans le mystère de l'inspiration. Ce « roman » se prolonge dans *La Mort d'Ahasverus* [*Ahasverus död,* 1960], *Le Pèlerin sur la mer* [*Pilgrim pä havet,* 1962] et *La Terre sainte* [*Det heliga landet,* 1964]. Ne cessant de poser des questions à un Dieu qu'il ne peut, du fond de lui-même, nier, mais auquel il refuse sa foi, réduisant sa langue à une simplicité extrême, Lagerkvist s'élève jusqu'au mythe. Membre de l'Académie suédoise en 1940, il a reçu le prix Nobel de littérature en 1951.

CARL GUSTAF BJURSTRÖM

RÉF. : Gustaf Fredén, *Från gudstanken till Barabbas,* Stockholm, rééd. 1954. – Otto Oberholzer, *Pär Lagerkvist. Studien zu seiner Prosa und seiner Dramen,* Heidelberg, 1958. – Sven Linnér, *Pär Lagerkvists livstro,* Stockholm, 1961. – Leif Sjöberg, *Pär Lagerkvist,* New York, 1978. – Ingrid Schöier, *Pär Lagerkvist. En biografi,* Stockholm, 1987.

LAGERLÖF Selma Ottilia Lovisa. Romancière suédoise. Née le 20 novembre 1858 à Mårbacka, dans le Värmland, morte dans ce même village le 16 mars 1940. Après avoir terminé ses études d'institutrice à Stockholm, elle exerça à Landskrona de 1885 à 1895, puis se consacra entièrement à la littérature. Les légendes et l'histoire de certaines familles värmlandaises, qu'elle avait entendu raconter dans son enfance, fournirent la matière sur laquelle travailla ensuite son imagination lyrique, tout d'abord dans *La Saga de Gösta Berling* (*) (1890-1891), épopée romantique de la province suédoise, née d'une imagination naïve et fantastique, qui reste son œuvre la plus populaire, à juste titre ; elle en a conté la genèse dans la délicieuse *Saga sur une saga* (*) (1908). Selma Lagerlöf publia ensuite un volume de nouvelles, *Les Liens invisibles* (*) (1894), puis, libérée de l'enseignement grâce à des aides royales et académiques, elle put accomplir des voyages en Italie et au Levant ; ces expériences lui servirent pour son roman d'atmosphère sicilienne populaire et contemporaine, *Les Miracles de l'antéchrist* [*Antikrists mirakler,* 1897] et pour *Jérusalem* (*) (1901-1902), ouvrage d'envergure, infiniment plus « engagé », son œuvre principale avec *Gösta Berling.* À côté de ces derniers volumes – sur un fond d'humanitarisme optimiste et dans une perspective lyrique et religieuse – se place tout le reste de la production de Selma Lagerlöf romancière : *Le Vieux Manoir* [*En Herrgårdssägen,* 1899], *Les Écus de messire Arne* [*Herr Arnes penningar,* 1904], *La Maison de Lilljecrona* (1911), *Le Charretier de la mort* [*Körkarlen,* 1912], *L'Empereur du Portugal* (*) (1914), *Charlotte Löwensköld* (1925), *Anna Svärd* (1928), romans, et les recueils de nouvelles : *Les Reines de Kungahälla* (1899), *L'Anneau du pêcheur* (*) (1899), les *Légendes du Christ* (*) (1904), *Le Monde des trolls* [*Troll och människor,* 1915-1921], *Automne* (1933), *Contes de Noël* [*Julberättelser,* 1938]. Citons encore le si populaire *Merveilleux voyage de Nils Holgersson* (*) (1906-1907), l'autobiographique *Mårbacka* (*) (1922), *Mon journal* [*Ett barns memoarer,* 1930], et enfin le *Journal* [*Dagbok,* 1932]. Docteur « honoris causa » de l'université d'Uppsala en 1907, Selma Lagerlöf reçut le prix Nobel en 1909 et fut élue à l'Académie de Suède en 1914.

RÉF. : Selma Lagerlöf, *Mon journal d'enfant,* Paris, 1939. – Léon Maes, *Selma Lagerlöf, sa vie, son œuvre,* Paris, 1939. – Elin Wägner, *Vie de Selma Lagerlöf,* Paris, 1950. – Vivi Edström, *Selma Lagerlöfs litterära profil,* Stockholm, 1986.

LAGRANGE Joseph Louis, comte de. Mathématicien français. Né le 25 janvier 1736 à Turin, mort le 10 avril 1813 à Paris. On peut, à bon droit, le considérer non seulement comme l'un des génies mathématiques les plus féconds de l'histoire des mathématiques, mais aussi comme l'une des personnalités les plus significatives de son époque. Pris complètement dans le mouvement social, culturel et politique du XVIIIe siècle, il partagea, avec les représentants les plus importants de l'illuminisme, la foi la plus entière dans le pouvoir théorique de la raison et dans son efficacité pratique pour rénover la civilisation. À dix-huit ans, il fut nommé professeur à l'École d'artillerie de Turin, et entra en correspondance avec les plus grands mathématiciens de l'époque ; il se lia d'amitié avec d'Alembert, fonda la société qui allait devenir l'Académie des sciences de Turin ; en 1766, il accepta de succéder à Euler pour la direction du cours de sciences de l'Académie de Berlin, où il se rendit en 1769. En 1772, il devint correspondant étranger de l'Académie des sciences de Paris. En 1787, il quitta Berlin pour la France. Lorsque la Révolution éclata, le nouveau gouvernement décida de ne pas appliquer à Lagrange la mesure générale de bannissement prise contre les étrangers. Il présida la commission chargée d'introduire le système décimal des poids et mesures. Lorsque fut fondée l'École polytechnique, il y fut nommé professeur ; puis il passa à l'École normale supérieure. Sous l'Empire, il jouit de la faveur de Napoléon, et fut nommé comte et sénateur. Parmi ses œuvres les plus importantes citons : *Mécanique analytique* (*) (1788) ; *Théorie des fonctions analytiques* (1797) ; *Leçons sur le calcul des fonctions* (1806) et le *Traité de la résolution des équations numériques* (1806). Pour juger la valeur des travaux de Lagrange, il faut tenir compte des caractères généraux de la science au XVIIIe siècle, et ne pas chercher dans son œuvre des bases expérimentales, ni le souci de rigueur qui a caractérisé les physiciens et les mathématiciens du siècle suivant. D'un certain point de vue, on peut dire que Lagrange forme l'anneau terminal de la glorieuse série d'analystes commencée par Newton et par Euler, plutôt que le premier anneau de la nouvelle école critique des mathématiciens du XIXe siècle. L'écart de conception qui sépare les œuvres de Cauchy de celles de Lagrange est en fait infiniment plus grand que leur écart chronologique. Outre les grandes découvertes qu'on lui doit dans le domaine de la mécanique analytique, il faut se souvenir de sa précieuse contribution au calcul des variations et de ses recherches géniales sur la théorie des nombres ; il a également appliqué aux sciences le concept de potentiel, et découvert la méthode pour des équations indéterminées du premier degré à deux inconnues au moyen de fractions continues, etc.

RÉF. : J. J. Virey et F. A. Potel, *Précis historique sur la vie et la mort de J. L. Lagrange*, Paris, 1813. – L. Régnier, *Notice biographique sur M. le comte de Lagrange*, Caen, 1888. – A. N. Krylov et autres, *J.-L. Lagrange* (recueil pour commémorer son bicentenaire), Moscou, 1937 (en russe). – E. T. Bell, *Les Grands Mathématiciens*, Paris, 1939.

LA HARPE Jean François de. Écrivain français. Né et mort à Paris (20 novembre 1739-11 février 1803). Fils d'un gentilhomme suisse au service de la France, il fut orphelin de bonne heure et recueilli par les sœurs de la charité de la paroisse Saint-André-des-Arts. Admis ensuite comme boursier au collège d'Harcourt, il y fit de brillantes études. D'un naturel assez frondeur, il commit un jour l'imprudence de chansonner l'un de ses maîtres, et dut payer cher cet écart : incarcéré à Bicêtre, puis en d'autres lieux du même genre, il fut contraint d'y passer plusieurs mois sans jamais obtenir la moindre atténuation à sa peine. S'étant cru de bonne heure la vocation d'un poète, il débuta dans les lettres à l'âge de vingt ans par un médiocre recueil de vers intitulé *Héroïdes* (1759). Trois années plus tard, il donna un second recueil de la même veine : *Héroïdes et poésies fugitives* (1762). Désireux d'aborder le théâtre, il fit jouer ensuite *Warwick* (1763), tragédie qui plut à Voltaire. Dès ce jour, il se fit l'élève de ce dernier et chercha tellement à l'imiter qu'il s'attira le surnom de « Singe de Voltaire ». Sans plus attendre, il donna trois autres tragédies qui toutes furent de retentissants échecs : *Timoléon* (1764), *Pharamond* (1765) et *Gustave Wasa* (1766). Étant allé se consoler à Ferney, il reçut de Voltaire l'accueil le plus amical et, qui mieux est, le conseil de changer son fusil d'épaule, autrement dit de se consacrer à la critique littéraire. Rentré dans la capitale au début de 1768, il se fit admettre au *Mercure*, y écrivit plusieurs articles de longue haleine, et acquit assez rapidement l'audience des lettrés. Bien qu'il se fît beaucoup d'ennemis par son sectarisme, il s'imposait de plus en plus par des morceaux de bravoure, comme son *Éloge d'Henri IV* (1770), son *Éloge de Fénelon* (1771) et son *Éloge de Racine* (1772). Couronné déjà huit fois par l'Académie française, il y fut enfin reçu en 1776. Il lui prit envie alors de retourner au théâtre. Au cours des dix années suivantes, il y fit jouer plusieurs tragédies : *Menzicoff* (1776), *Les Barmécides* (1778), *Jeanne de Naples* (1781), *Philoctète* (1783), *Coriolan* (1784) et *Virginie* (1786). Sauf pour *Philoctète*, il n'obtint qu'un succès d'estime.

C'est à partir de 1786 que La Harpe allait réellement donner sa mesure en faisant son cours de littérature dans l'espèce d'établissement libre que Pilâtre du Rozier venait de fonder à Paris sous le nom de « lycée », pour l'enseignement des lettres et des sciences – v. *Le Lycée* (*). Du jour au lendemain, La Harpe devint la coqueluche de la haute société parisienne. Quand survint la révolution de 1789, il ne s'en fit pas moins le farouche partisan, allant même jusqu'à se coiffer du bonnet rouge pour réciter en public certaine ode à la liberté dont il était l'auteur. Ayant été ensuite arrêté comme suspect (1794), il prit en horreur la Révolution, fit retour sur lui-même et sortit de prison tout confit en dévotion. Ayant repris ses cours au lycée, il fut proscrit au 18 Fructidor, parvint à se cacher à Corbeil et revint à Paris après le 18 Brumaire. En 1801, il eut l'imprudence de publier la *Correspondance littéraire*, recueil de lettres qu'il avait adressées de 1774 à 1791 au grand-duc Paul de Russie, le futur empereur Paul Ier, et qui étaient pleines de jugements assez sévères à l'égard de ses contemporains. De ce fait même, il fut un objet de scandale jusqu'à sa mort. Outre les ouvrages déjà cités, La Harpe traduisit la *Vie des douze Césars* (*) de Suétone, *Les Lusiades* (*) de Camoëns, etc. Mais il est surtout célèbre par ses cours professés au lycée qu'il publia d'ailleurs sous le titre de : *Le Lycée* (1787-1799).

ROLAND PURNAL.

♦ « [M. de La Harpe a] *du nombre, de l'éloquence, du style, de la raison, de la sagesse, mais rien qui lui batte au-dessous de la mamelle gauche.* » Diderot. ♦ « *C'est un four qui toujours chauffe et où rien ne cuit.* » Voltaire. ♦ « *Ce n'est pas un critique curieux et studieusement investigateur que La Harpe, c'est un professeur pur, lucide, animé.* » Sainte-Beuve.

RÉF. : Ant. Serieys, *Laharpe peint par lui-même*, Paris, 1817. – Gabriel Peignot, *Recherches historiques, littéraires et bibliographiques sur la vie et les ouvrages de Laharpe*, Dijon, 1820. – J. d'Hertault de Beaufort, *J.-F. de La Harpe, littérateur français*, Paris, 1904. – A. Jovicevitch, *La Harpe, adepte et renégat des Lumières*, Seton Hall Univ., New Jersey, 1973.

LAHUTI Abo-l-Kasem. Écrivain soviétique d'origine iranienne. Né en 1887 à Kermanshah, il mourut le 16 mars 1957 en U.R.S.S. Iranien de naissance, il passe son enfance et sa jeunesse dans son pays, où il écrit ses premiers vers. Militant actif, aux côtés des partisans de la Constitution, il s'éloigne des démocrates iraniens dès la Première Guerre mondiale car il ne partage pas leurs sentiments pro-Allemands et pro-Turcs. En 1918, il revint et séjourna dans sa ville natale, mais il dut s'enfuir et se réfugier à Constantinople en raison de ses convictions politiques. Il ne resta pas inactif cependant. En collaboration avec un autre exilé, il publia un bimensuel, *Parsn,* et, de retour en Iran, il alla rejoindre les partisans qui luttaient contre le gouvernement. Après la défaite et l'écrasement du mouvement en 1922, il se réfugia définitivement en U.R.S.S. et il devint citoyen soviétique de la République du Tadjikistan et fonctionnaire au ministère de l'Éducation. – La poésie de Lahuti évoque souvent les phénomènes sociaux et exalte la lutte pour la justice et le progrès social. D'autre part, la libération de la femme, sa juste place dans la société sont parmi ses thèmes favoris. Traducteur de Pouchkine et de Gorki, il resta attaché à sa terre natale d'Iran ; certains de ses vers, très lyriques et pleins d'émotion, évoquent cette quête lancinante : « Écrire pour me rappeler que les compagnons se sont interdit le retour vers leur terre. » Mais il est déjà considéré comme un auteur appartenant à la littérature du Tadjikistan, sa nouvelle patrie. Parmi ses œuvres, on peut citer : *À la jeune fille iranienne, Le Kremlin* [*Kereml,* 1919], *Quatrains* [*Roba'Iyat,* 1924], *Divan* (1946) – v. *Poésies* (*).

LAINÉ Pascal. Romancier et essayiste français. Né le 10 mai 1942 à Anet (Eure-et-Loir). Normalien, agrégé de philosophie, Pascal Lainé a d'abord enseigné dans un lycée technique à Saint-Quentin (Aisne), avant de devenir professeur dans un institut universitaire de technologie à Villetaneuse. C'est de cette première expérience, un lycée technique, que le jeune écrivain tirera le sujet de son livre *L'Irrévolution* (prix Médicis 1971). Déjà les thèmes futurs sont en place : la difficulté de surmonter des oppositions de « classes » (le professeur est déplacé dans ce milieu prolétaire ; malgré ses efforts pour comprendre ses élèves, il sera toujours « l'autre »), et l'attention prêtée aux « petites gens ». Avec *La Dentellière* (*) (prix Goncourt 1974), ce double thème est superbement illustré par l'« anti-destin » de Pomme. Pomme, jeune shampooineuse, candide, naïve, se heurtera à un « sorbonnard », Aimery de Béligné, qui ne saura pas la comprendre. Le souci de Pascal Lainé d'éviter le romanesque, cette façon de dédramatiser une histoire d'amour malheureuse, donnent à ses romans un sens aigu des contraintes sociales. Travail de romancier qu'il complète par un travail de sociologue, notamment avec son essai sur *La Femme et ses images* (1974). Pascal Lainé donnera par la suite libre cours à une veine plus ludique avec *Tendres cousines* (1979), *Jeanne du bon plaisir ou les Hasards de la fidélité* (1984), *Dîner d'adieu* (1991), *Dialogues du désir* (1992), romans où il cultive le marivaudage libertin façon XVIIIe siècle : art de la transposition et de l'équivoque.

PHILIPPE BLONDEAU.

LAING Ronald David. Psychiatre écossais. Né à Glasgow le 7 octobre 1927, mort à Saint-Tropez (Var), le 23 août 1989. Ronald David Laing, pionnier de « l'antipsychiatrie », obtient le doctorat en médecine à l'université de Glasgow en 1951 et sert comme psychiatre dans l'armée britannique de 1951 à 1953. Très rapidement il rompt avec l'approche psychiatrique classique, pour se situer dans le courant de la psychologie existentielle, inspirée de Heidegger, Binswanger et Sartre. Il s'intéresse également aux thèses du psychiatre américain Harry Stack Sullivan sur les relations interindividuelles. Pour Laing, la psychose n'est pas une maladie, mais un phénomène social. Le thérapeute doit établir un contact humain avec le patient et essayer ensuite de s'ouvrir à son expérience plutôt que de plaquer sur celle-ci une grille de référence, qu'il s'agisse de la psychiatrie ou de la psychanalyse. La notion d'expérience est au centre de sa démarche (comme de celle de Carl Rogers). Laing entend par expérience la connaissance intime que chacun a de soi-même, la façon dont il ressent une situation, une relation ou un événement. Si le psychiatre n'essaie pas de comprendre l'expérience de son patient, il ne fera qu'accentuer son aliénation : « Les schizophrènes, déclare-t-il, ont plus de choses à apprendre aux psychiatres sur le monde intérieur, que les psychiatres à leurs malades. » En effet, selon Laing, les psychiatres connaissent encore très mal la folie. Souvent les traitements destinés à soulager la souffrance des patients sont eux-mêmes cause de souffrance. Laing estime donc que personne n'a encore trouvé une méthode fiable pour traiter les malades mentaux. Cette opinion a suscité de très vives controverses au sein du monde médical, en même temps qu'elle assurait à son auteur la sympathie de l'intelligentsia gauchiste et des milieux progressistes.

Poursuivant ses travaux au Royal Hospital de Glasgow (1955), au département de psychologie de l'université de Glasgow (1953-1956) et à la Tavistock Clinic de Londres (1957-1961), centre de psychanalyse freudienne orthodoxe, Laing s'écarte, à partir de 1960, de cette méthode et critique vivement les approches psychiatriques classiques. Ses idées sur la schizophrénie sont développées dans *Le Moi divisé* (*) (1969).

Dans les années 60, Laing entreprend ses expériences controversées sur l'utilisation thérapeutique de la mescaline et du L.S.D. Convaincu que la psychose porte en elle-même les germes de sa guérison, il considère la drogue comme une expérience enrichissante pour l'individu et va jusqu'à proposer le recours aux drogues psychédéliques pour faciliter le « voyage » dans le « moi intérieur ».

De 1958 à 1963, il étudie l'évolution et les structures familiales de onze familles de schizophrènes et regroupe ses conclusions dans *La Politique de la famille* [*Sanity, Madness and The Family,* 1964] où certaines formes de schizophrénie sont présentées comme l'expression d'une « révolte contre la fonction répressive de la famille ». En 1964 il transforme Kingsley Hall, un foyer d'étudiants dans l'East End de Londres, en un « lieu de vie » expérimental : une communauté de schizophrènes où se pratique la psychothérapie de groupe avec des méthodes non directives de l'antipsychiatrie. Les patients, médecins et administrateurs y vivent sans se soucier des distinctions de rang ou de rôle. C'est grâce au témoignage de Mary Barnes et de Joseph Berke dans *Un voyage à travers la folie* [*Two Accounts of a Journey through Madness,* 1971] que Kingsley Hall est connu du grand public. L'école orthogénique de Chicago, créée par Bruno Bettelheim et celle de Bonneuil, en France, fondée par Maud Mannoni, partent de ce même principe qu'un milieu accueillant et ouvert peut guérir spontanément la psychose. Inutile donc de demander aux patients psychotiques de s'adapter à un monde perçu comme hostile. En effet, selon D.W. Winnicott — qui fut l'analyste de R.D. Laing —, la névrose ne peut donner lieu à une guérison spontanée, mais la psychose qui est directement liée à la santé peut, elle, guérir spontanément.

En 1964 Laing devient président de la Philadelphia Association and Mental Health Charity (Londres), créée avec Aaron Esterson et David Cooper. Elle consiste en un réseau d'habitations qui fournissent des possibilités d'hébergement et de soins aux malades mentaux qui ne voulaient pas être internés dans des hôpitaux psychiatriques.

Laing a toujours refusé le titre de gourou et prétendu que les antipsychiatres, ce sont les autres, les « médecins qui souillent le nom de la psychiatrie par leur brutalité, leur cruauté ». Néanmoins, l'histoire retient qu'il a été, avec David Cooper, le fondateur de l'antipsychiatrie. Ensemble ils ont essayé de « dépsychiatriser » l'abord de la maladie mentale et de mettre l'accent sur l'influence des facteurs socioculturels dans l'origine des troubles psychiques. Notre culture, selon eux, reste trop souvent génératrice d'aliénation, car elle enferme l'individu dans « la camisole de force des conformismes sociaux ». Dans *Raison et Violence* [*Reason and Violence,* 1964] ils présentent la pensée existentialiste de Jean-Paul Sartre comme responsable de la nouvelle vision que l'homme a de lui-même. Ils remontent aux origines de l'approche existentialiste, base de leurs recherches, en particulier à propos du groupe qui constitue le milieu familial. Laing et Cooper démontre comment la théorie sartrienne prend en compte à la fois le fantasme individuel, les relations entre personnes, les systèmes socio-techniques et les relations entre groupes.

Dans *La Politique de l'expérience* [*The Politics of Experience,* 1967], Laing explore les maladies de notre société, présentant le criminel, le malade mental et le révolutionnaire comme des explorateurs mystiques vivant au sein d'un monde mécanique et haineux.

Dans son autobiographie *Sagesse, déraison et folie : la fabrication d'un psychiatre* [*Wisdom, Madness and Folly : The Making of a Psychiatrist,* 1985] où il évoque sa rupture avec la psychiatrie classique, il renie la majeure partie de ses travaux, dont ses « politics of madness » et reconnaît l'échec de la plupart de ses méthodes de traitement des schizophrènes. « Je n'essaie ni de me justifier ni de prouver que j'ai raison », écrit-il. Il ne nie pas avoir idéalisé la maladie mentale et avoir romancé la détresse des malades mentaux quand il était jeune psychiatre. Il avoue avoir compris avec le temps les difficultés que la société peut éprouver à tolérer et à prendre en charge ceux dont le comportement est insupportable pour autrui. La question que la folie nous pose est celle-ci : « Que faire quand on ne sait plus quoi faire ? » Par exemple, « si un violoniste dans un orchestre joue faux, ne l'entend pas, ne le croit pas, refuse de se retirer et insiste pour prendre sa place pour jouer à toutes les répétitions et à tous les concerts, massacrant ainsi la musique, que peut-on faire ? » demande-t-il. C'est en essayant de répondre à cette question « sociale » que Laing prend conscience qu'il n'aimerait pas être traité comme ses propres patients.

Quelques-uns des traitements traditionnels qui avaient particulièrement horrifié Laing (convulsions et comas induits par l'insuline, lobotomies, électrochocs, cellules capitonnées et camisoles de force) furent remplacés par les drogues et les psychotropes pendant les années 50. Néanmoins, pour Laing le traitement, les soins et le contrôle des malades mentaux aujourd'hui n'est pas très différent de ce qui se pratiquait auparavant. Le terme « fosse à serpents » demeure une description fidèle de bon nombre d'hôpitaux modernes spécialisés dans le traitement des malades mentaux. Et l'administration de drogues aux patients est toujours peu efficace. Ainsi en 1985 Laing a fait chorus avec d'autres psychiatres pour condamner le retour des traitements à base d'électrochocs au sein de l'hôpital psychiatrique moderne.

Après un séjour en Inde en 1972, Laing s'intéressa au bouddhisme, au zen et à la réincarnation. Il en vint alors à critiquer de plus en plus la rationalité de notre société, qui voile les mystères dont nous sommes entourés, et la pratique psychiatrique elle-même, qui ignore le domaine personnel, notamment la subjectivité la plus intime.

Laing a publié aussi un recueil de poèmes,

Nœuds [*Knots,* 1970], et des sonnets [*Sonnets,* 1979]. La transcription des entretiens avec ses trois filles (Natascha, Fiona, Caron) et ses six fils (Adrian, Paul, Adam, Benjamin, Max, Charles) parue dans la revue américaine *Harper's* a été reprise dans *Conversations avec mes enfants.*

PAMELA TYTELL.

LALANDE André. Philosophe français. Né à Dijon le 19 juillet 1867, mort à Asnières le 15 novembre 1963. Docteur ès lettres en 1899 avec une thèse sur *L'Idée directrice de dissolution opposée à celle d'évolution dans la méthode des sciences physiques et morales*, il enseigna à l'École normale supérieure de Sèvres puis à la Sorbonne de 1904 à 1937, puis à l'université Fu'ad du Caire de 1937 à 1940. Il est l'auteur de *Psychologie des jugements de valeur* (1928), des *Théories de l'induction et de l'expérimentation* (1929), des *Illusions évolutionnistes* (1930), de *La Raison et les Normes* (1948). Il fut le directeur et le principal rédacteur du *Vocabulaire technique et critique de la philosophie* (*) (1926) et a largement contribué au *Traité de psychologie*, publié sous la direction de Georges Dumas.

LALANDE Michel-Richard de. Compositeur français. Né à Paris le 15 décembre 1657, mort à Versailles le 18 juin 1726. Quinzième enfant d'une famille assez modeste (son père était tailleur), il manifesta des dons musicaux très précoces et travailla la composition, l'orgue et le clavecin. Bientôt organiste de renom, il obtint dès 1677 l'orgue du couvent du Petit Saint-Antoine, et, un peu plus tard trois autres places d'organiste. Maître de musique, il eut à cette époque comme élèves la fille du duc de Noailles, puis les futures duchesses de Bourbon et de Chartres, filles légitimées de Louis XIV. Il succéda bientôt à Lully dans la faveur du monarque et, nommé en 1683 l'un des quatre maîtres de musique de la chapelle, fit exécuter à Versailles divers ballets et divertissements : *Le Concert d'Esculape* (1683), le *Ballet de la Jeunesse* (1686), le *Ballet de Flore* (1689), les intermèdes de *Mélicerte* (*) de Molière (1698), *Adonis* (1698), l'*Hymen champêtre* (1700), ainsi que des suites de danses et des *Symphonies pour les soupers du Roi.* Mais c'est surtout dans la musique religieuse que Lalande devait faire montre d'un talent vraiment original. Pour la chapelle du roi, il donna entre autres ses *Grands motets* (*), composés surtout entre 1685 et 1710, dans lesquels Lalande témoigne d'une grande maîtrise alliée à un profond sentiment religieux et qui remportèrent à la cour de Louis XIV – qui, sous l'influence de Mme de Maintenon, se tournait vers la dévotion – un immense et durable succès. On possède également de lui un *Te Deum* (*), un *De Profundis* (+) et des *Psaumes* (*). Titulaire de la plupart des charges musicales de la Cour, Lalande fut, en 1722, anobli par Louis XV ; il était, quelques années auparavant, revenu à la musique profane et avait composé plusieurs ballets et divertissements : *L'Inconnu* (1720), *Les Folies de Cardénio* (1721) et, en collaboration avec Destouches, l'opéra-ballet *Les Éléments* (1721).

RÉF. : A. Tessier, *La Carrière versaillaise de Michel-Richard de Lalande,* Paris, 1928. – N. Dufourcq, *Michel-Richard de Lalande (1657-1726). Notes et références pour servir à son histoire suivies du Catalogue thématique de l'œuvre,* Paris, 1957. – J. R. Anthony, *La Musique en France à l'époque baroque (de Beaujoyeulx à Rameau)*, Paris, 1982.

LALLI Giovambattista. Poète italien. Né à Norcia en 1572, mort en cette même ville en 1637. Ce protégé des Farnèse, diplômé en droit à Pérouse, gouverna de petites villes du Latium et du duché de Parme. Homme estimé pour son savoir, apprécié pour ses manières aimables, Lalli aimait passionnément la poésie et put se consacrer librement à cette passion dans les dernières années de sa vie, lorsqu'il se retira à Norcia, loin des charges publiques. Il écrivit des poésies sérieuses, héroïques et sacrées, mais sa réputation est liée à ses poèmes burlesques. Il publia *La Moschéide* en 1624, *La Francéide* en 1629, les *Œuvres poétiques* [*Opere poetiche*] en 1630, *L'Énéide travestie* (*), parodie de Virgile, en 1633, et *La Jérusalem désolée* [*La Gerusalemme desolata*] en 1635.

LALO Édouard. Compositeur français. Né le 7 janvier 1823 à Lille, mort le 22 avril 1892 à Paris. Sa famille, d'origine espagnole, était fixée depuis longtemps dans les Flandres. Il fit ses premières études musicales à Lille, auprès de Baumann qui lui fit connaître Bach, Mozart et Beethoven. Vers 1840, bien résolu à devenir compositeur, Lalo vient à Paris. Il fréquente le Conservatoire, travaille la composition et le violon. Il écrit de la musique de chambre qui ne reçoit qu'un accueil indifférent ; ce genre n'intéressait pas à l'époque, encore moins lorsque l'auteur, inconnu, parlait un langage personnel absolument opposé au goût – médiocre – du jour. En 1855, lorsqu'il devient l'altiste du Quator Armingaud, l'une des rares formations de chambre qui existât alors en France, Lalo est l'auteur d'une œuvre déjà importante : un quatuor à cordes, deux trios, deux sonates, violon et piano, violoncelle et piano, des mélodies. Pourtant, il va rester près de dix ans sans rien écrire qui ait été publié. Il se marie en 1865, sa femme, contralto, est son interprète au concert. La même année, les Beaux-Arts ouvrent un concours pour un ouvrage lyrique, Lalo décide de tenter sa chance et sur un livret tiré de la tragédie de Schiller, *La Conjuration de Fiesque à Gênes* (*), il écrit *Fiesque* terminé en 1867 : c'est un échec, sa partition contient trop de hardiesses, elle effraie les « officiels » et Lalo détruira son œuvre dont certains éléments seront repris dans des partitions ultérieures. À quarante-cinq ans, Lalo est donc toujours ignoré du grand public, seuls quelques esprits avertis ont décelé sa valeur qui, après la fondation de la Société nationale de musique en 1870, favoriseront l'audition de ses ouvrages symphoniques, la *Symphonie en sol mineur,* ses concertos pour violon, la *Symphonie espagnole* (*), la *Fantaise norvégienne* — remaniée en Rhapsodie —, le *Concerto pour violoncelle* et, plus tard, son *Concerto pour piano.*

Le théâtre boude Lalo qui brûle pourtant de s'y essayer ; il met en chantier son *Roi d'Ys* dont certains extraits symphoniques sont, dès 1876, donnés au concert, où ils reçoivent un accueil très favorable, mais il lui faudra attendre encore plusieurs années avant que l'Opéra lui demande un ouvrage, non point lyrique, mais un ballet. Vaucorbeil, le directeur, appréciait hautement Lalo, mais il craignait que ce « symphoniste » ne réussît pas à la scène ; en fait, c'est ce qui arriva, la valeur musicale de *Namouna* (*) n'en fut pourtant pas responsable : une véritable cabale avait été montée contre Lalo par les interprètes, d'autres compositeurs jaloux, des abonnés furieux de n'avoir pas réussi à empêcher ce ballet d'être représenté — c'est Gounod qui sauva *Namouna,* en terminant l'orchestration que Lalo, très malade, ne pouvait achever pour la date fixée —, et ils se déchaînèrent le 7 mai 1882. Leur triomphe fut de courte durée, car le ballet, transformé en suite de concert, connut immédiatement un très grand succès (de nos jours, l'Opéra a réparé cette injustice et présente des extraits de *Namouna,* dansés sous le titre de *Suite en blanc*). Enfin, en 1888, quatre ans seulement avant sa mort, Lalo allait voir son rêve se réaliser : l'Opéra-Comique montait *Le Roi d'Ys* (*) et ce fut un triomphe. Cette œuvre courte, puissante, éclatante, où la grâce alterne avec le drame, fut une réussite immédiate. Sa « nouveauté » ne choque point et l'ouvrage ne sacrifie ni à la facilité ni à la vulgarité. Aristocratique et indépendant, Lalo le fut dès le début et tout au long de sa carrière. Il convient cependant de remarquer que, loin de dédaigner les éléments populaires, il fut au contraire l'un des premiers compositeurs français qui intégrèrent des thèmes folkloriques (chanson bretonne du *Roi d'Ys, Symphonie espagnole, Concerto russe* — pour violon — etc.) dans des œuvres d'envergure ; par là, et par la pureté de son art qui ne doit rien à personne, Lalo est, sans l'avoir voulu, l'un des musiciens qui exercèrent une forte influence sur les compositeurs des générations qui suivirent.

CLAUDE BRACH.

♦ *« ... La musique de Lalo, d'une ligne toujours nette, d'un modelé merveilleux, reste aussi étrangère au mystère qu'au mysticisme. Il semble qu'elle ait horreur du vague autant que de l'emphase et de l'excès. »* Paul Dukas. ♦ *« ... La musique de Lalo est d'un art essentiellement aristocratique. C'est une ciselure ouvragée avec une extrême délicatesse, tracée sans effort visible, venue, semble-t-il, tout naturellement. Elle n'a rien de romantique, trahit peu d'inquiétudes, et son sentiment intime n'est pas très profond... »* Julien Tiersot.

RÉF. : Georges Servières, *Édouard Lalo,* Paris, s.d. — Julien Tiersot, *Un demi-siècle de musique française,* Paris, 1918. — Paul Dukas, *Histoire du théâtre lyrique en France,* Paris, 1936-1937. — Édouard Lalo, *Correspondance,* Paris, 1989.

LAMARCK Jean-Baptiste Pierre Antoine de Monet, chevalier de. Naturaliste français. Né le 1er août 1744 à Bazentin (Somme), mort le 18 décembre 1829 à Paris. Descendant d'une famille noble, il fut destiné par son père à la carrière ecclésiastique et fit ses études au collège des jésuites d'Amiens. Lamarck avait seize ans lorsque la mort de son père le laissa libre de choisir un autre état. Il quitta le collège et prit le métier des armes. Rejoignant dans le Hanovre l'armée du maréchal de Broglie, il se distingua aussitôt à la bataille de Willingshausen, et fut promu officier sur le champ de bataille. Mais la guerre de Sept Ans terminée (1763), Lamarck ne put se résigner à l'ennui de vie de garnison, mit l'épée au croc et s'établit à Paris, dans l'intention de reprendre des études de zoologie qu'il avait commencées plus jeune. Il demeurait dans une mansarde assez élevée, et s'amusa à faire des observations météorologiques — il continua toute sa vie à s'occuper de météorologie, même lorsqu'il fut devenu un zoologiste célèbre. Son mémoire *Sur les vapeurs de l'atmosphère* recueillit les éloges de l'Académie des sciences (1776). Mais la célébrité lui vint comme botaniste. Il avait commencé à constituer un herbier ; peu satisfait des méthodes de classification linnéenne, il introduisit la méthode analytique et dichotomique encore en usage aujourd'hui. Le fruit de ces études fut son grand ouvrage *La Flore française* (1778 et 1795) qui fut éditée aux frais du gouvernement sur la proposition de Buffon. Cette œuvre lui ouvrit les portes de l'Académie des sciences (1779). Il fut ensuite envoyé en mission en Hollande et en Allemagne pour y étudier l'organisation des jardins botaniques ; on lui confia la rédaction de la partie botanique de l'*Encyclopédie méthodique* (1785) ; et finalement, en 1788, à la mort de Buffon, il se vit confier un poste au Jardin des Plantes de Paris. Sans la Révolution, Lamarck ne serait demeuré qu'un grand botaniste ; mais un décret de la Convention en date du 10 juin 1793 réorganisait sur des bases toutes nouvelles le Jardin botanique ; Lamarck perdit alors son poste, et se vit confier en compensation la chaire de zoologie des invertébrés au Muséum national d'histoire naturelle. À part ses études de jeunesse, rien ne l'avait fait connaître en tant que zoologiste, ce qui ne l'empêcha pas de commencer en juillet 1795 ses cours. En peu de temps il devint l'un des plus grands zoologues des temps modernes. Parmi ses œuvres devenues classiques, citons l'*Histoire naturelle des animaux sans vertèbres* (*) (1815-1822) en sept volumes, qui marque un progrès décisif sur les travaux de Linné et de Buffon ; la *Philosophie zoologique* (*) (1809) préparée par les *Recherches sur l'organisation des corps vivants* (1809) et dans laquelle il formule ses idées évolutionnistes, évolutionnisme qui dans son dernier ouvrage, le *Système des connaissances positives de l'homme*, devint une métaphysique de la Nature. Ses dernières années furent attristées par une maladie qui lui fit perdre progressivement la vue, puis la raison.

♦ *« Il s'était identifié avec ses systèmes : le désir de les propager, de les faire prévaloir, l'emportait à ses yeux sur tout autre objet et lui faisait paraître ses plus grands, ses plus utiles travaux comme de légers accessoires à ses hautes spéculations. »* Cuvier. ♦ *« Il rendit, le premier, à la science l'éminent service de déclarer que tout changement dans le monde organique, aussi bien que dans le monde inorganique, est le résultat d'une loi, et non d'une intervention miraculeuse. »* Darwin.

RÉF. : A. S. Packard, *Lamarck, the Founder of Evolution...*, Londres, 1901. – Claire Richter, *Le Monisme de Lamarck*, Paris, 1909. – Élie Faure, *Les Constructeurs*, Paris, 1914. – Edm. Perrier, *Lamarck*, Paris, 1925. – Jean Rostand, *Hommes de vérité*, 2e série, Paris, 1948. – H. G. Cannon, *Lamarck and Modern Genetics*, Springfield, Illinois, 1959. – *Lamarck et son temps, Lamarck et notre temps*, colloque de Chantilly, Vrin, Paris, 1982. – Yves Delange, *Lamarck : sa vie, son œuvre*, Arles, 1984.

LAMARTINE Alphonse Marie Louis de. Poète, écrivain, orateur et homme d'État français. Il naquit à Mâcon le 21 octobre 1790 et mourut à Paris le 28 février 1869. Son père, Pierre de Lamartine, chevalier de Pratz, capitaine de cavalerie au régiment Dauphin jusqu'en 1791, où il quitta volontairement l'armée, n'avait fortune et rang que de cadet ; sa mère, Alix des Roys, fille de la sous-gouvernante des enfants d'Orléans à Paris, épousée par amour, avait reçu une solide culture classique au chapitre noble de Saint-Martin en Beaujolais ; elle en avait rapporté un sincère sentiment de piété. Lamartine appartient donc à l'élite de la bourgeoisie et à la noblesse dite de robe ; son grand-père et son oncle Louis, possesseur du château et du domaine de Monceau, firent au total assez fastueuse figure dans leur province, mais ses aïeux ne remontent pas plus haut que le XVIe siècle.

Le chevalier de Lamartine, dès son retour en Bourgogne, décida de vivre sur sa modeste part d'héritage, le vignoble de Milly, proche de Mâcon. Royaliste fervent, qui avait combattu le 10 août 1792 pour la défense des Tuileries, il considéra dès le début Bonaparte, consul et empereur, comme un « usurpateur », et se condamna, en pleine maturité, à une morose retraite. À Alphonse, entre 1790 et 1802, il donna cinq sœurs – et un frère mort en bas âge. La première éducation de Lamartine eut lieu ainsi en pleine campagne parmi des fils de vignerons et de manouvriers. Il fréquentait l'école rurale tenue par le jeune abbé Dumont, vicaire de la paroisse de Bussières, limitrophe de celle de Milly ; il reçut de lui ses premières leçons de latin et de français. Aux veillées, sa mère contrôlait et complétait son instruction ; elle écrivait elle-même avec élégance : Fénelon et Racine étaient ses dieux, et Alphonse en récitait des pages. Au printemps de 1801, il fut placé comme interne à Lyon dans la pension Puppier ; il s'en évada ; repris, il s'y ennuya cruellement. À partir d'octobre 1803, il trouva un climat plus favorable au collège de Belley, tenu par les pères de la Foi. Il y parcourut, jusqu'au début de 1808, le cycle régulier des classes, de la troisième à la philosophie ; il y remporta des succès scolaires appréciables et y noua de solides liens d'amitié avec trois de ses camarades, Aymon de Virieu, Louis de Vignet, Prosper Guichard de Bienassis ; avec le premier qu'il appelait sa « conscience », bien que tous deux différassent d'idées et de convictions politiques, il entretint une correspondance faite de confidences et de discussions ; elle devait durer jusqu'à la mort d'Aymon en 1841.

De 1808 à la première Restauration, Lamartine demeure à Milly ; un séjour à Mâcon, dans le commun hôtel familial, rompait pour lui en hiver la monotonie des jours. Les siens ne pouvant rien faire de lui, ni dans l'armée, ni dans la diplomatie, ni dans l'administration, puisqu'il eût ainsi servi Napoléon, se décidèrent à tolérer qu'il ne fît à peu près rien. Oisiveté tout apparente ; c'est dans ces années, entre ses dix-sept et ses vingt-trois ans, que le jeune homme sent s'affirmer sa vocation poétique déjà éveillée à Belley ; un peu au hasard il fait d'amples lectures. Il se donne ainsi, sans que les siens s'en doutent, une formation personnelle qu'un voyage va compléter. Envoyé en Italie, de juillet 1811 jusqu'en avril 1812, il découvre à Florence, à Rome, surtout à Naples, l'éblouissement et la volupté de la lumière d'outre-monts ; c'est à Naples qu'il séjourne le plus longtemps – près de cinq mois –, reçu chez un cousin de sa mère qui y dirigeait la manufacture des tabacs ; il y entretient une intrigue ardente avec une jeune fille qui tenait dans la maison le rôle d'intendante ; de cette Antoniella il devait faire, quarante ans plus tard, la pudique *Graziella* (*). L'influence de ce voyage fut décisive.

Aux premiers jours de la Restauration, M. de Lamartine obtient pour son fils une place de garde du corps de Louis XVIII, acceptée avec entrain ; à Beauvais d'abord, où il tient garnison, puis à Paris où il fait, quelques semaines, le « service du château » aux Tuileries, Lamartine s'y ennuie ; après s'être exilé en Suisse pendant les Cent-Jours, pour échapper au service de Napoléon, il se fait rayer des contrôles. Sa vocation littéraire l'emporte décidément sur toutes les ambitions.

Ses premiers essais montraient en lui un disciple de Voltaire, de Parny, et aussi de Chateaubriand. Dès 1813, il a commencé d'écrire un poème épique et national sur *Clovis.* Dans le même temps, il conçoit une tragédie biblique, *Saül* (*), écrit une tragédie antique, *Médée*, commence une *Zoraïde.* Voilà pour les « grands genres ». Mais voici des inspirations plus intimes : « quatre petits livres d'élégies », écrites pour célébrer le séjour à Naples et l'ardente figure de la Napolitaine ; elle était morte, hélas ! poitrinaire, en janvier 1815, et il l'avait harmonieusement appelée « Elvire ».

À l'automne de 1816, il était venu à Aix-en-Savoie, près du lac du Bourget, pour soigner une crise de foie ; c'est à l'âme surtout qu'il souffrait. Dans la pension de famille où il était descendu, il rencontra une jeune femme qui achevait sa cure : Mme Julie Charles, femme du « physicien » illustre, secrétaire perpétuel de l'Académie des sciences, qui, en 1783, avait accompli avec succès la première ascension scientifique. Pâle et brune, Mme Charles était, à trente-deux ans, menacée par la phtisie. Un mutuel attrait, dès le premier échange de regards, réunit les deux isolés. Brève idylle : dès le 26 octobre, Mme Charles regagnait Paris. Lamartine l'y rejoignait au début de janvier 1817 ; reçu par elle en son salon de l'Institut, présenté aux amis royalistes qui fréquentaient ce cercle un peu fermé – entre autres au philosophe Bonald –, il ne repartit pour la Bourgogne qu'au début de mai. Tous deux étaient convenus de se retrouver en août au bord du lac de Savoie ; Mme Charles, dont le mal avait progressé, ne put faire le voyage ; Lamartine l'attendit plusieurs semaines, en vain. Dès la fin d'août il commença d'esquisser l'« ode » qui, sous le simple titre, *Le Lac*, deviendra la plus célèbre des *Méditations poétiques* (*) – poème où, après avoir évoqué une promenade faite sur ces flots l'année précédente, après avoir rythmé le chant de la jeune femme, il conjurait la nature, moins périssable que l'homme, de conserver le souvenir de l'ivresse passée.

Mme Charles mourut en décembre suivant, réconfortée par un retour à la foi chrétienne, après avoir légué à Lamartine le crucifix sur lequel s'était posée sa « bouche expirante ».

Pendant deux ans Lamartine se partage entre Mâcon et des séjours à Paris, où il est accueilli avec faveur dans les salons ; il y subit, en 1819, la « séduction » d'une « passion ardente et involontaire » pour une radieuse Italienne, véritable « Circé », « magicienne », épuisante ; cette « comtesse Léna » de Larche le divertit de son regret, sans lui faire oublier Mme Charles. Il travaille aussi à *Saül*, qu'il lit sans succès à Talma, et, à des intervalles inégaux, il laisse couler de son cœur des élégies ou des méditations qu'il soumet à Virieu ; ce sont tantôt des strophes ou des quatrains, *L'Isolement, Le Vallon, L'Automne*, tantôt des sortes de « discours en vers », plus harmonieux, plus nourris de sentiments que ceux de Voltaire, *Dieu, La Foi, L'Homme, L'Immortalité.* Élégies ou discours, il en donne des lectures dans plusieurs salons parisiens ; Villemain, alors jeune professeur en Sorbonne, l'abbé-duc de Rohan, se joignent à ses admirateurs. Une rumeur de renommée monte autour de son front charmant. C'est pour y satisfaire – et pour l'éprouver – qu'il accepte de laisser imprimer, à cinq cents exemplaires, le recueil des *Méditations poétiques.* Il n'en attendait point la gloire, tout au plus une estimable réputation ; or ce fut, dit plus tard Sainte-Beuve, une « révélation ». Toute une génération, la première génération des romantiques, y découvrit en des images amples et simples, en des rythmes souples, la poésie du sentiment, de l'inquiétude religieuse, de la foi, bref toute la poésie pure qui enivre et qui plane. Pour cette génération, Lamartine fut en même temps un Racine moderne et un Chateaubriand en vers.

Pendant dix ans, d'avril 1820 au lendemain de la Révolution de 1830, le poète suivit la carrière de la diplomatie ; carrière coupée par de longs congés ; il ne fut « en poste » qu'à Naples comme « attaché », jusqu'au début de 1821, et à Florence, comme secrétaire de légation, du printemps de 1825 à l'été de 1828 ; un peu moins de cinq années au total. Marié dès le mois de juin 1820 à Chambéry, sur le chemin de l'Italie, avec une Anglaise convertie au catholicisme, Mlle Marianne-Elisa Birch, qui fut pour lui une épouse pleine d'admiration et de dévouement, il vécut, pendant ses congés, en Bourgogne ; son père lui avait fait présent du vieux château de Saint-Point, à proximité de Mâcon, qu'il restaura dans un style faussement gothique, mais où, à l'intérieur, il installa le « confort anglais ». Paris ne le voyait que pour d'assez brefs séjours ; il noua de sûres amitiés avec ses confrères plus jeunes : Victor Hugo, Alfred de Vigny, Émile Deschamps ; il ne fréquenta point cercles littéraires et cénacles ; les premiers romantiques – ceux de *La Muse française* (*) ou ceux du *Globe* – acceptaient que sa gloire indiscutée les dominât d'un peu haut, d'un peu loin.

À l'automne de 1823, Lamartine, à peu de jours d'intervalle, publia, chez un nouvel éditeur, deux livres nouveaux. Les *Nouvelles Méditations* (*) répondaient, en apparence, par leur titre et par leurs sujets, à l'attente du public ; cependant, la composition en était plus artificielle que celle du volume de 1820 ; elles étaient formées surtout d'élégies, d'odes et de stances. Cependant, les *Nouvelles Méditations*, plus variées et diverses que les premières, n'obtinrent qu'un demi-succès. *La Mort de Socrate* (*) eut plus d'admirateurs. Les mêmes qualités d'élégance, mais non point toujours de mesure, se retrouvent dans le poème qu'on pourrait appeler « La Mort de Byron » et qui parut en 1825 sous le titre : *Le Dernier Chant du pèlerinage d'Harold* (*).

En cette année 1825, au moment où il va

partir pour Florence comme secrétaire de légation, un vaste projet, connu seulement de quelques intimes, occupe l'imagination de Lamartine : celui d'un vaste poème conçu le 20 janvier 1821, au sortir de Naples, comme il remontait par Rome vers la France. Cette « épopée de l'âme », il l'a, plus tard, définie « l'histoire de l'âme humaine et de ses transfigurations à travers des existences et des épreuves successives, depuis le néant jusqu'à la réunion au centre universel : Dieu... ». Ce poème mystique autant qu'épique faisait ainsi une large place à l'histoire de l'humble humanité, incarnée en quelques-uns de ses fils de choix ; leur destin se fût déroulé en une suite d'« épopées » significatives, et le poète, « barde de Dieu », eût aperçu le développement de ces tableaux comme une série d'harmonieuses « visions ». Ainsi avait abouti la fermentation épique qui, depuis sa jeunesse, travaillait l'imagination de Lamartine. Dès 1823, il avait tenté de disposer sur le chantier une ou deux des « visions » prévues ; le loisir lui avait vite manqué. Quand pourrait-il se retourner vers le « grand œuvre » ?

À Florence, de 1825 à 1828, ce sont d'inépuisables chants qui sortirent de son âme, des chants à la gloire de Dieu qu'il appelait des « psaumes modernes ». Pour la première fois, peut-être, il se sent l'âme comblée ; si, en novembre 1822, il a perdu, après quelque vingt mois, son premier enfant Alphonse, sa fille Julia est née peu de mois auparavant ; âgée maintenant de quatre ans, elle est devenue, par sa gentillesse et sa précocité, l'objet de son adoration ; avec Marianne-Elisa, elle est, ici, le sourire de son foyer. Près d'elles, il est heureux et serein ; l'enivrement du ciel et du paysage toscans ajoute à son bonheur. Par l'intermédiaire de la nature, en des êtres qu'il aime, son âme s'élance jusqu'à Dieu ; elle s'exprime en des hymnes, en des cantiques d'un lyrisme abondant, musical et pur, en des effusions « sans liaison, dit-il, sans suite, sans transition apparente » dont l'ensemble formera une symphonie à la gloire de la divinité ; avec elle, l'homme et la nature, qui sont également son œuvre, constituent les notes fondamentales de l'« harmonie » universelle que le poète tâche de dégager. Du printemps de 1826, date des deux premiers morceaux, *L'Hymne du matin* et *L'Hymne du soir dans les temples*, part le déroulement de ce large flot poétique ; à peine si Lamartine se retourne une fois vers *Milly ou la terre natale ;* en 1828, *L'Infini dans les cieux* reprend, en l'élargissant, l'inspiration stellaire des *Étoiles* de 1823 ; et la suite dite des « Quatre Grandes Harmonies », *Jéhova, Le Chêne, L'Humanité, L'Idée de Dieu*, ramasse et condense la démonstration du recueil entier ; tout dans l'univers, mais aussi dans l'histoire, tout parle de Dieu, tout démontre sa présence. Retrouvée à l'automne de 1828, la France lui rendit son âme tourmentée ; il écrivit *L'Hymne de la mort* et le magnifique *Hymne au Christ*, dernier acte public de sa croyance chrétienne. Dès l'automne de 1829, le poème intitulé *Novissima verba* [Les dernières paroles], après un regard jeté sur le passé de l'auteur, ne traduit plus que de l'inquiétude, du regret et du doute ; et bientôt, remontant jusqu'à l'Italie de 1812, le *Premier Regret* pleure sur la tombe de la Napolitaine, morte en 1815, que Lamartine appellera Graziella. Ces dernières *Harmonies* ne méritaient plus leur nom ; elle n'étaient que les plus douloureuses et amères des *Méditations.* Mais, par la virtuosité débordante de la forme, elles ne faisaient point disparate. Lorsque, le 15 juin 1830, parurent les *Harmonies poétiques et religieuses* (*) réparties entre quatre livres, si quelques-uns en discutèrent l'inspiration qu'ils ne jugeaient point assez variée, tous admirèrent la maîtrise poétique de l'inspiré.

Deux événements, à cette date, avaient fait époque dans sa carrière ; élu à l'Académie au début de novembre 1829, il venait d'y prendre séance le 1er avril ; au lendemain de la « victoire d'*Hernani* (*) » sur le Théâtre-Français, sa réception avait revêtu l'allure d'un triomphe de l'« école nouvelle ». Mais un deuil cruel obscurcissait secrètement ce triomphe ; au milieu de novembre, comme il était encore à Paris, sa mère, à Mâcon, avait été victime d'un affreux accident ; ébouillantée dans un bain, elle était morte en trois jours : « Chaque jour, je sens plus — écrivait-il bientôt — que j'ai perdu la moitié de ma propre existence. » Un troisième événement, la proche révolution de Juillet, renforçant l'action des autres, allait pratiquer comme une coupure dans sa destinée. C'est donc au lendemain des *Harmonies* que s'achèvent ses dix premières années de gloire. Mais ce premier Lamartine va se modifier. En octobre 1830, le poète eut quarante ans ; alors commença pour lui l'époque de ce qu'on peut nommer les « grands desseins ». Il voulut ajouter à la gloire littéraire celle d'un député, d'un orateur, d'un homme d'État.

Après s'être démis de son emploi dans la diplomatie, pour demeurer fidèle à la branche aînée des Bourbons, il accepta de poser sa candidature à la députation dans la petite ville de Bergues, capitale électorale d'une circonscription dépendant de Dunkerque : l'un de ses beaux-frères résidait aux environs. Il lui manqua, le 6 juillet 1831, dix-sept voix pour être élu. Le poète satirique Barthélemy l'ayant violemment attaqué dans son journal la *Némésis*, Lamartine, le jour même du vote, riposta par des strophes enflammées.

Au milieu de 1832, cependant, Lamartine quitte la France pour accomplir fastueusement, avec les siens et quelques amis, un long voyage en Orient. Il a nolisé pour lui seul un brick, l'« Alceste », qui, en deux mois de navigation, avec une brève escale à Athènes, le mène à Beyrouth, où il installe sa femme et sa fille. De là, en des courses successives, il visitera le Liban, les Lieux saints (Galilée et Judée, avec Jérusalem), les ruines de Balbek et Damas ; le retour aura lieu par Constantinople, les Balkans et la vallée du Danube ; Lamartine ne sera qu'en octobre 1833 en Bourgogne ; et il y transférera aussitôt, de Marseille où l'« Alceste » l'avait ramené par mer, le cercueil de sa fille, la petite Julia, déjà malade au départ et qu'une crise de phtisie avait emportée à Beyrouth en décembre ; deuil que, dans le récit même du voyage, d'admirables vers, *Gethsémani*, allaient immortaliser. Quels sentiments, cependant, avaient décidé Lamartine à s'acquitter de ce pèlerinage ? Dans cette aventure, autant que le poète, c'est l'homme entier qu'il engageait. Quelques amis seulement, comme Virieu, en avaient reçu la confidence ; depuis les environs de 1830, la foi chrétienne, en lui, vacillait. Il espérait la raffermir au tombeau du Christ ; il espérait même y recevoir une sorte de révélation qui ferait de lui comme un prophète, au-delà des dogmes et des liturgies, d'une forme plus rationnelle de la croyance. Hélas ! des Lieux Saints, il ne rapporte que sa fille morte et sa croyance agonisante.

Les quatre volumes intitulés : *Souvenirs, Impressions, Pensées* et *Paysages pendant un voyage en Orient*, publiés en 1835, laissent saisir en plein travail de renouvellement les idées de Lamartine sur la poésie et sur le monde. Ses réflexions inclinent vers le libéralisme et vers un libéralisme de plus en plus affranchi du dogme chrétien. Dans les années suivantes, sans rien renier nettement des croyances catholiques, il va se faire l'apôtre de ce qu'il appellera parfois un « christianisme libéral et social ». Pendant son voyage, en janvier 1833, les électeurs de Bergues avaient fait de lui leur député. L'année suivante, il deviendra conseiller général de Mâcon ; en 1838, obligé au choix, il abandonne ses commettants du Nord pour ses compatriotes dont il demeurera le représentant jusqu'à la fin de sa carrière politique. De 1833 à 1840, refusant de servir dans la Chambre aucun parti – on connaît son mot : « Je siégerai au plafond » –, il groupe autour de lui un nombre croissant de sympathies, créant ainsi le « parti social », lequel ne doit s'occuper que « de ce qui peut être utile ou nuisible à la société ». Et rapidement, par un effort discipliné, il s'assure l'aisance et la maîtrise oratoires. Ce poète a le secret des formules frappantes ; dès la fin de 1838, dans un discours où il rallie 221 voix autour du ministère Molé, il crie à tous les partis, au risque de les mécontenter tous : « Les générations qui grandissent derrière nous ne sont pas lasses, elles ; elles veulent agir et se fatiguer à leur tour. Quelle action leur avez-vous donnée ? La France est une nation qui s'ennuie ! »

Ainsi, dans ces années-là, sur le plan politique, menait-il peu à peu son ambition vers les cimes. Mais il n'oubliait point le grand dessein littéraire de son adolescence ; de l'épopée humaine, humanitaire et mystique conçue en 1821, il écrivait deux chants ou plutôt deux « visions », dressait ainsi deux piliers qui devaient servir de soutien à cette construction monumentale : *Jocelyn* (*) et *La Chute d'un ange* (*). *Jocelyn* ne fut d'abord, à l'automne de 1831, dans l'esprit de son auteur, qu'un récit élégiaque, un « poëmetto », de ton plus ou moins familier, les *Mémoires du curé de... ;* et ces *Mémoires* eussent conté l'aventure survenue, pendant la Révolution, au futur abbé Dumont, premier maître du poète. Interrompue par les préparatifs du pèlerinage oriental, la rédaction fut reprise dans l'automne de 1834. *Jocelyn, Épisode, Journal trouvé chez un curé de campagne*, parut en deux volumes en février 1836 ; il comportait alors neuf « époques », dont la dernière était particulièrement longue et importante. Le succès de Lamartine avait, de nouveau, touché la France au cœur et retrouvait, sur un autre plan, le prestige des *Méditations.*

L'œuvre, au total, est bien, comme le désirait son auteur, un poème épique, fondé sur l'idée du sacrifice ; une apothéose de la vie simple et de la résignation. Il voulait en faire, aussi, comme un chef-d'œuvre de style familier.

Défauts et qualités éclatèrent plus nettement dans *La Chute d'un ange*, dont les deux volumes parurent au printemps de 1838 ; dans ce vaste tableau de « poésie antédiluvienne, primitive, orientale » et biblique, Lamartine affichait comme une volonté de grandeur : il l'appelait aussi un « fragment dantesque ». Entre une pastorale, presque biblique, et un monstrueux mélodrame presque infernal se place un épisode capital. En haut du mont Carmel, les deux époux ont trouvé refuge dans la grotte du prophète Adonaï, seul juste de ces temps corrompus, seul adepte pur de la religion primitive du « culte d'esprit et de vérité », révélé par Dieu même aux premiers hommes. Il donne lecture à ses hôtes des fragments principaux du « Livre primitif » où est consignée cette révélation vénérable ; occasion pour Lamartine d'exprimer les principes religieux, philosophiques et sociaux qui ont pris forme en son esprit depuis son retour d'Orient. Cette « huitième vision » de la *Chute* semble ainsi promulguer les dogmes essentiels de son « christianisme rationnel ». Elle constitue sans doute, avec *La Bouche d'ombre* de Victor Hugo – v. *Les Contemplations* (*) – le plus bel effort du romantisme dans le genre bientôt périmé de la « poésie philosophique ». *La Chute d'un ange*, qui contient cependant quelques-unes des plus grandes pages de Lamartine, n'obtint qu'un succès discuté.

Au printemps de 1839, Lamartine assembla dans les *Recueillements poétiques* (*) les poèmes, alors inédits ou non, fruits incertains de trop rares loisirs. Les deux derniers étés, surtout, à Saint-Point, l'inspiration l'avait visité avec une largeur, parfois même une violence d'émotion qui l'avait laissé tout vibrant. La mort de Louis de Vignet avait rouvert pour lui la source des souvenirs. La réflexion politique et sociale avait, d'autre part, éveillé en lui plus d'un rêve et d'une suggestion. Il avait été amené, en outre, à composer plusieurs poèmes dits de circonstance. Et quelles strophes de circonstance que celles qui lui avaient été arrachées par la mort de sa fille ! Deux ans encore et, au printemps de 1841, *La Marseillaise de la paix* distendra témérairement cet amour de l'humanité par-dessus les préjugés et les frontières des nations.

À partir de 1840 environ, des deux grands desseins de Lamartine, le second, l'ambition politique, l'emporte décidément. Il devient puissant orateur, opposant, et redoutable à la monarchie de Louis-Philippe ; tous ses loisirs, jusqu'en 1847, il les consacre à dresser la monumentale *Histoire des Girondins* (*), œuvre de poésie plus encore que d'histoire, écrite pour le peuple, et destinée à lui donner une « haute leçon de moralité révolutionnaire, propre à l'instruire et à le contenir à la veille d'une révolution » – d'une nouvelle révolution de 1789 et de 1791, qu'il s'agira d'arrêter avant 1793. Lorsqu'elle éclate le 24 février 1848, l'auteur des *Girondins* est l'un des fondateurs de la seconde République et, depuis le soir du 25 où, à l'Hôtel de Ville, debout sur une chaise de paille, il fait, à force de courageuse éloquence, écarter l'adoption du drapeau rouge, il exerce sur la France et l'Assemblée, comme membre du gouvernement et ministre des Affaires étrangères, ce qu'on a pu appeler « trois mois de dictature oratoire », ce qu'on pourrait nommer aussi « trois mois de poétique espérance » ; les « journées de Juin » font écrouler son prestige et, en décembre suivant, à l'élection pour la présidence de la République, la France entière lui accorde moins de vingt mille suffrages. Son rôle politique est terminé.

Un autre souci entre alors profondément dans sa vie et l'écrase. Les embarras financiers, qui s'étaient manifestés pour lui dès le lendemain de 1830, l'accaparent après 1849. Comment vivre en éteignant d'immenses dettes ? Ses vignobles, ses châteaux de Bourgogne lui coûtent, certaines années, plus qu'ils ne lui rapportent. Il ne peut compter que sur sa plume. Il se condamne lui-même, comme il dit, aux « travaux forcés littéraires ». Point de répit. Il publie d'abord une série de textes autobiographiques en préparation depuis plusieurs années, où il cède à l'instinct d'idéaliser son passé : *Confidences* (*) (1849), dont il détache l'épisode *Graziella*, vite aussi célèbre que *Paul et Virginie* (*), *Raphaël* (+), les *Nouvelles Confidences* (+). *Raphaël* est la transposition souvent romancée des amours avec Mme Charles. Séduisantes et souples, ces trois œuvres sont à mi-chemin souvent du poème et de la réalité. La même formule caractérise les deux romans de 1851 : *Geneviève, histoire d'une servante* et *Le Tailleur de pierres de Saint-Point* (*) : ici et là, les personnages sont des humbles qui, par un effort quotidien, s'élèvent jusqu'à l'héroïsme de la vertu ; Lamartine semblait inaugurer ainsi une forme familière du roman social. Attiré par un dernier voyage en Asie Mineure, où le sultan lui a concédé un vaste domaine, le poète doit se contenter de publier le récit pittoresque de ce *Nouveau Voyage en Orient*. Il entasse ensuite des compilations historiques, de deuxième ou de troisième main : l'*Histoire de la Restauration*, qui est la meilleure parce qu'il a connu de près certaines années dont il rend bien l'atmosphère ; l'*Histoire des Constituants ; de la Turquie ; de la Russie*. À partir de 1856 enfin, il fait paraître, par livraisons mensuelles, un *Cours familier de littérature* (*), dont il est l'unique rédacteur, pour lequel, chaque année, il sollicite les réabonnements. Tant d'efforts ne le libèrent pas ; en 1860, il est contraint de consentir à la vente de Milly – « Sauvez donc des patries ! » écrit-il amèrement – puis à celle du château familial de Monceau ; à bout de forces enfin, il dut accepter de la ville de Paris la concession d'un chalet à Passy, et du Corps législatif, sur la proposition de l'Empereur, le vote d'une « pension nationale » de vingt-cinq mille francs.

Sous cet amas de besognes et de soucis matériels, la poésie lamartinienne, cette « respiration de l'âme », n'était point morte. À plusieurs reprises, dans cette vieillesse laborieuse, de hautes inspirations revinrent le solliciter. En 1856, les « souscripteurs » du *Cours de littérature* eurent la surprise d'y lire une méditation poétique, *Le Désert*, poème philosophique laissé inachevé en 1832, dialogue entre l'âme du poète et l'esprit de Dieu. Surtout, en 1857, le quinzième entretien leur présentait *La Vigne et la maison, dialogue entre mon âme et moi*, sublime élégie composée un soir de vendanges, à l'ombre de la maison de Milly ; sorte de symphonie à deux voix, où résonnent toutes les harmonies de la vieillesse, du souvenir, de la mort ; large composition en mineur couronnée par la voix d'une espérance douce et résignée. Le poète semble, ainsi, inaugurer une suprême « manière », plus musicale et dépouillée ; il prélude aux trouvailles de la génération symboliste.

Il s'éteignit paisiblement le 28 février 1869, réconforté par le sourire de sa nièce et fille adoptive Valentine (à laquelle peut-être l'avait lié en 1867 un mariage secret), à côté du crucifix d'Elvire. Autour de lui, le Paris du second Empire littéraire ou politique l'avait oublié. Pendant tout le romantisme, et préludant à l'âge symboliste, il avait été le maître de la poésie pure.

MAURICE LEVAILLANT.

♦ *« Dès que Lamartine sort de l'impression de l'amour, il est puéril, il n'a pas une haute pensée de philosophie ou d'observation de l'homme ; c'est toujours et uniquement un cœur tendre au désespoir de la mort de sa maîtresse. »* Stendhal, 1823. ♦ *« Il y a en général, dans tous ses ouvrages, une verve de cœur, une fécondité d'émotion qui le font toujours adorer, parce qu'il est en rapport avec tous les cœurs. »* Alfred de Vigny. ♦ *C'est un grand, mais superficiel ambitieux, avide d'encens plus que d'empire.* » Guizot. ♦ *« Un Fénelon gâté et sans aucun frein, une manière d'Ovide à demi mystique, parlant du ciel et s'occupant de la terre, vous êtes-vous jamais figuré une combinaison de ce genre-là ?* » Sainte-Beuve, 1849. ♦ *« Il donne le pénible spectacle d'un homme perpétuellement mystifié. Son amour-propre, qui ne semble occupé qu'à jouir de lui-même et à rappeler aux autres tout ce qui peut le ramener à lui, est dans un calme parfait au milieu de cet accord tacite de tout le monde à le considérer comme une espèce de fou.* » Delacroix, 1849. ♦ *« Je n'ai jamais rencontré un esprit plus vide de la pensée du bien public... un esprit moins sincère, ni qui eût un mépris plus complet pour la vérité* [...] *En parlant et en écrivant, il sort du vrai et y rentre sans y prendre garde, uniquement préoccupé d'un certain effet qu'il veut produire à ce moment-là.* » Tocqueville. ♦ *« Il est l'incomparable parce qu'il est le seul qui ne se soit pas asservi aux petitesses des partis : parce qu'il est le seul qui ait pratiqué la politique de la générosité et de la grandeur d'âme ; parce qu'il est le seul qui ait jamais prononcé contre personne une parole de colère ; parce qu'il est le seul qui ait traversé sans haine le monde de la haine.* » Émile Ollivier, 1869. ♦ *Le génie heureux, abondant, qui n'a rien fait pour être sublime et qui l'est, mais qui a beaucoup fait pour ravaler, hélas ! le plus chaste et le plus idéal génie aux choses mesquines de son temps et à ses partis les plus coupables.* » Barbey d'Aurevilly. ♦ *« C'était le plus grand des Racine, sans excepter Racine.* » Victor Hugo, mars 1869. ♦ *« Non, je n'ai aucune sympathie pour cet écrivain sans rythme, pour cet homme d'État sans initiative. C'est à lui que nous devons tous les embêtements bleuâtres du lyrisme poitrinaire et lui que nous devons remercier de l'Empire ; homme qui va aux médiocres et qui les aime... Il ne restera pas de Lamartine de quoi faire un demi-volume de pièces détachées : c'est un esprit eunuque.* » Flaubert. ♦ *« Nul poète plus que celui-là n'a aimé à aimer. Sa tendresse d'imagination est divine.* » Maurice Barrès. ♦ *« Il ne se guindait pas ; il ne s'apprêtait guère. Le noble, le splendide et le magnanime, qu'ils fussent de pensée, de conduite ou de pure attitude, lui allaient comme son vêtement naturel. Peu de génies ont mieux porté leur sceau de naissance et bien peu d'héritiers du vieil ordre français haussèrent ce don de nature au même degré de vigueur... C'est notre poète sacré.* » Charles Maurras. ♦ *« Lamartine est un poète du XVIIIe siècle, avec du génie par surcroît.* » Henri Guillemin.

RÉF. : Maurice Levaillant, introduction et commentaire aux *Œuvres choisies*, Paris, 1935 ; *Lamartine et l'Italie en 1820*, Paris, 1944. Marquis de Luppé, *Les Travaux et les jours d'Alphonse de Lamartine*, Paris, 1948. — Marius François Guyard, *Alphonse de Lamartine*, Paris, 1956 ; *Œuvres poétiques*, Paris, 1991. — Henri Guillemin, *Lamartine*, Paris, 1987.

LAMB Charles. Essayiste anglais. Né le 10 février 1775 à Londres, où il mourut le 27 décembre 1834. Fils du factotum d'un des membres du collège des avocats de Londres, il passa son enfance dans l'atmosphère du Temple et reçut une éducation classique à Christ's Hospital, institution de charité, où il eut la chance d'avoir pour compagnon Coleridge. Vers 1791, il obtint un emploi à South Sea House, et fut ensuite nommé comptable de l'East India Company, où il resta presque toute sa vie. Lorsque, à la mort de son patron, le père de Charles Lamb dut quitter l'Inner Temple (1793), les enfants Charles et Mary commencèrent à donner des premiers signes de folie, maladie héréditaire.

Durant l'hiver 1795-96, Charles Lamb dut passer quelques semaines à l'asile de Hoxton, et en septembre de la même année Mary, dans un accès de folie, blessa mortellement sa mère avec un couteau et atteignit au front son père, déjà retombé en enfance. Le jeune Lamb se trouva ainsi devant la responsabilité de subvenir aux besoins de son père et d'une tante, le peu de temps qu'il leur restait à vivre, et à surveiller sa sœur, qu'il n'eut pas le courage de laisser enfermer dans un asile ; car, en dehors de ses crises (deux ou trois mois par an), elle était d'une intelligence et d'une sensibilité exceptionnelles. Ces circonstances aident à comprendre le romantisme triste et sentimental qui caractérise les premières œuvres de Lamb — ses poésies, le récit mélancolique intitulé *L'Histoire de Rosamund Gray* (*) (1798), et un drame de genre élisabéthain : *John Woodvil,* (1802) — et l'humour romantique de l'auteur à l'âge mur. La tragédie familiale de 1796 et ses graves conséquences isolèrent Lamb de la vie normale ; lié par l'affection et le devoir à sa sœur malade, il trouva un moyen de défense et d'évasion dans l'humour. Sa situation financière améliorée, Lamb mena une vie régulière agrémentée de plaisirs simples, et de conversations avec ses amis tels que Wordsworth, Coleridge, Hazlitt.

L'amour fit dans sa vie deux apparitions timides et manquées : une idylle de jeunesse avec Ann Simmons, qui épousa un autre homme, et une offre de mariage, en 1819, à l'actrice Fanny Kelly, dont il demeura l'ami après son refus. Son retour nostalgique à l'enfance fut marqué par la composition, en collaboration avec sa sœur, de livres destinés aux enfants, tels que *Les Aventures d'Ulysse* (+) (1808), *L'École de Mrs. Leicester* [*Mrs. Leicester's School,* 1809], et surtout *Contes tirés de Shakespeare* [*Tales From Shakespeare,* 1807]. Dans ce dernier livre et dans *Poètes dramatiques anglais du temps de Shakespeare* (*) (1808) Lamb fut le premier à remettre en valeur les dramaturges élisabéthains. On décèle les premières tendances à l'humour chez Lamb dans les lettres qu'il écrivit vers 1800 à Robert Southey et à Thomas Manning ; le contact de ces hommes lui permit de créer un double envers lequel il pouvait montrer une sorte de détachement amusé : c'est ainsi que naquit le personnage d'Élia (Élia était un employé italien de la South Sea House, mais le nom fut probablement choisi parce qu'il est l'anagramme de « a lie » : « un mensonge »), pseudonyme sous lequel Lamb écrivit, de 1820 à 1825 environ, les essais qui le rendirent immortel — v. *Essais d'Élia* (*). Après avoir abandonné son emploi en 1825, Lamb n'écrivit plus que fort peu ou pas du tout.

Emma Isola, la fillette que les Lamb avaient

adoptée, se maria avec l'éditeur Edward Moxon. Peu à peu, la compagnie de Mary elle-même se fit plus rare, car elle était contrainte à des séjours de plus en plus fréquents à l'asile. Charles mourut d'un érysipèle survenu à la suite d'une chute. Mary presque inconsciente survécut treize ans à son frère.

MARIO PRAZ.

♦ « *Les écrits de Charles Lamb offrent une excellente démonstration de la valeur d'une certaine réserve en littérature. Sous son aspect calme, son caractère insolite, son humour et son apparente inconsistance, le caractère occasionnel et accidentel de son œuvre cache l'élément franchement tragique qui apparaît également dans sa vie.* » Walter Pater.

RÉF. : W. Pater, *Appreciations,* 1889. – W. C. Hazlitt, *The Lambs : their Lives, their Friends and their Correspondence,* Londres, 1897. – Dérocquigny, *Charles Lamb, sa vie et son œuvre,* Paris, 1904. – J. L. May, *Charles Lamb,* 1934. – R. C. Bald, *Charles Lamb and the Elizabethans,* 1946. – Julien Green, *Suite anglaise,* Paris, 1988.

LAMBRICHS Georges. Écrivain français d'origine belge. Né le 5 juillet 1917 à Bruxelles, mort à Paris le 9 février 1992. En 1937, il fait, à la *N.R.F.,* la rencontre déterminante de Jean Paulhan. Durant les années de guerre, il achève ses études juridiques, lit avec une admiration durable Marcel Lecomte et découvre *Ulysse* (*) de Joyce. Au lendemain même de la guerre, il vient habiter Paris qu'il ne quittera plus. Lecteur aux éditions de Minuit, il recevra les premiers manuscrits de ce qui sera dit le « nouveau roman » (Butor, Robbe-Grillet...). Il se lie avec Pierre Klossowski, Georges Perros, qu'il rencontre en 1953. Il publie, aux éditions de Minuit, *L'Aventure achevée* (1946), *Chaystre ou les Plaisirs incommodes* (1948). Après un court passage aux éditions Grasset, Georges Lambrichs entre chez Gallimard où il crée la collection *Le Chemin* (1959), et la revue du même nom (1967-1977). De 1977 à 1987, il dirige *La Nouvelle Revue française* (*), publiant chez son nouvel éditeur *Les Rapports absolus* (1949), *Les Fines Attaches* (1957), *Mégéries* (*) (1974). *Pente douce, Le Goût d'Annie, Salut, Une confidence* ont paru en volume à L'Herne (1990). Les éditions de La Différence ont réédité *Pente douce* (1983), *Chaystre* (1983, préface d'André Pieyre de Mandiargues), et publié *L'Aventure achevée* (1991), *Prendre au mot* (1991).

Les activités éditoriales sont une forme active et responsable de la critique. En les exerçant, Georges Lambrichs s'est révélé essayiste perspicace, retenant sur manuscrits des textes dont l'importance fut ensuite reconnue. Mais il est aussi un écrivain. Ennemi de la publicité et adepte de l'effacement, il a, par discrétion, laisser dans la pénombre une œuvre singulière, où tout est allusif. Les événements sont réduits et seuls leurs effets sont mentionnés, dans une langue tendue et pleine d'humour.

JEAN ROUDAUT.

LAMENNAIS Hugues Félicité Robert de. Philosophe et écrivain français. Né à Saint-Malo le 19 juin 1782, mort à Paris le 27 février 1854. La jeunesse de ce réformateur tourmenté se ressentit gravement des troubles de la Révolution : fils d'un grand bourgeois anobli en 1782 (il s'appelait en fait La Mennais, mais adopta l'orthographe Lamennais lorsqu'il devint démocrate en 1834), son éducation religieuse, en pleine Terreur, fut négligée, et c'est à vingt-deux ans seulement, l'année du Concordat, qu'il fit sa première communion. Dès lors, vivant dans une demeure solitaire de la campagne bretonne, passant toutes ses journées à lire des ouvrages de théologie, mais sans maître et sans méthode, influencé surtout par l'exemple de son frère Jean-Marie qui avait déjà reçu les ordres, le jeune homme décida de se faire prêtre. Mais il semble qu'avant de franchir le pas décisif il ait traversé de graves hésitations. Ayant reçu les ordres mineurs en 1808 et publié, dans les dernières années de l'Empire, en collaboration avec son frère, plusieurs livres d'apologétique dirigés contre le gallicanisme, il n'accepta la prêtrise qu'en 1816, et sur les conseils pressants d'un vieux prêtre rencontré en Angleterre au cours d'une brève émigration pendant les Cent-Jours. Ses lettres de l'époque montrent qu'il a tout de suite regimbé contre le sacerdoce. Mais, décidé à rester fidèle à un engagement pris en quelque sorte malgré lui, il se jeta dans la vie active et publia en 1817 le premier tome de son grand livre, l'*Essai sur l'indifférence en matière de religion* (*) suivi de *La Défense de l'Essai...* (*) (1821), qui le rendit aussitôt célèbre et fit de lui, à trente-cinq ans, le « grand homme de l'Église de France ». Il y exposait une apologétique nouvelle qui utilisait l'idée de révélation primitive telle qu'elle venait d'être exprimée par de Bonald et donnait finalement comme seule base de la foi catholique le consentement universel du genre humain : on pourrait y trouver les traits essentiels de son évolution future. Lamennais était alors le protégé de Chateaubriand, l'ami de Maistre, de Bonald ; et il séduisait même les jeunes représentants d'un romantisme encore catholique, Lamartine et surtout Victor Hugo ; enfin, il militait activement dans la politique ultraroyaliste, tout en conservant sa note personnelle, qui allait s'accentuer avec les années. Bien plus que royaliste, Lamennais était en effet ultramontain, au point de rêver un empire mondial, ou du moins européen, inspiré politiquement par le pape. Aussi s'insurgeait-il contre le gallicanisme de la Restauration.

Après des années de combat, il allait peu à peu devenir l'adversaire de la monarchie elle-même et se rallier à la révolution dans laquelle il ne voulait voir qu'une liquidation des puissances temporelles et l'aurore d'un monde nouveau régi par la seule autorité spirituelle du christianisme. Aussitôt après l'émeute de 1830, il fit paraître à Paris *L'Avenir* (*), avec l'espoir d'enrôler l'Église du côté des forces libérales. Ce journal séduisit les prêtres pauvres, et plus encore les écrivains romantiques, Lacordaire et Montalembert d'abord, principaux collaborateurs de Lamennais, mais aussi Hugo, Vigny, Sainte-Beuve. L'Église s'inquiéta bientôt de voir un prêtre prôner les libertés de conscience, de presse, de culte et demander la séparation de l'Église et de l'État. Lamennais lançait aussi de violentes attaques contre les prélats royalistes et gallicans. Il soutenait les insurgés polonais et même les libéraux italiens en révolte contre le pape. Enfin, sans s'en rendre compte, il altérait le fond même de la doctrine catholique, substituant l'autorité du peuple à l'autorité du pape. Vainement, accompagné de ses amis Lacordaire et Montalembert, entreprit-il un voyage à Rome pour essayer d'amener le Saint-Siège à ses vues : après huit mois de vaines démarches, *L'Avenir* fut condamné par l'encyclique *Mirari vos.* Lamennais proclame d'abord sa volonté de soumission ; mais rentré en Bretagne, dans sa propriété de La Chesnaie où il avait réuni un groupe de disciples, parmi lesquels Maurice de Guérin, il revint sur son obéissance, affirma que l'Église traversait une crise extraordinaire, que le pape était aveuglé et que les peuples et la révolution pouvaient seuls sauver le christianisme. Tels sont les thèmes exposés en 1834 dans les *Paroles d'un croyant* (*), qui éclatèrent comme un coup de tonnerre dans la société de Louis-Philippe, mais valurent à l'auteur une seconde condamnation romaine, l'encyclique *Singulari nos.* Lamennais était désormais hors de l'Église ; il cessa de dire sa messe et de croire à la divinité du Christ, essayant de remplacer sa foi perdue par un spiritualisme assez vague, à la mode du temps — v. *De la religion* (*) (1841). Après avoir publié en 1836 *Les Affaires de Rome* (*), le livre de sa rupture, il s'engagea à fond dans la politique républicaine, prit courageusement la défense des pauvres dans *Le Livre du peuple* (*) (1838), *De l'esclavage moderne* (*) (1840), etc., attaqua le gouvernement royal (qui l'envoya passer une année à la prison de Sainte-Pélagie) et finalement, après la révolution de 1848, se fit élire député. Mais ce n'était pas un orateur ; la République de 48 n'était pas non plus celle de ses rêves, et le vieux prophète, après avoir dirigé pendant quelques mois un journal intitulé *Le Peuple constituant* (+), rentra dans la retraite, refusant au moment de sa mort de recevoir l'assistance d'un prêtre.

Avec une volonté farouche et un esprit un peu confus, dialecticien de grande race, personnage trouble, anxieux et infiniment séduisant, Lamennais a eu une importance considérable sinon dans la littérature, du moins dans l'histoire du XIXe siècle et dans la vie de l'Église : bien qu'il ait été condamné, on peut dire que ses idées ont partiellement triomphé dans l'évolution libérale de la politique catholique, jusqu'aux mouvements contemporains de « démocratie chrétienne ». Son œuvre se présente comme un effort de synthèse — peut-être impossible — entre la religion traditionnelle et l'optimisme de la mystique révolutionnaire.

MICHEL MOURRE.

♦ *« Pour un homme qui avait des parties si élevées de philosophie et des prétentions à tout fonder ou reconstruire, il se payait souvent de mots... »* Sainte-Beuve. ♦ *« Juif errant de la foi et de la politique, il ne restera rien de lui qu'un nom illustré par des versatilités illustres et des essais démentis par des essais contraires. Homme de recherche, qui avait marché toujours sans rien trouver que le doute. »* Lamartine. ♦ *« Nous vous comptons parmi nos saints* [...] *vous êtes le père de notre église nouvelle. »* George Sand. ♦ *« Si l'excès était possible quand il s'agit de sincérité, je serais tenté de dire qu'il pécha par trop de conviction. »* Ernest Renan. ♦ *« Comme tous les esprits supérieurs et les cœurs ardents, il a tracé la voie sur laquelle l'humanité s'achemine inévitablement, où elle marche déjà : la voie où l'on sera délivré de la religion extérieure, pseudo-chrétienne. »* Tolstoï. ♦ *« Il est plus facile pour Lamennais de réformer l'Église que lui-même* [...] *L'abbé Lamennais, en proie à ses humeurs, même quand il défend l'Église, traîne derrière soi des passions mal enchaînées, et ces esclaves sournois l'épuisent, l'irritent, l'obsèdent. Tout tourné vers le dehors, il déserte le champ de bataille intérieur. Déjà il ne sait plus aimer Dieu que dans l'humanité, alors qu'il aurait dû aimer l'humanité en Dieu. »* François Mauriac. ♦ *« S'il n'eût dépendu que de ce petit Breton infirme, avec sa logique poignante, à la fois implacable et tendre, son éloquence naïve et sublime, parfois un peu niaise, qui fait penser à un beau devoir d'écolier, mais écrit avec tout le sang d'un cœur d'homme, l'immense désastre de l'Église avec le monde ouvrier aurait probablement pu être évité. »* Georges Bernanos.

RÉF. : Lacordaire, *Considérations sur le système philosophique de Lamennais,* Paris, 1834. — Barbey d'Aurevilly, *Les Prophètes du passé,* Paris, 1851. — E. Renan, *Étude sur Lamennais,* Paris, 1865. — P. Janet, *La Philosophie de Lamennais,* Paris, 1890. — A. Roussel, *Lamennais d'après des documents inédits,* 2 vol., Rennes, 1893. — Abbé Boutard, *Lamennais, sa vie et ses doctrines,* 3 vol., Paris, 1905-1913. — F. Duine, *Lamennais, sa vie, ses idées, ses ouvrages,* Paris, 1922. — V. Giraud, *La Vie tragique de Lamennais,* Paris, 1933. — R. Bréhat, *Lamennais le trop chrétien,* Paris, 1942. — L. de Villefosse, *Lamennais ou l'occasion manquée,* Paris, 1945. — R. Rémond, *Lamennais et la démocratie,* 1948. — M. Mourre, *Lamennais ou l'Hérésie des temps modernes,* Paris, 1955. — R. Derré, *Lamennais, ses amis et le mouvement des idées à l'époque romantique,* 1962. — L. Le Guillou, *La Pensée religieuse de Lamennais,* 1966 ; *Lamennais,* 1969. — G. Hourdin, *Lamennais, prophète et combattant de la liberté,* 1982.

LA MESNARDIÈRE (ou La Ménardière) **Hippolyte-Jules Pilet de.** Écrivain français. Né au Loroux-Bottereau, près de Nantes, en 1610, mort à Paris en 1663. Fils d'apothicaire, il devient médecin. En 1635, il gagne la bienveillance de Richelieu en intervenant dans l'affaire des possédées de Loudun, ce qui lui vaut les emplois de médecin ordinaire de Son Éminence et de Monsieur ; il devient aussi celui de Mme de Sablé qui l'introduit dans les salons. En 1639, il publie une *Poétique* (*) qui sera, au moins jusqu'à celle de D'Aubignac, un ouvrage de référence. Il donne, sans succès, sa tragédie, *Alinde.* Ses *Poésies* (1656), parues après son élection à l'Académie, contiennent quelques pièces intéressantes. Sous le pseudonyme du sieur du Rivage, il anime la polémique contre *La Pucelle* (*) — v. *Jeanne d'Arc* (*) — de Chapelain.

LOUIS DELIBES.

LA METTRIE Julien Offray de. Médecin et philosophe français. Né le 19 décembre 1709 à Saint-Malo, mort à Berlin le 11 novembre 1751. Élevé chez les jésuites de Caen et destiné par sa famille à l'état ecclésiastique, La Mettrie rallie brusquement le camp janséniste, commence à étudier la médecine à Paris et se fait recevoir docteur à Reims. On le trouve ensuite à Leyde, en Hollande, élève du célèbre Boerhaave, dont il traduira plusieurs ouvrages en français. Il commence à publier lui-même sur des sujets médicaux divers, vertige, catalepsie hystérique, asthme, dysenterie : *Traité du vertige* (1737), *Nouveau traité des maladies vénériennes* (+) (1739), *Observations de médecine pratique* (1743). Nommé en 1742 médecin des gardes françaises, il fait campagne avec son régiment, mais est expulsé des hôpitaux à la suite d'une satire contre les médecins. En 1745, la publication de sa traduction du livre de Charp : *Histoire naturelle de l'âme* (+), qui expose les grands traits de sa doctrine matérialiste, lui fait perdre toutes ses fonctions et il est contraint de retourner à Leyde. Là il compose un pamphlet, *La Faculté vengée*, dans lequel il ridiculise les confrères qui avaient monté contre lui une véritable cabale ; puis il fait paraître un nouveau livre, *L'Homme-Machine* (*) (1748), qui le jette dans de nouveaux démêlés, avec les protestants cette fois, et le philosophe doit se réfugier en hâte chez Frédéric II, qui lui donne le titre de lecteur et le fait entrer à l'Académie de Berlin. En Prusse, La Mettrie écrit encore quelques ouvrages philosophiques, *L'Homme-Plante* (Potsdam, 1748), des *Réflexions philosophiques sur l'origine des animaux* (1750) et *Vénus métaphysique ou De l'origine de l'âme humaine* (Potsdam, 1751). Il allait bientôt mourir d'une indigestion, après avoir fait le pari de manger seul un énorme pâté de faisan. La Mettrie reprochait à Leibniz d'avoir « spiritualisé la matière » ; il s'opposait également à la distinction cartésienne des deux substances, âme et corps, esprit et étendue. Pour lui, tous les philosophes du passé se sont trompés en raisonnant sur l'homme a priori, alors que la méthode empirique seule — celle d'Helvétius — est légitime, car tout ce qui est dans notre esprit vient de la sensation. Au contraire de Leibniz, il faut matérialiser l'esprit, et La Mettrie, pour illustrer sa thèse, reprend l'idée de l'animal-machine de Descartes et l'étend à l'homme. Celui-ci n'est qu'un animal supérieur, et ce que nous appelons âme n'est pas un principe séparé mais le rouage d'une machine unique : « La pensée est si peu incompatible avec la matière, écrit La Mettrie, qu'elle en semble être une propriété comme l'électricité, la motricité, l'impénétrabilité et l'étendue : en un mot, l'homme est une machine et il n'y a dans tout l'univers qu'une substance diversement modifiée. » La Mettrie, réduisant tout à la sensation, croit en effet à l'existence d'une force vitale unique, dirigée vers le plaisir ; aussi, sera-t-il très logiquement athée. Il ne semble pas avoir eu beaucoup de prestige parmi ses contemporains qui, souvent, le crurent fou. De nos jours, l'école marxiste s'efforce de le réhabiliter.

JACQUES PATRY.

♦ *« ... Un homme trop gai : La Mettrie. Ses idées sont un feu d'artifice toujours en fusées volantes. Ce fracas amuse un demi-quart d'heure, et fatigue mortellement à la longue... Des gens sensés se sont avisés de lui remontrer l'énormité de sa morale. Il a été tout étonné ; il ne savait pas ce qu'il avait écrit ; il écrira demain le contraire, si on veut. »* Voltaire.

♦ *« La Mettrie, dissolu, imprudent, bouffon, flatteur, était fait pour la vie des cours et la faveur des grands. Il est mort comme il devait mourir, victime de son intempérance et de sa folie ; il s'est tué par ignorance de l'art qu'il professait. »* Diderot.

RÉF. : F.-A. Lange, *Histoire du matérialisme*, trad. Paris, 1877-1879. — Dr Boissier, *La Mettrie*, Paris, 1931. — G.-F. Tuloup, *Un précurseur méconnu, Offray de La Mettrie, médecin-philosophe*, thèse, Dinard, 1938. — Pierre Lemée, *Julien Offray de La Mettrie*, Mortain, 1954. — A. Vartanian, *La Mettrie's L'Homme-Machine*, Princeton, 1960. — A. Thomson, *Materialism and Society in the Mid-Eighteenth Century : La Mettrie's « Discours préliminaire »*, Genève-Paris, Droz, 1981.

LA MOTTE-FOUQUÉ Friedrich Heinrich Karl, chevalier de. Écrivain allemand. Né à Brandenburg (Prusse) le 12 février 1777, mort à Berlin le 23 janvier 1843. Descendant d'une vieille famille de noblesse normande émigrée en Allemagne lors de la révocation de l'Édit de Nantes, petit-fils d'un des meilleurs généraux de Frédéric II, La Motte-Fouqué faisait ses études de droit à l'université de Halle lorsqu'il se jugea tenu par la tradition militaire familiale d'entrer dans le régiment des gardes du corps de l'armée prussienne ; c'est avec celle-ci qu'il fit, à dix-sept ans, la campagne du Rhin de 1794. Il quitta le service peu après, étant déjà attiré par la littérature dans laquelle il débuta, sous le patronage d'August Wilhelm Schlegel, avec *Jeux dramatiques* [*Dramatische Spielen*], publiés à Berlin en 1801 sous le pseudonyme de Pellegrin. Dès cette époque il s'inspirait à la fois des vieilles sagas germaniques et des romans français de chevalerie, qu'il essaya de faire revivre dans de nombreux romans tels que : *Histoire du noble chevalier Galmy et d'une belle duchesse de Bretagne* [*Historie vom edlen Ritter Galmy und einer schönen Herzogin von Bretagne,* 1806], *Alwin* (1808), *Les Voyages de Thiodulf l'Islandais* [*Die Fahrten Thiodulfs des Isländers,* 1815], etc. *L'Anneau magique* (*) (1813) reste le plus célèbre d'entre eux. Ce sont les mêmes thèmes que La Motte-Fouqué a traités dans ses œuvres poétiques : *Bertrand du Guesclin* (1821), etc., et dans la trilogie dramatique intitulée *Le Héros du Nord* (*) et qui comprend : *Sigurd, le tueur du dragon* (+) (1808), *La Vengeance de Sigurd* (+) (1809) et *Aslauga* (+) (1810).

Adversaire déterminé de Napoléon, en qui il voyait l'incarnation des idées révolutionnaires, La Motte-Fouqué, qui appartenait depuis 1811 à une ligue patriotique berlinoise, reprit en 1813 du service dans l'armée prussienne, mais son état de santé l'empêcha d'achever la campagne et il prit sa retraite définitive avec le grade de major (commandant). Retiré dans son domaine de Nennhausen, près de Rathenow, il se consacra entièrement à son activité littéraire, très abondante, et toujours en relation étroite avec les événements contemporains, en dépit des sujets légendaires affectionnés par l'auteur. Le mysticisme religieux et l'idéologie politique traditionaliste, tendances dominantes de l'Europe née des traités de 1815, caractérisent en effet le romantisme de La Motte-Fouqué. Celui-ci fondait de grands espoirs sur une étroite union de l'aristocratie européenne, entièrement issue, selon lui, d'une même souche germanique. Dans une tragédie comme *Arminius* (1818), il célébrait le plus lointain passé allemand ; dans le poème intitulé *Corona* (1814), il avait décrit la Révolution française sous les traits d'une sorcière et, en 1823, il allait tenter avec *Don Carlos* (+) une curieuse réhabilitation du duc d'Albe et de Philippe II. Mais les idées libérales connaissant bientôt un renouveau en Allemagne, La Motte-Fouqué fut une de leurs victimes ; à partir de 1820, le public commença à se détacher de lui. Des difficultés d'argent obligèrent l'écrivain à vendre sa terre de Nennhausen et à venir s'installer à Halle où il vécut en faisant des conférences dans lesquelles, au nom de l'idéal chevaleresque du Moyen Âge, il prononçait une impitoyable condamnation du monde moderne. Une amère expérience du déclassement social venait ainsi donner une vigueur, ou une aigreur nouvelle, aux nostalgies romantiques de La Motte-Fouqué. Cependant, grâce à une pension accordée par le roi de Prusse Frédéric-Guillaume IV, la sécurité de ses dernières années fut assurée. Appelé à Berlin, La Motte-Fouqué fit paraître de 1840 à 1842 le *Journal de la noblesse allemande* [*Zeitung für den deutschen Adel*] et publia encore divers ouvrages : une biographie du théosophe germanique *Jakob Boehme* (1831), un roman inspiré par l'époque de la guerre de Trente Ans, *Le Cuirassier de Pappenheim* [*Der Pappenheimer Kürassier,* 1842], et l'*Histoire de ma vie* [*Lebensgeschichte,* 1840]. Tombé rapidement dans l'oubli, La Motte-Fouqué n'a guère bénéficié jusqu'à présent du renouveau d'intérêt suscité par le romantisme allemand ; le public français n'a jamais voulu connaître de lui que le conte d'*Ondine* (*) (1811) qui a donné à Giraudoux le thème d'une pièce représentée sous le même titre en 1939.

MICHEL MOURRE.

♦ *« Il était d'une fécondité exubérante ; tout ce qu'il touchait prenait aussitôt un tour poétique. Il charmait tous ceux qui l'approchaient, et il les émerveillait par sa facilité d'invention. Chaque jour, chaque heure, surtout les heures du matin, le trouvaient prêt à écrire, et ce qu'il écrivait était tantôt lyrique, tantôt dramatique, tantôt de la prose dramatique. Mais jamais il ne raturait, jamais il ne s'interrompait ; la plume courait toujours. »* Varnhagen von Ense.

RÉF. : Wilhelm Pfeiffer, *Uber Fouqué's « Undine »,* Heidelberg, 1902. — Erich Hagemeister, *Friedrich Baron de La Motte-Fouqué als Dramatiker,* Greifswald, 1905. — Trajan Bratu, *Fouqué's Lyrik,* Berlin, 1907. — L. E. Macaigne, *Hoffmann et les conteurs romantiques allemands,* Paris, s.d. — Christa Elisabeth Seibicke, *Friedrich Baron de La Motte-Fouqué. Krise und Verfall der Spätromantik im Spiegel seiner historischen Ritterromane,* München, 1985.

LAMOTTE-HOUDAR Antoine de (Antoine Houdar de La Motte, dit). Poète et dramaturge français. Né et mort à Paris (17 janvier 1672-26 décembre 1731). Fils d'un chapelier, il étudia le droit, mais bientôt l'abandonna pour se consacrer au théâtre. Sa première pièce, intitulée *Les Originaux* (1693), fut un tel échec qu'il résolut d'entrer à la Trappe, où il ne resta que quelques mois. Ce fut ensuite le livret de l'*Europe galante* de Campra (1697), puis, après nombre d'opéras, opéras-comiques et ballets, son *Iliade en vers français* (1714), qui lui valut d'emblée une grande réputation. Sous prétexte de rendre plus conforme au bon goût le grand poème homérique, il avait jugé bon d'en bannir tout ce qui en fait la couleur. Soutenu par Fontenelle et d'autres beaux esprits, il rouvrit ainsi la querelle des Anciens et des Modernes. Son œuvre de dramaturge comporte plusieurs tragédies en prose : *Les Macchabées* (+) (1722), *Inès de Castro* (1723), *Œdipe* (1730).

Outre ses *Fables* (*) (1719) et *Discours sur la fable* (+) il convient de citer également ses *Odes en prose* et ses *Réflexions sur la critique* (1715).

RÉF. : P. Dupont, *Un poète philosophe au commencement du* XVIII*e s., Houdar de La Motte,* thèse, Paris, 1898. — G. Dost, *Houdar de la Motte als Tragiker und dramatischer Theoretiker,* thèse, Weida in Thüringen, 1909. — M. Gilman, *The Idea of Poetry from Houdar de La Motte to Baudelaire,* Harvard, 1958. — A. Pizzorusso, *Teorie letterarie in Francia,* Pise, 1968. — S. Menant, *La Chute d'Icare,* Genève, 1981.

LAMPERT ou **Lambert von Hersfeld.** Moine bénédictin et historien allemand d'expression latine né avant 1028 (?) et mort le 2 octobre 1081 (?). Il entra le 15 mars 1058, âgé de trente ans environ, au monastère de Hersfeld, où il semble que lui fut confiée la direction de l'école. Pour étudier les institutions et les rites des nouveaux moines venus de Fructuaria avec Annon II, archevêque de Cologne, il se rendit en 1070 à l'abbaye de Seelfeld et à celle de Siegburg. Entre 1063 et 1074, il écrivit la *Vie de Lullus, archevêque de Mayence* [*Vita Lulli archiepiscopi Moguntini*]. Ce prélat, qui fonda le monastère de Hersfeld, fut l'un des disciples de saint Boniface. Après l'élection de Rodolphe de Souabe, et pour en défendre la légitimité, il en écrivit les *Annales* (*).

RÉF. : Knöpfler, article *Lambert von Hersfeld* in Wetzer und Welte's *Kirchenlexikon*, t. VII, Freiburg-im-Breisgau, 1891. — O. Holder-Egger, article *Lambert oder Lampert von Hersfeld* in *Realencyclopädie für protestantische Theologie und Kirche*, t. XI, Leipzig, 1902. — T. Struve, « Lampert von Herzfelde » in *Jahrbuch für Landesgeschichte 19* (1969), *20* (1970). — R. Schieffer, « Lampert von Herzfelde » in *Verfasserlexikon. Hrg. v. K. Ruh*, Berlin, 1977.

LAMPRECHT Karl. Historien allemand. Né à Jessen, près de Wittenberg (Saxe), le 25 février 1856, mort à Leipzig le 10 mai 1915. Il fit ses études à Leipzig, Göttingen et Munich, et subit principalement l'influence de Roscher, se familiarisant, au sein de la jeune école historique de la Nationalökonomie, avec les méthodes des sciences naturelles et économiques. De sa première expérience critique, il lui resta la faculté d'employer, de façon parfois discutable, un matériel puissant, comme cela apparut tout de suite dans ses premières *Contributions à l'histoire économique de la France au* XI*e siècle* [*Beiträge zur Französischen Wirtschaftsgeschichte des XI. Jahrhunderts*, 1879] — développées en français dans les *Études sur l'état économique de la France pendant la première partie du Moyen Âge* (1889) — et dans les quatre volumes de *La Vie économique allemande au Moyen Âge* [*Deutsches Wirtschaftsleben im Mittelalter*, 1885-86] et surtout dans son *Histoire d'Allemagne* (*) (1891-1909) en douze volumes, où il tente de décrire le développement de la vie et de l'âme populaire allemandes sous leurs aspects matériels et spirituels, et qui apparut comme l'exemple le plus significatif de l'historiographie positive en Allemagne. Il croyait avoir créé une « méthode supérieure » pour déterminer, par la comparaison des faits les plus divers, la « cause motrice » de l'histoire et les « lois » de son évolution, et développa cette véritable philosophie de l'histoire dans une œuvre autonome où il poursuivait la pensée de Comte, de Spencer, etc. Citons : *Anciennes et nouvelles orientations dans la science de l'esprit* [*Alte und Neue Richtungen in der Geisteswissenschaft*, 1896] ; *Ce qu'est l'histoire de la civilisation* [*Was ist Kulturgeschichte in Deutsche Zeitschrift für Geschichtswissenschaft*, 1897] ; *La Science historique moderne* [*Moderne Geschichtswissenschaft*, 1905]. *L'Introduction à la pensée historique* [*Einführung in das historische Denken*, 1912] ; *L'Ascension allemande de 1750 à 1914* [*Deutscher Aufstieg 1750-1914*]. Il suppose, à la base des manifestations matérielles et spirituelles parallèles, un « rythme historique », fondé sur le mécanisme de la « psyché » collective, réglant l'évolution de l'humanité en phases de civilisation déterminées, à chacune desquelles correspondrait une disposition psychique collective (diapason). Très discutée, ce fut l'une des personnalités les plus vigoureuses et énergiques de son époque ; il anima nombre d'études, fonda en 1881 la « Gesellschaft für Rheinisches Geschichtskunde », en 1882 la *Westdeutsche Zeitschrift für Geschichte und Kunst*, à Trèves, dirigea en 1894 la *Geschichte der europäischen Staaten*, collection fondée par Heeren et Ukert, et organisa en 1909 l'« Institut für Kultur und Universalgeschichte » de Leipzig.

ETTORE LEPORE.

♦ *« Un penseur dont ses contradicteurs les plus passionnés reconnaissent unanimement la haute valeur ; un homme qui a fait ses preuves comme érudit... »* H. Pirenne.

RÉF. : E. Rothacker, *Über die Möglichkeit und den Ertrag einer genetischen Geschichtsschreibung*, thèse Leipzig, 1912. — Fr. Seifer, *Der Streit un Lamprechts Geschichtsphilosophie*, Augsburg, 1925. — J. Hohlfeld, *Karl Lamprecht*, Leipzig, 1930. — L. Schorn-Schuette, *Karl Lamprecht. Kulturgeschichtsschreibung zwischen Wissenschaft und Politik*, Göttingen, 1984. — P. Griss, *Das Gedankenbild K. Lamprechts*, Berne, 1987.

LANCELOT Claude. Grammairien et érudit français. Né à Paris en 1616, mort à Quimperlé le 15 avril 1695. Enfant d'une famille modeste mais très pieuse, Claude Lancelot entra à l'âge de douze ans au séminaire de Saint-Nicolas-du-Chardonnet, dirigé par un homme d'une grande piété, Adrien Bourdoise. Une visite de l'abbé de Saint-Cyran au séminaire en 1637 orienta les idées et la vie de Lancelot. Lorsqu'il quitta Saint-Nicolas en 1638, ce fut pour se rendre à Port-Royal où il prit place parmi les solitaires. On utilisa ses dispositions pédagogiques. Lancelot fut envoyé à La Ferté-Milon comme précepteur du jeune Nicolas Vitart ; de là il passa chez Jérôme Bignon en 1640 où il s'occupa de l'éducation de ses deux fils. Nommé sacristain de Port-Royal, Lancelot devait jouer un rôle important lors de la création des « Petites Écoles » au faubourg Saint-Jacques où il enseigna pendant de longues années le grec et les mathématiques ; en 1655 il reçut comme élève le jeune Racine, alors âgé de seize ans, à qui il apprit le grec ; en 1656, le futur duc de Chevreuse, fils du duc de Luynes. Lors de la tempête qui souleva une première fois Port-Royal à l'occasion de la campagne de pamphlets qu'avaient suscitée *Les Provinciales* (*) de Pascal, Lancelot semble être resté à l'écart. En 1669, on lui confia l'éducation des deux jeunes fils d'Armand, prince de Conti, Louis Armand, prince de Conti depuis 1666 et qui avait huit ans, et François Louis de Bourbon, âgé de cinq ans. Lancelot ne devait rester leur précepteur que pendant trois ans ; en 1672, à la mort de leur mère, Louis XIV les confia à Bossuet qui était précepteur du dauphin. Lancelot se retira alors à l'abbaye de Saint-Cyran dans le Berry où il fut ordonné sous-diacre en 1673 et fit profession en 1674. Comme beaucoup des messieurs de Port-Royal, Lancelot ne fut jamais prêtre, il n'alla même pas jusqu'au diaconat. En 1679, il subit le contrecoup des secousses qui agitaient Port-Royal ; une lettre de cachet l'expédia chez les bénédictins à Quimperlé. Ses dernières années y furent consacrées aux études et surtout à la méditation silencieuse et à l'assistance aux offices.

Toute sa vie, Lancelot fut un éducateur, le plus modeste et le plus remarquable de Port-Royal, en tout cas le plus exclusivement éducateur. Toute son œuvre est pédagogique depuis la *Nouvelle méthode pour apprendre facilement et en peu de temps la langue latine* (1644) qui bouleversait les méthodes d'enseignement et était en fait la première grammaire latine rédigée en français, et la *Nouvelle méthode pour apprendre... la langue grecque* (1655), la première grammaire grecque en français, et le fameux *Jardin des racines grecques* (*) jusqu'à l'*Epigrammatum delectus* (1659), choix d'épigrammes, la *Nouvelle méthode pour apprendre... l'italien et l'espagnol* (1660) ; œuvre pédagogique aussi et d'une grande portée dans l'histoire des lettres que la *Grammaire générale et raisonnée* (*) entreprise en collaboration avec Arnauld ; ces mêmes préoccupations didactiques se retrouvent enfin dans la *Nouvelle disposition pour l'Écriture sainte mise dans un ordre perpétuel...* de 1668. Lancelot laissait enfin des *Mémoires touchant la vie de M. de Saint-Cyran* qui ne furent publiés qu'en 1738.

♦ *« Lancelot, homme simple, véridique, le fidèle Élisée de M. de Saint-Cyran. »* Sainte-Beuve.

RÉF. : J. Besoigne, *Histoire de l'abbaye de Port-Royal*, Cologne, 1752-1753. – Sainte-Beuve, *Port-Royal* (1840-1859), livre second. – A. Gazier, *Claude Lancelot, d'après sa correspondance inédite*, in *Revue hebdomadaire*, 8 août 1908. – L. Cognet, *Claude Lancelot*, Paris, 1950. – F. Delforge, *Les Petites Écoles de Port-Royal*, Paris, 1985.

LANCRE Pierre de. Démonologue français. Conseiller au parlement de Bordeaux où il naît en 1553. Il meurt dans son château de Loubens en 1631. C'est à Toulouse, puis à Turin qu'il fait ses études de droit. De retour à Bordeaux en 1578, il sert de guide à Pierre de Médicis de passage dans la ville. En 1582, il est nommé conseiller au Parlement et épouse Jehanne de Mons, petite-nièce de Montaigne. Entre 1585 et 1600, il est de nouveau en Italie : à Naples il rencontre Della Porta et visite le cabinet « merveilleux » de Ferante Imperato ; à Bologne, il admire celui d'Aldrovandi. En 1607, il publie à Paris le *Tableau de l'inconstance et instabilité de toutes choses* : de Lancre entre dans le débat culturel qui s'anime alors autour du couple constance/inconstance, cher à Montaigne, à Du Vair ou à un Sponde. En 1609, le roi Henri IV le charge d'enquêter sur la sorcellerie dans le Labourd. Le *Tableau de l'inconstance des mauvais anges et démons* (*) (1612) sera le récit de ce voyage chez les démons basques : de Lancre y confond Satan et Protée, et apparaît comme un écrivain du baroque et de la Contre-Réforme. Il publie encore en 1617 le *Livre des princes* destiné à guider le prince et le courtisan parmi les tempêtes inconstantes de la Cour. Enfin, en 1622 paraît l'*Incrédulité et mescreance du sortilège pleinement convaincue*, où il défend à nouveau la thèse démonologique dans tous les cas où la nature paraît sortir de ses lois et offrir aux hommes le spectacle de phénomènes étranges et merveilleux. Michelet consacrera plusieurs pages de sa *Sorcière* à cet « homme du monde », fasciné par les sorcières basques, passionné par le « merveilleux horrible » qui s'offre à lui et qu'il raconte plus qu'il ne le consigne. Michelet n'avait pas tout à fait tort de voir en de Lancre un écrivain de la sorcellerie, le premier peut être à avoir reconnu dans les prestiges du diable les merveilles de l'imaginaire des hommes.

SOPHIE HOUDARD.

LANDINI Francesco ou **Francesco Cieco.** Compositeur italien. Né à Fiesole (Toscane) en 1325, mort le 2 septembre 1397 à Florence. Fils d'un peintre, probablement Jacopo del Casentino, il perdit la vue dans son enfance à la suite de la variole. Il se consacra alors à l'étude du chant et de divers instruments, dont l'orgue portatif. Il jouait merveilleusement de cet instrument, à tel point qu'il fut appelé « Francesco degli Organi » [François des orgues]. En 1346, il écrivit une *Chanson* à l'occasion de la naissance de deux Visconti. Aux environs de l'année 1351, il est au service de Martino della Scala ; en 1364, à Venise, le roi de Chypre lui décerne un prix de poésie. Il a passé la plus grande partie de sa vie à Florence, où il tenait l'orgue de l'église San Lorenzo. De ce musicien nous possédons les manuscrits de diverses œuvres : madrigaux, ballades, chansons et airs de chasse, pour voix seules ou pour voix et instruments, qui témoignent de sa grandeur ; avec lui, le mouvement de l'« ars nova » italien atteint son plus haut degré – v. *Chansons* (*). Des madrigaux tels que *Gran pianto a gli occhi* et *Per la mia piaga dolce* peuvent être considérés comme des chefs-d'œuvre. Une mélancolie douce et sensuelle, un chant recueilli et calme, la beauté de la mélodie et la liberté des rythmes se fondent harmonieusement dans les créations de Landini.

RÉF. : M. Schneider, *Die Ars nova des 14. Jahrhunderts in Frankreich und Italien*, Wolfenbüttel, 1930. — L. Ellinwood, *The Works of Francesco Landini*, Cambridge (U.S.A.), 1939.

LANDOLFI Tommaso, marquis. Conteur italien. Né à Pico (Latium) le 9 août 1908, mort à Rome le 8 juillet 1979. Cet écrivain a fait longtemps figure de dilettante aisé, livré à une verve capricieuse, bien qu'issu de l'une des régions les plus terriennes, les plus madrées aussi des environs de Rome. Le jeu des affinités électives a permis de le mieux comprendre après qu'il fut devenu le traducteur de Gogol, tout en soulignant, dans des essais, son goût tant pour Dostoïevski que pour Rabelais. Écrivain plein de verve sous des dehors esthétisants, il esquisse une casuistique bien personnelle dès ses premiers livres, *Dialogue sur les plus grands systèmes* [*Dialogo dei massimi sistemi,* 1937], *La Pierre de lune* (*) (1939), *La Mer des blattes* [*Il mar delle blatte,* 1939]. À partir du renouveau que provoque la chute du fascisme, Landolfi se livre encore plus délibérément au jeu d'une fantaisie qui est cependant de moins en moins gratuite, et l'on a trouvé à son évolution quelque ressemblance avec celle, contemporaine, de Gadda : la considération vaguement surréelle de la vie bourgeoise, dans un esprit de polémique sournoise, une sorte de moralisme qui prend volontiers la forme d'un certain fantastique, et, dans tout cela, comme une odeur de soufre... En témoignent des livres tels que *L'Épée* [*La spada,* 1942], *Les Deux Vieilles Filles* [*Le due zitelle,* 1946], *Conte d'automne* [*Racconto d'autunno,* 1948]. Le tout dernier Landolfi, complètement dégagé des jeux parfois précieux de ses débuts, semble mystérieusement orienté vers un pathétique caché mais déchirant, où l'ironie ne perd assurément pas ses droits, mais qui remplit ses récits (toujours de dimensions relativement courtes) d'une « aura » vaguement faustienne, dans *Cancereine* (*) (1950), *La Biere du pecheur* (*) (1953) (le titre est en français), *Ombres* [*Ombre,* 1954], *Rien va,* (1963) (titre également en français) — il n'est pas sans intérêt, pour mieux situer cet écrivain tout à fait original mais de petite audience, de rappeler qu'il fut l'un des collaborateurs assidus de *Botteghe oscure,* publication de la princesse Caetani di Bassiano, fondatrice naguère de *Commerce* (*) à Paris.

NINO FRANK.

RÉF. : G. Bernabò Secchi, *Invito alla lettura di Tommaso Landolfi,* Milan, 1978. — G. Ghetti Abuzzi, *L'enigma Landolfi,* Rome, 1979. — C. Bo, *Tommaso Landolfi,* Camposanpiero, 1983. — A. Ceni, *La « sopro-realtà » di Toumaro Landolfi,* Florence, 1986.

LANDOR Walter Savage. Poète et écrivain anglais. Né à Warwick le 30 janvier 1775, mort à Florence le 17 septembre 1864. Élève au collège de Rugby, où son aptitude aux vers latins n'avait d'égale que son indiscipline, il en fut expulsé, puis passa au Trinity College d'Oxford (1793). Là encore on l'expulsa, pour avoir tiré un coup de fusil dans les fenêtres d'un homme dont les idées politiques heurtaient ses opinions républicaines, et pour avoir déserté la maison familiale après une dispute avec son père. En 1795, il publia à Londres son premier recueil de *Poésies* [*Poems*]. Landor, retiré dans le Pays de Galles, écrivit ensuite un poème épique, *Gébir*, dont il donna une traduction latine [*Gebirus*] et auquel il joignit la brève poésie intitulée *Rose Aylmer.* Le sujet lui en avait été fourni par la lecture de l'*Histoire du roman* [*Progress of Romance*] de Clara Reeve, dont la forme dialoguée lui suggéra vraisemblablement l'idée des *Conversations imaginaires* (*). En 1802, Landor fit à Paris un voyage qui le confirma dans ses idées révolutionnaires, et publia *Poèmes, par l'auteur de Gébir* [*Poems, by the Author of Gebir*]. On y trouve notamment une brève poésie, « Regeneration » où, devançant Byron, il exprime à la fois son culte pour la Grèce antique et son amour de la liberté. Enthousiasmé par la révolte espagnole, il combattit en 1808 contre Napoléon, sous les ordres du général Blake. Revenu en Angleterre après la défaite de ce dernier (1809), il épousa, deux ans plus tard, Julia Thuillier, jeune fille sans fortune, d'origine suisse, qu'il avait rencontrée dans un bal et, en 1812, publia une tragédie en vers inspirée par son séjour en Espagne, *Le Comte Julien* [*Count Julian*]. Ayant acquis, avec l'aide de sa mère, une propriété à Lanthony Abbey (1811), il dut, au bout de trois ans, après s'être disputé avec ses voisins, ses domestiques et les autorités, s'éloigner de nouveau et gagner le continent. Landor s'en fut à Tours, puis à Côme où il composa des vers latins contre Vincenzo Monti en réponse à son fameux sonnet contre l'Angleterre : « Lumière tu méprises le soleil, herbe la terre » ; Monti répliqua en le faisant expulser de Lombardie. Il se rendit alors à Pise, à Pistoia (1819), puis à Florence (1821) où il se mit à écrire les *Conversations imaginaires* qui devaient demeurer son chef-d'œuvre. Les deux premiers volumes parurent en 1824, et un troisième en 1829. Landor, qui s'était séparé de sa femme après de violentes disputes, quitta Florence, regagna l'Angleterre et s'établit à Bath. Il allait, vingt ans plus tard, quitter précipitamment cette ville pour quelques épigrammes qui lui avaient valu une plainte en diffamation suivie d'une forte amende. De nouveau en Italie, il s'établit à Fiesole, mais, à peine installé, se disputa encore une fois avec ses gens. L'écrivain, qui avait partagé sa fortune entre ses fils, se trouva bientôt dans la gêne, mais Robert Browning lui procura une situation à Sienne, puis à Florence où Landor demeura jusqu'à sa mort. En 1847, il publia *Les Helléniques* [*The Hellenics of Walter Savage*], récits et dialogues en vers sur des sujets idylliques et mythologiques, parmi lesquels la fameuse *Hamadryade* (*). Puis ce furent d'autres recueils de vers : *Poèmes* [*Poemata et Inscriptiones,* 1847], *Le Dernier Fruit d'un vieil arbre* [*The Last Fruit of an Old Tree, 1853], Idylles héroïques* [*Heroic Idyls,* 1863], dont l'exquise élégance alexandrine est souvent bien frivole. Dans maintes œuvres en prose : *Citation et examen de William Shakespeare* [*Citation and Examination of William Shakespeare,* 1834], *Périclès et Aspasie* [*Pericles and Aspasia,* 1836] — la plus réussie, dans laquelle il prête à Aspasie ses propres opinions —, *Pentameron* (1837), et dans la trilogie dramatique *André de Hongrie* (1839), *Jeanne de Naples* (1839), *Frère Rupert* (1840), Landor déploie les mêmes dons de pénétration et de synthèse que dans les *Conversations imaginaires,* non, toutefois, sans quelque excès d'inutiles virtuosités.

FRANCESCO MEI.

♦ *« Comme poète il peut être placé à mi-chemin entre Byron et Shelley. »* Swinburne.

RÉF. : R. W. Emerson, *English Traits,* Londres, 1856. — Ch. Dickens, *Landor's Life,* in *All the Year Round* du 24 juillet 1869. — Lord Houghton, *Monographs, Personal and Social,* Londres, 1873. — Swinburne, *Miscellanies,* 1886. — George Saintsbury, *The Landors, Leigh Hunt and De Quincey,* in t. XII de *The Cambridge History of English Literature,* Cambridge, 1915. — W. Mason, *W. S. Landor, poète lyrique,* Paris, 1924. — M. Elwin, *W. S. Landor a Replevin,* 1958. — R. Super, *W. S. Landor, a Biography,* 1954. — P. Vitoux, *L'Œuvre de W. S. Landor,* 1964.

LANDOWSKI Marcel. Compositeur français. Né à Pont-l'Abbé (Finistère) le 18 février 1915. Fils du sculpteur Paul Landowski, il travaille au Conservatoire de Paris avec Noël Gallon, Philippe Gaubert et Büsser, avant de subir l'influence d'Arthur Honegger. Successivement directeur du Conservatoire de Boulogne-Billancourt (1960-64), directeur de la musique à la Comédie-Française (1962-65), directeur de la musique au ministère des Affaires culturelles (1966-75), directeur des Affaires culturelles de la Ville de Paris (1977-79), membre de l'Académie des beaux-arts (Institut de France) depuis 1975 (secrétaire perpétuel en 1986). Marcel Landowski a joué un rôle prépondérant dans la réorganisation de la vie musicale française. Jusqu'en 1967, il a écrit des œuvres fortes, tant par leur lyrisme que par leur intensité spirituelle, notamment ses premiers opéras : *Le Rire de Nils Halerius* (1944-48), *Le Fou* (*) (1940-55), *Le Ventriloque* (1955), *Les Adieux* (1960), *L'Opéra de poussière* (1962). Après une période de silence imposée par ses fonctions officielles, il s'oriente vers un langage plus direct où se livre sa véritable sensibilité : *Messe de l'aurore* (1977), *Un enfant appelle* (1978) pour soprano, violoncelle et orchestre, le ballet, *Le Fantôme de l'Opéra* (1980), l'opéra *Montségur* (*) (1985), l'opéra pour enfants, *Leçons de Ténèbres* (1991), *La Sorcière du placard aux balais* (1992). Il est aussi l'auteur de quatre symphonies, de deux concertos pour piano, de concertos pour ondes Martenot, pour flûte, pour trompette, pour violoncelle qui marquent son souci d'indépendance à l'égard de tous les courants esthétiques et son engagement dans la vie musicale de son temps par l'humanisme et la transcendance de son message.

ALAIN PÂRIS.

RÉF. : Claude Baignères, *Marcel Landowski,* Paris, 1959. — Antoine Goléa, *Marcel Landowski,* Paris, 1969. — Pierre Ancelin, « Marcel Landowski, le musicien de l'espérance », in *La Revue musicale* nos 372-373-374, Paris, 1984. — Marcel Landowski, *La musique n'adoucit pas les mœurs,* Paris, 1990.

LANGER František. Auteur dramatique et nouvelliste tchèque. Né et mort à Prague (3 mars 1888-2 août 1965). Médecin, mobilisé dans l'armée austro-hongroise, fait prisonnier, il rejoint les « légions tchécoslovaques » en Russie et ne quitte plus l'armée alors même qu'il s'exile en 1939 en France et en Angleterre. S'il fréquente le groupe des poètes anarchistes praguois, c'est surtout son amitié avec les frères Čapek et J. Hašek qui le marque. Après quelques nouvelles néoclassiques, *La Vénus d'or* [*Zlatá Venuše*, 1910], il écrit plusieurs récits populaires, *Le Loup de fer* [*Železný vlk*, 1920], *Le Chien de la 2e compagnie* [*Pes druhé roty*, 1923]... Mais c'est surtout son œuvre théâtrale qui le rend célèbre. Dans ses pièces remarquablement construites, et qui le placent, aux côtés de Karel Čapek, au sommet de la dramaturgie tchèque de l'avant-guerre, il fait vivre de petites gens des faubourgs de Prague dont les histoires rejoignent le drame de toute existence humaine : après la comédie *Le Chameau par le trou d'une aiguille* [*Velbloud uchem jehly*, 1923], Langer fait des variations sur le thème du « crime et châtiment » : *Périphérie* (*) (1925), *La Conversion de Ferdiš Pištora* [*Obrácení Ferdyše Pištory*, 1929], *Les Anges parmi nous* [*Andělé mezi námi*, 1931], *La Soixante-Douze* [*Dvaasedmdesátka*, 1937]. Dans sa meilleure pièce, *Patrouille de cavalerie* (1935), il revient aux « légions » en Russie. Parallèlement, il compose des récits et nouvelles psychologiques : *Rêveurs et Assassins* [*Snílci a vrahové*, 1920], *Contes du faubourg* [*Předměstské povídky*, 1926]..., un roman satirique, *Le Miracle dans la famille* [*Zázrak v rodině*, 1929], des récits et des pièces pour marionnettes. L'Occupation et la Résistance lui ont inspiré la nouvelle *Les Enfants et le Poignard* [*Děti a dýka*, 1942, Londres, 1946]. Sa pièce sur les comédiens, *L'Étincelle sous la cendre* [*Jiskra v popelu*], fut jouée en 1948, juste avant sa mise à l'écart par le nouveau régime. À la faveur des dégels culturels, Langer put encore publier un volume de *Légendes praguoises*

[*Pražské legendy*, 1956], une pièce, *La Rhapsodie de bronze* [*Bronzová rapsódie*, 1962] et un très beau volume de souvenirs littéraires (1963).

VLADIMIR PESKA.

LANGEVIN Paul. Physicien français. Né le 23 janvier 1872 à Paris, où il mourut le 19 décembre 1946. De famille modeste, il se consacra très tôt aux études scientifiques. En 1884, il entra comme élève à l'École Lavoisier, et en 1888 à l'École de physique et de chimie, où Pierre Curie exerça sur lui une grande influence. En 1893, il entra à l'École normale supérieure, où il se lia d'amitié avec Jean Perrin. En 1897, il obtint une bourse d'étude pour le laboratoire Cavendish en Angleterre. En 1905, il était professeur de physique à l'École de physique et de chimie, et en 1909 professeur ordinaire au Collège de France. En 1920, il dirigea la *Revue de physique*, et en 1926 l'École de physique et de chimie ; en 1934, il fut élu membre de l'Académie des sciences. Les premiers travaux de Langevin, qu'il devait reprendre dans les dernières années de sa vie, concernaient les propriétés des ions dans les gaz. Il apporta une vaste contribution à la connaissance des lois de diffusion et de combinaison des ions, et démontra le mécanisme du passage du courant électrique dans les gaz. Un des plus remarquables résultats qu'il obtint se trouve décrit dans son livre *Sur les ions de l'atmosphère* (1905), où il rapporte la découverte selon laquelle certains ions de l'atmosphère ont une charge cinquante fois supérieure à celle des autres. À partir de 1905, il effectua une série de recherches sur les grands problèmes de la physique, formula une théorie du dia- et paramagnétisme, et étudia les mouvements browniens, les fondements de la mécanique de Newton et la dynamique de la relativité, l'inertie de l'énergie et la théorie des biréfringences électriques et magnétiques. Sa théorie du magnétisme constitue un pont entre les idées d'Ampère et les théories quantiques. Il s'occupa également de problèmes techniques ; au cours de la guerre 1914-1918, il appliqua l'emploi des ultrasons à la lutte contre les sous-marins. Il se montra également, ainsi que le disaient certains, « professeur-né », publiant sur la nature de l'enseignement public plusieurs ouvrages dont : *L'Esprit de l'enseignement scientifique*, conférence recueillie avec d'autres essais dans le volume *La Physique depuis vingt ans* (1923) et *La Valeur éducative de l'histoire des sciences*. En 1945, il fut nommé président de la Commission pour la réforme de l'enseignement. Ses mérites furent reconnus officiellement : en 1928, il avait succédé à Lorentz, mort cette même année, à la présidence des congrès Solvay ; il fut nommé docteur honoris causa de nombreuses universités, membre de plusieurs sociétés scientifiques dont l'Académie des Lincei, la Royal Society de Londres et l'Académie des sciences de l'U.R.S.S. Einstein fit de lui un grand éloge. Le Centre national de la recherche scientifique fit paraître, en 1950, un premier volume des *Œuvres scientifiques de Paul Langevin* – v. *Écrits* (*) de Langevin.

♦ *« Un homme de grand cœur, un cerveau puissant, un physicien de haute classe. »* Louis de Broglie. ♦ *« Einstein, en parlant de la théorie de la relativité, la nomme toujours théorie de Langevin-Einstein. »* Jacques Nicolle. ♦ *« Dans sa pensée scientifique, Langevin était d'une clarté et vivacité extraordinaires, jointes à un coup d'œil d'une grande sûreté intuitive pour le point essentiel. »* Albert Einstein.

RÉF. : Louis de Broglie, *Notice sur la vie et l'œuvre de Paul Langevin*, Paris, 1947. – Revue *La Pensée*, numéro spécial (nº 12) consacré à Paul Langevin, Paris, mai-juin 1947.

LANGLAND ou Langley William. Écrivain anglais. Né à Ledbury (Shropshire) vers 1332, mort vraisemblablement vers 1400. Il était le fils, peut-être illégitime, de Eustache de la Rokayle. Il semble que, dans son enfance, il ait été dirigé vers une congrégation religieuse, mais il ne dépassa jamais les ordres mineurs ; plus tard, on le retrouve à Londres, à Cornhill, avec Kit, sa femme, et Nicolette, sa fille. Sa principale occupation consistait à réciter des prières pour les âmes de ceux qui assuraient sa vie matérielle. Il était certainement d'une famille pauvre et le resta toute sa vie. Nous ne connaissons que ces renseignements douteux sur l'existence de Langland. On lui a attribué les trois rédactions différentes de *Pierre le Laboureur* (*). Certains critiques estiment au contraire que cet ouvrage est dû à cinq écrivains différents. La première version date de 1362 environ ; la deuxième de 1376 ou 1377, et la dernière fut écrite après 1386. Vers 1399 on pense que Langland se rendit à Bristol ; puis sa trace disparaît.

LANGUET Hubert. Diplomate français. Né à Vitteaux-en-Auxois (Bourgogne) en 1518, mort à Anvers (Belgique) le 30 septembre 1581. Brillant étudiant des universités de droit de Poitiers et de Padoue, grand voyageur, ami d'hommes célèbres – en particulier de Melanchthon –, protestant convaincu, Languet fut d'abord une sorte d'agent de renseignements politiques et militaires de l'électeur de Saxe dans les principaux États d'Europe. À ce titre, il écrivit à ce prince quelque quatre cents lettres, qui furent rassemblées en un volume, intitulé *Épîtres secrètes à son prince, Auguste, duc de Saxe* [*Epistolae secretae ad principem suum Augustum, Saxonicae ducem*, 1699]. On le trouve en France de 1561 et 1562 et de 1563 à 1566. Il y revient en 1570, à la tête d'une ambassade des princes allemands auprès de Charles IX, qu'il indispose par une *Harangue au roi Charles IX* (1570), extrêmement hardie, qui lui fit courir les plus grands risques lors des massacres de la Saint-Barthélemy. Toujours au service de l'électeur de Saxe, il se rend à Vienne de 1573 à 1577, multiplie les démarches pour obtenir son retour en France, rendu difficile par ses convictions protestantes. Lorsque la permission lui fut enfin accordée, de nouveaux troubles religieux le contraignirent à s'exiler à Anvers où il écrivit en 1579, sous le pseudonyme de Junius Brutus, *Revendications contre les tyrans* (*). Au XVIe siècle, à travers toute l'Europe, Languet fut une célébrité surtout grâce à l'audace de ses idées : sous l'inspiration de *La Bible,* il introduisait en effet pour la première fois l'idée de contrat dans les théories politiques : contrat du peuple avec le roi, mais le premier primant naturellement le second, si bien que la résistance et la rébellion devenaient légitimes lorsque le roi allait contre la volonté divine. Ces idées furent exprimées par lui dans son livre *De la puissance légitime du prince sur le peuple et du peuple sur le prince,* paru à Genève en 1581.

RÉF. : Ph. de La Mare, *Vie de Languet,* tr. fr. 1700. – H. Chevreul, *Étude sur le XVIe siècle ; H. Languet,* Paris, 1852. – Haag, *La France protestante,* t. VI, Paris, 1856. – Blasel, *Hubert Languet,* Oppeln, 1872. – Scholz, *Hubert Languet,* Halle, 1875. – C. Lenient, *La Satire en France au XVIe siècle,* t. II, Paris, 1886.

LANIER Sidney. Poète et essayiste américain. Né le 3 février 1842 à Macon (Géorgie) d'une famille descendant de huguenots français, mort à Lynn (Caroline du Nord) le 7 septembre 1881. Jeune, il apprit à jouer des instruments de musique et créa un orchestre avec ses camarades, lut Froissart, *Gil Blas* (*) et Walter Scott, et sortit premier de l'université Oglethorpe (1860), avec l'espoir d'aller étudier en Allemagne. Il combattit pendant la guerre civile avec les volontaires de Macon, fut fait prisonnier en 1864 et passa quatre mois dans une prison nordiste où il composa un livre de souvenirs paru sous le titre *Lis tigrés* [*Tiger-Lilies,* 1867]. Il emportait partout avec lui sa flûte et en jouait à ses compagnons. Pendant huit ans, après 1865, sa vie ne fut qu'une suite de vicissitudes tragiques, maladies et pauvreté. Ainsi qu'il devait l'écrire à Bayard Taylor en 1875 : « On peut dire que presque toute ma vie a simplement consisté à ne pas mourir. » Il fut employé dans un hôtel, maître d'école et avocat ; puis, en 1867, il se maria. En 1873, il décida de se consacrer entièrement à la musique et à la poésie. Il voyagea beaucoup, si l'on considère la fragilité de sa santé, et joua dans des orchestres. Dans son livre posthume, *Musique et Poésie* [*Music and Poetry,* 1898], il prophétisa un grand avenir à la musique orchestrale américaine et aux exécutions musicales en Amérique. Atteint de tuberculose, il se réfugia dans les montagnes de la Caroline du Nord et mourut à Lynn, mais fut inhumé à Baltimore. Ses premières poésies furent publiées par la revue *Lippincott's Magazine* en 1875, et son premier volume de vers parut en 1877 – v. *Poèmes* (*). Très versé dans la poésie et la musique de l'époque élisabéthaine, il se vit offrir la chaire de professeur d'anglais à l'université John Hopkins. Il publia *La Science du vers anglais* [*The Science of English Verse,* 1880], ouvrage fort intéressant et documenté sur les rapports entre la musique et la poésie ; *Le Roman anglais* [*The English Novel,* 1883] ; *Shakespeare et ses précurseurs* [*Shakespeare and his Forerunners,* posthume, 1902]. Pour gagner sa vie, il écrivit également un certain nombre d'œuvres de vulgarisation pour la jeunesse, telles que : *Le Froissart pour les jeunes garçons* [*The Boys' Froissart,* 1879], *Le Roi Arthur pour les jeunes garçons* [*The Boys'King Arthur,* 1880], ainsi qu'un guide : *La Floride, ses sites, son climat et son histoire* [*Florida : Its Scenery, Climate and History,* 1875]. Parmi les poésies les plus célèbres de Lanier il faut citer : « Les Marais de Glynn » [Marshes of Glynn], « L'Aube » [Sunrise, 1880], « L'Ondoiement du blé » [The Waving of the Corn] et « Le Chant des Chattahoochie » [Song of the Chattahoochе]. En 1899 parut, sous le titre *Regards sur le passé et l'avenir* [*Retrospects and Prospects*], un recueil posthume de ses essais. Ses *Lettres* [*Letters*], réunies en 1945, forment les quatre derniers des dix volumes de ses *Œuvres complètes* [*Works*] éditées à Baltimore.

RÉF. : E. Mims, *Sidney Lanier,* Boston, New York, 1905. – L. Lorenz, *The Life of Sidney Lanier,* New York, 1935. – E. W. Parks, *Sidney Lanier : The Man, The Poet, The Critic,* Athènes, 1968. – J. de Bellis, *Sidney Lanier, H. Timrod and P.H. Hayne, A Reference Guide,* Boston, 1978.

LA NOUE François de, dit Bras de Fer. Capitaine, mémorialiste et écrivain français. Né à Nantes en 1531, blessé au siège de Lamballe et mort des suites de ses blessures le 4 août 1591. Attaché à la famille de Châtillon, La Noue passa à la Réforme en 1558 et servit comme lieutenant de l'amiral Gaspard de Coligny. Après s'être distingué en occupant Orléans en 1567, La Noue participa aux batailles de Jarnac et de Moncontour (1569) dans le Poitou où il commandait les troupes huguenotes en l'absence de Coligny, qui effectuait alors une campagne dans le Languedoc. Fait prisonnier sur le champ de bataille, il fut quelque temps captif, puis échangé. On le trouve ensuite à la prise de Luçon en 1570. Après avoir, lors de la campagne de Flandre, défendu Mons contre le duc d'Albe, La Noue fut envoyé par le roi à La Rochelle, où il tenta d'amener les Rochelais à demeurer en paix avec la cour (1572). Devenu de ce fait suspect à ses coreligionnaires, il se vit obligé de passer dans le camp du duc d'Anjou qu'il préserva d'un attentat fomenté par le duc d'Alençon, mais aussitôt après il se rapprocha du parti huguenot et, avec l'appui de D'Alençon, poussa les protestants de l'Ouest à reprendre les armes. Il dirigea pendant quelque temps leurs troupes dont il quitta le commandement en 1573. En 1578, commandant en chef en Flandre, il prit

Louvain, Bruges, Cassel (1579) et Ninove (1580) sur les Espagnols, mais fut fait prisonnier par ceux-ci en 1580. Cette captivité, particulièrement dure, se prolongera pendant cinq ans. C'est en 1587 qu'il publia les *Discours politiques et militaires* où il expose ses idées sur les guerres de Religion avec un esprit de tolérance et de modération, un amour de la paix fort singuliers chez cet homme qui fut toute sa vie un guerrier. Dans l'un de ses *Discours*, il propose à tous les chrétiens, catholiques et protestants, de s'unir dans une croisade dirigée contre les Turcs ; un autre de ses *Discours* (le XXVIe) sont les *Mémoires* (*) de La Noue qui donne un récit des événements de 1562 à 1570. En 1589, La Noue se rapprocha de Henri III, qui faisait alors cause commune avec le roi de Navarre contre la Ligue. Au service d'Henri de Navarre devenu roi de France, La Noue participa encore aux batailles de Senlis, d'Arques, et d'Ivry en 1589 et 1590. Lors de l'attaque de Fontenay-le-Comte en 1570, La Noue avait eu le bras gauche fracassé par un coup d'arquebuse ; il fut amputé et pourvu d'un appareil en fer qui lui valut le surnom de Bras de Fer. Sa bravoure, sa loyauté lui valurent un autre surnom, celui de Bayard huguenot.

RÉF. : H. Hauser, *François de La Noue*, Paris, 1892. — J. Taboureau, *Un moraliste militaire du XVIe s., François de La Noue*, Limoges, 1908.

LANSON Gustave. Professeur et historien de la littérature française. Né le 5 août 1857 à Orléans, mort à Paris le 15 décembre 1934. Après avoir fait ses études à l'École normale supérieure, il fut professeur de rhétorique à Toulouse et enseigna en 1886 la littérature au tsarévitch qui devait devenir Nicolas II. Il obtint son doctorat ès lettres en 1888 avec une thèse sur *Nivelle ou la Comédie larmoyante*. Il professa ensuite à Paris successivement aux lycées Michelet, Charlemagne et Louis-le-Grand. Nommé suppléant de Brunetière, il devint maître de conférences à la Sorbonne et à Normale supérieure avant d'accéder au poste de directeur de cette école en 1902, qu'il occupa jusqu'en 1927. Il a tenté dans son œuvre, tout entière consacrée à la critique littéraire, de dégager la philosophie même de cette critique. Sa méthode repose non seulement sur une connaissance très précise du détail propre à chaque écrivain, mais aussi sur la recherche et la définition des courants propres à une époque, ce qui lui permettait de transformer chacun de ses jugements en une synthèse vivante. C'est dans cette méthode que réside son originalité : ne pas se contenter de restituer le visage d'un écrivain, mais atteindre à travers lui l'histoire de l'évolution des idées. Son premier livre, paru en 1887, s'intitulait *Principe de composition et de style*. Parmi ses œuvres : *Bossuet* (1890), *Boileau* (1892), *Histoire de la littérature française* (*) (1894), *Études morales et littéraires* (1895), *Corneille* (1898), *Voltaire* (1906), *Manuel bibliographique de la littérature française moderne de 1500 à nos jours* (*). Citons encore ses remarquables éditions critiques des *Lettres philosophiques* (*) de Voltaire et des *Méditations* (*) de Lamartine. Lanson collabora également à la *Revue d'histoire littéraire de France*. L'ensemble de cette œuvre illustre parfaitement ce que peut être la carrière d'un grand universitaire dont les connaissances sont à la mesure des exigences de sa vocation.

RÉF. : *Mélanges offerts à G. Lanson* (avec bibliographie), Paris, 1922. — E. Henriot, article in *Revue internationale de l'enseignement*, Paris, 1935. — G. Cohen, *Ceux que j'ai connus*, Montréal, 1946.

LANZI Luigi. Archéologue, philologue et historien d'art italien. Né à Treia, dans les Marches, le 14 juin 1732, mort à Florence le 30 mars 1810. Élève des jésuites à Fermo, il revêtit lui-même l'habit de la Compagnie, à Rome, en 1749. Pendant son noviciat, il se consacra à l'enseignement de la littérature à Rome, à Tivoli et à Viterbe. C'est à ces premières années que remontent différents ouvrages de circonstance, en prose et en vers, en italien et dans les langues classiques, et d'intéressantes traductions d'Hésiode, de Théocrite et de Catulle. Devenu prêtre, Lanzi enseigna au collège romain les littératures grecque et romaine, jusqu'au moment où son délicat état de santé le contraignit à quitter sa chaire ; il partit alors pour Sienne, où la suppression de la Compagnie de Jésus (1773) l'obligea à choisir une nouvelle carrière. C'est ainsi qu'en 1775 il devint conservateur adjoint au musée de Florence, travaillant activement à compiler des catalogues et à effectuer des recherches fructueuses sur les antiquités de la région. Les riches matériaux rassemblés rendirent possible, en 1789, l'impression du premier ouvrage important de Lanzi, l'*Essai sur la langue étrusque et sur d'autres langues anciennes d'Italie* [*Saggio di lingua etrusca e di altre antiche d'Italia*], qui fut suivi peu après — en 1792 — de l'*Histoire de la peinture dans la basse Italie* [*Storia pittorica dell'Italia inferiore*]. L'accueil favorable fait à cette œuvre incita Lanzi à étendre ses études à l'ensemble de l'activité artistique italienne. Sa démission acceptée, il voyagea à travers toute l'Italie, travaillant avec acharnement en dépit de son toujours mauvais état de santé, et, en 1795 et 1796, parut le fruit de ses longues études, l'*Histoire de la peinture en Italie* (*). Lanzi publia ensuite quelques travaux d'archéologie étrusque. La grande renommée qu'il avait acquise lui valut d'être enterré à Santa Croce à côté des dépouilles des plus célèbres Florentins.

LAO CHEU [Lao She] (pseudonyme de Chou Ts'ing-tch'ouen). Romancier et dramaturge chinois. Né et mort à Pékin (3 février 1899 - 24 août 1966). D'origine mandchoue,

Lao Cheu grandit dans une famille dont la pauvreté fut encore accrue à la mort de son père, en 1900, et dont il fut le premier membre à entreprendre des études. Après l'École normale de Pékin, il devient directeur d'établissement puis inspecteur, et ne participe pas au mouvement révolutionnaire et intellectuel du 4 mai 1919. Ayant donné sa démission, il se fait recruter à l'École des langues orientales de Londres où, de 1924 à 1929, il découvre la littérature occidentale – Dickens notamment qui l'influencera beaucoup – et compose ses premiers romans. À son retour en Chine, il est nommé professeur à l'université de Tsi-nan (Chan-tong), et entre dans une période d'intense production littéraire. En 1933 paraît *La Cité des Chats* [*Mao-tch'eng-tsi*], satire de la Chine de son temps, puis *Divorce* [*Li-houen*], *La Vie de Nio T'ien-ts'e* [*Nio T'ien-tse tchouan*], qui mettent en scène des personnages quotidiens, confrontés pour les uns à des difficultés conjugales, et pour les autres aux problèmes des enfants adoptés. En 1935, Lao Cheu publie un recueil d'essais littéraires, *La Vieille Carriole* [*Lao-nio p'o-tcheu*]. *Le Pousse-Pousse* (*), son plus célèbre roman, qui dépeint les misères du petit peuple de Pékin, paraît en plusieurs fois – dans la revue *Le Vent de l'univers* [*Yu-tcho-feng*] – en 1936. Vient ensuite l'invasion japonaise, et avec elle le premier engagement politique de Lao Cheu, qui participe au mouvement des écrivains résistants. Son œuvre la plus importante durant la période de la guerre est le roman *Quatre générations sous un même toit* [*Se-che t'ong-t'ang*], racontant avec force détails la vie des Pékinois sous l'occupation japonaise. Lorsque celle-ci prend fin, Lao Cheu est invité aux États-Unis, où il collabore à la traduction de certaines de ses œuvres, et compose *The Drum Singers* [*Kou-chou yi-jen*], dont la version chinoise a été perdue. À son retour dans la nouvelle République populaire en 1950, et tout en étant chargé de responsabilités officielles telles que celles de vice-président de l'Union des écrivains ou de député de Pékin, Lao Cheu continue d'écrire, et notamment des pièces de théâtre, dont la plus connue – *La Maison de thé* (*) – est représentée en 1957. Malgré les honneurs que le nouveau pouvoir lui a rendus, il n'échappe pas toujours à la critique, et sera l'une des premières victimes de la « révolution culturelle » : il meurt probablement sous les coups des Gardes rouges, bien que son décès ait été présenté comme un suicide. Dans presque toute son œuvre Lao Cheu n'a cessé de rendre hommage et de donner voix à sa ville natale ainsi qu'à ses habitants. Il en connaissait si bien la culture qu'il composa lui-même ballades pour tambour et opéras, et reste avant tout l'écrivain des *Gens de Pékin*.

RÉF. : Z. Slupski, *The Evolution of a Modern Chinese Writer*, Prague, 1966. – R. Vohra, *Lao She and the Chinese Revolution*, Cambridge (Mass.), 1974. – P. Bady, article « Lao She » in *Encyclopaedia Universalis*.

LAO TSE [Laozi]. L'auteur présumé du livre intitulé *Lao tse* ou *Tao-teu-tsing* (*) est un des personnages les plus obscurs de l'Antiquité chinoise. Vers l'an 100 av. J.-C., l'historien Se-ma Ts'ien ne possédait déjà plus que des renseignements si confus et si contradictoires à son sujet que la biographie qu'il lui consacre dans le *Che tsi* (*) (ch. 63) est fort décevante. De plus, le texte en est particulièrement vicié. C'est cependant cette biographie qui est notre seule source d'information, et ce sont les renseignements qu'elle fournit qu'il nous faut examiner et critiquer. Se-ma Ts'ien commence par décliner l'état civil de Lao tse : il nous dit que son nom de famille [sing] était Li, son appellation [tse] Po-yang ; son nom posthume [che] Tan. Tel est du moins le texte actuel du *Che tsi.* Mais des citations anciennes semblent prouver que le texte original disait que le nom personnel [ming] de Lao tse était Eul ; Tan était son appellation [tse], et non un nom posthume, auquel, d'ailleurs, il n'avait pas droit, n'appartenant pas à l'aristocratie. La leçon du texte actuel est vraisemblablement due aux biographies hagiographiques taoïstes. L'appellation de Po-yang, en particulier, qui apparaît dans le *Lie-sien tchouan,* est empruntée à deux personnages plus ou moins légendaires de l'Antiquité : l'un du temps de l'empereur mythique Chouen ; l'autre, appelé aussi Po-yang fou, grand astrologue à la cour des Tcho, sous le roi Yo (VIIIe siècle av. J.-C.) et en qui les taoïstes, qui voulaient glorifier la longévité de leur maître, reconnaissaient déjà Lao tse. Les historiens chinois sont donc d'accord pour écarter « Po-yang » comme appellation de Lao-tse ; Eul et Tan leur semblent en effet plus satisfaisants : il y avait normalement entre le « ming » et le « tseu » un rapport sémantique. Or Eul signifie « oreilles » et Tan « longues oreilles ». Mais, d'un autre point de vue, ce sont précisément ces noms qui peuvent paraître suspects : c'est en effet à la longueur de ses lobes auriculaires que se reconnaissait un sage doué de longévité. Il paraît difficile d'admettre que ces noms soient autre chose que les noms légendaires d'un héros non moins légendaire, héros qui avait précisément pour caractéristique d'être un sage qui vécut très longtemps. Pourquoi, en effet, Li Eul est-il devenu Lao Tan ou Lao tse ? Selon certains commentaires anciens, Laotan était un nom donné aux vieillards dans les temps antiques ; selon d'autres, Lao tse était né avec des cheveux blancs, c'est pourquoi on l'appelle « le vieil enfant » [Lao tse]. Il est vrai que quelques érudits modernes voient dans Lao un nom de famille (sing) et l'on aurait alors tout naturellement un philosophe ou maître Lao [Lao tse], comme on dit le maître K'ong [K'ong tse, ou Confucius] ou maître Mong [Mong tse, ou Mencius]. Sous les Han, Lao aurait été changé en Li, nom de famille plus courant à cette époque, alors que, à l'époque Tch'ouen-ts'io, le « sing » Li n'existait pas encore. Mais on peut se demander alors pourquoi les anciens interprètes ne l'ont pas dit. Il paraît plus vraisemblable que Lao a toujours gardé son sens de « vieillard » et aussi de « vénérable », car dans l'ancienne Chine le grand âge était un signe de sagesse et de puissance vitale.

Le texte du *Che tsi* indique ensuite le lieu de naissance de Lao tse : « Lao tse était originaire du village [li] de Ts'iu-jen, canton [Siang] de Lai, sous-préfecture [Sien] de K'ou, dans le pays de Tch'ou. » Bien que, là aussi, le texte présente des variantes, celles-ci ne soulèvent pas de grosses difficultés. L'une dit en effet Tch'en au lieu de Tch'ou, et Siang au lieu de K'ou. K'ou et Siang étaient deux localités voisines dépendant, sous les seconds Han, du royaume de Tch'en. Plus anciennement, elles avaient dépendu de la principauté du même nom qui fut absorbée par Tch'ou, un des grands « royaumes combattants », en 479 av. J.-C. Actuellement, l'emplacement se trouve à l'est de Lou-yi Sien, dans le Heu-nan oriental ; c'est un peu à l'est de cette ville que l'on montre le tombeau de la mère de Lao tse, le tombeau de Lao tse et son temple appelé T'ai-ts'ing kong. Enfin, l'historien nous indique la fonction de Lao tse : il était archiviste-astrologue [che], conservateur de la bibliothèque des Tcho. Les « che » (terme qui désigne dans la langue classique et moderne les historiens) étaient anciennement des savants spécialisés dans les sciences astrologiques, divinatoires, médicales et autres ; c'était en réalité une fonction d'ordre religieux ; vraisemblablement, les « che » étaient chargés de la garde des écrits considérés comme sacrés. Dans un autre chapitre, il est dit que Lao tse fut astrologue-archiviste [che] du bas de la colonne [tchou-sia che], fonction qui consistait à garder les écrits magiques conservés au bas d'une colonne. On ne sait ce que signifiait cette colonne : peut-être symbolisait-elle le caractère sacré des écrits en question. Selon une autre explication, le tchou-sia che était un censeur et un juge qui portait un couvre-chef en forme de colonne ou de corne. Mais c'est bien la tradition qui faisait de Lao tse un astrologue-archiviste des Tcho qui paraît la plus ancienne, et c'est celle qu'adopte Se-ma Ts'ien.

Après avoir ainsi exposé l'état civil de Lao tse, le *Che tsi* raconte une entrevue célèbre mais douteuse que Confucius aurait eue avec Lao tse : Confucius se rendit au pays de Tcho avec l'intention de consulter Lao tse au sujet des rites. Lao tse lui répondit : « Les gens dont tu parles (c'est-à-dire ceux qui instituèrent les rites), leurs os même sont tombés en poussière, il ne reste que le souvenir de leur parole. De plus, l'homme supérieur ne se déplace en carrosse que lorsque les circonstances sont favorables ; sinon, il s'en va au gré du vent comme une feuille morte. D'après ce que j'ai appris, le bon marchand cache si bien ses richesses qu'il semble démuni. L'homme supérieur qui possède une vertu complète ressemble à un sot. Renonce à cet air orgueilleux et à tous ces désirs, à cette attitude suffisante et à ces ambitions excessives : tout cela ne peut être d'aucun profit. Voilà tout ce que j'ai à te dire. » Confucius, s'étant retiré, dit à ses disciples : « Je sais que les oiseaux volent, que les poissons nagent, que les quadrupèdes courent. Les animaux qui courent peuvent être pris au filet, ceux qui nagent peuvent être pris à l'hameçon, ceux qui volent peuvent être atteints par les flèches. Quant au dragon, je ne puis dire comment il s'élève vers les cieux sur les vents et les nuées. Aujourd'hui, j'ai vu Lao tse : il n'est comparable qu'au dragon. » L'entretien de Confucius et de Lao tse a suscité en Chine de longues discussions sans que les historiens soient parvenus à une solution. En dehors du *Che tsi* (où elle est encore mentionnée au chapitre consacré à K'ong tse), il en est question aussi dans les textes suivants : dans le *Tsia-yu* [Propos de Confucius] où les paroles de Lao tse sont à peu près identiques à celles qui, dans le chapitre *Tseng tse wen* du *Li tsi,* sont citées par Confucius rappelant des propos que Lao Tan aurait tenus en quatre occasions différentes. L'une de celles-ci pourrait être datée de l'an 518 av. J.-C. Enfin, le *Tchouang tse* (*) raconte plusieurs scènes où Confucius est en conversation avec Lao tse ; dans un de ces passages, Confucius était âgé de cinquante et un ans lorsqu'il vit pour la première fois Lao Tan à P'ei, non loin de l'actuel Siu-tcho. Il faut ajouter que plusieurs des pierres sculptées du Chan-tong qui ornaient des tombes du IIe siècle de notre ère représentent la visite de Confucius à Lao tse. Mais les textes ne sont d'accord ni sur le lieu (à la capitale de Tcho ? à P'ei ? à Lou ?), ni sur l'époque (Confucius aurait eu dix-sept ans, trente-quatre, cinquante et un ou cinquante-sept ans), ni sur le nombre des entrevues.

Celles-ci semblent bien relever de la légende comme d'ailleurs le voyage vers l'ouest dont Se-ma Ts'ien vint à parler peu après : voyant que les Tcho tombaient en décadence, Lao tse partit. Arrivé aux confins de l'Empire, le gardien de la passe, Si (Kouan ling yin Si) dit : « Vous allez disparaître dans la retraite ; il faut auparavant que vous écriviez un livre pour moi. » Alors Lao tse écrivit un livre en deux parties où il exposait ses idées sur le Tao et le Teu en plus de cinq mille caractères. Puis il partit et l'on ne sait ce qu'il advint finalement de lui. Cette histoire du départ de Lao tse vers le « monde des sauvages et des immortels » devait donner lieu plus tard à la légende inventée par la propagande taoïste selon laquelle le Maître taoïste se serait rendu dans les pays d'Occident (dans l'Inde) où il serait devenu le Bouddha et aurait converti les Barbares à la doctrine taoïste. En réalité, tout ce que ce texte semble dire, c'est que Lao tse est allé dans le pays situé à l'ouest de la passe connue sous le nom de Sien-kou et qui était la porte du pays de Ts'in. Cet épisode est l'événement crucial de la vie de Lao tse, puisque c'est le moment où le *Tao-teu-tsing* aurait été rédigé, et la personnalité du Gardien de la Passe, auquel ce livre fut révélé pour la première fois, est naturellement de première importance. Malheureusement, ce personnage est encore plus mystérieux, si possible, que Lao tse lui-même. Le dernier chapitre du *Tchouang tse* (*) (qui est un exposé des diverses écoles philosophiques écrit par des taoïstes de l'école de Tchouang tse) parle des idées de « Kouan Yin et Lao Tan », ce qui est anormal si Lao tse était le maître et l'aîné de Kouan Yin, car dans ce cas Lao Tan devrait être nommé le premier. Ce Kouan Yin était donné comme l'auteur d'un ouvrage taoïste qui figure dans le catalogue de l'histoire des Han (Han chou) : l'auteur de ce catalogue note : « Le Gardien de la Passe avait pour « ming » [nom personnel] Si ; lorsque Lao tse franchit la passe, Si quitta sa fonction et le suivit. » De même, une glose du *Lu che tch'ouen ts'io* dit que le chef de la passe, Si, écrivit un livre sur le Tao en neuf chapitres. D'après ces textes, Kouan-yin est un nom de fonction. Mais, dans d'autres textes, ces deux caractères deviennent des noms propres : Kouan est alors un nom de famille et Yin un nom personnel [ming] ou une appellation [tse]. En tout cas, les anciens ouvrages ne parlent que de Kouan Yin ou de Kouan Yin tse, et non de Kouan ling yin Si comme le *Che tsi.* Ling-yin était un nom de fonction spécial au pays de Tch'ou et n'était pas employé à Tcho ou à Ts'in. De plus, c'était un nom de fonction trop importante pour un chef de passe, de sorte que le caractère « ling » pourrait être interpolé dans le texte du *Che tsi.* Mais il est possible aussi que Kouan ling indique la fonction, et Yin Si les « sing » et « ming » du personnage. En réalité, celui-ci paraît être purement légendaire.

Aussitôt après avoir raconté le voyage de Lao tse et la rédaction du livre, Se-ma Ts'ien mentionne un personnage nommé Lao Lai tse, auteur d'un livre taoïste en quinze chapitres, contemporain de Confucius et identifié parfois à Lao tse ; puis il ajoute : « Lao tse aurait atteint l'âge de cent soixante ans ; certains disent plus de deux cents ans ; et cela, parce qu'il savait entretenir sa longévité en pratiquant le Tao. Cent vingt-neuf ans après la mort de Confucius, l'histoire note que le grand astrologue [t'ai-che] des Tcho, Tan (autre graphie que le « Tan » de Lao Tan), rendit visite au duc Sien de Ts'in. Certains disent que ce Tan n'était autre que Lao tse, mais d'autres disent que non, de sorte qu'il est impossible de savoir si c'est vrai ou non. » Les anciens Chinois admettaient que des hommes supérieurs pouvaient vivre cent à deux cents ans ou plus, et il est normal que les taoïstes, dont l'idéal était précisément de vivre éternellement, aient attribué à leur maître une longévité peu commune ou même l'immortalité. Mais c'est là une tradition tardive propre aux adeptes de la religion de l'immortalité et que Tchouang tse ignorait, puisque ce philosophe parle de la mort de Lao tse. Quoi qu'il en soit, si l'on admet l'existence d'un Lao Tan contemporain de Confucius, il ne peut avoir été identique au grand astrologue Tan. Cependant, de nombreux critiques, impressionnés par le fait que certains passages du *Tao-teu-tsing* actuel ne peuvent avoir été écrits jusqu'à l'époque des « royaumes combattants » (vers l'an 300 av. J.-C.), admettent que ce t'ai-che Tan est l'auteur véritable. On tire argument aussi de la généalogie des descendants de Lao tse que donne le *Che tsi :* le fils de Lao tse aurait été, d'après ce livre, un certain Tsong. Or ce personnage, qui est connu, ne peut avoir été le fils de Lao Tan, mais pourrait (à la rigueur) avoir été le fils du t'ai-che Tan. D'où l'on conclut que c'est ce dernier qui est le véritable auteur du *Lao tse.*

Devons-nous admettre cette solution ? Nous ne le croyons pas, car il est exclu que le *Tao-teu-tsing,* tel que nous l'avons, soit l'œuvre d'un seul auteur et le produit d'une seule époque. C'est un livre qui provient d'un milieu, ou même de plusieurs milieux philosophiques ou religieux. Il nous paraît impossible de lui assigner une date ou un auteur. Tout ce qu'on peut dire, c'est qu'il a été remanié à des époques tardives, vers l'an 300 ou plus récemment. Mais il est non moins certain qu'il représente un mouvement de pensée qu'il n'est pas exagéré de faire remonter à l'époque de Confucius ou même plus haut. La vérité est sans doute dans cette petite phrase de Se-ma Ts'ien : « Lao tse était un sage caché. » Durant toute l'histoire de Chine, il a existé de ces hommes qui choisissaient de vivre dans une retraite plus ou moins rigoureuse, fuyant la vie mondaine, ses tracas et ses honneurs. Confucius eut l'occasion de rencontrer quelques-uns de ces personnages qui lui tinrent des propos dans le goût taoïste. Un de ceux-là peut avoir été Lao Tan. Mais comme ils vivaient en marge de la société et de l'histoire, il n'est pas surprenant que nous ne sachions rien de leur biographie. Cependant, dans le cas de Lao Tan, en raison de l'importance du *Tao-teu-tsing,* les historiens ont tenu à percer le mystère de sa personnalité ; il en est résulté une grande confusion, plusieurs personnages plus ou moins légendaires, tous plongés dans une égale obscurité, étant identifiés avec le non moins obscur Lao tse. Aussi vaut-il mieux avouer que nous ne savons rien de positif en dehors de l'existence même du *Tao-teu-tsing.*

En plus de cette biographie de Lao tse des *Mémoires historiques,* nous n'avons que quelques mentions sporadiques dans les ouvrages des anciens philosophes (*Tchouang tse, Lu che tch'ouen ts'io*) et des biographies légendaires conservées dans des ouvrages taoïstes. Ces hagiographies sont intéressantes pour l'histoire de la formation du taoïsme religieux où la divinisation de Lao tse a joué un rôle important. Les plus anciennes de ces biographies légendaires sont celles du *Lie-sien tchouan* et du *Chen-sien tchouan,* deux recueils de biographies d'immortels taoïstes. Le premier de ces recueils qui remonte au IIe siècle de notre ère (mais avec des parties plus tardives) raconte que Lao tseu « aimait nourrir son souffle, il prisait l'art d'acquérir de l'énergie vitale et de ne pas la dépenser », faisant de Lao tse un adepte des pratiques taoïstes de longue vie, lesquelles comprenaient de méthodes respiratoires et gymnastiques et une hygiène sexuelle. Bien que ces pratiques soient surtout attestés à partir de l'époque des Han, il n'en est pas moins vrai que certains passages du *Tao-teu-tsing* impliquent que son auteur les connaissait. Le *Lie-sien tchouan* dit encore à propos d'un autre immortel, Jong Tch'engkong, considéré comme le patron des méthodes sexuelles d'immortalité taoïste, qu'il fut le maître de Lao tse, ce qui indique que les adeptes de ces méthodes se sont très tôt annexé Lao tse.

Le *Chen-sien tchouan*, écrit par Keu Hong dans la première moitié du IVe siècle de notre ère, raconte les légendes qui avaient cours parmi les adeptes du taoïsme religieux et qui faisaient de Lao tse un personnage mythique ; entre autres, plusieurs versions de sa naissance miraculeuse, dont une au moins est influencée par la légende de la naissance du Bouddha : sa mère le porta dans son sein pendant soixante-douze ans ; au moment de sa naissance, il sortit en fendant le flanc gauche de sa mère. Une autre légende prétend donner une explication de son nom de famille Li : sa mère le mit au monde au pied d'un prunier [li] ; Lao tse, qui sut parler en naissant, désigna le prunier en disant : que ceci soit mon « sing » [nom de famille]. Keu Hong n'accepte cependant pas ces légendes, car pour lui Lao tse fut un grand taoïste, un grand maître de diététique, mais non un personnage divin. La divinisation de Lao tse, cependant, était déjà ancienne ; elle commença dès l'époque des Han postérieurs, au IIe siècle de notre ère. À ce moment, Lao tse recevait déjà un culte au lieu supposé de sa naissance (à K'ou-sien), ce qui incita un empereur à y offrir des sacrifices officiels en 165. C'est alors que Lao tse commença à prendre l'aspect d'un démiurge (l'univers est le corps de Lao tse) ; puis il fut assimilé au Tao lui-même, identification qui devient peu à peu l'idée centrale de la religion taoïste. Enfin, sous l'influence de la théologie bouddhique, on en vint à distinguer la personnalité authentique de Lao tse (devenu Lao tsun) qui est l'essence immatérielle et imperceptible du Tao, et les apparences sensibles qui ne sont que le Tao (et Lao tse) en quelque sorte incarné et multiplié. À ce stade, Lao tse est présent dans tous les hommes ; il est devenu un principe métaphysique. L'importance accordée à Lao tse à partir des seconds Han, qu'on l'ait transformé en divinité ou qu'on se soit contenté de voir en lui le fondateur de la religion, a permis au taoïsme de trouver l'unité qui lui manquait. En effet, encore à la fin des Han, le taoïsme n'existait point en tant que doctrine unifiée ; à ce moment, il y avait de nombreuses branches et écoles qui n'avaient pas beaucoup de points communs, et qui chacune prétendait être le Tao [la Voie, la Méthode] pour parvenir à l'immortalité. L'unité se fit autour de Lao tse.

M. KALTENMARK.

♦ *« Lao tse, écœuré par la déchéance morale que l'éducation exige, en revient à la vie simple et naturelle de l'enfant. Le nouveau-né qui ne peut encore distinguer le bien et le mal, qui est encore un « pur insensé », est l'image qu'il aime à donner de la bienheureuse absence de culture* [...] *Lao tse n'a pas vécu seulement pour la Chine et pour son époque ; il est un des maîtres les plus purs et les plus profonds de l'humanité. »* E. V. Zenker.

RÉF. : A. Rémusat, *Mémoire sur la vie et les ouvrages de Lao-tseu, philosophe chinois du VIe siècle avant notre ère...*, Paris, 1823. – Th. Watters, *Laotzu, a Study in Chinese Philosophy*, 1870. – Rotermund, *Die Ethik Lao-tszes mit besonderer Bezugnahme auf die buddhistische Moral*, 1874. – Ch. de Harlez, *Lao-tze, le premier philosophe chinois ou un prédécesseur de Schelling*, Bruxelles, 1886. – R. Dvorak, *Lao-tsi und seine Lehre*, Münster, 1903. – R. Stübe, *Lao-tse, seine Persönlichkeit und seine Lehre*, Tübingen, 1912. – H. Haas, *Laotsze und Konfuzius. Einleitung in ihr Spruchgut*, Leipzig, 1920. – M. Granet, *La Pensée chinoise*, Paris, 1934. – H. Stadelmann, *Laotse und die Biologie*, Genève, 1935. – H. Doré, S.J., *Recherches sur les superstitions en Chine*, Chang Hai, 1938. – Hans Neef, *Die im Tao Ts'ang enthaltenen Kommentare zu Tao-tê-ching*, chap. VI, Bochum, 1938. – R. Wilhelm, *Das Buch des Alten vom Sinn und Leben, aus dem Chinesischen verdeutscht und erlaütert*, Iéna, 1941. – Ngô Tât-Tô et Nguyèn Bug-Tinh, *Lâo-Tù triêt-hoe kháo-cuu*, Hanoï, 1942. – K. Wolff, *Acht Kapitel des Tao-tê-king*, Copenhague, 1942. – A. Waley, *The Way and its Powers, a Study of the Taô-Tê-Ching and his Place in Chinese Thought*, Londres, 1949. – A. Waley, *La Sagesse chinoise selon le Taô*, Paris, 1955. – J. Grenier, *L'Esprit du Tao*, Paris, 1956. – M. Kaltenmark, *Lao-tseu et le taoïsme*, Paris, 1965. – A. Seidel, *La Divinisation de Lao-tseu dans le taoïsme des Han*, Paris, 1969.

LA PÉROUSE Jean François de Galaup, comte de. Navigateur français. Né au Guô près d'Albi le 22 août 1741, mort dans l'île de Vanikoro (Mélanésie) en 1788. Sa carrière commence dès l'âge de quinze ans comme garde de la Marine. Elle sera brillante grâce à la fois à son intrépidité, à son courage et à son talent. Il se distingue en effet lors des différentes guerres de l'époque. Au cours de la bataille livrée, près de Belle-Île, à l'amiral Hawkes, il est blessé et fait prisonnier (novembre 1759). Nommé enseigne en 1764, il devient lieutenant de vaisseau en 1775. C'est l'année même où le congrès continental des États américains décide une lutte ouverte contre l'Angleterre. La France envoie La Fayette avec des armes, des munitions, des subsides et des volontaires ; elle signe un traité commercial avec les États-Unis en 1778 et complète son aide par l'envoi d'une escadre et d'une division. La Pérouse continue à se distinguer, en particulier lors de la bataille des Antilles (1779). Capitaine de vaisseau l'année suivante, il s'empare de deux bâtiments ennemis, puis, en 1782, dans la baie d'Hudson, des forts Prince-de-Galles et York qui sont rasés. Les hostilités cessent avec l'acquisition par les États-Unis de leur indépendance (traité de Versailles, 20 janvier 1783), et une carrière d'explorateur s'ouvre à La Pérouse. Le gouvernement français veut constituer une expédition scientifique et commerciale pour rechercher un passage au nord-ouest de l'Amérique, reconnaître les mers du Japon, les îles Salomon et le sud-ouest de la Nouvelle-Hollande, et développer la pêche des baleines et la traite des pelleteries. Les instructions sont établies par le capitaine de Fleurieu, complétées par Louis XVI, et l'on confie le commandement de l'expédition à La Pérouse. Le nombreux personnel, dont le savant Monge, embarque à bord des deux frégates « La Boussole » et « L'Astrolabe » le 1er août 1785. Monge les quittera quelques semaines plus tard à Ténériffe. L'année suivante, le 9 avril, La Pérouse reconnaît l'île de Pâques, en plein Pacifique, puis, par le nord des îles Sandwich, il découvre l'île Necker, gagne Macao et les Philippines d'où il remonte vers le Japon. Le 2 août 1787, il découvre entre la Corée et l'île Sakhaline le détroit qui porte aujourd'hui son nom. Lors d'une escale à Petropavlovsk, le 7 septembre, il est reçu avec amitié par l'impératrice Catherine, apprend sa nomination au grade de chef d'escadre, et remet à J.-B. de Lesseps ses journaux de route et ses cartes, sans lesquels on ne saurait rien de son sort puisque son dernier rapport est expédié de Botany Bay le 26 janvier 1788. Durant quarante ans, on ignora tout de la fin de l'expédition. L'Assemblée nationale promit une récompense à tout marin qui retrouverait les traces de La Pérouse et décréta des recherches expresses. Celles qu'effectua l'amiral d'Entrecasteaux restèrent infructueuses. C'est seulement en 1826 que le capitaine anglais Dillon découvrit les premiers indices dans une île de l'archipel de Santa-Cruz en Océanie : les indigènes possédaient l'épée de La Pérouse et, enfin, en 1828, Dumont d'Urville identifia les deux épaves recouvertes par les eaux ; La Pérouse et les siens avaient été massacrés après avoir fait naufrage. Les débris des deux navires ont été rapportés au musée de la Marine. Le récit de cette grande expédition a été tiré par Millet-Muzeau des journaux de La Pérouse et publié en 1797 sous le titre *Voyage autour du monde* (*).

DOMINIQUE RENARDET.

RÉF. : Vieules, *Centenaire de La Pérouse*, Albi, 1888. — A. Bellessort, *La Pérouse*, Paris, 1926. — H. Arvengas, *L'Exploration et le Mystérieux Naufrage de La Pérouse*, Albi, 1945. — R. de Lacroix, *Les Disparus du Pacifique*, Paris, 1955. — Fleuriot de Langle, *La Tragique Expédition de Langle et La Pérouse*, Paris, 1954.

LAPLACE Pierre Simon, marquis de. Mathématicien et astronome français. Né à Beumont-en-Auge, en Normandie, le 23 mars 1749, mort à Arcueil le 5 mars 1827. Son père était un pauvre fermier et ne put faire faire des études à son fils que grâce à l'aide de mécènes. À l'École militaire de Beaumont, que Laplace avait fréquentée, il fut appelé très jeune à enseigner les mathématiques ; à dix-huit ans, il se présentait à d'Alembert, à Paris, qui parvint à le faire nommer professeur de mathématiques à l'École militaire de Paris. Très doué pour l'analyse, à tel point qu'on a pu l'appeler « le Newton de la France », il s'attachait au grand problème de la gravitation universelle dans les rapports des mouvements des corps célestes. A l'égal de Lagrange, il atteignit à de remarquables résultats dans ce domaine, prouvant la stabilité du système solaire et faisant de notables découvertes, qui furent enregistrées dans les comptes rendus de l'Académie des sciences, à partir de 1784. Il développa la théorie des mouvements de Jupiter et de Saturne, découvrit cette particularité du système de Jupiter qu'il exprima dans ce qu'on a appelé les « lois de Laplace », et expliqua comment l'accélération lunaire dépend des variations séculaires de l'excentricité de l'orbite terrestre. Son *Traité de mécanique céleste* (*) publié entre 1799 et 1825 n'est surpassé que par les *Principes mathématiques* (*) de Newton et lui valut une renommée mondiale. Son ouvrage *Exposition du système du monde* (*), publié en 1796, a été défini par Arago comme la divulgation et la conclusion de son traité de mécanique céleste sans qu'il y soit fait usage de formules mathématiques. Dans *La Théorie analytique des probabilités* (1812), Laplace donna une forme classique au calcul des probabilités. Élu membre des principales académies, dévoué à Bonaparte, il se consacra aussi à la politique et fut nommé sénateur ; après la Restauration, en 1817, il obtint le titre de marquis. Il mourut dans sa paisible maison de campagne d'Arcueil, à soixante-dix-huit ans, en disant : « Ce que nous connaissons est peu de chose, ce que nous ignorons est immense. »

♦ *« Je désire vivement que les générations futures, en lisant la* Mécanique céleste, *n'oublient pas l'estime et l'amitié que j'ai portées à son auteur.* » Napoléon.
♦ *« Personne n'a été plus ingénieux que Laplace à saisir des rapports, des connexions intimes entre les phénomènes en apparence très disparates ; personne ne s'est montré plus habile à tirer d'importantes conséquences de ces rapports inattendus.* » Arago.
♦ *« Laplace était né pour tout approfondir, pour reculer toutes les limites, pour résoudre ce que l'on aurait pu croire insoluble.* » Fourier.

RÉF. : Arago, *rapport à la Chambre des députés sur l'édition des œuvres de Laplace*, Paris, 1842. — E. Picard, *Newton et Laplace*, Paris, 1927. — E. Barfante, *Savants et artisans de la révolution industrielle*, Poitiers, 1929. — E. T. Bell, *Les Grands Mathématiciens*, Paris, 1939.

LA POPELINIÈRE Lancelot Voisin de. Homme de guerre et historien français. Né à Sainte-Gemme-la-Plaine (Vendée) en 1540 ou

1541, mort le 9 novembre 1608 à Paris. Issu d'une famille noble passée à la Réforme, il fait de fortes études dans les meilleures universités de France. Il est à Toulouse, en mai 1562, lorsque de violents combats y opposent les adeptes des deux religions, et commande l'une des quatre compagnies regroupant les étudiants réformés. Combattant sous les ordres de La Noue en 1575, il reprend, par un hardi coup de main, l'île de Ré aux catholiques. En janvier 1577, il présente aux États de Blois la protestation du prince de Condé contre cette assemblée. Peu après, il est chargé de défendre Marans, mais ne parvient pas à maintenir dans le devoir la garnison qui lâche pied à l'arrivée de Mayenne. De plus, un de ses subordonnés, furieux de l'entendre dénoncer sa couardise, le blesse d'un coup d'épée. Cet incident mit fin, semble-t-il, à la carrière militaire de La Popelinière, qui se consacra dès lors entièrement à son œuvre littéraire commencée depuis plusieurs années déjà. Il avait publié, en 1571, *Des entreprises et ruses de guerre*, traduction, « de beaucoup enrichie par ses inventions », d'un ouvrage de Bernardino Rocca, de Plaisance, et un récit de la troisième guerre de religion (1568-1570), *La Vraye et Entière Histoire des derniers troubles...* qu'il refondit, en 1581, dans l'*Histoire de France (...) depuis l'an 1550 jusques à ces temps* (*), aussitôt condamnée par le synode national de La Rochelle. On ne s'étonne point qu'après ces tracasseries La Popelinière n'ait pas donné le « corps entier de l'histoire françoise » qu'il promettait à la fin du livre et qu'il ait choisi des sujets moins brûlants. Dans *Les Trois Mondes* (1582) il fait l'historique de la découverte du globe et invite ses compatriotes à conquérir le « troisième monde », le continent austral, entrevu seulement par les grands navigateurs et que l'on imaginait plus vaste que l'Amérique. Cette exhortation est reprise dans *L'Amiral de France* (1584). En 1599, il publie un ouvrage en trois parties qui tient une place importante parmi les traités de méthodologie historique. Dans l'*Histoire de l'histoire*, il fait une revue critique des œuvres historiques connues depuis la plus haute Antiquité jusqu'à son époque, non sans laisser paraître la foi qu'il a dans le progrès de la connaissance. Il expose ensuite son *Idée de l'histoire accomplie* : elle ne doit pas être un simple « narré » impartial, mais, à l'aide des disciplines annexes, une interprétation des faits. Enfin le *Dessein de l'histoire nouvelle des François* propose l'application de ses théories au cas particulier de la France. Telle qu'il la concevait, la tâche de l'historien exige une liberté d'esprit absolue et une totale indépendance financière. Souvenir pour La Popelinière qui avait dépensé son patrimoine entier au cours de ses recherches ! Henri IV lui confia la charge d'historiographe lors de sa campagne contre le duc de Savoie. Il en rapporta une *Histoire de la conquête des pays de Bresse et de Savoie* (1601). Mais la libéralité du prince s'arrêta là. L'historien mourut, écrit L'Estoile, « d'une maladie assez ordinaire aux hommes de lettres et vertueux comme il était, à savoir de misère et de nécessité ».

ANDRÉ THIERRY.

LAPORTE Roger. Écrivain français. Né à Lyon en 1925. Il enseigne la philosophie dans un lycée de Montpellier. À la fin du texte qui postface *Quinze variations sur un thème biographique* (1975), Roger Laporte écrit : « Ne faut-il pas dire que le concept de "biographie" est réversible, que non seulement écrire est nécessaire à la vie, mais encore que la vie d'homme elle-même ne doit pas être séparée de l'écriture ? » Vie et écriture entretiennent des rapports dont ni les repères biographiques extérieurs à l'œuvre, ni les écrits eux-mêmes ne pourraient livrer le secret. La « biographie » n'est pas un genre littéraire seulement (au même titre que l'autobiographie) en ce qu'en elle c'est la vie même de l'auteur qui se met en jeu dans l'écriture en un « jeu insensé ». En 1986 seront réunis en un seul volume la plupart de ses textes « biographiques » sous le titre *Une vie* (*) – *La Veille* (1963), *Une voix de fin silence* (1966), *Pourquoi ?* (1967), *Fugue* (1970), *Supplément* (1973), *Fugue 3, Codicille* (1976), *Suite* (1979), *Moriendo* (1983). Précédemment à cette ambitieuse tentative, Roger Laporte avait donné une suite de récits dans laquelle l'écriture cherchait à se dégager dans toute son essentialité (*Souvenir de Reims et autres récits,* écrits dans les années 50 et republiés en un volume en 1979). L'écriture de Roger Laporte se veut classique, ce mot étant à prendre au sens de « nécessaire », à l'écart de toute vaine ornementation, au plus près de la pensée qui cherche à affleurer : « Le langage qui va du côté de la simplicité, de la pauvreté, et lui seul, me donne un sentiment de justesse. » L'auteur aime à citer Kafka : « Le mot juste conduit, celui qui ne l'est pas séduit. » Cette précision du langage en fait un instrument quasi clinique d'analyse, ce qui n'exclut ni la « fascination » (pour Maurice Blanchot, Kafka...), ni le goût pour la musique lorsque celle-ci sait aller au-delà des enchantements faciles. En 1992 sont réunis sous le titre *Études* une vingtaine de textes (dont certains avaient déjà paru sous diverses formes – plaquettes ou articles) consacrés à des philosophes (Nietzsche, Lévinas, Derrida), des écrivains (Proust, Valéry, Blanchot, Celan, Char, Des Forêts) mais aussi des peintres (Giacometti, Van Velde) et aussi à « Mozart 1790 », celui qui, au bord de l'abîme, solitaire, nocturne, laisse entendre le secret douloureux de la musique. L'attention portée aux autres, l'extrême justesse des propos et du ton, ferme et sans concession, font aussi de Roger Laporte un critique important de notre époque.

FRANCIS WYBRANDS.

LAPRADE Pierre Marin Victor Richard de. Poète français. Né le 13 janvier 1812 à Montbrison, mort à Lyon en 1883. Fils d'un médecin, il fit de bonnes études à l'université de Lyon, puis s'inscrivit au barreau de la ville. Il débuta dans les lettres en 1839 par un poème intitulé *Les Parfums de Madeleine,* dont le ton rappelait fort les œuvres de Lamartine. La lecture des livres sacrés inspira sa deuxième œuvre : *La Colère de Jésus* (1840), qu'il fit suivre d'une légende spiritualiste, *Psyché* (1841). Il réunit en 1844 les divers poèmes qu'il avait publiés dans les revues et les fit paraître sous le titre *Odes et Poèmes* (*). Ce fut un succès. Il fut chargé l'année suivante d'une mission en Italie et s'y occupa de recherches historiques. À son retour, en 1846, il fut décoré de la Légion d'honneur. On lui confia ensuite, en 1847, la chaire de littérature de l'université de Lyon, mais cette charge lui fut retirée en 1861 à la suite de la publication dans le *Correspondant* d'une satire politique en vers, *Les Muses d'État,* écrite en riposte à un article de Sainte-Beuve et qui s'attaquait avec vivacité au régime impérial. Il avait été élu à l'Académie française le 11 février 1858 au fauteuil d'Alfred de Musset. Ses principaux recueils sont : *Poèmes évangéliques* (1852), *Les Symphonies* (1855), *Idylles héroïques* (1858). Parmi ses œuvres en prose issues de son enseignement universitaire, on peut signaler : *Questions d'art et de morale* (1861), *Le Sentiment de la nature avant le christianisme* (1866), *L'Éducation homicide* (1867), *Le Sentiment de la nature chez les modernes* (1868).

RÉF. : Pierre Séchaud, *Victor de Laprade, l'homme, son œuvre poétique,* Paris, 1934.

LA RAMÉE Pierre : v. **Ramus** Pierre.

LARBAUD Valery. Écrivain français. Né et mort à Vichy (Allier) (29 août 1881 - 2 février 1957). Fils unique de Nicolas Larbaud, pharmacien propriétaire de la source Saint-Yorre, qui meurt en 1889, et d'Isabelle Bureau des Etiveaux, il était d'origine provençale et catholique par son père, berrichonne et huguenote par sa mere. Très tôt, sa santé donna de vives inquiétudes, et sa mère dut l'accompagner dans diverses villes d'eaux. À l'âge de huit ans, il passera trois mois à l'hôtel du Louvre, à Paris, qu'il appellera l'« hôtel des plus beaux souvenirs ». Déjà, sa carrière d'écrivain amoureux des voyages semble tracée. Il fréquente ensuite les cours de l'école Carnot, à Vichy, y découvrant Jules Verne et Pierre Loti et aussi *Le Secret de monsieur Synthèse,* de Louis Boussenard (1847-1910), ouvrage dont il reconnaîtra toujours l'importance qu'il eut dans sa formation d'écrivain. En 1891, il entra comme pensionnaire, pour une durée de trois ans, au collège Sainte-Barbe des Champs, à Fontenay-aux-Roses, établissement très cosmopolite, qui lui fournira l'intrigue et le décor de *Fermina Márquez* (*) (1911). C'est à cette époque que la lecture d'un choix de poèmes de Verlaine lui ouvre les portes de la poésie contemporaine. Dès 1895, un voyage sur la Riviera et une escapade solitaire à San Remo lui font découvrir les charmes du voyage à l'étranger. Madame Larbaud assumera désormais la tutelle de son fils et le fait entrer, en qualité d'externe, au lycée Henri-IV. L'année suivante, il entre au lycée Banville, à Moulins, comme pensionnaire. Aux frais de sa mère paraît alors, à Cusset, sa première plaquette, anonyme, et d'inspiration toute parnassienne : *Les Portiques,* tirée à une centaine d'exemplaires. En 1897, il effectue un premier voyage en Espagne, voyage renouvelé l'année suivante : Saint-Sébastien, Madrid, Tolède, Séville et jusqu'à Gibraltar et Tanger. Admissible en 1898 au baccalauréat, sa mère lui offre, en compagnie d'un précepteur, un véritable « tour d'Europe », événement capital pour sa sensibilité de poète et pour son œuvre à venir : Cologne, Berlin, Moscou, Kharkov, Constantinople, Sofia, Belgrade, Vienne. À Saint-Pétersbourg il découvre les poèmes de Francis Jammes, et on trouvera de ce long voyage de nombreux souvenirs dans les *Poèmes par un riche amateur* (1908), d'autant plus que les années suivantes le verront à Gênes, Pise, Rome, Naples, Saint-Marin, Venise, Milan, Turin, la Hollande, Berlin et Munich, où il se rend chez Marcel Ray, qui demeurera l'un de ses amis les plus intimes, comme en témoigne leur correspondance. Dès 1901, il a publié chez Vanier une traduction de *La Ballade du vieux marin* (*) de Coleridge et s'est inscrit à la Sorbonne pour préparer une licence de lettres. C'est de 1902 que date son premier séjour à Londres : on sait l'importance que l'Angleterre et la littérature anglaise auront dans toute son œuvre. Le 29 août, il y atteint sa majorité légale. Nanti d'un conseil judiciaire, il commence la rédaction des *Propos de table de A. O. Barnabooth.* Les années suivantes vont encore être des années de formation : ses voyages le mènent successivement à Gênes, Naples, Florence, Athènes, Constantine, Biskra, Tunis, Hambourg, Copenhague, Stockholm, Barcelone, Valence, Montpellier. Sa santé est toujours précaire et de nombreux séjours en villes d'eaux, La Bourboule et Vichy bien sûr, se révèlent nécessaires. Enfin, le 4 juillet 1908 paraissent les *Poèmes par un riche amateur ou Œuvres françaises de M. Barnabooth,* précédés d'une longue introduction par un présentateur imaginaire, X. M. Tournier de Zamble. Ce livre lui acquiert aussitôt l'estime et l'amitié du groupe de *La Nouvelle Revue française* (*) naissante : Gide, Claudel, Fargue, Charles-Louis Philippe et, bientôt, Saint-John Perse, qui n'est encore que Saint-Léger-Léger, aux *Éloges* (*) duquel il consacre un article dans *La Phalange,* la revue de Jean Royère, dont il restera un collaborateur assidu. En 1909, il effectue un long séjour à Warwick, « au cœur de l'Angleterre » et, en 1911, *Fermina Márquez* paraît chez Fasquelle. En

1912, il rejoint André Gide à Florence et s'y installe pour y étudier la vie et l'œuvre de Walter Savage Landor. L'année suivante, les éditions de *La Nouvelle Revue française* publient *A. O. Barnabooth, ses œuvres complètes, c'est-à-dire un conte, ses poésies et son journal intime* (*). Suit un long voyage en Angleterre, Écosse et Irlande. La déclaration de guerre le surprend à Vichy où, réformé, il s'engage comme infirmier bénévole à l'hôtel du Parc, propriété de sa famille maternelle. Dès 1910, il s'était converti au catholicisme, conversion qu'il n'évoquera que très rarement et dont sa mère ne sera guère tenue au courant. En 1918 paraissent les *Enfantines* (*), recueil de huit nouvelles, déjà publiées en revue, et où se révèle toute sa tendresse pour l'enfance et l'adolescence. De 1916 à 1920, excepté quelques retours à Paris et de courts séjours à Madrid où il se lie avec Ramón Gomez de la Serna, dont il sera l'introducteur en France, Larbaud, muni d'un passeport diplomatique et d'une mission journalistique, s'installe à Alicante, découvre l'œuvre de Gabriel Miró et entreprend la traduction des œuvres de Samuel Butler. De retour à Paris, il rencontre, en 1920, James Joyce dans la librairie d'Adrienne Monnier, rue de l'Odéon. Il participera de très près à la traduction française d'*Ulysse* (*). Les années suivantes le conduisent surtout en Italie : Rome, Vérone, Parme, le lac de Garde, La Spezia, Livourne, Florence, Saint-Marin et Gênes, où il fait la connaissance, en 1922, de Maria Angela Nebbia, qui restera sa compagne jusqu'à la fin de sa vie. Il publie ensuite trois longues nouvelles, *Amants, heureux amants* (*), précédé de « Beauté, mon beau souci » et suivi de « Mon plus secret conseil », dans lesquelles il utilise la technique du monologue intérieur, utilisée avant Joyce par Édouard Dujardin dans *Les lauriers sont coupés* (*) (1887). On peut dire que, dès lors, à peu d'exceptions près (quelques nouvelles comme « Une nonnain » ou « Le Vaisseau de Thésée », reprises dans *Aux couleurs de Rome* (*) (1938), l'œuvre d'imagination de Valery Larbaud est achevée. Désormais, c'est le voyageur, l'amoureux de toutes les littératures, l'essayiste qui va s'exprimer. Et ce n'est pas la part la moins attachante de son œuvre, mais la plus variée, la plus subtile. Par ses articles écrits directement en anglais pour le *New Weekly* ou en espagnol pour *La Nación* de Buenos Aires, Larbaud va s'efforcer de faire connaître aux lettrés étrangers la littérature française ancienne et contemporaine. Non seulement il consacre des essais à Antoine Héroët, Maurice Scève, Jean de Lingendes, Racan ou Théophile Dondey de Santeny, essais qui seront publiés en plaquettes le plus souvent chez l'éditeur hollandais A. A. M. Stols, mais aussi à André Spire, Jules Romains, Elémir Bourges, John-Antoine Nau, Léon-Paul Fargue, Lautréamont ou Jean Cocteau. Les plus importants d'entre eux seront repris dans *Domaine français* (1941). En même temps, il fait découvrir aux lecteurs français des écrivains espagnols comme Ramón Gomez de la Serna ou Miguel de Unamuno, sud-américains comme Ricardo Guiraldès ou Jorge-Luis Borges, portugais comme Eça de Queiroz, italiens comme Mario Puccini ou Emilio Cecchi. Mais c'est sans doute aux Anglais et aux Américains qu'il consacre ses plus belles pages, réunies dans *Domaine anglais* (1925) sous le titre générique de *Ce vice impuni, la lecture* (*). Il y reconnaît l'impérissable dette, contractée dès son adolescence, envers Walt Whitman, mais s'intéresse aussi à Coventry Patmore, à Digby Dolben, à Francis Thompson, à Arnold Bennett, à William Carlos Williams ou à William Faulkner. Il poursuit la traduction des œuvres de Samuel Butler — *Ainsi va toute chair* (*), *Erewhon ou De l'autre côté des montagnes* (*), *La Vie et l'Habitude* (*), etc. À partir de 1925, Valery Larbaud, outre de nombreux voyages qui le conduisent surtout en Italie et au Portugal (*Caderno*), mais aussi en Hollande, à Corfou et en Albanie, mène une intense et inlassable activité de critique, de porte-parole, de découvreur. Il fut l'un des premiers à pressentir le talent d'un Audiberti ou d'un Jean Follain. Il publie en 1927 l'un de ses livres essentiels, *Jaune Bleu Blanc* (*), les trois couleurs du drapeau qu'il hissait lorsque des amis venaient lui rendre visite à Vichy. Mais il ne reste pas pour autant insensible aux charmes de la province française, comme en témoigne *Allen* (1929), récit d'un voyage en automobile dans le Centre de la France et dans le Bourbonnais. Les questions de technique littéraire, de traduction notamment, le préoccupent aussi ; ses études sur ces sujets seront rassemblées dans *Technique* (1932), puis, en hommage au patron des traducteurs, dans *Sous l'invocation de saint Jérôme* (*) (1946). Le 5 août 1935, dans le petit jardin sur lequel donnait son appartement de la rue du Cardinal-Lemoine, il fut frappé d'un accident cérébral qui provoquera paralysie et privation de l'usage de la parole. Il partagera désormais son temps entre Paris, Vichy et sa propriété de Valbois de 1940 à 1956, lisant encore des dictionnaires, comprenant tout, mais incapable de s'exprimer devant les amis venus le saluer.

Certes, Valery Larbaud n'a jamais été et ne sera jamais un écrivain populaire. Mais son importance littéraire, entre les auteurs du XXe siècle, fut capitale. Les *Poèmes par un riche amateur* furent une étape essentielle de la poésie des années qui ont succédé au symbolisme finissant. Ils reparurent, modifiés, en 1913, l'année d'*Alcools* (*) d'Apollinaire, des *Odes et Prières* de Jules Romains, de la *Prose du Transsibérien et de la petite Jeanne de France* (*) de Blaise Cendrars et, dans le domaine romanesque, de *Du côté de chez Swann* (*) de Proust. Il avait, l'un des premiers, pressenti l'importance de Walt Whitman : « Quels horizons n'ouvraient pas ces grands vers plus libres que tous ceux que nous avions vus jusqu'alors, et ce ton nouveau, ce ton d'effusion lyrique, quotidienne et prophétique ! » Certes, il avait dévoré Laforgue et Corbière, Rimbaud et Lautréamont, Gustave Kahn et Stuart Merrill, Claudel et Vielé-Griffin, mais il avait aussi une prédilection pour les poèmes de *La Chambre blanche* (*) d'Henry Bataille et, sans lui, des générations d'amateurs auraient ignoré les poésies d'Henry Levet. Mais l'importance de Valery Larbaud consiste dans cette sensibilité unique, au sein des lettres contemporaines, cette subtilité des sentiments amoureux et des peines de cœur, qu'il a su exprimer, de surcroît, par les moyens les plus variés : poèmes, journal intime, souvenirs de voyages, et par une prose d'un charme irrésistible.

BERNARD DELVAILLE.

♦ *« De ceux qui furent aux lettres avec quelque franchise, je n'en ai point connu qui le fissent avec un plus beau sens de l'honneur littéraire ; ni qui fussent moins soucieux de s'honorer publiquement. »* Saint-John Perse. ♦ *« Nous l'en aimâmes plus encore de ce qu'il était le survivant d'une race enfouie. »* Paul Morand. ♦ *« Larbaud règne, avec Gide, sur l'époque après laquelle nous vînmes. »* Jean Cocteau. ♦ *« Valery Larbaud, c'était dans la littérature une sorte de Suisse, la principauté des fruits défendus, le beau conservatoire des grâces disparues, le Parc national des plaisirs interdits. »* Claude Roy. ♦ *« Je vois la gloire de Larbaud là où il aurait voulu, je crois, qu'on la trouvât vraiment : dans une recherche ardente. Il était un voyageur passionné que tous les trains du monde ne menaient jamais assez loin. »* Jean d'Ormesson.

RÉF. : Francisco Contreras, *Valery Larbaud, son œuvre,* Paris, 1930. – Georges Jean-Aubry : *Valery Larbaud, sa vie et son œuvre, la jeunesse (1881-1920),* Monaco, 1949. – *Hommage à Valery Larbaud,* numéro spécial de *La Nouvelle Revue française,* Paris, 1957. – Bernard Delvaille : *Essai sur Valery Larbaud,* Paris, 1963. – Frida Weissman : *L'Exotisme de Valery Larbaud,* Paris, 1966.

LARGUIER Léo. Homme de lettres et poète français. Né à La Grand-Combe (Gard) le 6 décembre 1878, mort à Paris le 31 octobre 1950. Issu d'une vieille famille cévenole et huguenote, il fait ses études au lycée d'Alès et, à dix-huit ans, se rend à Paris où il se lie avec Moréas et fréquente les jeunes milieux artistiques. Lors de son service militaire à Aix-en-Provence, il fait la connaissance de Cézanne (souvenirs évoqués plus tard dans *En compagnie des vieux peintres* et *Dimanche avec P. Cézanne).* De retour dans la capitale, il attire l'attention par deux recueils de vers : *La Maison du poète* (1903), couronnée par l'Académie française, et *Les Isolements* (1905). *Jacques* (1907) et *Orchestres* (1914) consacrent un talent poétique tendrement romantique et parnassien, soucieux de formes traditionnelles. S'essayant au théâtre avec *L'Heure des tziganes* (1912), il suscite l'enthousiasme d'Antoine et confirmera son succès avec *Esclarmonde de Montségur* (1913). Sa longue et douloureuse expérience de la guerre le mènera au roman avec *Les Heures déchirées* (1918) et *François Pain, gendarme* (1919). Au théâtre encore, il donne *La Lumière du jour* (1919) et *Les Bonaparte* (1921). Dès lors, il se consacre à des ouvrages de souvenirs (*Avant le déluge,* 1929), des études littéraires (*Th. Gauthier, Mistral, Lamartine*) et historiques (*Le 4 septembre,* 1931 ; *Le Citoyen Jaurès,* 1932). Il publie en 1935 son dernier recueil de vers, *Les Ombres,* et est élu, le 27 mars 1936, membre de l'académie Goncourt. Silhouette originale, flâneur misogyne et charmant, il a excellé dans l'évocation de la bohème littéraire du début du siècle et du pittoresque parisien, qui font le charme et le prix de ses derniers ouvrages : *Les Dimanches de la rue Jacob* (1938), *Saint-Germain-des-Prés, mon village* (*) (1938), *Mes vingt ans et moi* (1944).

♦ *« Ce qu'il faut d'abord goûter, chez cet auteur très savoureux, c'est le poète [...] La personnalité de l'inspiration de Léo Larguier empêche de le rattacher à une école déterminée, mais il est resté fidèle [...] à une prosodie qui, dans la rigueur et la régularité, n'exclut ni l'adresse ni la souplesse. »* Gonzague Truc.

RÉF. : Léo Larguier, *Avant le déluge, Souvenirs,* Paris, 1928 et *Mes vingt ans et moi,* Paris, 1949. – Paul Léautaud, *Le Théâtre de Maurice Boissard,* tomes I et II, Paris, 1926-1943, et *Poètes d'aujourd'hui,* tome II, Paris, 1900 – Léon Daudet, *Écrivains et Artistes,* tome VIII, Paris, 1929.

LARIVEY Pierre de. Auteur comique et traducteur français. Né en Champagne vers 1540, mort dans la même région le 12 février 1619. On sait peu de chose de sa vie. Il passe pour le fils d'un Italien venu se fixer en France pour s'y occuper de négoce. Appartenant à la famille florentine des Giunti, il traduisit, dit-on, son nom en celui de l'Arrivée, autrement dit : Larivey. On le voit mêlé dès 1560 aux milieux parisiens, et notamment à celui des gens de robe. Il semble avoir fait le voyage de Pologne à l'occasion de l'élection du duc d'Anjou au trône. À partir de 1586, on le retrouve à Troyes, où Henri III le nomme au canonicat de Saint-Étienne. Il est ordonné prêtre le 22 décembre 1587. Versé dans la langue latine autant que dans la langue italienne et dans la nôtre, il se plut à traduire, ou plutôt à adapter un certain nombre de pièces de la plus verte saveur. En 1579, il en fit paraître quelques-unes sous le titre suivant : *Les Six Premières Comédies facétieuses du sieur Pierre de Larivey, champenois, à l'imitation des anciens Grecs, Latins et modernes Italiens.* Ce sont : *Le Laquais* (*), *La Veuve, Le Jaloux, Le Morfondu, Les Écoliers* et *Les Esprits* (*). Aucune de ces pièces, non plus que celles que Larivey donna par la suite, ne connurent l'épreuve de la scène. Mais l'auteur, du moins, se fit connaître par nombre de lecteurs et s'acquit par là un juste renom. Ce n'est qu'en 1611 que Larivey fit paraître de nouvelles pièces sous le titre de *Trois Nouvelles Comédies de Pierre de Larivey.* Ce sont : *La Constance, Le Fidèle* et *Les Tromperies.* Larivey est, sans contredit, le plus grand auteur comique dans le théâtre du XVIe siècle : un des créateurs, peut-on dire, de la comédie française. Mais on lui doit aussi la traduction, de l'italien, de plusieurs œuvres morales ou facétieuses, et même des almanachs et des présages en vers.

♦ *« C'est l'avènement de la prose dans notre théâtre comique. La forme qu'il donne à son adaptation n'est point une forme scolaire, empêtrée ou balbutiante. Elle ne sent ni la contrainte ni l'effort. Vive, souple, franche, elle s'adapte à toute la diversité de son rôle... C'est précisément le grand mérite de Larivey : il nous permet maintes fois d'évoquer Molière. »* Marcel Arland.

RÉF. : Lintilhac, *La Comédie : Moyen Âge et Renaissance*, 1906. — M. Amato, *La Comédie italienne dans le théâtre de Larivey*, 1909. — L. Morin, *Les Trois Pierre de Larivey*, 1937. — M. Lazard, *La Comédie humaniste au XVIe s. et ses personnages*, 1978.

LARKIN Philip. Poète anglais. Né le 9 août 1922 à Coventry, mort le 2 décembre 1985 à Hull. Élève à la King Henry VIII School (Coventry), puis étudiant en lettres modernes (littérature anglaise) à l'université d'Oxford, il devint bibliothécaire en 1943, notamment, à partir de 1955, à la bibliothèque de l'université de Hull. En 1945, il publia, à compte d'auteur, son premier recueil *Le bateau qui voguait vers le nord* (+) et, en 1946, son premier roman, *Jill*, dont le contenu était largement autobiographique. Comme dans son deuxième et dernier roman, *Une jeune fille en hiver* [*A Girl in Winter,* 1947], que l'on considère comme plus achevé, on retrouve ici les thèmes qui vont se déployer dans sa poésie : la description neutre d'un monde étriqué mais au fond choisi (il suffit de penser à sa résidence dans une ville aussi emblématique que Hull) — la Grande-Bretagne appauvrie (l'hiver du roman) des années quarante et cinquante qui a succédé à l'époque « héroïque » de la guerre et de l'avant-guerre. Une Grande-Bretagne, non seulement marginalisée politiquement, mais qui se transformait peu à peu, ne rêvant qu'à jouir d'une société de consommation dont la production était laide et ridicule. L'univers de Larkin est dominé par l'échec et la solitude, mais hanté par deux émotions contradictoires : une certaine ironie cynique et cruelle qui verse quelquefois dans l'humour brutal et noir, et une nostalgie pour un univers plus intense, plus chaleureux où, par exemple, la rencontre avec l'autre serait possible. Par cette nostalgie, son univers rappelle par moments celui des poètes « Georgians », comme Walter De la Mare, qui ont précédé la révolution moderniste. Mais la cruauté du regard et la qualité remarquable du travail formel donnent à l'œuvre, à l'intérieur de cet univers volontairement et involontairement restreint, une autre dimension. Larkin est sans doute un des meilleurs poètes de sa génération.

Il publia en 1955 *Les Moins Trompés* (+), dont le titre suggère bien la retenue affichée d'une recherche de vérités modestes et la méfiance, voire le refus, de tout absolu (l'homme, au mieux, ne peut être que « moins trompé »). Ont suivi les deux recueils les plus célèbres, *Les Mariages de la Pentecôte* (+) (1964) et *Hautes fenêtres* (+) (1974). La « minceur » même de l'œuvre peut être perçue comme emblématique d'une certaine ascèse. Les deux recueils jouent justement sur la hantise, l'illusion peut-être, d'un autre monde « haut », éclairé, où le bonheur et la transcendance seraient possibles. Un recueil de *Poésies complètes* (*) a été publié en 1988. Outre ces recueils de poèmes, Larkin publia en 1983 un recueil de textes en prose, *Écritures obligées* [*Required Writing : Miscellaneous Pieces* 1955-1982] ; il fut, en 1973, l'éditeur d'une *Anthologie de la poésie anglaise du XXe siècle* [*Oxford Book of Twentieth Century Verse*], très contestée, et réunit des écrits (notamment des comptes rendus de disques) sur le jazz dans *Vous avez dit jazz ?* [*All What Jazz ?,* 1970]. Dans ce domaine, ses goûts s'arrêtaient à la révolution moderne du « bebop » de la fin de la guerre.

Par certains côtés Larkin peut être considéré comme, et s'est sans doute voulu, un poète « typiquement » britannique : maître de la litote et de la réticence, puritain mais avec les crudités que le puritanisme peut engendrer, fondamentalement conservateur (ardent partisan de Mme Thatcher et des valeurs qu'elle incarnait), refusant l'étranger, fier de n'avoir jamais voyagé et de ne rien connaître à la poésie de langue non anglaise, méfiant devant « l'extravagance » américaine, vantant de façon provocante le mérite d'auteurs comme Ian Fleming et John Betjeman. Le personnage du bibliothécaire de province célibataire, irascible et méfiant, qu'il cultiva avec soin sert aussi, bien sûr, de masque, comme chez certaines femmes écrivains anglaises, de Jane Austen à P. D. James (qu'il admirait).

PAUL VOLSIK.

RÉF. : Alan Brownjohn, *Philip Larkin,* Londres, 1975. — Simon Petch, *The Art of Philip Larkin,* Sydney, 1981. — Andrew Motion, *Philip Larkin,* Londres, 1982. — Terry Whalen, *Philip Larkin and English Poetry,* Basingstoke, 1990.

LA ROCHEFOUCAULD François VI, duc de. Moraliste français. Né le 15 décembre 1613, à Paris (rue des Petits-Champs) ; mort à Paris dans la nuit du 16 au 17 mars 1680. Descendant d'une des plus anciennes familles de l'Angoumois, fils d'un duc et pair de France et de Gabrielle du Plessis de Liancourt, aîné de douze enfants, le prince de Marcillac — il portera ce titre jusqu'à la mort de son père (1650) — était destiné à la carrière des armes. Il fut élevé à la campagne et reçut l'éducation d'un fils de grand seigneur, il apprit cependant un peu de latin. Il n'a pas encore quinze ans qu'on lui fait épouser Andrée de Vivonne, fille d'un grand fauconnier de France, qui, après lui avoir donné huit enfants, mourra avant lui en 1670. Il semble qu'il ait eu pour sa femme tout le respect et toute la confiance convenables, mais rien de plus. Il n'a que seize ans (1629) lorsqu'il est nommé maître de camp du régiment d'Auvergne. L'année suivante, il prend part à la campagne d'Italie, puis il se rend à la Cour. Enthousiaste, agité, imprudent, le jeune prince de Marcillac a vite fait d'être mêlé aux intrigues qu'entretiennent les grands contre Richelieu. Le complot monté par Mme de Chevreuse est découvert en 1631 et Marcillac, après avoir passé huit jours à la Bastille, est envoyé en exil dans sa terre de Verteuil où il restera deux ans. Il reprend ensuite la carrière des armes, se bat en Flandres, attire sur lui l'attention de Richelieu qui lui propose en 1639 « de le faire servir de maréchal de camp » ; Marcillac refuse. Bien qu'il soit au mieux avec tous les conspirateurs, il n'entre plus dans leurs machinations. Mais Richelieu meurt, suivi par Louis XIII. La place semble libre à l'ambitieux, il pense faire figure dans le parti d'Anne d'Autriche. Cependant la reine identifie sa politique avec celle de Mazarin. Marcillac se sent joué. Mazarin lui promet monts et merveilles – en fait, il lui permettra tout juste d'acheter, et fort cher, la charge de gouverneur de Poitou (1646) – et use ses énergies. Très lié avec les grandes intrigantes du temps, Mme de Chevreuse et la duchesse de Longueville, sœur de Condé, Marcillac n'aboutit à aucun résultat tangible dans l'opposition où il s'est finalement jeté « par indécision, par précipitation de sortir des affaires presque aussi vite qu'il y entrait », dira Retz. C'est encore comme soldat que son rôle est le plus brillant. Volontaire au siège de Mardick, en 1646, il y est blessé de trois coups de mousquet.

En 1648, la situation empire. On lui refuse de porter le titre de duc avant la mort de son père ; de dépit Marcillac se jette dans la Fronde des princes. Il devient lieutenant général de l'armée rebelle, est grièvement blessé. Survient l'amnistie de 1649 et, en janvier 1650, l'arrestation des princes. Marcillac se retire en Poitou, déjà gagné à la nouvelle Fronde. En février 1650, à l'occasion des obsèques de son père, le nouveau duc de La Rochefoucauld tente de soulever la noblesse de l'Angoumois contre le roi et, avec Condé, s'allie aux Espagnols. Par ordre de Mazarin, son château de Verteuil est rasé. La Rochefoucauld se bat avec Condé en Guyenne, participe à la bataille de Bléneau, puis au combat de la porte Saint-Antoine à Paris (1652). C'est là qu'il reçoit en plein visage la décharge d'un mousquet qui le rendra presque aveugle. Cependant il refuse l'amnistie, part en exil dans ses terres et ne se ralliera que l'année suivante en prêtant serment au roi. Désormais sa vie de conspirateur et de soldat est finie – il n'a que quarante ans. La Rochefoucauld sera, et seulement, un bel esprit, doublé d'un observateur lucide, profond et désabusé.

Le monde qu'il fréquente fort assidûment est celui de la Cour – il est à peu près rentré en grâce, a obtenu de Louis XIV une pension (1659) et a reçu l'ordre du Saint-Esprit (1662) – mais plus encore celui des salons qui donnent le ton, celui de Mlle de Scudéry, celui de Mlle de Montpensier et surtout celui de Mme de Sablé. Désabusé, caustique, laconique, La Rochefoucauld tient sa place – elle est de tout premier plan – dans ces amusements de l'esprit qui étaient alors si fort en faveur. Il participe au jeu des portraits, et le sien propre qu'il fit pour le salon de Mlle de Montpensier (1659) est un des plus réussis du genre. Pendant son exil volontaire, aussitôt après les combats de la Fronde, La Rochefoucauld avait mis en ordre ses souvenirs récents. Ils furent publiés en 1662 dans un ouvrage collectif, sous le titre de *Mémoires de M.D.L.R. contenant – dans tous leurs détails – les brigues pour le gouvernement à la mort de Louis XIII* – v. *Mémoires* (*). Mais, en 1664, la parution des *Réflexions ou sentences et maximes morales* (*), à l'insu de leur auteur, fit scandale. C'est que le système exposé et le ton impitoyable adopté par le moraliste dépassaient ce que permettaient les jeux mondains de la conversation qui étaient à l'origine de la pratique et de la forme des *Maximes.* Mme de La Fayette elle-même, plus tard grande amie de l'auteur, fut effrayée : elle écrivit à la marquise de Sablé : « Ah ! quelle corruption il faut avoir dans l'esprit et dans le cœur pour être capable d'imaginer tout cela ! J'en suis si épouvantée que, si les plaisanteries étaient des choses sérieuses, de telles maximes gâteraient plus les affaires que tous les potages qu'il mangea l'autre jour chez nous. » Plus tard, et justement sous l'influence de Mme de La Fayette, La Rochefoucauld en atténuera le ton et, probablement pour se disculper des accusations lancées contre lui – les *Maximes* constituant un univers d'où Dieu paraissait singulièrement absent –, laissera paraître dans les éditions suivantes un texte qui est peut-être de lui et qui apporte une importante restriction, au moins apparente : « L'auteur expose au jour toutes les misères de l'homme, mais c'est de l'homme abandonné à sa conduite qu'il parle et non pas du chrétien. »

Cependant, dès les années 1670, la santé du duc de La Rochefoucauld, sérieusement ébranlée depuis longtemps par les blessures qu'il avait reçues autrefois, se détériorait. Il souffrait de la goutte et fort cruellement. Ses amis ne le quittaient pas et se retrouvaient à son chevet. Des deuils familiaux – il perdit successivement sa femme, sa mère, l'un de ses fils – lui portèrent des coups répétés. Et c'est en croyant sincère et en homme qui « ne craignait guère de choses, mais aucunement la mort », comme il l'a écrit lui-même, qu'il l'affronta.

La Rochefoucauld expira muni des derniers sacrements entre les bras de Bossuet, en présence de Mme de La Fayette, qui pendant quinze ans avait été son amie la plus chère.

JACQUES BROSSE.

♦ *« Il n'a jamais été capable d'aucune affaire, et je ne sais pourquoi, car il avait des qualités qui eussent suppléé en tout autre celles qu'il n'avait pas... »* Retz. ♦ *« Il paraît que l'Auteur impute souvent un vice à l'homme, non pas tant parce qu'il l'aperçoit véritablement en lui que pour ne pas perdre une expression élégante, ingénieuse et nouvelle, qu'il a trouvée pour former son accusation et s'énoncer. »* Huet. ♦ *« Faites, je vous prie, mes compliments à M. de La Rochefoucauld, et dites-lui que le livre de Job et le livre des* Maximes *sont mes seules lectures. »* Mme de Maintenon, lettre à Mlle de Lenclos, 1666. ♦ *« Un des ouvrages qui contribuèrent le plus à former le goût de la nation et à lui donner un esprit de justesse et de précision fut le petit recueil des* Maximes *de François, duc de La Rochefoucauld. »* Voltaire. ♦ *« Les* Maximes *de La Rochefoucauld ne contredisent en rien le christianisme, elles s'en passent. »* Sainte-Beuve. ♦ *«* [Pascal] *attriste, révolte, mais il ne décourage pas* [...] *Il a le remède sous la main et il va l'offrir. La Rochefoucauld a moins de colère et plus de rancune ; il accuse, il bafoue, il met à nu, avec une cruelle insistance, nos communes misères, et il n'est pas ému. »* Hémon. ♦ *« La Rochefoucauld et les autres maîtres français de l'étude psychologique* [...] *ressemblent à des tireurs qui visent juste et mettent régulièrement dans le noir – mais dans le noir de la nature humaine. »* Nietzsche. ♦ *« Un moraliste, La Rochefoucauld ? Nullement. C'est un romancier, le premier en date de nos romanciers. Tout lui vient de l'imagination, de la brusque perception qu'il a d'un sentiment humain par la capture d'un regard ou d'un mot. »* J. de Lacretelle.

RÉF. : P. Bénichou, « La Démolition du héros », in *Morales du Grand Siècle*, Paris, 1948. – F. Jeanson, « Le Moraliste grandeur nature », in *Les Temps modernes*, avril 1950. – J. Starobinski, « Complexité de La Rochefoucauld », in *Preuves*, mai 1962 ; « La Rochefoucauld et les Morales substitutives », in *La Nouvelle Revue française*, juillet 1966. – W. G. Moore, *La Rochefoucauld, his Mind and Art*, Oxford, 1969. – S. Doubrovsky, « Vingt propositions sur l'amour-propre : de Lacan à La Rochefoucauld », in *Parcours critique*, Paris, 1979. – J. Lafond, *La Rochefoucauld. Augustinisme et Littérature*, Paris, 1980. – T. Todorov, « La Comédie humaine selon La Rochefoucauld », in *Poétique*, février 1983. – Corado Rosso, *Procès à La Rochefoucauld et à la maxime*, Paris, 1987.

LAROUSSE Pierre Athanase. Lexicographe français. Né à Toucy (Yonne), le 23 octobre 1817, mort à Paris le 3 janvier 1875. Il fit ses premières études à l'école primaire de sa ville natale et les compléta par de nombreuses lectures. À seize ans, une bourse de l'université lui permit d'achever son instruction à l'École normale de Versailles. Il fut nommé à vingt ans directeur de l'École primaire supérieure de Toucy qui venait d'être fondée par Guizot et commença, alors, à concevoir un système pédagogique qui mettrait en éveil l'esprit des élèves et leur donnerait en quelque sorte l'initiative de leur éducation. Quand il eut réalisé quelques économies, il se rendit à Paris où, pendant sept ans d'un labeur incessant, il essaya de faire le point des connaissances humaines. Son premier livre : *Grammaire élémentaire lexicologique*, parut en 1849. Il fut suivi par un *Traité complet d'analyse grammaticale* (1850). Dès lors ses ouvrages se succédèrent d'année en année avec succès. Il fonda en 1859 un journal d'enseignement, *L'École normale*, puis en 1860 *L'Émulation*, et commença à partir de 1864 la publication de son *Grand dictionnaire universel du* XIX*e siècle* (*) auquel il a laissé son nom.

RÉF. : A. Rétif, *Pierre Larousse et son œuvre*, Paris, 1975.

LARRA Mariano José de. Pamphlétaire et auteur dramatique espagnol. Né à Madrid le 24 mars 1809, mort dans cette même ville le 13 février 1837. Son père était médecin dans l'armée napoléonienne ; c'est pourquoi, après la chute de l'Empereur, il fut contraint d'émigrer et fit élever son fils dans un collège de Bordeaux. La famille regagna l'Espagne en 1818, et le futur écrivain continua ses études à Madrid. En 1824, Larra commença son droit à l'université de Valladolid, et le poursuivit l'année suivante à celle de Valence, où on l'avait envoyé, dit-on, parce qu'il se serait épris, à Valladolid, d'une femme qui se révéla être la maîtresse de son père ; cette découverte assombrit beaucoup son caractère déjà enclin à la misanthropie. En 1825, il s'installa à Madrid afin de se consacrer à la littérature, pour laquelle il prit un pseudonyme, devenu célèbre : Figaro. Il se maria à vingt ans, mais se sépara rapidement de son épouse.

Larra écrivit un roman historique, *Le Damoiseau de don Enrique le Dolent* (+), différentes œuvres dramatiques, parmi lesquelles le célèbre *Macias* (*), quelques poésies, mais surtout des articles de critique littéraire, sociale et politique qui lui assurèrent une grande notoriété et furent plus tard réunis sous le titre *Articles de mœurs* (*). Longtemps amoureux d'une femme mariée, après la rupture de leurs relations, en 1835, il fit un voyage à l'étranger au cours duquel il visita le Portugal, la France, l'Angleterre et la Belgique ; à son retour en Espagne, il voulut renouer avec cette femme mais n'y parvint pas. En 1836, il fut élu député à un parlement qui ne put se réunir à cause de la mutinerie dite de la « Granja », qui consacra la disparition des libertés populaires en Espagne. En 1837, il se suicida d'un coup de pistolet, après une dernière et infructueuse tentative de réconciliation avec son ancienne maîtresse.

♦ *« Durant sa courte vie, Larra vint à bout d'une vaste entreprise de* démystification, *qui par malheur n'a pas eu de continuateurs d'envergure. »* Juan Goytisolo.

RÉF. : E. Quinet, *Mes vacances en Espagne*, ch. XII, Paris, 1846. – Manuel Chaves, *D. Mariano José de Larra (Figaro) ; son temps, sa vie, ses œuvres*, Séville, 1898. – J. Nombela y Campos, *Larra (Figaro)*, Madrid, 1909. – E. MacGuire, *A Study of Writings of Larra*, Berkeley, 1918. – R. B. Moreno, *Larra*, Madrid, 1951. – Juan Goytisolo, Introduction aux *Articles* de M. J. de Larra, Paris, 1965. – Francisco Umbral, *Larra, anatomia de un dandy*, Madrid, 1965. – *Révision de Larra*, Paris, 1983. – José Luis Varela, *Larra y España*, Madrid, 1983.

LARRETA Enríque (pseud. d'Enríque Rodriguez Máza]. Écrivain et diplomate argentin. Né à Buenos Aires le 4 mars 1875, mort à Buenos Aires, le 6 juillet 1961. Après avoir fait ses études de droit et de sciences sociales à l'université de Buenos Aires, il enseigna quelques années l'histoire au collège national de sa ville natale et se fit remarquer par un certain nombre d'essais sur des questions littéraires, essais qu'il publia dans les colonnes du journal *La Nación*. Sa première grande œuvre, *La Gloire de don Ramire* (*), qui passa inaperçue lors de sa publication à Madrid, en 1908, reçut une consécration internationale après la parution de la traduction française faite par Remy de Gourmont en 1910. Nommé, en cette même année 1910, ambassadeur de son pays à Paris, il y resta pendant six années qui, si elles furent improductives du point de vue littéraire, permirent à Larreta de faire preuve d'une amitié indéfectible envers la France, amitié qui se fit surtout sentir lors de la guerre de 1914-1918. Les discours officiels qu'il prononça en français pendant cette période furent réunis par lui en un volume intitulé *Paroles de la veille* (1915). De cette période également date son conte romantique en vers intitulé *La Luciole* [*La luciéranga*]. On lui doit aussi un certain nombre d'essais et de nouvelles, parmi lesquelles il faut mentionner *Zogoïbi* (1926), ainsi qu'une pièce de théâtre intitulée *Le Chemineau* [*Linvera*], représentée pour la première fois au théâtre de l'Athénée de Buenos Aires en 1932. Enrique Larreta était, depuis 1922, membre correspondant de l'Académie française des sciences morales et politiques.

LA SALE Antoine de. Conteur français. Né en Provence, probablement en 1386 ; mort après 1462, peut-être aux environs de 1469. Il fit en 1420, ainsi qu'il nous le dit dans *Le Paradis de la reine Sibylle,* un voyage en Italie où il connut Poggio Bracciolini, le fameux auteur des *Facéties* (*). Il fut en tout cas au service des ducs d'Anjou, comtes de Provence et rois de Naples, viguier de Louis III, puis de son frère René, duc de Lorraine et de Bar, qui lui succéda comme duc d'Anjou, comte de Provence et roi de Naples, et qui est connu dans l'histoire sous le nom de René le Bon ou le roi René. Il fut aussi probablement son secrétaire et certainement le précepteur de son fils, Jean d'Anjou, duc de Calabre, de Lorraine et de Bar, pour qui il composa un recueil pédagogique, intitulé *La Salade* (1444), et à qui il devait dédier plus tard *Le Petit Jehan de Saintré* (*) (1456). Il devait aussi composer une autre compilation pédagogique, *La Sale* (1451). On ne sait à la suite de quelles circonstances Antoine de La Sale quitta la cour de Provence pour celle de Bourgogne. On le retrouve en effet à la suite de Louis de Luxembourg, comte de Saint-Pol, en Flandre où il fait fonction de précepteur des enfants du comte, puis secrétaire de Philippe le Bon, duc de Bourgogne. Il se peut qu'Antoine de La Sale ait participé à l'éducation du comte de Charolais, le futur Charles le Téméraire, avec qui il semble avoir été assez lié.

En bref, on peut dire qu'Antoine de La Sale fut un écrivain de cour ; il fut plus en Bourgogne puisqu'il semble y avoir servi de secrétaire au petit cercle de lettrés qui comptait parmi ses membres le duc lui-même et son fils. C'est donc pour un milieu fort raffiné, passablement précieux et d'une grande élégance qu'Antoine de La Sale écrivit ses œuvres, encore qu'il n'ait pas manqué de se souvenir de ses anciens protecteurs, les comtes de Provence, comme en témoigne la dédicace du *Petit Jehan de Saintré.* Chronologiquement ses œuvres semblent se classer comme suit : *La Salade, La Sale* et enfin celles par lesquelles son nom est passé à la postérité, *Le Paradis de la reine Sibylle,* dédiée à Agnès, duchesse de Bourbon et sœur de Philippe le Bon, où il raconte une belle légende recueillie dans la Marche d'Ancône, lors de son voyage en Italie, *Les Cent Nouvelles nouvelles* (*) dont il fut un des rédacteurs et l'*Hystoyre et plaisante chronique du petit Jehan de Saintré et de la jeune dame des belles cousines.* Le talent et la verve charmante d'Antoine de La Sale lui ont fait attribuer d'autres œuvres, *Les Quinze Joyes de mariage* (*) dont, à la quasi-unanimité, on lui donnait la paternité et qui semblent devoir être rendues à l'évêque d'Avignon, Gilles Bellemère, et même, mais là sans aucune preuve et sans aucune vraisemblance, *La Farce de maître Pathelin* (*).

♦ *« Ses œuvres ne sont plus des fabliaux, ne sont pas encore des romans psychologiques, et sont bien des romans de mœurs. »* E. Faguet.

RÉF. : F. Desonay, *Antoine de La Sale aventureux et pédagogue,* Liège, 1940. – J. Demers, « La Quête de l'Anti-Graal, ou un récit fantastique. *Le Paradis de la reine Sibylle* », dans le *Moyen Âge,* 83, 1977, p. 469-492.

LAS CASAS Bartolomé de. Prélat espagnol. Né à Séville en 1470, mort à Madrid en 1566. Frère dominicain, on l'appela l'apôtre des Indiens ; il fut l'un des plus courageux défenseurs des indigènes américains contre les abus des Espagnols. En 1493, Las Casas, qui n'était pas encore moine, se trouvait parmi les compagnons de Christophe Colomb pour son second voyage de découverte et, en 1502, il se rendit de nouveau en Amérique avec l'expédition d'Ovando pour s'occuper des intérêts que sa famille avait acquis dans les Indes occidentales. Son centre d'action fut d'abord l'île de Saint-Domingue, puis Cuba et plus tard la région de Tucuman. Ce fut en 1510 que son existence prit une orientation définitive : la prédication d'un dominicain sur les atrocités commises par les Espagnols chez les indigènes remua si fortement l'âme de Las Casas que, par une décision immédiate, il renonça à toutes ses richesses, affranchit tous ceux qui dépendaient de lui, fut ordonné prêtre, entra chez les dominicains et se transforma en champion des Indiens. En 1544, devenu évêque de Chiapas, au Mexique, il poursuivit à fond la lutte contre les « encomenderos », en appelant à Charles Quint lui-même. Dans son *Histoire admirable des horribles insolences, cruautés et tyrannies exercées par les Espagnols ès Indes occidentales, brièvement décrites en langue castillane* (*), le moine s'insurgea contre la conduite inhumaine des conquistadores et des colons, dressant contre eux un acte d'accusation qui eut des conséquences incalculables. À Valladolid, en 1550, Charles Quint réunit une commission de savants, parmi lesquels Juan Ginés de Sepúlveda, pour examiner et repousser les accusations de Las Casas, mais le religieux ne désarma pas et finit par triompher, obtenant la promulgation de nouvelles lois. De tempérament passionné, fanatique de l'esprit missionnaire qui obstruait pour lui toute voie vers une vision sereine des choses, Las Casas se révéla tout entier, en dehors de l'œuvre déjà citée, dans l'*Histoire apologétique des Indes* [*Apologética historia sumaria quanto à las calidades, disposición, cielo y suelo destas tierras, y condiciones naturales, políticas, repúblicas, maneras de vivir, é costumbres destas Indias occidentales y meridionales*] et dans l'*Histoire générale des Indes* [*Una historia general de las Indias*], publiée en 1875, livres qui n'ajoutent rien à sa renommée fondée sur l'ardeur polémique et l'élan batailleur de son premier ouvrage.

L'esprit humanitaire de Las Casas le poussa finalement à tenter une expérience utopique : dans la région de Tucuman, il fonda une colonie d'Indiens pour les former au travail de la terre et à la religion. En 1547, il rentra en Espagne et se fixa à Madrid.

RÉF. : Sir Arthur Helps, *The Life of Las Casas, the Apostle of the Indies*, Londres, 1868. – Carlos Gutiérrez, *Fray Bartolomé de Las Casas, sus tiempos y su apostolado*, Madrid, 1878. – L. A. Dutto, *The Life of B. de Las Casas*, St. Louis, 1902. – Lewis Hanke, *Bartolomé de Las Casas, pensador político, historiador, antropólogo*, La Habana (Cuba), 1949. – Daniel-Rops, *Les Aventuriers de Dieu*, Paris, 1951. – Ramón Menéndez Pidal, *El padre Las Casas, su doble personalidad*, Madrid, 1963. – Marcel Bataillon, *Études sur Bartolomé de Las Casas*, Paris, 1965. – André-Vincent, O. P., *Las Casas, apôtre des Indiens*, Paris, 1975. – André Saint-Lu, *Las Casas indigéniste*, Paris, 1982.

LAS CASES Marie Joseph Emmanuel Dieudonné, comte de. Mémorialiste français. Né au château de Las Cases, près de Revel (Haute-Garonne), en 1766, mort à Paris le 15 mai 1842. Descendant d'une vieille famille noble, il tirait son nom d'une victoire remportée sur les Maures par un de ses ancêtres et prétendait appartenir à la même souche que le célèbre évêque Las Casas. Après avoir fait d'excellentes études à Vendôme, chez les oratoriens, il entra à l'École militaire de Paris et servit ensuite dans la marine royale comme aspirant, puis, à partir de 1787, comme lieutenant de vaisseau, et participa à plusieurs expéditions. Royaliste fidèle, Las Cases émigra à Coblence dès 1791 et fit partie pendant quelque temps de l'armée de Condé. Lorsque celle-ci fut dissoute, il passa en Angleterre et prit part en 1795 à l'expédition de Quiberon.

Rentré en France sous le Consulat, Las Cases publia alors sous le pseudonyme de Le Sage un *Atlas historique, généalogique, chronologique* (1802), recueil de tableaux synoptiques qui fut accueilli avec le plus vif succès. L'ancien combattant de l'armée des Princes s'était fait rayer de la liste des émigrés et cherchait désormais par tous les moyens à attirer l'attention de la cour des Tuileries et de l'Empereur lui-même. En 1809, les Anglais ayant débarqué en Hollande, près d'Anvers, et menaçant Flessingue, Las Cases s'engagea et prit part comme simple volontaire à l'opération qui dégagea la ville ; Napoléon ayant été mis au courant de cet exploit fit aussitôt nommer Las Cases chambellan et baron et, en 1810, comte et maître des requêtes au Conseil d'État (section marine). À ce titre Las Cases fut chargé de missions en Hollande et dans les provinces illyriennes. En 1814, il commandait une légion de la garde nationale parisienne. Au Conseil d'État, il refusa de signer l'acte de déchéance de l'Empereur, ce qui n'empêcha pas le gouvernement des Bourbons de le maintenir dans ses fonctions.

Le 25 juin 1815, une semaine après Waterloo, alors que Napoléon s'apprêtait à quitter le palais de l'Élysée, Las Cases implora la singulière faveur de ne point quitter le souverain vaincu. Celui-ci, assez étonné, en ce moment où ses plus fidèles et ses plus vieux compagnons se hâtaient de le renier, y consentit, et Las Cases se mit en route pour Rochefort, accompagné de son fils Emmanuel, âgé de quinze ans, qu'il emmenait dans son aventure. Le 14 juillet, dans la rade du port charentais, il monta avec l'Empereur sur le pont du « Bellérophon » ; le 2 août suivant, lorsque la nouvelle de la déportation à Sainte-Hélène fut connue, tandis que le navire était ancré au large de Portsmouth, il obtint d'être inscrit, ainsi que son fils, sur la liste des personnes autorisées à accompagner Napoléon dans son exil. Et, quelques jours plus tard, c'est Las Cases, voyant l'Empereur complètement découragé, qui lui suggéra le grand projet d'occuper son exil à revivre sa vie et ses campagnes. Le 9 septembre 1815, sur le « Northumberland » en route vers Sainte-Hélène, Napoléon, surmontant ses dernières réticences, commençait à dicter à Las Cases le premier récit du siège de Toulon. De tous les compagnons du proscrit, Las Cases était certainement le plus intelligent, et celui avec lequel Napoléon se plaisait le plus à s'entretenir, ce qui lui valut de furieuses animosités de la part des autres Français ; aussi, après l'installation dans l'île, dut-il partager avec ceux-ci son privilège de secrétaire particulier, et il ne recueillit, sous la dictée de Napoléon, que le récit des campagnes d'Italie. Chaque soir cependant, lorsqu'il se retirait dans l'étroit appartement qu'il occupait avec son fils dans la maison de Longwood, il notait en détail les événements de la journée et les moindres paroles de l'ancien maître du monde. C'est ce récit qui est devenu le fameux *Mémorial de Sainte-Hélène ou Journal où se trouve consigné, jour par jour, ce qu'a dit et fait Napoléon* (*). Il est douteux que toutes les idées et les paroles prêtées par Las Cases à l'Empereur soient authentiques. Le mémorialiste se laissa certainement entraîner par son admiration et par ce « chambellanisme » dont il entourait son maître et que lui reprocha Stendhal (n'allait-il pas, malgré sa taille, jusqu'à s'efforcer de paraître plus petit que Napoléon pour flatter ce dernier ?). L'ampleur du *Mémorial*... peut étonner, lorsqu'on songe que Las Cases ne resta qu'un an à peine à Sainte-Hélène. En effet, le gouverneur Hudson Lowe ayant découvert un message rédigé sur un morceau de soie blanche et adressé à Lucien Bonaparte, dans lequel étaient dénoncés les traitements indignes auxquels les Anglais soumettaient l'Empereur, Las Cases et son fils furent expulsés de l'île (27 novembre 1816). Transférés au Cap, ils restèrent pendant huit mois en résidence surveillée, puis furent renvoyés en Europe en 1817. Las Cases ne put cependant rentrer aussitôt en France et se vit assigner comme résidence Francfort-sur-le-Main, puis le territoire belge.

Las Cases fut enfin autorisé à regagner Paris après la mort de l'Empereur (mai 1821) ; il publia avec un immense succès les huit volumes de son *Mémorial*... (1823-1829), qui contribua à répandre l'image légendaire d'un Napoléon libéral et presque bonhomme. Après la révolution de Juillet 1830, Las Cases fut élu député de la Seine et siégea à l'extrême gauche de l'Assemblée. Son fils, qui comme lui avait servi de secrétaire à Napoléon, fut élu député du Finistère en 1831 ; il accompagna en 1840 le prince de Joinville parti chercher les cendres de l'Empereur ; Napoléon III le nomma sénateur en 1852. Il mourut en 1854.

MICHEL MOURRE.

♦ *« Mon cher, ces mémoires seront aussi connus que tous ceux qui les ont devancés. Vous vivrez autant que tous les auteurs. On ne pourra jamais s'arrêter sur nos grands événements, écrire sur ma personne sans avoir recours à vous* [...] *On dira : après tout, il devait bien le savoir, c'était son conseiller d'État, son chambellan, son compagnon fidèle* [...] *Il faut bien le croire, il ne ment pas. C'était un honnête homme. »* Napoléon à Las Cases. ♦ *« Le tout* [du *Mémorial*] *est écrit avec la minutie de la* Vie de Johnson *de Boswell, la force de langage du général Bonaparte et l'embellissement de style du comte Las Cases* [...] *Tout y est sacrifié au grand objet de présenter à la postérité le général Bonaparte comme un modèle d'excellence et de vertu. Les faits y sont altérés, les conversations rapportées seulement par moitié, ses propres expressions répétées, les réponses omises... »* Hudson Lowe, lettre au comte Bathrust, après la saisie des papiers de Las Cases, 3 décembre 1816. »

RÉF. : Sarrut et Saint-Edme, *Biographie de M. Las Cases*, Paris, 1846. – Lord Roseberry, *Napoléon, la dernière phase*, Paris, 1901. – P. Gonnard, *Les Origines de la légende napoléonienne. L'œuvre historique de Napoléon à Sainte-Hélène*, Paris, 1906. – F. Masson, *Autour de Sainte-Hélène*, Paris, 1909-12. – M. Dunan, introduction et commentaire à l'édition intégrale définitive du *Mémorial de Sainte-Hélène*, Paris, 1951. – P. Ganière, *Napoléon à Sainte-Hélène*, Paris, 1957, et *Sainte-Hélène, terre d'exil*, Paris, 1971. – E. de Las Cases, *Las Cases, mémorialiste de Napoléon*, 1959. – *Revue des Études napoléoniennes* et *Revue de l'Institut Napoléon*.

LASKARATOS Andreas. Écrivain grec. Né à Lixouri (Céphalonie) le 13 mai 1811, mort à Athènes le 28 juillet 1901. Il fit ses premières études dans son pays, puis commença son droit et étudia les mathématiques à Corfou où il eut comme maîtres Nannucci et Kalvos, un ancien collaborateur d'Ugo Foscolo, et connut Solomos. Il se rendit ensuite à Paris et à Pise, où il passa sa licence en droit. Revenu dans son pays en 1839 pour y exercer la profession d'avocat, son esprit critique et indépendant se trouva mal à l'aise dans cette petite ville arriérée, où l'hygiène était rare et où mille préjugés réglaient les mœurs. La religion même, que le peuple et le clergé considéraient comme une manifestation extérieure plutôt que comme une norme morale, heurtait la rigidité d'un esprit enclin à l'austérité protestante. Cet état d'âme se traduisit par la satire et la critique sociale. En 1845, Laskaratos publia un petit poème : *Lixouri en 1836* (*) où, s'inspirant du *Seau enlevé* de Tassoni, il raillait une futile controverse de ses concitoyens. Son réquisitoire, *Les Mystères de Céphalonie* [Τά μυστήρια τῆς Κεφαλονίας, 1856], est plus mordant et plus ouvert. C'est une vaste peinture des mœurs de l'île, où ni le culte ni le clergé ne sont épargnés. L'œuvre eut un succès de scandale. L'auteur fut excommunié et obligé de se réfugier pendant quelque temps en Angleterre. Mais son esprit était trop indépendant pour pouvoir renoncer complètement à cette arme terrible : l'ironie ; pour vaincre les vices et les faiblesses de ses compatriotes, lorsqu'il fut de retour dans sa patrie, il continua sa mission dans la presse satirique, publiant *Le Lumignon, journal familial* ['Ο Λύχνος]. Il s'attira, naturellement, de nouveaux ennuis et la prison même ne lui fut pas épargnée. *Mes souvenirs biographiques* [*I miei ricordi biografici*], écrits en italien, furent traduits en français par Hubert Pernot dans la deuxième série de ses *Études de littérature grecque moderne* (1918). D'autres notes, écrites également en italien, s'intitulent *Mes souffrances et mes réflexions sur les prisons de Céphalonie* [*Patimenti miei e mie riflescioni sulle carceri di Cefalonia*, 1860]. On lui doit également un livre intitulé *Ecce homo ou les*

Caractères humains [Ἰδοὺ ὁ ἄνθρωπος ἤ ἀνθρώπινοι χαραχτῆρες, 1886].

RÉF. : A. Laskaratos, *Mes souvenirs biographiques*, Paris, 1918.

LASKER-SCHÜLER Else. Écrivain allemand. Née le 11 février 1869 à Eeberfeld, morte le 22 janvier 1945 à Jérusalem. Elle est issue d'une vieille famille juive. Son père, qui deviendra banquier, est souvent évoqué comme un homme cultivé, très doué dans sa profession. Sa mère, Jeanette Kissing, apparaît dans les récits comme une femme très belle et très aimée, passionnée de poésie. Vers l'âge de 11 ans apparaissent chez Else Schüler les premiers symptômes de danse de Saint-Guy, qui la contraindront à recevoir chez elle un enseignement privé. Elle épouse en 1894 le médecin Berthold Lasker : le couple s'installe à Berlin où Else a son propre atelier, peint, dessine et publie ses premiers poèmes. Son fils Paul naît en 1899, à une époque où elle vit dans des conditions matérielles très précaires. La rencontre, en 1899, avec le poète Peter Hill la sort provisoirement de la misère. De quinze ans son aîné, Peter Hill l'introduit dans un cercle d'artistes et de poètes berlinois. Cette rencontre, décisive pour Else Lasker-Schüler, lui permet de prendre conscience de sa vocation et d'abandonner le milieu bourgeois. Elle publie son premier recueil de poèmes, *Styx*, en 1902.

En 1903, Else Lasker-Schüler se sépare de Peter Hill, divorce de Berthold Lasker et épouse le musicien Georg Levin qui sera plus tard, sous le nom de Herwarth Walden, le fondateur de la revue expressionniste *Der Sturm*. À la mort de Peter Hill en 1904, elle publie *Le Septième Jour* [*Der siebente Tag*], recueil de poèmes qui évoquent le cercle d'amis, artistes et poètes, leurs relations complexes, le monde ambigu du café, lieu de rencontre de la bohème d'avant-garde, mais qui sont également émaillés d'allusions à la culture juive et expriment les préoccupations essentielles de la poétesse, la nostalgie d'un monde nouveau, la conscience d'être soumise au péché et chassée du paradis, l'immense difficulté à réaliser une « nouvelle naissance » et, en même temps, le sentiment profond d'être en harmonie avec ses racines.

En 1906 paraît *Le Livre de Peter Hill* [*Das Peter Hill-Buch*], où elle mythifie l'ami disparu, faisant de lui « Pierre, le rocher », un prophète, un guide, mais aussi Satan, un personnage aux facettes multiples, aux traits à la fois positifs et négatifs. Le mariage avec Herwarth Walden, qui s'annonçait sous les meilleurs auspices, semble déjà bien compromis en 1906-1907. Les soucis d'argent, les graves problèmes de santé du fils Paul, la mort de Peter Hill, déclenchent chez Else Lasker-Schüler une crise grave qu'elle ne surmontera que très difficilement. C'est au cours de ces années qu'elle publie sa première pièce de théâtre, *La Wupper* (*). Lorsque Else Lasker-Schüler se sépare de Herwarth Walden en 1910, elle publie à l'occasion de cette douloureuse séparation les *Lettres en Norvège* [*Briefe nach Norvegen*], qui paraissent dans *Der Sturm* en 1911 et seront éditées en 1912 sous le titre *Mon cœur* [*Mein Herz*] ; le livre sera dédié à l'architecte Adolf Loos.

Malgré l'admiration que lui portent de nombreux artistes et écrivains (Gottfried Benn, Franz Werfel, Georg Trakl, Franz Marc), Else Lasker-Schüler se trouve dans une situation financière si critique que l'écrivain viennois Karl Kraus lance dans sa revue *Die Fackel* un appel en faveur de la poétesse. Infatigablement en quête d'un langage nouveau pour exprimer sa nostalgie, sa détresse ou ses utopies, elle écrit en 1913 *Ballades hébraïques* [*Hebräische Balladen*] où s'exprime avec force l'idée qu'elle est appelée à transmettre un message religieux, puis un troisième recueil de poèmes *Mes merveilles* [*Meine Wunder*] et un livre d'histoires, *Le Prince de Thèbes* [*Der Prinz von Theben*], qui seront publiés en 1914. Pendant la guerre, elle participe aux voyages de conférences pacifistes organisés par Werfel, Theodor Däubler et Georg Grosz. Ses lectures publiques sont très appréciées par un public de connaisseurs ; elle compte parmi ses amis les noms les plus célèbres du temps : Karl Kraus, Peter Altenberg, Adolf Loos, Oskar Kokoschka, l'actrice Tilla Durieux et les peintres expressionnistes Karl Schmidt-Rottluff, Max Pechstein et Franz Marc. En 1919, elle publie *Malik* [*Der Malik. Eine Kaisergeschichte*], des éditeurs munichois et berlinois publient ses œuvres en édition complète, elle reçoit en 1932 le prix Heinrich Kleist. Mais la mort de son fils Paul en 1927 et l'émigration en Suisse en 1933 sont des blessures dont elle ne guérira pas. Entre 1933 et 1945, elle entreprend plusieurs voyages en Palestine, perd en 1938 sa nationalité allemande, et la guerre qui éclate en 1939 la fixe définitivement en Palestine. Sa dernière pièce *Moi et moi* [*IchundIch*] sera lue à Jérusalem en 1941, son dernier recueil de poèmes *Mon piano bleu* (*) y sera publié en 1943. Else Lasker-Schüler, malade depuis 1944, meurt le 22 janvier 1945.

GILBERT RAVY.

RÉF. : M. Rachline, *La Muse de Berlin. Le Roman de Else Lasker-Schüler (1869-1945)*, Paris, 1987.

LASSALLE Ferdinand. Économiste allemand, l'un des fondateurs du socialisme en ce pays. Il naquit à Breslau (Silésie) le 11 avril 1825 et mourut à Genève le 31 août 1864. Fils d'un riche marchand israélite dont le nom était « Lassal », il préféra l'étude au négoce, fréquenta les universités de Berlin et de Breslau et devint docteur en philosophie. Aussitôt il se rendit à Paris, changea son nom en « Lassalle » et, grâce à Heinrich Heine, fut introduit dans les milieux politiques et intellectuels. Il eut de nombreux contacts avec Proudhon et les socialistes marxistes, puis, en 1848, rencontra à Düsseldorf Karl Marx dont il devait subir profondément l'influence, prit une part active au mouvement révolutionnaire, et prononça un discours qui lui valut six mois de prison. Lassalle se replongea ensuite avec ardeur dans l'étude, et mena à bien un ouvrage sur *La Philosophie d'Héraclite l'Obscur, d'Éphèse* [*Die Philosophie Herakleitos des Dunklen von Ephesos*, 1858]. Mais bientôt le jeune philosophe, devenu économiste, trouva sa raison de vivre en se vouant à l'émancipation de l'ouvrier, et ne tarda pas à être reconnu comme le chef du parti révolutionnaire allemand. La révolution de 1848 lui avait fourni l'exemple d'un mouvement à la fois national et socialiste, et ce fut vers la fusion de ces deux tendances qu'il orienta tous ses efforts.

Lassalle a consacré quelques œuvres importantes à la cause de l'indépendance et de l'unité allemandes, notamment sa tragédie *Franz von Sickingen* (1859) et l'essai *La Guerre d'Italie et la mission de la Prusse* [*Der italienische Krieg und die Aufgabe Preussens*, 1859]. Cette dernière œuvre est une exhortation à la Prusse à profiter de la guerre survenue entre l'Autriche et l'Italie pour réaliser l'unité allemande. En 1861, Lassalle rendit visite à Garibaldi pour le rallier à cette idée, puis il plaça son espoir en Bismarck, l'incitant à suivre cette politique, que l'homme d'État allait bientôt entreprendre, et lui conseilla d'instituer le suffrage universel. Il était convaincu que, grâce à cette arme, le « quatrième État » parviendrait à s'emparer des leviers de commande. En 1861, Lassalle publia la *Théorie systématique des droits acquis. Réconciliation du droit positif et de la philosophie du droit* (*), dont la conception étatiste et nationaliste du socialisme différait profondément de celle de Karl Marx. L'année suivante (12 avril 1862), il prononça à Oranienbourg (Berlin) un discours retentissant : *Programme ouvrier* (*). Ce discours, ou « manifeste », qui marque l'origine du mouvement ouvrier et du parti démocrate en Allemagne, contient une partie historique (dans laquelle l'auteur, influencé par Hegel, Fichte et Marx, déclare révolue la période capitaliste), suivie d'une analyse des principales revendications de la classe laborieuse. Trois mois après ce manifeste, Lassalle se rendit à Londres pour demander à Marx son appui, mais, en dépit des affinités, leurs programmes respectifs en matière sociale différaient sur plus d'un point. C'est de 1862 également que date *Julien Schmidt, historien littéraire* (+). Les idées de Lassalle se sont également exprimées dans un ouvrage de polémique, *Capital et travail ou M. Bastiat-Schulze de Delitzsch* (*), inspiré par le *Chapitre d'un catéchisme allemand des travailleurs* du philosophe Schulze von Delitzsch. En faisant figurer dans le titre le nom de Frédéric Bastiat, Lassalle voulait montrer la fidélité servile de Schulze à la théorie des valeurs formulée par l'économiste français dans ses *Harmonies économiques*. Ce livre de Lassalle, dirigé contre l'économie et la philanthropie bourgeoises, part du principe que le travail est la source et la cause de toutes les valeurs et que le travailleur ne reçoit pas l'entière rétribution de son travail. L'association générale des travailleurs allemands, fondée par Lassalle en 1862, fut tout de suite persécutée par le gouvernement, et l'économiste fut emprisonné. Bismarck, en effet, se révélait résolument hostile au socialisme, et la classe ouvrière vit se dissiper le rêve qu'elle avait fait de conquérir le pouvoir. À l'échec de ses idées s'ajoutèrent dramatiquement pour Lassalle les déboires de sa vie privée. S'étant épris d'Hélène Dönninger, une jeune fille de l'aristocratie qui consentait à l'épouser malgré l'opposition des siens, Lassalle décida chevaleresquement de la ramener dans sa famille. Mais, comme il s'aperçut qu'Hélène ne lui pardonnait pas d'avoir renoncé à elle, furieux, il insulta les parents et la jeune fille. Lassalle provoqua ainsi l'intervention de l'ancien fiancé d'Hélène, le comte Janco de Rankowitz, qui le blessa mortellement au cours d'un duel au pistolet.

RÉF. : B. Becker, *Geschichte der Arbeiter-Agitation Ferdinand Lassalles*, Brunswick, 1874. – G. Brandès, *Personnalités allemandes*, 1910 (en danois) et *Ferdinand Lassalle*, New York, 1911 (en anglais). – H. Oncken, *Lassalle*, 4e éd., Stuttgart, 1923. – E. Thier, *Rodbertus Lassalle, Adolf Wagner*, Iéna, 1930. – B. Kielmann, *Lassalles Arbeiterprogramm*, Giessen, 1932. – A.-W. Howitt-Thayer, *Lassalle in the Novels of Spielhagen and Meredith*, in *The Germanic Review*, New York, 1944. – F. Nova, *Lassalle als sozialistischer Theoretiker*, Cologne/Munich, 1980. – H. J. Friderici, *Ferdinand Lassalle Eine politische Biographie*, Berlin, 1985.

LASSUS Roland de (ou Roland de Lattre). Compositeur flamand. Né en 1530 ou en 1532 à Mons (Belgique), mort le 14 juin 1594 à Munich. En 1544, son extraordinaire talent musical suscita l'admiration de Ferrante de Gonzague qu'il suivit en Italie. Là, grâce à d'étroits contacts avec la civilisation de la Renaissance, il eut la possibilité d'élargir et d'approfondir ses expériences dans le domaine de l'art ; il put en outre développer sa culture humaniste en étudiant les poètes latins et les poètes italiens, dont Pétrarque pour qui il marquait une prédilection. Il vécut à Mantoue, À Palerme, à Milan et à Naples, puis à Rome où, en 1553, il fut nommé maître de chapelle du Latran. L'année suivante, il rentrait dans sa patrie, pour revoir ses parents gravement malades, mais ils devaient mourir avant son arrivée. Il quitta Mons, visita probablement l'Angleterre et la France, et demeura ensuite quelque temps à Anvers où il publia, en 1555, son premier livre de *Madrigaux* (*). Cette œuvre dont, en cette même année 1555, parurent deux autres éditions, présente déjà les caractères d'un art parvenu à sa maturité. Ce qui frappe en elle, c'est la force et la fraîcheur, la richesse de l'expression, toujours soutenue et dominée par une nécessité poétique logique donnant lieu à un harmonieux enchaînement des développements. En 1556, Roland de Lassus se rendit à Munich, invité par le duc Albert V. Cette ville était devenue, grâce au mécénat éclairé de ce prince, le plus grand centre culturel (et politique) de la Bavière. Lassus y dirigea la chapelle de la Cour, tout en poursuivant sa féconde activité de compositeur. Son œuvre qui, avec celle de Palestrina, marque le plein épanouissement de la tradition polyphonique du XVIe siècle, est l'une des plus vastes que l'on connaisse. Les compositions qu'il a laissées, et dont un grand nombre est conservé à l'état de manuscrits à la Bibliothèque de Munich, s'élèvent à plus de deux mille : environ huit cents *Motets* (+), quatre cent vingt-neuf *Chants sacrés* [*Sacrae cantiones*], cent quatre-vingts *Magnificat*, cinquante et une *Messes* (*), des *Chansons françaises* (+), des *Chansons allemandes* (*) et des *Chansons maures* (+). Dans la production de ses dernières années, il abandonne l'ivresse de la Renaissance au profit d'un esprit religieux recueilli et austère, un ton de tristesse méditative, peut-être influencé par le dogmatisme de la Contre-Réforme répandu alors en Bavière, mais qui marque essentiellement un progrès intérieur, le tourment d'une spiritualité fervente et profonde.

VINCENZO TERENZIO.

♦ *« Ô plus que divin Orlando... »* Ronsard.
♦ *« Tous les styles se fondent en l'esprit de Lassus. À la tradition franco-allemande se surimpose l'esthétique italienne, parfois le choral allemand. »* Norbert Dufourcq.

RÉF. : A. Mathieu, *Biographie de Roland de Lattre,* Mons, 1851. — W. Bäumker, *Orlandus de Lassus, der letzte grosse Meister der niederländischen Tonschule,* Freiburg i/B, 1878. — J. Declève, *Roland de Lassus : sa vie et ses œuvres,* Bruges, 1919. — Luc Balmer, *Orlando di Lassos Motetten,* Berne, 1938. — J.R. Milne, article *Lassus in Grove's Dictionary of Music and Musicians,* t. V. Londres, 1954. — Charles Van den Borren, *Orlande de Lassus,* Paris, 1930. — Roland de Lassus, *Con bien fou tu serais Orlando* (lettres), Arles, 1988.

LA TAILHÈDE Raymond Pierre Joseph Gagnabé de. Poète français. Né à Moissac (Tarn-et-Garonne) le 14 octobre 1867, mort à Montpellier le 25 avril 1938. Après de bonnes études au lycée de sa ville natale, il vint à Paris (1887) où il fit bientôt la rencontre de Jules Tellier. Très féru de culture latine et de mythologie grecque, il fut un des fondateurs de l'« école romane » dont Maurras (avec Moréas) avait préparé l'explosion au cœur même du symbolisme — école qui fut loin d'obtenir un succès durable. En 1895, La Tailhède fit paraître son premier recueil de vers : *La Métamorphose des fontaines.* Vinrent ensuite *Triomphes* (1905), *Toi qui rêves toujours* (1906), *Chœur des Océanides* (1911), etc., morceaux qui plus tard furent réunis sous le titre de *Poésies* (*) (1926). Rappelons encore qu'en 1890 le poète avait publié les *Reliques* de son ami Jules Tellier, volume où figure un de ses propres poèmes : *Le Tombeau de J. Tellier.* En 1928, reniant ses convictions, il prit avec Maurras la défense de la poésie romantique dans une plaquette écrite en collaboration et intitulée *Débat sur le romantisme.*

RÉF. : Anatole France, *La Vie littéraire,* Paris, 1888. — Numéro spécial de la revue *Eurydice,* nov. 1937 - février 1938.

LA TAILLE Jean de. Écrivain français. Né à Bondaroy (Loiret) entre 1533 et 1540, mort probablement avant 1617. Il fit ses études à Paris au collège Boncourt, près de Saint-Étienne-du-Mont, puis à l'université d'Orléans, où Anne du Bourg lui enseigna le droit. Il se trouvait à Paris lorsque son frère Jacques mourut de la peste en 1562. Il prit alors du service dans l'armée catholique, mais ce fut dans l'armée protestante qu'il suivit la campagne de Jarnac et de Moncontour, sous le prince de Condé. Il fut blessé d'un coup de lance à la bataille d'Arnay-le-Duc, le 25 juin 1570. Dans un camp ou dans l'autre, il a fait la guerre sans l'aimer, et dans sa *Remonstrance pour le Roy à tous ses subjects qui ont pris les armes*, qu'il publia en 1563, il exhorte à la paix catholiques et protestants. Son pacifisme lucide se retrouve dans *Le Prince nécessaire*, traité en vers inspiré de Machiavel, qui fut rédigé autour de 1570, et qui, inconnu jusqu'au XIXe siècle, a été publié pour la première fois par René de Maulde en 1882. Jean de La Taille publia en 1574 une *Géomance abrégée*, où l'on trouve son *Blason des pierres précieuses.* Il se révèle satiriste avec son *Combat de Fortune et de Pauvreté* (1573) et, si cette œuvre lui appartient, l'*Histoire abrégée des singeries de la Ligue* (1595) ; son poème *Le Courtisan retiré* (1573) est l'une des meilleures satires antérieures à Régnier. Il donna deux comédies, *Les Corrivaux* et *Le Nécromant* (1573), d'après l'Arioste.

Cependant ce fut par ses tragédies qu'il connut la gloire : *Saül le Furieux* (*) (1572) et *La Famine ou les Gabéonites* (1573), qui en constitue la suite et dont le sujet est emprunté au deuxième livre de Samuel. L'auteur fit précéder sa première pièce d'un *Art de la tragédie*, où l'on a voulu voir la première formulation de la règle des trois unités : « Il faut toujours représenter l'histoire et le jeu en un même jour, en un même temps et en un même lieu. » Jean de La Taille se maria en 1575, et demeura dès lors dans son domaine de Bondaroy. On sait qu'il vivait encore en 1607, année où il publia le *Discours notable des duels.*

RÉF. : R. Lebègue, *La Tragédie religieuse en France*, Paris, 1929, p. 397-439. — T. A. Daley, *Jean de La Taille... Étude historique et littéraire*, Paris, 1934. — Zeppa de Nolva, *J. de La Taille et la règle des unités,* dans *Mélanges Alfred Ernout,* Paris, 1940. – E. Forsyth, introduction à Jean de La Taille, *Saül le Furieux. La Famine ou les Gabéonites,* Paris, 1968.

LATINI Brunetto. Savant et homme politique italien. Né à Florence vers 1220, mort dans cette même ville en 1294. Il appartenait à une famille importante ; pourtant, sur le personnage que Dante a recréé (*Enfer,* XV, v. 23-124) – v. *La Divine Comédie* (*) – avec une affectueuse et reconnaissante mélancolie en le saluant comme son maître, l'histoire a conservé peu d'indices. Il fut notaire et chancelier de la municipalité florentine et, à ce titre, dressa des actes et des traités de grande importance pour l'histoire de la ville. Guelfe acharné, en février 1260 il était maire de Montevarchi et se rendit en grande hâte auprès d'Alphonse X le Sage, en Espagne, pour lui demander de l'aide au moment où la puissance gibeline se redressa une dernière fois avec Manfredi. La défaite de son parti à Montaperti, le 4 septembre 1260, interdit à Latini le retour dans sa patrie et le contraignit à l'exil jusqu'au jour où, six ans après, la fortune changea de face à Bénévent. Latini passa presque toute cette période d'éloignement en France, d'abord à Montpellier, semble-t-il, puis à Paris, se distrayant de l'ennui causé par son inaction forcée en lisant et en se consacrant à des tâches que, jusqu'alors, sa profession de notaire lui avait interdites. C'est ainsi que virent le jour : la *Rhétorique* [*Rettorica*], ouvrage de vulgarisation cicéronienne composé durant ses premières années d'exil, en 1261 ou 1262, le *Petit Trésor* [*Tesoretto*], court poème allégorique en vers de sept pieds rimant deux à deux, qui demeura inachevé parce que l'auteur pensait réunir tout son savoir dans une œuvre de plus grande envergure, et enfin *Li Livres dou Trésor* (*), l'encyclopédie souhaitée qu'il écrivit en français, en cette langue « plus delitable et plus commune à toutes gens », pour qu'elle fût plus proche de ses modèles. De retour dans sa patrie, il reprit sa charge, et en 1269 il était protonotaire du vicaire d'Anjou à Florence et à Pise ; en 1273, il était secrétaire des conseils de la ville de Florence ; en 1275, consul de l'ordre des juges et des notaires ; en 1280, il fut l'un des négociateurs du compromis entre guelfes et gibelins ; en 1287, il comptait parmi les prieurs de Florence et c'est vers cette époque qu'il dut connaître Dante adolescent et l'encourager à étudier. Il n'est pas possible de dater exactement le *Favolello,* épître en vers sur l'amitié, adressée au poète gibelin Rustico di Filippo, composée certainement après le retour à Florence. On attribue aussi à Latini, en général, le *Pataffio,* mais il s'agit en réalité d'une œuvre de beaucoup postérieure. Le nom de Brunetto Latini figure encore jusqu'en 1292 dans beaucoup d'actes de la municipalité de Florence, où il mourut en 1294 et fut enterré à Santa Maria Maggiore. Tout en rappelant « la chère et bonne figure paternelle », Dante place Latini au milieu des pervertis, mais dans aucun document du temps on ne relève d'indice au sujet de son vice.

RÉF. : A. Jeanroy, article *sub nomine* dans le t. XXI de *La Grande Encyclopédie.* – Fauriel, *Brunetto Latini* dans le t. XX de l'*Histoire littéraire de la France,* Paris, 1842. – Thor Sundby, *Brunetto Latinos Levnet og Skrifter,* Copenhague, 1869. – Giulio Bertoni, *Il Duecento,* Milan, 1950.

LATOUCHE Henri de (Hyacinthe Joseph Alexandre Thabaud de Latouche). Écrivain français. Né le 3 février 1785 à La Châtre (Indre), mort à Châtenay (Hauts-de-Seine) le 27 février 1851. Auteur de talent, mais très inégal, on lui doit plusieurs comédies en vers, dont *Le Projet de sagesse,* un acte représenté pour la première fois au Théâtre de l'Impératrice le 3 décembre 1811, *Selmours et Florian,* trois actes en vers représentés à l'Odéon le 3 juin 1818, et *Le Tour de faveur,* un acte qui fut représenté par la troupe de l'Odéon le 23 novembre de cette même année. Il écrivit également des romans historiques : *Fragoletta* (*) (1829), *La Reine d'Espagne* (1831), *Grangeneuve* (1835), etc., et des poésies, dont *La Mort de Rotrou* (1811), couronnée par l'Académie française. Mais son plus grand titre de gloire fut d'avoir reconnu la valeur des écrits posthumes d'André Chénier et d'avoir préparé l'édition de ses œuvres complètes (1819). Notons, d'autre part, qu'Henri de Latouche joua un rôle important dans l'éclosion des talents littéraires de Marceline Desbordes-Valmore, de George Sand et même du grand Balzac, qui se montra par la suite féroce pour cet ami des jours difficiles. Cette inimitié ne fut d'ailleurs pas la seule dont Henri de Latouche eut à souffrir. Il mourut dans une retraite presque totale, veillé avec un dévouement admirable par une amie, elle-même poétesse de quelque talent, Pauline de Flauguergues.

RÉF. : Frédéric Ségu, *Un maître de Balzac méconnu : H. de Latouche,* Paris, 1928 ; *H. de Latouche, 1785-1851,* Paris, 1931, et *Un romantique républicain, H. de Latouche,* Paris, 1931. – Colloque Latouche, *Société des Amis de Châteaubriant,* 1985.

LA TOUR DU PIN Patrice de. Poète français. Né et mort à Paris : 16 mars 1911 - 28 octobre 1975. D'origine irlandaise par sa mère (d'où peut-être sa prédilection pour le merveilleux ?) et dauphinois par son père, le poète catholique français Patrice de La Tour du Pin appartient à une famille aristocratique qui a donné des personnages célèbres dont certains s'illustrèrent dans l'armée, l'Église ou la diplomatie. L'enfant a vécu tantôt à Paris, tantôt dans le domaine familial, au château du Bignon-Mirabeau (Loiret) dans les landes et forêts du Gâtinais. Son père tué dès l'automne 1914, au champ d'honneur, l'enfant est élevé par sa mère, aux côtés de ses frère et sœur, Aymar et Phylis, et reçoit une éducation chrétienne. Il commence sa scolarité au cours Hattemer, continue des études de lettres au collège Sainte-Croix à Neuilly, puis de philosophie au lycée Jeanson-de-Sailly à Paris ; il obtient ensuite un certificat de lettres, en Sorbonne et étudie, pendant trois ans (1930-1932), à l'école libre des sciences politiques à Paris, où il sera le condisciple de Maurice Schumann. Ces années furent celles de l'apprentissage poétique ; en effet, Patrice de La Tour du Pin vient d'avoir vingt ans lorsque Jules Supervielle fait publier par *La Nouvelle Revue française* (*) les vers symbolistes et nostalgiques des « Enfants de septembre ». Patrice de la Tour du Pin pense déjà à une œuvre plus ambitieuse qui devait s'appeler *Saül* et s'intitulera *Une somme de poésie* (*). Il est encore étudiant lorsqu'il publie son premier recueil (*La Quête de joie*) en 1933, poésie initiatique qui concilie en une sorte de mysticisme lyrique le goût pour la nature sauvage et la soif d'absolu, dans des vers de facture traditionnelle, aux tonalités romantiques ; Patrice de La Tour du Pin, remarqué déjà par Supervielle, est alors salué comme l'un des meilleurs poètes de sa génération. Après la période du service militaire (à Lunéville, Verdun et Saumur), le jeune poète exigeant et secret regagne le domaine familial et continue de se consacrer à sa quête poétique, à l'écart de tous les tumultes, menant la vie d'un gentilhomme campagnard amateur de jardinage. Paraissent alors les vers du *Don de la Passion* (1937) et l'année suivante la petite pièce intitulée *Saint Elie de Gueuce* ainsi que les distiques religieux des *Psaumes* et le petit traité en prose de *La Vie recluse en poésie,* où s'expriment la quête intérieure et les règles de vie du poète... Mais en 1939 le « reclus » est mobilisé à Orléans, et son régiment pénètre dès octobre en territoire allemand. Patrice de La Tour du Pin est blessé à la tête le 16 octobre, capturé et placé dans l'Oflag IV-D en Silésie où le prisonnier, pour mieux lutter contre le désespoir, se livre à une intense activité intellectuelle et artistique ; durant ces quatre longues années de captivité, le poète, qui par deux fois est porté disparu, mais que l'ennemi tente par ailleurs de récupérer, travaille à la composition des poèmes de la première partie de la *Somme de poésie.* Il a en effet formé l'ambitieux projet d'une Somme poétique immense constituée des « trois plus grands jeux du monde »... Rapatrié en 1943, il remet en état le domaine familial saccagé et pillé, et travaille au plan définitif de sa vaste entreprise, dont il achève et publie la première partie en 1946 sous le titre *Une somme de poésie, le jeu de l'homme en lui-même* : soit six cents pages d'aventure spirituelle où sont ordonnés selon une architectonique savamment orchestrée, souvenirs, sentiments, rêves, méditations sur sa propre destinée... Marié à Anne de Bernis et bientôt père de quatre filles, Patrice de La Tour du Pin connaît alors ses années de consécration, vivant dans la quiétude campagnarde au Bignon-Mirabeau ; lecteur dans une maison d'édition et conseiller municipal, il partage le plus clair de son temps entre sa famille, sa quête poétique et mystique, la direction de ses domaines et la chasse... En 1948, paraît le petit récit emblématique de *La Contemplation errante* où le poète se définit, envers et contre tout, comme un homme « sans affaires » qui cultive la contemplation dans les hasards de ses errances quotidiennes. Ces pages, ajoutées à d'autres (*L'Exode, Prières du désert, Mémoires d'un jardinier, Prières de la mer Rouge, La Terre promise...*), viendront grossir le second volume, celui de la maturité et de la vie publique, précisément intitulé *Jeu de l'homme devant les autres* (1959). Le poète se voit décerner le grand prix de l'Académie française en 1961. À partir de 1964 et pendant huit ans, l'écrivain participe à la commission chargée de traduire en français le Missel et les rituels de la liturgie catholique romaine tout en poursuivant son œuvre personnelle ; en effet, continuant à publier de nouveaux recueils, notamment l'une de ses œuvres les plus abouties, son *Petit théâtre crépusculaire* (1963), « école buissonnière de l'âme avec ses petits éclairs et ses chutes » (mais aussi *Une lutte pour la vie,* 1970, pour lequel il reçoit le grand prix de littérature catholique), le poète travaille alors au dernier volet de son triptyque, traitant cette fois de la gravitation de l'âme autour de Dieu et justement intitulé *Jeu de l'homme devant Dieu* : œuvre du versant de l'âge où la maturité poétique s'épanouit dans une sorte de « théosophie »... Patrice de La Tour du Pin, qui meurt à Paris le 28 octobre 1975, ne pourra achever son troisième volume ; toutefois il aura le temps d'y élaborer les fondements d'une « théopoésie », une théologie poétique tout à fait surprenante de fraîcheur et d'authenticité : « Précise bien que c'est ton vide / Lui-même qui a tressailli / Qu'il s'est ridé et qu'une ride / T'a redressé du bord de lui... » Le poète chrétien, pratiquant contemplation et recueillement, prière et méditation, accède en toute humilité au mystère de l'ineffable et s'ouvre à une parole liturgique de totale sympathie lyrique où s'inscrirait finalement le message divin, la poésie n'étant rien d'autre qu'un sacerdoce, haute tâche spirituelle au service du seul nom.

YVES LECLAIR.

RÉF. : Eva Kushner, *Patrice de La Tour du Pin,* Paris, 1961.

LAUDE Jean. Ethnologue et poète français. Né à Dunkerque le 11 mai 1922, mort à Paris le 8 décembre 1983. Après ses études secondaires, Jean Laude s'inscrit à la faculté de droit. Cependant, la guerre éclate, et, en juin 1943, il est requis par le S.T.O. En 1946, Michel Leiris le fait entrer au musée de l'Homme ; Laude travaillera au département d'Afrique noire jusqu'en 1950. Il suit aussi les enseignements de l'Institut d'ethnologie. Jean Laude partageait avec Leiris la passion pour la poésie ; en 1947, il publie d'ailleurs son premier recueil, *Entre deux morts.* Il est engagé comme chercheur au C.N.R.S. en 1951. Après sa thèse de troisième cycle, *La Statuaire du pays dogon* (1964), il travaille, pour son doctorat d'État, sur *La Peinture française (1905-1914) et l'« Art nègre »* (1968). Cet ouvrage, bâti sur les « interactions » entre arts de différentes cultures, est caractéristique de la démarche de Laude et de sa pensée à la fois sur l'ethnologie et sur l'art. Cette tentative de synthèse se percevait déjà dans *Les Arts de l'Afrique noire* (*) (1966), aussi bien que dans ses nombreux articles pour des revues, par exemple : « En Afrique noire : art et histoire » (*Les Annales*, 1959) ; « Le Combat solitaire d'Alberto Giacometti » (*Critique*, 1963), etc. Il devait laisser un manuscrit partiellement inédit sur le « primitivisme dans la pensée picturale de Paul Klee ». Jean Laude fut nommé en 1974 professeur d'histoire de l'art contemporain, et fonda en 1976, dans la continuité de ses travaux, le Centre de recherches historiques sur les relations artistiques entre les cultures.

Il a parallèlement poursuivi une œuvre poétique importante. Marqué par la guerre, Jean Laude y développe une rhétorique qui laisse transparaître une inquiétude constante : *Le Grand Passage* (1954), *Les Saisons et la Mer* (1959), *Les Plages de Thulé* (1964). Poésie sévère, abstraite, dirigée vers l'essentiel, elle conduit le lecteur aux confins du monde : « Ce que je vois n'a pas de mots / encore pour le dire » (*Le Dict de Cassandre*, 1982).

JACQUES-ÉMILE MIRIEL.

LAUDUN Pierre de (ou Delaudun), **seigneur d'Aigaliers.** Poète français. Né en 1575 au village d'Aigaliers (Gard), mort en 1629 à Uzès. Orphelin de bonne heure, il vint à Paris faire ses études et obtint le titre d'avocat au parlement de Toulouse. À vingt et un ans, il publie ses *Poésies* (1596), contenant deux tragédies et des textes de formes variées. En 1597, il publie son ouvrage majeur, un *Art poétique français* (*), comportant quelques idées neuves. Il est désormais un poète pensionné par de grandes maisons comme les Joyeuse et les Condé. Mais, en 1603, sa *Franciade*, qui devait lui apporter la gloire, n'eut guère de succès. Dès lors, il se retira sur sa terre, et poursuivit sa carrière de juriste. Il représente une étape sur le chemin d'exigences qui mène à Malherbe.

LOUIS DELIBES.

LAURENCE Margaret (née Jean Margaret Wemys). Romancière et nouvelliste canadienne. Née le 18 juillet 1926 à Neepawa (Manitoba), morte le 5 janvier 1987 à Lakefield près de Peterborough (Ontario). Sa famille est d'origine écossaise et irlandaise. Son grand-père maternel, John Wemys, menuisier et entrepreneur de pompes funèbres dans la petite ville, est à l'origine d'une lignée de personnages. Neepawa deviendra le Manawaka puritain de ses romans. *La Bible* aura une influence marquante dans son œuvre. À partir de 1944, elle fait ses études au United College de l'université de Winnipeg et manifeste des sympathies de gauche. De 1947 à 1948, elle est reporter au *Winnipeg Citizen.* En 1948, elle épouse un ingénieur, Jack Laurence, et le couple vit à Londres, puis, à partir de 1950, en Somalie. Margaret Laurence se passionne pour l'essor de la littérature anglophone d'Afrique de l'Ouest et sera fortement influencée par la littérature orale et la culture africaine. L'Afrique et ses contes somalis inspirent ses premières œuvres, *L'Arbre de la pauvreté* [*A Tree for Poverty,* 1954], *Ce Côté du Jourdain* [*This Side Jordan,* 1960], *Le Maître de demain* [*The To-morrow Tamer,* 1963], *La Cloche de chameau du prophète* [*The Prophet's Camel Bell,* 1963], qui la fait connaître, et *Tam-Tams et Canons* [*Long Drums and Cannons,* 1968]. Sa fille Jocelyn naît en 1952, pendant un congé en Angleterre, et son fils David naît au Ghana en 1955. L'Afrique lui fait prendre conscience du thème de l'exil, du problème des rapports entre colonisateur et colonisé. En 1957, les Laurence rentrent au Canada et s'établissent à Vancouver où elle commence à écrire *L'Ange de pierre* (*). Elle se sépare de Jack Laurence en 1962 et va vivre en Angleterre où elle restera sept ans avec ses enfants. Le divorce interviendra en 1969. L'Angleterre lui fournit la distance nécessaire pour terminer *L'Ange de pierre* qui paraît en 1964. Elle publie successivement *Un Dieu farceur* [*A Jest of God,* 1966], qui reçoit le prix du Gouverneur général, *Ta maison est en feu* [*The Fire-Dwellers,* 1969], *Un Oiseau dans la maison* [*A Bird in the House,* 1970], suite de nouvelles à demi autobiographiques qui complète la série des romans de Manawaka et, le dernier de ceux-ci, *Les Oracles* (*) en 1974. Cette même année, elle s'installe à Lakefield, dans l'Ontario. En 1976, elle publie une série d'essais, *L'Âme du résident* [*Heart of a Stranger*]. Elle consacre la dernière période de sa vie à la rédaction de ses mémoires. Margaret Laurence a été honorée de nombreux doctorats et prix littéraires. Elle était compagnon de l'Ordre du Canada depuis 1971.

Son œuvre a marqué la littérature canadienne d'expression anglaise par la vigueur des personnages qu'elle a créés. Elle présente la vie de Manawaka, petite ville typique des prairies, dans l'est du Manitoba, sur quatre générations depuis la fin du XIXe siècle jusqu'à l'époque contemporaine. Elle y dénonce les ravages du puritanisme étroit, de la mentalité d'assiégé et y proclame la nécessité de s'ouvrir à la nature et à la vie instinctive. Le personnage central de *L'Ange de pierre,* Hagar, demeure une des grandes figures de la littérature. *Les Oracles* offrent une tentative ambitieuse de renouvellement de l'écriture, rompant la narration avec des références à des éléments audio-visuels. Une symbolique complexe sous-tend la construction rigoureuse de ses romans, dominés chacun par l'image de l'un des quatre éléments. Margaret Laurence a une oreille très juste pour les nuances du langage, qu'il soit familier ou poétique, et son œuvre est teintée d'humour et de riche ironie. La série de Manawaka est un des grands classiques de la littérature canadienne et mondiale.

JACQUES LECLAIRE.

RÉF. : Clara Thomas, *The Manawaka World of Margaret Laurence,* Toronto, 1975.

LAURENT Jacques. Romancier, essayiste, pamphlétaire et scénariste français. Né le 5 janvier 1919 à Paris. Issu de la bourgeoisie d'épée et de robe, fils d'un avocat parisien, Jacques Laurent-Cély n'a, de son aveu, guère aimé son enfance : « Je ne me suis jamais autant ennuyé de ma vie. » Très tôt il a trompé son ennui en peignant et par-dessus tout en lisant ; s'il est vrai que « tout jeune écrivain est un vieux lecteur », c'est chez la comtesse de Ségur et dans *Le Tour de France par deux enfants* qu'il fait ses premières armes littéraires. Élève à Condorcet puis à Carnot, il a raconté dans son autobiographie *Histoire égoïste* (*) comment l'actualité politique et diplomatique du temps de son adolescence avait stimulé chez lui le goût de comprendre et d'agir – si l'action permet de défendre sa singularité contre toutes sortes de tyrannies, politiques ou intellectuelles. Lecteur attentif de Bainville et de Maurras, il donne ses premiers articles à *L'Étudiant français*, revue d'obédience monarchiste ; mais son peu de disposition pour le militantisme le tient éloigné de l'Action française. Il signe dans *Combat*, aux côtés de L. Salleron, Claude Roy, Kléber Haedens, Thierry Maulnier... et dans *Civilisation*, la revue de Gabriel Marcel et Jean de Fabrègues. Il commence une licence de philosophie à la Sorbonne avec Jean Wahl, Maurice Halbwachs et René Poirier, études que la guerre interrompt, qui le transforme bientôt en caporal de l'armée d'armistice, affecté à la garde de la ligne de démarcation. Il observe les ambiguïtés de la politique française (Vichy-Londres-Alger-Paris) tout en s'adonnant aux *Corps tranquilles* (*), son premier roman qui ne paraîtra qu'en 1948. Le spectacle de l'épuration, puis les diktats idéologiques de l'après-guerre (marxisme, sartrisme) le renforcent dans l'« athéisme politique » qu'il a appris chez Stendhal. Sous le pseudonyme de Cecil Saint-Laurent, il écrit *Caroline chérie* (*) (1947) bientôt traduit en douze langues et dont le succès éclatant lui permettra d'achever et de publier (sous son nom de Jacques Laurent) la somme de ses *Corps tranquilles.* « Sans l'avoir jamais prémédité [...] j'avais fait de moi deux écrivains dont l'un devenait le mécène de l'autre. » C'est le même mécène qui permet à Jacques Laurent de fonder et de diriger la revue *La Parisienne* (*) (1953). Partant du postulat que « l'exercice de la liberté est le seul qui civilise », il donne libre cours dans ses colonnes à son goût pour la littérature « dégagée » (des pierres au cou politiques à la mode du temps) et à sa verve polémique, telle qu'il l'avait déjà exercée après la Libération dans le *Bulletin des lettres* puis dans *La Table ronde* (*), où sa charge contre Sartre, rapportée à Paul Bourget (*Paul et Jean-Paul*, 1953) lui avait valu un certain succès d'hostilité et le surnom de « hussard » inventé pour lui et quelques autres (Roger Nimier, Michel Déon, Antoine Blondin) par Bernard Frank. Il dirige ensuite l'hebdomadaire *Arts* (1954-1959) et continue d'écrire selon sa double inclination : Jacques Laurent (*Le Petit Canard*, 1954) et Cecil Saint-Laurent (*Prénom Clotilde*, 1975 ; *Le Fils de Caroline chérie*, 1958 ; *Lucrèce Borgia*, 1959) sans compter d'autres pseudonymes signalant d'autres registres, comme Albéric Varenne, auteur d'ouvrages historiques (*Quand les Français occupaient l'Europe*). Dans le même temps, il s'occupe de cinéma comme scénariste ou adaptateur (*Caroline chérie, Quai de Grenelle, Lucrèce Borgia, Les Mauvaises Rencontres, 14-18, La Bataille de France*). En 1965 son pamphlet *Mauriac sous de Gaulle* lui vaut un procès pour offense au chef de l'État : c'était plutôt venger la liberté de l'écrivain et continuer de défendre la cause de la littérature, qu'il illustrera sur le mode majeur avec *Les Bêtises* (*), roman qui obtient le prix Goncourt en 1971. Journaliste et grand reporter (*Choses vues au Viet-Nam*, 1968), polémiste (*Au contraire*, 1967), Jacques Laurent se subdivise encore en un romancier et un observateur critique et virtuose de son art. Le premier écrit *Les Sous-Ensembles flous* (1981), *Les Dimanches de Mlle Beaunon* (1982), *Clotilde Jolivet* (1985), *Le Dormeur debout* (1986) ou *Le Miroir aux tiroirs* (1990), tandis que le second s'essaye au pastiche (*Dix perles de culture*, avec Claude Martine, 1972), s'interroge sur diverses préoccupations (*Roman du roman*, 1977 ; *Le Nu vêtu et dévêtu*, 1979 ; *Le Français en cage*, 1988) ou revient à Stendhal (*La Fin de Lamiel*, 1966 ; *Stendhal comme Stendhal*, 1984) – les deux se réunissant pour publier une autobiographie intellectuelle et littéraire, *Histoire égoïste*, 1976. De son côté Cecil Saint-Laurent n'est pas en reste : il donne successivement *La Communarde* (1970), *Demandez-moi n'importe quoi* (1973), *La Bourgeoise* (1975), *Les Voyeurs jaloux* (1976), *La Mutante* (1976), *L'Erreur* (1986). Jacques Laurent reçoit en 1981 le grand prix de littérature de l'Académie française, et en 1983 le grand prix de littérature prince Pierre de Monaco ; le 26 janvier 1986, il est élu à l'Académie française au fauteuil de Fernand Braudel.

PHILIPPE BARTHELET.

LAURENT DE MÉDICIS, dit le Magnifique (Lorenzo de' Medici). Homme politique et écrivain italien. Né à Florence le 1er janvier 1449, il y mourut le 9 avril 1492. Il était fils de Piero de' Medici et de Pia Lucrezia Tornabuoni, femme cultivée et vertueuse qui l'éleva dans l'amour des lettres et la piété ; dès l'âge de dix-sept ans, Laurent, qui avait acquis de divers maîtres une culture vaste et très variée, fut chargé d'une importante mission diplomatique à Rome et auprès du roi de Naples Ferdinand Ier ; l'année suivante, il représentait son père au Conseil des Cent, le plus important des organismes de la République de Florence, et y conduisit la lutte contre les Pitti. En 1471, la mort de son père le porta au pouvoir, et il continua de pratiquer à la tête de l'État les méthodes de son grand-père Cosme, confinant toujours plus la « Signoria » dans l'administration municipale. La clé de cette méthode de gouvernement était le système électoral : il s'agissait de confier à des fidèles du parti médicéen les charges d'« accoppiatori », qui recueillaient les bulletins de vote, pour la désignation aux Conseils et autres offices publics. De même, en politique étrangère, Laurent, comme son grand-père, s'attacha à maintenir l'équilibre de toute l'Italie. En 1478, Laurent et son frère Julien furent l'objet de la colère du pape Sixte IV, qui s'était heurté aux Médicis en voulant fonder en Romagne un État pour son neveu Gerolamo Riario. Cet ancien disciple de saint François d'Assise, qui fut le premier de la série des papes qui provoquèrent par leur conduite et leurs abus la Réforme protestante, envoya à Florence même le nouvel archevêque de Pise, Francesco Salviati, ennemi des Médicis en général, et notamment de Laurent, afin d'organiser un complot contre lui, en accord avec les Pazzi, banquiers pontificaux et rivaux des Médicis. Le 26 avril 1478, Julien fut assassiné dans la cathédrale, à la fin d'une messe célébrée par l'archevêque de Pise ; Laurent, légèrement blessé, put s'échapper par la sacristie. Les conjurés tentèrent alors de s'emparer du palais communal et de susciter une rébellion populaire. Mais ce fut le peuple florentin qui leur donna la chasse, et fit d'eux un terrible carnage. La pendaison de Francesco Salviati donna à Sixte IV l'occasion de lancer l'interdit et de déchaîner une guerre contre Florence, avec l'alliance du roi de Naples, Ferdinand Ier. Le conflit traînant en longueur, Laurent se rendit lui-même brusquement à Naples, pour détacher le roi du pape, qui fit d'ailleurs la paix en 1480. En 1483, allié cette fois avec Venise contre Milan, Florence et Naples, Sixte IV attaqua Ferrare, mais il se retourna l'année suivante contre Venise ; c'est Laurent, encore, qui fit cesser cette guerre ; après quoi Sixte IV mourut, le 29 août 1484. À l'occasion de la conjuration des barons, un conflit éclata entre le nouveau pape, Innocent VIII, et le roi de Naples ; Laurent appuya ce dernier, et imposa finalement la paix en 1486. Puis il resserra les liens avec le pape, en donnant sa fille Madeleine en mariage au bâtard du pape, Franceschetto Cibo, et il obtint le chapeau cardinalice pour son fils Jean, le futur pape Léon X, alors âgé de quatorze ans. En même temps, Laurent renforçait son propre pouvoir à Florence. En 1480 fut institué le Conseil des Soixante-Dix, dont les membres étaient élus à vie, et qui disposait de la nomination aux charges communales. En 1490, ce même pouvoir fut confié à une commission de dix-sept membres désignés par Laurent. Ainsi se formait peu à peu une oligarchie toujours plus restreinte, dévouée aux ordres de Laurent, qui ne prit d'ailleurs jamais aucun titre officiel, affectant de rester simple citoyen. Mais comme tout ce système dépendait étroitement de son habileté politique personnelle, il ne tarda guère à s'écrouler sous l'incapable administration du fils de Laurent, Pierre.

Laurent le Magnifique avait épousé tôt, le 4 juin 1469, pour des raisons politiques, une Romaine, Clarice Orsini, qui lui donna plusieurs enfants ; par la suite, il aima Lucrèce Donati, à qui il dédia son *Canzoniere* (*), composé suivant la tradition du « stil nuovo ». Mécène, il protégea les artistes, les écrivains et les savants ; lui-même élève de Marsile Ficin, de Cristoforo Landino et de Jean Argyropoulos, il confia à Ange Politien, son favori, dont il avait découvert le talent, l'éducation de ses enfants, donna la direction de sa maison à Luigi Pulci, accueillit Paolo del Pozzo Toscanelli. De son palais, dans la via Larga, il fit un véritable musée, notamment de sculptures antiques, où Michel-Ange put étudier à loisir. C'est sous la protection de Laurent que réalisèrent leur œuvre Verrochio, Pollaiolo, Botticelli, Ghirlandaio, Filippo et Filippino Lippi, Benozzo Gozzoli, et bien d'autres. Bref, pendant les vingt et quelques années de son principat, il fut au centre de cette magnifique floraison artistique de la fin du XVe siècle florentin, y participant lui-même comme écrivain, sensible parfois à l'influence de ses protégés, notamment de Politien et de Pulci. Nous ne possédons pas une chronologie exacte de ses œuvres, et il n'est par conséquent pas possible d'en reconstituer la genèse ; toutefois, la variété des sujets abordés et des formes employées est le signe d'un enchaînement capricieux d'intérêts divers, momentanés et contradictoires, plus que d'une vraie maturité littéraire. Ainsi, le *Canzoniere* et les *Bois d'amour* (*) chantent l'amour platonique, alors que la sensualité resplendit dans *L'Ambra* (*) et *Les Amours de Vénus et de Mars* [*Amori di Venere e Marte*], comme la frénésie des plaisirs dans les *Chansons carnavalesques* (*), les *Ballades* (*), les *Chansons à danser* [*Canzoni a ballo*] ; après les plaisanteries contre le clergé et la religion des Beoni, les *Oraisons* [*Orazioni*], les *Laudes* et la *Représentation des saints Jean et Paul* [*Rappresentazione di san Giovanni e Paulo*] surprennent ; il est un témoin de la transition qui sépare les auteurs du XIVe siècle des classiques, mais l'on constate aussi un réalisme de caractère populaire dans *La*

Nencia da Barberino et dans *La Chasse au faucon* (*). Véritable homme de la Renaissance, Laurent le Magnifique, dans son désir d'universalisme, se dispersa et ne parvint pas à devenir un grand créateur ; de fait, il fut plutôt un diplomate qu'un homme politique, plutôt un lettré qu'un poète ; son génie était incomplet et fragmentaire. Il connut cependant, parmi ses activités multiples, des instants de vrai bonheur, et le *Triomphe de Bacchus et d'Ariane* (*) n'est pas seulement sa propre confession, mais aussi la voix de son siècle, de sa gaieté comme de sa mélancolie.

EDMONDO RHO.

RÉF. : André Lebey, *Essai sur Laurent de Médicis*, Paris, 1900. – E. L. S. Horsburgh, *Lorenzo the Magnificent and Florence in her Golden Age*, Londres, 1908. – Rachel A. Taylor, *Leonardo the Florentine, a Study in Personality*, New York et Londres, 1928. – Marcel Brion, *Laurent le Magnifique*, Paris, 1937. – Fred Berence, *Laurent le Magnifique ou la Quête de la perfection*, Paris, 1949. – *Florence au temps de Laurent le Magnifique*, ouvrage collectif, Paris, 1955. – A. Chastel, *Art et Humanisme à Florence à l'époque de Laurent le Magnifique*, Paris, 1959. – A. Rochon, *La Jeunesse de Laurent de Médicis (1449-1478)*, Paris, 1963. – M. Martelli, *Studi Laurenziani*, Florence, 1964. – P. Orueto, *Lorenzo de' Medici*, Florence, 1976.

LAUTRÉAMONT comte de (pseud. d'Isidore Lucien Ducasse). Écrivain français. Né à Montevideo (Uruguay) le 4 avril 1846, mort à Paris le 24 novembre 1870. Fils d'un homme fort aventureux, dont la fortune était solide et qui faisait office de chancelier du consulat de France en Uruguay, il passa sa petite enfance dans la demeure paternelle, demeure où l'on tenait souvent la porte close, la ville étant investie par le dictateur argentin Ortiz de Rosas. Enfant d'intelligence précoce mais de santé délicate, Isidore se fit vite remarquer par son humeur assez sauvage. Peu après la levée du siège dont Montevideo avait été l'objet (1843-1851), le jeune garçon fut mis chez les jésuites. Il semble qu'il ait eu à souffrir de l'éducation rigoriste qu'il reçut dans leur école. Il ne s'en révéla pas moins brillant élève. Détail à noter : il goûte peu la littérature, lui préférant la zoologie, la botanique et le dessin ; mais il se délecte surtout à l'étude des mathématiques. Par ce trait de caractère il étonne beaucoup son père, lequel, dandy plein d'agrément et coureur de femmes de théâtre, se vantait d'être un amateur de beau langage. Il le déconcerte plus encore par l'indifférence qu'il montre pour les amis de sa famille. Enfin, il l'irrite souvent par son visage impénétrable, son débraillé et ses accès de colère. Il fit tant qu'il finit par se rendre importun. Comme il venait d'atteindre sa quatorzième année, il se vit gentiment exclure de la maison paternelle : sous prétexte qu'il était doué d'un rare esprit scientifique et qu'il pourrait, de ce fait, s'assurer un bel avenir, il dut s'embarquer pour la France, afin d'y préparer son admission à l'École polytechnique.

Arrivé à Bordeaux en 1859, il se rend aussitôt à Tarbes. Devenu élève interne au Lycée impérial, il y travaille avec ardeur. Bien qu'il s'accorde mal avec son entourage, il fait contre mauvaise fortune bon cœur et se lie avec Georges Dazet, un de ses condisciples, dont on retrouvera le nom, plus tard, dans la dédicace de *Poésies* (+). Il se laisse séduire par cette littérature qu'il avait tant négligée jusque-là, et s'engoue de plusieurs classiques, à commencer par Sophocle. Au bout de trois ans, il quitte le lycée de Tarbes pour entrer à celui de Pau (1863). Il vient d'avoir dix-sept ans. Au dire d'un de ses proches, c'était « un grand garçon tout mince, le teint pâle, les cheveux longs tombant en travers sur le front, d'ordinaire triste et silencieux, et comme replié sur lui-même ». Il dévore une masse de livres : Milton surtout, ainsi que Dante et Rabelais. Dans le courant de l'été 1866, il quitte le collège de Pau. L'année suivante, après un séjour à Montevideo, il vient se fixer à Paris. Il ne connaît personne, hormis un banquier nommé Darasse, lequel est commis au soin de lui payer la pension que son père lui a accordée pour faire ses études. On manque de documents sur les premiers mois de son séjour dans la capitale. En août 1868 il fait paraître à ses frais, sous le voile de l'anonymat, un texte en prose qui n'est autre que le chant I des *Chants de Maldoror* (*). On sait que cette plaquette devait passer inaperçue, bien que l'auteur ait pris soin de faire un service de presse, en particulier à Victor Hugo, qui lui répondit par un mot aujourd'hui perdu.

Il occupe une modeste chambre garnie dans le quartier de la Bourse, au numéro 23 de la rue Notre-Dame-des-Victoires. Bien qu'il vive seul, il fréquente peu les cafés, faisant seulement de longues promenades le long de la Seine. De plus en plus il s'abîme dans la lecture, outre les romantiques français, de Byron, Lewis et Ann Radcliffe. Désireux de changer d'hôtel, il se transporte au 32, faubourg Montmartre. Loin d'être découragé par le morne accueil qu'avait reçu du public le chant premier de *Maldoror*, il entendait lui donner la suite qu'il contenait en germe, autrement dit achever ce qu'il appelle « son sacré bouquin ». Pour arriver à ses fins, il s'interdit toute sortie, comme en témoigne certain message qu'il adresse à son banquier (22 mai 1869) : « Au reste, je suis chez moi à toute heure du jour. » Grâce à ce travail opiniâtre, il parvint, en moins d'un an, à s'acquitter de sa tâche – soit les cinq autres chants de son fameux *Maldoror*. Tenant à prendre un pseudonyme, il s'inspira sans aucun doute du titre d'un roman d'Eugène Sue : *Latréaumont*. Il lui suffit de déplacer une voyelle pour obtenir Lautréamont. Dès lors, il ne lui restait plus qu'à se mettre en quête d'un éditeur. Après s'être vu éconduire de divers côtés, il eut la chance d'en trouver un en la personne d'Albert Lacroix, un Belge assez habile qui venait de fonder, faubourg

Montmartre, certaine Librairie internationale qu'il croyait promise au succès.

En 1869, ce dernier fit donc paraître *Les Chants de Maldoror* intégralement. Mais, craignant bientôt de se brouiller avec la justice « à cause de certaines violences de style » qu'on relevait dans tout le livre, il jugea prudent de suspendre la vente et demanda à l'auteur d'amender son texte. Après s'être longtemps montré inexorable, Ducasse finit par s'y résoudre (mais il devait mourir avant d'avoir complètement rempli sa promesse). Que se passa-t-il alors dans le secret de son cœur ? On l'ignore. Toujours est-il qu'au début de l'année 1870 il écrivit à son éditeur que, reniant son passé, « il ne veut plus chanter que l'espoir ». Il tint parole. Trois mois plus tard (en mai 1870), il publia la fameuse plaquette intitulée *Poésies* (*). Pour donner plus de poids à son dire, il s'est défait de son pseudonyme de Lautréamont. Que penser d'un pareil désaveu ? Il est tellement en désaccord avec le fond de sa nature que l'on incline à y voir quelque mystification ou une conversion sans lendemain. Quoi qu'il en soit, la brochure passe inaperçue. Isidore Ducasse n'avait plus que quelques mois à vivre. Quelques mois au cours desquels il changea constamment de domicile, comme nous l'apprennent les rares lettres que nous possédons : du 32 faubourg Montmartre, il passe au 15 rue Vivienne, et de là retourne au faubourg Montmartre, mais cette fois au numéro 7. Ce manque de stabilité accuse peut-être autre chose qu'une simple crise morale. Philippe Soupault éclaircit-il le mystère quand il déclare : « Il ne paraît pas téméraire de supposer que, depuis 1869, Ducasse fréquentait les révolutionnaires. Vivant à Paris, pouvait-il se désintéresser du grand mouvement qui aboutit à la Commune ? » Et d'ajouter : « Dans *L'Insurgé* (+) de Jules Vallès nous trouvons le portrait d'un Ducasse qui est d'une ressemblance accablante. » Ce dont on est certain, par contre, c'est qu'il mourut au 7 de son faubourg Montmartre. Mort à vingt-quatre ans, un 24 novembre, il fut inhumé le lendemain au cimetière du Nord après un service religieux à l'église Notre-Dame-de-Lorette. Sa vie s'achevait comme son œuvre — dans un mystère impénétrable.

Un être si exceptionnel, tant dans son existence que dans son œuvre, et dont d'ailleurs on ne possède que des portraits imaginaires, évoque irrésistiblement ce singulier météore que l'on appelle un bolide. Il devait, par là, donner prise aux jugements les plus arbitraires. Il en est un, surtout, qui retient l'attention : en se fondant sur le caractère insolite de son ouvrage, les monstruosités qu'on découvre à chaque page et la fureur blasphématoire qui s'y donne carrière (Dieu ne se voit-il pas appeler « l'Éternel à face de vipère » ?), on en est venu à conclure que Ducasse était atteint de folie. Ce fut Léon Bloy qui s'en chargea le premier. Peu après, Remy de Gourmont ratifia cette opinion. Quant à Verlaine, il semble bien qu'il ait abondé dans leur sens, puisqu'il s'abstient de faire figurer Ducasse dans sa fameuse galerie des *Poètes maudits* (*). On ne laisse pas de s'étonner de ce jugement téméraire. Car chacun sait que le propre de la démence est justement d'être hors d'état de donner une expression valable à ce qu'elle conçoit. Or que voit-on chez le comte de Lautréamont ? Un écrivain féru avant tout de la forme, et très apte à la cultiver puisqu'on relève, dans *Maldoror*, plusieurs morceaux dont l'écriture fait parfois penser à Dante et à nos plus grands prosateurs. Cette constatation est plus que suffisante pour que l'on se puisse inscrire à jamais en faux contre la prétendue folie d'Isidore Ducasse. Avec la plus entière bonne foi, Remy de Gourmont devait, d'ailleurs, se déjuger un peu plus tard : au point de voir en Lautréamont un ironiste supérieur conduit à feindre la folie pour se soustraire à un monde dont il avait la nausée. Environ 1910, Valery Larbaud, puis Léon-Paul Fargue et Max Jacob appelèrent l'attention du public sur *Les Chants de Maldoror.* Il n'en fallut pas moins attendre la fin de la guerre de 1914 pour voir le nom de Lautréamont prendre tout l'essor que l'on sait. Mis au pinacle par l'école surréaliste, dont André Breton était le chef (1924), l'œuvre entière de Lautréamont fut rééditée avec soin par Philippe Soupault (1927). Auteur d'un livre qu'on peut tenir pour le plus étrange de toute notre littérature, Ducasse atteignit une des limites de la création poétique. Tout comme Rimbaud et Charles Baudelaire, il est l'inventeur d'un style où l'on peut voir le moteur de l'esprit poétique moderne.

ROLAND PURNAL.

♦ *« L'effet d'ensemble est terrible au-delà de toute expression, et d'une beauté unique surprenante* [...] *Le style des* Chants de Maldoror *est une sorte de poncif configuré à la divagante passion d'un dément. L'originalité serait nulle sans le paroxysme très particulier d'un certain accent qui doit étonner certains démons et que je n'avais encore trouvé dans aucune littérature. Mais cet accent-là, qui fait ressembler chaque phrase à une louve enragée courant de ses pattes agiles et silencieuses à la rencontre d'un voyageur, est à lui seul une originalité démesurée, si formidable qu'à la lecture on sent battre ses artères et vibrer son âme jusqu'au tremblement, jusqu'à la dislocation. »* Léon Bloy. ♦ *« Il est, avec Rimbaud, plus que Rimbaud peut-être, le maître des écluses pour la littérature de demain. »* André Gide. ♦ *« En prenant congé de* Maldoror, *on ne voit que mieux que cet étrange et fabuleux personnage n'a vraiment existé au milieu de nous que pour dire certaines choses que lui seul pouvait dire, et qu'il s'est retiré ensuite, sans vouloir avouer pourquoi il les avait dites. L'effet d'étonnement que l'on ressent devant* Les Chants de Maldoror *s'effacera en partie ; la surprise de nos successeurs sera moins grande que la nôtre, mais on ne s'habituera jamais à considérer face à face ce visage tragique ; pas plus qu'on ne s'est habitué à celui de Pascal ou de Baudelaire. Les génies nocturnes peuvent attirer moins d'esprits que les autres, mais ceux qui ont été séduits une fois par leur redoutable pouvoir leur sont attachés par une passion qui ressemble à un long et mystérieux envoûtement. »* Edmond Jaloux.

♦ *« Ce qui m'étonne, c'est la logique à outrance de Lautréamont. Il discerne, avec une précision cruelle, les limites de chaque mode du langage, et démontre que le mode lyrique est le plus illimité. Les échos de ses grandes images se croisent d'un bout à l'autre de son poème. Le retentissement, par un art qu'on serait tenté de comparer à l'attrait de la lune s'exerçant sur les vagues, non seulement ordonne en chants et en strophes le poème, mais il en organise aussi l'unité impeccable. »* Giuseppe Ungaretti. ♦ *« Ducasse possède cette maîtrise modeste de celui qui, menant encore la vie d'étudiant, écrit pourtant une œuvre mûre. Bien que son accent soit puissant, son procédé simple et délicat jaillit du milieu simple de l'écrivain solitaire, indépendant, grandi par cette sorte de ruine latente qu'il trouve en sa chambre d'hôtel. »* Ramón Gómez de la Serna. ♦ *« C'est au comte de Lautréamont qu'incombe peut-être la plus grande part de l'état de choses poétique actuel : entendez la révolution surréaliste. »* André Breton. ♦ *« A quoi bon parler du comte de Lautréamont. Vous semblez oublier que la France a horreur de la poésie, de la vraie poésie ; elle n'aime que des saligauds comme Béranger ou Musset. »* Paul Éluard. ♦ *« L'admirable lucidité d'Isidore Ducasse l'a fait traiter de fou par Léon Bloy et Remy de Gourmont. Il est si simple d'accuser de folie un homme dont on ne comprend pas l'angoisse. Les aveugles ignorent le soleil. »* Philippe Soupault. ♦ *« Il eut l'idée d'un procédé qui a donné à son œuvre son originalité : il remplaça toutes les abstractions par des noms d'objets ou, de préférence, d'animaux n'ayant avec les poèmes aucun rapport logique* [...] *Lautréamont, le premier, raya Satan et âme, et écrivit au-dessus : Dieu et cheveu. Mais, même lorsqu'il donne des résultats aussi curieux, quelle est la valeur littéraire d'un procédé ? »* André Malraux. ♦ *« Lautréamont, salué cordialement comme le chantre de la révolte pure, explique au contraire, et malgré lui, le goût de l'asservissement intellectuel qui s'épanouit dans notre monde. »* Albert Camus. ♦ *«* Les Chants de Maldoror *ne sont pas un éclair tombé du ciel serein. Ils sont le torrent d'aveux corrosifs alimenté par trois siècles de mauvaise conscience littéraire. Ils viennent à point nommé pour corriger dans notre littérature un déséquilibre des plus graves, et on s'étonne de la méconnaissance où l'on a tenu si longtemps le sens extraordinairement positif de l'apport de Lautréamont, qui consiste en une avalanche de matériaux bruts, encore tout ruisselants de gemmes souterraines — matériaux à construire* l'homme complet. » Julien Gracq. ♦ *« Lautréamont est cet être étrange qui, irréel encore sous le nom apparent de Ducasse, a voulu se donner à lui-même le jour et porter tout à fait la responsabilité de son propre commencement. Tentative admirable et qui est la vérité de son mythe. »* Maurice Blanchot.

RÉF. : *Le Cas Lautréamont,* numéro spécial du *Disque vert,* Paris-Bruxelles, 1925. — G. et A. Guillot-Muñoz, *Lautréamont et Laforgue,* Montevideo, 1925. — P. Soupault, *Lautréamont,* Paris, 1927. — L. Pierre-Quint, *Le Comte de Lautréamont et Dieu,* Marseille, 1929. — G. Bachelard, *Lautréamont,* Paris, 1939. — M. Jean et A. Mazei, *Maldoror, essai sur Lautréamont et son œuvre,* Paris, 1947. — H. R. Linder, *Lautréamont, sein Werk und sein Weltbild,* Affoltern, 1947. — M. Blanchot, *Lautréamont et Sade,* Paris, 1949. — M. Pleynet, *Lautréamont par lui-même,* Paris, 1971. — M. Philip, *Lectures de Lautréamont,* 1971. — J. Decottignies, *Prélude à Maldoror,* 1973. — F. Caradec, *Isidore Ducasse, comte de Lautréamont,* 1975. — R. Jean, *Lectures du désir,* 1977. — J. Lefrère, *Le Visage de Lautréamont,* 1977. — *Cahiers Lautréamont,* depuis 1987. — L. Durand-Dessert, *La Guerre sainte. Lautréamont et Isidore Ducasse,* 1988. — R. Pickering, *Lautréamont/Ducasse. Thématique et écriture,* 1988.

LAUZUN Armand Louis de Gontaut, duc de Biron, connu sous le titre de duc de. Né à Paris en 1747, mort guillotiné dans cette même ville en 1793. Après avoir connu une jeunesse tumultueuse, il s'embarqua en Amérique, où il participa à la guerre d'Indépendance (1778). De retour en France, il fut élu député de la noblesse du Quercy aux États généraux de 1789, où il se déclara favorable à la Révolution. Il eut le commandement des armées du Rhin (1792), du Var et des Côtes de La Rochelle (1793). Après quelques revers pendant la campagne de Vendée, il tomba en disgrâce, fut dénoncé, emprisonné et condamné à mort par le tribunal révolutionnaire. Ses *Mémoires* (*), édités en 1822, constituent un document très intéressant qui n'échappa ni à Sainte-Beuve ni à Stendhal. En 1865 furent publiées ses *Lettres sur les États généraux de 1789.*

LA VARENDE (Jean Mallard, vicomte de). Écrivain français. Né le 22 mai 1887 à Bonneville-Chamblanc, mort à Paris le 8 juin 1959. Normand par son père et breton par sa mère, il aurait pu être jadis un chouan et, de fait, ses idées politiques furent nettement marquées par l'idéal monarchique et par une hostilité à peine cachée à la République. En 1934, il reçut le prix des Vikings pour *Pays d'Ouche*, suite romanesque, puis, en 1938, le grand prix du roman de l'Académie française pour *Le Centaure de Dieu*. C'est donc à peu près à cinquante ans que Jean de La Varende devient un romancier et bientôt un biographe en renom, pour ne plus cesser jusqu'à sa mort d'écrire des ouvrages qui, à travers la fiction de l'Histoire, et le plus souvent le roman historique, peignent les mœurs passées de sa Normandie natale. *Nez-de-Cuir, gentilhomme d'amour* (*) (1937) fut suivi de *L'Homme aux gants de toile* (1943), *Le Troisième Jour* (1947), *Indulgence plénière* (1951), *Le Souverain Seigneur* (1953), *La Dernière Fête* (1955), *Monsieur le Duc* (1958), auxquels il faut ajouter plusieurs études historiques dans lesquelles Jean de La Varende place toute sa fougue et sa passion d'homme de tradition : *Anne d'Autriche* (1938), *Guillaume le Bâtard, conquérant* (1946), *Monsieur le duc de Saint-Simon et sa comédie humaine* (1955). Élu en pleine guerre membre de l'académie Goncourt, La Varende dut en démissionner en 1944, au moment de la Libération.

LAVATER Johann Kaspar. Écrivain suisse d'expression allemande. Né le 15 novembre 1741 à Zurich, où il mourut le 2 janvier 1801. Il est une figure typique d'une époque complexe et pleine de contradictions de la culture allemande. Sa vie et ses œuvres reflètent le contraste entre l'âge de l'« Aufklärung » et celui du « Sturm und Drang ». En franchissant le Rhin, la raison se marque de religiosité piétiste, et les lumières passent chez les théologiens, qui découvrent de nouvelles manifestations de la sensibilité et de l'affectivité. Rationalisme et foi, platonisme et christianisme, humanisme et théocentrisme sont les termes que Lavater tenta, avec une grande délicatesse d'esprit, de concilier. L'évolution irrationaliste de ses dernières années témoigne de son inquiétude et de ses incertitudes. À Zurich, il respira l'atmosphère zwinglienne des études théologiques, et acquit le goût de l'esthétique d'après Bodmer, qui défendait le « merveilleux » et exaltait Milton et Klopstock. Plus tard, la lecture de Charles Bonnet, de Leibniz et de Rousseau poussa Lavater vers une nouvelle conception religieuse, et son œuvre *Visions de l'Éternité* (*), conçue en 1765 et publiée en 1768, en sera le fruit. Le repliement intérieur qui se révèle dans le *Journal secret d'un observateur de soi-même* (+) (1771-1773) n'exclut pas une activité apostolique et civique. Lavater fit partie de la « Société helvétique » de Schinznach, qui travaillait à une renaissance de la patrie, et les patriotes accueillirent avec enthousiasme ses *Chants suisses* (*) (1767). En 1762, il dénonça le préfet Grebel pour abus de pouvoir et obtint sa destitution. Diacre de l'orphelinat de Zurich et, en 1775, pasteur de l'église Saint-Pierre, il acquit une grande renommée d'orateur. Il voyagea beaucoup en Allemagne et se lia d'amitié, dès 1773, avec Herder et Goethe qui, de toutes ses œuvres, admirait surtout *La Physiognomonie ou l'Art de connaître les hommes* (*) (1775-1778). Goethe, avec Basedow, fit en sa compagnie un voyage sur le Rhin en 1774, et échangea avec lui une abondante correspondance, qui fut publiée par Hirzel sous le titre *Lettres de Goethe à Lavater* [*Goethes Briefe an Lavater*, 1833]. Mais leur amitié devait se refroidir pour aboutir à une rupture complète, après 1780, à cause de la position fidéiste de Lavater. Au début de la Révolution française, il prit parti pour elle, mais s'étant révolté contre le régime instauré en Suisse par les Français, il fut condamné et déporté à Bâle. Il a décrit cet épisode de sa vie dans l'*Histoire détaillée de ma déportation* qui parut en 1800. Revenu quelques mois plus tard à Zurich, il fut blessé à mort par un soldat de l'armée de Masséna qui assiégeait la ville.

♦ *« Un homme unique en son genre. »* Goethe.

RÉF. : G. Gessner, *Lebensbeschreibung Lavaters*, 3 vol., Winterthur, 1802. – Bodemann, *Lavater nach seinen Leben, Lehren und Wirken*, Gotha, 1856. – A. Bossert, *Gœthe, ses précurseurs et ses contemporains...*, Paris, 1872. O. Guinaudeau, *Études sur J. K. Lavater*, thèse, Paris, 1924. – F. Ernst, *Essays*, t. I. Zurich, 1946. – G. Marie, *Les « Fragments » de Johann Caspar Lavater et leur place dans l'histoire de la physiognomonie* (thèse), Bordeaux, 1986. – A. Jaton, *Jean Gaspard Lavater*, Édition R. Coeckelberghs, 1988.

LAVEDAN Henri Léon Émile. Chroniqueur, romancier et auteur dramatique français. Né à Orléans le 9 avril 1859, mort à Vichy le 12 septembre 1940. Fils d'un directeur de la presse au ministère de l'Intérieur, qui administra par la suite la Bibliothèque nationale et se trouvait être, de surplus, un journaliste réputé, il fit à Paris d'assez bonnes études mais sans trop les prendre au sérieux, car il avait du goût pour la littérature. Étant à même, par sa naissance, de fréquenter le beau monde, il put observer à loisir les mœurs de la vie parisienne et, de bonne heure, ambitionna d'en faire la satire. Usant du genre dont Mme Gyp avait été l'inspiratrice, il le fit dans des chroniques en forme de dialogues où il pouvait donner carrière à son esprit sans jamais offusquer personne. Grâce à ces chroniques étincelantes, qu'il faisait paraître dans les grands journaux, il se trouva en vogue avant sa vingt-cinquième année. Ces chroniques fournirent bien vite la matière de nombreux volumes parmi lesquels nous retiendrons : *Mam'zelle Vertu* (1885), *Lydie* (1887), *Sire* (1888), *Le Nouveau Jeu* (1892), *Le Vieux Marcheur* (1895), *Les Marionnettes* (1896), etc. Mais Lavedan n'allait pas tarder à aborder le théâtre. En effet, ses dialogues étant ce qu'on peut appeler du théâtre écrit, ils coulaient vers la scène d'un mouvement naturel. C'est dire qu'en un tour de main l'auteur put transformer en pièce *Le Vieux Marcheur* et autres sujets frivoles. Dans ce théâtre où le dialogue prime l'action, l'auteur enseigne à son public l'argot du monde de la fête tel qu'on le parlait dans le Paris de cette époque.

Ayant obtenu d'emblée un très vif succès, il donna bientôt d'autres comédies tourbillonnantes : *Le Prince d'Aurec* (1894), *Les Deux Noblesses* (1895), *Catherine* (1896). En 1898, il entra sans difficulté à l'Académie française. Jugeant qu'il serait opportun de rompre avec le ton léger qui avait fait son succès, il voulut alors s'élever au ton de la comédie à thèse. Bien que l'entreprise fût hasardeuse, il remporta, par trois fois, un véritable triomphe, avec *Le Marquis de Priola* (1902), *Le Duel* (*) (1905), et enfin *Servir* (1913). Étant, en outre, chroniqueur à *L'Illustration,* il y donna nombre d'articles écrits de verve qu'il réunit sous le titre de : *Bon an, mal an* (six séries, 1908-1913). Mais la guerre de 1914 allait lui en inspirer d'autres, dont le ton est beaucoup plus grave : *Les Grandes Heures* (six séries, 1921). Dès la fin de la guerre, Lavedan se détourna du théâtre pour publier un long roman en sept volumes : *Le Chemin du salut* (1920-1925). Se révélant ici moraliste, il s'applique à peindre les transformations de la société. Parmi les autres écrits que Lavedan publia par la suite, il faut citer *M. Vincent, aumônier des galères* (1928), *La Belle Histoire de Geneviève* (1930), et surtout *Avant l'oubli* (1933-1938). Sans amoindrir le moraliste dont il vient d'être question, force nous est de faire remarquer qu'Henri Lavedan reste avant tout le peintre d'un certain monde dont Paris formait le cadre au temps de la « Belle Époque ». C'est à ce titre qu'il devra sans doute figurer dans l'histoire de notre littérature.

♦ *« La saveur si particulière de ses écrits, je crois l'entrevoir : c'est une surface brillante et pourrie de la société contemporaine, décrite par un esprit aigu, mais en même temps jugée, le plus souvent, sans le dire, par une âme qui, dans sa rencontre avec l'éphémère, continue de porter en soi quelque chose de stable. »* Jules Lemaître.

RÉF. : R. Doumic, *Les Jeunes, études et portraits,* Paris, 1896. – C. de Beauregard, *Discours prononcé à l'Académie française pour la réception de monsieur Henri Lavedan,* Paris, 1899. – A. Benoist, *Le Théâtre d'aujourd'hui,* Paris, 1911. – E. Évrard, *Nos Mandarins,* Tourcoing, 1920. – A. Hermant, *Discours prononcé à l'occasion de la mort de monsieur Henri Lavedan,* Paris, 1940. – J. Giraudoux, *Littérature,* Paris, 1941.

LAVELLE Louis. Philosophe français. Né le 15 juillet 1883 à Saint-Martin-de-Villeréal (Lot-et-Garonne), mort le 1er septembre 1951 à Parranquet (Lot-et-Garonne). Agrégé de philosophie en 1909, il passa son doctorat ès lettres en 1922 avec une thèse sur *La Dialectique du monde sensible.* Il fut ensuite professeur à la Sorbonne de 1932 à 1934 et professeur au Collège de France de 1941 à sa mort. En 1947, il fut élu membre de l'Académie des sciences morales et politiques. Dans ses principaux ouvrages, *De l'être* (1928), *La Conscience de soi* (1933), *La Présence totale* (*) (1934), *Du temps et de l'éternité* (1945), Louis Lavelle s'est affirmé comme un des meilleurs représentants, avec Le Senne, de la « philosophie de l'esprit ». Celle-ci se différenciant de la tendance scientifique et sociale qui, de Comte à Durkheim, avait dominé la pensée française au XIXe siècle, a su prendre conscience que l'activité philosophique constituait essentiellement une réflexion, non sur le monde objectif, mais sur le sujet. Pour Lavelle, la pensée ne saurait se placer en face de l'univers en se séparant de lui. L'être n'est pas seulement en effet le résultat des données des sens, mais un tout, dont chaque existence particulière participe et dont les phénomènes sensibles et conceptuels ne sont que des analyses. Toutes choses étant contenues dans l'être en sont des actualisations, dans la mesure où elles tendent vers lui comme vers leur fin. L'être n'est donc pas seulement le lieu de toute perception et de toute pensée, mais également le terme de toute activité, l'acte, la « présence totale ». Une telle philosophie correspond évidemment à un besoin profond de dépasser à la fois le rationalisme et l'irrationalisme, ce qui l'apparente, en dépit d'un style d'expression très différent, à l'effort poursuivi en Espagne par Ortega y Gasset et son école. Parmi les autres ouvrages de Louis Lavelle, citons encore : *Le Moi et son destin* (1936), *L'Erreur de Narcisse* (1939), *Introduction à l'ontologie* (1947), *Traité des valeurs* (1951) et enfin une histoire de *La Philosophie française entre les deux guerres* (1942).

RÉF. : O.M. Nobile, *La Filosofia di L. Lavelle,* Florence, 1943. – Gonzague Truc, *De J.-P. Sartre à Louis Lavelle,* Paris, 1946. – B.M.I. Delfgaauw, *Het Spiritualisch Existentialisme van L. Lavelle,* Amsterdam, 1947. – A. Thérive, *Moralistes de ce temps,* Paris, 1948. – G. Delledale, *L'Existentiel, philosophies et littératures de l'existence,* Paris, 1949. – P. G. Grasso, *Lavelle,* Brescia, 1949.

LA VIGNE André de (ou Andry, ou Andrieu). Écrivain français. Né à La Rochelle vers 1470, mort après 1515. André de La Vigne fut secrétaire de Philippe le Beau, duc de Savoie, puis attaché à la personne du roi Charles VIII qu'il accompagna dans son expédition de Naples. Il en rapporta un grand ouvrage d'histoire en vers et en prose, le *Vergier d'honneur de l'entreprise et Voyage de Naples,* qu'il composa en collaboration avec l'évêque d'Angoulême, Octovien de Saint-Gelais, et qui fut imprimé pour la première fois à Paris, vers 1499. On pense que c'est à l'occasion de cette œuvre qui fit grand bruit que La Vigne fut nommé « orateur » du roi et secrétaire de la reine Anne de Bretagne. Quelles qu'aient été les charges dont il se vit parer, André de La Vigne semble avoir été fort besogneux. Poète officiel, il a composé nombre de poésies de circonstance. Toutefois, c'est seulement grâce à son œuvre théâtrale que son nom a survécu. Le lundi 10 octobre 1496 furent représentées à Seurre en Bourgogne trois œuvres de La Vigne, un mystère, le *Mystère de Saint-Martin,* accompagné d'une moralité, la *Moralité de l'aveugle et du boiteux* – v. *Les Moralités* (*) – et d'une farce, la *Farce du munyer de qui le diable emporte l'âme en enfer.* Pour cette représentation donnée par une compagnie théâtrale du temps, la confrérie des Enfants sans-souci ou celle de la Mère Sotte, et qui s'était adjoint à titre d'acteurs secondaires et de figurants des habitants de la petite ville, l'auteur lui-même, comme à l'accoutumée, fit fonction de maître de jeu, c'est-à-dire de metteur en scène. Cette farce et cette moralité, où l'on trouve maints traits plaisants, beaucoup de naturel et une saine gaieté, suffiraient à la gloire d'André de La Vigne. On lui attribue encore une *Sotie nouvelle à huit personnages* – v. *Soties* (*) –, peut-être représentée à Toulouse en 1507, et une *Sotie à dix personnages* (+), qui est de 1514. Dès son avènement, François Ier fit de lui son chroniqueur : il commença une chronique du souverain, mais n'en rédigea que quelques pages.

LA VILLE DE MIRMONT Jean de. Poète français. Né à Bordeaux le 2 décembre 1886, mort à la guerre au front de Verneuil le 28 novembre 1914. Fils de Henri de La Ville de Mirmont, professeur à la faculté de Bordeaux et mythologue très érudit, il se rendit à Paris en 1903. Romantique de complexion et de système, il a laissé un petit roman tout en grisaille : *Les Dimanches de Jean Dézert.* Ses autres œuvres sont posthumes : un recueil de vers, *L'Horizon chimérique* (*) (1920), et un recueil de morceaux en prose intitulé *Contes* (1929), où l'on perçoit surtout l'écho de la sourde désespérance que Vigny, le premier, avait exprimée et qui explose dans Rimbaud.

♦ *« La notoriété s'acquiert aujourd'hui par des procédés dont je me sens incapable* [...] *J'aspire uniquement à faire de "la bonne ouvrage", comme disent les ouvriers consciencieux. Y parviendrai-je ? L'important est de le tenter. »* Jean de La Ville de Mirmont.

LA VILLEMARQUÉ Théodore Hersart, vicomte de. Écrivain français d'expression bretonne. Né à Quimperlé le 7 juillet 1815, mort le 8 décembre 1895 au château de Keransker. Généralement connu comme l'auteur du *Barzaz-Breiz* (*), qui est son œuvre majeure et le « maître livre de la Renaissance bretonne du XIXe siècle » (Fañch Elies), La Villemarqué a également fourni un travail considérable de traducteur et d'essayiste. Le *Barzaz-Breiz,* recueil de « chants populaires de la Basse-Bretagne », édité à compte d'auteur en 1839, fit l'effet d'une révélation : composé sur le modèle des *Chants populaires de la Grèce moderne* du philologue Fauriel, il affirmait l'existence d'une littérature orale de très ancienne tradition dans un pays que l'on avait toujours jugé déshérité, et le prouvait avec une telle force de conviction que La Villemarqué passa aussitôt pour une autorité en matière d'histoire, de philologie et de littérature celtiques. Dès lors, ses travaux (qui devaient lui valoir d'être élu membre de l'Institut en 1858) s'orientèrent selon trois directions complémentaires : tout d'abord, une œuvre de collectage dont témoignent les éditions successives du *Barzaz-Breiz* (1848, 1860). Ensuite, un travail de recherche, de traduction et d'établissement des textes du Moyen Âge (*Le Grand Mystère de Jésus* (1865), *Trois poèmes bretons du Moyen Âge* (1879), travail doublé d'une vaste entreprise de mise en relation des littératures irlandaise et galloise anciennes avec la littérature bretonne (*Les Bardes bretons* (1850), *La Légende celtique* (1859), *Les Romans de la Table ronde* et les *Contes des anciens Bretons* (1860), *Myrddhin ou L'Enchanteur Merlin* (1862). Enfin, un travail de philologue et de lexicographe qui permit la publication du *Dictionnaire français-breton/breton-français* de Le Gonidec (1847 et 1850). Il faudrait ajouter à cela de nombreux articles encore épars, et surtout des carnets de collectage d'une grande richesse qui sont en cours de publication.

Si la valeur scientifique des travaux de La Villemarqué est faible (dès 1867, la « querelle du *Barzaz-Breiz* » a mis en lumière les incohérences de méthode qui l'amenèrent à recomposer les textes, voire à les inventer, sous couvert de les rendre à leur vérité première), ils doivent à leur valeur littéraire une qualité persuasive qui les préserve du vieillissement : la « Prophétie de Gwenc'hlan », attribuée à un barde du Ve siècle, reste l'un des plus beaux poèmes de la langue bretonne. La Villemarqué a fait de la science un usage littéraire. C'est peut-être aussi en quoi, replacés dans leur contexte, ses travaux peuvent susciter l'intérêt.

FRANÇOISE MORVAN.

RÉF. : F. Gourvil, *Théodore-Claude-Henri Hersart de La Villemarqué (1815-1895) et le Barzaz-Breiz,* Rennes, 1959. – D. Laurent, *Aux sources du Barzaz-Breiz, la mémoire d'un peuple,* Douarnenez, 1989.

LAVISSE Ernest. Historien français. Né à Nouvion-en-Thiérache (Aisne) le 17 décembre 1842, mort à Paris le 8 août 1922. D'une vieille famille de petite bourgeoisie rurale, il entre à l'École normale supérieure en 1862, et se trouve très influencé par ce milieu ardemment républicain. Sorti de l'École en 1865, il commençait dans des lycées de province la carrière habituelle d'un professeur, lorsque le ministre de l'Instruction publique, Victor Duruy, le prit comme chef de cabinet et précepteur du prince impérial. Le bouleversement de la guerre de 1870 entraîna Lavisse, comme Albert Sorel, à étudier la genèse de la puissance allemande et, après avoir passé ses thèses sur l'ordre teutonique, il fit paraître en 1879 des *Études sur l'histoire de Prusse*, et commença de publier un vaste ouvrage sur Frédéric II. Mais Lavisse est bientôt absorbé par ses occupations administratives. Nommé professeur à Normale en 1876, à la Sorbonne en 1888, l'historien va jouer un rôle essentiel, quasi occulte, dans la direction de l'Université : il abordera de nombreuses questions de pédagogie, militera en faveur de l'école laïque et de la défense des humanités. Entré à l'Académie en 1892, il fait paraître un an plus tard son *Esquisse d'une histoire politique de l'Europe* et, la même année, en collaboration avec Alfred Nicolas Rambaud, commence la publication de l'*Histoire générale du IVe siècle à nos jours* (*). Après sa nomination, en 1904, à la direction de l'École normale, Lavisse est vivement attaqué par des représentants de la jeune génération, en particulier par Péguy, qui le dénonce comme le chef du « parti intellectuel ». Son œuvre essentielle demeure son *Histoire de France* (*), où s'affirment toutes ses qualités : limpidité, don des grandes synthèses, « art de l'idéologie historique », toutes caractéristiques qui font de lui le meilleur héritier de Michelet.

RÉF. : R. Doumic, *Écrivains d'aujourd'hui*, Paris, 1894. – Vicomte E.-M. de Vogüé, *Regards historiques et littéraires*, Paris, s.d. – L. Abensour, article nécrologique dans le *Larousse mensuel* de mars 1923. – P. Nora, *Les Lieux de mémoire*, t. I et II, 1984-1986.

LAVOISIER Antoine Laurent de. Chimiste français. Né et mort à Paris (26 août

1743-8 mai 1794). Fils d'un avocat au Parlement, il appartenait à une famille de grands commerçants qui jouissaient d'une fortune considérable. Élève du collège Mazarin, il fit de brillantes études littéraires, mais affirma bientôt sa prédilection pour la physique, la chimie et les sciences naturelles. Sa curiosité était d'ailleurs infatigable. Jeune savant, il s'occupait aussi bien de la préparation d'un atlas minéralogique que des problèmes posés par le tonnerre et l'aurore boréale, que de l'analyse des gypses de la région parisienne et, en 1766, à l'âge de vingt-trois ans, il remportait, avec son *Mémoire sur le meilleur système d'éclairage de Paris*, le prix d'un concours ouvert par l'Académie des sciences. Celle-ci, deux ans plus tard, allait l'appeler parmi ses membres : il avait vingt-cinq ans ! Il est vrai qu'il n'eut d'abord que le titre d'adjoint chimiste et ne devint membre associé qu'en 1772 et pensionnaire qu'en 1778. Pendant plusieurs années, il se contenta de publier des rapports sur les matières les plus diverses – v. *Mémoires de chimie* (*) (1770-84) – puis, en 1775, il procéda à ses expériences décisives sur la calcination des métaux et la combustion des corps en général, aboutissant à la découverte de l'oxygène. La même année, la publication, sous le titre d'*Opuscules chimiques*, d'un recueil de ses nombreux mémoires isolés contribuait à ruiner l'ancienne chimie dans ses fondements mêmes.

En marge de ses travaux scientifiques, Lavoisier poursuivait une carrière d'administrateur : adjoint au fermier général Baudon dès 1766, il devint lui-même titulaire d'une ferme en 1769, ce qui lui permit d'augmenter la fortune paternelle, qu'il mettait d'ailleurs au service des chercheurs de l'époque, assurant l'existence de plusieurs jeunes savants et laissant la disposition de son laboratoire de l'Arsenal, remarquablement équipé, à des confrères tels que Berthollet, Vauquelin, etc. Nommé par Turgot régisseur des poudres et salpêtres (1775), Lavoisier s'intéressait également aux problèmes d'économie politique et il prit d'importantes initiatives pour la modernisation du vieux corps monarchique : c'est lui, en 1786, qui avait obtenu la suppression du droit de péage dit « droit de pied fourchu », prélevé sur les Juifs dans différentes villes de province ; c'est lui encore, un an plus tard, qui imagina, pour lutter contre les fraudeurs des droits d'entrée, d'entourer Paris d'une muraille d'octroi – la mesure fut d'ailleurs fort impopulaire. Il contribua de même à l'abolition du privilège des salpêtriers qui permettait à ces derniers de bouleverser, sans indemnité aux occupants, toute maison où ils espéraient trouver du salpêtre.

Lorsque la Révolution commença, Lavoisier venait d'achever deux de ses plus grandes entreprises scientifiques : il avait publié sa *Méthode de nomenclature chimique* (1787) puis son *Traité élémentaire de chimie* (*) (1789). Il assistait au mouvement des idées sans trouble, et même avec sympathie. D'esprit libéral, il siégeait depuis 1787 à l'Assemblée provinciale de l'Orléanais, et y avait réclamé des réformes hardies : l'abolition de la corvée, une réglementation plus rationnelle du commerce et même l'institution d'une caisse d'assurance vieillesse pour les classes pauvres. Rendant d'ailleurs hommage à son intégrité reconnue par tous, l'Assemblée constituante, en 1791, nomma Lavoisier secrétaire de la Trésorerie, et il proposa aussitôt un nouveau mode de perception des impôts dans son traité intitulé : *De la richesse territoriale du royaume de France*. Quant à la résiliation du bail des fermiers généraux, décidée le 20 mars 1791, elle ne paraissait pas constituer pour le savant une menace personnelle. Mais Lavoisier était immensément riche et, bien qu'il ait toujours mis sa fortune au service soit de la science, soit de la collectivité sociale elle-même – ainsi en 1788, lorsque les villes de Blois et de Romorantin, menacées de disette, manquèrent de fonds pour nourrir leurs nombreux indigents, il leur consentit une avance de vingt mille francs sans fixer de date pour le remboursement – il devait susciter des jalousies en face desquelles, en temps révolutionnaire, sa renommée mondiale de savant était sans valeur. Au lendemain du 10 août 1792, Lavoisier jugea prudent d'abandonner son domicile de l'Arsenal. D'ailleurs l'Académie des sciences elle-même devenait la victime de la frénésie jacobine et, dès la fin du mois de novembre 1792, un décret lui interdisait de siéger jusqu'à nouvel ordre. Lavoisier multiplia vainement les efforts pour sauver l'institution dont il avait été élu directeur en 1785 : le 8 août 1793, la Convention décidait la suppression de toutes les académies et sociétés littéraires ou scientifiques. Le 24 novembre suivant, tous les anciens fermiers généraux étaient décrétés d'arrestation. Lavoisier put se cacher pendant quelques jours dans un asile que lui avait préparé l'ancien concierge de l'Académie, mais, lorsqu'il apprit que vingt-huit de ses anciens collègues étaient déjà arrêtés, le savant, ne voulant pas exposer plus longtemps son hôte à un grave danger, alors que sévissaient les délateurs, décida d'aller se constituer prisonnier (28 novembre). Le 5 floréal an II un long réquisitoire était déposé sur le bureau de l'Assemblée, tendant au renvoi de tous les anciens fermiers devant le Tribunal révolutionnaire. Le 19 floréal (8 mai), Lavoisier et ses collègues, après un simulacre de jugement, étaient condamnés à mort et, le jour même, envoyés à l'échafaud. En 1805 parurent les *Mémoires de physique et de chimie*. De 1860 à 1864, le gouvernement de Napoléon III fit éditer aux frais de l'État les *Œuvres complètes* du savant.

JACQUES PATRY.

RÉF. : Volhard, *Die Begründung der Chemie durch Lavoisier*, Leipzig, 1870. – Grimaux, *Lavoisier d'après sa correspondance*, Paris, 1888. – M. Berthelot, *La Révolution chimique, Lavoisier*, Paris, 1890. – E. Schultze, *Lavoisier, der Begründer der Chemie*, Hambourg, 1895. – Kahlbaum et Hoffmann, *Die Einführung der Lavoisierischen Theorie, im besondern in Deutschland*, Leipzig, 1897. – Max Speter, *Lavoisier und seine Vorläufer*, Stuttgart, 1910. – Maurice Daumas, *Lavoisier*, Paris, 1941. – Douglas Mac Kie, *A. Lavoisier, Scientist, Economist, Social Reformer*, Londres, 1949. – Dujarric de la Rivière, *Lavoisier économiste*, Paris, 1949.

LAWRENCE David Herbert. Écrivain anglais. Né le 11 septembre 1885 à Eastwood (Nottinghamshire), mort le 2 mars 1930 à Vence (Alpes-Maritimes). Sa réputation de chantre de la sexualité et le parfum de scandale qui s'attache à son nom ont un peu occulté la richesse d'une œuvre qui inclut romans, nouvelles, poésie, essais, récits de voyage, théâtre, peinture, sans compter des milliers de lettres et un manuel d'histoire. Lawrence passa son enfance dans les Midlands, région à la fois rurale et minière, qui devint pour lui le symbole du tragique clivage entre la bonne vieille Angleterre et la civilisation industrialiste moderne, crise dont son dernier roman *L'Amant de lady Chatterley* (*) (1928) porte encore la trace. À l'image de sa région natale, sa famille était le lieu de déchirures qu'il décrivit dans son roman largement autobiographique *Amants et Fils* (*) (1913). Son père Arthur Lawrence, un mineur un peu fruste et bon vivant, avait séduit par sa prestance physique la discrète Lydia Beardsall, ancienne institutrice issue d'une famille assez bourgeoise et très croyante. Cinq enfants étaient nés de leur union. La pauvreté et les difficultés du quotidien n'avaient fait qu'accentuer les différences entre cette mère puritaine et un mari sensuel et buveur. À l'attrait succéda vite le conflit permanent. Le jeune David Herbert, toujours protégé par sa mère en raison de sa santé fragile, lui était passionnément attaché, alors qu'il avait plutôt honte de son père. Avec le recul du temps, par un effet de renversement tendant à réhabiliter la figure du père et du mâle, Arthur Lawrence deviendra le prototype de tous les héros virils appartenant à un monde souterrain obscur et régénérateur, avatar de la mine, et Lydia Beardsall celui de toutes les femmes volontaires et castratrices de ses récits. C'est à cause de la discorde du couple parental autant que de la fréquentation ultérieure des féministes d'Eastwood et de sa propre expérience d'homme marié que Lawrence s'attachera à décrire la « guerre des sexes » pour mieux prôner un idéal « équilibre stellaire » entre l'homme et la femme.

Après ses études secondaires, Lawrence eut une brève expérience professionnelle dans une fabrique de matériel chirurgical qu'il dut quitter à cause d'une grave pneumonie, signe précurseur de la tuberculose dont il devait souffrir toute sa vie. Durant sa convalescence, en 1901, il fit la connaissance de Jessie Chambers, fille d'un fermier des environs. Il allait souvent la voir à Haggs Farm pour faire de longues promenades dans la nature et discuter de leurs lectures communes (dont Carlyle, Nietzsche, Baudelaire, Verlaine, les grands romanciers français et russes, etc.). Cette ferme, la famille Chambers et Jessie sont évoqués dans son premier roman, *Le Paon blanc* [*The White Peacock*, 1911]. *Amants et Fils* raconte la faillite de l'idylle entre les deux jeunes gens en raison de leurs inhibitions et de la possessivité extrême de la mère du héros. Jessie Chambers encouragea la vocation de Lawrence et l'aida à publier ses premières nouvelles en 1907 et quelques poèmes en 1909 – ce qui permit au jeune artiste d'entrer en contact avec le milieu littéraire londonien et de rencontrer notamment Ezra Pound.

Avant ces timides débuts, Lawrence avait poursuivi ses études pour devenir instituteur et terminé sa formation à l'université de Nottingham. De 1908 à 1912, il enseigna à Croydon, au sud de Londres, mais dut là encore démissionner pour raison de santé. Durant cette période, plusieurs femmes lui inspirèrent des poèmes : Jessie, trop éthérée et bientôt délaissée, Helen Corke, une collègue séduisante dont l'histoire personnelle lui fournit la trame du *Profanateur* (*) –, et sa fiancée d'un temps, Louise Burrows, avec qui il rompit au cours de la sombre période de dépression qui suivit la mort de Mme Lawrence en 1910.

En 1912, il envisagea de partir en Allemagne comme lecteur. Il rendit alors visite à Ernest Weekley, l'un de ses anciens professeurs de l'université de Nottingham qui avait une épouse allemande : Frieda von Richthofen. Il eut le coup de foudre pour cette femme de six ans son aînée et mère de trois enfants. Quelques semaines plus tard, il partait avec elle pour l'Allemagne. Frieda abandonna définitivement mari et enfants, ce qui n'alla pas sans problèmes. *M. Noon* [*Mr. Noon*], roman publié posthume en 1984, présente une version burlesque de cette expérience. Malgré leurs fréquentes chamailleries, Frieda apporta à Lawrence ce que Jessie n'avait pas pu lui donner : un merveilleux sentiment d'épanouissement sexuel. Elle avait de l'expérience, une certaine culture, une forte personnalité, et point non négligeable pour ce fils de mineur, c'était une aristocrate. Comme elle avait été la maîtresse d'Otto Gross, un disciple de Freud, elle initia Lawrence aux théories psychanalytiques. Le début de leur relation fut une période de grande créativité pour Lawrence : il conçut une vaste fresque en deux volets qui devait devenir *L'Arc-en-ciel* (*) (1915) et *Femmes amoureuses* (*) (1920), commença *La Fille perdue* (*) (1920) et écrivit un recueil de poèmes d'amour, *Vois ! Nous en sommes sortis !* (+) (1917).

Pendant deux ans, les amants voyagèrent à travers l'Europe ; ils firent deux séjours en Italie qui fournirent à Lawrence la matière du récit *Crépuscule sur l'Italie* [*Twilight in Italy*, 1916]. Puis, Frieda ayant obtenu son divorce, ils rentrèrent se marier à Londres en juillet

1914. La guerre éclata. Ils restèrent bloqués en Angleterre, au grand désespoir de Lawrence. Antimilitariste, antinationaliste, marié à une Allemande, inapte au service militaire, Lawrence fut l'objet de tracasseries sans fin. Les deux époux, soupçonnés d'être des espions, furent expulsés de Cornouailles où ils s'étaient réfugiés. Dès 1915, pour échapper à ce qu'il considérait comme le déclin de l'Occident, Lawrence avait voulu créer une petite communauté utopique, baptisée « Rananim », avec quelques amis dont le critique John Middleton Murry et sa compagne Katherine Mansfield. Il poursuivit toute sa vie ce rêve de salut à mi-chemin entre une sorte de communisme et un élitisme douteux mais son entreprise ne vit jamais le jour. Il ne lui resta qu'à intégrer son messianisme dans son œuvre.

L'Arc-en-ciel, par son titre, semble annoncer un renouveau mais présente surtout une vision nostalgique et désabusée de la société à travers l'histoire de trois générations de couples d'une même famille. Le roman fut condamné pour obscénité en 1915. Du même coup, Lawrence fut astreint à des années de difficultés financières et à attendre cinq ans pour publier *Femmes amoureuses* (*), œuvre assez apocalyptique où ne brille qu'une incertaine lueur d'espoir pour le couple qui échappe au « flux de la corruption » et parvient à une union quasi mystique réconciliant le mental et le sensuel. D'intéressants essais : l'« Étude sur Thomas Hardy », « La Couronne », « Éducation du peuple », éclairent ces deux romans et témoignent de l'intérêt de l'écrivain pour l'art, l'histoire, l'ethnologie, la psychanalyse, la théosophie et les problèmes sociaux de son époque.

Dès qu'ils le purent en 1919, les Lawrence fuirent l'Angleterre et allèrent s'installer pendant deux ans en Sicile à Taormina, d'où ils firent quelques voyages à travers l'Europe. Lawrence y finit *La Verge d'Aaron* (*) (1922), roman où l'on voit apparaître les thèmes de l'amitié entre hommes et du leader charismatique. Il y écrivit aussi, outre diverses nouvelles et l'amusant récit d'un voyage en Sardaigne, *Sardaigne et Méditerranée* [*Sea and Sardinia*, 1921], ses très allègres *Études sur la littérature classique américaine* (*) et deux livres de « pseudo-philosophie » qui partent d'une critique de Freud : *Psychanalyse et Inconscient* [*Psychoanalysis and the Unconscious*, 1921] et *Fantaisie de l'inconscient* (*) (1922). C'est également en Italie qu'il composa la plupart des étonnants poèmes du recueil *Oiseaux, Bêtes et Fleurs* (+) (1923), où il poursuit sa méditation amusée sur l'univers naturel sexué et sa réflexion souvent amère sur l'homme, cet animal social et politique perverti par des siècles de judéo-christianisme et d'idéalisme.

En 1922, Lawrence fut invité par Mabel Dodge, une riche américaine qui vivait avec un Indien à Taos au Nouveau-Mexique et aimait à s'entourer d'artistes. Les Lawrence partirent vers l'Amérique via l'Orient. Ils passèrent quelques semaines à Ceylan puis séjournèrent trois mois en Australie où Lawrence rédigea son roman le plus politique : *Kangourou* (*) (1923), dans lequel il renvoie dos à dos fascisme et communisme. Installé dans un ranch à Taos de 1922 à 1925, il s'intéressa aux Indiens, visita le Mexique, mais ne rencontra que peu de traces de la civilisation primitive authentique dont il avait rêvé. Dans *Matinées mexicaines* [*Mornings in Mexico*, 1927], il décrit avec passion les danses rituelles qui en sont les derniers vestiges. Aussi imagina-t-il de rendre au peuple mexicain leur ancienne religion aztèque après une sanglante révolution et l'établissement d'un régime théocratique assez barbare dans *Le Serpent à plumes* (*) (1926). Ce séjour américain fut interrompu par un voyage en Europe en 1923, lors duquel Lawrence invita de nouveau ses amis à venir fonder Rananim à Taos. Il ne fut suivi que par Dorothy Brett, une femme peintre, sourde, amoureuse de lui et plutôt encombrante. À son retour à Taos, la vie entre ses trois femmes, Frieda, Mabel et Brett, s'avéra difficile. Il se vengea de Mabel à travers l'héroïne de *L'Amazone fugitive* (*) (1928), qui se sacrifie avec une volupté perverse aux dieux indiens, et de Brett dans « La Princesse » [*The Princess*] où une Européenne vierge cherche et réussit à se faire violer. Il était encore en Amérique lorsque son père mourut en 1924. Sa très belle pièce biblique *David* (1925) évoque le passage conflictuel d'un ordre ancien, celui de Saül — une figure de père — à celui du rusé David, personnage ambigu à qui son homonyme David Herbert Lawrence s'est en partie identifié.

Fatigué par le climat et la maladie, sachant maintenant qu'il était tuberculeux, Lawrence rentra en Europe à la fin de 1925. Il passa par Londres, l'Allemagne, loua une maison près de Gênes. Là, Frieda devint la maîtresse du propriétaire Angelo Ravagli, qui allait être son troisième mari après la mort de l'écrivain. Puis Lawrence s'installa à Florence d'où il alla visiter les tombes étrusques. Il exalte la délicate conscience phallique de ce peuple disparu dans *Promenades étrusques* [*Etruscan Places*, 1932] et imagine un Christ entièrement paganisé s'éveillant à la conscience de la chair dans *L'Homme qui était mort* (*). *L'Amant de lady Chatterley*, dont il existe trois versions, veut aussi célébrer la « tendresse phallique ». Ce roman, ainsi que les tableaux qu'il avait peints à Florence lui valurent encore de douloureux démêlés avec la censure anglaise, totalement insensible à sa mystique et sa morale fondées sur un profond respect de la vie instinctive et de la nature. Il passa ses deux dernières années à voyager fébrilement en Europe en quête d'un mieux-être qu'il ne trouva jamais. Il mourut et fut enterré à Vence en 1930. Frieda fit rapporter ses cendres à Taos en 1935. Sur sa tombe, un phénix, emblème qu'il avait depuis longtemps choisi pour Rananim, rappelle le titre d'un de ses derniers poèmes (« Phœnix ») et sa foi en un perpétuel cycle de mort et de renouveau.

GINETTE ROY.

♦ *« Il avait des yeux qui savaient voir, au-delà des murs de lumière, loin dans les ténèbres ; des doigts sensibles qui le rendaient conscient du mystère qui l'entourait. »* A. Huxley. ♦ *« Si jamais écrivain souhaita proposer aux hommes une foi, ce fut Lawrence. Mais il n'est pas facile de définir cette foi. »* A. Maurois. ♦ *« Aux yeux de Lawrence, ce n'est pas par la conscience de ce qu'il a de particulier que l'individu s'atteint, c'est par la conscience de ce qu'il a de commun avec tant d'autres : son sexe* [...] *il croit plus important pour lui d'être homme que d'être individu. »* A. Malraux.

RÉF. : E. Nehls, *D. H. Lawrence, A Composite Biography*, 1959. – D. Gillès, *D. H. Lawrence ou le Puritain scandaleux*, 1964. – M. Marnat, *D. H. Lawrence*, 1966. – E. Delavenay, *D. H. Lawrence, l'homme et la genèse de son œuvre (1885-1919)*, 1969. – F. Kermode, *D. H. Lawrence*, 1973. – H. T. Moore, *The Priest of Love*, 1974. – A. Burgess, *Flame into Being*, 1985. – H. Miller, *Le Monde de D. H. Lawrence, une appréciation passionnée*, 1986. – J. Worthen, *D. H. Lawrence, The Early Years 1885-1912*, 1991.

LAWRENCE Thomas Edward (dit Lawrence d'Arabie). Officier et écrivain anglais. Né le 15 août 1888 à Tremadoc (Carnarvonshire, pays de Galles), mort le 19 mai 1935 à l'hôpital militaire de Bovington, dans le comté de Dorset. D'origine anglo-irlandaise, sa famille possédait une bonne tradition de culture. Certains auteurs prétendent qu'il était l'enfant adultérin de sir Thomas Robert Tighe Chapman. Il fit ses études à Oxford, s'intéressant particulièrement aux langues classiques et à l'archéologie, apprit également l'arabe et, entre 1910 et 1914, passa la plus grande partie de son temps en Syrie et en Mésopotamie, avec une mission archéologique d'Oxford qui pratiquait des fouilles à Karkemish (Jerablus) sur l'Euphrate. Il avait pénétré dans la vie arabe au point d'avoir appris plusieurs dialectes. Vêtu du costume indigène, il ne se distinguait pas d'un Arabe authentique.

Au début de la Première Guerre mondiale, il offrit ses services à son gouvernement, qui tout d'abord ne comprit pas le parti qu'il pouvait en tirer. Il avait fait sienne la cause de l'indépendance arabe. Personnage intermédiaire entre l'agent secret et le soldat d'aventure, pour le compte du haut commandement anglais, il apporta à l'émir Fayçal, destiné à devenir le chef du nouvel État arabe, la garantie des avantages que les Alliés promettaient aux Arabes lorsque la guerre serait gagnée. Avec des formations indigènes légères, montées sur des chameaux de course, Lawrence mena des actions d'une grande audace ; elles eurent pour effet de paralyser ou de gêner les mouvements des Turcs, pourtant commandés par un général de grande valeur, l'Allemand Falkenhayn. Lorsque les Anglais occupèrent Damas, le 1er octobre 1918, et qu'ainsi la guerre prit fin sur ce front, le colonel Lawrence, l'un des principaux artisans de la victoire, avait à peine trente ans. Trois semaines après la prise de Damas, il retourna à Londres, prêta ses connaissances techniques à la conférence de Versailles, faisant tout son possible pour que fût respecté le pacte conclu avec les Arabes. Lorsque celui-ci fut au contraire renié, il renonça sans pension à son grade de colonel ; retourné à la vie civile, au collège All Souls d'Oxford, il se mit à écrire l'histoire de la révolte qui fut publiée en 1926 : *Les Sept Piliers de la sagesse* (*). De cette œuvre, il prépara la même année une édition abrégée sous le titre de *Révolte dans le désert* (*) (1927). Dans sa crainte et son horreur de passer lui-même pour avoir été traître aux Arabes, il voulut rentrer dans l'anonymat : il chercha à se détacher de son passé de « prince Dynamite », à faire disparaître jusqu'à son nom et à se faire une nouvelle personnalité. Il renonça aux droits sur son histoire de la *Révolte,* afin qu'on ne pût l'accuser de s'être enrichi grâce à ses actions guerrières en Arabie. Très célèbre et très pauvre, en 1922, non sans l'intervention cachée de personnalités politiques, militaires et littéraires, Lawrence s'enrôla comme simple soldat dans l'aviation, sous le nom de John Humes Ross. Au bout de quatre mois, son identité fut découverte. Les officiers le soupçonnèrent d'être venu les espionner et protestèrent ; il y eut des interpellations au Parlement. L'aviateur Ross dut quitter l'armée. Bernard Shaw et quelques amis obtinrent alors pour Lawrence une petite pension de guerre qu'il refusa. Sous le nom de T. E. Smith, puis celui de T. E. Shaw, il passa dans les troupes blindées, puis dans les sections maritimes de l'aéronautique. Son engagement expira le 25 février 1935. Quelques mois plus tard, le 13 mai 1935, Lawrence, lancé à toute vitesse à motocyclette, voulant éviter deux cyclistes, fit une brusque embardée. Après cinq jours d'agonie, il mourut sans avoir repris connaissance.

Lawrence fut un grand prosateur. Fruit de trois rédactions laborieuses (la première, à peine terminée, lui fut volée au cours d'un voyage entre Oxford et Londres), *Les Sept Piliers de la sagesse* font penser à cet idéal d'une prose « à quatre dimensions » dont a parlé Hemingway. Cette prose des *Sept Piliers,* claire et robuste, est en même temps envahie d'inquiétude et de mystère. Lawrence a confié à un ami qu'en composant son œuvre, il avait eu l'ambition de donner une réplique anglaise aux *Frères Karamazov* (*), à *Ainsi parlait Zarathoustra* (*), à *Moby Dick* (*) « avec un livre que le pseudo-Longin aurait pu citer dans son *Traité du sublime* ». Lawrence a laissé en outre un gros volume de *Lettres* (*), publié après sa mort, en 1938, par son ami David Garnett, une traduction de *L'Odyssée* (*) d'Homère, et deux livres : *Les Châteaux des croisés* [*Crusaders' Castles,* 1936] et *La Matrice* (*) (1955), ce dernier confié à Garnett sous condition de ne pas le publier avant 1950. Ce livre raconte les expériences de l'auteur à la caserne de la R.A.F., lorsqu'il s'était enrôlé en 1922, sous le nom de John Hume Ross.

EMILIO CECCHI.

♦ *« Quand il était au milieu de la scène les feux de dix projecteurs braqués sur lui, tout le monde le montrait du doigt en disant : Vous voyez ! Il se cache. Il a horreur de la publicité... »* Bernard Shaw. ♦ *« Toute sa vie se trouva comme étouffée par un secret qui n'était pas le sien* [le secret de sa naissance] *; il y fut confondu, contraint au silence, à des habitudes de dissimulation et de mystification. »* R. Aldington. ♦ *« Un de ces êtres qui marchent dans la vie plus vite et plus intensément que les êtres normaux. »* Winston Churchill.

RÉF. : B. H. Liddell Hart, *La Vie du colonel Lawrence,* Paris, 1935. — Léon Boussard, *Le Secret du colonel Lawrence,* Paris, 1946. — Victoria Ocampo, *338171 T. E. (Lawrence d'Arabie),* Paris, 1947. — Roger Stéphane, *Portrait de l'aventurier,* Paris, 1950. — R. Aldington, *Lawrence l'imposteur,* Paris, 1954. — J. Béraud-Villars, *Le Colonel Lawrence, ou la Recherche de l'absolu,* Paris, 1955. — P. Knightley et C. Simpson, *Les Vies secrètes de Lawrence d'Arabie,* 1970. — S. Moussa, *Songe et Mensonge de Lawrence,* 1973. — M. Lares, *T. E. Lawrence, la France et les Français,* 1981.

LAXNESS Halldór Kiljan (pseud. de Halldór Kiljan Gudjónsson). Romancier islandais. Né le 23 avril 1902 à Laxnes, près de Reykjavik. Il publia son premier roman à l'âge de dix-sept ans sous le titre *L'Enfant de la nature* [*Barn náttúrunnar,* 1919] et partit ensuite en voyage en Europe. Une vie errante et cosmopolite détermina une crise qui l'amena à se convertir au catholicisme et à entrer dans un couvent au Luxembourg en 1923. Mais il sortit bientôt du couvent pour aller vers de nouvelles aventures et vers le communisme. Il termina son premier roman important, *Le Grand Tisserand du pays de Cachemire* [*Vefarinn mikli frá Kasmír,* 1927] en Sicile. C'est un règlement de comptes avec lui-même et avec la culture bourgeoise : « Je ne pouvais pas croire que dans les limites de l'existence, il existait encore un lambeau pour cacher ma nudité. J'avais vingt-trois ans. » Le livre suivant — recueil d'essais — *Le Livre du peuple* [*Althý-dubokin,* 1929] reflète ses convictions marxistes et anticapitalistes. Le roman *Salka Valka* (*) (2 vol., 1931-1932) est un retour au pays et aux réalités sociales. À la même époque, Laxness fait un voyage en Union soviétique, dont il rend compte dans *Vers l'Est* [*I Austurvegi,* 1933] avant de dresser dans *Hommes libres* [*Sjálfstaett fólk,* 2 vol., 1934-1935] un monument à la gloire du petit paysan islandais. La lutte opiniâtre du paysan Bjartur pour garder son indépendance se termine cependant par une défaite. C'est encore le cas d'Olafur Kárason, le poète, qui est le héros du grand cycle suivant : *La Lumière du monde* [*Ljós heimsins,* 1937], *Le Château du pays de l'été* [*Höll sumarlandsins,* 1938], *La Maison du poète* [*Hús skáldsins,* 1939] et *La Beauté du ciel* [*Fegurd himinsins,* 1940]. L'écriture, ici, se fait plus simple, plus coulante, pleine d'humour et de poésie. Peu de temps après, Laxness entame un nouveau grand cycle : cette fois-ci, les événements se déroulent au XVIIIe siècle et il trace un sombre tableau de l'occupation et de l'exploitation danoises de l'île — le roman étant écrit sous l'occupation américaine. C'est sans doute ce qui a valu à cette trilogie, *La Cloche d'Islande* (*) (3 vol., 1943-1946), d'être célébrée comme un poème épique national. La tendance est la même, mais le langage entièrement différent, résolument moderne et polémique, dans *Station atomique* (*) (1948) : Laxness y attaque une politique qui a permis l'installation de bases atomiques en Islande et, du même coup, la tromperie dont les nouveaux riches, qui ont tiré profit de « l'américanisation », se sont rendus coupables envers le peuple. En 1960, Laxness publie *Le Paradis retrouvé* (*), satire pleine de sensibilité et d'intelligence de la crédulité du peuple devant les évangélisateurs. Laxness a également publié plusieurs recueils de nouvelles, des poèmes et des essais, ainsi qu'une autobiographie, *Temps du poète* [*Skaldatimi,* 1963]. Il a même « inventé » une saga islandaise, celle de *Gerpla* (1952), qui a saisi avec humour les aspects parfois comiques des sagas classiques — v. *Sagas* (*). Ce grand écrivain épique, ce poète toujours parfaitement indépendant, a reçu le prix Nobel de littérature en 1955.

CARL GUSTAF BJURSTRÖM.

LAYAMON ou Laweman. Poète anglais. Il vécut à la fin du XIIe siècle et dans les premières années du XIIIe. Ce que nous savons de lui, nous le tirons de son poème *Brut* (*), en vers formant des allitérations, et dont il existe deux manuscrits au British Museum, qui varient — parfois énormément — dans les détails. En suivant le texte A, le plus ancien et celui qui fait le plus autorité, nous apprenons que l'écrivain était un prêtre natif d'Ernley (identifié comme étant Arley Regis, près de Bewdley, dans le Worcestershire du Nord), nommé Layamon, fils de Leovenath, et qui vivait heureux dans une noble église située sur les bords du fleuve Severn, près de Radstone. Le texte B donne le nom de Laweman pour Layamon (effectivement, la graphie « Layamon » est un ancien expédient typographique destiné à représenter une gutturale qui, au XIIe siècle, devint la diphtongue « aw » ou « au »), Leuca pour Leovenath, et il remplace le prêtre par un « bon chevalier ». En dehors de ces quelques éléments, nous ne possédons aucun autre renseignement sur l'auteur de *Brut.*

RÉF. : F. Le Saux, *Layamon's « Brut ». The Poem and its sources,* Woodbridge, 1989.

LAYE Camara. Écrivain guinéen. Né le 1er janvier 1928 à Kouroussa, un gros village de la Haute-Guinée situé sur les rives du

« Djoliba » (le fleuve Niger), et berceau de sa famille depuis plusieurs générations, mort le 4 février 1980 à Dakar (Sénégal). Partagé entre Kouroussa, où son père exerçait le métier de forgeron et de bijoutier, et Tindican, le village natal de sa mère, l'espace de Camara Laye a été profondément influencé par le mode de vie patriarcal de la communauté malinké dont il n'a jamais cessé de se réclamer. C'est dans cet attachement au terroir africain que s'enracine la double expérience de l'homme et de l'écrivain, et lorsqu'on connaît l'amour que Camara Laye a toujours porté à son pays natal, on ne s'étonne pas que toute son œuvre, de *L'Enfant noir* (*) (publié en 1953) au *Maître de la parole*, son dernier ouvrage paru en 1978, et consacré à l'épopée de Sunjata, soit marquée par l'évocation nostalgique d'un paradis perdu.

En effet, comme beaucoup de jeunes « évolués » de sa génération, Camara Laye a suivi les cours de l'école française, et après l'obtention du certificat d'études primaires, il a dû quitter sa famille pour rejoindre le collège Poiret de Conakry. Reçu premier au C.A.P. de mécanicien, il bénéficie d'une bourse pour la France, et connaît à son tour la grisaille, l'anonymat et la solitude des métropoles occidentales. Après avoir échoué dans son projet de devenir ingénieur, Camara Laye doit se contenter d'emplois subalternes chez Simca, à la R.A.T.P., etc. Il traverse alors une période de désarroi qu'il surmonte en écrivant son premier roman, *L'Enfant noir*, bientôt suivi par un récit allégorique fortement influencé par Kafka, *Le Regard du roi* (*) (1954).

Pendant ce temps, l'émancipation de l'Afrique occidentale française allait bon train, et en 1956 Camara Laye décidait de rentrer au pays, où il occupera des fonctions importantes au ministère de l'Information jusqu'en 1963. Date à laquelle il prend ses distances à l'égard du pouvoir dictatorial de Conakry et s'installe pour un exil définitif à Dakar, où il meurt en février 1980. Son troisième et dernier roman, *Dramouss* (1966), constitue sous un voile à peine symbolique un violent réquisitoire contre le régime du président Sékou Touré.

JACQUES CHEVRIER.

RÉF. : *Camara Laye, écrivain guinéen*, éd. par R. Mercier et S. Battestini, Paris, 1964. – A. King, *The Writings of Camara Laye*, Londres, 1980.

LAZZARI Silvio. Compositeur français d'origine autrichienne. Né à Bolzen (Autriche) le 1er janvier 1858, mort à Suresnes le 10 juin 1944. Ayant appris le violon dès l'âge de six ans, il fit des études de droit à Innsbruck, Munich et Vienne et, après avoir obtenu ses diplômes, se consacra à la musique. Il avait déjà composé huit mélodies lorsqu'il entra, en 1882, au Conservatoire de Paris, où il fut l'élève de Guiraud et de César Franck. Fervent wagnérien, Lazzari se classa d'emblée parmi les compositeurs « avancés ». Sa production est très variée : on lui doit de la musique de chambre : *Sonate en mi majeur* et *Romance* pour piano et violon, *Trio* pour piano et cordes (op. 13), *Quatuor à cordes* (op. 17), *Octuor* pour instruments à vent (op. 20) ; de la musique de piano (valses, prélude et fugue, morceaux à deux et quatre mains), de la musique de scène (pour *Faust*), une suite d'orchestre (*Quatre Tableaux maritimes*), une *Marche de fête* pour orchestre, un *Concertstück* pour piano et orchestre, deux poèmes symphoniques (*Ophélie* et *Effet de nuit*), une *Rhapsodie espagnole* et une *Symphonie en mi bémol majeur*. Mais Silvio Lazzari est surtout un compositeur de drames lyriques : *Armor* (Prague, 1898), *L'Ensorcelé* (Paris, 1903), *La Lépreuse* (*) (tragédie légendaire sur un livret de Henri Bataille, Paris, 1912), *Le Sauteriot* (Chicago, 1913 ; Paris, 1920), et *La Tour de feu* (Paris, 1928). *Méloenis*, composée à partir de 1907, ne fut jamais jouée à Paris. Tumultueuses et passionnées, ces œuvres témoignent d'un indiscutable tempérament dramatique. Lazzari s'était fait naturaliser français en 1896.

LÊ Quy Dôn (pseud. Quê Duong), marquis de Dinh Thành. Érudit et écrivain vietnamien. Né le 2 août 1726 à Diên Hà (Thai Bình), mort le 2 juin 1784 à Nguyên Xa (Hà Nam). Enfant prodige, docteur à vingt-sept ans, il mène sa grande carrière mandarinale (postes ministériels, missions diplomatiques, enseignement, opérations militaires, gouvernement des provinces) avec une rigueur parfois excessive, mais aussi avec courage et compétence. Non sans faiblesses (orgueil, soumission aux pressions des princes Trinh ou de sa famille), il reste cependant toujours animé par l'ambition de servir l'État en conseillant le souverain avec franchise. Grâce à une intelligence où la curiosité théorique s'allie à une fine observation des réalités pratiques, il sait puiser dans l'expérience de ses multiples fonctions et dans sa vaste culture les matériaux de son abondante production. Son œuvre témoigne de son constant souci d'enseigner une morale active : la vertu n'étant pas un don mais une patiente acquisition. Ses ouvrages, pratiquement tous en chinois, touchent à beaucoup de domaines ; en histoire *Histoire générale du Dai Viêt* [*DV thông su*], *Mélanges sur le gouvernement des marches* [*Phu biên tap luc*], en philosophie *Modèle des saints et des sages* [*Thanh mô hiên pham*], et plusieurs commentaires des classiques chinois, en littérature *Examen de la multitude des livres* [*Quân thu khao biên*], *Anthologie des poésies viêt* [*Toàn viêt thi luc*]. Mais quelques livres méritent un examen particulier : *Propos par matière de ma bibliothèque* (*), *Notes des choses vues et entendues* (*), deux livres encyclopédiques, et le *Recueil des poésies de Quê Duong* (*). En langue nationale, il laisse quelques poèmes satiriques que des générations de Vietnamiens n'ont jamais cessé d'apprendre par cœur.

THANH-TÂM LANGLET.

LEACH Edmund Ronald. Anthropologue britannique. Né à Sidmouth (Devon) en 1910, mort en 1989. Il s'est fait connaître autant par ses recherches ethnographiques que par ses contributions, marquées par sa forte personnalité, aux débats théoriques. Après avoir étudié les mathématiques à Cambridge, Leach séjourne longuement à Shanghai en tant qu'ingénieur des télécommunications avant d'étudier l'anthropologie sociale avec Malinowski et Raymond Firth. Il enseignera l'anthropologie de 1947 à 1953 à la London School of Economics, puis de 1953 à 1978 à Cambridge où il exercera aussi les fonctions de « Provost » au King's College.

Après un séjour au Kurdistan en 1938, le déroulement d'une recherche de terrain chez les Kachin de Birmanie est interrompu par la Seconde Guerre mondiale, au cours de laquelle Leach sert dans l'armée birmane. Dans l'ouvrage issu de cette recherche, *Les Systèmes politiques des hautes terres en Birmanie* [*Political Systems of Highland Burma,* 1954], il critique le fonctionnalisme de A. R. Radcliffe-Brown qui prétend faire de l'anthropologie sociale une science naturelle de la société, appelée à découvrir des généralisations applicables à tous les types de société et à toutes les étapes de l'Histoire. Il insiste pour sa part sur les dynamismes, les contradictions et les différences entre la norme idéale et les pratiques effectives. Un séjour au Sri Lanka en 1954 donne *Pul Eliya : un village à Ceylan* [*Pul Eliya : a Village in Ceylan,* 1961], où il soutient que ce que les anthropologues appellent une « structure de parenté n'est qu'une façon de parler des rapports de propriété » : les comportements sociaux s'expliquent en termes d'adaptation écologique plutôt que d'obéissance à un système de normes. L'auteur critique le caractère ethnocentrique des catégories analytiques des anthropologues et préconise l'emploi de symboles et de modèles formels. Parmi ses publications ultérieures, citons : *Critique de l'anthropologie* [*Rethinking Anthropology,* 1967] et *L'Unité de l'homme et autres essais* (*) (1980).

L'étude des catégories culturelles indigènes et des formes d'expression « rituelles » a fait l'objet de nombreux articles de Leach, qui emprunte beaucoup de ses exemples à *La Bible.* Son intérêt pour ces phénomènes symboliques et pour les modèles formels, appliqués en particulier aux terminologies de parenté, rapproche Leach de Lévi-Strauss auquel il a consacré un ouvrage (1970). Il développe néanmoins son propre style d'analyse structurale, privilégiant les oppositions ternaires plutôt que binaires. Il dénonce comme « métaphysique » la façon dont Lévi-Strauss fait appel à l'esprit humain pour expliquer les régularités structurelles ; lui-même y voit plutôt l'effet cumulé de stratégies antagonistes des acteurs sociaux.

Dans toute son œuvre, Leach défend avec passion une interprétation instrumentaliste des concepts et des modèles de l'anthropologie. Il s'oppose à toutes les orthodoxies, qu'elles soient fonctionnalistes ou structuralistes, à toutes les rigidités intellectuelles, non seulement en anthropologie mais aussi dans toute sa vision du monde.

DENISE PAULME.

LEAKEY famille. Louis Seymour Bazett, paléontologue britannique. Né le 7 août 1903 à Kabete (Kenya), mort à Londres le 1er octobre 1972. Mary Leakey, née le 6 février 1913, femme du précédent. Jonathan et Richard (né le 19 décembre 1944) Leakey, fils des précédents. Fils d'un missionnaire travaillant au Kenya, Louis Leakey étudia l'anthropologie, le français et le kikuyu (la langue parlée au Kenya) à Cambridge, puis organisa de nombreuses expéditions en Afrique de l'Est dans les années 1930, au cours desquelles il découvrit le site paléontologique d'Oldoway (Tanzanie) recelant des ossements d'hominidés. Il publie son premier ouvrage, *Les Ancêtres d'Adam* [*Adam's Ancestors*] en 1934 et épouse Mary Leakey en 1936. La famille se consacre dès lors à la paléontologie. Mary trouve le premier crâne d'« Australopithecus boisei » (1,75 million d'années) en 1959 et des empreintes de pas fossilisées (3,7 millions d'années) en 1978. Leur fils aîné, Jonathan, découvre un crâne d'« Homo erectus » (1,6 million d'années) en 1960, et le cadet, Richard, un squelette complet en 1984.

Il est aujourd'hui établi que l'Afrique de l'Est est la région d'origine de la lignée humaine, et les découvertes de la famille Leakey ont fait progresser à pas de géant la paléontologie. Si les ouvrages de Louis Leakey n'ont jamais été traduits, celui de Richard (écrit avec Roger Lewin), *Les Origines de l'homme* (*), a contribué à populariser la réflexion sur la généalogie humaine. Richard Leakey est le directeur du Musée national du Kenya depuis 1974.

NICOLAS WITKOWSKI.

LEAR Edward. Peintre et humoriste anglais. Né à Londres le 12 mai 1812, mort à San Remo (Ligurie, Italie) le 30 janvier 1888. Passionné d'ornithologie, il publia à vingt ans un album de dessins d'oiseaux qui attira l'attention du comte de Derby, dont Lear devint le protégé. Ce fut pour l'amusement de l'un des fils du comte qu'il composa le premier de ses *Poèmes sans sens* (*), dont la verve et l'humour lui valurent le succès. Libre de soucis matériels, il se mit alors à peindre des paysages, et alla se fixer à Rome en 1837. Il y demeura dix ans tout en effectuant chaque année des voyages à travers l'Italie, la Sicile et la Grèce. L'idée lui vint de réunir les impressions, les souvenirs et les croquis cueillis au cours de ces randonnées, et il les publia sous forme de livraisons périodiques intitulées : *Journaux illustrés d'un peintre de paysages*

[*Illustrated Journals of a Landscape Painter*]. En 1848-49, il explora les îles Ioniennes, la Basse-Égypte, le désert du Sinaï et la Turquie, puis rentra en Angleterre mais, le climat ne lui convenant pas, il retourna en Italie et se fit construire une villa à San Remo. Il visita encore la Syrie, la Palestine et, en 1860, grâce à lord Northbrook, gouverneur général, une grande partie des Indes. Il travaillait à l'illustration des œuvres poétiques de Tennyson lorsqu'il mourut. Bien plus que ses travaux « sérieux » et que son œuvre picturale, ce sont ses *Poèmes sans sens* qui, par leur humour et leur originalité, ont valu à son nom de survivre.

RÉF. : V. Nookes, *Edward Lear, The Life of a Wandererer,* Londres, 1968. – J. Lehmann, *Edward Lear and his World,* Londres, 1977.

LÉAUTAUD Paul. Écrivain français. Né à Paris le 18 janvier 1872, mort à Verrières-le-Buisson (Essonne) le 22 février 1956. Né d'un père comédien en même temps que grand séducteur, et de l'une des nombreuses « compagnes temporaires » de celui-ci, Paul Léautaud fut abondonné trois jours après sa naissance par celle qui le mit au monde. Il ne la revit que brièvement en 1881, puis à Calais, en 1901, à l'occasion du décès d'une tante. Âgé de trente et un ans, il conçut alors des désirs – presque comblés, si on l'en croit – pour cette femme de mauvaise vie, cette « gamine très dégourdie » qu'était sa mère ; expérience qui marqua sa vie et son œuvre, ainsi que la rancune qu'il vouait à son père et dont il prit pleine conscience à la mort de celui-ci (1903). Ces événements lui inspirèrent deux chefs-d'œuvre : *Le Petit Ami* (*) (1903) et *In memoriam* (1905). Sa formation fut brève : école communale à Courbevoie, amitié avec Adolphe Van Bever, renforcée par leur commun intérêt pour la poésie symboliste, divers emplois occasionnels, le plus durable le fixant dans l'étude d'un avoué ; et surtout des expériences amoureuses racontées dans un troisième récit : *Amours* (1906). Il y eut aussi, vers l'âge de vingt ans, la découverte du Stendhal intime de la correspondance, des *Souvenirs d'égotisme* (*) et de la *Vie de Henry Brulard* (*) ; et à la même époque les débuts de son *Journal littéraire* (*) qu'il rédigea jusqu'à sa mort. Critique dramatique sous le nom de Maurice Boissard, il donne des chroniques au *Mercure de France* (*) à partir de 1907, puis à *La Nouvelle Revue française* (*) et aux *Nouvelles littéraires* ; mais se voit souvent remercié à cause de sa fantaisie et de son franc-parler. Il entre en 1908 au *Mercure de France* en qualité de secrétaire, grâce à l'amitié de Remy de Gourmont et d'Alfred Vallette ; il tiendra cet emploi pendant trente-trois ans, brossant dans son *Journal* (*) des portraits impitoyables des personnalités littéraires qu'il côtoiera. Il s'installe à Fontenay-aux-Roses en 1911, dans sa « baraque » qui deviendra l'asile des chats et des chiens perdus qu'il adopte et dont il fait sa compagnie privilégiée. Une longue et tortueuse relation, à partir de 1914, avec Anne Cayssac, dite « le Fléau », complète la première moitié de son existence, ou plutôt d'une adolescence prolongée durant laquelle s'élabora son personnage. Pressenti pour le prix Goncourt pour *Le Petit Ami* et *In memoriam* entre 1903 et 1905, il se refusa à la moindre complaisance envers le milieu littéraire ; et, quoique ayant fréquenté des écrivains aussi prestigieux que Paul Valéry ou André Gide, resta peu connu du public. Pourtant, le prestige dont il jouissait auprès de quelques-uns s'accrut de décennie en décennie ; pour aboutir, en 1950, grâce aux *Entretiens avec Robert Mallet* (*) réalisés par la Radiodiffusion, à une véritable popularité, insolite pour cet écrivain des plus rares mais qui se révélait doué d'une « présence » presque théâtrale par les ricanements dont il entremêlait ses confidences, par sa verdeur et ses sarcasmes. Il se retire en janvier 1956 à la Vallée-aux-Loups, ancien domaine de Chateaubriand abritant une maison de repos, où il meurt un mois plus tard, dans son sommeil, âgé de quatre-vingt-quatre ans.

À l'heure où la littérature française se dégage des effets stylistiques hérités du symbolisme et qui retiennent encore Valéry ou Gide, Léautaud écrit selon l'humeur du moment, dans une prose directe et nerveuse, d'une économie presque classique, privilégiant l'anecdote et le potin au mépris de toute prétention à l'élaboration formelle ; tout, au final, revient à la rêverie, à l'émotion, au souvenir, au regret... Si, pour la liquidation du symbolisme, il importe de citer les *Poètes d'aujourd'hui* (1900), anthologie conçue avec Van Bever, ses œuvres principales sont d'abord : *Le Petit Ami* (1903), *In memoriam* (1905) et *Amours* (1906). Suivirent des souvenirs de « basoche », de « ménagerie », de « villégiature », des aphorismes toujours marqués par la verve et l'humeur, recueillis dans *Passe-Temps* (*) (1929), et *Propos d'un jour* (1947) ; puis, à défaut de mémoires, l'autobiographie improvisée au cours des *Entretiens avec Robert Mallet*, édités en 1951 ; et le monumental *Journal littéraire* publié à partir de 1954. Il faut également citer les importantes *Lettres à ma mère* (1956), la *Correspondance générale* éditée en 1972 par sa dernière maîtresse, Marie Dormoy ; et ses savoureuses chroniques dramatiques recueillies dans les deux volumes du *Théâtre de Maurice Boissard* (1926 et 1943).

♦ *« Paul Léautaud est sans doute l'homme le plus libre de ce temps. »* Marcel Jouhandeau. ♦ *Paul Léautaud est un "vrai", aussi vrai que Montaigne. »* Robert Kemp. ♦ *« Le plaisir est la poésie de Léautaud. »* André Suarès. ♦ *« Tout me ravissait en lui ; et d'abord ceci : qu'il ne cherchait nullement à plaire. »* André Gide. ♦ *« Un classique comme il y en a eu dans notre XVIIIe siècle le plus intelligent et le plus sec.* » Henri Clouard.

RÉF. : Rachilde, *Portraits d'hommes*, 1930. – R. Mallet, *Une mort ambiguë*, 1955. – Marie Dormoy, *Léautaud*, 1958. – Raymond Mahieu, *Paul Léautaud, la recherche de l'identité*, 1974. – Edith Silve, *Paul Léautaud et le « Mercure de France »*, 1985. – Claude Courtot, *P. Léautaud*, 1986. – Martine Sagaert, *Léautaud*, 1988.

LEAVIS Frank Raymond. Critique littéraire anglais. Né et mort à Cambridge (14 juillet 1895-31 décembre 1977). Il fait ses études à l'école puis à l'université de sa ville natale. Élève de I. A. Richards, qui supervisa la thèse de son épouse Q. D. Leavis (1906-1981), *La Fiction et le public littéraire* (+). En 1935, il est nommé professeur au Downing College pour y enseigner les lettres anglaises. Dès 1932, il prit une part prépondérante dans la rédaction de la revue *Scrutiny* (*) qui diffusait les idées de la « Nouvelle critique » de Cambridge, en réaction contre le « dilettantisme » du groupe de Bloomsbury. Ainsi avec *Nouvelles directions de la poésie anglaise* (+) (1932), puis *Réévaluation* (+) (1936), il défendait une idée de la poésie anglaise, de Donne à G.M. Hopkins et Eliot en l'opposant à la poésie fin de siècle issue de Swinburne et Tennyson. Son livre le plus révélateur est *La Grande Tradition* (*) (1948), c'est-à-dire : Jane Austen, George Eliot, Henry James et Joseph Conrad. Plus tard, il incorporera Dickens dans cette liste ; son romancier de prédilection, parmi les contemporains, étant D. H. Lawrence, sur lequel il a publié une importante étude, *D. H. Lawrence : romancier* (+) (1955).

RÉF. : W. Walsh, *F. R. Leavis*, 1980.

LEBLANC Maurice. Écrivain français. Né à Rouen le 11 novembre 1864, mort à Perpignan le 6 novembre 1941. Issu d'une famille bourgeoise, il est poussé par son père, armateur et négociant en charbon, vers une carrière industrielle ; mais il ne rêve que littérature et monte à Paris où il commence des études de droit. Il collabore très vite à différents journaux (du *Gil Blas* au *Figaro*), fréquente la faune artistique du *Chat noir* et se lie d'amitié avec quelques écrivains : Maupassant, d'abord, qui le soutient dans ses débuts ; Maeterlinck, ensuite, qu'il admire depuis longtemps et rencontrera par l'intermédiaire de sa sœur Georgette, devenue la compagne et l'interprète du poète. Ses premiers écrits exploitent avec succès la veine du psychologique à la Bourget. Romans : *Une femme* (1893), *L'Œuvre de mort* (1896), *Armelle et Claude* (1897), *Voici des ailes* (1898), *L'Enthousiasme* (1901) ; ou recueils de nouvelles : *Des couples* (1890), *Ceux qui souffrent* (1894), *Les Lèvres jointes* (1899). Il s'y montre influencé par Maupassant et Flaubert (qu'il a connu étant enfant) ; Léon Bloy et Jules Renard le complimentent chaudement pour sa finesse d'analyse, et Antoine, le fondateur du Théâtre-Libre, accepte sans réserve sa pièce *La Pitié* (1904). Sa carrière d'écrivain va pourtant prendre un tour inattendu lorsqu'en 1905 Pierre Lafitte lui demande une nouvelle « policière » pour son magazine *Je sais tout* : ce sera *L'Arrestation d'Arsène Lupin* qui marque la naissance d'un des plus extraordinaires aventuriers de la littérature dite populaire. Devant le succès du récit, Leblanc se voit contraint par son éditeur de prolonger la vie de son héros : neuf autres nouvelles suivent, bientôt reprises dans un recueil au titre emblématique : *Arsène Lupin gentleman cambrioleur* (*) (1907). Le romancier vient de créer un personnage qui dominera toute sa carrière : « Je suis le prisonnier d'Arsène Lupin », constatera-t-il non sans agacement. « Il me suit partout. Il n'est pas mon ombre, je suis son ombre. » De fait aventures et volumes vont désormais se multiplier : *Arsène Lupin contre Herlock Sholmès* (1908), *L'Aiguille creuse* (1909), *813* (1910), *Le Bouchon de cristal* (1912), *Les Confidences d'Arsène Lupin* (1913), *L'Éclat d'obus* (1915), *Le Triangle d'or* (1917), *L'Île aux trente cercueils* (1919), *Les Dents du tigre* (1920), *Les Huit Coups de l'horloge* (1923), *La Comtesse de Cagliostro* (1924), *La Demoiselle aux yeux verts* (1927), *L'Agence Barnett et Cie* (1928), *La Demeure mystérieuse* (1928), *La Barre-y-va* (1930), *La Femme aux deux sourires* (1932), *Victor de la Brigade mondaine* (1934), *La Cagliostro se venge* (1935) – v. *Arsène Lupin* (*). La réussite du cycle tient à l'aisance de sa composition ; habile manieur d'intrigues, Leblanc met une plume alerte au service d'un héros inoubliable à qui sa verve gouailleuse et ses qualités surhumaines ont valu d'entrer dans la légende. En témoignent plusieurs adaptations à la scène (*Arsène Lupin, nouvelles aventures* et *Le Retour d'Arsène Lupin* écrits par Leblanc lui-même en 1908 et 1911 ; ou *Arsène Lupin banquier*, opérette policière de 1930) comme à l'écran (entre autres incarnations, citons John Barrymore, Jules Berry, Robert Lamoureux au cinéma, ou Georges Descrières à la télévision). Cette immense popularité du gentleman cambrioleur éclipse le reste de la production de son créateur, qui a laissé d'autres ouvrages non dénués d'intérêt : outre des romans mondains teintés d'érotisme léger (*L'Image de la femme nue*, 1934 ; *Le Scandale du gazon bleu*, 1935), il faut mentionner un roman pour enfants (*La Forêt des aventures*, 1932), d'excellents récits où l'auteur imite non sans ironie le style du cycle Lupin (*Dorothée danseuse de corde*, 1923 ; *La Vie extravagante de Balthazar*, 1925) et deux très curieux romans d'anticipation (*Les Trois Yeux*, 1919 ; *Le Formidable Événement*, 1920).

LAURENT BAZIN.

LE BOSSU père René. Écrivain français. Né et mort à Paris : 16 mars 1631 – 14 mars

1680. Il fit ses études à Nanterre, puis entra chez les chanoines réguliers de Sainte-Geneviève en 1649. Après avoir professé les humanités en différentes maisons, il vécut dans la retraite. Il composa un savant ouvrage de philosophie, le *Parallèle des principes de la physique d'Aristote et de celle de R. Descartes* (1674), et surtout un important *Traité du poème épique* (*) (1675), qui fut considéré par certains comme supérieur à *L'Art poétique* (*) de Boileau. Celui-ci le définit lui-même comme « l'un des meilleurs livres de poétique qui, du consentement de tous les habiles gens, aient été faits en notre langue ». Réédité au XVIIIe siècle, il est encore une référence pour un théoricien comme Marmontel.

LOUIS DELIBES.

LEBRAU Jean. Homme de lettres français. Né et mort à Moux (Aude) : 20 octobre 1891-11 octobre 1983. Il a fait ses études secondaires à l'école Saint-Stanislas de Carcassonne. On le connaît surtout comme poète (*La Voix de là-bas,* 1913 ; *Le Cyprès et la Cabane,* 1922 ; *Le Ciel sur la garrigue,* 1924 ; *Témoignages,* 1925 ; *La Rumeur des pins,* 1926 ; *Couleur de vigne et d'olivier,* 1929 ; *Quand la grappe mûrit,* 1931 ; *Enfance, oiseau de verre,* 1941 ; *Sous le signe d'octobre,* 1942 ; *Ellébore,* 1952 ; *Corbières* (*), 1959 ; *Diurnal,* 1967 ; *Cormes,* 1971 ; *Singles,* 1974). Il fut lauréat de l'Académie française : prix de poésie pour *Le Feu des sarments* (1959), il obtint ensuite le grand prix de poésie en 1968. On lui doit également de très belles pages en prose sur sa province natale : *Images de Moux, Images de l'Aude, Au pays qui te ressemble, Ceux du Languedoc, Ce pays où l'ombre est un besoin.*

LE BRAZ Anatole (Jean François Marie Lebras, dit). Écrivain français. Né au village de Saint-Servais (Côtes-du-Nord) le 2 avril 1859, mort à Menton le 20 mars 1926. Fils d'instituteur, il fit au lycée de Saint-Brieuc de brillantes études, qu'il poursuivit au lycée Saint-Louis à Paris. Boursier de licence et d'agrégation en Sorbonne, il fut successivement professeur de philosophie au collège d'Étampes, professeur de troisième au lycée de Quimper, de 1886 à 1901, et professeur de littérature française à l'université de Rennes jusqu'à sa retraite en 1924. Il enseigna également en Suisse et en Amérique. Brillant conférencier, historien de la littérature, il soutint avec éclat une thèse de doctorat sur *L'Histoire du théâtre celtique* (1904) ; folkloriste, il écrivit *Les Légendes de la mort en Basse-Bretagne* (*) (1893) ; nouvelliste, on lui doit *Pâques d'Islande* (1897) et *Contes du soleil et de la brume* (1905). Romancier : *Le Gardien du feu* (1890) et *L'Ilienne* (1904), et poète : *La Chanson de la Bretagne* (1892), il fut couronné à plusieurs reprises par l'Académie française. Son œuvre abondante est essentiellement consacrée à une Bretagne dont il a voulu restituer l'âme « armoricaine ».

RÉF. : C. Le Goffic, article nécrologique dans le *Larousse mensuel* de février 1927. – G. Dottin, *Anatole Le Braz,* Poitiers, 1929. – R. Brauss, *Anatole Le Braz und sein Werk,* thèse, Stettin, 1930.

LE CARDONNEL, abbé Louis Pierre Philippe. Poète français. Né à Valence (Drôme) le 25 février 1862, mort à Avignon (Vaucluse) le 28 mai 1936. Il poursuivit au petit séminaire de Valence ses études commencées au collège, puis entra au grand séminaire de Romans. Ses premiers vers parurent dans de petites revues locales ; on n'y décèle aucune originalité. Venu à Paris dès 1882, il fréquenta quelques cercles de poètes fantaisistes et de chansonniers ; on le vit au Chat Noir, aux Zutistes, où il rencontra Charles Cros, dans le groupe de *Nous autres* où il se lia d'une vive amitié avec Albert Samain. En 1888, il fut présenté à Mallarmé, devint l'un des plus assidus aux mardis de la rue de Rome, et garda toute sa vie une vénération pour ce maître. On lut de lui de nombreux poèmes, dont plusieurs déjà remarquables, dans les périodiques du symbolisme : *Le Chat noir, Le Scapin, Écrits pour l'art, La Plume, L'Ermitage, Le Saint Graal, Le Mercure de France* (*). Bien que son séjour au séminaire d'Issy ne lui eût pas permis de collaborer à *La Vogue* (où écrivaient Verlaine, Laforgue, Moréas, Paul Adam, Gustave Kahn), il y joua un rôle important : ce fut lui qui remit à Kahn le manuscrit des *Illuminations* (*) de Rimbaud qu'il tenait du compositeur Charles de Sivry, beau-père de Verlaine. Le Cardonnel songeait, dès 1893, à grouper ses poèmes sous le titre *Les Incantations,* titre qui correspond assez bien au lyrisme très musical auquel il s'adonnait alors, et dont plusieurs échantillons se trouveront quelque quinze ans plus tard dans son premier livre : *Ville morte, Le Piano, Vallis amantium, Le Tailleur de pierres* ; il s'imprégnait à la fois des poètes anglais (Keats, Shelley, Tennyson) et des poètes français de son temps, surtout Verlaine, s'enthousiasmant en outre pour Wagner et Puvis de Chavannes. Mais la vocation sacerdotale le sollicitait déjà. Il quitta le séminaire d'Issy pour regagner Valence, avant une retraite à Solesmes, vécut encore quatre ans à Paris, avec un séjour intermédiaire chez ses amis Alidor et Gabrielle Delzant à Paray-en-Gascogne. Enfin, accueilli au séminaire français de Rome, il reçut les ordres mineurs à Saint-Jean-de-Latran et fut ordonné au séminaire de Romans.

Là commença la vie errante de celui qu'on appelait le « chemineau des trappes » ; impossible à fixer, aussi bien en tant que prêtre séculier que comme membre d'une congrégation, après d'infructueux essais de vicariat à Saint-Donat et à Pierrelatte, il passa deux ans chez les bénédictins de Ligugé, où Huysmans était oblat, et signa frère Anselme des vers imprimés dans leur bulletin (1900-1901). Son premier recueil, *Poèmes*, parut au *Mercure* en 1904 ; il contient notamment les tierces-rimes de *L'Attente mystique* qui sont peut-être le chef-d'œuvre de la poésie chrétienne depuis *Sagesse* (*) de Verlaine. Prêtre libre au Sacro Convento d'Assise, à Rome, Florence, Figline, Pérouse, jusqu'en 1911, il ne cessa d'exalter sa foi profonde et douloureusement inquiète en des poèmes tour à tour passionnés et humanistes. Ses *Méditations et Cantiques* [*Carmina sacra*], rassemblés en 1912, portent la double marque de cette inégalité, parfois déconcertante, qui faisait de Le Cardonnel tantôt un grand inspiré, tantôt un versificateur assez froidement systématique et circonstanciel. Rentré en France, Le Cardonnel n'y séjourna qu'un an, bientôt repris par la nostalgie de l'atmosphère franciscaine. Il passa les années de guerre en Italie, publia en fac-similé les élégies *Du Rhône à l'Arno* (1920), fixé depuis deux ans à San Remo où il vécut misérablement, avant d'être de nouveau hébergé au couvent d'Assise grâce à l'intervention d'amis charitables. Son troisième et dernier volume : *De l'une à l'autre aurore* (*), parut en 1924 et valut au poète le grand prix Lasserre, décerné par le ministre de l'Instruction publique, puis la Légion d'honneur. Hospitalisé à Valence, Le Cardonnel devint ensuite, jusqu'à sa mort, l'hôte quasi permanent, en dépit de quelques fugues, de Mme Flandreysy-Espérandieu, au palais du Roure d'Avignon.

YVES-GÉRARD LE DANTEC.

♦ *« Son œuvre entière vit de ce désir vers la réunion de la forme et de la pensée ; et son aspiration fut toujours d'enfermer une âme chrétienne dans un corps païen. »* Jean-Marc Bernard.

RÉF. : Renée des Ormes, *Célébrités*, Québec, 1927. — Phyllis Aykroyd, *Louis Le Cardonnel*, thèse, Londres, Dublin, 1927. — Louis Chaigne, article nécrologique dans le *Larousse mensuel* de janvier 1937. — Raymond Christoflour, *Louis Le Cardonnel, pèlerin de l'Invisible*, Paris, 1938. — A. Mabille de Poncheville, *Vie de Louis Le Cardonnel*, Tournai et Paris, 1947.

LE CARRÉ John (pseud. de David John Moore Cornwell). Romancier anglais. Né à Poole le 19 octobre 1931. Après des études à l'université de Berne (où il aurait été approché par les services secrets britanniques) et à Oxford, il enseigne la littérature allemande à Eton, avant de devenir secrétaire d'ambassade à Bonn, à l'époque de la construction du mur de Berlin, puis consul à Hambourg. Dès 1960, il rédige ses premiers romans, reniés depuis, mais où apparaît la figure de George Smiley. C'est à cette époque qu'il se voit contraint d'adopter un pseudonyme. Après le succès de *L'Espion qui venait du froid* (*) (1963), il démissionne du Foreign Office en 1964 pour se consacrer exclusivement à la littérature d'espionnage dont il va devenir le maître international, avec des titres comme *Le Miroir aux espions* [*The Looking-Glass War* 1965], *Une petite ville en Allemagne* [*A Small Town in Germany,* 1968]. L'échec relatif d'*Un Amant naïf et sentimental* [*The Naive and Sentimental Lover,* 1971] le conduit à redonner vie au personnage de Smiley et ce sera le début de la célèbre trilogie inaugurée avec *La Taupe* (*) en 1974, poursuivie avec *Comme un collégien* [*The Honourable Schoolboy,* 1977] et s'achevant avec *Les Gens de Smiley* [*Smiley's People,* 1980]. En 1983, il s'évade du roman d'espionnage pour proposer dans le cadre du conflit israélo-arabe *La Petite Fille au tambour* [*The Little Drummer Girl*], mal accueillie par la critique, qui lui reproche ses sympathies pro-palestiniennes. L'infidélité n'est que de courte durée, puisque avec *Un pur espion* (*) (1986), il nous livre son roman le plus autobiographique à ce jour. La détente entre les deux super-grands aurait pu embarrasser Le Carré, dont l'œuvre se nourrit de cet antagonisme idéologique, mais son habileté consommée lui permet de bien négocier ce nouveau virage, y compris celui de la « glasnost » (pourtant antinomique avec l'univers des services secrets). *La Maison Russie* [*The Russia House,* 1989] et *Le Voyageur secret* [*The Secret Pilgrim,* 1990] témoignent d'un certain optimisme sur l'avenir des relations Est-Ouest. Son œuvre, de facture traditionnelle, reflète les dilemmes politiques auxquels se trouve confrontée la Grande-Bretagne de l'après-guerre. Conscient d'appartenir à la dernière génération qui fut imprégnée de la mystique de l'Empire, Le Carré s'attache à cerner les ambiguïtés inhérentes au combat mené dans l'ombre au nom de la défense des valeurs démocratiques du monde libre. Par le choix de ses personnages : l'espion, dont il fait un anti-James Bond, l'agent double, et enfin Smiley lui-même, patron des services secrets obsédé par la dissimulation et la trahison qui constituent la clef de voûte du système, Le Carré autorise une lecture archétypique de son œuvre : l'espion est devenu au XXe siècle le véritable héros moderne du roman, car il pose, comme le dit Graham Greene (un de ses auteurs préférés, avec Joseph Conrad), les vrais problèmes : le vrai et le faux, l'être et l'apparence, la certitude et le doute. Non content d'agiter ces questions existentielles, Le Carré suggère même une possible interprétation psychanalytique, en notant que « les services secrets sont l'inconscient des démocraties occidentales ». Mais pareille constation ne vaut-elle pas surtout pour lui-même ? On sait qu'il a un jour confié avoir fait le choix de la littérature pour régler ses comptes avec la figure de son père.

MARC PORÉE.

LECHOŃ Jan (pseud. de Leszek Serafinowicz). Poète polonais. Né à Varsovie le 13 mars 1889, mort à New York le 8 juin 1956. Se fait connaître en fondant avec Tuwim et

Słonimski, en novembre 1918, le cabaret littéraire « Le Picador », berceau du groupe poétique Skamander. Il y récite des vers satiriques, ou patriotiques comme *Poème écarlate* (*) (1920). Sa verve satirique fera, en 1926-1928, le succès de l'hebdomadaire *Le Barbier de Varsovie* [*Cyrulik Warszawski*] qu'il dirige. *Argent et Noir* [*Srebrne i czarne*, 1924], recueil très parnassien de sonnets sur l'homme – ou plutôt sur les grands hommes –, exprime, en vers très sobres, un pessimisme qui n'exclut pas un certain dandysme. Il fait dire à Dante : « Il n'y a ni ciel, ni enfer ; il n'y a que Béatrice, et, justement, elle n'existe pas. » Attaché culturel à Paris de 1930 à la guerre, réfugié en 1940 aux États-Unis avec Tuwim, Lechoń n'a plus retrouvé le ton hardi et l'enthousiasme de ses premiers vers (« Mochnacki » ou « Herostrate »). Dans *Le Luth à la Bekwark* [*Lutnia po Bekwarku*, 1942] ou *Air pour boîte à musique* [*Aria z kurantem*, 1945], la rhétorique pathétique fait place à l'expression plus émouvante de la nostalgie sans espoir de l'exilé. Incapable de vivre loin de Varsovie, et ne pouvant se résoudre au retour, Lechoń s'est suicidé en 1956.

LECLAIR Jean-Marie. Compositeur français. Né à Lyon le 10 mai 1697, mort à Paris le 23 octobre 1764. Ayant débuté dans la passementerie, Leclair se fit connaître comme chorégraphe à Turin, puis comme virtuose du violon, instrument qu'il avait travaillé avec Somis. Son premier *Livre de sonates* paraît à Paris en 1723. Peu après, Leclair abandonne la danse pour le violon, qui lui vaut un succès fracassant du Concert spirituel à Paris, en 1728. Musicien de la cour de Louis XV à partir de 1734, il n'en voyage pas moins en France et à l'étranger, séjournant notamment aux Pays-Bas. Caractériel, instable et hypocondriaque, il eut une existence malheureuse et périt assassiné. Mais on le reconnut de bonne heure comme un maître du violon et un compositeur de premier plan, l'un des deux grands musiciens français du XVIIIe siècle, avec Rameau. Contrairement à ce dernier, il n'écrivit qu'un seul opéra, *Scylla et Glaucus* (1746) ; mais son œuvre instrumentale est considérable : recueils de *Sonates pour violon et basse continue* (op. 1, op. 2, op. 5, op. 9), *Sonates à deux violons sans basse* (op. 3, op. 12), *Sonates pour deux violons et basse continue* (op. 4, op. 6, op. 8, op. 13) – v. *Sonates* (*) (1723-1747) –, deux recueils de *Six Concertos pour violon et cordes* (op. 7, op. 10). Digne successeur de Couperin, il réalise comme lui la « réunion des goûts » français et italien, en un merveilleux équilibre de la science et de l'invention. La virtuosité qu'il exige n'est pas un vain artifice, mais l'expression d'un lyrisme et d'une poésie toujours contrôlés par la rigueur de la forme. Cette technique souveraine du violon devait profondément influencer ses successeurs, particulièrement en Italie (Locatelli). Quant à son harmonie et à sa construction formelle, elles préfigurent directement la symphonie préclassique. Leclair eut quatre frères et une sœur musiciens ; on l'en distingue par le surnom de « l'aîné ».

GILLES CANTAGREL.

RÉF. : Marc Pincherle, *J. M. Leclair l'aîné*, Paris, 1952.

LE CLÉZIO Jean-Marie Gustave. Romancier, nouvelliste et essayiste français. Né le 13 avril 1940 à Nice. Sa famille, d'origine bretonne, avait émigré à l'île Maurice au XVIIIe siècle, ce qui introduit dans l'imaginaire de l'enfant la dimension de l'ailleurs et le place au croisement de deux langues et de plusieurs cultures. L'île Maurice, ancienne colonie française passée aux mains des Anglais, est restée partagée entre ces deux influences. Le Clézio n'y a pas vécu, mais le reliant à ce monde lointain, il y a la figure de son grand-père, Alexis, qui servira de modèle au narrateur du *Chercheur d'or* (*) et le souvenir de la belle demeure perdue, Eurêka, appartenant à la famille. Enfant, il a rêvé de devenir marin et c'est au cours d'un long voyage en mer entre Bordeaux et le Nigeria, pour occuper son désœuvrement, qu'il entreprend d'écrire son premier livre. L'écriture et le voyage, liés dans cette première expérience, sont pour lui les deux formes d'une même attitude dans l'existence : le choix d'être entre deux mondes.

Il poursuit des études de lettres, rédige un mémoire de maîtrise sur Henri Michaux dont il se souviendra dans *Vers les icebergs* : on y retrouve les deux thèmes de l'écriture et du voyage et une définition de la poésie réconciliant l'être et la parole : « Le pouvoir de cette parole est d'action, parce qu'elle n'est pas illustration, ni prétexte, mais une création immédiate à la manière d'un geste, à la manière d'une danse. » Il soutient une thèse de doctorat sur Lautréamont, dont la lecture lui a enseigné une direction majeure de son écriture : « Un art qui dépasse l'individu, un art qui retrouve les mythes de la vie collective. » En 1963, il fait paraître son premier roman, *Le Procès-Verbal* (*), pour lequel il obtient le prix Renaudot et, d'emblée, une grande renommée littéraire. Ce roman inaugure une série de livres qui tous se caractérisent par l'expression d'une certaine angoisse face à l'agression du monde moderne : *La Fièvre* (1965), *Le Déluge* (1966), *L'Extase matérielle* (*) (1967), *Terra amata* (1967), *Le Livre des fuites* (1969), *La Guerre* (1970). Il s'agit par l'écriture d'« exprimer ce constat qu'actuellement on vit dans une société en guerre permanente, guerre de la masse contre l'individu, guerre des objets contre l'être humain, guerre des êtres humains entre eux ». Cette vision où la beauté se confond avec la violence du monde extérieur culmine dans le récit des *Géants* (1973). Poursuivi par son inquiétude, l'écrivain cherche au milieu de ses mots une issue sans pouvoir la trouver. Tout livre est un « livre des fuites ». D'où le sentiment pour le lecteur d'une écriture fébrile, inventive, multipliant les audaces formelles pour frayer un chemin à l'homme dans un monde qui l'aliène. Il y a au fond de la démarche de Le Clézio ce secret dessein de se fondre dans la matière infinie qui étend son domaine en deçà des formes, mais il manque encore au penseur la découverte que c'est à travers l'expérience du particulier qu'on peut atteindre au contact avec l'infini. « Et le secret absolu de la pensée, et sans doute ce désir jamais oublié de se replonger dans la plus extatique fusion avec la matière, dans le concret tellement concret qu'il devient abstrait », telle est peut-être la définition de la première manière de Le Clézio.

La rencontre avec l'Amérique centrale va lui donner l'occasion de sortir de cet état de crise permanente. En 1966, dans le cadre de la coopération, il découvre le Mexique. Il y voit pour la première fois les grands espaces arides dont il se souviendra pour écrire *Désert* (*) et commence à lire et traduire les œuvres testimoniales des civilisations disparues (*Les Prophéties du Chilam Balam*, 1976). Ce qui lui donne des instruments pour l'analyse d'une autre expérience : son séjour dans les tribus indiennes du Panama. Il reconnaît dans leur mode de vie accordé au rythme naturel le modèle d'existence qu'il recherchait en vain dans la civilisation occidentale.

Dès lors, les récits de Le Clézio, qu'ils se présentent sous la forme de fragments (*Voyages de l'autre côté*, 1975), de nouvelles (*Mondo et autres histoires*, 1978, *La Ronde et autres faits divers* (*), 1982, *Printemps*, 1989) ou de romans (*Désert*, 1980, *Le Chercheur d'or*, 1985), vont témoigner dans leur écriture apaisée de ce changement intérieur qui affecte l'auteur. Le Clézio va s'attacher à raconter la vie « des derniers hommes libres ». L'histoire et la psychologie de ses personnages se précisent, les cadres spatio-temporels de ses romans sont très nettement situés : de plus en plus prédominent l'attention au particulier, la description de la beauté du monde, de sa dureté et de sa douceur, et de la vie secrète qui l'anime. Il s'agit dans les derniers récits de raconter la quête d'un être à la recherche de lui-même. L'individu se rejoint lorsqu'il prend conscience simultanément de son appartenance à l'ordre du monde et à l'histoire des hommes. L'être singulier au cœur de son étroit destin personnel accède à l'universel. Il voit avec un regard changé qui est celui des autres : ses ancêtres, l'homme intemporel des mythes et des légendes. Son dernier essai, *Le Rêve mexicain* (1988), traversé à la fois par les deux mouvements complémentaires de la nostalgie et de l'espoir, résume sans doute le projet humain de Le Clézio : « cette harmonie entre l'homme et le monde, cet équilibre entre le corps et l'esprit, cette union de l'individu et du collectif », à quoi il faudrait aussi ajouter l'accord entre le réel et le surnaturel que l'écriture doit manifester. Enfin on peut lire à travers la figure du poète Antonin Artaud, consumé par le rêve, son projet d'écrivain : « La révélation d'une poésie à l'état pur, d'une création en dehors du langage, création des gestes et des rythmes de la danse : création pure, pareille, dit-il à une "ébullition". »

JEAN-MARC SOURDILLON.

RÉF. : Pierre Lhoste, *Conversations avec J.-M. G. Le Clézio*, Mercure de France, 1971.

LECOCQ (Alexandre) Charles. Compositeur français. Né le 3 juin 1832 à Paris, où il mourut le 24 octobre 1918. Élève du Conservatoire de Paris de 1849 à 1854, il obtint en 1856, avec *Le Docteur Miracle*, le prix du concours d'opérette organisé par Offenbach. Ce premier succès, toutefois, ne lui ouvrit pas aussitôt les portes des théâtres : il dut attendre jusqu'en 1868, année où *Fleur de thé* tint l'affiche pendant cent représentations consécutives, imposant l'auteur à l'attention du public et des imprésarios. À partir de ce moment, Lecocq écrivit de nombreuses opérettes, avec une légèreté allègre et une joyeuse simplicité, mais aussi avec bon goût et un vif sens du mouvement. *La Fille de Madame Angot* (*) (1872) est toujours représentée, mais il faut rappeler également : *Giroflé-Girofla* (*) (1874), *Castor et Pollux* (+) (1877), *Le Petit Duc* (*) (1878), *Le Cœur et la Main* (1882), etc.

RÉF. : Louis Schneider, *Les Maîtres de l'opérette française, Hervé, Charles Lecocq*, Paris, 1924.

LECOMTE Georges. Écrivain français. Né à Mâcon le 9 juillet 1867, mort à Paris le 27 août 1958. Après des essais au théâtre et dans la critique d'art – *L'Art impressionniste* (*) –, il se consacra à des romans de mœurs où il s'attacha, avec ses dons d'observation pittoresque, à une critique spirituelle des ridicules sociaux : *Les Valets* (1897), *Les Cartons verts* (1901), *Les Hannetons de Paris* (1905), *Le mort saisit le vif* (1925).

Élu à l'Académie française en 1924, il en devint le secrétaire perpétuel en 1946.

JACQUES PATRY.

LECOMTE Marcel. Écrivain belge d'expression française. Né à Saint-Gilles le 25 septembre 1966. Enseignant de profession, il a participé à l'activité du groupe « Correspondance » aux côtés de Paul Nougé, principal théoricien du surréalisme belge, et de Camille Goemans. D'accès parfois difficile en raison d'un penchant avoué pour l'ésotérisme, son œuvre, dispersée dans maintes publications, a été rassemblée pour sa plus grande part en 1980 et 1989 (*Œuvres* et *Les Voies de la littérature* – textes critiques). Les titres de ses principaux recueils composent un portrait assez ressemblant de son personnage. *Les Minutes insolites*, *Le Vertige du réel* et *Le*

Règne de la lenteur, réunis par lui avec *La Servante au miroir* en 1944, ont constitué l'ensemble de *L'Accent du secret.* Mais on retiendra aussi les textes recueillis dans *Le Carnet et les instants* (*) (1964), qu'a préfacé Jean Paulhan, et dans *Le Sursis* (1971), ainsi que les nombreuses préfaces qu'il a écrites pour les albums d'art et ses chroniques de la revue *Synthèses.*

LECOMTE DU NOÜY Pierre. Biophysicien et philosophe français. Né le 20 décembre 1883 à Paris et mort le 1er septembre 1947 à New York. Il fait d'abord des études de sciences politiques, de droit et de langues à Paris, s'intéresse un temps au théâtre (de 1908 à 1910), puis décide de se consacrer à la science et à la philosophie de la science, en partie sous l'influence de ses amis Pierre et Marie Curie. En 1920, il est chargé d'un programme de recherche par le « Rockefeller Institute of Medical Research » : c'est le début de sa carrière « américaine ». Pendant la Première Guerre mondiale, il avait déjà découvert la loi quantitative qui exprime le taux de guérison des blessures. Son travail se situait ainsi aux confins de la physique, des mathématiques et de la biologie. Dans les années d'après guerre, Lecomte du Noüy poursuit des recherches sur l'immunité, l'équilibre des solutions colloïdales, et invente en même temps de nombreux instruments dans le domaine de la biophysique. Cette brillante carrière scientifique va de pair avec une réflexion d'ordre philosophique et moral : *Le Temps et la Vie* paraît en 1936, *L'Homme devant la science* (+) en 1939. On a également publié après sa mort un ouvrage que le savant n'avait pu achever, *L'Homme et sa destinée* (*). Dans *L'Avenir de l'esprit* (*) (1941), Lecomte du Noüy exprime sa conviction qu'il existe des forces spirituelles que la science, malgré toutes ses découvertes matérielles, ne saurait contredire. Il s'éloigne ainsi du positivisme de la plupart des savants français de sa génération.

LECONTE DE LISLE (pseud. de Charles Marie René Leconte). Poète français. Né à Saint-Paul (île de la Réunion) le 22 octobre 1818, mort au hameau de Voisins, près de Louveciennes, le 18 juillet 1894. Issu d'une famille d'origine bretonne, parent de Parny par sa mère, son enfance sévère le destinait déjà à la révolte et au pessimisme. Son père, qui était chirurgien militaire à la Réunion, voulant faire de lui un commerçant, le fit voyager : il alla aux Indes, parcourut les îles de la Sonde, mais, rentré chez lui sans aucun goût pour le commerce, il partit pour la France et alla s'installer à Rennes. Les journaux bretons accueillirent ses premiers vers. Après plusieurs voyages dans son île natale, on le retrouve à Paris vers 1846, converti à l'utopie fouriériste, et publiant, dans *La Phalange*, la revue du groupe, des poèmes qui commencent de le signaler aux jeunes littérateurs. En 1848, Leconte de Lisle témoigne d'un républicanisme ardent et fougueux ; il devient agent électoral en Bretagne, publie une lettre-manifeste en faveur de l'abolition de l'esclavage, qui a pour résultats de le brouiller avec sa famille, d'interrompre les subsides qu'il recevait de la Réunion et de le réduire à la misère. La démocratie, d'autre part, ne tarde pas à le décevoir : de sa foi sociale, il ne garde dès lors qu'une vive rancœur contre Dieu et les hommes, et il va chercher refuge dans la poésie.

Dès avant la révolution de 1848, avec ses amis Théodore de Banville, Thalès Bernard et surtout Louis Ménard, il s'était passionné pour l'étude de l'Antiquité. Sa connaissance approfondie du grec lui permettra d'entreprendre une longue série de traductions, discutées et discutables, en particulier de l'*Iliade* (*), de l'*Odyssée* (*), d'Eschyle, Sophocle, Euripide, Hésiode. Leconte de Lisle y cherchait le pittoresque : pour Clytemnestre, par exemple, il écrivait Klitaïmnestra, et ces transcriptions littérales et sonores donnaient prise au ridicule. Mais elles ne trahissaient pas les œuvres anciennes, et le poète leur dut certainement une grande part de sa renommée. Mais à la Grèce, après ses désillusions politiques, Leconte de Lisle va demander surtout son inspiration de poète : les mythes antiques remplacent pour lui les chimères sociales. Il les étudie avec une curiosité de savant, d'archéologue, mais aussi en tant que figures accomplies de la destinée humaine. Sens historique et inquiétude métaphysique, tels sont en effet les deux traits de sa poésie : il aura donc le souci de l'exactitude dans le détail de la couleur locale ; il forcera l'alexandrin français à s'habituer à des sonorités barbares, mais, en même temps, il s'interrogera gravement sur la signification générale des mondes anciens. Son premier recueil, les *Poèmes antiques* (*), paraît en 1852, avec une préface qui souleva des polémiques : l'auteur n'annonçait-il pas en effet l'agonie du romantisme ? Dix ans plus tard paraissaient les *Poèmes barbares* (*) (1862) : l'auteur utilisait les livres religieux de l'Inde, des Juifs, de l'Égypte, des Germains primitifs, et faisait revivre ces civilisations perdues à l'occasion de quelques épisodes caractéristiques et colorés de leur histoire. Leconte de Lisle suivait un mouvement puissant de son temps, et bénéficiait de toutes les recherches, menées pendant la monarchie de Juillet et le second Empire, sur les civilisations orientales. Son art exigeant s'imposait aux jeunes poètes, et une petite mais brillante école commençait à se grouper autour de lui, avec Catulle Mendès, Sully Prudhomme, Coppée, Heredia, Verlaine, Villiers de l'Isle-Adam, Mallarmé. La situation personnelle du poète n'en restait pas moins difficile et, en 1866, au moment de la publication du *Parnasse contemporain* (*), Leconte de Lisle n'avait pas encore atteint le grand public.

C'est du lendemain de la guerre de 1870 que date sa célébrité qui, pour les nouvelles générations, éclipsa même celle de Victor Hugo. En 1872, il abordait le théâtre avec une tragédie eschyléenne, *Les Érinyes* (+), qui fut créée au Théâtre de l'Odéon le 6 janvier 1873. En 1884, il publiait ses *Poèmes tragiques* (*). À la mort de Hugo, et sur la demande expresse de ce dernier, qui, dès 1852, avait protégé l'auteur des *Poèmes antiques*, Leconte de Lisle est élu à l'Académie française au fauteuil du grand aîné ; il y est reçu le 31 mars 1886 par Alexandre Dumas fils. L'amour du beau comme seul remède au désenchantement de la vie : tel fut son message, mais, convaincu de l'absurdité de toutes choses, Leconte de Lisle ne considérait l'Histoire que comme un majestueux spectacle. Aux religions et aux civilisations passées, à la nature, il ne demandait que des formes belles. Comme pour Vigny, son sentiment instinctif est de révolte contre un monde et un Dieu mauvais ; mais une grande curiosité critique et esthétique vient lui rendre la sérénité. Se résignant à ne pouvoir pénétrer le secret des choses, il n'admet qu'une passion, celle de la beauté formelle.

♦ *« Je cherche à définir la place que tient dans notre siècle ce poète tranquille et vigoureux, l'un de nos plus chers et de nos plus précieux. Le caractère distinctif de sa poésie est un sentiment d'aristocratie intellectuelle, qui suffirait, à lui seul, pour expliquer l'impopularité de l'auteur... »* Baudelaire. ♦ *« Si l'on veut se faire une juste idée de l'œuvre de Leconte de Lisle [...] il y faut voir avant tout, comme dans l'œuvre de Flaubert, une protestation contre le romantisme. »* Ferdinand Brunetière. ♦ *« Leconte de Lisle se construisit un temple solennel et rectiligne. Angles lourds, blocs énormes. Ses poèmes s'en échappent comme des oracles. Ses monologues sont des vaticinations lentes, pondérées, superbes. »* Verhaeren.

RÉF. : J. Aicard, *Leconte de Lisle*, Paris, 1887. — J. Dormis, *Leconte de Lisle intime*, Paris, 1895. — D. Toupance, *Leconte de Lisle, esquisse d'une biographie intellectuelle*, Paris, 1916. — I. Brown, *Leconte de Lisle*, New York, 1924. — P. Flottes, *Le Poète Leconte de Lisle*, Paris, 1929. — A. Embiricos, *Leconte de Lisle*, Thonon-les-Bains, 1941. — A. Fairlie, *Leconte de Lisle's Poems on the Barbarian Races*, Cambridge, 1947. — P. Jobit, *Leconte de Lisle et le Mirage de l'île natale*, Paris, 1951. — I. Putter, *Leconte de Lisle and his Contemporaries*, Berkeley, 1951, et *The Pessimism of Leconte de Lisle. Sources and Evolution*, Berkeley, 1954. — J. Vianey, *Les « Poèmes barbares » de Leconte de Lisle*, Paris, 1955. — E. Pich, *Leconte de Lisle et sa création poétique*, 1975.

LE CORBUSIER (pseud. de Charles-Édouard Jeanneret). Architecte français d'origine suisse. Né à La Chaux-de-Fonds (Suisse) le 6 octobre 1887, mort à Roquebrune-Cap-Martin (Alpes-Maritimes), le 28 août 1965. Le Corbusier est considéré comme un des personnages les plus contradictoires de l'architecture moderne. Dans tout le courant de sa vie, il fut glorifié et honni par ses confrères et ses contemporains. En effet, Le Corbusier n'est pas simplement un architecte, peintre et sculpteur, il est également un chef de file, un patron exigeant, acerbe, polémique.

Le Corbusier naquit dans une famille d'artisans et de musiciens. À dix-huit ans, il construit sa première maison, mélange d'influences néo-classiques et germaniques. Mais la Suisse est trop petite pour l'ambition du jeune Charles-Édouard. Un long périple va entraîner l'apprenti compagnon architecte dans toute l'Europe : c'est d'abord à Vienne chez Joseph Hoffmann, puis à Lyon chez Tony Garnier dont il sera l'un des premiers élèves, et cet inventeur de volumes et d'espaces va exercer sur lui une influence dominante. Mais le grand choc, Le Corbusier le recevra d'Auguste Perret, le pionnier des charpentes d'acier et du béton. Malgré tout, il poursuivra son périple de chasseur d'idées à travers l'Europe : en Allemagne, à Berlin où il fera partie de l'atelier de Behrens et de Heinrich Tessenow, puis, glissant vers la Bohême et la Roumanie, il arrive en Grèce, dans les Cyclades, en Italie enfin — ces deux lieux privilégiés pour un architecte, chargés d'une aura fabuleuse et dont il retiendra avec enthousiasme l'harmonie et le côté lyrique de l'architecture. La guerre survient, empêchant Jeanneret de prendre sa véritable dimension ; il n'est pas encore Le Corbusier et ne prendra ce nom (emprunté à l'un de ses grands-pères) qu'en 1919. Malgré tout, il vient s'installer à Paris en tant que peintre. Il rencontre Amédée Ozenfant, qui lutte contre les cubistes qu'il accuse de faire de l'art décoratif. Il expose avec lui, créant de toutes pièces un nouveau mouvement, le purisme, dont la plaquette intitulée *Après le cubisme* (1918) sera le manifeste. Le Corbusier était surtout connu à cette époque comme peintre, sculpteur, touche-à-tout de génie. Dans les années 1920-1923, il met au point un type de maisons standardisées, afin de pallier les démolitions massives dues à la guerre, qu'il appellera la maison Citrohan, signifiant par ce jeu de mots que l'acquisition d'une maison doit être aussi aisée que celle d'une voiture ! Admirateur de Gropius, il prône l'industrialisation et la standardisation. Malgré ses nombreuses activités artistiques, parmi lesquelles la création de cartons de tapisserie, il s'orientera de plus en plus vers l'architecture. Cependant, il crée et anime des revues : *L'Esprit nouveau* (1920-1925), fondé avec Paul Dermée et Amédée Ozenfant, puis *Plan* (1931-32), *Préludes* (1933-38). Enfin, Le Corbusier va réaliser sa première maison à Paris, en 1922, pour Amédée Ozenfant, puis celles de Pierre Jeanneret et de Raoul Laroche à Auteuil, square du Docteur-Blanche. Avec Pierre Jeanneret, il décide d'ouvrir la célèbre agence de la rue de Sèvres, qu'il dirigera jusqu'à sa mort et dont sortiront la villa Stein à Garches (1927) puis la villa Savoye à Poissy (1929). Pendant toute cette époque, le génie aérien de Le Corbusier va se manifester : souplesse de l'espace, fluide, continu, cloisons mobiles, transparences, continuité des volumes entre l'intérieur et l'extérieur de l'édifié. La villa Savoye demeure un édifice clef de l'architecture du XXe siècle.

En 1925, participant à l'Exposition des arts décoratifs à Paris, il aura la chance de pouvoir réaliser, en grandeur nature, une cellule type des « immeubles-villas », qu'il nommera « le pavillon de l'esprit nouveau ». Près de Bordeaux, il construit alors l'un des premiers ensembles réalisés dans le domaine du logement social en France, dans les quartiers Henri-Frugès. Grande nouveauté, ses façades sont polychromées. En 1929-33, il est appelé à Moscou pour réaliser le Bureau central des coopératives de consommation, où, pour la première fois, apparaîtront le « mur rideau » et le conditionnement d'air. En 1930-33, il construit à Paris le pavillon de la Suisse dans le parc de la Cité universitaire et l'asile de l'Armée du Salut. En même temps, il intervient dans les congrès internationaux, que ce soit à Alger, à Barcelone, Montevideo, Buenos Aires ou São Paulo... La création de l'immeuble du ministère de l'Éducation nationale à Rio de Janeiro, en collaboration avec Lucio Costa et Oscar Niemeyer, lui permettra d'appliquer ses recherches sur les brise-soleil en béton armé. En 1943, il participe à la rédaction de *La Charte d'Athènes* et publie en 1946 *Propos d'un urbaniste* et *Manière de penser l'urbanisme* (*). Ces écrits préludent à l'esquisse du bâtiment pour le Secrétariat de l'O.N.U. à New York et à celle de la Cité radieuse de Marseille (1947-1952), puis à la réalisation de la chapelle Notre-Dame-du-Haut à Ronchamp (1950-1955). L'architecture de Le Corbusier va évoluer, passant de l'harmonieux au monumental tragique, laissant paraître la matière brute, le béton décoffré et non masqué. En opposition avec ses tendances esthétiques des années 30, il construira le Capitole de Chandigarh au Pendjab (1950-1962), puis les trois édifices d'Ahmedabad (Centre culturel), le pavillon du Brésil (1959, avec Lucio Costa). Toutes ces œuvres constitueront une manière d'art baroque démesuré où l'espace est libéré, où la forme vibre, s'agite dans une sorte de frémissement organique. Le Corbusier utilisera constamment désormais une de ses inventions, le « Modulor », échelle harmonique de proportions mise au point en 1950. Le Corbusier, homme intensément cultivé, auteur de poèmes, peintre, sculpteur, architecte, théoricien, fut un Prométhée de l'architecture. Ses écrits théoriques, animés d'un lyrisme inspiré, portent des « titres-manifestes » : *Vers une architecture* (*) (1925), *Quand les cathédrales étaient blanches* (*) (1937), *Manière de penser l'urbanisme*...

YANN BARBÉ.

RÉF. : W. Bœsiger, H. Girsberger, *Le Corbusier 1910-1965*, Zurich, 1967. – L. Herve, *Le Corbusier : l'artiste, l'écrivain*, Neuchâtel, 1970. – P. Gerosa, *Le Corbusier : urbanisme et mobilité*, Bâle, 1978. – G. Monnier, *Le Corbusier*, Besançon, 1986. – M. Besset, *Le Corbusier*, Genève, 1987. – « Le Corbusier : le peintre derrière l'architecte », in *Journal d'histoire de l'architecture*, n° 1, Saint-Martin-d'Hères, 1988. – J. Jenger, *Le Corbusier : un autre regard*, Paris, 1990.

LEDUC Violette. Romancière française. Née à Arras (Pas-de-Calais) le 8 avril 1907, morte à Faucon, dans les Alpes-de-Haute-Provence, le 18 mai 1972. Fille illégitime de Berthe Leduc, elle suit les cours du lycée de Valenciennes. En 1916, elle perd sa grand-mère, Fidéline. Sa mère se marie en 1921. En 1923, Violette Leduc découvre les livres. Elle se convertit pour peu de temps au protestantisme. De 1924 à 1925, elle a une liaison avec Isabelle, une élève du collège de Douai, puis avec Hermine, professeur de musique. Elle arrive à Paris en 1926. Elle entre chez un éditeur en 1927 et découvre le monde littéraire. L'année 1932 constitue un tournant décisif dans son existence. Paris exerce sur elle un attrait irrésistible. Elle entre dans une agence littéraire, pénètre dans le monde du cinéma. Et surtout, elle fait la connaissance de Maurice Sachs. Elle débute comme rédactrice de mode. En 1939, elle se marie, tente de se suicider, puis rompt avec son mari pour vivre quelques mois avec Maurice Sachs, qui l'engage à écrire. Durant la guerre, sans ressources, elle fait du marché noir. En 1945, elle rencontre Simone de Beauvoir. Et en 1946, son premier livre, *L'Asphyxie*, paraît en livraison dans la revue *Les Temps modernes* (*) avant d'être publié dans la collection « L'Espoir », que dirige Albert Camus. Paraîtront alors *Ravages* (*) (1955), dont les cent cinquante premières pages, jugées trop audacieuses, seront publiées plus tard sous le titre de *Thérèse et Isabelle* (1966). D'un voyage dans le midi de la France, elle rapporte *Trésors à prendre* (1960). En 1964, *La Bâtarde* (*), avec une Préface de Simone de Beauvoir, lui vaut enfin le succès. Un an plus tard, elle publie un bref récit : *La Femme au petit renard* (*). Les grandes dates de son existence se retrouvent dans son œuvre et plus particulièrement dans *La Bâtarde, La Folie en tête* (1970) et *La Chasse à l'amour* (1973). Dans sa fameuse Préface, Simone de Beauvoir a dit à peu près tout ce que recèlent les dons de Violette Leduc. Il faudrait ajouter que chez elle c'est l'intuition qui prime tout. Sa sensibilité et son imagination portent à un haut degré d'incandescence ses souvenirs et les transforment en œuvre d'art. Mais parfois la tension qui devrait soutenir l'ensemble vient à faiblir et le style s'en ressent. Conteuse à l'état sauvage, Violette Leduc verse alors dans une préciosité dont les effets ne sont pas toujours heureux. Parlant d'Isabelle dans *La Bâtarde*, elle écrit sans crainte qu'elle « époussetait avec le plumeau de la perversité ». Mais enfin, on ne peut que faire sienne l'affirmation de Simone de Beauvoir qui écrit de Violette Leduc : « Une femme descend au plus secret de soi et elle se raconte avec une sincérité intrépide. » Simone de Beauvoir fait ensuite passer par les critères existentialistes l'ensemble de l'œuvre de Violette Leduc : l'enfer, c'est les autres, l'existence obéit à un projet choisi dès l'enfance. Il faudrait insister aussi, et c'est par là que Violette Leduc a su toucher un vaste public dont elle exprime les sourdes aspirations par-delà des expériences plus ou moins scandaleuses, une faim dévorante, une soif inapaisable de l'amour chez une femme qui reconnaît que tous les êtres sont trop étroits pour le donner et le recevoir dans sa plénitude. C'est ce qu'exprime magnifiquement, dramatiquement, *L'Affamée*, quête obstinée, toujours déçue qui se termine sur ces mots : « Aimer est difficile mais l'amour est une grâce. » Citons encore Simone de Beauvoir : « Malgré "les larmes et les cris", les livres de Violette Leduc sont "ravigotants"... Au fond du désespoir, nous touchons la passion de vivre et la haine n'est qu'un des noms de l'amour. »

GUY LE CLEC'H.

LEE Nathaniel. Poète tragique anglais. Né à Hatfield (comté d'Hertford) vers 1649, mort à Londres le 6 mai 1692. Il fit ses études à Cambridge jusqu'en 1667, et, tout de suite après, se fixa à Londres, pénétrant dans la société somptueuse et libertine de la Restauration, menant une vie de débauche qui contribua à ruiner sa médiocre santé. Il fut d'abord acteur, mais sa sensibilité maladive et son incapacité à dominer ses impulsions personnelles dans la fiction théâtrale le poussèrent à abandonner la scène avec dégoût. Il se mit à écrire des ouvrages dramatiques, emprisonnant les sursauts frénétiques de sa fantaisie dans de vastes plans méthodiques, illustrant la « passion dans sa pureté », d'abord selon les règles de la tragédie héroïque du temps – déjà, en 1674, sa tragédie *Néron* [*Nero*] lui avait valu une grande notoriété –, ensuite, par un retour en arrière du goût, caractéristique de l'époque, en se rapprochant de la tragédie élisabéthaine (Shakespeare, Webster, Beaumont et Fletcher, Ford). Ce fut ainsi qu'il composa une série de pièces – dont la meilleure est peut-être *Les Reines rivales* [*The Rival Queens,* 1677] – qui portent l'empreinte d'une nature tragique et déséquilibrée. Lee collabora avec Dryden pour la composition d'*Œdipe* (+) (1679) et du *Duc de Guise* [*Duke of Guise,* 1682]. Vers la fin de 1684, la maladie nerveuse du poète s'accentua, et il fut interné à l'asile de Bedlam. Il en sortit cinq ans plus tard, désormais dans l'incapacité d'écrire ; il reprit alors ses anciens excès qui, en moins de deux années, le menèrent à la tombe.

RÉF. : A. Beljame, *Le Public et les hommes de lettres en Angleterre au XVIIIe siècle, 1660-1744,* Paris, 1881. – R. G. Ham, *Otway and Lee : Biography from a baroque Age,* Oxford, 1931. – J. M. Armistead, *Nathaniel Lee,* Boston, 1972.

LEENHARDT Maurice. Ethnologue français. Né à Montauban, le 9 mars 1878, mort à Paris le 26 janvier 1954. Ancien étudiant de la faculté protestante de Montauban, pasteur, missionnaire, il partit pour la Nouvelle-Calédonie en 1902 et y séjourna jusqu'en 1926. Lié à Lévy-Bruhl, Paul Rivet, Marcel Mauss, c'est sur leur conseil qu'il commença à livrer par écrit le résultat de ses recherches – *Notes d'ethnologie néo-calédonienne* (1930), *Documents néo-calédoniens* (1932), *Gens de la Grande Terre* (1937), ouvrage d'ensemble sur les mœurs, les institutions et la religion des indigènes de la Nouvelle-Calédonie. Après la mort de Mauss, en 1950, il prit la chaire de celui-ci à l'École pratique des hautes études et fut également son successeur à l'Institut d'ethnologie. Son œuvre principale, *Do Kamo. La personne et le mythe dans le monde mélanésien* (*), parut en 1947. Maurice Leenhardt a également publié en 1949 *L'Art océanien.*

JACQUES PATRY.

LEFEBVRE Georges. Historien français. Né à Lille le 6 août 1874, mort à Paris le 28 août 1959. Après avoir fait ses études à la faculté des lettres de Lille et passé son agrégation, il devient professeur dans divers lycées de province, puis à Paris, aux lycées Pasteur, Montaigne et Henri-IV. En 1924, il est nommé professeur à la faculté de Clermont-Ferrand. Il occupe ensuite une chaire à la faculté de Strasbourg de 1928 à 1935, et à la Sorbonne de 1937 à 1941. Un des principaux animateurs, depuis la mort d'Albert Mathiez (1932), des *Annales historiques de la Révolution française,* il s'est surtout intéressé à l'aspect social de la Révolution. Parmi ses ouvrages, citons : *Les Paysans du Nord pendant la Révolution française* (1924), *La Grande Peur de 1789* (1932), *La Révolution française* (1930-1951), *Napoléon* (1935), *Les Thermidoriens* (1937), *Quatre-vingt-neuf* (1940) et *Le Directoire* (1946).

RÉF. : F. Venturi, *J. Jaurès ed altri storici della Rivoluzione francese,* Turin, 1947. – Notice bibliographique en tête du recueil *Études sur la Révolution française* offert à G. Lefebvre à l'occasion de son 80e anniversaire, Paris, 1954.

LE FÈVRE DE LA BODERIE Guy. Humaniste et poète français. Né au manoir de la Boderie (près de Falaise) le 9 août 1545, mort au même lieu le 10 juin 1598. Après des études à Caen, où il est l'ami de Charles de Bourgueville et de Jean Vauquelin de La Fresnaye, Le Fèvre gagne Paris. Il y étudie l'hébreu, l'arabe et le syriaque, fréquente le cercle du duc d'Alençon et devient le disciple de Guillaume Postel, qui l'incite à traduire en latin la version syriaque du *Nouveau Testament.* Cette traduction, accompagnée d'autres travaux d'érudition, paraît en 1571 à Anvers, chez Plantin, dans le cadre de la monumentale entreprise qu'est l'édition de la *Bible polyglotte.*

Le Fèvre publie la même année un long poème d'apologétique catholique, inspiré par le néoplatonisme et *La Kabbale* (*), *L'Encyclie des secrets de l'éternité*. Revenu à Paris, il traduit, entre 1578 et 1582, trois traités de Ficin (*De la religion chrestienne* (*), *Discours de l'honneste amour, Les Trois Livres de la Vie*), deux de Jean Pic de La Mirandole (*La Harangue de la dignité de l'homme, Commentaire sur la chanson d'amour de J. Benivieni*), un de Cicéron (*De la nature des dieux* (*)), et l'ouvrage principal de François Georges de Venise (*L'Harmonie du monde*). Membre, sans doute, de la Famille de la Charité, il continue de défendre la religion catholique en faisant paraître une traduction d'*Hymnes ecclésiastiques* et un long poème, *La Galliade* (*) (1578). Il passe les quinze dernières années de sa vie à Falaise, occupé principalement à rééditer ses traductions. Son œuvre s'inscrit dans un courant d'apologétique chrétienne illustré principalement par Ficin, Jean Pic de La Mirandole, Lefèvre d'Étaples, Pontus de Tyard et Guillaume Postel. Les arguments en sont pris dans *La Kabbale* et dans la « prisca theologia », cette théologie qui s'exprime, d'après Clément d'Alexandrie et Eusèbe de Césarée, à travers les écrits de Pythagore, Orphée, Zoroastre et Platon. La visée politique découle de la conception mystique de l'Histoire : Dieu a élu le peuple gaulois, premier peuple rescapé du Déluge, pour réaliser la concorde universelle. La puissance de l'inspiration modère un certain didactisme inhérent au genre de la poésie encyclopédique. S'il refuse de se consacrer à des sujets païens, Le Fèvre n'en demeure pas moins influencé par Ronsard, Jodelle et Du Bellay auxquels il dédie quelques poèmes. Mais c'est principalement l'extrême désir de ramener la diversité du monde à l'unité qui fait la force et l'originalité de cette œuvre dont l'auteur se comparait à Orphée, tout ensemble poète et prêtre.

FRANÇOIS ROUDAUT.

RÉF. : F. Secret, *L'Ésotérisme de Guy Le Fèvre de La Boderie*, Genève, 1969. – F. Roudaut, *Le Point centrique. Contribution à l'étude de Guy Le Fèvre de La Boderie, édition commentée de « La Galliade »*, Paris, 1991.

LEFORT Claude. Philosophe et penseur politique français. Né le 21 avril 1924 à Paris. Il fut l'élève de Merleau-Ponty qui lui enseigna la nécessité de « briser les certitudes » et l'art d'un questionnement qui ne s'épuise jamais dans les réponses. L'itinéraire de Claude Lefort a été à la fois celui d'un philosophe – dont les analyses se sont d'abord développées à partir de la lecture des textes de Marx – et d'un militant, d'abord proche du trotskisme. Dès 1948, il s'intéresse au phénomène bureaucratique et fonde, avec Castoriadis, *Socialisme ou Barbarie*. Les éléments de la critique du phénomène bureaucratique seront ultérieurement regroupés dans les « Éléments d'une critique de la bureaucratie » (1971). Les premières analyses de Lefort, produites de l'intérieur du marxisme, portent déjà la marque d'une position antidogmatique, questionnante, et sensible aux ambiguïtés, aux incertitudes, à l'« indétermination » qui mine tout système prétendant se ramener à des « thèses ».

L'évolution de sa pensée – comparable en un sens au cheminement qui conduit Merleau-Ponty d'*Humanisme et Terreur* (*) aux *Aventures de la dialectique* (*) – se place sous le signe d'une redécouverte du politique, de l'exigence de « penser » et de « repenser » le politique à partir de l'expérience de notre temps et de la « nouveauté » qu'est, en notre siècle, l'émergence du phénomène totalitaire.

L'exigence de penser le politique est inséparable du geste qui consiste à redonner à la philosophie politique la dignité qui lui est propre, en rompant avec toutes les désignations restrictives qui font de la politique un secteur particulier de la vie sociale. Ainsi, le dessein général de la philosophie politique implique nécessairement la prise en compte de la dimension symbolique du social et de l'imaginaire qui investit son mode d'institution. *Le Travail de l'œuvre. Machiavel* (1972) s'interroge sur la multiplicité des interprétations de Machiavel, sur le mythe du machiavélisme et sur l'imaginaire que recèle la pensée politique. En faisant de Machiavel un penseur de la « division » constitutive du social qui ne cède pas à la fascination de la « bonne » société fantasmatiquement unifiée, Lefort ne prétend pas clore une interrogation dont l'inachèvement est au contraire le principe.

On comprend alors que la question « Qu'est-ce que penser politique *ici* et *maintenant* ? » ait conduit Claude Lefort à l'analyse du rapport entre la démocratie moderne – mode d'institution du social, irréductible à sa seule qualification comme « démocratie bourgeoise » – et la logique du phénomène totalitaire. Celle-ci se trouve analysée dans l'ouvrage consacré à Soljenitsyne, *Un homme en trop* (1976) et dans *L'Invention démocratique* (*) (1981). C'est la menace de l'indétermination et de la division constitutive du social que le phénomène totalitaire s'efforce de conjurer en tentant de refaire de la certitude : mais si le désir de la « bonne » société, réconciliée et identique à elle-même, hante la démocratie comme sa virtualité, c'est à cette virtualité que s'alimente le désir totalitaire lui-même. Reste à s'interroger, à l'épreuve de la décomposition du totalitarisme, sur le devenir de l'« invention » démocratique.

MYRIAM REVAULT D'ALLONNES.

LE FORT Gertrud von. Poétesse et romancière allemande. Née le 11 octobre 1876 à Minden, morte le 1er novembre 1971 à Oberstdorf (Allgau). Descendante d'une famille huguenote, fille d'un colonel prussien, elle suit des études de théologie et d'histoire à Heidelberg, Marburg, Berlin, et compte un temps au nombre des disciples d'Ernst Troeltsch, philosophe protestant des religions. Elle se convertit au catholicisme en 1926 et se consacre bientôt entièrement au métier d'écrivain. Sous le nazisme, elle vit à Baierbrunn, près de Munich, avant de chercher refuge en Suisse à partir de 1939. Après la guerre, elle s'installe définitivement à Oberstdorf. Elle reçoit multiples distinctions : prix Gottfried Keller en 1952, Grand prix de Rhénanie-Westphalie, en 1955, etc.

L'œuvre de G. von Le Fort appartient à la littérature d'inspiration catholique qui s'est développée en Allemagne entre les deux guerres, courant auquel se rattachent, entre autres, Werner Bergengruen et Elisabeth Langgässer. Son premier recueil lyrique, *Hymnes à l'Église* [*Hymnen an die Kirche*, 1924], écrit sous forme de psaumes, nourri d'images bibliques, se conçoit comme un dialogue où Dieu répond par la voix de l'Église à une âme qui cherche la vérité. Avec les *Hymnes à l'Allemagne* [*Hymnen an Deutschland*, 1932], G. von Le Fort chante le vieux rêve du Saint-Empire, idéal du « visage majestueux du pouvoir redevenu chrétien ». De son œuvre épique, on retiendra son premier roman *Le Voile de Véronique* [*Das Schweisstuch der Veronika*, 1928], qui raconte la conversion au catholicisme d'une jeune fille dans la Rome antique, et surtout *La Dernière à l'échafaud* (*) (1931), dont Georges Bernanos tira ses *Dialogues des carmélites* (*) : la foi triomphant de la terreur révolutionnaire. Dans la dernière période de sa production littéraire, G. von Le Fort cultive avec prédilection le genre de la nouvelle. Certaines d'entre elles, comme *La Femme de Pilate* [*Die Frau des Pilatus*, 1955] – qui raconte comment la femme du procurateur de Judée essaya de sauver Jésus –, connaissent un grand succès. G. von Le Fort est toujours restée fidèle à elle-même : toutes ses œuvres, lyriques ou épiques, sont des variations sur le thème fondamental de la grâce.

JEAN-JACQUES POLLET.

LE GOFF Jacques. Historien français. Né à Toulon le 1er janvier 1924. La carrière du grand médiéviste Jacques Le Goff débute de façon très classique (École normale supérieure, agrégation, bourse à Oxford, École française de Rome, entrée rapide à l'université), mais elle prend un tournant décisif au début des années 1960, lorsque l'historien entre à la VIe section de l'École pratique des hautes études, fondée une douzaine d'années auparavant par Fernand Braudel ; de 1972 à 1977, il est président de cet établissement qui devient en 1975 l'École des hautes études en sciences sociales. Ce choix de carrière signale un désir de rénover l'histoire médiévale par une pratique de l'interdisciplinarité et par le recours aux sciences sociales ; cette orientation apparaît clairement dans une somme vaste et accessible, *La Civilisation de l'Occident médiéval* (*) (1964), qui a créé et popularisé une image nouvelle du Moyen Âge, plus complexe et plus attrayante à la fois.

L'apport de Jacques Le Goff à l'histoire médiévale peut se définir selon deux axes : d'une part, il a construit les éléments d'une histoire sociale de la ville médiévale. Marc Bloch avait été le premier à proposer de substituer à une histoire formelle et institutionnelle de la féodalité une approche sociale ; il avait été suivi par deux générations de médiévistes (Georges Duby, Robert Fossier, Pierre Toubert). Mais ces recherches concernaient essentiellement l'histoire rurale. Il revenait à Jacques Le Goff de bâtir une histoire sociale de la ville, commencée dans son premier ouvrage (*Marchands et banquiers au Moyen Âge*, 1956), poursuivie peu après par *Les Intellectuels au Moyen Âge* (1957). Ce livre, usant d'un anachronisme volontaire et fécond, montrait l'importance du phénomène de professionnalisation du savoir, autour des universités ; il a ouvert de vastes chantiers de recherche. Cet intérêt pour la ville et les groupes urbains se retrouve dans l'*Histoire de la France urbaine* (en collaboration avec Georges Duby, 1980) et dans *L'Homme médiéval* (1989).

D'autre part, Jacques Le Goff a bâti une histoire des mentalités médiévales, attentive aux globalités qui permettent de relier des domaines jusque-là distincts, comme la théologie et les activités commerciales ou artisanales (*La Naissance du purgatoire*, 1981 ; *La Bourse et la Vie*, 1986). Ce souci de la totalité anthropologique lui a fait utiliser des sources apparemment marginales ou mineures : la littérature, les légendes ou les exemples de sermons, les images, les descriptions de rituels (*Pour un autre Moyen Âge*, 1977, *L'Imaginaire médiéval*, 1985).

Ces tâches nouvelles se sont accompagnées d'une réflexion historiographique importante : *Faire de l'Histoire*, avec Nora (1974), *La Nouvelle Histoire*, avec Chartier et Revel (1978), *Histoire et Mémoire* (1988).

ALAIN BOUREAU.

LE GOFFIC Charles. Poète, romancier, essayiste et critique français. Né à Lannion (Côtes-du-Nord) le 14 juillet 1863, mort dans cette même ville le 12 février 1932. De vieille souche celtique (son patronyme signifie « le petit forgeron »), avec quelques gouttes de sang vénitien dans la lignée maternelle, fils d'un imprimeur, il poursuivit ses études à Nantes, Rennes, Paris, et effectua un bref passage dans le professorat. En 1885, avec Barrès et Jules Tellier, il fonda *Les Chroniques,* revue littéraire très vivante où, notamment, Le Goffic donna la mesure de son grand talent en vers et en prose. Quatre ans après paraissait une plaquette de poèmes intitulée *Amour breton,* dont les thèmes et une musicalité très particulière, repris dans le volume plus compact du *Bois dormant* (1900), marquent une date dans l'évolution du lyrisme armoricain, immédiatement après Villiers de l'Isle-Adam et Tristan Corbière. C'est ce *gemitus britonum,* mais surtout « ce petit chant qui fait pleurer », selon Michelet, que l'on ne saurait comparer qu'aux meilleures partitions de Verlaine, antérieures de dix ans mais qui n'en semblent pas directement responsables. De quelque valeur littéraire que témoignent des romans et des contes comme *Le Crucifié de Kéraliès* (1892), *Passions celtes* (1908) qui inspirèrent *Le Pays* de Guy Ropartz, *Passé l'amour* (1895), *Morgane* (1898) ou les excellentes études folkloriques telles que *L'Âme bretonne* (1902-1908) et *Sur la côte* (*) (1928), ou les émouvantes et fortes évocations historiques de *Dixmude* (1915) (qui firent beaucoup pour l'élection de Le Goffic à l'Académie en 1931), c'est avant tout le poète qui survit en lui, peut-être par la vertu d'une lointaine hérédité. Ce privilège lui fut accordé à nouveau dans la dernière étape de sa carrière, lorsqu'il retrouva ses accents anciens pour chanter la perte de sa fille, morte en son printemps : *Le Treizain de la nostalgie et du déchirement* (1926) atteint le niveau même des *Pauca Meae* de Victor Hugo.

YVES-GÉRARD LE DANTEC.

♦ *« Il a su donner à l'incertitude des choses une voix précise, une voix classique et latine. »* Ch. Maurras. ♦ *« Délicatement attentif à la beauté des paysages, aux féeries de la lumière, aux plus divers aspects de l'humanité en liesse ou en deuil autour de lui, dans l'angoisse ou l'espérance, il en fut le peintre véridique dont la couleur est tour à tour subtile et fastueuse. »* Georges Lecomte.

RÉF. : Gabriel Audiat, *Charles Le Goffic,* Saint-Amand, 1922. – Henry Bordeaux et Ch. Le Goffic, *Le Fauteuil de François de Curel,* Paris, 1931. – Y.-G. Le Dantec, préface à *Ombres lyriques et romanesques,* de Ch. Le Goffic, Paris, 1933. – Lydia Frazer, *La Bretagne de Ch. Le Goffic,* Paris, 1936.

LEGOUVÉ Ernest. Né et mort à Paris 1807-1903. Fils du poète et dramaturge français Gabriel Legouvé (1764-1812), Ernest Legouvé écrivit d'abord des poèmes ; il obtint en 1829 le prix de poésie de l'Académie française pour *La Découverte de l'imprimerie,* et publia en 1832 un recueil de petits poèmes, *Les Morts bizarres.* Legouvé fut aussi romancier avec *Max* (1833), *Les Vieillards* (1834), *Édith de Falsen* (1840), mais c'est le théâtre qui devait lui donner une certaine célébrité : il composa en collaboration avec Scribe un drame en prose, *Adrienne Lecouvreur* (*) (1849) qui fut joué par Rachel et reçut un accueil triomphal. *Médée* (1854), tragédie écrite pour Rachel mais refusée par elle, fut jouée dans de nombreux pays d'Europe ; ces drames romantiques nous paraissent aujourd'hui bien conventionnels. Les comédies de Legouvé, *Les Contes de la reine de Navarre* (1850), *Bataille de dames* (*) (1851), sont souvent spirituelles.

Ce dramaturge fut aussi un conférencier apprécié qui sut séduire en multipliant les anecdotes ; il donna, au Collège de France, des cours rassemblés sous le titre d'*Histoire morale des femmes* (1848) ; il y défend les droits des femmes, dont il souligne le rôle dans la famille et la société. Grand liseur, Legouvé traite aussi de *L'Art de la lecture* (1878). Ce féministe de la première heure se vit confier des responsabilités pédagogiques par Jules Ferry, qui le nomma à la direction des études à l'École normale de Sèvres pour l'enseignement des jeunes filles (1881). Académicien en 1855, Legouvé nous apporte un intéressant témoignage sur son temps dans ses mémoires, *Soixante Ans de souvenirs* (1886-1887), où il parle moins de lui que des grands contemporains qu'il a connus (Berlioz, Eugène Sue).

PIERRE-JEAN DUFIEF.

LEGRENZI Giovanni. Compositeur italien. Né à Clusone (Bergame) le 12 août 1626, mort à Venise le 27 mai 1690. Organiste à Sainte-Marie-Majeure de Bergame à partir de 1654, il est ensuite maître de chapelle à l'Accademia dello Spirito Sancto à Ferrare (1657-65). Il se fixe plus tard à Venise où il fait représenter de nombreux opéras. En 1681, il est nommé vice-maître de chapelle à Saint-Marc et obtient le poste titulaire en 1685. Il a composé beaucoup de musique instrumentale, et c'est à lui que l'on doit la distinction entre la *Sonata da chiesa* et la *Sonata da camera* (dans son opus 2, 1655). Parmi la vingtaine d'opéras qu'il a fait représenter, de style essentiellement héroï-comique, *Achille à Scyros* (*) (1663), *Germanico sul Reno* (1676), *Antioco il grande* (1681), *Giustino* (1683).

ALAIN PÂRIS.

LEHÁR Franz. Compositeur autrichien. Né à Komàron, en Slovaquie (district de Bratislava), le 30 avril 1870, mort à Bad Ischl le 24 octobre 1948. Après avoir terminé ses études musicales au Conservatoire de Prague, il débuta dans la carrière théâtrale par deux opéras, *Rodrigo* et *Tatjana,* représentés sans succès en 1893 et 1896. Se sentant plus doué pour traiter des formes plus légères, il se tourna vers l'opérette. Ce genre avait acquis en Allemagne une physionomie bien particulière et se distinguait de l'opérette française : expression d'un monde agréablement frivole, d'une sensualité facile et vague, l'opérette allemande était liée à la danse qui, dans le climat viennois de Lanner et de Johann Strauss, s'était enrichie de formes brillantes et séduisantes. C'est précisément à Vienne que presque toutes les opérettes de Franz Lehár furent données pour la première fois. Celles qui connurent le plus grand succès sont : *La Veuve joyeuse* (*) (1905), *Le Comte de*

Luxembourg [*Der Graf von Luxemburg,* 1909], *Eva* (1911), *Paganini* (1925). *Le Tsarévitch* (1927), *Le Pays du sourire* (*) (1929).

RÉF. : Gaston Knosp, *Franz Lehár, une vie d'artiste,* Bruxelles, 1935. – Max Shönherr, *Franz Lehár : Bibliographie zu Leben und Werk,* Vienne, 1970.

LEHMANN John Frederick. Poète et mémorialiste anglais. Né dans le Buckinghamshire le 2 juin 1907, mort en 1988. Frère de la romancière Rosamond Lehmann, il fit ses études à Eton puis à Cambridge. Auteur de plusieurs recueils de poèmes : *Retour au jardin* [*A Garden revisited,* 1931], *Quarante poèmes* [*Forty Poems,* 1942], il fonda sa propre maison d'édition en 1946, qu'il céda en 1952. En créant aussi les revues *New Writing* et *The London Magazine,* il donna leur chance à de jeunes écrivains. Ses *Poésies complètes* [*Complete Poems*] furent publiées en 1963 après une autobiographie en trois volumes : *La Galerie des murmures* (*) (1955), *Je suis mon frère* [*I am my Brother,* 1960], *La Grande Affaire* [*The Ample Proposition,* 1966].

LEHMANN Rosamond. Romancière anglaise. Née à Bourne End (Buckinghamshire) le 3 février 1901, morte à Londres le 12 mars 1990. Elle fit des études privées, poursuivies à Cambridge, et devint Mrs. Wogan Philips en 1928. Son premier roman, *Poussière* (*) (1927), obtint dans la traduction française un succès qu'on pourrait dire retentissant s'il ne s'agissait d'un récit aussi délicat, aussi irisé – succès qui laissa les Anglais interdits et serait peut-être incompréhensible aujourd'hui, en France même ! Il s'agit d'une évocation d'amours adolescentes ambiguës où les sentiments sont appréhendés à leur source. Suivront *Une note de musique* [*A Note of Music,* 1930], puis *Intempéries* (*) (1936), récit de malentendus conjugaux et extra-conjugaux, en eux-mêmes tragiques, mais qui se dissolvent dans l'incertitude des moments et dans la résignation de l'héroïne. *La Ballade et la Source* (*) (1944) déploie ses aventures sur un canevas plus large : en fait sur trois générations, mettant en scène l'inceste, la folie, la cruauté ; avec pour narratrice une fillette de dix ans ! Sans doute est-ce le meilleur roman de l'auteur, qui écrira quelques autres récits, dont *Le Jour enseveli* [*The Echoing Grove,* 1953], puis se taira longtemps avant de s'intéresser finalement à la parapsychologie.

RÉF. : M.-J. Codaccioni, *L'Œuvre de Rosamond Lehmann, sa contribution au roman féminin,* Paris, 1983.

LEHMANN Wilhelm. Écrivain allemand. Né le 4 mai 1882 à Puerto Cabello (Venezuela), mort le 17 novembre 1968 à Eckernförde (Schleswig-Holstein). Sa poésie exerça une grande influence, après 1945, sur le lyrisme contemporain. Son existence fut discrète : il fut professeur à Kiel, Neumünster et Eckernförde jusqu'en 1947 avant de se consacrer entièrement à la littérature. C'était un ami d'Oskar Loerke et de Moritz Heimann.

Lehmann écrivit d'abord des romans : *L'Iconoclaste* [*Der Bilderstürmer,* 1917], *La Chrysalide* [*Die Schmetterlingspuppe,* 1918], *Weingott* (1921), qui lui valut de partager avec Robert Musil le prix Heinrich von Kleist (en 1923), et *La Gloire de l'existence* (*) (1953) – récits presque immobiles qui décrivent un refus de l'âge technique et font goûter une dégénérescence « à l'écoute de la terre ».

Lehmann ne vint que tard au lyrisme : son premier recueil de poèmes, *Réponse du silence* [*Antwort des Schweigens*], date de 1935. Citons, parmi les autres titres : *Le Dieu Vert* [*Der Grüne Gott,* 1942], *Ne suffit encore* [*Noch nicht genug,* 1950], *Le Jour qui demeure* [*Uberlebender Tag,* 1954], etc. La nature, thème unique du lyrisme de Lehmann, est conçue comme un champ illimité de détails infimes que le poète révèle avec une précision microscopique : « univers de spores et de graines », comme l'écrit Loerke. Lehmann veut « faire exulter la matière », saisir l'« éternité » des plus minuscules parcelles de vie : « Voir suffit pour demeurer. » On trouve une formulation théorique de cet art poétique dans les essais *Mon expérience de la poésie* [*Erfahrungen mit Gedichten,* 1959], *Art du poème* [*Kunst des Gedichts,* 1961]. En 1957 parut un choix de textes sous le titre *Mes livres de poésie* (*).

JEAN-JACQUES POLLET.

RÉF. : H. Bruns, *W. L. Sein Leben und Dichten. Eine Chronik,* Kiel, 1962. – G. E. Bauer-Rabé, *Hälfte des Lebens. Untersuchungen zu den Tagebüchern W. L. s. 1900-1925,* Würzburg, 1986.

LEHTONEN Joel. Écrivain finlandais. Né le 27 novembre 1881 à Sääminki (province de Savo, Finlande), mort le 20 novembre 1934 à Huopalahti. Fils illégitime d'une paysanne pauvre, il fut adopté par une famille bourgeoise cultivée qui lui assura une enfance heureuse et lui offrit la possibilité de faire des études. Lehtonen toutefois ne se conforma pas totalement aux désirs de sa famille d'adoption et, au moment de s'inscrire à l'université, voulut faire du journalisme. Ses premiers récits et ses premiers poèmes (1904-06) reflètent l'esprit néo-romantique national ; puis Lehtonen entra en contact avec la culture européenne, non seulement par la lecture, mais en accomplissant un long voyage (1907-08) qui l'amena jusqu'en Italie. C'est à ce dernier pays qu'il dédia son livre *Le Myrte et la Rose alpine* [*Myrtti ja alppiruusu,* 1911] ; il publia également plus tard, en 1914, une traduction de vingt-neuf nouvelles choisies dans le *Décaméron* (*). La campagne si belle de sa province natale de Savo sert de décor à certains de ses recueils lyriques, tels que *Souvenirs aimés* [*Rakkaita muistoja,* 1911] et *Les Foires* [*Markkinoilta,*

1912]. La déclaration de la Première Guerre mondiale le trouva au Sahara. Revenu dans sa patrie, il utilisa ces années d'immobilité forcée à composer deux grands romans, ses meilleurs, dont l'action se situe dans la région de Sääminki et Savonlinna : *Une fois, en été* [*Kerran kesällä*, 1917] et *Putkinotko* (*) (1919-20) ; ce dernier, en deux volumes, décrit avec un grand réalisme une journée de la vie d'une famille paysanne. Ses romans : *L'Estropié amoureux* [*Rakastanut rampa*, 1922], *Les Enfants de l'oppression* [*Sorronlapset*, 1923] et *L'Homme rouge* [*Punainen mies*, 1925], relèvent plus nettement d'une thèse sociale.

Parmi la production de cet écrivain, d'une richesse allant jusqu'à l'exubérance, d'un style vigoureux, il faut encore citer les livres de souvenirs, *L'Enfant du hasard* [*Onnen poika*, 1925] et *Le Pays du bonheur* [*Lintukoto*, 1929], l'histoire des animaux, *Rai fille de Jakker* [*Rai Jakkerintytär*, 1927], et la satire, *Lutte des esprits* [*Henkien taistelu*, 1933].

LEIBNIZ Gottfried Wilhelm. Le plus grand philosophe allemand avant Kant, mathématicien, théologien, chimiste, ingénieur, historien, diplomate, bibliothécaire, est né le 1er juillet 1646 à Leipzig ; il est mort le 14 novembre 1716 à Hanovre. Son père était professeur de philosophie morale dans une institution religieuse de Leipzig. Son nom (Lubeniecz, Leibnüz) dénonce les origines slaves de la famille ; mais depuis trois générations les Leibniz (le *t* de Leibnitz est une lettre parasite venant de la forme latinisée Leibnitius) vivaient en Saxe, sujets fidèles et fonctionnaires des électeurs de ce pays. D'abord élève à la Nikolaïschule de Leipzig, Leibniz, dès la mort de son père (1652), paraît avoir été son propre précepteur. Il apprit le latin seul, dans le *Thesaurus* de Calvisius et une édition illustrée de Tite-Live ; et avant l'âge de onze ans il put lire, dans la bibliothèque de feu son père (« tolle, lege »), Virgile, Horace, Ausone, saint Thomas, Fonseca, Zabarella, Suarez, Luther. Il écrivait avec aisance des vers latins et commençait à apprendre le grec ; mais ce sont, déjà à cette époque, la logique et la métaphysique qui lui fournissaient à la fois ses inquiétudes et les moyens de les apaiser. On résiste mal à l'envie de citer ce passage célèbre, qu'on lit partout : « J'ai lu les scolastiques avec une ardeur qui inquiétait mes maîtres... J'exprimais des idées singulières, et qui semblaient profondes, sur le principe d'individuation, la composition du continu, le concours de Dieu, et je n'ai pas regretté plus tard d'avoir goûté à ce genre d'étude. » À quinze ans, l'adolescent entre à la faculté des arts de Leipzig ; il y travaille principalement avec Thomasius, qui venait de fonder l'étude scientifique de l'histoire de la philosophie en Allemagne. Thomasius était un scolastique ; mais c'est la rencontre avec ce maître qui donna sans doute à Leibniz l'idée de lire Ficin, Cardan, Bacon, Campanella, Descartes qui, diversement, refusaient la pensée figée du Moyen Âge ; il réfléchit à l'opposition des doctrines anciennes et nouvelles. Ici encore, ce fragment autobiographique mérite d'être cité : « Plus tard, quand j'eus quitté l'école élémentaire, je découvris les nouveaux philosophes, et je me rappelle qu'à l'âge de quinze ans je me promenais tout seul aux environs de Leipzig, dans un petit bois qui s'appelle Rosenthal, pour délibérer en moi-même si je conserverais les formes substantielles. Ce fut le mécanisme qui l'emporta, et qui me conduisit aux mathématiques. »

À dix-sept ans, une *Dissertatio de principio individui* (l'individualité est constituée par l'entière entité ou essence de la chose) lui valut le titre de bachelier ès arts. Puis il quitta Leipzig, la coutume allemande prescrivant aux étudiants une vie errante et des maîtres divers. En 1663, on le trouve à Iéna, où Weigel lui enseigne les hautes mathématiques du temps. Enfin de nouveau à Leipzig, Leibniz passe à la faculté de droit. En 1666, le titre de docteur lui est refusé en raison de son jeune âge. Leibniz abandonne alors, pour toujours, sa ville natale : il va soutenir ses thèses, toutes prêtes, à Altdorf (dont l'université dépendait de la cité libre de Nuremberg), où sa brillante dissertation *De casibus perplexis in jure* lui offre l'occasion d'une revanche : c'est son tour de refuser, aux professeurs d'Altdorf, la chaire qu'ils lui demandent d'accepter. La même année voit paraître *De arte combinatoria*, avant-projet d'une réforme du symbolisme et de la logique. Et il commence alors une *Nova methodus discendae docendaeque jurisprudentiae*, qui souligne pour la première fois l'importance de la méthode historique en droit (elle sera publiée en 1667).

À Nuremberg, Leibniz se lie avec des alchimistes, des rose-croix, mystificateurs inoffensifs que Leibniz mystifia eux-mêmes. Fontenelle a raconté cet épisode, dont le burlesque ne va pas sans une certaine poésie : « Il apprit qu'il y avait [à Nuremberg] une société fort cachée de gens qui travaillaient en chimie, et cherchaient la pierre philosophale. Aussitôt le voilà possédé du désir de profiter de cette occasion pour devenir chimiste ; mais la difficulté était d'être initié dans les mystères. Il prit des livres de chimie, en rassembla les expressions les plus obscures et qu'il entendait le moins, en composa une lettre inintelligible pour lui-même, l'adressa au directeur de la société secrète, demandant à y être admis sur les preuves qu'il donnait de son grand savoir. On ne douta point que l'auteur de la lettre ne fût un adepte, ou à peu près ; il fut reçu avec honneur dans le laboratoire, et prié d'y faire les fonctions de secrétaire. On lui offrit même une pension. Il s'instruisit beaucoup avec eux, tandis qu'ils croyaient s'instruire avec lui. »

Mais surtout Leibniz y fait la connaissance de Boineburg (1622-1672), un des hommes politiques les plus éminents d'Allemagne, et ancien ministre de l'archevêque électeur de Mayence, Johann-Philipp Schönborn. Boineburg engage son jeune ami à achever et à publier sa *Nova methodus*, afin de pouvoir la présenter personnellement à l'électeur. Le stratagème réussit, et Leibniz est adjoint au juriste Lasser, qui travaillait alors à un projet d'unification du droit allemand. Avec Lasser, Leibniz publie, en 1668, une *Ratio corporis juris reconcinnandi*, qui fit du bruit. Mais l'électeur de Mayence avait aussi d'autres soucis que le « raccommodage » des codes germaniques.

Cependant il fallait surveiller l'élection du roi de Pologne (1669), favoriser la candidature d'un prince allemand. Aussi Leibniz fut-il chargé d'écrire un *Specimen demonstrationum politicarum pro rege Polonorum eligendi*, où une suite de sorites démontre avec une parfaite clarté la nécessité d'élire roi, dans l'intérêt même de la Pologne, le comte palatin de Neuburg. Illogique comme toujours, la Diète élit néanmoins un prince polonais. La même rage de démontrer inspire également, dès 1667, la *Confessio naturae contra Atheistas* et, en 1669 encore, une *Defensio Trinitatis per nova reperta logica*, celle-là prouvant, contre les athées, l'existence de Dieu et l'immortalité de l'âme, celle-ci concluant, contre les sociniens, à la Trinité.

En 1670-1671, tout en continuant ses travaux sur l'unification du droit, Leibniz compose et publie sa physique, franco-anglaise par ses origines (Descartes, Hobbes, Boyle) comme aussi par sa destination : car Leibniz, en bon diplomate, en a préparé deux versions, l'une, mieux adaptée à l'esprit français, croit-il, et qu'il envoie à l'Académie des sciences : *Theoria motus abstracti* ; l'autre, davantage appropriée à l'intelligence des insulaires, *Theoria motus concreti* (ou *Hypothesis physica nova*), et qu'il dédie à la Société royale de Londres. La version *abstraite* pose le problème général, qui est « celui du rapport entre le repos et le mouvement » ; Leibniz pense le résoudre en faisant appel au *conatus* (lointain descendant de l'*energeia* de Jean Philopon, de l'*impetus* de Jean Buridan, de l'*impeto* et de la *forza* de Léonard de Vinci et de Galilée, « effort », ou passage du repos au mouvement). La version « concrète » part des *phénomènes* et aboutit à une simplification non négligeable des « tourbillons » de Descartes. Ainsi les *conatus* de Hobbes sont envoyés en mission à Paris et les tourbillons cartésiens en ambassade à Londres : remarquable réussite d'une « combinatoire » diplomatique.

Entre-temps, la carrière de courtisan suit son cours. « Après la guerre de Dévolution et l'occupation de la Flandre par Louis XIV, l'Angleterre, la Hollande et la Suède avaient formé la Triple Alliance de La Haye. Les électeurs de Trèves, de Cologne et de Mayence, sollicités d'y entrer, et craignant que les Français n'envahissent la Lorraine, hésitaient. » À Schwalbach où, en présence de Boineburg, les électeurs de Trèves et de Mayence procèdent à un « échange de vues », Leibniz rédige hâtivement la première partie d'un mémoire sur la *Securitas publica interna et externa* (connue aussi sous le nom de *Bedencken*) : il y prône le neutralisme rhénan, ferme garant de la future unité allemande, et lance déjà la Suède et la Pologne sur la Russie, le Danemark à la conquête de l'Amérique du Nord, la Hollande sur l'Inde orientale. Un peu plus tard, Louis XIV, irréparablement, entre en Lorraine ; et Leibniz complète alors son mémoire : Louis a tort de se quereller avec ses voisins d'Europe ; une proie bien plus tentante l'attend en Afrique : « Je crois, dit-il, que si le roi de France possédait Constantinople et Le Caire, tout l'Empire turc serait conquis en même temps. Et plût à Dieu qu'il cherchât un tel chemin vers la monarchie. » De novembre 1670 à mars 1672, lorsqu'il se rendit à Paris soumettre ses plans à Louis XIV, Leibniz, de concert avec Boineburg, travaille à son expédition d'Égypte. Il sortit, de ces labeurs, un fort logique *De expeditione Aegyptiaca regi Franciae proponenda*, un séjour à Paris et, par voie de conséquence, une métaphysique inédite, ainsi que le calcul différentiel (après un bref séjour à Londres).

Leibniz restera à Paris près de cinq ans. Il y fréquentera non seulement des diplomates et des courtisans (dont l'un, Pomponne, devait répondre en 1672 à Boineburg, à propos de l'expédition d'Égypte, « que les projets de guerre sainte ont cessé d'être à la mode depuis Saint Louis »), mais aussi des théologiens, comme le grand Arnauld, des philosophes comme Malebranche, des savants comme Christian Huyghens. À chacun Leibniz paiera son tribut d'enthousiasme et d'ingéniosité : à Arnauld, qui s'en indignera, il fera don d'une prière « synthétique », capable d'agréer à la fois aux dieux de la chrétienté, du judaïsme et de l'islam ; à Huyghens, qui le guide dans ses lectures mathématiques, il fera offrande de son calcul ; à Malebranche, celle de sa métaphysique qui substitue aux causes occasionnelles l'harmonie préétablie. Dès le début de 1673, la parenthèse londonienne, longue de six semaines, est importante : outre-Manche, Leibniz rencontre des savants, surtout des mathématiciens, Wren et Pell entre autres, mais aussi l'universel Oldenburg et le chimiste Boyle. À Pell, le diplomate prodige fait part d'une découverte mathématique qu'il estime capitale ; mais elle est moins neuve qu'il ne croit, et Leibniz devra s'en consoler en organisant, sur les traces de Cavalieri, et peut-être de Newton, une révolution dans l'infini...

Entre-temps ses protecteurs meurent, tour à tour, Boineburg en décembre 1672, Schönborn en février 1673 ; et Leibniz connaît des jours difficiles, avant d'être pris au service du duc de Brunswick, Johann-Friedrich. Il compose alors, pour vivre, des pamphlets politiques, s'occupe de l'éducation du fils de Boineburg, édite, pour Huet, Martianus

Capella, encyclopédiste romain, « ad usum Delphini ». C'est l'époque des projets : machine à calculer, préférable à celle de Pascal, compas algébriques, inspirés de ceux de Descartes, compresseur d'air, sous-marin, successivement, défilent sous l'œil intéressé ou sceptique des sommités scientifiques. Enfin, à l'automne de 1675 – peu de jours après avoir découvert, dans une figure de Pascal, les principes du calcul différentiel et intégral, et ordonné ceux de sa métaphysique –, Leibniz, qui vient d'être nommé bibliothécaire du duc de Brunswick, se décide à quitter Paris, regagnant son poste par le chemin des écoliers : à nouveau Londres, où il s'entretiendra avec le mathématicien Collins, puis La Haye, où il fera la connaissance d'un juif obscur et obstiné, Spinoza, qui écrivait une *Éthique* (*). Un an après son départ, sa fringale de voyages enfin apaisée, il s'installe à Hanovre, où il passera, sous trois princes différents, les quarante dernières années de sa vie.

Jusqu'à 1680 environ, les soucis de Leibniz sont surtout d'ordre politique et religieux. En 1677, il publie *Caesarinus Fürstenerius, de jure Suprematus ac Legationis Principum Germaniae*, où se lit une position moyenne entre celle des partisans de l'Empire et celle des partisans des « Länder » allemands. Mais il ne laisse pas pour autant en friche ses dons d'inventeur et de savant. En 1679, il entreprend de moderniser la mine de Clausthal, dans le Harz, où le duc Johann Friedrich a des intérêts. Un peu auparavant il participe, en compagnie d'alchimistes et de charlatans divers, à des recherches bizarres, dont devait sortir la découverte, par Brand, du phosphore. Enfin, entre 1677 et 1680, Leibniz met au point les idées philosophiques conçues sous le ciel de Lutèce, écrivant un nombre prodigieux de mémoires, de notes, de brouillons, dont aucun cependant ne sera publié avant 1690. À Johann-Friedrich, mort le 7 janvier 1680, succède son frère aîné, d'abord injustement dépossédé de ses droits par le souverain défunt. Sous Ernest-Auguste, Leibniz se confinera plus strictement dans son rôle de bibliothécaire. Il est vrai qu'Ernest-Auguste a un faible pour l'histoire. Qu'à cela ne tienne : Leibniz sera l'historiographe de la maison ducale. Et c'est également vers cette époque que Leibniz commencera de s'intéresser sérieusement au projet d'union des Églises, qui le mettra en rapports avec Bossuet. Pourtant, si la surface mondaine est ainsi moins brillante que sous le règne précédent, la pensée de Leibniz ne cesse de gagner en profondeur et en ampleur. Coup sur coup il rédige, en 1682, le *De vera proportione circuli ad quadratum* ; en 1683, la *Meditatio juridico-mathematica de Interusurio simplice* ; en 1684 enfin, la célèbre *Nouvelle méthode pour déterminer les maxima et les minima* (*) qui expose pour la première fois les bases et le symbolisme du calcul infinitésimal. La même année, Leibniz compose le premier écrit où apparaît sa philosophie définitive : *Meditationes de cognitione, veritate et ideis*. Mais c'est surtout dans le *Discours de métaphysique* (*), écrit en français, comme la plupart des œuvres philosophiques marquantes de Leibniz, ainsi que dans la *Correspondance* avec Arnauld qui le commente (principalement entre 1686 et 1688), qu'on lit l'esquisse complète de son système, où le Cogito cartésien se multiplie et se réfracte à l'infini, dominé par la Monade centrale, ou Dieu. Il fonde également, avec Mencke et Pfautz, la première revue scientifique allemande, les *Acta eruditorum Lipsiensia*, dont il sera l'un des principaux collaborateurs. Pourtant, l'activité de Leibniz est surtout « souterraine » : pour un mémoire qu'il donne au public, cinquante demeurent secrets, où sont traités et résolus « problèmes des tangentes, des tangentes inverses, rectifications, quadratures, lieux géométriques, probabilités, rentes à vie, critique des lois cartésiennes du mouvement, de la conservation de la quantité de mouvement, élasticité, mécanique des fluides, mouvements des planètes, théorie de la lumière », « combinatoire », « caractéristique », langue universelle... Leibniz s'occupe également de la réunion des Églises, sans grand succès, cherche à concilier, en désespoir de cause, luthériens et réformés, ne convainc personne, lutte, se décourage...

En 1687, il part pour l'Autriche et l'Italie, ayant pour mission de rechercher dans les bibliothèques et les archives des documents intéressant l'histoire de la maison de Brunswick. Il passe par la Hesse, la Rhénanie, la Franconie, la Bavière, la Bohême, séjournant à Munich, à Francfort, à Sulzbach. Puis, au début de 1689, il gagne Venise, Ferrare, Rome. Partout il visite, s'enquiert, s'entretient, discute, démontre, invente, se passionne ; son insatiable curiosité ne lui laisse point de repos. À Rome, où il restera sept mois, en 1689, il est admis à l'*Accademia fisico-mathematica*, et on lui offre – à condition de changer de religion – la direction de la bibliothèque vaticane ; mais il refuse et la charge et l'apostasie. À Modène il fait, pour terminer, une découverte qui remplira de joie Ernest-Auguste : la parenté des maisons de Brunswick et d'Este est démontrée par quelques pierres tombales. Pourtant, son absence est trop longue, et le duc lui réservera, à son retour (juin 1690), un accueil glacé, refusant même de participer aux frais de son escapade généalogique. Peut-être pour se faire pardonner, Leibniz accepte alors un travail titanesque : la rédaction et la publication d'une *Histoire de la maison de Brunswick*. Le duc, réconcilié, l'emploie également à des besognes subalternes diverses ; à la Cour, le philosophe voit défiler devant lui des intrigues, des tragédies, des drames de palais ; enfin le titre envié de Geheimrath (conseiller secret) viendra récompenser cet universel et secret génie (1696). Mais, deux ans après, Ernest-Auguste meurt.

Georg-Ludwig, qui l'a remplacé, ne voit plus en Leibniz qu'un vestige encombrant des règnes précédents. À mesure que sa réputation grandit, son crédit auprès du monarque s'épuise. Cela n'empêchera pas Leibniz de travailler, avec une rage juvénile et extrêmement sympathique : il publie volume sur volume, mémoire sur mémoire, donnant tous ses soins à l'œuvre historique qu'il veut grandiose, mais sans négliger cependant mathématiques, physique, théologie, logique, métaphysique. De cette période datent, entre quantité d'autres, *De primae philosophiae emendatione et de notione substantiae* (1694) ; *Système nouveau de la nature et de la communication des substances* (*) (1693) ; *De ipsa natura sive de vi insita actionibusque creaturarum* (1698). Une correspondance innombrable, des discussions sans fin, un système aux prolongements infinis occupent tout son temps, font rayonner au loin son influence. Un projet considérable, et qui réussira, viendra couronner tout : la création d'une Académie à Berlin. Cette fois, Leibniz a visé plus juste qu'au temps de sa lointaine et chimérique jeunesse : l'Académie sera fondée (le 11 juillet 1700). Peu de temps après, Leibniz écrit son œuvre la plus étendue : les *Nouveaux essais sur l'entendement humain* (*), dirigés contre Locke l'empiriste ; mais la mort de celui-ci empêchera la publication de l'ouvrage.

Une sorte de fatalité poussait cependant le grand Européen qu'était Leibniz à conspirer contre les barbares ; cette fois, c'est la Chine, dont il veut convertir les sujets au christianisme. Charles XII, qu'il entreprend à ce sujet, se contente d'arborer un air distant ; peut-être songe-t-il déjà à sa prochaine défaite, et au refuge qu'il va trouver auprès du Grand Turc. Parviendra-t-on à intéresser le vainqueur de Poltava à la conquête de l'Empire du Milieu — ou, à défaut, à la création d'une Académie à Saint-Pétersbourg ? Leibniz s'y emploie à partir de 1711 ; il veut, tout d'abord, achever de civiliser ces Moscovites à qui on vient déjà, par rescrit impérial, de couper la barbe ; d'où projets, manœuvres, programmes, plans. Mais la Chine reste son souci majeur ; il en admire les symboles, il les interprète, non sans virtuosité, au moyen de son arithmétique binaire, il sait que rien n'est plus propre à remplir d'admiration et de foi le cœur de l'empereur de Chine que ce triomphe des mathématiques chrétiennes... Que d'espoirs, depuis l'Égypte jusqu'à la Chine, en passant par la bibliothèque vaticane et la cour de Pierre le Grand !

Il n'était plus en faveur à celle de Hanovre. Homme d'action manqué, conciliateur récusé, historien écrasé par la masse des fiches, missionnaire sédentaire, Leibniz voyait le prince, et sa suite, lui tourner le dos, en attendant de partir à la conquête du trône et de la cour de Londres. Toute sa vie, Leibniz fut une « monade », sans portes ni fenêtres vers le monde extérieur, et reflétant la prodigieuse variété de l'univers. *Habent sua fata scriptores* : le dernier ouvrage de Leibniz — après les *Essais de théodicée* (*) (1710) qui instruisent le procès de Dieu et, triomphalement, l'acquittent — devait être *La Monadologie* (*), laquelle expose, avec une sorte de génie, un système toujours poursuivi, toujours renvoyé à l'infini, où l'action est illusoire, où toute chose est connaissance et appétit, et dont les dominantes symbolisent ainsi clairement la pensée universelle et l'action impotente du courtisan déçu que des dons inespérés firent, pour son malheur, philosophe.

MARTIAL GUEROULT.

♦ *« Ceux qui aiment à entrer dans le détail des sciences méprisent les recherches abstraites, et ceux qui approfondissent les principes entrent rarement dans les particularités ; pour moi, j'estime également l'un et l'autre. »* Leibniz. ♦ *« Je suis fâché pour Leibniz, qui sûrement était un grand génie, qu'il ait été un peu charlatan... Ajoutez à sa charlatanerie que ses idées sont presque toujours confuses. »* Voltaire. ♦ *« Jamais homme, peut-être, n'a autant lu, autant étudié, plus médité, plus écrit que Leibniz... Ce qu'il a composé sur le monde, sur Dieu, sur la nature, sur l'âme comportait l'éloquence la plus sublime. »* Diderot. ♦ *« Il avait une correspondance littéraire très étendue. Il fournissait des vues aux savants ; il les animait ; il leur applaudissait ; il chérissait autant la gloire des autres que la sienne. »* Fontenelle. ♦ *« Porté à s'élever, comme tous les grands penseurs, à ces spéculations sublimes où plusieurs ne rencontrent plus que le vide, Leibniz se sent constamment ramené sur la terre par la curiosité des faits et le souci du détail. Il a de grandes conceptions, mais il veut qu'elles soient pleines, que le concret s'encadre dans l'abstrait, que le réel trouve à se loger dans l'idéal. »* L. Figuier. ♦ *« Toute la philosophie de Leibniz est, en chaque question, la découverte d'une sorte d'algorithme qui joue,* mutatis mutandis, *le rôle d'algorithme infinitésimal dans le calcul de l'infini. »* Émile Bréhier. ♦ *« Leibniz est une des plus belles intelligences de l'humanité mais, comme homme, peu digne d'admiration. Il possédait, il est vrai, toutes les vertus nécessaires à un excellent employé : il était travailleur, sobre, patient et financièrement honnête. Mais il était totalement dépourvu des hautes vertus philosophiques, si remarquables chez Spinoza, par exemple. »* Bertrand Russell.

RÉF. : Ber. de Fontenelle, *Vie de Leibniz*, Amsterdam, 1720. — Bertrand Russell, *A Critical Exposition of the Philosophy of Leibniz*, Cambridge, 1900, trad. Paris, 1908. — Jean Baruzi, *Leibniz et l'organisation religieuse de la terre*, Paris, 1907. — M. Halbwachs, *Leibniz*, Paris, 1907. — Franz X. Kiefl, *Der Europäische Freiheitskampf gegen die Hegemonie Frankreichs...*, Mayence, 1913. — A. Cresson, *Leibniz, sa vie, son œuvre*, Paris, 1946. — G. Friedmann, *Leibniz et Spinoza*, Paris, 1946. — J. Guitton, *Pascal et Leibniz*, Paris, 1951. — Joseph Moreau, *L'Univers leibnizien*, Lyon, 1956. — Y. Belaval, *Leibniz critique de Descartes*, Paris, 1960. — B. Russell, *La Philosophie de Leibniz*, trad. 1970. — M. Serres, *Le Système de Leibniz et ses modèles mathématiques*, Paris, 1968.

LEINO Eino (pseud. de Armas Eino Leopold Lönnbohm). Écrivain finlandais d'expression finnoise. Né le 6 juillet 1878 à Paltamo d'Ostrobotnia, mort le 10 janvier

1926 à Tuusula près d'Helsinki. Il fit de brillantes études, entra à l'université d'Helsinki à dix-sept ans et fut introduit dans les milieux littéraires par son frère Casimir, de douze ans son aîné, et qui a laissé un nom comme poète et comme critique. Il ne termina toutefois pas ses études et fut journaliste, essayiste, critique, traducteur, auteur dramatique, romancier et poète. Plus de soixante volumes témoignent de ses activités diverses, dont la plus importante fut la poésie. Les deux volumes des *Chants de la fête du printemps* (*) (1903 et 1916) demeurent son chef-d'œuvre. Il s'agit de figures et de légendes populaires finnoises, traitées dans la manière héroïque. Au même genre appartiennent ses deux autres volumes de poèmes, *Simo Hurtta* (1904 et 1919). En 1906, il épousa la poétesse Onerva, mais il ne parvint pas à s'adapter à une vie bourgeoise bien réglée et divorça en 1908, année où il subit une crise assez douloureuse. Le troisième volume du *Journal* de la remarquable femme de lettres Aino Kallas, publié en 1954, nous a permis de connaître la grande passion qui les unit pendant quatre ans (de 1916 à 1919). Nous savons maintenant que les deux héros des *Chants du duc Jean et de Catherine Jagellon* [*Juhanaherttuan ja Catharina Jagellonican lauluja*, 1919] ne sont autres que le poète et celle qu'il aimait. Aino Kallas parvint à guérir Leino de l'alcoolisme, et de ses habitudes vagabondes qui le firent appeler « le poète de l'asphalte d'Helsinki ». Il convient également de rappeler ses poèmes *La Nuit d'hiver* [*Talviyö*, 1905] et *Le Gel* [*Halla*, 1908], ainsi que six volumes d'œuvres théâtrales, parus entre 1905 et 1911. Il traduisit Runeberg, Goethe, Schiller, Corneille, Racine, Anatole France, et toute *La Divine Comédie* (*) (1912-1914).

LEIRIS Michel. Écrivain et ethnologue français. Né et mort à Paris (20 avril 1901-30 septembre 1990). Après une enfance très « bourgeoise » et des études classiques, il fréquente entre 1924 et 1925 le groupe surréaliste, puis collabore à la revue *Documents* (*), dirigée par Georges Bataille. Secrétaire archiviste d'une mission ethnologique qui le mène de Dakar à Djibouti, il en tire un journal, *Afrique fantôme* (*), publié en 1934. À partir de cette époque, il mène de front son travail d'ethnographe et son travail littéraire. Michel Leiris a également été l'un des fondateurs de la revue *Les Temps modernes* (*) (1945).

L'œuvre de Michel Leiris est donc placée sous le double signe de la recherche ethnographique et de la création littéraire. Bien qu'il ait écrit des poèmes – *Simulacre* (1925), *Le Point cardinal* (*) (1927), *Glossaire j'y serre mes gloses* (*) (1939), *Haut mal* (*) (1943), *Bagatelles vétégales* (*) (1956), *Vivantes cendres, innommées* (*) (1961), *Nuits sans nuit* (*) (1961) – ainsi que des essais esthétiques – *André Masson et son univers* (1947), *Brisées* (*) (1966) – et que son œuvre ethnographique soit également importante – *La Langue secrète des Dogons de Sanga* (*) (1948), *Race et Civilisation* (+) (1951), *Contacts de civilisation en Martinique et en Guadeloupe* (+) (1955), *La Possession et ses aspects théâtraux chez les Éthiopiens de Gondar* (+) (1958), *Afrique noire : la création plastique* (1967) –, Michel Leiris est surtout connu pour ce qu'on doit appeler son « aventure biographique ».

Le « roman » *Aurora* (*) (rédigé en 1928, publié en 1946), écrit sous l'influence surréaliste, marque l'entrée dans la lice littéraire de l'écrivain Leiris, avec un mémorable jeu de mot « aurora / horrora », dont tout le livre constitue en quelque sorte l'explication. Peu après la publication de cet ouvrage, Leiris, en proie à un mal-être qui risque, avouera-t-il plus tard, de le conduire à des excès périlleux (il a notamment l'obsession du suicide), entre en psychanalyse. Cette expérience – sur laquelle il reste d'ailleurs fort discret – amènera un bouleversement de sa création littéraire, et marquera le début d'une aventure au terme de laquelle il faut affirmer que l'auteur a renouvelé le genre déjà ancien de l'« autobiographie ».

L'Âge d'homme (*) (1939) s'ouvre par un texte liminaire : *De la littérature considérée comme une tauromachie*, dans lequel Leiris s'interroge sur l'acte d'écrire. Il souhaiterait que la littérature comporte la même dose de risque et d'engagement que la tauromachie. Qui dit tauromachie dit un certain rapport, ritualisé, codifié, à la mort, au sang, à l'animalité. Dit aussi une certaine « théâtralité ». *L'Âge d'homme* marque ainsi le début d'une écriture où l'écrivain se risque à parler de lui-même, et rien que de lui-même, dans un espace où il est question de la mort, du sang, du sexe, de la difficulté de vivre, des fantasmes. L'œuvre de Leiris est ainsi la première, avec celle de Jouve, à avoir comme « condition de possibilité » la psychanalyse, non en tant que « théorie », mais en tant qu'expérience vécue. C'est ainsi que Pontalis a pu qualifier les textes de Leiris de « psychanalyse sans fin ». En effet, dans *L'Âge d'homme*, Leiris nous raconte, très directement, son enfance et son adolescence. Peu d'autobiographies sont aussi franches. Mais ce récit de soi-même a quelque chose de particulier : il se fait à partir des fantasmes de l'auteur (fantasmes sexuels, fantasmes de mort, etc.). Et ces fantasmes s'incarnent, pour Leiris, dans des figures mythiques comme par exemple Judith et Lucrèce, figures à la fois porteuses de vie et de mort, de souffrance et de volupté. Loin donc d'être une confession « nue », la confession de Leiris est une mise en scène presque théâtrale, voire mélodramatique, de ses fantasmes : tout comme Freud donnait à un certain « complexe » le nom mythologique d'Œdipe, l'auteur donne à ses obsessions, ses angoisses, ses fascinations, des noms emblématiques venus tout droit de *La*

Bible ou de l'Antiquité, quand ce n'est pas de l'opéra classique.

Le cycle d'ouvrages qui suit *L'Âge d'homme, La Règle du jeu* (*), va approfondir et d'une certaine manière répéter jusqu'à la lassitude cette quête de soi dont l'auteur, bien entendu, espère – sans trop y croire cependant – un certain « mieux-être », la conjonction d'un « art de vivre » et d'un « art poétique ». *Biffures* (*) (1948), *Fourbis* (*) (1955), *Fibrilles* (*) (1966) et enfin *Frêle bruit* (*) (1976) constituent les étapes successives de la psychanalyse interminable de Leiris. Bien qu'il ait montré dès *Aurora* un amour certain pour les mots, Leiris n'avait pas tout de suite lié sa recherche à une recherche du langage. Dans *Biffures*, c'est à un véritable enfouissement dans le labyrinthe de la langue que nous assistons. Reprenant sa tâche de re-mémorisation de soi pratiquement à zéro, l'auteur aborde cette « recherche du temps perdu » à partir des mots, des réseaux de mots qui semblent constituer la trame même de son « être-au-monde ». Il fouille dans les mots pour s'y re-trouver, il s'enfonce dans ce que Merleau-Ponty a appelé leur « humus », les décompose, les fait jouer entre eux, s'entrechoquer, se répondre. Il fait de l'étymologie subjective. Rarement un écrivain aura fait mieux sentir combien l'existence humaine est marquée par le langage, par les mots, par ce que la psychanalyse appelle les « chaînes de signifiants ». Le titre lui-même invite à un jeu sémantique déjà singulier : *Biffures*, c'est aussi « Bifurs », et Leiris s'explique sur ce double sens : « Que je sois éclairé, à la fin de ces bifurs (ou prospections tentées un peu dans tous les sens) et après de multiples biffures (ou éliminations successives de valeurs illusoires) sur ce que le plus profondément je veux. » Biffer, bifurquer : la tâche est infinie, et au terme de l'ouvrage Leiris avoue un sentiment d'échec : « ce que le plus profondément je veux » se dérobe. *Fourbis* (dont on remarquera que c'est le mot « biffures » inversé) reprend cette quête, mais en renonçant à s'enfoncer aussi profondément dans le labyrinthe des mots. Leiris parle de la mort (sa grande obsession), de sa difficulté de vivre, mais aussi d'un amour qu'il a vécu pendant la « drôle de guerre » en Afrique du Nord. L'ouvrage se rapproche de nouveau de l'autobiographie classique, comme si l'auteur, libéré de la maille des mots, pouvait affronter plus directement le réel. *Fibrilles* est à la fois le récit de l'engagement politique (Leiris, de 1948 à 1962, effectue de nombreux voyages dans le Tiers Monde, et particulièrement en Chine populaire) et de l'effondrement : la mort, qu'il avait peut-être voulu exorciser par les mots, fond sur lui lors d'une tentative de suicide. *Frêle bruit*, enfin, marque le dénouement de toute l'entreprise (qui a duré près de trente ans) : le texte se morcelle, s'éparpille, s'éclaircit de poèmes, de courts récits, comme si Leiris reprenait sur le mode fragmentaire toutes les formes d'écriture qu'il a expérimentées depuis *Aurora*. *La Règle du jeu* s'achève par un constat d'échec : cette recherche d'un « art poétique » qui soit également un « savoir-vivre », ou aussi bien d'une littérature qui soit une « tauromachie », cette synthèse qu'il a si longtemps cherchée (et qu'il croit retrouver chez Aimé Césaire) paraissent plus que jamais hors d'atteinte. La littérature est un labyrinthe qui nous donne perpétuellement l'illusion d'approcher la vérité. Cette conclusion pessimiste, qui cadre tout à fait avec une certaine « morosité » de Leiris, n'ôte rien à la signification de son œuvre. À partir de « prismes de miettes intimes », et d'une existence constamment menacée par l'effondrement ou par la grisaille, l'auteur a réussi à construire une œuvre poursuivie jusque dans son grand âge : *Le Ruban au cou d'Olympia* (*) (1981), *Langage tangage ou ce que les mots me disent* (1985), *Ondes* (1987), *À cor et à cri* (1988), *Images de marque* (1989). Le *Journal (1922-1989)* a été publié posthume en 1992. Cette œuvre, nous l'avons dit, renouvelle radicalement un genre qui, depuis Montaigne et Rousseau, ne faisait que se répéter. Ethnographe de lui-même, découvrant à sa manière que « Je est un autre » (comme est un « autre » le Dogon de Sanga), Michel Leiris nous offre l'une des aventures littéraires les plus lucides de notre siècle.

ANTOINE BERMAN.

♦ *« On admirera... l'honnêteté sans exemple avec laquelle Leiris mène son entreprise et son refus de résorber les antinomies entre vie et mort, mythe et réalité, travail et parole, le langage littéraire et la prose des jours, ce qui assure à ses écrits leur tension incomparable. »* J. B. Pontalis.

RÉF. : J. B. Pontalis, *Après Freud*, Paris, 1965/68. – Michel Butor, *Répertoire I*, Paris, 1960. – Pierre Chappuis, *Michel Leiris*, Paris, 1973. – Philippe Lejeune, *Lire Leiris : Autobiographie et langage*, Paris, 1975.

LEISEWITZ Johann Anton. Écrivain allemand. Né à Hanovre le 9 mai 1752, mort à Braunschweig le 10 octobre 1806. Il fut l'un des représentants du « Sturm und Drang » au théâtre. Bien que l'expression soit peu adéquate à un homme de la fin du XVIIIe siècle, Leisewitz mena une double vie : non seulement, il fit, comme Goethe et Novalis, des études de droit, mais mit en pratique sa formation ; il poursuivit une brillante carrière juridique et devint finalement président de tribunal. Dans sa jeunesse, il fréquenta Christian Iffland, le frère du célèbre acteur, et à Göttingen (Lichtenberg), il se lia d'amitié avec quelques poètes partisans de Klopstock, fondateur du « Gottinger Hain », sorte de société idyllique, et collabora, par des fragments dramatiques, aux revues les plus importantes du groupe. L'œuvre de Leisewitz, notamment son chef-d'œuvre *Jules de Tarente* (*), fut présente à l'esprit du jeune Schiller pendant l'écriture de sa tragédie *Les Brigands* (*) : le thème de la lutte entre frères, si brillamment traité par Leisewitz, fut repris par les écrivains de l'époque, puis par beaucoup de romantiques. Il paraît étrange qu'un homme, si lié à la justice, ait exprimé dans ses récits un tel esprit contestataire en mettant en évidence les abus et les faiblesses des puissants. Ce serait néanmoins méconnaître la vraie nature de Leisewitz, que de lui attribuer le rôle d'un authentique révolutionnaire. Au fond de lui, même s'il appartient sans équivoque au « Sturm und Drang », il reste en quelque sorte attaché à une vision de l'existence appartenant à la philosophie des Lumières, comme le prouve son admiration pour Lessing. Dans *Jules de Tarente* ne se trouve en fait aucun principe inspirateur de la rénovation du théâtre allemand. Ce fut sans doute pour cette raison qu'au concours littéraire de 1775 le premier prix fut décerné au drame *Les Jumeaux* (*) de Klinger, plus typiquement réformateur que l'œuvre de Leisewitz. Ce dernier s'en affligea beaucoup, au point de renoncer à toute tentative de création théâtrale. Passé sa jeunesse, il se consacra à la recherche et à l'interprétation historique, et travailla, dans les dernières années de sa vie, à une histoire de la guerre de Trente Ans, thème qui a intéressé beaucoup d'écrivains de l'époque. À sa mort, tous ses manuscrits inédits furent détruits, et seuls furent sauvés quelques lettres et journaux, publiés au XXe siècle par des érudits. Outre ses études historiques et son travail de magistrat, il consacra beaucoup de son temps à la création d'un hospice pour les pauvres. Goethe le soutint dans cette action et le traita avec beaucoup d'estime. Aujourd'hui encore, l'hospice de Braunschweig préserve le souvenir de son illustre fondateur.

LEIVIK H. (pseud. de Leivik Halpern). Poète et dramaturge yiddish. Né le 1er décembre 1888 à Ihoumen (Biélorussie), mort le 23 décembre 1962 à New York. La personnalité de Leivik fut perçue pendant près d'un demi-siècle comme l'incarnation même de la poésie yiddish. Leivik s'engage très jeune dans le mouvement révolutionnaire et milite au Bund. Arrêté et déporté en Sibérie, il purge quatre années de travaux forcés, puis de rélégation avant de s'enfuir et de gagner les États-Unis en 1913. Colleur de papier jusqu'en 1932, il collabore en même temps à divers journaux et revues et poursuit une œuvre poétique et dramatique d'une rare ampleur.

Après avoir fait partie du groupe « Yunge » [les jeunes] impressionniste et symboliste, fondé vers 1905-1906 aux États-Unis, Leivik garde de ses débuts une veine lyrique et intimiste, mais s'engage de plus en plus par sa poésie dans une quête métaphysique et morale qui le mène vers une inspiration apocalyptique et prophétique — v. *Le Golem* (*). Son humanisme néo-romantique, la ferveur messianique de ses aspirations révolutionnaires s'incarnent, surtout après le génocide, dans les grandes figures bibliques et légendaires juives qui symbolisent la souffrance humaine : Job, Isaac, le Golem de Prague, le Messie enchaîné, le Maharam de Rottenbourg... Son œuvre, à l'instar de celle de Dostoïevski, ne cesse d'explorer l'affrontement du mal et du bien, les dilemmes de la responsabilité individuelle et collective, le destin tragique de l'homme devant les forces mystérieuses qui le gouvernent.

Personnalité charismatique, il exerça un rayonnement particulier sur son lectorat et sur le monde littéraire yiddish et devint pour beaucoup la conscience de son temps et de son peuple.

Principales œuvres : *Sous les verrous* [*Hintern shlos,* 1918], *Chants et Poèmes,* [*Lider un poemen,* 1922], *Neige tombée* [*Shneï aropguefalener,* 1925], *À travers sept morts* [*Durkh zibn toïtn,* 1926], *Abélard et Héloïse* (1936), *Les Chants du paradis* [*Lider fun gan-eïdn,* 1937], *Œuvres complètes* [*Ale verk fun H. Leivik,* 1914-1940, 2 tomes], *Poèmes et Drames* [*Lider un drames,* 1940-1942], *Maharam de Rottenbourg* [*Maharam fun Routtenberg,* 1945], *À Treblinka je n'ai pas été* [*In Treblinkè bin ikh nit gueven,* 1945], *Mariage à Fernwald* [*A khassènè in Fernwald,* 1949], *Les Jours de Job* [*In di teg fun Iyev,* 1953], *Une feuille sur un pommier* [*A blat oïf an eplboïm,* 1955], *Chants à l'Éternel* [*Lider tzum eïbikn,* 1959], *Dans les bagnes du tsar* [*Oïf tzarisher katorguè,* 1959].

RACHEL ERTEL.

LE JEUNE Claude ou **(Claudin).** Compositeur français. Né à Valenciennes vers 1530, mort à Paris en septembre 1600. On ne sait rien de ses débuts ; ses premières œuvres paraissent à Louvain, en 1552 et 1554, dans des recueils de chansons.

En 1564, Le Jeune est à Paris où il affirme son protestantisme en publiant *Dix Psaumes de David... en forme de motets* — v. *Psaumes* (*). En 1569, trente-neuf de ses compositions voisinent dans un *Livre de chansons* avec des œuvres de Lassus et d'autres musiciens. En 1570, Antoine de Baïf fonde, avec le musicien Courville, l'Académie de poésie et de musique « afin de remettre en usage la musique selon la perfection », c'est-à-dire à la mode antique. Le Jeune, Lassus, Mauduit, du Caurroy collaborent à ces recherches sur l'« art métrique », alliance intime du vers mesuré et de la musique, produisant une rythmique par laquelle les Anciens « savaient émouvoir les âmes des hommes à telles passions qu'ils voulaient ». En 1581, Le Jeune compose la musique des fêtes pour le mariage du duc de Joyeuse.

De 1582 à 1584, il devient maître de la musique de François d'Anjou, frère du roi, qui a de la sympathie pour les protestants ; c'est peut-être pour lui qu'il écrit sa *Missa ad Placitum.* En 1585 sort des presses de Plantin à Anvers un *Livre de Meslanges* où Le Jeune a groupé chansons françaises, madrigaux italiens et motets latins. En 1590, il échappe aux Ligueurs grâce à son ami Mauduit qui sauve aussi ses manuscrits. L'un de ceux-ci sera publié en 1598 à La Rochelle : c'est le *Dodecachorde* (+), harmonisation du Psautier de Marot et Théodore de Bèze, resté en usage dans l'Église réformée. En 1596, il est musicien ordinaire de la chambre du roi. Après sa mort paraîtront en 1601 les *CL Psaumes sur des vers mesurés* de Baïf et d'Aubigné, à quatre et cinq voix. C'est également en publication posthume que paraîtront en 1603 et 1606 *Le Printemps,* recueil de 39 chansons, et *L'Octonaire* de la *vanité et inconstance du monde,* vaste poème moral. Ces deux recueils représentent l'apport musical le plus original de Le Jeune. La variation des dispositifs vocaux, l'alternance entre « chant » et « rechant », certaines audaces harmoniques annoncent le passage de la chanson à l'air de cour.

JEAN-FRANÇOIS LABIE.

RÉF. : Pierre Bonniffet, *Un ballet démasqué. L'Union de la musique au verbe dans « le Printans » de Jean-Antoine de Baïf et de Claude Le Jeune,* Paris-Genève, 1988. – I. His, « Les Modèles italiens de Claude Le Jeune », in *Revue de Musicologie,* t. 77, Paris, 1991.

LELY Gilbert (pseud. de Pierre-Raphaël-Gilbert Lévy). Écrivain français. Né le 1er juin 1904 à Paris où il mourra le 4 juin 1985. Son enfance et son adolescence sont marquées par la solitude et le manque d'affection. Après des études secondaires au cours desquelles il découvre la splendeur sensuelle et poétique du fonds gréco-latin, il est tenté par le théâtre avant de travailler dans l'édition d'art. Premiers poèmes à la tonalité parnassienne. Il devient rédacteur de la revue d'humanisme médical *Hippocrate.* La guerre, l'amitié de René Char et le merveilleux hasard le mènent alors au château de la Coste où lui sont révélés en un même éblouissement l'amour et Sade. « Et nous comprîmes qu'il y avait dans ce cœur quelque chose que tout le monde ignorait et dont nulle preuve ne pouvait établir la mystérieuse existence. » Illumination dont témoignent *Le Château-Lyre* (1947) et une existence désormais vouée à la réhabilitation de la *Vie du marquis de Sade* (1952-1957) et de son œuvre. Entre celle-ci et sa propre création poétique, l'échange sera fécond. *Ma civilisation* (1947) ; *La Folie Tristan* (1954) ; *L'Épouse infidèle* (1966) ; *La Parole et le Froid* (1980), *Kidima Vivila* (1977) ; *Solomonie la Possédée* (1979) ; *Clio, Sotadès, Charcot* (1980) forment l'essentiel d'une œuvre conçue comme un livre unique – *Poésies* (*) –, fruit d'une ascèse vertigineuse qui, à l'ivresse fondatrice du désir et à la sanctification des gravitations amoureuses, ne cesse d'associer la célébration du « phénomène immarcescible de la conjonction des sexes ».

RICHARD BLIN.

LEM Stanisław. Romancier et essayiste polonais. Né le 12 septembre 1921 à Lwów. Il achève des études de médecine en 1948 et s'intéresse de très près aux mathématiques, à la théorie des jeux, à la cybernétique, à la physique, à l'astronomie et à la philosophie. Il publie dans diverses revues des récits de science-fiction populaires, mais son premier livre, *L'Hôpital de la Transfiguration* [*Szpital Przemienienia*], traite de la morale professionnelle du médecin et du savant. Contraint de lui donner une forme réaliste socialiste, il ne le publiera qu'en 1955 sous le titre *Le Temps non perdu* [*Czas nieutracony*]. Découragé par l'avancée du stalinisme, il se réfugie dans la science-fiction : *Les Astronautes* [*Astronauci,* 1951] et *Le Nuage de Magellan* [*Obłok Magellana,* 1955]. Il devient un sévère critique du totalitarisme. Après le dégel paraissent *Les Dialogues* [*Dialogi,* 1957], violente critique du régime. Il désavoue alors toute son œuvre des années staliniennes, interdisant la réédition de ses livres, et poursuit une exploration existentielle dans ses romans : *Eden* (1959), *Retour des étoiles* [*Powrót z gwiazd,* 1961], *Solaris* (*) (1961), *Mémoires trouvés dans une baignoire* [*Pamiętnik znaleziony w wannie,* 1961], *L'Invincible* [*Niezwyciężony,* 1964], dans différentes versions des *Journaux stellaires* [*Dzienniki gwiazdowe,* 1957] qui posent le problème de l'identité du moi, et dans quelques recueils de nouvelles – *L'Invasion aldébaranaise* [*Inwazja z Aldebarana,* 1959], *Le Bréviaire des robots* [*Księga robotów,* 1961], *La Cybériade* [*Cyberiada,* 1965], d'inspiration ludique, *La Voix du maître* [*Głos Pana,* 1968] le rendent très populaire.

À côté d'œuvres de science-fiction plus classiques, *Vision locale* [*Wizja lokalna,* 1982], *Paix sur terre* [*Pokój na ziemi,* 1987], *Fiasco* [*Fiasko,* 1987], il se lance dans la « métalittérature » : critiques, préfaces fictives de romans – *La Provocation* [*Prowokacja,* 1984], *La Bibliothèque du XXIe siècle* [*Biblioteka XXI wieku,* 1986] ; et dans des œuvres humoristiques, voire grotesques : *Le Congrès de futurologie* [*Kongres futurologiczny,* 1973], *Le Rhume* [*Katar,* 1976], *Le Masque* [*Maska,* 1976].

Ses essais et ses articles scientifiques constituent un réservoir d'idées pour ses romans et récits. C'est un penseur original, à la recherche d'une langue et d'une méthode permettant de comparer les découvertes des différentes disciplines scientifiques. Dans une œuvre théorique, *Summa technologiæ* (1964), par exemple, il étudie les perspectives qu'ouvre la maîtrise des nouvelles technologies de plus en plus porteuses de menace de destruction pour l'humanité, et dans *La Philosophie du hasard* [*Filozofia przypadku,* 1968] il fait le projet d'une « théorie empirique de la littérature », mettant en avant l'universalité de la théorie des jeux pour décrire des phénomènes cosmiques, physiques, biologiques et culturels ; enfin, il consacre *La Science-Fiction et la Futurologie* [*Fantastyka i futurologia*, 1970] à l'histoire et à la critique de la littérature de science-fiction.

Son œuvre, d'une très grande érudition, aussi variée qu'abondante, dans laquelle il manie autant l'humour que le sérieux, manifeste une ambivalence certaine. Elle évolue autour de quelques problèmes essentiels examinés de deux points de vue radicalement différents : son tempérament de scientifique le pousse à regarder le cosmos et l'homme avec distance et le plus d'objectivité possible ; mais, écrivain et humaniste, il manifeste un puissant intérêt pour les problèmes de la connaissance et leurs implications morales.

Il occupe dans la littérature polonaise une place particulière. Maître de la stylisation, créateur du « récit philosophique cosmique », il subit l'influence de Mann, Wells et Schopenhauer. Considéré comme l'un des plus grands écrivains de la science-fiction mondiale, il est abondamment traduit.

LAURENCE DYÈVRE.

RÉF. : E. Balcerzak, *Stanisław Lem*, Varsovie, 1973. – J. Jarzębski, « Racjonalista i zmysły. O twórczości literackiej Stanisława Lema », in *Ruch literacki*, 1977. – S. Bereś, *Rozmowy z Stanisławem Lemem*, Cracovie, 1987.

LEMAIRE DE BELGES Jean. Poète et prosateur français. Né en 1473 à Bavay (Nord), mort après 1515, il se dira de Belges pour signifier qu'il est originaire d'une ville fondée par Belgius, roi mythique de l'ancienne Gaule. Il fit ses premières études à Valenciennes auprès de Jean Molinet, son parent éloigné, puis, ayant reçu la tonsure, s'inscrivit à l'université de Paris. Sa dignité de clerc, sa vocation d'écrivain l'obligeaient à rechercher des protecteurs. En 1498, Jean Lemaire a commencé sa carrière, il est clerc des finances dans la maison de Pierre de Beaujeu, duc de Bourbon, et restera au service de celui-ci jusqu'à sa mort survenue en 1503. À l'occasion de cet événement, il donne sa première œuvre d'importance, *Le Temple d'Honneur et de Vertu* (+), qui se ressent de l'imitation de son maître, Molinet. L'œuvre était dédiée à Anne de Bretagne, reine de France. Mais c'est auprès de Marguerite d'Autriche, fille de l'empereur Maximilien et duchesse de Savoie, que Lemaire se tourna pour solliciter aide et secours. Dès 1504, un nouveau deuil princier, la mort du mari de sa protectrice, Philibert de Savoie, lui dicta une de ses plus longues et plus achevées « déplorations », genre où il excella particulièrement, *La Couronne margaritique* (+). La récompense ne tarda pas, il fut nommé « indiciaire » et historiographe de Philippe le Beau, frère de Marguerite. En 1505, c'est encore une mort qui sert de prétexte à une œuvre nouvelle, dédiée à Marguerite d'Autriche, mais cette fois c'est de la perte du perroquet chéri de cette princesse qu'il est question dans les deux *Épîtres de l'amant vert* (+). L'année suivante, le poète faisait partie de la suite de la duchesse de Savoie lorsqu'elle se rendit à Rome. En 1507, Lemaire, qui a perdu à nouveau un de ses protecteurs, Philippe le Beau, écrit une nouvelle déploration, *Les Regrets de la dame infortunée sur le trespas de son très cher frère unique*, suivie d'un petit *Traité des pompes funèbres antiques et modernes*, composés pour les funérailles du prince.

D'autres événements politiques retiennent alors l'attention de Lemaire : en 1507, il célèbre, dans la *Chanson de Namur*, la victoire des paysans et bergers de la région de Namur sur les chevaliers français ; le traité de Cambrai, en 1508, lui inspire la *Concorde du genre humain*. Indiciaire de Bourgogne, il tâche de poursuivre l'œuvre de Molinet et rédige une consciencieuse *Chronique annale* qui relate le voyage de Marguerite de Savoie dans les Pays-Bas, mais s'il prépare même, semble-t-il, une chronique plus vaste qui eût compris les événements des années 1501 à 1509, il demeure en chemin. Une seconde visite à Rome lui révèle les curieux textes publiés par Annius de Viterbe : il rédige un écrit polémique de circonstance, la *Légende des Vénitiens*, il en rapporte aussi la matière de la première partie du premier livre des *Illustrations de la Gaule et Singularités de Troie*, connues d'abord sous le titre *Trois livres des illustrations de la Gaule Belgique* (*), son œuvre majeure, vaste fresque historique et mythique dont l'influence devait se prolonger fort tard en France et servir à Ronsard lorsqu'il composera *La Franciade* (*). L'œuvre, d'ailleurs immense, ne fut jamais achevée, et l'auteur, qui lui consacra une bonne dizaine d'années, n'alla pas au-delà du règne de Pépin le Bref. Les dédicaces des livres successifs nous renseignent curieusement sur les efforts de Lemaire pour se gagner les bonnes grâces de la cour de France ; c'est ainsi que, s'il offre le premier à Marguerite de Savoie, il place sous le nom de Claude de France et de la reine Anne les livres II et III. Pour appuyer la lutte du pouvoir royal contre la papauté, il publie en 1511 un *Traité de la différence des schismes et des conciles de l'Église et de la prééminence et utilité des conciles de la sainte Église gallicane*, où il donne les conciles comme seuls garants de l'unité de l'Église. Enfin, en 1512, Jean Lemaire de Belges touchait au but qu'il s'était proposé d'atteindre. Il quittait le service de la cour de Savoie et devenait historiographe d'Anne, duchesse de Bretagne et reine de France. Une maladie de cette princesse lui donne l'occasion d'écrire les *Couplets de la valitude et de la convalescence de la reine*. Puis viennent deux œuvres d'importance, le *Traité de la concorde des deux langages* (*), qui annonce dans un cadre médiéval d'allégories les travaux des humanistes de la Renaissance, et les *Trois contes de Cupidon et Atropos* (+) qui, sous une affabulation mythologique assez banale, présentent quelques vues psychologiques qui ne manquent pas de profondeur.

On ne sait ni où ni quand est mort Lemaire de Belges. On perd sa trace après 1515. Si Lemaire est bien un rhétoriqueur, il est à l'aise à l'intérieur des formes traditionnelles, dont il prouve la fécondité. On peut le reconnaître comme le plus grand écrivain du règne de Louis XII. Joachim du Bellay le reconnaîtra comme un précurseur.

♦ *« Jan Le Maire de Belges me semble avoir premier illustré et les Gaules et la Langue Françoyse, lui donnant beaucoup de motz et manieres de parler poëtiques, qui ont bien servy mesmes aux plus excellens de notre tems. »* Joachim du Bellay. ♦ *« Il y a du Ronsard dans Lemaire, du chercheur et ouvrier de rythmes inconnus et nouveaux. Aussi les hommes de la Pléiade l'ont aimé et le citent avec complaisance. Il est bien l'homme de transition entre le* XV*e et le* XVI*e siècle. »* É. Faguet.

RÉF. : Ph. A. Becker, *Jean Lemaire, der erste humanistiche Dichter Frankreichs*, Strasbourg, 1893. –P. Spaak, *Jean Lemaire de Belges. Sa vie, son œuvre, ses meilleures pages*, Paris, 1926. – G. Doutrepont, *Jean Lemaire de Belges et la Renaissance*, Bruxelles, 1934. – K.-M. Munn, *A Contribution to the Study of Jean Lemaire de Belges ; a Critical Study of Bio-Bibliographical Data, including a Transcript of Various Unpublished Works*, New York, 1936.

LE MAISTRE DE SACY Isaac Louis. Théologien français. Né à Paris le 29 mars 1613, mort au château de Pomponne (Seine-et-Marne) le 4 janvier 1684. Sa mère, Catherine Arnauld, était la sœur de la mère Angélique – la réformatrice de Port-Royal – et du grand Arnauld. Frère du célèbre avocat Antoine Le Maistre qui, touché par l'enseignement de Saint-Cyran, était devenu le premier solitaire de Port-Royal, M. de Sacy (Sacy ou, comme il l'orthographiait, Saci n'était que l'anagramme de son prénom Isaac) se destina dès sa jeunesse à l'état ecclésiastique, mais ne voulut, par humilité, recevoir le sacerdoce qu'à trente-sept ans. Un des plus importants « messieurs » de Port-Royal, il devint en 1650 l'aumônier du monastère auquel il avait donné tous ses biens. Il fut notamment le directeur spirituel de Pascal à partir de 1655 ; de ses discussions avec le futur auteur des *Pensées* (*) est né le fameux *Entretien sur Épictète et Montaigne* – v. *Opuscules* (*) – rédigé par Fontaine, et censé s'être déroulé en janvier 1655. Ses premiers travaux furent ceux d'un humaniste, au goût marqué pour la poésie et les travaux de traduction. Auteur d'un long poème satirique, d'assez mauvaise venue, *Les Enluminures du fameux almanach des PP. Jésuites...* (1654), où il prend la défense des jansénistes, il collabora avec Lancelot, en rimant *Le Jardin des racines grecques* (*). On remarqua parmi ses traductions les *Fables* (*) de Phèdre (1646), trois comédies de Térence – expurgées – (1647), l'*Imitation de Jésus-Christ* (*) (1662). En 1661, atteint l'un des premiers par la persécution, il fut obligé de se cacher puis, découvert en 1666, il fut jeté à la Bastille où, pendant ses trois ans de détention, il travailla à sa traduction de *La Bible* (*) (*Ancien Testament*), qui commença de paraître en 1672. Cette traduction fut exécutée d'après la *Vulgate*, mais en conférant les originaux grecs et hébreux (Sacy avait entrepris dès 1637 l'étude de l'hébreu). Ce texte, qui devait servir de base à bien d'autres, reçut un très bon accueil et fut largement diffusé, en dépit des condamnations de l'Église : « *La Bible* de Le Maistre de Sacy a été *La Bible* de Victor Hugo et de Rimbaud » (Ph. Sellier). La traduction, qui sait rendre, dans les *Psaumes* (*) par exemple et dans *Job* – v. *Livre de Job* (*) –, les beautés violentes et audacieuses du texte saint, vaut par son souci de l'unité d'ensemble, par sa continuité et sa clarté. Sacy avait déjà joué un rôle de premier plan dans la traduction des *Évangiles*, parue en 1667 et connue sous le titre de *Nouveau Testament de Mons* (condamnée par le pape en 1668). Libéré de la Bastille en 1669, Le Maistre de Sacy retourna en 1675 vivre à l'abbaye de Port-Royal, mais il fut de nouveau contraint de s'en éloigner et se retira alors auprès de son cousin, le marquis de Pomponne, chez qui il mourut. Homme tranchant, à la vertu austère, quelque peu fanatique, il se fit par là beaucoup d'ennemis. Ces traits déterminent aussi bien son talent littéraire : très lettré, il dédaignait l'éloquence, l'élégance, la couleur, il n'aimait qu'une « beauté morale, beauté pieuse, intérieure ou plutôt rentrée ».

LAURENT THIROUIN.

♦ *« L'un des bons écrivains de Port-Royal. »* Voltaire. ♦ *« De Saci a rasé, poudré, frisé* La Bible, *mais au moins il ne l'a pas fardée. »* Joseph Joubert. ♦ *« À mes yeux la perfection du français se trouve dans les traductions publiées vers 1670 par les solitaires de Port-Royal. »* Stendhal.

RÉF. : Sainte-Beuve, *Port-Royal*, Paris, 1860. – G. Delassault, *Le Maistre de Sacy et son temps*, Paris, 1957. – *La Bible* de Sacy, préfacée par Ph. Sellier, Paris, 1990.

LE MAÎTRE Antoine. Avocat et janséniste français, un des « messieurs » de Port-Royal. Né à Paris en 1608, mort à Port-Royal-des-Champs en 1658. Il appartenait à la grande famille des Arnauld (Antoine Arnauld était son oncle). Il entreprit, comme bon nombre des enfants de cette famille de juristes, une carrière dans les spécialités du droit. Très vite, il devint un des avocats les plus réputés du parlement de Paris. Il était renommé pour la qualité de sa rhétorique, en même temps que son brio d'orateur en action, et il semble qu'il ait eu une des voix et une des dictions les plus claires et frappantes que l'on pût alors trouver. Ses *Plaidoyers* (*) ont été plusieurs fois réédités au cours du XVIIe siècle, et il faisait figure, avec son ami Patru, d'exemple pour le développement de l'écriture du discours dans une langue moderne et pure. Il menait une vie mondaine assez en vue, et assez agitée. Mais en 1637, sous l'influence de l'abbé de Saint-Cyran et des idées jansénistes, il décida d'abandonner non seulement la vie mondaine, mais aussi sa carrière en plein essor, et se retira auprès du monastère de Port-Royal (d'abord celui de Paris, au faubourg Saint-Jacques, puis celui de Port-Royal-des-Champs dans la vallée de Chevreuse). Il mena dès lors une vie austère, vouée à la prière, la méditation et l'enseignement dans les Petites Écoles de Port-Royal, où Racine (entre autres) fut son élève.

ALAIN VIALA.

LEMAITRE Jules François Élie. Écrivain français. Né et mort à Tavers (Loiret) (27 avril 1853-5 août 1914). Fils d'un instituteur, il fit ses premières études au petit séminaire d'Orléans et y reçut une éducation très chrétienne, dont ses jugements littéraires restèrent imprégnés, au point de vue moral, même après qu'il eut perdu la foi. Ayant poursuivi sa formation intellectuelle à l'École normale supérieure, il entra dans l'enseignement public et fut professeur de lettres au lycée du Havre, puis, à partir de 1880, à l'École supérieure d'Alger. À la suite d'un mariage malheureux, il demanda d'abord sa mutation à Grenoble (1883) et en 1884 obtint son congé définitif de l'université. Sa femme étant morte la même année, Lemaitre se rendit à Paris et ne tarda pas à s'y faire remarquer par ses articles de *La Revue bleue,* qui inauguraient sa série célèbre des *Contemporains* (*) (1885-1889). Protégé par une puissante égérie des lettres, la comtesse de Loynes, il abordait également le théâtre en 1889 avec *Révoltée* (à l'Odéon), que suivirent des pièces telles que *La Bonne Hélène, La Massière* et surtout *Le Pardon,* qui obtinrent d'assez beaux succès. Il s'imposait enfin comme critique dramatique au *Journal des débats* (*) — v. ses *Impressions de théâtre* (*) (1888-1898). Entré à l'Académie française en 1896, à l'âge de quarante-trois ans seulement, Lemaitre allait se jeter dans les querelles de l'affaire Dreyfus et devenir avec Déroulède un des chefs du mouvement « plébiscitaire », puis président de la Ligue de la patrie française, avant de donner son adhésion au royalisme maurrassien dans les *Lettres à mon ami* (1909). Extrêmement cultivé, l'auteur d'*En marge des vieux livres* (*) (1905) ne croyait pas à l'objectivité de la critique, se refusait aux classifications et se contentait de dire simplement le plaisir ou le déplaisir qu'il avait trouvé auprès d'un livre, d'un auteur, et les raisons de son sentiment. Cette critique d'impression, assez proche de celle d'Anatole France, était une constante protestation contre la dictature « scientifique » qu'un Brunetière, à la même époque, prétendait exercer sur les lettres. Ignorant tout pédantisme, agréable à lire (et resté un des critiques les plus lus), Lemaitre pouvait être un ironiste redoutable ; ses « éreintements » de Georges Ohnet et de Richepin sont des chefs-d'œuvre du genre. Conférencier mondain, il donnera un *Rousseau,* un *Chateaubriand,* un *Fénelon* qui sont des critiques assez superficielles du romantisme ; mais son *Racine* est, de l'avis de Thibaudet, un « classique de la critique française ».

♦ *« M. Lemaitre se dédouble avec une facilité merveilleuse ; il voit le pour et le contre, il se place successivement aux points de vue les plus opposés ; il a tout à tour les raffinements d'un esprit ingénieux et la bonne volonté d'un cœur simple. »* Anatole France.

RÉF. : H. Bordeaux, *Jules Lemaitre,* Paris, 1920. — G. Durrière, *Jules Lemaitre et le théâtre,* 1934. — E. Seillière, *Jules Lemaitre, historien de l'évolution naturiste,* Paris, 1935. — M. Harry, *La Vie de Jules Lemaitre,* 1946 — R. Joseph, *Pour les fidèles de Jules Lemaitre,* 1969.

LEMAY Léon Pamphile. Poète canadien d'expression française. Né à Lotbinière le 5 janvier 1837, mort à Saint-Jean-Deschaillons (province de Québec) le 11 juin 1918. Après avoir fait ses études au séminaire de Québec, il abandonna la théologie et fit des études de droit. Nommé en 1867 bibliothécaire au Parlement canadien, il mena, jusqu'à sa retraite (en 1892), une existence de fonctionnaire, régulière, sans événements. Dans sa jeunesse, il fréquenta le cénacle littéraire formé autour d'Octave Crémazie et y rencontra les animateurs du mouvement romantique canadien. Sous leur influence, il fit paraître ses premiers poèmes, *Essais poétiques* (1865), tentative d'épopée nationale en vers, dans le cadre historique de la guerre franco-iroquoise. Le meilleur de cette œuvre réside cependant moins dans son aspect patriotique et héroïque que dans ses évocations champêtres, ses descriptions d'une nature douce et familière. Lemay prit heureusement très vite conscience de ses dons limités pour la grande poésie épique. Il se fit alors poète de la vie quotidienne, et rendit ainsi un service décisif à la poésie canadienne, menacée à cette époque par les pièges de la grandiloquence. C'est l'influence parnassienne qui l'inclina, dans *Gouttelettes* (+) (1904), à adopter le sonnet et à montrer un souci de la perfection formelle qui lui fait une place à l'écart des autres écrivains de son temps — v. *Poésies* (*). Ses romans-feuilletons, *Le Pèlerin de Sainte-Anne* (1877), *Picounoc-le-Maudit* (1878), *L'Affaire Sougraine* (1884), etc., obtinrent également un vif succès.

RÉF. : Abbé C. Roy, *Pamphile Lemay,* Québec, 1918. — J. Léger, *Le Canada français et son expression littéraire,* thèse, Paris, 1938. — C. Saint-Jorre, *Pamphile Lemay. Essai de bio-bibliographie,* Québec, 1939.

LEMERCIER Louis Jean Népomucène. Poète dramatique et lyrique français. Né et mort à Paris (21 avril 1771-7 juin 1840). Fils d'un intendant de la princesse de Lamballe — qui fut sa marraine —, à moins de seize ans il écrit une première tragédie, *Méléagre,* représentée au Théâtre-Français. Sous la Révolution, son impétuosité lui attire quelques difficultés : sa parodie, *Le Tartuffe révolutionnaire,* remplie d'allusions politiques, est interdite à la cinquième représentation, mais Lemercier, dès 1793, avec une facilité prodigieuse, commence à produire les ouvrages les plus divers : tragédies, comédies, épîtres, poèmes satiriques, philosophiques ou épiques, contes, travaux critiques, etc. Presque à ses débuts, avec *Agamemnon* (*) (1794), il donne le meilleur de son talent et ne parviendra plus à s'égaler lui-même, ni avec *Pinto ou la Journée d'une conspiration* (*) (1799), et ses allusions malicieuses au Premier consul, ni avec *Plaute* (1808), ni sous la Restauration avec *Frédégonde et Brunehaut* (1821), seule pièce à retenir de la seconde période de sa vie. Avec *Homère* (1801), *L'Atlantide ou la Théologie newtonienne* (1812), *Moïse* (1823), Lemercier s'aventure ambitieusement dans une poésie épique où quelques vraies beautés sont perdues dans des bizarreries ridicules. Élu en 1810 à l'Académie, il mènera sous la Restauration un violent combat contre la nouvelle école. Il s'écrie, dans son *Caïn :* « Avec impunité, les Hugo font des vers ! » et son *Cours de littérature générale* est un des plus énergiques témoignages de la résistance au romantisme. À bien des égards cependant, Lemercier apparaît comme un précurseur : il s'efforce de renouveler le théâtre par la couleur historique ou en choisissant des héros nationaux, Charles VI ou *Charlemagne* (1816), et son *Christophe Colomb* (1809), présenté comme une « pièce shakespearienne », montrait un tel dédain de la règle des unités que la première représentation tourna en émeute. Il faut enfin retenir de Lemercier l'extraordinaire et extravagante *Panhypocrisiade* (1819), fresque en vingt chants, « spectacle infernal du XVIe siècle », qui annonce *La Légende des siècles* (*) par son ampleur épique.

RÉF. : Vauthier, *Essai sur la vie et les œuvres de Népomucène Lemercier,* thèse, Toulouse, 1886. – P. Robert, *Népomucène Lemercier,* in *Les Poètes du XIXe siècle,* Paris, 1899. – Le Roy, *L'Aube du théâtre romantique,* Paris, 1902. – M. Souriau, *Népomucène Lemercier et ses correspondants,* 1908. – P. Souday, *Les Romantiques à l'Académie,* Paris, 1928.

LEMONNIER Camille. Écrivain belge d'expression française. Né à Ixelles, faubourg de Bruxelles, le 24 mars 1844, mort à Bruxelles le 13 juin 1913. Il fit des études juridiques, obtint dans une administration un emploi qu'il résilia après trois ans d'exercice, puis se retira à Namur. La vie provinciale et champêtre, interrompue toutefois par de multiples et longs séjours à Bruxelles et Paris, lui permit de conserver ce contact intime avec la nature qui fait le fond même de toute son œuvre. Il débuta par la critique d'art, et se révéla dès ses premiers écrits en possession d'un style, d'une force et d'une exubérance peu communs, ce qui le désigna à l'opinion comme un des jeunes espoirs de la renaissance littéraire belge, dont avec ses amis Demolder, Eekhoud, Krains et Rodenbach, il fut un des meilleurs promoteurs. En 1869, il publia un premier roman, *Nos Flamands,* série de scènes du terroir, puis, en 1870, *Paris-Berlin,* un pamphlet profrançais qui eut beaucoup de succès. En 1879 il revint au roman avec *Un coin de village,* où il affirme ses qualités de fraîcheur et de description de la vie paysanne. Mais il faut attendre *Un mâle* (*), publié d'abord en feuilleton dans la revue *Europe* qui paraissait à Bruxelles, puis, en 1881, en volume, pour que Lemonnier atteigne le rang de grand romancier. Le livre enthousiasma Flaubert et consacra la gloire de l'auteur. D'autre part, le refus que les juges opposèrent à son admission au prix quinquennal de littérature fut à l'origine d'un banquet offert le 27 mai 1883 à Lemonnier, qui passa dès lors pour le chef de l'école naturaliste en Belgique. Durant une dizaine d'années, les œuvres de Lemonnier furent alors dominées par les mêmes préoccupations d'expression des besoins vitaux de l'homme dans la fécondité, la lutte, l'effort et la violence. *Le Mort* (1882) est un chef-d'œuvre dans la représentation de la terreur qui envahit progressivement la conscience de deux assassins ; ce roman fut d'ailleurs adapté pour le théâtre en 1899. Parmi les œuvres de caractère fortement naturaliste, citons encore *Sedan* (1871), réédité en 1881 sous le titre *Les Charniers* (*) ; *Les Concubins* (1885) ; *L'Hystérique* (1885) ; *Happe-chair* (*) (1886), nettement influencé par le *Germinal* (*) de Zola ; *La Fin des bourgeois* (1892). Cependant ce n'était pas sans difficultés que Lemonnier parvenait à s'imposer à l'opinion ; en 1888 il fut poursuivi à Paris, et finalement condamné pour un article qu'il avait publié dans le *Gil Blas.* Par contre, il fut acquitté à Bruxelles lors d'une autre inculpation, ainsi qu'à Bruges où il avait été assigné après la publication de *L'Homme en amour* (1897). Vers les années 1900, un tournant s'opère dans l'orientation littéraire de Lemonnier. Après avoir publié *Les Deux Consciences* (1902), qui retracent d'ailleurs le procès de Bruges et où il se dépeint lui-même sous les traits de l'écrivain Wildman, il tentera de trouver dans le retour à la nature un moyen de salut pour la communauté. Il atteint alors à une vision plus détachée et plus lyrique des choses avec *Comme va le ruisseau* (1903), *Le Droit au bonheur* (1904). Parallèlement il continue et approfondit son œuvre de critique d'art par ses études sur les peintures de la Pinacothèque de Munich et sur la peinture belge, après avoir publié un remarquable *Gustave Courbet et ses œuvres* (1878). Lemonnier, qui vint à la littérature alors que les lettres belges manquaient de style, sut, par sa prose magnifique et sonore, par la force de ses idées, par son « tour de main panthéiste » (Drieu

La Rochelle), réanimer les sources de la tradition flamande.

FRANÇOIS SÉGURET.

♦ *« Camille Lemonnier est peut-être, de tous les écrivains vivants, celui qui connaît le mieux la valeur et la vertu secrète des mots, innombrables comme des vagues de la mer* [...] *Il est, au royaume du verbe, le berger qui mène le troupeau le plus vaste, le plus divers, le plus docile et le plus magnifique. »* Maurice Maeterlinck.

RÉF. : L. Bazalgette, *Camille Lemonnier,* Paris, 1904. – M. des Ombiaux, *Camille Lemonnier,* Bruxelles, 1909. – H. Landau, *Camille Lemonnier, Essai d'une interprétation de l'homme,* Paris, 1936. – M. Gauchez, *Camille Lemonnier,* Bruxelles, 1943. – P. Delsemme et R. Trousson, *Le Naturalisme et les lettres françaises de Belgique,* Bruxelles, 1985.

LE MOYNE père Pierre. Écrivain et jésuite français, né le 5 mars 1602 à Chaumont, mort à Paris le 22 août 1671. Issu de la noblesse d'office, il entre dans l'ordre des Jésuites en 1619 et devient professeur de grammaire et de théologie. En 1639, il est nommé au collège de Clermont, à Paris. Prédicateur et directeur de conscience renommé, il quitte le collège pour la maison professe de la rue Saint-Antoine, où il meurt en 1671. Son œuvre abondante, accordée à l'esthétique baroque de la Contre-Réforme, témoigne de ses conceptions théologiques et s'attire la critique des jansénistes et de Pascal : *Hymnes de la sagesse divine et de l'amour divin* (1641), *Les Peintures morales* (*) (1640-1643), *La Galerie des Femmes fortes* (1647), l'épopée *Saint Louis ou la Sainte Couronne reconquise* (*) (1658), *De l'art de régner* (1665), *Entretiens et lettres poétiques* (1665).

ALAIN GÉNETIOT.

RÉF. : R. G. Maber, *The Poetry of P. Le Moyne,* 1982. – W. Calin, *A Muse for Heroes,* 1983.

LENAIN DE TILLEMONT Sébastien Louis. Historien français. Né à Paris, le 30 novembre 1637, mort près de Montreuil le 10 janvier 1698. Fils de Jean Lenain, maître des requêtes au parlement de Paris, Sébastien Lenain entra à l'âge de dix ans aux Petites Écoles de Port-Royal où il se fit tôt remarquer par sa passion pour l'histoire. À dix-huit ans, Lenain accumulait déjà des notes pour l'ouvrage auquel son nom reste attaché, les *Mémoires pour servir à l'histoire ecclésiastique des six premiers siècles* (+). Dès les commencements de la persécution contre Port-Royal, Lenain doit quitter ses maîtres et se retire avec quelques amis qui professent les mêmes idées que lui au château de Saint-Jean-des-Trous où il séjourne de 1660 à 1668, puis il se réfugie à Beauvais auprès de l'évêque qui avait pour lui, malgré son jeune âge, la plus vive admiration. En 1672, après la paix de l'Église, il s'établit à proximité de Port-Royal-des-Champs, où il fut ordonné prêtre après avoir longtemps décliné cet honneur dont il ne s'estimait pas digne. En 1679, il doit de nouveau s'éloigner de la maison mère et s'installe alors dans sa terre de Tillemont, près de Montreuil (Seine-Saint-Denis). À part une visite en Hollande à Arnauld, pour qui il eut toujours de vifs sentiments d'admiration et de déférence, il n'en devait plus bouger jusqu'à sa mort.

Homme d'une incroyable modestie, affable avec tous, Lenain de Tillemont présente un des types les plus purs qui soient de solitaire de Port-Royal. Sa vie, tout entière consacrée aux exercices de piété et à l'étude, était d'une très grande régularité, à laquelle il ne se permit jamais d'échapper. Très grand travailleur, il composa une œuvre immense, qui soutient le parallèle avec les travaux entrepris dans le même temps par les bénédictins de Saint-Maur. Nous avons vu que, dès l'adolescence, il avait rassemblé des notes sur l'histoire de l'Église primitive. Poussé par ses amis, il se décida à présenter un premier volume de ce travail à la censure ecclésiastique sans l'avis de laquelle il ne pouvait paraître. Cet avis fut défavorable et Lenain se décida à ne pas publier son œuvre. Toutefois, quelques années plus tard, il céda aux instances de ses amis et subdivisa son manuscrit qui traitait conjointement de l'histoire de l'Empire romain et de celle de l'Église et publia à part l'*Histoire des empereurs et des autres princes qui ont régné durant les six premiers siècles de l'Église, des persécutions qu'ils ont faites contre les chrétiens...* (+) dont le premier volume vit le jour en 1690. Les tomes II à V parurent entre 1690 et 1697, le sixième et dernier volume ne parut qu'à titre posthume en 1738. Cet ouvrage qui, malgré son austérité, obtint un beau succès, est un modèle du genre. C'est une suite de monographies fort complètes où se manifestent la conscience de l'auteur et ses dons d'historien. On peut encore le consulter avec profit de nos jours. Pour Lenain, ce n'était qu'une tentative faite auprès du public en vue de la parution de l'œuvre essentielle. Le succès l'entraîna à la publier sans plus attendre. En 1693 paraissait le premier volume des *Mémoires pour servir à l'histoire ecclésiastique ;* les quatre volumes suivants furent édités du vivant de l'auteur, le reste de l'œuvre, qui comprend en tout seize tomes, fut publié par les soins du biographe de Lenain, Tronchay, jusqu'en 1712. Comme l'indique le titre, les *Mémoires* sont avant tout une collection de matériaux accompagnés de notes, d'éclaircissements et de discussions qui sont des modèles de critique historique. L'œuvre, attaquée, procura à Lenain une réputation encore supérieure à celle que lui valut l'*Histoire des empereurs...*, elle est encore fort estimée et a été utilisée par presque tous les historiens de l'Église. Lenain de Tillemont composa également une *Vie de saint Louis, roi de France,* qui circula en manuscrit – Filleau de La Chaise s'en servit pour composer sa *Vie de saint Louis* du vivant de l'auteur – mais resta inédite jusqu'à sa publication par J. de Gaulle en 1847-1851.

C'est encore maintenant le travail le plus complet qui existe sur ce sujet. En appendice à cette *Vie,* Lenain avait écrit une *Histoire de la conquête de la Sicile par Charles d'Anjou* et une *Vie de Guillaume de Saint-Amour.* Il avait de plus collaboré à des œuvres collectives de Port-Royal comme les *Vies de saint Jean Chrysostome, de saint Athanase, de saint Ambroise.* On connaît encore de lui plusieurs inédits dont des *Commentaires sur les Épîtres de saint Paul.* C'est usé par le travail et les privations de toutes sortes qu'il s'imposait que Lenain de Tillemont s'éteignit, le 10 janvier 1698, à l'âge de soixante ans.

JACQUES BROSSE.

♦ « Les Histoires *de M. de Tillemont sont des chefs-d'œuvre de conscience, mais la conscience n'est pas la critique.* » E. Renan. ♦ « *Un des plus doctes et des plus doux solitaires de Port-Royal.* » Sainte-Beuve. ♦ « *L'inimitable exactitude* [de Tillemont] *prend presque le caractère du génie.* » Gibbon.

RÉF. : Tronchay, *Idées de la vie et de l'esprit de Lenain de Tillemont,* Nancy, 1706. – N. Fontaine, *Mémoires pour servir à l'histoire de Port-Royal,* Utrecht, 1736. – P. T. Du Fossé, *Mémoires pour servir à l'histoire de Port-Royal,* Utrecht, 1739 ; *Mémoires,* 1876-1879.

LENAU Nikolaus (pseud. de Nikolaus Niembsch von Strehlenau). Poète allemand. Né le 13 août 1802 à Csatad près de Temesvar (Hongrie), mort le 22 août 1850 à Oberdöbling près de Vienne. Il était d'une vieille famille noble originaire de la Silésie. L'enfance de Lenau fut très malheureuse ; son père, joueur et débauché, mourut lorsqu'il n'avait pas encore cinq ans, laissant sa veuve et ses trois enfants dans de graves difficultés matérielles. Vicissitudes et milieu ne firent qu'assombrir la nature triste de l'enfant, qui révélait déjà un tempérament de penseur : la musique seule (il jouait fort bien du violon) l'arrachait à sa tristesse. À dix-sept ans, il s'inscrivit à l'université de Vienne pour étudier la philosophie ; ensuite il fit des études de droit, les abandonna pour s'intéresser à l'agriculture, revint au droit, puis se consacra définitivement à la médecine.

De cette époque datent *L'Auberge de la Puszta* (*) (1822) et les premières *Poésies* (*), imprégnées de tradition classique. Lenau fit également la connaissance de la plus grande partie des hommes de lettres viennois, et fut l'un des habitués les plus assidus d'un café célèbre, rendez-vous des artistes du temps. En 1830, la mort de sa grand-mère paternelle le mit en possession d'un petit héritage qui lui donna l'envie de mettre à exécution un projet de départ pour l'Amérique : il espérait que de nouvelles conditions de vie le libéreraient de cette tristesse qui devait l'accabler toujours. En juin 1831, il quitta l'Autriche et se rendit à Stuttgart pour proposer à l'éditeur Cotta d'imprimer certaines de ses poésies, parmi lesquelles se trouvaient également *Les Chants des joncs.* Dans cette ville, il fréquenta Uhland et d'autres hommes de lettres, et tomba amoureux d'une charmante jeune fille à laquelle il renonça pourtant, pour ne pas la lier à sa tristesse et à son inquiétude. S'associant à un groupe de pionniers, pour la somme de cinquante mille florins il obtint la concession d'environ trois cents hectares de terrain cultivable dans le Missouri.

Parti d'Amsterdam au cours de l'été 1832, il débarquait à la mi-octobre à Baltimore. Mais la nostalgie, le paysage désolé, les difficultés matérielles lassèrent le poète, et en juin 1833 il débarquait à Brême, après avoir loué ses terres en Amérique. Entre-temps, ses *Poésies*, publiées à la veille de son départ, l'avaient rendu célèbre en Allemagne et, dès lors, il ne vécut plus que pour la poésie. Il s'établit de nouveau à Vienne, faisant de fréquents voyages en Souabe pour y retrouver ses amis. L'amitié amoureuse qu'il ressentit pour une jeune femme, Sophie von Lowenthal, lui fut une source d'inspiration ; il écrivit encore de nombreux poèmes, dont les célèbres *Ballades* [*Balladen*], commença un *Faust* (*) (1834-1840) et composa le poème *Savonarole* [*Savonarola*] qui, avec deux autres projets de poèmes sur Huss et Hutten – jamais écrits – devaient faire partie d'un cycle sur les grands révoltés de l'Église, envers lesquels, tout en restant encore catholique, Lenau montrait déjà de la sympathie ; il écrivit encore *Les Albigeois* (*) (1842), qui marquent cette fois son éloignement définitif de l'Église romaine. Ses dernières œuvres furent les incomparables *Chants de la forêt* [*Waldlieder*] et un poème dramatique, *Don Juan* (*) (1844), resté inachevé. Il tomba de nouveau amoureux, cette fois d'une jeune bourgeoise de Francfort, et tout faisait prévoir un mariage, mais les difficultés diverses et les scènes dramatiques que lui faisait une maîtresse viennoise y mirent obstacle. Au cours de l'automne 1844, le poète commença à donner les premiers signes de folie, avec des crises de fureur et des tentatives de suicide. On dut l'interner dans un asile des environs de Stuttgart ; trois ans plus tard, dans l'espoir d'une amélioration, on le transporta à l'asile d'Oberdöbling, mais son état continua à empirer et, dans les derniers temps, il perdit toutes ses capacités intellectuelles. On pense actuellement que son mal eut pour origine une infection syphilitique. Lenau est demeuré dans l'histoire de la poésie comme le chantre du « Weltschmer », de la douleur universelle.

VINCENZO MARIA VILLA.

♦ « *Il règne dans ces poésies une déplorable mélancolie, c'est-à-dire une mélancolie qui ne tend pas à remonter, le front haut, des profondeurs de la poésie, mais à s'y enfoncer de plus en plus, tête la première. Tout cela répand sur ces poésies une fumée qui m'est tout à fait odieuse... en dépit de l'admiration que j'ai pour elles.* » Grillparzer. ♦ « *Chez Lenau, la philosophie tuera la poésie, comme chez Uhland par moments la politique obscurcit l'imagination.* » Kerner.

RÉF. : Th. Opitz, *N. Lenau. Ausführliche Characteristik des Dichters nach seinen Werken,* Leipzig, 1850.

– L. Roustan, *Lenau et son temps*, thèse, Paris, 1898. – J. Saly-Stern, *La Vie d'un poète ; essai sur Lenau*, Paris, 1902. – L. Reynaud, *N. Lenau, poète lyrique*, Paris, 1905. – S. Rahmer, *N. Lenau als Mensch und Dichter. Ein Beitrag zur Sexualpathologie*, Berlin, 1911. – Max Schaerfenberg, *N. Lenaus Dichterwerk als Spiegel der Zeit*, Erlangen, 1935. – Emil Hadina, *Lenau als Dichter der Humanität*, Vienne, 1949. – Klaus Köhnke, *Das Pessimismus im dichterischen Werk Lenaus*, Hambourg, 1950. – Hans Vogelsang, *N. Lenaus Lebenstragödie*, Vienne, 1952. – H. Schmidt, *Nikolaus Lenau*, New York, 1971. – Jean-Pierre Hammer, *Lenau. Poète rebelle et libertaire*, Paris, 1987.

LENCLOS Anne, dite **Ninon de.** Née et morte à Paris (15 mai 1616-17 octobre 1706). Fille d'un gentilhomme aisé de la Touraine, elle se trouve à quinze ans, de par la mort de ses parents, libre de son existence, et passe dès lors d'amant en amant, les Coligny, les Sévigné, le grand Condé, le duc de La Rochefoucauld, le maréchal d'Estrées, etc., avec une insouciance, une hardiesse scandaleuse pour l'époque et qui rappelle la vie des courtisanes antiques. Mais Ninon de Lenclos avait encore plus d'esprit que de beauté : parfaitement instruite, connaissant plusieurs langues étrangères, bonne danseuse, bonne musicienne, elle se forgea une philosophie accordée à sa vie, tout épicurienne, et fit de sa maison des Tourelles le rendez-vous d'une société polie et illustre qui compta Molière, Fontenelle, Saint-Évremond. C'est à ce dernier que sont adressées les quelques *Lettres* (*) authentiques que nous possédons de Ninon de Lenclos. Celle-ci, malgré ses mœurs, sut aussi se faire accepter par le monde ; on la vit chez les dames du plus haut rang, Mme de Maintenon, Mme de La Fayette, Mme de La Sablière. Amie fidèle et généreuse, elle lisait les manuscrits des écrivains, les discutait, donnait des conseils et, vers la fin de sa vie, sut même deviner le génie de Voltaire, qu'elle accueillit à sa sortie du collège et auquel elle légua deux mille francs en mourant pour s'acheter des livres. Ninon semble appartenir à l'histoire anecdotique et galante plus qu'à l'histoire littéraire : mais sa vie suffit à montrer la force du courant sceptique et libertin tout au long du Grand Siècle, et ses manières simples, désinvoltes, de femme « affranchie » ont certainement contribué à corriger l'influence des précieuses et de l'hôtel de Rambouillet.

RÉF. : L. Damour, *Lettres de N. de Lenclos au marquis de Sévigné, augmentées de sa vie*, Amsterdam, 1752 (2 vol.). – J.-N. Quatremère de Roissy, *Histoire de Ninon de Lenclos...*, Paris, 1824. – P. Brun, *Autour du XVIIe siècle*, Grenoble, 1900. – H. K. Hayes, *The Real Ninon de Lenclos*, Londres, 1908. – Em. Magne, *Ninon de Lenclos*, Paris, 1912. – Cl. Ferval, *Ninon et son cortège*, Paris, 1924. – J. Dyssord, *Ninon de Lenclos, courtisane et « honnête homme »*, Paris, 1936. – A. Danclos, *Ninon de Lenclos et le XVIIe siècle*, Paris, 1985. – Ph. Erlanger, *Ninon de Lenclos et ses amis*, Paris, 1986.

LENÉRU Marie. Écrivain français. Née à Brest le 2 juin 1875, morte à Lorient le 23 septembre 1918. Issue d'une famille de marins, petite-fille d'un amiral, elle passe en Bretagne une enfance banale et heureuse, et dès l'âge de onze ans commence à tenir son *Journal* (*). Mais trois ans plus tard, elle est frappée par une maladie qui entraîne la surdité totale : désormais, enfermée dans le silence, sans autre échappée hors de la pieuse monotonie familiale que la nature, c'est dans un stoïcisme volontaire et sceptique qu'elle trouvera la ressource de vivre. Elle écrit quelques pièces dont l'une, *Les Affranchis,* est jouée à l'Odéon le 10 décembre 1910, et une autre, *Le Redoutable,* le 22 janvier 1912. On lui doit également un essai sur *Saint-Just* que préfaça Maurice Barrès. Marie Lenéru avait été bouleversée par la guerre de 1914, dont elle ne devait pas voir la fin puisqu'elle fut emportée, deux mois avant l'armistice, par l'épidémie de grippe espagnole.

♦ *« ... Fille superbe de courage, ou, vraiment magnifique dans son ardeur à surmonter sa propre destinée. »* Maurice Barrès.

RÉF. : Marie Lenéru, *Journal,* Paris, 1922. – François de Curel, Préface au *Journal* de M. Lenéru. – Suzanne Lavaud, *Marie Lenéru, sa vie, son journal, son théâtre,* Paris, 1932.

LENGYEL József. Écrivain hongrois. Né le 4 août 1896 à Marcali, mort en 1975 à Budapest. Il figure parmi les premiers adhérents du parti communiste hongrois. Militant actif pendant la Commune hongroise de 1919, il débute dans la vie littéraire par la publication de poèmes d'avant-garde dans les revues de Lajos Kassák. Après l'échec de la Commune, il s'exile d'abord à Vienne, puis à Berlin et enfin à Moscou où il est arrêté en 1938, et, après plusieurs années de détention « préventive », déporté en Sibérie. Libéré en 1953, il regagne la Hongrie deux ans plus tard. Une grande partie de son œuvre est consacrée au récit de ses années de déportation, notamment *Envoûtement* (*) (1961), paru à peu près en même temps qu'*Une journée d'Ivan Denissovitch* (*) de Soljenitsyne. La confrontation de ces deux ouvrages a donné lieu à une vive polémique. Les autres livres de Lengyel dénoncent les différents aspects du « culte de la personnalité », notamment *Solution et Liaison* [*Oldás és kötés*, 1963]. *Rue de Visegrád* [*Visegrádi utca*, 1937] traite des événements qui ont précédé la proclamation de la Commune et *Les Tribulations de Ferenc Prenn* [*Ferenc Prenn hányatott élete*, 1958] retracent l'éducation sentimentale d'un jeune voyou devenu révolutionnaire. Réaliste, Lengyel recourt souvent à l'allégorie et à la parabole.

LÉNINE Vladimir Ilitch (pseud. de Oulianov [Oul'janov]). Dirigeant du parti bolchevik et fondateur de la première dictature de parti unique communiste en Russie. Né le

10 avril 1870 à Simbirsk (aujourd'hui Oulianovsk), mort le 21 janvier 1924 à Gorki (près de Moscou). Militant et dirigeant politique, Lénine est aussi un écrivain abondant : l'édition la plus complète de ses textes comprend 55 volumes d'articles, de brochures, d'ouvrages, de lettres et de documents internes au parti, à l'État ou à l'Internationale communiste. L'essentiel sont des textes polémiques et programmatiques qui débouchent sur des mots d'ordre. En effet la politique est pour Lénine un art d'énoncer des tâches selon une analyse des rapports de forces. Elle relève de l'art de la guerre car, en raison même de la lutte des classes, le combat et la guerre sont la vérité de la politique – aussi la représentation est-elle dénoncée comme une mystification, ce qui conduit par exemple à préférer l'insurrection aux élections. Mais la politique n'est pas qu'une technique de combat puisqu'elle s'appuie sur un savoir scientifique, le marxisme. Aussi le style de Lénine repose-t-il sur un mélange de véhémence et de pédagogie très éloigné de celui de son auteur de référence, Karl Marx. Dès son premier texte important, *Le Développement du capitalisme en Russie,* [*Razvitié kapitalisma v. Rossii,* 1896-1898], Lénine affirme sa spécificité : selon lui la voie révolutionnaire en Russie est possible. Mais il souligne le retard relatif de la Russie en raison du poids du despotisme et de l'asiatisme. Il est donc conduit à majorer dans *Que faire ?* (*) (1902) et *Un pas en avant, deux pas en arrière* [*Šag v Péred, dva šaga nazad,* 1904] le rôle du parti jusqu'à en faire un véritable démiurge qui transforme les rapports de forces et qui détient la vérité. Lors de la révolution de 1905, il défend une ligne radicale de transformation révolutionnaire du pouvoir.

En 1912, il décide de quitter le Parti ouvrier social démocrate russe pour donner aux bolcheviks leur existence organisationnelle autonome. *L'Impérialisme stade suprême du capitalisme* [*Imperialism kak novéichij etap Kapitalisma,* 1916] apporte son fondement économique à sa position politique pendant la guerre de 1914 : les révolutionnaires doivent chercher à transformer la guerre impérialiste en guerre révolutionnaire contre leur propre gouvernement. Lénine est, dans ce contexte, où il est très isolé, véhément contre les socialistes (une de ses cibles habituelles) qui se sont rangés derrière leur gouvernement. Dès son retour en Russie, après la révolution de 1917, il préconise l'insurrection armée puis, après octobre 1917, le gouvernement par le seul parti bolchevik. Pendant l'été 1917, il avait rédigé *L'État et la Révolution* [*Gosudarstvo i révoljucija,* 1917] qui fait apparaître que tout État est un appareil de violence au service d'une classe et réclame le passage du pouvoir aux Soviets. Mais dès octobre 1917 ce fut le parti bolchevik qui monopolisa le pouvoir, ce que Lénine justifiait dans *Les bolcheviks garderont-ils le pouvoir ?* (1917). Lénine, qui en est le chef incontesté, est accaparé par les tâches de direction, néanmoins il s'exprime fréquemment, notamment pour justifier l'exercice de la dictature de parti unique. Ses propos sont souvent violents (*Comment organiser l'émulation,* 1917) quand par exemple il appelle à la « terreur de masse », et ses décisions sont souvent implacables (ouverture en juillet 1918 du premier camp de concentration et volonté d'éliminer les « insectes nuisibles »).

En 1921, après la période du communisme de guerre, il effectue le tournant de la N.E.P., la nouvelle politique économique, qui redonne une place au marché. Mais la libéralisation économique n'a pas d'équivalence dans l'ordre politique, au contraire : jusqu'au Xe Congrès du parti, en mars 1921, le droit de tendance en son sein est supprimé. La logique de Lénine trouve ainsi un aboutissement (*Discours au Xe Congrès du parti,* 1921) : il valorise à l'extrême l'« unité de la volonté », jugeant qu'une organisation est d'autant plus forte qu'elle est plus unie, ce qui légitime le recours à l'épuration, méthode qui vaut à l'intérieur du parti comme dans les rapports du parti avec l'ensemble de la société. On peut considérer que la doctrine et la pratique de l'unité, de l'unification et de l'unicité du parti léniniste ont fondé le totalitarisme stalinien : quand dans son *Testament* (*), en 1922, Lénine proposa que Staline soit écarté de son poste de secrétaire général du parti, il ne mit pas en cause son legs institutionnel et idéologique quant au parti unique sur lequel Staline allait bâtir sa puissance.

DOMINIQUE COLAS.

RÉF. : Hélène Carrère d'Encausse, *Lénine, la révolution et le pouvoir,* Paris, 1972. – Dominique Colas, *Lénine et le léninisme,* Paris, 1987.

LENORMAND Henri René. Auteur dramatique français. Né et mort à Paris (3 mai 1882-16 février 1951). Fils du compositeur René Lenormand, duquel il tint un goût très vif pour la musique, il fut tout d'abord élève au lycée Janson. Ayant obtenu un premier prix d'anglais au concours général, il passa ensuite sa licence à la Sorbonne, où il put à loisir se familiariser avec les dramaturges de l'époque élisabéthaine. En même temps, il cultivait Nietzsche, Poe et Dostoïevski. Ayant déjà fait paraître, en 1905, un recueil de poèmes en prose, *Les Paysages d'âme*, il débuta au théâtre avec un drame, *La Folie blanche*, représenté au théâtre du Grand-Guignol le 23 octobre 1905. Puis ce fut un autre drame, *Les Possédés*, qu'il crut devoir exclure plus tard de son théâtre complet ; il parut en 1918, en recueil avec deux autres pièces : *Terres chaudes* et *Les Ratés* (*). Sa première œuvre notable : *Le temps est un songe* (*) (1919), fut créée dix ans plus tard par la compagnie Pitoëff à laquelle il devait, d'ailleurs, rester fidèle toute sa vie. Peu après, il fit jouer *Le Simoun* (*) (1920) et *La Dent rouge* (1921). Si différentes qu'elles fussent entre elles, ces trois pièces annonçaient un dramaturge original, très conscient de ses moyens et désireux d'innover sans faire la moindre concession. Bousculant, à cet effet, la division usitée dans la comédie courante, il lui substituait un ensemble de courts tableaux qu'il parvenait toujours à rendre significatifs, tant par leur brièveté même que par la richesse naturelle du dialogue. S'étant ainsi délivré de toute rhétorique, il put exploiter les apports de Strindberg et de Freud dont il avait fait de bonne heure l'objet de son étude.

Cette tentative, dont l'importance est indéniable, demeure le propre de Lenormand. Elle reparaît dans : *Le Mangeur de rêves* (1922), *L'Homme et ses fantômes* (1924), *Le Lâche* (1925), *L'Amour magicien* (1926), *L'Innocente* (1926), *Mixture* (1927), *Une vie secrète* (1929), *Les Trois Chambres* (1930), *Crépuscule du théâtre* (1934), *Asie* (1935), *La Folle du ciel* (1938), *La Maison des remparts* (1943). Il faut y joindre la trilogie africaine qui commence par *Le Simoun* et comprend *À l'ombre du mal* (1924) et *Terre de Satan* (1943). De tous les dramaturges français du XXe siècle, Henri René Lenormand est un de ceux dont la veine est la plus riche. On lui fait volontiers le reproche d'écrire un théâtre d'exception : soit qu'il fasse la part trop belle aux mystères du subconscient, soit qu'il s'attache à évoquer des passions morbides, soit enfin qu'il peigne sans retenue des êtres tombés à jamais dans l'ignominie. Certes, cet auteur accuse un pessimisme radical. Il lui arrive d'aller puiser ses thèmes dans la psychanalyse. Il s'inquiète avant tout de savoir dans quelle mesure l'homme est le jouet de forces obscures, qu'elles proviennent de son humeur propre, de l'hérédité ou d'ailleurs : « Comment les notions apparemment établies de la morale se trouvent parfois décomposées – comme la lumière à travers le prisme. » On voit les difficultés que comporte une telle entreprise. Si Lenormand arrive souvent à la mener à bonne fin, c'est parce qu'il possède le don d'animer ses méditations. Tout à la fois observateur et visionnaire, il se soucie avant tout de la vérité. Son grand mérite est d'avoir su montrer de la façon la plus poignante la secrète connivence de l'homme avec ce qui le détruit. Si l'on tient que la psychanalyse défait l'œuvre du psychologue, en ce qu'elle tend à faire perdre à l'homme tout ce qui le rendait clair à lui-même, nul doute que Lenormand sut évoquer avec un art sans égal toutes les ombres inquiétantes que suppose un tel univers. Outre trois recueils de nouvelles exotiques : *Les Déserts* (1944), *Cœurs anxieux* (1947) et *L'Enfant des sables* (1950), Lenormand nous a laissé deux romans : *Le Jardin sur la glace* (1906) et *Une fille est une fille* (1949), ainsi que *Les Confessions d'un auteur dramatique* parues la même année.

ROLAND PURNAL.

RÉF. : H. R. Lenormand, *Les Confessions d'un auteur dramatique*, Paris, 1949. – Daniel-Rops, *Sur le théâtre de H. R. Lenormand*, Paris, 1926. – Gabriel Marcel, *L'Œuvre de H. R. Lenormand et la dissolution du tragique*, in *Cahiers de la quinzaine*, 1929. – G. Truc, *La Religion romantique et ses conquêtes*, Paris, 1930. – P. Blanchart, *Le Théâtre de H. R. Lenormand. Apocalypse d'une société*, Paris, 1947. – S. Radine, *Anouilh, Lenormand, Salacrou. Trois dramaturges à la recherche de leur vérité*, Genève, 1951. – K. S. White, *The Development of Lenormand's Principles and Purposes as a Dramatist*, Thèse, Stanford, 1958. – D. Steel, *Les Débuts de la psychanalyse dans les lettres françaises : 1914-1922*, in *Revue d'histoire littéraire de la France*, n° 79, 1979. – J. Jomaron, « Lenormand mis en scène par Pitoëff » dans *Les Voies de la création théâtrale*, vol. VII, Paris, C.N.R.S., 1979. – R. E. Jones, *Lenormand*, Boston, 1984.

LENÔTRE Georges (pseud. de Théodore Louis Léon Gosselin). Historien et auteur dramatique français. Né au château de Pépinville (Moselle) le 7 octobre 1857 ; mort à Paris le 7 février 1935. Il fut, au collège Saint-Clément de Metz, le condisciple de Foch. La guerre de 1870 interrompit ses études qu'il finit chez les jésuites, à Malgrange près de Nancy. Sa famille ayant opté pour la France et perdu de ce fait sa fortune, il entra au ministère des Finances avec l'intention d'y faire carrière. Durant ses loisirs, il fréquentait les musées, les bibliothèques et les archives accumulant fiches et notes. De ces recherches, il tira un premier volume qui parut en 1893 sous le titre de *La Guillotine sous la Terreur*. Ce fut un très grand succès ; aussi quitta-t-il le ministère pour se consacrer entièrement à l'histoire. Il publia dès lors un ou deux volumes par an sans que le succès se démentît jamais. Son œuvre énorme est consacrée à l'époque qui va de 1789 à 1815. Chaque livre étudie un épisode ou un personnage. Lenôtre a qualifié lui-même sa méthode de petite histoire ; c'est dire qu'il ne s'élève jamais jusqu'à une philosophie de l'événement, mais se borne à exposer avec une abondante documentation. Il recherche le détail et l'effet, le romanesque et le pittoresque. C'est une sorte de Dumas, mais qui aurait remplacé l'imagination par les recherches d'archives. Son style est simple, coloré, clair et élégant. Il écrit minutieusement les lieux où ont vécu ses héros, tenant avant tout à l'impression visuelle et au cadre. Cette manière fait sans doute que le meilleur de son œuvre consiste dans les chroniques qu'il donna au *Temps* et qu'il a réunies en six volumes sous le titre : *Vieilles maisons, vieux papiers. Paris révolutionnaire* (*). Parmi ses innombrables titres, il convient de citer : *Les Quartiers de Paris pendant la Révolution* (1896), *La Mort de Marie-Antoinette* (1897), *La Fille de Louis XVI* (1908), *Georges Cadoudal* (1929), etc. Bien qu'il eût refusé de faire la moindre visite protocolaire, il fut élu à l'Académie française le 2 décembre 1932 au fauteuil de René Bazin. Pendant plus de deux ans, il repoussa son discours de réception, si bien qu'il mourut sans avoir effectivement siégé parmi les Quarante.

RÉF. : L. Sonolet, *G. Lenôtre (T. Gosselin)*, Paris, 1909. – É. Gabory, article nécrologique dans le *Larousse mensuel* de novembre 1935. – G. Duhamel, *Discours de réception à l'Académie française*, Paris, 25 juin 1936. – T. Lenôtre, *Notes et Souvenirs*, Paris, 1940.

LENTZ Serge. Écrivain français d'origine ukrainienne. Né le 15 janvier 1937 à La Garde Freinet (Var). Après une scolarité à Paris et Londres, il fait ses études supérieures à Sciences politiques et au Trinity Hall de Cambridge. Journaliste, il est grand reporter pour l'*Observer* (Londres), *Look Magazine* (New York), *Washington Post, Paris-Match,* et exerce les fonctions de directeur de rédaction au groupe « Réalités ». Parallèlement, il travaille pour la télévision aux États-Unis, en Angleterre et en France. Pendant vingt-deux ans, Serge Lentz suivit tous les grands conflits, du Vietnam à l'Afrique et au Moyen-Orient. Outre de nombreux prix au États-Unis, sa carrière de journaliste a été couronnée par le grand prix de la Fondation Mumm pour la presse écrite en 1988. La vie professionnelle de Serge Lentz, le spectacle des horreurs de la guerre nécessitaient le changement, le repos. Il les trouve dans ses expéditions au pôle Nord et au pôle Sud, et plus durablement dans la création romanesque. Son premier roman *Les Années sandwiches* (1981), connaît un succès immédiat ; il obtient le prix des libraires en 1982 et le prix Wizo en 1983. *Vladimir Roubaïev* est couronné par le prix Interallié en 1985 – en 1988 Serge Lentz devient membre permanent du jury. En 1991, le prix du Sud est décerné à *La Stratégie du bouffon* (*). Conteur, tel se veut Serge Lentz. Ses récits ont effectivement l'allant, la tonitruance, la douceur, la poésie qui habitent les contes dont on se souvient.

YANNICK PELLETIER.

LENZ Jakob Michael Reinhold. Écrivain allemand. Né le 12 janvier 1751 à Seswegen en Livonie (Lettonie actuelle), mort le 23 ou 24 mai 1792 à Moscou. Le plus marquant et le plus révolté des poètes du « Sturm und Drang » préromantique était le fils d'un pasteur mais, dès ses années d'études, à Königsberg, il s'était voué à la littérature. À dix-huit ans, il avait déjà composé un grand poème hexamétrique, *Les Fléaux* [*Die Landplagen*], et un drame *Le Fiancé blessé* [*Der verwundete Bräutigam*], qui ne fut publié que longtemps après sa mort (1845). S'étant ensuite rendu à Strasbourg, Lenz s'introduisit dans les cercles littéraires de la ville, alors plongés dans l'extrême effervescence du « Geniezeit ». Lié bientôt avec Salzmann et avec Goethe, il devint, comme ce dernier, mais avec plus de violence encore dans l'enthousiasme, un adepte fanatique de l'esthétique shakespearienne, dont il se fit un des propagateurs dans ses *Notes sur le théâtre* (*) (1774). C'est encore du grand Anglais qu'il croit s'inspirer dans ses comédies bizarres, au rythme paroxystique : *Le Précepteur ou les Avantages de l'éducation privée* (*) (1774), *La Nouvelle Menoza* [*Die neue Menoza*, 1774] et *Les Soldats* (*) (1776). En mars 1776, peu après l'installation de Goethe à Weimar, Lenz accourut dans cette ville pour rejoindre son ami, qui ne l'avait d'ailleurs nullement invité ; il y fut pourtant aimablement accueilli tout d'abord, aussi bien par Goethe que par Wieland et par la cour du grand-duc, mais le scandale provoqué par un libelle dont il était l'auteur l'obligea à partir dès le mois de novembre de la même année. Le tempérament excessif et déjà fort inquiétant de Lenz ne se manifestait pas seulement sous la forme d'une insociabilité radicale ; c'est lui certainement qui fut responsable de l'échec des diverses tentatives amoureuses du poète auprès de Frédérique Brion – il a laissé une transposition fantastique de sa passion pour l'ancienne amante de Goethe dans son poème publié en 1798, *L'Amour à la campagne* (*) –, puis de la sœur de Goethe, Cornelia Schlosser, enfin d'Henriette von Waldner, plus tard baronne Oberkirch. Mais l'incompréhension de son entourage comme les déceptions sentimentales ne faisaient que donner une vigueur nouvelle au sentiment de solitude orgueilleuse qui dominait l'âme de Lenz : celui-ci, qui, à la différence de l'autre grand représentant du « Sturm und Drang », Klinger, ne sut jamais exercer la moindre ironie contre lui-même, se croyait le poète le plus génial de son temps, comme il devait l'affirmer dans son *Pandaemonium germanicum.* Avec une semblable confiance en lui, Lenz ne pouvait que se croire persécuté par tous. Peu après son départ précipité de Weimar, au cours d'un voyage à pied qu'il avait entrepris à travers l'Alsace et la Suisse (1777), il ressentit les premières atteintes d'une folie qui, ne cessant de croître, obligea son frère à le ramener dans son pays natal (juin 1779). Après avoir séjourné à Riga, puis à Saint-Pétersbourg, Lenz s'installa en 1781 à Moscou, où il mourut une dizaine d'années plus tard à peu près oublié des cercles littéraires allemands. Tieck, qui donna en 1823 une édition de ses œuvres, contribua à le faire redécouvrir. Par son mépris de toutes les formes consacrées, son goût de l'énorme, sa violence crue d'expression, sa recherche forcenée de l'originalité, l'œuvre de Lenz ne pouvait que déplaire à son ancien ami Goethe, si rapidement assagi, et à tous les tenants du classicisme weimarien ; quant à la génération romantique suivante, ses opinions politiques traditionalistes et ses nostalgies catholiques la disposaient mal à comprendre le profond accent tragique de la révolte de Lenz, dressé contre toutes les formes d'oppression de la société. On ne peut s'étonner qu'un écrivain révolutionnaire comme Bertolt Brecht se soit de nos jours vivement intéressé à Lenz dont il a donné des adaptations permettant la représentation théâtrale : il faut dire toutefois que Lenz reste rebelle à toute utilisation politique. Il ne représente pas une classe sociale, mais seulement lui-même : il est l'individualiste absolu. Plusieurs de ses œuvres n'ont été connues qu'après sa mort. Citons en particulier son roman en lettres *L'Ermite de la forêt* (*) ; ses récits *Zerbin* (1776) et *Le Pasteur de campagne* [*Der Landprediger*, 1777] ; ses poèmes dramatiques : *Pandaemonium germanicum* (1819), *Les Vêpres siciliennes* [*Die Sizilianische Vesper*, 1887] et les œuvres réunies dans les *Fragments dramatiques posthumes* [*Dramatischer Nachlass*, 1884]. En 1891 parut un recueil de ses *Poésies* [*Gedichte*].

MICHEL MOURRE.

RÉF. : Erich Schmidt, *Lenz und Klinger, zwei Dichter der Geniezeit*, Berlin, 1878. – Oskar Gluth, *Lenz der Dramatiker*, Munich, 1912. – F. Rittmeyer, *Das Problem des Tragischen bei Lenz*, Zurich, 1927. – Elisabeth Genton, *Jacob Michael Reinhold Lenz et la scène allemande*, Paris, 1966. – René Girard, *Jakob Michael Lenz, 1751-1792. Genèse d'une dramaturgie du tragi-comique*, Paris, 1968. – Curt Hohoff, *Jakob Michael Reinhold Lenz in Selbstzeugnissen und Bilddokumenten*, Reinbek bei Hamburg, 1977. – Jean-Claude Chantre, *Les Considérations religieuses et esthétiques d'un « Stürmer und Dränger » : Étude des écrits théoriques de J. M. R. Lenz*, Berne, 1982.

LENZ Siegfried. Romancier et nouvelliste allemand. Né le 17 mars 1926 à Lyck, en Masurie (Prusse-Orientale). Enrôlé dans la marine à dix-sept ans, il déserte l'armée du Reich et se livre aux mains des Anglais. À sa libération, en 1945, il se fixe à Hambourg, où il s'inscrit à la faculté des lettres en même temps qu'il survit, au début, grâce au marché noir. Il collabore bientôt au journal *Die Welt*, où il assume la chronique littéraire. Ses premiers romans, *Des vautours dans le ciel* [*Es waren Habichte in der Luft*, 1951], *Duel dans l'ombre* [*Duell im Schatten*, 1953], *Du pain et des jeux* [*Brot und Spiele*, 1959], lui permettent de vivre de sa plume, à partir de 1961. Siegfried Lenz se situe délibérément dans la tradition du roman classique héritée du XIXe siècle. À l'écart des courants contemporains de littérature documentaire ou expérimentale, il s'en tient au principe de la mimesis et entend, avant toute chose, « raconter des histoires » à son lecteur : « Je le reconnais, j'ai besoin d'histoires pour comprendre le monde. » La mimesis romanesque, au sens où l'entend Lenz, porte un projet moraliste : elle doit inviter, en élevant la réalité au niveau du typique, à s'interroger sur « les virtualités qui sont en nous », nous pousser « aux limites de nous-mêmes » en tant qu'être social. Au nom de cette responsabilité qu'il revendique, l'écrivain n'a pas hésité à intervenir directement dans la vie politique ouest-allemande, en soutenant activement, en 1965 et 1972, la campagne électorale du S.P.D. (geste symbolique, il accompagne avec Günter Grass le chancelier Willy Brandt à Varsovie, en 1970). C'est à son roman *La Leçon d'allemand* (*) (1968), vendu en quelques années à plusieurs millions d'exemplaires, que Lenz doit sa notoriété – une leçon sur la nazification insidieuse des esprits rustiques à travers l'histoire de Siggi Jepsen, le fils du gendarme chargé sous la dictature de surveiller le peintre Nolde, au fin fond de la campagne du Schleswig. *Le Modèle* [*Das Vorbild*, 1973] se tourne vers la réalité ouest-allemande des années 70 : trois pédagogues chargés de composer un manuel cherchent en vain une biographie susceptible d'illustrer un comportement exemplaire face à la violence. *Le Musée d'art régional* [*Das Heimatmuseum*, 1978] recueille le même scepticisme : le narrateur, qui a patiemment constitué tout un musée sur sa Masurie natale, se résout finalement à détruire son œuvre par le feu en un geste iconoclaste qui est pour lui la seule manière de sauver paradoxalement le passé, face aux falsifications du présent. Depuis *La Leçon d'allemand*, Lenz agite finalement toujours la même question de la quête de l'œuvre modèle. Il est significatif que l'un de ses derniers héros, Ulrich Martens, dans *Une perte* [*Ein Verlust*, 1981], ait perdu l'usage des mots : il revient aux autres désormais – en l'occurrence, ici, à Nora – de gérer le silence et le vide. Sur le plan de la forme, Lenz est certainement plus sage, plus conventionnel que Günter Grass. Tous deux ont en commun d'être orphelin de leur province ; l'un bat avec véhémence le tambour de la mémoire, l'autre se souvient avec nostalgie *Que la vie était douce à Suleyken* [*So zärtlich war Suleyken*, 1955].

JEAN-JACQUES POLLET.

RÉF. : Hans Wagener, *Siegfried Lenz*, Munich, 1976.

LEO Leonardo. Compositeur italien. Né à San Vito degli Schiavi (Brindisi) le 5 août 1694 ; mort à Naples le 31 octobre 1744. Formé au Conservatorio Santa Maria della Pieta dei Turchini de Naples, il fait représenter un opéra à l'âge de dix-huit ans. Peu après, il est organiste adjoint (1713) puis organiste titulaire (1725) à la chapelle royale. À partir de 1741, il est directeur du conservatoire où il avait fait ses études. Il est notamment le maître de Jommelli et Piccinni. Il terminera sa carrière comme maître de chapelle du roi de Naples. Il a composé plus de soixante-dix opéras, certains sur des livrets de Métastase, et des opéras-comiques à la manière de Pergolèse : *Caius Gracchus* (+) (1720), *Bajazet, empereur des Turcs* (+) (1722), *Caton à Utique*, 1729 (*), *La Clémence de Titus* (+) (1735), *Cirus reconnu*, 1739 (*), *Achille à Sciros* (+). Dans la version révisée de son *Olimpiade* (1737, rév. 1742-43), le chœur se voit confier un rôle, pour la première fois dans l'histoire de l'opéra napolitain. Il a aussi écrit beaucoup de musique religieuse, accompagnée – v. *La Mort d'Abel* (+) (1738) – ou suivant l'ancien style contrapuntique a cappella (messes et motets).

ALAIN PÂRIS.

LÉON Ier, dit LE GRAND, saint. Pape de 440 au 10 novembre 461, date de sa mort. Il succédait à Sixte III. Descendant d'une famille toscane mais probablement né à Rome, il y fit ses études, littéraires et théologiques. Il fit partie du clergé romain où il se distingua par ses dons, et il acquit bientôt une telle autorité qu'on venait, souvent de très loin, le prier d'intervenir dans des questions graves et compliquées. En 439, alors qu'il était diacre, il fut envoyé par Valentinien III en Gaule pour réconcilier les deux généraux romains Aetius et Albinus, dont la rivalité menaçait la paix de cette région. Il était en train d'accomplir sa mission lorsque Sixte III mourut ; le clergé et le peuple de Rome l'élurent pape. Revenu à Rome, il fut sacré évêque de Rome et pontife le 10 septembre 440. Son activité à la tête de l'Église embrasse tous les domaines. Pour défendre la vérité traditionnelle dans la lutte contre les hérésies, il commença par combattre les restes du manichéisme, qui sous une forme dissimulée cherchait à s'implanter en Italie et à Rome, apportée par des manichéens chassés d'Afrique par l'invasion des Vandales. En Espagne il combattit, les réfutant dans une longue lettre (la XVe), les doctrines de l'hérétique Priscillien qui inquiétaient l'épiscopat du pays. Il fit également sentir son autorité dans l'hérésie de Pélage. Mais il s'attaqua surtout à Eutychès, qui prêchait l'unicité de la nature du Christ. Au début, il semble qu'Eutychès, protégé par Théodose II et par ses envoyés impériaux, ait réussi, grâce à des moyens qui valurent au concile d'Éphèse le nom de « latrocinium Efesinum », à se faire réhabiliter ; mais Léon n'abandonna pas la partie et en 451, au concile de Chalcédoine, réuni avec l'aide de l'impératrice Pulchérie qui venait de succéder à Théodose II, il le fit condamner et obtint que tous les évêques signassent le document envoyé à l'évêque Flavien, où étaient réfutées les erreurs d'Eutychès et où se trouvait exposée la doctrine catholique sur la double nature du Christ. Le document est passé à l'histoire sous le nom de *Tomus ad Flavianum.* Léon le Grand également, à maintes reprises, dans le domaine de la discipline, intervint, afin de corriger les abus qui s'infiltraient dans l'organisation ecclésiastique, minant l'autorité ; il s'attaqua surtout aux évêques enclins à dépasser les limites qui leur étaient fixées. Son autorité dans la défense de Rome contre les barbares fut remarquable : sur la prière de l'empereur, du sénat et du peuple romain, il se rendit au-devant d'Attila, qu'il arrêta lorsque, ayant envahi la vallée du Pô, il se préparait de Mantoue à descendre sur Rome (452). Léon le Grand obtint de Genséric, roi des Vandales, appelé par Eudoxie contre Maxime l'usurpateur de Valentinien III, que fussent évités à la ville les incendies et les destructions, mais non le sac qui dura du 14 au 28 juin 455. De l'activité pastorale de ce pape il reste des documents : ses *Sermons,* distribués selon les solennités de l'année liturgique ; ses *Lettres* (*) sont le témoignage de la puissance avec laquelle il gouverna l'Église. Ses cendres reposent sous l'autel de la chapelle qui lui est dédiée à Saint-Pierre.

LÉON VI le Sage. Empereur d'Orient. Né et mort à Byzance (1er décembre 866-11 mai 912). Il était fils de Basile le Macédonien et d'Eudoxie Ingerina, maîtresse officielle de l'empereur Michel III ; d'après des rumeurs répandues à la Cour et au-dehors, celui-ci fut son vrai père. Après la mort de son frère aîné Constantin, Léon VI dut partager le trône avec son frère cadet Alexandre. Élevé par le patriarche Photius, Léon préféra aux armes les études, une préférence qui lui valut le surnom de Sage et de Philosophe. Il a écrit des homélies, des prières liturgiques, des poésies, mais son nom reste surtout lié à la vaste réorganisation des lois, déjà commencée par son père Basile avec la publication du *Procheiron* ['Οπρόχειρος νόμος, 879] et de l'*Epanagogé* ['Επαναγωγὴ τοῦ νὸμου, 886] et qu'il conclut lui-même par le *Recueil et classement parallèle en soixante volumes de toute la législation.* Cet ouvrage, plus connu sous le titre des *Basilika* (*), veut être une refonte du droit gréco-romain, par la réunion de toute la complexe matière juridique qui va de Justinien à Basile Ier. Sa diffusion fut très large et il remplaça définitivement le *Corpus de droit civil* (*) et le *Digeste* (+), devenus peu pratiques en raison de la connaissance de plus en plus restreinte du latin. De moindre importance sont les *Conseils stratégiques ou Tactique* (+), œuvre de stratégie pour la rédaction de laquelle Léon s'est servi des anciens *Stratagèmes* (*) de Polyen. Parmi ses ordonnances, on retient surtout celle transmise sous le titre du *Livre du préfet* [Λεόντος τοῦ Σοφοῦ τὸ ἐπαρχικὸν βιβλίον], précieux document sur les organisations corporatives de Constantinople au xe siècle. Léon VI fut veuf trois fois ; s'étant remarié une quatrième fois avec Zoé Carbounopsine (dont il aura un fils, le futur Constantin VII), il fut censuré par le patriarche, un quatrième mariage étant interdit par les canons de l'Église.

RÉF. : A. Stöckle, *Spätrömische und byzantinische Zünfte...*, Leipzig, 1911. – E. H. Freshfield, *Roman Law in the later Roman Empire. Byzantine Guilds...*, Cambridge, 1938.

LÉONARD DE VINCI (Leonardo da Vinci). Artiste, savant et humaniste italien. Né à Vinci, près de Florence, le 15 avril 1452, mort le 2 mai 1519 au château de Cloux (Amboise). Il était le fils naturel de ser Pietro, notaire, et d'une certaine dame Catherine que l'on maria, quelques années après la naissance de Léonard, à un nommé Accattabriga. On peut penser que Léonard connut une adolescence tranquille et plutôt aisée ; son nom figure parmi ceux des membres de la famille dans les inscriptions au cadastre de son grand-père et de son père. En revanche, il est peu probable qu'il ait reçu à Vinci une instruction littéraire soignée ou un enseignement artistique régulier. Ce n'est que vers 1469, lorsque son père se fut installé à Florence, que Léonard fut placé chez Andrea del Verrocchio, c'est-à-dire dans l'un des ateliers d'art les plus actifs de la ville, dans lequel se poursuivaient les recherches et se faisaient les travaux les plus divers : peinture, sculpture, arts décoratifs, restauration d'antiquités, etc. Durant cette première période florentine, Léonard ne put vraisemblablement pas se livrer à des études littéraires méthodiques et assidues, puisque vers quarante ans il notait encore des rudiments de grammaire latine et de vocabulaire, mais il eut certainement connaissance des auteurs classiques, fréquenta des lettrés, des savants, et, surtout, put écouter Marsile Ficin, et sut extraire des cours de philosophie de ce dernier ce qui convenait à son esprit. Des doctrines de Ficin, souvent complexes et ardues, se dégageaient deux concepts principaux : la nature, création éternelle de l'esprit divin ; l'égalité entre l'entendement humain et l'esprit créateur divin. Ce néo-platonisme « ficinien », dont l'historiographie italienne ne tint pas assez compte au siècle dernier, constitue en réalité un fait de grande importance dans la civilisation de la Renaissance, justement parce qu'il propageait cette idée d'un esprit capable d'embrasser tout le savoir humain et de donner un appui métaphysique à une vision et une connaissance de la nature toutes nouvelles.

La vie de Léonard à Florence, de 1469 à 1482, dut se partager entre la méticuleuse et savante activité de l'atelier de Verrocchio (dont il termine *Le Baptême du Christ*, peignant un ange, reprenant le paysage, sur la gauche, et quelques endroits moins voyants), les relations avec des penseurs et des savants, les études d'anatomie et de botanique, l'observation attentive des travaux de mécanique et les continuels exercices de dessin. Ce fut pendant ces treize ans que Léonard acquit une grande connaissance de la personne humaine considérée dans sa structure anatomique, ses mouvements et l'expression de ses sentiments. De cette période ont été conservés principalement des dessins au trait rapide, études de muscles représentés au moment où, tendus, ils travaillent pour accomplir le mouvement. *L'Annonciation* (aux Offices) permet d'apprécier tout ce qu'il a apporté de nouveau au paysage « flamand » de ses prédécesseurs immédiats, tant en ce qui concerne la lumière et le rendu des distances que la variété et la vérité des éléments naturels, l'extension, en somme, du répertoire géologique. De plus, pour ceux qui, comme nous, considèrent le portrait Liechtenstein *(Ginevra Benci)* comme une œuvre de Léonard (datant environ de 1480), et le rapprochent de nombreux autres dessins, apparaît un peintre très attentif à l'élégance à la fois gracieuse et hautaine des dames du temps. *L'Adoration*, destinée à l'église des Scopeti (aux Offices), est demeurée à l'état d'esquisse, et remonte à 1481 ; on saisit en elle, et dans plusieurs ébauches du même sujet, une des phases les plus frappantes et les plus heureuses de Léonard dans la traduction de l'expression dramatique de la figure humaine. La composition complexe et surpeuplée de cette œuvre semble dominée par une vague de passion sacrée, car si l'esprit de Léonard, peintre religieux, est tourné vers l'immanence de la force créatrice du monde, il n'en saisit pas moins la signification profonde de l'événement évangélique qu'il doit représenter, sait en dégager les éléments dramatiques et en imaginer chaque détail. Malheureusement, ces années furent aussi celles qui virent planer l'une des seules ombres que contienne la vie de Léonard : la dénonciation pour attentat aux mœurs, en 1476. Il fut acquitté, mais une trace demeura qui marque, dans l'esprit des biographes modernes, toute l'existence de l'artiste. Il faut ajouter qu'en 1473, déjà, la signature du premier dessin de lui qui nous soit parvenu (un paysage) est écrite de droite à gauche. Cette écriture inversée est la curieuse mais logique conséquence qu'il tira du fait qu'il était gaucher, car on ne peut guère penser qu'il s'agissait là d'une mesure de précaution contre d'éventuelles indiscrétions : à l'aide d'un miroir, ses contemporains pouvaient réussir à lire cette écriture du premier coup.

Dans la Florence de Laurent de Médicis, les possibilités dont les artistes bénéficiaient un demi-siècle auparavant avaient disparu : les maîtres et les collègues de Léonard cherchaient désormais du travail hors de la ville ; il semble bien que Léonard se soit rendu, muni de recommandations de Laurent de Médicis lui-même, à Milan, à la cour de Ludovic le More qui, en dépit de sa culture très superficielle, encourageait les arts nouveaux et la jeune littérature dont Florence était le berceau. Certainement, Léonard se présenta à Ludovic le More avec une grande assurance, se proposant comme constructeur d'armes, d'artillerie, de chars d'assaut, de canaux, de forts, d'« édifices publics et privés », et, seulement à la fin de sa lettre de présentation, comme peintre et sculpteur, en particulier pour le cheval de bronze élevé en l'honneur de Francesco Sforza. Léonard trouva un terrain favorable à Milan : le 25 avril 1483, il reçut la commande, avec les frères de Predis, du retable pour les « Confratelli della Concezione » (*La Vierge aux rochers*, aujourd'hui au Louvre) et bientôt dut se rendre à la Cour pour faire le portrait de Cecilia Gallerani, la jeune maîtresse du More (qui est presque sûrement la *Dame à l'hermine* de la collection Czartorisky de Cracovie).

C'est en 1490 qu'il produit son premier

arrangement scénique avec costumes pour *La Fête du paradis*, pièce écrite sur un argument du More ; pour ce spectacle, comme pour d'autres dont les dessins ont été conservés, il est probable que Léonard déploya des trésors de luxe, d'élégance et d'ingéniosité. À la Cour il déclame ses « prophéties », descriptions métaphoriques de faits divers, se présentant comme l'annonce d'événements obscurs et calamiteux. C'est peut-être pour la Cour également qu'il écrit le *Parallèle* [*Paragone*] entre la peinture et les autres arts, qui nous est parvenu dans la première partie du *Traité de la peinture* (*). En 1490, le monument équestre de Francesco Sforza est de nouveau à l'ordre du jour ; la maquette en est exposée en 1493 et suscite chez les Milanais une profonde admiration, et de chaleureuses louanges de la part des lettrés. Les cinq dernières années du siècle sont marquées par l'exécution de la *Cène* dans le réfectoire attenant à l'église Santa Maria delle Grazie, la décoration de la Salle delle Asse, au château, la nomination de Léonard au poste d'ingénieur de la chambre, et le don d'une vigne de la part du duc.

Léonard menait, en somme, la vie d'un artiste très admiré dans une cour riche et importante, malgré quelques inévitables nuages, quelques plaintes causées par la lenteur de son travail et, surtout au cours des dernières années, la menace puis l'évidence d'un grand échec : la fonte manquée du cheval de Francesco Sforza, due aux proportions énormes de la statue (sept mètres vingt de hauteur, plus du double du *Colleone* de Verrocchio), au peu d'expérience en fonderie de Léonard et, à un certain moment, à la pénurie de moyens. Pourtant, dans son ensemble, cette première période milanaise fut la plus féconde pour Léonard, à la fois en ce qui concerne les peintures exécutées et son activité scientifique et technique ; certes, il reprit plus tard certains points avec plus de méthode et de fruits, mais c'est à ces vingt ans que remontent en grande partie ses études d'anatomie, ses observations géologiques, soit de la formation des roches, soit de géologie stratigraphique ou de météorologie (la région lombarde qui s'étend des Alpes à la plaine padouane est un merveilleux théâtre de forces naturelles). Léonard étudia les canaux, le cours et le lit des eaux – v. *De la nature de l'eau* (*) –, les ouvrages en maçonnerie, les écluses ; il en créa et en projeta de nouveaux ; il connut dans leur détail les exigences de certaines activités industrielles comme le traitement des textiles, étudia l'art du bâtiment et le vol – v. *Sur le vol des oiseaux* (*). Naturellement, dans beaucoup de domaines, en géologie notamment, il avait pu recourir à la science écrite de prédécesseurs du XIIIe siècle qu'il connaissait et étudiait. Il avait peut-être aussi profité des recherches de techniciens et d'ingénieurs contemporains demeurés inconnus, mais dans l'ensemble ses travaux sont d'une puissance intellectuelle et d'une nouveauté impressionnantes par leur incessante pénétration du jeu des énergies naturelles, par cette tendance non moins constante à s'en rendre maître afin de les reproduire rationnellement pour servir les intérêts humains et augmenter toujours plus les possibilités humaines. C'est au cours de ces recherches si diverses que se forma l'énorme amoncellement de ses manuscrits ; petits cahiers de poche, cahiers de grande taille où il transcrit et dispose ses notes avec plus de méthode. Malheureusement, l'ordre de ces manuscrits, déjà très problématique à l'origine, est devenu chaotique par le groupement arbitraire des feuillets en gros « Codex » composés de façon fantaisiste ; c'est le cas du « Codex Atlanticus » de la bibliothèque Ambrosienne, constitué par quatre cent trois grandes feuilles sur lesquelles sont placés un nombre bien supérieur de feuillets originaux de toutes tailles, extraits de cahiers de format, d'époque et de sujet différents ; la composition du « Codex Arundel » de deux cent quatre-vingt-trois pages, au British Museum, est tout aussi arbitraire et désordonnée.

En 1499, la politique agressive de Louis XII se heurte au réseau d'intrigues du More : « Le duc perdit son État, ses biens et la liberté, et aucun travail pour lui ne put être terminé... », note Léonard, que désole avant tout l'impossibilité de poursuivre les travaux en cours, en particulier la fonte non réalisée du cheval de Francesco Sforza, dont la maquette ne tarda pas à être détruite. Léonard semble d'une grande indifférence à l'égard de ces hommes d'État italiens, qui ne surent pas susciter chez leurs sujets un véritable attachement à leur gouvernement. Il transfère son argent à Florence et fait un bref voyage à Mantoue, où Isabelle d'Este le réclamait avec insistance ; il y fait l'esquisse de son portrait (au Louvre), puis se rend à Venise et gagne l'Isonzo menacé par les Turcs afin d'en étudier les possibilités de défense. En avril 1500, il se trouve à Florence où, tout de suite, d'anciens et de nouveaux admirateurs se groupent autour de lui ; le dessin pour *La Sainte Anne* qu'il ne peignit que par la suite et très lentement (au Louvre) provoqua l'enthousiasme. Cependant, on eut bientôt l'impression que son goût pour les sciences s'exerçait aux dépens de son travail artistique. Vers la fin du printemps de 1502, il quitte Florence et entre au service de César Borgia qui le nomme « architecte et ingénieur général » ; il reprend des études de topographie de l'Italie centrale et des travaux de cartographie (parmi lesquels l'admirable plan d'Imola), de fortifications, etc., mais ces occupations ne le retiennent pas longtemps : en mars 1503, il est de retour à Florence. Selon toute probabilité, c'est au cours des deux années suivantes qu'il peignit *La Joconde*, son œuvre la plus célèbre, au charme incomparable, et qu'il dressa ses plans hydrauliques les plus hardis pour l'Arno, auquel il pensait fournir un vaste bassin régulateur, les Chiane submergées, elles-mêmes alimentées par le Trasimène et le Tibre, dont les eaux auraient été acheminées par un grand canal navigable Florence-Prato-Pistoia-Serravalle (creusé dans la montagne)-Vico-Pisano. On possède des documents et des dates exactes pour *La Bataille d'Anghiari*, grande peinture murale décorant la salle du Conseil du palais de la Seigneurie ; ce sujet offrait la possibilité de porter au degré dramatique le plus haut et d'approfondir les dessins de chevaux et de guerriers que le peintre aimait tant depuis *L'Adoration des mages ;* les esquisses qui nous sont parvenues sont extraordinaires, et les dessins de têtes admirables. En 1505, Léonard commença l'exécution à fresque de la partie centrale (la bataille pour l'étendard) en se servant d'une préparation nouvelle et de couleurs à l'huile ; la préparation se révéla défectueuse : résultat d'une erreur que nous ne pouvons pas déceler exactement aujourd'hui ; on sait que la peinture ne séchait pas et coulait. Au printemps de 1506, Léonard délaissa aussi cette œuvre et retourna à Milan. Il existe de vieilles copies de la partie exécutée ; l'original fut détruit peu après, en 1550 ; le carton, très longtemps admiré, finit par s'abîmer, et l'on n'en conserve aucun vestige. Il n'est pas possible, malheureusement, de dissimuler ce côté négatif chez Léonard : son imprudence technique dans l'abandon des moyens traditionnels, qu'il sentait inadaptés à son art, et l'expérimentation d'autres procédés, pour lesquels il n'avait pas de garanties scientifiques et pratiques suffisantes.

À Milan, il entra au service du duc d'Amboise, le gouverneur français. Ses relations avec les nobles français de la cour de Louis XII remontaient à l'époque qui suivit la chute du More (comte de Ligny, Florimond Robertet) ; il ne faut pas penser au seul opportunisme ; la France de Louis XII, puis de François Ier, devait réellement paraître un pays fort, désireux de connaître une nouvelle civilisation artistique ; certainement, Léonard fut très bien compris comme artiste (Louis XII avait même pensé transporter *La Cène* en France) et l'on sut apprécier son esprit complexe et la fascinante multiplicité de ses pouvoirs. Benvenuto Cellini rapporte que François Ier considérait Léonard comme « l'homme le plus savant du monde, pas autant en sculpture, peinture et architecture qu'il était grand philosophe ». Léonard reprit donc pour le compte des nouveaux maîtres de la Lombardie (tout en faisant de brefs mais fréquents voyages à Florence) ses études de canalisation et d'architecture ; il conçut le projet d'un tombeau pour Giangiacomo Trivulzio, avec une statue équestre, et le prépara soigneusement ; il « creusa » ses paysages et rendit avec plus d'émotion encore la structure des montagnes, le cours des eaux, les jeux de lumière, les nuages, et surtout les paysages vus à vol d'oiseau dont il fit de véritables topographies poétiques ; le fond de *La Sainte Anne* est une admirable élaboration picturale. De nouvelles études d'anatomie datent de ces années-là, qu'il fit avec la collaboration du jeune professeur d'anatomie de l'université de Pavie, Marc-Antonio della Torre. En 1512, cependant, les Français sont chassés de Milan, et Léonard préfère gagner la Rome de Léon X, le fils de Laurent le Magnifique, où Julien, son frère, sera son protecteur. Mais à Rome, où en quelques années, grâce à leurs magnifiques et rapides réalisations se sont imposés Bramante, Michel-Ange et Raphaël, un artiste âgé, chercheur raffiné, ne peut guère avoir de chance : Julien lui confie l'étude de l'assainissement des marais Pontins, pour lequel il subsiste un graphique intéressant, et comme travail cartographique et comme projet. On ne sait rien concernant d'importantes commandes artistiques ; on sait seulement qu'on interdit au savant de pratiquer la dissection sur les cadavres de l'hôpital. Baldassare Castiglione écrit à son sujet, reflétant évidemment l'incompréhension de la société romaine pour l'activité scientifique et intellectuelle de Léonard : « Un autre des premiers peintres du monde méprise cet art où il est incomparable, et se met à apprendre la philosophie sur laquelle il a de si étranges conceptions et de si nouvelles chimères que, même avec tout son art de la peinture, il ne saurait pas les représenter. » De sorte qu'après la mort de Julien Léonard accepte raisonnablement l'invitation de François Ier, et, vers la fin de 1516, se rend en France, emportant avec lui manuscrits, dessins et peintures. Il reçoit du roi un très beau traitement et habite le château de Cloux (Amboise) ; là, bien qu'il soit désormais paralysé de la main droite, il fait un projet, selon des vues architectoniques entièrement nouvelles, pour un vaste palais royal et des maisons préfabriquées à Romorantin ; il donne des idées de spectacles ou en règle lui-même ; il étudie, dessine et dirige en peinture son élève et ami Francesco Melzi.

De documents et d'informations sûres, on peut conclure qu'il mena une existence de solide et infatigable travailleur (sa beauté et sa prestance ont été vantées par ses premiers biographes), toute consacrée à son immense travail intellectuel. C'était un homme serein, sinon gai ; la vie, pour lui, était un énorme travail à la fois créateur et destructeur, et la vie humaine, extrêmement courte si elle n'est pas bien employée. L'ensemble de ses écrits, dans son désordre et son absence de méthode démonstrative, contient par centaines des fragments d'une intensité expressive exceptionnelle ; il décrit de manière prodigieuse les événements naturels, les gestes, les mouvements, cherchant toujours attentivement la signification et la valeur évocatrice des mots. Ses préceptes de peinture sont très nombreux et contenus pour la plupart dans les neuf cent trente-cinq courts chapitres de son *Traité de la peinture*, dans des pages d'une portée esthétique qui font de lui le véritable poète du naturalisme de la Renaissance, c'est-à-dire de l'art en tant qu'invention et définition d'un monde visible, individuel pour le sentiment, mais traduit dans le sens même de la création naturelle. Grand poète de la conscience humaine qui s'agrandit, s'empare et fait siennes les forces du cosmos, l'incompréhension de ses contemporains l'a confondu avec les mages et les alchimistes qu'il méprisait profondément, ainsi que la psychologie moderne qui, négligeant la formation poétique de l'Univers selon Léonard, s'est étonnée de l'autonomie et de l'étrangeté de cet univers et a choisi le maître de *La Sainte Anne* comme champ d'expérience pour l'étude de l'inconscient. L'influence de Léonard a été très importante : ses imitateurs directs furent légion : Raphaël, Michel-Ange et le Corrège se tournèrent vers lui ; même Giorgione montre des affinités avec son art qui ne sont explicables que par une profonde connaissance de son œuvre ; il en est de même plus tard de Rubens. Le panpsychisme logique de Léonard présente des analogies extraordinaires avec des systèmes philosophiques célèbres, et surtout avec Giordano Bruno. De plus, pour de nombreux problèmes de sciences naturelles et de mécanique, anticipant de plusieurs siècles, il imagina des solutions dont l'avenir a reconnu l'immense valeur, preuve étant ainsi faite de la vitalité et de la persistance de ses conceptions dans notre civilisation. Rappelons *Du mouvement et de la pesanteur* (*) et *Traité d'anatomie et traités divers* (*).

GIORGIO CASTELFRANCO.

♦ *« Il rompt d'un coup avec la peinture traditionnelle du* XV*e siècle, il arrive sans erreur, sans défaillance, sans exagération et comme d'un seul bond à ce naturalisme judicieux et savant, également éloigné de l'imitation servile et d'un idéal vide et chimérique. »* Eugène Delacroix. ♦ *« L'homme complet, équilibré, tout-puissant en toutes choses. »* Michelet. ♦ *« Fondamentalement, Michel-Ange aurait dû détruire le christianisme au nom de son idéal ! Mais il n'était pas assez penseur et philosophe pour cela. Léonard de Vinci, seul peut-être parmi les artistes, a eu un regard réellement surchrétien. »* Nietzsche. ♦ *« Ce peintre exceptionnel est compris par la pensée mieux encore que par les yeux* [...] *Intelligence unique par sa pointe et son étendue, Vinci apparaît à la fois un grand méditatif et un grand séducteur. Ses études universelles et profondes ne l'accaparaient pas ; il fut encore un magnifique cavalier ; d'une psychologie désabusée et fine, il évoluait avec aisance dans la vie décorative de son siècle pittoresque* [...] *Et cette dualité éclaire le sourire de toutes les figures qu'il a laissées... Il y peignait sa propre complexité, son âme habile tout à la fois à la science et à la séduction. »* Maurice Barrès. ♦ *« Léonard est sans passion, et presque sans mystique. Il étudie, il observe, partout il poursuit l'objet : de là qu'il est si avide de la forme et de la nature : mais qu'est-ce que l'art, sinon l'effort de l'homme à sortir de la nature ?* [...] *Trop d'intelligence, c'est par là qu'il nous déçoit. L'amoureuse énergie qui donne vie à la nature, Léonard ne l'a pas. »* André Suarès. ♦ *« Cette absence d'embarras, de prophétisme et de panthétisme ; ces idéaux précis, ce tempérament entre les curiosités et les puissances, toujours rétabli par un maître de l'équilibre ; ce dédain de l'illusionnisme et des artifices, et, chez le plus ingénieux des hommes, cette ignorance du théâtre, ce sont des scandales pour nous* [...] *Jamais pour Dionysos, ennemi plus délibéré, ni si pur, ni armé de tant de lumière que ce héros moins occupé de plier et de rompre les monstres que d'en considérer les ressorts »... « Au regard de nos habitudes, Léonard paraît une sorte de monstre, une centaure ou une chimère, à cause de l'espèce ambiguë qu'il représente à des esprits trop exercés à diviser notre nature et à considérer des philosophes sans mains et sans yeux, des artistes aux têtes si réduites qu'il n'y tient plus que des instincts. »* Paul Valéry.

RÉF. : G.B. Venturi, *Essai sur les ouvrages physico-mathématiques de L. de Vinci*, Paris, 1747. – P. Valéry, *Introduction à la méthode de Léonard de Vinci*, 1894 et 1919 ; *Léonard et les philosophes*, in *Variété III*, 1936. – Pierre Duhem, *Études sur Leonard de Vinci*... (3 vol.), Paris, 1906-1913. – Paul Vulliaud, *La Pensée ésotérique de Léonard de Vinci*, Paris, 1906, rééd. en 1945. – Péladan, *La Philosophie de Léonard de Vinci*, Paris, 1910. – A. Venturi, *Leonardo da Vinci*, Rome, 1920. – F. Malaguzzi-Valeri, *Leonardo da Vinci e la scultura*, Bologne, 1922. – Sigmund Freud, *Un souvenir d'enfance de Léonard de Vinci*, Paris, 1927. – Osvald Sirén, *Léonard de Vinci* (3 vol.), Paris, 1928. – J. P. Mc. Murrich, *Leonardo da Vinci, the Anatomist*, Baltimore, 1930. —E. Panofsky, *The Codex Huygens and Leonardo da Vinci's Art Theory*, Londres, 1940. —A. E. Poptian, *The Drawings of Leonardo da Vinci*, Londres, 1945. – Fred Bérence, *Léonard de Vinci*, Paris, 1947. – Antonina Vallentin, *Léonard de Vinci*, Paris, 1952. – Marcel Brion, *Génie et destinée. Léonard de Vinci*, Paris, 1952. – A. Sartoris, *Léonard architecte*, Paris, 1952. – *Léonard de Vinci et l'expérience scientifique au* XVI*e siècle*, Paris, 1953 (Ouvrage collectif). – *Leonardo, Saggi e Ricerche*, Rome, 1954 (Ouvrage collectif). – J. Segnaire, *Tout l'œuvre peint de Léonard de Vinci*, Paris, 1954. – A. Chastel, *Art et Humanisme à Florence*, Paris, 1959. – W. Suida, *Leonardo da Vinci und sein Kreis*, Munich, 1959. – A. Chastel et R. Klein, *Léonard de Vinci, La Peinture*, Paris, 1964. – E. Garin, *La città di Leonardo*, Florence, 1972. – C. Pedretti, *Leonardo architetto*, Milan, 1978 (trad. Paris, 1982). – M. Kemp, *Leonardo da Vinci. The Marvellous Works of Nature and Man*, Londres, 1981. – A. Chastel, M. Kemp, C. Vasoli, H. Gombrich, K. Keele..., *Leonardo e l'età della ragione*, Milan, 1982. – S. Alberti de Mazzeri, *Léonard de Vinci : l'homme et son temps*, Paris, 1984.

LEONCAVALLO Ruggero. Compositeur italien. Né à Naples le 8 mars 1858, mort à Montecatini (Toscane) le 9 août 1919. Il fut élève au Conservatoire de Naples pendant quelques années, puis alla suivre les cours de Carducci à l'université de Bologne où il obtint sa licence ès lettres. Ses débuts furent difficiles. Il tenta vainement de faire représenter sa première œuvre dramatique *Chatterton* (+), puis voyagea en Égypte et en France, donnant des leçons et jouant du piano dans les cafés-concerts. De retour en Italie, il s'essaya dans le mélodrame, revint à la musique et connut enfin en 1892 le vrai succès (l'unique de sa carrière) avec *Paillasse* (*), opéra en deux actes. Puis vinrent : *La Bohème* (*) (1897), *Zara* (1900), *Roland de Berlin,* composé en 1904 sur la demande de Guillaume II, *Maj*

(1910), *Les Bohémiens* [*Gli zingari,* 1912], *Geoffroy Mameli* (1916), et enfin son œuvre posthume : *Œdipe roi* (+), représentée à Chicago en 1920. Surtout dans *Paillasse,* Leoncavallo fait preuve d'un véritable sens dramatique ; ses effets sonores sont beaux, mais il n'est pas un musicien très puissant. Ses opérettes, *La Petite Reine des roses* [*La reginetta delle rose*], *La Candidate* [*La Candidata*], *Prête-moi ta femme* [*Prestami tua moglie*], n'eurent qu'une vogue éphémère.

LÉON D'ASSISE, bienheureux. Moine italien d'expression latine. Mort à Assise (Ombrie) le 15 novembre 1271. Son nom est indissolublement lié à celui de saint François d'Assise dont il fut le disciple, le compagnon, l'ami, l'infirmier, le confesseur, et qui l'appelait « brebis de Dieu » [pecorella di Dio]. C'est pour lui que le saint écrivit les *Louanges de Dieu* [*Laudes Dei*] avec une célèbre bénédiction dont le texte autographe est au couvent de Saint-François à Assise ; nous possédons aussi celui d'une brève lettre du Poverello (peut-être de 1220) qui lui est adressée. Léon assista à la mort de sainte Claire, le 11 août 1253, et l'évêque Bartolomeo de Spoleto l'appela à faire partie du tribunal institué pour son procès de béatification, ordonné par Innocent IV le 18 octobre 1253, et qui eut lieu à Assise en novembre de la même année.

Mais on évoque surtout, à propos de Léon, deux écrits très connus sur saint François : *Le Miroir de perfection* (*) et *La Légende des trois compagnons* [*La leggenda dei tre compagni*] ; celle-ci a son origine dans l'ordre donné par Crescenzio da Jesi (chapitre de Gênes, 1244) de recueillir des détails pour une nouvelle biographie du saint par Tommaso da Celano – sans doute pour sa *Seconde vie* (+) de 1246-1247. On a discuté sur la participation effective de Léon à ses recueils aux sources multiples (frères Angelo et Rufino, Filippo, Illuminato da Rieti, Masseo da Marignano, Giovanni, le bienheureux Egidio), mais l'importance et l'autorité de son concours sont hors de doute.

LÉONIN. Compositeur français du XIIe siècle, mort vers 1190. Il est connu grâce au traité d'un théoricien anglais du XIIIe siècle qui le qualifie de « optimus organista ». Il fut l'un des grands maîtres de l'École de Notre-Dame de Paris. On lui doit une nouvelle technique d'écriture musicale polyphonique. Ses compositions sont rassemblées dans le *Magnus Liber* (*) et consistent exclusivement en organa à deux voix, répons pour la messe et les heures canoniales.

DOMINIQUE JACCOTTET.

LÉON L'HÉBREU (Jehudah Abravanel ben Ishaq). Écrivain espagnol. Il naquit à Lisbonne, sans qu'on sache précisément en quelle année : probablement entre 1460 et 1470, mort avant 1535. Son père, don Isaac Abravanel, né à Lisbonne lui aussi, en 1437, d'une famille bien connue, était un remarquable financier et homme d'État qui se révéla, plus tard, un éminent théologien. Conseiller d'Alphonse V, il jouit des faveurs du roi jusqu'à la mort de celui-ci, survenue en 1481. Léon dira ultérieurement, dans l'une de ses élégies : « Les honneurs et les richesses de mon père s'accrurent alors » ; il ajoutera que son père a été son maître et son guide sur les chemins du savoir. C'est ainsi qu'il devint émérite en théologie et qu'il étudia la médecine. L'accession de Jean II au trône de Portugal signifia la disgrâce de don Isaac : accusé de complicité dans le complot du duc de Bragance, il fut contraint de fuir et ses biens lui furent confisqués. S'étant réfugié en Espagne (1483), il y fut rapidement rejoint par Léon (1484) et par le reste de sa famille. Les Abravanel demeurèrent en Espagne jusqu'à l'expulsion des Juifs, en 1492. Nous savons très peu de chose concernant le séjour de Léon dans ce pays : il fut probablement, avec son père, conseiller financier du roi Ferdinand, l'hypothèse qui le fait médecin de la Cour n'ayant pas été vérifiée. En 1492, au moment du nouvel exil, il semble que le roi ait essayé de retenir Léon ; cependant, vers la fin de l'année, Léon et son père débarquent à Naples. Léon qui, dans les « cénacles d'études » des chrétiens sut « vaincre et battre » en discussion ses adversaires, se trouvait alors en contact direct avec la culture humaniste italienne et avec les mouvements de pensée néo-platonicienne dont, peut-être, il avait déjà eu connaissance auparavant. Un témoignage tardif du médecin Amato Lusitano nous apprend qu'en 1568 un neveu de Léon, à Salonique, avait en sa possession un ouvrage perdu du philosophe, *De l'harmonie du ciel* [*De coeli harmonia*], composé « scholastico stilo » sur les prières du « divin » Pic de La Mirandole ; si une rencontre entre ces deux penseurs n'est pas prouvée par documents, des rapports épistolaires entre eux ne sont pas à exclure.

Entre 1495 et 1496, après l'entrée des Français à Naples, Léon se rendit à Gênes, tandis que son père se réfugiait d'abord à Corfou, puis à Monopoli ; il semble que ce soit là que Léon l'ait rejoint ; en 1501 ils se trouvent tous deux à Barletta où ils reçoivent un sauf-conduit du roi Frédéric pour Naples. Ce fut au cours de ces années que Léon élabora son chef-d'œuvre, les *Dialogues d'amour* (*) auxquels il travaillait en 1502. Après un probable séjour à Venise en compagnie de son père, Léon est de nouveau à Naples, au service de Gonzalve de Cordoue ; mais c'est à Venise qu'il retournera probablement lorsque le Grand Capitaine quittera Naples.

Mais après 1507, nous ne possédons plus d'indications certaines : des documents postérieurs à 1520 mentionnent, il est vrai, un « Léon, médecin juif », mais le nom était trop répandu pour qu'on puisse fonder là-dessus de solides conjectures. En 1535, le premier éditeur romain des *Dialogues* le déclare déjà mort. Le *De coeli harmonia* ayant été perdu, en dehors des *Dialogues* il nous reste de Léon cinq poésies hébraïques, dont quatre accompagnent des œuvres de son père tandis que la cinquième, composée en 1504, est la belle *Élégie sur le temps*, lamentations sur le destin, riche en allusions aux affaires personnelles de l'auteur et à son activité, à ses voyages et à ses malheurs.

EUGENIO GARIN.

RÉF. : S. Damiens, *Amour et Intellect chez Léon l'Hébreu*, Toulouse, 1971.

LEONOV Leonid Maximovitch. Écrivain russe. Né le 31 mai 1899 à Poloukhino (près de Moscou). Il est le fils d'un poète et journaliste d'origine paysanne. Ses premières publications (poèmes, essais et récits) eurent lieu à Arkhangelsk, où résidait son père. En 1920-1922, il a été journaliste à l'armée Rouge. Son premier roman, *Les Blaireaux* (*) (1924), fut accueilli avec intérêt et sympathie : il s'agissait de la révolution au village et l'ouvrage exposait, avec un grand art verbal, la psychologie du petit-bourgeois, du marchand, du paysan philosophe. Les bas-fonds de la société sont le milieu dépeint dans le deuxième roman *Le Voleur* (*) (1927) lequel, plus tard, a été remanié par l'auteur et accommodé à la nouvelle réalité (1959).

Comme tant d'autres, Leonov a été terrorisé par l'avènement de l'esprit bourgeois pendant la N.E.P., qui semblait être l'écroulement final des idéaux révolutionnaires. Mais il a surmonté ce pessimisme dans des romans tels que *La Rivière* (*) (1930), récit d'un épisode héroïque du travail collectiviste, *Skoutarevski* (1932) et *Le Chemin vers l'océan* [*Doroga na okean,* 1936], qui traitent le problème des intellectuels et de leur progression à l'encontre du peuple. Pendant la guerre, Leonov a écrit des drames dont le plus impressionnant était *L'Invasion* (1942) et le roman antifasciste *La Prise de Velikochumsk* [*Vsiatie Velikohumska,* 1944]. L'œuvre importante de l'après-guerre est *La Forêt russe* (*) (1948-1953, prix Lénine 1957), roman unissant l'écologie et la politique et qui utilise les procédés créés par Leonov dans sa jeunesse – mais devenus parfaitement creux et démodés trente ans plus tard. Le dernier roman de Leonov, *Evgenia Ivanovna* (1963), est l'histoire dramatique d'une émigrée russe. En publiant cette œuvre écrite en partie vingt-cinq ans avant sa publication, en 1938, Leonov manifeste le fait qu'à l'époque stalinienne il était loin d'être libre de choisir les thèmes de ses romans, de même que leur esthétique. Ce n'est que pendant l'après-guerre qu'il put avouer ouvertement sa passion pour Dostoïevski, qui depuis toujours avait été son maître et son modèle littéraire, de même que son penchant pour des auteurs interdits par la censure soviétique tels que les émigrés Zamiatine, Rémizov et Bounine, et le fusillé Pilniak...

EFIM ETKIND.

LEONTIEV Constantin Nikolaïevitch [Konstantin Nikolaevič Leontjev]. Écrivain et philosophe russe. Né le 25 janvier 1831 dans la propriété de ses parents, à Kudinovo (gouvernement de Kalouga), mort le 24 novembre 1891 au monastère d'Optina près de Kalouga. En 1841, après la mort de son père, il fut envoyé au collège de Smolensk où il passa, en 1849, un examen d'enseignement ; puis il fut admis comme étudiant en médecine à la faculté de Moscou. Exceptionnellement doué pour les lettres, en 1851 il écrivit une comédie, *Le Mariage d'amour* [*Zenit'ba po ljubvi*] qu'il soumit à Tourgueniev, et un roman, *L'Usine de Boulavin* [*Bulavinskij zavod*]. Lorsque la guerre de Crimée éclata, il s'engagea en qualité de médecin, mais comme il ne pouvait supporter la monotonie de sa tâche, il demanda à être envoyé dans un régiment de Cosaques. Après la chute de Sébastopol, il quitta ce régiment, et en 1857 abandonna complètement l'armée pour s'installer à Nijni-Novgorod. En 1860 il se trouve à Saint-Pétersbourg, avec l'intention de se consacrer à la littérature. Il épouse alors une jeune fille rencontrée à Theodosia, et écrit un roman, dont le titre fut *Podlipki* que l'on peut rendre par *Sous les tilleuls*, et qui parut dans la revue *Otečestvennyja Zapiski.* Il est libre penseur, gai, imbu de préjugés aristocratiques, et bien qu'on l'ait mêlé à l'activité des slavophiles, il n'aime pas le peuple, et à la tradition russe il préfère toujours Byzance. En 1863, il choisit la carrière consulaire et est envoyé en Crète, et de là à Andrinople, Salonique, etc. C'est de cette époque que datent ses *Nouvelles orientales* dont le recueil le plus important est intitulé *De la vie des chrétiens en Turquie* [*Is žizni hristian v Turcii*, 1876], son chef-d'œuvre, *Odyssée Polichroniades* [*Odissej Polihroniadès*], publié plus tard dans la revue *Russkij Vestnik.* En 1868, sa femme devient folle ; il se rend alors à Janina où il tombe gravement malade ; puis il gagne Salonique où sa mère meurt et il est atteint lui-même du choléra. Tous ces maux sont pour lui autant de châtiments envoyés par Dieu, et dans la solitude du mont Athos il renoue avec ses croyances d'autrefois. Il voudrait se faire moine, mais cette résolution est encore prématurée. L'essai intitulé *Byzantinisme et Slavité* (*) (1875), où il exprime sa foi en un principe transcendant incarné par Byzance, montre combien sa position diffère de celle des slavophiles et de celle de Dostoïevski, et s'apparente à celle de Tchaadaev et à celle de Soloviev. En 1874, il renonce à la carrière diplomatique et revient en Russie, où il rencontre, au cours de l'été, le « staretz » Amvrossi qui devient son directeur spirituel et le père Clément Söderholm avec lequel il entretiendra des relations d'amitié. Après la mort du père Clément, en 1878, Leontiev approche pour la première fois Soloviev qui reste son maître et son guide, bien que la conversion de ce dernier à un idéal de progrès et de démocratie déplaise fort à son fervent disciple. En 1880, Leontiev fait partie du comité de censure et demeure à ce poste jusqu'en 1887 ; il est malade et toujours plus farouchement opposé aux doctrines nouvelles ; de sorte qu'il en vient à former, avec Katkov et Pobédonoscev, une association pour l'instauration d'une théocratie. Désormais, il n'aura plus aucune confiance dans les destinées de la Russie, se retirera à Optina, loin du monde et des hommes, et le 23 août prendra secrètement l'habit de moine, sous le nom de Clément. Quelques mois plus tard, il meurt dans le monastère où il avait trouvé refuge. Les meilleurs essais de Leontiev furent rassemblés en deux volumes sous le titre : *L'Orient, la Russie et la slavité* [*Vostok, Rossija i Slavjanstvo*, 1885-1886].

♦ *« Bien avant Spengler, Leontiev se rendit compte de la transformation fatale de la " culture " en " civilisation ". »* Nicolas Berdiaev. ♦ *« Dans son mépris pour l'éthique pure et dans son culte de l'affirmation de la force et de la beauté, Leontiev fut un précurseur de certaines idées de Nietzsche, ce qui est paradoxal pour des écrits sortis de la plume d'un moine. »* Vladimir Soloviev.

RÉF. : Nicolas Berdiaev, *Constantin Leontieff*, Paris, 1925. – Iwan von Kologriwof, *Von Hellas zum Mönchtum. Leben und Denken Konstantin Leontjews*, Regensburg, 1948. – Stephen Lukashevich, *Constantin Leontiev (1831-1891). A Study in Russian « Heroic Vitalism »*, New York, 1967.

LEONTIEV Vassily. Économiste américain, d'origine russe. Né le 5 août 1905 à Saint-Pétersbourg dans une famille d'enseignants. Il fait ses études en Russie jusqu'en 1925. Son esprit frondeur, ses sympathies pour les mencheviks lui valent plusieurs séjours en prison. Il réussit à joindre Berlin où il est obligé de recommencer ses études. Il obtient le doctorat en économie en 1928. Il est accepté dans l'équipe de chercheurs de l'institut économique de l'université de Kiel. Une mission en Chine pour établir le tracé de lignes de chemin de fer vient compléter sa formation européenne. Il est alors appelé aux États-Unis et il entre en contact avec l'équipe de Kuznets. Il partage avec lui le souci méthodologique de ne pas élaborer une théorie sans avoir une connaissance statistique des faits. Il élabore son projet d'études des entrées et des sorties des biens nécessaires au fonctionnement d'une branche de l'économie. Ces *Tableaux des entrées et des sorties* (*) sont soigneusement quantifiés en grandeur réelle, puis sont transformés en coefficients. Ils sont ensuite étendus à l'économie nationale et ils permettent d'étudier les interdépendances entre les secteurs de l'économie. En mesurant la quantité des productions qui entraient dans les biens américains importés ou exportés, Leontiev découvre un paradoxe : les États-Unis, si riches en capital, exportent plus de biens qui incluent beaucoup de travail que de biens incluant plutôt des capitaux. Ce paradoxe de Leontiev remet en cause la théorie néoclassique du commerce international. En 1973, il obtient le prix Nobel « pour l'élaboration du modèle entrées-sorties et son application aux problèmes économiques importants ». En 1976, il quitte Harvard pour l'université de New York. Sa notoriété est mondiale et il a su associer théorie, recherches empiriques et mathématisation.

LUCETTE LE VAN-LEMESLE.

LEOPARDI Giacomo. Poète italien. Né à Recanati (Marches) le 29 juin 1798, mort à Naples le 14 juin 1837. Fils d'un hobereau de province, le comte Monaldo, que les contrecoups de la Révolution française ont raidi dans ses positions réactionnaires, et de la marquise Adelaide Antici, dont la piété austère marque lourdement l'atmosphère familiale, Giacomo Leopardi passe la plus grande partie de sa courte vie dans une bourgade des États de l'Église, qui comptent alors parmi les plus rétrogrades d'Italie. Encore enfant, il se jette à corps perdu dans les études, enfermé dans la riche bibliothèque de son père où les grands classiques voisinent avec les moralistes français du XVIIe siècle et les philosophes des Lumières. Largement autodidacte et encore adolescent, il étonne les philologues et les lettrés de son temps par des travaux d'érudition, mais sa santé fragile est gravement affectée par ce travail assidu. La fréquentation des Anciens éveille sa sensibilité poétique et forme son goût : dès 1816 il prend position dans la bataille entre classiques et romantiques en adressant une lettre aux rédacteurs de la revue *Biblioteca Italiana* en réponse à celle de Mme de Staël, qui invitait les Italiens à s'ouvrir au renouveau littéraire apporté par les pays nordiques. Leopardi la réfute : il ne s'agit pas pour lui de défendre l'académisme exsangue qui envahit alors les lettres en Italie, mais de démontrer que la véritable poésie n'étant qu'imitation de la nature, les grands poètes de l'Antiquité demeurent inégalés. Leopardi a ainsi l'occasion de formuler une esthétique à laquelle il restera fidèle et qu'il développe deux ans plus tard dans le *Discours d'un Italien sur la poésie romantique* (*) où il défend la poésie des Anciens, qui découle d'une profonde intimité de l'homme avec la nature. Leopardi oppose l'émouvante simplicité et le pouvoir évocateur de la littérature classique à l'intellectualisme et à la vulgarité de la poésie romantique, produit d'une civilisation corrompue et d'une raison qui a bridé l'imagination.

Le thème du déclin politique et moral du monde moderne, et en particulier de l'Italie, est central dans les premiers poèmes qui trouveront place dans le recueil des *Chants* (*) :

ils culminent avec l'évocation du suicide de Brutus constatant que la vertu est un vain mot. Au geste de Brutus fait écho celui de Sapho, évoquée dans un poème aux accents autobiographiques qui souligne la coïncidence de la perte des illusions et du divorce de l'homme d'avec la nature, seule source de bonheur. Leopardi développe encore cet argument dans deux autres poèmes de cette période.

Depuis 1817, Leopardi entretient une relation épistolaire avec un célèbre lettré, Pietro Giordani, qui sera pour lui à la fois un mentor et un ami. C'est aussi à cette époque qu'il commence à consigner des notes et des réflexions dans un recueil connu sous le nom de *Zibaldone* (*) qui sera, surtout jusqu'en 1823, témoin de la mise en place progressive de ce qu'il appelle son « système » philosophique, ainsi que le fonds où il puisera les matériaux de ses œuvres majeures. Le travail de réflexion et d'introspection auquel il se livre contribue au développement d'une veine lyrique et intimiste qui s'exprime dans des vers d'une grande musicalité : entre 1819 et 1821 il compose les *Idylles* [*Idilli*], qui comptent parmi les pièces les plus célèbres des *Chants*. Leopardi élabore une poétique adaptée à l'homme moderne qui, ne pouvant plus évoquer les mythes antiques, décrit les affections de l'âme et le paysage familier, qu'il transfigure en paysage idéal. Dès cette époque Leopardi peint des contours flous, éclairés d'une lumière incertaine, des objets aperçus dans l'éloignement ; il privilégie les sensations auditives, particulièrement évocatrices, choisit avec soin les termes comportant la plus grande charge émotive et la plus grande richesse sémantique : la poésie doit offrir à l'homme assoiffé d'infini l'illusion d'outrepasser les bornes étroites du réel – ainsi qu'il apparaît dans le poème *L'Infini* [*L'Infinito*].

Fin 1822, Leopardi, qui étouffe à Recanati et rêve de rencontres enrichissantes et de gloire littéraire, a enfin l'occasion de se rendre à Rome auprès d'un oncle. Il est cruellement déçu par cette ville qui était pour lui un symbole. S'il sympathise avec quelques érudits étrangers, il trouve la ville plongée dans la vulgarité et l'ignorance. Cette expérience le confirme dans l'idée que la société moderne ne représente pas un progrès mais une dégradation de la condition humaine : de cette conviction naissent les *Petites pièces morales* (*) ; à son retour de Rome, en 1824, Leopardi en rédige dix-neuf coup sur coup, les dernières datant de 1832. Toutefois, une intense période de réflexion dont témoigne le *Zibaldone* aboutissant à cette même époque, la satire sociale cède le pas à une attitude plus radicale : Leopardi est arrivé à la conclusion que la société n'est pas seule responsable de la souffrance de l'homme, mais que celui-ci est nécessairement malheureux, son désir de bonheur étant infini, donc impossible à satisfaire. À l'image d'un paradis perdu par la seule faute de l'homme se substituent ainsi, dans les *Petites pièces morales,* le thème quasi obsessionnel du caractère chimérique du plaisir, de la sensation de vide et d'ennui qui envahit l'homme lorsqu'il n'est sujet à aucune passion, et la dénonciation d'une nature aveugle et indifférente au sort des êtres vivants. En cette même époque, suite à une longue méditation sur l'esprit du christianisme et en approfondissant une démarche proche de celle des philosophes des Lumières, Leopardi parvient à une position athée et matérialiste qui sous-tend les arguments développés dans les *Petites pièces morales.*

Une nouvelle période s'ouvre pour Leopardi en 1825 : pendant trois ans et demi, il va se déplacer de Milan à Bologne, de Florence à Pise, où il est accueilli dans les milieux catholiques libéraux dont il se démarque, qualifiant leur enthousiasme pour le progrès de « candeur ». Leopardi refuse de croire à leurs naïves espérances, persuadé que la politique et les sciences ne peuvent promettre à l'homme un bonheur impossible. Au contraire, la conviction que l'homme est nécessairement voué à la souffrance s'exprime dans un groupe de *Chants* d'une très grande intensité expressive, presque tous composés lors du retour de Leopardi à Recanati et connus sous le titre de *Grandes Idylles* [*Grandi idilli,* 1828-1830]. Ces poèmes partent d'un thème autobiographique – *À Silvia, Les Ressouvenirs* [*Le ricordanze*] –, de scènes familières ou d'interrogations sur le sens de la vie qui s'ouvrent sur une méditation admirablement servie par une versification dont le rythme ample et la souplesse s'adaptent au développement de la pensée. Le *Chant nocturne d'un berger errant de l'Asie* [*Canto notturno d'un pastore errante dell'Asia*] en est l'expression la plus achevée.

De retour à Forence en 1830, son séjour est marqué par une expérience amoureuse qui, tout en se soldant par un échec sur le plan sentimental, lui inspire un nouveau cycle de poèmes. À Florence, Leopardi se lie avec un jeune exilé napolitain, Antonio Ranieri, dont il sera l'hôte à Naples pendant les dernières années de sa vie. C'est là qu'il écrit les *Paralipomènes à la Batrachomyomachie* (*), ainsi que les derniers *Chants* : composé au pied du Vésuve, qui symbolise une nature marâtre qui crée pour détruire et contre laquelle les hommes ne peuvent s'affirmer qu'en dénonçant leur sort, *Le Genêt* [*La ginestra*, 1836] est considéré comme le testament poétique et philosophique de Leopardi.

Héritier d'une longue tradition littéraire, Leopardi en renouvelle à la fois les modes d'expression et les thèmes, ouvrant une voie à la poésie italienne contemporaine. Plus encore, la poésie de Leopardi, par son intensité lyrique autant que par la densité de son contenu, fait de lui une des grandes voix de la littérature européenne.

SUZANNE VALLE.

♦ *« Quels que soient mes malheurs,* [...] *j'ai eu assez de courage pour ne pas chercher à en diminuer le poids ni par de frivoles espérances d'une prétendue félicité future et inconnue, ni par une lâche résignation.* [...] *Ç'a été par suite de ce même courage, qu'étant amené par mes recherches à une philosophie désespérante, je n'ai pas hésité à l'embrasser tout entière... »* Leopardi, lettre à L. de Sinner, 24 mai 1832. ♦ *Leopardi symboliserait – s'il fallait lui donner une valeur représentative – le tourment de toute une époque, qui, ayant perdu ses croyances anciennes, et n'en ayant pas trouvé de nouvelles, éprouve l'angoisse du néant ; et ses malheurs personnels rendant son cas particulièrement douloureux, il a trouvé l'expression la plus tragique de cette angoisse. »* Paul Hazard. ♦ *« Je ne sais si personne conçut jamais le rapport de la forme à l'inspiration avec l'ampleur humaine et la subtilité de Leopardi. »* G. Ungaretti (trad. Ph. Jaccottet).

RÉF. : Essais en français : C. A. Sainte-Beuve, *Leopardi, Revue des Deux Mondes,* Paris, 1844. – P. Hazard, *Giacomo Leopardi,* Paris, 1913. – N. Serban, *Leopardi et la France,* Paris, 1913. – G. Ungaretti, *Innocence et Mémoire,* trad. Ph. Jaccottet, Paris, 1969. – N. Jonard, *Giacomo Leopardi, essai de biographie intellectuelle,* Paris, 1977.

Quelques références en italien : A. Tilgher, *La filosofia di G. Leopardi,* 1940 et 1979. – F. De Sanctis, *Leopardi* (édité par C. Muscetta), Turin, 1960. – W. Binni, *La nuova poetica leopardiana,* Florence, 1947 et 1962 ; *La protesta di Leopardi,* Florence, 1973. – G. De Robertis, *Saggio sul Leopardi,* Florence, nouv. éd. augmentée, 1973. – S. Timpanaro, *Classicismo e illuminismo nell'Ottocento italiano,* Pise, 1973. – A. Dolfi, *Leopardi tra negazione e utopia,* Padoue, 1973 ; *La doppia memoria,* Rome, 1986. – B. Biral, *La posizione storica di Giacomo Leopardi,* Turin, 1974. – S. Solmi, *Studi e nuovi studi leopardiani,* Milan-Naples, 1975. – A. Prete, *Il pensiero poetante. Saggio su Leopardi,* Milan, 1980. – A. Negri, *Lenta ginestra. Saggio sull'ontologia di G. Leopardi,* Milan, 1987. – M. A. Rigoni, *Saggi sul pensiero leopardiano,* Naples, 1985. – M. Orcel, « *Langue mortelle* ». *Études sur la poésie du premier romantisme italien,* Paris, 1987. – « Giacomo Leopardi », numéro spécial de la revue *Critique,* Janv. / févr. 1990. – E. Severino, *Il nulla e la poesia alla fine dell'età della tecnica : Leopardi,* Milan, 1990.

LE PLAY Frédéric. Économiste français. Né à La Rivière-Saint-Sauveur le 11 avril 1806, mort à Paris le 5 avril 1882. Son œuvre se résume pour l'essentiel à une monumentale étude sur *Les Ouvriers européens* (1855-1879) et à *La Réforme sociale* (*) (1864). Il a également fondé en 1856 la Société d'économie et de sciences sociales. Le Play défend dans ses livres une société patriarcale dont il croit trouver les modèles dans les sociétés paysannes de Russie et de Turquie. Antirousseauiste, il prône un édifice social basé sur la discipline et sur « quatre éléments moraux » : la famille, l'atelier, le voisinage et la souveraineté, chacune de ces instances étant dirigée, à son tour, par une figure autoritaire (le père, le patron, le chef, etc.). Son œuvre s'inscrit parmi les nombreuses tentatives de « réforme sociale » provoquées par les convulsions culturelles et politiques du XIXe siècle, mais, à la différence des courants socialistes, elle est tournée vers le passé et vers la résurrection de schémas qui, à l'époque même où il écrivait, étaient déjà menacés de caducité.

LEPRINCE DE BEAUMONT Marie-Jeanne. Femme de lettres française. Née le 26 avril 1711 à Rouen, morte en 1780, probablement à Saint-Denis. Sœur du peintre Leprince, elle perd sa mère très jeune ; son père se remarie et elle passe dix ans (1725-1735) à la maison d'éducation d'Ernemont, où elle devient institutrice des petits. Elle renonce à la vie religieuse et obtient une recommandation pour la cour de Lorraine à Lunéville. Elle sert de dame de compagnie, enseigne la musique, fait la classe aux petits. En 1743, elle épouse Grimard de Beaumont, qui dilapide sa dot. La maladie que vaut à son mari sa vie dissolue lui permet de demander l'annulation du mariage. Voulant démontrer la justesse du christianisme, elle présente son *Triomphe de la vérité* au roi Stanislas qui ne la récompense pas (1748). Elle confie sa fille Élisabeth à un pensionnat de religieuses, part pour Londres, devient gouvernante de la fille de lord Granville, Sophie Carteret, âgée de quatre ans, qui sera « l'enfant de son cœur ». Elle est l'éducatrice des filles de la haute société. Ce sont des années fructueuses où elle assure sa réputation et écrit des œuvres pédagogiques qui invitent avant tout à se corriger. Elle épouse un Français, Pichon, qui, devenu Anglais, avait pris le nom de Tyrrell. Finalement, elle reprend son enseignement. Après quinze années, elle rentre seule en France, achète une petite terre près d'Annecy (1763-1769), se fixe ensuite à Avallon en 1770 et meurt vraisemblablement à Saint-Denis en 1780, près de sa fille et de six petits-enfants.

Le Magasin des enfants (*) (Londres, 1757), abondante collection de contes de fées dont *La Belle et la Bête* est le plus connu, offre un panorama de l'histoire du monde, des leçons de géographie et de sciences naturelles. *Le Magasin des adolescentes* (Londres, 1760) qui lui fait suite, mais sans féerie, contient d'autres contes, des récits de *La Bible* (*) et de l'histoire romaine et des conseils moraux : les années les plus dangereuses commencent à quatorze et quinze ans ; il faut donc des mères et des gouvernantes instruites ; la réputation d'une femme ne souffre pas d'ambiguïté : « Il ne suffit pas, ma chère, qu'une femme soit sage, il faut encore qu'elle le paraisse. » L'importance de bonnes lectures est illustrée dans *Une instruction pour les jeunes dames qui entrent dans le monde, se marient...* où le conte d'Henriette et de sa gouvernante met en scène deux femmes que perdent de mauvais romans. *Les Mémoires de la baronne de Batteville ou la Veuve parfaite* (1766) racontent l'histoire d'une femme qui croyant mort des Essarts, son fiancé, épouse un homme bon, bien plus âgé ; mais le fiancé, personnage héroïque qui avait survécu à la peste de Marseille, réapparaît. Devenue veuve, la baronne reste « fidèle aux cendres de M. de Batteville » et c'est sa fille qui épouse des Essarts. L'héroïne de *La Nouvelle Clarice* (1767) trouve le bonheur après maintes aventures et malgré un père dénaturé. C'est un livre rempli de conseils de morale, de régime, d'organisation du travail. En 1756, Mme Leprince de Beaumont avait écrit un roman épistolaire : *Lettres de madame du Montier et de la marquise de *** sa fille* (*), rempli de rebondissements, de réflexions sur le mariage, des intrigues de la cour de Savoie où honneurs et disgrâces se succèdent. L'imagination de la romancière s'ajoute ici à beaucoup de pénétration psychologique. Parmi ses dernières œuvres, citons *Le Magasin des pauvres et gens de la campagne* (1768), plaidoyer pour le retour à la terre, et *Le Magasin des dévotes* (1778-1779). Mme Leprince de Beaumont a écrit plus de soixante-dix ouvrages dont la plupart ont été traduits et souvent réédités. Éducatrice dans l'âme, elle est de la lignée de ces auteurs féminins qui vont de Mme de Genlis à la comtesse de Ségur, et allient les connaissances aux principes d'une morale didactique.

ALIX DEGUISE.

LEQUIER Jules. Philosophe français. Né en 1814 à Quintin (Côtes-d'Armor) dans une famille très catholique, mort à Plérin (Côtes-d'Armor) le 11 février 1862. Il fait ses études au petit séminaire de Saint-Brieuc, puis au collège Stanislas de Paris, avant d'entrer à l'École polytechnique en 1834, où il rencontre Renouvier qui allait devenir son ami et son disciple. Sur un coup de tête, il démissionne de l'école, se retire en Bretagne, vit quelque temps dans une complète solitude et traverse, sous l'influence intellectuelle de Lamennais, une douloureuse crise religieuse : il délaisse les pratiques catholiques et esquisse une tentative de christianisme romantique et social, plus modéré toutefois que celui de l'auteur des *Paroles d'un croyant* (*). En 1843, lorsqu'il rentre à Paris et retrouve Renouvier, sa crise mystique est terminée et il est revenu à la foi de son enfance. Quelques années plus tard, Lequier se présente aux élections comme catholique républicain, mais il est battu et s'enferme à Plérin, dans une solitude sauvage et laborieuse. Ses nerfs s'exaspèrent, il a même, en 1851, une crise de folie et commence alors à mener une vie vagabonde et misérable, intentant d'extravagants procès, souffrant d'idées de persécution. S'étant vu refuser, le 11 février 1862, la main de Mlle Deszile, qu'il aimait sans être payé de retour depuis plus de dix ans, Lequier dit adieu à ses voisins et s'avança dans la mer. Il n'est pas revenu de cette ultime baignade qui a pu accréditer la thèse d'un suicide. Lequier fut toute sa vie déchiré entre l'ardeur de croire, qui tend vers la liberté, et l'esprit scientifique de son époque, qui acculait les esprits au déterminisme. Toute son œuvre, restée à l'état de fragments – *La Recherche d'une première vérité* (*) (1865) –, se présente comme un effort pour fonder la liberté en raison : en fait, la liberté reste pour Lequier l'objet d'une sorte de pari pascalien. Sa valeur ne se prouve pas par une démonstration, mais par la vie même. La liberté affranchit l'être, elle nous donne la certitude personnelle, elle est donc « la condition de la connaissance ». Ce philosophe malheureux, avide de gloire mais resté ignoré de ses contemporains, est à l'origine de toutes les philosophies de la liberté et de la croyance de la fin du XIXe siècle, en réaction contre le matérialisme alors en cours et qui se développeront soit chez Secrétan, sur le plan moral, soit chez Boutroux, sur le plan de la connaissance, soit surtout chez Renouvier, qui a fort bien rendu hommage à celui qu'il appela son maître.

♦ *« Certaines de ses analyses surpassent en profondeur de pénétration et force de sentiment tout ce que je connais de notre littérature philosophique. »* Renouvier. ♦ *« Nul philosophe n'eut une vie plus amère. Conscient de son génie, il ne put le révéler qu'à un cercle d'intimes ; et ce n'est qu'après sa mort que furent publiés les fragments de son œuvre laissée inachevée. »* Jean Wahl.

RÉF. : J. Grenier, *La Philosophie de Lequier* (thèse), Paris, 1936. – Éd. Grangier, *Abraham, ou les deux chemins de la liberté* (thèse), Paris, 1947. – J. Wahl, *Jules Lequier,* Genève, 1948. – A. Lazareff, *Vie et Connaissance,* Paris, 1948.

LERICHE René. Chirurgien français. Né à Roanne le 12 octobre 1879, mort à Paris le 28 décembre 1955. Étudiant à la faculté de Lyon, il a consacré sa thèse au traitement chirurgical du cancer de l'estomac. Agrégé en 1910, il exerce à Lyon puis enseigne à la clinique chirurgicale à Strasbourg de 1934 à 1937. Il est alors appelé au Collège de France pour occuper la chaire que Claude Bernard avait illustrée. En 1941, il devient chirurgien en chef de l'hôpital de Neuilly. Il s'est particulièrement occupé de la chirurgie du sympathique, des maladies artérielles (syndrome de Leriche), de la physiologie anormale et pathologique des tissus osseux (*Physiologie anormale et pathologique des tissus osseux*, 1939, *Physiologie pathologique et traitement chirurgical des maladies artérielles de la vasomotricité*, 1946). Il s'est également attaché à analyser en médecin le phénomène de la douleur, les rapports entre la santé et la maladie (*La Chirurgie de la douleur*, 1937, *La Chirurgie, discipline de la connaissance* (*) (1949), *La Philosophie de la chirurgie*, 1957). Membre de l'Académie des sciences, de l'Académie de médecine, de l'Académie de chirurgie, il reçut le titre de docteur « honoris causa » d'une trentaine d'universités. Un an après sa mort parurent ses mémoires : *Souvenirs de ma vie morte* (1956).

LERMONTOV Mikhaïl Yourievitch [Mihajl Jur'evič]. Poète russe. Né le 3 octobre

1814 à Moscou, mort à Pastigorsk (Caucase du Nord) le 27 juillet 1841. Fils d'un officier dont les ancêtres étaient originaires d'Écosse (un capitaine George Learmont était entré au service de la Russie au début du XVIIe siècle), il perdit sa mère à l'âge de trois ans et fut élevé par sa grand-mère maternelle qui l'adorait. Bien qu'il eût grandi dans une certaine aisance, l'enfance de Lermontov fut troublée par le désaccord qui régnait entre son père et son aïeule. Enclin à la mélancolie, Lermontov séjourna, encore enfant, dans le Caucase, et la forte impression qu'il en ressentit ne fut peut-être pas étrangère à l'éclosion de son talent poétique. À treize ans, il écrivait déjà des vers sous l'influence de Byron, et cette influence se fit sentir jusque dans sa manière d'éprouver un premier amour, et dans son comportement vis-à-vis de son père et de sa grand-mère. En 1830, il fréquenta l'université de Moscou, pour l'abandonner deux ans plus tard après avoir été puni pour insubordination. Lermontov, malgré son jeune âge, avait donc déjà aimé : délaissant Moscou pour Saint-Pétersbourg où il pensait reprendre ses études, il emportait avec lui le souvenir de deux jeunes filles, Catherine Suškova qui, l'ayant repoussé, reparaîtra plus tard dans sa vie, et Varvara Lopukhina. Cette dernière, après avoir répondu à ses avances, s'était laissé marier par sa famille.

Cependant, à Saint-Pétersbourg, Lermontov, au lieu de s'inscrire à l'université, entra à l'École des officiers de la Garde. Il y éprouva tout d'abord quelque gêne, mais, peu à peu, s'adapta, ayant pris l'étrange décision d'étouffer, à la manière de Byron, son idéalisme romantique sous le masque d'un cynisme à la don Juan. Compte tenu de l'affectation dont il était coutumier, l'école militaire le mit aux prises avec une réalité plus vivante. Il put ainsi se mieux connaître et sa poésie, jusque-là tributaire de l'imitation, évolua dans un sens plus personnel. Ce sens exacerbé du réel qui, chez lui, allait de pair avec le romantisme, commanda non seulement sa poésie, mais son existence elle-même. C'est ainsi qu'il poussa l'outrance jusqu'à commettre des actions blâmables : lorsqu'il fit circuler, par exemple, une fausse lettre dans laquelle était calomniée Catherine Suškova, la jeune fille qui avait dédaigné son amour. L'art pouvait seul le sauver, et la vie militaire ne l'empêcha pas de créer.

Nommé cornette au régime des hussards de la Garde, Lermontov, en effet, écrivit, entre 1834 et 1837, ses œuvres les meilleures, traversées d'un large souffle : *Le Novice* (*), *Chant de Kalachnikov* (*) et les récits d'*Un héros de notre temps* (*), sans compter le drame *Un bal masqué* [*Maskarad*, posth. 1875] et quelques-unes de ses poésies lyriques les plus fameuses, celle, notamment, qu'il composa, *À l'occasion de la mort de Pouchkine*, cri de passion, de douleur, contre la société dont le poète avait été victime. La même idée lui inspira les non moins douloureux accents de *Méditation* [*Duma*, 1839], poème qui constitue un autre examen de conscience de la société. Dans le même temps naquit, outre toutes sortes de poésies autobiographiques ou narratives, telles que le fameux *Fataliste* [*Fatalist*, 1839], le petit poème intitulé *Le Démon* (*), le plus caractéristique, sinon le plus réussi, de Lermontov où, musicalement, se confondent le récit et le lyrisme pour ne former qu'une seule harmonie.

Arrêté à cause de l'irritation qu'avaient provoquée en haut lieu ses poésies dans lesquelles – sans le nommer – il reprochait à Pouchkine de trahir sa mission poétique en encensant l'empereur, Lermontov fut envoyé dans un régiment de ligne stationné au Caucase, et n'obtint le pardon que grâce à l'intervention de sa grand-mère, qui réussit à lui faire réintégrer la Garde. De retour à Saint-Pétersbourg (1838), le poète, dans l'âme duquel le Caucase avait réveillé l'inspiration la plus pure, fut repris par la vie mondaine et, une fois de plus, guetté par le scandale. On pouvait le croire sauvé lorsqu'il publia dans une revue *(Les Annales de la patrie)* ses poésies anciennes et nouvelles. Un incident survint entre lui et Ernest de Barante, fils de l'ambassadeur de France, qui l'entraîna dans un duel sans effusion de sang et, de nouveau, on l'exila au Caucase (1840). Lermontov participa à diverses expéditions contre les montagnards rebelles et se distingua par ses aptitudes et son courage. Ce fut en vain. Sa grand-mère, cette fois, ne put obtenir pour lui qu'une permission de quelques mois qu'il passa à Saint-Pétersbourg. Il fit alors la connaissance de Bodenstedt, son premier traducteur allemand, qui, avant tout autre, le fit connaître par ses écrits à l'étranger. Lermontov devait ensuite regagner le Caucase, mais, s'étant arrêté à la station thermale de Piatigorsk, il y rencontra des amis, notamment son compagnon d'études, Martynov. Ils en vinrent, croit-on, à échanger des mots plaisants qui devaient se transformer bien vite en offense au sujet d'une jeune fille dont ils étaient tous deux épris (on peut d'ailleurs supposer que Lermontov cédait moins, en l'occurrence, à la passion qu'à un accès de spleen ou de pose). Ils se battirent en duel, et le poète fut tué en pleine jeunesse d'un coup de pistolet.

♦ *« Personne chez nous n'a encore écrit une prose si correcte, si belle, si savoureuse. »* Gogol. ♦ *« Lermontov est l'un des prophètes du peuple russe. »* Herzen. ♦ *« Je vois en Lermontov le générateur de ce courant de sentiments et d'idées, et, en partie aussi, d'action qu'on pourrait, pour plus de commodité, appeler* nietzschéisme. *On ne pénètre jusqu'au sens profond de l'action de Lermontov qu'en lisant les écrits de son successeur discret, Nietzsche. »* Vladimir Soloviev. ♦ *« Le poète de la surhumanité. »* Dmitri Merejkovsky. ♦ *« M. J. Lermontov, deuxième grand poète russe, qui vient tout de suite après Pouchkine* [...] *est un des échantillons les plus parfaits de l'art russe. »* M. Gorki. ♦ *« La prose de Lermontov est un véritable miracle, vers lequel maintenant, cent ans*

plus tard, nous devons tendre nos efforts. Nous devons étudier la prose de Lermontov et la considérer comme point de départ de la grande littérature russe en prose. »
A. N. Tolstoï.

RÉF. : Dimitri Merejkowski, *Éternels compagnons de route*, Paris, 1949. – Henri Troyat, *L'Étrange Destin de Lermontov*, Paris, 1952. – Angelo Maria Ripellino, *Les Chemins du merveilleux*, Paris, 1977.

LERNET-HOLENIA Alexander. Écrivain autrichien. Né et mort à Vienne (21 octobre 1897-3 juillet 1976). L'un des derniers aristocrates de la littérature autrichienne et un vrai personnage de la monarchie habsbourgeoise. Officier de cavalerie durant la Première Guerre mondiale, il renonce à une carrière politique ou militaire pour devenir écrivain, « grand seigneur et globe-trotter ». Après un long séjour en Amérique, il regagne l'Autriche en 1939.

Ses recueils lyriques (comme *Pastorale,* 1921), qui joignent grandiloquence et préciosité rilkéenne – ce qui lui valut de recevoir, de la part de Karl Kraus, le qualificatif railleur de « Puerilke » – laissèrent indifférents. Il conquit ses premiers lauriers d'écrivain grâce à ses pièces de théâtre, *Démétrius* (1926), *Ollapotrida* (1926), *Comédie autrichienne* [*Österreichische Komödie,* 1926], œuvres dans l'esprit de Schnitzler et d'Hofmannsthal, couronnées par le prix von Kleist en 1926. Mais Lernet-Holenia est avant tout romancier : *J'étais Jack Mortimer* (*) (1933), *L'Aigle brodé* [*Die Standarte,* 1934], *Le Baron Bagge* (*) (1936), *Mars en Bélier* (+) (1941), *Le Régiment des Deux Siciles* (+), *Le Comte de Saint-Germain* [*Der Graf von Saint-Germain,* 1948], etc. Romans néo-policiers, romans d'aventures, où le fantastique signe une distance aristocratique-esthétique à l'égard de l'Histoire et qui retracent la saga d'une société viennoise décadente, composée de hauts fonctionnaires, d'officiers, de propriétaires terriens, tous préoccupés de titre et de naissance, sans doute parce qu'ils ont conscience de n'avoir déjà plus leur place dans un monde trop prosaïque et vulgaire. Avec *Les Lettres substituées* [*Die vertauschten Briefe,* 1957], Lernet-Holenia prend une distance critique par rapport à ce code social comme par rapport à sa propre manière d'écrire.

JEAN-JACQUES POLLET.

RÉF. : F. Müller-Widmer, *A. Lernet-Holenia. Grundzüge seines Prosawerkes,* Bonn, 1980. – J.-J. Pollet, *« Écritures fantastiques de l'Histoire »,* in *Austriaca* 27, Rouen, 1988.

LEROI-GOURHAN André. Ethnologue et préhistorien français né et mort à Paris : 25 août 1911-19 février 1986. Leroi-Gourhan est connu pour ses travaux en anthropologie physique (l'hominisation), en ethnologie (technologie, esthétique) et surtout en préhistoire (méthodes de fouilles, art pariétal, structure de l'habitat, évolution des sociétés).

Autodidacte, Leroi-Gourhan s'inscrit très tôt à l'École des langues orientales où il obtient les diplômes de russe et de chinois ; il fréquente aussi l'Institut d'ethnologie où Marcel Mauss lui suggère de participer à la transformation de l'ancien musée d'ethnographie du Trocadéro en musée de l'Homme. En 1937 il part en mission pour le Japon d'où il rapporte en 1939 les matériaux pour son doctorat ès lettres (1945) consacré à l'archéologie du Pacifique Nord. Après la guerre et l'Occupation, où il prend une part active à la Résistance, Leroi-Gourhan va enseigner l'ethnologie à l'université de Lyon. Nommé sous-directeur du musée de l'Homme, puis professeur d'ethnologie générale à la Sorbonne, il est élu à la chaire de préhistoire du Collège de France en 1968.

La conviction du caractère total des œuvres de l'homme est le fil conducteur de tous les travaux de Leroi-Gourhan. Quelle que soit l'importance de son apport à l'anthropologie physique comme à la technologie, son nom restera attaché au domaine de la préhistoire, où il a innové dans les méthodes de fouilles comme dans celles d'analyse des résultats. À l'habitude observée jusqu'alors de jeter tout ce qui ne paraissait pas à première vue important, il a substitué le souci de conserver le plus petit vestige, quelle qu'en soit la nature, et de rapporter minutieusement sa relation spatiale aux autres vestiges dans un décapage horizontal respectant l'intégrité des couches successives. Au premier abord fastidieux, l'emploi de telles méthodes a permis à Leroi-Gourhan et aux élèves auxquels il a su faire partager son enthousiasme, de reconstituer la vie quotidienne des chasseurs-cueilleurs de la préhistoire jusque dans le détail des travaux ménagers autour du feu du campement. Dans le domaine de l'art préhistorique, il a également innové : l'art préhistorique des cavernes n'est pas une collection hétéroclite de gravures et de peintures dont la seule étude serait celle de la comparaison esthétique selon les canons de l'art occidental, mais un ordonnancement de structures et de thèmes précis.

Les travaux et recherches de Leroi-Gourhan représentent donc l'inclusion dans un même champ de méthodes et de perspectives venant de disciplines très diverses. Avant d'être ethnologique ou préhistorique, sa contribution est d'abord un apport méthodologique à l'anthropologie, qui ouvre des perspectives unitaires sur les activités humaines. Le souci constant qui imprègne tous les écrits de ce travailleur acharné montre qu'il plaça l'homme et son devenir au centre de toutes ses préoccupations scientifiques. Citons parmi ses œuvres les plus importantes : *La Civilisation du renne* (1936), *L'Homme et la Matière* (*). *I. Évolution et Techniques* (1943), *II. Milieu et Techniques* (1945), *Archéologie du Pacifique Nord* (1946), *Le Geste et la Parole. I. Technique et Langage, II. La Mémoire et les Rythmes* (1964-1965), *Fouilles de Pincevent. Essai d'ana-*

lyse ethnographique d'un habitat magdalénien (1972).

DENISE PAULME.

LE ROUGE Gustave. Romancier français. Né à Valognes (Manche) le 22 juillet 1867, mort à Paris le 25 février 1938. Après des études de droit à Caen, il rêve de devenir poète et se lie d'amitié avec Verlaine. Il côtoie les symbolistes, fréquente les milieux littéraires : il en tirera plus tard un recueil de souvenirs, *Verlainiens et Décadents.* Devant l'échec de ses aspirations, il tâche de vivre de sa plume, tâte du théâtre, vit de chroniques et d'écrits de commande. C'est dans le cadre de la littérature « populaire » qu'il va se rendre célèbre, conquérant aussi bien les faveurs du public que l'intérêt des surréalistes ou l'enthousiasme de Cendrars (son ami intime). Ses meilleures réussites lui viennent du roman d'aventures (*La Conspiration des milliardaires,* 1899-1900 ; *Les Aventures de Todd Marvell, détective milliardaire,* 1923) avec notamment la série du *Mystérieux docteur Cornélius* (*) (1912-1913) : il y montre une invention fertile, sacrifiant la qualité de son style aux rebondissements rocambolesques de l'intrigue. La même aisance un peu facile anime ses « romans d'amour » ; volontiers romantiques – non sans une pointe de mélodrame –, ces histoires d'enlèvement ou d'héritages enfilent les péripéties autour d'un schéma consacré : toujours, la délivrance de l'héroïne est assurée, ainsi que son mariage avec le jeune homme qu'elle aime (*Le Sous-Marin Jules-Verne,* 1902 ; *Les Écumeurs de la pampa,* 1905 ; *Le Mystère de Blocqueval,* 1929). Le Rouge, enfin, s'est essayé non sans succès à la science-fiction, où il met une imagination débordante au service d'un penchant prononcé pour l'utopie : ainsi *Le Prisonnier de la planète Mars* (1908) et *La Guerre des vampires* (1909). « Jules Verne des midinettes », plaisantait Salmon ; « visionnaire scientifique », rétorquait Cendrars. Tout Le Rouge tient dans cette dualité : personnage attachant et secret (il se passionnait pour l'occultisme), auteur aussi prolifique qu'inégal, ce créateur désintéressé qui n'hésitait pas à abandonner ses droits d'auteur reste une figure profondément ambiguë de l'histoire du feuilleton.

LAURENT BAZIN.

LEROUX Gaston. Romancier populaire français. Né à Paris le 6 mai 1868, mort à Nice le 15 avril 1927. Après des études de droit à Paris, il devient avocat en 1890, sans grande conviction ; il n'exercera d'ailleurs que pendant trois ans. Il rêve depuis toujours de gloire littéraire, mais se distingue d'abord grâce au journalisme : son compte rendu du procès de Vaillant lui vaut en 1894 d'entrer comme chroniqueur judiciaire au quotidien *Le Matin.* Il y fait paraître en 1903 son premier feuilleton : *Le Chercheur de trésors,* « roman-concours » qui a pour objet la découverte du trésor de Cartouche (*La Double Vie de Théophraste Longuet* dans l'édition de 1904). Devenu entre-temps grand reporter, il se taille un certain succès par la hardiesse de ses méthodes journalistiques, n'hésitant pas à aller chercher sur le vif l'information nouvelle ; ainsi voyage-t-il en Espagne, au Maroc ou en Russie où il assiste à la première tentative de révolution (1905). Bref il mène, en à peine moins romanesque, la vie de son héros Joseph Rouletabille dont il entame la chronique en 1907 dans *L'Illustration ;* c'est le célèbre *Mystère de la chambre jaune* (*), qui couronne sa carrière de feuilletoniste. Il ne cesse dès lors de produire : une quarantaine de romans et nouvelles se succèdent jusqu'à sa mort, survenue des suites d'une crise d'urémie. *Le Fantôme de l'Opéra* (*) (1910), *La Reine du sabbat* (en feuilleton en 1910-11, en volume en 1913) ou *La Poupée sanglante* (en feuilleton en 1923, en volume en 1924) comptent parmi ses meilleures réussites ; mais ses deux personnages les plus connus restent Chéri-Bibi, le forçat poursuivi par la fatalité (*Chéri-Bibi,* en feuilleton en 1913, en volume en 1914 ; *La Nouvelle Aurore,* en feuilleton en 1919, en volume en 1920 ; *Chéri-Bibi le marchand de cacahuètes* en feuilleton en 1925, en volume en 1926 sous le titre *Le Coup d'État de Chéri-Bibi*), et surtout Rouletabille, le jeune reporter aux prodigieuses aventures : *Le Parfum de la dame en noir* (*), *Rouletabille chez le tsar* (+), *Rouletabille à la guerre* (+), *Rouletabille chez Krupp* (+), *Le Crime de Rouletabille* (+). Leroux, qui a contribué à fonder avec Arthur Bernède la Société des cinéromans (1919), a produit plusieurs scénarios de films dont la sortie en salle coïncidait avec la parution en feuilleton (*Tue-la-Mort,* 1920 ; *Rouletabille chez les Bohémiens* (+), 1922) ; il a également porté certains de ses textes à la scène (*L'Homme qui a vu le diable,* 1911).

Son œuvre, inclassable, emprunte à tous les genres, avec une prédilection marquée pour le roman gothique dont l'atmosphère macabre sied au sombre destin de ses héros. L'auteur n'est pourtant jamais tout à fait dupe de ses personnages, exorcisant le drame par la parodie ; aussi le lyrisme le plus échevelé fait-il bon ménage avec l'humour le plus noir dans ces récits où règne une imagination débridée. Qu'il joue du fantastique, de l'aventure ou du mystère, Leroux montre du moins la même invention fertile, le même goût un peu rêveur pour les combinaisons rocambolesques et les histoires extraordinaires. Son écriture est à l'aune de ses intrigues : italiques et trouvailles verbales érodent la surface du familier jusqu'à faire surgir l'insolite, l'absurde ou le merveilleux. Gaston Leroux passe à juste titre pour le dernier des grands feuilletonistes ; ce créateur prolifique que ne rebutaient ni la démesure ni la mystification a réussi l'étrange mariage du roman populaire et de la poésie.

LAURENT BAZIN.

RÉF. : A. Peské et P. Marty, *Les Terribles,* Paris, 1951.

LEROUX Xavier. Compositeur français. Né à Velletri (Italie) le 11 octobre 1863, mort à Paris le 2 février 1919. Élève de Marmontel, de Massenet et de Dubois au Conservatoire de Paris, il remporta le premier grand prix de Rome en 1885. Il fut professeur d'harmonie au Conservatoire, et rédacteur en chef de la revue *Musica* de 1911 à 1914. À côté de quelques mélodies et de musique religieuse, il composa surtout pour le théâtre, des musiques de scène (*Pluton, Les Perses*) et des opéras qui s'inscrivent dans le courant du wagnérisme français : *Evangéline, Astarté, La Reine Fiammette, Théodora, Le Carillonneur.* Son opéra le plus connu reste *Le Chemineau* (*) (1913).

GILLES CANTAGREL.

LE ROY Édouard. Philosophe français. Né et mort à Paris, 18 juin 1870 - 11 novembre 1954. De formation à la fois philosophique et scientifique, d'abord professeur de mathématiques, suppléant de son maître Bergson au Collège de France en 1914, puis titulaire de cette chaire en 1921, il fut élu membre de l'Académie française en 1945. Avec *Science et Philosophie,* série d'études publiées en 1899-1900 dans *La Revue de métaphysique et de morale,* il participa d'abord au mouvement de critique de la science qui marqua le début de ce siècle et, allant plus loin encore que Poincaré, il refusait toute signification intrinsèque non seulement aux postulats mathématiques mais aux lois expérimentales elles-mêmes. C'est avec le même « anti-intellectualisme », très proche de Bergson, qu'il aborde ensuite le problème religieux (*Dogme et Critique,* 1907) ; pour lui, Dieu n'est pas à prouver mais à éprouver, et les dogmes ne sont que des formes du sentiment religieux. Ces thèses, qui parurent à l'époque entachées de modernisme (le livre de Le Roy fut mis à l'Index), devaient être atténuées plus tard : *Introduction à l'étude du problème religieux,* 1944. Le Roy élargit ensuite sa réflexion philosophique en y intégrant les données nouvelles de la paléontologie et de l'anthropologie (*Les Origines humaines et l'évolution de l'intelligence,* 1928) dans un esprit qui annonce Teilhard de Chardin.

MICHEL MOURRE.

LE ROY Eugène Gabriel Victor. Écrivain français. Né à Hautefort (Dordogne) le 29 novembre 1836, mort à Montignac (Dordogne) le 5 mai 1907. Ayant tout d'abord servi en Afrique, puis fait la campagne d'Italie, il entra en 1860 dans l'administration des contributions directes. Après avoir fait paraître quelques ouvrages d'érudition sur l'histoire du Périgord, il se révéla très bon romancier régionaliste en publiant, en 1895, *Le Moulin du Frau.* Quatre ans après, il donna son chef-d'œuvre : *Jacquou le Croquant* (*) (1899). En dépit de leur mérite, ses trois autres ouvrages sont assez méconnus : *Nicette et Milou* (1901), *Le Pays des pierres* (1906), *Les Gens d'Aubéroque* (1907). Là, Eugène Le Roy fait œuvre de conteur. Tous ses récits valent avant tout par leur saveur de terroir. L'observation de la vie paysanne, dont le Périgord forme le cadre, demeure, dans sa justesse, profondément humaine.

RÉF. : G. Guillaume, *Eugène Le Roy,* Bordeaux, 1929. – P. Ratoret, *Le Paysan et le paysage dans l'œuvre d'Eugène Le Roy,* Nîmes, 1940. – M. Shaw, *L'Histoire du Périgord dans l'œuvre d'Eugène Le Roy,* Dijon, 1946. – M. Ballot, *Eugène Le Roy, écrivain rustique,* Bordeaux, 1949. – F. Lacoste, *Eugène Le Roy, périgourdin. Un romancier militant et sa province,* Bordeaux, 1985.

LEROY Maxime. Sociologue et essayiste français. Né à Paris le 28 mars 1873, mort à Paris le 19 septembre 1957. Après des études à l'université de Nancy où il obtient son doctorat en droit, il devient professeur à l'École libre des sciences politiques. Il s'est surtout intéressé à l'histoire des idées et son chef-d'œuvre demeure son *Histoire des idées sociales en France* (*) (*De Montesquieu à Robespierre*, 1941, *De Babeuf à Tocqueville*, 1950, *D'Auguste Comte à Proudhon,* 1954). Il a remarquablement analysé Sainte-Beuve dans deux études successives et complémentaires : *La Pensée de Sainte-Beuve* (*) (1940), *La Politique de Sainte-Beuve* (+) (1941). On lui doit de nombreux autres ouvrages parmi lesquels on remarquera plus particulièrement *La Coutume ouvrière, syndicats, bourses de travail,* etc. (1913), *La Tendance du pouvoir et de la liberté en France au XXe siècle* (1937). Il a également réuni les textes des *Précurseurs français du socialisme, de Condorcet à Proudhon* (1948). Il était membre de l'Institut français de sociologie, de l'Institut international de sociologie juridique et de l'Académie internationale des sciences politiques.

LE ROY LADURIE Emmanuel. Historien français. Né aux Moustiers-en-Cinglais (Calvados) le 19 juillet 1929. Fils d'un grand propriétaire foncier normand, fédérateur du syndicalisme agricole, homme politique connu, Emmanuel Le Roy Ladurie a suivi la voie royale qui mène aux plus hauts sommets de l'université française. Après le collège Saint-Joseph de Caen, il fréquente le lycée Henri-IV à Paris, et intègre l'École normale supérieure de la rue d'Ulm. C'est là qu'il adhère au parti communiste, qu'il quittera en 1956, après les événements de Hongrie. Reçu à l'agrégation d'histoire, il enseigne dans un lycée de province, à Montpellier en l'occurrence (1953-57). Un détachement au C.N.R.S. précède son entrée dans l'enseignement supérieur, à Montpellier (où il est assistant de 1960 à 1963) puis à Paris où il est successivement maître-assistant (1963) et directeur d'études à l'École pratique des hautes études (1965). Il soutient cette même année une thèse remarquée sur les paysans de Languedoc. En 1969 il est maître de conférences à la Sorbonne, en 1970 professeur à l'université Paris VII-Jussieu et en 1973 professeur au Collège de France où il succède à Fernand Braudel dans la chaire d'histoire de la civilisation moderne. Historien dans la cité, il collabore depuis le début des années 70 au *Monde* et au *Nouvel Observateur* où ses chroniques — dont certaines ont été réunies sous le titre *Parmi les historiens* (1983) — sont fort appréciées. Il est aussi, souvent, présent sur les plateaux de la télévision. Exerçant depuis 1987 les fonctions d'administrateur général de la Bibliothèque nationale, il a, à ce titre, la double responsabilité de l'informatisation du fichier et du déménagement vers la future Grande Bibliothèque.

Son œuvre témoigne, par son allure foisonnante et éclatée, de l'évolution de la génération post-braudélienne de la Nouvelle Histoire. Une thèse d'histoire socio-économique, donnant une grande place à la démographie et à la quantification, se situant dans la longue durée : *Les Paysans de Languedoc* (1966). Une *Histoire du climat depuis l'an mil* (*) (1967) où l'histoire humaine n'est plus qu'un secteur infime de l'histoire naturelle. Viennent ensuite une série de monographies globales d'ethnohistoire, *Montaillou, village occitan, de 1294 à 1324* (*) (1976), *Le Carnaval de Romans* (1979), la longue présentation de *La Sorcière de Jasmin* (1983)... En fait, à partir d'une documentation écrite, littéraire même, circonscrite dans l'espace comme dans le temps, Le Roy Ladurie se plaît à placer ses microcosmes dans la très longue durée et dans l'aire la plus vaste par le jeu d'un comparatisme audacieux et multidisciplinaire. Parallèlement, il dirigeait une *Histoire urbaine de la France* (1981) et une *Histoire rurale de la France* (1976) qui prouvaient qu'il n'avait pas déserté le champ de l'histoire socio-économique. Avec d'autres, il a redécouvert le champ politique en rédigeant le tome second de l'*Histoire de France* publiée par Hachette : *L'État royal : 1460-1610* (1987).

CHARLES-OLIVIER CARBONELL.

LÉRY Jean de. Voyageur et historien français. Né au bourg de La Margelle en Bourgogne en 1534, mort à L'Isle, près de Montricher, en pays de Vaud, entre juin et novembre 1613. D'humble extraction, Jean de Léry est cordonnier de son état. Converti à la Réforme et réfugié à Genève, il fait partie en 1556 de la petite mission envoyée par Calvin à Villegagnon, le chef de la « France Antarctique », une éphémère colonie implantée au Brésil dans la baie de Rio de Janeiro. Les dissensions religieuses entraînent le rapatriement des huguenots, après un séjour d'un an à peine sur l'étroite île de Coligny, puis en terre ferme, dans le voisinage immédiat des Indiens Tupinikins. Ces brèves retrouvailles avec l'Éden perdu sont suivies d'une série ininterrompue d'épreuves : famine sur mer lors du retour, martyre de trois des « Genevois » revenus vers Villegagnon, au nom desquels Léry va plus tard témoigner.

Hésitant à Genève entre sa profession de cordonnier, le métier d'aubergiste de sa femme et une vocation de pasteur qui tarde à s'imposer, Léry est bientôt pris dans la tourmente des guerres de Religion. Retourné en France dès avant les troubles (1562), on le trouve prédicateur à Belleville-sur-Saône, puis pasteur à Nevers (1564) et à La Charité-sur-Loire (1569). C'est dans cette dernière ville que le surprend la « saison des Saint-Barthélemy » (fin août-septembre 1572). Réfugié dans la citadelle de Sancerre, qui résiste près d'un an aux troupes catholiques du gouverneur Claude de La Châtre, il est chargé des négociations qui aboutissent à la capitulation de la ville le 20 août 1573. L'année suivante, Léry publie l'*Histoire memorable de la ville de Sancerre*, chronique bouleversante du siège et de la famine, dont le lointain modèle est la *Guerre des Juifs* (*) de Flavius Josèphe. C'est en même temps un plaidoyer « pro domo » et un fragment d'autobiographie qui annonce par le ton et par des souvenirs exotiques glissés ici et là — sur le hamac et l'anthropophagie notamment — la matière et l'inspiration de la relation brésilienne.

Publiée en 1578 à Genève, l'*Histoire d'un voyage faict en la terre du Bresil* (*) constitue la somme d'une vie et, par le regard nostalgique qu'elle porte sur les enfances de l'humanité, une œuvre unique dans la littérature de la Renaissance, annonciatrice de la conscience malheureuse des anthropologues d'aujourd'hui. Cependant que l'*Histoire* est progressivement augmentée au fil de six éditions successives, Léry poursuit sa carrière de pasteur en Bourgogne, sa province natale, puis, à partir de 1589, dans une demi-retraite au pays de Vaud, à Vufflens et pour finir à L'Isle et Montricher, où il meurt de la peste.

FRANK LESTRINGANT.

RÉF. : Géralde Nakam, *Au lendemain de la Saint-Barthélemy, guerre civile et famine. Histoire mémorable du Siège de Sancerre (1573) de Jean de Léry*, Paris, 1975. — Michel de Certeau, *L'Écriture de l'Histoire*, ch. V, Paris, 1975. — Frank Lestringant, *Le Huguenot et le Sauvage*, Paris, 1990.

LESAGE Alain-René. Auteur dramatique et romancier français. Né à Sarzeau (Morbihan) le 8 mai 1668, mort à Boulogne-sur-Mer le 17 novembre 1747. Issu d'une famille de modeste bourgeoisie (son père est notaire royal, puis greffier), orphelin à quatorze ans et bientôt sans ressources, il reçoit pourtant une solide formation au collège des jésuites de Vannes, puis entreprend des études de droit à Paris. Bien qu'il se dise avocat lorsqu'il épouse en 1694 Marie-Élisabeth Huyard, il a tôt abandonné cette carrière pour celle des lettres. Les éléments de sa biographie se limitent à son inlassable activité d'écrivain. Il semble avoir mené une vie de bon père de famille, assurant la subsistance de sa femme et de ses quatre enfants grâce à une petite pension versée par l'abbé de Lyonne, et, cas assez rare à l'époque pour être relevé, au produit de ses ouvrages. Les contemporains témoignent de son honnêteté, de la bonhomie de son caractère, mais aussi d'une verve moqueuse et d'une forte conviction de la dignité d'écrivain qui l'empêchèrent de jamais s'abaisser devant des protecteurs. Partisan des Modernes dans sa jeunesse, il se montre en vieillissant plus soucieux de classicisme, comme le révèlent l'évolution de *Gil Blas* (*) et les corrections et ajouts qu'il effectue en rééditant *Le Diable boiteux* (*) ; il se garde cependant de briguer l'Académie, que lui eût peut-être fermée son activité d'auteur comique et satirique pour le Théâtre de la Foire. Deux de ses fils deviennent comédiens, sous les noms de Montmesnil et Pittenec. Le troisième, chanoine à Boulogne-sur-Mer, le recueille dans son grand âge. C'est auprès de lui qu'il meurt, diminué dit-on physiquement et intellectuellement, pauvre et bien éloigné de l'agitation littéraire de la capitale, alors que ses œuvres principales connaissent un succès destiné à ne jamais se démentir.

Lesage débute en 1695 par une traduction des *Lettres galantes* attribuées à Aristénète, auteur grec du ve siècle. Ce travail ne lui acquiert aucune notoriété, mais présente déjà cette caractéristique : Lesage adapte plutôt qu'il ne traduit. Il manifestera, dans les œuvres suivantes, bien plus importantes, le même talent pour la réécriture, voire la recréation, à partir d'auteurs et de modèles qu'il devine susceptibles de rencontrer le goût du public français. La tradition veut que l'abbé de Lyonne lui ait fait découvrir la littérature du Siècle d'or espagnol, déjà connue en France depuis Anne d'Autriche, mais source inépuisable de thèmes et de personnages colorés. Lesage s'intéresse d'abord au théâtre : d'après Francisco de Rojas, il écrit *Le Traître puni* (1698), et *Le Point d'honneur* (1702) ; à Lope de Vega, il emprunte *Don Felix de Mendoce* (1700), et à Calderon *Don César Ursin.* En 1704, ce sont *Les Nouvelles Aventures de Don Quichotte de la Manche* (*), c'est-à-dire le « faux *Don Quichotte* » publié en 1614 sous le nom d'Avellaneda, où s'accentue la tendance à s'écarter du texte originel et à ajouter des épisodes de son cru. L'année 1707 est intéressante : Lesage donne aux Comédiens-Français une pièce en un acte, *Crispin rival de son maître* (*), qui, si les cadres dramaturgiques demeurent classiques, révèle un auteur comique dont le ton incisif est bien original. C'est aussi l'année du *Diable boiteux*, pour lequel le *Diablo cojuelo* (*) de Velez de Guevara ne fournit plus que la donnée romanesque de départ : le démon Asmodée soulève, pour l'étudiant Cléofas, les toits de Madrid, lui révélant la vie privée des occupants. Cela devient pour Lesage le voile transparent d'une satire des ridicules parisiens. La première édition contient seize chapitres, composés d'anecdotes vives, de portraits, de scènes allègrement conduites, où s'intercalent deux longues « histoires » de tonalité plus sentimentale et romanesque. Le succès est immédiat et durable. En 1726, Lesage augmente son texte et corrige le style, révision jugée peu heureuse parce qu'elle tend à atténuer les audaces et le mordant de la critique.

Depuis la création de la Ferme générale par Colbert, les traitants, financiers et collecteurs d'impôts ont déjà fourni des cibles aux auteurs comiques et aux moralistes. Dans *Turcaret* (*), en 1709, Lesage emprunte à Dancourt comme à La Bruyère. Bien que la comédie ait recours à des types éprouvés – coquette, usurier, petits-maîtres, valets ambitieux, etc. –, la satire est féroce. Lesage prouve son talent pour les mots de théâtre et la conduite des situations bouffonnes. La scène est chez une baronne qui ruine Turcaret, ancien laquais devenu traitant ; elle s'est entichée d'un « petit chevalier joueur » qui la pille à son tour, tandis que Frontin attend son heure, prenant les leçons de l'expérience. À lui, d'ailleurs, le mot de la fin célèbre : « Voilà le règne de M. Turcaret fini ; le mien va commencer. » Les Comédiens-Français ont accepté la pièce, mais ils ne la jouent pas, sous la pression, semble-t-il, des milieux d'argent qu'elle attaque. Dans l'état de délabrement où la guerre a mis les finances de l'État, le pouvoir trouve-t-il là l'occasion de faire sentir la férule ? C'est sur ordre officiel que les comédiens doivent représenter *Turcaret.* Ils le font avec succès auprès du public, mais sans enthousiasme pour la carrière de la pièce, retirée après sept représentations, alors que la recette est encore bonne. Cette mauvaise volonté engage Lesage à se tourner vers les Forains. À partir de 1712, il devient, en collaboration avec d'Orneval et Fuzelier, un de leurs plus prolifiques auteurs. Il anime sans relâche la concurrence acharnée qui oppose la Foire et les scènes officielles, et, dans le perpétuel souci de tourner les privilèges de la Comédie-Française et de l'Opéra, il est à même de prouver sa capacité à créer ou à renouveler des effets de théâtre susceptibles d'attirer un public avide de divertissements légers – v. *Le Théâtre de la Foire* (*). Échappant à toutes règles, les arlequinades foraines mêlées de couplets et de musique sont à l'origine de l'opéra-comique.

Hors du domaine espagnol, Lesage a contribué à la vogue du conte oriental et merveilleux en collaborant avec Pétis de la Croix aux *Mille et un jours,* recueil composite de contes persans et turcs (1710-1712) ; il donne, d'après Boiardo, la *Nouvelle traduction de Roland l'amoureux* en 1717 ; à partir des papiers d'un authentique flibustier canadien, il romance en 1731 les *Aventures de Robert Chevalier, dit de Beauchêne.* Ses dernières œuvres ne manquent pas d'épisodes intéressants, mais l'imitation et le réemploi y montrent souvent une imagination créatrice déclinante : ce sont l'*Histoire d'Estevanille Gonzalez* (*) (1731-1734), l'*Histoire de Guzman d'Alfarache* (*) d'après Mateo Alemán (1732) et *Le Bachelier de Salamanque* (*) (1736). Jamais, cependant, le Siècle d'or ne lui aura permis une réussite aussi personnelle et durable que dans l'*Histoire de Gil Blas de Santillane.* Lorsque Lesage en publie les six premiers livres (1715), cet ouvrage est sans égal pour l'intérêt et l'invention comiques, tout en contribuant au mouvement qui rapproche, à cette époque, la fiction romanesque du réalisme. En 1724 s'ajoutent les livres VII à IX, puis en 1735 les livres X à XII. Ainsi Lesage a-t-il achevé son récit, malgré le temps et les tâches alimentaires qui l'en détournaient. Du picaresque espagnol, il a retenu une structure romanesque qui lui donne une grande liberté, le thème du voyage et des rencontres, et une couleur locale due à quelques noms et à quelques décors qui ne masquent pas la France de la Régence. De naissance fort modeste, mais doué de bon sens, d'une âme honnête et d'un grand talent d'observation, Gil Blas rencontre de multiples aventures sur les routes d'Espagne, de ville en ville, de maître en maître, jusqu'au jour où, après des hauts et des bas, de calamités en tournants heureux, devenu maître lui-même, titré, bien marié et homme de confiance d'un grand ministre, il écrit l'histoire de sa vie. Lesage voit en moraliste classique les vices individuels et le désordre des passions, mais il ne remet en question ni les institutions, ni le système social, auxquels Gil Blas s'adapte avec souplesse et succès. Cette longue succession d'épisodes souvent ironiques, parfois attendrissants, de figures ridicules ou exemplaires, entrecoupée de récits faits par d'autres personnages, trouve son unité grâce à la voix du narrateur. Malgré une révision malheureuse, l'année même de sa mort en 1747, *Gil Blas* demeurera, pour la postérité, son chef-d'œuvre.

CATHERINE BONFILS.

♦ *« Il écrivait au jour le jour, volume par volume ; il prenait ses sujets où il pouvait, et partout où il s'en offrait à sa convenance ; il faisait du métier. Mais il le faisait avec naturel, avec facilité, avec un don de récit et de mise en scène qui était son talent propre, avec une veine de raillerie et de comique qui se répandait sur tout, avec une morale vive, enjouée, courante, qui était sa manière même de sentir et de penser. »* Sainte-Beuve. ♦ *« C'est surtout pour avoir manié la langue, avec autant de respect que d'aisance et de verve, jusque dans les rares excès de son réalisme, que l'auteur de* Gil Blas *et de* Turcaret *a droit à être placé parmi les grands écrivains français, dans le groupe de ces auteurs qu'il appelle « naturels », à une distance très honorable de Molière qui en est le centre. »* E. Lintilhac. ♦ *« Lesage n'est pas assez « philosophe » pour militer. La lucidité de Gil Blas aboutit au scepticisme et à un épicurisme résigné. »* René Pomeau. ♦ *« L'*Histoire de Gil Blas de Santillane *est une œuvre aussi honnête et indépendante que les circonstances le permettaient : elle est marquée par les conditions de vie d'un romancier de l'Ancien Régime, à une époque où les hommes de lettres avaient cessé d'être des courtisans et n'étaient pas encore les « maîtres » de l'opinion publique. »* Roger Laufer.

RÉF. : E. Lintilhac, *Lesage,* Paris, 1893. – Charles Dédéyan, *Lesage et Gil Blas,* Paris, 1965. – Henri Coulet, *Le Roman jusqu'à la Révolution,* Paris, 1967. – Roger Laufer, *Lesage ou le Métier de romancier,* Paris, 1971. – Dominique Lurcel, *Théâtre de Foire au XVIIIe siècle,* Paris, 1983.

LESCHÈS de Mytilène. Leschès, qui vécut au VIIe siècle av. J.-C., fait partie des poètes cycliques grecs. Durant les VIIe et VIe siècles, la Grèce apprend toujours plus à écrire : la culture orale n'est pas immédiatement menacée, mais le besoin se fait tout de même ressentir de fixer par écrit le patrimoine de la poésie orale. C'est dans ce contexte que furent composées les épopées qui, regroupées, allaient constituer le *Cycle troyen* – v. *Cycle épique grec* (*). Leschès fut l'un de ces poètes. De lui, on ignore tout, mais les bibliothécaires d'Alexandrie recensèrent son œuvre dans leurs catalogues. On lui attribue la *Petite Iliade* (+) qui faisait suite à l'*Éthiopide* (+) et enchaînait, après la mort et les funérailles d'Achille, sur le suicide d'Ajax. Cette première épopée, dans laquelle Ulysse semble avoir joué un rôle de premier plan, était directement prolongée par la *Destruction d'Ilion* (*) attribuée par Proclus à Arctinos et par Pausanias à Leschès.

DAVID BOUVIER.

LE SENNE René. Philosophe français. Né à Elbeuf (Seine-Maritime), le 8 juillet 1882, mort à Paris le 1er octobre 1954. Disciple de Hamelin, fondateur avec Lavelle de la célèbre collection « Philosophie de l'esprit », professeur à la Sorbonne en 1942, il se consacra essentiellement à la philosophie morale – *Obstacle et Valeur* (*) (1934), *Traité de morale générale* (1942) – en soulignant l'importance de l'échec surmonté qui oblige la conscience à affirmer une valeur et la met en relation avec l'absolu, « foyer universel des valeurs ». Par son *Traité de caractérologie* (+) (1945) – v. *Traité pratique d'analyse du caractère* (*) –, Le Senne a été l'un des principaux introducteurs de cette nouvelle discipline en France.

LESKOV Nikolaï Semenovitch [Nikolaj Semenovič Leskov]. Écrivain russe. Né le 16 février 1831 au village de Gorokhovo, dans le gouvernement d'Orel, mort à Saint-Pétersbourg le 21 février 1895. Fils d'un prêtre qui avait épousé une jeune fille de l'aristocratie, il fut élevé dans sa riche famille maternelle, mais ne put terminer ses études au lycée d'Orel. La propriété de ses parents ayant été détruite par un incendie, il dut entrer à dix-sept ans comme employé à la chancellerie du tribunal. Nommé à Kiev, il y enrichit sa culture et fut à même de développer sa connaissance des hommes au cours de fréquents voyages en province. Leskov quitta ensuite le service de l'État pour un emploi privé que lui procurait sa famille et, de nouveau, il eut l'occasion d'observer le monde en voyageant. À partir de 1860, il publia avec succès, dans différentes revues, des études ethnographiques, et ne tarda pas à se consacrer entièrement à la littérature. Cependant, sa tendance naturelle à considérer toutes choses avec l'ardeur d'un polémiste le rendit suspect dans les milieux libéraux et lorsque, en 1892, il publia un article à propos d'incendies constatés à Saint-Pétersbourg, certaines de ses expressions, à la vérité fort ambiguës, furent interprétées comme une accusation contre les étudiants de tendance révolutionnaire. Leskov tenta en vain de se disculper et, bien qu'il n'eût pas le tempérament d'un réactionnaire, fut malgré lui, tant cette injustice l'indignait, rejeté dans le camp conservateur. Ce fut sous le coup de ces attaques que l'écrivain, alors en voyage à l'étranger, conçut la trame de son premier roman (signé du pseudonyme M. Stebnickij) : *Sans issue* [*Nekuda*]. Les plus âpres sarcasmes accueillirent injustement cet ouvrage dont l'auteur était, en fait, beaucoup moins « rétrograde » que ne le prétendait la critique libérale et radicale. Dans les romans qui suivirent, Leskov, signant, cette fois, de son nom, persévéra dans son attitude antinihiliste. Telle n'était point, cependant, sa vocation véritable. Après avoir, dans cette direction, atteint le point extrême avec *À couteaux tirés* (*) (1870-71), le romancier l'abandonna presque entièrement, pour décrire un monde qu'il connaissait bien et que nul, avant lui, n'avait aussi exactement dépeint. Ainsi parurent *Gens d'Église* (*) (1872). Dans *L'Ange scellé* (*) (1876), Leskov se fit le peintre des milieux « vieux croyants » ; le monde religieux, au sens le plus large du terme, devint alors son milieu de prédilection. Tantôt il le décrivit dans son humaine familiarité : *Petits côtés de la vie archiépiscopale* [*Meloči arhiéreiskoj Zizni*], tantôt il célébra ses épopées légendaires : *La Montagne, récit égyptien* [*Gora, égipetskaja povest'*] et *Le Brigand d'Askalon* [*Askalonskij zlodéj*]. Dans *À la limite du monde*, enfin, ces deux éléments se confondent en une même évocation poétique. Les romans et récits de Leskov valent, en outre, par la description de toute la vie sociale russe. Rappelons entre autres : *Une famille déchue* (*) (1867), *Le Paon* (*) (1868) et *Le Pèlerin enchanté* (*) (1873). Tout à fait à part se situe *Lady Macbeth au village* (*) (1865), récit où se révèle un peintre réaliste de l'amour. Citons encore : *La Batailleuse* (*) (1866), *Cheramour* (*) (1869), *Le Monastère des cadets* (*) (1874). Leskov, dans ses dernières années, lorsque se fut apaisée la polémique autour de son œuvre et de sa personne, adhéra au « tolstoïsme ». La faveur de la Cour lui avait permis d'accéder à des emplois tranquilles au comité culturel, puis à la section pédagogique du ministère de l'Instruction. Mis à la retraite en 1883, l'écrivain se consacra entièrement à la littérature. L'opinion, à ce moment, commençait à rendre justice à son grand talent et, plus tard, on vit même se former une école leskovienne dont fit partie Remizov. Ses œuvres complètes, comprenant trente-six volumes, furent éditées à Saint-Pétersbourg en 1902-03.

ETTORE LO GATTO.

♦ *« Leskov a, sans aucun doute, eu une influence sur moi par la connaissance extraordinairement riche qu'il avait de notre langue. »* M. Gorki.

RÉF. : Pierre Kovalewski, *N. S. Leskov, peintre méconnu de la vie nationale russe*, Paris, 1925. — Numéro spécial de la *Revue des études slaves*, Paris, 1986.

LESPINASSE Julie Jeanne Éléonore de. Femme d'esprit et épistolière française. Née à Lyon le 9 novembre 1732, morte à Paris le 23 mai 1776. Elle était la fille adultérine d'une grande dame bourguignonne, la comtesse d'Albon. Sa mère, qui l'avait entourée d'une réelle affection, mais n'était pas parvenue à la faire légitimer, mourut alors que Julie n'était âgée que de seize ans, et la jeune fille se trouva dès lors en butte aux vexations de la famille d'Albon, qui se débarrassa d'elle en la plaçant comme institutrice chez une parente, la comtesse de Vichy. Julie séjourna dans le domaine de celle-ci, à Chamrond, pendant quatre années, de 1749 à 1753. Elle y était traitée comme une simple domestique, et sa situation paraissait désespérée lorsque Mme du Deffand, sœur du comte de Vichy, de passage à Chamrond, fut frappée de son esprit et désira s'attacher la jeune fille : elle facilita tout d'abord son départ de Chamrond et son installation dans un couvent lyonnais, où Julie passa l'année 1753-1754 ; mais, avant de pouvoir la faire venir auprès d'elle à Paris, Mme du Deffand, pour tranquilliser la famille d'Albon qui craignait toujours que l'enfant non légitimisée, mais née du vivant du comte d'Albon, ne vînt un jour réclamer sa part d'héritage, dut exiger de Julie (avec, semble-t-il, assez peu de délicatesse) une renonciation formelle qui fut immédiatement accordée.

Auprès de Mme du Deffand, Julie de Lespinasse allait faire son apprentissage de femme d'esprit, mais elle allait aussi subir les caprices d'une vieille dame égoïste, aigrie par la cécité, et qui réclamait d'elle une distraction continuelle. Julie passa pourtant près de dix ans chez sa protectrice, au couvent Saint-Joseph, jusqu'à ce que Mme du Deffand s'aperçût avec une furieuse jalousie que les familiers de son salon avaient pris l'habitude de se réunir également, à une autre heure de la journée, chez Mlle de Lespinasse. Une brouille immédiate et irréparable s'ensuivit avec celle-ci, qui en fut affectée au point d'essayer de se suicider. Grâce à la générosité de quelques amis, Julie de Lespinasse put cependant s'installer rue de Bellechasse et là tenir en toute liberté son propre salon, que fréquentèrent d'excellents esprits tels que d'Alembert, Turgot, Brienne, Condorcet, etc. Ces réunions devinrent un des centres nerveux de la conversation parisienne. Un lien particulier et déjà presque sentimental s'établit bientôt entre Mlle de Lespinasse et d'Alembert (comme elle enfant illégitime) : le philosophe ayant été atteint d'une grave maladie, Julie le soigna avec dévouement et finit par lui offrir de venir passer sa convalescence chez elle. Il ne repartit plus de la rue de Bellechasse et, grâce à l'estime dont il jouissait, personne n'osa s'étonner de la situation de ce ménage, uni, il est vrai, par une tendre amitié plutôt que par l'amour. C'est grâce à d'Alembert pourtant que Julie de Lespinasse allait entrer dans le monde de la passion qui se révéla bientôt pour elle un véritable enfer ; vers 1766 en effet, il lui présenta le marquis de Mora, fils de l'ambassadeur d'Espagne, âgé de vingt-six ans. Aussitôt Julie aima, fut aimée, et, pendant plusieurs années, elle semble avoir connu le bonheur ; mais, en août 1772, le marquis de Mora, malade de la poitrine, dut sur le conseil de ses médecins retourner dans son pays. Les sentiments de Mlle de Lespinasse pour lui étaient toujours aussi forts, mais, un mois à peine après le départ de son amant, la jeune femme rencontrait au cours d'un dîner un certain M. de Guibert, jeune colonel fort ambitieux, connu et presque célèbre par des considérations politiques, militaires et philosophiques qu'il venait de publier sur l'état de l'Europe et qui, selon La Harpe, ne prétendait « à rien moins qu'à remplacer Turenne, Corneille et Bossuet ». Mlle de Lespinasse connut alors sa seconde passion, aussi soudaine et incontrôlable que celle qui l'avait poussée vers le marquis de Mora, mais beaucoup plus pathétique et dramatique, car elle fut aggravée par un conflit entre le nouvel et l'ancien amour, comme le montrent ses fameuses *Lettres* (*), brûlantes de désir et de souffrance, d'impatience et de remords, et qui finissent par n'être plus, selon le mot de Sainte-Beuve, « qu'un cri aigu avec de rares intermittences ! ». En mai 1774, M. de Mora mourait à Bordeaux, mais, trois mois plus tôt, Julie de Lespinasse était devenue la maîtresse de Guibert. Elle était fière d'aimer « comme il faut aimer, avec excès, avec folie, transport et désespoir » (selon ses propres termes), tandis que son assez vain amant semble avoir songé avant tout à se pousser dans le monde. Il se maria en 1775, tandis que Mlle de Lespinasse commença, littéralement, à mourir de son amour : l'opium seul lui donnait quelques moments d'oubli et de calme, et jusqu'à la fin cependant (elle disparut âgée seulement de quarante-quatre ans) elle resta fidèle à son salon et à ses amis qui ne surent rien, non pas même d'Alembert, du « mal sacré » et déjà romantique qui était en train de la ronger. On ne connut ce mal que par la publication, en 1809, grâce à la femme de Guibert qui les avait conservées, des *Lettres,* dont il faut placer le volume à côté de celles d'*Héloïse* (*) et de *La Religieuse portugaise* (*). En 1887 a été également publié un recueil de *Lettres inédites à d'Alembert et Condorcet.*

JACQUES PATRY.

♦ *« Vous êtes franche par nature et discrète par réflexion. Vous êtes gaie par nature et mélancolique par réflexion. Vous abhorrez la méchanceté et la sottise... Quoique vous ne soyez pas toujours mélancolique, vous êtes pénétrée sans cesse d'un sentiment plus triste encore, c'est le dégoût de la vie... On voit que la douleur vous a nourrie et que les affections ne font que vous consoler. »* D'Alembert, portrait envoyé à Julie de Lespinasse, 1771.

RÉF. : Sainte-Beuve, *Causeries du lundi*, t. II, Paris, 1857. – Asse, *Mlle de Lespinasse et la Marquise du Deffand*, Paris, 1877. – De Ségur, *Julie de Lespinasse*, Paris, 1906. – G. Truc, *Julie de Lespinasse*, Paris, 1942. – B. Craveri, *Mme du Deffand et son monde*, Paris, 1987.

LESSING Doris. Écrivain anglais. Née le 22 octobre 1919 à Kermanshah en Iran (alors la Perse). Son père, Alfred Tayler, travailla un certain temps pour la Banque impériale de Perse à Téhéran, puis, en 1925, décida de s'installer comme fermier en Rhodésie où il vécut difficilement en cultivant maïs et tabac. Doris fit ses études dans un collège catholique, puis dans une école publique à Salisbury, jusqu'à l'âge de quatorze ans, à la suite de quoi elle fut deux ans fille au pair dans cette ville. De retour à la ferme de ses parents, elle poursuivit son éducation grâce à la lecture des romanciers anglais, français et russes du XIXe siècle, et commença à écrire. En 1938, elle repartit à Salisbury où elle travailla successivement comme employée du téléphone, puis comme secrétaire, en particulier au parlement rhodésien. Un premier mariage en 1939 avec un fonctionnaire nommé Franck Wisdom dont elle eut deux enfants, John et Jean, se termina par un divorce en 1943.

La période suivante est marquée par l'engagement politique de Doris Lessing, que les événements de la Seconde Guerre mondiale avait amenée à adhérer à un petit groupe marxiste œuvrant pour la fin de l'apartheid. Elle y fit la connaissance d'un exilé juif allemand, Gottfried Lessing, qu'elle épousa en 1945 et dont elle divorça quatre ans plus tard. En 1949, elle partit pour Londres avec leur fils Peter, né en 1947, et dans ses bagages le manuscrit de son roman *Vaincue par la brousse* (*) qui fut accepté par le premier éditeur auquel elle l'adressa et publié avec succès en 1950. Au cours de ses premières années en Angleterre, Doris Lessing garda une certaine activité politique, adhéra même au parti communiste en 1952 (ce qui lui valut d'être interdite de séjour en Rhodésie), mais elle en démissionna en 1956 après l'intervention soviétique en Hongrie.

Depuis, la biographie de Doris Lessing se résume à ses activités d'écrivain. En 1951 parut un premier recueil de nouvelles, inspirées de son expérience africaine, *Nouvelles africaines* [*This was the Old Chief's Country*], suivi des deux premiers volumes d'une série de cinq ouvrages d'inspiration autobiographique publiés entre 1952 et 1969 sous le titre général *Les Enfants de la violence* (*), d'un second volume de nouvelles *Five* (1953), et d'un autre roman *Retreat to Innocence* (1956). La publication en 1962 de *Carnet d'or* (*), salué comme un chef-d'œuvre et qui devait obtenir le prix Médicis étranger en 1976, marque la consécration internationale de Doris Lessing. Neuf ans plus tard, *La Descente aux enfers* [*Briefing for a Descent into Hell,* 1971] annonce un tournant dans l'œuvre de la romancière lié à son intérêt croissant pour l'occultisme, la parapsychologie et le soufisme, religion qu'elle avait commencé à étudier dans les années 60. Dans ce livre, l'auteur s'éloigne du monde réel pour explorer l'univers psychique d'un homme, Charles Watkins, atteint d'amnésie, et à travers ce personnage s'interroge sur l'avenir de notre planète. Avec *Shikasta* et les quatre volumes qui lui font suite regroupés sous le titre général *Canopus dans Argos : Archives* [*Canopus in Argos : Archives,* 1979-83], Doris Lessing confirme une nouvelle orientation qui la conduit à choisir la science-fiction et à développer le thème de la survie de l'humanité et de l'évolution de l'univers.

L'étape suivante est tout aussi surprenante car, afin de montrer les difficultés auxquels sont confrontés les jeunes écrivains, Doris Lessing décida de publier sous le pseudonyme de Jane Somers deux romans que son éditeur habituel refusa... *Journal d'une voisine* [*The Diary of a Good Neighbour,* 1983] et *Si vieillesse pouvait...* [*If the Old Could,* 1984], centrés sur les problèmes de la solitude de la vieillesse, de la maladie et de la mort, marquent son retour au réalisme que confirmeront ses deux derniers romans, *La Terroriste* (*) (1985) et *Le Cinquième Enfant* [*The Fifth Child,* 1986], qui traitent l'un de l'idéalisme révolutionnaire, l'autre de la venue dans une famille d'un enfant « d'une autre espèce ».

Auteur d'une œuvre considérable (à ce jour près de quarante titres, essentiellement des romans et des nouvelles, mais aussi des pièces de théâtre, poèmes, témoignages et souvenirs), Doris Lessing fascine autant par la diversité des sujets qu'elle aborde que par la variété des genres qu'elle a explorés. Refusant de se laisser enfermer dans aucune catégorie, elle occupe une place éminente dans la littérature britannique contemporaine où elle apparaît comme un témoin extraordinaire de son époque dont elle ne cesse d'analyser les problèmes sociaux, moraux et politiques.

MARIE-FRANÇOISE CACHIN.

RÉF : L. Sage, *Doris Lessing,* Londres, 1983.

LESSING Gotthold Ephraïm. Écrivain allemand. Né à Kamenz (Saxe) le 22 janvier 1729, mort à Brunswick le 15 février 1781. Issu d'une famille de pasteurs protestants, il étudia à l'université de Leipzig, d'abord la théologie, puis la philologie, la médecine et les sciences naturelles ; à Leipzig également, il prit contact avec le théâtre et Carolina Neuber, en 1748, porta à la scène sa première comédie, *Le Jeune Érudit* (+) — v. *Drames de jeunesse* (*) (1748-1755) —, satire du pédantisme encore très proche de la « comédie saxonne » dont la tendance, à l'exemple de Molière, était la caractérisation de certains types humains. Les pièces suivantes furent, en 1749, *Le Libre Penseur* (+) [*Der Freigeist*], et *Les Juifs* (+) : cette dernière anticipe sur le sujet qui sera repris et développé avec une tout autre puissance dans *Nathan le Sage* (*) (1779), mais toutes deux révèlent chez Lessing un esprit désormais hostile à toute intolérance, à tout préjugé de classe, de nationalité, de religion.

Entre-temps, la compagnie de la Neuber avait fait faillite, ainsi que les illusions de notre jeune auteur qui, harcelé par ses créanciers, s'était dès 1748 installé à Berlin, où il espérait attirer sur lui l'attention, et si possible obtenir un appui de Frédéric le Grand. Il n'atteignit pas son but, en partie à cause de la brouille qui vint troubler les rapports qu'il entretenait avec Voltaire, à l'époque hôte du roi. Cependant, l'influence du Français, ainsi que celle d'amis comme Sulzer, Mendelssohn, Nicolaï, etc., ne manqua pas de s'exercer sur Lessing qui fut de plus en plus gagné au rationalisme des Lumières, aux idées de tolérance, de libre pensée et qui, suivant l'exemple voltairien, décida de renoncer à une carrière universitaire pour se consacrer uniquement à la double activité d'écrivain et de journaliste, ce qui lui permit de commencer ce travail systématique de clarification de la pensée, du sentiment et du style qui constitue son principal mérite.

Ses premières *Épigrammes* (*) datent de 1753. Rentré à Leipzig en 1755, se préoccupant surtout des problèmes du théâtre — ainsi qu'en témoigne sa revue *Bibliothèque théâtrale* [*Theatralische Bibliothek*, 1754-1758] —, avec *Miss Sarah Sampson* (*) (1755), il offrit à son public le premier vrai drame bourgeois en prose, qui tenait à la fois du modèle anglais de Lillo et de la « comédie larmoyante » de Diderot ; en revanche, *Philotas* (1759), tragédie en un acte et en prose également, inspiré de Sophocle et situé sur le plan moral de la volonté héroïque (Lessing avait été vivement frappé par la mort héroïque de son ami Ewald von Kleist), puis le fragment de son *Faust* (*) (1758-1759) publié dans la 17e *Lettre sur la littérature* [*Literaturbrief*] — v. *Lettres sur la littérature moderne* (*) (1759-65) — dans le goût de Shakespeare, montrent l'anxiété avec laquelle l'esprit de Lessing cherchait et combien son évolution était rapide et contradictoire.

Ces manifestations pratiques d'un problème théorique furent suivies d'une entreprise critique fort importante, les *Lettres sur la littérature* *moderne*, publiées par F. Nicolaï avec la collaboration de Abbt, Sulzer, etc. Elles sont une critique audacieuse et novatrice des goûts et des théories littéraires du temps : du sentimentalisme religieux de Klopstock comme des élégantes fantaisies de Wieland, et surtout (dans la 17ᵉ lettre) du théâtre français et de la vieille réforme de Gottsched (que Lessing avait pourtant vantée dans la revue *Beiträge zur Historie und Aufnahme des Theaters*, en 1750), et prônent le théâtre anglais, Shakespeare en particulier, dont Lessing trouvait l'art plus conforme au génie allemand que celui de Corneille ou de Racine. En 1753 parurent les *Fables* (*).

En 1766, l'écrivain (qui de 1760 à 1764 avait interrompu son activité personnelle en se rendant à Breslau comme secrétaire du général Tauentzien) publia la première partie du *Laocoon* (*), dans lequel, tantôt en accord, tantôt en désaccord avec Winckelmann, il tente, en s'opposant au traditionnel concept de l'affinité essentielle entre peinture et poésie, une distinction entre l'art figuratif et l'art poétique. L'année suivante, le Théâtre national de Hambourg fit appel à lui en qualité de conseiller, puis de critique. Les comptes rendus des pièces représentées (au nombre de cent quatre) composent la *Dramaturgie de Hambourg* (*) (1767-1769). Ce recueil reprend et continue l'œuvre commencée dans les *Lettres sur la littérature moderne* ; il est, dans ce sens, une importante contribution — quoique placée sous le signe d'Aristote et fondée sur une interprétation de sa fameuse définition de la tragédie — à la libération du théâtre allemand soumis à l'influence française, et remplace cette influence par celle de Shakespeare, un Shakespeare non point considéré comme un génie original, ainsi que l'affirmera la critique anglaise de Pope à Young, mais comme un poète plus intimement lié à la pensée aristotélicienne, et donc plus classique qu'un Corneille. En dépit de ces limites, la *Dramaturgie* occupe une place de tout premier plan dans la critique allemande de tous les temps.

Comme s'il avait voulu illustrer ses théories esthétiques, Lessing donna, en même temps que ses comptes rendus, des pièces de théâtre : *Minna von Barnhelm* (*) (parue en 1767, mais écrite en 1763) qui, par l'actualité de son sujet, la complexité et la vérité des caractères (dans le major Tellheim revit le poète-soldat Ewald von Kleist), dépasse définitivement la comédie sentimentale du genre « Gellert », en réalisant la vraie comédie bourgeoise ; puis vint *Emilia Galotti* (*) (1772), modèle de la nouvelle tragédie allemande, le meilleur ouvrage de Lessing du point de vue de la facture ; Goethe apprécia beaucoup les deux pièces.

Les dernières années de Lessing, qui furent marquées par une reprise de son activité d'érudit due, sans doute, à sa nomination de bibliothécaire du duc de Brunswick, à Wolfenbuttel (1770), le furent également par de très douloureuses épreuves (sa femme, Eva König, mourut en couches, l'enfant ne vécut pas non plus — ce drame eut lieu en 1778, après deux ans de mariage à peine) qui ne brisèrent pas son âme forte. C'est de cette époque que date la polémique avec le pasteur Melchior Goeze, provoquée par les *Fragments d'un anonyme* [*Fragmente eines Ungenannten*, 1774 et 1777], puis continuée dans les *Anti-Goeze* (*) (1778) au nom d'un christianisme rationnel et tolérant. Contraint au silence par la censure, Lessing transporta la lutte pour l'avènement d'une religion humanitaire et universelle dans le domaine artistique, et publia, en 1779, *Nathan le Sage*, véritable poème dramatique en pentasyllabes ïambiques, inspiré de la parabole des trois anneaux de Boccace, qui demeure par la chaleur du sentiment qui l'anime le chef-d'œuvre de son théâtre. Le même esprit et les mêmes idéaux vivent dans ses derniers ouvrages, en particulier dans les cent paragraphes de *L'Éducation du genre humain* (*) (1780) ; parti des Lumières, Lessing atteint là un idéalisme métaphysique qui, dépassant les limites de son époque, annonce déjà les temps modernes. Il faut également signaler les très curieux et profonds *Dialogues maçonniques* (*), critique virulente de la maçonnerie réelle et apologie ambiguë d'une franc-maçonnerie idéale porteuse de l'avenir de l'humanité.

SERGIO LUPI.

♦ *« Lessing, conformément à son caractère batailleur, se tient de préférence dans le domaine des contradictions et du doute ; la discrimination, voilà son fort, et en cela il est magnifiquement servi par sa grande intelligence... C'était une des plus hautes intelligences, et seul quelqu'un d'aussi grand pouvait apprendre vraiment de lui. Pour un esprit médiocrement doué, il était dangereux. »* Goethe. ♦ *« Il est le grand classique de l'esprit poétique, le père sacré, vigilant et sage, de toute poésie. Il nous offre, d'une façon intense et individuelle, l'image d'un créateur productif et une forme de vie spirituelle qui ne jouit pas, auprès de certains critiques, d'une bonne réputation et qu'on tente de séparer avec dédain, comme n'étant que pure littérature, de la sphère sacrée du génie poétique. »* Thomas Mann.

RÉF. : Franz Mehring, *Die Lessing-Legende*, Stuttgart 1893, rééd. Berlin, 1963, et Francfort, 1974. — Erich Schmidt, *Lessing. Geschichte seines Lebens und seiner Schriften*, 2 vol., Berlin, 1884-1892, rééd. 1929. — Waldemar Oehlke, *Lessing und seine Zeit*, 2 vol., Munich, 1909. — Georges Pons, *Gotthold Ephraïm Lessing et le christianisme*, thèse, Paris, 1964. — Wolfgang Ritzel, *Gotthold Ephraïm Lessing*, Stuttgart, 1966. — Wilfried Barner, Gunter Grimm, Helmuth Kiesel, Martin Kramer, *Lessing / Ein Arbeitsbuch für den literaturgeschichtlichen Unterricht*, Munich, 1975.

L'ESTOILE ou **LESTOILE Pierre Taisan de.** Mémorialiste français. Né à Paris vers 1546, mort le 8 octobre 1611 en l'hôtel Saint-Clair, sis en la paroisse Saint-André-des-Arts, à Paris. Fils de Louis de L'Estoile, président des enquêtes au parlement de Paris, Pierre de L'Estoile reçut une excellente éducation ; il fut l'élève, en même temps qu'Agrippa d'Aubigné, de l'humaniste Mathieu Béroald, puis étudia le droit à Bourges. Notaire audiencier de la chancellerie, ce magistrat avait toute facilité pour accéder aux pièces et aux documents et pour les faire copier. Vrai bourgeois de Paris, sensible à l'extrême aux menus faits de la vie de la capitale, il tint fort exactement journal des événements. Emprisonné un temps à la Conciergerie, pendant la Ligue (1589), Pierre de L'Estoile vendit sa charge en 1601 afin de se livrer entièrement à ses travaux historiques. Il correspondit fort assidûment avec les savants du temps et ceux qui de près ou de loin étaient en contact avec les affaires publiques. À sa mort, il laissait une quantité impressionnante de documents et deux états de son *Journal* (*) qui ne vit le jour qu'après sa mort.

♦ *« Ce bourgeois de Paris, écho des autres bourgeois, ses confrères. »* Sainte-Beuve.

LEUCIPPE. Philosophe grec du Ve siècle av. J.-C., dont on ne sait s'il était de Milet ou d'Abdère : on ignore tout de sa vie et certains ont nié jusqu'à son existence, prenant au mot une phrase d'Épicure : « Il n'a jamais existé de Leucippe philosophe » qui n'est autre qu'un jugement acerbe. Pour chasser tout doute, les témoignages répétés d'Aristote suffisent. Leucippe fut le maître de Démocrite et le génial initiateur de la doctrine atomistique. Dans sa jeunesse il suivit sans doute les enseignements de l'école d'Élée, on pense même qu'il fut élève de Zénon d'Élée ; de la logique éléatique, il accepta seulement ce qui pouvait s'accorder avec l'expérience, se servant également d'éléments empruntés à la doctrine pythagoricienne et parvenant ainsi à sa conception des atomes, du vide, de l'infini de l'espace et des mondes. Il ne nous est parvenu de son œuvre qu'un fragment ; ses doctrines, dans les documents antiques, ne sont pas distinctes de celles de son disciple Démocrite, ce qui donne à penser que, en partie du moins, elles sont le fruit d'une collaboration intellectuelle entre le maître et le disciple, et expliquerait également le fait que les ouvrages de l'un et de l'autre circulèrent, dès le début, ensemble, dans un recueil unique. C'est pour cette raison que l'on a attribué à Démocrite les deux ouvrages de Leucippe : la *Grande Cosmologie* (*) et le livre *De l'esprit* [*Περί νοῦ*] traitant sans doute de psychologie et de gnoséologie.

RÉF. : J. Burnet, *L'Aurore de la philosophie grecque*, Paris, 1952. – J.-P. Dumont (éd.), *Les Écoles présocratiques*, Paris, 1991.

LEVERTIN Oscar Ivar. Écrivain suédois. Né le 17 juillet 1862 à Gryt, près de Norrköping (Östergötland), mort le 22 septembre 1906 à Stockholm. Il fit ses études à Uppsala, et devint en 1899 professeur d'histoire de la littérature à l'université de Stockholm, où il fut le premier à occuper une chaire dans cette discipline. Comme critique littéraire, il collabora au journal *Aftonbladet* (1885-96), puis, à partir de 1897, au *Svenska Dagbladet*, le plus grand, du moins alors, des quotidiens suédois. Dans son œuvre, la part consacrée aux belles-lettres (vers et prose) n'est pas inférieure à celle qu'il dédia à l'enseignement et à la presse. Il figura en première ligne, avec Heidenstam, dans la polémique antinaturaliste qui, en Suède comme en d'autres pays, caractérisa la fin du siècle. *Les Noces de Pepita* [*Pepitas bröllop*, 1890], *Légendes et Chansons* (*) (1891), *Nouvelles poésies* [*Nya Dikter*, 1894], *Poésies* [*Dikter*, 1901], *Le Roi Salomon et Morolf* [*Kung Salomo och Morolf*, 1905], *Dernières poésies* [*Sista Dikter*, 1907] sont ses recueils lyriques successifs, dans lesquels se reflète la culture poétique du symbolisme et du préraphaélisme. La richesse et le contraste violent des couleurs (« noir au contour de pourpre »), l'amour des objets précieux et rares, une sensualité languissante et un sentiment religieux exténué les caractérisent. Le narrateur s'est complu à évoquer, avec virtuosité dans l'imitation formelle, des figures et des milieux du dix-huitième siècle rococo, revenu à la mode avec les Goncourt, dans les *Nouvelles rococo* [*Rococo noveller*, 1899]. Un dernier volume de nouvelles, *Dernières nouvelles* [*Sista noveller*] dont le sujet est emprunté au folklore italien, fut publié après sa mort (1906). Levertin a aussi écrit un roman, *Les Maîtres d'Österås* [*Magistrarne i Österås*, 1900]. Le XVIIIe siècle a également fourni à Levertin biographe et historien ses thèmes préférés : *Nicolas Lafreince le jeune* [*Niclas Lafrensen den yngre*, 1899] ; *Aux beaux jours de Gustave III* [*Från Gustav III. s dagar*, 1896] ; *Poètes et Rêveurs* [*Diktare och drömmare*, 1898] ; *Figures suédoises* [*Svenska gestalter*, 1903] ; *Théâtre et drame au temps de Gustave III* [*Teater och drama under Gustav III*, 1889] ; *Gustave III, auteur dramatique* [*Gustav III som dramatisk författare*, 1894] ; *Carl von Linné* (1906). Levertin a aussi été le premier critique, au sens moderne du mot, de la littérature suédoise, prenant, dans ce domaine, Sainte-Beuve pour modèle. On lui doit notamment un essai sur *Selma Lagerlöf* (1904), qui fut traduit en plusieurs langues. L'édition de ses *Œuvres complètes* [*Samlade skrifter*, 1907-11] comprend vingt-quatre volumes. Plus tard, en 1912-1916, furent publiés les trois tomes de son *Histoire de la littérature française* [*Fransk litteraturhistoria*].

RÉF. : Lucien Maury, *Levertin, critique suédois*, in *Figures littéraires*, Paris, 1911. – Carl Fehrman, *Levertins lyrik* (thèse), Lund, 1945. – Björn Julén, *Hjärtats landsflykt*, Stockholm, 1961.

LEVERTOV Denise. Poétesse américaine. Née le 24 octobre 1923 à Ilford, Angleterre. Poète, théoricienne de la poésie, enseignante, écrivain résolument engagée dans son siècle, Denise Levertov joue depuis les années 60 un rôle de premier plan dans les lettres américaines. Son œuvre reflète les multiples aspects de ses activités et, tout en restant d'un abord simple (mais non facile), elle offre une réflexion aiguë sur l'art poétique – celle d'un poète aux sens extrêmement affinés qui possède au plus haut point le don d'en transfigurer les perceptions en images.

Denise Levertov est née en Angleterre. Son père, Juif converti au christianisme, dédia sa vie à l'unification des deux religions. De ce milieu riche en traditions judéo-chrétiennes, Levertov gardera un respect du monde et de l'humanité qui transparaît dans nombre de ses poèmes, ainsi qu'une grande érudition. Dès son adolescence, elle écrit de la poésie et reçoit les conseils de T. S. Eliot et d'H. Read. Après avoir travaillé comme infirmière pendant la guerre, Levertov publie son premier volume de poèmes, *La Double Image* [*The Double Image,* 1946], plutôt traditionnel.

En 1948, elle émigre aux États-Unis ; fascinée par New York, elle découvre l'importance du concret, que le poème doit traduire dans la simplicité de ses mots, et décide d'écrire dans l'« idiome américain » cher à William Carlos Williams – dont elle admire le formalisme imagiste. Dans son essai intitulé « Notes sur la forme organique » (« Some Notes on Organic Form », *Poetry,* 1965), Levertov définit la tâche du poète, qui doit tresser l'expérience vécue à la forme que lui « révèle » l'imagination.

On aurait tort cependant de ne voir en Denise Levertov qu'une esthète. Au contraire, son exigeante « participation » au monde qui l'entoure lui a imposé, à partir des années de guerre contre le Viêt-nam, de faire de sa poésie aussi un geste politique. Le recueil *Réapprendre l'alphabet* [*Relearning the Alphabet,* 1970] est celui qui va le plus loin dans ce sens, de façon peut-être un peu schématique. En revanche, *Traces de pas* (*) et *Libération de la poussière* [*The Freeing of the Dust,* 1975] ne tombent pas dans ce travers, et maintiennent un bel équilibre entre les poèmes qui sont littéralement engagés et ceux qui métaphorisent cet engagement. Celui-ci n'est en effet jamais meilleur que lorsqu'il s'exprime dans l'idiome imagiste qui fait la force de sa poésie. L'œuvre rigoureuse et sincère de Denise Levertov, que complètent les traductions qu'elle a faites de Guillevic, s'impose comme l'une des plus attachantes, et aussi l'une des plus courageuses, de la poésie américaine contemporaine.

ANTOINE CAZÉ.

LEVET Henry Jean-Marie Étienne. Poète français. Né à Montbrison (Loire), le 13 janvier 1874, mort à Menton (Alpes-Maritimes), le 15 décembre 1906. Il débute dans les lettres en collaborant, du 10 février 1895 au 20 décembre 1896, au *Courrier français,* où il publie des contes, des chroniques et une vingtaine de poésies, dont *Le Coche manqué* et *Parades.* Il mène alors une existence de bohème et de dandy parisien. En mars 1897, il publie une plaquette de six sonnets : *Le Pavillon, ou la Saison de Thomas W. Lance,* suivie, en septembre de la même année, d'une autre plaquette de cinq poèmes, réunis sous le titre *Le Drame de l'allée,* et signés Henry J.-M. Levey. Il est chargé de mission dans l'Inde et en Indochine par le ministre de l'Instruction publique (décembre 1897-juin 1898). De mars 1900 à septembre 1902, il fera paraître dans diverses revues les dix poèmes qui composeront plus tard *Cartes postales* (*). Nommé vice-consul de troisième classe à Manille, où il occupera successivement les fonctions de secrétaire-archiviste et de chancelier, il sera chargé, en février 1906, de la chancellerie de Las Palmas ; mais, atteint de phtisie, il rentrera en France pour y mourir. Son œuvre, réunie sous le titre de *Poèmes* (*) par Léon-Paul Fargue et Valery Larbaud, fit l'objet d'une première édition posthume en 1921.

LEVI Carlo. Peintre, écrivain et journaliste italien. Né à Turin le 29 novembre 1902, mort à Rome le 4 janvier 1975. S'il débute par des études de médecine (diplômé en 1923), il n'exerce pas longtemps cette profession, vite attiré par l'exercice d'activités artistiques : peintre de talent, caractérisé par une certaine plénitude sensuelle qui lui vient de l'impressionnisme – et donc opposée au goût dominant du « novécentisme » (« XXe siècle »), cette peinture officielle, rigoureuse et amère –, il se fait connaître par quelques expositions. Comme il hante, en même temps, la jeune intelligentsia turinoise antifasciste, il sera arrêté et condamné (1935) à un temps de relégation en Lucanie, qui sera l'expérience majeure de sa vie. De retour à Turin, il parvient à quitter l'Italie, pour se réfugier en France, y devenant l'une des figures marquantes de l'émigration antifasciste et écrivant là son premier livre, *La Peur de la liberté* [*Paura della libertà*], qui ne paraîtra qu'en 1946. À la chute de Mussolini, il retourne en Italie et, grâce au journalisme, il participe, à Florence, à la Résistance et au mouvement de renouveau. Longtemps partagé entre l'action politique et la méditation – sa plate-forme politique, en dehors de tout parti, se borne simplement à la promotion de l'homme libre, œuvrant pour le progrès. Son autorité devint vite considérable grâce à la publication (en 1945, soit dix ans après les faits qui y sont décrits), du *Christ s'est arrêté à Éboli* (*), témoignage qui le rendit rapidement célèbre dans le monde entier parce qu'il dépassait en fait la polémique antifasciste dont il s'inspire. Évoquant son séjour forcé dans le pays « ensorcelé », abandonné de Dieu et des hommes, que représente cette Lucanie sous-développée – pays témoin du fameux « problème méridional » –, Levi cherche à en saisir l'âme profonde, dans un esprit de sympathie et de participation, où la sensibilité de l'artiste s'accorde avec la lucidité ethnologique, dans une prose naturellement généreuse – on y a décelé une vague parenté avec le tempérament de D. H. Lawrence. La valeur symbolique, vite attachée à ce livre, fera de Levi l'un des grands témoins sociaux et moraux de la vie italienne, apparenté en quelque sorte à Ignazio Silone, et assurera le retentissement de ses livres suivants, *La Montre* (*) (1950), *Les paroles sont des pierres* [*Le parole sono pietre,* 1955], qui est un reportage sur la Sicile, enfin *L'avenir a un cœur antique* [*Il futuro ha un cuore antico,* 1956], relatant un voyage en U.R.S.S., parmi « des hommes qui inventent leur vie ». À partir des années 50, ces livres ne seront pourtant que des intermèdes dans l'activité de Carlo Levi, qui avait entièrement repris sa carrière de peintre.

NINO FRANK.

LEVI Primo. Écrivain et chimiste italien. Né le 31 juillet 1919 à Turin, mort le 11 avril 1987 dans sa maison de Turin, où il a habité sa vie durant, excepté les années de guerre. Issu d'une famille de juifs piémontais où « la lecture était un vice innocent et traditionnel, une habitude gratifiante, une gymnastique mentale, une façon obligatoire et compulsive de remplir les temps creux, et une sorte de fée Morgane orientée vers la sagesse » (*La Recherche des racines*), il fréquente le célèbre lycée D'Azeglio, qui a formé de nombreuses personnalités antifascistes (Augusto Monti, Leone Ginzburg, Cesare Pavese, Giulio Einaudi, Norberto Bobbio, etc.), puis l'université où, en 1941, il soutient brillamment, et malgré les lois raciales, sa thèse de chimie. Arrêté le 13 décembre 1943 dans les montagnes du Val d'Aoste, où il participait à la Résistance sous les bannières du Partito d'Azione, il est interné au camp de Fossoli et déporté le 20 février 1944. Sa formation de chimiste lui vaudra en novembre d'être affecté au laboratoire de la Buna, usine de caoutchouc de Monowitz (Auschwitz III). En janvier 1945, c'est la maladie qui le sauve : il n'est pas évacué vers Buchenwald avec les vingt mille autres prisonniers, qui disparurent presque tous. Libéré par les troupes soviétiques, il rentre chez lui après neuf mois de péripéties exténuantes et parfois picaresques à travers l'Europe de l'Est. Dans l'Italie dévastée de l'après-guerre, la réinsertion est difficile : Levi trouve enfin un emploi dans une petite entreprise de fabrication de vernis dont il deviendra le directeur.

L'écrivain naît du besoin « primaire », pressant, de dire l'indicible. Avec précision, sans jamais hausser le ton, il décrit l'univers concentrationnaire, l'expérience de l'homme rendu témoin de sa mort d'homme – *Si c'est un homme* (*) (1947).

Dans *La Trève* (*) (1963), il raconte son voyage de retour aux confins de la civilisation, qu'il a vécu comme une parenthèse de disponibilité illimitée, une transition salutaire vers la normalité oubliée. Chez Levi, le témoignage ne se referme pas sur soi, il provoque une méditation complexe et diversifiée sur sa nature, sa valeur et sa validité. L'œuvre en porte la trace. C'est d'abord la volonté d'arracher à l'oubli des bribes de l'histoire. Ainsi l'évocation de la communauté juive du Piémont à travers le portrait psychologique et sociologique de ses ancêtres : *Le Système périodique* (*) (1975). C'est le désir – et le devoir – d'inscrire dans la mémoire collective la figure du Juste, tel Lorenzo, le maçon piémontais qui, au péril de sa vie, apportait à Levi et à d'autres prisonniers de quoi manger – v. *Lilith* [*Lilit e altri racconti,* 1981]. C'est encore l'ambition d'élever à la dignité littéraire des personnages négligés, tel le monteur de structures mécaniques de *La Clef à molette* [*La chiave a stella,* 1978, prix Strega]. La structure même de ce roman, qui assigne à l'auteur la place de l'interlocuteur destinataire du récit, révèle le respect pour l'altérité du personnage, s'énonçant et se découvrant, entre autres, dans la langue farcie de mots techniques et piémontais que parle le mécanicien. Lorsque, pour une fois, l'imagination est mise à contribution pour évoquer l'épopée d'un groupe de partisans juifs russes et polonais – v. *Maintenant ou jamais* (*) (1982) –, elle est enserrée et contrôlée dans le cadre du roman historique. C'est enfin l'insistante interrogation nourrie de lectures historiques, qui aboutit aux réflexions sur la perversion et la destruction de l'humain opérées par les nazis et sur la mémoire de la blessure – v. *Les Naufragés et les Rescapés* (*) (1986).

Rarement histoire personnelle, formation intellectuelle et biographie littéraire ont été si intimement liées. Le chimiste nourrit l'écrivain, détermine son approche de la réalité et sa manière de la présenter, aiguise son attention envers les mots et leurs interactions. Guidé par la raison, Levi croit en la possibilité de comprendre et de communiquer, à condition cependant de toujours distinguer, peser, comparer. L'attitude du scientifique devant la matière à laquelle il est confronté se manifeste aussi bien dans le regard porté sur le système concentrationnaire que dans la création littéraire. N'affirme-t-il pas à Ferdinando Camon son impossibilité d'imputer au peuple allemand dans son ensemble la volonté d'extermination ? (*Autoritratto di Primo Levi,* 1987). Distinguer toujours, pour comprendre. La démarche explicative vise à dégager le « comment », à repérer le vice de forme dans un enchaînement de faits. Cette exigence inspire aussi les récits de tonalité fantastique, recueillis en deux volumes, *Histoires naturelles* [*Storie naturali,* 1966], *Vice de forme* [*Vizio di forma,* 1971], dont le premier parut sous le pseudonyme de Damiano Malabaila. Des divertissements, selon Levi, qui se développent à partir d'une légère anomalie, d'une faille imperceptible qui, s'élargissant, finit par paraître naturelle et introduit le sommeil de la raison. Le trop-plein des sentiments trouve à s'exprimer dans la poésie dont le premier recueil, *L'Auberge de Brême* [*L'osteria di Brema,* 1975], enrichi d'autres poèmes, est à nouveau publié dans *Ad ora incerta* (1984).

Cette tension morale faite de lucidité et de générosité, mais imprégnée d'ironie, est sans doute la principale caractéristique de son œuvre. Dans une controverse idéale avec le philosophe Meyer-Améry, Levi écrit : « Le suicide d'Améry, survenu en 1978 à Salzbourg, comme tous les suicides, permet une nébuleuse d'explications. » Quels autres mots choisir pour rappeler que Primo Levi a mis fin à ses jours un matin de printemps ?

GIUDITTA ISOTTI ROSOWSKY.

LEVINAS Emmanuel. Philosophe français. Né le 12 janvier 1906, à Kovno (Lituanie). L'enfance est marquée par la culture russe et vécue selon le « rythme de la vie juive ». Les études secondaires se feront en Lituanie et en Russie. En 1923, c'est le départ pour la France et l'installation à Strasbourg. Emmanuel Levinas y commence ses études de philosophie. C'est à Strasbourg qu'il rencontre Maurice Blanchot (le recueil de textes *Sur Maurice Blanchot* sera publié en 1975).

La découverte philosophique fondamentale est celle de Husserl et de la phénoménologie où se présentent de « nouvelles possibilités de penser ». La thèse d'université, rédigée à vingt-quatre ans et publiée en 1930, porte sur *La Théorie de l'intuition dans la phénoménologie de Husserl.* Emmanuel Levinas reviendra constamment sur l'œuvre de Husserl, soit pour en dégager les limites afin d'indiquer ce qui serait au-delà de la phénoménologie, soit, au contraire, pour marquer comment tel thème husserlien suppose ou conduit à la transcendance. En 1928-29, il se rend d'ailleurs à Fribourg-en-Brisgau pour suivre les cours de Husserl. Mais c'est alors la pensée de Heidegger qu'il découvre. Malgré l'engagement politique de Heidegger, qui ne sera certes jamais oublié, et malgré l'évolution de la pensée heideggérienne qu'il dénoncera comme mythologie et paganisme, Levinas insistera toujours sur l'éblouissement que lui fut la lecture de *Être et temps* (*). L'interprétation critique de Heidegger traverse toute son œuvre.

Emmanuel Levinas entre dans l'administration de l'œuvre scolaire de l'Alliance israélite universelle. En 1936, il publie le texte *De l'évasion,* réédité en 1982. Lorsque survient la guerre, Levinas, naturalisé français en 1930, sera mobilisé. Fait prisonnier, l'uniforme français le protégera et il passera la guerre dans un camp de captivité allemand. Les nazis extermineront une partie de sa famille.

En 1947, il publie *De l'existence à l'existant* (*) et donne au Collège philosophique de Jean Wahl des conférences republiées en 1979 sous le titre *Le Temps et l'Autre.* En 1949 paraît *En découvrant l'existence avec Husserl et Heidegger,* ouvrage augmenté, jusqu'à l'édition de 1982, d'essais importants pour la compréhension de sa pensée. C'est également durant ces années qu'il rencontre Chouchani, auprès duquel il commence l'étude du Talmud. En 1957, il donne sa première conférence sur les textes talmudiques. Elle sera publiée dans *Difficile liberté (essais sur le judaïsme)* (1963). Viendront ensuite, pour ce qui est de cette dimension de la réflexion levinassienne, *Quatre lectures talmudiques* (*) (1968), *Du sacré au saint* (1977), *L'Au-Delà du verset* (1982) et *À l'heure des nations* (1988).

En 1961 est publié *Totalité et Infini (essai sur l'extériorité),* qui est au centre de l'œuvre d'Emmanuel Levinas. Il s'agit d'abord d'une critique de la « totalité », et du projet philosophique de penser et d'effectuer la totalité dans une synthèse universelle sans reste qui, d'une part, nie l'individu et, d'autre part, rend toute extériorité impossible. Contre cette « pensée absolue » (Levinas songe à Hegel), le livre cherche à décrire ce qui va au-delà de la totalité : le rapport à autrui dans un espace asymétrique qui interdit à une conscience de le surplomber pour le lier synthétiquement, l'altérité inenglobable d'autrui ou encore l'idée de l'Infini en moi.

Levinas est alors professeur à l'université de Poitiers, puis, de 1967 à 1973, à Nanterre. Il enseigne ensuite, jusqu'à sa retraite en 1976, à la Sorbonne, où jusqu'en 1984 il continue à tenir un séminaire qui porte le plus souvent sur des thèmes husserliens. *Autrement qu'être ou au-delà de l'essence* (*), que l'on peut considérer comme son œuvre majeure, paraît en 1974.

La pensée d'Emmanuel Levinas se présente comme une pensée de l'altérité, de la transcendance et de l'éthique. L'altérité est d'abord celle d'autrui. Elle ne tient pas à quelque différence de qualités, toujours relative, ni à la position spatiale qui fait que je suis ici et l'autre là-bas. Il faut dire qu'autrui est absolument autre, d'une altérité qui échappe à toute identification. L'altérité est aussi celle de Dieu. Dès lors, l'Autre est, comme tel, inassimilable ; il demeure essentiellement extérieur, il est séparé : transcendant. Cette transcendance cependant se signifie à nous comme telle : c'est, par exemple, le sens de l'idée d'Infini, thème que Levinas reprend de Descartes. L'idée d'Infini en moi est une exception car elle est la seule idée ne pouvant être formée par le sujet de cette idée. Elle accomplit ce paradoxe d'être en moi sans pouvoir être contenue par moi. L'idée d'Infini se présente nécessairement à moi comme venant de l'Autre. Enfin, et surtout, cette pensée est une éthique, antérieure à toute ontologie. D'emblée je suis face à autrui, au « visage » qui est exposition de la misère d'autrui, de son être-sans-défense.

Autrui est un appel. Dès lors, le visage (qui, débordant sa propre forme plastique, est langage) me commande une non-indifférence envers autrui dont je suis responsable sans réserve. Cette obligation est la trace du passage de Dieu. On retrouve ces thèmes, et quelques autres, dans le recueil de textes publié en 1982 : *De Dieu qui vient à l'idée.*

JACQUES COLLEONY.

RÉF. : B. Forthomme, *Une philosophie de la transcendance. La Métaphysique d'Emmanuel Levinas,* Paris, 1984. — *Exercices de la patience,* n° 1, « Levinas », Paris, 1980. — *Les Cahiers de la nuit surveillée,* « Emmanuel Levinas », Paris, 1984. — *Les Cahiers de l'Herne,* « Emmanuel Levinas », Paris.

LÉVI-PROVENÇAL Évariste. Orientaliste français. Né à Alger le 4 janvier 1894, mort à Paris le 23 mars 1956. Professeur à l'université d'Alger en 1927, il passa ensuite à la Sorbonne et prit la direction du centre d'études de l'Orient contemporain (1945) et de l'Institut d'études islamiques de l'université de Paris (1950). L'œuvre de Lévi-Provençal est principalement consacrée à l'étude de l'Espagne musulmane : *La Civilisation arabe en Espagne* (*) ; *L'Espagne musulmane au Xe siècle. Institutions et vie sociale* (1932) ; *Histoire de l'Espagne musulmane* (*) (3 vol.).

LÉVIS MANO Guy. Poète, éditeur et typographe français d'origine espagnole. Né le 15 décembre 1904, mort à Vendranges (Loire) le 23 juillet 1980. Arrivé en France avant la Première Guerre mondiale, il a des activités très diverses (boxeur amateur, chroniqueur sportif, libraire) avant de se consacrer à la poésie. Il publie à 19 ans son premier recueil : *Trois poèmes de la tristesse et de la mort* (1924). Dans les années 20, il fonde avec quelques amis plusieurs revues poétiques très illustrées : *La Revue sans titre* (1923), *Des poèmes* (1924), *Ceux qui viennent* (1925-26) où s'affirme l'exigence d'aller « à l'art par tous les chemins ». Elles préludent aux fameux *Cahiers G.L.M.* (1936-1939 et 1954-1956) où publieront Michaux, Éluard, Jouve, Char, Du Bouchet, etc. Les éditions G.L.M. naissent en 1933, dans une chambre où il compose et tire sur un matériel de fortune ses recueils *Il est fou* et *Ils sont trois hommes,* suivis en 1935 par *Trois typographes en avaient marre* et *Longueur des nuits où rien n'arrive.* Définitivement installé à Montparnasse en 1936, G.L.M. publie avec plus de talent que de moyens des livres qui vont renouveler l'art de l'édition artisanale. Nombreux sont les artistes, aujourd'hui célèbres, qui y participent, citons Giacometti, Miró, Magritte, Dalí, Picasso ainsi que le photographe Man Ray. La guerre interrompra son travail ; captif en Allemagne de 1941 à 1945, il en revient transformé par le contact des hommes plongés comme lui dans la détresse. Les poèmes qu'il signe alors Jean Garamond — *Images de l'homme immobile* (1943), *La Nuit du prisonnier* (1945), *Captivité de la chair* (1947) — en témoignent : une gravité de ton et un lyrisme plus maîtrisé qu'auparavant, une voix plus simple aussi, plus fraternelle, qualités qu'on retrouve, mais décantées, dans les livres qu'il publie ensuite, après huit années de silence, sous son nom : *L'Extrême Adversaire* (1954), *Il n'y a pas plus solitaire que la nuit* (1957), *Le Dedans et le Dehors* (1961). Ces trois recueils seront réunis en 1971 dans *Loger la source* (*). Outre son travail d'éditeur, repris après la guerre, G.L.M. s'est aussi illustré dans de nombreuses et très belles traductions de poètes espagnols et anglais.

GUY GOFFETTE.

♦ *« Guy Lévis Mano, ouvrier et poète, ne cesse de travailler à donner à la typographie une optique, une voix nouvelles. Il faut lui savoir gré d'avoir mis ses connaissances et sa compréhension au service exclusif de la poésie. »* Paul Éluard.

RÉF. : Pierre Jean Jouve, *Un homme qui fait seul de beaux livres,* Paris, 1938. — René Char, *Le Livre aux deux moitiés,* Paris, 1957. — Andrée Chédid et Pierre Toreilles, *Guy Lévis Mano,* Paris, 1974. — Antoine Coron, *Bibliographie des éditions G.L.M.,* Paris, 1981.

LÉVI-STRAUSS Claude. Anthropologue, ethnologue et écrivain français. Né le 28 novembre 1908 à Bruxelles, mais de parents français, Claude Lévi-Strauss vint habiter avec eux en 1914 une maison située dans le parc de Versailles. Son père, peintre de portraits, collectionnait les curiosités les plus diverses. À son exemple, l'enfant se met à rassembler des œuvres d'art exotiques, ainsi que des instruments de musique, qu'il remet en état et dont il s'essaie à jouer, car très tôt Lévi-Strauss manifesta une véritable passion pour la musique. L'on sait que la structure musicale jouera plus tard un rôle important dans la composition de ses livres. L'analyse des mythes, écrira-t-il dans *Anthropologie structurale* (*) (1958), est comparable à celle d'une grande partition. Le contact direct avec la nature dans les Cévennes où il passe toutes ses vacances est pour l'adolescent une véritable révélation ; au cours de ses longues promenades, il découvre, sous l'apparent désordre des choses, l'ordre invisible qui les soutient toutes, la géologie.

Parallèlement à cette formation personnelle qui permit à Lévi-Strauss d'acquérir très tôt « quelques convictions rustiques » définitives, dont il note dans *Tristes Tropiques* (*) qu'elles devaient demeurer « pas très différentes de celles de sa quinzième année », il poursuit le cycle normal des études classiques, tout d'abord au lycée Janson-de-Sailly, puis à la faculté de droit et à la Sorbonne. Reçu à l'agrégation de philosophie en 1931 — c'est alors qu'il fait la connaissance de Simone de Beauvoir et de Merleau-Ponty à la mémoire duquel il dédicacera *La Pensée sauvage* (*) (1962) —, Lévi-Strauss enseigne à Mont-de-Marsan en 1932, puis à Laon en 1933. Mais cette carrière sans imprévu, qui consiste à répéter d'année en année le même cours, ne lui apporte que lassitude et ennui. De plus, sa curiosité aussi vaste que vive demeure insatisfaite. À dix-sept ans, Lévi-Strauss a été initié par un jeune socialiste à l'œuvre de Karl Marx dont la rigueur d'analyse le séduit et restera pour lui un modèle. Un peu plus tard, il a découvert les théories de Freud, qui lui « apparurent tout naturellement comme l'application à l'homme individuel d'une méthode dont la géologie représentait le canon ». En 1933 ou 1934, un livre rencontré par hasard, la *Sociologie primitive* de l'ethnologue américain Lowie, le met enfin sur la voie. L'ethnographie se révèle alors à lui comme le lieu de convergence où le conduisent des démarches jusqu'alors séparées.

En 1935, en acceptant un poste de professeur à l'université de São Paulo, Claude Lévi-Strauss s'évade enfin : « comme un citadin lâché dans les montagnes », il s'enivre « d'espace tandis que » son « œil ébloui mesure la richesse et la variété des objets ». Dès le début de son séjour au Brésil, il entreprend plusieurs brefs voyages ethnographiques et donne en 1936 son premier travail anthropologique, *Contribution à l'étude de l'organisation sociale des Indiens Bororo.* En 1938, Lévi-Strauss peut enfin entreprendre la grande expédition dont il rêvait depuis des années. Pendant de longs mois, il parcourt l'Amazonie et le Mato Grosso, entrant dans l'intimité des Indiens Nambikwara et Tupi-Kawahib, dont il parlera avec une extraordinaire compréhension et une sympathie communicative dans *Tristes Tropiques.* Mais en février 1939, l'ethnographe est obligé de rentrer en France, où il est mobilisé. Cette « drôle de guerre » se concrétise pour lui dans un souvenir précis, celui d'avoir admiré la « structure merveilleusement régulière » d'une fleur de pissenlit.

Révoqué en application des lois de Vichy, Lévi-Strauss réussit, au printemps 1941, à quitter la France et à gagner, non sans peine, les États-Unis. À New York, Lowie lui propose un poste à la célèbre « New School for Social Researches ». Lévi-Strauss enseigne également à l'Institut des hautes études de New York, où Roman Jakobson, exilé comme lui, professe la linguistique. En l'écoutant, Lévi-Strauss a la surprise de constater que cette « analyse structurale » qu'il appliquait spontanément et par pur plaisir est employée en linguistique depuis longtemps, mais de manière tout à fait systématique par Jakobson. On sait l'extension que Lévi-Strauss a donnée depuis à ce principe essentiel d'explication, et aussi les abus qu'en ont fait certains épigones pour qui il est devenu une sorte de panacée. En 1944, Lévi-Strauss rentre en France, mais il en repart pour occuper en 1946-47 le poste de conseiller culturel à New York. De retour à Paris en 1947, il y est nommé sous-directeur du musée de l'Homme.

Il peut désormais commencer son œuvre. Sans doute a-t-il déjà écrit de nombreux articles dans les revues spécialisées, mais c'est seulement en 1948 qu'il publie son premier livre, *La Vie familiale et sociale des Indiens Nambikwara* (*), d'ailleurs aussitôt suivi des monumentales *Structures élémentaires de la parenté* (*). La rare maîtrise qui s'y affirme n'entraîne pas que des adhésions, certains reprochant à leur auteur de se référer beaucoup plus aux ethnologues américains qu'à ceux appartenant à l'école française. Cette attitude chauvine – et d'ailleurs injustifiée – irrite quelque peu Lévi-Strauss qui, l'année suivante, rend hommage à l'un des derniers grands maîtres de l'ethnologie française dans une longue « Introduction à l'œuvre de Marcel Mauss ». En 1950, Lévi-Strauss devient directeur d'études à l'École pratique des hautes études, où il occupe la chaire des « religions comparées des peuples sans écriture », s'orientant ainsi vers l'étude des mythes dont il proposera plus tard une méthode originale de déchiffrement intégral.

Après avoir publié en 1952 *Race et Histoire,* Claude Lévi-Strauss écrit en moins de cinq mois *Tristes Tropiques* (1955), œuvre autobiographique autant qu'ethnographique, de réflexion autant que de science, qui lui vaut non plus seulement l'estime des spécialistes, mais la célébrité auprès d'un très vaste public. Avec cet ouvrage, il se révèle comme l'un des plus éminents penseurs de notre temps, mais aussi comme l'un de nos meilleurs écrivains.

Le premier volume de l'*Anthropologie structurale,* qui sera suivi en 1973 d'un second volume, apparaît en 1958 comme la charte de cette nouvelle discipline que l'année suivante Claude Lévi-Strauss est invité à professer au Collège de France dans la chaire d'anthropologie sociale créée pour lui, qu'il occupera pendant près de vingt ans, et qui est doublée du laboratoire d'anthropologie sociale qu'il dirige également. En 1962, Lévi-Strauss donne coup sur coup *Le Totémisme aujourd'hui* (*), dont les premiers mots donnent le ton : « Il en est du totémisme comme de l'hystérie... », car pour lui il ne s'agit là que d'une illusion spéculative qui se dissipe au fur et à mesure qu'on l'étudie, et un de ses ouvrages majeurs, *La Pensée sauvage*, qui est, non pas la pensée des sauvages, mais bien un « attribut universel de l'esprit humain » qui se manifeste par exemple dans la poésie et dans l'art.

Avec *La Pensée sauvage* s'annonce dans l'œuvre un nouveau cycle, celui qui conduira auteur et lecteur, guidés par les mythes, dans *Les Mythologiques* (+) (mytho-logiques), à un gigantesque voyage d'exploration de la perception sensible du monde par l'homme. Les *Mythologiques* présentent en effet une logique des qualités sensibles, fondée sur les données les plus élémentaires et les plus concrètes de la vie quotidienne, ainsi qu'en témoignent les sous-titres de leurs quatre volumes : *Le Cru et le Cuit* (*) (1964), *Du miel aux cendres* (*) (1967), *De l'origine des manières de table* (1968), *L'Homme nu* (1971). Si l'ethnologie fournit encore ici les points de repère, l'œuvre la déborde de toutes parts, ou plutôt la prolonge et l'étend prodigieusement, car Lévi-Strauss a su se faire rejoindre ces disciplines – indûment – séparées, auxquelles il s'était adonné d'abord successivement, l'anthropologie et la philosophie, au sens le plus large et le plus ancien, c'est-à-dire d'étude et de pratique de la sagesse. Si toute philosophie nouvelle ne peut que s'appuyer sur l'enquête anthropologique, comment cette dernière ne tiendrait-elle pas compte à son tour de la réflexion philosophique, de l'exigence personnelle d'une sagesse vitale ? *Les Mythologiques* possèdent également une haute valeur artistique, qui est loin d'être seulement formelle ; leur rythme musical, une langue aussi scrupuleusement exacte que sensible, aussi intuitive que rationnelle, font d'elles un modèle pour un humanisme à venir. Par là, *Les Mythologiques* s'adressent aussi au public cultivé et peuvent se lire comme une sorte de *Recherche du temps perdu* (*). Malgré l'apparente impersonnalité du ton, l'auteur y apparaît sous les multiples facettes qui font de lui l'un des penseurs les plus fascinants de la seconde moitié du XXe siècle. L'une d'elles, et ce n'est pas la moindre, nous présente un grand humaniste, dominant la culture de son temps, dont il connaît tous les aspects – cf. *Les Entretiens avec Claude Lévi-Strauss* de Georges Chardonnier, diffusés par la Radiodiffusion-Télévision française en 1959, qui portent principalement sur la peinture. C'est cet humaniste-là qui fit son entrée en 1973 à l'Académie française. Depuis lors, la réflexion de Claude Lévi-Strauss s'est poursuivie à travers *La Voie des masques* (1975), *L'Identité* (1977), *Le Regard éloigné* (1983), *Paroles données* (1984) et *La Potière jalouse* (1985) ; ou encore dans ses entretiens avec Didier Eribon : *De près et de loin* (1988) et leur suite deux ans plus tard.

JACQUES BROSSE.

RÉF. : « Claude Lévi-Strauss », *L'Arc*, n° 26, Aix-en-Provence, 1965. – Y. Simonis, *Claude Lévi-Strauss ou la « Passion de l'inceste » : Introduction au structuralisme*, Paris, 1968. – E. Leach, *Lévi-Strauss*, Paris, 1970. – C. Backès-Clément, *Lévi-Strauss ou la Structure et le malheur*, seconde édition, Paris, 1974. – R. Georgin, *De Lévi-Strauss à Lacan*, Petit-Rœulx, 1983. – O. Paz, *Claude Lévi-Strauss o el nuevo festin de Esopo*, Mexico, 1983.

LEVSTIK Fran. Écrivain slovène. Né à Spodnje Retnje le 28 septembre 1831, mort à Ljubljana le 16 novembre 1887. Exclu du séminaire théologique à cause de ses *Poésies* (1854), il devint précepteur, secrétaire, directeur d'un journal, rédacteur d'un grand dictionnaire. L'aspect politique de son activité l'opposant aux conservateurs lui fit perdre tous ses emplois. À partir de 1872, il fut bibliothécaire à Ljubljana. Ses poésies se caractérisent par un lyrisme passionné et grave et par une note réaliste. Dans ses écrits critiques, il développa le programme de la littérature réaliste slovène. Auteur du conte classique *Martin Krpan* (*), de nouvelles satiriques et de textes pour la scène, il se consacra, plus tard, de plus en plus aux travaux linguistiques. Par sa vision démocratique d'une Slovénie unie et autonome, par ses appels à la critique rigoureuse de toutes les activités nationales, il inspira toute une génération de rénovateurs de la vie publique slovène. Démolisseur de fausses grandeurs, il fortifia la conscience nationale des élites en défendant avec intransigeance son idéal de vérité et de liberté et par l'exemple d'une vie profondément désintéressée et tragique.

RÉF. : Anton Slodnjak, article *Levstik* in t. I du *Slovenski biografski leksikon*, Ljubljana, 1932. – J. Debeljak, *Popotovanjek Levstik*, Maribor, 1981. – F. Kemcl, *Fran Levstik*, Ljubljana, 1981. – J. Kos, *Levstik in Andersen*, in *Slavistična revija*, 30, 1982.

LÉVY-BRUHL Lucien. Philosophe et sociologue français. Né le 10 avril 1857 à Paris où il mourut le 13 mars 1939. Normalien, agrégé de philosophie, docteur ès lettres en 1884 avec deux thèses, l'une sur l'*Idée de la responsabilité,* l'autre sur l'*Idée de Dieu dans Sénèque,* Lévy-Bruhl, très attiré par la pensée allemande, enseigne l'histoire des idées politiques en Allemagne à l'École libre des sciences politiques avant d'être nommé en 1908 professeur à la Sorbonne où il prend la succession de Boutroux à la chaire d'histoire de la philosophie moderne.

Soucieux d'isoler la morale de la métaphysique, Lévy-Bruhl n'hésite pas, dans *La Morale et la science des mœurs* (1903) (*), à soutenir l'existence de lois morales aussi absolues que celles auxquelles sont soumis les phénomènes physiques et biologiques : la morale est un « art pratique, rationnel » qui dépend de la science des mœurs : « Il n'y a pas, ou ne peut y avoir, de morale théorique. » À la même époque, Durkheim insiste sur le fait que, les hommes vivant en société, la structure du groupe détermine celle de la pensée ; à la mentalité de l'homme civilisé correspond, selon Lévy-Bruhl, la cohérence logique d'un esprit sensible au principe de contradiction, tandis qu'à la mentalité du primitif correspond un esprit qui accepte l'absurde et découvre parmi les êtres et les choses des participations mystérieuses.

Des *Fonctions mentales dans les sociétés inférieures* (*) (1910), en passant par *La Mentalité primitive* (*) et *La Mythologie primitive* (*), à *L'Expérience mystique et les symboles chez les primitifs* (1937), Lévy-Bruhl consacre tous ses efforts à l'étude de la mentalité primitive qu'il caractérise comme « mystique » quant au contenu de ses représentations et comme « prélogique » quant aux liaisons entre celles-ci, c'est-à-dire insensible à la contradiction autant qu'à l'impossible. Dans une orientation qui l'éloigne de la théorie sociologique de la connaissance chez Durkheim, Lévy-Bruhl considérait que l'émergence de la pensée logique – caractéristique de la mentalité moderne – résulte d'une révolte de l'esprit individuel contre l'esprit de groupe. Malgré les critiques de Mauss et de Leenhardt, Lévy-Bruhl s'est longtemps tenu à l'idée que la mentalité primitive opère selon une loi de « participation » généralisée qui la rend totalement différente de la mentalité civilisée ; il accepte ainsi le risque d'une sorte d'évolutionnisme intellectuel. Son œuvre est aujourd'hui dépassée. Mais les nombreuses controverses qu'elle a suscitées ont contribué à reformuler, à partir de la pensée des « primitifs », le problème de l'universel, du sens et de la vérité.

La publication posthume des *Carnets* (+) révélera que Lévy-Bruhl était conscient à la fin de sa vie des limites et des dangers de sa théorie, au point de la remettre en question. Abandonnant la notion de prélogique et l'opposition entre mentalité primitive et mentalité civilisée qu'il ramène à une polarité présente avec une intensité variable dans toute société et dans toute pensée humaine, il renonce aux thèses qui avaient assuré sa renommée et invite l'ethnologue à faire ce à quoi lui-même n'était pas parvenu : sortir de ses propres catégories pour comprendre celles des autres.

RÉF. : Ch. Blondel, *La Mentalité primitive*, Paris, 1926. – G. Davy, *Sociologues d'hier et d'aujourd'hui*, Paris, 1931 et 1951. – M. Mauss, « Lucien Lévy-Bruhl », dans *Œuvres*, t. 3, Paris, 1939 et 1969. – Cl. Lévi-Strauss, G. Gurvitch et W. Moore (dir), « La Sociologie française », dans *La Sociologie au XXe siècle*, Paris, 1947.

LEWIS Clive Staples. Critique et romancier anglais. Né à Belfast le 29 novembre 1898, mort le 22 novembre 1963 à Headington, Oxford. Après de brillantes études à Oxford (lettres classiques et modernes), il mène essentiellement une vie universitaire, à la fois de professeur et d'écrivain – à Oxford même (Magdelen College) surtout à partir de 1954, puis à Cambridge où il se spécialisera dans la littérature anglaise du Moyen Âge et de la Renaissance. Loin de se confiner dans un certain confort intellectuel, C. S. Lewis fut un chrétien fervent, à l'abri des préjugés, un praticien de la science-fiction, un érudit capable de ranimer les écrits anciens. On a pu dire qu'il avait « appréhendé intuitivement la cosmogonie spirituelle du Moyen Âge » dans *L'Image abandonnée* (*) (1963). C'est une opération analogue qu'il avait entreprise dans *L'Allégorie de l'Amour* (*) (1936). À cet esprit fertile et stimulant on doit encore des livres pour enfants, des romans où se mêlent religion et science-fiction, comme *Le Silence de la Terre* [*Out of the Silent Planet,* 1938], une magistrale préface au *Paradis perdu* (*) de Milton et divers essais critiques.

LEWIS Ethelreda. Romancière sud-africaine. Née en Angleterre vers 1890 (?), morte à Port Alfred (province du Cap) le 31 juillet 1946. Partie très jeune en Afrique du Sud, où elle se maria avec le Dr Joseph Lewis, elle revint à Londres en 1923 afin de publier son premier roman, *La Harpe* [*The Harp*, 1925], qui fut immédiatement suivi par *L'Émeraude volante* [*The Flying Emerald*, 1925]. Ces deux livres développent, dans le décor de l'Afrique et à travers des personnages habilement mis en scène, les préoccupations de l'auteur devant les problèmes raciaux. Pour combattre le racisme, particulièrement violent dans son pays, Ethelreda Lewis organisa même une série de conférences qui eurent lieu au Worker's Hall de Johannesburg. Ce fut à la fin de l'année 1925 qu'elle fit la connaissance d'Alfred Aloysius Smith, surnommé Trader Horn, vieil aventurier dont elle entreprit de rédiger les mémoires. Il lui sembla, en effet, que les souvenirs de cet homme, qui avait parcouru toute l'Afrique, pratiqué tous les métiers et possédé des amis jusque chez les cannibales, constituaient un inestimable trésor. L'œuvre parut en trois volumes sous le titre de *La Vie et les travaux d'Alfred Aloysius Horn, un vieux visiteur... notés et publiés par Ethelreda Lewis* [*The Life and Works of Alfred Aloysius Horn, an Old Visitor... Taken down and edited by Ethelreda Lewis*, 1927-29], puis condensée en *Trader Horn* (*) ; elle connut un immense succès. Un film tiré de ce livre en 1929 fut considéré comme un chef-d'œuvre.

LEWIS Matthew Gregory. Romancier et auteur dramatique anglais souvent appelé le moine Lewis. Né à Londres le 9 juillet 1775, mort en mer, au retour d'un voyage à la Jamaïque, le 14 mai 1818. Il reçut une instruction très poussée qui devait le préparer à la carrière diplomatique, d'abord à l'école de Westminster, puis au Christ College d'Oxford. Pendant les vacances, il voyageait et apprenait les langues étrangères. Il fut envoyé en 1794 à La Haye en qualité d'attaché d'ambassade. C'est au cours de ses dix mois de séjour dans cette ville qu'il écrivit *Le Moine* (*) (1796), qui fut d'abord interdit par la censure et dont l'auteur dut publier une édition corrigée et épurée. Ce livre suscita l'enthousiasme mais aussi les critiques des contemporains, notamment celles de Byron ; il fut suivi de nombreux autres romans, drames – dont *Le Spectre du château* [*The Castle Spectre*, 1798] – et œuvres musicales, de traductions de Schiller et de Kotzebue. Lewis remporta un vif succès avec une adaptation du roman allemand de Heinrich Zschokke : *Abellin, le grand bandit* (*), qui parut sous le titre du *Bandit de Venise* [*The Brave of Venice,* 1804]. À la mort de son père, Lewis entra en possession d'une grande fortune et partit en 1810 pour les Indes occidentales afin de visiter ses propriétés. Il a fait, dans son journal, une curieuse relation de ce voyage. C'est en revenant une seconde fois de la Jamaïque qu'il mourut de la fièvre jaune.

RÉF. : *Life and Correspondance of M. G. Lewis*, Londres, 1839 (2 vol.). – Dorothy Scarborough, *The Supernatural in Modern English Fiction*, New York, 1917. – Edith Birkhead, *The Tale of Terror*, Londres, 1921. – Alice M. Killen, *Le Roman terrifiant ou roman noir de Walpole à Ann Radcliffe...*, Paris, 1923. – A. Parreaux, *The Publication of the Monk, a Literary Event 1796-1798*, Paris, 1960. – M. Levy, *Le Roman « gothique » anglais, 1764-1824*, thèse, Toulouse, 1968. – M. Summers, *The Gothic Quest*, Londres, 1968.

LEWIS Sinclair. Romancier américain. Né le 7 février 1885 à Sauk Center (Minnesota), mort à Rome le 10 janvier 1951. Fils et petit-fils de médecin, il perdit sa mère dans sa petite enfance et fit ses premières études à l'école de sa ville natale. Il entra en 1903 à l'université de Yale, où il se distingua par l'originalité de ses opinions et déjà par son activité littéraire. Il dirigea une revue et collabora à plusieurs petits journaux. Il lut les poètes anglais et écrivit des poèmes. Ayant, en 1906, quitté l'Université, il fit partie quelque temps du groupe socialiste d'Upton Sinclair. Il fit un séjour décevant à Panama, puis rentra à Yale et y obtint ses diplômes en 1908. Après maints voyages et une vie quelque peu bohème, il se lança à fond dans le journalisme. Il fut un moment reporter, puis éditorialiste pour plusieurs maisons d'édition et magazines. En même temps, il commença à écrire des romans, qui recueillirent une critique favorable mais peu de lecteurs. À la même époque, il écrivit avec un succès toujours croissant pour des magazines populaires comme le *Saturday Evening Post* et le *Cosmopolitan*. Ses histoires étaient lues par des millions de personnes et lui apportaient une renommée considérable auprès du grand public. Il travailla encore à de petits métiers, mais sans jamais abandonner son ambition de devenir un romancier sérieux. Ces expériences lui serviront de base pour plusieurs ouvrages d'importance secondaire, en particulier pour *The Job* (1917).

Cependant, par un gros effort de travail, il entreprit d'écrire un livre qui lui apporta autre chose que le succès des magazines, et en 1920 parut *Main Street* (*), qui stigmatisa une fois pour toutes l'étroitesse d'esprit et l'intellectualisme superficiel qui sévissaient dans toutes les « Main Street » d'Amérique. Avec ce livre, qui pourrait n'être qu'une étude « sociologique » d'une petite ville du Middle West, le réalisme américain trouva sa meilleure expression littéraire et Lewis gagna une renommée mondiale. Du même coup, il se libéra complètement du réalisme anglais, tel celui d'Arnold Bennet et de H. G. Wells, dont il s'était inspiré dans ses premiers romans. Livre satirique, *Main Street*, dans son attaque du provincialisme, est aussi l'expression de la conscience nationale de l'après-guerre. *Babbitt* (*) (1922) met en scène le petit homme d'affaires américain, satisfait de lui-même, vidé de toute personnalité par la fréquentation des « Rotary clubs », par l'idéal du « business » et le conformisme général. Plus qu'aucun autre livre de cette décennie publié en anglais, *Babbitt* eut un effet considérable sur le public anglo-saxon, si bien que le mot même est passé dans le langage pour désigner ce type de personnage. Cet ouvrage se caractérise par une écriture volontairement plate et uniquement descriptive dans l'énumération. À ce titre, les cent premières pages qui sont le relevé minutieusement détaillé des faits et gestes du personnage sont un chef-d'œuvre de malice dans la compilation. *Arrowsmith* (1925) est une étude satirique de la profession médicale ; Lewis y attaque le mercantilisme et la jalousie professionnelle qui ruinent l'intégrité et l'idéal scientifiques. Pour certains critiques c'est la meilleure œuvre de Lewis.

En 1926, il obtint le prix Pulitzer avec *Mantrap* mais il le refusa en disant que cette récompense tendait à rendre les écrivains « obéissants, inoffensifs et stériles ». D'où les violentes critiques dont il fut l'objet aux États-Unis ; elles atteignirent leur paroxysme en 1930, année où l'écrivain obtint le prix Nobel de littérature. Il est vrai que, de son côté, Sinclair Lewis, dans son discours de remerciements au comité du prix Nobel, intitulé *La Peur américaine de la littérature* [*The American Fear of Literature*], ridiculisa ses ennemis littéraires et en particulier l'Académie américaine des arts et des lettres. *Elmer Gantry* (*) (1927) est une attaque pamphlétaire des chefs grossiers, ignorants et rapaces dissimulés dans l'Église protestante, ainsi qu'un violent portrait satirique de l'hypocrisie religieuse. Très controversé, ce livre eut moins de succès en tant qu'œuvre d'art que comme livre d'anticipation. La production de cette époque témoigne de dispositions antibourgeoises à la manière de Mencken dont l'influence coïncida avec la parution des premiers romans importants de Lewis. En 1928 paraissent *L'Homme qui connaissait Coolidge* [*The Man who Knew Coolidge*], puis *Dodsworth* (1929), ouvrage presque dénué de satire, fine étude de la qualité des relations humaines : expérience d'un Américain, ancien constructeur d'automobiles, et de sa femme au cours d'un voyage en Europe, et analyse des réactions de deux tempéraments très différents devant le changement des valeurs entre leur pays et l'Europe. Après un autre roman, *Ann Vickers* (1933), *Œuvre d'art* [*Work of Art*, 1934] révise le jugement rendu sur les milieux d'affaires américains dans *Babbitt*. Le libéralisme fondamental de Lewis fut affirmé d'ailleurs de façon plus définitive encore dans un ouvrage où il attaquait violemment le fascisme : *Impossible ici* [*It Can't Happen Here*, 1935]. La même année paraissent un *Choix de nouvelles* [*Selected Short Stories*], en 1939, *Les Parents prodigues* [*The Prodigal Parents*] et, en 1940, *Bethel Merriday*. Les dernières années de la vie de Lewis furent malheureuses tant du point de vue personnel que littéraire. Cependant plusieurs ouvrages virent le jour : *Gideon Planish* (1943), *Cass Timberlane* (1945), *De sang royal* [*Kingsblood Royal*] et enfin *Le Monde si vaste* [*World so Wide*, 1951], son vingt-deuxième et dernier roman qui traite de l'existence d'Américains en Italie. Lewis fut élu membre de l'Institut national des arts et des lettres en 1935 et de l'Académie américaine des arts et des lettres en 1938.

FRANÇOIS SÉGURET.

♦ *« Il a les manières d'un colon qui s'apprête à cultiver une terre nouvelle ; c'est un pionnier. »* E. A. Karlfeld. ♦ *« Sinclair Lewis déteste l'exceptionnel. Il a le culte du non-héros [...] Comme toute sa génération, Lewis doit beaucoup à notre école de Médan ; son action est plate, statique, comme celle d'un roman de Céard, mais bourrée de personnages secondaires comme chez Zola ; il détaille le menu quotidien comme Huysmans et inventorie le mobilier comme Goncourt... »* Paul Morand.

RÉF. : Carl Van Doren, *Sinclair Lewis*, Garden City (New York), 1933. – Mark Schorer, *Sinclair Lewis : An American Life*, New York, 1961. – Robert Silhol, *Les Tyrans tragiques. Un témoin pathétique de notre temps : Sinclair Lewis*, Paris, 1969.

LEWIS Percy Wyndham. Peintre et écrivain anglais né le 18 novembre 1882 à bord de la « Wanda », propriété de son père, au large d'Amherst (Nouvelle-Écosse, Canada), mort le 7 mars 1957 à Londres. Après avoir passé son enfance aux États-Unis, il fait ses études en Grande-Bretagne. Il entre à la Slade School of Arts en 1898. Il voyage entre 1902 et 1908 (Madrid, Pays-Bas, Munich, où il étudie à l'Akademie Heymann et surtout à Paris, où il fréquente les cercles artistiques et littéraires). De retour à Londres, il se consacre à la peinture et se lance dans l'aventure de l'avant-garde. Ayant connu Roger Fry à l'occasion de la seconde exposition post-impressionniste que ce dernier organise en 1912, il collabore aux Omega Workshops en 1913. Il rompt avec violence avec le groupe du Bloomsbury. Il a aussi des rapports tumultueux avec F. T. Marinetti et le groupe des futuristes italiens. En 1914, il fonde avec Henri Gaudier-Brzeska, Saunders et Lechmere le « Rebel Art Center ». Il crée le « Great English Vortex » au printemps et publie le premier numéro de la revue *Blast* (*), organe du groupe. Le second et dernier numéro paraît en 1915 (« Numéro de guerre ») alors que le groupe se disperse à cause des événements. Il s'engage en mars 1916 et combat l'année suivante sur le front franco-belge en qualité d'artilleur. Il publie dans la revue *The Egoist* son premier roman, *Tarr* (*). Il envoie des textes de fiction à *The Little Review* entre 1917 et 1918. À la fin de la guerre, il est nommé « artiste de guerre » auprès du quartier général de l'armée canadienne. *Tarr* paraît en même temps à Londres et à New York et est reçu favorablement par Rebecca West, Ezra Pound, T. S. Eliot. Sa première exposition personnelle a lieu en février 1919 à la Goupil Gallery, et il participe aux activités du X Group. Il écrit alors *Le Dessein du calife* [*The Caliph's Design*]. Il lance en 1921 la revue *The Tyro* (qui n'aura que deux numéros) et séjourne à Paris et à Berlin. Il exécute le portrait des artistes et des écrivains qu'il fréquente alors (Edith Sitwell, Virginia Woolf, James Joyce, Ezra Pound, T. S. Eliot, etc.). Il voyage entre la France et l'Espagne. Il achève en 1926 *L'Art d'être gouverné* [*The Art of Being Ruled*], un essai sur l'art et la politique. L'année suivante, il publie son étude sur Shakespeare et Machiavel, *Le Lion et le Renard* [*The Lion and the Fox*], et un recueil de ses premières nouvelles, *Le Corps sauvage* [*The Wild Body*]. En outre, il lance une nouvelle revue baptisée *The Enemy*. Il achève en 1928 le premier tome de sa trilogie romanesque, *La Fête des Innocents* [*The Childermass*]. Mais c'est en 1930 qu'il confie à Arthur Press le soin d'éditer *Les Singes de Dieu* [*The Apes of God*], féroce satire de l'intelligentsia anglo-saxonne et surtout du cercle de Virginia Woolf. En 1931, il met sous presse plusieurs ouvrages de caractère idéologique qui lui valent d'être mis au ban de la société culturelle britannique, surtout après le scandale suscité par *Les Singes de Dieu*, *La Malédiction de la jeunesse* [*The Doom of Youth*], *Le Principe diabolique et le spectateur dithyrambique* [*The Diabolical Principle and the Dithyrambic Spectator*] (contre le surréalisme) et surtout *Hitler*. Il publie des extraits de son récit de voyage au Maroc, *Des flibustiers chez les Barbares* [*Flibusters in Barbary*], dans la revue *Everyman*. En septembre 1932, il publie un nouveau roman satirique à clefs : *Le Baron arrogant* [*The Snooty Baronet*]. Il réalise enfin un portfolio de gravures : *Thirty Personalities*. Il tente de corriger ses positions politiques en 1933 avec *Old Gang and the New Gang*. Mais il n'en cesse pas pour autant ses attaques contre les auteurs contemporains, comme le démontrent *Des hommes dépourvus d'Art* [*Men Without Art*, 1934] et le roman *La Reine rugissante* [*The Roaring Queen*, 1936] où il s'en prend surtout à Arnold Bennett. En 1937, il publie simultanément *La Rançon de l'amour* [*The Revenge for Love*] et son premier livre autobiographique, *Mémoire de feu et de cendre* [*Blasting and Bombardiering*]. Il milite en faveur de la paix et écrit dans cette optique : *Comptez vos morts : ils sont vivants !* [*Count Your Dead : They Are Alive !*]. Il a une importante exposition aux Leicester Galleries, et l'année suivante il est représenté par les Beaux-Arts Gallery. Il tente avec énergie de démontrer son éloignement des thèses nazies avec *Les Juifs sont-ils des hommes ?* [*The Jews, Are they Human ?*] et *Le Culte d'Hitler* [*The Hitler Cult*]. En septembre 1939, il part pour les États-Unis, où il reste jusqu'à la fin du conflit. Il y publie en 1940 un livre d'impressions de voyage, *L'Amérique, je suppose* [*America, I Presume*] et, en 1941, un roman,

La Foudre de vulgarité [*The Vulgar Streak*]. Il rentre en Angleterre en août 1945 et se fait l'apôtre de la démocratie multiraciale à l'américaine dans *L'Amérique et l'homme cosmique* [*America and Cosmic Man,* 1948]. Il devient le critique d'art attitré de *The Listener.* En 1950, il termine une impressionnante autobiographie, *Rude assignation* [*Rude Assigment*]. Il réunit des nouvelles dans *Rolting Hill* en 1951. Il perd la vue cette même année où il expose ses tableaux à la Redfern Gallery. Cela ne l'empêche pas de mettre la dernière main à un pamphlet littéraire, *L'Écrivain et l'absolu* [*The Writer and the Absolute,* 1952], de poursuivre le récit de sa vie dans *Autocondamnation* [*Self-Condemned,* 1954] et de mener une réflexion sur les arts au sein de la société technologique avec *Le Démon du progrès dans les arts* [*The Demon of Progress in the Arts,* 1954]. En 1955, grâce à une commande de la B.B.C. il peut achever sa trilogie, *L'Âge de l'homme* [*The Human Age*], commencée en 1928 : *Monstre Gai* et *Malign Fiesta.* Il songe même à un quatrième volet, *Le Procès de l'homme* [*The Trial of Man*], dont il n'écrit que le premier chapitre. En 1956, la Tate Gallery organise une grande rétrospective de son œuvre picturale. Son ultime roman voit le jour : *Le Prêtre rouge* [*The Red Priest*]. Il s'éteint un an plus tard, toujours entouré d'une aura sulfureuse, vilipendé ou, pire, ignoré par la critique anglaise.

GÉRARD-GEORGES LEMAIRE.

♦ *« Tarr est une œuvre d'art belle et sérieuse qui nous fait souvenir de Dostoïevski seulement parce qu'elle est trop curieuse de l'âme, et qu'elle recèle un personnage d'une haute signification morale qui vaut la peine d'être comparé à Stavroguine. »* Rebecca West, 1918. ♦ *« Nous reconnaissons la pensée du moderne et l'énergie de l'homme des cavernes dans l'œuvre de Lewis. »* T. S. Eliot, 1918. ♦ *« Quant à sa manière de voir l'organisation humaine à la fois comme vortex et comme masque, elle fait de lui le trait d'union entre Baudelaire et notre époque. »* Marshall McLuhan, 1971.

RÉF. : H. G. Porteus, *Wyndham Lewis,* Londres, 1932. – H. Kenner, *Wyndham Lewis,* Londres, 1954. – I. A. Richards et alii, *Essays on Wyndham Lewis,* Folcroft, 1971 ; *Wyndham Lewis et le vorticisme, Cahiers pour un temps,* Paris, 1982.

LEYELÈS Aron (pseud. de Aron Glanz). Poète et essayiste yiddish. Né le 5 mars 1889 à Vloclawek (Pologne), mort le 30 décembre 1966 à New York. Après une éducation juive traditionnelle dans l'école Talmud-Torah que dirigeait son père à Lodz, où il vécut jusqu'en 1905, puis des études classiques et commerciales, il s'orienta définitivement vers les études littéraires à l'université de Londres (1905-1908) puis aux États-Unis où il arriva en 1909 à la Columbia University (1910-1915). Conférencier dans les écoles yiddish, directeur de journaux et journaliste au quotidien *Der Tog,* il signait ses articles littéraires et politiques de son vrai nom, réservant son pseudonyme à la publication de ses écrits poétiques. Son premier volume *Labyrinthe* [*Labirint*], en 1918, est encore respectueux des formes traditionnelles, ce qui ne lui réserve pourtant pas un très bon accueil de la part d'une critique littéraire très conservatrice. En 1919, il est le fondateur et le théoricien, avec Jacob Glatstein et Nahum-Baruch Minkoff, du mouvement littéraire « En soi » [In zikh] dont la première apparition est un manifeste au ton moderniste affirmé — voire agressif. Il ne faudrait pas en effet se méprendre sur la signification du nom choisi : cet « introspectionnisme » est rien moins qu'un impressionnisme intimiste qui caractériserait plutôt la génération des poètes précédents, les « Jeunes » [Di yunge] contre lesquels celle-ci se dresse. Il demeurera le rédacteur de la revue de ce groupe jusqu'en 1939. Il publie trois autres recueils dans les années 20, dont *Rondeaux et autres poèmes* (*), ainsi que deux drames poétiques à thématique messianiste et nationale. En 1937, *Fabius Lind* est une sorte d'autobiographie spirituelle en vers où il fait preuve d'une grande richesse thématique et de sa maîtrise des formes. L'influence du génocide marquera sa poésie d'après la Seconde Guerre mondiale : *Un Juif sur la mer* [*A yid oyfn yam,* 1947] ; sa foi dans les idéaux historiques américains s'affirme dans *L'Amérique et moi* [*America un ikh*]. Outre sa création poétique, il faut noter que Aron Leyelès traduisit en yiddish Edgar Allan Poe et fut un remarquable critique littéraire, s'efforçant toujours de montrer en quoi une œuvre enrichit la littérature.

NADIA DÉHAN.

LEZAMA LIMA José. Écrivain cubain. Né et mort à La Havane (19 décembre 1910-9 août 1976). Asthmatique de naissance, les crises de l'adolescent redoublèrent lorsque, âgé de huit ans, il perdit son père, colonel. Sa mère, qui l'éleva, exerça sur sa sensibilité une influence décisive qui lui valut plus tard une dévotion presque religieuse. Étudiant en droit à La Havane, il participe, le 30 septembre 1930, à une vaste manifestation contre la dictature de Machado, mais voit bientôt ses espoirs politiques frustrés. Déjà il pratique, comme il le dira plus tard, le « délit de la littérature ». En 1937, *Mort de Narcisse* [*Muerte de Narciso*] affirme ses dons poétiques exceptionnels dans la création d'images nouvelles allant à contre-courant des théories et des écoles à la mode. Ce livre est une « véloce fauconnerie de métaphores », écrit alors son camarade de promotion, le poète et prêtre espagnol Angel Gaztelú, qui lui aussi influença profondément sa formation spirituelle. La même année, pour défendre l'exigence de ses options et de celles du groupe dont il avait pris la tête, Lezama Lima fondait *Verbum,* première d'une série de revues qui allaient marquer la vie littéraire cubaine : *Espuela de Plata* (1939-1941) et surtout *Orígenes* (1944-

1956) dont les quarante numéros révélèrent quelques-uns des meilleurs poètes de sa génération : Eliseo Diego, Cintio Vitier, Gastón Baquero, Virgilio Piñera... Altière, solitaire, complexe et souvent hermétique, l'œuvre de Lezama Lima, incomprise et critiquée par certains, devait, avec le temps, contribuer à modifier profondément la sensibilité poétique de langue espagnole à travers les recueils *Rumeur ennemie* [*Enemigo rumor*, 1941], *La Fixité* [*La fijeza*, 1949], *Dador* (1960). Essayiste, il se montre, avant la Révolution cubaine, un ardent défenseur de la cubanité dans *L'Expression américaine* [*La expresión americana*, 1957] et *Traités à La Havane* [*Tratados en La Habana*, 1958]. S'il salue la Révolution, il est quelque peu boudé par elle, peut-être à cause de son homosexualité, mais la publication de *Paradiso* (*), en 1966, le replace au premier rang des lettres cubaines, en même temps qu'elle attire l'attention de la critique internationale. Lecteur subtil de la littérature universelle, grand connaisseur des courants spiritualistes occidentaux, orientaux et africains, Lezama Lima est un creuset les mêlant tous pour produire une œuvre dite « baroque » mais qui, en fait, exprime les mystérieux tréfonds du triple métissage cubain. Sur le baroque, précisément, et sur l'expression poétique et artistique, Lezama Lima a consigné ses réflexions et développé ses conceptions dans d'importants essais : *Analecta del reloj* (1953), *La cantidad hechizada* (1970). À sa mort, il a laissé un roman inachevé, *Oppiano Licario* (d'abord intitulé *Infierno*), consacré au personnage principal de la fin de *Paradiso* (1977), et un livre de poèmes, *Fragmentos a su imán* (1977).

CLAUDE COUFFON.

♦ *« En traversant la surface des sens, la poésie de Lezama nous amène aux "obscures cavernes du sens", là où les images, la métaphore, ne signifient pas la décadence des concepts, le faux-semblant de la poésie. Là, l'image est la vierge qui n'a pas encore été présentée à la lumière, et la métaphore prend parfois la force du serment. »* María Zambrano.

RÉF. : *Orbita de Lezama Lima*, La Havane, 1970. – *Recopilación de textos sobre José Lezama Lima* (textes de Julio Cortázar, Mario Vargas Llosa, Octavio Paz, Luis Cernuda, Roberto Fernández Retamar, Cintio Vitier, Fina García Marruz, María Zambrano...), La Havane, 1970. – Études dans l'édition critique de *Paradiso*, Madrid, 1988.

L'HOSPITAL Michel de. Érudit, jurisconsulte et homme d'État français. Né à Aigueperse (Auvergne) vers 1507, mort à Bellébat (Île-de-France), le 13 mars 1573. Fils du médecin du connétable de Bourbon, il fit à Toulouse de fort bonnes études de droit qu'il termina à Padoue, ville où séjournait son père. Rentré en France en 1534, il s'acquit une grande réputation au barreau de Paris. En 1537, il devint conseiller au Parlement. En 1547, il fut envoyé en mission au concile de Trente. Il fut nommé, en avril 1550, chancelier de Madame Marguerite, sœur de Henri II, devenue duchesse de Berry. Bientôt il fut maître des requêtes, puis en 1554 surintendant des finances, et comme tel exerça un contrôle rigoureux. En 1560, il devint garde des Sceaux et grand chancelier de France sous Catherine de Médicis. Dans cette charge, ce catholique sincère s'efforça toujours d'opposer la tolérance au fanatisme religieux, comme en témoignent les divers édits qu'on lui doit. Mais, dès 1567, il perdit tout crédit auprès de Catherine de Médicis ; il rendit les sceaux en 1568, quitta la cour et se retira près d'Étampes, dans sa terre de Vignay. Il mourut peu après la Saint-Barthélemy. C'est un des grands écrivains politiques du XVIe siècle. Un style naturel au service d'une pensée juste : tel est de L'Hospital. Outre ses belles poésies latines, il faut signaler ses *Harangues, Mercuriales* et *Remontrances*, recueil de discours prononcés par lui en diverses circonstances. Mais ses écrits les plus remarquables sont le *Traité de la réformation de la justice* et le *Mémoire adressé à Charles IX et à Catherine de Médicis sur la nécessité de mettre un terme à la guerre civile* ou *Le But de la guerre et de la paix* (*) (1570). Ses œuvres complètes ont été publiées pour la première fois en 1824-1826.

RÉF. : L.-J. Lévesque de Pouilly, *Vie de M. de L'Hospital, chancelier de France*, Londres, 1764. – A.-J.-B. Auger de Montyon, *Éloge du chancelier de L'Hospital*, Paris, 1777. – J. H. Rémy, *Éloge de M. de L'Hospital*, Paris, 1777. – Charles Butler, *Essay on the Life of M. de L'Hospital, chancellor of France*, Londres, 1814. – Henri Amphoux, *Michel de L'Hospital et la Liberté de conscience au XVIe siècle*, Paris, 1900. – M. Tailliandier, *Des projets de réformes du chancelier de L'Hospital et de quelques réformes actuelles*, Arras, 1903. – A. E. Shaw, *M. de L'Hospital and his Policy*, Londres, 1905. – Jean Héritier, *Michel de L'Hospital*, Paris, 1943. – Albert Buisson, *Michel de L'Hospital*, Paris, 1950.

LHOTE André. Peintre et critique d'art français. Né à Bordeaux le 5 juillet 1885, mort à Paris le 25 janvier 1962. Après avoir étudié la sculpture décorative à l'école des beaux-arts de Bordeaux, il s'installe à Paris en 1907. Il fait un séjour d'un an (1909) à la villa Médicis de Rome avec Dufy, autre lauréat du concours. En 1910, il participe aux premières manifestations cubistes. Sa peinture se caractérise par une extrême rigueur de composition. Cette même année 1910, il participe à la fondation de *La Nouvelle Revue française* (*), à laquelle il collaborera activement. Il a publié en 1946 *Écrits sur la peinture* (*), choix de ses principaux articles précédemment réunis dans *La Peinture, le cœur et l'esprit* (1934), *Parlons peinture* (1936), *Peinture d'abord* (1942). Analyste fin et lucide (*Seurat, Bonnard*, 1948), pédagogue averti (*Traité du paysage*, 1949, *Traité de la figure*, 1950), ce peintre de qualité (*L'Escale*, 1913, *Rugby*, 1917) a tenté toute sa vie de réduire l'écart entre la méditation et la création, entre la théorie et le geste. Il avait fondé en 1922 une académie à Montparnasse. En 1955, il reçut le grand prix international des Arts.

LIANG TCH'EN-YU [Liang Chenyu]. Dramaturge chinois. Né vers 1521 à Kouen-chan (province du Chan-tong), et mort vers 1594, dans un lieu inconnu. Il écrivit des livrets pour la nouvelle musique élaborée par Wei Liang-fou, et la collaboration des deux hommes permit la création d'un nouveau genre d'opéra, le « k'ouen-ts'iu ». Celui-ci domina ensuite la scène chinoise jusqu'au XIXe siècle. Liang Tch'en-yu s'opposa au grand dramaturge T'ang Sien-tsou, car il défendait avant tout le respect des règles prosodiques pour que le texte se plie aux exigences vocales et musicales et non l'inverse. Sa pièce qui lança ce nouveau genre est *La Laveuse de soie* (*).

JACQUES PIMPANEAU.

LIANG TS'I-TCH'AO [Liang Qichao] (prénom social Tchouo-jou, surnommé Yin-ping-zi). Écrivain et politicien chinois. Né le 3 novembre 1873 à Xinhui, mort le 19 janvier 1929 à Pékin. Il fut l'un des précurseurs du mouvement national qui, en 1911, mit fin à l'Empire. Lettré de premier plan, homme politique d'une grande intégrité, éducateur de la nouvelle génération, il est l'une des plus éminentes figures de l'histoire de la Chine contemporaine, avec son maître et compagnon de luttes K'ang Yo-wei (1858-1927), chef du mouvement réformiste de la fin du XIXe siècle, qui groupa de très nombreux écrivains et politiciens. Voyant la Chine considérablement en retard par rapport aux exigences nouvelles créées par la civilisation mécanique, il voulut se dévouer à sa patrie par une activité politique. En 1898, peu de temps après la proclamation de la réforme des Cent Jours, il tenta, avec K'ang Yo-wei, un coup d'État à Pékin ; mais la tentative échoua, et les deux hommes durent gagner l'étranger, où Liang commença une brillante carrière d'écrivain. Pendant ce temps, en Chine, Sun Yat-sen (1866-1925), autre grande figure de la Chine moderne, travaillait à la chute du régime impérial. Lorsque la révolution triompha, en 1911, Liang rentra en Chine et fit partie du cabinet républicain. Mais, plus que par ses réformes politiques, Liang demeurera célèbre pour sa réforme littéraire : en mêlant à la traditionnelle phraséologie classique des mots et des tournures de la langue parlée, il sut créer un style nouveau, plus choisi et plus libre à la fois. Liang Ts'i-tchao, dont l'œuvre principale est le *Recueil complet du bureau Yin-ping* (*), fut aussi le dernier défenseur du confucianisme, qui était pour lui une morale laïque.

LIBANIOS ou Libanius. Rhéteur grec. Né à Antioche (aujourd'hui en Turquie) en 314 d'une famille opulente, mort dans cette même ville après 391. Il étudia la rhétorique et, vers la vingtième année, se rendit à Athènes pour se perfectionner dans cet art. En 342, ayant déjà la réputation d'un maître, il ouvrit à Constantinople une école d'éloquence, mais la jalousie de ses rivaux l'obligea à y renoncer au bout de peu d'années. Il passa alors à Nicée, puis, de 344 à 348, à Nicomédie, et revint encore à Constantinople et à Athènes. Il se retira en 354 à Antioche où on le vénérait comme un dieu. Au nombre de ses disciples figurent notamment saint Basile, saint Jean Chrysostome et Julien l'Apostat, qui l'appelait « frère très cher et très aimé » et lui conféra la charge de questeur. Libanios a laissé soixante-huit *Discours* et seize cent cinq *Lettres* (*), ainsi que des *Arguments* extrêmement utiles pour l'étude de Démosthène.

RÉF. : P. Petit, *Libanius et la vie municipale à Antioche au IVe siècle ap. J.-C.*, Paris, 1955. – A. J. Festugière, *Antioche païenne et chrétienne : Libanius, Chrysostome et les moines de Syrie*, Paris, 1959. – G. Fatouros et K. Krischer (éd.), *Libanios*, Darmstadt, 1983. – Libanios, *Discours*, texte établi et traduit par J. Martin et P. Petit, Paris, 1979-88.

LIBBRECHT Géo. Poète belge d'expression française. Né à Tournai le 17 février 1891, mort à Bruxelles le 20 septembre 1976. Ancien combattant de 1914-1918, il s'expatria au Brésil et en revint sur le pont des émigrants. Avocat, ayant quitté le barreau et fait fortune dans les affaires, il entra en poésie à l'âge de 47 ans. Son œuvre, d'une ampleur inaccoutumée, compte plus de cent vingt mille vers réunis dans les neuf volumes de ses *Livres cachés* – v. *Ma sœur pour l'éternité* (*). Œuvre touffue, d'accès parfois difficile en raison de son caractère elliptique, pénétrée de réflexion et nourrie d'une expérience contrastée. Grand lecteur des mystiques, des ésotéristes, des savants et des philosophes, Géo Libbrecht a cherché le sens du devenir humain et traduit son inquiétude essentielle et son appréhension confuse du divin. Usant de mots simples, d'apologues et d'images familières, il écrit, sur un rythme incisif, des vers d'une densité allusive. Renouant avec la tradition populaire, il a aussi laissé quelques poèmes en dialecte picard. Il était membre de l'Académie royale de langue et de littérature.

LIBERALIS Antoninus. Auteur d'expression grecque d'un recueil de *Métamorphoses* (*) d'époque impériale, résumant des poèmes hellénistiques perdus par ailleurs. Nous ne connaissons de lui que son nom, qui indique qu'il vécut sous les Antonins, ou les Sévères.

RÉF. : Manolis Papathomopoulos, *Antoninus Liberalis. Les Métamorphoses*, Paris, 1968.

LI CHANG-YIN [Li Shangyin]. Poète chinois. Né vers 813 à Sing-yang dans la province du Heu-nan, mort vers 858 à

Tcheng-Tcho. Il fut le plus important poète de la dernière période T'ang. Sa vie peut se diviser en trois périodes : d'abord secrétaire d'un gouverneur de province qui lui avait aussi confié l'éducation de son fils, il fut ensuite mêlé malgré lui aux luttes entre des personnages puissants qu'il avait servis tour à tour, et sa carrière officielle connut alors toute une série de vicissitudes. Aussi, après le deuil de sa mère qui l'obligea à démissionner pendant deux ans, la situation ne lui permettant plus aucun avenir, il partit dans le Sud, où il servit de nouveau comme secrétaire de différents gouverneurs. La mort de sa femme fut pour lui une tragédie, et il se rapprocha alors du bouddhisme, songeant même à se faire bonze. Il finit par quitter tout emploi et partit vivre à Tcheng-tcho, où il mourut de maladie l'année suivante. Son œuvre poétique a été réunie dans le recueil *Œuvre poétique de Li Yi-chan* (*), Yi-chan étant son autre prénom.

JACQUES PIMPANEAU.

LI CHE-TCHEN [Li Shizhen] (appellation honorifique Tong-Pi). Médecin et écrivain chinois. Né à Ts'i-tchou (Hou-pei) sur la rive droite du fleuve Bleu en 1518 et mort en 1593. Il vécut sous la dynastie des Ming (1368-1644). Dès l'enfance, si l'on en croit son frère, il donna les signes d'une constitution délicate et resta chétif toute sa vie. Élève diligent, il préférait aux classiques les sciences médicales. Nommé magistrat à Pang-Tche (Se-tch'ouan), il entreprit vers la trentaine des recherches pharmacologiques qu'il poursuivit pendant quarante ans. Déplorant les imperfections de l'« herbier » [pen-ts'ao] alors en usage, et notamment sa nomenclature trop confuse, Li Che-Tchen entreprit sa *Classification des arbres et des herbes* (*) qu'il ne termina qu'après vingt-six années de travail opiniâtre. Cette « sinopsis pharmaceutica », publiée vers 1596, est, en la matière, le meilleur ouvrage en langue chinoise.

LICHTENBERG Georg Christoph. Écrivain et physicien allemand. Né le 1er juillet 1742 à Oberramstadt, près de Darmstadt (Hesse) ; mort le 24 février 1799 à Göttingen (Basse-Saxe). Fils d'un ecclésiastique, un accident d'enfance le rendit bossu. Il étudia à Göttingen à partir de 1763 et il s'y lia d'amitié avec ceux qui, d'abord, avaient été ses maîtres : Kästner et Meister. En 1769, il enseignait déjà à la même université, et en 1774 il était membre de la Société des sciences de Göttingen. Il effectua deux voyages en Angleterre (1769 et 1774), et fit part des relations nombreuses qu'il y noua dans ses *Lettres d'Angleterre* [*Briefe aus England,* 1776-1778]. À son retour, en 1775, il fut nommé professeur ; à partir de 1778, il rédigea le *Göttingischen Taschenkalender,* et en 1780 fonda le *Göttingischen Magazin der Wissenschaften* avec Georg Forster. Il passa les dernières années de sa vie dans une hypocondrie chronique et dans des souffrances corporelles souvent imaginaires. En tant que savant, on lui doit la découverte des figures électriques qui portent son nom. En 1794, il commença la publication de son *Explication détaillée des gravures de Hogarth,* interprétation aiguë de l'œuvre du peintre. Dans son écrit *Sur le roman allemand* [*Über den deutschen Roman*], il attaque Lavater et sa folie de la conversion. D'ailleurs, ses écrits satiriques et humoristiques, qui sont ce qu'il reste de meilleur dans son œuvre, nous le montrent adversaire déterminé du fantastique sentimental du « Sturm und Drang » et de tout mysticisme réel ou supposé. Lichtenberg compte parmi les meilleurs stylistes de langue allemande. Ses œuvres, d'où furent extraits ultérieurement des choix d'*Aphorismes* (*), ont paru de 1800 à 1806.

♦ « *Nous pouvons nous servir des écrits de Lichtenberg comme de la plus merveilleuse des baguettes magiques. Lorsqu'il fait une plaisanterie, c'est qu'il y a là un problème caché.* » Goethe. ♦ « *Kant, à la fin de sa vie, mettait Lichtenberg au plus haut* [...] *Schopenhauer voit en lui le penseur par excellence, celui qui pense pour lui-même et non pour les autres. Nietzsche place les* Aphorismes *à côté des* Entretiens de Goethe avec Eckermann, *au centre du "Trésor de la prose allemande". Wagner, en 1878, croit y découvrir une anticipation de sa pensée propre. Tolstoï, en 1884, se place sous l'influence de Lichtenberg plus électivement encore que sous celle de Kant* [...] *Dans le cône blanc de sa fameuse "chandelle allumée", on retrouve avec émotion sur le pastel d'Abel le plus fin sourire qui fût jamais, celui du précurseur en tout genre, on dirait d'un Paul Valéry première manière qui eût été revu et corrigé définitivement par M. Teste (mais M. Valéry ne doit guère à Lichtenberg que l'art de numéroter ses cahiers). Voici l'un des grands maîtres de l'humour.* » André Breton. ♦ « *Parfois, il est allé jusqu'à penser que Rêve et Réalité étaient deux aspects, aussi vrais ou aussi illusoires, d'une même existence ; mais il n'a pas choisi le Rêve.* » Albert Béguin. ♦ « *Se refusant à voir en eux* [les « Stürmer und Dränger », les « trembleurs de la poésie »] *"le cousin ange", il aperçoit "le cousin singe" qu'il a très tôt démasqué chez Goethe, plus clairvoyant en cela que la plupart de ses compatriotes.* » Marthe Robert.

RÉF. : Albert Schneider, *G. C. Lichtenberg, penseur,* thèse, Paris, 1945 ; *G. C. Lichtenberg, précurseur du romantisme. L'homme et l'œuvre,* Nancy, 1954. – Franz Heinrich Mautner, *Lichtenberg. Geschichte seines Geistes,* Berlin, 1968. – Wolfgang Promies, *G. C. Lichtenberg, mit Selbstzeugnissen und Dokumenten dargestellt,* Reinbek bei Hamburg, 1987. – Ulrich Joost, Stefan Brüdermann (éd.), *Lichtenberg-Studien,* Göttingen, 1989.

LICHTENBERGER André. Romancier français. Né à Strasbourg le 29 novembre 1870, mort à Paris le 23 mars 1940. Après avoir fait de solides études universitaires, Lichtenberger s'intéressa à la politique et écrivit quelques livres sérieux consacrés à l'histoire du socialisme : *Le Socialisme au* XVIII*e siècle* (1895) et *Le Socialisme utopique* (1898). En cette même année 1898, parut son roman pour enfants, *Mon petit Trott* (*), qui eut un très grand succès, ce qui amena l'auteur à écrire la suite de l'histoire qui fut intitulée *La Petite Sœur de Trott* (+). Nommé, en 1905, chef du secrétariat du président de la Chambre Paul Doumer, Lichtenberger se vit confier, en 1907, la direction de l'hebdomadaire *L'Opinion* créé par le même Doumer. Il s'essaya aux différents genres de littérature, allant du roman – avec *La Mort de Corinthe* (1900) et *Monsieur de Migurac, ou le Marquis philosophe* (1903) – aux essais, tels que *Pickles, ou Récits à la mode anglaise* (1923), aux contes pour enfants, comme *Line* (*) et aux romans de mœurs, tels que *Le Sang nouveau* (1914) et *Biche* (1920). Mais aucune de ses œuvres n'eut le succès de *Mon petit Trott*, ce qui fit dire à Lichtenberger en 1936 : « En cinquante volumes, principalement sous l'habit du roman et de l'histoire, j'ai essayé d'exprimer ce que j'avais à dire et notamment ce que je me sentais le droit de laisser entrevoir d'un agnosticisme désolé [...] Deux ou trois des plus minces ont eu la fortune bruyante d'une marque heureuse de produits pharmaceutiques ou d'épicerie. Le reste n'a intéressé personne. »

RÉF. : Marguerite Lichtenberger, *Le Message d'André Lichtenberger*, Paris, 1946.

LIE Jonas. Écrivain norvégien. Né à Modum le 6 novembre 1833, mort à Stavern le 5 juillet 1908. Toute son enfance s'écoula à Tromsö, port et centre industriel du nord de la Norvège, où son père avait été nommé fonctionnaire en 1838, dans une contrée sauvage à la limite du cercle arctique ; ce long séjour permit à Jonas Lie d'avoir quelque expérience de la dure vie des pêcheurs qu'il a évoquée dans la plupart de ses romans. Lui-même était d'ailleurs attiré par la mer et, à douze ans, il entra à l'École navale de Frederiksvaern, mais sa mauvaise vue l'obligea à renoncer à la carrière maritime. Il alla alors faire ses études de droit à Christiania (Oslo) et, dès cette époque (1851-58), se lia avec Ibsen et Bjørnson. Mais il ne songeait pas encore à la littérature. Établi avocat à Kongsvinger, il voulut même se lancer dans d'audacieuses spéculations sur les bois forestiers : complètement ruiné, il dut fermer son cabinet et retourner dans la capitale à la recherche de nouveaux moyens d'existence. C'est uniquement poussé par la nécessité et sans obéir encore à une vocation particulière qu'à partir de 1867 il commença à donner des articles dans la presse norvégienne, particulièrement au *Journal du peuple norvégien* [*Norsk Folkeblad*]. Mais l'immense succès remporté en 1870 par son roman *Le Visionnaire* [*Den fremsynte*] décida Jonas Lie à se consacrer désormais exclusivement à la littérature. Cet ouvrage lui valut même une bourse gouvernementale, grâce à laquelle, pendant l'année 1872, il put entreprendre avec sa femme (qui était sa collaboratrice régulière) un voyage à travers l'Allemagne, la Belgique, la France et l'Italie. Deux nouveaux romans, *Le Trois-Mâts « L'Avenir »* [*Tremasteren « Fremtiden »*, 1873] et *Le Pilote et sa femme* [*Lodsen og hans Hustru*, 1874], placèrent Lie au premier rang des écrivains scandinaves, et une pension de poète (« Digtergage »), comme en avaient obtenu avant lui Ibsen et Bjørnson, le dégagea désormais de toute préoccupation matérielle. Pendant son séjour en Allemagne, de 1875 à 1880, Jonas Lie essaya d'abandonner sa première inspiration, essentiellement populaire, et de donner des peintures de la vie bourgeoise telles que *Thomas Ross* (1879) et *Adam Schrader* (1880), qui obtinrent peu de succès. Son retour aux évocations maritimes, avec *Rutland* (1880), lui rendit immédiatement la faveur du public. C'est à Paris, où il résida de 1882 à 1891, que Lie devait écrire ses meilleures œuvres : *Esclave à vie* (*) (1883), *La Famille de Gilje* (*) (1883), *Le Gouffre* [*Maelstroem*, 1885], *Les Filles du commandant* (*) (1886), *La Vie à deux* [*Et samliv*, 1887], etc. Rentré en Norvège où il passa les dernières années de sa vie, il devait encore donner un dernier grand livre, *Niobe* (1894). La popularité de Lie a largement dépassé le cadre national et ses œuvres ont été traduites non seulement dans toutes les langues germaniques, mais également en français, en italien, en russe, en tchèque, etc.

RÉF. : Bigeon, *Les Révoltés scandinaves*, Paris, 1894. – Bernardini, *La Littérature scandinave*, Paris, 1894. – A. Garborg, *Jonas Lie*, Oslo, 1898. – Erik Lie, *Jonas Lies Oplevelser*, Oslo, 1908 ; *Erindringer fra et digterhjem*, Oslo, 1928. – F. Paasche, *Jonas Lie*, 1923. – Carl O. Bergström, *Jonas Lie väg till Gilje*, thèse, Örebro, 1949.

LIEBERMAN Herbert. Auteur de romans policiers américain. Né à New-Rochelle dans l'État de New York le 22 septembre 1933. Petit-fils d'un épicier venu de Hambourg, fils d'un marchand de couleurs, il a abandonné des études de médecine entreprises à 18 ans et fait des études de lettres. Il commence à gagner sa vie en remaniant des articles pour le *New York Times*. *Necropolis* [*The City of the Dead*] paraît en 1976 et obtient le grand prix de littérature policière en 1978. Ce roman a été écrit pour exorciser sa peur de la mort ; il avait écrit *La Mainmise* (*) (1971) pour dissiper un autre cauchemar d'enfant : la crainte de trouver un monstre dans sa cave. Après avoir vécu trente-quatre ans à New York, il habite maintenant à la campagne, à trente-cinq miles de la « grande Pomme » et continue de publier des romans où l'intérêt de l'analyse psychologique l'emporte sur l'intrigue purement policière.

DENIS BOUTET DE MONVEL.

LIE YU-K'O [Lie Yu-kou] (plus connu sous le nom de Lie Tse). On attribue à un écrivain de ce nom originaire de l'État de Cheng, et qui aurait vécu entre le Ve et le IVe siècle av. J.-C., l'ouvrage d'inspiration taoïste en huit parties, connu sous le titre *Le Vrai Classique du vide parfait* (*). Tchouang Tcho, qui le nomme fréquemment, assure qu'il était en son pouvoir de « chevaucher le vent »... Mais le grand historien Se-ma Ts'ien ne fait à lui aucune allusion : aussi les critiques de la dynastie Song (960-1279) ont-ils émis des doutes sur la paternité de l'ouvrage. S'agit-il, comme on l'a prétendu, d'un personnage allégorique inventé par Tchouang Tcho pour illustrer sa doctrine mystico-panthéiste ? Considéré par les lettrés de la dynastie Han (206 av. J.-C. 220 ap. J.-C.) comme un philosophe taoïste du IVe siècle av. J.-C., son œuvre fut admise à figurer au grand catalogue de la fameuse bibliothèque de Ts'ien Long (1736-1796). Les sinologues considèrent aujourd'hui que l'auteur de la plus grande partie de l'ouvrage vécut autour de l'an 300 après J.-C.

LI FANG. Lettré chinois. Né en 925 à Jao-yang (province du Heu-pei) et mort en 996. On ignore tout de la vie de Li Fang. Il fut le compilateur en chef de l'*Encyclopédie de l'ère T'ai-p'ing relue par l'empereur* [*T'ai-p'ing yu-lan*] et du *Large recueil de l'ère T'ai-p'ing* (*). Cette deuxième compilation, qui réunit des récits en langue classique de l'époque T'ang, est un des monuments de la littérature chinoise.

JACQUES PIMPANEAU.

LIGETI György. Compositeur autrichien d'origine hongroise. Né le 28 mai 1923 à Dicsöszentmarton (Transylvanie). Sa famille s'installe à Kolozsvar peu après sa naissance. Il étudie la composition dans le conservatoire de cette ville, de 1941 à 1943, ainsi qu'à Budapest avec Pal Kadosa, en 1942 et 1943. La guerre va interrompre ses études qu'il reprend à l'Académie de musique de Budapest avec Farkass et Verress. Il obtient son diplôme en 1949. À partir de 1950, il enseigne l'harmonie, l'analyse et le contrepoint à l'Académie de Budapest. Ligeti quitte la Hongrie après la révolution de 1956 et se rend à Vienne, où il obtiendra la nationalité autrichienne. Il fait la connaissance de Stockhausen et Gottfried-Michaël König, et est invité à Cologne, où il travaille au studio de musique électronique de la West Deutsche Rundfunk. Commencée en Hongrie, puis remaniée, l'œuvre pour orchestre *Apparitions* (1959) apporte à Ligeti la reconnaissance internationale. Il participe, dès 1959, aux cours d'été de Darmstadt. Depuis 1961, il enseigne régulièrement à l'Académie de musique de Stockholm. En 1964, il est élu à l'Académie royale suédoise de musique. En 1969, il quitte Vienne pour Berlin-Ouest. Il est compositeur résident à l'université de Stanford en 1972. Depuis 1973, il réside à Hambourg où il est professeur de composition à la Musikhochschule. Il a reçu de nombreuses récompenses pour ses œuvres et des distinctions internationales : vice-président de la section autrichienne de la S.I.M.C. en 1971, prix J.-S. Bach de la ville de Hambourg. Avec Berio, Boulez, Stockhausen et Xenakis, György Ligeti est considéré comme une des principales figures de la musique contemporaine. On peut distinguer trois périodes dans son œuvre : la musique composée en Hongrie, les grandes expérimentations (1958-1974), le retour à une plus grande simplicité musicale, en forme de synthèse. De la période hongroise, on retient surtout le quatuor à cordes no 1 *Métamorphoses nocturnes* (1953-54) qui porte encore l'empreinte de Bartók. En sortant du carcan imposé aux artistes des pays de l'Est, la personnalité novatrice de Ligeti va éclater avec *Artikulation* (1958), composition électronique réalisée à Cologne. Dans *Apparitions* puis *Atmosphères* (1961), œuvres pour orchestre, Ligeti applique les techniques de composition qui ont fait sa gloire. Il crée des textures sonores riches et complexes par le mélange d'un très grand nombre de voix, donnant des « clusters » qui évoluent très progressivement par modifications internes quasi imperceptibles suivant un principe d'écriture très ramifiée appelé « micropolyphonie ». Des œuvres essentielles vont naître : *Volumina* pour orgue (1962-66), *Requiem* (1963-65), *Concerto pour violoncelle* (1966), le deuxième *Quatuor à cordes* (1968), *Ramifications* pour douze instruments à cordes (1972), le *Double concerto pour flûte, hautbois et orchestre* (1972). Cette technique où la matière sonore est traitée en continuum statique et mouvant, que Ligeti appelle « surface de timbre », trouve son accomplissement avec *Lux aeterna* pour seize voix (1966), *Lontano* pour orchestre (1967), *Continuum* pour clavecin (1968) et *Concerto de chambre* pour treize instruments (1970). Les *Aventures et nouvelles aventures* (*) (1962-65) pour voix et instruments sont une incursion vers le théâtre musical. Par des sons vocaux privés de sens, Ligeti cherche à exprimer toutes sortes d'affects. *Clocks and Clouds* pour douze voix et orchestre (1973), qui fait le lien entre rythmique régulière et nuages sonores, et *San Francisco Polyphony* pour orchestre (1974) viennent clore cette période. Les trois pièces pour deux pianos *Monument-Autoportrait-Mouvement* (1976), hommage à la musique répétitive américaine, marque un nouveau tournant. « Ce que nous appelions l'avant-garde s'était transformé ; il y a une nouvelle génération, à laquelle je n'appartiens pas – les "nouveaux expressionnistes"... Ma musique devait être beaucoup plus mélodique, dans une sorte de diatonisme non diatonique. Et je devrais chercher à rester moi-même. » Cette esthétique d'allure plus traditionnelle, sans faire de compromis au néo-romantisme ambiant, donne des œuvres comme l'opéra *Le Grand Macabre* (1977) (*), grande farce dans le caractère des danses macabres médiévales, le *Trio pour violon, cor et piano* (*) (1982). Suivent les *Trois fantaisies sur Friedrich Hölder-*

lin pour chœur mixte (1982), les deux remarquables cahiers d'études pour piano (1985-90), le *Concerto pour piano* (1985-88) et le *Concerto pour violon et orchestre* (1990).

MICHEL RIGONI.

RÉF. : O. Nordvall, *G. Ligeti,* Mayence, 1971 – E. Salmenhaara, *Das musikalische Material und seine Behandlung in den Werken « Apparitions », « Atmosphères » und « Requiem » von G. Ligeti,* Regensburg, 1969. – P. Griffiths, *G. Ligeti,* Londres, 1983. – P. Michel, *G. Ligeti compositeur d'aujourd'hui,* Paris, 1985. – « Ligeti/Kurtag », Revue *Contrechamps,* Lausanne, 1990.

LIGNE Charles-Joseph, prince de. Maréchal autrichien et écrivain de langue française. Né à Bruxelles le 23 mai 1735, mort à Vienne le 13 décembre 1814. Issu d'une des familles les plus anciennes et les plus titrées des Pays-Bas méridionaux (alors autrichiens), il a pour parrains l'empereur Charles VI et l'archiduchesse Marie-Élisabeth. Il ne cessera, sa vie durant, d'être l'illustration de cette internationale européenne des élites, qui confère au siècle des Lumières un des aspects les plus caractéristiques de sa physionomie. Son père, Claude-Lamoral II, feld-maréchal d'Autriche, possédait de vastes domaines dans le Hainaut et avait transformé sa résidence de Belœil en un petit Versailles, avec jardins à la française. Caractère impétueux et altier, il se soucia peu de l'éducation de son fils, en qui il ne se reconnaissait pas. La jeunesse de Charles-Joseph sera solitaire et morose : il verra se succéder autour de lui des précepteurs aux qualifications douteuses, à l'exception du bon M. de la Porte. L'enfant se formera à la lecture des Anciens, qui alimenteront ses rêves de gloire militaire. Ses héros préférés sont les génies militaires de l'Antiquité et des temps modernes. Il compose à quinze ans un *Discours sur la profession des armes.* Sa véritable ambition sera toujours de briller au combat et de s'illustrer en matière de tactique et de logistique. En 1751, son père le conduit à Vienne pour le présenter à Marie-Thérèse : c'est son premier contact avec une cour européenne. Il est fait chambellan et entre au régiment de Ligne-infanterie à Mons : il s'en souviendra dans quelques récits assez libertins.

En 1755, son père le fiance d'autorité à une princesse de Liechtenstein, âgée de quatorze ans, qu'il voyait pour la première fois. Du moins le mariage allait-il le libérer de la tutelle paternelle et lui ouvrir les portes des salons. Il fréquente la cour du gouverneur Charles de Lorraine, qu'il dit « agréable, polissonne, buvante, déjeunante et chassante », lorsqu'éclate la guerre de Sept Ans, qui lui fournit enfin l'occasion de se distinguer. Il subit le baptême du feu à Kollin en juin 1757, participe à diverses batailles et est fait colonel sur le champ de bataille de Hochkirch en octobre 1758, ce qui lui vaut les félicitations sarcastiques de son père.

Sa réputation d'officier courageux et de mondain spirituel incite l'impératrice à lui confier de flatteuses missions, dont une à la cour de Louis XV. Il juge Versailles morose et ennuyeux, et lui préfère l'agrément des salons parisiens, dont il sera bientôt la coqueluche, au prix de dépenses fastueuses qui provoquent la colère paternelle. À partir de la mort de Claude-Lamoral II (avril 1766), la vie du nouveau prince va se dérouler entre son château de Belœil, sa campagne de Baudour, sa résidence de Bruxelles, mais surtout entre Paris, Vienne et Saint-Pétersbourg, en Pologne, en Bohême, en Serbie, et jusque sur les bords de la mer Noire, lors de la campagne contre les Turcs. La guerre reste sa grande affaire. Il se bat contre Frédéric II, dont il admire pourtant le génie et l'esprit, et il est fait général-major des troupes impériales en 1764. Il participe à la guerre de Sept Mois contre la Bavière (1778), puis à la guerre austro-russe contre les Turcs (1787-1789), où il se distingue courageusement, entre autres à la prise de Belgrade.

Dans les intervalles, il fréquente volontiers les salons, mais a une prédilection pour les loges de théâtre. Ligne adore le théâtre – il écrira plusieurs petites pièces de société – mais aussi les actrices et en particulier les sœurs d'Hannetaire, filles du directeur du théâtre de la Monnaie à Bruxelles. Familier des cours et des salons, il est à l'aise partout : à Paris, chez la maréchale de Luxembourg ou chez Mme du Deffand ; à Vienne, au milieu de la noblesse d'Europe centrale ; à Saint-Pétersbourg parmi les favoris de la grande Catherine, qu'il accompagne dans le mémorable voyage en Tauride, organisé par Potemkine, qui le conduira jusqu'en Crimée.

Passionné de littérature, Ligne bénéficie de sa notoriété pour se faire recevoir par Voltaire à Ferney et il laissera de cette rencontre un récit savoureux. Il réussit à pénétrer dans l'intimité de Rousseau, rue Plâtrière, et il lui offre l'hospitalité de ses terres où, dit-il, il ne sera ni admiré, ni persécuté, puisque personne n'y lit. Son rôle de « jockey diplomatique » lui a permis d'approcher tous les grands de l'époque, de Frédéric II à Joseph II, de Marie-Thérèse à Catherine II. Il en laissera de pénétrants portraits.

Grand voyageur, il observe avec attention les mœurs des pays qu'il traverse et les jardins qu'on y dessine, car il est « hortomane » comme son père, mais avec un goût décidé pour le jardin à l'anglaise. Il s'intéresse aux minorités et rapporte de précieuses informations sur les Juifs d'Europe centrale et sur les tziganes. Dans les régions conquises sur les Turcs, il note les vêtements, les danses, les usages et jusqu'au parler, ravi de découvrir en Moldavie des Roumains parlant une langue dérivée du latin. Peut-être est-ce dans cette vivacité d'esprit, dans cette incessante curiosité, dans cette aisance mondaine, dans cette maîtrise épistolière qu'il faut chercher l'explication de la réputation de légèreté qui s'attachait à lui à la Hofburg. Marie-Thérèse met en garde sa fille Marie-Antoinette contre ce séduisant amuseur. Joseph II le soupçonnera – à tort – d'intelligence avec les « patriotes » belges révoltés en 1789. On lui accorde plusieurs distinctions, mais celle qu'il convoite, le grade de feld-maréchal, ne lui sera octroyée qu'en 1808, donc à titre honorifique.

La Révolution française va bouleverser cette prestigieuse existence. Le fils aîné du prince, Charles, est tué en septembre 1792 en Argonne, dans l'armée de Brunswick, à quelques jours de la bataille de Valmy. En juin 1794, l'invasion française et la victoire décisive de Fleurus le ruinent et le contraignent à l'exil. Il passera le reste de sa vie à Vienne ou en Bohême, lorsque sa fille Christine aura épousé le prince de Clary, châtelain de Toeplitz.

Il habite dorénavant à Vienne une petite maison de la Mölkerbastei, qu'il appelle son « bâton de perroquet », et une résidence champêtre au Kahlenberg (« Mon Refuge »). Il visite Casanova en Bohême, où le vieil aventurier est devenu bibliothécaire ; il marie son fils Louis, puis sa fille naturelle Christine. Il aperçoit brièvement Napoléon à Dresde et reçoit à Vienne la visite de Mme de Staël, exilée comme lui, et qui projette de publier une anthologie des écrits du prince – les trente-quatre volumes de ses *Mélanges militaires, littéraires et sentimentaires* (*) paraissent entre 1795 et 1811. Il a toujours, il l'avoue, des « passionnettes » et des passades. Devenu le symbole vivant de l'Europe de la « douceur de vivre » (selon la formule de Talleyrand), il participe encore activement à la vie mondaine et charme les diplomates assemblés au congrès de Vienne. Bien que très décidé à vivre jusqu'en 1820, il se permet quelques imprudences : un soir de bal, en 1814, il prend froid et meurt quelques jours plus tard. Ses funérailles seront un peu celles de cette « Europe française du XVIIIe siècle » dont il avait été l'illustration et que le congrès de Vienne se préparait à enterrer à tout jamais.

ROLAND MORTIER.

♦ *« Votre lettre me fait voir que vous êtes aussi philosophe qu'aimable. »* Voltaire. ♦ *« C'était un véritable magicien de la parole et du regard. Il maniait les esprits à sa fantaisie. »* Baronne d'Oberkirch. ♦ *« Il se faisait aimer par la douceur et la facilité de son caractère, par l'originalité de son esprit, par la vivacité de son imagination ; il aurait animé la société la plus froide* [...] *on aimait en lui jusqu'à ses défauts. »* Comte de Ségur. ♦ *« Heureux avec beaucoup de femmes, jamais aucune n'eut à se plaindre de lui. »* Andréa de Nerciat. ♦ *« Vous cachez sous les fleurs, pour qui sait connaître / Une âme sérieuse, un esprit immortel... Au ciel même, je crois, vous avez du crédit. »* Mme de Staël. ♦ *« L'homme le plus gai du siècle. »* Gœthe, dans un *Requiem* pour le prince de Ligne, en 1815. ♦ *« Au fond du cœur du galant, du « trémoussant » prince de Ligne, il y avait une blessure qui ne se ferma jamais. »* Remy de Gourmont. ♦ *« J'adore la résurrection de ce délicat Maréchal. »* Paul Valéry. ♦ *« Ce luxueux apatride a toujours vécu et écrit "en français" ».* François Nourissier.

RÉF. : *Annales Prince de Ligne*, 19 vol., 1920-38, éd. par F. Leuridant. – Louis Dumont-Wilden, *La Vie de Charles-Joseph de Ligne, prince de l'Europe française*, Paris, 1927. – Helene Walbröhl, *Der Fürst von Ligne. Leben und Werk*, Genève-Paris, 1965. – Sophie Deroisin, *Le Prince de Ligne*, Bruxelles, 1975. – *Le Prince de Ligne et son temps*, Catalogue de l'exposition de Belœil, 1982. – *Nouvelles Annales Prince de Ligne*, 4 vol., 1986-89, Bruxelles.

LI HEU [Li He] (prénom social Tchang-tsi, surnom Li Tch'ang-kou). Poète chinois. Né en 791 à Fou-tch'ang (province du Heu-nan), et mort en 817 à Wou-tch'ang, dans le village de ses ancêtres. Licencié dès l'âge de 18 ans, l'examen impérial lui fut interdit à cause d'un tabou relatif à la mort de son propre père – et ce malgré le soutien du célèbre Han Yu (768-824). Sa carrière officielle fut donc brisée, bien que le droit héréditaire lui conférât un poste d'adjoint au ministère des rites, qu'il occupa de 811 à 814. La déception, la maladie, et peut-être la prescience de sa mort précoce, mais surtout une fascination pour le fantastique, inspirent sa poésie au ton ironique et parfois lugubre, où s'enchevêtrent les images les plus extraordinaires. Son œuvre sans doute contribua à la légende du personnage – transmise notamment par la *Petite biographie de Li Heu* due à Li Chang-yin (813 ?-858 ?). Celle-ci veut qu'avant de rendre son dernier souffle le poète ait reçu la visite d'un envoyé vêtu de pourpre, qui lui aurait demandé de venir composer un mémorial en l'honneur de l'Empereur du ciel « Palais de Jade Blanc ». Le style novateur de Li Heu et l'extrême richesse sonore de ses vers expliquent peut-être que le premier de ses préfaciers, le poète Tou Mou (808-853), lui ait reproché son « excentricité » et une ornementation formelle trop prépondérante. Mais l'éclat noir, peut-être convulsif parfois, de son œuvre rend compréhensible l'intérêt que lui ont manifesté les surréalistes au XXe siècle – v. *Poèmes de Li Heu* (*).

VALÉRIE LAVOIX.

RÉF. : M. B. Fish, *The Tu Mu and Li Shang-yin Prefaces to the Collected Poems of Li Ho*, in *Chinese Poetry and Poetics*, t. I, San Francisco, 1978.

LIIV Juhan. Le premier romancier réaliste et le premier poète moderne de la littérature estonienne. Né le 30 avril 1864 à Kodavere, mort le 1er décembre 1913 à Koosa. L'inquiétude qui se remarque dans ses œuvres était avant tout la conséquence de sa mauvaise santé et de sa sensibilité surexcitée. Son déséquilibre mental s'étant aggravé en 1893, il fut interné. Libéré après quelques années de cure dans une maison de santé, il mena une existence vagabonde : on ne sait ni où ni comment il vécut. Même avant sa maladie, il n'avait jamais eu d'occupation fixe, ayant gagné sa vie en partie grâce au journalisme, en partie grâce à la littérature. À la période de sa convalescence appartiennent ses poèmes les plus beaux et les plus significatifs : conçus dans ses périodes de lucidité, ils découvrent non seulement son propre drame mais reflètent également la tragédie de son peuple, qui lui est révélée par des visions quasi prophétiques. C'est un groupe de jeunes lettrés, « Estonie nouvelle » [« Noor Eesti »], qui le redécouvrit vers le début du siècle et le remit en lumière. Ses *Poèmes* (*) republiés en 1910, furent recueillis avec le plus vif intérêt, mais l'auteur ne put jouir de son succès : il s'éteignit lentement rongé par son mal.

LI JOU-TCHEN [Li Ruzhen] (appellation honorifique : Song-Che). Écrivain chinois. Né à Ta-sing (Pékin) en 1763, mort en 1830 (?). En 1782, il se rendit à Hai-tchou (Tsiang-sou) chez son frère, préposé à la fourniture du sel, et y demeura environ vingt ans. En 1801, il remplit dans le Heu-nan les fonctions d'assistant du magistrat local, résida ensuite dans le Tsiang-sou (1804), puis revint dans le Heu-nan. Il partit enfin pour le Nord et s'installa dans la région de Pékin. Sa vie ne fut qu'une suite de désillusions. Li Jou-tchen composa d'abord un traité de phonétique, *Yin-tsien,* publié en 1810 et réédité en 1868. Li Jou-tchen, traitant de prononciations septentrionale et méridionale, proposait une amélioration des théories orthodoxes de la phonétique, et on l'accusa de donner plus d'importance aux phonèmes qu'aux caractères. Mais c'est son roman *L'Union prédestinée du miroir et des fleurs* (*) qui lui valut la célébrité. Ce livre, d'une grande audace pour l'époque, constitue une généreuse revendication en faveur des droits de la femme chinoise. Il a été maintes fois réédité, notamment à Chang-hai, avec une préface du professeur Hou Che.

RÉF. : H. C. Kao, *Li Ju-Chen,* Boston, 1981.

LI K'AI-SIEN [Li Kaixian]. Lettré chinois. Né en 1502 à Tchang-ts'io (province du Chan-tong), et mort en 1568 dans un lieu inconnu. Après une carrière administrative brillante, il fut congédié à quarante ans pour avoir exposé des scandales politiques. Il se retira dans sa province natale du Chan-tong où il s'intéressa surtout à la littérature populaire. Il écrivit de courtes pièces humoristiques et un opéra, *L'Histoire de l'épée* [*Pao-tsien-tsi*], dont le thème est repris du passage du roman *Au bord de l'eau* (*) qui raconte l'histoire de Lin Tch'ong. On lui attribue le roman *Fleur en fiole d'or* (*) puisque, comme l'auteur anonyme de ce roman scandaleux, il connaissait très bien la ville de Pékin et son argot et aussi le dialecte de la province de Chan-tong. Il fait partie de ces lettrés marginaux pour qui la littérature populaire valait souvent mieux que les œuvres orthodoxes sclérosées de son époque.

JACQUES PIMPANEAU.

LILAR Suzanne. Écrivain belge d'expression française. Née à Gand le 21 mai 1901, morte à Bruxelles le 11 décembre 1992. Mère de la romancière Françoise Mallet-Joris, avocate, elle commence sa carrière littéraire en faisant représenter à Paris, en 1945, *Le Burlador* (*) qui met en scène Don Juan amoureux et revêtu d'une sorte de pureté. Puis, après deux autres pièces, *Tous les chemins mènent au ciel* (1947) et *Le Roi lépreux* (1951), elle se tourne vers l'essai, qu'elle aborde avec une intelligence fascinante en publiant, en 1954, le *Journal de l'analogiste* (*). Ses ouvrages ultérieurs, *Le Couple* (1963), *À propos de Sartre et de l'amour* (1967) et *Le Malentendu du deuxième sexe* (1969), *La Confession anonyme* (publiée en 1960 sans nom d'auteur, rééditée sous celui de Suzanne Lilar en 1983), constituent de brillantes analyses, d'une haute qualité littéraire, de quelques-uns des thèmes dominants de nos préoccupations contemporaines. Avec *Une enfance gantoise* (1976) et *À la recherche d'une enfance* (1979), Suzanne Lilar a abordé à sa manière l'évocation autobiographique, lui conférant d'emblée une intense séduction. L'écrivain était membre de l'Académie royale de langue et de littérature françaises.

LILIENCRON Detlev von. Écrivain allemand. Né à Kiel (Schleswig-Holstein) le 3 juin 1844, mort à Alt-Rahlstedt, près de Hambourg, le 22 juillet 1909. Il se prénommait en réalité Friedrich, mais en 1883 il adopta le prénom de Detlev. Son grand-père avait été général en Amérique et ami de Washington ; son père, employé des contributions, avait épousé une Américaine, fille d'un autre général germano-américain, von Harten. Enfant, Liliencron aspirait déjà à la vie militaire et, entré dans l'armée prussienne, il mena la vie habituelle du jeune sous-lieutenant, passant par quelque dix-sept garnisons. Il combattit pendant les guerres de 1866 et de 1870, au cours desquelles il fut blessé. À trente ans, les suites de ses blessures, mais surtout les dettes qui le ruinaient, le contraignirent à abandonner la vie militaire. Il alla aux États-Unis pour y chercher fortune ; il y exerça toutes sortes de métiers : professeur de langues, pianiste, garçon d'écurie et badigeonneur. Cependant, il parvint tout juste à réunir l'argent pour le voyage du retour. En ouvrant une cassette qu'il avait laissée dans son pays, il trouva un vieux portrait militaire, au dos duquel il écrivit ses premiers vers. Bien qu'ayant découvert sur le tard sa vocation poétique, il s'y consacra avec ardeur. Malgré son extrême pauvreté, il se maria et dut chercher du travail. Il fut d'abord inspecteur des digues dans une petite île désolée de la Frise, puis obtint un petit emploi administratif dans un village du Schleswig où il écrivit d'un seul jet sa première œuvre, *Chevauchées d'un aide de camp, et autres poésies* (*) (1883). Il divorça d'avec sa première femme et peu après se remaria, accumulant toujours de nouvelles dettes, jusqu'à ce qu'en 1887 il abandonnât son emploi pour se rendre à Munich et y vivre de sa profession d'écrivain. Dans l'espace de trois ans, il avait déjà écrit cinq drames, deux volumes de nouvelles et un roman.

Dans la bohème artistique de Munich, il entra bientôt en contact avec les principaux représentants de la littérature de l'époque, notamment ceux du courant naturaliste. Peu à peu, son nom devenait célèbre et même le tourment des dettes, qui l'avait poursuivi pendant trente ans, diminua. L'accent joyeux de tant de ses poèmes cachait en réalité la misère et le découragement. Son second mariage lui aussi finit par un divorce, mais Liliencron se maria une troisième fois et s'établit dans les environs de Hambourg. La dernière période de sa vie fut enfin tranquille. L'empereur lui octroya une importante rente viagère ; il put jouir d'une vie familiale sereine et l'amitié affectueuse du poète Dehmel, établi dans les environs, le réconforta particulièrement. Cependant, c'est alors que des accents pessimistes dus à la peur de la vieillesse s'insinuent dans sa poésie. En 1909, l'université de Kiel le reçut docteur « honoris causa », et, peu de temps après, il accomplit avec sa famille un voyage en France pour revoir les champs de bataille où il avait combattu quelque quarante années auparavant. De cœur il était toujours resté un soldat, malgré ses inquiétudes et une certaine extravagance, peut-être parce que dans l'idéal militaire s'incarnait le romantisme de sa propre jeunesse ; pourtant les moments les plus heureux de ses *Poésies* (*) (1889) sont ceux qui témoignent d'une inspiration impressionniste. Du reste de ses œuvres — en plus de vingt-quatre volumes de poèmes parmi lesquels *Le Passant de la lande et autres poésies* (+) (1890) et *Poésies nouvelles* (+) (1893), il écrivit plus de vingt mille lettres — nous rappellerons encore les *Nouvelles de guerre* (1895) et le dernier recueil de poèmes, paru après sa mort, qu'il avait, comme dans un pressentiment, intitulé *Bonne Nuit* (+) (1909).

RÉF. : G. Kühl, *Liliencron*, Berlin, 1902. — Harry Mayne, *Detlev von Liliencron*, Berlin, 1920. — Hans Leip, *Liliencron*, Stuttgart, 1938. — H. Stolte, *Detlev von Liliencron Leben und Werk*, Husum, 1980.

LILIEV Nicolaï (pseud. de Nicolaï Mikhaïlov). Poète bulgare. Né le 26 mai 1885 à Stara Zagora, mort le 6 octobre 1960 à Sofia. Après des études de commerce en Bulgarie et en France, d'histoire littéraire en Suisse, il partage son existence entre un emploi pour gagner sa vie et la poésie. De 1934 à la fin de sa vie, il est directeur de répertoire au « Théâtre national » de Sofia. En tant que poète, Liliev représente l'apogée du symbolisme bulgare où, pour la première fois, le drame humain est chanté avec une discrétion aussi rare et un sens aussi profond et parfait de l'expression musicale. Son œuvre lyrique, d'un tragique émouvant où dominent le souci des nuances, la douceur et la transparence des images, traduit l'unité d'une vie imprégnée de spiritualité et du souci d'une expression parfaite. Ses nombreuses traductions d'auteurs français, anglais, allemands et russes sont d'un intérêt également particulier. Ses œuvres principales sont *Oiseaux dans la nuit* (*) (1918), *Taches de lune* [*Lounni petna,* 1922], *Poésies* [*Stikhotvorénja,* 1932].

LILLO George. Auteur dramatique anglais. Né à Londres le 4 février 1693, mort dans cette même ville le 3 septembre 1739. On ne sait presque rien de sa vie. Il semble qu'il devait descendre de réfugiés flamands ; bijoutier, comme l'avait été son père, il n'écrivait que pendant ses heures de loisir, pour son plaisir personnel. Il composa sept pièces de théâtre (dont la première fut jouée à Drury Lane en 1730), qui rompent avec la tragédie classique mise à la mode par l'influence française, et créent, ou tout au moins annoncent, le drame moderne d'atmosphère domestique et bourgeoise. *Le Marchand de Londres ou l'Histoire de George Barnwell* (*) (1731) est particulièrement réussi ; c'est un drame en prose qui a pour cadre la vie contemporaine et qui, par son réalisme de langage et les éléments à sensation de son argument, se rapproche du roman d'aventures de Smollett et de Defoe. Rappelons encore *Le Héros chrétien* [*The Christian Hero,* 1735], et *La Curiosité fatale* (+) (1736), portée à la scène par Fielding dans son théâtre de Haymarket. C'est après la mort de l'écrivain que parurent *Arden de Feversham* (*), refonte d'un drame élisabéthain anonyme et homonyme, et *Elmerick ou le Triomphe de la justice* [*Elmerick, or Justice Triumphant,* 1740].

LIMA BARRETO Afonso Henriques de. Romancier et journaliste brésilien. Né et mort à Rio de Janeiro : 13 mai 1881-1er novembre 1922. Il empruntera différents pseudonymes : Rio de Pina, Dr Bogoloff, Phileas Fogg, S. Holmes. Ce fils de métis, orphelin précoce, qui connut toute sa vie les préjugés raciaux et littéraires, l'alcoolisme et la folie (il sera interné à plusieurs reprises), fut — parallèlement à une carrière de petit fonctionnaire au secrétariat d'État à la Guerre — tour à tour journaliste, chroniqueur, et écrivain (contes, satires, journal intime, correspondance). Il est surtout connu comme le romancier des petites gens, de la ville (Rio) et des faubourgs. La tentative d'entrée à l'Académie brésilienne des lettres de cet autodidacte baigné de littérature française et russe échouera deux fois. Il jouera également un rôle politique et lancera en 1918 le manifeste maximaliste de tendance socialiste, tout en étant farouchement opposé à la

République et au progrès incarné à l'époque par le positivisme : c'est davantage les excès et les bassesses de leurs adeptes que les idées en tant que telles qu'il combattra. Il s'érigera de la même façon contre le football et l'émancipation des femmes. Le libre penseur Lima Barreto sera donc perçu comme un provocateur. Il ne doit pas cette image au ton parfois virulent ou excessif de ses écrits – on se contentera tout au plus de lui reprocher un certain laisser-aller dans l'écriture –, mais plutôt à cette volonté de mise à plat, qu'il incarnera désormais, des grands mythes nationaux. Trois de ses romans resteront célèbres, sans doute par leur réalisme criant et par ce qu'ils révèlent de sa propre vie, ce qui fera écrire à Mendonça Teles qu'« une bonne part de la vie de Afonso Henriques de Lima Barreto a clairement été utilisée par l'écrivain Lima Barreto, et que l'idéologie de l'écrivain qui transparaît dans ses romans coïncide avec celle du narrateur... » : *Souvenirs d'un gratte-papier* (*) (1909), *Sous la bannière étoilée de la Croix du Sud* (*) (1915), *Vie et mort de M. J. Gonzaga de Sá* (*) (1919). On lui doit également d'autres romans : *Numa e Ninfa* (1915), et *Clara dos Anjos* (1948) ; une satire : *Os Bruzundangas* (1923).

MONIQUE LE MOING.

RÉF. : F. de Assis Barbosa, *A vida de Lima Barreto*, Rio, 1964 ; 2e éd. 1981. – O. Lins, *Lima Barreto e o espaço romanesco*, São Paulo, 1976. – C.-E. Fantinati, *O profeta e o escrivão : estudo sobre Lima Barreto*, São Paulo, 1978. – M.-Z.-F. Cury, *Um mulato no reino de jambom. As classes sociais na obra de Lima Barreto*, São Paulo, 1981. – H.-P. da Silva, *Lima Barreto : escritor maldito*, Rio, 1981.

LIMBOUR Georges. Écrivain français. Né à Courbevoie (Hauts-de-Seine) le 12 août 1900, mort en Espagne le 19 mai 1970. Sa famille est d'origines normande et ardennaise. Son père, officier d'infanterie, se déplace avec les siens en différentes garnisons. Georges Limbour fait ses études secondaires au Havre. Avec son condisciple Jean Dubuffet, en octobre 1918, il gagne Paris où il obtiendra le P.C.N. (certificat d'études physiques, chimiques et naturelles) et une licence de philosophie. Dubuffet lui fait connaître à Montmartre Max Jacob, Antonin Artaud et André Masson. Avant d'être réformé, il commence son service militaire à la caserne de La Tour-Maubourg dans le peloton spécial des étudiants, où il rencontre Arland, Vitrac, Crevel, Dhôtel et collabore avec eux en 1921 à la revue *Aventure,* qui publie ses premiers poèmes et le début d'un conte : *L'Enfant polaire* dont la fin paraîtra dans le premier et dernier numéro de la revue *Dés.* Il est alors amené à se joindre aux surréalistes. Il fait la connaissance de Louis Aragon, de Michel Leiris et d'André Breton. Mais il traitera bientôt ce dernier de « charlatan lyrique » et lui reprochera une adhésion trop commode au communisme et de jouer la comédie de la révolte sans prendre le moindre risque. Georges Limbour, qui plus tard rendra hommage à la ténacité et à l'influence du même André Breton, veut alors affirmer son indépendance par une rupture réelle avec les lieux communs de l'anticonformisme comme du conformisme. Sa passion c'est en vérité le voyage continuel, et sa carrière de professeur le mènera en 1924 à Koritza tout au fond de l'Albanie, puis en Égypte en 1926, enfin à Varsovie et en Hongrie jusqu'à la guerre. Il se lancera parfois seul dans des équipées comme la traversée du djebel Druse qu'il fit vêtu en Palestinien au moment de la rébellion. Après avoir été mobilisé, il est envoyé en 1940 au collège de Parthenay, d'où il est expulsé par les autorités allemandes qu'il a traitées avec désinvolture. Il enseigne à Dieppe de 1943 à 1955 puis à Paris, au lycée Jean-Baptiste-Say. Il mène alors une vie calme et devient un critique d'art remarquable, passant ses vacances sur les plages du sud de l'Espagne – où il trouvera la mort le 19 mai 1970. Sans cesse préoccupé d'errer, de regarder, passionné par la peinture, jouant de la guitare, nageur étonnant, il demeure étranger à toute carrière littéraire, n'écrivant que lorsqu'il est saisi par quelque apparition exotique ou étrange. Un recueil de nouvelles : *L'Illustre Cheval blanc* paraît en 1930, *Les Vanilliers* (*) en 1938 (îles et mers lointaines), *La Pie voleuse* (*) en 1939 (l'Espagne), *Le Bridge de madame Lyane* (*) en 1948 (la Hongrie), puis la *Chasse au mérou* (*) en 1963 (encore l'Espagne et la mer), *Élocoquente* (*) (1966) (un drame). Après sa mort paraissent *Soleils bas* (*) (1972) et *Contes et Récits* (*) (1973).

On connaît peu ses lectures qui ne paraissent pas très nombreuses. Il semble s'attacher aux seules œuvres qui l'éblouissent : *Hérodiade* de Mallarmé, Faulkner, Caldwell mais surtout Rimbaud. Certains accueillirent ses premiers poèmes, écrits à vingt ans, comme le renouvellement de cette parole incroyablement pure. Sans suivre en rien la démarche spirituelle de Rimbaud, ni sa façon d'écrire, il affirme la même révolution dans l'ordre de la poésie. C'est que pour lui il s'agit d'éliminer toute idée générale ou abstraite pour se livrer au jeu d'une imagerie qui ne soit pas simplement un exercice littéraire, mais une vision véridique au-delà des images et du monde. Dans son récit *Histoire de famille,* il nous fait assister à la pendaison d'un homme qui est le fils d'un oiseau et d'une bohémienne, fils en quelque sorte d'un rêve ou d'une idée. Or il arrive que cet oiseau s'embroche sur le mât d'un bateau, alors que ressuscite le pendu qui se livre entièrement à sa foi en la vie, c'est-à-dire en les images *vivantes* du monde. Déjà, dans son premier conte, l'enfant polaire, dont les membres sont arrachés par les élèves d'un pensionnat, croit que son corps retrouvera son intégrité et son animation, dès lors qu'il n'a jamais songé qu'à chérir les apparences merveilleuses du monde. Ces deux exemples montrent bien, en dehors de toute théorie, qu'il s'agit pour Limbour comme pour Rimbaud de trouver le salut et l'éternité par la *pratique* d'une vision intégrale ou intacte de ce qui se présente à nos yeux et à nos sens. Ce n'est pas simple illumination mais encore une curieuse étude du caractère insolite des choses et des êtres dans un style subtil, précieux même, avant tout voué à une extrême précision. Cela explique le contresens que l'on fait habituellement en ne retenant de ses romans ou poèmes qu'un jeu que l'on rapporte à une sorte de rêve esthétique, alors que pour lui c'est la preuve tangible d'une vérité aussi bien immédiate qu'éternelle. Ainsi lui arrive-t-il de décrire l'espace comme une donnée où se croisent le fini et l'infini et qui livre le secret même d'une résurrection de la pensée. Chacun de ses romans ne va pas sans une histoire complexe où l'on sera surpris de trouver l'horreur et les maléfices mêlés aux plus heureuses réalités de l'amour et de la beauté. C'est que son travail consiste non pas à opérer un choix poétique, mais, comme pour l'espace, à nous faire saisir les contradictions d'un monde toujours présentes ensemble. Il n'en résulte pas, comme il arrivera chez d'autres écrivains, le sentiment d'une absurdité ou d'un hasard existentiel. Bien au contraire, la mise en regard du malheur atroce et de la joie pure provoque une divergence saisissante qui témoigne du passage d'une lumière on dirait bien divine, propre à assurer notre conduite et notre pensée. Incroyant, Limbour ne cesse d'exprimer sa foi en des images saintes ou profanes ainsi que son étonnement de voir plus loin que le monde. Le héros du *Bridge de madame Lyane,* un pianiste, ne songe qu'à porter à la poste une lettre dont il attendra passionnément la réponse, mais sans ajouter la moindre importance à cette réponse, car le salut lui est acquis *déjà* par l'union avec l'aimée lointaine dans un au-delà devenu tout de suite évident. Massacré au cours d'une échauffourée par les sabots des chevaux et placé sur une civière, ce ne sera pas le néant, mais il partira, dit Limbour, « dans une direction inconnue ».

ANDRÉ DHÔTEL.

RÉF. : « Georges Limbour l'irréductible », in *Critique* n° 351-352, Paris, 1976.

LIN CHOU [Lin Shu] (ou Lin Ts'iuen-yu, nom public Ts'in-nan, surnom Wei-lou). Traducteur, poète, romancier et auteur dramatique chinois, né à Min-sien (province du Fou-tsien) en 1852, et mort à Pékin en 1924. Originaire d'une famille pauvre, Lin Chou fut un étudiant assidu et brillant, et dès sa jeunesse un peintre, un poète et un prosateur « accompli ». Après la mort de son père en 1870, il dut travailler, et il exerça le métier de professeur. Il obtint le diplôme de licencié en 1882, mais échoua à l'examen impérial du doctorat. Il exprima ses préoccupations sociales et certaines idées progressistes dans les romans, nouvelles et poèmes qu'il composa, tel le cycle des *Nouveaux Yue-fou de Min,* sur l'espoir de changer l'éducation des femmes, de rompre avec la coutume des pieds bandés, de soulager le peuple de ses misères et de ses lourds impôts... Il participa au mouvement réformiste de 1898, mais se montra plus conservateur après la révolution de 1911, jusqu'à être un opposant du mouvement du « Quatre-Mai-1919 » et de la littérature en langue vulgaire. Lin Chou passe d'ailleurs pour être le dernier grand auteur en langue classique « kou-wen ». C'est dans cette belle prose ancienne qu'il rédigea les quelque cent cinquante-six traductions d'œuvres littéraires occidentales qui l'ont rendu célèbre. Plutôt que de traductions, il s'agissait en fait d'adaptations, car Lin Chou ne connaissait aucune langue étrangère. Des amis lui traduisaient oralement les textes qu'il transposait immédiatement dans le plus pur « kou-wen ». Il avait ainsi idéalement évincé le martyre du traducteur, et conquis la plus grande liberté. Il sut parfois rendre pertinemment l'esprit, mais sans doute souvent re-créa-t-il les œuvres – et la plus célèbre de ses « re-créations » fut *La Dame aux camélias* (*). Après le succès de son Dumas fils, Lin Chou introduisit les *Fables* (*) d'Ésope, l'*Iliade* (*) et l'*Odyssée* (*), les *Contes tirés de Shakespeare* de Lamb, *Robinson Crusoé* (*) de Defoe, des versions en prose de *Jules César* (*), *Henri IV* (*) et *Henri VI* (*) de Shakespeare, des extraits de Balzac, Hugo, Montesquieu, Cervantes, Ibsen, Irving... Il s'attacha tout particulièrement à Dickens dont il traduisit quelques romans, ainsi qu'à Haggard, dont il adapta une vingtaine d'œuvres.

VALÉRIE LAVOIX.

RÉF. : Leo Ou-fan Lee, *Lin Shu and his Translations : Western Fiction in Chinese Perspective,* in *Papers on China,* vol. 19, Cambridge (Mass.), 1965 ; *The Romantic Generation of Modern Chinese Writers,* Cambridge (Mass.), 1973.

LINCOLN Abraham. Seizième président des États-Unis d'Amérique. Né dans le Hardin County (Kentucky), le 12 février 1809, assassiné à Washington le 15 avril 1865. L'adolescence de ce fils d'humbles pionniers, dont les ancêtres immigrèrent en Amérique en 1637, se passa dans les bois et au bord des fleuves de l'Indiana et de l'Illinois. Puis ce furent les années de formation à New Salem (droit et classiques). Les inquiètes relations amoureuses de ce jeune avocat de province, pauvre, à la silhouette décharnée et mélancolique, se sont, dans la légende, entourées de poésie (c'est précisément un poète, Carl Sandburg, qui a été le principal biographe de Lincoln). En 1837, ce jeune homme, qui s'était révélé un fervent « whig », s'établit à Springfield, dans l'Illinois, et y demeura pendant vingt-quatre ans, à l'exception d'une période de présence – sans éclat – au Congrès, en qualité de membre de la Chambre des Représentants (1847-1849). À quarante ans, Lincoln était encore un avocat et un homme politique de province presque inconnu en dehors de l'Illinois ; il avait appris de Jefferson les premiers principes de la démocratie, et professait des idées réalistes et modérées au sujet du problème fondamental de l'époque, celui de l'esclavage des Noirs dans le Sud. Il considérait que l'esclavage est une plaie sociale, et il était fermement convaincu qu'il fallait en empêcher l'extension dans les États américains du Nord, mais il ne projetait pas d'en imposer l'abolition aux États agricoles du Sud ; il était favorable à une action pacifique tendant à une abolition progressive de l'esclavage. En cela, Lincoln se faisait mal voir des partisans les plus enflammés des deux partis, mais il est certain qu'il comprenait combien ce problème était lié à la physionomie complexe de l'économie du Sud, et combien le slogan de l'émancipation était susceptible de servir des visées plus larges et plus déterminantes dans la lutte entre le capitalisme industriel du Nord et le régime de la grande propriété du Sud.

Lincoln, peu à peu, s'orientait vers le parti républicain, auquel il adhéra après la convention de Bloomington en 1856. Candidat des républicains pendant la campagne pour les élections sénatoriales de 1858, il fut battu, mais ces célèbres discussions avec le candidat démocrate Douglas le rendirent populaire dans toute la Fédération : il avait révélé des dons extraordinaires d'orateur, une profondeur de pensée et de culture, une maturité de jugement et une grande foi en sa propre « mission ». À la suite de cette campagne, le parti républicain acquit en lui un leader de réputation nationale. En 1860, au cours d'une période agitée de scissions et de haines, Lincoln commença sa campagne pour la présidence. Bien qu'il ressentît profondément le tourment de la démocratie, sa position était nette : au problème des esclaves, il opposait celui de l'Union et, au moyen d'une habile politique modérée, il essayait de se concilier les sympathies du Nord (en promettant des facilités à la grande industrie et en visant à gagner les démocrates par un projet de concession gratuite de terrains) et celles du Sud, et d'éviter la sécession « anarchique ». Élu, en 1861, seizième président des États-Unis à une légère majorité, il trouva toutefois le Nord exaspéré et indécis, et le Sud défiant et hostile, sur le point de s'unir en Confédération (février 1861). Le discours inaugural de sa présidence est l'une de ses dernières tentatives pour sauver l'Union en s'attachant le Sud par l'application de la loi qui imposait la restitution des esclaves enfuis. Avec un gouvernement mal assuré et divisé comme le sien, les faux pas et les faiblesses étaient plus que justifiables, mais lorsque la guerre civile éclata en avril 1861 (à la suite de l'occupation de Fort Sumter par les Confédérés), Lincoln se montra puissant et rapide contre les « insurgés » et ceux qui les favorisaient, contre ceux qui refusaient de prendre les armes et contre les intrusions étrangères, au point qu'il s'acquit une réputation de dictateur en dépit de toute sa clémence et de toute sa modération. Il dut s'improviser stratège et général en chef, remédier aux désastres militaires, aux séditions, à la corruption interne, opposant sa foi tranquille à toutes les critiques et à toutes les accusations. Il décréta des lois martiales draconiennes, instaura une censure très serrée pour la presse, tandis qu'il signait des décrets pour l'augmentation de la puissance de la grande industrie et du capitalisme.

Sa mission était d'empêcher l'effondrement de cette civilisation tourmentée dont il était lui-même la personnification ; sa foi se trouve répandue dans son *Discours de Gettysburg* [*The Gettysburg Address*, 1863], dans la *Proclamation de l'émancipation* [*Proclamation of Emancipation*, 1863] et dans le discours prononcé à l'occasion de sa réélection (1865), où il exhortait à « ne pas juger les ennemis » ; cette foi le soutenait dans les heures les plus critiques et les plus amères. Lorsque la guerre fut gagnée, Lincoln ne pensa plus qu'à se consacrer au lourd effort de reconstruction, mais le pistolet d'un fanatique, l'acteur John Wilkes Booth, l'en empêcha en le tuant d'un coup à la nuque tandis qu'il se trouvait dans une loge du Théâtre Ford, à Washington. Un imposant tribut d'affection et de douleur fut offert par le peuple sur le passage de la dépouille mortelle depuis la capitale jusqu'à Springfield. Mis à part ses erreurs et ses faiblesses d'homme d'État, il avait effectivement donné en sa propre personne une expression profonde, émouvante et complexe de l'esprit de la race. Dans ses *Écrits* (*) (1856-1865), il nous reste un vaste et précieux témoignage de sa personnalité et de sa carrière.

NICOLA D'AGOSTINO.

♦ *« Abraham Lincoln m'apparaît comme étant la plus grande figure parmi toutes celles qui ont peuplé les fastes du* XIX*e siècle. »* Walt Whitman.

RÉF. : J. G. Nicolay et J. Hay, *Abraham Lincoln ; a History*, 10 vol., New York, 1890. – James Morgan, *Abraham Lincoln, the Boy and the Man*, New York, 1908. – W. P. Pickett, *The Negro Problem : Abraham Lincoln's Solution*, New York, 1909. – Yvonne Pitrois, *Abraham Lincoln, le libérateur des esclaves*, Toulouse, 1911. – B. Whitlock, *Abraham Lincoln*, Paris, 1920. – C. Sandburg, *Abraham Lincoln*, 6 vol., New York, 1926-1939. – Emil Ludwig, *Lincoln*, Paris, 1933. – Jay Monaghan, *Lincoln Bibliography*, 2 vol., Springfield, 1943. – J. G. Randall, *Lincoln, the President*, 2 vol., New York, 1945. – Geneviève Foster, *Abraham Lincoln et son temps*, Paris, 1952. – Claude Aragonnès, *Lincoln, héros d'un peuple*, Paris, 1955. – Benjamin P. Thomas, *Abraham Lincoln*, Paris, 1955. – Stephen B. Oates, *Abraham Lincoln*, Paris, 1987.

LINDEGREN Erik. Poète suédois. Né le 5 août 1910 à Luleå, mort le 31 mai 1968 à Stockholm. Après son baccalauréat obtenu en 1930, il publie en 1935 un premier recueil de poésie, élégant, ironique, dans le goût du temps, *Jeunesse posthume* [*Postum ungdom*].

Suivent quelques années de lectures – philosophie, histoire des religions, littérature classique et moderne – et de traductions. En 1942, il publie à compte d'auteur *L'Homme sans voie* (*) qui devient le bréviaire de toute la nouvelle génération d'écrivains des années quarante. Par cette œuvre explosive et par ses essais critiques dans divers journaux et revues, ainsi que par ses traductions – en particulier de poètes français –, Lindegren est devenu le chef de file, avec Karl Vennberg, de la littérature nouvelle, position affermie avec *Suites* [*Sviter,* 1947], recueil aérien et musical qui influencera profondément la poésie plus « romantique » des années cinquante, tendance encore accentuée par les parentés entre son dernier recueil, plus las et plus amer, *Sacre de l'hiver* [*Vinteroffer,* 1954] et l'œuvre du grand romantique Stagnelius. L'écrivain a entretenu avec les autres arts des rapports étroits, comme en témoigne la revue *Prisma*, qu'il dirigea de 1948 à 1950. C'est ainsi qu'on lui doit des poèmes sur les tableaux des surréalistes du « groupe de Halmstad » et qu'il a écrit, en collaboration avec des compositeurs et chorégraphes, des arguments de ballet. Il a transformé le roman de Hjalmar Bergman, *Monsieur von Hancken*, et le poème de Martinson, *Aniara,* en livrets d'opéras et réécrit les versions suédoises d'opéras comme *Don Juan* (*) et *Ballo di maschera.* Enfin, il a traduit des auteurs fort divers, depuis Faulkner jusqu'à Saint-John Perse en passant par T. S. Eliot, Claudel, Nelly Sachs et Rilke.

CARL GUSTAV BJURSTRÖM.

LINDGREN Astrid. Écrivain suédois. Née le 14 novembre 1907 à Näs près de Vimmerby (Suède). Astrid Lindgren relève d'une tradition très vivante de littérature enfantine dans un pays où les mythes et les contes peuplés d'êtres surnaturels font partie de l'univers de chacun. Grâce à elle, ce genre déjà florissant en Suède a connu un essor nouveau à partir de 1945. Se référant à la psychologie moderne, Astrid Lindgren se démarque pourtant d'auteurs plus anciens, volontiers moralisateurs, telle Elsa Beskow (1874-1953). On distingue deux veines principales dans l'abondante production d'Astrid Lindgren : l'une humoristique et optimiste, l'autre plus tragique. Son premier livre sur les espiègleries d'une fillette, *Fifi Brindacier* (*) (1945), lui apporta un immense succès. Ce roman allait donner l'élan à une œuvre où l'enfant est roi, éduqué sans contraintes et libre de rêver à sa guise. *Nous les enfants du village Boucan* [*Alla vi barn i Bullerbyn,* 1946], suivi de *Nouvelles aventures au village Boucan* [*Mera om oss barn i Bullerbyn,* 1949] et d'*Aventure au village Boucan* [*Bara roligt i Bullerbyn,* 1952], décrit la vie quotidienne des gamins comme une suite de péripéties passionnantes. Astrid Lindgren s'est aussi inspirée de son enfance, passée dans la province rurale du Småland, pour narrer les mille et une farces d'un jeune fripon curieux et plein d'audace, *Zozo la Tornade* [*Emil i Lönneberga,* 1963] (suivi des *Nouvelles farces de Zozo la Tornade* [*Nya hyss av Emil i Lönneberga,* 1966] et des *Cahiers bleus de Zozo la Tornade* [*Än lever Emil i Lönneberga,* 1970]). Sur le mode burlesque, l'auteur en profite pour dépeindre le milieu des paysans pauvres au début du XXe siècle et dénoncer l'héritage encore vivant du patriarcat. *Vic le Victorieux* [*Lillebror och Karlsson på taket,* 1955], suivi du *Retour de Vic le Victorieux* [*Karlsson på taket flyger igen,* 1962] et de *La Réapparition de Vic le Victorieux* [*Karlsson på taket smyger igen*, 1968], illustre l'amitié d'un garçon solitaire avec un être sorti de son imagination, un petit homme qui se propulse dans les airs grâce à une hélice fixée dans son dos. Sous les traits de ce personnage non conformiste, vantard et déconcertant, Astrid Lindgren ridiculise les travers des adultes et les idées bourgeoises. Elle sait également captiver des lecteurs plus avancés par des intrigues policières dont les acteurs sont des adolescents : *L'As des détectives* [*Mästerdetektiven Blomkvist,* 1946]. Cependant les dures réalités sociales ainsi que la maladie et la mort inspirent à Astrid Lindgren des récits plus sombres et marqués par la mélancolie. *Mio, mon Mio* [*Mio, min Mio,* 1954] est un roman pathétique où un orphelin en peine de tendresse fuit une existence pénible pour se réfugier dans un monde onirique et fabuleux dont il devient le héros. Rasmus, un autre orphelin, aura plus de chance dans sa quête : *Rasmus et le vagabond* [*Rasmus på luffen,* 1956]. Enfui de l'Assistance publique, il rencontre un délicieux vagabond amoureux de la vie et de la musique qui porte un regard amusé et critique sur la société. Il saura se faire adopter par ce père marginal mais honnête et sage. Dans cet hymne à la nature et aux joies simples, qui s'inscrit dans la lignée du célèbre roman de Harry Martinson *Le Chemin de Klockrike* (*) (1948), Astrid Lindgren montre que le sentiment de sécurité naît de l'affection et non des richesses matérielles. L'histoire des *Frères Cœur de lion* [*Bröderna Lejonhjärta,* 1973] est prétexte à une réflexion sur la mort, destinée aux enfants. L'ouvrage fut controversé puisque sur un arrière-plan épique elle plonge deux frères dans un inquiétant monde de légendes à la fois poétique et cruel. L'art d'Astrid Lindgren culmine dans son plus récent chef-d'œuvre, *Ronya, fille de brigand* [*Ronja Rövardotter,* 1981], brillante synthèse de ses ambitions littéraires. Situé dans un passé indéfini, ce livre développe, par le biais de l'amour que se vouent deux enfants de clans opposés, les thèmes qui retiennent toujours davantage l'auteur : la peur, le bonheur, le combat pour la paix et un avenir meilleur. Dans tous ses romans, Astrid Lindgren est parvenue à recréer le monde merveilleux de l'enfance dont elle sait relater aussi les expériences douloureuses. La magie des mots, la spontanéité du style emportent l'adhésion de son jeune public. Complice des enfants, Astrid Lindgren charme également les adultes par ses récits intemporels et universels, comme en témoigne la traduction de ses romans en cinquante-quatre langues.

MAY-BRIGITTE LEHMAN.

LINDSAY Vachel. Poète américain. Né le 10 novembre 1879 à Springfield (Illinois), mort dans cette même ville le 5 décembre 1931. Poussé par le besoin, il partit en 1905 de New York, vers l'Ouest, en vagabond. Pour gagner le vivre et le couvert dans les auberges, il déclamait et chantait ses improvisations. Sa poésie rude et expressive, son rythme audacieux qui était bien au goût de l'époque, ses accents tantôt frénétiques et brutaux, tantôt captivants, appelèrent sur lui l'attention. Il se crut bientôt chargé d'une mission évangélique, et ses poèmes parurent dans diverses revues et même en volumes. On parlait d'une renaissance de la poésie américaine qui aurait commencé avec lui. Il continuait néanmoins son « vagabondage poétique », qui perdait de sa saveur avec les années et devenait un mode de vie assez humiliant. En hiver, il mettait son talent au service des associations catholiques et de tempérance. Malgré son désir, il n'arriva jamais à s'instruire, et vécut toujours misérablement ; mal portant, il était certainement victime d'un déséquilibre mental. On l'a surnommé le « saint François de l'insulte » et le « William Blake du jazz ». Ses poésies, outre ses trois premiers recueils, sont : *Le Général William Booth entre au ciel* (*) (1913), *Le Congo et autres poèmes* (*) (1914), *Le Rossignol chinois* [*The Chinese Nightingale,* 1917]. Lindsay avait épousé en 1925 une institutrice dont il eut deux enfants. Quelques années plus tard, il revint dans sa ville natale qu'il avait tellement embellie dans ses rêves. Mais sa veine poétique s'était tarie et ses dernières années furent sombres ; sa mort fut probablement volontaire.

RÉF. : E. L. Masters, *Lindsay, a Poet in America,* New York, 1935. – A. Massa, *Vachel Lindsay : Fieldworker for the American Dream,* Bloomington, 1970.

LING MENG-TCH'OU [Ling Mengchu]. Écrivain chinois. Né à Wucheng en 1580, mort en février 1644 à Fangzun. N'ayant réussi qu'aux examens officiels du premier niveau, il n'a commencé une carrière de petit fonctionnaire qu'à quarante-quatre ans ; mais, ayant su faire déposer les armes à des rebelles, il devint inspecteur des armées sur la moyenne vallée du Yang-tsé. Il fut tué l'année suivante en 1644 en se battant contre la rébellion de Li Tse-tch'eng, qui précéda l'invasion mandchoue. Il vécut la plupart du temps à Nanking et publia à Sou-tcho un certain nombre de livres d'érudition. Il est l'auteur de pièces de théâtre, dont trois ont été conservées. Mais c'est comme l'auteur de deux recueils de récits en chinois vulgaire, *Récits extraordinaires* (*), qu'il est entré dans l'histoire littéraire.

JACQUES PIMPANEAU.

LINGUET Simon Nicolas Henry. Avocat, écrivain et journaliste français. Né le 14 juillet 1736 à Reims, guillotiné à Paris le 27 juin 1794. Un père professeur exilé de Paris pour jansénisme, de brillantes études, de pâles débuts littéraires avec Dorat et sous l'égide de Fréron, des emplois subalternes, des projets avortés, des années d'errance. En 1765, devenu avocat au parlement de Paris, il débute par l'affaire du chevalier de La Barre, ne pouvant que défendre ses coaccusés, connus pendant un séjour à Abbeville. Les procès d'Aiguillon, Morangiés, Marthe Camp le rendent célèbre. Plaidoiries, polémiques, attaques contre ses confrères amènent sa radiation qu'entérine (1775) un parlement digérant mal sa *Théorie des lois civiles* (*) (1767). Il dirige alors le *Journal de politique et de littérature,* mais en est dépouillé. De Londres puis de Bruxelles, il lance ses *Annales,* journal d'opinion, de vindictes personnelles, de confidences, avec un succès remarquable et, longtemps, l'appui de la Cour. Lors d'un séjour à Paris, ses ennemis le font embastiller (1780-1782) ; libre, fuyant sa patrie, il publie ses fracassants *Mémoires sur la Bastille.* Fixé à Bruxelles, protégé par l'Autriche, il rompt avec elle lors des troubles de 1789. Incarcéré, il évite de peu une condamnation et rentre en France. Maire de Marnes-la-Coquette en 1792, suspect en septembre 1793, il est emprisonné à la Force puis chez Belhomme. Jugé par le tribunal révolutionnaire, il est exécuté le même jour, et jeté dans les fosses du charnier de Picpus. En 1798, Restif de La Bretonne lui attribuera son *Anti-Justine* (*).

DANIEL BARUCH.

LINNA Väinö. Romancier finlandais d'expression finnoise. Né à Urjala le 20 décembre 1920. Originaire du Häme (Finlande centrale), Väinö Linna a perdu son père très tôt. Avec ses six frères et sœurs, il a connu dans son enfance le dénuement et la servitude dans une campagne où le métayage restait dominant. Il quitte l'école à treize ans, mais les emplois sont rares. En 1938, il va travailler à l'usine à Tampere. Il est mobilisé après la « guerre d'hiver », et passera sur le front de Carélie deux années marquantes : déjà boulimique de lecture, il y prend goût à l'écriture. Après la guerre, il se marie et retourne à l'usine à Tampere. Il écrit son premier roman, *Le But* [*Päämäärä,* 1947], d'inspiration autobiographique, qui révèle en même temps toutes ses qualités et son inexpérience : un jeune ouvrier, qui ne trouve un sens à la vie qu'en écrivant, voit son roman refusé ; tenté par le suicide, il poursuivra néanmoins son combat. Le succès du roman lui ouvre les milieux littéraires de

Tampere, qui est déjà un centre important. En 1948 paraît son deuxième roman, *Amour noir* [*Musta rakkaus*], drame de la jalousie influencé par Strindberg et Dostoïevski, qui connaîtra en dix ans trois éditions. Et c'est après sept ans de silence que Linna, se tournant vers le réalisme, publie des œuvres maîtresses, qui ont secoué la société finlandaise tout entière.

La guerre a été pour lui et pour sa génération une expérience déterminante. Linna entend écrire un roman qui montre, libéré de toute rhétorique patriotique, la guerre et les soldats finlandais tels qu'ils étaient en réalité. C'est *Soldats inconnus* (*) (1954), dans lequel Linna suit une poignée d'hommes depuis le début jusqu'à la fin de la guerre. Unanimement accueilli comme un grand roman, son réalisme a provoqué une polémique qui a divisé le pays : pour certains, Linna montrait la guerre sous son vrai jour, mais pour d'autres, il outrageait l'armée finlandaise.

Le succès de *Soldats inconnus* permet à Linna d'abandonner son travail à l'usine. Sa deuxième grande œuvre, une trilogie, *Ici sous l'étoile polaire* (*) (1959, 1960, 1962) est une vaste fresque évoquant la vie dans un village du Häme de 1880 à la guerre d'hiver, à travers l'histoire d'une famille de métayers. Linna y présente de manière novatrice la guerre civile de 1919, qui se termina par la victoire des Blancs et une répression sanglante. Ce traumatisme – la société finlandaise avait été dramatiquement coupée en deux – n'avait été traité auparavant que dans une perspective humanitaire : *Sainte Misère* (*) de Silanpää. Linna vient corriger la présentation traditionnelle de cet épisode imposée par les vainqueurs : par un tour de force d'objectivité, il parvient à rétablir dans la conscience sociale finlandaise la dignité des vaincus. Comme le roman précédent, la trilogie suscite un débat public extrêmement animé, et sera couronné en 1962 du prix nordique du roman.

Le rôle social et politique de l'œuvre de Linna est donc exceptionnel : il a contribué à lever des tabous, à faire assumer par la société finlandaise les deux épisodes les plus douloureux de son histoire de manière moins mensongère, mais cela n'a été rendu possible que par des qualités de romancier unanimement reconnues.

Linna s'assigne un thème bien précis, qui détermine toutes ses perspectives romanesques : l'armée en guerre dans son premier grand roman, le village de Peninkulma dans sa trilogie. Il choisit également un héros, un héros collectif : un groupe d'hommes dans *Soldats inconnus*, dont une dizaine émergent, et la famille de Jussi Koskela dans la trilogie, ce qui ne l'empêche pas de dessiner des personnages « secondaires » avec beaucoup de relief.

Tout dans l'histoire, estime Linna, est relatif : non engagé lui-même, il tente d'expliquer les actions d'hommes impliqués dans une histoire qu'ils ne maîtrisent que très partiellement. Linna ne livre pas ses analyses de façon didactique. Avec laconisme, non sans humour, il montre : sa troisième personne est neutre, sans commentaires. C'est au lecteur de réfléchir aux actes et aux paroles des personnages auxquels il prête une langue d'un réalisme rigoureux. Dans des dialogues puissants, Linna n'hésite pas à faire appel au jargon militaire ou aux régionalismes.

Les modernistes ont reproché à Linna son traditionalisme. S'il est vrai qu'il s'inscrit dans une double lignée – celle du roman social finlandais, *Les Sept Frères* (*) d'Alexis Kivi, et du roman russe du XIXe siècle (Tolstoï, Dostoïevski, Leskov), – il n'en a pas moins une voix originale : dans ses œuvres se trouvent fondues avec talent ses préoccupations éthiques (qui transparaissent, notamment dans la trilogie, par des personnages-modèles) et une rigueur sociologique constante. Ainsi Linna a-t-il inscrit son nom parmi les tout premiers de la littérature finlandaise contemporaine.

EVA TOULOUZE.

LINNANKOSKI Johannes (pseud. de Vihtori Peltonen). Écrivain finlandais. Né le 28 octobre 1869 à Askola (Finlande méridionale), mort le 10 août 1913 à Porvoo. Fils de paysans, il exerça d'abord des métiers manuels. Pendant deux ans, de 1888 à 1890, il fréquenta l'École normale primaire de Jyväskylä, qu'il abandonna pour entrer comme employé dans une maison d'éditions à Porvoo. En 1899, il quitte cet emploi, pour se consacrer uniquement à la littérature. Idéaliste fervent, mais doué de par son origine d'un remarquable sens pratique, il s'intéressa activement au bien public par un grand nombre d'écrits largement diffusés. Son art narratif, tout en se ressentant de ses intentions moralisantes, possède un grand caractère de fraîcheur et une exquise spontanéité. Son roman *Chant de la fleur rouge* (*) (1905) témoigne d'un sens profond de communion avec la nature ; son long récit *La lutte pour la terre de Heikkilä* [*Taistelu Heikkilän talosta,* 1907] traite d'une sombre histoire d'alcoolisme ; la psychologie des personnages du roman *Les Fugitifs* (*) (1908) est plus équilibrée. Linnankoski écrivit également pour le théâtre : *La Lutte éternelle* [*Ikuinen taistelu,* 1903] où sont mis en scène Caïn et Abel, *Les Malédictions* [*Kirot,* 1907], drame allégorique sur les conditions politiques de l'époque, *Samson et Dalila* [*Simson ja Delila*], *La Fille de Jephté* [*Jeftan tytär*], ces deux dernières œuvres de 1911. Son dernier ouvrage fut un recueil de contes, *Échardes* [*Sirpaleita,* 1913].

LINNÉ Charles de (Carl von Linné). Naturaliste suédois écrivant en latin. Né le 23 mai 1707 à Stenbrohult (Suède), mort le 10 janvier 1778 à Uppsala. Fils d'un ancien paysan devenu pasteur, il en hérita la passion des plantes et reçut de lui ses premiers éléments de botanique. Il s'inscrivit en 1727 à la faculté de médecine de Lund, et l'année suivante se rendit à Uppsala. Là, encore étudiant, il écrivit un petit ouvrage sur les *Mariages des arbres* [*Nuptiae arborum,* 1729] et le fit lire à son professeur de botanique, qui le nomma son assistant. En 1730, en remplacement de ce professeur, Linné commença à donner les leçons qui devaient lui procurer une grande notoriété, au point qu'en 1732 l'académie des sciences d'Uppsala l'envoya en Laponie pour recueillir des plantes : il raconta son voyage dans *Lachesis lapponica* (publié après sa mort, en 1811), et en exposa les résultats scientifiques dans *Flore de Laponie* [*Flora lapponica,* Amsterdam, 1737].

Ayant passé son doctorat en médecine, il se fiança à une jeune fille appartenant à une très riche famille (1735), puis, après avoir voyagé en Hollande, s'installa à Leyde où il s'acquit de nombreuses amitiés et se fit grandement apprécier. Gronovius, ayant eu connaissance du manuscrit du *Système de la nature* (*), le fit publier à ses frais à Leyde en 1735. Financé par un banquier hollandais, Linné poursuivit ses études et publia en 1736 les *Fondements de la botanique,* ouvrage qui remporta un vif succès et influença beaucoup les études botaniques du XVIIIe siècle ; cet ouvrage fut suivi peu après de la *Méthode de classification des plantes* (1737). Après un bref voyage en Angleterre (1736), Linné retourna en Hollande où il s'occupa de la publication d'autres ouvrages – dont *Les Genres des plantes* (1737) et *Les Ordres des plantes* (1738). Au cours de cette même année 1738, après un passage à Paris, il revint définitivement dans sa patrie et s'établit d'abord à Stockholm où, sans abandonner ses études botaniques, il se mit à exercer la profession médicale. En 1741, il fut nommé à la chaire de physique et d'anatomie de l'université d'Uppsala d'où, en 1742, il passa définitivement à celle de botanique. Le reste de sa vie s'écoula entre Uppsala et Hammarby, où il s'était fait construire une villa et un pavillon pour son propre musée. Pendant ses dernières années, il s'occupa de la publication de ses ouvrages les plus importants. Rappelons les rééditions du *Système de la nature*, qui, d'une simple ébauche qu'était l'édition de 1735, devint une œuvre monumentale dans l'édition de 1758-1759. Citons encore la *Philosophie botanique* (*) (1751) et enfin *Les Espèces des plantes* (*) (1753). Linné ne fut pas seulement un biologiste, mais un classificateur. Il n'avançait aucune théorie sur la vie : peu philosophe, il se montrait surtout un observateur patient et très perspicace et possédait l'art de décrire avec une grande élégance. Un ouvrage de Camerarius sur le sexe des plantes le poussa à étudier les organes de la génération, et il parvint ainsi à l'idée d'une classification sexuelle. Ce fut seulement dans la *Philosophie botanique* qu'il codifia la méthode de nomenclature binôme ; il l'appliqua aux plantes en 1753, puis aux animaux dans les éditions successives du *Système*. Dans les dernières années de sa vie, il reçut de grands honneurs ; en particulier, en 1762, un titre nobiliaire. Mais depuis un certain temps sa santé déclinait, et à partir de 1767 il commença à perdre la mémoire ; en 1774, il fut frappé d'apoplexie, et ne survécut que quelques années. Son fils unique étant mort, Linné avait laissé tous ses biens à sa femme ; celle-ci vendit ses livres, ses manuscrits et ses collections à la Société linnéenne de Londres, qui fut fondée en 1788.

GIULIO PRETI.

RÉF. : Elis Malmeström, *Carl von Linné. Geniets kamp för kharhet,* Stockholm, 1964. – Wilfrid Blunt, *Carl von Linné,* Stockholm, 1977, trad. *Linné, le prince des botanistes,* Paris, 1986.

LIN-TSI. Moine bouddhiste chinois. Mort vers 867 dans le nord-ouest de la Chine. Vers 700, au début de l'époque des T'ang (618-907), s'est constituée au sein du bouddhisme une école spécifiquement chinoise en réaction contre la méditation passive de l'école indienne bien qu'elle en ait gardé le nom. Cette école du Tch'an (déformation du sanskrit Dhyâna, qui allait donner le Zen au Japon) eut pour principal initiateur un Cantonais marginal nommé Houei-Neng. Un siècle et demi après lui, Lin-Tsi a donné en quelque sorte son expression à l'école tch'an. Son enseignement nous est connu par des *Entretiens* (*) qui ont été compilés par un disciple.

JEAN PIE LAPIERRE.

LIO AN [Liu An] (aussi appelé Houai-nan tse). Né vers 180 et mort en 122 av. J.-C., Lio An était prince de Houai-nan et petit-fils de l'empereur Kao-tsou (régnant de 206 à 195 av. J.-C.). Il vécut à une époque de reconstruction et de restauration tant de l'empire que de son patrimoine littéraire et savant. Avide de culture, Lio An fut l'initiateur de ces recherches qui, dans le domaine de l'alchimie, marquent une transition entre le taoïsme pur de Lao Tse et de Tchouang Tse, et les croyances plus grossières que, dans la suite, devaient susciter les magiciens. Compromis dans une conjuration qui avait pour but de détrôner l'empereur à son profit, il dut se tuer pour éviter un supplice infamant. On trouve dans l'ouvrage philosophique qui lui est attribué, mais dont il patronna seulement la rédaction, le *Houai-nan-tse* (*), l'exposé, dans un style très pur, du taoïsme moniste, même s'il y est aussi question de toutes les autres écoles alors en vogue. Éclectique plus que novateur, Lio An excellait dans toutes les branches du savoir tel que l'entendait son siècle, et cela donne à son œuvre un grand intérêt historique.

RÉF. : C. Larre, *Le Traité VII du Houai nan tse,* Taipei-Hong Kong-Paris, 1982. – Ch. Le Blanc, *Huai-nan tzu, Philosophical Synthesis in Early Han Thought,* Hong Kong, 1985.

LIO EU [Liu E] (prénom public T'ie-yun). Écrivain chinois. Né le 18 octobre 1857 à Tan-t'ou (Tsiang-sou), d'une famille occidentalisée, mort à Ürümqui (Turkestan chinois), en exil, le 23 août 1909. Il fut l'un des premiers Chinois qui sentirent pour leur pays le besoin d'importantes réformes ; toute sa vie, d'ailleurs, fut consacrée à la lutte contre la corruption et l'incapacité de la classe dirigeante de son temps. En 1888, après une inondation causée par le fleuve Jaune, il offrit ses services au gouvernement provincial du Ho-nan et réussit à régulariser le cours du fleuve. En 1895, il préconisa, mais sans succès, la construction de lignes de chemin de fer. Ayant obtenu l'autorisation d'exploiter une mine de fer dans le Chan-si, il fut peu après accusé de trahison pour s'être servi de capitaux étrangers. Il s'enrichit considérablement à force de spéculations financières avec les Occidentaux de Shanghai et de T'ien-tsin. En 1900, pendant la révolte des Boxers, il acheta aux troupes russes une grande quantité de céréales provenant des magasins impériaux, qu'il distribua aux pauvres, ce qui le fit accuser de trafic frauduleux et de profits illicites. Bien qu'ayant acquis, au cours de ces incidents, une grande expérience d'homme d'affaires, il ne cessa d'étudier. Il fut l'un des premiers à se rendre compte de l'importance, pour l'étude de l'histoire de l'antiquité chinoise, des découvertes archéologiques contemporaines, notamment de celles d'An-yang (Heu-nan). Il acheta ainsi une partie des os et des carapaces de tortues gravés d'inscriptions divinatoires qui allaient révolutionner l'épigraphie chinoise. Son roman *L'Odyssée de Lao Ts'an* (*), achevé en 1905 et publié l'année suivante, est une satire féroce des hommes politiques du temps. Ceux-ci se vengèrent et, sous prétexte de punir ses prétendus délits commerciaux, le condamnèrent à l'exil.

LIO SIANG [Liu Xiang] (ou Lio Keng-cheng, prénom honorifique Tse-tcheng). Célèbre écrivain, compilateur et bibliographe chinois. Né d'une famille noble vers 77 avant notre ère (dans le Tsiang-sou), et mort vers l'an 6 (av. J.-C.), Lio Siang fut aussi un poète ; mais, des trente-trois fascicules de « récitatifs » [fou] ou prose rythmée répertoriés sous son nom dans le traité bibliographique des Han antérieurs (206-23 av. J.-C.), il reste à peine quelques phrases, ainsi qu'une pièce dans les *Élégies de Tch'ou* (*). Lio Siang eut une carrière officielle mouvementée, interrompue en 56 pour avoir présenté à l'empereur un traité d'alchimie qui se révéla inefficace, et en 48 par un second emprisonnement, provoqué cette fois par le clan des eunuques et de la mère de l'empereur contre lesquels il complotait. Il passe pour avoir été partisan des *Classiques* (*) en caractères nouveaux [tsin-wen], dans un débat qui eut toujours une raison d'être essentiellement politique, à savoir un but de légitimation ou de critique du pouvoir. Lio Siang fut rappelé à la Cour en 32, et, six ans plus tard, après la publication d'une ordonnance impériale commandant la recherche des livres rares, la collation et la copie des œuvres existantes, il fut chargé des textes canoniques – v. *Classiques chinois* (*) –, poétiques, et des écrits des penseurs. Il composa sur chacun une notice bibliographique, et l'ensemble fut rassemblé en un registre (le *Pie-lou*) dont il ne reste que des fragments. Son fils Lio Sin (v. 50 av. J.-C.-23 apr. J.-C.) résuma et annota les notices classées par genre en « sept sommaires » [Ts'il-ue] ; ceux-ci furent repris dans le *Traité des arts et des lettres* de l'*Histoire des Han* [*Han Chou*] (*). Fondateur de la bibliographie chinoise, Lio Siang fut aussi le compilateur des *Écrits des Royaumes Combattants* (*) et du *Lie-tse* (*). Il composa deux recueils d'anecdotes historiques et morales (le *Chouo-yuan* [*Le Jardin des histoires*] et le *Sin-siu* [*Nouveaux Récits*]), ainsi que les *Biographies de femmes illustres* (*), dont la portée était également didactique. Son style concis et vivant fut un modèle pour les prosateurs des siècles ultérieurs qui se réclamaient du « style ancien ».

VALÉRIE LAVOIX.

RÉF. : E. Haenisch, *Mencius und Lio Siang, zwei Vorkämpfer für Moral und Charakter*, Leipzig, 1942.

LIO SIE [Liu Xie] (prénom public Yen-heu, autrement appelé Lio Cheu-jen). Critique littéraire chinois, originaire de Tchen-tsian (province du Tsiang-sou), né vers 465 ap. J.-C. et mort vers 522 ou 532. Lio Sie perdit successivement son père et sa mère alors qu'il était encore jeune ; sa famille étant pauvre, il acheva son éducation auprès du célèbre moine bouddhiste Seng-yo (445-518), dans le monastère Ting-ling. Pendant une dizaine d'années, il y compila des soûtra bouddhiques, qu'il étudia tout autant que les classiques, l'histoire et les écrits des penseurs. Lio Sie ne se maria jamais, sans doute plutôt par manque d'argent que par attirance pour la vie monastique. Il ne se retira d'ailleurs qu'à la fin de sa vie, sous le nom de religion Houei-ti. Auparavant, il s'était lié d'amitié avec le prince héritier des Liang (502-557), Siao T'ong (501-531), auteur de la très célèbre *Anthologie* (*), et fut employé à la Bibliothèque impériale. Son chef-d'œuvre, *Dragons sculptés sur l'esprit de la littérature* [*Wen-sin tiao-long*] (*), fut probablement achevé vers 501. Il représente le premier ouvrage synthétique de théorie de la littérature, de sa critique, s'appliquant à la définition des genres et à l'évaluation des œuvres – et l'un des aboutissements les plus importants pour la postérité d'une lignée de textes de critique littéraire née au IIIe siècle. On raconte que Lio Sie alla jusqu'à accoster sur la route l'historien et homme de lettres Chen Yue (441-513), dont la position politique et littéraire était alors très élevée, afin d'attirer son attention sur les

Dragons sculptés. Hormis ce titre, on ne connaît de Lio Sie qu'une stèle, et un texte de défense du bouddhisme, *L'Éradication des doutes,* inclus dans le recueil *Hong-ming-tsi* compilé sous la direction de Seng-yo au monastère Ting-lin.

RÉF. : D. A. Gibbs, « Liu Hsieh, Author of the "Wen-hsin tiao-long" », in *Monata Serica* n° 29, 1970-1971. – F. Tokei, *Genre Theory in China in the 3rd-6th Centuries* (*Liu Hsieh's Theory on poetic genres*), Budapest, 1971.

LIO TSONG-YUAN [Liu Zongyuan] (prénom honorifique Tse-ho). On l'appela aussi Lio Heu-tong parce qu'il était originaire de Heu-tong (dans le Chan-si), ou encore Lio Lio-tcho parce qu'il fut préfet de Lio-tcho. Philosophe, écrivain et poète chinois, Lio Tsong-yuan est né en 773, mort en 819, et vécut pendant la période la moins brillante de la dynastie T'ang (618-906). Nommé secrétaire d'État au département des rites, il fut banni lorsque le chef du gouvernement – qui était aussi son protecteur – Wang Chou-wen tomba en 805. Lio fut d'abord exilé à Yong-tcho (Hou-nan), tout comme les sept autres « Sema » qui subirent la même répression, puis il fut relégué en 815 dans le Kouang-si (à Lio-tcho), où il demeura jusqu'à sa mort. Son administration fut particulièrement appréciée par la population, qui éleva un temple en son honneur. Lio Tsong-yuan est l'un des poètes les plus illustres de son époque, mais ses essais surtout, recueillis dans la *Collection des écrits de monsieur de Heu-tong* (*), le rendirent célèbre au regard de la postérité, non moins que son ami le philosophe et poète Han Yu (768-824). Avec lui, il élabora cette prose en « style ancien » [kou-wen] que tous deux préconisaient. Lio Tsong-yuan excellait particulièrement en de courts récits, fables ou descriptions qui comptent parmi les plus beaux textes de la prose chinoise. Il avait aussi un grand talent de calligraphe. On discerne dans ses écrits, outre des conceptions bouddhistes et taoïstes, un fond de pessimisme anarchique à l'exemple de ses essais politiques *Du ciel* et *Sur la féodalité* dans la *Collection des écrits de monsieur de Heu-tong.*

VALÉRIE LAVOIX.

RÉF. : G. Margouliès, *Le Kou-wen chinois,* Paris, 1926 ; *Histoire de la littérature chinoise. Prose.* Paris, 1926.

LIO YONG [Liu Yong]. Poète chinois. Né en 987 à Leu-an (province du Fou-tsien), et mort en 1053 dans un lieu inconnu, auteur de poèmes écrits sur des mélodies. Il occupa des postes relativement subalternes, surtout en province. Mais il est devenu un personnage de nouvelles et de pièces de théâtre, car il est un des lettrés les plus représentatifs parmi ceux qu'on appelle les personnages « feng-lio » qui, un peu à la manière des libertins occidentaux du XVIIe siècle, ne se souciaient pas des règles et des normes et avaient une grande liberté de pensée et de mœurs. Lio Yong est célèbre pour avoir fréquenté les courtisanes, pour qui il écrivait des poèmes, et ce serait, dit-on, des courtisanes qui auraient assuré ses funérailles parce qu'il était sans famille. Ses poèmes ont été réunis dans le *Recueil de couplets chantés* (*).

JACQUES PIMPANEAU.

LIO YU-SI [Liu Yuxi] (autrement appelé Lio Pin-k'e ou Lio Chang-chou, prénom public Meng-te). Poète et penseur chinois. Né en 772 et mort en 842 à Louo-yang (dans le Heu-nan), originaire d'une famille de petits fonctionnaires dont les ancêtres appartenaient à la minorité Siong-nou. Il reçut une éducation confucéenne classique, et passa l'examen du doctorat en 793, en même temps que Lio Tsong-yuan (773-819). Nommé censeur impérial, sa carrière fut brisée avec l'échec de la réforme de 805 et la disgrâce subie par la faction légaliste à laquelle il appartenait, s'opposant à l'emprise des grandes familles et des eunuques sur l'administration et le gouvernement. Exilé dans le sud de la Chine, il fut nommé à Tchang-te (dans le Hou-nan), puis à Lien-tcho (près de Canton) et dans plusieurs autres villes provinciales. Durant trente ans, il ne revint que brièvement à la Cour, et se fit remarquer (ou bannir) à plusieurs reprises pour les sous-entendus politiques de ses poèmes satiriques. Il fut cependant à la fin de sa vie conseiller du prince héritier – fonction à laquelle il doit le titre « Pin-k'e ». De son exil, outre le regret de n'avoir pu faire assez valoir ses talents politiques, Lio Yu-si conserva l'influence du bouddhisme, et l'intérêt pour les cultures des minorités qu'il vint à connaître. Il correspondit avec Lio Tsong-yuan et Pai Tsiu-yi (772-846) – à qui il fut associé en tant que poète – v. *Poèmes de Lio Pin-k'e* (*). Par son œuvre en prose, qui comprend quelque deux cents textes, notices et discours philosophiques – *Du ciel* [*T'ien-louen*] –, il se rattache au mouvement de la prose en « style ancien » [kou-wen].

VALÉRIE LAVOIX.

LI PAO-TSIA [Li Baojia]. Romancier chinois. Né à Wuqin, dans la province de Jiangsu, le 21 mai 1867, mort à Shanghai le 7 avril 1906. C'est le plus important romancier chinois des premières années de ce siècle. Alors qu'au début du XIXe siècle les romans populaires continuaient la tradition des récits d'aventures d'un juge et de ses sbires en lutte contre des brigands, la naissance du journalisme sous l'influence occidentale à la fin du siècle fit apparaître un nouveau type d'écrivain : le romancier-journaliste qui s'attachait à décrire la société contemporaine en s'inspirant des faits divers. Li Pao-tsia, ayant échoué aux examens impériaux, se lança dans le journalisme à Shanghai et créa son premier journal en 1896. Il en créa successivement trois autres avant de devenir en 1903 rédacteur de la revue bi-mensuelle *Le Roman illustré* [*Sio-siang siao-chouo*], publiée par la Commercial Press. Entre 1901 et 1906, année de sa mort prématurée due à la tuberculose, il écrivit simultanément plusieurs romans publiés d'abord en feuilleton ; et le plus célèbre est *Révélations sur le milieu des fonctionnaires* (*).

JACQUES PIMPANEAU.

LI PO [Li Bai] ou **Li T'ai-po** [Li Taibo]. Poète chinois. Né en 701, mort en 762. Il est considéré avec Tou Fou comme le plus grand poète chinois, et, alors que celui-ci représente le courant confucianiste, Li Po est célèbre pour son inspiration taoïste. Sa famille serait originaire d'Asie Centrale. Lui-même a passé son enfance dans l'actuelle province du Se-tch'ouan. Outre une solide éducation classique, il étudia le taoïsme auprès d'un maître et s'entraîna au maniement de l'épée, rêvant sans doute de devenir un de ces chevaliers redresseurs de torts dont la littérature ancienne lui donnait maints exemples, et il écrivit un de ses premiers poèmes pour défendre une impératrice déchue. Plus important pour sa formation, il vivait alors dans une région montagneuse aux paysages magnifiques, et ceci marqua profondément sa sensibilité.

À vingt-cinq ans, comme beaucoup de lettrés, il décida de voyager à travers la Chine pour s'ouvrir à de nouveaux horizons. Il suivit le Yangtse, dont il parcourut la basse vallée. En 726, il se maria dans la province de Hubei et essaya alors de se ranger. Il habitait chez sa belle-famille et écrivit des lettres pour trouver un emploi, mais en vain. Il reprit alors sa vie errante, essayant de se faire inviter quelque temps par des personnages puissants ; ce fut ainsi qu'il séjourna chez le fils du gouverneur de la province du Shanxi. Dans la province du Shandong, il se lia avec des lettrés ermites. Ensuite il alla dans le Sud, dans la province du Zhejiang, où il rencontra un taoïste qui le recommanda à la Cour. Il y obtint un poste à l'académie Hanlin, chargée de rédiger les textes officiels, en 742, et s'y lia avec un lettré haut fonctionnaire, He Zhizhang, avec qui il partageait le goût de l'alcool. Dès 744, il fut renvoyé, peut-être sur intervention du gendre de l'empereur qui était aussi conseiller littéraire et jalousait Li Po, ou peut-être parce qu'une fois ivre il ne savait pas se soumettre au devoir de réserve qu'impliquait une charge donnant accès aux documents officiels. Mais la littérature populaire créa toute une légende autour de cet incident. Li Po se serait présenté aux examens impériaux et aurait échoué à cause de l'injustice de deux examinateurs. Une lettre fut envoyée d'un pays d'Asie Centrale dans une langue ignorée de tous en Chine, seul Li Po put la déchiffrer et profita alors de son prestige pour humilier les examinateurs qui l'avaient recalé. Il devint un favori de l'empereur et fut ainsi amené à composer des poèmes qui déplurent à la concubine Yang Guifei car elle y aurait vu des allusions à ses infidélités, et elle obtint son renvoi. Mais ce n'est qu'une légende, car Yang Guifei ne devint concubine impériale qu'après le départ de Li Po de la capitale.

Li Po reprit alors sa vie errante. Sa première femme étant morte, et ayant divorcé de sa seconde, il se remaria pour la troisième fois et eut un fils. Il allait quelquefois voir sa famille, mais passait la plupart de son temps à rendre visite à des lettrés, des taoïstes ou des bonzes, surtout dans le sud-est de la Chine. Il finit par se fixer sur les monts Louchan, s'étant marié une quatrième fois à la fille d'une grande famille, qui s'installa dans une nonnerie taoïste de la région. C'est à cette époque qu'il écrivit ses poèmes les plus célèbres.

En 756, un fils de l'empereur fut chargé de contrôler la basse vallée du Yangtse lors de la rébellion d'An Lou-chan. Ensuite, ulcéré que son père ait démissionné en faveur d'un autre de ses fils, le prince se révolta. Il prit alors Li Po à sa cour sans qu'on sache si ce ralliement a été volontaire ou non, mais sa défaite impliqua Li Po dans la répression et, malgré l'intervention d'un personnage puissant à la Cour, le poète fut finalement condamné à l'exil dans la province du Yun-nan. Il s'y rendit sans se presser en remontant le Yangtse et, après avoir franchi les gorges du Se-tch'ouan, il profita d'une amnistie et rebroussa chemin. Il mourut en cours de route alors qu'il s'était arrêté chez un ami. La légende s'empara aussi de sa mort : il serait mort noyé alors qu'ivre sur un bateau il aurait voulu s'emparer du reflet de la lune sur l'eau, et un dauphin serait apparu qui l'aurait emmené vers le séjour des immortels.

Li Po est tout à fait représentatif de ces lettrés excentriques qui ont fait rêver ses compatriotes. Malgré ses défauts – le peu de souci qu'il eut de ses devoirs familiaux, le fait, ainsi que le montrent ses poèmes, qu'il était assez imbu de lui-même –, parce qu'il exprima son goût pour l'ivresse, son mépris des conventions, sa vie errante, son amour de la nature, sa volonté de vivre libre et indépendant, sa personnalité eut au moins autant d'influence que son œuvre proprement dite. Il n'est pas étonnant qu'il soit devenu un personnage de la littérature, du roman et du théâtre et que la légende ait développé ces traits de son caractère, mais elle n'a pu le faire que parce que sa poésie permettait à l'imagination de couper les amarres avec la réalité. Outre dans la *Poésie complète des T'ang* [*Ts'inan T'ang che*] et d'innombrables anthologies, son œuvre a été éditée par Kouo Yu-p'eng sous le titre de *Poésies de Li T'ai-po avec compléments et division par catégories* (*).

JACQUES PIMPANEAU.

RÉF. : Daniel Giraud, *Œuvre de Tao, Li Po, voyageur, poète et philosophe en Chine au* VIIIe *siècle*, Paris, 1989.

LIPSE Juste (Joost Lips, nom latinisé en Iustus Lipsius). Philologue flamand. Né à Overyssche, près de Bruxelles, le 18 octobre 1547, mort à Louvain le 23 avril 1606. Il fut l'un des derniers grands humanistes et, avec Casaubon et Scaliger, le plus grand érudit de son temps. Après ses premières études chez les jésuites de Cologne, il alla compléter à Louvain sa formation philosophique et littéraire. À Anvers fut publié, en 1569, son premier ouvrage de philosophie, *Variarum lectionum libri quatuor.* Il suivit le cardinal Granvelle à Rome, où il eut le loisir d'entrer en relations avec les esprits les plus raffinés de la culture italienne, et de se perfectionner dans ces études classiques où il devait passer maître. Nous le trouvons ensuite en Allemagne, où il enseigne à l'université luthérienne d'Iéna, de 1572 à 1575 ; puis vient une période de pérégrinations anxieuses, et il s'établit en Hollande où il occupe, de 1579 à 1591, à Leyde, la chaire de lettres latines à l'université calviniste. Ce furent ses années les plus fécondes, marquées par l'édition de nombreux classiques latins (Tacite, César, Valère Maxime), par des ouvrages d'érudition et par des œuvres originales. Bien qu'il fût plutôt un homme de lettres qu'un philosophe, il exerça, par certains de ses écrits, beaucoup d'influence sur la pensée de ses contemporains, par exemple avec les *Politicorum sive civilis doctrinae libri sex* (1589), d'une inspiration apparentée à celle de Tacite, et surtout avec l'*Introduction à la philosophie stoïcienne* (1604), qui remettait en lumière les thèses principales de la morale stoïcienne. Lipse subit, aussi bien à Leyde qu'à Iéna, l'influence des milieux réformés et adhéra, au moins extérieurement, à leur doctrine. S'étant réconcilié en 1591 avec l'Église, il rentra, l'année suivante, dans les pays catholiques et assuma la charge d'un enseignement à Louvain, où il continua études et publications jusqu'à sa mort. Dans le monde des lettres, il a joui d'une considération presque égale à celle qui avait entouré Erasme trois quarts de siècle auparavant. Les plus grands humanistes du temps ont été en correspondance avec lui, depuis Fulvio Orsini jusqu'au jeune Quevodo dont il avait deviné le génie.

RÉF. : Juste Lipse, *Autobiographie,* publiée par P. Bergmans, Paris, 1889. – A. Lemire, *Vita J. Lipsi, sapientiae et litterarum antistitis,* Anvers, 1606. – Ch. Nisard, *Le Triumvirat littéraire au XVIe s., J. Lipse, Scaliger et Isaac Casaubon,* Paris, 1852. – E. Amiel, *Un publiciste du XVIe s. Juste Lipse,* Paris, 1884. – Th. Simar, *Juste Lipse,* Louvain, 1911. – A. Rœrsch, *Juste Lipse,* Bruxelles, 1925.

LISCANO Juan. Écrivain, poète et ethnomusicologue vénézuélien. Né à Caracas le 7 juillet 1915. Il voyagea très jeune en Europe et fit ses études en France, en Belgique et en Suisse. De retour au Venezuela en 1934, il se consacra au journalisme, dirigeant de 1943 à 1951 le supplément littéraire du *Nacional* de Caracas et fondant les revues *Cubagua* (1938) et *Signo* (1951). En 1946, après plusieurs années d'exploration à travers les régions les plus isolées du pays, passées à découvrir et recueillir les principales chansons et musiques indigènes, il obtient du gouvernement libéral de Rómulo Gallegos la direction du service des recherches folkloriques. En 1953, contraint de s'exiler à Paris par la dictature du général Marcos Pérez Jiménez, il y fait connaître par la traduction d'un choix de *Poèmes* (1954) son œuvre antérieure, toute de contrastes comme la terre vénézuélienne : tantôt luxuriante et généreuse comme le sont ses fleuves et ses forêts ; tantôt sèche et brûlante comme ses solitudes mortes de soif. Celle-ci comprend : *Combat* [*Contienda*, 1942], *D'une aube à l'autre* [*Del alba al alba*, 1943], *Destin de l'homme* [*Humano destino*, 1947], *Terre morte de soif* (+). Ce dernier recueil fut édité à Paris, ainsi qu'un bref essai : *Poésie et langage en Amérique latine* (1954) et une importante anthologie, *Les Vingt Meilleures Nouvelles de l'Amérique latine* (Seghers, 1958). De retour au Venezuela après la chute de la dictature (1958), il y fonde en 1964 *Zona Franca*, revue de littérature et d'idées devenue vite populaire par ses aspects polémiques. En 1959, il publie à Caracas *Nouveau monde Orénoque* (+), un recueil écrit en exil comme un exorcisme et dans lequel, s'inspirant de l'histoire vénézuélienne depuis l'arrivée de Christophe Colomb à l'embouchure de l'Orénoque durant son troisième voyage, il se livre à l'inventaire du patrimoine géographique, humain et politique de son pays en s'interrogeant sur le devenir de ses compatriotes. Chantre de l'amour érotique dans *Carmenes* (1966), c'est un poète obsédé par les ravages planétaires d'une possible guerre atomique qui écrit *Les Nouveaux Jours* (*) (1971) et surtout *Fondations* (+) (1981) puis *Myesis* (+) (1982). Essayiste, Liscano a analysé l'œuvre de Rómulo Gallegos (*Rómulo Gallegos et son temps*, 1969) et étudié non sans intention polémique les problèmes écologiques, démographiques et idéologiques qui préoccupent l'homme contemporain, notamment dans *L'Horreur par l'histoire* [*El horror por la historia*, 1980] et *Réflexions pour des jeunes capables de lire* [*Reflexiones para jóvenes capaces de leer*, 1985].

CLAUDE COUFFON.

♦ *« Enrichi par l'expérience surréaliste, Juan Liscano transforme en tableaux d'une haute plasticité l'aventure de sa terre où l'homme lutte contre le désert de l'injustice, environné par la forêt menaçante de l'ignorance et de la barbarie. »* Jorge Carrera Andrade.

LISPECTOR Clarice. Romancière et nouvelliste brésilienne. Née le 10 décembre 1920 à Tchetchelnik (Ukraine), morte le 9 décembre 1977 à Rio de Janeiro. Clarice Lispector est issue de parents juifs. Elle n'avait que deux mois lorsque ses parents ont émigré. Ils se sont installés à Maceió, dans le nord du Brésil, et ensuite à Recife, capitale du nord-est, où l'enfant fera ses études primaires. Malgré la pauvreté de la famille et la maladie de sa mère, elle se souviendra plus tard d'une enfance heureuse. En 1933, la famille a déménagé à Rio, qui était alors la capitale du pays. Tout en poursuivant ses études, Clarice commence à travailler, en 1942, comme journaliste au quotidien *A Noite*. En 1943, elle se marie avec Maury Gurgel Valente, diplomate de carrière. L'année suivante elle termine ses études de droit et accompagne son mari à Naples. C'est également en 1944 qu'elle publie son premier roman, *Près du cœur sauvage* (*), écrit lorsqu'elle avait 17 ans. Le roman obtient un prix et l'auteur est accueillie comme une révélation. On la rapproche de Joyce et de Virginia Woolf, mais elle n'a pas encore lu ces auteurs. (En revanche, elle avait été marquée par la lecture de Dostoïevski, de Katherine Mansfield et de Hermann Hesse.) Au cours des années suivantes, elle partagera sa vie entre les diverses villes où son mari exerce ses fonctions et où elle s'ennuie (Berne, Torquay, Washington) et Rio, où elle publie d'autres livres : *Le Lustre* [*O lustre,* 1946] ; *La Cité assiégée* [*A cidade sitiada,* 1949] ; *Quelques contes* [*Alguns contos,* 1953] ; *Le Bâtisseur de ruines* [*A maçã no escuro,* 1956]. Ces œuvres confirment son talent mais sont moins novatrices que la première. En 1959, elle se sépare de son mari et revient à Rio, où elle se fixe avec ses deux fils, nés à l'étranger. En 1960, elle publie un recueil de nouvelles, *Liens de famille* (*). Ces histoires denses et inquiétantes, humoristiques et cruelles, deviendront rapidement des morceaux d'anthologie. Mais c'est la publication du roman *La Passion selon G.H.* (*), en 1964, qui lui apporte la reconnaissance littéraire définitive. L'affrontement d'une femme et d'un cafard, dans une chambre de bonne, y est raconté comme un itinéraire mystique conduisant à des révélations essentielles sur le monde. L'extrême originalité de ce roman confère à son auteur une place à part dans la littérature brésilienne, dont l'aspect social ou folklorique est plus familier. La difficulté de caser la romancière dans des schémas connus a amplifié la solitude à laquelle elle était portée par tempérament. Un événement l'amène à accentuer ce retrait. En 1967, elle est brûlée à la main droite et aux jambes dans l'incendie de son appartement. Bien qu'entourée d'amis et d'admirateurs, elle devient de plus en plus secrète, fuyant les louanges et consacrant la plupart de son temps à la contemplation et à l'écriture. Entre-temps, elle avait donné régulièrement des chroniques au quotidien *Jornal do Brasil.* Elle publie ensuite d'autres livres, dans lesquels la fiction devient de plus en plus ténue, au profit d'une prose poétique ne relevant d'aucun genre littéraire défini : *Un apprentissage ou le Livre des plaisirs* [*Uma aprendizagem ou O livro dos prazeres,* 1969], *Agua viva* [*Agua viva,* 1973] et *Passion des corps* [*A via crucis do corpo,* 1974] sont les œuvres les plus importantes de cette phase. En 1976, elle participe, comme invitée spéciale, au Congrès mondial de sorcellerie de Bogotá, et reçoit, à Brasilia, un prix officiel pour l'ensemble de son œuvre. En 1977, elle meurt d'un cancer, quelques mois après avoir publié son dernier roman, *L'Heure de l'étoile* [*A hora da estrela*]. De ces derniers mois date aussi la prose fragmentaire de *Un souffle de vie* [*Um sopro de vida*], qui sera publié en 1978.

L'œuvre de Clarice Lispector présente une remarquable fidélité au projet cognitif posé dès son premier livre. Ses personnages, des femmes pour la plupart, sont animés tout à la fois du désir de savoir et de la passion de vivre. La quête de la connaissance donne à ses œuvres un « éthos » philosophique, voire gnostique, mais, la voie suivie étant celle de l'intuition et de la sensualité, leur écriture est plus poétique qu'intellectuelle. Les intrigues de ses romans et nouvelles sont minimalistes, parce que tout son intérêt se porte sur la vie intérieure de ses personnages, dont elle capte les moindres frémissements. Son dessein n'est cependant pas d'ordre psychologique, mais d'ordre métaphysique. Le plus grand mystère, pour elle, c'est d'« être là », vivant d'une vie d'autant plus précise qu'elle se sait mortelle. « Vivre est le plus grand péril. » Ses histoires se développent souvent en trois moments, dont le deuxième constitue un sommet : l'instant où le personnage atteint une extase et arrive à une révélation qui bouleverse son existence et transforme son être. La nausée qu'il éprouve alors, l'angoisse de la liberté qui l'oppresse et le savoir qu'il frôle font penser à la phénoménologie et à l'existentialisme sartrien. Mais, dans l'œuvre de Clarice Lispector, les inquiétudes philosophiques ne sont pas sous-tendues par une réflexion, elles naissent spontanément de la matière verbale et du flux narratif. La question de l'être y est inséparable de la question du dire. Toute son œuvre s'édifie entre la méfiance à l'égard du langage (qui ment, qui est incapable de dire « la chose ») et l'amour des mots. Si chacune de ses histoires est le récit d'une quête, la sienne est celle d'une quête de langage. Le dépouillement de la narration, qui s'accentue d'un livre à l'autre, fait place à une écriture somptueuse, et l'appel au silence s'énonce avec les mots les plus prenants.

Traduite en plusieurs langues, Clarice Lispector doit la diffusion croissante de son œuvre à l'enthousiasme des milieux féministes. Bien qu'il soit fallacieux de vouloir réduire cette voix sexuellement neutre au seul domaine de la féminité (ce à quoi elle-même se refusait), l'impulsion ainsi donnée à la connaissance de son œuvre n'en a pas moins été très bénéfique.

LEYLA PERRONE-MOISÉS.

♦ *« Vienne le temps où il suffira de dire "Clarice Lispector" et tout le monde saura ! C'est peut-être aujourd'hui ? Peut-être son éternité arrive-t-elle enfin ?*

Dans dix ans, vingt ans, elle aura traversé tous les pays comme un torrent de lumière. » Hélène Cixous.

RÉF. : Benedito Nunes, *Leitura de Clarice Lispector,* São Paulo, 1973. – Olga de Sá, *A escritura de Clarice Lispector,* Petrópolis, 1979. – Olga Borelli, *Clarice Lispector,* Rio de Janeiro, 1981. – Hélène Cixous, *Vivre l'orange,* Paris, 1979 ; *L'Heure de Clarice Lispector,* Paris, 1990. – « Clarice Lispector. Le souffle du sens », n° spécial de *Études françaises,* Montréal, 1989.

LISZT Franz [Ferenc]. Compositeur hongrois. Né le 22 octobre 1811 à Raiding (Hongrie), mort le 31 juillet 1886 à Bayreuth (Bavière). Liszt est l'une des figures les plus complexes et problématiques de l'histoire de la musique. Maître incontesté du clavier, il découvrit de nouvelles sonorités pianistiques et de nouveaux horizons formels dans toutes les branches de la composition musicale ; il soutint généreusement les nouveaux talents, mais lui-même resta longtemps mal considéré comme compositeur. Certes, son œuvre déconcerte par ses harmonies audacieuses et ses inégalités, mais, objectivement, on ne peut lui nier l'empreinte du génie et une singulière puissance d'imagination. On divise ordinairement la vie musicale de Liszt en trois périodes : la première dominée par l'activité pianistique, jusqu'en 1847 environ, avec Paris pour résidence principale ; la seconde, qui comprend les grandes expériences symphoniques du musicien de 1847 à 1861 environ, avec Weimar pour port d'attache ; la troisième et dernière dominée par l'influence religieuse, sensible dans la vie et dans l'œuvre, marquée par de fréquents séjours à Rome.

Son père, Adam Liszt, était comptable du prince Esterházy ; sa mère, Anna Lager, autrichienne. Son père, amateur éclairé de musique, lui en enseigna les premiers rudiments ; l'enfant fit de si surprenants progrès qu'à neuf ans il donna son premier concert à Oldenburg, puis joua à Presbourg devant des magnats hongrois, dont il reçut une bourse d'études pour six ans. En 1821, il se rendit à Vienne avec son père, y étudia le piano avec Czerny et la composition avec Salieri ; là aussi il parut en public et eut la joie d'approcher Beethoven qui assista à l'un de ses concerts et qui, d'après un témoignage douteux de Schindler, serait monté sur la scène pour l'embrasser. En 1823, père et fils quittèrent Vienne pour Paris ; étranger, Liszt ne put être admis au Conservatoire (dirigé par Cherubini), mais il étudia la composition en prenant des leçons particulières avec Päer, puis Reicha. Il continua pendant ce temps sa carrière de concertiste, jouant en France et en Angleterre, puis fit son premier et unique essai dans le domaine lyrique ; son opéra *Don Sanche, ou le Château d'Amour* fut joué à l'Opéra pour la première fois le 17 octobre 1825 (il n'avait pas encore quatorze ans). L'année suivante, il publia les *Études pour piano en douze exercices,* premières ébauches des *Études d'exécution transcendante* – v. *Études pour piano* (*) (1840-51). Le jeune compositeur vécut une pure idylle avec l'une de ses élèves, Caroline de Saint-Criq, que le père de la jeune fille brisa inexorablement ; les jeunes gens en furent profondément marqués : Liszt tomba malade et subit une crise de mysticisme mélancolique dont il guérit lentement par la lecture de poètes et de penseurs. La révolution de 1830 fut un second choc ; le musicien ébaucha alors sa *Symphonie révolutionnaire* (dont il développa le début en 1849-1850, dans son poème symphonique *Héroïde funèbre*), puis, de plus en plus gagné par les passions romantiques, il s'ouvrit à de nouveaux intérêts et à de nouveaux enthousiasmes. Dans le domaine musical, il est important de remarquer la nette influence de Berlioz et de Paganini – Liszt réalisa une transcription de la *Symphonie fantastique* (*), et des *Caprices de Paganini* (*) ; et, dans le domaine de la pensée, celle d'un saint-simonien, le père Enfantin, et celle de Lamennais. En 1833, chez la comtesse Adèle Laprunarède, il fit la connaissance de la comtesse Marie d'Agoult et de George Sand ; avec Marie d'Agoult, il eut une longue liaison intellectuelle et sentimentale ; leur résidence fixe était Paris, mais ils effectuèrent des voyages en Savoie, en Suisse et en Italie. De leur union naquirent trois enfants : Daniel, Blandine et Cosima ; les deux premiers moururent jeunes, la troisième, née à Bellagio en 1837, devait devenir la femme de Bülow, puis de Wagner. Avec George Sand, Liszt entretint des relations qui se rapportent principalement à Chopin, avec lequel il s'était lié à Paris. Durant ces années, il composa la première série du recueil pour piano, *Années de pèlerinage* (*), une partie de la seconde série *Italie,* notamment « Après une lecture de Dante », et les douze *Études d'exécution transcendante.* En 1839, il séjourna pour la première fois à Rome, qui devint une source d'inspiration pour son tempérament contemplatif et mystique. Il rompit avec la comtesse d'Agoult en 1844, se servant comme prétexte du roman qu'elle venait d'écrire, *Nélida,* où elle se peint sous les traits de la protagoniste, et représente Liszt sous les traits du peintre Guermann Régnier. L'année suivante, Liszt voyagea en Espagne et au Portugal, puis se rendit à Bonn pour participer à l'inauguration du monument à Beethoven, auquel il avait apporté une contribution financière.

À Kiev, en 1847, il fit la connaissance de la princesse Caroline de Sayn-Wittgenstein ; cette nouvelle union sentimentale et intellectuelle se révéla particulièrement féconde pour le développement intérieur du musicien. Caroline se sépara de son mari et suivit Liszt à Weimar où, de 1848 à 1858, il fut Kapellmeister (chef d'orchestre) et directeur de la musique à la Cour. Ce fut l'une des périodes les plus magnifiques et, dans un certain sens, les plus complexes de son activité artistique ; c'est à ce moment qu'il développa au plus haut degré ce qu'on peut appeler son « apostolat » musical, c'est-à-dire la défense des forces musicales en la vitalité desquelles il croyait, à commencer par celle de Wagner qu'il avait rencontré pour la première fois à Paris, en 1841, et qu'il défendit jusqu'au bout. À Weimar, en 1850, il dirigea la première représentation de *Lohengrin* (*) et des exécutions de *Tannhäuser* (*) et du *Vaisseau fantôme* (*) ; parmi les autres auteurs dont il joua la musique, citons : Berlioz, Schumann, Mendelssohn, Verdi, Donizetti, Cornelius, dont l'opéra *Le Barbier de Bagdad* [*Der Barbier von Bagdad*], qu'il dirigea le 15 décembre 1858, fut la cause de sa retraite, dégoûté par le milieu musical. Pendant ces dix années, le compositeur fut également très actif ; il développa ses conceptions formelles et symphoniques d'où naquirent la plupart des *Poèmes symphoniques* (*), la *Dante-Symphonie* (*) (1855-56), la *Faust-Symphonie* (*) (1854-57), la *Sonate pour piano* (*) (1853), en si mineur, les *Concertos pour piano et orchestre* (*) (1849), la *Messe de Gran* (*), etc. L'enseignement du piano en fut d'autant ralenti ; c'est néanmoins à l'école de Liszt que furent formés des pianistes comme Bülow, Tanzing, Klindworth.

La fin de la période de Weimar coïncide avec le début de la phase décisive des rapports de Liszt avec la princesse de Wittgenstein qui détermina l'orientation finale de sa vie. En effet, les démarches que la princesse avait faites à Rome pour l'annulation de son mariage avec le prince, entre 1860 et 1861, rencontrèrent des difficultés. Liszt, s'étant rendu à Rome en octobre 1861, date fixée pour le mariage, y prit un domicile fixe. Dans l'atmosphère de la capitale du catholicisme, les tendances mystiques qui s'étaient manifestées chez lui dès l'enfance reçurent une impulsion décisive, au point que le mariage avec la princesse n'eut pas lieu – malgré la mort du prince en mars 1864 qui avait levé tout obstacle à cette union – et qu'en avril 1865 Liszt reçut les ordres mineurs. Dans les années qui suivirent, Rome fut le centre de la vie spirituelle du compositeur et de ses inspirations musicales, qui sont en majeure partie de caractère religieux ou contemplatif : deux oratorios, *La Légende de sainte Élisabeth* (*) (1857-62), *Christus* (*) (1859-1866), les *Psaumes*, le *Requiem* et des pièces pour piano comme la *Légende de saint François d'Assise prêchant aux oiseaux* (*) (1863), la *Légende de saint François de Paule marchant sur les flots* (*) (1863), et la troisième série des *Années de pèlerinage*. Toutefois, Liszt se rendait encore souvent à Weimar et, à partir de 1873, il séjourna tous les ans à Budapest où, pendant un trimestre, il dirigea le conservatoire, auquel il finit, d'ailleurs, par donner une orientation plus allemande que hongroise, s'attirant ainsi les reproches de certains nationalistes. Malgré un fort penchant pour une certaine forme de nationalisme dans sa musique, il semble que Liszt se soit fourvoyé à cet égard, confondant tradition hongroise et tzigane. C'est à la musique tzigane que se rattachent les *Rhapsodies hongroises* (*) – dont quinze furent composées entre 1840 et 1853 et quatre en 1880 – mais aussi, dans une moindre mesure, *La Légende de sainte Élisabeth,* la *Messe hongroise du couronnement* et le poème symphonique *Hungaria* (+) (1846-1857). Ses publications littéraires comptent, en dehors du traité *Des Bohémiens et de leur musique en Hongrie* (*) (1859) – écrit en français –, des essais sur Chopin, Robert Franz, ainsi que sur *Lohengrin* et *Tannhäuser* de Wagner, etc. Ces essais ont été réunis et publiés en six volumes (le septième n'a pas paru) par Lina Ramann, en 1850-1883, sous le titre *Gesammelte Schriften*. Liszt consacra ses dernières années à Wagner ; en 1886, à la fin d'une longue tournée au cours de laquelle il avait assisté à différentes célébrations de son soixante-quinzième anniversaire, déjà malade et las, il voulut se rendre à Bayreuth pour assister aux représentations de *Parsifal* (*) et de *Tristan et Isolde* (*) ; c'est là qu'il mourut et fut enterré.

FABIO FANO.

♦ *« Homme ridicule, talent* [de pianiste] *sublime* [...] *Liszt, annoncé comme le plus grand génie musical, ne sera jamais un grand compositeur. »* Balzac. ♦ *« Comme la plupart des artistes trop prolifiques, comme Haydn, comme Mozart, Liszt a écrit des choses inutiles ; et le goût le plus pur ne préside pas toujours à son style. »* Saint-Saëns. ♦ *« Tu vins dans ma vie comme l'homme le plus grand auquel j'aie jamais pu adresser des paroles intimes d'amitié [...] Tu fus le premier qui m'ennoblit de son amour. »* R. Wagner.

RÉF. : Jean-Gabriel Prod'homme, *Franz Liszt*, Paris, 1910. – Guy de Pourtalès, *Vie de Franz Liszt*, Paris, 1925. – Ernest Newman, *The Man Liszt,* Londres, 1934. – Claude Rostand, *Liszt,* Paris, 1960. – Michel Sogny, *L'Admiration créatrice chez Liszt*, Paris, 1975. – « Aux Sources littéraires de Franz Liszt », *La Revue musicale* nos 292-293, Paris, 1976.

Bertrand Ott, *Liszt et la pédagogie du piano. Essai sur l'art du clavier selon Liszt*, Paris, 1978. – Vladimir Jankélévitch, *Liszt et la rhapsodie*, Paris, 1979. – Jacques Drillon, *Liszt transcripteur (ou la charité bien ordonnée)*, Arles, 1986. – Humphrey Searle, *Liszt*, Monaco, 1986. – Pierre-Antoine Huré et Claude Knepper, *Liszt en son temps*, Paris, 1987. – « Actes du colloque international Franz Liszt », *La Revue musicale* nos 405-407, Paris, 1987. – P. Merrick, *Revolution and Religion in the Music of Liszt*, Cambridge, 1987. – H. R. Jung, *F. Liszt in seinen Briefen,* Francfort, 1988. – Ernst Burger, *Franz Liszt*, Paris, 1988. – Serge Gut, *Liszt*, Paris-Lausanne, 1989. – Alan Walker, *Franz Liszt,* Londres, 1989 (trad. française, Paris, 1990). – A. Williams, *Portrait of Liszt by Himself and His Contemporaries*, Oxford, 1990.

LI TS'ING TCHAO [Li Qingzhao] (ou Li I-an). La plus célèbre poétesse chinoise, née à Tsi-nan (Chan-tong) en 1084 et morte vers 1151 ou 1155, avait une mère poétesse et un père membre du cercle de Sou Che (1037-1101) ; elle grandit et fut éduquée dans un milieu de lettrés. Elle épousa en 1101 un étudiant de l'Académie Han-lin, Tchao Mingtch'eng (1081-1129), qui partageait sa passion de la littérature et des arts. Collectionneurs, ils rédigèrent ensemble un catalogue de deux mille inscriptions sur bronze et sur pierre, qui fut perdu. Leur vie fut bouleversée par les invasions et les troubles politiques qui provoquèrent la transition de la dynastie des Song du Nord (960-1127) à celle des Song du Sud (1127-1279). Li Ts'ing-tchao dut fuir seule Ts'ing-tcho où elle s'était retirée, perdit son mari, et ne cessa de voyager pendant quatre ans, pour finalement s'établir à Hang-tcho. Elle se remaria brièvement avec un militaire dont elle eut à se plaindre, et divorça. On trouve dans ses poèmes le reflet de sa vie heureuse puis malheureuse, des joies et des plaisirs de sa jeunesse, des chagrins du veuvage et de l'exil qu'elle connut après la chute des Song du Nord. Elle a composé des « che » (en vers réguliers), quelques essais, et surtout des « poèmes à chanter » [ts'e] que l'on trouve notamment dans le recueil *Poèmes du jade pur* (*).

VALÉRIE LAVOIX.

LITT Theodor. Philosophe allemand. Né le 27 décembre 1880 à Düsseldorf, mort le 16 juillet 1962 à Bonn. Professeur à Bonn (1919), à Leipzig (1920), puis de nouveau à Bonn (1947). Poursuivant la pensée de Dilthey, Litt s'est appliqué à endiguer l'influence croissante, en philosophie, des méthodes scientistes, pour sauver « l'humanisme ». Œuvres principales : *Individu et Communauté* (+) (1926), *La Mission culturelle de l'université allemande* (+) (1952), *Théorie de l'éducation et philosophie des valeurs* (*) (1957), *L'Homme et le Monde* (*) (1961).

LITTRÉ Émile Maximilien Paul. Médecin, philosophe, linguiste et homme politique français. Né et mort à Paris (1er février 1801-2 juin 1881). De modeste origine et d'esprit précoce, il se fit remarquer de bonne heure par sa passion pour l'étude. Au sortir du lycée Louis-le-Grand (1817), il suivit les cours de la faculté de médecine. Devenu interne des hôpitaux (1824), il dut, à la suite de la mort de son père, renoncer à passer son doctorat mais continua à s'occuper de la science médicale. En 1828 il fonda en effet, avec Andral et quelques autres, *Le Journal hebdomadaire de médecine*. Ayant, en 1830, pris part à la révolution, il entra l'année suivante à la rédaction du *National* dont il allait être, durant vingt ans, l'un des collaborateurs les plus distingués. Tout acquis à l'idéal républicain, il ne permit point pourtant à la politique d'empiéter sur ses travaux d'érudit et de savant. En 1837, il fonda un nouveau journal médical, *L'Expérience*. Doué d'un esprit sagace et travailleur infatigable, il allait ensuite commencer la publication de sa belle traduction des *Œuvres d'Hippocrate* en dix volumes (1839-1861). En 1839, il fut nommé membre de l'Académie des inscriptions. Après la mort de Fauriel (1844), il se vit désigné par cet organisme pour faire partie de la commission chargée de continuer l'*Histoire littéraire de la France* (*). C'est alors qu'il commença ses admirables recherches sur notre langage.

Cette même année (1844) fut décisive pour Littré : ayant fait la connaissance d'Auguste Comte dont il goûtait fort la doctrine, il devint un de ses disciples les plus fervents, ainsi qu'en témoigne l'ouvrage qu'il publia peu après : *Analyse raisonnée du cours de philosophie positive d'Auguste Comte* (1845). Il ne devait se séparer de Comte que lorsqu'il vit le grand philosophe se jeter dans le mysticisme. Soucieux avant tout d'exactitude, il se refusait, en effet, à suivre son maître dans ce qu'il appelait ses déviations doctrinales. Au lendemain de la révolution de 1848, il devint membre du conseil municipal de Paris. En 1850, il fit paraître une traduction de l'*Histoire naturelle* (*) de Pline ; en 1859, *Paroles de philosophie positive*, et en 1862, *Histoire de la langue française*. Ajoutons que, depuis 1854, il donnait toutes les semaines un long article dans le *Journal des savants*. En 1863, il se porta candidat à l'Académie française, mais il subit un échec à la suite de certain pamphlet de Mgr Dupanloup, évêque d'Orléans, lequel tenait ses doctrines pour immorales. Indifférent à cet échec, Littré commença bientôt la publication de son œuvre capitale : *Dictionnaire de la langue française* (*). Il ne devait la terminer que près de dix ans plus tard (1863-1872). De 1863 date également *Auguste Comte et la philosophie positive*. Le travail écrasant du *Dictionnaire* n'allait pas l'empêcher, en 1867, de fonder avec Wyrouboff *La Revue de philosophie positive*. C'est dans cette revue qu'il fit paraître son étude intitulée *Des origines organiques de la morale*, laquelle fit scandale et lui valut les pires attaques (1870). Peu avant le siège de Paris par les Prussiens, il consentit, sur les instances de ses amis, à se retirer à Bordeaux pour occuper la chaire d'histoire à l'École polytechnique. De retour à Paris en 1871, il fut élu député de la Seine à l'Assemblée nationale, où il soutint constamment de ses votes la politique d'Adolphe Thiers.

En décembre de la même année, il fut admis au sein de l'Académie française en remplacement de Villemain (1871). Rappelons ici un trait piquant : Dupanloup, son vieil adversaire, en conçut une telle fureur qu'il donna sa démission d'académicien. Devenu, en outre, sénateur inamovible, en 1875, Littré fut loin de se reposer sur ses lauriers : jusqu'à sa mort, il travailla comme un forçat. Témoin les ouvrages suivants : *Fragments de philosophie positive et sociologie contemporaine* (1876), *Traduction de « L'Enfer » de Dante en langue d'oïl* (1879), *Études et glanures pour faire suite à l'« Histoire de la langue française »* (1880). Émile Littré fut sans conteste un des Français les plus instruits de son temps. Dans le domaine philosophique, écrit Beuchot, « il fut, comme Taine, le disciple d'Auguste Comte, mais un disciple indépendant, car il refusait de suivre son maître dans la partie politique et mystique de son système. Par là même, il devint le chef du positivisme pur et simple. Ou plutôt, il est le croyant du pur positivisme. En perfectionnant la doctrine d'Auguste Comte, Littré inaugure l'époque du scientisme ». Il était bon, ce nous semble, d'insister sur ce dernier point, car on ne voit trop souvent en Littré qu'un linguiste de premier ordre dont le seul titre de gloire est le *Dictionnaire de la langue française*.

ROLAND PURNAL.

♦ *« Un homme de science et de méthode, de comparaison, de raison, de vigueur et même de rigueur, nourri du pain des forts de tout genre, du suc généreux des doctrines en un mot, tout ressort et tout nerf. »* Sainte-Beuve. ♦ *« Littré a vécu et senti avec l'humanité de son temps ; il a partagé ses espérances, si l'on veut, ses erreurs ; il n'a reculé devant aucune responsabilité... »* E. Renan.

RÉF. : Mgr Dupanloup, *L'Élection de M. Littré à l'Académie française*, Paris, 1872. – P. Cottin, *Agnostiques français. Positivisme et anarchie. Auguste Comte, Littré, Taine*, Paris, 1908. – L. Auvray, *Dante et Littré*, Paris, 1934. – A. Rey, *Littré, l'humaniste et les mots*, 1969. – J. Hamburger, *Monsieur Littré*, 1987.

LIU POU-WEI [Lü Buwei] (appellation honorifique : Tchong-Fou). Ministre et écrivain chinois, mort en 235 av. J.-C. Personnalité complexe et intéressante du IIIe siècle, dont la biographie traditionnelle est assez sulfureuse. Il avait été commerçant dans sa jeunesse, puis, grâce à ses procédés de « potlach », c'est-à-dire grâce à son habile politique de « céder pour obtenir » [jang], il réussit à se hausser jusqu'aux plus hautes charges publiques et, aussi, à laisser à la postérité une œuvre très importante, dite *Printemps et automnes de monsieur Liu* (*) qui contient, entre autres, le calendrier administratif du gouvernement des Ts'in que, par la suite, la dynastie devait adopter. Cette œuvre fut composée en fait par ses clients ou amis, et signée de son patronyme. Des discussions s'élèvent au sujet de son lieu de naissance, qui le fait originaire de l'État de Wei ou de l'État de Han. Une chose est certaine, cependant, c'est qu'avant 258 il faisait du commerce à Han-tan, capitale de l'État du Tchao. C'est là qu'il fit la connaissance du prince Yi-jen, vingtième fils illégitime du prince de Ts'in, envoyé à Tchao comme otage. Ce prince était devenu le client de notre commerçant qui, en bon calculateur, s'en servit très habilement pour améliorer sa position personnelle. En effet, il se rendit dans la capitale des Ts'in et persuada la femme du prince héréditaire d'adopter Yi-jen comme fils ; celui-ci, pendant ce temps, s'éprenait de l'épouse de Liu Pou-wei qui la lui céda généreusement. Toutefois, elle était enceinte à l'époque, et le fils qu'elle mit au monde, le futur premier empereur de la dynastie Ts'in, serait donc le fils de Liu Pou-wei. Plus tard, les confucianistes, furieux de la destruction de leur littérature par l'autodafé de 213 av. J.-C., discréditèrent l'empereur en l'accusant avec ironie, précisément, d'être le fils d'un commerçant, profession méprisée à l'époque. Yi-jen, ayant succédé au prince héréditaire de Ts'in, récompensa Liu Pou-wei en le nommant Premier ministre et en lui donnant le titre de « second père » [tchong-fou]. Le but était atteint. Le vieux marchand, profitant de sa position, entretenait secrètement de galantes relations avec son ex-épouse devenue reine mère et, pour sauver les apparences, introduisit à la cour un beau jeune homme, Lao Ai, en qualité d'eunuque de la reine. Mais en 238 ces relations irrégulières furent découvertes, Lao Ai tué, la reine mère exilée et Liu Pou-wei condamné à mort, peine commuée ensuite en exil dans le Ho-Nan. Là-bas, il se rendit de nouveau coupable de trahison et fut envoyé dans le Se-tch'ouan, où il s'empoisonna.

LIUTPRAND. Historien lombard et évêque de Crémone. Né à Pavie (Lombardie) entre 920 et 930, mort entre 972 et 973 au cours d'un voyage à Constantinople. Orphelin de père, il fut confié à un beau-père qui continua son éducation et le fit admettre à la cour du roi Hugues de Provence, dont les faveurs lui valurent d'être nommé d'abord clerc et ensuite diacre de l'église de Pavie. Le successeur de Hugues, Bérenger II, lui maintint ses faveurs, le prit pour secrétaire et le chargea de différentes missions de confiance, parmi lesquelles celle de se rendre à Constantinople en qualité d'ambassadeur. À son retour, Liutprand tomba en disgrâce et, privé de ses biens et craignant le pire, il se réfugia en Allemagne auprès d'Otton. À cette cour, il donna libre carrière à son ressentiment contre Bérenger et son épouse Villa en écrivant l'*Antapodosis* (*). Descendu en Italie à la suite d'Otton, il fut porté au siège épiscopal de Crémone et, à Rome, en 962, il assista au couronnement de l'empereur, son protecteur. Il écrivit un panégyrique de celui-ci, le *Livre des actes de l'empereur Otton le Grand* [*Liber de rebus gestis Ottoni Magni imperatoris*], et à partir de ce moment-là il participa comme personnage de premier plan aux diverses et complexes entreprises de la politique d'Otton. En 963, il était présent au synode convoqué à Rome par l'empereur pour déposer le pape Jean XII ; il assista de même, à Ravenne, à la grande assemblée que présidèrent le pape et l'empereur. Il se rendit ensuite au couronnement romain d'Otton II et, en 968, fut à la tête de la délégation mandée auprès du basileus Nicéphore Foca pour demander la main de la princesse Théophane ; il a laissé une relation détaillée de cette mission – dont le résultat fut un gros camouflet – dans le *Livre de* *l'ambassade à Constantinople* [*Liber de legatione constantinopolitana*]. Envoyé pour la troisième fois à Constantinople en 971 pour y chercher la princesse Théophane, il mourut pendant le voyage de retour dans des circonstances que nous ignorons. C'était un homme riche d'expérience politique et culturelle, que ses relations et ses missions avaient mis en contact avec les personnages principaux de son temps et avec les milieux les plus divers et lointains, de sorte que son œuvre reflète — comme peu d'autres le font — les aspects réels de la vie de son époque. Le goût de l'anecdote et du pittoresque, un sens humoristique poussé, une agressivité polémique, s'unissent chez lui à de remarquables capacités descriptives ; qu'il affronte la polémique historique, qu'il exhale sa rancœur de diplomate frustré ou qu'il exprime son respect envers l'empereur, sa prose, renforcée par toutes les finesses de la rhétorique classique, présente des possibilités de développement et de narration qui révèlent un net penchant artistique et peignent une image colorée et vivante de la société du temps.

RÉF. : R. A. Köpke, *De vita et scriptis Liutprandi episcopi cremonensis,* Berlin, 1842. — M. Hantzsch, *Über Liudprand von Cremona,* Leoben, 1888. — C. Colini Baldeschi, *Liutprando vescovo di Cremona,* Giarre, 1889. — P. Fedele, *Ricerche per la storia di Roma e del papato nel sec. X,* Rome, 1910-1911. — Walter Baum, *Die politischen Anschauungen Liudprands von Cremona,* Würzburg, 1936. — J.-M. Sutherland, *Luitprand of Cremona, Bishop, Diplomat, Historian : Studies of the Man and His Age,* Spoleto, 1988.

LIVINGSTONE David. Explorateur anglais. Né le 10 mars 1813 près de Glasgow, mort le 1er mai 1873 sur les bords du lac Bangueolo en Rhodésie septentrionale. La Société missionnaire de Londres l'envoya évangéliser les populations noires de l'Afrique méridionale ; il se passionna pour les problèmes ethniques et géographiques de ces vastes régions alors presque inconnues, et après plusieurs voyages d'exploration à travers le désert de Kalahari, il détermina le cours de nombreux affluents du Zambèze et navigua sur les lacs Nyassa et Tanganyika. Il entreprit la traversée du continent africain intertropical, entre l'océan Atlantique et l'océan Indien, se perdit, et l'on demeura sans nouvelles de lui pendant longtemps ; un journal américain organisa alors une expédition de secours qui fut confiée à E. Stanley. Celui-ci le rejoignit à Ugigi sur le Tanganyika (23 octobre 1871). Les importantes observations de Livingstone sont consignées dans plusieurs ouvrages traduits dans toutes les langues : *Exploration du Zambèze et de ses affluents* (*) et *Exploration dans l'intérieur de l'Afrique australe* (*).

LIVIUS ANDRONICUS Lucius. Il est le premier poète latin connu. Né vers 284 av. J.-C., mort vers 200 av. J.-C. Grec de Tarente, Livius fut conduit à Rome comme esclave (peut-être en 272, lorsque la garnison laissée à Pyrrhus se rendit aux Romains). Libéré, il prit, conformément à l'usage, les noms de son maître, un certain Livius Salinatoris. À Rome, il enseigna les lettres grecques et latines, fut acteur, composa des satires pour la scène et entreprit la tâche ardue de faire connaître à Rome les chefs-d'œuvre de la poésie hellénique. Pour sa traduction de l'*Odyssée* (*), l'œuvre la plus ancienne de la littérature latine, Andronicus créa une langue et un style poétiques, promut à la dignité artistique le vieux vers populaire latin — le saturnien — et parvint à adapter le modèle grec au goût romain. Son exemple ne fut pas oublié car, jusqu'au début de l'ère impériale, l'*Odyssée* de Livius, pour primitive et prosaïque qu'elle parût, fut couramment utilisée dans les écoles. En 240, Livius fit représenter, au lieu des antiques satires, ses premiers *Drames* (*) traduits du grec, pour lesquels il adopta les mètres grecs, et cette date marque le commencement de l'histoire de la littérature romaine. Durant la période la plus critique de la grande guerre d'Annibal, en 207, Livius fut chargé de composer un hymne propitiatoire, la plus ancienne composition lyrique en langue latine qui nous soit parvenue. Il ne reste de lui que de très rares fragments : en tout quelques dizaines de vers.

LI YU ou Li Tch'ong-kouang, aussi appelé Li Ho-tchou. Dernier empereur de la dynastie des T'ang du Sud (937-975). Né le 15 août 937 à Nankin, et mort en prison le 13 ou 14 août 978. Son renom, il le doit beaucoup moins à ses capacités de gouvernant qu'à ses poésies telles que ses *Poèmes chantés* (*), qui sont des chefs-d'œuvre du genre « ts'e ». Sixième fils de Li Tsing (mort en 961), second empereur de la dynastie, également artiste et poète. Li Yu, dès sa jeunesse, ressentit pour les lettres et la poésie un attrait que favorisait le raffinement de la Cour. Mais, entraîné dans la rivalité sanglante qui mettait aux prises les différents États de la Chine, Li Yu fut vaincu par Che Tsong (954-959), souverain de la dynastie Tcho postérieure (951-960), et dut renoncer au titre impérial. Monté sur le trône à la mort de Li Tsing, le rêveur Li Yu ne se montra pas à la hauteur du tragique danger que courait l'empire, et c'est en vain qu'il s'efforça de faire régner la paix et la concorde. La menace vint du Nord, où la puissante dynastie des Song (960-1279) avait pour objectif l'unification de la Chine. En 974, l'empereur T'ai Tsou (960-976) ouvrit les hostilités, et l'année suivante, Li Yu, fait prisonnier, était dirigé sur K'ai-feng. Bien qu'on lui eût laissé les apparences de la liberté, il y vécut les années les plus tristes de sa vie, passant, comme il l'écrit lui-même, ses jours et ses nuits à étancher ses larmes au souvenir des jardins, des chars, des chasses et des chevaux d'antan. Li Yu mourut, à l'âge de quarante et un ans, dans des circonstances mal éclaircies. Le bruit courut non sans vraisemblance qu'il aurait été mis à mort par ordre de l'empereur T'ai Tsong (976-997).

RÉF. : K. S. Chang, *The Evolution of Chinese Tz'u Poetry : From Late Tang to Northern Song,* Princeton, 1980.

LI YU (ou Li Li-Wong). Dramaturge, romancier et essayiste chinois. Né à Jou-kao en 1611, mort en 1679 ? à Hang-tcho (Tcheu-tsiang). Ayant échoué aux examens impériaux donnant accès au fonctionnariat, il s'installa à Hang-tcho, puis à Nanking, où il fonda une maison d'édition et librairie, « Le Jardin grand comme un grain de moutarde », en reprenant la célèbre phrase bouddhique « le mont Sumeru est contenu dans un grain de moutarde ». Il monta aussi une troupe d'opéra avec laquelle il fit des tournées dans le nord et le sud de la Chine et jouait dans les demeures des hauts dignitaires. Mais la mort de ses deux vedettes, qui étaient aussi ses concubines, et des difficultés financières lui firent dissoudre la troupe et il se retira à Hang-tcho jusqu'à sa mort. Il écrivit dix pièces de théâtre, et huit autres lui sont attribuées ; ce sont avant tout des comédies d'amour avec des aspects satiriques. *L'Erreur du cerf-volant* [*Feng-tcheng wou*] est encore jouée dans le genre « k'ouen-ts'iu » ; l'intrigue est basée sur une série de quiproquos. *Les Deux Soles* [*Bi-mou-yu*], sur l'histoire d'un jeune lettré qui s'engage dans une troupe pour rejoindre l'actrice qu'il aime, contient du théâtre dans le théâtre : les deux amoureux, ne pouvant se marier, se suicident vraiment en jouant une scène de suicide, mais ils sont finalement sauvés par un taoïste. Li Yu est aussi l'auteur de deux recueils de nouvelles, *Les Douze Pavillons* [*Che-eul lo*] et *Comédies sans son* [*Wou-cheng si*], d'un roman sur cette poétesse qui, telle Pénélope, composa un long poème qui se lit absolument dans tous les sens pendant l'absence de son mari. *La Chair comme tapis de prière* (*) lui est attribuée. Un autre ouvrage de Li Yu, *Envoi au hasard d'un oisif* [*Sien ts'ing o tsi*], dont l'écrivain moderne Lin Yu-t'ang s'est fortement inspiré dans *L'Importance de vivre* [*The Importance of Living*], contient des chapitres sur l'architecture, les jardins, l'ameublement, la cuisine, la poésie. Les chapitres sur le théâtre, donc écrits par un homme de métier, dramaturge, metteur en scène, directeur de troupe, sont parmi les plus importants sur l'esthétique théâtrale.

JACQUES PIMPANEAU.

LOBATCHEVSKI Nikolaï Ivanovitch [Nikolaj Ivanovič Lobač evskij]. Géomètre russe. Né à Nijni-Novgorod le 1er décembre 1792, mort à Kazan le 12 (24) février 1856. Fondateur de la géométrie non euclidienne (hyperbolique), qu'il appela « imaginaire », il est l'un des plus grands géomètres de tous les temps. L'antériorité de Lobatchevski vis-à-vis du hongrois Janos Bólyai, qui parvint d'une manière indépendante à la nouvelle géométrie dans son *Testamen,* publié en 1832, est désormais prouvée par le fait que le premier exposé oral de Lobatchevski remonte à 1826 et sa première publication sur ce sujet à 1829 *(Sur les principes de la géométrie).* Pourtant il y avait quelqu'un qui, avant Lobatchevski, s'était convaincu de la possibilité logique et peut-être physique d'une géométrie dans laquelle ne serait pas valable le postulatum d'Euclide sur les parallèles (« dans un plan, par un point situé hors d'une droite donnée, passe une parallèle et une seule à la droite donnée »), c'est Schweikart qui, dans une note à Gauss, l'avait nommée « géométrie astrale ». Gauss lui-même y croyait ; cependant il disuada tant Schweikart que Bólyai de la publication et lui-même ne voulut jamais faire paraître ses notes de géométrie « anti-euclidienne », craignant les « cris des béotiens », c'est-à-dire la réaction de la philosophie prépondérante et du prétendu sens commun. Gauss fut l'un des rares, pour ne pas dire le seul, qui comprit et apprécia l'œuvre de Lobatchevski lorsqu'il en prit connaissance ; on peut bien dire, cependant, que les ouvrages de Lobatchevski : *Géométrie* (1823), *Les Nouveaux Principes de la géométrie* (1835), *Géométrie imaginaire* (1835), *Application de la géométrie imaginaire à certaines intégrales* (1836), *Recherches géométriques sur la théorie des parallèles* (1840), *Pangéométrie* (*) (1855), etc., ne furent compris qu'un peu plus de dix ans après sa mort, surtout grâce à l'Italien E. Beltrami. Tandis que, pendant plus de deux mille ans, les géomètres furent convaincus de la validité inconditionnée du postulatum d'Euclide, qu'ils s'efforçaient de déduire des précédents, tandis que la philosophie du XVIIIe siècle affirmait avec Kant que les postulats euclidiens étaient des formes nécessaires et immuables de l'intuition, Lobatchevski, inversant hardiment les termes du problème, se convainquit que le postulat sur les parallèles, contrairement aux autres, n'était pas la traduction d'une expérience physique sur les corps solides, mais une « hypothèse arbitraire », à rejeter précisément parce qu'arbitraire. La grande découverte de Lobatchevski, qui mit impétueusement en branle la géométrie, presque immobile depuis deux millénaires, ne fut pas, pour cette raison, seulement due à une géniale intuition mathématique mais à une élaboration tant philosophique que physico-astronomique, en opposition avec l'apriorisme kantien, et sur les bases des conceptions matérialistes et « sensualistes » que Lobatchevski tira de la philosophie française de la fin du XVIIIe siècle comme de la tradition scientifique russe (Lomonossov).

RÉF. : *In memoriam N. I. Lobatchevsky. Collection des mémoires présentés à la société physico-mathématique de Kazan...,* Kazan, t. I, 1897 ; t. II, 1927. – F. Engel, *N. I. Lobatchewsky,* Leipzig, 1899.

– A. V. Vasil'jev, *N. I. Lobacevskij,* St-Pétersbourg, 1914 (en russe).

LOBO Francisco Rodrigues : v. Rodrigues Lobo Francisco.

LOBO ANTUNES António. Romancier portugais. Né à Lisbonne le 1er septembre 1942, dans une famille de la haute bourgeoisie portugaise originaire du Brésil. Après des études de médecine à l'université de Lisbonne, il se spécialise en psychiatrie. Entre 1968 et 1972 il fait son service militaire et c'est en tant que médecin militaire qu'il passe vingt-sept mois en Angola, en pleine guerre coloniale. À son retour, il exerce à Lisbonne en hôpital psychiatrique. L'expérience de la guerre et celle de l'hôpital seront au centre de ses trois premier romans, *Mémoire d'éléphant* [*Memória de elefante*, 1979], *Le Cul de Judas* (*) (1979), *Connaissance de l'enfer* [*Conhecimento do inferno,* 1980]. Dès leur parution, ils connaissent un très vif succès. L'auteur, en effet, rompt avec l'écriture traditionnelle et contribue à sortir le roman portugais des conventions et des impasses que quarante ans de dictature salazariste avaient favorisées. L'admiration qu'il voue à Céline influence quelque peu son œuvre baroque et violemment ironique, son style très travaillé. Il dit lui-même écrire lentement et laborieusement, « sans concession, avec ce que je sens plus qu'avec ce que je pense. J'ai une vocation animale ». Malgré les consultations à l'hôpital (qu'il abandonnera d'ailleurs graduellement) sa production littéraire est abondante : en 1981 paraît *Explication des oiseaux* [*Explicação dos pássaros*] et en 1983 *Fado Alexandrino,* où à l'horreur absurde de la guerre coloniale s'ajoutent le « rêve fracassé » et la désillusion de l'après-révolution du 25 avril 1974. Il paraît rompre avec ces thèmes historiques et politiques en publiant en 1985 *Le Mystère des damnés* [*Auto dos danados*] qui obtient le grand prix de littérature portugaise. Mais il s'agit encore d'une sorte de guerre puisque le lecteur assiste à un véritable jeu de massacre auquel se livrent entre eux les membres d'une famille. L'auteur continue dans ce roman à exercer son ironie grinçante, sa brutalité verbale, sa hargne contre tout ce qui, figé dans les conventions, ne peut engendrer que folie et violence. En 1988, *Le Retour des caravelles* (*) lui permet de retrouver l'histoire, passé et présent confondu, et d'y porter son regard aigu, exigeant. L'auteur y poursuit sans relâche son travail systématique sur les mots, sur leurs associations, leurs sens, leurs sonorités.

FRANÇOISE BEAUCAMP.

LOCATELLI Pietro Antonio. Compositeur et violoniste italien. Né à Bergame le 3 septembre 1695, mort à Amsterdam le 30 mars 1764. Il étudie à Rome et devient l'élève de Valentini, compositeur et célèbre violoniste, lui-même élève de Corelli. Les talents de virtuose de Locatelli le font vite remarquer. Il voyage en Europe et donne des concerts, à Venise, à la cour de Bavière, à Berlin pour l'électeur de Saxe et le roi de Prusse. Il s'établit à Amsterdam en 1729, où il devient tout à la fois animateur de la vie musicale de la ville, professeur et éditeur. L'œuvre de Locatelli, exclusivement instrumentale, est très brillante, élégante, caractéristique de la musique aimable de l'Italie du XVIIIe siècle. Elle comporte douze *Concertos grossos* (1721), douze *Sonates pour flûte* (1732), six *Sonates en trio* (1736), douze *Sonates « da camera »* pour violon et basse continue (1737), et un recueil de concertos et caprices pour violon, *L'Art du violon* (*) (1733). Locatelli est surtout reconnu pour sa prodigieuse virtuosité (en témoignent les parties solistes de ses concertos et sonates), et pour les innovations hardies qu'il introduisit dans la technique du violon.

DOMINIQUE JACCOTTET.

LOCKE John. Philosophe anglais. Né à Wrington, près de Bristol (Somersetshire) le 29 septembre 1632, mort au château d'Oates (Essex) le 28 octobre 1704. Issu d'une famille puritaine, il fut étudiant à Oxford, d'abord en philosophie, puis en médecine, collabora aux travaux de Boyle et de Sydenham, et ne cessa jamais de s'intéresser au mouvement scientifique de son temps. Dès 1668, il était membre de la fameuse Société royale de Londres et fit partie, dans la suite, de son conseil de direction. Le célèbre comte de Shaftesbury, qu'il avait connu à Oxford, l'invita à séjourner à Londres et l'attacha à sa personne en qualité de médecin, de conseiller intime et de secrétaire. Il lui conserva ses fonctions quand il devint chancelier. Locke fut donc initié aux affaires politiques et économiques de son pays, et sut ainsi agrandir le champ de ses méditations. C'est pendant l'hiver 1670-71, au cours d'une mémorable réunion d'amis, où l'on discutait sur les principes de la morale et de la religion, que lui apparut la nécessité « de la recherche préjudicielle des possibilités et des buts de l'intelligence humaine ». Ce fut l'origine de son œuvre maîtresse, *Essai philosophique concernant l'entendement humain* (*), qui compte parmi les plus importantes dans l'histoire de la philosophie. Il y travailla une vingtaine d'années. En 1681, lord Shaftesbury, inculpé de haute trahison, fut incarcéré ; libéré aux acclamations de la foule, il complota de nouveau et dut s'enfuir en Hollande où il devait mourir peu après. Locke s'était retiré à Oxford, mais, devenu suspect, il fut expulsé de l'université, et partit lui aussi pour la Hollande où il dut se cacher, car le gouvernement anglais avait demandé son extradition. Plus tard, sur l'intervention de lord Pembroke (à qui il dédia son *Essai*), la grâce lui fut accordée, mais il répondit que, ne se sentant pas coupable, il n'avait aucune raison de l'accepter. Il paraît certain qu'il prit une part active à la préparation de l'expédition menée par Guillaume d'Orange en 1688, avec laquelle commençait pour l'Angleterre une ère nouvelle de liberté politique.

Locke reprit ses travaux. Il était de santé précaire, et ne vécut au-delà de ce qu'il prévoyait qu'en prenant de grandes précautions. Ce fut pour jouir d'un climat plus doux qu'il séjourna plusieurs années en France. Il nota dans ses Mémoires des observations intéressantes sur les mœurs et le mouvement d'idées des pays qu'il visita ; observations que l'on trouve aussi dans ses lettres qui sont fort nombreuses, et adressées à des personnes de nationalité et de culture les plus diverses. Il fut toujours tolérant et réservé, mais se révéla excellent polémiste quand il eut à se défendre des attaques que ses ouvrages suscitèrent de toutes parts. Ses adversaires étaient surtout ceux qui, en matière de religion et de politique, en étaient restés à la doctrine scolastique. Les idées exprimées dans chacun de ses ouvrages sont en effet révolutionnaires par rapport aux idées traditionnelles d'alors. Ses écrits sont nombreux, et l'on ne peut expliquer qu'il ait pu fournir une telle somme de travail alors qu'il était soumis à un régime rigoureux, sinon par sa grande maîtrise de lui-même, par son calme et sa parfaite sérénité. Il donna plusieurs éditions de son *Essai,* et dut soutenir à son sujet une longue et intéressante controverse avec l'évêque anglican Stillingfleet. Parmi ses autres œuvres importantes, il faut citer : *Du gouvernement* et *Traité du gouvernement civil* (*), qui parurent la même année (1690), les quatre *Lettres sur la tolérance* (*), dont la première est la plus connue, une étude sur la question monétaire : *Quelques considérations sur la baisse de l'intérêt,* puis *Quelques pensées sur l'éducation* (*), qui eurent de très nombreuses éditions, et enfin *Le Christianisme raisonnable* (*).

Locke a teinté la pédagogie de libéralisme, comme il l'avait fait pour la politique. Bien qu'il ait parlé de la formation du gentilhomme anglais, sa conception de l'éducation peut servir de base au développement de tout être humain. Plus délicate à juger est sa position prise en face du problème religieux. Il est hors de doute qu'il se croyait bon chrétien, ainsi qu'en témoigne son ouvrage *Paraphrases et notes sur l'Épître de saint Paul aux Galates* [*A Paraphrase and Notes on the Epistle of St. Paul to the Galatians,* 1705], auquel il consacra les dernières années de sa vie, mais sa tendance au rationalisme favorisa les progrès du déisme, et son empirisme conduisit, surtout en France, à l'« illuminisme » du XVIIIe siècle. La mort le surprit au château de Oates, dans les environs de Londres, où il était l'hôte de sir Fr. Masham dont la femme, fille de Cudworth, était mystique comme son père. Tous deux, très dévoués à Locke, l'assistèrent dans ses derniers moments en lui lisant le livre des *Psaumes* (*).

ARMANDO CARLINI.

♦ *« Locke est l'Hercule de la métaphysique, qui a posé les bornes de l'esprit humain. »* Voltaire. ♦ *« Locke est le premier qui ait entrepris de démêler les opérations de l'esprit humain, immédiatement après nature, sans se laisser conduire à des opinions appuyées plutôt sur des systèmes que sur des réalités ; en quoi sa philosophie semble être, par rapport à celles de Descartes et de Malebranche, ce qu'est l'histoire par rapport aux romans. »* Diderot. ♦ *« Locke tâtonne, hésite, n'a guère que des conjectures, des doutes, des commencements d'opinion que tour à tour il avance et retire, sans en voir les suites lointaines, et surtout sans rien pousser à bout. »* H. Taine. ♦ *« Il est le premier qui ait exposé d'une manière compréhensive la philosophie libérale ; il est le plus influent sinon le plus profond des philosophes modernes. »* Bertrand Russell. ♦ *« L'indépendance protestante et révolutionnaire de l'esprit de Locke nous donne un avant-goût de Darwin et même de Nietzsche. »* G. Santayana.

RÉF. : H. R. Fox Bourme, *The Life of John Locke* (2 vol.), Londres, 1876. – Ch. Bastide, *J. Locke, ses théories politiques et leur influence en Angleterre,* Paris, 1907. – J. Gibson, *Locke's Theory of Knowledge and its Historical Relations,* Cambridge, 1917. – Hefelbower, *Relation of J. Locke to English Deism,* 1919. – S. T. Lamprecht, *Moral and Political Philosophy of J. Locke,* 1921. – C. E. Vaughan, *Studies in the History of Political Philosophy before and after Rousseau,* Manchester, 1939. – R. Polin, *La Politique morale de Locke,* Paris, 1960. – A. L. Leroy, *John Locke, sa vie, son œuvre,* Paris, 1964. – F. Duchesneau, *L'Empirisme de Locke,* La Haye, 1973. – V. W. Yolton, *Locke and The Compass of Human Understanding,* Cambridge, 1970. – *Locke,* « Revue Internationale de Philosophie », 1988, no 165.

LODGE Thomas. Écrivain anglais. Né vers 1558 à West Ham (Essex), mort en 1625 à Londres. Élevé à la Merchant Taylor School, où il fut admis le 23 mars 1571, et au Trinity College (Oxford), où il obtint, le 8 juillet 1577, le diplôme de bachelier ès arts. En quittant Oxford, il se mêla à la bohème littéraire élisabéthaine, menant une vie déréglée, dans la misère et les dettes. Au début de sa carrière littéraire, vers 1580, il écrivit une *Apologie de la poésie, de la musique et des pièces de théâtre* [*A Defence of Poetry, Music and Stage-plays*], qui fut interdite mais qui semble bien avoir circulé sous le manteau, et un drame historique. Certains prétendent même qu'il fut également acteur, sans grand fondement. Lodge était un esprit aventureux et les voyages sur mer l'attirèrent ; il prit part à l'expédition du capitaine Clarke aux Canaries et à Terceira ; en 1591, il partit avec Thomas Cavendish vers le Brésil et le détroit de Magellan. Pendant le premier voyage, il écrivit *Rosalinde* (*), l'un des romans les plus représentatifs de l'époque, qui fut sans aucun doute la source de *Comme il vous plaira* (*) de Shakespeare. Jusqu'en 1596, l'activité littéraire de Lodge demeura très intense : rappelons son roman en vers *Les Métamorphoses de Scilla* (+) et *Une marguerite d'Amérique* [*A Margarite of America,* 1596] à sujet historique fantaisiste. En tant qu'étude de mœurs, son *Miroir pour Londres et l'Angleterre* (*), écrit pour le théâtre en collaboration avec Robert Greene, est aussi très intéressant. Tout à coup, vers quarante ans, Lodge abandonna la vie de bohème, fit sa médecine puis, après avoir épousé une catholique, se convertit lui-même au catholicisme. Devenu un respectable médecin, il continua d'écrire jusqu'à la fin de ses jours, donnant à ses petits ouvrages, désormais dépourvus de tout intérêt, le ton des nouveaux principes de morale qu'il avait choisis.

RÉF. : Edmund Gosse, *Memoir of Thomas Lodge*, Glasgow, 1882. – J.-J. Jusserand, *The English Novel in the Time of Shakespeare*, Londres, 1890. – N. B. Paradise, *Thomas Lodge, the History of an Elisabethan*, New Haven, Londres, 1931. – E. Tenney, *Thomas Lodge*, New York, 1935. – M. Ryan, *Thomas Lodge, Gentleman*, Hamden, 1959 – W. D. Rae, *Thomas Lodge*, New York, 1967.

LOHENSTEIN Daniel Casper von. Écrivain allemand. Né le 25 janvier 1635 à Nimptsch (Silésie), mort le 28 avril 1683 à Breslau (Silésie). De souche bourgeoise, fils d'un haut fonctionnaire, il ne fut anobli que plus tard. À huit ans, il entrait au lycée ; à quinze, il faisait son droit à Leipzig ; à dix-huit, il était docteur à Tübingen. Il voyagea en Suisse, en Allemagne et en Hollande. Son activité littéraire avait aussi commencé de bonne heure, car il n'avait que quinze ans quand il écrivit *Ibrahim Bassa*, drame lyrique, et vingt ans, la première version de *Cléopâtre* (+). Avocat pendant douze ans à Breslau, il assuma ensuite des fonctions administratives ; conseiller du gouvernement à Oels (1666), membre du gouvernement de Breslau, puis prosyndic de cette ville ; enfin, conseiller impérial. Pendant ce temps, il continuait à écrire ; on a de lui quatre tragédies dont une, *Sophonisbe* (+) (1680), d'une sentimentalité effrénée et de mauvais goût, de style emphatique et pompeux. Lohenstein fut aussi un poète lyrique ; ses vers sont compliqués et précieux à la manière de ceux de Marino et de Góngora. Son œuvre maîtresse est un roman héroïque et galant, *Arminius et Thusnelda* (*), resté inachevé, et qui fut publié après sa mort en 1689. Le sujet en était nouveau, et ne devait être repris que bien plus tard : il s'agissait d'exalter l'héroïsme germanique et de l'opposer à la décadence romaine. Mais la forme ampoulée et artificielle rend l'ouvrage difficile à lire.

RÉF. : W. Wuckerpfennig : *Klugheit und Weltordnung. Das Problem des politischen Handelns in Lohensteins Arminius*, Fribourg, 1973.

LOISY Alfred Firmin. Philosophe et exégète français. Né à Ambrières (Marne) le 28 février 1857, mort à Celfonds (Haute-Marne) le 1er juin 1940. Issu d'une famille de paysans, il décida de devenir prêtre alors qu'il faisait ses études secondaires au petit séminaire de Saint-Dizier. Entré en 1874 au grand séminaire de Châlons-sur-Marne, il reçut l'ordination sacerdotale en 1879 et commença son ministère dans les fonctions de curé de petits villages de son diocèse. Ses qualités intellectuelles ayant cependant retenu l'attention de ses supérieurs, il fut envoyé en mai 1881 à l'Institut catholique de Paris pour y poursuivre ses études supérieures. Nommé maître de conférences dans cet établissement dès 1882, il y devenait en 1889 professeur titulaire d'exégèse.

Mais, comme il devait l'écrire plus tard dans *Choses passées* (1913), dès le commencement de l'année 1885-86, « ce [qu'il était] amené à penser de *La Bible,* du Christ, des croyances chrétiennes et de leur origine était la négation même du caractère surnaturel de la religion ». Sa position en matière scripturaire était si radicale qu'il en vint bientôt (dès 1893, précise-t-il encore) à ne plus accepter aucun article du Symbole, excepté le fait de la réalité historique du Christ. Ayant fondé en 1892 la revue *L'Enseignement biblique,* il y publia un an plus tard un article intitulé : *La Question biblique et l'inspiration des écritures,* à la suite duquel il dut abandonner sa chaire de l'Institut catholique. L'encyclique pontificale *Providentissimus Deus* l'obligeait peu après à cesser la publication de sa revue. Poursuivant son entreprise critique, Loisy publia ses *Évangiles synoptiques* (1896) puis, en octobre 1900, dans la *Revue du clergé français,* un article sur *La Religion d'Israël*, qui lui valut des censures de l'archevêque de Paris et du Saint-Siège. Cependant Loisy essayait encore de sauver son appartenance à l'Église catholique, comme le montre son célèbre ouvrage *L'Évangile et l'Église* (*) (1902), dans lequel il attaquait à la fois les théories abstraites de Harnack et l'interprétation rigoureusement dogmatique. Mais l'autorité ecclésiastique reconnut dans ce volume les traces de l'immanentisme qui devait aller se précisant sans cesse dans les œuvres suivantes de l'auteur. Dans de nombreux cercles catholiques cependant, on persistait encore à ne voir dans Loisy qu'un précurseur un peu téméraire alors que, sans peut-être s'en rendre parfaitement compte lui-même, il avait déjà abandonné complètement la foi chrétienne. À la suite du redressement doctrinal énergique coïncidant avec l'accession de saint Pie X au pontificat, la lutte contre le modernisme, dont Loisy et Tyrell étaient les principaux représentants dans le domaine de l'exégèse, s'intensifia. Deux nouveaux ouvrages de Loisy, *Autour d'un petit livre* (1903) et *Le Quatrième Évangile* (1903), furent mis à l'Index et la soumission partielle de l'auteur jugée insuffisante. Loisy, qui de 1900 à 1904 avait enseigné la critique biblique à l'École des hautes études, se retira quelques mois dans son pays natal, mais son caractère fort vif lui suggéra une série d'opuscules : *Quelques lettres sur des questions actuelles et des événements récents* (1908), *Simples réflexions sur le décret Lamentabili et sur l'encyclique Pascendi* (1908), lesquels, avec une réédition augmentée des *Évangiles synoptiques,* provoquèrent l'excommunication majeure prononcée par le Saint-Office le 7 mars 1908. Désormais complètement séparé de l'Église, Loisy obtint une chaire d'histoire des religions au Collège de France qu'il occupa de 1909 à 1926. Dans cette dernière période de sa vie, il publia encore de nombreux ouvrages, parmi lesquels : *L'Évangile selon saint Marc* (1912), *Les Mystères païens et le Mystère chrétien* (*) (1914), *Les Actes des Apôtres* (1920), *L'Apocalypse de Jean* (1923), *L'Évangile selon saint Luc* (1924), *La Crise morale et l'éducation humaine* (1937), etc. Peu avant sa mort, il avait lui-même rédigé ainsi son épitaphe : « Alfred Loisy. Prêtre retiré du ministère et de l'enseignement. Professeur au Collège de France. *Qui tuam, in votis, tenuit voluntatem.* »

MICHEL MOURRE.

♦ *« Loisy prend les textes comme des tranches nettement découpées qu'il soumet à l'analyse. Mais, dans la réalité, elles se rattachent à un mouvement ininterrompu de vie au sein d'une société, l'Église, qui a ses lois psychologiques propres, à saisir par la tradition. Loisy manque du sens de la tradition. »* P. Pouget.

RÉF. : A. Houtin, *La Question biblique au XIXe siècle,* Paris, 1902. – J. Guitton, *La Pensée moderne et le catholicisme,* Paris, t. III, 1936. – F. Heiler, *Alfred Loisy,* Paris, 1947. – A. Houtin et F. Sartiaux, *La Vie et l'œuvre d'Alfred Loisy,* 1960.

LO-JOHANSSON Ivar. Romancier suédois. Né le 23 février 1901 à Ösmo, mort le 11 avril 1990 à Stockholm. Fils de métayers, berger, ouvrier agricole, il suivit les cours d'une « Haute école populaire » avant de devenir journaliste, facteur, maçon, vagabond, etc. Il avait déjà commencé à écrire quand il partit pour l'étranger : Hongrie, Autriche, Italie, Espagne, France, Angleterre. C'est avec le récit de ses *Vagabondages en France* (*) (1927) qu'il commença une carrière littéraire, en premier lieu consacrée à la vie du prolétariat agricole, les « statare » — sorte de servage économique subsistant encore dans certaines provinces de la Suède au début du siècle. Dans *Bonne nuit, terre* (*) (1933) et les nouvelles des *Journaliers* [*Statarna* I, 1936 ; II, 1937] et des *Prolétaires de la terre* [*Jordproletärerna,* 1941], c'est la collectivité qu'il décrit, et c'est elle encore qui est le « héros » du *Tracteur* [*Traktorn,* 1943] ; mais c'est avec la description d'un destin individuel, *Rien qu'une mère* [*Bara en mor,* 1939], qu'il atteint un sommet de son art épique. Il est aussi significatif qu'il ait commencé la grande série autobiographique qu'il écrivit, à l'instar de tous les écrivains « prolétariens » de sa génération, par un portrait émouvant de son père, *L'Analphabète* (*) (1951). Il a publié plusieurs recueils de nouvelles consacrées aux « Passions » : *Les Martyrs* [*Martyrerna,* 1968], *Les Avares* [*Girigbukarna,* 1969], *Les Voluptueux* [*Vällustingarna,* 1970], *Les Menteurs* [*Lögnhalsarna,* 1971], *Les Maîtres penseurs* [*Vishetslärarna,* 1972], etc.

CARL GUSTAV BJURSTRÖM.

RÉF. : Mauritz Edström, *Äran, kärleken, klassen,* Helsingborg, 1976. – Lars Furuland, *Statarnas ombudsman i dikten,* Uppsala, 1976. – Philippe Bouquet, *La Bêche et la Plume I : l'aventure du roman prolétarien suédois,* Bassac, 1986.

LOMBROSO Cesare. Médecin et criminaliste italien. Né le 16 novembre 1835 à Vérone, mort à Turin le 9 octobre 1909. À quinze ans, il donnait la preuve d'une précoce maturité d'esprit en publiant un *Essai d'études sur la république romaine* [*Saggio di studi sulla repubblica romana*, 1850] dans lequel il s'aidait des indications données par les ruines de Vérone pour établir la différence existant entre la civilisation romaine et les coutumes modernes. Mais il devait donner la mesure de son génie dans une étude sur l'anthropologie. En 1855, il fit paraître un essai sur *La Folie de Cardano* (+), montrant par là combien il s'intéressait à la psychiatrie, clé de son œuvre. En 1856, il passa son doctorat en médecine à Pavie, avec une thèse intitulée *Recherches sur le crétinisme en Lombardie* [*Ricerche sul cretinismo in Lombardia*], qui fut publiée en 1858 ; l'année suivante, il fut nommé officiellement médecin de l'armée piémontaise et professeur chargé des cours de médecine légale et de psychiatrie à l'université de Pavie. Il publia différents ouvrages relatifs à cette même science, ce qui lui valut le poste de directeur de l'asile d'aliénés de Pavie. Des recherches qu'il fit sur le génie — *Génie et Folie* [*Genio e follia*, 1864] — il passa à des travaux sur *L'Homme criminel* (*) (1876) et sur les causes d'une maladie fort répandue à l'époque dans les campagnes vénitiennes et lombardes, la pellagre — *Études cliniques et expériences sur la nature et la thérapeutique de la pellagre* [*Studi clinici ed esperimenti sulla natura e terapia della pellagra*, 1872]. Après la chaire de Pavie, il obtint en 1876 la chaire de médecine légale à Turin, puis la chaire de psychiatrie (1896) et d'anthropologie criminelle (1905) qu'il conserva jusqu'à sa mort. Les années au cours desquelles Lombroso déploya le maximum d'activité furent celles qu'il passa à combattre la pellagre, et à débarrasser le pays de ce fléau.

Recherches, études, vulgarisation scientifique, tel fut le plus clair de la vie de Lombroso, qui confia des ouvrages et des articles aux revues et aux journaux, et dont l'ensemble des productions s'élève à environ quatre cent cinquante. Outre ses travaux concernant le problème du génie — v. *L'Homme de génie* (*) (1864) —, celui de la délinquance — v. *La Femme criminelle et la prostituée* (*) (1893) —, et de la pellagre, Lombroso écrivit également sur les maladies mentales, sur le goitre lié au crétinisme, sur les différences entre *L'Homme blanc et l'homme de couleur* [*L'uomo bianco et* *l'uomo di colore*], sur la thérapeutique clinique, etc. Ce qui demeure de cette œuvre considérable et si diverse tient beaucoup plus aux idées défendues par Lombroso qu'aux données scientifiques sur quoi ces mêmes idées s'appuyaient. Il devina les relations qui existent entre la personnalité de l'homme de génie et sa production, les rapports entre la constitution physique et psychique du criminel, l'atmosphère dans laquelle celui-ci a été élevé, et le délit commis ; il découvrit que la pellagre avait son origine dans l'ingestion quotidienne du maïs, et que le goitre lié au crétinisme dépendait de certaines conditions de vie, mais en exagérant la portée de ses thèses, il lui arriva de se nuire à lui-même. Sa théorie sur le génie n'est plus reconnue comme valable de nos jours, et l'on a abandonné l'idée que le criminel doit avoir, dès sa naissance, des caractères anthropologiques proches de ceux qu'on trouve chez les sauvages, en même temps que des impulsions à forme épileptique, tendant à lui faire accomplir l'acte criminel. Aux congrès internationaux d'anthropologie criminelle, qui ont eu lieu, en 1892, à Bruxelles et, en 1905 à Turin, la théorie de Lombroso sur les rapports entre la dégénérescence du délinquant, la forme de son crâne et l'asymétrie de ses lobes cervicaux, était rejetée, tandis que Pighini démontrait la part importante qu'avait dans la criminalité une maladie mentale, la schizophrénie. Quant à la pellagre, on a renoncé à croire qu'elle provenait, ainsi que l'affirmait Lombroso, des poisons contenus dans le maïs gâté : cette maladie vient de ce que le maïs, utilisé exclusivement, est incapable d'apporter à l'organisme les vitamines P. P. nécessaires. On a démontré également que les pouvoirs créateurs du génie, et la délinquance ne pouvaient découler de syndromes épileptiformes, et ceci à la suite des découvertes faites sur les fondements anatomiques et pathologiques de l'épilepsie. Il faut toutefois reconnaître que Lombroso a eu le grand mérite d'instituer ce qu'on appelle l'anthropologie criminelle, qui a bouleversé le droit pénal, permis d'instituer des asiles de fous criminels, et de tenir compte après examen de l'état mental des accusés.

GIACOMO PIGHINI.

♦ *« Cesare Lombroso fut, en partie, victime d'un préjugé qui est, en même temps, une des plus grandes faiblesses de la pensée contemporaine, à savoir de l'opinion erronée suivant laquelle les sciences de l'homme doivent se mettre à l'école des sciences de la matière et leur emprunter leur méthode de recherches et même leur critère de la vérité. »* G. Ferrero.

RÉF. : G. Lombroso-Ferrero, *Cesare Lombroso : storia della vita e delle opere narrata dalla figlia,* Turin, 1915. – G. Bettica Giovannini, *I precedenti filosofici e giuridici di Cesare Lombroso,* Milan, 1940. – M. Peset, *Lombroso y la escula positivista italiana,* Madrid, 1975.

LOMONOSSOV Mikhaïl Vassilievitch [Mikhaïl Vasil'jevič Lomonosov]. Écrivain et savant russe. Né le 8 (19) novembre 1711, dans un village de la Dvina septentrionale, mort à Saint-Pétersbourg le 4 (15) avril 1765. Fils d'un pêcheur, son enfance s'écoula en partie sur la barque de son père, entre la mer Blanche et l'océan Arctique. À Moscou, au cours de l'hiver 1730-31, il commença à fréquenter l'Académie slave-gréco-latine. En 1738, il fit partie d'un groupe de jeunes savants envoyés en Allemagne pour y compléter leur éducation scientifique. Ouvert à toutes les formes de la culture, Lomonossov étudia à Marbourg la philosophie, la chimie, la physique, la minéralogie, et fit notamment la connaissance du savant Christian Wolff. Il connaissait les œuvres de Descartes dont il disait qu'on lui est redevable d'avoir encouragé les savants à s'insurger contre Aristote. L'étudiant, qui était également poète, consacra sa première ode à la prise de Khotine en 1739. Revenu en Russie en 1741, il fut nommé assistant de chimie à l'Académie des sciences. Ce fut le début d'une prodigieuse carrière de savant, de poète et d'homme de lettres ; Pouchkine a pu dire de lui qu'il était une véritable « université russe ». Physicien et chimiste, il se révéla l'émule des Newton et des Lavoisier. C'est ainsi que sa théorie des couleurs s'opposa violemment à celle de Newton, alors dominante, en affirmant des principes qui devaient être reconnus soixante ans plus tard. Dans son *Introduction à la vraie chimie physique* [*Prodromus ad veram chymiam physicam,* 1752], Lomonossov donna le premier à la chimie cette impulsion physicochimique que l'on devait suivre en Europe plusieurs années après sa mort. Il fixa la loi de la conservation de la matière au cours d'expériences contemporaines ou même antérieures à celles de Lavoisier. En physique, il a défini et approfondi cette idée que toutes les propriétés d'un corps dépendent des propriétés et des mouvements des parties qui le composent, fondant ainsi une branche nouvelle de la physique moderne. Philosophe, on lui doit une *Dissertation sur les devoirs des journalistes dans l'exposé qu'ils donnent des ouvrages destinés à maintenir la liberté de philosopher,* écrite en français. Dans le domaine linguistique, son œuvre fut vraiment grandiose. Avant lui, et même de son vivant, la langue russe, en dépit de toutes les tentatives, était encore dans le chaos. Lomonossov fondit la langue de son pays, la Russie du Nord – caractérisée par la flexibilité de la poésie épique et par la force d'expression – avec celle des classes cultivées. Il en fixa la théorie dans ses traités de grammaire, tandis qu'il s'appliquait à donner à son style la plus grande précision possible dans ses *Réflexions sur l'utilité des livres d'église dans la langue russe* (*), où est énoncée sa fameuse théorie des trois styles. Dans ses *Odes* (*), ainsi que dans ses deux tragédies *Tamiré et Selim* (1750) et *Demophont* (1757), Lomonossov emploie le haut style. C'est, au contraire, au style moyen qu'il recourt dans ses œuvres les plus originales, telles que l'*Épître sur l'utilité du verre* [*Slovo o pol'zé stekla,* 1752], adressée à son protecteur I. I. Chouvalov qui installait une verrerie aux environs de Saint-Pétersbourg. Ce petit poème essentiellement didactique reflète comme un miroir la personnalité de Lomonossov, savant austère, mais lyrique à ses heures. Il en est de même pour ses écrits scientifiques : *Sur l'origine de la lumière* [*Slovo o projskoždenii sveta, novuju teoriju o cvetah predstavljajuščee,* 1756], *Sur l'utilité de la chimie* [*Slovo o pol'zé himii,* 1751], *Sur les phénomènes atmosphériques provenant de la force électrique* [*Slovo o javlénijah vozdušnyh, ot električeskoj sily projizhodjaščih,* 1753]. Les historiens ont pu porter sur son œuvre des jugements divers : ils n'en sont pas moins unanimes à reconnaître sa grandeur. De ses travaux est sortie la Russie nouvelle, la Russie de Pouchkine, lequel, en dépit de son génie, n'eût peut-être pas aussi rapidement parcouru sa route si Lomonossov ne la lui avait déjà indiquée.

ETTORE LO GATTO.

♦ *« La largeur de son horizon intellectuel, la netteté et la profondeur de son intelligence se retrouvent dans ses discours sur les problèmes généraux des sciences naturelles et dans ses mémoires sur diverses questions politiques. »* Milioukov. ♦ *« Lomonossov fut un savant génial, dont les théories et les découvertes (par exemple celle de la loi de la conservation de la matière) devancèrent de très loin son époque, mais ne furent pas comprises de ses contemporains. Il fut, en même temps, un poète épris des beautés de la nature qu'il chanta dans un grand nombre de poésies remarquables. »* V. V. Zenkovsky.

RÉF. : Antoine Martel, *Michel Lomonossov et la langue russe,* Paris, 1933. – Marquis de Lur-Saluces, *Lomonossof, le prodigieux moujik,* Paris, 1933. – Luce Langevin, *Lomonossov, 1711-1765, sa vie, son œuvre,* Paris, 1967.

LONDON Jack (John Griffith). Écrivain américain. Né à San Francisco le 12 janvier 1876, mort à Glen Ellen, en Californie, le 22 novembre 1916. La vie brève et mouvementée de Jack London est dominée par la nécessité de se mettre en scène, au mépris des contradictions, dans une série de rôles inspirés par la réalité d'une naissance illégitime, d'une enfance malheureuse, et l'emportement de passions précoces : pour les livres, l'aventure et la réussite, mais aussi pour la cause du peuple qui détermine son adhésion au parti socialiste dont il se voudra le porte-parole jusqu'à la veille de sa mort. Fils naturel d'une spirite et d'un « professeur » d'astrologie qui niera toujours sa paternité, il apprend à vingt ans qu'il doit son patronyme à son beau-père, John London. Dans une Amérique en proie aux violences d'une industrialisation forcenée et de luttes sociales sans précédent, il a déjà beaucoup bourlingué pour échapper à l'horreur de l'usine : dans la baie de San Francisco avec les jeunes délinquants, au Japon avec les chasseurs de phoques, sur les routes avec les marcheurs de la faim de 1896 – il s'en souviendra dans *Les Vagabonds du rail* [*The Road,* 1907]. En 1897, il a aussi « ouvert les livres », découvert en autodidacte un peu de Marx, beaucoup de Darwin, de Spencer et, avec Kipling pour modèle, sa vocation d'écrivain, lorsque, après un bref passage à l'université de Californie, la ruée vers l'or l'entraîne au Klondike et en Alaska. Il en revient les mains vides mais la tête pleine, se remet au travail avec acharnement et, en 1903, reçoit la consécration avec le triomphe de *L'Appel de la forêt* (*) bientôt traduit dans toutes les langues. Ce bestiaire fabuleux aux résonances mythiques et, la même année, *Le Peuple de l'Abîme* [*The People of the Abyss*], reportage saisissant sur la misère des taudis de Londres, l'autorisent à se proclamer l'« auteur le mieux payé de son temps » et l'« écrivain du prolétariat », représentations de lui-même qu'il préfère à tout autre. Suit une période de gloire où alternent les romans à succès comme *Le Loup des mers* (*) (1904) ou *Croc-Blanc* [*White Fang,* 1906], des recueils de nouvelles, des reportages (en Corée sur la guerre russo-japonaise, plus tard sur la révolution mexicaine), des essais sociologiques, mais aussi des scandales : son divorce suivi d'un remariage, ses appels à la révolution dans ses conférences et la vision apocalyptique du *Talon de fer* (*) (1908) choquent ou terrorisent son public, tandis que son affirmation obstinée de la supériorité de la race blanche et son train de vie extravagant consternent ses amis socialistes. Il s'entête en effet à poursuivre des aventures ruineuses destinées à soigner sa publicité, mais surtout à prouver la force virile d'un corps dont il est épris et le bien-fondé de sa « philosophie », amalgame de formules dont « la lutte pour la vie », lieu commun du darwinisme social, donne le ton. Ainsi, il entreprend un tour du monde à bord de son luxueux voilier, le « Snark », interrompu lorsque les dettes et la maladie le ramènent en Californie. Là, sur son domaine seigneurial de la Sonoma, cette « vallée de la lune » (titre d'un de ses derniers romans), l'ultime rêve du retour à la terre se consume dans l'incendie de la somptueuse « maison du loup destinée à durer mille ans ». Ces entreprises chimériques dont il s'enorgueillit induisent en fait un long processus d'autodestruction qu'intensifient l'indifférence croissante de la critique et un alcoolisme irrépressible – confessé en 1913 dans *Le Cabaret de la dernière chance* (+) – v. *Martin Eden* (*) – jusqu'à la déchéance physique et la mort, peut-être un suicide. Ces quelques années où Jack London s'épuise à produire une cinquantaine de volumes à la cadence ininterrompue de mille mots par jour s'inscrivent dans un XIXe siècle qui n'en finit pas de s'achever et où l'homme de lettres tend à se métamorphoser en écrivain professionnel ; « l'industrie littéraire », déjà considérée par Tocqueville comme la marque des sociétés démocratiques, développe ses pratiques et rationalise ses stratégies ; l'auteur, devenu pleinement propriétaire d'une œuvre négociable auprès des éditeurs, se trouve plus que jamais soumis aux lois d'un marché où la concurrence impose les critères d'un star-system (la première liste de best-sellers date de 1895), où il lui faut contribuer à promouvoir son image à l'égal de son texte et planifier sa carrière en fonction d'avances, souvent considérables, qui transforment l'écriture en un véritable métier. La conjonction de cette structure éditoriale, d'un lectorat urbain avide d'aventure et du désir de gloire de Jack London souligne et exaspère les contradictions de l'homme et de l'écrivain retracées dans *Martin Eden*, son roman autobiographique publié en 1909 : conflit entre le tâcheron mercenaire et l'artiste habité par la hantise de se « prostituer », le lecteur compulsif et l'homme d'action dédaigneux du savoir, l'ardent défenseur des opprimés et le pessimiste désabusé, persuadé par « la mélancolie du matérialisme » de l'inanité de l'existence ; tension surtout, qui se coule dans le texte, entre l'ancien et le nouveau, le didactisme d'un style ornemental d'époque, visant à communiquer « une conception unifiée de la société et du cosmos », et cette faculté « d'élaborer indéfiniment », manière de façonner une séquence à partir de détails insignifiants, où l'auteur ne voyait qu'une déplorable incapacité à inventer une histoire et des personnages. C'est pourtant là que le récit acquiert toute sa puissance de suggestion, surtout sous la contrainte qu'imposent la nécessité de faire court et le nombre fini de situations schématiques dont le lieu privilégié reste les étendues glacées du Grand Nord. Grand Nord où s'élaborent ces tragédies primitives où la survie se réduit à un bricolage, où la violence emprunte la forme de la banalité, où l'homme et la bête se retrouvent pris dans l'immobilité du monde des choses qui opère insensiblement la déstructuration de l'espace et du temps, le passage du réel à l'imaginaire. La disparité de ses éléments peut sans doute partiellement rendre compte des vicissitudes exemplaires d'une œuvre qui, au hasard des périodes, des lieux ou des éditions, suscite l'hagiographie, le mépris, ou une condescendance mesurable en France à la désinvolture de la plupart des traductions. Aujourd'hui, où l'on commence à débattre de l'immuabilité du canon littéraire, elle est peut-être de celles qui nous invitent à nous interroger sur les protocoles singuliers qui ordonnent nos lectures et régissent notre plaisir des textes.

SIMONE CHAMBON.

RÉF. : Andrew Sinclair, *Jack London*, Paris, 1979. – Russ Kingman, *Jack London 1876-1916*, Paris, 1987.

LONGFELLOW Henry Wadsworth. Poète américain. Né le 27 février 1807 à Portland (Maine), mort le 24 mars 1882 à Cambridge (Massachusetts). Issu de l'une des plus anciennes familles de Nouvelle-Angleterre, il devint le poète le plus aimé, le plus cité de l'Amérique du XIXe siècle : son « poète-lauréat ». Après avoir achevé ses études à Bowdoin College, où il connut Hawthorne, Longfellow voyagea pendant trois ans en Europe, ce qui lui permit de faire connaître aux États-Unis la culture européenne, tout particulièrement la littérature romantique. Il enseigna cinq ans à Bowdoin, puis, après un second séjour en Europe, se fixa à Cambridge (Massachusetts) pour occuper la chaire de littérature européenne à l'université Harvard pendant dix-huit ans. Il publia son premier volume de poésies en 1839, puis trois ans plus tard *Ballades et autres poèmes* (*), qui le rendit aussitôt célèbre. Sa première femme étant morte en 1835, un riche marchand de Boston, qui n'entendait rien à la poésie mais était impressionné par la gloire du jeune professeur-poète, lui donna sa fille ; et il devint bientôt le plus respecté des « poètes-brahmanes » : fédéraliste en politique, unitarien en religion, il incarna jusqu'à sa mort les valeurs patriciennes de l'élite bostonienne. Ses *Poèmes sur l'esclavage* [*Poems on Slavery*, 1842] révèlent les limites d'une culture provinciale, où l'autocensure apparaît à chaque page. Ils furent suivis d'une longue série de poèmes narratifs : *Évangéline* (*), *Le Chant de Hiawatha* (*), *Miles Standish* (*), etc. qui tentent de créer une sorte de mythologie américaine, fondée sur l'histoire coloniale ou sur les légendes indiennes. Longfellow écrivit également, outre d'autres volumes de poèmes (*Kéramos*, 1878, *Ultima Thule*, 1880), une traduction de *La Divine Comédie* (*) (1865-67), un drame religieux, *Christus* (1872), des *Contes d'une auberge au bord du chemin* (*), récits en vers à la manière de Chaucer, et des romans (*Hyperion*, 1839, *Kavanagh*, 1849). Admiré par Kipling, pleuré à sa mort par le pays tout entier, il fut le premier poète américain qui eut l'honneur d'avoir un monument élevé à l'abbaye de Westminster. Sa gloire a beaucoup pâli, même si la virtuosité de certains rythmes mérite encore l'attention du lecteur moderne.

♦ *« Tout en admirant le génie de M. Longfellow, nous sommes pleinement sensibles à ses fautes d'affectation et d'imitation. Son habileté artistique est grande et son idéal élevé. Mais sa conception des buts de la poésie est totalement erronée. »* Edgar Allan Poe.

RÉF. : Samuel Longfellow, *Life of Henry Wadsworth Longfellow*, Boston, 1886 ; *Final Memorials of Henry Wadsworth Longfellow*, Boston, 1887. – Lawrence Thompson, *Young Longfellow : 1807-1843*, New York, 1938, 1969. – Newton Arvin, *Longfellow, His Life and Art*, Boston, 1963. – Edward Wagenknecht, *Henry Wadsworth Longfellow : Portrait of an American Humanist*, New York, 1966.

LONGHI Roberto. Historien de l'art italien. Né à Alba (province de Cuneo) le 28 décembre 1890, mort à Florence le 3 juin 1970. Roberto Longhi fait ses études secondaires et universitaires à Turin, où il obtient son doctorat de lettres, en 1911, avec une thèse sur le Caravage dirigée par Pietro Toesca. L'année précédente, la découverte des œuvres de Courbet et de Renoir exposées à la Biennale de Venise avait été pour lui une « révélation essentielle ». Il publie ses premiers articles en revue, dans *La Voce* dès 1912, puis dans *L'Arte* d'Adolfo Venturi, dont il suit l'enseignement à Rome. À la même époque, il rencontre Bernard Berenson et entreprend de traduire, de cet auteur, *Les Peintres italiens de la Renaissance* (*) (le projet n'aboutira pas). En 1914, la librairie de *La Voce* édite son premier livre, *Sculpture futuriste de Boccioni* [*Sculptura futurista di Boccioni*], et *L'Arte* son premier grand essai sur Piero della Francesca. Longhi enseigne alors l'histoire de la peinture dans deux lycées romains. Entre 1920 et 1922, avec le collectionneur Alessandro Contini-Bonacossi, il fait un long voyage d'études – son « Grand Tour », dira-t-il – en Espagne, en France, en Allemagne et en Europe centrale, où il visite systématiquement musées, réserves et collections privées. En 1924, il épouse Lucia Lopresti, qui deviendra romancière sous le pseudonyme d'Anna Banti. Il enseigne désormais à l'université de Rome, ville où il demeurera jusqu'en 1934. Il collabore aux revues *Vita artistica* (dont il prend la direction en 1927 avec son ami Emilio Cecchi), puis *Pinacotheca* (qu'il crée avec le même Cecchi en 1928). En 1927 paraît la première version du *Piero della Francesca* (*) ; en 1934 *Atelier ferrarais* [*Officina ferrarese*] : la même année, il obtient, sur concours, la prestigieuse chaire d'histoire de l'art médiéval et moderne de l'université de Bologne. Établi dans cette ville, il y fréquente le peintre Giorgio Morandi. À partir de 1938, il collabore à *La Critica d'Arte,* qu'il dirige avec Carlo Ludovico Ragghianti et Ranuccio Bianchi Bandinelli ; c'est dans cette revue qu'il publie, en 1940, *Faits de Masolino et de Masaccio* [*Fatti di Masolino e di Masaccio*]. Les années suivantes sont ponctuées par la publication d'ouvrages et d'essais importants : la seconde version du *Piero della Francesca* (1942), *Viatique pour cinq siècles de peinture vénitienne* [*Viatico per cinque secoli di pittura veneziana,* 1946], *Giovanni Serodine* (1950), *Il Caravaggio* (1952) ; par l'organisation de grandes expositions dont il préface les catalogues : « Giuseppe Maria Crespi », à Bologne (1948), « Le Caravage » à Milan (1951), et, dans la même ville, « Les Peintres lombards de la réalité » (1953) et « Des Visconti aux Sforza » (1958) ; et par la création et la direction de revues d'histoire de l'art : *Proporzioni* en 1943 et *Paragone* en 1950. Suspendu d'enseignement en 1943 pour avoir refusé de travailler sous le régime de la République sociale italienne, il est appelé à l'université de Florence en 1946. Il habitait cette ville depuis déjà plusieurs années, dans la villa « Il Tasso », qui abrite aujourd'hui la fondation Longhi. En 1956 paraît le premier volume de ses œuvres complètes publiées par l'éditeur Sansoni, et en 1968, deux ans avant sa mort, l'édition définitive de son livre sur *Caravage* (*).

La culture de Roberto Longhi s'est nourrie aussi bien de la critique « poétique » française et anglaise (Baudelaire, Fromentin, Mallarmé, Laforgue, Pater, Wilde...) que de l'esthétique de Benedetto Croce et des auteurs germaniques (Fiedler, Adolf von Hildebrand, Wickhoff, Riegl, Wölfflin...) – et bien sûr, sur le plan de l'histoire de l'art stricto sensu, de toute la tradition italienne depuis Vasari jusqu'à Adolfo Venturi, en passant par Morelli et Cavalcaselle. Ce qui explique pour une part que l'on ne saurait réduire la « méthode » de Longhi à un système conceptuel : il y a en lui tout à la fois un connaisseur dont les brillantes attributions font autorité, un parfait érudit dans son domaine de prédilection (la peinture italienne depuis ses origines jusqu'au XVIIIe siècle), un esthéticien pragmatique et un véritable écrivain. Usant d'une langue souvent recherchée et, dirait-on, « littéraire », il accorde volontairement une place prépondérante à la description dans son travail. Il a défendu et illustré l'idée selon laquelle « certaines équivalences verbales » sont en mesure d'exprimer les qualités formelles d'une œuvre visuelle. On le voit aussi faire parler de vieux maîtres ou reconstituer des moments de leur vie créatrice, car, dit-il, « un peu d'imagination ne messied pas à l'historien ». Mais ces libertés apparentes reposent toujours sur une étude extrêmement précise des œuvres, considérées comme les meilleurs documents qui soient sur elles-mêmes. D'une manière générale, Longhi nie toute forme étroite de déterminisme : s'il décrit des formations et constate des influences, c'est pour montrer aussitôt comment l'artiste vrai s'en libère et à proprement parler « crée ».

L'apport de Roberto Longhi touche particulièrement trois grands domaines : celui des débuts de la Renaissance (avec ses études sur Piero della Francesca et sur Masaccio, notamment), celui de Caravage et des peintres caravagesques, et celui, plus large, de la peinture lombarde, qu'il a grandement contribué à faire redécouvrir et réévaluer.

ALAIN MADELEINE-PERDRILLAT.

LONGUS le Sophiste. Romancier grec, auteur des *Amours pastorales de Daphnis et Chloé* (*). On ne sait rien de certain sur sa vie, ni même sur sa patrie ; on a même douté de son nom. L'appellation de « sophiste » ne date que du XVIIe siècle. Selon l'hypothèse la plus courante, Longus serait originaire de Lesbos ; on retrouve en fait le nom de Longus sur une inscription de Thermi, un des villages sur la côte de cette île. De plus, Longus situe les aventures de son roman à Lesbos, dont il montre une connaissance certaine. On relèvera cependant de nombreuses erreurs de détails concernant la géographie de l'île. On a également raconté que, Lesbien d'origine, il serait devenu l'esclave d'un Romain qui, l'ayant par la suite affranchi, lui aurait donné son nom. Longus vécut probablement vers la fin du IIe siècle ap. J.-C. De nombreux lettrés ont estimé que son roman n'était rien de plus qu'une belle composition issue de quelque école sophistique, où l'ingénuité simulée des sentiments permet une froide application des expédients de style les plus subtils ; essai réussi d'un sophiste qui se divertit à utiliser allitérations, homéotéleutes, assonances et toutes les astuces rhétoriques dans la structure binaire et tripartite de la période. Quoi qu'il en soit, les *Amours pastorales de Daphnis et Chloé* sont incontestablement une des plus charmantes œuvres que nous ait laissées l'Antiquité. Elle a de tout temps exercé une véritable fascination sur des écrivains aussi éminents que Goethe, et a servi de prétexte à mainte œuvre d'art dont la moindre n'est pas le ballet, *Daphnis et Chloé*, de Maurice Ravel.

PAUL SCHUBERT.

♦ *« Son œuvre témoigne d'un art et d'une culture des plus hauts. Elle est si bien étudiée que rien n'y manque. Il y déploie un goût, une plénitude et une délicatesse de sentiments qui lui permettent d'égaler les meilleures œuvres qui furent jamais écrites. »* Goethe.

RÉF. : R. L. Hunter, *A Study of « Daphnis and Chloe »*, Cambridge, 1983.

LÖNNROT Elias. Écrivain finlandais d'expression finnoise. Né à Sammati (Finlande méridionale) le 9 avril 1802, mort dans cette même ville le 19 mars 1884. L'un des sept enfants d'un modeste tailleur, il réussit à poursuivre ses études tout en travaillant comme aide-pharmacien à Hämeenlinna ; il soutint en latin une thèse de philosophie à l'université de Turku, thèse qui révélait déjà l'objet de ses futures études : *De Väinämöine priscorum Fennorum numine* (1827). En 1828, il parcourut, le plus souvent à pied, plusieurs provinces finlandaises, et recueillit oralement des chansons populaires qu'il publia, de 1829 à 1831, en quatre fascicules qu'il intitula *Kantele* (ce nom est celui d'une cithare qui servait à leur accompagnement). Il avait entre-temps fait des études de médecine à Helsinki, où il obtint son doctorat en 1832. Nommé médecin de district à Kajaani, dans le nord de la Finlande, il se dévoua à sa tâche, effectuant néanmoins d'autres voyages ; il rapporta de Carélie orientale de riches documents sur les « runots » ou chants populaires anciens. Il en fit une sorte de poème épique en trente-cinq chants et 12 078 vers intitulé *Kalevala* (*) (1835-36). D'un autre voyage qui le mena jusqu'à la péninsule de Kola, il rapporta un recueil de poésies populaires intitulé *Kanteletar* (*) (1840). En 1841 et 1842, il poussa jusqu'en Laponie norvégienne et à Arkangelsk. Ses *Proverbes populaires finnois* [*Suomen kansan sananlaskuja*] sont de 1842, ses *Devinettes populaires finnoises* [*Suomen kansan arvoituksia*] de 1844. En 1849, il fit paraître en cinquante chants et 22 795 vers le *Nouveau Kalevala.* Il devint professeur de langue finnoise à l'université d'Helsinki (1853-1862). Son monumental *Dictionnaire finno-suédois* [*Suomalais-ruotsalainen sanakirja*], auquel il travaillait depuis 1840, fut publié entre 1866 et 1880. C'est en 1880 aussi que parut son ouvrage sur les *Anciens chants magiques du peuple finnois* [*Suomen kansan muinaisia loitsurunoja*]. L'immense trésor accumulé par Lönnrot a aidé la Finlande à renforcer son sentiment national ; grâce à lui une langue stable s'est dégagée des nombreux dialectes.

LÖNS Hermann. Poète et romancier allemand. Né le 28 avril 1866 à Kulm en Prusse occidentale, mort en combattant, le 26 septembre 1914, à Reims. Il était l'aîné des quinze enfants d'un professeur de lycée, fit des études de sciences naturelles à Münster, puis de médecine à Greifswald et à Göttingen, menant toujours joyeuse vie, abandonna ses études pour s'adonner au journalisme, et fut rédacteur de plusieurs journaux de province avant de se fixer à Hanovre. Sa vie était déréglée ; il s'était marié vers la trentaine, mais s'était séparé de sa femme. Chasseur passionné, aimant la nature, il se fit le chantre de la bruyère de la Basse-Saxe. Il a laissé plusieurs volumes de poésies. L'un d'eux, *Chansons* (*), contient des chansons de route destinées à la jeunesse allemande éprise de grandes randonnées pédestres. Il a aussi écrit des romans : *Le Dernier Hansbur* [*Der letzte Hansbur,* 1910], *Au fond de la lande* [*Dahinten in der Heidel,* 1912], *Le Wehrwolf* (*), dont le décor est toujours le paysage de bruyères. À la déclaration de guerre en 1914, mécontent de lui et ayant le désir de se racheter, il s'engagea et sa mort au champ d'honneur contribua à sa gloire. C'était un poète véritable, mais sa façon d'adapter à ses vers le langage populaire est un procédé littéraire un peu factice, et son exaltation voulue des sentiments agrestes et sains des Allemands est quelque peu irritante pour le lecteur d'aujourd'hui.

LOPE DE VEGA (en réalité, Lope est un prénom ; le nom complet du poète est : frère Lope Félix de Vega Carpio). Écrivain espagnol. Né à Madrid le 25 novembre 1562 et mort en la même ville le 27 août 1635. Cet écrivain, que ses contemporains appelaient « prodige de la nature » et « phénix des beaux esprits », est entré de son vivant dans la légende. Son nom servit de terme de comparaison pour exprimer l'excellence de quelque chose, même – et surtout – en dehors de la littérature ; « es de Lope », c'est du Lope, pouvait qualifier un tissu, une toile peinte. Et l'Inquisition dut arrêter la circulation d'une parodie du Credo qui commençait ainsi : « Je crois en Lope tout-puissant, poète du ciel et de la terre. » Sa vie mouvementée, ses succès, ses amours, sa fécondité prodigieuse, et même la qualité de ses ennemis littéraires – Góngora, Ruiz de Alacón – tout a contribué à donner de lui une image aussi complexe qu'infidèle. Sa première biographie intitulée *Fama posthuma à la vida y muerte del Dr Frey Lope Felix de Vega Carpio y elogios panegíricos a la imortalidad de su nombre* (1636), qui fut l'œuvre de son ami et admirateur Juan Pérez de Montalbán que les malveillants appelaient « cette retaille de Lope », accueille déjà, avec les échos de la renommée, l'écho de la fable. Les mêmes sources sont à la base de la biographie de Lope par Henry Richard, lord Holland : *Some accounts of the Life and Writings of Lope Felix de Vega Carpio* (Londres, 1806). On peut en dire autant de l'étude, si sympathique par ailleurs, d'Ernest Lafond, *Étude sur la vie et les œuvres de Lope de Vega* (1857) ou de celle de L. Schmidt, *Über die vier bedeutendsten Dramatiker der Spanier, Lope de Vega, Tirso de Molina, Alarcón und Calderón* (1858). Le premier travail critique sérieux sur la vie de Lope a été l'œuvre de Cayetano Alberto de La Barrera y Leirado : *Nueva biografía de Lope de Vega* (1864, repris, avec des additions de Menéndez y Pelayo, en tête de la première édition académique des œuvres du poète, 1890) ; pour établir cette biographie, le savant historien du théâtre espagnol utilisa une source importante et nouvelle : la correspondance de Lope avec le duc de Sessa. La différence entre la « vieille biographie », séraphiquement indulgente, et cette « nouvelle biographie », qui met en lumière toutes les faiblesses de l'homme, a été signalée par Menéndez Pidal dans un important article (1935) ; le doyen des philologues espagnols montre aussi que l'amour a toujours sauvé le poète, et que, lorsqu'il prend la figure de Burlador, il se rédime aussitôt « en lançant sa barque ailée sur l'océan de la plus haute poésie ». J. Fitzmaurice-Kelly fit paraître en 1902 son *Lope de Vega and the Spanish Drama* ; deux ans plus tard parut à Glasgow *The Life of Lope de Vega* par un érudit américain, Hugo Albert Rennert. Cet important ouvrage fut traduit en espagnol et complété par Américo Castro en 1919 ; les éditions espagnoles portent la signature de ces deux érudits, ce qui dit assez l'importance des additions de Castro. Le *Lope de Vega* de Marcel Carayon parut en 1929 ; et un autre hispaniste allemand, Karl Vossler, publia en 1932 à Munich son livre fondamental, *Lope de Vega et son temps* [*Lope de Vega und sein Zeitalter*], dont la première édition espagnole parut l'année suivante.

Les sources directes de ces travaux sont, outre les documents de l'époque, les témoignages des contemporains, la correspondance du poète et – ce qui s'est révélé comme particulièrement dangereux – les œuvres littéraires de Lope. On a tenté, en effet, d'attribuer un nom réel à quantité de personnages mauresques ou pastoraux qui figurent dans l'œuvre lyrique de Lope, et on s'est livré au jeu risqué d'interpréter des poèmes qu'on supposait être des œuvres à clé. Or, s'il existe un terrain dangereux pour ces suppositions hasardeuses, c'est bien le *Romancero nuevo*, riche collection de pièces parues pour la plupart anonymement, et qui subirent, presque toutes, d'assez grands changements en se transmettant oralement ou en passant d'un manuscrit à un autre. Les éditeurs des divers recueils en disposaient à leur guise, et les musiciens élaguaient ces textes en vue de leur exécution chantée. José F. Montesinos a montré magistralement les transformations successives d'un romance de Lope (*Una estatua de Cupido*, in revue *Symposium*, Syracuse, U.S.A., 1955). Le poète lui-même s'est adonné à un travail de stylisation semblable lorsqu'il nous a livré dans *La Dorotea* (*) les souvenirs de ses années de jeunesse transposées à travers une touchante nostalgie, et comme telles caractérisées par une innocence et une candeur dont ne témoigne pas sa conduite réelle (voir, plus bas, ses démêlés avec Elena Osorio ; cf. aussi Léo Spitzer, *Die literarisierung des Lebens in Lopes Dorotea*, Cologne, 1932). D'autre part, Lope était – bien plus qu'imité – démarqué littéralement par nombre de poètes : ce qui doit nous mettre en garde devant chaque « Phyllis » ou « Bélise » chantée dans ces poésies. En outre, Lope, infiniment plagié, se volait lui-même, et quelques uns de ses poèmes amoureux, avec de légers changements – surtout dans les noms féminins lui serviront plus d'une fois à quelques années d'intervalle. Nous donnerons, néanmoins, les noms poétiques des principales femmes que le poète chanta.

Lope Félix de Vega Carpio naquit à Madrid le 25 novembre 1562 ; il reçut, selon l'habitude espagnole, le nom du saint honoré ce jour, saint Loup [Lope], uni au prénom de son père, Félix de Vega Carpio. Celui-ci et son épouse, Francisca Fernández Flores, étaient originaires de la Montagne, berceau de la noblesse espagnole ; mais, loin d'y appartenir, le père du poète était un modeste artisan brodeur. Lope se confectionna plus tard un écusson fantaisiste avec dix-neuf tours sur lequel – comme sur les persistantes prétentions nobiliaires de Lope – s'exerça la malveillance mordante de Góngora, « hidalgo » légitime ; il entoura sa naissance d'une auréole d'amour et de jalousie bien dans le goût de la comédie espagnole. On possède très peu de renseignements sur la mère et les quatre frères du poète. Lope étudia dans un collège de jésuites, à l'Académie royale, puis à l'université d'Alcalá de Henares ; selon Montalbán, la fécondité légendaire du poète s'annonça dès cette époque : non seulement il lisait et écrivait en latin comme en espagnol à l'âge de cinq ans, mais il aurait même dicté des vers à ses camarades plus avancés avant d'avoir été capable de les mettre lui-même par écrit, et il aurait payé ces services avec son propre goûter et ses friandises. Nous avons néanmoins très peu de données sûres sur l'enfance et l'adolescence de Lope, que nous trouvons vers 1580, deux ans après la mort de son père, sous la protection de Jerónimo Manrique, évêque d'Avila, puis comme secrétaire de don Pedro Dávila, marquis de las Navas. Il dit avoir participé, sous le commandement de don Alvaro de Bazán, marquis de Santa Cruz, à une expédition contre les Portugais, aux Islas Terceras ; cette expédition ayant eu lieu en 1583, Lope n'avait pas alors quinze ans, comme il le prétend, mais déjà vingt et un. Au retour des îles, il fit la connaissance de la comédienne Elena Osorio (la « Filis » de ses poèmes), fille du chef de troupe [autor] Jerónimo Velázquez ; on a bien voulu voir dans *La Dorotea* l'image à peu près fidèle de ses amours : amours mouvementées, car le 29 décembre 1587 Lope fut arrêté dans le « corral » (la cour, c'est-à-dire le théâtre) de la Cruz, sur l'accusation d'avoir écrit des libelles contre Velázquez et toute sa famille. Les pièces versées au dossier étaient, comme de juste, des poèmes qui, avec virulence, mettaient en doute les moyens d'existence de Filis et présentaient son entourage comme une bande de ruffians effrontés. Pendant le procès, Lope multiplia ses attaques et falsifia même une lettre d'Elena, ce qui fit augmenter sa condamnation, de quatre, à huit ans d'exil. Jerónimo Velázquez, pour des raisons qui n'étaient peut-être pas absolument désintéressées, demanda et obtint, sept ans plus tard, le pardon du poète.

La condamnation (février 1588) apporta sans doute un soulagement aux peines amoureuses de Lope, car il retourna en cachette à Madrid – d'où il avait été banni avec de très sévères menaces – pour enlever doña Isabel de Urbina Alderete y Cortinas, qu'il épousa par procuration le 10 mai de cette année 1588 ; on pense néanmoins qu'il se trouvait, caché, dans la capitale. Le 29 du même mois, il quitta sa « Belisa » (anagramme d'Isabel) et prit la mer à bord du *San Juan*, vaisseau amiral de l'Invincible Armada. Après le désastre de la flotte espagnole, le navire échoua à La Corogne, et Lope, ne pouvant pas résider à Madrid, s'établit avec sa femme à Valence. Valence était le centre d'une brillante activité littéraire ; les derniers rayons de l'école catalane se mêlaient à ceux de la naissante école poétique de langue castillane. Le théâtre y fleurissait, et autour de Lope s'assembla une brillante pléiade de poètes dramatiques. Les nouvelles pièces de Lope – qui déjà bien avant son exil était un auteur très en vue à Madrid – furent jouées non seulement à Valence, mais aussi dans toutes les grandes villes d'Espagne ; Lope fit beaucoup pour la naissance de l'école dramatique valencienne, mais il ne faut pas oublier pourtant l'influence que l'ambiance de cette ville et cette tradition de théâtre religieux ont exercée sur la formation technique de Lope.

Lorsque, deux ans plus tard, Lope put rentrer dans le royaume de Castille – sans pouvoir toutefois se montrer à Madrid –, il se dirigea vers Tolède, où le duc d'Albe le prit à son service en qualité de secrétaire. Les ducs d'Albe résidaient à Alba de Tormes, au bord de la rivière qui vit naître le célèbre *Lazarille* ; Lope y demeura de 1590 à 1595. C'est là qu'il écrivit quantité de *comedias* et composa son roman pastoral *Arcadia* (*) ; c'est encore là que moururent sa femme et ses deux fillettes en bas âge, qu'il pleura en vers baroques et touchants. En 1596, il est de retour à Madrid, où il se fait réprimander par les autorités religieuses à cause de son concubinage avec Antonia Trillo ; il épouse, en 1598, Juana de Guardo, mais vers 1600 il rencontre l'actrice Micaela de Luján (la « Camila Lucinda » de ses vers) avec laquelle il constitue une seconde famille, parallèle à son foyer légitime. Juana de Guardo meurt en 1613. Camila Lucinda (qui lui donna sept enfants, parmi lesquels Marcela, la préférée du poète, née en 1605, et qui prit le voile en 1621) disparaît des poésies de Lope vers 1608. La correspondance de Lope avec le duc de Sessa, dont il fut aussi le secrétaire, commence en 1605 et donne d'abondants renseignements sur la vie du poète à cette époque. Lope, veuf, reçut les ordres en 1614, mais l'habit religieux ne changea pas sa nature ni ses habitudes : à la comédienne Jerónima de Burgos succéda une autre comédienne, Lucía Salcedo. Les dernières années du poète sont remplies par son amour pour Marta de Nevares (« Amarilis », qu'on ne doit pas confondre avec l'« Amarilis » péruvienne, correspondante de Lope, et dont on ignore tout). Marta de Nevares perdit la vue ; puis, devenue folle dès 1626, mourut en 1632 ; elle fut l'objet des plus délicates préoccupations du poète. Leur fille, Antonio Clara – le seul enfant qui restait à Lope –, fut enlevée en 1634 par un certain Tenorio (nom prédestiné) ; cet événement ébranla la santé du poète, qui, après une très brève maladie, mourut le 27 août 1635. Il fut enterré dans l'église de Saint-Sébastien à Madrid ; pendant une réparation de cet édifice, à la fin du XVIIIe siècle, la dépouille mortelle du poète fut transférée en un autre point de cette église, mais on ignore à quel endroit précis elle fut alors déposée.

La production de Lope embrasse tous les genres littéraires : théâtre, roman, poème épique et didactique, épopée burlesque ; il excella enfin dans tous les domaines de la poésie lyrique. L'étude de sa poésie pose encore de sérieux problèmes, et l'on n'est pas sûr de l'attribution de nombreuses pièces (une grande partie de la poésie lyrique – et même de la production théâtrale – parut anonymement) ; la question se complique encore par l'emploi constant, chez Lope, de différents pseudonymes. À cela s'ajoute encore une autre difficulté : Lope, dans ses poésies et dans ses œuvres dramatiques, fait un usage si adroit et si gracieux de la poésie populaire que, dans la majorité des cas, il nous est impossible de dire aujourd'hui, selon les paroles si justes de Dámaso Alonso, où finit le texte traditionnel et où commence l'œuvre de Lope. L'étude de son théâtre n'est pas non plus aisée. Pendant la vie de Lope, et même après sa mort – on ne prête qu'aux riches – on publia sous son nom quantité de pièces d'inégal mérite. Lope écrivit des centaines d'*autos* (petites pièces de caractère populaire, à la différence des *autos* de Calderón, d'allure métaphysique et théologique), d'intermèdes et *loas* (courte pièce qui précédait la pièce principale, tandis que les intermèdes se jouaient entre chaque acte de celle-ci). Il écrivit en outre, nous dit-il, mille huit cents *comedias*, dont beaucoup ne lui coûtèrent qu'une ou deux journées de travail (« que más de ciento en horas veinticuatro/pasaron de las musas al teatro »). Ce nombre est sans doute exagéré ; mais, quoiqu'une grande partie des *comedias* de Lope ait disparu, on conserve aujourd'hui environ cinq cents *comedias* dont la paternité est incontestable. Pour mettre un peu d'ordre dans cette masse, il a fallu l'effort combiné de nombre d'érudits : le premier essai sérieux d'un catalogue des *comedias* de Lope a été l'œuvre de Chorley (1857) avec additions de La Barrera (1861) *(Catalogue du théâtre espagnol ancien).* Rennert étudia en 1915 la bibliographie de Lope, et Buchanan réalisa le premier essai de chronologie en 1922 ; le travail le plus important dans ce domaine est la *Chronologie* de Morley et Bruerton, parue en 1940, et dont les données ont été confirmées par la découverte de pièces manuscrites datées (additions de 1947).

La contribution de Lope à la scène espagnole n'a pas été seulement quantitative. Après quelques sondages et tâtonnements, il fixa la formule de la *comedia*, il détermina le nombre de ses *jornadas* ou actes (trois et non cinq comme dans la tragédie classique) ; il régla définitivement le caractère du spectacle, avec son mélange de comique et de sérieux ; il créa quelques types caractéristiques de la *comedia*, telle cette « figura del donaire », dans laquelle on a bien voulu voir – et avec beaucoup d'à-propos – son propre portrait psychologique. En plus de la « quantité, si décriée chez nous et dont la critique a fait une sorte de tare » (Le Senne et Guillot de Saix), la position esthétique de Lope a été la cause directe de son discrédit auprès des défenseurs des règles classiques au théâtre. Après avoir énuméré les différents courants, fruit de la Renaissance ou survivances du Moyen Âge, qui coexistaient sur la scène espagnole, Ernest Martinenche ajoute que, si la tâche accomplie par Lope « tient du prodige », c'est précisément parce qu'il « n'a pas fait un choix entre les éléments divers que lui léguaient ses prédécesseurs. Il a vu que tous ils représentaient quelque côté du génie espagnol, que tous ils demeuraient vivants et colorés. Et c'est pourquoi tous ont pris place dans sa *comedia* ». En accomplissant sa tâche, Lope se heurta, en Espagne même, aux champions des trois unités. L'objection qu'on trouvera plus tard chez Boileau, et qu'on peut lire dans *Don Quichotte* (*), était formulée par Alonso López Pinciano : peut-on accepter comme vraisemblable un drame où « un enfant naît, grandit, porte la barbe, se marie, a des fils et des petits-fils » ? Lope lui-même, tout en s'évadant des règles et des unités, admet cette infériorité théorique, reconnaît que « puisque c'est le vulgaire qui paye sa place au théâtre, il est juste de lui parler en ignorant afin de lui plaire ». « Je reviens alors aux habitudes barbares, dit-il encore, et, lorsque j'ai à écrire une comédie, je renferme les principes sous six clefs, et je congédie de mon cabinet et Plaute et Térence... » Comme le fait observer Martinenche, c'est seulement vers la fin de sa vie, quand il peut enfin jeter un regard sur son œuvre immense, que Lope, étonné de la vogue continue de son théâtre, le juge enfin avec des yeux plus justes et plus indulgents : « C'est à moi que l'art de la comédie doit ses commencements... À qui doit-on... tant de définitions de la jalousie et de l'amour ? À qui tant de mouvements de l'âme ? À qui autant de figures que la rhétorique en a pu inventer ? »

Il ne faut pas tenir rigueur aux maîtres du théâtre classique d'une opinion qu'ils partageaient – du moins en partie – avec Lope lui-même. En outre, en dépit des règles les imitateurs de Lope sont nombreux : Théodore Rodenburg en Hollande ; Webster, Fletcher, Shirley, Crowne en Angleterre ; en France, Hardy, Rotrou, le Sieur d'Ouville, le grand Corneille lui-même, Boisrobert, Montfleury ; quelques traits de Lope reparaissent chez Molière. Mais la revanche, l'exacte mise en valeur, viendra avec les romantiques : Grillparzer en Allemagne ; Victor Hugo, qui renchérit dans le sens de Lope dans sa *Préface de « Cromwell »* (*) : « Le poète, insistons sur ce point, ne doit donc prendre conseil que de la nature, de la vérité, et de l'inspiration qui est aussi une vérité et une nature. « Quando he », dit Lope de Vega, « Quando he de escribir una comedia, / encierro los preceptos con seis llaves ». Pour renfermer les préceptes, en effet, ce n'est pas trop de six clefs. Il suffira de citer les noms de Mérimée et de Théophile Gautier sans insister plus sur la faveur que Lope connaît en France depuis Pierre Lebrun, ce précurseur.

DANIEL DEVOTO.

XVIIe siècle. ♦ *« Un rimeur, sans péril, delà les Pyrénées, / Sur la scène en un jour renferme des années. / Là souvent le héros d'un spectacle grossier / Enfant au premier acte, est barbon au dernier... »* Boileau.

XVIIIe siècle. ♦ *« Malheureusement Lope de Vega et Shakespeare eurent du génie dans un temps où le goût n'était point du tout formé ; ils corrompirent celui de leurs compatriotes, qui, en général, étaient alors extrêmement ignorants. Plusieurs auteurs dramati-*

ques, en Espagne et en Angleterre, tâchèrent d'imiter Lope et Shakespeare ; mais, n'ayant pas leurs talents, ils n'imitèrent que leurs fautes ; et par là ils servirent encore à établir la réputation de ceux qu'ils voulaient surpasser... » « Lope de Vega en est un grand exemple [du théâtre espagnol]. *Il était précisément ce que fut Shakespeare en Angleterre, un composé de grandeur et d'extravagance, quelquefois digne modèle de Corneille, quelquefois travaillant pour les petites-maisons, et s'abandonnant à la folie la plus brutale, le sachant bien, et l'avouant publiquement dans des vers qu'il nous a laissés... »* Voltaire.

XXe siècle. ♦ *« Mais, d'accord avec Grillparzer avant de l'avoir lu, mon intime prédilection allait résolument vers Lope* [et non vers Calderón], *poète aussi spontané qu'on peut l'être dans des âges de grande culture, poète épique dans la mesure où le théâtre permet de l'être, chez qui le mauvais goût, quoique fréquent, reste sporadique, tandis que la réussite géniale est infaillible, car elle procède avec l'inconscience sublime des forces naturelles. »* Menéndez y Pelayo. ♦ *« Tandis que pour les législateurs du théâtre, l'âme humaine n'était poétique que si elle habitait un corps sculpté par l'Antiquité, dans la mythologie ou dans l'histoire classique, Lope donne rang de personnage dramatique à l'homme actuel, à tout ce que les hommes d'alors pensaient et sentaient. Le théâtre anglais marchait de pair avec le théâtre espagnol dans la dramatisation de la vie elle-même, et s'inspirait, tout comme le théâtre espagnol, de l'histoire actuelle, des légendes populaires, des fictions romanesques modernes. Mais Lope plonge plus loin que les Anglais dans la vie qui l'entoure, comme le montre le nombre élevé des thèmes dramatiques qu'il cherche en dehors des sources littéraires, la quantité d'œuvres inspirées d'une ballade orale, d'une simple chanson populaire, de ses propres aventures ou de celles de son entourage, des faits divers les plus récents de l'actualité. »* Menéndez Pidal. ♦ *« Ce tact, cette malice, ce petit don égoïste de ne se livrer jamais entièrement à l'ivresse de l'art, de ne pas souffrir le délire de la perfection, à la différence de Góngora ou de Mallarmé – et, en outre son désir de plaire à son public par tous les moyens – ce qui semble un compromis de calcul intéressé et de mollesse de tempérament – permettent à Lope de se maintenir, dans la mesure du possible, en dehors des excès héroïques du cultisme et du conceptisme, les deux écoles révolutionnaires de son époque. »* Alfonso Reyes. ♦ *« Mais il est un royaume où Lope, bien loin d'être définissable par comparaison, doit devenir lui-même un terme de référence : c'est celui de l'imagination. Imagination qui est synonyme de vitalité glorieuse. Non pas inventive sans loi intime, à la façon d'un Dumas, mais rayonnante toujours de la splendeur du concret. Nul poète n'a été habité, hanté de plus de tableaux ni de plus de musiques évocatrices, qui demandaient impérieusement à prendre la forme d'un langage luxuriant et pressé. L'imagination de Lope est une suite d'éclairs... Mais dans ses moments de plénitude, à l'élan des évocations s'allie une justesse dépouillée : justesse dépouillée qui est aussi celle des gestes et des propos surgis dans le déroulement dramatique. Si bien qu'en Lope de Vega la leçon même du poète populaire, de celui qui prétendait « parler à des sots le langage des sots », est une leçon d'élégance sensitive d'aristocratie. »* Marcel Carayon.

RÉF. : Les principales sources ont été signalées dans le cours de l'article, au fur et à mesure que les besoins du sujet l'exigeaient. On ne trouvera ici que des renseignements complémentaires. – Fr. Asenjo y Barbieri, *Ultimos amores de Lope de Vega*, Madrid, 1876. – Amédée de Margerie, *Études de littérature espagnole : Lope de Vega et Calderón*, Lille, 1892. – W. von Wurzbach, *Lope de Vega und seine Komödien*, Leipzig, 1899. – A. Tomillo et C. Pérez Pastor, *Proceso de Lope de Vega por libelo contra unos cómicos*, Madrid, 1901. – Hugo Albert Rennert, *The Spanish Stage in the Time of Lope de Vega*, New York, 1909. – Menéndez y Pelayo, *Estudios sobre el teatro de Lope de Vega*, Madrid, 1922. – A. González de Amezúa, *Lope de Vega en sus cartas* (4 vol.), Madrid, 1935-1943. – Hermann Tiemann, *Lope de Vega in Deutschland*, Hambourg, 1939. – J. de Entrambasaguas, *Vivir y crear de Lope de Vega*, Madrid, 1946. – José-Maria de Cossio, *Lope personaje de sus obras*, Madrid, 1948. – José-F. Montesinos, *Estudios sobre Lope*, Mexico, 1951. – Gabriel Laplane, *Lope de Vega*, Paris, 1963.

LOPES Fernão. Principal chroniqueur et premier des grands prosateurs portugais. Né vers 1380, mort vers 1460. On ne sait rien des quarante premières années de sa vie. En 1418, il fut nommé conservateur des archives nationales à la Torre do Tombo, à Lisbonne. Le 19 mars 1434, le roi Édouard (qui l'avait eu pour secrétaire, ainsi que son père João Ier), le nomma chroniqueur officiel du royaume. Bénéficiaire du testament de l'infant dom Fernand, dont, en 1422, il avait été scribe, et que son fils Martim avait accompagné au Maroc en qualité de médecin – il y mourut ensuite en captivité –, Lopes conserva sa charge de chroniqueur même pendant le règne d'Alphonse V. Remplacé à cause de son grand âge, en 1454, dans ses fonctions à la Torre do Tombo, par Gomes Eanes de Zurara (1420 ?-1474), il vivait certainement encore en 1459. Son œuvre comprend la *Chronique du roi dom Pedro Ier* (*), la Chronique du roi Dom Fernand [*Crónica del Rei D. Fernando*] et la *Chronique de dom João Ier* (*) qui fut continuée, sous le même titre par Gomes Eanes de Zurara ; il y rapporta des événements encore d'actualité, la crise nationale de 1383, le soulèvement populaire qui fit de dom João le premier roi de la dynastie d'Avis et la guerre contre la Castille. Par ses dons littéraires et par sa conscience d'historien, Lopes est l'un des plus grands chroniqueurs du Moyen Âge. Il captive ses lecteurs par la vivacité et la complexité des caractères (tel celui de Leonor Teles, la femme de dom Fernand), les passionne par le caractère dramatique de certains passages (l'assassinat du comte Andeiro) et évoque admirablement une époque d'intense exaltation collective. Son style puissamment incisif est riche en métaphores. En tant qu'historien, il révèle un très moderne souci d'objectivité : il se fonde sur des documents d'archives, sur des chroniques ou sur des témoignages d'événements encore récents, rapporte quelquefois trois ou quatre versions d'un même fait, en s'abstenant de tout commentaire. Son histoire est complète : ignorant l'optique courtisane de l'époque, il fait du peuple qui aspire à l'indépendance le personnage central de ses *Chroniques*, et ne dissimule pas les faiblesses humaines des rois.

RÉF. : Aubrey F. Bell, *Fernan Lopes*, Londres, 1921. – E. Prestage, *The Chronicles of Fernão Lopes and Gomes Eanes de Zurara*, Watford, 1928. – A. E. Beau, *Fernão Lopes*, in *Portugal-Festschrift der Universtät Köln*, Cologne, 1940.

LÓPEZ DE AYALA Pedro. Poète, historien et homme politique espagnol. Né à Vitoria (province d'Alava) en 1332, mort au début d'avril 1407. Il fut élevé par son oncle, le cardinal Pedro Gómez Barroso. Pendant le règne de Pierre Ier, il fut alcade de Tolède, servit son roi dans la guerre contre l'Aragon, et resta à ses côtés jusqu'à sa fuite du royaume ; Ayala embrassa alors le parti de don Enrique de Trastamare. Don Pedro étant revenu avec l'aide du prince Noir, Ayala fut fait prisonnier par les Anglais à la bataille de Najera (1367). Après la victoire fratricide de don Enrique, l'influence d'Ayala s'accrut pendant le règne de Juan Ier (1379-1390) ; mais après la bataille d'Aljubarrota (1385), livrée par le roi malgré ses conseils contraires, Ayala tomba aux mains des Portugais. Conduit au château de Leiria puis à celui d'Obidos, il y subit une dure captivité. C'est là qu'il composa une partie du *Rimado de Palacio*, poème dans lequel il peignit avec une amère clairvoyance la décomposition de la société dans laquelle il vivait. Son pessimisme accentué par la prison conduisit Ayala à chercher un refuge dans la religion, qui lui inspira d'émouvantes pièces de vers. Ce fut également dans sa prison qu'il écrivit un traité sur les *Oiseaux domestiques* [*El libro de las aves de casa et de sus plumajes et dolencias et melecinamientos*]. Racheté et rentré en Castille, en deux occasions il fut mandé comme ambassadeur en France, et dans l'une il prêta une aide efficace à Charles VI au cours de la bataille de Roosebeke. Aux Cortes d'Alcala (1390), il s'opposa à la division du royaume de Castille, projetée par Juan Ier. Sous Enrique III (1390-1406), il effectua une longue retraite au monastère de San Miguel del Monte. Chancelier et chroniqueur du royaume, il écrivit l'histoire des règnes de Pierre Ier, Enrique II, Juan Ier et d'une partie de celui de Enrique III. Les *Chroniques des rois de Castille* (*), spécialement celles des règnes de don Pedro et de Juan Ier, sont un modèle d'agencement dramatique et de pénétration historique. Ayala fit traduire en castillan la première *Décade* de Tite-Live – v. *Histoire romaine* (*) –, le traité *De la consolation de la philosophie* (*) de Boèce, les *Chutes des princes* [*Cadute dei principi*] de Boccace, et d'autres ouvrages qui exercèrent une grande influence en Castille.

♦ *« Il n'a pas son pareil jusqu'à la fin du* XV*e siècle. Froissart et Mateo Villani sont des chroniqueurs pittoresques et délectables ; Ayala est un historien. »* Menéndez y Pelayo.

RÉF. : G. Daumet, *Étude sur l'alliance de la France et de la Castille aux* XIV*e et* XV*e siècles*, Paris, 1898. – F. W. Schirrmacher, *Über die Glaubwürdigkeit der Chronik Ayalas*, in *Geschichte von Spanien*, Berlin, 1902. – M. Menéndez y Pelayo, *Historia de la poesía castellana en la Edad Media*, Madrid, 1911-1913.

LÓPEZ DE GÓMARA Francisco. Historien espagnol. Né à Soria (Vieille-Castille) en 1512, mort à Séville en 1572. Les éléments biographiques sont rares et n'ont pas tous été validés d'une manière digne de foi. López de Gómara appartenait certainement à une famille distinguée ; il occupa la chaire de rhétorique à l'université d'Alcalá où, étudiant, il avait commencé à se faire une riche culture humaniste et érudite. Ordonné prêtre, il partit pour Rome où il fut en relations avec l'historien Saxo Grammaticus et avec l'archevêque Olaf le Grand, à Bologne et à Venise. Vers 1540, il était au service de Hernán Cortés et l'accompagna dans l'expédition d'Alger ; il devint le chapelain de sa famille et ne quitta cette maison qu'après la mort de Cortés. Il s'était déjà préparé à la rédaction de l'*Histoire générale des Indes occidentales et de la conquête du Mexique* (*) grâce aux éléments fournis par Cortés lui-même et par d'autres (Andres de Tapia, « Gonzalo Umbrio », probablement P. Ruiz de Villegas et S. Caboto). Il publia son ouvrage : *Saragosse* [*Zaragoza*] en 1552, en castillan, pour en faciliter une plus large diffusion, et en dédia la première partie à Charles Quint ; le livre remporta un grand succès mais, bientôt qualifié d'histoire « libre », on en interdit de nouvelles éditions en 1553, sous peine de payer une amende de deux cent mille maravédis ; en 1554, on bloqua les exemplaires qui circulaient au « Consejo de Indias ». L'interdit fut levé en 1727. Les indications manquent pour la période ultérieure de la vie de Gómara, probablement retiré à Séville ; on ne possède qu'une allusion, de l'Inca Garcilaso, à un séjour qu'aurait fait López de Gómara à Valladolid en 1556. La date de publication à Salamanque, 1568, d'une seconde édition de l'*Histoire,* très différente de la première, évoque un Gómara plongé dans les corrections et les modifications. Il fit vivre la figure de Cortés en lui subordonnant toutes les autres. Dans l'*Histoire véridique de la conquête de la Nouvelle-Espagne* (*) Bernal Díaz del Castillo s'insurgea contre une telle partialité et contre d'autres inexactitudes de Gómara qui n'alla jamais en Amérique. En revanche, la critique postérieure, le plus souvent, reconnaît à Gómara le choix judicieux de ses sources en attribuant un caractère d'humanisme à son *Histoire*. Gómara a laissé manuscrites les *Annales de l'empereur Charles Quint* [*Los annales del Emperador Carlos V*] et *Des batailles navales de notre temps* [*De las batallas del mar de nuestro tiempo*] (ce dernier ouvrage a été perdu).

RÉF. : Cascales y Muñoz, *La literatura castellana en Sevilla hasta terminar el siglo XIX* (inédit). – R. Iglesias, *Cronistas e historiadores de la conquista de México*, Mexico, 1942.

LÓPEZ DE UBEDA Francisco. Écrivain espagnol. On ne possède aucune indication sur ses dates de naissance et de mort (XVIe-XVIIe siècle). En 1605, à Medina del Campo, on publia sous son nom *Pícara Justina* (*), qui doit être antérieure de plusieurs années, mais avait probablement été retouchée après la sortie de *Guzmán de Alfarache* (*). Bien que, documents à l'appui, on ait prouvé l'existence d'un López de Ubeda, médecin à Tolède qui se maria en 1590, Cervantès déclare que l'auteur de la *Pícara Justina* était un ecclésiastique, et Nicolas Antonio, que les dominicains l'attribuaient à frère Andrés Pérez, de leur ordre, auteur d'une *Vie de saint Raymond de Peñafort* [*Vida de saint Raimundo de Peñaforte*, 1601], et deux volumes de *Sermons* [*Sermones de Cuaresma y de santos*, 1621-1622]. Le problème de la paternité de cet ouvrage n'est donc pas résolu.

LÓPEZ DE ZÁRATE Francisco. Poète et dramaturge espagnol. Né à Logroño en 1580, mort à Madrid le 5 mars 1658. Dès son jeune âge, il embrassa la carrière des armes. Ses qualités chevaleresques et sa modestie lui valurent l'amitié et la protection de Rodrigue Calderón et du duc de Lerme. Il publia en 1619 un recueil de *Poésies* [*Varias poesías*] et remporta un prix de poésie au concours qui eut lieu lors de la béatification d'Isidore le Laboureur. Ses deux œuvres les plus importantes sont : le *Poème de la découverte de la Croix* (*) (1648), en vingt-deux chants, et la tragédie *Hercule furieux et l'Oeta* [*Hercules furente y Oeta*, 1651]. Son œuvre reçut les éloges de Lope de Vega, et il eut l'insigne honneur de figurer dans le *Catalogue des autorités de la langue espagnole* [*Catálogo de autoridades de la lengua castellana*] qui fut inclus dans le premier dictionnaire de la langue castillane, composé par l'Académie royale espagnole (1726).

RÉF. : G. Ticknor, *Histoire de la littérature espagnole*, Paris, 1864.

LÓPEZ VELARDE Ramón. Poète mexicain. Né à Jerez (État de Zacatecas) le 15 juin 1888, mort à Mexico le 19 juin 1921. Ses *Poésies* (*) (1931), qui comprennent *Le Sang dévot* (1916), *Sens dessus dessous* (1919) et *Le Son du cœur* (1932), contiennent des éléments romantiques, tempérés par des apports nouveaux, à tendances à la fois intellectuelles et populaires. Il commença ses études à l'école de Zacatecas, les continua à Aguas Calientes, et fit son droit à l'université de San Luis Potosí, où il obtint son doctorat en 1911. Tout en suivant les cours, il s'occupait de littérature et, dès 1904, il avait fondé une revue littéraire, *La Bohème* [*La Bohemia*]. Il s'installa à Mexico, fut fonctionnaire dans un ministère et professeur de lettres à l'École nationale préparatoire aux hautes études qui devint plus tard la faculté des lettres et de philosophie. Signalons encore un volume de ses poésies publié à titre posthume : *L'Aiguille des minutes* [*El minutero,* 1932].

LÓPEZ Y FUENTES Gregorio. Écrivain mexicain. Né le 17 novembre 1897 dans la Huasteca de Veracruz, mort à Mexico le 11 décembre 1966. Originaire d'une famille de fermiers, il fait des études d'instituteur. En 1914, il est envoyé avec d'autres étudiants combattre les Américains débarqués à Veracruz. Il participe à la Révolution et se montre partisan actif de Pancho Villa. Après la Révolution commence sa carrière littéraire et journalistique, qui le mènera à devenir en 1945 le directeur du journal *El Universal.* L'œuvre de López y Fuentes est un témoignage politique et anthropologique sur la réalité mexicaine. Parmi ses œuvres, souvent inégales, il faut citer *Clairières* [*Claros de selva*, 1922], recueil de poèmes, *Le Vagabond* [*El vagabundo*, 1922], *Campement* (*) (1931), *Terre, la révolution agraire au Mexique* (*) (1932), *Mon général !* (*) (1934), *L'Indien* (*) (1935) et *Champ de maïs, enclos et forêt* [*Milpa, potrero y monte,* 1951]. Gregorio López y Fuentes, qui connaissait de près le milieu indien, a su montrer le rôle que celui-ci avait joué pendant la Révolution. Le roman *L'Indien* décrit précisément la vie d'un village indigène à cette époque.

LORENTZ Hendrik Antoon. Physicien hollandais. Né à Arnhem, chef-lieu de la province de Gueldre, le 18 juillet 1853, mort à Haarlem (Hollande septentrionale) le 4 février 1928. Il fit ses études à la fameuse université de Leyde. En 1875, il publia en hollandais son premier ouvrage, concernant la réflexion et la réfraction de la lumière sur les métaux, et d'autres recherches de physique théorique dans les *Archives néerlandaises des sciences exactes et naturelles.* Ces recherches lui valurent la chaire de physique mathématique à l'université de Leyde en 1878.

Après de longues années d'expériences, il fit paraître en 1892, en français, son mémoire célèbre sur la *Théorie électromagnétique de Maxwell et son application aux corps mouvants.* Dans cet ouvrage, complétant les études de Fresnel et de Maxwell, Lorentz soutient que les phénomènes électriques sont dus aux mouvements de parcelles élémentaires électriques, par lui appelées « électrons », d'après le terme qui avait déjà été introduit par George Johnstone Stoney (1826-1911). Lorentz découvrit que, si au lieu d'employer les transformations de Galilée, on emploie certaines transformations spéciales (qu'Einstein, en son honneur, baptisa ensuite « transformations de Lorentz », les équations de Maxwell relatives à la propagation de la lumière deviennent invariables, et qu'il n'y a plus besoin de recourir à l'air comme système de référence. Cependant, les transformations de Lorentz ne rendent pas invariables les équations de la mécanique, ce qui sembla alors absurde. Ce fut Einstein qui montra de quelle manière il est possible d'étendre les transformations de

Lorentz aux équations de la mécanique, extension qui conduit à formuler la théorie spéciale de la relativité. La théorie de Lorentz considère la matière comme un ensemble d'atomes formés d'électrons négatifs (par la suite, il fut en effet prouvé que l'atome se compose d'électrons négatifs parcourant des orbites elliptiques autour du noyau). Lorentz renversait ainsi la théorie de Thomson : pour celui-ci, l'électricité s'explique par la matière ; pour Lorentz au contraire, c'est la matière qui s'explique par l'électricité. En 1895, il publia l'*Essai sur une théorie des phénomènes électriques et optiques dans les corps en mouvement* (*), qui marque une étape importante dans les recherches du grand savant sur l'électricité et sur l'optique.

Pour ce travail, il se vit attribuer, en 1902, le prix Nobel de physique, qu'il dut partager cependant avec Zeeman ; car si Lorentz avait prévu le phénomène en question, ce fut Zeeman qui le vérifia expérimentalement ; il fut d'ailleurs nommé par les physiciens « effet Zeeman ». Lorentz remporta encore d'autres prix et d'autres distinctions, et ce fut pour lui qu'on créa la « Fondation Lorentz », qui se donnait pour but de favoriser les recherches de physique théorique. En 1907, le savant publia, à Leipzig, divers mémoires groupés sous le titre de *Dissertations sur la physique théorique* [*Abhandlungen über theoretische Physik*], et, deux ans après, parut son livre célèbre *Théorie des électrons* [*Thoery of Electrons*]. Au cours des années 1919-1920, Lorentz publia sous le titre *Vorlesungen über theoretische Physik* les cinq volumes qui renferment ses cours de physique théorique lus à l'université de Leyde ; en outre, on lui doit un *Manuel de calcul mathématique* [*Leerboek der differentiaal – en integraalrekening en van de eerste beginselen der analytische meetkunde...*, 1882] et les *Fondements des sciences naturelles* [*Beginselen der Naturkunde*].

En 1923, Lorentz fut nommé directeur des recherches de l'Institut Teyler de Haarlem, où il séjourna jusqu'à la fin de sa vie.

FRANCESCO ALBÈRGAMO.

RÉF. : Louis de Broglie, *Notice sur la vie et l'œuvre de H.-A. Lorentz*, Paris, 1951. – Albert Einstein, *Hendrick Antoon Lorentz*, Leyde, 1953.

LORENZ Konrad. Naturaliste autrichien. Né à Vienne le 7 novembre 1903, mort à Altenberg (Basse-Autriche) le 27 février 1989. Konrad Lorenz est l'un des fondateurs d'une nouvelle discipline scientifique, l'« éthologie », qui a pour but l'étude du comportement intégral des êtres vivants dans leur milieu naturel, véritable « biologie du comportement » en quelque sorte. Ce naturaliste fit ses études aux universités de Vienne et de New York. Il était docteur en médecine et en philosophie, ce dernier point étant important, comme on le verra par la suite. De 1928 à 1935, il est assistant d'anatomie à Vienne. De 1940 à 1945, conférencier d'anatomie comparée et de psychologie animale à Kœnigsberg, puis directeur de l'Institut Max-Planck en Bavière et professeur honoraire aux universités de Munich et de Münster. Fondateur d'un nouveau centre de recherches en Haute-Autriche, l'essentiel de ses travaux et l'élaboration de ses réflexions se font cependant en « milieu naturel » : précisément, dans sa propriété d'Altenberg, où il vit parmi « les mammifères, les oiseaux et les poissons »... L'ensemble de son œuvre, universellement reconnue, est couronnée par le prix Nobel de médecine en 1973.

Mais il y a un cas Lorenz sur lequel il ne faut pas hésiter à se pencher. Alors que son apport en tant qu'éthologue est incontesté, les prolongements qu'il en tire sous la forme de réflexions morales appliquées à l'homme à partir du comportement animal sont souvent et parfois violemment mis en cause. En outre, dans le même temps que l'on critique une théorie qui voudrait que « l'homme dérive de l'animal » (mauvais procès et surtout fausse querelle qui rappelle celle opposant les spiritualistes et les matérialistes), un large engouement public voit en lui, et non sans raison, un magicien de la communication avec le règne animal, à une époque où tant d'individus et de groupes luttent pour préserver le patrimoine naturel et « écologique » de l'humanité. Il est normal, dans ces conditions, qu'à propos de l'« imprégnation », découverte qui signale que tout jeune animal s'attache à celui qui le nourrit (être humain ou boîte en carton si celle-ci se trouve dans le voisinage du poussin au moment de la nutrition), se propage l'anecdote d'un savant suivi par une jeune oie cendrée, qu'il élève, jusque dans son lit. À l'opposé, quant aux reproches de « racisme », ils ne s'expliquent que dans la mesure où l'idée de « programme génétique » visant à la protection d'une espèce s'est trouvée coïncider avec une idéologie tragiquement dominante en Allemagne à l'époque hitlérienne. L'authentique chercheur qu'est Lorenz ne se trouve certainement ni dans une image trop facile de lui-même, ni dans une caricature malveillante, esquissée à partir d'un certain passé personnel inévitable parce que germanique. Admirons plutôt le découvreur qu'il est vraiment, l'homme de culture, doublé d'une personnalité si apte à frayer et cohabiter avec le monde vivant qui nous entoure, animal ou humain.

Parmi ses principaux ouvrages, qui reflètent parfaitement les fines analyses de l'éthologue autant que les visées humanistes du moraliste très au fait des dogmes freudiens comme des hypothèses de la « psychologie des profondeurs » de C.G. Jung, il faut noter : *Il parlait avec les mammifères, les oiseaux et les poissons* (*) (1949), *L'Agression, une histoire naturelle du mal* [*Das sogenannte Böse. Zur Naturgeschichte der Agression,* 1963], *Essais sur le comportement animal et humain* [*Ueber tierisches und menschliches Verhalten. Aus dem*

Werdegang der Verhaltenslehre, 1965], *Tous les chiens, tous les chats* [*So kam der Mensch auf den Hund,* 1968], *Les Huit Péchés capitaux de notre civilisation* [*Die acht Todsünden der zivilisierten Menschheit,* 1973], *L'Envers du miroir* [*Die Rückseite des Spiegels. Versuch einer Naturgeschichte menschlichen Erkenntnis,* 1973]. *The Man and his Ideas,* écrits et dialogues avec Richard Evans (1975).

Sur les fameuses conclusions morales que Konrad Lorenz tire de ses découvertes scientifiques, le savant s'est expliqué lui-même : « L'humanité contemporaine est en péril. Elle court de nombreux dangers, que le naturaliste et le biologiste en premier lieu sont seuls à apercevoir, alors qu'ils échappent au regard de la plupart des hommes. Il est donc du devoir du savant de tirer la sonnette d'alarme, au lieu de se borner, selon son habitude, à se consacrer à l'investigation des phénomènes nouvellement découverts [...] Il serait présomptueux de penser que ce que l'on sait soi-même n'est pas accessible à la majorité des autres hommes... Un danger cesse d'être épouvantable si l'on en connaît les causes. »

JEAN-CHARLES REMY.

RÉF. : Alec Nisbett, *Konrad Lorenz,* Paris, 1979.

LORRAIN Jean (pseud. de Paul Duval). Écrivain français. Né à Fécamp (Seine-Maritime) le 9 août 1855, mort à Paris le 30 juin 1906. Il fit de bonnes études classiques chez les dominicains, et passa par une crise de mysticisme qui lui inspira le désir d'embrasser la carrière sacerdotale ; puis il entra dans l'armée et enfin vint vivre à Paris où, après avoir essayé de la peinture, il s'adonna, sous l'influence de Judith Gautier, à la poésie et à la critique littéraire dans les revues les plus à la mode. Il devint bientôt l'un des interprètes les plus étincelants du Paris mondain, élégant, spirituel et grivois de la fin du siècle, et ses malicieuses chroniques du *Journal* et de *L'Écho de Paris* lui valurent une grande renommée. Parmi ses nouvelles, empreintes, le plus souvent, d'une perversité subtile et traversées parfois de thèmes délirants suggérés par les stupéfiants dont il fit un abus systématique, surtout pendant la dernière période de sa vie, citons *Fards et Poisons* (1904). Ses œuvres les plus connues à l'époque étaient *Monsieur de Bougrelon* (1897) et *Monsieur de Phocas* (*) (1901) ; les qualités de l'auteur ressortent également dans le recueil d'articles de variétés, de fantaisies et d'aphorismes cruels intitulé *Poussières de Paris* (1899).

RÉF. : P.-L. Gauthier, *Jean Lorrain. La vie, l'œuvre et l'art d'un pessimiste à la fin du* XIXe *siècle*, Paris, 1935 (thèse). – P. Kyria, *Jean Lorrain*, Paris, 1973. – Ph. Jullian, *J. Lorrain ou le Satiricon 1900*, Paris, 1974.

LOTI Pierre (pseud. de Louis Marie Julien Viaud). Écrivain français. Né à Rochefort (Charente-Maritime) le 14 janvier 1850, mort à Hendaye (Pyrénées-Atlantiques) le 10 juin 1923. Issu de familles modestes, les Texier protestants et les Viaud catholiques (mais son père, en se mariant, avait embrassé la religion réformée), Julien fut le tard-venu de trois enfants : dix-neuf ans après la grande sœur bien-aimée, Marie, qui lui fit partager son goût pour la musique et la peinture, douze ans après Gustave, chirurgien de marine, dont les récits de voyages nourrirent les rêves du jeune garçon et décidèrent, à treize ans, de sa vocation de marin – lui qui avait d'abord voulu devenir pasteur... L'enfance et l'adolescence saintongeaises, dont il conterait plus tard les enchantements dans *Le Roman d'un enfant* (1890) et *Prime jeunesse* (1919), prirent fin en 1866 : Gustave était mort l'année précédente, de la dysenterie, son corps jeté dans l'océan Indien ; le père, receveur municipal de Rochefort, est accusé de vol et passe quelques jours en prison : il sera acquitté deux ans après, mais aura perdu son emploi, et la famille connaît désormais la pauvreté et les dettes ; Julien échoue au concours d'entrée à l'École navale, mais « monte » à Paris, en octobre 1866, le repréparer et est admis l'année suivante à l'École – c'est-à-dire en rade de Brest, à bord du « Borda ». Début d'une longue carrière d'officier, qu'il achèvera le 14 janvier 1910 (jour de son soixantième anniversaire), où il prendra sa retraite, en qualité de capitaine de vaisseau, après plus de quarante-deux ans de service, dont 19 ans 11 mois et 8 jours « à la mer ».

En janvier 1872, à mi-temps de son premier long voyage autour du monde (plus de vingt mois : Atlantique, Amérique du Sud, Pacifique), l'aspirant Julien Viaud passe quatre jours dans l'île de Pâques et envoie à sa sœur, qui les fera paraître en août dans *L'Illustration*, la matière d'un reportage en trois articles : dessins et texte issu de son *Journal* – ce journal qu'il a commencé en 1866 et qu'il tiendra jusqu'en 1918, et dont il extraira toute son œuvre. Sa véritable entrée en littérature se fait de semblable façon : des amis, à qui il a lu le journal de son séjour à Constantinople en 1876-77, où l'enseigne de vaisseau avait surtout été occupé par son idylle avec une charmante Circassienne aux yeux verts, lui suggèrent d'arranger ces pages en roman : ce sera *Aziyadé* (*) (1879). Le livre passe inaperçu mais, un an plus tard, triomphe immédiat et retentissant pour *Le Mariage de Loti, par l'auteur d'Aziyadé* (*), tiré du journal de son séjour à Tahiti en 1872 – d'où il avait rapporté le nom de « Loti », qui est celui de la rose en tahitien et que lui avaient donné les suivantes de la reine Pomaré : son troisième livre, en 1881, *Le Roman d'un spahi* (*), est le premier à être signé « Pierre Loti ». D'autres romans suivront, aux cadres breton : *Mon frère Yves* (*) (1883), *Pêcheur d'Islande* (*) (1886, son plus grand succès) et *Matelot* (1892), basque : *Ramuntcho* (*) (1897), japonais : *Madame Chrysanthème* (*) (1887) et *La*

Troisième Jeunesse de Madame Prune (1905), ou turc : *Fantôme d'Orient* (1892, récit des trois jours fébrilement passés, en 1887, à rechercher les traces d'Aziyadé et d'Achmet, dix ans après... : le chef-d'œuvre de Loti, selon Ch. Du Bos) et *Les Désenchantées* (*) (« *roman des harems turcs contemporains* », 1906). Dix romans, dix fragments plus ou moins réécrits de son *Journal*, qui furent autant de succès auprès du public dont la fidélité ne se démentit jamais jusqu'à la mort de Loti, auteur comblé dès sa trentième année, devenu à 41 ans le benjamin de l'Académie française (il y fut élu, en 1891, par 18 voix contre 0 pour son principal concurrent : Zola — et dans son discours de réception il attaqua vivement le naturalisme).

Les récits du perpétuel voyageur enchantèrent aussi plusieurs générations de lecteurs : les dix volumes des *Voyages* (*) de Loti, depuis *Au Maroc* (1889) jusqu'à *Suprêmes visions d'Orient* (1921) en passant par ses livres sur la Terre sainte, la Chine, l'Inde, la Perse, l'Égypte et Angkor, auxquels il faut ajouter les huit recueils où se mêlent les souvenirs, les essais, de brefs récits de voyage et des sortes de nouvelles plus ou moins romanesques — *Fleurs d'ennui* (1882), *Propos d'exil* (1887), *Japoneries d'automne* (1889), *Le Livre de la pitié et de la mort* (1890), *L'Exilée* (1893), *Figures et choses qui passaient* (1898), *Reflets sur la sombre route* (1899) et *Le Château de la Belle-au-bois-dormant* (1910) —, constituent l'autre volet de l'œuvre de Loti, de moindre audience populaire, de son vivant, que ses romans, mais où, aujourd'hui, beaucoup s'accordent à voir le meilleur de l'écrivain.

Pierre Loti n'avait guère la tête politique ; cela ne l'empêcha pas de prendre hardiment parti dans les grands conflits européens des années 1910 et de multiplier en faveur des Turcs (contre les Grecs, contre les Arméniens, contre les Bulgares...) puis, pendant la Grande Guerre, contre les Allemands, les articles qui, recueillis, remplissent cinq volumes de « littérature engagée » : *Turquie agonisante* (1913), *La Hyène enragée* (1916), *Quelques aspects du vertige mondial* (1917), *L'Horreur allemande* (1918) et *La Mort de notre chère France en Orient* (1920).

Si l'on peut négliger les cinq tentatives dramatiques de Loti — trois pièces écrites en collaboration, comme *La Fille du ciel*, écrite avec Judith Gauthier en 1903-05 ; une adaptation de *Ramuntcho* (1908) et un drame inspiré du légendaire familial, *Judith Renaudin* (1898) —, on se souviendra des publications posthumes de son journal par son fils Samuel : *Un jeune officier pauvre* (1923) et *Journal intime 1878-1885* (2 vol., 1925-29), ainsi que des deux seuls recueils de correspondance parus à ce jour : *Lettres à Juliette Adam* (1924) et *Correspondance inédite 1865-1904* (1929).

Le récent retour de Loti, indéniable, dans le goût du public — après plusieurs décennies d'un quasi-oubli d'où n'émergeaient que deux ou trois romans — et la réévaluation de son œuvre conduisent à privilégier dans celle-ci, aux dépens du créateur de fictions qui dans l'ensemble ont mal vieilli, la dimension esthétique et spirituelle. Romancier, voyageur, pèlerin, Loti est à la fois obsédé par la mort omniprésente, par le temps qui détruit tout, et, charnellement enchanté par la vie, la richesse et la beauté du monde réel — êtres, nature et monuments humains. Il n'a cessé de rechercher une foi (dans l'islam, à Jérusalem, à Bénarès...) dont il avait, pour vivre, l'absolu besoin ; sans que jamais elle vînt réellement l'habiter : d'où, chez lui, tout ensemble un nihilisme profond et le constant effort de faire, de vivre « comme s'il croyait » à une transcendance et à l'immortalité. C'est de la tension entre ces deux postulations simultanées, à la fois naturelles et jouées, imposture et authenticité, que semble naître le « romantisme » très particulier de Loti, qui pouvait ne pas détonner dans la mélancolie complaisante de l'esprit « fin-de-siècle », mais qu'on redécouvre aujourd'hui proche de nous.

CLAUDE MARTIN.

♦ *« Loti apportait quelque chose de tout à fait neuf : une poésie très personnelle, à la fois directe et extrêmement raffinée. Il ne séparait jamais l'expression des choses du subtil faisceau de sentiments qu'il éprouvait. Il a eu le don unique d'évoquer, de décrire et de définir en épanchant sa sensibilité. Ses moyens de séduction sont d'une variété rare. Leur action est d'autant plus vive qu'il se tient toujours à l'extrême pointe de la sensation. Il ne heurte plus, il s'insinue. Tout chez lui est d'essence subtile comme la musique... »* Frédéric Mallet ♦ *« Son domaine propre est cette région indéterminée où la vibration suraiguë des nerfs fait de la jouissance une douleur, et des larmes une volupté* [...] *Il possède un tel pouvoir de noter l'infiniment petit de ses émotions qu'il vous entraîne avec lui dans un monde d'exaltation continue* [...] *De tous les descriptifs de notre époque, Loti est celui dont le vocabulaire est le plus modeste, le plus borné aux termes quotidiens, le plus étranger à l'argot du métier, le plus sobre enfin de néologismes. Il a deviné avec un tact supérieur d'admirable ouvrier du style la limitation précise de cet outil qu'est notre prose. »* Paul Bourget. ♦ *« Dans son discours de réception à l'Académie française, Loti s'est déclaré l'homme d'une seule manière littéraire et jugea qu'à un véritable écrivain ne convenait qu'un type de livre qu'il répétait toujours. Ajoutant que ce livre unique fut pour lui son livre de bord, il observe que " ce vrai journal de marin n'atteint toute sa perfection que lorsqu'il se développe sur la mer ou sur cette figure terrestre de la mer qu'est le désert ". Loti occupera dans notre univers littéraire une place aussi calme, aussi pleine, aussi belle que son tombeau dans la campagne d'Oléron. Le léger oubli qui s'était fait autour de lui après sa mort le préparait à la gloire où il entre aujourd'hui. »* Albert Thibaudet.

RÉF. : N. Serban, *Pierre Loti, sa vie et son œuvre*, Paris, 1920 (éd. augm., 1924). — Fr. Mallet, *Pierre Loti, son œuvre*, Paris, 1923. — Cl. Farrère, *Loti*, Paris, 1930. — R. Lefèvre, *La Vie inquiète de Pierre Loti*, Paris, 1934. — P. Flottes, *Le Drame intérieur de Pierre Loti*, Paris, 1937 (éd. augm., 1946). — B. B. Rafter, *La Femme dans l'œuvre de Pierre Loti*, Paris, 1938. — M.-J. Hublard, *L'Attitude religieuse de Pierre Loti*, Fribourg, 1945. — R. de Traz, *Pierre Loti*, Paris, 1948. — K. G. Millward,

L'Œuvre de Pierre Loti et l'esprit « fin-de-siècle », Paris, 1956. – Fr. Le Targat, *À la recherche de Pierre Loti*, Paris, 1974. – M. Lerner, *Pierre Loti*, New York, 1974. – Cl. Wake, *The Novels of Pierre Loti*, Paris-La Haye, 1974. – L. Blanch, *Pierre Loti*, Londres, 1983 (trad. franç., Paris, 1986). – Al. Quella-Villéger, *Pierre Loti l'incompris*, Paris, 1986 ; *La Politique méditerranéenne de la France (1870-1923). Un témoin : Pierre Loti*, Paris, 1992. – Chr. Genet et D. Hervé, *Pierre Loti l'enchanteur*, Gémozac, 1988. – Al. Buisine, *Tombeau de Loti*, Paris, 1988.

LOTMAN Iouri Mikhaïlovitch [Jurij Mihajlovič Lotman]. Savant russe, historien et théoricien de la littérature. Né le 28 février 1922 à Petrograd (Saint-Pétersbourg). Mobilisé à dix-neuf ans, Iouri Lotman combat en première ligne jusqu'à la fin de la guerre. Rendu à la vie civile en 1947, il reprend et achève en 1950 ses études de lettres, commencées en 1939 à l'université de Leningrad, où enseignent encore, jusqu'à la campagne « anticosmopolite » de 1949, quelques-uns des pères du « formalisme russe » (Eikhenbaum, Tomachevski, Jirmounski, Propp, Goukovski). Sa thèse de « candidat » (1951), consacrée à Radichtchev et à Karamzine, ainsi que sa thèse de doctorat (« Les voies de l'évolution de la littérature russe pendant la période prédécembriste », 1961), révèlent son intérêt ancien et durable d'historien de la littérature russe pour la période de transition entre le classicisme et le romantisme.

Enseignant depuis 1954 à l'université de Tartu (anciennement Dorpat) en Estonie, il y est élu professeur en 1963, et dirige de 1960 à 1977 la chaire de littérature russe. Après la mort de Staline (1953) et le XXe Congrès du parti (1956), qui entraînent une remise en question de l'arsenal conceptuel figé du marxisme officiel, Lotman entreprend, à partir d'un retour aux textes bannis et oubliés des « formalistes », et sous l'influence du structuralisme occidental introduit en U.R.S.S. par les linguistes, une réflexion théorique sur la littérature qui aboutit aux *Leçons de poétique structurale* [*Lekcii po struktural'noj poetike*] parues en 1964, suivies en 1970 de *La Structure du texte artistique* (*) et en 1972 de *Analyse du texte poétique. La structure du vers* [*Analiz poetičeskogo teksta. Struktura stiha*]. Il y développe l'idée que la littérature doit être étudiée dans sa spécificité comme un « système modélisant secondaire », c'est-à-dire comme un langage au second degré dont les énoncés (les textes littéraires) reposent sur des codes plus complexes que ceux des langues naturelles, et constamment renouvelés par les « messages » eux-mêmes, mais impliquant comme le langage naturel une certaine « modélisation du réel » au moyen de signes.

La « science de la littérature » s'inscrit ainsi dans une sémiotique de la culture, qui englobe d'autres « systèmes sémiotiques » tels que la mythologie, le folklore, les rites religieux et sociaux, les arts plastiques, la musique, le théâtre, le cinéma : tel est le champ ouvert par la série d'abord bisannuelle puis (depuis 1975) annuelle de *Travaux sur les systèmes sémiotiques* [*Trudy po znakovym sistemam*] (qui prennent en 1965 le titre grec de *Séméiotikè*), que Lotman a ouverte avec ses *Leçons de poétique structurale*, et qui associe des linguistes et des anthropologues aux historiens de l'art et de la littérature. C'est dans le même esprit qu'il fonde en 1964 l'« École d'été sur les systèmes modélisants secondaires » réunissant tous les deux ans des représentants de ces disciplines venus de tous les coins de l'U.R.S.S., et faisant de Tartu la citadelle du structuralisme russe.

Dans ses propres travaux, il élargit l'étude de la littérature à celle des autres arts (*La Sémiotique du cinéma et les problèmes de l'esthétique du cinéma* [*Semiotika kino i problemy kinoestetiki,* 1973]) et codes socioculturels (« Le Décembriste dans la vie quotidienne » [Dekabrist v povdesdnevnoj zizni], dans *À l'école du verbe poétique. Pouchkine. Lermontov, Gogol* [*V škole poetičeskogo slova. Puškin. Lermontov. Gogol*], recueil d'articles, 1988). L'analyse de ces codes et des contradictions internes qui les dynamisent lui permet de renouveler l'interprétation du chef-d'œuvre de Pouchkine (*Le Roman en vers de Pouchkine « Eugène Onéguine » : commentaire* [*Roman v stihah Puškina Evgenij Onegin : kommentarij,* 1980]. C'est par ce biais qu'il réintroduit et renouvelle l'étude de la biographie de l'écrivain, considérée elle aussi comme un système signifiant – *A. S. Pouchkine. La biographie de l'écrivain* [*A. S. Puškin. Biografija pisatelja,* 1983] et surtout *La Création de Karamzine* [*Sotvorenie Karamzina,* 1987].

Attaquée en U.R.S.S. au nom de l'idéologie officielle et de la conception traditionnelle, « intuitive », de la critique littéraire, l'école de Tartu acquiert rapidement une réputation mondiale. Quoique membre du parti communiste depuis la guerre, son fondateur reste longtemps suspect aux autorités, et n'est autorisé à se rendre à l'étranger que depuis 1985.

MICHEL AUCOUTURIER.

LOUIS XIV. Roi de France. Né à Saint-Germain-en-Laye le 16 septembre 1638, mort à Versailles le 1er septembre 1715. Le nombre de ses fondations indique déjà l'influence de Louis XIV sur les lettres et les arts : en 1663, c'est l'Académie des inscriptions et belles-lettres, en 1664 l'Académie de peinture et de sculpture, en 1666 l'Académie de France à Rome, en 1671 l'Académie d'architecture et l'Observatoire de Paris. « Premier client des artistes », protecteur de Mansart et de Le Nôtre, le roi bâtisseur de Versailles, de la colonnade du Louvre, de la place Notre-Dame-des-Victoires, des Invalides subventionne aussi les écrivains, fait dresser en 1663 par Chapelain la liste qui pensionne en particulier Pierre Corneille, Molière, Racine, accorde en 1665 douze cents livres à Boileau. Mais son action fut plus décisive encore sur le plan moral : peu lettré, d'une éducation première assez négligée, il était, au témoignage de Saint-Simon, « capable de se former, de se limer, de se raffiner, d'emprunter d'autrui sans imitation et sans gêne ». Si ce n'est pas lui qui a suscité les génies de son siècle, il a su les découvrir au premier abord, les mettre en valeur, et il est douteux que sans lui le triomphe classique de cette génération de 1660 à laquelle il appartenait eût été aussi incontesté et tout simplement possible. Louis XIV accédant au pouvoir personnel, les écrivains frondeurs, épicuriens, déjà un peu libertins, de l'époque précédente, les Saint-Évremond et les Scarron, vont rentrer dans l'ombre. On a souvent remarqué une certaine similitude entre le goût littéraire classique et la doctrine de l'ordre monarchique établi par Louis XIV – régularité, harmonie, grandeur, maîtrise, qui constituent ce qu'on a appelé l'esthétique classique. Mais c'est sans compter sur l'existence simultanée d'un goût baroque, dans les arts, qui forme le contrepoint vivant de cet ordre voulu par le roi. Louis XIV est celui qui contient, dirige, rallie autour de lui. Il fait de sa Cour un jury sévère pour les talents littéraires. Il sait même aller contre l'opinion : lorsque Molière est aux prises avec les dévots, diffamé dans sa vie privée, c'est le roi seul qui le sauve, et c'est le roi, en 1674, qui maintient la gloire de Corneille vieillissant en faisant monter plusieurs de ses pièces. Cependant, plus en littérature il est vrai que dans les autres arts, où Lulli d'une part, Le Brun d'autre part exercent une sorte de dictature, liberté est laissée à la diversité des personnalités. L'exemple de Louis XIV semble susciter une féconde émulation et, aussi bien qu'à la Cour, les talents se retrouvent à Chantilly chez le prince de Condé, à Dampierre chez le duc de Luynes, chez Madame, etc. Le roi reste pourtant le centre de toute la vie aussi bien intellectuelle que politique de son siècle, centre d'autant plus nécessaire qu'il voulait mettre de l'ordre dans cette matière humaine passionnée et tumultueuse qui s'était exprimée aussi bien dans la Fronde que dans la richesse du préclassicisme littéraire. Les écrivains ont été les premiers à le sentir et ils n'ont pas ménagé les dithyrambes à un prince qui n'était pas seulement selon eux la personnification exemplaire de la monarchie et de la France, mais un modèle de toutes les qualités humaines. Ce n'est pas un hasard si les plus beaux sermons de Bossuet sont ceux « prêchés devant le roi » : sans Louis XIV, comme l'a remarqué Sainte-Beuve, un Bossuet (et les autres écrivains du siècle avec lui) n'aurait pas eu ce cadre « où ses vastes sujets se limitèrent et se fixèrent sans se rétrécir » et il lui aurait manqué « cette sécurité et cet encouragement ou avertissement insensible dont le talent et le génie lui-même ont besoin ». Les *Mémoires* (*) de Louis XIV illustrent et cette attitude et le rôle qu'il voulut jouer et joua effectivement en France et en Europe.

♦ *« Nommez-moi donc un souverain qui ait attiré chez lui plus d'étrangers habiles, et qui ait plus encouragé le mérite. »* Voltaire. ♦ *« Il n'avait que du bon sens, mais il en avait beaucoup. »* Sainte-Beuve.

RÉF. : François Bluche, *Louis XIV*, Paris, 1986.

LOUO KOUAN-TCHONG [Luo Guanzhong] (ou Luo Pen). Romancier et dramaturge chinois, originaire de Hang-tcho, né probablement vers 1330 et mort vers 1400. On ne sait rien de sa vie, sinon qu'elle fut largement troublée par la transition entre la dynastie mongole des Yuan (1279-1368) et celle des Ming (1368-1644). Il semble que Louo Kouan-tchong ait vécu sur les routes pendant cette période, et participé aux luttes de « reconquête » contre le pouvoir mongol. Après l'établissement du nouveau pouvoir, il se serait établi et consacré à l'écriture. Auteur de trois pièces, Louo Kouan-tchong est surtout célèbre pour avoir composé l'un des plus populaires romans chinois, *Le Roman des Trois Royaumes* (*), inspiré de la *Chronique des Trois Royaumes* de l'historien Tch'en Cho pour la matière tout au moins ; inspiré sans doute surtout par la très riche tradition théâtrale, littéraire et orale qui, depuis le IXe siècle au plus tard, s'était emparée des sujets historiques de la période des Trois Royaumes (220-280). On a pu mettre en doute l'attribution de ce roman à Louo ; étant donné son insertion dans une telle tradition, l'œuvre a pu avoir plusieurs auteurs, mais on s'accorde généralement à voir en lui son « ultime rédacteur ». Par ailleurs, Louo Kouan-tchong aurait pu collaborer au roman *Au bord de l'eau* (*) avec Che Nai-an (XIVe siècle) – dont le nom en retour a été cité quant au *Roman des Trois Royaumes.* On lui attribue en tout une dizaine de romans, qui n'auraient pas été conservés dans leur forme première, parmi lesquels *La Pacification des démons* [*P'ing-yao-tchouan*], et le *Roman des Souei-T'ang* [*Souei-T'ang liang-tch'ao tche-tchouan*]. *Le Roman des Trois Royaumes* fut d'ailleurs lui aussi légèrement remanié au XVIIe siècle.

RÉF. : J. I. Crump, « P'ing-hua and the Early History of the San-Kuo Chih », *Jaos,* vol. LXXI, no 4, 1951. – A. Lévy, « Deux Contes philosophiques Ming », in *Bulletin de l'EFEO,* vol. LIII, no 2, 1967.

LOUP de Ferrières. Écrivain franc, d'expression latine. Loup, appelé parfois Servat Loup, était probablement d'origine germanique. Né dans les premières années du IXe siècle, mort à la fin de l'année 862 à Ferrières (Gâtinais). Il appartenait à une famille qui avait donné plusieurs de ses membres à l'Église. De bonne heure, Loup fut destiné à la carrière ecclésiastique et entra au monastère de Ferrières, dans le diocèse de Sens, alors l'un des centres de la renaissance littéraire carolingienne. Cependant, il semble qu'il n'y trouva pas les maîtres qu'il attendait. Aussi l'envoya-t-on étudier la théologie auprès de Raban Maur, à Fulda où il demeura de 828 à 836 à peu près. C'est alors que Loup fit la connaissance d'Éginhard qui fut son correspondant et son ami. À Fulda, Loup se fit une solide réputation de savant versé également dans les sciences profanes et les sciences sacrées. Il y enseigna et fut chargé de divers travaux d'importance ; on recourut à lui pour réunir une collection de lois barbares à l'intention d'Évrard, duc de Frioul, pour écrire une *Vie de saint Wigbert* (+) puis une *Vie de saint Maximin de Trèves* (+) ; surtout on le consultait sur les questions qu'il avait étudiées dans ses œuvres personnelles : la grammaire et la métrique dont il avait traité dans *Des variétés poétiques de Boèce* [*De varietatibus carminum Boetii*] (+) ; la théologie qui fait l'objet de ses ouvrages sur le libre arbitre, le *Livre sur les trois questions* (+) et la *Collection sur les trois questions.* Rentré à Ferrières, Loup, devenu prêtre et fort estimé de ses supérieurs, se consacra à l'étude et à l'enseignement. Introduit à la Cour, il devint le protégé de Charles le Chauve à qui il dut d'être élu, en 840, abbé de Ferrières. Ses fonctions lui imposaient de prendre une part active à la vie publique, non seulement d'assister aux synodes et conciles, mais de conduire ses troupes à l'armée et de remplir de nombreuses missions administratives et politiques. C'est ainsi qu'il fut envoyé à Rome en 849. Loup mourut à Ferrières au retour du synode de Pîtres-Soissons auquel il avait assisté. Érudit, théologien, latiniste, Loup de Ferrières est un des principaux représentants de la génération qui mit à profit l'élan donné aux sciences par la renaissance carolingienne. Ses *Lettres* (*), en latin, consacrées à des questions érudites mais aussi au rôle qu'il joua en tant que conseiller de Charles le Chauve, sont un des témoignages les plus intéressants et les plus vivants qui nous soient parvenus sur ce temps.

RÉF. : Nicolas, *Étude sur les lettres de Servat Loup,* Paris, 1861. — F. Sprotte, *Biographie des Abtes Servatus Lupus von Ferrières, nach den Quellen des neunten Jahrhunderts,* Ratisbonne, 1880. — E. Marckwald, *Beiträge zu Servatus Lupus, Abt von Ferrières,* Strasbourg, 1894. — L. Levillain, *Introduction* à la *Correspondance de Loup de Ferrières,* Paris, 1927. — C. H. Besson, *Lupus of Ferrières as Scribe and Text Critic,* Cambridge (Mass.), 1930.

LOURENÇO Eduardo. Essayiste portugais. Né le 29 mai 1923 à São Pedro do Rio Seco, petite ville au nord du pays. Il fait des études d'histoire et de philosophie à l'université de Coïmbre où il sera, à partir de 1947, assistant de philosophie. En 1953, Eduardo Lourenço quitte le Portugal. Lecteur de portugais, il occupera successivement des postes à Hambourg, Heidelberg, Montpellier, avant d'être invité, pour un an, par la section de philosophie de l'université de Salvador da Baia, au Brésil. Il reviendra en France en 1960, à Grenoble d'abord, puis à l'université de Nice où il est nommé professeur associé, poste qu'il occupera jusqu'à sa retraite en 1988. En 1989, il est nommé conseillé culturel de l'ambassade du Portugal à Rome.

Sa carrière d'essayiste commence avec des études philosophiques sur Hegel, Camus et Kierkegaard, mais rapidement il se tournera vers l'essai littéraire. Ses essais, cependant, se situent, selon sa propre expression, « au croisement des champs délimités par la poésie et la philosophie ». Il publie régulièrement à partir de 1973. Cette même année, avec son essai *Pessoa revisité* [*Pessoa revisitado*], il s'affirme comme l'un des meilleurs commentateurs du poète portugais. Quinze ans plus tard, le prix européen Charles Veillon, qui couronne son livre sur l'identité et la place du Portugal sur la scène européenne, *L'Europe introuvable* (*) (1988), consacre sa renommée internationale.

À travers Fernando Pessoa (qui reste, avec Kierkegaard, « sa référence obsédante ») et d'autres poètes portugais, comme Antero de Quental, il médite dans *Poésie et Métaphysique* [*Poesia e metáfisica*] publié en 1983, sur la crise de la modernité. Pour Lourenço, la conscience moderne est malheureuse ; elle est en effet « exclue d'une pensée de l'unité car elle se livre à l'aventure d'un savoir incapable d'unifier l'ordre de la connaissance exacte et de l'action juste ». Cependant il ne cesse de porter une attention, à la fois fraternelle et rigoureuse, aux expériences diverses de cette modernité.

Étranger à toute technique textuelle à prétention scientifique, Eduardo Lourenço prolonge l'œuvre étudiée, lui fait écho. En profonde osmose avec l'artiste sur lequel il travaille, qu'il soit poète, romancier ou peintre, il s'interdit de donner à l'œuvre un autre éclairage que celui qu'il voit se dégager d'elle. Si sa très grande érudition lui permet de circuler librement dans les œuvres qu'il étudie, il se sait aussi, et se veut, totalement dépendant du créateur, « cet ennemi adoré et envié » et de sa parole : « C'est elle qui me crée et me fait vivre. Je suis l'auteur dont je parle, l'objet dont je parle et si je multiplie quelque chose, c'est ma propre insatisfaction [...] Je dépends de l'autre comme Judas pouvait dépendre du Christ, désespérément. » Au-delà de ce désespoir, à l'intérieur même de cette dépendance, Eduardo Lourenço n'avance-t-il pas la définition même de ce qui pourrait être une éthique de la critique ?

FRANÇOISE BEAUCAMP.

LOURIA Isaac (surnommé saint Ari). Cabaliste égyptien d'origine allemande ou polonaise. Né à Jérusalem en 1534, mort à Safed en 1572. Il perdit son père à l'âge de huit ans et fut élevé par sa mère auprès de laquelle il demeura le reste de ses jours. Il s'installa tardivement à Safed (Haute Galilée) mais il y exerça une influence considérable. Figure dominante de la cabale théosophique après l'expulsion des Juifs d'Espagne (1492), il est l'auteur indirect d'une œuvre immense qui s'imposera peu à peu comme la version la plus achevée de la doctrine ésotérique juive. Il ne rédigea lui-même que quelques rares commentaires, mais ses disciples, parmi lesquels Hayim Vital, couchèrent ses enseignements oraux sur le papier. Considéré comme un personnage visité par l'Esprit saint et le prophète Élie, il était capable de percevoir l'origine de l'âme de ses interlocuteurs, ses migrations lors de ses vies antérieures, et il pouvait prescrire les « réparations » nécessaires au salut définitif de leur âme. De son propre aveu, sa prodigieuse fécondité intellectuelle l'empêcha de figer par écrit le flot de pensées qui jaillissaient sans cesse de son âme. De nombreuses légendes hagiographiques circulèrent très tôt sur son compte, et certains le reconnurent comme un précurseur du Messie. Sa doctrine théosophique prodigieusement complexe et riche fut exposée dans *L'Arbre de vie* (*) par Vital.

CHARLES MOPSIK.

LOU SIUN [Lu Xun] (pseud. de Tcho Chou-jen). Écrivain chinois. Né à Chao-sing (Tcheu-tsiang) le 25 septembre 1881, mort à Shanghai le 19 octobre 1936. Considéré comme le plus grand écrivain chinois moderne, sa figure d'intellectuel indomptable a atteint une dimension légendaire. Lou Siun est né dans une famille de lettrés, que la disgrâce de son grand-père et la maladie de son père mort dès 1897 laissent dans de graves difficultés financières. En 1898, il est admis à l'École navale de Tsiang-nang à Nankin, puis à l'École des mines et des chemins de fer de la même ville. Il lit alors des ouvrages occidentaux et s'intéresse aux travaux de Darwin et de Huxley sur l'évolution. Il croit aux bienfaits de la science pour son pays. Ses études terminées, il obtient en 1901 une bourse du gouvernement pour le Japon. Après deux ans de cours préparatoires, il s'inscrit au collège médical de Sendai : la médecine lui semble en effet le meilleur moyen d'aider son pays. Mais un incident capital, qu'il a raconté lui-même dans la préface de *Cris* [*Na han,* 1922], le bouleverse et décide de sa vocation littéraire. En 1906, il assiste à un film d'actualités sur la guerre russo-japonaise : on y voyait un jeune Chinois accusé d'espionnage, attendant son exécution par les Japonais devant des compatriotes vigoureux de corps, mais apathiques. Il prend conscience alors que « la médecine n'est pas essentielle » et que la première tâche est « de changer l'esprit du peuple chinois ». Le moyen le plus efficace lui semblant être la littérature, il décide de se consacrer « à l'essor du mouvement artistique et littéraire ». Il tente sans succès avec son frère de fonder à Tōkyō une revue, *Vie nouvelle,* et écrit des essais, notamment sur les poètes rebelles : Byron, Shelley, Pouchkine... En 1909, Lou Siun rentre en Chine et enseigne la chimie et la biologie à l'École normale de Hang-Tcho. Il devient l'année suivante censeur des études au collège de Chao-sing. C'est de sa ville natale qu'il assiste à la révolution de 1911. Ces événements et la déception qui les suivit lui inspireront plus tard son chef-d'œuvre, *La Véritable Histoire d'Ah Q* (*). En 1912, Lou Siun est nommé conseiller au ministère de l'Éducation, porte qu'il occupera jusqu'en 1925, et s'installe à Pékin. Il traverse alors, selon son propre témoignage, une longue période de découragement et d'isolement. C'est le mouvement de la révolution littéraire qui l'arrache à son apathie. Il accepte d'écrire ses premiers récits pour la revue *Nouvelle Jeunesse,* qui cherche à promouvoir une nouvelle littérature en « langue parlée ». En mai 1918 paraît le *Journal d'un fou* [*K'ouang-jen je-tsi*], titre inspiré de Gogol, qui dénonce le « cannibalisme » de la société traditionnelle où, sous une apparente bienveillance, les hommes se dévorent entre eux. *La Véritable Histoire d'Ah Q* (1921) apporte à Lou Siun la consécration littéraire. Sous les traits d'un pauvre père méprisé, c'est le peuple chinois lui-même opprimé et humilié, et qui cependant cherche à sublimer ses défaites et ses frustrations en victoires spirituelles, que Lou Siun dépeint avec une ironie poignante, pour inciter ses compatriotes à secouer le joug de l'ancienne société. Jusqu'en 1926, il continue à écrire des nouvelles, réunies en deux recueils : *Cris et Errances* [*P'ang houang,* 1926] – v. *Nouvelles* (*). On y retrouve la condamnation de la Chine traditionnelle. L'influence de Lou Siun sur les étudiants et les écrivains devient considérable. En même temps, de 1924 à 1926, il compose des poèmes en prose, *Herbes sauvages* [*Ye ts'ao,* 1927], où se dévoilent l'inconscient déchiré du poète, ses rêves et sa lutte contre le pessimisme. Il rédige aussi des souvenirs d'enfance et de jeunesse : *Fleurs du matin cueillies le soir* [*Tsao houa si che,* 1927] et de nombreux essais, âpres critiques de la société traditionnelle. Les événements politiques des années 1925 à 1927 vont cependant donner un nouveau cours à sa carrière d'écrivain. À partir de 1927, sa période de création romanesque et poétique semble achevée. Désormais, il va s'engager de plus en plus dans le combat politique et mettre son talent d'écrivain au service de la révolution. En 1925, Lou Siun a été démis de ses fonctions au ministère. Le 18 mars 1926, Touan Ts'i-jouei fait massacrer des étudiants qui manifestent. C'est pour Lou Siun « le jour le plus sombre de l'histoire chinoise moderne ». Il est inscrit sur une liste noire de « quarante-huit intellectuels dangereux » et doit quitter Pékin pour Amoy. De là il se rend à Canton, puis à Shanghai où il s'installe définitivement en 1927. Il y restera jusqu'à sa mort, déployant une activité littéraire et politique intense et accordant son soutien aux victimes du Kouomintang. Désormais il vit comme un homme menacé, dont la seule protection est son immense prestige. Les deux premières années de sa vie à Shanghai déterminent ses choix politiques ultérieurs. Il lit des travaux sur la littérature moderne russe et sur le marxisme. D'abord objet de vives critiques de la part d'écrivains communistes, comme ceux du cercle « Créations », qui le qualifient de pessimiste et de défaitiste, Lou Siun se range à leurs côtés en 1929, et, en 1930, participe à la fondation de la « Ligue des écrivains de gauche », organisation révolutionnaire vouée à la recherche d'un art prolétarien. Il écrit essai sur essai, accusant le gouvernement de Tchang Kaï-chek de trahir l'intérêt national et d'exploiter le peuple, et devient le symbole de l'opposition au Kouomintang : ce sont les *Variétés* [*Tsa-wen*], écrites dans un style où l'économie et le raffinement de la langue atteignent leur perfection. En même temps, il s'insurge contre ceux qui, avec l'école du « Croissant », croient que la littérature peut se placer au-dessus de la lutte des classes. Lou Siun joue alors un grand rôle dans les discussions sur la littérature révolutionnaire et prolétarienne. Malgré l'oppression du Kouomintang, il garde l'espoir : « Dire qu'il n'y a pas de place pour nous au XXe siècle est absurde. » En 1936, année de sa mort, il entre en conflit avec le communiste Tcho Yang qui prône une « littérature de défense nationale » dans le cadre de la lutte contre le Japon. Lou Siun y oppose « la littérature des masses au service de la guerre nationale révolutionnaire ». Mais il avoue être profondément blessé par les attaques de ceux qui devraient être ses amis. La Révolution culturelle (1966) donnera raison à Lou Siun contre Tcho Yang. Outre ses essais, Lou Siun rédige encore pendant cette période d'intense lutte politique une *Brève Histoire du roman chinois* [*Tchong-kouo siao-chouo che-lue* 1930] et *Contes anciens sur un mode nouveau* (*) (1935), récits philosophiques où l'histoire et les vieilles légendes servent de prétexte à la remise en cause des valeurs traditionnelles. Il accomplit un très important travail de traduction : entre 1928 et 1930, les œuvres de Lounatcharski et Plekhanov sur la théorie de la littérature et de l'art ; les deux dernières années de sa vie, une vingtaine de livres, notamment de nombreux auteurs russes, Fadeïv, Tchekhov, Gogol. Tuberculeux, il meurt à 55 ans, laissant une immense correspondance.

Le renom de Lou Siun est tel que, dès sa mort, un comité décide la publication intégrale de ses œuvres. Dans un passage célèbre de *La Démocratie nouvelle* (1940), Mao prononce son panégyrique. Lou Siun est désormais considéré comme le combattant communiste exemplaire sur le front de la littérature. La Révolution culturelle portera ce culte à son apogée. Mais le génie de Lou Siun et l'indépendance de sa pensée dépassent l'image stéréotypée du culte officiel.

NICOLE DULIOUST.

♦ *« Il est grand, non seulement comme homme de lettres, mais encore comme penseur et révolutionnaire* [...] *Il est le héros national le plus lucide, le plus courageux, le plus ferme, le plus loyal et le plus ardent qui ait jamais livré assaut aux positions ennemies. »* Mao Tse-tong. ♦ *« C'est seulement son enthousiasme pour la révolution qui lui a donné la force de supporter les fantômes qu'il portait en lui. »* T. A. Hsia. ♦ *« Il introduit dans ses essais et dans ses nouvelles un nouveau style de prose chinoise, concis, puissant, dense de pensée, mais capable d'élans de l'imagination et émouvant sur un mode caustique et amer. »* T. A. Hsia.

RÉF. : B. Krebsova, *Lu Sün. Sa vie et son œuvre,* Prague, 1953. – Préface de *Un combattant comme ça* (poèmes et essais trad. par M. Valette-Hémery et M. Loi), Paris, 1973 ; rééd. augmentée Paris, 1983. – Préface de *La Mauvaise Herbe* (trad. P. Ryckmans), Paris, 1975. – M. Loi, *Pour Lu Xun. Réponse à P. Ryckmans,* Lausanne, 1975. – F. Jullien, *Cahiers Lu Xun. Fonctions d'un classique. Lu Xun dans la Chine contemporaine,* 1975-1977 ; *Lu Xun, Écriture et révolution,* Paris, 1979.

LOU TSI [Lu Ji] (prénom social Che-heng). Poète et écrivain chinois, né en 261 à Houa-t'ing dans le delta du Yang-tse, d'une grande famille de militaires patriotes du pays de Wou, et mort en 303. Après la débâcle du royaume de Wou en 280, Lou Tsi s'enferma avec son jeune frère et poète Lou Yun pour se dévouer à l'étude et à l'écriture. En 290, ils décidèrent de partir pour la capitale des Tsin (265-316), Louo-yang, en quête d'un poste officiel. Les « deux Lou » y établirent leur réputation, bien qu'on leur reprochât aussi leur origine. Lou Tsi fut conseiller et secrétaire, participa en 296 à la campagne menée contre les barbares Siong-nou, et devint ensuite l'un des secrétaires personnels de l'empereur Houei-ti (régnant de 290 à 306). L'autorité de celui-ci s'affaiblissant, complots et affrontements s'aggravant entre les huit princes de la maison impériale, Lou Tsi partit en 301 comme administrateur dans le Chan-tong, sous la protection de l'un d'entre eux. Il y rédigea son œuvre la plus célèbre, le *Fou sur la littérature* (*). Mais dès 302, son prince lui fit accepter à contrecœur de participer à une expédition contre la capitale ; à la suite d'une défaite et accusé de trahison par ses ennemis, Lou Tsi fut condamné à mort à l'âge de 42 ans. Il reste quelque cent cinquante compositions de sa main ; essais, odes et éloges dans le style de cour de son temps, poèmes en tétramètres et pentamètres, « fou » (« récitatifs » ou « prose rythmée »). Très en vogue à son époque, sa poésie est aujourd'hui dépréciée sous le reproche d'une forme trop ornée ou « précieuse ».

VALÉRIE LAVOIX.

RÉF. : E. R. Hughes, *The Art of Letters, Lu Chi's « Wen fu », A. D. 302,* New York, 1951.

LOU TSIO-YUAN [Lu Jiuyuan] (ou Lou Siang-chan, appellation honorifique Tse-tsing). Philosophe chinois. Né à Tsintch'e (Tsing-si) en 1139, mort en 1192, ce philosophe vécut sous la dynastie des Song du Sud (1127-1279) à une époque, justement, d'intense recherche philosophique. On lui attribue une précocité de pensée surprenante. Promu « Tsin-che » en 1172, Lou Tsio-yuan remplit ensuite diverses charges, mais il se réfugiait de temps en temps dans la solitude de son pays natal pour y répandre son enseignement. Au mont Siang (Siang-chan), il doit son célèbre surnom « le vieillard » (ou Monsieur) de Siang-chan. Nommé en 1190 gouverneur de Tsing-Men, dans le Heu-pei, il se distingua par la sagesse de son administration et renonça dans la suite à une position plus élevée. Sa controverse avec le célèbre philosophe et écrivain Tchou Si ou Tchou Tsai (1130-1200) est restée fameuse dans l'histoire de la pensée chinoise. Alors que Tchou Si, au nom de l'école rationaliste, professait qu'il existe une réalité derrière les phénomènes, Lou Tsio-yuan, idéaliste comme son maître Tch'eng Hao, estimait avec l'« école de l'esprit », opposée à l'école rationaliste de Tch'eng Yi, que l'existence de notre esprit est l'unique réalité. La pensée de Lou Tsio-yuan doit sans doute au bouddhisme tch'an. Elle fut approfondie au XVe siècle par le célèbre Wang Yang-Ming, qui interprète la vie et l'univers dans un sens intuitionniste et d'une façon moins livresque que Tchou Si. Ses écrits ont été recueillis sous le titre : *Recueil complet de Siang-chan* (*).

LOUVET DE COUVRAY Jean-Baptiste. Homme politique et écrivain français. Né et mort à Paris (12 juin 1760-24 août 1797). Fils d'un papetier et entré comme employé dans une librairie après une éducation sommaire, il préparait en même temps sa première œuvre, *Les Amours du chevalier de Faublas* (*) (1787-1789), quand il fut rejoint, à Nemours, par l'inspiratrice et le modèle de son héroïne principale, Mme Cholet, femme d'un joaillier, décidée au divorce. Mais, pour épouser l'écrivain, elle dut attendre jusqu'en 1793 ; il avait alors publié un second roman (*Émilie de Varmont*, 1791) et, attiré par les progrès de la Révolution, était retourné à Paris, où il rédigeait un placard bi-hebdomadaire, *La Sentinelle* (1792), hostile aux Montagnards. Député à la Convention, il fut à même de faire preuve de nobles sentiments, de professer des opinions de déiste et de républicain sincère, et de s'émouvoir au nom de la justice et de la fraternité. Il s'était compromis avec les Girondins par amour du romanesque et, malgré lui, contribua à leur chute par ses âpres attaques contre Danton, Marat et Robespierre. Personnellement, il réussit à en réchapper : rappelé à la Convention le 18 ventôse de l'an III, il présida l'Assemblée et entra au Comité de salut public. Il avait été élu en outre au Conseil des Cinq-Cents, mais il fut ensuite exclu par le sort.

Cependant, ni ces fonctions ni sa qualité de membre de l'Institut ne purent lui procurer l'aisance ; pour vivre, il avait ouvert une librairie au Palais-Royal, qui fut plus tard transférée à l'Hôtel de Sens. Le Directoire, dont il fut, avec Benjamin Constant, l'un des défenseurs, venait de le nommer consul à Palerme, quand il mourut, ayant à son chevet Marie-Joseph Chénier.

RÉF. : J.-B. Louvet de Couvray, *Mémoires de Jean-Baptiste Louvet* (2 vol.), Paris, 1822. – A. F. Rigaud, *Éloge funèbre de J.-B. Louvet*, Paris, 1797. – H. Riouffe, *Oraison funèbre de J.-B. Louvet, ex-représentant du peuple*, Paris, an VI.

LOU YO [Lu You] (prénom public Wou-kouan). Poète et prosateur chinois. Né en 1125 et mort en 1210 à Chan-yin (province du Tcheu-tsiang). D'une famille de fonctionnaires, Lou Yo fut à l'instar de son père un « patriote loyaliste », regrettant jusqu'à la fin de sa vie la défaite des Song du Nord (960-1127) face aux envahisseurs Tsin, et rêvant toujours à la restauration du glorieux Empire des Han ou des Tang. Ces thèmes sont récurrents dans son œuvre poétique, mais la critique a sans doute trop usé de l'étiquette « poète patriote » à son égard, aux dépens d'autres sujets et tendances des *Manuscrits poétiques de Tsien-an* (*). Le second motif de sa célébrité fut par ailleurs le malheur de son mariage, sa mère l'ayant contraint à répudier sa femme. Belliciste et soumis peut-être, l'homme en tout cas était versé dans les *Classiques* (*) comme dans les pratiques taoïstes, *Le Livre des mutations* (*) et le *Tchouang-tse* (*). Un certain anticonformisme lui aurait attiré quelques disgrâces ; celle en tout cas d'un ministre dont il dut attendre la mort avant de réussir l'examen du doctorat à l'âge de trente-six ans. En 1170, il fit vers le Se-tch'ouan un périple de six mois dont témoigne son *Journal de voyage à Chou* [*Jou-Chou-tsi*]. Jusqu'en 1181, il occupa divers postes en province et aux armées. À soixante-quatre ans enfin, il revint pour une longue retraite dans son pays natal. L'œuvre prolifique de Lou Yo compte en tout quarante-deux fascicules de prose, plus de neuf mille poèmes réguliers et cent trente et un « ts'e » (poèmes « à chanter ») d'inspiration amoureuse.

VALÉRIE LAVOIX.

RÉF. : Peng Yo-ke He, *Lu Yu, The Poet Alchemist*, Canberra, 1972. – Chun-shu Chang et J. Smythe, *South China in the Twelfth Century : a Translation of Lu Yu's Travel Diaries*, Hong Kong, 1980.

LOUŸS Pierre (pseud. de Pierre-Félix Louis). Poète, romancier et conteur français, né à Gand (Belgique) le 10 décembre 1870, mort à Paris le 6 juin 1925. Son père, Pierre-Philippe Louis (1812-1888), avocat à Dizy, près d'Épernay, était le petit-fils du baron Louis, haut fonctionnaire de l'Empire, puis pair de France ; d'un premier mariage, avec une demoiselle Blanchin, il avait eu un fils, Georges, le futur ambassadeur à Saint-Pétersbourg (1847-1917) ; sa seconde femme, Claire-Céline Maldan, morte en 1879, lui donna deux fils : Paul, mort en 1884, et Pierre, dont l'éducation fut confiée à son demi-frère, aîné de vingt-trois ans ; la mère de Pierre Louÿs était la petite-fille de Louise Junot, sœur du duc d'Abrantès, et du docteur Sabatier, médecin de Napoléon et l'un des fondateurs de l'Institut. Après avoir suivi jusqu'à la rhétorique les cours de l'École alsacienne, Pierre entra en philosophie au lycée Janson-de-Sailly, où il eut pour condisciples Maurice Legrand (le futur Franc-Nohain) et Marcel Drouin (qui deviendra le beau-frère d'André Gide), et se lia de grande amitié avec Gide, alors élève à Henri-IV. Il couvrait alors des cahiers d'écolier ou de minces carnets de strophes chargées d'un très naïf romantisme. Puis son originalité commença à se manifester ; il venait de faire la connaissance de Paul Valéry, à Palavas, aux fêtes du sixième centenaire de l'université de Montpellier ; on sait qu'il fit beaucoup pour les débuts de cet autre poète, resté son ami le plus cher et le plus fidèle. *La Conque,* revue de luxe, sera en grande partie fondée pour le plaisir et l'honneur d'imprimer les premiers poèmes de celui-ci, à côté des siens qu'il devait grouper deux ans plus tard sous le titre d'*Astarté.* Au cours de 1890, Louÿs avait été présenté à Mallarmé, puis à Heredia, et ses premiers vers d'une certaine valeur, composés en mai, *L'Effloraison,* avaient paru dans *La Revue d'aujourd'hui,* que dirigeait Rodolphe Darzens. Au retour d'un voyage à Bayreuth et d'un pèlerinage à la Grande-Chartreuse, Louÿs se mêla vraiment au milieu symboliste, tant belge que français, collabora à *La Wallonie* fondée par Albert Mockel, à *La Revue blanche* (*), au *Mercure de France* (*) et au *Centaure,* la belle publication d'Henri Albert, qui insérera ses magnifiques sonnets des *Hamadryades* à côté de *La Soirée avec M. Teste* (1890-1896).

Depuis 1892, Louÿs avait commencé d'écrire en prose, avec une traduction des *Poésies de Méléagre,* les récits lyriques de *Léda,* d'*Ariane,* de *La Maison sur le Nil,* enfin les extraordinaires *Chansons de Bilitis* (*), un de ses chefs-d'œuvre et l'un des plus heureux spécimens de poèmes en prose jamais conçus dans notre langue. Lors d'un séjour à Londres, en compagnie d'Oscar Wilde dont il devait revoir la *Salomé* (*), écrite directement en français, il traça la première ébauche, en vers, d'*Aphrodite* (*), le roman qui devait consacrer sa réputation, et dont le premier chapitre fit, l'année suivante, l'objet d'une plaquette intitulée *Chrysis ou la Cérémonie matinale.* Achevé à Lapras, chez A.-Ferdinand Hérold, l'œuvre parut d'abord dans le *Mercure de France,* sous le titre *L'Esclavage.* Puis Alfred Vallette accepta de l'éditer à compte d'auteur. Mais un article dithyrambique du *Journal,* signé de François Coppée (à qui Georges Louis, inquiet des audaces de son frère, l'avait signalé) fit soudain la fortune de ce roman de « mœurs antiques », d'apparence frivole et libidineuse, et qui en réalité peignait le tourment, le drame sans remède d'une adolescence passée à la recherche de l'amour vrai. Cet amour, Pierre Louÿs en faisait alors, depuis trois ans, l'expérience jusque-là triomphale et nourrie d'espoir. Cette passion très haute et longtemps partagée s'acheva, en 1898, sur les stances de *L'Apogée,* qui furent plus tard incorporées au *Pervigilium Mortis,* puis au roman posthume de *Psyché* (*). Cette même année vit encore paraître un second récit, *La Femme et le Pantin* (*) (1898), plus puissant et plus direct qu'*Aphrodite,* mais qui ne fait qu'en confirmer le pessimisme : une nouvelle *Carmen* (*), moins amère et dépourvue de sécheresse. Faut-il attribuer à la fois à l'explosion imprévue d'*Aphrodite* et à la faillite du seul amour de sa vie la brusque stérilité dont fut frappé, avant la trente-cinquième année, un créateur aussi précoce ? Ce n'est point que les quelques autres ouvrages qui se succédèrent de 1899 à 1906 soient du tout négligeables : ainsi les pages savoureuses ou profondes des *Aventures du roi Pausole* (*), de *Byblis,* de *L'Homme de Pourpre,* de *Sanguines* et d'*Archipel.* Le fait est qu'à partir de cette dernière date, l'un des plus vastes et féconds cerveaux de son temps ne se manifesta guère que par des travaux d'érudition et d'exégèse, dont il ne mit au jour que des fragments, et par des échanges de correspondance avec Georges Louis et quelques amis demeurés sûrs et généreux : Paul Valéry — qui écrivait alors *La Jeune Parque* (*) —, André Lebey, Gilbert de Voisins, Claude Debussy — qui avait jadis exécuté l'acte I de *Pelléas* (*) chez lui, Claude Farrère, Fernand Gregh... Retiré depuis 1914 dans la solitude du hameau de Boulainvilliers (il s'était depuis peu séparé de sa femme, Louise de Heredia, épousée en 1899), il a vécu dix ans dans la méditation. Une certaine nuit de novembre 1916, il retrouva, dans un tiroir resté clos depuis 1899, une ébauche oubliée du *Pervigilium Mortis.* Ce fut alors qu'il mit au point son grand poème, en même temps qu'il composait *Isthi* et *Poétique.* Mais bientôt sa santé, qui avait déjà subi les assauts d'une mauvaise hygiène, de l'insomnie, d'excès de lectures, déclina jusqu'à la paralysie et à une demi-cécité.

YVES-GÉRARD LE DANTEC.

♦ *« Le style de M. Pierre Louÿs est ductile et si souple et simple, comme celui des purs et parfaits écrivains. »* É. Verhaeren. ♦ *« La plupart ne lisaient dans ces beaux livres que des apologies de la chair et de ses plaisirs. Ni les peines que demande un langage si admirable, ni les connaissances que supposent ces peintures, ni l'amertume et la désespérance qui s'y mêlent, n'éclairaient à leurs yeux le vrai visage de l'auteur* [...] *Quand on a mis tant d'énergie et de désir, tant de patience et tant de réflexions dans la préparation de son œuvre, on peut exiger après soi d'être longuement et studieusement regardé. L'heure viendra de ce regard pieux.* » Paul Valéry.

RÉF. : P. Louÿs, *Journal intime : 1882-1891,* Paris, 1929. – *Le Souvenir de Pierre Louÿs* (recueil collectif), Paris, 1929. – C. Farrère, *Sillages,* Paris, 1936. – Y.-G. Le Dantec, Introd. aux *Poèmes* de P. Louÿs, Paris, 1945. – R. Cardinne-Petit, *Pierre Louÿs intime, le solitaire du hameau,* Paris, 1942, et *Pierre Louÿs inconnu,* Paris, 1948. – G. Millau, *Pierre Louÿs ou le Culte de l'amitié,* Aix-en-Provence, 1979. – J.-P. Goujon, *Pierre Louÿs : une vie secrète,* Paris, 1988.

LOVECRAFT Howard Phillips. Nouvelliste et épistolier américain. Né et mort à Providence (Rhode Island) (20 août 1890-15 mars 1937). Très tôt, Lovecraft se passionne pour Edgar Allan Poe et, suivant l'exemple de son maître, se lance dans la rédaction de nouvelles fantastiques, d'essais et de poésies. Mais si certains de ses textes doivent beaucoup à Poe – *Je suis d'ailleurs* [*The Outsider*] –, il parvient cependant à se dégager de cette influence en créant un univers littéraire très personnel relevant autant du fantastique que de la science-fiction, où transparaissent son intérêt pour la connaissance scientifique (biologie, anthropologie, archéologie) ainsi que son matérialisme et son profond pessimisme quant à l'avenir de l'humanité et à sa place dans l'univers.

Les héros lovecraftiens affrontent, dans un combat inégal où ils perdront le plus souvent leur vie ou leur santé mentale, des créatures monstrueuses que l'on prend pour d'anciens dieux mais qui sont en fait des extraterrestres ayant colonisé la Terre il y a des millions d'années : la Grand'Race, capable, par transmigration mentale, de voyager dans le temps *Dans l'abîme du temps* [*The Shadow out of Time*] ; les Mi-Go, venus de la planète Yuggoth, dans *Celui qui chuchotait dans les ténèbres* [*The Whisperer in Darkness*] ; Yog Sothoth, qui cherche à se croiser avec la famille dégénérée des Whateley dans *L'Abomination de Dunwich* [*The Dunwich Horror*] ; les Anciens de l'Antarctique dans *Les Montagnes hallucinées* (*) ; ou encore Cthulhu, enfermé dans sa cité de R'lyeh, au fond de l'océan Pacifique dans *L'Appel de Cthulhu* [*The Call of Cthulhu*]. L'existence de ces effroyables entités est évoquée dans le Necronomicon, un livre maudit conservé à l'université du Miskatonic à Arkham, cité imaginaire de Nouvelle-Angleterre, largement inspirée de la ville natale de Lovecraft.

Ces nouvelles, que l'on regroupe parfois sous l'appellation de « mythe de Cthulhu », ne doivent faire oublier ni la veine onirique de Lovecraft, représentée par des textes comme *À la recherche de Kadath* [*The Dream-Quest of Unknown Kadath*], qui reflètent souvent sa nostalgie du monde de l'enfance, ni sa gigantesque correspondance, estimée à près de cent mille lettres.

JOSEPH ALTAIRAC.

LOVELACE Richard. Poète anglais. Né à Woolwich (Kent) en 1618, mort à Londres en 1657 ou 1658. Issu d'une riche famille, il étudia à la Charter House School et au Gloucester Hall, à Oxford, où il fut reçu le 27 juin 1634 et où, par protection spéciale, il reçut son diplôme de maître ès arts en 1636 ; il semble, en effet, qu'il ait alors joui, pendant un certain temps, des faveurs d'une grande dame de la cour de la reine Henriette-Marie. Selon la tradition familiale, il choisit la carrière des armes, et participa aux expéditions en Écosse et dans le Yorkshire, en 1639 et 1640. Loyal partisan du roi, il fut emprisonné pendant sept semaines en 1642, lorsque, au nom du comté de Kent, il présenta au Parlement une pétition réclamant le retour du roi Charles Ier en 1645. Il écrivit alors sa célèbre chanson *A Althée, de sa prison* (*). Il rallia et servit en France et en Hollande de 1643 à 1646, date à laquelle, après la reddition des partisans du roi Charles, il dut fuir sur le continent. Il leva un régiment dans lequel il reçut du roi de France le brevet de colonel et avec lequel il combattit sous le drapeau français lors de la guerre d'Espagne. En 1648, après avoir été blessé à Dunkerque, il rentra en Angleterre, se mêla aux troubles dans le Kent, et, arrêté, passa de nouveau dix mois en prison. Il prépara alors pour la publication sa *Lucasta,* un recueil d'épodes, odes, sonnets, chansons (parmi lesquelles le célèbre poème « En allant à la guerre » [On Going to the Wars]. *Lucasta . Poèmes posthumes* [*Lucasta : Postume Poems*] fut publié par son frère en 1659. Une légende raconte qu'entre-temps sa fiancée, l'ayant cru mort, s'était mariée, et que Lovelace, mal vu des puritains qui firent de lui un objet de persécutions, réduit à la misère pour avoir dilapidé sa fortune en défendant la cause royale, termina ses jours dans l'obscurité et l'abandon. Ses vers, écrits en prison ou durant les pauses de la vie militaire, inspirés par une femme aimée, Lucasta (que certains pensent être Lucie Sacheverel), sont intéressants tant pour l'histoire des mœurs que par leur finesse sensible et musicale, où l'on retrouve l'influence de John Donne et des « marinistes » italiens. Il a été redécouvert à la fin du XVIIIe siècle après la parution *De l'ancienne poésie anglaise* des *Reliques* (*) de Percy, en 1765, qui contenaient deux de ses poèmes.

RÉF. : Sir Egerton Brydges, série d'articles sur *Lovelace in Gentleman's Magazine,* 1791 et 1792. – C. H. Wilkinson, *The Poems of Richard Lovelace,* Oxford, 1926-1930.

LOWELL Amy. Poétesse et critique américaine. Née le 9 février 1874 à Brookline (Massachusetts), morte le 12 mai 1925 dans cette même ville. Issue d'une famille riche et distinguée, elle fut élevée dans des écoles privées. La possibilité de voyager à l'étranger lui fut offerte dès sa prime jeunesse et elle ne manqua pas de la mettre à profit. Bien lui en prit, car, par suite d'un mauvais fonctionnement glandulaire, elle grossit démesurément, ce qui l'obligea bientôt à une véritable réclusion dans son domaine où elle commandait son personnel et ses éditeurs en despote, fumait des cigares noirs et jurait comme un capitaine au long cours des temps héroïques de la marine à voile. Dormant le jour, travaillant la nuit, elle fit tout son possible pour réussir en tant que poète, à partir du jour – en 1902 – où elle découvrit que la poésie était son « mode naturel d'expression ». Mais cette femme à la puissante personnalité – « terreur » des éditeurs, dont les articles critiques faisaient loi et qui osa attaquer le célèbre Ezra Pound, le père de l'imagisme – subit un échec dans le seul domaine qui la passionnait vraiment : celui de la poésie. Ses recueils principaux : *Coupole aux vitres multicolores* [*A Dome of Many Colored Glasses*, 1912], *Lames d'épées et graines de pavot* [*Sword Blades and Poppy-Seeds*, 1914], *Hommes, femmes et fantômes* (*) (1916), *Images d'un monde flottant* [*Pictures of a Floating World*, 1919], *Une fable critique* [*A Critical Fable*, 1922], *Vent d'est* [*East Wind*, 1926], etc., n'obtinrent qu'un très modeste succès. Parmi les œuvres en prose d'Amy Lowell, il faut noter ses études critiques et littéraires : *Six poètes français* [*Six French Poets*, 1915] – qui traitent de la poésie d'Émile Verhaeren, Albert Samain, Remy de Gourmont, Francis Jammes et Paul Fort – et son « magnum opus », la biographie de son poète préféré, *John Keats* (1925).

RÉF. : S. F. Damon, *Amy Lowell*, Boston & New York, 1935.

LOWELL James Russell. Écrivain américain. Né aux environs de Cambridge (Massachusetts) le 22 février 1819, mort dans cette même ville le 12 août 1891. Après des études de droit à Harvard, il se tourna vers la littérature. Brillant, spirituel, généreux, il se partagea entre la poésie, où il se montra piètre versificateur, le journalisme (les éditoriaux qu'il écrivit pour l'*Atlantic Monthly* et la *North American Review* sont des modèles de vigueur et de clarté – v. *Les Fenêtres de mon cabinet de travail* (*) –) et surtout la satire : ainsi, il publia en 1848 deux ouvrages qui, contrairement au reste de son œuvre, n'ont que peu vieilli : les *Chroniques de Biglow* (*) livrent les réflexions d'un fermier yankee, Hosea Biglow, sur la guerre du Mexique, dans un patois savoureux qui permet de filtrer l'indignation de l'auteur devant l'impérialisme triomphant des États-Unis ; quant à *Fable pour critiques* [*A Fable for Critics*], c'est une sorte de galerie de portraits caustiques et parfois burlesques, écrite en vers alertes, où l'on retrouve les gloires du temps : Emerson, Whittier, Poe, Thoreau, etc. Le jeune anticonformiste s'assagit peu à peu, au contact de l'élite bostonienne. Devenu fervent républicain, Lowell fut nommé ambassadeur à Madrid, puis à Londres, et fit montre dans la carrière diplomatique de qualités insoupçonnées. Rappelé en Amérique par la victoire des démocrates, il passa les dernières années de sa vie dans une retraite dorée, à Cambridge, recevant de nombreux témoignages d'estime de la part de nombreuses universités européennes.

RÉF. : Leon Howard, *Victorian Knight-Errant, a Study of the Early Literary Career of J. R. Lowell*, Berkeley, 1952. – Martin Duberman, *James Russell Lowell*, Boston, 1966.

LOWELL Robert. Poète américain. Né à Boston le 1er mars 1917, mort à New York le 12 septembre 1977. Robert Lowell est issu de deux grandes familles du Massachusetts, comptant de nombreux écrivains et hommes politiques, la famille dont il a gardé le patronyme, et, côté maternel, les Winslow, dont il est souvent question dans l'œuvre poétique. Voué à un destin national dès son jeune âge, Robert Lowell ne trouve pas chez ses proches le soutien qu'il attend dans la voie de l'écriture, qu'il a choisie. Étudiant à l'université Harvard, à Cambridge, il est déçu par le conservatisme ambiant, qui est plus légendaire que réel, et fait preuve de quelque condescendance à l'égard d'un corps professoral pourtant prestigieux – qui le lui rendra bien. C'est là, aux abords de Boston, qu'il fera la connaissance du poète John Crowe Ransom. Robert Lowell quitte Harvard pour l'université Vanderbilt, dans le sud des États-Unis. John Crowe Ransom fonde alors une école intellectuelle à Kenyon College, dans l'Ohio, et y accueille Lowell comme étudiant et comme ami. Le mouvement est celui des « Fugitives », qui sera dans le domaine de la critique littéraire connu sous le nom des « Kenyon Critics ». Robert Penn Warren est l'autre grande figure de ce groupe.

Peu après la fin de ses études, Robert Lowell refuse la conscription. Il est emprisonné plusieurs mois en 1943 pour objection de conscience. C'est le début d'une légende, et de la célébrité littéraire avec ses premiers recueils de poèmes à partir de 1946. Jamais poète ne vendit autant de livres et n'eut autant de lecteurs. Méfiant devant les pouvoirs, les conservatismes sociaux et politiques, Lowell symbolise dans la culture américaine de l'après-guerre l'intellectuel engagé, le rebelle éclairé, chez qui le non-conformisme politique et religieux redonne vie à une ancienne tradition d'innovation et d'irrespect caractéristique de la Nouvelle-Angleterre. Plus tard, Robert Lowell s'est engagé dans la lutte contre la guerre du Vietnam, et a notamment participé à une marche contre le Pentagone, le 21 octobre 1967.

Parmi les œuvres nombreuses de Robert Lowell, notons en particulier *Le Château de lord Weary* [*Lord Weary's Castle*, 1946], où l'on trouve certains de ses plus beaux textes et *Pour les morts de l'Union* [*For the Union Dead,* 1965], ainsi que *Le Dauphin* [*The Dolphin,* 1973]. Le meilleur de l'œuvre poétique a été rassemblé par Lowell lui-même en un volume, *Poèmes choisis* (*), publié en 1976, peu avant la disparition de l'écrivain. Robert Lowell a été le traducteur de Baudelaire (*The Voyage and Other Versions of Poems by Baudelaire,* 1968), qu'il admirait sans mesure.

La poésie de Lowell, malgré la vie tumultueuse de l'auteur, n'entre pas dans la catégorie de la littérature engagée. Bien au contraire, l'intérêt constant de Lowell est intimiste, affectif, et métaphysique. Le personnage public n'est pas présent dans l'œuvre, qui reste très personnelle. C'est là l'essentiel de sa valeur, comme on le voit par exemple dans « Mon dernier après-midi en compagnie d'oncle Devereux Winslow » [My Last Afternoon with Uncle Devereux Winslow].

On sait que Robert Lowell a été un fervent lecteur de T. S. Eliot, surtout dans ses années de formation, comme nombre d'autres poètes mis dès leur jeunesse en contact avec les *Quatre Quatuors* (*), l'œuvre majeure d'Eliot, d'inspiration métaphysique. Comme Eliot, Robert Lowell a entrepris d'écrire du théâtre versifié. En 1967, il a fait donner à l'université Yale l'adaptation du *Prométhée enchaîné* (*) d'Eschyle. Lowell laisse également trois pièces de théâtre en vers, inspirées de Nathaniel Hawthorne (*Endecott et la croix rouge, Le Mât de cocagne du mont Joli*) et de Herman Melville (*Benito Cereno*). Ainsi, Robert Lowell s'enracine davantage dans la Nouvelle-Angleterre dont il est issu, avec la trilogie en vers publiée sous le titre de *La Gloire d'autrefois* [*The Old Glory,* 1965].

ALAIN SUBERCHICOT.

LOWRY Malcolm. Écrivain anglais. Né à New Brighton, Cheshire, le 28 juillet 1909, mort à Ripe, Sussex, le 27 juin 1957. Tôt fasciné par la mer, ce fils de riche courtier en coton entreprend dès l'âge de 18 ans (mai-octobre 1927) une croisière qui le mène en Extrême-Orient ; engagé comme simple matelot, il y glane les matériaux d'un premier roman, *Ultramarine* (*), qu'il réussira à publier en 1933. Il passe l'été 1929 en Nouvelle-Angleterre en compagnie du poète et romancier Conrad Aiken, qui restera une influence déterminante. Il revient en Angleterre à l'automne pour entrer à l'université de Cambridge. Le suicide d'un étudiant l'y marque au point qu'il intégrera l'incident dans la trame de *En route vers l'île de Gabriola* (*) plus de vingt ans après. L'été 1930, il part en Norvège comme chauffeur sur un cargo, afin de rencontrer Nordhal Grieg, romancier et dramaturge, parent du compositeur, avec qui il entretient une relation d'identification, matière de *In Ballast to the White Sea,* manuscrit de plus de mille pages détruit par l'incendie de sa maison en juin 1944 — comme en témoigne sa lettre du 25 août 1951, dans *Choix de lettres* [*Selected Letters,* 1965]. En 1932, il se brouille avec sa famille, part pour Londres et Paris puis, après la publication de *Ultramarine,* pour l'Espagne avec Aiken. À Grenade, il rencontre Jan Gabrial, cascadeuse pour Hollywood, qu'il épouse en janvier 1934 à Paris. Jan part pour New York six mois plus tard ; il y sera, seul, dès octobre. En juin 1935, il passe dix jours dans le service psychiatrique de l'hôpital Bellevue pour désintoxication, sur l'insistance d'amis qui jugent son éthylisme alarmant : un « pèlerinage délibéré » selon Lowry, qui trouve là de quoi écrire la première version de *Lunar Caustic* (*). Il se réconcilie provisoirement avec Jan, arrive avec elle à Cuernavaca (Mexique) en décembre 1936 et commence *Au-dessous du volcan* (*) sous la forme d'une nouvelle. Ses relations avec Aiken s'assombrissent singulièrement lors de la visite de celui-ci en septembre 1937 ; les versions ultérieures de *Volcan* portent la trace de ces discussions politiques et de l'infidélité de Jan. En décembre, Jan le quitte définitivement. Il voyage : Oaxaca, Acapulco, Mexico, Los Angeles, où il commence la deuxième version de *Volcan.* En juin 1939, il rencontre Margerie Bonner, ancienne actrice du cinéma muet et auteur de romans policiers, qui restera sa compagne jusqu'à la fin. Il émigre à Vancouver, où il prépare la troisième version de *Volcan,* bientôt rejoint par Margerie. Installés tous deux dans une cabane du bord de mer, à Dollarton, ils vivent une vie proche de la nature et des éléments, de 1941 à juin 1944, quand l'incendie de leur maison les contraint à partir en Ontario, chez un ami. C'est là que Lowry termine la quatrième version de *Volcan* pour Noël. Il revient dès février 1945 à Dollarton pour reconstruire la maison, mais novembre le voit repartir à nouveau vers Cuernavaca, Oaxaca, Mexico, afin d'engranger les matériaux de *Sombre comme la tombe où repose mon ami* (*). En avril 1946, les éditeurs Reynal & Hitchcok (New York) et Jonathan Cape (Londres) câblent leur acceptation de la publication de *Volcan.* En novembre 1947, il s'embarque avec Margerie depuis Vancouver vers l'Europe via le canal de Panama. Le couple séjourne (1948-1949) en France, où Lowry est consulté pour la traduction de *Volcan*, et en Italie. De retour à Dollarton, il reprend la composition de *Sombre comme la tombe...* et met en chantier les nouvelles de *Écoute notre voix ô Seigneur...* (*) ainsi qu'un scénario pour une adaptation cinématographique de *Tendre est la nuit* (*) de Fitzgerald. *En route vers l'île de Gabriola* mobilise toute son énergie jusqu'en août 1954, date à laquelle il quitte Dollarton pour un dernier voyage qui le mène de New York à Milan et en Sicile. Il retrouve l'Angleterre dès juin 1955, mais doit subir à nouveau un traitement psychiatrique. Toutefois, il se remet au travail sur *Gabriola* dès leur installation à Rip, Sussex, et visite en juin 1957 la région des Lacs chère aux romantiques. La mort le foudroie le 27 juin, suite à une ingestion conjuguée de gin et de barbituriques.

Hormis peut-être quelques nouvelles, publiées dans des périodiques scolaires, antérieures à *Ultramarine,* certaines du recueil *Le Garde-Fantôme* (trad. 1980) contemporaines de sa vie avec Jan, ainsi que l'œuvre poétique (*Pour l'amour de mourir,* trad. 1976), il semble que toute l'œuvre de Lowry obéisse à un grand projet qu'il avait intitulé le « Voyage qui ne finit jamais », cycle de trois puis sept romans ordonné selon *La Divine Comédie* (*) de Dante, et dans lequel le *Volcan* devait figurer l'Enfer. Le progrès de l'âme, depuis son retrait en elle-même jusqu'au moment où elle s'exprime elle-même dans son retour et son devenir au sein de la communauté des hommes, peut ainsi apparaître comme le fil directeur d'une œuvre aux multiples facettes. Mais, que cela soit dû à des pratiques éditoriales posthumes et parfois drastiques, ou à la perpétuelle insatisfaction de l'infatigable réviseur qu'était Lowry, cette œuvre reste à bien des égards fragmentaire. Il est donc difficile de juger un projet sur des étapes qui n'auraient dû être que provisoires, même si le passage de l'âme, comme l'œuvre, est provisoire. L'essentiel n'est sans doute pas là. Lowry savait ce que fiction veut dire et il a su nous fasciner tout en nous indiquant le chemin : il appartient au lecteur de lire comme il l'entend. Et Lowry d'ajouter diaboliquement : le livre sera alors devenu ce qu'il est impossible de rendre, comme le fait remarquer son héros le Consul à Jacques Laruelle au premier chapitre du *Volcan.*

GÉRARD PECORARI.

♦ *« L'œuvre d'art moderne est tout ce qu'on veut, ceci, cela, et encore cela, c'est même sa propriété d'être tout ce qu'on veut, d'avoir la surdétermination de ce qu'on veut, du moment que ça marche : l'œuvre d'art moderne est une machine, et fonctionne à ce titre. Malcolm Lowry dit splendidement de son roman : "On peut le prendre pour une sorte de symphonie, ou encore une sorte d'opéra, ou même pour un opéra-western ; c'est du jazz, de la poésie, une chanson, une tragédie, une comédie, une farce et ainsi de suite* [...] *c'est une prophétie, un avertissement politique, un cryptogramme, un film loufoque et un Mane-thecel-pharès. On peut même le prendre pour une sorte de machinerie ; et elle fonctionne, soyez-en sûr, car j'en ai fait l'expérience." Proust ne veut pas dire autre chose en nous conseillant non pas de lire son œuvre, mais de nous en servir pour lire en nous. »* Gilles Deleuze.

RÉF. : Muriel Bradbrook, *Malcolm Lowry : His Art and Early Life,* Londres, 1974. – Douglas Day, *Malcolm Lowry : A Biography,* New York et Paris, 1973, 1975. – Christine Pagnoulle, *Malcolm Lowry : Voyage au fond de nos abîmes,* Lausanne, 1977. – Richard Cross, *Malcolm Lowry : A Preface to His Fiction,* Chicago, 1980. – Sherrill Grace, *The Voyage that Never Ends : Malcolm Lowry's Fiction,* Vancouver, 1982. – *Malcolm Lowry : Études,* Paris, 1984. – Ronald Binns, *Malcolm Lowry,* Londres, 1984.

LOYAL SERVITEUR (Le). Le pseudonyme de l'auteur de la célèbre *Très joyeuse, plaisante et récréative histoire... gentil seigneur de Bayard* (*) semble bien dissimuler Jacques de Mailles, petit gentilhomme dauphinois qui figure en 1523 parmi les archers de la compagnie de Bayard et qu'on retrouve notaire royal à Grenoble en 1527, lorsqu'il rédige le contrat de mariage de la fille du capitaine et de François de Boczosel. Il est vraisemblable qu'il servait de secrétaire pour la compagnie et son chef et qu'il a reçu quelques confidences, tout en participant aux campagnes d'Italie. Son récit, bien plus agréable à lire que la pesante érudition de Symphorien Champier (Brantôme le soulignait), ne doit cependant pas être pris comme une œuvre d'historien. Il s'agit d'un roman de chevalerie, d'une histoire « plaisante et récréative », d'un recueil d'*exempla* à l'usage des jeunes gentilshommes. La preuve est largement faite que le « Loyal serviteur » a embelli la réalité pour faire valoir son héros, inventé certains épisodes, rappelé des souvenirs antiques (le récit de la veuve de Brescia évoque la continence de Scipion). Ce qui laisse toute sa saveur à un récit vivant, ponctué de bons mots, où les détails pittoresques ne manquent pas. L'œuvre a servi de base à la plupart des biographies de Bayard pendant quatre siècles et fixé les épisodes de la légende du chevalier sans peur et sans reproche.

JEAN JACQUART.

LUBAC Henri de. Théologien français. Né à Cambrai le 20 février 1896, mort à Paris le 4 septembre 1991. Fils d'un cadre de la Banque de France, Henri de Lubac entre dans la Compagnie de Jésus en 1913. Formé à Jersey, puis à Fourvière, il manifestera toute sa vie une obéissance sans réserve à l'autorité ecclésiastique qu'il avait choisie de servir, puis de représenter.

En 1914, il est mobilisé et reviendra du front avec une blessure à l'oreille interne dont il souffrira toute sa vie. Ordonné prêtre en 1917, il est nommé en 1929 professeur de théologie fondamentale à l'Institut catholique de Lyon et professeur d'histoire des religions chez les jésuites de Fourvière. En 1937, il publie *Catholicisme* (*) qui le rend célèbre. En 1942 il lance, avec le futur cardinal Daniélou, la collection « Sources chrétiennes », dont le but est de donner une édition scientifique des textes patristiques. Mais, pendant la Seconde Guerre mondiale, ses activités dans le cadre de la Résistance – et notamment sa participation aux premiers cahiers clandestins de *Témoignage chrétien* – l'obligent à quitter Lyon pour Vals, près du Puy. À la Libération, il dirige la revue *Recherches de science religieuse* et publie le *Drame de l'humanisme athée,* livre de discernement sur les grands auteurs de l'ère du soupçon, qui connaîtra un succès considérable dans le public catholique. Suivront *Corpus mysticium* (1944), *Proudhon et le christianisme* (1945), *Surnaturel* en 1946, etc. Ce dernier ouvrage suscitera des critiques qui le contraindront à ne plus aborder certains thèmes, comme d'autres théologiens français (les dominicains Congar et Chenu notamment), muselés sous le pontificat de Pie XII.

« Enfin, je vais avoir le temps de travailler », dit-il alors, et il concilie son obéissance profonde avec la passion de la recherche et la fidélité à des amitiés comme celle de l'abbé Monchanin ou de l'abbé Couturier, apôtres de l'œcuménisme, ou encore de son confrère le père Pierre Teilhard de Chardin. Il publiera *Histoire et Esprit* (1950), *Aspects du bouddhisme* (1951 et 1955), l'émouvante *Méditation sur l'Église* (1953), une monumentale étude sur l'*Exégèse médiévale* (1959-1964) et bien d'autres livres – qui faisaient la part de son amitié avec Teilhard, de ses recherches sur les Pères, Joachim de Flore, etc. – ainsi que quelques volumes de réflexions personnelles qui rendaient compte de son itinéraire spirituel. Parmi ces derniers, on retiendra *Sur les chemins de Dieu* (1956) et, surtout, les *Paradoxes* (*).

Expert au concile Vatican II, il y voit réalisées un certain nombre de ses aspirations. La fin de son existence s'est ainsi passée à défendre en conservateur un patrimoine dont il avait été autrefois le promoteur hardi : il avait été nommé expert au concile par Jean XXIII, il fut créé cardinal par Jean-Paul II en 1983. Même si ce « paradoxe » a été souligné par l'amertume d'une vieillesse solitaire, il en était plus apparent que réel.

JEAN-PIE LAPIERRE.

LUBIN Armen (pseud. de Chahan Chahnour Kerestedjan). Écrivain arménien de langues arménienne et française. Né à Istanbul (Turquie) le 30 août 1903, mort à Saint-Raphaël (Var) le 20 août 1974. Il appartenait à une famille arménienne d'artisans (grand-père savetier, père tailleur). Il vécut dans sa ville natale jusqu'en 1922 où, contrecoup du partage de l'Arménie, les Arméniens de Turquie furent contraints de prendre le chemin de l'exil pour fuir les persécutions raciales. Il gagna alors la France, non sans mal, et découvrit Paris avec émerveillement. Il trouva un modeste emploi de retoucheur de photographies et entreprit de raconter l'exode de son peuple dans un grand roman en langue arménienne, *La Retraite sans musique* (*), qui parut sous le nom de Chahan Chahnour. Il demanda la naturalisation française, mais il ne devait jamais l'obtenir, car la maladie fondit sur lui et les autorités ne voulurent pas naturaliser un homme incapable d'accomplir tout service militaire armé. Atteint de tuberculose osseuse, Lubin devait connaître la vie en salle commune, d'abord à la Salpêtrière à Paris, puis dans divers sanatoriums du Sud-Ouest, notamment à Bidart et à Pessac. Il subit plusieurs graves interventions chirurgicales qui devaient lui inspirer un vibrant plaidoyer pour l'euthanasie dans son livre de souvenirs *Transfert nocturne* (*) (1955).

Dès son adolescence, Armen Lubin avait été attiré par l'art des vers. On pourrait s'attendre à ce qu'il ait composé une poésie noire, mais il a fait une aussi belle place à ses souvenirs heureux qu'aux jours de misère et de souffrance. On trouve notamment dans son œuvre un cycle parisien tout rayonnant. Les évocations du « sana » contiennent elles-mêmes des éclaircies, et un humour très particulier y apparaît souvent. Ses recueils s'appellent : *Le Passager clandestin* (*) (1946), *Sainte-Patience* (1951), *Les Hautes Terrasses* (1957) – une bonne part de ses poèmes seront repris dans une sorte d'anthologie, *Feux contre feux* (1968). Dans les années 60, il put quitter les sanas de l'Assistance publique et devint l'hôte du Foyer arménien de Saint-Raphaël, où il disposa enfin d'une chambre à lui. On n'ignorait pas dans la maison qu'il était un écrivain de grand talent. Sans doute n'est-il pas un poète moins admirable que Laforgue ou Corbière. Il est de leur famille. Quant à ses textes en arménien, dont il ne parlait pas à ses amis français, ils sont d'une saveur très originale et d'une authentique veine populaire.

JACQUES BRENNER.

LUBIS Mochtar. Écrivain indonésien. Né à Padang (Sumatra) le 7 mars 1922. Il entame à l'âge de vingt ans, durant la période de l'occupation japonaise (1942-1945), une carrière de journaliste qui va le rendre célèbre et le conduire en prison. Au lendemain de l'Indépendance, en 1949, il crée, avec l'aide de l'armée, le quotidien *La Grande Indonésie* [*Indonesia Raya*], qu'il dirigera jusqu'en 1974. Au début des années 1950, il publie, dans son journal puis sous forme de livres, des reportages sur la guerre de Corée, l'Asie du Sud-Est, les États-Unis et l'Europe. Dans le même temps paraissent ses premières œuvres de fiction : les nouvelles de *Si Jamal* (du nom du héros, 1950) et de *Femmes* [*Perempuan,* 1956] et les romans *Il n'y a pas de lendemain* [*Tidak ada esok,* 1950] et *Route sans fin* [*Jalan tak ada ujung,* 1952]. Son attaque virulente des scandales et des faillites du régime de Sukarno provoque son arrestation en 1956 ; il restera en résidence surveillée jusqu'en 1966, soit jusqu'à la prise du pouvoir par le général Soeharto. Le journal *Indonesia Raya* est interdit durant plusieurs années. Son roman le plus célèbre, *Crépuscule à Jakarta* (*) est achevé en 1957, mais paraît en traduction anglaise en 1963, avant d'être publié en indonésien. Il est encore arrêté en 1974, par le nouveau régime, et son journal définitivement interdit. Il publie par la suite quelques autres romans : *Au tigre, au tigre !* [*Harimau, harimau,* 1975] *La Mort et l'Amour* [*Maut dan cinta,* 1977] et recueils de nouvelles : *Travailleurs sous contrat* [*Kuli kontrak,* 1982] ; *Le Récidiviste* [*Bromocorah,* 1983], ainsi que des essais sur le caractère de *L'Indonésien* [*Manusia Indonesia,* 1977] et, en néerlandais, sur l'histoire de son pays : *Le Pays sous l'arc-en-ciel* [*Het land onder de regenboog,* 1979]. Grand amateur de littérature occidentale, partisan du libéralisme et ardent défenseur des libertés individuelles, Mochtar Lubis est un écrivain prolixe et inventif. Son œuvre, cependant, est entièrement réaliste et animée par ses idéaux nationalistes.

HENRI CHAMBERT-LOIR.

LUC l'Évangéliste, saint. Vécut au Ier siècle ap. J.-C. Médecin, païen converti, lié d'amitié avec Paul, dont il fut le fidèle collaborateur, il est l'auteur du troisième *Évangile* (*) qui porte son nom, et, en partie au moins, du livre des *Actes des apôtres* (*). En dépit de la tradition qui le dit originaire d'Antioche (Eusèbe), il semble issu de la ville de Philippes, ou, en tout cas, de la Macédoine. Les passages où il parle à la première personne concernent, en effet, des événements se rapportant à ces lieux, qu'il connaît en médecin, et mieux que les autres. Il n'était pas un Israélite. Son nom, abréviation peut-être de Loucanos pour Leucanos, forme grecque de Lucins, suggère l'idée d'un affranchi qui s'est adonné à l'étude. Converti au christianisme, le « très cher médecin » de Paul suivit l'apôtre, qu'il avait rencontré à Troas, l'accompagnant dans son troisième voyage missionnaire et le réconfortant dans sa captivité à Rome, en l'absence (par suite d'empêchements ou de défections) de tous les autres : « Seul Luc est avec moi. » D'après une tradition incertaine, il aurait aussi été peintre ; mais cette tradition n'est probablement que la transposition, dans le domaine pictural, de l'art avec lequel Luc sait, dans ses écrits, ciseler ses personnages. Nous ignorons tout de sa mort, que les témoignages discordants relevés dans les écrits des Pères de l'Église situent en Béotie, en Bithynie ou en Achaïe.

RÉF. : F. Bovon, *Luc le théologien, vingt-cinq ans de recherches (1950-1975),* 1978.

LUCAIN (Marcus Annaeus Lucanus). Poète latin. Né à Cordoue (aujourd'hui Andalousie, Espagne) le 3 novembre de l'an 39 apr. J.-C., mort le 30 avril 65 à Rome. Il était le neveu du philosophe Sénèque et le fils de Marcus Annaeus Melus et d'Acilia, fille d'Acilius Lucanus, orateur et écrivain, elle aussi d'origine espagnole. Son père, procurateur du fisc impérial, avait, dans l'exercice de ses fonctions, augmenté d'une manière importante son patrimoine. Il s'était établi à Rome où se trouvaient déjà sa mère Helvia et son frère Sénèque, couvert d'honneurs et célèbre, mais qui n'allait pas tarder à être atteint par la haine de Messaline et condamné par Claude. Lucain était encore très jeune lorsqu'il composa ses poèmes *Iliaca* sur la guerre de Troie, et *Catachthonion*, où il chantait la descente aux Enfers d'un héros (nous ne savons lequel). Il suivit selon l'usage un cours de perfectionnement à Athènes, en revint appelé par Néron qui l'introduisit dans le petit groupe de ses amis intimes. Amitié très vive mais de courte durée. C'était le début de la période sombre du règne de Néron, l'année où il tua sa mère (59), prélude à la proche disgrâce de Sénèque (62).

Lucain était déjà un poète célèbre et, dans les joutes publiques d'éloquence et de poésie, ces jeux quinquennaux institués en l'an 60 par Néron, il avait récité dans le théâtre de Pompée un poème à la louange de l'empereur et avait été couronné par Néron lui-même. C'était l'époque où Néron faisait ses exhibitions solennelles et scandaleuses de joueur de cithare et de poète ; et le jeune Lucain déjà célèbre, neveu de Sénèque, désormais triste et gênant soutien de l'Empire, ne pouvait plaire longtemps à un prince devenu cocher, histrion et chanteur en plus d'assassin et de débauché. Un jour Néron, qui assistait à une lecture publique de Lucain, se leva brusquement et s'éloigna sous prétexte d'une réunion sénatoriale ; affront inoubliable et à dater duquel Lucain montra envers le prince un violent ressentiment. Contraint, de par la jalousie de l'empereur, à renoncer aux lettres publiques, il se consacra par la suite, entre ses entretiens intimes avec ses amis et familiers, à la composition d'un grand poème.

En 62, la conjuration de Pison commençait déjà à prendre corps, cette conjuration qui devait entraîner à sa ruine la fleur des citoyens et des lettrés du temps. Lucain y participa, y apportant toute la flamme brûlante de sa haine. Mais en 65 l'imprudence d'un des conjurés, Scevinus, fit découvrir le projet. Tacite raconte qu'après la dénonciation de Natale, conjuré qui avait révélé les noms de Pison et de Sénèque, Scevinus, déjà arrêté, soit par faiblesse, soit croyant à ce moment toute la conjuration découverte, jugea inutile de garder le silence et nomma les membres les plus importants. Parmi ceux-ci, Lucain, Quintianus et Senecion se turent d'abord longtemps, mais, corrompus par une promesse d'impunité, pour se faire pardonner leurs réticences, ils accusèrent : Lucain, sa propre mère Acilia, et les deux autres, leurs deux meilleurs amis. Ce récit de Tacite concorde avec la *Vie de Lucain* écrite par Suétone. Certains écrivains modernes ont voulu blanchir le poète de cette affreuse marque d'abjection morale : ils ont pensé que cette dénonciation infâme avait été forgée, au cours de l'instruction secrète, par le prince lui-même, désireux de salir la mémoire du poète et de bien marquer sa magnanimité en s'abstenant, lui, l'assassin d'Agrippine, de persécuter une mère dénoncée par son propre fils ; et ils font ressortir à l'appui de cette thèse qu'Acilia ne subit aucune condamnation. Il est possible qu'il en ait été ainsi ; mais la nature humaine et ses innombrables faiblesses ne permettent pas d'exclure que la version de

Tacite et de Suétone ne soit vraie. Lucain reçut de Néron l'ordre de mourir : il préféra la sorte de mort alors pratiquée comme la plus douce, il s'ouvrit les veines. Tacite raconte – *Annales* (*) XV, 70 – qu'après une abondante hémorragie, sentant ses extrémités se refroidir mais conservant toute la lucidité et la force de son intelligence, le poète se mit à réciter quelques vers décrivant la mort toute semblable d'un soldat – peut-être les vers 635-647, III, de *La Pharsale* (*).

Des nombreux essais et ouvrages poétiques de Lucain il ne reste que de faibles traces. Outre *Iliaca* et *Catachthonion*, il a composé un *Orpheus*, dix livres de *Silvae*, une tragédie inachevée *Medea*, quatorze *Fabulae salticae*, sortes de livrets pour des pantomimes. Il nous est parvenu son célèbre poème *La Pharsale*, en dix livres, interrompu par sa mort. L'auteur, une fois (IX, 985), nomme « Pharsalia nostra » son poème, désignant ainsi peut-être volontairement l'argument de l'action principale, mais les manuscrits portent la suscription de *La Guerre civile* [*Bellum civile*] qui en est peut-être le véritable titre, hypothèse confirmée par Pétrone – *Satiricon* (*), 118 – mais l'usage a consacré celui de *Pharsale*. Lucain voulait conserver intacts les souvenirs du passé et n'écarte aucun des faits importants ; il les choisit ; il n'ajoute rien ; il est la source unique de certains faits historiques ; on peut donc le considérer en partie comme un historien. Il fut critiqué par ceux qui voulaient pour l'épopée l'ampleur fantastique d'un monde fabuleux, et non pas la rigueur d'un témoignage historique ; mais cette opposition ne parvint pas à empêcher le grand succès de cette œuvre qui offre le récit des hauts faits de César, sous une forme poétique riche de sentences morales et d'une grande éloquence.

CONCETTO MARCHESI.

♦ *« M. Annaeus Lucanus, de Cordoue* [...] *avait tant de présomption et si peu de retenue que, comparant dans une préface son âge et ses débuts avec ceux de Virgile, il osa dire : Que me reste-t-il pour atteindre au* Moucheron [petit poème attribué à Virgile] *? »* Suétone. ♦ *« Si vous cherchez dans Lucain l'unité de lieu et d'action, vous ne la trouverez pas ; mais où la trouveriez-vous ?* [...] *Mais si vous voulez des idées fortes, des discours d'un courage philosophique et sublime, vous ne les verrez que dans Lucain parmi les Anciens. »* Voltaire.

RÉF. : René Pichon, *Les Sources de Lucain*, Paris, 1912. – Herbert C. Nutting, *Comments on Lucan*, 8 fascicules, Berkeley, 1931-1934. – Paul Jal, *La Guerre civile à Rome*, Paris, 1963. – E. Narducci, *La Providenza crudele : Lucano e la distrazione dei uniti augustei*, Pise, 1979.

LUCIEN de Samosate. Écrivain grec. Né à Samosate dans la Syrie Commagène vers 125, mort en Égypte vers 192. Bien qu'il porte un nom typiquement latin, Lucien, qui écrivait le grec, est un Oriental, né et élevé dans une ambiance provinciale ; il fut toute sa vie un personnage cosmopolite. Lucien était d'humble origine et ses parents le destinaient à un métier manuel. Comme il semblait habile à façonner de petites figurines de cire, on le mit en apprentissage chez un de ses oncles qui fabriquait des statuettes mais, à la suite d'une violente altercation avec celui-ci, il le quitta et obtint de ses parents la permission de faire ses études. C'est ce qu'il raconte lui-même dans *Le Songe ou le Coq* (*). On ne sait où ni comment il les commença, et le seul renseignement que nous possédions nous apprend qu'il les termina dans une école de rhétorique d'Ionie qui fit de lui un véritable Grec disert et cultivé. Vers l'âge de vingt-cinq ans, il exerça, d'après la *Souda* (*), la profession d'avocat à Antioche, mais il était trop fantaisiste pour se fixer ; aussi mena-t-il à travers le monde romain une vie de sophiste voyageur. Il donna des séances oratoires en Asie Mineure, en Grèce, en Macédoine, en Italie et en Gaule où on lui attribua même une chaire municipale de rhétorique nantie de gros appointements dans une ville de la vallée du Rhône. Cela ne suffit pas à le fixer et, vers le début du règne de Marc-Aurèle, il retourna en Asie Mineure. On sait qu'il était à Antioche en 163, lorsque Verus vint y diriger la guerre contre les Parthes et qu'il s'établit à Athènes en 165. Il devait y demeurer vingt ans. C'est là que, renonçant à ce qu'il appelait les mensonges de la rhétorique et des tribunaux, il composa ses dialogues, ses libelles, ses récits et ses pamphlets et qu'il les publia. Stimulé par le succès, il se moqua des rhéteurs, des philosophes et des charlatans, et groupa autour de lui les esprits libres de la cité. Amuser toujours le même public le lassa cependant à la longue et, la vieillesse approchant, il se remit à voyager. Il recommença à aller de ville en ville en tirant ses ressources de la seule lecture de ses écrits, puis il finit par se laisser tenter par une condition plus stable et accepta une charge publique. C'est ainsi que, assistant du gouverneur romain en matière d'affaires judiciaires, il devint haut fonctionnaire en Égypte. Il avait maintenant l'ambition de faire une grande carrière administrative et de devenir peut-être gouverneur, mais nous perdons sa trace et l'on suppose qu'il mourut vers la fin du règne de Commode. L'œuvre de Lucien s'inscrit, non sans une certaine ironie, dans un courant littéraire appelé la Nouvelle Sophistique. Ce courant cherchait à retrouver la pureté du style et de la pensée attiques de l'époque classique.

Quatre-vingt-six écrits de lui nous sont parvenus, dont près d'une trentaine sont d'une authenticité douteuse. Les premiers sont de purs exercices de rhétorique et n'ont guère d'autre intérêt que de nous donner une idée de son talent de sophiste ; ce sont *Le Meurtrier d'un tyran* et *Le Fils chassé par son père*. Plus spirituels et d'une facture extraordinairement habile sont *L'Éloge de la mouche, Les Dipsades, Le Jugement des voyelles, Hippias* et *Le Pseudo-Sophiste,* mais il s'agit beaucoup plus d'exercices de style que d'œuvres véritables. C'est avec *Le Songe ou le Coq* où il raconte son enfance, que Lucien, déjà connu, aborde sa manière personnelle. Il donna ensuite : *Les Images ou les Portraits* (*), *Défense des portraits, Pantomime, Anacharsis ou les Gymnases* et une fine satire, *Sur la manière d'écrire l'histoire* (*). Il est tout à fait lui-même lorsqu'en 166, tandis qu'il vient d'atteindre la quarantaine, il publie *Hermotime* (*) et définit sa philosophie qui consiste à repousser le dogmatisme philosophique pour s'en tenir au sens commun et à un scepticisme mitigé. Sa *Double accusation* (*) est une sorte de profession de foi, dans laquelle il proclame sa rupture avec la rhétorique et donne les règles de ses dialogues satiriques. *Les Sectes à l'encan* (*) suscite un scandale dont il fait le sujet du *Pêcheur ou les Ressuscités* (*), où il déclare que la philosophie en personne l'a chargé de démasquer toutes les impostures. Dès lors, il ne cesse de faire le procès de toutes les vanités et de toutes les fausses opinions, de la dureté des riches et de la jalousie des pauvres dans des œuvres qui ont dû se succéder à peu d'intervalle : *Dialogue des morts* (*), *L'Arrivée aux enfers ou le Tyran* (*), *Ménippe ou De la nécromancie, Charon ou les Contemplateurs* (*), *Lettres saturnales* (*), *Timon ou le Misanthrope* (*). Il s'attaque même à la mythologie et aux vieilles croyances : *Dialogue des dieux* (*), *Jugement des déesses, Dialogues marins* (*), *Fêtes de Cronos, L'Ami du mensonge, Prométhée ou le Caucase* (*), *Zeus à court de raison. Lexiphane* qui est en pamphlet contre les collectionneurs d'expressions oubliées et le *Pseudologiste ou Faiseur de solécismes,* traitent de sujets littéraires. Il a composé encore des causeries, des diatribes, des parodies, des dissertations satiriques et un roman : *L'Âne* qui, à travers les péripéties de la métamorphose d'un homme en âne, nous raconte les mœurs parfois libertines de la population bourgeoise du temps. Des œuvres de la vieillesse on ne retient guère que l'*Apologie pour les salariés,* où il se justifie spirituellement d'accepter un salaire comme fonctionnaire public, et *La Tragédie de la goutte,* où il possède encore toute la verve et la vivacité de son esprit.

BERNARD NOËL.

♦ *« Je fais profession de haïr les fanfarons, les charlatans, les menteurs, les orgueilleux et je déteste toute cette engeance de vicieux* [...] *Je suis ami de la vérité, ami de l'honnêteté, ami de la simplicité et de tout ce qui est apparenté à ce qu'on aime ; mais il y en a bien peu qui soient dignes que j'exerce sur eux cette profession, tandis que ceux qui relèvent de l'autre métier et sont acoquinés à ce que je hais sont au moins cinquante mille. Aussi je risque de désapprendre bientôt le premier faute d'exercice et d'être tout à fait entendu à l'autre. »* Lucien. ♦ *« Ce Lucien est naïf, il fait penser ses lecteurs et on est toujours tenté d'ajouter à ses dialogues. »* Voltaire. ♦ *«* [Il fut] *à la fois un remueur d'idées et un créateur de formes. Pamphlétaire, moraliste, conteur, dialecticien, il a une puissance intime qu'on ne trouve en ce temps chez aucun autre. Seul peut-être entre les écrivains de la période romaine, il rappelle par le génie ceux des siècles classiques ; il y a en lui de l'Aristophane et du Platon. Il unit la grâce à la force, l'esprit mordant à la clairvoyance, l'ironie charmante à la philosophie et à l'éloquence. Tous les sophistes contemporains, grands hommes pour leur public, ont disparu pour la postérité ; lui seul reste vivant et domine son siècle. D'ailleurs, aucun plus que lui n'invite à penser. Il incarne l'hellénisme et il en révèle le déclin. Il tourne avec un art merveilleux les ressources du passé à la destruction de ce que ce passé avait édifié. Son importance est aussi grande dans l'histoire des idées que dans celle des formes littéraires. »* M. Croiset.

RÉF. : J. Bompaire, *Lucien écrivain,* Paris, 1958. – G. Anderson, *Studies in Lucian's Comic Fiction,* Leiden, 1976. – G. Anderson, *Lucian : Theme and Variation in the Second Sophistic,* Leiden, 1976. – C. P. Jones, *Culture and Society in Lucian,* Cambridge (Mass.)/Londres, 1986.

LUCILIUS Caius. Poète satirique latin. Né à Suessa (Ausonie) probablement vers 180 avant J.-C., mort en 103. Il appartenait à l'ordre équestre et possédait des terres en Ausonie, en Sicile et peut-être en Sardaigne. À Rome, il fit partie du groupe brillant et très savant des philosophes et des lettrés (dont Lelius, Panœtios, Polybe et Térence) qui entouraient Scipion Émilien, le destructeur de Carthage et de Numance, qui devint son ami intime après qu'il eut été sous ses ordres au siège de Numance (134-133). C'était la difficile époque des réformes des Gracques, auxquels Scipion était violemment opposé, époque qui suivit la conquête romaine de la Méditerranée et qui précéda les guerres civiles et les dictatures. S'il eut de puissants amis, Lucilius eut également de puissants ennemis, dont les Metellus, ainsi que, dans les milieux littéraires, Accius et peut-être Afranius. Comme les autres lettrés du même cercle, Lucilius s'intéressa passionnément à la culture grecque et au culte des traditions romaines. Il eut des rapports personnels avec des philosophes grecs, stoïciens et académiques. Son goût pour la critique, sa situation sociale et ses amitiés le poussèrent, en ces temps agités, à peindre la vie contemporaine et à choisir le genre, très romain, de la satire, déjà utilisé par Ennius, sinon pour la polémique et les discussions vives, du moins pour traiter des thèmes d'actualité et pour exprimer ses propres sentiments et ses propres jugements. Lucilius fut le premier à se servir de la satire pour y communiquer ses opinions personnelles ; il en fit un instrument de critique morale, politique, littéraire, l'arme de la polémique privée, et choisit l'hexamètre comme son vers exclusif ; c'est donc à juste titre que Horace, son disciple principal, a pu le considérer comme l'inventeur de la satire. Si l'œuvre de Lucilius – v. *Satires* (*) – nous était parvenue tout entière, nous aurions possédé une vaste peinture de la société romaine vers la fin du second siècle avant J.-C.

RÉF. : Pauly-Wissowa, *Realencyclopädie der classische Altertumswissenschaft*, t. XXVI, col. 1617 et seq., Stuttgart, 1926. – G.-C. Fiske, *Lucilius and Horace* (thèse), Madison, 1920. – W. Burnikel, *Untersuchungen zur Struktur des Witzepigramms bei Lukillios und Martial*, Wiesbaden, 1980.

LUCRÈCE (Titus Lucretius Carus). Poète latin. Né vers 99 (ou 94), mort vers 55 (ou 50) av. J.-C. Ce que nous savons de la vie de Lucrèce est peu de chose. Appartenait-il à l'aristocratique famille des Lucretii, qui pouvait s'enorgueillir de compter parmi ses membres l'illustre Lucretia, femme de Tarquin Collatin ? Rien ne permet de l'affirmer ; et il se peut qu'il ait été introduit dans cette famille à titre d'affranchi, comme ce fut le cas de plus d'un homme de lettres : la possession des « tria nomina », Titus Lucretius Carus, ne suffit pas à prouver sa noblesse, et *Carus* est un surnom fréquent chez les esclaves et les affranchis. Était-il né à Rome ? On ne peut guère tirer d'argument d'expressions qu'il emploie comme « la pauvreté de notre langue » [« patrii sermonis egestas »], qui peuvent s'appliquer à tout sujet parlant latin. Toutefois, son amitié pour Memmius, auquel il a dédié son poème, et qu'il appelle « l'illustre rejeton de Memmius » [« Memmi clara propago »], ne peut guère s'expliquer que s'il était romain, comme l'était sûrement C. Memmius, gendre de Sylla, protecteur des poètes Catulle et C. Helvius Cinna, personnage du reste peu recommandable dont la vie publique et privée ne fut pas sans taches. En tout cas, il a vécu à Rome ; il y a été le témoin des troubles et des luttes entre les partis qui déchiraient la République agonisante : dans la célèbre invocation à Vénus par laquelle s'ouvre son poème, il prie la déesse de vouloir bien accorder la paix à sa patrie que ravagent les horreurs de la guerre. Il a pu assister aux luttes du forum, à la brigue des candidats se disputant les magistratures et les honneurs, il a vu les légions faire l'exercice sur le champ de Mars, comme il a entendu les jeunes élégants vanter dans leur jargon mi-grec mi-latin les beautés de leurs maîtresses. Enfin c'est seulement à Rome qu'il a pu s'initier à la philosophie grecque, telle que l'enseignaient les représentants des grandes écoles, avant qu'il n'aille compléter son éducation en Grèce même, comme c'était le cas de tout Romain cultivé.

Parmi les contemporains de Lucrèce, Cicéron est le seul qui fasse allusion à son œuvre. Dans une lettre à son frère Quintus, il exprime son admiration pour un poème qu'il juge « plein de lumières de génie, et non pourtant dépourvu d'art ». Catulle, qui fut si activement mêlé au mouvement littéraire de son époque, ne nomme pas une fois Lucrèce. Ce créateur d'une poésie nouvelle ne pouvait s'entendre avec un admirateur et un disciple du vieil Ennius. En dehors de quelques éloges que lui décernent un Ovide et un Stace, il faut arriver au IVe siècle de notre ère pour que nous trouvions son nom dans deux notices qui nous permettent de dater, au moins approximativement, sa naissance et sa mort. Le premier renseignement nous est fourni par une phrase de la biographie de Virgile écrite par Donat, qui fait mourir Lucrèce le jour même où Virgile revêtit la toge virile, c'est-à-dire au 15 octobre 55 ; le second, par un document plus explicite et plus contesté aussi. Dans le supplément qu'il a donné à la *Chronique* (*) d'Eusèbe, saint Jérôme, arrivé à l'année 1923 d'Abraham (= 630 de Rome, 94 av. J.-C.), s'exprime en ces termes : « Naissance du poète Lucrèce. Dans la suite, frappé de folie pour avoir bu un philtre, après avoir écrit dans ses intervalles de lucidité [per intervalla insaniae] quelques livres que Cicéron corrigea plus tard, il finit par se donner la mort de sa propre main, à l'âge de quarante-quatre ans. » Bien que les dates données par Donnat et saint Jérôme diffèrent légèrement entre elles, on en peut conclure avec vraisemblance que Lucrèce a vécu entre 99 (ou 94) et 55 (ou 50) av. J.-C. Mais si cette chronologie est généralement adoptée, le reste de la notice de Jérôme a soulevé d'âpres controverses entre les érudits qui admettent la folie de Lucrèce et ceux qui la contestent. Les premiers soutiennent que Jérôme n'a fait que puiser ses renseignements dans l'ouvrage aujourd'hui perdu que Suétone avait consacré aux *Vies de poètes*, et que l'auteur de la *Vie des douze Césars* (*) passe pour être un historien impartial et bien informé ; ils ajoutent que Lucrèce n'est pas le seul écrivain que la folie ait frappé, et que la démence à éclipses est une maladie bien connue ; enfin ils invoquent les vers du livre IV du *De natura rerum* où Lucrèce décrit les tourments de l'amour avec l'amère clairvoyance d'un homme qui en aurait souffert lui-même : que ces souffrances aient pu le conduire au suicide, c'est ce qu'incline à croire sa mort prématurée, à moins de cinquante ans. Argumentation plus spécieuse que probante, répondent les adversaires de cette thèse. D'abord, si la bonne foi de Suétone ne peut être mise en doute, la sûreté de sa critique est beaucoup plus contestable ; il a donné mainte preuve de sa docilité à accueillir les racontars, et la légende du suicide de Lucrèce rappelle étrangement les fables qui ont entouré la mort de certains philosophes, tels Empédocle, qui se serait précipité dans l'Etna par dépit de ne pouvoir connaître la cause de ses éruptions, Aristote, qui se serait noyé dans l'Euripe dont il désespérait d'expliquer les marées, Démocrite qui, après s'être crevé les yeux pour échapper à la concupiscence, se serait laissé mourir de faim plutôt que d'assister au déclin de sa mémoire et de son intelligence. Quelle revanche pour les adversaires de l'épicurisme, et notamment pour les défenseurs de l'Église chrétienne, que de montrer le contempteur de la divinité, l'apôtre de la volupté, succombant à la folie, et se donnant la mort par désespoir, par dégoût de lui-même et de sa doctrine !

D'autre part, peut-on admettre qu'un poème d'une langue aussi homogène que le *De la nature* (*), qui se développe suivant un plan mûrement réfléchi et qui forme un ensemble que nous sommes sûrs de posséder en entier, ait été écrit « per intervalla insaniae » ? Que Lucrèce eût retouché certaines parties si la mort ne l'avait pas arrêté, personne ne le conteste ; mais ces retouches n'eussent porté que sur des détails sans modifier l'ordre logique auquel le poète s'est astreint. La fermeté de la pensée de Lucrèce ne se concilie guère avec l'idée d'une folie intermittente. Un psychiatre, le Dr Lorge, après avoir étudié en professionnel le « cas » de Lucrèce, tout en voyant chez lui un « anxieux » (son livre a pour titre *L'Anxiété de Lucrèce*), conclut par ce diagnostic : « Pas de déclamation, peu ou pas d'emphase et, malgré l'effervescence imaginative, pas l'ombre de mythomanie : Lucrèce est, jusqu'en sa démesure, un grand poète sincère... » Selon lui, il est probable que « Lucrèce était atteint de psychose intermittente », et que « le poème de Lucrèce a été entrepris au cours d'un de ces “ états d'excitation légère” souvent observés dans l'intervalle des états dépressifs ». Mais ce prudent diagnostic n'est-il pas applicable à la plupart des poètes ?

Au reste, ce qui compte dans Lucrèce, c'est moins sa personne que son poème *De la nature*, ce *De natura rerum* qui lui assigne une place unique dans la littérature, et l'égale aux plus grands esprits. Ni le titre ni le sujet ne sont de son invention. Le titre, il l'a emprunté aux Grecs, notamment à Empédocle d'Agrigente, auteur entre autres d'un long poème en hexamètres *Sur la nature* (*) ; le sujet, il le doit à Épicure, dont il ne fait, dit-il, qu'enseigner la doctrine, « en la parant du doux miel de la poésie » [« Et quasi Musaeo dulci contingere melle » I, 947] pour la rendre plus accessible et plus attrayante. Et en effet il suit son modèle avec une exactitude si scrupuleuse que son poème constitue l'exposé le plus complet et le plus cohérent que nous ayons de la philosophie épicurienne. Le but de Lucrèce est de délivrer les hommes des vaines terreurs dont se nourrit la religion : peur des dieux et peur de la mort. Les six livres du *De natura* se groupent par paires : les deux premiers sont consacrés aux principes fondamentaux : rien ne naît de rien, rien ne retourne au néant, l'univers est formé de matière et de vide ; la matière n'est pas infiniment divisible, mais elle aboutit à un terme qui est l'atome (grec : atomos, insécable) ; ce sont ces atomes innombrables, éternels et de formes diverses, qui par leurs multiples combinaisons constituent les objets et les êtres, avec les qualités accessoires qui caractérisent chacun d'eux. Lucrèce passe ensuite, dans les livres trois et quatre, à l'étude de l'âme et de ses relations avec le corps : unie étroitement à lui, elle le suit dans toutes les phases de son existence, elle croit et décline avec lui, elle est affectée par ses maladies et finalement meurt et se dissipe dans l'air au moment où le souffle vital s'arrête lui-même. Comment cette âme a-t-elle connaissance du monde extérieur, c'est l'objet du livre IV ; de tous les corps émanent à tout moment des images ou simulacres invisibles qui, venant frapper nos sens, sont la cause des différentes impressions qui les affectent : car les sens sont l'unique source de notre connaissance, et leur témoignage est sûr ; mais il arrive que nous les interprétions mal (« propter opinatus animi, quos addimus ipsi », IV, 463) ; de là nos erreurs, nos illusions, nos rêves. C'est encore par ces simulacres émanant de l'être aimé que naissent en nous le désir et l'amour, avec les perversions dues à notre ignorance du véritable bonheur. L'homme n'a rien à craindre de la mort ; dégagé de passion et de trouble par la vraie doctrine, il peut tout regarder d'une âme apaisée : « pacata posse omnia mente tueri » (v. 1203). Les livres V et VI montrent que les dieux n'interviennent en aucune manière dans l'univers ; Épicure propose une physique, c'est-à-dire une explication des phénomènes célestes ou terrestres extérieurs à l'homme, une astronomie, une météorologie, une étude de certains faits naturels obscurs ou paradoxaux et aussi une explication de l'humanité et de ses inventions, les arts, qui ne sont pas des dons divins. Lucrèce reconstruit l'histoire de la terre et les origines de l'humanité ; il peint des visions d'un réalisme poignant, comme cette description de la peste d'Athènes, où le poète s'inspire de Thucydide et le dépasse.

L'explication du monde, telle que la présentait Épicure, devait avoir pour l'esprit romain, peu enclin aux spéculations métaphysiques, deux grands mérites, la clarté et la cohérence : elle se fondait sur des axiomes dont l'évidence paraissait indiscutable, elle usait dans ses démonstrations de syllogismes rigoureux dont les conclusions issues nécessairement des prémisses apaisaient les doutes et rassuraient les esprits ; enfin, exempte d'intransigeance, elle délivrait l'homme, grâce à la spontanéité qu'elle supposait aux mouvements de l'atome, de la contrainte inéluctable du destin stoïcien, et lui laissait le choix entre les diverses explications proposées d'un même phénomène, pourvu qu'il y trouvât la sécurité de l'âme et, par là, cette ataraxie, condition nécessaire du bonheur. Elle ouvrait à son imagination l'immensité de l'univers, et le promenait, au-delà des murailles enflammées de notre monde (« extra... longe flammantia moenia mundi », I, 73), dans ces vastes espaces où trône la sérénité impassible des dieux (« Apparet divum numen sedesque quietae », III, 18). Ainsi Lucrèce trouvait à satisfaire dans l'exposé de la doctrine deux tendances diverses de son esprit : ses facultés de logicien, ses dons de visionnaire. Quand il raisonne et qu'il enseigne, et il tient à donner à son exposé un tour didactique, son vers n'est guère que de la prose rythmée (« Principium cuius hinc nobis exordia sumet / Nullam rem e nihilo gigni divinitus umquam », I, 148-149) ; quand il décrit ou qu'il raconte, et qu'il illustre d'un exemple sa démonstration, l'enthousiasme le saisit au spectacle des événements qui se déroulent dans la double immensité de l'espace et du temps (« His ibi me rebus quaedam divina voluptas Percipit atque horror, quod sic natura, tua vi / Tam manifesta patens, ex omni parte retecta est », III, 28-30) : sa poésie s'élève et prend tous les tons, suivant la marche du poème : lyrique quand il célèbre son maître Épicure, épique quand il évoque le combat éternel des forces de vie et des forces de mort, satirique ou élégiaque suivant les mouvements de sa colère ou de sa pitié. Car ce qui a surtout séduit Lucrèce dans l'épicurisme, c'est qu'il se souciait moins de physique que de morale, et que son objet essentiel était de délivrer l'homme, de lui permettre ce que Lucrèce appelle « voluptas », mot dont la traduction par « volupté » fausse le sens en lui donnant une valeur péjorative. Pour Épicure, l'homme est malheureux, doublement. Issu, au sein d'une nature indifférente, d'une combinaison hasardeuse d'atomes, il mène une existence pénible dans un milieu souvent hostile : « Et son premier cri est un cri de douleur, à la pensée des maux que lui réserve la vie » (Vagituque locum lugubri complet, ut aequum est, / cui tantum in vita restet transire malorum » V, 226-7). Mais c'est l'homme lui-même qui est l'artisan de son malheur, par ses superstitions, par la fausse conception qu'il se fait du bonheur. De cette condition douloureuse, Lucrèce s'est donné pour tâche de l'affranchir, avec l'enthousiasme d'un néophyte et l'ardeur d'un apôtre : « Ô misérables esprits des hommes, ô cœurs aveugles ! » s'écrie-t-il (« O miseras hominum mentes, o pectora caeca ! » II, 14). Son indignation devant leur ignorance prend sa source dans son zèle à les convertir. S'il rudoie ses semblables, c'est que ce traitement rigoureux doit les guérir de leurs souffrances : mais le sentiment de son impuissance parfois l'emplit d'une sombre amertume : « surgit amari aliquid ». Les deux aspects de son âme tourmentée se révèlent dans son œuvre : débutant par un hymne joyeux à Vénus, plaisir des dieux et des hommes, souriant visage de la nature (« Aeneadum genetrix, hominum divumque voluptas », I, 1), elle se termine par le récit de la peste d'Athènes, où cette même nature accumule les souffrances et les morts (« Nec poterat quisquam reperiri, quem neque morbus, / Nec mors nec luctus temptaret tempore tali » VI, 1248-9).

C'est par ces alternatives d'espoir et de doute, d'enthousiasme et d'abattement que Lucrèce, à la fois peintre et reflet du double aspect de l'âme humaine, continue à solliciter notre curiosité passionnée, à déchaîner les plus ardentes controverses. Alors que tant d'autres formes de poésie ont vieilli, que leur mythologie apparaît aussi caduque qu'artificielle, ou leur lyrisme, le fruit péniblement mûri à l'ombre de l'école, Lucrèce est toujours actuel, parce qu'il pose l'homme devant le problème de sa destinée, et qu'avec toutes les ressources d'un génie sans égal il lui offre une solution libératrice : (« ... magnis doceo de rebus et artis / Religionum animum nodis exsolvere pergo », I, 931-2). Cette attitude lui a valu bien des ennemis. Les stoïciens ne pouvaient admettre une doctrine qui mettait l'idéal de l'homme dans la recherche du plaisir et non du devoir ; à ce grief, le christianisme en a joint d'autres plus graves : elle avait de l'univers une conception purement matérialiste, elle niait l'immortalité de l'âme, et par suite l'existence des châtiments et des récompenses après la mort, et réduisait l'homme à ne compter que sur sa vie terrestre pour assurer son bonheur, par tous les moyens, même les plus grossiers. Le porc du troupeau d'Épicure dont parle Horace est devenu pour beaucoup le symbole de l'École. C'est oublier qu'Épicure dans la *Lettre à Ménécée* — v. *Lettres d'Épicure* (*) — enseigne que « les vertus se confondent naturellement avec le bonheur, et le bonheur est inséparable de la vertu » et que par là l'épicurisme rejoint le stoïcisme. Montaigne l'a bien vu, qui écrit : « De vray, ou la raison se moque, ou elle ne doit viser qu'à notre contentement [...] Les dissensions des sectes philosophiques, en ce cas, sont verbales [...] Quoi qu'ils disent, en la vertu même le dernier mot de notre visée, c'est la volupté. Il me plaît de battre leurs oreilles de ce mot, qui leur est si fort à contre-cœur » (*Essais*, I. I, ch. XX). Du reste, il est probable que les gens qui se réclament d'Épicure pour se livrer aux plaisirs de la chair n'en auraient pas moins, sans cet appui, mené la même existence, et ce n'est pas Épicure ou Lucrèce qui les y a conduits, il leur fournit seulement une apparente excuse et une manière de justification. Pour reprendre une réflexion de Renan : « La morale ne s'apprend pas plus que la poésie ; les beaux aphorismes ne font pas l'honnête homme, chacun trouve son bien dans la hauteur de sa nature, et dans l'immédiate révélation de son cœur. »

Si Lucrèce est un grand poète, ce n'est pas qu'il ait élaboré sciemment une technique nouvelle. Les historiens de la littérature latine s'accordent à le ranger parmi les auteurs archaïques, et lui-même ne cache pas son admiration pour Ennius chez les Latins, et pour Homère chez les Grecs. On ne trouve pas chez lui les raffinements ni les recherches que l'on découvre chez Catulle, et l'alexandrinisme n'a pas de prise sur lui. Il emprunte à Ennius des formes désuètes de la langue, comme le génitif singulier en *ā ī*, la chute de *-s* final après voyelle brève, « procédé choquant, nous dit Cicéron, qu'évitent maintenant les nouveaux poètes », mais ce sont des moyens auxquels il recourt pour donner à son poème la couleur épique, ou simplement parce qu'ils lui fournissent un groupe métrique commode. Et surtout il use, et parfois abuse, de certaines figures de style assez rudimentaires, et dont l'usage tend à disparaître, ou du moins à se restreindre : la redondance, l'emploi fréquent de l'épithète « de nature », automatiquement accolée au nom sans rien ajouter au sens, l'allitération qui va parfois jusqu'au calembour, ainsi dans : « ... namque officium quod corporis exstat / Officere atque obstare » (I, 336, 337). Parfois aussi, dans les passages où le raisonneur l'emporte sur le poète, les deux aspects de la démonstration sont présentés lourdement et non sans platitude : « Omnis enim, sensus quae mulcet cumque, figura / Haud sin principiali aliquo levore creata est ; / At contra quaecumque molesta atque aspera constat, / Non aliquo sine materiae reperta est » (II, 422-425). Et le vers de Lucrèce, dans ces passages, n'est qu'un moyen d'expression, destiné à faciliter l'étude et l'intelligence de la doctrine. Ce sont ces faiblesses, ou plutôt ces inégalités de ton, qui ont fourni aux détracteurs de Lucrèce le prétexte pour le condamner au nom de « l'art pour l'art ». Cette condamnation, qui du reste s'appuie sur d'autres griefs plus puissants, mais non avoués, ne doit pas nous faire oublier que, là où Lucrèce s'élève, éclate la magnificence de son génie. On ne peut lire sans en goûter la beauté souveraine les vers où Lucrèce nous dépeint l'angoisse de l'homme devant la mort, devant l'amour, devant l'infini.

A. ERNOUT.

♦ *« Les vers du sublime Lucrèce ne périront que le jour où le monde périra lui-même. »* Ovide. ♦ *« Je sais que Lucrèce, quoique peu châtié, est un très grand poète dans ses descriptions et dans sa morale ; mais en philosophie, il me paraît, je l'avoue, fort au-dessous d'un portier de collège et d'un bedeau de paroisse. »* Voltaire. ♦ *« Au premier abord, les vers de Lucrèce semblent rudes et négligés : les détails techniques abondent ; les paroles sont quelquefois languissantes et prosaïques. Mais qu'on le lise avec soin ; on y sentira une expression pleine de vie, qui, non seulement anime de beaux épisodes et de riches descriptions, mais qui souvent s'introduit même dans l'argumentation la plus sèche et la couvre de fleurs inattendues. »* Villemain. ♦ *« Lucrèce tord le vieux voile d'Isis trempé dans l'eau des ténèbres, et il en exprime, tantôt à flots, tantôt goutte à goutte, une poésie sombre. L'illimité est dans Lucrèce. Par moments passe un puissant vers spondaïque presque monstrueux et plein d'ombre ;* Circum se foliis ac frondibus involventes. *Çà et là une vaste image de l'accouplement s'ébauche dans la forêt.* Tum venus in sylvis jungebat corpora armantum, *et la forêt, c'est la nature. Ces vers-là sont impossibles à Virgile. Lucrèce tourne le dos à l'humanité et regarde fixement l'Énigme. Lucrèce, esprit qui cherche le fond, est placé entre cette réalité, l'atome, et cette impossibilité, le vide, tour à tour attiré par ces deux précipices, religieux quand il contemple l'atome, sceptique quand il aperçoit le vide ; de là ses deux aspects, également profonds, soit qu'il nie, soit qu'il affirme. »* Victor Hugo.

RÉF. : A. Ernout, *Lucrèce*, Bruxelles et Paris, 1947. — P. Boyancé, *Lucrèce et l'épicurisme*, Paris, 1963. — M. Conche, *Lucrèce et l'expérience*, Paris, 1967. — Clément Rosset, *L'Anti-nature*, Paris, 1973. — Michel Serres, *La Naissance de la physique dans le texte de Lucrèce*, Paris, 1977. — Mayotte Bollack, *La Raison de Lucrèce*, Paris, 1978.

LUDWIG Otto. Écrivain allemand. Né le 12 février 1813 à Eisfeld (Thuringe), mort le 25 février 1865 à Dresde (Saxe). Une santé fragile ne lui permit pas de se consacrer au commerce ni de continuer la carrière musicale commencée sous la direction de Félix Mendelssohn-Bartholdy. Tout jeune, il se sentit porté vers le théâtre et adapta pour la scène la *Mademoiselle de Scudéry* (*) de Hoffmann, dont il subissait l'influence ainsi que celles de Tieck et de Shakespeare. De 1844 à 1849, il vécut à Meissen, ensuite à Dresde, s'occupant de ses pièces de théâtre, et déjà atteint d'une maladie qui ne le quitta plus. En 1860, il reçut le prix Schiller. Il vécut tourmenté par des problèmes de natures diverses auxquels il ne trouva pas de solution, ni en lui-même ni dans son art. Il doit le début de sa notoriété à son drame fataliste et bourgeois, *Le Garde-Forestier héréditaire* [*Erbförster*, 1850] qui fut suivi d'une seconde tragédie qui ne manque pas de lyrisme, *Les Macchabées* (*) (1854), d'un roman sombre, *Entre ciel et terre* (*) (1856), histoire d'une famille, et d'une idylle champêtre, *Heiterethei et sa contrepartie* (*) (1854). Dans son volume d'essais posthumes, *Études shakespeariennes* [*Shakespeare-Studien*, 1871], sont rassemblés les résultats de ses longues recherches sur la nature et l'essence de la poésie dramatique, recherches qui l'épuisèrent sans le mener à de nettes conclusions ; il s'y montre un admirateur aveugle de Shakespeare et un adversaire déclaré de Schiller. On publia après sa mort de nombreuses ébauches de drames. À Eisfeld, il existe un musée Otto Ludwig.

RÉF. : Friedrich Bruno, *Fr. Hebbel und Otto Ludwig*, Berlin, 1913. — Lucien Falconnet, *Un essai de rénovation théâtrale « Die Makkabäer » d'Otto Ludwig*, Paris, 1913. — Léon Mis, *Les Œuvres dramatiques d'Otto Ludwig* (2 vol.), Lille, 1922. — Adolf Stephany, *Otto Ludwig in der Zeitgenössischen Kunst*, Bochum, 1931 (thèse). — K. Gemperle, *Das geschichtliche Drama bei O. Ludwig*, Fribourg, 1941. — J. Müller, *Die Akte Otto Ludwig*, Weimar, 1965. — D. Turner, *Roles and Relationships in Otto Ludwig's Narrative Fiction*, Hull, 1975. — H. P. Baumeister, *Künstlerische Berufung und sozialer Status : Otto Ludwig*, Göttingen, 1981.

LUGONES Leopoldo. Poète argentin. Il fut l'une des personnalités marquantes dans le développement de l'idéologie politique dans son pays. Né à Río Seco (Córdoba) le 13 juin 1874, il se suicida à Buenos Aires le 19 février 1938. De très bonne heure, il s'initia au journalisme en publiant des articles dans différents journaux de la capitale sous la signature de Gil Paz. La poésie l'attira bientôt, et il finit par s'y consacrer complètement. Comme Rubén Darío, il appartint au groupe moderniste qui se rassembla autour de la *Revista de América.* Plus tard, il devint codirecteur de *La Montaña*, puis de *La Nación* jusqu'à sa mort. Il voyagea beaucoup en Espagne et dans divers pays européens. À

Paris, il dirigea la *Revue sud-américaine* et contribua largement à la diffusion des valeurs littéraires américaines. Il remplit différentes fonctions politico-littéraires et représenta son pays à la Société des Nations. Prix national de littérature en 1926, il devint directeur de la bibliothèque normale argentine, et fut même proposé pour la direction de la Bibliothèque nationale, poste qu'il refusa, ne voulant pas donner à penser qu'il soutenait le mouvement républicain par intérêt. Tempérament batailleur, aimant son pays et souhaitant des conditions de vie plus humaines, il s'inspira du socialisme au début de sa carrière, et il en devint bientôt l'un des plus chauds partisans. Ses volumes de poèmes *Les Montagnes de l'or* [*Las montañas del oro*, 1897] marquent cette période, comme plus tard, *Odas seculares* (1910), son œuvre maîtresse, montreront le radical changement qui l'amènera vers un nationalisme extrémiste, caractéristique de la dernière phase de son activité. Homme d'une sensibilité très délicate, à l'enthousiasme spontané, toutes les qualités supérieures de son esprit se sont manifestées dans le recueil de vers *Le Lunaire sentimental* [*Lunario sentimental*] ; son amour de la nature argentine apparaît dans le *Livre fidèle* [*El libro fiel*, 1912], *Le Livre des paysages* [*El libro de los paisajes*, 1917] et *Les Heures dorées* [*Las horas doradas*], son sens d'une plus large communion humaine dans le *Romancero* (1924), dans les *Poèmes de la terre* [*Poemas de la tierra*]. Lugones fut également un prosateur ; rappelons quelques-uns de ses ouvrages : *L'Empire jésuite* [*El imperio jesuítico*, 1904], *La Guerre des gauchos* (*) (1906), *L'Armée de l'Iliade* [*El ejército de la Iliada*, 1915], *Études helléniques* [*Estudios helénicos*, 1924], *Politique révolutionnaire* [*Política revolucionaria*, 1931].

RÉF. : Juan Mas y Pi, *Leopoldo Lugones y su obra*, Buenos Aires, 1911. – Guillermo de Torre, *La Aventura y el Orden*, Buenos Aires, 1943. – Arturo Capdevila, *Lugones*, Madrid, 1973.

LUIS DE GRANADA (Luis de Sarria). Prédicateur et théologien mystique espagnol. Né à Grenade (Andalousie) en 1504, mort à Lisbonne le 31 décembre 1588. D'humble origine, il perdit son père à l'âge de cinq ans et fut engagé comme page du comte de Tendilla et compagnon d'études de ses fils. Le 15 juin 1525, il prononça ses vœux chez les dominicains de Grenade, étudia au collège Saint-Grégoire de Valladolid (1529-1534), puis, de 1534 à 1545, résida dans un monastère près de Cordoue. Luis dut connaître, à cette époque, le bienheureux Juan d'Avila dont il a écrit la vie. Prieur du couvent de Palma del Río (1546) et, l'année suivante, confesseur et prédicateur du duc de Medinaceli, puis de nouveau prieur à Badajoz, ce fut dans ce monastère que Luis composa *Le Guide des pécheurs* (*), œuvre de pur ascétisme, publiée pour la première fois à Lisbonne en 1556, et dédiée à Philippe II. En 1555, le cardinal infant don Henri, archevêque d'Evora, devenu par la suite roi de Portugal, l'appela auprès de lui comme confesseur. Provincial des dominicains portugais de 1556 à 1560, il fut, à Lisbonne, le confesseur de la reine Catherine. La souveraine, devenue régente pendant la minorité de don Sébastien, lui offrit en vain l'archevêché de Braga. Maître en théologie (1562), Luis prêcha en 1581 devant Philippe II. De 1572 à 1585, il publia les cinq parties de son *Introduction au symbole de la foi* [*Introdución al símbolo de la fe*], le plus vaste de ses ouvrages. Impressionné de voir condamner par le Saint-Office Marie de la Visitation, une religieuse de son ordre qui, dans un but politique, avait simulé des phénomènes mystiques dont il approuvait l'esprit et qu'il croyait être vrais, il rédigea le fameux *Sermon des tombés* [*Sermón de las caídas públicas*], publié le 17 décembre 1588, peu de jours avant sa mort. Ses œuvres, au nombre desquelles figurent également la *Rhétorique ecclésiastique* [*Retórica eclésiástica*], écrite en latin, *Le Mémorial de la vie chrétienne* (*) (1561), composé pour la princesse Maria de Portugal, le *Traité de l'oraison et de la méditation* (*) et quelques traductions de saint Jean Climaque et de Thomas A. Kempis, furent vivement louées par le pape Grégoire XIII. Les *Œuvres* de Luis de Granada ont été traduites en français et publiées à Paris en vingt-deux volumes entre 1862 et 1868.

RÉF. : F. Cuervo, *Biografía de Fray Luis de Granada*, Madrid, 1896. – M.-H. Lavocat, article *Louis de Grenade* dans le t. IX du *Dictionnaire de théologie catholique* de Vacant et Mangenot, Paris, 1926. – Sœur Mary Bernarda Brentano, *Nature in the Works of Fray Luis de Granada*, Catholic University of America, Washington, 1935.

LUIS DE LEÓN. Religieux espagnol. Né à Belmonte (Cuenca) en 1527, mort à Madrigal de las Altas Torres (Avila) le 23 août 1591. Il était issu d'une famille noble ; l'une de ses bisaïeules avait été persécutée comme « chrétienne de fraîche date ». Les postes importants qu'occupa son père l'entraînèrent à résider à Madrid et à Valladolid. C'est de cette ville que, âgé de quatorze ans, Luis de León fut envoyé à Salamanque pour étudier le latin avec un de ses oncles qui était professeur à l'université ; quelques mois plus tard, il entra chez les moines augustins. Le 29 janvier 1544, il prononça ses vœux perpétuels. Jusqu'en 1555, il étudia les arts et la théologie à Salamanque même, puis s'inscrivit à l'université d'Alcalá et obtint son titre de « bachelier » à Tolède. Refusé à un premier concours pour l'obtention d'une chaire universitaire, il triompha à Durando en 1565. Depuis le début de sa carrière de professeur, il s'était distingué par la rude franchise de ses opinions et la stricte rigueur de son sens de la justice : c'est pourquoi il s'était fait beaucoup d'ennemis dans le milieu universitaire, où tout s'envenimait encore davantage à cause de la rivalité entre ordres religieux ; les dominicains, qui possédaient la majorité dans le cercle intellectuel de Salamanque, lui furent particulièrement hostiles, mais il comptait également des ennemis acharnés dans les autres ordres et même dans le sien propre. On lui reprocha plusieurs fois la tache qu'était alors son origine hébraïque et l'on s'étonne que, discutant dans une réunion de théologiens des traditions bibliques, ses opposants, en particulier León de Castro, fussent irrités par la défense qu'il présenta du texte hébreu. Dans ses leçons sur le traité *De la foi* [*De fide*, 1567-1569], on lui attribua des « innovations » gratuites (qui étaient en grande partie des bavardages d'étudiants), et on l'accusa d'avoir peu de respect pour la *Vulgate* (+). En décembre 1571, le dominicain Bartolomé Medina le dénonça à l'Inquisition pour la médiocre estime en laquelle il tenait la *Vulgate* et pour avoir traduit en castillan, sans pourtant le publier, le *Cantique des cantiques* (*). Frère Luis, dont on disait dans une autre enquête qu'il avait avantage, étant chrétien de fraîche date, à dénaturer la foi catholique en revenant à sa propre loi, fut conduit le 27 mars 1572 dans les cachots de l'Inquisition à Valladolid. Au cours de ce procès, il prouva qu'il avait l'âme bien trempée et se défendit avec une extrême énergie contre ses accusateurs et même contre ses juges qu'il accusa de violer les règlements juridiques. À la fin du procès, certains juges proposèrent qu'on le soumît à la « question », mais « modérément », tenant compte de la faiblesse du coupable. Le tribunal suprême de l'Inquisition ne donna pas l'autorisation et accorda même l'absolution à l'accusé. Il fut libéré le 11 décembre 1576 avec défense de révéler ce qui s'était passé au cours de son procès.

Il rentra à Salamanque le 30 et reçut un accueil grandiose à l'université ; on l'accompagna à son couvent au son de la musique et des applaudissements. Pourtant, les luttes ne cessèrent pas ; sa chaire était occupée par quelqu'un d'autre, mais, malgré son acquittement il n'éleva aucune réclamation. En compensation, l'université lui confia la chaire des Saintes Écritures (non sans protestations de la part de Medina). À sa prise de possession (en présence d'un nombreux public), il semble que Luis ait commencé son premier cours par la phrase devenue fameuse : « Nous disions hier... » [« Dicebamus hosterna die... »], décevant ainsi l'attente générale d'une polémique. Plus tard, il obtint au concours la chaire de philosophie morale et, en 1579, après une lutte mouvementée, celle de *La Bible*, triomphant d'un dominicain, fils du poète Garcilaso. De nouveau dénoncé à l'Inquisition en 1580, et plus sérieusement encore en 1582, il ne fut pourtant pas emprisonné mais reçut un blâme du cardinal Quiroga, grand inquisiteur et archevêque de Tolède. En 1580, frère Luis publia en latin une *Explication du Cantique des cantiques* [*In cantico canticorum explanatio*] et, en 1583, *Des noms de Jésus-Christ* (*) et *La Parfaite Épouse*. Pendant les dernières années de sa vie, chargé de fastidieux procès de l'Université, il résida assez longtemps à Madrid. Il fit une révision des œuvres de sainte Thérèse en vue de leur publication, soutint une réforme de l'ordre auquel il appartenait, et mourut à Madrigal de las Altas Torres où il venait d'être nommé provincial. En dehors des œuvres déjà mentionnées, seules quelques autres, en latin, ont été publiées de son vivant ; le *Livre de Job* (*) a paru au XVIIIe siècle, mais, dès 1631, Quevedo avait publié ses *Poésies* (*) castillanes.

DÁMASO ALONSO.

RÉF. : F. H. Reush, *Luis de León und die spanische Inquisition*, Bonn, 1873. – P. Marcellino Gutiérrez, *Fr. Luis de León y la filosofía española en el siglo XVI*, Madrid, 1891. – J. Fitzmaurice-Kelly, *Luis de León*, Oxford, 1921. – A. G. Bell, *Luis de León, a Study of the Spanish Renaissance*, Oxford, 1925. – Alain Guy, *La Pensée de Fray Luis de León*, Paris, 1943 ; *Fray Luis de León*, Paris, 1989.

LUKÁČ Emil Boleslav. Poète slovaque. Né le 1er novembre 1900, à Hodrusa près de Branská Štiavnica, mort le 14 septembre 1979. Après des études de théologie protestante à Bratislava, un séjour d'études à Paris et à Leipzig, il est d'abord enseignant, puis dirige des revues. Héritier de la plus haute lignée poétique de son pays, de Hviezdoslav, Krasko, Vladimír Roy, proche du Tchèque Březina, il est aussi attiré par Rilke, Heine, Pouchkine, Petőfi, Attila, Ady, mais surtout par les Français Baudelaire, Verlaine, Jammes, Valéry et particulièrement Claudel (qu'il traduit beaucoup). Exprimant dès ses premiers vers un symbolisme empreint de scepticisme et d'angoisse – dans le recueil *Confessions* (+) (1922) – il est, malgré sa foi quasi mystique, celui qui cherche inlassablement et passionnément la réponse aux questions fondamentales de l'homme, à ses contradictions, aux impulsions des sentiments et des sens ; le temps, l'histoire peuvent y ajouter des problèmes de société (Munich, État slovaque, communisme) mais l'essence de sa poésie demeure chrétienne et spirituelle, humaniste et éthique. Recueils : *Le Danube et la Seine* (*) (1925), *Hymnes à la gloire du Seigneur* (+) (1926), *L'Amour sans tendresse* [*O láske neláskavej*, 1928], *Carrefours* [*Križovatky*, 1929], *Le Chant des loups* [*Spev vlkov*, 1929], *Elixir* (1934), *Moloch* (1938), *Babel* (1944), *Dies irae* (1946). La publication de sa vaste anthologie de poésie universelle, *Le Jardin de la consolation* (+) (1949), entraîne sa brutale mise à l'écart pour « cosmopolitisme décadent » et « individualisme bourgeois ». Seul, le « dégel » des années 60 permet d'abord la publication de deux choix de ses poésies (1966), puis la parution de ses nouveaux recueils, *Ode à la dernière et à la première* (= parties de la trinité « liberté, égalité, fraternité ») [*Oda na poslednú a prvú*, 1967] et *Romances de Paris* [*Parízske romance*, 1969], l'édition de ses nouvelles traductions de la poésie française « de Villon à Valéry » (1968), d'un volume de ses réflexions, etc. Salué en son temps par Šalda comme « le plus cultivé des poètes slovaques », il est, depuis la libération de 1918, le plus grand poète de son pays, aux côtes de Smrek.

VLADIMIR PESKA.

LUKÁCS György. Philosophe et critique littéraire hongrois. Né et mort à Budapest (13 avril 1885-4 juin 1971). Docteur ès lettres en 1909, il poursuit ses recherches à Heidelberg, rentre en Hongrie en 1917, adhère au parti communiste en 1918, devient commissaire du peuple pour l'Éducation nationale sous la Commune de 1918, émigre à Vienne, puis à Moscou. En 1945, il rentre en Hongrie où il est nommé professeur à l'université de Budapest et membre de l'Académie des sciences. Violemment critiqué en 1949 en raison de ses positions idéologiques, il abandonne toute activité publique jusqu'en octobre 1956, où il prend le portefeuille de l'Éducation nationale dans le gouvernement révolutionnaire d'Imre Nagy. Déporté en Roumanie avec les principaux artisans de la révolution, il est autorisé, quelques mois plus tard, à revenir en Hongrie où il se consacre jusqu'à sa mort à son activité scientifique. Lukács est généralement considéré comme le fondateur de l'esthétique marxiste. Il appliqua ses théories à l'étude d'écrivains comme Balzac, Stendhal, Zola, Goethe, Thomas Mann, Tolstoï, Dickens, etc. Ses œuvres les plus importantes sont : *L'Âme et les Formes* [*A lélek é sa formák*, 1910], *La Théorie du roman* (*) (1920), *Histoire et conscience de classe* (*) (1923), *Le Roman historique* (*) (1954), *Balzac, Stendhal, Zola* (1949), *Détrônement de la raison* (*) (1954), *Spécificité de l'esthétique* (*) (1965).

RÉF. : H. Lefebvre, *Lukács*, Paris, 1955 (rééd. 1986). — J. Hermann, *Georg Lukács, Sein Leben und Wirken*, Vienne, 1985. — *Georg Lukács and his Works*, éd. E. Joos, New York, 1987.

LULLE Raimond [Ramón Lull]. Théologien et écrivain mystique catalan. Né à Palma (île de Majorque) le 12 janvier 1235, mort à Bougie (Algérie) le 29 juin 1315. D'une famille noble et riche, page, puis sénéchal du roi de Majorque, marié en 1256 à Blanca Picany, il mena une vie des plus dissolues jusqu'à sa conversion soudaine qui eut lieu en juillet 1265, et à la suite de laquelle il décida de consacrer sa vie et son intelligence à la conversion des Infidèles. Cette résolution le plongea dans un état d'exaltation extrême, fort inquiétant pour sa femme et pour sa famille qui firent nommer en 1275 un administrateur de ses biens. Mais Raimond Lulle ne se souciait plus désormais que d'apprendre parfaitement l'arabe ; il y mit neuf ans, puis entreprit la rédaction de volumes d'apologétiques tels que son *Grand et Dernier Art* (*) (avant 1277, sans doute vers 1270), traité de philosophie dans la tradition de la *Somme contre les Gentils* (*) de saint Thomas d'Aquin, et son *Livre de la contemplation* (*) (1272), rédigé en arabe, puis en catalan et complété plus tard par *L'Art de la contemplation* (+) (1283). De la même époque date également une des œuvres littéraires les plus remarquables de Lulle, le *Plan de Nostra Dama Santa Maria* — v. *Poésies* (*). Dans son dessein d'apostolat chez les musulmans, Lulle rêvait encore de voir s'ouvrir dans toute la chrétienté des séminaires de missions lointaines et, vers 1275, il obtint de son ancien maître, le roi de Majorque, la fondation à Miramar d'un couvent franciscain dans lequel il enseigna pendant une dizaine d'années la langue arabe et la philosophie.

Désirant élargir le champ de son action, Raimond Lulle se mit ensuite à parcourir l'Europe en tous sens et à y donner des conférences de propagande. Mais, le plus souvent, son exaltation le faisait prendre pour un fou. En 1285-86, il séjourna à Rome, et c'est dans cette ville qu'il écrivit son roman utopique *Blanquerna* (*) (1285) et l'encyclopédie intitulée *Félix ou les Merveilles du monde* (*) (1286), qui contient un magnifique cantique : *Le Livre de l'ami et de l'aimé* (*). Après avoir résidé à Paris (1287-89) et à Montpellier (1289), Lulle se rendit à Gênes d'où il s'embarqua en 1291 pour Tunis. Isolé au milieu de la ville arabe, il ne réussit pas moins pendant près d'une année à y prêcher le christianisme avant d'être enfin arrêté et expulsé. Ayant débarqué à Naples en janvier 1293, il reprit immédiatement ses tournées d'apostolat et ses travaux apologétiques, sans parvenir à faire admettre au Saint-Siège l'utilité d'ouvrir des collèges de missionnaires. Il composa *L'Arbre de la science* (*) en 1295, pendant un nouveau séjour à Rome ; quant à *L'Arbre de la philosophie et de l'amour* (*), développement de l'*Ars amativa boni* (+) (1290), il fut sans doute composé à Paris vers 1298, de même que la *Déclaration en forme de dialogue* (*), commentaire des deux cent dix neuf propositions par lesquelles l'évêque de Paris, vingt ans plus tôt, avait condamné l'averroïsme de Siger de Brabant.

Après avoir entrepris de 1300 à 1302 un voyage à Chypre (et avoir vu là-bas ses plans d'apostolat aussi mal accueillis qu'ils l'avaient été en Europe), Lulle fit de nouvelles et toujours aussi vaines démarches auprès des milieux universitaires de France et d'Italie et auprès du pape Clément V lui-même, puis, comprenant que toute aide lui serait refusée, tenta seul une seconde aventure. En 1305, il débarquait dans le port de Bougie, sur la côte algérienne, commençait à y prêcher l'Évangile, était bientôt arrêté par les Arabes, emprisonné, mais relâché et renvoyé en Europe au bout de six mois. Était-ce le prestige dû à cette aventure ? En tout cas les conférences que

Raimond Lulle donna à Paris après sa libération, en 1310, suscitèrent un réel intérêt, et un an plus tard l'infatigable apôtre, âgé de près de quatre-vingts ans, voyait enfin ses projets adoptés par l'Église. Sa vigueur intellectuelle n'était d'ailleurs en rien altérée : au cours de son séjour à Paris de 1310, il avait composé encore son traité *Du mode naturel de l'entendement* et le livre de vulgarisation de philosophie scolastique intitulé *Les Douze Principes de la philosophie* (*). Fort désormais de l'appui de la hiérarchie ecclésiastique, il entreprit aussitôt après la fin du concile une nouvelle campagne de propagande missionnaire, séjourna à Majorque, à Montpellier, à Paris, à Messine et enfin, en 1314, s'embarqua pour une nouvelle expédition en Afrique du Nord. Mais, peu après son débarquement à Bougie, il fut lapidé par les habitants et mourut en martyr, victime de ses blessures.

La pensée de Raimond Lulle est inséparable de son projet de conversion des Infidèles : l'originalité de sa philosophie, par rapport à celles de son époque, est de s'adresser avant tout à des hommes qui nient la Révélation. L'effort de Raimond Lulle, beaucoup plus fécond en lui-même que par les résultats atteints, consiste donc à remonter à des principes premiers, capables de s'imposer à toute intelligence, chrétienne ou non, et à opérer ensuite une déduction de toutes les vérités particulières par un jeu d'explication ou de combinaison de ces divers principes. Mais celui que le Moyen Âge célébra comme le « doctor illuminatus » était loin d'être un pur rationaliste ; passionné d'alchimie, il a résumé toutes les croyances de son époque en cette matière dans son *Testament de l'art chimique universel* (*), qui fut imprimé à Cologne en 1566. C'est évidemment cet aspect de la pensée de Lulle qui explique les vives oppositions qu'elle rencontra de la part des thomistes de l'ordre de Saint-Dominique. Ceux-ci obtinrent même en 1376 une condamnation papale, mais l'authenticité de cette bulle fut immédiatement contestée par les disciples (et, pourrait-on dire, les dévots) de Lulle (qui déjà était vénéré comme un saint en Catalogne) : la condamnation fut définitivement annulée en 1417 par le pape Martin V. Esprit typique du Moyen Âge dans ce que cette époque a de plus hermétique pour l'intelligence moderne, Lulle nous reste proche surtout par ses pages mystiques et par sa poésie qui fait de lui un des grands écrivains catalans.

MICHEL MOURRE.

RÉF. : E. Longpré, article in *Dictionnaire de théologie catholique* de Vacant et Mangenot, tome IX, Paris, 1926. — E. Allison, *Raimundo Lulio, a Biography*, New York, 1929. — F. Sureda Blanes, *El Beato Ramon Lull*, Madrid, 1934. — L. Riber, *Raimundo Lulio*, Barcelone, 1935. — P. Dewailly, *Raymond Lulle*, Paris, 1947. — Daniel-Rops, *Les Aventuriers de Dieu*, Paris, 1951. — J. Soulairol, *Raymond Lulle*, Paris, 1951. — A. Llinarès, *Raymond Lulle, philosophe de l'action*, Grenoble, 1962, et *Raymond Lulle, le Majorquin universel*, Palma de Majorque, 1983. — *Raymond Lulle et le Pays d'oc*, Toulouse, 1987.

LULLY Jean-Baptiste. Compositeur français d'origine italienne. Né le 28 novembre 1632 à Florence, mort à Paris le 22 mars 1687. Il était le fils d'un meunier. Très doué, il fréquenta de bonne heure des compagnies de comédiens, récitant, jouant de la guitare et du violon, et dansant. Le chevalier de Guise le remarqua et l'amena en France à sa cousine Mlle de Montpensier, plus connue sous le nom de la Grande Mademoiselle. Le cardinal Mazarin avait appelé à la cour de France de nombreux artistes italiens. À leur école, Lully devint un excellent violoniste. Il composait aussi de charmants « airs à danser » et collaborait aux ballets, alors très en vogue à la cour. De cette époque date *Orphée* (*) (1650). Louis XIV le nomma surintendant de la musique du roi en 1661. Ami et compagnon de plaisir de Molière, il composa pour les comédies de celui-ci des intermèdes musicaux — v. *L'Amour médecin* (*) (1665), *Monsieur de Pourceaugnac* (*) (1669), *Le Bourgeois gentilhomme* (*), *Psyché* (*) (1671), vifs et charmants. Âpre au gain, Lully était aussi un adroit courtisan qui sut se ménager les faveurs du roi, écarter de la Cour ceux qui auraient pu lui porter ombrage, en particulier les musiciens italiens. Il prit la nationalité française, allant même jusqu'à modifier l'orthographe de son nom (en substituant un « y » au « i » final) et obtint, à force d'intrigues, une lettre patente du roi (13 mai 1672) qui lui accordait la prérogative de toutes les représentations théâtrales et de tous les concerts. Cette même année il fit construire, rue de Vaugirard, le premier opéra français, qui fut inauguré avec sa pastorale *Les Fêtes de l'Amour et de Bacchus*. L'année suivante il y fit représenter *Cadmus et Hermione* (*) (27 avril 1673) sur un livret de Quinault, qui devint son principal collaborateur. Puis vinrent *Alceste ou le Triomphe d'Alcide* (*) (1674), *Thésée* (1675), *Atys* (*) (1676), *Isis* (*) (1677), *Psyché* (*) (1678), *Bellérophon* (1679), *Proserpine* (*) (1680), *Persée* (1682), *Phaéton* (+) (1683), *Amadis* (*) (1684), *Armide* (*) (1686), *Achille et Polyxène* (*) (1687) et le *Te Deum* (*) (1687). Atteint de la gangrène, après s'être blessé le pied avec le bâton qu'il utilisait pour diriger ses musiciens, Lully accepta de recevoir les saints sacrements, plus pour répondre au souhait de sa femme que dans un désir réel de conversion. À sa mort il laissa une fortune évaluée à trois cent quarante-deux mille livres, somme très considérable pour l'époque. Son art musical ne présente pas une grande puissance dramatique, bien que ses opéras contiennent quelques beaux élans ; mais il est vivant, coloré, plein de fraîcheur, souvent sensuel, ce qui convient aux légendes mythologiques qui lui servent de thème.

VINCENZO TERENZIO.

♦ *« Coquin ténébreux »... « Bouffon bas. »* Boileau. ♦ *« Il a su parfaitement les règles de son art, mais au lieu que ceux qui l'ont précédé n'ont acquis de la réputation que pour les avoir bien observées, il s'est particulièrement distingué en ne les suivant pas, et en se mettant au-dessus des règles et des préceptes. »* Charles Perrault. ♦ *« Il fut le père de la vraie musique en France. »* Voltaire.

RÉF. : D. Diderot, *Les Bijoux indiscrets*, ch. XIII, Paris, 1748. – Le Prévost d'Exmes, *Lulli musicien*, Paris, 1779. – H. Prunières, *Lully*, Paris, 1910, et *La Vie illustre et libertine de J.-B. Lully*, Paris, 1929. – L. de La Laurencie, *Lully*, Paris, 1911. – E. Borrel, *Jean-Baptiste Lully*, Paris, 1949. – M. Doumerc, *Lully : des cuisines royales à l'Opéra*, Paris, 1952. – J. R. Anthony, *La Musique en France à l'époque baroque (de Beaujoyeulx à Rameau)*, Paris, 1982. – « Atys », *L'Avant-Scène-Opéra* n° 94, Paris, 1987. – « Lully, 1632-1687, tricentenaire », *La Revue musicale* n°s 398-399, Paris, 1987. – C. Perrault, Saint-Évremond, A.-L. Lebrun, *Textes sur Lully et sur l'opéra français*, Genève, 1988. – J. H. Heyer (éd.), *Jean-Baptiste Lully and the Music of the French Baroque*, Cambridge, 1989. – E. Haymann, *Lulli*, Paris, 1991. – C. Kintzler, *Poétique de l'opéra français de Corneille à Rousseau*, Paris, 1991. – P. Beaussant, *Lully ou le Musicien du soleil*, Paris, 1992.

LUNA Juan de. Écrivain espagnol du début du XVIIe siècle. Nous manquons sur lui d'informations propres à nous renseigner sur les événements de sa vie et sur sa personnalité. On sait seulement qu'il vécut à Paris, où il fut interprète de langues étrangères et professeur d'espagnol. Il est l'auteur d'une *Seconde partie du « Lazarille »* (*), publiée à Paris en 1620, et d'une valeur artistique plus grande que l'anonyme d'Anvers (1555).

LUNDKVIST Artur. Poète et critique suédois. Né le 3 mars 1906 à Oderljunga, mort le 11 décembre 1991 à Stockholm. Issu d'une famille de petits paysans, il se rend à l'âge de vingt ans à Stockholm pour devenir écrivain. Deux ans plus tard paraît son premier recueil, *Incandescence* (*) (1928), influencé par Whitman et Diktonius. L'année suivante, il réunit autour de lui quatre autres écrivains – dont Harry Martinson – dans l'anthologie « Cinq jeunes », tout en publiant lui même *La Vie nue* (+) (1929). « Culte de la vie », mais aussi du monde moderne de la machine, « primitivisme », « mystique sexuelle », inspirée de D. H. Lawrence – en particulier dans *Homme blanc* [*Vit man*, 1932] – voilà quelques-uns des termes utilisés pour essayer de peindre cet écrivain insaisissable, toujours à l'affût de courants nouveaux. Le surréalisme l'attire et marque à jamais son langage poétique, mais dans les visions plus sombres des *Poèmes entre bête et dieu* [*Dikter mellan djur och gud*, 1944] on perçoit l'écho du « Waste land » de T. S. Eliot. En 1960, il assiste au tremblement de terre d'Agadir, qu'il décrit dans un grand poème, *Agadir* (1961). Sa poésie se double d'une suite d'ouvrages en prose : nouvelles, récits de voyage, mais surtout poèmes en prose, forme bien faite pour accueillir le flot d'images, d'observations, de symboles qui sans cesse le parcourt. Lundkvist a également publié quelques romans, dont les derniers empruntent leur sujet à l'histoire. Mais il fut aussi critique et traducteur, et dans l'une et l'autre de ces disciplines il a « introduit » en Suède presque tout ce qui était « nouveau », à condition d'y trouver cette « vitalité » à laquelle il continue de rester attaché : les surréalistes français aussi bien que Saint-John Perse, Neruda et Lorca, la littérature moderne américaine, la poésie africaine, les écrivains sud-américains. Cette activité a presque éclipsé, aux yeux du public, son œuvre personnelle. Prix Lénine de la paix en 1958, il a fait de son prix une fondation pour la traduction à l'étranger de la littérature suédoise. Membre de l'Académie suédoise à partir de 1968, il a pu mettre à sa disposition ses vastes connaissances en matière de littérature moderne de tous les pays.

CARL GUSTAV BJURSTRÖM.

RÉF. : Paul Lindblom, *Artur Lundkvist i en Föränderlig Värld*, Kristianstad, 1976.

LUNEL Armand. Écrivain et auteur dramatique français. Né le 9 juin 1892 à Aix-en-Provence, mort le 3 novembre 1977 à Monte-Carlo. Il fait ses études secondaires au lycée Henri-IV à Paris, puis entre à l'École normale supérieure. De 1920 à 1953, il est professeur (carrière qui s'achève avec le titre de professeur honoraire au lycée de Monaco). Issu d'une famille juive d'origine comtadine, il saura faire passer dans son œuvre cette tradition judaïque et la saveur du pays provençal. Dans son premier livre, *L'Imagerie du cordier* (1924), il évoque ses souvenirs de jeunesse. Avant *Esther de Carpentras* (*) (1926), qui se déroule au sein de la communauté juive, il rend compte dans *Nicolo-Peccavi* (prix Renaudot 1926) du retentissement de l'affaire Dreyfus à Carpentras ; en effet, l'œuvre de Lunel est aussi parcourue par un engagement contre le fascisme et toute forme d'antisémitisme. L'art de conteur, la faconde de cet écrivain simple et généreux se révèlent de même dans *Noire et grise* (1930), *Le Balai de sorcière* (1935), *Les Amandes d'Aix* (1949), ou dans ses recueils de nouvelles (*Occasions*, 1925 ; *Jérusalem à Carpentras*, 1937). Il ralentit sa production littéraire vers 1950. Lunel a donné par ailleurs de la critique d'art et collaboré à des livrets d'opéra : *La Chartreuse de Parme* (*) (1939) avec Henri Sauguet ; *Le Roi David* (1955) avec Darius Milhaud. Il a reçu le grand prix littéraire de Provence en 1963, et le grand prix national des lettres en 1976.

JACQUES-ÉMILE MIRIEL.

LUTHER Martin. Réformateur allemand. Né à Eisleben (Thuringe) le 10 novembre 1483, mort dans la même ville le 18 février 1546. Il était le fils d'un mineur et appartenait à une famille paysanne de la Thuringe. Élevé par ses parents avec une sévérité tempérée par l'affection, il reçut ensuite une bonne instruction à Magdebourg et à Eisenach. En 1503 il commença à l'université d'Erfurt l'étude des « arts libéraux », qu'il fit suivre à partir de 1505 par celle du droit, selon le désir de son père qui voulait diriger ce fils très doué vers les honneurs et l'aisance. Mais c'est peu après s'être engagé dans cette nouvelle discipline que Luther, sur le coup de l'épouvante ressentie lors d'un orage pendant lequel il s'était cru au bord de la mort et du Jugement céleste, fit le vœu solennel de se retirer dans un couvent : il entra le 17 juillet 1505 chez les ermites de Saint-Augustin, un ordre mendiant. Luther agissait ainsi en homme du Moyen Âge catholique, qui avait toujours vécu dans des milieux animés d'une vive piété, aussi bien dans sa maison familiale que pendant ses études. Il n'avait été touché ni par des philosophies hérétiques ou sceptiques, ni par l'influence humaniste, il était au contraire animé par une foi grave, tout à fait indemne du doute. En allant chercher dans un couvent, comme tant d'hommes l'avaient fait avant lui, une vie de communion plus intime avec Dieu et de sainteté particulière, il ne faisait que suivre l'enseignement de son Église. Observant la règle de son ordre et, de la façon la plus scrupuleuse, la direction qui lui était donnée en confession, il se livra à une farouche ascèse. Mais il ne trouva pas la paix. Après avoir été ordonné prêtre en 1507 et désigné pour l'enseignement de la théologie (il était bachelier en 1502, maître en 1505), il reconnut, grâce à une fréquentation de plus en plus approfondie de la pensée de saint Augustin, puis de *La Bible,* la cause de son inquiétude : on lui avait appris à accorder trop d'importance à ses propres bonnes œuvres et pas assez à la grâce divine, seule source pourtant de la rémission des péchés. Et, avec une joie croissante tirée de la pure parole de l'Évangile, il s'aperçut bientôt que la route du désespoir et de l'angoisse spirituelle était devenue pour lui une dure mais salutaire direction de Dieu lui-même.

À l'amère déception reçue de la théologie scolastique s'ajoutèrent les impressions repoussantes que Luther rapporta de Rome, où il fit un voyage pour les affaires de son ordre en 1511-12. Cherchant la Rome des martyrs et des larges indulgences, qu'en toute bonne foi il s'appliquait encore à acquérir, il trouva la Rome de la papauté mondaine de la Renaissance. Peu après, en 1512, il obtint la charge de professeur d'Écriture sainte à la jeune université de Wittenberg, où il avait déjà donné quelques cours en 1508-09. Il y fut le successeur du vicaire général de son ordre, Staupitz, qui le soutint plus que n'importe qui au cours de ses luttes spirituelles. Il y fit une série de *Commentaires sur les Psaumes* (1513-1515), *sur l'Épître aux Romains* (1515-16), *sur L'Épître aux Galates* (1516-17), *sur l'Épître aux Hébreux* (1517-18) qui ont été retrouvés à l'époque contemporaine sous la forme soit de manuscrits, soit de notes prises par les étudiants. Luther y jetait les bases de sa théologie, qu'il appela une thélogie de la Croix, de la réconciliation par Dieu seul dans l'acte d'amour du Christ ; théologie dans la ligne de saint Augustin dont la pensée emplissait alors aussi bien Luther que ses collègues et ses élèves de Wittenberg. Après s'être affirmé par ces *Commentaires,* Martin Luther espéra, en 1517, provoquer un renouvellement de la théologie en soutenant des thèses contre les scolastiques, mais ne trouva aucun écho. Il n'en fut que plus surpris de l'étonnante sensation qu'il provoqua par les *95 Thèses sur les indulgences* que le 31 octobre 1517 il fit placarder sur la porte de l'église du château de Wittenberg, à l'occasion de l'ouverture d'une dispute académique. Il touchait là à une plaie que de nombreux confesseurs et théologiens avaient déjà dénoncée. Par les indulgences plénières accordées à grand fracas par Rome, et avec lesquelles la Curie parait aux grands besoins financiers suscités par la construction de la basilique Saint-Pierre, le peuple se trouvait amené à croire qu'il était possible de monnayer le rachat des péchés. Les approbations et les acerbes répliques reçues par Luther lui donnèrent l'occasion de préciser sa pensée dans les *Résolutions sur les 95 thèses* (1518). Il dédia cet écrit, qu'il avait auparavant soumis à son évêque, au pape Léon X pour obtenir de lui qu'il mît un terme à ces excès. Ce lui fut un réconfort de voir que ses frères des provinces allemandes de l'ordre des Augustins le soutenaient dans leur majorité et lui permettaient d'exposer sa théologie au cours d'une « disputatio » qui eut lieu à Heidelberg (1518). Luther fit une grande impression sur ses auditeurs et gagna là à sa cause quelques-uns des futurs réformateurs de l'Allemagne du Sud.

Entre-temps il se voyait dénoncé à Rome par l'archevêque Albert de Mayence, et un procès d'hérésie était intenté contre lui. Grâce aux efforts de son souverain, le grand-duc de Saxe Frédéric le Sage, qui, bien que n'étant pas son disciple, voulait préserver sa vie, la citation à comparaître à Rome pour interrogatoire fut modifiée à Augsbourg par les soins du légat du pape, le cardinal Cajetan (octobre 1518). Les pourparlers engagés à cette occasion firent comprendre à Luther que la Curie, incapable de réfuter ses accusations, attendait de lui une pure et simple rétractation. Ne pouvant s'y résoudre, il devait s'attendre à l'excommunication, laquelle, ajournée pour des considérations politiques pendant l'élection de l'empereur Charles Quint (1519), fut prononcée pour la première fois en 1520.

Cependant, à la suite d'une controverse qui, à Leipzig, l'opposa à Johann Eck (1519), Luther avait été conduit à prendre conscience de ses graves doutes concernant l'institution de la papauté et il s'acheminait vers une nouvelle conception de l'Église, fondée, selon l'enseignement du Nouveau Testament, non pas sur le principe de la hiérarchie mais sur celui de la communauté. Il exposa ses idées nouvelles dans les écrits suivants, qui les uns traitaient de problèmes purement religieux, et les autres travaillaient à la réforme de l'Église. À la première catégorie appartiennent d'abord : *Des bonnes œuvres* [*Von den guten Werken,* 1520], la première éthique « évangélique », et le traité *De la liberté du chrétien* (*) (1520), dans lequel Luther décrit intensément la liberté du chrétien à l'égard de tout autre dogme, dans la seule foi, et son union avec le prochain dans l'amour. Parmi les écrits réformateurs, il faut compter le discours *À la noblesse chrétienne de la nation allemande* (*) (1520) – dans lequel Luther appelle l'élite des laïcs, princes et municipalités des villes, dans un temps où la hiérarchie se montre si notoirement déficiente, à travailler à la réforme religieuse – et le texte intitulé : *La Captivité babylonienne de l'Église* (*) (1520), grande analyse critique de l'enseignement romain sur la question sacramentelle : Luther, pour sa part, ne reconnaît plus que les sacrements désignés expressément dans le Nouveau Testament, le baptême et la communion.

Ces écrits divisèrent les esprits en Allemagne mais, autant dans les larges couches populaires que chez les humanistes, les prêtres et les moines, ils trouvèrent de nombreux partisans. L'Église n'en combattit Luther que plus vigoureusement. L'excommunication fut suivie de la mise au ban de l'Empire prononcée par Charles Quint, après qu'une convocation à la Diète de Worms, les 17-18 avril 1521, n'eut pu contraindre Luther à se rétracter. Comme Luther ne pouvait courir plus longtemps le risque d'être arrêté et même supplicié, le grand-duc Frédéric le cacha à la Wartburg, près d'Eisenach. C'est là que, dans ses écrits sur la *Messe privée* [*Privatmesse*] et sur les *Vœux monastiques* [*Mönchsgelübde,* 1521], il fit une sorte de bilan de ses connaissances théologiques et, en un trimestre – délai prodigieusement court –, traduisit le Nouveau Testament (1522) – v. *Bible* dite de Luther (*) (1534). Cette grandiose manifestation de son génie d'écrivain a donné une base des plus solides à l'unité intellectuelle de la langue allemande, et à la poésie allemande d'inépuisables forces.

Des innovations aberrantes, commises à Wittenberg par des disciples excessifs de Luther, poussèrent celui-ci, contre la volonté du grand-duc, à abandonner son asile. Après avoir rétabli le calme, il employa les années suivantes à jeter les bases fondamentales de la nouvelle communauté, laquelle est en quelque sorte enracinée dans le livre de la *Messe allemande* [*Deutsche Messe und Ordnung Gottesdiensts,* 1526] qui contient un service de la messe en langue allemande avec prêche et eucharistie. D'autre part la diffusion de l'évangélisme dans des nations diverses lui posa le problème traité dans son ouvrage intitulé : *De l'autorité temporelle et des limites de l'obéissance qu'on lui dit* [*Von weltlicher Obrigkeit, wieweit man ihr Gehorsam schuldig sei,* 1523], qui est la pierre angulaire de la théorie luthérienne de l'État : obéissance pour les questions temporelles, mais désobéissance et résistance lorsque le gouvernement civil pénètre dans l'ordre de la croyance et de la conscience.

On a souvent oublié plus tard cette attitude critique de Luther à l'égard de l'autorité civile lorsque celle-ci dépasse ses limites, tout comme le fait que, s'il est vrai que dans son traité *Un soldat peut-il faire son salut ?* [*Ob Kriegsleute in seligem Stande sein können,* 1526] il donnait une opinion favorable au service militaire du chrétien, il ajoutait que ce dernier doit refuser l'obéissance dans le cas d'une guerre notoirement injuste. Luther parut cependant par la suite durcir d'une manière unilatérale son enseignement sur l'autorité, particulièrement lors de la « guerre des paysans », en 1525, pendant laquelle il combattit avec âpreté les paysans soulevés. Mais on ne doit pas expliquer son attitude par un prétendu dédain de leurs revendications sociales (bien au contraire, il les considérait pour la plupart justifiées), mais par le fait que les paysans menaient cette révolution sanglante au nom du Christ. En combattant ce détournement politique de l'Évangile, il apparut comme un allié des princes, bien qu'il ait vigoureusement dénoncé leur esprit d'injustice. Cette impression fut encore renforcée par les demandes d'aide adressées par Luther aux princes pour la réorganisation de l'Église, mais il ne s'agissait en réalité que de secours de nécessité, transitoires, chrétiennement fraternels, aussi longtemps que les nouveaux évêques évangéliques n'étaient pas installés. Luther ne songeait nullement ainsi à faire des princes les chefs de l'Église, comme ce fut le cas dans l'histoire postérieure du luthéranisme. À travers tout ceci, Luther paraît avoir évolué d'une attitude révolutionnaire à celle d'un conservateur et d'un auxilliaire de l'État. Rien n'est moins exact. La vérité est seulement qu'il fut en tout temps adversaire de la révolution par la violence. Mais jamais il ne voulut confondre l'État et l'Église, ni accorder à l'État un droit sur la croyance et la conscience des citoyens.

Pendant l'année de la « guerre des paysans » (1525), Luther dut encore en deux autres domaines marquer les frontières de sa pensée. Érasme, tenu par beaucoup pour un partisan de Luther, l'avait attaqué dans son *Essai sur le libre arbitre* (*) (1524), auquel Luther répondit par le *Traité du serf arbitre* (*) (1525), livre dur, riche de signification siritSuelle, mais qui a été souvent mal compris : Luther n'est pas un déterministe, et ce n'est pas la question « philosophique » de la liberté humaine qu'il pose, mais la question religieuse. Il envisage uniquement l'aliénation de la liberté humaine par le péché et sa libération par la seule grâce. À la même époque, dans son traité *Contre les prophètes célestes* [*Wider die himmlischen Pro-*

pheten, 1525], Luther se séparait des mystiques spirituels tels que Karlstadt, Thomas Müntzer, etc., qui cherchaient la révélation divine non pas dans la Sainte Écriture, mais dans l'illumination intérieure.

Enfin se préparait la grande controverse sur la Cène qui éclata dans les années suivantes avec les réformateurs suisses Zwingle et Oekolampad et leurs partisans d'Allemagne du Sud. Pendant que ceux-ci ne trouvent dans le sacrement qu'un sens symbolique, Luther maintenait passionnément, en particulier dans son traité *Sur la Cène* [*Vom Abendmahl Christi,* 1528], la présence réelle du Christ. La controverse religieuse de Marburg, en 1529, ne conduisit à aucun accommodement. Ce n'est qu'en 1536, grâce aux tenaces efforts du Strasbourgeois Martin Bucer, qu'un concordat put être réalisé entre les Allemands du Sud et ceux de Wittenberg. Le schisme de la Suisse, en revanche, ne fut pas résolu.

Mais le principal travail de Luther fut la poursuite de ses enseignements bibliques réguliers. Autour de sa chaire et de celle de Melanchthon s'assemblèrent des étudiants venus de toute l'Europe et qui devinrent dans leurs patries respectives des réformateurs de l'Église. Son souci de l'éducation de la jeunesse se manifeste dans son appel *Aux membres du conseil, parce qu'ils doivent établir des écoles chrétiennes* [*An die Ratsherrn, dass sie christliche Schulen aufrichten sollen,* 1524] et surtout dans son *Petit Catéchisme* (+) (1529), qui est resté jusqu'à nos jours le manuel classique de l'instruction évangélique. Pour les maîtres dans les écoles et les familles, il décrivit le *Grand Catéchisme* (+) (1529), remarquable somme de son enseignement. Il procédait à l'embellissement du culte divin en écrivant des *Hymnes sacrés* (*) (1521-28) – dont certains ont été mis en musique par lui-même – tels que « Je viens du haut du ciel » [*Vom Himmel hoch da komm Ich her*], « Dans une profonde détresse, je crie vers toi » [Aus tiefer Not schrei ich zu Dir] ou encore le puissant hymne de foi : *Dieu est notre forteresse* (*) (1529). Luther inaugurait ainsi une tradition de poésie religieuse particulièrement féconde qui devait se maintenir pendant des siècles dans l'Église évangélique. Enfin, sans désemparer, il travaillait à l'achèvement de sa traduction de *La Bible,* dans laquelle son art littéraire se manifeste en pleine lumière dans les parties poétiques de l'Ancien Testament. Jusqu'à la fin de sa vie, il ne cessa de réviser cette grande œuvre.

Aussi longtemps que vécut Luther, le mouvement réformateur conserva une inébranlable solidité, solidité faite tout entière d'esprit et de foi : Luther ne souhaitait pas que se constituât une alliance militaire contre l'empereur, il demanda l'aide des États protestants lorsque les Turcs menacèrent Charles Quint et, quand celui-ci fut attaqué par le pape, le réformateur se rangea aux côtés du souverain dans un récit particulièrement vif, *Contre la papauté de Rome* [*Wider das Papsttum zum Rom,* 1545]. D'autre part il confirmait ses frères de foi dans une prédication pacifique, en particulier l'inquiet Melanchthon au cours de la Diète d'Augsbourg (1530), et plus tard dans son importante profession de foi, *Les Articles de Smalkalde* [*Die Schmalkaldischen Artikel,* 1536]. Quant à son refus de rencontrer le pape dans un concile, il le justifia dans son livre intitulé *Des conciles et de l'Église* [*Von den Konziliis und Kirchen,* 1539], le document le plus significatif sur son ecclésiologie.

Luther mourut dans sa ville natale d'Eisleben, où il avait affronté avec succès un dur procès intenté par le comte de Mansfeld. Il repose dans l'église du château de Wittenberg, l'église des 95 thèses. Ce fut une âme forte et passionnée, remplie à la fois de croyance et d'humour – v. ses *Propos de table* (*) (1566) – mais souvent aussi accablée de mélancolie ; un époux et un père de famille plein de tendresse (il s'était marié en 1525, moins par tempérament amoureux que pour donner aux autres un exemple), ami fidèle à ses amis, ennemi acharné pour ses ennemis. Il ignorait l'indifférence, la sagesse diplomatique. Dans toute sa nature il était un exact contraste de son célèbre contemporain Érasme. Il n'en reconnaissait pas moins les mérites scientifiques et voyait dans la redécouverte des langues anciennes, conjointe à celle de l'Évangile, les grâces divines particulières de son temps. Peu d'êtres humains ont apporté autant de changements dans le monde que Luther. Et cela ni avec la science ni avec la force militaire, mais seulement avec la puissance de la foi et du sérieux avec lequel il reposa la question de Dieu et du principe évangélique. Sans qu'il l'ait voulu, parce que l'Église le condamna sans l'entendre, un schisme de la chrétienté sortit de cette réforme de l'Église à laquelle il s'efforçait. Ce ne sont pourtant pas seulement les Églises nouvelles qui en furent issues, mais l'Église catholique elle-même qui en profita. Et, bien au-delà des frontières de la pure religion, c'est une grande partie du monde qu'il fit entrer dans une ère nouvelle. À partir de la liberté de la foi personnelle, qu'il avait affirmée, commença à grandir une civilisation de la personnalité, de la conscience et de la liberté.

HEINRICH BORNKAMM.

XVIIe siècle. ♦ *« Il eut de la force dans le génie, de la véhémence dans son discours, une éloquence vive et impétueuse, qui entraînait les peuples et les ravissait ; une hardiesse extraordinaire quand il se vit soutenu et applaudi, avec un air d'autorité qui faisait trembler devant lui ses disciples... »* Bossuet.

XVIIIe siècle. ♦ *« Luther, lorsqu'il commença à traduire* La Bible, *travailla contre cette vérité, admise par l'Église, qu'il valait mieux ne pas lire* La Bible *dans sa langue natale. »* Lessing. ♦ *« Quelle force d'éloquence, quel génie d'expositon, quel prophète ! »* Hamann. ♦ *« Luther fut un grand patriote. Il est connu depuis longtemps comme l'éducateur de la nation allemande, comme le réformateur de toute l'Europe éclairée ; même les peuples qui n'ont pas adpoté sa doctrine religieuse ont recueilli les fruits de sa réforme. Il attaqua le despotisme spirituel qui étouffait toute pensée libre et saine, véritable Hercule, et il rendit à tous les peuples, en premier lieu dans l'ordre des choses les plus sévères, les spirituelles, le besoin de la Raison.* » Herder.

XIXe siècle. ♦ « *Les Allemands ne sont devenus un peuple pour la première fois que par Luther... Nous ne songeons guère à tout ce que nous devons à Luther et à la Réforme. Par elle nous avons été libérés des chaînes de l'obscurantisme, nous sommes devenus capables de développer notre propre culture, de retourner aux sources et d'étreindre le christianisme dans sa pureté.* » Goethe. ♦ « *Luther a beaucoup fait dans le domaine de l'éducation, de la culture et dans beaucoup d'autres domaines. Mais il était possédé par une toute-puissante inspiration, l'angoisse du salut, qui devient en quelque sorte la vie de sa vie et lui donna ces dons et cette force qui éblouissent la postérité.* » Fichte. ♦ « *Il est d'une importance éternelle que le peuple, par la traduction luthérienne de* La Bible, *ait reçu un livre à sa portée où il put trouver une sagesse éternelle et un sentiment grandiose de la vie* [...] *Luther a opéré une grande réforme dans l'Église catholique elle-même...* » Hegel. ♦ « *Toujours nous voyons Luther diriger ses armes dans deux directions : contre la papauté, qui essaye de reconquérir le terrain perdu par elle, et contre les nombreuses sectes qui à côté de lui s'en prenaient tout à la fois à l'Église et à l'État* [...] *Comment Luther aurait-il toléré que, dans le camp opposé, s'établît cette confusion des éléments temporel et spirituel qui lui avait inspiré tant d'horreur dans la papauté...* » Ranke. ♦ « *Luther possédait le don extraordinaire d'accorder ses pensées vivantes et les besoins de son temps... Il était né pour le commerce et pour la puissance. Dans sa personne, il y avait quelque chose d'autocratique, de souverain. Ses invectives* [...] *son humour féroce* [...] *sont l'expression du sentiment de puissance d'un homme sans peur.* » Dilthey. ♦ « *Luther, l'événement allemand le plus récent.* » Nietzsche. ♦ « *Un Odin chrétien, un vrai Thor...* » Carlyle. ♦ « *Voilà la vraie Renaissance. Elle est trouvée. C'est la Renaissance du cœur* [...] *Ce ne fut pas un verset de saint Paul, un vieux texte si souvent reproduit sans action, qui renouvela le monde. Ce fut la tendresse, la force du grand cœur de Luther, son chant, son héroïque joie...* [au contraire des hommes du Moyen Âge] *la bénédiction de Dieu, qui était en Luther, apparut en ceci surtout, que, le premier des hommes depuis l'Antiquité, il eut la joie et le rire héroïque.* » Michelet.

RÉF. : L. Ranke, *Deutsche Geschichte im Zeitalter der Reformation,* 1839-47. – Th. Harnack, *Luthers Theologie,* 2 vol., 1862-86. – F. Kuhn, *Luther, sa vie, son œuvre,* 3 vol., Paris, 1883-84. – Janssen, *L'Allemagne et la Réforme,* Paris, 1887 ss. – A. Jundt, *Le Développement de la pensée religieuse de Luther jusqu'en 1517,* Paris, 1905. – P. Weiss, *Lutherpsychologie,* Mayence, 1906. – Denifle, *Luther et le luthéranisme,* 4 vol., Paris, 1910-16. – Grisar, *Luthers Werken,* 3 vol., Fribourg, 1911-12. – L. Cristiani, *Du luthéranisme au protestantisme,* Paris, 1911. – H. Strohl, *L'Évolution religieuse de Luther jusqu'en 1515,* thèse, Strasbourg, 1922 ; *L'Épanouissement de la pensée religieuse de Luther de 1515 à 1520,* Strasbourg, 1924. – Paquier, article *Luther* in *Dictionnaire de théologie catholique* de Vacant et Mangenot, tome IX, Paris, 1926. – Lucien Febvre, *Un destin, Martin Luther,* Paris, 1928. – H. Bornkamm, *Luthers geistige Welt,* 1951 ; *Luther im Spiegel der deutschen Geistesgeschichte,* 1955. – Henri Strohl, *Luther jusqu'en 1520,* Paris, 1962. – Pierre Chaunu, *Le Temps des Réformes,* Fayard, 1978. – M. Brecht, *Martin Luther,* Stuttgart, 1981-87. – M. Lienhard, *Martin Luther, un temps, une vie, un message,* Paris, 1983. – Denis Crouzet, *Les Guerriers de Dieu,* Champvallon, 1990.

LUTHULI Albert. Homme politique sud-africain. Né à Groutville (Natal) le 15 décembre 1899, mort à Stanger (Natal) le 21 juillet 1967. Neveu d'un chef coutumier zoulou et fils d'un intellectuel, il mena jusqu'à trente-cinq ans une vie d'aristocrate. En 1935, une délégation de Zoulous de Groutville lui demanda de prendre la succession de son oncle qui vient de mourir. Devenu chef coutumier, il hésita, deux ans durant, avant de se décider à quitter définitivement l'enseignement (histoire et littérature zoulou), pour se consacrer entièrement à son peuple. Il prit rapidement conscience de sa misère. Témoin en 1946 d'un massacre de Noirs en grève, il adhéra au Congrès national africain, dont il devint président en 1952. Il organisa des campagnes de résistance contre l'apartheid, son attitude étant toujours inflexible et non violente. Il fut plusieurs fois arrêté par le gouvernement sud-africain. Il se vit interdire toute activité politique puis fut par deux fois assigné à résidence. En 1960, il reçut le prix Nobel de la paix, mais ce n'est qu'après de nombreuses démarches qu'il put se rendre à Oslo en décembre 1961 pour le recevoir. À cette occasion, il fit un discours où il affirmait ses idées et ses positions : « Je crois toujours à la non-violence... Je ne suis pas un pacifiste. Je suis opposé à la violence non pour des raisons philosophiques, mais pour des raisons pratiques » — v. *Liberté pour mon peuple* (*). En 1964, il fut de nouveau en résidence surveillée, et il mourut trois ans plus tard, peut-être accidentellement, écrasé par un train.

DANIÈLE BOONE.

LUTOSLAWSKI Witold. Compositeur pianiste et chef d'orchestre polonais. Né et mort à Varsovie : 25 janvier 1913 - 7 février 1994. Il a étudié le piano, le violon et la composition au Conservatoire de Varsovie et ensuite à Hambourg. En 1941, il commence la *Symphonie n° 1* (*) et compose les célèbres *Variations sur un thème de Paganini* pour deux pianos. Il est d'abord marqué par l'influence de Bartók. Dans les années 50, Lutoslawski doit suivre les consignes imposées aux artistes des pays de l'Est dans l'utilisation du folklore. Entre 1950 et 1954, il compose l'illustre *Concerto pour orchestre* (*). Il se tourne brièvement vers l'école de Vienne pour passer à la technique de l'« aléatoire contrôlé » qui lui est propre. C'est un aléatoire circonscrit dans des limites strictes qui permet une grande souplesse dans le jeu des musiciens, surtout à l'orchestre, dans des pièces comme *Jeux vénitiens* (1961) et la *Symphonie n° 2* (*) (1967). Cette technique alliée à une grande virtuosité orchestrale impose le musicien au niveau mondial avec *Livre pour orchestre* (1968). Il devient avec Penderecki le chef de file de l'école polonaise contemporaine. En 1970, le *Concerto pour* *violoncelle* (*) inaugure une série de grandes œuvres concertantes. Il faut citer les *Espaces du sommeil* (1975) sur un poème de Desnos, pour baryton et orchestre et *Mi-parti* pour orchestre (1976). Dans ses partitions ultérieures, *Chain I* (1983) pour orchestre, la *Symphonie n° 3* (*) ou le *Concerto pour piano et orchestre* (*) (1988) Lutoslawski réalise une synthèse de ses différents styles.

MICHEL RIGONI.

LUZEL François-Marie. Folkloriste français d'expression bretonne. Né le 6 juin 1821 à Plouaret, mort le 26 février 1895 à Quimper. Poursuivie dans les conditions les plus difficiles, et encore partiellement inédite, la collecte de la littérature populaire bretonne par Luzel concerne trois domaines principaux : le chant – *Chants et chansons populaires de la Basse-Bretagne* (*) ; le conte – *Légendes chrétiennes de la Basse-Bretagne* (1881), *Contes populaires de la Basse-Bretagne* (1887) ; le théâtre (sur près d'une soixantaine de manuscrits recueillis, deux seulement ont été édités : *Sainte Tryphine et le roi Arthur* (1863), *La Vie de saint Gwennolé* (1889). À cette gigantesque collecte, aussi remarquable par sa rigueur que par sa richesse, s'adjoint une œuvre de poète (*Chants de l'épée,* 1856), *Toujours breton* [*Bepred Breizad,* 1865], de conteur (*Veillées bretonnes,* 1879) et de chroniqueur (Notes de voyage, articles et rapports de missions) qui est encore loin d'être inventoriée.

FRANÇOISE MORVAN.

LUZI Mario. Poète, nouvelliste, essayiste et traducteur italien. Né le 20 octobre 1914 à Castello, aux portes de Florence. Il appartient à la « troisième génération » des poètes italiens nés entre 1911 et 1914, qui regroupe Attilio Bertolucci (le père du cinéaste), Giorgio Caproni, Vittorio Sereni, Alessandro Parronchi et Piero Bigongiari. Il est considéré comme le plus grand poète italien vivant. Après une longue attente, on peut enfin le lire aujourd'hui en français, du moins partiellement. Ce n'est que justice, car Luzi s'est en grande partie formé sur la littérature française, qu'il a longtemps enseignée. Depuis son mémoire de maîtrise sur Mauriac repris dans *L'Opium chrétien* (1938) (titre directement en français), ses études critiques sur notre littérature jalonnent son itinéraire : *Étude sur Mallarmé* [*Studio su Mallarmé,* 1952], *Aspects de la génération napoléonienne* [*Aspetti della generazione napoleonica,* 1956], *Le Style de Benjamin Constant* [*Lo stile di Constant,* 1962] pour ne parler que des ouvrages uniquement consacrés à la littérature française.

Le poète se manifeste avec éclat en 1935 : le recueil *La Barque* [*La barca*] est tout de suite salué par la critique la plus avisée (Giorgio Caproni entre autres) comme un événement : on y sent un ton nouveau de grâce, de douceur, de liberté qui exalte la vie sous toutes ses formes (la mère, les jeunes filles, les saisons, les paysages florentins, des visions) avec quelques brusques colorations sombres qui annoncent le poète futur. Cette veine qui a la spontanéité languide de *Sirio* (1929) de Bertolucci est un don de prime parole avant l'intellectualisation du discours poétique qui va caractériser Luzi à travers toutes ses métamorphoses. Dès son second recueil, *Avènement nocturne* [*Avvento notturno,* 1940], le ton change radicalement : code littéraire strict à mille lieues de tout réalisme, froideur, recours à la mythologie, obscurité. Le poète, héritier de Campana mais qui n'oublie ni Ungaretti ni Montale, cache ses pépites sous une langue littéraire qui remonte à Pétrarque revu par Mallarmé et Valéry. Dans *Biographie à Hébé* [*Biografia a Ebe,* 1942], il écrit un des rares récits marqués par cette poétique. L'hermétisme, déjà fortement dessiné par Alfonso Gatto en 1932 avec *Ile* [*Isola*], lui doit beaucoup. Ce qui est presque une école regroupe des poètes comme Gatto, Bigongiari, Parronchi, des critiques : Oreste Macrì, Carlo Bo – qui définit le mouvement dans le titre d'une de ses proses, *Littérature comme vie* (1938). À Florence, ce courant aura une importance considérable jusqu'à la guerre et bénéficiera de l'intérêt de deux revues, *Il Frontespizio* et *Campo di Marte.*

Les ouvrages qui vont suivre prolongent mais aussi, à cause de la guerre et de la fin du fascisme, fissurent ce modèle, car une des caractéristiques du poète c'est l'adhésion aux temps historiques : si *Une libation* (*) (1946) appartient encore à l'hermétisme, déjà *Cahier gothique* (*) (1947) s'en éloigne par le ton, qui évoque le discours amoureux et le printemps recouvré. Avec *Prémices du désert* [*Primizie del deserto,* 1952], Luzi, dans un long poème, *Invocation,* tente une sortie qui sera riche de promesses en passant du moi poétique « aux indicibles moi-mêmes » qui composent son être. Dans ce poème, Luzi écrit la métaphore obscure encore de son évolution future : de l'ombre vers la lumière à travers les bouleversements de la fixité prise dans le mouvement. C'est avec *Honneur du vrai* [*Onore del vero,* 1957] que Luzi abandonne l'abstraction et les derniers oripeaux hermétiques. Le recueil vêt de chair ce qui était symbole, et les figures deviennent reconnaissables : le poète lui-même, assurément, « dans l'imminence des quarante ans », mais aussi la mère, le pêcheur, l'auberge, le camp de réfugiés ; même les allusions politiques directes fleurissent (les événements de Chypre). En 1960, Luzi (il a 46 ans) sent qu'il a conclu une phase de son travail, il regroupe toute son œuvre précédente sous le titre *Le Juste de la vie* [*Il giusto della vita*] et la dédie à sa mère, morte un an auparavant.

Plus qu'à une rupture, c'est à une évolution que nous allons assister maintenant, et le second moment luzien s'enracine très fortement dans ce qui précède directement. Mais si l'on fait fi des transitions, si l'on oppose par exemple *L'Avènement nocturne* au *Magma*, on peut dire que Luzi est passé d'une poétique à une autre, du monolinguisme codé au plurilinguisme pas encore éclaté, de l'abstraction au concret, du moi au nous, de l'obscurité à une clarté conquise, en un mot de Pétrarque à Dante. Si la reconquête du réel se poursuit dans *Du fond des campagnes* (*) (1965), où les pièces s'articulent autour d'une description et d'un commentaire qui s'illuminent mutuellement, c'est l'hymne à la mère disparue qui retient surtout l'attention. Sans jamais s'abandonner à l'élégie, dans le courage de l'inéluctable, Luzi exalte celle qui est à la racine de sa quête de la féminité. *Dans le magma* (*) (1963, puis édition augmentée en 1966) est le livre dans lequel Luzi prend à contre-pied les avant-gardes qui dissolvent le sujet dans l'objet, par un retour au psychologique contenu dans les gestes les plus anodins. Il n'est plus un « je » abstrait, une conscience cosmique dominant de haut la matière poétique, mais un homme individualisé, poète de surcroît, qui parle et fait parler ses contemporains. La scansion subtilement prosaïque de sa phrase poétique ajoute à ses noces avec la réalité considérée dans sa totalité, psychologique, politique, métaphysique. Jamais Luzi ne creusera aussi profond dans l'en-deçà. Car le recueil suivant, *Sur d'invisibles fondements* (1971) — pour ces trois derniers recueils, voir *L'Incessante Origine* (*) —, va transformer en voix les hommes concrets du recueil précédent : Luzi renoue avec le grand lyrisme et chante en de longues laisses musicales le monde et ses métamorphoses. Il entre dans la polymorphie du cosmos et de l'être. Avec *Au feu de la controverse* [*Al fuoco della controversia*, 1978], Luzi affronte de nouveau, dans un moule formel différent, la fragmentation du monde et la nécessité-impossibilité de le dire dans sa modernité. Au terme de ce cheminement, il publie en 1979 l'ensemble de son œuvre poétique : on retrouve *Le Juste de la vie* mais s'y ajoutent toutes les poésies suivantes sous un titre significatif, *Dans l'œuvre du monde* [*Nell'opera del mondo*].

Ce cheminement poétique s'accompagne de réflexions critiques qui éclairent le travail poétique : depuis les polémiques avec Pasolini sur le néoréalisme de *Tout en question* [*Tutto in questione*, 1965] en passant par les réflexions sur la poésie de *Vicissitude et Forme* [*Vicissitudine e forma*, 1974] pour aboutir au *Discours naturel* [*Discorso naturale*, 1984], pour ne citer que quelques titres. Dans ce dernier ouvrage, Luzi développe sa conception microbiologique de la poésie « ombiliquée » dans la nature. Le poète ne peut prétendre construire une œuvre authentique que dans la mesure où il est à la fois émanation, serviteur et interprète de la nature. Mais, il faut le préciser, elle est l'œuvre d'un créateur. Car avec le temps le christianisme luzien — hérité de sa mère —, qui n'a jamais fait défaut sauf peut-être aux moments les plus aigus de l'hermétisme, va déployer ses résonances. Dans le domaine du théâtre d'abord, avec *Le Livre d'Hypatie* [*Il libro di Ipazia*, 1978], qui raconte (encore une métamorphose !) le passage du néoplatonisme au christianisme en la personne de la mathématicienne éponyme — notons en passant que Luzi a écrit d'autres pièces : *Rosales* [*Rosales, 1983*], *Hystrio* (1987). Dans le domaine de la poésie ensuite, à laquelle il revient en 1985 avec *Pour le baptême de nos fragments* (*) et en 1990 avec *Phrases et incises d'un chant salutaire* [*Frasi e incisi di un canto salutare*]. Sans jamais renier la terre, Luzi tente dans ses derniers vers de baptiser à nouveau le langage pour lui permettre de retrouver le sens.

Il faudrait également parler du travail de traducteur, recueilli en partie dans *La Cordillère des Andes* [*La cordigliera delle Ande*, 1983], insister sur celui de critique : *Chroniques de l'autre monde* [*Cronache dell'altro mondo*, 1989], et souligner l'aura du poète auprès de la jeunesse pour avoir une idée de l'importance de Mario Luzi en cette fin de siècle.

PHILIPPE RENARD.

LUZZATTO Moshe Hayim (acronyme Ramhal). Philosophe mystique et poète italien d'expression hébraïque. Né à Padoue en 1707, mort à Acre le 16 mai 1746, enterré à Tibériade. Il appartenait à une famille de lettrés et bénéficia d'une double culture juive et profane, dans un ghetto « à l'italienne » ouvert sur l'extérieur. Il créa un groupe d'étude de la mystique juive, qui se proposait de hâter la venue du Messie (peut-être pensait-il être lui-même le Messie). Ses expériences mystiques le firent soupçonner par le rabbinat italien d'être un adepte du pseudomessie Sabbataï Zevi dont la conversion à l'islam au XVIIe siècle avait choqué sans pour autant le priver de partisans. Luzzatto dut brûler ou remettre aux rabbins ses écrits contestés, et quitter l'Italie. Il vécut à Amsterdam de 1735 à 1743 puis s'embarqua pour la terre d'Israël ; on sait peu de chose des dernières années de sa vie qu'il passa à Acre où il mourut avec les siens lors d'une épidémie de peste. Certains de ses écrits sont définitivement perdus, d'autres attendent d'être publiés. Ont paru plusieurs traités de mystique jugés inoffensifs, une riche correspondance, des poèmes de circonstance et les ouvrages qui lui ont valu la célébrité : son traité d'éthique, qui connut et connaît encore une large diffusion, *Le Sentier de rectitude* [*mesilat yesharim*], et ses trois pièces de théâtre ; peu appropriées à la scène, elles sont remarquables par leur originalité en littérature hébraïque, et leur beauté lyrique. Il écrivit la première, *L'Histoire de Samson* [*maaseh shimshon*] à 17 ans, pour illustrer le chapitre consacré au théâtre de son traité de rhétorique ; elle ne fut publiée qu'au XXe siècle. La seconde, *La Tour de puissance* (*), parut en 1837, seule *Louange aux droits* (+) parut de son vivant, en cinquante exemplaires, en 1743. Pièce allégorique, elle fut à l'origine d'un genre prisé par les auteurs de la Haskala. À la charnière entre le monde médiéval et le renouveau littéraire de la Haskala, Luzzatto a été considéré par son biographe, l'éditeur de ses œuvres, Simon Ginzburg, comme le « fondateur de la littérature hébraïque moderne ».

JANINE STRAUSS.

LYAUTEY Louis Hubert Gonzalve. Maréchal de France. Né à Nancy le 13 novembre 1854, mort à Thorey le 21 juillet 1934. Issu d'une famille militaire, légitimiste de conviction et catholique de tradition, il se fit tôt remarquer à Saint-Cyr comme à l'École d'état-major. Versé dans la cavalerie en 1880, il dut patienter durant plus de dix ans dans des villes de garnison. En 1894 débutera sa vraie carrière : envoyé au Tonkin, il devient le bras droit du grand Gallieni. En 1898, il suivra ce dernier à Madagascar. Promu général en 1903, il passe à l'Afrique du Nord, et durant les années suivantes s'emploie à pacifier diverses zones. En 1912, il devint résident général de la France au Maroc. Pendant la guerre de 1914, il accomplit le prodige de sauver son territoire de l'action allemande. Devenu maréchal de France en 1921, et surpris quatre ans plus tard (1925) par la révolte d'Abd el-Krim, il fut contraint de rentrer en France. Aristocrate qui avait le culte du cheval autant que celui des lettres, Lyautey fut, dans toute la force du terme, un « prince lorrain ». Bâtisseur d'empire, il fut moins un homme de guerre qu'un grand pacificateur. Toute son œuvre l'atteste d'une manière éclatante : *Du rôle colonial de l'armée* (1900), *Lettres du Tonkin et de Madagascar* (*) (1921) et *Paroles d'action* (1927). En 1912, il avait été élu membre de l'Académie française.

RÉF. : André Maurois, *Lyautey*, Paris, 1935. – Mme B.-G. Gaulis, *Lyautey intime*, Paris, 1937. – Jean Mauclère, *Lyautey, prince lorrain*, Paris, 1951. – Fr. de Roux, *La Jeunesse de Lyautey*, Paris, 1952. – Gal Catroux, *Lyautey le Marocain*, Paris, 1952. – J. Benoist-Mechin, *Lyautey l'Africain ou le Rêve immolé*, Paris, 1978.

LYCOPHRON. Poète dramatique grec. Né à Chalcis, dans l'île d'Eubée, on peut, approximativement, fixer la date de sa naissance entre 325 et 310 av. J.-C. Quant à la date de sa mort, elle reste inconnue ; tout au plus peut-on conjecturer, d'après un vers d'Ovide, qu'il périt de mort violente. Si l'on en croit la *Souda* (*), il était le fils d'un certain Soclès, mais aurait été adopté par l'historiographe de Rhégium, Lycos ; cette précision n'a cependant pas grande valeur, car elle a probablement été suggérée aux Anciens par la ressemblance des deux noms. Mais une filiation spirituelle subsiste assurément, car les écrits de Lycos et de Timée de Tauroménion ont dû être pour Lycophron les principales sources de sa connaissance du monde occidental que célèbre sa poésie. Comme les plus grands poètes de l'époque, il se sentit attiré par la protection qu'offrait aux écrivains la cour des Ptolémées et se rendit à Alexandrie qui, depuis le début du IIIe siècle, était la ville la plus grande et la plus riche du monde grec, et en constituait le principal centre culturel. Quand, en 285, Ptolémée Philadelphe monta sur le trône, c'est à Lycophron que fut confiée la mission de classer, pour la bibliothèque du Musée, les œuvres des poètes comiques et d'en faire un catalogue ainsi qu'une révision du texte. Le fruit de cet examen fut un traité *Sur la comédie* [περι κωμωδίας], la première étude de ce genre que l'on connaisse. Avec Callimaque, il fut le poète aulique de Ptolémée Philadelphe, près de qui il était en faveur, et il participa à la tentative des Ptolémées de susciter une renaissance de la tragédie en écrivant lui-même une quarantaine de drames ; il eut, pour cette raison, l'honneur de faire partie des poètes tragiques de la Pléiade. Il est très probable que la dernière partie de sa vie s'est passée en Occident, au contact des colonies grecques et du peuple nouveau, celui des Romains, qui commençait à affirmer sa puissance. On a, de l'intérêt qu'il y porta, d'importants témoignages dans *Alexandra*, l'unique œuvre qui nous soit restée de lui, en quatorze cent soixante-quatorze trimètres ïambiques. Sans doute cette œuvre de Lycophron nous a-t-elle été seule conservée à cause de la curiosité qu'elle inspirait à l'érudition pédantesque des grammairiens, par son abus de mots rares, de mythes étranges et de périphrases difficiles.

RÉF. : U. V. Wilamowitz-Möllendorff, *Hellenistische Dichtung in der Zeit des Kallimachos*, t. II, Berlin, 1924. – Ziegler, article *Lykophron* in t. XIII de *Paulys Réal-Encyclopädie*, Stuttgart, 1927. – St. Josifovic, article *Lycophron* in Suppl. 11 de *Paulys Réal-Encyclopädie*, Munich, 1968. – Licofrone, *Alessandra*, Milano, 1991 (M. Fusillo, A. Hurst, G. Paduano ; avec bibliogr. détaillée).

LYCURGUE. Homme d'État et orateur grec. Né à Athènes vers 390 av. J.-C. et mort en 324. Fils de Lycophron, il appartient à l'ancienne famille des Étéoboutades et eut comme maîtres Platon et Isocrate. Entré tardivement dans la politique active, il fut élu, après la bataille de Chéronée en 338, comme préposé aux finances et aux travaux publics. Les inscriptions attestent de son étonnante activité durant les douze années de sa charge : il développa le port et les remparts de la cité, fit revêtir de marbre le théâtre de Dionysos, ériger les statues des trois grands tragiques et faire des copies de leurs œuvres pour l'État. Connu pour son patriotisme de tendance conservatrice, son sens du devoir, sa franchise et son intransigeance, Lycurgue fut l'adversaire farouche de Philippe II de Macédoine et un compagnon de lutte de Démosthène contre le parti promacédonien d'Athènes.

Lycurgue, qui n'avait pas des dons naturels pour l'art oratoire, para à ses faiblesses par un dur labeur. Influencé par Isocrate, son style est néanmoins moins soigné. Son éloquence est dépourvue d'élégance et de charme, mais impérieuse (Denys d'Halicarnasse). Les quinze discours qu'il a écrits concernent des questions religieuses et des accusations publiques. Il ne nous en est parvenu qu'un seul, le *Contre Léocrate* (*), citoyen accusé par Lycurgue de haute trahison.

Mort en 324, peu avant l'affaire d'Harpale — v. l'article sur Démosthène —, il fut, de son vivant encore, accusé par son successeur d'avoir laissé un déficit. Mais, en 307-306 un décret honorifique, qui prévoyait, entre autres, d'inscrire sur des stèles de marbre toutes les lois et les décrets qu'il avait proposés, rendit hommage à ses grands services envers Athènes.

TERPSICHORE ARGYROU.

RÉF. : F. Durrbach, *Contre Léocrate, Fragments*, Paris, 1932.

LYDGATE John. Poète anglais. Né au village de Lydgate (Suffolk) vers 1370, mort vers 1451. Après avoir étudié à l'école de l'abbaye bénédictine de Bury St. Edmund's, il entra dans cet ordre, fut ordonné prêtre en 1397, et poursuivit probablement ses études à Oxford et à Cambridge. Il voyagea ensuite sur le continent et, en 1426, on le retrouve à Paris. En 1430, ou peu avant, il se retira au prieuré de Hatfield Broadoak, qui lui avait été confié en 1423, et se consacra entièrement à la littérature vers laquelle, semble-t-il, l'avait orienté Chaucer dont le fils, Thomas, était son ami intime. Lydgate, qui est sans doute le poète le plus abondant du XVe siècle, a laissé plus de deux cent cinquante poèmes, plus de cent quarante mille vers, et non moins vaste est son œuvre d'adaptateur, de traducteur et de compilateur. De ses écrits, fort goûtés des contemporains, seules ont survécu les compositions recueillies dans *Le Testament* (*) et dans *Londres attrape-sous* [*London Lickpenny*] (encore n'est-il pas du tout certain que ce dernier recueil soit de lui). Auteur des longs poèmes du *Siège de Troie* (+), la plus lisible de ses œuvres demeure *La Chute des princes,* adaptation en vingt-six mille vers des *Mésaventures des nobles dames et gentilshommes illustres* (*) de Boccace. Il imita Chaucer dans *Complainte du chevalier noir* [*Complaint of the Black Knight*] et dans *Temple de verre* [*Temple of Glass*] et donna en anglais des adaptations de Guillaume Deguileville : *Le Pèlerinage de l'homme* [*The Pilgrimage of Man*] et de Guido delle Colonne : *Histoire de la destruction de Troie* (*). Médiéval non seulement par l'orientation de sa pensée, mais par sa prolixité et sa pédanterie, Lydgate mérite une place particulière dans l'histoire de la langue anglaise qu'il contribua à enrichir.

RÉF. : A. Renoir, *The Poetry of John Lydgate,* 1967. — D. A. Pearsall, *John Lydgate,* 1970.

LYLY John. Écrivain anglais. Né en 1554 (?) à Weald of Kent, mort à Londres en 1606 (il fut enseveli le 30 novembre de cette année). Entré au Magdalen College d'Oxford en 1569, il passa une thèse de doctorat en 1575 et se fit rapidement connaître en publiant *Euphuès ou l'Anatomie de l'esprit* (*) (1579). Avec ce livre qui marque la naissance du roman anglais, apparut un style nouveau baptisé du nom même de l'ouvrage, l'« euphuisme » (« euphuès » est un mot grec qui, à l'origine, signifie « bien formé », qu'il s'agisse du physique ou du moral). Ce roman est, sous le voile allégorique, une satire de la société italianisée de Londres. Mais, les attaques de Lyly contre les femmes et les systèmes d'éducation alors pratiqués en Angleterre ayant soulevé des protestations, l'auteur, pour se rétracter, composa *Euphuès et son Angleterre* (*) (1580), où il exalte les universités et les femmes anglaises, et célèbre la reine Élisabeth. En 1583, après avoir été secrétaire du comte d'Oxford, Lyly écrivit pour le théâtre privé des Blackfriars. Ainsi naquirent des comédies mythologiques qui étaient représentées à la cour par des enfants de chœur de la chapelle royale et de la cathédrale Saint-Paul. Les deux premières, *Alexandre et Campaspe* (*) et *Sapho et Phaon* (*) (1584), révélèrent, sous les flatteries du courtisan, une veine fantastique et un sens du dialogue spirituel et raffiné qui font présager la vivacité spirituelle de Shakespeare. John Lyly quitta le théâtre des Blackfriars pour occuper, de 1588 à 1602, un petit poste d'assistant à l'Office des divertissements de la cour [Revels]. On lui doit encore *Endymion, l'homme dans la lune* (*) (1586), *Midas* (vers 1590), *Mère Bombie* [*Mother Bombie,* 1594], *La Femme dans la lune* (+) (1597), *La Métamorphose d'Amour* [*Love's Metamorphosis,* 1601], pièces dans lesquelles, sous le couvert des légendes grecques de l'époque classique, il relate les événements de la cour. Député au Parlement (1589) et trois fois réélu jusqu'en 1601, il publia en 1589 un libelle contre les puritains, *Pappe with a Hatchet.* Écrivain subtil et exquis, John Lyly a élevé à la dignité de l'art la prose et le drame anglais de la fin du XVIe siècle. Lyly, le plus notoire de ces écrivains surnommés « esprits universitaires », cultiva un genre savant qui relève de l'humanisme et que devait bientôt éclipser la grande époque élisabéthaine.

♦ *« Notre nation lui doit d'avoir appris un nouvel anglais. »* E. Blount. ♦ *« Ce Lyly, si tourmenté, qui semble écrire exprès en dépit du bon sens, est parfois un vrai poète, un chanteur, un homme capable de ravissements, un voisin de Spenser et de Shakespeare. »* H. Taine. ♦ *« La façon dont Lyly s'exprime est constamment outrée et quelquefois absurde, mais ce qu'il exprime est toujours noble, éclairé et plein d'urbanité, et son influence a été sans contredit aussi éducatrice qu'étendue. »* Sir Edmund Gosse.

RÉF. : A. J. F. Mezières, *Prédécesseurs et contemporains de Shakespeare,* Paris, 1863. — J. D. Wilson, *John Lyly,* Cambridge, 1905.

– A. Feuillerat, *John Lyly ; Contribution à l'histoire de la Renaissance en Angleterre*, Cambridge, 1910. – M. Jeffery, *John Lyly and the Italian Renaissance*, Paris, 1929. – G.-K. Hunter, *John Lyly, the Humanist as Courtier*, 1962. – J. W. Houpper, *John Lyly*, Boston, 1975.

LYNCH Benito. Romancier argentin. Né le 25 juillet 1885 à Buenos Aires, mort le 25 décembre 1951 à La Plata. D'origine française et irlandaise, il connaît depuis son enfance le milieu des grandes « estancias » de la pampa de la province de Buenos Aires, qui va constituer le principal thème de son œuvre. Les romans de Lynch s'inscrivent dans une tradition que l'on appelle la littérature « gauchesque » (de « gaucho ») et dont les représentants en Argentine et en Uruguay sont Ricardo Güiraldes, Acevedo Díaz et Javier de Viana. Lynch, dans la lignée naturaliste, entend montrer la vie quotidienne et la psychologie des habitants de la pampa et du « campo ». Il écrit volontairement une langue populaire et savoureuse, celle des populations du Río de la Plata, les « Ríoplatenses ». *Les Oiseaux de proie de la Flórida* [*Los caranchos de la Florida*, 1916] décrit l'histoire d'une rivalité amoureuse entre un père et son fils. Après *Raquela* (1918), *L'Évasion* [*La evasión*, 1922], Lynch produit ce que beaucoup considèrent comme son chef-d'œuvre, *L'Anglais aux vieux ossements* (*) (1924), qui raconte les amours malheureuses d'un jeune Anglais savant et guindé venu chercher des ossements d'Indiens dans la pampa et d'une jeune « gaucha » de dix-huit ans, Balbina. Écrite dans une sorte de dialecte local, l'œuvre dépeint avec une remarquable justesse de ton la psychologie de la jeune fille et joue de l'opposition avec l'apparition de l'étranger, qui représente une certaine « civilisation » desséchée face à la soi-disant « barbarie » plus fraîche et plus directe des habitants de la pampa. Après ce roman, Lynch écrivit encore *Bois vert* [*Palo verde*, 1925] et *La Romance d'un gaucho* [*El romance de un gaucho*, 1933], sans parvenir néanmoins à égaler la perfection de *L'Anglais aux vieux ossements*.

ANTOINE BERMAN.

LYNDSAY ou LINDSAY sir David. Poète et écrivain écossais. Né près de Haddington vers 1490, mort vers 1555. Après avoir fait ses études à l'université de St. Andrews, il remplit différentes charges à la cour, fut nommé précepteur du roi et servit longtemps dans la diplomatie. Ambassadeur en France, puis en Hollande, il fit ensuite partie d'une mission commerciale dans ce pays. Le roi Jacques V le créa lord Lyon King at Arms. Lyndsay est le dernier de la lignée des poètes écossais qui fleurissaient au XVe siècle, poètes qui, par la forme, se rattachaient en partie à la poésie médiévale. Il subit l'influence de Chaucer, mais dans une beaucoup moindre mesure que les autres poètes écossais de l'époque. Violemment satirique, partisan convaincu du protestantisme et anticlérical, Lyndsay prend des libertés de langage sans exemple à cette époque. Sa satire en vers manque souvent de beauté, mais non de force. Fustigeant les papes et les rois, il dénonce les abus, les impostures, en des allégories à peine voilées. Citons, parmi ses œuvres : *Le Songe* (1528) ; *Le Testament et la Complainte du Papynago (le perroquet mourant)* [*The Testament and Complaint of the Papynago*, 1530] ; *Le Testament du squire Meldrum* [*The Testament of Squyer Meldrum*] ; *Dialogue de l'expérience avec un courtisan sur l'état misérable du monde* [*Ane Dialog betwix Experience and ane Courteour of the Miserabyll Estait of the World*] ; *Satire des trois états, pour louer la vertu et flétrir le vice* (*) ; *Les Monarchies*, histoire et virulente satire de la royauté.

LYOTARD Jean-François. Philosophe français. Né le 10 août 1924 à Versailles. Agrégé de philosophie en 1950, nommé d'abord en Algérie au lycée de Constantine (1950-1952), il devient assistant à la Sorbonne en 1959 et maître-assistant à Paris-X-Nanterre en 1966. À partir de 1973, il est professeur à Paris-VIII, ainsi que dans diverses universités américaines. Il succède à Jacques Derrida à la présidence du Collège international de philosophie (1984-1986). En 1954, il avait adhéré au groupe « Socialisme ou Barbarie » fondé en 1949 par Lefort et Castoriadis, et des militants issus du trotskisme. Lors de la scission du groupe en 1964, il participe à la fondation de « Pouvoir ouvrier », qu'il quitte en 1966. À Nanterre, en 1968, il participe aux activités du « Mouvement du 22 mars ».

Influencé par la philosophie de Husserl et de Merleau-Ponty (*La Phénoménologie*, 1954), puis par le marxisme révolutionnaire et la psychanalyse (*Dérive à partir de Marx et Freud*, 1973), il s'efforce, dans *Discours, figure* (1971), de dépasser les limites de la phénoménologie à partir des théories de Freud sur le désir inconscient. Puisque la « réduction au sensible » opérée par la phénoménologie ne parvient pas à atteindre « l'énigme de l'événement », il convient selon lui d'accomplir une « réduction du sensible » : passer du champ perceptif à sa matrice « figurale », à la « libre mobilité » des énergies qui définit selon Freud le « processus primaire » de l'inconscient. Ce qui permettrait d'élaborer une esthétique de la beauté figurale – « non-liée », « sauvage » – impliquée par l'art moderne. « Faire de l'inconscient un discours, c'est omettre l'énergétique » : en mettant l'accent sur les intensités d'énergie libidinale – sur la dimension « économique » de la métapsychologie freudienne –, Lyotard veut également s'opposer à la conception « rationaliste » de l'inconscient développée par Lacan, qui le considère comme un ordre symbolique du signifiant. Cette problématique, proche de celle de Deleuze et

Guattari – v. *L'Anti-Œdipe* (*) (1972) –, et la métaphysique « énergétique » qui la sous-tend, trouveront leur formulation la plus achevée dans *Économie libidinale* (1974), tandis que le projet d'une esthétique « figurale » s'accomplira à travers une série d'analyses consacrées à des peintres contemporains (Duchamp, Newman, Adami, Monory, R. Francken...).

À partir de 1975, un « tournant » s'opère : Lyotard abandonne sa philosophie des intensités libidinales, car elle ne permet pas, écrira-t-il plus tard, de « poser le problème de l'injustice » – de s'interroger sur la légitimité des récits ou, plus profondément, de penser un « tort » éthique. Sous l'influence de Wittgenstein, ses recherches s'orientent désormais vers l'analyse des récits et des « jeux de langage », dont la multiplicité et l'incommensurabilité invalident la prétention de les ramener à l'unité sous l'autorité d'un méta-langage ou d'un « grand récit » totalisant. Contre cette « terreur » spéculative, qui représente l'« injustice absolue », il s'agit de maintenir la pluralité irréductible des jeux de langage, d'instaurer une « justice des multiplicités » qui « prescrit d'observer la justice singulière de chaque jeu » (*Au juste*, 1979). Dans *La Condition postmoderne* (1979), cette conception se trouve située dans une perspective historique : au dispositif moderne de légitimation, fondé sur l'hégémonie d'un « méta-récit » d'émancipation, et qui serait entré dans une crise irréversible, succéderait l'alternative postmoderne, fondée sur la pluralité des « petits récits », « l'atomisation du social en souples réseaux de jeux de langage », celle-ci saurait faire droit à la « paralogie », à l'invention, au dissentiment. Ainsi, la tentative de Jürgen Habermas pour fonder un critère de légitimité sur le consensus « communicationnel » doit-elle être récusée, car elle « violente l'hétérogénéité des jeux de langage ». Lyotard s'est efforcé par la suite de rectifier ce que ces conceptions pouvaient avoir d'unilatéral. Il précise notamment que « postmoderne » ne signifie pas le dépassement d'idéaux périmés, mais un autre rapport à la modernité, sa « réécriture », son « anamnèse » (*Le Post-Moderne expliqué aux enfants*, 1986). Il tente enfin, dans *Le Différend* (*) (1983) d'approfondir les bases philosophiques de son « postmodernisme » à partir d'une relecture de Kant, en élaborant une ontologie des phrases, de ces actes de langage élémentaires, radicalement hétérogènes, dont l'enchaînement – en l'absence de toute « méta-règle » universelle – demeure forcément contingent, ce qui nous oblige, à chaque coup, à « juger sans règle afin de trouver la règle ».

JACOB ROGOZINSKI.

RÉF. : « Lyotard », *L'Arc* n° 64, 1976. – *La Faculté de juger*, Paris, 1985. – « J. F. Lyotard, réécrire la modernité », *Cahiers de philosophie*, n° 5, Lille, 1988. – *Témoigner du différend*, Paris, 1989.

LYSIAS. Orateur grec. Né à Athènes, probablement vers 440 av. J.-C. et mort vers 360. Son père, Képhalos, connu par la *République* (*) de Platon, est un riche métèque, propriétaire d'une fabrique de boucliers, originaire de Syracuse et établi à Athènes sur l'incitation de Périclès. Après la mort de son père, Lysias émigre avec d'autres colons athéniens à Thourioi où il suit probablement les cours de rhétorique de Tisias. Rentré à Athènes après la défaite des Athéniens en Sicile, il enseigne la rhétorique entre 412 et 404 d'après Aristote, mais il l'abandonne pour la pratique, dans laquelle il se sent supérieur. Liés au parti démocratique, Lysias et ses frères perdent leurs biens et sont persécutés sous la tyrannie des Trente. Les épisodes de la confiscation des biens, de l'arrestation de Lysias et de Polémarque, son frère, de la fuite du premier et de la mort du deuxième, revivent dans les pages du discours *Contre Ératosthène* (*) prononcé par Lysias en personne, après la restauration démocratique, pour obtenir justice. Réfugié à Mégare, Lysias participe activement à la lutte contre la tyrannie. Après le rétablissement de la démocratie, on propose, en guise de reconnaissance, de lui accorder la citoyenneté ; mais la procédure est attaquée pour irrégularité, et Lysias reste isotèle (métèque privilégié).

Pour gagner sa vie, Lysias écrit des discours pour d'autres et y excelle. On lui attribue quatre cent vingt-cinq discours dont deux cent trente-trois considérés comme authentiques. Il nous en est parvenu trente-quatre dont l'origine n'est pas toujours assurée. Plusieurs d'entre eux ont un arrière-fond historique et comportent un grand intérêt documentaire – même s'il faut être prudent dans son usage – du fait qu'ils illustrent la situation, autant politiquement que moralement confuse, après le rétablissement de la démocratie. Pourtant la plupart de ses discours ont trait à la vie quotidienne, comme ce cas d'adultère, délicieusement décrit dans *Sur le meurtre d'Ératosthène* (*), le sacrilège contre un arbre sacré dans *Au sujet de l'olivier sacré* [Περὶ τοῦ Σηκοῦ] ou le cas d'un invalide qui tient un discours plein de malice et d'humour pour maintenir une rente d'État dans *Sur l'invalide* (*). Au genre épidictique appartiennent *Oraison funèbre* (*) et l'*Olympique* [Ὀλυμπιακός], prononcé en 388 à Olympie, pour exprimer la méfiance du démocrate convaincu qu'était Lysias envers les régimes tyranniques.

Dès l'Antiquité, Lysias a été très apprécié pour sa langue, que Denys d'Halicarnasse (*Les orateurs attiques, Lysias*), fameux critique littéraire du Iᵉʳ siècle avant J.-C., qualifie de meilleur modèle du dialecte attique. Lysias utilise la langue quotidienne qu'il réussit à élever au rang d'une expression littéraire, incomparable de simplicité et de précision. Économe dans l'usage des procédés rhétoriques, Lysias excelle par son talent narratif, la clarté du style, la vivacité et la capacité de suggérer par son discours la personnalité de ses clients.

TERPSICHORE ARGYROU.

RÉF. : F. Blass, *Attische Beredsamkeit*, Leipzig, 1887. – L. Gernet, M. Bizos, *Discours de Lysias*, Paris, 1924. – Fr. Ferckel, *Lysias und Athen*, thèse, Würzburg, 1937. – Anastassiou-Irmer, *Kleinere attische Redner*, Darmstadt, 1977.

LY TÊ XUYÊN. Auteur vietnamien du XIVe. On ne connaît de lui que les dates de sa carrière mandarinale (1329-1341). Il est l'auteur du *Recueil des puissances merveilleuses de l'espace Viêt* (*).

M

MA ʿARRĪ (al-) Abū l-ʿAlāʾ Aḥmad. Poète et penseur arabe. Né et mort à Maʿarrat al-Nuʿman, petite bourgade de Syrie du Nord (973-1058). Issu d'une famille de notables provinciaux, il devint aveugle à l'âge de quatre ans, ce qui ne l'empêcha pas, grâce à une mémoire prodigieuse, de faire des études approfondies et d'acquérir une vaste culture, notamment philologique et littéraire, mais aussi religieuse et philosophique. Il fut probablement marqué, dans sa jeunesse, par le manichéisme, alors clandestin et fréquemment persécuté par l'islam officiel ; bien qu'il l'ait explicitement condamné par la suite, il n'en garda pas moins certains traits caractéristiques de son style de vie (refus du mariage, régime strictement végétarien). S'étant adonné très tôt à la composition poétique, il y développa un style d'une extraordinaire virtuosité verbale, destiné au moins en partie à masquer les audaces d'une pensée volontiers iconoclaste. Musulman sincère, habité d'une profonde exigence éthique et spirituelle, mais doté d'un esprit misanthrope et sarcastique, il passa sa vie à tourner en dérision la bonne conscience, l'hypocrisie et la prétention des hommes de religion, le fanatisme des bigots, la rapacité et l'injustice des puissants. Hormis un bref séjour à Bagdad, dont il revint amplement conforté dans son dégoût pour ses contemporains, il passa l'essentiel de sa vie dans sa bourgade natale, où sa célébrité lui valut l'appui des notables de l'endroit, ce qui lui permit de n'être jamais inquiété. Il eut de nombreux disciples et entretint une correspondance importante avec plusieurs personnalités de son époque. Outre *L'Épître du pardon* (*), son œuvre la plus célèbre, il a laissé une œuvre poétique abondante, dont les *Contraintes facultatives* [*Luzūm ma la yalzam*], traduction partielle sous le titre *Rets d'éternité,* 1988, où l'auteur, comme l'indique le titre, s'impose des contraintes formelles supplémentaires à celle de la métrique traditionnelle. Considéré comme le dernier grand poète classique après al-Mutanabbī, al-Maʿarrī est certainement l'une des figures les plus originales de la littérature arabe.

JEAN-PATRICK GUILLAUME.

MABILLON dom Jean. Écrivain et bénédictin français. Né à Saint-Pierremont (Ardennes) le 26 décembre 1632, mort à Saint-Germain-des-Prés (Paris) le 27 décembre 1707. Admis au séminaire de Reims, il entra, en 1653, dans la congrégation des bénédictins de Saint-Maur. Après avoir résidé dans diverses abbayes, notamment celle de Corbie (en 1660, année de son ordination), il fut nommé garde du trésor de Saint-Denis. Appelé à Saint-Germain-des-Prés (un des plus hauts lieux de l'érudition monacale), en 1664, il procura en 1667 la meilleure édition (en latin) des *Œuvres complètes* de saint Benoît, puis fut chargé d'écrire l'histoire de l'ordre de Saint-Benoît : *Acta sanctorum ordinis S. Benedicti.* En 1668, il en publia le premier des huit volumes. En 1681, il fit paraître son œuvre capitale : *De re diplomatica* (*). S'étant acquis un grand renom à l'étranger, il fit plusieurs voyages d'études en Hollande (1682), en Allemagne (1683), en Italie (1685). En 1686, il défendit contre l'abbé de Rancé le droit des ordres religieux à cultiver l'étude dans son *Traité sur les études monastiques.* Outre son ouvrage intitulé *De liturgia gallicana* (1685), il faut encore citer de lui *Epistola de cultu sanctorum ignotorum* (1698) qui fit grand bruit et fut déféré au Saint-Office.

En 1701, dom Jean Mabillon devint membre de l'Académie des inscriptions. Ses œuvres posthumes furent publiées en 1724, par dom Vincent Thuillier.

RÉF. : Dom Thierry Ruinart, *Abrégé de la vie de dom Jean Mabillon,* Paris, 1709. – E. de Broglie, *Mabillon et la société de l'abbaye de Saint-Germain-des-Prés,* 1888. – Dom Suitbert Baumer, *Johannes Mabillon,* Augsbourg, 1892. – G. Heer, *Johannes Mabillon und die schweizer Benediktiner,* Saint-Gall, 1938. – Dom H. Leclercq, *Dom Mabillon,* Paris, 1953-1957 (2 vol.).

MABLY Gabriel Bonnot de. Philosophe français. Né à Grenoble le 14 mars 1709, mort à Paris le 23 avril 1785. Frère de Condillac, il fit ses premières études au collège des jésuites de Lyon, puis entra au séminaire de Saint-Sulpice à Paris, mais il ne fut pas ordonné prêtre et abandonna la vie ecclésiastique après le sous-diaconat. S'étant fait remarquer par son intelligence dans le salon de Mme de Tencin, qui était une de ses parentes éloignées, Mably fit partie du cabinet du cardinal de Tencin lorsque celui-ci entra au ministère ; c'est lui qui rédigea en 1743 le projet de traité porté par Voltaire à Frédéric II et qui, trois ans plus tard, fut chargé de préparer les négociations du traité de Breda. Mais le cardinal ayant eu, en sa qualité d'archevêque de Lyon, à imposer la rupture d'un mariage mixte conclu entre un catholique et une protestante, Mably protesta au nom de la tolérance et se sépara brusquement de son protecteur. Pendant les quelque quarante années qui lui restaient à vivre, il allait se tenir fermement éloigné des affaires et de la vie mondaine, et se consacrer entièrement à l'étude. Ainsi, par le tempérament d'abord, il apparaît très différent des autres « philosophes » ; il ne partage nullement leur optimisme, il ne croit pas marcher à l'avant-garde des « Lumières ». Mably vit seul parce qu'il déteste son siècle et parce qu'il est indigné par la déchéance des mœurs. C'est la misanthropie qui lui suggérera des pensées révolutionnaires, mais sans qu'il ait rien lui-même d'un agitateur, car il paraît aussi désespéré de l'avenir que du présent : *Parallèle des Romains et des Français, par rapport au gouvernement* (1740) et *Observations sur les Romains* (1751). L'allure tout abstraite que garde constamment sa pensée politique fait de lui une excellente illustration de la thèse fameuse de Taine sur la continuité entre l'« esprit classique » et l'idéologie de 1789. Mably, qui reporte sur toute l'histoire monarchique l'aversion que lui inspire le règne de Louis XV – v. *Observations sur l'histoire de France* (+) (1765) – fut un des inspirateurs directs des législateurs révolutionnaires : adversaire du pouvoir royal, il souhaite en particulier que soit enlevée à celui-ci la disposition des finances et de l'armée, confiée à une assemblée unique, non pas toutefois élue au suffrage universel, car le penseur si radical qu'est Mably se trouve, par un piquant paradoxe, le promoteur de ce système censitaire qui reste le symbole des demi-mesures libérales de la bourgeoisie du début du XIXe siècle – v. *Des droits et des devoirs du citoyen* (*) (1758) et *Traité de la législation* (1776). Parmi les autres ouvrages de Mably, citons : *Le Droit public de l'Europe fondé sur les traités, depuis la paix de Westphalie jusqu'à nos jours* (1764), *De l'idée de l'histoire* (1778), manuel politique composé pour un jeune prince de la famille de Bourbon devenu duc de Parme en 1765, et *De la manière d'écrire l'histoire* (1783), où Mably prend vivement à partie les historiens de son temps, en particulier Gibbon, Hume et Voltaire.

JACQUES PATRY.

RÉF. : Levesque, *Éloge historique de l'abbé de Mably*, Paris, 1787. – L. Barthélemy, *Vie privée de Mably*, Paris, 1791. – P. Rochery, *Mably, ses théories sociales et politiques*, Paris, 1849. – Guerrier, *L'Abbé de Mably moraliste et politique*, Paris, 1886. – E. Allix, *La Philosophie politique et sociale de Mably*, étude in *Revue des études historiques*, 1899. – L. Michond, *Les Théories sociales et politiques de Mably*, étude in *Bulletin de l'Académie delphinale*, 1901. – P. de Mellis, *Le Principe de la séparation des pouvoirs d'après l'abbé de Mably*, Toulouse, 1907. – P. Teyssendier de la Serve, *Mably et les physiocrates*, thèse, Poitiers, 1911. – E. A. Whitfield, *Gabriel Bonnot de Mably*, thèse, Londres, 1930. – G. Müller, *Die Gesellschafts – und Staatslehren des Abbés de Mably und ihr Einfluss auf das Werk der Konstituante*, Berlin, 1932. – B. Coste, *Mably pour une utopie du bon sens*, Paris, 1976.

MACAULAY Thomas Babington. Historien et homme politique anglais. Né à Rothley Temple (Leicestershire) le 25 octobre 1800, mort à Londres le 28 décembre 1859. Il était le neuvième enfant du philanthrope Zachary Macaulay qui était conservateur et antiesclavagiste. Il entra au Trinity College de Cambridge en 1818, y fit de très brillantes études, et devint « fellow » de cette université en 1824. Il acheva ses études de droit en 1828, fut nommé commissaire aux faillites en 1829, et élu député whig en 1830. Après son discours au Parlement sur le Reform Bill en 1832, il devint membre du Conseil de contrôle pour les affaires de l'Inde, puis fut nommé membre du Conseil suprême de l'Inde ; il s'y distingua par la réforme des institutions scolaires et élabora un nouveau statut qui ne fut appliqué qu'après sa mort. De retour en Angleterre, riche des économies qu'il avait pu faire sur son traitement élevé, il entra de nouveau au Parlement comme représentant d'Édimbourg. Successivement secrétaire d'État à la Guerre dans le cabinet de Melbourne (1839-1841), trésorier des armées (1846-1847), il siégea au Parlement de 1839 à 1847 et de 1852 à 1856. Il avait été fait pair d'Angleterre en 1837. Sa carrière littéraire débuta par un essai sur Milton qui parut en 1825 dans l'*Edinburgh Review* dont il fut le collaborateur pendant vingt ans. Ses *Chants héroïques de la Rome antique* (1842) remportèrent un vif succès. Ils furent suivis en 1843 par un volume d'*Essais critiques et historiques* (*). Mais son œuvre maîtresse demeure l'*Histoire d'Angleterre depuis l'avènement de Jacques II* (*), à laquelle il travailla à partir de 1830 et dont le dernier volume est posthume (1861). Macaulay est inhumé à l'abbaye de Westminster.

RÉF. : L. Stephen, *Hours in a Library*, 3e série, 1879. – P. Oursel, *Les Essais de Lord Macaulay*, Paris 1882. – J. R. Griffin, *The Intellectual Milieu of lord Macaulay*, Ottawa, 1965. – J. Clive, *T. B. Macaulay, The Shaping of the Historian*,

Londres 1973. – J. Millgate, *Macaulay*, Londres, 1973.

MAC COY Horace. Romancier américain. Né le 14 avril 1897 à Pegram, près de Nashville (Tennessee), mort le 16 décembre 1955 à Los Angeles. Il doit gagner sa vie très jeune et suit l'ancienne tradition américaine du colporteur en parcourant les États du Sud, puis devient chauffeur de taxi à La Nouvelle-Orléans et à Dallas. Il sert en France dans l'aviation américaine pendant la Première Guerre mondiale et se retrouve en 1922 journaliste à Dallas où il s'occupe aussi de théâtre. En 1927, il vend une première nouvelle au magazine *Black Mask*. Pendant la Grande Crise, il part pour la Californie où (comme Hammett et Chandler), il collabore aux « pulp magazines » tout en étant ramasseur de fruits, garde du corps, etc., et en soutenant les piquets de grève. Il lui faut attendre 1935 pour que sorte son premier roman *On achève bien les chevaux* (*) et qu'il devienne scénariste à Hollywood comme nombre d'écrivains de sa génération. (Il travaille notamment au *Gentleman Jim* de Raoul Walsh, et aux *Indomptables* de Nicholas Ray.) Après bien des vicissitudes, *Un linceul n'a pas de poches* (*) paraît (expurgé) à Londres en 1937 (il ne sortira aux États-Unis qu'en 1948, et encore modifié par peur du maccarthysme). En 1938, Mac Coy publie *J'aurais dû rester chez nous* (*) et, en 1948, *Adieu l'amour, adieu la vie* [*Kiss tomorrow good-bye*]. Le romancier meurt à Los Angeles, dans l'indifférence quasi générale. Il est pourtant l'un des écrivains marquants parmi ceux qui ont choisi de décrire l'Amérique à travers un réalisme brutal et sans concession. Les « durs », gangsters, politiciens douteux, les détectives occasionnels sont peints dans un contexte économique et social impitoyable où l'homme perd toute dignité. Un lyrisme en contrepoint et le symbolisme de l'écriture donnent à l'œuvre de Mac Coy toute son originalité.

JEANINE PAROT.

MACDIARMID Hugh (pseud. de Christopher Murray Grieve). Poète écossais. Né à Langholm, dans le Dumfriesshire, le 11 août 1892, mort le 9 septembre 1978, à Edimbourg. Auteur jusque-là de poèmes et courtes proses en anglais, vers 1922 Grieve entreprend l'étude de deux livres *Le Dictionnaire étymologique de la langue écossaise* [*The Etymological Dictionary of the Scottish Language*] de John Jamieson, et *L'Écossais du Lowland tel qu'il est parlé dans le district de Perthshire* [*Lowland Scotch as Spoken in the Lower Strathearn District of Perthshire*] de sir James Wilson, où il ne tardera pas à découvrir un « vaste magasin d'effets particuliers et subtils qui sont justement ce que la littérature européenne moderne recherche assidûment... C'est (la langue écossaise) un Marcel Proust à l'état brut — un débris dostoïevskien d'idées — une carrière inépuisable de sonorités subtiles et significatives. » Dès lors ardent défenseur du mouvement de la « Renaissance écossaise », il adopte le pseudonyme de Hugh MacDiarmid et se met à écrire les courts poèmes lyriques de *Sangshaw* (1925), dont le célèbre « Watergaw », et de *Penny Wheep* (1926). En 1926 paraît également son chef-d'œuvre *Un homme soûl contemple le chardon* (*), longue suite de poèmes écrits toujours selon le même principe d'un métissage expérimental des différents dialectes écossais.

Parallèlement à ses activités de poète, MacDiarmid poursuit une activité politique et journalistique dans un esprit tout aussi résolument polémique. « Mon boulot, tel que je le conçois, dira-t-il plus tard, n'a jamais été de pondre un œuf de moineau, mais d'exploser comme un volcan, qui n'émet pas seulement des flammes, mais quantité de détritus. » En 1926 il publie un livre d'articles, *Études écossaises contemporaines* [*Contemporary Scottish Studies*], où il attaque les usages plus sentimentaux de la « matière écossaise » et, en 1934, un livre d'essais *À l'enseigne du chardon* [*At the Sign of the Thistle*] où, de façon très caractéristique, il combat ce qu'il appelle l'« ascendant anglais sur la littérature britannique » tout en promouvant des écrivains modernistes comme Joyce, Valéry, Cocteau, Stein. Fondateur entre autres du Scottish Home Rule Association, du Scottish National Party et de la Scottish National League, en 1934 il est expulsé du Scottish National Party pour cause d'appartenance au parti communiste de Grande-Bretagne et, en 1936, du parti communiste écossais pour « déviation nationaliste » !

Après *Pour circonvenir le serpent* [*To Circumjack Cencrastus*] (1930), MacDiarmid se tourne de plus en plus vers la langue anglaise pour intégrer divers matériaux d'ordre scientifique et politique. Les recueils publiés au cours des années 30 : *Premier Hymne à Lénine* [*First Hymn to Lenin*, 1931], *Les Écossais délivrés* [*Scots Unbound*, 1932], *Frontières de pierre* [*Stony Limits*, 1934] et *Second Hymne à Lénine* [*Second Hymn to Lenin*, 1935] sont surtout remarquables pour certains longs poèmes où l'auteur s'appuie sur des vocabulaires spécialisés, notamment géologiques, pour aboutir à un matérialisme à la fois lyrique, didactique et mystique (MacDiarmid fait partie de ces athées qui, tout en en voulant à Dieu de ne pas exister, n'hésitent pas à l'affronter sur son propre terrain). Les poèmes les plus réussis de cette période sont d'une beauté abrupte, sans précédent, très certainement l'un des sommets de son œuvre.

Surmené et sans emploi, en 1933 MacDiarmid s'installe à Whalsay dans les îles Shetland (la géographie septentrionale de ces îles est souvent présente dans les poèmes de cette période) mais, en 1935, il est hospitalisé à Perth pendant sept semaines, à la suite d'un effondrement nerveux. En 1942, il déménage à Glasgow où il fait son service national comme ajusteur mécanicien dans une société d'ingénierie, et en 1943 publie *Heureux poète* [*Lucky Poet*], « A Self-Study in Literature and Political Ideas », mosaïque insolite et parfois laborieuse où, comme à son habitude, il mêle des autopublicités et propagandes diverses, des coupures de journaux ou d'ouvrages scientifiques ou érudits, ainsi que des extraits d'un gigantesque poème en cours depuis la fin des années 30.

Ce dernier, annoncé en 1939 sous le titre de *L'Art mûr* [*Mature Art*] – poème de trente mille vers qui traite de l'évolution de la littérature et de la conscience universelles, des problèmes de la linguistique, du génie gaélique, de la synthèse de l'Orient et de l'Occident – ne paraîtra qu'en 1955, et en partie seulement, sous le titre *In Memoriam James Joyce,* et reste une des œuvres de MacDiarmid les plus controversées. S'appuyant pour une large part sur une libre « versification » de ses lectures en prose, ce catalogue de données linguistiques et scientifiques, quoique très étonnant par endroit, est surtout connu pour trois ou quatre interludes lyriques, dont le très bel « À l'automne » [In the Fall].

À quelques exceptions près, l'œuvre de MacDiarmid est achevée dès 1940, la période allant de l'après-guerre jusqu'à sa mort étant surtout une période de lectures publiques et de voyages, avec quelques épisodes politiques : en 1956, les événements de Budapest lui fourniront l'occasion de rejoindre le PC écossais, et en 1964 il pose sa candidature à Kinross et West Perthshire contre sir Alec Douglas-Home, alors Premier ministre. Un premier *Collected Poems*, pas vraiment complet, paraît en 1962, et les *Œuvres poétiques complètes* [*Complete Poems*] en 1978, peu de temps avant la mort du poète, qui sera enterré, le 13 septembre, au cimetière de Langholm.

MARK HUTCHINSON.

RÉF. : « Hugh Mac Diarmid and Scottish Poetry », *Agenda*, Londres, 1967-68. – *Hugh MacDiarmid : A critical Survey,* ed. Duncan Glen, Edimbourg, 1972. – Edwin Morgan, *MacDiarmid,* Londres, 1976. – Kenneth Buthlay, *Hugh MacDiarmid,* Edimbourg, 1982.

MACÉ Gérard. Écrivain français. Né à Paris le 4 décembre 1946. Vit et travaille dans sa ville natale. Son œuvre lapidaire se répartit en une douzaine de petits livres, eux-mêmes composés de courts chapitres ou de textes concis. Ces proses fragiles, traversées par la frontière qui sépare l'oral de l'écrit, la voix de la lettre, tissent une trame ajourée, arachnéenne, dont chacune des couches laisse voir les précédentes ou anticiper les suivantes. Jeux d'échos de la mémoire remontant jusqu'à une impossible (maternelle) origine. « Au commencement le poème recommence dans la bouche maternelle », peut-on lire dans son premier livre, *Le Jardin des langues,* préfacé par André Pieyre de Mandiargues (1974). Au commencement est aussi l'enfance, l'âge où les limites ne sont pas encore fixées, avant lecture et écriture, l'âge le plus proche du chaos des langues (le « galimatias d'où je viens »), dont *Les Balcons de Babel* (1977) restitueront le trouble, « longtemps muet dans ma langue au milieu de mes sœurs somnambules je vivais des nuits césariennes entre querelle et jardin ». L'écriture ne fera pas que recouvrir la voix des origines, elle pourra trouver en elle la ressource secrète de son rythme – ainsi à propos de Proust dans *Le Manteau de Fortuny* (1987). C'est encore à travers la voix qui lui lisait *Le Dernier des Mohicans* (*), de Fenimore Cooper, que Champollion atteint de la goutte sera conduit, entre désert et forêt, Nil et Mississippi, à percer le secret des marques abandonnées sur la pierre de Rosette : *Le Dernier des Égyptiens* (1988). Lire, c'est déchiffrer, faire œuvre de sourcier, aller au secours de voix englouties sous les chiffres visibles que sont caractères, stèles, hiéroglyphes, contes : *Leçon de chinois* (1981), *Rome ou le Firmament* (1983), *Bois dormant* (*) (1983), *Où grandissent les pierres* (1985), *Les Petites Coutumes* (1989) témoignent, sur des lieux et objets différents, du même travail sur les traces englouties de la mémoire. C'est à l'appel du nom de Crepereia Tryphaena que s'ouvrira « non le souvenir d'un rêve, mais le souvenir d'avoir rêvé » qui engendre l'espace de la littérature à même l'espace de la mémoire : *Les Trois Coffrets* (1985), *Vies antérieures* (1992) diront ces rapports ténus qui lient mémoire et oubli au cœur de l'acte poétique.

Ce travail de remontée à l'immémorial, Gérard Macé l'exercera aussi comme lecteur subtil de Nerval, Corbière, Rimbaud, Mallarmé, Segalen dans *Ex libris* (1980), il en fera montre en s'occupant, entre 1970 et 1980, de l'édition des œuvres inédites de Saint-Pol-Roux, ou en préfaçant Segalen, Jean Tardieu, Gabriel Bounoure, enfin, par son travail de traducteur (Leopardi, Sergio Solmi, Umberto Saba, Giorgio Agamben ou Thomas De Quincey).

FRANCIS WYBRANDS.

MACEDO Joaquim Manuel de. Romancier et dramaturge brésilien. Né à Itaborai (État de Rio de Janeiro) le 24 juin 1820, mort à Rio de Janeiro le 11 avril 1882. Il fut un des créateurs du roman brésilien. Docteur en médecine de l'université de Rio de Janeiro, il prit une part active à la vie journalistique et politique du pays, obtenant par deux fois la députation. Il occupa aussi la chaire d'histoire au collège de Pedro II et composa, sur la demande du comité de patronage de l'Exposition nationale de 1875, un *Annuaire biographique brésilien*, paru en anglais sous le titre *Brazilian Biographical Annual* (1876). Romancier très fécond, il mit en scène des personnages comme *La Négrillonne* (*) (1845) et *Le Jeune Homme blond* [*O Moço louro*, 1845], aujourd'hui encore très populaires. Il fut aussi auteur dramatique avec des œuvres de tout genre, indianiste : *Cobé* ; biblique : *Le Sacrifice d'Isaac* [*O Sacrifício de Isaac*] ; et pseudoréaliste : *Lusbela*. Il écrivit encore des farces : *La Tour mise au concours* [*A Torre em concurso*, 1863] ; des mélodrames : *Luxe et Vanité* [*Luxo e vaidade*, 1860], toujours favorisé par une grande facilité ; il ne réussit pourtant jamais à établir au théâtre ce dialogue avec le public auquel il dut son succès de romancier. Sa renommée de poète est due essentiellement à son poème *La Nébuleuse* (1857).

RÉF. : Ferdinand Wolf, *Le Brésil littéraire*, Berlin, 1863. – Benedito Costa, *Le Roman au Brésil*, Paris, 1918. – Machado de Assis, *Crítica teatral*, in vol. XXX des *Obras completas*, Rio de Janeiro, 1936. – Sílvio Romero, *História da literatura brasileira*, t. V, 3e éd., Rio de Janeiro, 1943.

MACEDO José Agostinho de. Ecclésiastique et écrivain portugais. Né à Beja le 11 septembre 1761, mort à Pedruços le 2 octobre 1831. Il entra dans l'ordre de Saint-Augustin en 1778. Grand érudit, il devint prêtre séculier en 1794. En 1820, après s'être consacré à la prédication, il fut nommé chapelain. Il s'intéressa ensuite à la politique et fut élu député en 1822. Puis il devint historiographe du royaume en 1830. Macedo exerçait un grand prestige parmi les écrivains de l'époque. Aussi n'hésita-t-il pas à critiquer l'inimitable Camoens dans le poème épique intitulé *Gama* (1811). Macedo se distingua surtout par des traductions très soignées, entre autres une très belle traduction d'Horace en vers portugais. Ses principales œuvres sont : *Méditations* [*Meditacão,* 1813], poème philosophique puissant ; *Newton,* poème didactique ; *Une imposture punie* [*A impostura castigada*, 1812], comédie ; *Clotilde ou le Triomphe de l'amour maternel* [*Clotilde ou o triunfo do amor materno*], drame ; *Démonstration de l'existence de Dieu* [*Demostração da existência de Deus,* 1816], *Les Ânes ou le Règne de la stupidité* (*) (1827). Macedo a écrit plus de deux cents œuvres, et il a fondé et dirigé quatre journaux.

MACH Ernst. Physicien et philosophe autrichien. Né à Chirlitz (Moravie) le 18 février 1838, mort à Haar (près de Munich, Bavière) le 9 février 1916. Il étudia à Vienne les mathématiques et la physique, enseigna les mathématiques à Graz (1864-1867), puis fut nommé à l'importante chaire de physique de l'université de Prague où il professa de 1867 à 1895. Il y publia ses premiers ouvrages qui lui valurent d'être considéré comme le créateur – avec Avenarius – d'une nouvelle théorie philosophique : l'empiriocriticisme. De cette époque datent les *Éléments de physique* [*Leitfaden der Physik*, 1881, en collaboration] et les *Contributions à l'analyse des sensations* [*Beiträge zur Analysis der Empfindungen*, 1886], étude préparatoire à son œuvre magistrale : *La Mécanique : exposé historique et critique de son développement* (*). Dans la lutte où s'affrontaient la classe dominante allemande et l'élément tchèque, Mach se rangea délibérément du côté allemand, à tel point que, durant son rectorat (1879-1880), il s'opposa avec vigueur à l'introduction de la langue tchèque dans l'enseignement de l'université de Prague. Sa réputation de savant, et aussi son attitude favorable au gouvernement de Vienne, le firent nommer en 1895 à la chaire de philosophie scientifique de l'université de cette ville, et lorsque, en 1901, il quitta l'enseignement, l'empereur d'Autriche le nomma membre de la Chambre des pairs. Ernst Mach fut, à Vienne, le chef d'une école scientifique plus florissante encore que celle de Prague. Ce fut à Vienne qu'il publia une série d'ouvrages de haute vulgarisation, tels que les *Leçons de philosophie populaire* [*Populärwissenschaftliche Vorlesungen*, 1896], *La Connaissance et l'Erreur* [*Erkenntnis und Irrtum*, 1905], ou d'une grande portée scientifique, comme *Principes de la terminologie* [*Die Prinzipien der Wärmelehre, historisch-kritisch entwickelt*, 1896] et son chef-d'œuvre philosophique, *Analyse des sensations* [*Die Analyse der Empfindungen und das Verhältniss des Physischen zum Psychischen,* 1902].

RÉF. : R. Musil, *Beitrag zur Beurteilung der Lehren Machs* (thèse), Berlin, 1908 (*Pour une évaluation des doctrines de Mach*, Paris, 1985) – R. Bouvier, *La Pensée d'Ernst Mach* (thèse), Paris, 1922. – J. T. Blackmore, *Ernst Mach, His Work, Life und Influence*, Berkeley, 1972. – R. Haller et F. Stadler (dir.), *Ernst Mach. Werk und Wirkung*, Vienne, 1988.

MÁCHA Karel Hynek. Poète tchèque. Né le 16 novembre 1810 à Prague, mort le 6 novembre 1836 à Litoměřice (Bohême du Nord). Fils d'un ancien garçon meunier tombé dans la misère, il put néanmoins faire des études de philosophie et de droit, approfondies par des lectures étendues – de philosophie et d'histoire, mais surtout des poètes allemands, polonais et anglais. C'est dans leur esprit qu'il entreprit des équipées sur les traces de l'histoire de Bohême et qu'en 1834 il se rendit à pied, par l'Autriche, à Venise et à Trieste. Après quelques poèmes en allemand, il écrivit ses premiers vers tchèques dans le style conventionnel du « renouveau national ». Il prit en même temps une part active à la vie culturelle, surtout comme comédien amateur. C'est dans ce contexte qu'il connut Eleonora Šomková, issue d'une famille d'artisans, qui devint son amante et la mère de son fils Ludvík. La correspondance de Mácha et ses carnets, dont les passages érotiques sont en langage chiffré, témoignent des péripéties de cette liaison désespérée « à la Werther ». Pour être en mesure d'épouser « Lori » et de pourvoir aux besoins d'une famille, Mácha acheva en 1836 ses études de droit et accepta un poste de clerc d'avocat à Litoměřice. Là, affaibli par l'indigence, il s'épuisa en voulant éteindre un incendie et succomba à la cholérine ; il fut enterré le jour où aurait dû être célébré son mariage. Ses restes furent solennellement transférés à Prague en 1938, après le diktat de Munich. Mácha fut incontestablement l'un des fondateurs de la poésie tchèque moderne, bien qu'un seul livre, *Mai* (*), eût été publié de son vivant, en 1836, à compte d'auteur. L'action tragique du poème, située dans le cadre enchanté de la nature de mai, le conduit surtout à méditer en poète sur la vie et la mort, le temps et l'éternité, l'être et le néant – méditation dont il est peu d'exemples dans la poésie européenne de son temps. En dehors de *Mai* et de quelques poèmes de style traditionnel publiés dans des revues, la plupart des œuvres de Mácha restèrent à l'état de manuscrits, et ne furent éditées qu'après sa mort. Il s'agit d'une série de poèmes lyriques annonciateurs de *Mai*, de cinq fragments dramatiques et de quelques proses : un récit lyrique, *Pèlerinage aux Monts des Géants* [*Krkonošská pout'*, 1833], une nouvelle historique, *Křivoklát* (1834), deux *Tableaux de ma vie* [*Obrazy ze života mého*, 1834], et un roman de passion et de jalousie romantiques, *Les Tziganes* [*Cikáni*, 1836]. Tout comme sa poésie, la prose de Mácha se distingue par un timbre particulier, un sens plastique, une musicalité exceptionnelle et une profondeur de pensée auxquelles la société tchèque de l'époque ne pouvait guère manifester de compréhension : l'œuvre de Mácha ne commença d'être estimée qu'au XXe siècle.

XAVIER GALMICHE.

♦ *« Il y a quelque chose de grand dans le fait qu'il y ait eu, à la naissance de la poésie tchèque, un homme à l'esprit assez vaste et pénétrant pour se mettre aux prises avec quelques-unes des questions les plus profondes qui animent encore le temps présent, pour les sonder de manière tout à fait originale, sans analogue. »* Jan Patočka.

RÉF. : J. Mukařovský, *Máchovské studie*, Prague, 1948. – J. Patočka, *L'Écrivain, son « objet »*, Paris, 1990.

MACHADO Antonio. Poète espagnol. Né à Séville le 26 juillet 1875, mort à Collioure (Pyrénées-Orientales) le 22 février 1939. Son père, Antonio Machado Alvarez, écrivit divers ouvrages sur le folklore, notamment une *Colección de cantares flamencos* (1881), *Estudios sobre literatura popular* (1884). Sa mère, Ana Ruiz, était la fille d'un confiseur du quartier sévillan de Triana. Par beaucoup d'aspects de son œuvre et de sa personnalité, Antonio Machado est profondément andalou. En 1883, sa famille s'installe à Madrid. Avec son frère Manuel, qui sera lui aussi un poète important, Antonio est élevé à la Institución libre de Enseñanza. Fondé par Francisco Giner de los Ríos, ce collège privé d'inspiration libérale, aux pratiques pédagogiques très neuves, eut un rôle considérable sur sa formation. Après la mort de son père en 1893, et de son grand-père en 1896, sa famille connaît de grandes difficultés matérielles. En 1899, Antonio rejoint à Paris son frère Manuel. Un modeste emploi de traducteur leur laisse tout loisir pour participer à la vie de bohème de la capitale. « Paris était alors – écrit Machado – la ville de "l'affaire Dreyfus" en politique, du symbolisme en poésie, de l'impressionnisme en peinture, du scepticisme élégant dans la critique. Je connus personnellement Oscar Wilde et Jean Moréas. La grande figure littéraire, le grand consacré, était Anatole France. » Les deux frères commencent alors à écrire les poèmes de leur premier livre, *Alma* et *Soledades*. À Paris de nouveau, en 1902, Antonio Machado fait la connaissance de Rubén Darío, figure de proue du « modernisme » hispano-américain. De retour à Madrid, Machado retrouve ses amis écrivains, Valle Inclán, Azorín, Villaespesa, Jiménez ; il collabore à diverses revues, *Helios, La Caricatura*, et il publie son premier livre, *Solitudes* (1903) – v. *Poésies* (*) de Machado –, dont Jiménez déclare aussitôt : « Je crois que l'on n'a pas écrit depuis longtemps une poésie aussi douce et aussi belle que celle de ces courtes compositions, dites mystérieusement et profondément de la voix de l'âme. » Devenu professeur de français au lycée de Soria (1907), Machado se marie, en 1909, avec Leonor Izquierdo Cuevas. Un séjour à Paris, en 1911, qui permet à Machado d'assister au cours de Bergson au Collège de France, se termine tragiquement par la maladie de Leonor. Atteinte de tuberculose, celle-ci meurt à Soria le 1er août 1911. « Cinq ans en terre de Soria, terre aujourd'hui pour moi sacrée [...] orientèrent mes yeux et mon cœur vers l'essentiel castillan. » *Champs de Castille* (*) paraît en 1912. Muté à Baeza, où il demeure pendant huit ans, Machado entreprend des études de philosophie qui marqueront profondément son œuvre. Outre les lectures, les promenades et les excursions vivifient son goût très fervent de la nature et du paysage andalou qui se reflètent dans ses poèmes. Cependant il écrit, en 1913, à Unamuno : « Ici on ne peut rien faire. Les gens d'ici ont l'âme absolument imperméable [...] Je reconnais la supériorité spirituelle des terres pauvres du Douro. » Au cours de ces années d'exil, comme il dit, et de méditation, Machado prend conscience avec acuité des problèmes politiques et religieux de son temps. Tel devrait être selon lui le projet des politiciens : « ... Parler au peuple et proclamer le droit du peuple à la conscience et au pain, promouvoir la révolution, non d'en haut, ni d'en bas, mais de partout. » Quant à la religion : « Il est évident que l'Évangile ne vit pas dans l'âme espagnole, du moins ne le voit-on nulle part. » En 1919, Antonio Machado est nommé au lycée de Ségovie. La proximité de Madrid lui permet de renouer ses amitiés littéraires. Il participe à la fondation de l'université populaire de Ségovie, où il donne quelques conférences. En 1924, il publie un nouveau livre, *Nouvelles Chansons* (*). En 1926, le *Chansonnier apocryphe d'Abel Martín* – v. *Poésies* (*) – paraît dans la *Revista de Occidente*. Une pièce de théâtre, écrite avec son frère Manuel, est alors représentée : *Malheurs de la fortune ou Julianillo Valcárcel* [*Desdichas de fortuna o Julianillo Varcarcel*, 1926]. Les deux frères écriront ensemble plusieurs pièces de théâtre qui seront jouées à cette époque. En 1927, Antonio Machado est élu à l'Académie espagnole. Ses préoccupations politiques, très vives, s'expriment notamment dans son carnet de notes *Los Complementarios*. Il fait alors la connaissance de celle qu'il appelle Guiomar dans ses poèmes. Il s'en éprend passionnément. Mais Guiomar est mariée : leurs relations restent très secrètes. Machado salue avec enthousiasme la proclamation de la République, le 14 avril 1931. La même année, il est nommé professeur au lycée Calderón de la Barca, à Madrid. En 1933, il publie la troisième édition de ses *Poésies complètes*. Le *Diario de Madrid* publie dès l'année suivante les premières pages du livre d'essais qui sera édité en mai 1936 sous le titre de *Juan de Mairena. Sentences, mots d'esprit, notes et souvenirs d'un professeur apocryphe* (*). Le soulèvement d'une partie de l'armée contre la République, le 18 juillet 1936, déclenche la guerre civile. Fidèle à l'idéal libéral et démocratique qu'il a toujours manifesté, Antonio Machado défend la cause républicaine. L'assassinat de Federico García Lorca par les franquistes lui inspire un poème très beau : « Le crime a eu lieu à Grenade. » Outre divers poèmes, il écrit abondamment dans la presse. L'avancée de l'armée dite « nationale » l'oblige à se réfugier avec sa famille dans le petit village de Rocafort, près de Valence. Séparé de son frère Manuel, qui a choisi la cause des nationalistes, il est accablé de douleur : « La vie est cruelle parfois, et excessivement dure [...] Quand je pense à un exil possible, en un autre pays qui ne soit pas ce pays tourmenté de l'Espagne, mon cœur se trouble et s'afflige. J'ai la certitude que l'étranger serait pour moi la mort. » Cependant le poète, faisant de sa plume une arme de combat, multiplie les articles dans *Hora de España, Madrid*, les bulletins du Service espagnol d'information. Il publie alors un dernier volume de poèmes et de proses, intitulé *La Guerra* – voir *Poésies* –, illustré par son frère José. Guiomar, dont il est alors à jamais séparé, lui inspire aussi d'admirables compositions poétiques : « La guerre a sur l'amour porté le coup fatal... » En avril 1938, Antonio Machado et sa famille doivent se réfugier à Barcelone. Épuisé de fatigue, il n'en poursuit pas moins son combat par la plume dans *Hora de España* et *La Vanguardia* ; il écrit aussi un admirable prologue pour une nouvelle édition de *La Corte de los Milagros* de Ramón del Valle Inclán. Beaucoup d'intellectuels ou d'artistes républicains viennent lui rendre visite : Ilya Ehrenburg, Waldo Frank, Joaquin Xirau, Tomás Navarro Tomás. Mais la République vit ses derniers jours. L'exode inévitable commence le 22 janvier 1939. Parmi des milliers de réfugiés, dans la pluie et la boue, le poète et les siens arrivent en France le 28. Installé dans un modeste hôtel de Collioure dans les Pyrénées-Orientales, épuisé de fatigue et de désespoir, il y meurt le 22 février 1939. Deux jours après mourait sa mère, doña Ana, qui l'avait suivi dans l'exil. L'enterrement eut lieu au petit cimetière de Collioure, où le corps du poète repose encore. Dans la poche de son manteau on retrouva le dernier vers qu'il écrivit : « Ces jours d'azur et ce soleil de l'enfance » [Estos días azules y este sol de la infancia]. Par sa mort en exil, par son idéal de liberté et de solidarité, par son amour du peuple, par ses diatribes contre l'égoïsme des classes possédantes, par l'amour de l'Espagne et par le reflet idéalisé qu'il en propose dans son œuvre, Antonio Machado, mieux que tout autre écrivain de son temps, a été unanimement reconnu comme le symbole de l'Espagne républicaine.

BERNARD SESÉ.

♦ *« Il y a deux maîtres : Antonio Machado et Juan Ramón Jiménez. »* Federico García Lorca. ♦ *« La figure de Machado, dont l'œuvre est si peu abondante, grandit encore de jour en jour. »* José María Castellet. ♦ *« Je suis d'accord avec ceux qui voient en lui le premier poète espagnol de ce siècle, et ils sont nombreux. »* Jorge Guillén. ♦ *« L'extraordinaire poète que fut Antonio Machado... »* Leopoldo de Luis.

RÉF. : Jean Cassou, *Trois Poètes, Rilke, Milosz, Machado*, Paris, 1954. – Manuel Tuñón de Lara, *Antonio Machado*, Paris, 1960. – Bernard Sesé, *Antonio Machado (1875-1939). L'homme. Le poète. Le penseur*. Université de Lille III, 1980 ; *Claves de Antonio Machado*, Madrid, 1991.

MACHADO Manuel. Né à Séville le 29 août 1874, mort à Madrid le 19 janvier 1947. Frère du grand poète Antonio Machado, il fut, lui, le poète le plus représentatif de l'esprit moderne dans la poésie espagnole de son temps. De sa Séville natale, encore enfant, on l'emmena à Madrid où il commença ses études à l'Institution libre d'enseignement. De 1898 à 1900 il résida à Paris, et cette période coïncide avec la phase la meilleure de sa création poétique, qui fut intense jusqu'en 1907. L'influence de la poésie symboliste fut, de tout ce qu'il assimila à Paris, la chose la plus précieuse et la plus profitable au développement de son art – v. *Poésies* (*). De retour en Espagne, il collabora à de nombreux journaux et revues et, à partir de 1921, écrivit aussi pour le théâtre ; ce fut le départ d'une intime collaboration avec son frère, dans ce domaine – *Julianillo Valcárcel* (1926). Le 19 février 1938, Manuel Machado fut reçu solennellement à l'Académie royale de la langue, dont il devint membre, en pleine période de guerre civile. Le poète retourna à

Madrid, après la cessation des luttes sanglantes, et il y résida jusqu'à sa mort.

MACHADO DE ASSIS Joaquim Maria. Écrivain brésilien. Né à Rio de Janeiro le 21 juin 1839, mort dans cette même ville le 29 septembre 1908. Ses parents étaient des mulâtres d'origine très modeste — sa mère, Maria Leopoldina Machado, avait été esclave — et il connut une enfance misérable et triste. Son esprit repoussa toujours ces souvenirs et l'on n'en trouve presque pas trace dans son œuvre. Il semble qu'il ait été recueilli dans un séminaire, mais la mort de sa mère lui rendit la liberté. Il trouva rapidement un emploi de typographe, puis de correcteur d'épreuves ; dans sa fréquentation quotidienne des livres, il accumula, avec l'obstination des autodidactes, une vaste culture littéraire, philosophique et artistique. Cette culture dut être la compensation qu'il chercha aux douloureux complexes qui le rendirent toujours triste et renfermé : celui de sa naissance, celui de la pauvreté et celui de l'épilepsie dont il fut affligé sa vie durant. Ces complexes toutefois n'influencèrent jamais sa plume : bien que mulâtre, il traversa tout le mouvement abolitionniste sans prononcer une seule parole au sujet de la « question nègre », qui était le problème dominant du Brésil contemporain. Il fut le romancier de la classe bourgeoise, médiocre et satisfaite. Ses premiers essais poétiques et narratifs lui ouvrirent le chemin du journalisme, mais, pour pouvoir se consacrer plus tranquillement à son œuvre, il accepta un emploi public, épousa — contre la volonté de sa famille — une Portugaise d'excellente famille et très cultivée — Carolina de Novais, et vécut toujours parmi ses livres, ses amis et ses élèves, sans jamais sortir de son milieu ni de sa ville. Après la publication de ses plus grands romans, reconnu comme un maître, il fonda l'Académie brésilienne des lettres dont il fut le premier président.

Ses œuvres de début ne se détachent pas de l'ordinaire atmosphère sentimentale créée par José de Alencar avec son roman *Le Guarany* (*). Ses premières poésies, fluides et harmonieuses, sont nettement romantiques : *Les Chrysalides* (*) (1864), *Phalènes* (*) (1870) ; c'est plus tard seulement qu'il trouva sa voie : *Poésies complètes* [*Poesias completas*, 1901], *Occidentales* (*) (1901). Pour la scène, il composa des pièces dont la légèreté rappelle le théâtre poétique de Musset, mais sans en avoir les qualités dramatiques. Sa supériorité réelle est dans le roman ; cependant, à ne considérer que ses premiers ouvrages : *Helena* (1876), *La Main et le Gant* [*A mão e a luva*, 1874], *Yaiá Garcia* (1878), Machado n'aurait été qu'un écrivain aimable. Ce sont les œuvres de sa maturité qui devaient révéler son génie créateur : *Mémoires posthumes de Braz Cubas* (*) (1880), *Histoire sans date* [*Histórias sem data*, 1884], *Quincas Borba* (1891), *Histoires diverses* [*Várias histórias*, 1896], *Dom Casmurro* (1900), *Esaü et Jacob* (*) (1904), et enfin *Mémorial d'Aires* [*Memorial de Aires*, 1908], qui est presque une autobiographie. Dans ces œuvres, Machado sut écarter la prose brésilienne du régionalisme (peinture du paysage et des mœurs) pour la rapprocher de l'homme, considéré d'un point de vue universel. Psychologue à la vie intérieure intense, pessimiste incurable, il réussit à fondre son amer sentiment de désillusion en un humour calme et subtil : il savait en outre découvrir les aspects les plus secrets de vies considérées comme ordinaires. Étranger à toute école, très personnel dans sa technique volontairement simple et digressive, il composait ses romans comme une série de tableaux et de réflexions ; son style concis, lapidaire, coloré d'expressions populaires, a fait de lui l'un des grands classiques de la langue portugaise. Ses *Œuvres complètes* [*Obras completas*], dont la première édition parut en 1936 et la sixième en 1952-1956, comportent trente et un volumes.

♦ *« L'absurdité du monde, l'écrasement de l'homme par des forces immenses et indifférentes, l'absence de tout finalisme dans l'univers lui paraissaient évidents. »* André Maurois. ♦ *« Machado de Assis est un des plus fameux auteurs brésiliens. Il est urbain, casanier, intime, peintre de médiocres vies citadines ; ce qui l'intéresse, ce sont les humbles, qu'il aime parce que ce "moins" d'humanité lui est prétexte à des observations malignes, qui s'appliquent à l'homme en général. »* Francis de Miomandre.

RÉF. : Silvio Romero, *Machado de Assis*, Rio de Janeiro, 1897. — M.de Oliveira Lima, *Machado de Assis et son œuvre littéraire*, Paris, 1909. — Victor Orban, *Machado de Assis, romancier, conteur et poète*, Paris, 1909. — Alfredo Pujol, *Machado de Assis*, São Paulo, 1917. — Isaac Goldberg, *Brazilian Literature*, New York, 1922. — Augusto Meyer, *Machado de Assis*, Pôrto Alegre, 1935. — Numéro spécial de juin 1939 de la *Revista do Brasil*. — Barreto Filho, *Introdução a Machado de Assis*, Rio, 1947, 2e éd. 1980. — J.-M. Massa, *La Jeunesse de Machado de Assis (1839-1870). Essai de biographie intellectuelle*, Poitiers, 1969 ; Rio, 1971. — H. Caldwelle, *Machado de Assis. The Brazilian Master and His Novels*, Berkeley, 1970. — W. de Castro, *Metáforas machadianas : estruturas e funções*, Rio, 1977. — R. Magalhães, *Vida e Obra de Machado de Assis*, Rio, 1981. — M. L. Nunes, *The Craft of an Absolute Winner, Characterization and Narratology in the Novels of Machado de Assis*, Westport, 1983.

MACHEN Arthur (Arthur Llewelyn Jones-Machen). Écrivain anglais. Né le 3 mars 1863 à Caerleon-on-Usk (Gwent), Pays de Galles, et mort le 15 décembre 1947 à Beaconsfield, Angleterre. Fils de pasteur, Arthur Jones-Machen quitte l'école à l'âge de dix-sept ans. Il commence d'écrire à la même époque et publie (à titre privé) « Eleusinia », un poème en vers libres, en 1881. Cette même année, il part chercher fortune à Londres où il s'essaye au journalisme indépendant, puis se livre à diverses activités pour survivre : précepteur en 1883, il traduit l'*Heptaméron* (*) de Marguerite de Valois en 1884, dresse le catalogue d'ouvrages occultistes de l'éditeur Redway, imprimé en 1885, traduit *Le Moyen de parvenir* (*) de Béroalde de Verville et l'*Histoire de ma vie* (*) de Jacques Casanova en 1888. Entre-temps, Machen a publié un premier essai : *Anatomie du tabac* [*The Anatomy of Tobacco,* 1884]. Il écrit beaucoup, mais publie peu. L'esprit de Machen est très perméable à l'hermétisme et ses écrits traduisent cette orientation spirituelle qui ira en s'accentuant pendant une douzaine d'années. Dans le cadre de cette période fin de siècle entre l'essentiel de l'œuvre fantastique et onirique de Machen : *Le Grand Dieu Pan* (*) et *La Lumière intérieure* [*The Inmost Light*] paraissent en 1894 ; suivent *Les Trois Imposteurs* [*The Three Impostors,* 1895] et « La Pyramide de feu » [The Shining Pyramid, 1895]. L'une de ses œuvres majeures, *La Colline des rêves* [*The Hill of Dreams*], une variation onirique inspirée de souvenirs de jeunesse, écrite entre 1896 et 1897, ne sera publiée qu'en 1907. Il écrit encore *Hiéroglyphes* [*Hieroglyphics,* 1902], un essai sur la littérature et « Le Peuple blanc » [The White People, 1904], une de ses nouvelles les plus fortement traversées par la tradition celtique. Mais, en 1899, la mort de sa femme Amélia Hogg (épousée en 1887) brise net son élan. Il entre dans l'ordre hermétique de la Golden Dawn, puis, en 1901, rejoint une troupe de théâtre shakespearien, mais il n'y joue que des seconds rôles. Il épouse Dorothie Purefoy Hudleston en 1903. Paraissent *Un fragment de vie* [*A Fragment of Life,* 1904] et *La Maison des âmes* [*The House of Souls,* 1906]. Il collabore à un nombre croissant de journaux, couvrant dans ses articles toutes sortes de sujets, et quitte les planches en 1909. Le 29 septembre 1914 paraît sa nouvelle « Les Archers » [The Bowmen] qui donne naissance au début de l'année suivante à la légende des « Anges de Mons ». La Première Guerre mondiale trouve son écho dans l'œuvre de Machen ; ses contes sont traversés d'une invisible et superstitieuse terreur allemande qui laisse perplexe : *Les Archers et autres légendes de la guerre* [*The Bowmen and Other Legends of the War,* 1915], *La Terreur* [*The Terror,* 1917], suivis d'un essai *La Foi chrétienne et la guerre* [*War and the Christian Faith,* 1918]. Ses livres ne lui rapportent pratiquement pas d'argent et la critique a généralement tendance à les mépriser ; la famille Machen vit dans la pauvreté. Machen n'écrit plus de fiction ; il croit son inspiration visionnaire épuisée. Deux ouvrages autobiographiques, *Les Grands Lointains* [*Far Off Things,* 1922] et *Distances* [*Things Near and Far,* 1923], viennent confirmer, si besoin était, que Machen est un styliste, un plasticien de l'écriture ; il émane de sa langue riche, harmonieuse et sophistiquée, la même impalpable fragrance que de celle de Huysmans. Quelques essais et recueils d'articles suivent encore : *Craintes et Rictus* [*Dreads and Drolls,* 1926] et *Notes et Interrogations* [*Notes and Queries,* 1926], avant un dernier sursaut de créativité purement littéraire, moins inspiré cependant, qui se traduit par deux recueils de nouvelles : *Une chambre bien tranquille* [*The Cosy Room and Other Stories,* 1936] et *Les Enfants de l'étang* [*The Children of the Pool,* 1936].

XAVIER PERRET.

MACHIAVEL [Niccoló Machiavelli]. Écrivain italien. Né et mort à Florence (3 mai 1469-22 juin 1527). Il appartenait à une ancienne et noble famille de cette ville. Sur ses premières années, ses études, ses inclinations, on n'a que des documents rares et incomplets, et la première date précise de sa biographie est celle de 1497, année où il écrivit une lettre à Ricciardo Bechi sur deux prédications de Savonarole. Nous savons qu'en 1498 il entra dans la bureaucratie florentine comme secrétaire de la deuxième chancellerie. Dans la lettre à Bechi apparaissent déjà quelques traits de sa conception de la vie et de la politique ; elle contient en germe son jugement sur les « prophètes désarmés », autrement dit les hommes qui s'aventurent dans le vaste monde de la politique sans avoir les moyens de le dominer et de le contrôler. Aussi Savonarole est-il jugé, d'une part, comme un ambitieux, d'autre part, comme un homme qui ne sait pas donner corps et réalisation concrète à son ambition. Au cours des diverses missions diplomatiques que, de 1499 à 1512, Machiavel dut accomplir par mandat des Dix de la Balia et qui le menèrent de la cour de petits potentats comme Catherine Sforza Riario, Pandolfo Petrucci ou Giampaolo Baglioni, à celles d'un César Borgia, de Louis XII, roi de France, ou de l'empereur Maximilien Ier de Habsbourg, cette intuition première de la vie politique eut le moyen de se fortifier par différentes voies, de se nourrir d'expériences essentielles pour un observateur politique, de prendre pour matière la pratique d'États qui dominaient alors la grande politique européenne.

Les Relations diplomatiques (*) de Machiavel, c'est-à-dire les dépêches par lesquelles il informait, presque quotidiennement, la République du développement des événements dans les pays où il se trouvait, sont donc, en ce sens, des sources de toute première importance pour la reconstruction de sa pensée politique ; quand on les étudie, on y voit se former peu à peu ses thèmes essentiels : la nécessité de ne jamais suivre les « voies moyennes », mais de se tenir toujours, courageusement, aux extrêmes ; la nécessité, pour celui qui se trouve engagé dans une situation politiquement concrète, de subordonner l'amitié à la force, les traités et la parole donnée à la maîtrise des circonstances ; la théorie de la fortune, non encore précisée, en ces premières années, avec une grande rigueur théorique, mais déjà adoptée, dans les moments de lucidité spéculative les plus intenses, comme le symbole de ce contrôle continuel des choses et des circonstances que l'homme ne peut jamais interrompre s'il ne veut pas, en même temps, renoncer aussi au salut de son pays. Ce n'est pas tout : au cours de ces missions mûrit également chez Machiavel une appréciation générale de la réalité politique de l'Europe de son temps, car il est à même, en voyageant à travers la Basse-Allemagne ou la France, de saisir sur le vif des manières de vivre et de penser, des formes politiques et militaires ; en un mot, la consistance même de ces grands protagonistes de la politique européenne. Et de même que, de ses expériences italiennes et florentines, naissent les écrits *De la manière de traiter les peuples rebelles de la Valdichiana* [*Del modo di trattare i popoli della Valdichiana ribellati*, 1503] et *Paroles à dire sur la nécessité de se procurer de l'argent* [*Parole da dirle sopra la provvisione del danaio*, 1503], de même, de ses expériences internationales sortent ses écrits sur l'Allemagne — v. *Rapport sur les choses de l'Allemagne* (*) —, et sur la France — v. *Rapport sur les choses de la France* (*) —, dans lesquels son attention se porte essentiellement sur le degré de maturité politique qu'ont atteint ces pays et, par suite, sur la désagrégation politique et sociale de l'Allemagne et sur l'unité de plus en plus ferme de la moderne monarchie française.

La défaite des milices florentines à Prato, en 1512, permettait aux Espagnols de s'emparer de la ville de Florence et de substituer au gouvernement démocratique de Soderini, incapable de faire front devant les événements, un nouveau gouvernement ayant à sa tête les Médicis. Machiavel fut bientôt éloigné de sa charge ; soupçonné d'avoir pris part à la conjuration antimédicéenne de Pier Paolo Boscoli, il fut emprisonné et légèrement torturé, puis condamné au bannissement sur le territoire même de la République. Dans la retraite de Sant'Adresa in Percussina, où il avait une petite villa et quelques ares de terre, les souvenirs d'expériences si remarquables et variées devaient se presser avec une insistance particulière dans son esprit, réclamant une expression ordonnée et cohérente. C'est ainsi que naquirent, vers les derniers mois de 1512 et les premiers de 1513, les chapitres initiaux des *Discours sur la première décade de Tite-Live* (*). C'était le désir impérieux de voir clair dans la structure même de l'action politique qui lui faisait prendre, comme matière de ses réflexions, l'histoire de la Rome républicaine telle qu'elle avait été fixée dans les pages de Tite-Live. Et, sur la perfection de la constitution romaine, sur l'implacable clarté de l'action politique de ce peuple, Machiavel, avec une exceptionnelle force polémique, projette l'image inverse d'un siècle d'histoire florentine ; la misère d'une vie constitutionnelle rendue instable et parfois même convulsive par les bouleversements continuels affectant les gouvernements et jusqu'aux structures citadines, par l'émiettement du pouvoir et, en conséquence, par l'impossibilité d'agir. Par la théorie de l'imitation des « ordres antiques », énergiquement soutenue dès les premières assertions de l'ouvrage, Machiavel relie la réalité du passé aux possibilités du présent, et dévoile ainsi son attitude envers l'histoire contemporaine.

Pourquoi, à ce moment, a-t-il interrompu son travail pour écrire d'un seul jet les vingt-six chapitres du *Prince* (*) (1513), c'est un problème complexe, sur lequel les historiens se sont toujours penchés. Mais, pour le résoudre, il suffit de penser que les *Discours* ont pris corps comme œuvre systématique, plutôt propre à faire comprendre les termes généraux de l'action politique qu'à ouvrir à l'homme d'action une voie concrète. Et il fallait que Machiavel, à qui la situation historique semblait demander et exiger une « vertu » antique de nature à la racheter de toutes ses contradictions, abandonnât le plan plus doctrinal des *Discours* pour descendre sur le terrain concret de la lutte, interrogeant la réalité, envisageant d'un esprit lucide ses difficultés et préparant les moyens de les résoudre. La note fondamentale du *Prince* est dans cet examen des problèmes du présent, dans cette tentative désespérée d'arriver, par la clarification de la réalité, à découvrir le critère absolu pour la dominer. Le diagnostic auquel aboutit cet examen du réel est définitif comme le remède proposé, comme le devoir, que Machiavel signifie à l'homme, de n'être jamais inférieur aux situations historiques, mais de les prévoir, selon les modes qu'il décrit, et de les dominer. D'où aussi la rigueur de la « politique » de Machiavel, son implacable froideur qui recourt aux moyens les plus impitoyables ; rigueur et implacabilité qui ne sont qu'une fidélité stricte aux prémisses qui découlent de la situation de l'homme dans le monde, de son devoir de ne jamais se montrer inférieur aux circonstances. *Le Prince* est donc une construction rigide de la « vertu » humaine, une indication des manières par lesquelles on « doit » résister et réagir aux circonstances, à la « fortune ». Mais la fortune n'est jamais oubliée un instant au cours de la construction qui veut s'y opposer ; de là le ton dramatique de l'œuvre, la saveur concrète de la polémique de Machiavel.

Les principes généraux qui forment la structure des *Discours sur la première décade de Tite-Live*, ouvrage commencé dans les premiers mois de 1513, interrompu pour la composition du *Prince*, puis repris plus tard entre 1515 et 1517, ne sont pas différents ; tels, par exemple, le concept de la vertu, celui de la fortune, celui de la politique, et l'on comprend aisément qu'il en soit ainsi. Par contre, non seulement le cadre historique et politique mais même la conception générale que l'auteur y exprime sont loin d'être les mêmes dans les deux ouvrages. Dans le livre I, le but de Machiavel est essentiellement de comprendre les raisons profondes de la crise politique italienne, en dehors des motifs faciles de la polémique immédiate, et l'histoire romaine, décrite et analysée par lui comme l'histoire du peuple qui, mieux que tout autre, a réussi dans l'entreprise ardue de fonder un grand État, ne constitue que le plan idéal de sa doctrine politique, la ligne de conduite par rapport à laquelle l'histoire réelle de Florence et de l'Italie révèle toutes ses contradictions et ses misères. Car, à Florence, les luttes des partis s'épuisèrent toujours dans le vain jeu des victoires et des défaites, des bannissements et des confiscations, des persécutions et des exils, sans qu'on parvînt jamais à entrevoir, au-dessus de l'intérêt étroit des partis, l'intérêt supérieur de l'État, alors qu'à Rome les luttes entre les deux ordres, praticien et plébéien, furent la raison même de la grandeur et de la puissance de l'État, car elles fournissaient des indications utiles à des législateurs prudents, prompts à traduire ces données dans les lois et les dispositions administratives. L'État n'est pas, en effet, solide et durable, s'il se fonde sur une classe et en laisse une autre en marge cultiver son hostilité et ses désirs de vengeance ; il l'est quand ses lois et son organisation sont la résultante de toutes les tendances et de toutes les « humeurs » qu'il contient. C'est pour cela que l'histoire de Rome apparaît à Machiavel comme ce que l'histoire de Florence aurait dû être afin de produire des résultats positifs. La profondeur de cette analyse politique, dans les *Discours*, dépasse en compréhension celle du *Prince*. À ce point de vue, le livre II des *Discours* offre un climat général profondément différent ; il a mûri et a été écrit après la faillite pratique du *Prince*, à une époque où la lutte entre les grandes puissances européennes pour la prépondérance en Italie montrait de plus en plus clairement au-devant de quel destin les États italiens allaient inévitablement, et Machiavel y exprime l'amertume de son esprit, la conviction rageusement polémique que ce destin aurait très bien pu être évité si les princes avaient suivi le grand exemple des Romains. Inexpérience politique, confiance aveugle en des institutions qu'aucune force sérieuse ne soutenait, incapacité militaire : tous les vieux motifs qui lui ont servi d'armes reviennent en ces pages admirables avec une violence qui n'a pas d'égale dans les œuvres précédentes et qui tente d'exprimer le caractère inéluctable des événements, la fin complète de toutes les espérances. Car si, parfois, Machiavel observe que les princes italiens pourraient encore changer leur sort, si seulement ils imitaient les Romains, la remarque a essentiellement la fonction de rendre encore plus âpre l'argumentation contre une classe politique qu'aucune dure leçon – il en était convaincu – ne rappellerait au sérieux de cette vie politique elle-même.

Tels sont donc les thèmes qui constituent le substrat du livre II (le livre III, composé de chapitres épisodiques et ne formant pas un tout, est de moindre portée) ; et le même sentiment amer de découragement domine les sept livres de *L'Art de la guerre* (*), écrits entre 1519 et 1520 pour faire le point de ses idées sur la milice et les grands problèmes de la stratégie militaire. Dans les paroles du protagoniste du dialogue, Fabrizio Colonna, qui reproche mélancoliquement à la fortune de ne pas lui avoir permis de traduire dans la pratique sa longue méditation sur les ordres romains, on trouve le reflet de l'état d'âme de l'auteur ; il peut bien encore écrire sa grande invective contre les princes ignorants et corrompus, mais sans qu'une perspective politique concrète donne désormais un sens et une réelle efficacité à son discours. Dans la *Vie de Castruccio Castracani da Lucca* (1520), court essai historique où il raconte, les idéalisant et attribuant leur échec final au caprice irrationnel de la fortune, les hauts faits du grand capitaine lucquois, ce sentiment d'éloignement du réel et d'amère résignation devant la fuite aveugle des événements constitue la note dominante. Et le même sentiment humain est, contre toute apparence, celui qui caractérise *La Mandragore* (*), la principale de ses comédies – *Clizia* (*) est d'inspiration beaucoup moins originale, et *Andria* une stricte imitation de Térence – et certainement le chef-d'œuvre de son génie d'artiste.

En effet, Machiavel ne fut pas seulement un grand penseur politique, mais aussi un écrivain et un artiste aux qualités exceptionnelles, et l'on ne pourrait les ignorer sans enlever quelque chose à notre capacité de le comprendre dans son intégrité ; on doit donc, pour cela, se rappeler son activité variée et assez vaste d'homme de lettres. S'il est vrai que ses œuvres en vers, allant des deux *Décennales* (*) aux *Chapitres* [*Capitoli*] et à *L'Âne d'or* [*Asino d'oro*], ont plus d'intérêt par certains arguments polémiques concrets que par une valeur littéraire intrinsèque, bien différente est la signification de sa prose, et non seulement de celle des œuvres littéraires, mais également des œuvres politiques, depuis *Le Prince*, son chef-d'œuvre, jusqu'à l'*Histoire de Florence* (*). Dans *Le Prince*, l'allure dialectique de l'œuvre, avec l'intime opposition de thèses diverses que la vertu humaine a le suprême devoir d'unifier, trouve son expression en une prose d'une exceptionnelle puissance démonstrative, claire et incisive dans sa manière de situer les problèmes, implacable quand elle en indique la solution, tendue et polémique lorsqu'il s'agit de détruire toute opinion inadaptée à la logique inexorable de la réalité, comme si l'effort surhumain du prince nouveau pour vaincre le fleuve débordant de la fortune coïncidait étroitement avec l'effort de Machiavel pour résoudre toutes les contradictions de la réalité et pour élever une construction parfaite, absolument inattaquable aux coups puissants du sort. La prose des *Discours* et des autres grandes œuvres, de *L'Art de la guerre* à l'*Histoire de Florence*, présente les mêmes traits distinctifs, mais ici, la tension pragmatique étant moindre, le ton est en général d'un rythme moins serré et moins dramatique.

Son chef-d'œuvre littéraire, en tout cas, demeure, sans doute possible, *La Mandragore*, composée en 1518. C'est, comme *Clizia* et *Andria*, une comédie en cinq actes, tirée, extérieurement, de modèles classiques, mais, comme *Clizia*, située à Florence aux années mêmes où vivait Machiavel, les années tourmentées et tragiques des guerres d'Italie. Et le fait de l'avoir placée dans l'ambiance contemporaine n'est pas sans raisons profondes ni grande signification, car, de même que le but de l'auteur est polémique, de même la société qu'il fallait frapper ne pouvait être que la société d'alors, où l'auteur vivait et dont il avait expérimenté jusqu'au fond les contradictions et la misère. Celles-ci sont les attributs, dans la comédie, non seulement des personnages les plus évidemment négatifs, comme messire Nicia et frère Timoteo, mais aussi des personnages vertueux à leur manière, tels que Callimaco et Ligurio ; non seulement des personnages trompés, mais aussi de ceux qui trompent. Et le caractère dramatique de *La Mandragore* n'est pas dans la satire impitoyable de certains types humains et sociaux, mais dans le fait que les héros de cette comédie parlent le langage et agissent selon le plan des grandes œuvres de Machiavel penseur politique, et que, se comportant ainsi, ils avilissent, dans les intrigues les plus basses, dans les actions humaines les plus improductives, une logique créée pour la fondation et la conservation des États.

Le même contraste, finement souligné dans une très belle lettre de Guichardin, se trouve, tragique, dans la vie de Machiavel, qui avait traité avec des rois et des princes, et qui était maintenant contraint, dans les années de sa plus grande maturité, d'aller à Capri, en mission auprès d'un chapitre de frères mineurs ! Sa dernière œuvre, l'*Histoire de Florence*, fut commencée en 1520 et terminée en 1526, la narration s'achevant sur la mort de Laurent de Médicis et l'altération de l'équilibre politique italien. C'est une opinion assez répandue que la valeur historique proprement dite de cet ouvrage serait inférieure à la force des théories politiques que l'auteur y introduit et que l'histoire y serait un peu la servante de la doctrine politique. Cela est trop simple pour, tel quel, être vrai. Qu'il y ait des parties faibles ou insuffisamment élaborées, qu'en certains points la passion politique ait pris le dessus chez l'écrivain, on peut l'accorder ; mais l'*Histoire* naissait sur la base d'une pensée politique trop nourrie de sens historique pour que Machiavel, se mettant en face de l'histoire de sa ville, ne sentît pas l'inutilité de la mettre à profit pour confirmer ses théories. En fait, les pages où sont décrites les luttes entre les partis florentins, celles où il est question des Ciompi et des causes profondes de leur violente révolte, celles où l'auteur détruit la thèse (qui ne sera pas étrangère à Guichardin) selon laquelle la période dite de l'équilibre serait un âge d'or de l'histoire italienne, et d'autres encore, sont si pleines de pénétration historique qu'elles rendent plus que légitime une reprise des problèmes complexes que pose la dernière œuvre de Machiavel. Il se peut que dans l'ensemble, chez lui, le penseur politique soit supérieur à l'historien, mais cela n'autorise pas à dire, devant tant de documents attestant le contraire, que chez lui l'historien se taise complètement en face du théoricien politique. Machiavel mourut dans une « extrême pauvreté », comme l'écrivit son fils, en 1527 ; avec l'*Histoire de Florence*, l'arc de sa pensée s'était parfaitement refermé.

GENNARO SASSO.

♦ *« Machiavel, ce maître à qui Florence est un grand honneur, mais lui-même le déshonneur de Florence... celui qu'en son siècle on a vu ouvrir des écoles aux tyrans, non seulement à ceux qui vivaient alors, mais à tous ceux de l'avenir. »* Henri Estienne, 1590. ♦ *« Je crois que ce en quoi* [Machiavel] *a le plus manqué est qu'il n'a pas mis assez de distinction entre les princes qui ont acquis un État par des voies justes et ceux qui l'ont usurpé par des moyens illégitimes, et qu'il a donné à tous généralement les préceptes qui ne sont propres qu'à ces derniers. »* Descartes, 1646. ♦ *« Son génie brilla principalement dans sa manière de traiter l'histoire moderne. Il ne s'attacha point, à l'exemple des auteurs de son temps, à toutes ces minuties historiques qui rendent cette étude si dégoûtante ; mais il saisit, par une supériorité de génie, les vrais principes de la constitution des États, en démêla les ressorts avec finesse, expliqua les causes de leurs révolutions ; en un mot, il se fraya une route nouvelle, et sonda toutes les profondeurs de la politique. »* Diderot. ♦ *« Machiavel était un honnête homme et un bon citoyen ; mais, attaché à la maison de Médicis, il était forcé, dans l'oppression de sa patrie, de déguiser son amour pour la liberté. »* Jean-Jacques Rousseau. ♦ *« Machiavel nous fait connaître l'homme. »* Stendhal. ♦ *« Jamais personne n'a en Italie écrit avec autant de clarté, ni dans un style aussi raccourci que Machiavel. Chaque mot de son vocabulaire semble sortir de la profondeur de son esprit, et ses phrases reflètent sa splendide logique, serrée et rapide. »* Foscolo. ♦ *« Machiavel jetait sur le peuple un regard étrange. Combler la mesure, faire déborder le vase, exagérer l'horreur du fait du prince, accroître l'écrasement pour révolter l'opprimé, faire rejaillir l'idolâtrie en exécration, pousser les masses à bout, telle semble être sa politique. »* Victor Hugo. ♦ *« Machiavel ne s'occupe ni de droit public ni de constitution ; il avait pour cela trop de génie, trop de bon sens et trop de franchise. Pour lui, le gouvernement n'est pas l'application de la justice aux choses de l'État, c'est l'art de s'établir au pouvoir, de l'exercer et de s'y maintenir, de s'y étendre, d'après les lois des sphères, par tous les moyens possibles, au besoin par la justice, et même par une constitution. »* Proudhon. ♦ *« Il a tant de mépris pour l'âme humaine, non, tant de connaissance de l'âme humaine, que, pour lui, un homme de confiance, c'est un homme qu'il peut acheter. Il sait qu'on ne peut faire totalement confiance qu'aux faiblesses, à l'intérêt personnel en particulier... Il est plus honnête que Hobbes : il tient compte des passions. »* Jean Giono.

RÉF. : Paul Deltuf, *Essai sur les œuvres et la doctrine de Machiavel*, Paris, 1867. – Pasquale Villari, *Niccolo Machiavelli ed i suoi tempi*, 3 vol., Milan, 1877-83. – Artaud de Montor, *Machiavel, son génie et ses erreurs*, Paris, 1883. – Oreste Tommasini, *La Vita e gli scritti di Niccolo' Machiavelli nella loro relazione col machiavellismo*, 2 vol., Rome, 1883. – Charles Benoist, *Le Machiavélisme*, 3 vol., Paris, 1907-35. – G. Prezzolini, *Vie de Nicolas Machiavel, Florentin*, Paris, 1929. – L. Gauthier-Vignal, *Machiavel*, Paris, 1930. – Marcel Brion, *Génie et Destinée de Machiavel*, Paris, 1948. – Roberto Ridolfi, *Vita di Machiavelli*, Rome, 1954. – Augustin Renaudet, *Machiavel*, Paris, 1955. – E. Barincou, *Machiavel par lui-même*, Paris, 1957. – G. Sasso, *Niccolo' Machiavelli. Storia del suo pensiero politico*, Naples, 1958 ; éd. remaniée, Bologne, 1980. – E. Namer, *Machiavel*, Paris, 1961. – F. Chabod, *Scritti su Machiavelli*, Turin, 1964. – F. Gilbert, *Niccolo' Machiavelli e la vita culturale del suo tempo*, Bologne, 1964. – F. Fido, *Machiavelli*, Palumbo, 1965. – G. Barberi-Squarotti, *La forma tragica del Principe e altri studi su Machiavelli*, Florence, 1966. – R. Ridolfi, *Studi sulle commedie di Machiavelli*, Pise, 1968. – F. Gilbert, *Machiavelli e Guicciardini*, Bologne, 1970. – C. Lefort, *Le Travail de l'œuvre : Machiavel*, Paris, 1972. – A. Garosci, *Le « Storie fiorentine » del Machiavelli*, Turin, 1973. – J. F. Duvernoy, *La Pensée de Machiavel*, Paris, 1974. – B. Guillemain, *Machiavel, l'anthropologie politique*, Paris, 1977. – Anselmi, *Ricerche sul Machiavelli storico*, Pise, 1979. – P. Larivaille, *La Pensée politique de Machiavel : les « Discours sur la première Décade de Tite-Live »*, Nancy, 1982. – M. Brion, *Machiavel*, Paris, 1983. – Ch. Bec, *Machiavel*, Paris, 1985. – G. Barberi-Squarotti, *Machiavelli o la scelta della letteratura*, Rome, 1987.

MACKENZIE sir Compton (Edward Montague Compton Mackenzie). Romancier et mémorialiste écossais. Né à West Hartlepool le 17 janvier 1883, mort à Édimbourg le 30 novembre 1972. Il fit ses études à Londres puis à Oxford. Il se destinait au droit mais choisit finalement de vivre de sa plume. Après un recueil de poèmes, ce furent ses premiers romans, très bien accueillis par la critique et le public, ouvrant ainsi la voie à une œuvre prolifique. Citons *L'Enlèvement consenti* (+) (1911), *L'Impasse* (*) (2 vol. 1913-14), et *Guy et Pauline* [*Guy and Pauline,* 1915], ces deux derniers ouvrages demeurant comme des témoignages sur une génération, et rappelant que l'auteur figura quelque temps au premier rang des romanciers anglais. Pendant la Première Guerre mondiale, Compton Mackenzie entra dans les services de renseignement, aux Dardanelles et en Grèce. La publication de ses souvenirs sur cette époque fut interdite comme contraire à la loi sur les secrets officiels, puis ils furent édités sous un autre titre. Plus tard, Mackenzie écrivit des récits écossais humoristiques, comme *Whisky à gogo* (+) (1947) qui fut popularisé au cinéma par un film célèbre, et un roman-fleuve sur le thème de l'amour. Il créa et présida la « Société des chats siamois », fut l'un des fondateurs du parti nationaliste écossais, puis il fut anobli en 1952 et continua de parcourir le monde. Le dixième volume de sa monumentale autobiographie, *Ma vie dans l'époque* [*My Life and Times,* 1963-1971] parut l'année qui précéda sa mort.

RÉF. : L. Robertson, *Mackenzie : an Appraisal of his Literary Work,* Londres, 1954.

MACLAURIN Colin. Mathématicien écossais. Né à Kilmodan dans le comté d'Argyle (Écosse) en février 1698, mort à Édimbourg le 14 juin 1746. Il tenait de son père, un pasteur protestant écossais, un esprit très religieux, frisant la bigoterie. S'étant inscrit à l'université de Glasgow, il donna des preuves d'une maturité exceptionnellement précoce en mathématiques, puisqu'en 1717, à dix-neuf ans seulement, on le nomma professeur de mathématiques à Aberdeen. Deux ans plus tard, sa réputation était déjà si bien établie qu'il fut reçu parmi les membres de la Royal Society. C'est alors qu'il publia celui qui est peut-être le plus important de ses traités de mathématiques, la *Géométrie organique* (*) (1720), qui contient un procédé original de génération des coniques. En 1735, il publiera un important supplément à cet ouvrage dans les *Philosophical Transactions.* Au cours d'un voyage en France, accompli en 1722, il écrivit un essai de mécanique rationnelle (sur la percussion des corps) qui obtint le prix de l'Académie des sciences pour l'année 1724. De retour en Grande-Bretagne, il chercha une situation qui lui assurât une plus grande tranquillité financière que sa petite chaire au collège d'Aberdeen, et, pour ce faire, l'amitié de Newton lui fut très précieuse. C'est à la mémoire de son maître et ami qu'il dédiera son *Compte rendu de la philosophie de Newton* [*An Account of Sir Isaac Newton's Philosophy*, 1728], qui est l'un des meilleurs documents du newtonisme de la première génération. Il prit également la défense de Newton et de sa philosophie contre les attaques de Berkeley, dans son *Traité des fluxions* (*) (1742). Newton, donc, recommanda vivement Maclaurin pour la chaire de mathématiques de l'université d'Édimbourg, allant jusqu'à offrir d'en couvrir le traitement par une contribution personnelle. La chaire fut donnée à Maclaurin en 1725, et à partir de ce moment-là il consacra sa vie à l'enseignement et à la recherche scientifique. En 1740, il partagea avec Euler et Daniel Bernouilli le prix offert par l'Académie des sciences de Paris pour un essai sur les marées. L'année précédente, sur sa proposition, la Société médicale d'Édimbourg s'était transformée en Philosophical Society, agrandissant son champ d'action en prenant modèle sur la Royal Society de Londres. Un seul événement troubla la vie pacifique de ce pieux mathématicien écossais. En 1745, les rebelles, débarqués en Écosse à la suite du prétendant Jacques Stuart, marchèrent sur Édimbourg : Maclaurin, fidèle à ses idées politiques et religieuses, prit parti pour la monarchie hanovrienne et participa activement à la défense de la ville ; après la chute de celle-ci, il dut fuir en

Angleterre pour éviter d'avoir à faire acte de soumission. Après la mort de Maclaurin fut publié son *Traité d'algèbre* (*) (1748).

MACLEISH Archibald. Poète américain. Né le 7 mai 1892 à Glencoe (Illinois), mort à Boston le 20 avril 1982. Durant la Première Guerre mondiale, il est capitaine dans l'infanterie. Diplômé de droit en 1919, après des études à Yale et à Harvard, MacLeish enseigne pendant un an puis quitte l'enseignement pour exercer à Boston. Trois ans plus tard, il part vivre et écrire en France. Revenu aux États-Unis en 1928, il se rend au Mexique pour suivre la route de Cortez, avec l'intention d'écrire un grand poème américain. Ce sera *Conquistador* (*), qui lui vaudra lors de sa publication en 1932 le prix Pulitzer. Les premiers poèmes de MacLeish avaient été assez conventionnels : *Tour d'ivoire* [*The Tower of Ivory*, 1917], mais à Paris il avait subi l'influence de Pound et d'Eliot, et son travail avait pris une tournure nettement plus moderne avec *Le Pot de terre* (+) (1925). Occupant plusieurs fonctions publiques (il participe à la fondation de l'U.N.E.S.C.O.), MacLeish écrit en homme soucieux de défendre certaines valeurs dans une Amérique en proie à la dépression. *Conquistator*, sans doute sa plus belle œuvre, est précédée de *Einstein* (1929) et suivie d'*Elpenor* (1933). Ce souci d'homme public se renforce avec *Discours public* [*Public Speech*, 1936] où il devient le porte-parole du New Deal. La Seconde Guerre mondiale voit la publication de *L'Amérique fut promesses* [*America was Promises*, 1939], *Colloque pour les États* [*Colloquy for the States*, 1943], et *Cinquième acte* [*Act five*, 1948]. Autour de ses « thèmes majeurs », la poésie de MacLeish cède souvent à la déclamation et devient sa propre parodie. Parmi les autres œuvres poétiques de MacLeish, il convient de citer : *Le Mariage heureux* (+) (1924), *Le Hamlet d'A. MacLeish* [*The Hamlet of A. MacLeish*, 1928], *Fresques pour la ville de M. Rockefeller* [*Frescoes for Mr. Rockefeller's City*, 1933]. Il est aussi l'auteur de pièces de théâtre, notamment : *Panique* (+) (1935), *La Chute d'une ville* (+) (1937), *Raid aérien* (+) (1938) et *J.B.* (*) (1958).

RÉF. : S. L. Falk, *Archibald MacLeish*, New York, 1965.

MACLENNAN John Hugh. Romancier canadien. Né le 20 mars 1907 à Glace Bay, Nouvelle-Écosse, mort le 7 novembre 1990 à Montréal. Il fait ses études à Halifax, à l'université Dalhousie, puis à Oxford en tant que Rhodes Scholar. Il voyage en Europe avant de soutenir une thèse d'études classiques à Princeton, en 1935. Il commence à écrire mais, pour vivre, doit enseigner le latin et l'histoire au Lower Canada College à Montréal. En 1936, il épouse une Américaine, Dorothy Duncan, qui lui conseille de prendre le Canada pour cadre et pour sujet de son œuvre. De sympathies socialistes, il est déçu par un voyage en Union soviétique en 1937. Son premier roman, *Le temps se lève* [*Barometer Rising*, 1941], utilise ses souvenirs d'enfance de l'explosion du navire « Mont Blanc » qui détruisit Halifax en 1917. *Les Deux Solitudes* (*) (1945) lui apporte le succès et obtient le prix du Gouverneur général. Le sujet en est la réconciliation des Canadiens anglais et français et l'unité du Canada. *Le Précipice* [*The Precipice*, 1948] reçoit ce même prix, de même que ses deux volumes d'essais, *À travers le Canada* [*Cross Country*, 1949] et *Trente-trois* [*Thirty and Three*, 1954]. *Tout fils de cette terre* [*Each Man's Son*, 1951] prend pour cadre le Cape Breton de sa jeune enfance, confronte le passé à l'avenir : Alan MacNeil échappe à l'esclavage de la mine grâce aux bienfaits de la civilisation. L'écrivain est élu à la Royal Society of Canada en 1953. Il reprend l'enseignement à l'université McGill à Montréal, en raison des difficultés financières liées à la grave maladie de sa femme. La détresse causée par la disparition de celle-ci transparaît dans *Le Matin d'une longue nuit* [*The Watch that Ends the Night*, 1959], couronné, fait exceptionnel, d'un cinquième prix du Gouverneur général. En 1959, il épouse Frances Walker. En 1960 paraît *Le Retour de l'Écossais* [*Scotchman's Return and other Essays*]. *Le Retour du Sphinx* [*Return of the Sphinx*, 1967] constate l'échec de la réconciliation des Canadiens français et anglais. *Voix dans le temps* [*Voices in Time*, 1980] abandonne le réalisme pour l'anticipation négative (dystopie) : cinquante ans après la destruction de Montréal par arme nucléaire, John Wellfleet se penche sur le témoignage du passé de sa famille et de la civilisation disparue, et constate leur échec total.

MacLennan, influencé par sa grande culture classique, a considérablement élargi l'horizon de la littérature canadienne et transcendé le régionalisme. Le destin du Canada se rattache au contexte plus ample du long déclin de la civilisation gréco-romaine et de la nécessité de tirer les leçons de l'histoire, de faire la synthèse de la sagesse classique et judéo-chrétienne. Le Canada devrait être un médiateur entre le matérialisme du Nouveau Monde et l'idéalisme de l'Ancien Monde. Un certain didactisme alourdit parfois ses dialogues, mais, pour lui, la recherche du beau, du bien et du vrai sont inséparables. Même si certains personnages sont trop romanesques, il a créé des figures inoubliables comme Athanase Tallard ou George Stewart. Précurseur, à bien des égards prophétique, MacLennan a marqué le tournant de la littérature canadienne vers sa maturité.

JACQUES LECLAIRE.

RÉF. : Elspeth Cameron, *Hugh MacLennan, A Writer's Life*, Toronto, 1981.

MAC LOW Jackson. Poète américain. Né le 12 septembre 1922 à Chicago, Illinois. Le nom de Jackson Mac Low, poète, compositeur et dramaturge américain, est indissociable de tout ce qui s'appelle « avant-garde » aux États-Unis depuis les années 40. Rares sont en effet les artistes qui ont su expérimenter de façon aussi complète et soutenue dans tous les domaines.

Créateur au confluent de plusieurs arts, Mac Low a joué un rôle décisif dans le mouvement anarcho-artistique Fluxus. Fondé en 1961 autour de George Maciunas (1931-1978), ce digne héritier de Dada se rendit célèbre par ses prises de position radicales contre la domination de l'art abstrait à la fin des années 50, militant en faveur d'une esthétique du laid, de l'éphémère et du hasard, en vue d'affirmer la puissance politiquement et socialement subversive de l'œuvre d'art. La versatilité de Mac Low l'a conduit à créer de nombreuses œuvres qui utilisent divers médias simultanément, faisant ainsi de sa production une vaste réflexion sur un art total qui engloberait tant les beaux-arts que les produits de la technologie industrielle ou les stratégies de l'information. Dans *Pièces jumelles* [*The Twin Plays,* 1966] par exemple, plusieurs « pièces », comprenant chacune des éléments verbaux, visuels et sonores indépendants, sont jouées simultanément, chaque représentation différant des autres par le hasard des superpositions temporelles.

Mac Low a su ériger ce hasard en principe créateur, lui qui conçoit souvent ses poèmes ou ses partitions à partir de combinaisons arbitraires de mots puisés dans des matrices de vocabulaires compilées par ordinateur. Ainsi « Vocabulaire pour Annie Brigitte Gilles Tardos » [A Vocabulary for Annie Brigitte Gilles Tardos, sept.-nov. 1979] se présentait, selon le poète lui-même, comme un « environnement poétique [...] comprenant deux dessins sur papier et de nombreux exemplaires de cinq grands motifs composés uniquement de phrases obtenues à partir d'une liste de cinq mille mots n'utilisant que les lettres de la dédicataire [...] La liste mise sur ordinateur, on imprima des séries aléatoires de deux à dix mots... » Les recherches qu'a pu faire l'Oulipo sur le langage ne sont guère loin de tels jeux, et on admirera tout particulièrement à ce titre *22 Poèmes-lumières* [*22 Light Poems,* 1968], ou encore *Bloomsday* [*Bloomsday,* 1984], recueil dont le titre est un hommage à James Joyce.

ANTOINE CAZÉ.

MACNEICE Louis. Poète anglais. Né à Belfast le 12 septembre 1907, mort le 3 septembre 1963 à Londres. Il fait ses études à la « public school » de Marlborough et ensuite à Oxford (Merton College). Puis il enseigne les classiques à Birmingham et à Londres – cependant qu'il se fait connaître comme l'un des poètes notables de sa génération (et partageant, jusqu'à un certain point, les idées politiques d'Auden et de Spender). Il passe alors pour marxiste. Pendant la Seconde Guerre mondiale, il écrit des pièces radiophoniques remarquables qui seront publiées en 1944. Il se marie deux fois, a un fils et une fille. En 1950, il dirige à Athènes les bureaux du British Council.

À sa mort, il laisse une œuvre variée et assez considérable : des traductions de l'*Agamemnon* (*) d'Eschyle, et du *Faust* (*) de Goethe (en version abrégée), les *Lettres d'Islande* (+) écrites en collaboration avec Auden, un livre sur les îles occidentales de l'Écosse, deux pièces radiophoniques tardives, *Les Îles de la folie* (*) (1961) et *L'Administrateur* (+) (1962), une étude sur la poésie de Yeats, un conte pour enfants, enfin une autobiographie qu'il n'a pu terminer et qui est publiée en 1965. Mais il mérite d'être connu surtout pour un ensemble poétique (peut-être encore sous-estimé) auquel on incorporera un drame en vers, *Hors du tableau* (+) (1937), ainsi que l'étude, modeste mais souvent judicieuse, qui éclaire ses intentions : *Poésie moderne* (+) (1938). L'œuvre poétique proprement dite est composée de cinq volumes (1938, 1939, 1941, 1944 et 1948) rassemblés dans les *Poésies complètes* [*Complete Poems,* 1949] dont on ne peut rien isoler vraiment, quoiqu'on puisse peut-être préférer le recueil de 1941, *Plante et Fantôme* (*).

Du poète, Kenneth Allott a dit : « Le meilleur de son œuvre est inégalé dans les années trente pour sa gaieté, sa grâce et cette légèreté de touche qui n'a jamais rien de sot. »

ROLAND DAILLY.

RÉF. : D. B. Moore, *The Poetry of Louis MacNeice,* Londres, 1972. – T. Brown, *Louis MacNeice, Sceptical Vision,* Londres, 1975. – R. Marsack, *The Cave of Making : the Poetry of Louis MacNeice,* Londres 1982.

MAC ORLAN Pierre (pseud. de Pierre Dumarchey). Écrivain français. Né à Péronne le 26 février 1882, mort le 27 juin 1970 à Saint-Cyr-sur-Morin. Mac Orlan a tissé une toile de secrets sur l'histoire de sa famille et de sa jeunesse : améliorant un peu la première – suivant son préjugé – par l'attribution d'une grand-mère écossaise, et, dans le même esprit, par le choix, pour lui, d'un pseudonyme invraisemblable ; n'évoquant d'autre part ses jeunes années que dans le flou d'un pittoresque assez tragique. Nous voici donc devant une vie imaginaire, en cela conforme au vœu de Marcel Schwob, un écrivain que Mac Orlan admira beaucoup. Des éléments de sa vie réelle subsistent cependant et certains ont été assez récemment mis au jour. Le père était officier dans l'armée française et mourut après la Première Guerre mondiale. La mère mit au monde deux garçons et ne leur survécut pas longtemps. L'autre garçon, Jean, devint légionnaire. Les frères étaient liés d'affection, et toute une part, sans doute, de l'œuvre de l'écrivain – plusieurs romans d'aventure et certains aspects d'un décor qu'autrefois on disait exotique : l'Afrique du Nord, etc. – doit quelque chose aux souvenirs de ce légionnaire.

Pierre Dumarchey fut élevé à Orléans par un oncle maternel. Il fit de bonnes études classiques et acquit le goût du sport – surtout du rugby, mais aussi du cyclisme (une photo du quotidien rouennais *Paris-Normandie* le montre au départ d'une course). En 1899 (semble-t-il), il vit à Paris ; maintes fois ses visiteurs l'ont entendu déclarer qu'il y connut, non pas la vie de bohème mais la misère. On sait pourtant qu'il publia ses premiers articles dans des feuilles anarchistes et fréquentait alors un cabaretier original à l'esprit vif, Frédé, celui-là même qui fonda le « Lapin agile ». D'ailleurs, il épousera plus tard la fille de Frédé, mais seulement au terme d'amours enfantines un peu différées puisqu'il la connut alors qu'elle avait (semble-t-il) quatorze à quinze ans. Mais il lui fallait « vivre »... On pourrait trouver bizarre que cet amoureux ait écrit d'abord des livres érotiques et que, plus bizarre encore, il les ait signés de son nom. Il est clair qu'il n'y attacha aucune importance.

Les deux premiers romans signés Pierre Mac Orlan : *La Maison du retour écœurant* (1912) et *Le Rire jaune* (*) (1913) ne dissipent pas les mystères de sa biographie. Le premier se présente comme une suite d'aventures burlesques, le rire jaune du second se comprenant comme une épidémie en forme de cataclysme ultime. Sans doute rien d'aussi alerte, d'aussi drôle et d'aussi désespéré à la fois, ni d'aussi librement étranger à l'art ne fut publié à l'époque. Puis suivit le vrai cataclysme : la guerre de 1914. Pierre Dumarchey y vit d'abord – ce qui est compréhensible pour l'égoïsme si légitime d'un miséreux – comme un long sursis, presque une délivrance de sa condition ; car enfin il allait être habillé gratis, et de plus nourri aux frais de l'État. L'armée française enverra donc le fantassin Dumarchey en Lorraine, en Artois, à Verdun et dans la Somme. Il en rapportera des descriptions extraordinaires et un goût bouleversant pour la camaraderie des tranchées. Après guerre, Mac Orlan deviendra correspondant auprès des armées d'occupation, puis vivra de longues années dans la maison villageoise et briarde où il devait finir ses jours. C'est là que, coiffé d'un béret écossais à pompon et fumant une de ses pipes, il composera son œuvre lucide et hallucinée.

Ses écrits mêlent à sa vie antérieure (celle d'avant la guerre de 1914-18) le souvenir de ses auteurs de prédilection : Villon, Schwob et Nerval, ainsi que Kipling et Stevenson, surtout le Stevenson du *Docteur Jekyll et Mr. Hyde* (*). Ce sont les étapes d'une songerie sous forme de poèmes, romans et essais. Toujours reprise, elle finira par composer le documentaire allusif des temps vécus par l'auteur : *Le Chant de l'équipage* (*) (1918), *La Clique du café Brebis* (*) (1918-22), *Petit manuel du parfait aventurier* (*) (1920), *Le Nègre Léonard et maître Jean Mullin* (*) (1920) – récit bref ayant pour thème des messes noires dans la Brie –, *La Cavalière Elsa* (+) (1921), *La Vénus internationale* (+) (1923), *Le Quai des brumes* (*) (1927), *Les Dés pipés* (*) (1929) – paraphrase bienvenue de *Fanny Hill*, le roman de John Cleland –, *La Tradition de minuit* (*) (1930), *La Bandera* (*) (1931), *Filles, ports d'Europe et père Brabançon* (+) (1932), *Quartier réservé* (*) (1932), *Abord de « L'Étoile Matutine »* (*) (1934), *Masques sur mesure* (*) (1937), *Filles et ports d'Europe* (*) (1945) ; *Chansons pour accordéon* (*) (1953), *La Lanterne sourde* (*) (1953), *Poésies documentaires complètes* (*) (1954), *Le Mémorial du petit jour* (*) (1955), *La Petite Cloche de Sorbonne* (+) (1959), *Sous la lumière froide* (+) (trois nouvelles de 1961), *Mémoires en chaussons* (1965).

C'est à chaque lecteur de Mac Orlan de rechercher quel sens il doit accorder à sa « Ballade de la protection » : « Souvenez-vous, Seigneur, ô Lord du temps passé / ... Vous conduisiez mes mains pour que je les bénisse / Ces pauvres innocents des bienfaits judiciaires / Ces gibiers de prison, ces pauvres orphelins / Ces minables crétins aux visages éphémères. »

JEAN QUEVAL.

RÉF. : *Œuvres complètes,* édition illustrée établie par Gilbert Sigaux, avec une chronologie et une notice biographique. Introduction de Raymond Queneau. Vingt-cinq volumes, Paris, 1969-1971. – Bernard Baritaud, *Mac Orlan,* Paris, 1971.

MACPHERSON James. Écrivain écossais. Né à Rutven, dans le comté d'Inverness, le 27 octobre 1736, mort à Badenock, dans le même comté, le 17 février 1796. Fils d'un pauvre fermier, il put, grâce à ses brillantes capacités, faire des études assez poussées, d'abord à Aberdeen (1753), puis à Édimbourg (1755), où il semble avoir été inscrit à la faculté de théologie ; il n'obtint néanmoins aucun diplôme. Il ne rêvait que de poésie et avait écrit sur les bancs de l'école plus de quatre mille vers ; seul un poème, *Le Montagnard écossais* [*The Highlander,* 1758], semble avoir été publié. Ayant lié connaissance avec John Home, auteur d'un drame apprécié, *Douglas* (1756), Macpherson lui récita un certain nombre de poésies qu'il assurait avoir traduites du gaélique, et dont l'auteur aurait été le barde Ossian. Home et son ami Carlyle ramenèrent ces prétendus fragments des chants d'Ossian à Londres, où Hugh Blair, pasteur anglican, professeur de rhétorique et critique littéraire de renom, s'enthousiasma pour l'œuvre du soi-disant Ossian et facilita à Macpherson la publication de cette « traduction ». Celle-ci parut en 1760, sous le titre : *Fragments de poésie ancienne recueillis dans les montagnes d'Écosse...* (+) – v. *Poèmes d'Ossian* (*). Le succès du livre fut tel que plusieurs écrivains écossais demandèrent à Macpherson de partir dans les montagnes de l'Écosse du Nord pour essayer d'y recueillir d'autres poèmes anciens. Ce fut à la suite de la parution d'un long poème épique, *Fingal* (*) (1762), puis en 1763 de *Temora,* que les lettrés soulevèrent certains doutes quant à leur authenticité. Mais ces deux livres avaient rapporté quelque chose comme douze cents livres sterling à leur auteur, somme énorme pour l'époque ; de plus, les critiques ne venaient que d'Angleterre car les Écossais restaient absolument persuadés qu'il ne s'agissait nullement d'apocryphes.

Grâce à la protection de lord Bute, Macpherson était nommé, au début de 1764, secrétaire auprès du capitaine Johnstone, désigné comme gouverneur de Pensacola (Floride occidentale), colonie espagnole d'Amérique cédée aux Anglais le 10 février 1763. Dès 1766, il était de retour en Angleterre et s'établissait à Londres ; il n'en continuait pas moins à percevoir le traitement qui lui était alloué au titre de secrétaire du gouverneur de Pensacola. Ceci ne l'empêcha pas, d'ailleurs, de représenter — moyennant finances — les intérêts du nabab Mohammed-Ali, khan d'Arcot, qui avait des difficultés avec la Compagnie des Indes. En 1776 nous le voyons offrir sa plume au gouvernement de Sa Majesté pour un salaire de six cents livres sterling par an — et publier un mémorandum sur *Les Droits de la Grande-Bretagne affirmés contre les revendications de l'Amérique* [*The Rights of Great Britain Asserted against the Claims of America*].

C'est à cette époque que les détracteurs de Macpherson reçurent un appui décisif en la personne de Samuel Johnson, le critique littéraire dont les verdicts étaient à l'époque sans appel. Johnson non seulement déclara dans son livre *Voyage aux îles occidentales de l'Écosse* (+) (1775) que les poèmes épiques d'Ossian étaient une fraude, mais se permit même des appréciations très blessantes envers Macpherson. Sommé de produire les originaux, celui-ci ne put que tergiverser et apporter une lettre de son éditeur qui certifiait avoir eu les originaux entre les mains. La querelle s'envenima bientôt et le public lettré de Grande-Bretagne fut bientôt partagé en deux clans : celui des défenseurs et celui des adversaires de Macpherson. Cette querelle littéraire dura jusqu'à la fin du siècle dernier ; en effet, la biographie de Saunders publiée en 1894 prend encore la défense de Macpherson. La plupart de ses défenseurs utilisent comme suprême argument la traduction qu'il fit de l'*Iliade* (*) d'Homère. Cette traduction, disent-ils, est si plate qu'elle démontre nettement l'incapacité de Macpherson de composer les beaux poèmes incriminés. Quoi qu'il en soit, la critique moderne considère que les poèmes d'Ossian ont été bel et bien inventés par Macpherson. Les attaques de Johnson et de ses amis n'empêchèrent pas Macpherson d'être élu à la Chambre des communes par le district de Camelford (Cornouailles) et de mourir millionnaire, entouré du respect de ses concitoyens de Badenock, parmi lesquels il passa les dernières années de sa vie.

A. LABZINE.

♦ *« Un mortel bien étrange et bizarre, très pervers et désagréable. »* David Hume.

RÉF. : Arbois de Jubainville, *Introduction à l'étude de la littérature celtique,* Paris, 1883. — Bailly Saunders, *The Life and Letters of J. Macpherson,* Londres & New York, 1894. — J. S. Smart, *James Macpherson : an Episode in Literature,* Londres, 1905. — Van Tieghem, *Ossian en France* (2 vol.), Paris, 1917 ; et *Le Préromantisme,* t. I, Paris, 1924. — J. Bysveen, *Epic Tradition and Innovation in Macpherson's « Fingal »,* Uppsala, 1982.

MACRIYANNIS Yannis. Général et écrivain grec. Né à Avoriti (Grèce centrale) en 1797, mort à Athènes le 27 avril 1864. Né dans une pauvre famille de Roumélie, Macriyannis passe une enfance malheureuse, tôt placé comme valet de ferme. À 14 ans, il quitte Livadia pour Arta, où son nouveau patron l'estime et fait de lui son intendant. Doué d'un grand sens des affaires, Macriyannis s'établit bientôt à son compte et, entre 1815 et 1821, il acquiert une fortune qui lui donnera toujours une précieuse liberté d'action, notamment pendant la Révolution où il pourra lui-même payer ses troupes. En 1820, il prête serment à l'Hétairie, société secrète préparant le soulèvement contre les Turcs, qui éclate en mars 1821. Dès lors, de 1821 à 1827, Macriyannis, qui sera nommé général en 1825, participera à de nombreuses batailles importantes où sa bravoure et son sens stratégique feront merveille. Ainsi à Navarin (1825) et surtout durant le siège d'Athènes (hiver 1826-1827), où il sera grièvement blessé.

Macriyannis voit avec tristesse l'échec de la tentative « libérale éclairée » (1829-1831) du gouverneur Jean Capodistria qui périt assassiné au milieu des luttes de factions déchaînées. Il se prend pourtant à espérer un meilleur avenir pour son pays lorsqu'arrive en Grèce (1833) le jeune roi Othon Ier de Bavière. Il doit hélas déchanter devant la brutale incompréhension de la réalité grecque dont font montre les régents bavarois. C'est alors (1836-1840) que Macriyannis poursuit la rédaction commencée en 1829 de ses *Mémoires* (*), pour lesquels il fait préparer par un peintre naïf, Zographos, plusieurs suites de gravures, dont certaines subsistent aujourd'hui et qui sont un chef-d'œuvre d'art populaire. En 1840, écœuré par la dégradation d'une vie politique à l'encan, il ourdit une conjuration destinée à obtenir du roi une constitution. Le coup d'État du 3 septembre 1843 en est l'heureux aboutissement. Mais ce n'est là qu'apparence de victoire et la situation redevient vite aussi confuse qu'auparavant. Devenu suspect au pouvoir, Macriyannis se voit intenter un procès comme factieux (1851), condamné à mort, puis à la prison à vie avant d'être gracié sous la pression populaire (1854). Libéré, le vieux héros de la Révolution est physiquement et moralement brisé, mais il conserve son pouvoir d'indignation contre toute forme d'injustice. Il aura la joie d'assister (1862) à la chute peu glorieuse de son vieil ennemi Othon, renvoyé à sa Bavière natale après un soulèvement à Athènes.

Réhabilité, entouré de l'estime et de l'affection générales, Macriyannis meurt apaisé en 1864. Sa vie posthume commencera en 1907, avec la publication de ses *Mémoires*, qui le situent au premier rang des prosateurs grecs modernes.

DENIS KOHLER.

MACROBE Ambrosius Aurelius Theodosius. Écrivain latin. « Né sous un autre ciel », peut-être originaire des îles de la mer Égée, ou même Africain, il vécut à Rome où il fut sénateur, entre le IVe et le Ve siècle : c'est-à-dire pendant cette période trouble, pénible, où la civilisation antique s'éteignait peu à peu, et cédait à la poussée d'un christianisme plein de vigueur. Personnage tourné entièrement vers le passé et ne cherchant qu'à se persuader de la pérennité de la civilisation romaine, il s'est employé uniquement à en recueillir des témoignages chez les penseurs et les poètes anciens, afin de convaincre les générations présentes et futures. Il appartenait à la meilleure société, fut l'ami des Symmaque et des Nicomaque, haut fonctionnaire de l'Empire, obtint des charges honorifiques à Rome et au-dehors, fut peut-être préfet en Espagne (399), proconsul en Afrique (410), de sorte qu'on le peut considérer comme « vir clarissimus et illustris » par excellence. De son premier ouvrage, *Des différences et des rapports du verbe grec et du verbe latin* [*De differentiis et societatibus Graeci Latinique verbi*], de caractère didactique, il ne reste que quelques fragments, avec une dédicace à Symmaque. Macrobe, avant d'être grammairien, se sentait philosophe, homme politique et archéologue. Dans ses *Commentaires sur le songe de Scipion* [*Commentarii in Somnium Scipionis*], où il épilogue sur *Le Songe de Scipion* (+) dont Cicéron était l'auteur, Macrobe introduit ses convictions philosophiques, inspirées par les principes et les idées du néo-platonisme contemporain, et discute avec chaleur sur la nature de l'âme et de Dieu, sur l'univers et les astres ; il ouvre la voie à ces interprétations allégoriques, mystiques et astrologiques qui seront en honneur au Moyen Âge. En particulier, il y expose sa conviction que le monde est éternel, mais que tout ce qui est contenu dans le monde est sujet à être détruit par parties et à renaître par des révolutions continuelles. C'est de là peut-être que vient l'idée qu'on s'est faite de Macrobe, dans lequel on voulut voir un chrétien ; en fait il est présent tout entier, avec son idéal païen et la voix de la Rome intellectuelle et politique du temps, dans son œuvre maîtresse, les *Saturnales* (*).

RÉF. : Ph. M. Schedler, *Die Philosophie des Macrobius...*, Münster, 1916. – Th. Wittaker, *Macrobius or Philosophy, Science and Letters in the Year 400*, Cambridge, 1923. – J. Flamant, *Macrobe et le néo-platonisme latin à la fin du IVe siècle*, Leyde, 1977. – M. A. Elferink, *La Descente de l'âme d'après Macrobe*, Leyde, 1968.

MACROPÉDIUS Georgius (pseud. de Joris Langeveld of Lanckveld). Écrivain flamand d'expression latine. Né à Gemert près de Hertogenbosch (Pays-Bas) en 1475, il y mourut en juillet 1558. On sait peu de chose sur ses années de jeunesse : il entra dans l'ordre des « Frères de la vie commune » et devint bientôt un linguiste renommé ; en plus du latin et du grec, il était versé dans le chaldéen et l'hébreu, et s'intéressa aux mathématiques. Il écrivit des ouvrages de grammaire, de syntaxe et de prosodie latine et grecque, ainsi que des manuels scolastiques de logique, de rhétorique et de théologie. Cependant il resta avant tout le plus grand poète dramatique du XVIe siècle écrivant en latin. Il composa quinze drames, dont seulement onze furent rassemblés dans l'édition en deux volumes des années 1552-1553, publiée par les soins de l'auteur lui-même ; la date de leur composition est incertaine. Selon quelques historiens, son premier drame fut *Asotus*, peut-être de 1507, mais imprimé en 1537. Il traita des sujets bibliques et historiques à intentions didactiques, dessinant avec une certaine force les caractères de ses personnages, et usant d'un dialogue vif et plein de fraîcheur. Son drame le plus connu est *Hecastus* (*) (1539). On peut citer aussi *Bassarus, Andrisco*. Très estimé en raison de son érudition et aimé pour sa douceur et sa modestie, il fut d'abord appelé à diriger l'école monastique de Hertogenbosch, et plus tard une de ses filiales à Liège qui devint très célèbre et passa pour le modèle des écoles humanistes du début du XVIe siècle. Ensuite, aux alentours de 1539, Macropédius fut recteur à Utrecht, poste qu'il occupa jusqu'en 1552, date à laquelle il fut obligé de se retirer à cause de son infirmité due à la goutte. Ses œuvres ont été réunies et publiées à Utrecht en 1552 ; une nouvelle édition, due à J. Bolte, parut en 1897 à Berlin.

RÉF. : Daniel Jacoby, *Georg Macropedius*, Berlin, 1886.

MADÁCH Imre. Poète dramatique hongrois. Né le 21 janvier 1823 à Alsó-Sztregova, en Hongrie septentrionale (qui actuellement fait partie de la Tchécoslovaquie), mort à Balassagyarmat (comitat de Nógrád) le 5 octobre 1864, il doit son renom à un poème dramatique, *La Tragédie de l'homme* (*) (1861) qu'on a coutume d'appeler « Le Faust magyar ». Héritier d'une famille noble très ancienne, il perdit son père à l'âge de onze ans, mais sa mère lui donna une excellente éducation, supérieure même à celle qu'on donnait généralement aux jeunes nobles de la campagne. De caractère méditatif, il préféra à la vie active le silence et les lettres. Il écrivit son premier drame à l'âge de seize ans ; ses œuvres de jeunesse sont marquées d'une inquiétude tumultueuse, et posent des questions existentielles. Très tôt, Madách manifesta un grand mépris pour les femmes. Sa vie conjugale fut un échec, à cause duquel Madách resta fasciné par le mythe de la femme, dépositaire de tant de biens dont le destin le privait, et qui fut certainement à l'origine de son chef-d'œuvre. La manière dont il concevait le monde extérieur fut, d'autre part, bouleversée par l'issue tragique de la guerre d'indépendance de 1848-49. En 1854, Madách se sépara définitivement de sa femme, et, ayant choisi la solitude, il put se consacrer à son unique souci : le problème social. Quand, en 1861, Madách, élu député au Parlement, se rendit à Pest, il avait déjà écrit *La Tragédie.* János Arany le recommanda de façon chaleureuse à la Société Kisfaludy, le groupement littéraire le plus compétent de l'époque, et l'auteur fut invité à en devenir membre. Peu après, il fut nommé membre de l'Académie des sciences, mais il était trop las pour résister longtemps aux fatigues de la vie publique ; lorsqu'il mourut, il n'avait pas encore quarante-deux ans. Parmi les autres ouvrages dramatiques de Madách, citons encore la tragédie *Moïse* (*) et *Le Civilisateur* [*A civilizátor,* 1859].

MADELIN Louis. Historien français. Né le 8 mai 1871 à Neufchâteau (Vosges), mort à Paris le 18 août 1956. Issu d'une famille de magistrats et très attaché à sa province, qu'il a célébrée dans ses *Croquis lorrains* (1905), il fait ses études à la faculté des lettres de Nancy, puis à l'École des chartes. Agrégé d'histoire à vingt ans, en 1891, il met à profit un séjour de deux ans à l'École française de Rome pour effectuer des recherches au Vatican sur les rapports du Saint-Siège et de la France, d'où sortira son livre *France et Rome* (1913). Son originalité s'affirme dès 1901, dans sa thèse de doctorat sur *Fouché*, brillante réhabilitation du ministre de la Police, qui suscite l'indignation du vieux Lavisse. Car, si Louis Madelin a été avant tout l'historien du premier Empire – depuis *La Rome de Napoléon* (1906), *La France de l'Empire* (1926), jusqu'à la grande *Histoire du Consulat et de l'Empire* (*), dont le premier volume a paru en 1937 –, il n'a pas négligé d'autres époques, soit en traitant de l'histoire politique française de 1515 à 1804 dans l'*Histoire de la nation française* (*) de Hanoteaux, soit dans son évocation de *La Fronde*, soit dans *La Révolution* (1911), mise au point par un esprit indépendant des préjugés politiques, et en même temps début d'une série de portraits continuée dans *Les Hommes de la Révolution* (1928) – où Madelin exprime sa conception de la Révolution comme « drame psychologique » –, mais dont la pièce essentielle est assurément un *Danton*, paru en 1914. Après avoir encore consacré plusieurs livres à la guerre de 1914-18, qu'il fit avec une remarquable bravoure, Louis Madelin est entré à l'Académie française en novembre 1927, maintenant cette tradition des historiens français maîtres dans l'art de faire revivre les passions des hommes et l'âme d'une époque.

MADERNA Bruno. Compositeur et chef d'orchestre italien. Né à Venise le 21 avril 1920, mort à Darmstadt le 13 novembre 1973. Enfant prodige, il se produisit très tôt – notamment à la Scala – comme violoniste et comme chef d'orchestre. De 1935 à 1940, il poursuivit ses études musicales aux conservatoires de Milan, de Venise et de Rome, avant d'être l'élève de Malipiero et, après la guerre, de Scherchen, qui l'initia aux techniques de composition de l'École de Vienne. De 1947 à 1950, il enseigna la composition au conservatoire de Venise ; un groupe de jeunes musiciens se forma alors autour de lui, dont Luigi Nono (1924-1990), qui devint son élève. Dès 1950, Maderna commença une carrière très active de chef d'orchestre, qui l'amena à diriger régulièrement divers grands orchestres européens et américains. Son répertoire était des plus larges : s'il se consacra particulièrement à la musique contemporaine, et plus largement à la musique du XXe siècle (notamment Mahler et les Viennois), Maderna joua beaucoup, non seulement le répertoire classique et romantique, mais aussi des œuvres de la Renaissance et du XVIIe siècle (cf. ses propres transcriptions de Petrucci, de Gabrieli et des virginalistes anglais). Ses premiers travaux de compositeur importants remontent à la fin des années 40, et leur esprit est encore néo-classique. Mais rapidement Maderna devint avec Boulez et Stockhausen l'une des personnalités marquantes de l'École de Darmstadt, au sein de laquelle il affirma d'emblée une position originale. Sa production, abondante, comprend beaucoup de partitions pour orchestre (souvent concertantes : les trois concertos pour hautbois), mais aussi des œuvres scéniques – *Hyperion* (1964), *Satyricon* (1973) – et de la musique électro-acoustique (Maderna fonda avec Berio en 1955 le Studio de phonologie de Milan). Le projet esthétique de Maderna pourrait être défini ainsi : concilier l'esprit de l'avant-garde (ce qui, dans le sérialisme généralisé, signifiait soumettre la musique à une organisation très stricte) et l'idéal d'une expression spontanée et libre. Cette intention s'est manifestée d'abord dans l'écriture elle-même (*Quatuor à cordes* de 1955, dont le second mouvement reproduit en miroir, mais très librement, le premier), et s'est étendue dans les années 60 – sous l'influence sans doute de Cage et par réaction contre la rigidité dont souffrait l'exécution même de la musique sérielle – à la réalisation sonore : à l'interprétation vivante. Maderna a conçu, pour cela, une forme spécifique d'« œuvre ouverte » – v. *Aura* (*) (1972). Dans une composition comme le *Giardino religioso* (1972), la partition est notée de la façon la plus précise (rien n'est laissé au hasard), mais se présente sous la forme de séquences dont l'enchaînement laisse une grande part à la libre appréciation musicale du chef d'orchestre. Dans certains cas limites, c'est l'agencement même des fragments qui est libre, et le caractère « utopique » du projet apparaît au grand jour : la *Juilliard Serenade* de 1971 – dont Maderna écrit lui-même qu'elle « n'est pas seulement interprétée mais "recomposée" par le chef qui, au cours des répétitions, devra "sentir" le besoin et la nécessité formelle de rapprocher, de superposer, d'articuler le matériau sonore dont il dispose » – suppose une disponibilité des musiciens et un temps de répétition incompatibles en fait avec les exigences de la vie musicale officielle. Ce que Pierre Boulez a appelé à propos de Maderna « ce sens immédiat, irrationnel de la musicalité » se manifeste, par ailleurs, dans une prédilection marquée pour l'expression mélodique, et dans la recherche constante, jusque dans les dissonances les plus tendues, d'une forme de bonheur sonore. Bruno Maderna était en pleine activité lorsque se déclara en avril 1973 la maladie qui devait l'emporter en quelques mois.

JEAN-LOUIS LELEU.

MADISON James. Homme politique et écrivain américain. Né le 5 ou le 16 mars 1751, à Port Conway (Virginie), mort le 28 juin 1836 à Montpelier (Virginie). Issu d'une famille honorable, quoique modeste, il reçut une éducation soignée, couronnée par un diplôme du collège du New Jersey (Princeton) en 1771. Il était spécialement attiré par l'étude de la morale et de l'hébreu, avant d'être entraîné dans le courant de la révolution américaine. Élu en 1776 à la convention de Virginie, il fit partie de la commission chargée de rédiger la Constitution et la déclaration des droits. Il s'y distingua par sa défense du libre exercice de la religion. De 1780 à 1783, il représenta la Virginie au Congrès continental, où il se fit le défenseur d'un impôt fédéral. Il revint ensuite en Virginie, où il joua un rôle non négligeable dans la législature. C'est à partir de 1787 qu'il acquiert une stature nationale, à la Convention de Philadelphie, chargée de rédiger la Constitution des États-Unis. Il s'y montra un ardent partisan d'un gouvernement fédéral fort, dans le plan dit de Virginie qu'il y défendit, ce qui valut le titre de « Père de la Constitution ». Une fois qu'elle eut été votée et avant qu'elle ne fût adoptée par les États, il la défendit, sous le pseudonyme collectif de « Publius » (partagé avec Alexander Hamilton et John Jay) dans la presse new-yorkaise. L'ensemble de ces quatre-vint-cinq articles, dont vingt-six de la plume de Madison, forme *Le Fédéraliste* (*), qui reste la meilleure interprétation de la Constitution des États-Unis. Élu de Virginie au premier Congrès, en 1789, il fut l'inspirateur de la *Déclaration des droits* [*Bill of Rights*], qui comblait une lacune, celle de la défense des droits individuels.

Désormais connu, il fit une carrière politique à l'ombre de son ami et voisin, Jefferson, avant d'accéder aux plus hautes fonctions de l'État. En 1794, il épousa une femme réputée pour son élégance, Dolly Paine Todd, avec laquelle il connut des années de bonheur. Après une retraite provisoire en Virginie, il fut nommé secrétaire d'État dans l'administration de Jefferson en 1801 et conserva ce poste jusqu'à son accession à la présidence des États-Unis, le 4 mars 1809. Il accomplit deux mandats, de 1809 à 1817, particulièrement périlleux, en raison des menaces opposées de la France et de l'Angleterre. Se fiant aux assurances de Napoléon, il interdit tout commerce avec cette dernière, ce qui causa la rupture et la guerre de 1812, appelée alors par dérision « la guerre de M. Madison ». Mal préparés, les Américains subirent échec sur échec, aussi bien sur la frontière avec le Canada que dans l'Est où Washington fut prise et brûlée par les Britanniques et sur mer. La situation ne se rétablit qu'en 1814, permettant de signer la paix de Gand, qui rétablit le *statu quo*. Madison demeura marqué par ces épreuves, si bien que l'impression générale fut de soulagement quand il quitta le pouvoir en 1817. Il assista Jefferson dans la création de l'université de Virginie, dont il devint recteur en 1826, participa à l'élaboration de la nouvelle Constitution de Virginie en 1829 et s'intéressa à la « Société américaine de colonisation » (« American Colonisation Society ») dans son effort d'émancipation des Noirs. Madison a pâti, à tort, d'avoir vécu à l'ombre de Jefferson.

CLAUDE FOHLEN.

RÉF. : *The Papers of James Madison*, Thomas A. Mason, William M. E. Rachel, Robert A. Rutland eds., Chicago-Charlottesville, 1962-1985, 15 vol. – En cours de publication : *The Papers of James Madison. Secretary of State Series* et *Presidential Series*, Charlottesville, 1984 et 1987, un vol. paru dans chaque série. – Irving Brant, *James Madison*, New York et Indianapolis, 1941-1961, 6 vol. – Ralph Ketcham, *James Madison*, New York, 1961.

MAETERLINCK Maurice. Écrivain belge d'expression française. Né à Gand (Flandre orientale) le 29 août 1862, mort dans sa propriété « Orlamonde », à Nice, le 5 mai 1949. Il appartenait à une vieille famille flamande et fut élevé dans une école de jésuites. La nature, la poésie tinrent la plus grande place dans son adolescence, de sorte qu'il renonça très vite à la profession d'avocat que sa famille eût aimé lui voir choisir, pour se consacrer à la littérature. Lié avec les jeunes poètes belges, spécialement avec Grégoire Le Roy, il connut à Paris Pierre Quillard, Villiers de l'Isle-Adam, et prit part au mouvement symboliste. Les *Serres chaudes* (*) (1889) le firent connaître dans le monde des lettres, et au cours de la même année il publia un drame, *La Princesse Maleine* (*), que loua grandement Octave Mirbeau. Les drames suivants, *Les Aveugles* (+) (1890), *Les Sept Princesses* (+) (1891), mais surtout *L'Intruse* (*) (1890) et *Pelléas et Mélisande* (*) (1892), firent de lui le plus grand représentant du symbolisme au théâtre. Il continua d'écrire des drames : *Intérieur* (*) (1895), *Alladine et Palomides* (*) (1894), *Aglavaine et Sélysette* (1896), *Ariane et Barbe-Bleue* (*) (1902), et fit paraître des poèmes lyriques, *Douze chansons* (*) (1896). Pendant cette même période, il étudiait Ruysbroeck, Novalis, Emerson, ce qu'il l'inclinait au pessimisme, à l'acceptation de la douleur dont il se consolait en contemplant la nature. De là les livres qu'il écrivit, à partir de 1896, sur la destinée humaine : *Le Trésor des humbles* (*) (1896), *La Sagesse et la Destinée* (1898), et sur la vie des animaux : *La Vie des abeilles* (*) (1901). Des tendances analogues se reflètent dans son théâtre, ainsi qu'en témoignent *Sœur Béatrice* (*) (1900), *Monna Vanna* (*) (1902), et plus ouvertement *L'Oiseau bleu* (*) (1908). Célèbre et riche, il avait quitté la Belgique à partir de 1896 ; il habitait à Paris, ou dans le Midi, ou encore à l'abbaye de Saint-Wandrille, en Normandie. Pendant vingt ans, il vécut avec Georgette Leblanc, qui interprétait admirablement ses drames. En 1911, il obtint le prix Nobel pour l'ensemble de son œuvre. Au cours de la Première Guerre mondiale, il tenta de servir, en Italie et ailleurs, sa patrie envahie. Puis il retourna à ses études, se passionna pour la métaphysique et l'occultisme. Plus tard il reprit dans *Le Grand Secret* (*) (1921) les thèses déjà esquissées dans *La Mort* (1913), où il traitait de la vie et de la mort d'un point de vue nettement contraire à la dogmatique catholique. C'est d'ailleurs à la suite de la publication de *La Mort* que ses œuvres avaient été mises à l'Index le 29 janvier 1914. Le roi des Belges lui conféra, en 1932, le titre de comte ; et, le 13 mars 1937, il fut reçu à l'Académie des sciences morales et politiques à titre de membre étranger. Pendant la Seconde Guerre mondiale, Maeterlinck se réfugia aux États-Unis. Parmi ses nombreuses œuvres, rappelons encore : *La Mort de Tintagiles* (*) (1894), *Joyzelle* (1903), *L'Intelligence des fleurs* (*) (1907), *Marie Magdeleine* (*) (1913), *L'Hôte inconnu* (*) (1917), *Le Bourgmestre de Stilmonde* (1919), *Le Miracle de saint Antoine* (1920), *La Vie des termites* (*) (1926), *La Vie des fourmis* (*) (1930).

♦ *« Homme du Nord très positif, chez qui le mysticisme est une manière d'exotisme psychique. »* André Gide. ♦ *Maeterlinck est comme Ibsen un individualiste irréductible. Autant que lui il méprise les apparences et les conventions sociales, autant que lui il s'est affranchi du joug écrasant de l'opinion, de la tyrannie du troupeau. »* E. Schuré.

RÉF. : É. Schuré, *Précurseurs et Révoltés,* Paris, 1904. – G. Leblanc, *Souvenirs, 1895-1918,* Paris, 1930. – Aug. Bailly, *Maeterlinck,* Paris, 1931. – G. Harry, *La Vie et l'œuvre de Maurice Maeterlinck,* Paris, 1932. – M. Lecat, *Le Maeterlinckisme,* Bruxelles, 1937-1941, et *Bibliographie de Maurice Maeterlinck,* Bruxelles, 1939. – A. Aniante, *La Double Vie de Maeterlinck,* Paris, 1949. – G. Compère, *Le Théâtre de Maurice Maeterlinck,* Bruxelles, 1955 ; *Maurice Maeterlinck,* Lyon, 1990. – R. Bodart, *Maurice Maeterlinck*, Paris, 1962.

MAEZTU Y WHITNEY Ramiro de. Écrivain espagnol. Né à Vitoria (province d'Alava) en 1875 d'une père basque et d'une mère anglaise, une Whitney ; fusillé par les révolutionnaires à Aravaca, près de Madrid, dans la nuit du 28 au 29 octobre 1936. Il fit des études régulières de « bachelier », puis se rendit à Paris et, plus tard, à Cuba où il s'engagea comme soldat pendant la guerre contre les États-Unis ; auparavant, il s'était occupé des affaires familiales en travaillant dans une plantation de canne à sucre qui appartenait à son père. Rentré en Espagne, il se consacra au journalisme et devint le correspondant de différents journaux de la péninsule, à Bilbao, à Madrid, puis, à partir de 1905, pendant quinze ans, en Grande-Bretagne, et, à partir de 1915, sur le front des Alliés. C'est de cette époque que date son *Angleterre en armes* [*Inglaterra en armas*, 1916]. De retour à Madrid en 1919, il poursuivit son activité journalistique ; un peu plus tard il entra également dans la carrière diplomatique et fut ambassadeur d'Espagne en Argentine, en 1928, au temps de la dictature de Primo de Rivera. S'occupant toujours plus activement de politique, il devint le président de l'« Acción Española ». Depuis 1898, son attitude spirituelle à l'égard des valeurs éternelles de la patrie et de l'inanité politique des partis de l'époque s'était de plus en plus précisée. Son ardent amour de l'Espagne le rapprocha de Unamuno, Baroja et Azorín, et il fut, avec eux, l'un des principaux représentants de cette « génération de 1898 », désormais célèbre dans les milieux littéraires. Parmi ses œuvres témoignent particulièrement de son orientation spirituelle et politique *Don Quichotte, don Juan et la Célestine* (*), *Vers une autre Espagne* [*Hacia otra España*, 1899], et la *Défense de l'hispanisme* [*Defensa de la Hispanidad*, 1934], cette dernière œuvre, violente diatribe antilibérale, étant un texte fondamental pour la compréhension des Espagnols de sa génération. En 1932, Maeztu fut élu à l'Académie des sciences morales et politiques de Madrid et, en 1935, à l'Académie de la langue espagnole.

MAFFEI Francesco Scipione. Érudit italien. Né le 1er juin 1675 à Vérone, mort dans cette même ville le 11 février 1755. Ses études terminées, il parcourt l'Italie pour parfaire ses connaissances, puis s'engage dans les troupes bavaroises au moment de la guerre de succession d'Espagne. De retour en Italie, avec Apostolo Zeno et Vallisnieri, il fonde le *Journal des lettrés* [*Giornale dei letterati*] en 1710. Ensuite, il s'intéresse au théâtre ; sa *Mérope* (*), jouée par Riccoboni en 1713, est un triomphe (Voltaire en entreprend la traduction) ; dix ans plus tard, Maffei fera paraître un choix de tragédies italiennes précédé d'un avant-propos historique et apologétique. Il s'était livré vers la même époque à de sérieuses recherches archéologiques ; l'objet en avait été Vérone sur laquelle il a beaucoup écrit ; puis, au cours d'un séjour en Provence, il les reprit avant de s'arrêter à Paris — trois ans — et de visiter successivement la Grande-Bretagne, la Hollande, la Belgique et l'Allemagne. Rentré à Vérone, de 1737 à 1740 il publia les *Observations littéraires* [*Osservazioni letterarie*], suite du précédent *Giornale*, et des ouvrages dont l'énumération même partielle — *Histoire théologique...* [*Istoria teologica....*] (sur la bulle Unigenitus), *De la science dite chevaleresque* [*Della scienza chiamata cavalleresca*], *De l'emploi de l'argent* [*Dell' impiego del danaro*], des poésies, etc. — donne une idée de la diversité des goûts de l'auteur considéré, à juste titre, comme l'un des représentants typiques de la culture encyclopédique du XVIIIe siècle.

MAGDALENO Mauricio. Romancier et écrivain de théâtre mexicain. Né le 13 mai 1906 à Villa del Refugio, dans l'État de Zacatecas. Il passe son adolescence pendant la Révolution et fait ses études supérieures (de lettres) à Madrid. En 1932, il fonde le groupe « Théâtre de maintenant », destiné à représenter des œuvres révolutionnaires. De 1958 à 1964, il est sénateur de l'État de Zacatecas. Tous les romans de Magdaleno ont pour thème la révolution mexicaine : *L'Éclat* [*El resplandor*, 1937], *La Grand'Terre* (*) (1949), et *Cheveux de maïs* [*Cabello de elote*, 1949], ce qui situe Magdaleno dans la lignée de Martín Luis Guzmán, Rafael Felipe Muñoz et Gregorio López y Fuentes. Le théâtre joue également un rôle important dans la carrière littéraire de Magdaleno. En 1932, il écrit trois pièces — *Pánico 137, Emiliano Zapata, Tropique* [*Trópico*] — qui viennent enrichir le répertoire du théâtre révolutionnaire mexicain, et qui sont, comme le nom même des pièces l'indique, des œuvres à caractère social, historique et politique.

MAGNAN Pierre. Auteur français de romans policiers. Né à Manosque en 1922. Il quitte le collège à 12 ans pour gagner sa vie comme typographe jusqu'à 20 ans. Après avoir rejoint le maquis durant l'occupation, il retourne au « pays » et écrit quatre romans : *L'Aube insolite* paraît en 1945 et est assez bien accueilli ; *Ligne de force* (1947) ; *Le Monde encerclé* (1948) et *Périple d'un cachalot* (1951) ne trouvent pas de public et Magnan entre dans une entreprise d'appareillage ménager. Licencié vingt-sept ans plus tard lors d'une restructuration, il écrit de nouveaux livres, créant le personnage du commissaire Laviolette. *Le Sang des Atrides* paraît en 1977 et obtient le prix du quai des Orfèvres. Suivent quatre enquêtes du commissaire qui précèdent *La Maison assassinée* (*) (1984), premier grand succès de Pierre Magnan, qui l'amène à écrire une suite au roman en 1990 : *Le Mystère de Séraphin Monge*. Entre-temps Laviolette résoudra un autre mystère dans *Les Courriers de la mort* (1986) et Magnan évoquera son pays et son enfance dans *La Naine* (1987) et dans *L'Amant du poivre d'âne* (1988). Influencé par Giono, qu'il a bien connu, il est sensible à la nature et prend plaisir à peindre des personnages enracinés dans un terroir bien défini — la montagne de Lure dans *Les Charbonniers de la mort* (1982). Son commissaire Laviolette est, comme lui, un poète épicurien, qui mange avec remords une grive embaumant le genièvre, accompagnée d'un verre de remollon, ce vin aussi noir que la terre volcanique d'où il tire ses vertus. Lire un roman de Pierre Magnan, c'est respirer les odeurs sensuelles de la Haute-Provence et découvrir avec ses habitants les drames secrets et parfois atroces qui la déchirent.

DENIS BOUTET DE MONVEL.

MAGNARD Albéric Lucien Denis Gabriel. Compositeur français. Né à Paris le 9 juin 1865, mort à Baron (Oise) le 3 septembre 1914. Fils de Francis Magnard qui présida aux destinées du journal *Le Figaro* de 1879 à 1894, il prépara d'abord sa licence en droit, passée en 1887. Jusqu'à l'âge de vingt et un ans, il n'avait été qu'un musicien amateur. C'est seulement en 1886, à la suite d'un voyage à Bayreuth, qu'il entra au Conservatoire. Il y fut l'élève de Dubois, de Massenet et de Vincent d'Indy. C'est de ce dernier surtout qu'il subit l'influence. Il débuta en 1890, avec sa première symphonie, suivie d'un drame lyrique, *Yolande* et, en 1892, de la *Suite dans le style ancien*. Féru de la musique française ancienne, des chants et des rondes populaires, il se plut à les faire revivre dans ses quatre symphonies, dont la plus connue est la *Troisième en si bémol* (1895), comme dans ses pièces pour piano et pour orchestre. Dans le domaine du théâtre, outre *Yolande*, il a laissé *Guercœur* (*) (1897-1900) et *Bérénice* (+) (1911). Outre sa *Sonate* pour piano et violon (1903) et son *Quatuor à cordes* (1904), il faut mentionner ses poèmes symphoniques, *Hymne à la justice* (1903) et *Hymne à Vénus* (1906). Albéric Magnard mourut tragiquement : ayant, à coups de pistolet, abattu deux des uhlans qui envahissaient son domaine, il fut à son tour mis à mort par leurs camarades.

RÉF. : Gaston Carraud, *La Vie, l'œuvre et la mort d'A. Magnard*, Paris, 1921. – Paul-Gilbert Langevin, « Musiciens de France, la génération des grands symphonistes », *La Revue musicale* nos 324-325-326, Paris, 1979. – Albéric Magnard, *Zodiaque* no 147, La-Pierre-qui-Vire, 1986.

MAGNY Olivier de. Poète français. Né à Cahors (Lot) en 1520, mort en 1561. Il était sans doute venu à Paris avant de devenir, en 1547, secrétaire de son compatriote Hugues Salel, abbé de Saint-Chéron, poète de la cour de François Ier. Celui-là lui permit de connaître quelques hauts personnages. Peu après la mort de son protecteur (1553), Magny parvint à s'attacher à Jean de Saint-Marcel, seigneur d'Avanson, lequel, chargé d'une mission diplomatique auprès du Saint-Siège, s'offrit à l'emmener à Rome. D'Avanson et sa suite prirent la route à la fin de 1554. En passant par Lyon pour rejoindre son poste, le poète s'éprit de Louise Labé, la Belle Cordière. Il arriva à Rome le 7 mars 1555. Son séjour en Italie devait durer deux ans. Il y fit la rencontre de Joachim du Bellay et, tout comme lui, fut médiocrement séduit et par son métier de secrétaire et par la cour romaine. De retour en France (1557) il conserva tout son crédit puisque, le 31 mai 1559, il était nommé secrétaire du roi, poste envié qu'il ne devait occuper que deux années. Disciple de Ronsard, Magny se montre souvent plein de grâce et d'invention. Il a surtout cultivé le sonnet. Son œuvre comprend : *Les Amours* (1553), les *Gayetez* (1554), *Les Soupirs* (*) (1557) et les *Odes* (*) (1559). Les *Dix-Neuf sonnets inédits* de Magny ont été publiés en 1880.

RÉF. : E. Turquety, « Olivier de Magny », dans *Bulletin du bibliophile*, Paris, 1860. – J. Favre, *Olivier de Magny (1520 ?-1561). Étude biographique et littéraire*, Paris, 1885. – L. A. Bergounioux, *Quelques rectifications et documents inédits sur O. de Magny (1520-1561)*, Cahors, 1937.

MAGRIS Claudio. Écrivain italien. Né à Trieste le 10 avril 1939. Après des études de langue et de littérature germaniques à Turin et en Allemagne, il enseigne dans diverses universités dont celle de Trieste depuis 1978. Sa collaboration à la presse italienne (au *Corriere della sera*) et plus généralement européenne, et son activité de conférencier et de professeur invité dans de nombreuses universités lui vaudront une large reconnaissance et de prestigieuses distinctions internationales (en Italie, Allemagne, Autriche, France, Espagne...). Auteur d'une douzaine de livres et d'innombrables articles, traducteur de Kleist, Ibsen, Schnitzler, Büchner, l'œuvre de Claudio Magris (traduite dans une bonne quinzaine de langues) n'aura de cesse d'explorer, avec toutes les ressources de l'érudition et la probité de l'historien attentif aux détails, les zones frontières où les cultures se touchent, communiquent et s'affirment dans leurs particularités. Ainsi *Le Mythe de l'Empire dans la littérature autrichienne moderne* [*Il Mito absburgico nella litteratura austriaca moderna*, 1963] explorera-t-il la situation d'écrivains qui (tels Kafka, Hofmannsthal, Musil, Kraus, Schnitzler...) seront contraints, entre détestation et admiration de la réalité, à inventer en littérature un lieu imaginaire dessinant les contours d'une identité à la fois impossible et sans cesse recherchée. Ces confins, l'auteur continuera à les hanter selon diverses modalités ; ainsi, avec Angelo Ara, il publie en 1982 *Trieste. Une identité de frontière* [*Trieste. Una « identita » di frontiera*], où il analyse avec érudition l'extraordinaire prolifération littéraire que ce carrefour stratégique, économique, politique et linguistique de l'Europe a pu engendrer. En 1986 paraît *Danube* (*), vaste fresque où le passé, le présent, les grandes figures de la littérature, les paysages sont comme charriés par les flots d'un fleuve dont le cours épouse le destin d'une Europe toujours en quête de son identité. Des études sur *Wilhelm Heinse* (1968), *Hoffmann* (1969), *Joseph Roth* (1971), un recueil d'études sur Hofmannsthal, Jacobsen, Kraus, Hamsun, Rilke, Svevo, Musil, Canetti, Doderer, Singer, paraît en 1984 (*L'Anneau de Clarisse* [*L'anello di Clarisse*]) ; la même année, un court roman, *Enquête sur un sabre* [*Illazioni su una sciabola*], retrace le destin des Cosaques qui durent fuir Staline pour finalement se soumettre à Hitler. En 1991, *Une autre mer* [*Un altro mare*] apporte une nouvelle variation à cette œuvre traversée par les plus brûlantes questions auxquelles notre époque se voit confrontée.

FRANCIS WYBRANDS.

MAḤFUẒ Najīb. Romancier égyptien. Né au Caire le 11 décembre 1911. Issu d'un milieu petit-bourgeois, il est licencié de philosophie en 1934, commence une thèse sur la beauté dans l'islam, puis devient fonctionnaire en 1935 au ministère de l'Éducation. Directeur de la Censure des beaux-arts et ensuite de la Fondation pour le cinéma, il termine sa carrière en 1971 comme conseiller à la Culture. Le roman n'étant pas un genre littéraire arabe classique, Maḥfūẓ s'est lancé dans le contexte moderne des traductions, des romans historiques rédigés par Zaydān et des tentatives inspirées des *Maqāmāt* (*), au moment où Ḥusayn et Ḥakīm élaboraient leurs œuvres. Négligeant les récits populaires dialectaux, tel le *Roman de 'Antar* (*), il se situe d'emblée comme héritier d'une langue classique et se met en quête d'une narration romanesque autonome. Soixante ans de production fourniront treize recueils de nouvelles, trente-sept romans, quelquefois parus en feuilleton, vingt-six adaptations cinématographiques et seize adaptations théâtrales : on y décèle, par strates, les mutations de l'arabe moderne et une évolution, rythmée par les aléas de la liberté d'expression, menant du roman historique au naturalisme, puis au symbolisme, social, politique, mythologique ou légendaire. Le sentiment d'une injustice sociale, l'inspiration « pharaonique » revivifiée par l'égyptologie et la quête nationaliste d'un passé glorieux caractérisent ainsi ses premières tentatives. Un recueil de nouvelles paraît en 1938 : *Souffle de folie* [*Hams al-junūn*], où il dénonce l'égoïsme des possédants. Puis trois romans historiques constituent autant de variations sur des combats proposés comme modèles pour l'indépendance de l'Égypte : *Le Jeu du destin* [*'Abath al-qadar,* 1939], *Rādūbīs* (1943) et *La Lutte de Thèbes* [*Kifāḥ Ṭība,* 1944]. Mais le poids des événements le pousse à s'immerger dans le vécu réel de son pays, mettant alors en scène la société cairote, conçue comme révélatrice de l'état de la nation. Influencé désormais par le naturalisme, il publie trois romans portant pour titre des noms de lieux cairotes : *Le Nouveau Caire* [*al-Qāhira l-jadīda,* 1945], *Khan al-Khalīlī* (1946) et *Le Passage des miracles* [*Zuqāq al-midaqq,* 1947, trad., 1970]. L'univers décrit est celui des classes sociales au début du XXe siècle : aristocratie ottomane corrompue ; occupants britanniques honnis ; bourgeoisie déchirée ; petites gens toujours emportés par la tourmente, mais gardant souvent la trace du mieux-vivre et des vertus d'autrefois. Prémonitoire, *Commencement et Fin* [*Bidāya wa-nihāya,* 1949] détaille la déchéance d'une famille impuissante à s'adapter aux temps nouveaux et célèbre l'armée, seule institution capable de réformer l'État. Après le putsch des colonels, Maḥfūẓ éprouve un sentiment d'inquiétude et d'exaltation qui l'empêche momentanément de produire, mais il édite entre 1956 et 1957 une *Trilogie* (*) complexe, analysant la vie de trois générations d'une famille et s'achevant sur un choix symbolique : la mort face à l'occupant, l'engagement chez les Frères musulmans ou les communistes, solutions idéologiques du mal-être de l'époque. La reprise en main nassérienne et le désir de se renouveler orientent ensuite Maḥfūẓ vers une écriture symbolique, toujours aux aguets des frémissements de l'Égypte : il se pose en mémorialiste scrupuleux de son époque, mais recherche aussi, en moraliste, les fondements d'une nouvelle convivialité. Interprétation du surgissement des religions et de la science, *Les Fils de la médina* (*) suscitent en 1959 l'opposition des autorités musulmanes. Devenu plus prudent, Maḥfūẓ publie *Le Voleur et les chiens* (*) où il dénonce en filigrane les répressions policières, *Les Cailles et l'Automne* [*al-Summān wa l-kharīf,* 1962], charge féroce contre l'aveuglement des privilégiés, *Dérives sur le Nil* [*Tharthara fawq al-Nīl,* 1965, trad. 1989], protestation contre le nihilisme et la drogue, *Mīrāmār* (1966, trad. 1990), exercice de style sur des ratés que ni l'amour, ni le patriotisme n'arrivent à sauver. Cette évolution se diversifie par une interrogation éthique, où transparaît un pessimisme croissant. Romans : *La Voie* [*al-Ṭarīq,* 1964] et *Le Mendiant* [*al-Shaḥḥādh,* 1965], ou nouvelles : *Le Monde de Dieu* [*Dunyā Allāh,* 1963] ; *Une maison de mauvaise réputation* [*Bayt sayyi' al-sum'a,* 1965] et *Le Bistrot du Chat noir* [*Khammārat al-qiṭṭ al-aswad,* 1968] détaillent une radioscopie de la déchéance dans une société sans espoir où succombe la morale. Accentuant l'amertume de Maḥfūẓ, la guerre de 1967 provoque aussi une remise en question existentielle et formelle : alors qu'il insérait auparavant ses héros négatifs ou positifs dans un tissu social serré, il a désormais tendance à dépeindre des individus déracinés dans un environnement éclaté. Ainsi, *Sous l'abri* [*Taḥt al-miẓalla,* 1968], *Histoire sans queue ni tête* [*Hikāya bi-lā bidāya wa-lā nihāya,* 1971] et *Lune de miel* [*Shahr al-'asal,* 1971] rassemblent, entre autres, des « masrawāya », pièces en un acte, rythmées par des passages descriptifs ou narratifs et exposant un univers hanté par l'échec, la culpabilité ou le châtiment. Fondamentalement humaniste et positif, Maḥfūẓ ne ratifie pas pour autant la mort de l'homme : il se remet à l'écriture de romans, s'inspirant de sources anciennes négligées ou de nouveaux développements sociaux. *L'Amour sous la pluie* [*al-Ḥubb taḥt al-maṭar,* 1973] suggère la discipline et l'idéal de justice sociale comme remèdes au nouveau mal du siècle, *Les Récits de notre quartier* (*) renouent avec les contes de l'enfance, *La Chanson des gueux* [*Malḥamat al-ḥarāfīsh,* 1977, trad. 1989] retrouve le ton de l'épopée, et *Le Jour de l'assassinat du leader* (*) critique l'arrivisme et la corruption. L'œuvre de Maḥfūẓ, à qui a été décerné le prix Nobel de littérature en 1988, illustre ainsi un avènement du roman et de la nouvelle arabes, dont il a su accélérer et maîtriser la gestation : transmettant le relais à des cadets, tels Idrīs, Ibrāhīm, Ghīṭānī, Kharrāṭ et Tāmir, mais restant une incontournable référence, Maḥfūẓ apparaît comme une incarnation moderne des scribes qui ont forgé la mémoire de l'Égypte.

BERNARD MOUSSALI.

MAHLER Gustav. Compositeur autrichien. Né à Kalischt (actuellement en Tchécoslovaquie), le 7 juillet 1860, mort le 18 mai 1911 à Vienne. Second de douze enfants d'une modeste famille juive, le jeune Mahler fit ses études primaires à Jihlava, puis se rendit à Vienne et y entra au Conservatoire (1875-1878). Il y eut comme professeurs Epstein, Fuchs et Krenn, et y rencontra Anton Bruckner qui fit sur lui une grande impression. En 1880, il acheva son premier ouvrage, *Das klagende Lied,* pour soprano, contralto, ténor, chœur et orchestre sur un texte tiré des frères Grimm. Nommé chef d'orchestre, d'abord à Hall (1880), puis à Ljubljana et à Olmutz en 1883, il retourna à Vienne comme chef des chœurs au Karltheater. Il avait achevé, pendant ce temps, les quatorze *Mélodies et chants de jeunesse* [*Lieder und Gesänge aus der Jugendzeit,* 1882], pour chant et piano, premiers éléments de l'anthologie poétique *Le Cor merveilleux de l'enfant* (+). À Kassel, où il devint chef d'orchestre à la fin de 1883, Mahler composa les quatre *Chants d'un compagnon errant* [*Lieder eines fahrenden Gesellen*], pour chant et orchestre, sur un texte personnel, œuvre de caractère autobiographique dans laquelle une fraîcheur de ballade populaire se joint à la dramatique intensité de certains élans, dans une atmosphère de mélancolie douce et résignée. Il se rend ensuite à Prague, puis avec Nikisch, à Leipzig, et réussit enfin à obtenir sa nomination à la direction d'un théâtre, en 1888, à Budapest. Cette année est aussi celle des douze lieder du *Cor merveilleux,* dans lesquels le caractère de ballade populaire est encore plus accusé que dans le cycle de 1883, et de la *Première Symphonie en ré majeur* – v. *Symphonies* (*). De 1891 à 1897 Mahler est premier chef d'orchestre à l'Opéra de Hambourg : ce furent ses années les plus tranquilles et les plus heureuses. En 1894, il termine la *Deuxième Symphonie en ut mineur,* avec soprano, contralto et chœurs (textes extraits du *Cor merveilleux* et de Klopstock) ; en 1896, il donne la *Troisième Symphonie en ré mineur,* avec contralto et chœurs de femmes et d'enfants, écrite sur des textes tirés également du *Cor merveilleux,* et de Nietzsche.

Grâce, dans une certaine mesure, à l'intervention de Brahms qui l'avait beaucoup apprécié comme chef d'orchestre d'opéra, Mahler, en 1897, fut appelé à Vienne, d'abord en qualité de chef d'orchestre, puis de directeur artistique. Il accomplit une rénovation totale dans la réalisation matérielle, et ses mises en scène sont encore présentes dans les mémoires et données en exemple. Mais la rigidité de sa conduite lui suscita des inimitiés qui l'obligèrent à quitter Vienne en 1907 ; son empreinte resta pourtant ineffaçable, et la grande tradition de l'Opéra national, encore vivante de nos jours, est née de ces dix années de travail. Mahler n'abandonna pas pour autant la composition. Sa *Quatrième Symphonie en sol majeur* date de 1900 ; c'est la plus courte et la plus gaie de toutes ; l'intensité de l'expression et la tendance naturelle à la déclamation vocale n'étouffent pas la structure de l'œuvre, mais, au contraire, la couronnent dans le finale serein où intervient une voix de soprano. En 1902, le compositeur achève, en dehors des cinq *Rückert-Lieder*, deux de ses ouvrages les plus importants, la *Cinquième Symphonie en ut mineur* et les cinq *Kindertotenlieder,* pour chant et orchestre, également sur des textes de Rückert. On trouve dans le premier la sublimation de cette « nostalgie de la parole chantée » qu'un critique a relevée comme le trait caractéristique de l'écriture orchestrale de Mahler, et dans le second l'expression suprême d'une douleur résignée, mais profonde et indélébile ; c'est là la qualité humaine même de Mahler, qu'il chercha toujours à traduire d'une manière universelle. Il vécut, profondément et sincèrement, la crise du romantisme attardé ; la technique contrapuntique de la *Sixième* et de la *Septième Symphonie* (1904 et 1905) le « gigantisme » de la *Huitième* dite *Symphonie des mille* (1907, pour orchestre, huit voix solistes, double chœur, chœur d'enfants et orgue) ne sont que des tentatives désespérées pour sortir d'une impasse qui, sur le plan intime, se traduisait par le désir impuissant d'un abandon plus extériorisé et la nécessité ressentie de trouver une nouvelle vie harmonique et sonore.

Ce conflit s'apaise sur le plan artistique dans la suite pour orchestre, contralto et ténor, *Le Chant de la terre* (*) (posthume, 1911), sur des textes traduits du chinois par Hans Bethge. La fusion entre les voix et les instruments est parfaite, les voix sont devenues des éléments du canevas harmonique au même titre que les instruments, mais les uns et les autres ont une fonction précise et expressive qui adhère au texte. C'est un cri d'une tension désespérée, qui s'exaspère jusqu'à anticiper certaines harmonies propres à l'expressionnisme, pour se recomposer, pour ainsi dire, dans le doux et douloureux sanglot du magnifique *Adieu* [*Der Abschied*]. En 1909, c'est la *Neuvième Symphonie en ré bémol majeur* qui présente une atmosphère analogue. Ces deux œuvres correspondent à trois années d'intense activité professionnelle, exercée surtout aux États-Unis. L'aggravation d'une maladie de cœur oblige Mahler à entrer dans une clinique à Paris d'abord, puis à se retirer à Vienne où il meurt à cinquante et un ans seulement, laissant inachevée une *Dixième Symphonie.* Ses *Lettres* [*Briefe,* 1879 1911] furent publiées en 1924 à Berlin par les soins de sa fille.

CARLO MARINELLI.

RÉF. : Richart Specht, *Gustav Mahler,* Berlin, 1913. – Paul Stefan, *Gustav Mahler : eine Studie über Persönlichkeit und Werk,* Munich, 1910 ; tr. angl. New York, 1913. – Guido Adler, *Gustav Mahler,* Vienne, 1916. – Gustav Mahler, *Briefe, 1879-1911,* Vienne, 1924 ; trad. française, *Lettres à Alma,* Luynes, 1979. – Bruno Walter, *Gustav Mahler,* Vienne, 1936 ; trad. française, Paris, 1979. – Alma Mahler, *Erinnerungen und Briefe,* Amsterdam, 1940 ; trad. française, *Mémoires et Correspondance,* Paris, 1980. – Mosco Carner, *Of Men and Music,* Londres, 1944. – Alma Mahler, *Ma vie,* Paris, 1961. – Marc Vignal, *Mahler,* Paris, 1966. – Kurt Blaukopf, *Gustav Mahler oder Der Zeitgenosse der Zukunft,* Vienne, 1969 ; trad. française, *Gustav Mahler,* Paris, 1979. – Jean Matter, *Connaissance de Mahler,* Lausanne, 1974. – Henry-Louis de La Grange, *Gustav Mahler,* 3 vol. (1860-1900, 1900-07, 1907-11), Paris, 1979-84. – Herta Blaukopf, *Mahler-Strauss, correspondance 1888-1911,* Munich, 1980 ; trad. française, Arles, 1989. – Philippe Chamouard, *Gustav Mahler tel qu'en lui-même,* Paris, 1989.

MAHOMET Abū l-Qāsim Muḥammad ibn ʿAbdallāh, connu en Occident sous le nom de. Prophète de l'islam. Né à La Mecque vers 570, mort à Médine le 8 juin 632. Sa vie ne nous est connue que par des sources islamiques, notamment la *Vie du messager de Dieu* [*Sīrat rasūl Allāh*] d'Ibn Hishām (mort vers 834), ou les *Campagnes militaires du messager de Dieu* [*Maghāzī rasūl Allāh*] d'al-Wāqidī (mort en 822), auxquels s'ajoutent les recueils de *Ḥadīth* (*). Ces sources fournissent des renseignements détaillés et abondants, mais dont l'authentification et l'interprétation soulèvent d'importantes difficultés. À la naissance de Mahomet, La Mecque est, depuis plusieurs générations, sous le contrôle de la tribu de Quraysh, qui tire sa richesse du commerce caravanier ; elle est gouvernée par une assemblée des chefs de clans. Sur le plan religieux, la ville reste massivement dominée par un polythéisme aux formes assez primitives, dont le culte est centré sur la « Pierre noire » de la Kaʿba, autour de laquelle un pèlerinage annuel attire les tribus de la région. Une situation analogue prévaut dans le reste de la péninsule arabique, malgré la présence, notamment au Yémen, de noyaux juifs et chrétiens.

La première partie de la vie de Mahomet ne nous est connue que par des traditions où l'histoire est difficile à distinguer de la légende ; issu du clan hāshimite de Quraysh, il se serait trouvé orphelin de bonne heure, et aurait été recueilli par son oncle paternel Abū Ṭālib, le chef du clan. Il n'en aurait pas moins subi un certain déclassement social, qui l'aurait obligé à travailler pour le compte d'autrui, comme escorteur de caravanes, jusqu'à ce que son mariage avec Khadīja bint Khuwaylid, une riche veuve dont il était devenu l'homme de confiance, lui permette de retrouver son rang parmi les notables de la tribu. Toutefois, il aurait, dès cette époque, pris l'habitude de se retirer dans les montagnes entourant La Mecque pour y méditer et se livrer à des pratiques d'ascétisme. C'est lors de l'une de ces retraites qu'il aurait reçu, probablement en 610, sa première révélation, qui déclencha en lui une crise spirituelle d'autant plus violente qu'elle fut suivie d'une période de silence divin qui dura trois années ; au cours de celle-ci, il ne s'ouvrit de son secret qu'à quelques proches, parmi lesquelles la tradition mentionne certaines des plus grandes figures de l'islam : son épouse Khadīja, qui fut la première à le reconnaître pour prophète, son cousin ʿAlī ibn Abī Ṭālib, le futur auteur de *La Voie de l'éloquence* (*), qui devait plus tard épouser sa fille Fāṭima, ses amis et futurs beaux-pères (après la mort de Khadīja, en 619) Abū Bakr et ʿUthmān, qui devaient diriger après lui la communauté musulmane, et quelques autres. Ce n'est qu'après sa seconde révélation (613 ?) que Mahomet aurait reçu l'ordre de faire publiquement état de sa mission prophétique ; sa prédication se heurta tout d'abord à l'ironie, puis à l'hostilité déclarée des Quraysh, d'autant plus dangereuse que Mahomet ne réussit pas, en dépit de ses efforts, à convertir les notables de la tribu ni même ceux de son clan : ceux-ci ne lui apportaient par conséquent qu'un soutien purement personnel, qui ne s'étendait pas aux nouveaux convertis. Pis, après la mort d'Abū Ṭālib, le chef de file des hāshimites, Abū Lahab se déclara ouvertement contre lui. Pour échapper à cette situation sans issue et de plus en plus dangereuse, Mahomet profita de l'occasion que lui offraient certains habitants de Yathrib (la future Médine), à la recherche d'alliés dans la guerre de clans qui, depuis plusieurs années, divisait la ville. Il semble également que la présence sur place d'une importante communauté juive ait incité Mahomet à accepter cette proposition, dans l'espoir d'y trouver un terrain d'accueil plus favorable à sa prédication monothéiste. C'est dans un tel contexte qu'en 622 il émigra avec soixante-dix de ses compagnons : cet événement, l'Hégire, marque en fait l'apparition de la première communauté musulmane religieusement et politiquement autonome, composée de deux groupes alliés, et occasionnellement rivaux, celui des Mecquois émigrés [muhājirūn] et des « alliés » médinois [anṣār]. Parallèlement, on observe une évolution importante de la prédication de Mahomet : celle-ci ne s'adresse plus aux seuls Quraysh, mais à l'ensemble des tribus d'Arabie. En outre, elle se démarque beaucoup plus nettement des religions monothéistes établies, qu'elle accuse d'avoir déformé et falsifié leur message originel. Cette volonté d'autonomie se renforce encore après la rupture de Mahomet avec les Juifs de Médine, marquée par le changement de la direction de la prière musulmane, qui, dorénavant ne serait plus tournée vers Jérusalem mais vers la Kaʿba de La Mecque, dont la fondation est alors explicitement attribuée par *Le Coran* (*) à Abraham. On note aussi dans les sourates révélées à cette époque une présence importante de thèmes à portée législative, reflétant le souci d'organisation matérielle et spirituelle de la communauté. Celle-ci, au demeurant, se trouva dès l'origine en situation de guerre ouverte avec les Quraysh de La Mecque, sur lesquels elle remporta la victoire de Badr (623). Menant une habile politique d'alliances (marquée notamment par de nombreux mariages) avec les tribus de toute l'Arabie, Mahomet réussit à isoler ses adversaires mecquois, et, au terme d'une brève campagne militaire, à négocier un compromis avec Abū Sufyān, le chef du puissant clan des Omayyades, qui se convertit à cette occasion ; il put ainsi rentrer presque sans coup férir à La Mecque en 630. Les deux dernières années de sa vie furent consacrées à consolider la jeune communauté musulmane qui, à sa mort, rassemblait la plus grande partie des tribus de la Péninsule. Cette œuvre fut poursuivie après lui par le califat d'Abū Bakr (622-624) et surtout de ʿUmar (624-634), sous lequel s'amplifia le mouvement de conquête orienté vers les empires byzantin et perse. Mahomet, qui, selon la tradition musulmane, était illettré, n'a laissé aucun écrit (*Le Coran* est évidemment considéré comme une révélation divine, dont il n'était que le porte-parole). Ses propos et ses actions, qui, pour la loi musulmane, ont une valeur normative, ont été consignés dans les collections de *Ḥadīth* (*).

J.-P. G.

MAI Truc (bonze zen Viên Chiêu). Poète vietnamien. Né en 999, mort en 1091, originaire de Phuc Duong (Long Dàm, Hanoi). Neveu de la reine Linh Cam épouse de Ly Thai Tông, il se montre très tôt intelligent, d'esprit alerte et studieux. Il est le septième patriarche de la secte « Méditation devant le mur » [Bich quan] fondée en 826 par le bonze Vô Ngon Thông, et qui se réclame de Bodhidharma disciple de Bouddha. La pagode Kiên So (Phu Dông, Hanoi) sera le siège de la secte. Éloquent, Mai Truc rassemble autour de lui un grand nombre de disciples. Il laisse de nombreux ouvrages de commentaires des sutras, dont le plus célèbre est le *Clair enseignement sur la méditation à l'intention des disciples* [*Tham dô hiên quyêt*] sous forme de courtes questions et réponses en des vers non abstraits mais pleins d'images-chocs destinées à révéler la vérité par intuition. Sa préoccupation essentielle est le corps, et son poème-testament résume en quatre vers de sept pieds toute sa philosophie, reposant sur la permanence du corps religieux et l'impermanence du corps charnel — v. *Poésie* (*).

THANH-TÂM LANGLET.

MAÏAKOVSKI Vladimir Vladimirovitch [Vladimir Vladimirovič Majokovskij]. Poète russe. Né à Bagdadi (Géorgie) — localité appelée aujourd'hui Majakovski — le 7 (19) juillet 1893, mort par suicide à Moscou le 14 avril 1930. Fils d'un garde forestier, il fut témoin dès son enfance de la servitude de la condition paysanne et dut très tôt se colleter avec la misère, qui devint très grande lorsque, après la mort du père, la famille fut venue s'établir à Moscou. En 1902, Maïakovski put cependant entrer au lycée, mais, ayant adhéré à l'âge de quinze ans au parti social-démocrate (bolchevik), il subit dès 1908 sa première arrestation. Relâché, il se remit à militer et, à la suite de l'évasion des femmes de la prison Novinski à Moscou, fut condamné à une année de détention, qui lui donna au moins le loisir de lire les grands auteurs russes, surtout Tolstoï, ainsi que Byron et Shakespeare. À sa sortie de prison, en 1910, il abandonna le lycée et cessa de militer ; non qu'il songeât à renier ses convictions socialistes, mais avec la conviction que, pour bien servir la révolution prochaine, il devait d'abord acquérir une solide culture. Il ne songeait pourtant pas encore à écrire — il s'en croyait même incapable. Voulant devenir peintre, il entra en 1910 à l'Institut des arts appliqués Stroganov et s'inscrivit à l'École de peinture, d'architecture et de sculpture, d'où il devait être exclu trois ans plus tard pour « agitation ». Entre-temps il avait deviné sa vocation littéraire en fréquentant un groupe futuriste qui s'était créé en Russie à la suite du manifeste de Marinetti ; pour Maïakovski, la rencontre capitale fut celle du poète Khlebnikov, dont il devint non seulement le disciple, mais l'ami et le collaborateur. C'est à partir des expériences de Khlebnikov que son art allait se développer ; ses premiers poèmes, écrits vers 1912, paraissent dans de petits recueils ou almanachs éphémères. À cette époque, le jeune Maïakovski qui, servi par sa taille de géant (il mesurait près de deux mètres) et par sa voix formidable, faisait déjà figure de « personnage » dans la bohème moscovite, s'amusait à « étonner le bourgeois » et montrait déjà ce sens de la publicité qu'il devait mettre plus tard au service de l'État communiste. À la suite de son manifeste intitulé *La Gifle au goût public* [*Poščečina obščestvennomu vkusus,* 1912] qui proclamait : « Nous sommes seuls à présenter le visage de notre temps », il devint la cible favorite de la critique « sérieuse ». De toute évidence, ce rôle le ravissait. Toutefois, sa nature saine, joyeuse, ardente, « tout en chair et tout homme », animée d'un besoin passionné d'affirmation, devait lui interdire de se contenter longtemps de recherches purement verbales ; le futurisme lui servit surtout à réagir contre les fadaises symbolistes et les mélancolies élégantes des « décadents ». Mais le puissant réalisme de Maïakovski, caractérisé par l'emploi d'expressions grossières, « indécentes », les ruptures de rythme, cherche avant tout à briser les cadres de la vie littéraire officielle et à s'approcher de la grande foule, à conquérir la rue, à se rendre abordable au plus grand nombre en introduisant dans la poésie la langue parlée et en modelant ses mètres sur le rythme même des conversations familières. Aux yeux des critiques, Maïakovski faisait figure d'anarchiste, mais son anarchie, virile, aspirait à la force et à l'action concrète, non pas seulement littéraire, comme sut bien le deviner Gorki, enthousiasmé par la lecture du *Nuage en pantalon* (*) que lui fit Maïakovski pendant l'été 1915, et qui accueillit aussitôt le jeune poète dans la revue *Chronique* [*Létopis'*] qu'il venait de fonder. À l'automne 1915, il écrivit le poème *La Flûte vertébrale* [*Flejta Pozvonočnik*].

Pendant les années de la guerre (Octobre 1914 : « Premier combat. L'horreur de la guerre m'apparaît dans son entier... Pour parler de la guerre il faut la voir. Je veux m'inscrire. On ne me le permet pas. Faute d'un certificat de bonne conduite politique. »), Maïakovski, dont l'œuvre comporte déjà un poème dramatique ayant pour titre son propre nom, *Vladimir Maïakovski* (+) (1913), collabore à la revue *Annales* de Gorki, d'orientation pacifiste. Il est mobilisé en 1916 et écrit le poème *La Guerre et le Monde* [*Vojna i Mir*] dont la censure interdira la parution et toute lecture publique ; *La Guerre et le Monde* constitue une étape marquante dans la création de Maïakovski par le côtoiement fulgurant des motifs d'actualité et des motifs visionnaires. Dès 1916, il travaille à son grand poème *L'Homme* (*). Mais l'insurrection des Soviets va le prendre corps et âme. Après avoir participé à Petrograd à la lutte qui devait aboutir à la constitution du gouvernement d'Octobre, il fait délibérément de son art un instrument politique. N'appelle-t-il pas lui-même ses poésies des « vers de propagande » ? L'admirable est qu'il parviendra à échapper aux embûches de ce genre fort dangereux. C'est que la geste révolutionnaire est chez lui une véritable passion personnelle, passion si sincère et si ardente qu'il est très rare que le jaillissement poétique vienne à être visiblement gêné par l'objectif pratique que lui impose le poète. Marina Tsvetaeva écrit en 1932 dans *Le Poète et le Temps* [*Poet i Vremja*] : « Un chantre de la Révolution et un poète révolutionnaire, ce n'est pas la même chose. Seul Maïakovski réunit les deux. Les deux ont fusionné en lui, car il est aussi révolutionnaire-poète. C'est pourquoi il est un miracle du temps présent, un maximum poétique. » De 1918 à 1922, tout en travaillant à l'Agence télégraphique communiste, Maïakovski publie son poème dramatique *Mystère-Bouffe* (*) (1918) et son poème *150 000 000* (*) (1919-1920), d'inspiration à la fois titanesque et satirique. Avec ses deux pièces de théâtre, *La Punaise* (*) (1929) et *Les Bains* (*) (1930), il parvient au sommet de l'art dramatique. Propagandiste infatigable, orateur de réunions populaires, il crée la « poésie de journal », ne dédaigne même pas de composer des réclames en vers pour aider la vente des produits de l'État collectiviste, et cependant ces préoccupations politiques n'épuisent pas tout son génie créateur, puisqu'il donne aussi à la même époque des œuvres de confession intime à portée universelle, *J'aime* (1922), *Sur ça* (1923).

En 1923, lorsque le régime inaugure la N.E.P. (Nouvelle politique économique), Maïakovski fonde autour de la revue *Lef* le groupe du Front gauche de l'art, avec une orientation « futuriste communiste ». C'est à ce titre qu'il accomplit plusieurs voyages à l'étranger, aux États-Unis, au Mexique, en Espagne, à Paris enfin, où il séjourna en 1922, 1925 et 1929. Devenu l'une des idoles de la jeunesse soviétique, rédacteur à l'organe central du parti communiste *Les Nouvelles* [*Izvestija*] et à l'organe de la jeunesse communiste, *La Vérité du « Komsomol »* [*Komsomol'skaja pravda*], membre actif de la RAPP (Association russe des poètes prolétariens), Maïakovski entretenait le culte des grandes heures révolutionnaires en donnant son poème *Vladimir Ilitch Lénine*, écrit pour le premier anniversaire de la mort de l'homme d'État en 1925, et, pour l'anniversaire de la révolution d'Octobre, en 1927, son poème *Ça va bien !* [*Horošo !*], où il retraçait toute l'histoire des Soviets ; toutefois, ces œuvres conservent une tournure dramatique car elles ne cachent pas les inquiétudes, les craintes, les peurs, les réflexions de leur auteur. En 1928 paraît son autobiographie, *Moi-même* [*Ja sam*]. Il ne manquait pourtant pas d'ennemis, fonctionnaires du ministère de la Culture, qui ne voyaient que dilettantisme dans ses audaces de futuriste impénitent. Est-ce dans une crise de désarroi suscitée par des tracasseries administratives ou à la suite d'une affaire d'amour malheureuse que le poète finit par se tirer une balle de revolver dans la région du cœur ? Le mystère subsiste sur les causes morales de la mort de Maïakovski. Avec lui disparaissait le plus puissant lyrique des lettres soviétiques.

♦ *« Maïakovski est et reste le meilleur, le plus doué des poètes de notre époque soviétique... L'indifférence à sa mémoire et à son œuvre est un crime. »* Staline. ♦ *« Maïakovski voit tout en grand. Les nuances ne l'intéressent pas. En lisant ses vers, on croit visiter un pays de géants.* [...] *Dans son aspiration à la force, à l'action, au mouvement, à une vie intensifiée, dont l'abus d'hyperboles n'est qu'une des manifestations, la poésie de Maïakovski apparaît comme la soupape de sûreté de l'énergie inépuisable du poète. En effet, après une génération d'écrivains rêveurs et plus ou moins mélancoliques, Maïakovski se révolte au nom de la santé, de la vie. »* Vladimir Pozner. ♦ *« J'écoutais dans un état second, saisi de tout mon cœur, le souffle coupé. Je n'avais jamais rien entendu de pareil* [...] *Il y avait là cette spiritualité insondable sans laquelle il n'est pas d'originalité, cet infini qui s'ouvre en n'importe quel point de la vie, dans n'importe quelle direction, sans lequel la poésie n'est qu'un malentendu provisoire. »* Boris Pasternak.

RÉF. : V. Pozner, étude in *Panorama de la littérature russe contemporaine,* Paris, 1929. — E. Triolet, *Maïakovski, poète russe,* Paris, 1939 ; *V. Maïakovski, vers et proses de 1913 à 1930,* Paris, 1952. — C. Frioux, *Maïakovski par lui-même,* Paris, 1961. — B. Jangfeldt, *Maïakovski and Futurism 1917-1921,* Stockholm, 1976. — E. J. Brown, *Maïakovski, A Poet in the Revolution,* Princeton, 1973. — N. Khardjiev, V. Trénine, *La Culture poétique de Maïakovski,* Lausanne, 1982. — V. Terras, *Vladimir Maïakovski,* Boston, 1983. — J. Stapanian, *Maïakovski's Cubo-futurist Vision,* Houston, 1986.

MAÏKOV Apollon Nikolaïevitch [Apollon Nikolaevič Majkov]. Poète russe. Né à Moscou le 4 juin 1821, mort à Saint-Pétersbourg le 20 mars 1897. Fils du peintre Nikolaj Apollonovič Maïkov, il reçut, ainsi que ses frères Valerian et Léonid, une éducation soignée, s'imprégnant notamment des vues de l'écrivain Ivan Gontcharov, ami de la famille qui les entretenait constamment de l'histoire de la littérature russe. Tandis que ses frères se distinguaient, le premier comme critique, le second dans l'histoire littéraire, Maïkov qui, depuis 1837, étudait le droit, révéla comme poète une originalité qui appela sur lui l'attention de critiques tels que Pletnev et Nikitentko. Renonçant à la peinture pour laquelle il était particulièrement doué, Maïkov ne songea plus qu'à se cultiver pour devenir écrivain. Ayant entrepris un long voyage à l'étranger (1842), il séjourna une année entière en Italie, écrivit *Esquisses de Rome* (1847) et *Album napolitain* [*Neapolitanskj al'bom,* 1858-1859]. Plus tard, la Rome antique lui inspira des tragédies : *Deux mondes* et *Les Trois Morts* (*) qui est indiscutablement son chef-d'œuvre. D'Italie, le poète passa à Paris où il fréquenta la Sorbonne et le Collège de France, et prépara une thèse sur le droit slave ancien. De retour à Saint-Pétersbourg, il occupa un poste au ministère des Finances, puis fut nommé bibliothécaire au musée Roumiantsev et devint président du comité de la censure des œuvres étrangères. Poète d'une grande finesse, Maïkov est l'un des meilleurs représentants de cette école que l'on a plus ou moins exactement appelée de « l'art pour l'art », si accueillante aux conceptions les plus modernes. D'autre part, il subissait le charme de la poésie antique, qu'il concevait à la manière de Goethe. Il joua, dans les milieux intellectuels russes de l'époque, un rôle de premier plan, ainsi qu'en témoignent ses relations avec les meilleurs esprits de son temps, en particulier avec Dostoïevski auquel le liait une amitié fraternelle.

♦ *« Aucun poète moderne n'a traduit avec autant de hardiesse et d'inspiration l'élégant matérialisme des Anciens... Le vers de Maïkov rappelle les poètes antiques par sa précision étonnante, par le sentiment de la mesure et la grâce incomparable de la plastique. »* D. Merejkovsky.

RÉF. : Bélinski, *Poésies de A. Maïkov,* in t. VI et VII de ses *Œuvres,* St-Pétersbourg, 1842. — V. Pokrovsky, *A. Maïkov, sa vie et ses œuvres,* Moscou, 1911 (en russe). — D. Merejkovsky, *Éternels Compagnons de route,* Paris, 1949.

MAÏKOV Vassili Ivanovitch [Vasilij Ivanovič Majkov]. Poète russe. Né en 1728 dans la propriété familiale située dans le district de Jaroslavl', mort le 17 (28) juin 1778 à Moscou. Fils unique d'un riche officier de la garde impériale, Maïkov embrassa également la carrière des armes jusqu'en 1761, époque où il prit sa retraite et commença de publier ses œuvres. Parmi ces dernières, la plus connue reste, sans conteste, son poème *Élysée ou Bacchus irrité* (*) (1771). Après la révolte de Pougatchev (1773-1775), Maïkov se consacra aux études philosophiques et mystiques et se fit initier à la franc-maçonnerie ; sous l'influence des théories de cette société, il publia, en 1777, deux poèmes : *Ode à Platon* [*Oda Platonu*] et *Ode aux chercheurs de la sagesse* [*Oda iščuščim mudrosti*]. On lui doit encore une quarantaine de *Fables* [*Basni*], très originales.

MAILER Norman. Romancier, essayiste, journaliste américain. Né le 31 janvier 1923 à Long Branch (New Jersey). Il fait ses études à Brooklyn où ses parents se sont installés. Il devient Bachelor of Science de Harvard, et passe ingénieur en aéronautique en 1943. Il est incorporé dans l'infanterie en janvier 1944 et part pour la guerre dans le Pacifique. Démobilisé en mai, il passe un an en France en 1947-1948. Il obtient le prix Pulitzer pour son premier roman, *Les Nus et les Morts* (*) (1948). L'extraordinaire succès du livre le propulse sur le devant de la scène littéraire où il va se charger de tenir, comme il le dit lui-même, le rôle « d'enfant terrible des lettres américaines », bien préférable, selon lui, à celui qu'on aurait voulu lui voir jouer, celui du « gentil garçon juif ».

Il est ensuite tenté par des formes d'écriture journalistique. Son intérêt pour la presse l'amène même à être le cofondateur en 1955 du *Village Voice.* Il tâte du cinéma, de la politique (il se présente aux élections municipales à New York en 1969). Jusque dans les années 80, il reste un personnage médiatique grâce à ses aventures privées (il poignarde sa femme Adèle en 1960) et professionnelles (débat avec les féministes américaines).

Après *Les Nus et les Morts,* un roman de guerre, en partie réaliste et en partie influencé par des techniques narratives à la Dos Passos, il écrit *Rivage de barbarie* [*Barbary Shore,* 1951] où, dans le Brooklyn d'après-guerre, une série de personnages débattent des idées politiques de gauche. *Le Parc aux cerfs* [*The Deer Park,* 1955] poursuit la réflexion politique, mais de plus loin : il s'agit cette fois-ci du monde du cinéma en plein maccarthysme ; il y a chasse aux sorcières mais surtout abondance de producteurs véreux, de rapports de prostitution, de situations sordides, d'imbéciles sinistres.

Vers le milieu des années 50, le style et les idées de Mailer vont changer considérablement. On peut dater ce tournant au « Nègre blanc » [The White Negro, 1957], un essai où Mailer découvre les possibilités créatrices de la violence et de la marginalité. Il y affirme que le XXe siècle est épouvantable mais passionnant « parce qu'il réduit toute vie à des alternatives extrêmes ». Les héros de ses œuvres tant romanesques que journalistiques vont alors apparaître comme tous soumis à ces « alternatives extrêmes ». Taillés en général sur le même modèle, ils n'existent que dans le conflit, seule situation qui permette de tester leur « potentiel humain ». Fasciné par la puissance, par des polarités qu'il métaphorise à l'aide de binômes variés (le Diable et Dieu, le noir et le blanc, le cannibale et le chrétien, le conformiste et le « hipster », les forces malignes du cancer et l'énergie vitale, etc.), Mailer utilise une thématique semblable aussi bien dans ses essais, ses romans que ses reportages. Ainsi on trouve le même type de héros et de problématique dans sa fiction : *Un rêve américain* (*) (1965), *Pourquoi sommes-nous au Vietnam ?* (*) (1967), *Nuit des temps* [*Ancient Evenings,* 1983] et ses écrits journalistiques (dans lesquels Mailer est ou non le personnage central) : *Les Armées de la nuit* [*The Armies of the Night,* 1968], *Miami et le siège de Chicago* [*Miami and the Siege of Chicago,* 1968], *Bivouac sur la lune* [*Of a Fire* *on the Moon,* 1971], *Prisonnier du sexe* [*The Prisoner of Sex,* 1971].

La sexualité, autre forme de conflit, est également chez Mailer un moyen privilégié de se définir soi-même. Dans *Prisonnier du sexe,* il va jusqu'à marquer sa réticence à l'égard de la masturbation et de la contraception parce qu'elles rendent l'expérience sexuelle « inessentielle ».

On a souvent reproché à Mailer de n'écrire que des publicités pour lui-même (*Publicités pour moi-même* est le titre d'un de ses ouvrages), alors que se créer des masques, utiliser des voix différentes, sont justement une des caractéristiques de son œuvre. On lui a reproché sa facilité et sa prolixité. Il est vrai que ses dernières fictions, *Le Chant du bourreau* [*The Executioner's Song,* 1979] (chronique de la vie contemporaine), *Nuit des temps* (une gigantesque saga pharaonique), *Les vrais durs ne dansent pas* [*Tough Guys don't Dance,* 1984] (une vision comique, brutale, dans le style du « roman noir ») n'ont pas le brio de ses trois grands romans (*Les Nus et les Morts, Un rêve américain, Pourquoi sommes-nous au Vietnam ?*), ni le style combatif de ses meilleurs écrits journalistiques.

CLAUDE GRIMAL.

MAILLARD Olivier. Prédicateur français. Né en Bretagne, probablement près de Nantes, entre 1430 et 1440, mort le 13 juin 1502 dans un couvent de Narbonne. Moine franciscain, docteur de l'université de Paris, il commença à prêcher en 1560 et déploya son activité non seulement à Paris et dans la province française, mais encore en Flandre, en Allemagne et en Espagne. Homme de Dieu, incapable de la moindre compromission avec l'esprit du monde, Maillard ne craignait point de rabrouer ses auditoires, avec une violence telle qu'on lui interdit pendant quelque temps la prédication. Auprès du roi Louis XI, dont il fut le prédicateur en titre, il montra la même hardiesse. Devenu ensuite vicaire général de son ordre, il fut chargé par le pape de diverses missions importantes et le bruit courut que c'était sur ses instances que Charles VIII s'était décidé à restituer à l'Espagne le Roussillon. Maillard a laissé des *Sermons* (*) (1460-1502), qui sont un curieux exemple de style « macaronique » (mélange de latin et de français). Il est fêté comme un bienheureux dans l'ordre franciscain.

RÉF. : P. Levot, *Biographie bretonne,* t. II, Vannes, 1857. – A. de La Borderie, préface aux *Œuvres françaises* d'O. Maillard, Nantes, 1877. – A. Samouillan, *Olivier Maillard, son temps et sa prédication,* Paris, 1892. – A. Mabille de Poncheville, *Le Bienheureux Olivier Maillard,* Paris, 1946.

MAILLART Jehan. Romancier français. Né dans la seconde moitié du XIIIe siècle, mort en 1326. L'auteur s'est nommé à la fin de son *Roman du comte d'Anjou,* dans une énigme en deux vers : « *JE* n'ai pas mout *HAN*té tel chose, / Ains pesche au *MAIL L'ART* qui enclose / N'est pas en moi. » Il figure parmi les notaires de l'hôtel du roi depuis 1286, et il l'est encore en 1316. Il fut un des principaux fonctionnaires de la chancellerie de France au temps de Philippe IV le Bel et de ses fils ; il semble qu'il fut un des « trois clercs du secret ». En 1311, il était qualifié de chanoine de Tournai, et il était mort en mars 1327.

Il nous dit qu'il termina en 1316 son roman (vers 8154-8155), qu'il avait commencé bien avant et interrompu à plusieurs reprises, une fois pendant trois ans (vers 8086-8090) en raison de ses obligations : ce n'était donc pas un ménestrel ou un auteur professionnel. Il nous apprend aussi qu'il entreprit ce roman à la requête de Pierre de Chambli, seigneur de Viarmes (canton de Luzarches dans le Val-d'Oise), conseiller de Philippe le Bel, qui lui avait raconté l'histoire de la comtesse d'Anjou. Ce roman, dont le titre diffère selon les manuscrits – *Roman du comte d'Anjou* (*), *Roman de la comtesse d'Anjou, La Patience de la comtesse d'Anjou* –, a combiné deux thèmes, celui de la poursuite incestueuse (une fille de roi est obligée de fuir son père qui la poursuit d'un amour impie, et elle épouse un puissant seigneur) et celui de la marâtre ou des sœurs jalouses et de la substitution d'animaux aux enfants nouveau-nés de l'héroïne. Sans doute Maillart s'est-il inspiré d'une riche tradition, illustrée par *La Belle Hélène de Constantinople* (XIIIe siècle), le roman allemand de *Mai und Beaflor* et la *Manekine* (*) de Beaumanoir. Mais il a simplifié et rationalisé l'histoire. Tout se passe en quelques mois dans un territoire limité (Anjou, Orléanais, Étampes, Chartres, Paris, Bourges) entre gens de haut rang (comte de Bourges, comtesse de Chartres, roi de France, évêque d'Orléans, châtelain de Lorris), mais non de situations exceptionnelles : il ne se produit ni miracle, ni extraordinaire aventure. L'auteur, voulant écrire une histoire qui émeuve et serve de modèle, a tenu à ce qu'elle fût « véritable » (vers 38), c'est-à-dire vraisemblable et pénétrée de réalité. C'est souvent une histoire bourgeoise, voire populaire, de caractère réaliste, qui reflète sans doute la mentalité et les goûts du milieu auquel appartenait Maillart.

JEAN DUFOURNET.

RÉF. : Ch. V. Langlois, *La Vie en France au Moyen Âge de la fin du XIIe au milieu du XIVe siècle d'après des romans mondains du temps,* Paris, 1926, p. 260-285. – *Jehan Maillart, le Roman du comte d'Anjou,* éd. par M. Roques, Paris, 1931, p. IV-XXIV.

MAILLART Louis Aimé. Compositeur français. Né à Montpellier le 24 mars 1817, mort à Moulins le 26 mai 1871. Il fait ses études musicales au Conservatoire de Paris avec Halévy et Leborne et remporte le prix de Rome en 1841. Il a surtout écrit pour le théâtre lyrique, mais seul son opéra-comique

Les Dragons de Villars (*) (1856) figure encore au répertoire.

ALAIN PÂRIS.

MAIMON Salomon. Philosophe lituanien, d'origine juive, écrivant en allemand. Né en 1753 ou 1754 à Nieszwicz en Lituanie, mort à Nieder-Siegersdorf (Silésie) le 22 novembre 1800. Il s'appelait en réalité Shlomo Ben Joshua, mais on le nomma Maimon à cause de l'étude qu'il consacra à l'œuvre de Maimonide. Fils d'un rabbin pauvre, il fréquenta l'école de Jwenez (province de Minsk), où il se distingua par son exceptionnelle faculté d'assimilation ; il acquit rapidement la réputation d'un excellent talmudiste dans le village de Moghilnia (province de Minsk) où son père s'était installé. Les capacités intellectuelles précoces de l'enfant poussèrent son père à chercher une combinaison matrimoniale qui pût être financièrement avantageuse, si bien que Maimon, à peine âgé de douze ans, dut épouser la fille d'un aubergiste de sa ville natale, et qu'à quatorze il devint père de famille. Supportant difficilement les continuelles vexations que lui infligeaient sa femme et sa belle-mère, il s'enfuit, et c'est ainsi que débuta, pour lui, toute une série de voyages aventureux et de péripéties qui devaient se prolonger presque tout au long de sa vie et le réduire, parfois, à la plus sordide misère. En 1773, il passa par Berlin, où la lecture accidentelle de certains ouvrages de Wolff suscita dans son esprit des observations et des réflexions qu'il recueillit et envoya à Mendelssohn ; celui-ci fut très élogieux pour son jeune coreligionnaire qui, sur sa chaude recommandation, fut reçu dans des familles nobles et riches et put, de cette façon, poursuivre ses études de philosophie.

En 1775, il entra comme apprenti dans une pharmacie, mais il mena une vie si déréglée que Mendelssohn lui-même lui conseilla de quitter Berlin. En 1778, il se rendit à Hambourg, puis à Amsterdam où il resta un an, ensuite à Hanovre et de nouveau à Hambourg, où il essaya vainement de se convertir au christianisme. Grâce à l'aide de personnes fortunées, il put s'inscrire au « Gymnase » d'Altona et y suivre notamment les cours de latin avec des résultats très brillants. Enfin, il entra comme précepteur chez le banquier Meier. Sa femme et son fils vinrent troubler cette relative tranquillité, et pour s'en débarrasser Maimon n'eut d'autre ressource que de leur donner jusqu'à son dernier sou. C'est ainsi qu'en 1786 il retourna à Berlin dans le plus complet dénuement. Il ne connut qu'en 1788 la *Critique de la raison pure* (*) de Kant, sur laquelle il écrivit un commentaire, *Essai sur la philosophie transcendantale* (+), que Kant lui-même jugea très favorablement et qui fut, pour cette raison, publié en 1790. Enfin, Maimon réussit à trouver la tranquillité nécessaire à ses études chez le comte Kalkreuth, à Nieder-Siegersdorf, où il resta jusqu'à sa mort. En dehors du commentaire déjà mentionné et de son *Autobiographie* (*) (1793), il a publié : *Essai d'une nouvelle logique* (*) (1794), *Les Catégories aristotéliciennes* [*Die « Kathegorien » des Aristoteles*, 1794], et les *Recherches critiques sur l'esprit humain* (+) (1797).

VALERIO VERRA.

RÉF. : S. Maimon, *Lebensgeschichte*, 2 vol., Berlin, 1793. – J. H. Witte, *Solomon Maimon*, Berlin, 1876. – Watson, *Solomon Maimon*, Toronto, 1890. – J. Fromer, *Maimons Lebensgeschichte*, Leipzig, 1911. – F. Kuntze, *Die Philosophie S. Maimons*, Leipzig, 1912. – I. Zangwill, *Les Rêveurs du ghetto*, t. III, Paris, 1922. – M. Guéroult, *La Philosophie transcendantale de Salomon Maimon*, Paris, 1929. – S. Atlas, *From Critical to Speculative Idealism. The Philosophy of Salomon Maimon*, La Hague, 1964. – M. Guéroult, *L'Évolution et la Structure de la doctrine de la science chez Fichte*, Hildesheim, 1982.

MAIMONIDE Moïse (Rabbi Mosheh ben Maimon, appelé Ramban par les écrivains occidentaux du Moyen Âge). Médecin, théologien et philosophe juif d'Espagne. Né à Cordoue, la vieille capitale de l'Andalousie, le 30 mars 1135, mort à Fostat, près du Caire, le 13 décembre 1204. Son père lui avait transmis un grand amour de la science, et l'initia à l'étude de la littérature talmudique. Après que Cordoue eut été conquise par les Almohades (1148), Moïse Maimonide dut, pour éviter la conversion à l'islamisme ou la peine de mort, suivre sa famille, dans une vie errante et douloureuse qui le mena tout d'abord à travers l'Espagne, puis à Fez où l'atteignirent encore les persécutions. D'aucuns prétendent qu'il aurait feint de se convertir à l'islamisme, mais, lorsque Maimonide rapporte les péripéties de son voyage sur mer, il affirme qu'il a pu « se sauver de l'apostasie ». Du Maroc, il se rendit en Palestine, puis en Égypte. Il resta quelque temps à Alexandrie, puis s'installa définitivement à Fostat. La mort de son frère David, qui avait péri dans un naufrage en mer des Indes et avec qui disparaissait toute la fortune de la famille, contraignit Maimonide à se consacrer à l'exercice de la médecine afin de pourvoir non seulement à ses propres besoins mais aussi à ceux de la veuve de son frère et de la fille de celui-ci. La réputation qu'il sut très vite s'acquérir appela sur lui l'attention de la Cour, et lui permit de se concilier les bonnes grâces du sultan Saladin et celles de la bonne société du Caire qui lui demanda ses secours ; de sorte qu'en 1200 il était devenu le médecin personnel du fils de Saladin, qui avait succédé à son père. On dit qu'il refusa l'invitation de Richard Cœur de Lion, lequel, se trouvant en Palestine à la tête de la troisième croisade, aurait désiré que Maimonide acceptât de la suivre. Ce fut en Égypte que Maimonide acheva (1168) un commentaire en arabe à la *Mishna* (*), le code de la tradition hébraïque, commentaire qu'il avait commencé en Espagne, et qu'il avait continué pendant ses pérégrinations et son séjour à Fez bien qu'il n'eût point à sa portée tous les matériaux et documents nécessaires. Il l'intitula *Siraj* [*Lumière* ou *Luminaire*] parce qu'il devait donner des éclaircissements sur le droit d'Israël qui formait une sorte de bloc compact. Le commentaire était écrit en arabe, langue en usage chez les Hébreux placés sous la domination mahométane ; Maimonide pensait ainsi rendre son œuvre intelligible à n'importe quel lecteur.

À peine fut-il installé à Fostat, où l'avait déjà précédé sa réputation, qu'il fut élu président du Conseil des rabbins. Ce conseil était le tribunal de la communauté hébraïque, et c'était à lui qu'on demandait la solution de tous les problèmes religieux. En 1172, le savant recevait le titre et la dignité de « Nagghid », par lequel on lui confiait la direction suprême de la vie morale et religieuse des Hébreux placés sous le sceptre du sultan d'Égypte. Cette haute charge lui apparut comme « un mal plus que comme un bien », car elle imposait au titulaire une fatigue énorme et de grandes tribulations, de sorte que Maimonide ne songea qu'à s'en défaire, et qu'en 1185 il la confia à son élève Sar Salom. Il se consacra alors entièrement à la communauté, en tant que rabbin et professeur, formant de jeunes disciples et leur enseignant non seulement la doctrine d'Israël, mais encore les sciences et la philosophie, cherchant à élever le niveau spirituel et moral de la masse en prêchant publiquement le jour du sabbat. Il se servit de l'influence qu'il avait à la Cour pour protéger ses coreligionnaires, dont la société musulmane violait fréquemment les droits ; après que Jérusalem eut été conquise par Saladin, il obtint pour les Hébreux le droit de s'installer à Jérusalem, et dans toute la Palestine en général, et d'y construire des synagogues et des écoles. Quant aux pauvres Hébreux du Yémen, en butte, dans le même temps, au fanatisme musulman et à la prédication messianique d'un visionnaire juif, il réussit, grâce à son *Épître aux Yéménites,* traduite en hébreu par Ibn Tibbon, sous le titre *'Igghéreth Teman,* à leur redonner la foi en Dieu et en la *Torah* (*), et le courage, afin qu'ils pussent attendre sans révolte une époque moins troublée. Son intense activité lui permit d'achever (1180), après un travail ininterrompu qui dura dix ans, son grand ouvrage de droit rituel, *Seconde Loi* [*Mishné-Torah*], dont les quinze volumes furent traduits dernièrement en anglais et publiés par les soins de l'université Yale. Dans cette œuvre on trouve, condensée avec un ordre et une clarté admirables, toute la tradition d'Israël, toutes les normes de sa vie individuelle, familiale et sociale. Personnellement, Maimonide vivait une existence heureuse avec sa seconde femme, son fils Abram, et son disciple préféré, Josef ben Jehuda ibn Aknin, pour lequel il écrivit et auquel il dédia sa plus grande œuvre philosophique, intitulée *Guide des égarés* (*), terminée en 1190. Entre 1191 et 1192, il écrivit en arabe le *Discours sur la résurrection des morts* [traduit en hébreu par Ibn Tibbon sous le titre *Ma'amar Tekhiyot ha-Metim*] pour se défendre contre une accusation lancée contre lui, et selon laquelle il n'eût point cru à ce dogme. Pendant les dernières années de sa vie, Maimonide fut frappé de malheurs domestiques : une de ses filles mourut en bas âge, et son fils Abram resta pendant plusieurs jours entre la vie et la mort. Ces tourments, les luttes menées tant contre l'Islam que contre les Hébreux qui attaquaient son système philosophique, une continuelle tension d'esprit, les fatigues que lui apportait l'exercice de la médecine — dans ce domaine aussi il laissa différents traités, dont les *Principes de la santé physique et morale de l'homme* (*) —, furent cause qu'il ne put se relever d'une grave maladie. Il fut enseveli, selon son désir, à Tibériade.

DANTE LATTES.

RÉF. : P. Beer, *Leben und Werken des Maimonides,* Prague, 1834. — Joël, *Die Religionsphilosophie de Moses ben Maimon,* Breslau, 1876. — S. Weisse, *Philo von Alexandrien und Moses Maimonides,* Dessau, 1884. — Louis-Germain Lévy, *La Métaphysique de Maimonide,* Dijon, 1905 et *Maimonide,* Paris, 1911. — J. Münz, *Moses ben Maimon,* Francfort, 1912. — A. Heschel, *Maimonide,* Paris, 1936. — Et. Gilson et autres, *Essays on Maimonides,* New York, 1941. — H. Sérouya, *Maimonide,* Paris, 1951. — Actes du Colloque tenu à l'UNESCO, *Maimonide : délivrance et fidélité,* Paris, 1986. — M.-R. Hayoun, *Maimonide,* 1987. — A. Funkenstein, *Maimonide : nature, histoire et messianisme,* Paris, 1988. — L. Strauss, *Maimonide,* Paris, 1988. — M. Idel, *Maimonide et la mystique juive,* Paris, 1991.

MAINDRON Maurice. Écrivain français. Né et mort à Paris : 7 février 1857-19 juillet 1911. Fils du statuaire Hippolyte Maindron, il apprit dans l'atelier paternel à observer les formes et les couleurs auxquelles il devait accorder une grande importance dans ses romans. Homme aux larges curiosités, Maindron se passionne pour l'entomologie ; attaché au Muséum de 1876 à 1902, il étudie les papillons auxquels il consacre un ouvrage en 1888 ; des missions scientifiques vont le conduire en Afrique puis en Asie, notamment en Inde (*Dans l'Inde du Sud,* 1907-1909). Maindron s'intéresse également à l'histoire ; il lit des mémoires, rédige un ouvrage sur les armes anciennes. Toutes ces connaissances trouvent leur emploi dans le roman historique ; en 1895, il publie *Le Tournoi de Vauplassans* (*), où il présente une très minutieuse reconstitution du passé ; il ressuscite la vie quotidienne à l'époque des guerres de Religion et se fait le peintre fidèle des anciennes façons de se nourrir, de se vêtir dans *Saint-Cendre* (1898), *Récits du temps passé* (1899), *Blancador l'Avantageux* (*) (1901), *Monsieur de Clérambon* (1904) ; ces œuvres pastichent le parler de la Renaissance.

Maindron a une prédilection pour le XVIe siècle et le règne de Louis XIII, qui sont pour lui des périodes de liberté où se sont épanouies de fortes personnalités ; le romancier présente des héros volontaires, des séducteurs dotés d'une puissante vitalité (Saint-Cendre), des guerriers cruels (M. de Clérambon) ; chez lui, sexualité rime souvent avec sadisme. Maindron réagit contre la décadence, l'affaiblissement de la volonté chez ses contemporains en peignant des personnages énergiques du passé. L'écrivain a également publié une pièce, *Le Meilleur Parti* (1905), et une amusante satire des mœurs universitaires, *L'Arbre de science* (1906).

PIERRE-JEAN DUFIEF.

MAINE DE BIRAN (Marie François Pierre Gontier de Biran, dit). Philosophe français. Né à Bergerac (Dordogne) le 29 novembre 1766, mort à Paris le 20 juillet 1824. Fils d'un médecin, il fit ses études au collège des Frères de la doctrine chrétienne de Périgueux puis, malgré sa santé assez fragile, choisit la carrière militaire. Il entra dans les gardes du corps (1785) et fut blessé au cours des journées d'octobre 1789. Son régiment ayant été licencié peu après, Maine de Biran se retira dans son domaine de Grateloup, à une dizaine de kilomètres de Bergerac, et y vécut pendant la tourmente révolutionnaire en sécurité et dans une complète indifférence aux événements politiques. Déjà la vie intérieure constituait pour lui la principale réalité, et c'est à son tempérament légèrement hypocondriaque que nous devons certainement son *Journal intime* (*), dont les premières pages datent de 1792, et qui constitue véritablement le « journal d'une âme ». Sous le Directoire, Maine de Biran entra néanmoins dans la politique ; mais il ne devait y jouer jamais qu'un rôle effacé car, selon ses propres termes, il se sentait « comme un somnambule dans le monde des affaires ». Député de la Dordogne au Conseil des Cinq-Cents en 1795, il vit son élection annulée au lendemain de la journée du 18 fructidor et put ainsi, sans aucun déplaisir, rentrer dans sa province et reprendre ses études pendant plusieurs années. C'est en 1802 qu'il publia son premier mémoire philosophique (couronné par l'Institut) sur l'*Influence de l'habitude sur la faculté de penser* (+) — v. *Mémoires sur l'habitude* (*). Vinrent ensuite des mémoires sur la *Décomposition de la pensée* (1805), sur l'*Aperception immédiate* (1807) et, d'un beaucoup plus grand intérêt, l'*Essai sur les fondements de la psychologie et sur ses rapports avec l'étude de la nature* (*) (1812). L'Empire cependant avait nommé Maine de Biran sous-préfet de Bergerac (1806), et en 1812 le propriétaire philosophe fut élu représentant de la Dordogne au corps législatif. Réintégré administrativement dans les gardes du corps en 1814, il fut membre et questeur de la Chambre des députés pendant la première Restauration, suivit Louis XVIII à Gand, fut réélu en septembre 1815 à la Chambre (où il siéga parmi les libéraux), enfin fut nommé conseiller d'État en 1816. Installé désormais à Paris, il trouvait sa principale distraction à réunir régulièrement chez lui une petite société philosophique qui comprenait en particulier Royer-Collard, Victor Cousin, Ampère, Cuvier et Guizot. En dehors de ses nominations à des emplois publics, le seul événement extérieur de la vie de Maine de Biran avait été son mariage, mésaventure qui faillit conduire le philosophe au suicide : en 1795, en effet, il avait épousé sa cousine, une créole dont le mari, émigré disparu depuis quatre ans, était considéré comme mort. Mais il reparut soudain en 1802, alors que le ménage Biran comptait déjà trois enfants ; Mme de Biran succomba bientôt à une fièvre cérébrale contractée à la suite de l'émotion ressentie à la vue de ce revenant !

Affligé d'une nervosité extrême, constamment préoccupé des moindres manifestations de sa vie physique ou spirituelle, Maine de Biran ne travaillait qu'avec difficulté. Aussi a-t-il peu écrit et, à sa mort, on trouva, inachevé, le manuscrit de ses *Nouveaux essais d'anthropologie* (*), commencés en 1823. Fréquemment, dans son *Journal intime*, on voit l'auteur se plaindre de son impuissance à se donner un grand dessein et à y tenir fermement. Mais peut-être est-ce justement cet état d'inquiétude, chez lui habituel, qui devait rendre sa pensée si présente à la philosophie du XIXe siècle et jusqu'à nos jours. Restaurateur du spiritualisme, Maine de Biran avait pourtant été formé à l'école des « idéologues » — v. *Mémoires sur l'habitude*. Il ne tarda pas à se détacher de Destutt de Tracy et de Condillac, auxquels il reprochait d'avoir confondu à tort les causes externes, ou objectives, et les causes internes. Il soulignait qu'au point de vue de la réflexion intérieure apparaît un fait primitif : la conscience, la personnalité, manifestée par l'effort. À côté de la sensation, simple produit des choses extérieures, il y a la perception, résultat de notre activité volontaire, et le bonheur consiste donc, suivant d'ailleurs l'enseignement stoïcien, à se soustraire le plus possible aux impressions spontanées venant de la vie externe et à ne rien attendre que de la volonté. Maine de Biran ne cessa, tout au long de son évolution intellectuelle, de chercher un « point d'appui » indépendant à la fois des hasards de l'existence objective et des vicissitudes de la vie intérieure, laquelle (son expérience de nerveux le lui avait assez montré) reste toujours exposée aux défaillances de la machine physiologique ; on comprend qu'il ait donc éprouvé le besoin de dépasser le stoïcisme, de fonder la réalité personnelle sur une puissance divine, et enfin, comme il le fit dans ses dernières années, de revenir intégralement au christianisme traditionnel.

MICHEL MOURRE.

♦ *« Biran est, avec Montaigne, Amiel et Proust, l'écrivain qui a le mieux saisi la fluidité de la vie intérieure. »* Jean Wahl. ♦ *« Le style de Biran manque d'aisance et d'habileté. Il vise la parfaite sincérité, il ne cède à aucune préoccupation artistique. Biran se compare lui-même à un mineur qui creuse dans les ténèbres une galerie de plus en plus profonde ; il ne ressemble nullement à l'architecte qui élève dans la lumière un édifice harmonieux. »* Louis Lavelle.

RÉF. : Ernest Naville, *Maine de Biran, sa vie et ses pensées,* Paris, 1857. – Sainte-Beuve, *Causeries du lundi,* t. XIII, Paris, 1857. – Tisserand, *L'Anthropologie de Maine de Biran ou la Science de l'homme intérieur,* Paris, 1909. – Paliard, *Le Raisonnement selon Maine de Biran,* Paris, 1925. Delbos, *Maine de Biran et son œuvre philosophique,* Paris, 1931. – G. Le Roy, *L'Expérience de l'effort et de la grâce chez Maine de Biran,* Paris, 1937. – Fessard, *La Méthode de réflexion chez Maine de Biran,* Paris, 1938. – Raymond Vancourt, *La Théorie de la connaissance chez Maine de Biran,* Paris, 1944. – Jean Wahl, *Tableau de la philosophie française,* Paris, 1946. – H. Gouhier, *Maine de Biran par lui-même,* Paris, Seuil, 1970. – R. Lacroze, *Maine de Biran,* Paris, 1970. – F.L.T. Moore, *The Psychology of Maine de Biran,* Londres, 1970. – G. Romeyer-Derbey, *Maine de Biran ou le Penseur de l'immanence radicale,* Paris, 1974. – P. Pachet, *Les Baromètres de l'âme : naissance du journal intime*, Paris, 1990.

MAINTENON Françoise d'Aubigné, marquise de. Née le 17 décembre 1635 dans la conciergerie de la prison de Niort (Deux-Sèvres), où son père, Constant Agrippa d'Aubigné, fils d'Agrippa d'Aubigné, l'auteur des *Tragiques* (*), était détenu après avoir tué sa première femme et commis nombre de malversations et d'intrigues ; morte à Saint-Cyr le 15 avril 1719. Libéré, Constant d'Aubigné obtint une charge aux Antilles et s'y rendit, laissant sa famille dans la détresse. Françoise fut confiée à sa tante, Mme de Neuillant, qui la mit en pension chez les ursulines à Paris. On a longtemps cru que Françoise d'Aubigné avait dû se convertir alors au catholicisme ; mais, bien qu'appartenant à une famille huguenote, elle avait été baptisée et instruite dans le catholicisme. Chez sa tante, elle rencontra le poète Scarron, qui la demanda en mariage ; elle n'avait que seize ans, Scarron avait la quarantaine, il était difforme et impotent. Françoise d'Aubigné fut trop heureuse cependant d'accepter cette offre, elle ne se voyait d'autre avenir que le couvent. D'ailleurs le poète était un homme bon et spirituel ; ému par sa misère, il voulut être son protecteur. L'union entre eux fut, semble-t-il, sans nuages. Elle dura huit ans au cours desquels la jeune Mme Scarron rencontra la société la plus diverse et la plus mêlée. Veuve en 1660 et sur le point de retomber dans la misère, elle obtint grâce à l'appui de ses protecteurs une petite pension de la Cour. Le duc et la duchesse d'Albret lui firent proposer le poste de gouvernante d'enfants que Louis XIV avait eus de Mme de Montespan : Louis-Auguste, duc du Maine, Louis-Alexandre, comte de Toulouse, et Françoise-Marie, dite Mlle de Blois, auxquels elle s'attacha vivement. Cette mission était délicate, elle demandait autant de tact que de discrétion. Mme Scarron eut la confiance de la favorite en place, et par contrecoup celle du roi. Celui-ci appréciait fort le sérieux de sa conversation, la maturité de son esprit. Dès 1674, il lui donna la terre de Maintenon, qui fut érigée pour elle en marquisat, et, lorsqu'il fut las de la Montespan, Mme de Maintenon resta en place, exerçant sur lui un ascendant de plus en plus grand. La Cour, qui ne prenait guère au sérieux la vertu de la nouvelle favorite, en fit aussitôt la maîtresse du roi et l'appela Mme de Maintenant.

À peine Louis XIV avait-il quitté le deuil de sa femme Marie-Thérèse qu'il épousa secrètement Mme de Maintenon. Dès lors elle ne quitta plus le roi. C'est chez elle qu'il travaillait avec les secrétaires d'État, hors du Conseil, chez elle qu'il recevait. Il est certain qu'on a exagéré le rôle politique de Mme de Maintenon, sous l'influence de Saint-Simon, qui lui voua une haine inexpiable, et de la princesse Palatine, mère du duc d'Orléans, qui ne pouvait souffrir cette reine morganatique ; sans doute les affaires se passaient devant elle et le roi l'informait et la consultait, mais bien souvent après coup ; en fait, beaucoup plus qu'elle ne lui dicta ses grandes décisions politiques, Mme de Maintenon lui recommanda des gens qu'elle avait des raisons de protéger et exerça certainement une influence sur le roi durant les affaires du quiétisme et du jansénisme. L'attitude des légitimés, objet d'un tel scandale pour Saint-Simon, s'explique aisément puisqu'ils ne virent que très peu leur mère et ne purent l'estimer, surtout après que des compromissions graves eurent provoqué sa complète disgrâce ; ils reportèrent tout naturellement leur affection sur celle qui les avait élevés et pour qui ils eurent toujours le plus profond respect. Grâce à son esprit sérieux et à sa rigueur morale et spirituelle, Mme de Maintenon exerça une heureuse influence sur Louis XIV, dans la vie duquel elle amena une stabilité qui contrastait avec le désordre du début du règne. Et le nom que lui donnait Louis XIV lui-même, celui de « Votre Solidité », est un aveu et l'expression de sa reconnaissance.

Cependant la grande affaire de sa vie fut, bien plus que la politique ou les affaires religieuses, sa vocation d'éducatrice. Après s'être consacrée aux trois enfants du roi et de Mme de Montespan, Mme de Maintenon fonda en 1686 Saint-Cyr, maison d'éducation pour deux cent cinquante jeunes filles pauvres appartenant à la noblesse. Il est probable que les souvenirs de son enfance malheureuse contribuèrent à la création de cette maison royale dont elle fit l'œuvre de sa vie. Naturellement éducatrice, elle aimait la jeunesse et amena d'autres femmes à s'y dévouer. C'est pour Saint-Cyr que la marquise de Maintenon écrivit presque tout ce qu'elle a laissé : *De* *l'esprit de l'institut des filles de Saint-Louis* (*) (1699), les *Avis aux maîtresses de Saint-Cyr*, les *Entretiens*. Saint-Cyr joua également un rôle dans l'histoire des lettres et des arts : pour les Demoiselles, Racine composa *Esther* (*) et *Athalie* (*), mises en musique par Moreau ; pour les fêtes auxquelles assistait le roi, Lulli composa l'hymne fameux « Dieu sauve le roi » ; enfin des conversations de Mme de Maintenon avec l'abbé de Fénelon devait naître le *Traité de l'éducation des filles* (*). Mme de Maintenon a laissé un grand nombre de *Lettres* (*) qui révèlent les réelles qualités intellectuelles et morales d'une femme qui sut toujours être à la hauteur des circonstances. À la mort de Louis XIV (1715), Mme de Maintenon se retira à Saint-Cyr, où elle mourut, le 15 avril 1719, entourée de la vénération de ses chères filles spirituelles. Sa tombe fut profanée en 1793, lors du pillage de la maison royale de Saint-Cyr.

JACQUES BROSSE.

RÉF. : La Baumelle, *Mémoires pour servir à l'histoire de Mme de Maintenon*, Amsterdam, 1755-1756. – Mme de Caylus, *Souvenirs*, Amsterdam, 1770. – Amélie Suard, *Madame de Maintenon peinte par elle-même*, Paris, 1810. – *Mémoires sur Mme de Maintenon, recueillis par les dames de Saint-Cyr*, 1846. – Duc de Noailles, *Histoire de Mme de Maintenon*, Paris, 1848-1859, 4 vol. – Th. Lavallée, *Histoire de la maison royale de Saint-Cyr*, 1853. – O. Gréard, *Mme de Maintenon institutrice*, 1886. – Charlotte, Lady Blennerhasset, *Louis XIV and Madame de Maintenon*, Londres, 1910. – M. Langlois, *Mme de Maintenon*, 1933. – Claude Aragonnès, *Madame Louis XIV, Françoise d'Aubigné, marquise de Maintenon*, Paris, 1938. – Edmond Rossier, *Sur les degrés du trône*, Lausanne, 1940. – Jean Cordelier, *Mme de Maintenon*, Paris, 1955. – Françoise Chandernagor, *L'Allée du roi*, Paris, 1981. – Antoine Compagnon, « Comment on devient un grand écrivain français », dans *Le Temps de la réflexion*, III, Paris, 1982.

MAIRET Jean de. Auteur dramatique français. Né à Besançon le 4 janvier 1604, mort dans la même ville le 31 janvier 1686. La position de sa patrie, dépendant politiquement de l'Espagne mais proche de la France et de l'Allemagne – il est lui-même issu d'une famille de gentilshommes allemands –, le sensibilisait aux influences d'une culture internationale. Orphelin de bonne heure (1614), il fut mis au collège des Grassins, à Paris, où, dit-on, il se fit remarquer par son génie poétique. Auteur précoce en tout cas, à dix-neuf ou vingt ans il faisait jouer avec un vif succès sa première tragédie intitulée *Chryséide et Arimand* (publiée en 1630), inspirée de *L'Astrée* (*) d'Urfé. Ayant gagné les bonnes grâces du duc de Montmorency, grand amiral de France, Mairet le suivit alors dans son expédition contre les protestants retranchés dans l'île d'Oléron. Puis il revint de plus belle au théâtre avec *La Sylvie* (1626), chef-d'œuvre de la pastorale française où se dessine déjà ce que sera la comédie de mœurs. Le voici consacré d'emblée premier auteur dramatique de son temps, du moins dans les milieux aristocratiques et féminins. Il triomphe encore avec une tragédie pastorale, *La Silvanire ou la Morte vive* (*) (1630), publiée l'année suivante avec une retentissante préface qui théorisait une nouvelle esthétique théâtrale, fondée sur l'observation de la règle des trois unités. Si *La Silvanire* apparaissait encore comme une œuvre composite, si avec *Les Galanteries du duc d'Ossone* (1632), comédie, il semblait renouer avec les effets et les thèmes baroques de même qu'avec la tragi-comédie *Virginie* (*) (1633), Mairet allait produire la première tragédie française composée exactement sur les principes des « réguliers » : *La Sophonisbe* (*) (1634), qui fut jouée devant Louis XIII et déchaîna un tel enthousiasme que l'auteur se vit accorder une pension de Richelieu et l'honneur de figurer dans le groupe d'écrivains qui travaillaient pour le cardinal. Il est alors au sommet de sa gloire, mais son rival le plus dangereux, Pierre Corneille, devint de plus en plus encombrant : l'énorme succès du *Cid* (*) (1636) consacra une pièce assez peu régulière. Aussitôt il se jeta (aux côtés de Chapelain, Scudéry et Richelieu) dans la fameuse « Querelle » et ne cessa les hostilités que sur l'injonction de Richelieu lui-même. Curieusement, on va voir alors Corneille se « convertir » aux règles, avec *Horace* (*) dédié à Richelieu, et Mairet revenir à une inspiration baroque, avant de cesser complètement d'écrire : *Sidonie* (1640, publiée en 1643) est sa dernière pièce — sans que l'on sache bien pourquoi. A-t-il mal supporté l'ombre grandissante que lui faisait Corneille ? N'a-t-il pas surmonté l'épreuve de la mort de son deuxième protecteur : Belin, grand mécène du théâtre, avait remplacé Montmorency, exécuté en 1632, mais disparaît à son tour en 1637. À partir de cette date jusqu'à sa mort, Mairet se consacra exclusivement à la politique. Il dirigea notamment, après le traité de Westphalie, les négociations de neutralité entre la France et la Franche-Comté qu'il tenait pour sa vraie patrie (1647-1651). Il fut nommé résident à Paris par le parlement de Dôle, mais expulsé par Mazarin en 1653, il ne put revenir à Paris qu'à la paix des Pyrénées (1659).

Sa préface en faveur des règles et ses quelques pièces régulières ont autorisé une longue tradition critique à ne voir en Mairet que l'un des premiers – et des plus brillants – apôtres du classicisme, occultant ainsi tout ce que son système dramaturgique, résolument tourné vers les Modernes (il prend ses modèles chez d'Urfé, Théophile de Viau, Le Tasse, l'Arioste) et « constamment ouvert sur l'expérimentation de différentes structures formelles » doit à l'esprit du baroque. En fait, son travail semble commandé par la volonté de satisfaire les goûts de son temps, les goûts de tous les publics, doctes, châteaux, peuple. Cette primauté accordée au « delectare » explique qu'il n'ait jamais vraiment choisi entre les tendances contradictoires, qui animent ces pièces, théâtralisation et dynamisation d'un côté, densité et ordre de l'autre, tout son effort paraît au contraire orienté vers la recherche de l'improbable et miraculeux équilibre qui permettrait de les faire harmonieusement coexister.

LOUIS DELIBES.

RÉF. : G. Dotoli, *Bibliographie critique de J. Mairet*, Paris, 1973 ; *Matière et Dramaturgie dans le théâtre de J. Mairet*, Paris, 1976.

MAÏRONIS (pseud. de Jonas Maculevicius Mačjulis). Connu en outre sous les pseudonymes de Zvalionis, St. Garnys, S. Zanavykas. Poète et auteur dramatique lituanien. Né le 28 octobre 1862 dans la propriété de Passandravys (diocèse de Siluva, sur les rives de la Dubysa), mort à Kaunas le 28 juin 1932. Fils d'un riche paysan, il fréquenta le lycée de Kaunas, et étudia la littérature à Kiev (1883) ; il revint vite à Kaunas et entra au séminaire local. Ses études dans cette ville terminées, il les poursuivit, de 1888 à 1892, à l'Académie pour prêtres catholiques de Pétersbourg. De 1892 à 1894, il enseigna la théologie dogmatique au séminaire de Kaunas, puis de 1894 à 1909, la théologie morale à l'Académie des prêtres catholiques de Pétersbourg. Revenu à Kaunas, il y fut recteur du séminaire jusqu'à 1922 et, jusqu'à sa mort, professeur à l'université. Dans ses poésies lyriques, recueillies sous le titre des *Voix du printemps* (*) (1895), de même que dans ses petits poèmes : *Madeleine de Raseiniai* [*Raseiniai Magde*, 1909], *Nos malheurs* [*Musu vargai*, 1920], *La Jeune Lituanie* [*Jauneji Lietuva*, 1921], Maïronis tenta de réveiller chez ses compatriotes un sentiment de nationalité qui semblait à jamais perdu. Cette intention patriotique se révèle encore plus forte dans ses drames historiques, d'un art moins élaboré : *La Mort de Kestutis* [*Kestučio mirtis*, 1921] ; *Vytautas des Chevaliers porte-croix* [*Vytautas pas kryžiuočius*, 1930] ; *Le Grand Roi Vytautas* [*Didysis Vytautas karalius*, 1931]. Maïronis introduisit le premier dans la poésie lituanienne la mesure d'accentuation syllabique du vers.

RÉF. : J. Slavinskaité, *Maïronis*, Kaunas, 1987.

MAISTRE Joseph, comte de. Écrivain et philosophe français. Né à Chambéry (Savoie) le 1er avril 1753, mort à Turin le 26 février 1821. Son père était président du sénat de Pavie. Ayant reçu une savante instruction, Joseph entre, dès l'âge de vingt ans, dans la magistrature. Élevé dans le christianisme et n'ayant probablement jamais cessé d'être chrétien, on le voit pourtant, dans sa jeunesse, céder au prestige de la philosophie du siècle, et même, en dépit des condamnations pontificales, rester pendant quinze jours adepte de la franc-maçonnerie – *Mémoire sur la franc-maçonnerie* (1782). Il entre bientôt en relation avec les illuministes de Lyon, et particulièrement avec le « philosophe inconnu », Claude de Saint-Martin, qui aura certainement une influence sur sa conception providentialiste de la Révolution. Maistre salue un instant les débuts de celle-ci. Il en est déjà désabusé, lorsqu'en 1793 l'invasion de la Savoie par les armées de la Convention le force à se retirer à Lausanne, où il va jouer un rôle d'observateur politique de son souverain, auquel il reste fidèle. C'est là qu'il fait ses débuts de polémiste contre-révolutionnaire avec les *Lettres d'un royaliste savoisien à ses compatriotes* (*) (1793), l'*Étude sur la souveraineté* (*) (1794-95), et qu'en 1797 il publie anonymement ses *Considérations sur la France* (*). En 1803, le roi Charles-Emmanuel l'envoie comme ambassadeur en Russie ; il y souffrira, toujours avec une admirable dignité, de la ladrerie de son souverain et surtout de la solitude, car les siens sont restés en Europe. En marge de ses occupations diplomatiques, il fournit un immense travail dont il ne publie encore, en 1810, que l'*Essai sur le principe générateur des constitutions politiques* (+). Après la chute de Napoléon, Maistre, trop compromis avec les jésuites qu'on venait d'expulser en Russie, doit rentrer à Turin. Nommé ministre d'État, il entretient de nombreux rapports avec l'opinion ultra-royaliste française, en particulier avec de Bonald et le jeune abbé de Lamennais. Déçu par la Restauration, effrayé des progrès du libéralisme, il fait paraître en 1819 *Du pape* (*), écrit en Russie, où il désigne le Saint-Siège comme la souveraineté par excellence, seule capable d'arrêter la Révolution et de modérer l'arbitraire des princes ; le même esprit lui dicte, en 1821, son traité *De l'Église gallicane. Les Soirées de Saint-Pétersbourg* (*), synthèse, sous forme d'entretiens, de sa philosophie de la Providence, ne paraîtront que quelques mois après sa mort, provoquée par une paralysie lente. En 1822 parurent les *Lettres à un gentilhomme russe sur l'Inquisition espagnole.*

« Il faut absolument tuer l'esprit du XVIIIe siècle », écrit Joseph de Maistre. Aussi, avec une belle hardiesse, oppose-t-il au rationalisme des « Lumières » la réalité de l'ordre surnaturel, dans sa figure la plus totale : le gouvernement universel de la Providence. Ainsi la Révolution : en ses aspects immédiats, elle est destructive, nuisible, « satanique », dit Maistre, et il faut la combattre. Pourtant, plus profondément, elle obéit à un plan providentiel ; la preuve en est qu'elle ne peut s'expliquer humainement, les hommes qui paraissent la mener, si falots sous leurs attitudes et leur verbiage, étant bien plutôt menés par elle, par un chef d'orchestre clandestin : Dieu. C'est Dieu qui, en paraissant mettre tout à bas, édifie à longue échéance en rappelant la France, par ce châtiment nécessaire, à sa mission chrétienne. Quelles furent les erreurs de la France ? La légèreté, le relâchement des mœurs de la fin de l'Ancien Régime, certes ; mais plus encore d'avoir voulu une constitution écrite, ce qui suppose qu'une constitution peut être valable pour tous les temps et pour tous les hommes, sans considération de leur milieu et de leur passé collectif. Le meilleur pour la France est donc de revenir à la monarchie traditionnelle. Mais celle-ci n'aura de force qu'autant que, rejetant le gallicanisme, elle s'unira à Rome, clef de voûte de tout l'édifice politique et religieux. Comme Bossuet, Maistre ne propose donc d'autre contrepoids à l'absolutisme que la religion ; mais, contre Bossuet, il affirme le droit effectif du souverain pontife à modérer les souverains, à les déposer éventuellement et, en fait, à diriger politiquement l'Europe. Dans l'immédiat, Maistre a sans doute échoué. Mais, en s'appuyant sur la fragilité de la construction issue de la Révolution, il obligeait ses adversaires eux-mêmes à entreprendre une tâche positive — et Comte s'est souvenu de Maistre, qu'il admirait. Premier critique d'envergure des idées de 89, Maistre est aussi l'initiateur de l'école contre-révolutionnaire, du premier Lamennais à Veuillot, Léon Bloy et Maurras. C'est enfin un écrivain de premier plan qui a su donner à sa doctrine de style médiéval, à sa sévère logique scolastique, le brillant de la raillerie et de l'esprit, l'attrait d'un paradoxe irrésistible. Ennemi de Voltaire, il lui devait quelque chose au moins : le style.

MICHEL MOURRE.

♦ *« On ne peut plus méconnaître en lui un philosophe politique de premier ordre, un de ceux qui, en nous éclairant sur l'esprit d'organisation des anciennes sociétés, donnent le plus à penser sur la destinée et l'organisation future des sociétés modernes. »* Sainte-Beuve. ♦ *« Il a eu, le premier, l'idée d'une physique politique et sociale. »* Auguste Comte. ♦ *« Un Voltaire retourné... »* Edmond Scherer.

RÉF. : G. Cogordan, *Joseph de Maistre*, 1894. — G. Goyau, *La Pensée religieuse de J. de Maistre*, 1912. — B. de Vaulx, *Joseph de Maistre, une politique expérimentale*, 1940. — E. Dermenghem, *Joseph de Maistre mystique*, 1946. — R. Triomphe, *Joseph de Maistre*, Genève, 1967. — *Joseph de Maistre tra Illuminismo e Restaurazione*, Turin, 1975. — *Études maistriennes*, Chambéry, depuis 1975 ; *Revue des Études maistriennes*, depuis 1977. — *Joseph de Maistre*, Colloque de Chambéry, Paris, 1977.

MAISTRE Xavier de. Écrivain français, frère de Joseph de Maistre. Né à Chambéry (Savoie) le 8 novembre 1763, mort à Saint-Pétersbourg le 12 juin 1852. Deuxième fils du président du souverain sénat et auteur des royales Constitutions du royaume de Savoie. Après des études médiocres, incapable qu'il était de suivre une règle en pension chez le sage abbé Isnard, il muse beaucoup, mais finit par apprendre un peu. Le 13 juin 1781, donc à peine âgé de dix-huit ans, il prendra du service dans l'armée sarde, avec le grade d'officier. En 1792, ne voulant pas être obligé, lors de l'occupation de son pays par les troupes françaises, à servir la France républicaine, il se réfugie en Russie. Ayant toujours le goût de la vie militaire, il entra dans l'état-major de Souvorov, mais perdit son emploi lors de la disgrâce du général. Revenu alors à Saint-Pétersbourg, il réussit, grâce à l'influence de son frère, nommé ambassadeur de Sardaigne auprès du tsar, en 1799, à obtenir le titre de directeur de la bibliothèque et du musée de l'Amirauté (1805). Peu après, il reprit du service et conquit le grade de général au cours d'une campagne au Caucase. Revenu à Saint-Pétersbourg, il s'y maria en 1817, fit à partir de 1825 un séjour de plusieurs années en Sardaigne et à Naples, ainsi que de brèves apparitions à Paris, et retourna se fixer en Russie en 1839.

Il demeura toute sa vie un grand seigneur, aimable et un peu dédaigneux, qui écrivait surtout pour charmer ses loisirs, sans trop se soucier de la postérité. Il débuta dans les lettres vers sa trentième année en publiant en 1795, à Lausanne, *Le Voyage autour de ma chambre* (*) (l'indication « Turin, 1794 » qui se trouve sur la page de garde de cette édition est fausse). *Le Voyage* forme pendant au livre de Sterne. Il attendit plus de quinze ans pour donner son deuxième ouvrage : *Le Lépreux de la cité d'Aoste* (*) (1811), et une quinzaine d'années encore pour publier ses autres récits : *Les Prisonniers du Caucase* (*) (1825), *La Jeune Sibérienne* (*) (1825), et *Expédition nocturne autour de ma chambre* (*) (1825). Bien moins célèbre que son frère, Xavier de Maistre demeure tout de même un précurseur du romantisme au même titre que Charles Nodier, Constant et Chateaubriand.

♦ *« Le comte Xavier de Maistre s'est offert à nous comme un de ces hommes dont la rencontre console de bien des mécomptes en littérature et réconcilie doucement avec la nature humaine... On prendrait plaisir et profit à plus d'un de ses jugements naïfs et fins. »* Sainte-Beuve.

RÉF. : W. Ungewitter, *Xavier de Maistre, sein Leben und seine Werke*, Berlin, 1892. — J. Corcelle, *Xavier de Maistre, le caractère de l'homme, l'écrivain*, Chambéry, 1901. — H. Bordeaux, *Vies intimes, correspondances amoureuses*, Paris, 1904. — Ch. de Buttet, *Aperçus de la vie de Xavier de Maistre*, Grenoble, 1919. — A. Berthier, *X. de Maistre*, Saint-Étienne, 1921, rééd. Genève, 1984. Voir la *Revue des Études maistriennes* (depuis 1977).

MAKAL Mahmut. Enseignant et écrivain turc. Né à Demirci (Nighde) en 1933. Mahmut Makal fut l'un des premiers diplômés des instituts ruraux [Köy enstituleri], fondés en 1940 pour la formation d'instituteurs villageois, à conquérir une large réputation, grâce à sa description de la vie d'un village anatolien, dans son récit *Notre village* (*) (1950, traduit en anglais dès 1954). Son œuvre est à rattacher à un phénomène majeur dans la littérature turque moderne : l'apparition de la « littérature rurale », dont Mahmut Makal est un des représentants les plus illustres et les plus originaux. Correspondant à un « nouveau type d'intellectuel », ce fils de paysans avait eu la possibilité de sortir de sa condition et d'élargir sa vision par son passage à l'institut rural d'Ivriz en 1947. Son œuvre, nourrie d'observation directe, de l'intérieur, et constamment réactualisée, offre un témoignage exceptionnel sur la vie dure et misérable des campagnes turques, et leur difficile passage au XXe siècle. *Notre village* peut être comparé aux œuvres, au caractère littéraire plus marqué, de Fakir Baykurt ; il annonce surtout le formidable succès des grands cycles romanesques de Yashar Kemal. Mahmut Makal, écrivain consacré, termina sa carrière dans l'enseignement comme inspecteur du ministère de l'Éducation, jusqu'à sa retraite en 1976, sauf en 1971-72, où il enseigna la littérature turque à l'université de Venise.

STÉPHANE A. DUDOIGNON.

MAKARENKO Anton Sémionovitch. Pédagogue et écrivain russe. Né à Bélopolié (département de Kharkov) le 13 mars 1888, mort à Moscou le 1er avril 1939. Fils d'un ouvrier, il enseigna dans les écoles primaires des cheminots, avant de continuer ses études à l'Institut pédagogique de Poltava, puis exerça la fonction de directeur d'école. De 1920 à 1928, il dirigea à Poltava « la colonie Gorki » pour la rééducation des jeunes délinquants et de 1927 à 1935 « la commune Dzerjinski » à Kharkov. Makarenko utilisa son expérience de pédagogue pour raconter le processus de la rééducation d'un jeune criminel et de la formation d'un homme honnête par le travail collectif, dans ses livres : *Le Poème pédagogique* (*) [*Pedagogitcheskaia poema,* 1933-1935] et *Livre pour les parents* [*Kniga dlia roditelei,* 1937]. L'expérience pratique de Makarenko et son œuvre artistique furent utilisées par le régime communiste pour justifier le collectivisme qu'on voudrait considérer en URSS comme le seul principe valable d'éducation de l'homme nouveau.

EFIM ETKIND.

MAKHTÛM-QULÎ, dit « Fïraqî ». Poète turkmène. Né autour de 1730, mort à la fin du XVIIIe siècle. Sur la vie de Makhtûm-qulî, tout auréolée de légendes et réinterprétée par la tradition populaire, nous ne disposons que de rares informations. Le poète naquit à l'époque trouble où le châh de Perse Nâdir Afshâr menait de constantes expéditions contre les tribus d'Asie centrale. Il grandit parmi la tribu des Gökleng, sur les rives du Gurgen et de l'Atrek. Tôt attiré par la littérature, il eut pour premier maître son père Dovlat-Mamed Azâdî (env. 1700-1760), avant d'aller étudier dans les écoles supérieures islamiques de Kerki, Khîvâ et Bukhara. Ses infortunes familiales (la mort en bas âge de ses deux fils, la disparition de ses deux frères tués dans une bataille), ainsi que les luttes sanglantes entre tribus turkmènes donnent à nombre de ses poèmes leur teinte sombre. La vocation mystique de Makhtûm-qulî, marquée par l'héritage d'Ahmad Yasavî et canalisée par la confrérie mystique des Naqshbandî, lance le poète à la recherche de la vérité sur les chemins du Turkestan, de la Perse et du Caucase. Il conçoit de la découverte d'autres peuples et de leurs traditions une grande ouverture d'esprit, et une volonté de dépassement des barrières ethniques et religieuses. Ses *Poèmes* (*) sont irrigués d'une sympathie universelle pour l'homme. L'œuvre de Makhtûm-qulî, riche de plus de quatre cents chants aujourd'hui récensés, révèle également le désir de revivifier la poésie classique turkmène, en la dotant d'une langue compréhensible du peuple et qui transcende les différences dialectales. Hélas, à la suite d'une bataille où lui-même fut fait prisonnier, Makhtûm-qulî vit ses manuscrits disparaître dans la rivière Gurgen. Le poète, qui toute sa vie lutta contre la fragmentation politique et les luttes incessantes des tribus turkmènes, mourut du chagrin que provoquaient en lui ces perpétuelles discordes. Il est enterré à côté de son père à Aq-Tokay, en territoire iranien ; leur tombe est pour toute la population turkmène, que divise aujourd'hui la moderne frontière irano-soviétique, un lieu de vénération et de pèlerinage.

STÉPHANE A. DUDOIGNON.

MALACHIE. On désigne ainsi l'auteur hébreu anonyme des quatre chapitres de la *La Bible* (*) qui terminent la série des petits prophètes —v. *Malachie* (*) *(Livre de)*. Ce nom, qui signifie « ange ou messager du Seigneur », vient probablement des premières paroles du chapitre III : « Voici que j'envoie mon messager » (« Mal'aki »). Nous ne savons rien de cet écrivain, que certains Pères de l'Église considèrent comme un être d'une pureté angélique. Sa lumineuse personnalité transparaît toutefois en quelques passages. Patriote juif, il aime passionnément son pays et voue une haine mortelle aux ennemis de la patrie. Dans l'anéantissement des Édomites abhorrés il voit la preuve indiscutable de l'amour de Yahvé pour son peuple. Homme d'une foi intrépide, il ne craignit pas un seul instant que Dieu abandonnât le peuple aimé. Mais, précise le prophète, il faut lui être fermement uni. Il faut s'abstenir de toute union avec des femmes étrangères. En édictant ces préceptes, le prophète, qui vécut après le rétablissement du culte dans le Temple par Zorobabel et fut témoin de la prise du pouvoir par un « peah », ou gouverneur persan, s'associe aux efforts d'Esdras et de Néhémie, dont il est probablement le contemporain (Ve siècle av. J.-C.). Malachie n'est nullement un ritualiste ayant la superstition de la forme, c'est un homme d'une grande élévation morale et spirituelle. Pour lui, le rite n'est pas une fin en soi, mais l'expression visible de la foi vivante en Yahvé. Les catholiques l'ont rangé parmi les saints.

RÉF. : S. Amsler et al., *Les Petits Prophètes*, Paris, 1981.

MALAMUD Bernard. Romancier et nouvelliste américain. Né et mort à New York : 26 avril 1914 - 18 mars 1986. Lauréat du National Book Award et du prix Pulitzer, il est l'un des écrivains juifs le plus attaché aux valeurs morales du judaïsme. Il passe son enfance dans le quartier de Brooklyn, où ses parents d'origine russe tiennent un magasin d'alimentation comme celui qui est décrit dans *Le Commis* (*). Il commence ses études supérieures à City College, où il obtient son B.A. en 1934 et les termine à l'université à Columbia en 1942. De 1949 à 1961, il enseigne l'anglais à l'Oregon State College. De 1961 jusqu'à sa mort, il fait de longs séjours à Londres et il enseigne à temps partiel à Benington College dans le Vermont.

Les héros de Malamud sont de petites gens, présentés avec tendresse et compassion, pris au piège d'une existence médiocre et qui rêvent d'un nouveau départ. Chaque roman nous fait découvrir un univers différent : le monde du base-ball, le ghetto de Brooklyn, la Russie tsariste, l'Ouest américain, un immeuble voué à la démolition à New York. Mais tous les personnages affirment la primauté de la morale et l'obligation de dépasser son égoïsme pour compatir au destin de l'autre. Malamud ne recule pas devant l'allégorie, la parabole, le surnaturel ou le fantastique pour dire sa vision du monde.

Son premier roman, *Le Naturel* (1952), sorte de conte fantastique où se trouvent mêlées la mythologie du base-ball et celle de la quête du Graal, passera inaperçu. C'est *Le Commis* qui rendra Malamud célèbre. Le roman retrace les étapes de l'accession à la vie morale d'un petit malfrat, Frank Alpine, qui, après avoir dévalisé un vieil épicier juif, ému par le récit de ses souffrances, se convertit au judaïsme. Dans *Une nouvelle vie* (*) (1961), Seymour Levin, un Juif new-yorkais, arrive dans une petite université de l'Ouest pour y enseigner la littérature américaine. Il est plein d'espoirs et d'illusions. Il découvre les rivalités mesquines de ses collègues et leur manque de curiosité intellectuelle. Ses rêves d'un amour romantique tournent court, il connaîtra déboires et frustrations et sera contraint de quitter l'université. Mais sa maîtresse Pauline est enceinte de lui. Dans le monde de Malamud, la paternité est signe d'élection. C'est en partie parce qu'il croit sa femme stérile que Yakov Bok, le héros de *L'Homme de Kiev* (*) (1967), quitte son village pour la ville. Mais, accusé de meurtre rituel, il sera emprisonné et torturé. Malgré les souffrances, Yakov trouve dans son héritage juif et dans l'idée qu'il se fait de l'homme la force de ne pas céder. *Portraits de Fidelman* (1969) reprend le thème de la quête d'une nouvelle vie et raconte la tentative d'un Juif américain, peintre raté, qui, parti en Italie pour retrouver son inspiration, ne rencontrera qu'échecs et déceptions. Dans *Les Locataires* (*) (1971), Malamud met en scène l'affrontement de deux écrivains, un Noir et un Juif, unis par leur passion de l'écriture, mais que sépare un contentieux ethnique exacerbé par une rivalité sexuelle. Bien que le thème de la création littéraire soit aussi un des thèmes de *La Vie multiple de William D.* (*) (1979), l'essentiel du roman porte sur les aventures de Dubin, le biographe de D. H. Lawrence, et de Fanny, une jeune étudiante, qui surgit dans sa vie et éveille en lui des désirs et une sexualité oubliés. *La Vie multiple de William D.* est l'œuvre autobiographique où Malamud, avec discrétion et pudeur, s'est le plus raconté. *La Grâce de Dieu* [*God's Grace,* 1982] apparaît comme le testament de Malamud, comme un avertissement lancé à l'humanité. Dieu, après la dévastation nucléaire, jette un savant juif sur une île où survivent quelques chimpanzés et lui permet de recommencer une nouvelle vie. Mais l'expérience se termine sur une apocalypse.

Malamud a également publié six recueils de nouvelles dont *Le Tonneau magique* (1958), *Les Idiots d'abord* (1963), *Le Chapeau de Rembrandt* (1973). Bien que l'écrivain déclare avoir été davantage influencé par Mark Twain et Hawthorne que par Sholem Aleichem, la qualité spécifiquement yiddish et juive de son œuvre apparaît nettement dans la tonalité humoristique de son écriture ainsi que dans la peinture de ses personnages sortis tout droit des « shtetls », tous « shlemiels », « shlimazels » ou « schnorrers », tous harcelés par le sort, tous déterminés à assumer leur destin.

CLAUDE LÉVY.

RÉF. : Shelton Hershinow, *Bernard Malamud*, Ungar, 1980. — Sandy Cohen, *Bernard Malamud and the Trial by Love,* Amsterdam, 1974.

MALAPARTE Curzio (pseud. de Kurt-Erich Suckert). Écrivain italien. Né à Prato (Toscane) le 9 juin 1898, mort à Rome le 19 juillet 1957. L'écrivain contemporain qui, avec D'Annunzio, a le mieux symbolisé aux yeux de l'étranger une certaine « furia » italienne, était pourtant né de père allemand. Mais, dès sa petite enfance, il fut éloigné de sa famille et confié à de pauvres paysans toscans, au foyer desquels restait vivace la tradition populaire de républicanisme garibaldien. Il faisait de brillantes études au collège Cicognani de Prato — où D'Annunzio avait également été élève — lorsque, le 2 août 1914, il prit la fuite, passa la frontière et s'engagea dans l'armée française. Il avait seize ans. Il fit toute la guerre sur les fronts de Champagne et de l'Aisne, avec une extraordinaire bravoure, dans la Légion étrangère, puis comme lieutenant au 408e d'infanterie. Décoré de la croix de guerre avec palmes, deux fois cité, il eut les poumons gazés au printemps de 1918 et resta un grand invalide. Entré ensuite dans la diplomatie, par concours spécial, il assista d'abord à la Conférence de la paix, qui se tenait à Versailles, puis fit partie de la Légation d'Italie en Pologne. Mais, en 1921, il rentrait en Italie et abandonnait la carrière administrative.

La crise politique était déjà très aiguë dans la péninsule, et l'ancien combattant volontaire ne tarda pas à être attiré par Mussolini, qu'auréolaient alors sa campagne interventionniste de 1915 et sa conduite valeureuse sur le front tyrolien, un Mussolini d'ailleurs encore très proche de ses origines socialistes. En septembre 1922, le jeune homme donna donc son adhésion au parti fasciste. Déjà, il avait fait ses débuts littéraires avec un livre de guerre, *La Révolte des saints maudits* [*La Rivolta dei santi maledetti*, 1921] et se faisait appeler Malaparte. À Mussolini, qui lui demandait plus tard pourquoi il avait adopté ce « nom funeste » : « Napoléon s'appelait Bonaparte, répondit-il, et il a mal fini ; je m'appelle Malaparte, et je finirai bien ! » Malaparte n'avait pris part à aucune action de combat fasciste, mais, après la marche sur Rome (1922), il fut quelque temps délégué pour l'organisation des « faisceaux » à l'étranger. Il ne tarda d'ailleurs pas à donner sa démission. Ce n'était cependant encore qu'un besoin instinctif d'indépendance, car Malaparte restait un des plus brillants intellectuels du mouvement. Directeur de l'hebdomadaire fasciste *La Conquête de l'État* [*La Conquista dello Stato*], il publiait des essais aux titres virulents : *Les Noces des eunuques* [*Le Nozze degli eunichi*, 1922], *L'Italie contre l'Europe* [*L'Europa vivente*, 1923 ; trad. de B. Crémieux, 1927], *L'Italie barbare* [*L'Italia barbara*, 1925], dans lesquels il développait un nietzschéisme politique fondé essentiellement sur l'antithèse entre la plèbe italienne, « qui ne veut pas souffrir », et le héros-surhomme (évidemment Mussolini !) qui ne peut contraindre son pays à jouer un grand rôle historique qu'en devenant un tyran. Il se permettait toutefois des incartades de plus en plus nombreuses à l'égard de la discipline du parti fasciste et du « Duce » lui-même. Administrateur des fameuses éditions de la *Voce*, il entrait fréquemment en polémique avec des dirigeants fascistes. Mais c'est à Mussolini directement qu'il finit par s'en prendre, en 1929, au lendemain des accords de Latran, dans un court pamphlet paru dans une revue génoise sous le titre significatif de *Monsieur Caméléon* [*Don Cameleo*, trad. 1948]. Les autorités interdirent la publication en volume et Mussolini, après avoir pris vivement à partie l'auteur, préféra éloigner celui-ci de Rome en lui confiant la direction du grand journal turinois *La Stampa*. L'atmosphère politique devenant décidément étouffante, Malaparte, après avoir fait une tournée de voyages en Europe, en Afrique et en Asie, abandonna avec éclat le parti fasciste en janvier 1931. Sur l'encouragement de Daniel Halévy, il se rendit alors à Paris, où il publia en français deux œuvres importantes : *Technique du coup d'État* [*Tecnica del colpo di Stato*, 1931] et *Le Bonhomme Lénine* (1932), qui lui valurent enfin la large célébrité qu'il n'avait pu encore atteindre avec son roman autobiographique *Aventures d'un capitaine de malheur* [*Aventure d'un capitano di sventura*, 1927] ni avec son recueil poétique, également autobiographique, *L'Archi-Italien* [*L'Architaliano, cantate di Malaparte*, 1928]. S'étant ensuite installé à Londres, Malaparte y commençait sa carrière de correspondant politique, lorsque Mussolini, en 1933, lui donna l'ordre de regagner l'Italie. Malaparte obéit, par bravade, mais fut arrêté à la descente du train, « pour manifestations antifascistes à l'étranger ». (Ses deux livres, *Technique du coup d'État* et *Le Bonhomme Lénine*, étaient interdits en Italie et en Allemagne.) Après un emprisonnement de quelques mois, l'écrivain fut condamné à cinq années de résidence forcée (« confino ») aux îles Lipari. C'est là qu'il écrivit ses romans *Évasions en prison* [*Fugue in prigione*, 1936] et *Sang* (*) (1936). Sa peine terminée, il put regagner Rome, mais resta sous la surveillance de la police et fut même de nouveau arrêté lors de la visite d'Hitler à Rome, en 1938. En 1939, cependant, Malaparte fondait la revue d'opposition *Perspectives* [*Prospective*], qui publia des textes d'antifascistes notoires comme Moravia et, pendant la guerre, des poèmes d'Éluard et même des œuvres d'écrivains juifs.

Mussolini semblait néanmoins avoir gardé une certaine bienveillance pour son ancien disciple puisqu'en juin 1940, dès l'entrée en guerre de l'Italie, Malaparte, qui venait d'écrire sa nouvelle *Une femme comme moi* (*), reçut le titre de correspondant de guerre et fut attaché à un régiment de troupes alpines. Mais, donnant sans tarder une nouvelle preuve de son incurable liberté d'esprit, Malaparte se mit à écrire son roman *Le soleil est aveugle* (*) (1947), condamnation morale de l'agression contre une France déjà au bord de la défaite. Le livre fut saisi et Malaparte, reversé dans le service armé, fit la campagne de Grèce à bord d'un bombardier. En 1941, ayant retrouvé ses fonctions de correspondant de guerre, il partit pour le compte du *Corriere della Sera* sur le front de Russie, avec le corps italien du général Messe. Mais ses articles défavorables à l'Allemagne le firent expulser du secteur ukrainien dès la fin de 1941 : *La Volga naît en Europe* [*Il Volga nasce in Europa*, 1943]. Son séjour en Europe de l'Est occupée et ses rencontres surprenantes avec des chefs nazis tels que Franck, gauleiter de Pologne, et même Himmler, lui donnèrent cependant la matière de son livre le plus connu, *Kaputt* (*) qui, publié à Naples (occupée par les Américains) en 1944, fut rapidement traduit dans toutes les langues (en français en 1946). Après avoir passé les années 1942-43 sur le front de Finlande, Malaparte se réfugia en Suède, puis, lors de la chute de Mussolini, rentra dans la partie de l'Italie passée sous le contrôle allié et combattit jusqu'à la paix avec les partisans de la division Potente.

Dégoûté par le spectacle de l'Italie de l'immédiat après-guerre — v. *La Peau* (*) —, Malaparte décida en 1945 de venir s'installer à Paris et songea même à ne plus écrire qu'en français. C'est dans notre langue qu'il donna, sur des scènes parisiennes, deux pièces de théâtre : *Du côté de chez Proust* (1948) et *Das Kapital* (1949). Cette dernière œuvre, dont le sujet était vingt-quatre heures de la vie privée de Karl Marx, fut un échec complet, mais assez injuste. Malaparte rentra alors en Italie où, travaillant dans sa maison de Capri, il fit avec plus de bonheur des tentatives cinématographiques. À la fin de l'année 1956, il entreprit un grand voyage en Chine et affirma ses sympathies pour le régime communiste. Mais en mars 1957, alors que venait de paraître son dernier livre *Ces sacrés Toscans* [*Maledetti Toscani*], il fut frappé d'attaques pulmonaire et cardiaque, séquelles de ses blessures de guerre. Ramené à Rome en avion, il commença alors un pathétique combat de quatre mois contre la mort, qu'il affronta avec un rare courage et une conscience totale, enregistrant même sur un magnétophone ses impressions d'agonisant. Quelques jours avant sa fin, Malaparte, qui était protestant, et dont *La Peau* avait été mis à l'Index en 1949, se convertit au catholicisme. Bien qu'il soit difficile de porter maintenant un jugement sur lui, il semble que Malaparte fut un des plus puissants tempéraments littéraires de l'époque contemporaine. Malgré l'outrance volontaire, des livres comme *Kaputt* et *La Peau* demeureront probablement des témoignages décisifs sur la tragédie des années 39-45. On leur a reproché une réelle affectation de cynisme ; mais peut-être le cynisme n'était-il pour Malaparte que le masque derrière lequel il cachait son désespoir lucide en face de la décadence européenne.

MICHEL MOURRE.

♦ *« C'est un aventurier et un journaliste. »* Giovanni Papini. ♦ *« Malaparte, habile homme ? Quelle erreur ! Il était un enfant pressé de satisfaire toutes ses passions. »* Daniel Halévy. ♦ *« Possédant un talent indiscutable, plein de verve, et une intuition très prompte à saisir tout ce qui aurait pu le mettre en vedette, il employa trop souvent une vigueur polémique d'enfant terrible, frivole et vaniteux... Malaparte est un tempérament trop subjectif, trop égocentrique, incapable de cet oubli de son propre moi qu'exige la véritable création poétique ou dramatique. »* Maria Brandon-Albini.

RÉF. : Benjamin Crémieux, préface à *L'Italie contre l'Europe*, Paris, 1927. — Daniel Halévy, *Le cynique Malaparte était un tendre*, étude dans *Arts*, 24 juillet 1957. — Orfeo Tamburi, *Malaparte à contre-jour* suivi de *Lettres de Malaparte*, Paris, 1979. — Giodarno Bruno Guerin, *Malaparte*, Paris, 1983.

MALAQUAIS Jean. Poète et romancier français. Né à Varsovie le 11 avril 1908. Fils d'un professeur de collège à Varsovie, il fut lui-même professeur de littérature française dans les universités américaines. Ses premiers vers furent écrits en polonais. Il débuta dans les lettres par *Les Javanais* (*), roman violent, expression d'une personnalité puissante, qui lui valut le prix Renaudot (1939). Il nous introduit avec son *Gaffeur* (1953) au milieu de la cité future déjà entrevue dans *Planète sans visa* (1947). Il est également l'auteur de nouvelles (*Un journal de guerre*, 1943, *Coup de barre*, 1949) et d'un important ouvrage sur Sören Kierkegaard.

MALASPINA Alberto, dit Albert Marques. Écrivain italien d'expression provençale. Né en Lunegiane (Lombardie) vers 1165, mort en 1210. Il appartenait à la célèbre famille des marquis de Massa dont la domination s'étendait sur la Lunegiane. Ce que l'on sait sur sa vie a été transmis par les *Annales génoises* (*) de Caffaro, par les *Vies des troubadours* (*) plus ou moins fantaisistes dans lesquelles Malaspina est tenu pour un homme de valeur et un poète habile, et par les attaques de Raimbaut de Vaqueiras. Avec ses frères Moroello et Guglielmo, il tint une cour dans la ville de Tortone principalement, et au château d'Oramala, sa résidence d'été habituelle. Il épousa Béatrice, sœur de Boniface II de Monferrat que Raimbaut célébra sous le nom de « Bel Cavalier ». De ce mariage naquit une fille, Caracosa de Cantacapra. En tant que guerrier, Malaspina n'eut que des mésaventures : battu à plusieurs reprises par les Génois et par les habitants de Plaisance, il dut leur abandonner le château de Pietracorva et les péages du Val di Treva. Il n'eut pas plus de chance lorsqu'il voulut se conduire en mécène. Bien qu'il se montrât libéral envers les poètes et les troubadours, aucun d'eux ne composa de pièce où fut louée la magnificence d'une cour si accueillante, alors que divers hommages furent adressés à Guglielmo, le frère de Malaspina, à Corrado I, neveu de ce dernier, et surtout aux femmes de la maison, Béatrice, Caracosa, Maria et Salvaggia. Le seul qui fit mention de Malaspina fut Raimbaut, lequel, comblé de bienfaits, quitta cependant Malaspina pour offrir ses services à Boniface II, et n'en dirigea pas moins contre son ancien protecteur les pointes venimeuses de la célèbre *Dispute* (*), dans laquelle le marquis et le poète échangent des injures et s'accommodent mutuellement de manière infâme. Le biographe anonyme des *Vies* attribue au marquis certains « sirventes » et des poèmes, mais il ne nous est rien resté de cette production, et il n'est même pas certain que *La Dispute* soit bien de la plume de Raimbaut et de Malaspina.

RÉF. : Galvani, *Raccolta di alcuni monumenti storici e litterari per service alla vita del marchese Malaspina, trovatore,* Modena, 1851. — F. Chr. Diez, *Leben und Werke der Troubadours,* Leipzig, 1882.

MÂLE Émile Mathieu. Historien d'art français. Né le 2 juin 1862 à Commentry (Allier), mort le 6 octobre 1954 à Chaalis

(Oise). Fils d'un ingénieur des mines, il fait ses études au lycée de Saint-Étienne, et entre en 1883 à l'École normale. Reçu premier à l'agrégation de lettres (1886), il professe successivement à Saint-Étienne, à Toulouse, puis, à partir de 1893, à Paris. Un bref séjour à Florence lui révèle sa vocation d'érudit et d'historien de l'art chrétien. Il s'impose en 1899 avec sa thèse de doctorat, *L'Art religieux du XIIIe siècle en France, étude sur l'iconographie du Moyen Âge et ses sources d'inspiration* (*), suivie en 1908 de l'*Art religieux de la fin du Moyen Âge en France* (*), où il approfondit la portée spirituelle et la signification dogmatique de l'art chrétien. Il enseigne à partir de 1906 à la Sorbonne et sera élu membre de l'Académie des inscriptions en 1918. Étudiant les origines de l'art roman à la lumière de l'archéologie orientale, il publie, en 1922, *L'Art religieux du XIIe siècle en France* (*), avant de se rendre à Rome où il est nommé directeur de l'École française. Il est élu à l'Académie française en 1927, et fait paraître, en 1932, *L'Art religieux après le concile de Trente*, où il nuance ses jugements sur les rapports entre beauté formelle et esprit créateur. En 1937, il regagne la France et publiera encore, outre *Rome et ses vieilles églises* (1942), une étude sur *La Fin du paganisme en Gaule et les plus anciennes basiliques chrétiennes* (1950), introduction à une *Histoire de l'art carolingien* que sa mort laissera inachevée. Son œuvre, dans laquelle il a su allier la rigueur scientifique à l'aisance du style, a renouvelé de façon exhaustive les données d'un problème essentiel dans l'évolution de l'art occidental, et on peut dire qu'Émile Mâle compte parmi nos historiens d'art les plus remarquables.

MALEBRANCHE Nicolas de. Philosophe français. Né et mort à Paris (5 août 1638-13 octobre 1715). Issu d'une honorable famille de magistrats, gêné dans ses études par une santé fragile, il suit pourtant les cours de théologie de la Sorbonne et, décidé à devenir ecclésiastique, se fait recevoir à l'Oratoire en 1660. Ordonné prêtre en 1664, il n'allait plus guère quitter sa résidence de la rue Saint-Honoré que pour quelques séjours dans les maisons de campagne de son ordre ou chez des amis, où il se retirait pour écrire ses livres. Alors qu'il tente vainement de s'intéresser aux études historiques, un hasard décide de sa vocation de philosophe. La soumission de la Sorbonne aux principes d'Aristote l'avait rebuté, mais il achète un jour le *Traité du monde* (*), petit ouvrage posthume de Descartes, qui venait de paraître, et « il le lut, dit Fontenelle, avec de tels transports que des battements de cœur le forcèrent plusieurs fois à s'arrêter ». Malebranche allait désormais s'attacher tout entier à Descartes. Il sut par cœur les ouvrages de son maître ; et comme celui-ci, il fut savant autant que philosophe, aima la géométrie et la physique, se passionna pour les ouvrages manuels et pour tout ce qui était mécanique. Disciple de Descartes, il le fut avec enthousiasme et même avec excès, jusqu'à maintes hardiesses de pensée qui lui attirèrent l'animosité, non seulement des adversaires du cartésianisme, mais aussi de cartésiens de tendances différentes. En 1674, son traité *De la recherche de la vérité* (*) fut fort bien accueilli. Malebranche, qui n'aimait que la retraite, le travail, la méditation, la prière, connut le succès, fut recherché, eut les amis les plus en vue, comme le prince de Condé qui l'invitait à Chantilly, ou la princesse Élisabeth qui finit par le décider à écrire son *Traité de morale* (*) (1683). Mais, en 1680, un « infortuné *Traité de la nature et de la grâce* (*) », comme il le dit lui-même, lui valut les attaques véhémentes du grand Arnauld et surtout de Bossuet, qui dénonça ce rationalisme où Dieu n'était plus « l'auteur que d'un certain ordre général d'où le reste se développe comme il peut ». Les deux hommes ne tardèrent d'ailleurs pas à se réconcilier, surtout lorsqu'en 1697, en pleine querelle quiétiste, Malebranche fit paraître son petit *Traité de l'amour de Dieu* (*) où Fénelon était pris à partie. De 1688 datent les *Entretiens sur la métaphysique et la religion* (+).

La pensée du religieux fervent que fut le père Malebranche ne peut être isolée de l'atmosphère de l'Oratoire, cet ordre récent où, sous l'impulsion de son fondateur Bérulle, était donné alors un enseignement très moderne de la philosophie. Les statuts prescrivant d'abord l'étude de saint Augustin, c'est en augustiniens que des oratoriens comme le père Fournesse et le père Martin commencèrent, dès 1655, à se réclamer de Descartes ; ils ouvraient la voie à Malebranche qui, comme eux, n'aura pour ambition que de concilier la physique de Descartes et la métaphysique augustinienne, en appuyant et en développant avec excès les germes de platonisme évidemment contenus chez Descartes. On a pu dire qu'il avait adopté et adapté le cartésianisme pour le rapporter à Dieu. Le souci de Descartes, c'est la domination de l'homme sur la nature ; celui de Malebranche, c'est la réintégration de la nature en Dieu. Tout entier inspiré par Descartes, il va donc pourtant en sens inverse ; son maître avait séparé philosophie et théologie, il les réconcilie et même les confond. Son maître ne se servait guère de Dieu que pour rejoindre le monde. Malebranche, au contraire, transporte en Dieu toute la réalité du monde. Deux de ses thèses sont particulièrement originales : d'abord la « vision en Dieu ». Pour Descartes, les idées étaient en quelque manière enfermées dans l'âme humaine, Malebranche, plus fidèle à saint Augustin et, par lui, à Platon, les reporte dans un ciel intelligible préexistant aux efforts des esprits humains. Sans les idées des êtres créés, Dieu, dit-il, n'aurait pu créer : les idées sont donc en Dieu. Et nous-mêmes, c'est en Dieu que nous connaissons le monde. Autre conséquence du dualisme cartésien, dont a hérité Malebranche : la théorie des causes occasionnelles. L'âme ne possédant aucune étendue, elle ne peut agir et mouvoir le corps. En fait, lorsque l'âme forme, par exemple, le désir de bouger une jambe, c'est Dieu qui envoie le mouvement à la jambe. Les désirs de l'âme ne sont que l'« occasion » du mouvement ; quant au mouvement en lui-même, il n'y a que Dieu qui puisse le provoquer. Il intervient à tout instant dans les rapports, non seulement de notre âme et de notre corps, mais des corps entre eux. Dieu, pense-t-il, n'a pu communiquer sa puissance aux créatures ; sinon elles seraient devenues Dieu même. Dieu est donc seule cause et il faut, contre toutes les apparences, que ce soit lui seul qui agisse dans les créatures. L'aspect négatif de cette doctrine a une grande importance dans le développement de la philosophie, et Hume reprendra la critique de la causalité. Mais la théorie de la « vision en Dieu » tend à nier la réalité des choses extérieures et à absorber tous les êtres en Dieu : n'est-ce pas un premier pas vers le panthéisme, à quoi, plus expressément encore, aboutit la théorie des causes occasionnelles ? Si en effet il n'existe qu'une seule cause véritable, n'existerait-il pas aussi une seule véritable substance ? Malebranche avait beau s'en défendre, il n'était pas si loin de Spinoza. Mais peut-être demeure-t-il avant tout comme l'écrivain des *Méditations chrétiennes et métaphysiques* (*) (1683), capable d'aborder les sujets les plus ardus en une langue simple et « mondaine ».

MICHEL MOURRE.

♦ *« Pulchra, nova, falsa »* Bossuet. ♦ *« C'est un grand homme avec lequel on apprend bien peu de chose. »* Voltaire. ♦ *« On a dit parfois que Malebranche a fait une synthèse du cartésianisme et de l'augustinisme : il serait plus exact de dire qu'il a lu saint Augustin en cartésien et Descartes en augustinien, et à mesure qu'il lit, il transpose. »* Henri Gouhier. ♦ *« Il tend de toutes ses forces, de tout son esprit, de tout son amour, à relier, à fondre ce que Descartes sépare absolument ; et c'est à procurer vivante et effective en l'âme cette unité essentielle du Verbe et de la Raison, cette solidarité de la double révélation du seul et même Maître, qu'il s'attache constamment... Il a, par là, et au moment où il semblait tendre à une philosophie d'exclusive intelligibilité, marqué que l'ordre des existences a une dignité, un principe autre que celui des essences, qu'il dépend d'une volonté et d'une bonté. »* Maurice Blondel.

RÉF. : Les œuvres complètes de Malebranche sont publiées sous la direction de A. Robinet à la librairie Vrin et dans la bibliothèque de la Pléiade, *Œuvres* I, 1979. – Francisque Bouillier, *Histoire de la philosophie cartésienne*, Paris, 2 vol., 1868. – H. Joly, *Malebranche*, Paris, 1901. – Joseph Vidgrain, *Le Christianisme dans la philosophie de Malebranche*, Paris, 1923. – V. Delbos, *Étude de la philosophie de Malebranche*, Paris, 1924. – H. Gouhier, *La Philosophie de Malebranche et son expérience religieuse*, Paris, 1926 ; *La Vocation de Malebranche*, Paris, 1926. – L. Bridet, *La Théorie de la connaissance dans la philosophie de Malebranche*, Paris, 1929. – L. Labbas, *La Grâce et la Liberté dans Malebranche*, Paris, 1931. – A. Robinet, *Malebranche et Leibniz*, Paris, 1955. – F. Alquié, *Le Cartésianisme de Malebranche*, Paris, 1974. – M. Guérault, *Étendue et psychologie chez Malebranche*, Paris, 1986.

MALERBA Luigi (pseud. de Luigi Bonardi). Romancier et nouvelliste italien. Né le 11 novembre 1927 à Berceto (province de Parme). L'humour et l'intelligence sont les qualités que tous les critiques s'accordent à reconnaître à Malerba. Cet auteur sait utiliser l'absurde – qu'il soit déterminé par les situations ou qu'il s'agisse d'un travail sur le langage – pour en tirer le meilleur parti dans ses constructions romanesques.

Malerba vit à Rome depuis le début des années 50 : sa vie professionnelle se partage entre le cinéma – il écrit des scénarios, mais il a aussi réalisé un film – et son activité littéraire (romans, nouvelles, littérature enfantine, théâtre). Son premier recueil de nouvelles, *La Découverte de l'alphabet* [*La scoperta dell'alfabeto*] date de 1963. Il a écrit à ce jour près d'une trentaine d'ouvrages – dont la série des *Millemouches* (*Millemosche,* de 1969 à 1974, en collaboration avec Tonino Guerra). Parmi ses titres les plus importants, il convient de noter *Le Serpent cannibale* (*) (1966), *Sa majesté* [*Il protagonista, 1965*], *Saut de la mort* [*Salto mortale,* 1968], *Journal d'un rêveur* [*Diario di un sognatore,* 1981], *La Planète bleue* [*Il pianeta azzurro,* 1986], *Le Feu grégeois* [*Il fuoco greco,* 1990].

Saut de la mort (qui a obtenu en 1970 le prix Médicis étranger) est l'exemple type des capacités stylistiques de l'auteur. À partir d'une problématique extravagante (se promenant dans un champ, Giuseppe, le héros quelque peu schizophrène de ce roman, découvre « une jambe humaine et, attachée à la jambe, le corps d'un homme à la gorge tranchée »), Malerba réussit à provoquer des sentiments de peur et l'impression de se trouver devant un mécanisme fou où les personnages se reflètent l'un dans l'autre, et où les suspects (curieusement semblables au héros du roman) disparaissent tour à tour pour aller se perdre vers d'autres horizons criminels.

Luigi Malerba manifeste – du moins dans ses premiers romans – un certain goût du burlesque, de la reconstruction quelque peu caricaturale et hallucinée de l'univers, goût d'autant plus déroutant qu'il côtoie une vision souvent très concrète du quotidien.

Dans diverses déclarations, l'auteur met en évidence son besoin de reconstruire le monde à partir des éléments que lui fournit la réalité immédiate – dans le but de tenter de lui donner un sens. Mais à ce jeu, dit-il en parlant de lui à la troisième personne, l'auteur « craint quelquefois de n'être qu'un miroir qui reflète certaines choses qui ont lieu dans le monde, à supposer que le monde existe » (*Autodizionario degli scrittori italiani,* 1990). Plus précisément, il admet par ailleurs – mais du bout des lèvres, et sans en faire une théorie inébranlable – que ses œuvres peuvent se diviser en deux catégories, en fonction d'un rapport entre le

« mot » et la « chose » : « celles où la chose est proche et concrète – par exemple *La Découverte de l'alphabet* – et celles où elle est lointaine est fuyante – par exemple *Saut de la mort* [...]. À ces deux catégories sommaires et formelles correspondent deux attitudes qui s'opposent au choix initial : dans le premier cas une attitude que je définirais d'"éloignement", dans le second cas d'"identification" » (*Viaggio nel '900,* 1984).

Quant au lecteur, ballotté entre ces procédés d'« éloignement » et d'« identification », il ne peut être que déconcerté et stimulé par une écriture qui, à bien des égards, constitue un cas d'espèce dans la littérature italienne contemporaine.

ALAIN SARRABAYROUSE.

MALET Léo. Écrivain français. Né le 7 mars 1909 à Montpellier. Son père était employé de bureau et sa mère couturière. Ses parents et son frère meurent de tuberculose quand il a quatre ans et il est élevé par son grand-père paternel, ouvrier tonnelier. À 16 ans, il obtient son certificat d'études, travaille dans une banque et distribue *Le Libertaire* le dimanche. Puis il monte à Paris et débute au cabaret de « La Vache enragée » comme chansonnier bénévole le 25 décembre 1925. Il vit de petits truandages et, quand il fait froid, il va se réchauffer à la bibliothèque Sainte-Geneviève. En 1928, il cohabite avec sa future épouse, Paulette Doucet, monte le « cabaret du poète pendu » et découvre le surréalisme. André Breton lui témoigne de l'amitié et Malet publie trois recueils de poèmes : *Ne pas voir plus loin que le bout de son sexe,* en 1936 ; *J'arbre comme cadavre,* en 1937, et *Hurle à la vie,* en 1940. Sollicité par un directeur de collection, il écrit sous le pseudonyme de Frank Harding les aventures de Johny Métal, un journaliste américain. En 1943, à son retour de captivité, il signe de son nom la première enquête de Nestor Burma : *120, rue de la gare.* Maurice Renault, fondateur de *Mystère magasine,* l'encourage à réaliser son projet d'écrire une série policière, *Nouveaux Mystères de Paris* (*), chaque roman devant se passer dans un arrondissement différent. Le premier : *Le soleil naît derrière le Louvre* paraît en 1954, il en écrit quinze jusqu'en 1959 et s'arrête quand on démolit l'immeuble où il habitait rue de Ponceau et qu'on le reloge dans une H.L.M. *La Trilogie noire* (*) paraît en 1969, et en 1972 il signe son dernier roman : *Abattoir ensoleillé.* Après avoir été oublié, Malet sera redécouvert et réédité dans les années 70. Amateur de liberté, de jolies femmes, de Céline et de Queneau, dans un état de fureur perpétuelle, il a pour devise préférée : « Il est seul mais il est contre. »

DENIS BOUTET DE MONVEL.

MALÉVITCH Kazimir Severionovitch. Peintre et théoricien de l'art russe. Né à Kiev le 11 (23) février 1878 et mort à Leningrad le 15 mai 1935. Après avoir étudié à Kiev puis à Moscou, il fut très lié à Larionov (1881-1964), dont il fit la connaissance en 1906. Ses premières œuvres s'apparentent à l'impressionnisme, qu'il reniera bientôt pour une palette et une technique plus proches des expressionnistes. Dès 1910, il participe aux expositions de l'avant-garde russe. En 1912, Kandinsky l'invite à prendre part à la deuxième exposition du *Blaue Reiter.* Dans ces années cubo-futuristes (1910-1914), Malévitch remettra en cause les conceptions philosophiques et esthétiques traditionnelles de l'art. Ce qui l'amènera à s'interroger sur les nouveaux principes picturaux et à fonder le suprématisme, « anti-constructiviste, mystique, et sans-objet-absolu » : il exposera ses premières œuvres suprématistes (peintes dans les années 1913-1914) en 1915. Ses théories suprématistes donnèrent lieu à toute une série de brochures, dont la première date de 1915, réunies en français sous le titre *De Cézanne au suprématisme* (*). Un certain nombre d'entre elles (auxquelles Maïakovski aurait collaboré) parurent en 1928 aux éditions du Bauhaus un an après son voyage en Allemagne pour une grande rétrospective de son œuvre. Paradoxalement, au moment même où le suprématisme reçut une consécration internationale, Malévitch opéra un retour à la figuration pour composer un « cycle paysan » (1928-1932), renouant, à contre-courant du réalisme socialiste, avec les valeurs de la paysannerie russe traditionnelle. Une « autobiographie » de 1924 annonçait ce tournant à travers une analyse de la crise de l'art occidental.

PIERRE-EMMANUEL DAUZAT.

MALHERBE François de. Poète français. Né à Caen vers 1555, mort à Paris le 6 octobre 1628. Du petit noble provincial, fils d'un conseiller au présidial de Caen, au poète le plus en vue de la Cour, on mesure l'accomplissement d'une ambition tenace qui surmonta bien des avanies. Sa jeunesse fut occupée à l'acquisition d'une solide éducation d'honnête homme, source où l'écrivain ne cessa de puiser. En 1577, il entre au service du duc d'Angoulême, gouverneur de Provence. Dans la petite cour d'Aix, composée de gentilshommes humanistes et poètes italianisants, son goût pour la littérature, qui s'était révélé dès 1575 (date de l'élégie *Larmes sur la mort de Geneviève Rouxel*), s'exerce dans des compositions poétiques. *Les Larmes de saint Pierre* (1584-1587) – v. *Poésies* (*) de Malherbe –, long poème d'inspiration baroque, témoignent d'une première manière qu'il reniera ensuite, mais d'autres pièces annoncent par endroits le ton sobre et les inflexions graves de la maturité : « Et de toutes les douleurs, la douleur la plus grande / C'est qu'il faut laisser nos amours. » Après l'assassinat de son protecteur (1586), puis celui d'Henri III

(1588), Malherbe vit une vingtaine d'années de relative obscurité entre Caen et Aix, où il se lie avec le juriste érudit Peiresc et le président du parlement de Provence, G. Du Vair, qui l'engage à traduire les *Lettres à Lucilius* (*) et *Des bienfaits* (*) de Sénèque. Sous ces influences, il met au point sa doctrine — v. *Œuvres en prose* (*) de Malherbe. Sa vocation poétique s'affirme aussi : il compose la première mouture de la fameuse *Consolation à M. du Périer*, ainsi que ses premières grandes odes, célébrant la prise de Marseille par les troupes royales, inaugurant ainsi deux formes caractéristiques de son inspiration, morale et nationale. Il commence à être publié dans des recueils collectifs. Son *Ode de bienvenue* présentée à la future reine, Marie de Médicis, lors de son passage à Aix (1600) lui vaut d'être remarqué par certains grands personnages, comme le cardinal Du Perron qui le recommanda au roi.

Mais ce fut le voyage à Paris de 1605 qui fut vraiment déterminant. Présenté au roi qui lui commande une ode, il est confié au garde des Sceaux, M. de Bellegarde, et devient écuyer du roi, puis gentilhomme de la chambre. En échange, il va sans dire qu'il devra mettre son talent au service de la monarchie. Dès lors sa destinée et en même temps la nature de son œuvre sont tracées : poète officiel pensionné, il ne cessera de célébrer les grands événements politiques des règnes successifs comme les plus petits événements de la Cour. On souligne généralement son conformisme religieux et politique, mais celui-ci s'appuie sur un patriotisme sincère et un solide attachement à la monarchie. Poète du Louvre, il est aussi reçu dans les salons de la haute société. Son succès va croissant et connaît son apogée sous la Régence ; néanmoins sa fortune n'est jamais assurée, et il doit solliciter inlassablement pensions et prébendes.

Mais Malherbe veut aussi se faire reconnaître par ses pairs et s'imposer face à ses rivaux comme un maître. Pour cela, il rédige un commentaire impitoyable des poésies profanes de Desportes, qu'il ne publia cependant pas, et forme chez lui des disciples fervents dont les plus talentueux sont Maynard et Racan — v. *Mémoires sur la vie de Malherbe* (*) de Racan. Il ne tarde pas à imposer sa suprématie malgré des attaques féroces. Il exerce, surtout durant la régence de Marie de Médicis, une sorte de royauté littéraire. Lorsque celle-ci se trouve écartée du pouvoir, il se tient pendant quelques années dans une semi-retraite : son activité poétique, qui n'a jamais été très prolifique, se restreint ; il se tourne vers la prose et vers des travaux érudits. Voyant l'ascension de Richelieu, il tentera de trouver en lui un nouveau protecteur. Mais la fin de sa vie est cruellement éprouvée par le sort de son fils Marc-Antoine : condamné à mort pour avoir tué son adversaire au cours d'un duel, puis gracié, il est tué dans un nouveau duel en 1627. Malherbe supplie vainement le roi de châtier le meurtrier (*Paraphrase du psaume CXLV*).

« Enfin Malherbe vint... », la célèbre formule de Boileau le présente justement comme un inaugurateur. Poète grammairien, il a voulu donner au siècle nouveau une langue nouvelle. Célébrant les princes qui marquent un tournant de l'Histoire en imposant l'ordre politique et la paix civile, il s'érige lui-même en « tyran des mots et des syllabes » pour fixer la langue dans sa perfection. Tournant le dos à la fièvre anarchique d'enrichissement comme aux subtilités pétrarquistes, il épure au nom de l'usage et du bon sens, et consacre le règne de la simplicité et de la clarté, valeurs « classiques » par excellence. À ses yeux, cette langue ainsi fixée sera tout aussi apte que le latin classique à dire le vrai dans une forme inaltérable. « Ce que Malherbe écrit dure éternellement. » : ce point d'orgue ponctuant plusieurs de ses pièces résonne comme un cri de victoire sur l'angoisse surmontée. « Mais mon humeur est d'aspirer / Où la gloire est indubitable. » L'écriture de chaque poème a pour enjeu la conquête de ce lieu où l'infini du beau se conjugue avec son universalité et son intemporalité, là où le poète parle la parole essentielle. Ainsi s'expliquent le « caractère non raisonnable, le côté inhumain, maniaque » (Ponge) du travail de Malherbe, en même temps que sa relative stérilité : il y a un aspect mallarméen de Malherbe qui n'a pas fini de nous fasciner.

LOUIS DELIBES.

♦ *« Malherbe nous a appris ce que c'était qu'écrire purement et avec un soin scrupuleux. Il nous a appris que, dans les expressions et dans les pensées, le choix était le principe de l'éloquence, et que même la propre et juste disposition des mots et des choses avait d'ordinaire plus d'importance que les choses mêmes et les mots. »* Guez de Balzac. ♦ *« Enfin Malherbe vint, et, le premier en France, / Fit sentir dans ses vers une juste cadence, / D'un mot mis en sa place enseigna le pouvoir, / Et réduisit la muse aux règles du devoir. / Par ce sage écrivain la langue réparée / N'offrit plus rien de rude à l'oreille épurée. »* Boileau. ♦ *« Malherbe, d'une belle pierre grise, a pavé notre cour, établi les fondements et bâti la demeure où chaque mot a sa dimension juste. Il a tout ordonné, a coupé ce qu'il fallait des mots, les a assurés, équarris, ajustés et polis, juste comme il faut. Il a indiqué leur alignement. Jamais plus, sinon chez Montesquieu peut-être, la même ordonnance, la plus simplement superbe. » « Rien ne l'intéresse que cette supériorité à atteindre. »* F. Ponge.

RÉF. : Racan, *Mémoires sur la vie de M. de Malherbe*, Paris, 1672. — F. Brunot, *La Doctrine de Malherbe d'après son commentaire sur Desportes*, Paris, 1891, rééd. Paris, 1969. — C. S. Huminston, *A Comparative Study of the Metrical Technique of Ronsard and Malherbe*, Berkeley, 1941. — P. A. Wadsworth, *La Fontaine as Student and Critic of Malherbe*, Syracuse University, s. d. — R. Lebègue, « Nouvelles études malherbiennes », *Bibliothèque d'Humanisme et Renaissance*, vol. 5, 1944 ; *La Poésie française de 1530 à 1630*, Paris, 1951. — R. Fromilhague, *La Vie de Malherbe*, Paris, 1954 ; *Malherbe, technique et création poétiques*, Paris, 1954. — F. Ponge, *Pour un Malherbe*, Paris, 1965.

MALINOWSKI Bronislav. Anthropologue anglais d'origine polonaise. Né à Cracovie en 1884, mort à New Haven (Connecticut) en 1942. Originaire d'une grande famille polonaise, Bronislav Kaspar Malinowski s'oriente d'abord vers la physique et la chimie avant de bifurquer vers l'anthropologie et d'aller suivre à Londres l'enseignement de la London School of Economics. En 1914, la guerre le surprend en Australie ; Malinowski, sujet autrichien, est astreint à résidence. On le laisse néanmoins séjourner longuement en Nouvelle-Guinée où il travaillait déjà. Il y amasse une énorme documentation qui nourrira ses travaux jusqu'en 1935, date à partir de laquelle il se rend à plusieurs reprises en Afrique du Sud. En 1938, il s'installe aux États-Unis, dirige un séminaire à l'université de Yale.

Dans tous ses ouvrages, Malinowski, fort d'une expérience vécue, ne cesse de prôner la nécessité d'un séjour prolongé dans la société étudiée et la maîtrise de la langue vernaculaire. Selon lui, tous les faits observables dans une société donnée s'expliquent en regard les uns des autres. Dans son étude de la « kula », *Les Argonautes du Pacifique occidental* (*), il s'efforce de montrer qu'on ne peut comprendre le fonctionnement des échanges intertribaux sans prendre en compte l'institution de la chefferie, le mode d'organisation du travail, les différentes techniques, ainsi que les croyances et la mythologie. Il applique les mêmes principes à l'étude de *La Vie sexuelle des sauvages du nord-ouest de la Mélanésie* [*The Sexual Life of Savages in Northwestern Melanesia*, 1929], et à l'observation de l'horticulture (*Les Jardins de corail*) [*Coral Gardens and Their Magic*, 1933], où la magie lui paraît assouvir un besoin d'optimisme et d'harmonie. Les mythes sont les chartes et les garde-fous de la tradition, la religion assure la stabilité des groupes sociaux. Cette insistance à tout réduire en termes opérationnels fait de lui l'un des principaux représentants du fonctionnalisme. Elle explique aussi le discrédit où sont tombées ses théories, jugées trop étroites. La publication, vingt-cinq ans après sa mort, de son *Journal d'ethnographe* (1967) a fait quelque bruit, car on y découvrait un homme aux nerfs malades, sujet à des accès de fatigue et d'irritation à l'égard d'interlocuteurs pour qui il éprouve à la fois attirance et répulsion. Il reste que ses exigences méthodiques, son insistance sur la nécessité d'une absorption totale dans une recherche que par moments il aurait voulu fuir, font de lui l'archétype de l'ethnologue de terrain.

DENISE PAULME.

MALINVAUD Edmond. Économiste français. Né le 25 avril 1923 à Limoges. Il est sensibilisé à l'économie par le spectacle des pénuries dues à la crise de 1929, à la guerre et à la reconstruction. Polytechnicien, il est d'abord, comme tous les ingénieurs économistes, une sorte d'autodidacte de l'économie. Maurice Allais lui conseille alors d'aller compléter sa formation aux États-Unis. Là il est formé à l'économie mathématique.

Ses fonctions sont très importantes et dépassent le cadre du professorat. Il est successivement directeur de l'École nationale de statistique et de l'administration économique de 1961 à 1966, puis il dirige les services de la Prévision au ministère de l'Économie, et à partir de 1972 il est directeur général de l'I.N.S.E.E. En 1988, il devient professeur au Collège de France.

S'efforçant de concilier la théorie néoclassique avec le keynésianisme, il aboutit à fonder l'école du déséquilibre qui analyse les équilibres partiels et leurs conséquences. Son œuvre essentielle est son *Essai sur la théorie du chômage* (*), parue en 1983.

LUCETTE LE VAN-LEMESLE.

MALIPIERO Gian Francesco. Compositeur italien. Né à Venise le 18 mars 1882, mort à Trévise le 1er août 1973. Malipiero reçut sa formation à Vienne et à Berlin où il fut l'élève de Max Bruch. Il détruisit lui-même ses premières œuvres après un séjour à Paris où il rencontra Ravel et entendit *Le Sacre du printemps* (*) de Stravinski. Ces influences, jointes à l'étude de la musique italienne ancienne, modifièrent son style. En réaction à la fois contre le vérisme italien et le romantisme allemand, il donna d'abord quelques œuvres marquées par l'impressionnisme debussyste, les trois séries d'*Impressions d'après nature* [*Impressioni del vero*, 1911-1921], puis divers ouvrages, avant d'arriver aux sept symphonies (1937-1948). Sa démarche l'amena progressivement à condamner toute tendance au développement considéré comme organisation du discours musical, et à rechercher son expression dans la multiplication des idées musicales se succédant les unes aux autres comme autant d'épisodes reliés par une affinité ou un contraste de coloris, dans une complète liberté rythmique. Malipiero est considéré comme un des maîtres de la musique italienne moderne. Il a eu une grande influence au Conservatoire de Venise qu'il dirigea de 1939 à 1952 et où il eut pour élèves Maderna et Nono. La musique vocale constitue une partie importante de son œuvre ; l'accentuation très marquée sur la syllabe tonique, héritage du chant grégorien, en est une des caractéristiques. On y trouve un *Saint François* (1920), une *Missa pro mortuis* (1938), son *Huitième dialogue, La Mort de Socrate* (*) (1957), une *Représentation et fête de Carnaval et Carême* [*Reppresentazzione e Festa di Carnasciale e della Quaresima*, 1962], de nombreux opéras : *Le Tournoi nocturne* [*Torneo notturno*, 1931], *Jules César* (*) (1936), *Antoine et Cléopâtre* (1939), *Tartuffe chef d'orchestre* [*Don Tartuffo bacchettone*, 1966]. Comme dans sa musique instrumentale, la logique de ses choix esthétiques l'oblige ici à un perpétuel renouvellement de l'imagination créatrice des mélodies et des rythmes. Par ailleurs, Malipiero a fait une œuvre considérable de musicologue. On lui doit, entre autres, une édition complète des œuvres de Monteverdi, en 16 volumes (1926-1942), ainsi que la première édition moderne des œuvres instrumentales de Vivaldi (entreprise en 1947).

JEAN-FRANÇOIS LABIE.

RÉF. : J. C. G. Waterhouse, *La musica di Gian Francesco Malipiero*, Turin, 1990.

MALISPINI Ricordano. Chroniqueur italien. Né à Florence vers 1220, mort vers 1290. Il appartenait à une célèbre famille guelfe exilée de Florence après Montaperti et rentrée dans sa patrie après Bénévent. Il épousa une Bonaguisi et demeura semble-t-il à Rome vers 1267, où il aurait trouvé les documents qui servirent de sources à son *Histoire de Florence* (*). Une retentissante polémique naquit à son sujet au XIXe siècle. Pour certains, l'*Histoire* était une falsification datant du XIVe siècle dont l'auteur n'était qu'un plagiat de Villani qui tendait à exalter certaines familles de la noblesse florentine. D'autres défendaient l'authenticité de l'*Histoire*. Le texte que l'on possédait était un remaniement, postérieur à la *Chronique* (*) de Villani. Ce dernier s'était lui-même servi d'un manuscrit contenant l'original de l'*Histoire de Florence* de Malispini, y puisant librement selon l'habitude de son temps. Ce texte original, inconnu, avait également été une source de *La Divine Comédie* (*) de Dante.

MALLARMÉ Stéphane. Poète français. Né le 18 mars 1842 à Paris, mort le 9 septembre 1898 à Valvins (Seine-et-Marne). Après la mort de sa mère (août 1847) et le remariage du père, l'enfant, recueilli avec sa sœur Maria par les grands-parents maternels, est mis en 1850 dans une pension mondaine, puis en 1852 chez les frères des écoles chrétiennes à Passy. Élève médiocre, il est renvoyé de la pension en 1855 pour insoumission, et entre l'année suivante comme pensionnaire au lycée impérial de Sens, ville où son père est depuis 1853 conservateur des hypothèques. C'est au lycée de Sens que Mallarmé, marqué par un nouveau deuil avec la mort de Maria en 1857, fait son véritable apprentissage littéraire : apprentissage tout académique, avec la *Cantate pour la première communion* (juin 1858) et *La Prière d'une mère* (juillet 1859) ; mais plus personnel aussi avec le recueil *Entre quatre murs* où se révèle l'influence de Lamartine, Hugo, Musset, Gautier, Banville, et avec l'anthologie de huit mille vers qu'il calligraphie en 1860 sous le titre de *Glanes*, des poètes du XVIe siècle aux poètes contemporains, en particulier Baudelaire et Edgar Poe. Cette même année 1860, il est reçu bachelier, et, suivant la tradition familiale, fait son « premier pas dans l'abrutissement » en entrant comme surnuméraire chez un receveur de l'Enregistrement.

C'est de 1862 que datent les premières publications : articles, notamment le fameux « Hérésies artistiques. L'Art pour tous », et poèmes : *Placet*, le début du *Guignon*, *Le Sonneur*... ; que date aussi sa liaison avec une gouvernante allemande, Maria Gerhardt, de sept ans son aînée. En novembre, le poète, qui veut quitter l'Enregistrement pour l'enseignement de l'anglais, s'embarque pour Londres avec Maria, qu'il épousera par devoir après bien des péripéties, le 10 août 1863. Au terme de ce séjour londonien, il est déclaré apte à l'enseignement de l'anglais et chargé de cours en septembre 1863 au lycée de Tournon.

À Tournon, Mallarmé passera trois années décisives pour son évolution intellectuelle et spirituelle. C'est sous le signe du « taedium vitae » que commence en tout cas cet exil ardéchois pour le poète, désormais majeur et chargé d'âmes, qui découvre, avec les misères de l'enseignement, l'ennui de la vie de province et le démon de l'impuissance poétique. Les poèmes de ces premiers mois de Tournon multiplient les variations sur le spleen et l'idéal baudelairiens, mais « La Genèse d'un poème » de Poe lui révèle en même temps que la poésie n'est pas seulement l'aveu d'un idéalisme absolu, mais aussi un travail sur le vers en vue de l'effet à produire. C'est sous ce double patronage de Baudelaire et de Poe, et avec l'espoir, grâce à Banville, d'être joué au Théâtre-Français, qu'à l'automne de 1864 Mallarmé commence sa tragédie d'*Hérodiade* (*), qu'il abandonne provisoirement en juin pour rimer « un intermède héroïque, dont le héros est un faune ». Ce *Monologue du faune*, soumis à Banville et à Coquelin en septembre, ne trouve pas grâce à leurs yeux, si bien qu'en octobre, lorsque le poète revient à son héroïne hivernale, *Hérodiade* n'est plus tragédie mais poème. À la scène, sans doute terminée à la fin de 1865, il envisage alors d'adjoindre une ouverture musicale (l'*Ouverture ancienne*), à laquelle il travaille pendant les premiers mois de 1866. C'est dans ce contexte qu'il fait à Pâques un séjour à Cannes chez Lefébure, au terme duquel il écrit à Cazalis, évoquant son travail sur l'*Ouverture* : « ... en creusant le vers à ce point, j'ai rencontré deux abîmes, qui me désespèrent. L'un est le Néant, auquel je suis arrivé sans connaître le bouddhisme, et je suis encore trop désolé pour pouvoir croire même à ma poésie et me remettre au travail, que cette pensée écrasante m'a fait abandonner. Oui, *je le sais*, nous ne sommes que de vaines formes de la matière, mais bien sublimes pour avoir inventé Dieu et notre âme. Si sublimes, mon ami ! que je veux me donner ce spectacle de la matière, ayant conscience d'elle et, cependant, s'élançant forcenément dans le Rêve qu'elle sait n'être pas, chantant l'Âme et toutes les divines impressions pareilles qui se sont amassées en nous depuis les premiers âges et proclamant, devant le Rien qui est la vérité, ces glorieux mensonges ! Tel est le plan de mon volume lyrique et tel sera peut-être son titre, *La Gloire du mensonge,* ou *Le Glorieux Mensonge.* Je chanterai en désespéré ! » *Hérodiade*, dans laquelle il dira s'être mis tout entier sans le savoir, est ainsi dans l'évolution de Mallarmé l'œuvre charnière, et le lieu d'une crise essentielle par laquelle le poète découvre, outre le néant sous les mots, l'immanence de la divinité dans l'âme humaine et celle de la poésie, ou de la beauté, dans le langage.

Cette révélation décisive, qui aura pour effet d'ajourner tout travail d'écriture alors même que la publication de dix de ses poèmes dans *Le Parnasse contemporain* le 12 mai consacre une prime notoriété, inaugure pour Mallarmé deux années de spéculations sur le grand œuvre, et de fréquentation de l'absolu. Ainsi écrit-il en mai 1867 à Cazalis : « Je viens de passer une année effrayante : ma pensée s'est pensée, et est arrivée à une conception pure. Tout ce que, par contrecoup, mon être a souffert, pendant cette longue agonie, est inénarrable, mais, heureusement, je suis parfaitement mort, et la région la plus impure où mon esprit puisse s'aventurer est l'éternité [...]. C'est t'apprendre que je suis maintenant impersonnel et non plus Stéphane que tu as connu, mais une aptitude qu'a l'Univers spirituel à se voir et à se développer, à travers ce qui fut moi. » Un an plus tard, il écrit encore à François Coppée : « Pour moi, voici deux ans que j'ai commis le péché de voir le rêve dans sa nudité idéale [...]. Et maintenant, arrivé à la vision horrible d'une œuvre pure, j'ai presque perdu la raison... » ; et à Lefébure : « Décidément, je redescends de l'absolu [...] mais cette fréquentation de deux années (vous vous rappelez ? depuis notre séjour à Cannes) me laissera une marque dont je veux faire un sacre. » Le 18 juillet, il envoie ainsi à Cazalis le *Sonnet allégorique de lui-même*, première version du sonnet en -ix, inaugurant cette logique nouvelle de la poésie qui se veut une réflexion du langage.

Les années 1869-1870 consacrent en tout cas la fin d'une crise de quatre ans : après la découverte, par la lecture de Descartes, de la notion de fiction, c'est un conte, *Igitur* (*), qui, par une espèce d'homéopathie littéraire, doit exorciser le démon de l'impuissance et par là même liquider la crise de l'absolu, et c'est la science linguistique qui va permettre à Mallarmé de donner un fondement scientifique à son œuvre. Ni *Igitur*, ni la thèse alors envisagée (thèse linguistique doublée d'une thèse latine sur la divinité) ne seront menés à terme, mais lorsqu'en septembre 1871, au terme d'un congé de vingt mois, Mallarmé s'installe enfin à Paris, il redevient, selon ses propres termes, « un littérateur pur et simple », c'est-à-dire celui qui sait désormais que tout le mystère humain tient dans le seul génie des lettres.

Parallèlement à un travail souterrain de réflexion sur le langage et la divinité, dans le prolongement de la thèse abandonnée, travail dont témoignent des ouvrages qui ne sont pas qu'alimentaires : *Les Mots anglais* (1878), *Les Dieux antiques* (1880), les années soixante-dix voient fleurir les publications : la scène d'*Hérodiade* dans le deuxième *Parnasse contemporain* en 1871, *Toast funèbre* (1873), *L'Après-Midi d'un faune* (*), destiné à l'origine au troisième *Parnasse contemporain*, mais refusé et publié en édition de luxe (1876), la préface à *Vathek*, l'article sur les impressionnistes et Manet et le *Tombeau d'Edgar Poe* la même année, sans parler de *La Dernière Mode*, dont le poète, sous divers pseudonymes, rédige seul huit numéros entre septembre et décembre 1874. Mais la fin de cette décennie est marquée par un drame personnel, la mort de son fils Anatole (né en 1871) après une maladie de six mois, drame dont témoignent les notes préparatoires à ce qui eût dû être le *Tombeau d'Anatole* — v. *Pour un tombeau d'Anatole* (*).

Deux publications, au tiers des années 1880, vont soudain gagner à Mallarmé une audience plus large : *Les Poètes maudits* (*) de Verlaine en novembre et décembre 1883, et surtout, en mai 1884, *À rebours* (*) de Huysmans, en l'honneur de qui sera publiée en 1885 l'énigmatique *Prose* pour des Esseintes. En ce milieu des années 1880 où la mort de Victor Hugo libère symboliquement le champ de la poésie, Mallarmé devient, bien malgré lui, avec Verlaine, le modèle d'une nouvelle génération et le parrain du symbolisme naissant, lancé avec éclat par Jean Moréas dans son manifeste du *Figaro* (septembre 1886). Mais les poèmes qu'il publie ou republie alors ne sont pour lui que la petite monnaie d'une ambition plus vaste : c'est en 1885 encore, peu après avoir écrit sa « Rêverie d'un poète français » sur Wagner, où il se pose en émule du théoricien de l'art total, qu'il révèle à Verlaine son rêve du grand œuvre, conçu comme l'« explication orphique de la Terre, qui est le seul devoir du poète et le jeu littéraire par excellence ». Ces spéculations sur le grand œuvre, tantôt livre tantôt théâtre, feront la matière de divers articles que Mallarmé en 1897 réunira avec ses poèmes en prose sous le titre de *Divagations* (*). Mais cette neuve célébrité crée aussi une demande nouvelle, et de cette époque date le premier recueil des *Poésies* (*), l'édition photolithographiée de 1887, pour laquelle Mallarmé révise nombre de ses poèmes anciens. Les Mardis (jours où il reçoit) ont désormais valeur d'initiation pour des apprentis poètes qui ont pour noms Pierre Louÿs, Paul Valéry, André Gide, Paul Claudel, et le maître de la rue de Rome, à la retraite depuis 1894, devient un personnage quasi officiel qui préside banquets et comités, avant d'être élu prince des poètes en 1896. En même temps qu'il prépare une nouvelle édition d'ensemble de ses *Poésies* (*) qui, à la suite de multiples retards, ne paraîtra qu'après sa mort en 1899 chez l'éditeur belge Edmond Deman, d'autres projets occupent ses dernières années : *Un coup de dés jamais n'abolira le hasard* (*), cette partition typographique qui découvre à la poésie un espace nouveau, et dont un premier état paraît en mai 1897 dans la revue *Cosmopolis*, et *Les Noces d'Hérodiade*, destinées à compléter la scène seule publiée d'un Prélude et d'un Finale. La mort prématurée de Mallarmé, des suites d'un étouffement, interrompt ainsi, en laissant une œuvre inachevée et l'énigme majeure du *Livre* (*), une aventure intellectuelle et littéraire sans équivalent dans la poésie française.

Ce modeste fonctionnaire aura été en effet l'agent d'une véritable révolution poétique. Parti du rêve de faire de la poésie, par un idéalisme forcené, une langue au-delà de la langue, Mallarmé a découvert, par la poésie même, que la poésie est tout entière dans la langue, mais qu'elle réveille aussi, à côté de la logique purement économique de signification, la fonction symbolique du langage – c'est là le double état de la parole – telle qu'elle se révèle dans le processus mythologique démonté au même moment par la linguistique. En avouant, au sortir de ses années de crise, qu'il avait à « revivre la vie de l'humanité depuis son enfance et prenant conscience d'elle-même », Mallarmé entreprenait en somme de se réapproprier, par la linguistique et par la poésie, une histoire idéale du langage : de l'inconscient originel générateur de tous les mythes et représentations jusqu'à la conscience poétique ; ou de l'âge théologique fondé en Dieu jusqu'à l'âge moderne de la fiction dont la « pièce principale » est ce « Rien qui est la vérité ». Car la poésie, en tant qu'elle est par excellence la conscience du langage, n'est rien d'autre pour Mallarmé que le terme et le couronnement de l'évolution vers cette « divinité de l'Intelligence » qu'il s'était proposé d'étudier dans sa thèse latine sur la divinité. Et s'il est vrai que mythes et religions ont leur bible, la poésie elle-même ne peut rêver d'autre fin que le Livre pour cette apocalypse, proche ou lointaine, de la fiction.

BERTRAND MARCHAL.

♦ *« Mallarmé est le premier qui se soit placé devant l'extérieur, non pas comme devant un spectacle, ou comme un thème à devoirs français, mais comme devant un texte, avec cette question : Qu'est-ce que ça veut dire ? »* Paul Claudel. ♦ *« Mallarmé a compris le langage comme s'il l'eût inventé. Cet écrivain si obscur a compris l'instrument de compréhension et de coordination au point de substituer au désir et au dessein naïfs et toujours particuliers des auteurs l'ambition extraordinaire de concevoir et de dominer le système entier de l'expression verbale. »* Paul Valéry. ♦ *« Héros, prophète, mage et tragédien, ce petit homme féminin, discret, peu porté sur les femmes, mérite de mourir au seuil de notre siècle : il l'annonce. »* J.-P. Sartre. ♦ *« Là où d'autres rencontrent Dieu, ou la pensée, ou l'étendue, ou le nombre, lui a cru reconnaître, après avoir fait, à sa façon, table rase, que des mots peuvent nous illuminer, nous révéler comme dans une longue-vue la netteté des relations entre choses, nous rendre pour un instant cette « jouissance » qui nous articule à de l'absolu. »* Yves Bonnefoy.

RÉF. : P. Claudel, « La Catastrophe d'Igitur », in *N.R.F.*, 1926. – P. Valéry, *Variété II*, Paris, 1929 ; *Variété III*, Paris, 1936. – H. Mondor, *Vie de Mallarmé*, Paris, 1941 ; *Mallarmé plus intime*, Paris, 1944 ; *Histoire d'un faune*, Paris, 1948 ; *Mallarmé lycéen*, Paris, 1954 ; *Autres précisions sur Mallarmé et inédits*, Paris, 1961. – G. Davies, *Les Tombeaux de Mallarmé*, Paris, 1950 ; *Vers une explication rationnelle du « Coup de dés »*, Paris, 1953 ; *Mallarmé et le drame solaire*, Paris, 1959 ; *Les Noces d'Hérodiade. Mystère*, Paris, 1959 ; *Mallarmé et le rêve d'Hérodiade*, Paris, 1978 ; *Mallarmé et la « couche suffisante d'intelligibilité »*, Paris, 1988. – R. G. Cohn, *L'Œuvre de Mallarmé : « Un coup de dés »*, Paris, 1951. – J. Scherer, *Le « Livre » de Mallarmé*, Paris, 1957 ; *Grammaire de Mallarmé*, Paris, 1977. – M. Blanchot, *Le Livre à venir*, Paris, 1959. – L. Cellier, *Mallarmé et la morte qui parle*, Paris, 1959. – J.-P. Richard, *L'Univers imaginaire de Mallarmé*, Paris, 1961 ; *Pour un Tombeau d'Anatole*, Paris, 1961. – C. Mauron, *Mallarmé par lui-même*, Paris, 1964 ; *Introduction à la psychanalyse de Mallarmé*, Neuchâtel, 1968. – C. P. Barbier, *Documents Stéphane Mallarmé*, Paris, 7 vol., 1968-1980. – C. Abastado, *Expérience et théorie de la création poétique chez Mallarmé*, Paris, 1970. – G. Michaud, *Mallarmé*, Paris, 1971. – J. Derrida, *La Dissémination*, Paris, 1972. – J. Kristeva, *La Révolution du langage poétique*, Paris, 1974. – J. Michon, *Mallarmé et les mots anglais*, Montréal, 1978. – A. Gill, *The Early Mallarmé*, Oxford, I, 1979, II, 1986. – J.-P. Sartre, *Mallarmé, la lucidité et sa face d'ombre*, Paris, 1986. – B. Marchal, *Lecture de Mallarmé*, Paris, 1985 ; *La Religion de Mallarmé*, Paris, 1988.

MALLEA Eduardo. Écrivain argentin. Né à Bahía Blanca le 14 août 1903, mort à Buenos Aires le 12 novembre 1982. Fils d'un médecin, il voyagea très jeune avec ses parents en Europe, avant qu'ils ne s'établissent en 1916 à Buenos Aires. En 1920, il publia sa première nouvelle dans la revue *Caras y Caretas* et, en 1926, abandonna ses études de droit pour se consacrer à la littérature avec un premier livre, *Contes pour une Anglaise désespérée* [*Cuentos para una inglesa desesperada*]. Un cycle de conférences prononcées en Italie en 1934 orienta son œuvre vers la quête de l'identité profonde de l'Argentine. Son essai, *Histoire d'une passion argentine* [*Historia de una pasión argentina,* 1937], fortement autobiographique, est une méditation sur l'« Argentine visible », matérialiste et arrogante, et l'« Argentine invisible », sérieuse et nostalgique. Dénonçant l'immaturité d'une certaine jeunesse, les « jeunes hommes morts », dans les nouvelles de *La Ville près du fleuve immobile* [*La ciudad junto al río inmóvil,* 1936] ou se livrant à la satire de la bourgeoisie dans *Fête en novembre* [*Fiesta en noviembre,* 1938], il défendit l'idée d'une élite idéaliste conservant les valeurs et la dignité de la société en général dans *La Baie de silence* [*La bahía de silencio,* 1940]. Après le succès de *Tout vert périra* [*Todo verdor perecerá,* 1941], roman de la solitude pouvant conduire à la folie, le mal argentin de l'incommunicabilité lui inspira une partie de son œuvre romanesque : *Chaves* (*) (1953) ; *Simbad* (1957) ; *Le Ressentiment* [*El resentimiento,* 1966] ; *La Barque de glace* [*La barca de hielo,* 1967] ; *L'Avant-Dernière Porte* [*La penúltima puerta,* 1969]. En 1955, Mallea a représenté son pays comme ambassadeur auprès de l'U.N.E.S.C.O. et, l'année suivante, présidé en Inde la délégation argentine à la Conférence générale de cette organisation. Il fut avec Victoria Ocampo l'un des membres fondateurs de la revue *Sur* (1931).

CLAUDE COUFFON.

RÉF. : O. Hermes Villordo, *Genio y figura de Eduardo Mallea,* Buenos Aires, 1973. – D. W. Foster, *Currents in the Contemporary Argentine Novel, Arlt, Mallea, Sábato and Cortázar,* Columbia, 1975. – H. E. Lewald, *Eduardo Mallea,* Boston, 1977. – M. L. Lichtblau, *Eduardo Mallea ante la cútica,* Miami, 1985.

MALLET DU PAN Jacques. Journaliste suisse d'expression française. Né à Céligny (Genève) en 1749, mort à Richmond, près de Londres, le 10 mai 1800. Fils d'un pasteur protestant, il lut Montesquieu pendant ses études à l'université de sa ville natale et montra tout jeune sa faveur pour les « idées nouvelles » en publiant un manifeste pour le petit peuple genevois privé de représentation dans les conseils. Il gagna ainsi l'amitié de Voltaire, qui lui fit donner peu après un poste de professeur d'histoire auprès du landgrave de Hesse-Cassel. Après un séjour assez court en Allemagne, il regagna Genève, collabora aux *Annales politiques et littéraires* de Linguet, fit des voyages en Belgique et en Angleterre et, en 1783, vint s'établir à Paris avec sa famille. À la suite d'un accord avec le libraire Panckoucke, il commença à tenir la partie politique du *Mercure* et, en 1789, dès le début de l'Assemblée constituante, il se révéla le plus lucide commentateur des événements en cours. Bien que d'esprit politique formé à l'école genevoise et républicain de « naissance » en quelque sorte, il dut très vite reconnaître que la France de 89 n'était nullement prête pour une entière liberté politique. Aussi Mallet du Pan devint-il une des meilleures têtes politiques du parti royaliste. C'est cependant au printemps de 1792 seulement qu'il se résigna à quitter Paris, chargé par Louis XVI d'une mission auprès des souverains, qui resta sans résultats. En mars 1793, Mallet du Pan fit paraître à Bruxelles des *Considérations sur la nature de la Révolution en France,* où il montrait l'impossibilité d'une restauration intégrale de l'Ancien Régime et la nécessité pour les puissances alliées en guerre contre la Convention de proclamer hautement leurs intentions libérales. Malgré les cris de fureur de quelques-uns de ses compagnons d'émigration, partisans de la royauté absolue, il n'en continua pas moins à développer ces thèses dans la correspondance politique qu'il échangeait avec le comte d'Artois et avec le futur Louis XVIII. Et c'est encore le remède d'une monarchie constitutionnelle qu'il proposait dans sa brochure intitulée *Correspondance politique pour servir à l'histoire du républicanisme français* (1796). Lorsque Genève fut annexée à la France en avril 1798, Mallet du Pan en fut banni par une clause expresse du Traité de Réunion, et il débarqua en Angleterre le 1er mai 1798. Il y fit paraître jusqu'à sa mort un *Mercure britannique* (1799-1800). L'ensemble de ses écrits a été réuni en deux volumes, en 1851, par Sayous, sous le titre : *Mémoires et correspondance de Mallet du Pan* (*).

JACQUES PATRY.

RÉF. : Sainte-Beuve, *Causeries du lundi,* tome IV, Paris, 1852. – Valette, *Mallet du Pan et la révolution française,* Genève, 1894.

MALLET-JORIS Françoise (pseud. de Françoise Lilar). Écrivain français d'origine belge. Née le 6 juillet 1930 à Anvers (Belgique) dans un milieu cultivé et libéral. Fille d'un ministre belge et de Suzanne Lilar, écrivain, membre de l'Académie royale de Belgique, elle fait la première partie de ses études à Anvers, au collège Marie-José, puis à Bryn-Mawr, aux États-Unis, avant d'entrer à la faculté des lettres de Paris. À dix-sept ans, elle publie des *Poèmes du dimanche* (1947). Son premier roman : *Le Rempart des béguines* (*) paraît en 1951 et fait scandale car il traite de l'homosexualité féminine. *La Chambre rouge* (*) (1955) en est la suite. Elle écrit alors des nouvelles : *Cordélia* (1956), *Les Mensonges* (1957), tableau de la société anversoise, *Le Jeu du souterrain* (1973), assemblage de saynètes et de portraits, *Le Clin d'œil de l'ange* (1983), un recueil de sept nouvelles. En 1958, son roman *L'Empire céleste* reçoit le prix Fémina : peinture des milieux artistique et littéraire, tirant son titre de l'enseigne d'un café-restaurant grec où se réunissent tous les habitants de l'immeuble et dont le héros, Stéphane Morani, est un « raté ». L'écrivain aborde le roman historique avec *Les Personnages* (1961), qui relatent l'histoire de Louise de Lafayette, favorite de Louis XIII, puis la biographie, avec *Marie Mancini* (1964) et *Jeanne Guyon* (1978). Entre-temps, elle se convertit au catholicisme et écrivit une confession personnelle entre l'essai et le journal : *Lettres à moi-même* (1963), des études romancées sur les phénomènes mystiques, *Les Signes et les Prodiges* (1966), et *Les Trois Âges de la nuit* (1968), sur la sorcellerie aux XVe et XVIe siècles. Sa quête de la vérité, son humour original et sa révolte contre l'hypocrisie se retrouvent dans d'autres titres d'une œuvre particulièrement abondante : *La Maison de papier* (1970), chronique familière dont les enfants sont le centre, *Le Roi qui aimait trop les fleurs* (1971), *Les Feuilles mortes d'un bel été* (1973), *Le Cirque* (1974), *Allegra* (1976), *Dickie-roi* (1979), satire du culte de la

« vedette », *Un chagrin d'amour et d'ailleurs* (1981), *Le Rire de Laura* (*) (1985), *La Tristesse du cerf-volant* (1988), *Adriana Sposa* (1990), *Divine* (1991), *Le Souterrain* (1991). Parallèlement à l'élaboration de son œuvre, Françoise Mallet-Joris est d'abord directrice de collection aux éditions Julliard, membre du comité de lecture chez Grasset puis Gallimard. Elle est membre (depuis 1970) et vice-présidente (1973) de l'académie Goncourt. Cette Flamande, obsédée par la mort et la création : « Pour moi, ce n'est pas de mourir qui m'angoisse, c'est de mourir sans y avoir consenti [...] Ce n'est pas d'écrire qui m'angoisse, c'est d'écrire sans abdiquer », jette un regard froid et lucide sur la vie : « Ce métier, ces enfants sont-ce tout simplement les rouages d'une machine à vivre, rien de plus ? [...] Y a-t-il une raison de vivre cette vie, la mienne. Celle-ci plutôt qu'une autre, ou, elle aussi, momifiée, classifiée, se déroule-t-elle automatiquement, issue de la machine comme un long ruban de papier marqué de hiéroglyphes ? »

CHRISTINE DE CLINCHAMPS.

MALLEVILLE Claude. Poète français né et mort à Paris : 1596 ? - 20 mars 1647. Fils d'un officier du duc de Retz, il écrit des poèmes dès 1620 et fréquente les cercles de Piat Maucors et de Mlle de Gournay. Il rédige des épîtres en prose imitées des *Héroïdes* (*) d'Ovide, genre mis à la mode par Crosilles en 1619, publiées en 1624 sous le titre de *Lettres amoureuses.* Remarqué par le maréchal de Bassompierre, il entre à son service comme secrétaire en 1623 et le suit dans ses voyages, ambassades (1626) ou campagnes militaires (1629). Il débute à la Cour en collaborant au *Ballet des Bacchanales* (1623) et compose des vers de ballets. Il fait partie du groupe des Illustres Bergers réunis après 1625 autour de Colletet en compagnie de Frénicle et de Godeau, et compose des élégies inspirées de *L'Astrée* (*). Membre du cercle Conrart, il fait naturellement partie de la première Académie française (1634). En 1631, Bassompierre est embastillé par Richelieu, et Malleville lui rend régulièrement visite, tandis que sa situation financière est compromise. Hôte du salon de la vicomtesse d'Auchy et reçu à partir de 1628 à l'hôtel de Rambouillet, il mène une carrière de poète mondain à l'égal de Voiture, s'illustrant particulièrement dans les genres du sonnet, de l'épigramme et des stances. Il compose également de nombreux rondeaux, genre ressuscité par Voiture en 1635, et des madrigaux pour *La Guirlande de Julie* (*) (1641). Mais sa poésie est plus colorée de pétrarquisme et surtout de marinisme que celle de Voiture – v. *Œuvres poétiques* (*) de Malleville. Après la mort de Richelieu, Bassompierre est libéré (1643) et Malleville, enrichi, s'achète une charge anoblissante de secrétaire du roi en 1645. Après sa mort en 1647, un recueil de *Poésies* (1649) rassemble une œuvre restée manuscrite ou publiée dans les recueils collectifs.

ALAIN GÉNETIOT.

MALMANCHE Tanguy. Écrivain et dramaturge français d'expression bretonne. Né à Saint-Omer le 7 septembre 1875, mort à Courbevoie le 20 mars 1953. « À partir de ma douzième année, mon existence se partagea entre notre demeure de Brest et une vieille propriété de famille qui s'appelle le manoir du Rest », écrit Malmanche dans une préface à la version française de *La Vie de Salaün qu'ils nommèrent le fou* (+) (1926), qui peut être lue comme testament spirituel autant qu'introduction. Toute la vie de Malmanche devait se placer sous le signe du partage : entre le français et le breton, l'exil et la présence, le théâtre et le silence. Devenu maître de forges à Courbevoie après des études de lettres et de droit, il écrit et compose à quelques exemplaires sur une presse artisanale des pièces de théâtre tôt reconnues pour œuvres majeures de la littérature bretonne contemporaine et qu'il s'ingénie à laisser à leur statut d'œuvres silencieuses, de théâtre obscur – v. *Théâtre* (*). Malgré quelques tentatives éparses – *Le Conte de l'âme qui a faim* (+) fut joué en 1901 ; la pièce *Les Païens* (+) en 1931 au Théâtre de l'Œuvre –, Malmanche se résigne à la solitude. Restent de lui sept pièces, dont *Gurvan* (*), une pièce en vers tenue pour son chef-d'œuvre, quelques poèmes, un recueil de nouvelles traduites en un français issu du breton qui se rapproche des plus belles trouvailles de Synge – *Kou le Corbeau* (1948) – et autant d'œuvres inédites.

FRANÇOISE MORVAN.

RÉF. : M. Kerdraon, *Tanguy Malmanche, témoin du fantastique breton,* 1975.

MALMBERG Bertil. Poète suédois. Né le 13 août 1889 à Härnösand, mort le 11 février 1958 à Lidingö. Son père était professeur de français. Il fait, à partir de 1907, des études aux universités d'Uppsala, de Berlin et de Lund et, en 1908, il publie un premier recueil de poèmes empreints de l'esthétisme « décadent » alors à la mode. De 1917 à 1926, il habite Munich. Ce n'est que dans *Le Voile* [*Slöjan,* 1927] que les thèmes antiques grandiloquents et le culte fiévreux de la beauté s'estompent de son œuvre, laissant la place à une poésie plus personnelle. Son principal recueil est *Poèmes sur la frontière* (*) (1935), non seulement parce que ses visions apocalyptiques, inspirées de Spengler, vinrent à l'heure, mais aussi parce qu'il lui ouvrit la voie vers une poésie plus tâtonnante mais plus sincère, illustrée par exemple par *Flûtes de la solitude* [*Flöjter ur ödsligheten,* 1941]. Malmberg a laissé de jolis souvenirs d'enfance *Åke et son monde* [*Åke och hans värld,* 1924], et de nombreuses traductions de la poésie allemande, en particulier de son principal modèle, Stefan George.

MALORY sir Thomas. Écrivain anglais. Né à Newbold Revell (Warwickshire) au début du XVe siècle, mort à Newgate, près de Londres, le 14 mars 1471. Il est l'auteur de huit romans sur la légende d'Arthur qui, publiés sans aucun titre par Caxton en 1485 et comme s'ils n'étaient qu'une seule et même œuvre, empruntèrent à la scène capitale du dernier d'entre eux leur appellation d'ensemble : *La Morte d'Arthur* (*) ; ils connurent sous ce nom une immense popularité qui ne subit qu'une courte éclipse au temps de Dryden et de Pope. Malory descendait d'une ancienne famille du Warwickshire et, au sein d'une période agitée, vécut une existence mouvementée et trouble. Entré au service de Richard Beauchamp, comte de Warwick, il combattit avec lui à Calais en 1436. Quelques années plus tard, il épousa une certaine Élisabeth dont il eut un fils, Robert, qui mourut avant lui. C'est en 1450, année de la révolte de Jack Cade, que commence la série des accusations portées contre lui et ses arrestations successives. Il est probable qu'au moins une partie des délits pour lesquels on l'arrêtera si fréquemment avait un rapport avec la guerre civile déclenchée en 1455. Il a été enterré à Londres, dans la chapelle Saint-François des « frères gris », près de Newgate.

RÉF. : G. L. Kittredge, *Who was sir Thomas Malory ?* in t. V des *Harvard Studies and Notes in Philology and Literature,* Boston, 1897. – E. Hicks, *Sir Thomas Malory, his Turbulent Career,* Cambridge, 1928. – Eugène Vinaver, introduction au t. I de son édition des *Works of sir Thomas Malory,* Oxford, 1947. – R. N. Rioux, *Les Éléments français dans le vocabulaire de sir Thomas Malory,* Paris, 1956. – M. Lambert, *Style and Vision in La Morte d'Arthur,* Londres, 1975. – L. D. Benson, *Malory's Morte Darthur,* Cambridge (Mass.), 1976.

MALOT Hector Henri. Romancier français. Né à La Bouille (Seine-Maritime) le 20 mai 1830, mort à Fontenay-sous-Bois (Val-de-Marne) le 17 juillet 1907. Après avoir fait des études à Rouen, il vint à Paris pour faire son droit et travailler dans une étude de notaire, tout en collaborant à la *Biographie générale* de Firmin-Didot et à divers journaux. Son premier roman, *Les Amants* (1859), ayant obtenu un très vif succès, il lui donna une suite en deux volumes intitulés *Les Époux* (1865) et *Les Enfants* (1866). Cette trilogie reçut comme surtitre celui de *Victimes d'amour.* Entre 1859 et 1896, date à laquelle parut le *Roman de mes romans*, sorte d'autobiographie littéraire, Malot ne publia pas moins de soixante-dix romans, dont quelques-uns en plusieurs volumes, tels *L'Auberge du monde* (quatre vol., 1875-1876), *Les Batailles du mariage* (trois vol., 1877), *Le Docteur Claude* (deux vol., 1879), *La Bohème tapageuse* (trois vol., 1880), etc. Citons encore : *Romain Kalbris* (1869), *Un mariage sous le second Empire* (1873), *Sans famille* (*) (1878) qui est sans conteste son meilleur ouvrage et qui continue à être encore réédité de nos jours, et enfin *En famille* (1893). Il fut d'ailleurs traduit en un grand nombre de langues étrangères.

RÉF. : Barbey d'Aurevilly, *Les Œuvres et les Hommes,* t. IV, Paris, 1865. – Hector Malot, *Le Roman de mes romans,* Paris, 1896.

MALPIGHI Marcello. Médecin et anatomiste italien. Né à Crevalcuore (Bologne) le 10 mars 1628, mort à Rome le 29 novembre 1694. Bien que resté orphelin très jeune, il réussit à faire ses études de médecine à l'université de Bologne, où il obtint son titre en 1653. Il eut l'occasion de faire briller rapidement son esprit remarquable, si bien que, trois ans après en être sorti, il commençait à enseigner dans cette même université. Nature inquiète, affectée d'une forme grave de manie de la persécution, d'autre part envié à cause de ses précoces et brillants succès et combattu pour ses idées novatrices, il changea souvent le siège et le théâtre de ses activités scientifiques tout en revenant périodiquement, avec constance, à Bologne. Sur l'invitation du grand-duc de Toscane Ferdinand II, il s'en alla enseigner la médecine théorique à Pise, où il fit la connaissance de Borelli : leur amitié détermina la définitive « conversion » de Malpighi à cette école de biologistes expérimentaux dont il était destiné à devenir l'un des principaux représentants. Toutefois, Borelli n'avait pas non plus bon caractère et leurs dissensions provoquèrent le retour à Bologne de Malpighi (1659). Là, il publia quelques-unes de ses plus importantes découvertes dans le domaine de l'anatomie microscopique (1660) : les vaisseaux capillaires sanguins observés au microscope et l'alvéole pulmonaire – découvertes qui rendirent possible le perfectionnement et l'exposition d'une « vraie » théorie de la circulation du sang, à laquelle est particulièrement lié le nom de Harvey. Ce fut aussi au cours de ces années que Malpighi fit paraître à Bologne ses *Quatre Lettres anatomiques concernant la langue et le cerveau* [*Tetras anatomicarum epistolarum de lingua et cerebro,* 1665]. Dégoûté par la jalousie de certains collègues, il désira de nouveau quitter Bologne et, sur la recommandation de Borelli, on l'appela à l'université de Messine (1662). Mais, là aussi, ses rapports avec son entourage furent difficiles ; c'est la raison pour laquelle nous le retrouvons à Bologne en 1669. Entre-temps, sa réputation s'était beaucoup étendue à l'étranger, en particulier en Grande-Bretagne qui, à cette époque, grâce à la Royal Society, était devenue le principal centre de la science expérimentale européenne. Dès lors, les relations scientifiques de Malpighi s'établirent de préférence avec des Anglais. Membre de la Royal Society à partir de 1669, il publia en Grande-Bretagne ses œuvres maîtresses :

l'*Anatomie des plantes* [*Anatomia delle piante*], le *Traité du ver à soie* (*) et *De l'œuf incubé et de la formation des poussins dans l'œuf* [*De ovo incubato et de formatione pulli in ovo,* 1675] – traité qui le fait considérer comme le père de l'embryologie moderne – et ses œuvres complètes (Londres, 1688, 2 vol.). C'est à Francfort, en revanche, que parurent ses très importantes *Expériences sur la structure des viscères* [*Esercitazioni sulla struttura dei visceri*]. En 1691, le pape Innocent XII Pignatelli le nomma archiatre pontifical. Malpighi se rendit donc à Rome, mais, en 1694, il y mourut subitement d'une attaque d'apoplexie. Ses manuscrits ne tardèrent pas à être publiés, sous le titre : *Marcelli Malpighi opera posthuma* (1697-1698).

RÉF. : Regis, *Vita Malpighi,* Londres, 1697. – G. Atti, *Notizie biografiche della vita di M. Malpighi e di L. Bellini,* Bologne, 1847. – Pagel, article sub nomine in t. XXXIII de la *Nouvelle Biographie générale,* Paris, 1860.

MALRAUX André. Écrivain français. Né à Paris le 3 novembre 1901, mort le 23 novembre 1976 à Verrières-le-Buisson (Essonne). André Malraux, dont les parents se séparèrent dès 1905, fut élevé dans la banlieue parisienne par sa mère et sa grand-mère qui y tenait une boutique d'épicerie. Admirateur d'un père lointain, il s'évade par la lecture. Trop jeune pour participer à la guerre de 1914, il assiste à l'écroulement d'un monde. À dix-sept ans, il quitte l'école primaire supérieure, mais il fréquente assidûment bibliothèques, musées, théâtres. Sa prodigieuse mémoire, son flair d'explorateur dans le domaine des livres l'amènent à proposer ses services de « chineur » au libraire-éditeur René-Louis Doyon qu'il approvisionne en exemplaires rares. Il s'installe à Paris, prenant ses distances avec la grisaille d'une enfance qu'il dira avoir détestée. Dans la revue fondée par Doyon, avec son aide, *La Connaissance,* il publie son premier article (« Des origines de la poésie cubiste », n° 1, janvier 1920). Il y dit son admiration pour Max Jacob dont le non-conformisme et l'originalité le séduisent, pour Reverdy et Cendrars ; il participe d'emblée aux jeux artistiques des années folles de l'immédiat après-guerre. À 19 ans, il devient directeur littéraire des éditions du Sagittaire et collabore à diverses revues d'avant-garde : *Action, Accords, Le Disque vert* (*)..., il rencontre Cocteau, Morand, Radiguet, Suarès ; il se lie avec Galanis, Derain, Braque, Picasso et contracte des amitiés d'une vie (avec Marcel Arland, Drieu la Rochelle...). Son premier ouvrage, *Lunes en papier* (*) (1921), illustré par Fernand Léger est publié par Daniel-Henry Kahnweiler, le mécène et théoricien du cubisme. D'autres courts récits de la même veine, dite « farfelue », suivront jusqu'à *Royaume-Farfelu* (*) (1928). À vingt ans, il épouse Clara Goldschmidt, jeune juive cultivée d'origine allemande dont il aura une fille, Florence. Un de ses articles retient l'attention de Gide. La collaboration de Malraux à *La Nouvelle Revue française* (*) commence peu après, avec un article sur Gobineau (1922). Il voyage à travers l'Europe et ses musées, visitant l'Allemagne où il est fasciné par l'art et le cinéma expressionnistes, l'Italie, l'Autriche. Mais en 1923, ruiné par des spéculations boursières et poussé par sa passion pour l'art khmer, André, accompagné de Clara et d'un ami d'enfance, entreprend une expédition archéologique dans la jungle cambodgienne. Il découvre le long de l'ancienne Voie royale, dans le temple de Banteaï Srey, de beaux vestiges, qu'il se propose de ramener en Europe et de vendre. Mais cette expédition, vécue par les trois jeunes gens comme une grisante aventure, destinée à leur permettre d'assurer leur indépendance, tourne mal ; ils sont arrêtés et soumis à un infamant procès pour « pillage de ruines ». D'abord condamné à trois ans de prison, Malraux est finalement acquitté, en partie grâce à une pétition en sa faveur signée par de nombreux intellectuels et artistes français. Après ce séjour forcé d'un an en Indochine (déc. 1923-nov. 1924), il y retourne aussitôt (janv. 1925) pour fonder à Saigon, avec l'avocat Paul Monin, un « journal de rapprochement franco-annamite », *L'Indochine,* rebaptisé *L'Indochine enchaînée* qui disparaîtra très vite à son tour à la suite des tracasseries de l'administration française locale, gênée par cette presse d'opposition qui demandait les mêmes droits pour les Annamites et pour les Français résidant en Indochine et dénonçait les exactions dont étaient victimes les indigènes. Malraux revient à Paris en décembre 1925, déçu par ces vains combats. Mais cette courte expérience de journaliste engagé a modifié le cours de sa vie. Il a acquis une conscience nouvelle des réalités politiques et sociales, une meilleure connaissance de l'Orient, et surtout une réputation d'écrivain révolutionnaire-homme d'action. De là est née la légende qui exercera sur sa vie et sur son œuvre une profonde influence. Ses activités d'éditorialiste pamphlétaire ont accentué le tour incisif, volontiers caricatural et aphoristique de son style, son éloquence lyrique, la vivacité de ses dialogues dramatiques, son humour noir pour dénoncer la violence et le non-sens. Sur le bateau de retour vers la France, Malraux poursuit la rédaction de *La Tentation de l'Occident* (*) (1926), sorte d'essai romancé sous forme d'échange de lettres entre deux jeunes gens, un Français et un Chinois, à qui leur voyage respectif en Chine et en Europe donne une vision neuve de leur propre culture. Il y dresse le bilan d'un monde en crise, privé du secours de la foi depuis la « mort de Dieu » et à la recherche de nouvelles valeurs à travers la confrontation des civilisations d'Europe et d'Asie. Puis Malraux publie trois romans nourris de ce contact décisif avec l'Extrême-Orient : *Les Conquérants* (*) (1928),

La Voie royale (*) (1930, prix Interallié), *La Condition humaine* (*) (1933, prix Goncourt). Ils font de lui, dès la trentaine, un écrivain de renommée internationale. Romans au ton grave, où se mêlent étroitement actualité transposée et fiction à travers des épisodes empruntés à l'histoire de la colonisation et de la lutte révolutionnaire en Asie. L'auteur, nourri de Nietzsche et de Dostoïevski, y exprime le refus d'une vie sans signification dominée par l'angoisse de la mort, que l'héroïsme sous des formes diverses tente de conjurer. *La Voie royale,* riche en données biographiques (le récit s'inspire de l'aventure de Banteaï-Srey), met en scène un aventurier d'exception au destin tragique. *Les Conquérants* et *La Condition humaine* à travers deux épisodes de la révolution chinoise des années 1925 et 1927, poursuivent la même méditation sur l'homme et sur l'absurdité de sa condition, mais les héros sont des révolutionnaires, engagés dans un combat fraternel et collectif auquel ils font le sacrifice de leur vie. Dans ces romans existentialistes avant l'heure, romans d'aventures et de guerre, à la dimension métaphysique, l'auteur aborde les grands problèmes du XXe siècle, à travers des situations concrètes. Le mode de présentation des événements, le rythme syncopé résolument moderne ont pu faire prendre pour des reportages ces récits imaginaires, à valeur symbolique. Durant ces années, Malraux crée deux maisons d'éditions pour bibliophiles, avant d'entrer chez Gallimard comme directeur artistique (1929), puis comme auteur à partir de 1933. Il organise pour le compte de cet éditeur des expositions qui lui permettent d'effectuer son premier tour du monde en 1931, à la recherche d'objets d'art. Il fréquente les « Décades de Pontigny » où se côtoient critiques, écrivains et universitaires. Une nouvelle aventure en 1934 mêle le rêve et l'Histoire : il survole avec l'aviateur Édouard Corniglion-Molinier le désert du Yémen, dans l'espoir de localiser les ruines de la capitale de la reine de Saba. Dès le début de 1933, la montée du nazisme conduit Malraux, avec d'autres intellectuels, à se rapprocher des communistes. Devenu « compagnon de route » du P.C.F., il est invité, en 1934, au premier Congrès des écrivains soviétiques, à Moscou. Il y rencontre Eisenstein, Pasternak, Gorki et Staline. Il participe à la fondation de la Ligue mondiale contre l'antisémitisme. Avec *Le Temps du mépris* (*) (1935) s'ouvre un nouveau cycle romanesque, celui de la lutte contre les fascismes. Dès les premiers jours de la guerre civile espagnole, il fonde l'escadrille España, avec quelques avions de fortune et des volontaires étrangers, pour soutenir le gouvernement de la République contre Franco. Il participe à plusieurs missions et gagne le grade de colonel. Dans l'ardeur de l'action, il conçoit un vaste roman épique *L'Espoir* (*) (1937), où il conte les affrontements des premiers mois de la guerre jusqu'en mars 1937. Il en réalisera une très libre adaptation cinématographique, *Sierra de Teruel* (1938). Le film, après la guerre, obtiendra le prix Louis Delluc sous le titre *Espoir.* Malraux publiera alors des réflexions sur la spécificité du langage cinématographique dans *Esquisse d'une psychologie du cinéma* (1946). La victoire de Franco, la signature du Pacte germano-soviétique laissent Malraux désenchanté. En 1940, il s'engage comme volontaire dans les chars. Blessé et capturé, il s'évade en zone libre, et se consacre dans sa retraite à l'écriture de deux récits qu'il n'achèvera pas (*Le Règne du Malin, Le Démon de l'absolu,* liés aux figures légendaires de David de Mayrena et de Lawrence d'Arabie) et *La Lutte avec l'ange* dont le premier volume *Les Noyers de l'Altenburg* (*) paraîtra hors de France à Lausanne (1943). Dans ce roman qui est le dernier, il s'interroge sur le sens de la destinée humaine, des civilisations et des cultures, en particulier au cours d'un débat animé entre quelques grands intellectuels. On y trouve des scènes d'une intensité rare comme l'attaque des gaz contre les Russes sur la Vistule, que Malraux réintroduira dans *Lazare,* pour en faire le symbole du mal sur la terre. Sous le nom de « colonel Berger », l'écrivain rejoint la Résistance au printemps 1944. Arrêté et emprisonné par les Allemands à Toulouse, il se retrouve libre grâce à leur départ précipité. Il commande jusqu'à la fin des hostilités la brigade Alsace-Lorraine, participant à la libération de Strasbourg. En novembre 1944, il est durement frappé par la mort accidentelle de sa compagne, Josette Clotis, qui lui a donné deux fils. Il épousera en 1948 sa belle-sœur Madeleine, elle-même veuve avec un enfant. Ses deux fils mourront à leur tour dans un accident de voiture en 1961. Sa rencontre avec le général de Gaulle, en août 1945, marque un nouveau tournant dans sa vie. Éphémère ministre de l'Information dans le gouvernement formé par de Gaulle en 1945, il figure parmi les fondateurs du R.P.F., il en devient le délégué à la propagande (1947-1953) et met son talent d'orateur au service de ses convictions gaullistes ; il participe au lancement de l'hebdomadaire *Le Rassemblement* et de la revue gaulliste, *Liberté de l'esprit.* Il dénonce publiquement la fin du rêve communiste : « Car il n'était pas entendu que les "lendemains qui chantent" seraient ce [...] chant des bagnards » (Postface des *Conquérants,* 1948). Après la démission de De Gaulle, Malraux prend ses distances à l'égard de la politique sous la IVe République. Il se consacre à d'importants essais de réflexion sur le sens de la création artistique. Le même défi à la mort, le même espoir indéfectible mis dans les actions des hommes les sous-tendent. Ils constituent une véritable quête esthétique, appuyée sur l'héritage culturel du XXe siècle. Le critique d'art, après la guerre, ne cessera d'approfondir sa réflexion, remaniant constamment ses écrits. Dans un style soutenu, ponctué par moments d'envolées lyriques ou oratoires, il rend contagieuse sa passion pour l'art sous toutes ses formes. Après la publication d'une première somme, *Les Voix du silence* (*) (1951), qui refond les trois volumes de *La Psychologie de l'art – Le Musée imaginaire* (1947), *La Création artistique* (1948), *La Monnaie de l'Absolu* (1949) – en les amplifiant par l'ajout des « Métamorphoses d'Apollon », il n'interrompra plus son dialogue avec les musées et les chefs-d'œuvre de l'art mondial, manifestant une prédilection pour Rembrandt, Vermeer, Michel-Ange, Goya (*Saturne, essai sur Goya,* 1950 ; *Saturne, le destin, l'art et Goya* (*) (1978) et pour l'art moderne, de Manet à Picasso. Il consacre également trois volumes au *Musée imaginaire de la sculpture mondiale : La Statuaire* (1952), *Des bas-reliefs aux grottes sacrées* (1954), *Le Monde chrétien* (1955). Il publie *La Métamorphose des Dieux* I (*) (1957). Après le retour au pouvoir du général de Gaulle en 1958, il devient ministre des Affaires culturelles (1959-1969). On lui doit la création des « maisons de la Culture », l'initiative de grandes expositions internationales. Ambassadeur de la culture française, il voyage dans le monde entier, s'entretient avec deux hommes qui firent l'Histoire, Nehru et Mao-Tsé-Toung. Il prononce de nombreux discours, dont les Oraisons funèbres en l'honneur de Jean Moulin, Georges Braque, Jeanne d'Arc, Le Corbusier ; il écrit des Préfaces, accorde des interviews sur les arts et l'actualité. Manifestant un étonnant renouveau avec la publication des *Antimémoires* I (*) (1967), les essais autobiographiques vont se succéder. Ayant quitté le pouvoir en même temps que de Gaulle, il se retire à Verrières-le-Buisson auprès de la romancière Louise de Vilmorin, puis de Sophie de Vilmorin. Il publie alors *Les Chênes qu'on abat...* (*) (1971), récit de son dernier entretien avec le général, *La Tête d'obsidienne* (*) (1974), consacré à « l'un des plus grands inventeurs de formes de l'Histoire », Picasso qui vient de mourir, *Lazare* (*) (1974), où l'écrivain tire d'une récente expérience de la maladie une ultime méditation sur la mort, sur la conscience de soi, et enfin *Hôtes de passage* (+) (1975). Avant de disparaître, il réunira, sous le titre *Le Miroir des limbes* (*) (1976), ces quatre textes (groupés dans *La Corde et les Souris*) avec les *Antimémoires I,* et les *Oraisons funèbres* (donné en appendice), pour en faire une véritable épopée du siècle. Parallèlement, il donne une première suite à *La Métamorphose des dieux,* intitulée *L'Irréel* (1974), puis une seconde, *L'Intemporel* (1976). Auréolé du double prestige de ses activités politiques et de son œuvre considérable de romancier, essayiste, mémorialiste et psychologue des arts, il meurt avant la publication du seul grand essai qu'il ait consacré à la littérature, lié à cinquante ans de réflexion et de pratique, *L'Homme précaire et la littérature* (*) (1977).

CHRISTIANE MOATTI.

♦ Sur *Les Conquérants : « Un style dense et beau, l'œil précis d'un artiste, l'observation originale et hardie – tout confère au roman une importance exceptionnelle. »* Léon Trotsky. ♦ *« Ne nous laissons pas prendre à un certain ton de hauteur, à un certain orgueil désespéré, à une allure, qui ont vraiment un charme pernicieux et même de la grandeur. »* Robert Brasillach. ♦ *« Les personnages de Malraux sont passionnés, agissants et, dans l'action, livrés à la solitude ; mais, aux moments d'éclaircie que ses livres nous ménagent, ils deviennent tout à coup, et comme naturellement, les voix des grandes pensées de l'histoire. »* Maurice Blanchot. ♦ *« Malraux dramaturge de la métamorphose. Homme de fièvre et d'énergie,* [...] *accordé plutôt au* [...] *lieu des poussées absurdes mais toujours renouvelées de l'espoir. »* André Chastel.

RÉF. : Jean Lacouture, *Malraux. Une vie dans le siècle,* Paris, 1973. – Gaëtan Picon, *Malraux par lui-même,* Paris, 1974 (dernière éd.). – *L'Herne,* n° 43, 1982. – *Revue des lettres modernes,* Série A. Malraux, n°s 1 à 8, 1972-1991. – Micheline Tison-Braun, *Ce monstre incomparable... Malraux ou l'énigme du moi,* Paris, 1983. – Claude Tannery, *André Malraux, l'agnostique absolu,* Paris, 1986. – Janine Mossuz-Lavau, *André Malraux. Qui êtes-vous ?* Paris, 1987. – Christiane Moatti, *Le Prédicateur et ses masques. Les Personnages d'A. Malraux,* Paris, 1987.

MALTHUS Thomas Robert. Économiste anglais. Né le 13 février 1766 à Rookery (Surrey), mort à Bath (Somerset) le 23 décembre 1834. Élevé dans les principes de Rousseau dont son père était l'ami, il acheva ses études à Cambridge, d'où il sortit pasteur anglican en 1797 pour occuper durant quelque temps une cure près d'Albury (Surrey). Poussé par les suggestions contenues dans les ouvrages de Smith, Hume et Wallace concernant les rapports entre les populations et les moyens de subsistance, il publia anonymement, en 1798, son *Essai sur le principe de population* (*), ouvrage destiné à une grande célébrité, et à donner une large notoriété à son auteur, qui obtint en 1805 la première chaire d'économie politique fondée en Angleterre, à Haileybury, où se déroula la suite de sa carrière scientifique. Une notoriété moins profitable lui fut dévolue par le fait que son nom donna naissance à un vocable nouveau, le malthusianisme, sujet de polémiques enflammées et parfois de scandale. Dans la première édition de l'*Essai,* Malthus affirmait que la population, par manque de freins, tendait à s'accroître dans des proportions géométriques, tandis que les moyens de subsistance pouvaient s'accroître seulement dans des proportions arithmétiques. Dans les six éditions successives que cette œuvre connut durant la vie de Malthus, tout en en développant largement le contenu, l'auteur insista de moins en moins sur la rigidité discutable des deux proportions, tandis qu'il maintenait avec fermeté le principe de la tendance de la population à dépasser les moyens de subsistance, ceci en l'absence de freins constitués soit par des événements funestes comme les guerres, les famines et les épidémies, soit par la « rétention morale » des intéressés, susceptible d'agir comme un frein préventif. De telles conceptions amenèrent Malthus à s'opposer à l'assistance sans discrimination des gens pauvres mais valides, et à proposer l'abolition des lois en usage à cet égard en Angleterre, lesquelles furent en effet modifiées sous l'influence de ses idées. Celles-ci toutefois n'ont jamais cessé de susciter des controverses passionnées et de ternir les mérites de Malthus quant à ses autres contributions aux théories économiques. Outre ses recherches *De la nature et du progrès du revenu* [*An Inquiry into Nature and Progress of Rent*, 1815], il publia, en 1819, ses *Principes d'économie politique considérés sous le rapport de leur application pratique* [*Principles of Political Economy considered with a View to their Practical Application*], ouvrage par lequel il se montre un critique pénétrant de son grand contemporain D. Ricardo. L'impulsion décisive donnée par ce dernier au développement postérieur de la théorie économique a fait négliger l'apport de Malthus, qui fut revalorisé dans les ouvrages de J. M. Keynes et de ses continuateurs.

RÉF. : E. Charles, *Malthus*, Paris, 1892. – P. Reynaud, *La Théorie de la population en Italie du XVIe au XVIIIe siècle (les précurseurs de Malthus)*, Lyon, 1904. – H. Sonolet, *Principe de population et socialisme*, Paris, 1907. – G. F. Maccleary, *The Malthusian Population Theory*, Londres, 1953. – Egra Talmor (Éd.), *Malthus our Contemporary*, Oxford, 1983.

MAMMERI Mouloud. Romancier, nouvelliste, dramaturge et anthropologue algérien d'expression française. Né à Taourirt-Mimoun en Grande Kabylie le 28 décembre 1917, mort près d'Oudja le 26 février 1989. Mouloud Mammeri est d'abord connu comme le grand écrivain de la Kabylie, qu'il a décrite comme anthropologue et comme romancier à la fois. À ce titre, il a cristallisé sans le vouloir autour de lui bien des passions. Dès la parution de *La Colline oubliée* (*), son premier roman, en 1952, certains critiques virent dans cette description mélodieuse de la ruine progressive d'un village traditionnel au contact de la modernité une offense à la dynamique volontariste du nationalisme. Après l'indépendance de l'Algérie, le centre de recherches qu'il dirigea à partir de 1969 à l'université d'Alger, tout comme la chaire de berbère qu'il y occupait, connurent bien des aléas. En 1974 puis 1980 sa conférence sur « La Littérature kabyle ancienne » fut deux fois interdite, provoquant en 1980 un début de soulèvement en Kabylie, qui gagna ensuite l'ensemble des universités algériennes au nom de la liberté d'expression. Il a fallu attendre trois ans après sa mort, pour qu'en 1992 un colloque international lui rende enfin dans son pays même l'hommage qui lui était dû.

Pourtant cet homme si doux était tout le contraire d'un activiste, même s'il a contribué plus qu'un autre, comme universitaire proche de Pierre Bourdieu, à faire connaître sa langue et sa culture d'origine berbère, par exemple en publiant en 1969 *Les Isefra, poèmes de Si Mohand ou Mhand*, ou un recueil de *Poèmes kabyles anciens* en 1980, ou une *Grammaire berbère* (1976) qui fait autorité, ou encore des recueils de contes ou une étude sur *L'Ahellil du Gourara* (1985). Il avait d'ailleurs publié sa première étude sur la Société berbère dans la revue *Aguedal* en 1938-1939, alors qu'il était encore lycéen au Maroc, où il a effectué l'essentiel de ses études secondaires et où il fera revenir son héros à la fin de son roman *L'Opium et le Bâton* (1965).

Mais c'est le romancier qui nous intéresse le plus ici, pour dire qu'on a trop souvent réduit à tort des textes comme *La Colline oubliée* ou *Le Sommeil du juste* (1955) ou même *L'Opium et le Bâton* à de la « littérature ethnographique » parce qu'ils font revivre sous nos yeux une société traditionnelle. Cette société en effet n'y est pas vraiment décrite pour elle-même comme objet exotique, mais saisie dans la dynamique de sa perte, victime de la rencontre mortelle avec la modernité occidentale. Dès lors les deux premiers romans, plus que comme des descriptions, peuvent être lus au contraire comme de véritables tragédies : celle d'individus hésitant jusqu'à en mourir entre deux modèles culturels également insatisfaisants, cependant que *L'Opium et le Bâton*, à travers l'expérience de maquis d'un intellectuel, nous invite à un recul critique vis-à-vis de toutes les idéologies, toutes également meurtrières. (Dans ces conditions l'adaptation cinématographique de ce roman par le cinéaste officiel algérien Ahmed Rachedi en 1970 ne pouvait que le déformer.)

L'itinéraire de Mouloud Mammeri est en fin de compte celui d'une sorte de lucidité désespérée, de désenchantement chaleureux et tragique que l'on retrouve dans son dernier roman *La Traversée* (*) (1982), dont le héros lui aussi se laisse mourir, revenu au village de ses aïeux après avoir percé la vanité de la comédie intellectuelle et idéologique algérienne. Ou encore dans les nouvelles qui viennent d'être rassemblées (*Escales*, 1992).

CHARLES BONN.

RÉF. : Mildred Mortimer, *Mouloud Mammeri, écrivain algérien*, Sherbrooke, 1982. – Charles Bonn, *Le Roman algérien de langue française*, Paris, 1984. – Mouloud Mammeri, *Entretien avec Tahar Daout*, Alger, 1987.

MANASSÈS Constantin. Poète et chronographe byzantin du XIIe siècle. Il fut le compilateur d'un *Synopsis historique* (*) qui débute à Adam et s'arrête à Nicéphore Botaniate (1081). Il composa également divers textes en vers et un roman en neuf volumes : *Les Destins d'Aristarque et de Callitae*, dont des extraits sont conservés dans le Rosato de Macario Crisocefalo.

MANCHETTE Jean-Patrick. Auteur de romans policiers français. Né à Marseille le 19 décembre 1942, il passe son enfance et son adolescence à Malakoff. Après des études d'anglais à la Sorbonne, il rêve de faire du cinéma et écrit des scénarios qui ne sont même pas lus. Il collabore à quelques films érotiques puis il écrit avec Jean-Pierre Bastid *Laissez bronzer les cadavres* qui lui ouvre les portes de la série noire où il va publier dix romans en dix ans ; le dernier, *La Position du tireur couché,* paraît en 1982. Il vit de ses droits d'auteur (sept romans ont été adaptés au cinéma) et de ses traductions ; grand amateur de science-fiction, il a notamment traduit la bande dessinée américaine *Les Gardiens* [*The Watchmen*] en 1987. Enfant de mai 1968, il a été intronisé, à son corps défendant, chef de file du « néopolar ». Il faut lire *L'Affaire N'Gustro* (1971), *Nada* (*) (1972), et *La Position du tireur couché* (1982).

DENIS BOUTET DE MONVEL.

MANCINELLI Luigi. Compositeur et chef d'orchestre italien. Né à Orvieto le 5 février 1848, mort à Rome le 2 janvier 1921. Après avoir commencé une carrière de violoncelliste, il est engagé comme chef d'orchestre à Pérouse puis à Bologne où il est nommé directeur du Liceo musicale en 1881. Il mène ensuite une carrière internationale, dirigeant notamment la plupart des opéras de Verdi. On lui doit une musique de scène pour *Cléopâtre* (*) de Cossa (1877), des mélodies et plusieurs ouvrages lyriques, *Ero e Leandro* (1896), *Paolo e Francesca* (1907).

MANCINI Hortense et Marie. Hortense Mancini est née à Rome en 1646 et morte en Angleterre en 1699. Marie Mancini est née à Rome vers 1640 et morte à Pise vers 1715. Elles sont nées du mariage de Michele Lorenzo Mancini avec Girolama Manzanini, sœur du cardinal Mazarin. Toutes deux écrivirent leurs *Mémoires* (*), précieux témoignages sur le siècle de Louis XIV.

MANDELSTAM Ossip. Poète russe. Né le 15 janvier 1891 à Varsovie, mort dans un camp sibérien le 27 décembre 1938. La famille, des commerçants juifs, obtient, peu après la naissance d'Ossip, l'autorisation de s'installer à Pétersbourg. Dès l'enfance, Ossip apprend l'allemand et le français. En 1907, l'adolescent fait un premier séjour à Paris et s'éprend des symbolistes. En 1910, il est à Heidelberg, où il étudie le vieux français. L'année suivante, il s'inscrit à l'université de Pétersbourg et séjourne à plusieurs reprises en Italie. Il publie ses premiers vers dans la revue *Apollon*, se lie d'amitié avec Goumilev et entre dans la Guilde des poètes fondée par celui-ci. En 1913 paraît un premier recueil : *La Pierre* – v. *Poésies* (*). Le succès est immédiat. Mandelstam est reconnu comme l'un des espoirs de la poésie russe et le chef de file de l'acméisme. Il publie ses premiers essais critiques, consacrés à François Villon et à Tchadaev. N'étant pas mobilisé pendant la Grande Guerre, Mandelstam poursuit son activité littéraire et voyage, notamment en Crimée. La révolution éclate : Mandelstam entre au ministère de la Culture (1918) et collabore avec Lounatcharski. En 1919, il est à Kiev, où il collabore à la revue *Hermès* et fait la connaissance de Nadejda Kazine, qui deviendra sa femme. Il retourne en Crimée où il est arrêté par les Blancs. Relâché, il gagne la Géorgie et rentre à Petrograd (1920). En 1922 paraît le second recueil de Mandelstam, intitulé par les éditeurs (Petropolis, Pétersbourg, Berlin) *Tristia* (*), qui sera réédité l'année suivante avec quelques poèmes supplémentaires sous le titre de *Le Deuxième Livre* [*Vtoraja Kniga*]. Il épouse Nadejda Kazine dont les *Souvenirs,* publiés en France sous le titre *Contre tout espoir*, devaient servir la mémoire du poète, révéler maints détails de sa vie et de son œuvre. En 1925 paraît, sous le titre *Le Bruit du temps* (*), un texte autobiographique. En 1928 paraît *Le Sceau égyptien* (*), un récit fantastique, suivi de deux textes autobiographiques. Cette même année, Mandelstam publie son credo sous le titre *De la poésie* [*O Poezii*], recueil où sont rassemblés ses textes critiques. Il paraît se détourner de la poésie. Nadejda Mandelstam explique la stérilité de cette période par la préparation du poète au martyre qui l'attendait. Libéral socialisant, Mandelstam ne nourrissait aucune hostilité à l'égard du régime des Soviets et était lié d'amitié avec Boukharine. De plus, il ne voulait pas rejeter son époque, jugeant qu'un tel refus devait le conduire à la stérilité. La terreur stalinienne s'instaure. Mandelstam accepte enfin de participer à son temps de la seule manière qui lui paraît possible pour le poète : en martyr. En 1930, il voyage en Arménie. En 1933, le journal *Zvezda* publie ses impressions de voyage : ce sera la dernière publication du vivant de l'auteur (*L'Entretien sur Dante* (*), écrit en 1933, ne sera publié qu'en 1965). Cette même année, Mandelstam écrit un poème qui dénonce Staline : « Ses gros doigts comme des larves sont gras... » Le 13 mai 1934, Mandelstam est arrêté. L'intervention de Boukharine et de Pasternak sauve le poète de la déportation. Il est exilé, placé en résidence surveillée à Voronej, privé de tout moyen d'existence. Il y compose les *Cahiers de Voronej* (*). En 1937, l'exil étant terminé, le couple Mandelstam cherche à s'installer à Moscou, mais le permis de séjour leur est refusé. La misère, la maladie, une vie clandestine dans des bourgades autour de la capitale : les Mandelstam vivent de secours organisés par leurs amis et par les admirateurs du poète. Le 2 mai 1938 Mandelstam est arrêté, déporté. Son frère devait recevoir une dernière lettre, datée du 20 octobre 1938, d'un camp proche de Vladivostok.

Mandelstam n'a jamais eu la possibilité de rédiger un exposé systématique de sa conception de la poésie qui se fondait autant sur une analyse de la nature du langage que sur des idées bien structurées de l'origine de la vie, de l'histoire et des civilisations occidentales. La nouvelle poétique s'annonce par une critique des symbolistes français et russes, propriétaires « non d'une forêt de symboles, mais d'une fabrique d'épouvantails ». Causalistes et symbolistes ont partie liée, parce qu'ils refusent ensemble la présence immédiate, la spontanéité. « La rose vivante », tuée par l'un au profit d'un symbole mystique, le sera, par l'autre, au nom de l'évolution biologique. Contre Darwin, Mandelstam fait appel à Lamarck et au transformisme : « La plante est un événement... Une flèche tirée... » « Vive la rose vivante... », à son côté, vivant lui aussi, concret, irréductible, le mot et sa réalité. Pour désigner cette réalité du langage (« chair sonore et parlante ») et son autonomie par rapport à ce qu'il désigne, Mandelstam se dit « nominaliste ». Le langage « est un organe de l'homme, analogue au cœur et au foie ». La poétique doit devenir « organique » et se fonder sur les lois de fonctionnement de l'organe langage. Le sens est un élément formel du mot, aussi beau que tout autre. La critique se retourne ici contre les futuristes qui négligent le sens et ignorent la solidarité de tous les éléments constitutifs du « mot en tant que tel » ; chez eux, il « se traîne encore à quatre pattes ». Le langage est indépendant de l'Histoire. Son système apparaît « événement », « flèche tirée », complet, et doit être respecté. La langue russe a une vie propre qui n'est pas celle du groupe qui l'emploie, son histoire n'est pas liée à l'Histoire. Son état, sa santé dépendent de ses consonnes qui « constituent la semence et la promesse de la descendance de la langue ». Ce respect de la langue et de son autonomie se nomme classicisme. L'acméisme en est la redécouverte : « Le poète s'enivre aisément du vin classique. » Mais l'acméisme est aussi la « nostalgie d'une culture universelle ». Si la langue a pour mission de devenir l'intimité d'un peuple, il y a une universalité des intimités. Les langues ne sont que les pentes diverses d'un langage universel, d'une culture universelle. La parousie du langage se nomme poésie. Quel que soit le poète par lequel elle advient ou la langue dans laquelle elle advient, la poésie est une.

Il y a bien un classicisme chez Mandelstam, mais il est vision, pressentiment et souffle prophétique. Si ce poète s'est attaché à chanter des monuments, des cathédrales (Notre-Dame ou Sainte-Sophie), c'est que ses œuvres jouissent de cette indépendance, appartiennent à cet ordre qui ne se réfère qu'à ses propres lois que Mandelstam souhaitait pour sa poésie. Sa poésie est plus urbaine que campagnarde. S'il chante le printemps, c'est celui de l'Hellade, et les arbres qu'il décrit s'élèvent dans une forêt intérieure. La ville, en revanche, dans la mesure où elle représente un ordre humain qu'il faut défendre contre l'individu, comme il fallait défendre le langage contre futuristes et expressionnistes, constitue un thème central de Mandelstam : Rome, Venise, Jérusalem — mais surtout Pétersbourg... « Nous y avons enterré le soleil », ville magique et espoir d'une Russie européenne. Le cycle du siècle — « Ma bête, mon siècle, qui osera regarder dans tes prunelles ? » —, celui de Voronej, sont, avec le *Requiem* (*) d'Akhmatova, l'un des très rares exemples d'une grande poésie politique. L'angoisse et la terreur, « sœurs jumelles de l'âme », viennent hanter cette poésie. Misère, terreur, solitude, la mort même sont alors vécues et transposées, de telle sorte que, dépassant l'expérience intime, elles accèdent à une sorte d'universalité. Pour qualifier cet art, on a dit de lui qu'il réconciliait le marbre et la terreur ; on a évoqué la formule de Schlegel : « Die Poesie der Poesie », on a parlé d'un « marmonnement de perles ».

JEAN BLOT.

RÉF. : Jean Blot, *Ossip Mandelstam,* Paris, 1972. — Nadejda Mandelstam, *Contre tout espoir*, 3 vol., Paris, 1972-1975. — Numéro spécial de *La Revue des belles-lettres,* Genève, 1981. — Nikita Struve, *Ossip Mandelstam,* Paris, 1982.

MANGANELLI Giorgio. Narrateur et essayiste italien. Né à Milan le 15 novembre 1922, mort le 28 mai 1990 à Rome, où l'avait amené son enseignement universitaire. Spécialiste de la littérature anglo-américaine, il a publié de nombreuses traductions, dont celle de T. S. Eliot (1952) et de l'œuvre complète de E. A. Poe (1982). Ses propres débuts littéraires sont tardifs. Le récit-essai *Hilarotragoedia* (*) (1964) le rattache à la néo-avantgarde dont il devient vite l'une des figures de proue. Obéissant à la logique « descenditive », l'écriture entraîne l'homme vers la dissolution de toute certitude, vers la quête de formes cahotiques. *Hyperhypothèse* [*Hyperipotesi*] est joué à Palerme lors de la fondation du « Groupe 63 ». Les essais réunis dans *Littérature comme mensonge* [*La letteratura come manzogna*, 1967] confirment que, pour ce théoricien du désengagement, le seul sujet à traiter est le langage. La littérature y est définie comme « asociabilité, provocation, mystification ». De ces pages se dégage un autoportrait, crédible parce que biaisé. *Nouveau commentaire* [*Nuovo commento*, 1969] montre la prolifération baroque d'une écriture qui se moque d'elle-même. Les savantes volutes nihilistes, les digressions, les parenthèses, les changements de registre stylistique, mettent en place un labyrinthe destiné à donner le change, à conjurer la hantise de la mort, de la décomposition. *Aux dieux ultérieurs* [*Agli dèi ulteriori*, 1972] est fondé sur un dédoublement, symboliquement représenté par le roi-écrivain et le sujet : au monde autosuffisant du premier, nourri de ses visions, s'oppose une imprécise volonté d'écouter des voix mystérieuses. *L'Almanach de l'orphelin samnite* [*Lunario dell'orfano sannita*, 1973] jette un regard décapant sur notre réalité : celui d'un jeune Samnite, ultérieur avatar de l'auteur lui-même, qui aurait échappé au génocide. La satire du monde bureaucratique, des vaines passions de notre monde magmatique, trouve son pendant dans le très élégant jeu de l'écriture. *Sans conclusion* [*Sconclusione*, 1976] approfondit l'exploration du royaume des morts, un thème inscrit dès les débuts dans la réflexion de l'auteur. La pluie efface et dissout la substance des choses, les frontières entre la vie et la mort. Le protagoniste vaque à de surréelles occupations familiales dans une maison devenue une arche flottante. Le récit ne va pas sans rappeler Beckett ou Kafka. L'aboutissement est, une fois de plus, le néant. Parodie et nihilisme nourrissent aussi *Pinocchio : un livre parallèle* [*Pinocchio : un libro parallelo*, 1977], réflexion sur le chef-d'œuvre de Collodi, *Centurie* [*Centuria*, 1979], condensé ironique de cent romans-fleuves, *Amour* [*Amore*, 1980], *Discours de l'ombre et du blason* [*Discorso dell'ombra et dello stemma*, 1982], ainsi que *De l'enfer* (*) (1985), dernière exploration du néant, et *Éloge du tyran. Écrit dans le seul but de gagner des sous* [*Encomio del tiranno. Scritto all'unico scopo di fare dei soldi*, 1990]. Parmi ses autres volumes d'essais, on peut mentionner *A & B* (1975), né d'une série d'émissions radiophoniques, et *Angoisses stylistiques* [*Angosce di stile*, 1981].

FRANÇOIS LIVI.

MĀṆIKKAVĀCAKAR. Saint-poète śivaïte tamoul. Il est l'auteur du *Tiruvācakam* (*) et du *Tirukkōvvaiyār* qui forment le huitième livre du *Tirumurai,* le canon śivaïte tamoul dont le *Tēvāram* (*) constitue les sept premiers livres. N'étant pas cité par Cuntarar parmi les soixante-deux saints śivaïtes dont il dresse la liste dans le *Tiruttoṇṭattokai,* Māṇikkavācakar doit lui être postérieur et a probablement vécu au IXe siècle. Cēkkilār reste muet, lui aussi, à son sujet. Seuls des textes plus tardifs tels que le *Tiruviḷaiyāṭarpurāṇam* et le *Tiruvātavūrarpurāṇam* parlent de lui : originaire de Vātavūr, village proche de Maturai, Māṇikkavācakar fut chargé par le roi Pāṇṭiya, dont il était le conseiller, d'aller chercher une cargaison de chevaux qui devait arriver par bateau ; il rencontra son guru en route, oublia la raison de son voyage et dilapida l'argent du roi pour faire construire un temple. Le roi le fit rappeler. Pris de peur, il implora Śiva de venir à son secours. Après plusieurs interventions divines, le roi renonça à le poursuivre et le releva de ses fonctions. Māṇikkavācakar se rendit alors à Tillai-Citamparam où il vint en aide aux brāhmaṇes pour vaincre des bouddhistes venus de Ceylan, lors de débats visant à établir la suprématie du śivaïsme et où il opéra la conversion du roi Cōla en guérissant sa fille de son mutisme. Avec les trois auteurs du *Tēvāram,* Māṇikkavācakar est considéré comme l'un des quatre fondateurs du śivaïsme tamoul.

ÉLISABETH SETHUPATHY.

MANILIUS Marcus. Poète latin. Aucun auteur ancien ne l'ayant jamais mentionné, nous ne pouvons guère que le situer dans le temps, grâce à ses *Astronomiques* (*), poème didactique traitant d'astrologie et écrit entre le désastre de Varus (7) et la mort d'Auguste (14), sauf pour le livre IV peut-être postérieur à celle-ci. Manilius qui, tout en s'inspirant du poète alexandrin Aratos, se vante de traiter un sujet nouveau à Rome, ne disjoint pas science et morale (il est stoïcien). On trouve aussi dans l'œuvre des excursus (éloge de l'homme, légende d'Andromède), où l'auteur témoigne de ses qualités artistiques. L'inachèvement du livre explique sa faible notoriété ; il a cependant été pillé au IVe siècle par Firmicus Maternus.

ÉTIENNE WOLFF.

MANIU Adrian. Poète roumain. Né à Bucarest le 6 février 1891, mort à Bucarest le 20 avril 1968. Après la Première Guerre mondiale, il a une intense activité de journaliste à Cluj, en Transylvanie, province récemment réunie à la Roumanie. Puis, lors de la création de Radio-Bucarest, il prend l'initiative des émissions littéraires et dramatiques. Le poète a, pour contempler la nature, le regard du peintre et il sait tirer parti des arts plastiques qui lui ont par ailleurs fourni des sujets d'études. Au sein d'une nature paisible, il cherche finalement sa propre paix. Parmi ses œuvres, il convient de citer : *Le Maître* (+) (1922), mystère dramatique inspiré du *Maître Manole* (*), célèbre légende populaire selon laquelle la construction d'un édifice exige un sacrifice humain ; ses recueils de poèmes : *Auprès de la terre* (*) (1924), *Le Chemin des étoiles* [*Drumul spre stele*, 1930], *Le Livre du pays* [*Cartea țării*, 1934], *Chants d'amour et de mort* (+) (1935) ; enfin, un recueil de poèmes en prose : *Feux de printemps et flammes d'automne* [*Focurile primăverii si flacări de toamnă*, 1935].

MANN Heinrich. Romancier allemand. Né à Lübeck (Schleswig-Holstein) le 27 mars 1871, mort à Santa Monica (Californie) le 12 mars 1950. Fils d'un commerçant de Lübeck et d'une Brésilienne, il penche d'emblée, résolument, presque avec excès, du côté de son hérédité occidentale : à Munich, vers sa trentième année, il est un des représentants les plus typiques de l'esthétisme « décadent » de la fin du siècle. Son inspirateur, à cette époque, est D'Annunzio — v. *Les Déesses* (*) (1902) — et c'est de l'Italie surtout, où il a passé toute sa jeunesse, que Heinrich Mann est épris.

Mais il dépasse bientôt cette période d'occidentalisme affecté pour se faire, en imitateur non de Dostoïevski mais du naturalisme français, l'explorateur du « souterrain » humain, le puissant évocateur de la frénésie passionnelle qui couve en tout être et risque de submerger les existences les plus ternes, les plus bourgeoises – v. *L'Ange bleu* (*) (1905). Bientôt la politique l'attire et il devient le peintre de mœurs qui manquait à l'Allemagne nouvelle, le critique féroce du régime impérial avec *Le Sujet* (+) (1914), roman de la bourgeoisie (que la censure de Guillaume II empêche de paraître), suivi des *Pauvres* [*Die Armen*, 1917] et de *La Tête* [*Der Kopf*, 1925], qui complètent la fresque en abordant les problèmes du peuple et des élites. Démocrate, défenseur de l'Europe genevoise – *Sept années* [*Sieben Jahre*, 1929], *Français 1790-1930* [*Franzosen, 1790-1930*] –, Heinrich Mann est cependant déçu par la république de Weimar, et il l'attaque, au nom du véritable idéal libéral, dans des livres comme *La Grande Affaire* [*Die grosse Sache*, 1931], *Une vie sérieuse* [*Ein ernstes Leben*, 1932] et *La Haine* [*Der Hass*, 1933], qui le consacrent comme un maître de la satire politique. Appelé en 1931 à la présidence de la section de poésie de l'Académie des arts à Berlin, la prise de pouvoir national-socialiste le contraint à émigrer dès 1933. Réfugié d'abord à Nice, puis en Amérique, Heinrich Mann se détache alors de plus en plus de l'Allemagne, et, tout en lançant plusieurs écrits polémiques contre le régime de Hitler, il écrit, en 1935-1938, un long roman historique : *Jeunesse et maturité d'Henri IV* [*Jugend und Vollendung des Königs Henri IV*], conçu par lui comme le chef démocratique exemplaire. Témoin sans indulgence, sectaire même, de sa patrie, Heinrich Mann, à la fin de sa vie, choisit délibérément l'Occident latin. Il n'a cessé cependant, comme son frère Thomas Mann, de subir sa double hérédité, ce conflit entre le germanisme et la latinité qu'il évoquait dans un de ses premiers livres, *Entre les races* [*Zwischen den Rassen*, 1907]. Et, malgré lui peut-être, il est resté profondément allemand, par sa haine des tièdes, par son réalisme sensuel et nerveux souvent proche de l'outrance, de la caricature, par son truculent humour à la Eulenspiegel.

♦ *« Cette œuvre considérable sera sans doute la* Comédie humaine *politique et sociale d'une Allemagne qui va de Bismarck à Hitler. »* J.-F. Angelloz.

RÉF. : Walter Schröder, *Heinrich Mann*, Vienne, 1931. – K. Lemke, *Heinrich Mann ; zu seinem 75. Geburtstag*, Berlin, 1946. – H. Ihering, *Heinrich Mann*, Berlin, 1951. – V. Eberbach, *Heinrich Mann*, Francfort/Main 1978. – J. Hampt, *Heinrich Mann*, Stuttgart, 1980. – W. Berk, *Heinrich Mann und die Weimarer Republik*, Bonn, 1983. – R. Wolff (Hrsg.), *Heinrich Mann. Das Werk in Exil*, Bonn, 1985.

MANN Klaus. Écrivain allemand. Fils aîné de Thomas Mann. Né le 18 novembre 1906 à Munich, au moment où son père accédait à la pleine célébrité ; il se suicida le 22 mai 1949 à Cannes. Son adolescence, parmi des frères et sœurs affectueux et intelligents, dans la belle maison familiale fréquentée par les personnalités les plus éminentes, fut heureuse et riche d'expériences. Très précoce, il devint, à dix-huit ans, critique dramatique dans un journal de Berlin, où théâtre et vie artistique étaient en intense fermentation, et publia peu après son premier volume de nouvelles, *Devant la vie* [*Vor dem Leben*, 1925]. La même année, avec sa sœur Erika, Palema Wedekind, fille de l'écrivain, et le jeune et brillant acteur Gustaf Grundgens, il joua à Hambourg sa comédie *Anja et Esther* [*Anja und Esther*]. En 1927 et 1928, toujours avec Erika, il erra de Paris à New York, à Los Angeles, à Hollywood, approchant les célébrités du monde et de l'écran. Revenu en Europe, il publia le roman *Alexandre* [*Alexander, Roman der Utopie*, 1929]. Mais l'avènement du nazisme dispersa la famille Mann, et avec elle la majeure partie des écrivains allemands, soit parce que juifs, soit parce que libéraux. Tandis que Thomas Mann s'abritait en Suisse, Klaus circulait en Europe pour maintenir vivante l'opposition au nazisme, avec Gide, Aldous Huxley, et son oncle Heinrich Mann. Il fonda en 1933, à Amsterdam, la revue *Die Sammlung*, ouverte particulièrement aux jeunes et aux émigrés, collabora par des satires et des chansonnettes au cabaret fondé et dirigé par Erika, « La Poivrière » [Die Pfeffermühle], alla de Moscou à Prague, où il rencontre Bénès, et à Vienne, non encore nazie ; en 1936, il émigra à New York. Pendant ces années d'exil, il écrivit *La Fuite dans le Nord* [*Flucht in den Norden*, 1934], *Symphonie pathétique* (1935), vie romancée et idéalisée de Tchaïkovski et *Méphisto* (*) (1936), roman dont le centre est la vie des acteurs, spécialement celle de Grundgens, qui, après avoir été le mari d'Erika, divorça à la suite de sa conversion retentissante au nazisme. Ensuite parut le roman *Le Volcan* [*Der Vulkan*, 1939], qui met en scène tous les courants et les représentants les plus fameux de l'émigration allemande pendant le nazisme, dans les divers milieux de Paris, de Suisse, de Tchécoslovaquie et des États-Unis, et que l'auteur estimait être son meilleur roman ; toutes ces œuvres ont été publiées à Amsterdam. À New York, Klaus Mann écrit son autobiographie, parue d'abord en anglais sous le titre *The Turning Point* (New York, 1942). Quand les États-Unis entrèrent en guerre, Klaus, devenu désormais citoyen américain, s'enrôla et vint en Italie comme combattant. Rome libérée le vit pendant un an fréquenter les milieux littéraires, où son intelligente bonté lui créa de nombreux amis. Il refit en allemand, plus ample, son autobiographie, l'intitulant *Le Tournant* (*). Sans la sécheresse qu'a trop souvent la forme du journal, et même avec la clarté de la meilleure historiographie, cette œuvre témoignera de ce que furent l'avènement de Hitler, la ruine de la Tchécoslovaquie, la vie internationale de New York, l'Allemagne après la défaite, tandis que vivent ou revivent des figures telles que Hitler, Bénès, Richard Strauss, Cocteau, Greta Garbo, Stefan Zweig à la veille de son suicide. En 1949, Klaus terminait cette nouvelle version de son livre ; mais il était déçu. Il avait espéré, une fois la guerre finie, un retour à la vraie civilisation, à la paix ; au lieu de cela, il voyait s'affronter deux blocs formidables, menaçant le monde de chaos. De cœur bon et généreux, il n'eut plus le courage de vivre. On doit également à Klaus Mann un essai important : *André Gide et la crise de la pensée moderne* [*A. Gide and the Crisis of Modern Thought,* 1943].

RÉF. : *Klaus Mann ; zum Gedächtnis* (œuvre collective), Amsterdam, 1950. – M. Grunewald, *Klaus Mann (1906-1949),* Munich, 1984 – U. Naumann, *Klaus Mann,* Reinbek, 1984. – R. Wolff (Hrsg.), *Klaus Mann. Werk und Wirkung,* Bonn, 1984.

MANN Thomas. Écrivain allemand. Né à Lübeck, sur la mer Baltique, le 6 juin 1875, mort à Kilchberg, près de Zurich, le 12 août 1955. Il sort d'une famille bourgeoise qui, après avoir pratiqué le négoce et participé au gouvernement de la cité hanséatique, a donné à l'Allemagne un autre romancier important, son frère Heinrich (1871-1950). Le talent littéraire s'est conservé chez les enfants de Thomas Mann : presque tous, notamment Klaus (1906-1949) et Erika (née en 1905), se sont fait connaître par leurs écrits. La famille était d'origine allemande, mais avec un apport de sang portugais et brésilien par la mère, Julia de Silva-Bruhns. À Lübeck, où il fut au lycée un élève médiocre, Thomas Mann n'a passé que les dix-huit premières années de sa vie. Son père étant mort prématurément, la veuve se fixa avec ses cinq enfants à Munich (1893). C'est dans cette capitale intellectuelle et artistique que le jeune homme compléta ses études, travailla un certain temps dans une compagnie d'assurances et écrivit ses premières nouvelles. Durant un séjour en Italie, de 1897 à 1898, il entreprit son premier grand roman, *Les Buddenbrook* (*), qui parut vers la fin de 1901 chez Fischer à Berlin. Entre-temps, et après un service militaire écourté, il s'était installé définitivement à Munich où, par son mariage avec Katia Pringsheim, il entra en 1905 dans une des premières familles de la ville. Sa réputation littéraire s'était rapidement affirmée, mais la guerre de 1914-18 marqua un point d'arrêt dans sa brillante ascension. Thomas Mann, prenant le parti de l'Allemagne impériale, se jeta dans la mêlée intellectuelle qui doublait celle des champs de bataille. Cependant, dès la fin des hostilités, il revint à son activité littéraire qui lui valut, à partir de *La Montagne magique* (*) (1924), une grande notoriété internationale et, en 1929, à l'âge de cinquante-quatre ans, la consécration du prix Nobel. Une nouvelle catastrophe historique, le triomphe de l'hitlérisme suivi de la Seconde Guerre mondiale, troubla encore une fois l'exercice de sa vocation, mais il réussit à mener de front le combat politique et le développement de son œuvre. Pourtant dès 1933 il avait quitté Munich pour l'exil : il vécut quelques mois en France, puis cinq ans à Küssnacht en Suisse (1933-38), avant de s'établir aux États-Unis, d'abord à Princeton dans le New Jersey et ensuite à Pacific Palisades en Californie où il résida de 1940 à 1952. Il revint alors en Europe et choisit, pour y terminer ses jours, la région de Zurich qui lui offrit une nouvelle fois un milieu intellectuel et humain propice.

La vie spirituelle de Thomas Mann n'avait cessé de s'épanouir depuis ses origines. Enfant, il vécut dans une famille adonnée aux affaires, mais cultivée. L'école ne sut pas accrocher ce garçon supérieurement doué. C'est dans des lectures nombreuses et diverses que son jeune esprit trouvait de quoi alimenter ses facultés réceptives et stimuler son instinct créateur. Mais, dès l'abord, il ne se borna ni à la littérature proprement dite ni aux seules lettres allemandes. Avec Wagner, il entre dans le monde de la musique et de la mythologie, Nietzsche et Schopenhauer lui ouvrent le domaine de la pensée métaphysique. Les nouvelles et les romans qu'il lit avec passion appartiennent aux langues européennes qui comptent sur ce plan : le russe, l'anglais et le français. Les études qu'il entreprend de son propre chef débordent le cadre littéraire : l'histoire et l'économie politique y jouent un rôle particulier. Le monde extérieur et le milieu social dans lequel il vit s'incorporent spontanément à la trame de ses récits. Les données de l'observation déclenchent le travail de l'imagination. Mais c'est surtout dans son expérience intérieure que s'enracine la vie de ses héros. Sans qu'il y ait jamais identité complète entre l'écrivain et ses personnages, ceux-ci lui sont toujours apparentés, encore qu'il serait difficile de dire dans quelle mesure exacte. L'expérience personnelle du romancier se trouve étayée, élargie et intensifiée par tout ce que la conscience collective contemporaine a élaboré en fait de connaissances vitales. La psychologie, au centre de sa curiosité littéraire, s'entoure des principales sciences qui concernent directement l'homme et la vie : médecine, biologie, paléontologie, astronomie, sociologie, théologie et métaphysique. La musique tient une place primordiale dans l'univers de Thomas Mann. Mais le romancier-philosophe ne se borde pas à explorer et à décrire la condition humaine. Par ses œuvres autant que par ses actes, il participe à l'effort de l'humanité pour améliorer cette condition. C'est ainsi que s'expliquent ses grandes prises de position sur le plan politique qui sont inséparables de l'ensemble de sa spiritualité.

Inscrite dans un horizon intellectuel et moral très étendu, animée du besoin non seulement d'interpréter le monde mais de le transformer, l'œuvre de Thomas Mann ne peut présenter qu'une structure complexe. Une deuxième et même une troisième lecture s'imposent pour la plupart de ses livres. Les nouvelles sont relativement simples, mais déjà elles offrent des chapitres assez ardus. Des romans, seuls *Les Buddenbrook* répondent à la définition classique du genre. Dès *La Montagne magique,* le cadre narratif traditionnel est rompu par des considérations, des discussions et des développements de toute nature : esthétiques, scientifiques, politiques, philosophiques. C'est d'ailleurs un phénomène qui se retrouve chez la plupart des grands romanciers du XXe siècle. Mais Thomas Mann y ajoute, en marge de la création littéraire proprement dite, une importante activité critique qui se traduit par de nombreux essais sur les différents écrivains dont il tire son inspiration ou qui lui servent de modèle. Tous ces discours et articles sur Schiller, Goethe, Nietzsche, Schopenhauer, Wagner, Tolstoï, Dostoïevski, Tchekhov, Lessing, Kleist, Platen, Storm, Fontane, Freud, Gide et beaucoup d'autres font partie intégrante de son œuvre et ne doivent pas être regardés comme des sous-produits. Le penseur qui double le romancier y trouve sa forme d'expression adéquate. De même, les différents écrits politiques ont une valeur intrinsèque : celui qui, dans la lutte pour la civilisation, prend parti contre l'esprit totalitaire n'est pas différent de l'auteur de *Tonio Kröger* (*) (1903) et du *Docteur Faustus* (*) (1947), et il le fait dans le même esprit humaniste qui anime ses nouvelles et ses romans. Cette merveilleuse unité de l'écrivain et de l'homme d'action fait de Thomas Mann une des grandes personnalités complètes de notre temps. Elle justifie l'intérêt qu'il s'est porté à lui-même dans les nombreux fragments autobiographiques où il explique sa vie et son œuvre.

Dans l'évolution spirituelle de Thomas Mann on peut distinguer quatre périodes. La première s'inscrirait entre son arrivée à Munich en 1893 et *La Mort à Venise* (*) (1912). Elle marque l'épanouissemnt de son talent littéraire et l'élaboration d'une psychologie de l'artiste qui lui est très particulière. La toute première de ses nouvelles, *La Femme tombée* [*Gefallen* 1894], est publiée par la revue naturaliste et socialiste *Die Gesellschaft* [*La Société*]. En 1897 suit un recueil de plusieurs nouvelles qui contient notamment *Le Petit Monsieur Friedemann* et *Tobias Mindernickel.* L'écrivain est déjà en possession de sa maîtrise formelle et de son univers original. La vie nous y apparaît comme une lutte dans laquelle les faibles sont écrasés. Voilà pourquoi la qualité décisive pour l'homme est la force de sa conscience de soi et de sa confiance en soi. Or la plupart des personnages du jeune Thomas Mann manquent d'assurance dans leurs rapports sociaux et, en tant qu'individus, ils sont déçus par l'existence et atteints dans leur vouloir-vivre. Leur philosophie est pessimiste. C'est exactement ce que Nietzsche a appelé la décadence, et c'est ce concept qui forme la base des *Buddenbrook* (1901), l'histoire du « déclin d'une famille ». Ce roman réaliste, œuvre connue et populaire dans le monde entier, constitue en même temps un vaste tableau historique de l'Allemagne du XIXe siècle. La musique y joue un grand rôle, et la doctrine de Schopenhauer y fait une apparition massive. *Tristan* (*) (1903), construit en partie sur le drame correspondant de Wagner, réunit la passion de la musique et l'intérêt pour la maladie. Avec *Tonio Kröger* (1903), Thomas Mann crée le prototype de l'artiste moderne enfermé dans son optique littéraire et séparé de la vie. Par cette conception où il rejoint, sans les connaître, des témoignages analogues de Kierkegaard et de Maupassant, l'auteur gagne la sympathie de la jeunesse intellectualiste. *Fiorenza* (*) (1905), drame philosophique à la manière de Gobineau, illustre l'idée nietzschéenne que l'ascétisme chrétien est la forme particulière que prend chez les faibles la volonté de puissance. *Heure difficile* (1905) est un hommage à Schiller qui incarne l'héroïsme de la faiblesse. *Altesse royale* (*) (1909), roman méconnu, dénote un effort pour ramener à la condition humaine normale des personnages solitaires et malheureux. Mais *La Mort à Venise* (*) (1912) nous replonge dans la psychologie complexe et le destin tragique de l'artiste qui succombe finalement à l'attirance de la mort. L'art, dans cette toute première perspective, apparaît comme une fonction destructrice de la vie.

La deuxième période de développement va de 1912 à 1930. Elle consacre l'entrée effective de l'écrivain dans la vie politique et sociale. Une crise latente le travaillait depuis *Altesse royale.* Intérieurement mécontent de son rôle de « chroniqueur de la décadence » et « d'amateur du pathologique et de la mort », il cherchait à se renouveler. Mais le roman réaliste entrepris à cette époque, *Les Confessions du chevalier d'industrie Félix Krull* (*), n'aboutit pas, les travaux préparatoires en vue d'un roman historique sur Frédéric II tournent court. La crise éclate avec la guerre de 1914. Thomas Mann, surpris par les événements, s'y engage à fond, mais à contresens de l'Histoire et en contradiction avec ses propres aspirations. Les *Pensées de guerre* (1914) expriment un égarement nationaliste et belliciste inexplicable. Par contre, l'essai *Frédéric et la grande coalition* (+), résidu et quintessence de ses recherches historiques, est une œuvre de grande valeur. L'auteur, en dépit de ses intentions patriotiques, trace du roi de Prusse un portrait exact et peu flatteur. Dans les *Considérations d'un homme étranger à la politique* [*Bretrachtungen eines Unpolitischen,* 1918], rédigées de 1915 à 1918, Thomas Mann, en liaison avec sa polémique contre les idées démocratiques, procède à une étude approfondie de l'idéologie du nationalisme allemand, dont il va se détacher progressivement à la faveur d'un véritable apprentissage de la pensée politique. La méthode intellectuelle ainsi expérimentée sera définie, sous le nom d'« ironie », dans le grand essai *Goethe et Tolstoï* [*Goethe und Tolstoi,* 1922]. La même année, par une conférence prononcée à Berlin, *De la République allemande* [*Von deutscher Republik*] il prend position pour la jeune démocratie de Weimar. *La Montagne magique* (1924) apporte la transposition romanesque des débats politiques, philosophiques et religieux de toute cette époque. Cette puisssante analyse de la situation spirituelle de l'Occident constitue peut-être le chef-d'œuvre de Thomas Mann. *Lübeck en tant que forme de vie spirituelle* (1926) met en lumière le rôle constructif et la fonction sociale de l'artiste. Parmi les essais critiques les plus significatifs qui terminent cette deuxième phase de son devenir, il faut relever ceux qui sont consacrés, en 1929, à Lessing et à Freud. Ils reflètent l'orientation rationaliste d'une pensée d'abord attirée par le prestige de l'irrationnel. Ayant pris conscience de la force utile qu'il représente maintenant, Thomas Mann écrit alors l'étonnant *Précis autobiographique* [*Lebensabriss,* 1930] où il retrace le développement de sa vie et de son œuvre.

La troisième étape (1930-1945) comprend essentiellement la genèse de *Joseph et ses frères* (*) (1933-34-36-43) et coïncide avec la lutte contre l'hitlérisme. La tétralogie biblique, quittant le plan de la réalité contemporaine, nous reporte à une époque reculée de l'histoire. Mais dans la matière légendaire le romancier retrouve les traits généraux et permanents de la nature humaine et, tout en ressuscitant admirablement la civilisation ancienne, il en remplit le tableau d'une substance tout à fait moderne. Deux autres romans s'intercalent entre les tomes III et IV de l'ouvrage : *Charlotte à Weimar* (*) (1939) et *Les Têtes interverties* [*Die vertauschten Köpfe,* 1940]. Ce dernier récit nous transporte en Inde et tire de la mythologie de ce pays un épisode propre à illustrer des problèmes d'ordre érotique. Le héros du premier roman est Goethe qui, depuis longtemps, se trouve au centre des préoccupation de Thomas Mann. *Goethe représentant de l'époque bourgeoise* (1932) n'est que la plus importante des nombreuses études qui lui sont consacrées. Également deux autres maîtres de sa pensée sont honorés par des essais substantiels : *Souffrance et grandeur de Richard Wagner* (+) (1933), *Schopenhauer* (1938). Mais les écrits essentiels sont les discours et les traits politiques : *Allocution allemande* [*Deutsche Ansprache,* 1930], *Avertissement à l'Europe* (+) (1938) et *Auditeurs allemands* [*Deutsche Hörer !,* 1945] — v. *Essais politiques* (*) —, cinquante-cinq allocutions radiophoniques prononcées pendant la guerre dans le but de provoquer en Allemagne une révolution contre Hitler. L'esprit et les méthodes des régimes totalitaires avaient été percés à jour, dès 1930, dans le récit symbolique *Mario et le magicien* [*Mario und der Zauberer,* 1930]. Dans la plénitude de cette troisième phase de son développement, Thomas Mann réalise la difficile synthèse entre l'humanisme et la politique.

La période finale (1945-1955) offre une production aussi dense et diverse que les précédentes, et l'esprit créateur de l'écrivain reste intact jusqu'aux derniers jours. Il récolte les fruits d'une longue vie consacrée, par un travail régulier, à un effort spirituel continu. C'est le bilan de la civilisation contemporaine qu'il dresse. Une conférence de 1945, *L'Allemagne et les Allemands,* résume l'aspect proprement allemand de la crise que traverse cette civilisation. Mais le désarroi du monde moderne révèle toute son ampleur et sa signification générale dans le magnifique *Docteur Faustus* (1947) dont il est impossible de saisir du premier coup l'audacieuse structure et la haute teneur spirituelle. L'auteur, représenté aussi bien par le téméraire Leverkühn que par le prudent Zeitblom, s'y est mis tout entier, dans un engagement ultime et pathétique. Le fond religieux de la crise, dont les aspects temporels ne sont nullement négligés, apparaît dans les longues discussions sur le bien et le mal, Dieu et le diable, la confiance existentielle et le désespoir nihiliste. Les deux essais parallèles au roman, *Dostoïevski* (1946) et *La Philosophie de Nietzsche à la lumière de notre expérience* (1947), font voir à quelles sources remontent la pensée et la sensibilité métaphysiques de l'auteur. Après ce dernier sommet de son activité créatrice, *L'Élu* (*) (1951) peut faire figure de divertissement, et *Le Mirage* [*Die Betrogene,* 1953], de simple expérience : les deux livres n'en sont pas moins chargés de sens et de beauté. Il est regrettable que le dernier roman, *Les Confessions du chevalier d'industrie Félix Krull* (1954), commencé en 1910, en soit resté à son premier tome. Mais une œuvre comme celle de Thomas Mann, étant donné la grande vitalité de ce théoricien de la décadence (peu de temps avant sa mort il venait de jeter les bases d'un drame : *Le Mariage de Luther*), ne pouvait que rester inachevée. Du moins avons-nous, dans quelques-uns de ses derniers essais, publiés dans les recueils *Pages anciennes et nouvelles* [*Altes und Neues,* 1953] et *Glanures* [*Nachlese,* 1956], les éléments d'une sorte de testament spirituel : *L'Artiste et la société* [*Der Künstler und die Gesellschaft,* 1952], *Éloge de l'éphémère* [*Lob der Vergänglichkeit,* 1952], *Kleist et ses récits* (1954), *Tchekhov* (1954) et *Schiller* (1955).

Thomas Mann est un écrivain d'une classe exceptionnelle. Son œuvre, quantitativement importante, se distingue par sa perfection formelle autant que par la richesse de son fond. Elle restera comme un des témoignages les plus représentatifs et les plus valables de la première moitié du XXe siècle. C'est à tous les aspects de notre civilisation que s'est attaché son esprit vaste et compréhensif ; il a observé le monde, pensé ses problèmes et élucidé ses difficultés avec une souveraine liberté d'esprit ; de plus, et malgré sa réputation d'ironiste et d'humoriste, il a apporté un concours sérieux et désintéressé à l'effort constructif des hommes. Pour ce qui est de son rang dans l'histoire de la littérature allemande, on peut dire, sans faire tort à ses grands contemporains qu'il dépasse par la variété de ses intérêts et la vigueur synthétique de son humanisme, qu'il détient pour son époque la place occupée jadis dans la sienne par Goethe.

LOUIS LEIBRICH.

♦ *« Thomas Mann est un des rares aujourd'hui que nous pouvons admirer sans réticences. Il n'y a pas de défaillances dans son œuvre, il n'y en a pas dans sa vie. »* André Gide, Préface d'*Avertissement à l'Europe*, 1937. ♦ *« À l'entrecroisement de l'érudition et de l'invention politique, là où l'esprit s'enfonce jusqu'aux obscures racines des mythes, Thomas Mann a su retrouver un espace où la création épique pût se déployer fastueusement. »* Jean Schlumberger, *Hommage de la France à Thomas Mann*, 1945. ♦ *« Thomas Mann a maintenu durant la traversée du tunnel hitlérien la gloire intacte du génie allemand. »* François Mauriac, *Hommage de la France.* ♦ *« Je me souviens de mon émotion de jeune lecteur quand je découvris* Tonio Kröger *et plus tard* La Montagne magique, La Mort à Venise. *Vous évoquez pour moi les plus grands : votre Jean-Paul, notre Proust et cet Henry James dont le pays vous a adopté et vous honore. En ce jour anniversaire je suis heureux de vous dire ce que je dois à l'un des maîtres de notre temps. »* André Maurois, *Hommage de la France.* ♦ « La Montagne magique *est un livre qui fait partie de mon organisme et dont l'encre circule dans mes veines. »* Jean Cocteau, *Hommage de la France.* ♦ *« Je me réjouis de l'occasion qui se présente d'exprimer à Thomas Mann ma reconnaissance et mon admiration pour l'attitude droite qu'il a prise dans les circonstances les plus diverses vis-à-vis de toutes les personnnes et de tous les groupes. Cette qualité, à mes yeux, a encore plus de poids que même la haute valeur artistique de son œuvre. »* Albert Einstein, lettre du 2 avril 1955. ♦ *« Ce qui, derrière son ironie et sa virtuosité, se trouvait de cœur, de fidélité, de responsabilité et de capacité d'amour, absolument incompris pendant des dizaines d'années du grand public allemand, c'est cela qui maintiendra vivants son œuvre et son souvenir bien au-delà de son temps troublé. »* Hermann Hesse, 1955. ♦ *« Pour qu'un seul puisse acquérir une considération aussi incontestée, il faut qu'il représente davantage que lui-même : un pays et sa tradition, plus, toute une civilisation, une conscience supranationale de l'homme. »* Heinrich Mann, *Mein Bruder.*

RÉF. : Jean Fougère, *Thomas Mann ou la Séduction de la mort*, Paris, 1947. – Georg Lukacs, *Thomas Mann*, Berlin, 1949. – Hans Mayer, *Thomas Mann*, Berlin, 1950. – Henry Hatfield, *Thomas Mann*, Norfolk, Connecticut, 1951. – Jonas Lesser, *Thomas Mann in der Epoche seiner Vollendung*, Munich, 1952. – Hans Eichner, *Thomas Mann*, Munich, 1953. – Louis Leibrich, *Thomas Mann*, Paris, 1954. – Pierre-Paul Sagave, *Réalité sociale et idéologie religieuse dans les romans de Thomas Mann*, Paris, 1954. – *Hommage de la France à Thomas Mann*, éd. Flinker, Paris, 1955. – Robert Faesi, *Thomas Mann*, Zurich, 1955. – Ferdinand Lion. *Thomas Mann*, Zurich, 1955. – Klaus W. Jonas, *Fifty Years of Thomas Mann Studies* (bibliographie générale), Minneapolis, Minnesota, 1955. – R. Hinton Thomas, *Thomas Mann, The Mediation of Art*, Oxford, 1956. – Hans M. Wolff, *Thomas Mann, Werk und Bekenntnis*, Berne, 1957. – Bürgin, H. O. Mayer (Hrsg.), *Thomas Mann. Eine Chronik seines Lebens*, Francfort/Main, 1965. – P. D. Mendelssohn, *Der Zauberer. Das Leben des Schriftstellers Thomas Mann*, Franfort/Main, 1975. – H. Mayer, *Thomas Mann*, Francfort/Main, 1984. – H. Kurgke, *Thomas Mann. Epoche, Werk, Wirkung*, Munich, 1985. – *Cahiers de l'Herne* n° 23.

MANNHEIM Karl. Sociologue hongrois. Né à Budapest le 27 mars 1893, mort à Londres le 9 janvier 1947. Après des études de philosophie, il enseigne à l'université de Budapest en 1919, date à laquelle il doit quitter la Hongrie à la suite de la révolution blanche. Il se fixe alors à Freiburg, où il suit les séminaires de Heidegger et Husserl, à Vienne puis à Heidelberg en 1921 où il est auditeur. Il fréquente Weber, Rickert et Jaspers. En 1921, il devient docteur grâce à son étude sur le conservatisme, mais il n'obtient pas la nationalité allemande. Selon Aron, c'est un « marxiste singulier, à la fois spiritualiste et relativiste » ; son œuvre, mal et incomplètement traduite, a suscité de vives critiques en France – et notamment ses analyses sur les « intellectuels déracinés » à qui Mannheim, dans *Idéologie et Utopie* (*), attribue la capacité visionnaire de faire la synthèse entre des visions partielles du monde de manière objective. Sa théorie de la connaissance sociologique bénéficie d'une meilleure réception et acquiert une grande autorité en Grande-Bretagne et aux États-Unis, où elle a longtemps servi de modèle de référence. Fondateur de la sociologie formelle, Mannheim a une démarche marxiste quant à la sociologie de la connaissance, qui présente une parenté avec celle de son contemporain et compatriote Georg Lukacs : l'étude théorique doit être associée à une analyse historique, car les points de vue que les groupes ont sur le monde s'expliquent en fonction de la position sociale qu'ils y occupent. Dans *Le Problème des générations* [*The Problem of Generations*, 1928], Mannheim s'attache à démontrer la pertinence de la notion de génération en histoire. Selon lui, le processus de changement, et en particulier dans le domaine des idées, résulte du premier contact de nouveaux groupes d'âge avec la réalité politique du moment et avec les événements auxquels ils sont confrontés. Son travail témoigne de la situation socio-intellectuelle de l'Allemagne de Weimar. Il écrit en 1935 un essai sur *L'Homme et la société dans un âge de reconstruction* [*Mensch und Gesellschaft im Zeitalter des Umbaus*], mettant en évidence les liens entre lutte des classes et conflits idéologiques. Il développe une théorie des élites et de leur transformation à l'époque de l'émergence d'une société de masse, lorsqu'elles n'ont plus le monopole de la création culturelle et qu'elles doivent s'ouvrir aux classes petites-bourgeoises ; il s'ensuit alors un « désastre culturel ». Mannheim doit quitter l'Allemagne nazie pour l'Angleterre, il devient professeur de sociologie et de philosophie à l'université de Londres et fonde l'International

Library of Sociology and Social Reconstruction [Bibliothèque internationale de sociologie et de reconstruction sociale]. Il continue à réfléchir sur les mêmes thèmes en se préoccupant toujours du rôle missionnaire imparti à l'intellectuel, en privilégiant le relativisme historique, comme en témoigne l'ouvrage *Essais sur la sociologie de la connaissance* [*Essays on the Sociology of Knowledge*]. La relecture récente de son œuvre en France tient à la redécouverte du concept de génération appliqué notamment à la sociologie des intellectuels.

HÉLÈNE THOMAS.

MANRIQUE Gómez. Chevalier et poète espagnol. Né à Amusco (Palencia) vers 1412, mort à Tolède vers 1490. Appartenant à la plus puissante noblesse, il intervint activement dans la politique de Castille : il compta parmi les ennemis de don Alvaro de Luna (1453) et fut du parti de l'infant don Alfonse contre Henri IV de Castille. Plus tard, il eut une part importante dans les négociations qui précédèrent les noces de l'infante doña Isabelle avec don Ferdinand d'Aragon. Pendant la guerre de succession qui suivit la mort de Henri IV, il réussit habilement à faire en sorte que Tolède restât du côté de doña Isabelle. Nommé gouverneur de la ville, il laissa un excellent souvenir de son bon gouvernement. Poète, il cultiva les genres de cour en usage en son temps : ses poèmes d'amour et de circonstance sont gracieux et légers. Dans ses œuvres de plus grande importance, il suivit les traces de son oncle le marquis de Santillana et de Juan de Mena : pour la mort du premier, il écrivit un poème allégorique et pompeux, *El Planto de las Virtudes y Poesía* et termina le *Débat entre la raison et la volonté ou Poème de sept péchés mortels* (+) de Mena. Au genre didactique et sentencieux appartiennent aussi le *Regimiento de principes*, dédié aux Rois Catholiques, et les *Conseils* (*), qui traitent de la précarité des biens terrestres, dans le ton et avec des images qui annoncent les fameuses *Coplas – Stances sur la mort de son père* (*) – de son neveu Jorge Manrique. Pour l'histoire du théâtre espagnol, ses essais dramatiques sont d'un grand intérêt, surtout le tendre et gracieux *Mystère de la nativité de N. S.* (*), ainsi que les pathétiques *Lamentations écrites pour la semaine sainte* [*Lamentaciones fechas para la Semana Santa*] ; ces deux petites œuvres, d'action extrêmement simple, possèdent un charme tout particulier.

RÉF. : J.-M. del Arco, *Los Manrique*, Madrid, 1899. – J. Entrambasaguas, *Los Manrique*, Saragosse, 1941.

MANRIQUE Jorge. Poète espagnol. Né probablement à Paredes de Nava (Palencia) vers 1440, mort en 1479. Il fut seigneur de Belmontejo et commandeur de l'ordre de St-Jacques. Il était fils de don Rodrigue Manrique, comte de Paredes et grand maître de ce même ordre, et de sa première femme Mencia de Figueroa. Il suivit son père dans la révolte des nobles castillans contre Henri IV de Castille, durant le règne duquel il gagna la bataille de Ajofrin, en défendant les droits de son cousin Alonso de Estuniga au prieuré de San Juan. Ensuite il prit parti pour l'infante Isabelle contre Jeanne, la Beltraneja. Dans la guerre civile qui éclata entre les deux femmes, Manrique, lieutenant de Ciudad Real, accomplit de nombreux exploits dans l'assaut d'Uclès, fut fait prisonnier à Baeza et mourut en 1479 en combattant dans le château de Garci-Muñoz. Dans les *Stances sur la mort de son père*, écrites en 1476, la plus célèbre de ses poésies, il développe le thème de la désillusion, s'exhortant à n'attendre que le permanent et à se dégager du transitoire, puisque dans cette vie tout est fugace.

RÉF. : J.-M. del Arco, *Los Manrique*, Madrid, 1899. – J. Entrambasaguas, *Los Manrique*, Saragosse, 1941.

MANSFIELD Katherine (pseud. de Kathleen Beauchamp). Femme de lettres néo-zélandaise. Née à Wellington (Nouvelle-Zélande) le 14 octobre 1888, morte à Fontainebleau le 9 janvier 1923. Après avoir passé la plus grande partie de son enfance à Karori, petite ville assez proche de Wellington, elle fut envoyée en Angleterre alors qu'elle avait quatorze ans, et suivit les cours du Queen's College de Londres ; puis elle retourna en Nouvelle-Zélande en 1906. Elle y resta deux ans, et obtint alors de son père une modeste pension qui lui permit de vivre à Londres comme elle le désirait, encore que dans une grande pauvreté. En 1909, elle épousa George Bowden, dont elle se sépara assez rapidement, et deux ans plus tard publia son premier livre de nouvelles, *Pension allemande* [*In a German Pension*, 1911], où se révélait une personnalité complexe, très difficile à définir, et un style original influencé toutefois par Tchekhov. Ses nouvelles suivantes, *Félicité* (*) (1920), *Prélude* (*) (1921), *Sur la baie* (+) (1922), *La Garden-Party* (*) (1922), *La Maison de poupée* (*) (1922), *Le Nid de colombes* (*) (1923), l'imposèrent rapidement à l'attention de la critique et du public, de sorte qu'on la tint pour un des plus grands écrivains de l'époque. En 1918, elle avait épousé en secondes noces John Middleton Murry qui fut un de ses biographes (1941) ; mais ce fut encore un mariage orageux, marqué par de fréquentes et longues séparations. Katherine Mansfield vécut en France les dernières années de sa vie, et s'y fit une grande réputation dans les cercles littéraires, grâce à l'amitié de Francis Carco. Atteinte de tuberculose, elle devait, disciple de Gurdjieff, se laisser prendre au mirage d'une ascèse au-dessus de ses forces, ce qui hâta sans doute sa fin. Pour elle, comme pour Keats, l'existence latente du mal, sa présence subtile, est l'idée dominante par quoi elle se laisse conduire et qui modèle sa sensibilité extrêmement vive, qui l'incline à s'abandonner de toutes ses forces à l'instant présent, qu'elle analyse avec une vigilance et une sûreté extrêmes. C'est par là que son *Journal* (*) (1927) et ses *Lettres à Middleton Marry* (*) publiées à titre posthume, sembleront si singuliers. On y trouvera tout à la fois la femme et l'écrivain.

♦ « *Vous me révoltez à force de vous complaire dans votre consomption.* » D.-H. Lawrence à K. Mansfield. ♦ « *Elle nous apportait la simplicité et la fraîcheur. Ses livres, comme son regard, incarnaient la jeunesse.* » V. Woolf. ♦ « *On ne pense pas devant ces tendres et délicates merveilles à faire œuvre de critique, à louer ici pour blâmer là. On les chérit avec son cœur et non avec son esprit.* » E. Jaloux.

RÉF. : J.-M. Murry, *Katherine Mansfield et moi*, tr. fr., Paris, 1941. – O. Lenoël, *La Vocation de Katherine Mansfield*, Paris, 1946. – Daniel-Rops, *Trois tombes, Trois visages*, Paris, 1946. – G. N. Norris, *Mansfieldiana*, Wellington, 1948. – S. Berkman, *Katherine Mansfield, a critical study*, Londres, 1952. – J. A. Gordon, *Katherine Mansfield*, Londres, 1954. – A. Alpers, *Katherine Mansfield*, Londres, 1954, et *The Life of Katherine Mansfield*, Londres, 1980. – C. A. Hankin, *Katherine Mansfield and her confessional Stories*, Londres, 1983. – P. Citati, *Brève Vie de Katherine Mansfield*, Paris, 1987. – M. Dupuis, *Katherine Mansfield*, Paris, 1988. – C. Tomalin, *Katherine Mansfield*, Paris, 1990.

MANSOUR Joyce. Écrivain français. Née en 1928 à Bowden, en Angleterre, d'une famille égyptienne de culture occidentale, morte à Paris le 25 août 1986. Championne d'Égypte du 100 mètres, spécialiste du saut en hauteur et cavalière émérite, cette étrange demoiselle viendra habiter Paris au début des années 50. Elle y découvre l'écriture automatique et publie son premier recueil, *Cris* (1953), salué par André Breton dont elle deviendra vite une intime. Embrassant la cause surréaliste, elle publiera *Déchirures* (1955), *Jules César* (1956), *Les Gisants satisfaits* (*) (1958), *Rapaces* (1960) et *Carré blanc* (1965). Qu'il s'agisse de poèmes ou de récits, l'impudeur est totale : érotisme cannibale et dévergondage meurtrier y distillent leurs philtres et leurs poisons, leurs fièvres et leurs maléfices en une floraison d'images irrévérencieuses et d'extases calcinées. « Les vices des hommes / sont mon domaine / Leurs plaies mes doux gâteaux / J'aime mâcher leurs viles pensées / car leur laideur fait ma beauté. » Une écriture qui nie le refoulement, flatte les instincts primordiaux, unit matrice et tombe dans l'euphorie violente d'une expérience totale de la négation des limites. Une orgie des sens et de l'imagination qui se poursuivra avec *Le Bleu des fonds* (1968), *Phallus et Momies* (1969), *Ça* (1970), *Histoires nocives* (1973). Une œuvre qui n'est peut-être que le masque d'une vraie tendresse mais dont l'écriture convulsive ne va pas toujours sans facilités. Grande prêtresse du corps féminin, Joyce Mansour est sans doute la plus barbare de nos poétesses.

RICHARD BLIN.

MANTOVANO Publio Filippo. Dramaturge italien de la première moitié du XVIe siècle. On ne connaît qu'une seule de ses comédies, le *Formicone* (*) qui se dispute, avec les pièces de l'Arioste et *L'Amitié* [*L'amicizia*] de Iacopo Nardi, la primauté chronologique dans l'histoire de la comédie italienne. Quoi qu'il en soit, cette pièce fut composée avant 1506. On pense d'ordinaire que ce serait précisément cette comédie qui aurait été représentée en 1503 à la cour de Mantoue par les élèves de Francesco Virgilio.

MANU. Les personnages mythiques qui, dans la tradition indienne, portent ce nom sont au nombre de quatorze. Le premier d'entre eux était le fils de Svayambhū (Brahma) et père de dix Prajāpati, ou ancêtre de la plus ancienne race humaine. Il fut considéré dès les temps les plus reculés comme le fondateur de l'ordre social et moral des hommes, et leur conseiller éclairé. Un traité de conduite lui est attribué : la *Manūsamhitā*, ou *Mānava-Dharmaśāstra* (*), ouvrage fondamental du droit indien, ainsi que des recueils de rites sacrificiels et domestiques.

MANUEL Juan. Homme d'État et écrivain espagnol. Né à Escalona (Tolède) en 1282, mort à Cordoue (Andalousie), vers 1349. Son père, l'infant don Manuel, était le fils de Ferdinand III le Saint, par conséquent le frère d'Alphonse le Savant. Juan Manuel, qui avait hérité le titre de gouverneur général du royaume de Murcie, se maria trois fois, poussé par le désir d'augmenter sa maison et sa descendance personnelle : la première fois, il épousa l'infante Isabelle de Majorque, la deuxième, Constance, fille du roi d'Aragon, la troisième, Blanche, riche héritière de la noble maison de Lara. Il prit une part active aux luttes politiques de son époque, plus par ambition et cupidité que par zèle pour le bien commun. Pendant la minorité de Ferdinand IV, il commença par soutenir l'infant, puis passa au parti d'Alphonse de la Cerda, proclamé roi avec l'appui du roi d'Aragon, puis, après la défaite de celui-ci, se tourna à nouveau vers Ferdinand IV. Ce roi mort, Juan Manuel reconnut comme régent d'Alphonse XI l'infant don Pedro, mais la promesse qu'on lui avait faite du gouvernement du royaume de Tolède, en plus de celui de Murcie, n'ayant pas été tenue, il passa au parti de l'infant don Juan. Vers cette époque, Juan Manuel remporta à Lorca une victoire sur les Maures. Les deux infants qui se disputaient le trône étant morts le même jour, Juan Manuel se mit d'accord avec María de Molina et l'infant don Philippe pour s'attribuer la régence jusqu'à la majorité d'Alphonse XI. Pour séduire Manuel, on lui avait offert de marier sa fille Constance à Alphonse XI, mais, comme il épousa l'infante Marie de Portugal, Juan Manuel offrit ses services au roi de Grenade et combattit contre le roi de Castille, avec si peu de succès toutefois qu'avant peu il fut contraint à faire acte de soumission. Éloigné de la cour, il déploya alors une importante activité littéraire. Alphonse XI, qui le craignait encore, lui offrit d'arranger le mariage de doña Constance avec le fils aîné du roi d'Aragon, mais Juan Manuel réussit finalement à la marier à l'héritier du trône de Portugal don Pedro, célèbre pour ses amours avec Inès de Castro. Alphonse XI nomma Manuel membre de son Conseil, et lui confia le commandement de l'avant-garde chrétienne à la bataille du rio Salado. Parmi les ouvrages de cet homme inquiet nous rappellerons : *Le Livre des enseignements et des conseils* (*), *Le Livre de la chasse* [*Libro de la caza*], *Le Livre des armes* [*Libro de armas*], *Le Comte Lucanor* (*), un court traité sur l'Assomption et *Des sortes d'amour.*

RÉF. : Menéndez y Pelayo, *Origenes de la novela*, t. III, Madrid, 1908. – Andrés Giménez Soler, *Don Juan Manuel*, Saragosse, 1932.

MANUEL Niklas, dit l'Allemand. Peintre et dramaturge suisse d'expression allemande. Né en 1484 (?) à Berne, où il mourut le 28 avril 1530. Ce fut un peintre en renom, et il nous reste de lui une importante série de danses macabres, gravées sur bois, où l'on reconnaît l'influence de Dürer et d'Urs Graf. Jusqu'en 1522, il se borna à la peinture. Cette même année, il se rendit en Italie à la suite d'une malheureuse expédition militaire, et tint à l'armée l'emploi de copiste. À son retour, il fit montre d'une intense activité littéraire pour défendre la Réforme, composant surtout des farces et des comédies satiriques, telles que *Du pape et son clergé* (*), *Du conflit entre le pape et le Christ* (*), *Le Marchand d'indulgences* (*), *Barbali, Elsli porte-enfant* (*), toutes pièces assez importantes pour l'histoire du théâtre. Il écrivit également des œuvres de polémique et de doctrine contre les catholiques. En 1524, il fut bailli d'Erlach, puis membre du grand Conseil de Bâle. Il consacra les dernières années de son existence à la politique, continuant à lutter dans les rangs des réformés.

RÉF. : E. Dreifuss, « N. Manuel. Zeichner, Maler, Dichter, Erinenerer und Staatsmann », in *Berner Jb.*, Berne, 1980.

MANUEL II PALÉOLOGUE. Empereur et écrivain byzantin. Né et mort à Constantinople (27 juin 1350-21 juillet 1425). Il succéda en février 1391, sur le trône de Byzance, à son père Jean VII Paléologue, mais, avant cette date, avait déjà pris part à la vie politique. Il combattit pendant plusieurs années le sultan Bayazid, et fut finalement contraint de partager le trône avec son cousin Jean, qui était soutenu par celui-ci. Il se lia d'amitié avec le successeur de Bayazid, Mahomet Ier, et obtint de lui la restitution de quelques villes et un maintien provisoire de la paix. Mais les hostilités entre Byzance et les Turcs reprirent à l'avènement du sultan Mourad II. Constantinople fut assiégée en 1422 et, après sa chute (1424), un traité fut conclu aux termes duquel les Grecs s'engageaient à céder quelques villes et à payer une contribution de guerre. Manuel céda le trône à son fils Jean VIII et se retira dans un monastère. Écrivain remarquable, il a laissé des dialogues sur des sujets de théologie, dont les protagonistes sont des personnages contemporains du monde occidental et du monde musulman. On lui doit surtout des *Lettres* (*), au ton poli et raffiné, et *Cent Préceptes royaux de l'empereur*, maximes austères destinées à son fils aîné, alors âgé de quatorze ans.

RÉF. : Berger de Xivrey, *Mémoire sur la vie et les ouvrages de l'empereur Manuel Paléologue*, in *Mémoires de l'Académie des inscriptions et belles-lettres*, vol. 19, Paris, 1853. – G. T. Dennis, *The Reign of Manuel Palaeologist in Thessalonica 1382-1387*, Rome, 1960. *The Letters of Manuel Palaeologist*, Washington, 1977.

MANZINI Gianna. Romancière italienne. Née le 24 mars 1896 à Pistoia (Toscane), morte à Rome le 31 août 1974. Après des études à Florence où elle passe un doctorat en lettres, elle connaît un grand succès, de bon aloi, dès le roman de ses débuts, *Temps d'amour* [*Tempo innamorato*, 1928] : la finesse de l'analyse psychologique s'y allie à une écriture d'un raffinement tout toscan, qui peut aller jusqu'à quelque préciosité, mais l'ancrage dans le réel demeure constant et, si l'auteur est visiblement au fait de la thématique romanesque la plus moderne (on a parlé, à son propos, de Virginia Woolf), elle ne lui sacrifie jamais sa poignante inspiration. Ses qualités vont s'épanouir dans une longue suite de contes et romans, qui lui vaudront de nombreux hommages officiels (prix Viareggio en 1956, prix Marzotto en 1961, prix Campiello en 1971), et dont les titres principaux sont : *Rencontre avec le faucon* [*Incontro col falco*, 1929], *Un filet de brise* [*Un Filo di brezza*, 1936], *Lettre à l'éditeur* [*Lettera all'editore*, 1945], *J'ai vu ton cœur* [*Ho visto il tuo cuore*, 1950], *La Valse du diable* [*Il valzer del diavolo*, 1953], *L'Épervière* (*) (1956), *Allegro avec désespoir* [*Allegro con disperazione*, 1965] et enfin ce *Portrait debout* [*Ritratto in piedi*, 1971] qui connut l'un des plus grands succès de librairie en Italie.

MANZONI Alessandro. Écrivain italien. Né à Milan le 7 mars 1785, du comte Pietro et de Giulia Beccaria, fille de Cesare Beccaria, il mourut dans la même ville le 23 mai 1873. Il fit ses études tout d'abord à Lugano et à Merate chez les pères somasques, puis à Milan chez les barnabites. Il réagit vivement contre l'éducation religieuse qu'il avait reçue, s'enflammant pour les idées de la Révolution française et manifestant ouvertement des sentiments jacobins dans un bref poème ; « Le Triomphe de la liberté » [Il Trionfo della libertà, 1801], qu'il écrivit à seize ans, après la paix de Lunéville. On donnait alors dans un nouveau classicisme, et Manzoni, qui avait commencé à fréquenter Vincenzo Monti, choisit lui aussi cette voie. Citons parmi ses poèmes de jeunesse *L'Adda* (1803), *Les Sermons* [*Sermoni*], le poème « Pour la mort de Carlo Imbonati » [In morte di Carlo Imbonati, 1805] qu'il acheva de composer quand sa mère, qui avait quitté son époux et avait vécu avec Imbonati, fut demeurée seule. Manzoni la rejoignit à Paris, ne s'offensant point que sa mère eût contracté une liaison (il désavouera plus tard le poème écrit pour Imbonati). D'ailleurs, Claude Fauriel, avec lequel il se lia d'une vive amitié, vivait tout aussi illégitimement avec Sophie de Condorcet dont l'influence se retrouve peut-être dans un bref poème sur les beaux-arts considérés comme moyen de civilisation, *Urania*, édité en 1809, et dans lequel, comme dans *Les Grâces* (*) de Foscolo, le mythe est considéré comme le symbole d'une idée esthétique. Mieux, on affichait de telles unions dans le milieu que fréquentait Manzoni à Paris et où les « Idéologues » prônaient le sensualisme, le scepticisme, le matérialisme, voire l'athéisme. Il est probable qu'il préférât « remonter aux sources » en lisant les grands philosophes et écrivains politiques de l'Ancien Régime, en étudiant Voltaire et Diderot. Il est aussi possible que l'exemple de Fauriel l'encouragea à approfondir les études historiques déjà commencées sous l'influence de V. Cuoco à Milan et que l'historicisme français du début du XIXe siècle agit profondément sur lui. Tout donne à croire que l'indifférence religieuse ne fut chez lui qu'une attitude superficielle. Son mariage, contracté alors même qu'il traversait une période tourmentée sur le plan spirituel, eut sur lui une influence décisive. En 1808 il épousa, selon le rite évangélique, Henriette Blondel, dont la famille était originaire de Genève et calviniste ; cette femme extrêmement douce montrait une vive sensibilité religieuse. En février 1810, le mariage fut célébré une seconde fois selon le rite catholique et au mois de mai de la même année Henriette se convertit au catholicisme.

Manzoni était revenu à la foi de son enfance, et toute son œuvre sera marquée par cette conversion. On peut supposer qu'il s'est senti frappé par une grâce soudaine et qu'il a eu une manière de révélation dans l'église Saint-Roch, à Paris, où il priait pour se libérer d'une lourde anxiété. Quant à l'influence que purent avoir les milieux jansénistes avec lesquels il était en contact, elle est aujourd'hui encore discutée. Quelles que fussent les circonstances extérieures dans lesquelles s'opéra la conversion de Manzoni, celle-ci résulta d'une démarche tout intérieure qui engagea son être entier. Pareille conversion ne laissa pas de modifier son point de vue de critique et son activité littéraire. Il inclina vers les doctrines romantiques où il vit une composante chrétienne (ce qui était vrai pour le romantisme italien, mais l'était moins pour le mysticisme équivoque du romantisme allemand en particulier). Entre 1812 et 1813 il composa ses premiers *Hymnes sacrés* [*Inni sacri*] parmi lesquels il faut citer « La Résurrection » [La Resurrezione], « Le Nom de Marie » [Il Nome di Maria], « Noël » [Il Natale], qui furent publiés en 1815 avec « La Passion » [Passione]. Puis ce fut « La Pentecôte » [La Pentecoste] dont une édition à tirage limité parut en 1822, œuvre plus achevée que les autres et qui annonce déjà *Les Fiancés* (*). Le genre n'était point nouveau, ni particulièrement en accord avec les goûts du temps ; mais on trouve dans les *Hymnes* une inspiration fervente.

En 1819, sur les incitations de Tosi, Manzoni polémique avec Sismondi, qui, dans l'*Histoire des républiques italiennes* [*Storia delle repubbliche italiane*], avait affirmé que le catholicisme avait été en Italie source de corruption — et écrivit les *Observations sur la morale catholique* [*Osservazioni sulla morale cattolica*]. À l'influence de la philosophie des Lumières s'était désormais superposée celle des textes sacrés et des grands écrivains français des XVIIe et XVIIIe siècles qu'il étudiait assidûment. Il n'en abandonne pas pour autant un rationalisme qui était devenu chez lui habitude mentale. Il composa une ode dans laquelle il tentait d'interpréter sur le plan historique et religieux l'épopée de Napoléon, *Le Cinq Mai 1821 ou la Mort de l'empereur Napoléon à Sainte-Hélène* (*) où il manie puissamment les idées et les images. Dans l'Ode intitulée « Mars 1821 » (la dernière strophe a été ajoutée dans l'édition de 1848), Manzoni se déclare énergiquement en faveur de l'unité italienne. *Le Comte de Carmagnole* fut composé par fragments, entre 1816 et 1819, et publié au début de 1820, avec des notes qui témoignent des soins scrupuleux apportés par Manzoni à l'étude des faits historiques, et avec une préface qui contient à peu près les mêmes idées que les *Lettres à M. C.* *** [*Chauvet*] *sur l'unité de temps et de lieu dans la tragédie* (1823), et résume les méditations de Manzoni sur le thème de la vérité dans l'art et de la poésie face à l'Histoire. Entre 1820 et 1822, Manzoni élabora l'*Adelchi* (*) et recueillit les matériaux nécessaires au *Discours sur quelques points de l'histoire lombarde en Italie* [*Discorso sopra alcuni punti della storia longobardica in Italia*], auquel il travailla vers la fin de l'année 1821, reprenant et étudiant des thèmes déjà développés par les historiens français de la Restauration (et en particulier commentant, à partir des ouvrages de Thierry, le dualisme conquérants-conquis, oppresseurs-opprimés). On voit déjà poindre ici les conceptions que Manzoni exposera dans *Les Fiancés.*

Les tragédies de Manzoni relèvent de la poésie lyrique plus que de l'art dramatique, et c'est à la lecture et non à la représentation qu'on en peut goûter les beautés, qui résident dans certains détails et non point dans l'ensemble. Mais le rythme de ces pièces, rythme plein d'austérité, leur confère une valeur poétique indiscutable. En 1821, pour échapper à l'amertume que lui causaient l'écroulement de ses espérances sur le plan patriotique, l'exil ou l'emprisonnement de ses amis les plus chers, Manzoni gagna Brusuglio, emportant avec lui les histoires milanaises de Ripamonti et les ouvrages sur l'économie de Gioia. De ses méditations et lectures sous l'influence de Walter Scott, dont la renommée allait grandissant, naquirent *Les Fiancés.* Manzoni travaille à cet ouvrage de 1821 à 1827 ; plus précisément il en rédigea une première version intitulée *Fermo et Lucia* [*Fermo e Lucia*] du 24 avril 1821 au 17 septembre 1823. Il la remania, non sans peine, en une première édition du roman parue sous le titre définitif des *Promessi sposi.* Manzoni devait retravailler son roman entre 1827 et 1842, y apportant peu de modifications d'ordre structurel, mais en modifiant la langue pour la rendre plus conforme à l'usage toscan. Après un bref séjour à Paris, entre 1819 et 1820, Manzoni s'éloigna toujours plus rarement de Milan. En 1827, il se rendit en Toscane, où il séjourna pendant quelque temps et où il se fit de nouveaux amis (à Milan, il avait l'habitude de réunir quelques fidèles comme Grossi, Torti, Visconti, Rossari). En 1833 mourut Henriette Blondel, son épouse, et il se remaria en 1837 avec Teresa Bori, qui mourut aussi prématurément, ainsi que cinq des sept enfants que Manzoni avait eus d'Henriette Blondel. Manzoni abandonna très tôt son activité créatrice, finissant par nier la valeur de sa propre poésie et même de la poésie en général. Rappelons ses principaux ouvrages historiques, philosophiques, esthétiques et linguistiques : *Le Romantisme en Italie*, écrit en 1823, publié en 1846 sans que son auteur le sût, et avec d'importantes modifications, et inclus dans les *Œuvres variées* [*Opere varie*] ; l'*Histoire de la colonne infâme* (*) placée en appendice à l'édition de 1842 du *Roman historique* (1845) ; le dialogue *De l'invention* [*Dell'Invenzione*], composé en 1841, édité en 1850 ; l'*Essai comparatif sur la Révolution française de 1789 et la révolution italienne de 1859* [*Saggio comparativo sulla rivoluzione francese del 1789 et la rivoluzione italiana del 1859*], resté inachevé, enfin l'ensemble des œuvres écrites sur les problèmes que pose la langue, depuis *Sentir Messa*, publié à titre posthume, jusqu'à la *Lettre à Giacinto Carena sur la langue italienne* [*Sulla lingua italiano*] (cf. *Opere varie*), depuis le rapport écrit au ministre Broglio, *Sur l'unité de la langue et sur les moyens de la diffuser* [*Dell'unità della lingua et dei mezzi di diffonderla*, 1868] avec un *Appendice* (1869), jusqu'aux lettres écrites à Bonghi à propos du *Traité de l'éloquence en langue vulgaire* (*) de Dante et à propos du vocabulaire, jusqu'à la *Lettre à Casanova* [*Lettera al Casanova*, 1871]. Tous ces travaux s'échelonnent sur plus de cinquante ans et ont été inspirés à Manzoni, tout d'abord dans le domaine théorique, par la lecture des philosophes français traitant de l'origine du langage, et, en second lieu, dans le domaine pratique, par les difficultés que Manzoni rencontra lorsqu'il dut choisir un moyen d'expression pour son roman. D'autre part, la manière dont il tranche la question en optant pour une langue populaire et vivante, le toscan, répond à la fois à l'un des principes essentiels de l'esthétique romantique, et à un point de vue politique, historique et religieux qui innerve toute son œuvre. L'influence de Manzoni sur la formation de la conscience nationale italienne fut très grande, et il voulut donner une signification à chacun des gestes qu'il fit dans le domaine de la vie politique et publique. C'est ainsi qu'il refusa en 1814 de demander que Beauharnais fût proclamé roi d'Italie, qu'il s'écarta des réjouissances qui eurent lieu en 1838 en l'honneur de Ferdinand Ier, qu'il repoussa les avances du gouvernement autrichien, qu'il demanda l'intervention de Charles-Albert, qu'il évita en 1858 de recevoir l'archiduc Maximilien, et qu'il vota, en qualité de sénateur, le transfert de la capitale de Florence à Turin. À sa mort, l'Italie lui fit des funérailles nationales ; la famille royale conduisait le deuil et une bonne centaine de villes envoyèrent des délégations aux obsèques. Verdi composa, en 1874, une messe en son honneur.

MARIO MARCAZZAN.

♦ *« Ah ! Manzoni ! c'est un jeune homme bien intéressant. Il a commencé à s'écarter des règles reçues, et surtout de l'unité de lieu* [...] *On lui en a voulu, et cependant il ne s'en est écarté qu'avec mesure, et cela me plaît. C'est très bien commencé. »* Goethe (paroles rapportées par V. Cousin). ♦ *« Je n'ai jamais lu des pages qui m'aient autant frappé que celles où Manzoni s'abandonne au sentiment religieux qui se fait sentir dans toutes ses œuvres. »* Lamartine. ♦ *« C'est un imitateur, mais un imitateur timide de Shakespeare, il désire montrer sa prédilection pour l'école romantique, sans manquer de respect aux classiques. Il s'efforce de satisfaire en même temps les partisans de Shakespeare et les spectateurs de Racine* [...] *Je doute de son succès, car le* mezzo termine *ne réussit, en général, qu'en politique. »* Stendhal. ♦ *« Manzoni est le Racine des romantiques. »* Sainte-Beuve. ♦ *« Je voudrais qu'il fût lu, prêché dans toutes les églises et appris par cœur dans toutes les auberges. »* Giordani.

RÉF. : F.-S. Salfi, *Du génie des Italiens et De l'état de leur littérature...* in *Revue encyclopédique* d'octobre, 1819. – C. Cantù, *A. Manzoni, Reminiscenze,* Milan, 1855. – S. E. le nonce Rocca, *Les Grands Italiens au XIXe siècle*, Paris, 1875. – V. Waille, *Le Romantisme de Manzoni,* Alger, 1890. – J. Dornis, *Le Roman italien contemporain,* Paris, 1907. – M. Scherillo, *Manzoni intimo,* Milan, 1923. – A. Galleti, *Alessandro Manzoni,* 2 vol., Milan, 1927. – B. Croce, *Alessandro Manzoni, Saggi e discussioni,* Bari, 1930. – F. Ruffini, *La Vita religiosa di*

Alessandro Manzoni, Bari, 1931. – *Annali manzionani,* 5 volumes publiés entre 1939 et 1949. – D. Budini, *Alessandro Manzoni,* Bologne, 1940. – D. Christesco, *La Fortune d'Alexandre Manzoni en France,* Paris, 1943. – J.-F. de Simone, *Alessandro Manzoni, esthetics and literary criticism,* New York, 1946. – A. Momigliano, *Dante, Manzoni, Verga,* Messine, 1955. – L. Portier, *Alessandro Manzoni,* Paris, 1955. – J. Gondet, *Catholicisme et Poésie dans le roman* « I Promessi Sposi, » Lyon, 1961. – G. Getto, *Letture manzoniane,* Florence, 1964. – A. Leone de Castris, *L'impegno di Manzoni,* Florence, 1965. – G. Getto, *Manzoni Europeo,* Milan, 1971. – E. Raimondo, *Il romanzo senza idillio,* Turin, 1974. – N. Ginzburg, *La famiglia Manzoni,* Turin, 1984. – V. Spinazzola, *Il libro per tutti, Saggio su* « I Promessi Sposi », Rome, 1984. – Revue des Études italiennes, 1986. – A. Marchese, *Guida alla lettura di Manzoni,* Milan, 1987.

MAO TOUEN (pseud. de Chen Yen-ping). Romancier et critique littéraire chinois. Né à Ts'ing Tchen (Tchen-tsiang) le 4 juillet 1896, mort à Pékin le 27 mars 1981. Ministre de la Culture de la République populaire de Chine de 1949 à 1965. Influencé par les écrivains occidentaux, il fut, en 1921, un des fondateurs de la « Société d'études littéraires », qui voulait faire connaître la littérature occidentale et créer une nouvelle littérature pour le bien de l'humanité et non pour l'art pur, en opposition à l'esthétisme du groupe « Création ». Il écrivit alors de nombreux essais de critique littéraire. Après 1924, attiré par le marxisme, il préféra s'engager dans l'action politique et prit part à l'Expédition du Nord. La répression de 1927 le conduisit à abandonner la théorie pour la création : trois nouvelles inspirées de ses souvenirs, *Désillusion* [*Houan-mie*], *Hésitation* [*T'ong-yao*], *poursuite* [*Tchoueits'io*], réunies en 1930 en une trilogie, *L'Éclipse* [*Che*], dépeignent de manière réaliste les angoisses et le désenchantement de jeunes intellectuels. Cette œuvre pessimiste le consacra comme un grand romancier, mais lui valut les critiques communistes. Après un séjour au Japon, où il composa plusieurs autres nouvelles, il adhéra en 1930 à la « Ligue des écrivains de gauche ». C'est en 1933 que parut son roman le plus célèbre, *Minuit* (*), vaste fresque réaliste et colorée de la société chinoise de l'époque, roman d'inspiration marxiste qui décrit notamment la faillite inéluctable du capitalisme national dans une Chine semi-coloniale. À la même époque, il composa une trilogie villageoise : *Les Vers à soie du printemps* (1932-1943), *Moisson d'automne* [*Ts'io cho,* 1933], *Cruel hiver* [*Ts'an tong,* 1933]. Pendant la guerre, il écrivit un roman, *Corruption* [*Fouche,* 1941], peinture des milieux corrompus du Kouo-min-tang, une pièce de théâtre et plusieurs nouvelles. Depuis 1949, il a occupé de hautes fonctions, mais n'a plus créé d'œuvre importante. Il est revenu néanmoins à de pénétrants essais critiques. Écarté de son poste de ministre de la Culture en janvier 1965, Mao n'a cependant pas disparu de la scène publique. Il devint en effet vice-président de la Fédération des écrivains et des artistes chinois, et président de l'Association des écrivains.

NICOLE DULIOUST.

MAO TSEU-TONG [Mao Zedong]. Révolutionnaire et homme d'État chinois. Né à Chao-chan (Hou-nan) le 26 décembre 1893, mort à Pékin le 9 septembre 1976. Issu d'une famille paysanne relativement aisée, après des études à l'École normale de Tch'ang cha, en 1918, il obtient, grâce à Li Ta-tchao, un poste d'aide-bibliothécaire à l'université de Pékin. Il s'y lie avec Tch'en Tou-sio et découvre le marxisme. Dès lors, sa vie se confond avec l'histoire du parti communiste chinois, à la fondation duquel il participe en juillet 1921 à Shanghai. Pendant les années du Front uni avec le Kouo-min-tang, il occupe différents postes : il est notamment, en 1926, directeur de l'Institut national des cadres du mouvement paysan à Canton. À la même époque, témoin des luttes paysannes dans le Hou-nan, il prend conscience de la capacité révolutionnaire de la paysannerie, s'opposant sur ce point au Parti. Il écrit alors *Analyse des classes de la société chinoise* (1926) et le *Rapport sur l'enquête menée dans le Hou-nan à propos du mouvement paysan* (1927), œuvre enthousiaste où il défend la nécessaire violence de la révolution. Après l'éviction des communistes du Kouo-min-tang, Mao établit, en 1927, dans les monts Tsing-kang-chan, une « base soviétique ». Il est bientôt rejoint par Tchou Teu et ils organisent un pouvoir politique et militaire. Les défaites communistes contraignent Mao à une retraite vers le nord-ouest du pays en octobre 1934. C'est au cours de cette « Longue Marche » (1934-1935) qu'il s'impose comme chef du parti en janvier 1935. L'agression japonaise conduit les communistes à s'allier à nouveau au Kouo-min-tang en 1937. Mao élabore à cette époque les règles de la guerre révolutionnaire. Il écrit *Problèmes stratégiques de la guerre révolutionnaire en Chine* (1936), *De la guerre prolongée* (1938), ainsi que des ouvrages « philosophiques » : *À propos de la pratique* (1937), *À propos de la contradiction* (1937). Dès 1938, il recommande un marxisme adapté aux conditions concrètes de la Chine et, dans *La Nouvelle Démocratie* (1940), développe sa conception du front uni. Dans cette perspective, il écrit encore *Préface et Postface aux enquêtes à la campagne* (1941). En 1942, Mao élabore les règles d'un art prolétarien dans les *Interventions aux causeries sur la littérature et l'art à Yenan* (*). Apres la capitulation du Japon, la guerre civile reprend et s'achève par la victoire de l'Armée populaire de libération et la fondation de la République populaire de Chine en 1949. Jusqu'au « Grand bond en avant » (1958), Mao parvient à imposer l'essentiel de sa politique, accélérant le processus de collectivisation rurale à partir de 1955. Il prononce en 1956 le discours *Sur* *les dix grands rapports* [*Louen che ta kouan-si*], et en 1957 les premières dissensions ouvertes lui inspirent *De la juste solution des contradictions au sein du peuple.* L'échec du « Grand bond en avant » contraint Mao à un relatif effacement : il abandonne en 1959 la présidence de la République à Lio Chao-ts'i, demeurant le chef du parti. Il cherche cependant à reprendre le pouvoir et en 1966 lance la Révolution culturelle, manifestation et aggravation tragique de la lutte au sein des équipes dirigeantes. Depuis la mort de Mao et la chute de la « bande des quatre », l'héritage maoïste est de plus en plus contesté par ses successeurs et par la population, qui n'hésitent plus à mettre en cause l'infaillibilité du « Grand Timonier ». Mao reste cependant celui qui a conduit le mouvement révolutionnaire à la victoire et la Chine à retrouver indépendance et puissance. Ses *Poèmes* (*), écrits en langue ancienne, scandent les épisodes marquants de cette épopée.

RÉF. : E. Snow, *Étoile rouge sur la Chine,* Paris, 1965. – S. Schram, *Mao Tsé-toung,* Londres, 1966. – Mao Tsé-toung, *Œuvres choisies* (5 vol.), Pékin, 1966-1977. – *Poésies complètes de Mao* (trad. et comm. G. Brossolet), Paris, 1969. – J. Ch'en, *Mao et la révolution chinoise,* Paris, 1968. – S. Leys, *Les Habits neufs du président Mao,* Paris, 1971.

MAO TSIN [Mao Jin]. Bibliographe et bibliophile chinois. Né en 1599 à Tch'ang-chou (province du Tsiang-sou), mort en 1659. On ignore tout de sa vie, si ce n'est qu'il a compilé le grand recueil des principales pièces de la dynastie Ming publié sous le titre *Soixante pièces* (*).

JACQUES PIMPANEAU.

MAPLES ARCE Manuel. Poète mexicain. Né le 1er mai 1900 à Papantlec, dans l'État de Veracruz, mort à Mexico en 1981. Après des études de droit à Mexico, il devient avocat et va dès lors suivre une carrière politique et diplomatique : il sera successivement secrétaire général du gouvernement de Veracruz, député de cet État, et occupera de nombreux postes diplomatiques à l'étranger. Maples Arce appartient au mouvement littéraire et poétique mexicain appelé « estridentismo » (le « stridentisme ») dont les principaux membres sont Arqueles Vela et Germán List Arzubide. *Échafaudages intérieurs* (+) (1922) est un recueil qui se veut militant et futuriste, où abondent des appels à l'action syndicale et politique. Maples Arce dresse avec une certaine complaisance tout un paysage de machines, de produits industriels, de nomenclatures techniques, de moteurs, d'hélices, etc., et entend évoquer le monde à venir. Dans un recueil ultérieur, *Mémorial du sang* (*) (1947), le poète abandonne les excès de l'« estridentismo », et revient à une poésie plus humaine.

MAPU Avraham. Écrivain hébraïque. Né le 6 février 1808 à Slobodka (Lituanie), mort le 9 octobre 1867 à Koenigsberg (Allemagne). Figure de proue de la Haskalah (les « Lumières » juives), il est le père du premier roman hébreu contemporain. Élève brillant à la yéshiva (école talmudique), il étudie aussi dans le sillage de la Haskalah le latin, le français, l'allemand, le russe. Il devient précepteur pour subvenir aux besoins de sa famille et ne publie son premier roman *L'Amour de Sion* (*) qu'en 1853 : le succès est immédiat. Un second roman voit le jour entre 1858 et 1864 : *Le Vautour hypocrite* [*'Ayit Tsavou'a*]. Contrairement au décor de sa première œuvre planté dans l'Israël biblique, l'action se déroule sous le règne du tsar Alexandre II. En 1865-1866 paraît le dernier roman de Mapu : *Le Péché de Samarie* [*'Ashmat Shomron*], dans lequel l'auteur préfère revenir à une toile de fond biblique. Hormis l'œuvre de fiction, il publie également plusieurs méthodes pédagogiques dont l'une concerne l'enseignement du français. Si l'influence de *La Bible* est nettement sensible dans deux de ses œuvres majeures, Mapu puise d'autres sources d'inspiration chez des auteurs hébraïques et français tels que Moshé Hayyim Luzzatto (1700-1747), Alexandre Dumas et Eugène Sue. Il emprunte au premier, précurseur des Lumières juives, ses procédés idiomatiques, ses noms allégoriques et son intérêt pour la nature. À l'instar des romanciers français, il situe son idylle amoureuse au cœur d'un événement historique ou bien instaure une atmosphère de violence et d'intrigue chère à l'auteur des *Mystères de Paris* (*). Les premiers lecteurs de Mapu, Juifs russes opprimés par le joug tsariste, sont fascinés par un genre littéraire inédit dans la littérature hébraïque et qui engendre un sentiment d'excitation et d'aventure aux antipodes de leur terne et passive existence. L'exaltation des prouesses d'un peuple juif vivant librement sur la terre ancestrale réveille la fierté pour un passé national commun : c'est ainsi que Mapu, par ses romans, contribuera de façon non négligeable à l'éveil du mouvement national juif qui devait aboutir au sionisme.

MICHÈLE TAUBER.

MARAGALL Juan. Écrivain catalan. Né à Barcelone en 1860 ; mort dans la même ville en 1911. Il étudia le droit à l'université de sa ville natale, et s'initia aux lettres en traduisant en catalan des poésies allemandes. En 1890, il commença à collaborer au *Diario de Barcelona,* journal catholique et conservateur, et à *La Veu de Catalunya.* La même année il se maria avec Clara Noble, anglaise par son père et andalouse par sa mère, dont il eut douze enfants. À part son voyage de noces en Italie, quelques visites dans la France méridionale et quelques voyages sporadiques dans la péninsule, Maragall sortit très peu de Barcelone. De son père, fabricant de tissus, il avait hérité une fortune qui lui permit une vie aisée.

En refusant une charge politique qui lui était offerte par le gouvernement espagnol, Maragall, considéré comme le plus grand poète catalan des temps modernes, donna un sérieux appui au mouvement autonomiste de Catalogne. L'œuvre poétique de Maragall, toute en catalan et de peu de volume, se compose de quatre recueils : *Poésies* (*), *Visions et Chants* (+), *Là-bas* (+) et les *Séquences* (+). Avec lui le catalan littéraire moderne se confond avec la langue parlée à Barcelone. Très étendue par contre est son œuvre en prose, qui comprend articles et essais, en catalan et en espagnol, publiés de 1890 jusqu'à sa mort.

MÁRAI Sándor. Écrivain hongrois. Né le 11 avril 1900 à Kassa, il s'est suicidé en exil aux Etats-Unis le 21 février 1989. D'une famille aisée, Márai fut, avant la Seconde Guerre mondiale, un des romanciers les plus lus de la bourgeoisie hongroise ; ses premières œuvres évoquent ses voyages de jeunesse. En 1948, il quitta la Hongrie pour vivre en exil. Son roman le plus important est sans doute les *Confessions d'un bourgeois* (*) (1934), qui décrit une famille bourgeoise aux prises avec la tradition. *Les Révoltés* (1936) réagissent avec une certaine véhémence à la barbarie du fascisme. Il exprimera dans son *Journal* [*Napló*, 1945-1957] le mal du pays.

MARAÑÓN Gregorio. Médecin et écrivain espagnol. Né à Madrid le 27 mars 1887, il y mourut en mars 1960. Professeur de faculté, il acquit un grand prestige international dans sa spécialité : l'endocrinologie. Ses écrits littéraires, scientifiques et historiques en firent un membre des cinq académies royales correspondantes. À côté de sa grande réputation acquise comme homme de science, de sa personnalité exceptionnelle, il convient d'avancer ses qualités de conférencier et d'humaniste. Fondateur avec Ortega y Gasset et Pérez de Ayala du groupe « Au service de la République », il fut député en 1931. Dans le domaine scientifique, nous citerons parmi ses ouvrages : *Trois essais sur la vie sexuelle* [*Tres ensayos sobre la vida sexual*, 1926], *Amours, convenance et eugénisme* [*Amor, conveniencia y eugenesia*, 1931], et *L'Évolution de la sexualité et les états intersexuels* [*La evolución de la sexualidad y los estados intersexuales*, 1930]. Le médecin, l'artiste et le créateur s'associent dans des ouvrages comme *Amiel, étude sur la timidité* [*Amiel, un estudio sobre la timidez*, 1932], *Don Juan et le donjuanisme* (*) (1940), qui renouvellent l'image de la virilité indécise du séducteur. Ajoutons-y les rigoureuses études historiques intitulées *Essai biologique sur Henri IV de Castille et son temps* (*) (1930), *Le Comte-Duc d'Olivarès ou la Passion du pouvoir* (*) (1939), *Tibère, histoire d'un ressentiment* [*Tiberio, historia de un resentimiento*, 1939] ou les complexes d'un empereur romain ; *Luis Vives, un Espagnol hors d'Espagne* [*Luis Vives, un español fuera de España*, 1942] ; *Antonio Pérez, l'homme, le drame, l'époque* [*Antonio Pérez, el hombre, el drama, la época*, 1947]. L'humanisme profond de Marañón se fait jour dans un grand nombre d'autres essais : *Idées biologiques du père Feijóo* [*Ideas biológicas del padre Feijóo*, 1934], *Temps anciens et temps nouveaux* [*Tiempo viejo y tiempo nuevo*, 1940] ; *Essais libéraux* [*Ensayos liberales*, 1946]. *Des Espagnols en exil* [*Españoles fuera de España*, 1947], qui culminent dans *Éloge et nostalgie de Tolède* [*Elogio y nostalgia de Toledo*, 1940]. L'écrivain a fait œuvre d'homme de science, d'historien et d'essayiste dans une synthèse exceptionnelle dans la Péninsule et dans le monde.

LOUIS URRUTIA.

MARAT Jean-Paul. Pamphlétaire et homme politique français. Né à Boudry (canton de Neuchâtel, Suisse) le 24 mai 1743, mort assassiné à Paris le 13 juillet 1793. Fils d'un dessinateur originaire de Cagliari (Sardaigne), il eut de bonne heure le goût de l'étude, et un don d'assimilation qui tenait du prodige. Dès l'âge de douze ans il entendait, en effet, plusieurs langues vivantes ; en même temps il s'intéressait à l'histoire, à la physique et même à la philosophie. Ayant, à seize ans, perdu sa mère qu'il adorait, il résolut, l'année suivante (1760), de partir à travers le monde. Après un séjour à Bordeaux, puis à Dublin et à Amsterdam, il voulut se rendre à Londres. Il y devait rester dix ans. Ayant peu de patrimoine, il vécut de leçons de français et d'autres langues. Soucieux surtout de se faire connaître, il étudiait sans relâche la physique, la philosophie et la physiologie. C'est de 1773 que date son premier ouvrage en anglais, *A Philosophical Essay on Man*, qui fut traduit deux ans plus tard en français sous le titre : *De l'homme, ou Des principes de l'influence de l'âme sur le corps ;* dans ce lourd traité qui lui valut les sarcasmes de Voltaire, Marat réfutait violemment Descartes, Malebranche et Helvétius. Ainsi se posait-il d'emblée en réformateur. L'année suivante (1774), il publia un livre plus violent encore, qu'il avait écrit en anglais : *The Chains of Slavery* [*Les Chaînes de l'esclavage*]. S'étant fait recevoir, en outre, docteur en médecine, il put la pratiquer pour vivre. Rentré en France, devenu le 24 juin 1777 médecin des gardes du corps du comte d'Artois, il écrivit plusieurs mémoires sur l'optique, la lumière et l'électricité : *Découvertes de M. Marat sur le feu, l'électricité, la lumière* (1779). Son grand savoir n'était contesté par personne, puisqu'en 1779 l'Académie des sciences se plut à reconnaître que ses expériences étaient « nouvelles, exactes et bien faites » — ce qui valut à leur auteur l'estime de l'illustre Franklin.

Malheureusement, par son humeur vindicative Marat s'aliéna bientôt le monde savant :

on organisa contre lui la conspiration du silence. En 1787, il publia son fameux *Plan de législation criminelle :* il y représente la société comme coupable, ou peu s'en faut, de tous les crimes commis par l'individu. Dès ce moment, Marat se lança à corps perdu dans l'agitation politique. Pris d'une compassion convulsive pour les maux du peuple de France, il se crut chargé d'un rôle de dénonciateur public. Dès 1789, il se consacra tout entier à la polémique : *Offrande à la patrie, ou discours au Tiers État de France* (avril 1789), *Supplique aux pères conscrits, La Constitution, ou Projet de déclaration des droits de l'homme et du citoyen, Avis au Peuple, ou les Ministres dévoilés, Dénonciation faite au tribunal public contre Necker.* De la même année (1789) date la fondation de *L'Ami du peuple* (*) (dont le titre fut d'abord *Le Publiciste parisien*), journal qu'il rédigea jusqu'à l'heure de sa mort, et dont la vogue fut inouïe parce qu'il s'occupait surtout du sort des classes laborieuses. Il est inutile de rappeler ici l'action du révolutionnaire que l'on tient pour responsable des massacres de Septembre. Malade, il avait cessé d'aller à la Convention quand il fut tué dans sa baignoire par Charlotte Corday. Sa mort fut pleurée par le peuple comme un désastre national.

♦ *« Tu auras beau me dire des injures, Marat, comme tu fais depuis six mois ; je te déclare que, tant que je te verrai extravaguer dans le sens de la Révolution, je persisterai à te louer, parce que je pense que nous devons défendre la liberté, comme la ville de Saint-Malo, non seulement avec des hommes, mais avec des chiens. »* Camille Desmoulins. ♦ *« Il eut une âme pleine de sens, mais trop inquiète... »* Saint-Just.

RÉF. : Fabre d'Églantine, *Portrait de Marat*, Paris, s.d. – C. Hilbey, *Marat et ses calomniateurs*, Paris, 1847. – P. Lacroix, *Marat philosophe, naturaliste, philanthrope et romancier*, Paris, 1864. – L. R. Gottschalk, *Jean-Paul Marat. L'Ami du peuple*, Paris, 1929. – Dr Cabanès, *Marat inconnu*, Paris, 1930. – Gérard Walter, *Marat*, Paris, 1933. – J. Castelnau, *Marat, l'« Ami du peuple »*, Paris, 1939. – F. Funck-Brentano, *Marat ou le mensonge des mots*, Paris, 1941. – J. Massin, *Marat*, Paris, 1969.

MARBEUF Pierre de. Poète français. Né en 1596 à Sahurs près de Pont-de-l'Arche et mort en 1645. Condisciple de Descartes au collège des jésuites de La Flèche, il étudie le droit à Orléans et devient maître des Eaux et Forêts en la vicomté du Pont-de-l'Arche, après un séjour à la cour de Lorraine. Il est l'auteur de deux ouvrages importants : un *Psaltérion chrétien* (Rouen, 1618) et un *Recueil de vers* (*) (Rouen, 1628) auxquels il faut ajouter un poème sur le mariage de Christine de France avec Victor-Amédée de Savoie (1619), des épigrammes en latin (1620), un poème de circonstance (*Le Portrait de l'homme d'État*, 1633) et enfin une *Ode sur le sujet de l'image de la Vierge* publiée dans *Le Vœu de la reine...* (1639). Influencé par Malherbe, Marbeuf n'oublie cependant pas Ronsard : son œuvre reflète ainsi les « tendances significatives de la nouvelle poésie de 1620 » (H. Lafay). On pourrait les résumer, concernant Marbeuf, en parlant de simplicité de la syntaxe aussi bien que du vocabulaire au service d'une poésie lyrique qui chante la Normandie, la forêt, les eaux, l'amour, débarrassée de ses thèmes convenus. Satirique parfois, peintre d'apparitions cauchemardesques, Marbeuf peut être rapproché de Théophile de Viau par la douceur de vivre (certes plus teintée de religion) qu'il exprime dans ses vers : il met en œuvre une « esthétique de la saveur » (H. Lafay).

FRANÇOIS ROUDAUT.

RÉF. : Henri Lafay, « Pierre de Marbeuf et la nouvelle poésie de 1620 », dans « Les Écrivains normands de l'âge classique et le goût de leur temps », in *Cahier des Annales de Normandie*, nº 14, Caen, 1982.

MARC saint. Juif de Jérusalem, le deuxième des évangélistes, appelé tantôt Jean (Iônnès, transcription de l'hébreu Yohahân), tantôt Marc (en grec Marcos, transcription du prénom latin Marcus, Ier siècle). Il était le fils d'une chrétienne aisée de Jérusalem, du nom de Marie, près de laquelle les croyants se réunissaient au temps de la persécution d'Hérode-Agrippa Ier (44 ap. J.-C.). Il est probable que, dès son jeune âge, Marc connut Jésus, si l'on se réfère à la tradition selon laquelle la Cène aurait eu lieu dans la maison de Marc, et s'il doit être identifié avec le jeune homme curieux qui, à Gethsémani, laissa aux mains des soldats le tissu dont il était couvert, et s'enfuit, nu. Marc, cousin de Barnabé, suivit cet apôtre lors de son premier voyage missionnaire, puis, pour des motifs non précisés, il s'en retourna à Jérusalem. C'est pour cette raison que saint Paul refusa de l'admettre lors de son second voyage, préférant être abandonné aussi par Barnabé, qui avait été jusque-là son collaborateur utile et fidèle. Marc était un des trois Juifs, qui, durant un des emprisonnements de Paul, demeurèrent fidèles à l'apôtre, avec lequel il s'était réconcilié. Marc fut également chargé par saint Paul d'une mission à Rome, au cours de laquelle il rendit d'assez « précieux » services. Nous le retrouvons avec Pierre, à « Babylonia » (« Babel »). Cette Babylone est-elle un terme convenu pour désigner Rome, ou, comme on l'a également prétendu, Alexandrie ? Saint Marc, selon la tradition, aurait été élevé au siège épiscopal d'Alexandrie, où il serait mort (si, du moins, il s'agit bien, en l'occurrence, de la ville en question, et non pas d'une cité du même nom). S'il s'agit de Rome au contraire, ce serait là une confirmation de cette autre tradition qui fait de Marc le collaborateur de saint Pierre à Rome, où il aurait rédigé son *Évangile* (*).

RÉF. : Jean Delorme, *Lecture de l'Évangile selon saint Marc*, Paris, 1972. – Benoît Standaert, *L'Évangile selon Marc*, Paris, 1983. – Agnès Gueuret, *L'Engendrement d'un récit : l'Évangile de l'enfance selon saint Marc*, Paris, 1983.

MARCABRUN. Ce troubadour vécut approximativement entre 1110 et 1150, étant né, dit-on, dans une ville de Gascogne et déposé à sa naissance devant la porte d'un riche gentilhomme, Aldrics del Vilar, qui le fit élever et instruire à ses frais. Tous les récits sont d'accord pour lui donner pour maître le troubadour Cercamon qui lui apprit à réciter les « romans », à jouer de divers instruments et à composer des *Vers* (*) (1130-1148). Il eut une jeunesse dure, n'aima jamais, ne fut jamais aimé et voyagea peu sauf pour se rendre en Castille. Il avait la passion de la critique, l'amour de la féodalité et une véritable haine pour l'amour courtois qui, disait-il, avait amolli et perverti les mœurs, transformant les guerriers en coureurs de femmes et leur enlevant tout désir de courir sus à l'ennemi. Tout son talent passa dans ses satires et l'on redoutait fort ses attaques, qui ne tardèrent pas d'ailleurs à lui valoir une grande renommée. Il est âpre, éloquent et original dans ses images autant que dans sa forme. Sa poésie, par horreur de la facilité, recherche les constructions difficiles et il passe pour l'inventeur du « trobar clus ». L'accroissement de la puissance des rois de France lui faisait redouter la fin de la chevalerie, mais c'est en vain qu'il fustigea les seigneurs et, un jour, lassés de l'entendre dire du mal d'eux, ceux de la province de Guyenne se concertèrent pour le tuer. Il ne nous reste de lui que quarante-trois poèmes, mais ils suffisent pour lui assurer une place de choix parmi les troubadours.

RÉF. : H. Suchier, *Der Troubadour Marcabru*, Leipzig, 1875. — P. Meyer, *Marcabrun*, in *Romania*, VI, 1877. — J.-M.-L. Dejeanne, *Les Poésies complètes du troubadour Marcabru*, Toulouse, 1909. — K. Lewrent, *Beiträge zum Verständnis der Lieder Marcabrus*, Halle, 1913. — A. Franz, *Der provenzalische Troubadour Marcabru*, Leipzig, 1914. — L. Lawner, « Marcabru and the Origins of *trobar clus* », dans *Literature and Western Civilisation*, II, 1973.

MARCADÉ Eustache. Écrivain français. Né vers la fin du XIVe siècle, mort à Marmoutier le 10 janvier 1440. Moine de Corbie, il posséda la prévôté de Dampierre et l'échangea, en 1414, contre la charge d'official de Corbie. Il fut l'un des vingt-quatre ministres de la « cour amoureuse » qui avait été fondée en 1400 « à l'onneur, loenge, recommendacion et service de toutes dames et damoiselles » mais il ne s'agissait que de faire des ballades vertueuses sous la présidence d'un maître en théologie. Vers 1427, il fut révoqué de toutes ses fonctions, dénoncé aux Anglais comme traître et emprisonné à Amiens. Une sentence du 8 septembre 1437 lui rendit sa charge. Entre-temps il s'était installé à Paris et avait repris ses études. Il était depuis longtemps licencié, il obtint son doctorat le 2 mai 1437. En 1438, il représenta l'Université au concile de Bourges ; le 6 novembre 1438, il fut nommé receveur de l'Université et, le 24 février 1439, doyen.

On suppose qu'Eustache Marcadé est l'auteur d'une Passion connue sous le titre de *Passion d'Arras* (*) parce que le manuscrit en a été retrouvé dans la bibliothèque de cette ville et y est conservé. On ignore quand cette Passion fut représentée, mais il est à peu près certain qu'elle le fut plusieurs fois au cours du XVe siècle.

RÉF. : J.-M. Richard, *Le Mystère de la Passion*, Paris, 1893. — E. Pein, *Untersuchungen über die Verfasser der Passion und der Vengence Jhesus Crist enthalten in der Hs. nr 697 der Stadbibliothek zu Arras*, Greifswald, 1903. — A. Jeanroy, *La Passion d'Arras*, in *Journal des savants*, 1906. — A. Thomas, *Notice biographique sur Eustache Marcadé*, in *Romania*, t. XXXV, 1906. — E.-B. Ham, *The Basic Manuscript of the Marcadé « Vengence »*, in *Modern Language Notes*, t. XXIX, 1934.

MARC AURÈLE Antonin. Empereur et philosophe romain de la « gens » espagnole Annia, écrivant en grec. Né à Rome le 26 avril 121, mort à Vienne le 17 mars 180. Enfant charmant par sa franchise ingénue, il plut à Hadrien qui, jouant sur le nom de son père, Annius Verus, l'appela « Verissimus », et l'adopta en ordonnant à son héritier Antonin d'en faire autant : c'est ainsi que Marc Aurèle vécut et fut élevé au palais impérial et que, pendant les vingt-trois ans du règne d'Antonin, les plus heureuses de Rome, il apprit l'art de gouverner, en respirant la « suavitas morum » d'Antonin. Mourant, ce dernier avait donné l'ordre de transporter la statue de la Victoire dans les appartements de Marc Aurèle pour symboliser la transmission des pouvoirs de l'Empire (161). Malheureusement, après une telle « felicitas », les dix-neuf années où Marc Aurèle exerça le pouvoir comptent parmi les périodes les plus catastrophiques de l'Empire à cause des menaces des barbares, des révoltes, des maladies épidémiques, des crises de toute nature ; à cet esprit si ami de la paix et de la méditation, l'histoire confia des tâches matérielles lourdes s'il en fut, qui lui firent une vie mouvementée. À la suite ininterrompue de guerres et de calamités qui accablèrent l'Empire, Marc Aurèle opposa la sérénité de la force morale et l'énergie du sentiment du devoir. On vit des jours où ce maître du monde se trouva dans l'obligation de vendre aux enchères les trésors impériaux afin d'équiper une nouvelle armée composée d'esclaves, de fuyards, de gladiateurs, pour la campagne qui aboutit à la soumission des Marcomans (172) et des Quades (174).

C'est un fait curieux qu'un empereur romain ait appris le secret d'une telle force grâce à l'enseignement écrit d'un affranchi phrygien, Épictète (auquel il avait été initié par le stoïcien Junius Rusticus), et qu'il ait aimé la liberté comme l'avait aimée ce malheureux esclave, au point d'être un César qui eut en horreur de « césariser » (le verbe fut inventé, avec haine, par Marc Aurèle lui-même). Car cet homme qui gouvernait une si grande partie du monde, et ne connaissait pas une heure de calme dans son prétoire ambulant, conserva malgré tout son habitude de jeunesse d'écrire la nuit. Il s'était servi de la langue romaine dans sa correspondance (échangée avant son accession à l'Empire) avec son ami et son maître Marcus Cornelius Fronton, où il traitait de sujets d'étude, de questions de style, donnait des nouvelles de sa santé fragile, compromise d'ailleurs par son rigide ascétisme ; mais, empereur, il écrit en grec quand il se parle à lui-même et se place devant sa conscience. Marc Aurèle, à Carnunte, écrit ses *Pensées* (*), sans doute pour oublier le tumulte de la journée précédente, passée à se battre. Stoïcisme ? Certes, bien que son œuvre ne soit pas un traité de philosophie stoïcienne — elle ne comprend ni le dogme impitoyable d'Épictète ni le ton professoral et théorique de Sénèque —, elle a quelque chose de tout à fait propre à Marc Aurèle, c'est-à-dire la manière humaine, intime et émouvante dont il a transformé la doctrine en un constant examen de conscience. Dans ses rapports avec les chrétiens, Marc Aurèle adopta l'attitude juridique de Trajan : ne pas les rechercher mais les châtier s'ils étaient dénoncés et se refusaient à célébrer le culte de la religion ancestrale. Bien plus que la persécution, c'est son jugement très dur à leur égard qui compte, et leurs défenseurs, bien qu'il refusât de les entendre, ne firent point figurer le sage empereur au nombre des persécuteurs.

VINCENZO CILENTO.

♦ *« Ce fut le meilleur prince qu'aient jamais eu les Romains ; son règne fut un siècle d'or... »* Le Nain de Tillemont. ♦ *« On sent en soi-même un plaisir secret lorsqu'on parle de cet empereur ; on ne peut lire sa vie sans un secret attendrissement. »* Montesquieu. ♦ *« Son thème fondamental, c'est le rattachement de l'individu à l'univers : c'est la seule chose qui donne un sens à la vie, si instable et passagère en elle-même. »* E. Bréhier.

RÉF. : Ernest Renan, *Marc Aurèle et la fin du monde antique*, Paris, 1882. — P. Laffont, *Les Opinions politiques et sociales de Marc Aurèle*, thèse, Toulouse, 1912. — Charles Parain, *Marc Aurèle*, 1957.
André Cresson, *Marc Aurèle, sa vie, son œuvre*, 4e éd., Paris, 1962. — Pierre Hadot, *Les « Pensées » de Marc Aurèle*, BAGB, 1981, 2, p. 183-191.

MARCEAU Félicien (pseud. de Louis Carette). Écrivain français d'origine belge. Né le 13 septembre 1913 à Cortenberg (Belgique). Né près de Bruxelles, il a fait des études de lettres à l'université de Louvain. Nommé en 1936 à l'Institut national de radiodiffusion, il en démissionna en 1942, mais les deux années qu'il y passa pendant l'occupation allemande le firent poursuivre pour collaboration à la fin de la guerre. Il se réfugia en Italie (il y fut bibliothécaire au Vatican), puis vint vivre en France où il obtint sa naturalisation.

Son premier roman, *Capri petite île*, fut publié en 1951 sous le pseudonyme de Félicien Marceau, qu'il ne quitta plus. Suivirent : *L'Homme du roi* (1952), *Bergère légère* (1953), *Chair et cuir* (1954), *Chasseneuil* (1954). Il obtint le prix Interallié en 1955 pour *Les Élans du cœur*, et connut un très grand succès de théâtre, l'année suivante, avec *L'Œuf* (*). En 1969, le prix Goncourt couronna *Creezy* (*). En 1975, il fut élu à l'Académie française au fauteuil de Marcel Achard.

Si l'œuvre de Félicien Marceau, qui compte une quarantaine de titres, s'étend sur différents domaines de la littérature, avec plusieurs romans, des nouvelles et des essais (dont deux sur Casanova), c'est tout de même le théâtre qui a le plus durablement assuré sa carrière d'écrivain. *La Bonne Soupe* (1959), *L'Étouffe-Chrétien* (1960) et *Le Babour* (1969) ont reçu, dès leur création, un excellent accueil aussi bien de la critique que du public.

Son inspiration douce-amère, son pessimisme, sa malice un peu triste, composent une musique très personnelle que l'on retrouve, avec des tons différents, dans tous ses ouvrages. Bien qu'il affirme écrire en réaction contre la « littérature des idées noires », ce ne sont pas des pensées bien gaies qu'il développe dans *Bergère légère* (malgré son titre) ou dans *Creezy*, et moins encore dans des pièces comme *L'Œuf* ou *La Bonne Soupe*, dont la misanthropie n'est pas sans rappeler parfois celle de Jean Anouilh.

JACQUES BENS.

MARCEL Gabriel. Philosophe et dramaturge français. Né et mort à Paris (7 décembre 1889 - 8 octobre 1973). Fils d'un diplomate qui fut directeur des Beaux-Arts sous la IIIe République, il restera un fervent admirateur de la peinture et un grand amateur de musique. Agrégé de philosophie à l'âge de vingt et un ans, il enseigne aux lycées de Vendôme, de Sens et Condorcet à Paris entre 1911 et 1922. Il entre dans la carrière littéraire, en qualité de lecteur chez Grasset et chez Plon. Il dirigera dans cette dernière maison d'édition la collection « Feux croisés » où se trouveront réunis de remarquables auteurs étrangers. En même temps, il poursuivra ses études philosophiques, se montrant notamment intéressé par le problème de la mort, lui qui a été orphelin de mère à quatre ans, et qui fut chargé, pendant la guerre de 1914-1918, de rechercher les disparus. Inspiré par la dialectique hégélienne, influencé par le spiritualisme de Bergson et le rationalisme de Brunschvicg, il finit par se convertir au christianisme en 1929, et il élabore ce qu'on a appelé un peu rapidement un « existentialisme chrétien ». Il se montre hanté par la précarité de toute liberté et il est convaincu que seule la fraternité entre les hommes peut sauver le monde : pensée tout à fait socratique, qu'il exprime dans une série d'œuvres diverses, d'ordre métaphysique, tels le *Journal métaphysique* (*) (1928), *Être et*

Avoir (*) (1935), *Du refus à l'invocation* (*) (1940), *Homo viator* (*) (1945), *Le Mystère de l'Être* (1951), *Théâtre de religion* (1959), *Présence et immortalité* (1959), *La Dignité humaine* (1964), *Paix sur la terre* (1965), *Essai de philosophie concrète* (1967). Critique dramatique aux *Nouvelles littéraires* et membre de l'Institut, il a donné au théâtre des pièces où il montre la difficulté, voire l'échec de toute communication : *Un homme de Dieu* (*) (1925), *Le Chemin de Crête* (1936), *Rome n'est plus dans Rome* (1951). Parce qu'elle s'est exercée dans plusieurs registres, sans oublier le domaine artistique, la pensée de Gabriel Marcel rejoint l'humanisme mais en même temps, par sa lucidité, elle ne s'abstrait pas des réalités du monde. À travers ses écrits, Gabriel Marcel a montré à maintes reprises qu'il savait prendre position sur les grandes options de son temps et que son pessimisme actif, qu'on lui a parfois reproché, n'était jamais l'alibi d'une quelconque démission. Selon lui, l'homme devrait trouver ce qu'il appelle « une sagesse tragique ».

JOËL SCHMIDT.

RÉF. : Edgar Sottiaux, *Gabriel Marcel, philosophe et dramaturge*, Paris, 1956. – Charles Widmer, *Gabriel Marcel et le théisme existentiel*, Paris, 1971. – Jeanne Parrain-Vial, *Gabriel Marcel : un veilleur et un éveilleur*, Lausanne, 1989.

MARCELLO Benedetto. Compositeur et écrivain italien. Né à Venise le 24 juillet 1686, mort à Brescia (Lombardie) le 24 juillet 1739. Sa famille, qui appartenait au patriciat vénitien, constatant ses dons remarquables pour la musique, lui imposa une discipline dont la rigueur semblait alors peu compatible avec l'éducation d'un gentilhomme. Sous la direction de Francesco Gasparini et d'Antonio Lotti, il mit tant d'acharnement dans l'étude du violon que sa nature délicate s'en ressentit. Après s'être reposé quelque temps à la campagne, Marcello, de retour à Venise, dut concilier une intense activité créatrice avec ses fonctions dans la magistrature. Outre de nombreuses pages instrumentales, Marcello composa plusieurs opéras : *La Foi reconnue* [*La Fede Riconosciuta*, 1707], *Calixte changée en ourse* [*Calisto in Orsa*, 1725], et les intermèdes musicaux *Psyché* (1725) et *Ariane* (1727). Entre 1724 et 1727, il fit paraître en outre les huit volumes de *Fantaisie poétique harmonique* [*Estro poetico armonico*], comprenant cinquante *Psaumes* [*Salmi*], mis en musique pour une ou plusieurs voix sur une version libre de Girolamo Ascanio Giustiniani. Homme de grande culture et plein d'esprit, Marcello est l'auteur d'intéressants ouvrages de littérature et de critique, notamment le fameux *Théâtre à la mode* (*), où sont dénoncés les travers des milieux de théâtre au XVIIIe siècle.

RÉF. : F. Caffi, *Della vita e del comporre di B. Marcello, patrizio Veneto, sopra niminato principe della musica*, Venise, 1830. – Crevel de Charlemagne, *Sommaire de la vie et des ouvrages de B. Marcello*, Paris, 1841. – A. D'Angeli, *Benedetto Marcello : vita e opere*, Milan, 1940. – E. Selfridge-Field, *The Works of Benedetto and Alessandro Marcello, A Thematic Catalogue*, Oxford, 1990.

MARCH Auzias. Poète catalan. Né probablement en 1397, à Valence, où il mourut en 1459. Il occupa la fonction de fauconnier royal à la cour d'Alphonse le Magnanime (Alphonse V d'Aragon et Ier de Naples). Son *Chansonnier* – v. *Poésies* (*) –, qui témoigne de l'influence de certains troubadours provençaux, constitue une impressionnante et cruelle analyse de situations réelles, exposées, avec un lyrisme suggestif, dans un style aigu et d'une rudesse grave, qui cherche à traduire efficacement une vérité, si cruelle soit-elle. March exerça une influence considérable sur les poètes espagnols du XVIe siècle, bien que ceux-ci n'aient généralement retenu que les aspects extérieurs et occasionnels de son œuvre.

RÉF. : A. Pagès, *Auzias March et ses prédécesseurs*, Paris, 1912, reprod. en 1975 ; et *Commentaire des poésies d'Auzias March*, Paris, 1925. – M. Riquer, *Influencia de Auzias March en la lirica castellana de la Edad de Oro*, in *Revista Nacional de Educación*, Madrid, 1941 ; et *Historia de la literatura catalana*, Barcelone, 1982. – P. Ramírez, *La poesía espiritual tardana de Auzias March*, 1979.

MARCHAK Samuel Iakovlevitch. Poète russe. Né le 3 novembre 1887 à Voronej, mort à Moscou le 4 juillet 1964. Fils d'un technicien chimiste, il fit ses études à l'université de Londres (1912-1914) et c'est en Angleterre qu'il se passionna pour la traduction des poésies populaires pour les enfants [nursery rhymes] et des poètes anglais ; il resta fidèle à cet art de la traduction poétique jusqu'à la fin de ses jours ; la littérature russe lui doit des imitations et des traductions excellentes d'innombrables poésies de Burns, Blake, Wordsworth, Keats, Kipling, ainsi que des *Sonnets* (*) de Shakespeare, etc. En même temps, Marchak se lança dans la poésie pour les enfants ; son premier recueil de poèmes pour les tout-petits sortit après la Révolution, *Les Enfants en cage* [*Detki v kletke*, 1923]. D'autres poèmes et recueils se succédèrent pendant quarante ans. Marchak amuse les enfants en leur proposant de vrais jeux poétiques, toujours intimement liés à la tradition folklorique, tels que les comptines ou les énigmes ; en même temps, il leur fait comprendre les principes fondamentaux de la morale, il leur enseigne l'honnêteté, le courage, la générosité, l'équité sociale. Au cours des années vingt, Marchak forma à Leningrad un comité de rédaction pour les livres d'enfants ; pendant la terreur de 1937, ce comité fut liquidé, la majorité de ses membres arrêtés, plusieurs condamnés à mort. En 1938, Marchak quitta Leningrad pour Moscou. Au cours de la guerre, il écrivit des « mots d'ordre » rimés et des poésies satiriques. Pendant l'après-guerre, il publia entre autres le célèbre *Livre multicolore* (*) (1947), puis un choix de poésies lyriques, *Izbrannaja lirika* (1962) qui lui valut le prix Lénine (1963) et qui incarne la tradition du classicisme russe : ce sont des poèmes laconiques, rationnels et sages, clairs et optimistes. Pendant les années cinquante et soixante, Marchak n'a jamais hésité à risquer son nom et sa carrière littéraire pour aider les persécutés et les opprimés.

EFIM ETKIND.

MARCUSE Herbert. Philosophe allemand. Né à Berlin le 19 juillet 1898, mort à Starnberg, près de Munich, le 29 juillet 1979. Si le nom de Marcuse a été associé aux mouvements de contestation qui ont vu le jour aux États-Unis et en Europe dans les années 60, sa carrière et son œuvre ont d'abord épousé un parcours qui eut pour cadre le mouvement des idées en Allemagne après la Première Guerre mondiale. Ses études de philosophie le conduisirent à Fribourg-en-Brisgau où Heidegger dirigea sa thèse de doctorat, publiée sous le titre *L'Ontologie de Hegel et le fondement d'une théorie de l'historicité* ; mais l'influence de Heidegger n'eut qu'un temps. Après sa thèse, Marcuse quitta Fribourg pour Francfort où il collabora à l'Institut pour la recherche en sciences sociales fondé par Horkheimer et Adorno. Ses travaux sur Hegel s'orientèrent alors davantage vers une réflexion sociale et politique dont son livre publié en 1941 : *Raison et révolution : Hegel et la naissance de la théorie sociale*, donne la mesure. Dès ce moment-là, avec le nazisme, puis la guerre, cet aspect de sa pensée ne cessera de s'affirmer davantage. En 1934, Marcuse émigre aux États-Unis. Il enseignera successivement à Columbia, à Harvard, à Boston et enfin à l'université de San Diego où il demeurera jusqu'à sa mort. Les ouvrages successifs qui datent de cette époque-là font apparaître une évolution qui le conduit à des problèmes auxquels il doit une notoriété relativement tardive, et où s'exprime le mieux l'originalité de sa pensée. En 1958, il publie *Le Marxisme soviétique* [*Soviet Marxism*], confrontation critique de la théorie marxiste et du système soviétique ; en 1958, c'est *Éros et Civilisation* (*), et en 1966 *L'Homme unidimensionnel* (*). Des divers ouvrages qu'il a publiés, ces deux derniers sont certainement ceux qui ont le plus compté au regard de l'image que l'on a gardée de lui. En même temps, c'est dans ces deux derniers livres que les problèmes abordés et sa façon de les aborder entrent le plus clairement en rapport avec son intérêt pour les formes nouvelles de contestation qui ont vu le jour dans les années 60. Marcuse y renouvelle l'interprétation marxiste des structures sociales répressives à la lumière d'une relecture de Freud. Mais il y découvre aussi toute l'importance de l'imagination et des forces d'utopie qui, à l'œuvre dans l'art, par exemple, semblent renfermer la promesse d'un accomplissement du principe du plaisir. Dans *L'Homme unidimensionnel,* Marcuse décrit certes un univers clos qui est à ses yeux celui de la société industrielle, mais, si les forces de subversion traditionnelles y sont neutralisées sous l'effet des processus qu'il étudie, d'autres s'y révèlent aussi en sommeil, que la période de la guerre du Viêt-nam, aux États-Unis, se chargera d'éveiller. Les derniers livres de Marcuse s'y intéressent plus précisément, en accordant de plus en plus à une dimension esthétique de l'existence le potentiel utopique d'une vie renouvelée. *Vers la libération* (+), publié en 1969, *Contre-révolution et révolte,* en 1972, *La Dimension esthétique,* son dernier livre publié en 1977, en constituent les dernières tentatives de questionnement, à la fois inquiètes et confiantes.

RÉF. : A. MacIntyre, *Marcuse,* Seghers, 1970. – J.-M. Palmier, *Herbert Marcuse et la nouvelle gauche.* Philosophie et révolution, Belfond, 1973.

MARECHAL Leopoldo. Écrivain et poète argentin. Né à Buenos Aires le 11 juin 1900, mort dans la même ville le 27 juin 1970. Après des études classiques, il devient professeur de lettres et se consacre à l'enseignement dans le secondaire. Il se rattache au groupe des « ultraïstes » argentins, tout comme Jorge Luis Borges, et collabore aux revues *Proa* et *Martín Fierro* (1924). L'essentiel de son œuvre est de caractère poétique : *Les Jours comme des flèches* [*Días como flechas*, 1920], *Odes pour l'homme et la femme* [*Odas para el hombre y la mujer*, 1929], *Labyrinthe d'amour* [*Laberinto de amor*, 1936], *Cinq poèmes austraux* [*Cinco poemas australes*, 1937], *Le Centaure* [*El centauro*, Prix national 1940], *Sonnets à Sophie* (1960), *La Patrie* [*La Patria*, 1960]. Marechal est un poète chrétien, partagé entre l'amour humain et l'amour divin, qui a également écrit un traité sur la beauté, inspiré par la tradition augustinienne. *Le Banquet de Severo Archangelo* (*) (1965) est une œuvre métaphysique, et *Adam Buenosayres* (+) (1948) un très important roman mystique et symbolique, dont le héros est la ville même de Buenos Aires. Le romancier et essayiste argentin Pedro Orgambide a écrit que « sa richesse verbale, qui par moments peut paraître une exagération, répond à l'énorme flux d'images, de symboles, de personnages, de descriptions, d'états d'âme, de perception au niveau conscient ou sensoriel qui sont, au bout du compte, les éléments mêmes du poète, ceux qui donnent force à son récit, bref, ceux qui justifient l'existence d'*Adam Buenosayres* ». Mal connu à l'étranger, Leopoldo Marechal est l'une des figures littéraires les plus importantes d'Argentine.

MARESCHAL André. Poète, romancier et auteur dramatique français (? - 1650 ?) dont la vie est à peu près inconnue. Comme nombre de lettrés de son époque, il est passé du barreau à la poésie et au roman avant de se lancer dans le théâtre en 1628. Outre deux recueils de poésie (1625 et 1630), une contribution de dix-sept poèmes au *Recueil des plus beaux vers* (1627), manifeste de l'école malherbienne, il écrit un roman en 1627, *La Chrysolite ou le Secret des romans,* qui innove en joignant à la recherche du vraisemblable des mœurs une forme d'analyse psychologique inconnue jusqu'alors. Ce goût pour l'innovation ne pouvait manquer de le pousser à se joindre à la génération des Modernes (1628-1630), Du Ryer, Mairet, Scudéry, Rotrou, Corneille, etc., qui triomphe dans la tragi-comédie, fait renaître la comédie, et invente la tragédie historique. Parfait reflet de sa génération, il commence par la tragi-comédie irrégulière (*La Généreuse Allemande,* en deux « journées », 1628-1629, publ. 1630), dont il se fait le héraut dans une très importante préface, et qu'il cultivera ensuite à deux reprises (notamment *La Cour Bergère,* 1640). Il s'essaie ensuite à la comédie (*Le Railleur* et *Le Véritable Capitan Matamore,* 1637), et termine sa carrière par des œuvres conformes aux règles et dépourvues des aventures et déguisements qui marquaient ses premières tragi-comédies : de ses deux tragédies, *Le Jugement équitable de Charles le Hardy* (*) (1643, publ. 1645) peut être tenu comme l'une des plus remarquables tragédies historiques de la décennie.

GEORGES FORESTIER.

RÉF. : L. Ch. Durel, *L'Œuvre d'André Mareschal, auteur dramatique, poète et romancier de la période Louis XIII,* Baltimore, 1932. – G. Dotoli, *Il Romanzo al tempo di Luigi XIII,* Bari-Paris, 1976. – L. Desvignes, éd. de A. Mareschal, *La Cour Bergère,* 1981.

MARGERIT Robert. Romancier français. Né le 25 janvier 1910 à Brive-la-Gaillarde, mort à Limoges le 27 juin 1988. Avant de poursuivre une carrière féconde de romancier, Robert Margerit a épousé celle de journaliste à Limoges, dans sa région natale. Rédacteur de 1931 à 1941 dans un quotidien limousin, il assumera de 1948 à 1952 les fonctions de rédacteur en chef du *Populaire du Centre,* auquel il restera par la suite attaché en tant que chroniqueur. Dès 1942, Margerit publie un roman d'aventures d'une facture impeccable, *L'Île des perroquets*, suivi de nombreux autres romans à caractère plus psychologique tels que *Mont-Dragon* (*) (1944), *Le Vin des vendangeurs* (1946), *Le Dieu nu* (*) (prix Renaudot 1951), *La Terre aux loups* (*) (1958). Cette production très riche sera complétée en 1963 par une fresque historique ambitieuse, *La Révolution* (quatre volumes). Dans la plupart de ces œuvres, Margerit campe des personnages inscrits dans un cadre géographique précis, généralement le Limousin, dont l'apparence civile dissimule mal les instincts violents, qui les plient à un destin inévitable. Attentif aux émotions troubles de l'adolescence, il sait à merveille évoquer les atmosphères provinciales mystérieuses où se sécrètent les drames obscurs qui forcent à se dénuder totalement les êtres en proie aux passions les plus extrêmes et les plus osées.

PHILIPPE FAUCHER.

MARGUERITE d'Angoulême, reine de Navarre. Marguerite naquit le 11 avril 1492 à Angoulême, elle mourut le 21 décembre 1549 à Odos de Bigorre, près de Tarbes. Fille de Charles d'Orléans, comte d'Angoulême, et de Louise de Savoie, elle passa ses premières années dans la petite cour de Cognac ou de Blois, où, sous de bons maîtres, elle acquit une solide culture. Elle se montra dès l'enfance très attachée à son frère, qui devait devenir roi de France sous le nom de François Ier. C'est pour des raisons d'ordre politique qu'elle épousa en 1509 le duc d'Alençon qu'elle n'aima jamais. À la suite de l'avènement de son frère au trône, Marguerite devint le centre de la Cour où elle jouit toujours d'un ascendant fort supérieur à celui des épouses successives du roi, Claude de France et Éléonore d'Autriche. Avec sa mère et son frère, elle formait une espèce de trinité qui ne se désagrégea qu'après la mort de Louise de Savoie en 1531. Âme délicate et cultivée, la duchesse d'Alençon rencontra vers 1517 Lefèvre d'Étaples et, en 1521, fit la connaissance de l'évêque de Meaux, Briçonnet, avec qui elle entretint une abondante correspondance spirituelle. Inclinée au mysticisme, sympathique aux idées nouvelles, Marguerite d'Angoulême protégea ceux qu'on peut appeler les préréformés. Les deuils survenus à la Cour – François Ier perdit coup sur coup sa première femme, Claude de France, et sa fille, la princesse Charlotte – furent l'occasion pour elle d'un examen de conscience qui prit corps dans le *Dialogue en forme de vision nocturne*, qu'elle écrivit à la fin de 1524 mais qui ne fut publié qu'en 1533. En 1525, la captivité de François Ier amena la princesse à jouer un rôle politique de premier plan ; elle alla jusqu'en Espagne pour obtenir de Charles Quint des conditions moins rigoureuses à la libération du prisonnier royal. Elle en tira un grand prestige et une grande popularité. Marguerite participa encore d'assez près aux négociations qui suivirent et aboutirent à la signature du traité de Madrid. Veuve depuis 1525, elle épousa en 1527 Henri d'Albret, roi de Navarre, pour qui elle éprouva un véritable amour, quelque temps partagé. Mais bientôt les infidélités fréquentes et successives d'Henri d'Albret, sa conduite grossière envers sa femme, éloignèrent les deux époux. Marguerite n'eut guère plus de chance avec les enfants nés de ce mariage, Jean qui mourut en bas âge, et Jeanne d'Albret qui n'eut jamais d'affection pour sa mère. À la Cour, Marguerite éprouvait également des déboires ; depuis la mort de Louise de Savoie (1531), l'union entre le frère et la sœur n'était plus aussi étroite ; Marguerite eut bientôt à se défendre contre le grand maître Anne de Montmorency, qui accaparait l'esprit du roi, et elle ne retrouva sa place qu'après l'éloignement du grand maître. Marguerite avait publié en 1531 le *Miroir de l'âme pécheresse* dont la Sorbonne tenta de censurer la seconde édition (1533). Aussitôt après l'affaire des placards (octobre 1534) et la réaction qui s'ensuivit, la reine de Navarre se retira à Nérac, où une petite cour de lettrés et de savants gravitait autour d'elle.

Ses relations avec le roi n'étaient cependant pas rompues ; on le vit bien lorsqu'elle accompagna François Ier dans la campagne qui le conduisit à Lyon et en Provence. Un nouvel élément devait amener une véritable brouille. Marguerite projetait depuis longtemps de marier sa fille Jeanne à l'infant Philippe, fils de Charles Quint, et de reconstituer par cette alliance la Navarre. François Ier avait d'autres desseins sur la jeune princesse ; il s'opposa à ce mariage et fit épouser à sa nièce le duc de Clèves (1541). À partir de cette date, la reine de Navarre ne reparut que rarement et pour de brefs séjours à la cour de France.

Déçue dans tous ses projets, éprouvée par des deuils successifs, ébranlée dans ses idées qui étaient devenues dangereuses, Marguerite de Navarre se consacra à la méditation, à laquelle la poussait son tempérament mystique, et au travail des lettres pour lequel elle avait toujours eu du goût. C'est alors qu'elle composa l'*Heptaméron* (*) et réunit les pièces qui forment le recueil dit *Les Marguerites de la Marguerite des princesses* (*). Inclinant toujours plus vers une espèce de quiétisme, elle rompit en 1545 avec Calvin, qui désapprouvait l'intérêt qu'elle portait aux libertins spirituels. En 1547, elle publia *Les Marguerites*. Après la mort de son frère, la reine perdit toute influence sur la Cour. L'annulation du mariage de sa fille avec le duc de Clèves, qui survint peu après, ne lui procura qu'une joie de courte durée : Jeanne épousa Antoine de Bourbon, dont sa mère ne voulait pas pour gendre.

Outre les œuvres déjà citées, Marguerite de Navarre laissait des poésies qui ne furent publiées qu'en 1895 par Abel Lefranc sous le titre *Dernières poésies de la reine de Navarre*, et plusieurs comédies dont certaines sont des moralités : *La Farce de trop, prou, peu, moins*, la *Comédie à dix personnages*, *Le Malade*, *L'Inquisiteur*, d'autres des méditations lyriques comme la *Comédie sur le trépas du roi* (1547). Autant que par son œuvre même, Marguerite de Navarre occupe dans l'histoire des lettres une place de choix par la protection éclairée qu'elle a très libéralement accordée – non sans risques, parfois – à des poètes, des écrivains, des théologiens, des humanistes de son temps. On ne compte pas les hommages qu'elle reçut de son vivant, et qui attestent son rayonnement : l'anthologie que publia Charles de Sainte-Marthe en 1550 en réunit quelques-uns.

JACQUES BROSSE.

♦ *« Elle a été dominée par deux passions : l'amour qui se concrétise en elle dans l'amour familial... et le désir de savoir. C'est de ces deux tendances que l'on peut dégager les traits de sa pensée toute de dévouement, de curiosité, de tendresse, de générosité. »* P. Jourda.

RÉF. : Abel. Lefranc, *Les Idées religieuses de Marguerite de Navarre, d'après son œuvre poétique*, Paris, 1898. – P. Jourda, *Marguerite d'Angoulême, duchesse d'Alençon, reine de Navarre*, Paris, 1930. – N. Cazauran, *L'« Heptaméron » de Marguerite de Navarre*, Paris, 2e éd., 1991.

MARGUERITTE Paul. Écrivain français. Né à Laghouat (Algérie) le 1er février 1860, mort à Paris le 30 décembre 1918. Fils du général Auguste Margueritte, tombé héroïquement à Sedan en 1870, il fut élevé au prytanée militaire de La Flèche, mais renonça à s'engager dans la carrière militaire et entra en 1881 au ministère de l'Instruction publique. Dès 1884, il fit ses débuts littéraires en publiant *Mon père*, livre qui fut suivi par des romans tels que : *La Confession posthume* (1886), *Jours d'épreuve* (1889), *Amants* (1890). Dans ces premières œuvres, Paul Margueritte semblait très influencé par l'esthétique naturaliste ; cependant, plus proche des Goncourt que de Zola (il sera plus tard désigné par Edmond de Goncourt comme un des premiers membres de la fameuse académie), il se sépara dès 1887 du groupe de Médan en signant le manifeste des Cinq (avec Bonnetain, Rosny, Lucien Descaves et Gustave Guiches) publié dans *Le Figaro* du 18 août 1887 contre *La Terre* (*) de Zola. Paul Margueritte, qui donna sa démission de l'administration en cette même année 1887, s'adjoignit bientôt comme collaborateur son frère cadet, Victor – v. article suivant ; le premier ouvrage publié sous leur double signature fut *La Pariétaire* (1896), suivie d'une émouvante histoire d'enfant, *Poum* (1897). *La Débâcle* (*) de Zola suggéra aux deux écrivains de composer, eux aussi, une vaste fresque se rapportant à la guerre de 1870-1871 ; ce fut la tétralogie romanesque intitulée *Une époque* (*), qui leur valut une célébrité européenne. Elle comprend les volumes suivants : *Le Désastre* (*) (1898), *Les Tronçons du glaive* (*) (1900), *Les Braves Gens* (*) (1901) et *La Commune* (*) (1904). La collaboration de Paul et de Victor Margueritte cessa en 1908, et Paul, dont les dons littéraires étaient de toute évidence bien supérieurs à ceux de son cadet, publia encore sous son seul nom : *Souvenirs de jeunesse* (1906-1908), *La Flamme* (1909), *La Faiblesse humaine* (1910), *La maison brûle* (1913), *L'Embusqué* (1916) et *Jouir* (1918).

RÉF. : Pilon, *Paul et Victor Margueritte*, Paris, 1905.

MARGUERITTE Victor. Écrivain français. Né à Blida (Algérie) le 1er décembre 1866, mort à Monestier, le 23 mars 1942. Frère du précédent, il parut d'abord montrer plus de goût que ce dernier pour la vie militaire, s'engagea dans les spahis en 1886, entra en 1891 à l'École militaire de Saumur et devint lieutenant de dragons. Mais il donna sa démission en 1896 et, la même année, inaugura avec Paul Margueritte une célèbre collaboration littéraire, marquée en particulier par la publication du cycle romanesque intitulé *Une époque* (*) (1898-1904). Cette collaboration dura jusqu'en 1908, mais, parallèlement, Victor Margueritte faisait sous son seul nom diverses tentatives théâtrales, telles que *La Double Méprise,* œuvre adaptée de Calderón et représentée à l'Odéon en 1898. Après qu'il se fut séparé de son aîné, il poursuivit sa carrière romanesque, d'une inspiration réaliste et violemment érotique, avec des œuvres telles que : *Prostituée* (1907), *Compagnon* (1924), *Le Couple* (1924), et les deux trilogies intitulées : *La Femme en chemin* (1922-1924) et *Vers le bonheur* (1925-1930). En 1922, le roman intitulé *La Garçonne* (*), évocation de la femme émancipée de la période d'après-guerre, suscita un véritable scandale. D'autre part, Victor Margueritte déployait une activité de militant politique au service de la réconciliation de tous les peuples, avec des essais et des pamphlets tels que *La Patrie humaine* (1931), *Non* (1931), *Avortement de la S.D.N.* (1936), une biographie d'Aristide Briand, etc.

RÉF. : Pilon, *Paul et Victor Margueritte,* Paris, 1905. – J. Guirec, *Victor Margueritte, son œuvre,* Paris, 1929.

MARIA DE JÉSUS, abbesse d'Agreda (María Coronel). Religieuse et mystique espagnole. Née et morte à Agreda dans la province de Burgos, en Vieille-Castille (2 avril 1602-24 mai 1665). Entrée toute jeune dans un couvent de religieuses franciscaines qu'avait fondé sa famille dans cette même ville, elle en fut nommée supérieure à l'âge de vingt-cinq ans (1627). Dix ans plus tard, à la demande de son confesseur, elle écrivit une vie de la Sainte Vierge qu'elle prétendit être le fruit d'une révélation divine : *La Cité mystique de Dieu* (*). Divers scrupules l'ayant amenée à détruire son manuscrit, elle reprit la plume quelques années plus tard et put mener son travail à bonne fin. Cette œuvre, qui ne vit le jour qu'après sa mort (1670), fut censurée à la fois par le Saint-Siège, l'Inquisition et la Sorbonne. Mentionnons en outre les deux volumes de sa *Correspondance avec Philippe IV* [*Cartas de la V. M. Sor María de Agreda y del señor rey Felipe IV*], publiée en 1885-86, qui offre un très vif intérêt du point de vue social.

♦ *« Elle aurait fait Dieu scotiste. »* Bossuet.

RÉF. : R. Père Samaniego, *Vita della Ven. Madre Maria di Gesù,* Anvers, 1712 (trad. Paris, 1857). – Germond de Lavigne, *La Sœur Maria d'Agreda et Philippe IV,* Paris, 1855. – Dom P. Guéranger, *La Mystique Cité de Dieu,* Paris, 1858-59. – Ant. Maria de Vicenza, *Vita della V. S. Maria d'Agreda,* Bologne, 1870. – T. J. Campbell, article *Agreda* in t. I de *The Catholic Encyclopedia,* New York, 1907.

MARIANA Juan de. Écrivain espagnol. Né à Talavera (Tolède) en 1535 (?), mort le 16 février 1624 à Tolède. Très jeune, il étudia les arts et la théologie à Alcalá. À dix-sept ans, il entra dans la Compagnie de Jésus. En 1561, il se rendit comme professeur à Rome et plus tard en Sicile. Il conquit son diplôme de docteur à Paris, où il enseigna la théologie pendant cinq ans. En 1574, gravement malade, il s'établit à Tolède, qui fut sa résidence habituelle. Dès lors son activité littéraire s'accrut ; il publia un traité *Des poids et mesures* [*De ponderibus et mensuris*, 1593], collabora à l'édition des œuvres de saint Isidore (1599), attaqua les fausses chroniques, etc. En 1602 parut à Cologne son traité *Des altérations de la monnaie* [*De monetae mutatione*], qui l'entraîna dans un procès, parce qu'il y avait critiqué certaines mesures économiques de Philippe III ; il fut condamné à la détention et fit un an de prison au couvent de San Francisco à Madrid. L'assassinat d'Henri IV de France (1610) fit croire que l'assassin Ravaillac avait agi sous l'influence de la doctrine que Mariana expose dans son traité *Du roi et de l'institution de la royauté* (1599), dans lequel il justifie en quelque sorte le tyrannicide. L'université et le parlement de Paris se prononcèrent contre cette œuvre. Le livre : *Discours sur les graves défauts inhérents à la forme de gouvernement des jésuites* [*Discurso de las cosas de la Compañia*, 1625] lui apporta de nouveaux désagréments. Sa fécondité littéraire fut extraordinaire. Ses œuvres principales sont les *Sept Traités* [*Tractatus septem*, 1609] et surtout l'*Histoire générale d'Espagne* (*) dont les vingt-cinq premiers livres furent publiés à Tolède entre 1592 et 1605 ; l'auteur lui-même le traduisit en espagnol, y ajoutant cinq autres livres, et publia cette traduction à Tolède également.

C'est en 1619 que Juan de Mariana écrivit un abrégé qui embrasse les années 1516-1600.

RÉF. : G. Cirot, *Mariana historien,* Bordeaux, 1905.

MARIÁTEGUI José Carlos. Essayiste et homme politique péruvien. Né à Moquegua le 14 juin 1894, mort à Lima le 16 avril 1930. Métis d'origine modeste, il doit travailler dès l'âge de quatorze ans et débute comme typographe. Autodidacte brillant, Mariátegui se retrouve rapidement journaliste. En 1919, le dictateur Leguía l'expédie avec une bourse en Europe où il séjournera trois ans. Il y découvre surtout le socialisme : Marx, Lénine, Jaurès, Gramsci, Gobetti... À son retour, il collabore à *Variedades, Mundial*, et crée en 1926 la revue avant-gardiste et anti-impérialiste *Amauta.* En octobre 1928, il fonde le parti socialiste du Pérou et l'année suivante la Confédération générale des travailleurs du Pérou, ouverte aux paysans comme aux travailleurs urbains. Lors de la première Conférence communiste latino-américaine de Buenos Aires (juin 1929), Mariátegui, malade, fait présenter par les délégués péruviens ses propres thèses, en particulier sa thèse sur le problème indigène qui soulève de vives discussions. En 1930, le bureau exécutif de l'Internationale communiste demande aux Péruviens de modifier les structures et le nom du parti socialiste. C'est après le décès de Mariátegui que le parti socialiste devient le parti communiste du Pérou. Mariátegui laisse à sa mort une œuvre immense mais très dispersée. Il n'a publié de son vivant que deux recueils de textes, *La escena contemporánea* (1925) et *Sept essais d'interprétation de la réalité péruvienne* (*) (1928). Depuis, l'œuvre a été rassemblée en vingt volumes, sans cesse réédités.

ÈVE-MARIE FELL.

RÉF. : E. Chang-Rodríguez, *La literatura política de González Prada, Mariátegui y Haya de la Torre*, Mexico, 1977. – A. Ferrari, *El concepto de indio y la cuestión racial en el Perú en los « Siete ensayos » de José Carlos Mariátegui*, in *Revista Iberoamericana*, 50, 1984. – H. E. Vauden, *National Marxism in Latin America : José Carlos Mariátegui Thought and Politics*, 1986.

MARIE de France. De la première en date des poétesses françaises nous ne savons presque rien, sinon qu'elle vécut dans la seconde moitié du XIIe siècle à la cour d'Angleterre, dont Éléonore d'Aquitaine avait fait un des principaux centres de la culture française. Il est à peu près certain que Marie de France était de noble extraction, mais jusqu'à présent toute tentative pour découvrir son origine familiale est demeurée vaine ; E. Winckler, qui l'identifie avec Marie, comtesse de Champagne, n'apporte guère de preuves convaincantes à l'appui de sa thèse. Marie vécut à la cour d'Henri II Plantagenêt, ce « noble roi, preux et courtois », comme elle dit, à qui elle a dédié son recueil de *Lais* (*). Une autre de ses œuvres porte le nom de Guillaume Longue-Épée, comte de Salisbury, fils naturel d'Henri II. Avant 1167, Marie de France avait rassemblé des sortes de nouvelles en vers provenant des vieilles traditions bretonnes, auxquelles elle donna le nom de *Lais,* créant ainsi le lai narratif qui se distingue des poèmes antérieurs de même nom, essentiellement lyriques. L'influence du genre qu'elle mit à la mode fut immense et s'étendit à toute la littérature européenne du temps. Vers 1170, elle tira d'un livre anglo-latin, le *Romulus,* dont le noyau central était constitué par les *Fables* (*) de Phèdre, un nouveau recueil : l'*Ysopet* (*). Enfin, elle laissait une version du *Purgatoire de saint Patrice.* Malgré la gloire dont elle jouissait au XIIIe siècle, le nom de Marie de France tomba dans l'oubli et ce n'est qu'au XVIIIe siècle qu'on redécouvrit cette œuvre délicate et savante.

RÉF. : E. Hœpffner, introduction à l'édition des *Lais,* Strasbourg, 1921. – E. Winckler, *Französische Dichter des Mittelalters. II, Marie de France.* – R. Baum, *Recherches sur les œuvres attribuées à Marie de France,* Heidelberg, 1968. – E. J. Mickel, *Marie de France,* New York, 1974. – E. Siénaert, *Les Lais de Marie de France,* Paris, 1978. – Ph. Ménard, *Les Lais de Marie de France,* Paris, 1979. – J.-Cl. Aubailly, *La Fée et le Chevalier,* Paris, 1986.

MARIE de l'Incarnation (Marie Martin, née Guyart, dite la Vénérable Mère). Religieuse canadienne-française. Née à Tours le 28 octobre 1599, morte à Québec (Canada) le 30 avril 1672. Elle épouse à l'âge de dix-sept ans Claude Martin, dont elle a un fils, Claude, qui deviendra bénédictin de la congrégation de Saint-Maur, et qui publiera les œuvres de sa mère en 1677. Restée veuve un an après son mariage, qui était loin d'être heureux, Marie entre en 1631 aux Ursulines de Tours, et part le 3 avril 1639 pour la Nouvelle-France où elle passera le reste de sa vie. Elle y fonde, en 1641, les Ursulines du Canada, dont elle devient la première supérieure. On a d'elle des *Lettres* (*), publiées en 1677-1681, et des *Écrits spirituels et historiques* comprenant les deux récits de sa vie par elle-même, le premier récit fut écrit à Tours en 1633, le second à Québec, vingt ans plus tard.

♦ *« La sainte Thérèse de la Nouvelle-France. »* Bossuet.

RÉF. : Dom Claude Martin, *La Vie de la Vénérable Mère Marie de l'Incarnation...,* Paris, 1677. – Abbé Casgrain, *Histoire de la Vén. Mère Marie de l'Incarnation,* Québec, 1865. – Chapot, *Histoire de la Vén. Mère Marie de l'Incarnation,* Paris, 1892. – Abbé Richaudeau, *Lettres de la Rév. Mère Marie de l'Incarnation,* Paris, 1876. – H. Brémond, *Histoire littéraire du sentiment religieux en France,* t. VI, Paris, 1933.

MARINETTI Filippo Tommaso. Écrivain italien. Né le 22 décembre 1876 à Alexandrie (Égypte), mort à Bellagio (Côme) le 2 décembre 1944. Il fit ses premières études dans un collège de jésuites français et les compléta à Paris, qu'il quitta, après le baccalauréat, pour Milan, passant ensuite son doctorat en droit à l'université de Gênes. Une de ses poésies, *Les Vieux Marins,* couronnée par Catulle Mendès et Gustave Kahn aux « Samedis populaires », lui valut une première notoriété. Peu après, il publia le poème *La Conquête des étoiles* (1902), *D'Annunzio intime* (1903), *Destruction* (1904), la tragédie satirique *Le Roi Bombance* (écrite en français en 1905 et traduite en italien en 1920 sous le titre de *Re Baldoria*), le roman *Mafarka le Futuriste* (*) (1910) ; première phase où la diffusion de la poésie française en Italie occupe une place essentielle dans sa tâche. En 1905, élargissant ses moyens d'action, il fonda la revue *Poésie* [*Poesia*]. À Paris, en mai 1912, parut, dans les colonnes du *Figaro,* le premier *Manifeste technique de la littérature futuriste,* dont les déclarations incendiaires, exaltant la machine et la vitesse et proclamant la guerre « seule hygiène du monde », firent grand bruit, pour une part aussi grâce aux « soirées futuristes » qui finissaient souvent par l'intervention de la police. La guerre de Libye sembla répondre à la « morale éducatrice » de Marinetti, qui y prit part et l'exalta dans *La Bataille de Tripoli* [*La Battaglia di Tripoli,* 1911]. Les années suivantes, il s'employa à trouver des adhérents au mouvement qu'il avait créé. Animateur d'une énergie peu commune, il fit dans les diverses capitales des conférences et des lectures poétiques qui eurent une diffusion internationale, et bientôt il y eut, répondant aux mots d'ordre futuristes, à Berlin, Zurich, Paris, Londres, Moscou et dans les lointaines Amériques, des groupes d'enthousiastes. Dans les *Paroles en liberté* [*Parole in libertà*] de 1912 et les manifestes qui suivirent sur le théâtre, la peinture, la sculpture, l'architecture, la musique, etc., le côté romantique de l'aventure artistique et les programmes d'action pratique se mêlèrent de plus en plus, et la Première Guerre mondiale, comme ensuite le fascisme, qui est loin d'être sans rapports idéaux et pratiques avec le futurisme, trouvèrent en Marinetti un propagandiste enthousiaste. Pendant une vingtaine d'années, il fut investi de charges officielles et il figure parmi les premiers élus à l'Académie d'Italie. Mais, en dépit de sa participation à la guerre d'Éthiopie qui lui inspira le *Poème africain de la division « 28 octobre »* [*Poema affricano della Divisione « 28 octobre »,* 1937], il survécut à sa renommée et s'éteignit en silence. Toutefois, si le futurisme a été stérile poétiquement, en ce sens que sa limite est la confusion de l'art et de la vie, il a eu le mérite de faire participer l'art italien au courant européen du début du siècle, et n'a pas été sans action sur le théâtre, en particulier grâce à la tragédie satirique *Le Roi Bombance,* créée au Théâtre de l'Œuvre le 3 avril 1909.

RÉF. : R. Le Brun, *F. T. Marinetti et le futurisme,* Paris, 1911. – Rodolfo J. Ristori, *F. T. Marinetti,* Milan, 1919. – S. Briosi, *Marinetti,* Florence, 1969. – G. Lista, *Marinetti et le futurisme,* Paris, 1978. – *Présence de F. T. Marinetti,* Paris, 1982.

MARINKOVIĆ Ranko. Écrivain croate. Né le 22 février 1913 à Vis (Croatie). Après des études à la faculté des lettres de Zagreb, il devient professeur à l'académie d'art dramatique, alors qu'il est déjà l'auteur d'une pièce de théâtre, *Albatros* (1937), et de plusieurs nouvelles publiées dans la prestigieuse revue de Krleža, *Le Sceau* [*Pečat*]. C'est après la Seconde Guerre mondiale que Marinković s'impose comme prosateur, essayiste et auteur dramatique. En 1949, deux recueils de nouvelles confirment son talent, avant la publication de *Mains* [*Ruke*, nouvelles, 1953] et la parution de sa pièce *Gloria* (« miracle en six tableaux », 1955) dont le succès fut immense. Marinković est considéré dès lors comme l'un des piliers de l'art narratif croate du XXe siècle et comme l'héritier de Krleža en ce qui concerne le théâtre. C'est à partir des années 60 que Marinković s'oriente vers le roman. Autant il avait excellé dans le drame concis et rapide où il donnait libre cours à son humour satirique (il faut encore citer un vaudeville, *Polithéa*, 1977, et une sotie, *Le Désert* [*Pustinja*, 1982]), autant, avec le roman, il s'orientera vers l'abondance verbale. *Le Cyclope* (*) parut en 1965, et *Le Bain collectif* [*Zajednička kupa*] en 1980. Marinković est considéré comme l'un des plus grands écrivains de la littérature croate contemporaine et ses œuvres complètes ont été rééditées à plusieurs reprises dans les années 80. Son écriture est fondamentalement habitée par une vision de l'homme et du monde fondée sur l'absurde et le grotesque. Tout acte est ridicule, toute cohérence une illusion. Un humour bienveillant vient tempérer parfois cette âpreté dans la destruction.

JANINE MATILLON.

MARINO Giambattista, dit le Cavalier Marin. Poète italien. Né le 14 octobre 1569 à Naples, mort dans cette même ville le 25 mars 1625. Ce fut à ce poète que la première partie du XVIIe siècle littéraire italien emprunta son nom (« marinisme »). Il fit ses humanités à Naples, puis, à quatorze ans, son père le destina aux études juridiques ; sans les avoir terminées, il arriva néanmoins très rapidement à exercer la profession d'avocat. À vingt ans, attiré par une nouvelle académie littéraire, il abandonna les lois pour se consacrer à ces « douces études » vers lesquelles il s'était senti porté « dès ses toutes premières années ». Son père, furieux, le chassa. Pourtant, il devint bientôt célèbre par sa *Chanson des baisers* [*Canzone dei baci*], intégrée plus tard dans *La Lyre* (*) et fut engagé comme secrétaire chez le prince Conca, où commença sa vie de courtisan, tandis qu'il travaillait déjà à son *Adonis* (*). Il fut emprisonné à deux reprises, en 1598 et 1600, pour débauche et faux. Il s'enfuit la seconde fois pour se réfugier à Rome. Le cardinal Piero Aldobrandini se fit son protecteur, et Marino le suivit à Ravenne où il vécut de 1605 à 1607 ; son séjour n'y fut interrompu que par quelques déplacements. Au début de 1608, toujours à la suite du cardinal Aldobrandini, il se trouvait à la cour de Savoie, à Turin. Marino célébra les noces de la princesse de Savoie – *Épithalames* [*Epitalami*] – et composa des vers en l'honneur du duc Charles Emmanuel Ier, de qui il obtint, en 1609, ce titre de cavalier (des saints Maurice et Lazare) qu'on ne séparera plus de son nom. Ayant triomphé dans la fameuse discussion avec Murtola – *Murtoleide* – et ayant échappé, le 1er février 1609, aux cinq coups de pistolet tirés par son adversaire (qui fut condamné à mort, puis gracié sur l'intervention de Marino lui-même), il réussit à le supplanter dans la charge de poète de cour (1610). Mais il perdit vite les faveurs du duc de Savoie et, pour des motifs mal connus, il fut incarcéré en avril 1611. On le relâcha en juin 1612, et il demeura encore trois ans à la cour du Piémont ; en avril 1615, invité par la reine Marie de Médicis, qui lui alloua une pension de 1 500 écus, il quitta Turin pour Paris, où il avait l'intention de faire imprimer son *Adonis*. En France, il trouva une société « admirable pour ses extravagances », autrement dit l'atmosphère qui lui convenait, parce que « les extravagances rendent le monde beau ». Il fit paraître, entre autres, *La Galerie* à Venise, et *Le Chalumeau* à Paris, tandis qu'il travaillait au *Massacre des innocents* [*Strage degli innocenti*] ; enfin l'on commença d'imprimer *Adonis* en décembre 1621. Cette édition demanda deux ans de soins assidus, et l'ouvrage apparut finalement aux lecteurs comme un « nouveau miracle du talent surhumain du poète ». De retour en Italie en 1623, la santé ébranlée et l'âme lasse, il passa ses dernières années à Rome au milieu des honneurs et des louanges exaltées, ainsi qu'il était de rigueur pour le poète du siècle.

♦ *« Marini, le grand corrupteur du goût des Italiens, fut celui qui entraîna les poètes du XVIIe siècle dans ce style précieux et affecté, ces métaphores absurdes... qu'il fit bientôt considérer comme des beautés du premier ordre. »* Sismondi. ♦ *« On disait de lui qu'il fut le corrupteur de son siècle. Il serait plus juste de dire que ce fut le siècle qui le corrompit, ou, encore mieux, qu'il n'y eut ni corrupteur ni corrompu. Marino fut le génie de son siècle. »* De Sanctis.

RÉF. : G.-B. Baiacca, *Vita del Cav. Marino*, Milan, 1626. — Nicéron, *Mémoires pour servir à l'histoire des hommes illustres*, t. 37, Paris, 1742. — Simonde de Sismondi, *De la littérature du midi de l'Europe*, t. II, Paris, 1813. — Philarète Chasles, *La France, l'Espagne et l'Italie au XVIIe siècle*, Paris, 1877. — A. Borzelli, *Il cavalier' G.-B. Marino*, Naples, 1898 ; éd. corrigée, *Storia della vita e delle opere di Giovan Battista Marino*, Naples, 1927. — Ch.-W. Cabeen, *L'influence de G. Marino sur la littérature française dans la première moitié du XVIIe siècle* (thèse), Grenoble, 1904. — L.-P. Thomas, *Étude sur Gongora et le gongorisme considérés dans leurs rapports avec le marinisme*, Bruxelles, 1911. — Hedwig Geibel, *Die Einfluss Marinos auf Chr. Hofmann von Hofmannswaldau*, Giessen, 1938. — G. G. Ferrero, *Marino e i mariniste*, Milan-Naples, 1956. — M. Guglielminetti, *Technica e invenzione nell' opera di Giambattista Marino*, Messine-Florence, 1964. — C. Colombo *Cultura e tradizione nell* « Adone » *di Giambattista Marino*, Padoue, 1967. — *L'Italianisme en France au XVIIe siècle*, Actes du 8e congrès (Grenoble, 1966), Paris, 1969. — E. Taddeo, *Studi sul Marino*, Florence, 1971. — M. Pieri, *Per Marino*, Padoue, 1976.

MARIOTTE Edme. Physicien français. Né vers 1620 à Dijon, mort à Paris le 12 mai 1684. Prieur de Saint-Martin-sous-Beaune, il passa à Dijon la plus grande partie de sa vie, qui fut vouée tout entière à des recherches scientifiques. Celles-ci portèrent tout d'abord sur le domaine de l'hydraulique : *Expériences sur la congélation de l'eau* (1682) et *Traité du mouvement des eaux et des autres corps fluides* (1686). Passionné d'expériences, Mariotte refit en particulier celle de Pascal sur la pesanteur. Dans le domaine des théories de la vision, il apporta des idées originales dans ses *Nouvelles découvertes touchant la vue* (1668). Mais son œuvre la plus importante reste son *Discours sur la nature de l'air* (*) (1674), dans lequel se trouve formulée la fameuse loi dite « de Mariotte » : le volume d'une même masse de gaz de température constante est en raison inverse de la pression qu'elle supporte. Mariotte fut un des premiers membres de l'Académie des sciences, où il entra en 1666. Ses œuvres complètes parurent en deux volumes, à Leyde, en 1717.

RÉF. : Condorcet, *Éloge des académiciens*, Paris, 1773. — Muteau et Garnier, *Galerie bourguignonne*, tome II, Dijon, 1860. — P. Costabel, *Mariotte, savant et philosophe*, Paris, 1986.

MARITAIN Jacques. Écrivain et philosophe français. Né à Paris le 18 novembre 1882, mort le 28 avril 1973 à Toulouse (Haute-Garonne). Il était issu d'une illustre famille politique. Sa mère était en effet la fille de Jules Favre, l'un des fondateurs de la IIIe République. Il fit ses études à Paris à la faculté des lettres et des sciences où il obtint le grade de licencié ès sciences et de licencié ès sciences naturelles. Puis il se tourna vers la philosophie et fut un élève assidu de Bergson. Il prépara l'agrégation dans cette discipline, à laquelle il fut reçu en 1905. L'année précédente, il avait épousé Raïssa Oumanoff (1883-1960), une jeune juive russe, qui devait avoir sur sa vie et sur son évolution spirituelle une influence profonde et positive et dont il publia le *Journal* en 1964 après sa mort. En effet, Jacques Maritain, qui avait été élevé dans la tradition protestante, mais qui avait fait preuve, dans sa jeunesse, d'un agnosticisme inquiet, fit la connaissance, en même temps que sa femme et que Véra, la sœur de celle-ci, de Léon Bloy, l'illustre polémiste catholique : « Un jeune homme et sa jeune femme s'offrent tout à coup, expriment leur ambition de se rendre utiles, de devenir nos amis », écrira Léon Bloy à la date du 20 juin 1905 de son *Journal*. Par la fougue de sa foi intransigeante, Bloy séduit les jeunes gens en quête d'un maître spirituel et tous les trois se font baptiser le 11 juin 1906, date capitale dans la vie de Jacques Maritain, et décidant de sa carrière future de philosophe catholique, moment que Léon Bloy consigne dans son *Journal* avec émotion : « Me voilà parrain de ces trois êtres, amis de Dieu, conquis par mes livres [...] Leur bonne volonté, leur amoureuse candeur sont inexprimables [...] C'est une de ces journées qui durent la vie éternelle. » Désormais et jusqu'à sa mort, Jacques Maritain est engagé dans une fidélité constante à la tradition catholique que lui révèle, dès 1908, la lecture des œuvres de saint Thomas d'Aquin. Entre le christianisme et la philosophie, Jacques Maritain découvre un lien, une complicité dont il n'avait pas encore pris conscience et qu'il ne cessera de développer dans son enseignement et dans ses ouvrages. Il devient professeur de philosophie dans des établissements religieux, au collège Stanislas de 1912 à 1914 et de 1915 à 1916, à l'Institut catholique en 1914, et au petit séminaire de Versailles de 1916 à 1917. Plus tard, il enseignera à Toronto, au Canada, en 1933, et à Princeton, aux U.S.A., de 1941 à 1942 et de 1948 à 1960, sans oublier son passage à l'université de Columbia de 1941 à 1944. Il avait alors publié : *Frontières de la poésie* (*) (1926), *Distinguer pour unir ou les Degrés du savoir* (*) (1932). Son itinéraire spirituel, métaphysique et philosophique, avait cependant, à cette même époque, trouvé sa synthèse dans des ouvrages dont les seuls titres montrent bien les influences subies et les refus affirmés : *Art et Scolastique* (*) (1920), *Humanisme intégral* (*) (1936). À l'image de son maître et parrain Léon Bloy, Jacques Maritain voit dans saint Thomas d'Aquin un apôtre des temps modernes, mais se montre en revanche très réservé sur les influences que subit le catholicisme. Il écrit alors son ouvrage *Trois réformateurs : Luther, Descartes, Rousseau* (1925). À cette date, il suscite la conversion de Jean Cocteau. Jacques Maritain écrit encore *Christianisme et Démocratie* (1945), sans renier la tradition catholique au sein d'une sorte d'existentialisme chrétien (*Court traité de l'existence et de l'existant*, 1947). Ce qu'il nomme *Principes d'une politique humaniste* (1945) s'applique tout naturellement à l'esprit créateur de l'homme, et c'est pourquoi Jacques Maritain écrit en 1955 un essai intitulé *L'Intuition créatrice dans l'art et la poésie*, intuition qui ne saurait s'affranchir de Dieu. Ce philosophe chrétien qui ne transigeait pas sur la doctrine et dont les combats séduisirent plus d'un écrivain catholique, à commencer par François Mauriac, fut nommé ambassadeur auprès du Saint-Siège de 1945 à 1948. Mais il prit ses distances à l'égard du concile Vatican II, bien qu'il fût l'ami du pape Paul VI, son traducteur en langue italienne. En 1966, il publia un ouvrage, *Le Paysan de la Garonne,* où il témoignait de son hostilité à l'égard des changements trop brusques survenus dans les rites de l'Église. Son dernier ouvrage, *L'Église du Verbe incarné* (1971), confirmait la volonté de Jacques Maritain de ne pas céder sur la tradition, essentielle à ses yeux à la survie de l'Église et du christianisme en général. Lui-même devait donner l'exemple de sa fidélité de plus d'un demi-siècle à l'Église catholique et de son désintérêt pour le monde temporel, dont les changements lui paraissaient pernicieux, en se retirant jusqu'à sa mort chez les Frères de Jésus à Toulouse, sous le nom de frère Charles de Jésus.

JOËL SCHMIDT.

RÉF. : J. Croteau, *Les Fondements thomistes du personnalisme de Maritain*, Ottawa, 1955. – H. Bars, *Maritain en notre temps*, Paris, 1959 ; *La Politique selon Jacques Maritain*, Paris, 1961. – J. Kernan, *Jacques Maritain. A Personal Memoir*, New York, 1975. – B.-W. Smith, *Jacques Maritain Antimodern or Ultramodern ? An Historical Analysis of His Critics, His Thought, and His Life*, New York, 1976. – J. M. Dunaway, *Jacques Maritain*, Boston, 1978. – B. E. Dœring, *Jacques Maritain and the French Catholic Intellectuals*, Londres, 1983. – J.-W. Cooper, *The Theology of Freedom, The Legacy of Jacques Maritain and Reinhold Niebuhr*, Macon, 1985.

MARIVAUX Pierre Carlet de Chamblain de. Auteur dramatique et romancier français. Né et mort à Paris : 4 février 1688 – 12 février 1763. En 1698, son père obtient une charge à la Monnaie de Riom ; sa mort en 1719 met fin à une laborieuse et honnête carrière administrative. Marivaux a probablement été inscrit au collège des oratoriens de Riom, où il aura reçu une solide éducation classique. Envisageant de prendre la succession de son père, ou convaincu qu'une vocation littéraire ne s'épanouit que dans la capitale, il s'inscrit plusieurs fois à la faculté de droit de Paris, à partir de 1710, et obtient même sa licence en 1721. Neveu et cousin, par sa mère, des grands architectes Pierre et Jean-Baptiste Bullet de Chamblain, il fréquente sans doute davantage les milieux artistiques et littéraires que la faculté. En 1717, Marivaux épouse Colombe Bollogne ; elle lui apporte une modeste fortune bientôt dissipée par la crise de Law. Veuf en 1723, il lui reste une fille, Colombe-Prospère, qui entrera en religion en 1745. Élu à l'Académie française en 1742, Marivaux achève auprès de Mlle de Saint-Jean, qu'il n'épousera pas, une existence privée dont on ne connaît presque rien. Seule l'œuvre témoigne d'une personnalité littéraire qui compte parmi les plus remarquables de son siècle. Son premier ouvrage publié est une comédie en vers, *Le Père prudent et équitable* (1712), dont on ne sait s'il fut jamais représenté. En 1713, de deux romans, *Les Effets surprenants de la sympathie* et *Pharsamon, ou les Nouvelles Folies romanesques*, seul paraît le premier (*Pharsamon* sera publié en 1737 à la faveur du succès de *La Vie de Marianne*), suivi en 1714 de *La Voiture embourbée.* Ces romans « de jeunesse » sont restés inconnus des historiens de la littérature, et à plus forte raison du public, jusqu'au jour où Frédéric Deloffre les a réédités (1972). Assurément, ils n'ont pas reçu l'attention qu'ils méritaient au moment de leur publication. Aujourd'hui, le lecteur est frappé par la modernité et l'acuité de la réflexion critique sur l'art du romancier qu'ils proposent, et y reconnaît la source et la première manifestation du génie créateur de Marivaux. Celui-ci a lu avec passion les grands romanciers du XVIIe siècle, de Cervantès aux Scudéry. Avant même la parution de *La Princesse de Clèves* (*) de Mme de La Fayette, la question de la vraisemblance de ces œuvres-fleuves, qui mêlent l'analyse des sentiments aux aventures à rebondissements surprenants, a été posée et résolue : les grands romans baroques suscitent dans la seconde moitié du XVIIe siècle l'apparition de formules narratives différentes : la vérité historique du cadre et des personnages, l'effort de sobriété et de vérité morale dans la peinture des passions caractérisent la nouvelle production romanesque. L'écriture à la première personne, mémoires, lettres, relations, entretiens, se développe de façon remarquable. Le jeune romancier de 1713-1714 appartient bien à ce mouvement. D'une part, il est intéressé par les structures anciennes, le foisonnement, la fantaisie, les surprises de l'univers romanesque baroque ; d'autre part, il les reprend pour les soumettre à l'épreuve de la parodie. Quand la querelle des Anciens et des Modernes connaît un regain d'actualité entre 1714 et 1716, autour de la traduction d'Homère par Mme Dacier, il se range aux côtés de Fontenelle et Houdar de La Motte. Il participe à la polémique dans des articles donnés au *Mercure*, et par *L'Iliade travestie*, poème burlesque où le souvenir de Scarron se mêle à une gaieté insolente et à une verve réaliste toutes personnelles, que l'on retrouve dans le roman du *Télémaque travesti* (approbation accordée en 1714, publié à Amsterdam en 1736), cette fois démarqué de Fénelon.

En 1720, Marivaux se tourne vers le théâtre : signe d'ambition, il se présente en même temps sur les deux scènes officielles. Au Théâtre-Italien, il propose une comédie en trois actes, *L'Amour et la Vérité,* qui tombe immédiatement et dont le texte est perdu. Au Théâtre-Français où, comme tout débutant, il attend la consécration du genre tragique, il donne, en décembre 1720, un *Annibal* en cinq actes et en alexandrins. La pièce n'a que trois représentations ; quoiqu'elle ne soit pas sans qualités, elle se perd dans la masse des productions médiocres de l'époque. Dans le même temps aux Italiens, une seconde comédie, *Arlequin poli par l'amour*, connaît un vif succès ; Marivaux a la sagesse de reconnaître sa voie. Après *Annibal*, il donne à la Comédie-Française neuf comédies, dont deux succès seulement, *La Seconde Surprise de l'amour* (*) (1727) et *Le Legs* (1736). D'après le témoignage de D'Alembert, il est peu satisfait par la façon de jouer des Français : « Il faut [...] que les acteurs ne paraissent jamais sentir la valeur de ce qu'ils disent, et qu'en même temps les spectateurs la sentent et la démêlent à travers l'espèce de nuage dont l'auteur a dû envelopper leurs discours. Mais [...] j'ai eu beau le répéter aux comédiens, la fureur de montrer de l'esprit a été plus forte que mes très humbles remontrances ; et ils ont mieux aimé commettre dans leur jeu un contresens perpétuel, qui flattait leur amour-propre, que de ne pas paraître entendre finesse à leur rôle. » En revanche, il trouve des interprètes qui lui conviennent parfaitement dans la troupe de Luigi Riccoboni, dit Lélio, appelée de Parme par le Régent en 1716, pour répondre aux souhaits des Parisiens qui regrettaient le départ des anciens Italiens. Pour Lélio, Silvia (Gianetta Benozzi) et l'Arlequin Thomassin (Tomaso Vicentini, le meilleur Arlequin de son siècle, qui a su détacher son emploi de la farce et lui donner, quand il le fallait, distinction et délicatesse), Marivaux compose ses plus grands succès : *La Surprise de l'amour* (*) (1722), *La Double Inconstance* (*) (1723), *Le Jeu de l'amour et du hasard* (*) (1730), *Les Fausses Confidences* (*) (1737), *L'Épreuve* (*) (1740). Par sa nature, le dialogue marivaudien est en parfait accord avec le talent de comédiens rompus à la « commedia dell'arte », plus spontanés, et bien plus souples aux directives, que ne le seront jamais les Français. Grâce à eux, Marivaux apporte au théâtre un ton singulier, neuf, inédit et le renouvellement de la dramaturgie qui se faisait attendre depuis Molière. Il crée la comédie d'amour, faisant passer au premier plan le couple de jeunes gens, et choisissant pour sujet de sa pièce l'*histoire* du sentiment amoureux. Les valets forment souvent un couple amoureux parallèle à celui des maîtres dans le registre comique ; plus rapides et plus lucides, ils servent de confidents, révèlent l'amour que la raison, la pudeur, la crainte de l'engagement veulent tenir secret et dirigent l'action. Leur rôle principal consiste à créer les situations où les amoureux seront contraints de renverser ces obstacles intérieurs. Quoique Marivaux ne se répète jamais, ses comédies s'achèvent toutes par le triomphe de l'amour ; c'est qu'il est persuadé, comme il l'écrit dans *La Vie de Marianne* (*), qu'« il n'y a que le sentiment qui puisse nous donner des nouvelles un peu sûres de nous ». Au théâtre comme dans le roman, Marivaux prend pour sujet l'exploration des « mouvements » infimes et toujours renouvelés de la sensibilité. *La Vie de Marianne* paraît de façon irrégulière entre 1731 et 1742, et reste inachevée. Ce sont les Mémoires d'une orpheline inconnue devenue comtesse, rédigés alors qu'elle a atteint la cinquantaine et fait retraite. La découverte du monde et de l'amour par une jeune fille de quinze ans, qui ne manque ni de vivacité d'esprit ni de sensibilité, est entrecoupée par les « réflexions » de la dame âgée et « philosophe ». Au récit d'événements qui relèvent d'un romanesque assez traditionnel s'ajoutent la gradation et la profondeur des analyses psychologiques, pour lesquelles Marivaux doit inventer un nouveau langage : ce langage est si original et personnel qu'on l'a nommé d'emblée « marivaudage », avec des intentions péjoratives sur lesquelles la critique est heureusement revenue. Loin d'être « métaphysique », comme disait l'abbé Desfontaines, ce vocabulaire d'analyse correspond à une nécessité. Marivaux s'en est expliqué dès le début de sa carrière dans un article du *Mercure de France* (« Pensée sur la clarté du discours », 1719). Il y revient en 1734 dans un autre journal, *Le Cabinet du philosophe* : « S'il venait en France une génération d'hommes qui eût encore plus de finesse d'esprit qu'on n'en a jamais eu en France et ailleurs, il faudrait de nouveaux mots, de nouveaux signes pour exprimer les nouvelles idées dont cette génération serait capable [...] ; il s'agirait quelquefois d'un degré de plus de fureur, de passion, d'amour ou de méchanceté qu'on apercevrait dans l'homme ; et ce degré de plus [...] demanderait un signe, un mot propre qui fixât l'idée qu'on aurait acquise. » La « réflexion » ne brise pas le cours du récit ; elle en devient la trame même. La technique, qui exploite les plus subtiles possibilités de l'écriture à la première personne, consiste à juxtaposer, dans le même fragment narratif, le fait, les motivations, les réactions du personnage et le commentaire du mémorialiste. Le texte acquiert ainsi une remarquable densité. Moraliste et analyste du cœur, Marivaux est aussi un bon observateur de la société de son temps, de ses classes, de ses langages, voire de ses abus. L'histoire de Jacob, ou *Le Paysan parvenu* (*) (1734-1735, cinq parties et une continuation par un auteur anonyme, roman inachevé) est complémentaire de celle de Marianne. Le jeune homme venu de sa Champagne natale n'a pour lui qu'une belle stature, des yeux vifs et une remarquable perception du caractère et des désirs d'autrui, en particulier lorsqu'il s'agit des dames seules et mûrissantes que le hasard place sur sa route. La fortune de Jacob est rapide, et « l'âme se raffine à mesure qu'elle se gâte ». C'est pourquoi le paysan, dégrossi par la ville et l'intérêt que lui portent les femmes, bientôt devenu M. de la Vallée, traverse avec succès des milieux divers, monde de la finance, de la petite et moyenne bourgeoisie, aristocratie. Marivaux y trouve l'occasion de multiplier les portraits réalistes. L'importance donnée au narrateur n'empêche pas que les romans de Marivaux soient animés par de nombreuses figures secondaires. Si les héros sont dotés d'une noblesse naturelle, liée non à la naissance mais à la qualité d'une âme généreuse et sincère, les comparses sont l'occasion, pour le romancier, d'affirmer à l'issue de leurs portraits moraux un certain nombre de valeurs humanitaires : une foi douce et tolérante en la bonté de Dieu, le respect de toute misère humaine, l'indulgence généreuse à l'égard du pécheur, la confiance optimiste dans l'impulsion de la nature qui dicte toujours le bien. Cependant, la verve des romans de jeunesse est encore présente, quoique atténuée par un goût littéraire devenu plus délicat, et *Marianne* aussi bien que *Le Paysan parvenu* offrent des scènes piquantes ou comiques. Le genre des pseudo-Mémoires donne au récit une allure naturelle et une structure souple : « Je vis dans une campagne où je me suis retiré, et où mon loisir m'inspire un esprit de réflexion que je vais exercer sur les événements de ma vie. Je les écrirai du mieux que je pourrai ; chacun a sa façon de s'exprimer qui vient de sa façon de sentir. » Tel est le projet du paysan parvenu ; Marianne s'exprime en termes proches : « Je parlais tout à l'heure de style, je ne sais pas seulement ce que c'est. Comment fait-on pour en avoir un ? » Cette liberté caractérise aussi Marivaux journaliste. *Le Mercure de France* a publié ses premiers textes : les « Lettres sur les habitants de Paris » (1717-1718) librement inspirées de La Bruyère, des réflexions littéraires consécutives à la Querelle (« Pensées sur différents sujets », 1719), et un récit en plusieurs livraisons, laissé inachevé, les « Lettres contenant une aventure » (1719-1720). Au *Mercure* reviennent également les quelques textes philosophiques écrits après 1742 par l'académicien : « Réflexions sur le progrès de l'esprit humain », « L'Éducation d'un prince » et « Le Miroir ». Entre-temps, Marivaux a tenté, à trois reprises, et avec des succès divers, de fonder sa propre entreprise : d'abord, à l'imitation du *Spectator* (*) anglais d'Addison et Steele, il rédige entre 1721 et 1724 vingt-cinq « feuilles » du *Spectateur français* (*). Il annonce ainsi son projet : « Je ne suis point auteur [...], je ne sais point créer, je sais seulement surprendre en moi les pensées que le hasard me fait [...]. Mon dessein n'est de penser ni bien ni mal, mais simplement de recueillir fidèlement ce qui me vient d'après le tour d'imagination que me donnent les choses que je vois ou que j'entends. » L'observateur ainsi défini décrit des scènes de la réalité quotidienne, livre des anecdotes et des commentaires moraux : « Je souhaite que mes réflexions soient utiles [...] ce n'est que dans cette vue que je les donne, et non pour éprouver si l'on me trouvera de l'esprit. » Le même dessein et la même liberté de ton animent, en 1727, *L'Indigent philosophe.* Ce personnage est une création originale, dont la verve annonce *Le Neveu de Rameau* (*). Les difficultés financières ne lui permettent pas d'aller au-delà de la septième « feuille », alors qu'un « camarade » de l'Indigent a entrepris une autobiographie qui laisse paraître un don réel pour la satire sociale. *Le Cabinet du philosophe* est la dernière tentative, en 1734 (onze feuilles). Contemporain des grands romans, c'est une œuvre de la maturité. Quelle que soit la diversité des sujets abordés dans une même livraison, parfois sous forme de pensées ou de fragments, les réflexions et les récits trouvent leur unité grâce à la voix du narrateur qui les rassemble pour le public. Les dernières feuilles contiennent la relation allégorique d'un « Voyage au monde vrai », où se révèle l'envers de toutes les apparences sociales et sentimentales. Dans les trois domaines littéraires abordés par Marivaux, théâtre, roman et journaux, la peinture des mouvements du cœur et l'expression du Moi, la recherche de la vérité de l'être sous tous ses masques, la variété et le naturel des tons, le renouvellement des techniques propres à chaque genre et de leur langage, ont été son souci essentiel. À la fin de sa carrière, Marivaux constate que « le fond de l'esprit humain va toujours croissant parmi les hommes » (« Le Miroir »). C'est bien ce qui fait de lui un auteur pour notre temps.

CATHERINE BONFILS.

♦ *« Je pardonnerai volontiers un peu de singularité dans le tour de l'expression à tout auteur qui pensera avec autant de finesse et de vérité que l'auteur de* Marianne. *»* Abbé Prévost. ♦ *« Marivaux et ses phrases pures comme du cristal, et ses jolis drames d'amour qui sont comme des torrents emprisonnés. »* Jules Renard. ♦ *« Ce qui fait de lui un des plus grands auteurs français, c'est cette sincérité perpétuellement douloureuse et cependant si maîtresse d'elle-même qu'on a pu voir une discipline et presque un jeu dans un désordre de sensibilité. »* Edmond Jaloux. ♦ *« Ce qui doit nous intéresser dans le théâtre de Marivaux, [...] c'est ce qu'il a d'abstrait. C'est cette convention poussée à son extrême limite et spiritualisée. »* Louis Jouvet. ♦ *« Difficile de maintenir le ton de ce dialogue aisé et qui, cependant, est constante émotion. Le savoir-faire du conducteur est admirable : l'intrigue, les cœurs, le texte réduit à ce qu'il est, et cela seul, nécessaire. »* Jean Vilar.

RÉF. : Marcel Arland, *Marivaux*, Paris, 1950. – Frédéric Deloffre, *Une préciosité nouvelle : Marivaux et le marivaudage*, Paris, 1955. – Henri Lagrave, *Marivaux et sa fortune littéraire*, Bordeaux, 1970. – Maurice Descotes, *Les Grands Rôles du théâtre de Marivaux*, Paris, 1972. – Henri Coulet, *Marivaux romancier*, Paris, 1975. – Michel Gilot, *Les Journaux de Marivaux*, Paris, 1975. – Patrice Pavis, *Marivaux à l'épreuve de la scène*, Paris, 1986. – Béatrice Didier, *La Voix de Marianne*, Paris, 1987.

MARKISH Peretz. Poète et prosateur yiddish. Né le 7 décembre 1895 à Polona (Volhynie), assassiné au Goulag en 1952. Markish, par l'abondance et la qualité de son œuvre, figure parmi les poètes les plus marquants de la littérature yiddish. Venu à la poésie dans l'enthousiasme des années de la Révolution russe, il participe à l'extraordinaire éclosion littéraire et culturelle qu'elle entraîne dans son sillage. Membre du « groupe de Kiev » qui fonde la revue *Eïgns* et du « groupe de Moscou » autour de *Shtrom,* il se rend en 1921 à Varsovie où, avec l'enthousiasme et le panache qui le caractérisent, il contribue à la fondation de la revue moderniste *Khaliastra* (*) (1922). Il se rend ensuite à Berlin, en Eretz-Israël, à Paris où il édite, avec Oser Warszawski, le second numéro de cet almanach (1924). En 1926, il retourne définitivement en Union soviétique où il poursuit avec sa fougue et son extraordinaire puissance une œuvre de poète, de prosateur et de dramaturge qui lui vaut une véritable adulation de la part des lecteurs et des auditeurs de ses poèmes. Malgré des critiques de certains aparatchiks, l'ordre de Lénine lui est décerné en 1939. Pendant la Seconde Guerre mondiale, il se lance corps et âme dans l'action du « comité juif antifasciste ». Les œuvres de cette période expriment sa douleur et sa détresse face au génocide.

Arrêté en 1949, il est fusillé le 12 août 1952 au moment de la liquidation de la culture yiddish en Union soviétique, en même temps que Hofstein et vingt autres personnalités juives. Cause officielle de la mort : « crise cardiaque ». Jusqu'à ce jour l'endroit où furent enterrés leurs corps n'a pas été révélé.

L'œuvre poétique de Markish allie le flamboiement du futurisme et de l'expressionnisme : innovations dans la prosodie et les métaphores, expériences, déstructuration et combinaisons langagières. Son souffle lyrique et épique traverse la poésie yiddish avec une force torrentielle.

Principales œuvres : *Seuils* [*Shveln,* 1918], *Ainsi* [*Stam,* 1921], *Cadrans collés* [*Farkleptè Tziferblatn,* 1921], *Le Monceau* (*), *Les Deux Frères* [*Tzveï brider,* 1929], *Jours de semaine* [*Vokhnteg,* 1931], *Œuvres choisies* [*Guezamltè Verk,* 1933], *Anshl l'Otage* [*Anshl,* 1935], *Terre paternelle* [*Foterlekhe erd,*1938], *Pour mon peuple et pour ma patrie* [*Far folk un heïmland,* 1943], *Poèmes sur l'Espagne* [*Lider fun Shpaniè,* 1938], *Ballades pour l'armée Rouge* [*Balades tzu der roïter armeï,* 1940], *À la victoire* [*Tzum Zig,* 1944], *Guerre* [*Milkhomè,* 1948], *Héritage* [*Yerushe,* 1959].

RACHEL ERTEL.

MARKORAS Gérasime. Poète grec. Né et mort à Corfou (1826-1911). Markoras est issu d'une vielle famille d'origine italienne. Il se rendit en 1849 en Italie où il fit non seulement des études de droit mais se passionna pour la poésie italienne. Ses poètes de prédilection étaient Dante et Pétrarque. Revenu dans son pays en 1852, il se consacra entièrement à la poésie et fut accueilli par les amis de Solomos, dont il fut le continuateur. Romantique de tempérament et fervent patriote, il exalte dans *Le Serment* (*), publié en 1875, un épisode de l'insurrection crétoise de 1866, où l'amour de la patrie et l'amour romantique se conjuguent étroitement. Inspirés par un noble idéalisme, ses divers poèmes, remarquables aussi par l'harmonie particulière du vers, furent rassemblés en 1890 sous le titre *Œuvre poétique* et retinrent l'attention de la critique athénienne, tout comme le volume suivant, intitulé *Petits voyages* (1899).

MARLOWE Christopher. Poète dramatique anglais. Né à Cantorbéry, le 6 (?) février 1564, mort à Deptford Strand (près de Londres), le 30 mai 1593. Bien des points restent obscurs dans la vie de Marlowe : son nom, par exemple, s'orthographie de quelque douze manières différentes. Malgré une origine assez modeste (son père était cordonnier), il mène des études universitaires qui le conduisent au titre de « Master of Arts » de l'université de Cambridge, en 1587. Ce diplôme constitue le premier mystère de la vie de Marlowe. Vu ses nombreuses absences aux cours (impardonnables pour un boursier), les autorités universitaires voulurent l'empêcher de se présenter aux examens. Une lettre du conseil privé de la reine enjoignit à celles-ci de fermer les yeux. On a donc expliqué l'absentéisme de Marlowe par quelques missions d'espionnage (officiel) sur le continent. Quoi qu'il en soit, diplôme en poche, Marlowe s'installe à Londres où il se jette à corps perdu dans le théâtre, écrivant surtout pour le tonitruant Edward Alleyn, considéré comme le plus grand acteur de l'époque. *Tamerlan* (*), sans doute écrit à Cambridge et représenté en 1587, est un triomphe total. Désormais, Marlowe se consacre au théâtre – nouveau mystère biographique, puisque le genre dramatique, à l'époque, ne nourrissait pas son homme. Certaines pièces ne nous sont pas parvenues. *Le Juif de Malte* (*), joué deux ans après *Tamerlan,* est une tragédie de la vengeance ; elle souligne l'antisémitisme de l'époque. Il ne reste que trente pages du *Massacre de Paris* [*The Massacre at Paris,* 1590 ?], considéré comme médiocre. *Édouard II* (*) est peut-être son chant du cygne (1592), puisque sa pièce la plus célèbre, *La Tragique Histoire du docteur Faust* – v. *Faust* (*) –, date, selon les érudits, de 1589 ou de 1592. Après la fermeture des théâtres pendant la grande peste, Marlowe quitte la capitale. Vers la fin du mois de mai 1593, il doit se tenir à la disposition du conseil privé pour répondre à une inculpation d'athéisme. Très peu de temps plus tard, il meurt au cours d'une étrange rixe dans une auberge des environs de Londres. Participaient à l'événement un certain Ingram Friser, espion bien connu, et deux autres agents secrets. Tout laisse donc supposer un règlement de compte ou un crime sur commande. Que l'assassin ait obtenu le pardon de la reine dans des temps records accroît encore la thèse. Nourri de Machiavel dès ses années d'université, Marlowe fait passer, dans ses pièces, un souffle de cynisme et de puissance qui dépasse les œuvres de ses contemporains, même celles de Shakespeare. Marlowe n'avait pas bonne réputation à son époque. Soupçonné d'athéisme, blasphémateur, selon certains contemporains, homosexuel notoire (on lui connaît une liaison avec Thomas Kyd et avec le poète Thomas Watson), il se montrait volontiers impétueux lui-même comme le prouvent deux duels – dont un mortel. Le poème *Héro et Léandre* (+), achevé par George Chapman, parut cinq ans après la mort de Marlowe.

JACQUES FINNÉ.

♦ *« Un alchimiste de l'éloquence. »* Nashe. ♦ *« Longtemps méconnu à cause des préventions contre l'ultra-romantisme de son style et l'hétérodoxie de ses opinions..., Marlowe n'était pas seulement un poète d'une imagination fulgurante et d'une surprenante mélodie de vers, mais aussi un bâtisseur habile de drames et un manieur consommé de personnages. »* Sir Edm. Gosse.

RÉF. : F.S. Boss, *Marlow and his Circle,* Londres, 1931. – H. Levin, *The Overreacher,* Cambridge (USA), 1952. – J.B. Steane, *Marlowe, a Critical Study,* Cambridge (USA), 1964. – J.O'Neill (ed.) *Critics on Marlowe,* Londres, 1969. – V.M. Meeham, *Christopher Marlowe, Poet and Playwright,* Paris, 1974. – J. Weil, *Marlowe : Merlin's Prophet,* Londres, 1977. – L.M. Chan, S.A. Pedersen, *Marlowe Criticism, a Bibliography,* Londres, 1978.

MÁRMOL José. Écrivain et homme politique argentin. Né à Buenos Aires le 2 décembre 1818 et mort dans cette ville le 9 août 1871. Étudiant en droit à l'université de Buenos Aires, il fut arrêté par la police du dictateur Juan Manuel Rosas. Relâché, il se réfugia, très pauvre, à Montevideo où il collabora à *El Estandarte* (1835-1836) et fonda *El Album* (1842). Le système politique argentin et le personnage tyrannique de Rosas inspirèrent une partie de l'œuvre imprécatoire qu'il écrivit alors, notamment le poème « À Rosas, le 25 mai » (1843). Séjournant à Río de Janeiro en 1844, il donna des chroniques à *Ostensor Brasileiro* et publia en feuilleton *Le Poignard* [*El Puñal*], dans lequel il conseillait l'assassinat de Rosas. Un voyage par bateau, qui devait l'emmener au Chili et qui fut interrompu par une tempête, fut à l'origine de *Le Voyageur* [*El Peregrino*], qui n'est pas sans rappeler le *Child Harold* de Byron – v. *Le Chevalier Harold* (*) de Byron. De retour à Montevideo en 1846, il commença la rédaction de son chef-d'œuvre : *Amalia* (*) qu'il devait terminer en 1851 à Buenos Aires, après la chute de Rosas. Devenu sénateur, il se révéla un orateur de talent dans les débats préparant la constitution de 1860. En 1863, il fut chargé de discuter, à Río de Janeiro, les problèmes de frontières avec le Brésil. Nommé directeur de la Bibliothèque publique de Buenos Aires, il exerça, presque aveugle, cette fonction jusqu'à sa mort. Malgré un certain manque d'originalité, *Harmonies* [*Armonías,* 1851] et ses *Poésies* (Buenos Aires, 1854 ; rééditées en 1875 à Paris dans le volume *Obras poéticas y dramáticas*) sont populaires dans son pays. Au théâtre, il est l'auteur d'une pièce politique, *Le Poète* [*El Poeta*] et d'un drame héroïque, *Le Croisé* [*El Cruzado*]. L'une et l'autre furent représentées à Montevideo en 1842.

CLAUDE COUFFON.

MARMONTEL Jean-François. Écrivain français. Né à Bort (Limousin) le 11 juillet 1723, mort à Ablonville, près d'Évreux (Eure), le 31 décembre 1799. D'une famille pauvre et d'un esprit précoce, il fut placé chez les jésuites, à Mauriac, puis envoyé à Clermont pour y faire sa philosophie. Ayant perdu son père au sortir du collège, il résolut de mettre tout en œuvre pour secourir sa famille. L'année suivante, bien qu'il eût à peine seize ans, il obtint d'entrer, à Toulouse, au séminaire des bernardins pour y suppléer le professeur de philosophie. Dans l'espoir d'améliorer quelque peu son ordinaire, il se mit à composer un poème pour le concours des jeux Floraux : *L'Invention de la poudre à canon.* Ayant été un peu plus tard couronné par les jeux Floraux pour d'autres poèmes (1745), il résolut de se rendre à Paris pour s'y faire valoir. Vivant d'abord de privations, il voulut fonder un journal de littérature *(L'Observateur)*, mais fut contraint d'en suspendre la publication. Par chance, il obtint peu après le prix de poésie de l'Académie française pour son poème sur *La Gloire de Louis XIV perpétuée dans le roi son successeur* (1746). Voltaire s'étant amusé à vendre ce poème à la Cour, il procura de la sorte au jeune auteur un certain nombre d'écus. Tiré ainsi de la misère, Marmontel tint à témoigner sa reconnaissance à son protecteur en éditant *La Henriade* (*). Séduit par le théâtre, il écrivit ensuite plusieurs tragédies : *Denys le Tyran* (1748), *Aristomène* (1749), *Cléopâtre* (+) (1750), *Les Héraclides* (+) (1752), *Égyptus* (1753). Il n'eut guère à se louer de sa tentative, car, hormis la première peut-être, toutes ces pièces connurent un succès médiocre. Ayant su plaire néanmoins à Mme de Pompadour, il obtint d'elle une place de secrétaire des Bâtiments (1753).

Tout en travaillant d'arrache-pied, aimant à se répandre dans le monde, car il avait beaucoup d'esprit, Marmontel allait s'acquérir une renommée grandissante : d'abord avec ses *Contes moraux* (*) (1755-1765), ensuite avec son roman *Bélisaire* (*) (1767), enfin avec *Les Incas, ou la Destruction de l'empire du Pérou* (*) (1777). Membre de l'Académie française depuis 1763, il en devint, vingt ans plus tard, le secrétaire perpétuel en remplacement de d'Alembert (1783). Dans l'intervalle, il avait obtenu la charge d'historiographe de France (1771). Sitôt l'ouverture du fameux « lycée » (1781), il eut l'honneur d'y occuper la chaire d'histoire en même temps que La Harpe occupait celle de littérature. Sous le titre de *Éléments de littérature* (*) (1787), il réunit la plupart des articles qu'il avait composés pour l'*Encyclopédie* (*). Pendant la révolution de 1789, il alla vivre dans les environs d'Évreux. Nommé membre du Conseil des anciens par les électeurs de l'Eure, il se rangea parmi les modérés, fut proscrit au 18 Fructidor, mais, ayant échappé à la déportation, il put aller finir ses jours dans sa retraite. Séduit à la fois par tous les genres, Marmontel a laissé une œuvre considérable. Il fut même l'auteur de plusieurs opéras dont la musique fut écrite par Rameau, Grétry et Piccinni : grâce à ce dernier, *Didon* (+) (1783) obtint un éclatant succès. Alliant sentimentalisme vertueux et libéralisme philosophique, il eut en son temps touché un public assez large. Les *Œuvres complètes* de Marmontel ont été publiées à Paris par Née de la Rochelle (17 vol., 1787), par Verdière (19 vol., 1818) et par Costes (18 vol., 1819). Après sa mort, en 1807, parurent les *Mémoires d'un père pour servir à l'instruction de ses enfants* (*) – sa meilleure œuvre peut-être. Sa correspondance a été publiée en 1974.

ROLAND PURNAL.

RÉF. : Marmontel, *Mémoires d'un père pour servir à l'instruction de ses enfants*, Paris, 1804. – A. Morellet, *Éloge de Marmontel*, Paris, 1805. – J. Bouché, *Conférence faite sur Marmontel*, Châlons-sur-Marne, 1888. – S. Lenel, *Un homme de lettres au XVIIIe siècle, Marmontel*, Paris, 1902. – M. Freund, *Die moralischen Erzählungen Marmontels*, Halle, Karras, 1904. – E. Piek, *Marmontels Bühnenwerke*, thèse, Weida, 1910. – G. O. Schmid, *Marmontel : Seine moralische Erzählungen und die deutsche Literatur*, Strassburg, Heitz, 1935. – L. M. Price, *The Vogue of Marmontel on the German Stage*, Berkeley, 1944. – *J.-F. Marmontel*, études réunies par J. Ehrard, Clermont-Ferrand, de Bussac, 1970. – J. Renwick, *La Destinée posthume de J.-F. Marmontel*, Clermont-Ferrand, 1972.

MAROT Clément. Poète français. Né à Cahors (Lot) à la fin de 1496, mort à Turin en septembre 1544. Fils du « rhétoriqueur » Jean Marot, il passa son enfance en Quercy, terre de langue d'oc, et ne vint « en France », selon son expression, qu'en 1506. Ses études furent sommaires, non par la faute de l'écolier, mais par celle de ses maîtres, ces « régens du temps jadis », qu'il jugeait « de grans bêtes ». Il ne savait pas le grec, son latin même était hésitant, et, si Marot fit par la suite de louables efforts pour combler les lacunes de sa culture, on ne peut cependant le comparer à cet égard aux artistes érudits et humanistes de la génération suivante. À la fin de 1505 ou au début de 1506, son père entra, en qualité de secrétaire, au service de la reine Anne de Bretagne, épouse de Louis XII. Clément l'accompagna. Il rencontra en 1512 Jean Lemaire de Belges. C'est de cette époque que datent ses premiers essais poétiques : la traduction assez libre de la première des *Bucoliques* (*) de Virgile et *Le Jugement de Minos.* Quelque temps après, il entre comme page au service du secrétaire des Finances Nicolas de Neufville. Il lui dédiera en 1538 *Le Temple de Cupido*, d'abord offert, en 1514, à François d'Angoulême et à Claude de France, à l'occasion de leur mariage. À l'avènement de François Ier, on le trouve clerc de la chancellerie ; il est aussi affilié à la Basoche et membre de la compagnie des « Enfants sans souci ».

Si conventionnel que soit *Le Temple de Cupido*, qui doit beaucoup au *Roman de la Rose* (*), à Jean Lemaire, à Molinet, sans oublier Ovide, ce poème, où apparaît le personnage inédit de « Ferme Amour », infléchit déjà la traditionnelle thématique amoureuse dans un sens religieux. Cette orientation marque profondément l'œuvre du poète.

C'est peut-être en 1518 que Marot écrit la spirituelle *Petite Epistre au Roy* : elle passe pour avoir plu au roi, qui recommanda Marot à sa sœur. Le poète adressa à celle-ci l'*Epistre du Depourveu*. Il entra à son service en 1519. Avec elle, il assista à l'entrevue du camp du Drap d'or, où se rencontrèrent Henri VIII et François Ier : la Ballade VIII en garde le souvenir. Chroniqueur de la maison d'Alençon, il écrit en 1521 l'*Epistre du camp d'Attigny* où, lors de la campagne du Hainaut, s'établit l'armée française, sous les ordres du duc d'Alençon, mari de Marguerite ; aux mêmes événements se rapportent les Ballades VIII, IX et X. C'est la même année que Lefèvre d'Étaples rejoint le groupe de Meaux, réuni autour de Guillaume Briçonnet et que Marguerite commence à échanger avec celui-ci une correspondance de direction spirituelle.

Marot, toujours en accord avec Marguerite, partage ses convictions religieuses. Bientôt, la lutte contre l'« hérésie » s'intensifiant, vont commencer ses démêlés avec l'Église et les juges. En 1526, si nous en croyons le poète, une dénonciation arrive au parquet, d'une certaine Isabeau : le poète Clément Marot s'est vanté d'avoir « mangé le lard » en carême ! Aussitôt arrêté, il est jeté dans une geôle du Châtelet. Il adresse alors une « Épistre à M. Bouchart, docteur en théologie », où il proclame hautement son orthodoxie, et une « Epistre à Lyon Jamet » (*), seigneur de Chambrun, son ami, qu'il appelle à son secours. Invoquant la tradition qui déférait les hérétiques à la juridiction des évêques, Jamet se hâte de faire réclamer Marot par Louis Guillard, évêque de Chartres, qui ménage au poète une prison beaucoup moins inquiétante que le Châtelet : c'est en fait dans l'appartement d'une hôtellerie que Clément, vite revenu de sa peur, et attendant le « classement » définitif de son affaire, put écrire son poème *L'Enfer* (*), féroce satire des mœurs judiciaires, de tour allégorique, mais où le décor sinistre du Châtelet était aussi reconnaissable que plusieurs personnages, magistrats importants, tels que Minos (le prévôt de Paris, Gabriel d'Allègre) et Rhadamus (le lieutenant civil, Jean Morin). Mais Marot se garda prudemment de confier cette œuvre, la meilleure pourtant qu'il eût écrite encore, à un libraire.

L'incident s'était produit pendant la captivité de François Ier en Espagne, à la suite de la défaite de Pavie (rien n'indique que Marot ait assisté à cette bataille, le 24 février 1525). Dès le retour du roi, après le traité de Madrid, Marot fut libéré (1er mai 1526), retrouva toute sa faveur à la Cour et aussitôt fit part à ses amis de l'heureux dénouement de son aventure dans son « Rondeau parfaict à ses amys après sa délivrance ». En 1527, il prenait possession d'une charge de valet de chambre du roi, vacante depuis la mort de son père, à la fin de l'année 1526 et, pendant longtemps, l'incurable négligence des trésoriers chargés de lui verser ses appointements lui donna l'occasion de nombreuses épîtres de réclamations, graves ou cocasses, adressées au roi, au chancelier Duprat, au grand maître Anne de Montmorency, etc. Les années suivantes allaient être les plus agréables de la vie de Marot : valet de chambre du roi, il est toujours tenu par Marguerite pour « l'ung des siens » ; une passion très poétique l'unit à une certaine Anne, sa « sœur d'alliance », sans doute Anne d'Alençon, fille de Charles, bâtard d'Alençon, et nièce de Marguerite, qui lui inspira plusieurs jolies pièces. Il fut pourtant, en octobre 1527, enfermé à la Conciergerie pour avoir aidé des prisonniers à échapper à la justice ; il écrivit alors son « Épistre au Roy, pour le délivrer de prison », et fut élargi, le 5 novembre. Fidèle à ses idées, il compose, en décembre, la *Déploration de Florimond Roberlet*, à la mort du ministre de François Ier favorable aux idées nouvelles. Jouant avec humour et profondeur son rôle de chroniqueur, il avait garde de ne manquer aucune festivité de cour ou aucun événement politique de quelque importance : ainsi célébrait-il le mariage de Renée de France avec Hercule II, duc de Ferrare (1528), la paix de Cambrai ou « paix des Dames » (1529) et, un an plus tard, l'arrivée en France de la princesse Eléonore d'Autriche, qui allait devenir la seconde femme de François Ier. Lorsque l'événement lui manquait, c'est à des incidents de sa propre vie qu'il demandait prétexte à divertir, ainsi dans son épitre « Au Roy, pour avoir esté dérobé » (1531).

Il fut à nouveau inquiété en 1532 pour avoir rompu le jeûne du carême. Cependant, il s'occupait à publier ses œuvres pour éviter les inconvénients des publications subreptices : dès l'hiver 1531-32 était paru à Lyon un recueil d'une douzaine de poèmes, les *Opuscules et petictz traictez de C. Marot*. Marot publia donc, en août 1532, un recueil de ses œuvres – mais incomplet, notamment de celles qui se rapportent à l'emprisonnement de 1526 –, sous le titre : *L'Adolescence clémentine* (*). L'ouvrage eut un grand succès, puisqu'on compte vingt-deux éditions de 1532 à 1537. À la fin de 1533 ou au début de 1534, Marot publia encore la *Suite de l'Adolescence clémentine*, puis sa traduction du *Premier livre de la Métamorphose* d'Ovide. Dans la seconde édition de celle-ci, on trouve les pièces relatives à l'affaire de 1526, *L'Enfer* excepté.

Un peu plus tard, exilé à Ferrare et s'y ennuyant, Marot, dans quelques vers de son « Églogue au Roy soubs les noms de Pan et de Robin », évoquera le personnage qu'il tenait jadis à la cour de François Ier. Cependant, théologiens et gens de justice le surveillaient. Aussi, en octobre 1534, lorsque éclata la fameuse affaire des placards contre la messe, affichés jusque dans les appartements du roi, les soupçons se tournant spontanément vers les amis de Marguerite, depuis longtemps accusée d'hérésie par de fougueux prédicateurs, Marot fut aussitôt inscrit sur la liste des suspects. Le parlement fit perquisitionner à son domicile et saisir livres défendus et manuscrits du poète. À la fin de novembre, Marot fut arrêté et interrogé à Bordeaux. Il réussit à prendre la fuite et à se réfugier à Nérac, en Navarre. Condamné par contumace, il suivit le conseil de Marguerite, remariée en 1527 avec Henri d'Albret, grand-père d'Henri IV, et se rendit à Ferrare, où il arriva en avril 1535 ; il y devint secrétaire de la princesse Renée de France.

La cour de Ferrare était alors le refuge de nombreux huguenots exilés : là, en 1535-36, Marot rencontra, dit-on, Calvin, qui venait d'achever son *Institution de la religion chrestienne* (*) et encouragea peut-être le poète à poursuivre sa traduction des *Psaumes* (*). Son engagement religieux se fit encore plus net, comme on le voit par son épître « À deux sœurs savoisiennes », exhortation à la fermeté devant les persécutions. Le duc de Ferrare s'inquiétant des idées de l'entourage français de sa femme, Marot, dont la réputation de « luthérien » était connue, dut s'éloigner de Ferrare en juin 1536. En juillet, il se rendit à Venise, rêvant mélancoliquement à l'aimable cour de France comme à un paradis perdu. Pour y retourner, il multiplia les démarches, en particulier dans ses épîtres « Au Roy, du temps de son exil à Ferrare » et « À Monseigneur le Dauphin, du temps de son dict exil », où il se justifiait des accusations d'hérésie et se pose en victime de « l'ignorante Sorbonne ». On lui permit bientôt de revenir, à la condition d'abjurer ses erreurs, ce qu'il fit devant le tribunal de Tournon, lors de son passage à Lyon. À la cour, tout semblait oublié ; le roi se réjouissait de retrouver son poète, qui, sans tarder, épanchait sa joie dans une pièce célèbre : *Le Dieu Gard de Marot à la cour de France*. Mais, pendant l'exil de Marot, un obscur rimeur du nom de François Sagon, avec qui, en août 1534, Marot s'était querellé sur des questions de religion, avait profité des circonstances pour l'accabler. Indignés, les amis du poète, Des Périers, Charles Fontaine, avaient déjà vivement réagi et il ne restait plus à Clément qu'à achever son adversaire, ce qu'il fit dans sa méprisante « Épître de Fripelipes, valet de Marot, à Sagon ».

Il avait depuis longtemps le projet de donner une traduction des *Psaumes*, puisque celle du Psaume VI parut dans une plaquette éditée problablement en 1533, et que les papiers saisis à son domicile en octobre 1534 comprenaient certainement d'autres traductions. Mais désormais ce projet l'occupait de plus en plus. En 1539, des psaumes traduits par Marot furent édités à Strasbourg. En janvier 1540, à Charles Quint qui traversait Paris, il présenta un manuscrit de sa traduction de *Trente Psaumes*, qui allaient être publiés en 1541 à la fois à Anvers, et avec nombre de variantes, à Paris. En 1543, Marot en redonnera, encore à Paris, une édition augmentée de dix-neuf psaumes. L'édition de 1541 comporte une épître au roi qui affirme la supériorité de la poésie sacrée sur l'inspiration profane des Anciens. Celle de 1543, dans une épître « Aux Dames de France », chante l'âge heureux où l'on verra « Le laboureur à sa charrue, / Le charretier parmi la rue, / Et l'artisan en sa boutique / Avecques un Psaume ou Cantique / En son labeur se soulager. »

La Sorbonne allait-elle se montrer aussi favorable ? En l'année 1539 commençait à circuler sous son nom le « Sermon du bon pasteur et du mauvais », véritable profession de foi protestante ; puis, probablement sans l'aveu du poète, Dolet imprimait la satire de *L'Enfer*. C'était l'époque enfin, où François Ier, poussé par la raison d'État, ordonnait une poursuite plus sévère des hérétiques. Aussi, la Sorbonne publia-t-elle, à la fin de l'année 1542, un Index, où figuraient les *Psaumes* traduits par Marot ainsi que le « Sermon du bon pasteur et du mauvais ». Un mandat d'arrêt fut lancé contre le poète, qui alla se réfugier en hâte à Genève.

Il y arriva en décembre 1452, mais n'y resta qu'un peu moins d'un an. Marot y obtint la permission d'éditer ses *Psaumes*, mais à la condition qu'il n'y ajoutât pas la traduction de la Salutation angélique. Calvin tâcha de lui obtenir une pension, mais le Conseil s'y opposa. Sans doute déçu, Marot quitta Genève en décembre 1543. Il séjourna près d'Annecy, puis près de Chambéry. Désireux de revenir en France, il rejoignit l'armée française en Piémont. Il s'éteignit à Turin en septembre 1544. C'est de ses derniers mois que datent l'épître « À ung sien Amy » (François de Bellegarde), qui est l'une de ses plus belles pièces, et l'épître « À Monsieur d'Anguyen », le jeune vainqueur de Cérisolles, où, se renouvelant une dernière fois, Marot songe à se faire poète épique.

Son œuvre – v. *Poésies* (*) –, dont une édition collective, classée par genre, fut donnée à Lyon dès 1544, étonne d'abord par sa diversité. Elle comprend en effet vingt-sept élégies, soixante-cinq épîtres, dix-neuf ballades, quelque quatre-vingts rondeaux, des chansons, des épitaphes humoristiques et sérieuses, des « complaintes » ou élégies funèbres, plus de trois cents épigrammes, cinquante psaumes mis en musique par Goudimel, enfin de nombreuses « translations » plus ou moins paraphrasées de Pétrarque, Virgile, Lucien, Martial, Ovide, Musée. L'influence de Clément Marot a été très grande, mais pas immédiate : au lendemain de sa mort, en effet, la Pléiade le dédaigne et Du Bellay proclame qu'il a « toujours estimé la poésie française être capable de quelque plus haut et meilleur style ». Mais, lorsque déclina la gloire de Ronsard, à partir de la fin du siècle, Marot ressuscita : aux yeux de Boileau, il faisait figure de novateur, et pourtant, aux classiques de 1660, répudiant injustement la tradition médiévale, Marot apportait le meilleur de l'ancienne poésie française : cette « facilité » et cette « grâce » singulières, déjà remarquées par Étienne Dolet, et qui reparaîtront chez La

Fontaine, lequel ne manqua point de rendre hommage à « maître Clément ».

♦ *« Clément Marot, seule lumière en ses ans de la vulgaire* [= française] *poésie. »* Ronsard. ♦ *« Quant à Clément Marot, ses œuvres furent recueillies favorablement de chacun. Il avait une veine grandement fluide, un vers non affecté, un sens fort bon, et encore qu'il ne fût accompagné de bonnes lettres, ainsi que ceux qui vinrent après lui, si n'était-il si dégarni qu'il ne les mit souvent en œuvre fort à propos. »* Étienne Pasquier. ♦ *« Chantez-nous / Non pas du sérieux, du tendre, ni du doux ; / Mais ce qu'en français on nomme bagatelle, / Un jeu dont je voudrai Voiture pour modèle, / Il excelle en cet art : Maître Clément et lui / S'y prenaient beaucoup mieux que nos gens d'aujourd'hui. »* La Fontaine. ♦ *« Imitons de Marot l'élégant badinage... Marot, bientôt après, fit fleurir les ballades, / Tourna des triolets, rima des mascarades, / À des refrains réglés asservit les rondeaux. / Et montra pour rimer des chemins tout nouveaux. »* Boileau. ♦ *« Marot, par son tour et son style, semble avoir écrit depuis Ronsard : il n'y a guère entre ce premier et nous que la différence de quelques mots. »* La Bruyère. ♦ *« Le nom de Marot est la première époque vraiment remarquable dans l'histoire de notre poésie, bien plus par le talent qui brille dans ses ouvrages et qui lui est particulier, que par les progrès qu'il fit faire à notre versification. »* La Harpe. ♦ *« Marot, qui avait forgé la langue de Montaigne* [...] *a été goûté parmi nous pour quelques contes naïfs, quelques épigrammes licencieuses, dont le succès est presque toujours dans le sujet ; mais c'est par ce petit mérite même que la langue fut longtemps avilie : on écrivit dans ce style les tragédies, les poèmes, l'histoire, les livres de morale. »* Voltaire. ♦ *« Une causerie facile, semée par intervalles de mots vifs et fins est presque le seul mérite qui le distingue, le seul auquel il faille attribuer sa longue gloire et demander compte de son immortalité... La sensibilité chez lui n'a qu'un éclair, et une larme est à peine venue que déjà le badinage recommence. »* Sainte-Beuve.

RÉF. : Sainte-Beuve, *Tableau de la poésie française au XVIe siècle*, Paris, 1828. – O. Douen, *C. Marot et le psautier huguenot*, Paris, 1871. – W. de Lerber, *L'Influence de C. Marot aux XVIIe et XVIIIe siècles*, Lausanne, 1920. – P. Villey, *Recherches sur la chronologie des œuvres de Marot*, in *Bulletin du Bibliophile*, 1920-1922 ; *Marot et Rabelais*, Paris, 1923. – Ph. A. Becker, *C. Marot, sein Leben und seine Dichtung*, Munich, 1926. – H. Guy, *Clément Marot et son école*, Paris, 1926. – J. Vianey, *Les Épîtres de Marot*, Paris, 1935. – A. Pauphilet, *Clément Marot*, Paris, 1936. – J. Plattard, *Marot, sa carrière poétique, son œuvre*, Paris, 1938. – C. E. Kinch, *La Poésie satirique de C. Marot*, Paris, 1940. – Pierre Jourda, *Marot, l'homme et l'œuvre*, Paris, 1950. – Jean Rollin, *Les Chansons de C. Marot*, Paris, 1950. – V. L. Saulnier, *Les Élégies de C. Marot*, Paris, 1952. – Paulette Leblanc, *La Poésie religieuse de C. Marot*, Paris, 1955. – M. A. Screech, *Marot évangélique*, Genève, 1967. – C. A. Mayer, *Clément Marot*, Paris, 1972. – R. Griffin, *C. Marot and the Inflections of Poetic Voice*, Berkeley, 1974. – G. Defaux, Introd. à C. Marot, *Œuvres poétiques*, t. I, Paris, 1990.

MAROT Jehan des Mares, dit Jean. Poète français. Né à Mathieu près de Caen (Calvados) vers 1450, mort à Paris en 1526. De parents pauvres, il reçut une éducation fort incomplète et se forma comme il put dans la lecture du *Roman de la rose* (*) et autres vieux ouvrages français. S'étant rendu à Cahors, il s'y maria en 1471 et s'y fixa, exerçant le métier de chapelier, où il échoua. (Son fils Clément y naît en 1496.) Très féru de poésie, il y montra tant de talent qu'il appela sur lui l'attention d'Anne de Bretagne. En 1506, il devint son secrétaire et l'accompagna à la cour de France. Ayant déjà écrit pour elle *La Vraydisante Advocate des dames* (+) (1506), il lui dédia un peu plus tard un recueil de vingt-quatre rondeaux, le *Doctrinal des princesses et nobles dames* (+) (1510-11). Il célèbre l'expédition en Italie de Louis XII dans une chronique en vers mêlée de prose pleine de verve et de vigueur : *Le Voyage de Gênes* (*) (1507), que viendra bientôt compléter *Le Voyage de Venise* (+) (1509). Devenu enfin le valet de chambre de François Ier, Jean Marot se plut à versifier l'*Épître sur la défaite des Suisses à Marignan* (+) (1515).

RÉF. : L. Theureau, *Étude sur la vie et les œuvres de J. Marot*, Caen, 1873.

MARQUAND John Phillips. Romancier américain. Né le 10 novembre 1893 à Wilmington (Delaware), mort le 16 juillet 1960 à Newbury Port (Massachusetts). Après des études à Harvard, il devient reporter au *Transcript* de Boston et sert dans l'artillerie pendant la Première Guerre mondiale. Dès 1922, il publie des romans d'aventures exotiques, mais c'est *Feu Georges Apley* (*) qui lui apporte la notoriété et le prix Pulitzer (1937). Il y trace une peinture ironique de la vie pétrifiée d'une famille de l'aristocratie bostonienne. Il s'inspire de sa propre famille dans *La Pointe de Wickford* (+) (1939), et poursuit le même thème avec *Monsieur H. M. Pulham* (+) (1941) d'après son expérience personnelle. Il transfère la même classe sociale dans les milieux militaires et politiques de Washington pendant la Seconde Guerre mondiale dans *B.F.'s Daughter* (aussi appelé *Polly Fulton*, 1946). Enfin, en 1949 paraît *L'Impossible Retour* (*).

MARQUÉS René. Romancier, essayiste portoricain et même poète à ses heures, René Marqués est surtout auteur dramatique et conteur. Né à Arecibo (Porto Rico) en 1919, mort dans la même ville en 1979. Ancien ingénieur devenu écrivain, il travaille tant dans son pays qu'en Espagne et aux États-Unis. Dans ce dernier il obtient des bourses de la fondation Rockefeller et de la fondation Guggenheim. À Porto Rico, il gagne les plus prestigieux prix littéraires de son temps et a la satisfaction de voir la mise en scène de ses plus importantes œuvres dramatiques.

Ses premières publications sont des nouvelles qu'il publie dans la revue *Alma Latina* à partir de 1944. En 1946, il voyage en Espagne où il fréquente les milieux littéraires et écrit le drame *Le Soleil et les MacDonald* [*El sol y los MacDonald*], mis en scène à

Porto-Rico en 1950. Il commence alors à travailler dans la division d'Éducation de la Communauté du département d'Instruction publique dont il devient plus tard le directeur du programme d'édition. En 1951-1952 il écrit *La Charrette* [*La carreta*], pièce divisée en trois parties : champs, bidonville, métropole, où il expose les tribulations d'une famille paysanne qui, victime de la situation économique de Porto-Rico, doit émigrer de la campagne aux villes régionales et à la capitale de l'île pour finir ses jours pénibles dans les quartiers pauvres de New York. Cette pièce connaît depuis le début un énorme succès.

Marqués continue à écrire des pièces de théâtre qu'il présente dans les festivals annuels de théâtre de l'Institut de culture portoricaine. Doivent être mentionnées également *Les Soleils tronqués* [*Los soles truncos,* 1958], sur le changement de la société portoricaine qui vit la domination culturelle nord-américaine et remémore avec nostalgie les temps de la colonie espagnole perdus à jamais ; *Mariana ou l'Aube* [*Mariana o el alba,* 1965] qui présente, à travers le personnage de Mariana Bracetti, la Révolution de Lares de 1868. Dans toutes ses œuvres s'exprime l'engagement politique pour la cause indépendantiste.

Marqués publie aussi *La Veille de l'homme* [*La vispera del hombre*] en 1958, roman sur l'époque précédant l'ouragan San Felipe de 1928 et la crise économique de 1929-1930 où il raconte l'histoire d'amour tragique d'un couple dans ce pays qui vit une agonie sans répit. En plus de ses nombreux essais, il publie un recueil de nouvelles en 1960, *Dans une ville appelée San Juan* (*), où il reprend les mêmes sujets d'analyse de la politique coloniale de Porto-Rico qu'il a exposés dans ses œuvres dramatiques et dans ses essais.

Avant sa mort en 1979 il a la satisfaction de se voir respecté comme l'un des plus grands écrivains de la littérature portoricaine.

CARMEN VASQUEZ.

MARROU Henri Irénée. Historien français. Né à Marseille le 12 novembre 1904, mort à Paris le 11 avril 1977. Une carrière brillante attendait cet homme d'une exceptionnelle intelligence : École normale supérieure de la rue d'Ulm, agrégé d'histoire, pensionnaire de l'École française de Rome ; il enseigne ensuite à l'Institut français de Naples, fait un bref séjour à l'Institut français du Caire. Docteur ès lettres avec une thèse remarquée sur « Saint Augustin et la fin de la culture antique », il devient successivement professeur aux facultés des lettres de Nancy, de Montpellier et de Lyon. En 1945 il est élu à la Sorbonne où, titulaire de la chaire d'« histoire du christianisme » il enseigne jusqu'en 1975. Il y fonde le Centre de recherches pour l'histoire du christianisme ancien, « Centre Le Nain de Tillemont », dirige, outre de nombreuses thèses, de grandes entreprises collectives : la *Prosopographie chrétienne du Bas-Empire,* le *Recueil des inscriptions chrétiennes de la Gaule.* Lorsqu'il part en retraite, sa bibliographie savante compte cent quatre-vingt-onze titres. En 1967, sa valeur internationalement reconnue lui vaut d'être élu à l'Académie des inscriptions et belles-lettres.

Hors de France, de nombreux corps savants l'élisent, l'Institut archéologique allemand, l'Académie pontificale d'archéologie, la British Academy, l'Académie bavaroise, l'Académie néerlandaise des sciences et l'Académie nationale des Lincei.

Historien, Henri Marrou le fut au sens le plus complet du terme, utilisant, dans la recréation d'un passé où il trouvait des raisons de vivre et d'espérer pour notre temps, les techniques de la philologie classique, de l'épigraphie, de l'archéologie, jointes à une très solide culture philosophique, musicale et à un sens aigu des problèmes théologiques et religieux. Trois domaines portent la marque de son génie propre : l'histoire de la culture antique, l'humanisme chrétien de l'Antiquité tardive, et la philosophie de l'histoire. Le premier domaine est représenté par sa monumentale *Histoire de l'éducation dans l'Antiquité* (*) (1948). La sûreté d'une méthode critique et une grande familiarité avec la littérature des Pères de l'Église donne toute sa valeur à la *Nouvelle Histoire de l'Église* (1963) où Marrou réalise une remarquable synthèse sur le développement du christianisme des origines à la fin du ve siècle. Il souligne, dans ce développement, l'importance d'une dialectique des forces d'unité doctrinale et disciplinaire, et des revendications régionales, qui font d'une Église, une par vocation, une réalité pluraliste. Ces *christiana tempora* sont une époque capitale où de nouvelles formes de piété s'élaborent, où une langue sacrée se forge, où de nouvelles relations s'établissent entre les chrétiens et le pouvoir politique.

De son expérience de chercheur, Marrou a tiré les éléments d'un maître livre : *De la connaissance historique* (1954) qui n'a cessé de constituer le discours de la méthode pour de nombreux historiens français et étrangers. Il y démontre que l'histoire est inséparable de l'historien, et que la recherche historique est à la fois saisie de l'objet et aventure spirituelle du sujet connaissant. Dialoguant avec Toynbee et Aron, comme avec saint Augustin, il a écrit une *Théologie de l'Histoire* (1968) qui est une pénétrante méditation sur la liberté humaine vécue dans le mystère même de l'Histoire.

MICHEL MESLIN.

MARRYAT Frederick. Romancier anglais. Né le 10 juillet 1792 à Westminster (Londres), mort le 9 août 1848 à Langham (Norfolk). Fils d'un membre du Parlement, il s'embarqua en 1806 avec lord Cochrane, et il passa quelques années à se battre au large des côtes françaises ou espagnoles, et dans la Méditerranée, contre la flotte de Napoléon Bonaparte. Il s'y distingua par sa hardiesse. Pendant la guerre birmane (1824), il se couvrit de gloire au commandement du « Larne ». Les récompenses et les honneurs ne lui manquèrent pas et, entre autres, il fut fait « Companion of the Bath » en 1826 et officier de la Légion d'honneur en 1833. En 1830, il abandonna la carrière militaire pour se consacrer exclusivement à la littérature, encouragé par l'accueil qui avait été réservé à son premier roman en 1829. Après le grand succès obtenu par *Pierre Simple* [*Peter Simple*, 1834], Marryat écrivit et publia plus de trente romans — parmi lesquels les meilleurs sont *M. le Midshipman Easy* (*) (1836) et *Masterman Ready* (1841), qui présente quelque similitude avec *Robinson Crusoé* (*) ; presque tous se déroulent sur la mer. Ils sont dans leur genre un modèle de roman d'aventures dont ils furent la plus belle illustration jusqu'à la fin du siècle (ils furent alors éclipsés par ceux de Stevenson).

MARSÉ CARBÓ Juan. Romancier espagnol. Né le 8 janvier 1933, à Barcelone. Ses parents, adoptifs, sont modestement installés dans le quartier de Gracia. L'enfant est marqué par la guerre civile et les privations qu'elle engendre. Son père, militant communiste, connaît à maintes reprises les geôles franquistes, et la situation économique de la famille devient telle que Juan entre en 1946 comme apprenti dans un atelier de bijouterie, où il restera treize ans. Sa formation est celle d'un autodidacte, fasciné d'abord par la littérature de kiosque, séduit par le roman policier (Greene) ou d'aventures (Salgari, Stevenson, Burroughs), puis imprégné des meilleurs auteurs du XIXe siècle. Il découvre les écrivains américains (Faulkner, Hemingway, James) pendant son service militaire, effectué à Ceuta, où il fait ses armes... littéraires : il publie à son retour, entre 1957 et 1959, dans les revues *Insula* et *Destino*, ses premières nouvelles. Un roman, *Enfermés avec un seul jouet* [*Encerrados con un solo juguete*] suivra en 1961. C'est l'année que choisit Juan Marsé pour se rendre à Paris. Il s'y installe comme garçon de laboratoire à l'Institut Pasteur — dans le département de biochimie cellulaire du professeur Jacques Monod. Ce qui ne l'empêche pas d'écrire *Cette face de la lune* [*Esta cara de la luna*, 1962] ni d'exercer ensuite divers métiers (traducteur de scénarios, agent de publicité) avant de rentrer définitivement à Barcelone en 1970, pour occuper les fonctions de rédacteur en chef de la revue *Bocaccio*, et de chroniqueur de la revue satirique *Por Favor*.

Malgré une coïncidence de départ avec le courant du réalisme social, l'écrivain s'exprime dès l'abord d'une voix originale, dans la mesure où un parti pris à la fois mémoriel et imaginaire préside à la création de son monde romanesque. « Je parle d'un quartier qui n'existe que dans ma tête, pas dans la réalité », soutient-il à propos de la Barcelone de l'après-guerre. Les textes marquants que sont *Dernières soirées avec Thérèse* [*Ultimas tardes con Teresa*, 1965] et *L'Obscure Histoire de la cousine Montse* [*La oscura historia de la prima Montse*, 1970] en constituent l'illustration. La vision critique et sarcastique de la société, qui n'épargne pas plus un prolétariat prêt à toutes les compromissions qu'une bourgeoisie engluée dans l'égoïsme hypocrite, y emprunte des modalités qui doivent beaucoup au travail de la recréation. Le procédé est porté à la perfection dans *Adieu la vie, adieu l'amour* (*) (1973). L'œuvre, considérée comme l'un des textes majeurs du roman espagnol contemporain, constitue avec *Un jour je reviendrai* [*Un día volveré*, 1982] et *Boulevard du Guinardó* (*) (1986) — chef-d'œuvre d'économie narrative — une trilogie consacrée à l'histoire individuelle et collective des vaincus de la guerre « escamotée », selon le mot de l'auteur, par le franquisme. Complétée par un recueil de nouvelles sur le même sujet : *Teniente Bravo* (1984), et deux romans sur la manipulation de l'histoire : *La Fille à la culotte d'or* [*La muchacha de las bragas de oro*, 1978], ou de l'identité : *L'Amant bilingue* [*El amante bilingüe*, 1990], l'œuvre de Juan Marsé illustre puissamment que la mémoire est une arme chargée de futur.

GEORGES TYRAS.

RÉF. : J. Sinningen, *Narrativa e ideología*, Madrid, 1982. — W. M. Sherzer, *Juan Marsé, entre la ironía y la dialéctica*, Madrid, 1982. — S. Amell, *La narrativa de Juan Marsé, contador de aventis*, Madrid, 1984. — J. Gilabert, « Barcelona en la obra de Juan Marsé », in *Hispanic Journal*, nº 6, 1985.

MARSHALL Alfred. Économiste anglais. Né à Clapham, banlieue de Londres, le 26 juillet 1842, mort à Cambridge le 18 juillet 1924. De 1885 à 1906, il fut professeur d'économie politique à l'université de Cambridge. Ses théories économiques fondamentales, qui constituent un système organique, sont exposées dans l'ouvrage : *Principes d'économie politique* (*) (1890). Marshall repousse la conception de l'« homo œconomicus » et, suivant les traces de l'économie classique, il considère l'homme surtout sous l'aspect hédoniste de sa nature. Pour lui, l'économie politique ne doit pas se préoccuper d'énoncer des préceptes moraux. Il établit une théorie des équilibres économiques partiels. Influencé par l'économie classique, la biologie de Spencer et les doctrines de l'école historique allemande, c'était un éclectique. Autres ouvrages de Marshall : *Industrie et Commerce* [*Industry and Trade*, 1919] où il étudie le développement de la grande industrie en Angleterre, en France, en Allemagne, aux États-Unis, et *Crédit, argent et commerce* [*Credit, Money and Commerce*, 1923]. On a fait une critique à Marshall : on lui a reproché d'avoir donné une représentation statique, figée dans des schémas, de l'économie. Cependant la grande valeur de ses études a toujours été reconnue.

RÉF. : J. M. Keynes, *Essays in Biography*, Londres, 1933. – M. Culot, *La Notion marshallienne d'économie d'organisation*, La Haye, 1970.

MARSMAN Hendrik. Écrivain néerlandais. Né à Zeist (province d'Utrecht) le 30 septembre 1899, mort en mer à la suite du torpillage de son bateau le 21 juin 1940. Il est considéré comme le chef de file du mouvement « vitaliste » et a exercé une influence prépondérante sur les jeunes écrivains de sa génération. Il dirigea dès 1924 la revue *De Vrije Bladen*, plaidant pour une critique constructive qui juge les œuvres d'après leur « vitalité », c'est-à-dire l'intensité avec laquelle elles expriment la vie. Son œuvre, mis à part des recherches de forme, eut d'abord une allure cosmique dans son besoin de chanter l'éternité, l'infini et la crainte du vide (le non-être) ; sans rien perdre de sa violence, elle évolua ensuite vers la recherche du sens de la communauté humaine et du bonheur. Ses principaux recueils de poèmes : *Penthesilea* (1925), *Paradise Regained* (1927), *Porta Nigra* (1934) et *Poésies* (*) (1938), qui réunit ses poésies complètes, sont remarquables par le rythme et la concentration des images ; ils suffiraient à lui valoir une place importante dans la littérature hollandaise. Des volumes comme *La Leçon d'anatomie* [*Der Anatomische Les*] et *La Lampe de Diogène* [*De Lamp van Diogenes*) réunissent les principales critiques qu'il publia de 1925 à 1932, à l'époque brillante du « vitalisme ». Il a laissé aussi des nouvelles, parmi lesquelles il faut citer le recueil intitulé *Le Vaisseau fantôme* [*De Vliegende Hollander*], et un roman, *La Mort d'Angèle Degroux* [*De Dood van Angele Degroux*], dont le style est vibrant et violent.

MARSTON John. Poète dramatique anglais. Probablement né à Coventry (comté de Warwick) en 1575, mort à Londres le 25 juin 1634. Fils de Maria Guarsi, elle-même fille d'un médecin italien établi à Londres, il fit ses études au Brasenose College d'Oxford, dont il sortit bachelier en 1594. À l'encontre du désir de son père, qui était de le voir suivre la carrière juridique, il se tourna aussitôt vers les lettres, atteignant rapidement la notoriété. Son premier ouvrage, paru en 1598, est un poème licencieux, *La Métamorphose de l'image de Pygmalion* (+) qui, violemment attaqué de plusieurs côtés, fut condamné et brûlé sur l'ordre de l'archevêque de Cantorbéry. *Le Châtiment de la perfidie*, recueil de onze satires, publié la même année sous le pseudonyme de W. Kinsayder, fit autant de bruit ; un an après, la publication et la vente en furent interdites. La production théâtrale de Marston commença par deux tragédies, l'une étant la suite de l'autre : *Antonio et Mellida* (*) et *La Revanche d'Antonio* [*Antonio's Revenge*], écrites en 1599 ou en 1601 et publiées en 1602 ; maladroites, déclamatoires et mal construites, elles contiennent toutefois des passages d'une surprenante vigueur, mais cela ne les sauva pas de la satire de Ben Jonson qui les tourna en ridicule dans *Le Poétereau* (*). Il est curieux de constater que *Le Mécontent* (*) (1604), tragi-comédie infiniment mieux construite, est dédiée à Ben Jonson ; cette pièce fut suivie de *La Courtisane hollandaise* [*The Dutch Courtezan*, 1605], du *Parasite* [*Parasitaster, or the Fawne*, 1606], et, toujours en 1606, de *La Merveille des femmes ou la Tragédie de Sophonisbe* (+). En 1605, en collaboration avec Chapman et Jonson, Marston écrivit une des plus fraîches et célèbres comédies du temps, *Holà ! vers l'Orient* [*Eastward Ho !*] ; enfin, en 1613, on édita sa tragédie *La Comtesse insatiable* (*). Vers 1607, Marston avait épousé Mary Wilkes, la fille d'un influent chapelain de la cour, ce qui mit un terme à son métier d'écrivain. Quelques années plus tard, commença pour lui une longue et obscure carrière ecclésiastique ; en 1616, on lui attribua un bénéfice dans le Hampshire, dont il resta titulaire jusqu'en 1631. À sa mort, on l'enterra dans la Temple Church de Londres. Les *Œuvres* [*Works*] de Marston furent éditées en trois volumes en 1856 et 1887.

♦ *« Il donne l'impression d'un auteur qui a pour dessein d'attirer sur lui l'attention par plus de tumulte violent, plus de fureur et d'excentricité de langage, plus de grossièreté aussi, que personne. »* Émile Legouis.

RÉF. : W. Hazlitt, *Lectures on the Dramatic Literature of the Age of Elizabeth*, Londres, 1818. – A. C. Swinburne, article *Marston* in *The Nineteenth Century* d'octobre 1888, Londres. – A. Caputi, *John Marston, Satirist*, Itaca, 1951. – A. J. Axelrad, *Un malcontent elizabéthain : John Marston 1576-1634*, Paris, 1955. – P. J. Finkelspearl, *John Marston of the Middle Temple : an Elizabethan Dramatist in his Social Setting*, Cambridge (USA), 1969.

MARTELLO Pier Iacopo. Écrivain italien. Né à Bologne le 28 avril 1665, mort dans cette même ville le 10 mai 1727. Il étudia la rhétorique et la philosophie et suivit des cours de droit à l'université de Bologne. Envoyé en 1708 à Rome comme secrétaire de l'ambassade bolonaise, il demeura dans cette ville pendant près de dix ans, donnant une vive impulsion à l'activité de l'Arcadie dont il était membre depuis 1698 sous le nom de Myrilus Dianidius. En 1713, il accompagna le légat pontifical à Paris. De retour à Bologne, il assuma, et ce jusqu'à sa mort, la charge de premier secrétaire du Sénat. Martello s'essaya aux genres les plus divers et participa activement à quelques-unes des plus fameuses polémiques littéraires de son temps. La réforme de la tragédie retint particulièrement son attention. Il exposa dans plusieurs textes critiques les idées qu'il avait précédemment essayé d'appliquer dans une série de tragédies, réunies dans l'édition de son

Théâtre de 1715. Sa plus célèbre innovation consiste dans l'introduction du vers qui porte son nom, équivalent italien de l'alexandrin français. Les tragédies qu'il écrivit dans les dernières années de sa vie visent à la satire littéraire.

MARTÍ José. Écrivain cubain. Né à La Havane le 28 janvier 1853, tué à Boca de Dos Ríos (Cuba) le 19 mai 1895. Dans l'histoire de l'humanité, il est peu d'hommes qui aient déployé une telle activité en aussi peu de temps. Orateur, poète, philosophe, écrivain politique, révolutionnaire, journaliste, professeur, et, en plus de tous ces titres de gloire, apôtre et martyr de la liberté cubaine. Il était fils d'un Espagnol, le sergent-major d'artillerie Mariano Martí, et de Leonor Pérez, native des îles Canaries. Malgré son ascendance hispanique, Martí fut un créole dans toute l'acception du terme. En 1869, les autorités espagnoles confisquèrent une lettre qui compromettait Martí, et le condamnèrent – malgré son jeune âge – à six ans de travaux forcés dans une carrière de chaux. De là il fut transporté à l'île des Pins, et, peu après, envoyé en Espagne, pour qu'il renonçât à ses idées révolutionnaires. De cette première prison naquit un pamphlet intitulé *Le Bagne politique à Cuba* [*El presidio político en Cuba*, 1871]. En Espagne, il fit des études universitaires, et obtint successivement les grades de bachelier, de docteur en droit canonique et civil, et de docteur en philosophie et arts. Pendant qu'il se trouvait en Espagne, il publia une de ses études politiques les plus audacieuses et les plus documentées : *La République espagnole avant la révolution cubaine* [*La República española ante la revolución cubana*, 1873]. De Madrid, il se rendit à Paris, et de Paris au Mexique où il arriva en 1875. De là il passa à Cuba, et assista à l'échec de la révolution de Yara. Il retourna alors au Mexique et de là partit pour le Guatemala. En 1880, il est à New York ; en 1881 au Venezuela, où il reste peu de temps. Il fait alterner les occupations de consul dans quelques républiques sud-américaines et de journaliste, avec l'activité de conspirateur. Enfin, il réussit à hisser le drapeau d'une nouvelle révolution qu'il mène avec Máximo Gómez et Antonio Maceo. Bien que civil, Martí veut courir le même risque que les soldats et, à la tête d'une poignée d'hommes, il débarque dans la baie de Las Playitas. Peu après, il se heurte à un détachement espagnol sous le commandement de Ximenez de Sandoval. Dans la rencontre, Martí est criblé de protectiles et sa dépouille mortelle reste aux mains des Espagnols. Le style de Martí est des plus purs : synthétique, véhément, génial ; ses pages sont le meilleur reflet de son tempérament, de sa générosité et de la noblesse de ses sentiments. Parmi ses œuvres on peut citer : *Abdala*, drame (1869), *L'amour se paie avec l'amour* [*Amor con amor se paga*, 1875], *Ismaelillo* (+) (1882), *Vers simples* (*) (1891), *Cuba*, deux volumes (1902), *Critique et Livres* [*Crítica y libros*, 1914]. Son abondante correspondance, ses articles de journaux, et tous ses autres travaux ont été publiés par le gouvernement de Cuba dans ses *Œuvres complètes* [*Obras completas*]. Ses *Vers libres* (+) ne parurent qu'en 1913.

RÉF. : Nestor Carbonnell, *Martí : su vida y su obra*, La Havane, 1913. – Castellanos García, *Los últimos días de Martí*, La Havane, 1937. – Max Daireaux, *José Martí* in *Cahiers de politique étrangère*, 81, Paris, 1939. – Ramón Infiesta, *Martí, the Statesman*, Coral Gables (U.S.A.), 1953. – Paul Estrade, *José Martí ou des fondements de la démocratie en Amérique latine : 1853-1895*, Paris, 1988. – Jean Lamore, *José Martí et l'Amérique*, Paris, 1988.

MARTIAL Marcus Valerius. Poète latin. Né à Bilbilis (aujourd'hui El Calatayud, Espagne) vers 40 après J.-C., mort vers 104, en Espagne. En 64, il se rendit à Rome et se lia d'amitié avec ses compatriotes Sénèque et Lucain, qui devaient, peu après, être mis à mort pour avoir trempé dans la conjuration de Pison. Martial connut la vie amère du client, obligé, en échange de maigres subsides, d'aduler ses riches protecteurs. Une modeste maison sur le Quirinal et une petite propriété à Nomentum ne lui faisaient pas oublier la médiocrité de son sort. Cette existence pénible et obscure se prolongea jusqu'en 80, année où il dédia à Titus, qui inaugurait l'amphithéâtre de Flavius (le Colisée), *Les Spectacles* [*De spectaculis*], un des quinze livres qui composent le recueil des *Épigrammes* (*). L'empereur lui accorda le « jus trium liberorum », privilège qui ne l'enrichit pas. Sous Domitien, Martial publia onze livres d'épigrammes et ne manqua pas de flatter le cruel empereur, comme l'exigeait sa condition. Après la mort de Domitien (96), Martial tenta de s'adapter aux goûts de Nerva, le nouveau César. Modérant la flatterie, et dans un langage plus châtié, il lui dédia sans succès une anthologie des livres X et XI, et abandonna définitivement la capitale qu'il avait déjà quittée une fois vers 78, pour se retirer dans la Gaule cisalpine où il avait écrit son livre III. Les dernières années de sa vie, Martial les passa en Espagne, auprès d'une riche amie, Marcella. Celle-ci lui assura une vie tranquille, différente, certes, de ce qu'il avait ambitionné, mais à l'abri du besoin. C'est là qu'il écrivit son dernier livre d'épigrammes, et qu'il mourut. Martial voulait que sa poésie eût pour thème l'homme et fût le miroir de la société romaine. Sans porter de jugements définitifs, sans poser au moraliste, ce provincial, devenu romain par sa manière de vivre, n'acceptait pas la manière romaine de penser. Il assimila l'enseignement des maîtres de la littérature latine (surtout Ovide, Catulle et les autres épigrammatistes) sans se soumettre à trop de conventions. Il sut regarder ses contemporains avec un détachement absolu que ne faussaient ni le ressentiment ni l'adulation. Martial a donné à l'épigramme une forme qui nous semble définitive : brève, incisive, souvent satirique, et laissant du jeu à la surprise.

RÉF. : A. G. Carrington, *Aspects of Martial's Epigramms*, 1960. – P. Laurens, *L'Abeille dans l'ambre*, Paris, 1989.

MARTIN Frank. Compositeur suisse. Né à Genève le 15 septembre 1890, mort à La Haye le 21 novembre 1974. Fils d'un pasteur protestant, il fait de solides études universitaires de mathématiques et de sciences naturelles. Il se tourne ensuite vers la musique, qu'il étudie à Genève et dans les grandes capitales où le mènent ses voyages. Esprit très ouvert, il s'intéresse de près à toutes les tendances – musiques orientales, antiques, contemporaines. En 1926, il fonde la Société de musique de chambre de Genève, et en 1928 devient professeur à l'Institut Jaques-Dalcroze, tout en enseignant au Technicum moderne de musique et au Conservatoire de Genève. Après avoir été président de l'Association des musiciens suisses, il s'installe en 1946 aux Pays-Bas, à Naarden. De 1950 à 1957, il enseigne la composition à la « Hochschule für Musik » de Cologne, puis il se retire en Hollande jusqu'à sa mort. Curieux de tout et enclin à la méditation personnelle, ce musicien est aussi un savant et un humaniste. Sa formation musicale le place dans la tradition de Fauré, de Franck et de Ravel : c'est l'époque de *Quintette pour piano et cordes* (1920). Il se dirige alors vers les recherches rythmiques, à l'instar de son maître Émile Jaques-Dalcroze. De cette période datent le *Trio sur des mélodies populaires irlandaises* (1925) et *Rythmes*, pour orchestre (1926). Tenté par le dodécaphonisme naissant, il y cède quelques années – le temps de la *Sonate pour violon et piano*, du spectacle populaire *La Nique à Satan* (1931) et du *Premier Concerto pour piano.* Il semble que le compositeur ait ainsi embrassé tous les horizons de ce qui va devenir son langage personnel. Humaniste, il demeure fidèle à la tradition de la tonalité, voire du diatonisme, tout en adoptant des procédés d'écriture neufs, comme celui de la série. Il parle le langage d'un homme profondément engagé dans sa foi religieuse et son sens de la grandeur de l'homme, au long d'une production parfois austère, mais d'une noblesse constante et d'une qualité exemplaire, marquée par d'incontestables chefs-d'œuvre : *Le Vin herbé*, oratorio d'après le *Tristan* (*) de Joseph Bédier (1938-1941), *Six Monologues de Jedermann* (*) (d'après Hofmannsthal, 1943), *In Terra Pax* (*) (oratorio, 1944), *Golgotha* (oratorio, 1948), *La Tempête* (+) (opéra, d'après Shakespeare, 1956), *Monsieur de Pourceaugnac* (comédie en musique, d'après Molière, 1963). À l'orchestre, on connaît surtout sa *Passacaille* (1944) et la *Petite Symphonie concertante* (1945).

GILLES CANTAGREL.

RÉF. : B. Martin, *Frank Martin ou la Réalité du rêve*, Neuchâtel, 1973. – E. Ansermet/F. Martin, *Correspondance 1934-1968*, Neuchâtel, 1976. – F. Martin, *1890-1974, Un compositeur médite sur son art*, Neuchâtel, 1977. – Ch. W. King, *Frank Martin*, Londres, 1990.

MARTIN sir Theodore. Écrivain anglais. Né à Édimbourg le 16 septembre 1816, mort dans une de ses maisons de campagne du pays de Galles, le 18 août 1909. Il fit ses études à la Royal High School et, de 1830 à 1833, à l'université d'Édimbourg. Après avoir exercé quelques années la profession d'avocat dans sa ville natale, il partit pour Londres en 1846. Il y déploya, avec de grands succès financiers, son activité de procureur et d'agent parlementaire, qu'il n'interrompit qu'à l'âge de quatre-vingt-dix ans. À Londres, il débuta avec des pièces humoristiques en vers et en prose, comme collaborateur du *Frazer's Magazine* et du *Tait's Magazine,* sous le pseudonyme de Bon Gaultier, et aussi en collaboration avec son ami W. E. Aytoun. Les parodies qu'ils publièrent furent rassemblées en 1855 sous le titre de *Ballades du Bon Gaultier* (*). En 1840 Martin avait connu Helena Fancit, une des actrices les plus célèbres de l'époque, qu'il épousa en 1851. Pour elle il traduisit et adapta plusieurs œuvres théâtrales. Il a laissé une œuvre de traducteur très vaste et d'une importance culturelle considérable. Introduit à la Cour par son ami sir Arthur Helps, il fut invité par la reine Victoria à écrire la vie du prince consort, œuvre qui comprend de nombreux volumes et fut terminée en 1880. Peu après, Martin fut élu lord recteur de l'université de St. Andrews.

MARTIN DU GARD Roger. Écrivain français. Né le 23 mars 1881 à Neuilly-sur-Seine, mort le 22 août 1958 à Bellême (Orne). Roger Martin du Gard appartenait à une famille de magistrats et de financiers. Après ses études secondaires à l'école Fénelon et au lycée Janson-de-Sailly, il est admis en 1900 à l'École des chartes d'où il sort en 1906 archiviste-paléographe. La lecture de *La Guerre et la Paix* (*) de Tolstoï éveille en lui une vocation de romancier. En 1906, aussitôt après son mariage, Martin du Gard entreprend une *Vie de saint,* « minutieuse biographie d'un prêtre du diocèse de Sées », qu'il n'achèvera jamais et dont l'échec sera pour lui une amère déception. Doutant de ses dons, indécis sur son propre avenir, Martin du Gard fréquentera pendant quatre mois les consultations cliniques de neurologues éminents avant de se remettre au travail. D'un jet, il écrit alors le premier livre qu'il ait publié, *Devenir* (*) (1909), roman où, à travers quelques maladresses, s'expriment déjà avec vigueur quelques-uns des traits les plus originaux de son talent et qui ne feront que s'affirmer avec plus de force dans les œuvres suivantes : effacement de l'auteur derrière ses personnages, attention extrême portée à la santé et à la maladie, psychologie fondée sur la physiologie, dépouillement extrême du style qui tend à l'invisibilité. L'année suivante, Martin du Gard décide de vivre à la campagne : il restera fidèle à cette décision pendant toute sa vie. Il s'installe d'abord dans le Cher où il travaille longuement à un nouveau roman, *Jean Barois* (*), qui paraîtra en novembre 1913, écrit une farce « paysanne », *Le Testament du père Leleu.* Avec *Jean Barois,* Martin du Gard avait mis au point une technique romanesque qui le hantait depuis qu'il avait commencé d'écrire ; le roman est tout entier écrit en scènes dialoguées, liées entre elles par de brèves indications, comparables à des notes de mise en scène. Bien accueilli dans les milieux de la N.R.F., *Jean Barois* rencontra cependant les réticences de maint critique. Cette tentative, parallèle à celle de Joyce, semblait pouvoir ouvrir de nouvelles voies au roman, elle demeura pourtant sans lendemain, l'auteur lui-même dut y renoncer après plusieurs expériences négatives, lorsqu'il entreprit *Les Thibault* (*). Cependant tout poussait Martin du Gard vers le théâtre. Sa rencontre avec Jacques Copeau, qui, au Vieux-Colombier, tente de rénover la scène française, et qui lui demande d'y faire jouer *Le Testament du père Leleu,* sera pour Martin du Gard une révélation et le commencement d'une grande amitié.

À son retour de la guerre, en 1920, il renoncera cependant à ses projets dramatiques pour s'installer à Clermont dans l'Oise et y accumuler notes et plans pour son nouveau roman « l'histoire de deux frères ; deux êtres de tempéraments aussi différents, aussi divergents que possible, mais foncièrement marqués par les obscures similitudes que crée, entre deux consanguins, un très puissant atavisme commun ». Pendant dix-sept ans, de 1920 à 1937, sauf quelques interruptions, le plus clair du temps de l'écrivain qui réside successivement à Clermont, à Bellême dans l'Orne, à Sauveterre près d'Avignon, et à Nice, et ne vient que pour de brefs séjours à Paris, sera consacré à l'édification de cet ample roman, *Les Thibault,* qui ne comprendra pas moins de huit parties. Entre-temps, Martin du Gard avait écrit une nouvelle farce paysanne, *La Gonfle* (1924), une longue nouvelle, *Confidence africaine* (*) (1931), un drame en trois actes, *Un taciturne,* qui fut joué en octobre 1931 à la Comédie des Champs-Élysées par Louis Jouvet, et édité en 1932 une suite de tableaux campagnards intitulés *Vieille France* (1933), où l'auteur retrace les différents épisodes de la vie quotidienne d'un village au gré de la tournée d'un facteur. Martin du Gard préparait le dernier volume des *Thibault, Épilogue,* lorsqu'il apprit que l'Académie suédoise venait de lui attribuer le prix Nobel de littérature (1937). Quittant enfin sa retraite, l'écrivain part en voyage. Après un tour d'Europe qui le conduit en Suède, au Danemark, en Allemagne et en Autriche, il se rend ensuite aux Antilles et s'installe près de Fort-de-France, à la Martinique où il achève l'*Épilogue* des *Thibault* qui paraîtra en 1940. Pendant la guerre à Nice, Roger Martin du Gard entreprend un nouvel ouvrage, *Le Lieutenant-Colonel de Maumort* (*) qu'il n'a point terminé. Aussitôt après la mort de Gide dont il fut pendant près de quarante ans l'ami intime, il a fait paraître les *Notes sur André Gide* (1951).

Dans la littérature contemporaine, il est incontestable que Roger Martin du Gard occupe une place tout à fait à part. Épris avant tout de vérité psychologique et sociologique, marqué par ses études de chartiste et ses contacts avec la psychiatrie, poussant jusqu'au bout le scrupule scientifique, il ne laisse rien au hasard et se refuse à tout ce qui pourrait gauchir un déterminisme rigoureux fondé sur une expérience sans cesse renouvelée. Il se méfie de l'intrusion de l'auteur, de ses sentiments et de ses réactions dans la trame du récit, au point d'éliminer au maximum sa présence dans ses récits dialogués, et redoute le style même. Ce qu'il veut, avant tout, c'est, comme il le dit lui-même, « faire ressemblant », et cette maxime entraîne pour lui bien des sacrifices nécessaires. Roger Martin du Gard a donné pour l'édition de son œuvre dans la Bibliothèque de la Pléiade, en 1955, des *Souvenirs autobiographiques et littéraires* où, avec une très grande franchise et une modestie exemplaire, il s'explique sur ses difficultés, ses hésitations et ses échecs.

JACQUES BROSSE.

♦ *« Celui qui a écrit cela peut n'être pas un artiste, mais c'est un gaillard. »* André Gide, à propos de *Jean Barois.*

RÉF. : René Lalou, *R. Martin du Gard,* Paris, 1938. — André Maurois, *Études littéraires,* tome II, Paris, 1944. — Mme Almeras, *La Médecine dans « Les Thibault » de R. Martin du Gard,* thèse, Paris, 1946. — *Roger Martin du Gard,* numéro spécial de la *Nouvelle Revue française,* 1958. — C. Borgal, *Roger Martin du Gard,* Paris, 1958. — Jacques Brenner, *Martin du Gard,* Paris, 1961. — René Garguilo, *La Genèse des « Thibault » de Roger Martin du Gard,* Paris, 1974. — André Daspre, *Roger Martin du Gard romancier, d'après « Jean Barois »,* thèse, Paris, 1976. — Claude Sicard, *Roger Martin du Gard, les Années d'apprentissage littéraire (1881-1910),* Paris, 1976. — N° spécial de la *Revue d'histoire littéraire de la France,* sept.-déc. 1982. — André Daspre, Jochen Schlobach, *Roger Martin du Gard, son temps et le nôtre,* Paris, 1984.

MARTINEAU Henri. Homme de lettres français. Né à Coulanges-sur-l'Antize le 29 avril 1882, mort à Paris le 21 avril 1958. Docteur en médecine avec une thèse sur *Le Roman scientifique de Zola : la médecine des Rougon-Macquart* (1907), il se lie avec de jeunes écrivains, Émile Henriot, Jean-Louis Vaudoyer, Ramuz, et collabore avec eux à diverses publications. Mais bientôt il fonde sa propre revue, *Le Divan,* en 1909, puis une maison d'édition du même nom. C'est dans cette revue qu'il publie en 1912 une étude sur

Stendhal, première d'une longue et brillante série de travaux parmi lesquels on se doit de citer : *L'Itinéraire de Stendhal* (1914), *Stendhal méconnu* (1935), *Petit dictionnaire de Stendhal* (1950), *L'Œuvre de Stendhal* (1951), puis *Le Cœur de Stendhal* (*) (1952-1953). On lui doit également une édition complète des œuvres de Stendhal. Henri Martineau devait aussi publier des études sur Prosper Mérimée, ainsi que sur Pierre-Jean Toulet (dont il a édité la plupart des ouvrages).

MARTINET André. Linguiste français. Né à Saint-Alban-des-Villards (Savoie) le 12 avril 1908. Après des études à l'École pratique des hautes études, à la Sorbonne, à l'université de Berlin et au Collège de France, Martinet soutient sa thèse en 1937 et devient, en 1938, directeur d'études de phonologie à l'École pratique des hautes études. Pendant cette période de formation, Martinet a de nombreux contacts avec les représentants des Cercles linguistiques de Prague et de Copenhague, en particulier avec Troubetzkoy et avec Hjelmslev, qui auront une influence déterminante sur l'orientation de ses recherches. Dès 1946, il poursuit sa carrière à New York, d'abord comme directeur de l'International Auxiliary Language Association, puis, de 1947 à 1955, comme professeur et chef du département de linguistique à l'université Columbia, ce qui le met en contact étroit avec la linguistique structurale américaine. En 1955, il rentre à Paris pour enseigner la linguistique générale à la Sorbonne, dont il dirigera l'Institut de linguistique.

André Martinet peut être considéré comme le pionnier du développement de la linguistique structurale en France, mais dans une perspective fonctionnelle originale qui s'oppose au structuralisme trop formel de linguistes américains comme Bloomfield et Harris : voir le titre du recueil *Langue et Fonction* [*A Functional View of Language,* 1962, trad. 1969]. Ses travaux les plus importants portent sur la phonologie avec *La Description du parler franco-provençal d'Hauteville (Savoie)* (1945), *La Prononciation du français contemporain* (1945), une description remarquable des variations de la prononciation du français contemporain fondée sur une enquête dans un camp de prisonniers, *Économie des changements phonétiques* (1955), qui constitue le premier traité de phonologie diachronique, et le *Dictionnaire de la prononciation française dans son usage réel,* rédigé avec Walter (1973). Mais sa réflexion s'est étendue à l'ensemble du système de la langue, ainsi qu'en témoignent son ouvrage le plus connu : *Éléments de linguistique générale* (1960) (*), les articles réunis dans le recueil intitulé *La Linguistique synchronique* (1965), et sa contribution au volume qu'il a préparé pour l'Encyclopédie de la Pléiade sur *Le Langage* (1968), et en particulier à la syntaxe, *Syntaxe générale,* (1985). Parallèlement à ces études synchroniques, il n'a jamais cessé de s'intéresser à la dimension diachronique de la langue : *Évolution des langues et reconstruction* (1975), et *Des steppes aux océans : l'indo-européen et les Indo-Européens* (1986). À côté de ses nombreuses publications personnelles, Martinet a assumé la direction de plusieurs revues : *Word,* les *Travaux de l'Institut de linguistique* et *La Linguistique.*

EDDY ROULET.

MARTÍNEZ DE LA ROSA Francisco. Homme d'État et poète dramatique espagnol. Né à Grenade le 10 mars 1787, mort à Madrid le 7 février 1862. En 1804, il était déjà professeur de philosophie à l'Université. Durant la guerre contre les Français (1808-1814) il fut envoyé par la Junte de Grenade à Gibraltar, à Cadix et en Angleterre, et fut élu député aux Cortes. En 1814, lors du retour de Ferdinand VII en Espagne, il fut incarcéré et exilé au pic de Vélez de la Gomera, sur la côte africaine. Libéré par la révolution de 1820, il fut à nouveau député aux Cortes et, pour quelque temps, reprit la charge de chef du gouvernement. À la restauration de l'absolutisme, en 1823, Martínez passa en France et en Italie. Enfin il s'établit à Paris où il fit représenter en français, en 1830, *Aben Humeya ou la Révolte des Maures* (*), premier drame romantique espagnol. L'année suivante, Ferdinand VII l'autorisa à s'établir à Grenade. Le roi mort, sa veuve, la reine régente Marie-Christine, le nomma en 1834 chef du gouvernement comme représentant des modérés. Pour concilier l'absolutisme et le libéralisme, Martínez rédigea et promulgua le *Statut royal* [*Estatuto Real*, 1834] qui demeura en vigueur pendant deux ans. Il fut ensuite ministre des Affaires étrangères, ambassadeur à Paris et à Rome ; dans cette dernière ville, il joua un rôle important quand, en 1848, éclata la révolution et que le pape s'enfuit de son État. Martínez fut président des Cortes et chevalier de la Toison d'or. Son œuvre littéraire est une tentative de conciliation du classicisme et du romantisme. Il publia des poésies, un recueil de préceptes, un roman historique sur Grenade, des comédies et des tragédies de facture classique – v. *Oedipe* (*) (1828) –, et des drames romantiques. Citons encore parmi ses œuvres dramatiques : *La Veuve de Padilla* [*La viuda de Padilla*, 1814], *L'Œdipe* (1829), *La Conjuration de Venise* (1834), et une comédie, traduite d'ailleurs en français, *Le Pouvoir des places* [*Lo que puede un empleo*], représentée à Cadix en 1812.

RÉF. : F. Fernández y González, *Elogio fúnebre del Doctor D. Francisco Martínez de la Rosa*, Madrid, 1862.

MARTÍNEZ DE TOLÈDE Alphonse. Les renseignements sur Martínez, religieux espagnol, qui fut archiprêtre de Talavera, sont peu nombreux. Il naquit probablement en 1398 à Tolède, où il mourut en 1466 ou, selon certains critiques, vers 1470. De 1429 à 1438, son temps fut partagé entre l'Aragon et la Catalogne. Barcelone et Valence laissèrent une profonde empreinte sur sa formation spirituelle et culturelle, qui se révèle particulièrement dans son œuvre la plus importante qui a pour titre *El Corbacho* – v. *Vices et vertus des femmes et Condamnation du fol amour* (*). À Tolède, il fut « racionero » de la cathédrale, archiprêtre de Talavera et chapelain du roi Jean de Castille, comme on l'apprend par le frontispice du *Corbacho*. Sa figure est apparue à certains critiques très voisine de celle de l'archiprêtre de Hita, au moins quant à ses expériences amoureuses, d'où ressort avec évidence son attitude moraliste, la condamnation de la gent féminine dont par ailleurs il démontre qu'il la connaît intimement, et aussi quant au fait qu'il se consacra à écrire des vies de saints comme les *Vies de saint Isidore et de saint Ildefonse*.

MARTÍNEZ ESTRADA Ezequiel. Poète, romancier et essayiste argentin. Né le 14 septembre 1895 à San José de la Esquina et mort le 4 novembre 1964 à Bahia Blanca. Il laisse une importante œuvre de création qui reste encore aujourd'hui à réévaluer et une réflexion originale sur l'essence argentine et latino-américaine. On retiendra de l'ensemble de ses écrits les titres suivants : en poésie, *Or et Pierre* [*Oro y piedra*, 1918], *Nefelibal* (1922), *Motifs du ciel* [*Motivos del cielo*, 1924], *Argentina* (1927) ; en prose, *Trois nouvelles sans amour* [*Tres cuentos sin amor*, 1956], *Marta Riquelme* [*Marta Riquelme, examen sin consciencia* (*), 1956] ; et ses essais, *Radiographie de la pampa* (1933), *La Tête de Goliath* [*La cabeza de Goliat*, 1940], *Mort et transfiguration de Martin Fiero* [*Muerte y transfiguración de Martin Fierro*, 1948].

JEAN-CLAUDE VILLEGAS.

RÉF. : Carlos Adam, *Bibliografia y documentos de Martínez Estrada*, La Plata, 1968. – E. Martínez Estrada, *Radiografia de la pampa*, Madrid, 1992.

MARTÍN GAITE Carmen. Romancière espagnole. Née le 8 décembre 1925 à Salamanque. Elle y étudie la littérature et la philosophie à l'université, obtenant une licence en philologie romane. En 1948, elle s'installe à Madrid afin de préparer une thèse de doctorat sur *Les Usages amoureux au XVIIIe siècle* (elle ne la soutiendra qu'en 1972). Auteur de quelques poèmes écrits à Salamanque, elle est présentée par Ignacio Aldecoa à un groupe de jeunes romanciers avec lesquels elle constituera la « génération de 1950 » ou « du demi-siècle » : Rafael Sánchez Ferlosio (qu'elle épousera), Jesús Fernández Santos, Alfonso Sastre, Juan Benet... Ses premières nouvelles, réunies dans *La Station balnéaire* [*El balneario*, 1955], révèlent, comme d'ailleurs les suivantes, *Les Liens* [*Las ataduras*, 1960], un écrivain préoccupé par la stagnation sociale, et notamment par la déplorable condition féminine espagnole. En 1957, son roman *À travers les persiennes* (*) (prix Nadal) confirme sa volonté de démasquer une société hypocritement conformiste. Mais déjà une obsession esquissée dans *La Station balnéaire* se précise, qui deviendra le thème majeur de son œuvre romanesque : la difficulté de communiquer avec autrui et les frustrations, les sentiments de solitude et d'inutilité qui en résultent. Ainsi naîtra en 1963 *Rythme lent* [*Ritmo lento*]. « Un jour, explique la romancière, je me suis ennuyée d'écrire des romans parce que je m'ennuyais en les lisant. » Cette crise marque son retour à l'histoire de la société espagnole au XVIIIe siècle. La vie du réformiste anticlérical don Melchor de Macanaz et celle des courtisans de Philippe V lui fournissent l'argument d'un minutieux récit, *Le Procès de Macanaz : histoire d'un homme traîné devant les tribunaux* [*El proceso de Macanaz : historia de un empapelamiento*, 1969]. En 1972, elle publie la thèse qu'elle a consacrée à la pratique de la « cour » faite aux femmes par les hommes de l'époque et qui est un palliatif à leur solitude morale et sociale : *Les Usages amoureux au XVIIIe siècle.* Mais y a-t-il un remède moderne à l'incommunication ? se demande-t-elle dans un recueil d'articles, *La Recherche de l'interlocuteur et autres recherches* [*La búsqueda de interlocutor y otras búsquedas*, 1973]. Deux romans mi-réalistes, mi-fantastiques, *Kyrielles* [*Retahilas*, 1974] et *La Chambre de derrière* [*El cuarto de atrás*, 1978], tentent d'offrir avec humour des solutions chargées de grâce et d'invention. Communiquer avec les enfants inquiète également la romancière, qui écrit *Le Château aux trois murailles* [*El castillo de las tres murallas*, 1981] et *Le Gâteau du diable* [*El pastel del diablo*, 1985]. Carmen Martín Gaite, qui s'est exercée à la poésie, *Par rafales* [*A rachas*, 1976] et au théâtre, *Sans rien* [*A palo seco*, 1985], est aussi l'auteur de scénarios pour le cinéma et la télévision, et d'un essai littéraire, *L'Histoire à n'en plus finir : notes sur la narration, l'amour et le mensonge* [*El cuento de nunca acabar : apuntes sobre la narración, el amor y la mentira*, 1983].

CLAUDE COUFFON.

MARTINI Giovanni Battista, dit le Padre Martini. Théoricien, historien de la musique et compositeur italien. Né à Bologne le 24 avril 1706, mort dans cette même ville en 1784 (le 3 octobre ou le 2 décembre, suivant les auteurs). Il fit de solides études musicales en même temps qu'il s'occupait de philosophie et de théologie. En 1725, franciscain, il revint à Bologne comme maître de chapelle du couvent de son ordre ; pour pousser à fond son étude de la théorie musicale et lui donner une base scientifique, il se mit à étudier les mathématiques. Peu à peu il se constitua une bibliothèque exceptionnelle pour l'époque, et sa réputation s'étendit de telle sorte qu'il lui vint des élèves de tous les pays. Ce fut lui qui reçut Mozart adolescent lors de son passage à Bologne. Les ouvrages qui ont valu cette extraordinaire renommée au Padre Martini sont *L'Histoire de la musique* (*) (trois volumes, 1757, 1770, 1781), qui traite uniquement des origines de la musique et de son histoire dans l'Antiquité – un quatrième volume, prévu, mais resté à l'état de documents, aurait été consacré au Moyen Âge – et le *Modèle ou essai de contrepoint* [*Esemplare ossia saggio fondamentale pratico di contrappunto*, deux volumes, 1774-1775]. Compositeur de musique sacrée, Martini est loin d'être sans mérites ; ses douze *Sonates* pour orgue ou clavecin, en particulier, sont remarquables.

MARTÍN SANTOS Luis. Écrivain espagnol. Né à Larache (Maroc) en 1924, mort dans un accident d'automobile à Vitoria en 1964. Après avoir étudié la médecine à Salamanque, à Madrid et à Heidelberg, il se spécialise en psychiatrie et dirige l'hôpital psychiatrique de Saint-Sébastien, de 1951 jusqu'à sa fin tragique. Opposant actif au régime franquiste, il fut plusieurs fois emprisonné, en 1957, en 1959 et 1962. Auteur d'un essai sur *Dilthey, Jaspers et la compréhension du malade mental* [*Dilthey, Jaspers y la comprensión del enfermo mental*, 1955], il n'a publié de son vivant qu'un seul roman mais qui a marqué une date importante dans la littérature espagnole contemporaine : *Les Demeures du silence* (*) (1962). Grand lecteur de Freud, Joyce, Kafka, Proust, Faulkner et Virginia Woolf, il y construit une narration extrêmement moderne, qui s'oppose au réalisme social alors à la mode. Plusieurs œuvres ont été publiées après sa mort : un essai, *Liberté, temporalité et transfert dans la psychanalyse existentielle* [*Libertad, temporalidad y transferencia en el psicoanálisis existencial*, 1964] ; des fictions : *Apologues* [*Apólogos*, 1970] (qui rassemble ses textes épars), *Temps de destruction* [*Tiempo de destrucción*, 1975] (roman inachevé), *Le Combat de sainte Casilda* [*El combate de Santa Casilda*, 1989].

CLAUDE COUFFON.

MARTINSON Harry. Poète et romancier suédois. Né à Jämshög le 6 mai 1904, mort à Sollentuna le 11 février 1978. Un an après la mort de son père, sa mère émigra en 1910 en Amérique, laissant ses enfants aux soins de la commune, qui les confia à ceux qui acceptaient de les héberger aux moindres frais – selon la coutume d'alors. Le petit Harry vogua ainsi de ferme en ferme, entreprenant de temps en temps des fugues. Inscrit au corps des mousses à Karlskrona en 1919, il déserta presque aussitôt et s'enrôla en août 1920 à bord d'un navire de la marine marchande. Il revint définitivement en Suède en 1927, pour raisons de santé, ayant navigué dans le monde entier, mais ayant été aussi chômeur, ouvrier agricole au Brésil, boucher, cheminot et même soldat dans une obscure guerre civile sud-américaine. Il avait commencé à écrire sur de vieux sacs en papier, « imitant Kipling ». En Suède, il hanta les rédactions, vendant ses poèmes. Son premier recueil, *Vaisseaux fantômes* [*Spökskepp*, 1929], fut bien accueilli. La même année, il épousa Moa Schwartz, journaliste de quinze ans plus âgée que lui et sans doute la « mère » qui lui avait si cruellement manqué. La même année, il participe à l'anthologie « Cinq jeunes », avec entre autres Artur Lundkvist. Ce qui les unissait était la célébration de la vie, par opposition à une culture desséchée, attitude s'approfondissant chez Martinson en une recherche de la simplicité originelle et d'un contact avec le monde aussi bien dans l'infiniment petit que l'infiniment grand. Dans *Nomade* [*Nomad*, 1931], les perspectives cosmiques puisent leur élan dans l'observation de la nature. Une invention poétique luxuriante, renouvelant le langage et créant des mots nouveaux, va de pair avec une concision quasi chinoise des images. Dans ses deux ouvrages en prose, *Voyages sans but* [*Resor utan mål*, 1932] et *Adieu au Cap* [*Kap Farväl !*, 1933], il égrène ses souvenirs de marin en une suite de nouvelles, de causeries et d'essais. Avec ses romans autobiographiques *Les orties fleurissent* (*) (1935) et *Partir* [*Vägen ut*, 1936], il devient un classique de la littérature moderne suédoise. Dans les livres qui suivent, il abandonne l'autobiographie pour l'observation de la nature.

En 1939, l'ancien communiste Martinson part comme engagé volontaire pour la Finlande, attaquée par l'Union soviétique – il en rapporte un livre, *Réalité jusqu'à la mort* [*Verklighet till döds*, 1940], qui est un reportage du front mais aussi une protestation contre une civilisation qui, dans sa course effrénée aux prestations, devient en fait hostile à l'homme. Après quelques années de silence, il publie coup sur coup deux œuvres majeures, le recueil de poésie *Vents alizés* [*Passad*, 1945] et le roman *Le Chemin de Klockrike* (*) (1948) qui sont une synthèse de ses prises de position antérieures, contre la technique, pour l'homme, avec des éléments de mysticisme oriental. « Courage et habileté ne manquaient pas à l'époque de la vitesse et de la domination du ciel – seule manquait l'humanité », a-t-il dit, et c'est ce thème qu'on retrouve dans ses recueils *Cigale* [*Cikada*, 1953], *Le Chariot* [*Vagnen*, 1960] et surtout le grand poème épique interstellaire *Aniara* (*) (1956). Celui-ci connut un immense succès et fut porté sur la scène de l'opéra par Karl-Birger Blomdhal. Malade, Martinson a peu publié ensuite ; on peut citer une pièce de théâtre à motif chinois : *Trois couteaux de Wei* [*Tre knivar från Wei*, 1964] et un recueil de poésie, *Poèmes sur la lumière et la nuit* [*Dikter om l jus och mörker*,

1971] ainsi que quelques pièces radiophoniques. Membre de l'Académie suédoise, l'ancien marin a partagé en 1974 le prix Nobel de littérature avec Eyvind Johnson.

CARL GUSTAF BJURSTRÖM.

RÉF. : I. Holm, *Harry Martinson. Myter, målningar, motiv*, Aldus, 1960. – S. Erfurth, *Harry Martinsons barndomsvärld*, Bonniers, 1980 ; *Harry Martinson och vägen ut*, Bonniers, 1981 ; *Harry Martinson och Moa*, Bonniers, 1987.

MARTINŮ Bohuslav. Compositeur tchèque. Né le 8 décembre 1890 à Polička, mort le 28 août 1959 à Liestal près de Bâle. De sa jeunesse dans une petite ville des hauteurs tchéco-moraves, de son séjour à Prague (comme violoniste et élève de Suk au Conservatoire), il garde un profond attachement à sa patrie, à sa culture musicale, surtout populaire. À Paris, à partir de 1923, il peut développer ses dons de compositeur grâce à l'enseignement de Roussel et au contact de la musique de Stravinski, d'Honegger, du Groupe des Six et d'autres compositeurs d'avant-garde. Avec plusieurs jeunes musiciens venus aussi d'Europe centrale, il fonde « L'École de Paris », groupe qui participe activement à la vie musicale parisienne. Marié à une Française, il s'échappe, la guerre venue, aux États-Unis (où il est professeur dans diverses universités) et, après 1945, partage son temps entre l'Amérique, l'Italie, la France, la Suisse. Son œuvre, abondante et variée, jugée par certains comme inégale, réalise souvent une originale synthèse entre la musique traditionnelle (Dvořák, etc.) et l'avant-garde de son temps. D'un lyrisme irrépressible, d'une invention toujours jaillissante, d'une apparente simplicité et d'une légèreté joyeuse, la musique de Martinů n'exclut pas les grands moments de sentiment et de pensée comme une ligne mélodique pure. Martinů laisse une dizaine d'opéras : *Miracle de Notre-Dame* (sur un poème de Ghéon, 1934), *Comédie sur le pont* [*Veselohra na mostě*, d'après Klicpera, 1935], *Les Tréteaux* [*Divadlo za branou*, 1936], *Juliette ou la Clé des songes* [*Julietta aneb Snář*, 1937] d'après Neveux, *Le Mariage* (1950) d'après Gogol, *La Locandiera* (*) (1953), d'après Goldoni, *La Passion grecque* [*Recké pašije*, 1959] d'après Kazantzakis : *Le Christ recrucifié* (*), etc. ; une dizaine de ballets : *Špalíček* (1931), *L'Année tchèque* [*Český rok*, 1932] ; la cantate *Le Bouquet* [*Kytice*, 1937], la cantate de chambre *L'Ouverture des fontaines* [*Otvírání studánek*, 1955] d'après M. Bureš ; l'oratorio *Gilgamesh* (1955), des madrigaux, de nombreuses compositions chorales (le plus souvent sur la poésie populaire), etc. Compositions pour orchestre : six *Symphonies*, *Half-Time* (1924), *La Bagarre* (1926), *Concerto grosso* (1938), *Double Concerto pour deux orchestres à cordes, piano et timbales* (1938) – v. *Œuvres concertantes* (*) –, *Messe militaire* [*Polní mše*, 1939], *À la mémoire de Lidice* [*Památník Lidicím*, 1943], *Sinfonietta La Jolla* (1950), *Fresques de Piero della Francesca* (*) (1955) ; musique concertante : quatre *Concertos pour piano* (1925-1957) ; deux *Concertos pour violon et orchestre* (*), *Sinfonietta giocosa* (pour piano et orchestre, 1950) ; musique de chambre : *Quintette à cordes*, deux *Quintettes avec piano*, *Sextuor à cordes*, cinq *Quatuors à cordes*, trois *Sonates pour violoncelle et piano*, etc.

VLADIMIR PESKA.

♦ *« Une chose s'impose, c'est le caractère expressif de son œuvre et qu'il atteint par des moyens qui ne sont qu'à lui. »* Ernest Ansermet. ♦ *« Un tempérament puissant, un lyrisme fougueux, généreux, une prodigalité sonore peu commune, une fécondité qui le rapproche de Milhaud et de Hindemith. »* Antoine Goléa.

RÉF. : Jaroslav Mihule, *Bohuslav Martinů*, Prague, 1974. – Brian Large, *Bohuslav Martinů, A Study of the Man and His Music*, Londres, 1975. – Charlotte Martinů, *Ma vie avec Bohuslav Martinů*, Prague, 1979. – Guy Erismann, *Martinů, un musicien à l'éveil des sources*, Arles, 1990.

MARTORELL Johanot. Un des plus grands écrivains de la littérature catalane. Né en Catalogne entre 1410 et 1420, mort après 1462. De famille noble, il eut trois frères et deux sœurs, dont une, Isabelle, fut l'épouse de l'illustre poète Auzias March. On n'a pas de renseignements exacts sur sa vie avant 1436 ; ceux de la période postérieure à cette année – redevables surtout à ces lettres – nous le montrent comme le type du chevalier errant, qui correspond en fait, dans la réalité, à l'idéal du chevalier qu'il a créé dans le monde de l'art avec ce chef-d'œuvre qu'est son roman chevaleresque *Tirant le Blanc* (*). Effectivement, il passa d'un duel à l'autre. Cette fusion de la vie et de l'art est d'un intérêt particulier, d'autant plus que l'idéal de chevalier, que Martorell personnifia et créa tout à la fois, commençait déjà à paraître anachronique en son temps.

MARULIĆ Marko (Marulus). Poète croate, écrivain latin. Né le 18 août 1450 à Split (Croatie), mort dans la même ville le 5 janvier 1524. Issu d'une famille patricienne, il tourna, après une jeunesse dissipée, « toutes ses pensées vers Dieu » et se retira dans un monastère. Mais, déçu par la vie monacale, il s'établit de nouveau dans sa ville natale en 1512. Auteur de nombreux ouvrages latins de contenu religieux, il fut beaucoup traduit dans l'Europe des XVIe et XVIIe siècles. Cet humaniste pieux, adversaire des mœurs de la Renaissance, fut aussi historien ; on lui doit la version latine de la *Chronique* du prêtre de Diocléa [*Regnum Dalmatiae et Croatiae gesta*], source importante pour l'histoire des Slaves du Sud, ainsi que de nombreux poèmes latins. Ses œuvres croates sont issues, elles aussi, de sa culture humaniste, de son moralisme chrétien et de son inquiétude en face de la situation européenne. Il critiqua les rapports sociaux et attaqua la corruption dans les rangs du clergé. La plus saisissante parmi ses brèves poésies est la *Prière contre les Turcs* [*Molitva suprotiva Turkom*], décrivant les horreurs de la domination ottomane. La même préoccupation devait inspirer à Marko Marulić son œuvre principale, *Judith* (*) (1521), le premier poème épique croate.

MARULLE (Michele Marullo ; Marullus ; Michel Marulle). Auteur d'origine grecque écrivant en latin. Né à Constantinople vers 1450/51, mort le 11 avril 1500 près de Volterra. Michele Marullo ou Tarchaniota (nom de sa famille maternelle) se croyait descendant de l'empereur romain Gordien, mais considérait Constantinople comme sa patrie ; ses parents quittèrent la ville quelques années avant sa chute en 1453 et l'enfant passa ses premières années à Raguse, alors république indépendante, de civilisation italienne (aujourd'hui Doubrovnik) ; il étudia à Venise et à Padoue. À dix-sept ans il devient soldat de métier et combat sur les bords de la mer Noire, peut-être sous les ordres de Mathias Corvin, roi de Hongrie, dans l'espoir de délivrer sa patrie. Par la suite, il sera sous les ordres d'Antonio de Sanseverino, prince de Salerne, avec qui il participera à diverses campagnes. En 1480, on le trouve à Otrante, puis à Naples où il appartient avec les poètes (en latin) Pontano et Sannazar à l'Académie napolitaine. En 1488, il est à Rome où il publie l'année suivante deux livres d'*Épigrammes* [*Epigrammata*] dédiés à Laurent de Médicis. En 1489, il s'installe à Florence ; il est protégé de Jean de Médicis, se lie avec Pic de La Mirandole, polémique avec Politien. En 1494, on le trouve à la suite du prince de Salerne, dans l'entourage de Charles VIII à Lyon où se prépare une expédition vers l'Orient, mais d'abord vers Naples, où Marulle combat en 1495. Il retourne ensuite à Florence, épouse en 1497 la belle et savante Alessandra Scala ; fin 1497, il publie dans cette ville ses *Hymnes et Épigrammes* [*Hymni et Epigrammata*]. En 1500, il est dans le Milanais où il combat contre les troupes de Louis XII pour le compte de Catherine Sforza, seigneur de Forli, veuve de son protecteur Jean de Médicis. Le 11 avril 1500, revenant d'une visite à son ami R. Maffei, de Volterra, il est emporté et noyé par une crue de la rivière Cecina. Il portait toujours sur lui un exemplaire de Lucrèce, dont il a en maints endroits corrigé le texte. Malgré leur intérêt, ses *Épigrammes* (qui contiennent bien d'autres poèmes que satiriques, par exemple des poèmes d'amour, des chants funèbres sur la patrie ou des parents défunts) n'ont pas d'originalité qui les élève au-dessus d'une bonne qualité poétique, tandis que ses *Hymnes naturels* (*) sont une œuvre tout à fait personnelle.

JACQUES CHOMARAT.

RÉF. : Perosa (ed.), *Marulli carmina*, Zurich, 1951 (texte latin avec notes finales sous forme d'un index). – Francesco Tateo, « La poesia religiosa di Michele Marullo », *Tradizione e realta nell'umanesimo italiano*, 1967. – Carol Kidwell, *Marullus Soldier Poet of the Renaissance*, Londres, Duckworth, 1989. – Jacques Chomarat, « Sur l'interprétation des *Hymnes naturels* de Marulle », *Présences du latin*, Genève, 1991.

MARVELL Andrew. Poète anglais. Né à Winestead (Yorkshire) le 31 mars 1621, mort à Londres le 16 août 1678. De Marvell, l'histoire ne retint que l'engagement politique aux côtés des Puritains et la défense farouche des libertés politiques et religieuses aux temps troublés de la Restauration. Il fallut, entre autres, attendre le retentissement en 1921 de l'article de T. S. Eliot pour rendre justice à cet écrivain, dont on admire aujourd'hui les pièces lyriques, héritières de la grande poésie métaphysique. Rassembler les deux hommes, le poète de la pastorale et le futur champion de la tolérance, n'est pas aisé ; mais il faut reconnaître tout au long de l'œuvre poétique ce même désir de mettre en scène les exigences contradictoires du moi et du monde, qui relève autant de la personnalité énigmatique et ambiguë du poète (ce puritain sincère louait la plume libertine de Rochester et fréquentait les cafés de la Restauration dont il décriait les mœurs) que de l'inconstance de son siècle. Sa vie semble hésiter entre deux pôles antagonistes : le retrait et l'engagement. On observe toutefois un tournant décisif dans sa carrière, qui trouve un écho dans sa production littéraire, au moment où Marvell devint fonctionnaire d'État sous Cromwell, puis membre du Parlement, et diplomate sous Charles II. Mais le goût de l'anonymat (seuls quelques écrits en prose furent publiés de son vivant, et souvent non signés), l'utilisation de masques littéraires dans ses œuvres et l'absence de documents nous renseignant sur sa vie privée, dénoncent la vanité d'une interprétation marvellienne cantonnée au seul personnage politique. Fils de pasteur, Marvell fréquenta le lycée à Hull, puis Trinity College à Cambridge. C'est là vraisemblablement que, séduit par les jésuites, il embrassa la religion catholique, mais dut rapidement abjurer sous la pression paternelle. Par la suite, la foi protestante de Marvell ne connut plus aucune altération, à en juger par l'amitié qui le lia au chantre du puritanisme, le poète Milton. Après l'abandon de ses études à la mort de son père en 1641, il entreprit une série de voyages en Europe entre 1642 et 1647. En 1651, Marvell devint précepteur de Mary Fairfax, fille du commandant des armées du Parlement en révolte contre Charles Ier, et qui, à la suite d'un désaccord avec Cromwell, s'était retiré sur ses terres dans le Yorkshire. De cette époque sans doute date l'écriture de ces grands poèmes que sont « Le Jardin », « Sur Appleton House », etc. – v. *Poèmes* (*). Mais le poète des verts paradis perdus, tout en rendant hommage à la retraite anticipée du grand homme de guerre qu'était Fairfax, décida qu'il était temps pour lui de raccrocher la lyre et de suivre Cromwell, nouvelle étoile montante au firmament de l'histoire. En 1653, soutenu par Milton, il briguait le poste de secrétaire au Commonwealth. Son insuccès ne le priva point de l'attention de Cromwell, qui en plus de quelques travaux littéraires lui confia la garde et l'éducation de son jeune protégé, William Dutton. En 1657, Marvell obtint le poste de secrétaire d'État qu'il conserva jusqu'en 1660 ; non content d'être fonctionnaire, il se fit élire également député de Hull, qu'il servit fidèlement jusqu'à sa mort. L'incompétence « poudrée » des chefs de la Restauration provoqua bien vite sa verve satirique, qu'il exerça à la chambre avec le soutien du parti campagnard. Il délaissa parfois son rôle d'opposant officiel au régime pour endosser l'habit du diplomate (de 1663 à 1665, il se rendit à Moscou, à Stockholm et Copenhague, investi d'une mission secrète) ou de l'activiste clandestin. Fidèle à sa réputation de frondeur, il participa, de retour en Angleterre, à une coalition formée autour du duc de Buckingham (l'époux de Mary Fairfax) contre le Premier ministre du roi, et qui contribua à son renversement en 1667. Dans *La Répétition mise en prose* [*The Rehearsal Transpros'd,* 1672], Marvell s'attaqua à la volonté de suprématie religieuse de l'Establishment et à ses mesures discriminatoires à l'encontre des minorités « dissidentes » et catholiques ; un an avant sa mort, il dénonçait, dans son texte le plus sombre, l'existence d'un complot papiste ourdi par le souverain avec l'appui de la France, menaçant l'intégrité politique et religieuse d'un pays déjà victime de la guerre et de l'épidémie. Dans « La Mort de Thomas May » [Tom May's Death], le poète écrivait que le rôle de l'artiste n'est pas d'entrer dans la mêlée ou de prêter sa voix à l'un ou l'autre parti, mais de défendre le droit et la justice. Dans « Ode horatienne » [An Horatian Ode], c'est ainsi qu'il s'attaque aux problèmes moraux soulevés par le meurtre de Charles Ier. Mais il est possible de ressentir à la fois de la pitié pour le roi décapité et de l'admiration pour son vainqueur. Horace, lorsqu'il rendait hommage à la paix apportée par Auguste dans l'Empire, n'était pas homme servile : tout en reconnaissant la valeur d'un pouvoir fort assurant une stabilité au pays, le poète latin resta fidèle à un idéal républicain. Tel Marvell, engagé malgré lui dans un univers changeant sous le poids de nécessités historiques. L'ambivalence de ses choix politiques (et littéraires) est le fruit d'une tentative, parfois douloureuse, de concilier un consentement réfléchi à l'histoire et l'attachement à d'anciennes valeurs.

STÉPHANIE RAVEZ.

♦ *« On le* [l'esprit, « wit », de Marwell] *confond avec le cynisme, parce qu'il implique examen critique constant des données de l'expérience. Il comporte, probablement, l'intelligence implicite, dans l'expression de toute expérience, d'autres espèces d'expériences possibles, intelligence que nous trouvons aussi nettement chez les grands poètes que chez des poètes comme Marvell.* » T. S. Eliot.

RÉF. : T. S. Eliot, « Andrew Marvell » in *Essais Choisis*, Paris, 1950. – Pierre Legouis, *Andrew Marvell : Poet, Puritan, Patriot*, Oxford 1965 (thèse écrite en français en 1928). – Donald M. Friedman, *Marvell's Pastoral Art*, Londres, 1970. – Rosalie L. Colie, *« My ecchoing Song » : Andrew Marvell's Poetry of Criticism*, Princeton, 1970. – Robert Ellrodt, *L'Inspiration personnelle et l'esprit du temps chez les poètes métaphysiques anglais* (tome 2), Paris, rééd. 1973.

MARX Karl. Théoricien et dirigeant politique allemand, fondateur du communisme. Né à Trèves (Allemagne) le 5 mai 1818, mort le 14 mars 1883 à Londres.

Si Marx contribua à l'essor politique de la classe ouvrière au XIXe siècle, notamment au sein de la Ligue des communistes et dans l'Association internationale des travailleurs, il s'impose comme une figure centrale de l'histoire mondiale : l'importance posthume du marxisme est autrement plus forte que son influence du vivant de Marx. Cent ans après sa mort, les partis communistes étaient à la tête du pays le plus peuplé du monde, la Chine, et de l'un des deux supergrands, l'U.R.S.S., tandis que des partis socialistes, se présentant comme marxistes démocrates, dirigeaient de nombreux pays. Car le marxisme, dont il n'est pas sûr que Marx s'y serait reconnu, est très divers dans ses courants : Jean Jaurès et Lénine, Kautsky et Staline. Cette diversité est liée, en partie, au caractère de l'entreprise de Marx. Non qu'elle soit ambiguë ou confuse, mais elle se veut révolutionnaire et complexe. Marx entend dépasser la philosophie qui jusque-là aurait interprété le monde au lieu de le transformer. Il cherche à définir un nouveau type d'action politique. Il refuse le statut de prophète qu'on lui accorde souvent, mais il annonce l'avenir. Il appelle les hommes à agir et il affirme la nécessité historique.

Fils d'un avocat juif converti au protestantisme, Marx étudie le droit à Bonn et à Berlin puis la philosophie et consacre sa thèse à Démocrite et Épicure. D'abord proche de certains hégéliens (comme Feuerbach), il se lance dans le journalisme politique, non sans déboires avec la censure, et il vient, avec sa femme Jenny, issue d'une famille aristocratique, s'installer à Paris en 1843. C'est aussi le début de sa collaboration avec Friedrich Engels et de son intérêt pour l'économie politique. Il rencontre Proudhon et Bakounine, avec lesquels il aura plus tard de violentes polémiques. Expulsé de France, il vit un temps à Bruxelles puis il gagne Londres, où il connaît beaucoup de difficultés matérielles, jusqu'à la fin de sa vie. Mais, polyglotte et cosmopolite, il voyage et entretient des contacts dans le monde entier. Travailleur acharné et salué comme un génie pour l'ampleur de ses constructions conceptuelles, Marx a beaucoup écrit, mais relativement peu publié. En effet il cherchait à formuler des mots d'ordre mobilisateurs et, en même temps, un système scientifiquement fondé : *Le Manifeste du parti communiste* (*) (rédigé avec Engels) en 1848 est destiné à propager les idées du communisme, ce qui exige des simplifications, tandis que *Le Capital* (*) vise à fonder le communisme dans le matérialisme historique ; Marx en publie le livre Ier en 1869, et les livres II à IV seront édités après sa mort à partir de ses manuscrits. Il a laissé de nombreux écrits car, se voulant un savant irréprochable, lisant à l'infini, Marx accumulait les notes, les brouillons. Cependant, dans certains cas il intervient rapidement, par exemple pour commenter d'une plume brillante de pamphlétaire les bouleversements politiques en France en 1848, 1851, 1871. Et il est aussi un épistolier abondant, spécialement avec Engels. De plus il collabore à des journaux, parfois pour des raisons alimentaires car la famille Marx, avec plusieurs enfants, n'est pas dans l'aisance. Ainsi, à sa mort, il laisse une masse de textes dont l'édition complète, avec ceux d'Engels, comporterait une centaine de tomes. Des publications posthumes ont pu modifier l'interprétation de son entreprise : en 1923, celle de ses *Manuscrits de 1844* montre un Marx théoricien de l'aliénation dont la démarche est orientée par une ambition d'émancipation de l'humanité, ou la diffusion dans les années 1960 des textes préparatoires au *Capital* a montré la richesse de sa théorie des transitions entre les différents modes de production. Ces publications ont connu des réceptions très différentes selon les pays : en France, où Proudhon notamment bénéficie d'une forte influence, Marx, qui pourtant y a séjourné, écrit fort bien le français et bénéficie de nombreuses amitiés, aura du mal à s'imposer, et les marxistes n'ont joué qu'un rôle secondaire dans la Commune de Paris. On peut même estimer que certains auteurs marxistes essentiels n'ont eu avec les travaux de Marx qu'un contact indirect : ainsi Mao Tsé Toung n'a-t-il, du moins dans les années 1930, connu Marx qu'à travers Staline, qui le connaissait surtout par Lénine, et en donne une version schématique et dogmatique.

Bien que l'œuvre de Marx s'étale sur quarante années qui voient le triomphe de la révolution industrielle, on y trouve bien des constantes. Ainsi la référence à Hegel : Marx rejette la conception idéaliste (pour lui ce n'est pas la conscience qui explique la vie mais la vie qui explique la conscience), mais il adopte la méthode dialectique (qui attribue aux contradictions une fonction structurante et dynamique de l'histoire) dégagée de sa « gangue mystique ». On peut aussi montrer des évolutions : dans *Le Manifeste du parti communiste,* le parti révolutionnaire est présenté comme un effet du mouvement même de la lutte des classes qui engendre spontanément la conscience de classe, le passage de la classe en soi à la classe pour soi, alors que dans ses polémiques contre les anarchistes des années 1880 il insiste sur le rôle nécessaire de l'autorité et de l'organisation.

Si Marx innove, il a pu partir de concepts déjà formés : ce sont des historiens bourgeois de la Révolution française – il y insiste – qui ont d'abord analysé les transformations sociales en termes de lutte des classes. Cependant il donne un sens inédit à la formule. La lutte des classes structure toute l'histoire, depuis le communisme primitif en passant par l'esclavagisme, le féodalisme et le capitalisme jusqu'au communisme intégral à venir : les classes sont définies par leur place dans les rapports de production et leur antagonisme (les classes naissent de la lutte et ne lui préexistent pas) qui a une issue révolutionnaire (la bourgeoisie n'est pas plus éternelle que ne l'était l'aristocratie).

Marx rationaliste et, au moins en ce sens, héritier des Lumières, a trouvé chez les économistes classiques (Adam Smith) les éléments de sa théorie économique, mais en effectuant ce qui est, selon lui, une révolution par rapport à leur démarche : les marchandises dans une formation sociale où le mode de production capitaliste est dominant tendent à s'échanger selon leur valeur, mais cette valeur d'échange dépend de la quantité de travail contenu dans les marchandises. Or, entre le prix que reçoit l'ouvrier pour la vente de sa force de travail et le prix de vente de la marchandise, il existe un écart qui constitue la plus-value. Dans le mode de production capitaliste, elle est l'objet d'une appropriation privée. Cependant, dans ce système, en raison du développement des forces productives, les moyens de production sont de plus en plus socialisés (par exemple, les chemins de fer qui supposent la coopération d'hommes très nombreux sur de vastes étendues). Cette contradiction entre la socialisation des moyens de production et leur appropriation privée est mortelle pour le capitalisme. Elle conduira à une révolution qui permettra l'adéquation entre type de forces productives (la grande industrie) et nature des rapports de production (propriété collective des moyens de production). Telle est la base du communisme. Mais cette révolution, aussi inéluctable que le fut la révolution bourgeoise (1789 en France), sera l'ultime révolution, car elle entraînera un processus de disparition des classes sociales et avec elles d'abolition de la division du travail et des différents mécanismes de domination. L'émancipation de l'homme serait ainsi assurée : la négation du capitalisme par le prolétariat, classe niée dans son humanité même par le capitalisme, restaurera l'humanité de l'homme. Tel était le projet (éthique) initial du jeune Marx qui reçut avec ses œuvres de maturité son fondement (scientifique) dans l'économie et aurait dû trouver sa réalisation (politique) par la révolution.

Marx n'imagine pas que cette révolution prolétarienne puisse être instantanée. Au contraire – et cela l'oppose aux anarchistes, tel Bakounine avec qui il polémiqua durement au sein de l'Internationale – il intercale entre le capitalisme et le communisme une période de transition (souvent désignée comme le socialisme) où l'État conserve une fonction décisive. Car, certes, il doit décliner mais d'abord assurer la dictature du prolétariat. La formule – que Marx n'utilise que quelques fois en concurrence avec « domination » du prolétariat – est proposée par symétrie avec le recours de la bourgeoisie à la dictature, à la violence brutale et sans lois contre le prolétariat, dont la répression des journées de juillet 1848 par le général Cavaignac à Paris est le paradigme. La nécessité d'un appareil de répression après la prise du pouvoir est la conséquence de la nature même de la contradiction entre les classes dans la société capitaliste : il y règne une guerre civile « larvée » qui parfois se transforme en guerre civile ouverte et qui aboutit avec la Commune de 1871 à la première expérience de dictature du prolétariat qui abolit l'État centralisé, parasite de la société civile, par l'autogouvernement du peuple.

La « société civile », dont l'anatomie est l'économie politique, constitue la base du développement historique : avec l'essor de la propriété privée qui aboutit au capitalisme, l'État se différencie de la société civile. Elle est de plus en plus économique. Il est de plus en plus politique. Avec le capitalisme moderne, l'État ne joue plus un rôle positif dans l'histoire : il est l'instance d'harmonisation des intérêts généraux de la bourgeoisie et l'instrument de son combat contre le prolétariat. La doctrine politique de Marx s'est formée, dès 1840-1845, par opposition aux principes de la démocratie représentative et des droits de l'homme tels qu'ils s'étaient dégagés de la Révolution française, ainsi que sur la critique de la conception hégélienne du droit. Contrairement à cette tradition libérale, Marx estime que la représentation (c'est-à-dire tous les mécanismes de substitution et de délégation : le parlement, le droit et les systèmes philosophiques) est une mystification qui masque les inégalités réelles entre les hommes (les uns sont bourgeois, les autres prolétaires) et que la liberté politique est une fausse liberté (dans la société capitaliste la liberté du travailleur c'est celle de se vendre sur le marché du travail). Il n'a jamais attribué au droit ou à la politique un statut anthropologique et social autonome : ils sont des reflets des conditions de la vie matérielle et appartiennent – au même titre que la philosophie, ou la religion – à la sphère de l'idéologie, qui est une image inversée de la situation réelle de l'homme. Des conditions inhumaines de son existence naît l'idéologie qui rend sa vie supportable mais dans et par l'illusion qui l'aliène. Car pour Marx toute médiation (par l'argent ou par la démocratie représentative) est une aliénation. Son idéal politique est celui d'une démocratie où les hommes se gouverneraient eux-mêmes, sans institution, comme son idéal social est celui d'une communauté où les rapports sociaux ne seraient plus voilés par le fétichisme de la marchandise ni mutilés par la division du travail. Marx affirme que le dépassement du capitalisme (et l'abolition subséquente de l'exploitation économique, de la domination de la bourgeoisie, des illusions et des aliénations) est une nécessité qui repose sur les lois du « développement » historique déterminés par un facteur fondamental : l'essor des forces productives, facteur ultime de l'histoire : avec le moulin à eau on a le suzerain et le vassal, et avec la machine à vapeur, le bourgeois et le prolétaire. Néanmoins ce primat de l'économie n'ôte pas toute fonction à l'action politique organisée (celle de l'État et de sa force dans les débuts du capitalisme en Angleterre). Et – même si c'est plus sous la forme de gloses que d'une démonstration – Marx a, tardivement, affirmé qu'il n'y a pas de fatalité historique et que les schémas qu'il avait présentés ne valent que pour l'Europe occidentale (et probablement pas pour la Russie par exemple).

Cependant la croyance en des lois de l'histoire du même type que les lois de la nature est ancrée dans sa vision du monde, et Engels, par exemple, voit en lui un Darwin des sciences sociales. Mais, si le marxisme prétend qu'il existe des lois de l'histoire, quel sens cela a-t-il d'entreprendre des actions politiques pour les accomplir ? Et on peut douter de la possibilité logique d'établir de telles lois. Mais en même temps qu'une pensée holiste (selon la formule de Karl Popper) on peut trouver chez Marx des analyses qui rélèvent de la tradition individualiste (Louis Dumont). C'est dire la complexité et la richesse de la doctrine de Marx.

Mais on peut la juger lacunaire et enfermée dans des préjugés. Sur la valeur du progrès par exemple ou sur la marche du prolétariat vers l'internationalisme. Il est vrai que Marx, qui accorde beaucoup de place aux conflits entre les diverses nations européennes (et dénonce l'oppression de la Pologne ou de l'Irlande), affirme qu'une nation qui en subjugue une autre ne saurait être libre. Cependant, pour lui, le phénomène national est second par rapport à la lutte des classes qui donne son sens à l'histoire. La guerre de 1914 avait apporté un démenti aux progrès de l'internationalisme prolétarien, sans pour autant freiner l'expansion du marxisme qui allait du reste servir de doctrine à un très grand nombre de mouvement nationalistes, spécialement du tiers monde. Mais il est vrai que l'écart entre le contenu de son œuvre, les proclamations de ceux qui s'en sont réclamés, sa diffusion universelle qui transcende les frontières politiques et culturelles, et qui fut parfois comparée à celle de l'islam, rappelle que le succès du marxisme – ou plutôt des marxismes – ne peut se comprendre que replacé dans les cours général du XIXᵉ et du XXᵉ siècle. Cependant, si l'on peut voir dans Marx un fils de son temps, et dans le marxisme un produit de la mutation vers la modernité industrielle, on doit aussitôt relever que cette histoire a largement été façonnée par l'emprise de Marx lui-même, bien que son prestige et sa légitimité intellectuelle soient déclinants en même temps que la puissance des États et des partis qui s'en réclamaient.

DOMINIQUE COLAS.

♦ *« Vive le grand et invincible drapeau de Marx, Engels, Lénine. »* Staline (1934). ♦ *« À partir de Marx, Nietzsche et Freud, il me semble que le signe va devenir malveillant. »* Michel Foucault. ♦ *« Marx a mis le dieu "nécessité historique" à la place de Jahvé. »* Arnold Toynbee.

RÉF. : Karl Popper, *The Open Society and its Enemies*, 1945. – Louis Althusser, *Pour Marx*, Paris 1965. – Michel Henry, *Marx*, 1976. – Louis Dumont, *Homo Aequalis*, 1977. – Karl Marx, *Œuvres*, Bibliothèque de la Pléiade, Gallimard, 3 vol. parus de 1963 à 1982 sous la direction de Maximilien Rubel, avec de nombreuses notes et bibliographie ; nombreux titres, par ailleurs, aux Éditions sociales.

MASAMUNE Hakuchô (pseud. de Masamune Tadao). Romancier, dramaturge et critique japonais. Né dans le département d'Okayama le 3 mars 1879, mort à Tôkyô le 8 octobre 1962. Son œuvre, de climat particulièrement sombre, évoque tant les contradictions inhérentes à la société japonaise en mal de modernisation : *Où allons-nous ?* (+) (1908), qu'un sentiment de l'horreur de la condition humaine, vraisemblablement hérité de l'enseignement du penseur chrétien Uchimura Kanzô, qu'il avait suivi adolescent. Parmi des nouvelles, empreintes toutefois d'un objectivisme qui invite à faire à Masamune une place à part au sein du mouvement naturaliste dont il est issu, on retiendra notamment *Le Long de la baie* [*Irie no hotori*, 1915] et *Les Vivants et les Morts* [*Shisha seisha*, 1916]. Dans la seconde partie de sa carrière, Masamune devait quelque peu délaisser la création romanesque pour se consacrer à un théâtre à vrai dire fort peu dramatisé : *Décrépitude* [*Rôshû*, 1925], ainsi qu'à une œuvre critique : *Personnalités du monde des lettres* (+) (1932) ; *Essais critiques* (*) (1941-43) où il se montre avant tout préoccupé de l'attitude adoptée par l'écrivain devant la vie et ses problèmes.

MASCAGNI Pietro. Compositeur italien. Né le 7 décembre 1863 à Livourne (Toscane), mort le 2 août 1945 à Rome. C'est un représentant typique du courant vériste dans le théâtre lyrique. Il étudia d'abord à Livourne avec Soffredini, et composa ses premières œuvres comme les cantates *En filant* et *À la joie* [*In filanda* et *Alla gioia*], cette dernière sur l'ode de Schiller. En 1882, grâce à l'aide d'un protecteur livournais et d'un oncle paternel, il put poursuivre ses études au Conservatoire de Milan, avec Saladino et Ponchielli ; il eut pour compagnon Puccini. Il n'y resta que deux ans, pendant lesquels il commença de mettre en musique *Ratcliff* (+) et écrivit le mélodrame *Pinotta*, refonte de *En filant*. Il fut ensuite engagé comme chef d'orchestre par la troupe d'opérettes Acconci, puis par la troupe Maresca ; au cours d'une tournée avec cette dernière il passa par Cérignole, où il prit la direction de l'orchestre municipal. En 1889, il participa au concours de mélodrame en un acte organisé par la maison d'éditions Sonzogno, et emporta le prix avec ce qui est sans aucun doute son chef-d'œuvre et qui le rendit aussitôt célèbre : *Cavalleria rusticana* (*). Les nombreuses partitions qui suivirent : *L'Ami Fritz* (*), *Les Rantzau* [*I Rantzau*, 1892], *Ratcliff, Silvano, Zanetto, Iris, Les Masques* [*Le maschere*, 1901], *Amie* [*Amica*], *Isabeau, Parisina, Lodoletta, Néron* [*Nerone*], n'ont plus la puissance réaliste de *Cavalleria*, mais un caractère lyrique et sentimental. De 1895 à 1902, Mascagni fut directeur du Collège musical de Pesaro. En 1929, il fut élu à l'Académie d'Italie.

RÉF. : D. Stivender, *Mascagni*, New York, 1988.

MASCARON Jules de. Prédicateur français. Né à Marseille le 14 mars 1634, mort à Agen (Lot-et-Garonne) le 20 novembre 1703. Fils d'un avocat au parlement de Provence, il dédaigna le barreau pour embrasser la carrière ecclésiastique. Entré dans la congrégation de l'Oratoire, il se fit entendre d'abord à Saumur, puis à Angers, Nantes et Marseille. En 1666, il vint à Paris où il prononça l'oraison funèbre de la reine mère Anne d'Autriche. Il obtint un tel succès qu'il fut nommé bientôt prédicateur ordinaire du roi (1667), puis évêque de Tulle (1671). On le vit alors prêcher à la cour de Versailles pendant douze stations consécutives (1667-1679). Si grand était son savoir-faire qu'il sut traiter de la morale devant le roi sans l'irriter, alors que ce dernier donnait de fort mauvais exemples. Nommé au diocèse d'Agen (1679), il ne reparut que trois fois à Versailles pour y prêcher : en 1683, 1684 et 1694. De ses *Oraisons funèbres* (*) (1704), seules œuvres de lui qui nous restent, ses sermons étant perdus, il faut retenir surtout celle de Turenne, dont l'éclat fut cependant terni quelques mois plus tard par celle que prononça Fléchier.

RÉF. : *Catalogue raisonné des évêques d'Agen*. – Bordes, *La Vie de Messire Jules Mascaron, évêque d'Agen*. – P. Hébrard, *Jules Mascaron, évêque d'Agen*, in *Revue de l'Agenais*, 1899-1900. – F. Cayré, *Patrologie et Histoire de la théologie*, Paris, 1944.

MASEFIELD John. Poète, romancier et dramaturge anglais. Né le 1ᵉʳ juin 1878 à Ledbury, dans le Herefordshire, mort le 12 mai 1967 à Abingdon. Après des études dans une école du Warwickshire, il voulut être marin, s'engagea sur un bateau-école, puis à bord d'un voilier en partance pour le Chili via le cap Horn. On le retrouve un peu plus tard à New York où il débarque d'un paquebot, ayant pris entre-temps « un peu de galon ». Il s'établit alors aux États-Unis, s'employant ici et là, comme peut le faire dans un pays neuf un jeune homme sans qualification particulière. Pendant un moment, il sera barman. Il accorde à la lecture le peu de temps de loisirs qui lui reste. Il regagne l'Angleterre en 1897, dans l'intention arrêtée de devenir écrivain. Différents périodiques publient sa prose, jusqu'au jour où il est engagé par le *Manchester Gardian* où il crée une rubrique de variétés. À Londres, il devient l'intime du dramaturge irlandais J. M. Synge. Son premier recueil de poèmes, *Ballades de l'eau salée* [*Salt Water Ballads*], est de 1902. Il écrit également des contes, des romans – *Capitaine Margaret* (1908), *Multitude et Solitude* (1909) – et des pièces de théâtre. Son long poème narratif, *La Pitié éternelle* (*) (1911) lui apporte la gloire, une gloire un peu suspecte. « Tant de blasphèmes, disent les gens respectables, et pourquoi donner la parole à un ivrogne ? » En fait, les intentions de l'auteur étaient orthodoxes, et les blasphèmes ne choqueraient plus personne aujourd'hui. Il écrivit ensuite différents livres sur la Première Guerre mondiale, d'autres romans, d'autres pièces – *Le Procès de Jésus* (1923), *Tristan et Yseult* (1927), etc. – et d'autres recueils de poésie. Dans toute son œuvre, il s'intéressa d'abord au sort des pauvres. En 1930, le gouvernement travailliste le recommanda comme « poète lauréat ». Dans cet emploi essentiellement honorifique, il succéda à Robert Bridges, qui venait de mourir.

MASHRAB Bâbâ Rahîm Namangânî, dit Mashrab ou Dîvâna [« le Fou »]. Derviche et poète turc de l'Asie centrale. Né à Andijân (actuelle république d'Uzbekistan) entre 1657 et 1659, mort à Balkh (Afghanistan) en 1711. Enfant d'une famille pauvre, Rahîm fut confié à l'âge de quinze ans aux soins d'un mollah de sa ville natale. Il passa vingt ans avec son « gourou » (H. F. Hofman), qui l'envoya finalement errer sur les routes de l'Asie centrale et de l'Inde (bien qu'il soit permis de douter qu'il allât jamais aussi loin). Bâbâ Rahîm appartenait à la confrérie des derviches malâmatî, qui préconisait le renversement des valeurs et la recherche du blâme par un exhibitionnisme des plus provocateurs. Le poète, qui était par ailleurs un authentique savant, scandalisait par ses plaisanteries révoltées de mendiant de Dieu et le comportement de fou qui lui valut son surnom – v. *Le Divan* (*) de Shaykh Mashrab. Dans tout le Turkestan il déconcerta les foules ; un récit remanié de sa vie, dû à un auteur anonyme, rapporte que Mashrab avait l'habitude de montrer ses organes génitaux en affirmant qu'au-dessus d'eux on pouvait voir tous les anges et les prophètes. Disciple du célèbre Khwâja Afâq (m. 1694), politicien et théocrate du Turkestan oriental, Mashrab poussa l'imitation du grand mystique al-Hallâj jusqu'à l'échafaud. Exécuté à Balkh sous le dernier khan des Astarkhânides, dont il avait souillé le trône, Mashrab serait enterré au Turkestan chinois sur les contreforts nord-est du Pamir, quelque part entre Ishtîkhân et Kâshghar.

STÉPHANE A. DUDOIGNON.

MASPERO Gaston. Égyptologue français. Né le 23 juin 1846 à Paris, mort le 30 juin 1916 à Paris. Professeur au Collège de France en 1872, il fonde en 1880 l'Institut d'archéologie du Caire, et est le premier à éditer les textes des Pyramides. Son œuvre, considérable, est tout entière dédiée à l'Égypte antique et, d'une façon générale, aux anciennes civilisations de la Méditerranée orientale. Il faut notamment citer *Les Contes populaires de l'Égypte ancienne* (1882), *Archéologie égyptienne* (1887), *Les Études de mythologie et d'archéologie égyptiennes* (huit volumes publiés de 1892 à 1916), l'*Histoire ancienne des peuples de l'Orient* (*) (trois volumes) et enfin l'*Histoire générale de l'Antiquité,* où il a rédigé la section consacrée à l'Égypte. Gaston Maspero, par l'ampleur de son œuvre et de son activité – on peut le considérer à la fois comme un historien et un archéologue – est l'un des égyptologues les plus marquants de son époque. La fondation de l'Institut d'archéologie du Caire, l'un de ses plus grands titres de gloire, a également contribué à assurer le rayonnement de la culture française au Proche-Orient.

MASPERO Henri. Sinologue français, fils de l'égyptologue Gaston Maspero. Né le 15 décembre 1883 à Paris, mort à Buchenwald le 17 mars 1945. En 1908, il est à l'École française d'Extrême-Orient à Hanoi, en Indochine. En 1920, il devient professeur au Collège de France. Son œuvre est entièrement consacrée à l'étude de la civilisation chinoise, et on ne compte plus les articles et les essais qu'il a écrits sur la langue, la culture et la religion de ce pays. En 1927, Henri Maspero a publié *La Chine antique.* Après sa mort tragique en déportation, on a réuni un ensemble de textes dans le volume intitulé *Mélanges posthumes sur les religions et l'histoire de la Chine* (*) (1950). Par l'ampleur de ses travaux, Henri Maspero peut être considéré comme l'un des plus grands sinologues contemporains. Les nombreux travaux actuels consacrés à la Chine ancienne doivent beaucoup à ses recherches, et en ce sens Maspero fait sans nul doute figure de précurseur.

MASSÉ Félix Marie, dit Victor. Compositeur français. Né à Lorient (Morbihan) le 7 mars 1822, mort le 5 juillet 1884 à Paris. Il entra à douze ans au Conservatoire de Paris, et y obtint des premiers prix de piano, d'harmonie et de contrepoint. Après avoir travaillé avec Halévy, il obtint le grand prix de Rome (1844). Une fois revenu à Paris, il se rendit vite populaire grâce à une heureuse série de mélodies et de chansons. Le succès lui ouvrit les portes du théâtre. À *La Chambre gothique* (1849) succédèrent *La Chanteuse voilée* (1850), *Galatée* (1852) et *Les Noces de Jeannette* (*) (1853), ces deux dernières œuvres étant des opéras-comiques légers, dont les airs se chantaient et se retenaient facilement. On ne trouve point la même fraîcheur dans toute l'œuvre de Massé, mais les bonnes pages abondent dans *La Reine Topaze* (1856), *Les Saisons* (1855), *Miss Fauvette* (1855) et *Fleur d'Aliza* (1866). Nommé professeur de composition au Conservatoire (1866), Massé tenta sa chance à l'Opéra, tout d'abord avec *Paul et Virginie* (1876), puis, alors qu'il était déjà gravement malade, avec *Une nuit de Cléopâtre* (*), représenté après sa mort en 1885 sous le titre de *Cléopâtre*. Ces deux ouvrages sentent l'effort, et l'auteur, qui était doué pour d'autres formes musicales, n'y paraît point à l'aise.

MASSENET Jules Émile Frédéric. Compositeur français. Né le 12 mai 1842 à Montaud (Loire), mort le 13 août 1912 à Paris. Benjamin d'une famille de vingt et un enfants, fils d'un officier du génie en « demi-solde », c'est de sa mère qu'il reçut ses premières leçons de piano. Admis en 1851 au Conservatoire de Paris, il étudia l'harmonie avec Bazin et Reber ; plus tard, il fut l'élève d'Ambroise Thomas pour la composition. Ces années d'études furent plutôt tristes et tourmentées, Massenet étant alors très pauvre. En 1863, il obtint le Prix de Rome avec la cantate *David Rizzio*. C'est à Rome qu'il commença à composer abondamment : il écrivit une ouverture et une suite pour orchestre, un *Requiem,* et la première version d'un drame sacré en trois actes, *Marie Magdeleine* (+) qui, représenté à Paris en 1873, fut son premier succès véritable, et qui marque déjà très nettement les tendances de son style. Dans *Marie Magdeleine,* Massenet définit, en quelque sorte, ce que sera son monde poétique, monde auquel il ne se bornera d'ailleurs pas toujours. Dans *Le Roi de Lahore* (1877) et dans *Hérodiade* (*) (1881), le thème dramatique est un peu trop chargé, et l'auteur, à force de couleurs violentes, semble donner dans la musique purement ornementale. *Manon* (*), représentée en 1884, est une œuvre mélancolique où se reconnaît le génie propre à Massenet : d'où la réussite prodigieuse de cet opéra extrêmement populaire, qui fut suivi du *Cid* (*) (1885), d'*Esclarmonde* (*) (1889), de *Werther* (*) (1892), de *Thaïs* (*) (1894), de *Sapho* (1897), de *Cendrillon* (*) (1899), du *Jongleur de Notre-Dame* (*) (1902), d'*Ariane* (+) (1906), de *Don Quichotte* (*) (1910). En 1878, Massenet avait succédé à François Bazin au Conservatoire de Paris (chaire de composition). Gustave Charpentier, Gabriel Pierné, Rabaud, Bruneau, Schmitt furent ses élèves. Mais en 1896 il abandonna l'enseignement pour pouvoir composer avec plus de liberté. Il écrivit en tout vingt-cinq opéras, des musiques de scène – *Phèdre* (+) (1900) –, des oratorios, des ballets, différentes musiques pour orchestre, dont les *Scènes alsaciennes* (+) – v. *Scènes, suites pour orchestre* (*) –, quelques recueils de poèmes mis en musique, et des morceaux de piano. Lorsqu'il mourut, il venait d'achever trois opéras, *Panurge, Cléopâtre* (+) et *Amadis* (+), qui furent représentés en 1913, 1914 et 1922. Le meilleur de son art est fait d'une tendre sensualité, d'une fraîcheur tout élégiaque, ce qui explique la fortune qu'il n'a cessé d'avoir jusqu'à ce jour.

RÉF. : Louis Schneider, *Massenet, l'homme, le musicien,* Paris, 1908. – Jules Massenet, *Mes souvenirs,* Paris, 1912. – J.-E.-F. Solenière, *Massenet ; étude critique,* Paris, 1897. – Arthur Pougin, *Massenet,* Paris, 1914. – H. T. Finck, *Massenet and his Operas,* Londres, 1910. – René Brancour, *Massenet,* Paris, 1930. – Alfred Bruneau, Paris, 1935. – Noël Boyer, *Trois Musiciens français : Gounod, Massenet, Debussy,* Paris, 1946. – José Bruyr, *Massenet, musicien de la Belle Époque,* Lyon, 1964. – André Coquis, *Massenet,* Paris, 1965.

MASSIGNON Louis. Écrivain français. Né le 25 juillet 1883 à Nogent-sur-Marne, mort le 4 novembre 1962 à Paris. Fils d'un sculpteur et graveur, Pierre Roche (pseudonyme de Fernand Massignon), il fait des études supérieures de lettres et obtient le grade de docteur ès lettres. Chargé de mission en Mésopotamie en 1907 et 1908, il en ramène des *Relevés archéologiques* et une *Épigraphie et topographie historique* qu'il publie au Caire (1910 et 1912). Il montre déjà son intérêt pour l'Orient et pour la civilisation arabe dont il deviendra l'un des spécialistes dans ses cours au Collège de France, à l'École des hautes études et comme président de l'Institut des études iraniennes. Sa connaissance du monde musulman est non seulement historique, mais aussi et surtout d'ordre spirituel et même spiritualiste. Le grand dessein de Louis Massignon fut de rapprocher les deux grandes religions monothéistes de la Terre, l'Orient et l'Occident, comme il l'a montré dans la revue *Dieu vivant* (*), à la fondation de laquelle il participa en 1945. C'est lui qui, par exemple, remet en valeur le pèlerinage aux Sept Dormants d'Éphèse, vénérés à la fois par les chrétiens et par les musulmans. Mais il montre aussi, dans une série d'études et d'ouvrages fort savants, mais d'une érudition toujours sensible, combien la spiritualité orientale peut avoir valeur d'émulation et d'exemple pour les chrétiens d'Occident. On lui doit un livre sur *Les Origines shiites de la famille vizirale de Banul Furat* (1945), un ouvrage capital et d'une haute tenue religieuse, *La Mabâha de Médine et l'hyperdulie de Fatima* (1955), et un recueil d'études intitulé *Parole donnée* (*) (1962). Citons également *La Passion de Husayn Ibn Mansür Hallâj, martyr mystique de l'Islam, étude d'histoire religieuse* (1922), et d'autres livres tout aussi subtils, tels que *Les Nuages de Magellan et leur découverte par les Arabes* (1962) et une nouvelle édition de son *Essai sur les origines du lexique technique de la mystique musulmane* (1954).

JOËL SCHMIDT.

RÉF. : Camille Drevet, *Massignon et Gandhi : la contagion de la vérité,* Paris, 1967. – Herbert Masson, *Massignon : chronique d'une amitié,* Paris, 1990.

MASSILLON Jean-Baptiste. Prédicateur français. Né à Hyères (Var) le 24 juin 1663, mort à Beauregard (Puy-de-Dôme) le 18 septembre 1742. Le successeur de Bossuet et de Bourdaloue, le dernier grand nom de la chaire française avant le romantisme, était un Provençal. Son père le destinait au barreau, mais ses maîtres oratoriens persuadèrent sa famille de le laisser entrer dans l'Église, et dans leur compagnie. Devenu prêtre, on le chargea d'abord d'enseigner la rhétorique dans des collègues du sud de la France ; mais deux *Oraisons funèbres* – v. *Oraisons funèbres et sermons* (*) –, celle de l'archevêque de Vienne en 1691 et celle de l'archevêque de Lyon en 1693, révélèrent soudain son talent. C'est en vain qu'il essaya de se dérober à la gloire en s'enfermant dans un monastère : le cardinal de Noailles l'appela en 1696 à Paris, où il fut nommé directeur du séminaire de Saint-Magloire. Quelques conférences le firent mieux connaître. Deux ans plus tard, envoyé par le roi comme missionnaire à Montpellier, il réussit à soutenir la comparaison avec Bourdaloue, qui venait de prêcher dans cette ville. En 1699, il prononça son premier carême dans l'église de l'Oratoire et, la même année, l'Avent de Versailles, soit quarante-deux sermons en tout, qui, réunis, formèrent le *Grand carême.* Devenu prédicateur de la Cour, Massillon fut chargé en 1709 de l'oraison funèbre du prince de Conti, en 1710 de celle du Dauphin, en 1715 de celle de Louis XIV, qu'il commença par la célèbre phrase : « Dieu seul est grand, mes frères... » – v. *Oraisons funèbres* (*). Le grand roi, qui aimait à entendre Bourdaloue, n'avait rien fait pour son avancement ; plus reconnaissant, le Régent nomma Massillon évêque de Clermont. En 1717, devant le jeune Louis XV, il traita des devoirs des grands dans une série de sermons qui, sous le nom de *Petit carême* (*), furent rapidement reconnus comme un des modèles de l'éloquence française. En 1719, Massillon était reçu à l'Académie ; mais pendant plus de vingt ans il ne quittera guère désormais son diocèse, se répandant en aumônes malgré sa médiocre fortune et, à sa mort, léguant tous ses biens à l'Hôtel-Dieu de Clermont. Il avait soigneusement revu ses sermons, inédits de son vivant, et qui ne devaient être publiés que par son neveu, Joseph Massillon, en 1745-1748.

Le « Racine de la chaire », a-t-on pu dire de Massillon. La comparaison est trop forte, Massillon restant tout de même loin derrière Bossuet, l'orateur d'Église par excellence. Mais il est bien, comme Racine, un peintre incomparable des faiblesses du cœur, un psychologue d'autant plus impitoyable qu'on ne se méfie pas de lui, qu'il ne procède pas, comme un Bossuet, par âpre et superbe autorité, qu'il est, comme un certain Racine encore, doux, insinuant, plein d'onction. Il n'a rien du prophète courroucé et menaçant : lorsqu'il trace devant les fidèles la peinture de leurs faiblesses, il fait sentir qu'il ne se distingue pas d'eux, il est toujours miséricordieux et ému, parfois attendri. Sa principale ressource reste pourtant le pathétique : Massillon a une chaleur naturelle et communicative. Il plaît par son ton qui est d'un confesseur plus que d'un prédicateur, par sa compassion affectueuse, prompte à s'offrir à tous. C'est au cœur qu'il vise : on sentait bien en l'entendant que le temps de Bossuet était passé. L'appel à l'amour, avec Massillon, prend le pas sur l'appel à la grandeur. Il y a ici beaucoup de Fénelon, et parfois même on devine la sensiblerie du XVIIIe siècle. Mais les cadres de la religion et du dogme tiennent encore très ferme. Et Massillon, par l'émotion pathétique, obtient plus, souvent, que par les menaces ; on le vit le jour où, alors qu'il prêchait sur le petit nombre des élus, tout l'auditoire, et le roi lui-même, se levèrent d'un bond, épouvantés, comme si l'archange vengeur venait de descendre sur terre !

Autant qu'orateur, il était écrivain, rédigeant ses sermons avec grand soin avant de les apprendre par cœur, maître d'un style ample aux riches énumérations, doué surtout d'une imagination heureuse qui lui permettait de se répéter souvent sous des formes nouvelles. Il manque surtout de ce qui essentiellement soutient l'intérêt : la progression dans la pensée, dans la vigueur des images et des termes employés. Massillon n'a pas la force de Bourdaloue ; c'est aussi qu'il vient plus tard, dans un siècle de philosophie, auquel, pour se faire entendre de lui, il est bien obligé de faire quelques concessions. Dès son *Petit carême* de 1717, il fait preuve, par exemple, d'une hardiesse d'opinion toute « philosophique », affirmant que le droit des rois repose sur la libre volonté des peuples. On sent même, chez Massillon, quelque rêverie de Salente. Aussi ne s'étonne-t-on pas de la popularité que le *Petit carême* connut au cours du XVIIIe siècle, et l'on dit que Voltaire l'avait toujours sur sa table, à côté d'*Athalie* (*).

MICHEL MOURRE.

♦ *« Mon Père, j'ai entendu plusieurs grands orateurs, j'en ai été fort content ; pour vous, toutes les fois que je vous ai entendu, j'ai été très mécontent de moi-même. »* Louis XIV à Massillon. ♦ *« Les sermons du P. Massillon sont un des plus agréables que nous ayons dans notre langue.* » Voltaire. ♦ « *Massillon n'est-il pas un peu jugé par ce goût même si déclaré que Voltaire avait pour lui, et par cette faveur singulière dont il jouissait de ne pas déplaire à l'adversaire ? Car malgré tout, c'est bien cela que Voltaire veut dire : Tu as beau me prêcher, tu n'es pas de mes ennemis ! Il peut se tromper et il se trompe, mais il semble du moins deviner en lui une âme plus facile que ne serait celle d'un Bossuet ou d'un Bourdaloue.* » Sainte-Beuve.

RÉF. : D'Alembert, *Éloge de Massillon*. – Sainte-Beuve, *Causeries du Lundi*, tome IX, Paris, 1857. – L. Pauthe, *Massillon, la prédication sous Louis XIV et Louis XV*, Paris, 1908. – E. Favier, étude in *Revue d'apologétique*, tome LX, Paris, 1935. – A. Chérel, *Massillon*, Paris, 1943.

MASSINGER Philip. Poète dramatique anglais. Né en novembre (baptisé le 24) 1583 à Salisbury (Wiltshire), mort le 16 mars 1640 à Londres, dans sa maison voisine du Globe Theatre, enterré dans le cimetière de St. Saviour, Southwark. Fils d'un personnage qui tenait un certain rang, qui fut membre du Parlement et agent secret de la famille Herbert, il fit des études à Oxford, mais abandonna l'école sans avoir obtenu aucun titre. Il mena pendant longtemps une vie misérable ; on le trouve même en prison pour dettes. La pauvreté le poursuivit jusqu'à sa mort, et l'on suppose qu'il ne fut pas bien vu de la Cour à cause de l'attitude courageuse qu'il eut à son égard. Il vint assez tard au théâtre où il fut longtemps obscur, travaillant en collaboration avec d'autres auteurs, surtout avec Fletcher qui, bien que de peu son aîné, fut son maître. Cette collaboration dura douze ans et Massinger ne réclama jamais la paternité des dix pièces qui en naquirent. Massinger aurait eu pour tâche d'écrire le travail de « préparation » ; *The False One* (1601) lui est attribué pour une large part et, comme fruits de cette collaboration, citons : *Thierry et Théodoret* (*) (1617), *Le Curé espagnol* (*) (1622), *Le Bois des mendiants* (*) (1622). Avec Dekker il écrivit *La Vierge martyre* (*) (1622). Les œuvres que l'on attribue entièrement à Massinger sont au nombre de trente-huit, dont seize seulement nous sont restées. Parmi les comédies il faut citer : *Une nouvelle façon de payer de vieilles dettes* (*) (1625), *Le Tuteur* [*The Guardian*, 1633] ; parmi les tragédies et les drames romanesques : *La Dot fatale* (*) représentée avant 1620, *Le Duc de Milan* [*The Duke of Milan*, 1620], *Le Combat dénaturé* [*The Unnatural Combat*, 1621], *The Bondman* (1623), *Le Renégat* [*The Renegado*, 1624], *L'Acteur romain* (*) (avant 1626), *Le Grand-Duc de Florence* [*The Grand Duke of Florence*, 1627], *L'Empereur d'Orient* [*The Emperor of the East*, 1631], *La Fille d'honneur* (*) (1632). Massinger, influencé par les grands élisabéthains, a accentué la tendance à l'abstraction déjà présente chez Fletcher, et cela en utilisant cependant les éléments théâtraux types de son époque.

♦ « *Il fut un poète appliqué plutôt qu'un poète inspiré et l'on ne trouve pas chez lui le charme de la surprise ni la jouissance lyrique que donnent plusieurs de ses émules moins corrects.* » É. Legouis.

RÉF. : Maurice Chelli, *Étude sur la collaboration de Massinger avec Fletcher et son groupe*, Paris, 1926. – L. C. Knights, *Drama and Society in the Age of Jonson*, 1951. – T. A. Dun, *Philip Massinger*, Édimbourg, 1957.

MASSIS Henri. Écrivain français. Né et mort à Paris (21 mars 1886-11 avril 1970). Après des études secondaires au lycée Condorcet et à l'École nationale supérieure des arts décoratifs, puis à la Sorbonne d'où il sort avec le grade de licencié ès lettres, Henri Massis se lance dans la carrière de critique, de journaliste et d'écrivain, et il devient le secrétaire de rédaction du quotidien *L'Opinion*, de 1911 à 1914. Déjà, il a jugé qu'un esprit de désespoir et de démission pervertit le monde des lettres et l'esprit français, ce que son ami Maurice Barrès avait déjà constaté à la fin du XIXe siècle. Dès la déclaration de guerre en 1914, Henri Massis se révèle comme un écrivain patriote, et combat pour la défense de l'Occident contre les influences pernicieuses, selon lui, des Germains, des Slaves et des Orientaux. Ce thème ne cessera jamais d'être présent dans toute l'œuvre d'Henri Massis. Juste avant la guerre de 1914, il avait écrit un ouvrage polémique, sous le pseudonyme d'Agathon, en collaboration avec Alfred de Tarde, *L'Esprit de la nouvelle Sorbonne* (1910), qui sera suivi de *La Jeunesse d'aujourd'hui* (1912). Il collabore à des journaux d'orientation monarchiste, comme *L'Action française*, et fonde *La Revue universelle* (*) en 1920 avec Jacques Bainville. Il se présente comme le garant de la tradition et de l'esprit français face aux transformations révolutionnaires qui agitent son temps et constituent à ses yeux un danger pour l'âme française. Chrétien, il écrit *Défense de l'Occident* (*) (1927), où il se montre un excellent dialecticien de droite et prône la raison, l'ordre et la spiritualité. En toute logique, il témoigne de la sympathie pour le franquisme, et il écrira en collaboration avec Robert Brasillach *Les Cadets de l'Alcazar* (1936) pour exalter l'héroïsme des nationalistes espagnols. Il publie en 1961 un *Salazar face à face*, au lendemain de son élection à l'Académie française (1960). De même, il a soutenu l'État français en 1940 et 1944, en qualité de membre du Conseil national du gouvernement de Vichy, présidé par le maréchal Pétain, et il a publié pendant l'occupation *Les idées restent* (1941) pour montrer que la défaite n'avait pas perdu la France. À côté d'œuvres engagées et polémiques, comme *Romain Rolland contre la France* (1916), ou des pages nées de ses démêlés avec André Gide, en qui il voyait le corrupteur de la jeunesse, on doit à Henri Massis une ample production critique : *Comment Zola composait ses romans* (1906), *Le Drame de Marcel Proust*

(1937), *La Vie d'Ernest Psichari* (1916), *Jugements* (1923), *Maurras et notre temps* (*) (1951), *Barrès et nous* (1962), et des Mémoires intitulés *Au long d'une vie* (1967).

JOËL SCHMIDT.

MASSON Loys. Poète, romancier et auteur dramatique français. Né à Rose Hill (île Maurice) le 31 décembre 1915, mort à Paris le 27 octobre 1969. Il fait ses études au Royal College de Mauritius (île Maurice), puis devient employé de banque (1936-1939). Il arrive à Paris à la veille de la déclaration de guerre. Entre 1940 et 1944, il participe à la Résistance. À la Libération, il devient journaliste, puis rédacteur en chef des *Lettres françaises* en 1945, mais il n'occupe ce poste que pour la durée d'un an. En 1947, il se tourne vers la radio et en 1952 vers le théâtre. Synthèse d'un paganisme orphique et d'un christianisme sensible à la détresse des hommes, son œuvre est l'expression d'une soif d'absolu. Loys Masson, qui est en fait un homme de la colère, a toujours cherché à transformer les mots en leur donnant un poids à la fois de révolte et de rédemption. Cependant, il fera un retour à une contemplation qui, dès son enfance dans l'île, fut son premier état. Outre son œuvre poétique : *Délivrez-nous du mal* (1942), *La lumière naît le mercredi, Les Vignes de septembre* (1945), *Quatorze poèmes du cœur vieillissant* (1952), *La Dame de Pavoux* (1965), on doit à Loys Masson toute une série d'ouvrages romanesques particulièrement réussis : *Les Tortues* (*) (1956), *La Douve* (1957), *Les Sexes foudroyés* (1958), *Les Mutins* (1959), *Le Notaire des Noirs* (*) (1961), *Les Noces de la vanille* (*) (1962), *Lagon de la miséricorde* (1964), *Le Feu d'Espagne* (1965), *Les Anges noirs du trône* (1967). Loys Masson écrit ses romans en poète, mais en poète qui, dans *Les Tortues* par exemple, débouche, à travers le vertige de la mer et des îles, sur les clefs symboliques de la condition humaine. Loys Masson a également écrit des pièces de théâtre – *Christobal de Lugo, Le Pape, La Résurrection des corps* – réunies en un volume en 1960. Un recueil de nouvelles a paru, posthume, en 1970 : *Des bouteilles dans les yeux*. Quels que soient les genres abordés, une grande unité d'inspiration apparaît dans toute l'œuvre de l'écrivain.

DANIELE BOONE.

MASTERS Edgar Lee. Poète américain. Né à Garnett (Kansas) le 23 août 1869, mort le 5 mars 1950 dans un hospice de Pennsylvanie. Très attiré par les humanités, Masters étudie le grec à Knox College, dans l'Illinois, mais devant les pressions familiales (son père est avocat), il s'oriente vers le droit. Pendant trente ans, il exercera le métier d'avocat à Chicago. Si son œuvre est volumineuse, Masters est en fait l'homme d'un seul livre, *Anthologie de Spoon River* (*). Il a déjà publié trois livres de poèmes, plusieurs pièces et un volume d'essais quand il se met à jouer avec l'idée de présenter la vie quotidienne, publique et secrète d'une petite ville de l'Illinois, sans pourtant trouver une forme adéquate. Le projet aurait peut-être été abandonné si un jour le directeur de *Reedy's Magazine*, un hebdomadaire de Saint Louis, ne lui avait mis entre les mains un exemplaire de l'*Anthologie palatine* (*). Masters a tout de suite l'idée de composer quelques morceaux d'une « anthologie américaine ». Les premiers poèmes paraissent dans l'hebdomadaire de Saint Louis et ils se font remarquer. Masters poursuit son travail et l'*Anthologie* paraît en 1915. Présentant les confessions posthumes de quelque deux cent cinquante citoyens de la petite ville de Spoon River, le livre fait scandale. Il marque le début de tout un mouvement réaliste et antipuritain. À lire *Spoon River* aujourd'hui, on est moins frappé par le côté scandaleux du livre, encore que certains passages gardent leur mordant, que par la théâtralité grotesque qui par moments fait songer à Brecht. Après 1920, Masters se consacra entièrement à la littérature. Il devait publier par la suite une trentaine de volumes, mais jamais il n'égala le livre de 1915. On peut citer pourtant son autobiographie, *De l'autre côté de Spoon River* [*Across Spoon River*, 1936] ainsi que sa biographie démystificatrice de Lincoln, *Un homme nommé Lincoln* [*Lincoln the Man*, 1931].

KENNETH WHITE.

RÉF. : J. T. Flanagan, *E. Lee Masters : The Spoon River Poet and his Critics*, Metuchen (New Jersey), 1974. – H. W. Masters, *E. L. Masters : A Biographical Sketchbook*, Rutherford, 1978.

MASʿŪDĪ (al-) ʿAlī ibn al-Ḥusayn. Voyageur, historien et géographe arabe. Né à Bagdad à la fin du IXe siècle (?), mort au Caire vers 956. Descendant d'un célèbre compagnon de Mahomet, ce voyageur infatigable parcourut – du moins l'affirme-t-il – la quasi-totalité du monde connu à son époque, à l'exclusion de l'Afrique du Nord et de l'Europe, à vrai dire encore plongées dans la barbarie. Il n'en trouva pas moins le temps de rédiger une œuvre abondante et variée, dont il ne subsiste aujourd'hui que *Les Prairies d'or* (*), vaste somme historico-géographique, et *Le Livre de l'avertissement* [*Kitāb al-tanbīh*], sorte d'autobibliographie raisonnée et commentée. Aux antipodes de l'historiographie « officielle » représentée par son quasi-contemporain al-Ṭabarī, la démarche d'al-Masʿūdī, que l'on a parfois comparé à Hérodote, se rapproche surtout de celle de l'« adab », représentée notamment par al-Jāḥiẓ, visant à combiner distraction et information, sans préjudice d'un certain souci de bien écrire ; art de la digression, du trait piquant, de l'anecdote caractéristique ou pittoresque, mais surtout bien racontée, qui donne à son œuvre une saveur qui ne s'est jamais affadie.

JEAN-PATRICK GUILLAUME.

MATAVULJ Simo. Écrivain dalmate. Né à Šibenik le 14 septembre 1852, mort le 20 février 1908 à Belgrade. Il fut un des premiers, par ses récits et ses romans réalistes, à introduire une note concrète de culture européenne dans la littérature serbe, tout en demeurant fidèle à l'inspiration et aux traditions de son pays. À Šibenik, il fréquenta en même temps l'école primaire italienne et l'école serbe, puis, la mort de son père ayant laissé sa famille dans la gêne, il poursuivit ses études au monastère de Krupa dont son oncle était prieur. Au bout de quatre ans, Matavulj, ne se sentant pas la vocation monastique, sortit du couvent et s'inscrivit à l'École d'instituteurs de Zara. Diplômé en 1871, il fit carrière dans l'enseignement. En 1882, Matavulj vint passer quelques mois à Paris. Il quitta le Monténégro en 1887 et obtint un poste au lycée de Belgrade où il s'établit définitivement. Sa culture et sa vaste connaissance des langues lui valurent d'être nommé chef du bureau de presse de la capitale serbe. Dans ses dernières années, Matavulj abandonna ses fonctions pour se consacrer exclusivement aux lettres. Outre de nombreux récits, dont le recueil le plus important (2 vol.) s'intitule *Du Monténégro et de la côte* [*Iz Crne Gore i Primorja,* 1888-1889], il publia, en 1892, deux romans : *L'Uscoque* (*) et *Le Grand Seigneur, frère Brne* (*), qui augmentèrent encore sa renommée.

RÉF. : Djuza Radović, *Simo Matavulj,* Belgrade, 1948 (en serbe).

MA TCHE-YUAN [Ma Zhiyuan]. Dramaturge et poète chinois. Né à Pékin en 1260, mort en 1325. Il vécut sous la dynastie mongole. Sa vie reste inconnue ; on sait seulement qu'il occupa un moment un poste dans la province du Tsiang-si. Il écrivit des poèmes sur des mélodies de l'époque. Beaucoup de ses pièces sont d'inspiration taoïste car il vécut en un temps où la domination étrangère et l'essor du mouvement taoïste Ts'iuan-tchen amenaient beaucoup de lettrés à se retirer du monde. On trouve quelques exemples de son œuvre dans *Choix de pièces Yuan* (*) car il est considéré depuis longtemps comme l'un des quatre grands dramaturges de l'époque Yuan. Parmi ses pièces les plus célèbres, *Le Rêve du millet jaune* [*Houang-liang meng*] est tiré d'un récit de l'époque T'ang (un homme vit en rêve toute une vie et prend ainsi conscience de la vanité de l'existence) et *Automne au palais des Han* (*) est tiré d'un événement historique.

JACQUES PIMPANEAU.

MATÉVOSSIAN Hrand. Écrivain arménien. Né le 3 mars 1935 au village d'Anhitzor (Arménie). Il fait ses études à Erevan, puis à Moscou (comme scénariste). Il devient célèbre dès la parution en revue du récit intitulé « Anhitzor », en 1961. Ses livres successifs, *Août* (*) (1967), *Les Arbres* [*Tsarèrə*], *Notre course* [*Mèr Vazguə*] (1978), traduits en russe puis dans diverses langues d'Union soviétique et d'Europe de l'Est, connaissent une très grande réussite. Nourrissant une admiration prononcée pour Faulkner, Matévossian thématise dans ses récits et nouvelles avant tout une certaine mystique de la vie terrienne. Certains de ses récits, comme « Nous sommes nos montagnes » (1969) et « Soleil d'automne » (1971), ont été portés à l'écran avec succès.

MARC NICHANIAN.

MATHER Cotton. Écrivain américain. Né le 12 février 1663 à Boston, où il mourut le 13 février 1728. Fils aîné de Increase et Maria (Cotton) Mather, neveu de Richard Mather et de John Cotton, il fut élevé dans sa ville natale à la fameuse école latine de Boston. Diplômé de cette école en 1678, il obtint en 1681 le titre de « master of arts » à l'université Harvard, et fut ordonné prêtre en 1684. D'abord assistant de son père, prédicateur fameux, à la « Second Church » de Boston, il devint par la suite « overseer » [inspecteur] de Harvard, et plus tard il fut appelé à la présidence de l'université Yale à New Haven (Connecticut). Il se maria trois fois et de chaque mariage il eut une nombreuse progéniture. Il s'occupa de pédagogie, de l'instruction des esclaves et des missions auprès des Indiens. Particulièrement intéressé par les procès de sorcellerie qui se déroulèrent à Salem (Massachusetts), il fit paraître, en 1689, *Providences mémorables* [*Memorable Providences Relating to Witchcraft and Possessions*], histoire d'une jeune fille vivant dans sa maison, victime de sorcellerie, et, en 1693, *Les Merveilles du monde invisible* [*The Wonders of the Invisible World*]. Il écrivit environ quatre cent cinquante ouvrages, parmi lesquels le plus connu est sans doute le *Magnalia Christi Americana* (1702). Citons enfin l'essai : *Boniface ou Tentative de bien faire* (*) (1700).

RÉF. : Perry Miller, *The New England Mind : From Colony to Province,* Cambridge (Mass.), 1953. – Robert Middlekauf, *The Mathers, Three Generations of Puritan Intellectuals, 1596-1728,* New York, 1971. – Kenneth Silverman, *The Life and Times of Cotton Mather,* New York, 1984.

MATHIEZ Albert. Historien français. Né à La Bruyère (Haute-Saône) le 10 janvier 1874, mort à Paris le 25 février 1932. Entré à l'École normale en 1894, agrégé en 1897, il commença sa carrière comme professeur au lycée Voltaire, puis passa son doctorat ès lettres en présentant deux thèses : *La Théophilanthropie et le culte décadaire* et *Les Origines des cultes révolutionnaires* (1904). Muté alors de l'enseignement secondaire à l'enseignement supérieur, Mathiez devint suppléant aux facultés de Caen, de Lille, de Nancy, puis obtint une chaire à Besançon (1909). Professeur à la faculté de Dijon en 1917, il fut enfin appelé en 1925 à la Sorbonne, où il succéda à Aulard. Fondateur en 1909 de la revue *Annales* *révolutionnaires*, Mathiez a publié de nombreuses études telles que : *La Révolution et l'Église* (1911), *Les Grandes Journées de la Constituante* (1912), *La Révolution et les étrangers* (1918), *La Vie chère et le mouvement social sous la Terreur* (1926), etc., mais son œuvre essentielle fut le panorama, d'une remarquable clarté, de *La Révolution française* (*) (1922-27), dont les trois volumes ont été complétés par *La Réaction thermidorienne* (+) (1929), et par *Le Directoire* (+) (posthume, 1934). Un des principaux apports de Mathiez est la correction qu'il a apportée aux thèses d'Aulard, en mettant en valeur le rôle essentiel de Robespierre dans l'histoire révolutionnaire : *Études robespierristes* (deux volumes, 1917-18). D'un tempérament ardent et polémique, Mathiez fut un historien politiquement « engagé » – il fit rééditer l'*Histoire socialiste* (*) de Jaurès – et il eut également une grande activité de journaliste. Georges Lefebvre, son successeur dans sa chaire de Sorbonne, continua ses travaux.

RÉF. : A. Troux, *A. Mathiez, professeur et historien*, Nancy, 1932. – F. Acomb, chapitre consacré à A. Mathiez in *Some Historians of Modern Europe*, Chicago, 1942.

MATIĆ Dušan. Poète, romancier et essayiste serbe. Né à Cuprija le 13 septembre 1898, mort à Belgrade le 12 septembre 1980. Entre les deux guerres, il est membre du groupe des surréalistes de Belgrade. Puis il passe du surréalisme à l'expression directe d'une réalité historique dramatique, notamment dans les vers qu'il consacre à la guerre d'Espagne. L'après-guerre révèle en lui un écrivain fécond au registre varié. Dans le domaine de la poésie, son recueil de vers intitulé *Bagdala* (*) (1954), où se marient les thèmes de l'enfance, de la nuit et de l'éphémère, et où il développe une expression fondée sur le paradoxe, exerça une grande influence sur les jeunes poètes serbes d'après-guerre. Dans le domaine du roman, il s'intéresse aussi bien à l'histoire, comme dans *Sourde époque* [*Gluho doba*, 1940], composé en collaboration avec Aleksander Vučo, où il décrit des événements du temps du roi Alexander Obrenović, qu'à la psychologie individuelle comme dans *Alea jacta* (*) ou « Les dés sont jetés » (1957). Traducteur de Paul Éluard et fortement influencé par lui, il se révèle dans ses essais plutôt bergsonien. Ses principaux recueils de poèmes sont *L'Éveil de la matière* (+) (1959), et *Songes et mensonges de la nuit* (*) (1962).

MATISSE Henri. Peintre, sculpteur, dessinateur et graveur français. Né au Cateau-Cambrésis le 31 décembre 1869, mort à Nice le 3 novembre 1954. Venu relativement tard à la peinture, Matisse sera l'élève de Gustave Moreau qui lui prédit, dès 1895, qu'il « allait simplifier la peinture ». D'abord intime et sourd, marqué par l'exemple du Nord, son art gagne en clarté et en ampleur à la découverte de Cézanne et de la lumière méditerranéenne. Devenu célèbre à la faveur du scandale provoqué bien malgré lui par l'exposition « fauve » de 1905, Matisse bénéficiera de l'aide fidèle de quelques collectionneurs étrangers comme les Stein, famille d'Américains lettrés vivants à Paris, ou le Russe Chtchoukine. Au cours des années qui suivent les visites à Moscou, plusieurs expositions d'art islamique et des séjours en Afrique du Nord auront une influence décisive sur son art qui s'efforce désormais d'équilibrer la surface à l'aide de grands aplats chargés de couleur pure et de motifs décoratifs répétés. À partir de 1917, Matisse s'installe à Nice qu'il ne quittera guère, sauf pour de brefs voyages dont l'un, de loin le plus important, le conduira en 1930 à Tahiti via New York, et à la Fondation du Dr Barnes (lequel lui commandera les panneaux de *La Danse* achevés en 1933). Entre-temps Matisse a commencé à graver afin d'illustrer des livres pour divers éditeurs. En 1941, après une grave maladie qui faillit lui coûter la vie, le peintre, souvent alité, choisit de découper à l'aide de ciseaux ses images dans des feuilles de papier gouaché. Cette technique, qui dès 1947 permet la réussite de *Jazz*, servira également aux grandes compositions qui évoquent le voyage tahitien et elle sera également utilisée pour la préparation des vitraux de la chapelle du Rosaire de Vence, ultime chantier de cet artiste polyvalent qui en conçut non seulement le plan, mais aussi la décoration intérieure, l'autel et jusqu'aux habits liturgiques. L'extraordinaire vitalité de Matisse dans tous les domaines de l'expression plastique sans distinction de genre a pour corollaire une assiduité presque religieuse pour le travail qu'il n'abandonnera que le jour de sa mort, survenue le 3 novembre 1954. Ses *Écrits et propos sur l'art* (*) ont été publiés en 1972.

FLORIAN RODARI.

MATOS Gregório de. Poète brésilien. Né le 20 décembre 1636 à Salvador (Bahia), mort en mars 1696 à Recife (Pernambouc). Une partie de sa vie reste très mystérieuse. Nous ne possédons que peu de documents. Les dates indiquées tiennent compte des recherches de Fernando da Rocha Peres. « Documents pour une biographie de G.M. » [Documentos para uma biografia de Gregório de Mattos e Guerra]. Troisième fils d'un riche gentilhomme du Minho installé au Brésil, et d'une bahianaise, dona Maria da Guerra, Gregório fait ses humanités auprès des jésuites, puis, la colonie n'ayant pas d'université, il s'embarque pour le Portugal, Coïmbre, où il termine son droit en 1661. Il s'imprègne de poésie, lit le *Cancionero Geral*, les œuvres de Camoens, des maîtres espagnols, Góngora, Quevedo, Gracián, etc. Cette même année 1661, il épouse dona Michaella de Andrade, fille d'un juge à la cour d'appel. Deux ans plus tard, grâce à ses bonnes relations avec l'Inquisition et à la pureté de son sang, il obtient du roi Dom Afonso VI une charge de magistrat en Alentejo. En 1672, élu procureur de la ville de Salvador auprès de l'administration de Lisbonne, il défend les intérêts des planteurs et des commerçants de sucre et de tabac. De cette époque sont ses premiers grands poèmes satiriques, ainsi « Marinícolas », visant un personnage aux mœurs douteuses de l'entourage du roi Dom Pedro II. Mais, en 1674, refusant d'être l'instrument du pouvoir, Gregório de Matos renonce à sa charge ; il se retrouve veuf quatre ans plus tard. Peu après, pense-t-on, il retourne au Brésil. Il a dilapidé ce qui lui restait de la fortune familiale. En 1681, l'archevêque de Bahia, dom Gaspar Barata, le nomme grand trésorier et vicaire général. Bien vite il abandonne ces activités peu compatibles avec sa vie désordonnée et son refus de porter les vêtements ecclésiastiques. Il devient l'avocat des petites causes, s'adonnant aux jeux verbaux qu'il affectionne, confondant plaidoiries et traits d'esprit. Ses épigrammes, son ironie mordante, n'épargnent aucun de ses contemporains ; elles lui valent le surnom de « Bouche de l'enfer » [Boca do Inferno]. En 1691, semble-t-il, il épouse la veuve dona Maria dos Povos ; celle-ci va lui donner un fils, Gonçalo. Mais il n'en abandonne pas pour autant la bohème ; coureur de jupons, il continue de défrayer la chronique. Sa verve sarcastique s'exerce sur le clergé et même sur le gouverneur général, Luís Gonçalves da Câmara Coutinho. C'est au beau-frère et successeur de ce dernier, dom João de Lencastre, qu'il doit la vie : il sera seulement exilé en Angola en 1694. La colonie africaine doit alors faire face à une grave crise économique ; les troupes se révoltent. Gregório de Matos parvient à calmer les esprits. En récompense, il obtient la permission de regagner sa terre natale (1695), mais reste interdit de séjour à Bahia. Il s'installe donc dans le Pernambouc, à Recife, où il mourra un an plus tard dans la dévotion. Partagé entre l'idéal, la morale, les sens et les biens de ce monde, Gregório de Matos est une image de l'homme baroque tourmenté.

JACQUELINE PENJON.

MATOS PAOLI Francisco. Poète et essayiste portoricain. Né à Lares (Porto-Rico) le 9 mars 1915. Après une enfance vécue dans ce village montagnard qui a connu la plus importante révolution indépendantiste de l'île, où en pleine adolescence il perd sa mère en 1930, il commence alors à écrire des poèmes, rassemblés dans son premier recueil intitulé *Signe des larmes* [*Signario de lágrimas*] — v. *Poésies* (*) de Matos Paoli. Il rencontre le leader nationaliste Pedro Albizu Campos et entreprend des études universitaires. Il continue à écrire de la poésie en même temps qu'il rédige des articles, quelques-uns religieux, d'autres sur la littérature, surtout la poésie. En 1937, il publie son deuxième recueil, *Chardon laboureur et autres poèmes* [*Cardo labriego y otros poemas*], qui suit d'une part la tendance néo-créole en définissant la pénible situation économique des paysans et des ouvriers portoricains ainsi que la destruction de l'agriculture de l'île, et d'autre part la poésie pure défendue par les poètes espagnols de la génération de 1927. En 1943, il enseigne la littérature à l'université de Porto-Rico ; l'année suivante il publie le recueil *Habitant de l'écho* [*Habitante del eco*] où il commence à définir son esthétique essentielle et sa tendance transcendantaliste. Il se consacre de plus en plus à la critique littéraire et écrit sur César Vallejo, Antonio Machado, Pedro Salinas, Juan Ramón Jiménez, Luis Palés Matos, Julia de Burgos, Violeta López Suria, Stéphane Mallarmé et Paul Valéry. En 1947, il voyage en Europe et entreprend des études à la Sorbonne. À Paris, il écrit *Chants à Porto-Rico* [*Canto a Puerto Rico*]. De retour à l'île, il devient membre du bureau du parti nationaliste. En tant que tel, il participe en 1950 à la révolution du 30 octobre. Arrêté, il est emprisonné avec Albizu Campos. En prison, il écrit *La Lumière des héros* [*Luz de los héroes*]. Condamné à vingt années de prison, il voit sa sentence réduite à dix ans mais, suite à de graves problèmes nerveux, Matos Paoli est libéré après cinq ans d'emprisonnement. En prison, il écrit sans arrêt des poèmes. Libre, il retourne à l'université et publie de façon abondante. En 1958 paraît *Créature de la rosée* [*Criatura del rocío*], très lyrique et d'inspiration chrétienne ; en 1962, *Chant de la folie* [*Canto de la locura*], d'inspiration cosmique. Il continue à mener une vie très active en tant que poète et critique littéraire. En 1969, il publie le recueil *Le Vent et la Colombe* [*El viento y la paloma*], de tendance mystique ; l'année suivante il commence à publier ses *Chansonniers* [*Cancioneros*], qui rassemblent plusieurs centaines de sonnets. En 1980, il publie *Ombre véritable* [*Sombra verdadera*], à Madrid. Matos Paoli est déjà devenu l'une des plus puissantes voix de la poésie de la Caraïbe espagnole. Il reçoit de nombreux honneurs, dont plusieurs doctorats honoris causa. Les universités portoricaines présentent sa candidature pour le prix littéraire espagnol Miguel de Cervantes ainsi que pour le prix Nobel de littérature. En dépit de son âge et d'une santé précaire, ce grand poète continue actuellement à enrichir cette œuvre poétique si vaste où il a su concilier l'esthétique avec le politique, la croyance mystique avec l'attachement à la terre et à la vie.

CARMEN VASQUEZ.

RÉF. : Revue *Mairena*, n°s 11-12, 1982 et *Exégesis*, n°s 12-13, 1992.

MA TOUAN-LIN [Ma Duanlin] (surnommé Kouei Tseû). Lettré chinois. Né en

1254 à Leu P'ing (Chansi), mort en 1325 ; il vécut donc à la fin des Song du Sud (1127-1368), à une époque de remous politiques et intellectuels, au milieu desquels Ma Touan-lin sut élaborer une œuvre puissante d'historien. Fils d'un haut fonctionnaire, à la chute des Song il se retira dans son village natal, où il attira de nombreux disciples, qui venaient parfois de fort loin, en raison de son habileté dans les controverses. Pendant vingt ans, il travailla à la compilation de ses fameux mélanges historiques, qu'il intitula *Recherches générales sur les documents* (*), œuvre dont les trois cent quarante-huit chapitres furent publiés en 1319. Cette sorte d'encyclopédie est divisée selon des catégories ou sujets, mais comprend en outre une *Bibliographie* [*Tsing tsi*], une généalogie impériale [*Ti Si*], une liste des offices [*Feng tsien*] et un traité des phénomènes [*Wou i*]. Ce travail fut continué jusqu'au XVIIIe siècle et a été très largement utilisé par les Européens dans leurs recherches sur les antiquités chinoises. Très souvent, on le réunit au *Traité général de politique* (*) de Tou Yo (732-812) et au *Miroir universel pour un bon gouvernement* (*) de Se-ma Kouang (1019-1086) sous le titre commun : *Les Trois Ouvrages généraux* [*San T'ong*]. L'œuvre est le reflet fidèle de cette époque de transition que connut la Chine d'alors sous la domination étrangère. Ma Touan-lin, grand patriote, voulut contribuer par ses recherches à maintenir haut le prestige moral de sa patrie, et en même temps réconforter ses concitoyens qui supportaient mal le joug des Mongols.

MATTHIESSEN Francis Otto. Critique américain. Né le 10 février 1902 à Pasadena (Californie). Le 1er avril 1950, submergé par une sévère dépression nerveuse, Matthiessen mit fin à ses jours à Boston. Mais ce n'est pas en raison de ce suicide, ni même en tant que remarquable responsable de l'équipe des « tutors » de Harvard de 1931 à 1939, mais bien plutôt parce qu'il est l'auteur de *La Renaissance américaine* (*) que Matthiessen a laissé un souvenir indélébile dans les lettres américaines. Il a fallu attendre près de cinquante ans pour que la « tradition » qu'il avait découverte dans l'histoire de la littérature américaine soit quelque peu contestée, par exemple par Sacvan Bercovitch dans *Pour reconstruire l'histoire littéraire américaine* [*Reconstructing American Literary History*, 1986]. Auparavant, Matthiessen avait publié *L'Œuvre de T. S. Eliot* [*The Achievement of T. S. Eliot*, 1935], puis *Henry James : la grande époque* [*Henry James : the Major Phase*, 1944] et *La Famille James* [*The James Family*, 1947]. En 1949, il mit en chantier un livre sur Theodore Dreiser qui fut publié en 1951. En 1929, il avait consacré une étude à la romancière du Maine Sarah Orne Jewett et, en 1931, à « la traduction, art élisabéthain ».

MICHEL GRESSET.

MATTHIESSEN Peter. Romancier et nouvelliste américain. Né en 1927 à New York (New York). Après des études à la Sorbonne et à l'université de Yale, aux États-Unis, Peter Matthiessen passe deux ans à Paris au début des années 50. En 1951, il y fonde la *Paris Review,* spécialisée dans les longs entretiens avec des écrivains américains alors inconnus (Jack Kerouac, Samuel Beckett, Philip Roth...). Il navigue trois ans dans la marine marchande, publie un premier roman, *Race Rock* (1954), puis deux autres, *Partisans* (1955) et *Raditzer* (1961). Matthiessen se met alors à explorer les régions les plus reculées du monde : Amazonie, Patagonie, Nouvelle-Guinée, Tibet, Afrique, sans oublier les contrées encore sauvages de l'Amérique du Nord. Il en tire toute une série de récits de voyages, qui sont autant de confrontations entre l'homme et la nature, la tradition et la modernité, le péril grandissant d'une civilisation aux ambitions planétaires et quelques îlots d'authentique culture. Parmi ces livres, citons *Deux saisons à l'âge de pierre* [*Under the Mountain Well,* 1962], qui évoque la rencontre entre des explorateurs blancs et une tribu primitive de Nouvelle-Guinée ; *The Tree Where Man Was Born* (1972), consacré à la plaine africaine du Serengeti, à ses habitants, à sa faune et à sa flore ; mais surtout *Le Léopard des neiges* (*), splendide récit d'un voyage entrepris en 1973 au Népal et au Tibet, à la recherche du « mouton bleu de l'Himalaya », mais surtout de l'animal légendaire qui donne son titre au livre. Fraîchement converti au bouddhisme, Matthiessen double cette exploration d'une quête spirituelle dont le léopard des neiges serait l'emblème ; ce voyage « hors du XXe siècle », parmi les pics étincelants de l'Himalaya, est l'occasion d'une « expérience intérieure » — pour reprendre l'expression de Georges Bataille — d'une grande intensité, mais c'est un narrateur déçu qui retourne enfin vers les basses vallées népalaises.

Peter Matthiessen est aussi l'auteur de deux extraordinaires romans : *Il faut tuer monsieur Watson* (*) et *Far Tortuga* (1975). Le premier, qui a pour cadre la Floride à la fin du siècle dernier, évoque le personnage ambigu d'E. J. Watson, aventurier, planteur ambitieux, peut-être criminel, qui sera finalement assassiné par les membres de sa communauté. Il s'agit du premier volet d'une trilogie dont les deux autres romans sont en cours. Quant à *Far Tortuga,* c'est l'odyssée d'un vieux schooner des Caraïbes et de son équipage à travers le golfe du Mexique, vers une île presque légendaire où pêchaient autrefois leurs aïeux. Au réalisme saisissant des dialogues s'oppose la quête mythique, presque melvillienne, de ces anciens et merveilleux territoires de pêche.

Peter Matthiessen fut longtemps administrateur de la *Zoological Society* de New York. Il est aussi l'auteur d'un énorme livre sur les

Indiens d'Amérique, *In the Spirit of Crazy Horse,* longtemps interdit par le F.B.I.

BRICE MATTHIEUSSENT.

MATTHIEU saint (Ier siècle). Un des douze apôtres de Jésus, dont le nom vient probablement de Matthatiah, mot composé signifiant « don de Yahvé ». Il était connu sous le nom de Lévi, et vécut à Capharnaüm, cité extrêmement importante du point de vue commercial, parce qu'elle se trouvait sur le chemin des caravanes qui reliaient la Syrie à l'Égypte, et aussi les pays gouvernés par Philippe et par Hérode Antipas. Saint Matthieu exerçait le métier de publicain ou de péager et, en tant que tel, percevait les droits de douane pour le compte de ces princes. Appelé par Jésus, Matthieu répondit promptement à sa vocation. Il donna un banquet somptueux au cours duquel il fit ses adieux à ses amis ; puis il opta pour la pauvreté. Il est probable qu'il vécut longtemps à Antioche où il écrivit son *Évangile* (*) dont l'esprit est très judaïque, et dans lequel l'auteur montre son désir de faire des conversions. La tradition rapporte qu'il fut martyrisé, mais rien ne permet de le croire avec certitude. Clément d'Alexandrie, pour montrer qu'on peut être sauvé sans le martyre, cite l'exemple de Matthieu.

RÉF. : P. Bonnard, *L'Évangile selon saint Matthieu,* Delachaux et Niestlé, 1970.

MATTO DE TURNER Clorinda. Femme de lettres péruvienne. Née à Cuzco le 11 novembre 1854, morte à Buenos Aires le 25 octobre 1909. Mariée à un Anglais, elle vécut d'abord dans un village de la sierra, puis à Arequipa, écrivant et publiant des « traditions » dans le style de Ricardo Palma : *Tradiciones y leyendas* (1884-1886). Devenue veuve en 1886, elle entra dans le club littéraire de Lima, que venait de fonder le penseur révolutionnaire Manuel González Prada (1848-1918), dont elle partagea en particulier les idées anticléricales et le souci de l'intégration des Indiens à la société péruvienne. Son engagement lui valut d'écrire le premier roman de protestation sociale et de défense des Indiens, son chef-d'œuvre : *Oiseaux sans nid* (*) (1889). Directrice du journal *El Perú ilustrado*, elle en fit l'organe de diffusion de son idéal et de celui de González Prada.

CLAUDE COUFFON.

MATURIN Charles Robert. Romancier et dramaturge irlandais. Né le 28 septembre 1780 à Dublin, mort dans cette même ville le 30 septembre 1824. Issu d'une famille protestante aisée (son trisaïeul huguenot avait fui la France après la révocation de l'édit de Nantes), il connut une jeunesse heureuse. Il entra à Trinity College en 1795 où il obtint les diplômes de Bachelor of Arts et Master of Arts. Il choisit la carrière religieuse sans réelle vocation, fut ordonné dans l'Église anglicane en 1803 et, peu après, épousa Henriette Kingsbury, fille du pasteur de Kildare. Après un bref séjour à Loughrea, dans le Galway, il fut heureux de revenir à Dublin comme vicaire de St. Peter : il y demeurera jusqu'à sa mort, écarté de toute promotion par ses supérieurs arminiens en raison de ses opinions calvinistes. Si le mariage fut sans nuage, les difficultés financières assaillirent Maturin. En 1809, son père fut congédié et se trouva démuni. Charles Robert ouvrit une pension et prépara des étudiants aux examens de Trinity College. Dans l'intervalle il s'était lancé dans la littérature avec *La Famille de Montorio ou la Fatale Vengeance* [*The Fatal Revenge ; or, The Family of Montorio,* 1807], roman « gothique », publié à compte d'auteur sous le pseudonyme de Dennis Jasper Murphy, comme *Le Jeune Irlandais* [*The Wild Irish Boy,* 1808]. Ils furent suivis de *Connal ou les Milésiens* [*The Milesian Chief,* 1812] et d'*Eva, ou Amour et Religion* [*Women, or Pour et Contre,* 1818] où se fait sentir l'influence de la *Corinne* (*) de Mme de Staël. En 1820, Maturin renoue avec l'étrange, et *Melmoth, l'Homme errant* (*) marque l'apogée du genre gothique inauguré en 1764 par *Le Château d'Otrante* (*) d'Horace Walpole. *Les Albigeois* [*The Albigenses,* 1824] s'inspirent des romans historiques de Walter Scott avec qui Maturin entretint une correspondance régulière. Voyant le succès remporté par une pièce de son compatriote Richard Lalor Sheil, *Adelaïde ou les Émigrants* [*Adelaide, or the Emigrants,* 1814] Maturin s'était tourné vers le théâtre. *Bertram ou le Château de St. Aldobrand* [*Bertram, or The Castle of St. Aldobrand,* 1816] sa première pièce, acceptée à Drury Lane grâce à Walter Scott et lord Byron, fut un succès en raison de ses qualités propres et de l'interprétation de Kean. Pourtant Maturin est poursuivi par les ennuis d'argent, auxquels s'ajoute un profond désarroi psychologique. Il reçoit l'aide de lady Morgan et, une fois de plus, celle de Walter Scott. Mais il dépense sans trop compter, et ce que lui rapporte *Bertram* sert à régler les dettes d'une personne pour qui il s'est porté garant. *Manuel* (1817) et *Fredolfo* (1819), ses deux tragédies suivantes, sont des échecs dont la responsabilité incombe au moins en partie au jeu désinvolte des acteurs. Une autre pièce, *Osmyn le Renégat* [*Osmyn the Renegade*], ne sera jouée qu'en 1831. Maturin avait en outre publié deux volumes de sermons : *Sermons* (1819) et *Cinq sermons sur les erreurs de l'Église catholique romaine* [*Five Sermons on the Errors of the Roman Catholic Church,* 1824]. Miné par les soucis d'argent accrus par son imprévoyance naturelle, blessé par l'indifférence ou l'hostilité des critiques, Maturin meurt en 1824, pleuré par une femme et des enfants qu'il chérissait. Walter Scott avait promis d'établir une édition des œuvres de Maturin, mais la faillite de Constable et ses répercussions sur la maison

Ballantyne l'empêchèrent de mener à bien son projet. Polémiste anti-catholique, adversaire déterminé de l'union anglo-irlandaise, Maturin demeure avant tout l'auteur de *Melmoth.* Cet authentique chef-d'œuvre du genre fantastique renouvelle le thème faustien de la révolte et de la soif de connaissance, et la destinée de l'homme errant préfigure à la fois les interrogations métaphysiques et les banqueroutes intellectuelles de la littérature contemporaine.

CLAUDE FIEROBE.

♦ *« Imagination puissante et maîtrise du langage exceptionnelle. »* W. Scott. ♦ *« Melmoth, la grande création satanique du révérend Maturin. »* Baudelaire. ♦ *« Le Compère des Ténèbres. »* Lautréamont. ♦ *Le génie de Maturin est de s'être haussé au seul thème qui fût à la hauteur des très grands moyens dont il disposait : le don des noirs à jamais les plus profonds, qui sont aussi ceux qui permettent les plus éblouissantes réserves de lumière. »* André Breton.

RÉF. : Maurice Lévy, *Le Roman « gothique » anglais 1764-1824,* Toulouse, 1968. – Niilo Idman, *C. R. Maturin,* Amsterdam, 1923. – Marcel A. Ruff, *Maturin et les romantiques français,* Paris, 1956. – Dale Kramer, *C. R. Maturin,* New York, 1973. – Claude Fierobe, *C. R. Maturin, l'homme et l'œuvre,* Paris, 1974.

MATUTE Ana María. Femme de lettres espagnole. Née le 26 juillet 1926 à Barcelone. Appartenant à une famille bourgeoise, elle eut une enfance heureuse, bien qu'assombrie par trois maladies graves. Hypersensible, imaginative et d'un tempérament solitaire, elle aimait s'enfermer dans ce qu'elle appelait « son pays », avec ses livres de contes et son théâtre de marionnettes pour lequel elle inventait des comédies. Les étés se passaient à la campagne, dans la sierra de Cameros, où se trouvait le domaine maternel, qui devait être recouvert plus tard par les eaux d'un barrage, et qui fournira le cadre et certains éléments de *Plaignez les loups !* (*) (1958). La guerre civile, qui dépossède le père de son domaine, réduit en miettes cet univers clos et impose ses spectacles de mort et de destruction, inspirant les premières nouvelles publiées par l'hebdomadaire *Destino* et un premier roman, écrit à vingt-deux ans : *Les Abel* (1948). Elle projette son ombre sinistre sur une œuvre qui s'inscrit alors dans le courant du roman social, avec une forte tendance à l'onirisme et dont les principaux thèmes sont les haines fratricides, l'opposition entre le monde de l'enfance et la médiocrité des adultes, les rêves blessés, le passage tragique du temps sur l'individu, la solitude, l'incommunicabilité, la vulnérabilité des pauvres et des enfants. Ainsi naissent : *Fête au nord-ouest* (*) (1953), *Marionnettes* (*) (1954), *Sur cette terre* [*En esta tierra*, 1955], *Le Temps* [*El tiempo*, 1956], *Plaignez les loups !* ; à partir de 1959, une trilogie intitulée *Les Marchands* [*Los mercaderes*] sonde avec une grande rigueur d'écriture les profondeurs de l'inconscient collectif et les jeux subtils de l'affectivité : *Les Brûlures du matin* [*Primera memoria*, prix Nadal 1959], *Les soldats pleurent la nuit* [*Los soldados lloran de noche*, 1964], *La Trappe* [*La trampa*, 1969]. Dans ses dernières œuvres, et notamment dans *La Tour de guet* [*La torre vigía*, 1971], roman sur le haut Moyen Âge, Ana María Matute s'évade vers d'autres époques et donne à son écriture des dimensions fantastiques. De renommée internationale, traduite en de nombreuses langues, elle a participé à différents colloques et enseigné dans les universités américaines. Elle a également consacré une partie de sa production à la littérature pour enfants, avec en particulier *Les Petits Niais* [*Los niños tontos*, 1956], et *Niu, Paulina et les lumières dans la montagne* [*Paulina*, 1960].

CLAUDE COUFFON.

MAUCLAIR Camille (pseud. de Séverin Faust). Écrivain français. Né et mort à Paris : 29 décembre 1872 - 23 avril 1945. Ce fut un auteur fécond et un esprit curieux, qui possédait d'immenses connaissances mais qui changea bien souvent d'avis dans les domaines de la politique et de l'art. Romancier, poète, essayiste, critique d'art, Mauclair cultiva toutes les formes d'écriture. Auteur de science-fiction, il renouvela le thème du péril jaune dans *L'Orient vierge* (1897), qui nous montre la conversion de l'Occident, vainqueur des Jaunes, aux valeurs de la méditation découvertes en Inde ; cette œuvre est un éloquent témoignage sur la crise du scientisme qui sévit en cette fin de siècle. Le romancier évoque l'attrait momentané que l'anarchie exerce sur les symbolistes dans *Le Soleil des morts* (*) (1898). Puis c'est la conversion au socialisme, qui apparaît dans *La Ville lumière* (1904). Critique, Mauclair s'est intéressé à toutes les formes d'art : il a écrit de belles pages sur des écrivains (Mallarmé, Poe, Baudelaire) ; il a publié des études sur la musique, sur la peinture (*L'Impressionnisme*, 1904 ; *Greuze et son temps*, 1927). Grand voyageur, il a consacré des livres à l'Égypte, au Maroc, à la Grèce, à l'Italie. Aujourd'hui un peu oublié, Mauclair reste avec *Servitude et grandeur littéraires* (1922) un témoin privilégié du symbolisme, de l'anarchisme, du dreyfusisme.

PIERRE-JEAN DUFIEF.

MAUGHAM William Somerset. Écrivain anglais. Né le 25 janvier 1874 à Paris, mort à Saint-Jean-Cap-Ferrat le 16 décembre 1965. Il vécut à Paris jusqu'à l'âge de dix ans. Il fréquenta la King's School de Cantorbéry et l'université de Heidelberg, fut ensuite étudiant en médecine à l'hôpital St. Thomas à Londres, tout en écrivant déjà ; on trouve des souvenirs de cette époque dans plusieurs de ses livres, et notamment dans son chef-d'œuvre : *Servitude humaine* (*) (1915). Le succès de ses premiers romans *Liza de Lambeth* [*Liza of Lambeth,* 1897] et *Mrs. Craddock* (1902), l'incita à abandonner la médecine pour se consacrer à la littérature. Il gagna d'emblée la faveur du public, d'abord avec ses romans et plus tard avec ses pièces de théâtre. Sa réussite lui permit de vivre suivant ses goûts : il voyagea en Europe, en Extrême-Orient et en Amérique. Il fut chargé pendant la Première Guerre mondiale de mission secrète en Russie. Durant de nombreuses années (sauf pendant la Seconde Guerre) il a habité St-Jean-Cap-Ferrat. Somerset Maugham s'est largement servi dans ses œuvres de ses propres expériences et de ses observations. Ses voyages ont fait de lui le plus cosmopolite des écrivains anglais. Il est souvent plus français qu'anglais — il a avoué qu'avant d'entreprendre un nouveau récit, il relisait *Candide* (*) de Voltaire. Mondain, tolérant, critique impartial, observateur de la folie des hommes, il n'a pas épargné ses compatriotes. Il cache sa sensibilité sous son masque ironique, mais il se souvient du garçon resté seul à un âge encore tendre et du petit étudiant dépaysé, timide et bégayant qu'il a été. Comme tous les grands romanciers anglo-saxons, il est tourmenté par les problèmes religieux et moraux : *Le Voile peint* [*The Painted Veil,* 1925] est presque un sermon, et dans *Le Fil du rasoir* (*) (1944), il fait l'apologie du mysticisme ascétique. Il exposa ses idées, le fruit de ses lectures, ses expériences personnelles dans *Le Bilan* [*The Summing Up,* 1948] et *Carnet d'un écrivain* (*) (1949). Il y apparaît comme un protestant libéral et un moraliste pragmatique. On lui a reproché d'être « superficiel » sinon « incompétent », mais son art de conteur, son style clair, la vérité de ses personnages lui ont toujours assuré de nombreux lecteurs. Parmi ses nombreuses œuvres, notons : *L'Envoûté* [*The Moon and Sixpence,* 1919], inspiré par la vie de Gauguin ; *La Ronde de l'amour* [*Cakes and Ale,* 1930] qui met en scène, de façon à peine voilée, certains hommes de lettres ; *L'Archipel aux sirènes* [*The Gentleman in the Parlour*], très beau livre de voyages. Ses pièces de théâtre sont amusantes, mais elles appartiennent trop à l'actualité pour durer. Parmi les meilleures, citons : *Nos chefs* [*Our Betters,* 1917] ; *Le Cercle* [*The Circle,* 1921] ; *La Lettre* [*The Letter,* 1923]. Ses nouvelles, dont quelques-unes sont remarquables, sont trop nombreuses pour être citées. Voir *Les Nouvelles complètes* [*The Complete Short Stories,* 1951].

THOMAS G. BERGIN.

RÉF. : Paul Dottin, *Le Théâtre de W. Somerset Maugham,* Paris, 1937. — R. Aldington, *W. Somerset Maugham, an Appreciation,* New York, 1939. — R. T. Scott, *The Writings of Somerset Maugham, a Bibliography,* Londres, 1956. — A. Curtis, *The Pattern of Maugham, a Critical Portrait,* Londres, 1974. — J. Dobrinsky, *La Jeunesse de Somerset Maugham (1874-1903),* Paris, 1976. — J. Martin, *Les Années de maturité dans la carrière de Somerset Maugham (1916-1939),* Lille, 1977.

MAULNIER Thierry (pseud. de Jacques Talagrand). Écrivain français. Né le 1er octobre 1909 à Alès (Gard), mort à Marnes-la-Coquette en 1988. Il fait ses études aux lycées d'Alès, de Nice, Louis-le-Grand à Paris, et entre à l'École normale supérieure où il est le condisciple des futurs écrivains Robert Brasillach et Roger Vailland. Puis il devient chroniqueur à *La Revue universelle* (*) de Jacques Bainville, à *L'Action française* de Charles Maurras et au *Figaro.* Il appartient à cette génération de l'entre-deux-guerres qui prend conscience de la crise de la civilisation. Il écrit à ce sujet un essai au titre significatif, *La crise est dans l'homme* (1932), suivi de trois études : *Nietzsche* (1933), *Racine* (1934), *Introduction à la poésie française* (1939). En 1944, à la Libération, il prend quelque distance à l'égard de la politique, et il collabore, en qualité de critique dramatique, à différents journaux et revues, parmi lesquels *Combat* et *La Revue de Paris.* Il fonde avec François Mauriac en 1950 *La Revue de la table ronde,* et publie des essais où il apparaît comme un écrivain dans la tradition de la droite française : *Violence et Conscience* (*) (1945), *La Face de Méduse du communisme* (1952), *Cette Grèce où nous sommes nés* (1965), *Lettre aux Américains* (1968), *L'Honneur d'être juif* (1970), en collaboration avec Gilbert Prouteau. Époux de l'actrice et metteur en scène Marcelle Tassencourt, il a aussi donné au théâtre un certain nombre de pièces : *Antigone* (1944), *Jeanne et ses juges* (1949), *Le Profanateur* (1952), *La Maison de la nuit* (1953), *Le Sexe et le Néant* (1960). Cette œuvre à la fois d'essayiste et de dramaturge est inspirée par une profonde culture et par une réflexion sur la condition humaine beaucoup plus libérale qu'on ne le pense généralement. Thierry Maulnier a été élu à l'Académie française en 1964.

JOËL SCHMIDT.

MAUNICK Édouard. Poète mauricien de langue française. Né à Flacq (île Maurice), le 23 septembre 1931. Le poète a lui-même souvent souligné l'importance de son ascendance métisse : ses ancêtres sont venus d'Afrique, des Indes, d'Europe, pour s'installer dans l'île natale. Ayant passé son enfance et son adolescence à Port-Louis (« ville magique », écrit-il), il se destine d'abord à l'enseignement et publie à Maurice un recueil poétique, *Ces oiseaux du sang* (1954), qui le fait remarquer. En 1960, il commence une longue carrière d'exilé. Il travaille pour la radio, à Paris, puis dans l'île de Sainte-Lucie. *Les Manèges de la mer* (*), recueil publié par Présence africaine en 1964, s'affichent dans la mouvance du mouvement de la négritude. Maunick ne cessera de participer activement aux grandes manifestations culturelles du monde noir et de rester fidèle en amitié à Léopold Senghor ou Aimé Césaire. Son œuvre poétique se développe avec *Mascaret ou le Livre de la mer et de la mort* (1966), *Fusillez-moi* (1970), *Ensoleillé-vif* (1976), *En mémoire du mémorable* (1979). Après avoir été rédacteur en chef du bimensuel *Demain l'Afrique*, il occupe de hauts postes à responsabilité à l'Agence de coopération, puis à l'U.N.E.S.C.O. De nouveaux recueils montrent le renouvellement de son inspiration, parmi lesquels *Désert-Archipel* (1983), *Saut dans l'arc-en-ciel* (1985), *Paroles pour solder la mer* (1988), *Toi laminaire* (1990), beau dialogue poétique avec Aimé Césaire. La publication d'une *Anthologie personnelle*, choisie par le poète lui-même en 1989, avait mis en lumière le principe de son écriture poétique, jouant sur la reprise de mots et d'images, répétés, développés, dépassés de poème en poème, pour dire le même épanouissement de l'identité métisse.

JEAN-LOUIS JOUBERT.

MAUPASSANT Henri René Albert Guy de. Écrivain français. Né au château de Miromesnil, près de Tourville-sur-Arques (Seine-Maritime) le 5 août 1850, mort à Paris le 6 juillet 1893. Descendant par son père d'une ancienne famille lorraine, anoblie par Marie-Thérèse d'Autriche et installée au XVIIIe siècle seulement en Normandie, Maupassant n'en était pas moins par sa mère, née Laure Le Poittevin, un vrai Normand. Lorsque ses parents décidèrent de se séparer à l'amiable, alors qu'il était encore tout enfant, c'est à sa mère que Guy, avec son jeune frère Hervé, fut confié, et c'est sa mère qui veilla, un peu jalousement, sur sa première éducation. Elle avait été la compagne de jeux de Flaubert et la sœur de cet Albert Le Poittevin, jeune poète très tôt disparu, qui lui avait donné une passion des lettres qu'à son tour elle transmit à son fils, dont elle facilita de son mieux la vocation littéraire. Dans sa propriété des Verguies, à Étretat, où elle s'était retirée et où Maupassant passa son enfance, elle dirigea minutieusement ses premières lectures, lui révélant en particulier Shakespeare ; mais, pour tout le reste, elle lui laissa la plus grande liberté, et les premières années de l'écrivain, qui était doué d'une vigueur physique remarquable, furent certainement les plus heureuses et même les seules vraiment heureuses de sa vie ; sans contrainte, seul ou en compagnie d'une mère indulgente pour toutes ses fantaisies, il courait à travers les champs, faisait de longues promenades sur les falaises ou en mer, dans les barques de pêcheurs, et c'est dès cette époque qu'il acquit cette connaissance directe et profonde du pays et du peuple normands qu'on retrouvera dans tant de ses nouvelles ; c'est au cours de ces promenades qu'il aperçoit le peintre Corot et rencontre pour la première fois Monet. Lorsque son fils eut treize ans, Mme de Maupassant se résigna cependant à le placer comme pensionnaire au séminaire d'Yvetot. Guy y travailla fort peu ; il s'y sentit isolé, froissé par des camarades grossiers ; l'internat lui était insupportable et plus encore les manières ecclésiastiques, qui lui donnèrent un dégoût de la religion qu'il devait garder toute sa vie. Sa seule consolation était d'écrire des vers. Certains d'entre eux, qui raillaient ses maîtres, furent un jour saisis par le directeur du séminaire, et le jeune homme, renvoyé, dut entrer, toujours comme pensionnaire, au lycée de Rouen, où il se montra assez brillant élève et passa aisément son baccalauréat.

Lorsque éclata la guerre de 1870, il avait vingt ans : il s'engagea et vit l'invasion de la Normandie dont il a laissé une peinture célèbre dans *Boule-de-Suif* (*) (1880). Après l'armistice, impatient de vivre à Paris, il accepta un emploi au ministère de la Marine, avec de médiocres appointements qui s'améliorèrent un peu lorsque au début de 1879 il se fit muter au ministère de l'Instruction publique. Maupassant était bien loin d'ailleurs d'être un fonctionnaire exemplaire, et c'est surtout en spectateur qu'il connut la vie de bureaucrate, dont *L'Héritage, La Parure*, etc., nous donnent des esquisses. Vigoureux, en pleine santé, très gai, adorant les farces, ne donnant encore aucun signe de la maladie nerveuse qui devait l'emporter prématurément, il se jetait avec gourmandise sur tous les plaisirs de la capitale ; sa passion principale, c'est toutefois le canotage sur les bords de la Seine, en compagnie de joyeux camarades et de demoiselles peu farouches, parties hebdomadaires que rien n'aurait pu lui faire sacrifier et dont on retrouvera l'atmosphère dans la nouvelle intitulée *Mouche*.

Il travaillait aussi, pourtant. Non pas dans son bureau du ministère, mais auprès de Flaubert, auquel sa mère l'avait confié et qui, de 1873 à 1880, veillera avec le plus grand soin sur les années d'apprentissage du jeune écrivain, lui conseillant telle ou telle lecture, l'exhortant à tout sacrifier à la seule cause de l'art, lisant et corrigeant ses premiers manuscrits, le prenant même pour collaborateur, puisqu'il le chargea de diverses recherches nécessitées alors par la rédaction de *Bouvard et Pécuchet* (*). Flaubert imposa à Maupassant les sévères et minutieuses exigences de l'esthétique réaliste ; il lui apprit à regarder le monde, à s'exercer à la description précise, à rechercher patiemment l'exactitude du détail vécu. C'est encore lui qui introduisit Maupassant dans la société littéraire de l'époque, qui lui fit connaître Daudet, Huysmans, Zola, Tourgueniev, et le présenta chez la princesse Mathilde. Grâce à cette protection et à ces amitiés, Maupassant commença à collaborer à divers journaux : *Le Gaulois* et *Gil Blas* notamment. Cette activité de chroniqueur fut extrêmement importante : Maupassant n'a pas écrit moins de trois volumes de chroniques (encore toutes ne furent-elles pas publiées) sur les sujets les plus divers : littérature, vie sociale, événements politiques (ses écrits sur l'Algérie sont d'une grande perspicacité). Certaines des idées agitées dans ces pages furent assez souvent reprises dans les contes ou les romans, de sorte qu'on a pu dire à juste titre qu'elles constituaient un « laboratoire d'écriture ». Cette expérience de la vie des salles de rédaction, il en tira profit dans *Bel-Ami* (*) (1885).

À cette époque, il pensait cependant avoir une vocation de poète, dans laquelle Flaubert l'encourageait d'ailleurs, et les nombreux vers qu'il composa de 1872 à 1880 lui fournirent la matière de son premier livre, *Des vers* (*) (1880), qui s'ouvre sur une fervente dédicace au maître de Croisset. Cette œuvre, trop délaissée en dehors de quelques morceaux d'anthologie *(Nuit de neige)*, mérite cependant l'attention : Maupassant y apparaît comme l'un des rares, sinon le seul, représentant du naturalisme en poésie. En même temps, Maupassant se livrait à divers essais de théâtre, représentés en privé dans sa propriété d'Étretat ou dans des salons parisiens amis. Même si ses œuvres *(La Paix du ménage, Musotte, Une répétition, Histoire du vieux temps)* n'ont pas toujours rencontré le succès escompté, Maupassant a, sa vie durant, gardé un faible pour le genre dramatique : l'adaptation théâtrale, cinématographique ou audiovisuelle de plusieurs de ses nouvelles le prouve. Ce n'est guère que vers 1875 qu'il s'orienta vers la nouvelle : il travailla d'abord pendant quelque temps à un roman historique, qui fut abandonné, puis, pendant l'été de 1879, au cours d'une réunion chez Maupassant, fut décidée la publication du fameux recueil des *Soirées de Médan* (*) (1880), auquel Maupassant apporta sa nouvelle *Boule-de-Suif*. Le grand succès de cette œuvre le décida à se mettre en congé du ministère (qu'il ne quittera officiellement qu'en 1882) et, dès lors, jusqu'au moment où la maladie ne lui laissera plus de répit, il n'allait plus vivre que pour ses livres. Devenu très rapidement un écrivain à la mode, il se vit sollicité par les salons, mais il leur résista farouchement, car il y avait en lui un profond dégoût de la vie mondaine qui lui a inspiré son roman *Notre cœur* (*) (1890). Son travail n'était pas distrait par les passions : Maupassant eut des liaisons, courtes, nombreuses, mais il n'a jamais rencontré un autre amour que l'amour physique, ou du moins, s'il exista, comme c'est vraisemblable, lui et ses survivants prirent grand soin d'en masquer l'existence. Il fut, comme l'a dit Edmond Goncourt, le « véritable homme de lettres », mais dans le meilleur sens du mot, dans sa plus totale exigence. Il refusait la réclame facile, il cachait sa vie, allait même jusqu'à interdire qu'on publiât des portraits de lui, s'indignait lorsqu'il voyait livrées à la curiosité publique les correspondances privées des grands écrivains, et tenait qu'un artiste digne de ce nom ne doit compter pour s'imposer que sur son œuvre.

Il restait fidèle avec intransigeance à l'éthique littéraire de son maître Flaubert qu'il avait perdu en 1880, au moment où commençait sa véritable carrière. Celle-ci fut d'une fécondité prodigieuse. En dix ans, de 1880 à 1890, Maupassant publia régulièrement trois, et parfois quatre et cinq volumes chaque année, au total six romans, seize volumes de nouvelles, trois livres de voyage et de très nombreux articles dans les journaux et les revues. Voyant le succès obtenu par *Boule-de-Suif*, il avait immédiatement abandonné ses projets de poèmes et, puisant soit dans les souvenirs de son enfance normande, soit dans ses premières expériences de la vie parisienne, utilisant souvent avec une féroce exactitude des faits divers qui lui avaient été contés par des amis d'Étretat, d'Yvetot ou de Fécamp, il écrivit les huit nouvelles qui parurent en 1881 avec *La Maison Tellier* (*). Le succès fut immense et, l'année suivante, Maupassant écrivait *Mademoiselle Fifi* (*) (1882), inspirée comme *Boule-de-Suif* par la guerre de 1870. À l'inspiration normande, dominante chez Maupassant jusqu'à 1885, se rattachent en particulier : *Une vie* (*) (1883), qui fut son premier roman, *Les Contes de la bécasse* (*) (1883), *Clair de lune* (*) (1884), *Les Sœurs Rondoli* (*) (1884), *La Bête à Maît' Belhomme* (*) (1886) ; mais, parmi son abondante production, dans ces années de maturité pendant lesquelles l'auteur jouissait encore de toute sa santé, il faut également citer : *Mon oncle Jules* (*) (1884), *Miss Harriett* (*), *Les Contes du jour et de la nuit* (*) (1885), *Yvette* (*) (1885), *Toine* (*) (1885), *Bel-Ami* (1885), *Monsieur Parent* (*) (1885) ; *La Petite Roque* (*) (1886), *Pierre et Jean* (*) (1888), *La Main gauche* (*) (1889), etc.

Maupassant était maintenant célèbre. Sans transiger en rien avec son idéal littéraire, il avait toujours pensé qu'il était juste que son œuvre lui apportât l'aisance et même la richesse. Il surveillait de très près ses droits d'auteur, les bénéfices de ses traductions, les chiffres de tirage des rééditions, et bientôt fut à la tête d'une des plus grandes fortunes du monde littéraire de l'époque. Toujours attiré par sa terre natale, il se fit construire à Étretat une jolie villa et venait très souvent en Normandie, soit pour travailler dans un isolement farouche, soit pour chasser (c'était chez lui une passion dont on trouve les échos dans *Les Contes de la bécasse*). Poussé par un mystérieux besoin de fuite qui augmenta avec les années et où l'on peut voir un des premiers signes de sa maladie mentale, il entreprit également des voyages plus lointains : en Corse (1880), en Algérie (1881), en Bretagne (1882), en Italie et en Sicile (1885), en Angleterre (1886), en Tunisie (1888-89), dont il rapporta de passionnantes impressions recueillies dans les volumes intitulés *Au soleil* (+) (1884), *Sur l'eau* (*) (1888) et *La Vie errante* (1890). Rappelons enfin que c'est un séjour en

Auvergne, pendant l'été 1885, qui lui donna le cadre de son roman *Mont-Oriol* (*) (1887).

Les premiers malaises nerveux de Maupassant, qui n'apparurent pas avant 1885, causèrent une vive surprise chez les amis de jeunesse de l'écrivain qui se rappelaient le robuste garçon qu'il avait été, à l'allure même un peu paysanne, amoureux de grand air et fervent adepte de l'aviron. Cependant, même à l'époque où il semblait en pleine santé, Maupassant vivait, au moindre malaise, dans une inquiétude extrême et traversait de fréquentes crises de découragement qu'il confia à plusieurs reprises à Flaubert. Il n'est pas douteux qu'il portait la fatalité d'une dangereuse hérédité : son frère Hervé n'est-il pas lui aussi mort fou, à trente-trois ans ? Il était d'autre part extrêmement surmené : par son travail incessant, par ses excès de toute sorte, cette sensualité à l'avidité impitoyable qui tint plus de place encore dans sa vie que dans son œuvre ; surmené enfin par les drogues, éther, morphine, haschich, qu'il se mit très vite à absorber dans l'espoir de calmer ses terribles névralgies. L'apparition des troubles proprement physiques fut précédée par une inquiétude et une tristesse croissantes, mais déjà très nettes dans *Fort comme la mort* (*) (1889), par un besoin presque maniaque de solitude, par un effort panique devant la monotonie de l'existence, par une obsession de plus en plus harcelante de la maladie et de la mort. Bientôt, c'est la personnalité elle-même qui fut atteinte : Maupassant commença d'être victime d'hallucinations, de dédoublements, il croyait sentir auprès de lui des êtres mystérieux et menaçants. Il réussissait cependant à surmonter son angoisse et à créer des œuvres d'un fantastique nouveau où la pathologie tient un rôle important, mais sans lien avec sa propre maladie : par exemple : *Lui ?* (une des nouvelles des *Sœurs Rondoli*), *Qui sait ?*, une des nouvelles de *L'Inutile Beauté* (*) (1890) et, d'une manière plus complète et plus poignante encore, *Le Horla* (*) (1887). Dans ce dernier conte et dans plusieurs autres *(Lui ?, Qui sait ?, La Chevelure)*, Maupassant fait usage d'un fantastique en partie hérité de la lecture de Tourgueniev et fondé sur l'angoisse intérieure et le dérèglement des perceptions sensorielles. Vers 1889, ses amis s'aperçurent d'un net changement de son état physique : le visage devenait décharné, le regard fixe, et Maupassant commençait à tenir des propos incohérents. Il ne cessait plus de lire des ouvrages médicaux, entretenait gravement ses amis de la menace des microbes, ingurgitait toutes sortes de remèdes, ne dormait plus, se croyait visité la nuit par son double, etc. Son caractère devenait irritable : dans sa manie de la persécution, il s'en prenait tantôt à son éditeur, tantôt aux journaux, tantôt à son propriétaire qu'il rendait responsable de ses insomnies, et plus souvent encore à ses médecins. Ceux-ci lui cachaient la gravité de son état et l'envoyaient faire des cures dans les Alpes et sur la Côte d'Azur. Après avoir caressé quelques espoirs de guérison, Maupassant, vers la fin de l'année 1891, se rendit compte qu'il allait inéluctablement vers la folie. Le 1er janvier 1892, après avoir rendu visite à sa mère établie à Nice depuis plusieurs années, il s'ouvrit la gorge avec un coupe-papier en métal, mais ne se fit qu'une blessure sans gravité. Ses amis le ramenèrent à Paris. On l'interna à la maison Blanche où il devait mourir, après dix-huit mois d'inconscience à peu près totale, coupée de crises qui obligeaient parfois les infirmiers à lui passer la camisole de force.

Maître français incontesté de la nouvelle (il en écrivit plus de deux cent soixante), pour rester fidèle à l'idéal d'attachement intransigeant à la réalité, il n'a pas été encombré, comme Zola, par des aspirations sociales humanitaires. Chantre de la sensation, il s'apparente souvent aux impressionnistes, à Monet notamment, qu'il avait vu peindre du côté d'Étretat et qu'il évoque dans une de ses chroniques. Disciple de Flaubert, il est exigeant sur son style qu'il veut d'une telle simplicité qu'on a pu la confondre avec de la platitude ou de la banalité. C'est que, par une rhétorique savante — toute d'illusion —, Maupassant sait rendre la grisaille dont s'enveloppe souvent la vie humaine. Il sait en peindre les pulsions irraisonnées et inquiétantes, les déviations, les courts bonheurs comme les grandes misères ; il sait dire surtout qu'il n'existe pas, à ses yeux, d'espoir ni d'au-delà pour l'homme. Pessimisme foncier que tempère une grande pitié devant les misères de notre condition. Cette lucidité, autant que son génie de styliste, expliquent son immense influence et font de lui le représentant le plus accompli de l'école naturaliste, le plus durable aussi sans doute...

MICHEL MOURRE et LOUIS FORESTIER.

♦ *« Il est certainement un des plus francs conteurs de ce pays, où l'on fit tant de contes et si bons. Sa langue forte, simple, naturelle, a un goût de terroir qui nous la fait aimer chèrement. Il possède les trois grandes qualités de l'écrivain français, d'abord la clarté, encore la clarté et enfin la clarté. Il a l'esprit de mesure et d'ordre qui est celui de notre race. Il écrit comme un bon propriétaire normand, avec économie et joie. »* Anatole France, 1887. ♦ *« Que voulez-vous qu'on dise de ce conteur robuste et sans défaut, qui conte aussi aisément que je respire, qui fait des chefs-d'œuvre comme les pommiers de son pays donnent des pommes, dont la philosophie est nette comme une pomme ? Que voulez-vous qu'on dise, sinon qu'il est parfait ? »* Jules Lemaitre, 1889. ♦ *« L'homme le plus sain et l'esprit le plus net... Ce talent savoureux, clair, robuste comme la joie. »* Mallarmé, 1893. ♦ *« S'il a été, dès la première heure, compris et aimé, c'était qu'il apportait à l'âme française les dons et les qualités qui ont fait le meilleur de la race. On le comprenait, parce qu'il était la clarté, la simplicité, la mesure et la force... Il était de la grande lignée que l'on peut suivre depuis les balbutiements de notre langue jusqu'à nos jours ; il avait pour aïeux Rabelais, Montaigne, Molière, La Fontaine, les forts et les clairs, ceux qui sont la raison et la lumière de notre littérature. »* Émile Zola, 1893. ♦ *« Nombre des courts récits de Maupassant sont d'un métier admira-*

ble, d'une extraordinaire habileté de présentation et d'une langue très rare. On pourrait les prendre comme modèles... Ce qui nous retient de considérer Maupassant comme un vrai maître, c'est, je crois, l'inintérêt total de sa propre personnalité. » André Gide. ♦ « *Je tiens Maupassant pour un de nos grands conteurs-nés, un peu court de souffle, un peu monocorde, mais excellent écrivain, fabulateur ingénieux, incomparablement maître de son métier, sachant toujours se tenir aux frontières du réalisme et de la poésie, et qui a plusieurs fois prouvé magistralement qu'il possédait le sens tragique dans la vie quotidienne...* » Roger Martin du Gard.

RÉF. : A. Lombroso, *Souvenirs sur Maupassant. Sa dernière maladie, sa mort*, Rome, 1906. – E. Maynial, *La Vie et l'œuvre de Maupassant*, Paris, 1906. – L. Thomas, *La Maladie et la mort de Maupassant*, Bruges, 1906. – R. Dumesnil, *Guy de Maupassant*, Paris, 1933. – A. Artinian, *Maupassant Criticism in France, 1880-1940*, New York, 1941. – A. Vial, *Guy de Maupassant et l'art du roman*, Paris, 1954. – G. Delaisement, *Maupassant journaliste et chroniqueur*, Paris, 1956. – P. Cogny, *Maupassant, l'homme sans Dieu*, 1968. – Ch. Castella, *Structures romanesques et vision sociale chez G. de Maupassant*, 1972. – M. Besnard-Coursodon, *Étude thématique et structurale de l'œuvre de Maupassant : le piège*, Paris, 1973. – A. M. Schmidt, *Maupassant*, Paris, nouv. éd. 1976. – A. Lanoux, *Maupassant, le Bel-Ami*, Paris, nouv. éd. 1979. – M. Donaldson-Evans, *A Woman's Revenge*, 1986. – M. Bury, *La Vision du monde chez Maupassant*, thèse, Paris, 1991.

MAUPERTUIS Pierre Louis Moreau de. Mathématicien français. Né à Saint-Malo le 28 septembre 1698, mort à Bâle le 27 juillet 1759. Élève du géomètre François Nicole, Maupertuis fit de si rapides progrès en cette matière qu'il fut admis à l'Académie des sciences à l'âge de vingt-cinq ans. Voyageant pour s'instruire auprès des savants du temps, il se lia avec les Bernouilli, La Condamine et Voltaire, dont il devait faire un disciple enthousiaste du système de Newton. Maupertuis publia en 1731 la *Statistique arithmétique*, en 1732 des *Commentaires de la douzième section du premier livre des principes de Newton* et le *Discours sur la figure des astres*. En 1737, il fut envoyé par Maurepas au pôle Nord avec une expédition qui devait mesurer un degré du méridien terrestre, tandis qu'une autre expédition dirigée par La Condamine procédait à la même opération au Pérou. En une seule année, Maupertuis mena à bien cette tâche et publia deux ouvages sur ses observations, *Voyage au cercle polaire* et la *Figure de la Terre* où il concluait de ces calculs à l'aplatissement de la Terre. En 1740, Frédéric II l'avait nommé président de l'Académie de Berlin. En 1743, la Société royale de Londres, puis l'Académie française lui ouvraient leurs portes. Ce n'est qu'en 1745 que Maupertuis se rendit à Berlin. Ayant publié en 1744 un *Mémoire sur la moindre action*, principe qui, selon lui, était le fondement de toute la mécanique, il reçut en 1751 la visite d'un membre étranger de l'Académie de Berlin, professeur de philosophie à La Haye, Samuel Koenig, venu lui montrer deux lettres de Leibnitz qui réfutaient d'avance ce principe, et lui demander d'exposer sa propre opinion défavorable à ce sujet, Maupertuis était fort susceptible et d'un orgueil extrêmement irritable. Si l'on en croit Voltaire, il aurait conclu de toute cette affaire que Koenig revendiquait le principe qu'il affirmait avoir découvert lui-même. Toujours est-il que le président de l'Académie de Berlin prit ses dispositions. Il exigea que ses collègues se prononcent contre Koenig et obtint d'eux un jugement contre le rebelle ; il fit pis et écrivit à la princesse d'Orange, dont Koenig était le bibliothécaire, pour la prier d'imposer silence à son protégé. Mais la querelle des deux Académiciens n'en resta pas là. Koenig avait un allié, Voltaire, qu'il avait connu alors qu'il enseignait les mathématiques à la marquise du Châtelet. Pour le défendre et surtout pour se défendre lui-même contre les accusations qu'on commençait à porter contre lui à Postdam, Voltaire composa *Micromégas* (*), puis la *Diatribe du docteur Akakia, médecin du pape* (+), où Maupertuis était fort ridiculisé. Frédéric interdit la publication de ce pamphlet, dirigé contre le président de son Académie. Voltaire ayant réussi à passer outre, la *Diatribe* parut. Frédéric II le prit fort mal et se brouilla avec son trop indépendant conseiller.

Maupertuis publia encore de nombreuses œuvres parmi lesquelles il faut citer au moins la *Vénus physique* (1745) ; l'*Essai de cosmologie* (*) (1750), son ouvrage le plus remarquable ; un *Essai de philosophie morale, système de la nature* (1751). En 1756, Maupertuis, malade, dut quitter Berlin dont le climat ne convenait pas à sa santé ; il regagna la France et se rendit ensuite à Bâle dans la famille des Bernouilli, avec qui il avait de tout temps été très lié. C'est là qu'il mourut. Savant estimable, bon écrivain, il manquait sans doute de génie. Il est certain que son caractère ne répondait pas à ses talents, mais le décri où l'a fait tomber Voltaire est exagéré ; Maupertuis occupe une place qui n'est point négligeable parmi les philosophes du XVIIIe siècle.

RÉF. : L.-E. Laverne de Tressan, *Éloge de Moreau de Maupertuis*, Nancy, 1760. – J.-H. Formey, *Éloge de Maupertuis*, Berlin, 1761. – L. de La Beaumelle, *Vie de Maupertuis*, Paris, 1856. Abbé A. Le Sueur, *Maupertuis et ses correspondants*, Paris, 1897. – Pierre Brunet, *Maupertuis*, Paris, 1929. – E. Callot, *Maupertuis. Le Savant et le philosophe*, Paris, 1964. – *Actes de la journée Maupertuis*, Paris, 1975.

MAURIAC François. Écrivain français. Né à Bordeaux le 11 octobre 1885, mort à Paris le 1er septembre 1970. Toute sa vie et toute son œuvre seront marquées par sa province natale, le Bordelais, par les vignes et les Landes : « Province, écrira-t-il, terre d'inspiration, source de tout conflit ! La province oppose à la passion les obstacles qui crient le drame... La province nous montre dans les êtres des passions vives et des barrages. La province nous fournit des paysages... La province nous enseigne à connaître les hommes. La province croit encore au bien et au mal : elle garde le sens de l'indignation et du dégoût. » Sur la lande : « Le vent d'équinoxe, arrêté par l'immense forêt odorante et chaude, ne se décèle qu'au glissement des nuages, qu'au balancement des cimes, à ce bruit de mer qu'elles font dans le ciel. » François Mauriac subira aussi jusqu'à la fin de sa vie l'influence persistante de l'éducation religieuse stricte que lui dispensèrent sa mère, veuve très tôt, et les marianistes du collège de Grand-Lebrun à Caudéran. Enfin, il a été façonné par le milieu de la grande bourgeoisie bordelaise, celle des Chartrons. Toutes ces empreintes se retrouveront dans la majeure partie de ses romans, de ses poésies et de ses essais. François Mauriac y réagira dans sa vie avec passion et elles donneront une coloration dramatique à l'intrigue de ses romans. L'écrivain leur sera encore fidèle dans les dernières lignes qu'il rédigera pour son *Bloc-Notes* (*) du *Figaro littéraire* en juillet 1970, lorsqu'il évoquera les premières années de sa vie.

Fils d'un propriétaire de vignobles, le Château Malagar, où il séjournait aux vacances et où il retrouvait régulièrement ses racines chaque année, François Mauriac fut très jeune orphelin de père. Il fit des études à la faculté des lettres de Bordeaux, prépara le concours de l'École des chartes, obtint une licence ès lettres, mais il décida finalement de « monter » à Paris et de devenir écrivain, en dépit des inquiétudes que cette décision suscitait dans sa famille, en particulier chez sa mère. Il fréquenta quelque peu le milieu du « Sillon » de Marc Sangnier et montra quelque penchant pour un christianisme beaucoup plus social que celui, très traditionnel, qu'il avait connu jusqu'alors. Il publia *Les Mains jointes* (+) (1909), son premier recueil de poèmes, salué avec chaleur dans l'*Écho de Paris* par Maurice Barrès, qui prédit au jeune poète une grande carrière dans les lettres. Persuadé pendant un temps qu'il était plus doué pour la poésie que pour la prose, François Mauriac publiera trois autres recueils de poèmes ; *Adieu à l'adolescente* (1911), *Orages* (*) (1925), *Le Sang d'Atys* (+) (1940) où se révélera une contradiction, majeure dans son œuvre, entre les sens et le péché, contradiction dont il analysera les « vertus » pour un écrivain : « Rien ne pourra faire que le péché ne soit l'élément de l'homme de lettres et les passions du cœur le pain et le vin dont chaque jour il se délecte : puisse au moins la Grâce demeurer présente dans notre œuvre ; même méprisée et en apparence refoulée, que le lecteur sente partout cette nappe immense, cette circulation souterraine de l'amour » (*La Littérature et le Péché,* 1938). Pour exprimer ces thèmes, il se servira également de la scène et il fera jouer avec succès trois œuvres dramatiques : *Asmodée* (*), *Les Mal-Aimés* (*) et *Le Feu sur la terre* (*) (représentées respectivement en 1937, 1945 et 1950). Cependant, si l'œuvre de François Mauriac ne se divise pas, si dans ses poèmes comme dans ses drames surgissent les grands thèmes du désir, de la solitude des âmes desséchées par l'absence de Dieu, ou illuminées par sa présence, et des personnages qui tombent dans la fatalité du péché par excès d'amour possessif, c'est surtout dans ses romans qu'on trouve les meilleurs développements de ces regards sur l'âme humaine. Avec *L'Enfant chargé de chaînes* (*) (1912) et avec *La Robe prétexte* (*) (1914), François Mauriac, à moins de trente ans, se place déjà parmi les meilleurs romanciers de sa génération. La guerre, qu'il accomplira à Salonique, où il tombera gravement malade, interrompra momentanément sa carrière, mais celle-ci sera confirmée et amplifiée par la publication de *Préséances* (*) (1921) et surtout celle du *Baiser au lépreux* (*) (1922) dans lequel, se dessine, à travers le personnage de Noémie d'Artiailh, l'image de l'épouse d'un homme disgracié, Jean Péloueyre, femme transfigurée par l'abnégation de l'amour. La thématique mauriacienne, qui reviendra avec ses leitmotive tout au long d'une œuvre qui s'étend sur un demi-siècle, est déjà présente dans ce roman : chaleur du climat landais, odeur des pins qui ponctuent la sensualité et les palpitations désordonnées et passionnées d'âmes à la recherche de la vérité et de l'amour, même à travers les fautes, le mal et le péché. Dans chacun de ses romans, François Mauriac développera ce qu'on a appelé un peu abusivement son jansénisme : l'illustration des contradictions entre ceux qui font le mal, mais sont parfois habités par la grâce divine, et ceux qui voudraient faire le bien et qui n'y parviennent pas, dans la privation de la présence divine, et en dépit souvent de leurs efforts, de leur violence ou de leur austérité. Restent les médiocres, que François Mauriac condamne : ceux qui ne luttent pas, avec ou sans Dieu, pour tenter de faire jaillir la lumière au milieu des noirceurs du monde et des fatalités de leurs destins. Cette vision d'un monde dans lequel la domination de certaines âmes sur d'autres âmes est à la fois une volupté suprême et une perdition se trouve fortement exprimée dans *Le Désert de l'amour* (*) (1925) lorsque le docteur Courrèges, amoureux de Maria Cross, rêve qu'« alors, il saurait adresser à Maria Cross d'autres paroles que des encouragements au bien et que des conseils édifiants. Il serait un homme qui aime une femme et qui la conquiert avec violence ».

Les romans de François Mauriac qui paraîtront entre 1923 et 1968 développeront ces ambiguïtés tragiques avec une ampleur de plus en plus envoûtante. Avec *Genitrix* (*) (1923) apparaît la figure terrible d'une mère possessive et abusive, avec *Thérèse Desqueyroux* (*) (1927) et la suite de ce roman *La Fin de la nuit* (*) (1935), les détours de l'âme d'une empoisonneuse, avec *Le Nœud de vipères* (*) (1932) où le narrateur, après une confession méchante et cruelle sur ses turpitudes et ses monstruosités morales, est frappé, au moment de sa mort, par l'amour et l'espérance de la foi, avec *La Pharisienne* (*) (1941) où Brigitte sait, au soir de sa vie, « que ce n'est plus de mériter qui importe, mais d'aimer », avec *Le Sagouin* (*) (1951), petit enfant brisé, jusqu'à en mourir avec son père, par une mère indigne bien que pathétique, avec *Galigaï* (*) (1952), avec *L'Agneau* (*) (1954) où un adolescent semble apparemment sacrifié aux malédictions qui frappent son entourage, et jusqu'au dernier roman que François Mauriac écrivit, octogénaire, *Un adolescent d'autrefois* (1969) que les critiques et les lecteurs s'accordèrent à trouver particulièrement réussi. Sous la forme d'une épure, rédigée avec une jeunesse de pensée et d'écriture tout à fait exceptionnelle, se retrouvait, intacte, toute la mythologie mauriacienne, c'est-à-dire toutes les réalités intérieures et extérieures d'une intrigue où l'âpre nature landaise, souvent écrasée par les incendies et les orages, fait écho aux âmes enflammées par des passions dévorantes.

Dans cette œuvre romanesque, dont l'écriture sait capter le mot dans toute sa force et toute sa plénitude, grâce à une syntaxe efficace qui exprime la tension des corps et des esprits, il existe une sorte de plage où le romancier semble s'être quelque peu reposé, attendri, après la dureté que lui imposait sa critique du milieu provincial : c'est *Le Mystère Frontenac* (*) (1933), peut-être le plus autobiographique de tous les romans de François Mauriac mais ils le sont tous à des degrés divers – et celui qui porte en lui une fraîcheur et une sérénité tout à fait particulières dans l'œuvre de l'écrivain. Plusieurs essais soulignent l'œuvre romanesque par les éclairages religieux qu'ils lui apportent : *La Vie de Jean Racine* (*) (1928), *Souffrance et bonheur du chrétien* (*) (1931), *Blaise Pascal et sa sœur Jacqueline* (1931), *La Vie de Jésus* (*) (1936), *Le Fils de l'Homme* (*) (1958), *Ce que je crois* (*) (1962). Par ces ouvrages de méditation, François Mauriac précise comment il vit le christianisme et le catholicisme, de même que dans *Le Romancier et ses personnages* (+) (1933), il indique de quelle manière l'écrivain peut concilier – difficilement il est vrai – sa foi et sa façon de « singer Dieu » en créant des personnages. Créateur de personnages romanesques qui n'ont rien de tiède, et qui sont pris dans les rets d'une condition contre laquelle ils se débattent, en vain pour certains, on comprend que François Mauriac ait engagé son existence dans des combats politiques, notamment lorsque à ses yeux une certaine éthique de l'homme était remise en cause par les totalitarismes, qu'on faisait ainsi injure à Dieu, et qu'on méprisait la charité et la fraternité évangéliques. C'est pourquoi l'écrivain, souvent en rupture avec son milieu et même avec ses confrères d'obédience catholique, participera aux mouvements antifascistes avant la Seconde Guerre mondiale, soutiendra par la plume les républicains espagnols, en dépit de la « croisade catholique » que prétendaient servir les franquistes. Il participera à la Résistance et fera paraître dans la clandestinité aux Éditions de Minuit sous le pseudonyme de Forez un journal intitulé *Le Cahier noir* (*) où il dit son horreur du nazisme et ses exigences pour que renaisse un humanisme chrétien. C'est dans le même esprit de tolérance que François Mauriac s'insurgera, à la Libération, contre les abus de l'« épuration » et qu'il sera de ceux qui demanderont la grâce de Robert Brasillach, condamné à mort pour faits de collaboration avec l'occupant. Il reste ensuite à la pointe du combat politique, prenant position contre la déposition du sultan du Maroc en 1953, contre les guerres coloniales, celle d'Indochine puis celle d'Algérie où se pratiquaient des tortures qui défiguraient (au moral comme au physique) la personne humaine, faite à l'image de Dieu, selon le credo chrétien. Toutes ces prises de position politiques, ainsi que ses réflexions sur sa propre vie et celle du monde tout entier, François Mauriac les consigna d'abord dans son *Journal* (*) en quatre volumes (1934-1951), puis dans ses célèbres *Bloc-Notes* (*) donnés à *L'Express* puis au *Figaro littéraire,* dans ses *Mémoires intérieurs* (*) (à partir de 1959), dans ses *Mémoires politiques.* Il y fait preuve d'un talent de polémiste reconnu de tous, d'une ironie mordante et d'un humour cruel dont souvent ses adversaires se relevèrent mal.

Après le retour au pouvoir du général de Gaulle sur lequel il composera un ouvrage (1964), François Mauriac se ralliera à la Ve République et la soutiendra dans ses articles hebdomadaires, reprochant à la gauche de ne pas supporter que de Gaulle applique la politique qu'elle avait si souvent rêvé de faire et qu'elle avait été incapable de mettre en œuvre sous la IVe République. À la fin de sa vie, l'écrivain prenait de la distance, évoquait la nostalgie des temps et des amis disparus, en homme qui, comme il le disait souvent, sait que la copie est remise et qu'on ne peut rien y reprendre. Les honneurs ne manquèrent pas à François Mauriac : dès 1933, il était entré à l'Académie française, en 1952 le prix Nobel de littérature lui fut attribué.

JOËL SCHMIDT.

♦ *« Mauriac est un romancier-né : il a le don de créer des êtres qui vivent, d'ajouter des individus à ce peuple de personnages réels que nous ont laissé les grands créateurs. »* Roger Martin du Gard. ♦ *« Pourquoi cet auteur sérieux et appliqué n'a-t-il pas atteint son but ? C'est péché d'orgueil, je crois... M. Mauriac s'est préféré. Il a choisi la toute-connaissance et la toute-puissance divines. Mais un roman est écrit par un homme pour des hommes. Au regard de Dieu, qui perce les apparences sans s'y arrêter, il n'est point de roman, il n'est point d'art, puisque l'art vit d'apparences. Dieu n'est pas un artiste, M. Mauriac non plus. »* Jean-Paul Sartre. ♦ *« Le style de Mauriac, avec ces mots percutants et ces images précipitées de haut, c'est l'éclair de son orage intérieur. »* Jacques de Lacretelle.

RÉF. : Pierre-Henri Simon, *Mauriac par lui-même*, 1954. – Marc Alyn, *Mauriac*, 1960. – Jacques Laurent, *Mauriac sous de Gaulle*, 1964. – Bernard Roussel, *Mauriac, le péché et la grâce*, 1964. – Keith Goesch, *François Mauriac, Essai de bibliographie chronologique, 1908-1960*, 1965. – Jean de Fabrègues, *Mauriac*, 1971. – Slava Kushnir, *Mauriac, journaliste*, 1979. – Jean Lacouture, *François Mauriac*, Paris, 1980. – Marie-Françoise Canérot, *Mauriac après 1930 : le roman dénoué*, 1985.

MAUROIS André (pseud. de Émile Wilhelm Herzog). Écrivain français. Né le 26 juillet 1885 à Elbeuf, mort le 9 octobre 1967 à Neuilly. Issu d'une famille israélite et d'un père fabricant de draps à Mulhouse, qui émigra avec son entreprise après la guerre de 1870 pour venir s'installer à Elbeuf. Il fait ses études au lycée de Rouen, où il a Alain pour professeur de philosophie, puis obtient le grade de licencié en philosophie. Il commence à travailler dans la filature paternelle, mais il montre plus de dispositions pour les lettres. La guerre de 14-18, qu'il accomplit comme agent de liaison auprès de l'armée britannique, lui permet de réaliser sa véritable vocation, celle d'écrivain, et c'est dès 1917 qu'il écrit *Les Silences du colonel Bramble* (*), qui obtiendront un vif succès. Ce récit sera suivi de trois autres romans qu'André Maurois a définis avec concision et clarté : « Le colonel Bramble, c'est un effort pour faire comprendre aux Français l'âme anglaise, aux Anglais l'âme française. *Bernard Quesnay* (*) (1926), un effort pour montrer que du côté ouvrier comme du côté patronal on peut trouver de la bonne foi. *Climats* (*) (1928), un effort pour représenter avec équité le point de vue de la femme et celui de l'homme dans le couple ; *Le Cercle de famille* (*) (1932), un effort pour réconcilier les générations. » Ces quatre romans, avec lesquels on peut citer *Les Discours du docteur O'Grady* (*) (1922), *Le Pays des trente-six mille volontés* (+) (1928), *Voyage au pays des articoles* (+) (1928), *Patapoufs et Filifers* (+) (1930), *Le Peseur d'âmes* (+) (1931), *L'Instinct du bonheur* (*) (1934), *La Machine à lire les pensées* (+) (1937), *Les Mondes impossibles, Récits et Nouvelles fantastiques* (*) (1948), expriment dans leur ensemble un thème qu'avec sa prose harmonieuse, son sens de la mesure et de la pudeur, sa finesse et sa sensibilité très vive, André Maurois sait développer avec art : l'amour souvent lié à la solitude, parce qu'il est un sentiment difficile à partager et à faire partager. Dès 1938, André Maurois est élu à l'Académie française. Après la guerre, qu'il passera aux États-Unis et en Afrique du Nord, où il écrivit de nombreux articles et fit de multiples conférences, il devait commencer une nouvelle carrière, celle de journaliste, comme collaborateur de journaux littéraires et, surtout, poursuivre celle de biographe, où il excella : il est plus connu aujourd'hui pour ses vies de personnages illustres que pour ses romans. Il est vrai qu'il avait déjà prouvé depuis longtemps ses qualités de biographe en publiant *Ariel ou la Vie de Shelley* (*) (1923), *La Vie de Disraeli* (*) (1927) et *René ou la Vie de Chateaubriand* (1938). Les vingt dernières années de son existence furent consacrées à des recherches sur la vie d'écrivains du XIXe siècle, recherches auxquelles collabora son épouse, et qui se sont révélées particulièrement intéressantes dans des ouvrages comme *Don Juan ou la Vie de Byron* (*) (1952), *Lélia ou la Vie de George Sand* (*) (1952), *Olympio ou la Vie de Victor Hugo* (*) (1954), *Les Trois Dumas* (1957) *Prométhée ou la Vie de Balzac* (*) (1965). Ces biographies sont documentées avec soin et écrites avec cet art d'une complicité indispensable entre le biographe et son sujet. À ce travail immense, il convient d'ajouter de nombreux ouvrages tout aussi soignés, aussi justes de ton, aussi attentifs à respecter la vérité, tels *Adrienne ou la Vie de Mme de La Fayette* (1960), *Destins exemplaires, La Vie de sir Alexander Fleming* (1959). La tolérance, l'humanisme, la pondération, l'honnêteté de l'homme de cœur et d'accueil que fut André Maurois se retrouvent intacts dans son œuvre très diversifiée, puisqu'il écrivit encore, à la fin de sa vie une *Histoire parallèle des U.S.A. et de l'U.R.S.S.* (l'histoire de ce dernier pays étant confiée à la plume d'Aragon) (1962), et aussi *De Proust à Camus* (1963) et *De La Bruyère à Proust* (1963), qui constituent une série de portraits et d'études sur des écrivains qu'André Maurois savait approcher et révéler avec tact et respect... Tout comme il sut écrire sur lui-même dans ses *Mémoires* (1948) et son *Portrait d'un ami qui s'appelait moi* (1959).

JOËL SCHMIDT.

♦ *« Tout au long de ses romans et jusque dans la fantaisie de ses contes, j'écoute, sous les nuances et la retenue de sa voix, un timbre plus secret, un peu plus meurtri, frileux, comme d'un Eden perdu : souvenir du songe que l'on ne peut oublier. »* Marcel Arland. ♦ *« Si, nous autres civilisations, nous savons que nous sommes mortelles, l'œuvre de Maurois est peut-être une de celles qui peuvent donner le goût et l'idée d'une survie, d'un « meurs et deviens », sans lequel il serait à peu près indifférent de vivre et de mourir. »* Robert Kanters.

RÉF. : A. Fillon, *André Maurois romancier*, Paris, 1937. – M. Droit, *André Maurois*, Paris, 1953. – J. Suffel, *André Maurois*, Paris, 1963. – J. S. Kauffmann, *Aspects de Maurois biographe*, Paris, 1980. – *Notre ami André Maurois* in *La Revue des Deux Mondes*, juillet-septembre 1985.

MAURON Charles. Écrivain et essayiste français. Né à Saint-Rémy-de-Provence le 27 juin 1899, mort le 4 décembre 1966 à Aix-en-Provence. Après des études scientifiques à l'université d'Aix-Marseille, il obtient un diplôme d'études supérieures de sciences physiques, et effectue ses premiers travaux sur les cristaux mous. En 1925, un premier accident visuel l'oblige à abandonner ses fonctions de chef de laboratoire. À partir de 1926, il devient traducteur et se lie avec de nombreux écrivains anglais et français. Il donne des conférences à Oxford, à Cambridge, à Londres, à Amsterdam et à Anvers, publie des poèmes et des essais. En 1940, Mauron devient totalement aveugle. Mais la cécité n'arrête pas son travail. Il entreprend un ensemble de recherches destinées à fonder et à amplifier ce qu'il appelle la méthode « psychocritique ». En 1954, il obtient son doctorat de l'université d'Aix-Marseille, et en 1963, le doctorat ès lettres de l'université de Paris.

L'œuvre critique de Mauron est très abondante. Il faut notamment citer : *Mallarmé l'Obscur* (*) (1941), *Sagesse de l'eau* (1948), *L'Homme triple* (1949), *Introduction à la psychanalyse de Mallarmé* (1950), *Estudi Mistralen* (1953, prix Mistral), *L'Inconscient dans l'œuvre et la vie de Racine* (1957), *Des métaphores obsédantes au mythe personnel : introduction à la psychocritique* (*) (1963), *Psychocritique du genre comique* (1963), *Mallarmé par lui-même* (*) (1964), *Le Dernier Baudelaire* (1966), *Phèdre* (posth., 1968). Mauron a également publié de nombreuses traductions d'auteurs anglais, comme Sterne, Forster, T. E. Lawrence, D. H. Lawrence, Virginia Woolf et Katherine Mansfield, ainsi que des ouvrages critiques rédigés en anglais.

La psychocritique fondée par Mauron est la première tentative d'appliquer systématiquement les concepts de la psychanalyse à la poésie et à la littérature. Le repérage des « métaphores obsédantes » dans une œuvre – par exemple celle de Mallarmé – conduit le critique à retrouver le « mythe personnel » qui est à l'origine de ces images et préside à la construction de l'œuvre elle-même. La psychocritique ne cherche pas à tout expliquer par des « complexes » et des « motivations » psychologiques : elle cherche à lire – derrière le texte « manifeste » du poète ou de l'écrivain – un texte « latent », qu'une première lecture ne permet pas d'aborder. Mauron a été très critiqué de son vivant. On l'a accusé de tout réduire aux dimensions personnelles des auteurs et de manquer la dimension proprement « littéraire » ou « esthétique » des œuvres. Mais ce reproche est assez injuste : Mauron a fait œuvre de pionnier et a ouvert de nouvelles voies à la critique littéraire, ainsi qu'en témoignent les travaux de P. Richard ou même de structuralistes comme Gérard Genette. Critique « linguistique » et critique « analytique » se sont rejointes, et Mauron, tout comme Bachelard, peut être considéré – malgré certaines imitations et certaines naïvetés de son entreprise – comme un précurseur de la critique littéraire actuelle.

ANTOINE BERMAN.

MAURRAS Charles Marie Photius. Écrivain et homme politique français. Né à Martigues (Bouches-du-Rhône) le 20 avril 1868, mort à Tours (Indre-et-Loire) le 16 novembre 1952. Issu d'une famille de petite bourgeoisie (son père était percepteur), il fit d'excellentes études classiques au collège religieux d'Aix-en-Provence, mais ne les poursuivit pas au-delà du baccalauréat. Arrivé à Paris en automne 1886, il débuta aussitôt dans le journalisme. Maurras, quoiqu'il ait toujours été discret sur sa vie intérieure, a nettement avoué à plusieurs reprises qu'il se trouvait vers sa vingtième année dans un état de complète anarchie intellectuelle. Son enfance avait été marquée par le drame d'une surdité soudaine qui posait au jeune Maurras le redoutable problème du mal : rebuté par le « funeste Pascal » – v. *Pascal puni* (1953) – et exalté par la Grèce antique, le jeune esthète avait perdu la foi chrétienne dès ses années de collège. Dans les milieux intellectuels parisiens des années 1880, il subit l'influence du dilettantisme renanien, du pessimisme de Schopenhauer, du déterminisme de Taine, mais il allait bientôt reconnaître d'autres intercesseurs : Anatole France, qui le confirma dans son paganisme – v. *Le Chemin du Paradis* (*) (1894) ; Barrès et Mistral, qui lui rendirent le sens et l'amour de la petite patrie provençale – v. *L'Étang de Berre* (*) (1915) ; enfin le positivisme d'Auguste Comte, qui offrait au jeune agnostique la possibilité de maintenir un ordre intellectuel et politique sans référence à l'absolu – v. *L'Avenir de l'intelligence* (*) (1900). Un séjour en Grèce, au printemps 1895 – v. *Le Voyage d'Athènes* (*) (1896-98) et *Anthinéa* (*) (1901) –, permit à Maurras, dans une méditation passionnée de la statuaire classique, de préciser la synthèse déjà ébauchée dans son esprit, cette sorte de redécouverte de la raison conçue comme un art des sacrifices et un épanouissement de la sensibilité la plus forte dans de rigoureuses mesures – et c'est à partir de cette expérience que l'auteur des *Amants de Venise* (*) (1902) développera la critique du romantisme passionnel et du romantisme littéraire dans *Un débat sur le romantisme* (1928), *Poètes* (1923), *Barbarie et poésie* (1925), etc. Mais cette même année 1895 marque également le début de l'affaire Dreyfus : convaincu de la culpabilité du capitaine, Maurras ne vit dans les campagnes dreyfusiennes contre l'état-major qu'une atteinte à l'armée tout entière, et un cas exemplaire de la primauté de l'individu sur l'État en régime démocratique. Or, le monde entier étant entré dans l'ère des nationalismes, c'est cette réalité de l'État qu'il importe avant tout de restaurer, avec ses conditions essentielles, l'autorité et la durée, c'est-à-dire, selon Maurras, avec l'hérédité et la monarchie.

« Ou la France et le roi. Ou point de roi, mais plus de France » : tel est le dilemme posé en 1900 par *L'Enquête sur la monarchie* (*), qui s'efforça d'intéresser les intellectuels à un royalisme d'une espèce nouvelle, royalisme ni sentimental et traditionaliste comme celui de Chateaubriand, ni mystique comme celui de

Maistre, mais tout empirique et même à prétentions scientifiques. Pour Maurras en effet la politique ne se déduit pas de principes religieux, moraux ou philosophiques, elle doit être induite des faits, de l'expérience historique. Huit ans après avoir mené son enquête, Maurras, qui avait groupé autour de lui des hommes comme Léon Daudet, Jacques Bainville, Jules Lemaitre, et qui jouissait de l'appui total de Bourget, de la sympathie plus ou moins réservée de Barrès, de Georges Sorel, lançait le quotidien *L'Action française*. Sa vie se confondit dès lors avec celle de ce mouvement, marqué par les campagnes pour une préparation militaire de la revanche (1913), puis contre le traité de Versailles (jugé trop favorable à l'Allemagne), contre la politique briandiste d'union européenne, pour une entente avec l'Italie fasciste (1935), en faveur du général Franco (1936-39), pour Munich (1938) et en 1939 contre la déclaration d'une guerre que Maurras jugeait mal préparée. Si l'extrême violence de la polémique de Maurras faisait de celui-ci l'ennemi numéro un du régime républicain, elle contribuait, autant que son tour littéraire (car Maurras avait une manière originale d'appuyer les démonstrations politiques par tous les prestiges de son style et toutes les ressources de sa solide culture), à attirer vers lui de fervents disciples, venus pour la plupart du milieu étudiant. Parmi les écrivains ayant subi l'influence du chef de *L'Action française*, il faut mentionner des hommes de tempéraments aussi divers que Jacques Maritain, Robert Brasillach, Georges Bernanos, Henri Massis, Pierre Gaxotte, etc. Mais beaucoup d'esprits, éveillés par lui, ne purent supporter l'incontestable étroitesse de son dogmatisme politique et littéraire, et se séparèrent de lui, parfois après une douloureuse prise de conscience, comme ce fut le cas pour Maritain en 1926, pour Bernanos en 1932, pour Brasillach en 1941. D'ailleurs l'Église elle-même s'était inquiétée de la séduction exercée sur la jeunesse par les idées maurrassiennes : tout en proclamant son admiration et son respect pour l'Église comme principe d'ordre et comme « temple des définitions du savoir », Maurras restait en effet résolument agnostique et même païen, et peu d'esprits ont ainsi réussi à concilier en eux-mêmes autant de sympathie pour Rome et pour l'appareil clérical, et autant de répugnance pour l'aspect tragique du christianisme. Non seulement plusieurs livres essentiels de Maurras furent mis à l'Index, mais en 1926 Pie XI prononça la condamnation de *L'Action française*. Ce fut un coup décisif porté à l'action de ce mouvement, qui ne devait plus s'en relever jusqu'à sa dissolution en 1944, après la condamnation à la prison perpétuelle de Charles Maurras qui, pendant l'Occupation, avait donné un appui total à la politique du maréchal Pétain. Incarcéré à la prison de Riom, puis à celle de Clairvaux, Maurras fut gracié au printemps de 1952 et se retira alors dans une clinique de Tours. Il revint dans ses derniers moments à la foi catholique (la condamnation pontificale de 1926 avait d'ailleurs été levée par Pie XII en 1939).

Si les espérances politiques de Maurras (le rétablissement de la monarchie pour 1950) ont échoué, sa critique de la démocratie – v. *Mes idées politiques* (*) (1937) – demeure. On peut se demander en revanche si son esthétique assez raide et sèche n'a pas nui au rayonnement de son œuvre : grec et uniquement grec, de la Grèce apollinienne et non dionysiaque, Maurras a systématiquement et volontairement méconnu les cultures anglo-saxonne, germanique, orientale et, en art, tout ce qui ne fut point la Grèce du Vᵉ siècle et la France du XVIIᵉ. On aurait tort cependant, après une lecture rapide des poèmes de *La Musique intérieure* (*) (1925), de croire Maurras insensible aux philtres du romantisme ; peut-être, au contraire, est-ce parce qu'il en avait d'abord trop profondément subi l'enchantement pendant sa jeunesse qu'il s'est ensuite à tel point raidi dans sa position de défenseur de l'humanisme traditionnel – dans *Le Conseil de Dante* (1913).

MICHEL MOURRE.

♦ *« On a dit : " Pour lui toute pensée se convertit en action. " Cela est un peu injurieux, et d'ailleurs inexact. Il serait plus juste de dire que son système est formé de théories dont la force que représente leur application fait une partie de leur valeur. Son œuvre est une suite de constructions destinées à créer ou à maintenir une harmonie* [...] *Qu'importe, pour son œuvre et pour lui, ce qu'il a voulu supprimer ! Charles Maurras est une des plus grandes forces intellectuelles d'aujourd'hui. »* André Malraux. ♦ *« Le destin temporel d'un homme si cruellement divisé contre lui-même, passionné pour des vérités auxquelles il s'acharne à plier sa pensée, alors que son être les refuse, en refuse la substance éternelle, la réalité profonde, ressemble à l'une des formes les plus cruelles de la damnation en ce monde. »* Georges Bernanos. ♦ *« On peut penser solidement sans Maurras. On peut exprimer une pensée solide dans une grande langue sans Maurras. Il est l'héritier d'une culture qui tout de même était là, s'il n'y eût pas été. Mais elle était méconnue, recouverte, et par quoi ! quel recul ! Il est le restaurateur. Ce titre n'est pas discutable* [...] *Il y a un effort vers la clarté, un goût de serrer le réel, une horreur de l'affectation et du verbiage et que je dois à lui et à nul autre. À tout écrivain que j'estime, je souhaite de subir cette influence. »* Henry de Montherlant. ♦ *« ... ce bel ordre et cette douce vigueur de langage. Une pensée rustique et forte entre sans contrainte dans une forme parfaite et la remplit tout entière. Par une culture grecque, latine, provençale, un esprit a été modelé de telle sorte que l'harmonie de la plus grande prose est son mode d'expression naturel. »* André Maurois.

RÉF. : A. Thibaudet, *Les Idées de Charles Maurras*, Paris, 1919. – J. Maritain, *Charles Maurras et le devoir des catholiques*, Paris, 1926. – R. Benjamin, *Charles Maurras, ce fils de la mer*, Paris, 1932. – S. Arbellot, *Maurras homme d'action*, Paris, 1937. – M. Clavière, *Charles Maurras ou la restauration des valeurs humaines*, Paris, 1939. – H. Massis, *Maurras et notre temps*, Paris, 1951. – M. Mourre, *Charles Maurras*, Paris, 1953. – Beau de Loménie, *Maurras et son système*, Paris, 1954. – L. S. Roudiez,

Maurras jusqu'à l'Action française, Paris, 1957. – R. Joseph, *Charles Maurras*, Paris, 1962. – R. Joseph et J. Forges, *Biblio-iconographie de Charles Maurras*, Paris, éd. définitive, 1980. – P. Boutang, *Maurras, la destinée et l'œuvre*, Paris, 1984. – V. N'Guyen, *Charles Maurras*, 1991.

MAUSS Marcel. Sociologue et anthropologue français. Né à Épinal le 10 mai 1872 et mort à Paris le 10 février 1950. Le père de l'ethnologie française est issu d'une famille de rabbins. Durant ses études de philosophie à Bordeaux sous l'autorité de son oncle Émile Durkheim, il suit l'enseignement de Hamelin et d'Espinas dont il retiendra l'importance qu'on doit attacher à l'origine collective des arts, des coutumes et de la technologie. Agrégé de philosophie en 1895, il entend se consacrer à la recherche. Fixé à Paris, il fréquente l'École pratique des hautes études, apprend le sanskrit, lit Frazer et Tylor, assemble des matériaux pour une thèse sur la prière qu'il n'achèvera jamais. En 1901, il est nommé à la chaire d'« histoire des religions des peuples non civilisés », titre qu'il récuse dans sa leçon inaugurale en revendiquant l'émancipation de l'ethnologie dont il s'attache à déterminer la place par rapport à la sociologie ainsi qu'à définir les principes de méthode. Mauss prend une part importante à la rédaction de l'*Année sociologique* tant par ses articles que par ses longs comptes rendus des travaux de collègues étrangers, situant ainsi la réflexion anthropologique française dans un contexte international. Après la mort de Durkheim en 1917 et la fin de la Première Guerre mondiale qui décima le groupe, Mauss se donne tout entier à l'*Année sociologique*, qui ne reparaît toutefois qu'en 1925 et s'efforce de publier les travaux de ses compagnons disparus. Élu au Collège de France en 1931, il consacrera cinq années à l'exposé de la thèse inachevée de Hertz sur « Le Péché et l'expiation dans les sociétés primitives ».

Fondateur, avec Lévy-Bruhl et Rivet, de l'Institut d'ethnologie en 1925, il y donne de 1926 à 1940 des « Instructions d'ethnographie descriptive » qui sont au cœur de l'enseignement de l'ethnologie en France.

Outre sa carrière académique, Mauss eut toute sa vie une activité politique. Adhérant très tôt au parti socialiste, il milita parmi les dreyfusards, fréquenta Jaurès et Herr, prit part en 1904 à la fondation de *L'Humanité*. Il donna aussi beaucoup de temps aux universités populaires et aux mouvements coopératifs. La couleur pluraliste et libérale de son socialisme est sensible dans la conclusion de l'*Essai sur le don* (*) où il souligne ce qui se perd dans la qualité des rapports humains quand l'échange devient purement économique. Mis à la retraite en 1940, Mauss ne surmonta pas, avec l'horreur d'une Seconde Guerre mondiale, l'occupation, l'exécution par les Allemands de deux de ses élèves les plus chers, Boris Vildé et Anatole Levitzki, fusillés comme résistants. Intellectuellement diminué, il mourut à Paris en 1950.

L'apport de Mauss nuance la sociologie de Durkheim, son esprit trop systématique, son optique génétique. Lui-même insiste sur la nécessité de considérer les faits à partir de leurs usages sociaux, d'où la notion du « fait social total » sur laquelle il insiste, qui apparaît pleinement dans le *Don*. Les sociétés primitives sont moins des « organisations élémentaires » que des sociétés d'une complexité différente de la nôtre. Mauss n'a jamais écrit un seul livre où seraient exposées les lignes directrices de sa pensée. Il n'est non plus jamais allé sur le terrain. Une grande part de son œuvre a été écrite en collaboration, traduisant, avec une éthique collective de la recherche, une conscience aiguë du caractère provisoire des théories anthropologiques. Faite d'intuitions plus que d'assertions, son œuvre prête à des interprétations multiples, son influence déborde le cadre strict de l'anthropologie, est sensible sur des écrivains comme Caillois, Bataille, Queneau. Ses articles sur la magie – v. *Esquisse d'une théorie générale de la magie* (*) –, le sacrifice, les classifications primitives, font partie d'un héritage désormais commun. Bon nombre des thèmes abordés par lui (la notion de personne, les techniques du corps, le sacrifice, la prière...) demeurent encore ouverts à la réflexion des chercheurs.

DENISE PAULME.

RÉF. : C. Lévi-Strauss, « *Introduction à l'œuvre de Marcel Mauss* », in *Marcel Mauss, Sociologie et anthropologie*, Paris, 1950. – J. Cazeneuve, *Sociologie de Marcel Mauss*, Paris, 1968. – « Marcel Mauss », *L'Arc* n° 48, 1972.

MAXIME de Tyr. Rhéteur d'expression grecque. Né à Tyr en Phénicie, vers 125 ap. J.-C., mort vers 185. Élevé dans l'étude de la poésie homérique et de la philosophie antique, surtout celle de Platon, il mena dès sa jeunesse la vie d'orateur itinérant, comme Lucien et Dion. Sitôt arrivé dans une ville, il exposait devant la foule l'argument qu'il avait l'intention de développer les jours suivants. Il vint sans aucun doute à Athènes où il rencontra l'historien grec Arrien (peut-être en 147-148, année où Arrien fut nommé archonte éponyme). Il parvint à une grande notoriété en 152, ainsi qu'Arrien et Apollonius de Chalcédoine. Peu de temps après, Maxime se rendit à Rome, où il vécut sous le règne de Commode, mais on ignore s'il y séjourna sans interruption. Contrairement à Dion et à Lucien, sa fortune lui permettait de vivre sans donner de leçons. Il ne faisait pas argent de ses conférences, mais la jeunesse romaine pouvait librement participer à ses *Dissertations* (*). Trente-cinq d'entre elles nous sont parvenues, dont quelques-unes divisées en plusieurs parties, ce qui donne un total de quarante et une. De ces dissertations, quatre sont intitulées, dans le manuscrit, « Τῶν ἐν Ῥώμῃ διαλέγεων τῆς Πρώτης ἐπιδημίας », les trente et une autres portant le titre de Φιλοσοφούμενα. Comme tous les sophistes du IIe siècle ap. J.-C., Maxime de Tyr se sert de l'attique le plus pur et le plus littéraire.

RÉF. : K. Meiser, *Studien zu Maximos Tyrios*, Munich, 1909. – G. Soury, *Aperçus de philosophie religieuse chez Maxime de Tyr* (thèse), Paris, 1942. – J. Priggali, *Étude sur les dialexeis de Maxime de Tyr, conférencier du IIe siècle*, Paris, 1978.

MAXIME le Confesseur (ou Maxime de Chrysopolis). Théologien byzantin. Né à Constantinople d'une famille patricienne en 580, mort en Lazique (Colchide) le 13 août 662. Il fut une des plus éminentes figures de l'histoire ecclésiastique byzantine, le premier théologien de son siècle et le plus grand adversaire, avec le patriarche de Jérusalem, Sophronios, du mouvement monothélite, au point de sceller de son sang l'affirmation de sa foi : d'où son surnom de Confesseur. Après avoir été quelque temps secrétaire de l'empereur Héraclius, il se retira à l'âge de cinquante ans au monastère de Chrysopolis, près de Constantinople, et ne tarda pas à en devenir l'abbé. Quand se manifesta l'hérésie monothélite, forme masquée de monophysisme prônée par l'empereur et le patriarche Serge, et qui avait trait aux deux personnes (divine et humaine) du Christ, il s'affirma le défenseur combatif de l'orthodoxie ecclésiastique occidentale contre la politique pro-orientale de l'empire, et n'hésita pas à se rendre à Rome pour demander au pape Martin Ier la condamnation des hérétiques. Arrivé en compagnie de Pyrrhus, patriarche de Constantinople, dans la Ville éternelle, Maxime fit réunir un concile (649) qui condamna les monothélites ainsi que les édits promulgués en leur faveur par Héraclius II et Constant II (642-668). Mais, tandis que Maxime se montrait le plus ferme défenseur des décisions prises au concile de Chalcédoine (451), Pyrrhus, de passage à Ravenne, rallia le camp des monothélites. Constant fit alors arrêter le pape et Maxime. Ce dernier fut conduit à Constantinople (653) et, après un long procès, exilé à Bizié, en Thrace, où il entama une controverse avec l'évêque de Césarée. Il fut alors relégué dans le Lazique, aux confins de l'empire. Maxime ne quitta cet exil que pour être condamné par un synode. Puis l'empereur ordonna qu'on lui coupât la langue et la main droite. Ainsi mutilé, il fut exposé à la risée de la foule dans les différents quartiers de Constantinople et reconduit au Lazique où il s'éteignit. Il est vénéré comme un saint à la fois par l'Église orthodoxe et par l'Église catholique. On doit à Maxime, outre un grand nombre d'*Opuscules théologiques et polémiques* (*), dans lesquels il combat l'hérésie monothélite, un dialogue apologétique entre un orthodoxe et un manichéen, et plusieurs ouvrages d'exégèse allégorique et mystique concernant l'interprétation de certains passages épineux de l'Ancien et du Nouveau Testament – v. *La Bible* (*). D'une grande importance du point de vue ascétique et mystique sont les *Œuvres ascétiques* (*), notamment les remarques complémentaires à l'œuvre du pseudo-Denys l'Aréopagite. Ces réflexions, qui constituent une tentative d'harmonisation entre les doctrines néoplatoniciennes et l'enseignement ecclésiastique, eurent une influence considérable sur la théologie de l'Église d'Orient. La *Mystagogie* (*), enfin, est une interprétation symbolique et mystique des rites.

RÉF. : Hefele, *Histoire des conciles*, t. III, tr. fr., Paris, 1910. – V. Grumel, article *Maxime de Chrysopolis* in t. X du *Dictionnaire de théologie catholique* de Vacant et Mangenot, Paris, 1928. – M. Viller, *Aux sources de la spiritualité de saint Maxime*, in *Revue d'ascétique et de mystique*, t. XI, Paris, 1930. – P. Sherwood, *Maximus and Origenism*, Munich, 1958. – A. Riou, *Le Monde et l'Église selon Maxime le Confesseur*, Paris, 1973. – J. M. Garrigues, *Maxime le Confesseur, La Charité, avenir divin de l'homme*, Paris, 1976. – F.-M. Lethel, *Théologie d'agonie du Christ. La liberté humaine du Fils de Dieu et son importance sotériologique mises en lumière par saint Maxime le Confesseur*, Paris, 1979. – *Actes du Symposium sur Maxime le Confesseur*, Fribourg, 2-5 septembre 1980, Fribourg, 1982. – P. Piret, *Le Christ et la Trinité selon Maxime le Confesseur*, Paris, 1983.

MAXIMILIEN Ier. Empereur du Saint Empire romain germanique. Né le 22 mars 1459 à Wiener Neustadt (Basse-Autriche), mort le 12 janvier 1519 à Wels (Haute-Autriche). Le « dernier chevalier du trône » conserva à travers toute son activité politique, qui ne fut pas toujours heureuse, une grande nostalgie du passé, de la chevalerie, du Moyen Âge, ce qui ne l'empêcha pas de se montrer un homme de son temps, ouvert aux grands courants humanistes, et d'être le protecteur et l'ami des humanistes. C'est à lui et à sa passion pour la littérature que nous devons l'unique manuscrit du poème médiéval intitulé *Kudrun*. Les soucis politiques, les tentatives qu'il effectua pour donner plus de souplesse à l'organisation de l'Empire allemand et pour l'adapter aux temps nouveaux, les nombreuses guerres qu'il soutint un peu partout, n'éteignirent pas en lui l'amour de la littérature et le désir de participer au mouvement patriotique que l'humanisme et la découverte d'Arminius, faite surtout par Hutten, avaient suscité en Allemagne. À cela Maximilien joignait un goût manifeste pour la confession autobiographique – héritage lointain de la mystique –, pour l'allégorie, ultime écho de la scolastique. Nous en trouvons le témoignage dans son vaste poème chevaleresque, *Le Teuerdank* (*), dont il fit le plan et qu'il n'écrivit qu'en partie (le reste fut rédigé par Melchior Pfinzing). On retrouve cette même nostalgie du passé qui donne au *Teuerdank* une saveur un peu surannée dans *Der Weisskunig* (1775) que l'empereur ébaucha et n'écrivit, également, qu'en partie.

RÉF. : R. Buchner, *Maximilian I., Kaiser an der Zeitwende*, Göttingen, 1959.

MAYA Rafael. Poète colombien. Né à Popayan le 21 mars 1897, mort à Bogotá en 1980. Après des études classiques, il devient docteur en lettres et en philosophie, et exerce le professorat, tout en faisant du journalisme. Son œuvre poétique, extrêmement brève, est l'une des plus achevées de l'époque. Maya échappe aux écueils du modernisme et du symbolisme auxquels succombe partiellement un autre poète colombien comme León de Greiff. Il est influencé par le surréalisme, comme ses contemporains Jorge Rojas et Eduardo Carranza, mais sait garder sa personnalité. Deux volumes témoignent de la pureté de son art poétique : *La Vie à l'ombre* [*La vida en la sombra*, 1925], et *Navigation nocturne* (*) (1959). Dans ce dernier recueil, le poète, dans des vers à la fois libres, amples et classiques, se penche sur sa croyance en Dieu. Il chante la beauté de la création, dans laquelle il croit retrouver la présence du Créateur. La poésie, pour lui, est une voie de connaissance, de connaissance de l'essence du monde. Par cette foi et ce goût de la connaissance poétique, Maya se rattache à la grande lignée des classiques espagnols.

MAYNARD François. Poète français. Né à Saint-Céré, près de Toulouse, à la fin de l'année 1582, mort à Aurillac (Cantal) le 28 décembre 1646. Fils d'un digne conseiller au parlement de Toulouse, il dut se destiner à la magistrature. En 1605, il devint secrétaire de Marguerite de Navarre, alors divorcée d'avec Henri IV. Désireux de flatter le goût romanesque de Margot, Maynard écrivit *Philandre*, roman pastoral en vers imité du *Sireine* d'Honoré d'Urfé. Si Maynard fut d'abord l'émule des poètes Desportes et Bertaut, sa rencontre avec Malherbe en 1606 fut décisive. Elle eut pour conséquence première de lui faire différer la publication de *Philandre* (1619) que le maître jugeait sévèrement. En 1607, s'étant brouillé avec sa protectrice, il tenta vainement de trouver un emploi à la Cour. Il commença à fréquenter Saint-Amant, Colletet, Théophile et autres poètes de renom. En 1608, il épousa Gaillarde de Boyer : grâce à sa dot, il put sans peine s'installer au présidial d'Aurillac. Mais, ayant peu de goût pour la vie de province, il résolut, au bout de dix ans, de laisser les fonctions de sa charge à l'un de ses subdélégués, et revint se fixer à Paris. Il s'acquit un certain renom auprès de tous les beaux esprits de la capitale. Devenu l'ami de Gomberville, de Boisrobert et de Scarron, il put bientôt être présenté au cardinal de Richelieu. En 1632, il fut admis à l'Académie française. Ambitieux, il s'y montrait assidûment et intriguait à l'avenant. Bien qu'il fût loin d'avoir à se plaindre de la fortune, il avait pris l'habitude, en effet, de solliciter sans cesse : car, ayant déjà huit enfants, il trouvait fort insuffisante sa charge de président au présidial d'Aurillac. En 1634, il fit un voyage à Rome, en qualité d'attaché de François de Noailles, comte d'Ayren, ambassadeur de France auprès du Saint-Siège. Là, s'étant lié avec le cardinal Bentivoglio, réputé pour son esprit, il fut fort bien traité par le pape Urbain VIII. Mais ayant déplu, peu après, à son supérieur, il perdit sa place et, par contrecoup, tout crédit auprès de Richelieu.

De retour en France, il n'en fut pas moins repris par le désir de briller à la Cour, et il se mit de plus belle à encenser, selon ses propres termes, les idoles du jour. À la mort de Richelieu, Séguier lui fit bon accueil et le nomma conseiller d'État. Mais, comme il se montrait par trop quémandeur, il en fut toujours pour ses frais. De guerre lasse, il résolut de se replier à Aurillac sans esprit de retour (1640). Il se lia alors avec Guez de Balzac, écrivain déçu comme lui dans ses ambitions : en 1643, il lui rendit visite en Charente. Après la mort de sa femme, il offrit vainement le mariage à la belle veuve Cloris, qu'il avait passionnément aimée à la cour d'Henri IV et qui l'avait trahi pour épouser un plus riche prétendant. Il écrivit pour elle des stances amoureuses restées célèbres.

L'œuvre de Maynard fut peu goûtée de son temps parce qu'il refusait de donner dans le goût précieux. Le meilleur disciple de Malherbe a plus d'une fois dépassé son maître par des réussites d'une aisance remarquable, qui demeurent des modèles du genre. Outre le poème de *Philandre* (1619), il a laissé des *Épigrammes* (1646), des *Odes* (*) (1646) et des *Poésies* (*) (1646).

Ce poète lyrique, qui chanta la fuite du temps et l'élégie amoureuse, a été par ailleurs un régulier pourvoyeur des recueils licencieux qui se sont succédé entre 1600 et 1623 (*Cabinet satyrique, Délices satyriques, Parnasse satyrique*). On possède enfin de lui une très belle collection de *Lettres* (1653).

♦ « *De son temps, le voisinage altier de Malherbe l'avait un peu relégué ; mais, aujourd'hui, de bons juges estiment qu'il a, plusieurs fois, dépassé son maître, par des réussites d'une inoubliable beauté.* » Henri Mondor.

RÉF. : Actes du colloque *Maynard et son temps*, publications de l'université de Toulouse-Le Mirail, 1976.

MAŽURANIĆ Ivan. Poète croate. Né à Novi le 11 août 1814, mort à Zagreb le 4 août 1890. Il fit ses études à Rijeka, Szombathely et Zagreb où il termina son droit. Professeur d'abord, avocat ensuite, il fut élu député en 1848. Partisan fervent de l'illyrisme (mouvement patriotique pro-yougoslave luttant pour l'émancipation de la Croatie) et homme politique éminent, de tendance modérée, il occupa des postes politiques et administratifs élevés ; il fut, de 1873 à 1880, le premier « ban » (gouverneur, vice-roi) de Croatie à être issu du peuple. Il eut le mérite de moderniser l'administration et de donner un nouvel essor à la culture croate. Après avoir publié des poésies dès 1835, il écrivit (1844) deux nouveaux chants pour *Osman,* poème de Gundulić. Mais son œuvre principale est *La Mort de Smaïl-Aga Čengić* (*) (1846), poème épique en cinq chants, où il évoque la vie monténégrine de son temps, y décrivant les souffrances et l'héroïsme des Slaves du Sud sous l'oppression turque. La valeur littéraire et la signification nationale de cet ample poème font de Mažuranić un auteur classique de la littérature de son pays.

MAZZINI Giuseppe. Patriote et écrivain politique italien. Né à Gênes le 22 juin 1805, mort à Pise le 10 mars 1872. Esprit inquiet, il lut assidûment, surtout Dante et Foscolo. Au mois d'avril 1821, alors qu'il se trouvait avec sa mère à Gênes, il rencontra un homme qui quêtait pour les « proscrits d'Italie », c'est-à-dire les vaincus, ceux dont la résistance annonçait la révolte proche de la nation opprimée et démembrée. À partir de ce jour, Mazzini sentit son destin se lier à celui de sa patrie. Il s'affilia aux Carbonari et commença d'écrire dans un journal dont la publication fut interdite parce qu'il portait ombrage au gouvernement et à l'Église. Mazzini se tourna alors vers *L'indicateur de Livourne* [*L'Indicatore Livornese*], périodique également supprimé peu après pour des raisons identiques. Trahi par le chef des Carbonari qui l'avait initié aux « travaux » de l'association, il fut arrêté à la fin de 1830 et enfermé à la forteresse de Savone. Il en sortit quelques mois plus tard pour passer en Suisse et commencer sa carrière d'exilé et de conspirateur.

De Genève, Giuseppe Mazzini se rendit à Lyon, où il fut accueilli par des patriotes, et où il se mit à préparer une expédition pour l'invasion de la Savoie. Cependant le gouvernement de Paris, qui aspirait à la paix, donna ordre que les préparatifs fussent interrompus. Mazzini dut se réfugier en Corse, d'où il se proposait de se porter, avec quelques autres conjurés, vers l'Italie centrale, qui venait de se révolter contre les gouvernements de Modène, de Parme, de Rome. Mais, avant qu'il eût pu réunir les moyens nécessaires, l'insurrection était réprimée par les armées autrichiennes, et Mazzini retourna en France, fondant à Marseille le groupe « Jeune Italie » [« Giovine Italia »] dont l'unique but était d'aider l'Italie à acquérir son indépendance. Cette « Jeune Italie » avait une doctrine, un programme d'éducation nationale, et la jeunesse reconnut bientôt en Mazzini l'ardeur, la générosité que peuvent donner une foi désintéressée et une grande noblesse naturelle. Mazzini s'éprit juste à ce moment de la veuve d'un patriote exilé, Giuditta Sidoli, et en eut un fils qui mourut en bas âge.

Mazzini et le groupe de la « Jeune Italie » résolurent alors de préparer la révolution en Sardaigne, et tentèrent de gagner les soldats de l'armée royale ; le complot fut une fois de plus découvert, et bon nombre de patriotes furent arrêtés et condamnés à mort. Alors que Garibaldi, découragé par les défections, se réfugiait outre-Atlantique, Mazzini refusa de céder, et prépara l'invasion de la Savoie avec des exilés italiens, polonais et allemands réfugiés à Genève. Bien que la tentative se fût soldée par un échec, Mazzini, toujours certain d'avoir à remplir une mission, se cacha en Suisse ; les gouvernements de Turin, de Vienne, de Paris insistèrent auprès du « Vorort » pour qu'il fût expulsé. En réponse à cette coalition des gouvernements monarchiques, un groupe d'exilés, pauvres, persécutés, se laissa séduire par l'idée de Mazzini, et signa avec lui, à Berne, le 15 avril 1834, un pacte solennel pour la création d'une « Jeune Europe » [« Giovine Europa »]. De 1835 date *Foi et Avenir* (*), écrit en français. Un an plus tard, à l'issue d'une crise où il avait douté de lui-même et de son œuvre, Mazzini se vit contraint de quitter la Suisse, et chercha refuge en Angleterre. En proie à de multiples difficultés, il réussit malgré tout à collaborer à des revues et à des journaux anglais, à se faire des amis, à continuer ses menées politiques. Il fonda un journal, l'*Apostolat populaire* [*Apostolato popolare*], créa une école où il accueillit de jeunes Italiens rencontrés dans les rues, soutint, par des centaines de lettres, la conspiration qui s'étendait à toute l'Italie. Différentes tentatives extrêmement audacieuses échouèrent l'une après l'autre, dont plusieurs débarquements dans le sud de l'Italie. La haine qu'inspirait l'Autriche ne faisait que grandir, ainsi que l'urgence de réformes politiques tendant à établir l'union nationale. Avec la mort de Grégoire XVI et l'élection de Pie IX commença la véritable révolution ; tant à Palerme qu'à Venise, Milan, Naples, Rome, les Italiens se battirent pour obtenir l'indépendance. Mazzini accourut, en 1848, il prêcha la guerre. Élu triumvir à Rome où était proclamée la République, il résista aux forces envoyées par la France et par l'Autriche. Tout son programme tenait en une formule : « Dieu et le peuple. » À l'issue de combats sans fin, où les uns et les autres triomphèrent alternativement, on proclama l'avènement du royaume d'Italie (1861). Mais l'Italie de Cavour n'était point celle de Mazzini. Déjà condamné à mort deux fois, parce qu'il continuait à faire partie de l'opposition et qu'il stigmatisait la politique monarchique, Mazzini vivait en exilé, dans sa patrie, avec un passeport anglais et sous un faux nom. Il continuait de prêcher une doctrine à la fois mystique et républicaine, et refusait de pactiser avec le socialisme marxiste. Affligé, malade, prématurément vieilli, Mazzini mourut à Pise. Ses *Écrits* [*Scritti*] furent publiés par l'éditeur G. Daelli de Milan, en dix-huit volumes dont sept furent revus par l'auteur lui-même. Puis une commission nationale s'occupa de faire paraître *Les Écrits publiés et inédits de Mazzini* [*Scritti editi e inediti de Mazzini*, 1906-1927] divisés en trois séries : *Politique, Littérature, Correspondance* – et ses *Lettres* (*) –, en quarante-huit volumes, auxquels il faut ajouter six volumes contenant le *Protocole de la jeune Italie* [*Protocolo della Giovine Italia*].

CESARE SPELLANZON.

♦ *« Lui seul veillait quand tous dormaient... »* Garibaldi. ♦ *« Un grand homme, dans le langage courant, n'a besoin d'être ni bon ni noble – je ne me souviens que d'un seul homme en ce siècle à qui ces trois qualificatifs aient été décernés, même par ses ennemis : Mazzini. »* Nietzsche.

RÉF. : H. D. Lloyd, *Mazzini and Other Essays*, New York, 1910. – G. Salvemini, *G. Mazzini*, Florence, 1925. – A. Lodolini, *Bibliografia Mazziniana*, Milan, 1932. – M. Saponaro, *G. Mazzini*, 2 vol., Milan 1945. – I. Bonomi, *Mazzini*, Milan, 1946. – A. Codignola, *Mazzini*, Turin, 1946. – A. Bandini Buti, *L'Idea morale, politica e sociale di G. Mazzini*, Milan, 1946. – E. Morelli, *Mazzini*, 1950. – Maria Dell'Isola et G. Bourgin, *Mazzini, promoteur de la République italienne et pionnier de la Fédération européenne*, Paris, 1956. – A. Biondi, *Mazzini, uomo*, Milan, 1969. – A. Bagnato, *Mazzini, Bakunin, Marx*, Rome, 1972. – G. Cattani, *Mazzini nella letteratura*, Rome, 1975.

McALMON Robert. Écrivain américain. Né en 1895 à Clifton (Kansas), mort le 2 février 1956 à Hot Springs (Californie). McAlmon fut un membre très actif du groupe d'expatriés des années vingt à Paris, où il arriva après avoir créé à New York, avec William Carlos Williams, la revue de poésie *Contact*, et après avoir épousé une Anglaise et vécu à Londres. C'est en 1922 qu'avec William Bird il fonda deux maisons d'édition, « Contact » et la « Three Mountains Press », qui jouèrent un rôle important pour Hemingway, Williams, Pound, Stein et Hilda Doolittle. Il y publia aussi lui-même quelques ouvrages, notamment un recueil de nouvelles, *Fourre-tout* [*A Hasty Bunch*, 1921] et le roman *Post-Adolescence* (1923). L'année suivante, il donna ses mémoires du Kansas rural qu'il avait connu, *Village : quinze ans de vie* [*Village : As it Happened Through a Fifteen Years Period*] (1924) et, en 1937, un dernier recueil de poèmes intitulé *Pas seul perdu* [*Not Alone Lost*]. Puis, en 1938, il écrivit le livre par lequel il reste le plus connu : *Nous étions des génies* (*). On ne sait rien des dernières années de sa vie.

MICHEL GRESSET.

MC BAIN Ed (pseud. de Salvator Lombino). Auteur de romans policiers américain. Né à New York le 15 octobre 1926. Il a aussi écrit sous les pseudonymes d'Evan Hunter, de Curt Cannon, de Hunt Collins et de Richard Marsten. Né dans une famille d'immigrés italiens, il a fait ses études à la Cooper Union et au Hunter college qui lui délivre une licence des arts en 1950. Entre-temps, il avait devancé l'appel et fait la guerre dans la marine américaine de 1944 à 1946. Professeur dans un collège municipal de New York, il évoque cette expérience décevante dans *Graine de violence* [*The Blackboard Jungle*]. Signé Evan Hunter, ce roman paraît en 1954 et est porté à l'écran en 1955 par Richard Brooks. En 1956, son projet de série policière est accepté et paraissent *Du balai* [*Cop Hater*], *Le Sonneur* [*The Mugger*] et *Le Fourgue* (*) qui permettent au lecteur de faire connaissance avec la ville d'Isola (qui ressemble à New York) et avec le commissariat du 87e district et son équipe d'inspecteurs dont la vedette est Steve Carella, l'époux de Teddy, une très belle femme sourde et muette. Cette saga comporte une trentaine de titres qui permettent de suivre l'évolution de chacun des membres de la « famille » enquêtant sur des affaires extrêmement variées et de retrouver parfois dans le rôle principal des personnages qui avaient joué un rôle secondaire dans un roman antérieur. « Carella, un flic idéalisé dans une ville décrite de façon très réaliste » était mort à la fin du troisième roman, mais son éditeur a persuadé Mc Bain de le ressusciter pour notre plus grand plaisir.

DENIS BOUTET DE MONVEL.

McCARTHY Cormac. Romancier américain. Né en 1933 dans l'État de Rhode Island. Après une fréquentation épisodique de l'université du Tennessee, un séjour de quatre ans dans l'American Air Force à partir de 1953, Cormac McCarthy se met à écrire des romans en 1959. Quinze ans plus tard, il s'installe à El Paso, sur le Rio Grande, où il vit toujours lorsqu'il ne voyage pas.

À l'écart de tous les courants et de toutes les modes littéraires, Cormac McCarthy élabore une œuvre profondément originale dont les points d'ancrage se situent davantage dans la sauvagerie de *Huckleberry Finn* (*) de Mark Twain ou dans l'épopée métaphysique de *Moby Dick* (*) que dans les subtilités du roman psychologique. Si *Suttree* (1979) paraît fortement autobiographique, ses autres romans explorent des univers d'une violence rare : ainsi, le héros de *Enfant de Dieu* [*Child of God*, 1973] est un assassin compulsif doublé d'un nécrophile qui vit avec ses victimes dans une série de cavernes. *L'Obscurité du dehors* [*Outer Dark*, 1968] est une fausse et terrifiante histoire de Nativité ou de péché originel : dans le Sud profond, un frère et une sœur habitent une cahute misérable et ont ensemble un enfant. Le fruit de cet inceste est aussitôt volé par un colporteur malfaisant. Dès lors, la sœur part à la recherche de son nourrisson et le frère prend la fuite. Leur errance, qui rappelle celle d'Adam et Ève, est émaillée de rencontres aussi diverses qu'effrayantes, dignes de l'univers cauchemardesque d'un Jérôme Bosch ; ainsi, un groupe de trois tueurs mystérieux, que le frère ne cesse de croiser et qui, après avoir dépouillé le frère et tué le colporteur, égorgeront le nourrisson autour d'un feu de camp. Dans ce roman comme dans *Méridien de sang* (*), les ténèbres, l'inconnu sont maléfiques, porteurs d'une menace muette, diffuse mais constante. La nature, omniprésente, n'a plus rien d'édénique, les éléments se déchaînent, les paysages sont hostiles et d'une beauté irréelle, peuplés de créatures malfaisantes, dont la moindre n'est pas l'homme. McCarthy décrit presque uniquement des êtres frustes, illettrés, misérables, mais dont le destin anonyme semble rédimé par quelque drame primitif, archétypal, trouvant sa source soit dans *La Bible* (*), soit dans une quête essentielle – celle de l'enfant dans *L'Obscurité du dehors,* celle d'un bien hypothétique dans *Méridien de sang.* Aucune psychologie n'adoucit le comportement instinctif, immédiat, de personnages toujours pris de vitesse par leur destin ou hantés par une obsession élémentaire – leur propre survie ou celle de l'espèce, le pillage et la tuerie. Les dialogues et le style de l'auteur sont tout aussi dépouillés, réduits, pourrait-on dire, à leur pure essence minérale : peu ou pas de ponctuation, aucune marque de dialogue, mais de nombreuses et splendides métaphores qui accordent toute leur dimension mythique à ces destinées misérables et grandioses.

BRICE MATTHIEUSSENT.

McCARTHY Mary. Écrivain américain. Née le 21 juin 1912 à Seattle (Washington), morte le 25 octobre 1989 à New York. Orpheline à six ans, Mary McCarthy fait ses études secondaires dans des établissements religieux, puis ses études supérieures à Vassar, qu'elle quitte diplômée en 1933. Elle devient conseillère éditoriale dans une maison d'édition, ainsi que critique littéraire et dramatique, collaborant en particulier à *The Nation* et à *Partisan Review.* Elle s'y fait connaître par son style acerbe, mis au service de ses sympathies trotskistes. Son abondante bibliographie comprendra des études artistiques : *Venise* [*Venice Observed,* 1956], *Les Pierres de Florence* [*The Stones of Florence,* 1959] ; des écrits autobiographiques : *Mémoires d'une jeune catholique* [*Memories of a Catholic Girlhood,* 1957], *Comment j'ai grandi* [*How I grew,* 1986] ; des recueils d'essais : *À Contre-Courant* [*On the Contrary ;* 1961], *Le Roman et les idées* [*Ideas and the Novel,* 1980] ; des livres politiques : *Vietnam* [et autres textes contre la guerre du Viêt-nam regroupés sous le titre *The Seventh Degree ;* 1974], *Rapport sur le procès du capitaine Medina* [1972], *Watergate* [*The Mask of State : a Gallery of Watergate Portraits,* 1974] ; enfin des romans et des recueils de nouvelles : *Dis-moi qui tu hantes* [*The Company She Keeps,* 1942], *L'Oasis* [*The Oasis,* 1949, qui reçoit le prix *Horizon*], *La Vie d'artiste* [*A Charmed Life,* 1955], *Le Groupe* (*), *Les Oiseaux d'Amérique* [*Birds of America,* 1971], *Cannibales et Missionnaires* [*Cannibals and Missionaries,* 1979]. Mary McCarthy a également édité *La Vie de l'esprit* [*The Life of the Mind*] d'Hannah Arendt. Mariée en deuxièmes noces au célèbre critique Edmund Wilson (1895-1972), dont elle eut un fils, elle aura un autre fils de son quatrième époux, le diplomate James West. Partageant ses dernières années entre sa résidence du Maine (États-Unis) et son appartement du VIe arrondissement à Paris, elle reçut en 1984 la médaille nationale américaine pour la littérature.

PHILIPPE MIKRIAMMOS.

McCULLERS Carson (née Smith). Romancière américaine. Née le 19 février 1917 à Columbus (Géorgie), morte le 29 septembre 1967 à l'hôpital de Nyack (New York). Cet enfant du Sud profond, qui rêvait d'être musicienne, passa sa vie à New York (outre quelques séjours en Europe, notamment à Paris), et fut un écrivain extrêmement précoce. Elle a raconté que, si elle n'avait pas perdu un portefeuille contenant l'argent qui devait payer ses études de pianiste à l'école Juilliard à New York en 1934, elle ne serait probablement jamais devenue romancière. Elle passe donc deux ou trois ans à suivre quelques cours de littérature à Columbia et à New York University, et à s'essayer à plusieurs emplois aussi peu satisfaisants les uns que les autres, jusqu'à ce qu'en 1936 elle publie sa première nouvelle, pertinemment intitulée « Wunderkind » [Enfant prodige]. Après son mariage, le 20 septembre 1937, avec Reeves McCullers, du Sud comme elle, elle va vivre en Caroline du Nord, où elle commence son premier roman, *Le cœur est un chasseur solitaire* (*) (1940), qui la rendra immédiatement célèbre. Elle remonte alors à New York, où, pendant la guerre, elle tient, de façon très bohème, une sorte de salon littéraire où l'on verra des écrivains comme Wystan Hugh Auden, Jane et Paul Bowles, Christopher Isherwood, Anaïs Nin et Richard Wright, des musiciens comme Leonard Bernstein et Aaron Copland, des peintres comme Salvador Dalí. En 1941, elle publie *Reflets dans un œil d'or* (*), qui lui fait, ou lui confirme, une réputation (superficielle) de névrosée morbide et perverse et, en 1946, *Frankie Adams* [*The Member of the Wedding*] (qui serait plus joliment traduit par *L'Invité de la noce*), qu'elle adapte pour la scène en 1950 et qui emporte la récompense de la meilleure pièce américaine de l'année. En 1947, cependant, elle a une première attaque de la grave maladie dont elle souffrira jusqu'à sa mort. En 1953, son mari se suicide, et elle devient peu à peu infirme. Elle ne produira plus que trois œuvres : *La Ballade du café triste et autres nouvelles* (*) (1951), dont le dramaturge Edward Albee adaptera en 1963 pour la scène le récit éponyme, qui est à lui seul un petit chef-d'œuvre ; une pièce de théâtre,

La Racine carrée du merveilleux [*The Square Root of Wonderful*, 1958], qui est loin, malgré son titre, de valoir la première pièce, et enfin un quatrième et dernier roman, *L'Horloge sans aiguilles* [*Clock without Hands*, 1961]. Depuis sa mort, on a publié *Le Cœur hypothéqué* (+) (1971), recueil d'inédits (poèmes, nouvelles, essais) dont certains sont remarquables.

On serait tenté de dire, à constater que son œuvre, limitée, est typiquement de celles qui illustrent la proposition selon laquelle un écrivain ne fait jamais que développer, souvent même répéter, un petit nombre de thèmes, que Carson McCullers est un écrivain mineur : tous ses thèmes se trouvent en effet dès son premier livre, notamment les rapports, pathétiques ou même tragiques, entre l'amour et la solitude. Mais ce serait ne pas voir à quel point chaque œuvre à partir de la première, volontairement et peut-être un peu artificiellement ancrée dans le social et même dans le politique, approfondit et module cette vision initiale des rapports humains (qui ne sont pas nécessairement centrés chez elle sur l'hétérosexualité, ni même d'ailleurs sur la sexualité), jusqu'à la perfection d'épure que ce thème central acquiert, non sans un « obligato » de grotesque, dans *La Ballade*. Il y a en outre et peut-être surtout, chez Carson McCullers, une poignante appréhension de la douleur, de l'absence, de la mort (son premier héros est un sourd-muet) qui fait de son petit « opus » quelque chose de très proche d'une musique de chambre aux accents souvent déchirants, quoique généralement écrits dans le mode mineur.

MICHEL GRESSET.

McGAHERN John. Romancier et nouvelliste irlandais. Né à Dublin le 12 novembre 1934. Son père était officier de police dans une gendarmerie rurale. Il fut instituteur pendant plusieurs années, et connut le succès dès la parution de son premier roman *La Caserne* [*The Barracks*] en 1963. Dans une gendarmerie rurale de l'ouest de l'Irlande, une femme atteinte d'un cancer attend la mort tandis que son mari, brigadier de police, est rongé par la haine qu'il voue à son supérieur. Son deuxième roman, *L'Obscur* (*), paru deux ans plus tard, décrit le cheminement difficile d'un adolescent pris entre sa haine pour son père et la violence d'une sexualité naissante. Le roman fut interdit pour obscénité par la commission de censure irlandaise et John McGahern renvoyé de son poste d'instituteur. Après un exil volontaire de plusieurs années (il vécut à Londres, à Paris, en Espagne et aux États-Unis), il regagna son pays et s'installa dans le comté de Leitrim. *Journée d'adieu* [*The Leavetaking*, 1974], récit aux résonances autobiographiques, est l'histoire d'un professeur contraint de démissionner de son poste pour avoir épousé une américaine divorcée. Le héros du quatrième roman de McGahern, *Le Pornographe* [*The Pornographer*, 1979], gagne sa vie en écrivant pour une revue des histoires pornographiques. Dans *Entre toutes les femmes* (+) (1990) , McGahern reprend un thème qui lui tient à cœur : comme dans *L'Obscur* il y est question d'un père, veuf tyrannique qui règne par la terreur sur sa maisonnée composée de deux fils, trois filles, et de Rose, sa nouvelle femme. Les enfants de Moran ne peuvent, malgré leur haine de leur père, se défaire de son emprise, et sa mort même ne leur rendra pas la liberté. Les nouvelles de John McGahern contenues dans ses trois recueils, *Lignes de fond* [*Nightlines*, 1971], *Getting Through*, 1978, et *Haute-Terre* [*Highground*, 1985], explorent elles aussi ce monde crépusculaire de désespoir quotidien, qui prend le plus souvent pour cadre l'Irlande rurale des années 40 et 50 avec son hypocrisie bigote et la violence sourde des relations entre les êtres. L'univers de John McGahern est d'un pessimisme radical, évoqué dans une langue aussi forte que mesurée.

ÉLIZABETH GAUDIN.

MEAD Margaret. Anthropologue américaine. Née à Philadelphie le 16 décembre 1901, morte à New York le 15 novembre 1978. Fille d'un économiste et d'une sociologue qui tous deux avaient travaillé avec T. B. Veblen, Margaret Mead a toujours vécu dans un milieu familiarisé avec les sciences sociales. En 1921, elle s'inscrit à l'université de Columbia où elle enseignera par la suite ; elle y est l'élève de Franz Boas et de Ruth Benedict, dont elle restera très proche. Après un premier séjour à Samas en 1925, elle est nommée à son retour conservateur à l'American Museum of Natural History. En 1928-29, elle travaille dans les îles de l'Amirauté avec son mari Reo F. Fortune. Elle s'inspire de ces deux séjours pour écrire un ouvrage important, *Mœurs et sexualité en Océanie* (*). Elle porte toute son attention sur les rapports entre psychologie individuelle et traits spécifiques des civilisations mélanésiennes, leurs cadres et leurs méthodes d'éducation, ce qui l'amène à contester l'universalité des troubles qui marquent l'adolescence dans sa propre société, en même temps que le rapprochement entre mentalité enfantine et mentalité primitive qui lui paraît absurde. Elle poursuit ses recherches par une enquête dans trois sociétés de Nouvelle-Guinée (Arapesh, Mundugumor et Chambuli) aux orientations culturelles très différentes ; elle y travaille de 1931 à 1933, étudie notamment la formation de la personnalité des hommes et des femmes, ce qui tient aux différences biologiques et ce qui est du ressort de la société (*Sex and Temperament in three primitive Tribes*, 1935). Selon elle, les méthodes d'éducation, la mentalité des adultes et les orientations de la culture forment un ensemble indissociable dont l'étude mène à reposer la question de la part dans chaque culture et chez chaque individu de l'inné et de l'acquis. Elle séjourne ensuite deux ans à Bali (1931-33) avec son deuxième mari, Gregory Bateson, lui photographiant leurs informateurs, elle les interrogeant : le résultat montre une étonnante complémentarité dans les analyses du comportement.

Margaret Mead se tourne ensuite vers sa propre société qu'elle compare aux sociétés primitives, mettant en lumière le « caractère national » des États-Unis dans *L'Un et l'autre sexe, les rôles d'homme et de femme dans la société*, 1966, insistant sur le relativisme et la nécessité d'une mise en garde contre l'ethnocentrisme. Pendant la Seconde Guerre mondiale, elle joue un rôle important, justifie l'entrée en guerre de son pays par la défense des idéaux démocratiques. Elle s'attache par la suite à l'analyse des formes du changement économique et mondial ainsi qu'à celles du changement de personnalité. Devenue célèbre, elle parcourt le monde, luttant activement contre le racisme et la faim dans le monde et contribue largement à diffuser une image de l'anthropologie comme conception humaniste pouvant aider à résoudre les grands problèmes de la civilisation contemporaine.

DENISE PAULME.

MEDAWAR Peter Brian. Immunologiste britannique. Né le 28 février 1915 à Rio de Janeiro, mort à Londres le 3 octobre 1987. Né au Brésil, Peter Medawar fit des études de zoologie à l'université d'Oxford. Pendant la Seconde Guerre mondiale, il eut l'occasion de s'intéresser aux problèmes de greffe de peau sur les grands brûlés, ce qui le mena à reprendre les travaux du chercheur australien Frank Burnet (1899-1985). Par une longue série d'études sur la souris, il montra que la production d'anticorps – principal phénomène responsable du rejet des greffes – était non pas innée, mais acquise au cours de la vie embryonnaire. Le concept d'immuno-tolérance en découle, ainsi que l'emploi, qui se généralisera en chirurgie à partir de la fin des années 50, des immunosuppresseurs. Prix Nobel de physiologie et de médecine avec Burnet en 1960, il consacra les dernières années de sa vie à la philosophie des sciences et à la vulgarisation scientifique avec des livres comme *L'Unicité de l'individu* (*) (1957). Dans son dernier ouvrage, *Les Limites de la science* [*The Limits of Science*, 1984], il s'élève contre ceux qui reprochent à la science de ne pouvoir donner de réponses définitives aux grandes questions de l'humanité : « Autant reprocher à une locomotive de ne pas pouvoir voler. »

NICOLAS WITKOWSKI.

MEDDEB Abdelwahab. Écrivain tunisien d'expression française. Né le 17 janvier 1946 à Tunis. Issu d'une famille patricienne de la ville, fils et petit-fils de professeurs à l'université islamique de Tunis, la Zitûna, il caractérise lui-même sa formation par les termes de « double généalogie » et de « bilinguisme ». Il appartient à la dernière génération qui fréquenta le collège Sadiki, d'enseignement traditionnel arabe et d'enseignement français, plus technique. L'habitat renforçait cette double appartenance puisque le chemin de l'école le menait de la ville française, où les rues s'appelaient « Baudelaire », à la Médina dont la traversée imprégna définitivement son être par l'alternance de la lumière et des ténèbres, de la joie et de la douleur. « Marcher-penser-écrire » : association-métaphore de sa création. Écrire pour lui c'est d'abord laisser guider sa main par le rythme de la marche dans le labyrinthe puis faire jouer la mémoire et se multiplier les associations de sensations selon une composition en expansion où le texte se trouve parcourir un trajet polyphonique. Cette déambulation culturelle se poursuit, lors de ses études de lettres modernes, dans la lecture intense de la littérature européenne, de Dante à Goethe et Proust, tandis que, de Paris où il arrive à vingt ans, il part à la découverte de l'art et des grands musées européens, visitant particulièrement l'Italie dont la littérature et la richesse artistique le fascinent. Généalogie croisée donc que la rencontre de cette tradition islamique qui l'imprègne, bien que l'islam ne le concerne pas comme doctrine mais demeure en lui comme trace littéraire, avec la culture occidentale, objet de sa quête. Islam, littérature et art sont bien les trois axes selon lesquels s'articule son œuvre tandis que bilinguisme, pluralité, déplacement sont les marques de son activité créatrice. Mouvement d'approfondissement incessant, errance de la pensée qui inspire le rythme de ses romans en une déambulation du narrateur à travers les souvenirs et les villes : Tunis dans *Talismano* (*) (1979), Paris dans *Phantasia* (1986). L'itinéraire du retour à Tunis permet à l'adulte de retrouver les sensations de l'enfant mais aussi de mesurer l'enrichissement culturel ainsi que l'émergence de l'histoire contemporaine dans ce qu'elle a de violent et de douloureux, sans toutefois qu'apparaissent, autrement qu'en contrebande de l'imaginaire, les motifs privilégiés de la littérature maghrébine de la génération précédente : quête d'identité, colonisation, acculturation. L'œuvre de Meddeb est, en effet, d'un autre ordre, celui de l'ivresse poétique, à la fois préciosité et goût de la parole abrupte, extrême recherche et concision. Mais le miroitement n'est pas éparpillement car le mouvement de l'écriture conduit à une convergence fondée sur la réhabilitation de l'expérience intérieure. Celle-ci fut favorisée par la découverte de la mystique soufie à travers la lecture du *Divan occidental-oriental* (*) de Goethe, des études de Louis Massignon et d'Henri Corbin, puis des textes mêmes des poètes et herméneutes qu'il confronte aux mystiques chrétiens, Jean de la Croix ou Thérèse d'Avila. Le soufisme lui a inspiré une suite poétique : *Tombeau d'Ibn Arabi* (1987), puis la traduction et la présentation de l'ouvrage *Les Dits de Bistami* (1989), le mystique persan du IXe siècle. Il poursuit, dans ses articles des *Cahiers intersignes,* sa réflexion sur le divin, le sacré, l'absolu et l'exil, reprise dans *Sohrawardi, le récit de l'exil occidental* (1993). Il aborde le théâtre avec *La Gazelle et l'Enfant* (1992).

PIERRETTE RENARD.

MEDZARENTS Missak. Poète arménien. Né dans le village de Pinguian (région d'Agn en Anatolie) en janvier 1886, mort le 5 juillet 1908 à Constantinople. Il avait étudié au collège américain de Marzvan. La tuberculose l'a emporté au terme d'une vie courte et malheureuse. Il a publié de son vivant deux recueils : *Arc-en-ciel* (*) et *Nouveaux vers* [*Nor Dagher*] (tous deux parus en 1907). La nature et l'amour sont les thèmes fondamentaux de son œuvre pleine de mélancolie, d'une musicalité suave. Le poète a subi l'influence du symbolisme français, mais il appréciait aussi un écrivain américain comme Whitman, pour ses tendances panthéistes. Un volume publié à titre posthume, *Sous la charmille d'or* [*Voski arichin tak*] (1934), renferme le meilleur de sa production en prose : essais critiques, portraits littéraires, pages de folklore. Ses œuvres complètes ont été publiées à Erevan (1934, 1981).

MARC NICHANIAN.

MEESTER Johan de. Écrivain hollandais. Né le 6 février 1860 à Hardewijk, mort le 16 mai 1931 à Utrecht. Il fut d'abord journaliste et devint l'influent directeur littéraire d'un grand journal de Rotterdam. Cette activité l'occupa longtemps tout entier, et il ne commença qu'assez tard à publier des romans dont le plus important, *Geertje* (*) (1905), manifeste un art où le naturalisme fait place à une vision plus lyrique de la réalité. Il admirait Zola, auquel il a consacré une brochure intitulée : *De la charité dans l'œuvre de Zola* [*De menschenliefde in de werken van Zola,* 1903]. On lui doit également *Aristocraten* (1908), *Goethe's liefdeleven* (1919) et divers autres romans qui sont des satires dirigées contre le pharisaïsme de la société hollandaise.

RÉF. : E. d'Oliveira, *De jongere generatie*, Amsterdam, 1920. — J. Verdoes, article *sub nomine* in *Bekende Rotterdammers*, Rotterdam, 1951.

MÉHUL Étienne Nicolas. Compositeur français. Né à Givet (Ardennes) le 22 juin 1763, mort à Paris le 18 octobre 1817. Il avait dix ans lorsqu'on lui confia l'orgue des Récollets de Givet, mais il émerveilla tant ses auditeurs que le colonel de la garnison décida de le conduire à Paris (1778). Il y vécut de leçons, tout en suivant les cours d'Edelmann, qui perfectionna ses talents d'interprète et lui apprit la composition. Ses premières sonates pour piano furent publiées en 1781 sans être remarquées ; sa musique sur une ode de Jean-Baptiste Rousseau lui ayant, par contre, valu quelque succès, il décida de se consacrer à la musique vocale et dramatique. Son *Alonzo et Cora* fut reçu à l'Opéra mais jamais joué. *Euphrozine et Corradin* (1790) et *Stratonice* (1792) connurent un tel succès à l'Opéra-Comique que les airs en devinrent immédiatement populaires et que Méhul se vit soudain considéré comme le plus grand compositeur du temps. Il mérita même le titre de « musicien de la Révolution » avec ses *Chants patriotiques* (*) qui comprennent, entre autres, *Le Chant du départ* (+) (1794), *Le Chant de la victoire* et des morceaux de circonstance comme *Le Pont de Lodi* ; ces chants déchaînèrent véritablement l'enthousiasme populaire et furent au programme de toutes les fêtes du nouveau régime. Méhul connut cependant une éclipse au théâtre, à cause du succès de la musique italienne que favorisait Napoléon. Il parodia ce nouveau goût du public dans *L'Irato*, qui fut un moment en faveur, mais ses opéras, parmi lesquels on peut citer : *Arminius* (+) (1794), *Une folie* (1802), *Hélène* (1803), *Le Trésor supposé* (1803), *Les Aveugles de Tolède* (1806), *Joseph* (*) (1807), ne connurent plus les succès délirants de ses débuts. Ses quatre symphonies (1807-10) sont les seules homologues françaises — avec moins de génie — des symphonies beethovéniennes. Elles montrent néanmoins un talent novateur fort ingénieux.

RÉF. : P. A. Vieillard, *Souvenirs de théâtre. Méhul, sa vie, ses œuvres*, Paris, 1859. — Arthur Pougin, *Méhul, sa vie, son génie, son caractère*, Paris, 1889 — M. Thierry, *Notice sur Méhul*, Paris, 1892. — R. Brancour, *Méhul, biographie critique*, Paris, 1913.

MEILHAC Henri. Écrivain français. Né et mort à Paris (22 février 1831-6 juillet 1897). Il fut d'abord humoriste et fantaisiste, faisant des articles pour le *Journal pour rire* et pour *La Vie parisienne.* Il écrivit ensuite des vaudevilles et des pièces en quantité considérable, qui lui valurent un rapide succès. Il sut adapter à la scène le fameux « esprit boulevardier », travaillant seul ou plus souvent en collaboration. Parmi les pièces qu'il écrivit, on peut relever : *Le Petit-Fils de Mascarille* (1859), *L'Autographe* (1861), *La Vertu de Célimène* (1861), *L'Attaché d'ambassade* (+) (1861), *Les Demoiselles Clochard* (1886), *Décoré* (1888), *Brevet supérieur* (1892). Mais c'est de sa collaboration avec Ludovic Halévy que devaient naître ses plus grands succès : opéras bouffes qui connurent une vogue immense, laquelle est due en partie à la musique d'Offenbach, tels : *La Belle Hélène* (*) (1864), *Barbe-Bleue* (*) (1866), *La Vie parisienne* (*) (1866), *La Grande-Duchesse de Gérolstein* (*) (1867), *La Périchole* (*) (1868), *Les Brigands* (1869), *Le Petit Duc* (*) (1878). Meilhac et Halévy écrivirent ensemble des comédies : *Les Brebis de Panurge* (1863), *Fanny Lear* (1868),

Froufrou (*) (1869), *Tricoche et Cacolet* (1872), *L'Été de la Saint-Martin* (1873), *La Petite Marquise* (1874), *Loulou* (1876), *Le Mari de la débutante* (1879). En collaboration avec Gille, Meilhac donna encore le livret de *Manon* (*) qu'illustra la musique de Massenet, et celui de l'opéra-comique de Planquette, *Rip* (*) ; avec Millaud, *Mamzelle Nitouche* (1883), avec Gandérax, *Pepa* (1888). Henry Meilhac fut élu à l'Académie française le 26 avril 1888, au fauteuil de Labiche, mais sa réception n'eut lieu que le 4 avril 1889. Le succès de ses pièces entraînera des adaptations cinématographiques célèbres.

RÉF. : P. Desjardins, « M. Henri Meilhac, son art et sa philosophie », in *Revue politique et littéraire*, Paris, 1889. – J. Lemaitre, *Impressions de théâtre*, Xe série, Paris, 1898. – S. Clay, *Henri Meilhac-Ludovic Halévy*, thèse de l'université de Californie, 1987.

MEILLET Antoine. Linguiste, grammairien et philologue français. Né à Moulins le 11 novembre 1866, mort à Châteaumeillant le 12 septembre 1936. Professeur en 1891 à l'École des hautes études, il est nommé en 1906 au Collège de France, où il poursuivra toute sa vie ses recherches. L'œuvre de Meillet est très abondante et le signale d'emblée comme l'un des linguistes les plus importants du début de ce siècle : on peut dire qu'il est à cheval entre l'ancienne philologie héritée du début du XIXe siècle et la linguistique moderne. Entre 1902 et 1905, il publie les *Études sur l'étymologie et le vocabulaire du vieux slave* (deux volumes). Cette première publication monumentale sera suivie de très nombreuses autres ; *Esquisse d'une grammaire comparée de l'arménien classique* (1903), *Introduction à l'étude comparée des langues indo-européennes* (1903), *Les Dialectes indo-européens* (1908), *Aperçu historique de la langue grecque* (1913), *Grammaire du vieux perse* (1915), *Caractères généraux des langues germaniques* (1917), *Les Langues en Europe nouvelle* (1918), *Le Slave commun* (1924), *Grammaire de la langue serbocroate* (1924), *Traité de grammaire comparée des langues classiques* (*) (1924) – en collaboration avec Vendryes –, *Esquisse historique de la langue latine* (1928), *Dictionnaire étymologique de la langue latine* (1932, avec Ernout), *Les langues du monde* (1934, avec Cohen), à quoi il faut ajouter de très nombreux articles publiés dans des revues spécialisées et une longue activité d'enseignement. L'un des titres de gloire de Meillet est également d'avoir contribué à faire connaître les travaux de Ferdinand de Saussure, au moment où celui que l'on considère maintenant comme le père de la linguistique moderne était encore inconnu. Ami de longue date de Ferdinand de Saussure, dont il pressentait l'importance, Meillet a contribué à faire publier les notes du célèbre *Cours de linguistique générale* (*). Les travaux de Meillet sur les langues indo-européennes sont aujourd'hui des classiques de la littérature philologique mondiale, tout comme ses travaux sur les langues slaves.

ANTOINE BERMAN.

MELA Pomponius. Géographe latin. Né au premier siècle après J.-C. dans la Bétique (Espagne), à Tingentera. On ignore en quelle année il vint à Rome. Une allusion à la victoire de Bretagne fait supposer que ce fut sous le règne de Claude, entre 43 et 44 après J.-C., qu'il écrivit les trois livres qui composent sa *Chorographie* (*), le plus ancien ouvrage de géographie en latin qui nous soit parvenu.

MÉLANCHTON Philippe. Réformateur allemand. Né à Bretten dans le Palatinat le 16 février 1497, mort à Wittenberg le 19 avril 1560. Il s'appelait en réalité Philippe Schwarzerd et était le fils de Georg, armurier, et de Barbara, apparentée au célèbre hébraïsant Reuchlin. Ce fut ce dernier qui, à la mort du père (1507), orienta l'enfant vers l'étude des humanités où il se distingua de très bonne heure, à Heidelberg (1509-1512) et à Tübingen (1512-1514), obtenant là, à dix-sept ans seulement, son titre de « Magister Artium ». Le jeune professeur, ne pouvant en raison de son âge concourir pour les grades supérieurs, faisait des cours sur Aristote et d'autres écrivains classiques ; il rêvait, en lisant Politien, à une culture universelle, traduisait Térence, composait une grammaire grecque (1518), projetait une édition complète des œuvres d'Aristote, et au même moment grécisait son nom : « Schwarzerde » [terre noire], qu'il devait encore simplifier, à partir de 1531, en Mélanchton. Dans le sillage d'Érasme, il aspirait également à un renouvellement interne de la chrétienté par l'humanisme. Les heurts qui se produisirent à Tübingen, entre scolastique et humanisme, le poussèrent, en 1513, toujours guidé par Reuchlin, à refuser les offres faites par Ingolstadt et Leipzig, et à accepter une chaire de grec à Wittenberg. Sa venue dans cette ville eut, pour lui, des conséquences tout à fait imprévues : pris par la puissante personnalité de Luther, Mélanchton, de réformiste érasmien devient réformateur, se consacre à l'étude des Saintes Écritures, seconde Luther au colloque de Leipzig (1519), et publie, à vingt-quatre ans (1521), le premier exposé systématique des idées de la Réforme, *La Somme de théologie ou Lieux communs* (*), plus tard remaniée ; il remplace Luther durant sa retraite au château de la Wartburg et, au retour de ce dernier, se fait avec lui le défenseur le plus en vue de la Réforme, atténuant par son caractère doux et sa culture équilibrée les excès du tempérament impétueux et de l'intransigeance de Luther. Après les premières années on perçoit chez Mélanchton la reprise de son intérêt pour l'humanisme qui se traduit par l'action qu'il entreprend en faveur de la réorganisation des études – qui lui valut le titre de « Praeceptor

Germaniae » – et de son intérêt érasmien pour une réforme interne de l'Église, en laquelle, à l'opposé de Luther, il continue de croire et d'espérer. Son adhésion aux idées de Luther n'est plus sans conditions, et même des divergences se dessinent que leur commune amitié empêche de se manifester trop ouvertement. Sans vouloir atténuer la doctrine luthérienne fondamentale de la « justification par la foi », Mélanchton, dans les instructions aux « visiteurs » de l'Église de Saxe, insiste pour que la prédication de la « Loi » divine précède l'annonce de la grâce. Au cours des discussions religieuses avec les Suisses, en 1529, à Marbourg, il ressent ses premiers doutes au sujet de la conception luthérienne des sacrements, qu'il adoucira plus tard dans le sens calviniste. Dans *La Confession d'Augsbourg* (*), rédigée par lui en vue de la diète tenue dans cette ville, il présente les doctrines luthériennes sous la forme la plus conciliante et la plus œcuménique (1530), et il continue à participer aux tentatives d'entente faites par Charles Quint à Worms et à Ratisbonne (1542), s'exposant, après la mort de Luther, aux violentes critiques de son parti à cause des concessions accordées sur des points jugés par lui « sans intérêt » (adiaphora) pendant l'« intérim » de Leipzig, en 1548. On doit également à l'influence d'Érasme la progressive atténuation qu'il apporte aux doctrines luthériennes du « serf arbitre » et de la prédestination. Les dernières années de sa vie furent assombries par les violentes polémiques théologiques déterminées par ces aspects particuliers de sa doctrine, jusqu'au moment où la mort vint le soustraire à la « rabiens theologorum ».

Les œuvres de Mélanchton occupent les volumes 1-28 du *Corpus reformatorum* constitué par Bretschneider et Bindseil à Leipzig entre 1834 et 1860, et elles reflètent bien la complexe activité théologique et humaniste du « Praeceptor Germaniae ». Cette publication n'a pas – et de loin – épuisé le sujet ; aussi, depuis 1910, on publie des *Supplementa Melanchtoniana* ; le vol. 4 de ces *Suppléments*, paru à Leipzig en 1926, comprend la *Correspondance* [*Briefwechsel*] qui embrasse la période de 1510 à 1528. Parmi ses ouvrages philosophiques, rappelons le *Livre de l'âme* (1540), que l'on considère comme le premier traité de psychologie écrit en Allemagne, les *Initia doctrinne physicae* (1549), les *Elementa rhetorices, libri duo* (1531) dont il existe deux ébauches antérieures et de nombreuses éditions postérieures, les *Erotemata dialectices* (1547), d'une composition analogue à celle des volumes précédents. De ses ouvrages moraux et politiques, le plus célèbre est le *Précis de philosophie morale* (*), plusieurs fois réédité et augmenté sous des titres différents : *Epitomae philosophiae moralis* (1538), *Ethicae doctrinae elementorum, libri duo* (1550) (nouvelle édition augmentée et modifiée, 1553 et 1556), etc. Les traités de morale de Mélanchton avaient été précédés par un commentaire de quelques livres de l'*Éthique* (*) d'Aristote (livres I et II en 1530, semble-t-il, avec adjonction des livres III et V en 1532) paru sous le titre de *Enarrationes aliquot librorum ethicorum Aristotelis.* En même temps que les deux premiers livres d'Aristote, le *De officiis* (*) de Cicéron avait fait l'objet d'un commentaire, en 1530, et, par la suite, il en fut de même pour d'autres ouvrages du moraliste romain. L'élection de Mélanchton à différentes académies nous a valu une série de *Commentaires* sur des livres ou des morceaux choisis d'auteurs latins (Salluste, César, Tacite, Pline, Virgile, Ovide, Térence, Plaute, Sénèque) et des traductions de classiques grecs (Ptolémée, Homère, Hésiode, les tragiques grecs, Lucien, Thucydide, Xénophon, Plutarque, Pindare et divers autres auteurs) ; en revanche, les deux grammaires (grecque, 1518, latine, 1525) sont le fruit des activités de jeunesse de l'auteur. Pour finir, ses ouvrages théologiques comprennent les différentes éditions et les adjonctions successives des *Loci theologici* (1521, 1535, 1543, 1559), une *Postilla,* c'est-à-dire un commentaire prédicatoire sur plusieurs livres de l'Ancien et du Nouveau Testament, un plan d'examen pour l'ordination des pasteurs (*Examen eorum qui audiuntur ante ritum publicae ordinationis qua commendatur eis ministerium evangelii,* 1552), et la fameuse *Instructio visitatorum,* en latin et en allemand (1527), guide destiné aux inspecteurs ecclésiastiques qui devaient instituer le culte luthérien dans la Saxe électorale, et les ouvrages confessionnels, c'est-à-dire *La Confession d'Augsbourg* (1530) et l'*Apologia confessionis augustanae* « prima » (1530) et « altera » (1531), développement de la précédente. Mentionnons seulement sa correspondance, ses dissertations académiques et ses ouvrages de polémique qui remplissent les douze volumes du *Corpus reformatorum.* C'est à cette vaste et obscure activité de l'humaniste théologien que le luthéranisme doit une bonne part de sa physionomie définitive.

GIOVANNI MIEGGE.

♦ *« Un homme admirable, ou plutôt un être à peine retenu dans les liens de l'humanité. »* Martin Luther (1518). ♦ *« La façon d'enseigner que tient Mélanchton est diverse de la mienne. Je vous ay aussy remonstré d'où cela venoit. C'est que Mélanchton, estant homme craintif, pour ne point donner occasion à gens curieux de trop s'enquérir des secrets de Dieu, s'est voulu par trop accommoder au sens commun des hommes. »* Calvin, Lettre aux Seigneurs de Genève, du 6 octobre 1552. ♦ *« Il joignit à l'érudition, à la politesse et à l'élégance du style une singulière modération. On le regardait comme seul capable de succéder dans la littérature à la réputation d'Érasme. »* Bossuet. ♦ *« Mélanchton fut un de ceux qui contribuèrent le plus au rétablissement de la philosophie parmi les protestants. »* Diderot. ♦ *« L'un des plus sages et des plus habiles hommes de son siècle. »* Bayle.

RÉF. : J. W. Richard, *Philipp Melanchton, The Protestant Preceptor of Germany*, New York, 1898 (rééd. 1974). – J. Boisset, *Mélanchton, éducateur de l'Allemagne*, Paris, 1967. – K. Aland, *Die Reformato-*

ren. *Luther, Melanchton, Zwingli, Calvin*, 1976 (nouv. éd. 1986).

MÉLÉAGRE de Gadara. Poète grec. Né en Palestine entre 110 et 120 av. J.-C., mort à Cos vers 60 av. J.-C. Gadara, l'« Athènes de la Syrie », était un centre littéraire important : elle avait été la patrie du philosophe cynique Ménippe. Méléagre fut également un cynique ainsi qu'en témoigne le titre d'une de ses œuvres, *Comparaison entre la purée de pois et la purée de lentilles*, contenue, avec un *Banquet* [Συμπὸσιον], dans un recueil intitulé *Grâces* [Χάριτει]. Le poète, tout ensemble, menait une vie de plaisirs et écrivait des épigrammes pour chanter les éphèbes aimés ; il publia d'ailleurs un opuscule de ces Παιδιχά. Plus tard, il se rendit à Tyr, où il fréquenta des courtisanes telles que Héliodora et Zénophile. Âgé, il se retira à Cos où il s'éprit encore d'autres courtisanes, Phanio en particulier, mais où, principalement, il se consacra à la philosophie et à la composition de *La Couronne fleurie* (*) ou *Le Bouquet* (*), la première anthologie d'épigrammes dont nous ayons une connaissance certaine, dédiée au philosophe Dioclès de Magnésie. Méléagre est un poète léger et ce n'est pas sans raison qu'on l'a défini l'« Ovide grec ». Quelquefois pourtant l'amour se manifeste dans son œuvre dans un langage plus dépouillé et plus intense. C'est ainsi qu'une de ses épigrammes nous montre Méléagre célébrant, avec plénitude et pureté de sentiments, son amour pour Héliodora, une courtisane ; le ton chaud et passionné, délicat et affectueux, fait penser à Catulle. Les poésies de Méléagre furent traduites en français par Pierre Louÿs (1893).

RÉF. : Sainte-Beuve, *Portraits contemporains*, t. V, Paris, 1871. — Henri Ouvré, *Méléagre de Gadara*, Paris, 1894. — Carl Radinger, *Meleagros von Gadara*, Innsbruck, 1895. — Luigia A. Stella, *Cinque poeti dell' « Antologia palatina »*, Bologne, 1949. — *Anthologie grecque* (Waltz, Soury, Buffière, Aubreton), Les Belles-Lettres, Paris, 1928-1980, onze vol. avec texte grec et trad. française. — *Anthologie grecque I, La Couronne de Méléagre*, trad. D. Buisset, Paris, 1991.

MELÉNDEZ VALDÉS Juan. Poète espagnol. Né le 11 mars 1754 à Ribera del Fresno (Badajoz), mort le 24 mai 1817 à Montpellier. Il montra, dans une époque de transition et d'événements politiques tumultueux, une attitude ambiguë. Après ses premières études à Madrid et à Ségovie, en compagnie de son frère, son premier guide spirituel, il trouva dans le milieu poétique de Salamanque, dans la cellule du frère Diego Gonzales, la clé de sa formation littéraire. De 1778 à 1789, il occupa la chaire d'humanités, mais après ses premiers grands succès poétiques lors de la parution de la première édition des *Poésies* (*), il abandonna Salamanque et se fit magistrat. Il fut dès lors (1789) un juge très consciencieux et assidu. Pendant l'occupation napoléonienne, il accepta les charges que lui proposaient les Français ; aussi lorsque la lutte pour l'indépendance eut triomphé fut-il contraint de s'exiler en France où il mourut. En 1866, ses restes furent rapportés à Madrid auprès de ceux de son ami Goya, qui en 1797 avait peint son portrait.

MELI Giovanni. Poète italien. Né le 6 mars 1740 à Palerme, mort dans cette même ville le 20 décembre 1815. En dépit de la formation reçue chez les jésuites, il fut essentiellement un autodidacte. Entre 1759 et 1761, il étudie la médecine, tout en écrivant des odes et des « canzoni » à la manière de Frugoni. Pour faire face aux besoins familiaux, il pense bientôt à tirer profit de ses études de médecine. Le voici donc, de 1767 à 1772, exerçant la médecine à Cinisi. C'est pendant cette période heureuse que naît son chef-d'œuvre : la *Bucolique* (+), où transparaît une sincère aspiration à la paix sereine de la campagne, à la contemplation extatique de la beauté de la création, à la joie de l'amour, à la pureté de la vie morale. De retour à Palerme, il connaît la gloire et l'amour ; sa renommée s'étend hors de la Sicile et de l'Italie. En 1787, il travaille à l'édition de ses poésies — v. *Don Quichotte et Sancho Pança* (*) ; la même année, il est nommé à la chaire de chimie de l'Accademia degli studi (qui devient université en 1805). Dans les dernières années de sa vie, qu'assombrissent des adversités, il se montre sensible aux idées nouvelles promues par la philosophie des Lumières. Mais sa poésie demeure fondamentalement étrangère à la « poésie sociale » et son idéal de vie idyllique.

MELL Max. Écrivain autrichien. Né le 10 novembre 1882 à Marburg (Styrie), mort le 13 décembre 1971 à Vienne. Après avoir passé une partie de sa jeunesse à Marburg, M. Mell arrive à Vienne, où il entreprend des études supérieures de langue et littérature germaniques. Il soutient une thèse de doctorat en 1905. Lié d'amitié avec Hofmannsthal et Carossa, il se consacre bientôt « presque tout entier » à la littérature, recevant honneurs et distinctions : prix Grillparzer en 1928 et 1940, prix Peter Rosegger en 1952, etc.

Après deux recueils de nouvelles placés sous le signe de l'esthétique du décadentisme, *Récits latins* (+) (1904) et *Les Trois Grâces du rêve* (+) (1906), M. Mell retrouve la rusticité du conte populaire avec *Le Bétail de Barbara Naderer* (+) (1914). Ses meilleurs récits seront plus tard réunis sous le titre *La Petite Femme du Danube* (*) (1938). On lui doit également quelques recueils lyriques, où se révèle l'influence de Rilke et d'Hofmannsthal. Mais c'est surtout en tant que dramaturge que Max Mell laisse un nom dans la littérature autrichienne, comme le rénovateur du « mystère » de tradition baroque. Les sujets mythologiques, Œdipe — *Les Sept contre Thèbes* [*Die Sieben gegen Theben,* 1932] — ou les Nibelungen —

La Vengeance de Kriemhild [*Kriemhilds Rache,* 1951] –, reçoivent sous sa plume une signification chrétienne : Hagen tourmenté par la conscience du péché ! Exercice d'école ou recherche d'une forme de sacré ?... la controverse n'est pas close.

JEAN-JACQUES POLLET.

MELLO BREYNER ANDRESEN Sophia de. Écrivain portugais. Née à Porto le 6 novembre 1919, dans une vieille famille de l'aristocratie portugaise. Elle passe son enfance à Porto mais poursuit des études littéraires à Lisbonne. Engagée politiquement, elle luttera toujours pour la liberté. Elle commence sa carrière littéraire dans les « Carnets de poésie ». En 1944, elle publie son premier recueil de poèmes *Poesia*. Elle développe parallèlement ses dons de conteuse et publie de très beaux récits pour enfants dont *La Fille de la mer* [*A menina do mar*], paru en 1957, et qui obtient un vif succès. La mer est d'ailleurs un de ses thèmes favoris et sa poésie est riche de symboles marins – v. *Poésies* (*). Sa prose, en particulier *Les Contes exemplaires* [*Os contos exemplares*], publiés en 1962, ne laisse d'être avant tout une prose poétique. De sa vie, comme de son œuvre, se dégagent une assurance, un courage, un engagement permanent qui la situent en marge de tout mouvement littéraire. En 1969, elle est candidate aux élections législatives dans l'opposition démocrate. Elle participe à la fondation du Comité national de secours aux prisonniers politiques. En 1975, elle est élue député socialiste de l'Assemblée nationale. Sophia de Mello Breyner Andresen est aussi la traductrice en langue portugaise de Paul Claudel, de Dante, de Shakespeare et d'Euripide ; en langue française, elle a traduit de nombreux poèmes de Camoens, Cesário Verde, Mário de Sá-Carneiro et Fernando Pessoa.

FRANÇOISE BEAUCAMP.

MELNIKOV-PETCHERSKI Pavel Ivanovitch [Andrej Pečerskij : pseud. de Pavel Ivanovič Mel'nikov]. Écrivain russe. Né le 22 octobre 1819 à Nijni-Novgorod, mort dans une petite propriété, non loin de sa ville natale, le 1er février 1883. Fils d'un officier de gendarmerie, il manifesta de bonne heure des dispositions pour les études, et il aurait rapidement obtenu une chaire de langues et dialectes slaves à l'université de Kazan si, pour le punir d'un scandale qu'il avait provoqué en état d'ivresse, on ne l'avait envoyé comme professeur d'histoire et de géographie dans un village du gouvernement de Perm'. Passionné d'ethnographie, Melnikov, quand venait le temps des vacances, s'en allait visiter les usines de l'Oural, partageant la vie du menu peuple, et il en tira des observations, publiées en 1839 sous le titre *Notes de voyage* [*Dorožnyja Zapiski*], dans la revue *Les Annales de la patrie* [*Otečestvennyja Zapiski*]. L'écrivain, dès lors, fut sollicité par différentes publications littéraires ou ethnographiques et, désireux d'élargir son horizon, quitta l'enseignement pour entrer au service du gouverneur de Nijni-Novgorod, qui le nomma rédacteur en chef de la publication officielle locale *Gazette du gouvernement de Nijni-Novgorod* [*Nižegorodskija gubernskija védomosti*], où il créa une rubrique consacrée aux antiquités locales. Melnikov s'intéressa particulièrement à la secte des « vieux croyants » qui, dans ses récits, tient une très grande place. Toutefois, c'est surtout comme écrivain que son action allait se révéler efficace. On lui doit en effet : *Années passées* [*Staryje gody,* 1857], *Le Coin des ours* [*Medvežij ugol,* 1857], *Les Récits de la grand-mère* [*Babuškiny rasskazy,* 1858], parus dans *Le Messager russe* [*Russkij Vestnik*] et dans *Le Contemporain* [*Sovremennik*]. Nommé membre de la commission chargée de rassembler des matériaux pour l'histoire des sectes russes, il put y exercer une influence profonde, et son activité dans ce sens fut des plus grandes entre 1860 et 1866. Melnikov s'installa alors à Moscou, où il fit de nouveau œuvre littéraire. Ce fut toutefois dans son petit domaine des environs de Nijni-Novgorod qu'il composa ses deux romans : *Dans les forêts* (*) et *Sur les montagnes* [*Na gorah,* 1875-1881], dont la publication dans *Le Messager russe* lui valut une large célébrité.

MÉLOT DU DY (pseud. de Robert E. Melot). Poète belge d'expression française. Né à Bruxelles le 27 octobre 1891, mort à Rixensart le 3 juin 1956. D'ascendance wallonne et flamande, française et anglaise, il a vécu en France, en Allemagne et en Italie avant de se fixer dans le Brabant wallon. Cofondateur avec Hellens et Périer de la revue *Le Disque vert* (*), il a traduit Keats et Shakespeare, Pétrarque et Goethe. Son œuvre poétique, proche de la poésie fugitive du XVIIIe siècle, spirituelle et tendre, est marquée d'épicurisme et de nostalgie désabusée. Elle s'épanche en vers élégiaques ou cingle avec esprit en rythmes courts, d'un grand raffinement intellectuel. Parmi ses ouvrages, on peut citer *Mythologies* (+) (1921), *Hommeries* (+) (1924), *Amours* (+) (1929), *À l'amie dormante* (+) (1935), *Signes de vie* (+) (1936), *Lucile* (+) (1936), *Jeu d'ombres* (+) (1938) et les poèmes posthumes du *Métier de fantôme* (+) publiés pour la première fois dans *Choix de poésies 1919-1956* (*).

MELVILLE Herman. Romancier et poète américain. Né le 1er août 1819 à New York où il mourut le 28 septembre 1891. Herman Melvill (le e final n'est rajouté qu'après le décès de son père) est issu d'une double lignée patricienne qui compte de part et d'autre des ancêtres prestigieux : du côté paternel, le major Thomas Melvill, héros de la guerre d'Indépendance et, du côté maternel, le général Peter Gansevoort, grand ami de Fenimore Cooper, qui deviendra dans *Pierre ou les Ambiguïtés* (*), sous les traits du « vieux Pierre », le fondateur de la dynastie Glendinning. Alan Melvill, importateur de nouveautés à New York dont les affaires s'appuient sur la parentèle et un réseau de relations, emprunte énormément, notamment auprès de son beau-frère Peter Gansevoort. Acculé à la faillite, il sombre dans la folie et il meurt en 1832, laissant sa famille dans une situation critique. Maria et ses huit enfants, plongés dans la pauvreté, ne survivront que grâce à l'aide parcimonieuse des proches. Le décès du père et ses dettes restent sensibles dans les œuvres d'Herman Melville, peuplées d'orphelins dépossédés, d'êtres empruntés ou meurtris. Son père était un bourgeois libéral, unitarien ; sa mère, revenue à un calvinisme plus austère, élève ses enfants dans un climat de désespérance à Albany puis à Lansingburg sur les bords de l'Hudson. Gansevoort Melvill, le frère aîné, tentera vainement de redorer le blason. Son commerce périclite à son tour en 1837. Il réussit à se faire nommer secrétaire de la légation américaine à Londres en 1845, mais il meurt prématurément en 1847. Pour ne pas être à la charge de la famille, Herman a été retiré de l'école à l'âge de treize ans et placé comme employé dans la banque de l'oncle, Peter Gansevoort. Il sera aussi garçon de ferme chez l'oncle Thomas, comptable dans le magasin de fourrures de Gansevoort puis maître d'école près de Pittsfield. Il poursuit parallèlement ses études, lit Cooper (*Le Corsaire rouge* entre autres), suit des cours d'arpentage dans l'espoir de trouver un emploi de géomètre sur le canal Érié. La marine marchande est le refuge des déshérités ; il s'embarque à vingt ans sur le « Saint Lawrence » en partance pour Liverpool. *Redburn* (*) relatera ce périple (juin-septembre 1830) qui est un pèlerinage sur les traces du père, mais en tant que simple mousse et non en touriste. Le fils de famille déclassé, qui souffre du mépris des officiers et de l'équipage, découvre le prolétariat des nouvelles villes industrielles et les clivages de la société victorienne. Partout dans *Redburn* la figure du père mort affleure, sous le spectacle de la misère ou du luxe : dans la cave-caveau où il assiste à l'agonie d'une mère et de ses enfants, mais aussi dans cette chambre-crypte de la maison de jeux où il attend, reclus, le retour d'Harry Bolton dont le lieu de naissance, Bury-St-Edmunds, évoque aussi un tombeau, comme si s'enfuir c'était encore revenir sur le passé enfoui. De retour au pays, il s'aventure dans l'Ouest puis descend le Mississippi, avant de céder à l'appel de cette autre prairie, l'océan : il s'embarque le 3 janvier 1841 à New Bedford sur l'« Acushnet » qui deviendra le « Pequod » dans *Moby Dick* (*). Richard H. Dana, diplômé d'Harvard, vient de publier *Deux années sur le gaillard d'avant* (*), compte rendu de son expérience de marin sur un trois-mâts, conférant ainsi au « gentleman sailor » ses lettres de noblesse : la mer sera son Yale et son Harvard. Du reste, il y a déjà eu des hommes de mer dans les annales familiales : le capitaine John D'Wolf, explorateur célèbre de la Sibérie, et plus récemment Leonard Gansevoort ainsi que deux autres cousins. Mais la chasse à la baleine recrute surtout les damnés de la terre. Le travail qui fournit le spermaceti, utilisé comme cosmétique ou pour l'éclairage des villes, est particulièrement rebutant et risqué. *Moby Dick* décortiquera l'industrie baleinière et dévoilera la boucherie qui se cache derrière l'Amérique citadine et bourgeoise, « cette barbarie éclairée au gaz » (Baudelaire). L'« Acushnet » fait route vers les îles Marquises, via les Galapagos – qui inspireront *Les Îles enchantées* (*). Le 9 juillet 1842, Melville, accompagné de Richard Tobias Greene, déserte au large de Nuku-Hiva et échoue chez les Taïpis, dans une vallée qu'un cousin, Thomas Melvill, midship sur le « Vincennes », avait déjà visitée treize ans auparavant. Il s'est blessé à la jambe et reste trois semaines captif des cannibales, abandonné par « Toby » parti chercher du secours, avant de pouvoir s'évader à bord d'un baleinier, le « Lucy Ann ». L'équipage se mutine, ce qui lui vaut un séjour de trois semaines dans la prison anglaise de Tahiti. Libéré, il vagabonde à travers l'archipel en compagnie de l'excentrique docteur « Long Ghost ». Ces aventures dans le contexte de la colonisation militaire et de l'évangélisation forcée des îles Marquises et de Tahiti, qui coïncident avec l'expropriation et l'extermination du peuple indien sur le sol américain, seront relatées dans *Typee* (*) et *Omoo* (*). Il s'engage sur un baleinier, le « Charles and Henry », qu'il déserte, puis regagne les États-Unis sur la frégate de guerre « United States », véritable bagne flottant, au moment où un autre cousin, Guert Gansevoort, lieutenant à bord du « Somers », croyant démasquer une mutinerie, fait condamner à la pendaison trois sous-officiers dont l'un était le propre fils du secrétaire d'État à la guerre. Cette affaire inspirera *Billy Budd* (*) et Melville tirera de sa propre expérience un récit-reportage, *La Vareuse blanche* (*), où il célèbre au sein même de ce huis clos carcéral la camaraderie des gabiers de misaine, et de Jack Chase en particulier à qui *Billy Budd* sera dédié. D'où l'importance, dans son œuvre, du compagnon d'infortune, âme sœur et corps frère : Toby, Jarl, Jack Chase, Harry Bolton, Queequeg, incarneront tour à tour cet éternel complice, seul allié substantiel. Sa carrière de matelot s'achève ; commence l'écriture avec le récit de son expérience dans les mers du Sud. *Typee* (1846), *Omoo* (1847), en partie parce qu'ils font scandale, sont immédiatement des succès de librairie, bien que l'authenticité du témoignage soit mise en doute. Richard Tobias Greene, que Melville avait perdu de vue, réapparaît providentiellement pour confirmer la véracité du compte rendu. Vrai ou faux ? Melville s'explique dans la préface mais, au-delà de la polémique portant sur l'anecdote, s'esquissent certains thèmes obsédants de l'œuvre de Melville jusqu'au *Grand Escroc* (*) : l'imposture, la mystification, la dissimulation qu'il détecte au cœur même du monde dit primitif. Le « vagabond des îles » épouse Elizabeth Shaw et, par fille interposée, le juge Lemuel Shaw, ami de son père et bienfaiteur de la famille durant les années difficiles. Le jeune ménage s'installe bourgeoisement à Broadway avec son frère, l'épouse de celui-ci, sa mère et ses quatre sœurs. Melville aura quatre enfants, dont un que par erreur il déclarera à l'état civil à l'époque de la composition de *Pierre* comme né de lui-même et de Maria Gansevoort, sa mère. Toute la tribu Melville vit dans l'ombre du beau-père, juge à la cour suprême du Massachusetts, resté célèbre pour avoir promulgué en avril 1851 la restitution de l'esclave Thomas Simms réfugié dans les états libres. La question noire, centrale dans « Benito Cereno », a donc des résonances personnelles, et on pourrait retracer les démêlés de l'étrange couple formé par le juge et son gendre, de *Taïpi*, qui lui est dédié, à « Bartleby » et *Billy Budd*, tout au long d'une œuvre qui gravite autour de la loi et de sa transgression. À New York, « Mr. Omoo » est admis dans l'« establishment » littéraire dominé par les frères Duyckinck qui rêvent pour la Jeune Amérique d'une Révolution d'indépendance culturelle. Il redécouvre, grâce à Evert Duyckinck, Shakespeare, sir Thomas Browne, Burton, Milton, Goethe, Carlyle et Emerson. De ces lectures naîtra une œuvre de pure fiction, *Mardi* (*), boudée par le public habitué aux vahinés et aux cannibales. *Mardi*, comme plus tard *Moby Dick*, est une recherche dont l'objet même échappe, une dérive dans l'archipel des impostures et des faux-semblants. De ce fatras de spéculations émerge le monde désenchanté de la mascarade, le mardi gras du *Grand Escroc*. Mais l'apprentissage du leurre s'avère peu payant. Melville revient donc au récit-reportage avec *Redburn* puis *La Vareuse blanche*. Mais le regard de l'ethnologue se porte désormais directement sur la barbarie intime, sans le détour par les îles du Pacifique. *Redburn* est le récit de la découverte, dans les marges du guide paternel pris pour parole d'évangile, d'un monde clandestin de la misère et du vice à Liverpool-Sodome et à Londres-Gomorrhe. *La Vareuse blanche*, sous couvert d'une œuvre engagée qui dénonce les abus disciplinaires, démasque Sodome transportée en contrebande sous l'estampille officielle de l'ordre militaire. De même que le vaisseau devient la métaphore du monde messager des ordres divins, c'est la crypte obscure qu'occulte le renom du Père qui est ici dévoilée. L'ambiguïté, voire la supercherie des premiers récits, est d'adhérer en apparence au messianisme dominant tout en révélant l'envers de la « destinée manifeste » et sa faillite dans les faits. D'où, à rebours de l'évangile du succès colporté par les transcendantalistes, la fascination morbide que Melville partage avec Hawthorne pour les « suintements et la décrépitude de l'inscrutable malveillance de l'univers ». Ainsi, s'il salue en Hawthorne le génie du Nouveau Monde dont la venue était attendue, ce qu'il reconnaît surtout chez cet autre guetteur du sacré, c'est, tout credo congédié, la « puissance des ténèbres » et le soupçon des signes, prodiges compris, car Dieu même, s'il existe, peut vouloir tromper. Lorsque cet aîné prestigieux qui vient de publier *La Lettre écarlate* (*) s'avère être son voisin à Arrowhead près de Pittsfield, il devient bientôt son proche, passionnément comme en témoigne leur correspondance : « D'où viens-tu, Hawthorne ? De quel droit bois-tu à mon flacon de vie ? Et quand je le porte à mes lèvres, voici que ce sont les tiennes et non les miennes. J'éprouve que la Divinité est rompue comme le pain de la Cène. » De cette amitié mystique, scellée par la noirceur, naissent coup sur coup *Moby Dick* (1850) et *Pierre* (1851), « in nomine diaboli ». Mais ce climat d'effervescence n'est que l'enveloppe de l'échec dont *Pierre* témoigne. Les signes sont désormais monnaie de singe et, puisque Dieu reste sur sa réserve, ses porte-parole ne peuvent que le trahir. L'écrivain, déserté de toute transcendance, se trouve exclu d'un marché dominé par les pasteurs et les romancières, qui collaborent à la même religion du cœur. Le déchiffrement inquiet des signes, legs lointain du puritanisme, a dégénéré en sentimentalisme scabreux : *Pierre* laisse entrevoir que Dieu ou toute référence paternelle sont pris dans les rets des désirs incestueux. Melville, fidèle à sa vocation inextricablement apostolique et iconoclaste, persévère à contre-courant : « Une bourse creuse fait sombrer le poète, témoin *Mardi*. Mais nous qui écrivons et imprimons, nos livres sont prédestinés. Pour moi, j'écrirai les choses que le Grand Éditeur de l'humanité a prescrites... » « Les dollars me font damner [...] Ce que je me sens le plus poussé à écrire m'est interdit — cela ne paiera pas. Et pourtant, c'est certain, écrire autrement je ne le puis. » *Moby Dick* est un demi-échec, *Pierre* un désastre ; lorsque le stock de sa maison d'édition disparaît lors d'un incendie, ses romans ne sont plus réédités. Même les affinités électives s'effritent : Hawthorne s'éloigne de cet ami envahissant. Le romancier maudit ne renonce pas à écrire, mais ses œuvres trahissent son désenchantement. *Israël Potter* (1855) participe à la révolution américaine sans en récolter les fruits ; tel Ismaël, il est voué à s'exiler, à errer à travers l'Europe et à ne retourner au pays natal que pour y être enterré, vivant ainsi l'envers du mythe de la Terre promise. Melville publie des nouvelles qui tournent autour de la désaffection de la foi dans l'Amérique moderne, philistine ou prolétaire. Ainsi « Cocorico ! », contrepoint du yankee-doodle national, est une caricature de l'optimisme américain. Le narrateur, harcelé par ses créanciers, trouve réconfort dans le chant d'un coq, seule possession d'une famille misérable dont tous les membres disparaissent peu à peu. Le narrateur, et le coq auquel il finit par s'identifier, n'en continuent pas moins à éructer. Ce conte immoral est une parodie grinçante de l'ego emersonien dressé sur ses ergots. « Moi et ma cheminée » et « La Table de Pommier » sont le constat cocasse de la disparition du sentiment du sacré dans l'Amérique des ménagères. Melville collige quelques nouvelles dans *Les Contes de la véranda* (*) (1856), notamment « Benito Cereno » et « Bartleby ». Avant de se murer dans le silence tel le clerc de Wall Street, il publiera *Le Grand Escroc* [*The Confidence Man*] au titre ambigu. Dans ce récit sériel, fait d'une quarantaine de dialogues crypto-platoniciens situés dans l'Ouest des hors-la-loi, toutes les valeurs monétaires, religieuses et littéraires sont désavouées. Alors qu'un escroc opère en se faisant passer pour lui, Herman Melville, perpétuellement en porte à faux vis-à-vis de son public, floue définitivement le fidèle lecteur de *Taïpi* en publiant, le premier avril 1857, ce dernier roman dans lequel il l'entraîne dans un univers carnavalesque où ne s'échangent que des signes discrédités. Nerveusement ébranlé, il se laisse convaincre par son beau-père d'entreprendre un voyage en Palestine. À trente-sept ans, il regagne son Golgotha. Il retrouve Hawthorne, consul à Liverpool, pressentant peut-être qu'ils ne se reverront plus. Son journal consigne partout son horreur, à Constantinople comme en Égypte ou à Jérusalem : « Erré parmi les tombes jusqu'à ce que je finisse par me croire possédé du démon [...] Je frémis en pensant aux anciens Égyptiens. C'est dans ces pyramides que fut conçue l'idée de Jéhovah. » Ce pèlerinage en Terre sainte où il constate le foisonnement des sectes et l'éclipse définitive de Dieu dont l'homme ne peut faire son deuil, inspirera *Clarel*, poème narratif de dix-huit mille vers publié en 1876 à compte d'auteur grâce à l'aide de l'oncle Peter Gansevoort. De retour au pays, il brigue sans succès un poste de consul, tente une carrière de conférencier itinérant à laquelle il renonce rapidement. La guerre de Sécession inspirera *Poèmes de guerre* [*Battle-pieces*], épitaphe de l'Adam américain dont la guerre fratricide a entraîné la chute. En 1866, il est nommé inspecteur des douanes à New York ; il le restera jusqu'en 1885. Sa situation matérielle s'améliore mais son chemin de croix continue : en 1867, Malcom, son fils aîné, se suicide. Son autre fils, Stanwix, qui mène une existence errante, mourra seul à San Francisco en 1886. Melville perd sa mère et plusieurs frères et sœurs. Il publie à titre confidentiel *John Marr and Other Sailors*, 1888) ainsi que *Timoleon* (1891). Au soir de sa vie, le 16 mars 1888 il commence *Billy Budd*, qu'il achèvera le 19 avril 1891. Cette œuvre testamentaire, souvent interprétée comme une acceptation sereine du destin, est une ultime empoignade avec le Père éternel qui par son retrait même de la scène mondaine autorise les idolâtries. Billy Budd, prophète barbare, est sacrifié sur l'autel de la raison d'État, Baal moderne. Mais en dernier ressort les perversions humaines que recouvre l'ordre martial semblent pointer vers l'obliquité originelle de Dieu.

MICHEL IMBERT.

♦ *« Il ne peut ni croire ni être à l'aise dans son incroyance ; et il est trop honnête et trop courageux pour ne pas tenter de faire l'un et l'autre. »* Nathanaël Hawthorne. ♦ *« On l'imagine dressé, comme Achab, à la proue, seul dans sa monstrueuse solitude d'insomniaque, guettant la bête, rêvant de mourir accroché à ses flancs, roulé vers quelles profondeurs ? »* Jacques Cabau. ♦ *« Melville invente une langue étrangère qui court sous l'anglais et l'emporte : c'est l'outlandish. »* Gilles Deleuze.

RÉF. : D. H. Lawrence, *Studies in Classic American Literature*, 1923 (rééd. 1977). – F. O. Matthiessen, *American Renaissance*, New York, 1941. – L. Howard, *Herman Melville. A Biography*, University of California, 1952. – J.-J. Mayoux, *Melville par lui-même*, Paris, 1958. – H. B. Franklin, *The Wake of the Gods*, Stanford, 1963. – E. A. Dryden, *Melville's Thematic of Form*, Baltimore, 1968. – C. Karcher, *Shadow over the Promised Land : Slavery, Race and Violence*, Baton Rouge, 1980. – R. Durand, *Melville, signes et métaphores*, Lausanne, 1980. – V. Sachs, *The Game of Creation*, Paris, 1982. – M. Rogin, *Subversive Genealogy : The Politics and Art of Herman Melville*, New York, 1983. – P. Jaworski, *Melville, le désert et l'empire*, Paris, 1986. – Numéros spéciaux des revues *L'Arc* (n° 41, 1970), *Delta* (n° 6/7, 1978), *Americana* (n° 3, 1989), *Europe* (n° 744, 1991), *Revue de l'Association des études américaines* (n° 50, 1991).

MEMMI Albert. Romancier et essayiste tunisien naturalisé français. Né à Tunis le 15 décembre 1920. Si l'œuvre d'Albert Memmi atteint une portée universelle, c'est pourtant dans des conditions d'existence très particulières qu'elle trouve sa source : né en Tunisie, aîné d'une famille de condition très modeste dont la langue maternelle était l'arabe, Albert Memmi souffre en effet, au même titre que les héros de ses romans, d'une « impossible condition » : Juif dans un pays arabo-musulman, de mœurs orientales dans un monde où triomphait l'Occident, pauvre dans une société où seule la richesse pouvait sauver. Après des études primaires à l'école rabbinique, puis à celle de l'Alliance israélite universelle, il peut s'inscrire au lycée Carnot de Tunis, grâce à une bourse de la Communauté. Parallèlement à ses études, il fréquente les mouvements de jeunesse juive, faisant à ces deux écoles le difficile apprentissage de la judéité et de la différence. Baccalauréat en poche (1939), il s'inscrit à l'université d'Alger, d'où il est chassé par les lois de Vichy, puis s'embarque pour la France (1946), afin d'y poursuivre en Sorbonne ses études de philosophie. C'est en cette période de pessimisme extrême et de désillusions que, travaillé par le désir de faire le « bilan de sa vie », Memmi entreprend *La Statue de sel* (1953), qui obtiendra le prix littéraire de Carthage.

Marié à une chrétienne (1951) – il s'inspirera de cette expérience pour composer *Agar* (1955) sur les difficultés du couple mixte –, il tente de revenir au pays, où il enseigne la philosophie et fonde le Centre de psycho-pédagogie de Tunis. Mais, dès l'accession de la Tunisie à l'indépendance, les Memmi sont, comme beaucoup de familles juives, contraints de quitter définitivement le pays, pour se fixer à Paris, où l'écrivain obtient un poste d'attaché de recherche au C.N.R.S. avant d'enseigner la sociologie à l'École des hautes études, puis à l'université Paris X.

Le *Portrait du colonisé,* précédé d'un *Portrait du colonisateur* (*) (1957), qui met en évidence l'arrière-plan psycho-sociologique de l'oppression coloniale, pose la première pierre d'une fructueuse théorie sur la dépendance et la dominance qu'illustreront successivement *Portrait d'un Juif* (1962), *L'Homme dominé* (1968) et *La Dépendance* (1979). La définition qu'Albert Memmi donne du racisme dans *L'Encyclopaedia Universalis* et, de façon plus développée, dans *Le Racisme* (1982), est aujourd'hui très largement reprise.

Parallèlement, l'œuvre romanesque d'Albert Memmi, traduite en de nombreuses langues, s'est poursuivie avec *Le Scorpion* (*) (1969), *Le Désert* (1977) et *Le Pharaon* (1988) – ces deux derniers romans inscrivant la question de l'identité et des choix existentiels dans une perspective plus historique que les précédents.

Les « billets » d'Albert Memmi publiés dans le journal *Le Monde* ont été récemment réunis sous le titre *Bonheurs* (1992).

GUY DUGAS.

MENA Juan de. Poète espagnol. Né à Cordoue (Andalousie) en 1411, mort à Torrelaguna (Madrid) en 1456. De famille noble, mais peut-être d'origine juive si l'on en croit des contemporains, il fut orphelin de bonne heure. Après avoir étudié à l'université de Salamanque, il se rendit en Italie et, à son retour, remplit les fonctions de chroniqueur et secrétaire pour les lettres latines auprès de Juan II, roi de Castille. Il fut aussi conseiller communal de Cordoue. Malgré son étroite amitié pour le marquis de Santillana, Mena fut un partisan acharné de don Alvarez de Luna, ministre et favori du roi. C'était un intellectuel pur, que seule l'étude intéressait, à ce point – nous rapporte Santillana – que lorsqu'il écrivait il en oubliait parfois de manger. Outre *Le Labyrinthe de la Fortune* (*), son œuvre maîtresse – également connue sous le titre *Les Trois Cents* parce qu'elle est composée de trois cents stances –, et diverses poésies ayant trait à l'amour, à la morale ou à la politique, Juan de Mena a écrit *Le Couronnement du marquis de Santillana* [*La coronación del Marqués de Santillana*], *Raisonnement avec la mort* [*Razonamiento con la muerte*], poème dont l'inspiration se rattache aux danses macabres, ainsi que des *Strophes contre les péchés mortels* [*Coplas contra los siete pecados capitales*], toutes de type allégorique. En tant que prosateur, on lui doit un commentaire sur la *Coronación*, un *Homère romancé* [*Homero romanciado*], traduction d'un résumé de l'*Iliade* (*) attribué à Pindare, et le prologue du *Livre des femmes illustres* [*Libro de las claras e virtuosas mujeres*] de son protecteur Alvarez de Luna. Mena avait épousé Marina Mendez, de Cordoue. Il fut enterré à Torrelaguna, mais, au XIXe siècle, ses restes furent transportés à Madrid.

RÉF. : Comendador Griego, *La Vida de Juan de Mena*, formant introduction à une édition des *Trois Cents*, Séville, 1499. – Menéndez y Pelayo, *Historia de la poesía castellana en la Edad Media*, Madrid, 1914. – Rosa Lida de Malkiel, *Juan de Mena, poeta del Renacimiento español*, Mexico, 1950.

MÉNAGE Gilles. Poète et érudit français. Né à Angers en 1613, mort à Paris en 1692. Il fut destiné à l'Église et devint abbé ; mais un « abbé » comme on en voyait tant alors, qui touchait les revenus d'un bénéfice ecclésiastique sans exercer le sacerdoce. En pratique, il débuta comme précepteur : sur la recommandation de Chapelain, à qui il s'était présenté lorsqu'il vint entreprendre une carrière littéraire à Paris, il devint précepteur de la jeune Marie de Rabutin-Chantal, plus tard marquise de Sévigné ; il gardera d'ailleurs auprès d'elle, ensuite, une attitude de soupirant transi. Il fut également un conseiller de Mme de La Fayette. Dans ses activités littéraires, il se fit une réputation de critique, de théoricien et d'érudit, spécialiste des étymologies grecques et latines. Il gravitait cependant dans le milieu de Mlle de Scudéry, de Pellisson et il fut avec eux un des animateurs du courant de l'esthétique galante. Il créa sa propre académie privée, au lendemain de la Fronde, et, s'il fut toujours en conflit avec l'Académie française, il rêvait de faire reconnaître la sienne comme seconde académie officielle, et l'entreprit, sans succès, au début des années 1660. C'est dire qu'il était influent dans la vie littéraire du temps (sur la fin de sa vie, il fut le grand homme de l'académie d'Angers à sa fondation en 1684). Outre ses travaux d'érudition, son œuvre comporte des poèmes, en latin et en français, et des pamphlets, comme *La Requeste des dictionnaires* (*), liée à la mise en route difficile du projet de dictionnaire de l'Académie française.

ALAIN VIALA.

MÉNANDRE. Poète comique grec. Né vers 342 et mort entre 293 et 290 av. J.-C., à Athènes. Son père Diopeithès, qui nous est connu par une inscription, était aisé et de bonne famille. Ménandre était camarade d'éphébie d'Épicure, sans qu'il faille en conclure à une influence ou à une parenté de pensée entre les deux hommes. Il fut certainement plus influencé par Théophraste, et plus proche de Démétrios de Phalère. Il faillit être poursuivi au moment de la chute de celui-ci, mais ne le suivit pas à la cour de Ptolémée.

Avec Diphilos de Sinope et Philémon de Syracuse, Ménandre est le représentant le plus important de la « Comédie nouvelle ». Durant les quelque trente ans que dura sa carrière, il fit représenter environ cent cinq pièces, mais n'obtint le premier prix que huit fois. Ce n'est qu'après sa mort que sa gloire dépassa celle de ses rivaux. Nous avons des témoignages concernant la reprise de ses pièces jusqu'au milieu du IIe siècle ap. J.-C. Mais ses textes ne survécurent pas à la fin de l'Antiquité, si bien que jusqu'au milieu du siècle dernier on ne connaissait de lui que des fragments, souvent des sentences d'un seul vers. On cherchait à retrouver la trace de son œuvre dans les comédies de Plaute et de Térence qui s'étaient inspirés de lui et avaient adapté ses pièces, en les modifiant dans une mesure qu'il nous était difficile d'apprécier, mais parfois même en choisissant des éléments dans deux pièces différentes.

Depuis le milieu du siècle dernier, les découvertes de textes se sont succédé. La première trouvaille importante fut celle du papyrus du Caire, écrit au Ve siècle après J.-C., qui servait de bouchon à un bocal contenant les papiers privés d'un certain Flavius Dioscurus d'Aphroditopolis. Il nous a rendu, entre autres, des passages de *L'Arbitrage* (*), de *La Femme aux cheveux coupés* (*) et de *La Samienne* (*). Mais c'est le papyrus Bodmer, de la fin du IIIe siècle après J.-C., qui nous a fait connaître enfin une pièce complète, *Le Misanthrope* (*), accompagnée de *La Samienne*, presque entièrement conservée, et du *Bouclier* (*) dont la fin est perdue. De plus, on a découvert en 1968 une centaine de vers de *La Double Tromperie* [Δὶς ἐξαπατῶν], qui permet une comparaison avec un passage de Plaute qui en est l'adaptation – *Les Bacchis* (*).

Comme tout le théâtre grec, les pièces de Ménandre s'inscrivaient dans le cadre du culte de Dionysos. Organisées et financées par la cité, leurs représentations avaient lieu en plein jour, dans le théâtre de Dionysos qui pouvait accueillir treize mille spectateurs. Les acteurs portaient des masques. L'œuvre de Ménandre s'inscrit dans une double tradition littéraire, celle de la comédie et celle de la tragédie, surtout d'Euripide. Si la comédie ancienne n'a pas survécu comme genre dans les littératures modernes parce qu'elle était trop liée à la vie politique de son temps, la comédie nouvelle, en revanche, n'a cessé d'exercer son influence, à travers Plaute et Térence, jusqu'à notre époque. Les ressorts du drame sont l'aveuglement et l'erreur comme ils l'étaient de manière terrifiante dans *Œdipe Roi* – v. *Orestie* (*) – ou comme ils l'étaient, imposés par les dieux, dans l'*Hélène* (*) d'Euripide où déjà le dénouement était heureux. Ménandre, pour sa part, ne met plus en scène les grands personnages du mythe, mais des pères et des fils, des amoureux et des vieillards grincheux dont le spectateur observe avec amusement, mais aussi avec émotion, les errements. Le public connaît d'ailleurs d'avance le déroulement de l'action, car la divinité qui prononce le prologue a fait de lui son confident. Si la Fortune détermine les données de l'intrigue – enfants exposés qui retrouvent miraculeusement leurs parents au bon moment, soldat dont on annonce la mort par erreur, pères et fils qui se querellent alors qu'en fait ils veulent la même chose –, ce sont des personnes réelles avec leur tempérament, leurs colères, leurs jalousies qui évoluent et qui mûrissent jusqu'à coïncider avec leur destin. Rien ne se fait sans le concours de la Fortune, puissance bienveillante, mais si rien ne se fait sans son concours, une large place est laissée à l'activité humaine.

Aristophane de Byzance avait posé la question : « Qui de vous deux, Ménandre ou Vie, a-t-il imité l'autre ? » Ce n'est certainement pas dans l'intrigue que l'on trouvera ce réalisme dont parle Aristophane, car il était certainement rare que des enfants exposés retrouvent leurs parents à point nommé ; ni dans les types de personnages, qui étaient largement traditionnels – le soldat fanfaron, le père grincheux, le jeune homme amoureux. Ménandre sait découvrir et faire vivre l'individu sous le type, la réaction personnelle dans la situation convenue. Nous rencontrons des soldats certes violents, mais en même temps sensibles et pleins d'égards pour leur bien-aimée, comme Thrasonidés dans *L'Homme détesté* (*). Si certains vieillards sont incorrigibles dans leur avarice, d'autres, malgré leurs emportements violents mais passagers, se montrent aussi pleins d'affection et de délicatesse pour leur fils. Des jeunes femmes enfin, dans des circonstances dramatiques, ne craignent pas de s'affirmer et mènent leur existence avec dignité.

ILSE LEYVRAZ.

♦ *« L'image que donne Athènes à l'époque des diadoques manque de grandeur, et c'est pourtant sur ce terreau qu'est née la notion de l'humanité et de sa dignité dont nous ne voudrions pas être privés, car elle a été de la plus grande importance pour le développement de l'humanisme et de ce fait pour la civilisation de l'Occident. Elle nous parle le plus clairement à travers Ménandre, le seul poète de la Comédie nouvelle que nous connaissions, et qui était en même temps son plus important représentant. »* A. Lesky.

RÉF. : E. Lefèvre, « Menander », *in* G. A. Seek, *Das griechische Drama*, Darmstadt, 1979. – Sanders M. Goldberg, *The Making of Menander's Comedy*, Londres, 1980. – A. Blanchard, *Essai sur la composition des comédies de Ménandre*, Paris, 1983. – N. Miller, *Menander, Plays and Fragments* (traduction et introduction), Londres, 1987. – E. Handley et A. Hurst (éd.), *Relire Ménandre*, Genève, 1990.

MÉNARD Louis Émile. Poète, savant, philosophe, helléniste français. Né et mort à Paris (19 octobre 1822, 9 février 1901). Fils d'un libraire qui fut l'éditeur de Lamartine, il est, en 1834-1836, au collège Louis-le-Grand le condisciple de Baudelaire. Admis tout jeune à l'École normale supérieure, il se plonge dans des études très variées : il est déjà l'un des premiers hellénistes de son temps (Gautier le définira « un Grec né deux mille ans trop tard ») et se passionne pour la chimie. Sa première œuvre, le poème dialogué de *Prométhée délivré*, paraît en 1843, sous le pseudonyme de Louis de Senneville ; elle a les honneurs d'une analyse pleine de réserves et d'ironie sous la plume de Baudelaire, trois ans après, dans *Le Corsaire* ; Ménard s'en souviendra, non sans rancune, en un article sévère sur *Les Fleurs du mal* (*). En 1848, dans le laboratoire du très précoce Marcelin Berthelot, il découvre le collodion ; Berthelot s'emploiera à établir la priorité de cette découverte, que s'était attribuée et qu'avait exploitée, à son grand profit, un presque homonyme, l'Américain Maynars. Répandu dans les milieux socialistes, Ménard collabore aux journaux de Proudhon ; son *Prologue d'une révolution* le fait condamner à quatre ans de prison et à s'exiler en Belgique et en Angleterre, d'où il rentre en 1852. Il donne cette année-là ses *Poèmes et poésies*, en même temps que paraissent les premiers *Poèmes antiques* (*) de Leconte de Lisle, avec lequel il noue une solide amitié ; ses conseils et surtout sa profonde culture ne seront pas étrangers à la formation de ce poète déjà célèbre, ni à ses traductions d'Homère. Après une réédition de ses *Poèmes* (1855) et la soutenance d'une brillante thèse, *De la morale avant les philosophes*, il s'adonne sans succès, dix ans durant, à la peinture, au cours d'un séjour à Barbizon parmi les paysagistes. Son ouvrage capital s'intitule *Du polythéisme hellénique* (1863), bientôt suivi d'une traduction de l'*Hermès trismégiste* (*), précédée d'une introduction magistrale. Ses *Études sur les origines du christianisme* (1867) le rapprochent de Renan. En 1875, donc ayant dépassé la cinquantaine, il s'éprend d'une jeune fille de dix-huit ans, l'épouse, et a d'elle une fille qui meurt avant sa majorité ; union mal assortie, rompue à brève échéance, et qui laisse Louis Ménard plus amer que jamais. Mais l'amitié de Maurice Barrès, qui l'exaltera dans ses *Taches d'encre*, et, comme l'a signalé René Dumesnil, fera de lui « son compagnon imaginaire du *Voyage de Sparte* (*) », l'admiration de Heredia, de Berthelot, de Clemenceau, lui procurent de salutaires compensations.

Par la publication, en 1876, des *Rêveries d'un païen mystique* (*), il apporte la preuve que son plus authentique instrument est la prose lyrique et morale : « Le Nid de rossignols », « Le Banquet d'Alexandrie », « Le Diable au café », étonnant pastiche de Diderot, et surtout « La Légende de saint Hilarion » – premier « état » de la *Thaïs* (*) d'Anatole France, dont *Le Crime de Sylvestre Bonnard* (*) passe pour une biographie déguisée de Ménard – sont à ranger parmi les plus beaux contes philosophiques du siècle ; ils sont, à coup sûr, préférables à la plupart des poèmes en vers que nous devons à ce précurseur du groupe dit « parnassien » ; ceux-ci, d'ailleurs, sont loin d'être négligeables, parce que pleins de pensée, en dépit d'une forme souvent sèche et presque plate ; on y trouve en outre de très curieux essais métriques (strophes impaires calquées sur des odes d'Horace) et, selon Francis Vielé-Griffin, la belle et profonde préface aux *Poèmes*, où il déclarait que les « dogmes s'énoncent en symboles », exerça une incontestable influence sur la nouvelle poésie ; il convient, en tout cas, de retenir, pour l'anthologie définitive, les admirables strophes de *Panthéon*, où, après avoir évoqué les mythes du paganisme, le poète compare le sacrifice de la Croix au supplice de Prométhée et conclut sur une hymne exquise à la « Vierge immaculée », qui préfigure les plus beaux cantiques de Verlaine. Louis Ménard réédita en 1895 ses *Rêveries* en les faisant précéder de ses *Poèmes* ; mais, contaminé depuis plusieurs années par la dangereuse obsession d'une réforme de l'orthographe, il rendit ses textes proprement illisibles ; sous prétexte de « simplification » (*sic*), il adopta, en effet, des graphies qui semblent aussi absurdes qu'illogiques, parce que non conformes à la prononciation. Ses dernières années, assombries par l'abandon et le deuil dont nous avons parlé, s'écoulèrent dans la méditation et le travail incessant que provoquaient à la fois son infatigable activité et l'exercice, depuis 1889, de son métier de professeur d'histoire à l'Hôtel de Ville. Citons encore, au nombre des ouvrages de Louis Ménard : *Tableau historique des beaux-arts depuis la Renaissance, Histoire ancienne des pays d'Orient, Histoire d'Israël, Histoire des Grecs, Le Symbolisme des religions anciennes et modernes, Othello.* En 1902, un an après sa mort, Édouard Champion rassembla, sous le titre : *Le Tombeau de Louis Ménard*, un ensemble de lettres, articles et témoignages de contemporains, amis et disciples de cet admirable et parfois génial écrivain.

YVES-GÉRARD LE DANTEC.

RÉF. : Ph. Berthelot, *Le Dernier Païen, Louis Ménard et son œuvre*, Paris, 1902. – E. Champion, etc., *Le Tombeau de Louis Ménard*, hommage collectif, Paris, 1902. – M. Barrès, *Le Voyage de Sparte*, chapitre premier, Paris, 1909. – M. Peyre, *Louis Ménard*, New Haven, Conn., 1932.

MENCKEN Henry Louis. Écrivain américain. Né le 12 septembre 1880 à Baltimore (Maryland) dans une famille d'origine allemande, mort le 29 janvier 1956 dans sa ville natale. Après des études à l'Institut polytechnique de Baltimore, il travaille pour divers journaux de la ville. En 1908, il commence sa longue carrière au magazine *Smart Set* où ses critiques caustiques stigmatisent les points faibles des Américains. Ses articles rempliront six volumes intitulés *Préjugés* (*) (1919-1927). Dans le domaine littéraire, il s'en prend à la réussite « frauduleuse » des médiocres, et défend Sinclair Lewis et Theodore Dreiser avec qui il se liera d'une longue et orageuse amitié. En 1924, il fonde *The American Mercury* (*) qui lui sert de forum. Il y attaque la morale conventionnelle, les classes moyennes, le monde des affaires, la religion organisée, et qualifie le Sud de « Sahara du Bozart » ! Il ridiculise de la même façon Hoover et Roosevelt, et la grande crise ne lui inspire que propos ironiques. Très controversé, haï et applaudi, Mencken garde toute sa vie la même attitude qui laisse sa marque sur l'Amérique de son temps. Citons parmi ses œuvres *Essais en vers* [*Ventures in Verse*, 1903], *George Bernard Shaw* (1905), *Défense des femmes* (+) (1918) et *Un livre de préfaces* (*) (1917), une étude sur *James Branch Cabbell* (1917), etc. Dès 1919, il fait un important travail sur *La Langue américaine* (+), complété en 1945 et 1948. *Jours heureux* [*Happy Days*, 1940], *Journaliste* [*Newspaper Days*] et *Jours païens* [*Heathen Days*] constituent une autobiographie humoristique.

JEANINE PAROT.

RÉF. : I. Goldberg, *The Man Mencken*, New York, 1928 (nouv. éd. 1965). – E. Kemler, *The Irreverent Mr. Mencken*, Boston, 1950. – *Critical Essays on H.L. Mencken*, éd. par D.C. Stenerson, Boston, 1987.

MENDEL Gregor. Religieux et botaniste autrichien. Né le 22 juin 1822 à Heinzendorf près d'Odrau en Silésie autrichienne, mort le 6 janvier 1884 à Brno (Moravie). De souche paysanne, ce fut dans le milieu familial qu'il conçut cet amour pour les plantes et les secrets de leur existence qu'il devait conserver toute sa vie – même lorsque, appelé par la vocation religieuse, il entra dans l'ordre des Augustins au monastère de Saint-Thomas à Brno. À cette occasion, il changea son nom de baptême de Johann en Gregor. Ordonné prêtre en 1847, il se rendit à Vienne pour y suivre les cours de physique et de sciences naturelles à l'université. Revenu dans son monastère, il fut nommé professeur de physique et de sciences naturelles au Collège royal de Brno. Dans les jardins mêmes du monastère, Mendel se livra aux expériences qui devaient le rendre célèbre, après sa mort du moins. Ces expériences, commencées en 1857 et terminées en 1868, firent l'objet de deux publications dans un journal local : *Recherches sur les hybrides des plantes* (*) (1865) et *Sur quelques hybrides des Hieracium obtenus par fécondation artificielle* (+) (1869) ; Mendel y exposait les trois lois qui portent son nom et qui constituent la base même de l'étude de l'hérédité : la première se rapporte à la prédominance héréditaire d'un caractère qui est seul apparent, c'est-à-dire qui est seul apparemment identique à l'un des facteurs dont il provient ; la seconde loi est celle de la disjonction des caractères par laquelle, en croisant deux souches hétérogènes, on obtient trois types de produits, l'un semblable à celui de l'un des progéniteurs, un autre semblable au second progéniteur et un troisième type intermédiaire ; la troisième loi enfin est relative à l'indépendance des caractères, selon laquelle, dans la production des polyhybrides ou d'espèces qui diffèrent par de nombreux caractères, les caractères mêmes se disjoignent avec une indépendance totale les uns des autres. Ces travaux restèrent longtemps ignorés. Darwin n'en eut pas connaissance, ni Nagel, qui cependant entretint une correspondance avec Mendel. Cette indifférence poussa Mendel à cesser toute activité scientifique lorsque, en 1868, il fut nommé abbé de son monastère. En 1900 seulement, Hugo de Vries et quelques autres découvrirent séparément les publications et rendirent célèbre le nom de Mendel demeuré obscur de son vivant.

♦ *« Le travail de Mendel était un véritable chef-d'œuvre d'expérimentation et de logique. Il marquait une date décisive dans l'étude de l'hérédité. »* Jean Rostand.

RÉF. : W. Bateson, *Mendel's Principles of Heredity*, Cambridge, 1913. – J. Rostand, *Hommes de vérité*, 2e série, Paris, 1948. – Viteslav Orel, *Mendel : un inconnu célèbre, 1822-1884*, Paris, 1985.

MENDELE Moykher Seforim (Mendele le « colporteur de livres », pseud. de Sholem Yankev ou Shalom Yakov Abramovitch). Écrivain russe d'expression yiddish et hébraïque. Né le 20 décembre 1835 à Kapulie (Biélorussie), mort le 8 décembre 1917 à Odessa. Après la mort de son père, le jeune Abramovitch étudie dans plusieurs « yeshivot » (ou écoles talmudiques) de Lituanie. Pendant un an, il mène une vie errante en compagnie de personnages du bas monde, hauts en couleur, et découvre toutes les facettes de la vie juive d'Ukraine. Il s'installe à Berditchev de 1858 à 1869, puis à Jitomir de 1869 à 1881, et finalement à Odessa jusqu'à sa mort.

Le début de l'œuvre littéraire d'Abramovitch correspond à la période de la « Haskalah », c'est-à-dire des Lumières dans le monde juif. Il se plonge dans la rédaction d'un ouvrage encyclopédique en hébreu, *Histoire naturelle* [*Toldot hateva,* 1862, 1867, 1873], dont la terminologie zoologique, fondée sur des sources talmudiques, influença l'usage de l'hébreu moderne. Comprenant que leur œuvre en hébreu ne pourra jamais toucher qu'une élite, les « maskilim » (défenseurs des Lumières), dont Abramovitch, se décident à publier en yiddish, la langue vernaculaire des Juifs en Europe orientale. Avec le lexicographe yiddish Lifshitz, il persuade Alexandre Tsederboym, alors éditeur du premier hebdomadaire en hébreu *Hamelitz*, de publier un supplément en yiddish, *La Voix annonciatrice* [*Kol mevaser*]. C'est dans cet organe qu'il publie, en 1863, sa première œuvre satirique en yiddish, *Le Petit Homme* [*Dos kleyne mentschele*]. Comme d'autres écrivains hébraïques qui passèrent à la même époque à l'écriture en yiddish, et craignaient de mettre en jeu leur réputation, Abramovitch choisit le pseudonyme de Mendele Moykher Seforim, Mendele le « colporteur de livres ». Le personnage de Mendele est en quelque sorte un médiateur entre l'écrivain Abramovitch, qui fait partie de l'intelligentsia éclairée, et les masses. Abramovitch utilise ce personnage traditionnel du « shtetl » comme un médiateur littéraire qui évolue entre un éditeur et un coauteur des livres qu'il propose au lecteur. Le personnage de Mendele, au bon sens populaire, plus proche des masses yiddishophones, a fini par occulter le nom réel de l'écrivain.

Dans ses premières œuvres en yiddish, *Le Petit Homme* [*Dos kleyne mentshele*, 1864] et *L'Anneau magique* (*) (1865), Abramovitch insiste sur la corruption des hommes par l'obscurantisme, et proclame sa foi en l'éducation pour corriger les maux de la société juive de l'époque. Dans sa pièce *La Taxe sur la viande* [*Di takse,* 1869], il dénonce la corruption des dirigeants des communautés juives qui s'enrichissent de façon éhontée grâce au monopole de la taxe sur l'abattage rituel. Dans *Fishke le Boiteux* [*Fishke der krumer*, 1868-1888], il dépeint la vie des pauvres hères, des mendiants itinérants et des voleurs du bas monde, milieu qu'il avait fréquenté pendant son année d'errance en Ukraine. Dans son allégorie historique *La Jument* [*Di klyatshe*, 1873], il s'insurge contre l'oppression économique et sociale des Juifs de Russie, et contre la propagande antisémite.

Au cours des années 1870, il comprend que l'éducation ne saurait changer l'ordre social, et recentre sa vision du problème juif sur la question du pouvoir. Comme l'a écrit le critique Shmuel Niger, son intérêt se transfère « des masses vers la nation ». En même temps, il rejette le nationalisme chauvin et prône un idéal humaniste universel. Le mouvement « des masses vers la nation » correspond bien plus à une évolution du naturalisme de ses débuts vers l'historicisme. Son poème allégorique « Yudl » est fondé sur l'histoire du peuple juif. Cette période culmine dans son roman *Les Voyages de Benjamin III* (*) (1879).

Dans les années 1890, Abramovitch retravaille à ses œuvres yiddish, les augmentant considérablement, tout en en changeant souvent l'optique. Il s'attelle aussi à la traduction et à l'adaptation de ses œuvres en hébreu : *L'Anneau magique* et *Fishke le Boiteux* sont republiés sous les titres respectifs de *Dans la vallée des larmes* [*Be'emek habakha*, 1904] et *Le Livre des mendiants* [*Sefer ha-kabtsanim,* 1909]. *Les Voyages de Benjamin III* paraissent en hébreu en 1896.

En 1909-1911, il publie ses œuvres complètes en hébreu en trois volumes, et en 1911-1913, ses œuvres yiddish en seize volumes. À l'époque, Mendele Moykher Seforim était véritablement reconnu comme le « grand-père » de la littérature yiddish et de la littérature hébraïque modernes. Il fut le grand rénovateur de ces deux langues. Alors qu'il s'était mis à l'écriture en yiddish dans un but strictement utilitaire, il finit vite par lui accorder une valeur artistique propre, et devint en fait l'artisan de la naissance d'une littérature moderne en yiddish. En hébreu, il s'émancipe du style figé de la rhétorique biblique [melitsah], et enrichit la langue de références talmudiques et midrashiques. Il tente aussi de créer en hébreu des équivalents d'expressions populaires yiddish.

DELPHINE BECHTEL.

RÉF. : Dan Miron, *A Traveler Disguised : The Rise of Modern Yiddish Fiction in the Nineteenth Century,* New York, Schocken, 1973.

MENDELSSOHN Moses. Philosophe allemand. Né à Dessau (Saxe-Anhalt) le 6 septembre 1729, mort à Berlin le 4 janvier 1786. Il était d'une famille juive et pauvre ; sous la direction du rabbin local, D. Fränkel, il commença très tôt l'étude de *La Bible* (*) et des principaux textes judaïques ainsi que des commentateurs, en particulier de Maïmonide, donnant de très brillants résultats. D'une intelligence extrêmement précoce, à dix ans il composait déjà des poèmes en hébreu, mais cette excessive tension d'esprit finit par déclencher en lui une grave maladie nerveuse dont il se ressentit toute son existence, conservant une forme d'hypersensibilité susceptible de se transformer souvent en sérieuse dépression. En octobre 1743, il rejoignit Fränkel à Berlin, et grâce à son aide – également matérielle – il put accroître sa culture personnelle en étudiant le français, l'allemand, l'anglais, le latin et les mathématiques : c'est à cette période que remonte la lecture de l'œuvre de Locke, qui ne resta pas sans influence sur sa pensée. En 1750, il entra comme précepteur chez I. Bernhard, riche propriétaire d'une filature de soie, dans laquelle il travailla en 1754 pour en devenir ensuite le directeur. Ainsi libéré des préoccupations financières, il lui fut possible d'intensifier ses études, approfondissant surtout la philosophie de Wolff, Leibniz, Spinoza, Shaftesbury. En 1754, il se lia avec Lessing et Nicolaï, et commença de collaborer aux plus grandes revues du temps, en particulier à la *Bibliothèque générale allemande* [*Allgemeine Deutsche Bibliothek*]. Parmi ses premières œuvres se placent les quatre *Dialogues philosophiques* [*Philosophische Gespräche*, 1755] qui, dans un style qui rappelle les dialogues platoniciens, défendent la philosophie de Leibniz contre les attaques du *Candide* (*) de Voltaire et expliquent ses rapports avec Spinoza. En cette même année 1755 parurent ses *Lettres sur les sensations* [*Briefe über die Empfindungen*], traduites en français par Th. Abbt, sous le titre : *Recherches sur les* *sentiments moraux* (Genève, 1763) ; il y traitait des sujets esthétiques et psychologiques. En 1762, Mendelssohn épousa la fille d'un riche commerçant de Hambourg dont il eut huit enfants ; il se consacra tout entier et avec la plus tendre sollicitude à l'éducation des six survivants (trois garçons et trois filles, dont Dorothea, la future compagne de Friedrich von Schlegel).

Le succès qu'il remporta en 1763, à l'occasion du concours organisé par l'Académie de Berlin sur le thème « l'évidence en métaphysique », augmenta sa renommée qui s'étendit également à l'étranger par l'intermédiaire des nombreuses traductions de ses œuvres, notamment du *Phédon ou l'Immortalité de l'âme, en trois dialogues* (*) (1767), consacré, comme le dialogue platonicien du même nom, au problème de l'immortalité. Entre 1769 et 1770, Mendelssohn fut impliqué par Lavater dans une délicate polémique au sujet de la valeur du christianisme, à laquelle prirent part d'autres philosophes et d'autres théologiens du temps. Après un séjour à Brunswick (1770) et une nouvelle période de grave épuisement, Mendelssohn se rendit à Dresde (1776), à Königsberg (1777), où il rendit visite à Kant et à Hamann, à Hanovre et à Wolfenbüttel (1777), accueilli partout de la manière la plus chaleureuse par des amis anciens et nouveaux. En 1778, il publia une traduction du *Pentateuque* (*), qui eut une grande importance pour la germanisation de ses coreligionnaires, à l'élévation politique et culturelle desquels il contribua sous différentes formes, entre autres en provoquant une série d'études sur la question juive. Parmi ces dernières, l'une des plus importantes fut celle de Christian Wilhelm Dohm : *Sur l'amélioration de la position civique des Juifs* [*Über die Bürgerliche Verbesserung der Juden*, 1781], étude écrite sur les instances de Mendelssohn. Son ouvrage, *Jérusalem ou Pouvoir religieux et judaïsme* [*Jerusalem*, 1783], traitant des rapports entre l'Église et l'État et de la tolérance religieuse, recueillit de nombreuses louanges dans les milieux « éclairés », sans manquer, pourtant, de soulever des critiques très violentes, telle celle de Hamann dans *Golgotha et Scheblimini* (1784). En 1785 parurent *Les Heures matinales ou Leçons sur l'existence de Dieu* [*Morgenstunden, oder Vorlesungen über das Dasein Gottes*], série de dix-sept cours qui résument la pensée métaphysique, religieuse et théologique du philosophe. Les dernières années de sa vie furent profondément assombries par la polémique sur le spinozisme de Lessing, soulevée par Jacobi : Mendelssohn dut interrompre l'ouvrage qu'il était en train de préparer en l'honneur de son ami disparu, et il demeura profondément désorienté par ce que son adversaire, jeune et expérimenté, révélait sur la pensée de Lessing ; il tenta de le réfuter par son ouvrage *Aux amis de Lessing* [*An die Freunde Lessings*], dont il ne put même pas voir l'édition, car il prit mal précisément en allant le porter à l'éditeur, et mourut quelques jours après. Mentionnons encore, de Mendelssohn, les *Lettres sur la littérature moderne* (*) (1759-1765).

VALERIO VERRA.

♦ *« Son intégrité et son esprit philosophique me permirent de prévoir qu'il serait un second Spinoza, auquel il ne manquerait plus que les erreurs du premier pour devenir son égal. »* Lessing. ♦ *« L'un des premiers, si ce n'est le premier, il a donné à une langue, qui n'était même pas la sienne, de la clarté, du nombre, de la grâce, de l'énergie. Les Allemands lui ont décerné le titre de Platon moderne... »* Comte Riqueti de Mirabeau.

RÉF. : Comte de Mirabeau, *Sur Moses Mendelssohn...*, etc., Londres, 1787. – M. Kayserling, *Moses Mendelssohn's philosophische und religiöse Grundsätze*, Leipzig, 1856, et *Moses Mendelssohn. Sein Leben und seine Werke*, Leipzig, 1862. – L. Goldstein, *M. Mendelssohn und die deutsche Ästhetik*, Königsberg, 1904. – F. Iribarne, *Mendelssohn, su vida y sus obras*, Paris-Buenos Aires, 1929. – W. Kinkel, *M. Mendelssohn und Kant (Kant-Studien*, tome 34), Leipzig, 1930. – O. Zarak, *M. Mendelssohn, Ein jüdisches Schicksal in Deutschland*, Amsterdam, 1936. – A. Altmann, *Moses Mendelssohn. A Biographical Study*, Routledge & Kegan Paul, Londres, 1973. – J.-P. Meier, *L'Esthétique de Moses Mendelssohn* (2 vol.), Paris, 1978. – K. W. Segreff, *Moses Mendelssohn und die Aufklärungsästhetik, des 18. Jh.s*, Bonn, 1984.

MENDELSSOHN - BARTHOLDY Felix. Compositeur allemand. Né à Hambourg le 3 février 1809, mort à Leipzig le 4 novembre 1847. Fils d'un banquier israélite, il passa son enfance dans un des plus beaux hôtels particuliers de Berlin, en un milieu habitué au luxe mais également très cultivé. Ses parents lui donnèrent les meilleurs maîtres et favorisèrent sa vocation artistique. Celle-ci se révéla très tôt ; à neuf ans, Mendelssohn donnait son premier récital ; à douze ans, il débutait dans la composition ; à quatorze ans, il avait déjà écrit quatre singspiels, douze symphonies pour cordes et plusieurs concertos, qui furent joués dans le salon familial. À dix-sept ans enfin, au retour d'un premier voyage à Paris au cours duquel il avait été présenté à Cherubini, il composa la fameuse ouverture du *Songe d'une nuit d'été* (*), véritable sommet musical. Cependant, en marge de la musique, Mendelssohn poursuivait de sérieuses études générales ; il avait gagné la sympathie de Goethe, si peu accueillant d'habitude pour les musiciens, et, à l'université de Berlin, il assista en 1827 au cours de philosophie de Hegel. En 1829, après avoir dirigé à Berlin une exécution mémorable de la *Passion selon saint Matthieu* (*), complètement oubliée depuis la mort de J. S. Bach, Mendelssohn commença ses années de voyage par un séjour en Angleterre. Dès cette époque, il avait écrit quelques-unes des pages les plus célèbres de sa musique de piano : les trois *Sonates pour piano*, les *Sept pièces caractéristiques* (*) (1828), les *Caprices et Fantaisies* (*) (1829) et sans doute aussi plusieurs des

Romances sans paroles (*), dont le premier recueil devait paraître en 1834. À Londres, il obtint des triomphes comme pianiste et comme chef d'orchestre et, le 25 mai 1829, à la Philharmonic Society, il fit applaudir sa première symphonie en ut mineur, op. 11 – v. *Symphonies* (*). Il gagna ensuite l'Écosse, dont les sites lui inspirèrent son ouverture de *La Grotte de Fingal* (*) et sa troisième symphonie, dite « Écossaise », en la mineur, qui ne sera cependant achevée qu'en 1842. Au mois de mai 1830, le musicien entreprit un pèlerinage esthétique en Italie ; d'abord assez déçu par les contrées méditerranéennes, il découvrit ensuite à Rome une intéressante société d'artistes, parmi lesquels Thorwaldsen, Horace Vernet, Donizetti et Berlioz, alors pensionnaire à la Villa Médicis. Les théories révolutionnaires de ce dernier ne tardèrent d'ailleurs pas à l'agacer. L'Italie suggéra peut-être à Mendelssohn quelques thèmes de sa quatrième symphonie, dite « Italienne », mais l'influence de la musique italienne est nulle dans son œuvre.

Après de nouveaux séjours à Londres, Mendelssohn fut appelé à diriger à Düsseldorf ; son succès fut tel qu'on lui confia, en automne 1833, le poste de directeur de la musique de cette charmante ville rhénane. En plus de l'organisation des concerts, il se vit bientôt chargé de la direction musicale du Théâtre municipal, inauguré en 1834 ; en mai 1835, il dirigea à Cologne une fête de musique qui tourna en apothéose. Un an plus tôt, à l'âge de vingt-cinq ans, il avait été reçu membre de l'Académie des beaux-arts de Berlin. Malgré ses multiples activités administratives, Mendelssohn ne cessait point de composer, non seulement de brèves pièces pour piano comme les *Romances sans paroles,* mais des œuvres de plus large envergure comme les *Concertos pour piano et orchestre* (*) (1833-1837) ; il était devenu depuis quelque temps déjà l'adepte d'un austère luthéranisme, et une de ses plus chères ambitions fut la création d'une grande musique liturgique protestante ; c'est dans ce dessein qu'il composa sa cinquième symphonie en ré mineur, dite « Réformation » et ses deux oratorios *Saint Paul* [*Paulus,* 1835] et *Elias* [*Elijah,* 1847]. À l'automne de 1835, Mendelssohn venait d'être appelé à la direction du Gewandhaus de Leipzig, lorsqu'il fut accablé par la mort soudaine de son père. Il acheva de se convertir au protestantisme, et épousa même la fille d'un pasteur en mars 1837. Sous sa direction, la vie musicale de Leipzig prit un extraordinaire essor qui eut son apogée dans la fondation du Conservatoire ; non seulement Mendelssohn remit en honneur des maîtres allemands traditionnels (en particulier Bach et Haendel), mais il ne cessa d'autre part de protéger Schumann, malgré l'extrême romantisme qui caractérise les œuvres de ce dernier. Tandis que les recueils de *Romances sans paroles* se succédaient, le musicien écrivait son *Concerto pour violon et orchestre* en mi mineur (*) (1844) ; la musique de scène pour le *Songe d'une nuit d'été* fut exécutée intégralement à Potsdam en 1843, et l'oratorio *Elias* donné à Londres en juillet 1847. Mais, au début de cette même année, la brutale disparition de sa sœur adorée, Fanny, avait brisé l'énergie de Mendelssohn qui mourut quelques mois plus tard, frappé d'apoplexie à l'âge de trente-huit ans. En 1861 a été publiée sa *Correspondance,* particulièrement remarquable par sa grande variété.

LOUIS GAUDRAN.

♦ *« Mendelssohn est comme une haute cime vers laquelle je lève mon regard. C'est un véritable dieu... »* Robert Schumann. ♦ *« Le plus grand musicien spécifique depuis Mozart. »* Richard Wagner. ♦ *« Il a beau jouer la plus atroce musique possible ; si c'est lui qui la joue, tout le monde est ravi. »* Karl Marx. ♦ *« Ce notaire élégant et facile... »* Debussy.

RÉF. : Camille Selden, *La Musique en Allemagne, Mendelssohn,* Paris, 1867. – H. Barbedette, *Félix Mendelssohn-Bartholdy,* Paris, 1868. – Ferdinand Hiller, *Felix Mendelssohn-Bartholdy, Briefe und Erinnerungen,* Cologne, 1874. – S. Hensel, *Die Familie Mendelssohn,* 3 vol., Berlin, 1879. – Dr W. A. Lampadius, *Felix Mendelssohn-Bartholdy,* Leipzig, 1886. – A. Reissmann, *Felix Mendelssohn-Bartholdy, sein Leben und seine Werke,* Leipzig, 1893. – Camille Bellaigue, *Mendelssohn,* Paris, 1907. – Paul de Stœcklin, *Mendelssohn,* Paris, 1927. – Yvonne Tiénot, *Mendelssohn,* Paris, 1972. – Rémi Jacobs, *Mendelssohn,* Paris, 1977.

MENDÈS Catulle. Écrivain français. Né à Bordeaux le 2 mai 1841, mort à Saint-Germain-en-Laye le 7 février 1909. Son enfance se passa en voyages, et son adolescence à Toulouse. Il vint à Paris en 1859 , la ville était tout entière vouée aux fêtes et aux amusements, mais Mendès choisit l'art. Patronné par Théophile Gautier, il fonda *La Revue fantaisiste* en 1860, et eut pour collaborateurs Cladel et Villiers de L'Isle-Adam. Son premier recueil de poèmes, *Philoméla,* parut en 1863 et fut bien accueilli par la critique ; « miel et poison », en disait Sainte-Beuve. Un voyage en Allemagne acheva de révéler à Catulle Mendès la culture germanique pour laquelle il se passionnait, et il devint dès lors l'ardent défenseur de Richard Wagner. Louis Ménard l'introduisit chez Leconte de Lisle où se rassemblait tout un groupe qui comptait notamment François Coppée, Léon Dierx et José Maria de Heredia ; ce fut la naissance du « Parnasse ». Le 2 mars 1866 parut le premier fascicule du *Parnasse contemporain, recueil de vers nouveaux* (*) ; Mendès s'occupa des différentes livraisons que l'éditeur Lemerre prenait sous son enseigne. Mendès a raconté dans sa *Légende du Parnasse contemporain* (*) (1884) la naissance de cette école qui fut, en réalité, beaucoup plus un groupe d'amis qu'une école pourvue d'un système. Il avait publié entre-temps *Hespérus* (1872) et *Contes épiques* (1872), poèmes swendenborgiens, et donné sa première pièce au Français : *La Part du roi* (1872). Sa production dès lors va s'accumuler : chroniques, pièces, romans, nouvelles, il touche à tous les genres et le succès lui sourit. On peut citer parmi ses romans : *La Vie et la mort d'un clown* (1879), *Les Mères ennemies* (1880), *Le Roi vierge* (1881), *Zo'Har* (1886), *L'Homme tout nu* (1887), *La Première Maîtresse* (1887) et *Gog* (1896). La recherche de la notation précieuse, le goût du rare et du raffiné marquent ses nouvelles et ses contes parfois licencieux comme *Le Boudoir de verre* (1884), *Jupe courte* (1884) et *Pour lire au bain* (1885). Il avait remporté un grand succès avec son adaptation théâtrale du *Capitaine Fracasse* (*) (1878) et composa beaucoup pour la scène : *Justice* (1877), *Les Mères ennemies* (1882), *La Reine Fiammette* (1898), *Médée* (1898), *Scarron* (1905), *Ariane* (1906), *La Vierge d'Avila* (1906). Il écrivit aussi pour l'Opéra, en particulier *Gwendoline* (*) (1886) dont Emmanuel Chabrier composa la musique, et *Isoline* (*) (1888), dont la musique fut écrite par André Messager. On peut encore retenir parmi ses essais : *Richard Wagner* (1886), *L'Œuvre wagnérienne en France* (1899) ainsi que son étude sur *Le Mouvement poétique français de 1867 à 1900.* Catulle Mendès est peut-être un représentant typique de cette fin de siècle où l'esthétique et le clinquant tenaient lieu de pensée ; il n'en reste pas moins une figure importante du monde littéraire de ce temps.

♦ *« Poète aux intentions mystérieuses, frère d'Edgar Poe et de Marivaux, compliqué comme personne, et dont la plume, soit qu'il fasse des vers, soit qu'il écrive en prose, est souple et changeante à l'infini. »* Guy de Maupassant.

RÉF. : A. Bertrand, *Catulle Mendès, biographie critique*, Paris, 1908. – W. Festerling, *Catulle Mendès Beziehungen zu Richard Wagner*, Greifswald, 1913. – J. F. Herlihy, *Catulle Mendès, critique dramatique et musical*, Paris, 1936.

MENDES PINTO Fernão. Écrivain et voyageur portugais. Né à Montemayor vers 1508 et mort vers 1580. Il fut l'un des plus intrépides voyageurs de son époque, parcourant plusieurs régions d'Asie et allant jusqu'en Chine. Après être resté plus de vingt ans dans ces pays, il revint au Portugal en 1558. C'est alors qu'il se consacra à écrire l'histoire de ses nombreux voyages, œuvre qui ne fut publiée qu'après sa mort, en 1614, à Lisbonne, par Craesbeeck, sous le titre *Pérégrination* (*). Ce livre relate des aventures si incroyables, des faits si extraordinaires, qu'on a mis en doute la sincérité de son auteur. L'œuvre fut traduite en espagnol en 1620. Une adaptation de Jacques Boulenger fut publiée en 1932 à Paris sous le titre *Les Voyages aventureux.* Mendes Pinto écrivit également, en espagnol cette fois, un livre intitulé *Rapport sur la Chine fait par un homme qui y fut prisonnier pendant six ans* [*Información de la China dada por un hombre que en ella estuvo cautivo seis años*] ; cette dernière œuvre semble être l'ébauche des *Voyages.*

MENDOZA Eduardo. Romancier espagnol. Né le 11 janvier 1943 à Barcelone. Originaire d'une famille bourgeoise, il passe onze ans dans un collège religieux qui le « dégoûte à jamais de l'autorité et de l'ennui ». Son père, fonctionnaire au palais de justice et grand lecteur, lui fait lire très jeune *Don Quichotte* (*) et le *Lazarillo de Tormès* – v. *Les Aventures de Lazarille de Tormès* (*). Grâce à l'un de ses oncles, libéral et anticlérical, il découvre Stendhal, Balzac et Zola. Étudiant en droit à Barcelone, il obtient en 1966 une bourse qui lui permet de séjourner une année à Londres et d'apprendre l'anglais. Avocat « par erreur », car il se sent une vocation littéraire, il plaide sans grand succès quelques procès à Barcelone, puis devient conseiller juridique de différentes entreprises. En 1973, renonçant au droit, il quitte l'Espagne pour New York où il exerce jusqu'en 1983 une fonction de traducteur, puis d'interprète à l'O.N.U. Avant son départ, il laisse le manuscrit d'un roman, *La Vérité sur l'affaire Savolta* [*La verdad sobre el caso Savolta*], à son ami le poète Pere Gimferrer, qui le publiera en 1975. Cette première fiction, présentée sous la forme d'une enquête policière menée dans le Barcelone des années 1917-1919, alors que sévissent les grèves ouvrières, les attentats anarchistes et la répression militaire, obtient le prix de la Critique espagnole. Après sept ans de silence, Mendoza reprend la plume pour écrire *Le Mystère de la crypte ensorcelée* [*El misterio de la cripta embrujada*, 1979] et *Le Labyrinthe aux olives* [*El laberinto de las aceitunas*, 1982], parodies de romans policiers ayant pour cadre Barcelone et dans lesquelles s'affirment l'humour picaresque et le brio désinvolte de l'auteur. De retour à Barcelone, le succès de *La Ville des prodiges* (*), publiée en 1986 et traduite en de nombreuses langues, lui permet de se consacrer uniquement à la littérature. En 1989, dans *L'Île enchantée* [*La isla inaudita*], Mendoza s'éloigne de Barcelone pour entraîner son protagoniste, un industriel catalan, Fabregas, dans le labyrinthe d'une Venise décrépite, où ce rêveur impénitent découvre, avec un amour qu'il poursuit dans ses mystérieuses volte-face, une société insolite et fantasque. En 1991, Mendoza fait représenter au théâtre une pièce en catalan, *Restauració*, et publie un roman satirique d'anticipation dont Barcelone redevient le centre : *Sans nouvelles de Gurb* [*Sin noticias de Gurb*]. Il est marié et père de deux enfants.

CLAUDE COUFFON.

MENÉNDEZ PIDAL Ramón. Historien de la littérature et philologue espagnol. Né le 13 mars 1869 à La Corogne (Galice), mort le 14 novembre 1968 à Madrid. Il étudia à l'université de Madrid. Docteur ès lettres et philosophie (1893), il fut nommé, en 1899, professeur de philologie romane à l'université de Madrid et, en 1910, directeur du Centre d'études de Madrid. Historien et philologue, il a atteint au plus haut sommet de la rigueur critique dans le dépouillement et la publication des anciennes chroniques espagnoles — *Histoire et Épopée ; Chroniques générales d'Espagne* [*Historia y epopeya ; crónicas generales de España*, 3e édition augmentée, 1918] ; *Première chronique générale* [*Primera Crónica general*, 1906] et *L'Espagne du Cid* (*) (1929). Son étude historique *Les Origines de l'espagnol* (+) (1926) et sa quête des témoignages les plus anciens concernant les dialectes hispaniques n'ont sans doute pas d'égales dans les pays latins. Ses recherches ont embrassé plus d'une époque de la littérature espagnole, mais plus spécialement celle des légendes épiques du Moyen Âge : *Chanson de Mio Cid* [*Cantar de Mío Cid*, 1908], *La Légende des Infants de Lara* (+) (1896), dont *Le Romancero hispanique* [*El Romancero hispánico*, 1953] est la conclusion. Certains de ses ouvrages, tels que la *Grammaire historique de la langue espagnole* (+) (1904), la *Flor nueva de romances viejos* (1928) et l'*Épopée castillane* [*Epopeya castellana*, 1910], eurent un très grand retentissement. Docteur « honoris causa » de maintes universités (Oxford, Paris, etc.), président, depuis 1947, de l'Académie royale espagnole et membre des plus importantes académies et sociétés savantes du monde entier, Menéndez Pidal, travailleur infatigable, a écrit, d'autre part, *Poésie arabe et Poésie européenne* (+), *Les Jongleurs et leur poésie* (+) (1924), *Romances de América* (+) (1945) et *Roncevaux, une chanson de geste du XIIIe siècle* [*Roncesvalles, un cantar de gesta español del siglo XIII*].

RÉF. : *Homenaje ofrecido a Menéndez Pidal* (3 vol.), Madrid, 1925-1926.

MENÉNDEZ Y PELAYO Marcelino. Critique et polygraphe espagnol. Né à Santander (Vieille-Castille) le 3 novembre 1856, il y mourut le 19 mai 1912. Il fut, dans ses études, d'une précocité extraordinaire. En 1871, il suivit, à Barcelone, des cours de philosophie et de lettres, et eut pour maître Mila y Fontanals. Il étudia ensuite à Madrid, à Valladolid (1874) et, l'année suivante, soutint à Madrid une thèse de doctorat sur *Le Roman chez les Latins* [*La novela entre los latines*], qui était le prélude d'une œuvre gigantesque d'investigation et de critique. Il fréquenta diverses bibliothèques au Portugal, en Italie, en France, en Belgique et en Hollande (1876-1877) et répondit ensuite à l'appel de son maître Gumersindo Laverde, qui l'invitait à réfuter un ouvrage d'Azcárate, dans lequel l'Inquisition était rendue responsable du retard de l'Espagne en matière scientifique. En acceptant et en écrivant les essais qui furent réunis, en 1876, sous le titre *La Science espagnole*, Menéndez se vit attribuer un rôle de premier plan dans la polémique bruyante qui s'ensuivit à propos de la science espagnole. L'écrivain, en l'occurrence, adopta une position intermédiaire entre les deux partis extrêmes, le groupe réactionnaire, dirigé par Pidal et P. Fonseca, et le groupe progressiste formé par Azcárate, Salmerón, Revilla et Perojo. Tel était le savoir de Menéndez que les Cortès durent voter une loi spéciale afin de lui permettre, malgré son jeune âge, de concourir pour la chaire de littérature espagnole de l'université de Madrid. De ce concours mémorable, il sortit vainqueur (1876), fut élu, en 1880, membre de l'Académie d'Espagne et, plus tard, des Académies d'histoire, de sciences morales et politiques et de San Fernando. L'activité critique de Menéndez y Pelayo s'est exercée en de nombreux domaines : littérature, histoire, philosophie, esthétique, etc. Dans ce dernier domaine, il fit paraître cinq volumes d'une *Histoire des idées esthétiques en Espagne* (*) (1883-1891), qui dépasse largement le cadre de la littérature espagnole.

Ses œuvres peuvent être classées comme suit : *a)* histoire et critiques littéraires : *Anthologie des poètes lyriques castillans,* treize vol. (1890-1906) — v. *Histoire de la littérature espagnole* (*) —, *Histoire de la poésie hispano-américaine* [*Historia de la poesía hispano-americana*, 1893-1895], *Histoire de la poésie castillane au Moyen Âge* [*Historia de la poesía castellana en la Edad Media*], *Les Origines de la nouvelle* (+) (1905-1910), *Études de critique littéraire* [*Estudios de crítica literaria*, 1884-1908], *Études sur le théâtre de Lope de Vega* [*Estudios sobre el teatro de Lope de Vega*, 1892-1902], etc. ; *b)* histoire de la philosophie : *Histoire des hétérodoxes espagnols* (1880-1882), *Essais de critique philosophique* [*Ensayos de crítica filosófica*], *Histoire des idées esthétiques en Espagne*, etc. ; *c)* érudition classique : *Horace en Espagne* [*Horacio en España*, 1877], *Bibliographie hispano-latine classique* [*Bibliografía hispano-latina clásica*, 1902], ainsi que des traductions de Cicéron, d'Horace, d'Eschyle, etc. Homme politique, Menéndez siégea aux Cortès (en 1884-1886 et en 1891), puis au Sénat (1893-1895), sur les bancs conservateurs. Il fut nommé, en 1898, directeur de la Bibliothèque nationale espagnole, et légua sa très riche bibliothèque personnelle à la ville de Santander.

FERNANDO LÁZARO.

RÉF. : *Homenaje a Menéndez y Pelayo* (ouvrage collectif en 2 vol.), Madrid, 1899. — Boris de Tannenberg, *L'Espagne littéraire*, 1re série, Paris, 1903. — A. González Blanco, *Marcelino Menéndez y Pelayo*, Madrid, 1912. — A. Bonilla y San Martín, *M. Menéndez y Pelayo*, Madrid, 1914. — Miguel Artigas, *La Vida y la obra de Menéndez Pelayo*, Saragosse, 1939. — Pedro Laín Entralgo, *Menéndez Pelayo, Historia de sus problemas intelectuales*, Madrid, 1944.

MENG HAO-JAN [Meng Haoran] (surnoms Meng Siang-yang et Meng Chan-jen, l'« ermite » ou le « montagnard »). Poète chinois. Né en 689 et mort en 740 à Siang-yang dans la province du Hou-pei. Meng Hao-jan vécut presque toute sa vie retiré comme un simple particulier dans sa région natale. Il fit cependant quelques voyages à Louo-yang, et se rendit à la capitale Tch'ang-an en 728, où il prit part à l'examen impérial du doctorat ; il eut donc l'occasion de rencontrer quelques-uns des célèbres écrivains de son temps – ère de grâce de la poésie chinoise, qui réunit, durant le règne de Suan-tsong (712-756), Li Po, Tou Fou et Wang Wei (pour ne citer que les plus illustres noms). N'ayant pas obtenu le grade de docteur, il n'occupa jamais qu'un petit poste de secrétaire auprès du poète et homme d'État Tchang Tsio-ling (678-740), dont il démissionna au bout d'un an à peine (en 737). Ami de Wang Wei, on rapporte aussi qu'il se lia avec Wang Tch'ang-ling (698 ?-756 ?), dont il reçut la visite chez lui très peu de temps avant de mourir de maladie. L'attachement de Meng Hao-jan à la région de Siang-yang (d'où lui vient son premier surnom) transparaît assez parmi ses poèmes paysagers, où abondent les descriptions de lieux fameux et les allusions à l'histoire et aux légendes qui s'y rapportent. Au mont de la Passe du Cerf [Lou-men-chan] notamment, il aurait vécu quelque temps en ermitage, imitant en cela P'ang Te-kong qui, à la fin des Han postérieurs (25-220), partit sur la montagne « cueillir des simples » et n'en revint jamais – v. *Recueil de poésies de Meng Hao-jan* (*).

VALÉRIE LAVOIX.

RÉF. : H. H. Frankel, *Biographies of Meng Hao-jan*, Berkeley, 1952. – P. W. Kroll, *Meng Hao-jan*, Boston, 1981. – P. W. et J. Wong Kroll, *A Concordance to the Poems of Meng Hao-jan*, San Francisco, 1982.

MENG K'EU ou Meng-tse [Meng Ke ou Mengzi] (nom latinisé en Mencius ; il fut également surnommé Tse Yu, Tse K'eu et Tse Kou). Ce philosophe chinois naquit en 372 av. J.-C. dans l'État de Tso (Chang-tong) et mourut en 289 ; il est le plus célèbre moraliste de cette école confucéenne qui a imprégné presque toute la civilisation de la Chine, et même de l'Asie centrale, et il est sans doute aussi le meilleur interprète de Confucius. Il vécut un siècle environ après le Maître. Mencius naquit dans une famille de fonctionnaires. Orphelin de bonne heure, il fut élevé par sa mère avec une sagesse qui a fait d'elle pour les Chinois, jusqu'à nos jours, le type idéal de l'éducatrice. En 336, Meng K'eu épousa une jeune fille noble de la famille Tien. D'abord disciple de K'ong Tsi, le petit-fils de Confucius, il commença en 356 la carrière de pédagogue qui devait être la sienne jusqu'à l'âge de quarante-cinq ans ; il devint alors ministre du royaume de Ts'i. Mais, au bout de peu de temps, le prince de cet État n'ayant pas suivi ses conseils, il se démit de cette fonction, et, comme avant lui Confucius, alla de principauté en principauté, y dispensant son enseignement et ses avis. Après avoir servi pendant huit ans Houei, prince de Liang, à la mort de ce dernier il se retira définitivement de la vie publique et consacra les dernières années de sa vie à l'étude. Sa tombe est dans le district de Tso-sien (l'actuel Yen-tcho). En 1083, le titre posthume de Tso Kouo Kong (duc du royaume de Tso) lui fut conféré, et, en 1088, il fut introduit au temple de Confucius comme l'un des quatre assesseurs du Maître, avec K'ong Tsi, Yen Houei et Tseng Tse, les disciples immédiats de Kong Fou-tseu. L'œuvre de Mencius, le *Meng-Tse* (*), écrite en sept livres, a été commentée pour la première fois par Tchao Ts'i (mort en 201 de notre ère), qui décerna à Meng K'eu le titre de Ya Cheng : le second sage, après Confucius. La doctrine morale et politique de Mencius s'est opposée, à égale distance de l'une et de l'autre, à celles de Mo Ti (qui prônait l'amour universel) et de Yang Tchou (philosophe de l'égoïsme).

BENEDETTO FEDELE.

RÉF. : J.-B. Carpsow, *Mencius sive Mentius*, Leipzig, 1743. – St. Julien, *Meng-tseu vel Mencium...*, Paris, 1824-29. – A. Rémusat, *Meng-tseu, philosophe chinois*, Paris, 1829. – J. Legge, *The Life and Works of Mencius with Essays and Notes*, Londres, 1875. – F. C. M. Wei, *The Political Principles of Mencius*, 1916. – R. Wilhelm, *Mong Dsi*, Iéna, 1921.

MENGS Anton Raphael. Peintre et critique d'art allemand. Né à Aussig, en Bohême, le 22 mars 1728, mort à Rome le 29 juin 1779. Il fut un des plus grands représentants du néo-classicisme allemand. Peintre officiel du mouvement de réaction dirigé contre le baroque, Mengs se rallie, dans ses tableaux, comme dans son traité intitulé *Pensées sur la beauté et le goût dans la peinture* (*) (1762), aux théories de l'idéalisme de Bellori, s'inspirant surtout des peintures de Raphaël et du Corrège. Parmi les influences qui marquèrent le destin de Mengs, citons celle de Winckelmann, que le peintre rencontra à Rome et avec qui il se lia très profondément. Il tenait d'ailleurs Rome pour sa véritable patrie ; et afin que cette naturalisation, en quelque sorte, fût complète, il n'hésita pas à se convertir au catholicisme et à épouser une Romaine. Rome le récompensa avec usure de ces sentiments : les peintures faites dans l'église de Saint-Eusebio et celles de la villa Albani le rendirent célèbre d'un coup.

Nommé en 1771 « grand prince » de l'académie de Saint-Luc, Mengs fut considéré, de son vivant, comme l'un des plus grands peintres de tous les temps.

RÉF. : O. Harnack, *A. R. Mengs' Schriften und ihr Einfluß auf Lessing und Goethe*, Ders, *Essais und Studien zur Literaturgeschichte*, Braunschweig, 1899. – W. Waetzoldt, *Deutsche Kunsthistoriker*, Berlin, 1986.

MENOT Michel. Prédicateur français. Né vers 1440, mort à Paris en 1518. On sait peu de choses de sa vie. Entré dans l'ordre des cordeliers, il enseigna tout d'abord la théologie dans leur maison de Paris. Mais, son esprit combatif aspirant à autre chose, il se consacra tout entier à l'art de la prédication. Il y acquit bientôt une telle renommée qu'il reçut le surnom de « langue d'or ». Il est difficile aujourd'hui de comprendre cet enthousiasme. Menot prêchait, en effet, dans un jargon incroyable : moitié en latin barbare, moitié en français burlesque, le tout étant farci des pires trivialités. Il n'empêche qu'on relève çà et là d'assez beaux mouvements d'éloquence. Ses plus curieux *Sermons* (*) sont celui de l'enfant prodigue, celui de la Passion et celui de la multiplication des pains. Un recueil en a été publié en 1525 sous le titre de *Sermones quadragesimales ab ipso olim Turonis declamat* (traduction française en 1924).

RÉF. : Joh. G. V. Engelhardt, *M. Menot. Beitrag sur Geschichte der Homiletik,* Erlangen, 1824. – J. Nève, *Sermons choisis de Michel Menot,* Paris, 1924.

MENOTTI Gian Carlo. Compositeur américain d'origine italienne, librettiste, metteur en scène de drames musicaux et d'opéras. Né à Cadegliano le 7 juillet 1911. Il part très tôt aux États-Unis pour travailler avec Scelaro à Philadelphie où il enseignera jusqu'en 1955. Spécialisée dans la musique théâtrale et l'opéra pour petite formation, sa production dramatique reste très vivante, notamment par l'emploi du grotesque et de l'impromptu ; le livret parfois simpliste s'inspirant des mœurs de notre XXe siècle multicolore (*Le Dernier Sauvage,* 1963, opéra bouffe). Son abondant catalogue englobe ainsi tous les genres lyriques : le drame musical (*Le Médium,* 1946), l'opéra pour la télévision (*Le Labyrinthe* [*The Labyrinth,* 1963]), le conte lyrique (*Amahl et les visiteurs du soir* (*), 1951), l'opéra pour enfants (*Chip et son chien* [*Chip and his dog,* 1980]), la fable-madrigal (*La Licorne, la gorgone et la manticore* [*The Unicorn, the Gorgon and the Manticore,* 1958]). Influencée par Prokofiev, son œuvre compte aussi des concertos, des cantates, des symphonies et des mélodies.

PIERRE-ALBERT CASTANET.

MERA Juan León. Écrivain équatorien. Né et mort à Ambato : 28 juin 1832 - 13 décembre 1894. Fils d'une famile ruinée, sa mère lui apprit à lire et à écrire, et il poursuivit son éducation d'autodidacte dans la bibliothèque familiale, riche en livres. Polygraphe, il fut un poète médiocre mais cultiva l'essai et la critique avec talent. Romancier, épris de Chateaubriand et d'*Atala* (*), lecteur de Fenimore Cooper, il a laissé aux lettres équatoriennes un chef-d'œuvre romantique : *Cumandá ou Un drame chez les sauvages* (*) (1879). Mera, qui avait vécu dans une hacienda et connaissait quelque peu le quechua, fut le premier à parler avec authenticité des Indiens, choisissant pour protagonistes les plus primitifs, ceux de la forêt amazonienne, et non de la sierra. Catholique fervent, il fit de son héroïne indienne, Cumandá, une chrétienne. Folkloriste, il recueillit les chansons et poèmes populaires de son pays dans son *Anthologie équatorienne des chants du peuple équatorien* [*Antología ecuatoriana. Cantares del Pueblo ecuatoriano*]. Homme politique, partisan du régime théocratique du président García Moreno, il exerça différentes charges publiques et écrivit l'hymne national de l'Équateur.

CLAUDE COUFFON.

MÉRAL Paul (pseud. de Paul de Guchtenaere). Poète belge d'expression française. Né le 28 septembre 1895 à Gand (Belgique), mort le 5 décembre 1946 à Bruxelles. Cet écrivain eut son heure de gloire. Franz Hellens, qui fut son ami, écrit dans *Documents secrets* que Gide ne cachait pas « l'influence de ce jeune poète sur certaines régions de sa pensée ». Le groupe « Art et Liberté » (juin 1917-mars 1919), « Association pour l'affirmation et la défense d'œuvres modernes », qui, en 1916, succède au « Club artistique » de Passy fondé en 1912 par Apollinaire, eut pour principaux animateurs Louis Lara et Édouard Autant. Les soirées « Poésie et Musique » de cette association furent très suivies et c'est elle qui monta l'œuvre de Paul Méral, *Le Dit des jeux du monde* (*) (décembre 1918), où danse, mime, musique (d'Arthur Honegger) et paroles convergeaient pour donner une création « simultanéiste ». Elle est constituée de trois suites de jeux collectifs et de deux intermèdes de solos dansés. Créée au Vieux Colombier avec la collaboration de Marcel Herrand, l'œuvre n'eut pas grand succès. Paul Méral a écrit également *Franz Hellens ou la Transfiguration du réel* (1941) et on a rassemblé après sa mort des *Fragments et poèmes choisis* (1949).

GUY LE CLEC'H.

MERCADANTE Saverio. Compositeur italien. Né à Altamura (province de Bari) en septembre 1795, mort à Naples le 17 décembre 1870. Ce fut un compositeur fécond, infatigable, mais point un véritable génie. Toutefois, grâce à l'élégance et à la souplesse de son style, formé à l'école de Nicola Zingarelli, au Conservatoire de Naples, il réussit à faire une heureuse carrière de compositeur d'opéras. Il écrivit tout d'abord, en 1819, *L'Apothéose d'Hercule* (+), suivi d'un opéra-comique, assez bien venu, *Elisa et Claudio*, représenté à la Scala en 1821. Il atteignait à l'apogée de sa gloire avec deux mélodrames : *Le Serment* (*) (1837) et *La Vestale* (1840). Cette année-là, Mercadante fut appelé à succéder à son maître à la direction du Conservatoire de Naples. Auparavant, il avait été nommé maître de chapelle de la cathédrale de Novarre. En 1862, il devint aveugle. Parmi la soixantaine d'opéras qu'il a composés, il faut mentionner *Les*

Brigands (*) (1836), *Les Horaces et les Curiaces* [*Orazi e Curiazi*], *Médée* [*Medea*], *Virginie* [*Virginia*], *Marie Stuart* (+), et *Don Quichotte* (+). Rival malheureux de Rossini, Donizetti et Bellini, Mercadante occupe toutefois une place non négligeable dans l'évolution de l'opéra italien. Il a écrit également beaucoup de musique instrumentale, notamment un *Concerto pour clarinette* et plusieurs concertos pour flûte.

RÉF. : S. Palermo, *Saverio Mercadante : biografa epistolario*, Fasano, 1985.

MERCANTON Jacques. Essayiste et romancier suisse. Né le 16 avril 1910 à Lausanne. Après avoir achevé ses études de lettres, et tout en travaillant à une thèse sur Barrès, Mercanton fait de longs séjours à Londres, à Paris, à Dresde et à Prague (il sera très marqué par l'expérience de l'Allemagne hitlérienne et de l'émigration à Prague). C'est à Paris, en 1935, qu'il fait la connaissance de Joyce dont il deviendra l'ami et le confident. *Les Heures de James Joyce,* publiées en anglais et en français (1962-1963) et fréquemment rééditées, sont une admirable évocation de leurs conversations, des humeurs de l'écrivain, de son humour et de ses méthodes de travail. De 1938 à 1940, Mercanton est lecteur de français à l'université de Florence. Il apprend l'italien, lit Dante avec passion, et découvre Monteverdi. Dès 1940, il enseigne dans un collège lausannois, puis à l'université où il occupe une des chaires de littérature française. En 1943, il fait la connaissance d'Albert Skira, replié à Genève ; il collabore activement à *Labyrinthe* où il a l'occasion de voir Mauriac, Giacometti, Éluard, Fargue et Malraux. En 1947 il rencontre Thomas Mann, établi près de Zurich ; ils se reverront fréquemment en Engadine où l'un et l'autre aiment à séjourner. En 1955 il se lie avec Massignon qui l'initie à la spiritualité de l'islam. Ces amitiés, qui ont nourri la réflexion de Mercanton, il les doit à son don des langues (il lit dans le texte Dante et Leopardi, *Don Quichotte* (*) et Quevedo, *Finnegans Wake* (*) et T. E. Lawrence, les poètes allemands et Thomas Mann) ; mais surtout à la qualité des essais qu'il a consacrés à ces grands vivants et qui lui ont valu leur estime et leur amitié. Familier des cultures occidentales – ce qui est peu fréquent chez les écrivains de langue française –, Mercanton est un esprit européen. Dans ses propos, ses cours, son œuvre, il cite plus volontiers Dante, T. S. Eliot ou Stefan George que Racine et Baudelaire. Et quand il s'agit de création romanesque, il se réfère aussi volontiers à *La Guerre et la Paix* (*) qu'à *La Comédie humaine* (*) ou *À la Recherche du temps perdu* (*). Quatre volumes des *Œuvres complètes : Le Siècle des grandes ombres,* I et II, et *Ceux qu'on croit sur parole,* I et II, rassemblent l'essentiel de son œuvre critique. Mercanton s'y révèle un lecteur passionné et un essayiste moins soucieux des techniques modernes d'analyse que d'une participation émue au destin des êtres à travers les figures de l'imaginaire. C'est en quoi l'activité du romancier n'est guère différente de celle du critique. Cinq romans, *Thomas l'incrédule* (*) (1943), *Le Soleil ni la mort* (1948), *La Joie d'amour* (1951), *De peur que vienne l'oubli* (1962), *L'Été des sept-dormants* (*) (1974), et des recueils de nouvelles, dont *La Sibylle* (1967), constituent son œuvre de création. L'unité en est évidente. C'est toujours le secret des cœurs qui le fascine : l'amour difficile (parce que le cœur n'est jamais comblé), l'expérience ou le spectacle de la passion « avec ses cruautés, ses excès et ses maléfices », l'évidence sans remède de la mort – même si celle-ci peut être miséricordieuse : « O ombra del morir, per cui si ferma / Ogni miseria » –, une exigence spirituelle qui tend vers la foi. Et chez la plupart de ses personnages, le goût de la rêverie, le besoin de voir clair en eux-mêmes (d'où leurs méditations qui, en discours indirect libre, accompagnent constamment le récit des événements). En outre, une culture raffinée leur permet de trouver, dans la poésie européenne et chez Monteverdi, Bach, Mozart, Debussy ou Alban Berg, l'expression pure et comme libératrice de leur drame. Mercanton professe volontiers que « l'énergie de l'art tend à une prise de vie bien avant d'espérer une prise de conscience » (la vocation du romancier est donc de représenter la vie et non pas de l'expliquer) ; que, d'ailleurs, le créateur écoute ses personnages beaucoup plus qu'il ne les invente et qu'il ne sait jamais où son récit va le conduire. Ce sont là des propos de romancier, qui disent son projet et surtout son expérience vécue de l'écriture. Il n'empêche que le lecteur trouve, dans ces récits (souvent pathétiques) d'amours difficiles ou vouées au renoncement, un souci constant des enjeux spirituels qu'implique toute existence digne de ce nom. Et une vue du monde très personnelle, mais toujours fondée sur des valeurs.

JEAN-LUC SEYLAZ.

MERCIER Louis Sébastien. Écrivain français. Né et mort à Paris : 6 juillet 1740-25 avril 1814. Son père, marchand fourbisseur, artisan prospère, lui fait donner une éducation classique au collège des Quatre-Nations, dont il dira bien du mal. Professeur de collège à Bordeaux pendant deux ans, il s'ennuie très vite et retourne à Paris dès 1765, bien décidé à vivre de sa plume. C'est un auteur original, un esprit indépendant et courageux, bien que son œuvre, d'une manière fort intéressante d'ailleurs, ne propose, quant aux idées, qu'un reflet des valeurs clés du siècle des Lumières. « Une intelligence sagace, observatrice, voyant bien ce qu'elle voit, pour peu que l'esprit de parti ne vienne pas gâter la limpidité du verre et fausser la justesse du coup d'œil [...] un penseur dont les idées, les utopies, les systèmes plus ingénieux que praticables se recommandent toujours par l'élévation, l'audace des aperçus », c'est ainsi que le décrit Desnoiresterres, mais il fut aussi vivement critiqué, voire méprisé. La multitude et les contrastes des jugements portés sur Mercier montrent bien qu'il éveilla les curiosités, se montrant capable du pire comme du meilleur. Il commet tout d'abord dès 1760 quelques héroïdes qui ne méritent pas un détour, mais il a pris goût à l'écriture et va désormais inonder les librairies d'une foule d'ouvrages les plus divers. Romans, drames, poésies, songes, pamphlets, libelles, rapports, discours, rien n'échappera à sa plume. Il publie en 1766 un récit compliqué dans le style oriental : *Histoire d'Izerbeben, poète arabe,* en 1767 une histoire américaine reprenant le déisme de Rousseau, *L'Homme sauvage,* en 1768 des *Songes philosophiques* regorgeant d'optimisme, et en 1769 des *Contes moraux* qui prétendent « flétrir les méchants » et rendre la vertu aimable. À la fin de 1770, il trouve le succès en proposant une étonnante utopie : *L'An 2440* (*), qui crée la littérature d'anticipation et ouvre le futur aux rêves de progrès. Sept cents ans après sa naissance, Mercier retrouve Paris transformé selon ses désirs et s'érige en juge de son siècle. On y trouve beaucoup de changements mais ils sont tous tels qu'un homme de 1770 pouvait les prévoir. On n'est donc pas surpris que Mercier se réjouisse dans sa réédition de 1786 « d'avoir vu déjà plusieurs de ses idées se réaliser pour l'avantage du bien public ». Cette première plongée dans le futur ne donne pas davantage d'audace à l'imagination ; au contraire, elle n'a plus le droit d'inventer mais seulement de modifier, de retoucher. *L'An 2440* est avant tout une émanation caractéristique du XVIIIe siècle et donne consistance à toutes les revendications du temps. Sitôt paru, l'ouvrage fut interdit et n'en eut que plus de succès : onze éditions en moins de trente ans. La gloire de Mercier était établie. Sa personnalité s'affirme aussi en même temps dans une production théâtrale à laquelle il consacre l'essentiel de son activité littéraire de la décennie 1770. En 1769 il donne *Jenneval,* en 1770 *Le Déserteur,* en 1772 *Jean Hennuyer, évêque de Lisieux*. Dramaturge, il n'a composé aucune pièce destinée à lui survivre, mais il a écrit le manifeste dramatique le plus percutant de la fin du XVIIIe siècle : *Du théâtre ou Nouvel essai sur l'art dramatique* (+), en 1773. Admirateur de Diderot et de Beaumarchais, ses théories plus outrées font scandale. Mercier est avant tout convaincu que le théâtre doit enseigner la vertu. Il refuse le style noble et la distinction des genres, préfère la prose parce que plus naturelle, rejette la règle des unités de temps et de lieu, les sujets antiques, préférant exposer sur la scène des « conditions », des moments de la vie quotidienne. Il choisit comme personnages les représentants des couches sociales exclues de la tragédie : les bourgeois mais aussi les hommes du peuple, courageux et moraux – *L'Indigent* (1772), *Le Juge* (1774), *La Brouette du vinaigrier* (*) (1775). La production dramatique de Mercier est intense : seize pièces parurent de 1769 à 1780. Pendant cette période, il complète aussi ses théories littéraires par un essai : *De la littérature et des littérateurs,* suivi d'un *Nouvel examen de la tragédie française* (1778). Mais seul le *Tableau de Paris* (*) lui apportera une notoriété durable. Les deux premiers volumes parurent en 1781. En 1788, l'œuvre atteignit douze volumes et eut de nombreuses traductions en anglais et en allemand. Elle constitue une source précieuse de renseignements sur la société française à la fin de l'Ancien Régime. On y trouve pêle-mêle une multitude de chapitres très vivants sur tous les sujets, des plus dérisoires aux plus graves, à la veille de la Révolution qui devait placer Mercier sur le devant de la scène sociale. En effet, il collabora à *La Chronique du mois,* dirigea avec Carra à partir de septembre 1789 *Les Annales patriotiques et littéraires de la France*. En 1792, élu député de Seine-et-Oise à la Convention et au corps législatif, il vota la détention perpétuelle de Louis XVI et il fit partie des soixante-treize Girondins arrêtés après la journée du 31 mai. Délivré par le 9 thermidor, il passa au conseil des Cinq-Cents et se distingua par ses originalités. Sous l'Empire, il demeura républicain et mourut le 25 avril 1814. De la période révolutionnaire, il laissa une description faisant écho au *Tableau de Paris* : *Le Nouveau Paris* (1798). Il donne un témoignage, certes partisan, mais riche et détaillé des récents événements observés de la rue, dans leur déroutante et contradictoire diversité. Outre les œuvres déjà citées, Mercier a écrit de nombreux essais : *Songes d'un hermite* (1770), *Mon bonnet de nuit* (1784), *Néologie ou Vocabulaire des mots nouveaux* (1801). Écrivain à l'infatigable curiosité, à l'étonnante énergie, Mercier publia plus d'une centaine d'œuvres, souvent originales et attachantes, provocantes aussi, ce qui lui valut le mépris de la critique académique et traditionaliste qui ne pardonna pas certaines hérésies à celui qui se voulut réformateur du théâtre, néologiste, protagoniste d'idées révolutionnaires. Attiré par tous les genres littéraires, il a voulu donner à chacun d'eux une nouvelle forme d'expression. Le grand nombre d'éditions de plusieurs de ses œuvres et des traductions en plusieurs langues prouvent sa popularité. C'est la forme libre qui convient le mieux à son tempérament. Il excelle dans le *Tableau de Paris* et dans *Le Nouveau Paris,* véritables modèles du journalisme moderne. Trop longtemps ses extravagances mais aussi ses audaces lui valurent des ennemis et étouffèrent ce que son œuvre apportait à la connaissance du siècle des Lumières.

NICOLE DENOIT.

♦ *« Balzac a comme Mercier le sens de l'observation saisie au vol et du grouillement des détails significatifs, un constant amour de Paris, une légitime fierté d'être un connaisseur de la grande ville, et un sens aigu de ce que tous deux, à plusieurs reprises, nomment sa "physionomie". »* Pierre Citron. ♦ *« Le coup de folie et de génie de Mercier, son aveu d'impuissance politique et l'affirmation de sa créativité littéraire ont été de raconter la Révolution comme avait été décrit Paris, dans l'apparence du désordre, dans la discontinuité aléatoire de l'errance et du souvenir. »* Michel Delon.

RÉF. : C. Monselet, *Les Oubliés et les dédaignés*, Paris, 1857. – L. Béclard, *Mercier. Sa vie, son œuvre, son temps d'après des documents inédits. Avant la Révolution (1740-1789)*, Paris, 1903. – G. Girard, « Inventaire des manuscrits de L. S. Mercier à la bibliothèque de l'Arsenal », dans *Dix-Huitième siècle*, n° 5, 1973. – *Louis-Sébastien Mercier précurseur et sa fortune*, ouvrage collectif sous la direction d'Hermann Hofer, Munich, 1977. – *Lendemains-Zeitschrift für Frankreichforschung*, n° 11, « Mercier », 1978.

MÉRÉ Antoine Gombaud, chevalier de. Écrivain français. Né à la fin du mois de mars ou au début d'avril 1607 dans le Poitou, mort en son domaine de Baussay, en Poitou, le 29 décembre 1684. La vie de ce curieux personnage, célèbre surtout par sa brève amitié avec Pascal et son assiduité dans les salons parisiens et à la cour de Louis XIII et de Louis XIV, a été longtemps très mal connue. On le confondait en effet avec un autre chevalier de Méré, Georges Brossin, son contemporain. Mais, depuis les travaux de Boudhors, qui a donné en 1930 l'édition complète de ses œuvres, cette confusion est définitivement dissipée et, quoique la biographie d'Antoine Gombaud de Méré comporte encore d'assez vastes zones d'ombre, des faits essentiels en peuvent être fixés désormais avec certitude. Fils d'un gentilhomme, ancien ligueur et compagnon du duc de Guise, il perdit son père à l'âge de douze ans et grandit dans une famille frappée par certains désordres, de nature imprécise. De sa dixième à sa vingtième année, il fit sans doute ses études chez les jésuites de Poitiers. On sait que, vers 1628, il fit proposer ses services au cardinal de Richelieu, qui les refusa. Établi à Paris, Méré se mêla alors à la vie mondaine ; par son frère, M. de Plassac, il fut présenté à Guez de Balzac et à Ménage, et devint l'ami de ce dernier, lequel fut probablement son introducteur chez la duchesse de Lesdiguières en 1644. Il est certain que Méré fréquenta également chez Mme de Rambouillet, chez la comtesse de Maure et la duchesse de Sablé ; on croit que Ménage lui fit connaître Mme de La Fayette et Mme de Sévigné. Méré était joueur, et peut-être gagnait-il un peu trop souvent, puisqu'il a pris la peine de proclamer qu'il n'avait jamais été « ni emprunteur, ni escroc, ni pipeur ». C'est lui, en tout cas, par ses questions, qui donna à Pascal la première idée de ses recherches sur le calcul des paris. Il avait rencontré Pascal au cours d'un voyage en Poitou, en 1652 ou 1653, dans le carrosse du duc de Roannez, et les deux hommes se revirent plusieurs fois jusqu'en 1658, ce qui n'a pas empêché Méré de juger assez étroitement son interlocuteur, dont il écrivit plus tard que « c'estoit un grand mathématicien, qui ne sçavoit que cela ». Homme à la mode, qui se flattait d'enseigner l'art de plaire par la conversation et la civilité, le chevalier de Méré ne connut qu'une célébrité parisienne, et d'assez brève durée. À partir de 1660, son ami Guez de Balzac étant mort en 1654, Mme de Lesdiguières en 1656, et Pascal s'étant éloigné à partir de 1658, il demeura assez seul et séjourna de plus en plus dans son domaine du Poitou. En 1669, il fit paraître *Les Conversations de M. de C. et de C. de M.* (*) et en 1682 et 1689 deux tomes de ses *Lettres* (*). Mais son œuvre comporte encore de nombreux écrits tels que les discours *De la justesse* (1671), *Des agréments* (1676), *De l'esprit* (1677), *De la conversation* (1677), etc., qui firent de lui le principal théoricien de l'honnêteté classique.

JACQUES PATRY.

♦ *« C'était un homme de beaucoup d'esprit qui avait fait des livres qui ne lui faisaient guère honneur. »* Dangeau. ♦ *« ... le chevalier de Méré et son chien de style, et la ridicule critique qu'il fait, en collet monté, d'un esprit libre, badin et charmant comme Voiture. »* Mme de Sévigné. ♦ *« Le chevalier de Méré est tout à fait un écrivain. Son style a de la manière ; mais entre les styles maniérés d'alors, c'est un des plus distingués, des plus marqués au coin de la propriété et de la justesse des choses. »* Sainte-Beuve.

RÉF. : Sauzé, *Le Chevalier de Méré, sa famille, etc.*, Niort, 1869. – Chamaillard, *Le Chevalier de Méré*, Paris, 1921. – Viguié, *Le Chevalier de Méré*, Paris, 1923. – Charles H. Boudhors, introduction et notes de l'édition complète des « Belles-Lettres », Paris, 1930. – J.-P. Dens, *L'Honnête Homme et la Critique du goût*, Lexington, 1981.

MEREDITH George. Écrivain anglais. Né à Portsmouth (Hampshire) le 12 février 1828, mort le 18 mai 1909 à Box Hill, dans le Surrey. Il était le fils d'un tailleur et perdit sa mère très tôt ; on l'envoya faire ses études en Allemagne, à Neuwied. Il y resta de 1842 à 1844, s'y imprégnant d'idéalisme romantique et se familiarisant avec le style de Jean-Paul Richter. De retour en Grande-Bretagne, il s'établit à Londres où, au lieu de commencer, comme il l'aurait dû, une carrière juridique, il se tourna vers la littérature. En 1849, il épousait Mary Ellen Nicholls, fille du célèbre écrivain Thomas Love Peacock, dont l'ironie et la conception du comique influèrent énormément sur la formation de Meredith. Ses déboires conjugaux marquèrent, en quelque sorte, toute sa production ultérieure ; ce fut également de son expérience conjugale qu'il s'inspira pour la série de poèmes intitulés *L'Amour moderne* (*) (1862). Entre-temps, Meredith s'était fait connaître dans le monde littéraire en collaborant à des journaux et à des revues, en publiant des recueils de vers en

1851 et en 1856, et deux récits fantaisistes, *Shagpat rasé* (*) (1856) et *Farina* (1857). Pourtant, Meredith n'atteignit sa maturité artistique qu'avec son roman *Richard Feverel* (*) (1859), fondé en partie sur son expérience personnelle de mari abandonné ; cet ouvrage fut suivi de *Evan Harrington* (1861) où le romancier évoquait des personnages et des milieux de son adolescence. En 1860, il était devenu lecteur dans la maison d'édition Chapman and Hall. En 1861-1862, il habita pendant quelque temps avec Swinburne et Rossetti à Chelsea. En 1864 parut *Emilia en Angleterre* [*Emilia in England*], titre changé par la suite en *Sandra Belloni* (*) – et en septembre de cette même année, Meredith se remariait, avec bonheur cette fois ; sa femme était Mary Vulliamy. L'année suivante, il fit éditer *Rhoda Fleming* (*) et, en 1866, le *Morning Post* l'envoya en Italie en tant que correspondant de guerre. Ces circonstances donnèrent naissance à son roman à cadre historique italien, *Vittoria* (+), publié en 1868. De retour en Grande-Bretagne en 1868, Meredith s'établit à la campagne, à Box Hill, où il demeura jusqu'à sa mort ; il y écrivit *Les Aventures de Harry Richmond* (*) (1871), *La Carrière de Beauchamp* (*) (1875), *L'Égoïste* (*) (1879), *Les Comédiens tragiques* (*) (1880), *Les Bois de Westermain* (*) (1883), *Diane de la croisée des chemins* (*) (1885), *L'Un de nos conquérants* [*One of our Conquerors,* 1891], *Lord Ormont et son Aminta* [*Lord Ormont and His Aminta,* 1894], *L'Etonnant Mariage* (*) (1895). Le style de cette œuvre-ci, comme d'ailleurs celui de tous les derniers romans de Meredith, est extrêmement personnel, compliqué, et souvent obscur ; il est probable que le complexe d'infériorité dont souffrait Meredith à cause de son humble origine a beaucoup influé sur ce style singulier qui répugnait à tout lieu commun. En dehors des autres volumes de poésies, tels que *Poèmes et chansons de la joie terrestre* (+) (1883), *Ballades et poèmes de la vie tragique* [*Ballads and Poems of Tragic Life,* 1887], *Une leçon sur la terre* [*A Reading of Earth,* 1888], *Odes pour contribuer à la chanson de l'histoire de France* [*Odes in Contribution to the Song of French History,* 1898], *Une leçon de vie* [*A Reading of Life,* 1901], Meredith publia un essai original, *Sur l'idée de comédie et les usages de l'esprit comique* [*On the Idea of Comedy and the Uses of the Comic Spirit,* 1877], dans lequel il expose ses idées esthétiques sur la valeur du rire pour atteindre à l'harmonie de l'esprit. Les *Lettres* de Meredith [*Letters of George Meredith collected by his Son*] parurent à Londres en 1912.

FRANCESCO MEI.

♦ *« Aucun homme de notre époque ne s'est approché d'aussi près du paganisme pur et bien équilibré que ne le fit Meredith. »* G. K. Chesterton.

RÉF. : Lady Butcher, *Memoirs of George Meredith,* Londres, 1919. – G. M. Trevelyan, *The Poetry and Philosophy of George Meredith,* Londres, 1920 ; *G. Meredith and British Criticism,* Paris, 1923. – L. Wolff, *G. Meredith, poète et romancier,* Paris, 1924. – Mona E. Mackay, *Meredith et la France* (thèse), Paris, 1937. – L. Stevenson, *The Ordeal of George Meredith,* New York, 1953. – G. Beer, *Meredith, a Change of Masks,* Londres, 1970. – J. Wilt, *The Readable People of George Meredith,* Princeton, 1975. – S. Cottereau, *George Meredith, les derniers romans, 1880-1895,* Paris, 1986.

MEREJKOVSKI Dmitri Sergueïevitch. [Dmitrij Sergeevič Merežkovskij]. Écrivain russe. Né le 2 août 1865 à Saint-Pétersbourg, mort à Paris le 7 décembre 1941. Pendant ses études, il s'enthousiasma pour Molière et forma un cercle d'études moliéresques. Mais, très vite, l'enthousiasme que lui inspirait le théâtre céda le pas à celui qu'il ressentait pour la poésie, le roman, et surtout les nouvelles de caractère philosophique et positiviste. Cependant que, d'une part, il était attiré par Dostoïevski (qu'il connut personnellement à la veille de sa mort), d'autre part il était sensible aux œuvres de Spencer, de Comte, de Mill, de Darwin, et à l'influence du critique russe de tendance « populiste » Mikhaïlovski. Il découvrit Baudelaire et Edgar Poe, et c'est alors qu'il trouva sa voie. En 1893 il écrivit une série d'articles, qui parut la même année en volume sous le titre : *Sur les causes de la décadence de la littérature russe* [*O pričinah upadka russkoj literatury*] ; dans le premier de ses articles, comme il le dit plus tard, Merejkovski tentait d'expliquer le symbolisme moins d'un point de vue esthétique que d'un point de vue religieux. Pour donner plus de poids à ses idées, il étudia attentivement la littérature européenne, voyagea beaucoup, prit contact avec des pays nouveaux et de nouvelles manières de vivre. De là naquirent les essais du volume : *Compagnons éternels* [*Večnye sputniki*]. Merejkovski s'était marié avec Z. N. Gippius (Hippius) qui écrivit de fort beaux poèmes et fut sa collaboratrice. Au cours de l'année où il avait publié ses premiers essais de critique, il avait commencé avec *Julien l'Apostat* (*), qui parut en 1895, la trilogie *Christ et Antéchrist* [*Hristos i Antihrist*] dont la composition dura dix ans. La suite de la trilogie, *Le Roman de Léonard de Vinci ou la Résurrection des dieux* (*), reçut un meilleur accueil de la critique, car, jusque-là, Merejkovski n'avait eu aucun succès. Mais, avant de terminer sa trilogie avec *Pierre et Alexis ou l'Antéchrist* (*), l'écrivain préféra retourner à des travaux de critique avec une œuvre d'une belle envergure, *Tolstoï et Dostoïevski* [*Tolstoj i Dostoevskij*], publiée en 1899 dans la revue *Le Monde de l'art* [*Mir iskusstva*]. L'exemple de ces deux grands romanciers incita toujours plus Merejkovski à envisager les problèmes religieux ; en outre, sa femme eut l'idée d'organiser des réunions philosophiques et religieuses dont l'organe fut une revue intitulée *La Nouvelle Voie* [*Novyj put'*]. Mais ces réunions furent très rapidement interdites.

La réputation de l'écrivain avait grandi, pendant ce temps, et on accordait plus d'audience au romancier qu'au poète et au critique. Ce fut cependant aux essais de critique que se consacra Merejkovski, même après la révolution de 1905 qui fut, comme il le dit lui-même, une grande expérience, parce qu'elle révéla le lien qui existait entre l'orthodoxie et le vieil ordre russe. Il publia sur ce sujet, en langue française, et en collaboration avec sa femme Gippius et D. V. Filosofov, un volume d'essais, *Le Tsar et la Révolution*, qui vit le jour à Paris où l'écrivain russe s'était réfugié après la Révolution. C'est à Paris également qu'il écrivit un drame, *Paul Ier* (*), qui suscita une violente polémique lorsqu'il fut confisqué en Russie pour offense à la maison régnante. Merejkovski n'en continua pas moins d'écrire la nouvelle trilogie dont ce drame constituait la première partie ; la seconde et la troisième partie furent des romans : *Alexandre Ier et les Décembristes* (*) et *Le Quatorze Décembre*. Les différents essais écrits au cours des années précédentes furent rassemblés en volumes : *Avènement de Cham* (1906), *Non la paix mais l'épée* [*Ne mir no meč'*, 1908], *La Russie malade* [*Bol'naja Rossija*, 1910], etc. La révolution de février 1917 laissa Merejkovski dans l'incertitude ; celle d'octobre en fit un adversaire acharné du régime. Une fois revenu en France, il reprit son activité littéraire avec des biographies de grandes personnalités : *Napoléon, Dante, Luther, Calvin*, etc., et avec des reconstitutions assez fantastiques des époques lointaines : les romans *Le Secret des trois* [*Tajna trëh*], *La Naissance des dieux* [*Roždenie bogov*], *Le Messie* (*), ou mythiques : les divagations pseudohistoriques et pseudoscientifiques sur l'*Atlantide*.

ETTORE LO GATTO.

♦ *« Une lumière étrange que celle qui colore l'œuvre de Merejkovsky. Elle ne peut être décomposée. On ne peut non plus la reconstituer en dehors de la somme totale de ses qualités propres, critiques, mystiques et poétiques. »* André Bély. ♦ *« On trouve chez lui... des explosions qui rappellent l'accent prophétique d'un Hello, d'un Bloy, célébrant la venue du Paraclet. »* Jean Chuzeville.

RÉF. : Jean Chuzeville, *Dmitri Merejkovski, l'âme russe et nous*, Paris, 1922. — B. G. Rosenthal, *D. S. Merezhkouskij and the Silver Age*, La Haye, 1975.

MERI Veijo. Écrivain finlandais d'expression finnoise. Né à Viipuri (aujourd'hui Viborg) en 1928. Fils de militaire, Veijo Meri avait 16 ans à la fin de la guerre. Il n'est pas allé sur le front, mais la guerre était présente autour de lui : « Nous avons été formés pour être soldats [...] Vivre courageusement, pour avoir une belle mort, une réputation immortelle de héros, ou les deux [...] Quand je suis parti dans le monde, presque toutes mes expériences furent humiliantes : des choses petites, pas claires [...] J'ai dû me situer dans la vie, tirer au clair mon passé et celui de mon entourage, et comme cela se rapportait directement ou indirectement à la guerre, il a fallu que j'écrive sur la guerre. » Meri en effet, qui a commencé à écrire dans les années 50, a visiblement la guerre comme idée fixe. Presque toutes ses œuvres, peu ou prou, en traitent : son premier recueil de nouvelles *Pour que la terre ne verdisse pas* [*Ettei maa viheiriöisi*, 1954], son roman le plus célèbre *Une histoire de corde* (*) [*Manillaköysi*, 1957], ses romans sur *Les Événements de 1918* [*Vuoden 1918 tapahtumat*, 1960] ou *Le Déserteur* [*Sujut*, 1961]. La guerre encore dans *Point de défense* [*Tukikohta 1964*], dont l'action se déroule au moment du déclenchement de la « guerre d'hiver », ainsi que dans la pièce *Le Congé de mariage du soldat Jokinen* [*Sotamies Jokinen vihkiloma*, 1965] et indirectement dans *En marge* [*Irrallisissa*, 1959], *Le Chauffeur du colonel* [*Everstin autonkuljettaja*, 1966] et *Contes d'une nuit* [*Yhden yön tarinat*, 1967]. Sont à thème entièrement civil les nouvelles de *Circonstances* [*Tilanteita*, 1962] et le roman *La Femme dessinée dans le miroir* [*Peiliin piirretty nainen*, 1963]. Citons encore ses biographies de Kivi (1973) et du maréchal Mannerheim (1988) et son dictionnaire étymologique (1982).

La guerre intéresse Meri dans la mesure où elle révèle les individus : il la traite en caricaturiste. Les rapports de cause à effet s'y trouvent bouleversés. Dans l'univers de Meri, la frontière entre l'individu et le monde est floue, c'est par le filtre de la conscience, de la vie intérieure, de l'humeur des personnages que l'environnement nous est présenté. Est-ce un hasard si les personnages de Meri sont sans cesse en voyage (*Le Chauffeur du colonel* ou *Une histoire de corde*) ?

L'absurde provient de broutilles : la disproportion entre causes et conséquences est source de comique, les comportements des héros de Meri révèlent des personnages maladroits, marginaux, qui finissent par s'en sortir, « comme les petits poissons des mailles d'un filet ». Le résultat est un comique de film muet. D'autant que les dialogues sont tout aussi faussés : les personnages ne communiquent pas. Chez Meri, tout a un sens, mais il se garde bien de le livrer d'emblée au lecteur.

Cette technique est très personnelle : si Meri a des prédécesseurs (Hasek, Gogol), il n'a pas de successeurs. Il n'en reste pas moins qu'il est, parmi les prosateurs finnois contemporains, le plus connu et le plus traduit à l'étranger.

EVA TOULOUZE.

MÉRIMÉE Prosper. Écrivain français. Né à Paris le 27 septembre 1803, mort à Cannes le 23 septembre 1870. Il fit toutes ses études secondaires au lycée Henri-IV, qu'il quitta à l'âge de dix-huit ans. Il désirait faire de la peinture, mais son père — bien que peintre lui-même – l'en dissuada et l'orienta vers le droit. Tout en suivant les cours de la Faculté, il commença à s'occuper de littérature et se lia d'amitié avec Stendhal, de vingt ans son aîné, et Ampère. Ses amis l'introduisirent dans le monde et il fréquenta assidûment le salon Stapfer, où il rencontra Viollet-le-Duc, Delécluze, Victor Cousin, Sainte-Beuve et Girardin. Reçu avocat, il entra au ministère du Commerce, et c'est à la même époque qu'il donna lecture à ses relations de ses premières œuvres. Il débuta en publiant, en 1825, *Le Théâtre de Clara Gazul* (*). Cet ouvrage était censé avoir été écrit par une actrice espagnole, et l'auteur, dans une préface signée Joseph Lestrange, s'en présentait comme l'éditeur et le simple traducteur. La vente en fut médiocre mais le succès retentissant, et Mérimée devint l'invité d'honneur de tous les salons les plus en vogue, en particulier de ceux de Mme Récamier et de Mme Pasta. En 1827, il renouvela sa mystification en faisant paraître *La Guzla* (anagramme de Gazul). Il trompa une fois encore tout le monde en se faisant passer pour le traducteur d'un écrivain illyrien, Hyacinthe Maglanovich. En réalité, il avait composé ce recueil en quinze jours en s'aidant de deux ou trois récits de voyages et de quelques mots illyriens destinés à donner la couleur locale. Le succès de ces ballades fut immense. Elles furent traduites en allemand, et Pouchkine lui-même, ravi par leur originalité, en donna quelques-unes en russe. En 1828 parut *La Jacquerie* (*), composée de trente-six scènes dramatiques reconstituant la révolte des paysans dans le Beauvaisis, puis *La Famille de Carvajal* (+), histoire très romantique d'un inceste en Amérique du Sud. Ces deux œuvres, gâtées par la facilité et le sacrifice aux goûts du jour, ne présentent plus guère qu'un intérêt anecdotique.

La Chronique du règne de Charles IX (*) (1829) est le plus ambitieux des premiers livres de Mérimée. Ce livre ajouta encore à la célébrité de son auteur et connut de nombreuses rééditions. De 1829 date également *L'Enlèvement de la redoute* (*). Ce fut aussi à partir de 1829 que Mérimée commença de publier ces courts récits dont la concision, la sobriété et parfois la violence devaient exprimer le meilleur de son talent. Les premiers parurent dans *La Revue de Paris* (*) et *La Revue française* ; ce furent : *Mateo Falcone* (*) (1829), *Le Vase étrusque* (*) (1830), *Tamango, La Perle de Tolède* ; parurent aussi deux petites comédies : *L'Occasion* (+) (1830) et *Le Carrosse du Saint-Sacrement* (+) (1830). Mérimée partit à cette époque pour l'Espagne, et s'y lia d'amitié avec la comtesse de Montijo. À son retour et grâce à la protection de la famille de Broglie, il devint chef de cabinet du comte d'Argout au ministère de la Marine, puis au Commerce et enfin à l'Intérieur. En 1834, il se fit nommer inspecteur général des monuments historiques à la place de Vitet. Il publia : *La Double Méprise* (*) (1833), *La Partie de trictrac* (*) (1833), *Les Âmes du purgatoire* (1834), *La Vénus d'Ille* (*) et cinq autres nouvelles (1837), et *Colomba* (*) (1840) que l'on considère généralement comme son chef-d'œuvre. À partir de 1835, il se consacra de plus en plus à ses fonctions et voyagea beaucoup à travers la France. Ce fut grâce à ces nombreux voyages d'études et à sa science de l'archéologie et de l'architecture qu'il réussit à sauver de la ruine de nombreux monuments qui composent aujourd'hui une bonne part de nos trésors d'art roman et gothique – v. *Notes de voyage* (*) (1835, 36, 38, 40). De 1840 date aussi *Arsène Guillot* (*). De 1840 à 1842, Mérimée se rendit en Espagne et en Turquie. Il donna à son retour : *Études sur l'histoire romaine* et *Monuments helléniques*. En 1843, il fut reçu à l'Académie des inscriptions et belles-lettres et succéda en 1844 à Charles Nodier à l'Académie française. *Carmen* (*) parut en 1845, puis l'*Histoire de don Pèdre, roi de Castille* (1848), *Épisode de l'histoire de Russie : le faux Démétrius* (+) (1855) et *Les Deux Héritages* (1853).

Mérimée se mit alors à l'étude du russe et entreprit la traduction de Pouchkine et de Gogol. C'est donc à lui que revient l'honneur d'avoir introduit en France la littérature russe. De 1853 à sa mort, il sembla délaisser la littérature pour se consacrer à ses études et à ses traductions. La fille de son amie la comtesse de Montijo étant devenue impératrice, il fut dès lors un des familiers de Napoléon III. Mis à part ses rapports d'inspection et ses traductions, il ne publia plus que *Jules César, Les Cosaques d'autrefois, La Chambre bleue* (1866) et *Lokis* (*) (1869). On a reproché à Mérimée d'être étriqué, banal ou de manquer d'imagination ; c'est que son œuvre, en opposition avec les débordements romantiques, a cherché dans la sobriété et la concision une rigueur qui refuse les facilités de la séduction. La publication posthume de ses *Lettres à une inconnue* (*) (1873), lettres qui s'échelonnent sur une trentaine d'années, nous a révélé son vrai visage. C'est par crainte d'être dupe qu'il s'est défié du sentiment. Il s'est voulu hautain et impersonnel afin de dissimuler sa tristesse et sa solitude et de ne pas faire du drame de son désenchantement et de son scepticisme la simple parure de son œuvre. En 1876 parurent ses *Études sur les arts au Moyen Âge*. Il convient de mentionner également ses *Lettres* (*).

BERNARD NOËL.

♦ *« Le paysage était plat comme Mérimée... »* Victor Hugo. ♦ *« Il va au fait, il met tout en action, la parole serre de près chaque situation, chaque caractère. Son récit est net, svelte, alerte, coupé au vif. Les dialogues mêmes de ses personnages n'ont pas une parole inutile, et dans l'action il a marqué d'avance les points où chacun d'eux doit passer. »* Sainte-Beuve. ♦ *« M. Prosper Mérimée est un romantique de la première heure, un des plus vaillants, un des plus marquants. Talent brillant et noir comme l'Espagne qu'il a peinte et d'un raffiné qui va jusqu'à la scélératesse. Il y a du Goya dans M. Mérimée.* » J. Barbey d'Aurevilly. ♦ « *Mérimée avait presque toutes les qualités qui font un excellent écrivain : de l'imagination et de la mesure, de l'audace et du goût, de la pénétration, l'art d'observer la vie sans en avoir l'air ; mais il avait peu de style.* » Remy de Gourmont.

RÉF. : M. Tourneux, *Prosper Mérimée, sa bibliographie, ses portraits, sa bibliothèque*, 2 vol., Paris, 1876-79. – R. de Gourmont, *Promenades littéraires*, Paris, 1904. – P. Trahard, *La Jeunesse de P. Mérimée*, thèse, Paris, 1924-26, et *La Vieillesse de P. Mérimée*, Paris, 1930. – G. H. Johnstone, *Prosper Mérimée, a Mask and a Face*, Londres, 1926. – J. K. Hovenkamp, *Mérimée et la couleur locale*, thèse, Paris, 1928. – F. Bac, *Mérimée inconnu*, Paris, 1939. – P. Léon, *Mérimée et son temps*, Paris, 1962. – A. Raitt, *P. Mérimée*, Londres, 1970. – J. Autin, *P. Mérimée, écrivain, archéologue, homme politique*, Paris, 1983.

MERLE Robert. Écrivain français. Né le 29 août 1908 à Tébessa (Algérie). Il accomplit la plus grande partie de ses études à Paris aux lycées Condorcet et Louis-le-Grand. Licencié en philosophie, Robert Merle est agrégé d'anglais et docteur ès lettres. Il débute dans l'enseignement au lycée de Bordeaux en 1934, puis devient professeur de faculté (notamment à Rennes, Alger et Nanterre). Il publie en 1948 un ouvrage sur Oscar Wilde, et l'année suivante *Week-end à Zuydcoote* (*) qui obtient le prix Goncourt et sera adapté plus tard au cinéma (1964). Touché par l'expérience de la guerre, il en dénonçait dans ces pages, non sans âpreté, toute l'absurdité. Robert Merle est avant tout un homme de gauche, défenseur farouche des valeurs humanistes. Attiré par l'utopie d'une société meilleure, il condamne dans ses livres suivants les camps de concentration – *La mort est mon métier* (*) (1952) –, le colonialisme et le racisme – *L'Île* (1962) –, et la perspective de l'anéantissement de l'espèce humaine – *Les Hommes protégés* (1974). Il recourt fréquemment à la science-fiction, comme dans *Malevil* (*) (1972) ou *Madrapour* (1976) ; cela lui permet d'ailleurs d'analyser avec une certaine intransigeance la condition qui est faite, dans nos sociétés, à l'homme moderne, victime entre autres de la solitude et de l'incommunicabilité. Son idéal révolutionnaire, une constante de son œuvre, se manifeste dans le livre qu'il a consacré à Fidel Castro : *Moncada, premier combat de Fidel Castro* (1965), ou dans ses traductions, avec la collaboration de sa femme, d'œuvres de Che Guevara. Il s'est intéressé à la révolution algérienne dans *Ahmed Ben Bella* (1965). *Derrière la vitre* (1970) est son témoignage sur les événements de Mai 68 vus de l'université de Nanterre où il était alors professeur. C'est finalement en historien autant qu'en romancier qu'il est revenu sur tous ces thèmes avec sa grande fresque en plusieurs volumes : *Fortune de France* (1977), *En nos vertes années* (1979), *Paris, ma bonne ville* (1980), *Le Prince que voilà* (1982), *La Pique du jour* (1985)... Il y raconte l'épisode tragique des guerres de Religion qui ont ensanglanté la France au XVIe siècle. Il a employé, pour cette reconstitution très érudite, mais éminemment romanesque, un style archaïque qui restitue la langue de l'époque. Robert Merle a aussi été auteur dramatique (*Flamineo*, suivi d'autres pièces, 1950 ; *Théâtre*, tome II, 1957). Il a traduit des classiques anglais et des romanciers américains contemporains. En 1984, il a fait paraître une nouvelle édition de son *Oscar Wilde*, augmentée d'un texte inédit, *Repentirs*. Il a préfacé de nombreux livres où se retrouvent les préoccupations majeures de ses romans.

JACQUES-ÉMILE MIRIEL.

MERLEAU-PONTY Maurice. Philosophe français. Né le 14 mai 1908 à Rochefort (Charente-Maritime), mort le 3 mai 1961 à Paris. Après des études secondaires à Paris, il entre à l'École normale supérieure et est reçu en 1930 à l'agrégation de philosophie. Pendant la guerre, il participe à la Résistance ; en 1948 il est nommé professeur à l'université de Lyon. Il assume en même temps la direction de la revue *Les Temps modernes* (*) avec Jean-Paul Sartre. De 1949 à 1952, il assume la chaire de psychologie de l'enfant et de pédagogie à la Sorbonne. En 1952, il entre au Collège de France. La publication des *Aventures de la dialectique* (*) en 1955 lui vaut une rupture avec Jean-Paul Sartre et l'équipe des *Temps modernes*. Le 3 mai 1961, Maurice Merleau-Ponty, dont l'œuvre rencontre de plus en plus d'échos, meurt brutalement à Paris. Dans *Les Temps modernes*, Sartre consacre à son ancien ami un article émouvant.

L'œuvre écrite de Maurice Merleau-Ponty est relativement brève : *La Structure du comportement* (1942), *La Phénoménologie de la perception* (*) (1945), *Humanisme et Terreur* (*) (1947), *Sens et Non-Sens* (1948), *Éloge de la philosophie* (*) (1953), *Les Aventures de la dialectique* (*) (1955), *Signes* (*) (1960), à quoi il faut ajouter une série d'écrits posthumes, publiés après 1961 par Claude Lefort : *L'Œil et l'Esprit* (*) (1964), *Le Visible et l'Invisible* (*) (1964), et enfin *la Prose du monde* (1969).

La pensée de Merleau-Ponty se fonde à la fois sur une réflexion d'orientation phénoménologique et sur une tentative d'intégration des sciences de l'homme – au premier chef la psychologie et la linguistique – à la philosophie. En ceci, elle est plus proche de celle de Paul Ricœur que de l'existentialisme sartrien. Le point de départ de l'œuvre du philosophe est donné par *La Phénoménologie de la perception :* ce dernier ouvrage, publié trois ans après *La Structure du comportement,* explore une dimension philosophique que *La Structure du comportement,* tout entière consacrée à l'élaboration philosophique des observations de la psychologie de la forme, avait négligée.

Husserl, le maître de Merleau-Ponty – un maître qu'il ne cessera d'interroger toute sa vie – était dès ses *Recherches logiques* (*) parti en guerre contre l'empirisme et le psychologisme. Contre la prétention de ceux-ci à vouloir fonder la logique et la science sur les sensations et les associations, il avait réclamé la création d'une théorie du sujet, pure de tout naturalisme, mais fidèle « aux choses mêmes ». Cela avait donné la phénoménologie, conçue comme une description de ce qui « apparaît » (le « phénomène ») à la conscience. Mais, pour ne pas retomber de nouveau dans une description empirique, Husserl avait repris le vieux programme kantien d'une « analytique transcendantale du sujet ». Analytique fondée, cette fois, sur la description phénoménologique du « vécu » de la conscience. Le résultat de cette analytique faisait apparaître, dans les derniers travaux du philosophe allemand, la « perception » comme le « sol » absolu de toute science et de toute pensée. Sur ce chemin, Husserl redécouvrait peu à peu le corps, l'intersubjectivité et l'Histoire. On peut dire que Merleau-Ponty, bien plus que Heidegger et Sartre, a cherché à explorer cette dimension ouverte par Husserl.

La Phénoménologie de la perception reprend point par point les analyses husserliennes, mais en les rendant plus concrètes et en les enrichissant de l'apport des psychologies modernes. Merleau-Ponty « décrit » ainsi la conscience du corps, des choses, de l'espace et du temps, mais aussi des autres et du langage. La conscience de soi n'est pas engluée dans l'altérité du monde, comme elle l'est encore dans *L'Être et le Néant* (*) de Sartre. Au contraire, le corps est le « véhicule de l'être au monde », la parole est ce qui déploie les significations, autrui est l'horizon constitutif de mon monde. Avec un talent littéraire et presque pictural peu fréquent chez les philosophes, Merleau-Ponty décrit ce qu'il appelle de plus en plus la « chair du sensible ». Ce retour au sujet concret n'est jamais chez lui une retombée dans l'empirisme vulgaire : le sujet charnel, historique, « mondain », « est » le véritable sujet transcendantal. Nous sommes loin du sujet purement formel qu'exigeait Kant pour constituer le monde et l'expérience, mais loin aussi du « pour-soi » désincarné de Sartre, éternellement opposé à l'inertie de l'« en-soi », pure liberté engluée dans les choses. Subtilement, et constamment fidèle à la « description phénoménologique », Merleau-Ponty découvre une dimension où l'opposition de l'« en-soi » et du « pour-soi » perd une grande partie de son sens. L'homme est liberté et déterminisme, activité « et » passivité, et inversement les choses ne sont jamais « pure inertie », pur « en-soi » : comme la conscience, elles participent d'un même continuum sensible qui est le « monde ».

À travers l'interrogation des poètes et des écrivains, mais aussi – et de plus en plus – des peintres, Merleau-Ponty approfondit ce qu'il appelle la recherche de l'« Être brut », cette dimension existentielle, presque cosmique, préalable à tout savoir constitué. *L'Œil et l'Esprit, Le Visible et l'Invisible, La Prose du monde* montrent, bien qu'il ne s'agisse que de fragments ou de textes laissés à l'état de manuscrits, comment aurait pu évoluer la pensée du philosophe, si la mort ne l'avait pas interrompue.

Philosophe de la conscience, et héritier malgré lui de Descartes (qu'il ne cesse de méditer pour mieux le contester), Merleau-Ponty a tenté, comme plus tard Paul Ricœur, d'engager le dialogue avec les sciences de l'homme (ethnologie, linguistique et psychanalyse), fondées plutôt sur le concept d'inconscient. Loin de rejeter ce concept, comme Sartre, il s'efforce de le justifier phénoménologiquement : l'analyse du vécu subjectif fait apparaître une conscience qui, paradoxalement, s'échappe à elle-même, débordée par ses propres significations, une conscience baignée d'inconscient. Malgré l'incompatibilité apparente de ce concept d'inconscient avec le concept d'inconscient freudien, Merleau-Ponty a poursuivi jusqu'au bout le dialogue avec le plus radical des théoriciens de la psychanalyse, Jacques Lacan.

L'œuvre « politique » de Merleau-Ponty est également importante. Sa lucidité lui a valu à l'époque des inimitiés multiples ; bien avant les « nouveaux philosophes », et sans doute plus radicalement, il a mis en question l'idéologie marxiste (telle que l'avait déformée le stalinisme) et la fascination aveugle exercée par l'expérience soviétique sur les intellectuels français. *Les Aventures de la dialectique* restent encore d'une cruelle actualité. D'une certaine manière, cette réflexion politique a alimenté des pensées sur le socialisme aussi riches de sens que celles de Claude Lefort et de Castoriadis. Paul Ricœur et Alphonse de Waelhens, de leur côté, ont approfondi le dialogue avec les sciences humaines qui avait été le souci le plus constant de Merleau-Ponty.

ANTOINE BERMAN.

♦ *« La même interrogation... se refait d'un bout à l'autre de l'œuvre de Merleau-Ponty. Cette interrogation ne vise pas un monde en repos et ne laisse pas l'esprit en repos* [...] *Cette interrogation vise l'Être, mais ce dont elle s'approche, c'est, pour reprendre les mots-mystères de* Signes, l'Être brut, *incommensurable aux représentations que la science en compose, ce qui se donne, en chaque expérience, dans un absolu de présence, c'est l'Être vertical, "celui qui est debout devant mon corps debout"... C'est l'*Esprit sauvage, *l'esprit qui fait sa propre loi, non parce qu'il a tout soumis à sa volonté, mais parce que, soumis à l'*Être, *il se réveille toujours au contact de l'événement pour contester la légitimité du savoir établi. »* Claude Lefort.

RÉF. : A. Robinet, *Merleau-Ponty, sa vie, son œuvre, avec un exposé de sa philosophie,* Paris, 1963. – Alphonse de Waelhens, *Une philosophie de l'ambiguïté ; l'existentialisme de Maurice Merleau-Ponty,* Paris, 1967. – *Les Temps modernes,* numéro spécial sur Merleau-Ponty, Paris, 1961. – X. Tilliette, *Merleau-Ponty,* Paris, 1970. – Claude Lefort, *Sur une colonne absente,* Paris, 1978. – Bernard Sichère, *Merleau-Ponty ou le corps de la philosophie,* Paris,

1982. – Renaud Barbaras, *De l'être du phénomène. Sur l'ontologie de Merleau-Ponty,* « Krisis » J. Millon, 1991.

MERLIN COCCAIE : v. **Folengo** Teofilo.

MERRILL Stuart Fitzrandolph. Poète américain d'expression française. Né à Hempstead (État de New York) le 1er août 1863, mort à Versailles le 1er décembre 1915. Fils d'un diplomate américain, il passa son enfance à Paris, mais alla faire son droit au Columbia College de New York de 1885 à 1889. Il écrivit en français toute sa vie. Tout d'abord parnassien, ensuite symboliste, il n'arrivera que sur le tard à se libérer de toute influence pour donner le meilleur de son œuvre : l'expression toute simple de ce qu'il ressentait. Dans ses diverses tentatives, il ne se révéla pas moins artiste dans toute la force du terme. Son œuvre poétique comprend : *Gemmes* (+) (1887), publié pendant son séjour en Amérique, *Fastes* (+) (1891), *Petits poèmes d'automne* (+) (1895), réunis plus tard en un recueil sous le titre de *Poèmes,* et enfin *Les Quatre Saisons* (*) (1900). Il faut y joindre *Une voix dans la foule* (1909), une étude sur Rodin (1901) et *Pastels en prose* (1890), lesquels sont des traductions en anglais de poèmes en prose de Baudelaire, Banville, Aloysius Bertrand, Mallarmé, etc.

RÉF. : M.-L. Henry, *Stuart Merrill, sa vie, son œuvre,* Paris, 1929.

MERSENNE père Marin. Philosophe et mathématicien français. Né à Soultière près d'Oizé (Sarthe) le 8 septembre 1588, mort à Paris le 1er septembre 1648. D'origine modeste, il fit ses premières études au Mans, chez les pères de l'Oratoire, puis passa chez les jésuites du fameux collège de La Flèche. Il y demeura probablement jusqu'en 1610. En 1611, renonçant au brillant avenir et à la fortune que lui promettaient sa culture et ses dons, il entra dans l'ordre des Minimes et alla accomplir son noviciat à Meaux. Il fit profession le 17 juillet 1612. Il revint à Paris pour suivre des cours de théologie et d'hébreu. Ses supérieurs l'envoyèrent ensuite professer la philosophie à Nevers, il eut pour élève son futur biographe Hilarion de Coste. Il occupa cette charge jusqu'en 1620, date à laquelle il vint s'installer à Paris, au couvent de l'Annonciade. Ses premiers ouvrages marient la théologie à la polémique ; il y fustige tout ce qui n'est pas orthodoxe (sorciers, magiciens, sectateurs de la Kabbale, philosophes naturalistes, astrologues, alchimistes, athées, déistes, sceptiques, libertins) à coups d'invectives particulièrement violentes et incisives, et fait preuve d'une rare intolérance qui étonne dans la mesure où il devait, par la suite, se montrer très accueillant à toutes les idées de la science nouvelle. Citons parmi ces œuvres du début : *Questions très célèbres sur la Genèse* [*Quaestiones celeberrimae in Genesim,* 1623] ; *L'Impiété des déistes, athées et libertins, renversée et confondue* (*) (1624) et *La Vérité des sciences contre les sceptiques et les pyrrhoniens* (*) (1625). Il prit la défense de Descartes, obligé de s'exiler en Hollande, avec une telle ardeur qu'on lui donna le surnom de « résident de M. Descartes à Paris » ; c'est qu'il était intransigeant dans son amitié comme dans sa foi. En 1634, il publia coup sur coup cinq traités français bien différents de ses premiers ouvrages, *Questions inouyes ou Récréations savantes, Questions harmoniques, Questions théologiques, Méchaniques de Galilée, Préludes de l'harmonie universelle.* Ce dernier ouvrage marque un changement radical de méthode, Mersenne renonçant à l'insulte et à la moquerie sur les conseils de son ami Peiresc. Désormais, les ouvrages de Mersenne sont consacrés aux sciences et aux techniques. Il se passionne pour les mathématiques, domaine exempt d'erreur qui le fascine, la physique et l'astronomie. Il a développé, avant Newton, la théorie du télescope à réflexion et fait des expériences personnelles sur la résistance des solides, l'écoulement des liquides et la vibration des corps.

La réputation de Mersenne fut immense en Europe durant le XVIIe siècle, mais c'est beaucoup plus parce qu'il fut au carrefour des relations des plus grands savants de son temps qui correspondaient par son intermédiaire, que pour ses propres découvertes. On le consultait de partout à cause de sa culture et de sa bonté, et il savait non seulement conseiller mais poser les questions propres à faire avancer un problème. C'est grâce à lui que les critiques de Hobbes à l'égard des *Méditations cartésiennes* furent divulguées dès 1641 dans un cercle de familiers. Les inventeurs mettaient aussi Mersenne à contribution, tel Burattini qui lui soumit un « dragon volant », machine susceptible de s'élever grâce à des ressorts, des ailes et des engrenages.

Plusieurs voyages en Italie lui permirent d'entrer en contact avec des savants de la péninsule, comme Campanella. Il traduisit, en 1644, *Les Mécaniques* (*) de Galilée, qu'il accompagna de commentaires, et rapporta en 1645 les découvertes de Torricelli sur le vide. Son nom ne survit plus guère que dans la mémoire des lecteurs de Descartes, qui lui adressa une volumineuse correspondance, mais il est longtemps demeuré attaché au traité intitulé *Harmonie universelle contenant la théorie et la pratique de la musique* (*) (1636), qui applique à la musique les principes généraux de la mécanique et qui fut bien souvent pillé au cours du siècle suivant. Mersenne traduisit en latin plusieurs traités scientifiques grecs et les réunit, en 1644, sous le titre de *Universae geometricae mixtaeque mathematicae synopsis.* En 1644, il publia également les *Cogitata physico-mathematica,* suite de traités relatifs aux mesures, à l'hydraulique et à l'art de naviguer sur et sous les eaux (il imagine des solutions techniques pour des « navis submarina » susceptibles de détruire les vaisseaux ennemis). En 1647, il eut la joie de voir se réconcilier ses deux amis Gassendi et Descartes, et mourut l'année suivante entre les bras du premier. Il avait émis le vœu que son corps après sa mort fût donné aux chirurgiens pour servir les progrès de la science.

Si Mersenne ne fut pas un philosophe de premier plan, il est très représentatif des idées du public instruit de son temps et résume l'itinéraire d'une génération qui abandonne la scolastique pour le mécanisme. Par son appétit de savoir, il reste un homme de la Renaissance, lisant latin, grec et hébreu. D'une curiosité universelle, il s'est intéressé non seulement aux sciences, mais à l'histoire, et a jeté les bases d'une science du langage en soulignant le caractère conventionnel du langage humain, projetant par ailleurs, en mathématicien séduit par l'art combinatoire, le rêve d'une langue universelle. Indifférent à l'action et à la gloire, il avait une passion exclusive pour la vérité : « Il n'y a nul trésor dont la jouissance puisse donner autant de satisfaction comme la possession d'une vérité », écrivait-il dans les *Questions théologiques.* Il ne s'est jamais posé la question de la foi et de la science en termes contradictoires, les mathématiques éclairant pour lui la connaissance de Dieu, qui est au monde comme le centre du cercle à sa circonférence.

Il a laissé une *Correspondance* très riche dont les sept tomes ont été publiés entre 1933 et 1942.

♦ « *Il avait un talent tout particulier pour former de belles questions, en quoy il n'avoit peut estre pas de semblable ; mais encore qu'il n'eust pas un pareil bonheur pour les resoudre et que ce soit proprement en cecy que consiste tout l'honneur, il est vray neantmoins qu'on luy a obligation et qu'il a donné l'occasion de plusieurs belles découvertes qui peut estre n'auroient jamais esté faites s'il n'y eust excité les scavans.* » Pascal. ♦ « *C'étoit l'homme de son siècle qui étoit en reputation d'avoir le meilleur cœur, le plus droit et le plus simple. Il avoit une bonté devant laquelle les esprits les plus bourrus ne pouvoient tenir... Jamais mortel ne fut plus curieux que luy pour penetrer tous les secrets de la Nature, et pour porter toutes les sciences et tous les arts à leur perfection. Peu de gens furent plus industrieux à satisfaire cette insatiable curiosité par des experiences de toutes manieres, par ses propres meditations, et par des relations continuelles qu'il avoit avec tous les Scavans et Curieux de l'Europe.* » Baillet, *Vie de Monsieur Descartes,* 1691.

RÉF. : Hilarion de Coste, *La Vie du R. P. Mersenne, théologien, philosophe et mathématicien...,* Paris, 1659. – Armand Beaulieu, « Un moine passionné de musique, de sciences et d'amitié : Marin Mersenne », *Dix-septième siècle,* n° 163, avril-juin 1989.

MERTENS Pierre. Écrivain belge d'expression française. Né à Bruxelles le 9 octobre 1939. Si « ne sont de leur temps que ceux qui lui ont échappé », Pierre Mertens peut être dit de son temps : par sa formation de juriste (droit et droit international), ses engagements et ses écrits juridiques (dont *L'Imprescriptibilité des crimes de guerre et contre l'humanité*, 1974), ses missions d'observateur au Proche-Orient, en Europe de l'Est..., ses fonctions universitaires (depuis 1987 il dirige le Centre de sociologie de la littérature à l'université libre de Bruxelles), les reconnaissances publiques qui lui ont valu d'être élu, en 1989, à l'Académie royale de langue et de littérature françaises de Belgique. Mais ce ne sont là que des facettes de l'activité d'un écrivain qui s'est avant tout illustré dans le roman, la nouvelle et la critique littéraire (il tient une chronique hebdomadaire au *Soir* de Bruxelles, en 1989 paraîtra un essai sur *Uwe Johnson, le scripteur de mur*, la même année, un recueil d'essais sous le titre *L'Agent double*). En 1970, il publie son premier roman : *L'Inde ou l'Amérique*, puis *La Fête des anciens* l'année suivante, *Les Bons Offices* (1974), *Terre d'asile* (1978), *Perdre* (1984), *Les Éblouissements* (*) (1987) – livre couronné par le prix Médicis et le prix Paul Celan, entre autres ; en 1990 paraissent les *Lettres clandestines* (où le jeu entre la biographie réelle et la fiction plus secrète où se trame l'existence de l'artiste – ici Alban Berg – donne lieu à de subtiles variations). Parmi ses nombreux recueils de nouvelles, il faut citer : *Le Niveau de la mer* (1970), *Ombres au tableau* (1982), *Terreurs* (1984), *Les Chutes centrales* (1990), *Les Phoques de San Francisco* (1991). Dans l'œuvre de Pierre Mertens vie et fiction, Histoire et histoire se rencontrent et se défont, complémentaires mais irréductibles.

FRANCIS WYBRANDS.

MESCHINOT Jean, sieur des Mortiers, dit « le Banni de Liesse ». Poète français. Né à Nantes entre 1420 et 1422, mort le 12 septembre 1491. Meschinot était gentilhomme et possédait des terres aux environs de Clisson (Loire-Atlantique). Il participa aux campagnes militaires des ducs de Bretagne. En 1488 il était maître d'hôtel de la jeune Anne de Bretagne, alors âgée de onze ans, et mourut avant le mariage de celle-ci avec le roi Charles VIII. Meschinot a écrit en collaboration avec Georges Chastellain, le chroniqueur et poète bourguignon, son aîné d'une quinzaine d'années. Sans doute est-ce sous son influence qu'il a adopté la rhétorique poétique et l'usage intempestif de l'allégorie, qui faisaient alors les délices de la cour de Bourgogne, genre qu'il mit à la mode à la cour de Bretagne, d'où elle se répandit à la suite du mariage d'Anne de Bretagne, férue de poésie, dans celle de France. On connaît de Meschinot, outre *Les Lunettes des princes* (*), publiées à Nantes en 1493, long poème allégorique et, en partie, autobiographique, qui n'est pas d'ailleurs sans portée politique et qui connut plus de vingt éditions en quarante ans, une

Oraison qui se peut dire par huit ou seize vers, tant en rétrogradant que autrement, tellement qu'elle se peut lire en trente-deux manières différentes, et à chacune y aura sens et rime, dont le titre est lui-même assez significatif du genre où Meschinot s'illustra, ainsi que de nombreux rondeaux, ballades et poésies diverses, rassemblés et publiés dans une édition de 1499.

Si la vogue de Meschinot fut grande de son vivant, on peut dire que ce poète connut la véritable gloire après sa mort, dans les années 1510-1520, époque à laquelle il fut considéré comme un des maîtres les plus estimables de ceux qu'on appela les grands rhétoriqueurs. Meschinot fut longtemps admiré et non seulement par Jean Lemaire des Belges et Guillaume Crétin, mais par Marot et Étienne Pasquier, avant d'être communément décrié. Il vaut mieux que l'exécrable réputation qui lui fut faite et on trouve dans son œuvre, par-delà le fatras des allitérations et des rimes équivoquées, des pièces d'une fort bonne venue.

RÉF. : A. Vallet de Viriville, *Biographie de J. Meschinot, prosateur et poète du XVe siècle,* Paris, 1853. – Prosper Levot, article *Meschinot* dans la *Biographie bretonne,* t. II, Vannes, 1857. – J. Trévédy, *Jehan Meschinot, poète d'Anne de Bretagne,* Vannes, 1890. – A. de La Borderie, *Jean Meschinot, sa vie et ses œuvres, ses satires contre Louis XI,* Paris, 1896. – Pierre Champion, *Histoire poétique du XVe siècle,* t. II, Paris, 1923. – Ch. Martineau-Genieys, *Les Lunettes des princes, de Jean Meschinot,* Genève, 1972.

MESENS Édouard Léon Théodore. Écrivain belge d'expression française. Né le 27 novembre 1903 à Bruxelles, où il est mort le 13 mai 1971. D'abord musicien, il a participé avec Magritte, Nougé, Goemans et Lecomte à la formation du groupe surréaliste belge. Son œuvre poétique, réunie en volume sous le titre *Poésie 1923-1958* (*), comporte une soixantaine de pièces réparties en plusieurs recueils : *Défense de pleurer* (+) (1923-25), *À perte de vue* (+) (1924-28), *Femme complète* (*) (1924-39) et *Alphabet sourd aveugle* (*) (1930) notamment. Fixé à Londres, où il dirigea une importante galerie de tableaux, il noua des contacts avec les surréalistes anglais et étendit son activité à l'ensemble du surréalisme international. À partir de 1959 toutefois, il cessa d'écrire et se voua à l'art du collage. Son activité d'animateur et d'agent de liaison entre divers groupements d'avant-garde est incontestablement plus importante que son œuvre écrite, qui relève de l'écriture automatique, du calembour et des associations de mots et d'images.

MESLIER Jean. Philosophe français. Né à Mazerny (Ardennes) le 15 juin 1664, mort à Étrépigny (Ardennes) entre le 27 juin et le 7 juillet 1729. Fils d'un marchand et unique garçon d'une famille de quatre enfants, Jean Meslier a choisi la carrière ecclésiastique pour complaire à ses parents afin de trouver un « état de vie plus doux, plus paisible et plus honorable dans le monde que celui du commun des hommes ». Il entre au séminaire de Reims en 1684, est ordonné prêtre à Châlons le 10 décembre 1688 et installé à la cure d'Étrépigny (à une dizaine de kilomètres de Mézières) le 7 janvier 1689 ; il a aussi la charge de la paroisse voisine de Balaives. Ayant perdu la foi très tôt, enseignant la religion à ses paroissiens « avec beaucoup de répugnance », il semble avoir gagné leur sympathie par son dévouement et son application à bien remplir sa fonction sociale. Pour les deux villages qu'il dessert, les premiers registres paroissiaux conservés sont ceux qu'il a tenus. L'archevêque Le Tellier (fondateur du séminaire de Reims) observe qu'il possède *La Bible* et « d'autres bons livres » et se déclare « content » de lui lors de ses visites de 1696 à 1707. Un seul événement a marqué son existence : en 1716, après avoir attaqué en chaire le seigneur d'Étrépigny, Toully de Cléry, coupable à ses yeux de maltraiter les paysans, Meslier est réprimandé par le nouvel archevêque, François de Mailly, et condamné à une retraite d'un mois à Reims. Après cet incident, Meslier s'est assagi, et le dernier rapport le concernant (1722) lui est assez favorable, signalant que, « depuis la mort de M. de Cléry, il est en paix avec le seigneur héritier ».

À ce moment-là, Meslier a mis en chantier le volumineux manuscrit qu'il léguera à la postérité. Il couvre de notes critiques les marges de la *Démonstration de l'existence de Dieu* de Fénelon (1718) – publiées seulement en 1972 d'après une des copies faites au XVIIIe siècle ; il pose ainsi les principes d'une philosophie matérialiste et athée qu'il développe dans le *Mémoire des pensées et des sentiments de Jean Meslier* (*). Il écrit ce *Mémoire* en secret, sans autre contact avec les courants intellectuels de son temps que celui fourni par des livres, la plupart antérieurs à 1700, et quelques rencontres avec ses confrères, notamment à la faveur des conférences ecclésiastiques du diocèse. On doit tenir pour imaginaire l'anecdote selon laquelle Meslier aurait fréquenté à Paris le père Buffier et discuté avec lui du traité d'apologétique de l'abbé Houtteville.

Meslier est mort sans doute peu après avoir mis au point la rédaction du *Mémoire* qu'il a reproduit en trois exemplaires, auxquels il a ajouté la copie de deux lettres « à MM. les curés de son voisinage ». Craignant de devenir aveugle, et probablement malade, Meslier se serait laissé mourir, s'étant « exprès refusé les aliments nécessaires ». On devine le scandale provoqué par la découverte de ses écrits. Son décès (qui se situe entre la date du dernier acte paroissial qu'il a signé et celle de l'inventaire de sa succession) n'a été enregistré nulle part. On l'a peut-être enterré dans le jardin du presbytère, là où, en 1884, a été découvert un cercueil renfermant des ossements.

Son premier biographe (J.-B. Boulliot, *Biographie ardennaise*, 1830) affirmait avoir vu dans la bibliothèque des Prémontrés de Laon « une liasse de prônes manuscrits » de Meslier, qui n'ont pas été retrouvés. Le catalogue de la bibliothèque du comte de Boutourlin (1805), disparue dans l'incendie de Moscou en 1812, signale une traduction du *Cantique des cantiques* « trouvée dans les papiers du curé d'Étrépigny ».

ROLAND DESNÉ.

MESMER Franz Anton (Friedrich Anton selon d'autres). Médecin et psychologue allemand. Né le 23 mai 1734 à Iznang, près de Radolfszell, sur le lac de Constance, mort le 5 mars 1815 à Meersburg-am-Bodensee. Il étudia la théologie, puis les sciences naturelles à Ingolstadt, puis la médecine à Vienne. Théoricien du magnétisme animal, il se fit d'abord connaître par son traité *De l'influence des planètes sur le corps humain* [*De planetarum influxu in corpus humanum*, 1766], où il s'efforçait de montrer que les corps célestes exercent une influence sur notre système nerveux par leurs forces d'attraction opposées. En 1771, il travailla à Vienne avec le père Hell, et ce fut alors qu'il découvrit ce qu'il appela le magnétisme animal, force qui animerait tous les êtres et dont il rend compte dans son *Message sur la cure magnétique* [*Sendschreiben über die Magnetkur*]. Après un séjour à Munich, il retourna à Vienne où il équipa un hôpital pour y pratiquer ses méthodes de traitement. Mais ce fut seulement à Paris, où il s'installa en 1778 et où il publia son *Mémoire sur la découverte du magnétisme animal* (*) (1779), qu'il connut le succès, réussissant même à faire du magnétisme un traitement en vogue. Pour permettre la propagation de sa nouvelle méthode, il fit ouvrir par son disciple Bergasse une souscription qui couvrit trois cent quarante mille livres. La base de sa théorie était que chaque maladie a pour cause une rupture d'équilibre entre le corps humain et les forces qui pénètrent toutes choses. Il voulut guérir les maladies nerveuses sans médication ni couteau, et il est certain qu'il obtint des succès médicaux par le simple attouchement du patient avec la main. Cependant ces succès mêmes et de plus la mort suspecte de plusieurs personnes en vue appelèrent sur lui l'attention des pouvoirs publics. Deux commissions d'enquête comprenant les médecins et les naturalistes les plus renommés en France furent chargées de contrôler ses activités. Leur rapport collectif, auquel Jussieu s'opposa assez nettement, fut très défavorable à Mesmer, qui repartit pour la Suisse, où il exerça à Constance et à Frauenfeld. En 1812, il refusa une invitation de se rendre à Berlin. Il exposa ses principes dans plusieurs ouvrages dont un écrit en français : *Mémoire de F. A. Mesmer sur ses découvertes* (*) (1799) ; le dernier en date, *Mesmérisme* [*Mesmerismus*, 1814], comporte en outre les fondements de sa philosophie. Sa méthode hypnotique a été par la suite longtemps utilisée. D'autre part, Mesmer fut un mélomane avisé dont la voix de ténor enchantait Gluck, et qui possédait une scène privée à Vienne où fut donnée la première représentation de *Bastien et Bastienne* de Mozart.

RÉF. : F. A. Doppet, *Oraison funèbre de Mesmer et son testament*, Genève, 1785. – Carl Kiesewetter, *Franz-Anton Mesmer's Leben...*, Leipzig, 1893. – Dr Eugène Louis, *Mesmer et la société de l'harmonie*, Paris, 1898. – Dr Fritz Schürer-Waldheim, *Anton Mesmer, sein Leben und sein Werk...*, Vienne, 1930. – Stefan Zweig, *La Guérison par l'esprit*, Paris, 1931. – Dr Jean Vinchon, *Mesmer et son secret*, Paris, 1936. – Bernhard Milt, *Franz Anton Mesmer und seine Beziehungen zur Schweiz-Magie und Heilkunde zu Lavaters Zeit*, Zurich, 1953. – Ernst Benz, *Franz Anton Mesmer und die physiologischen Grundlagen des « animalischen Magnetismus »*, Mayence, 1977. – Franklin Rausky, *Mesmer ou la Révolution thérapique*, Paris, 1977. – Jean Josigovici, *Franz Anton Mesmer, magnétiseur, médecin et franc-maçon*, Monaco, 1982. – Jean Thuiller, *Franz Anton Mesmer ou l'Extase magnétique*, Paris, 1988.

MESSAGER André Charles Prosper. Compositeur français. Né à Montluçon (Allier) le 30 décembre 1853, mort à Paris le 24 février 1929. Il fit ses études musicales (piano, orgue et composition) à l'école Niedermeyer, à Paris, et ses premiers emplois furent des postes d'organiste. Il commença par composer des ballets que montèrent des théâtres secondaires – *Fleur d'oranger* (1878), *Mignons et Vilains* (1879), *Les Vins de France* (1879) –, puis des ouvrages lyriques de caractère léger dont le premier, qui remporta un réel succès, fut *La Fauvette du temple* (1885). De la même année date *La Béarnaise*. L'année suivante, l'Opéra lui ouvrit ses portes avec la commande d'un ballet, *Les Deux Pigeons* (*) ; à partir de ce moment-là, Messager ne cessa guère d'être joué sur toutes les grandes scènes parisiennes. Homme de théâtre, il fut directeur de la musique à l'Opéra-Comique, de 1898 à 1903 (où fut créé, en 1902, sous sa direction, *Pelléas et Mélisande* de Debussy, dont il fut l'un des premiers défenseurs), à Covent Garden de 1901 à 1907, accepta la codirection de l'Opéra avec Broussan (1907-1913) ; parallèlement, il devint un chef d'orchestre réputé et, à partir de 1908, présida aux destinées de la Société des concerts du Conservatoire. Après la guerre de 1914, il reparut au pupitre de l'Opéra-Comique, et dirigea les Ballets russes en 1924. Cette intense activité n'entrava en rien sa carrière de compositeur dramatique, et l'énoncé de ses principaux triomphes, ballets, opéras-comiques ou opérettes, suffit à souligner la faveur dont jouit, à juste titre, sa musique distinguée, fraîche, gaie et merveilleusement scénique : *Le Bourgeois de Calais* (1887), *Isoline* (*) (1888), *La Basoche* (*)

(1890), *Madame Chrysanthème* (*) (1893), *Les P'tites Michu* (1897), *Véronique* (*) (1898), *Fortunio* (*) (1907), *Monsieur Beaucaire* (*) (1919), *Passionnément* (*) (1926), *Coup de roulis* (*) (1928).

RÉF. : Henri Février, *André Messager, mon maître, mon ami*, Paris, 1948. – Michel Auge-Larribe, *Messager, la vie, l'œuvre*, Paris, 1951.

MESSIAEN Olivier. Compositeur français. Né le 10 décembre 1908 en Avignon, mort à Clichy (Hauts-de-Seine) le 28 avril 1992. Il remporte de nombreux prix au Conservatoire de Paris, où il est notamment l'élève de Jean Gallon pour l'harmonie, de Paul Dukas pour la composition et de Marcel Dupré pour l'orgue et l'improvisation. Maurice Emmanuel lui donnera la curiosité des musiques extra-européennes. En 1931, à 22 ans, il se trouve titulaire des grandes orgues de l'église de la Trinité, poste qu'il conservera jusqu'à la fin de sa vie. L'orgue sera toujours pour lui un merveilleux moyen de s'exprimer dans l'improvisation. C'est d'ailleurs la matière des improvisations de bien des années qui servira de base à la *Messe de la Pentecôte* (1950), une de ses œuvres les plus achevées. Ouvert à de nombreuses influences, Messiaen a écrit une œuvre souvent difficile d'accès, où il a voulu faire tenir un univers dépassant largement celui auquel on limite habituellement la musique. Il s'en est d'ailleurs fréquemment expliqué. Dès ses premières productions, Messiaen se place sous le signe de l'exégèse musicale des mystères chrétiens. Ce sont *Le Banquet céleste* (1928) pour orgue, *Les Offrandes oubliées* (*) (1930), triptyque pour orchestre, dont les thèmes sont la Croix, le péché, l'Eucharistie, l'*Ascension* (*) pour orchestre (1932), ensuite transcrite pour orgue. En 1935, *La Nativité du Seigneur*, neuf méditations pour orgue, et, juste à la veille de la guerre, *Les Corps glorieux*, sept visions brèves de la vie des ressuscités. Entre-temps, il fonde avec Daniel Lesur, André Jolivet et Yves Baudrier le groupe « Jeune France » (1936) qui aspire à redonner à la musique un véritable humanisme. À l'occasion de son mariage, il écrit le texte et la musique des délicieux *Poèmes pour Mi* (*) (1936), suivis de près des *Chants de la Terre et du Ciel*, deux cycles pour soprano et piano. En captivité, il compose un *Quatuor pour la fin du temps* (*) (1940), qui évoque des thèmes de l'Apocalypse. Libéré dès 1942, il est nommé professeur au Conservatoire, et écrit coup sur coup les *Sept Visions de l'Amen* (*) pour deux pianos (1943), les *Trois Petites Liturgies de la présence divine* (*) (1944), pour chœur de femmes et ensemble instrumental, et les *Vingt Regards sur l'Enfant Jésus* (*), pour piano (1944), dédiés à Yvonne Loriod, qui deviendra sa seconde femme. La première exécution des *Trois Petites Liturgies* donnera lieu à une bataille culturelle, l'auteur étant accusé de mélanger Bible et poésie moderne, astronomie, botanique et religion. En fait, il a amorcé un processus de syncrétisme musical qu'il n'abandonnera plus. L'œuvre suivante, la *Turangalîla-Symphonie* (*) (1946), le confirme puisque le titre lui-même, d'origine indienne, demande une traduction. Messiaen traduit « Hymne à la joie et contrepoint de rythmes » et joue de façon cyclique, dans cette longue symphonie, avec quelques thèmes affirmés de façon spécifique : la statue-peur, les fleurs, l'amour dont la *Turangalîla* se veut l'exaltation. Les *Cinq rechants pour chœur a cappella* (*) (1949) sont également des chants d'amour. L'auteur a mélangé des mots clefs : Yseult, Mélisande, Viviane, à des syllabes sans sens apparent, créant ainsi une atmosphère incantatoire. 1950 et 1951 voient apparaître les deux œuvres majeures de l'œuvre d'orgue du musicien : *La Messe de la Pentecôte* et le *Livre d'orgue* sont la somme de vingt ans d'expérience. En 1953 entrent en scène des personnages essentiels du monde de Messiaen qui n'avaient jusqu'alors fait que de brèves apparitions : les oiseaux. L'auteur se livre depuis des années à l'observation la plus précise du chant des oiseaux : il a mis au point une notation utilisant jusqu'au huitième de ton qui débouche sur des partitions comme *Réveil des oiseaux* (1953) et *Oiseaux exotiques* (1956), tous deux pour piano et orchestre, et surtout le *Catalogue d'oiseaux* (1956-58) pour piano. Les œuvres se succèdent : *Chronochromie* pour orchestre (1960), *Sept Haïkaï* (*) pour piano et orchestre (1962). Messiaen est devenu un personnage important et c'est en présence du général de Gaulle que sera donnée à Chartres, en 1964, la première exécution de *Et expecto resurrectionem mortuorum.* En 1969, il compose un oratorio, la *Transfiguration de Notre-Seigneur Jésus-Christ* et les *Neuf Méditations pour orgue sur le mystère de la Sainte Trinité. Des canyons aux étoiles* (1974) nous emmène toujours plus loin, sur cette trajectoire qui va du chant du plus petit oiseau à l'infini « au-delà des étoiles ». Entre 1975 et 1983, Messiaen se consacre à l'opéra que Rolf Liebermann lui a commandé pour le Palais Garnier, *Saint François d'Assise* (*), immense fresque qui réunit sa passion pour l'ornithologie et sa foi profonde. Un dernier livre de pièces pour orgue, *Livre du Saint-Sacrement* (1984) et une courte page pour piano et orchestre, *La Ville d'En-Haut* (1987), viennent compléter un catalogue déjà très riche. Messiaen est éminemment un musicien religieux. Il proteste contre le terme de mystique qu'on a tendance à lui appliquer, disant qu'il est simplement « né croyant » et que de ce fait découle toute sa vie artistique. Trois grands thèmes dominent celle-ci, qui finalement convergent : la foi catholique, puis l'amour humain, mais, comme il l'a chanté lui-même dans les *Poèmes pour Mi*, l'amour de corps appelés à la Résurrection, les oiseaux enfin, qui ont pris dans son œuvre de plus en plus de place – mais n'a-t-il pas écrit, parlant de Dieu, « l'unique oiseau de l'Éternité, c'est vous » ? La place de Messiaen dans la musique moderne lui a valu d'avoir pour élèves des musiciens comme Boulez, Pierre Henry, Xenakis ou Stockhausen, pour ne mentionner que les plus célèbres.

JEAN-FRANÇOIS LABIE et ALAIN PÂRIS.

♦ *« Messiaen atteint une parfaite et éclatante maîtrise de son art, en même temps qu'il exprime une sensibilité mystique d'une grandeur et d'une qualité incomparables. »* Henri Sauguet. ♦ *« Conception très remarquable d'une vraie grandeur où la puissance poétique s'allie à l'élévation constante des discours et des qualités d'invention musicale. »* Arthur Honegger. ♦ *« Un de ses plus grands morceaux pourrait être le choix le plus intelligent dans notre musique actuelle pour le concert ultime de l'orchestre sur le* « Titanic » *de notre civilisation en perdition. Des navires de sauvetage, d'autres planètes auront pour le moins une chance de l'entendre, ce qui serait un avantage. Imprudemment, je prédis que ses œuvres les plus récentes ne dureront pas moins que n'importe quelle autre musique de notre décennie. »* Igor Stravinski.

RÉF. : Olivier Messiaen, *Technique de mon langage musical,* Paris, 1944. — Claude Rostand, *Olivier Messiaen,* Paris, 1957. — Antoine Goléa, *Rencontres avec Olivier Messiaen,* Paris, 1960. — Pierrette Mari, *Olivier Messiaen,* Paris, 1965. — Claude Samuel, *Entretiens avec Olivier Messiaen,* Paris, 1967 ; *Musiques et Couleurs, nouveaux entretiens avec Claude Samuel,* Paris, 1986. — Serge Gut, *Le Groupe Jeune France,* Paris, 1977. — Michèle Reverdy, *L'Œuvre pour piano d'Olivier Messiaen,* Paris, 1978 ; *L'Œuvre pour orchestre d'Olivier Messiaen,* Paris, 1988. — Alain Périer, *Messiaen,* Paris, 1979. — Harry Halbreich, *Olivier Messiaen,* Paris, 1980. — A. Michaely, *Die Musik Olivier Messiaens,* Hambourg, 1987. — T. Hirsbrunner, *O. Messiaen,* Laaber, 1988. — Brigitte Massin, *Olivier Messiaen : une poétique du merveilleux,* Aix-en-Provence, 1989.

MÉSZÖLY Miklós. Écrivain hongrois. Né à Szekszàrd en 1921. C'est dans la petite ville de Szekszàrd, en Hongrie centrale, la ville de Babits, que Miklós Mészöly a fait ses études secondaires. Il parvient en 1943 à obtenir son doctorat en droit à l'université de Budapest avant d'être envoyé au front. Fait prisonnier, il est envoyé en Serbie. Il travaille comme surveillant de moulin et comme ouvrier. De retour en Hongrie et dans sa ville natale, il travaille d'abord comme journaliste (1947-48). C'est à ce moment-là qu'il publie son premier recueil de nouvelles *Eaux sauvages* [*Vadvizek,* 1948] ; il retourne ensuite à Budapest où, entre 1951 et 1953, il sera dramaturge au théâtre de marionnettes. Depuis 1953, il vit de sa plume. Il publie son premier roman, *Cigogne noire* [*Fekete golya*] en 1960.

Les principales œuvres de Mészöly sont ses romans, ses nouvelles, ses courts récits. Mais il a également touché à d'autres genres, comme la poésie : *Carte vespérale* [*Esti térkép,* 1981], le drame : *Le Laveur de vitres,* [*Àz ablakmosó,* 1979], l'essai : *L'École de la largeur* [*À tàgassàg iskolàja,* 1977], *Mentions* [*Érintések* 1980], et le conte pour enfants : *L'Ours triste* [*À bànatos medve* 1954], *L'Orchestre de pompiers enchanté* [*Àz elvaràzsolt tüzoltézenekar,* 1965]. Ses recueils de nouvelles sont *Signes noirs* [*Sötét jelek,* 1957], *Déclaration à propos de cinq souris* [*Jelentés öt egérröl,* 1967], *Formations* [*Alakulàsok,* 1975] et *Chevaux ailés* [*Szàrnyas lovak,* 1979]. Les plus importants de ses romans sont *Mort d'un athlète* (*) (1966), *Saulus* (1968) et *Film* (1976).

Dans son œuvre en prose, il n'a cessé d'aborder de près ou de loin les problèmes du pouvoir, de la guerre, de la contrainte sur l'individu, de la soumission, et de la responsabilité de l'écrivain. Ainsi s'explique sa popularité, notamment auprès des jeunes : malgré un engagement politique peu spectaculaire mais digne et résolu, il est apparu comme un leader charismatique de l'intelligentsia. Mais il n'a pas fait école : il reste isolé et tourmenté. Du point de vue esthétique, il suit les voies d'une modernité de type nouveau roman, avec un langage statique et puissant. Dans les derniers temps, il a choisi pour s'exprimer la forme du récit.

EVA TOULOUZE.

MÉTASTASE Pierre (Pietro Metastasio ; pseud. de Pietro-Antonio-Domenico Bonaventura Trapassi). Poète italien. Né le 3 janvier 1698 à Rome, mort le 12 avril 1782 à Vienne. Son vrai nom était Trapassi, qu'il grécisa en Métastase. Métastase, dès sa naissance, fut protégé par les puissants : il fut tenu sur les fonts baptismaux par Pietro Ottoboni, cardinal, poète et puissant mécène ; à dix ans, il était déjà dans les grâces de Gian Vincenzo Gravina, qui l'accueillit comme un fils et le prit comme élève. D'esprit très versatile, le jeune garçon se rendit célèbre par des poèmes improvisés. Il devint abbé sans prononcer des vœux définitifs, et accrut sa renommée en écrivant avec une facilité de plus en plus grande. Après la mort de son protecteur, il mena une existence plus facile et plus libre, attiré par les mondanités qui jouèrent toujours dans sa vie un rôle important. Ce fut le début de la série de ses amours, connues d'une manière assez plaisante sous le nom des aventures « des trois Mariannes », du nom commun aux trois femmes — la cantatrice Bulgarelli, la comtesse Althan et la fille d'un haut fonctionnaire pontifical, Nicolà Martinez — qui furent ses amies les plus intimes.

Une intrigue amoureuse mal connue survenue en 1729 contraignit Métastase à quitter l'Italie, et il accepta avec plaisir l'invitation de se rendre à Vienne comme poète attitré de la Cour. Il s'y rendit l'année suivante et y resta jusqu'à sa mort. C'est la période la plus connue de sa vie. À Vienne, il écrivit ses œuvres les meilleures qui comprennent les mélodrames dont le plus célèbre — *Attilius Regulus* (*) — fut dédié à Charles VI pour son anniversaire. Marie-Thérèse le protégea également, bien que les conditions de la politique européenne ne permissent guère à l'impératrice de jouir des loisirs indispensables pour goûter les ariettes de son poète. Marie-Thérèse morte, son successeur, Joseph II, absorbé dans des rêveries philosophiques, ne fut guère tendre envers Métastase alors très âgé. Après sa mort, il reçut les honneurs funèbres qu'on réserve à ceux qui emportent avec eux toute une façon de vivre, toute une époque. Ceci ne suffit pas pour justifier la critique qui fait de ce poète le « témoin » de son temps. Mais il faut convenir que des œuvres comme *Didon abandonnée* (*) (1724), *Demofoonte* (1733), *La Clémence de Titus* (*) (1734), *Achille à Scyros* (*) (1736) et *Attilius Regulus* (1740), même si leur célébrité tient souvent à la musique qu'elles ont inspirée aux plus grands musiciens du XVIIIe siècle, sont, malgré le discrédit où est tombé le nom, la personne et l'œuvre de Métastase — défendus cependant par Stendhal, v. *Vies de Haydn, de Mozart et de Métastase* (*) —, parmi les plus belles et les plus caractéristiques de ce siècle. Il ne faut pas oublier non plus que, en soutenant qu'il était nécessaire d'accorder une même valeur au texte littéraire et à la musique, Métastase se faisait l'apôtre d'une véritable révolution de l'art dramatique. C'est d'ailleurs surtout dans les œuvres théoriques de Métastase qu'apparaît le novateur. Ces œuvres, ses contemporains et leurs successeurs les ignorèrent longtemps ou ne les comprirent pas ; l'*Extrait sur l'art poétique d'Aristote*, les *Observations sur le théâtre grec*, les *Notes sur l'art poétique d'Horace*, œuvres érudites qui laissaient entrevoir un goût ouvert aux nouveautés, une notion très juste des rapports qui doivent exister dans l'œuvre d'art entre la réalité et la poésie, annoncent les positions les plus extrêmes de la révolte romantique. Une édition de ses *Lettres* [*Lettere disperse e inedite di Pietro Metastasio*] parut à Rome en 1886.

FERDINANDO GIANNESSI.

♦ *« Ses pièces sont pleines de cette poésie d'expression et de cette élégance continue qui embellissent le naturel sans jamais le charger ; talent que, depuis les Grecs, le seul Racine a possédé parmi nous, et le seul Addison parmi les Anglais. »* Voltaire.
♦ *« Métastase, nous enlevant, pour notre bonheur, loin de la vie réelle, avait besoin, pour nous montrer, dans ses personnages, des êtres semblables à nous, et qui fussent intéressants, du naturel le plus parfait dans les détails ; et c'est en quoi il a égalé Shakespeare et Virgile, et surpassé, de bien loin, Racine et tous les autres grands poètes. »* Stendhal.

RÉF. : Jos. v. Retzer, *Metastasio. Skizze fur seine Künftige Biographie*, Vienne, 1782. — Ch. Burney, *Memoirs of the Life and Writings of the Abate Metastasio*, 3 vol., Londres, 1796. — Stendhal, *Vies de Haydn, de Mozart et de Métastase*, Paris, 1854. — G. Carducci, *Pietro Metastasio*, 1882, in Opere, éd. naz. XV, Bologne, 1936. — L. Russo, *Metastasio*, Bari, 1921. — A. Della Corte, *L'Estética musicale di Pietro Metastasio*, Turin, 1922. — C. Varese, *Saggio su Metastasio*, Florence, 1950. — W. Binni, *L'Arcadia e il Metastasio*, Florence, 1963. — F. Gavazzeni, *Studi metastasiani*, Padoue, 1964. — J. Joly, *Les Fêtes théâtrales de Métastase à la cour de Vienne (1731-1767)*, Clermont-Ferrand, 1978. — E. Sala de Felice, *Metastasio, ideologia, drammaturgia, spettacolo*, Milan, 1983.

MÉTHODE saint : v. **Cyrille et Méthode, saints.**

MÉTHODE d'Olympe, saint. Théologien et mystique grec, adversaire d'Origène, il fut évêque d'Olympe en Lycie, où il vécut certainement, puis peut-être de Philippes, en Macédoine. Né, croit-on, en 230, il mourut martyr de la persécution romaine, en 311. On ne sait pas autre chose de sa vie. Par contre, la tradition est unanime pour lui attribuer un grand nombre d'écrits, dont une bonne partie est malheureusement perdue. Outre des commentaires de *La Bible* (*) *(Genèse, Job, Cantique des cantiques)* et d'autres traités (sur la création, sur le corps, sur la pythonisse d'Endor), il avait également composé une apologie du christianisme contre Porphyre (chronologiquement la première du genre). À part quelques traités de moindre relief, en version slave : *De la vie et de sa pratique raisonnable* [*De Vita*] ; *De la distinction des aliments et la cendre de la vache rousse* [*De cibis*] ; *De la lèpre* [*De lepra*] et *De la sangsue* [*De sanguisuga*], qui commentent respectivement le *Psaume XVIII*, 2, sq. ; *Lévitique*, XI ; *Nombres*, XIX ; *Lévitique*, XIII ; *Proverbes*, XXX, 15, trois de ses œuvres conservées sont surtout remarquables ; elles se présentent sous forme de dialogue : *Le Banquet ou Des dix vierges* (*) (en original grec) ; *Du libre arbitre* (*) ; *Aglaophon ou De la Résurrection* (*), ces deux dernières presque entièrement en version slave avec des fragments en grec. L'activité de Méthode s'inscrit dans la vaste réaction que provoqua dans l'Église l'audacieuse entreprise d'Origène, dont Méthode est l'un des adversaires les plus marquants et les plus efficaces. S'opposant à Origène en ce qui concerne la liberté de la spéculation théologique, la cosmologie et l'anthropologie, Méthode combat ses thèses de l'éternité du monde, de la préexistence des âmes, etc. Comme Irénée, il veut que la théologie soit fortement ancrée sur la règle de foi. Méthode cependant va plus loin qu'Irénée et inaugure la théologie de la mystique et de l'ascèse monastiques, en ce qu'il greffe sur ce réalisme sa doctrine de la sanctification individuelle, à l'imitation du Christ, exprimée symboliquement par les noces mystiques et culminant dans la pratique de la virginité, « fleur et premier fruit de l'immortalité ».

RÉF. : Dom Ceillier, *Histoire des auteurs sacrés et ecclésiastiques*, t. IV, Paris, 1733. — A. John, *Methodius platonizans...*, Halle, 1865. — N. Bonwetsch, *Die Theologie des Methodius von Olympus*, Berlin, 1903. — E. Amann, article *Méthode d'Olympe*, in t. X, 2 du *Dictionnaire de théologie catholique* de Vacant et Mangenot, Paris, 1929. — J. Farges, introduction à la traduction de *Du libre arbitre*, Paris, 1929.

MÉTRAUX Alfred. Ethnologue américain d'origine suisse et d'expression française. Né à Lausanne le 5 novembre 1902, il se suicida vers le 12 avril 1963, près du château de la Madeleine dans la vallée de Chevreuse. Docteur ès lettres en 1926, Métraux fut l'un des premiers élèves de l'Institut d'ethnologie et s'orienta aussitôt vers l'étude des Indiens de l'Amérique du Sud et particulièrement des tribus tupiguarani, auxquelles il consacra une thèse importante (1928). La même année, il fonda auprès de l'université de Tucuman l'Institut d'ethnologie dont il sera directeur jusqu'en 1934, mettant à profit son séjour pour faire des recherches sur les Chipaya de Bolivie. En 1934-35, Alfred Métraux dirige une expédition franco-belge à l'île de Pâques ; six ans plus tard il fait le point de nos connaissances sur la civilisation disparue qui y a laissé d'énigmatiques statues dans *L'Île de Pâques* (*) (1941). Ayant enseigné aux universités de Berkeley et Yale, il est naturalisé américain en 1941, mobilisé, puis envoyé à l'université de Mexico comme professeur d'anthropologie. C'est au cours de ces années (1941-44) que Métraux recueille en Haïti les éléments de son important ouvrage, *Le Vaudou haïtien* (*) (1958). Nommé ethnologue expert auprès de l'Unesco, Métraux ne rompt pourtant pas le contact avec l'Amérique latine où il séjourne à plusieurs reprises, effectuant une enquête sur les Indiens Aymara et Quéchua, puis donnant des cours à l'université de Santiago du Chili. Puis il revient définitivement à Paris où il occupe la chaire d'anthropologie sud-américaine avant de devenir directeur d'études à l'École pratique des hautes études. En 1962, Alfred Métraux publie son dernier livre : *Les Incas*. Mais ses recherches les plus importantes, celles qui portent sur les peuples indiens de l'Amérique du Sud, ont été publiées dans l'ouvrage collectif américain *Manuel des Indiens d'Amérique* [*Handbook of the American Indians*].

JACQUES BROSSE.

METTERNICH-WINNEBURG Clemens Lothar Wenzel, prince de Metternich, duc de Portella. Homme d'État autrichien. Né le 15 mai 1773 à Coblence (Rhénanie-Palatinat), mort le 11 juin 1859 à Vienne. Il fit ses études à Strasbourg de 1788 à 1790, puis à Mayence jusqu'en 1794. Son mariage avec la comtesse Eléonore Kaunitz (1795) lui apporta une fortune considérable. Sa carrière diplomatique commença en 1797 lors du congrès de Rastadt, où il était délégué par l'assemblée des comtes de Westphalie. En 1801, il était ambassadeur de l'Empereur à la cour de Saxe, à Dresde ; en 1803, à Berlin où il devait signer le traité d'alliance entre l'Autriche, la Prusse et la Russie contre la France (1805). À partir de 1806, il fut ambassadeur à Paris, et signa la paix de Presbourg, qui réglait avantageusement pour l'Autriche la question de sa frontière avec l'Italie. En 1809, lors de la déclaration de guerre, il fut renvoyé par Napoléon et, après Wagram, conseilla de traiter avec lui. Le 8 octobre de la même année, il devint ministre des Affaires étrangères à Vienne, poste qu'il occupa pendant près de trente ans. Sa première préoccupation fut de maintenir la neutralité de l'Autriche, ménageant pour cela le mariage de Napoléon avec Marie-Louise et faisant la sourde oreille aux réclamations des nationalistes allemands. En 1813, il décida de jouer la carte de la médiation entre la Russie et la France, poursuivit son habile politique de modération entre la Prusse et la Russie, ce qui lui permit de jouer un rôle prépondérant dans la quadruple alliance lors de la déclaration de guerre du 9 septembre 1813, et après l'abdication de Napoléon (11 avril 1814). Il signa pour les Alliés la paix de Paris du 30 mai, ouvrit le 8 octobre 1814 le congrès de Vienne, constitua la Sainte-Alliance (26 septembre 1815), et signa le second traité de Paris le 20 novembre 1815. Peu à peu, il acquit la haute main sur toute la politique autrichienne, combattant, lors des congrès de la Sainte Alliance, les moindres mouvements de libération nationale avec un acharnement qui souleva contre lui la haine des peuples autrichien et allemand. Dès les premiers jours du soulèvement populaire à Vienne (13 mars 1848), il partit pour l'Angleterre, puis la Belgique, d'où il ne revint qu'en septembre 1851. Il s'était remarié en 1827 avec Antonie von Leykam, morte en 1829, puis en 1831 avec la comtesse Mélanie Zichy-Ferraris, morte en 1854. Ses *Mémoires* (*) furent édités de 1880 à 1884 (huit volumes). Censurés avant l'impression par l'empereur François Joseph, ils constituent néanmoins un bon document sur l'histoire agitée de la première moitié du XIXe siècle et sur le « système » auquel Metternich a donné son nom ; ils reflètent en outre son caractère froid, son intelligence extrêmement claire et précise.

RÉF. : Maurice Paléologue, *Romantisme et diplomatie*, Paris, 1925. – Walter Tritsch, *Metternich, Glanz und Versagen*, Berlin, s. d. – Algernon Cecil, *Metternich, a Study of his Period and Personality*, Londres, 1933. – Constantin de Grunwald, *La Vie de Metternich*, Paris, 1938. – Albert Garreau, *Saint-Empire*, Paris, 1954. – A. Berthomert, *Metternich et l'Europe*, Paris, 1979. – V. Bibl, *Metternich 1773-1859*, Paris, 1984.

MEYER Conrad Ferdinand. Poète et conteur suisse d'expression allemande. D'une famille patricienne aisée, il naquit le 11 octobre 1825 à Zurich, et mourut le 28 novembre 1898 à Kilchberg, près de Zurich. Privé de son père dès son plus jeune âge, son développement spirituel fut solitaire, menacé par une imagination et une sensibilité excessives, et des inhibitions de la volonté. Cet état nécessita finalement en 1852 un traitement médical et moral à Préfargier, et à Lausanne à partir de 1853. Les années passées en Suisse française furent pour lui celles d'une lente convalescence et d'un renouveau physique, intellectuel et religieux; il fut aussi à même de se familiariser avec la culture française ; cela ne le conduisit cependant pas à une libération de ses aspirations esthétiques, depuis longtemps reconnues mais encore paralysées dans leur expression. Meyer se plongea dans des études linguistiques et historiques, et travailla à la traduction d'ouvrages d'histoire français. Des projets de création positive faits à Lausanne et après son retour à Zurich échouèrent d'emblée. Mais les voyages à Paris en 1857, à Rome, Florence, Venise en 1858 et 1871-72 furent des phases décisives pour sa formation spirituelle et artistique. Sa création poétique, après une longue concentration et une élaboration du don qu'il possédait, débuta en 1864, encore incertaine avec le recueil anonyme des *Vingt ballades d'un Suisse* (+) ; elle s'enlisa dans les formes lyriques conventionnelles avec les *Romances et Portraits* (+) (1871). Le choix de la ballade (dite « ballade des destinées ») — v. *Ballades* (*) (1867) — et plus tard de la nouvelle historique — v. *Nouvelles* (*) (1872-1885) — trahit chez Meyer un certain historisme bourgeois ainsi que l'engouement de l'époque pour la Renaissance italienne (J. Burckhardt) ; c'est dans ce cadre, et grâce à la distance que lui permet la stylisation esthétique, qu'il peut exprimer (ce que sa propre vie ne lui permettait pas de réaliser) sa passion pour la grandeur, la force, la sensibilité passionnée.

Sous l'influence des mouvements pour l'unité allemande et italienne (amitié avec Ricasoli), son sens politique s'aiguisa. La fondation de l'Empire allemand (1871) l'attira vers la communauté culturelle allemande protestante, vers une synthèse des rapports profonds entre le Nord et le Midi, entre le protestantisme allemand et la sensualité latine, entre la morale et la plénitude de la vie, entre la conscience et la volonté de puissance, entre la profondeur intérieure et la force lumineuse de l'imagination des formes. Les *Poésies* (*), dont la dernière « version » (1882) constitue un cycle d'une profonde recherche esthétique, témoignent du développement d'une langue qui va de l'expérience subjective de l'instant de choix à l'objectivation imagée et symbolique. *Les Derniers Jours de Hutten* (*) (1871), profession de foi politique, religieuse et spirituelle sous forme de portrait historique, représentent le point d'aboutissement artistique dans le développement de la narration lyrique et épique en vers au XIXe siècle. De 1872 date le roman en vers *Engelberg*. Du nombre des récits dans lesquels Meyer élabore une forme narrative personnelle et profondément artistique se détache le roman tiré de l'histoire des Grisons au XVIe siècle : *Révolte dans la montagne* (*) (1876). Un travail intensif aboutit à une suite de récits : « L'Amulette » [Das Amulett, 1873] ; « Le Coup de feu en chaire » [Der Schuss von der Kanzel, 1877] ; *Le Saint* (*) (1879) ; « Le Page de Gustave-Adolphe » [Gustav Adolfs Page, 1882] ; « Plaute au couvent » [Plautus im Nonnenkloster, 1882] ; « Les Souffrances d'un garçon » [Das Leiden eines Knaben, 1883] ; « Les Noces du moine » [Die Hochzeit des Mönchs, 1884] ; « La Femme du juge » [Die Richterin, 1885] ; « La Tentation de Pescara » [Die Versuchung des Pescara, 1887]. « Angela Borgia » (1891) trahit une diminution de la puissance créatrice, bientôt suivie d'une dépression nerveuse et spirituelle qui assombrit peu à peu ses dernières années et se termine avec la mort. Dans ses nouvelles, Meyer se forge une prose admirablement stylisée, pleine de recherche et d'une psychologie profondément réfléchie. De grandes destinées, de grandes résolutions, de grands conflits, politiques, culturels, moraux et personnels y sont illustrés. Meyer est devenu le classique d'un récit à la forme stricte et à l'esthétique élaborée.

FRITZ MARTINI.

♦ *« L'art de C. F. Meyer est du très grand art, ce que la prose narrative allemande offre de plus voisin des nouvelles de Mérimée. »* Geneviève Bianquis.

RÉF. : Adolf Frey, *C. F. Meyer, sein Leben und seine Werke*, Stuttgart, 1900. — R. d'Harcourt, *C. F. Meyer, sa vie, son œuvre*, Paris, 1913. — Harry Maync, *C. F. Meyer und sein Werk*, Frauenfeld, 1925. — André Robert, *Les Sources de l'inspiration lyrique chez C. F. Meyer*, Paris, 1933. — G. Brunet, *C. F. Meyer et la nouvelle*, Paris, 1967. — K. Fehr, *C. F. Meyer*, Stuttgart, 1980-83.

MEYERBEER Giacomo. Compositeur allemand. Né à Berlin le 5 septembre 1791, mort le 2 mai 1864 à Paris. De son véritable nom Jakob Liebmann Beer, il adopta et accola au sien celui d'un parent, Meyer. Comme il appartenait à une famille juive, riche et haut placée, il put commencer de bonne heure à étudier le piano avec Lauska, un élève de Clementi, et il n'était âgé que de sept ans lorsqu'il donna un premier concert en public. Par la suite, il suivit, pour la composition, les cours de Zelter et de Bernard Anselm Weber, élève du célèbre Vogler. En 1810, il se rendit à Darmstadt pour y connaître Vogler, et il rencontra Carl Maria von Weber avec lequel il se lia d'une solide amitié. À partir de 1811, il commença à composer : une *Ode sacrée* sur un texte de Klopstock, et l'oratorio *Dieu et la nature* [*Gott und die Natur*], qui lui valut le titre de compositeur de la Cour. En 1812 fut représenté à Munich *La Fille de Jephté* (+), qui est moins un opéra qu'un oratorio, et en 1813, à Stuttgart, *Alimelek, ou les Deux Califes* [*Alimelek , oder Die beiden Kalifen*], dont le succès fut assez grand. La reprise de ce dernier opéra à Vienne conduisit Meyerbeer dans la capitale de l'Autriche. Sur les conseils de Salieri, il se rendit à Venise pendant le carnaval de 1815, et il eut, en écoutant le *Tancrède* (+) de Rossini, une véritable révélation : il se mit à écrire une série d'opéras « italiens » qui furent accueillis avec un succès croissant. Le dernier de ces opéras, *La Croisade en Égypte* (1824), témoigne d'une certaine force dramatique. La mort de son père, son mariage avec sa cousine Minna Mosson, la naissance de quatre enfants interrompirent son activité de compositeur d'opéras, mais il écrivit des *Psaumes* et bon nombre de mélodies.

Il se rendit ensuite à Paris où il demeura, presque sans interruption, jusqu'à sa mort. Ayant rencontré par hasard Scribe, Meyerbeer recommença de travailler pour le théâtre ; le 21 novembre 1831, l'Opéra donnait la première représentation de *Robert le Diable* (*). Malgré l'absurdité du livret, ce fut un triomphe. Puis ce furent, toujours sur un livret de Scribe, *Les Huguenots* (*), créés à Paris le 29 février 1836. En 1838, le musicien commença de travailler à *L'Africaine* (*) qu'il abandonna en 1843 quand il fut nommé Generalmusikdirektor de la cour de Prusse (1842) ; il prépara alors, pour Berlin, *Le Camp de Silésie* (+) (1843), opéra d'un caractère léger, sur un livret de Rellstab, dont le succès doit beaucoup à l'interprétation de la célèbre Jenny Lind. Le 16 avril 1849, toujours à l'Opéra de Paris et toujours sur un livret de Scribe, Meyerbeer fit représenter *Le Prophète* (*), opéra aux proportions énormes, pour lequel il recourut aux procédés les plus spectaculaires, recherchant l'effet pour lui-même, au détriment de la musique. *L'Étoile du Nord* (*), créée à l'Opéra-Comique le 16 février 1854, est une version remaniée du *Camp de Silésie*. En dépit de son habileté et de ses ressources, Meyerbeer échoua lorsqu'il voulut écrire des opéras d'un caractère léger, comme *Le Pardon de Ploermel* (1859), ou *Dinorah ;* il ne reste de ces œuvres que quelques pages de virtuosité vocale qui font des exécutants des manières de phénomènes. Quant à *L'Africaine,* qui avait été abandonnée, elle fut reprise en 1857 par Meyerbeer qui ne cessa point d'y travailler jusqu'à sa mort ; l'œuvre fut représentée, à titre posthume, le 28 avril 1865.

CARLO MARINELLI.

♦ *« Ô musicien, plus poète qu'aucun de nous, dans quel repli inconnu de votre âme, dans quel trésor caché de votre intelligence, avez-vous trouvé ces traits si nets et si purs, cette conception simple comme l'antique, vraie comme l'histoire, lucide comme la conscience, forte comme la foi... »* George Sand. ♦ *« Après le* Crociato, *j'ai encore compté Meyerbeer au rang des musiciens ; après* Robert le Diable, *j'ai hésité ; mais, à partir des* Huguenots, *je le range sans façons parmi les écuyers du cirque Franconi. »* Robert Schumann. ♦ *« Je réduis au zéro absolu la valeur spécifiquement musicale de Meyerbeer. »* Richard Wagner.

RÉF. : Henri de Curzon, *Meyerbeer,* Paris, 1910. – Henry Eymieu, *L'Œuvre de Meyerbeer,* Paris, 1910. – Lionel Dauriac, *Meyerbeer,* Paris, 1913. – Arthur Dandelot, *L'Évolution de l'opéra depuis Meyerbeer jusqu'à nos jours,* Paris, 1927. – Sergio Segalini, *Diable ou prophète ? Meyerbeer,* Paris, 1985.

MEYERHOLD Vsevolod Emilievitch. Acteur et metteur en scène russe. Né le 28 janvier 1874 à Penza, fusillé le 1er février 1940 à Moscou. Longtemps ignoré des historiens du théâtre, absent pour cause de purge stalinienne, le travail de Meyerhold n'est connu en France qu'à partir de 1963 grâce aux premières traductions de Nina Gourfinkel. Depuis, les éditions de l'Âge d'homme ont rassemblé en quatre tomes tous les textes disponibles écrits par cet homme de théâtre, qui, lorsqu'on lui reprochait ses erreurs, répondait : « On abat une forêt, les copeaux volent. » Toute sa vie fut consacrée au théâtre : dès 1898, il est au Théâtre d'Art de Moscou avec Stanislavski ; à partir de 1905, au Théâtre Studio ; de 1906 à 1918, à Saint-Pétersbourg ; avec son propre Théâtre Meyerhold jusqu'en 1938. Toujours Meyerhold cherche, fait des expériences, passant du réalisme psychologique au symbolisme, s'inspire de la commedia dell'arte et des marionnettes, apprend de Craig et d'Appia, prend position pour l'« Octobre théâtral », élabore le constructivisme. Il crée la plupart des pièces de Maïakovski. Il s'épuise dans le combat contre le dogme stalinien. Il ne laisse pas d'œuvre théorique constituée mais des centaines de pages de notes, réflexions et conférences. « Jamais le théâtre ne cherche à illustrer quoi que ce soit. Comme tout art, il se suffit à lui-même. C'est pourquoi un dramaturge authentique crée un monde qui est inacceptable en dehors du cadre de la scène. » L'importance de Meyerhold (n'est-il pas le précurseur de Brecht ?) commence à peine à se faire sentir : « Pour construire des projets vraiment neufs nous devons visiter [...] le monde de l'utopie. C'est de ce monde que nous redescendons sur terre. »

ALAIN LECUCQ.

RÉF. : D. Bablet, *Les Voies de la création théâtrale,* vol. VII, Paris, 1979. – B. Picon-Vallin, *Les Voies de la création théâtrale,* vol. XVII, Paris, 1990. – C. Hamon-Siréjols, *Le Constructivisme au théâtre,* Paris, 1992.

MEYRINK Gustav. Nouvelliste et romancier autrichien. Né le 19 janvier 1868 à Vienne, mort le 4 décembre 1932 à Starnberg (Bavière). Une naissance illégitime : il est le fils naturel d'un ministre d'État du Wurtemberg, le baron Karl von Varnhübler, et d'une actrice originaire de Hambourg, Marie Meyer. Son enfance et sa jeunesse se déroulent dans les capitales où sa mère poursuit une carrière assez brillante : d'abord à Munich, puis à Hambourg et enfin à Prague, à partir de 1883. Elle l'y laisse seul à peine deux ans plus tard, pour ne plus manifester qu'une complète indifférence à son égard. Il termine ses études secondaires, puis fréquente l'Académie de commerce, avant de fonder bientôt la banque « Meyer et Morgenstern ». Désordres sentimentaux. Extravagances de dandy, dont « la manie de l'occultisme ». Finalement, un duel avec un officier de la garnison, en 1901, fournit le prétexte d'une campagne de diffamation à son endroit, qui le conduit même pour quelques jours en prison et ruine sa situation. C'est à ce moment qu'il commence d'écrire, en envoyant ses premiers textes corrosifs à la revue munichoise *Simplicissimus*. Il quitte Prague en 1904 pour s'installer à Vienne, où il fréquente le cénacle de Fritz Eckstein et assume la rédaction de la revue *Der liebe Augustin*. Années d'errance, avant de se fixer à Munich, à partir de 1907. Son premier roman, *Le Golem* (*) (1915), remporte un immense succès. Pendant la guerre, son antimilitarisme lui vaut d'être encore une fois l'objet d'une féroce campagne de calomnies, et ses amis écrivains (dont Heinrich Mann, Franz Wedekind) prennent publiquement sa défense. Il vit désormais plus ou moins à l'écart du monde, dans sa demeure de Starnberg, tout entier tourné vers la spiritualité orientale. À peine quelques mois après sa mort, le national-socialisme le vouait aux gémonies.

Les nouvelles composées entre 1901 et 1908 ont été rassemblées sous divers titres : *Orchidées* [*Orchideen*, 1904], *Le Cabinet des figures de cire* [*Das Wachsfigurenkabinett*, 1907], *Le Cor merveilleux du petit-bourgeois allemand* [*Des deutschen Spiessers Wunderhorn*, 1913]. Le genre des « grotesques » fournit à G. Meyrink le terrain propice à une écriture provocatrice qui exploite autant le récit d'horreur que le conte parodique ou la fable pour stigmatiser philistinisme et chauvinisme. La saison des grands romans meyrinkiens coïncide avec la Grande Guerre : *Le Golem* (1915), *Le Visage vert* (+) (1916), *La Nuit de Walpurgis* [*Walpurgisnacht*, 1917]. Le fantastique se construit ici, à chaque fois, sur le scénario de la légende vérifiée qui veut que le cours des choses, s'il échappe aux lois de la causalité, n'en réponde pas moins à des finalités secrètes, d'un autre ordre que la raison. Le bénéfice de cette vision de l'Histoire, au moment où l'Europe est un champ de bataille, est évident et explique le succès de ces romans. Chaque légende convoquée raconte une irruption de la violence, un déchaînement de fureur destructrice : course folle, tous les trente-trois ans, du fantôme du Golem dans les ruelles du ghetto pragois, apocalypse sous le signe de la réapparition de l'Ahasver, éternel retour de la figure sanguinaire du chef hussite Jan Zizka. La légende-qui-se-réalise installe une fatalité en quelque sorte consolante (puisqu'elle enseigne que le malheur n'est jamais gratuit), mais qui risque de dévaloriser l'individu, ravalé au rang de marionnette. C'est ici qu'intervient, chez Meyrink, le discours occultiste, foisonnant, sans doute parfois désinvolte, au dire des spécialistes, composé de défroques empruntées à la kabbale, au fakirisme, au taoïsme, etc. : un appareil doctrinal qui voudrait convaincre que l'individu, à travers l'expérience de sa confrontation avec la violence dans l'Histoire, peut encore sauver son identité. Il semble cependant que dans les derniers romans, *Le Dominicain blanc* [*Der weisse Dominikaner*, 1921] et *L'Ange à la fenêtre de l'Occident* [*Der Engel vom westlichen Fenster*, 1927], cette mise en perspective des références doctrinales cède le pas à une simple pédagogie, alors effectivement pesante, de l'ésotérisme. Certains zélateurs de l'occulte se sont emparés de la postérité de G. Meyrink. Il est vrai qu'il s'est lui-même complu dans le rôle du grand initié. Mais l'écrivain, sans aucun doute, est meilleur que le prophète.

JEAN-JACQUES POLLET.

RÉF. : *Cahiers de l'Herne*, Paris, 1976. – J. C. Meister, *Hypostasierung. Die Logik mythischen Denkens im Werk G. Meyrinks*, Francfort-sur-Main, 1987.

MEYSENBUG Malwida von. Femme de lettres allemande. Née à Kassel (Hesse) le 16 octobre 1816, morte à Rome le 26 avril 1903. Bien qu'elle appartînt à une famille aristocratique et qu'elle eût grandi dans un milieu imbu d'idées conservatrices, elle se ressentit de l'influence des principes qui avaient conduit aux mouvements de 1848 ; de là vint qu'elle se détacha de sa famille et de l'Allemagne. En 1852, elle se rendit à Londres où elle entra en relation avec des promoteurs d'un renouvellement européen. De Londres, en 1861, elle fit un voyage en Italie. Pendant un séjour à Paris, elle connut Wagner, dont elle défendit, parmi les premiers, la révolution musicale, et lui resta fidèle même après s'être liée d'amitié avec Nietzsche (1872). Revenue en 1870 à Rome, où elle se fixa définitivement, et témoignant de la sympathie et de la compréhension à l'égard du peuple italien, comme l'atteste son récit, publié posthume, *Amour céleste et amour terrestre* [*Himmliche und irdische Liebe*, 1905], elle fut en rapport avec Garibaldi, Minghetti, Sonnino, et avec les milieux culturels de la capitale italienne. Elle a laissé des romans et des nouvelles qui ne passèrent pas à la postérité ; un de ses livres cependant demeure vivant, les *Mémoires d'une idéaliste* (*) (1876), auquel firent suite d'autres publications de caractère autobiographique, parmi lesquelles *Le Soir de la vie d'une idéaliste* (1898), où l'évocation de choses lointaines se voile d'une note subtile et délicate de nostalgie et de regret.

MÉZERAY François-Eudes de. Historien français. Né en 1610 au château de Ri, près d'Argentan, mort à Paris en 1683. Il était fils d'un riche chirurgien d'Henri IV ; son frère aîné, Jean-Eudes, entra dans les ordres et fonda la congrégation des eudistes (il fut canonisé) ; la famille avait une tradition de savoir, et un réseau de relations solides. Après qu'il eut fait ses études à Caen, Mézeray fut introduit à la Cour (par Vauquelin des Yveteaux) et présenté à Richelieu. Il obtint un office de commissaire aux armées, chargé donc des fournitures, où l'on s'enrichissait. En contrepartie, il composa des pamphlets à la demande du ministre. Il fit aussi des traductions. Ayant montré son savoir et son style, il put présenter en 1642 un projet d'*Histoire de France* (*), pour lequel Richelieu lui donna une gratification. La publication commença en 1643 ; le chancelier Séguier prit la suite de Richelieu et nomma Mézeray historiographe de France, avec une pension régulière. Il entra à l'Académie française en 1647. Pendant la Fronde, il se trouva, par ses antécédents normands, dans la mouvance du duc de Longueville, allié de Condé dans la rébellion : il composa des pamphlets pour le parti des princes, sous le pseudonyme de Sandricourt. La paix faite, il fut à nouveau dans les couloirs du pouvoir, que son *Histoire* servait. Dans la liste des gratifications établies par Colbert en 1664, il figure en premier rang avec quatre mille francs. Il fut aussi du groupe chargé de fonder le *Journal des savants* (1666). Son œuvre avait du succès ; il en entreprit d'autres, plus hâtives... Et pour plaire au public, il fit une version en petit format de son *Histoire de France*, en y insistant davantage sur les critiques dans l'histoire des levées d'impôts. Colbert suspendit sa gratification (1668). Mézeray fut aussi (pour rentrer en grâce ?) par la suite très actif à l'Académie, qu'il présida en 1671 et où il présenta un projet de régulation de l'orthographe qui souleva de violentes polémiques. Il en devint le secrétaire en 1675, et la fin de sa carrière fut surtout marquée par cette activité, avec les querelles (qu'il ne put éviter ou régler) du *Dictionnaire de l'Académie* (*) (qu'il ne put faire aboutir selon son projet).

Dans l'un et l'autre aspect de son entreprise littéraire, Mézeray apparaît comme un écrivain pour qui les enjeux politiques de la culture sont omniprésents. Son travail d'historien n'est pas celui d'un érudit, mais plutôt d'un vulgarisateur qui donne aux faits une organisation orientée par une thèse : il voit dans l'histoire de la France celle de l'édification conjointe d'un État et d'un modèle de monarchie. À cet égard, il marque le début de la conception de l'histoire comme discours d'une conscience nationale, donc comme acte directement politique : passant de la « chronique » au « système » historique, quelques critiques que cette conception ait pu et puisse susciter, elle a marqué, depuis, trois siècles de l'écriture historique.

ALAIN VIALA.

RÉF. : W. Evans, *L'Historien Mézeray et la conception de l'histoire au XVIIe siècle*, Paris, 1904.

MIBU NO TADAMINE. Né en 868, mort en 965, il figure au nombre de ces écrivains japonais qui ont été surnommés les « Trente-six génies poétiques » [sanjū-rokkasen]. Fils de Yasutsuna, il fut dans sa jeunesse un des gardes personnels [zuijin] de Fujiwara no Sadakuni (867-906), ministre et chef de la garde du corps [Ukonoe-taishô]. Son talent poétique se révéla au cours d'une visite qu'il rendit à Fujiwara no Tokihira (871-909). À la suite de quoi Tadamine fut nommé archiviste, puis se vit confier diverses charges à la Cour. Vers les années 889-897 (ère « kampyô »), il était des plus appréciés parmi les poètes lauréats : aussi fut-il désigné, ainsi que Ki no Tsurayuki et plusieurs autres, pour faire partie de la commission impériale chargée, en 905, par l'empereur Daigo, de recueillir les éléments du *Kokin-Waka-Shû* (*), la première en date des anthologies officielles de poésies anciennes et modernes en langue japonaise. On doit à Tadamine lui-même cent quatre-vingts poésies éparses dans des anthologies diverses. Son fils Tadami, lui aussi poète distingué, recueillit les poèmes paternels sous le titre *Tadamine-shû* (shû = recueil). Le style de Tadamine a plus de douceur que d'élégance, et son inspiration manque de souffle, mais on a toutes raisons de croire qu'il était un improvisateur inégalable.

MICHAUX Henri. Poète français d'origine belge. Né le 24 mai 1899 à Namur (Belgique), mort à Paris, le 19 octobre 1984. Après des études à Bruxelles, il se fixe en 1924 à Paris et fait la connaissance de peintres comme Max Ernst et Chirico. Il entreprend ensuite de longs voyages qui le mènent successivement en Amérique du Sud, en Turquie et en Extrême-Orient. En 1937 – alors qu'il a déjà beaucoup écrit et publié, et participé, en 1935, à la fondation de la revue *Mesures* (*) –, il commence à dessiner, sans avoir jamais appris le dessin. De 1956 à 1960, il fait l'expérience de divers hallucinogènes (dont la mescaline) sous contrôle médical, et tire de cette expérience plusieurs livres et des œuvres picturales. En 1965, il refuse le Grand Prix national des lettres, après que le Musée national d'art moderne eut organisé une exposition de ses dessins et de ses peintures.

Henri Michaux est l'un des écrivains les plus secrets, les plus discrets qui soient. Bien qu'il se présente à nous dans ses œuvres avec une immédiateté presque brutale, il donne perpétuellement l'impression d'être caché. Il a du reste constamment refusé de se mêler aux mouvements et aux chapelles littéraires, et ne s'est jamais considéré comme un « homme de lettres ».

Et en effet, bien qu'il écrive admirablement, il est difficile de le considérer comme un « écrivain ». Est-ce un poète ? Michaux a, bien sûr, écrit des poèmes, mais ce n'est pas non plus un poète. On pourrait faire la même réflexion à propos de son importante œuvre graphique : Michaux est indéfinissable. Toute son œuvre nous parle de lui – et rien que de lui – mais elle n'est pas pour autant « biographique » ou « psychologique ». Sa manière de transmettre son expérience ne ressemble à aucune autre. Peut-être serait-il plus juste de le caractériser comme un aventurier, comme un voyageur : que les voyages que nous raconte Michaux soient réels, imaginaires ou intérieurs, qu'il s'agisse des paysages de l'Asie, de l'Équateur, de la Grande Garabagne, de son

« lointain intérieur » ou des royaumes de la mescaline, Michaux est toujours en voyage. Voyageur, il donne en même temps l'impression d'un homme étrangement immobile, tatillon et casanier, presque angoissé par l'idée même du mouvement. Les titres de ses livres, d'une certaine façon, introduisent déjà de plain-pied dans son univers : *Qui je fus* (*) (1927), *Ecuador* (*) (1929), *Mes propriétés* (*) (1929), *Un certain Plume* (*) (1930), *Un Barbare en Asie* (*) (1933), *La nuit remue* (*) (1935), *Voyage en Grande Garabagne* (*) (1936), *Plume* précédé de *Lointain Intérieur* (*) (1938), *Peintures* (*) (1939), *Au pays de la magie* (*) (1941), *L'Espace du dedans* (*) (1944), *Épreuves, Exorcismes* (*) (1945), *Apparitions* (*) (1946), *Ailleurs* (*) (1948), *Meidosems* (1948), *La Vie dans les plis* (*) (1949), *Mouvements* (1952), *Face aux verrous* (*) (1954), *Misérable miracle* (*) (1956), *L'Infini turbulent* (*) (1957), *Paix dans les brisements* (*) (1959), *Connaissance par les gouffres* (*) (1961), *Vents et Poussières* (*) (1962), *Les Grandes Épreuves de l'esprit* (*) (1966), *Façons d'endormi, façons d'éveillé* (1969), *Poteaux d'angle* (*) (1971), *Émergences/résurgences* (1972), *Quand tombent les toits* (1973), *Moments* (1973), *Par la voie des rythmes* (1974), *Face à ce qui se dérobe* (1976), *Chemins cherchés chemins perdus transgressions* (*) (1981), *Déplacements dégagements* (1985), *Affrontements* (*) (1986) ; ainsi que d'autres œuvres plus brèves : *Difficultés* (*) (1930), *Le Drame des constructeurs* (1930), *Entre centre et absence* (1936), *L'Espace aux ombres, Chaînes* (*) (1937), *Ici, Poddema* (*) (1946), *Fin d'un domaine, La Ralentie* (*) (1942), *Liberté d'action* (*) (1945), *Lointain intérieur, Nous deux encore* (*) (1948), *Poésie pour pouvoir* (*) (1949), *Tranches de savoir* (*) (1950), *Passages* (*) (1950), *Nouvelles de l'étranger* (1952), tous ces titres d'œuvres forcément très diverses évoquent presque tous l'espace, la géographie. Plus éloquent encore est le titre d'un autre texte, qui paraît synthétiser l'ensemble : *Je vous écris d'un pays lointain* (1937). Michaux écrit toujours d'un pays lointain : ce peut être l'Équateur ou l'Inde, pays effectivement « lointains », mais aussi une contrée imaginaire – caractérisée dans ce cas par le lointain même de l'imaginaire – ou simplement la géographie de son « lointain intérieur ». Dans cette vaste topologie où intérieur et extérieur se mêlent, le pays de la drogue n'est qu'un secteur tardif. Tout a commencé, peut-être, par des voyages « réels » : l'Amérique du Sud, l'Asie. Les ouvrages qui rendent compte de ces voyages sont d'une précision quasi ethnographique, mais le *Voyage en Grande Garabagne* ne l'est pas moins. Michaux est un observateur d'une cruelle précision. Si on lit successivement ce dernier livre et *Un Barbare en Asie*, il sera assez difficile de dire lequel est le plus « imaginaire ». Pour Michaux, tout est réel : le monde extérieur, l'imaginaire, le subjectif. « L'espace, mais vous ne pouvez concevoir cet horrible en dedans en dehors qu'est le vrai espace » *(Face aux verrous)*. Écrire, ici, est parcourir, tantôt avec humour, tantôt avec gravité, tantôt avec horreur, tantôt – plus rarement – avec douceur, cet « en dedans en dehors » : « J'écris pour me parcourir. Peindre, composer, écrire : me parcourir. Là est l'aventure d'être en vie. » Parcours qui est à la fois la recherche d'un centre, d'un abri, d'un équilibre, et l'expérience de ce qui excède toute protection, tout équilibre, tout abri, tout centre. Il y a d'abord chez Michaux l'opération consistant à interposer entre le « dehors », le « réel » et le « moi » des pays imaginaires, des sortes d'« États-tampons », comme il dit dans *Passages*. Puis la création délibérée, humoristique, méchante, d'une espèce de mythologie personnelle. Mais les mondes que crée l'écrivain, ou les opérations magiques, exorcisantes auxquelles il s'essaie (« moi, je mets la Chine dans ma cour ») finissent par avoir eux aussi une réalité aussi dure que celle à laquelle il voulait échapper : hanté de peuples cruels, d'animaux monstrueux, l'imaginaire de Michaux n'est pas un refuge. Certes, cette cruauté et cette monstruosité qu'il y rencontre sont les siennes, comme est cruelle, par exemple, la description de Plume, personnage de peu de poids, ainsi que l'indique son nom, et perpétuellement victime du monde (au bout du compte, d'ailleurs, Michaux abandonne Plume et le « laisse mourir »).

L'exploration de l'espace intérieur oscille entre le « centre » et l'« absence », le « vol » et la « chute », la « périphérie » et le « moi ». Le monde de Michaux est traversé d'effondrements, d'« émergences » et de « résurgences » (ce qui présuppose des « disparitions »). Temps, espace, vent, nuit, mouvement ont un double sens : hostilité et familiarité, paix et souffrance. *La nuit remue*, cet admirable titre, exprime à la fois une sensation de vie et une sensation d'horreur. Cette expérience existentielle de « l'être-dans-le-monde » a sans doute été marquée – ainsi que l'ont souligné certains commentateurs de l'œuvre de Michaux – par la maladie. D'une santé fragile, l'écrivain a une conscience particulière du temps, de l'espace, du corps, de la souffrance mentale et physique. Écrire est pour lui, ainsi que l'exprime le livre *Poésie pour pouvoir*, un moyen de dominer, d'exorciser ce que son « vécu » peut avoir d'écrasant. Chaque livre – et l'œuvre de Michaux est très vaste – est à la fois une expérimentation et un « exorcisme ». « Dans son laboratoire de poète visionnaire et studieux, a écrit Supervielle – qui a parfois une perception spatiale proche de celle de Michaux –, c'est lui seul qui sert de cobaye. » Aucune œuvre ne donne une telle impression de solitude : « Il y a mon terrain et moi ; puis il y a l'étranger » (*La nuit remue*). Et pourtant, rien de plaintif dans cette solitude : c'est la solitude de l'homme dans « le » monde et dans « son » monde. Personne – excepté peut-être

Rilke dans ses derniers poèmes – n'a su mieux exprimer l'expérience de l'« espace intérieur du monde », et de ces moments de la vie humaine où dehors et dedans se mêlent : un jour de grand vent faisant trembler toutes choses (et notre cœur, notre esprit), le soir qui tombe immense, la nuit, bénéfique ou maléfique. Que l'esprit humain soit un pays, une géographie, et qu'il ne s'agisse pas de métaphores, mais de réalités bien tangibles, c'est sans doute également Michaux qui nous l'a appris.

Il faut enfin évoquer l'écriture de Michaux : à la fois froide, précise et lyrique, souvent visitée par l'humour, on la croirait surgie ex nihilo. C'est en vain qu'on y chercherait des influences, des ressemblances. Œuvre d'un solitaire, elle est elle-même solitaire, sans filiation, sans origines décelables. Et en ceci, de nouveau, elle est absolument unique.

ANTOINE BERMAN.

♦ *« Michaux a en lui toute l'urgence, toute l'impatience de l'initié, fruit d'une expérience secrète... qui soulève la peau des choses pour ne laisser vivant que l'inconnu... Prisonnier, il écrit, raconte l'ailleurs, qu'il a vu et que nul autre que lui ne verra... L'invérifiable est son royaume, là où vit ce qui n'est pas. »* N. Murat.

RÉF. : Robert Bréchon, *Michaux*, Paris, 1959. – Raymond Bellour, *Henri Michaux ou une mesure de l'être*, Paris, 1965. – *Henri Michaux*, numéro spécial des « Cahiers de l'Herne », Paris, 1966. Jean-Michel Maulpoix, *Michaux passager clandestin*, Seyssel, 1985. – Michel Butor, *Improvisations sur Henri Michaux*, Montpellier, 1986. – Brigitte Oucry-Viol, *Henri Michaux*, Lyon, 1989.

MICHÉE (dont le nom hébreu Mika, abréviation de Mikayah, signifie « qui est comme Yahvé »). Prophète juif. Né à Moreshet, près d'Hébron (Judée). Contemporain d'Isaïe auquel il ressemble par l'élévation de sa pensée et de son style, il est le sixième des petits prophètes juifs, et vivait aux temps d'Achaz et d'Ézéchias, rois de Juda (750-686 av. J.-C.). Il séjourna longtemps dans sa bourgade natale, située non loin de Jérusalem, et prophétisa la destruction de cette ville, ainsi que celle du royaume de Juda qui, depuis la mort de Salomon, était séparé du royaume d'Israël – v. *Michée* (*) *(Livre de).* La réalisation de ses prophéties lui valut un tel prestige qu'il fut appelé à collaborer très efficacement à la réforme religieuse entreprise par Ézéchiel. Homme de la campagne comme Amos, il avait le don des visions claires et nettes. À l'âme ardente d'Osée, il joignait la passion d'Amos pour la justice ; il sympathisait ardemment avec les opprimés et l'iniquité le remplissait d'indignation. Une légende sans aucun fondement le fait mourir martyr, au temps du roi Joram. Sa tombe aurait été retrouvée sous le règne de Théodose dans les environs d'Héliopolis en Palestine.

MICHEL Jean. Poète dramatique français. Né à Angers vers 1430 ou 1435 ; mort en 1501. Jean Michel était médecin ; on en a fait à tort l'auteur d'un *Mystère de la Résurrection de Notre-Seigneur Jésus-Christ* qui se déroulait en trois journées et comptait plus de 20 000 vers. Il est surtout connu pour l'adaptation qu'il fit de *La Passion de Paris* (*) d'Arnoul Gréban qu'il émonda mais à laquelle il adjoignit de nombreux passages de son cru, à tel point que la nouvelle Passion comptait 65 000 vers au lieu des 25 000 de la Passion originelle. Intitulée *Le Mistère de la Passion de nostre Saulveur Jhésucrist,* et connue sous le nom de *La Passion d'Angers* (*), elle fut en effet représentée en cette ville en 1486, où elle connut certainement un très vif succès, car elle fut imprimée par la suite. On attribue également à Jean Michel un *Mistère de la vengeance de Jésus Christ.* Michel se distingue de ses prédécesseurs, les deux Gréban et Marcadé, par son esprit laïc et profane, qui lui valut une audience populaire très étendue.

RÉF. : Jean Michel, *Le Mystère de la Passion (Angers, 1486),* éd. par O. Jodogne, Gembloux, 1959. – M. Accarie, *Étude sur le sens moral de la Passion de Jean Michel,* Genève, 1979.

MICHEL-ANGE (Michelangelo Buonarroti dit). Peintre, sculpteur et poète italien. Né le 6 mars 1475 au château de Caprese dans le Casentino (Toscane), de Lionardo Buonarroti Simoni, que l'on croit descendre de la très noble famille des comtes de Canossa, et qui était à l'époque podestat de Chiusi et de Caprese, et de Francesca de Neri de Miniato del Sera ; mort à Rome le 18 février 1564. On ne saurait évoquer la prodigieuse figure d'un tel artiste sans accorder l'importance qui convient aux hasards de sa vie dramatiquement mouvementée et aux bouleversements du siècle où il vécut. Chez Michel-Ange, en effet, plus que chez tout autre génie, l'homme et l'artiste forment un tout qui ne peut être séparé. Sa biographie a pour principales sources les ouvrages de Vasari et de Condivi, ses contemporains, et, pour une grande part, les *Lettres* (*) par lui adressées à des familiers ou à des amis, entre 1496 et 1563. Très jeune, il s'initia à l'art dans l'atelier de Domenico Ghirlandaio (1488), puis en cette sorte de libre académie que les Médicis avaient fondée dans les jardins de Saint-Marc, avant que Laurent le Magnifique, qui avait deviné l'ampleur de son génie naissant, l'accueillît dans sa propre demeure. Se trouvant ainsi en contact avec la fine fleur de l'humanisme florentin – Politien, Cristoforo Landino, Marsile Ficin, Pic de La Mirandole et beaucoup d'autres –, Michel-Ange sentit se développer en lui les tendances néo-platoniciennes qui inspirent si profondément son œuvre d'artiste et sa poésie. On discerne un reflet de cette tendance dans les premières œuvres plastiques qu'il nous a laissées, *La Madonna della Scala* et la *Lutte d'Hercule avec les centaures,* sculptures conservées au Musée Buonarroti de Florence. Dans ces œuvres mineures, le génie de l'artiste s'élève déjà jusqu'à l'expression austère de ce que l'âme contient d'éternel et d'universel. L'expulsion de Pierre de Médicis et les troubles qui s'ensuivirent à Florence obligèrent Michel-Ange à se réfugier à Bologne. Puis, vers le milieu de l'année 1496, il se rendit à Rome où l'appelait le cardinal Raffaele Riario. De ce premier séjour dans la Ville éternelle datent le *Bacchus* (Musée national de Florence) qui rivalise de perfection avec les œuvres antiques et la *Pietà* (actuellement à Saint-Pierre de Rome), œuvre d'une classique harmonie dans laquelle le drame atteint au sublime d'une muette contemplation. Vers le milieu de 1501, Michel-Ange regagne Florence. Son activité devenue fébrile embrassa avec un égal bonheur la sculpture et la peinture. Parmi ses sculptures, il suffit de rappeler le *David* monumental qui orne la façade du Palais de la Seigneurie à Florence, la spirituelle *Madone à l'enfant,* conservée dans l'église de Notre-Dame de Bruges, le *Saint Matthieu* de la galerie de l'Académie, ébauche sommaire qui exprime intensément le laborieux effort que fait l'image pour s'arracher au bloc qui l'étreint. Enfin, les deux « tondi » (tableaux ronds) de la *Madone à l'enfant* du Musée national de Florence et de la National Gallery de Londres. Ces dernières œuvres nous mettent en présence du problème de « l'inachevé » qui se pose à propos de Michel-Ange, et au moyen duquel le maître a aboli les frontières entre sculpture et peinture pour, finalement, harmoniser les arts sous la seule domination de la lumière. Au nombre des tableaux que l'artiste peignit à cette époque, citons surtout le « tondo » de la *Sainte Famille* pour Angelo Doni, aujourd'hui aux Offices (Florence), et le grand carton de la *Bataille de Pise* (1504-1506) auquel devait bientôt faire pendant, dans le salon du Palais de la Seigneurie à Florence, la *Bataille d'Anghiari* de Léonard de Vinci. Ces deux œuvres, aujourd'hui endommagées par le temps, devaient alors affirmer l'idéal plastique de Michel-Ange en face de la peinture préconisée par Vinci.

De retour à Rome en mars 1505, Michel-Ange obtint du pape Jules II la commande de deux travaux titanesques : un grandiose monument destiné à sa sépulture dans la nouvelle basilique Saint-Pierre, et des fresques pour le plafond de la Sixtine. La non-exécution du mausolée fut, entre le maître et les héritiers de Jules II, l'origine d'âpres différends et attristèrent l'artiste jusqu'à la fin de sa vie. Cependant, les quelques statues qu'il exécuta en d'autres circonstances, tels le *Moïse* qui se trouve actuellement en l'église Saint-Pierre-aux-Liens à Rome et les *Esclaves,* conservés dans la Galerie de l'Académie de Florence et au Louvre, permettent d'imaginer combien l'effet produit par cet ensemble puissant eût été prodigieux. La fresque de la Sixtine, que Michel-Ange avait commencée à contrecœur le 10 mai 1508, et inaugurée le 31 octobre 1512, fut pour le maître un triomphe. À ce propos, Vasari a rapporté que, lorsqu'on ôta le voile qui la recouvrait, « chacun eut l'impression d'un univers en mouvement et demeura muet d'admiration ». Un autre travail très important de Michel-Ange est la décoration, qui se poursuivit jusqu'en 1534, de la nouvelle sacristie de Saint-Laurent à Florence, commandée par le cardinal Jules de Médicis, le futur pape Clément VII. Dans les monuments de Julien et de Laurent de Médicis, où l'on admire les puissantes figures de l'*Aurore,* du *Crépuscule,* du *Jour* et de la *Nuit,* Michel-Ange recourt aux mêmes effets que dans les *Esclaves :* après avoir esquissé la forme, il l'abandonne en la laissant en partie à l'état d'ébauche rugueuse. En 1527, Michel-Ange regagna Florence et, lorsque les Médicis eurent été expulsés, participa avec ardeur aux fortifications de la ville. Mais la trahison de Malatesta Baglioni l'obligea à s'éloigner quelque temps. *Le Jugement dernier* de la Sixtine, que lui commanda le pape Paul III, est le dernier de ses grands travaux. Cette œuvre, dans laquelle Michel-Ange avait voulu donner un sévère avertissement à l'humanité, demanda huit ans et fut inaugurée la veille de la Toussaint de l'an 1541. Elle atteint, dans son ensemble, une dramatique intensité dont on ne trouve un équivalent que dans *La Divine Comédie* (*). C'est de Dante pareillement que se réclament les poèmes de Michel-Ange – v. *Rimes* (*) – composés pour la plupart à Rome, après 1534, comme un délassement à ses autres activités. Les vers de Michel-Ange ne peuvent, certes, rivaliser de grandeur avec son œuvre plastique. Quelques passages, toutefois, sont marqués au coin du génie. Historiquement la poésie de Michel-Ange fait figure d'isolée dans la production lyrique du XVIe siècle. Il n'est pas jusqu'au pétrarquisme lui-même qui ne soit transfiguré par la puissance de la pensée et un inachèvement voulu dans l'expression. Parmi les œuvres de vieillesse de Michel-Ange, citons surtout ses travaux d'architecture pour Saint-Pierre et l'aménagement de la place du Capitole, ainsi que quelques groupes représentant la *Pietà* où l'artiste laisse transparaître une désolation profonde. La mort de ses amis les plus chers, celle notamment de Vittoria Colonna, laissa dans son cœur un vide irréparable. Sa pensée, du reste, était entièrement habitée par la mort, qu'il voyait venir. Dans une lettre à Vasari, Michel-Ange écrit en effet : « Il n'y a pas une de mes pensées où la mort n'ait été sculptée. » Cette mort qui le fit passer d'une tempête affreuse au calme le plus doux, Michel-Ange dut l'accueillir comme une libération. Le maître, dont la dépouille avait été soustraite presque de force à Rome par ses compatriotes, repose à Santa-Croce de Florence.

PAOLO D'ANCONA.

♦ *« Il me fut donné en naissant, comme un gage fidèle de ma vocation, ce sentiment du beau qui, dans deux arts à la fois, me guide et m'éclaire ; celui qui ne le croirait pas serait dans une fausse opinion.* » Michel-Ange. ♦ « ... *Chaque mot tombé de la plume de Michel-Ange mérite d'être conservé dans une urne d'émeraude.* » L'Arétin. ♦ « *Les pensées de Michel-Ange sont toujours justes, souvent profondes, parfois neuves ; mais bien qu'il écrive généralement avec la précision et la concision qui sont les marques d'une grande profondeur de pensée, il ne s'exprime pas toujours avec cette clarté que seule une habitude d'écrire peut donner, ni avec cette touche poétique qui réchauffe les raisonnements les plus froids.* » Foscolo. ♦ « *Dans les poésies de Michel-Ange, le gel et le feu sont presque les seules images* [...] *A part une allusion à un voyage, on n'y rencontre pas de relation d'événements. Mais on y retrouve la claire et si vivante maîtrise avec laquelle Michel-Ange enfant a su donner l'aspect sénile à une tête de faune en lui enlevant une dent d'un seul coup de ciseaux.* » Pater. ♦ « *Ce qui frappe le plus dans cette nature d'une unité impérieuse, c'est d'y voir assemblés des mondes ennemis : une brutalité matérielle et un idéalisme serein ; un enivrement de la force, de la beauté païenne et un mysticisme chrétien ; un mélange de violence physique et d'abstraction intellectuelle ; une âme platonicienne dans un corps d'athlète.* » Romain Rolland.

RÉF. : Abbé Hauchecorne, *Vie de Michel-Ange Buonarroti*, Paris, 1783. — Quatremère de Quincy, *Histoire de la vie et des œuvres de Michel-Ange*, Paris, 1835. — G. Vasari, *Vie des peintres, sculpteurs et architectes*, t. V, trad. fr. de l'éd. de 1550, Paris, 1839. — Calemard de La Fayette, *Dante, Michel-Ange, Machiavel*, Paris, 1852. — A. Lannau-Rolland, *Michel-Ange poète*, Paris, 1860. — John A. Symond, *The Life of Michelangelo Buonarroti*, Londres, 1893. — C. Frey, *Die Dichtungen des Michelangelos Buonarroti*, Berlin, 1897. — Romain Rolland, *Vie de Michel-Ange*, Paris, 1903. — P. de Bouchaud, *Les Poésies de Michel-Ange et de Vittoria Colonna*, Paris, 1912. — Emil Ludwig, *Trois Titans*, trad. fr., Paris, 1930. — Fred Bérence, *Michel-Ange ou la Volonté de puissance*, Paris, 1947. — Ch. de Tolnay, *Michelangelo* (4 vol.), Princeton, 1947-54. — J. S. Ackermann, *The Architecture of Michelangelo*, 2 vol., Londres, 1961. — R. J. Clements, *Michelangelo. Theory of Art*, New York, 1961. — V. Mariani, *Michel-Ange*, Paris, 1961. — E. K. Ramsdem, *The Letters of Michelangelo*, 2 vol., Stanford, 1963. — E. Carli, *Tutta la pittura di Michelangelo*, Milan, 1964. — A. Parranchi, *Michel-Ange sculpteur*, Paris, 1969. — M. Marnat, *Michel-Ange. Une vie*, Paris, 1974. — Georg Simmel, *Michel-Ange et Rodin* (trad. de l'allemand), Marseille, 1989.

MICHELET Claude. Romancier français. Né à Brive (Corrèze) le 30 mai 1938. Résistant de la première heure, arrêté par la Gestapo, son père, Edmond Michelet, devient ministre du général de Gaulle, après son retour de déportation. Venu habiter Paris, le jeune Claude manifeste sa préférence pour la vie rurale : en 1952, il entre à l'école d'agriculture de Lancôme et s'installe en 1960 dans la propriété familiale de Brive où, durant vingt années, il se consacre à l'élevage. Marié à Bernadette Delmond (1961), ils ont six enfants. En 1964, Claude Michelet devient éditorialiste au *Moniteur agricole* avant de signer articles et nouvelles dans *Le Figaro, L'Express, Notre Temps, Agri-sept.* En 1969 paraît le premier roman, *La Grande Muraille,* suivi de *Mon père, Edmond Michelet* (1971), portrait d'un homme de foi et d'intégrité dont l'exemple a marqué le fils. Le succès littéraire vient en 1975 avec *J'ai choisi la terre* et *Cette terre est la vôtre* (1977) où, partant de son expérience, l'auteur convie les Français citadins à redécouvrir la place du monde rural dans une société moderne équilibrée. La civilisation paysanne, ses grandeurs et ses manques constituent le fond de la trilogie romanesque qui a consacré Claude Michelet comme un grand auteur populaire : *Des grives aux loups* (*) (1979, prix des libraires, 1980), *Les palombes ne passeront plus* (1980), *L'Appel des engoulevents* (1990). Le courage, le sens de la vie qui animent les personnages de cette suite corrézienne habitent ceux de la suite américaine constituée par *Les Promesses du ciel et de la terre, Pour un arpent de terre, Le Grand Sillon* (1985-1988).

YANNICK PELLETIER.

MICHELET Jules. Historien et écrivain français. Né à Paris le 21 août 1798, mort à Hyères le 9 février 1874. La petite enfance de Michelet, l'état d'esprit de ceux qui l'entourèrent marquèrent de manière ineffaçable toute sa vie. Le lieu même de sa naissance semble un symbole : Jules Michelet est né dans le chœur d'une église désaffectée pendant la Révolution. C'est là que vivait et travaillait son père issu d'une famille d'artisans de Laon, Furcy Michelet, voltairien et républicain employé à l'Imprimerie nationale pendant la Terreur, plus tard établi à son compte, bientôt ruiné par les lois sur la presse de l'Empire. Bien que la misère régnât dans son foyer, Furcy Michelet tenait à ce que son fils reçût une éducation complète. Pour ce faire, il fallait que l'enfant aidât son père dans sa profession, en même temps qu'il poursuivait le cours de ses études. Son initiateur fut un obscur maître de pension, nommé Melot, lui aussi jacobin, fidèle à ses convictions au point de porter encore le costume qui était de mode sous la Terreur. De ses premières années, Michelet a gardé toute sa vie un très vif souvenir ; jamais il n'a oublié qu'il était du peuple et sorti de ce milieu de petites gens qui gardaient, imprimé en eux, le respect religieux de ce grand élan généreux et fraternel, malgré ses conséquences parfois sanglantes, auquel ils avaient participé de toute leur âme. Plus tard, il se situera lui-même comme un trait d'union entre ces deux bouleversements qui devaient transformer le monde, l'un qui appartenait déjà au passé, l'autre qui commençait à peine : « Je suis né au milieu de la grande révolution territoriale et j'aurai vu poindre la grande révolution industrielle. Né sous la terreur de Babeuf, je vois avant ma mort celle de l'Internationale. » À douze ans, l'enfant entre au lycée Charlemagne, à dix-huit il est trois fois lauréat au Concours général, à dix-neuf il passe avec succès le baccalauréat ès lettres, à vingt il est licencié, l'année suivante docteur ès lettres. Pour sujets de thèses, il choisit les *Vies des hommes illustres* (*) de Plutarque (thèse française) et *De percipienda infinitate secundum Lockium* (thèse latine). Désireux d'aider sa famille, ou tout au moins de se suffire à lui-même, Michelet avait renoncé à entrer à l'École normale, où son succès était assuré, pour accepter une place de répétiteur dans une petite pension parisienne. Agrégé en 1821, il obtient une place de suppléant au lycée Charlemagne et l'année suivante est chargé d'enseigner l'histoire au collège Sainte-Barbe. Désormais son avenir semble assuré ; il se marie en 1824 avec Pauline Rousseau, de sept ans plus âgée que lui et qu'il fréquentait déjà depuis plusieurs années. Cette union trop inégale fut malheureuse. Michelet délaisse bientôt sa femme qui lui a donné deux enfants : Adèle, laquelle épousera Alfred Dumesnil, le confident épistolaire de Michelet, son « autre soi-même » ; Charles, qui causera à son père des soucis sans nombre. Pauline Rousseau s'adonnera plus tard à la boisson et mourra tuberculeuse en 1839.

Mais déjà Michelet se consacre entièrement à ses travaux historiques et à l'enseignement. Coup sur coup, il publie les *Tableaux synchroniques de l'histoire moderne* (1824), le *Tableau chronologique de l'histoire moderne (1453-1789)* en 1825, un *Précis de l'histoire moderne*, enfin les *Principes de la philosophie de l'histoire*, traduction libre de la *Scienza nuova* (*) de Vico, dont il est en France l'introducteur. En 1827, Michelet quitte le collège Sainte-Barbe pour l'École préparatoire créée en 1826 et destinée à remplacer l'École normale supprimée quelques années plus tôt. La renommée dont jouit déjà le jeune professeur s'étend jusqu'à la cour de Charles X. Convoqué aux Tuileries, Michelet s'y voit chargé de l'éducation de la fille de la duchesse de Berry. Cette éducation princière ne durera guère. Deux ans plus tard éclate la révolution de 1830 qui fait lever un immense espoir bientôt déçu dans le cœur de Michelet. Au milieu de Paris soulevé, l'historien respire cette odeur qu'il aime et se sent participer à cette tradition révolutionnaire à laquelle il se rattache. C'est alors qu'il prend conscience de la France « comme une âme et une personne » et qu'il conçoit l'idée de son *Histoire de France* (*) qui devra être une histoire de la lutte de son peuple contre tout despotisme. Si 1830 déçoit Michelet, il y gagne un nouvel avancement. Professeur de la princesse Clémentine, fille de Louis-Philippe en 1830, il est, en 1831, nommé chef de la section historique aux Archives nationales, poste qu'il conservera jusqu'en 1852 et qui le met en contact direct avec les documents historiques qu'il classe et étudie. Dans sa carrière universitaire le pas franchi n'est pas moindre : en 1831, il est maître de conférences à la faculté des lettres où, en 1834, il sera appelé à suppléer Guizot. Désormais, les cours publics mettent le jeune professeur en contact avec un auditoire qui ne cessera de s'accroître avec sa nomination au Collège de France et son élection à l'Institut, en 1838. Parvenu à une situation enviable, Michelet jouit d'une certaine aisance ; de plus il sait, malgré ses occupations multiples, donner beaucoup de temps à son travail personnel. Après avoir consacré quelques années à la rédaction de travaux universitaires qui serviront de préparation à son œuvre véritable : *L'Histoire romaine* (1831) en deux volumes et le *Précis de l'histoire de France jusqu'à la Révolution* (1833), il passe à l'exposé, dans l'*Introduction à l'histoire universelle* (1831), des grands principes qui orienteront les synthèses futures.

Dès cette époque, la conception historique de Michelet s'oppose à celle de son grand contemporain Augustin Thierry ; bien mieux, elle s'édifie en fonction de cette opposition. Dans l'*Histoire de la conquête de l'Angleterre* (*) (1825) et surtout dans les *Lettres sur l'histoire de France* (*) (1827), Thierry avait cru découvrir la clé de l'histoire de la France et de l'Angleterre dans la rivalité de deux races, l'une conquérante, l'autre conquise. Michelet, pénétré des idées de Vico, estime cette vue sommaire et incomplète. La conquête dans l'un et l'autre cas est un accident historique, c'est la terre et le rapport de l'homme avec elle qui ont fait la France ce qu'elle est, une et diverse. Contre le déterminisme trop étroit de Thierry, Michelet se fait le défenseur du « principe de la force vive, de l'humanité qui se crée ». La France ne peut résulter du développement historique d'une situation de fait fortuite. Sans doute la différence de race a joué aux temps barbares un rôle déterminant, mais ce facteur est bientôt passé au second plan, et plus on avance dans le temps, moins l'explication donnée par Thierry est valable. Ce qui compte en fait, « c'est le puissant travail de soi sur soi, où la France par son progrès propre va transformant tous ses éléments bruts ». C'est en tant qu'organisme vivant ou personne qu'il faut la retrouver et l'étudier. L'histoire de France est une biographie. La vie de la France doit être étudiée comme on se penche sur la vie d'une personne qui vous est chère ; cette vie, si l'on veut faire œuvre valable, il faut la revivre en soi-même. C'est cette méthode, presque une méthode poétique, qui conduira et orientera toute l'œuvre de Michelet et qui lui donnera sa grandeur et sa résonance unique — sans doute, elle sera à l'origine de bien des erreurs d'appréciation et d'interprétation ; sans doute, lorsque Michelet s'abandonnera vers la fin de sa vie à une espèce de délire prophétique, risquera-t-elle de le faire tomber dans l'imprécation, dans la grandiloquence et le verbalisme, c'est cependant grâce à cette méthode personnelle et inimitable que l'œuvre de Michelet doit de rester vivante au milieu de chefs-d'œuvre admirables qui, eux, sont morts. C'est ce mode d'appréhension intuitive, cette sympathie agissante qu'il met en œuvre lorsqu'il entreprend sa monumentale *Histoire de France* (*). Fort heureusement,

Michelet a compris la leçon d'Augustin Thierry : une histoire ne peut reposer que sur des documents contemporains, sur des pièces d'archives. Un grand nombre d'entre eux étaient désormais à sa disposition, la plupart étaient restés inédits. Michelet sut en profiter. Il avait, en dépouillant cette documentation, en traçant les grandes lignes de la synthèse qu'il préparait, le sentiment exaltant de recréer de toutes pièces un monde, de s'identifier avec cette obscure conscience collective qu'il amenait au jour et dont il se faisait l'interprète. De 1833 à 1843, l'*Histoire de France* est le fil conducteur de sa vie. Mais l'*Histoire de France* n'a pas été au cours de ces dix ans son occupation exclusive ; des travaux annexes qui deviendront de plus en plus des compléments à l'œuvre principale paraissent dans cette période. À côté des traductions : *Mémoires* de Luther (1835), réédition des œuvres choisies de Vico (1835), il faut signaler particulièrement : les *Origines du droit français, cherchées dans les symboles et formules du droit universel* (1837) et un recueil de documents, *Le Procès des templiers*, dont le tome Ier paraît en 1841 ; le tome II suivra seulement en 1850.

En marge de ces travaux, la renommée de l'homme public s'étend ; en 1838, Michelet se voit conférer la chaire d'histoire et de morale au Collège de France ; la même année il est élu membre de l'Institut. Une foule enthousiaste suit ses cours qui, insensiblement, prennent un tour polémique ; représentant des idées libérales et humanitaires, Michelet se trouve conduit à faire pièce à la politique conservatrice et ultramontaine de Guizot, aux idées de Veuillot et de Montalembert, et à se rapprocher de Mickiewicz et de Quinet avec qui il publie *Des jésuites* en 1843. Ce n'est pas seulement en France que son prestige grandit mais à l'étranger : on publie à Bruxelles une édition de ses *Œuvres*, les premiers volumes de son *Histoire de France* à New York. Veuf depuis 1839, Michelet connaît une période de vie sentimentale intense et déchirante, tout occupée par sa liaison avec Mme Dumesnil qui meurt dans ses bras en 1842. Nous connaissons assez bien, grâce à son disciple et futur gendre Dumesnil, l'emploi du temps de Michelet à cette époque : lever à six heures du matin, hiver comme été, jusqu'à onze heures il écrit, puis il se rend aux Archives d'où il rentre à trois heures, le reste de la journée est occupée par des promenades, des visites, des causeries avec ses amis, ses admirateurs, ses élèves qu'il reçoit très libéralement.

Vers 1841 commence à apparaître dans l'évolution de ses travaux un tournant décisif. Dès cette année, Michelet commence à réunir des matériaux sur la Révolution. Il n'est encore parvenu cependant qu'au règne de Louis XI. Les approches déjà perceptibles de la Révolution de 1848 et surtout les exigences internes de son *Histoire de France* lui font interrompre son œuvre. Une visite à Reims, à la cathédrale du Sacre, le convainc qu'avant « d'entrer par Louis XI aux siècles monarchiques » il lui faut retrouver le peuple dans l'acte même où il s'affirme, la Révolution ; les temps de monarchie absolue lui apparaissent comme la lente préparation de la crise qui la fera sombrer, et il s'adresse à lui-même cet avertissement : « Je ne comprendrai pas les siècles monarchiques si d'abord, avant tout, je n'établis en moi l'âme et la foi du peuple. » Toutefois ce n'est qu'en 1845 que cette préoccupation commence à se manifester directement dans son enseignement avec les cours sur *Les Préliminaires, l'esprit et la portée de la Révolution*, professé au Collège de France et dans son œuvre, sinon avec *Le Prêtre, la femme, la famille* (1845), du moins avec *Le Peuple* (*) (1846). Ces deux ouvrages sont les premiers de cette série de « cours d'éducation nationale » que Michelet poursuivra presque jusqu'à sa mort, commentaires en marge de son œuvre principale, destinés à un public très vaste, remplis d'idées généreuses, d'élans lyriques, teintés de prophétisme et d'utopie qui lui valurent dans l'immédiat plus de gloire encore que son œuvre historique et grâce auxquels Michelet joua un rôle très important dans l'évolution de l'opinion publique de son temps. Mais *Le Peuple* laissait supposer qu'il traiterait bientôt de ce sujet sur lequel il ne pouvait plus attendre de se pencher et de s'expliquer, la Révolution. Et effectivement, il abandonne tous autres travaux pour se plonger dans la lecture des mémoires et des journaux révolutionnaires. Bien qu'il se rende compte que ses connaissances sur la fin de l'Ancien Régime sont insuffisantes, il saute par-dessus les obstacles. Il est sûr de ne pas se tromper sur l'interprétation des événements : n'a-t-il pas, en quelque manière, la Révolution dans le sang ? N'est-il pas la voix même de ce peuple dont il entreprend moins de raconter l'histoire que de revivre la vie ? C'est dans la hâte et presque la précipitation qu'il remet, chapitre par chapitre, à l'éditeur le premier volume de l'*Histoire de la Révolution française* (*) qui paraît en librairie le 8 février 1847, et s'arrête après les journées d'octobre 1789. Aussitôt corrigées les épreuves du premier volume, il reprend sa course, c'est qu'« il faut aller vite » ; au début il pense consacrer un seul volume à la période qui s'étend d'octobre 1789 au 10 août 1792, mais, à son insu, son discours s'amplifie et grossit ; en fait, le tome II qui paraît le 10 novembre 1847 s'arrête à la fuite de Varennes (juin 1791). Au début de l'année 1848, Michelet s'interrompt et procède à un examen de conscience. Le travail acharné des deux dernières années ne le satisfait guère, et surtout il se sent seul depuis la mort de Mme Dumesnil qui a laissé un grand vide dans sa vie ; il a perdu son père, sa fille s'est mariée, son fils ne lui cause que des soucis. Or c'est précisément à cette époque qu'entre en scène Athénaïs Mialaret, jeune institutrice française qui avait demandé à Michelet de lui servir de guide spirituel. Ils se sont écrit et, en novembre 1848, elle se présente chez Michelet. Elle a trente ans de moins que lui : aussitôt naît entre eux une singulière passion. Michelet travaille encore mais il avoue qu'il a une « peine infinie » à rassembler ses esprits. Le 12 mars 1849, il épouse Mlle Mialaret, qui exercera sur l'évolution de son œuvre, sinon historique du moins poétique, une influence considérable, et à ce temps de folie amoureuse dont sa correspondance nous conserve l'écho succède celui plus serein de l'amour conjugal. Michelet se remet à écrire et de nouveau s'enthousiasme, se passionne ; lorsqu'il arrive à la Convention, il a le sentiment de voir cette assemblée, d'assister à ses séances, de connaître intimement les hommes qui la composent, mais il prévoit qu'il ne sortira de cette époque effrayante et attirante que « tout roussi par ce monde en flammes ». Au début de 1848, Michelet avait dû interrompre son cours au Collège de France, suspendu par décision ministérielle ; la Révolution de février lui fit retrouver son auditoire, mais l'avènement de Napoléon III aura des effets plus durables. Dès le début de 1852, Michelet se voit privé de sa chaire, puis, comme il refuse de prêter serment à l'empereur, de son poste aux Archives. Désormais, c'est dans la gêne que vit l'historien ; installé à Nantes, il y travaille dans la paix aux chapitres consacrés à la Terreur. Le 1er août 1853, il a terminé le dernier volume de l'*Histoire de la Révolution*, son œuvre la plus personnelle. L'*Histoire* fut assez mal accueillie des critiques. Gustave Planche et Louis Blanc dont l'*Histoire de la Révolution française* (*) paraissait dans le même temps, mais qui étaient loin d'avoir à portée la documentation dont disposait Michelet, relevaient dans leurs articles quantités d'erreurs matérielles. Cependant l'*Histoire*, peu à peu, conquit la jeunesse universitaire ; les élans de Michelet, ses idées, étaient faits pour lui plaire. Ce n'est toutefois que beaucoup plus tard que ce livre atteignit son véritable public, le peuple, lorsque après la mort de Michelet il fut publié en éditions populaires. La publication de la *Révolution française* n'avait pas interrompu ce vaste « cours d'éducation nationale » dont la réalisation lui tenait à cœur. Après *Le Peuple* (1846), c'est à ceux qui ne lui ménageaient pas leur admiration et leur ferveur que Michelet consacre le livre qu'il publie en 1848, *L'Étudiant.* Puis il revient à la publication des pièces du *Procès des templiers* dont il donne le deuxième tome en 1850. À partir des notes prises pour l'*Histoire de la Révolution*, il compose deux ouvrages en marge : *Les Femmes de la Révolution* et *Les Soldats de la Révolution* (1854). À partir de 1855, de retour à Paris, où il vit rue d'Assas, Michelet reprend enfin l'*Histoire de France* dont la publication était interrompue depuis 1843 mais qu'il poursuivra jusqu'à 1869, date de l'édition complète. La différence de ton entre la première et la deuxième partie est sensible. Michelet, après 1853, subit une attraction irrésistible, celle de la Révolution ; c'est désormais en fonction d'elle qu'il écrit l'histoire des siècles monarchiques, et ses conclusions ainsi gauchies ne sont pas toutes indiscutables. S'intercalant dans la publication de cette œuvre majeure, une nouvelle série lyrique, « poème de la nature » en quatre chants : *L'Oiseau* (*) (1856), *L'Insecte* (*) (1857), *La Mer* (*) (1861), *La Montagne* (*) (1868), fait entendre un son nouveau. Sans doute l'amour de Michelet pour la nature avait toujours été vif, mais des circonstances nouvelles le font émerger au premier plan de sa vie et de ses préoccupations : le long séjour qu'il fait en Bretagne après la venue au pouvoir de Napoléon III et surtout l'influence de sa nouvelle inspiratrice, Athénaïs Mialaret ; mi-descriptifs, mi-lyriques, ces ouvrages, dont la valeur scientifique demeure assez mince, contiennent, outre de forts beaux passages, l'exposé d'une philosophie humanitaire, généreuse et panthéiste, proche parfois du bouddhisme, mais qui n'évite pas toujours la sensiblerie. Ce « poème de la nature » se situe assez curieusement entre Bernardin de Saint-Pierre, Barrès et Maeterlinck. Avec *L'Amour* (+) (1858), *La Femme* (*) (1859), l'ombre portée par Athénaïs Mialaret sur son œuvre semble croître encore : la femme idéale, l'épouse qu'il y célèbre avec une ferveur naïve et un peu irritante, c'est la sienne, et l'on reconnaît un peu trop les idées et le vocabulaire des lettres qu'il lui écrivit avant leur mariage. Enfin Michelet complète son « cours d'éducation sociale » avec deux livres de polémique démocratique et anticléricale, *La Sorcière* (*) (1862) et *La Bible de l'humanité* (*) (1864). Les dernières années de sa vie, Michelet les passe dans une relative aisance ; sa santé assez fragile – mais beaucoup moins qu'il n'aimait à le dire – est le prétexte à d'assez longs voyages avec sa femme en Italie, en Suisse et dans le midi de la France. La défaite française de 1870 dicte à son patriotisme une brochure, *La France devant l'Europe* (1871), où il proteste contre l'annexion de l'Alsace-Lorraine à l'Empire allemand. Malgré son âge, Michelet n'a pas perdu le goût des grandes entreprises ; en 1871, il commence la publication de l'*Histoire du XIXe siècle* qui comprendra trois volumes. Lorsqu'il meurt, le 9 février 1874, Michelet laisse de nombreux manuscrits ; sa veuve entendit continuer l'œuvre inachevée ; elle donna au public successivement : *Le Banquet ou un hiver en Italie, Ma jeunesse* (+), *Mon journal* (+), *Rome* (+), *Sur les chemins de l'Europe* (+), qui contiennent sans doute des pages authentiques mais qui ont certainement été complétées, corrigées et recomposées par Mme Michelet.

Malgré les faiblesses de cette œuvre considérable, souvent hâtive, souvent déformée par des idées prophétiques qui dépassent largement le cadre historique quand elles ne le mettent pas en péril, la tentative de « résurrection intégrale du passé », dont il a poursuivi toute sa vie la réalisation, est une des réussites les plus étonnantes de l'historiographie. Seulement la méthode tout intuitive de Michelet, cause de son succès, le faisait côtoyer des dangers dont il n'a pas su toujours – surtout dans la seconde partie de sa vie – se préserver ; il lui suffisait de se trouver désaccordé d'avec son sujet, son personnage, pour quitter la voie droite et s'enfoncer dans le taillis des suppositions, des synthèses non justifiées, du prophétisme. Il n'empêche que l'œuvre de Michelet a survécu et survivra, non seulement parce qu'elle est une investigation sympathique de l'histoire, et, en ce sens, unique, mais à cause de ses admirables qualités non historiques. Le style de Michelet est celui d'un grand poète en prose, l'un des plus grands poètes romantiques qu'ait comptés la France du XIXe siècle.

JACQUES BROSSE.

♦ *« J'eus en moi, sans nul mélange d'espérance religieuse, un pur sentiment stoïcien. »* J. Michelet. ♦ *« Tous vos livres sont des actions, comme historien, comme philosophe, comme poète vous gagnez des batailles. Le progrès et la pensée vous compteront parmi leurs héros. Et quel peintre vous êtes ! »* Victor Hugo à Michelet, lettre du 14 juillet 1860. ♦ *« C'est un charlatan, désarmant les gens en allant à eux et en les engageant par ses louanges ou par les leurs... C'est un plat personnage au fond, comme je l'ai remarqué de tous ceux qui sont enflés. »* Sainte-Beuve. ♦ *« J'aime cet auteur parce qu'il est impartial. »* Flaubert. ♦ *« Emporté soudain par un des plus grands génies qu'il y ait jamais eu dans le monde, il déborde tout à coup, il fait une œuvre. Quand il suit son temps, il n'est qu'historien. Quand il suit son génie, il est promu mémorialiste et chroniqueur. »* Péguy. ♦ *« Pour Michelet, l'Histoire est le drame de la lutte entre la liberté et la fatalité. Le Christianisme commence la victoire de la liberté, la Réforme la continue, la Révolution l'achève. »* G. Monod. ♦ *« Y a-t-il en Europe une autre fantaisie historique comme celle de Michelet ? »* Carducci. ♦ *« Historien puissant, rempli de visions et d'enthousiasme. »* Unamuno. ♦ *« Son histoire est un paysage éclairé par des projecteurs. Un tel aspect ne convient pas à tous les nerfs. »* Thibaudet.

RÉF. : Gabriel Monod, *Renan, Taine, Michelet*, Paris, 1895, et *La Vie et la pensée de Jules Michelet*, Paris, 1923. – Mme Edgar Quinet, *Cinquante ans d'amitié : Michelet et Quinet*, Paris, 1899. – Jean Guéhenno, *L'Évangile éternel. Étude sur Michelet*, Paris, 1927. – Daniel Halévy, *Jules Michelet*, Paris, 1938. – Lucien Febvre, *Michelet*, Paris-Genève, 1946. – Oscar A. Haac, *Les Principes inspirateurs de Michelet*, Paris, 1951. – Roland Barthes, *Michelet par lui-même*, Paris, 1964. – J. Gaulmier, *Michelet*, Paris, 1968. – P. Viallaneix, *La Voie royale. Essai sur l'idée de peuple dans l'œuvre de Michelet*, 2e éd. Paris, 1971. – J. Cabanis, *Michelet « Le Prêtre et la Femme »*, Paris, 1978.

MICHELSTAEDTER Carlo. Philosophe italien. Né et mort à Gorizia : 3 juin 1887 - 17 octobre 1910. Issu d'une illustre famille juive italienne, Michelstaedter passera son enfance dans sa ville natale, à la croisée des cultures allemande et italienne mais aussi hébraïque. Il part pour Florence en 1905 après avoir renoncé à des études de mathématiques à Vienne, et s'inscrit à la faculté des lettres. Cinq années lui restent alors à vivre, consacrées à l'étude et la lecture (les Grecs, *La Bible*, les *Évangiles*, Leopardi, Schopenhauer, Hegel...) mais au cours desquelles il vivra aussi d'intenses amitiés : avec Gaetano Chiavacci et Vladimir Arangio Ruiz, qui plus tard seront ses éditeurs ; avec Enrico Mreule et Ninno Paternolli, qu'il met en scène dans son *Dialogue de la santé* [*Dialogo della salute*, publ. posth. 1958] ; avec Gianotto Bastianelli qui lui fait découvrir Beethoven ; avec Nadia Baraden qui se suicide en 1907 et pour qui il écrira le *Dialogue entre Carlo et Nadia* [*Dialogo tra Carlo e Nadia*, publ. posth. 1958] ; avec Jolanda de Blasi, et surtout Argia Cassini pour qui il écrit de nombreuses poésies fortement influencées par Leopardi [*Poesie*, publ. posth. 1958]. Durant cette période, il écrira par ailleurs presque quotidiennement à sa sœur Paola, à son cousin Emilio ou à ses parents, des lettres [*Epistolario*, publ. posth. 1983] qui témoignent a posteriori d'une étonnante conscience de l'urgence à accomplir son destin. Dès 1907, il commence à travailler à ce qui aurait dû être sa thèse de maîtrise sur « Les Concepts de persuasion et de rhétorique chez Platon et Aristote » et qui deviendra *La Persuasion et la Rhétorique* (*) (publ. posth. 1913), œuvre unique en son genre, qui fera dire à Raschini qu'il faut compter désormais Michelstaedter au nombre des « petits prophètes ». « Moi je sais que je parle parce que je parle, mais que je ne persuaderai personne » : tels sont les premiers mots de cette œuvre inclassable, qu'il achève à Gorizia le 16 octobre 1910 quelques heures avant de se tuer d'un coup de revolver. Il est enterré au cimetière de Valdirosa, en territoire yougoslave.

MICHEL VALENSI.

MICHON Pierre. Écrivain français. Né le 28 mars 1945 aux Cards, près de Châtelus-le-Marcheix, dans la Creuse. Ses parents furent instituteurs. Le père est très rapidement absent du domicile familial et sera le « dédicataire noir » du premier livre. Pierre Michon commence ses études à Guéret, les poursuit à l'université de Clermont-Ferrand et obtient une licence de lettres. Il fait alors pendant trois ans du théâtre, jouant notamment le personnage de Pozzo de *En attendant Godot* (*) et n'a ensuite « jamais vraiment travaillé ». Il publie son premier livre, *Vies minuscules* (*), en 1984. Ce livre reçoit le prix France-Culture et obtient la reconnaissance immédiate de la critique. Dans *Vies minuscules*, autobiographie oblique et éclatée du narrateur, Pierre Michon raconte la « destinée de " petites gens " dont la ligne a rencontré à un certain moment fût-ce par la parole d'un tiers, l'écho d'un ouï-dire, la vie du narrateur », comme le précise Jean-Pierre Richard dans son recueil d'études *L'État des choses*. Ces huit récits du livre, qui se développe autour de la question centrale : pourquoi, comment devient-on écrivain ? réunissent huit vies d'êtres voués au malheur, à l'effacement ou au silence, huit vies rudes, vaines et anonymes que celle du narrateur traverse et relie. *Vie de Joseph Roulin* (1988) se développe autour d'autres questions essentielles : qu'est-ce que peindre ? Comment devient-on peintre et comment ce à quoi on a donné le jour devient ce qu'on appelle une « œuvre » ? Par les yeux du désormais « fameux » facteur Roulin, « minuscule » que peignit son ami Van Gogh – « un Hollandais pauvre, peintre accessoirement » –, Pierre Michon nous donne une approche latérale de la vie d'un artiste qui ne fut (et demeure plus que jamais aujourd'hui) qu'une apparition que l'or des businessmen de Manhattan a transformée en un mythe plus fort que sa propre peinture. Dans *L'Empereur d'Occident* (1989), à travers l'histoire de Priscus Attalus, joueur de lyre qui devient éphémèrement un empereur d'Occident fantoche selon le bon vouloir et la solde d'Alaric le Goth, Pierre Michon aborde, par la voix d'Aetius, son narrateur, le thème du lien qui unit et oppose les père et fils, et fait s'affronter tout aussi radicalement le pouvoir politique et celui de l'art, tous vainement « courant après l'Esprit », une musique que jamais on n'atteint. « Quelle étrange loi nous condamne à devoir peindre cela qui s'appelle l'âme à la ressemblance des corps qui bougent ? » : avec *Maîtres et serviteurs* (1990) et *Le Roi du bois* (1991) Pierre Michon, par un autre biais, aborde la peinture. « Qu'est-ce qu'un grand peintre, au-delà des hasards du talent personnel ? » Les « vies » de Goya, Watteau, Piero della Francesca s'enroulent autour de ce thème. Les témoignages de ceux qui n'ont jamais de témoin, le curé de Nogent qui servit de modèle pour le *Gilles* de Watteau, un petit disciple de Piero della Francesca, une fille anonyme serrée de près par Goya vont un instant s'approcher de cette chimère – qui porte le nom de peinture – « faite de la prodigieuse conjonction d'une main et d'un petit espace qui serait le monde » et qui, peinture, fait de vous un galérien alors qu'elle vous promettait l'azur sans fin de la gloire, et par le sacrement de l'art « un nom plus fort que le nom de baptême ».

Rimbaud le fils (1991) délaisse l'hommage rendu au poète pour le centenaire de sa mort au profit du tremblement plus incertain des questions qui traversent le livre : « Qu'est-ce qui relance sans fin la littérature ? Qu'est-ce qui fait écrire les hommes ? Les autres hommes, leur mère, les étoiles, ou les vieilles choses énormes, Dieu, la langue ? » La « vie » de Rimbaud est ici approchée par le biais de sa mère, de Verlaine, témoins privilégiés, ou d'Izambard le professeur, le photographe Carjat, le poète Banville qui, tous, n'épuisèrent pas cette cadence en quête d'elle-même. Arthur Rimbaud – « la poésie personnellement » – fils qui s'opéra vivant de cette mauvaise mère qui ne fut pas le passe-droit attendu. *Rimbaud le fils* relance cette phrase sous laquelle on peut placer les livres de Pierre Michon : « Je ne crois pas avoir jamais écrit dans un autre but que celui de rendre justice à de très minces vies oubliées. »

THIERRY BOUCHARD.

MICKIEWICZ Adam. Le plus illustre des poètes polonais. Né le 24 décembre 1798 au lieu-dit Zaosjé, près de Nowogródek, petite ville de Lituanie faisant actuellement partie de la république de Biéolorussie ; mort à Constantinople le 26 novembre 1855. Fils d'un avocat rural, de souche noble mais appauvrie, le jeune Adam fit ses premières études dans une école de Nowogródek dirigée par les pères dominicains, qui surent inculquer à leur élève de solides connaissances ; il y apprit, entre autres, le grec et le latin. Son père, Nicolas Mickiewicz, mourut le 16 mai 1812, laissant la famille dans la gêne ; aussi le futur poète dut-il solliciter une bourse de l'État russe pour pouvoir continuer ses études. Cette bourse lui ayant été accordée, Adam Mickiewicz prit, en 1815, ses inscriptions à l'université de Wilno, d'abord à la faculté des sciences physiques et mathématiques, puis – dès l'année suivante – à la faculté d'histoire et de philologie. L'université de Wilno était, à cette époque, une pépinière de futurs révolutionnaires, qui allaient être appelés, en 1830, à former l'état-major des forces insurrectionnelles. L'époque était on ne peut plus propice aux idées « avancées » : en effet, c'est en 1816 que fut créée en Russie l'« Union pour le salut » – point de départ du mouvement « décembriste » –, tandis que l'année suivante voyait surgir en Ukraine la « Société du premier accord » qui, devenue plus tard « Société des Slaves réunis », introduisit dans son programme la création d'une fédération démocratique des peuples slaves, fédération dont devait faire partie également une Pologne devenue libre. Quoi d'étonnant alors si, sous l'impulsion de l'historien et numismate polonais de valeur Joachim Lelewel (1786-1861), qui occupait la chaire d'histoire à l'université de Wilno, les étudiants de cette ville formèrent aussi une société secrète dite des « philomates » ? Cette société, dont Adam Mickiewicz était l'âme, fut organisée à la façon d'une société secrète, le recrutement ne se faisant jamais directement, mais uniquement dans le sein d'une association profane, formée dans ce dessein, la société des « rayonnants ».

Élu président de la section littéraire des philomates, Mickiewicz organisa une série de conférences pour lesquelles il écrivit des poèmes qui, mieux que ne l'aurait fait une propagande stéréotypée, galvanisaient les confédérés. C'est de cette époque que datent les premières œuvres : *Dithyrambe à la jeunesse* (*) (1820) et *Chant des Philarètes* [*Pieśń Filaretów*, 1820]. Ces poésies, bien que n'ayant pu être imprimées à cause de la censure impériale avant 1827, circulèrent en des centaines de copies manuscrites parmi la jeunesse polonaise. Tous connaissaient par cœur le *Dithyrambe à la jeunesse* et, en 1830, c'est au chant de ces strophes que les insurgés allaient combattre les Russes. Mickiewicz ne se contentait pas de réciter ses propres poèmes ; il faisait également connaître les œuvres – peu répandues en raison de la censure russe – des poètes révolutionnaires de l'époque de Kościuszkko, tels Jakub Jasiński et quelques autres. Ses activités finirent par effrayer les membres – pourtant libéraux – du Conseil académique de Wilno. Aussi, lorsque Mickiewicz eut terminé ses études et dut demander son affectation (en tant que boursier, il devait un certain nombre d'années de travail à l'État), les autorités se gardèrent bien de le laisser à Wilno : il fut nommé membre du corps enseignant d'une école primaire de Kowno (Kaunas).

Lors de son séjour à Kaunas, Mickiewicz écrivit le poème *Grażyna* et les parties II et IV des *Aïeux* (*) publiés en 1823 ; ces œuvres rendirent rapidement célèbre le nom du jeune poète. Celui-ci continuait néanmoins de consacrer tout son temps libre à la société des philomates, dont l'activité « subversive » finit par attirer sur ses membres les foudres impériales. Dans la nuit du 24 octobre 1823 les principaux « meneurs » furent arrêtés et écroués : les uns à la prison de Wilno, les autres – dont Mickiewicz – dans des couvents désaffectés. Les travaux de la commission d'enquête, nommée pour déterminer le degré de culpabilité de chacun de ces jeunes patriotes, aboutirent à l'ukase impérial du 14 août 1824, qui destituait quatre professeurs de l'université de Wilno et condamnait trois des principaux « conjurés » à la relégation en Sibérie ; quant aux autres, dont la culpabilité était plus difficile à prouver, ils furent condamnés à prendre du service dans des villes de la province russe. Nommé avec un autre Polonais, Jeżsowski, professeur au lycée Richelieu à Odessa, Mickiewicz dut passer d'abord par Saint-Pétersbourg, où il fit la connaissance des libéraux russes Ryléev et Bestužev, qui furent, un an plus tard, sévèrement châtiés pour avoir participé au complot des « décembristes ». Le séjour à Odessa ne dura qu'une année à peine ; les postes de professeur au lycée Richelieu n'étaient plus vacants lorsque les deux déportés arrivèrent à leur lieu de résidence après un voyage de quelque quinze cents kilomètres. Grâce à une idylle avec la « lionne » locale, Carolina Sobańska, sœur de Mme Hańska, « l'étrangère » de Balzac, Mickiewicz fut introduit dans les salons les plus fermés de la ville ; son oisiveté forcée lui permit de faire une excursion de deux mois à travers la Crimée, d'où il rapporta ses fameux *Sonnets de Crimée* (*), qui parurent en décembre 1826. Ce recueil de poésies romantiques, fort mal accueilli par la critique polonaise de l'époque, lui ouvrit néanmoins tous les salons de Moscou, ville où le poète avait été transféré en janvier 1826. C'est là qu'il connut Pouchkine ; une mutuelle estime naquit de la première rencontre de ces deux poètes, et Pouchkine fit connaître à Mickiewicz l'élite de la société intellectuelle et artistique russe : Delvig, Krylov, Joukovsky, Griboédov et Glinka. Cette période fut l'une des plus heureuses de la vie du poète, car c'est en fréquentant cette élite intellectuelle qu'il eut la confirmation de son génie.

L'automne 1827 vit Mickiewicz à Saint-Pétersbourg, où il réussit à obtenir des censeurs l'imprimatur pour son grand poème *Konrad Walenrod* (*), qui parut le 21 février 1828. C'est également lors de son séjour dans la capitale russe qu'il fit paraître une édition de ses œuvres, en deux volumes. En guise d'introduction, il plaça en tête du premier volume un essai très violent, dirigé contre les critiques « classiques » de Varsovie qui « restent sur leurs positions scolastiques sans bouger, comme des bateaux à l'ancre », et qui ne remarquent point que tout change autour d'eux en littérature. En 1829, Mickiewicz obtint enfin l'autorisation, maintes fois demandée, de se rendre à l'étranger. Après avoir visité l'Allemagne – en particulier Weimar où il fit la connaissance de Goethe –, la Bohême et la Suisse, il prit ses quartiers à Rome où, dans les salons accueillants de la princesse Volkonsky, il put faire la connaissance d'un grand nombre de personnalités intéressantes, dont le sculpteur danois Thorwaldsen et le conteur américain Fenimore Cooper. Mickiewicz vint à Rome en nourrissant des projets grandioses qui devaient aboutir à la libération de sa patrie. Les événements de France et, en particulier, les « Trois Glorieuses », contribuèrent à raffermir l'espoir dans le cœur du poète ; toutefois, lorsqu'il vit que cette révolution ne servait qu'à préparer un trône pour le « roi des banquiers », il se montra d'un pessimisme extrême, même lorsque parvint à Rome la nouvelle d'un soulèvement à Varsovie. Dans sa poésie *À une mère polonaise* [*Do Matki Polki*, 1830] le poète ne dit-il pas à une mère : « Ton fils ne vit que pour tomber dans une guerre sans gloire... » ? Néanmoins, bien que ne croyant pas à la réussite du soulèvement (et, pour autant que l'on puisse juger, ne tenant pas outre mesure à y participer activement), il quitta Rome et se rendit à Dresde, où il n'était pas loin de la frontière polonaise. Mais, lorsqu'il arriva à Dresde, le soulèvement était déjà à son déclin et, quelques jours plus tard, Mickiewicz eut la douleur d'apprendre que Varsovie était de nouveau entre les mains des Russes. C'est en écoutant les récits de ceux qui, ayant participé à l'insurrection, se réfugièrent en Allemagne que Mickiewicz écrivit deux petits poèmes d'une grande beauté : *La Redoute d'Ordon* [*Reduta Ordona*] et *La Mort du colonel* [*Śmierć pułkownika*]. C'est également à Dresde qu'il composa la dernière partie des *Aïeux*, partie dans laquelle – bien qu'évitant d'évoquer les événements récents – il brossait un tableau saisissant des souffrances de son peuple, en insistant particulièrement sur la persécution des philomates et d'autres associations patriotiques. Ce poème est encore maintenant considéré comme l'apothéose du sentiment révolutionnaire, qui non seulement glorifie les patriotes combattants du passé, mais esquisse même la voie pour les révolutionnaires nationaux à venir.

Après avoir mis la dernière main aux *Aïeux* et publié les *Livres de la nation polonaise et des pèlerins polonais* (*) (1832), Mickiewicz quitta, en cette même année 1832, Dresde, et se rendit à Paris, où il publia, en 1834, son chef-d'œuvre : *Messire Thaddée* (*) ; pour augmenter ses ressources, il s'improvisa également journaliste en fondant une feuille polonaise, *Le Pèlerin* [*Pielgrzym*], dont il fut le rédacteur en chef et le principal collaborateur. Il se maria, le 22 juillet 1834, avec Céline, fille de la célèbre pianiste Maria Szymanowska, le dernier amour de Goethe. Cette union ne fut point heureuse, la jeune femme, fine et intelligente, mais nerveuse à l'excès, ayant très rapidement donné des signes du dérangement cérébral qui, quelques années plus tard, nécessitera son internement. La situation financière du poète restant toujours précaire, il demanda – et obtint – la chaire de littérature latine à l'Académie de Lausanne, où il professa pendant les années scolaires 1839 et 1840. Une chaire de langues et littératures slaves ayant été créée au Collège de France par décision du 9 juillet 1840, Mickiewicz revint à Paris, où ses amis – parmi lesquels George Sand, Michelet et Edgar Quinet étaient les plus agissants – obtinrent, grâce à l'appui de Victor Cousin, sa nomination comme chargé de cours. Les premiers cours du poète – ils débutèrent le 22 décembre 1840 – eurent un succès énorme. L'auditoire comptait, entre autres personnalités, des écrivains comme George Sand, Michelet, Sainte-Beuve, des représentants éminents de la colonie polonaise de Paris, tels Chopin et Julien Nemcevič, des émigrés russes tel le décembriste Nicolas Tourguénev. Certes, les cours de Mickiewicz, bien qu'englobant toutes les littératures slaves, portaient surtout sur la littérature polonaise, la seule, d'après lui, qui fût animée d'un messianisme constructif. L'idée d'un rôle messianique dévolu à la Pologne germait depuis un certain temps déjà dans l'esprit du poète qui, lors de son séjour à Dresde, s'était plongé avec ravissement dans la lecture des mystiques tels que Jakob Böhme, Baader, L.-Cl. de Saint-Martin. Mais cette idée atteignit son apogée sous l'influence d'un ancien condisciple, se disant « missionné de Dieu », André Towiański. On pourrait dialoguer sans fin sur la véritable personnalité de cet homme, que certains tenaient pour un prophète authentique, mais que la plupart considéraient comme un charlatan hétérodoxe. Ce qui est certain, c'est que cet homme, doué d'une grande force magnétique, guérit la femme de Mickiewicz, dont la folie s'était aggravée au point de nécessiter son internement. Rien d'étonnant si le poète, naturellement porté au mysticisme, vit en cette guérison spectaculaire la preuve indéniable de la mission divine de Towiański ! Quoi qu'il en soit, depuis ce jour-là Mickiewicz s'improvisa le porte-parole de cette nouvelle « révélation » qui, longtemps après le départ du « prophète », laissa des traces tangibles en France. Ne dit-on pas que l'hérésie de Vingtras et les doctrines d'Enfantin puisèrent aux sources du « towianisme » et s'en inspirèrent ?

Cependant, les leçons de Mickiewicz reflétèrent de plus en plus les idées messianiques de Towiański. Si le cours de l'année 1842-1843 pouvait encore répondre – du moins en partie – à l'attente des promoteurs de cet enseignement, celui de l'année scolaire 1843-1844 nous montre Mickiewicz dans un tout autre rôle que celui d'un professeur de littérature. Il ne cherche plus à justifier ses idées personnelles ; de professeur, il devient prophète et invite ses auditeurs à franchir en un élan commun « l'espace immense qui sépare les doctrines mortes du temps actuel de la région où coulent la vie et la vérité ». Enfin, dans son cours du 19 mars 1844, le poète annonça à son auditoire la mission mystique de Towiański et le convia à suivre les enseignements du « prophète ». Ce dernier ayant été, depuis un certain temps déjà, expulsé de France, les autorités s'émurent, et les cours de Mickiewicz furent suspendus. Ceux-ci ayant été publiés en français d'après des notes sténographiques (Mickiewicz ne préparait pas ses interventions sauf les deux ou trois premières) – *Les Slaves* – le poète en entreprit la traduction en polonais, tout en consacrant le plus clair de son temps au Cercle de l'Œuvre de Dieu, où il agissait comme porte-parole de Towiański. Cette influence néfaste accapara Mickiewicz jusqu'en 1847, date à laquelle un différend les sépara définitivement.

1848 fut pour le poète l'année des grands espoirs. L'Italie naissante ayant déclaré la guerre à l'Autriche, Mickiewicz décida de former à Rome une légion polonaise qui combattrait contre le pays qui opprimait dix-sept millions de Slaves, dont cinq millions de Polonais. Le 5 avril, le drapeau polonais fut officiellement béni par le pape Pie IX, et, malgré des difficultés de toutes sortes, la petite légion put se former et combattre côte à côte avec les troupes du roi Charles-Albert. Mais lorsque ces dernières furent battues à la bataille de Novara, les Polonais vinrent renforcer les troupes de Mazzini à Rome. C'est avec les troupes républicaines italiennes que la petite légion polonaise succomba dans la lutte inégale contre les forces françaises appelées par le même pape Pie IX, qui, un an auparavant, avait béni leur drapeau. Mickiewicz étant rentré en France, un de ses compatriotes lui proposa de financer un journal international qui servirait de tribune aux émigrés de tous les pays. Mickiewicz consentit avec joie et, le 15 mars 1849, le premier numéro de la *Tribune des peuples* vit le jour. La légion polonaise ayant, en Italie, repris la lutte sous les ordres de Garibaldi, la *Tribune* soutenait ce mouvement, tandis que le futur Napoléon III penchait pour le pouvoir temporel du pape. Enfin, dans la nuit du 13 au 14 juin, le gouvernement de Louis-Napoléon ayant suspendu cinq journaux dits « de gauche » – dont la *Tribune* – et arrêté leurs principaux collaborateurs, Mickiewicz ne dut son salut qu'au fait d'avoir été caché par un ami, Antoine Dessus. En août 1849 la *Tribune* put reparaître, mais les Polonais durent quitter la rédaction du journal sous peine d'expulsion immédiate de France. Les années 1849 à 1852 furent peut-être les plus dures de la vie du poète. Enfin, en 1852, grâce à l'appui de Jérôme Bonaparte, le poète fut nommé bibliothécaire à la bibliothèque de l'Arsenal ; il y vécut à l'abri du besoin, avec sa femme et ses six enfants, jusqu'en 1855. Le 5 mars de cette même année sa femme mourut d'un cancer et, en août, Mickiewicz sollicita une mission scientifique en Turquie, à la faveur de laquelle il pensait pouvoir être utile aux rescapés de la légion polonaise réfugiés en Turquie après la défaite des défenseurs de la République romaine. Arrivé le 22 septembre à Constantinople, il se rendit le 5 octobre à Bourgas, où se trouvait un camp de volontaires polonais. C'est là que le poète contracta le choléra ; on le ramena malade à Constantinople, où il expira le 26 novembre. Son corps, embaumé, fut transféré en France, où il fut enterré, en grande pompe, le 21 janvier 1856. Le 4 juillet 1890, ses restes purent enfin quitter la France pour être inhumés à Cracovie, au château de Wawel, où il repose à côté de Kościuszko et de plusieurs anciens rois de Pologne.

ALEXANDRE LABZINE.

♦ *« Ce génie, à la fois si catholique et si national, a parcouru tout le domaine de la poésie, depuis l'amère et vindicative énergie de la satire jusqu'à une piété tellement ardente et tellement exaltée qu'on la dirait empruntée aux légendes de la primitive Église ou aux concerts des esprits célestes. »* Ch. de Montalembert. ♦ *« La langue de Mickiewicz est le catholicisme. Soit ! mais* [...] *le catholicisme de Mickiewicz, quelque sincère qu'il soit, se prête à l'allégorie aussi bien que le catholicisme railleur de Faust ou le fantastique païen de Manfred. »* George Sand. ♦ *« Lorsque Mickiewicz apparut, les Polonais n'eurent plus besoin de chercher l'approbation condescendante de critiques français ou allemands ; ne pas reconnaître la littérature polonaise équivaut depuis à montrer sa propre sauvagerie. »* Tchernychevski. ♦ *« Parler de Mickiewicz, c'est parler du beau, du juste et du vrai ; c'est parler du droit dont il fut le soldat, du devoir dont il fut le héros, de la liberté dont il fut l'apôtre et de la délivrance dont il est le précurseur. »* Victor Hugo. ♦ *« Tel qu'il fut, avec ses divinations hardies, ses aspirations débordantes, ses nobles illusions de prophète, nous sommes fiers de lui... »* E. Renan. ♦ *« Adam Mickiewicz n'est pas seulement le plus grand poète de la Pologne et l'un des plus grands poètes du monde : l'histoire nationale et spirituelle de la Pologne est liée indissolublement à son nom. »* Rosa Luxembourg. ♦ *« Mickiewicz appartient au petit nombre des poètes qui incarnent avec le maximum de beauté, de force et de plénitude, l'esprit de leur peuple. »* Maxime Gorki.

RÉF. : George Sand, *Essai sur le drame fantastique*, in *La Revue des Deux Mondes* du 1-12-1839. – Ladislas Mickiewicz, *Adam Mickiewicz, sa vie et son œuvre*, Paris, 1888. – St.-P. Koczorowski, *Adam Mickiewicz et la pensée française*, Paris, 1929. – Ed. Krakowski, *Adam Mickiewicz, philosophe mystique*, Paris, 1935. – Maria Czapska, *La Vie de Mickiewicz*, Paris, 1931. – St. Zolkiewski, *Spor o Mickiewieza*, Wroclav, 1952. – M. Kridl (éd.), *Adam Mickiewicz, Poet of Poland*, New York, 1951. – S. Scheps, *A. Mickiewicz, ses affinités juives*, Genève/Paris, 1964. – L. Kolodziej, *A. Mickiewicz au carrefour des romantismes européens*, Marseille, 1966 ; *A. Mickiewicz*, Paris, 1970. – Jean-Charles Gille-Maisani, *A. Mickiewicz, poète national de la Pologne*, Paris, 1988.

MIDDLETON Thomas. Auteur dramatique anglais. Né le 18 avril 1580 à Londres, où il mourut le 2 juillet 1627. Il reçut, pour autant que l'on puisse en déduire de son œuvre, une bonne éducation humaniste, et étudia probablement le droit au collège de Gray's Inn. En 1602 fut jouée une de ses premières œuvres, *La Tragédie de Chester* [*The Chester Tragedy*]. Par la suite, il écrivit des comédies et des tragédies, seul ou en collaboration (avec Dekker, Webster, Rowley, Jonson, etc.), des « masques » et des libelles satiriques. Il fut un artisan habile et parmi ses œuvres, de valeur inégale, il faut citer : *Un truc pour attaquer le vieux* [*A Trick to catch the Old One*, 1608] ; *Un monde fou, mes maîtres* [*A Mad World, my Masters*, 1608] ; *Une partie d'échecs* (*) (1624) ; *Une chaste fillette à Cheapside* (*) (1611) ; *La Bohémienne espagnole* [*The Spanish Gipsy*, 1653] ; *Les femmes se défient des femmes* (*) (1612) ; *La Sorcière* [*The Witch*, 1778] ; *Une juste querelle* (*) (1616) et *L'Enfant échangé* (*) (1623), ces deux dernières écrites en collaboration avec Rowley, ainsi que *La Veuve* [*The Widow*, 1652], comédie écrite en collaboration avec Ben Jonson et Fletcher. Nommé historiographe officiel de Londres en 1620, Middleton en écrivit une chronique aujourd'hui perdue.

RÉF. : T. S. Eliot, *Thomas Middleton*, Londres, 1934. – R. H. Barker, *Thomas Middleton*, New York, 1958. – A. Covatta, *Thomas Middleton's City Comedies*, Lewisburg, 1973. – D. Fav, *Middleton and the Drama of Realism*, Edimbourg, 1973. – B. Nauer, *Thomas Middleton, A Study of the Narrative Structure*, Zurich, 1977. – M. Heinemann, *Puritanism and Theatre. Thomas Middleton and Opposition Drama under the Early Stuarts*, Cambridge, 1980.

MIGNE Jacques Paul. Prêtre et polygraphe français. Né à Saint-Flour (Cantal) le 25 octobre 1800, mort à Paris le 24 octobre 1875. Entré au séminaire d'Orléans à dix-sept ans, le futur abbé Migne, trop jeune pour recevoir les ordres, fut à la fin de ses études théologiques envoyé comme professeur de quatrième au collège de Châteaudun, où il fit preuve de qualités pédagogiques hors pair. Ayant reçu, en 1824, l'ordination sacerdotale, il fut chargé de l'administration de plusieurs paroisses du Gâtinais, mais il s'en libéra en 1833 pour venir à Paris où, dès 1836, il entreprit la publication des collections qui lui assurèrent une gloire posthume indiscutable. Il débuta par les vingt-huit volumes du *Cours complet d'Écriture sainte* [*Scripturae sacrae cursus completus...*, 1837-1845] et les vingt-cinq volumes du *Cours complet de théologie* [*Theologiae cursus completus...*, 1837-1840]. En 1844, Migne commençait la publication simultanée des cent volumes de la *Collection intégrale et universelle d'orateurs sacrés* (1844-1868) et des cent soixante et onze volumes de l'*Encyclopédie théologique*. Enfin, entre 1844 et 1866, parut son « magnum opus » : d'abord les deux cent dix-sept volumes de la *Patrologie latine* (*), puis les cent soixante-trois volumes de la *Patrologie grecque* (*). L'œuvre monumentale entreprise par l'abbé Migne ne put être complètement achevée par suite d'un incendie qui ravagea, le 12 février 1868, son imprimerie, détruisant plus de six cent cinquante mille clichés, et portant les dégâts à la somme, astronomique pour l'époque, de six millions de francs-or. Ruiné, devenu presque aveugle, l'abbé Migne essaya néanmoins de continuer son effort gigantesque, mais l'épiscopat français, loin de le soutenir, entrava ses ultimes tentatives.

RÉF. : A. Hamman, *Jacques Paul Migne*, 1975 ; *Migne et le renouveau des études patristiques*, 1982.

MIHAJLOVIĆ Dragoslav. Écrivain serbe. Né le 20 novembre 1930 à Ćuprija, Serbie. Il appartient à cette génération d'écrivains serbes qui s'est affirmée dans les années 60 pour atteindre la notoriété dans les années 70. Sa vie et son œuvre sont liées à la ville de Belgrade et tout le réseau thématique qu'il développe a trait aux défavorisés végétant dans les faubourgs. Emprisonné tout jeune comme partisan de Staline au moment de la rupture entre Tito et le Kominform, il est resté à jamais marqué par les humiliations qu'il a dû subir dans différents bagnes « éducatifs ». De cette tragique expérience est d'ailleurs sorti un roman, *Quand les courges étaient en fleur* (*) (1968). Un recueil de récits et de nouvelles avait paru l'année d'avant, sous le titre de *Bonne nuit, Fred* [*Laku noć Frede*, 1967]. À partir de ce moment, tout ce qu'il publie se caractérise par une qualité littéraire sans défaut, mais il reste un écrivain peu prolixe. Peut-être a-t-il été freiné dans sa création par la colère qui éclata dans les hautes sphères de l'État après l'adaptation pour le théâtre et la première représentation de *Quand les courges étaient en fleur*. Une constante demeure dans toute son œuvre : les personnages parlent tous à la première personne une langue qui leur est propre, avec ses formes argotiques ou dialectales, ses clichés et ses tics. La nouvelle « Lilika » met en scène une fille de la rue qui raconte ses aventures. Dans « La Variole » [Boginje] c'est une paysanne à demi illettrée qui écrit des lettres. Cette méthode, déjà utilisée dans le roman précédemment mentionné et qui n'est que le long monologue d'un ancien boxeur, trouvera son épanouissement dans les années 70, avec un autre roman intitulé *La Couronne de Petrija* [*Petrijin venac*, 1975] : une simple paysanne de la région du Kossovo et de la Ressava raconte sa vie dans son dialecte natal, une vie pleine de paradoxes, d'où il ressort que le bonheur vient des gens simples, dont on n'attend rien.

Toute la pensée de Mihajlović n'est que conscience de l'absurde et profonde mélancolie, dont il rit lui-même. Il aime les scènes tragiques détruites par le ridicule des grands sentiments, et s'attache à évoquer les problèmes les plus brûlants par les moyens les plus simples. Dans les années 80, il se consacre essentiellement à la réhabilitation de ses camarades de bagne des années 50. Après avoir recueilli des centaines de témoignages et décrit des tragédies sans nombre, il se dépense sans compter pour faire éclater la vérité et désigner les vrais coupables (de Djilas à Tito) d'un système aussi dur à ses yeux que celui de Staline.

JANINE MATILLON.

MIKHAËL Ephraïm (pseud. de Georges Ephraïm Michel). Écrivain français. Né à Toulouse le 25 juin 1866, mort à Paris le 5 mai 1890. Venu très jeune à Paris, il obtint sa licence ès lettres, suivit les cours de l'École des chartes et fut attaché à la Bibliothèque nationale, où il devait passer sa trop brève existence. En 1886, il fit paraître *L'Automne* (*) son unique recueil de vers. Par la suite, il écrivit trois œuvres dramatiques : *La Fiancée de Corinthe*, avec B. Lazare (1888), *Le Cor fleuri*, féerie en un acte (1888) et *Briséis*, drame lyrique écrit en collaboration avec Catulle Mendès, musique de Emmanuel Chabrier, dont seul le premier acte fut interprété aux concerts Lamoureux le 31 janvier 1897. On possède en outre de lui un recueil de *Poèmes en prose* (1890). Mort à vingt-quatre ans, Mikhaël n'a pu, sans doute, donner sa mesure. Poète plein de noblesse et de mélancolie, il tenta de s'affranchir de l'influence parnassienne pour se forger un mode d'expression personnel.

RÉF. : A. van Bever et P. Léautaud, notice dans *Poètes d'aujourd'hui*, Paris, 1900. – M. Formont, notice dans *Les Symbolistes*, Paris, 1933.

MIKHAL (acronyme de Mikha Yoseph Lebensohn). Poète lituanien d'expression hébraïque né et mort à Vilna (22 février 1828 - 17 février 1852). Fils du poète Adam Ha-Cohen qui était l'un des chefs de file de la Haskala (les Lumières hébraïques) lituanienne, il bénéficia, contrairement à la plupart de ses contemporains, d'une double culture, juive et profane. Il étudia avec passion non seulement l'hébreu et *La Bible,* mais aussi plusieurs langues, ce qui lui permit de lire dans le texte, dans certains cas de traduire et d'adapter, des œuvres littéraires russes, polonaises, allemandes et françaises. En plus de son talent poétique, son père lui légua une tuberculose qui le fit souffrir durant des années et l'emporta avant son vingt-quatrième anniversaire. Sa maladie l'obligea à des séjours en montagne qui le mirent en contact avec la nature. Il se fit également soigner à Berlin, où il profita de la vie intellectuelle de la ville ; il y côtoya les révolutionnaires du mouvement Jeune Allemagne, suivit les cours du philosophe de la nature et du panthéisme Schelling, fréquenta des savants de la « Wissenschaft des Judentums » tel Léopold Zunz. Tout cela enrichit son horizon. Il introduisit dans la littérature hébraïque des thèmes et des formes nouveaux. Après des poèmes écrits pendant son enfance, sa première œuvre marquante fut une traduction de fragments de l'*Enéide* (*) à partir de la version allemande de Schiller, *La Ruine de Troie* [*Harisot Troya*]. Zunz lui conseilla alors de traiter de préférence des thèmes juifs. Son premier recueil, *Poèmes de la fille de Sion* (*), contient cinq poèmes narratifs dont les héros appartiennent à *La Bible* ou à la culture juive. Le second, *La Lyre de la fille de Sion,* comporte des poèmes de diverses époques de sa courte vie, réunis à titre posthume par son père. Proche par son destin, sa sensibilité et son art des poètes romantiques européens, Mikhal incarne le romantisme hébreu ; son œuvre n'a rien perdu de sa fraîcheur.

JANINE STRAUSS.

MIKSZÁTH Kálmán. Écrivain hongrois né à Szklabonya (plus tard Mikszáthfalva, actuellement en Slovaquie méridionale) le 16 janvier 1847 et mort à Budapest le 28 mai 1910. Fils de propriétaires terriens de la petite noblesse désargentée, Kálmán Mikszáth passe sa jeunesse dans les régions du Nord, habitées également par des Slovaques. Il n'achève pas ses études de droit, se marie mais divorce rapidement afin d'épargner à sa femme la misère qui se dessine. Il gagne difficilement sa vie comme journaliste en province et se débat dans le dénuement jusqu'en 1882, année où paraissent ses deux premiers recueils de nouvelles : *Les Frères Slovaques* [*Tót atyafiak*] et *Ces braves Palotz* (*) qui le rendent aussitôt célèbre. Il regagne alors la capitale, trouve du travail dans un grand journal et se remarie avec sa femme. Malgré ses sympathies de jeunesse pour l'opposition, il se fait élire en 1887 député du parti gouvernemental, et vivra dès lors une vie paisible de notable et d'écrivain jusqu'à sa mort, en 1910, en pleine gloire littéraire. Mikszáth est incontestablement l'écrivain hongrois le plus célèbre du XIXe siècle avec Jókai, dont il subira clairement l'influence et dont il écrira même une biographie [*Jókai Mór,* 1907].

Mais s'il a hérité des talents de conteur et du goût de l'anecdote propres à Jókai, Mikszáth ne partage pas son optimisme béat. Sensible à l'émergence de nouvelles classes pleines d'ambitions, il ne cesse de s'interroger sur les valeurs du passé – qu'il regrette sans les idéaliser – et sur celles de l'avenir. L'association d'un regard rationnellement désabusé et d'une belle énergie vitale donne à l'écriture de Mikszáth son trait distinctif, l'humour, une ironie de plus en plus mordante. Avec ses premières nouvelles, devenues classiques, Mikszáth créé un style et une expression d'une grande originalité : elles allient une apparente naïveté à une profonde critique sociale, qui sans cesse semble prête à aboutir à une évasion dans le rêve, dans le mythe, dans l'idylle. Mais le rationalisme de l'auteur fige cette aspiration dans le rire. D'où une étrange tension, et la tentation chez le lecteur de classer l'œuvre de Mikszáth dans des genres différents et parfois contradictoires.

Ses récits montrent les divers groupes sociaux, surtout une noblesse anachronique qui veut donquichottesquement maintenir ses valeurs : *Le Siège de Beszterce* [*Beszterce ostroma,* 1894], et des parvenus petits-bourgeois, prêts à tout – comme le don Calogero Sedara du *Guépard* (*) – pour s'élever dans la hiérarchie sociale – jusqu'à l'intrigue ou la corruption. *Le Parapluie de saint Pierre* [*Szentpéter esernyoje* 1895], une histoire souriante à « happy end », est l'œuvre de Mikszáth la plus connue à l'étranger.

Mikszáth écrira trois romans dans lesquels il durcit sa critique des classes dirigeantes : *Un étrange mariage* [*Különös házasság,* 1900], histoire d'un mariage forcé, *Le Cas du jeune Noszty avec Marie Toth* (*) (1908) et *La Ville noire* [*A fekete város* 1910] où une ville bourgeoise s'oppose aux institutions nobiliaires.

EVA TOULOUZE.

MILÁN Luis. Vihuéliste et compositeur espagnol. Né et mort à Valence (vers 1500 - après 1561). On sait très peu de chose sur sa vie. Il semble l'avoir passée essentiellement à la cour de Valence. Son œuvre est à la source du développement de la musique instrumentale en Espagne et dans l'Europe du XVIe siècle. Célèbre pour sa virtuosité (la vihuela était alors l'instrument le plus prisé à la cour des reines espagnoles), Luis Milán est le premier vihuéliste à être publié. *Le Maître* (*) (Valence, 1536) rassemble une cinquantaine de pièces pour vihuela solo ainsi que quelques airs, en castillan, portugais et italien, pour voix et vihuela. Ces chansons allaient tout spécialement plaire en Angleterre. Les mélodies simples des *Ayres* (*) pour voix et luth de Dowland (dont le premier livre est publié en 1597) en sont très proches. Luis Milán est aussi l'auteur d'un ouvrage inspiré par *Il Cortegiano* de Castiglione, dédié à Philippe II, *El Cortesano* (Valence, 1561).

DOMINIQUE JACCOTTET.

MILAREPA ou **MILARASPA.** Mystique tibétain. Né en 1040, mort en 1123. Son nom est attaché à une des œuvres essentielles de la littérature tibétaine, les *Cent mille chants exposant en détail l'histoire de la vie du vénérable Milaraspa* [*rje btsun Mi la ras pai rnam thar rgyas par phye ba mgur-'bum*] ou, plus brièvement, les *Cent mille chants* (*), et nous connaissons sa biographie grâce à un volume intitulé : *Milarepa ou Jetsün-Kahbum, vie de Jetsün Milarepa.* Ce dernier écrit, composé au XIIe siècle par Retchung, disciple de Milarepa, qui put approcher le maître et s'entretenir avec lui à la fin de sa vie, a été traduit en anglais, de 1902 à 1917, par le lama Kazi Dawa-Samdup et une traduction française de cette version anglaise a été publiée en 1955 par Roland Ryser. D'après le tableau chronologique Reumig (*Journal of the Asiatic Society of Bengal,* 1889, 40-45), Milarepa aurait vécu de 1038 à 1122. Quant au disciple Retchung, c'est évidemment un livre d'édification qu'il a voulu écrire, et il ne s'est pas soucié de donner des précisions historiques. Sa biographie est composée dans la forme suivante : ayant rencontré le maître alors que celui-ci était déjà parvenu à un état bienheureux, il le prie de lui faire le récit de son expérience, et Milarepa prend la parole, jusqu'à la fin de l'ouvrage, où Retchung raconte la mort du saint et les prodiges qui l'ont suivie.

Selon Milarepa lui-même, il eut parmi ses ancêtres, « sept générations au-dessus de lui », c'est-à-dire donc vers le VIIIe siècle, à l'époque même où Padma Sambhava venait de fonder le lamaïsme, un lama, dont le fils, nommé Gyosé, de la tribu Kyung Po, devint un célèbre sorcier. Sur ses autres ascendants, il ne nous dit rien. Le récit commence lorsque, à la mort du père de Milarepa, ses proches parents s'allièrent contre le jeune héritier et le dépouillèrent de tous ses biens. Exhorté à la vengeance par sa mère, Milarepa commença alors à s'adonner à des pratiques de sorcellerie, à devenir magicien noir du sentier des Ténèbres et, par ses sortilèges, parvint à exterminer ses ennemis. Mais bientôt les crimes qu'il venait de commettre suscitèrent en lui le dégoût, puis le remords, et il se mit alors en quête d'un lama saint, un « guru », capable de l'aider à retrouver le sentier de la Lumière. Ce guru, nommé Marpa, le soumit aux épreuves et aux pénitences les plus terribles, au terme desquelles il fut délivré de la souillure de ses fautes. Recevant alors de Marpa la doctrine de la délivrance, Milarepa renonça complètement au siècle et à tous les biens de la vie charnelle pour aller vivre en ascète solitaire dans les déserts montagneux de la partie sud du moyen Tibet. C'est là qu'entre ses périodes de méditation il se lançait dans des improvisations sous forme de discours et de chansons, recueillies et transmises oralement par ses disciples, et dont une partie constitue le texte connu sous le titre de *Cent mille chants.* Ayant atteint, selon l'expression du livre de Retchung, « la plus grande de toutes les victoires qui puissent échoir à un mortel », la délivrance de soi-même, Milarepa mourut à un âge avancé. Son biographe narre alors la crémation de son cadavre, qui fut accompagnée de grands prodiges dans le ciel. Sur la prière fervente de Retchung, en effet, le bûcher de Milarepa se transforma soudain en un mausolée merveilleux, tandis que la voix immatérielle du maître se faisait entendre, laissant à ses disciples d'ultimes enseignements, et qu'une pluie de fleurs tombait sur la terre.

Le livre de Retchung, qui est devenu un classique de la littérature tibétaine, peut-il être regardé comme un document biographique proprement dit ? Sans nul doute il contient une grande part de folklore et de mythologie ; la sainteté et la fin de Milarepa sont évoquées avec un style légendaire ; en revanche, toute la première moitié de l'œuvre, qui conte la jeunesse ardente et sauvage du futur ascète, puis sa conversion, a un ton de fidélité impossible à mettre en doute. Quoi qu'il en soit, l'importance religieuse du livre de Retchung est inestimable ; il est devenu l'évangile de la secte des Kargyüptas, ou école de Mahāmudrā, ou « Grand symbole », qui est, avec l'école de Mādhyamika, ou « Moyen véhicule », et l'école de l'Adi-Yoga, ou « Grande perfection », une des trois grandes écoles de philosophie bouddhiste au Tibet. Depuis huit siècles, la mémoire de Milarepa n'a pas cessé d'être vénérée par les Kargyüptas, ou « Successeurs apostoliques », et, à la veille de l'occupation communiste, des centaines d'ascètes de cette école vivaient encore dans les solitudes désertiques du Tibet himalayen et quelques-uns dans les cavernes du contrefort de l'Everest.

Ce qui peut-être heurte le plus le lecteur européen de la biographie de Milarepa, ce sont les macérations d'une rigueur extraordinaire que, sous la direction de son guru, s'impose l'ascète. Le caractère de Milarepa est loin d'être porté naturellement à la sérénité. Dans toute la première partie du livre de Retchung, le héros apparaît comme une personnalité pleine de contrastes, fougueuse, à la fois emportée par de féroces passions et par un intense besoin d'absolu. L'état de sainteté auquel il parvient à la fin de sa vie ne pouvait donc être que le résultat d'une difficile conquête. D'autre part, dans la spiritualité qui se dégage de son expérience vécue, tout concept équivalant au concept chrétien de la grâce est absent : le salut que cherche Milarepa n'est pas le don d'un Dieu providentiel d'amour, mais le résultat d'un entraînement et d'une purification tout volontaires de l'être physique et spirituel de l'ascète. Quant à sa doctrine spirituelle, tout en restant dans la tradition bouddhique, elle comporte divers traits originaux ; bien que son maître Marpa ait été un traducteur du *Mahāyāna,* Milarepa rejette ou du moins dédaigne les Écritures bouddhiques. L'essentiel, à ses yeux, est la vie solitaire, sans maison et sans livre. De même on ne le voit se livrer à aucune pratique extérieure particulière ; comme les textes, les œuvres passent au second plan dans l'enseignement de Milarepa, lequel demeure toujours sur le terrain de la pure conscience et ne convertit que par le seul exemple de ses méditations. Comme l'a souligné Jacques Bacot, Milarepa marque un moment capital de l'histoire du bouddhisme tibétain ; celui-ci, jusqu'au xe siècle, n'était pas parvenu à écraser la vieille religion primitive basée essentiellement sur la sorcellerie, et le grand sorcier restait, auprès du roi, le premier personnage du pays. La vie de Milarepa constitue une nette transition, bien exprimée d'ailleurs dans sa propre existence, d'abord vouée à des pratiques de sorcellerie, puis consacrée à la culture purement intérieure. Avec le poète des *Cent mille chants,* le lamaïsme accomplissait sa première tentative importante pour s'affranchir de la vieille religion magique.

MICHEL ALLARD.

RÉF. : Retchung, *Milarepa ou Jetsün-Kahbum, vie de Jetsün Milarepa,* traduit du tibétain en anglais par le lama Kazi Dawa-Samdup, version française de Roland Ryser, Paris, 1955. – H. A. Jäschke, *Proben aus dem tibetischen Legendenbuche ; die hunderttausend Gesänge des Milaraspa,* étude in *Zeitschrift der deutschen Morgenländischen Gesellschaft,* tome 23, Leipzig, 1869. – W. W. Rockhill, *The Tibetan « Hundred Thousand Songs » of Milaraspa,* in *Journal of American Society,* tome XI, New Haven, 1884. – L. A. Wadell, *The Buddhism of Tibet,* Londres, 1895. – B. Laufer, *Zwei Legenden des Milaraspa,* Vienne, 1901 ; *Aus den Geschichten und Liedern des Milaraspa,* Vienne, 1902. – G. Sandberg, *Tibet und the Tibetans,* Londres, 1906. – J. Bacot, *Le Poète Milaraspa,* Paris, 1925. – T. Schmid, *The Cottonclad Mila,* Stockholm, 1952. – L.-P. Lhalungpa, *The Life of Milarepa,* New York, 1977.

MILET ou **MILLET Jacques.** Poète français. Né vers 1425, mort à Paris en 1466. Il n'est guère connu que par ses œuvres. On sait cependant, par une *Épitaphe de Jacques Milet,* figurant dans un recueil manuscrit du poète Robertet, qui vivait au début du XVIe siècle, que Milet, dans sa jeunesse, écrivit, « pour honneur de sa maîtresse », un poème allégorique de cinq mille vers, intitulé *Forêt de Tristesse* (1459). En 1450, il fut choisi par Charles VII pour composer l'épitaphe d'Agnès Sorel ; Milet, qui était déjà maître ès arts de l'université de Paris, préparait à cette époque sa licence en droit et résidait à Orléans. C'est le 2 septembre 1452 qu'il commença à écrire son *Istoire de la destruction de Troye la Grant* (*), qui fut achevée le 15 octobre 1454, d'après les renseignements donnés par l'auteur lui-même. L'attribution qui lui est faite parfois du *Mystère du siège d'Orléans* (*) est des plus douteuses.

RÉF. : Kurt Wunder, *Über Jacques Milet's Destruction de Troye la Grant,* thèse, Leipzig, 1868. – Ernst Meybring, *Die Auffassung der Antike bei Jacques Milet, Guido de Columna und Benoit de Sainte-More,* thèse, Marburg, 1886. – C. Häpke, *Kritische Beiträge zu Milet's dramatische « Istoire de la Destruction de Troye la Grant »,* Marburg, 1897. – E. T. Oliver, *Jacques Milet's Drama. La Destruction de Troye la Grant ; its Principal Sources ; its Dramatic Structure,* thèse, Heidelberg, 1899.

MILEV Guéo. Poète bulgare. Né le 15 janvier 1895 à Radnévo, mort après le 15 mai 1925. Dernier théoricien du symbolisme, l'expressionniste le plus achevé par la suite, Milev est une des figures les plus originales de la vie littéraire bulgare des années 20. Tributaire de l'avant-garde européenne, en tant que poète et critique, il déploie une activité intense de renouveau poétique et culturel national en refusant les épigones du symbolisme et en imposant une thématique et un style en rapport étroit avec les conflits esthétiques, sociaux et politiques de son époque. La nécessité pour l'art national d'un retour aux sources, qu'il s'agisse de la poésie ou de la peinture, devient un objectif fondamental pour lui, qu'il réalise sous la forte influence de l'expressionnisme allemand et du futurisme russe. Ses nouvelles idées esthétiques et son attitude engagée après la Première Guerre mondiale sont à l'origine d'une suite d'œuvres originales où il se livre à une interprétation moderne des mythes – *Les icônes dorment* [*Ikonité spyat,* 1922] –, à l'expression de la misère et de la révolte des pauvres et des opprimés : *La Prose terrible* [*Grozni prozi,* 1919], *Le Petit Calendrier expressionniste* [*Malko ekspresionistitchno kalendartche,* 1921]. Le poète, avec rudesse et fougue, nie le lyrisme mélodieux, en privilégiant des sonorités et des images en corrélation avec le dynamisme et le caractère dramatique de la vie moderne : *L'Enfer* [*Ad*], *Jour de la colère* [*Den na gnevat,* 1922]. Le poème « Septembre » (*) (1927) reste son œuvre la plus célèbre.

ÉLÉNA FOULLIARON.

MILHAUD Darius. Compositeur français. Né à Aix-en-Provence le 4 septembre 1892, mort à Genève le 22 juin 1974. Fils de parents musiciens, il fit ses premières études musicales à Aix, et eut du mal à se plier aux règles de composition que l'on tenta de lui apprendre au Conservatoire. Son œuvre est extrêmement abondante et variée ; il faut chercher la clef de cette richesse dans deux caractéristiques de la personnalité de Milhaud : sa fidélité à quelques amis, avec lesquels il ne cessera pas de collaborer, et son attachement à ses racines locales et ethniques. « Je suis, a-t-il écrit en tête de ses mémoires, un Français de Provence et de religion israélite. » Dès 1912, il fera, par l'intermédiaire de Francis Jammes, la connaissance de Claudel, dont il mettra en musique sept des poèmes de *Connaissance de l'Est* (*). En 1913, il publie *Alissa,* cantate pour une voix et piano, d'après *La Porte étroite* (*) de Gide. De la même époque datent ses premières œuvres de musique de chambre : les deux premiers quatuors, une sonate pour piano et deux violons. Réformé en 1914, Milhaud aura l'occasion d'accompagner Claudel à Rio de Janeiro où celui-ci est nommé ministre de France. Ce séjour au Brésil va s'avérer fructueux ; la collaboration entre poète et musicien va prendre corps avec l'*Orestie* (*), traduite par Claudel, dont Milhaud ne terminera la musique qu'en 1922, et un argument de ballet, *L'Homme et son désir* (*). De plus, Milhaud découvrira le Brésil et ses thèmes musicaux dont il fera par la suite un grand usage. C'est également une époque créatrice importante : *Le Retour de l'enfant prodigue,* cantate d'après Gide, les deux premières symphonies, de nouvelles pièces de musique de chambre, de la musique vocale avec notamment les *Poèmes juifs* (1916) et les *Chansons bas* sur des poèmes de Mallarmé, proches des tendances des « Six ». Cocteau, les ayant entendues, commente : « On écoute sans confondre les notes et les mots. » Le retour à Paris voit paraître deux séries de pièces pastorales pour chant et petit ensemble aux titres incongrus : *Machines agricoles* et *Catalogue de fleurs ;* prises par tous pour des plaisanteries, ce sont en fait des pièces délicates, où Milhaud s'est contenté d'emprunter des paroles sans importance à des catalogues commerciaux. Milhaud est membre du Groupe des « Six », animé par Cocteau. Auric, Honegger, Durey, Germaine Tailleferre, Poulenc se retrouvent beaucoup plus, dit Milhaud, « parce que nous nous connaissions, que nous étions bons camarades et que nous figurions aux mêmes programmes » que « par des théories esthétiques communes ». Certaines œuvres de Milhaud des années 20 se ressentent du goût de Cocteau pour la plaisanterie ; *Le Bœuf sur le toit* (*) (1920) est la plus célèbre. Mais la même année voit apparaître *Protée* qui fera scandale par la vigueur et la nouveauté de son langage symphonique et que Pierné aura le plus grand mal à imposer aux habitués de Colonne. Pendant quelques années, Milhaud va rester divisé. Sa participation majeure aux *Mariés de la tour Eiffel* (*) (1921) – Marche nuptiale et fugue du massacre de la noce –, deux ballets en 1924, *Salade* (*) et le *Train Bleu* (+), représentent le côté baladin où il ne se sent pas toujours très à l'aise. De l'autre côté, les mêmes années verront la naissance des cinq études pour piano et orchestre (1920-21) en même temps que des *Saudades do Brasil* (*) (Saudad, c'est la nostalgie), de deux symphonies, de *Psaumes pour chœurs d'hommes* sur des textes de Claudel. La musique de chambre prend de plus en plus de place dans la production de Milhaud ; dix-huit quatuors à cordes (*), le charmant quintette à vent *La Cheminée du roi René,* de nombreuses sonates et quatorze recueils de chants généralement accompagnés au piano. L'œuvre orchestrale de Milhaud n'est guère moins importante : une dizaine de concertos pour divers instruments, treize symphonies, plusieurs suites (*Suite provençale, Suite française, Sérénade...*), les *Quatre saisons,* quatre concertinos pour des formations différentes. Toute cette production est marquée d'une grande force lyrique ; la polytonalité, adoptée très tôt par l'auteur, ne nuit jamais à la clarté mélodique qui est sa signature de Méditerranéen. En même temps, la carrière de Milhaud est marquée par des œuvres vocales ou destinées au théâtre. Dès 1923, son ballet, *La Création du monde,* sur un argument de Blaise Cendrars, fait usage des rythmes du jazz. En 1926, c'est un opéra, *Le Pauvre Matelot* (*), sur un livret de Cocteau ; en 1927, il écrit un opéra bouffe sur un texte d'Armand Lunel, *Esther de Carpentras,* évocation de la vie des communautés juives du Comtat Venaissin au XVIIIe siècle. En 1930, ce sera la création à Berlin de *Christophe Colomb* (*), œuvre maîtresse à la fois de Claudel et de Milhaud. *Maximilien* (1932) sera très mal accueilli par la critique. La même année, c'est la musique de scène de *L'Annonce faite à Marie* (*). Pour Claudel encore, des cantates : le *Cantique du Rhône* (1936), la *Cantate de la paix* et *Les Deux Cités* (1937). Ces années sont de plus remplies de musiques de scène ou de films pour les auteurs les plus divers, de Jean Anouilh – *Le Bal des voleurs* (*) (1938) – à André Malraux – *L'Espoir* (*) (1939). Dans cette production, souvent inégale, on trouve de charmantes pièces pour piano, telle *Scaramouche* (1937). À la veille de la guerre, c'est de nouveau un grand opéra, *Médée* (*), dont la première a lieu à l'Opéra de Paris le 8 mai 1940. Devant l'arrivée des Allemands, Milhaud est obligé de se réfugier aux États-Unis, où l'université d'Oakland lui offre la chaire de composition. Après la guerre, Milhaud cumule son enseignement à Oakland et une classe au Conservatoire. Les événements avivent chez lui le sentiment d'appartenance au peuple juif. Ce sera le *Service sacré* (1947) puis, en 1954, une évocation des camps de concentration, le *Château de feu,* sur un poème de Jean Cassou dont il avait déjà mis en musique *Six sonnets écrits au secret* (1946). Puis, tirées de *La Bible,* ce seront les deux cantates *Les Rêves de Jacob* (1949) et la *Cantate des proverbes* (1951). La *Bible* lui inspirera aussi un opéra, *David* (1955), donné la même année que son *Bolivar,* sur un livret de Supervielle. Il compose pour le piano, dans cette dernière période de sa carrière, des pièces pleines de jeunesse, telles que *Le Bal martiniquais* (1944) ou la suite pour quatre pianos, *Paris* (1948). Il faut retenir dans la production des dernières années de Milhaud certaines œuvres qui marquent bien la continuité de sa fidélité à certains hommes, la *Symphonie pour l'univers claudélien* (1968), ou à certains principes, la *Symphonie chorale « Pacem in terris »* (1963). Musicien parfois trop fécond, Milhaud a été avant tout l'homme de la générosité. Il est juste qu'il ait pu, quelques jours avant sa mort, publier ses souvenirs sous le titre *Ma vie heureuse*.

JEAN-FRANÇOIS LABIE.

♦ *« Grâce à son génie, la campagne aixoise embaume les quatre coins du monde. »* F. Poulenc. ♦ *« Milhaud me semble être le représentant le plus significatif des tendances actuelles dans tous les pays latins, par sa polytonalité. Si cette tendance me plaît ou non, ce n'est qu'une question secondaire. Mais je trouve qu'il a beaucoup de talent. »* A. Schoenberg.

RÉF. : Claude Rostand, *Entretiens avec Darius Milhaud,* Paris, 1952. – *Correspondance Paul Claudel – Darius Milhaud,* Paris, 1961. – Jean Roy, *Milhaud,* Paris, 1968. – Darius Milhaud, *Ma vie heureuse,* Paris, 1973. – Paul Collaer, *Darius Milhaud,* Nouvelle édition, Genève, 1982. – Darius Milhaud, *Notes sur la musique - Essais et Chroniques* (éd. par Jeremy Drake), Paris, 1982. – Madeleine Milhaud, *Catalogue des œuvres de Darius Milhaud,* Genève, 1982. – Jeremy Drake, *The Operas of Darius Milhaud,* New York/Londres, 1989.

MILIZIA Francesco. Critique d'art italien. Né à Oria, près d'Otrante, en 1725, mort à Rome en mars 1798. Après avoir fait à Padoue et à Naples d'assez médiocres études et suivi les cours de l'économiste Antonio Genovesi, il s'intéressa tour à tour aux lettres, aux sciences, aux mathématiques et à l'astronomie, jusqu'au jour où ses outrances de jugement lui valurent un blâme et l'interdiction de publier certains de ses écrits. En 1761, Milizia s'installa à Rome et se prit pour l'architecture d'une passion qui ne devait plus le quitter. Ami de J. N. d'Azara, ambassadeur d'Espagne à Rome, et du peintre allemand Raphael Mengs, il commença en 1768 la série de ses nombreuses études sur l'art (sculpture et peinture) dont les plus importantes sont *Vies des plus célèbres architectes de tous les temps et de tous les pays* (1768), *Principes d'architecture civile* (*) (1781), *L'Art de voir dans les beaux-arts* (1781) et le *Dictionnaire des arts du dessin* [*Dizionario delle arti del disegno*, 1787].

MILL John Stuart, dit Stuart. Philosophe anglais. Né à Londres le 20 mai 1806, mort à Avignon le 8 mai 1873. Il fut élevé par son père James Mill et fit preuve de grandes aptitudes aux études, à tel point qu'à huit ans il avait déjà lu de nombreux classiques latins et grecs, qu'il possédait une culture historique étendue et se trouvait en mesure d'enseigner à ses jeunes frères. En 1820 il se rendit en France dans la famille de Samuel Bentham, frère du philosophe Jeremy, s'occupant d'études scientifiques, mais, de retour à Londres, il entreprit des études juridiques. En 1822, il entra au siège central de la Compagnie des Indes, c'est-à-dire dans l'« Examiner's Office » de l'India House, où son père occupait un poste élevé et, très jeune encore, Stuart Mill s'associa aux travaux de l'école qui s'était formée autour de Bentham. Celui-ci le chargea de préparer pour l'impression le manuscrit de son *Traité du témoignage en justice* [*Rationale of Judicial Evidence*], qui parut en 1827 avec des notes et des chapitres ajoutés par Mill. Lorsque le contrecoup du mouvement révolutionnaire français de 1830 produisit en Grande-Bretagne un courant politique d'orientation libérale, Mill prit une part active à la polémique qui précéda la loi de Réforme et, pendant quelques années encore, continua à écrire dans des journaux dont la couleur était le libéralisme le plus radical. De 1835 à 1840, il dirigea la *Revue de Londres et de Westminster* [*London and Westminster Review*], organe du parti radical, d'abord avec son ami Molesworth, puis seul. Auteur extrêmement fécond et travailleur infatigable, sa production scientifique fut des plus remarquables.

Son premier grand ouvrage philosophique fut le *Système de logique* (*), publié à Londres en 1843, suivi par d'autres tels que *De l'utilitarisme* (*) (1863), *La Philosophie d'Hamilton* (1865) et *Auguste Comte et le positivisme* [*A. Comte and Positivism,* 1865] dans lequel il renouvela l'empirisme sur la base de la psychologie associationniste empruntée à Hume ; en morale, il modifia l'utilitarisme de Bentham pour l'adapter avec plus d'opportunité au droit et à la politique. Il s'occupa en outre d'appliquer les principes de sa philosophie dans divers autres ouvrages qui prouvent un esprit large, vigoureux, libéral mais systématique à l'excès : *Essais sur certaines questions d'économie politique non encore résolues* (1844), et les *Principes d'économie politique* (*) (1848), qui sont un exposé des principes de l'économie politique considérée spécialement dans ses applications aux questions politiques et sociales majeures de l'époque. Son essai *De l'influence du gouvernement,* contenu dans l'ouvrage précédent, fut très remarqué, et le philosophe en reprit et développa les idées dans son volume intitulé *La Liberté* [*On Liberty,* 1859], tout imprégné de libéralisme, et dans les *Considérations sur le gouvernement représentatif* (*) (1861). En 1851, il épousa Harriet Hardy (Mrs. Taylor) et, en 1856, fut nommé à la tête du bureau de correspondance de la India House, autrefois dirigé par son père, mais la Compagnie des Indes ayant été dissoute en 1858, il vécut presque toujours, ensuite, dans sa maison de Saint-Véran près d'Avignon, complètement absorbé par ses études et ses travaux. Il prit finalement part à la politique de son pays, et en 1865 il fut élu aux Communes par le collège de Westminster ; il posa à la Chambre le problème du suffrage féminin qu'il avait préconisé dans *La Sujétion des femmes* [*The Subjection of Women*], publiée en 1869, lors de la fondation de la première société qui avait pour but de conquérir ce droit politique. Son *Autobiographie* (*) (1873), traduite en français en 1874 sous le titre *Mes mémoires,* est très importante également en ce qui concerne les indications historiques concernant l'époque où vivait Stuart Mill.

♦ *« Il excelle à préciser une idée, à démêler un principe, à le retrouver sous une foule de cas différents, à réfuter, à distinguer, à argumenter. Il a la finesse, la patience, la méthode et la sagacité d'un légiste. »* H. Taine.

RÉF. : J. Stuart Mill, *Mes mémoires,* Paris, 1874. – H. Taine, *Stuart Mill,* in t. V de *l'Histoire de la littérature anglaise,* Paris, 1874. – G. Brandès, *Moderne Geister,* Francfort-sur-le-Main, 1897. – Leslie Stephen, *The English Utilitarians,* t. II, Londres, 1912. – R. Vaysset-Boutbien, *Stuart Mill et la sociologie française contemporaine,* Paris, 1941. – M. Packe, *The Life of John Stuart Mill,* 1954. – John R. Robson, *The Improvement of Mankind,* Toronto, 1968. – A. Ryan, *John Stuart Mill,* Londres, 1974. – W. Thomas, *John Stuart Mill,* Oxford, 1985.

MILLER Arthur. Dramaturge américain. Né le 17 octobre 1915 à New York. Comme beaucoup d'intellectuels américains de sa génération, Arthur Miller est avant tout un héritier des années 30, pour qui la grande crise de 1929 est restée une cassure fondamentale. Né dans le quartier de Harlem dans une famille juive aisée, il assiste à l'âge de 14 ans à la ruine de l'entreprise paternelle. C'est pour le fils une entrée brusque dans le monde réel : écroulement de l'image mythique du père, fin des certitudes et de la sécurité au niveau familial, et prise de conscience du monde économique et social. Toute l'œuvre dramatique de Miller sera imprégnée de ce premier déchirement, comme le montrent déjà les premières pièces qu'il écrit à l'université du Michigan. Le jeune Miller est fortement influencé par les idées socialistes et fasciné par le théâtre révolutionnaire de l'époque (le « Group Theater » et les pièces de Clifford Odets). Mais Miller ne s'orientera pas vers le théâtre didactique. Étudiant attentif et passionné d'Ibsen – dont il adaptera en 1950 *Un ennemi du peuple* (*) –, il désire comme lui faire surgir les processus et les lois qui commandent aux hommes et ainsi donner un sens à l'apparente confusion du réel. Après l'université, il décide de vivre de sa plume. Il écrit quelques pièces radiophoniques, travaille à un film (*The Story of G. I. Joe*) et écrit deux pièces : *L'Âge d'or* [*The Golden Years,* 1940] et surtout *L'Homme qui avait toutes les chances* [*The Man Who Had All The Luck,* 1944]. Il publie aussi son seul roman, *Focus* (1944), qui traite de l'antisémitisme. Mais ce n'est qu'en 1947 que Miller rencontrera le succès avec *Ils étaient tous mes fils* [*All My Sons*], pièce sur l'après-guerre où se découvre un passé coupable, qui force à la fois le père profiteur de guerre et le fils idéaliste à remettre en cause leurs certitudes morales. Puis c'est *Mort d'un commis voyageur* (*) (1949), qui obtient le prix Pulitzer, où s'affrontent à nouveau le père et le fils et où Miller traque les illusions destructrices engendrées par le rêve et les mythes américains. Miller, quoiqu'en réalité plus moraliste qu'idéologue, est désormais perçu comme un dramaturge de gauche, ce que viendra confirmer sa pièce suivante *Les Sorcières de Salem* (*) (1952), dans laquelle il s'attaque au maccarthysme. Cette réputation d'écrivain progressiste lui vaudra d'ailleurs d'être condamné pour outrage au Congrès en 1956. Suivent ensuite *Je me souviens de deux lundis* [*A Memory of Two Mondays,* 1955] et *Vu du pont* (*) (créée en 1955), deux pièces situées dans le milieu ouvrier de New York. Durant les neuf années suivantes, douloureuses sur le plan personnel (marquées notamment par son mariage avec Marilyn Monroe en 1956), Miller n'écrira plus pour le théâtre. Soucieux d'offrir à Marilyn un rôle à sa mesure, il écrit cependant le scénario du film *The Misfits* (1961), centré une fois encore sur la mort de l'innocence et du rêve américain. En 1964, deux ans après la mort de Marilyn, il reviendra sur ces années sombres avec *Après la chute* [*After the Fall*]. Dans cette pièce tourmentée, où se mêlent vie privée et Histoire (notamment le maccarthysme et l'holocauste), le héros-narrateur tente de retrouver des raisons d'espérer malgré une vie marquée par la culpabilité, l'imposture et la trahison. La même année, il écrit *Incident à Vichy* [*Incident at Vichy*], où il fouille les bonnes consciences et explore les liens souterrains entre les victimes et les bourreaux nazis. *Le Prix* [*The Price*], créé en 1968, est pour beaucoup de critiques la dernière grande pièce de Miller. On y retrouve deux frères rivaux, tous deux habités par l'échec et la culpabilité, dont Miller montre au bout du compte qu'ils ont vécu tous deux sur de fausses certitudes et une même bonne conscience illusoire. Miller revient ici sur un de ses thèmes favoris : les raisons que l'on s'invente pour vivre mais qu'il faut impitoyablement débusquer et mettre à nu pour espérer accéder pleinement au réel. Depuis, Miller, tout en restant un homme engagé, n'a pas cessé d'écrire et d'explorer de nouvelles formes d'écriture. Citons entre autres : *Le Plafond de l'archevêque* [*The Archbishop's Ceiling,* 1977], *L'Horloge américaine* [*The American Clock,* 1980] et une série de pièces en un acte récemment traduites et créées en France, *Élégie pour une dame* [*Elegy for a Lady*] et *Comme une histoire d'amour* [*Some Kind of Love Story*], créées ensemble en 1982, et *Danger : Mémoire !* [*Danger : Memory !*] qui date de 1987. Il a également publié une magistrale autobiographie, *Au fil du temps* [*Timebends,* 1987], somme de sa réflexion sur le théâtre et l'histoire contemporaine américaine.

GÉRARD DALLEZ.

MILLER Henry. Écrivain américain. Né à Yorkville (New York) le 26 décembre 1891, mort le 7 juin 1980 à Pacific Palisade (Californie). Il y a (presque) une légende de Henry Miller comme il y en a une de Hemingway et de Fitzgerald ; mais, à la différence des précédentes, la sienne ne tient pas à ce qu'on lit l'homme dans l'œuvre : ce serait plutôt le contraire, tellement ses deux *Tropiques*, tant par les difficultés qu'il eut à les publier en pays de langue anglaise que par le succès de scandale qui suivit leur publication (en France dans les années trente, aux États-Unis dans les années soixante), ont contribué à entretenir la réputation « pornographique » de l'auteur. Or non seulement celui-ci n'a pas toujours mené la vie parisienne « dissolue » qu'il décrit dans ses livres, mais surtout il a continué d'écrire, et même abondamment, des œuvres très différentes des deux premières. Si on ajoute à ce décalage l'extraordinaire vitalité de l'homme (qui, quoique octogénaire, poursuivait sereinement une « seconde carrière » de peintre) et, surtout, le fait qu'aux États-Unis, lorsque la publication des *Tropiques* y fut enfin autorisée, Henry Miller semble être passé directement du rôle d'écrivain maudit à celui de prophète, on aura idée de la figure qu'il devint dans l'univers américain. On peut dire que, de Big Sur, il a en quelque sorte présidé à l'extraordinaire mouvement d'idées qu'a connu la Californie dans les années soixante.

Pourtant, Henry Miller est un enfant de Brooklyn : « Le reste des États-Unis n'existe pas pour moi, sauf comme idée, ou comme histoire, ou comme littérature », écrivait-il dans *Printemps noir* (*).

Brooklyn est en quelque sorte le lieu géométrique de ses errances européennes et de sa retraite californienne. Il alla d'abord au City College de New York, mais, après deux mois, il se mit à travailler, et ce jusqu'en 1930, date à laquelle, après un premier séjour d'un an en 1928, il gagna la France. En 1932, il enseigna l'anglais au lycée Carnot de Dijon : voir les pages mémorables qu'il consacre à cette expérience dans le *Tropique du Cancer*. Sa description de la ville y est digne de Balzac. Mais il vécut surtout à Paris, censément employé par une maison d'édition américaine – et ce jusqu'à la veille de la guerre : c'est la « grande époque » de la vie de Miller. Il visite alors la Grèce, où il est reçu par Lawrence Durrell à Corfou, avant de rentrer à New York en janvier 1940.

À cette date, il a publié, outre les deux *Tropiques* (*du Cancer* (*), Paris, 1934 ; *du Capricorne* (*), Paris, 1938), *Aller-Retour New York* (*) en 1935, *Printemps noir* (1936), *Max et les Phagocytes* (*) (1938) et *L'Œil cosmologique* [*The Cosmological Eye*, 1939]. Or non seulement ces volumes, sauf les deux derniers, n'étaient toujours pas autorisés aux États-Unis (où ils paraîtront seulement, comme les *Tropiques*, après 1960), mais l'auteur se trouva, une fois installé à Beverly Glen, en Californie (1942), dans un tel dénuement qu'il dut publier un appel au secours dans *The New Republic*. C'est alors qu'un ami lui proposa d'aller habiter une petite maison à Big Sur, près du splendide mont Carmel, sur la côte entre San Francisco et Los Angeles. C'est ce qu'il fit jusqu'à ce que, vieillissant, il préférât la sécurité d'une maison très bourgeoise à Los Angeles.

Après 1940 il publia un livre inspiré par son séjour en Grèce, *Le Colosse de Maroussi* (*) (1941) et un autre, non moins remarquable que percutant, où il raconte son retour aux États-Unis : c'est le célèbre *Cauchemar climatisé* (*) (1945), auquel il devait donner une suite sous le titre *Souvenirs, souvenirs* (*) (1947). Ces volumes-là furent publiés aux États-Unis, généralement par la nouvelle maison d'édition « New Directions » (qui publiera aussi Artaud, Beckett, Céline, Genet, etc.). Puis ce fut le court et beau *Sourire au pied de l'échelle* (*) (1948), écrit « pour Fernand Léger », et qui est une émouvante réflexion sur le destin de l'artiste en clown, et *Les Livres de ma vie* [*The Books in My Life*, 1952] – peut-être, avec le premier *Cancer*, le *Cauchemar* et le *Sourire*, le meilleur Miller.

À cette date, cependant, il avait commencé son plus ambitieux projet, une trilogie, dont paraissent d'abord, à Paris (Olympia Press), *Sexus* (1949), puis *Plexus* (1953) ; le troisième tome, *Nexus*, ne paraîtra (toujours à Paris) qu'en 1960, et les trois volumes portent le titre général de *La Crucifixion en rose* (*). Malheureusement, ce n'est pas quand il est le plus ambitieux que Miller est le meilleur : à preuve, par exemple, le verbiage mythico-métaphysique de son *Hamlet* (1941-43, trad. Corrêa, 1956), écrit en collaboration avec Michael Fraenkel. On peut même pousser le paradoxe jusqu'à dire que c'est quand il « écrit » le moins qu'il écrit le mieux. Quand il est mû par la passion, que ce soit celle des femmes, des amis ou des livres, ou encore la colère que lui inspire le spectacle de la côte Est à son retour, alors son style charrie le lecteur dans une sorte d'ivresse qui rend tout son sens primitif au mot enthousiasme. Autrement dit, tout comme il y a évidemment du viveur rabelaisien chez Miller, il y a aussi du vaticinateur forcené, à la Céline. Dans certains livres, en effet, il est, semble-t-il, tout autre chose qu'un écrivain : une sorte de prêtre laïc. C'est d'ailleurs ce qui le rapprocha sur le tard de John Cowper Powys, avec qui il échangea une correspondance.

Après *Plexus*, Miller publiera toujours davantage de « non-fiction » : souvenirs, essais, réflexions. Ainsi, *Jours tranquilles à Clichy* [*Quiet Days in Clichy*, Paris, 1956] – manuscrit retrouvé après quinze ans ; *Le Temps des assassins* [*The Time of the Assassins*, New York, 1956] – livre consacré à Rimbaud et écrit après l'échec d'un projet de traduction d'*Une saison en enfer* (*) ; *Big Sur et les oranges de Jérôme Bosch* (*) (New York, 1957), qui reprend *Un diable au paradis* (*) (1956) ; *Peindre c'est aimer à nouveau* (*) (1960) ;

Immobile comme l'oiseau-mouche [*Stand Still Like a Hummingbird*, 1962]. Ce dernier livre contient un important essai sur Thoreau qui est sans doute, avec D. H. Lawrence, l'écrivain qui a le plus influencé Henry Miller. Mais, en quantité au moins, la partie la plus considérable de l'opus millérien risque d'être sa correspondance. Ont déjà paru : *L'Art et le scandale* [*Art and Outrage*, Londres, 1959], qui contient surtout des échanges avec ses amis Perlès et Durrell ; *Une correspondance privée* (*) (1963) entre Miller et Durrell ; et ses *Lettres à Anaïs Nin* [*Letters to Anaïs Nin*, 1965]. On peut s'attendre à bien d'autres publications dans ce domaine.

De la figure et de l'œuvre – indissociables puisqu'il s'agit constamment d'une sorte d'autobiographie –, on peut retenir la double ligne que constituent la révolte permanente contre les hypocrisies, au premier rang desquelles figure évidemment le puritanisme en matière de sexualité, et l'anarchisme libertaire et pacifiste : à ces deux titres, nul doute qu'Henry Miller est apparu, pendant un quart de siècle (du début de la guerre de Corée jusqu'à la fin de celle du Viêt-nam), comme un chef de file, une sorte de maître spirituel, pour les jeunes révoltés des deux côtes. Peut-être, à une heure où les États-Unis s'assagissent de façon inquiétante, son influence est-elle moindre ; il a aussi été « récupéré » par l'Establishment. Il n'en reste pas moins vrai que son investissement dans la littérature et la façon dont, à l'opposé de l'esthétisme, il a toujours revendiqué pour elle un rôle, finalement romantique, de guide de la vraie vie, font de lui une manière de pape : témoin l'extravagant ouvrage que lui a récemment consacré Norman Mailer.

MICHEL GRESSET.

♦ *« J'aime tout ce qui coule. »* Henry Miller. ♦ *« On peut facilement réduire les prétentions qu'a Miller d'être un guide de la vie et des lettres ou même un prophète de l'Apocalypse ; mais il est remarquable en tant que biographe de l'intellectuel-vagabond et comme poète des humbles... »* Philip Rahv. ♦ *« Depuis les Grecs, le sexe est proscrit de la civilisation occidentale ; Henry Miller considère qu'il a pour mission de redresser la balance et de rendre au sexe sa position primordiale. »* Charles Glicksberg. ♦ *« Voilà, selon moi, le seul prosateur imaginatif de quelque importance qui soit apparu au sein du monde anglophone depuis des années. »* George Orwell. ♦ *« Avec lui le roman américain, qui, avec tous les imitateurs de Hemingway, de Faulkner et de Saroyan, n'était plus qu'une machine littéraire, est arrivé à un tournant décisif. »* Alberto Moravia.

RÉF. : Lawrence Durrell, *The Henry Miller Reader*, Norfolk (Connecticut), 1959. – Alfred Perlès, *My Friend Henry Miller*, New York, 1956. – Annette Baxter, *Henry Miller Expatriate*, University of Pittsburgh Press, 1961. – Kingsley Widmer, *Henry Miller*, New York, 1963 et New Haven, 1964. – George Wickes, *Henry Miller and the Critics*, Carbondale (Illinois), 1963 et *Henry Miller*, Minneapolis, 1966. – W. Gordon, *The Mind and Art of Henry Miller*, Louisiana State University Press, 1967. – Gérald Robitaille, *Le Père Miller*, Losfeld, 1971. – Et les articles publiés en France par Roger Grenier, Jean-Jacques Mayoux et Maurice Nadeau.

MILLER Joaquín (Cincinnatus Heine, ou Hiner, dit Joaquín). Écrivain américain. Né à Liberty (Indiana) le 10 mars 1839 ou le 10 novembre 1841, mort à Oakland (Californie) le 17 février 1913. Enfant, il vécut dans l'Oregon de 1850 à 1855, fréquentant les écoles d'Eugène. Puis il s'enfuit avec un camarade vers les mines d'or de Californie, et s'employa comme cuisinier dans un camp de mineurs. Peu après, revenu chez lui, il suivit pendant quelque temps les cours du Columbia College d'Eugene, puis enseigna dans le Washington Territory, et en 1861, à Portland (Oregon), il fut habilité à exercer la profession d'avocat. Par la suite, il organisa un service de poste à cheval [pony-express], entre le Washington Territory et l'Idaho, et avec les revenus qu'il en tira il acheta en 1863 le *Democratic Register* d'Eugène. Lorsque le journal fut supprimé par le gouvernement fédéral pendant la guerre civile, en raison de ses sympathies pour les Confédérés, Miller partit pour Canyon City (Oregon), où il publia deux volumes de vers, *Specimens* (1868) et *Joaquin et al* (1869). En 1870 il partit pour San Francisco et de là en Angleterre ; Rossetti l'introduisit dans la société londonienne et, en 1871, il publia à Londres les *Chants des sierras* (*). Il résida et voyagea plusieurs années en Europe et en Amérique du Sud, publiant des œuvres en vers et en prose, parmi lesquelles *Chants des pays du soleil* [*Songs of the Sunlands*, 1873], *Vie parmi les Modocs* [*Life among the Modocs*, 1873], *Le Bateau dans le désert* [*The Ship in the Desert*, 1875), *La Baronne de New York* [*The Baroness of New York*, 1877], *Chants d'Italie* [*Songs of Italy*, 1878] et enfin *Lumière* [*Light*, 1907]. Après avoir vécu dans diverses villes de l'Amérique du Nord, Miller acheta à Oakland une propriété qu'il nomma « The Hights » ; il devint une des figures les plus connues de la Californie, un philosophe barbu et amoureux de la vie simple.

MILLEVOYE Charles-Hubert. Poète français. Né à Abbeville (Somme) le 24 décembre 1782, mort à Paris le 26 août 1816. Élève, à Paris, du collège des Quatre-Nations, il y remporta à seize ans le premier prix de littérature (1798). Placé ensuite chez un libraire, il y resta trois ans, plus occupé de faire des vers que de son commerce. Tout acquis à la critique et à la poésie, il écrivit une épître sur *Le Danger des romans* qui lui valut un prix à l'Académie de Lyon en 1804. Il remporta, par la suite, trois autres prix avec les poèmes suivants : *La Peste à Marseille, La Mort de Rotrou et Goffin, le héros liégeois.* Bien qu'il semblât peu fait pour ce genre de composition, il écrivit encore deux poèmes héroïques : *Charlemagne à Pavie* (en six chants) (1808) et *Alfred, roi d'Angleterre* (en quatre chants). Il écrivit en outre trois tragédies médiocres : *Antigone, Saül* (posth., 1822), *Ugolin,* qui ne furent jamais représentées. En 1812, épuisé par une maladie de langueur, Millevoye fut contraint de quitter Paris. Il se retira près d'Abbeville, s'y maria mais mourut de son mal quelques années après. Si son nom a survécu, Millevoye le doit non pas aux œuvres citées plus haut, mais à son recueil d'*Élégies* (*) (1811). Précurseur du romantisme, il représente en France la poésie lyrique sous le premier Empire. Il établit tout comme Fontanes et Chênedollé la liaison entre André Chénier et les romantiques.

RÉF. : Ledieu, *Millevoye, sa vie et ses œuvres,* Paris, 1886.

MILLS Wright Charles. Sociologue américain. Né le 28 août 1916 à Waco (Texas), mort le 20 mars 1962. Figure souvent contestée par ses collègues de l'école fonctionnaliste, Mills a d'abord reçu une formation de philosophe avant de se tourner vers la sociologie. En 1946, il traduit les *Essais de sociologie* de Max Weber, puis écrit *Les Nouveaux Hommes du pouvoir* [*The New Men of Power,* 1948]. Politiquement très critique de la société américaine, il publie *Cols Blancs* [*White Collars,* 1951] qui provoque des controverses animées. *L'Élite du pouvoir* (*) (1956) inquiète l'Amérique conservatrice. Il y défend la thèse d'une minorité dirigeante qui « fait » l'Histoire, et distingue diverses élites de classe associées dans la pratique du pouvoir (le complexe militaro-industriel, par exemple). Se référant à Marx (sans être marxiste) et à Max Weber, il reste cependant pragmatiste et s'inscrit dans la lignée de Veblen. Pour lui, la sociologie doit combattre les préjugés et changer la société. Citons aussi *Le Pouvoir, la politique et les hommes* [*Power, Politics and People,* 1963] et *Sociologie et pragmatisme* [*Sociology and Pragmatism,* 1964], parus après sa mort.

MIŁOSZ Czesław. Poète, traducteur, essayiste et historien de la littérature polonais. Né le 30 juin 1911 à Szetejnie (Lituanie). Il passe sa jeunesse à Wilno, où il fait des études de droit. Il est l'un des fondateurs du groupe de poètes Żagary. En 1933, il publie son premier recueil de poèmes, influencé par le constructivisme et l'engagement social et politique, et une anthologie de poésie populaire. Un séjour en France en 1931, suivi d'un second en 1934-1935, lui permet de faire la connaissance de son lointain parent, le poète Oscar Venceslas de Miłosz. Dans les années 1936-1939, il travaille à la radio polonaise de Wilno. Actif dans la vie culturelle clandestine pendant l'Occupation, il publie un recueil, *Poèmes* [*Wiersze*], sous le pseudonyme Jan Syruć, et en 1942 une anthologie clandestine de poèmes antinazis, *Le Chant insoumis* [*Pieśń niepodległa*], ainsi que la traduction de l'essai de J. Maritain contre la collaboration et le nazisme, *À travers le désastre*. Il traduit *Comme il vous plaira* (*) de Shakespeare en 1943. En 1945, il entre dans la diplomatie et, après avoir occupé un poste à New York, il est nommé conseiller culturel à Washington, puis en 1950 secrétaire d'ambassade à Paris. En 1951, il demande l'asile politique à la France et collabore à *Kultura*, la revue de l'émigration. Invité en 1960 à l'université de Berkeley en Californie, il y est professeur de littérature polonaise, puis de littérature slave à partir de 1961. Il publie surtout à Paris et aux États-Unis. D'abord connu comme essayiste, il acquiert une renommée internationale en tant que poète, et son œuvre sera couronnée en 1978 par le Neustadt International Prize für Literatur, puis en 1980 par le prix Nobel. Il exerce une profonde influence sur les poètes polonais et participe à la réflexion critique. En Pologne, il fut longtemps interdit, de 1951 à 1956, puis de 1958 à 1966, et ensuite publié uniquement dans des anthologies jusqu'en 1980.

Les poèmes de ses débuts, *Poème sur le temps figé* [*Poemat o czasie zastygłym*, 1933] et son deuxième recueil, *Trois hivers* [*Trzy Zimy*, 1936], furent souvent définis comme représentatifs du « catastrophisme », « manière symboliste et classique d'élaborer des thèmes qui suggèrent et annoncent l'approche d'une inévitable catastrophe historique et morale » (Wyka), teinté chez lui de métaphysique. Cette poésie ne suscite pas seulement l'angoisse et un sentiment de responsabilité, de culpabilité ; elle pousse à concevoir son destin personnel et le destin collectif d'un point de vue eschatologique et métaphysique. *Le Salut* (*) (1945) marque son abandon du catastrophisme et, dressant un réquisitoire impitoyable contre les horreurs de la guerre, montre à quel point le poète est lié au destin de son pays, ainsi que ses dilemmes moraux à propos du rôle de la littérature. Ses poèmes sont encore composés d'éléments hérités de diverses écoles d'avant-garde, Skamânder et l'Avant-garde, mais résistent à la tentation du désespoir absolu. C'est alors que se forment les traits essentiels de son art poétique, désormais marqué par une tendance à l'objectivation de l'émotion lyrique, riche d'allusions et de sous-entendus, parfois violent et brutal.

Les poèmes *Enfant d'Europe* [*Dziecię Europy*, 1948] et *Traité de morale* [*Traktat moralny*, 1949], publiés dans la revue *Twórczość* et qui énoncent son credo éthique et poétique, indiquent une nouvelle étape de son évolution. D'un ton ironique et sarcastique, ils transmettent un message moral qui est une analyse pénétrante de la situation intellectuelle et sociopolitique de la Pologne et du monde d'après-guerre et sont une mise en garde contre l'approche de la catastrophe. *Traité de poésie* [*Traktat poetycki*] souligne avec passion et sarcasme la généalogie de la poésie contemporaine polonaise, brossant le portrait de ses représentants avec des remarques pleines de pertinence. Ces deux poèmes entrent dans le recueil *Lumière du jour* [*Światło dzienne*, 1953], publié après qu'il a choisi l'émigration. Son installation aux États-Unis incite Miłosz à une réflexion philosophique et historique. Les thèmes les plus fréquents sont la Lituanie perdue et le retour, ses expériences de jeunesse, la langue polonaise en tant que « patrie sauvegardée par l'exilé », des lectures, des réminiscences historiques ainsi que des interrogations constantes sur les compétences de la poésie et les devoirs du poète : *Le Roi Popiel et autres poèmes* [*Król Popiel i inne wiersze*, 1962], *Gugusse déçu* [*Gucio zaczarowany*, 1965]. Ses poèmes sont de plus en plus concis, disciplinés, quoique échappant aux divisions et aux catégories formelles (« Je veux non pas une poésie nouvelle, mais une diction nouvelle »). Dans ses deux derniers recueils, *La Ville sans nom* [*Miasto bez imienia*, 1969] et *Là où se lève le soleil et là où il se couche* [*Gdzie wschodzi słońce i kędy zapada*, 1974], apparaissent des poèmes religieux, qui marquent le début de ses références permanentes à *La Bible* (*) et de ses traductions.

L'œuvre du traducteur et celle du poète sont intimement mêlées. Il voit dans la traduction un terrain de recherches poétiques de « diction nouvelle ». Il traduit d'abord du français : Simone Weil et O. V. de Miłosz, puis de l'anglais : Milton, Blake, Yeats et surtout Eliot [*La Terre vaine* (*)] et vers l'anglais : Herbert et Wat ; et ensuite l'Écriture sainte : l'*Évangile* (*) de saint Marc, *L'Ecclésiaste* (*), les *Psaumes* (*), les *Lamentations* (*), le *Livre de Job* (*).

L'analyse des mécanismes conduisant à l'avilissement de la littérature est contenue dans *La Pensée captive* (*) (1953), récit en forme de parabole sur le destin de quelques écrivains polonais contemporains. On retrouve les mêmes intentions dans le roman *La Prise du pouvoir* [*Zdobycie władzy*, 1952]. *Sur les bords de l'Issa* (*) (1955), œuvre de fiction ancrée dans ses souvenirs d'enfance, est une subtile reconstruction des expériences d'un enfant sensible faisant l'apprentissage du mystère et de l'étrange, et en même temps de la beauté et de l'ordre du monde. *Une autre Europe* (*) (1959) est une excursion dans les profondeurs de son passé d'habitant de l'Europe de l'Est.

Miłosz est l'auteur d'essais tant en anglais qu'en polonais : *Continents* [*Kontynenty*, 1958], sur Milton, Browning et O. V. de Miłosz entre autres ; *Introduction aux Américains* [*Wprowadzenie w Amerykanów*], sur Whitman, Faulkner ; et d'une étude sur Saint-John Perse. *Devoirs privés* [*Prywatne obowiązki*, 1972] et *L'Immoralité de l'art* [*Ogród nauk*, 1979] se nourrissent de réflexions sur la langue : tentatives sans cesse renouvelées de définir la poésie ; retours aux maîtres, Mickiewicz, Blake, Eliot ; considérations sur les écrivains polonais, Witkiewicz, Gombrowicz. *Visions de la baie de San Francisco* [*Widzenia nad zatoką San Francisco*, 1969] est centré sur ses expériences américaines de poète, la culture américaine contemporaine, ses mythes et ses porte-parole (Marcuse), et enfin sur sa situation d'écrivain et d'émigré. Tous ces problèmes sont repris dans *La Terre d'Ulro* (*) (1977), où il évoque Mickiewicz, les visions mystiques et religieuses de Swedenborg, Blake, Dostoïevski, et s'interroge sur l'Être, l'origine et les manifestations du mal, les sources de la crise spirituelle de l'homme moderne et le rôle du catholicisme polonais. Un recueil en anglais : *Empereur de la Terre* [*Emperor of the Earth. Modes of Eccentric Vision*, 1977], contient des essais et des exposés sur Dostoïevski et sur les thèmes manichéens dans la pensée et la culture européennes. Dans le cadre de son enseignement, l'écrivain a élaboré une *Histoire de la littérature polonaise* [*History of Polish Literature*, 1969].

LAURENCE DYÈVRE.

♦ *« C'est de lui que les jeunes poètes polonais tiennent leur sens de l'" historicité ", leur ironie, leur mode distancé d'expression. La poésie de Miłosz, synthèse de l'imaginaire et de l'intellectuel, a dépassé les luttes* [...] *entre les tenants de la spontanéité et ceux du constructivisme. »* Constantin Jeleński.

RÉF. : K. Wyka, *Ogrody lunatyczne i ogrody pasterskie*, Varsovie, 1946. — J. Broński, *Bieguny poezji*, Cracovie, 1978. — A. Fiut, « Czy tylko katastrofizm ? O przedwojennej poezji Czesława Miłosza », in *Pamiętnik literacki*, 1978. — *Miłosz par Miłosz.* Entretiens de Czesław Miłosz avec Ewa Czarnecka et Aleksander Fiut, Paris, 1986.

MILOSZ Oscar Vladislas de Lubicz. Écrivain français. Né le 28 mai 1877 à Czereïa en Lituanie historique alors annexée à la Russie : il était donc russe par sa naissance. Mort à Fontainebleau le 2 mars 1939. De son enfance passée dans le domaine nobiliaire familial (trente mille hectares) entre un père — boyard fin de race aux lubies extravagantes — et une mère juive terriblement distante, mais auprès d'une préceptrice française qui lui donne l'amour de notre langue, Milosz gardera l'inconsolable souvenir d'une contrée mythique « étrange, vaporeuse, voilée, murmurante ». Lituanie de rêve et de désir, qu'il quittera en 1889 pour Paris où s'installent ses parents. Il sort bachelier du lycée Janson-de-Sailly puis, passionné par les langues (il maîtrise l'anglais, l'allemand, le polonais, le russe), il étudie l'épigraphie hébraïque et assyrienne. En 1899, il publie *Le Poème des décadences* — v. *Poésies* (*) — qui réverbère l'extrême lassitude d'un monde où Dieu est mort, où tout est vieux et faux (« Ces mensonges du temps qu'on nomme souvenirs ! ») et où la quête de l'amour achoppe sur le mystère du féminin qu'incarnent, d'Aliénor en Salomé, maintes hypostases de la femme. Hélas, elles n'ont que leur corps à offrir, pauvre fantôme plus ou moins tangible, alors que Milosz ne rêve que d'âme. *Les Sept*

Solitudes (+) (1906), qui paraît au retour d'un séjour en Lituanie, offre le même climat de sensualité nimbée de dégoût, de vide aspirant à un impossible amour, d'écartèlements entre les échos douloureux d'une enfance morte et les plis d'extase des enchantements de la chair. Rythmé par d'obsédantes images célébrant avec une éloquence d'hostie la plaie éternelle de l'amour, et enveloppé par les sons étrangement voilés d'une incoercible nostalgie, le livre est cependant enluminé par l'énigmatique figure d'une princesse initiée, la « petite reine Karomama du temps jadis », morte il y a vingt-trois siècles, et en qui il faut sans doute voir l'inaccessible et idéale passion du poète.

Avec les *Scènes de don Juan* qui complète le recueil, Milosz, en plein désarroi, évoque un don Juan faustien qui ne trouve plus de raison d'être que dans l'accomplissement du mal. Il précipite la mort de son père avant d'empoisonner son frère et de torturer sa jeune épouse dont la souffrance, seule, est encore capable de le troubler. Milosz est au bord de la folie et de la damnation. Alors, tel un don Quichotte assoiffé d'infini et affamé de chair, il va se livrer à un long examen de conscience qui prendra la forme d'un roman, *L'Amoureuse Initiation* (*) (1910), au terme duquel Milosz constate que la femme ne représente pas l'absolu de l'amour ; mieux, il reçoit la révélation d'un amour bien plus grand : celui du Créateur aux dépens de celui de la créature.

Mais si l'élan mystique est indéniable, sa direction reste encore confuse dans *Les Éléments* (+) (1911) avant de s'affirmer dans *Miguel Mañara* (*) (1912). Ce mystère, dont l'ascétique mais sublime rayonnement consacre le renoncement à la beauté terrestre au seul profit de la beauté spirituelle, confirme le passage du profane au sacré.

Un second mystère, *Méphiboseth* (+) (1913), qui s'inspire des amours de David et de Bethsabée, montre que dans cette marche à la rédemption le renoncement aux amours humaines n'est qu'un prélude au sacrifice qui consiste à faire de la souffrance qu'on s'impose une source de joie. *Saul de Tarse,* drame de la conversion de celui qui deviendra saint Paul, écrit en 1914 mais inédit jusqu'en 1971, clôt cette trilogie dramatique, véritable théâtre de Dieu dont chaque volet, à la façon d'une mue, jalonne l'ascension spirituelle d'un homme qui souffre aussi dans sa chair puisque cruellement éprouvé par une douloureuse maladie de peau, le xanthome. De ce lent exorcisme, qu'assombrit encore l'hécatombe européenne qui devait faire de ce noble lituanien un pauvre, témoignent encore les *Symphonies* (+) (1915) mais surtout *Nihumim* (1915), bouleversant poème d'un homme de 40 ans qui se penche sur sa vie. C'est l'âge qui marque la victoire du corps ou celle de l'esprit. « Quarante ans / Pour apprendre la noblesse de l'Action... Quarante ans / Pour apprendre à parler sans mépris de la femme. Ô Amour ! / Quarante ans je vous ai cherché parmi les femmes / Mais ce n'est point parmi les femmes que je vous ai trouvé... » Bilan positif mais douloureux d'un destin, à présent définitivement scellé par la révélation de l'amour divin (« Ô mon corps, tu vivras pour aimer et souffrir »), qui connaîtra son point d'orgue lors de la nuit d'illumination du 14 décembre 1914, expérience comparable à celle que connurent Pascal ou Swedenborg : « J'ai vu le soleil spirituel. »

L'*Épître à Storge* (1917), texte d'un brûlant mysticisme, relate cet « enlèvement sur la montagne » et contient les fondements du message métaphysique de Milosz tels qu'on les retrouve dans le *Cantique de la connaissance,* dans *La Confession de Lemuel* (*) (1922) et tels qu'il les développera, sous une forme beaucoup plus discursive, dans *Ars Magna* (1924) et *Les Arcanes* (*) (1927) qui s'ouvrent par ce verset : « Comme la montagne m'emportait dans son vol, tout à coup je vis s'ouvrir devant moi "sur l'autre espace" la porte d'or de la mémoire, l'issue du labyrinthe. »

La révolution d'Octobre l'a ruiné car ses terres, non comprises dans les limites de la République de Lituanie créée en 1918, sont confisquées par les autorités soviétiques. Ses seuls moyens d'existence seront les appointements que lui verse la Légation de Lituanie en France pour ses travaux de rédacteur puis de chargé d'affaires de Lituanie en France (1920 à 1925).

Après *Adramandoni* (1918), le poète personnel a définitivement cédé la place à l'inspiré, au voyant qui doit « décrire ce qu'il a vu » et à qui incombe une mission quasi prophétique. Il élabore une philosophie du mouvement comme synthèse du temps, de l'espace et de la matière, décrit la relativité universelle avant même de connaître le nom d'Einstein, fait du cerveau le satellite du cœur, rêve d'un monde où science et religion seront enfin unies. Son goût pour les sciences secrètes et son mysticisme – moyen de préhension des réalités d'un univers qui se dérobe aux investigations de « notre minuscule et orgueilleuse raison d'insectes » – le conduisent à se consacrer au déchiffrement de *L'Apocalypse de saint Jean* (1933) et à des recherches sur *Les Origines ibériques du peuple juif* (1933) et sur celles de *La Nation lituanienne* (1937). Toujours rongé par la nostalgie du pays d'enfance, il traduira des chansons du folklore, *Daïnos* (1928), et donnera des transcriptions de *Contes et fabliaux de la vieille Lituanie* (1930) ainsi que des *Contes lituaniens de ma mère l'Oye* (1933). Naturalisé français en 1931, il finira sa vie à Fontainebleau dans une solitude extrême, parlant avec les oiseaux, incompris, ignoré par son temps – éternel exilé n'ayant eu pour seule vraie patrie que la langue française.

RICHARD BLIN.

♦ *« Milosz est notre Goethe français. »* Paul Fort. ♦ *« On est exalté d'admiration devant cette pureté. »* Jean de Boschère. ♦ *« Milosz-la-poésie. »* Oscar Wilde. ♦ *« Milosz est l'héritier secret et magnifique de ces alchimistes que les siècles d'ignorance ont cru engagé à la seule poursuite d'un or monnayable, alors que le Grand Œuvre s'accomplissait dans le creuset d'un cœur, chargé de rayons plus solides que ceux d'un métal terrestre. »* A. Rolland de Réneville. ♦ *« On est pris par les images et jusqu'aux entrailles. »* Paul Valéry.

RÉF. : A. Godoy, *Milosz, le poète de l'amour,* Fribourg, 1944. – A. Lebois, *L'Œuvre de Milosz,* Paris, 1960. – J. Buge, *Milosz en quête du divin,* 1963. – J. Bellemin-Noël, *La Poésie-Philosophie de Milosz,* 1977. – *Cahiers des Amis de Milosz* (A. Silvaire).

MILTON John. Poète anglais. Né le 9 décembre 1608 à Londres, mort dans cette ville le 8 novembre 1674. John Milton a toujours été presque aussi populaire en France que dans les pays de langue anglaise. Six traductions, en prose et en vers, du *Paradis perdu* (*) paraissent au XVIIIe siècle ; la première traduction en vers est de Louis Racine (1755) : elle est suivie en 1765 d'une autre traduction en vers par l'abbé Delille. Diverses traductions en prose voient le jour au XIXe siècle. La traduction en prose de Chateaubriand (1836), souvent réimprimée, est un modèle de traduction élégante et exacte malgré quelques erreurs de sens.

John Milton naît dans la cité de Londres, Bread Street, deuxième enfant de John Milton et de Sarah Jeffrey. Sa mère est un modèle de femme chrétienne et charitable. Son père, fils d'un catholique, est anglican, notaire et prêteur sur hypothèques, musicien, auteur de madrigaux. Dès son enfance, le poète apprend à jouer de l'orgue. Milton sort d'un milieu bourgeois, aisé, cultivé, profondément religieux. C'est dans sa famille qu'il apprend les premiers rudiments. Puis il fréquente l'école Saint-Paul, où il a pour condisciple Charles Diodati, son meilleur ami, qui meurt en 1638 ; pour directeur, Alexander Gill, qui avait publié une grammaire anglaise et une anthologie des poètes anglais ; pour maître, l'Écossais Thomas Young, puritain ardent. Milton est un écolier très appliqué, bien qu'il ait la vue basse et souffre de fréquents maux de tête. De 1625 à 1632, il est étudiant à Cambridge au Christ's College, « bachelor of Arts » en 1629, « master of Arts » en 1632. Il aime l'atmosphère savante et protestante de Cambridge, n'en apprécie guère l'esprit ecclésiastique et scolastique. Il compose des poèmes latins, un de ses premiers poèmes anglais, l'*Hymne de la nativité.* Il décrit les collèges et chapelles de Cambridge, la campagne environnante dans deux poèmes, *L'Allegro* (*) et *Il Penseroso* (1631), aujourd'hui classiques.

Milton ayant achevé ses études, son père souhaite qu'il entre dans les ordres. Il refuse, hostile à la hiérarchie anglicane que l'archevêque Laud vient de renforcer. De 1632 à 1638, il se retire avec ses parents dans la campagne de Horton (Buckinghamshire). Plus que jamais il mène une vie d'études : religion, philosophie naturelle, littérature. Outre des élégies et des sylves en latin, trois poèmes datent du séjour à Horton : *Arcades, Comus* (*), *Lycidas* (*), poèmes dialogués ou pastoraux manifestant la double nature que Milton ne cessera pas de porter en lui, l'artiste sensuel issu de la Renaissance, le puritain moralisant et combatif. Poèmes qui annoncent le conflit imminent entre les Cavaliers, anglicans, monarchistes, semi-païens, et les Puritains, de christianisme rigoureux, de tendance républicaine. Les sympathies de Milton vont aux Puritains.

Lorsque sa mère meurt en 1637, John Milton obtient de son père la permission de voyager en France et en Italie. Il part au printemps de 1638, ne fait que traverser rapidement la France, séjourne seize mois en Italie, à Florence, Sienne, Rome, Venise. Il lit Dante, Pétrarque, le Tasse, rencontre Galilée. La liberté des mœurs italiennes le scandalise quelque peu. Il songe à écrire tantôt un poème sur le roi Arthur et les antiquités britanniques, tantôt un drame ou une épopée sur le péché originel et la chute de l'homme. Il rentre à Londres le 8 août 1639.

Il tombe dans la guerre civile entre Cavaliers et Puritains. Milton ne se joint pas aux combattants. Il s'installe avec son père dans une maison d'Aldersgate Street, dirige les études de quelques jeunes gens, publie pamphlet sur pamphlet, devient l'un des polémistes attitrés du parti puritain. Entre-temps, il épouse, en 1642, Mary Powell, âgée de dix-sept ans, fille d'un royaliste. Au bout d'un mois les époux se brouillent, se séparent. Ils se réconcilient en 1645 et ont quatre enfants, un garçon et trois filles ; le garçon meurt à un mois (1649), les trois filles survivent. Une légende plus ou moins authentique les représente comme lectrices et médiocres secrétaires du poète devenu aveugle. Mary Powell meurt en 1652. Alors Milton épouse (1656) Catherine Woodcock, qui meurt ainsi que sa fille, quinze mois après : cette mort lui suggère un de ses plus beaux sonnets. En 1663, le poète se remarie avec Elizabeth Minshull, de trente ans plus jeune que lui et qui lui survivra. Il ne nous a pas laissé de confidences sur ses trois mariages. D'après *Le Paradis perdu* (livre IV), il éprouvait un vif attrait pour les femmes, mais les estimait moins intelligentes que les hommes, et devant rester, selon la doctrine de saint Paul, soumises à leur mari.

Entre 1640 et 1660, son activité de pamphlétaire ne connaît point de répit. En 1641, il publie : *De la réforme touchant la discipline de l'Église et des causes qui l'ont jusqu'ici empêchée* [*Of Reformation Touching Church-Discipline in England*], traité dirigé contre l'Église catholique et l'Église anglicane, qui réduisent le christianisme à des cérémonies extérieures. En la même année, avec *La Raison du gouvernement de l'Église contre les prélats* [*The Reason of Church Government...*], Milton répudie les évêques, n'admet que les prêtres et les diacres comme dans la primitive Église. En 1644, le traité *De l'éducation* (*) propose un programme d'enseignement aussi encyclopédique que ceux du Moyen Âge. Le traité sur *La Doctrine et la discipline du divorce rétablies pour le bien des deux sexes* (*) (1643) affirme que la loi du Christ n'a pas aboli le divorce admis par la loi mosaïque en cas de mésentente conjugale. Plus tard, dans *Le Paradis perdu* (IV, 740-760), Milton célébrera le mariage, « mystérieuse loi, source de l'humaine postérité, fontaine perpétuelle des bonheurs domestiques ». En 1644 paraît *Areopagitica ou De la liberté de la presse et de la censure* (*). C'est un plaidoyer pour l'abolition de toute censure. En 1649, Milton est nommé secrétaire latin du conseil pour les Affaires étrangères avec logement à Whitehall et appointements de deux cent quatre-vingt-dix livres par an. Il entre en polémique avec le savant français Saumaise, professeur à l'université de Leyde, qui avait écrit la *Defensio regia pro Carlo I* à propos de l'exécution de Charles Ier, et publie trois pamphlets tendant à justifier cette exécution : *La Défense du peuple anglais* (*) (1651), la *Seconde Défense* (+) (1654), le *Pro se defensio* (+) (1655). Il perd la vue à la suite d'amaurose (atrophie du nerf optique) et, dès 1652, sa cécité est complète. Bien qu'il ait commencé d'écrire *Le Paradis perdu,* il n'en poursuit pas moins ses travaux d'érudition, *Thesaurus linguae latinae,* une *Histoire d'Angleterre,* un traité de *Doctrine chrétienne,* qui ne sera publié qu'en 1825.

Le retour de Charles II, en 1660, lui fait perdre sa situation officielle. Il vit désormais dans un modeste logis avec jardin dans Bunhill Row, consacre son temps au *Paradis perdu* publié en 1667, puis au *Paradis reconquis* (*) et à *Samson Agonistes* (*) publiés en 1671. *Le Paradis reconquis* est le récit de la tentation du Christ au désert tel qu'on le trouve dans saint Matthieu et dans saint Luc. Le drame de *Samson Agonistes* [*Samson combattant*], écrit en vers blancs entremêlés de chœurs lyriques, calqué sur l'ancien drame grec, observant les unités de temps et de lieu, comporte peu d'action et peu de personnages : le chœur qui console et exhorte Samson, Manné, son père, qui cherche à le délivrer, Dalila perfide dans ses cajoleries, un officier qui convoque Samson devant les chefs philistins, un messager qui conte l'écroulement du temple de Gaza. Milton lui-même déclare que son drame n'est point destiné à être représenté. L'histoire est telle qu'elle apparaît dans le *Livre des juges* (*). Il y a nombre d'allusions à la défaite des Puritains, au despotisme royal, à la triste solitude de Milton devenu aveugle. « La perte de la vue, dit Samson, est pire que les chaînes, le cachot, la mendicité, la vieillesse [...] Vie morte et enterrée, moi-même mon sépulcre » (acte I). Milton meurt le 8 novembre 1674. Il appartient à la Renaissance par son immense curiosité intellectuelle, à la Réforme par l'idée qui a dirigé toute sa vie, « justifier les voies de Dieu envers les hommes » (*Paradis perdu,* I, 26). C'est un dissident, hostile aux Églises catholique et anglicane, hostile au calvinisme qui, par la prédestination, infirme la bonté de Dieu et la liberté de l'homme. C'est un sensuel, adorateur du corps féminin, mais corrigeant la sensualité par la tempérance.

Le Paradis perdu demeure avant tout l'œuvre immortelle de Milton. Dès sa jeunesse, il songeait à un poème qui perpétuerait son nom. On lit dans son carnet de notes (1641) conservé à l'université de Cambridge : « Adam unparadiz'd ». Il travaille au *Paradis perdu* de 1652 à 1667. Les sources en sont Dante, l'*Énéide* (*) de Virgile, *La Reine des fées* (*) de Spenser, surtout *La Bible* (*). La première édition (1667) comprenait dix livres, la seconde (1674) comprend douze livres, comme l'*Énéide.* La théologie de Milton (celle du *Paradis perdu*) est assez différente de la théologie catholique. Dieu le Père est le seul Dieu : le fils de Dieu est postérieur et inférieur au Père, il en est l'image la plus semblable, il n'est Dieu qu'autant qu'il est engendré et aimé par le Père. Le Saint-Esprit procédant du Père et du Fils est une conception qui n'apparaît point dans *Le Paradis perdu.* Milton est « unitarien ». Satan et le péché n'ont été possibles que parce que Dieu a bien voulu, à son image, doter certains êtres de libre arbitre. Jusqu'au jour du Jugement dernier, Satan et le péché lutteront dans ce monde avec la grâce restaurée par la Rédemption. La théologie de Milton repose sur le libre arbitre de l'homme et la miséricorde de Dieu, sur les mérites de Jésus-Christ reconnus par la foi et la charité de l'homme. Dans la pratique du culte, Milton ne croit pas aux sacrements. Il admet la prière individuelle et collective, la lecture des livres saints. Il honore le mariage comme d'institution divine, il ne l'envisage point comme un sacrement, ni la chasteté comme une vertu surnaturelle. Le trait le plus chrétien du *Paradis perdu,* c'est l'adoration de Milton pour Jéhovah, son profond amour pour la personne céleste et terrestre du Fils de Dieu. Quant à la forme, le vers du *Paradis perdu* est le régulier pentamètre anglais fondé sur ce que Milton appelle « apt numbers and fit quantity of syllables ». Le vocabulaire est imprégné de latinismes ; le vers n'est pas isolé ; la phrase est périodique comme en latin, lourde et majestueuse.

Dès la fin du XVIIe siècle, Milton est admiré, en France et en Angleterre, comme le grand poète chrétien de l'épopée. Seul Voltaire le dénigre dans son *Essai sur la poésie épique* (1726-1729). Addison dans *The Spectator* (*) (1742) et Johnson dans ses *Vies des poètes anglais* (*) le comparent à Homère et à Virgile, le mettent aussi haut que Dante et le Tasse ; toutefois, ils font des réserves, le premier sur la langue trop latine, le second sur le puritanisme antiecclésiastique et antimonarchique, sur la théologie individualiste, sur les allusions et comparaisons païennes dans pareil sujet. Le romantisme qui est, par certains côtés, un retour au Moyen Âge, à la Renaissance, fit grand cas du *Paradis perdu.* L'influence de Milton est considérable dans l'œuvre peinte et gravée de William Blake, dans ses poèmes prophétiques ; un de ceux-ci porte même le titre de *Milton* (*). Cependant Blake trouve *Le Paradis perdu* trop asservi à une interprétation littérale de *La Bible*, qui ne fait pas assez valoir le symbolisme et l'ésotérisme des dogmes chrétiens. L'influence de Milton n'est pas moins profonde dans Scott, Southey, Coleridge, Wordsworth, Shelley, Byron, Keats. C'est *Le Paradis perdu* qui sert de modèle à Scott dans ses épopées des antiquités écossaises, à Wordsworth et à Shelley dans leurs poèmes de confession personnelle ou d'anticipation humaine. Plusieurs fragments critiques de Coleridge portent sur le style, l'imagination, la théologie de Milton. L'attitude de Keats à l'égard de Milton est double : il l'imite dans *Endymion* (*) et *Hypérion* (*) ; il ne le trouve pas assez purement anglais de langue et de style. Il y a de nombreuses réminiscences de Milton dans l'*Epipsychidion* (*) et le *Prométhée délivré* (*) de Shelley, ne serait-ce que la vision d'un univers radieux comme le paradis terrestre : cette vision reparaît encore dans les idylles médiévales de Tennyson, dans les inquiétudes métaphysiques de Browning, dans le sensualisme idéalisé des préraphaélites, dans l'aspiration vers la foi qui domine la poésie anglaise depuis un siècle. Chez T. S. Eliot comme chez Milton, il s'agit toujours du conflit entre le bien et le mal, entre Dieu et Satan. En Allemagne, le chef-d'œuvre de Milton engendre *La Messiade* (*) de Klopstock, aujourd'hui bien oubliée. En France, le protagoniste de l'influence miltonienne est Chateaubriand. Dans *Le Génie du christianisme* (*) (1802), il présente *Le Paradis perdu* comme le type de l'épopée chrétienne ; il s'essaye lui-même à une épopée analogue dans *Les Martyrs* (*) (1809) ; il traduit *Le Paradis perdu* en 1836 et y ajoute une série d'essais, où il vante en Milton le poète par excellence de l'Angleterre chrétienne. Lamartine récrit à sa façon *Le Paradis perdu* dans *La Chute d'un ange* (*) (1838) ; de même Vigny dans *Elsa* (*) (1827) et dans *La Colère de Samson* (+) (1839) ; de même encore Hugo dans certaines parties de *La Légende des siècles* (*) (1859-1883) et dans les deux poèmes posthumes qui lui font suite : *La Fin de Satan* (*) (1886), *Dieu* (*) (1891). Taine a consacré à Milton un des plus solides chapitres de son *Histoire de la littérature anglaise* (*), chapitre VI, tome II. On ne saurait mieux le définir qu'il ne l'a fait. Il n'y a plus guère d'influences directes du *Paradis perdu* chez nos écrivains postérieurs au romantisme, même chez Péguy et Claudel proches de Milton par leurs préoccupations chrétiennes.

PIERRE MESSIAEN.

♦ *« Milton, pauvre, vieux, aveugle, dans la disgrâce, environné de périls, écrivit le poème merveilleux qui non seulement surpasse tous les ouvrages de ses contemporains, mais encore tous ceux qu'il écrivit lui-même dans sa jeunesse et au temps de sa plus haute prospérité. »* Hume. ♦ *« Dans tous les autres poèmes l'amour est regardé comme une faiblesse ; dans Milton seul, il est une vertu... et comme il n'y a point d'exemple d'un pareil amour, il n'y en a point d'une pareille poésie. »* Voltaire. ♦ *« Ce qui fait de Milton l'un des premiers poètes du monde, c'est l'imposante grandeur des caractères qu'il a tracés. Son ouvrage est surtout remarquable par la pensée ; la poésie qu'on y admire a été inspirée par le besoin d'égaler les conceptions de l'esprit : c'est pour faire comprendre ses idées intellectuelles que le poète a eu recours aux plus terribles tableaux qui puissent frapper l'imagination. »* Mme de Staël. ♦ *« Le sujet* [du Paradis perdu] *est détestable : vu du dehors il fait illusion, mais, au-dedans, il est piqué des vers et creux... Mais, en revanche, c'est un homme fort intéressant que le poète qui parle, et il n'est pas possible de lui dénier du caractère, du cœur, de la raison, des connaissances, des dons poétiques et oratoires et bon nombre d'autres qualités. »* Goethe, lettre à Schiller, 31 juillet 1799. ♦ *« Des âges pareils* [à celui de Milton] *ont tout ce qu'il faut pour corrompre la poésie et l'art, car ils surexcitent et enflamment l'esprit sans lui fournir d'objet. Il en est donc réduit à aller chercher sa matière dans son for intérieur, et l'on voit alors éclore les monstres de la figuration allégorique, alambiquée et mystique. »* Schiller, réponse à la lettre précédente. ♦ *« Camoens et Milton ne sont que les échos magnifiques, l'un de Virgile, l'autre de Moïse, qu'on peut lire après leurs modèles en les élevant au même niveau. »* Lamartine. ♦ *« Son âme était comme une étoile et habitait à l'écart. »* Wordsworth. ♦ *« Il a porté l'éclat de la Renaissance dans le sérieux de la Réforme. Ce qu'il y a de plus beau dans ce paradis, c'est l'enfer, et dans cette histoire de Dieu le premier rôle est au diable. »* Taine. ♦ *« Milton est l'individualiste du* XVIIe *siècle, le parfait calviniste, l'homme qui est seul en face de son Dieu. Il est aussi l'artiste parfait ; l'homme seul en face de son art. »* G. K. Chesterton.

RÉF : Edward Phillips, *Life of Milton,* Londres, 1699. — Johnson, *Life of Milton,* in *Collection of English Poets,* Londres, 1779. — Chateaubriand, *Essais sur la littérature anglaise,* Paris, 1836. — R. de Véricourt, *Milton et la poésie épique,* Paris, 1838. — Masson, *Life of John Milton...,* 6 vol., Londres, 1859-80. — De Guerle, *Milton, sa vie et ses œuvres,* Paris, 1868. — D. Saurat, *La Pensée de Milton,* Paris, 1920. — H. F. Fletcher, *The Intellectual Development of John Milton* (2 vol.), Illinois, 1956-61. — W. Empson, *Milton's God,* Londres, 1965. — N. Frye, *Five Essays ou Milton's Epics,* Londres, 1966. — W. R. Parker, *Milton, Biography* (2 vol.), Oxford, 1968. — D. F. Bouchard, *Milton, a Structural Reading,* Londres, 1974. — A. Himy, *John Milton, pensée, mythe et structure dans Le Paradis perdu,* Lille, 1975. — J. Pironom, *La Critique de la poésie miltonienne, 1942-1978,* Clermont-Ferrand, 1979. — R. Lejosne, *La Raison dans l'œuvre de John Milton,* Paris, 1981.

MIMNERME de Colophon. Poète grec. Il vécut à la fin du VIIe siècle et au début du VIe siècle av. J.-C. Joueur de flûte, il fut surtout célèbre comme poète élégiaque. Les Anciens désignaient sous le titre de *Nannô* un long poème élégiaque, ou plus probablement un groupe d'élégies qui n'avaient peut-être jamais été conçues comme un tout et dont le titre pourrait avoir été tiré de l'adresse à une femme nommée Nannô. La thématique de ces *Élégies* (*), d'après les quelques fragments qui nous en restent, semble avoir associé à des motifs historiques et mythologiques des réflexions sur la paix et le bonheur qu'elle apporte, sur les plaisirs de l'amour et de la jeunesse, dans une composition faite sans doute de la juxtaposition de ces différents motifs. Les autres élégies de Mimnerme, qui n'avaient pas de rapport entre elles, avaient été regroupées à part ; l'une d'elles, intitulée *Smyrnéide*, traitait entre autres de la bataille livrée entre Smyrne et les Lydiens au temps du roi Gygès, vers 680. Un passage contient l'éloge du courage d'un guerrier qui, sur le fleuve Hermos, mettait en fuite les phalanges des cavaliers lydiens : le ton en est héroïque, les expressions vigoureuses comme celles de Tyrtée. Mais Mimnerme est surtout considéré comme le poète de l'amour. Chez lui, l'idée de la jouissance est indissolublement liée à celle de sa fugacité, le plaisir devient immédiatement regret et mélancolie : « Quelle vie y a-t-il et quel agrément, sans Aphrodite d'or ? Puissé-je mourir quand je n'aurai plus le goût de l'amour secret, de ses présents de miel, et du lit ! La fleur de la jeunesse est désirable ; mais quand arrive la vieillesse chagrine qui rend l'homme disgracieux et laid, les méchants soucis sans cesse l'accablent et il n'a plus plaisir à voir la clarté du soleil, mais il inspire de la répugnance aux jeunes garçons et les femmes le dédaignent. Telle est la terrible vieillesse que la divinité a instituée ! »

L'expression directe et vive des sentiments amoureux et de leur fragilité caractérise la poésie de Mimnerme et l'a fait apprécier des Alexandrins, qui l'ont considérée comme un modèle du nouvel idéal stylistique hellénistique. L'influence que sa sensibilité a exercée se retrouvera non seulement chez les Latins Horace et Properce, mais encore chez un André Chénier

MADELEINE ROUSSET.

RÉF. : C. M. Bowra, *Greek Lyric Poetry*, 2, Oxford, 1961. – M. L. West, *Iambi et elegi graeci*, II, Oxford, 1972. – B. Gentili, *Poesia e pubblico nella Grecia antica*, Laterza, Rome-Bari, 1989.

MIMOUNI Rachid. Romancier algérien de langue française. Né le 20 novembre 1945 à Boudouanou (Alma) dans les environs d'Alger, d'une famille de paysans pauvres. Après des études supérieures à Alger, il devient assistant de recherche à l'Institut du développement industriel, puis complète sa formation à Montréal. Il est ensuite nommé professeur à l'École supérieure de commerce d'Alger.

Rachid Mimouni est sans conteste l'écrivain algérien le plus accompli de sa génération. Son premier roman, *Le printemps n'en sera que plus beau*, passé presque inaperçu à sa première parution en 1978, a pu être lu comme un exercice dans lequel l'admiration de l'auteur pour Kateb Yacine était évidente. Cependant ce choix d'un modèle difficile marquait déjà une assez grande exigence littéraire, à une époque où la Société nationale d'édition publiait plutôt des œuvres de commémoration assez médiocres. Le véritable démarrage littéraire de Mimouni date du *Fleuve détourné* (1982), qui est aussi son premier roman publié en France. Cette parabole de la Révolution détournée contient déjà la forte contestation politique des œuvres suivantes, même si le modèle du *Polygone étoilé* de Kateb est encore présent. C'est avec *Tombéza* (*) (1984) que s'affirme véritablement la maturité de cette écriture de l'horreur à laquelle l'Algérie est parvenue, sous une plume à laquelle son apparente froideur donne une férocité inégalée. On a souvent comparé la violence de Mimouni à celle de Boudjedra, lui aussi influencé par Kateb à ses débuts. Mais à la logorrhée de Boudjedra, Mimouni oppose depuis *Tombéza* la concision de petites séquences qui lui donnent une efficacité bien plus grande. Aussi peut-il aisément passer de l'événementiel cru de *Tombéza* à l'utilisation distanciée des formes de l'oralité qu'il pratique dans *L'Honneur de la tribu* (*) (1989) pour narrer la destruction progressive de l'Algérie par les faux technocrates au pouvoir, puis à l'allégorie transparente de la vie et de la mort d'un tyran dans *Une peine à vivre* (1991). Et c'est encore cette précision redoutablement efficace que l'on retrouve en 1992 dans le vigoureux pamphlet qu'il vient de faire paraître contre la déviation de l'Islam en idéologie pour la prise du pouvoir par des groupes comme le FIS en Algérie : *De la barbarie en général et de l'intégrisme en particulier*.

CHARLES BONN.

RÉF. : Charles Bonn, *Le Roman algérien de langue française*, Paris, 1984. – Jean Déjeux, *La Littérature maghrébine d'expression française*, Paris, 1992.

MINAMOTO NO SHITAGÔ. Écrivain et poète japonais. Né en 911, mort en 983. Bien que sa famille fût de sang impérial et qu'elle descendît de l'empereur Saga (809-23), il ne réussit jamais à obtenir des charges importantes, ce qui l'affecta extrêmement. Il parvint tout au plus à recevoir celle de gouverneur de diverses provinces (Shimôsa, Izumo, etc.). Par contre, dans le domaine des lettres, il fut un des personnages les plus remarquables de son temps, à telle enseigne qu'on lui attribua par la suite des œuvres anonymes telles que le *Taketori Monogatari*, l'*Histoire d'un creux d'arbre* (*), l'*Histoire de la princesse Ochikubo* (*), sans posséder à l'appui des preuves suffisantes. Minamoto no Shitagô excella non seulement dans les lettres japonaises, mais aussi dans les lettres chinoises. Il se joignit à Onakatomi no Yoshinobu, à Kiyowara no Motosuke, à Ki no Tokibumi et à Sakanoue no Mochiki pour compiler, sur l'ordre de l'empereur Murakami (946-67), le

Gosenwaka-shû (+), anthologie de poésie japonaise. Les cinq responsables de ce travail s'installèrent dans le « Nashi-tsubo » [le pavillon des poires], une dépendance du pavillon impérial de Kyôto ; d'où le nom de « Nashi-tsubo no go-taika » [les cinq poètes du pavillon des poires] sous lequel ils sont connus dans la littérature. Nommé en 933 assistant à la faculté des lettres de l'université, il se consacra, entre autres activités, à l'interprétation du *Man-yô-shû*. Il a laissé un recueil de *Poèmes* [*Minamoto-no-Shitagô-shû*] et le fameux *Wamyô Ruijû-Shô* (*), dictionnaire sino-japonais, très précieux pour l'étude de la langue de cette époque, et qui a été réimprimé à différentes reprises.

MINAMOTO NO TAKAKUNI. Lettré japonais. Né en 1004, mort en 1077. Fils de Minamoto no Toshikata (959-1027), il fut nommé conseiller d'État, charge qu'avait obtenue autrefois son père ; en outre il servit très longtemps à la Cour et reçut différents emplois honorifiques. En 1977, sa santé s'étant altérée, il se retira de la vie publique et ne tarda pas à mourir. Il possédait à Uji, non loin de Kyôto, la capitale, une maison de campagne où il se reposait, surtout pendant l'été. C'est pourquoi il est connu sous le nom de « Grand conseiller d'Uji » [Uji no dainagon]. La tradition rapporte qu'il avait coutume d'inviter les voyageurs à faire halte dans cette maison et à prendre le thé, cependant que, dissimulé derrière la cloison, il écoutait leurs propos et notait les récits qu'ils se faisaient mutuellement. Ces récits forment la substance de son œuvre intitulée *Histoires du grand conseiller de Uji* [*Uji no dainagon Monogatari*] et *Récits d'autrefois* (*). Mais, si l'on en croit les recherches faites récemment à ce sujet, ce ne serait là qu'une légende. Après sa mort, Minamoto eut des imitateurs qui recueillirent d'autres récits et les réunirent pour former une œuvre analogue. Le titre de *Récits supplémentaires (du grand conseiller) de Uji* [*Uji shû-i Monogatari*] se réfère au modèle.

MINKOV Svétoslav. Écrivain bulgare. Né le 12 février 1902 à Radomir, mort le 22 novembre 1966 à Sofia. Dès le début il manifesta un goût très prononcé pour la littérature du « satanisme » : des auteurs romantiques d'origine germanique surtout, privilégiant l'étrange, le fantastique et l'occulte. Profondément marqué par Edgar Allan Poe et Ernst Hoffmann, Minkov se trouva, dans les années 20, à l'origine d'une prose de facture moderne, très tourmentée, où des forces mystiques et irrationnelles imposent l'idée d'une prédestination fatale : *Les Chrysanthèmes bleus* [*Sinite hrizantemi,* 1922], *L'Horloge* [*Tchasovnikat,* 1924], *L'Oiseau de feu* [*Ognenata ptitsa,* 1928]. À l'époque de sa maturité et de son plein épanouissement créateur, Minkov resta fidèle à l'élément du fantastique auquel il avait associé le grotesque, dans une dénonciation féroce des défauts de la civilisation moderne, *Automates* (*) (1932), *La Dame aux yeux de Röntgen* [*Damata s rentguénovite otchi,* 1934]. Par la satire impitoyable, le jeu libre de l'imagination et la parodie des découvertes scientifiques, l'écrivain protesta contre la trivialité petite-bourgeoise de la vie, contre la dégradation et la déformation de la vie spirituelle de l'homme, à l'époque du progrès technique. Par la thématique nouvelle où l'aliénation occupe une place de choix et par la langue précise et raffinée, cette œuvre contribua au renouvellement de la prose bulgare de l'époque.

ÉLÉNA FOULLIARON.

MIR Pedro. Poète dominicain. Né le 3 juin 1913 à San Pedro de Macorís où son père, un ingénieur cubain de Guantánamo, était venu installer une raffinerie. Sa mère, une jeune immigrante portoricaine, mourut lorsque l'enfant avait trois ans. Élevé par une belle-mère sévère avec laquelle il ne devait jamais trouver de véritable communication, l'adolescent se réfugia très tôt dans le silence en tentant d'exprimer ses doutes, ses interrogations et ses angoisses par la poésie. Docteur en droit en 1941, avocat et professeur à l'École normale de Santo Domingo, il s'opposa à la dictature de Rafael Leonidas Trujillo et dut se réfugier à Cuba en 1944. En 1947, il participa à l'expédition manquée de Cayo Confites contre le régime et s'établit pour un long exil à Cuba où il publia, en 1949, son poème « Il existe en ce monde un pays » (*), devenu vite populaire en Amérique latine et plusieurs fois réédité (Mexico, 1955, 1960 ; Santo Domingo, 1962, 1968, 1976). Après la publication au Guatemala de *Contre-chant à Walt Whitman* [*Contracanto a Walt Whitman*, 1952] et de *Six moments d'espoir* [*Seis momentos de esperanza*, 1953], il abandonna la littérature jusqu'en 1969, année où parut *Requiem pour des papillons* [*Amén de mariposas*]. Travaillant à la chaîne orientale de Radio-Cuba, il devint conseiller littéraire de l'Imprimerie nationale à La Havane, après le triomphe de la Révolution cubaine. Quelques mois après l'assassinat de Trujillo (30 mai 1961), il rentra dans son pays pour diriger le P.S.P. (parti socialiste populaire). Professeur d'esthétique et de critique d'art à l'université autonome de Santo Domingo depuis cette date, il a publié *Poèmes du bon amour* [*Poemas del buen amor*, 1969], *Voyage dans la foule* [*Viaje a la muchedumbre*, 1971]. En octobre 1982, le congrès de la République l'a proclamé poète national. Marié à une Cubaine, il est père de trois enfants. Essayiste, il est l'auteur de : *Trois légendes de couleurs* [*Tres leyendas de colores*, 1969], *Le Grand Incendie* [*El gran incendio*, 1969], *Introduction à l'esthétique* [*Apertura a la estética*, 1974], *Les Racines dominicaines de la doctrine de Monroe* [*Las raíces dominicanas* *de la doctrina de Monroe*, 1974], *Fondements de théorie et critique d'art* [*Fundamentos de teoría y crítica de arte*, 1979]. Œuvres de fiction : *Le Grand Exploit de Límber* [*La gran hazaña de Límber y después otoño*, 1977], *Quand on aimait les terres communautaires* [*Cuando amaban las tierras comuneras*, Mexico, 1978], *Bon voyage, Pancho Valentín !* [*¡ Buen viaje, Pancho Valentín !* nouvelles, 1981].

CLAUDE COUFFON.

MIRABEAU Gabriel Honoré Riquetti, comte de. Orateur et homme politique français. Né au Bignon (Loiret) le 9 mars 1749, mort à Paris le 2 avril 1791. Dès l'âge de dix-sept ans, il est lieutenant de cavalerie à Saintes. La vie qu'il mène est scandaleuse. Son père, économiste célèbre, le fait enfermer à l'île de Ré avant de l'envoyer avec la légion de Lorraine participer à la campagne de Corse. Il quitte le service en 1770 avec le grade de capitaine. Désireux peut-être de s'assagir, il épouse, deux ans plus tard, la fille du marquis de Marignane. Mais cette union est loin de le satisfaire ; il s'endette et son père à nouveau le fait enfermer à Manosque, d'abord, en 1773, puis au château d'If, enfin au fort de Joux près de Pontarlier. Là il s'éprend de la jeune épouse du vieux marquis de Monnier, la célèbre Sophie, avec qui il s'enfuit à Amsterdam en 1776. On finit par les découvrir, et Mirabeau est enfermé à Vincennes, où il restera trois ans. Il profite de cette ascèse pour écrire à Sophie — v. *Lettres à Sophie* (*) (1792) —, rédiger différents ouvrages et travailler avec acharnement à compléter son immense culture. Sa famille ne lui a pas pardonné ses écarts et elle lui refuse tout subside. Réduit aux expédients, il gagne Londres en 1784. Déjà passionné par les questions sociales, il publie de nombreuses brochures politiques, dont deux écrites à Vincennes : *Lettres de cachet* et *L'Espion dévalisé*. Impatient et ambitieux, avide de réalisations, il échappe enfin à la vie obscure qu'il mène, grâce à Calonne dont il obtient une mission secrète en Prusse. Dans une correspondance chiffrée, il raconte à l'abbé de Périgord (le futur Talleyrand) les intrigues de la cour de Prusse. Elle sera publiée en 1786-1787 sous le titre *Histoire secrète de la cour de Berlin* (+) et fera scandale. Quand il revient en France, le mouvement révolutionnaire vient de commencer. Il y participe aussitôt. Calonne refusant de l'employer à nouveau, il s'attaque à lui dans sa *Dénonciation de l'agiotage* (1787). Rejeté par la noblesse, il se présente aux élections et est élu par le tiers état à la fois à Marseille et à Aix, pour laquelle il optera. À cette époque, il fonde *Le Journal des états généraux*. Un des premiers, Mirabeau réclamera avec insistance la convocation de ces derniers. Une réputation douteuse l'a précédé aux états généraux ; on le croit prêt à toutes les besognes, et les représentants du tiers état se montrent réservés sinon méfiants. D'autre part, il a contre lui la Cour, les ministres, la noblesse et le clergé. Sa tâche s'annonce difficile. Isolé à l'Assemblée, Mirabeau est pourtant un des rares députés à posséder un plan et une méthode, sans compter ses dons exceptionnels d'orateur. Il fera son devoir avec passion, par génie.

Mirabeau est foncièrement royaliste mais, s'il entend que les provinces se fondent dans l'unité royale, il ne veut pas pour autant que celle-ci soit absolue ; le principe de la souveraineté lui paraît résider dans le peuple. On connaît du reste son apostrophe au marquis de Dreux-Brézé le 23 juin 1789. C'est la parole d'un homme conscient de sa mission et des limites exactes de son droit. Aussi bien l'Assemblée reste en séance et décrète l'inviolabilité de ses membres. Dans son discours du 15 juin, il a déjà imposé pour désigner les députés des communes la formule de « représentants du peuple français ». Bien qu'il veuille la suppression des privilèges et l'égalité religieuse, il n'envisage la révolution que par la loi. Il déteste la violence, les mouvements de foule inorganisés, toute atteinte au mandat des législateurs. Cependant, ni l'action de ses discours ni l'autorité que lui confère sa popularité ne parviennent à le rendre maître de l'Assemblée. Il essaye alors de participer au ministère, seul moyen de satisfaire son ambition, et d'arriver à imposer une monarchie constitutionnelle. Il s'engage dans un réseau d'intrigues qui ne cesseront jamais. Il se tourne successivement vers tous les personnages influents qu'il peut atteindre, s'alliant avec ceux qu'il combattait la veille contre ceux qui seront ses alliés de demain. Faute d'inspirer confiance, il n'aboutit avec aucun d'eux, et tente d'autres combinaisons qui échouent à leur tour, d'autant plus pressé qu'il est criblé de dettes. Il tente de faire admettre les ministres à l'Assemblée, ce qui revient à dire que les députés sont « ministrables ». Nouvel échec, suivi bientôt d'un mémoire à Monsieur qui constitue sa première « note indirecte » à la Cour. Mirabeau s'aigrit : tant de ruses, tant de tromperies, tant de jeux restent vains, au moment même où l'exaltation patriotique met en marche les forces profondes du pays et précipite la course des événements. Devant la gravité de ces derniers, la Cour semble se souvenir de Mirabeau, et La Marck est chargé de négocier avec lui. Les assurances données par le tribun sont jugées satisfaisantes, et il est convenu que ses dettes seront payées par la reine. En outre, Mirabeau reçoit six mille livres par mois. Mais le roi se méfie et confie à La Marck deux billets de deux cent cinquante mille livres chacun, à remettre à Mirabeau en fin de session s'il a bien tenu ses promesses. Mirabeau respectera ses engagements, mais en homme d'État, non en courtisan. N'a-t-il pas recommandé à ses amis de publier ses notes à la Cour ? « Ce sera ma meilleure défense », disait-il. Ces notes révèlent un technicien des choses de l'État, à qui n'échappent ni les questions d'actualité ni les problèmes d'ordre général. Mais la Cour ne parvient pas à comprendre Mirabeau, à la fois monarchiste et patriote. Il n'a pourtant pas attendu l'argent royal pour défendre le droit du souverain dans la question de la paix et de la guerre.

À la fin de 1790, la reine approuve une coalition entre Mirabeau et Montmorin. Mais Mirabeau est prématurément usé par son travail énorme, ses luttes, ses fatigues et ses débauches. Il s'alite le 27 mars 1791. Le 2 avril, souffrant de douleurs atroces, il demande de l'opium. Pour l'apaiser, on lui fait croire que sa boisson en contient. Il l'absorbe et expire un instant après. Son cercueil fut transporté au Panthéon, mais le 22 novembre 1792, au cours du procès de Louis XVI, la découverte de l'armoire de fer du roi et de la correspondance secrète de Mirabeau avec la Cour fit l'effet d'une bombe : les Jacobins brisèrent le buste qui ornait leur salle, la Convention fit voiler son effigie, et son corps fut retiré du Panthéon. C'est un curieux destin que celui de cet homme doté de qualités hors pair. Son immense culture, son intelligence rare du détail et de l'ensemble, ses talents d'orateur capable de déchaîner l'enthousiasme, son inlassable énergie à poursuivre son but, cette personnalité forte et adroite, ferme et habile, tout ce faisceau de dons naturels et de volonté n'en a pas moins abouti à faire de la vie de Mirabeau « la plus belle carrière manquée de l'histoire ». Outre les œuvres de Mirabeau déjà mentionnées, citons : *Essai sur le despotisme* (*) (1775), *Discours* (*) (1791) et *Lettres politiques* (*).

DOMINIQUE RENARDET.

♦ *« Il est vrai que j'aime beaucoup les femmes : il est vrai que mon bonheur est de leur plaire, de les servir et de les adorer ; mais il est une maîtresse que je leur préfère, et cette maîtresse, c'est ma patrie. Je donnerais mille fois ma vie pour la rendre heureuse en lui procurant la liberté. »* Mirabeau. ♦ *« Mirabeau, orateur, écrivain philosophe, était l'ami du peuple et de la vertu ; Mirabeau, homme en place, oubliait souvent et le peuple et la probité. »* Cadet de Gassicourt. ♦ *« Il est la première grande figure qui ouvre l'ère des révolutions, qui traduit en discours et en actes publics ce qu'avaient dit les livres, la première qui se dessine, en la dominant encore, dans la tempête. Aborder Mirabeau en plein serait une rude tâche, et il n'est pas de ceux qui se laissent prendre de biais et qu'on effleure. »* Sainte-Beuve.

RÉF. : Barbat du Closel d'Arnery, *Éloge funèbre d'Honoré Riqueti de Mirabeau*, Clermont-Ferrand, s. d. — L. Gastine, *La Vie licencieuse de Mirabeau*, Paris, s. d. — Cabanis, *Journal de la maladie et de la mort de Mirabeau*, Paris, 1791. — Cadet de Gassicourt, *Essai sur la vie privée de Mirabeau*, Paris, an VIII. — A. Vermorel, *Mirabeau, sa vie, ses opinions et ses discours*, 5 vol., Paris, 1865. — A. Sorel, *Essais d'histoire et de critique*, Paris, 1883. — E. Rousse, *Mirabeau*, Paris, 1891. — A. Stern, *La Vie de Mirabeau*, Paris, 1895. — L. Barthou, *Mirabeau*, Paris, 1913. — A. Aulard, *Les Grands Orateurs de la Révolution*, Paris, 1914. — H. Van Leisen, *Mirabeau, ou la Révolution royale*, Paris, 1926. — O. Meunier, *La Vie intime et amoureuse de Mirabeau*, Paris, 1930. — H. de Jouvenel, *La Vie orageuse de Mirabeau*, Paris, 1935. — L. Coste, *Mirabeau, génie destructeur selon la légende, constructeur selon l'histoire*, Lyon, 1943. — *Les Mirabeau et leur temps*, colloque d'Aix, Paris, Clavreuil, 1968.

MIRABEAU Victor Riquetti, marquis de. Économiste français, père du célèbre orateur révolutionnaire. Né à Pertuis (Vaucluse) le 5 octobre 1715, mort à Argenteuil (Val-d'Oise) le 13 juillet 1789. Les Riquetti se disaient d'origine italienne ; en réalité, ils semblent descendre des Riquet, une famille des Alpes de Haute-Provence, dont l'un des représentants, enrichi par sa manufacture de drap écarlate, acheta la « terre noble » de Mirabeau. À quatorze ans, Victor Riquetti de Mirabeau fut admis comme enseigne dans les armées du roi ; il se distingua aux sièges de Kehl et de Philippsburg, fut blessé, prit part ensuite, en 1742, à la campagne de Bavière, et fut décoré de la croix de Saint-Louis en 1743. Il quitta alors le régiment de Duras avec le grade de capitaine, et se maria avec la jeune veuve du marquis de Saulvebœuf, de dix ans sa cadette. Ayant acheté un hôtel à Paris, il s'y installa et commença de publier des *Mémoires* sur des questions d'économie politique, qui, bien qu'écrits en un style bizarre et obscur, lui valurent dès leur publication l'estime de plusieurs personnalités éminentes, tels Stanislas-Auguste Leszczyński, roi de Pologne, et Gustave III de Suède. En 1756 parut le premier volume de son œuvre maîtresse, *L'Ami des hommes ou Traité de la population* (*), ce « bréviaire des honnêtes gens », comme le qualifiait à l'époque Louis XVI, alors dauphin. Bien que parue sans nom d'auteur, cette œuvre apporta à Mirabeau la gloire à ses théories, nouvelles pour l'époque. On lui doit encore une *Théorie de l'impôt* (1760), qui lui valut d'être emprisonné le 16 décembre 1760 à Vincennes, une *Philosophie rurale, ou Économie générale de l'agriculture...* (1763), les *Lettres sur le commerce des grains* (1768), les *Lettres économiques* (1769), etc. Dans tous ses ouvrages, Mirabeau défend les idées de Quesnay et des physiocrates.

RÉF. : J. Delort, *Histoire de la détention des philosophes et des gens de lettres à la Bastille et à Vincennes*, t. III. — Abbé S. Daugé, *Un physiocrate seigneur de Roquelaure. Marquis de Mirabeau, sa vie, sa doctrine*, Auch, 1905. — A. Bouvier, *L'Ami des hommes, sa famille, ses amis, ses idées*, in *Mémoires de la Société d'agriculture*, 1932. — L.-Ph. May, *Avant Le Play. Les Origines françaises de la science sociale*, Paris, 1937. — L. Delhoume, *L'Ami des hommes en Limousin*, Limoges, 1949. — *Les Mirabeau et leur temps*, colloque d'Aix, Paris, Clavreuil, 1968.

MIRA DE AMESCUA Antonio. Dramaturge espagnol de l'école de Lope de Vega. Né à Guadix (province de Grenade) vers 1574, il y mourut le 8 septembre 1644. Sa naissance irrégulière influa peut-être sur son caractère, qui était violent. Mira étudia la théologie à Grenade, passa son doctorat, fut ordonné prêtre et nommé, vers 1609, aumônier de la chapelle royale de cette ville. À cette époque, il avait déjà publié des poésies et des pièces de théâtre, parmi lesquelles *La Roue de la fortune* [*La rueda de la fortuna*] et *Le Phénix de Salamanque* (*). Puis le poète s'en fut à Madrid où il fréquenta les milieux littéraires, et ses relations avec des seigneurs de la cour lui valurent d'accomplir un voyage à Naples en compagnie du comte de Lemos qui allait devenir vice-roi (1610). Il y fonda l'« Académie des oisifs » et se fit beaucoup d'amis parmi les écrivains. De retour en Espagne (vers 1618), il prit part aux fêtes de la canonisation de saint Isidore (1620) et, comme on lui avait proposé de troquer son aumônerie contre une autre, dépendant du cardinal infant don Fernando d'Autriche, il s'attarda quelque peu à Madrid, au grand mécontentement du chapitre de Grenade. En 1632, il se retira à Guadix et fut admis au chapitre de la cathédrale, après avoir bénéficié d'une dispense relative à sa bâtardise. Le théâtre de Mira de Amescua accentue encore les complications de l'intrigue telle que la concevait Lope de Vega, et parfois n'hésite pas à imbriquer deux trames différentes dans la même comédie dramatique. Son originalité est indéniable, en particulier dans les pièces où domine un personnage féminin, par exemple *Le Phénix de Salamanque, L'Entremetteuse pour soi-même* [*La tercera de sí misma*], *La Décision contre son propre sang* (*) et *On ne badine pas avec les femmes* [*No hay burlas con las mujeres*], axé sur l'exaltation de l'honneur féminin, thème qui sera repris et amplifié dans le théâtre de Rojas Zorrilla. Parmi les comédies de Mira, citons *La Maison du tricheur* [*La casa del tahur*], importante du point de vue social, *Rachel la laide* (+), dont le sujet est emprunté à une comédie de Lope de Vega sur l'amour d'Alphonse VIII et d'une Juive de Tolède, *Le Palais compliqué* [*El palacio confuso*], évocation de la vie de cour, et *Galant, vaillant et discret* [*Galán, valiente y discreto*], dans laquelle deux prétendants, pour mener à bien leurs affaires, font assaut d'ingéniosité. Deux œuvres importantes sont d'inspiration religieuse : *L'Hôtelière du ciel* [*La mesonera del cielo*], dont l'action se passe au Moyen Âge, et surtout *L'Esclave du démon* (*). Quant aux « autos sacramentales » et aux comédies bibliques, leur importance est moindre. Mira de Amescua est, en outre, un délicat poète lyrique, auteur de la fameuse « canción real » qui commence ainsi : « Ufano, altivo, alegre, enamorado. » On lui doit également les œuvres dramatiques suivantes : *Le Plus Grand Exemple de malheur* (+), *Vie et mort de saint Lazare* (*) et *L'Adultère vertueuse, sainte Marie l'Égyptienne* (+).

♦ *« Grand inventeur de sujets que d'autres mettront plus tard à contribution et versificateur éminent. »* Menéndez y Pelayo.

RÉF. : Hugo A. Rennert, *Mira de Amescua et « La Judía de Toledo »*, in *Revue hispanique*, Paris, 1900. — Fructuoso Sanz, *El doctor Antonio Mira de Amescua*, in *Boletín de la Academia Española*, t. I, Madrid, 1913. — F. C. Sáinz de Robles, *Dramaturgos de la escuela de Lope de Vega*, in t. III de la *Historia general de las literaturas hispánicas*, Barcelone, 1952.

MIRBEAU Octave. Journaliste, critique d'art, romancier et dramaturge français. Né le 16 février 1848 à Trévières (Calvados), mort à Paris le 16 février 1917. Fils de médecin, il passe son enfance à Rémalard (Orne), dans un milieu compressif, propice à la « névrose », où il situera ses premiers romans. Après des études chez les jésuites de Vannes — d'où il est chassé dans des conditions suspectes — v. *Sébastien Roch* (*) — il travaille chez un notaire, puis participe, en 1870, comme mobile de l'Orne, à la débâcle des armées de la Loire (cf. *Le Calvaire*). Il possède déjà une plume remarquable et un humour dévastateur, tournant en dérision les « mystifications » politiques, religieuses et patriotiques (cf. ses ébouriffantes *Lettres à Alfred Bansard,* posthumes, 1989). Pour s'évader du « cercueil notarial », ce « fils de la Révolution » accepte de suivre à Paris, comme secrétaire, le leader bonapartiste Dugué de la Fauconnerie, qui l'introduit à *L'Ordre* en 1872. Alors commence une longue période de « prolétariat de la plume » et de compromissions qu'il lui faudra expier. Il rédige les éditoriaux politiques de son patron, assume la « Revue dramatique », et fournit, sous pseudonyme, ses *Premières chroniques esthétiques* (1993), où il éreinte les académistes et glorifie Corot, Puvis de Chavannes et Manet. De 1877 à 1879, dans l'Ariège, il sert le baron de Saint-Paul, comme chef du cabinet du préfet de l'Ordre moral, puis comme rédacteur en chef de *L'Ariégeois.* Il devient ensuite secrétaire d'Arthur Meyer, directeur du *Gaulois,* légitimiste et mondain. Tout en fournissant des articles politiques à *Paris-Journal,* il écrit pour *Le Gaulois* des chroniques d'ethnographie parisienne : *Paris déshabillé* (1991), *Petits poèmes parisiens* (1992) et *La Journée parisienne.* Parallèlement il fait le « nègre », et publie, sous pseudonyme, de remarquables romans d'observation, d'un pessimisme radical (*L'Écuyère, La Maréchale, La Belle Mme Le Vassart, Dans la vieille rue*) et des recueils de nouvelles d'un humour étincelant (*Noces parisiennes, Amours cocasses*). Chassé du *Figaro,* après un pamphlet sulfureux contre la cabotinocratie (1882), il dirige un biquotidien d'informations rapides, puis, pour le compte du financier Edmond Joubert, un hebdomadaire de combat anti-opportuniste, à l'antisémitisme vite renié, *Les Grimaces* (1883). Après un séjour à Audierne, où il a fui une passion destructrice pour une certaine Judith (la Juliette du *Calvaire*), il entame sa « rédemption » tolstoïenne à l'automne 1884, en mettant dorénavant sa plume au service de la justice (il se rallie à l'anarchisme) et de la beauté (il se bat pour imposer Rodin, Monet et les impressionnistes, proclame le génie de Van Gogh, Camille Claudel et Maillol). En 1885, il fait paraître dans la presse ses *Notes sur l'art* (1989), ses *Chroniques du diable* (1993), et d'étonnantes *Lettres de l'Inde* (1991) ; et il publie les *Lettres de ma chaumière* (recueillies dans *Contes cruels,* 1990). Ses trois premiers romans officiels, *Le Calvaire* (1886) – où il exorcise sa passion pour Judith –, *L'Abbé Jules* (*) (1888) et *Sébastien Roch* (1890), nourris de souvenirs personnels, se ressentent de la « révélation » de Tolstoï et de Dostoïevski, et tentent de sortir de l'ornière naturaliste, où il voit la « mort de l'art ». Il y instruit le procès de la société bourgeoise, oppressive, hypocrite et inique. En dépit d'une grave crise personnelle et conjugale – qui lui inspire *Dans le ciel* (*) – il poursuit, dans *Le Journal,* ses *Combats politiques* (1990) en faveur d'un idéal libertaire, ses *Combats esthétiques* (1993) et ses *Combats littéraires,* en faveur d'un art vivant, ainsi que ses *Combats pour l'enfant* (1990) ; et il s'engage à fond dans la bataille dreyfusiste pour la justice et la vérité (*L'Affaire Dreyfus,* 1991). Au tournant du siècle, il publie *Le Jardin des supplices* (*) (1899), *Le Journal d'une femme de chambre* (*) (1900) et *Les 21 Jours d'un neurasthénique* (1901), qui remportent un succès de vente ambigu. Il triomphe aussi au théâtre : *Les Mauvais Bergers* (1897), tragédie prolétarienne sur un sujet proche de *Germinal* (*) ; *Les affaires sont les affaires* (*) (1903), qui marque un retour à la grande comédie classique de mœurs et de caractères (Isidore Lechat est un type qui est resté) ; six *Farces et Moralités* (*) (1904) ; et *Le Foyer* (*), créé au Théâtre-Français en 1908, après une longue bataille qui soulève les passions. En 1907 paraît *La 628-E 8,* récit d'un voyage en automobile, où Marinetti salue les prémices du futurisme. Le chapitre sur *La Mort de Balzac* suscite un scandale, et Mirbeau se résigne à le supprimer (il est réédité en 1989). Malade, usé, incapable d'écrire, il laisse en plan *Un gentilhomme* et recourt à Léon Werth pour terminer *Dingo* (1913), histoire de son chien, qui le console de la monstruosité des hommes. La guerre de 1914 achève de le désespérer. Au lendemain de sa mort, sa veuve, l'ex-théâtreuse Alice Regnault, fait paraître un pseudo-« testament politique », faux patriotique concocté par le renégat Gustave Hervé, qui brouillera pour longtemps l'image de ce don Quichotte assoiffé d'absolu, dont la cruauté apparente – « c'est au vitriol qu'il débarbouille les salauds » (Elémir Bourges) – n'est que l'envers d'une sensibilité d'écorché vif. Polémiste redouté, critique d'art infaillible, écrivain engagé dans toutes les grandes batailles de son temps, et soucieux de dessiller les yeux de ses contemporains pour éveiller en eux l'étincelle de la conscience, Mirbeau a participé à la « révolution du regard » des impressionnistes et a mis en œuvre une esthétique de la révélation : totale subjectivité, dérision, démystification. Sensible à la crise du roman et du théâtre, et désireux d'éviter les impasses du symbolisme et du naturalisme, il a ouvert la voie à nombre de courants littéraires du vingtième siècle (expressionnisme, existentialisme, théâtre de l'absurde, théâtre didactique).

PIERRE MICHEL.

♦ *« Le plus grand écrivain français contemporain, et celui qui représente le mieux le génie séculaire de la France. »* Tolstoï. ♦ *« Le justicier qui a donné son cœur aux misérables et aux souffrants de ce monde. »* Zola. ♦ *« Le don Juan de l'idéal. »* Rodenbach. ♦ *« Le seul prophète de ce temps. »* Apollinaire.

RÉF. : P. Michel et J.-F. Nivet, *Octave Mirbeau, l'imprécateur au cœur fidèle,* Paris, 1990. – Numéro *Octave Mirbeau* de *L'Orne littéraire,* Alençon, 1992. – *Actes du colloque Mirbeau,* Angers, 1992. – C. Herzfeld, *La Figure de Méduse dans l'œuvre d'Octave Mirbeau,* Paris, 1992. – P. Michel, *Les Combats d'Octave Mirbeau,* Paris, 1993.

MIRKHVÂND Mohammad ibn Khavând Châh. Historien persan. Né à Boukhara en 1433, mort le 22 juin 1498 à Hérat, où il passe une grande partie de sa vie sous la protection du vizir et mécène Mir Ali Chir Navâ'i. Dans la grande floraison intellectuelle qui marque l'époque des Timourides, il est le principal représentant de l'historiographie, avec la grande compilation (en sept livres) d'histoire universelle qu'il intitule *Le Jardin de pureté* (*), et qui va de la création du monde jusqu'au XVe siècle.

MARIE-HÉLÈNE PONROY.

MIRÓ Gabriel. Écrivain espagnol. Né à Alicante le 28 juillet 1879, mort à Madrid le 27 mai 1930. Il étudia jusqu'à douze ans au collège des jésuites d'Orihuela, dont Azorín avait été l'élève, puis à Alicante et, plus tard, il fit ses études de droit à Valence et à Grenade. La malchance, les nécessités financières ne lui permirent pas de se consacrer à la création artistique avec une entière sérénité. Miró, qui avait échoué à divers concours du ministère de la Justice, dut accepter de modestes emplois à la mairie et auprès de la députation d'Alicante, tout en remplissant des tâches obscures dans la presse de province. En 1901, il se maria avec Clemencia Maignon, fille du consul de France à Alicante, dont il eut deux enfants : Olympia et Clemencia. De 1914 à 1920, Miró fit du journalisme à Barcelone, et tenta d'y fonder une encyclopédie religieuse. Ce travail ne vit jamais le jour, mais il en tira un livre : *Figures de la Passion du Seigneur* (*) (1916). Dans les dernières années de sa vie, l'écrivain s'installa à Madrid où il mena la morne existence d'un petit employé de bureau au ministère du Travail, puis à l'Instruction publique, et jamais il ne put échapper à cet esclavage. Miró, de surcroît, se vit contester le talent qui était le sien et, malgré de chaleureux appuis, ne fut pas admis à l'Académie de la langue. Exclusivement préoccupé de littérature, il fut relégué dans l'ombre par sa génération, éprise de problèmes d'éthique et de politique. Il fut un artiste dans la pure tradition méditerranéenne, intimement pénétré de la splendeur du paysage d'Alicante, si présent dans ses livres les plus significatifs : *Les Cerises du cimetière* [*Las cerezas del cementerio*, 1910], *Le Livre de Sigüenza* (*) (1917), *La Fumée endormie* [*El humo dormido*, 1919], *Notre père saint Daniel* (+) (1921), *L'Évêque lépreux* (*) (1925).

♦ *« Gabriel Miró est l'écrivain alicantain par excellence, dans l'œuvre duquel s'exprime Alicante, son peuple, sa terre, sa mer, toute sa vie, comme un très beau fleuve de mots qui surgirait d'un fond classique de générations. »* Vicente Ramos.

RÉF. : J. Guardiolo Ortiz, *Biografía íntima de Gabriel Miró*, Alicante, 1935. – Vicente Ramos, *Vida y obra de Gabriel Miró*, Madrid, 1955. – Jacqueline van Praag-Chantraine, *Gabriel Miró ou le Visage du Levant*, Paris, 1959. – C. Sánchez Gimeno, *Gabriel Miró y su obra*, Valence, 1960. – Vicente Remos, *El mundo de Gabriel Miró*, Madrid, 1964. – R. Vidal, *Gabriel Miró. Le Style. Les Moyens d'expression*, Bordeaux, 1964.

MIRON Gaston. Vivante incarnation de l'identité québécoise, ce poète d'expression française, né le 8 janvier 1928 à Sainte-Agathe-des-Monts (Québec), a la trempe de ses ancêtres coureurs des bois, trappeurs et paysans : c'est un lutteur épris de justice et de liberté. Ayant quitté ses études après le scolasticat, Miron s'installe en 1947 à Montréal où il pratique divers métiers tout en suivant à l'université les cours du soir en sciences sociales. Ses premiers poèmes paraissent en revue en 1952. L'année suivante, il fonde avec quelques amis les éditions de l'Hexagone où il publie *Deux sangs,* écrit en collaboration avec Olivier Marchand. Souffrant de l'état d'« aliénation » dans lequel son pays, le Québec, est maintenu, il milite activement à gauche du mouvement indépendantiste (il est candidat aux élections fédérales de 1957 et 1958). C'est dans le même esprit qu'il crée en 1959 la revue *Liberté* et participe en 1963 à la rédaction de *Parti pris.* Sa poésie, pour engagée qu'elle soit, ne souffre pas des limites du genre. Soutenue par une exigence toute mallarméenne, elle se déploie dans un lyrisme grave et ouvert où le mystère de l'homme a sa place. Bien avant que ses poèmes dispersés dans des revues soient rassemblés dans *L'Homme rapaillé* (*) (1970), la réputation de Gaston Miron a passé les frontières. Reconnu en France par ses pairs André Frénaud et Guillevic, entre autres, Miron est salué dans son pays comme une conscience nationale. Il encourage les vocations autour de lui et multiplie les initiatives pour faire connaître, à l'intérieur comme à l'extérieur, la littérature québécoise (voir *Écrivains contemporains du Québec,* en collaboration avec Lise Gauvin, 1989). Publié en France en 1981, *L'Homme rapaillé* obtient le prix Apollinaire et, en 1983, le prix David du gouvernement du Québec. Militant québécois, chantre de la fraternité et de l'amour, Miron est, comme Whitman, l'homme d'un seul livre sans cesse revu et augmenté, et le symbole d'un peuple retrouvant sa dignité et la fierté de sa langue.

GUY GOFFETTE.

RÉF. : G. André Vachon, *Gaston Miron ou l'Invention de la substance,* Montréal, 1970. – Jacques Brault, *Miron le magnifique,* Montréal, 1966 et 1975. – Jean Royer, *Gaston Miron l'identité,* Montréal, 1982.

MISHIMA Yukio. Romancier, nouvelliste, essayiste et dramaturge japonais. Né et mort à Tôkyô : 14 janvier 1925-25 novembre 1970. La brève vie de cet écrivain, dont la renommée est infiniment plus flatteuse à l'étranger, et surtout en France, que dans son pays, aura-t-elle fini par éclipser son œuvre ? Les nombreuses biographies qui lui ont été consacrées ont toutes mis l'accent sur les contradictions de l'homme et de l'écrivain qui aspira en vain à avoir le prix Nobel, tout en revendiquant, à la fin de sa vie, des valeurs nationalistes. De son vrai nom Kimitake Hiraoka, il était le fils d'un sous-directeur du bureau des Pêches au ministère de l'Agriculture et de la fille d'un proviseur de lycée. Aîné de trois enfants, il a une sœur, Mitsuko, et un frère, Chiyuki. Représentant typique de la petite bourgeoisie d'avant-guerre, il entretint cependant le mythe d'une ascendance féodale, partageant ainsi les idéaux de l'extrême droite dont il allait devenir l'un des plus ardents défenseurs. Élevé par sa grand-mère paternelle, comme il le racontera longuement dans son récit autobiographique *Confession d'un masque* (*), il aurait été « séquestré » jusqu'à l'âge de douze ans dans une chambre. Cette enfance traumatisante obsédera l'écrivain qui y reviendra très souvent dans son œuvre. Il fit ses études au « Collège des Pairs » [Gakushû-in] de Tôkyô. Il manifeste très tôt des dispositions littéraires et l'on a retrouvé des poèmes qui révèlent son extrême précocité. Il s'affilie à une association scolaire de création littéraire, l'École du Bouleau blanc, sous l'égide de laquelle il fait lire ses premiers écrits, dont le lyrisme et le style ampoulé ne parviennent pas à masquer la grande singularité. Il évoquera plus tard ces années de formation poétique dans *Le garçon qui écrivait de la poésie* [*Shi o kaku shônen,* 1954]. Il ne renoncera jamais du reste à ce style surchargé de métaphores, d'une pesanteur parfois édulcorée en traduction. Sa première publication en revue remonte à 1941. C'est alors qu'il choisit son pseudonyme, Yukio Mishima. Sa première nouvelle s'intitule *La Forêt en fleurs* [*Hanazakari no mori*] : paraissant tout d'abord dans la revue *Arts et Culture* [*Bungei bunka*], elle sera reprise en volume en 1944. L'esthétisme, le culte de la beauté et la célébration trouble du désir y sont exprimés dans une langue qui est déjà celle d'un écrivain aguerri. Un pastiche du *Genji Monogatari* (*) contribue à prouver la grande maîtrise du très jeune Mishima (qui n'a alors que seize ans). Il poursuit ses études, tout en se familiarisant avec la littérature étrangère (les « pâmés » français, Wilde, Radiguet, Cocteau, qui seront des références constantes de son œuvre). En 1944, il s'inscrit en droit allemand à l'université de Tôkyô, sur l'ordre de son père. Il est aussitôt mobilisé, mais, exempté de tout travail de force, il peut continuer à écrire. Après la guerre, soutenu par le célèbre critique Mitsuo Nakamura ou par Yasunari Kawabata, il travaille à un premier roman, *Les Voleurs* [*Tôzoku*], où l'on a voulu lire un autoportrait ironique de l'écrivain à travers son héros, Akihide, « qui a perdu la mesure propre à évaluer le réel ». Histoire d'un double suicide de deux jeunes amoureux que leurs familles séparent, ce roman est, de l'aveu même de l'auteur, qui devait quelques années plus tard publier ses carnets de travail, influencé par *Le Bal du comte d'Orgel* (*) de Radiguet. La mort de la jeune sœur de Mishima, Mitsuko, en octobre 1945, contribue à assombrir ce tempérament déjà très pessimiste. Tout en écrivant son roman, il publie des nouvelles dans la revue fondée par Kawabata, à Kamakura, *L'Humanité* [*Ningen*] et dans *Gunzô,* toujours avec l'appui de son célèbre aîné. Sous la pression de sa famille, il est contraint, à la fin de ses études, peu avant la publication de son roman, d'accepter un emploi de fonctionnaire, au ministère des Finances. Il ne le conserve que neuf mois, écrivant la nuit. Après sa démission, il rédige *Confession d'un masque,* où il avoue, à travers le narrateur qui est évidemment son double, son homosexualité. Le livre, sorti en 1949, obtient un succès public et critique retentissant. La finesse des analyses, l'atmosphère profondément poétique, le caractère vibrant de sa sincérité font incontestablement de ce « roman » le chef-d'œuvre d'un écrivain de vingt-quatre ans qui aura atteint trop tôt le sommet de son art. Mais il prend goût à un certain type de littérature morbide et commerciale, à l'écriture facile, qui dès lors accompagnera sa « production sérieuse ». Cette œuvre de second rayon comptera dix-sept titres. Il s'agissait de romans destinés à un public strictement féminin et commandés par des revues très populaires qui payaient cher sa signature. De *La Nuit toute blanche* [*Junpaku no yoru*] à *Musique* [*Ongaku*], en passant par *Les Aventures de Natsuko* [*Natsuko no bôken*] ou *L'École du corps* [*Nikutai no gakkô*], autant de romans écrits rapidement, à la psychologie souvent invraisemblable par ses simplismes ou ses excès, et situés dans les milieux de la mode ou dans une haute bourgeoisie de fantaisie. *Une soif d'amour* (*), qui sort en 1950, est cependant retenue parmi les œuvres « sérieuses » de Mishima. À travers son héroïne Etsuko, Mishima peut décrire son attirance pour un certain type d'homme, à la sexualité animale, ici représenté par Saburô, un ouvrier agricole. Il cite alors François Mauriac parmi ses maîtres. Les ventes de ce roman atteignirent de tels chiffres qu'elles permirent à Mishima et à sa famille de s'installer dans un quartier résidentiel de Tôkyô. Mais c'est aussi l'époque où, prétextant des recherches « sociologiques » pour la préparation de son prochain roman, il fréquente les milieux homosexuels de la capitale et se lie à des prostitués et des travestis. *Les Amours interdites* (*) qu'il écrira en deux temps, avant et après son premier voyage en Europe et en Amérique, sont en effet entièrement situées dans cet univers qu'il connaissait parfaitement. Sa mère, qui dans le roman joue un rôle décisif, lui est alors profondément attachée. La découverte de l'étranger sera aussi pour lui l'occasion d'une libération sexuelle qu'il décrira d'une façon très crue et souvent cynique dans son roman. À Paris, où il se trouve au printemps 1951, il rédige sa première pièce de théâtre. À son retour au Japon, il songe à se marier et fait la cour à la fille d'un industriel que finalement il n'épousera pas. Il commence alors à pratiquer le culturisme et les arts martiaux. Il écrit désormais aussi pour le théâtre : ses adaptations modernes de nô et ses drames originaux sont montés. Il produira au rythme d'une pièce par an jusqu'à sa mort. Vivement frappé par sa visite de la Grèce, il publie en 1954 *Le Tumulte des flots* (*), inspiré par le roman *Amours pastorales de Daphnis et Chloé* (*), qui constitue une exception dans son œuvre, dans la mesure où la hantise de la mort en est absente et il y atteint une forme de sérénité. Ce fut l'un de ses plus grands succès et il devait prétendre « s'être moqué de son public » qui lui fit un triomphe. Sur cette lancée, il écrit une série de livres populaires, *Un printemps trop long* [*Nagasugita haru*] et *Le Vacillement de la vertu* [*Bitoku no yoromeki*], où il se complaît dans la composition de personnages sensuels, femmes adultères et jeunes gens sans scrupules. Mais entre-temps, il écrit l'un de ses romans les plus accomplis, *Le Pavillon d'or* (*) (1956), inspiré d'un fait divers : l'incendie criminel d'un illustre temple de Kyôto. C'est pour lui l'occasion d'exprimer, une fois encore, sa conception de la beauté et du crime, indissociablement mêlés dans son esprit. Sa pièce *Le Palais des fêtes* [*Rokumeikan*], dont les héros sont des aristocrates décadents, est jouée à travers tout le Japon et augmente encore sa popularité. Enfin, en 1957, il retourne aux États-Unis pour promouvoir la traduction anglaise de *Cinq nô modernes* (*). À son retour, sur l'insistance de son père qui veut dissiper la rumeur grandissante de son homosexualité, il épouse une jeune étudiante de dix-neuf ans, Yoko Sugiyama, fille d'un peintre connu. L'adaptation cinématographique du *Pavillon d'or,* sous le titre de *L'Embrasement* [*Enjô*], par Kon Ichikawa resserre ses liens avec le cinéma. Il fera quelques apparitions comme acteur dans diverses productions et pose de plus en plus devant des photographes. La dernière période de sa vie est à la fois extraordinairement productive et tourmentée. Il a deux enfants, une fille, Noriko, et un fils, Iichiro. Et il commence à soutenir dans ses romans et dans ses essais des thèses politiques de plus en plus marquées par le nationalisme, le militarisme et la nostalgie du pouvoir impérial. Son roman *La Maison de Kyôko* [*Kyôko no ie,* 1959] est l'un de ses livres les plus ambitieux et les plus longs : les quatre soupirants de son héroïne, un homme d'affaires, un peintre, un boxeur et un acteur, sont censés représenter des facettes de sa personnalité hantée par le suicide. Avec *Patriotisme* [*Yûkoku*], il manifeste sa passion militariste. Avant *Soie et Perspicacité* [*Kinu to meisatsu*] et *La Belle Étoile* [*Utsukushii hoshi*], autres romans « à thèse », *Le Marin rejeté par la mer* (*), publié en 1963, peut être considéré comme le dernier livre réussi de Mishima. *Après le banquet* (*), qui avait pris pour modèle un ambassadeur réel, lui vaut un procès, qu'il perd. Tandis que dans plusieurs essais il répète sa foi dans le militarisme et l'« esprit des guerriers », notamment dans *La Voix des esprits des héros* [*Eirei no koe*], il entreprend la rédaction de sa tétralogie, *La Mer de la fertilité* (*), qu'il achèvera quelques mois avant de se tuer. Durant les trois dernières années de sa vie, il participe à des activités d'entraînement militaire, en s'engageant, sous son nom réel, moins connu que son pseudonyme, comme simple soldat. Le 3 novembre 1968, il fonde la Société du Bouclier [*Tate no kai*], armée privée, à la tête de laquelle il tente un coup d'État avec son ami Morita. Leur échec les conduisit à se tuer ensemble le 25 novembre 1970, en public.

RENÉ DE CECCATTY ET RYOJI NAKAMURA.

♦ *« La lecture d'un roman de Mishima ressemble à la visite d'une exposition mondiale d'encadrements particulièrement tarabiscotés. »* John Nathan. ♦ *« On peut imaginer qu'avec l'âge et l'expérience Mishima aurait écrit un jour quelque chose d'encore plus grand, mais lui n'y croyait pas. »* Donald Keene. ♦ *« Il semble impossible que le médiocre, le factice, le préfabriqué de la littérature produite à l'usage des masses lisantes, mais non pensantes, qui s'attendent à ce que l'écrivain leur renvoie l'image qu'elles se font du monde, contrairement à ce à quoi son propre génie l'oblige, n'envahissent pas souvent les œuvres véritables, et c'est un problème que nous aurons à résoudre à propos de* La Mer de la fertilité. *»* Marguerite Yourcenar.

RÉF. : John Nathan, *La Vie de Mishima,* Paris, 1980. – Marguerite Yourcenar, *Mishima ou la Vision du vide,* Paris, 1981. – Henry Scott Stokes, *Vie et mort de Mishima,* Paris, 1985. – Donald Keene « Mishima, saint et martyr », in *Magazine littéraire,* nos 216-217, mars 1985.

MISTRAL Frédéric. Écrivain français, de langue provençale. Né au mas du Juge à Maillane (Bouches-du-Rhône) le 8 septembre 1830, mort à Maillane le 25 mars 1914. Ses parents étaient de petits propriétaires terriens provençaux. Sa mère n'avait guère plus de vingt ans quand il naquit, son père près de soixante. Il fit ses études au collège royal d'Avignon, dont il sortit bachelier en 1847, puis ses études de droit à la faculté d'Aix où il passa sa licence en 1851. Dès le collège, il traduisait en langue provençale les *Psaumes de la pénitence,* et s'était lié avec un répétiteur, Joseph Roumanille, fils d'un jardinier de Saint-Rémy. Alors que la révolution de 1789, et le règne de Napoléon avaient instauré en France un régime de centralisation administrative complet, Roumanille, la Restauration venue, rêvait de rendre ses lettres de noblesse à la langue provençale officiellement bannie, depuis l'ordonnance de Villers-Cotterêts en 1539. Poètes, ouvriers ou paysans, auteurs d'essais grammaticaux s'y essayaient mais ne parvinrent pas à faire le succès des assemblées littéraires que Roumanille réunit à Arles en 1852 et à Aix en 1853 (Zola, âgé de treize ans, assistait à celle-là). Décidé à ne pas quitter le mas paternel, Mistral se fit remarquer dès 1851 par sa collaboration (dix poèmes) aux *Provençales,* recueil collectif de vers, et il entreprit aussitôt d'écrire une épopée en plusieurs chants : *Mireille* (*), qui ne vit le jour que beaucoup plus tard. Des relations d'amitié et de bon voisinage le liaient à de jeunes intellectuels, eux aussi épris du renouveau des lettres provençales, et en particulier à l'imprimeur Théodore Aubanel, qui appartenait à une vieille famille bourgeoise d'Avignon. Le 21 mai 1854, fête de la Sainte-Estelle, « en pleine lumière de la vie et de l'air », Roumanille, Mistral, Aubanel et quatre autres littérateurs provençaux se réunirent au domicile de Font-Ségugne, près du village de Gadagne, et décidèrent de fonder une école littéraire. Mistral se souvint d'un vieux récitatif de saint Anselme qui évoquait « les sept félibres de la loi » discutant au Temple avec Jésus. Il baptisa les sept compagnons « félibres », sans que l'on puisse connaître exactement l'étymologie ni la signification du mot. Le « félibrige » prit le chiffre sept comme nombre sacré, sainte Estelle pour patronne, et Mistral jura d'écrire sa « Loi ». À la mort de son père en 1855, le mas du Juge passa à son frère aîné, et lui-même alla habiter avec sa mère la maison d'en face, dite du « Lézard », à cause du petit reptile de pierre qui en surmontait le seuil.

Il collabora activement à l'*Almanach provençal,* recueil annuel du groupe, contenant des contes et des poèmes, et destiné à régénérer la langue, à établir surtout des règles précises d'orthographe, le provençal n'étant plus guère que dialecte parlé. Dans le même dessein, Mistral entreprit un vaste travail linguistique et lexicographique, qui aboutit en 1878 à la publication, à ses frais, du *Trésor du félibrige* (*), dictionnaire provençal-français extrêmement copieux. *Mireille,* enfin lue en public, à Marseille, le 29 octobre 1858, éditée en 1859 par Roumanille, vivement louée par Lamartine, connut à Paris même un vif succès. Entre les ténèbres, le spleen des *Fleurs du mal* (*) (1857) et la force épique et chevaleresque de *La Légende des siècles* (*) (1859), on eut plaisir à saluer ce poème de lumière et d'amour. Son succès fut plus vif encore lorsqu'en 1864 Gounod, avec la collaboration de Mistral, en fit le thème d'un opéra-comique. En 1867, après n'avoir effectué dans la capitale que de brefs séjours, Mistral publia *Calendal* (*), qui a pour théâtre la « Provence orientale ». Il s'était lié d'amitié avec Alphonse Daudet, de dix ans son cadet, et servit de témoin à son mariage. Lorsqu'en 1862 le neveu de Mistral se suicida au mas du Juge par désillusion amoureuse, Daudet y puisa le thème de son *Arlésienne* (*). Si Saint-René-Taillandier, professeur de la faculté de Montpellier, servait de tuteur et pour ainsi dire de caution universitaire au félibrige alors en pleine expansion, Mistral était déjà reconnu comme le chef littéraire incontesté du mouvement. En cette qualité, il récita au Peyrou de Montpellier, en août 1867, l'*Ode à la race latine.* Ce fut au cours de cette inauguration que les poètes catalans, chassés d'Espagne par la Révolution, offrirent aux félibres une coupe, véritable Graal félibréen, pour lequel il composa la *Coupo Santo,* hymne encore à l'honneur chez tous les Provençaux.

Le sursaut patriotique, qui remit en vogue les forces provinciales et régionales au lendemain du siège de Paris et de l'invasion, renforça le mouvement félibre, qui célébra le cinquième centenaire de la mort de Pétrarque par de grandes fêtes à Avignon et toutes sortes de manifestations à Marseille, Aix, Arles et Montpellier, où Mistral reçut l'appui des spécialistes des langues romanes tels Gaston Paris et Michel Bréal. 1875 fut une année particulièrement importante pour Mistral. Il publia, sous le titre *Les Îles d'or* (*), un recueil de tous les poèmes composés depuis sa jeunesse, et qui pour beaucoup contient le meilleur de lui-même. Le 21 mai 1876, le félibrige reçut à Avignon une constitution très complète dont Mistral traça les grandes lignes, et qui lui a survécu. Un « capoulié » préside la république félibréenne, dont chaque dialecte provençal constitue une maintenance. Tous les sept ans, les jeux Floraux rassemblent la nation félibre et leur lauréat, et choisissent la reine du félibrige pour sept ans. En septembre de cette même année, Mistral, âgé de quarante-six ans révolus, épousa à Dijon Marie Rivière, fille d'un négociant dijonnais d'origine dauphinoise, de vingt-sept ans sa cadette. En 1883, sa popularité avait dépassé de loin la Provence. Le café Voltaire à Paris avait ouvert un livre d'or à sa gloire. Lorsqu'en 1884 il publia *Nerte* (*), « poème avignonnais », l'Académie lui fit partager – avec Gustave Droz – le prix Vitet. Puissamment soutenu par Paul Mariéton, riche Lyonnais devenu félibre fervent, Mistral assista au même moment à l'apothéose parisienne du félibrige. Avec l'appui de nombreux intellectuels de langue romane, il songea même à une sorte de véritable fédération internationale du félibrige, allant du Portugal à la Roumanie. Les dix mille francs du prix Jean Reynaud, de l'Académie, lui permirent de fonder en 1891, à Avignon, un journal provençal intitulé *L'Aïoli.* Avec l'aide de Folco de Baroncelli-Javon et Marius André, cette publication parut trois fois par mois pendant sept ans.

Depuis la fin du second Empire, les tentations politiques n'avaient pas manqué au félibrige, parfois accusé de menées séparatistes par la presse parisienne. Le débat, qui se prolongeait dans l'opinion française autour du dilemme monarchie-république, renforçait ces tentations que, pour sa part personnelle, Mistral s'efforça de surmonter, ou tout au moins d'arbitrer. En 1878, il dut sacrifier à Roumanille le pieux mais sensuel Aubanel, imprimeur du pape, bizarrement devenu suspect de républicanisme et d'immoralisme aux yeux de la société bourgeoise d'Avignon. Aux élections de 1880, Mistral refusa de se porter candidat des conservateurs monarchistes et de leur parti « usé jusqu'à la corde ». En 1890, année où fut publiée *La Reine Jeanne* (*), il apparaissait que l'action linguistique du félibrige comportait une part d'illusion et qu'elle ne pourrait aboutir à l'enseignement du provençal dans les écoles primaires ; aussi bien en mars 1892, une partie du jeune félibrige se lançait avec Charles Maurras dans l'action politique. Mistral condamna la politisation du félibrige, ne se rallia pas à *L'Action française,* tout en gardant sa sympathie à la droite de *L'Époque,* qui correspondait le mieux à ses efforts de rénovation provençale. Il apporta son appui à la « Ligue de la patrie française », fut anti-dreyfusard, anti-combiste, « son amitié pour Maurras ne s'est jamais démentie » (Thibaudet) ; il refusa, en 1907, de cautionner la rébellion des vignerons montpelliérains contre le pouvoir central. Mais il serait présomptueux de vouloir préciser une doctrine politique de Mistral. À partir de 1900, dans un climat pourtant tout enfiévré par les querelles d'opinions, il allait avec beaucoup de sérénité consacrer sa vieillesse à l'exaltation pacifique des lettres provençales. Déjà, en 1897, avait paru *Le Poème du Rhône* (*).

Acquéreur d'une grande maison sur la route de Saint-Rémy, recevant courrier, cadeaux et visites de France et de nombreux pays, Mistral devint alors tel que la postérité l'a durablement retenu : coiffé du large et légendaire chapeau de feutre noir auréolant son noble et fin visage de mousquetaire qu'allongeait la barbiche à l'impériale, cravate nouée lâche sous le col bas, fierté à la fois accueillante et souveraine, un rien de pose dans l'attitude. En 1906 parurent *Mes origines. Mémoires et récits* (*). En 1904, le poète avait reçu la moitié du prix Nobel, cent mille francs. Il les consacra à installer à Arles le « Museon arlaten », où l'on peut trouver une image totale de la Provence :

rustique, pastorale, maritime, fluviale, citadine, artisanale, familiale. Peu après, il entreprit, au cimetière de Maillane, de faire édifier son tombeau, copie du pavillon où la reine Jeanne et la princesse des Baux tenaient leur cour d'amour, mais que surmonte la croix au lieu de la pomme de pin. Ce fut à son tombeau qu'il consacra la dernière prière de son dernier recueil de vers, *Les Olivades* (*), paru en 1912. L'inauguration pompeuse de sa statue à Arles en 1909, assez médiocre agrandissement d'une figurine de trente centimètres, ne lui causa sans doute qu'une demi-satisfaction : il refusa, quoique dispensé des visites protocolaires, toute candidature à l'Académie française. Les fêtes félibréennes d'Aix, en mai 1913, lui firent un succès d'apothéose, et, en octobre de la même année, Raymond Poincaré fit arrêter son train présidentiel près de Maillane pour aller visiter Mistral et l'amener déjeuner à son wagon. Le 18 mars 1914, Mistral sortit pour aller présider au baptême de la cloche de l'église de Maillane, dont il avait composé en vers l'inscription votive. Le froid le saisit. Il mourut quelques jours plus tard. En 1926 parut, à titre posthume, *Prose d'almanach* (*), et en 1927 *Nouvelle Prose d'almanach* (+) et *Dernière Prose d'almanach* (+). Témoignage de l'émulation qu'il avait suscitée, Mistral laissait au « Museon arlaten » vingt in-folio de coupures de presse, à la bibliothèque d'Avignon cinquante mille lettres de correspondants ; douze mille lettres qu'il échangea avec ses amis sont conservées dans les collections privées et publiques du Midi. Sa femme, gardienne vigilante de son souvenir, comme elle l'avait été, de son vivant, de son œuvre, lui survécut jusqu'en 1943.

Si l'œuvre écrite de Mistral vit par elle-même durablement et, pour une grande part, sauve en France et hors de France le félibrige du dépérissement, la vie même de Mistral appartient de très près à l'histoire du félibrige. Grand écrivain, il fut aussi chef d'école, quoique souvent par son génie et sa personnalité il se plaçât – involontairement – en dehors de cette école. Ainsi il assuma seul une œuvre personnelle très considérable, sans cesser de proclamer qu'il incarnait avant tout la « Causo ». L'épitaphe qu'il a imaginée pour son tombeau exprime parfaitement ce vœu : « Non nobis, Domine, non nobis, sed nomini tuo et Provinciae nostrae da gloriam » [Non pas à nous, Seigneur, non pas à nous, mais à ton nom et à notre Provence donne la gloire].

JACQUES BOUDET.

♦ *« Il écrit dans la langue de nos domestiques. »* A. de Pontmartin. ♦ *« À l'exception d'Homère, nous n'en avons lu aucun qui ait pour nous un charme plus inattendu, plus naïf, plus émané de la pure nature... »* Lamartine. ♦ *« Mistral a restauré la langue de son pays, et par là, en même temps qu'il retrouvait une expression au contour des rochers, à la physionomie des plantes et des animaux, à la transparence de l'air, à la beauté des nuages et par cette même voie aux mœurs locales, il restituait à son univers natal son sens naturel. Il a rendu confiance à une société qui s'était désaffectionnée d'elle-même. »* Maurice Barrès. ♦ *« Mistral apparaît le plus grand des poètes politiques* [...] *Comme il pensait pour un peuple entier, il nous a enseigné à concevoir historiquement* [...] *Ce poète rustique est aussi un poète aulique et curial, son auditoire naturel est formé des maîtres des hommes. Il est prédestiné à faire réfléchir ceux qui vont en tête des foules, ceux qui aiment la gloire, les vaillants, les chefs des peuples. »* Charles Maurras.

RÉF. : Marius André, *La Vie harmonieuse de Mistral,* Paris, 1928. – Armand Praviel, *Notre Mistral,* Paris, 1930. – Jules Véran, *La Jeunesse de F. Mistral,* Paris, 1930. – Charles Brun, *Mistral précurseur et prophète,* Paris, 1930. – Pierre Lasserre, *Frédéric Mistral, poète, moraliste, citoyen,* Paris, 1930. – Marcel Coulon, *Dans l'univers de Mistral,* Paris, 1930. – Alfred Dagan, *Frédéric Mistral, sa vie et son œuvre,* Avignon, 1930. – Léo Larguier, *Mistral,* Paris, 1930. – Albert Thibaudet, *Mistral ou la république du soleil,* Paris, 1930. – Charles Maurras, *La Sagesse de Mistral,* Paris, 1931. – *Aspects de Mistral,* recueil collectif, Marseille, 1931. – Victor Poucel, *Mistral,* Aix-en-Provence, 1935. – Jean Soulairol, *Humanité de Mistral,* Paris, 1941. – Pierre Devoluy, *Mistral ou la rédemption d'une langue,* Paris, 1942. – Marcel Decremps, *Mistral mage de l'Occident,* Paris, 1954. – Robert Lafont, *Mistral, ou la grande illusion,* Paris, 1955. – Jean Pélissier, *Frédéric Mistral au jour le jour,* Gap, 1967. – Jean-Paul Clébert, *La Provence de Mistral,* Aix-en-Provence, 1980 ; *Mistral ou l'Empire du soleil,* Paris, 1983.

MISTRAL Gabriela (pseud. de Lucila Godoy Alcayaga). Poétesse chilienne. Née le 7 avril 1889 à Vicuña dans la vallée de l'Elqui et morte le 10 janvier 1957 à New York. Son enfance fut bercée par la nature sauvage de son pays mais assombrie par la conduite de son père qui buvait démesurément. Celui-ci étant professeur, elle choisit cette profession à l'âge de quinze ans. Trois ans plus tard, elle entra dans l'enseignement secondaire où elle travailla pendant quinze ans, d'abord comme professeur, puis en qualité de directrice d'école. En 1908, elle publia des articles en prose dans *La Voz de Elqui.* Lorsque son fiancé se suicida, Gabriela Mistral écrivit de déchirants et émouvants poèmes qu'elle intitula *Les Sonnets de la mort* [*Los sonetos de la muerte*] – v. *Poésies* (*) de G. Mistral. Elle était alors professeur au lycée de Los Andrés. C'est avec *Les Sonnets de la mort* que se révéla la personnalité littéraire de Gabriela Mistral, en 1914, aux jeux Floraux de Santiago du Chili. Dans ce recueil, il faut citer deux poèmes remarquables : « La Prière » et « Interrogations ». En 1922, l'Institut hispanique de New York publia pour la première fois l'ensemble de ses poésies qui n'avaient encore paru que dans des revues et des journaux. Cet ensemble de poésies s'intitulait *Désolation* [*Desolación*]. Le livre eut un succès considérable.

La même année, Gabriela Mistral quitta le Chili et accepta l'invitation du gouvernement mexicain. Elle collabora, au Mexique, à la réforme de l'éducation entreprise par Vasconcelos et elle fonda une école qui porte son nom. Le ministre de l'Instruction publique du

Mexique l'ayant chargée d'écrire des poèmes pour enfants, Gabriela Mistral composa ses charmantes *Rondes d'enfants* [*Rondas de niños*] en 1923. C'est dans les écoles des Andes qu'elle avait appris à aimer les enfants. C'est auprès des enfants, en les éduquant et en les peignant dans ses chansons, qu'elle s'est consolée de la mort de son fiancé. Elle savait d'ailleurs s'attirer la sympathie des enfants, et ceux-ci ne se lassaient pas de la suivre et de l'écouter. Toujours au Mexique, elle se consacra à la fondation et à l'organisation de bibliothèques publiques et elle publia, en 1924, *Lectures pour femmes* [*Lecturas para mujeres*], ouvrage consacré à l'enseignement dans les écoles féminines. Puis elle voyagea, notamment en Espagne, en Italie, et aux États-Unis. En 1925, Gabriela Mistral revint au Chili avec l'intention de s'y établir, mais elle dut retourner en Europe, l'année suivante, ayant été nommée secrétaire de l'Institut de coopération intellectuelle de la Société des nations. En 1928, elle devint rédactrice au *Temps* [*El Tiempo*] de Bogota. La même année, elle représenta le Chili au Congrès de la fédération internationale universitaire de Madrid. En 1930, elle fut chargée de faire des conférences sur le développement culturel aux États-Unis. Mais toutes ces fonctions importantes ne la détournèrent pas de la littérature : en 1925 elle avait publié *Nuages blancs* [*Nubes blancas*] et *Tendresse* [*Ternura*] ; en 1938, elle donna *Tala.* En 1945, Gabriela Mistral reçut une consécration littéraire internationale en obtenant le prix Nobel. Atteinte d'un cancer au pancréas, Gabriela Mistral est morte à l'hôpital d'Hempstead près de New York le 10 janvier 1957.

Dans ses premières œuvres, elle s'était inspirée de *La Bible* (*) et de Rubén Darío, mais elle acquit bientôt un style propre en s'attachant à décrire toutes les émotions qui bouleversaient son âme : ce fut tantôt l'amour d'un homme, la douleur causée par sa perte, tantôt la tendresse qu'elle éprouvait à la vue des enfants, tantôt le plaisir goûté à décrire son pays et la pitié ressentie en peignant les pauvres gens. Dans son œuvre se mêlent, indistincts, le christianisme et le socialisme. Outre les œuvres déjà citées, Gabriela Mistral a écrit une *Vie de saint François d'Assise.* Parmi ses poèmes, il faut citer en particulier : *Ruth, l'enfant seul* [*El niño solo*], *L'attente inutile* [*La espera inútil*], *À l'oreille du Christ* [*Al oido del Cristo*] et *Hymne à l'arbre* [*Himno al árbol*]. La mort de Gabriela Mistral a causé un grand émoi dans tous les pays de langue espagnole où elle avait été invitée et où on appréciait sa poésie simple et musicale. Mais son audience ne s'est pas limitée à l'Espagne et à l'Amérique latine et, à New York, l'assemblée générale des Nations unies a rendu hommage à celle qui avait toujours dans sa vie et dans ses œuvres appelé de ses vœux la paix entre les hommes.

JORGE RODRIGUEZ.

♦ *« Gabriela Mistral a peint l'exaspération de la douleur, la frénésie de l'angoisse, l'étonnement muet et le rugissement collectif. »* Garcia Oldini.

RÉF. : R. Azocar, *La poesía chilena moderna,* Santiago du Chili, 1931. — Guillermo Lagos Carmona, *Gabriela Mistral en Mexico,* Mexico, 1945. — Sidonia Carmen Rosenbaum, *Modern Women Poets of Spanish Americas,* New York, 1945. — J. Saavedra Molina, *Gabriela Mistral, su vida y su obra,* Santiago du Chili, 1947. — José de J. Nuñez y Dominguez, *Silhouette de Gabriela,* Bruxelles, 1947. — M. Arce de Vásquez, *Gabriela Mistral, persona y poesía,* San Juan de Puerto Rico, 1958. — M.-C. Preston, *A Study of Significant Variants in the Poetry of Gabriela Mistral,* Washington, 1964. — L. Silva, *Vida y obra de Gabriela Mistral,* Buenos Aires, 1967. — C. Conde, *Gabriela Mistral,* Madrid, 1970. — J. Concha, *Gabriela Mistral,* Madrid, 1987.

MITCHELL Margaret Munnerlyn. Romancière américaine, auteur d'*Autant en emporte le vent* (*). Née à Atlanta (Géorgie) en 1900, morte dans cette même ville le 16 août 1949. Son père était un homme de loi distingué, président de la société d'histoire d'Atlanta ; sa mère et son frère s'intéressaient également à l'histoire. Dans cette atmosphère, la petite fille se passionnait pour les récits de la guerre de Sécession. Elle fit ses études d'abord à Atlanta, puis à l'université (Smith College) où elle commença la médecine. Mais la mort de sa mère changea l'orientation de sa vie en la ramenant au foyer auprès de son père et de son frère. Après une période de vie à peu près oisive, elle fit du journalisme et collabora, en 1922, à l'*Atlanta Journal* et au *Sunday Magazine* ; elle signait Peggy Mitchell et réussissait bien. Mais en 1926 un accident au pied la contraignit d'abandonner sa carrière. Elle s'était mariée l'année précédente avec John R. March, directeur de la publicité de la Georgia Power Company. Ce fut en 1926 qu'elle entreprit son fameux roman historique, de façon chaotique d'ailleurs, écrivant, par exemple, la fin bien avant le corps du récit. Elle accumulait les épisodes, recueillait de nouveaux documents, développait le caractère de ses héros et vivait leur vie. H. S. Latham, vice-président de la grande maison d'édition Macmillan, venu à Atlanta en 1935, vit ce monument extraordinaire mais encore informe ; il imposa un délai, et le livre sortit au printemps de 1936. Le succès en fut foudroyant — on cite des jours où cinquante mille exemplaires en furent vendus aux États-Unis — et il obtint le prix Pulitzer (1937). Le roman fut rapidement traduit dans toutes les langues et même en écriture Braille. Un très long film en fut tiré et parcourut le monde (1940). Mais la gloire ne changea pas Margaret Mitchell ; elle habitait toujours la même maison d'Atlanta, menant une vie simple, répondant avec affabilité à la monstrueuse correspondance qu'elle recevait. Elle fut cependant contrainte de paraître en public à l'occasion de la projection du film, des imposteurs ayant pris sa personnalité. Elle était âgée de quarante-neuf ans lorsqu'elle fut renversée par un camion, alors qu'elle traversait avec son mari une rue d'Atlanta. Elle mourut cinq jours plus tard. C'était une femme petite, aux yeux bleus, charmante et modeste, qui disait : « Je m'y connais en bon travail et en bons livres ; je ne trouve pas le mien bon. » Le succès d'*Autant en emporte le vent* (plus de trois millions huit cent mille exemplaires vendus aux U.S.A. en quinze ans) l'empêcha d'écrire une autre œuvre ; elle n'a laissé, à côté de ce grand livre attachant, que quelques articles de journaux.

MITFORD Nancy. Romancière et biographe anglaise. Née à Londres le 11 novembre 1904, morte à Versailles le 30 juin 1973. De famille aristocratique (elle est l'aînée des six filles de lord Redestale), elle a évoqué avec esprit le milieu où elle est née dans *La Poursuite de l'amour* (+) (1945). Francophile, elle s'installe à Paris définitivement après la guerre. Ses romans traitent des contradictions du cœur humain : *L'Amour dans un pays froid* (*) (1949), *Le Cher Ange* (+) (1951), *Le Roi Soleil* [*The Sun King,* 1966]. Elle est également biographe : *Madame de Pompadour* (+) (1951), *Voltaire amoureux* (+) (1957), *Pas un mot à l'ambassadeur* (1960).

MIZÓN Luis. Poète chilien. Né à Valparaiso, le 22 janvier 1942. Études primaires à Talcahuano, port militaire de la province de Concepción, où son père, Luis Mizón Castillo, ingénieur, était directeur de l'École des torpilleurs sous-marins. Etudes secondaires à Viña del Mar, lorsque sa famille s'y installe en 1949, et où sa mère, María Morales Alvarez, enseigne l'anglais au lycée de filles. Après avoir préparé son baccalauréat dans un établissement religieux, il fait ses études de droit et d'histoire à l'université catholique de Valparaiso, de 1959 à 1965, et consacre un mémoire de licence à *La Conception poétique de l'histoire chez Saint-John Perse* (1965). Écrivant des poèmes depuis 1954, il publie ses premiers vers en 1960 dans une anthologie d'écrivains de Valparaiso, *Alianza*, et un recueil : *Chambre avec lumière* [*La pieza con luz*, 1961]. En 1965, il se marie avec Valeria Costa (deux enfants : Claudio, né en 1966, et Eduardo, né en 1967). Après dix ans d'assistanat d'histoire du droit à l'École de droit de Valparaiso, et la publication d'un nouveau recueil, *Les Mots sur la table* [*Las palabras encima de la mesa*, 1972], il quitte le Chili pour la France en octobre 1974, boursier du gouvernement français. À l'École des hautes études, il suit les cours de Ruggiero Ramano, spécialiste de l'Amérique latine, et ceux de Gaëtan Picon sur le surréalisme. Celui-ci le présente à Roger Caillois, qui traduit et publie en revue deux de ses poèmes : *Terre prochaine* (1977) et *L'Arbre* (1978). Travaillant depuis cette date à la radiodiffusion française, Luis Mizón a fait en France sa carrière poétique, se révélant de livre en livre comme l'un des poètes les plus originaux de sa génération : *Poème du Sud* (*) (1982), *Terre brûlée* (1984), *Passage des nuages* (1986), *L'Éclipse* (1987), *Noces* (1988), *Province perdue* (1988), *Voyages et retours* (1989), *Chronique du blanc* (1992). Mizón est aussi l'auteur d'un récit de voyage : *Passion de l'île de Pâques* (1988) et d'un roman : *La Mort de l'Inca* [*El hombre del Cerro Plomo*, 1991].

CLAUDE COUFFON.

MOBÂRAKCHÂH Mohammad (connu aussi sous le nom de Fakhr-é Modabber). Écrivain persan du XIIIe siècle, connu pour son ouvrage *Les Règles de la guerre et de la bravoure* (*), dédié au prince turc Iltoutmich, qui fut sultan de Delhi de 1210 à 1236. Ces règles ont dû être écrites entre 1229 – date à laquelle Iltoutmich reçoit du calife abbasside de Baghdâd le titre de « prince des croyants » [Nâser amir al-mou'minin] – et 1236 (date de la mort d'Iltoutmich).

Les Règles de la guerre et de la bravoure sont une compilation de citations et d'anecdotes, au même titre que la *Somme d'histoires* (*) de l'écrivain Owfi, également dédiée à Iltoutmich. Divisé en quarante chapitres, cet ouvrage traite de l'exercice du pouvoir, de l'organisation de l'administration et, plus particulièrement, du commandement militaire.

MARIE-HÉLÈNE PONROY.

MOBERG Vilhelm. Écrivain suédois. Né le 20 août 1898 à Algutsboda, mort par noyade à Väddö le 8 août 1973. Son père, soldat, reprit en 1907 une petite ferme appartenant à la famille de sa femme. Vilhelm participa donc aux travaux des champs et de la forêt, fréquenta en 1916-1917 la « haute école populaire » de Grimslöv, puis de 1917 à 1918 l'école pratique de Katrineholm. Journaliste dans divers journaux locaux de 1919 à 1927, il publia quelques ouvrages sous pseudonyme avant de débuter sous son propre nom avec *Les Rask* (*) (1927), suivi à intervalles assez réguliers de romans qui, pour la plupart, se déroulent dans le même milieu paysan. Avec *Mauvaise note* (*) (1935), qui suscita un intérêt considérable, il commença une trilogie essentiellement autobiographique – élément qu'on retrouve dans *Soldat au fusil brisé* [*Soldat med brutet gevär,* 1944]. Avec *À cheval ce soir* (*) (1941), il prit, sous le couvert du roman historique, vigoureusement position contre l'Allemagne nazie. Son œuvre majeure est la série des *Émigrants* (*) (1949-1959) pour laquelle il a réuni une importante documentation sur l'émigration des paysans suédois aux États-Unis à la fin du siècle dernier. Il a également laissé une importante œuvre dramatique. Romancier réaliste, solidement documenté, Moberg a abordé avec décision les problèmes sociaux et politiques de son temps, mais c'est par son immense chronique d'un monde paysan, qui sera bientôt définitivement révolu, qu'il s'est imposé aux lecteurs suédois en leur fournissant à tous un passé commun. Il a décrit sa génération dans ses romans autobiographiques, celle de son père dans *Les Rask* et, finalement, la génération précédente avec *Les Émigrants,* d'ores et déjà œuvre classique, faisant partie de la mythologie nationale. Il est le grand écrivain épique de ce siècle en Suède.

CARL GUSTAF BJURSTRÖM.

RÉF. : Gunnar Eidevall, *Berättaren Vilhelm Moberg,* Stockholm, 1976. – Philip Holmes, *Utvandrarna,* Hull, 1978 (Studies in Swedish Literature, 6). – Magnus von Platen, *Den unge Vilhelm Moberg,* Lund, 1978.

MOCKEL Albert. Poète belge d'expression française. Né à Ougrée-lez-Liège, le 27 décembre 1866, mort à Ixelles le 30 janvier 1945. Encore sur les bancs de l'université de Liège, il fonda en 1886 l'importante revue *La Wallonie,* que dirigea ensuite Henri de Régnier. Ayant compté parmi ses collaborateurs Émile Verhaeren, Camille Lemonnier, Mallarmé, Maeterlinck, Jean Moréas, André Fontainas, Pierre Louÿs, elle fut comme le bastion du symbolisme en Belgique. Dès 1889 cependant, Albert Mockel s'installa à Paris ; on le vit aux mardis de Mallarmé, et ses premières tentatives en vers libres sont contemporaines de celles de Gustave Kahn. En 1891, il publia *Chantefable un peu naïve,* puis des études sur Verhaeren, sur Mallarmé, et de nouveaux poèmes, *Clartés,* en 1902. Son recueil le plus important, *La Flamme immortelle* (*), ne parut qu'après vingt ans de silence, en 1924. La poésie, pour Albert Mockel, fut avant tout une expérience spirituelle : c'est, dans une atmosphère de musique immatérielle, l'âme à la recherche d'elle-même, de sa nudité fondamentale. Presque à l'excès, Albert Mockel a ainsi personnifié la rêveuse fantaisie wallonne, face à la truculence, au mystère dionysiaque d'un Verhaeren. Son œuvre critique est assez importante, surtout en ce qui concerne l'étude des poètes contemporains. On lui doit, entre autres, un *Stéphane Mallarmé, un héros* (1899), et un *Émile Verhaeren, « poète de l'énergie » ; l'homme et l'œuvre* (1933).

RÉF. : P. Champagne, *Essai sur Albert Mockel,* Paris, 1922. – A. Fontainas, *Dans la lignée de Baudelaire,* Paris, 1930. – L. Bocquet, *La Littérature française de Belgique,* 1932.

MODIANO Patrick. Romancier français. Né le 30 juillet 1945 à Boulogne-Billancourt. Sa biographie se réduit à peu : études à l'école du Montcel à Jouy-en-Josas (Seine-et-Oise), au collège Saint-Joseph de Thônes (Haute-Savoie), au lycée Henri-IV (Paris) ; titulaire du baccalauréat, il n'entreprend pas d'études supérieures ; à partir de 1967, il n'exerce d'autre activité professionnelle que celle de romancier (il a obtenu en 1984 le prix de la Fondation Pierre de Monaco pour l'ensemble de son œuvre), et ne collabore à aucun journal ni revue ; marié, père de deux filles. Outre l'œuvre romanesque, il a publié un *Emmanuel Berl, interrogatoire* (1976), a donné au théâtre *La Polka* en 1974, année où il écrivit avec Louis Malle les dialogues du film *Lacombe Lucien.* Mais, derrière cette façade tranquille, se cachent des blessures, des inquiétudes qui auront suscité et nourri l'œuvre du romancier, même si celui-ci dit que l'absence de diplômes supérieurs a déterminé sa vocation d'écrivain puisqu'il ne pouvait rien faire d'autre. On ne peut manquer de rapprocher le décès de son jeune frère Rudy (1947-1957) et le vertige du vide, de l'absence qui hante la plupart des romans de Modiano. Une double origine, flamande par sa mère qui était actrice, juive italienne par son père, ne pourrait-elle éclairer la quête de l'identité, la recherche des indices et des souvenirs, la lutte contre l'oubli, qui constituent le sujet de *Rue des boutiques obscures* (*) (1978) mais qu'on retrouve aussi bien dans *Villa triste* (1975), *Dimanches d'août* (1986), *Vestiaire de l'enfance* (1989) ? Le mystère qui entoure la figure du père préside au récit des *Boulevards de ceinture* (*) (1972), innerve le thème de la disparition, conduit aux mystères, aux zones d'ombre, aux paradoxes qui fascinent les lecteurs de Modiano et font le charme d'un roman comme *Un cirque passe* (1992). Albert Modiano était homme d'« affaires », mais son fils, Patrick, reconnaît n'avoir jamais su ni compris de quelles « affaires » il s'agissait. Il resterait à évoquer l'origine juive qui marque le premier roman de Modiano, *La Place de l'Étoile* (*) (1968). Mais si des déterminations familiales fondamentales sont reconnaissables dans l'œuvre, celle-ci ne se limite pas à celles-là. Seuls *Remise de peine* et *Livret de famille* (1976) peuvent passer pour des récits autobiographiques. Si le narrateur de *La Place de l'Étoile* est juif, le roman dépasse ce qualificatif. De même, si l'Occupation, période trouble comme on le dit d'une eau impure, est dans l'œuvre une époque privilégiée, où s'inscrivent des trames romanesques entières ou de simples épisodes narratifs, ce n'est pas en tant que moment historique mais en tant que « lieu » propice à la création de cet art du flou, de la dualité qui caractérise Modiano et rend unique cet auteur qui a poussé le roman, art de l'illusion, à ses limites extrêmes, multipliant les perspectives fuyantes en une sorte de « trompe-imagination » qui emporte le lecteur dans un dédale où métamorphoses et songes estompent les rares certitudes qui lui sont données.

YANNICK PELLETIER.

MOE Jorgen. Poète norvégien. Né à Hole, près de Christiana, le 22 avril 1813, mort à Kristiansand le 27 mars 1882. Il se lia avec Peter Asbjørnsen dès l'école secondaire et les deux amis décidèrent, en 1835, d'entreprendre, à l'exemple des frères Grimm, un recueil des légendes populaires norvégiennes. Moe s'occupa particulièrement du domaine épique et consacra à ce travail tous les loisirs que lui laissait son poste de professeur. Le premier volume des *Contes populaires norvégiens* (*) parut en 1841 et 1844. Une crise mystique poussa Moe à donner sa démission de l'enseignement en 1863, et le sentiment religieux domina dès lors toute son œuvre qui est surtout composée de poèmes lyriques. Les recueils de contes qu'il avait rassemblés ont joué un rôle très important dans la naissance de la littérature et du sentiment national norvégiens.

RÉF. : M. Moe, *Det nationale gjennembrud,* Oslo, 1902. – A. Krogsvig, *Fra det national gjennembrudstid,* Oslo, 1919. – J. Lescoffier, *Histoire de la littérature norvégienne,* Paris, 1952.

MOFOLO Thomas. Écrivain du Lesotho. Né le 22 décembre 1876 à Khogane (Basutoland), alors en Afrique du Sud, mort le 8 septembre 1948 à Teyateyaneng. Cet ancien élève des missionnaires est l'un des pionniers des lettres africaines. Après une enfance bucolique, pendant laquelle il garde les troupeaux de son père, Mofolo devient l'élève de la Mission évangélique de Paris puis, après avoir été le boy du révérend Casalis, il travaille bientôt sous sa direction dans l'imprimerie que le révérend vient de fonder à Morijo. Il en profite pour lire tous les ouvrages publiés en lesotho traitant de religion et d'histoire, et en 1905, encouragé par les missionnaires, il écrit à son tour son premier roman en lesotho *Le Voyageur de l'Est* [*Moeti oa Bochabala*] qui sera d'abord édité sous forme de feuilleton dans le journal *Leselinyana.*

Puis, en 1909, Thomas Mofolo enfourche sa bicyclette et décide de parcourir la région du Natal, à la recherche d'informations sur l'empereur Chaka, ce grand chef zoulou qui, aux alentours de 1820, avait su constituer autour de sa personne un formidable empire appuyé sur une armée de plus de vingt mille hommes. Fasciné par le personnage de celui qu'on appelait le « Napoléon noir », Mofolo publie en 1925, toujours en lesotho, son *Chaka* (*), qui connaît un immense succès et dont le tirage atteint en quelques décennies quarante mille exemplaires, un chiffre record pour un ouvrage écrit en langue vernaculaire !

Il semble toutefois qu'à la suite de cette publication les relations de l'écrivain avec la mission se soient détériorées, puisqu'on le retrouve bientôt comme agent recruteur pour le bassin minier du Rand, propriétaire d'une entreprise de battage, commerçant enfin... Il meurt en 1948, à Teyateyaneng, en ayant pratiquement renoncé à la littérature, mais son *Chaka*, traduit en anglais, dès 1931, sous le titre *Chaka, An Historical Romance*, a durablement contribué à tracer du grand chef zoulou un portrait dans lequel il a su allier, avec beaucoup d'art, la connaissance des mythes traditionnels à la culture protestante dont il était imprégné.

JACQUES CHEVRIER.

RÉF. : D. F. Kunene, *The Works of Thomas Mofolo. Summaries and Critiques*, Los Angeles, 1967. – D. P. Kunene, *Thomas Mofolo and the Emergence of Written Lesotho Prose*, Johannesburg, 1990.

MOHRT Michel. Essayiste et romancier français. Né le 28 avril 1914 à Morlaix (Finistère), d'une famille de négociants. Il fait ses études au collège Saint-Louis à Brest et à la faculté de droit de Rennes. En 1940, il est avocat à Marseille puis il part pour le Canada et les États-Unis où il est professeur de littérature française à l'université de Yale, à Middlebury et à Mills College, et conférencier. Il y reste de 1947 à 1952. De retour à Paris, il est lecteur aux éditions Gallimard puis directeur des traductions pour la section anglaise. Il avait débuté dans les lettres par deux essais : *Les Intellectuels devant la défaite de 1870* (1942) et *Montherlant, homme libre* (1943). En 1945 paraît son premier roman *Le Répit*, consacré à la « drôle de guerre ». *Mon royaume pour un cheval* (1949) et *Les Nomades* (1951) se passent pendant l'exode et la guerre de 39-45. *Le Serviteur fidèle* (1953) s'inspire de son enfance. Il obtient le grand prix de l'Académie française (1962) pour *La Prison maritime* (*) (1961), roman d'aventures qui puise ses sources dans ses traversées de l'Atlantique. *La Campagne d'Italie* (1965) a pour cadre celle de juin et juillet 1940. D'autres romans suivent : *L'Ours des Adirondacks* (1969), *Deux Indiennes à Paris* (1974), *Les Moyens du bord* (1975), *La Guerre civile* (1986), *Le Télésiège* (1989), *Benjamin ou Lettres sur l'inconstance* (1989), *Un soir à Londres* (1991), *Monsieur l'ambassadeur* (1992), *On liquide et on s'en va* (1992). Des essais : *Le Nouveau Roman américain* (1955), *L'Air du large. Essais sur le roman étranger* (1970) (grand prix de la critique littéraire), *L'Air du large II* (1987). Des souvenirs : *La Maison du père* (1979), *Vers l'Ouest* (1988) et des traductions d'auteurs anglais et américains. Ce Breton à l'œuvre abondante et traditionnelle est axé sur la recherche de soi-même. Indifférent aux théories, il reste en marge des groupes littéraires. Il reçoit le grand prix de littérature de l'Académie française pour l'ensemble de son œuvre en 1983 et le grand prix du roman de la ville de Paris en 1990. Il est membre de l'Académie française depuis 1985.

CHRISTINE DE CLINCHAMPS.

MOINOT Pierre. Romancier français. Né le 29 mars 1920, à Fraissines (Deux-Sèvres). Son père était instituteur. Il obtint le prix de français au concours général. Il prépara ensuite l'École normale supérieure au lycée Henri-IV, mais la guerre interrompit ses études. Il participa aux campagnes d'Italie et de France. Il entra à la Cour des comptes comme auditeur en 1946 et ne la quitta qu'en 1986, comme procureur général. Il fut six ans collaborateur d'André Malraux. Il s'occupa de l'organisation administrative du cinéma, exerça les fonctions de directeur du théâtre et de l'action culturelle, mit sur pied les premières maisons de la culture. Il fut directeur des Arts et Lettres de 1966 à 1969 et chargé de diverses responsabilités dans les domaines du cinéma, de la radio et de la télévision, à l'Unesco, à la section française d'Amnesty International. Il présida en 1981 la commission de réflexion sur l'audiovisuel. Pierre Moinot a été l'ami d'Albert Camus, de Louis Guilloux et de Jules Roy, avec qui il descendit le Niger en 1956. De nombreux voyages lui ont permis de se livrer à l'ethnologie et de satisfaire son goût pour la chasse. Son œuvre revêt des aspects variés. Il a publié des romans, dont *Armes et Bagages* (1952), *La Chasse royale* (1954), *Le Guetteur d'ombre* (*) (1979) et *La Descente du fleuve* (1991). Il a également écrit un recueil de nouvelles, une tragédie : *Héliogabale* (1971) et des dramatiques pour la télévision : *Mazarin* (1978) et *Jeanne d'Arc* (1989). Il a été élu à l'Académie française en 1982 au fauteuil de René Clair.

AGNÈS VAQUIN.

MOÏSE (Mochèh). Libérateur et législateur hébreu (XIIIe s. av. J.-C.). Sous ce nom d'origine égyptienne, signifiant « engendré, fils » (peut-être, à l'origine, « théophore » comme Ahmosis, Toutmosis), il est présenté par la tradition judaïque et chrétienne comme l'auteur de la *Torah* (*), c'est-à-dire des cinq premiers livres de *La Bible* (*), que les chrétiens, suivant l'usage des Juifs alexandrins, désignent de noms gréco-latins : *Genèse* (*), *Exode* (*), *Lévitique* (*), *Nombres* (*), *Deutéronome* (*), les réunissant sous le titre d'ensemble de *Pentateuque* (*). La figure de Moïse domine tous les événements qui y sont racontés, du début de *L'Exode* à la fin du *Deutéronome.* Né, en Égypte dans le delta du Nil, d'Amram, descendant de Lévi, à une époque où le peuple hébreu était contraint à de lourds travaux de construction par un pharaon, probablement Ramsès II (1292-1225 av. J.-C.) ; exposé, encore enfant, sur le Nil, et sauvé par une princesse royale, il renonça aux privilèges de sa situation à la Cour pour défendre la cause de son peuple opprimé.

Obligé, par son imprudence, à s'expatrier – Moïse avait, dans un mouvement de colère, tué un geôlier égyptien –, il vécut plusieurs années dans un clan de semi-nomades madianites, aux confins du désert du Sinaï, et il y épousa Séphora, fille du prêtre Jethro, dont il eut deux enfants. C'est là qu'il eut la certitude d'être chargé par Dieu d'une mission, sous l'impulsion de laquelle il retourna en Égypte pour réveiller la conscience nationale de son peuple et traiter avec le pharaon de la libération des Israélites. Ces négociations prennent dans l'*Exode* l'aspect d'une lutte dramatique où apparaît dans toute sa grandeur la figure de Moïse, soutenue par la terrible garantie des fléaux divins. Sous sa conduite, les clans israélites, avec d'autres fugitifs, abandonnèrent l'Égypte, traversant la mer Rouge, ou, plus exactement, une baie de cette mer, qui avançait alors jusqu'aux lacs Salés. Pendant de longues années, ils errèrent dans la péninsule du Sinaï, autour du mont Sinaï lui-même, puis de Cadès. Celui qui avait lutté contre l'Égypte, devenu maintenant le dictateur d'une masse instable et anarchique, dut combattre l'hostilité sourde et la rébellion grondante, pour donner une organisation et une législation à cette masse et la guider vers son destin. Une génération ayant passé, Moïse mena ses tribus dans les territoires qui entourent la vallée du Jourdain, mais il ne put les conduire personnellement dans ce qui deviendrait leur patrie, et il mourut, à l'âge de cent vingt ans, regardant, de la cime du mont Nébo, la terre de Chanaan. Selon la légende rabbinique, Dieu lui-même ensevelit Moïse dans un lieu secret au sein de la montagne, comme il avait, avec Moïse, donné sépulture à son frère Aaron, mort quelques années plus tôt.

Le caractère exceptionnel de l'homme se révèle à certains épisodes rapportés par le *Pentateuque.* Prêt aux explosions subites et orageuses d'une colère non réprimée quand il s'agit de l'honneur de Dieu ou de la justice, il est, en réalité, patient lorsqu'il n'a à défendre que sa propre personne, et c'est même un timide devant la perspective de sa future mission, que, d'après la narration biblique, il cherche à éluder non moins de cinq fois. Et, quand ses sujets deviennent plus intraitables que jamais, sa plainte prend un accent pathétique : « Est-ce moi qui ai conçu tout ce peuple ? L'ai-je engendré, pour que tu me dises de le porter dans mes bras, comme le père nourricier porte le petit enfant, au pays que tu as promis à leurs pères ? » (*Nombres,* XI, 12). Mais ce qui forme le trait le plus intime de sa grandeur, c'est précisément son amour désintéressé pour ces gens, qu'il proteste pourtant n'avoir pas engendrés. Dans un mystérieux et dramatique colloque avec Dieu, lorsqu'il lui est donné d'entrevoir la possibilité d'abandonner le peuple rebelle à son destin pour devenir lui-même, comme jadis Abraham, le premier chef d'un peuple nouveau, il intercède longuement pour les siens et préfère la mort à un destin différent du leur : « Pardonne leur péché, sinon efface-moi de ton livre... » (*Exode,* XXXII, 10-32).

L'attribution traditionnelle du *Pentateuque* à Moïse n'est entendue aujourd'hui par personne en un sens littéral et historique. Il est généralement admis, par les érudits non catholiques également, que Moïse eut un rôle prépondérant dans l'émigration hors d'Égypte de tout ou partie des clans israélites, et qu'à cette occasion il introduisit le culte du Dieu unique, à la fois national et universel, qui, dès lors, fut désigné du nom de Yahvé (la prononciation Jéhovah est certainement erronée). Ces mêmes érudits, constatant que les tribus israélites n'avaient, au temps des Juges (XIIe-XIe s. av. J.-C.), d'autre lien que celui d'une amphictyonie religieuse, soutenue par l'idée d'une « Alliance » commune avec Yahvé, reconnaissent que cette situation dut avoir son origine au temps de Moïse et grâce à lui. Mais, en ce qui concerne la production littéraire du prophète, les opinions, dans le camp non catholique, sont très discordantes. Certains ne lui attribuent que les institutions sociales et religieuses, qui se seraient développées et perpétuées non par les écrits, mais dans la tradition orale et la pratique. D'autres admettent qu'il a rédigé le décalogue moral (*Exode,* XX, 2-17) ou ce qu'on appelle le décalogue rituel (*Exode,* XXXIV, 10-16) ; les plus généreux reconnaissent comme sien le *Livre de l'Alliance* (*Exode,* XX-XXIII), recueil très ancien de lois judiciaires, religieuses et humanitaires. Il est évident qu'il y a dans ces attributions beaucoup d'arbitraire. Il y a plus de fondement à l'analyse critique du *Pentateuque* lui-même, laquelle révèle qu'il ne s'agit pas d'une œuvre homogène qu'on puisse rapporter à un auteur unique comme un écrit d'un seul jet. Les critiques catholiques, tout en acceptant les données d'une critique littéraire équilibrée, ne rejettent pas l'attribution traditionnelle du *Pentateuque* à Moïse, mais l'interprètent d'une manière plus nuancée. Il serait l'instrument de la révélation religieuse et l'auteur de la législation essentielle que contiennent ces volumes, et cela non seulement oralement, mais, au moins en partie, même par écrit, car l'alphabet sémitique était alors en usage depuis longtemps déjà. Les textes et les traditions remontant à Moïse durent se transmettre dans des milieux divers, suscitant ainsi différentes versions des mêmes documents, lesquelles entrèrent ensuite, entièrement ou en partie, dans le *Pentateuque* définitif, donnant lieu à la formation de doublets. C'est ainsi que le *Livre de l'alliance* déjà cité, le *Code de la sainteté* (*Lévitique,* XVII-XXVI) et le *Code du Deutéronome* (*Deut.*, XII-XXVIII) sont partiellement parallèles. Des lois nouvelles se sont probablement ajoutées aux anciennes, restant dans l'esprit du mosaïsme et lui donnant un complément et une mise à jour nécessaires. En ce qui concerne la partie narrative, Moïse a dû recueillir et organiser les anciennes traditions de l'époque patriarcale, parce qu'elles posent les prémisses nécessaires de la conscience religieuse et nationale qu'il avait la tâche de former dans son peuple. L'idée de l'Alliance, sur laquelle est fondé tout le mosaïsme, est en effet liée à l'idée d'une élection et d'une promesse de la part du Dieu des ancêtres. En tout cas, plutôt que d'énumérer ici les dissections possibles du *Pentateuque,* mieux vaut en considérer l'esprit qui l'anime et qui est partout identique à lui-même. À la différence de ce qu'on trouve dans les lois de l'Orient antique, la législation mosaïque considère l'homme dans ses rapports avec Dieu, et de là lui vient une dignité ineffaçable. Dieu lui-même y est le vengeur, même dans les cas que la justice humaine ne peut atteindre. La justice n'y apparaît pas promulguée par l'autorité divine de manière seulement extérieure, comme, par exemple, dans le *Code* (*) d'Hammourabi, mais elle est intimement pénétrée du principe religieux, qui en fait un programme de vie.

ENRICO GALBIATI.

♦ *« Il ne s'éleva jamais en Israël de prophète semblable à Moïse, qui ait vu le Seigneur face à face, ni qui ait fait des miracles et des prodiges pareils à ceux que Dieu opéra par son intermédiaire en Égypte devant le Pharaon, ses serviteurs et tout son royaume, ni qui ait agi avec un bras aussi puissant et exécuté des merveilles comparables à celles que fit Moïse en présence de tout Israël. »* Deut., XXXIV, 10-12. ♦ *« Moïse, pour mieux s'assujettir la nation, lui donna une religion toute nouvelle, et absolument contraire à celle des autres peuples. Là, on a de l'horreur pour tout ce que nous révérons ; à leur tour, ils se permettent ce qui nous révolte* [...] *Tous ces rites, quelle qu'en soit l'origine, se justifient par leur antiquité... »* Tacite. ♦ *« Il parle en maître ; on remarque dans ses écrits un caractère tout particulier, et je ne sais quoi d'original qu'on ne trouve en nul autre écrit ; il a dans sa simplicité un sublime si majestueux que rien ne le peut égaler, et si, en entendant les autres prophètes, on croit entendre des hommes inspirés de Dieu, c'est, pour ainsi dire, Dieu même en personne qu'on croit entendre dans la voix et dans les écrits de Moïse. »* Bossuet. ♦ *« Tous les événements de la vie de Moïse sont plus extraordinaires que ceux de Gargantua. Si Moïse avait existé, l'auteur de sa vie nous aurait dit du moins dans quelle époque de l'histoire égyptienne il aurait vécu* [...] *Quand on veut tromper, il faut savoir mieux tromper. »* Voltaire. ♦ *« La Loi judaïque, toujours subsistante, annonce encore aujourd'hui le grand homme qui l'a dictée ; et tandis que l'orgueilleuse philosophie ou l'aveugle esprit de parti ne voit en lui qu'un heureux imposteur, le vrai politique admire dans ses institutions ce grand et puissant génie qui préside aux institutions durables. »* Rousseau. ♦ *« Moïse, avec une sagacité merveilleuse, parle à des hommes grossiers la langue qui leur convient ; et cependant, il ne plie que rarement sa doctrine aux exigences de leur grossièreté. Ses concessions consistent dans les mots plus que dans les choses ; ce sont des nuages passagers qui n'obscurcissent que pour un instant ce qu'il y a de sublime dans les notions de l'Être suprême. »* Benjamin Constant.

RÉF. : Sigmund Freud, *Moïse et le Monothéisme,* trad. Paris, 1948. – Saolôm Asch, *Moïse*, Paris, 1954. – *Moïse, l'homme de l'alliance*, ouvrage collectif, Tournai, 1956. – H. Cazells, *À la recherche de Moïse*, Paris, 1979 ; *Autour de l'Exode. Études,* Paris, 1987.

MOÏSE de Khorène. Historien arménien du Ve siècle de notre ère. Né vers 410 dans la région du Taron. Moïse est l'auteur d'une *Histoire des Arméniens* (*), la plus monumentale de tous les ouvrages de ce genre, puisqu'elle s'efforce de produire une histoire généalogique des Arméniens depuis la création du monde jusqu'au ve siècle. La tradition, se fondant sur les données que l'on peut trouver dans cet ouvrage et sur les témoignages postérieurs, tels que celui de Thomas Artsrouni (xe siècle), fait de Moïse de Khorène le disciple direct de saint Mesrob, inventeur de l'alphabet, et du patriarche Sahak, premier traducteur de *La Bible* (*) en arménien. Après un long voyage d'études à travers la Syrie, l'Égypte, la Grèce et Byzance, et en particulier un séjour prolongé à Alexandrie, Moïse de Khorène serait revenu en Arménie vers 440 après la mort de ses maîtres. Ces données biographiques sont reprises telles quelles par exemple par Tch'amtch'ian dans la première *Histoire d'Arménie* des temps modernes, datant de la fin du XVIIIe siècle (la traduction anglaise parut en 1827). Toutefois, certains arménisants modernes, à commencer par Carrière à la fin du siècle dernier, et plus récemment Thomson, tendent à prouver, par l'étude des textes utilisés par Moïse, que son livre ne peut pas avoir été écrit avant le VIIIe siècle. On attribue également à Moïse de Khorène un traité de rhétorique, adaptation de la rhétorique alexandrine.

MARC NICHANIAN.

RÉF. : A. Carrière, *Nouvelles sources de Moïse de Khorène*, Vienne, 1893. – R. W. Thomson, traduction anglaise de l'*Histoire des Arméniens*, avec une importante introduction, Cambridge, Mass., 1978.

MOÏSE de León. Cabaliste castillan. Né en 1240 à León, mort en 1305 à Aravelo. Il fut surtout connu pour la controverse sur le *Zohar* (*), dont la rédaction ou l'édition lui fut attribuée. Mais il fut un auteur fécond dont l'œuvre hébraïque comprend plus d'une dizaine d'ouvrages. Son itinéraire intellectuel le conduisit à s'intéresser d'abord à la philosophie (Maïmonide, Aristote et le néoplatonisme), la mystique du langage et la théosophie, cette dernière comportant à la fois une contemplation sur les dix émanations divines ou « sefirot » et une pratique théurgique visant à exercer une influence sur elles. Outre le *Zohar*, monument de la mystique juive médiévale, plusieurs écrits pseudépigraphiques lui ont été attribués par la critique moderne qui reconnaît en ce cabaliste espagnol une figure singulière de l'histoire de la littérature religieuse. Ses livres principaux sont : une étude détaillée sur la signification mystique des commandements, *Le Livre de la grenade* [*Sefer ha-Rimon*] ; un exposé systématique de la doctrine des sefirot et des noms divins, *Le Sicle du sanctuaire* (*) ; une description du sort de l'âme après la mort et des conseils pour la pénitence, *Le Livre de la balance* [*Sefer ha-Michqal*] ; une étude sur la portée mystique des prières, *Les Garnitures d'argent* [*Maskiyot Kessef*] ; des *Responsa* sur divers sujets de cabale. Doué d'une prodigieuse inventivité et d'une imagination hors pair, cet auteur est sans doute le théosophe juif le plus important du Moyen Âge.

CHARLES MOPSIK.

MOLIÈRE (Jean-Baptiste Poquelin, dit). Dramaturge et comédien français. Né et mort à Paris : janvier 1622-17 février 1673. Parmi tant de légendes qui ont couru sur sa vie, nous ne possédons qu'un petit nombre d'éléments attestés. Sa naissance dans une riche famille de la bourgeoisie commerçante (il est fils, petit-fils et petit-neveu de marchands tapissiers). L'achat par son père, en 1631, de l'office de tapissier et valet de chambre ordinaire du roi, que détenait son oncle. La perte de sa mère à l'âge de dix ans ; de la femme que son père avait ensuite épousée, quatre ans plus tard. L'obtention de la survivance de la charge de son père, en 1637. Ses cours jusqu'en 1639 chez les jésuites du collège de Clermont (l'actuel lycée Louis-le-Grand), l'établissement le plus huppé de Paris, puis des études de droit jusqu'à la licence. Quant à son initiation au théâtre, les anecdotes sont nombreuses, mais guère fiables. Aussi doit-on se contenter de reprendre la prudence de l'auteur de la *Préface* de l'édition posthume de 1682 : « Au sortir des écoles de droit, il choisit la profession de comédien par l'invincible penchant qu'il se sentait pour la comédie. » Ses ennemis l'ont présenté comme un ancien assistant des fameux « opérateurs », l'Orviétan et Bary. S'il n'est pas impossible qu'il ait été l'un des farceurs qui attiraient le chaland devant les tréteaux des bonimenteurs, ce ne put être qu'entre la fin de ses études, vers 1642, et la constitution de « L'Illustre Théâtre », en juin 1643. On ignore aussi à quel moment il commença à fréquenter la famille Béjart et la belle Madeleine, de trois ans plus âgée que lui, comédienne déjà réputée tant pour ses qualités d'actrice, de danseuse, de musicienne, que pour son esprit et son amour de la poésie. Au plus tard en janvier 1643, en tout cas, date à laquelle il annonce à son père qu'il renonce à la charge de tapissier du roi au profit de son frère. On ne voit pas qu'ils aient rompu à cette occasion, puisque son père lui remet, outre sa part dans l'héritage de sa mère, une avance d'hoirie sur sa propre succession. Le 30 juin 1643, il signe à la constitution de L'Illustre Théâtre comme l'un des trois principaux acteurs masculins, et il signera rapidement seul, ou le premier, les actes concernant la compagnie, et ce, sous le nom de Molière, pseudonyme dont il ne voulut jamais révéler l'origine.

L'aventure de L'Illustre Théâtre se solda par une débâcle financière – Molière connut la prison pour dettes à deux reprises, en août 1645 –, mais l'expérience ne fut pas seulement celle d'un échec. Plusieurs mois de succès en 1644, la confiance des auteurs de tragédie, le patronage du plus grand prince du royaume (Gaston d'Orléans) en sont la preuve. C'est que ni la qualité de la troupe ni la qualité du répertoire n'étaient en cause : deux théâtres étant déjà solidement implantés à Paris, il n'y avait pas de place à cette époque pour trois compagnies théâtrales régulières possédant un répertoire de même nature, même si la nouvelle s'installait sur la rive gauche. D'ailleurs la période faste, de février à octobre 1644, s'explique par la fermeture temporaire du théâtre du Marais, détruit par un incendie le 15 janvier. En 1658 encore, Molière ne pourra prendre pied à Paris qu'en profitant une nouvelle fois d'une fermeture temporaire du Marais (d'avril 1657 à mars 1659) et ne s'imposera définitivement que dans la mesure où ses propres pièces connaîtront un succès de nouveauté et feront de lui l'auteur à la mode.

L'Illustre Théâtre dispersé, Molière et les Béjart sont recueillis par la troupe du duc d'Épernon, qui rayonne dans l'ouest de la France et dont Molière semble avoir pris la tête vers 1650. Les comédiens arrivent dans le Languedoc, dès 1647, à l'invitation du comte d'Aubijoux, à la fois lieutenant-général du roi pour le Haut-Languedoc et gouverneur de Montpellier. Grand seigneur éclairé, libertin et fastueux, véritable mécène, le comte d'Aubijoux fait inviter les comédiens à chacune des réunions annuelles des états de Languedoc (Montpellier, Pézenas, Béziers), ce qui leur assure une gratification annuelle considérable. Ainsi protégés, ils ne quittent guère le Languedoc que pour faire des séjours dans la région de Lyon, où est créée la première pièce (conservée) de Molière, *L'Étourdi* (*), sans doute dès 1653. Cette même année 1653 arrive en Languedoc le prince de Conti, frère cadet du Grand Condé, quatrième personnage du royaume, qui adopte à son tour la troupe de Molière, à laquelle il accorde son nom. La belle période languedocienne se termine brutalement à la fin de 1656 : d'Aubijoux meurt de la syphilis en novembre, et Conti, atteint du même mal, dont il mourra dix ans plus tard, commence à regarder du côté de la religion. Privés de protecteurs, les comédiens retournent à Lyon, où Conti, désormais hostile au théâtre, « leur fait dire de quitter [son] nom » en mai 1657. Ils passent encore quelques mois dans la région (rayonnant jusqu'à Dijon et Grenoble) avant de préparer leur retour définitif à Paris en séjournant à Rouen, le fief des frères Corneille, à partir du printemps 1658.

En octobre, la troupe arrive à Paris, pourvue du patronage de Monsieur, frère unique du roi, témoignage indiscutable de la notoriété déjà acquise par les comédiens – et de l'habileté stratégique de Molière qui avait appris qu'il n'était pas de réussite possible sans protecteur. Ils peuvent ainsi donner une représentation au Louvre, devant le roi et la Cour. Grâce à un usage ancien, Molière obtient de faire suivre *Nicomède* (*) de Corneille d'une farce de son invention, *Le Docteur amoureux* (qui n'a pas été conservée) : séduit par le rythme de la farce et la virtuosité de l'acteur Molière, Louis XIV accorde aux comédiens de partager avec les Italiens la belle salle du Petit-Bourbon, qui jouxte le Louvre. La première représentation est donnée dès le 2 novembre, et le succès des deux premières comédies en cinq actes de Molière – *L'Étourdi* et *Le Dépit amoureux* (*) – se transforme en triomphe un an plus tard avec *Les Précieuses ridicules* (*), qui n'étaient pourtant qu'une « petite comédie » toujours représentée à la suite de diverses pièces en cinq actes. Par ailleurs, la mort de son frère cadet lui laisse la charge de tapissier valet de chambre ordinaire du roi, qu'il avait abandonnée dix-huit ans auparavant. Cette fois, il n'y renonce pas : il n'a pas d'autre frère, et un titre d'officier de la maison du roi ne se laisse pas perdre, d'autant que ses trois mois de service par an à la Cour lui permettent d'approcher le roi. Le succès se confirme en mai 1660 avec *Sganarelle ou le Cocu imaginaire* (*), autre farce qui accompagne durant trois mois diverses reprises de pièces en cinq actes. En octobre, les comédiens sont chassés sans préavis du Petit-Bourbon qui doit être démoli pour laisser la place à la colonnade du Louvre. Molière obtient alors de Louis XIV de s'installer dans la salle du Palais-Royal, construite par Richelieu vingt ans plus tôt, mais elle est presque en ruine. Après trois mois de travaux, le 20 janvier 1661, *Le Dépit amoureux* fait l'ouverture de la nouvelle salle.

Durant ses trois premières saisons théâtrales parisiennes, Molière garde encore les yeux fixés sur la tragédie, le plus haut genre littéraire avec l'épopée, montant presque autant de tragédies que de comédies – même s'il paraît n'attirer le public que dans la mesure où il fait suivre ces tragédies de ses propres farces –, et se faisant peindre par son ami Mignard en acteur tragique (César, rôle principal de *La Mort de Pompée* (*) de Corneille). Cette obsession pour le genre poétique par excellence explique qu'il ait ambitionné lui-même de devenir auteur tragique. De là, la création le 4 février 1661 de sa première « pièce sérieuse », *Dom Garcie de Navarre* (*), comédie héroïque, soigneusement préparée et annoncée de longs mois à l'avance. Mais elle chuta rapidement et disparut du répertoire. Déçu, Molière ne la fit pas publier et en dispersa les vers dans ses pièces ultérieures, principalement dans *Le Misanthrope* (*). Cette chute, en le faisant renoncer pour toujours aux genres sérieux, lui apprend qu'il faut persévérer dans sa propre voie : reprendre les ingrédients de ses deux précédentes farces en les appliquant à des œuvres de plus d'ampleur. Prudemment, il se limite à des pièces en trois actes, destinées comme les farces à accompagner une grande pièce, et dont l'éventuel échec ne risque pas, pour cette raison, de mettre en péril la situation financière de la troupe. Ainsi sont créées à quelques mois d'intervalle *L'École des maris* (*) (juin 1661) et *Les Fâcheux* (*) (août 1661). Cette fois le succès fut considérable ; il fit du Palais-Royal le rendez-vous du Tout-Paris, et de Molière l'auteur à la mode. Cette consécration était d'autant plus nette qu'il venait de montrer deux facettes extrêmement différentes de son talent, d'inventer avec *Les Fâcheux* un nouveau genre, la comédie-ballet, et de réaliser cette invention dans les conditions exceptionnelles de la splendide fête offerte au monarque par son surintendant des Finances, Fouquet, en son nouveau château de Vaux-le-Vicomte (17 août 1661). Mais une telle consécration – confirmée par un premier séjour à la Cour du 8 au 14 mai 1662 – ne pouvait pas aller sans susciter l'animosité de tous ceux qui ne supportaient pas l'élévation d'un « farceur » au-dessus du rang qu'ils lui avaient définitivement assigné. Le triomphe de *L'École des femmes* (*), le 26 décembre 1662, allait être le détonateur.

Déjà tenu pour un concurrent dangereux par les comédiens du théâtre de l'Hôtel de Bourgogne, Molière se posait désormais en rival des « poètes dramatiques » en composant une grande pièce en cinq actes et en vers « originale » et fondée sur des principes esthétiques révolutionnaires. D'où les attaques des auteurs dénonçant les défauts de composition de la pièce ; des mondains raffinés, offusqués par le thème central du cocuage et par quelques équivoques scabreuses ; et des tenants de la morale traditionnelle, choqués de voir raillés, plus encore que dans *L'École des maris*, les principes du conformisme religieux et moral. Attaqué de toutes parts, de toutes manières – libelles, pièces de théâtre, chansons insultantes, accusation d'inceste auprès du roi pour « avoir épousé la fille et avoir autrefois couché avec la mère » (il avait épousé en 1662 Armande Béjart, de vingt ans sa cadette) –, Molière fait front avec deux courtes comédies, *La Critique de l'École des femmes* (*) et *L'Impromptu de Versailles* (*) (juin et octobre 1663), où il se défend, explique ses principes esthétiques, et dresse une éblouissante caricature de ses ennemis. Grâce à l'éclatante approbation de Louis XIV, à la demande duquel est écrit et devant qui est créé *L'Impromptu*, et qui accepte d'être le parrain de son premier fils (février 1664), balayant ainsi les insinuations d'un mariage incestueux, la querelle s'apaise au début de 1664.

Elle ne tarde pas à rebondir. Quinze jours avant la première représentation de *Tartuffe* (*), les plus intrigants des dévots, les membres de la compagnie du Saint-Sacrement, s'agitent pour faire interdire une pièce qui les joue et qui met une nouvelle fois en avant une morale tolérante et ouverte au monde. Au lendemain de la première représentation à Versailles (12 mai 1664) dans le cadre des somptueuses fêtes des « Plaisirs de l'île enchantée », la pièce est interdite par le roi sur requête de l'archevêque de Paris. En réponse, Molière prépare longuement, à partir d'un sujet à succès, un coûteux spectacle à machines et à décors multiples, qu'il crée en février 1665 : *Dom Juan* (*), véritable provocation pour ses ennemis, connaît cinq semaines de triomphe avant de disparaître inexplicablement et définitivement au lendemain du relâche de Pâques. Probablement à l'origine de cet étouffement dans un souci d'apaisement, Louis XIV n'en marque pas moins son soutien à Molière en décidant quelques mois plus tard d'honorer la troupe du titre de *Troupe du roi*. Molière peut donc oublier *Dom Juan* et continuer de se battre pour *Tartuffe*. Cependant la cabale dévote ne désarme pas, et, en l'absence du roi qui guerroie dans les Flandres, au mois d'août 1667, elle fait interdire une nouvelle version de *Tartuffe, L'Imposteur*. La levée de l'interdiction se fera encore attendre dix-huit mois. C'est à la faveur de la « paix de Clément IX » (réconciliation des jansénistes avec le pape) en janvier 1669 que l'interdiction est levée. Et c'est le 5 février 1669 la première de *Tartuffe ou l'Imposteur*, qui vaut au Palais-Royal l'une de ses plus fortes recettes jamais enregistrées.

Durant cette période dominée par une bataille littéraire capitale, et qui voit Molière subir les premières attaques de la maladie qui devait l'emporter, la troupe continue à vivre très richement et à créer, et le rayonnement de Molière croît de façon considérable, s'étendant même à l'étranger où ses pièces sont éditées, traduites et jouées. Certes les difficultés de *Tartuffe* le feront renoncer définitivement à la tentation de l'engagement politique. Faut-il pour autant tirer des conclusions du fait que certaines pièces ont été jugées – par la postérité seulement – plus « grinçantes », et n'ont pas connu les triomphes des précédentes, *Le Misanthrope* (*) en 1666, *George Dandin* (*) et *L'Avare* (*) en 1668 ? En fait, *Le Misanthrope* est suivi, à peine deux mois plus tard, de la comédie endiablée du *Médecin malgré lui* (*), et *George Dandin*, qui est jugé « archi-comique » par ses premiers spectateurs, est contemporain d'*Amphitryon* (*), la plus gracieuse pièce de Molière et l'un de ses plus beaux succès.

Si le rayonnement de Molière a continué à croître malgré le nombre et la puissance de ses ennemis, c'est que Louis XIV n'a cessé de considérer Molière comme l'un des siens. Grâce à l'invention de la comédie-ballet, que sa troupe fut la seule à pratiquer, Molière offrait au roi une synthèse entre le divertissement théâtral traditionnel et le divertissement que Louis XIV devait à ses talents exceptionnels de danseur d'apprécier plus que tout : le ballet. C'est pourquoi à partir de 1664 les commandes – quelquefois imprévues, obligeant Molière à écrire à la hâte – se succédèrent à un rythme soutenu, et la comédie-ballet revêtit toutes les formes : ballet en comédie, *L'Amour médecin* (*) (1665), *Monsieur de Pourceaugnac* (*) (1669), *Le Bourgeois gentilhomme* (*) (1670) ; comédie enchâssée dans un grand ballet, *Mélicerte* (*) (1666) et *Le Sicilien* (*) (1667) dans le *Ballet des muses*, *George Dandin* dans *Le Grand Divertissement royal* en 1668, *La Comtesse d'Escarbagnas* (*) dans *Le Ballet des ballets* en

1671 ; comédie et ballet mêlés, *La Princesse d'Élide* (*) (1664), *Les Amants magnifiques* (*) (1670) ; tragédie et ballet liés enfin, *Psyché* (*) (1671). Au total, du début de 1664 à 1672, il fit représenter vingt et une pièces : quinze d'entre elles étaient destinées au roi. Ainsi Molière, tout en continuant à mener de front les deux genres, comédie unie et comédie-ballet, a tenté de s'imposer à la cour et à la ville comme le seul dépositaire d'un art regroupant la musique, la danse et le théâtre — et le théâtre dans toute sa variété. Ce fut son dernier combat et sa première véritable défaite.

On saisit la mesure de cette orientation si l'on sait que la pièce qui a dominé ses dernières années ne fut ni *Les Fourberies de Scapin* (*) (1671) ni *Les Femmes savantes* (*) (1672), mais la tragédie-ballet de *Psyché*, commandée par le roi, écrite dans l'urgence avec l'appoint de Corneille, et créée dans la Salle des machines du palais des Tuileries le 17 janvier 1671 (un mois après la mort de Madeleine Béjart) dans un faste proprement extraordinaire : un jeu de machines jamais vu, soixante-dix maîtres à danser, et un orchestre de trois cents musiciens dirigés par Lully. Montée au Palais-Royal à partir de juillet, elle donna lieu, durant les dix-huit derniers mois de la vie de Molière, à quatre-vingt-deux représentations — autant que *L'École des femmes* en dix ans de carrière. Étape capitale, donc, parce que Molière ne voulut pas donner au public parisien une version pauvre du spectacle des Tuileries : au lieu d'adapter l'œuvre à son théâtre, il adapta son théâtre à l'œuvre : le Palais-Royal fut entièrement refait afin de recevoir les machines et se pourvut d'un orchestre de douze violons, chiffre considérable pour un théâtre privé. Mais on ne refait pas un théâtre pour une seule pièce : Molière a-t-il songé à se consacrer entièrement — avec ou sans son ami Lully — à l'opéra ? Si l'on peut douter qu'il ait songé à renoncer totalement à son esthétique du naturel et à son écriture fondée sur le dynamisme et la variété du dialogue, on voit bien en revanche qu'il a recherché une structure mixte associant le plus harmonieusement possible la comédie parlée et la fantaisie chantée et dansée. De là l'attitude de Lully, qui obtient pour lui seul le privilège de l'Académie de musique avec des conditions draconiennes qui interdisaient à tout autre théâtre de monter des œuvres chantées et dansées : il avait compris que la grande comédie-ballet moliéresque constituait une variante de l'opéra qui pouvait l'emporter. Ce fut la première et la seule véritable défaite de Molière. Louis XIV, en effet, tout en lui permettant de continuer à monter des spectacles contenant des divertissements chantés et dansés, n'attend plus désormais la synthèse du théâtre, de la musique et de la danse que de l'opéra de Lully. Aussi, pour la première fois, tandis que l'on savait depuis le mois d'août 1672 que Molière préparait un nouveau spectacle avec d'importants divertissements chantés et dansés, n'est-il pas fait appel à lui pour les fêtes du carnaval 1673.

C'est donc au Palais-Royal qu'est créé le 10 février 1673 *Le Malade imaginaire* (*), avec une musique composée par Charpentier. Si les recettes de la première n'ont jamais été aussi élevées, le triomphe est de courte durée, car Molière, qui pendant longtemps n'avait ressenti que les agressions intermittentes de sa « fluxion de poitrine », n'a plus désormais, comme il le fait dire à Béralde, « de la force que pour porter son mal » (*Le Malade imaginaire*, III, 3). Sachant que le succès de la pièce repose largement sur son rôle et sur sa personne, il refuse, quoique épuisé, de prendre du repos. Le vendredi 17 février, au cours du dernier intermède, il est pris d'un malaise et meurt chez lui vers dix heures du soir, sans avoir pu abjurer la profession (excommuniée) de comédien ni recevoir les sacrements, deux prêtres ayant refusé de se déplacer et le troisième étant arrivé trop tard. Mais à la demande du roi, supplié par Armande, l'archevêque de Paris autorise le lendemain l'inhumation, « à condition néanmoins que ce sera sans aucune pompe, et avec deux prêtres seulement, et hors des heures du jour ; et qu'il ne sera fait aucun service solennel pour lui, ni dans ladite paroisse Saint-Eustache ni ailleurs ». Les ennemis de Molière tenaient leur revanche.

On a souvent exagéré la part des luttes dans sa vie et sa carrière, faisant l'amalgame entre les batailles littéraires, les attaques personnelles, la vie privée et la maladie. Il faut donc faire la part des choses. Eut-il plus qu'un autre des soucis d'ordre personnel ? Jamais d'ordre financier en tout cas. Le confort de sa vie parisienne, l'achat de sa maison d'Auteuil en 1667, la richesse de l'inventaire après décès attestent l'extrême aisance de sa vie matérielle. La postérité lui prête des difficultés conjugales avec la plus jeune sœur (la fille ?) de Madeleine Béjart, Armande, de vingt ans sa cadette : quelle que fût la réalité des infidélités de celle-ci — qu'ont précisément ignorées les pires ennemis de Molière, pourtant à l'affût de tous les ragots —, la liberté des mœurs d'une troupe de comédiens au XVIIe siècle était telle qu'on voit mal Molière s'offusquer d'une attitude libre que seuls les personnages ridicules de son théâtre condamnent, et s'assombrir d'une jalousie qu'il raille dès *L'École des maris*, un an avant son mariage. Il perdit aussi deux des trois enfants que lui donna Armande, mais, en un temps où la mortalité infantile était considérable, c'était le lot de la totalité des familles. On lui prête enfin un combat douloureux et permanent contre la maladie : mais les premières atteintes du mal qui l'emportera ne se manifestent qu'à partir de 1665, et il ne paraît avoir vraiment été éloigné de la scène qu'au début de 1666 et au printemps 1667 ; en fait, sa « fluxion de poitrine », si elle le ronge effectivement et affecte son physique (il y fait

lui-même allusion dans *L'Avare* et dans *Monsieur de Pourceaugnac*), l'empêchera d'autant moins de déployer constamment une formidable activité que le commerce de la maladie et de la mort fait partie du quotidien des hommes du XVIIe siècle. C'est donc surtout dans sa vie publique qu'il dut se battre plus qu'un autre : directeur de troupe, il affronta l'hostilité des comédiens rivaux, les intérêts personnels des auteurs dont il créait les pièces, en particulier de Racine qui donna, après quelques jours de représentation au Palais-Royal, son *Alexandre* (*) à l'Hôtel de Bourgogne (décembre 1665), ou l'ambition personnelle de sa meilleure tragédienne, la Du Parc, qui passa en 1667 à l'Hôtel de Bourgogne. D'autre part, comédien qui cherchait à se faire reconnaître comme auteur, et auteur qui avait des idées, il dut se faire écouter par une société dont certains cercles, au programme d'austérité morale rigoureux, étaient hostiles à l'idée même de théâtre. De là les deux grands combats littéraires qui l'occupèrent de 1662 à 1669.

Après sa mort, partisans et adversaires de son théâtre se sont rejoints dans une admiration mutilante de son œuvre : fut éliminé tout ce qui n'était pas régulier et vraisemblable, tout ce qui s'écartait de la comédie de mœurs ou de caractères, tout ce qui ne relevait pas d'une « comique fin ». Institué patron d'un théâtre régulier, délicat et moral, Molière se voyait défiguré pour plus de deux siècles, et son œuvre se voyait amputée de tout ce qui s'éloignait de ces canons : farces et comédies-ballets. Quant aux comédies-ballets qui ont survécu à cet élagage (*Le Bourgeois* et *Le Malade*), elles ont elles-mêmes, jusqu'à une époque récente, été systématiquement privées, à la représentation, de leurs ballets.

GEORGES FORESTIER.

XVIIe siècle. ♦ *« Que tu ris agréablement / Que tu badines savamment... / Ta muse avec utilité / Dit plaisamment la vérité : / Chacun profite à ton école, / Tout en est beau, tout en est bon. / Et ta plus burlesque parole / Est souvent un docte sermon. »* Boileau, 1663. ♦ *« Étudiez la cour et connoissez la ville ; / L'une et l'autre est toujours en modèles fertile / C'est par là que Molière illustrant ses écrits / Peut-être de son art eût remporté le prix, / Si, moins ami du peuple, en ses doctes peintures, / Il n'eût point fait souvent grimacer ses figures, / Quitté, pour le bouffon, l'agréable et le fin, / Et sans honte à Térence allié Tabarin. / Dans ce sac ridicule où Scapin s'enveloppe, / Je ne reconnais plus l'auteur du* Misanthrope. » Boileau, 1674. ♦ *« Molière a pris les Anciens pour modèles ; inimitable à ceux qu'il a imités s'ils vivaient encore. »* Saint-Évremond. ♦ *« Il n'a pas manqué à Molière que d'éviter le jargon et le barbarisme et d'écrire purement : quel feu, quelle naïveté, quelle source de la bonne plaisanterie, quelle imitation des mœurs, quelles images, et quel fléau du ridicule... »* La Bruyère. ♦ *« La postérité saura peut-être la fin de ce poète-comédien qui, en jouant son* Malade imaginaire..., *reçut la dernière atteinte de la maladie dont il mourut peu d'heures après, et passa des plaisanteries du théâtre, parmi lesquelles il rendit presque le dernier soupir, au tribunal de celui qui dit : "Malheur à vous qui riez, car vous pleurerez." »* Bossuet.

XVIIIe siècle. ♦ *« Il faut avouer que Molière a tiré la comédie du chaos, ainsi que Corneille en a tiré la tragédie ; et que les Français ont été supérieurs en ce point à tous les peuples de la terre. Molière avait d'ailleurs une autre sorte de mérite, que ni Corneille, ni Racine, ni Boileau, ni La Fontaine, n'avaient pas : il était philosophe, et il l'était dans la théorie et dans la pratique. »* Voltaire. ♦ *« Molière est le plus parfait auteur comique dont les ouvrages nous soient connus : mais qui peut disconvenir... que le théâtre de ce même Molière, des talents duquel je suis l'admirateur plus que personne, ne soit une école de vices et de mauvaises mœurs, plus dangereuse que les livres mêmes où l'on fait profession de les enseigner ? »* J.-J. Rousseau.

XIXe siècle. ♦ *« Un homme inimitable... »* Napoléon. ♦ *« Molière est inférieur à Aristophane... La comédie de Molière est trop imbibée de satire pour me donner souvent la sensation du "rire gai", si je puis parler ainsi. »* Stendhal. ♦ *« L'observation donne Sedaine. L'observation plus l'imagination donne Molière. L'observation plus l'imagination, plus l'intuition donne Shakespeare. »* Victor Hugo. ♦ *« S'il était possible de corriger entièrement les hommes en les faisant rougir de leurs ridicules, de leurs défauts et de leurs vices, quelle société parfaite n'eût pas fondée ce législateur sublime. »* Honoré de Balzac. ♦ *« Aimer Molière..., j'entends l'aimer sincèrement et de tout son cœur, c'est, savez-vous ? avoir une garantie de soi contre bien des défauts, bien des travers et des vices d'esprit. »* Sainte-Beuve. ♦ *« Dans la comédie moderne..., une foule de productions comiques tombent dans la simple plaisanterie prosaïque, et même prennent un ton âcre et repoussant. Molière, en particulier, dans celles de ses fines comédies qui ne sont nullement des farces, est dans ce cas. Le prosaïque, ici, consiste en ce que les personnages prennent leur but au sérieux avec une sorte d'âpreté. Ils le poursuivent avec toute l'ardeur de ce sérieux. Aussi, lorsqu'à la fin ils sont déçus ou déconfits par leur faute, ils ne peuvent rire comme les autres, libres et satisfaits. Ils sont simplement les objets d'un rire étranger, ou la plupart du temps maltraités. »* Hegel.

XXe siècle. ♦ *« Le Molière aigu, le Molière oppressé, le profond Molière que nous rejoignons à travers les comédies, les ballets et les farces, relève le défi de Pascal. Il ose parier contre Pascal. Ce n'est pas qu'il nie le surnaturel ; mais il refuse d'en être occupé et trouve comique l'homme qui a souci de son âme... Molière ne veut connaître que son instinct, un instinct que bride seulement la peur du ridicule. C'est cela qu'il appelle la nature. »* François Mauriac. ♦ *« Molière est ce qu'il y a de mieux dans le genre. Il savait ce que c'est que dire un vers, le respirer. »* Louis Jouvet.

RÉF. : R. Bray, *Molière, homme de théâtre*, Paris, 1954. — J. Cairncross, *Molière, bourgeois et libertin*, Paris, 1963. — L. Gossman, *Men and Masks. A Study of Molière*, Baltimore, 1963. — J. Guicharnaud, *Molière, une aventure théâtrale*, Paris, 1963. — M. Gutwirth, *Molière ou l'invention comique*, Paris, 1966. — G. Couton, *Molière, Œuvres complètes*, Paris, 1972. — J.-P. Collinet, *Lectures de Molière*, Paris, 1974. — G. Defaux, *Molière ou les Métamorphoses du comique*, Lexington (Kentucky), 1980. — G. Conesa, *Le Dialogue moliéresque, étude stylistique et dramaturgique*, Paris, 1983. — (J. Truchet éd.), *Thématique de Molière*, Paris, 1985. — G. Forestier, *Molière*, Paris, 1990.

MOLINA Luis de. Théologien et philosophe espagnol. Né en 1535 à Cuenca, en Nouvelle Castille, mort à Madrid le 14 octobre

1600. Après avoir fait ses premières études à Cuenca, il suivit les cours de l'université de Salamanque, puis de l'université d'Alcalá. La première de ces deux universités bénéficia du mouvement de réforme instauré par Francesco de Vitoria, à telle enseigne qu'elle rivalisait avec l'université de Paris ; quant à la seconde, qui avait été fondée vers la fin du XVe siècle par le cardinal Ximénès, elle était en train de devenir un des centres de l'humanisme chrétien, et de la renaissance de la théologie et de la philosophie scolastique. En 1546 avait été ouvert, à Alcalá, le premier collège de la Compagnie de Jésus qui existait en Espagne. Molina entra en contact avec les pères du collège, et, le 10 août 1553, obtint la permission d'entrer dans l'ordre. En 1562, il termina ses études de théologie à l'université d'Evora, au Portugal, université fondée depuis peu et confiée aux jésuites. Après qu'il eut enseigné la philosophie pendant quatre ans à Coïmbre, Molina fut appelé par l'infant de Portugal, qui lui demanda d'enseigner la théologie à Evora. Il y professa pendant plus de vingt ans avec un extraordinaire succès. Esprit prompt et passionné pour la vérité, il savait éveiller, grâce à sa manière vivante et élégante de s'exprimer, l'intérêt et même l'enthousiasme de ses disciples. Il ne s'avoua jamais vaincu devant les problèmes les plus difficiles à résoudre, et quelque tumulte que soulevassent ses œuvres et sa doctrine, il conserva toujours une attitude digne et sereine.

Il composa trois ouvrages : un commentaire à la première partie de la *Somme théologique* (*) de saint Thomas [*Commentaria in primam divi Thomae partem in duos tomos divisa*], un traité *De la justice et du droit* [*De justitia et jure*], en six volumes in-folio, et enfin ce par quoi son nom est devenu célèbre, l'*Accord du libre arbitre avec les dons de la grâce, la divine prescience, la providence et la réprobation* (*), publié pour la première fois à Lisbonne en 1588, et en édition définitive à Anvers en 1595. Il y soulevait une des plus fameuses polémiques qui se soient produites au sein de l'Église catholique. Comme Molina avait l'impression que l'enseignement des dominicains, et spécialement du père Bañez, sur la grâce surnaturelle et sur la prédestination divine, conduisait à la suppression de la liberté humaine, thèse défendue par Luther et par les protestants, il proposait une interprétation définitive des textes de la Sainte Écriture, des Pères de l'Église et en particulier de saint Thomas d'Aquin, interprétation grâce à quoi se pouvait conclure l'existence d'une liberté plénière, encore que la grâce soit absolument nécessaire au salut de chacun. La façon dont Molina conciliait la liberté et la grâce, la prescience divine et les actions humaines, différait totalement de celle de Bañez qui recourait à une prédestination physique. Les discussions prirent un tour dangereux. Sur les instances de Philippe II, le Saint-Siège accepta de juger la cause à Rome. Des commissions spéciales furent instituées. La controverse fut appelée « De auxiliis » et dura sans interruption pendant treize ans. On décréta, pour conclure, que l'opinion des dominicains n'était pas la même que celle des protestants et que celle des jésuites différait de celle des pélagiens. Ceci se passait en 1611. Après avoir soulevé cette polémique à laquelle il se mêla pendant les premiers temps, Molina fut chargé d'enseigner, en 1600, la théologie au Collège impérial de Madrid. Il mourut six mois plus tard, à l'âge de soixante-cinq ans.

CARLO GIACON, S.J.

RÉF. : Billuart, *Le Thomisme triomphant,* s.l., 1725, et *Apologie du thomisme triomphant,* Liège, 1731. – Mabille, *Controverses sur le libre arbitre au XVIe et au XVIIe siècle,* Paris, 1880. – Père Gerhard Schneemann, *Entstehung der thomistischmolinischen Kontroverse,* Fribourg-en-Brisgau, 1879-1880. – Luis G. Alonso Getino, O.P., *Vida y procesos de maestro Fr. Luis de Léon,* Salamanque, 1907. – Père R. de Scorraille, *François Suarez,* Paris, 1912. – E. Vansteenberghe, articles *Molina* et *Molinisme,* in t. X du *Dictionnaire de théologie catholique* de Vacant et Mangenot, Paris, 1929.

MOLINA FOIX Vicente. Écrivain espagnol. Né le 18 octobre 1946 à Elche (Alicante). Après avoir étudié le droit, les lettres et la philosophie à Madrid, il passe huit ans en Angleterre, à Oxford, où il étudie l'histoire de l'art et enseigne la littérature espagnole. Il est actuellement directeur des programmes du théâtre national de Madrid. Il est publié pour la première fois dans l'anthologie historique de Castellet, *Neuf jeunes poètes espagnols* [*Nueve novísimos*]. Il a écrit entre autres *La Communion des athlètes* [*La comunión de los atletas*] en 1979, et *La Quinzaine soviétique* (*) en 1988 (prix Herralde du roman). Son œuvre se caractérise par un humour délicat qui introduit une certaine opacité dans le réalisme de ses récits.

CLAUDE BLETON.

MOLINARI Ricardo. Poète argentin. Né à Buenos Aires le 20 mars 1898, il est descendant de Brésiliens et a du sang africain dans les veines. Il a longtemps vécu en Espagne et consacré toute sa vie à la poésie. Il appartient historiquement au groupe des « Martinfierristas », qui proclame vers 1920 la nécessité d'un retour à la tradition argentine, tout en maintenant une totale liberté d'écriture. Son œuvre, à cet égard, est l'une des plus accomplies de la poésie argentine contemporaine. Dans *L'Imagier* [*El imaginero*, 1927], *Mondes de l'aube* (*) (1943), *Nuit unie* [*Unida noche*, 1957], *Le Ciel des hirondelles et des mouettes* [*El cielo de las alondras y de las gaviotas,* 1960], *Arbres morts* [*Arboles muertos,* 1962], *Un jour, le temps, les nuages* [*Un día, el tiempo, las nubes*, 1964], *Une ombre ancienne chante* [*Una sombra antigua canta,* 1967], Molinari nous offre une poésie à la fois diaphane et obscure, profondément enracinée dans les paysages du sud de l'Argentine, où l'auteur a passé la majeure partie de sa vie, employant avec la même liberté la forme classique du sonnet ou le vers libre.

MOLINET Jean. Écrivain français. Né à Desmes (Pas-de-Calais) en 1435, mort à Valenciennes (Nord) le 23 août 1507. Il était d'humble origine, mais réussit à aller faire ses études à Paris, où il gagna sa vie en étant copiste au collège Cardinal-Lemoine. Il végéta nombre d'années faute de trouver un protecteur, Louis XI n'ayant pas été sensible à ses compliments, non plus que le roi d'Angleterre et la maison de Bretagne. Il finit par trouver un emploi aux côtés de Georges Chastellain, « étoile des historiographes », et chroniqueur attitré de la cour de Bourgogne, et il lui succéda, en 1475, après sa mort. Il fut aussi bibliothécaire de Marguerite d'Autriche, gouvernante des Pays-Bas. Sa *Chronique* (+) va de 1474 à 1506 et rapporte, dans un style tantôt alerte et tantôt terriblement alambiqué, une multitude de faits intéressants pour la connaissance de son époque ; elle n'a été publiée qu'en 1828, à Paris, par les soins de J. Buchon. Molinet traduisit en prose *Le Roman de la Rose* (*) – v. *Le Roman de la Rose moralisé* (+) (1503) – mais ne connut la célébrité qu'avec ses nombreux poèmes qui furent réunis en 1531 sous le titre : *Les Faictz et les Dictz de Jehan Molinet* (+) – v. *Poésies* (*) – et eurent plusieurs éditions. On peut le considérer comme l'un des maîtres de l'école des « rhétoriqueurs » qui fleurit surtout en Bourgogne ; la plupart de ses œuvres sont, en effet, entachées des défauts propres à cette école : lourdeur, pédanterie, formalisme et goût de l'allégorie. Le meilleur de sa verve se trouve dans ses pièces satiriques et badines qui, aujourd'hui encore, ne manquent pas de saveur. N. Dupire a publié une édition critique complète de ses *Faictz et Dictz* dans la collection des anciens textes français – v. également *L'Art de rhétorique* (+), *Mystère de saint Quentin* (+), *Passion* (+), *Le Sermon de Billouart* (+) (vers 1460) et *Le Temple de Mars* (+) (vers 1480).

RÉF. : P. Champion, *Histoire poétique du XVe siècle, Jean Molinet,* Paris, 1923. – N. Dupire, *Jean Molinet. La vie, les œuvres,* Paris, 1932. – P. Zumthor, *Le Masque et la Lumière, la poétique des grands rhétoriqueurs,* Paris, 1978.

MOLINIER Guilhem. Troubadour qui vivait au XIVe siècle à Toulouse, et fut peut-être syndic de cette ville en 1352. Molinier participa à la fondation du « Consistoire du Gay Saber » dont il devint chancelier, avec la mission de fixer les règles de l'art en un code de lois poétiques. Un conseiller lui fut donné sur sa demande en la personne de Bartolomé Marc, docteur en droit, et on l'autorisa, en cas de doute, à demander conseil à l'Académie. L'ensemble de cette compilation, qui comprend une poétique, une grammaire et un traité des figures, fut appelé *Leys d'amors* (*). Molinier composa dans la suite un résumé des *Leys* en 7 000 vers, intitulé *Flors del Gay Saber* (+).

RÉF. : Alfred Jeanroy, *Les « Leys d'amors »,* in t. XXXVIII de l'*Histoire littéraire de la France,* Paris, 1949.

MOLINOS Miguel de. Théologien espagnol. Né à Minuesa, près de Saragosse, le 29 juin 1628, mort en prison, à Rome, le 28 décembre 1696. Il fut élevé chez les jésuites et, ordonné prêtre, reçut un modeste bénéfice dans l'église de Saint-André à Valence. En 1665, le royaume de Valence le délégua pour patronner à Rome la béatification du vénérable Francisco Jerónimo Simón, et il y resta après s'être acquitté de sa mission. Il parvint rapidement à exercer une remarquable influence dans les milieux romains, à la cour pontificale, et sur le pape Innocent XI lui-même. Son prestige s'accrut après la publication du *Bref traité de la communion quotidienne* [*Breve tratado de la comunión cotidiana,* 1675], et surtout après celle du *Guide spirituel* (*) (1675), qui formulait les principes fondamentaux du quiétisme, enseignant la supériorité de l'oraison de contemplation sur celle de méditation, et l'inactivité spirituelle pour favoriser l'appartenance absolue de l'âme à Dieu. Hôte du pape au Vatican, Molinos vit élever à la dignité de cardinal l'un de ses premiers disciples, l'oratorien Pier Matteo Petrucci, évêque de Jesi. Les attaques contre lui ne manquèrent pas, surtout de la part des jésuites, mais la victoire de Molinos sembla assurée quand deux œuvres antiquiétistes furent énergiquement mises à l'Index. Cependant, le 18 juillet 1685, Molinos était, sans qu'on s'y attendît, arrêté et emmené dans les prisons du Saint-Office. Il semble en effet (les actes du procès sont aujourd'hui encore inaccessibles) qu'il ressortait de diverses lettres et dépositions que le fascinant ascète non seulement enseignait secrètement qu'au comble de la vie de repos les mouvements mêmes de la chair deviennent irresponsables, car ils sont de stériles vengeances du démon et qu'en tout cas, « l'homme tenté doit rester dans son néant » sans se soucier d'opposer aucune résistance à Satan, mais encore qu'il agissait lui-même, et depuis longtemps, conformément à ses commodes maximes. Son arrestation fut provoquée non seulement par les jésuites, mais aussi par les pressions qu'exerça Louis XIV, dont le cardinal d'Estrées, qui fut un temps ami de Molinos, fut le porte-parole. Le procès se termina au cours de l'été de 1687 par la condamnation à la prison perpétuelle et l'abjuration publique par le coupable des soixante-huit propositions condamnées par la bulle *Cælestis Pastor* d'Innocent XI. Molinos mourut en prison neuf ans plus tard, en donnant « toutes les apparences du repentir ».

RÉF. : [Burnet], *Recueil de diverses pièces concernant le quiétisme, ou Molinos, ses sentiments et ses disciples*, Amsterdam, 1687. — J. F. Benzenberg, *Nachrichten von M. de Molinos*, Düsseldorf, 1844. — Menéndez y Pelayo, *Heterodoxos españoles*, Madrid, 1880. — R. P. Paul Dudon, S. J., *Le Quiétisme espagnol, Michel Molinos*, Paris, 1921.

MOLITOR Franz-Joseph. Philosophe allemand. Né le 8 juin 1779 à Oberursel, près de Fancfort-sur-le-Main, mort à Francfort même le 23 mars 1860. Ayant fait ses études de droit aux universités de Mayence, Aschaffenburg et Marbourg, il abandonna néanmoins cette discipline pour se consacrer à la philosophie et, plus particulièrement, à la philosophie de l'histoire ; il fut, en effet, sinon l'un des créateurs, du moins l'un des écrivains les plus originaux ayant traité de cette branche des connaissances humaines. Disciple de Schelling et de Görres, ami des Brentano, idéaliste convaincu, Molitor ne pouvait admettre que les enfants juifs (Francfort a toujours été la ville où la population juive était plus dense que partout ailleurs en Allemagne) puissent être exclus des bienfaits de l'instruction, et que celle-ci puisse rester l'apanage des confessions chrétiennes. Grâce à l'appui des Brentano, de Günderode et de quelques autres amis influents, Molitor obtint, en 1804, l'ouverture d'une première école témoin pour enfants israélites, dont il assuma la direction avec Moriz Hess ; parallèlement, il enseigna la philosophie au « Lyceum Carolinum ». Dans un discours prononcé à l'école juive en décembre 1807, il exposa ses idées pédagogiques, d'après lesquelles le but de l'éducation serait de créer chez l'enfant un esprit de synthèse fondé sur des notions de morale et de beauté.

Les rapports constants de Molitor avec les milieux intellectuels juifs de Francfort l'amenèrent à s'intéresser à la philosophie hébraïque traditionnelle et, plus particulièrement, à la *Kabbale*. Catholique sincère, Molitor vit dans la tradition kabbalistique le moyen d'atteindre aux sources mêmes de la philosophie mystique chrétienne ; ce fut là le point de départ de l'œuvre de sa vie : *La Philosophie de l'histoire ou de la tradition* (*). Cette œuvre de longue haleine lui demanda un travail énorme ; en effet, si, après quatorze années d'études préparatoires, le premier volume parut à Francfort en 1827, les deux autres ne virent le jour respectivement qu'en 1834 et 1839, à Münster, où Molitor se retira lorsqu'il eut atteint la cinquantaine.

♦ *« Si cet homme travaille aussi intelligemment qu'il écrit, il doit faire beaucoup de bien. »* Goethe.

MOLNÁR Férenc. Auteur dramatique et romancier hongrois. Né à Budapest le 12 janvier 1878, mort à New York le 1er avril 1952. Issu d'une famille israélite très cultivée (son père était médecin), Molnár fit des études de droit à Budapest et à Genève, mais se forma surtout dans les milieux artistes de Budapest, partageant son temps entre les salles de rédaction, les cafés littéraires, les bals et les casinos. Ironique, secrètement sentimental, doué d'une faculté d'observation fine et pénétrante, il donna, parmi ses premières œuvres, un recueil de nouvelles, *Enfants* [*Gyerekek*], et un roman, *Les Garçons de la rue Paul* (*) (1907), épopée des « gosses » de Pest qui remporta un vif succès et demeure un classique internationalement célèbre. La même année, sa comédie *Le Diable* [*Az ördög*], plaidoyer pour l'amour libre, lui valut une flatteuse célébrité. Hédoniste, il coule dans les formes dramatiques du naturalisme finissant une vision à la fois mondaine, poétique et enjouée qui rappelle, par certains côtés, l'univers de Courteline et celui d'Anouilh. En 1909, avec sa pièce *Liliom* (*), boudée par le public de Budapest, il atteignait à sa plus belle réussite. Mais, déjà enclin par tempérament à une satire plus superficielle, il délaissa les sujets trop audacieux et en vint à rechercher une formule propre à satisfaire le grand public international. Sauf *La Nuée blanche* [*Fehér felhö*, 1916], pièce inspirée de la guerre et qui reste au niveau de *Liliom*, des œuvres telles que *Le Garde du corps* (1910), *Le Loup* (1912), *Carnaval* [*Farsang*, 1917], *Mode pour hommes* [*Úridivat*, 1917] sacrifient, malgré leurs qualités formelles, à une certaine facilité.

Entre-temps, Molnár était revenu au roman avec *La Flûte de Pan* [*Hétágú síp*, 1911], *Souvenirs d'un correspondant de guerre* [*Egy haditudósító emlékei*, 1916] et *André* [*Andor*, 1918], dont le héros est un jeune Israélite névrosé. Molnár semble avoir eu quelque difficulté à s'adapter aux tendances de l'après-guerre. Avec *Le Cygne* [*A hattyú*, 1920] et *Moulin rouge* (1923), il revint un temps à la formule qui avait fait le succès du *Diable*. Toujours concis et brillant, il avait perfectionné son langage et s'était forgé un style efficace, elliptique jusqu'à la sécheresse, parfaitement adapté à son scepticisme aigre-doux d'intellectuel mondain. *Jeu au château* [*Játék a kastély ban*, 1926] illustre bien cet état d'esprit qui constituera le caractère marquant de sa production ultérieure. Célébrité internationale, honoré de hautes distinctions hongroises et étrangères, Molnár suscita une foule d'imitateurs, mais vit peu à peu se détacher de lui un public éveillé sinon à de nouvelles exigences, du moins à de nouvelles modes. Ce déclin fut encore renforcé par les événements politiques. Lorsque survint la Seconde Guerre mondiale, Molnár se réfugia d'abord en Italie, et, de là, aux États-Unis, où il demeura jusqu'à sa mort.

MOLTKE Helmuth Karl Bernhard von. Feld-maréchal et historien allemand. Né le 26 octobre 1800 à Parchim (Mecklembourg-Schwerin), mort à Berlin le 24 avril 1891. Son père, danois, lui fit suivre les cours de l'École

des cadets de Copenhague. Nommé lieutenant en 1822, il abandonna l'armée danoise pour entrer dans l'armée prussienne. En 1834, il fut envoyé en Turquie pour y réorganiser l'armée de la Sublime Porte, et demeura au Proche-Orient pendant quatre ans, développant sa personnalité au contact de gens de tout genre et se perfectionnant dans la connaissance des langues étrangères. En 1842, il épousa Marie Burt, âgée de seize ans ; ses lettres à sa fiancée, puis à sa jeune femme, font partie des correspondances célèbres du XIXe siècle. Devenu chef de l'état-major prussien en 1857, il commença par réorganiser l'armée prussienne, en vue du rôle historique qui s'annonçait pour ce pays. Cependant, son action ne fut d'abord guère reconnue, notamment au cours de la campagne de Danemark en 1864, au début de la guerre pour l'unité allemande sous l'égide de la Prusse. Ses qualités se manifestèrent en revanche brillamment pendant la guerre contre l'Autriche de 1866. Il dirigea personnellement cette campagne à laquelle il appliqua les préceptes de Napoléon Ier : « Avancer séparément et attaquer tous ensemble », et les règles traditionnelles de la stratégie de Frédéric II, poussées à leurs extrêmes conséquences. C'est à son génie que sont dus les plans de la guerre franco-allemande de 1870-1871, qui permirent à la Prusse une rapide et écrasante victoire. Mentionnons parmi ses nombreux ouvrages : *Correspondance militaire* [*Militärische Korrespondenz*] ; *Guerre contre le Danemark* [*Krieg gegen Dänemark*] ; *La Campagne d'Italie de 1859* [*Der Italienische Feldzug des Jahres, 1859*], contenus dans les quatre tomes des *Œuvres militaires* [*Militärische Werke,* 1892-1912] ; enfin son *Histoire de la guerre franco-allemande 1870-1871* (*) (1891), et ses *Lettres de Russie* [*Briefe aus Russland,* 1877].

MOMADAY Navarro Scott. Romancier, poète et peintre américain. Né à Lawton, Oklahoma, le 27 février 1934. Tsoai-talee Navarro Scott Mommadaty, de son vrai nom amérindien, est aujourd'hui le plus important representant d'une nouvelle génération d'intellectuels américains de culture indienne, cherchant leur voie entre tradition et modernité. D'un père Kiowa et d'une mère métisse, Scott Momaday grandit entre les réserves kiowa dans l'Oklahoma et navajo au Nouveau-Mexique, où ses parents étaient instituteurs. Son éducation se fit en anglais, mais ses langues maternelles sont le kiowa et le navajo. Momaday demeurera profondément imprégné de sa culture indienne, dont il témoigne avec vivacité dans *Les Noms : mémoires* [*The Names : A Memoir*], tentative unique d'autobiographie « subjective », où les rêves éclairent et réinventent enfance et famille : « J'ai reçu du conteur Pohd-lohk le nom de Tsoai-talee. Il pensait que la vie d'un être humain jaillit de son nom, comme une rivière jaillit de sa source. » Tsoai-talee veut dire en langue kiowa « maintenant, tu es » : on comprend alors que Momaday, à travers toute son œuvre, dépeigne la sagesse de son peuple comme l'expression même de la vie. Mais ses romans reflètent aussi avec une extrême violence la disparition de la culture traditionnelle des premiers peuples d'Amérique et les traumatismes hérités de leur génocide par les Blancs. Son premier roman, *Une maison faite d'aube* (*), présente l'archétype de l'Indien du XXe siècle, déchiré entre un monde traditionnel qu'il ne comprend plus et une Amérique qui achève de le noyer dans l'alcool et le racisme.

Momaday fait néanmoins partie de la première génération d'artistes amérindiens s'exprimant en anglais, et surtout par écrit, rompant ainsi avec la tradition orale, substance même de leur culture ; il s'agit bien d'une génération qui compte d'importants écrivains, comme l'Indien Pueblo José Ortiz, Leslie Marlow Silko ou Louise Erdrich. Le style de Momaday marie l'influence encore nette — et revendiquée — de la culture orale, et un « courant de conscience » [stream of consciousness] parfois proche du roman faulknérien. Son œuvre contribue aujourd'hui brillamment – le prix Pulitzer lui fut attribué en 1968 pour *Une maison faite d'aube* — à l'émergence d'une littérature amérindienne aux États-Unis.

SERGE ROSENBERG.

MOMIGLIANO Arnaldo. Historien italien. Né à Caraglio (Piémont) le 5 septembre 1908, mort à Londres le 14 septembre 1987. Issu des communautés hébraïques de la province de Cueno, Arnaldo Momigliano fit ses premières études sous la direction de son grand-père, illustre rabbin. Il acquit sa formation scientifique auprès de Gaetano De Sanctis, titulaire de la chaire d'histoire ancienne à l'université de Turin ; il subit ainsi une triple influence : celle des séminaires philologiques allemands, celle de Croce et aussi celle de l'école prosopographique ; il y reçut surtout une formation « positiviste », basée sur une méthode rigoureuse accordant une grande importance à la vérification des « faits » avant d'en tenter l'interprétation. Le brillant étudiant qu'il fut succéda, d'une certaine façon, à son maître. Mais, en 1938, il fut chassé de sa chaire d'histoire ancienne à l'université de Turin par les persécutions antisémites. Il s'exila en Angleterre et travailla, la guerre durant, à Oxford. La paix revenue, il fut réintégré dans l'université italienne, à Turin d'abord où il retrouva sa chaire, puis, à partir de 1964, à l'École normale supérieure de Pise. Il n'abandonna pas pour cela sa terre d'accueil, puisqu'il enseigna à l'université de Londres. Sa renommée internationale croissant, l'université de Chicago lui confia, à partir de 1975, un enseignement dans ce qui était devenu sa double spécialité : l'histoire antique – juive,

grecque et latine – d'une part, l'histoire de l'histoire d'autre part. Ce polyglotte d'une immense culture que d'aucuns diraient « classique » fut, incontestablement, le rénovateur de l'histoire de l'histoire, de l'historiographie si l'on préfère. Arnaldo Momigliano a porté à une sorte de perfection le difficile équilibre entre l'érudition la plus précise et l'intelligence la plus ouverte, entre l'analyse textuelle la plus critique et la comparaison la plus audacieuse. Aussi le plus gros de son œuvre est-il constitué de recueil de conférences – *Alien Wisdom* (1975) traduit en français sous le titre *Sagesses barbares* (1979) – et d'articles dont la plupart ont été publiés dans la série (dix volumes) des *Contributi alla storia degli studi classici (e del mondo antico)* dont une faible part a été traduite en français sous le titre *Problèmes d'historiographie ancienne et moderne* (*) (1983).

CHARLES-OLIVIER CARBONELL.

MOMMSEN Theodor. Historien allemand. Né le 30 novembre 1817 à Garding (Silésie), mort le 1er novembre 1903 à Berlin-Charlottenburg. Fils d'un pasteur protestant, il publia, après avoir fait son droit à l'université de Kiel, une thèse intitulée *Des collèges et des sodalités chez les Romains* [*De collegiis et sodalitiis Romanorum*, 1843], et entreprit un voyage d'études à travers la France et l'Italie. En 1848, il fut nommé à la chaire de droit comparé à l'université de Leipzig, mais fut obligé de se démettre en 1850 à cause de ses idées démocratiques. Nommé en 1852 à Zurich, il revint en 1854 à Breslau et, en 1858, obtint la chaire d'histoire ancienne à Berlin. Député (de 1863 à 1866) au Landtag de Prusse, il fut, en tant que membre du « parti du progrès », opposé à la politique de Bismarck. En 1874, il fut nommé secrétaire de l'Académie des sciences de la Prusse, poste qu'il conserva jusqu'en 1895. En 1902, il obtint le prix Nobel de littérature pour l'ensemble de ses travaux parmi lesquels figure l'*Histoire de Rome* (*), dont les trois premiers volumes parurent en 1854-56 et le cinquième en 1885 (le quatrième volume n'a pas été publié) ; elle est universellement connue. On lui doit également deux volumes des *Recherches romaines* [*Römische Forschungen*, 1864-1879], douze volumes du *Corpus inscriptionum latinarum* (*) (1863-1903), et sept volumes du *Manuel des antiquités romaines* (*) (1871-1887), écrit en collaboration avec Joachim Marquardt. Le volume des *Discours et mémoires* [*Reden und Aufsätze*, 1905], paru à titre posthume, est surtout remarquable par la beauté de son style. Citons encore *Inscriptiones regni neapolitani latinae* (+) (1852), *Le Droit public romain* (+) (1871-1888), et *Le Droit pénal romain* (+) (1899).

RÉF. : L. M. Hartmann, article *Mommsen*, in *Biographisches Jahrbuch*, t. IX, Munich, 1908. – U. von Wilamowitz-Möllendorff, *Th. Mommsen*, Berlin, 1918. – Adelheid Mommsen, *Mommsen im Kreise der Seinen*, Berlin, 1936. – J. Kuczynski, *Theodor Mommsen. Porträt eines Gesellschaftswissenschaftlers*, Berlin, 1978.

MONCHI Nasrollâh. Écrivain et homme d'État persan, né sans doute à Chiraz au XIIe siècle. Il est vizir du Ghaznévide Khosrow Malek (1160-1186), sur l'ordre duquel il est emprisonné et exécuté. Il traduit d'arabe en persan le célèbre livre d'Abdollâh Ibn al-Mouqaffa, *Kalilé et Demné* (*), dans une belle prose ornée, dont le style influencera les lettrés persans de plusieurs générations. C'est le prince ghaznévide Bahrâm-Châh qui lui a demandé d'écrire une version révisée de cet ouvrage. Nasrollâh Monchi l'achève entre 1143 et 1145, et le dédie à ce prince, avant le sac de Ghazna en 1150. En outre, sa traduction servira de base à toute une série de traductions turques. Ce n'est qu'au XVIe siècle, lorsque la langue raffinée de Nasrollâh paraît trop vieillie, que son œuvre est évincée par *Les Lumières de Canope* (*) de Hossein Vâez Kachefi. *Kalilé et Demné* est un « Miroir des princes », dont les enseignements majeurs portent sur les relations morales et politiques que sont l'amitié et l'inimitié, et la nécessité du prince de prendre conseil auprès d'un bon conseiller. L'ultime enseignement de l'auteur est que la raison oblige l'homme à s'en remettre au destin pour son bonheur.

MARIE-HÉLÈNE PONROY.

MONCRIF François Auguste Paradis de. Écrivain français. Né et mort à Paris (1687-19 novembre 1770). Admis très jeune dans les milieux les plus brillants grâce à son habileté à l'escrime, il s'y maintint par son esprit et son vif désir de plaire. Tout à la fois musicien, comédien, causeur plein de verve, il fut successivement secrétaire du comte d'Argenson, du comte de Clermont, du duc d'Orléans, lecteur de la Dauphine, censeur royal, et enfin historiographe de France. On lui doit plusieurs romans dont le meilleur s'intitule *Les Aventures de Zéloïde* (1714), des ballets et des comédies : *La Fausse Magie* (1719), *L'Oracle de Delphes* (1722), etc. Il fit paraître, en outre, en 1727, une parodie de l'érudition pédantesque qui, pour son malheur, fut prise au sérieux et lui valut mille plaisanteries et même une certaine disgrâce : *Histoire des chats* (*). Le 29 décembre 1733, il fut reçu à l'Académie française.

RÉF. : D'Alembert, *Histoire des membres de l'Académie française*, t. VI, Paris, 1787. – A. Augustin-Thierry, *Trois amuseurs d'autrefois. Paradis de Moncrif, Carmontelle, Charles Collé*, Paris, 1924. – E. P. Shaw, *The Case of the Abbé de Moncrif*, New York, 1953.

MONDONVILLE Jean Joseph Cassanéa de. Compositeur français. Né à Narbonne (baptisé le 25 décembre 1711), mort à Belleville le 8 octobre 1772. Il se fixe à Paris en

1733, où il s'affirme rapidement comme l'un des principaux violonistes de son temps. Il a écrit pour la scène *Le Carnaval du Parnasse* (1749), *Titon et l'Aurore* (1753), mais son nom reste surtout attaché à des œuvres pour le violon, qui montrent un talent étonnamment novateur (sonates, pièces pour clavecin avec voix et violon), et à des œuvres de musique sacrée – motets exécutés au Concert spirituel et oratorios : *Les Israélites à la montagne d'Horeb* (1758) et *Les Fureurs de Saül* (+) (1759). Il a assuré la direction du Concert spirituel entre 1755 et 1762.

ALAIN PÂRIS.

MONDOR Henri. Médecin et critique français. Né à Saint-Cernin (Cantal) le 20 mai 1885, mort à Paris le 8 avril 1962. Chirurgien en chef à la Salpêtrière, professeur de pathologie chirurgicale (1938) et de clinique chirurgicale (1941) à la faculté de médecine de Paris, auteur de divers ouvrages scientifiques et d'études sur de célèbres savants (*Grands médecins presque tous,* 1941 ; *Pasteur,* 1945), il se fit connaître littérairement par ses études mallarméennes : *Vie de Mallarmé* (*), *Mallarmé plus intime* (1944), et par son édition critique de l'œuvre de Mallarmé (1945). Membre de l'Académie française (1946).

MONFREID Henry de. Écrivain français. Né à Leucate (Aude) le 14 novembre 1879 et mort à Ingrandes (Indre) le 13 décembre 1974. Après ses études secondaires au lycée de Carcassonne, il vient à Paris préparer le concours d'entrée à Polytechnique et à Centrale. Il abandonne subitement ses études, travaille aux Halles, puis, de 1903 à 1909, aux laiteries Maggi comme chimiste. C'est alors que, excédé par la civilisation occidentale, il s'embarque à Marseille et arrive à Djibouti. Il s'installe quelque temps en Éthiopie puis navigue sur la mer Rouge à bord d'un petit voilier. Il est tour à tour pêcheur de perles, trafiquant d'armes et de drogue. Il mène une vie libre et dangereuse qui lui plaît infiniment et qu'il raconte dans son premier livre, *Les Secrets de la mer Rouge* (*) (1932). *Aventures de mer* (1932), *Les Derniers Jours de l'Arabie heureuse* (1935), *La Croisière du haschisch* (1937) sont également des récits de voyages fortement autobiographiques, mais dans tous Monfreid imagine des intrigues romanesques originales. Emprisonné en 1940 par les Anglais, il est relâché au bout de dix mois et se fixe dans le Haut Kenya. Monfreid retourne en France en 1947 ; il continue de publier des romans d'aventures qui montrent l'homme seul dans la nature face aux valeurs primitives. *Le Cimetière des éléphants* (1952), *Pilleurs d'épaves* (1955) ont toujours ce caractère exotique qui fait rêver le lecteur. De plus, Monfreid sait donner leur importance aux bouleversements politiques, qu'il a pu parfois observer (*En mer Rouge avec Kessel,* 1965). Établi à Paris, il ne renonce pas pour autant aux voyages : il navigue sur l'océan Indien, où il manque de faire naufrage, il se rend à Madagascar et à l'île de la Réunion en 1962. Cette œuvre extrêmement abondante, plus de quarante volumes, restera longtemps le modèle emblématique du récit de voyages et d'aventures.

JACQUES-ÉMILE MIRIEL.

MONIUSZKO Stanislas. Compositeur polonais. Né à Ubiel, près de Minsk, le 5 mai 1819, mort à Varsovie le 4 juin 1872. Après avoir suivi des études d'harmonie et de composition aux Conservatoires de Varsovie et de Berlin, Stanislas Moniuszko s'établit à Vilno comme organiste et y enseigne la composition. Suite à l'immense succès de son opéra *Halka* (*), représenté en 1858 à Varsovie, Moniuszko s'installe définitivement dans cette ville. Il y est nommé directeur de l'Opéra de Varsovie, et assume cette charge jusqu'à la fin de sa vie. Son œuvre lyrique lui vaut d'être considéré comme le plus grand compositeur polonais d'opéras et de mélodies. Sa musique, encore marquée par l'Italie, élabore un style spécifiquement polonais, qui puise dans la tradition et sait toucher l'âme populaire. Moniuszko est l'auteur de quatre opéras (*Halka, La Comtesse, The Raftsman, Paria*), deux cantates, et douze fascicules de mélodies. En hommage à ce grand représentant de la Pologne, soixante-douze mille personnes l'accompagnèrent lors de ses funérailles.

DOMINIQUE JACCOTTET.

MONLUC ou **MONTLUC Blaise de Lasseran de Massencome, seigneur de.** Chroniqueur français. Né, probablement en 1502, au château de Saint-Puy dans l'arrondissement de Condom (Gers) ; mort à sa maison d'Estillac, près d'Agen (Lot-et-Garonne), le 26 juillet 1577. Fils d'un gentilhomme ruiné, François de Lasseran de Massencome, seigneur de Monluc, il fut l'aîné d'une famille de onze enfants. Dès qu'il fut en âge de subsister, Monluc dut quitter la maison paternelle. Page à la cour du duc Antoine de Lorraine, il fut archer dans la compagnie du duc, dont Bayard était lieutenant, puis dès 1521, au moment où commencèrent les guerres d'Italie entre François Ier et Charles Quint, il entra comme simple archer encore dans la compagnie de Thomas de Lescun, plus tard maréchal de Foix. Très tôt, le jeune Monluc s'était fait remarquer pour son intrépidité et pour son habileté manœuvrière. De retour en France, après avoir été fait prisonnier au combat de la Bicoque (1522), Monluc opta pour l'infanterie et fut enseigne sous Lautrec, avec qui il participa aux combats contre les Espagnols autour de Bayonne. Les hostilités ayant cessé, il ne put partir pour l'Italie que comme volontaire et fut fait prisonnier à Pavie mais aussitôt libéré, car il n'avait pas les moyens de payer rançon. Capitaine sous les ordres de Lautrec devant Naples, il reçut des terres en Italie du Sud, que les hasards des guerres lui firent perdre aussitôt. Au cours des années suivantes, Monluc est partout où l'on se bat, en Languedoc, à Marseille, en Artois, au siège de Perpignan, en Piémont. Là sa belle conduite à la bataille de Cérisoles (1544) lui vaut de monter en grade, il est fait « mestre de camp ». Mais il a le malheur de ne point plaire à la capricieuse duchesse d'Étampes, et pendant quelques années le voilà réduit à l'inaction. À partir de 1548, cependant, on lui confia de hautes charges, celle de gouverneur de Moncalieri (1548), puis celle de gentilhomme de la chambre du roi ; en 1554-1555, il est lieutenant du roi à Sienne, cette ville ayant demandé le secours de la France ; contraint à la capitulation, il se refusa d'agir en son nom, ne voulant pas que son honneur reçût une tache, et laissa faire les habitants. Bien qu'il ait été fait chevalier de l'ordre de Saint-Michel, Monluc subit une nouvelle disgrâce due cette fois à l'influence du connétable, puis, grâce au duc François de Guise, fut nommé colonel général des gens de pied, poste qu'il ne garda d'ailleurs qu'un an. La paix du Cateau-Cambrésis (1559) le remit en disponibilité ; redevenu simple capitaine, Monluc hésita quelque temps entre Antoine de Bourbon et les Guises, et entre la Réforme et les catholiques ; enfin, il prit son parti et combattit les huguenots surtout en Guyenne, comme lieutenant du roi en Haute-Guyenne, puis comme seul lieutenant général de toute la Guyenne. Mais sa mésentente avec le lieutenant du roi en Languedoc lui valut d'être rappelé. C'est au cours de ces campagnes, pendant les guerres de Religion, que Monluc s'acquit une réputation de cruauté dont il ne chercha pas à se disculper dans ses *Commentaires* (*), où il affirme : « Il faut estre cruel bien souvent pour venir à bout de son ennemy. Dieu doit estre bien miséricordieux en nostre endroict, qui faisons tant de maulx. » En 1570, chargé de reprendre le Béarn, il reçoit en plein visage une arquebusade qui le défigure, au siège de Rabastens, et laisse ses troupes le venger de cette blessure en massacrant la population de cette ville. Plutôt que de les retenir, il les exhorte même : « Gardez qu'il n'en eschappe aucun qui ne soit tué. » Destitué à la paix de Saint-Germain (1570), Monluc fut contraint de justifier sa conduite passée. Déjà il avait dû expliquer son attitude vis-à-vis du lieutenant du roi en Languedoc, Danville, c'était maintenant sa gestion financière en Guyenne qu'on attaquait. Il adresse à Charles IX la *Remontrance de M. de Monluc sur son gouvernement de Guienne, où est contenue une grande partie de ses faits et de plusieurs autres seigneurs et capitaines de ce royaume.* Aussitôt après, il rédige toujours pour sa justification une première ébauche des *Commentaires* (juin 1571), qu'il utilise lorsque son affaire est évoquée devant le parlement de Toulouse et fait parvenir au duc d'Anjou, le futur Henri III, précédée d'un « Préambul (*sic*) à Monseigneur ». Ce dernier lui accorda une absolution générale, confirmée par Charles IX en 1572. L'année suivante, on retrouve Monluc, septuagénaire, qui a repris du service, au siège de La Rochelle, et en 1574 le roi le nomme maréchal de France. En 1575 Monluc prend enfin sa retraite. Au cours de ses dernières années, il revoit le texte du « discours de sa vie » auquel il donne le titre de *Commentaires*, y ajoute un supplément pour les années 1572-1575, et en fait probablement revoir le style par son frère Jean, évêque de Valence. Outre les *Commentaires*, qui furent publiés pour la première fois à Bordeaux en 1592, Monluc avait écrit un *Dialogue de la fortune et de luy*, qui a été perdu, et un *Discours au roi sur le faict de la paix* (1573). On a publié à partir de 1898 un certain nombre de ses *Lettres choisies* parmi celles qui ne furent pas incluses dans l'édition de 1864-1872 des *Commentaires et lettres de Blaise de Monluc*, publiés en cinq volumes sous les auspices de la Société de l'histoire de France. Moins désintéressé qu'il veut bien le laisser entendre, mais aussi moins cruel, plus politique et sachant voir les avantages d'une bonne paix, Monluc est une des personnalités les plus intéressantes de ces temps de troubles et surtout une de celles sur lesquelles nous sommes le mieux renseignés, grâce à lui-même.

JACQUES BROSSE.

♦ *« C'étoit un grand général, qui dans tout le cours de sa vie s'étoit signalé par beaucoup de belles actions. Mais il étoit extrêmement colère... »* De Thou.
♦ *« Une singularité observerai-je en luy, non commune à tous les autres seigneurs de la France ; car combien qu'il ne désirait rien tant que d'estre aimé des Roys, ses Maistres, toutefois il ne se fit jamais mignon de Cour pour mugueter leurs faveurs. »* Pasquier.

RÉF. : Brantôme, *Vies des hommes illustres et des grands capitaines*, Leyde, 1665. – Étienne Pasquier, *Lettres*, Amsterdam, 1723, livre XVIII, lettre II. – P. Courteault, *Blaise de Monluc historien*, Toulouse, 1908 ; *Un cadet de Gascogne au XVIe siècle, Blaise de Monluc*, Paris, 1909. – Comte de Broqua, *Le Maréchal de Monluc, sa famille et son temps*, Paris, 1924. – J. Le Gras, *Blaise de Monluc, héros malchanceux et grand écrivain*, Paris, 1926. – Général de Fonclare, *Le Maréchal de Monluc, sa vie et son temps, ses maximes morales, ses conceptions techniques*, Paris, 1933.

MONNIER Henri Bonaventure. Écrivain et caricaturiste français. Né à Paris le 6 juin 1799 (et non le 8 juin 1805, comme le prétendait l'humoriste, dans l'intention de se rajeunir), mort dans cette ville le 3 janvier 1877. Fils d'un employé de ministère, il fit des études assez bâclées et, dès l'âge de seize ans, entra dans une étude de notaire. Il n'y resta guère, car sa belle écriture lui valut un emploi de surnuméraire au ministère de la Justice ; le temps qu'il passa au service de l'État fut d'ailleurs loin d'être perdu pour lui, puisque son expérience de fonctionnaire lui inspira un de ses premiers albums de lithographies coloriées, *Les Mœurs administratives* (1828). Monnier, en effet, après avoir fréquenté les ateliers de Gros et de Girodet, démissionna du ministère et fit ses débuts artistiques en peignant des vignettes pour des libraires. Son illustration des *Chansons* (*) de Béranger attira l'attention sur lui et il eut alors la sagesse de comprendre que son naturel sarcastique le disposait au dessin satirique mieux qu'à la grande peinture. En 1829 parut un nouvel album, sur *Les Grisettes*, et, la même année, avec un vaudeville intitulé *Les Mendiants*, Monnier faisait ses premières armes d'auteur dramatique sur la scène des Variétés. Il ne suffisait d'ailleurs pas à ce passionné de théâtre d'écrire des pièces, il voulait aussi être comédien et, le 5 juillet 1831, il montait sur les planches du Vaudeville. Dès lors, il interpréta lui-même la plupart de ses œuvres dramatiques, presque toutes écrites en collaboration, et dont la meilleure est sans nul doute *Grandeur et décadence de M. Joseph Prudhomme* (+) (1853). Mais, à cette époque, le personnage de M. Prudhomme, illustration immortelle du bourgeois solennel et satisfait de l'ère romantique, existait depuis déjà plus de vingt ans : il avait fait sa première apparition dans les *Scènes populaires dessinées à la plume* (+) (1830). *Les Mémoires de Monsieur Joseph Prudhomme* (*) lui donneront, en 1857, sa figure définitive. Avec cette création, Henri Monnier prenait une place de premier rang dans la longue lignée, très française, de la satire bourgeoise qui va de Furetière et de Boileau à Flaubert, au Léon Bloy de *L'Exégèse des lieux communs* (*) et, dans notre époque, à Marcel Aymé. Monnier a d'ailleurs complété son tableau flegmatique et, au fond, particulièrement amer de la bourgeoisie de son temps par de nombreux autres volumes : *Scènes de la ville et de la campagne* (1841), *Physiologie des bourgeois* (texte et dessins, 1841), *La Religion des imbéciles, nouvelles scènes populaires* (1862), *Paris et la province* (1866), etc. Comme peintre, son activité a été également considérable, puisqu'on ne lui doit pas moins de sept cents lithographies coloriées, certaines recueillies en albums : *Les Quartiers de Paris, Les Boutiques de Paris, Le Voyage en diligence*, etc. Ajoutons qu'Henri Monnier a été mis en scène par Balzac, dans *Les Employés ou la Femme supérieure* (*) (1837), sous le nom de Bixiou.

♦ *« C'est une des originalités les plus tranchées de ce temps ; il a poursuivi et atteint dans l'art la vérité absolue* [...] *Ce n'est plus de la comédie, c'est de la sténographie. »* Théophile Gautier. ♦ *« Comédien, il était exact et froid ; écrivain, vétilleux ; artiste, il avait trouvé moyen de faire du chic d'après nature* [...] *Il n'a jamais connu le grand art* [...] *Monnier, c'est la froideur, la limpidité du miroir, d'un miroir qui ne pense pas et qui se contente de réfléchir les passants. »* Baudelaire.

RÉF. : Champleury, *Henry Monnier, sa vie, son œuvre*, avec un catalogue complet de l'œuvre dessinée, Paris, 1879. – A. Marie, *Henri Monnier*, Paris, 1931. – L. Székely, *H. Monnier et le personnage de Joseph Prudhomme*, Kolozvar, 1944. – E. Melcher, *The Life and Times of H. Monnier*, Cambridge (Massachusetts), 1950. – J. G. Marash, *H. Monnier, Chronicler of the Bourgeoisie*, Londres, 1951. – G. Place, *Henri Monnier*, 1972.

MONOD Jacques. Biologiste français. Né à Paris le 10 février 1910, mort à Cannes le 31 mai 1976. L'un des grands précurseurs de la biologie moléculaire, Jacques Monod a d'abord travaillé en tant qu'assistant au laboratoire de zoologie de la Sorbonne. En 1934, il s'embarque sur le « Pourquoi pas ? » de Charcot pour une expédition scientifique au Groenland. A son retour, le généticien soviétique Boris Ephrussi le convainc de rejoindre, au California Institute of Technology (Caltech), Morgan, fondateur de la génétique chromosomique, et de s'associer à ses travaux sur la génétique de la mouche drosophile.

Sa thèse, soutenue en Sorbonne, concernera pourtant un autre sujet, la croissance bactérienne, ce qui le mènera, suite à une rencontre avec André Lwoff en 1940, à ses recherches sur l'adaptation enzymatique. Figure marquante de la Résistance pendant la Seconde Guerre mondiale, il devient directeur de l'Institut Pasteur en 1945. C'est là, dans le célèbre « grenier » de l'Institut, qu'il poursuit avec Elie Wollman, François Gros, André Lwoff et François Jacob, les recherches sur la régulation génétique qui lui vaudront (avec ces deux derniers) le prix Nobel de médecine 1965. Dans *Le Hasard et la Nécessité* (*) (1970), ouvrage qui connaît un remarquable succès, il expose les bases de la biologie moléculaire et en souligne les aspects révolutionnaires. Il montre en particulier que les êtres vivants procèdent d'une contingence absolue, et y prône une éthique, voire un humanisme scientifiques.

NICOLAS WITKOWSKI.

MONROE Harriet. Femme de lettres américaine. Née le 23 novembre 1860 à Chicago (Illinois), morte le 26 septembre 1936 à Arequipa (Pérou). C'est moins pour sa propre œuvre poétique que pour le rôle remarquable qu'elle a joué dans l'histoire de la poésie américaine que son nom reste célèbre ; c'est elle, en effet, qui fonda, à Chicago, *Poetry : A Magazine of Verse* (*), revue dont le premier numéro parut en octobre 1912, qui n'a jamais cessé de paraître depuis, et qui publia – en les rémunérant – T. S. Eliot, Vachel Lindsay, Amy Lowell, Edgar Lee Masters, Carl Sandburg et bien d'autres. Entièrement dévouée à la cause de la poésie, intransigeante sur les principes, mais aussi ouverte aux innovations, infatigable voyageuse et conférencière, Harriet Monroe a raconté son aventure exemplaire dans *Une vie de poète* (+) (posthume, 1937).

MONSIGNY Pierre Alexandre. Compositeur français. Né à Fauquembergue, près de Saint-Omer (Pas-de-Calais), le 17 octobre 1729, mort à Paris le 14 janvier 1817. Il dut, à la mort de son père, abandonner l'étude du violon et se rendre à Paris pour y gagner sa vie. Bientôt intendant de la maison du duc d'Orléans, il ne reprit ses études musicales qu'en 1754 et se consacra dès lors à la composition. Ses premiers opéras-comiques : *Les Aveux indiscrets* (1759), *Le Maître en droit* (1760), *Le Cadi dupé* (1760), *On ne s'avise jamais de tout* (1761), furent représentés au théâtre de la Foire Saint-Laurent et connurent un vif succès. Il donna par la suite aux Italiens, sur des livrets de Sedaine : *Le Roi et le Fermier* (1762), *Rose et Colas* (1764), *Aline, reine de Golconde* (*) (1766), *L'Île sonnante* (1768), *Le Déserteur* (*) (1769), *Le Faucon* (1772), *La Belle Arsène* (1773), *Le Rendez-vous bien employé* (1774) et *Félix ou l'Enfant trouvé* (*) (1777). Ce dernier ouvrage marqua l'apogée de sa gloire. Ruiné par la Révolution, Monsigny reçut de l'Opéra-Comique une pension annuelle qui lui permit de vivre. Il fut, en 1813, élu à l'Académie au fauteuil de Grétry.

MONTAGU, lady Mary Wortley. Femme de lettres anglaise. Née en 1689 (baptisée à Londres le 26 mai 1689), morte le 21 août 1762. Fille du duc de Kingston et petite-fille du comte de Denbigh. Elle apprend le grec et le latin, traduit Épictète en 1710, se fait l'amie de Mary Astell, féministe avant la lettre. Elle épouse en 1712 Edward Wortley Montagu, ami d'Addison, et admirateur des talents autant que de la beauté de lady Mary. Edward, favori du roi George Ier en 1714, devient ambassadeur en Turquie. Lady Mary va à Constantinople en mai 1717, en repart en juin 1718. Les *Lettres turques* (*) de lady Mary, émule de Mme de Sévigné, témoignent de son intérêt pour les mœurs du pays. Elle a des rapports équivoques avec Pope son adorateur, jusqu'à leur rupture en 1722 suivie d'une guerre littéraire entre eux. Elle se compromet sentimentalement et financièrement avec Nicolas-François Rémond, se lie avec lord Hervey, conseille son jeune cousin Henry Fielding et le poète Young. Elle part pour Venise en 1739, s'installe dans un moulin en Avignon en 1742, voyage de nouveau en Italie en 1746, se fixe à Venise en 1758, correspond beaucoup avec sa fille lady Bute, épouse du futur Premier ministre (1761), qui la prie de rentrer à Londres ; ce qu'elle fait au début de 1762, quelques mois avant sa mort. Outre sa correspondance et ses poèmes (ses Œuvres connurent leur première édition en 1803), lady Mary Wortley Montagu a donné à son pays la vaccination contre la variole, rapportée de Turquie.

SERGE SOUPEL.

RÉF. : R. Halsband, *The Life of Lady Montagu*, Oxford, 1956.

MONTAIGNE Michel Eyquem, seigneur de. Écrivain français né au château de Montaigne en Périgord, le 28 février 1533 ; mort à Bordeaux le 13 septembre 1592. Son grand-père Ramon Eyquem, riche exportateur de vins et de poissons salés, avait acquis la maison noble de Montaigne. Son père, Pierre Eyquem, après avoir pris part aux guerres d'Italie et écrit un journal de son voyage (qui s'est perdu), avait épousé Antoinette de Louppes, riche descendante d'israélites aragonais, les Lopez. Après la naissance de son fils Michel, il eut encore trois fils et trois filles, devint maire de Bordeaux et embellit son château avant de mourir en 1568. Montaigne fut placé en nourrice au village de Papessus. Dès l'âge de deux ans, il fut confié à un pédagogue allemand qui se faisait appeler Horstanus, ne savait pas le français et, suivant une méthode que Pierre Eyquem, épris de nouveautés, avait rapportée d'Italie, éleva l'enfant en latin. « Nous nous latinisâmes tant qu'il en regorgea jusqu'aux villages tout autour plusieurs appellations latines qui ont pris pied par l'usage et qui existent encore. » Il apprit ensuite le français comme une langue étrangère (la langue n'était d'ailleurs pas encore fixée et François Ier venait de l'introduire dans les actes publics). À l'âge de six ans, il entra au collège de Guyenne, alors célèbre par ses professeurs, et y apprit surtout la poésie latine, ayant déjà quelque teinture de grec : « Nous pelotions nos déclinaisons à la manière de ceux qui, par certains jeux de tablier (échiquier), apprennent l'arithmétique et la géométrie. » Il suivit peut-être ensuite les cours de philosophie de la faculté des arts et, à cause des troubles de Bordeaux, alla étudier le droit à Toulouse où il avait des parents du côté maternel.

En 1554, Montaigne fut nommé conseiller à la cour des aides de Périgueux, et trois ans après au parlement de Bordeaux. C'est là qu'il fit la connaissance, comme étant un de ses collègues, d'Étienne de La Boétie avec qui il se lia d'une ardente amitié : « [*La Servitude volontaire*] me fut montrée, long espace [longtemps] avant que je l'eusse vu, et me donna la première connaissance de son nom, acheminant ainsi cette amitié que nous avons nourrie tant que Dieu a voulu, entre nous, si entière et si parfaite que certainement il ne s'en fit guère de pareilles, et entre nos hommes il ne s'en voit aucune trace en usage. Il faut tant de rencontres à la bâtir que c'est beaucoup si la fortune y arrive une fois en trois siècles. » Montaigne lut la traduction des *Vies des hommes illustres* (*) de Plutarque par Amyot et fit en 1559 et 1561-62 des voyages à la Cour motivés par les troubles religieux qui le firent charger d'une mission par le parlement de Bordeaux. Peu après son retour, La Boétie mourut dans la maison de son beau-frère. En 1565 Montaigne épousa Françoise de La

Chassagne, fille d'un de ses collègues, qui lui apporta sept mille livres tournois de dot. En 1568 la mort de son père le rendit propriétaire et seigneur de Montaigne, après partage de la succession, mais l'affligea beaucoup, et, s'il continua de vivre dans le château, ce fut pour honorer la mémoire de son père qui y était attaché, de même qu'il porta un certain temps un manteau de son père : « Ce n'est point par commodité mais par délices ; il me semble m'envelopper de lui. » Pour la même raison, il acheva et publia en 1569 la traduction de la *Théologie naturelle* (*) de Raimond de Sebonde, qu'il avait entreprise à la prière du « meilleur père qui fut oncques ». Et l'année suivante il vint à Paris, ayant résigné sa charge au parlement de Bordeaux, pour y publier les poésies latines et les traductions de La Boétie en un volume, suivi presque aussitôt d'un supplément pour les œuvres de poésie française.

En 1570 Montaigne eut son premier enfant, suivi de cinq autres ; tous moururent en bas âge sauf une fille, Léonor, qui se maria avec François de La Tour. C'est en 1571 que Montaigne prit la décision de se retirer et s'expliqua dans une inscription latine placée dans sa bibliothèque, qui peut être ainsi traduite : « L'an du Christ 1571, âgé de trente-huit ans, la veille des calendes de mars, anniversaire de sa naissance, Michel de Montaigne, las depuis longtemps déjà de sa servitude du Parlement et des charges publiques, en pleine force encore, se retira dans le sein des doctes vierges, où, en repos et sécurité, il passera les jours qui lui restent à vivre. Puisse le destin lui permettre de parfaire cette habitation des douces retraites de ses ancêtres qu'il a consacrées à sa liberté, à sa tranquillité, à ses loisirs ! » Une autre inscription dit à peu près : « Privé de l'ami le plus doux, le plus cher et le plus intime, et tel que notre siècle n'en a vu de meilleur, de plus docte, de plus agréable et de plus parfait, Michel de Montaigne, voulant consacrer le souvenir de ce mutuel amour par un témoignage unique de sa reconnaissance, et ne pouvant le faire de manière qui l'exprimât mieux, a voué à cette mémoire ce studieux appareil dont il fait ses délices. »

Montaigne ne pourra cependant échapper aux honneurs, ni se soustraire aux charges, ni s'abstenir de voyager. Il reçut l'ordre de Saint-Michel en 1571 ; Charles IX, vers 1573, le fit gentilhomme ordinaire de la chambre du roi. De 1572 à 1574, la guerre civile éclatant après la Saint-Barthélemy et l'insurrection de La Rochelle, Montaigne dut rejoindre le duc de Montpensier, chef de l'armée catholique en Poitou, et lui servir de messager auprès du parlement de Bordeaux. En 1572 pourtant, entouré de livres, particulièrement des *Œuvres morales* (*) de Plutarque dont la traduction par Amyot venait de paraître, il avait commencé d'écrire les *Essais* (*), dont le livre I est consacré surtout aux affaires militaires et politiques. En 1575, après avoir lu les *Institutions pyrrhoniennes* (*) du sceptique grec Sextus Empiricus dans l'édition latine donnée en 1562 par Henri Estienne, il fit frapper une médaille représentant d'un côté ses armes entourées du collier de Saint-Michel et de l'autre une balance aux plateaux horizontaux avec la date (1576), son âge (quarante-deux ans) et la devise pyrrhonienne : 'Επεχω (« je suspends mon jugement »). Cette même année il écrivit une partie de l'*Apologie de Raimond de Sebonde* — v. *Essais*. Les années suivantes, il fut fait gentilhomme de la chambre de Henri de Navarre, cependant que l'atteignirent diverses infirmités (pierre, goutte, rhumatismes) qui ne le quitteront plus désormais ; néanmoins il composa la plus grande partie du livre II d'abord ; puis, après une lecture attentive de César, de Bodin et surtout encore de Sénèque et de Plutarque, il écrivit les chapitres 26 et 31 du livre I, les chapitres 10 (en partie), 17 et 37 du livre II et l'« Avis au lecteur ». La première édition des *Essais* parut en deux tomes en 1580 à Bordeaux, chez Simon Millanges.

Aussitôt après, Montaigne partit pour un long voyage dont le but principal était le rétablissement de sa santé. Il passa à Paris, Meaux, Bar-le-Duc, Domrémy, prit les eaux à Plombières ; puis à Thann, Mulhouse, Bâle, Baden où il prit également les eaux ; Munich, Innsbruck, Vérone, Padoue, Venise où il s'arrêta une semaine ; Ferrare, Florence, enfin Rome où il séjourna six mois, fut fait citoyen romain, eut une audience de Grégoire XIII. Il revint par Florence et Pise, séjourna six semaines aux bains de Lucques où il apprit son élection comme maire de Bordeaux pour deux ans, ce qui hâta son retour à la fin de 1581, date à laquelle parut la deuxième édition de la *Théologie naturelle de Raimond de Sebonde*.

C'est en 1582 que parut la deuxième édition des *Essais* (livres I et II) avec corrections et additions, à Bordeaux, chez le même éditeur, mais en un seul volume in-8°. Cependant, l'auteur était absorbé par sa fonction et les affaires politiques. La cour de justice de Guyenne lui fit connaître des personnages importants, entre autres de Thou qui dépeint Montaigne comme un « homme franc, ennemi de toute contrainte et qui n'était entré dans aucune cabale, d'ailleurs fort instruit de nos affaires, principalement de celles de la Guyenne qu'il connaît à fond ». Puis Henri de Navarre, héritier du trône, vint passer deux jours au château de Montaigne. Celui-ci, alors réélu maire de Bordeaux, entreprit de concilier les vues de Henri de Navarre — en correspondant aussi avec la maîtresse de celui-ci, la Belle Corisande — et celles du maréchal de Matignon, gouverneur de la Guyenne au nom d'Henri III ; et il défendit Bordeaux contre les ligueurs. Un mois avant le terme de ses fonctions de maire, la peste éclata dans la ville. Montaigne, qui en était absent, n'y rentra pas et essaya par des déplacements continuels de soustraire sa famille à la contagion.

L'influence de Montaigne écrivain s'étendait. Pierre Charron se déclara son disciple, en 1586 ; deux ans après, ce fut Mlle de Gournay. À cette époque se placent la lecture des historiens comme Quinte-Curce, Tacite, et la composition du livre III des *Essais* ainsi que la correspondance avec Juste Lipse. La quatrième édition parut en 1588 à Paris. En s'y rendant, Montaigne fut attaqué et dévalisé par des ligueurs masqués, mais on lui rendit ses habits, son argent et ses papiers. Mlle de Gournay lui fit connaître, à son arrivée à Paris, l'« estime qu'elle faisait de sa personne et de ses livres » et le lendemain Montaigne alla lui rendre visite ; dans le courant de l'été, il passa plusieurs semaines à Gournay-sur-Aronde, en Picardie, dans la famille de sa « fille d'alliance ». Auparavant, il avait accompagné Henri III dans sa retraite à Chartres et à Rouen après la journée des Barricades, et pour ce fait il fut retenu prisonnier à Paris à son retour mais immédiatement remis en liberté par le duc de Guise. À l'automne de la même année, il assista, sans y participer, aux états généraux de Blois où se trouvaient de Thou et Pasquier. Revenu chez lui, Montaigne se remit à la lecture et à l'étude d'auteurs anciens comme Hérodote, Tite-Live et Tacite, saint Augustin – *La Cité de Dieu* (*) –, Aristote – *Éthique à Nicomaque* (*) –, Cicéron, Diogène Laërce ; il parcourait de plus en plus les livres de voyages qui décrivaient les mœurs des pays lointains. Les additions apportées aux *Essais* en font un livre de confessions et de confidences qui révèlent l'auteur de plus en plus à lui-même. En 1590 Montaigne écrivit à Henri IV une lettre importante qui éclaire ses idées politiques. Et le nouveau roi, qui était toujours resté en relations amicales avec l'écrivain, puisque quatre ans auparavant encore il était allé dîner chez lui, lui offrit de venir auprès de lui, proposition qui fut déclinée.

Le 13 septembre 1592, à l'âge de cinquante-neuf ans, Montaigne mourut au cours d'une messe dite devant lui et fut enterré dans l'église des Feuillants à Bordeaux. Sa succession fut évaluée à soixante mille livres de terres et trente mille livres de créances. En 1595 parut une édition définitive des *Essais* chez Langelier par Mlle de Gournay, qui transcrivit, avec l'aide de la veuve de Montaigne et de Pierre de Brach, l'exemplaire qu'avait annoté Montaigne. Désormais jusqu'en 1629 rééditions et traductions se succédèrent, puis, sous l'influence de Port-Royal et de Malebranche, et malgré l'avis favorable de La Bruyère, Montaigne passa de mode. À partir de 1724, date de l'édition Coste, les réimpressions reprirent. En 1774 fut publié le *Journal de voyage en Italie par la Suisse et l'Allemagne* (*), découvert par l'abbé de Prunis dans le château de Montaigne et édité avec une préface et des notes par Meusnier de Querlon. En 1802 une édition parue chez Didot, grâce à Naigeon, modifia, d'après l'exemplaire autographe de Bordeaux, le texte qui avait été établi dans l'édition de Mlle de Gournay. Mais c'est seulement en 1906 que commença l'« édition municipale » décidée par la ville de Bordeaux. Le renouveau d'intérêt pour Montaigne au XIXe siècle est dû surtout à Sainte-Beuve, dont les deux premiers volumes de *Port-Royal* (*) datent de 1840-1842.

Le jugement qui a été porté sur Montaigne varie naturellement selon les générations et les caractères. Il devrait être unanimement favorable puisque chacun peut trouver dans les *Essais* des pages qui vont dans le sens de ses opinions. C'est ainsi que Montaigne peut être considéré comme croyant ou incroyant, rationaliste ou sceptique, stoïcien ou épicurien, conservateur ou révolutionnaire. Il y a des auteurs utilisables plus que d'autres, et Montaigne fait partie des premiers. Il n'a été rejeté a priori que par ceux qui, comme les jansénistes, n'admettaient pas que l'on pût avoir des opinions flottantes ou prenant l'apparence de l'inexactitude. Les autres ont tiré parti de Montaigne, et ce dernier s'y prêtait. Cependant, sous le foisonnement des idées, l'on peut très impartialement découvrir les tendances fondamentales de l'auteur et, sous sa complaisance universelle, sa ligne personnelle : c'est celle d'un sceptique, bien entendu, mais pas forcément d'un incroyant. D'ailleurs il appartient à une époque où l'atmosphère religieuse est telle, comme l'a marqué Lucien Febvre dans son livre sur *La Religion de Rabelais*, que tous les esprits sont imprégnés des dogmes chrétiens, comme au XVIIIe siècle de la religion « naturelle », au XIXe de l'idée de progrès ; il suit les sceptiques anciens qui recommandent d'adopter les croyances et usages de l'époque où l'on vit ; enfin l'incertitude de la raison humaine sert d'argument en faveur de la révélation faite par Dieu, comme il arrive à la même époque à beaucoup de sceptiques (par exemple Henri Estienne et Gentian Hervet, traducteurs de Sextus), alors que plus tard les arguments de ceux qui doutent serviront contre la foi et en faveur de la raison. C'est pourquoi Gide, qui ressemble par ailleurs à Montaigne par l'intérêt passionné qu'il prend à lui-même, par le désir qu'il a de ne rien fonder que sur l'humain, le trop humain, ne donne qu'une idée approximative de celui qu'il salue comme son modèle, et il faudrait ajouter à l'*Essai sur Montaigne* de Gide l'*Entretien avec M. de Saci sur Épictète et Montaigne* (*) de Pascal, où celui-ci parle de « ce doute de soi » et de « cette ignorance qui s'ignore ». Il y a plus qu'un acquiescement même sincère chez Montaigne ; une sorte de consentement spontané à l'ordre de la nature et à celui de la foi, par-delà tout raisonnement : « C'est une absolue perfection, et comme divine, de savoir jouir loyalement de son être. »

JEAN GRENIER.

XVIe siècle. ♦ *« Son livre est un vrai séminaire de belles et notables sentences, dont les unes sont de son estoc, et les autres transplantées si heureusement et d'une telle naïveté dans son fonds qu'il est malaisé de les juger pour autres que siennes. »* Étienne Pasquier.

XVIIe siècle. ♦ *« Montaigne sait bien ce qu'il dit, mais il ne sait pas toujours ce qu'il va dire. S'il a dessein d'aller en un lieu, le moindre objet qui lui passe devant les yeux le fait sortir de son chemin pour courir après un second objet. Mais l'importance est qu'il s'égare plus heureusement qu'il n'allait tout droit... »* Guez de Balzac, 1657. ♦ *« Le sot projet qu'il a de se peindre ! et cela non en passant et contre ses maximes, comme il arrive à tout le monde de faillir, mais par ses propres maximes* [...] *Il inspire une nonchalance du salut, sans crainte et sans repentir* [...] *Ce que Montaigne a de bon ne peut être acquis que difficilement. Ce qu'il a de mauvais, j'entends hors les mœurs, pût être corrigé en un moment, si on l'eût averti qu'il faisait trop d'histoires et qu'il parlait trop de soi. »* Pascal, 1670. ♦ *« L'air du monde et l'air cavalier soutenus par quelque érudition font un effet si prodigieux sur l'esprit qu'on l'admire souvent, que l'on se rend presque toujours à ce qu'il décide, sans oser l'examiner* [...] *Ses idées sont fausses, mais belles. »* Malebranche, 1674. ♦ *« Ah ! l'aimable homme ! qu'il est de bonne compagnie ! C'est mon ancien ami ; mais à force d'être ancien, il m'est nouveau... »* Mme de Sévigné, 1679.

XVIIIe siècle. ♦ *« Dans la plupart des auteurs, je vois l'homme qui écrit ; dans Montaigne, je vois l'homme qui pense. »* Montesquieu. ♦ *« Le charmant projet que Montaigne a eu de se peindre naïvement comme il l'a fait ; car il a peint la nature humaine* [...] *Un gentilhomme campagnard du temps de Henri III, qui est savant dans un temps d'ignorance, philosophe parmi les fanatiques, et qui peint sous son nom mes faiblesses et mes folies, est un homme qui sera toujours aimé. »* Voltaire, 1734. ♦ *« Ô Montaigne ! toi qui te piques de franchise et de vérité, sois sincère et vrai, si un philosophe peut l'être, et dis-moi s'il est quelque pays sur la terre où ce soit un crime de garder sa foi, d'être clément, bienfaisant, généreux ; où l'homme de bien soit méprisable et le perfide honoré. »* Jean-Jacques Rousseau.

XIXe siècle. ♦ *« Une chose qu'on n'a pas fait assez ressortir c'est que Montaigne n'est pas un système de philosophie, ce n'est pas même avant tout un sceptique, un pyrrhonien ; non, Montaigne c'est tout simplement la nature... la nature au complet sans la grâce. »* Sainte-Beuve. ♦ *« Je ne connais qu'un seul écrivain que, sous le rapport de la probité, je place au rang de Schopenhauer, et même plus haut : c'est Montaigne. Qu'un tel homme ait écrit, vraiment le plaisir de vivre sur cette terre en a été augmenté* [...] *C'est à son côté que j'irais me ranger s'il fallait réaliser la tâche de s'acclimater sur cette terre. »* Nietzsche.

XXe siècle. ♦ *« Le scepticisme aimable de Montaigne, tout aimable qu'il soit, n'en est pas moins un violent nihilisme. »* Azorín. ♦ *« La force de Montaigne vient de ce qu'il écrit toujours au moment même, et que la grande défiance qu'il a de sa mémoire, qu'il croit mauvaise, le dissuade de réserver rien de ce qui lui vient à l'esprit, en vue d'une présentation plus savante et mieux ordonnée. »* André Gide. ♦ *« De nom et de baptême, il est chrétien ; il va à la messe, pour suivre la coutume ; mais le christianisme ne joue aucun rôle dans sa vie intérieure ; s'il a laissé en lui des traces, ce sont des habitudes de gestes et de langage. Montaigne n'est pas plus chrétien que Voltaire ; il l'est beaucoup moins qu'André Gide... »* André Maurois.

RÉF. : Paul Bonnefon, *Montaigne, l'homme et l'œuvre*, Bordeaux, 1893. – Fortunat Strowski, *Montaigne*, Paris, 1906. – Pierre Villey, *Les Sources et l'évolution des* Essais *de Montaigne*, Paris, 1908, 2 vol. ; *Les* Essais *de Michel de Montaigne*, Paris, 1932 ; *Montaigne*, Paris, 1933. – A. Lamandé, *La Vie gaillarde et sage de Montaigne*, Paris, 1927. – André Gide, *Essai sur Montaigne*, Paris, 1929. – G. Lanson, *Les* Essais *de Montaigne, étude et analyse*, Paris, 1930. – Plattard, *Montaigne et son temps*, Paris, 1933 ; *État présent des études sur Montaigne*, Paris, 1935. – Ernest Seillière, *Le Naturalisme de Montaigne*, Paris, 1938. – P. Moreau, *Montaigne, l'homme et l'œuvre*, Paris, 1939. – Francis Jeanson, *Montaigne par lui-même*, Paris, 1952. – M. Dréano, *La Renommée de Montaigne en France au XVIIIe siècle*, Paris, 1961. – Roger Trinquet, *La Jeunesse de Montaigne*, Paris, 1972. – Donald M. Frame, *Montaigne. A Biography*, San Francisco, 1984. – Géralde Nakam, *Les* Essais *de Montaigne, miroir et procès de leur temps*, Paris, 1984.

MONTALE Eugenio. Poète italien. Né à Gênes le 12 octobre 1896, mort à Milan le 12 septembre 1981. Ses études, sommaires, et ses débuts dans la vie active se passent dans sa Ligurie natale, pays de montagnes et de mer, qui marquera profondément son idiome poétique. La guerre de 1915-1918, qu'il fait en qualité d'officier d'infanterie, complétera sa formation. Porté d'emblée à la poésie – il participe dès 1922 à la fondation, à Turin, de la revue *Primo tempo* –, sa personnalité s'impose dès le livre de ses débuts (et son livre majeur), *Os de seiche* (*) (1925). Publié à Turin par Piero Gobetti, héros de l'antifascisme, l'historien F. Momigliano écrira à son propos : « Vers sans air, dans quelque épaisseur de paroles desséchées [...] un visage fermé dans une impassibilité durement volontaire. » Cette définition aide à comprendre la vague suspicion qui, dans l'Italie fasciste, s'attache, dès l'abord, à ce pur poète. À la suite de ce recueil, Montale s'installe à Florence, d'abord attaché temporairement à une maison d'édition (1927) puis en qualité de bibliothécaire, à la tête du cabinet scientifico-littéraire Vieusseux, de renom séculaire : il y demeura jusqu'en 1939, date à laquelle le fascisme l'en exclut. C'est au cours de sa longue saison florentine que sa personnalité de poète se précise et se confirme – par deux autres recueils, *La Maison des douaniers* [*La Casa dei doganieri*, 1932] et *Les Occasions* (*) (1939), Montale devenant le protagoniste symbolique de l'orientation poétique qui prendra le nom d'« hermétisme ». Par ailleurs, lié de près aux activités de la revue *Solaria*, dont le prestige culturel domine la fin des années 20, il y fait preuve de lucidité et de générosité en contribuant à la découverte et à la gloire d'Italo Svevo, le grand romancier triestin méconnu par ses compatriotes, et en faisant reconnaître la grandeur d'un autre Triestin, le poète Umberto Saba. Après les troubles consécutifs à l'agonie du fascisme, puis ceux de l'après-guerre, que Montale traverse tant bien que mal toujours à Florence – et on en trouve la trace dans son recueil *Finisterre* (1945) –, il va entreprendre une carrière de journaliste en quittant Florence pour Milan (1948). Critique musical du *Corriere della Sera,* notamment des opéras, qu'il aime passionnément, car il avait étudié le chant dans sa jeunesse et avait même un moment envisagé de tenter une carrière professionnelle, il verra bientôt son œuvre et sa personnalité officiellement consacrées, après la publication de nouveaux livres : *La Tourmente et autres poèmes* (*) (1956) et les œuvres en prose du *Papillon de Dinard* [*Farfalla di Dinard,* 1956] qui obtient le prix de l'« Accademia dei Lincei » en 1962. Il est nommé par le président de la République italienne sénateur inamovible en 1967 – seul écrivain à qui soit rendu pareil hommage –, et le prix Nobel lui est décerné en 1975. S'ensuit, pour ce poète des plus rares, toute une série de publications courtes, qui sont plutôt les jalons d'une œuvre et d'une vie d'une grande noblesse : *Satura* [*Satura,* 1962 et 1971], *Accords et pastels* [*Accordi e pastelli,* 1962], *Xénia* (1966), *Autodafé* (1966), les voyages du *Dehors* [*Fuori di casa,* 1969 et 1975], *Journal de 1971 et 1972* [*Diario del 71 e del 72,* 1973], *Cahier de quatre années* [*Quaderno di quattro anni,* poèmes réunis en 1977]. À quoi il faut ajouter une œuvre importante de traducteur des œuvres de Corneille et de Shakespeare, aussi bien que de Melville et d'Eliot – dont une partie a été rassemblée dès 1948 dans son *Cahier de traductions* [*Quaderno di traduzioni*]. Ainsi, de peu le cadet d'Ungaretti qui, durant l'après-guerre de 1915-1918, fait seul figure de héros d'un renouveau poétique, Montale, à partir du milieu des années 20, en devient le deuxième protagoniste : et c'est principalement à son propos qu'en Italie du moins l'on désignera, dans la décennie suivante, par le vocable de l'« hermétisme » cette tendance poétique qui réunira certains auteurs dont l'inspiration et les motivations intérieures sont en fait aussi différentes que possible ; c'est le cas de Quasimodo qui, un peu plus tard, verra son œuvre classée auprès de celles d'Ungaretti et de Montale. Si l'hermétisme d'Ungaretti traduit en effet un projet stylistique quasi mallarméen – le jeu des silences et des blancs dans la page précieuse –, si celui de Quasimodo sera l'expression toute naturelle d'un Sicilien définitivement marqué par son ascendance hellénique, il en va bien autrement pour Montale. Faut-il rappeler que le premier titre de ses mémorables *Os de seiche* était *Épaves* ? On y lit notamment : « Ne nous demande pas la formule qui puisse t'ouvrir des mondes, / mais rien que quelques syllabes tordues et sèches comme des rameaux. / Tout ce que nous pouvons aujourd'hui te dire, / ce que nous ne sommes point, ce que nous ne voulons point... » Mais on discerne chez lui plus que cette retenue qu'impose une époque d'oppression intellectuelle ; l'antifascisme de Montale est pressenti, on l'a dit, par les fascistes eux-mêmes – d'ailleurs, cette confidence du poète l'éclaire mieux que tout commentaire : « Je ne saurais expliquer comment la poésie naît en moi, je sais seulement que chacun de mes poèmes est précédé d'une gestation longue et obscure, qui ne comporte rien de prévisible : pas plus le sujet ou le titre que l'ampleur du développement. Dans certains cas, j'ai l'impression que deux ou trois poèmes divers agissant comme des "catalyseurs" chimiques se fondent ensemble. Une fois achevée la période d'incubation, j'écris vite et avec un minimum de retouches... Je pars toujours du réel, car je suis incapable d'invention, et c'est seulement après coup, le poème achevé, que je connais mes intentions. Et le thème de ma poésie (comme, je le crois, de toute poésie), c'est la condition humaine considérée en soi. »

Un « hermétisme » donc, conditionné en partie par les circonstances historiques – « les occasions » –, mais s'imposant surtout par quelque nœud intérieur ; et Montale, à propos de sa formation ligurienne juvénile, parlera du chemin « vers l'introversion, qui porte à quelque captivité dans le cosmos ». S'il sied ici d'insister sur les rapports Montale-T. S. Eliot que les critiques ont soulignés, dans le « mal cosmique » qui leur est commun et le regard à la fois physique et métaphysique porté sur la « terre désolée », comment ne pas remonter encore plus loin dans le temps pour retrouver une inspiration spécifiquement italienne, la tradition de Leopardi. Dès l'abord, la poésie de Montale découvre un réel en ruine répondant symboliquement à des états intérieurs d'érosion, de désagrégation, d'atonie (« délire d'immobilité ») où les signes de salut sont rares. Et cette problématique profonde (qui n'exclut pas l'humour) s'exprime à travers une prosodie faite de courtes strophes syncopées, aux cadences abruptes et robustes, à la syntaxe fulgurante : « ... le vent qui naît et meurt / à l'heure qui, lente, s'assombrit / s'il pouvait de toi aussi ce soir jouer / instrument désaccordé / cœur... »

NINO FRANK.

♦ *« Avec celles d'Eliot, de Benn, de Pasternak, l'œuvre de Montale se situe parmi les expressions les plus hautes d'une condition historique qui croit échapper à l'Histoire en étant vécue comme éternelle : celle de la conscience brûlée vive par l'orgueil et la terreur de son propre destin. »* F. Fortini. ♦ *« Montale a transmis aux poètes italiens plus jeunes la forte respiration d'une poésie qui puise sa force dans la vision d'un élément puissant de la nature : ampleur cosmique, plénitude des phénomènes et des idées... »* H. Frenzel. ♦ *« L'objectivité marmoréenne de Montale. »* M. Forti. ♦ *« Il parvient à racheter les sons les plus stridents de sa musique poétique grâce aux vérités qu'elle comporte en tant que mémoire et image de la souffrance humaine et de la souffrance des choses. »* F. Flora.

RÉF. : G. Contini, *Esercizii di lettura,* Florence, 1939. – M. Apollonio, *Ermetismo,* Padoue, 1945. – M. Praz, *Eliot and Montale,* Londres, 1948. – E. Sanguineti, *Da Gozzano a Montale,* Turin, 1956. – P. P. Pasolini, *Passione e ideologia,* Milan, 1960. – G. Ramat, *Montale,* Florence, 1965. – G. Nascimbeni, *Eugenio Montale,* Milan, 1969. – L. Greco, *Montale commenta Montale,* Milan, 1980. – G. Lonardi, *Il vecchio e il giovane e altri studi su Montale,* Bologne, 1980. – M. Martelli, *Eugenio*

Montale, Florence, 1982. – E. Bonora, *Conversando con Montale,* Milan, 1983. – R. Luperini, *Montale o l'identità negata,* Naples, 1984. – S. Ramat, *L'acacia ferita e altri saggi su Montale,* Venise, 1986. – M. A. Grignani, *Prologhi ed epiloghi. Sulla poesia di Eugenio Montale, con una prosa inedita,* Ravenne, 1987.

MONTALEMBERT Charles Forbes de Tryon, comte de. Écrivain et orateur politique français. Né à Londres le 29 mai 1810, mort à Paris le 13 mars 1870. Descendant d'une famille noble dont certains membres avaient pris part aux croisades, fils d'un émigré et d'une mère anglaise et protestante, Montalembert passa sa première enfance dans la banlieue de Londres. Ramené en France après la Restauration, il fit ses études au collège Sainte-Barbe (1826-1828), puis séjourna à Stockholm, où son père avait été nommé ministre plénipotentiaire. Rentré à Paris à la fin de l'année 1829, il suivit à la Sorbonne les cours de Villemain, de Guizot, de Cousin, fit la connaissance de Vigny, de Sainte-Beuve, de Lamartine, de Victor Hugo, et publia ses premiers articles dans *Le Correspondant.* Sa foi, déjà ardente, fut encore échauffée par un voyage en Irlande (septembre-octobre 1830). Reçu par O'Connell, Montalembert fut également sensible aux beautés poétiques de la persécution, il envia la liberté d'une Église comme celle d'Irlande, dégagée de toute tutelle à l'égard d'un gouvernement protestant, et se mit à souhaiter, pour la France aussi, la séparation de l'Église et de l'État. C'était précisément ces idées que Lamennais, au même moment, entreprenait de répandre par son journal *L'Avenir* (*). Dès le 26 octobre 1831, sans attendre d'être rentré en France, Montalembert envoyait de Londres son adhésion à Lamennais et lui proposait pour son journal une série d'articles sur l'Irlande qui eurent le plus grand succès. Durant la brève existence de l'entreprise lamennaisienne, Montalembert se voua à deux grandes causes : d'abord l'apologie de l'indépendance polonaise – il voulut même aller sur place prendre part à la révolte et, s'étant lié avec le poète exilé Adam Mickiewicz, il traduisit en 1833 les *Livres de la nation polonaise et des pèlerins polonais* (*) ; en second lieu, la croisade pour la liberté de l'enseignement contre le privilège universitaire étatique en vigueur depuis Napoléon. Le 9 mai 1831, Montalembert et Lacordaire ouvrirent une école libre ; le gouvernement la fit fermer sans tarder. Après la condamnation de *L'Avenir,* Montalembert essaya vainement, avec Lacordaire, de retenir Lamennais au sein de l'Église ; mais lorsque ce dernier publia *Les Paroles d'un croyant* (*), il se sépara de lui définitivement. À la suite d'un voyage en Allemagne, Montalembert se consacra pendant quelques années à la résurrection de l'art chrétien, malheureusement identifié par lui à un médiévalisme de vitrail dont on trouve une expression dans son *Histoire de sainte Élisabeth de Hongrie* (*) (1836). Entre-temps, poursuivant à la Chambre des pairs sa carrière d'orateur politique, Montalembert faisait des interventions chaleureuses en faveur des Irlandais, des jésuites, des chrétiens de Syrie et de Grèce et, en 1847, des membres du « Sonderbund » suisse. Un an plus tard, au lendemain de la révolution de Février, il publiait un manifeste d'inspiration républicaine et se faisait ensuite élire représentant du peuple par le département du Doubs. Mais à l'Assemblée, tandis que ses anciens amis Lamennais et Lacordaire se côtoyaient à l'extrême gauche, il siégea à droite et soutint Louis-Napoléon ; toutefois, au lendemain du 2 décembre, il réclama la libération des députés qui venaient d'être arrêtés. Sous l'Empire, au Corps législatif, il constitua pendant plusieurs années à lui tout seul à peu près toute l'opposition. Non réélu en 1857, il se retira définitivement de la vie parlementaire et reprit sa carrière de journaliste et d'écrivain, consacrant les dernières années de sa vie à la rédaction de son étude sur *Les Moines d'Occident depuis saint Benoît jusqu'à saint Bernard* (*) (1860-1877). Il avait été élu à l'Académie française en 1851.

MICHEL MOURRE.

♦ *« M. de Montalembert a une faculté qui manque à beaucoup d'autres, d'ailleurs éloquents, et qui fait que sa phrase ne résonne pas comme une autre phrase : il a la faculté de l'indignation. Il a conservé dans sa vivacité première le sentiment du juste et de l'injuste. Son cœur saigne véritablement devant certains spectacles, et son âme parle par sa blessure. »* Sainte-Beuve. ♦ *« C'est un écrivain lourd, incorrect et terreux. »* Barbey d'Aurevilly.

RÉF. : Foisset, *Le Comte de Montalembert,* Paris, 1877. – Lecanuet, *Montalembert,* 3 vol., Paris, 1896-1902. – C. de Meaux, *Montalembert,* Paris, 1897. – C. Constantin, article *Montalembert* in *Dictionnaire de théologie catholique* de Vacant et Mangenot, tome X-2, Paris, 1929. – P. Archambault, *Chevalerie 1830,* Paris, 1942. – A. Trannoy, *Montalembert, Dieu et la liberté,* 1970. – G. Place, *Charles de Montalembert,* Paris, 1972.

MONTALVO García Rodríguez (ou **Ordoñez) de.** Écrivain espagnol. La date précise de sa naissance comme aussi celle de sa mort (fin du XVe siècle et début du XVIe) sont inconnues. Tout au plus peut-on présumer que, né sous le règne de Juan III, il était, lors de la prise de Grenade (1492), au moins quinquagénaire. Il corrigea ou refondit les trois premiers livres de l'*Amadis de Gaule* (*), en atténua le ton léger et lui donna un caractère moralisateur. Le quatrième livre, qui traite de la monarchie universelle, lui appartient presque entièrement, ainsi que le cinquième, qui constitue un supplément à l'*Amadis de Gaule : Les Exploits d'Esplandian* (fils d'Amadis). Montalvo, qui dès son plus jeune âge avait suivi la carrière des armes, composa l'*Amadis* alors qu'il était jeune « regidor » de Medina del Campo. *Esplandian* est au contraire une œuvre de sa maturité. Sans doute mit-il beaucoup de temps à composer son ouvrage, qui semble avoir été terminé peu après la conquête de Grenade et l'expulsion des Juifs (car il n'y est question d'aucun fait postérieur à ces événements – v. chap. XLII d'*Esplandian*). Le peu que l'on connaisse de l'auteur a pour origine le prologue des trois premiers livres, ainsi que ce qu'il fait dire à Urganda, au chapitre XCVIII des *Exploits d'Esplandian*.

MONTALVO Juan. Écrivain équatorien. Né à Ambato (prov. de Tungurahua) le 13 avril 1832, mort à Paris, le 17 janvier 1889. Très jeune, il devint journaliste et publia ses premiers articles dans *L'Iris*. Puis il fut envoyé comme attaché de légation en Europe. À l'âge de vingt-huit ans, il revint en Équateur et trouva au pouvoir le dictateur García Moreno, auquel il envoya une lettre où il exposait son système libéral. En 1866, il fonda un journal politico-littéraire, *Le Cosmopolite* [*El Cosmopolita*], qui exerça une grande influence. Lorsque García Moreno revint au pouvoir, Montalvo dut s'exiler dans la petite ville d'Ipiales, en Colombie. Il voyagea, notamment en France, puis, revenu à Ipiales en 1872, son activité littéraire commença : il écrivit *La Géométrie morale* [*La geometría moral*] dont Juan Valera fit une étude critique, et des drames parmi lesquels *Le Dictateur* [*El dictador*], qui visait García Moreno. Cette pièce fut suivie d'un pamphlet, *La Dictature perpétuelle* [*La dictadura perpetua*, 1875]. Lorsque García Moreno fut assassiné le 6 août 1875, Montalvo dit : « C'est ma plume qui l'a tué. » Il n'exagérait pas tellement, puisque l'assassin était l'un de ses disciples. Il retourna alors en Équateur, et exposa ses idées libérales dans le journal *Le Régénérateur* [*El Regenerador*]. Mais la dictature revint et Montalvo dut repartir. Ce fut alors à Panama qu'il écrivit son œuvre la plus violente : *Les Catilinaires* [*Las Catilinarias*, 1880]. Attaqué par une lettre de l'archevêque de Quito, il répondit par un ouvrage passionné, profondément anticlérical sous l'ironie : *La Mercuriale ecclésiastique, livre des vérités* [*Mercurial eclesiástica, libro de las verdades*, 1884]. En 1882, il publia à Besançon son œuvre maîtresse, *Les Sept Traités* (*). À Paris, il fit paraître, en s'inspirant d'Addison, une revue dont il était le seul rédacteur, *Le Spectateur* [*El Espectador*, 1886-1888]. On lui doit également les *Chapitres qu'oublia Cervantès, essai d'imitation d'un livre inimitable* (*) (1895), où Montalvo se révèle un excellent prosateur.

C'est en tant qu'auteur des *Sept Traités* que Montalvo a fait un apport fondamental à la littérature sud-américaine. En effet, on ne trouve d'essais ni dans la littérature espagnole ni dans la littérature sud-américaine avant 1896, avant Ganivet. Or *Les Sept Traités* de Montalvo sont de véritables essais. L'auteur s'y inspire de Bacon et surtout de Montaigne, mais tandis que Montaigne s'interroge, Montalvo affirme. Montalvo fut également influencé par Addison, en ce sens que dans ses essais il s'attache à décrire tout ce qu'il voit et qu'il y réussit admirablement. Dans ces essais, il traite des sujets les plus divers et passe d'un thème à l'autre avec une surprenante désinvolture.

JORGE RODRIGUEZ.

♦ *« Sophiste pénétrant, très ingénieux, brillant et châtié, bien que prosateur bigarré et quelque peu pédant. »* Menéndez y Pelayo.

RÉF. : A. L. Térovi, *Juan Montalvo*, Paris, 1901 (en espagnol). – J. E. Rodó, *Hombres de América*, Barcelone, 1924. – O. E. Reyes, *Vida de Juan Montalvo*, Quito, 1935. – G. Zaldumbide et Max Daireaux, *Montalvo*, Paris, 1936.

MONTANHAGOL Guilhem. Ce troubadour naquit probablement dans la région de Toulouse vers le début du XIIIe siècle et mourut après 1258 (en Espagne ?). Ce n'est qu'en confrontant les allusions à l'histoire de son époque dont sont remplis ses poèmes avec ce que nous savons de cette histoire que nous pouvons nous faire une vague idée des principales circonstances de sa vie. Il écrivit, vers 1232, un « sirventès » contre l'Inquisition qui sévissait dans la région toulousaine, et ce poème témoigne d'un tel intérêt pour cette région que nous avons toutes les raisons de croire qu'il y vivait. Il se rendit un peu plus tard en Espagne et le *Ripartimiento,* qui mentionne quelques-unes des donations que lui valut la victoire, nous assure de sa présence auprès de Jacques Ier d'Aragon au cours de la prise de Valence (1238). Il semble qu'il ait été aussi célèbre en Espagne que Peire Cardenal, favori de Jacques Ier. Montanhagol revint en France et vécut à la cour de Raimond VII de Toulouse, mais il est impossible d'affirmer, comme on l'a fait, qu'il fut l'un de ses principaux conseillers. Lorsque Raimond VII, après avoir fait la paix avec Raimond Béranger de Provence, rencontra ce dernier à Montpellier, Montanhagol l'accompagnait et ce fut certainement dans cette ville qu'eut lieu, entre 1241 et 1245, son fameux *Partimen* avec Sordello. Il retourna en Espagne vers 1250, et y demeura au moins jusqu'en 1258 ; nous perdons toute trace de lui après cette date. Montanhagol vit la fin de l'ancienne maison de Toulouse, dont la chute coïncide à peu près avec la fin de la culture provençale ; il est l'un des derniers troubadours. Quatorze poèmes de lui nous sont parvenus – v. *Chansons* (*) –, tous remarquables par la clarté de la langue, le sens du mot propre et l'originalité du rythme et des images. Au contraire de la plupart de ses devanciers, il n'a pas cherché à briller par la complexité de la versification.

RÉF. : J. Coulet, *Le Troubadour Guilhem Montanhagol,* Toulouse, 1898.

MONTCHRESTIEN ou MONTCHRÉTIEN Antoine de. Poète tragique et économiste français. Né à Falaise (Calvados) vers 1575, mort près de Falaise le 7 octobre 1621. Orphelin de bonne heure, Montchrétien écrivit très tôt des vers et, à l'âge de vingt ans, fit représenter à Rouen une tragédie, *Sophonisbe* (*), imitation de la *Sophonisbe* (*) du Trissin, mais où déjà se font jour les dispositions oratoires et élégiaques plutôt que vraiment tragiques de leur auteur. Avant d'être imprimée, cette tragédie fut soigneusement corrigée sur les conseils de Malherbe. En 1601, Montchrétien publia un recueil de *Tragédies* qui comprend *Les Lacènes* (Lacédémoniennes) *ou la Constance* (*), tragédie antique dont le sujet est tiré de la *Vie de Cléomène de Sparte* de Plutarque — v. *Vies des hommes illustres* (*) —, deux tragédies bibliques, *David* (+) et *Aman* (+), *Sophonisbe*, appelée dorénavant *La Carthaginoise ou la Liberté*, et le chef-d'œuvre de Montchrétien, *L'Écossaise ou Marie Stuart* (*). Dans la réédition très corrigée et améliorée des *Tragédies*, en 1605, Montchrétien donna une nouvelle tragédie antique, *Hector*. La vie de ce poète qui ne fut que peu de temps à la mode fut très mouvementée. Ayant tué un homme en duel, il dut se réfugier en Angleterre et ne put rentrer en France que sur l'intervention du fils de Marie Stuart, son héroïne, le roi Jacques Ier. En 1615, Montchrétien dédia à Marie de Médicis et au jeune roi Louis XIII son *Traité d'économie politique* (*), où il propose un certain nombre de principes pour la bonne gestion des affaires, ouvrage célèbre parce qu'il est le premier du genre. Renonçant aux lettres, Montchrétien, à partir de la publication de son *Traité*, ne s'occupa plus que d'industrie. Nommé gouverneur de Châtillon-sur-Loire, il rallia le parti protestant alors en insurrection et tenta de soulever la Basse-Normandie. Il fut pris dans une embuscade près de Falaise et tué les armes à la main. Son cadavre fut roué et brûlé.

RÉF. : G. de Vaudichon, *Montchrétien de Watteville, chef de bande protestante, poète et économiste*, Amiens, 1882. — R. Lebègue, *La Tragédie française de la Renaissance*, Bruxelles, 1954. — M. Sakharoff, *Le Héros, sa liberté et son efficacité de Garnier à Rotrou*, Paris, 1967. — R. Griffiths, *The Dramatic Technique of Antoine de Montchrestien*, Oxford, 1970. — Fr. Charpentier, *Les Débuts de la tragédie héroïque. Montchrestien*, Lille, Serv. de repr. thèses, 1981.

MONTECUCCOLI prince Raimondo di. Général et écrivain militaire italien. Né le 21 février 1609 au château de Montecuccolo (Modène), mort à Linz (Haute-Autriche) le 16 octobre 1680. Il s'orienta d'abord vers la cléricature et les études classiques, puis il partit pour l'Allemagne où, sous les ordres de son oncle Ernest, général alors assez connu, il commença sa longue carrière militaire. Montecuccoli servit successivement comme piquier et mousquetaire dans l'infanterie, puis comme dragon et cuirassier dans la cavalerie. La longue guerre de Trente Ans lui fournit une excellente occasion de faire carrière au service de l'empire. Déjà capitaine, en 1631 il se distingua dans l'assaut de Neubrandenburg, escaladant le premier les murs et remettant les clés de la ville à Tilly en personne. Après un bref séjour en prison, il fut blessé en 1632 lors de la grande bataille de Lutzen : pendant la période d'inactivité forcée qui s'ensuivit, il écrivit une chanson dédiée au valeureux roi de Suède Gustave-Adolphe, tombé dans la même bataille. Quatre années plus tard, à la tête de quatre régiments, il sut brillamment couvrir la retraite des Impériaux à Wittstock. Fait prisonnier par les Suédois en 1639, il resta trois ans en captivité ; il se remit alors à cultiver les classiques dans la bibliothèque de Stettin, et il écrivit le *Traité de la guerre* [*Trattato della guerra*]. De retour en Italie, il guerroya pour le compte du duc de Modène contre les Farnèse de Parme, et remporta un grand succès à Nonantola. À la fin de la guerre de Trente Ans, on le trouve de nouveau en Allemagne, au service de l'empereur, où il remporte encore plusieurs succès militaires contre les Suédois. Par la suite, il voyagea à travers l'Europe et retravailla son *Traité*, qui devint les *Aphorismes sur l'art militaire* (*) (1670). Cette époque fut marquée par un tragique accident survenu en Italie : au cours d'une joute, il tua involontairement un ami très cher, Giovanni Maria Molza ; il partit alors pour Vienne, où il épousa plus tard Marie-Joséphine Dietrickstein dont il eut quatre fils. Dans les années 1657-1658, il combattit de nouveau avec succès à la tête des Impériaux contre les Suédois prêts à écraser la Pologne, et ensuite, toujours contre les Suédois, il se battit pour le Danemark. Ayant obtenu le grade de maréchal de camp en chef, il prit en 1661 le commandement suprême dans la guerre contre les Turcs, qu'il battit sur la Raab le 1er août 1664. Quelques années plus tard, il publiait un traité *De la guerre avec le Turc en Hongrie* (+) (1670), qui faisait le point des expériences de cette campagne. Lors de la guerre de Hollande, Montecuccoli se trouva de nouveau à la tête des troupes impériales, qui sous ses ordres remportèrent quelques succès en 1673. Selon certains, il remit son commandement l'année suivante ; les troupes impériales furent dès lors battues à plusieurs reprises par Turenne. Réintégré dans son grade en 1675, il remporta, après la mort de Turenne, un brillant succès dans la bataille d'Altenheim, à la suite de quoi lui fut conféré le titre de prince de l'Empire. Il se retira du service actif cinq ans avant sa mort. Montecuccoli fut un conseiller précieux pour l'empereur Ferdinand III, non seulement pour les problèmes militaires, mais aussi pour ce qui est de l'action politique ; en réalité, il ne fit pas de l'art de la guerre une question exclusivement technique, mais il eut la notion très vive qu'elle était plutôt un fait politique.

RÉF. : L. de Turpin de Crissé, *Commentaire sur les mémoires de Montecuccoli...*, Paris, 1769. – C. Campori, *R. Montecuccoli*, Florence, 1876. – T. Sandonnini, *Il generale R. Montecuccoli*, Modene, 1914.

MONTEFORTE TOLEDO Mario. Écrivain guatémaltèque. Né à Guatemala en 1911. Après des études de sciences politiques et sociales à l'université San Carlos de cette capitale, il se distingue dans la politique nationale : Secrétaire général du parti unifié de la révolution (1946-1948), président de commissions législatives (1946-1951), délégué du Guatemala à l'Assemblée générale des Nations unies (New York, 1946-1947), vice-président de la République (1948-1949). Exilé politique à plusieurs reprises, il renonce à la vie politique en 1951 et s'installe au Mexique en 1956. Professeur de littérature ibéro-américaine à l'université nationale de Mexico et membre de son Institut d'investigations sociales, il collabore à la revue *Siempre !* et à divers journaux mexicains. Après des poèmes (*Cabagüil,* 1946) et une première fiction, *Biographie d'un poisson* [*Biografía de un pez,* New York, 1943], il consacre son œuvre romanesque à exprimer « la lutte acharnée entre l'homme et la nature, et à dénoncer les maux sociaux et l'exploitation des paysans ». *Amaïté* (1946) évoque la vie difficile de l'homme civilisé dans la forêt de Petén. *Entre la pierre et la croix* (*) (1948) et *Là où finissent les chemins* [*Donde acaban los caminos,* 1966] étudient les problèmes posés par la cohabitation et la fusion des races indienne et blanche. *Une manière de mourir* [*Una manera de morir,* 1957] explore le conflit entre l'idéal et l'efficacité politique. Monteforte Toledo est aussi l'auteur d'essais sociologiques et politiques, parmi lesquels : *Guatemala, monographie sociologique* [*Guatemala, monografía sociológica,* 1960], *Gauches et Droites en Amérique latine* [*Izquierdas y derechas en Latinoamérica,* 1968], *Regard sur l'Amérique latine* [*Mirada sobre Latinoamérica,* 1971], *L'Amérique centrale, modèle de développement difforme et de dépendance* [*Centroamérica, modelo de desarrollo deforme y dependencia,* 1973].

CLAUDE COUFFON.

MONTEMAYOR Jorge de. Poète espagnol. Né à Montemôr-o-Velho, près de Coïmbre (Portugal) vers 1520, mort dans le Piémont (Italie) en 1561. Son père aurait été orfèvre et, alors que le poète était encore en vie, on l'accusa d'être juif. Nous ne savons pas à quelle date il passa en Castille. Alonso Cortés, après C. Michaelis de Vascunde, rejette l'hypothèse selon laquelle il aurait appartenu à la suite de l'infante portugaise Maria, première femme de Philippe II : la doña Maria dans la chapelle de laquelle il était chanteur, comme cela est bien établi, serait au contraire la sœur de Philippe II. En 1552, Montemayor retourna au Portugal en tant qu'attaché au palais de la princesse Jeanne, alors mariée avec l'héritier du trône du Portugal, et, lorsque celle-ci devint veuve, il revint avec elle en Castille (1554). Ce fut peut-être la même année qu'il partit pour l'Angleterre au service du futur roi Philippe II, qui allait se marier avec Marie Tudor ; une phrase en anglais dans son *Chansonnier* [*Cancionero*] vient soutenir cette hypothèse. Nous savons qu'il se rendit à Séville, en pays de León, où il place l'action de sa *Diane* (*), à Valence, où il la fit imprimer (1558 ou 1559), et dans les Flandres, où en 1554 et 1558 il publia les deux parties du *Cancionero.* Il mourut, paraît-il, au cours d'un duel dans lequel il s'était engagé à la suite d'une aventure amoureuse. Ses poèmes religieux furent interdits par l'Inquisition en 1559, selon Marcel Bataillon, parce qu'il faisait partie des « illuminés ». Outre le *Cancionero* et *La Diane*, il publia, sans que nous connaissions la date précise de cette publication, des commentaires aux strophes de Jorge Manrique, une *Paraphrase morale sur le psaume 86* [*Exposición moral sobre el psalmo 86*, 1548] et, à nouveau sans date, une traduction des odes poétiques de Ausias March.

MONTENEGRO Carlos. Écrivain et journaliste cubain. Né à Caramiñal, village de Galice (Espagne), de mère cubaine, le 27 février 1900, mort à Miami le 5 avril 1981. Il vient à Cuba à sept ans. Très jeune, il quitte l'école et bourlingue du Canada au Mexique comme docker, mineur, matelot. Il vit d'atroces aventures, dont témoigneront ses romans et ses nouvelles qui dénoncent l'horreur, transcendent la réalité, lui donnent un sens. En 1918, lors d'une rixe sur le port de La Havane, il tue un homme. On le condamne à quatorze ans de détention. La prison sera son université. Il écrit, et ses premières nouvelles sont primées. La *Revista de Avance* publie *Le Renouveau et Autres contes* [*El renuevo y otros cuentos,* 1929], nouvelles d'une grande sobriété qui évoquent un univers de violence implacable. Carpentier, et l'ensemble de l'avant-garde littéraire, considèrent Montenegro comme le « Gorki cubain » et obtiennent sa libération anticipée (1930). De 1933 à 1941, il milite au parti communiste cubain dont il dirige le quotidien *Hoy,* puis il devient correspondant de guerre en Espagne. Ses reportages, dont *Avions sur le peuple* [*Aviones sobre el pueblo*], sont publiés (1937). Son seul roman, *Hommes sans femme* (*) (1937), évoque ses années de prison.

Il s'exile au début de la révolution cubaine, d'abord au Costa Rica puis, en 1962, à Miami. Il écrit son autobiographie restée inédite, *Le Monde ineffable* [*El mundo inefable*], ainsi que des nouvelles.

Le regard de Montenegro est profondément

pessimiste ; l'homme lutte seul contre des forces qui le dépassent. La tension dramatique naît d'une grande économie de moyens. Il écrit dans une langue parlée émaillée de « cubanismes », sans recherche apparente. Comme celle de Novás Calvo et de tous les écrivains exilés, son œuvre a été interdite par le régime castriste.

LILIANE HASSON.

RÉF. : Enrique J. Pujals, *La obra narrativa de Carlos Montenegro,* Barcelone, 1980.

MONTÉPIN Xavier de. Romancier populaire français. Né à Apremont (Haute-Saône) le 18 mars 1823, mort à Paris le 30 avril 1902. Écrivain au style négligé, mais plus fécond encore que Dumas père, il débuta par *Les Chevaliers du lansquenet* (10 vol., 1847), puis, l'année suivante, *Les Viveurs d'autrefois* (en collab. avec le marquis de Foudras). Après avoir versé peu de temps dans la politique et fait paraître, en 1848, un journal satirique et réactionnaire auquel collabora Villemessant, Montépin publia une vingtaine de romans avant de connaître le grand succès avec *Les Filles de plâtre* (1855), qui lui valurent la cour d'assises. Montépin devint alors, pour vingt ans, le roi du feuilleton. Ses romans les plus fameux sont : *La Porteuse de pain* (*) (1884), *La Belle Angèle* (1885, 2 vol.), *Fille de courtisane* (1874, 2 vol.), *Jeanne de La Tremblaye* (1857, 3 vol.), *Le Masque rouge* (1859, 5 vol.), *Les Marionnettes du diable* (1860, 14 vol.), *Les Compagnons de la Torche* (1862-1863, 15 vol.), *Les Enfers de Paris* (1868), *Les Mystères du Palais-Royal* (1865), *La Sirène* (1856, 2 vol.), *Sa Majesté l'Argent* (1877, 5 vol.). Plusieurs de ses romans ont été adaptés pour le théâtre, notamment *La Porteuse de pain*, dont la vogue fut énorme.

MONTESQUIEU Charles Louis de Secondat, baron de la Brède et de. Moraliste, penseur et philosophe français. Né le 18 janvier 1689 au château de la Brède, près de Bordeaux, mort le 10 février 1755 à Paris. Il descendait d'une famille de parlementaires bordelais. Lors de son baptême, on lui donne un mendiant pour parrain, afin qu'il se rappelle toute sa vie que les pauvres sont ses frères. Il est alors élevé parmi les paysans, au bourg de la Brède. Il en conservera une bonne connaissance du patois : même au temps de sa gloire, de sa vogue, il ne sera jamais un Parisien, ni un courtisan. De 1700 à 1705, il est l'élève des oratoriens, au collège de Juilly, où une grande place, exceptionnelle à l'époque, est faite à l'enseignement de l'histoire. Ses œuvres attestent qu'une telle préférence a porté ses fruits. Il étudie le droit à Bordeaux, où il est reçu avocat en 1708. Il passe alors quatre ans à Paris, où il rédige en 1771 un traité, aujourd'hui perdu, sur la *Damnation éternelle des païens.* Il y affirme que les philosophes de l'Antiquité n'ont pas mérité l'enfer. Il revient à Bordeaux en 1713, juste pour assister à la mort de son père. Le 24 février 1714, il est reçu conseiller au parlement de Bordeaux. En 1715, il se marie (ou on le marie) avec Jeanne de Lartigue, calviniste convaincue, qui lui apporte une dot de cent mille livres. Les parents des conjoints n'assistent pas à la cérémonie, d'ailleurs réduite à une simple formalité. Un des témoins, tailleur d'une rue voisine, ne sait même pas signer. En 1716, Charles-Louis de Secondat est reçu à l'Académie de Bordeaux, qui venait de se former. Son oncle, de qui il tient depuis 1708 le nom de Montesquieu, meurt en lui léguant sa charge de président à mortier au Parlement. Le nouveau dignitaire a vingt-sept ans. Quelques jours avant son entrée en fonctions, il a lu à l'Académie locale une Dissertation hardie *Sur la politique des Romains dans la religion* (+). Il y dénonce dans la religion un habile stratagème des puissants pour asseoir leur domination sur les humbles. Montesquieu partage son temps entre Paris et Bordeaux. Il ne semble s'intéresser particulièrement ni à l'histoire ni aux sciences humaines. Au contraire, il étudie de préférence les sciences physiques et naturelles. Il fait part à ses collègues de ses idées sur l'ivresse, la fièvre intermittente, les esprits animaux, sur la cause de l'écho – *Mémoire sur l'écho* (1718) –, sur un enfant sans cerveau, sur les coquillages de Sainte-Croix-du-Mont, sur l'utilité des glandes rénales – *Mémoire sur les maladies des glandes rénales* (1718) –, sur la cause de la transparence ou de la pesanteur des corps – *Mémoire sur la transparence des corps* (1718). Il leur communique les résultats de ses observations ou de ses expériences sur le gui ou la mousse des chênes, sur divers insectes peu identifiables, sur les grenouilles ou les canards. Il aime travailler au microscope.

Mais ces diverses curiosités ne durent pas. C'est l'homme et les singularités de ce plus étrange animal qui intéressent bientôt Montesquieu. En 1721 paraissent sans nom d'auteur les *Lettres persanes* (*). C'est le récit des surprises de plusieurs Orientaux imaginaires séjournant en France. Montesquieu y feint de considérer avec des yeux naïfs la société où il vit : exercice d'un excellent, et même d'un périlleux profit. Ce renversement de la perspective crée la sociologie. En inventant les Persans qui viennent à Paris et qui sont surpris par tout ce qu'ils voient, Montesquieu invite tous les Parisiens à voir leur ville et leur propre vie comme ils auraient vu Ispahan et la vie des Persans. On ne s'étonne plus des autres, mais de soi-même, non plus des turbans à aigrettes, mais des tricornes à plumes, non plus qu'on ait plusieurs femmes légitimes, mais de n'en avoir qu'une seule, non plus qu'on se déchausse en entrant dans les mosquées, mais qu'on se découvre en franchissant le seuil des églises, non plus qu'on habite dans des maisons basses, mais dans des maisons à étages dont les habitants trop nombreux pour la surface des rues créent immanquablement des encombrements. Le succès de l'ouvrage, éclatant et immédiat, encourage Montesquieu à résider le plus possible à Paris, où il mène une vie mondaine de 1721 à 1725 ; d'ailleurs non sans continuer de s'intéresser de fort près à l'administration de ses terres et à l'exploitation de son vignoble. Il compose un mémoire sur la fleur de la vigne et adresse un long questionnaire, des plus techniques, aux propriétaires voisins sur les procédés en usage dans leurs domaines. En effet, il produit pour son compte des vins blancs à La Brède et aux alentours, des vins rouges en Entre-deux-Mers et des eaux-de-vie en Armagnac et en Agenais, sur les terres qui lui viennent de sa femme. Il est préoccupé de politique, d'aventures galantes, de morale et de science des mœurs ; il voudrait pouvoir discerner avec certitude où se cache la vraie grandeur de l'homme ; d'où les *Lettres de Xénocrate à Phères*, le traité de *La Considération et la Réputation*, le traité des *Devoirs*, l'extraordinaire *Dialogue de Sylla et d'Eucrate* qu'il lit au Club de l'Entresol en 1724 ; pour la pensée, il y devance Nietzsche ; il y donne en même temps un exemple insurpassé de prose formulaire. Cependant, il étudie les *Causes de l'éclair et du tonnerre* et les *Variations de l'aiguille aimantée*. Surtout il rédige à cette époque les *Considérations sur les richesses de l'Espagne*, courte dissertation qui est probablement l'origine lointaine de *L'Esprit des lois* (*). Il y examine comment l'or du Nouveau Monde a causé la ruine du pays qui s'en était assuré le monopole : premier essai, qui reste inédit, d'une méthode qui fera la juste gloire de son auteur. L'apport principal de celui-ci consiste sans doute en une façon inédite de découvrir et de bien formuler une certaine espèce de problèmes, plutôt qu'à en proposer une solution définitive. Montesquieu cependant, poussé par le succès et la mode, se présente à l'Académie. Il est élu, mais le roi refuse son agrément sous le prétexte que ce parlementaire n'habite pas, et ne saurait habiter Paris. Montesquieu réussit toutefois à surmonter l'opposition royale et, le 24 janvier 1728, il est reçu au sein de l'illustre compagnie par Mallet qui l'invite, pour justifier son élection, à écrire des ouvrages de caractère moins tendancieux, qu'il pourrait revendiquer publiquement.

En 1726, il a provisoirement vendu sa charge. Aussi, après sa réception à l'Académie, se trouve-t-il libre de voyager. En 1728, il part pour Vienne, d'où il passe à Gratz, puis à Venise, Padoue, Vincence, Vérone, Milan, Turin, Gênes, Pise, Florence, Rome, Naples, où il assiste au miracle de saint Janvier (il en parle fort intelligemment), de nouveau à Rome, puis à Modène, Parme et Mantoue. Par le Brenner, il atteint Innsbruck. Il séjourne ensuite à Munich, à Augsbourg, à Heidelberg (où il s'extasie à la vue du plus grand tonneau du monde), à Francfort, à Mayence, à Cologne, à Munster, à Hanovre. Il arrive enfin à La Haye, d'où lord Chesterfield l'entraîne en Angleterre où il reste jusqu'en 1732. Il s'y fait initier à la franc-maçonnerie. Il y prend bonne note des mœurs politiques et des usages parlementaires. Durant ces divers voyages, il voit tout le monde et il observe toute chose. Il se renseigne sur toute curiosité. Il visite les manufactures, les chantiers, les ports, les salines, les musées. Du cérémonial des cours au régime des égouts, il ne néglige rien. Il s'intéresse également aux cardinaux et aux prostituées. Il écrit cependant de menues études sur deux fontaines qui semblent convertir le fer en cuivre, sur les procédés d'extraction dans les mines d'Allemagne, sur la sobriété des habitants de Rome. Il rédige également une sorte de guide méticuleux, pièce par pièce, de la galerie de peinture et de sculpture du grand-duc de Toscane à Florence. De la sorte, Montesquieu se constitue une vaste réserve de connaissances concrètes qu'alimentent en outre ses lectures, ses observations, ses conversations. Il note dans son *Spicilège* les confidences ou les remarques de l'administrateur qui revient du Canada, du missionnaire qui débarque de Chine, du ministre et de l'ambassadeur, du fermier général, du soldat et du publiciste. Parcourant l'Europe, il s'est fait expliquer comment fonctionnent les institutions, s'est renseigné sur le système des impôts, sur les épidémies et sur les mesures prises pour les combattre, sur les mœurs et les préjugés, sur la vie littéraire et sur les spectacles, sur la mode, sur l'état de l'agriculture et sur la misère du peuple. Rentré chez lui et s'intéressant toujours à la culture de la vigne, surveillant la vente de son vin, administrant personnellement son domaine, il découpe dans les journaux des nouvelles de toute espèce, grands événements ou faits divers, dont il espère tirer parti pour ses recherches. Il recopie des passages qui l'ont frappé dans les livres qu'il lit et qui lui fournissent quelque information précieuse, quelque argument inattendu. Il devine déjà l'usage qu'il fera de tel fragment. Il le transporte dans les cahiers intitulés *Mes pensées* (*), où cette matière première se trouve classée, travaillée, organisée.

Très curieusement, Montesquieu se rend en 1734 à La Ferté-Vidame, pour converser avec Saint-Simon qui, à l'insu de tous, y écrit obscurément ses *Mémoires* (*). Il fait paraître, la même année, les *Considérations sur les causes de la grandeur des Romains et de leur décadence* (*), la seconde des monographies qui préfigurent *L'Esprit des lois*. Il convient d'y joindre deux opuscules mineurs, mais significatifs : les *Réflexions sur la monarchie universelle*, que Montesquieu fait imprimer, dont il corrige les épreuves, mais qu'il ne se résout pas à publier, et l'*Essai sur les causes que peuvent affecter les esprits et les caractères*, lequel, moins fortuné encore, n'est même pas livré à l'imprimeur. Montesquieu, de plus en plus, se consacre à *L'Esprit des lois*. Il ne néglige pas pour autant les sciences naturelles. Il se demande « si l'air que nous respirons passe dans le sang » et s'interroge sur les causes de la froideur et de la chaleur des eaux minérales. En 1743, il emprunte 7 380 livres. En 1745, il publie au *Mercure* le *Dialogue de Sylla et d'Eucrate*. Il marie sa fille cadette Denise et lit à Bordeaux le premier état de *L'Esprit des lois* qu'il envoie bientôt à Genève à l'éditeur Barrillot. L'ouvrage paraît en novembre 1748, sans date ni nom d'auteur. Un an plus tard, ou presque, en janvier 1750, on en compte déjà vingt-deux éditions. Cette immense enquête a coûté vingt ans de travail à son auteur. Elle démontre que les lois qui régissent les sociétés ne sont ni invariables ni arbitraires. Ce n'est pas le caprice qui les invente. Mais il n'y a pas non plus de principe métaphysique qui les fixe pour toujours identiques sous toutes les latitudes et à toutes les époques. Les lois expriment les rapports des choses, elles dépendent du climat, de l'étendue du pays, des voies de communication, de la nature du gouvernement. Celui-ci repose sur un principe qui en maintient la bonne santé et le fonctionnement efficace. Ainsi le despotisme repose sur la crainte, la monarchie sur l'honneur ; la république repose sur l'esprit civique, que Montesquieu appelle la vertu. Quand le principe se corrompt, le régime s'écroule. L'ouvrage préconise notamment la séparation des trois pouvoirs : exécutif, législatif et judiciaire. Les législateurs tiendront à inscrire cette indépendance réciproque des pouvoirs dans la constitution des États-Unis d'Amérique, dans les constitutions éphémères issues de la Révolution française. Elle réglera la pratique de la monarchie constitutionnelle en France. Montesquieu a élaboré la théorie de cette séparation, qui lui semble la seule garantie valable des libertés politiques, d'après les institutions qu'il a vues fonctionner empiriquement en Angleterre, en 1730.

L'Esprit des lois connaît un grand succès : il est aussitôt lu, vanté et attaqué. Frédéric II en fait son livre de chevet, tout en se déclarant en désaccord en plusieurs points. Montesquieu confie à l'un de ses amis qu'il devine aisément lesquels. Catherine II trouve dans la doctrine des raisons de renforcer son autocratie. Les Anglais y découvrent les mérites des institutions libérales qui les régissent : dès 1749, ce livre fait autorité au parlement de Londres ; Marat en fait l'éloge dans une dissertation de 1785. Jefferson le lit le crayon à la main. Chacun trouve son bien en des analyses lucides et impartiales, qui l'éclairent sur les conditions, le mécanisme et les conséquences des divers régimes ou systèmes politiques. Montesquieu, en 1750, répond dans la *Défense de l'Esprit des lois* aux attaques des jésuites et des jansénistes. Malgré ses efforts, ses complaisances, ses protestations, ses promesses, malgré les corrections qu'il consent, le livre, condamné auparavant par la Sorbonne, est mis à l'Index en décembre 1751.

La même année, Montesquieu avait été élu par acclamations à l'Académie de Nancy. En reconnaissance, il avait écrit le dialogue de *Lysimaque*, qui contient peut-être le dernier mot de sa philosophie. Il y rend hommage aux malheurs et aux mérites de l'ancien roi de Pologne Stanislas Leszczynski. Pour l'*Encyclopédie* (*), il rédige l'*Essai sur le goût* qui paraîtra après sa mort, dans le tome VII de celle-ci, sans qu'il ait eu le temps d'y mettre la dernière main. Il avait courtoisement refusé à d'Alembert d'écrire les articles *Démocratie* et *Despotisme*. Mais sa vue baisse beaucoup. En 1749, des amis l'avaient pressé de se faire opérer de la cataracte par le célèbre oculiste allemand, Immer. Il avait refusé. Il ne cesse pas pour autant de voyager. En juin 1751, il est à Bordeaux ; à la fin de l'année, il est à Paris ; en septembre, à La Brède ; en décembre, à Paris ; en août 1754 à La Brède ; en janvier 1755, à Paris, où il meurt le 10 février.

La partie la plus étendue de son œuvre – *Voyages, Mes pensées* (*), *Histoire véritable* (*) (1738), essais divers, correspondance –, la moins élaborée, mais aussi la plus vivante, est demeurée longtemps inédite. Les manuscrits en effet, cachés pendant la Révolution française, avaient été emportés en Angleterre par le petit-fils de l'écrivain. Ils n'ont été publiés pour la première fois que lors des dernières années du XIXe siècle et des premières du XXe dans une édition quasi confidentielle destinée aux bibliophiles de Guyenne (1891-1914). L'ensemble de l'œuvre n'est devenu aisément accessible au public que vers 1950. Celui-ci y reconnut avec surprise une pensée toute moderne.

ROGER CAILLOIS.

♦ *« Sa conversation était légère, agréable et instructive, par le grand nombre d'hommes et de peuples qu'il avait connus ; elle était coupée comme son style, pleine de sel et de saillies, sans amertume et sans satire. »* D'Alembert. ♦ *« Un génie mâle et rapide. »* Voltaire. ♦ *« Ses vertus ont fait honneur à la nature humaine, et ses écrits à la législation. »* Lord Chesterfield. ♦ *« Vous composez avec le préjugé comme un jeune homme, entrant dans le monde, en use avec les vieilles femmes qui ont encore des prétentions, et auprès desquelles il ne veut qu'être poli et paraître bien élevé. Mais aussi ne les flattez-vous pas trop ? »* Helvétius. ♦ *« Fait pour diriger l'opinion publique, non pour s'y asservir, il attaqua les ridicules à la mode et les préjugés destructeurs... Montesquieu respecta toujours les opinions qui assurent le repos de la société, et n'attaqua jamais que les préjugés funestes. Mais, pour en purger la terre, il ne prit point le ton dogmatique d'un réformateur ; il eut recours à cette satire délicate, dont les atteintes, pour être moins violentes, n'en sont que plus sûres. C'est ainsi qu'il ébranla les auteurs de la superstition. »* Marat. ♦ *« Montesquieu reste le maître préféré des esprits réfléchis, qui ont, comme lui-même, le goût de la modération joint au goût du progrès ; l'amour du bien public et l'aversion de toute injustice, même particulière ; la haine des abus et le respect des droits acquis ; l'horreur du désordre et la passion de la liberté. »* Petit de Julleville. ♦ *« Montesquieu n'écrit pas pour nous, qu'il ne prévoyait pas si primitifs. Il aime l'ellipse, et, dans nombre de ses maximes, il calcule sa phrase, la renoue finement à elle-même, il prévoit des esprits un peu plus déliés que les nôtres ; il leur offre les plaisirs de l'intelligence élégante et leur prête ce qu'il leur faut pour en jouir.* » Paul Valéry.

RÉF. : Maupertuis, *Éloge de Ch. de Secondat, baron de Montesquieu*, Hambourg, 1755. – D'Alembert, *Éloge de M. le Président de Montesquieu*, Londres, 1757. – Alexandre Deleyre, *Le Génie de Montesquieu*, Paris, 1758. – J.-P. Marat, *Éloge de Montesquieu* (présenté à l'Académie de Bordeaux le 28 mars 1785), Libourne, 1883. – Barère de Vieuzac, *Montesquieu peint d'après ses ouvrages*, Paris, 1797. – Abel Villemain, *Éloge de Montesquieu*, Paris, 1826. – Albert Sorel, *Montesquieu*, Paris, 1887. – É. Durkheim, *Quid Secundatus politicae scientiae instituendae contulerit*, thèse de Bordeaux, 1892, tr. fr. in *Revue d'histoire politique et constitutionnelle*, vol. I. – Ch. Jaubert, *Montesquieu économiste*, thèse, Aix, 1901. – J. Carayon, *Essai sur les rapports du pouvoir politique et du pouvoir religieux chez Montesquieu*, thèse, Montbéliard, 1903. – H. Barckhausen, *Montesquieu*, Paris, 1907. – J. Flach, *Platon et Montesquieu*, Paris, 1908. – J. Dedieu, *Montesquieu et la tradition politique anglaise en France. Les sources anglaises de « L'Esprit des lois »*, Paris, 1908 ; *Montesquieu*, Paris, 1913. – Edwin P. Dargan, *The Æsthetic Doctrine of Montesquieu*, thèse, Baltimore, 1911. – E. Levi-Malvano, *Montesquieu e Machiavelli* (en italien), Paris, 1912. – H. Knust, *Montesquieu und die Verfassung der Vereinigten Staaten*, Munich, 1922. – Ernst Cassirer, *Die Philosophie der Aufklärung*, Tübingen, 1932. – R. Hubert, G. Davy, G. Gurvitch, etc., numéro consacré à Montesquieu in *Revue de métaphysique et de morale*, vol. 46, Paris, 1939. – C. de La Taille-Loyanville, *Les Idées économiques et financières de Montesquieu*, thèse, Paris, 1940. – P. Barrière, *Un grand provincial : Montesquieu*, Bordeaux, 1946. – Maxime Leroy, *Histoire des idées sociales en France : I. De Montesquieu à Robespierre*, Paris, 1946. – Paul Hazard, *La Pensée européenne au XVIIIe siècle. De Montesquieu à Lessing*, Paris, 1946. – Bernard Groethuysen, introduction au choix de pages de *Montesquieu*, in « Les Classiques de la liberté », Genève, 1947. – Paul Dimoff, *Cicéron, Hobbes et Montesquieu*, Saarbruck, 1952. – [Divers], *La Pensée politique et constitutionnelle de Montesquieu (Bicentenaire de « L'Esprit des lois »)*, recueil Sirey, Paris, 1952. – P. Vernière, *Montesquieu et l'Esprit des lois ou la raison impure*, Paris, 1977. – R. Strackleton, *Montesquieu, biographie critique* (éd. anglaise 1961, trad. fr., Grenoble 1977). – J. Starobinski, *Montesquieu par lui-même*, Paris, 1953. – G. Benrekassa, *Montesquieu*, Paris, 1968. – S. Goyard-Fabre, *La Philosophie du droit de Montesquieu*, Paris, 1973. – L. Althusser, *Montesquieu, la politique et l'histoire*, Paris, 1959. – R. Aron, *Montesquieu*, Paris, 1962. – C. Rosso, *Montesquieu moraliste*, Pise, 1965. – J. Ehrard, *Politique de Montesquieu*, Paris, 1965. – G. Vlachos, *La Politique de Montesquieu*, Paris, 1974.

MONTESQUIOU-FEZENSAC Robert, comte de. Écrivain français. Né à Paris le 19 mars 1855, mort à Menton le 11 décembre 1921. Il descendait d'une famille illustre qui comptait un maréchal de France, des généraux, des ambassadeurs, des gouverneurs, et prétendait même remonter jusqu'à Mérovée. Ses réceptions fastueuses, ses demeures historiques, son orgueil et ses cravates auraient suffi à attirer l'attention, il voulut, en plus, faire œuvre et œuvre de génie, *Les Chauves-Souris* (*) (1892), *Le Chef des odeurs suaves* (1893), *Le Parcours du rêve au souvenir* (1895) et *Les Hortensias bleus* (*) (1896) furent ses premiers recueils de poèmes. Ils parurent en édition de grand luxe et aux dépens de l'auteur, et furent brocardés par la presse, mais les salons lui firent un succès parce qu'on redoutait ses traits d'esprit et qu'il était du monde. Huysmans, à la recherche d'un personnage qui incarnerait la préciosité et la décadence du siècle, le prit pour modèle de son Des Esseintes – v. *À rebours* (*) –, Edmond Rostand devait lui emprunter des traits pour le Paon de *Chantecler* (*). Montesquiou avait publié quelques années auparavant (1901) un recueil de vers intitulé *Les Paons* – et l'on sait qu'il fut l'un des modèles du baron de Charlus de Marcel Proust – v. *À la recherche du temps perdu* (*). L'incendie du Bazar de la Charité dans lequel périrent plus d'une centaine de membres de l'aristocratie parisienne, en majorité des femmes, vint accroître sa légende. On racontait que les hommes avaient été si prompts à s'enfuir et si galants qu'ils avaient écrasé leurs compagnes pour échapper au sinistre ; on racontait aussi que, venu identifier le corps de son épouse, un gentilhomme relevait négligemment les suaires du bout de sa canne. La canne de Montesquiou était célèbre. On l'identifia donc au personnage. Mme de Régnier et ses sœurs l'attaquèrent à ce propos au cours d'une soirée et le comte dut se battre en duel avec Henri de Régnier. Ce duel, dont il se tira avec une légère blessure à la main, marqua l'apogée de sa gloire.

Montesquiou a laissé une vingtaine de volumes, dont un essai sur Marceline Desbordes-Valmore : *Félicité* (1894) ; un roman : *La Petite Mademoiselle ;* des essais publiés sous le titre général : *Le Domaine du choix ;* d'autres recueils de poèmes parmi lesquels on peut citer : *Les Roseaux pensants* (1897), *Le Pays des aromates* (1900), *Professionnelles beautés* (1905), et des mémoires : *Les Pas effacés* (1923). Il fut l'incarnation si parfaite de l'esthétisme de la Belle Époque que cela lui a valu de passer à la postérité.

RÉF. : E. de Clermont-Tonnerre, *Robert de Montesquiou et Marcel Proust*, Paris, 1925. – L. Thomas, *L'Esprit de Montesquiou*, Paris, 1943. – C. Bronne, *Nouvelles Esquisses*, Bruxelles, 1946. – Ph. Jullian, *Robert de Montesquiou, un prince 1900*, Paris, nouv. éd. 1987.

MONTEVERDI Claudio. Compositeur italien. Né en mai 1567 (baptisé le 15) à Crémone (Lombardie), mort le 29 novembre 1643 à Venise. Il est avant tout représentatif du style dit « récitatif » du début du XVIIe siècle italien, et l'on peut dire qu'il est l'un des musiciens les plus profonds de ce siècle. Fils d'un médecin, il fit des études philosophiques et littéraires dans sa ville natale et y reçut probablement ses premières notions de musique à la cathédrale, puisqu'il déclare lui-même qu'il fut l'élève du maître de chapelle de cette cathédrale, Marc'Antonio Ingegneri. À seize ans, Monteverdi faisait imprimer un volume de *Sacrae cantiunculae* à trois voix (1584) ; au cours des années suivantes, il agrandit son domaine musical en cultivant également le chant et la viole (dont il devint l'un des meilleurs joueurs de Crémone), après quoi il publia le premier volume des *Madrigaux* (*) à cinq voix (1587). Avant 1590, il fit un bref séjour à Milan où il donna un échantillon de ses talents de violiste chez l'amateur Riccardi auquel il dédia, par la suite, le second livre des *Madrigaux* à cinq voix (1590). Après ce voyage, il réussit à s'introduire à la cour de Gonzague où il fut engagé, vers 1592, par le duc Vincenzo, comme joueur de viole et chanteur. Cette cour avait une vie musicale florissante à laquelle les noms du Flamand Giaches De Wert et des Italiens Gian Giacomo Gastaldi et Benedetto Pallavicini donnaient un grand prestige : là, Monteverdi déploya une activité intense jusqu'en 1612. Peu après son arrivée à Mantoue, il épousa Claudia Cattaneo, fille d'un des violistes du duc, dont il devait avoir deux fils qu'il envoya plus tard faire leurs études à Bologne. En 1596, Monteverdi suivit le duc en Hongrie, pendant la campagne entreprise pour défendre l'archiduc Rodolphe contre les Turcs ; deux ans après il accompagna de nouveau le duc au cours d'un voyage dans les Flandres, où il eut certainement connaissance des nouvelles tendances de l'art musical français. Pendant ce temps, sa production musicale s'était enrichie d'autres livres de *Madrigaux* : le troisième en 1592, le quatrième en 1603, le cinquième en 1605, tous à cinq voix ; l'épître dédicatoire du dernier, au duc Vincenzo Gonzague, a été écrite de Venise. Dans ce texte, Monteverdi repousse les attaques d'Artusi et annonce un traité purement théorique, *Seconda Pratica, ou de la perfection de la musique moderne* [*Seconda Pratica, ovvero Perfettione della moderna musica*] qui ne fut jamais publié, bien que l'auteur y eût travaillé jusqu'à son dernier jour.

1607 est la date de publication des *Scherzi musicali* à trois voix, composés depuis 1599, et, chose beaucoup plus importante, c'est aussi celle de la création de son premier ouvrage lyrique, l'*Orfeo* (*), joué pour le carnaval à l'Académie degl'Invaghiti de Mantoue et, peu après, redonné au théâtre de la cour. La même année, Monteverdi fut frappé par la mort de sa femme ; un an plus tard (1608), on exécuta à la cour ducale son second ouvrage théâtral, *Ariane à Naxos* (*), dont il ne nous est parvenu que le grand *Lamento d'Ariane* (+) et son *Bal des ingrates* (*) ; Monteverdi se retira alors à Crémone où il demeura pendant quatre mois. Il retourna ensuite à la cour de Mantoue, puis, en 1609, de nouveau à Crémone. En 1610, il fit un voyage à Rome pour présenter au pape un recueil de musique sacrée, *Les Vêpres de la bienheureuse Vierge Marie* (*), publié à Venise la même année avec une dédicace au pape Paul V ; cette messe fut admise au nombre des ouvrages choraux de la Sixtine. La *Sonate sur Sainte Marie* (*), qui figure dans ce recueil, est l'un des premiers exemples de musique symphonique. À la mort du duc Vincenzo, en 1612, Monteverdi quitta la cour de Mantoue, se rendit pour quelque temps à Crémone, puis à Milan. L'année suivante, il s'installa à Venise, où, le 19 août, il fut nommé maître de chapelle de la basilique Saint-Marc, poste qu'il devait occuper jusqu'à sa mort. En 1614, il publia le *Sixième Livre de madrigaux à cinq voix avec un dialogue à sept, avec basse continue pour pouvoir les diriger avec le clavecin et autres instruments* [*Sesto libro de Madrigali a cinque voci con un Dialogo a sette, con il suo basso continuo per poterli concertare nel clavicembalo, et altri stromenti*]. En 1615, il fut de nouveau en rapport avec la maison de Gonzague à laquelle il fournit le ballet *Tirsis et Cloris* [*Tirsi e Clori*], et, deux ans plus tard, en collaboration avec Altri, les intermèdes pour le drame sacré *La Madeleine* [*La Maddalena*] de G.B. Andreini ; en 1617, pour la cour de Parme, il composa les intermèdes pour *Les Amours de Diane et d'Endymion* (+) et entreprit un opéra, *Andromède* [*Andromeda*], qui demeura inachevé. Il fit un voyage à Bologne en 1619, et, de retour à Venise, composa son œuvre *La Lamentation d'Apollon* [*Il Lamento di Apollo*] et publia le *Septième livre des madrigaux à une, deux, trois, quatre et six voix, avec des chants d'un autre genre* [*Settimo libro di Madrigali a uno, due, tre, quatro et sei voci, con altri generi di canti*] (il y inclut le ballet de *Tirsis et Cloris* déjà mentionné), qu'il dédia à la maison de Gonzague.

Il composa d'autres *Intermèdes* [*Intermedii*] pour la cour de Mantoue, et, en 1624, donna l'une de ses œuvres les plus importantes, le *Combat de Tancrède et Clorinde* (*), exécuté à Venise chez les Mocenigo, et inclus par la suite dans le dernier livre de *Madrigaux*. En 1627, sur un livret de Striggio, il composa un opéra pour la cour de Mantoue, *La Finta pazza di Licori*, et il en choisit pour interprète Margherita Basile ; pendant cette même année il s'occupa d'autres travaux, notamment de la composition d'un *Renaud et Armide*, et s'efforça d'obtenir un canonicat à Crémone. L'année suivante il reçut la visite du grand musicien allemand Heinrich Schütz. Au cours de ces années il composa peut-être d'autres ouvrages qui ne nous sont pas davantage parvenus, *L'Enlèvement de Proserpine* (+), *Delia e Ulisse*. En 1632, il fut ordonné prêtre ; la même année, il fit paraître son recueil de *Scherzi musicaux, c'est-à-dire des airs et des madrigaux en style récitatif avec une Chaconne à une et deux voix* [*Scherzi musicali, cioè Arie e Madrigali in stil recitativo, con una Ciaccona a una e due voci*] ; entre-temps, il s'occupait toujours de l'ouvrage théorique mentionné ci-dessus : *Seconda Pratica...* ; enfin, en 1636, il publia son dernier livre de *Madrigaux*, qu'il dédia à l'empereur Ferdinand III – avec le *Combat de Tancrède et Clorinde* et *Le Bal des ingrates*. En 1639, son nouvel opéra, *Ado-*

nis (*), fut donné au théâtre vénitien de Saint-Jean-et-Saint-Paul (on doit se rappeler que les premiers théâtres lyriques furent précisément ouverts à Venise à cette époque) et, en 1640, fut publié le dernier recueil dont il s'occupa lui-même, la *Selva morale e spirituale*, dédié à Éléonore de Gonzague. Au cours des deux années suivantes, on représenta dans les théâtres vénitiens ses trois dernières œuvres : *Les Noces d'Énée et de Lavinie* [*Le Nozze di Enea con Lavinia*], *Le Retour d'Ulysse* (*) et *Le Couronnement de Poppée* (*) ; les deux derniers sont, avec *Orfeo* et le *Lamento d'Ariane*, les seuls ouvrages lyriques de Monteverdi qui soient parvenus jusqu'à nous. En 1643, âgé et fatigué, le musicien demanda un congé de six mois pendant lequel il se rendit encore une fois dans sa ville natale ; de retour à Venise, il y mourut après une courte maladie. Ce fut seulement après sa mort que parurent les deux recueils : *Messe à quatre voix et psaumes à une, deux, trois, quatre, cinq, six, sept et huit voix avec accompagnement...* [*Messa a quattro vocci et salmi a una, due, tre, quattro, cinque, sei, sette et otto voci concertati...*, 1650] et les *Madrigaux et chansons à deux et trois voix* [*Madrigali e canzonette a due, e tre voci*, 1651].

FABIO FANO.

♦ *« Monteverdi apparaît aujourd'hui comme une sorte de Michel-Ange de la musique. »* Riemann. ♦ *« Avec Beethoven, Wagner et Debussy, il appartient à la phalange des compositeurs d'influence terriblement révolutionnaire, dont les créations ont modifié le climat musical de leurs époques respectives. »* Hans Redlich.

RÉF. : Henry Prunières, *Monteverdi*, Paris, 1924. – Gian Francesco Malipiero, *Monteverdi*, Milan, 1930. – Maurice Le Roux, *Monteverdi*, Paris, 1951. – Maurice Roche, *Monteverdi*, Paris, 1960. – Roger Tellart, *Monteverdi*, Paris, 1964. – Leo Schrade, *Monteverdi*, New York, 1950 (trad. Paris, 1981). – Hélène Leclerc, *Venise baroque et l'opéra*, Paris, 1987. – G. Tomlinson, *Monteverdi and the End of the Renaissance*, Oxford, 1987.

MONTFLEURY (pseud. d'Antoine Jacob). Auteur dramatique français. Né à Paris en 1640, mort à Aix-en-Provence le 11 octobre 1685. Son enfance fut entourée par les milieux de théâtre. Ses parents étaient tous deux comédiens, son père étant l'un des plus célèbres acteurs de l'Hôtel de Bourgogne. S'il fit ses études de droit et fut reçu avocat en 1660, cela ne l'empêcha pas de donner, la même année, sa première comédie, *Le Mariage de rien*. Son œuvre est considérable et fait survivre brillamment l'esprit de la comédie à l'espagnole à l'époque même de Molière. Ce fut contre lui qu'il écrivit *L'Impromptu de l'Hôtel de Condé* (1663) durant la querelle de *L'École des femmes* (*). Parmi ses très nombreuses pièces, on peut mentionner : *Les Bestes raisonnables* (1661), *Thrasybule* (1663), *L'École des jaloux ou le Cocu volontaire* (*) (1664), *L'École des filles* (1666), *Crispin gentilhomme* (1667), *La Femme juge et partie* (1669), *Le Gentilhomme de Beauce* (1670), *Le Comédien poète* (1673), *La Dame médecin* (1678).

RÉF. : W. Rohr, *Leben und dramatische Werke des älteren und des jüngeren Montfleury*, Leipzig, 1911. – S. W. Deierkauf-Holsboer, *Le Théâtre de l'Hôtel de Bourgogne*, Paris, 1970. – E. Forman, *Le Mary sans femme*, Exeter, 1985. – G. Forestier, *Aspects du théâtre dans le théâtre*, Toulouse, 1986.

MONTHERLANT Henry de (pseud. d'Henry Millon de Montherlant). Écrivain français. Né et mort à Paris : 21 avril 1896-21 septembre 1972. Sa famille était de petite noblesse, mais se considérait d'une essence supérieure au commun des mortels. Il fut fils unique, car sa mère ne se remit jamais de son accouchement difficile. Comme le père avait des soucis financiers, la famille alla loger à Neuilly « sous les ailes du grand-père et de la grand-mère maternels qui abritaient déjà un oncle et un grand-oncle maternels ». Avec le souvenir de ces oncles, Montherlant nourrira plus tard son roman *Les Célibataires* (*). Dans cette maisonnée plutôt triste, le jeune garçon est cependant heureux. C'est que, dès l'âge de neuf ans, il est saisi par le démon de la littérature. La première influence qu'il subit est celle du *Quo vadis ?* (*) de Sienkiewicz. À douze ans, il sait qu'il sera écrivain et rien d'autre. En outre, il aime beaucoup le collège, et c'est à Sainte-Croix-de-Neuilly, en 1911, qu'il fait la connaissance du garçon dont il dira, dans *Mais aimons-nous ceux que nous aimons ?* (*), sa dernière œuvre : « Cet être est le seul que j'aie aimé de ma vie entière. » Cette amitié exaltée est mal vue de la direction, et Montherlant est renvoyé du collège. C'est de cette passion d'adolescent que devaient naître bien des années plus tard la pièce *La Ville dont le prince est un enfant* (*) (1951) et le roman *Les Garçons* (*) (publication partielle en 1969, intégrale en 1973). Pendant deux ans, Montherlant reçoit des leçons particulières, afin de passer son bachot, qu'il obtient en 1913. Sa mère le pousse à fréquenter bals et garden-parties, mais il ne s'y amuse pas. Il préfère les patronages catholiques et les ateliers de peinture à Montparnasse. Il s'inscrit aussi au club sportif populaire du journal *L'Auto*. Il éprouve la nostalgie des courses de taureaux et se flatte d'exploits qu'il aurait accomplis en ce domaine au cours de vacances en Espagne. Il songe déjà à écrire un livre sur le thème de la corrida : ce sera *Les Bestiaires* (*) (en 1926). En 1914, son père meurt. Et puis c'est la guerre. Montherlant voudrait s'engager, à l'exemple d'un de ses amis dont il ne voudrait pas être séparé. Sa mère mourante lui demande d'attendre un peu. Montherlant écrit la pièce *L'Exil* (*), première œuvre qu'il jugera plus tard digne de figurer dans ses œuvres complètes. Pour le moment, il ne trouve pas d'éditeur qui veuille la publier. Il entreprend alors *La Relève du matin* (*) où il se propose de chanter la gloire du collège. Sa mère meurt en 1915 et sa grand-mère l'autorise à devenir soldat. Versé d'abord dans l'auxiliaire, secrétaire d'état-major à Mirecourt (Vosges), il demande à être muté dans le service armé. Il est affecté en 1917 au 360e d'infanterie. Il s'y comportera vaillamment et sera gravement blessé, en 1918, à Bande-Laveline, de sept éclats d'obus dans les reins. Il est soigné à Saint-Dié, puis à Bernay. Au terme de sa convalescence, il devient interprète dans l'armée américaine, et c'est dans ces fonctions qu'il termine sa carrière militaire. Sa carrière littéraire s'ouvre en 1920 par la publication à compte d'auteur de *La Relève du matin,* livre qui a été successivement refusé par onze éditeurs. Le livre obtient un succès d'estime suffisant pour que la librairie Grasset accepte de prendre à sa charge *Le songe* (*), en 1922. Les Goncourt négligent ce beau roman. D'ailleurs, la grand-mère de Montherlant, chez laquelle il vit à Neuilly, serait attristée qu'on dise que son héritier « fait de la littérature » : officiellement, il est secrétaire de l'œuvre fondée pour ériger l'ossuaire de Douaumont. Il compose *Les Olympiques* (*) (1924) (deux volumes : *Les Onze devant la porte dorée* et *Le Paradis à l'ombre des épées*), où il magnifie son expérience du stade, et un *Chant funèbre pour les morts de Verdun* (*) (1924). La grand-mère meurt en 1925 et Montherlant met en vente la maison de Neuilly. Le prix qu'il en retire et ses droits d'auteur vont lui permettre de mener pendant plusieurs années une vie plus ou moins errante dans les pays de la Méditerranée occidentale : Espagne, Afrique du Nord, Italie. Il a confié que ces années n'avaient pas été heureuses : il était un « voyageur traqué », traqué par l'ennui dont il se libérait en écrivant. De cette époque date le triptyque qui comprend : *Aux fontaines du désir* (*) (1927), *La Petite Infante de Castille* (*) (1929), *Un voyageur solitaire est un diable* (*) (publié en 1945). Ces trois livres sont composés de courts textes indépendants. En 1928, il commence à écrire une pièce, *Les Crétois*, dont il ne subsistera que le fragment intitulé *Pasiphaé* (*). Il entreprend en août 1930 une œuvre romanesque de longue haleine, *La Rose de sable* (*), et il ne revient en France qu'après l'avoir terminée. Nous sommes en 1932, année où paraît *Mors et Vita* (*). Montherlant découvre que l'après-guerre est fini et que l'on est entré dans un nouvel avant-guerre. Il a l'impression que la France est en pleine décomposition. Aussi ne publiera-t-il pas *La Rose de sable* (qui ne paraîtra qu'en 1968), parce qu'il y dénonçait l'attitude déplorable des Français au Maroc. Il y racontait aussi, avec de prudentes transpositions, ses aventures pédérastiques en Afrique du Nord. Il s'attelle à un autre roman dont les thèmes sont moins dangereux : *Les Célibataires*, qui paraît en 1934 et reçoit un accueil enthousiaste et le grand prix de l'Académie française. La même année, il publie un volume de poèmes : *Encore un instant de bonheur* (*). Les journaux s'arrachent sa collaboration. On lui propose même d'être le rédacteur en chef du *Figaro*, mais il refuse. Il préfère collaborer librement aux journaux les plus divers et de tendances politiques opposées (aussi bien d'extrême droite que communistes). En 1935, il exposera dans *Service inutile* (*) le conflit entre l'âme et l'intelligence : « L'âme dit “service”, et l'intelligence dit “inutile”. » Mais on peut vouloir satisfaire son âme. Ainsi s'expliquent les écrits « civiques » de Montherlant. Toutefois, à cette époque, la question qui l'occupe le plus est la question des femmes. Déjà, en 1924, il s'était fiancé et il avait vite rompu ses fiançailles. En 1934, il se fiance à nouveau et derechef il rompt ses fiançailles. Or, remarque-t-il, « il s'agissait de fiançailles très sérieuses, avec prise de contact des notaires ». Le sérieux de l'amour n'est peut-être pas une affaire de notaires. Cependant, ces deux histoires de fiançailles, ainsi que ses relations avec des lectrices enthousiastes, ont fourni à Montherlant la matière de son roman-dossier intitulé *Les Jeunes Filles* (*), qui comprend quatre volumes : *Les Jeunes Filles* (1936), *Pitié pour les femmes* (1936), *Le Démon du bien* (1937), *Les Lépreuses* (1939). Ce roman lui vaut son premier succès de grand public. Il y peint complaisamment un personnage de mufle assez réjouissant et qu'il n'est pas trop mécontent que l'on confonde avec lui. La composition de cet ouvrage est perturbée par les événements extérieurs auxquels l'auteur n'est certes pas insensible. Il intervient avec violence en 1938 contre les accords de Munich. Il reproche à la France sa « morale de midinette ». Ses articles de l'époque, réunis dans *L'Équinoxe de septembre* (*), le font accuser de bellicisme. En 1939, il songe à s'engager mais se trouve atteint de congestion pulmonaire. Rétabli, il se fait envoyer en mai 1940 sur le front des combats comme correspondant de guerre. Il n'aura l'occasion de publier qu'une seule chronique, car l'exode le refoule sur Paris où il est de retour le 7 juin. Il n'y reste pas et nous le retrouvons à Marseille le 10 juin. Il demeurera dans le Midi jusqu'en mai 1941. Il y écrit les textes qui seront recueillis dans *Le Solstice de juin* (*) à la fin de cette année 1941. Le goût de se battre l'a quitté et il recommande « l'acceptation », ce qui surprend de la part de ce foudre de guerre. Néanmoins, il ne s'aligne pas sur le moralisme de circonstance du gouvernement vichyste. Mais il décide de regagner Paris occupé. L'administrateur de la Comédie-Française lui a demandé une pièce – en lui conseillant d'adapter une œuvre espagnole – et c'est un tournant dans la vie de Montherlant qui va, dans les années suivantes, se consacrer principalement au théâtre. *La Reine morte* (*) sera créée en 1942 avec un immense succès. Certaines répliques furent applaudies par un public hostile à l'occupant. La pièce semblait cependant manifester que l'auteur doutait de l'importance de toutes les actions humaines. Montherlant ne donna qu'une autre œuvre sous l'Occupation : *Fils de personne* (*) (1943), où un père finit par se désintéresser de son fils parce qu'il le trouve médiocre. Ce fut encore un succès. À la Libération, Montherlant eut la surprise de se voir inquiéter par les épurateurs. Il se trouvait victime de confrères jaloux plutôt que de ses prises de position politiques. Le volume intitulé *Textes sous une occupation* montre assez qu'on ne pouvait l'accuser d'intelligence avec l'ennemi. Il souffrit profondément des attaques dont il fut l'objet et, après l'épreuve, éprouva « la soif d'un immense retirement ». Cette soif s'exprime dans les pièces à sujet religieux : *Le Maître de Santiago* (*) (1947), *Port-Royal* (*) (1954), *Le Cardinal d'Espagne* (*) (1960), mais le goût du cloître ne traduit chez Montherlant qu'un dégoût de l'agitation humaine et non pas l'espoir dans un autre monde. Toutefois, une autre série de pièces est une exaltation du plaisir : *Malatesta* (*) (publié en 1948 et créé en 1950) et *Don Juan* (*) (1958). « De tous côtés, autour de moi, je ne trouve que la nuit noire ; mes heures de chasse et d'amour sont les seules étoiles de cette nuit ; elles en sont l'unique clarté », est-il dit dans *Don Juan,* et Montherlant n'a pas craint de disserter sur le thème *L'infini est du côté de Malatesta.* Parmi les pièces qui composent son théâtre, on trouve autant de pièces contemporaines que de « pièces à costumes » ; après *Fils de personne,* citons *Un incompris* (*) (1944), *Demain il fera jour* (*) (1949) (qui est la suite de *Fils de personne*), *Celles qu'on prend dans ses bras* (*) (1950), *La Ville dont le prince est un enfant* (dont le texte est publié en 1951, bien avant que l'auteur en autorise la représentation), *Brocéliande* (*) (1956). On admet généralement que le chef-d'œuvre de Montherlant est *La Ville dont le prince est un enfant,* qui fut créée en 1967 et qui obtint un triomphe. Montherlant était en coquetterie avec l'Académie française depuis 1947. En 1955, il fit savoir par une lettre au doyen d'élection qu'il ne poserait jamais sa candidature mais que, si on l'élisait sans qu'il l'ait sollicité, il remplirait tous les devoirs d'usage, dont il n'excluait ni les fameuses visites ni, bien sûr, le discours. C'est dans ces conditions qu'il fut élu en 1960 sur « présentation » du secrétaire perpétuel, par vingt-quatre voix sur vingt-neuf votants. Cette procédure exceptionnelle n'avait encore jamais été utilisée. Souffrant d'agoraphobie, Montherlant fut dispensé de lire son remerciement en séance publique. Un mystère plane sur ses ennuis de santé et notamment sur l'origine de ses troubles oculaires, qui ne cessaient de s'aggraver. En 1963, Montherlant revient au roman avec *Le Chaos et la Nuit* (*). Il y étudie la peur à l'approche de la mort et parvient à la surmonter. En 1965, il donne sa dernière pièce, *La Guerre civile* (*), où il met en scène Pompée et Caton. Pompée déclare : « Demain, les deux partis seront confondus chez les morts ; après-demain confondus dans l'oubli. » Bien que Montherlant assure en son propre nom que bientôt rien ne restera de son œuvre d'écrivain, il ne cesse de la commenter dans de nombreuses préfaces et postfaces, et dans des *Carnets* (1957) auxquels se rattachent *Va jouer avec cette poussière* (1966), *La Marée du soir* (1972), *Tous feux éteints* (1975) – v. *Carnets* (*) de Montherlant. Pour lutter contre le vieillissement, il se retourne vers les bonnes – et les mauvaises – heures de sa jeunesse et termine *Les Garçons* (*) (1969). Un autre roman, *Un assassin est mon maître* (*) (1971), le montre sensible à la pitié pour les faibles et à l'absence de charité entre les hommes. Il y condamne aussi la psychanalyse qui, selon lui, enfonce les gens dans leur misère morale plutôt qu'elle ne les en sort. Au début de 1972, dans *La Marée du soir,* il annonçe que, ayant déjà perdu l'usage d'un œil, il se suicidera avant de devenir complètement aveugle. Ce qu'il fait au mois de septembre, en se tirant une balle de revolver dans la bouche. Par le courage qu'il manifesta, il rejoignait les héros de l'Antiquité et de la Renaissance qu'il aimait tellement. Car il s'agissait d'une décision longuement méditée. En homme de théâtre et en homme de conscience, il avait réglé son dernier acte et mis toutes ses affaires en ordre. Son œuvre avait paru partagée entre catholicisme et paganisme : par son geste hardiment désespéré, il désignait sa famille véritable. Il demandait qu'on ne considère pas son désespoir comme la conséquence d'un mépris pour le monde. Tout au contraire, il assurait que son suicide traduisait son respect pour la vie et pour lui-même. Il ne voulait plus vivre dans des conditions qui lui paraissaient indignes de lui.

Personne n'a jamais mis en question sa qualité de grand écrivain. Le succès ne l'a d'ailleurs jamais boudé. Nourri d'humanités classiques, c'est un styliste de tout premier ordre. On ne l'a jamais accusé de mal écrire, mais parfois d'écrire trop bien. En fait, aucune froideur chez lui. Il avait retenu la leçon de Saint-Simon, dont il savourait la libre allure et la verve. Il avait le sens de l'humour et l'a souvent prouvé dans des essais comme *Service inutile* et des romans comme *Les Célibataires* et *Les Garçons.* Son théâtre est peut-être plus guindé, mais c'est qu'il désapprouvait le débraillé lorsqu'on se présente directement au public sur une scène. Dans ses débuts, il avait rêvé d'être un prince de la jeunesse, comme l'avaient été Barrès et Gide. Mais il rappelle davantage D'Annunzio par sa science des attitudes. En 1942, il confectionna un volume de pages choisies, *La Vie en forme de proue,* destiné « à l'usage des jeunes gens ». Toutefois, il y avait contradiction entre son acceptation de la défaite et ses appels à l'héroïsme. La même année, il triompha avec *sa Reine morte,* qui est une œuvre très pessimiste. Elle enseignait que, si la vie n'a pas de sens, cela ne dispense pas de se conduire avec noblesse et dignité. Mais les jeunes gens ont besoin d'une foi et de donner un but et une raison à leurs enthousiasmes. Montherlant n'était pas désigné pour s'adresser spécialement à eux. Cela n'enlève rien à ses éminentes qualités littéraires, ni non plus à l'intérêt de ses considérations sur les divers sujets qu'il aborde.

JACQUES BRENNER.

♦ *« J'ai le plus grand respect des hommes qui représentent vraiment la France et, dans la littérature, je compte parmi eux Henry de Montherlant. On n'est pas plus français que lui. »* Aragon (1938). ♦ *« Quand sera retrouvée cette vérité banale qu'il existe un art littéraire, comme il existe un art pictural et un art musical ; quand les écrivains — seuls à le faire — cesseront de traiter de haut "la littérature" (qui parfois le leur rend bien), l'œuvre de Montherlant montrera que l'art de notre temps connut, lui aussi, l'union fort rare de l'ironie avec une écriture royale. »* André Malraux (1952). ♦ *« Il y a là de la caracole, de la piaffe ; cela sent son cheval de race et "l'étalon cabré" ; mais également un peu le cirque, les tréteaux, et le regard étonné du public auquel sans cesse il fait appel. »* André Gide (1927). ♦ *« Montherlant est toujours sur la scène, à ses propres yeux comme aux yeux des autres. Reconnaissons qu'il y fait une figure singulière ; une figure qui ne manque ni d'unité à travers ses contradictions ni de profonde violence à travers ses coquetteries et ses faiblesses. »* Marcel Arland (1955).

RÉF. : Michel Mohrt, *Montherlant, homme libre,* 1943. — Jacques de Laprade, *Le Théâtre de Montherlant,* 1953. — Georges Bordonove, *Henry de Montherlant,* 1954. — Marcel Arland, *La Grâce d'écrire,* 1955. — Henri Perruchot, *Montherlant,* 1959. — John Batchelor, *Existence et imagination, essai sur le théâtre de Montherlant,* Paris, 1970. — Marcel Lobet, *Montherlant et le Sacré,* Paris, 1972. — Numéro spécial de *La Nouvelle Revue française* consacré à Henry de Montherlant, février 1973. — Manuel Sito-Alba, *Montherlant et l'Espagne : les sources hispaniques de « La Reine morte »,* Paris, 1978. — Pierre Sipriot, *Montherlant sans masque,* 2 vol., Paris, 1982-1990. — Michel Raimond, *Les Romans de Montherlant,* Paris, 1982. — Pierre Duvoisin, *Montherlant et l'Antiquité,* Paris, 1987.

MONTI Vincenzo. Poète et littérateur italien. Né à Alfonsine (près de Ferrare, en Émilie) le 19 février 1754, mort à Milan le 13 octobre 1828. Il est le plus célèbre des représentants du néo-classicisme italien. Après avoir fait ses études à Fusignano et au séminaire de Faenza (1776-1771), Monti commença son droit à l'université de Ferrare, mais il l'interrompit rapidement pour se consacrer entièrement à sa vocation poétique et littéraire. S'étant inscrit à l'Arcadie sous le nom de Antonide Saturniano (1775), Monti se fit bientôt remarquer par un court poème dans la manière de Varano, *La Vision d'Ézéchiel* [*La Visione di Ezechiello*, 1776] ; en 1778, il partit pour Rome à la suite du cardinal Scipion Borghese et passa ensuite, en qualité de secrétaire, au service du duc Luigi Braschi, neveu de Pie VI. En 1791, il épousait Teresa Pichler, dont il eut deux enfants : Gian Francesco et Giula. Monti fut le personnage principal de la société romaine, et toute sa production de cette période reflète directement le goût classicisant alors en vogue : la *Prosopopée de Périclès* [*Prosopopea di Pericle*, 1779], les courts poèmes intitulés *La Beauté de l'univers* (1781), *Le Pèlerin apostolique* [*Il Pellegrino apostolico*, 1782], *La Feroniade* (1784), les vers libres de *Au prince don Sigismondo Chigi* [*Al principe don Sigismondo Chigi*] et *Les Pensées d'amour* [*Pensieri d'amore*, 1783] un peu dans la manière de *Werther* (*), *La Musogonie* (1793-1797) — dernier remaniement en 1820 —, les deux tragédies *Aristodème* (1784-1786) et *Galeotto Manfredi* (1786-1788), et, en particulier, le court poème d'inspiration antirévolutionnaire, *La Bassvilliane* (1793), écrit en « terzine » les plus magnifiques que l'on puisse trouver dans la littérature de la péninsule. Le ferment révolutionnaire, activé par la campagne napoléonienne de 1796, alarma Monti qui, de Rome dont il était parti le 3 mars 1797, se rendit à Florence, puis à Bologne et finalement à Milan ; il opéra une brusque modification thématique de sa poésie dans un sens démocratique, révolutionnaire et anti-catholique dont témoignent les chants intitulés *Le Fanatisme* [*Il Fanatismo*], *La Superstition* [*La Superstizione*], *Le Danger* [*Il Pericolo*], *Pour le congrès d'Udine* [*Per il congresso di Udine*] et *Prométhée* (*) (1832) qui exalte Napoléon. Monti obtint rapidement emplois et honneurs ; il devint secrétaire du Directoire, commissaire en Romagne. Exilé à Paris au retour des Autrichiens, chantre enflammé de l'Italie libérée et de la grandeur du libérateur dans son ode célèbre *Bella Italia, amate sponde...*, écrite sur le thème de la victoire de Marengo, Monti se rangea rapidement sous l'enseigne du prestige consulaire, puis impérial de Napoléon : en 1802, il obtint sa nomination à la chaire d'éloquence de l'université de Pavie, le titre de « poète du gouvernement italien », sa nomination de conseiller culturel au ministère de l'Intérieur en 1804, et son titre d'« historiographe du royaume », en 1806. C'est à cette période qu'appartiennent les ouvrages suivants, qui sont tous liés d'une manière quelconque à des fins de louanges courtisanes : la *Mascheroniana* (1800), la tragédie *Caïus Gracchus* (*) (1800), l'action dramatique *Thésée* [*Teseo*, 1804], mise en musique par Paisiello, *Le Barde de la Forêt-Noire* (1806), *L'Épée de Frédéric II* [*La spada di Federico II*, 1806], le mélodrame *Les Pythagoriciens* [*I Pitagorici*, 1808], la *Palingénésie politique* [*Palingenesi politica*, 1809], la *Ierogamia di Creta* (1810), les *Api panacridi in Alvisopoli* (1811), etc.

À la chute de Napoléon et au retour des Autrichiens, l'opportunisme politique de Monti connut sa dernière et moins brillante métamorphose sous forme de cantates et d'actions théâtrales à la louange du régime restauré, *L'Hommage mystique* [*Il mistico omaggio*, 1815], *Le Retour d'Astrée* [*Il ritorno di Astrea*, 1816], *L'Invito a Pallade* (1819). Le poème *Pour l'onomastique de ma dame* [*Per *l'onomastico della mia donna*] et le *Sermon sur la mythologie* [*Sermone sulla mitologia*, 1825] ne visent pas de buts utilitaires et doivent figurer dans le cadre de la vaste et vive polémique entre classiques et romantiques. Cette période fut aussi la moins heureuse de la vie de Monti, déjà âgé et attristé par des deuils et des déceptions familiales. En dehors de sa vocation et de ses aptitudes prédominantes pour la poésie, Monti marqua un vif et actif intérêt pour la philologie et la linguistique, et prit part avec compétence, avec une souple modernité de vues et de critères, à la polémique sur la langue qui s'était ranimée. Il faut rappeler dans ce domaine les *Lettres philologiques sur le cheval d'Arsinoé* [*Lettere filologiche sul cavallo di Arsinoe*, 1804], les spirituels *Dialogues* [*Dialoghi*] sur la langue, et surtout les *Propositions pour quelques corrections et additions au vocabulaire de la Crusca* [*Proposta di alcune correzioni e aggiunte al Vocabolario della Crusca*, 1817-1820], suivies d'un appendice publié posthume en 1830, et d'autres notes de caractère critique et philologique. Monti est également l'auteur de traductions qui furent fort appréciées.

DANIELLE MATTALIA.

♦ *« Grand traducteur des traducteurs d'Homère. »* Foscolo. ♦ *« Un poète qui parle du retour d'Astrée à une nation dont les plaies saignent encore mérite d'être envoyé aux galères. »* J. Gioia.

RÉF. : C. Cantù, *Monti e l'età che fu sua*, Milan, 1879. – B. Croce, *Poesia e non poesia*, Bari, 1923. – E. Bevilacqua, *V. Monti*, Florence, 1928. – Pantaléon Deck, *Un grand chantre de Napoléon Ier : V. Monti*, Strasbourg, 1938. – F. Allevi, *Vincenzo Monti*, Florence, 1954. – W. Binni, *Monti poeta del consenso*, Florence, 1981.

MONTIANO Y LUYANDO Agustín. Écrivain espagnol. Né le 28 février 1697 à Valladolid (León), mort le 1er novembre 1764 à Madrid. Il fit ses premières études dans sa ville natale, mais, à la mort de ses parents, il se rendit à Saragosse où résidait un de ses oncles, Francisco Montiano ; il entra alors dans le célèbre collège du Père Éternel, où il étudia la philosophie. Puis il retourna à Valladolid, et de là partit pour Palma de Majorque où son oncle venait d'être nommé président du tribunal. Il se consacra à la littérature et à l'histoire, composa un mélodrame, *La Lyre d'Orphée* [*La lira de Orfeo*], représenté en 1719, et, plus tard, le petit poème *Le Rapt de Diane* [*El rapto de Diana*, 1727], en octaves, où se révèlent une certaine inexpérience juvénile et un esprit sentencieux. En cette même année 1727, il se rendit à Madrid et, à la Cour, gagna l'affection et l'estime du ministre Patino, qui le nomma secrétaire d'une commission anglo-espagnole. De là il passa en 1735 au secrétariat d'État, et obtint en 1740 le grade d'« oficial mayor » ; en 1746, il fut nommé secrétaire du Conseil suprême de Castille, charge qu'il remplit jusqu'à sa mort. En 1737, il fut reçu à l'Académie espagnole en surnombre, et l'année suivante élu premier recteur de l'Académie d'histoire, à la création de laquelle il avait tant contribué. Il fut aussi membre des principales académies espagnoles et de nombreuses académies étrangères ; tout en remplissant ses diverses fonctions, il publia de nombreuses œuvres et laissa d'importants manuscrits. Il faut surtout citer de lui les *Dissertations sur les tragédies espagnoles* (1re partie, 1750 ; 2e partie, 1753 ; trad. par d'Hermilly en 1754). Montiano cherchait à y démontrer qu'en Espagne la tragédie avait suivi les préceptes classiques, et citait en exemple les imitations latines et grecques faites par les humanistes ; il oublia ainsi le « Siècle d'or », bien qu'il reconnût des dons dramatiques à Lope de Vega et à d'autres. Ces *Discours* étaient suivis, pour appuyer ses théories, de deux pièces de théâtre : *Virginie* (*) (1750) et *Ataulphe* [*Altaúlfo*, 1753], tragédies académiques, sans aucun intérêt, bien que la première ait été louée par Lessing. Plus tard, il se fit le soutien du théâtre anglais, non certes de Shakespeare, mais de Dryden et d'Addison.

RÉF. : L. Röttenbacher, *Die französischen Virginia-Dramen, mit Einschluss derjenigen des Montiano, Alfieri und von Ayrenhoff* (thèse), Dessau, 1908. – N. Alonso Cortés, *Viejo y Nuevo*, Valladolid, 1915.

MONTPENSIER Anne-Marie-Louise d'Orléans, duchesse de. Née à Paris le 29 mai 1627, morte en la même ville le 5 avril 1693. Elle était la fille unique de Gaston d'Orléans et de Marie de Bourbon-Montpensier et hérita très jeune des biens immenses de sa mère. Ceci, joint à sa naissance illustre, en fit le plus beau parti d'Europe et développa en elle le sentiment de la supériorité de son rang. D'un tempérament ardent et un peu viril, elle méprisait l'amour et ne recherchait qu'une brillante situation ; elle pensa épouser Louis XIV mais Mazarin s'y opposa. Peut-être par dépit, la Grande Mademoiselle s'engagea aux côtés de Condé durant la Fronde des princes et s'illustra en prenant Orléans (27 mars 1652) et en faisant tirer le canon de la Bastille sur l'armée royale (2 juillet 1652) pour protéger Condé assailli par Turenne. Mais cet engagement lui valut d'être exilée dans son château de Saint-Fargeau par Louis XIV à son retour à Paris (21 octobre 1652). C'est là qu'elle commença à rédiger ses *Mémoires* (*). En 1657, elle rentra en grâce mais dut bientôt repartir pour avoir refusé d'épouser le roi du Portugal, fou et malade. Elle ne demeurera définitivement à la Cour qu'à partir de 1664. Elle se prit alors d'une passion éperdue pour M. de Caumont, marquis de Puyguilhem et comte de Lauzun, courtisan ambitieux mais sans fortune. Le roi, d'abord résigné, refusa son accord à ce mariage. Il fit même arrêter Lauzun le 25 novembre 1671 et l'enferma à Pignerol, sans se soucier du désespoir de sa cousine, qui allait durer dix ans. En 1681, Louis XIV céda enfin à ses supplications et libéra Lauzun contre une véritable rançon. Mademoiselle épousa sans doute Lauzun à sa sortie de prison, lui apportant des biens considérables, mais celui-ci, ingrat, volage, méprisant, délaissa la femme vieillissante qu'il avait épousée. Elle se sépara de lui définitivement en 1684 et consacra ses dernières années à Dieu, laissant Monsieur hériter de tous ses biens.

CHRISTINE DRAN.

MONTUCLA Jean Étienne. Mathématicien français. Né à Lyon le 5 septembre 1725, mort à Versailles le 18 décembre 1799. Fils de négociants, il était destiné à seconder son père, mais au collège des jésuites il montra de telles aptitudes qu'on lui permit de poursuivre ses études. Il fit son droit à Toulouse, puis vint à Paris où il fréquenta d'Alembert, Diderot, et Cochin et fut appelé à la rédaction de *La Gazette de France*. En 1764, il accompagna Turgot comme astronome et secrétaire de l'expédition envoyée à Cayenne. On a de lui une *Histoire des recherches sur la quadrature du cercle* (1754), une *Histoire des mathématiques* (*) (1758), qui fut continuée par Lalande, et quelques autres travaux de moindre importance.

Ses écrits se distinguent par une admirable clarté de style et par une précision qui lui valut d'être nommé membre de l'Académie de Berlin à trente ans et membre de l'Institut dès la création de celui-ci.

RÉF. : Auguste-Savinien Leblond, *Notice historique sur la vie et les ouvrages de J.-É. Montucla*, Paris, an VIII.

MOODY William Vaughan. Écrivain américain. Né à Spencer (Indiana) le 8 juillet 1869, mort le 17 octobre 1910 à Colorado Springs. Orphelin, il grandit à New Albany, fut étudiant à Harvard tout en donnant des leçons et se faisant copiste ou surveillant pour assurer sa subsistance. Il passa sa quatrième et dernière année d'étudiant en Europe (1892-1893) et fut « master of arts » en 1894. Il resta à Harvard pour y enseigner la littérature anglaise. Nommé professeur à l'université de Chicago, il demanda un congé pour se rendre à Boston et à East Gloucester, où il acheva un volume de vers. Il reprit son enseignement de 1901 à 1907, puis quitta définitivement l'université pour se livrer à des travaux personnels. Sa première œuvre est : *Le Masque du jugement* [*The Masque of Judgment,* 1900], drame en vers. Il publia ensuite ses *Poèmes* (1901) – v. *Avant que les eaux ne s'agitent* (*) – et *Le Porteur de feu* [*The Fire Bringer,* 1904]. Le *Coup d'œil sur la littérature anglaise* [*A First View of English Literature*], qu'il écrivit ensuite en collaboration avec Robert Morss Lovett, lui assura les moyens de voyager pendant toute une année dans l'Ouest et en Europe. Son drame *Les Sabines* [*The Sabine Women*] fut créé à Chicago avec Margaret Anglin en 1906. Il fut ensuite représenté à New York et à Londres sous le titre de *La Grande Barrière* (*) et porté à l'écran en 1929. *Le Guérisseur par la foi* (*) fut également représenté dans différentes villes, mais n'obtint pas le même succès.

RÉF. : D. D. Henry, *William Vaughan Moody, a Study*, Boston, 1934. – M. F. Brown, *Estranging Dawn : The Life and Works of W. V. Moody*, Carbondale, 1973.

MOORE George. Romancier et poète irlandais. Né à Moore Hall (Ballyglass County) le 24 février 1852, mort à Londres le 21 janvier 1933. Il eut une enfance indisciplinée dans la propriété paternelle et apprit davantage des garçons d'écurie et des livreurs que des maîtres d'école ; avec son frère, il fut envoyé à Oscott College (à Birmingham) d'où il fut renvoyé pour paresse. Il n'alla pas à l'université et, à peine majeur, se rendit à Paris pour apprendre la peinture et fréquenta la célèbre académie Jullian (où il apprit à comprendre les mystères de la couleur mais non à peindre) et la société des écrivains et artistes impressionnistes qui se réunissait au café de la Nouvelle Athènes à Montmartre, s'enthousiasmant surtout pour Manet, Degas et Corot, qui demeurèrent ses idoles en peinture comme Pater, Balzac et Tourgueniev en littérature. En s'intéressant à Manet, il connut Zola et à travers Zola, Edmond de Goncourt. L'œuvre de celui-ci et de son frère devait exercer sur lui une grande influence. Mais la première influence littéraire que reçut Moore fut celle de Baudelaire, à tel point que, en 1877, il publia un recueil de vers au titre caractéristique, *Fleurs de passion* [*Flowers of Passion*] ; en 1881, il tenta d'écrire directement dans la langue de Baudelaire *(Pagan Poems),* il écrivit également en français la première version de ses *Confessions d'un jeune Anglais* (*).

Mais la destinée de poète mineur ne comblait pas les ambitions de Moore. En 1885 il se révéla comme romancier avec *La Femme du cabotin* (*), récit réaliste sur le thème d'Éole ; dans *Un drame en mousseline* [*A Drama in Muslin,* 1886], il adopta la technique du symbolisme français ; dans *Pur Accident* [*A Mere Accident,* 1887], il présentait d'une façon superficielle le premier personnage anglais inspiré du Des Esseintes de Huysmans – v. *À Rebours* (*) ; dans *Mike Fletcher* (1889), il montrait qu'il avait assimilé l'aspect le plus accessible de la philosophie de Schopenhauer, alors en vogue ; enfin dans les *Confessions,* il donnait une expression typique du courant décadent. À force d'imiter celui-ci ou celui-là, il finit par trouver sa voie ; avec le roman *Esther Waters* (*) (1894), bien qu'il reste dans les thèmes du réalisme, et narre d'assez ternes et pitoyables péripéties, il réussit à surpasser un modèle comme *Germinie Lacerteux* (*) des

Goncourt en donnant un tableau harmonieux et poétique d'un côté populaire de la vie anglaise. Dans *Evelyn Innes* (*) (1895), il donnait un pendant anglais du *Plaisir* de D'Annunzio ; décidément mystique se veut la suite, *Sœur Thérèse* [*Sister Teresa,* 1901], où nous assistons à la prise de voile d'Evelyn. Pour ce roman il avait eu l'exemple de *En route* (*) de Huysmans ; de même, dans *La Solitude du Kerith. Histoire syriaque* [*The Brook Kerith*, 1916], il voulut, comme Renan, humaniser le Christ. La guerre des Boers et la cruauté des camps de concentration de Kitchener détachèrent Moore de la vie anglaise ; en 1901 il retourna en Irlande et pendant les dix années de la période irlandaise il se joignit à W. B. Yeats, Synge, lady Gregory, Edward Martyn, et aux autres écrivains représentatifs de la renaissance celtique ; pendant un certain temps il soutint avec enthousiasme le théâtre irlandais. *Le Champ inculte* [*The Untilled Field,* 1903] est un recueil de nouvelles sur la vie irlandaise à la manière de Tourgueniev. Dans *Le Lac* (+) (1905), l'histoire de l'évasion d'un jeune prêtre de la « prison du catholicisme » souligne le dégoût de Moore pour la religion de ses pères. Il se convertit au protestantisme, mais resta un converti gêné par l'autorité de l'Église d'Irlande. En 1911, George Moore revint en Angleterre, où il rapporta ses relations avec les écrivains irlandais, ses enthousiasmes et ses désillusions dans la trilogie autobiographique *Salut et Adieu* [*Hail and Farewell,* 1911, 1912, 1914] ; la réalité et la fantaisie se mêlent en ce livre mouvant et malveillant. Comme il avait inspiré le titre des *Mémoires de ma vie morte* (*) (1906), le *Journal* (*) des Goncourt fournit le modèle de ce recueil de confidences et d'indiscrétions mais au lieu de la mesquinerie bourgeoise des Goncourt, Moore avait une malice de nature aristocratique, audacieuse, tout autre que pédantesque et toujours assaisonnée d'exubérance irlandaise. Il poursuivit dans la même veine avec *Avowals* (1919) et *Conversations à Ebury Street* (+) (1924) ainsi appelé du nom de la rue de Londres où il habitait. En même temps que cette trilogie autobiographique, Moore écrivit un drame, *L'Apôtre* [*The Apostle,* 1911], qui contenait le germe de *La Solitude du Kerith, Histoire syriaque* : il se transporta en Palestine pour connaître de près la toile de fond de l'histoire qu'il voulait conter. Dans *Héloïse et Abélard* (+) (1921), il porta à la perfection la méthode de la narration orale ; comme dans *La Solitude du Kerith,* on y perçoit l'influence de Pater ; c'est aussi de lui que procède la prose dense et sinueuse caractéristique de la maturité de Moore. *La Solitude du Kerith* devint le drame *The Passing of the Essenes ;* pour le théâtre il écrivit aussi *La Venue de Gabrielle* [*The Coming of Gabrielle,* 1923] et *La Création d'un immortel* [*The Making of an Immortal,* 1926], où Shakespeare était traité avec peu de respect. Sa dernière œuvre, *Aphrodite en Aulide* (*) (1931), fut récrite plusieurs fois et se ressent de l'influence des anciens romanciers grecs, surtout dans le style. L'œuvre de Moore est faite d'une série d'expériences, son affirmation est le résultat d'une suite de contradictions ; le génie fut pour lui, comme l'a remarqué avec esprit un critique, le fruit d'une longue impatience.

MARIO PRAZ.

♦ *« J'écris trop ! mais il faut passer le temps. Et que voulez-vous que fasse un vieil homme ignorant de la pêche et du jardinage... »* G. Moore. ♦ *« Son œuvre marque l'un des points extrêmes atteints, en Grande-Bretagne, par la contagion de vérité agressive venue de France ; elle dessine la courbe paradoxale qui infléchit la recherche du vrai expérimental vers celle de l'imagination symbolique et raffinée ; elle livre le lien de l'esthétisme et du mouvement celtique ; le passage, enfin, des inquiétudes morbides des « nineties » aux religiosités vagues ou précises du* XX*ᵉ siècle. »* L. Cazamian.

RÉF. : V. S. L. Mitchell, *George Moore,* Londres, 1916. – M. L. Cazamian, *Le Roman et les Idées en Angleterre,* t. II, Paris, 1935. – J. M. Hone, *Life of George Moore,* Londres, 1936. – G.-P. Collet, *George Moore et la France,* Genève, 1960. – M. Ware, *La Fortune de George Moore en France,* Paris, 1964. – J. C. Noel, *George Moore, l'homme et l'œuvre (1852-1933),* Paris, 1966. – P. Levy, *George Moore and the Cambridge Apostles,* Londres, 1979.

MOORE Marianne. Poétesse américaine. Née à Kirkwood (Missouri) le 15 novembre 1887, morte à New York le 5 février 1972. Après des études à Bryn Mawr College, miss Moore enseigne pendant quatre ans avant d'occuper un poste à la « Public Library » de New York. De 1926 à 1929, elle édite la très importante revue *The Dial.* Son premier livre, *Poèmes* (+), paraît en 1921 et le ton en est déjà remarquable. De la poésie elle dit : « Moi aussi je la déteste. Pourtant, quand on l'aborde avec un mépris parfait, on y découvre, après tout, une place pour l'authentique. » La poésie de Marianne Moore vise justement à créer une telle « place pour l'authentique » et, pour structurer son espace, elle confère au langage l'exercice d'une danse assez particulière. Les « topiques » de cette poésie linguistiquement et typologiquement expérimentale vont de la faune et de la flore exotiques, du base-ball et de la porcelaine rare à la météorologie – tout étant toujours dit avec un ton de parfait connaisseur, d'expert pour lequel les mécaniques n'ont plus de secret. Épistémologiquement objectiviste, cette poésie, qui est une prose hautement élaborée, vise pourtant quelque chose au-delà de l'objet : « Des jardins imaginaires, avec des vrais crapauds dedans. » L'atmosphère de ces jardins imaginaires est froide, sèche, mathématique, et elle a longtemps éloigné des lecteurs habitués à une poésie personnelle plus immédiatement assimilable. Mais à part la recherche de l'authentique, qui pour miss Moore se trouve dans le monde et non dans la personne, il ne faut pas négliger dans cette œuvre la part de l'humour, un humour formel, distant, qui joue avec les formes et arrive à des élaborations très précaires dont la complication risque à tout instant de s'effondrer en pur néant. Mais cet effondrement n'a pas lieu, la symétrie avance, de détail en détail, de palier en palier. Il en résulte, dans les meilleurs des cas, une sorte d'extase chaste. Après son premier recueil de 1921, Marianne Moore a publié *Observations* (*) (1924). Des *Poèmes choisis* (+) ont paru en 1935, un premier volume de *Poésie complète* [*Collected Poems*] en 1951. Pour l'aspect formel de son œuvre on lira avec profit les deux conférences publiées en 1955 sous le titre *Idiosyncrasie et Technique* [*Idiosyncrasy and Technique*]. En 1954, elle publie un recueil de merveilleuses traductions des *Fables* (*) de La Fontaine. Suivront encore quelques courts recueils : *Comme une digue* [*Like a Bulwark*, 1956], *Oh, être un dragon* [*O to be a Dragon*, 1959], *Dis-moi, dis-moi* [*Tell me, tell me*, 1966] qui seront tous réunis dans l'*Œuvre poétique complète* [*Collected poems*] de 1967.

RÉF. : B. F. Engel, *Marianne Moore,* New York, 1964. – C. Tomlinson (éd.), *Marianne Moore : A Collection of Critical Essays,* Englewood Cliffs, 1969. – C. S. Abbott, *Marianne Moore, A Reference Guide,* Boston, 1978. – M. Holley, *The Poetry of Marianne Moore,* Cambridge, 1987.

MOORE Thomas. Poète irlandais, surnommé le barde d'Érin. Né à Dublin le 28 mai 1779, mort à Sloperton, près de Londres, le 28 février 1852. Il fit ses études de droit à Londres tout en se sentant attiré par les arts et la littérature. Sa carrière littéraire débuta par une traduction des *Odes* (*) d'Anacréon (1800) et par quelques ballades et chansons érotiques qui eurent la faveur de la société élégante de Londres. En 1803, le poète occupa un poste administratif aux Bermudes ; il n'y resta qu'un an, mais l'exotisme de son poème *Lalla Rookh* (*) (1817) semble y avoir été puisé. Après un voyage en Amérique et au Canada, il publia, de retour en Angleterre en 1806, ses *Odes et épîtres* [*Odes and Epistles*] qui furent sévèrement critiquées dans l'*Edinburgh Review*. Moore envoya ses témoins au rédacteur de cette revue. Byron ne manqua pas de tourner en ridicule le duel aux pistolets chargés à blanc qui s'ensuivit. Moore commença en 1807 la publication des *Mélodies irlandaises* (*), ballades patriotiques d'inspiration populaire qui évoquent toute l'histoire d'Irlande. Moore voyagea en Italie en 1819, et rencontra Byron à Venise. Ce fut alors que Byron lui confia ses *Mémoires* [*Memoirs*], lui demandant de les publier après sa mort. On sait que, sur la demande d'Augusta Leigh, demi-sœur de Byron, ce manuscrit fut brûlé par Moore. Ce dernier vint ensuite à Paris et y resta jusqu'en 1822 ; il y écrivit *Les Amours des anges* et *L'Épicurien*. Le poète, qui dès sa jeunesse avait été un fervent nationaliste irlandais, se distingua dans la satire politique ; il y tourna en ridicule le prince régent, le parti tory et son chef Castlereagh : *Le Monde de Westminster* [*The World of Westminster,* 1816], *Fables pour la Sainte-Alliance* [*Fables for the Holy Alliance,* 1823], *La Famille Fudge à Paris* (*) (1818), suivie des *Fudge en Angleterre* (+) (1835). En 1964, ses lettres furent publiées en Angleterre (en 2 volumes, présentées par W.S. Dowden) ainsi que son Journal (éd. P. Quennell).

RÉF. : Gustave Vallat, *Thomas Moore. Sa vie et ses œuvres* (thèse), Paris et Dublin, 1886. – F. Baldensperger, *Moore et Vigny* in *The Modern Language Review,* vol. I, 1906. – Allen B. Thomas, *Moore en France* (thèse), Paris, 1911. – Herbert O. Makey, *The Life of Thomas Moore, Ireland's National Poet,* Dublin, 1951.

MORAÏS CABRAL Francisco de. Poète portugais. Né peut-être à Lisbonne vers la fin du XVe siècle, mort assassiné à Evora (Alemtejo) en 1572. Fils du trésorier en chef du royaume, il jouit de la protection du roi don Juan III et de l'intime amitié de don Francisco de Noronha, comte de Linares. Lorsque celui-ci fut nommé ambassadeur en France en 1540, il emmena le poète avec lui comme secrétaire particulier. Moraïs Cabral resta trois ans à la cour de Paris ; il y connut Claude Bosset de Torcy, demoiselle d'honneur de la reine doña Eleonora, se prenant d'une folle et malheureuse passion pour la jeune fille, bien plus jeune que lui. De retour dans sa patrie, il raconta son tourment amoureux désormais assoupi dans son œuvre *Justification de quelques amours qu'il eut à Paris avec la demoiselle Torcy* [*Desculpa de uns amores que teve em Paris com a donzela Torcï*], qui sera publiée en même temps que trois *Dialogues* [*Diálogos*] en 1624. Âgé de près de cinquante ans, il épousa Barbara Madeira. En 1546, de nouveau avec Francisco de Noronha, il revint quelque temps à Paris pour présenter les condoléances de don Juan III à Henri II à l'occasion de la mort de François Ier. Nous savons qu'en 1550 il était à Lisbonne, car il a laissé la description d'un tournoi qui eut lieu le 5 août de cette année à Xabregas. La même année, don Antonio de Noronha, père du comte de Linares, lui octroya une pension annuelle de douze mille réaux. Don Juan III lui donna peut-être la charge de trésorier de la maison royale, mais certainement le titre de commandeur de l'Ordre du Christ et l'autorisation d'ajouter à son nom celui du protagoniste de son poème, *Palmerin d'Angleterre* (*). Dans ses dernières années, Moraïs Cabral vécut à Evora où, pour des raisons inconnues, il fut tué brutalement près de la porte du Rossio. Son nom est attaché à la renommée du poème chevaleresque *Palmerin d'Angleterre,* publié à Evora par André de Burgos en 1567, c'est-à-dire vingt ans après la parution de la traduction espagnole, qui passa longtemps pour l'œuvre originale.

MORALÈS Cristobal de. Musicien espagnol. Né à Séville vers 1500, mort à Malaga (province de Séville) en septembre ou octobre 1553. Élève de Fernández de Castilles de 1526 à 1530, il est d'abord maître de chapelle à Avila, puis on le retrouve à Rome comme chanteur de la chapelle pontificale (1535). Il exécute en 1538 un motet à six voix pour célébrer la trêve intervenue entre Charles Quint et François Ier et, peu après, un autre motet en l'honneur de l'élévation d'Hippolyte d'Este à la pourpre cardinalice. Moralès devint ensuite, de 1545 à 1547, maître de chapelle à Tolède, puis il passa probablement, avec la même fonction, au service du duc d'Arcos, à Marchena (1550). L'année suivante, il tomba malade à Málaga, obtint la permission de regagner son pays et mourut peu après. Moralès est une des plus grandes illustrations de la musique polyphonique espagnole au début du XVIe siècle. Il a laissé un recueil de *Magnificat* (Rome, 1541), trois livres de *Motets* à quatre et à cinq voix (Venise et Milan, 1543-1546) – voir *Lamentabatur Jacob* (*) –, un recueil de *Messes* (Rome, 1544), des *Lamentations* à quatre, cinq et six voix (Venise, 1564), ainsi que beaucoup d'autres compositions demeurées inédites.

MORAND Paul. Écrivain français. Né et mort à Paris : 13 mars 1888-23 juillet 1976. Son père, Eugène Morand, auteur dramatique et peintre, devint en 1902 conservateur du Dépôt des marbres. Le jeune Paul fut élève du lycée Carnot. En 1905, il passa l'été à Munich. Il avait raté son baccalauréat de philosophie en juin. On lui donna un précepteur pour préparer la session d'octobre : ce précepteur était Jean Giraudoux, alors correspondant du *Figaro* : ce fut la naissance d'une longue amitié. Après ce fameux bachot, Morand s'inscrivit à l'École des sciences politiques et à la faculté de droit. Il passait toujours ses vacances à l'étranger : premiers séjours en Angleterre et en Italie. En 1908, son père devient directeur de l'École des arts décoratifs. Paul passe une année à Oxford pour se perfectionner dans la langue du pays. Puis il doit accomplir son service militaire (au 36e R.I. à Caen). Ce brillant sportif est curieusement versé dans l'auxiliaire. Il revient ensuite à l'École des sciences politiques et, en 1912, passe le concours des vice-consulats, aux Affaires étrangères. Il devient attaché au protocole. L'année suivante il est reçu au concours des ambassades et il est nommé attaché à Londres. En 1914, il est mobilisé au 4e zouaves, mais au bout d'un mois, il est renvoyé comme « affecté spécial » à l'ambassade de Londres. Ce qu'il appelle son « âge snob » commence. On en trouvera le reflet dans son *Journal d'un attaché d'ambassade* (*) (1947). Son service lui permet de venir souvent à Paris. Il fréquente les salons, fait la connaissance de Marcel Proust, se lie avec la princesse Soutzo qui tiendra désormais une place considérable dans sa vie. Il quitte Londres et devient attaché au cabinet Briand, puis au cabinet Ribot. De cette époque date son amitié avec Cocteau, Auric, Milhaud. En 1917, il est nommé troisième secrétaire à Rome. C'est aussi l'année où il publie sa première nouvelle, *Clarisse,* dans *Le Mercure de France* (*). Il écrit les poèmes de *Lampes à arc.* En 1918, c'est le retour à Paris, où il a rang de deuxième secrétaire et travaille dans les services culturels du ministère. Son premier recueil de nouvelles, *Tendres stocks,* paraît en 1921 avec une préface de Proust. Puis c'est *Ouvert la nuit* (*) (1921), *Fermé la nuit* (*) (1923), *Lewis et Irène* (*) (1924) qui font de Morand l'écrivain à la mode. C'est alors qu'il demande à partir pour Bangkok comme chargé d'affaires. Mais il n'y reste que quelques mois et, à son retour, se fait mettre en congé illimité aux Affaires étrangères. Peu après, il épouse Hélène Soutzo et le couple s'installe dans une luxueuse demeure de l'avenue Charles-Floquet (cadeau du père d'Hélène). Morand ne cesse pourtant d'être sur les routes. Son œuvre est une vaste enquête. C'est le présent dans toute sa nouveauté qui l'intéresse. Il considère ses nouvelles et ses brefs romans comme des « feuilles de température » du monde. Il baptise *Chroniques du XXe siècle* (*) un ensemble de quatre volumes où il peint successivement l'Europe, la négritude, les pays asiatiques, l'Amérique du Nord. Titres : *L'Europe galante* (*) (1925), *Magie noire* (1928), *Bouddha vivant* (*) (1927) et *Champions du monde* (*) (1930). Il ne s'exprime pas seulement dans des fictions. Au cours des années 30, il obtient quelques-uns de ses plus grands succès avec des portraits de villes : *New York* (*) (1930), *Londres* (*) (1933) et aussi avec un essai sur la « Belle Époque », *1900* (*) (1931). Néanmoins chacun admet que son chef-d'œuvre est la nouvelle intitulée *Milady* (1936) qui raconte une passion entre un cavalier et son cheval. En 1938, il approuve les accords de Munich et estime de son devoir de reprendre du service aux Affaires étrangères. On l'envoie représenter la France à la Commission internationale du Danube. En 1939, la guerre déclarée, il est nommé chef de la Mission française de guerre économique auprès du gouvernement anglais à Londres. En juillet 1940, il rentre en France et gagne Vichy où l'on ne sait trop quelle mission lui confier. Il revient alors à Paris et publie un roman, *L'Homme pressé* (1941), où les lecteurs de l'époque ne retrouvent aucune de leurs préoccupations du moment. Sur le plan politique, il s'abstient de déclarations publiques. Est-ce une attitude prudente ? Pas du tout, puisqu'il accepte en 1943 de devenir ministre de France à Bucarest. En 1944, il obtient l'ambassade de Berne et il occupe encore ce poste quand Paris est libéré. Il est bientôt révoqué sans pension et se retire à Montreux, puis à Vevey. Sa retraite est littérairement très féconde. Mais ce n'est plus le présent qu'il raconte. Il se penche plus volontiers vers le passé, qui lui permet d'ailleurs de très bien traduire ses préoccupations les plus actuelles. Dans ces années, ses voyages ne le conduisent pas plus loin que l'Espagne et Tanger (où il s'achète une maison). Toutefois, sa situation se rétablit en France. Dès 1953, le Conseil d'État casse le décret de révocation de 1944 et, en 1955, il est réintégré aux Affaires étrangères. Il est vrai qu'il est aussitôt mis à la retraite, mais il va percevoir des indemnités et une retraite d'ambassadeur. Des livres comme *Hécate et ses chiens* (*) (1954) et *La Folle Amoureuse* (1956) trouvent beaucoup de jeunes admirateurs. La publication des *Nouvelles d'une vie* (*) (1965) lui vaut une espèce de consécration. En 1968, il est élu à l'Académie française. Et c'est en 1971 qu'il publie *Venises* (*), qui constitue le couronnement de sa carrière et de son œuvre.

JACQUES BRENNER.

♦ *« Sous les couleurs de son style baroque, comme il écrit lisiblement, comme il moule ses lettres, comme il est clair, rapide, sobre, riche comme Crésus et simple comme bonjour ! »* Jean Cocteau. ♦ *« Il est l'inventeur du style moderne. Le trait en éclair, le ton cassant, l'image qui fait sursauter viennent de lui. »* Jacques Chardonne. ♦ *« Morand est désenchanté sans être désenchanteur. Car il vous est permis, quelles que soient vos opinions sur l'Occident et l'avenir de la civilisation chrétienne, de jouir, avec ou sans délectation morose, de ses grâces promptes, de sa curiosité inlassable, de son intelligence aiguë, de sa magie blanche. »* Jean-Louis Bory.

RÉF. : Ginette Guitard-Auviste, *Paul Morand,* 1956. – Jean-Louis Bory, *Tout feu, tout flamme,* 1966. – Bernard Delvaille, *Morand,* 1966. – Marcel Schneider, *Morand,* 1971. – Jean-François Fogel, *Morand-Express,* Paris 1980.

MORANTE Elsa. Écrivain italien. Née et morte à Rome : 18 août 1912-25 novembre 1985. Elle passe son enfance dans un quartier populaire, le Testaccio ; sa mère, Irma, Émilienne d'origine juive, est institutrice, son père putatif, Augusto Morante, est surveillant dans une maison de correction ; son véritable père est un Sicilien, employé des postes, Francesco Lo Monaco. À treize ans, elle publie des contes dans des journaux pour enfants : ils seront édités en 1942, puis en 1959 sous le titre : *Les Extraordinaires Aventures de Caterina* [*Le straordinarie avventure di Caterina*]. À dix-huit ans, elle quitte sa famille, abandonne ses études, et se consacre à la littérature. En 1941, elle épouse Alberto Moravia dont, séparée en 1962, elle ne divorcera pas. Ils vivent à Rome, Capri, se réfugient en Ciociaria de septembre 1943 à mai 1944. Les récits d'Elsa Morante, d'abord publiés en 1941 sous le titre *Le Jeu secret* [*Il gioco segreto*], puis en 1963 : *Le Châle andalou* [*Lo scialle andaluso*], annoncent l'œuvre entier, entre réalité et rêve, gravité du jeu et distanciation par le biais de la glose. Son premier roman, *Mensonge et Sortilège* (*), obtient le prix Viareggio en 1948, le second, *L'île d'Arturo* (*), se voit décerner le prix Strega en 1957. Elle publie des articles dans différentes revues – ils seront publiés après sa mort par Cesare Garboli : *Pour ou contre la bombe atomique et autres essais* [*Pro o contro la bomba atomica e altri scritti*, 1987]. En écho à la prose, ou lui tenant lieu de chœur, Elsa Morante a toujours écrit des poésies : le recueil *Alibi* paraît en 1959, et en 1968 elle compose une suite originale, utopique, *Le Monde sauvé par les gamins* [*Il mondo salvato dai ragazzini*], qui exalte le refus adolescent des sagesses / folies adultes. Seuls ces « rares heureux », enfants célestes, qui s'opposent à la scandaleuse tyrannie du Pouvoir, peuvent racheter l'« indécence de survivre » individuelle ou collective : défense passionnée des innocents illustrée par *La Storia* (*) (1974) qui soulève des polémiques. Elsa Morante voyage dans le monde entier, mais le plus souvent s'enferme en compagnie de ses chats pour écrire. Sauvage et intransigeante, voilée dans les brumes de ses yeux violets, déjà légendaire, elle fuit les mondanités ; entourée d'artistes amis et de jeunes marginaux, elle est solidaire des comportements a-normaux, drogue, homosexualité, anarchie. La critique a souvent été déroutée pas une œuvre qui échappe à toute tentative de récupération ou de classification ; repoussant les interprétations essentiellement fondées sur les critères du réalisme ou du merveilleux, méfiante à l'égard de la psychanalyse, Elsa Morante déclare que la seule réalité est la vérité poétique, convaincue que seul l'imaginaire est réel, conception qui exprime une foi absolue en l'écriture. L'écriture ensorcelante de celle qui dit être tout entière dans ses romans, qui admire Stendhal et Rimbaud, Saba, Penna et Mozart, qui lit ou relit Dante et Milarepa et dont les héros archétypes sont Achille, don Quichotte et Hamlet, qui transfigure le quotidien par le recours aux symboles, la dilution des notions temporelles en de savantes constructions maîtrisées par des narrateurs faussement innocents ou ironiquement raisonneurs, par qui la chronique devient fable. Plusieurs courants serpentent dans les tragi-comédies humaines de cette « Shéhérazade de notre temps » (Sgorlon) : forte empreinte méridionale parcourue de nostalgies nordiques, tiraillements entre athéisme, antique judaïté et une religiosité profonde et candide, tendresse pour la simplicité primitive, animale ; mais le courant dominant est la quête des figures parentales : du père dédoublé, lointain porteur de rêve ou petit homme méprisé, et surtout de la mère, autorité dont les personnages morantiens attendent vainement la re-connaissance, idole qui détient la clé du nid de l'enfance mythique, de la fusion originelle, du mystère caché au fond du corps de femme. C'est la maternité éperdument poursuivie qui se stérilise dans la mort au terme d'une parabole remarquablement cohérente, avec *Aracoeli* (*) (1982). Terme plus douloureux, alors que la santé d'Elsa Morante, après une chute et une première hospitalisation, est devenue précaire. Elle tente de se suicider et ne va plus quitter la clinique Villa Margherita. L'hommage du prix Médicis étranger (1984) vient couronner un an avant sa mort un écrivain que le succès populaire a déjà largement reconnu.

MARIANE BROSSE-BOISSET.

MORATÍN Leandro Fernández de. Écrivain, poète et dramaturge espagnol. Né à Madrid le 10 mars 1760, mort à Paris le 21 juillet 1828. Comme son père, don Nicolás, aide du « guarda-joyas » de la reine Isabelle, fut écrivain apprécié, auteur de *Guzmán el Bueno* et de *Hormesinda*, on appelle parfois Leandro Fernández : Moratín le Jeune. Il naquit à Madrid, dans la rue qui porte aujourd'hui son nom, mais qui était alors la rue de San Juan. Couvé par ses parents qui avaient perdu leurs autres enfants en bas âge, il eut une enfance maussade, qu'il occupa par de vastes lectures. Il étudia le latin, mais ne poussa point jusqu'à l'Université. Son père voulut faire de lui un artiste ; il le plaça en apprentissage chez un joaillier, où il resta plusieurs années. Mais à dix-huit ans il envoya un poème à l'Académie sur *La Prise de Grenade* [*La toma de Granada*], et obtint un accessit. Il fréquenta les milieux littéraires et les tavernes madrilènes, notamment le café de la Fontana de Oro, près de la calle del Lobo, qu'il cite plusieurs fois dans ses œuvres. Il aimait excursionner aux environs de Madrid avec de jeunes poètes, et s'essayait lui-même à des exercices poétiques. En 1780, son père mourut. En 1782, il envoya à un concours académique une *Leçon poétique* [*Lección poética*], satire contre les mauvais rimeurs, qui remporta un prix. Sa première pièce, *Le Vieillard et la Jeune Fille* [*El viejo y la niña*], écrite en 1786, semble une première esquisse du *Oui des jeunes filles* (*) (1801). Il ne réussit à la faire jouer que quatre ans plus tard, grâce à la protection de Godoy. En janvier 1787, sur la recommandation de Jovellanos, il accompagna à Paris le comte Cabarrus, père de la fameuse Teresa, qui devint plus tard Mme Tallien. Moratín logea rue Vivienne, à l'hôtel de la cour de France. Ce fut là qu'il étudia le français avec son ami Melón et qu'il rencontra Carlo Goldoni (qui avait quitté Venise pour Paris depuis plus de vingt ans). Ce fut à Paris que Moratín composa *Le Baron* [*El barón*], une « zarzuela » (opérette), qu'il remania plus tard. À son retour à Madrid, l'année suivante, il connut des heures difficiles. Cabarrus tomba en disgrâce, il fut même emprisonné. Moratín logea chez son oncle Miguel et, en flattant le comte de Floridablanca, obtint un bénéfice de trois cents ducats sur l'archevêché de Burgos. Il gagna de même la protection du puissant Godoy, et se laissa tonsurer : le 9 octobre 1789, il reçut les ordres mineurs des mains de l'évêque de Tagaste. Ainsi put-il avoir un bénéfice sur l'église San Bartolomé de Montoro, et une pension de six cents ducats « sur la mitre d'Oviedo ».

Aux prises avec une cabale qui l'empêchait de faire représenter *Le Vieillard et la Jeune Fille*, il publia une mordante satire, *La Défaite des pédants* (*). Il se retira alors à Pastrana, berceau de sa famille, et y composa *La mojigata*, dont l'héroïne, faussement vertueuse, a été surnommée Mlle Tartuffe. Là il termina en outre *La Comédie nouvelle* [*La comedia nueva*], dont la première représentation eut lieu à Madrid le 7 février 1792. Cette œuvre, où l'on discerne une forte influence de Molière – on y trouve des réminiscences à la fois des *Femmes savantes* (*) et du *Misanthrope* (*) –, était aussi une œuvre « moderne », et elle fut discutée comme une manifestation d'avant-garde. Ainsi que Diderot présentant *Le Neveu de Rameau* (*), l'auteur place la scène dans un café. Ce fut du reste sous ce titre *Le Café*, que le public parla de la pièce, qui fit de Moratín le chef de file des « galicastas », intellectuels imprégnés de littérature française. Durant un séjour à Aranjuez en avril 1792, Moratín obtint de Godoy l'octroi d'une bourse pour voyager à l'étranger. Il rendit visite à Cabarrus, à Bayonne. Le 18 mai, par peur de la Révolution, il s'arrêta à Bordeaux, puis se décida à aller voir où en étaient les événements : il arriva à Paris le 25 juin, et assista à quelques scènes de violence, les Tuileries dévastées, le transfert de Louis XVI au Temple. Horrifié, il gagna Londres où il était le 27 août, et ce fut alors qu'il entreprit sa traduction d'*Hamlet* (*), dont il s'efforça de discipliner la « sauvagerie ». En 1793, par Ostende et Bruxelles, il gagna la Rhénanie et, par Zurich, l'Italie. Ce ne fut qu'en septembre 1796 qu'il se décida à regagner l'Espagne. Mais sa frégate ayant été détournée par la tempête, il passa par Algésiras pour arriver à Madrid le 5 février 1797. Quatre jours plus tard, il prit son nouveau poste de directeur du bureau des traductions du ministère des Affaires étrangères. Curieux de tout, il notait ses impressions sur les villes, les gens, les monuments, et se documentait sur l'organisation des bibliothèques : il fit adopter le système de classification par fiches lorsqu'il fut, en 1811, directeur de la bibliothèque de Madrid. Ce long voyage constitua la période la plus heureuse de sa vie, avec les quelques années calmes qui suivirent. En 1799, son amitié pour Goya se renforça, et en juillet le peintre termina le beau portrait qui est aujourd'hui à l'Académie des beaux-arts à Madrid. Cette même année, Moratín contracta sa grande passion pour Paquita Muñoz, la muse de son œuvre maîtresse, *Le Oui des jeunes filles*, qui ne fut représentée que cinq ans plus tard, après *Le Baron*, sifflé en 1803, et *La mojigata*, mieux accueillie l'année suivante, sur le même théâtre de la Croix, à

Madrid. Le 14 janvier 1806, la première du *Oui des jeunes filles*, honorée de la présence de Godoy, remporta un franc succès. Cette comédie, où Moratín allie de façon si personnelle le réalisme bon enfant de Goldoni et l'éclairage psychologique de Molière, marque la maturité de son style et l'épanouissement de sa carrière. Si l'on étudie les scènes empruntées à Molière, de *L'Avare* (*) à *L'École des femmes* (*), on constate que la Paquita de Moratín n'est pas un simple décalque d'Agnès, et que don Diego est beaucoup plus bonhomme que l'inquiétant Arnolphe. On s'y attendrit et, à la Marivaux, on se permet d'être spirituellement sentimental.

Moratín était alors un homme « arrivé ». Mais tout s'effondra en Espagne quelques mois plus tard : en mars 1808, ce fut la sédition d'Aranjuez, la chute de Godoy, l'occupation française. Bientôt Moratín se déclara partisan de Napoléon, et se rapprocha des nouveaux maîtres de l'Espagne. En 1811, Joseph Bonaparte, roi éphémère, le nomma directeur de la bibliothèque de Madrid et chevalier du Pentagone. Mais en août de l'année suivante, la défaite des Arapiles obligea les Français à évacuer Madrid, Moratín s'enfuit à Valence, que les troupes du roi Joseph quittèrent bientôt. Il les accompagna au château de Peñíscola où elles soutinrent un siège de onze mois, jusqu'en mai 1814. Emprisonné dans la citadelle de Valence pour intelligence avec l'ennemi, sa peine fut commuée, grâce à ses relations, en bannissement. Sur la route de l'exil, il s'arrêta cependant à Barcelone, où on lui permit de demeurer quelques mois. On leva le séquestre sur sa maison, mais il sentit partout la réprobation et on interdit ses œuvres. En septembre 1817, sur ordonnance médicale, il obtint un passeport pour la France. Ce ne fut pas à Aix qu'il alla soigner sa maladie de convention, mais à Paris, qu'il quitta en mai 1820 pour Bologne, et enfin Barcelone. La peste s'y déclara en août 1821. Il retourna alors en France, où il passa ses dernières années. Par Bayonne il gagna Bordeaux, et ce fut là qu'il prépara la publication de ses œuvres, qui parurent en 1825 chez un éditeur parisien, et termina son travail sur *Les Origines du théâtre espagnol* (+). Arrivé à Paris en décembre 1827, il y mourut quelques mois après. Il fut enterré au Père-Lachaise, mais on transporta, en 1853, ses restes à Madrid.

JEAN DESTERNES.

♦ *« Le style de Moratín est simple et clair, ce qui mérite bien d'être remarqué dans un auteur espagnol. Il est difficile de trouver dans ses ouvrages des défauts bien saillants, mais aussi on y chercherait en vain ces beautés hardies, ces diamants bruts, si communs chez Calderón et chez Lope. En un mot, Moratín est pour moi l'exemple de ce qu'avec les règles classiques peut faire un homme médiocre, mais instruit. »* Mérimée.

RÉF. : E. Hollander, *Les Comédies de don Leandro Fernández de Moratín*, Paris, 1855. – A. Alcala Galiano, *Juicio crítico sobre et célebre poeta cómico Leandro Fernández de Moratín*, Madrid, 1856. – M. Silvela, *Biografía de Leandro Fernández de Moratín*, t. 1 des *Obras postumas*, Madrid, 1867. – F. Vézinet, *Moratín et Molière*, in *Revue d'histoire de la littérature espagnole en France*, Paris, 1909. – M. S. Oliver Tolrá, *Los españoles en la Revolución francesa*, Madrid, 1914. – F. C. Sáinz de Robles, article Fernández de Moratín, in t. II de *Ensayo de un diccionario de la literatura*, Madrid, 1953.

MORAVIA Alberto (pseud. de A. Pincherle). Romancier et essayiste italien. Né le 22 novembre 1907 à Rome et mort dans la même ville le 26 septembre 1990. C'est un écrivain des plus précoces : sa bibliographie débute par *Dix-huit poèmes* [*Diciotto liriche*], qu'il aurait écrits à treize ans, et son premier roman, *Les Indifférents* (*) (1929), le rend sur-le-champ célèbre. Moravia, ainsi qu'il l'a dit lui-même, voit sa jeunesse et sa formation marquées par deux « maladies graves » : l'une, de nature physique, une tuberculose osseuse qui affecte son enfance et sa jeunesse ; l'autre l'atteint dans son être moral et intellectuel, le fascisme et sa suspicion constante. Il faut tenir compte de ces facteurs quand l'on considère la *Weltanschauung* qui caractérise le roman surprenant et significatif de ses débuts – décrivant un monde jeune et veule, perçu avec un froid réalisme qui se veut tenace et monotone, et qui est, à distance, révélateur de son époque ; mais ces *Indifférents* sont à lire avec en contrepoint un récit tel que « Hiver d'un malade », qui date de la même époque et qui atteste le regard tristement avide et moralement épuisé que le gisant porte sur la vie. De même s'explique l'animosité latente avec laquelle le fascisme va suivre la production ultérieure de Moravia, devenu d'emblée l'un des fleurons de la revue florentine *Solaria*, expression de la jeune fronde littéraire. Un certain silence s'organise donc autour de son roman suivant, au reste décevant, *Les Ambitions déçues* [*Le ambizioni sbagliate*, 1935] et, plus tard, la censure interdira la publication de l'apologue scénique antimussolinien, *Le Quadrille des masques* [*La mascherata*, 1941]. Entre-temps, d'autres ouvrages voient le jour, dans une diversité de propos qui témoigne à la fois de la richesse d'inspiration de l'écrivain et de sa retenue obligée : *La Belle Vie* [*La Bella vita*, 1935], première vision d'une société romaine que Fellini illustrera largement par la suite, les anecdotes psychologiques de *L'Embrouillamini* [*L'Imbroglio*, 1937], des *Rêves du paresseux* [*I sogni del pigro*, 1940], de *L'Amant malheureux* [*L'Amante infelice*, 1943], les récits « surréalisants » de *L'Épidémie* [*L'Epidemia*, 1944]. Au terme de cette période d'attente, et comme pour annoncer l'aurore, un essai titre explicite : *L'Espérance, ou christianisme et communisme* [*La speranza, ossia cristianesimo e comunismo*, 1944].

Cependant, il faut bien dire qu'au moment où l'Italie se libère du fascisme et où se lève une littérature nouvelle, dans l'affirmation néo-réaliste des Pavese et Vittorini, on fait trop facilement bon marché des prémices de l'œuvre de Moravia. Or, c'est aussi le moment où, atteignant la plénitude de son talent et affranchi, sinon guéri, à la fois de son infirmité physique et de tout refoulement intérieur, il s'épanouit amplement, s'affirmant comme le grand romancier de sa génération. À l'orée de cet épanouissement, un enrichissement singulier : dans la période durant laquelle, en raison des circonstances, Moravia est obligé de vivre dans la clandestinité, en pleine nature, aux environs de Rome. Il entre alors en contact avec une Italie tout autre que celle à laquelle il adhérait jusque-là — la société bourgeoise intellectuelle — et, comme il le dira lui-même, c'est cette fraternisation avec une population élémentaire et paysanne qui va lui permettre d'étendre son registre. Pour le romancier de dimension internationale que va devenir Alberto Moravia, c'est d'abord la maîtrise de l'analyse psychologique qui s'affirme dans le merveilleux *Agostino* (*) (1944), seul regret chez lui des verts paradis et des éveils du printemps, et que confirmeront *La Désobéissance* (*) (1948) et *L'Amour conjugal* (*) (1949). C'est aussi un certain moralisme naturaliste, ne redoutant guère l'amoralisme, qui inspira ses trois grandes fresques « locales » (popularisées par le cinéma) : *La Belle Romaine* (*) (1947), *Le Conformiste* (*) (1951), *La Ciociara* (*) (1957). Et c'est enfin le grand conteur qui donne sa mesure dans toute une série de recueils. *La Provinciale et autres récits* (*) (1952), *Nouvelles romaines* (*) (1954), *Autres nouvelles romaines* (*) (1959), qui, en quelque manière, anticipent sur la Rome des « ragazzi di vita » de Pasolini et leur « vie violente », motivant largement l'alliance fraternelle qui unira les deux écrivains par la suite.

Il n'empêche que pendant les années 60, étendant son registre, l'écrivain dépasse la frontière de sa ville : il entreprend, notamment pour le *Corriere della sera*, de grandes explorations du monde contemporain, qui inspirent *Un mois en U.R.S.S.* [*Un mese in U.R.S.S.*, 1958], *L'Inde comme je l'ai vue* [*Un'idea dell'India*, 1962]. *À quelle tribu appartiens-tu ?* [*A quale tribù appartieni* ? 1972], sur l'Afrique. À cette activité de journaliste, ajoutons en passant la critique cinématographique que Moravia exerce depuis longtemps dans l'*Espresso*, et mentionnons l'intérêt qu'il a porté, accessoirement, aux techniques théâtrales : *Béatrice Cenci* (1958), *La vie est ce qu'elle est* [*La vita è quello che è*, 1967], *Le Dieu Kurt* [*Il dio Kurt*, 1968]. Toutefois, à cet élargissement de l'assise et des propos de l'écrivain correspond une évolution intérieure : le psychologue et l'observation connaissant une certaine saturation et lassitude qui lui font adopter l'attitude d'un juge devant l'irréversibilité du réel, devant on ne sait quelle fatalité sociale et morale, et l'amènent à se résumer dans « l'aimer sans plus » exprimé par le Pierre Bezoukhov exalté de Tolstoï. Il semble parfois alors qu'il veuille assumer la fonction de maître à penser et de directeur de conscience de l'intelligentsia péninsulaire... D'où cette série de romans dont les titres mêmes ont la saveur d'un verdict, *Le Mépris* (*) (1954), *L'Ennui* (*) (1960), *L'Automate* [*Automa* 1961], *L'Attention* (*) (1965), pour en arriver à la cruelle épopée du sexe qu'est *Lui et Moi* [*Io e lui*, 1972], voire à ses dernières nouvelles de *Bof !* [*Boh !* 1981], où la condition féminine se trouve malmenée. Et ses détracteurs invoqueront une commercialisation de sa production, par le recours aux thèmes de l'actualité.

Prenons-y bien garde pourtant : l'épure de *L'Ennui* aboutit, symboliquement, à Dino, le peintre abstrait abîmé dans la contemplation de sa toile vierge, et en quelque sorte, ce héros de 1960 tend la main à Michele, le velléitaire des *Indifférents*, son aîné de trente ans. Un essai important que Moravia publia en 1965 portait le titre de *L'Homme*, mais en italien, plus explicitement, celui de « L'Homme comme fin » [*L'Uomo come fine*].

Massive et, par bien des côtés, trop attentive certes aux modes et à tous les signes du temps, cette œuvre reste gouvernée, dans son intégralité, par on ne sait quelle loi de permanence intellectuelle, ainsi que par un impératif secret, tout autant tyrannique — v. aussi *1934* (*) — : la souffrance du gisant adolescent des *Indifférents*, résigné à l'impossibilité de « changer la vie ».

NINO FRANK.

♦ *« Être écrivain, pour Moravia, est la seule façon de tolérer en soi-même une cohabitation écrasante d'opposition, ces oppositions n'étant pas les siennes mais celles de la structure de la réalité, laquelle n'est pas un devenir mais un rythme de destructions. »* C. Carboli.

RÉF. : A. Limentani, *Alberto Moravia tra esistenza e realtà*, Venise, 1962. — E. Sanguinetti, *Alberto Moravia*, Milan, 1962. — A. Moravia, *Entretiens avec Jean Duflot*, Paris, 1971. — R. Tessari, *Alberto Moravia*, Florence, 1976. — E. Siciliano, *Moravia*, Milan, 1977. — A. Moravia, *Le roi est nu, entretiens avec Vania Luksic*, Paris, 1979. — C. Benussi, *Il punto su : Moravia*, Rome-Bari, 1987. — J. Venturini, *Moravia*, Presses universitaires de Lille, 1989.

MORCINEK Gustaw. Romancier polonais. Né à Karwina (Silésie tchèque de Cieszyn) le 25 août 1891, mort à Cracovie le 20 décembre 1963. Très attaché à sa terre natale, il a puisé les thèmes de ses romans dans la vie des mineurs silésiens. Il y décrit leur exploitation impitoyable par les patrons allemands, et leur combat patriotique contre une politique systématique de germanisation. L'abondante production de Morcinek (plus de cinquante volumes de romans et de nouvelles) frappe par le ton de vérité que lui donnent l'observation attentive d'une réalité familière et la simplicité des procédés narratifs mis en œuvre. On citera surtout *La Galerie ouverte* (*) (1932) et *L'Ordre des mineurs* [*Górniczy Zakon*, posth. 1964], ainsi que le roman historique *Ondraszek*, sur le héros des insurrections silésiennes du XVIIe siècle. Arrêté dès 1939 comme élément hostile au Reich, le romancier passa toute la guerre à Sachsenhausen et Dachau. Après 1946, il se fixa jusqu'à sa mort dans la Silésie recouvrée dont il avait dit les souffrances et les combats.

MORE Henry. Écrivain anglais. Né à Grantham (Lincolnshire) le 12 octobre 1614, mort à Cambridge le 1er septembre 1687. De famille calviniste, il n'adhéra pas, quant à lui, à cette confession. Il étudia à Eton et au Christ's College de Cambridge où, après avoir obtenu le grade de « master of arts » en 1639, et devenu « fellow », il resta toute sa vie. Sa pensée subit surtout l'influence du néo-platonisme dont il accentua les aspects mystiques et théosophiques. Il rassembla autour de lui plusieurs jeunes étudiants, parmi lesquels la future lady Conway, qui par la suite continua à l'inviter pour de longs séjours dans sa riche et tranquille résidence, à Ragley, dans le Warwickshire : c'est dans cette retraite que More put composer nombre de ses ouvrages. Ragley devint en outre, grâce à l'enthousiasme de lady Conway, un foyer de pensée mystique. More a beaucoup écrit, tant en vers qu'en prose. Son *Manuel d'éthique* (*) (1667) compte parmi les documents les plus caractéristiques du néo-platonisme de Cambridge. Parmi les œuvres secondaires, citons la longue exposition en stances spensériennes du platonisme chrétien qui a pour titre *Psychozoia, ou la Vie de l'âme* [*Psychozoia, or the Life of the Soul*], les *Poèmes philosophiques*, [*Philosophical Poems*, 1669], les *Dialogues divins* [*Divine Dialogues*, 1668] et *L'Enchiridion Metaphysicum* (1673).

RÉF. : F. J. Powicke, *The Cambridge Platonists*, Londres, 1926.

MORE ou MORUS, sir Thomas. Humaniste anglais. Né et mort à Londres (7 février 1478-7 juillet 1535). Fils d'un magistrat, il étudie à la Saint Anthony School avant d'entrer au service de John Morton, archevêque de Cantorbéry et Grand Chancelier du royaume. En 1492, il part pour l'université d'Oxford où il rencontre l'humaniste John Colet (1466-1519), et William Lily (1468-1522) avec lequel il lit les *Dialogues* (*) de Lucien qu'il traduira partiellement en 1506. Revenu à Londres en 1494, il étudie le droit et s'inscrit au barreau. Élu professeur de droit, puis membre du Parlement en 1504, il mène une brillante carrière professionnelle et politique tout en consacrant ses loisirs à la littérature. Il devient l'ami d'Érasme qui effectuera chez lui de nombreux séjours et avec lequel il entretiendra une correspondance. Il écrit une *Vie de Pic de La Mirandole* [*Lyfe of Johan Picus erle of Mirandola*, 1510] et, en latin, une *Histoire du roi Richard III*. Très tôt, en raison de sa célébrité d'humaniste, de son activité de jurisconsulte et de marchand de la City qui lui avait apporté une richesse considérable, il fut appelé à remplir d'importantes charges politiques, jusqu'à celle de chancelier et d'ambassadeur auprès des cours de France et de l'Empire. C'est au cours d'une mission officielle à Bruges, en 1515, qu'il met à exécution le projet ancien de donner un pendant à *L'Éloge de la folie* (*), en rédigeant son *Utopie* (*), qu'il achèvera un peu plus tard, pressé par Érasme qui publie le livre en 1516. *L'Utopie* (selon certains tout à fait inspirée par les premières nouvelles qui arrivaient d'Amérique) n'est pas seulement la conception théorique d'un État parfait de type communiste, où l'on vivrait aussi dans une pleine liberté religieuse, mais encore, dans la première partie, une critique de la société féodale du temps de More. *L'Utopie* a été interprétée de plusieurs façons (de l'exercice littéraire à la préfiguration du socialisme) ; elle est certainement l'œuvre la plus traduite de More. Mais le désir d'une réforme religieuse et sociale (qu'il espéra sans doute pouvoir mettre en œuvre auprès de Henri VIII, en appliquant les théories de Machiavel à l'accomplissement d'un idéal humaniste et religieux) n'avait jamais été, pour lui comme pour Érasme, celui d'une rupture avec l'Église : réforme, non révolution, non plus que schisme. Aussi refusa-t-il de prêter serment à Henri VIII comme chef suprême de l'Église anglicane et de reconnaître son divorce. Le joyeux homme du monde, le fin humaniste, le riche et habile marchand et financier, le célèbre jurisconsulte, l'heureux politique, fut incarcéré et décapité sans avoir montré crainte ou hésitation d'aucune sorte. Sa canonisation date de 1935.

Parmi ses autres ouvrages, on peut citer la *Réfutation de la réponse de Tyndale* [*Confutacyon of Tyndales Answere*, 1532] et l'*Apologie de sir Thomas More* [*Apology of Syr Thomas More*, 1533].

♦ *« Le supplice de Morus fut un sujet d'universels regrets pour ceux mêmes qui avaient été en opposition avec l'ancien ministre, tant ce grand homme était aux yeux de tous doué de candeur et de sagesse ; tant il y avait en lui de bienveillance et de bonté. »* Érasme.

RÉF. : H. Brémond, *Le Bienheureux Thomas More*, Paris, 1930. – R. W. Chambers, *Thomas More*, Londres, 1935. – Pierre Leyris, *Thomas More. Écrits de prison et vie de sir Thomas More*, Paris, 1953. – A. Prévost, *Thomas More (1478-1535) et la crise de la conscience européenne*, Paris, 1969. – G. Marc'Hadour, *Thomas More ou la Sage Folie*, Paris, 1971. – A. Fox, *Thomas More, History and Providence*, Oxford, 1982.

MORÉ Marcel. Écrivain français. Né et mort à Paris (1er juin 1887-12 décembre 1969). Il rentre à l'École polytechnique en 1908. Dès la fin de la Première Guerre mondiale, il devient fondé de pouvoir d'un agent de change, profession qu'il exercera toute sa vie. Peu connu du grand public, il est le fondateur d'une revue œcuménique (mais sans aucune tendance au syncrétisme), *Dieu vivant* (*), tournée tout entière vers un christianisme eschatologique et dont tous les responsables étaient des laïcs appartenant aux diverses confessions chrétiennes. Cette revue paraissant de 1945 à 1955 est en fait le reflet d'un foyer intellectuel d'une grande effervescence où la nécessité de la réflexion et de la spiritualité l'emporte toujours sur la préoccupation formaliste. Durant l'Occupation, l'appartement de Marcel Moré sert de lieu de rencontres auxquelles prennent part Louis Massignon, Michel Leiris, Jean-Paul Sartre, Georges Bataille, Pierre Klossowski, le père Daniélou, Maurice de Gandillac, Raymond Queneau, etc. Outre ces préoccupations philosophiques et religieuses, Marcel Moré réalise un véritable décodage de l'œuvre de Jules Verne, découvrant à travers *Les Voyages extraordinaires* un cheminement comparable à celui que devait suivre plus tard Raymond Roussel, et, dans le personnage même de Jules Verne, la même tragédie passionnelle et secrète qui avait marqué l'évolution philosophique de Nietzsche (*Le Très Curieux Jules Verne,* 1960, *Nouvelles explorations de Jules Verne,* 1963). On doit également à Moré un roman, *Les Noces chymyques du capitaine Némo et de Salomé,* œuvre de jeunesse (1930), publiée en 1969 seulement. Cette farce quelque peu surprenante (on rencontre dans le Palais - Garnier aussi bien Platon que saint Thomas, Bergson, Descartes ou Isadora Duncan) est le rappel, en même temps que la critique, des événements qui ont marqué, de 1920 à 1930, le « renouveau » artistique. Il s'agit dans l'esprit de l'auteur d'une mise en garde contre les méfaits d'une sensibilité trop fortement influencée par ce qu'il appelle l'excès de sentimentalisme — par exemple celui de Wagner. La fantaisie de ce roman, en certaines de ses variations les plus savoureuses, rappelle étonnamment Max Jacob — qui compta parmi les intimes de l'auteur. Mélomane, Moré est l'auteur du très bel ouvrage *Le Dieu Mozart et le monde des oiseaux* (posth., 1971). Il avait réuni en 1967, sous le titre *Accords et Dissonances,* des chroniques parues de 1932 à 1944.

DANIÈLE BOONE.

MORÉAS Jean (pseud. de Ioannis Papadiamantopoulos). Poète grec d'expression française. Né à Athènes le 15 avril 1856, mort à Saint-Mandé (Val-de-Marne) le 30 avril 1910. Issu de deux grandes familles grecques (un de ses aïeux était mort héroïquement au siège de Missolonghi), il était le fils d'un jurisconsulte renommé. Ayant reçu une éducation toute française, passionné de nos poètes dès son adolescence, il arriva à Paris vers 1875 pour y faire ses études de droit, mais fréquenta les cafés et les cercles littéraires du quartier Latin, en particulier les fameux « Hydropathes », beaucoup plus assidûment que les cours de la faculté. Aussi, lorsqu'il dut rentrer à Athènes en 1878, il ne tarda guère à se sentir exilé dans sa propre patrie et revint vite se fixer sur les bords de la Seine, non sans avoir accompli d'abord un long voyage à travers l'Allemagne.

À peine avait-il fait ses débuts dans de petites revues qu'il était déjà un personnage chez les poètes de la rive gauche, auxquels il en imposait par son élégance exotique, son allure conquérante, sa faconde colorée de Méridional. Déjà il rêvait d'être chef d'école, bien que ses premiers recueils, *Les Syrtes* (1884), *Les Cantilènes* (1886), ne brillassent guère que par une débauche inouïe des termes les plus rares. Cependant, insurgé contre la tyrannie formelle que faisait alors régner le Parnasse, Moréas publia dans le supplément du *Figaro*, le 18 septembre 1886, un manifeste de style assez confus mais qui fut cependant retentissant, car il formulait la nouvelle esthétique du mouvement symboliste : on y souhaitait, en particulier, que la poésie, en utilisant d'« impollués vocables » et en renonçant aux froides descriptions parnassiennes, se consacrât à la recherche d'images suggestives et à la découverte, par-delà les objets, de l'« idée primordiale ». Le symbolisme de Moréas n'en était pas moins radicalement différent de celui de Mallarmé ; il y avait chez ce Grec une instinctive répugnance pour l'obscur, qui s'exprime bien dans sa proclamation de 1889 : « Répudions l'inintelligible, ce charlatan ! » Après avoir donné sa charte au symbolisme, Moréas fut donc un des premiers à s'éloigner de ce mouvement, dans lequel il ne voulut plus voir bientôt qu'un phénomène de transition, dont la seule utilité avait été de libérer la poésie de la sécheresse parnassienne et de préparer un retour, par-delà le romantisme lui-même, à la vraie tradition classique française.

La restauration de cette tradition, tel fut l'idéal de l'« école romane », fondée en 1891 par Moréas et par son jeune disciple Charles Maurras, avec Maurice du Plessys, Raymond de La Tailhède et Ernest Raynaud. Mais Moréas qui, dès ses premières œuvres, avait montré une grande complaisance pour de purs exercices de rhétorique poétique, eut longtemps encore le tort de traiter le français comme une langue morte. Grisé par les poètes du XVIe siècle, il cherchait moins, dans son *Pèlerin passionné* (*) (1891), à les continuer qu'à les imiter, avec, il est vrai, une virtuosité magistrale de « poète grammairien », pour reprendre l'expression de Barrès. Il lui fallut encore plusieurs années pour épurer la langue archaïque et encombrée dont il venait de se servir et pour atteindre enfin, dans *Les Stances* (*) (1899), à un véritable classicisme, que son expérience symboliste préservait heureusement des pièges de l'académisme explicatif et didactique. *Les Stances* ne furent cependant qu'une belle œuvre sans lendemain et, contrairement aux espérances du doctrinaire du groupe, Charles Maurras, l'« école romane » ne reste qu'un épisode secondaire de la vie littéraire française à la fin du XIXe siècle. Peut-être est-ce déjà cette constatation désabusée qui inspirait à Moréas, quelques jours avant sa mort, cette ultime confidence, faite à Maurice Barrès : « Classiques, romantiques : tout cela, c'est des bêtises ! » Ajoutons qu'on doit encore à Moréas une *Iphigénie en Tauride* (+) représentée en 1903, un *Voyage en Grèce* (1897-1898) et de nombreux articles de critique poétique.

MICHEL MOURRE.

♦ *« Vous êtes un des seuls aujourd'hui qui idéalisez chaque vers dans sa perfection propre. Tous, comme je l'aime, sont arrêtés, même les plus fugaces ; le rythme jamais enfreint. Très chantants, quoique si nets ; d'une voix contenue, bizarre et suave. Avec leur allure, leur coloris, comme ils se groupent bien en poème composé suivant le double art pictural et musical, moderne ! Et pas l'ombre de farce ou de chic : un dandysme de goût fort pur. »* Mallarmé, lettre à J. M., 1885.

RÉF. : R. Gourmont, *Jean Moréas*, Paris, 1905. – M. Barrès, *Adieu à Moréas*, Paris, 1910. – C. Maurras, « L'Avènement de Moréas », in *L'Allée des philosophes*, Paris, 1924 ; (avec Raymond de La Tailhède), *Un débat sur le romantisme*, Paris, 1928. – M. Coulon, *Au chevet de Moréas*, Paris, 1928. – E. Raynaud, *Jean Moréas et les « Stances »*, Paris, 1929. – R. Niklaus, *Jean Moréas poète lyrique*, Paris, 1936. – R. Jouanny, *Jean Moréas écrivain français*, Paris, 1969 ; *Jean Moréas écrivain grec*, Paris, 1975.

MOREAU Hégésippe (pseud. de Pierre-Jacques Roulliot). Poète français. Né à Paris le 8 avril 1810, mort dans la même ville le 20 décembre 1838. Il n'est guère d'existence plus malheureuse que la sienne. Enfant naturel, il perdit son père naturel, Claude-François Moreau, lorsqu'il avait quatre ans et sa mère lorsqu'il allait sur ses treize ans. Il fut recueilli par les fermiers chez lesquels sa mère s'était mise en service, aux environs de Provins. Placé par eux ensuite au séminaire d'Avon, il put y terminer ses études classiques. Après s'être fait, à Provins, correcteur dans l'imprimerie Lebeau (1828), il voulut, l'année suivante, tenter fortune à Paris (1829). Entré d'abord chez Didot, il montra tant d'inaptitude à tout travail régulier qu'il dut bientôt renoncer à son métier. Sûr de sa vocation et fou de liberté, il fit, en 1830, le coup de feu sur les barricades, mais, les « Trois Glorieuses » une fois passées, il devint la proie de la misère la plus atroce. Se nourrissant de détritus, il couchait dans quelque fourré du bois de Boulogne ou dans les bateaux amarrés sur les quais de la Seine. Il en vint même à se faire arrêter par la police, à seule fin de recevoir le pain de la prison. Ayant échappé de justesse au choléra qui désolait la capitale (1832), il résolut de retourner à Provins, dans la ferme où s'était écoulée son enfance. Bien accueilli par ces braves gens, il sentit ses forces lui revenir et résolut de fonder un journal satirique et politique auquel il tint à donner le titre de *Diogène* (1833). Après avoir fait paraître plusieurs numéros, il dut reconnaître l'échec de sa tentative. Ayant alors commis l'imprudence d'injurier divers personnages de la ville, il fut provoqué en duel et contraint de repartir pour Paris (1834). Pendant les quatre années suivantes, il tenta en vain de conjurer sa mauvaise étoile. Il s'éteignit à l'hôpital de la Charité. Mort trop jeune pour avoir donné toute sa mesure, Hégésippe Moreau n'a laissé qu'un recueil « de petits contes et de petits vers » intitulé *Le Myosotis* (*) (1838). Ces contes (en prose), très remarquables, au nombre de cinq, ont fait l'objet d'une édition particulière sous le titre de *Contes à ma sœur* (+) (1851).

RÉF. : A. Lébailly, *Hégésippe Moreau, sa vie et ses œuvres ; documents inédits*, Paris, 1863. – Baudelaire, *L'Art romantique*, Paris, 1868. – Th. Lhuillier, *Hégésippe Moreau et son « Diogène »*, Paris, 1881. – P. Thoulouze, *Hégésippe Moreau. Essai d'étude psychologique*, Nîmes, 1903. – L. Séché, « Hégésippe Moreau » in *Annales romantiques*, mars-avril 1910, Paris. – J.-D. Maublanc, *Rétrospectives*, Paris, 1929. – G. Benoist-Guyod, *La Vie maudite d'Hégésippe Moreau*, Paris, 1945. – O. Vignon, *Hégésippe Moreau, sa vie, son œuvre*, Coutances, 1966.

MORELLY Étienne-Gabriel. Philosophe français. Né à Paris en 1717, mort à une date inconnue. Fils aîné de Gabriel, employé aux Fermes du roi, il assiste, le 7 février 1743, à la mort de sa mère, à Vitry-le-François, où il avait écrit, le 6 septembre 1742, un premier essai pédagogique : *Lettre sur la pratique de l'éducation...* (paru dans le *Mercure de France* en mars 1743), condensé de son *Essai sur l'esprit humain...* ; un second ouvrage de morale sociale, l'*Essai sur le cœur humain...*, paraît au début de 1745, approuvé par un docteur de Sorbonne. En 1745, Morelly se met sous le patronage du jeune cardinal de Soubise. C'est à la jeune duchesse de Chartres qu'il dédie le dialogue de *Physique de la beauté*, rédigé en 1745-46, publié en 1748, chez Georges Fricx, à Bruxelles. Manifeste de la culture cartésienne mais aussi éloge des Bourbons (la duchesse est une Conti), ce livre, qui respire l'euphorie des années 1745-47, révèle que son auteur tente de se faire le scribe d'un clan princier. De fait, *Le Prince, les délices des cœurs* (Amsterdam, aux dépens de la compagnie) paraît en 1751 ; il est signé M++++++. Ce nouveau dialogue, sans les charmes de l'*Entretien sur la pluralité des mondes* (*) de Fontenelle, reflète les affaires religieuses et diplomatiques du temps. Livre à clefs, sous des noms de fantaisie, les ministres de Louis XV y exposent des vues chimériques, inspirées de la *Dîme royale* (*) de Vauban, des *Mémoires* (*) de Louis XIV et de la lecture de Machiavel. Il est possible que le clan des Noailles soit à l'origine de ce libelle, qui oppose le « grand » roi à son successeur. Il est donc vraisemblable que Morelly vive à Paris. L'inspecteur de la librairie le dit se trouver en mai 1753 à Hambourg, ce que la Correspondance consulaire ne confirme pas. *Le Naufrage des isles flottantes ou Basiliade* (*) est alors imprimé à l'étranger, sous la même signature que *Le Prince...*, avec « permission de débiter » ; une seconde édition sort, à Paris, des presses de Duchesne, dont Fréron, le protégé d'une Noailles, rend compte élogieusement. Ce poème épique en prose est une utopie de la désappropriation d'une humanité en communion avec le cosmos sous l'égide d'un héros royal, dans le Nouveau Monde d'avant la *Conquista.* En 1755, Morelly, anonymement et à l'étranger, avec « permission » publie le *Code de la nature* (*) pour y justifier les thèses sociales de la *Basiliade* contre ses détracteurs. Avec ce beau pamphlet, Morelly prend congé de son temps, méprisant tout pouvoir et la servilité ; se moquant de Montesquieu, de Rousseau (qui l'a lu) ; sans illusion, il propose cependant un projet de colonie modèle, d'où naquit la légende du Morelly socialiste. Après avoir édité en décembre 1755 les *Lettres de Louis XIV...*, Morelly disparaît de l'histoire. Ce fut un « minor », mais de culture « moderne » ; ce n'est plus un inconnu. Il représente, à sa mesure, la fraîcheur de l'indignation et les souffrances du jeune printemps des Lumières.

NICOLAS WAGNER.

RÉF. : Nicolas Wagner, *Morelly, le méconnu des Lumières*, Paris, 1978.

MORÉRI abbé Louis. Polygraphe français. Né à Bargemon (Var) le 25 mars 1643, mort à Paris le 10 juillet 1680. Son ancêtre, Joseph Chatranet, s'étant établi en Provence sous Charles IX, avait pris le nom de Moréri, qui était celui du village dont sa femme lui avait apporté en dot la seigneurie. Louis Moréri, après avoir étudié chez les jésuites à Aix-en-Provence et fait sa théologie à Lyon, reçut les ordres dans cette ville, où il enseigna jusqu'en 1674, après quoi, reçu docteur en Sorbonne, il résida à Paris. Il y publia quelques ouvrages, actuellement tombés dans l'oubli, et deux traductions, dont la *Pratique de la perfection chrétienne et religieuse,* de l'Espagnol Alonso Rodriguez (1667). Son nom est sauvé de l'oubli par la publication du *Grand dictionnaire historique, ou Mélange curieux de l'histoire sacrée et profane* (*), dont la première édition parut en 1674 en un seul volume ; elle fut augmentée d'un second tome en 1681. Les éditions suivantes, respectivement en quatre, six et sept volumes, furent entièrement refaites par le théologien hollandais Jean Le Clerc et, ensuite, par M. de La Barre. Enfin, la vingtième et dernière édition, en dix volumes, parue en 1759, fut refondue par l'abbé Goujet, qui y ajouta personnellement la matière de trois volumes in-folio.

MORETO Y CABAÑA Agustín. Auteur dramatique et poète espagnol. Né à Madrid, de parents d'origine italienne, en avril 1618 (baptisé le 9 avril), mort à Tolède le 26 ou 27 octobre 1669. En 1639, il termina ses études à Alcalá. On présume que ce fut à l'âge de vingt-trois ans qu'il écrivit *Les Tromperies d'une tromperie et l'Erreur d'un papier* [*Los enguños de un engano y confusión de un papel*] ainsi que la comédie intitulée *Sans honneur il n'y a pas de courage* [*Sin honra no hay valentia*]. *La Vierge de l'aurore* [*La Virgen de la aurora*] date de 1648 ; *L'occasion fait le larron* [*La ocasión hace al ladrón*] parut sans doute en 1664. Étant donné l'incertitude à laquelle on se heurte pour dater ses œuvres, la précocité de Moreto a été souvent exagérée : on a même prétendu qu'il aurait écrit certaines de ses œuvres à l'âge de quatorze ans. Il n'en est pas moins vrai que, grâce à son intelligence et à son esprit, il pénétra très jeune dans les académies ; on le rencontre même au palais de Philippe IV, où la littérature était si appréciée. Lorsqu'il devint prêtre, il se rendit à l'église Sainte-Marie-Madeleine, dans le diocèse de Tolède. Mais il n'abandonna pas pour autant la vie madrilène : en 1649, il faisait partie de l'Académie castillane ; en 1652, il était domicilié à Madrid. Vers 1650, il était entré comme chapelain au service de l'archevêque de Tolède, qui le chargea d'administrer la confrérie de Saint-Pierre. Pendant ces années, Moreto diminua sa production littéraire. Il publia néanmoins, en 1659, *Les Sept Dormeurs* [*Lo siete durmientes*] et *Le Plus Illustre des Français, saint Bernard* [*El más ilustre francés San Bernardo*]. Il allait achever *Sainte Rose du Pérou* [*Santa Rosa del Perú*], lorsqu'il fut terrassé par sa dernière maladie. Le 25 octobre 1669 il avait fait un testament par lequel il instituait les pauvres ses héritiers. Il fut enterré en l'église Saint-Jean-Baptiste. Lorsque Moreto y Cabaña commença d'écrire, c'était le déclin du théâtre espagnol. S'il n'a pas l'imagination de ses prédécesseurs, il a par contre le sens du théâtre. Son œuvre ne vise pas au sublime comme celle de ses prédécesseurs : c'est un théâtre satirique dans lequel Moreto y Cabaña se complaît à peindre avec minutie toutes sortes de vices. *Le Beau don Diègue* (*) (1654), amusant portrait de fat, est le type du genre et c'est en même temps l'une des plus belles pièces du théâtre espagnol. On a reproché à Moreto d'avoir emprunté ses thèmes à d'autres auteurs, mais cette accusation vaut aussi bien pour tous les auteurs de l'époque. Molière lui-même, dans *La Princesse d'Élide* (*), s'est inspiré d'une œuvre de Moreto : *Dédain pour dédain* (*) (1652). Ses principales œuvres de théâtre, outre celles déjà citées, sont : *Impossible d'être le gardien d'une femme* (*) (1654), *L'Honneur avant tout* [*Primero es la honra*] (1676), *Le Défenseur de son offense* [*El defensor de su agravio*], *La Fortune méritée* [*La fortuna merecida*], *Le Prince poursuivi* [*El principe perseguido*],

L'Homme riche d'Alcalá [*El rico hombre de Alcalá*]. Moreto composa également des ballets, des prologues et des intermèdes. Là encore il s'attache à peindre des défauts : ainsi, dans son remarquable *Porteur d'eau* [*El aguador*], il décrit la vanité. Les intermèdes de Moreto sont les meilleurs de l'époque après ceux de Cervantès et de Benavente.

JORGE RODRIGUEZ.

♦ *« Augustin Moreto fut, parmi les émules de Calderon, un des plus renommés et des plus dignes de l'être. »* Sismondi.

RÉF. : G. Ticknor, *History of Spanish Literature*, New York, 1849. – Gil de Zarate, *Resumen historico de la literatura española*, Madrid, 1851. – Cayetano Alberto de la Barrera, *Apuntes biograficos de Moreto*, Barcelone, 1855. – Graf von Schack, *Historia de la literatura y del arte dramatico en España*, Madrid, 1885-1887. – Ruth L. Kennedy, *The Dramatic Art of Moreto*, in *Smith College Studies in Modern Languages*, XIII, Northampton (U.S.A.), 1932. – Mario Ottavi, *Carlo Gozzi, imitateur de Moreto*, in *Mélanges de philologie, d'histoire et de littérature offerts à Henri Hauvette*, Paris, 1934.

MORGAN Charles Langbridge. Romancier anglais. Né dans le Kent le 22 janvier 1894, mort à Londres le 6 février 1958. Fils d'un ingénieur des chemins de fer, il fit ses études dans des « institutions navales » et à Oxford (Brasenose College) avant de servir dans la Royal Navy pendant la Première Guerre mondiale. Il fut le critique dramatique du *Times* de 1926 à 1939 puis servit de nouveau dans la Marine britannique pendant la Seconde Guerre mondiale. Son premier roman *Fontaine* (*) (1932) évoque la captivité de l'auteur pendant la Première Guerre. Cadet de marine, il avait été fait prisonnier sur parole, enfermé dans un fort, puis dans un château des Pays-Bas. À partir de là se noue une intrigue à trois, romanesque à souhait et d'une dignité toute platonicienne. L'ouvrage eut à l'époque beaucoup de succès, populaire et critique. *Sparkenbroke* (*) (1936) est un autre roman d'intentions tout à fait nobles. Le héros rappelle, de façon assez lointaine, Byron et Shelley (ou du moins l'idée qui nous est parvenue d'eux), et les thèmes de l'Art, de l'Amour et de la Mort sont présents dans tout l'ouvrage. Si l'on inclut *Portrait dans un miroir* [*Portrait in a Mirror*, 1929], ce sont là les œuvres de fiction les plus ambitieuses de cet auteur. Il semble bien qu'elles aient été surestimées, en France notamment. Aussi, en 1946, a-t-on sans doute au contraire mésestimé les mérites subtils et discrets de *L'Histoire du juge* [*The Judge's Story*]. Morgan est encore l'auteur de deux pièces de théâtre et d'une *Ode à la France* (1942).

MORGAN Lewis Henry. Anthropologue américain. Né dans l'État de New York en 1818, mort à Rochester en 1881. Avec son cadet immédiat, Edward B. Tylor, Lewis Henry Morgan est considéré comme l'un des deux grands fondateurs de l'anthropologie sociale. Avocat de formation, il s'intéressa très tôt aux Indiens et en particulier aux Iroquois. En 1851, il publie le premier traité scientifique d'ethnographie qui leur soit consacré (*The League of Ho-dan-no-dau-nee, or Iroquois*), où il expose la structure sociale et l'organisation politique de la Confédération iroquoise. À partir de 1850, Morgan se consacre à l'étude comparative de la parenté et consigne le résultat de ses observations dans deux grands ouvrages, *Systems of Consanguinity and Affinity of the Human Family* (1871) et *La Société archaïque* (*) (1877). L'évolutionnisme offre un cadre général de réflexion qui permet de restituer dans la diachronie les différences observées dans la synchronie. D'accord avec Tylor pour définir les principales étapes parcourues par l'humanité, Morgan s'en distingue par le poids qu'il accorde à la technique, qui explique l'évolution culturelle dans son ensemble et détermine les configurations sociologiques propres à chaque stade. Morgan est surtout célèbre par l'importance qu'il attache à ce qui sera le champ classique de l'anthropologie sociale, l'étude de la parenté. Il y ajoute l'hypothèse selon laquelle les sociétés primitives sont organisées sur la parenté, alors que les sociétés modernes le sont sur une base politique. Engels retiendra les thèses de Morgan et les prendra à son compte dans *L'Origine de la famille, de la propriété privée et de l'État* (*). Le marxisme les enseignera comme un dogme, alors que l'anthropologie a rejeté l'évolutionnisme. On retiendra l'importance des découvertes de Morgan en matière de parenté, notamment sa distinction entre systèmes descriptifs et systèmes d'appellation.

DENISE PAULME.

MORGENSTERN Christian. Poète allemand. Né le 6 mai 1871 à Hambourg, mort le 31 mars 1914 à Merano (Trente, Italie). De bonne famille bourgeoise, il était le neveu d'un peintre, son homonyme, qui avait joui d'une certaine notoriété. Il étudia le droit, la philosophie et l'histoire de l'art dans diverses universités allemandes, puis voyagea en Italie, en Suisse et en Norvège. Connaissant bien les langues nordiques, il traduisit Ibsen, Strindberg et Hamsun. Il donna une première preuve de son sens de la fantaisie avec son *Horatius travestitus,* transposition gaillarde de la poésie lyrique d'Horace. Il atteint à un style personnel et original dans *Les Chansons du gibet* (*) (1905), exemple très particulier d'un art grotesque qui va de l'ironie au calembour et qui est au fond une défense, un masque. *Palmström* (*) (1910) et les œuvres posthumes *Palma Kunkel* (1916) et *Der Gingganz* (1919) sont une suite de recueils de petits poèmes humoristiques et fantastiques. Mais sous cette apparence joyeuse s'affirme le chercheur méditatif qui, à partir de 1906, trouve le chemin du mysticisme : chemin intérieur qui va de

Schopenhauer et Lagarde en passant par Nietzsche à la mystique anthroposophique de Rudolf Steiner. Ses derniers volumes de poésies, *Recueillement* (*) (1910), *Moi et toi* [*Ich und Du,* 1911] et *Nous trouvâmes un chemin* [*Wir fanden einen Pfad,* 1914], révèlent, outre une certaine influence formelle de Dehmel, une évolution de thèmes mélancoliques vers une inspiration religieuse.

RÉF. : E. Kretschmer, *Christian Morgenstern,* Stuttgart, 1985.

MORHANGE Pierre. Poète français. Né et mort à Paris (22 juin 1901 - 3 juillet 1972). Après des études en philosophie et lettres à la Sorbonne, il fonde, en 1924, avec son condisciple Paul Nizan, la revue *Philosophies,* et dirige avec Politzer et Guterman le groupe du même nom. Sous le pseudonyme de John Brown, il publie des billets politiques : *Billet de John Brown où l'on donne le la* (1924). Lecteur chez Rieder, il crée à cette enseigne une collection de philosophie et de poésie ouverte aux grands textes (Platon, Hegel, Blake, etc.) et aux contemporains, ainsi qu'une nouvelle revue philosophique, *L'Esprit.* S'il fréquente les surréalistes, il n'adhère pas au mouvement dont le dualisme s'oppose à sa conception unitaire de l'être et de la vie. En 1930, il publie des *Poèmes d'ouvriers américains,* traduits en collaboration avec Guterman. Nommé professeur de philosophie en 1932, il exerce successivement à Riom, Saint-Servan et Châteauroux. Son premier recueil de poèmes *La Vie est unique* (*) (1933) reçoit un accueil chaleureux de la critique et le soutien d'Éluard et de Malraux. Le silence pourtant recouvrira vite cette œuvre singulière, inclassable. Exclu de l'Université par Vichy en décembre 1940, Pierre Morhange entre dans la clandestinité. Réintégré à la Libération, il achève sa carrière à Paris, au lycée Condorcet où il avait fait ses études secondaires. Retiré du jeu littéraire, il a publié, après la guerre, dans l'indifférence générale, quelques plaquettes : *Banquet de poèmes pour mes amis de Bigorre* (1848), *Le Blessé* (1951), *Autocritique suivie de pièces à conviction* (1951), *La Robe* (1954), les rois dernières reprises en 1966 dans *Le Sentiment lui-même,* suivi de *L'Estafette dans le vestibule.* Il donne encore, en 1965, des poèmes brefs. Il meurt complètement oublié. En 1973, *La vie est unique* est rééditée. *Le Désespoir clamant,* qui paraît en 1983, rassemble les inédits extraits de cahiers sur lesquels le poète travaillait encore lorsque la mort l'a surpris.

GUY GOFFETTE.

♦ *« Pierre Morhange, dont la poésie est une des clés de l'avenir... »* Éluard. *» « La poésie de Pierre Morhange frappe comme un poing. »* Jacques Borel.

RÉF. : Marcel Raymond, *De Baudelaire au surréalisme,* Paris, 1940. – Jacques Borel, « Poésie et vérité de Pierre Morhange », in *Europe,* Paris, octobre 1961. – Georges Mounin, « La Poésie de Pierre Morhange », in *Chorus,* n° 2-3, juillet 1962.

MORI Ôgai (pseud. de Mori Rintarô). Médecin, romancier, critique et dramaturge japonais. Une des plus grandes figures de la littérature japonaise de son époque. Né à Tsuwano dans l'actuel département de Shimane (au nord de Hiroshima) le 17 février 1862, mort à Tôkyô le 9 juillet 1922. Fils aîné d'une famille de médecins au service de la seigneurie de Tsuwano, il lit et apprend dès l'âge de cinq ans les classiques confucianistes en langue chinoise. Son père lui enseigne des rudiments de grammaire hollandaise, langue par laquelle la médecine occidentale a été introduite au Japon. À l'âge de neuf ans, il va poursuivre ses études à Tôkyô. En 1877, il est admis à la faculté de médecine de l'université de Tôkyô où, à cette époque, les cours et les manuels sont en langue allemande. Pendant la durée de ses études, il continue de lire avec ferveur les littératures japonaise et chinoise. Diplômé en 1881, il devient médecin de l'armée et en octobre 1884 part en Allemagne afin d'y étudier l'hygiène et l'organisation de la médecine militaire. Parallèlement à ses études scientifiques à Berlin, il accompagne en tant qu'interprète des diplomates japonais dans divers pays d'Europe, et trouve le temps de rédiger son journal, de composer des poèmes en style sino-japonais [kanbun], et de lire de grandes œuvres littéraires européennes. À son retour en 1888, il est chargé du cours d'hygiène à l'école militaire de Tôkyô. Docteur en médecine en 1891, docteur ès lettres en 1907, il est nommé directeur du service de la santé au ministère de la Guerre. Il démissionne de ses fonctions en 1916 pour se consacrer à la littérature, à la traduction, et à la critique, tout en occupant jusqu'à sa mort le poste de directeur du Musée et de la Bibliothèque impériale de Tôkyô. On peut citer parmi ses romans les plus connus : *La Danseuse* [*Maihime,* 1890], *Vita Sexualis* (1909), *L'Adolescent* [*Seinen,* 1910-1911], *L'Oie sauvage* (*). Ses premiers romans inaugurent au Japon ce que Ôgai désigne du terme allemand « Ich-Roman » (roman à la première personne). Il traduit un grand nombre d'auteurs (Goethe, Andersen, Schiller, Strindberg, Daudet, Dostoïevski...), et fonde plusieurs revues dans lesquelles il prend part aux polémiques de l'époque. Après l'exécution en juin 1910 du dirigeant socialiste Kôtoku et de ses amis, accusés de complot contre l'empereur, Ôgai, déçu par le régime politique dont il attendait un assouplissement libéral, écrit deux articles. Puis le suicide par fidélité du général Nogi, en septembre 1912, peu de temps après la mort de l'empereur Meiji, amène Ôgai à composer *Le Testament d'Okitsu Yagoemon* [*Okitsu Yagoemon no isho,* 1912]. Cette nouvelle qui relate à partir de documents historiques le suicide d'un guerrier du XVIIe siècle, conformément à la tradition féodale d'allégeance, marque un tournant dans son œuvre. Mori Ôgai se consacre jusqu'à sa mort aux romans historiques et aux biographies de savants et de médecins de l'époque Edo (1603-1867). La plus célèbre de ces biographies est celle du médecin *Shibue Chûsai* (1916).

BRIGITTE LEFÈVRE et NADINE NERVI.

RÉF. : J. T. Rimer, *Mori Ôgai*, New York, 1975. – R.J. Bowring, *Mori Ôgai and the Modernization of Japanese Culture*, Cambridge, 1979.

MÓRICZ Zsigmond. Romancier hongrois. Né à Tiszacsécse (Hongrie orientale) le 30 juin 1879, mort à Leányfalu, près de Budapest, le 4 septembre 1942. Fils de paysans calvinistes, il fit ses études à Debrecen et à Sárospatak. À vingt ans il s'inscrivit à la faculté de théologie, puis à celle de droit, à Debrecen, mais, rêvant de faire une carrière d'écrivain, bientôt il se consacra au journalisme. À partir de la fin de 1900, il vécut à Budapest, pauvre et inconnu ; ce ne fut qu'à vingt-neuf ans qu'il réussit à s'affirmer, à la suite du succès d'une nouvelle, *Sept sous*, publiée par la revue d'avant-garde *Nyugat* (*) (*Occident*). Mari et père de famille affectueux, le désir d'assurer aux siens une existence honorable et aisée le poussa à déployer une grande activité littéraire ; l'année même de sa « sortie », il fit paraître un volume de nouvelles et, en 1910, il donna *L'Or brut* [*Sàrarany*], son premier roman, vivement discuté, que suivirent en moins de dix ans une bonne vingtaine d'ouvrages, tant romans que nouvelles. Au temps du cosmopolitisme et au milieu des tendances stylistiques les plus variées de la prose narrative, la nouveauté de Móricz consista dans son retour aux problèmes de la vie magyare et dans son pur et « saignant » naturalisme. Pendant cette première période, il tira ses sujets de la vie des paysans et de la petite bourgeoisie de province : *Un homme heureux* (*) (1932) retrace l'itinéraire d'un vieux paysan, alors que *La Famille* [*A rokonok*, 1932] relate les intrigues du petit monde clos des fonctionnaires d'une ville provinciale. L'évolution ultérieure de Móricz est caractérisée par un horizon intellectuel plus vaste, par une autocritique plus sévère, et par un goût croissant pour le passé. L'un des trois romans que lui inspirèrent des souvenirs de sa vie d'étudiant, *Sois bon jusqu'à la mort* (1921), est un chef-d'œuvre de sensibilité, tandis que sa plus puissante création reste la trilogie transylvanienne *Le Jardin des fées* (+), *Le Grand Prince* (+) et *L'Ombre du soleil* (+) – v. *Transylvanie* (*) (1935). Pendant ce temps, Móricz, qui avait perdu sa femme, épousa en secondes noces une actrice qui joua les protagonistes de plusieurs de ses pièces, tirées le plus souvent de ses propres romans. En 1929 on nomma Móricz citoyen honoraire de sa ville natale et, la même année, avec Mihály Babits, il assura la direction de *Nyugat*. À soixante ans, il commença la publication de ses mémoires et fonda la revue *Peuple de l'Est* [*Kelet Népe*], dans laquelle il reprit, avec une juvénile énergie, le combat en faveur de l'élévation sociale et culturelle du paysan hongrois. Depuis son divorce, en 1939, et jusqu'à sa mort, il vécut dans son idyllique refuge de Leányfalu.

MORIER James Justinian. Diplomate, écrivain et voyageur anglais. Né à Smyrne en 1780, mort à Brighton le 19 mars 1849. Originaire d'une famille de huguenots français qui avaient émigré en Suisse, son père Isaac Morier était devenu consul général de la Compagnie du Levant à Constantinople. Après des études à Harrow et son entrée dans la carrière diplomatique, James Justinian Morier fut, de 1810 à 1816, le représentant du gouvernement britannique en Perse. Il utilisa les matériaux réunis lors de ses nombreux voyages dans son premier livre : *Un voyage à travers la Perse, l'Arménie et l'Asie Mineure jusqu'à Constantinople dans les années 1808 et 1809* [*A Journey Through Persia, Armenia, and Asia Minor to Constantinople in the Years 1808 and 1809*] qui parut en 1812. En 1817, pourvu d'une pension, il revint s'installer à Londres et se consacra à la littérature. Son livre *Les Aventures d'Hadji-Baba d'Ispahan* (*) (1824), dans lequel il se dépeint lui-même sous les traits d'un barbier d'Ispahan, le rendit célèbre. Walter Scott parla à son propos d'un « Gil Blas oriental ».

Envoyé en mission au Mexique en 1824-26, il revint ensuite en Angleterre, se maria, écrivit une suite aux aventures d'Hadji-Baba, et finit ses jours à Brighton. Ses autres romans d'inspiration orientale, *Zohrab* [*Zohrab, the Hostage*, 1832], *Ayesha* [*Ayesha, the Maid of Kais*, 1834], sont de peu d'intérêt.

MÖRIKE Eduard. Écrivain allemand. Né à Ludwigsburg (Souabe) le 8 septembre 1804, mort à Stuttgart (Wurtemberg) le 4 juin 1875. Sa famille paternelle venait du nord de l'Allemagne, et, selon certaine tradition, était apparentée à celle de Luther. Son père, médecin, mourut prématurément, de sorte que les embarras d'argent dans lesquels se trouva la mère du jeune Mörike furent cause que celui-ci, au lieu de continuer ses études, dut entrer au séminaire d'Urach, puis à la faculté de théologie de Tübingen, encore qu'il n'eût aucune disposition pour la carrière sacerdotale. Il resta très longtemps dans différents villages en qualité de vicaire ; pendant un an, il tenta de faire autre chose et collabora à des parutions littéraires de Stuttgart, mais il dut y renoncer. En 1834, il fut nommé pasteur à Cleversulzbach et y resta neuf ans, sans que ses ouailles ni lui-même fussent particulièrement satisfaits de la situation. Il obtint enfin d'être mis à la retraite. Outre sa faible santé, il était trop sensible, trop timide, trop indolent, trop enclin aux doutes et trop libéral dans ses idées pour faire un bon ecclésiastique. Il avait acquis un certain renom en publiant des poèmes dans différentes revues, poèmes où l'on pouvait reconnaître l'influence de Goethe, et dont quelques-uns sont inclus dans un roman, *Le Peintre Nolten* (*) (1832), où transparaît le souvenir de *Wilhelm Meister*, mais qui est inspiré par les sentiments que Mörike éprouva pour Maria Meyer (Peregrina) et qui manquèrent de bouleverser son existence alors qu'il avait une vingtaine d'années.

L'auteur donne dans la fantasmagorie avec un petit drame en vers et en prose, *Le Dernier Roi d'Orplide* [*Der letzte König von Orplid*], où il montre son goût pour les légendes et les mythes. Quant au volume de *Poésies* (*), c'est par lui que Mörike s'est acquis le plus durable de sa gloire (première édition en 1838). On y trouve un lyrisme tout intime, discret et familier. Certaines de ces œuvres sont aussi spontanées que des chants populaires, par exemple *La Jeune Fille délaissée* [*Das verlassene Mägdlein*] ou *Agnès*, et peuvent atteindre au plus haut sommet de la poésie, comme dans *Par un matin d'hiver, avant le lever du soleil* [*An einem Wintermorgen vor Sonnenaufgang*], *Duo dans la nuit* [*Gesang zu zweien in der Nacht*], *À minuit* [*Um Mitternacht*], *À Hermann* [*An Hermann*], etc. D'autres compositions ont pour thème une idylle, et l'auteur use tour à tour du ton mélancolique et du ton badin. Le meilleur exemple de ce dernier genre est *De alte Turmhahn*. Mörike se montre également capable d'humour dans des contes comme la *Fable de l'homme confiant* (1838), humour qui n'est pas toujours très sûr dans l'*Idylle du lac de Constance* [*Idylle vom Bodensee*]. C'est ainsi que se composa un volume de nouvelles, parmi lesquelles il faut citer *Le Voyage de Mozart à Prague* (*) comme une des plus attachantes. D'autre part, Mörike fut un humaniste de qualité, et composa une anthologie d'hymnes, odes, élégies, épigrammes grecs et latins ; il fit également une traduction de Théocrite, de Bion et de Moschos. Ayant abandonné l'exercice du sacerdoce en 1843, Mörike ne trouva point la paix qu'il avait cherchée dans différents lieux. Il vivait avec sa sœur Clara. À partir de 1851, il s'établit à Stuttgart et fut professeur dans une école de jeunes filles. Les fables intitulées *La Belle Lau* (*) et *L'Homme de Stuttgart* (+) datent de 1852. Du temps de son vicariat, Mörike avait été longtemps fiancé avec Luise Rau à laquelle il écrivit de fort belles lettres.

Plus tard Eduard Mörike épousa Margaret von Speeth, et bien qu'il ait eu deux enfants, ce mariage ne fut pas heureux, et se termina peu avant sa mort par une séparation.

LIONELLO VINCENTI.

♦ *« Je le trouve faible et antipoétique. Il lui manque avant tout la clarté de la vision. »* Nietzsche. ♦ *« Il y a quelque chose d'incomplet et de manqué dans cette vie, de la névrose sous ce philistinisme béat et douillet, un peu de décadence chez ce pasteur de campagne [...] Son œuvre vaut par une sensibilité naïve et familière, par une sorte de contentement perpétuel, de douceur inaltérable et souriante. »* Geneviève Bianquis.

RÉF. : Harry Mayne, *Eduard Mörike. Sein Leben und Dichten*, Stuttgart, 1902. – H. Vetter, *Ed. Mörike und die Romantik*, Vienne, 1920. – T. Rosenthal, *Le Rôle du monde extérieur dans les deux principaux récits en prose de Mörike*, Paris, 1935. – Benno von Weise, *Ed. Mörike*, Tübingen, 1950. – D. Barnouw, *Enzückte Anschauung. Sprache und Realität in der Lyrik Mörikes*, Munich, 1971. – R. von Heydebrand, *E. Mörikes Gedichtwerk*, Stuttgart, 1972. – H. Ziegler, *Die Liebe hat kein Haus. Ein Versuch über Mörike in Cleversulzbach*, Melchior, 1985. – P. Labaye, *E. Mörike. Symbolisme et transparence*, Berne, 1988.

MORITZ Karl Philipp. Écrivain allemand. Né à Hameln le 15 novembre 1756, mort à Berlin le 26 juin 1793. Après une enfance très dure et pauvre, il fut apprenti chez un pieux chapelier de Brunswick, qui l'influença, pendant cette période, par son piétisme et son quiétisme opprimants. Puis Moritz chercha à se libérer par le théâtre. Il joua avec Ekhof sur les scènes de Gotha et de Leipzig, mais sans succès. Il se mit alors à étudier la théologie, puis il enseigna au Philanthropium du pédagogue Basedow, à Dassau, et à partir de 1784 au Köllnisches Gymnasium de Berlin, où il fut en même temps rédacteur à la *Vossische Zeitung*. En 1786, il fit un voyage à Rome, où il se lia avec Goethe. Il est à noter que la personnalité de Moritz a influencé Goethe et Schiller, et par eux toute la formation de l'esthétique classique allemande, et sa conception de l'Antiquité gréco-romaine. À ce sujet, les principaux écrits de Moritz sont : *De l'imitation figurative du beau* [*Über die bildende Nachahmung des Schönen*, 1786] ; *Mythologie, ou la poésie mythologique des Anciens* [*Göteerlehre, oder mythologische Dichtungen der Alten*, 1791] ; et les *Leçons sur le style* [*Vorlesungen über den Styl*, 1793-1794]. En 1789, il fut nommé professeur d'archéologie à l'Académie des arts de Berlin. L'ouvrage le plus significatif de notre auteur est un roman autobiographique, *Anton Reiser* (*), publié de 1785 à 1790, qui marque les imbrications du rationalisme, du piétisme, et du « Sturm und Drang » en cet esprit, et vaut par l'expression d'une vie intérieure divisée, trop sensible et tourmentée, oscillant sans cesse entre le contentement de soi et un fatalisme fondamental. En outre, Moritz se révèle, dans l'analyse de l'esprit piétiste, un psychologue novateur ; de fait, son influence fut durable sur le développement des recherches de psychologie empirique à cette époque, notamment par la publication du *Γνῶθι σεαυτόν, oder Magazin für Erfahrungseelenkunde*, qu'il dirigea à partir de 1785 et qui dura jusqu'en 1805. De plus, il faut rappeler son œuvre également notable de critique esthétique, dont le principal monument est son *Essai de prosodie allemande* [*Versuch einer deutschen Prosodie*, 1786], et enfin ses écrits de voyageur : *Voyages d'un Allemand en Angleterre en 1782* [*Reisen eines Deutschen in England in Jahr 1782*], ouvrage publié en 1783, *Voyages d'un Allemand en Italie de 1786 à 1788* [*Reisen eines Deutschen in Italien in den Jahren 1786-1788*], dont les trois volumes ont été publiés en 1792, et *Anthousa, ou les Antiquités de Rome* [*Ανθοῦσα, oder Roms Alterthümer*, 1791-1796].

RÉF. : L. Geiger, notice in *Allgemeine Deutsche Biographie*, t. XXII, Leipzig, 1885. – M. Dessoir, *K. Ph. Moritz als Æsthetiker*, Naumburg, 1889. – H. Prochle, *Abhandlungen über Goethe, Schiller, Bürger und einige ihrer Freunde*, Potsdam, 1889. – E. Jaht, *Goethe und Moritz* (thèse), Kiel, 1920. – K. Kindt, *Die Poetik von K. Ph. Moritz*, Rostock, 1924. – E. Moritz, *K. Ph. Moritz und der Sturm und Drang*, Marbourg, 1938. – V. M. Farmakis, *K. Ph. Moritz and his Conception of the Artist* (thèse), Chicago, 1948.

MORLEY Christopher. Romancier américain. Né le 5 mai 1890 à Haverford (Pennsylvanie), de parents britanniques, mort le 28 mars 1957 à New York. Écrivain prolifique mais trop divers pour n'avoir pas été un peu rapidement oublié, Christopher Morley, après une éducation américaine (Haverford College) et britannique (Oxford), commença par écrire des poèmes – *Le Huitième Péché* [*The Eighth Sin*, 1912] – puis des romans qui lui valurent une certaine réputation : *Kathleen* (1920) ; *Là où commence le bleu* [*Where The Blue begins*, 1922] ; *Tonnerre à gauche* [*Thunder on the Left*, 1925] ; *Mandarin in Manhattan* (1933) ; *Kitty Foyle* (*) (1939), etc. Sa fantaisie et sa « versatilité » finirent par le desservir, mais sa « colonne » hebdomadaire dans la *Saturday Review of Literature* (jusqu'en 1941) n'a pas peu fait pour que son nom reste malgré tout familier à ses contemporains.

MORNAY Philippe de, seigneur du Plessis-Marly, dit encore Duplessis-Mornay. Théologien, homme politique et écrivain français. Né en 1549 à Buhy (Val-d'Oise), mort le 11 novembre 1623 en son château de La Forêt-sur-Sèvre. Il était fils d'un catholique mais, à la mort de son père, il se convertit au protestantisme, en même temps que sa mère et tous ses frères. Après un long voyage de quatre ans au cours duquel il visita la Suisse, l'Allemagne, l'Italie, la Hongrie, les Pays-Bas et l'Angleterre et qui lui donna une connaissance étendue de la politique européenne, Duplessis-Mornay devint une des figures les plus en vue de son parti. Entré en 1577 au conseil du roi de Navarre, il fit avec succès diverses ambassades, en particulier en Angleterre auprès de la reine Elisabeth, mais montra également ses talents d'homme de guerre comme défenseur de Montauban (1586), puis à la bataille d'Ivry (1590), et d'administrateur, en remplissant la charge de gouverneur de Saumur à partir de 1589 et de surintendant des finances de la « Cause ». Il était enfin théologien, et ses avis en matière de doctrine étaient si respectés de ses coreligionnaires que la tradition l'a surnommé le Pape des huguenots, bien que cette expression ne se trouve pas dans les documents du temps. Il eut cependant le dessous dans la controverse théologique qui l'opposa en 1600 à la Sorbonne et au cardinal Du Perron – v. son *Discours véritable de la conférence tenue à Fontainebleau le quatrième de mai 1600* (*). En dépit de ses qualités diplomatiques, Duplessis-Mornay, devenu gouverneur de Saumur, finit par se brouiller avec son ancien compagnon d'armes, devenu Henri IV. Après l'assassinat de ce dernier, il retrouva une certaine influence politique auprès de la reine régente, qui l'utilisa pour se concilier le parti protestant, en particulier à l'assemblée de Saumur (1611). Il n'en fut pas moins expulsé de son poste de gouverneur de cette ville par de Luynes, en 1621, et se retira alors définitivement sur ses terres. Outre plusieurs écrits théologiques, tels que son *Traité de l'Église* (1578), ses *Discours et méditations chrétiennes* (1609), son *Discours de la vie et de la mort* (posthume, 1624), Mornay a laissé des *Mémoires* (*) (1624-1625), contenant une foule de discours, d'instructions, de dépêches, de lettres et qui vont de 1572 à 1599, avec des compléments jusqu'en 1623 qui seront publiés en 1651-1652. Sa femme a raconté sa vie dans des *Mémoires*, qui vont de 1549 à 1606.

RÉF. : *Mémoires de Mme de Mornay*, Paris, 1868-1869. – P. Moussiegt, *Hotman et Du Plessis-Mornay*, Cahors, 1899. – Raoul Patry, *Ph. Du Plessis-Mornay*, Paris, 1933.

MORO César (pseud. d'Alfredo Quíspez Asín). Poète péruvien. Né et mort à Lima : 19 août 1903 - 10 janvier 1956. Il arrive à Paris, en 1925, plus préoccupé de dessiner et de peindre que d'écrire. Les deux expositions qu'il réalise, en 1926 et en 1927, sont bien accueillies. Cependant il adhère au surréalisme et découvre qu'il peut étendre le champ du « merveilleux » rien qu'en donnant aux mots toute liberté de « faire l'amour ». La poésie n'était jusque-là pour lui qu'une activité seconde. À partir de 1929, elle devient sans contredit l'activité première. Du même coup, il adopte le français comme sa langue poétique. Un choix qu'il ne reniera jamais et auquel il ne fera qu'une entorse, en 1938-39, le temps de composer *La Tortue équestre* [*La tortuga ecuestre*]. De ses dernières années parisiennes gardent trace deux numéros du *S.A.S.D.L.R.*, le tract *La mobilisation contre la guerre n'est pas la paix* et le livre *Violette Nozières*. Fin 1933, Moro retourne au Pérou. À plusieurs reprises, il y intervient en émissaire du « surréalisme mondial ». Début 1938, il part pour le Mexique. En 1940, c'est lui qui présente l'*Exposition internationale du surréalisme* de Mexico, qu'il a organisée avec André Breton et Wolfgang Paalen. Assez vite ensuite, il s'éloigne du mouvement qui depuis près de trois lustres constituait sa raison d'être. Désormais, tant à Mexico qu'à Lima, où il rentre définitivement en 1948, il vit à l'écart de la scène, sans cesser de pratiquer comme poète, au contraire, jusqu'au bout branché sur « l'admirable, l'épouvantable vie ».

ANDRÉ COYNÉ.

MORRIS William. Peintre et écrivain anglais. Né à Walthamstow (près de Londres) le 24 mars 1834, mort à Londres le 3 octobre 1896. Il était le fils d'un commerçant enrichi par des fournitures à l'industrie mécanique à peine naissante dans l'Angleterre victorienne, et toujours combattue dans la suite par Morris lui-même, qui la rendait responsable des conditions inhumaines de la vie des ouvriers. Il fit ses études à Oxford, après une enfance heureuse au milieu des bois et des champs et une adolescence sévère dans un collège. À Oxford il connut le peintre préraphaélite Burne Jones, dont la religiosité romantique devait susciter en lui une crise mystique, bientôt vaincue par sa réflexion et son amour violent de la vie. De 1853 à 1855 sa pensée se précise. La très forte influence qu'il reçut de l'œuvre de Ruskin, et sa découverte du gothique à travers les cathédrales de France et d'Angleterre, l'orientèrent vers un « retour au gothique » fondé sur des raisons sociales de tendance libertaire, donc laïque ; tel est le caractère le plus original de son idéologie, qui sur le plan politique se fondit dans son adhésion au *Manifeste du parti communiste* (*) de Marx. Ce sont les libres corporations des travailleurs, non les cathédrales, qui furent la raison fondamentale du choix qu'il fit de l'époque gothique comme type d'une époque humaine et dont il importait de retrouver les coutumes, le système de production artisanale. (« Un art fait par le peuple pour le peuple est le bonheur pour qui le crée et pour qui en profite ») ; il redit ici son aversion pour la machine. On le traita d'utopiste et de visionnaire. Le groupe des préraphaélites qui l'avaient précédé dans la même bataille collabora ensuite avec lui dans son atelier artisanal d'art appliqué nommé « Arts and Crafts » comme le mouvement qui s'ensuivit. Morris y avait dépensé toute sa fortune, mais l'entreprise, idéaliste et paradoxale sur le plan pratique, échoua ; cependant son nom était devenu célèbre. Ce fut alors qu'il descendit dans l'arène, se vouant à la lutte sociale, tandis que d'autre part s'épanouissait son activité littéraire. En 1854, il avait commencé à écrire des poèmes, et en 1858 il en avait publié un recueil, *La Défense de Guenièvre* (*). En 1868 parurent les petits poèmes du *Paradis terrestre* [*The Earthly Paradise*], et en 1872 *L'amour suffit, ou la Libération de Pharamond, moralité* [*Love is enough, or the Freeing of Pharamond, a Morality*], où il tentait de rénover la poésie allitérative. Trois ans plus tard, il réussit à terminer la longue et difficile entreprise qu'était sa traduction en vers anglais de l'*Énéide* (*) ; en 1887 il termina celle de l'*Odyssée* (*). Cependant avait paru en 1876 son long poème épique, *L'Histoire de Sigurd le Volsung* [*The Story of Sigurd the Volsung*]. Il continua toutefois son travail de décorateur, créant des vitraux, des meubles, des tapisseries ; parallèlement il menait une très vive campagne d'agitateur : brochures, conférences, comices, manifestes se succédaient. En 1885 il fonda la « Ligue socialiste » dont il dirigea le journal, *The Commonweal ;* mais, petit à petit, il se persuada que, trop candide, il n'était pas né pour la lutte politique. Il l'abandonna alors, bien qu'il conservât jusqu'à sa mort sa confiance en ses idées. De ces années datent les écrits sociaux : deux romans, dont un utopique, *Nouvelles de nulle part* (*) (1891) ; les *Chants socialistes* [*Chants for Socialists*] ; *Socialisme ; sa croissance et ses fins* [*Socialism, its Growth and Outcome,* 1893]. Après avoir publié un essai important *Les Buts de l'art* [*The Aims of Art,* 1887], son activité fut consacrée à la Kelmscott Press, atelier d'imprimerie et de reliure à la main qu'il avait fondé en 1890, et qui demeure une de ses réalisations les plus complètes et les plus importantes. Il aima ce travail plus qu'aucun autre et s'y fixa, pauvre désormais, jusqu'à sa vieillesse ; sur son lit de mort on lui portait des épreuves à corriger ; ainsi s'acheva parmi les livres son existence exemplaire et féconde. Ses conférences seront par la suite réunies dans deux volumes, *Espoirs et inquiétudes pour l'art* [*Hopes and Fears for Art,* 1882] et *Signes d'un changement* [*Signs of Change,* 1888].

RÉF. : J. W. Mackail, *The Life of William Morris,* Londres, 1899. — A. Clutton-Borck, *William Morris, his Work and Influence,* New York, 1914. — J. B. Glasier, *William Morris and the Early Days of the Socialist Movement,* Londres, 1921. — May Morris, *William Morris, Artist, Writer, Socialist,* 2 vol., Oxford, 1936. — L. W. Eschleman, *A Victorian Rebel,* New York, 1940. — P. R. Thomson, *The Work of William Morris,* New York, 1964. — P. Meyer, *La Pensée utopique de William Morris,* Paris, 1973. — P. Stansky, *William Morris,* Oxford, 1983.

MORSTIN Ludwik Hieronim. Écrivain polonais. Né à Pławowice le 12 décembre 1886, mort à Varsovie le 12 mai 1966. Fils de propriétaires terriens, il fit des études de philosophie à Munich, Leipzig et Paris, puis, à son retour en Pologne, fonda à Cracovie la revue littéraire *Museion*, placée sous le signe du néo-classicisme et se réclamant de Jean Moréas et de Charles Maurras (1911-1913). Attaché d'ambassade à Paris et à Rome de 1919 à 1925, Morstin se retira ensuite dans son domaine de Pławowice, écrivant pour la scène des pièces inspirées par l'Antiquité : *Panteia* (1937), *La Défense de Xanthippe*

[*Obrona Ksantypy*, 1939] ou par l'Histoire polonaise *Nicolas Copernic* [*Mikolaj Kopernik*, 1935], *Les Polonais ne sont pas des oies* [*Polacy nie gelsi*, 1952], ainsi que des romans historiques – *L'Épi de la vierge* (*) (1929). Fervent admirateur de la culture grecque et latine, remarquable traducteur de Sophocle et d'Horace, doué d'une sensibilité toute virgilienne à la beauté de la nature, Morstin est un classique isolé dans les lettres de l'après-guerre.

MOSCHEROSCH Johann Michael. Écrivain allemand. Né le 5 mars 1601 à Willstadt en Alsace, mort le 4 avril 1669 à Worms (Hesse). Son père était chancelier, mais non de famille noble d'origine espagnole, comme le fils se plaisait à le faire croire. Il étudia les lettres et le droit à Strasbourg, puis il fit divers voyages pour s'instruire, en France et en Suisse. Pendant quelque temps, il fut précepteur dans une maison noble, et, vers trente ans, il entra dans la carrière administrative, au service de différents princes. Ses deux premières femmes moururent en l'espace de quelques années ; la troisième fut sa fidèle compagne pendant trente ans et lui survécut. Les tristes conditions dans lesquelles se trouvait l'Allemagne pendant la guerre de Trente Ans lui rendirent parfois la vie difficile. À partir de 1642 cependant, il occupa des charges importantes, entre autres il remplit une mission diplomatique à Paris. En 1632, il avait commencé la publication des *Singulières et véritables visions de Philandre de Sittewald* (*). La première partie, comprenant sept visions, était empruntée aux *Visions* (*) de Quevedo ; les six qui suivirent, publiées en 1643, lui appartenaient en propre. Dans la nouvelle édition de 1650, Moscherosch ajouta la quatorzième vision sur la Réforme. Au cours des années suivantes, il composa des écrits satiriques et moraux de moindre importance, en allemand et en latin, dont un mérite d'être mentionné : *Insomnis cura parentum* (1643), sorte de testament chrétien laissé à ses enfants. Par ses œuvres et par sa vie honnête, Moscherosch représente les idéaux de la bourgeoisie protestante. Ses dernières années furent surtout consacrées à des charges politiques importantes, d'abord au service du prince électeur de Mayence, puis de la princesse de Hesse. Il était sur le point de se retirer lorsque la mort le frappa tandis qu'il se trouvait en voyage à Worms.

RÉF. : F. Munker, article *sub nomine* in t. XXII de l'*Allgemeine Deutsche Biographie*, Leipzig, 1885. – L. Pariser, *Beiträge zu einer Biographie Moscheroschs* (thèse), Munich, 1891.

MOSCHOS. Poète grec du IIe siècle av. J.-C. Si l'on se rapporte à la *Souda* (*), Moschos était l'élève du philologue alexandrin Aristarque de Samothrace. Moschos passa une partie de sa vie à Alexandrie en Égypte. L'influence de son maître se manifeste dans les activités philologiques du poète, notamment dans un traité sur le dialecte de l'île de Rhodes qu'il aurait écrit, mais dont nous ne savons rien de précis. La tradition relatée par Athénée veut qu'il ait été appelé « le Grammairien ». Nous sommes mieux renseignés sur ses écrits poétiques grâce aux quelques fragments qui en restent et qui le révèlent comme le poète bucolique par excellence – v. *Idylles* (*). Ses œuvres peuvent être qualifiées d'imitations de Théocrite, imitations qui, cependant, ne parviennent pas à l'égaler.

NADINA RADEVA.

RÉF. : Ph. E. Legrand, *Bucoliques grecs*, Paris, 1967.

MÖSER Justus. Écrivain allemand. Né et mort à Osnabrück (Hanovre) (14 décembre 1720 - 8 janvier 1794). Il appartenait à une famille de l'aristocratie cultivée et fit ses études à Iéna et Göttingen. C'est grâce à l'étude des moralistes français du XVIIe siècle et à celle de Shaftesbury et de Winckelmann qu'il se libéra de la tutelle qu'avaient d'abord exercée sur sa pensée Montesquieu, Voltaire et Rousseau. De même, dans son œuvre de critique, il sut dépasser la poétique élaborée par Gottsched et dans les œuvres de Haller, Hagedorn, Gunther et Klopstock, pour s'élever finalement à la libre poésie de Cervantès, Shakespeare et Homère. Mais son évolution spirituelle fut également influencée par ses activités publiques d'avocat et d'administrateur de sa ville natale. Secrétaire, puis syndic de la « Ritterschaft » (la classe des Chevaliers), il devint « advocatus pariae » en 1747, puis conseiller légal du gouvernement. À la suite d'un conflit entre la maison de Hanovre et la couronne d'Angleterre, il se rendit à Londres et y demeura de septembre 1763 à avril 1764. Au cours de ce séjour, il fut touché par la vraie « vie commune » et l'organisation des guildes d'artisans et de marchands. À son retour, nommé référendaire du gouvernement (1768), il administra son petit État d'origine pendant vingt ans. La formation de sa personnalité fut influencée par l'illuminisme et la philosophie du sentiment qui fleurirent en Allemagne vers le milieu du XVIIIe siècle. Dans ses premières œuvres, son éthique et sa psychologie sont encore proches de celles de l'Aufklärung, mais dans ses articles de l'*Hannöverisches Wochenblatt* et dans son drame *Arminius* (1749) apparaît déjà sa conception originale des « impressions totales » qui est une méthode de compréhension intuitive de la vie. Sa *Lettre à M. de Voltaire contenant un Essai sur le caractère du Dr Martin Luther et sa Réformation* (écrite en français et datée du 6 septembre 1750) attribue une valeur « politique » aux passions ; ses divers écrits relatifs à « Arlequin » défendent le grotesque et l'irrationnel fantastique, et son *Écrit à Monsieur le Vicaire Savoyard, à remettre à Monsieur Jean-Jacques*

Rousseau [*Schreiben an den Herrn Vikar von Savoyen, abzugeben bei dem Herrn J.-J. Rousseau*, 1762-1765] fournit une justification sociale de la religion. Sa révolte contre l'illuminisme culmine dans sa célèbre œuvre polémique dirigée contre Frédéric le Grand, *Sur la langue et la littérature allemande* [*Über die deutsche Sprache und Literatur*, 1781], dans laquelle il oppose au « plan universel » de la « raison » le phénomène historique singulier. Möser fonda en 1766 les *Osnabrückischen Intelligenzblätter* dans lequel il donna trois cents articles qui furent réunis ensuite sous le titre de *Fantaisies patriotiques* (*). Ce fut dans ces articles que son style commença à prendre « cette saveur de terroir » qui restera la caractéristique de son œuvre majeure, l'*Histoire d'Osnabrück* [*Osnabrückische Geschichte*, 1768].

RÉF. : Otto Hatzig, *Justus Möser als Staatsmann und Publizist*, Hanovre, 1909. – P. Klassen, *Justus Möser*, Francfort, 1936. – R. Ergang, *Möser and the Rise of National Thought in Germany*, « Journal of Modern History », 1933. – Jonathan B. Knudsen, *Justus Möser and the German Enlightenment*, Cambridge, 1986.

MO-TSE [Mozi]. Cette appellation, « le Maître Mo » (souvent prononcée Mi-tse, Mu-tse, Mei-ti, et latinisée en Micius) désigne le grand philosophe chinois Mo-ti, fondateur de la troisième école philosophique et scientifique après le taoïsme et le confucianisme. On ne sait pas exactement la date et le lieu précis (Heu-nan ou Chantong) de sa naissance et de sa mort, mais il vécut probablement entre 479 et 390 av. J.-C. Il est peut-être, de tous les penseurs chinois, la figure la plus élevée : apôtre de charité, défenseur du droit, son nom a subi le mépris d'innombrables générations, presque toujours dominées par le confucianisme, en sorte que c'est réellement une découverte nouvelle de Mo-tse que l'on a faite, au XXe siècle, en rendant l'hommage qu'il mérite à ce génie au moins égal à Confucius, et supérieur à tous ses compatriotes par l'originalité et la force dialectique. Il est, en outre, le penseur qui, par sa doctrine et par sa vie, se rapproche le plus du Christ (croyance en un Dieu personnel et doctrine de l'amour universel). À son époque, qui s'étend de la mort de Confucius à la naissance de Meng K'eu (Mencius), sévissaient au paroxysme la corruption, les guerres et les malheurs de toutes sortes. Son nom tel que nous le connaissons, Mo Ti ou Mei Ti, si l'on se réfère à des études récentes, ne serait déjà plus, semble-t-il, ni la désignation d'un clan (Mei), ni son nom personnel (Ti), mais le pseudonyme d'un chef d'école dont les adeptes, vivant en communauté organisée, pratiquaient l'obéissance monastique et l'abnégation. Cette conclusion résulte du fait que, dans l'ancienne Chine, « Mei » (encre noire) indiquait soit le tatouage infligé comme châtiment à certains malfaiteurs, soit les malfaiteurs eux-mêmes. Pour protester contre l'esclavage auquel étaient réduits les « mei » ou « tatoués », devenus la lie de la population, le philosophe, contempteur du luxe effréné dans lequel vivaient les lettrés adeptes de Confucius, voulut partager le mépris dans lequel on tenait les tatoués et vivre comme eux : d'où le nom de « mei Tse », ou « maître des tatoués », que ses ennemis lui donnaient par dérision. Si l'anecdote est exacte, ce surnom, loin qu'il s'en offensât, ne devait pas déplaire au philosophe, et il l'adopta pour lui et le recueil de ses ouvrages. Toute la lumière, d'ailleurs, n'a pas encore été faite sur la figure de ce grand homme dont le génie égalait la piété. S'il fut combattu par Meng K'eu (ou Mencius) et par Siun K'ouang, ne serait-ce pas, par exemple, pour s'être élevé contre les dépenses excessives consacrées aux sépultures et à la célébration des cérémonies religieuses (la musique, par exemple, lui semblait pratiquement inutile), pour s'être opposé à un fatalisme aveugle qui excluait une Providence ? Mo-tse fut aussi un excellent ingénieur, spécialement versé dans l'art des fortifications. Sa compétence s'étendait également à l'économie publique et privée.

Secourable aux indigents, le philosophe fonda une sorte d'ordre chevaleresque dont les cent quatre-vingts membres, intègres et courageux, étaient toujours prêts à porter secours en quelque lieu que ce fût. Après sa mort, cependant, l'ordre, dégénéré, se transforma en une bande de mercenaires, et bientôt de brigands. Mo-tse n'écrivit pas, mais il enseigna par la parole et par l'exemple. Son école, composée de sophistes, lui survécut jusqu'à l'avènement de la dynastie Han, puis disparut devant le confucianisme triomphant. Les idées du maître furent recueillies par ses disciples dans un livre qui porte son nom : *Mo Tse* (*). Son texte, après environ deux mille ans d'oubli, fut remis en circulation en 1783 par un gouverneur de province, l'érudit Pi Yuan (1730-1790). Un siècle après, le grand savant Souen-Yi-Yang (1848-1908) en donna un commentaire dans l'ouvrage bien connu : *Explications des passages de Mo-tse* [*Mo-tse Sien Houa*], publié en 1893 : c'est le plus grand commentaire que l'on possède de l'œuvre du maître. Le texte de la doctrine de Mo-tse a été traduit en allemand par Forke, et en anglais par Yi Pao-mei.

BENEDETTO FEDELE.

♦ *« Mei-ti fut le meilleur homme du monde. Ce qu'il cherchait à atteindre était évidemment irréalisable. C'était de plus un savant de grande capacité. »* Paroles attribuées à Tchouang-tse.

RÉF. : F. Faber, *Die Grundgedanken des alten chinesischen Sozialismus oder die Lehren des Philosophen Micius...*, Elberfeld, 1877. – G. v. d. Gabelentz, *Über den chinesischen Philosophen Mek-tik*, 1888. – Hou Che, *The Logic of Mo-tih and his school*, s.l., s.d. – A. David, *Le Philosophe Meh-ti et l'idée de solidarité. Socialisme chinois*, Londres, 1907. – A. Forke, *Me-ti, des Sozialethikers und seiner Schüler philosophische Werke*, Berlin, 1922. – Y. P.

Mei, *Motse, the Neglected Rival of Confucius,* Londres, 1934. – Yang Ta-teou, *Mei Ti, champion de l'amour universel,* in *China Missionary Bulletin,* Hong Kong, 1952. – D. H. Bishop, *Chinese Thought : an introduction,* New Delhi, 1985.

MOTTEVILLE Françoise Bertaut, dame de. Mémorialiste française. Née à Paris en 1615 ou 1621, morte dans la même ville le 29 décembre 1689. Nièce du poète Jean Bertaut, évêque de Sées, fille d'un gentilhomme de la chambre du roi et d'une dame espagnole, elle fut, dès sa jeunesse, comme sa mère, attachée au service d'Anne d'Autriche à la cour de France. Mais Richelieu, se défiant de cet entourage trop espagnol, la fit exiler. En 1639, elle épousa le premier président de la chambre des comptes de Normandie. Son mari avait quatre-vingts ans, elle en avait dix-huit, elle fut veuve au bout de deux ans. Anne d'Autriche, devenue régente, la rappela quatre ans plus tard auprès d'elle, sans pourtant lui donner de charge officielle. Dès lors, Mme de Motteville ne quitta plus la reine, qui lui légua trente mille livres à sa mort. Sans ambition, ignorant l'intrigue, dédaignant le luxe et la licence qui régnaient autour d'elle à la Cour, Mme de Motteville ne fut pas seulement la confidente d'Anne d'Autriche, mais aussi de la reine Henriette d'Angleterre, épouse de Charles Ier, et de nombreuses autres femmes d'esprit du temps, parmi lesquelles Mme de Sévigné et Mme de La Fayette. Ses *Mémoires pour servir à l'histoire d'Anne d'Autriche* (*), écrits avec grâce et esprit, et très intéressants en ce qui concerne la vie privée d'Anne d'Autriche et le temps de la Fronde, ne furent publiés qu'en 1723, à Amsterdam.

MOUNIER Emmanuel. Philosophe français. Né le 1er avril 1905 à Grenoble, mort le 22 mars 1950 à Châtenay-Malabry (Hauts-de-Seine). Après avoir fait ses études au lycée de sa ville natale, il passe son agrégation de philosophie en 1928, et subit, par l'intermédiaire de son maître Jacques Chevalier, l'influence de Bergson, puis celles de Maritain, de Péguy surtout, auquel il consacre son premier livre, *La Pensée de Charles Péguy* (1931). Entrant dans la vie intellectuelle au plein moment de l'évolution vers la gauche de certains milieux catholiques, à la suite de la condamnation de *L'Action française,* il fonde, en 1932, la revue *Esprit* (*), qui se fixe la double tâche de séparer les valeurs spirituelles de la société bourgeoise, considérée comme condamnée par Mounier, pour les réincarner dans une société nouvelle, à base ouvrière. Mounier se trouve donc bientôt entraîné dans les luttes politiques de l'époque : reprenant le vieil espoir de Lamennais et de Sangnier de concilier le christianisme et la révolution, il adopte une attitude fort délicate, riche de nuances et de subtilités, car, tout en cherchant une collaboration avec les communistes, il répugnera toujours à leurs solutions extrêmes et surtout à leur matérialisme (*Feu la chrétienté* et *Certitudes difficiles*). C'est surtout à partir de 1944 que Mounier aura une certaine influence sur les catholiques engagés dans la Résistance, influence qui tenait autant à son rayonnement personnel qu'à sa pensée dont il a donné une synthèse dans *Le Personnalisme* (*) (1950). L'attention qu'il ne cessa de donner aux divers courants de la pensée moderne – *Introduction aux existentialismes, Traité du caractère* (*), *La Petite Peur du XXe siècle* – contribua aussi à son succès auprès des jeunes chrétiens décidés à rompre l'isolement de l'Église dans le monde contemporain. Ses carnets intimes ont paru, posthumes, en 1956 – v. *Mounier et sa génération* (*).

RÉF. : J. Lacroix, *Marxisme, Existentialisme, Personnalisme,* Paris, 1949. – Numéro spécial (n° 12) de la revue *Esprit,* Paris, décembre 1950. – L. Guissard, *Mounier,* Paris, 1962. – J. Conilh, *Emmanuel Mounier, sa vie, son œuvre,* Paris, 1966. – J.-M. Domenach, *Emmanuel Mounier,* Paris, 1972. – R. Boyer, *Actualité d'Emmanuel Mounier,* Paris, 1981. – G. Lurol, *Mounier,* 1990.

MOURSILI II. Souverain hittite qui dut régner approximativement entre 1356 et 1319 av. J.-C. Second fils de Souppilouliouma, Moursili succéda à son frère Arnouwanda qui mourut très peu de temps après être monté sur le trône. Moursili était alors fort jeune, et les ennemis de Hatti crurent pouvoir en profiter. Les dix premières années de son règne furent occupées par les campagnes qu'il dut mener contre eux. Ce sont ces exploits qui font l'objet des *Annales décennales* (+). La suite de son règne nous est moins bien connue, car les *Annales* (*) qui, à la différence des *Annales décennales,* contiennent le compte rendu de toutes les guerres, même celles auxquelles le roi n'a pas pris personnellement part, ne nous sont pas parvenues en entier ; aussi la chronologie de la fin du règne nous demeure-t-elle incertaine. Bien qu'ils ne contiennent que des récits d'expéditions guerrières, ces deux documents nous laissent parfois entrevoir dans les réactions du grand roi des sentiments humains assez inhabituels dans les mœurs politiques du temps. Ils sont d'autant plus précieux que nous ne possédons aucune documentation comparable sur les rois de Hatti. Ils sont encore complétés par deux *Prières* (*) de Moursili II, fort remarquables par la façon dont le souverain traite les puissances de l'au-delà d'égal à égal.

RÉF. : E. Cavaignac, *Les Annales de Mursili II, Rev. d'Assyr.,* 26, Paris, 1929 ; *La Date et l'ordre des campagnes de Mursili, Rev. hitt. et asiatique,* II, Paris, 1934. – A. Goetze, *Die Annalen des Mursilis, Mitteil, der Voderasiatisch-Agyptischen Gesellsch,* 38, 1933. – F. Cavaignac, *Les Hittites,* Paris, 1950. – P. Garelli, *Le Proche-Orient asiatique,* Paris, 1969. – E. Laroche, « Catalogue des textes hittites » in *Revue hittite et asiatique* n° 272-291, 1971.

MOUSSORGSKI Modeste Petrovitch [Modest Petrovič Mussorgskij]. Compositeur russe. Né le 16 mars 1839 (selon le calendrier russe ; le 28 mars selon le calendrier grégorien) à Karevo, dans le gouvernement de Pskov, mort le 16 (28) mars 1881 à Saint-Pétersbourg, Il appartenait à la petite noblesse, et passa son enfance à la campagne, se familiarisant avec la vie des paysans. Ce fut sa mère qui commença de lui faire étudier le piano, et il eut ensuite pour professeur Herke, lorsqu'il entra à l'école allemande des Saints-Pierre-et-Paul, à Saint-Pétersbourg (1849). Ayant choisi le métier des armes, il entra au régiment Préobrajenski ; il continua néanmoins d'étudier la musique, et composait de temps à autre des pièces pour piano. En 1856, il fut présenté par un de ses camarades au compositeur Dargomijski et, grâce à ce dernier, conçut l'idée d'une musique nationale russe. L'amitié de Balakirev aida Moussorgski à abandonner son personnage de dilettante mondain et à s'engager dans la voie où il devait révéler un génie qu'il ne soupçonnait pas lui-même. Auparavant, il avait rencontré Borodine, qui avait témoigné de l'intérêt à ce petit officier brillant, adonisé, qui faisait les délices des salons en s'y produisant comme pianiste. La transformation fut telle que Moussorgski quitta l'armée (1859) et s'installa à Saint-Pétersbourg. Il y vécut modestement, dans une sorte de communauté composée de jeunes gens que bouleversaient les idées nouvelles. L'influence de Dargomijski continuait à se faire sentir dans ses compositions ; il se mit à discuter passionnément avec Balakirev, Cui et Borodine, auxquels devait se joindre peu après Rimski-Korsakov pour former le célèbre « Groupe des Cinq » qui, sur les fondements posés par Glinka et Dargomijski, élabora une nouvelle musique russe, libérée de toute imitation servile des musiques française et italienne. Ce fut, pour Moussorgski, une époque d'intense travail préparatoire, où il composa très peu. Peut-être ce surmenage est-il à l'origine des troubles nerveux qui l'affectèrent toute sa vie, troubles accompagnés d'obsessions et de crises de mysticisme, dont les manifestations ne firent que s'aggraver. On a émis l'hypothèse qu'il était épileptique. Au cours de l'été, il retrouvait un certain équilibre en effectuant de longs séjours à la campagne, à Toropets, chez son frère Philarète (son père était mort en 1853).

En 1863, Moussorgski dut prendre un emploi médiocre dans la bureaucratie de l'État, emploi auquel il se résigna et qui ne l'empêcha point de se rendre toujours plus souvent à la campagne, lorsque sa maladie s'aggrava, entre 1865 et 1868. Sa production musicale comporte alors surtout des pièces pour chant et piano, où se fait jour un réalisme né de l'immense amour que Moussorgski portait au peuple et à la terre russe. Il semble moins à l'aise dans ses premières tentatives de musique pour chœur et dans les grandes formes symphoniques, comme dans *La Défaite de Sennachérib* [*Poraženijé Sennakheriba,* 1867], écrite sur un texte de Byron, l'*Intermède à la manière classique* [*Intermecco na klassičeskij lad*], transcrit, à partir du piano, pour orchestre en cette même année 1867, ainsi que dans *Une nuit sur le mont chauve* (*), composée au cours de la même année, remaniée à plusieurs reprises et utilisée en diverses circonstances. Il n'en continuait pas moins d'écrire des *Chants* (*) d'un réalisme toujours plus vigoureux, qui s'en prennent parfois de manière agressive aux tendances de l'art officiel. Puis il commença à se tourner vers le théâtre, et au cours de l'été de 1868, alors qu'il se trouvait à la campagne, il entreprit de mettre en musique la comédie de Gogol intitulée *Le Mariage* (*), sans vouloir apporter aucune modification au texte. Pareille entreprise l'amena à châtier extrêmement son style musical, à le subordonner entièrement à la parole. Il n'était pas facile de réaliser ce tour de force, et l'œuvre resta inachevée ; d'ailleurs Moussorgski avait l'esprit tout occupé d'un nouveau projet : écrire un drame historique tiré de *Boris Godounov* (*) de Pouchkine, et brosser du même coup une ample fresque de la vie russe. Pour Moussorgski, ce fut le début d'une époque exaltante. Pendant l'automne de 1868, il se rendit à Saint-Pétersbourg et s'installa chez ses amis Opotchinine. Il avait obtenu un nouveau poste dans l'administration qui lui laissait beaucoup d'heures de liberté, et il put travailler intensément à *Boris Godounov.* Commencée en 1868, l'œuvre fut achevée en un an ; puis, devant le refus des théâtres impériaux, le musicien commença de faire d'interminables retouches afin d'adapter son drame musical aux usages en vigueur. Ses amis manifestèrent un enthousiasme extrême, et s'employèrent à suggérer des modifications et des corrections, avec cet instinct de la création collective qui caractérise le groupe. Les remaniements essentiels datent de 1871 ; Moussorgski habitait alors avec Rimski-Korsakov.

L'œuvre ne fut portée à la scène que le 24 janvier 1874 ; elle suscita les discussions les plus vives, l'enthousiasme des jeunes et des artistes de tendance progressiste, et d'acerbes critiques de la part des conservateurs. Moussorgski était alors en possession d'un autre thème grandiose, tiré du sujet de la *Khovanchtchina* (*) qui lui avait été suggéré par le critique Stassov ; ce dernier était le conseiller littéraire du Groupe des Cinq. Les années qui suivirent furent des plus fécondes pour Moussorgski ; il écrivit alors son admirable cycle des *Enfantines* [*Détskaja,* 1872] suivi de *Sans soleil* [*Bez solnca,* 1874], *Chants et danses de la mort* [*Pésni i pljaski smerti,* 1875] et le célèbre recueil pour piano, intitulé : *Tableaux d'une exposition* (*). De 1878 date *La Foire de Sorotchinzi* (*). Mais l'équilibre moral et physique du grand compositeur était brisé, les troubles nerveux réapparurent, et l'influence qu'avait prise sur lui le comte Golenistchev-Koutouzov, auteur des poèmes sur lesquels avaient été composés les *Chants et danses de la mort,* se révéla funeste. Moussorgski tomba dans un mysticisme sombre. La composition de la *Khovanchtchina* (*) fut interminable ; elle absorba toutes les énergies du malade. Entre-temps, l'étroite intimité des « Cinq » s'était peu à peu défaite ; la vie les avait éloignés insensiblement les uns des autres, des malentendus s'étaient produits, et Moussorgski était entré dans un autre cercle d'influences. Sa vie solitaire le poussa à une sorte de dissipation ; en 1879, il abandonna son emploi et fit un long voyage dans le sud de la Russie, en qualité d'accompagnateur de la cantatrice Léonova. De retour à Saint-Pétersbourg, il se sentit toujours plus seul, attristé par la mort d'amis fidèles comme le chanteur Petrov qui avait été le premier interprète de *Boris Godounov*. Cette œuvre avait pratiquement disparu du répertoire et Moussorgski tombait dans l'oubli. Seul et plein d'amertume, en proie à des crises d'un terrible pessimisme, déçu dans ses ambitions artistiques et dans ses affections, il céda aux mirages de l'alcool et mourut à l'hôpital militaire Nicola, dans la misère, sans avoir pu venir à bout de l'énorme *Khovanchtchina*. Rimski-Korsakov l'orchestra et la compléta pour les représentations de 1885 et de 1897. *Boris Godounov*, repris à Moscou en 1889 et jugé plein de difficultés quant à la réalisation scénique et musicale, fut également revu par Rimski-Korsakov. La publication des versions originales de *Boris Godounov* – avant l'intervention de Rimski-Korsakov – a permis de découvrir un talent étonnamment novateur et un ouvrage dont la force dramatique dépassait visiblement les capacités réceptives des contemporains. Ce décalage explique l'ampleur des modifications apportées par Rimski-Korsakov qui, croyant bien faire, a totalement défiguré l'œuvre de son ami. Le retour aux textes originaux semble une condition indispensable pour apprécier à sa juste mesure ce sommet de l'art lyrique.

MASSIMO MILA.

♦ *« Le rôle dramatique de la foule, l'importance des chœurs, un récitatif partagé entre l'imitation de la liturgie orthodoxe et un désir de réalisme, la nudité générale des lignes mélodiques, l'emprunt aux modes ecclésiastiques et au folklore russe, enfin une harmonie spontanée, telles sont les caractéristiques d'un art que* Boris Godounov *inaugura audacieusement et porta à la perfection. »* Riemann-Dreyfus-Roche. ♦ *« ...la saveur fraîche, acidulée, astringente de ces secondes constitutives qui hérissent de leurs plissements la Chambre d'enfants... cette minutieuse précision des notations, ce goût du détail, cette discontinuité capricieuse du discours, ce réalisme microscopique enfin qui caractérisent le génial musicien des* Tableaux d'une exposition... » V. Jankélévitch.

RÉF. : V. V. Stassov, *Modest Petrovitch Moussorgski*, Saint-Pétersbourg, 1880. – P. d'Alheim, *Moussorgski*, Paris, 1896. – M. D. Calvocoressi, *Moussorgski*, Paris, 1908. – Vladimir Fedorov, *Moussorgski*, Paris, 1935. – O. von Riesemann, *Moussorgski*, Paris, 1940. – V. Seroff, *Le Groupe des Cinq*, Paris, 1949. – M. R. Hofmann, *Moussorgski*, Paris, 1952 ; *La Vie de Moussorgski*, Paris, 1964. M. Marnat, *Moussorgski*, Paris, 1962. – M. Le Roux, *Moussorgski, Boris Godounov*, Paris, 1980. – *La Khovanchtchina*, L'Avant-Scène-Opéra n°s 57-58, Paris, 1983.

MOYANO Daniel. Romancier et nouvelliste argentin. Né le 6 octobre 1930, Daniel Moyano a longtemps vécu dans la province de La Rioja. C'est un homme du terroir, dont il a gardé la valeur des mots et de l'humour, mais aussi un artiste : il a été professeur de musique et violoniste. Contraint de s'exiler en 1976 pour des raisons politiques, il vit actuellement à Madrid. Son sens du rythme musical a souvent été signalé comme une des caractéristiques de son œuvre, mais c'est avant tout sa langue rigoureuse, précise, empreinte à la fois de réalisme et de poésie qui transporte le lecteur dans un monde fantastique et onirique, où le souvenir joue le rôle d'un cauchemar obsédant. La mémoire, la reconstruction d'un passé perdu dans l'exil et la recherche de l'identité sont les trois axes essentiels de sa production, qui converge dans une réflexion sur la place et l'insertion de l'homme, et plus particulièrement de l'intellectuel, dans la société contemporaine. Parmi ses publications, signalons les recueils de nouvelles et les romans suivants : *Artistes de variétés* [*Artistas de variedades*, 1960], *Le Ver de terre* [*La lombriz*, 1964], *Une lumière très lointaine* [*Una luz muy lejana*, 1966], *Le Trille du diable* [*El trino del diablo*, 1974], *L'Étui du crocodile* [*El estuche del cocodrilo*, 1974], *Le Vol du tigre* [*El vuelo del tigre*, 1981], *Livre des navires et bourrasques* (*) (1983).

JEAN-CLAUDE VILLEGAS.

RÉF. : Sara Bonnardel, *Mémoire, exil et identité dans l'œuvre de D. Moyano*, Bordeaux, 1990.

MOZART Wolfgang Amadeus. Compositeur autrichien. Né à Salzbourg le 27 janvier 1756, mort à Vienne le 5 décembre 1791. Son père, Leopold, était musicien à la cour de l'archevêque de Salzbourg, compositeur modeste, mais bon violoniste et professeur apprécié. Il sut diriger avec sagesse la stupéfiante précocité musicale de son fils, comme aussi celle de sa fille aînée, Marianne, de quatre ans plus âgée. À six ans, le petit Mozart avait déjà composé son premier morceau de musique, un menuet, suivi peu de mois après de trois autres et d'un mouvement de sonate. En cette même année 1762, Leopold mena ses enfants à la cour de Vienne et à celle de Munich, où il les fit entendre. L'année suivante, nouveau voyage artistique qui, en de nombreuses étapes, toutes constellées de concerts et de succès, conduisit la famille entière à Paris, où l'encyclopédiste Melchior Grimm s'employa à lancer le petit prodige dans les milieux artistiques mondains et à la Cour. La musique particulièrement expressive du claveciniste silésien Johann Schobert, fixé à Paris, fut la première des innombrables influences musicales que le génie assimilateur de Mozart recueillit durant ses voyages. À Londres, où les Mozart se rendirent après Paris en 1764, il fut surtout frappé par la musique élégante, plaisante et aimablement superficielle de Johann Christian Bach. Quittant Londres le 1er août 1765, les Mozart passèrent encore neuf mois aux Pays-Bas, entre concerts, maladies et ennuis de voyage, qui toutefois n'empêcheront pas les habituels triomphes et la composition d'une *Symphonie en si bémol*, K 22 – v. *Symphonies* (*). Passant à nouveau par Paris, la famille rentra enfin à Salzbourg vers la fin de 1766. Tel fut le rythme de la jeunesse musicale de Mozart : voyages artistiques à Vienne et à l'étranger, avide et abondante récolte d'expériences musicales, lesquelles, lentement assimilées, porteront plus tard leurs fruits au long des paisibles séjours dans le calme de Salzbourg. Dans la ville natale de Mozart, il régnait un goût musical quelque peu démodé, solidement provincial et ecclésiastique, en comparaison avec la tapageuse galanterie du style musical des capitales. Le plus grand musicien du lieu était Michael Haydn, frère du célèbre compositeur. Un nouveau voyage à Vienne (1767) fut interrompu par une épidémie de variole, mais l'année 1768 se déroula presque entièrement dans la capitale, où Mozart put entendre beaucoup d'œuvres théâtrales de Piccinni, Hasse et Gluck. Et lui-même s'essaya à la composition d'un opéra-comique, *La finta simplice*, qui, par suite d'intrigues de coulisses, ne put être représenté à Vienne mais seulement à Salzbourg, le 1er février 1769. En 1768, à Vienne, Mozart écrivit le petit opéra-comique en un acte, *Bastien et Bastienne*, et quelques *Messes* (*) et *Symphonies* (*). La production de musique sacrée s'intensifia à Salzbourg où les Mozart passèrent presque toute l'année 1769, jusqu'à ce que Wolfgang partit avec son père pour le premier de ses trois voyages en Italie, étape obligatoire de tout musicien aspirant à une renommée internationale.

Arrivés en Italie par le Brenner, ils nouèrent à Milan des relations avec le milieu théâtral, puis continuèrent par Bologne, Florence et Rome, où ils entendirent l'exécution du fameux *Miserere* (*) d'Allegri pour la semaine sainte à Saint Pierre. Le pape Clément XIV décerna à Mozart, âgé de quatorze ans, la croix de chevalier de l'Éperon d'or. Mais c'est surtout l'opéra que découvrit Mozart en Italie. À Bologne, il profita de l'enseignement du docte Padre Martini, et fut admis à l'Académie philharmonique. Pendant l'automne, à Milan, il écrivit l'opéra *Mithridate, roi du Pont* (*), qui fut représenté le soir de la Saint-Étienne et lui valut un engagement pour l'année suivante.

Mozart rentre à Salzbourg fin mars 1771 ; il retrouve l'habituelle période d'organisation des intenses expériences musicales vécues cette fois en Italie. Nouveau voyage à Milan en automne 1771, pour composer la sérénade *Ascanio an Albi* (*), sur un livret de Parini, à l'occasion des noces de l'archiduc Ferdinand. Mais la mort du vieil archevêque de Salzbourg rappelle les Mozart dans leur pays en décembre 1771. Le nouvel archevêque, le comte Girolamo Colloredo, sera moins indulgent pour les longs voyages des Mozart père et fils, musiciens au service de la Cour. Le dernier voyage en Italie a lieu entre 1772 et 1773 pour la composition et la représentation à Milan de l'opéra *Lucio Silla* ; avec son habituelle précocité, Mozart se trouve à présent en pleine crise romantique d'adolescence, et son art se charge de notes dramatiques intenses, conformes au courant du pathétique werthérien et du « Sturm und Drang », qui en ces années agite la culture européenne. Suit alors la période plus longue du séjour à Salzbourg, interrompue seulement par un voyage à Vienne (1776) qui révèle au musicien l'extraordinaire maîtrise et l'inhabituelle intensité d'expression des six *Quatuors* (*), op. 20, de Haydn. D'autre part, Mozart refond consciencieusement ses expériences musicales italiennes et viennoises dans une riche production de *Symphonies*, de *Sérénades* (*), de *Divertissements* (*), de musique d'église et de chambre. En fait, Salzbourg ennuie le jeune homme de dix-huit ans qui aspire à la vie musicale intense et moderne de la capitale, et surtout au théâtre ; mais il écrit seulement un opéra bouffe pour Munich, *La finta giardiniera* (1775) et *Le Roi pasteur* (+), sur un texte de Métastase, pour les modestes milieux théâtraux de Salzbourg. Sa ville natale, avec ses innombrables églises, lui réclame beaucoup de musique sacrée, et devient extrêmement ennuyeuse pour le jeune homme de vingt ans, avide de vivre et de réussir. Les rapports avec le nouvel archevêque sont de plus en plus tendus : c'est pourquoi Mozart décide de tenter la grande aventure, l'évasion de la « sauvage ville natale ». Il refera le voyage à Paris, pour renouveler les succès de l'enfance et trouver une discipline musicale valable ; sa mère l'accompagnera, car son père n'a pas obtenu la permission du sévère archevêque Colloredo. Le voyage commence à l'automne 1777, et conduit d'abord le compositeur à travers les principales villes musicales allemandes, entre autres Augusta et Mannheim. L'hiver passé dans cette ville apporte aussi à Mozart l'expérience du premier amour profond pour la jeune chanteuse Aloysia Weber. Au printemps 1778, le voyage se poursuit à Paris qui, bruyant et distrait, n'accueille plus le jeune homme avec l'enthousiasme réservé à ses prouesses d'enfant prodige ; quelques commandes de musique instrumentale sont tout ce qu'il réussit à obtenir. La mère de Mozart meurt à Paris le 3 juillet 1778 : c'est le malheur qui s'abat pour la première fois sur l'artiste. Le 26 septembre, il quitte Paris pour un long voyage de retour, semé de désillusions ; succès, éloges, compliments à foison, voire cadeaux princiers, breloques, tabatières et montres, mais ni à Paris ni dans aucune des villes allemandes traversées, il ne se présente la moindre occasion de travail stable. À Mannheim, la belle Aloysia se montre étonnamment changée ; elle a recueilli quelques succès de chant, obtenu quelque engagement, et maintenant elle dédaigne l'amour du jeune artiste qui revient déçu de son aventure parisienne.

Réticent, Mozart rentre à Salzbourg, qui maintenant, au début de 1779, dans son esclavage épiscopal, lui devient odieuse ; il y passera deux années désagréables ; le seul allégement sera le passage d'une compagnie théâtrale ambulante, dirigée par l'aventureux Schickaneder. Mozart ne manque pas une représentation, et écrit la musique de scène du drame exotique *Thamos, roi d'Égypte* [*Thamos, Kœnig in Ægypten*]. Mais une offre théâtrale bien plus importante lui vient de Munich, qui le charge d'un grand opéra, *Idoménée* (*), créé à Munich le 29 janvier 1781 et qui représente l'étape majeure de Mozart sur la voie du grand opéra de type gluckéen ; il laisse loin derrière lui tous les précédents essais théâtraux de son auteur. Cependant mûrit la crise inévitable dans les rapports de Mozart avec l'archevêque Colloredo. Pendant l'été de 1781, toute la Cour se trouvait à Vienne, à la grande satisfaction de Mozart qui se réjouissait de l'intense vie musicale viennoise, se faisait des relations utiles et avait aussi noué une idylle avec la sœur d'Aloysia Weber, Constance (toute la famille s'était transportée à Vienne pour suivre les succès de la chanteuse). Ordre de rentrer à Salzbourg : plusieurs affaires pendantes empêchent Mozart de quitter la capitale à l'improviste, il demande une prolongation ; elle est refusée ; irrité, il présente sa démission et celle-ci lui est immédiatement accordée, rudement, avec, par surcroît, un camouflet. C'est fait : dans un mouvement de colère, Mozart a mis fin à une phase de sa vie. Dorénavant, il vivra pour son propre compte, avec les revenus de son travail : les conditions d'existence du musicien seront profondément modifiées à partir de cette brouille historique du 9 juillet 1781 ; c'est l'époque romantique, où le musicien ne sera plus un salarié des princes mais un libre professionnel, avec tous les avantages et les risques de la liberté. Tout d'abord, malgré les prévisions alarmées du père, demeuré à Salzbourg, la fortune sembla sourire à l'audace : la série de très beaux *Concertos pour piano et orchestre* (*) attire sur Mozart l'admiration de Vienne, l'estime des amateurs et la possibilité de gagner sa vie par de fréquents concerts et des leçons particulières bien rémunérées. Couronnant cette période favorable, c'est la commande d'un opéra, plus précisément d'un singspiel, opéra populaire comique en allemand, pour le Burgtheater : *L'Enlèvement au sérail* (*), écho de l'heureuse période sentimentale que vit le musicien, à savoir son mariage avec Constance Weber, sœur d'Aloysia. L'opéra est représenté le 16 juillet 1782 avec succès, attirant du même coup de nouvelles occasions de travail et la dangereuse envie des rivaux. Dans le brillant climat artistique de la capitale, le style de Mozart atteint la suprême maturité, se dépouillant de tout reste du provincialisme de Salzbourg. Après la production de musique religieuse, de sérénades et de divertissements viendront en premier lieu les formes classiques de la symphonie, du quatuor – v. *Quatuors* (*) –, du concerto – v. *Concertos pour violon et orchestre* (*). Un échange fécond d'influences réciproques s'établit avec Haydn, spécialement pour la production des quatuors. Un mélomane viennois, le baron Van Swieten, révèle à Mozart la grandeur de Bach et de Haendel ; dès lors son art se renforce d'une admirable densité contrapuntique. Son écriture pianistique reste marquée par la joute aigre-douce de virtuosité qui l'oppose à Muzio Clementi, de passage à la cour de Vienne en 1781.

Mais la plus haute aspiration artistique de Mozart demeurait toujours l'œuvre théâtrale, et après la tentative abandonnée de *L'Oie du Caire* [*L'Oca del Cairo*, 1783] et le petit épisode dramatique du *Directeur de théâtre* (*) (1786), une autre occasion importante se présente avec le livret italien des *Noces de Figaro* (*), de Lorenzo Da Ponte ; l'opéra remporte un succès honorable mais non exceptionnel à Vienne (1er mai 1786), triomphe ensuite à Prague, et vaut à Mozart la commande du *Don Juan* (*), qui, le 29 octobre 1787, à Prague, lui apportera son plus grand succès théâtral. À Vienne, par contre, la chance commence à diminuer : le travail des envieux recueille ses fruits, ruinant Mozart dans la faveur de l'empereur. Il succède à Gluck comme musicien de chambre et compositeur de cour, en se voyant réduire à moins de moitié les émoluments qui étaient octroyés à celui-ci (et sa faveur à la Cour diminue encore après la mort de l'intelligent et moderne Joseph II en 1790). La vie privée de Mozart non plus n'est pas très heureuse ; des difficultés surgissent avec sa femme : la jalousie réciproque, les maladies, l'aiguillon toujours plus harcelant de la misère. Le dernier opéra écrit en collaboration avec Da Ponte, *Così fan tutte* (*), représenté le 26 janvier 1790, ne résout pas le sort du musicien ; à la pénible gêne économique vient s'ajouter un état de santé qui se dégrade. La dernière année de la vie de Mozart est un calvaire toujours accru de souffrances matérielles et morales, qui cependant ne parviennent pas à éteindre la veine si pure de son inspiration musicale ; au contraire, celle-ci se fortifie et s'affine dans l'expérience de la douleur. Dans le domaine de la symphonie, du concerto et de la musique de chambre, les cinq dernières années de la vie de Mozart voient naître les plus grands chefs-d'œuvre. La réussite matérielle par contre s'éloigne toujours davantage, et le compositeur doit s'abaisser à écrire d'humbles musiques de circonstance pour faire face aux dettes qui le poursuivent. D'expulsion en expulsion, il perd toute possibilité de travail dans la tranquillité du foyer et il s'imagine trouver une aide dans la fraternité maçonnique. Au milieu d'un tel assaut de malheurs, le dernier rayon de lumière est l'arrivée à Vienne de la compagnie théâtrale de Schickaneder, qui lui commande une œuvre musicale allemande, sur un thème merveilleux, *La Flûte enchantée* (*). Mozart, dans un état de santé désormais précaire, se raccroche à ce travail avec une énergie désespérée, approfondissant son irréductible soif de vie, de joie et de confiance dans l'humanité. La composition d'une œuvre de circonstance, *La Clémence de Titus* (*), représentée à Prague le 6 septembre 1791 pour le couronnement du nouvel empereur Léopold II comme roi de Bohême, est une brève diversion, sans enthousiasme. Mozart opère un retour au style de Gluck à la façon d'*Idoménée*, comme si, entre-temps, il n'avait pas créé ce genre théâtral nouveau, dramatique et comique à la fois, qui culmine dans le *Don Juan* et qui s'évade des habitudes traditionnelles, tant de celles du grand opéra que de celles de l'opéra-comique. Mozart, désormais cloué sur son lit de douleur, ne peut même pas assister personnellement au grand succès populaire de *La Flûte enchantée*, représentée le 30 septembre 1791 et souvent reprise. La commande d'un *Requiem* (*), venant d'un inconnu, trouble son esprit déjà ébranlé par l'angoisse et pendant la composition de ce travail, achevé plus tard par son élève Sussmayer, la mort l'emporte. Sa sépulture sera très modeste, celle d'un anonyme. Sa veuve Constance se remariera en 1809 avec le conseiller de la légation danoise Nicolas von Nissen, et elle apprendra de lui ce qu'elle n'avait jamais su comprendre, qu'elle avait été la femme d'un des plus grands génies humains ; les époux, déjà mûrs, passeront les dix-sept années de leur vie commune à élaborer une biographie de l'artiste disparu, rédigée par von Nissen et que Constance, demeurée veuve une seconde fois, publiera en 1828. Les *Lettres de Mozart et de sa famille* [*Die Briefe Mozarts und seiner Familie*] paraîtront pour la première fois à Munich en 1914 (5 volumes).

MASSIMO MILA.

♦ *« Mozart, considéré sous le rapport philosophique, est encore plus étonnant que comme auteur d'ouvrages* [de musique] *sublimes. »* Stendhal. ♦ *« Il y a dans toutes les compositions de Mozart une force créatrice qui agit de génération en génération et qui ne semble pas devoir être tarie et consommée de sitôt. »* Goethe. ♦ *« Je crois que Mozart est le plus grand des compositeurs classiques. »* Kierkegaard. ♦ *« Son prodigieux génie l'a élevé au-dessus de tous les maîtres, dans tous les siècles et dans tous les arts. »* Wagner. ♦ *« Le bon vieux temps est mort ; la musique de Mozart a été son chant du cygne* [...] *Mozart fut la note finale d'un grand goût européen qui a régné plusieurs siècles. »* Nietzsche. ♦ *« Mozart possède un sens presque absolu de l'euphonie, et il n'est pas possible, dans toutes ses œuvres, de trouver une seule page où il sacrifierait l'euphonie aux considérations d'un autre genre, quelles qu'elles soient. »* Grieg.

RÉF. : Stendhal, *Vies de Haydn, de Mozart et de Métastase*, Paris, 1814. – G. N. von Nissen, *Biographie W. A. Mozart*, Leipzig, 1828. – O. Jahn, *Wolfgang Amadeus Mozart*, 4 vol., Leipzig, 1856-1859. – L. von Köchel, *Chronologisch-thematisches Verzeichnis sämtlicher Tonwerke W. A. Mozarts*, Leipzig, 1862. – G. Nottebohm, *Mozartiana*, Leipzig, 1880. – T. de Wyzewa et G. de Saint-Foix, *W. A. Mozart, sa vie musicale et son œuvre de l'enfance à la pleine maturité*, Paris, 1921 (2 vol.) ; œuvre continuée par trois autres volumes dus à G. de Saint-Foix, Paris, 1936-1946. – A. Kolb, *Mozart*, Paris, 1938. – C. M. Girdlestone, *Mozart et ses concertos pour piano*, trad. Paris, 1939. – P.-J. Jouve, *Le « Don Juan » de Mozart*, Fribourg, 1942. – A. Einstein, *Mozart*, trad. Paris, 1954. – E. J. Dent, *Les Opéras de Mozart*, trad. Paris, 1958. – J. Chailley, *La Flûte enchantée*, Paris, 1958. – J.-V. Hocquart, *La Pensée de Mozart*, Paris, 1958 ; *Mozart*, Paris, 1959 ; *Mozart, l'amour, la mort*, Paris, 1987. – J.-F. Labie, *Mozart*, Paris, 1964. – B. Paumgartner, *Mozart*, Paris, 1964. – J. et B. Massin, *Wolfgang Amadeus Mozart*, Paris, 1970. – P. et E. Badura-Skoda, *L'Art de jouer Mozart au piano*, Paris, 1974. – R. Stricker, *Mozart et ses opéras*, Paris, 1980. – C. de Nys, *La Musique religieuse de Mozart*, Paris, 1982. – W. A. Mozart, *Correspondance* (éd. par Geneviève Geffray), Paris, 1986-91. – O. Messiaen, *Les 22 Concertos pour piano et Mozart*, Paris, 1987. – H. C. Robbins Landon, *1791, la dernière année de Mozart*, Paris, 1988. – B. Massin, *Guide des opéras de Mozart*, Paris, 1991.

MROŻEK Sławomir. Dramaturge, prosateur et satiriste polonais. Né le 26 juin 1930 à Borzęcin (près de Cracovie). Après des études d'architecture, il commence sa carrière comme reporter et écrit de courts articles pour des journaux satiriques. Après 1954, il se consacre à la littérature et au dessin. Collaborateur de nombreux journaux, il passe maître de la nouvelle satirique vers 1956. À partir de 1963, il habite en Italie. En 1968, il décide de s'établir à Paris. Il vit depuis peu au Mexique. Entre 1969 et 1971, ses œuvres ont été interdites en Pologne.

Le principe qui organise ses drames comme sa prose consiste à prendre comme point de départ une situation stéréotypée qu'il développe ensuite d'une manière parfaitement logique pour aboutir à une accumulation de paradoxes et d'absurdités, dénonçant ainsi les mythes enracinés dans la conscience du public.

Sa première pièce, *La Police* [*Policja*, 1958], fable satirique sur l'activité de l'appareil de sécurité de l'État obligé d'inventer des crimes pour subsister, est un véritable succès. Il évolue alors vers le théâtre de l'absurde : *En pleine mer* [*Na pełnym morzu*, 1960] et *Strip-tease* (1961). *Tango* (*) (1964), à la fois satire sociale, drame psychologique et parabole, lui apporte une célébrité internationale. La plupart de ses héros sont soit victimes de la tyrannie : *À pied* [*Pieszo*, 1980] ; soit écrasés par des forces extérieures : *Strip-tease* ; soit menés à leur perte par leur propre conduite, qu'ils ne peuvent ni voir ni comprendre : *Tango, L'Abattoir* [*Rzeznia*, 1973] ; soit encore conscients de leur échec personnel : *Charles* [*Karol*, 1961], *La Fête* [*Zabawa*, 1962], *Les Émigrés* (*) (1975). Son humour, qui cache un profond pessimisme, est le plus souvent basé sur la parodie et le pastiche. La plupart de ses pièces sont chargées de connotations politiques, interprétées souvent de façon réductrice, le spectateur n'y voyant que des allusions critiques au système communiste, par exemple dans *L'Ambassade* [*Ambasador*, 1981], *Le Résident* [*Alfa*, 1983], où il reconnut Lech Wałęsa. Après 1975, on constate une évolution de ses personnages dramatiques qui, d'objets, deviennent sujets de l'action : *Le Pic du Bossu* [*Garbus*, 1975], *Un jour d'été* [*Letni dzień*, 1983]. Dans *Le Contrat* [*Kontrakt*, 1986], il revient à la parabole. *Le Portrait* [*Portret*, 1987] présente le sort moral de la génération marquée par le stalinisme.

Premier dramaturge polonais, son œuvre abondante est inégale. À côté de chefs-d'œuvre incontestables comme *Tango* et *Les Émigrés*, et de pièces nécessitant un metteur en scène expérimenté : *Vatzlav* [*Wacław*, 1979], d'autres pièces sont sensiblement moins inspirées.

Les œuvres théâtrales de Mrożek éclipsent injustement sa prose satirique, alors même que ses nouvelles ont beaucoup aidé le dramaturge à se trouver et, par la suite, ont souvent précédé ses pièces, tant par le sujet que par le style. Dans les recueils de nouvelles *L'Éléphant* [*Słoń*, 1957] et *Noces à Fouillis-l'Atome* [*Wesele w Atomicach*, 1959], il tourne en dérision le réalisme socialiste. Apparaît un monde schizophrénique auquel on ne peut échapper que par le rire. Des recueils à la portée universelle comme *La Pluie* [*Deszcz*, 1962], *Deux lettres* [*Dwa listy*, 1970] et notamment la nouvelle *Moniza Clavier* (*) le rapprochent de la vision gombrowiczienne de l'homme esclave de la forme. Son œuvre, cependant, est nettement plus politique et plus pessimiste que celle de Gombrowicz. Dans les nouvelles et les essais publiés après 1981, surtout dans *Kultura*, revue de l'émigration, se réveille le satiriste, étonnant par ses talents d'observateur et la cruauté de son regard, notamment sur les écrivains polonais (Andrzejewski) et les mécanismes sociopolitiques : *Le Jugement dernier* [*Sąd ostateczny*], *Une vie difficile* [*Trudne życie*], *Le Soupçon* [*Podejrzanie*], *Le Nez* [*Nos*], *Jaworzno, Les Dénonciations* [*Donosy*, 1984].

Ses dessins féroces, réalisés d'un trait sobre, faussement malhabile, présentent le monde des mythes et des complexes polonais comme un monde de conventions vides et de schémas usés : *La Pologne en images* [*Polska w obrazach*, 1957] ; *À travers les lunettes de Sławomir Mrożek* [*Przez okulary Sławomira Mrożka*, 1968], *Dessins* [*Rysunki*, 1982].

LAURENCE DYÈVRE.

RÉF. : J. Kott, « Rodzina Mrożka », in *Dialog*, 1965. – J. Błoński, « Mrożek filozof. Próba interpretacji fantastyki współczesnej », in *Pamiętnik literacki*, 1977. – T. Nyczek, « Obrona tradycji », in *Zeszyty literackie*, 1987. – A. Werner, *Racjonalistyczna groteska*, Nowa, 1987.

MUFFAT Georg. Compositeur et organiste allemand. Né à Megève en mai 1653, mort à Passau (Allemagne) le 23 février 1704. Il reçoit sa formation musicale en France, à Paris notamment, où il est l'élève de Lully de 1663 à 1669. Dès 1678, il devient organiste de l'archevêque-électeur de Salzbourg, entreprend quelques voyages, Ingolstadt, Vienne, Prague, puis Rome en 1680 auprès du maître Bernardo Pasquini (1637-1710) où il s'initie au style de Corelli (1653-1713). En 1690, il est maître de chapelle du prince-évêque de Passau, charge qu'il exercera jusqu'à la fin de sa vie. Son œuvre comporte des concertos, sous le titre *Armonico tributo* (*) (Salzbourg, 1682) ainsi que deux recueils de suites de danses instrumentales, *Florilegium I et II*, publiés à Augsbourg en 1695 et 1698. Enfin les *Concertos grossos* de 1701, qui reprennent *Armonico tributo* en y ajoutant quelques pièces. Certaines danses et ouvertures de ces suites instrumentales formées au style de Corelli s'inspirent de Lully. Pour orgue, Georg Muffat a composé un *Apparatus musico-organisticus* (1690), recueil de pièces qui consistent essentiellement en toccatas. Cette œuvre est très marquée par les deux grands maîtres du clavier, Frescobaldi et Froberger, et réalise la synthèse des grands styles européens, italien, français et allemand.

DOMINIQUE JACCOTTET.

MÜGELN Heinrich von. Poète allemand. Né vers 1310 aux environs de Dresde (Saxe), mort après 1371, peut-être à Vienne. On sait peu de chose de sa vie. Poète de cour, on le rencontre d'abord auprès de l'empereur Charles IV à Prague, aux alentours de 1340 ; en l'honneur de ce prince, il écrivit le petit poème didactique-allégorique, *La Couronne des vierges* (*). Plus tard, il suivit à Vienne le gendre de l'empereur, le duc Rodolphe IV d'Autriche, et, peut-être pour flatter ses ambitions politiques, il écrivit la *Chronique hongroise* [*Cronica hungarica*] ; par la suite, il la récrivit en vers latins pour l'autre gendre de Charles IV, le roi Louis Ier de Hongrie, mais sans achever l'ouvrage. Il composa aussi des fables d'animaux en vers, et des poèmes d'amour dans lesquels on note l'imitation du *Minnesang* (*). Sa poésie présente déjà certains accents du *Meistergesang* (*) à venir, mais on ne lui octroie pas le titre de « maître chanteur », réservé aux poètes bourgeois des corporations artisanales.

MUIR Edwin. Poète écossais. Né dans les îles Orcades le 15 mai 1887, mort le 3 janvier 1959. Sa famille déménagea à Glasgow où, à partir de quatorze ans, il tint divers emplois de bureau. À dix-neuf ans, il se maria et le couple s'établit à Londres. Là, il devint l'assistant d'A. R. Orage, le rédacteur en chef de *New Age*, un périodique socialiste aux vues originales (auquel collaborèrent entre autres Shaw, Wells, Chesterton, Ezra Pound et

Katherine Mansfield). Mais il ne semble pas que ces explorations l'aient beaucoup passionné et on n'en retrouvera aucune trace dans ses écrits. Plusieurs années les Muir vécurent sur le continent (d'abord à Prague puis dans le Midi de la France) avant de regagner l'Écosse. Ensemble, ils traduisent Kafka : *Le Château* (*) et *Le Procès* (*). Après la Seconde Guerre mondiale, Muir travaille pour le British Council : à ce titre, il retourne à Prague puis se fixe à Rome. En 1950, il lui est offert en Écosse un poste d'enseignant dans un collège pour adultes. À partir de 1955, il sera professeur à l'invitation de différentes universités anglaises et américaines. Ce ne sont là que les épisodes d'une carrière auxquels il n'a pas consacré le meilleur de lui-même. Car il se « dédoublait », si l'on en doit croire les deux volumes de ses mémoires : *L'Histoire et la Fable* (*) (1940) qui célèbre son enfance et la période de formation de sa sensibilité et *Autobiographie* (+) (1954) qui raconte ce qui lui advint ensuite. À la vérité, son habitat naturel est un monde visionnaire et mythique, ainsi que le prouve sa poésie : *Variations sur un thème temporel* (*) (1934), *Voyages et Paysages* (+) (1937), *Le Voyage* (*) (1946), *Le Labyrinthe* (*) (1949), *Un pied dans l'Éden* (*) (1956). Son recueil d'essais critiques, *Nous les Modernes* (*) (1919), exprimait déjà la même quête (et la même condamnation du réalisme) qu'il approfondira dans *Latitudes* (*) (1924) puis avec *Transition* (*) (1926). C'est peut-être dans un autre essai, *La Structure du roman* (*) (1928), qu'il a le plus clairement exprimé ses conceptions sur le temps. Poète avant tout, Muir a laissé cependant trois romans : *La Marionnette* (+) (1927), *Les Trois Frères* [*The Three Brothers,* 1931] et *Pauvre Tom* [*Poor Tom,* 1932]. Ses *Poésies complètes* [*Complete Poems*] ont été publiées dans l'année qui suivit sa mort.

MUIS Abdul. Écrivain indonésien. Né à Solok (Sumatra-Ouest) en 1886, mort à Bandung (Java Ouest) le 17 juillet 1959. Fils d'un notable sumatranais et d'une mère javanaise, il reçut une éducation occidentale dans la colonie hollandaise, mais ne termina pas ses études de médecine. Il appartient à la première génération des nationalistes indonésiens : il fut membre, notamment, du parti musulman « Sarekat Islam » et fut nommé en 1920 au Conseil du peuple (« Volksraad »). Écarté de la vie politique en 1927, à la suite de la répression d'une révolte communiste, il se fit connaître dans le domaine littéraire par son roman *Éducation erronée* (*), paru en 1928 et qui a fait l'objet de nombreuses réimpressions, ainsi que d'une adaptation cinématographique par son compatriote Asrul Sani. Après la Seconde Guerre mondiale et l'Indépendance de l'Indonésie (1949), il publia des romans historiques illustrant la lutte contre le colonisateur : *Surapati* (du nom d'un rebelle d'origine balinaise, 1950) et *Robert, fils de Surapati* [*Robert anak Surapati,* 1953], ainsi que des traductions d'Hector Malot, Mark Twain et Cervantès.

HENRI CHAMBERT-LOIR.

MUJICA LAINEZ Manuel. Romancier, conteur et essayiste argentin. Né à Buenos Aires le 11 septembre 1910, mort à La Cumbre (province de Córdoba) le 21 avril 1984. Parmi ses ascendants figurent d'illustres personnages de l'histoire portègne, dont Juan de Garay, second fondateur de Buenos Aires. Ces origines expliquent peut-être la fascination que l'aristocratie a exercée sur Mujica Lainez, comme la double direction que suivra son inspiration : les reconstitutions historiques et les évocations de la ville natale. *Ils vécurent ici* [*Aquí vivieron,* 1949] présente, en vingt-six récits courts, l'histoire d'une résidence de San Isidro, entre 1583 et 1924. *Mystérieuse Buenos Aires* [*Misteriosa Buenos Aires,* 1950] restitue très librement, en quarante-deux contes, l'atmosphère de la métropole de 1536 à 1904. *La maison* [*La casa,* 1954] présente la fiction d'une riche demeure qui raconte elle-même son passé et l'histoire de ses occupants. L'imagination, la fantaisie, le sens de la beauté et du mystère se donnent libre cours dans ces recréations chatoyantes et nostalgiques. Après un silence littéraire de cinq années, pendant lesquelles il occupe les fonctions de directeur général des Relations culturelles et est élu à l'Académie argentine des lettres, Mujica Lainez s'oriente vers l'histoire européenne. L'Italie de la Renaissance se reflète ainsi dans son roman *Bomarzo* (*), dont le compositeur argentin Alberto Ginastera tirera un opéra, cependant que deux autres romans où la fantaisie prime sur l'histoire, *L'Unicorne* [*El unicornio,* 1965] et *Le Labyrinthe* [*El laberinto,* 1974], évoquent respectivement la France au temps des croisades et le monde baroque espagnol et hispano-américain du Siècle d'or. Les exigences artistiques de l'écrivain ne se limitent d'ailleurs pas à créer ou recréer la beauté : comme chez Proust, son modèle, elles sont à la base d'une langue épurée, raffinée, imprégnée souvent d'un certain parfum d'archaïsme, au service de descriptions flamboyantes et de fines et complexes analyses psychologiques.

CLAUDE CYMERMAN.

RÉF. : Jorge Cruz, *Genio y figura de Manuel Mujica Lainez,* Buenos Aires, 1978.

MUKAŘOVSKÝ Jan. Théoricien de la littérature et esthéticien tchèque. Né le 11 novembre 1891 à Písek, mort le 8 février 1975 à Prague. Fils d'un professeur de mathématiques, il suit, à l'université Charles, les cours de linguistique et d'esthétique ; professeur de lycée (enseignant le tchèque et le français), il soutient sa thèse et enseigne aux universités de Bratislava et de Prague. Dès sa création en 1926, il prend une part essentielle à l'activité du « Cercle linguistique de Prague » [Pražský lingvistický kroužek], aux côtés du fondateur Vilém Mathesius (1882-1945) et de Jakobson, Vachek, Trnka, Troubetzskoy, Bogatyrev, etc., et des plus jeunes, Felix Vodička (1909-1974), Mikuláš Bakoš (1914-1973)... À partir de la tradition esthétique tchèque (Hostinský, Zich, Šalda), de l'étude linguistique (de Saussure notamment), de l'apport du formalisme russe (dont il dépasse l'immanentisme) et de quelques impulsions d'esthétique allemande, il élabore, par étapes et en procédant toujours de manière concrète sur le matériau, une conception et une méthodologie originales : le « structuralisme littéraire et esthétique ». C'est sans doute l'aspect le plus novateur de cette « École de Prague » (dont l'apport linguistique pur avait toutefois bien moins de difficultés à être reconnu au niveau international). À cette fin, il réexamine toutes les catégories fondamentales de l'esthétique – fonction, norme, valeur, signe, signification, personnalité, œuvre – pour découvrir la dynamique de l'évolution créatrice et pour donner enfin un système scientifique d'une esthétique générale. Il publie : *Contribution à l'esthétique du vers tchèque* [*Příspěvek k estetice českého verše*, 1923], une première grande étude sur *Mai* (*) de Mácha (1928), *Fonction esthétique, norme et valeur comme faits sociaux* [*Estetická funkce, norma a hodnota jako sociální fakty*, 1936] et l'imposant ensemble de trois volumes d'études générales et monographiques appliquées : *Chapitres de la poétique tchèque* (*). À l'avènement du régime communiste en 1948, il s'engage politiquement : il est « partisan de la paix » ; comme recteur, il restructure l'Université ; comme savant, il applique les consignes stalino-jdanoviennes : *L'Esprit partisan en science et en art* [*Stranickost ve vědě a v umění*, 1949], *La Culture dans la lutte pour la paix* [*Kultura v boji za mír*, 1951], etc. ; adhérant totalement au marxisme-léninisme, il renie enfin publiquement toute son œuvre antérieure. Le premier « dégel » de 1956, puis les années 60 font apparaître l'intérêt croissant des jeunes pour le structuralisme : après un choix d'études (en slovaque, 1961), il autorise la publication, en deux volumes, de près d'une soixantaine d'études, de conférences, de manuscrits qui couvrent les années de 1925 à 1948 : *Études d'esthétique* [*Studie z estetiky*, 1966], et *Les Voies de la poétique et de l'esthétique* [*Cestami poetiky e estetiky*, 1971] ; enfouis jusqu'alors dans de nombreuses revues, notamment *Parole et Littérature* [*Slovo a slovesnost*] publiée par le Cercle depuis 1935, dans des actes de congrès internationaux (en français), ces travaux élargissent non seulement son champ d'investigation sur le théâtre, le cinéma, l'architecture, les arts plastiques (surtout les avant-gardes d'entre les deux guerres), le « poétisme » et le surréalisme de Toyen, Štyrský, Zrzavý Šíma, etc., mais surtout complètent singulièrement son système d'esthétique générale.

VLADIMIR PESKA.

RÉF. : *Change, 3 et 10* (1969, 1972). – J. Fontaine, *Le Cercle linguistique de Prague*, 1974. – *Action poétique, nos 67-68* (1976).

MÜLLER Friedrich, dit Maler Müller (le peintre Müller) et aussi Müller du diable (Teufels Müller). Poète et peintre allemand. Né le 13 janvier 1749 à Kreuznach (Rhénanie), mort le 23 avril 1825 à Rome. Après avoir acquis une formation picturale à Zweibrücken, il entreprit sous l'influence de Klopstock quelques premiers travaux poétiques, puis entra en relation avec J.-H. Voss, l'éditeur de l'*Almanach des muses* (*) (1774), avec Lessing, Schubart et Goethe. Acquis désormais au Sturm und Drang, Müller, dans l'intention d'achever sa formation artistique et soutenu par des amis, parmi lesquels Goethe, partit pour Rome en 1778. En 1780, il se convertit à la foi catholique. En 1781, ayant cessé de recevoir sa pension, il vécut dans des conditions misérables, servant de guide aux étrangers ; de ces embarras le tira seulement l'aide du prince héritier de Bavière et de Ludwig Tieck à partir de 1805. Les grands espoirs des contemporains furent trompés : sa peinture et sa poésie restèrent une tentative géniale, mais à sa nature passionnée et sensible manquèrent la discipline du travail et la force d'une rigueur spirituelle. Dans l'histoire de la littérature allemande, F. Müller marque, par-delà l'anacréontisme et le rococo du XVIIIe siècle, par-delà la sensiblerie et le Sturm und Drang, un mouvement vers la poésie romantique et même vers le réalisme d'un style de récit dont il se montre le précurseur. Il rénova l'idylle épique et lyrique – v. *Idylles* (*) – d'après S. Gessner dans *Bacchidon et Milon* (+) (1775), dans *La Tonte des moutons* (+) et dans *L'Amande* (+) (1776), par sa conception de la vie du peuple paysan, par une force évocatrice pleine de sensibilité, par l'humour d'une poésie populaire, et il introduisit ainsi la pastorale grecque de Théocrite dans la vie du terroir national. Il tenta de créer une nouvelle forme de drame, lyrique et musical, en une suite de scènes imagées. Les drames de Müller sont construits autour des rapports, dans une humanité titanesque, entre la passion et la faute. Dans *Golo et Geneviève* (*) (1775-1781), dont la première parution fragmentaire eut lieu en 1808, il s'inspire de la légende médiévale ; dans *Vie de Faust* (+) (1776), il s'inspire du récit populaire ; dans *Niobé* (1778), il tente un renouvellement musical et lyrique du drame grec. À Rome, il travailla à une *Iphigénie*. La forme fluide qu'il parvint à donner à son théâtre ouvrait certaines possibilités nouvelles de réalisme scénique et de peinture psychologique, mais au détriment de toute structure. L'influence féconde de Müller se fit sentir jusque dans le romantisme, mais il ne conquit jamais la place qu'on lui reconnaissait généralement pendant ses années de jeunesse. Ses œuvres parurent en trois volumes en 1811.

♦ *« Il est un romantique avant la lettre. Il a le sens de la farce populaire, de l'idylle réaliste et rustique. »* Geneviève Bianquis.

RÉF. : B. Seuffer, *Maler Müller*, Berlin, 1877. — W. Schaefer, *M. Müllers Bedeutung in der Geschichte des deutschen Hellenismus*, Leipzig, 1928. — P. F. Schmidt, *F. Müller*, 1931. — F. A. Schmidt, *M. Müllers dramatisches Schaffen unter besonderer Berücksichtigung seiner Faust-Dichtungen*, Göttingen, 1936. — I. Sattel Bernardini/W. Schlegel, *Friedrich Müller*, Landau, 1986.

MÜLLER Friedrich von. Mémorialiste allemand. Né à Kunreuth près de Forchheim (Bavière) le 12 avril 1779, mort à Weimar le 21 octobre 1849. Chancelier d'État de Weimar, il y connut Goethe en 1815 et eut avec lui de fréquentes conversations dont le poète fournissait le thème. Il enregistra fidèlement ses propos sans chercher à idéaliser sa personnalité. Ce fut ainsi que naquirent les *Entretiens de Goethe avec le chancelier von Müller* (*). Friedrich von Müller a laissé en outre des *Souvenirs de guerre* [*Erinnerungen aus den Kriegeszeiten*, 1806-1813] et d'autres récits sur Goethe.

MÜLLER Heiner. Dramaturge allemand, né le 9 janvier 1929 à Eppendorf, en Saxe. Après des débuts dans le journalisme, sa biographie se confond avec son travail concret d'homme de théâtre, à la fois comme auteur et metteur en scène, dans le cadre des institutions de l'ex-R.D.A. (Maxim Gorki-Theater, Volksbühne, Berliner Ensemble), mais dont la réputation franchit très vite ces frontières (vers la R.F.A., mais aussi vers la France), ce qui lui vaut, de la part des autorités, à la fois défiance et attention (exclu de l'Union des écrivains en 1961, signataire de la pétition en faveur de Biermann en 1976, il n'en est pas moins membre de l'Académie des beaux-arts, à partir de 1984).

Œdipe, Médée, Électre, Macbeth, Hamlet, Ophélie, etc. : la dramaturgie de Heiner Müller fait flèche de tout bois. Non qu'elle se conçoive comme une simple adaptation « moderne », plus ou moins ingénieuse ou insolente, d'un théâtre classique. L'enjeu est plus grave. À travers ces modèles antiques et shakespeariens, Heiner Müller recueille les bribes éparses d'une mythologie violente qui vient subvertir l'historiographie officielle. La virulence du mythe contre les certitudes culturelles. Un travail de subversion qui, dans l'esprit de son auteur, serait d'ailleurs authentiquement marxiste, Heiner Müller s'ingéniant ironiquement à battre les gardiens du socialisme sur leur propre terrain. Le prix à payer, à chaque étape de l'Histoire saluée comme le début d'une ère nouvelle : tel est au fond le thème unique ressassé par cette œuvre abondante, riche déjà de plus d'une vingtaine de titres, et au sein de laquelle il est difficile de reconnaître des périodes distinctes. Quatre ensembles, néanmoins, paraissent se dégager, selon le territoire abordé. D'abord l'Allemagne, en tant que Germanie, héritage « teutonique », violence à la fois guerrière et suicidaire : *La Bataille* [*Die Schlacht,* 1951, 1974], *Germania Mort à Berlin* [*Germania Tod in Berlin,* 1956, 1971]. Ensuite la Révolution, avec sa perversion stalinienne : *Philoctète* [*Philoktet,* 1958, 1964], *Ciment* [*Zement,* 1972]. La construction du socialisme, dans la contradiction entre l'utopie et le quotidien : *Le Briseur de salaire* [*Der Lohndrücker,* 1956], *La Rectification* [*Die Korrektur,* 1957,1958]. Enfin, l'autodestruction rageuse de l'auteur et de son œuvre devant le cauchemar de l'Histoire : *Hamlet-Machine* (*) (1977), *La Mission* [*Der Auftrag,* 1979], *Quartette* [*Quartett,* 1980, 1982].

La dramaturgie de Heiner Müller se construit comme une sorte de dérive de Brecht à Artaud. Elle poursuit l'idée d'un théâtre comme « instrument de progrès », fondé sur la « tension entre la scène et le public », nourri par la « provocation des textes ». Mais en même temps qu'elle prête au théâtre l'ambition de « fortifier la conscience pour la préparer aux conflits, aux confrontations, aux contradictions », elle ne reconnaît paradoxalement dans toute « production », au sens large — autant celle des masses que celle de l'écrivain —, que violence destructrice, œuvre de mort. Le corps meurtri, la chair blessée, le texte torturé : voici la matière, et la manière, de l'histoire.

JEAN-JACQUES POLLET.

RÉF. : G. Schulz, *Heiner Müller,* Stuttgart, 1980. — G. Wieghaus, *Heiner Müller,* Munich, 1981.

MÜLLER Johannes von. Historien suisse d'expression allemande. Né à Schaffhouse le 3 janvier 1752, mort à Cassel (Hesse, Allemagne) le 29 mai 1809. Fils d'un pasteur protestant, il fut à son tour destiné à la théologie et, alors qu'il n'avait pas encore dix-sept ans, il se rendit à l'université de Göttingen, où ce qui le retint le plus cependant fut l'étude de l'histoire, sous la direction d'un maître célèbre, Schloezer. Cultivé et brillant, Müller était déjà célèbre à vingt ans : il avait commencé à prêcher, mais il abandonna complètement la théologie pour se vouer à l'histoire. Sa ville natale lui offrit une chaire de grec dans son lycée ; là, il écrivit son *Histoire des Suisses* [*Geschichte der Schweizer*, 1780] qu'il retravailla et élargit plus tard dans son grand ouvrage *Histoire de la confédération suisse* (*) (1786). Entre-temps il avait enseigné dans d'autres villes de Suisse et d'Allemagne, et en 1786 il obtint le poste de bibliothécaire de l'électeur de Mayence. Pendant la Révolution française, lorsque Mayence fut occupée par les Français, Müller accepta une invitation à Vienne, où il fut nommé archiviste et conseiller de la Cour. Mais il ne se sentait pas à son aise en Autriche, surtout à cause de sa condition de protestant, si bien qu'en 1804 il préféra partir pour Berlin où il fut nommé historiographe de la Cour avec le titre de conseiller secret. Lorsque, après la victoire de Vienne, Napoléon occupa l'Allemagne, Müller, impressionné par la personnalité de l'Empereur, se mit à son service, ce qui lui valut les critiques acerbes des patriotes allemands, et il reçut des mains de Jérôme Bonaparte, roi de Westphalie, des titres plus honorifiques que réels. Il demeura un célibataire endurci. Il commença lui-même la publication de ses nombreux ouvrages d'historiographie, et elle fut continuée après sa mort par les soins de son frère.

RÉF. : K. Schib, *Johannes von Müller*, Schaffhouse, 1967. — P. Maurer, *Die Beurteilung Johannes von Müllers in der Schweiz während der ersten Hälfen des 19 Jahrhunderts*, Bâle et Stuttgart, 1973 ; *Johannes von Müller Geschichtsschreiber der Goethezeit*, Schaffhouse, 1986.

MÜLLER Wilhelm. Écrivain allemand. Né d'une famille d'artisans le 7 octobre 1794 à Dessau, où il mourut le 30 septembre 1827. À quatorze ans il avait déjà composé des chansons, des odes, des élégies et une tragédie. Il s'inscrivit en 1812 à l'université de Berlin et y fréquenta les cours de philosophie classique de F. A. Wolf en même temps que les cours d'histoire et de philosophie. Il interrompit ses études le 16 février 1813 pour s'engager dans l'armée prussienne et combattit à Lützen, Bautzen, Hanau et Kulm. Il fit ensuite partie d'un corps d'occupation en Hollande et en Belgique. Les guerres napoléoniennes, en réveillant l'esprit patriotique et nationaliste allemand, suscitèrent un intérêt nouveau pour l'antiquité germanique et c'est ainsi qu'après deux années de service militaire, Müller, de retour à l'université, se tourna vers l'étude de la langue et de la littérature médiévales allemandes. Il fit alors partie de la « Berlinische Gesellschaft für deutsche Sprache » et publia en 1816 une anthologie des *Minnesingern* [*Blumenlese aus den Minnesingern*]. Il participa durant toutes ces années à la vie sociale et littéraire très animée de Berlin ; on le trouve dans les salons les plus en vue et il fréquente Schwab, La Motte-Fouqué et Achim von Arnim. Ses premiers essais poétiques parurent dans une publication d'un cercle littéraire (*Bundesblüten*, 1816) et c'est d'un jeu de société dans lequel il devait représenter un meunier (Müller = meunier) que naîtra son célèbre cycle de « lieder », *La Belle Meunière* (*). En 1817, alors que, ses études terminées, il était sur le point de quitter Berlin, il fut chargé par l'Académie des sciences d'accompagner en Égypte le baron Sack. Passant par l'Italie, il visita Venise, Florence et Rome, mais fasciné comme Goethe par cette dernière cité, il interrompit son voyage et demeura en Italie pendant un an. De ce séjour naîtront entre autres : *Rome, Romains et Romaines* [*Rom, Römer und Römerinnen*, 1820], *Egeria, recueil de chants populaires italiens tirés de la tradition orale et de feuilles volantes* [*Egeria, Sammlung italienischer Volkslieder aus mündlicher Überlieferung und fliegenden Blättern*, 1820]. De retour en Allemagne, il s'établit à Dessau, y enseigna le grec et le latin, et y devint bibliothécaire. Il épousa en 1820 Adelheid Basedow, nièce du pédagogue. La poésie et l'érudition occupèrent ses dernières années. Entre 1821 et 1824 parurent les deux volumes des *Soixante-dix-sept poésies extraites des papiers laissés après sa mort par un chasseur errant* [*Siebenundsiebzig Gedichte aus den hinterlassenen Papieren eines reisenden Waldhornisten*] qui rassemblent sa production lyrique et les quatre fascicules des *Chants grecs* [*Lieder der Griechen*]. Ces chants inspirés par la lutte des Grecs pour leur indépendance représentent son tribut au philo-hellénisme de l'époque et lui valurent une grande renommée. En 1828, il publia *Voyages lyriques et promenades épigrammatiques* [*Lyrische Reisen und epigrammatische Spaziergänge*] qui s'ajoutent aux précédents volumes d'œuvres lyriques, et une nouvelle : *Le Treizième* [*Der Dreizehnte*]. Une autre nouvelle, *Debora*, fut publiée après sa mort. Durant ces mêmes années, Müller collabora à diverses revues et en fonda lui-même une en 1820 sous le titre d'*Askania*. Il doit surtout sa renommée à ses *Lieder*, dans lesquels il recueillit l'héritage populaire souabe en lui donnant une forme élégante et musicale. Parmi ces *Lieder* que l'on croirait conçus pour être chantés, quelques-uns tirés des cycles de *La Belle Meunière* et du *Voyage d'hiver* doivent leur grande célébrité à la musique de Schubert.

RÉF. : F. M. Müller, article in *Allgemeine Deutsche Biographie*, t. XXII, Leipzig, 1885. — H. Lohre, *Wilhelm Müller als Kritiker und Erzähler*, Leipzig, 1927. — P. Wahl, *Über W. Müllers Tod*, étude in *Anhaltische Geschichtsblätter*, 1933.

MÜLLNER Amadeus Gottfried Adolf. Écrivain allemand. Né le 18 octobre 1774 à Langendorf près de Weissenfels (Saxe-Anhalt), où il mourut le 11 juin 1829. Il exerça la profession d'avocat dans sa ville natale. Poète dramatique, il est le fondateur de la « tragédie du destin » [Schicksalstragödie], et il appartient au groupe de poètes (Werner, Houwald, Grillparzer) dont les conceptions théâtrales font du drame une pièce où l'action découle d'un destin fatal engendré par une faute initiale. Après un roman de jeunesse, il débuta au théâtre avec *Le Vingt-Neuf Février* [*Der 29. Februar*, 1812] d'après *Le Vingt-Quatre Février* (*) de Zacharias Werner. Il obtint un grand succès avec *L'Expiation* (*) (1816). Très bon technicien de l'action, il la noie trop souvent dans un faux pathos. De 1820 à 1825, il fut rédacteur littéraire au *Morgenblatt* de Gotha, et de 1826 à 1829 au *Mitternachtsblatt*. Sa critique acerbe lui valut une place primordiale dans ce genre littéraire. Ses *Écrits* [*Vermischte Schriften*] parurent en deux volumes de 1824 à 1826, et ses *Œuvres dramatiques* [*Dramatische Werke*] en huit volumes (1828).

MULTATULI (pseud. d'Eduard Douwes Dekker). Écrivain hollandais. Né à Amsterdam le 2 mars 1820, mort le 19 février 1887 à Nieder-Ingelheim (Allemagne). Fils d'un capitaine au long cours, il partit avec son père, à l'âge de dix-huit ans et après une éducation assez sommaire, pour les Indes où il obtint, en 1840, un poste dans l'administration. À la suite de diverses vicissitudes, et ayant entre-temps épousé « Tine », baronne de Wijnbergen, il fut nommé vice-résident à Lebak, dans la région Bantam (partie occidentale de Java), pays très difficile à administrer. Sa vive sympathie pour les indigènes, exploités par leurs chefs et par les colonisateurs, le mit, au bout d'un mois, en conflit avec le résident. Douwes Dekker accusait d'abus de pouvoir le régent, prince indigène, que le résident protégeait par amour de la tranquillité. Le gouverneur, Duymaer van Twist, conseilla à La Haye de licencier ce jeune fonctionnaire agité ; son congé fut ensuite changé en une mutation pour Ngawi : l'intéressé considéra cette décision comme injuste et présenta sa démission du service. Il n'avait passé à Lebak que deux mois, qui cependant ne furent pas sans importance pour la littérature hollandaise et pour l'administration des Indes. Une enquête démontra que ses soupçons sur la connivence entre résident et régent aux dépens de la population indigène étaient fondés. En avril 1857, revenu en Hollande, Dekker, qui avait toujours dépensé plus que ses revenus, s'adressa à Duymaer van Twist, maintenant en retraite, pour obtenir de rentrer dans le service colonial, mais en vain. À ce moment déjà — « Tine » étant restée à Java — il vivait avec celle qui devait être sa seconde femme, « Mimi » (Hamlinck Schepel), et c'est avec elle qu'il s'enfuit quand, pour avoir souffleté au théâtre un jeune homme qui offensait une actrice, il fut condamné à deux ans de prison ; il tenta alors en Allemagne, mais sans succès, de remédier à la misère par les jeux du hasard. En 1880, un admirateur lui fit cadeau d'une villa à Nieder-Ingelheim. Sa vie se reflète dans ses œuvres. Ses poésies de jeunesse ont peu de valeur. Mais *Max Havelaar* (*), le roman autobiographique qui voulut être une apologie de l'auteur et un acte d'accusation âpre (contre le résident, le gouverneur général et l'exploitation des colonies), ne demeura pas sans conséquences pour les modes d'administration coloniale. À *Havelaar* firent suite les *Lettres d'amour* [*Minnebrieven*], correspondance avec la Muse et avec « Tine », qui finit par une série de documents sur l'affaire *Havelaar*. L'auteur eut ensuite le dessein de rassembler, sous le titre d'*Idées* [*Ideën*], « des récits, histoires, paraboles, observations, souvenirs, romans, visions, communications paradoxes » : le tout à l'enseigne de la Vérité. Ces *Idées* constituent un ensemble de pièces des plus difformes ; des maximes et des sentences d'une seule période alternent avec une comédie (le nº 930), *L'École des princes* [*Vorstenschool,* 1872], et avec un roman autobiographique (inachevé), *Les Aventures du petit Walter...* [*De geschiedenis van Woutertje Pieterse,* 1888], que l'on a rapproché du *Fils de la servante* (*) et de *La Chambre rouge* (*) de Strindberg. Tempérament inquiet, atteint de manie de la persécution, mais n'ayant pas de doutes sur son importance et son talent, esprit chaotique, peu capable de sélection, Multatuli, en cela aussi, ressemble au grand Suédois. Écrivain indépendant, il brandit jusqu'à la fin le drapeau du rationalisme et de l'athéisme. En 1910 fut institué un musée portant son nom à la bibliothèque de l'université d'Amsterdam.

A. H. LUIJDJENS.

RÉF. : C. Busken Huet, *Multatuli,* Amsterdam, 1867. — S. Lublinski, *Multatuli,* Berlin, 1902. — J. de Gruyter, *Het leven en de werken van E. Douwes-Dekker,* Amsterdam, 1921-1922. — M. M. J. de Leeuwe, *Multatuli, het drama en het toneel* (thèse), Amsterdam, 1949. — B. Luger, *Multatuli en Scandinavie,* Utrecht, 1973. — P. C. van der Plank, *Multatuli-literatuur 1948-1987,* Amsterdam, 1987.

MUMFORD Lewis. Historien américain de l'urbanisme et de l'architecture. Né à Fushing, New York, en 1895 et mort en 1990. Souvent présenté comme un autodidacte, Mumford reçut une formation d'ingénieur avant de poursuivre des études de philosophie et de psychologie, au New City College, et de sociologie à la New School for Social Research. De fait, sa première vocation sera littéraire et c'est la lecture, voire la critique littéraire, qui lui révéla sa voie : Emerson et Ruskin, Butler, puis Ebenezer Howard, le père des cités-jardins anglaises, et plus que tout autre, Patrick Geddes, biologiste et urbaniste d'Édimbourg, qui décidera de sa vocation dès 1915 et dont il fera siennes les méthodes d'analyse et les vues sur la planification régionale. Récusant les approches sectorielles, qu'elles soient économiques, politiques ou sociologiques, voire architecturales, il mit toujours en œuvre une approche « holiste » au sens de Toynbee. Mumford débute donc comme journaliste, collaborant dès 1919 aux meilleures revues américaines, *The Dial* et *The New Republic,* notamment. De ses articles naîtront plusieurs livres : *L'Histoire de l'utopie* [*The Story of Utopia,* 1922], où il esquisse une utopie civique, mais surtout *Bois et Pierre* [*Sticks and Stones,* 1924] sur la première tradition architecturale américaine. « Je crois en votre génie », lui écrira alors Wright. Mais dès 1926, avec *L'Âge d'or* [*The Golden Day*], consacré à l'« âge d'or » de Thoreau, Emerson et Hawthorne, il aborde un thème qu'il ne devait plus quitter jusqu'à la fin de ses jours : les Américains surent alors élaborer une nouvelle synthèse comparable à celle du Moyen Âge, mais qui se perdit ensuite en Occident. Dans *The Brown Decades,* paru en 1931, il retrace la désintégration de ce modèle après la guerre de Sécession. Ce dernier essai lui vaudra de devenir le critique d'architecture et d'urbanisme du *New Yorker*, et ce jusqu'en 1967.

Ce fut aussi un tournant dans sa carrière et le début d'une phase plus active, voire militante, notamment contre les projets autoroutiers de Robert Moses. Parallèlement à ses activités littéraires, Mumford fut secrétaire de la Regional Planning Association of America (1923), où avec Stein, Wright et McKaye il prit une part importante à la conception de nouvelles entités urbaines : les fameuses « green belt cities ». De *Technique et Civilisation* [*Technics and Civilization,* 1934] au *Mythe de la machine* [*The Myth of Machine,* 1967], sa pensée, nourrie de la lecture de Huizinga et de Spengler, trahit un pessimisme croissant : après avoir façonné la civilisation occidentale, le machinisme menace nos valeurs les plus précieuses. À ce titre, la ville est le problème par excellence de la société planétaire moderne. C'est dans ce « pessimisme actif » qu'il faut chercher le sens de son engagement sur le terrain de l'urbanisme mais aussi sur la scène politique : la cause de la ville, c'est-à-dire de la civilisation, est solidaire de son combat contre le nazisme, dès 1938, puis contre l'isolationnisme américain, et enfin contre la guerre du Vietnam. À partir du début des années 60, et en particulier de la publication de *La Cité à travers l'histoire* (*) (1961), Mumford exercera une influence considérable sur les urbanistes en Europe ; les Anglais, notamment, lui demanderont conseil : il est en quelque sorte le père des « new towns » anglaises de l'après-guerre. *Mes travaux et mes jours* [*My Works and Days,* 1979] portent témoignage d'un itinéraire intellectuel et politique annonçant avec plus d'un demi-siècle d'avance les préoccupations de l'« écologie urbaine ».

PIERRE-EMMANUEL DAUZAT.

MUNCH Peter Andreas. Historien norvégien. Né le 15 décembre 1810 à Christiania (Oslo), mort le 25 mai 1863 à Rome. Maître de conférences (1837) puis professeur (1841) d'histoire à l'université d'Oslo, fonction qu'à partir de 1861 il cumula avec celle de directeur des Archives nationales de Norvège, il fut non seulement la figure centrale de la recherche historique norvégienne mais aussi un des artisans du romantisme national, également appelé « La Percée nationale » [Det nasjonale gjennombrudd], des années 1840. À cette époque, en effet, on s'efforce dans différents domaines, beaux-arts, langue, littérature, histoire, de donner une substance à la spécificité norvégienne, à cette norvégianité un peu floue dont il était tant question depuis que la Norvège s'était séparée du Danemark. Ainsi, portant un intérêt tout particulier à la langue, devait-il aider Asbjørnsen et Moe lorsqu'ils publièrent leurs recueils de contes – *Contes populaires norvégiens* (*) –, puis apporter tout son appui à Ivar Aasen, l'homme qui donna à la Norvège sa deuxième langue *landsmaal* ou « langue du pays ». Mais c'est avant tout dans sa propre spécialité, l'histoire, qu'il allait révéler toute la mesure de ses dons et de sa prodigieuse capacité de travail. À cet égard, sans doute un de ses principaux mérites fut-il de rechercher dans toute l'Europe des documents ayant trait à l'histoire de la Norvège au Moyen Âge, documents qui furent à l'origine de nombreuses monographies et lui permirent d'écrire son œuvre majeure, *L'Histoire du peuple norvégien* (*).

ÉRIC EYDOUX.

MUNIER Roger. Écrivain français. Né à Nancy le 21 décembre 1923. Entré à l'âge de 21 ans au noviciat des jésuites, il quitte l'ordre neuf ans plus tard (en 1953, date de la parution en revue de sa première traduction de la *Lettre sur l'humanisme* de Heidegger, dont il avait fait la connaissance en août 1949). Ensuite il mènera une double carrière, dans les organisations professionnelles de la métallurgie et en tant qu'écrivain. Contrairement à une tradition dominant en France, pour Munier, philosophie, poésie et religion ne sont pas séparées. La parole des mystiques (celle de maître Eckhart, Jacob Boehme ou Angelus Silesius dont il a traduit en 1970 les distiques de *L'Errant chérubinique*), celle des poètes aimés ou traduits (Rimbaud, auquel il consacre un essai, Rilke, Antonio Porchia, Roberto Juarroz, Octavio Paz...), celle enfin des philosophes (en premier lieu Heidegger ou Schelling, mais aussi les penseurs du bouddhisme tch'an ou du taoïsme) constituent le sol nourricier de son cheminement. Parler de chemin n'est pas pure métaphore lorsqu'il s'agit d'une œuvre qui a choisi de ne pas prendre les routes fréquentées de la prose courante pour se frayer discrètement une voie difficile dans la parole la plus exigeante. « Le mot, mais pour le passage, la percée. Tout mot est un mot de passe. » (*Le Moins du monde*, 1982.) Pour être notre seule demeure, le langage n'en est pas moins vécu comme lié à une insuffisance essentielle. En lui notre expérience trouve son accomplissement (voir *Le Contour, l'Éclat*, 1977) mais elle lui échappe par sa simplicité même. Son silence. « Ce qui nous oppresse n'a pas de voix. Ne domine qu'en se taisant. Ne règne peut-être que par son silence. » (*Le Visiteur qui jamais ne vient*, 1983.) *Ce* qui règne ainsi, l'auteur, à travers une écriture acérée, limpide, quasi ascétique (jamais abstraite cependant) cherche à en trouver la trace dans les moindres choses, les plus finies en tant qu'elles sont « telles » qu'elles sont, ne sont « rien d'autre » que ce qu'elles sont. Le rien les dé-finit, les limite et, simultanément, les ouvre à ce qui les ruine. « “ Rien ” est là (ce qui n'est pas être) depuis toujours, indissociable de ce qui est là. » (*Mélancolie*, 1987.) En retrait, en exil, nous séjournons aux lisières du monde et notre séjour est pétri d'absence, « foudroyé » d'instants « sans précédents ». « Feuilles mortes en tourbillons / soudains, au ras du sol... » (*L'Instant* (*), 1973.)

Que ce soit dans ses essais sur la poésie de Char, Guillevic, Bonnefoy... (*Le Parcours oblique*, 1979), son premier texte, *Contre l'image* (1963, édition revue en 1989), ou ses nombreux petits volumes dispersés aux quatre vents de l'espace éditorial : *Le Seul* (*) (1970), *Passé sous silence* (1979), *L'Ombre* (1979), *L'Ordre du jour* (1982), *Au demeurant* (1985), *Eurydice* (1986), *Lettre à personne sur la maladie* (1986), *Requiem* (1990), *L'Apparence et l'Apparition* (1991), *Tous feux éteints* (1992)..., l'œuvre de Roger Munier s'affirme comme l'une des plus singulières et des plus secrètes de notre temps. « “ Cela parle, nous parle.... ” Ce qui nous parle ainsi, quelle langue parle-t-il, aussitôt comprise ? »

FRANCIS WYBRANDS.

MUNK Kaj. Écrivain danois. Né à Maribo (île de Lolland) le 13 janvier 1898, d'une famille d'artisans ; il fut tué près de Silkeborg (Jutland) le 4 janvier 1944. Resté orphelin à cinq ans, il grandit dans un milieu profondément religieux et, après avoir étudié la théologie à Copenhague, il devint pasteur de la paroisse de Vederso, sur la côte occidentale du Jutland. Nature romantique, impétueuse et inquiète, ouverte et généreuse, il est la personnalité la plus marquante au Danemark entre les deux guerres mondiales. Il commença très tôt à écrire, et à écrire des drames, car cette forme était naturelle à sa manière de penser et de voir par contrastes. Étudiant encore, il avait décrit (1920) en un drame politique, *L'Opération* [*Operationen*], la conquête du pouvoir par un « homme fort » qui ensuite, par une guerre victorieuse, galvanise et soulève un peuple décadent. En 1923-24 y fit suite *Un idéaliste* (*), qui est une des pièces les plus fortes de Munk, à scènes violemment dramatiques, pleines de surprises et d'effets, dans une langue riche de fantaisie et d'audaces. Le drame *Les Vagues* [*I braendingen*, 1926] peut être situé idéologiquement dans la ligne d'Ibsen et l'on y voit par transparence la figure de Georg Brandès. Deux autres pièces de ces années-là sont des variations sur le thème de l'homme fort : *Le Phénix* [*Fugl Føniks*, 1926], symbole de la justice, sur la conférence de Versailles, pièce bâtie, avec faiblesse, sur le contraste entre Allan (Wilson) et Marchanel (Clemenceau) ; et *Cardinal et Roi* [*Kardinalen og Kongen*, 1929], où le fort s'appelle Richelieu.

À côté de ces drames, et de la même époque, il en existe sur des thèmes tout différents : *Amour* [*Kaerlighed*, 1926] et *Hommes et Mer* [*Havet og Menneskene*, 1929], qui portent à la scène des chagrins d'amour de gens d'Église, et sont des pièces plutôt faibles ; *Une époque* [*Fra tidehvervet*, 1928], illustrant le paganisme décadent de Rome au temps de Lucrèce ; et, surtout, *Le Verbe* [*Ordet*, 1932], la plus grande réussite de Munk dramaturge, que la belle version cinématographique de Dreyer en 1954 fit connaître ensuite au public du monde entier. En revanche, c'est immédiatement que vint à l'auteur le succès de *Cant* (1931), qu'il faut entendre ici dans le sens d'hypocrisie religieuse : œuvre plutôt d'effet que de poésie, sur Henri VIII d'Angleterre, à laquelle fait pendant *Les Élus* [*De Udvalgte*, 1933], dont le thème central est fourni par le roi David et Bethsabée, la femme passionnée qui lui déclare : « Vois, je suis le péché, le péché qui vient de Yahweh, qui te donne même l'amère grandeur de la chute, afin que tu puisses être vraiment grand. » L'opposition entre la chair et l'esprit reparaît mais avec une autre solution, dans le vif *Egelykke* (1938-39).

Le culte de l'homme fort conduisit Munk à admirer les dictateurs au pouvoir ces années-là : Mussolini, dans *Jérusalem et retour* [*Vedersø*, 1934] et *Victoire* [*Sejren*, 1936] (sur la conquête de l'Éthiopie) ; et Hitler, dans *Près du creuset* [*Han sidder ved smeltediglen*, 1938]. Un *Hamlet* (1934) assez malheureux voulut être une caricature de la démocratie populaire. Mais Hitler envahit le Danemark (avril 1940) et ce fait marqua un tournant dans la vie de Munk. Dès lors, il combattit sans trêve contre l'occupant, par la parole et par les écrits. Ce sont les poésies *Jurez-le, enfants* [*Svaerg det, drenge*, 1941], avec des mots amers sur la faiblesse danoise, et *Navigare necesse* (1941), ainsi que son dernier grand drame, *Niels Ebbesøn* (1942), interdit par les Allemands. Des mêmes années sont les pièces en un acte : *Le Roi* [*Kongen*] ; *Messieurs les juges* [*De herrer dommere*] ; *La Mort d'Ewald* [*Ewalds død*] ; *Avant Cannes* [*Før Cannae*, 1943] : dialogue entre Annibal, symbole d'Hitler, et Fabius Maximus, la démocratie britannique. En 1942 parurent *Le printemps vient si lentement* [*Foraret så sagte kommer*] (mémoires) ; *Avec le soleil et une grande joie* [*Med sol og megen glaede*] (inédits de jeunesse) ; *Le Nord jeune* [*Det Unge Nord*] (poésies). Les *Dernières poésies* [*Sidste Digte*, 1943] furent imprimées dans le maquis. Il restait à Munk, une fois empêchée la circulation de ses écrits, la chaire. Et, de là, il dit des paroles courageuses ; là aussi, il fut « poétique et dramatique, plein de fantaisie, étonnant, irrespectueux et pathétique ». « Sa nature, c'était le défi, et sa voie menait tout droit à la catastrophe : au martyre... Il était prêt, quand il fut pris par une bande d'Allemands et tué, le 4 janvier 1944 » (Sv. Moller Kristensen).

VITTORIO SANTOLI.

RÉF. : Gundrun Cauvin, *Kaj Munk, dramaturge et martyr*, Genève, 1941. – Alf. Henriques, *Kaj Munk*, Stockholm, 1944. – H. H. Seigumfeld, *Kaj Munk, en Mand og hans Daad*, Copenhague, 1948.

MÚÑOZ Rafael Felipe. Romancier mexicain. Né le 1er mai 1899 à Chihuahua, mort dans la même ville en 1971. Journaliste dès son adolescence, il rencontra Pancho Villa à l'âge de 17 ans. En 1916, il est contraint de s'exiler aux États-Unis. Il retourne quelques années plus tard au Mexique et commence sa carrière d'écrivain. Rafael Múñoz, comme Martín Luis Guzmán et Gregorio López y Fuentes, appartient à la génération des romanciers qui ont vécu l'épopée de la Révolution mexicaine. C'est un fervent admirateur de Pancho Villa. *On a emmené le canon à Bachimba* (*) (1929) décrit l'expérience révolutionnaire d'un enfant de treize ans luttant en 1912 aux côtés de Pancho Villa. C'est un roman qui contient évidemment de nombreux éléments autobiographiques. *Suivons Pancho Villa !* (*) (1931), comme le titre l'indique, est un roman écrit à la gloire du grand leader populaire mexicain. Les deux œuvres sont assez inégales, car le message politique que Rafael Múñoz entend exprimer est parfois trop abstrait et trop didactique. Certes, l'auteur possède un grand talent littéraire et même poétique : comme la plupart des écrivains mexicains, sa langue est riche en images et en métaphores. Mais l'accord entre le contenu politique et la forme romanesque ne se réalise pas toujours de façon satisfaisante.

MUNTANER Ramón. Chroniqueur catalan. Né en 1265 à Perelada près de Gérone (Catalogne), mort en 1336 à Ibiza (Baléares). C'est le plus grand chroniqueur catalan et l'un des plus grands chroniqueurs européens du Moyen Âge. D'une famille noble qui donna l'hospitalité au roi d'Aragon Jacques le Conquérant et au roi de Castille Alphonse le Sage, mais qui se ruina précisément à cette époque à cause des guerres soutenues contre la France, Muntaner mena une vie militaire exceptionnellement active. Très jeune, il prit part à l'expédition qui se termina par la conquête de Minorque (1286) ; deux ans plus tard, il combattit en Sicile contre les Français, et en 1300 il se trouvait au siège de Messine. Il remplit des charges importantes, soit politiques, soit administratives, dans l'expédition catalane d'Orient – au début du XIVe siècle – entreprise pour venir en aide à l'empereur Andronic Paléologue contre les Turcs, et ce fut lui, entre autres, qui rédigea le traité qui lia ses compatriotes à cet empereur. Il occupa également les postes de premier plan dans les événements militaires, et assista à environ trente-deux batailles. Sur le chemin du retour vers sa patrie, où il voulait s'unir à sa bien-aimée, il fut retenu en Sicile par le roi Frédéric, qui l'envoya ensuite en Afrique du Nord pacifier quelques localités dont il fut nommé seigneur. En 1311, il se maria enfin mais, peu après, et pour plusieurs années, il reprit sa vie mouvementée, remplissant toujours des charges importantes, comme celle d'accompagner de Catane à Perpignan le petit infant orphelin Jacques, futur roi de Majorque. Il parvint enfin à s'installer définitivement à Valence (1316), où il fut élu juré de la ville. Il se mit alors à écrire – il avait atteint la soixantaine – sa *Chronique* (*). Avant qu'il ne mourût, son ancien protégé, Jacques, roi de Majorque, lui conféra le titre de chevalier.

RÉF. : Antonio de Bofarull, *R. Muntaner cronista dels reys de Arago...*, Barcelone, 1883. – Vallecchi, *La gran compagnia R. Muntaner e Francesco di Moncada*, Reggio Émilia, 1887. – Nicolas Iorga, « Ramón Muntaner et l'empire byzantin » dans *Revue historique du sud-est européen*, IV, Bucarest, 1927. – L. Nicolau d'Oliver, *Paisages de la nostra historia*, Barcelone, 1929.

MUNTHE Axel. Écrivain suédois. Né à Oskarshamn (province de Kalmar) le 31 octobre 1857, mort à Stockholm le 11 février 1949. Fils d'un pharmacien, il fit ses études de médecine à Uppsala, puis à Paris, à l'école de Charcot, et exerça la profession médicale à Paris d'abord, en 1881, à Rome ensuite à partir de 1890. À Naples, il prêta une aide courageuse aux victimes de l'épidémie de choléra qui y avait éclaté – *De Naples* [*Från Napoli,* 1885] ; *Esquisses* [*Små skisser,* 1888], œuvres réunies dans l'édition anglaise *Memories and Vagaries* (1898). Au temps de la Première Guerre mondiale, il raconta, dans un esprit ouvertement antiallemand, ses expériences de médecin militaire : *Croix-Rouge et Croix de Fer* [*Red Cross and Iron Cross,* 1917] ; et plus tard, dans un livre autobiographique qui eut une grande fortune, *Le Livre de San Michele* (*) (1929), sa vie de médecin humaniste et humanitaire dans l'ermitage d'Anacapri qu'il avait acheté et restauré et qu'il donna ensuite à l'État suédois. À un naturalisme nordique parfois un peu excessif, Axel Munthe joint, dans ses meilleures pages, des dons peu communs de vivant narrateur.

RÉF. : G. Munthe, et G. Vexkuli, *The Story of Axel Munthe,* New York, 1953. – K. Bonde, *A l'ombre de San Michele,* Paris, 1947.

MURASAKI SHIKIBU. Femme de lettres japonaise. Née en 978, morte en 1016. Auteur d'une des plus grandes œuvres de la littérature japonaise, le *Dit du Genji* (*). Tant par son père que par sa mère, elle appartenait à la famille des Fujiwara, la plus aristocratique de l'époque, et dans laquelle se maintenait une tradition de grande culture littéraire. Dans tous les domaines, cette même famille produisit des hommes éminents. Le bisaïeul de Murasaki Shikibu, Fujiwara no Kanesuke (877-933), avait été un poète célèbre, et son père, Fujiwara no Tametoki, était un bon lettré. Elle reçut, comme il convenait à une jeune personne de son rang, une éducation très raffinée.

Et, parce qu'elle possédait une mémoire prodigieuse, elle acquit très rapidement des connaissances étendues qui se rapportaient à la littérature chinoise, japonaise et bouddhiste. En 996, elle accompagna son père dans la province d'Echizen où il avait été nommé gouverneur, et en 998 elle rencontra Fujiwara Nobutaka qu'elle devait épouser l'année suivante. De ce mariage naquirent deux enfants : Katako, connue en littérature sous le nom de Daini-no-Sanmi, et Ben no Tsubone. En 1001, Murasaki resta veuve : il semble que son mari ait succombé à une épidémie de peste. Profondément affligée, Murasaki se retira du monde et se consacra à l'étude. Ce fut alors qu'elle écrivit son œuvre, composée, suivant la tradition, dans le temple d'Ishiyama, sur le lac Biwa, alors qu'elle voyait la lune se refléter dans l'eau. Pareille scène inspira fort les peintres, mais il semble que ce ne soit qu'une gracieuse légende.

Murasaki Shikibu paraît être entrée tout d'abord au service du très puissant ministre Michinaga (966-1027) et, grâce à la protection de ce dernier, à la Cour, comme dame de compagnie de Fujiwara Akiko (988-1074), fille de Michinaga et épouse de l'empereur Ichijô (986-1011). Sous le règne de ce souverain, la Cour fut un foyer où se développèrent un nombre extraordinaire de talents féminins. Ichijô avait épousé deux de ses cousines (filles de deux frères de sa mère) : Sadako (977-1000), impératrice en titre, et Akiko (seconde épouse « Chûgû ») ; chacune d'elles avait sa propre cour, ses dames d'honneur, choisies pour leur esprit. Sadako avait au nombre de ses suivantes Sei Shônagon, et Akiko s'enorgueillissait de la présence de Murasaki Shikibu et d'Izumi Shikibu. Ces trois femmes comptent parmi les plus grands esprits de leur temps et les plus grands noms de la littérature japonaise. À cette époque, toute la production littéraire présentait un caractère aristocratique et était composée par les personnages de la Cour, unique grand foyer de culture du Japon. La femme y occupait une place qui n'a point de rapport avec celle qu'elle occupa dans la suite. Elle recevait alors la même instruction que les hommes qui, loin de la considérer comme inférieure, la respectaient et entraient librement en compétition avec elle dans les jeux de l'esprit. Vers l'an 1000, les femmes tinrent donc entre leurs mains le sort de la littérature japonaise. Ceci peut s'expliquer par le fait que les hommes s'abîmaient dans l'oisiveté et la mollesse, ou se donnaient entièrement à l'étude de la langue chinoise, qu'on avait accoutumé de tenir pour la seule occupation sérieuse, et qui leur était réservée. Les femmes, par contre, avaient fait de la langue nationale l'objet de leurs préférences et elles n'étaient point les esclaves d'influences étrangères à leur tempérament, de sorte qu'elles pouvaient donner libre cours à leur imagination dans une langue qu'elles connaissaient de façon parfaite. L'atmosphère de cette cour, extrêmement raffinée du point de vue intellectuel, mais frivole, se prêtait à des jouissances d'un autre ordre, car la liberté des mœurs y était fort grande. Les intrigues amoureuses s'y nouaient et s'y dénouaient continûment. Murasaki Shikibu sut se garder de tout libertinage ; sa vertu était reconnue publiquement. Son mariage avait été très heureux, en dépit de la brièveté de la vie conjugale, et Murasaki Shikibu préféra vivre ensuite dans la chasteté et dans les regrets. Il semble même que Murasaki Shikibu ait eu un moment dessein d'embrasser la vie religieuse ; mais, pour quelque motif qui nous est inconnu, la poétesse abandonna son projet. Après la mort d'Ichijô, en 1011, Murasaki continua pendant quelque temps à servir sa veuve. En 1014, son frère mourut également ; il habitait dans la province d'Echizen où leur père était gouverneur, et elle se rendit dans cette province. Elle revint à Kyôto avec son père qui avait démissionné de sa charge. Mais ce nouveau coup du sort l'avait beaucoup affectée. Sa douleur fut si vive que sa santé fut très compromise. Elle laissa également le *Journal intime de Murasaki Shikibu* (*).

MARCELLO MUCCIOLI.

MURATA RYÔ-A. Érudit et poète japonais, à qui l'on attribue le *Panorama de la langue vulgaire* (*). Il naquit en 1772 à Edo (aujourd'hui Tôkyô), au quartier d'Asakusa, et mourut en 1843. Fils d'un marchand de pipes, il s'appelait en réalité Naoatsu, mais était connu également sous les noms de Kobei et d'Isshido. Dès son enfance, il fut un fervent bouddhiste, et se retira du monde à l'âge de treize ans. À trente ans, il se rasa la tête et prit le nom religieux de Ryô-a. Il aimait l'étude et les belles-lettres, et fut en poésie le disciple d'un maître difficile, Kiyowara Okaze (1743-1810). Ce lettré était habile calligraphe, mais aussi caricaturiste excellent, poète satirique de talent, commentateur compétent des classiques ; outre le japonais, il connaissait fort bien le chinois et le sanscrit.

MURATORI Ludovico Antonio. Écrivain et archéologue italien. Né le 21 octobre 1672 à Vignola (Emilie), mort le 23 janvier 1750 à Modène (même province). D'origine très modeste, il fit ses études à Modène et fut ordonné prêtre en 1695. Archiviste bibliothécaire du duc de Modène, historiographe de la maison d'Este, conseiller du duc, il fut nommé curé de Santa Maria Pomposa en 1716. Prêtre d'un grand zèle religieux, il fit restaurer l'église à ses propres frais, fonda un mont-de-piété ainsi que de nombreuses œuvres charitables. Sa *Correspondance* pourtant si vaste n'est qu'une sélection de ses lettres ; on possède plus de vingt mille lettres qui lui furent adressées par plus de deux mille correspondants italiens et étrangers, et plus de vingt mille lettres répandues par lui dans toutes les régions d'Italie et d'Europe. Il réalisait ainsi cette sorte de république littéraire dont il rêvait tout jeune, et qui ressemblait à celle dont Pétrarque avait été le chef au XIVe siècle et Érasme au XVIe. Entouré de nombreux disciples, il écrivit des ouvrages littéraires, scientifiques, philosophiques, religieux, des projets de réformes civiles et des œuvres historiques, sans parler des poèmes, d'éditions et commentaires, de biographies d'auteurs anciens et modernes, d'écrits polémiques ; il convient surtout de citer : *De la parfaite poésie italienne* [*Della perfetta poesia italiana*, 1706], *Réflexions sur le bon goût dans les sciences et dans les arts* [*Riflessioni sopra il buon gusto nelle scienze e nelle arti*, 1708-1715]. Son ouvrage le plus souvent édité fut : *De la peste* [*Del governo della peste*, 1714], essai de médecine sociale. En philosophie, il écrivit : *De la force de la fantaisie humaine* [*Della forza della fantasia humana*, 1745], *Philosophie morale* (1735) et de nombreux essais de philosophie civile dans lesquels, fervent chrétien, il inclut les œuvres religieuses ; parmi ces dernières, citons : *De ingeniorum moderatione in religionis negotio* (1740), *De la charité chrétienne* [*Della carità cristiana*, 1723], *De superstitione vitanda* (1740). On lui doit également, sur des sujets divers, *Les Défauts de la jurisprudence* (*) (1742) et *Du bonheur public* [*Della publica felicità*], véritable testament politique et moral. Il se montra historien remarquable et fut le père de l'histoire philologique italienne, qui lui doit trois œuvres d'une importance nationale considérable : *Rerum italicarum scriptores* (*) (1723-51), allant de 500 à 1500 ; *Dissertation sur les antiquités italiennes* (1738-43) qui éclaire les aspects les plus divers et les moins connus de la vie italienne au Moyen Âge, et *Les Annales d'Italie* (*) (1744-49). Par ces trois œuvres, on peut dire qu'il annonce le Risorgimento en donnant à ses compatriotes le sentiment de leur unité nationale. Il écrivit encore *Anecdotes latines* (1697-1713) et *Anecdotes grecques* (1709). Son style est naturel, clair, très simple, privé de toute pédanterie rhétorique. Ses *Lettres inédites* [*Lettere inedite di L. A. Muratori*] furent publiées à Modène en 1883.

♦ *« La plus monumentale histoire nationale publiée en Europe jusqu'alors. »* Carducci.

RÉF. : G. F. Muratori, *Vita del celebre L. A. Muratori*, Modène, 1818. – G. Bertoni ed altri, *Per il 250e anniversario della nascita di L. A. Muratori*, Modène, 1922 ; et *Muratori*, Rome, 1925. – F. Forti, *L. A. Muratori fra antichi e moderni*, Bologne, 1953. – M. Fubini, *Del Muratori al Baretti*, Rome-Bari, 1975. – A. Cottignoli, *Muratori teorico. La revisione della. « Perfetta poesia » e la questione del teatro*, Bologne, 1987.

MURDOCH Iris. Écrivain et philosophe anglaise. Née à Dublin le 15 juillet 1919 de parents anglo-irlandais. En se mariant à dix-huit ans, sa mère renonça à une carrière de chanteuse ; son père, officier de cavalerie pendant la Première Guerre mondiale, échappa à l'enfer des tranchées. Après sa naissance, ses parents s'installèrent à Londres où elle eut une enfance heureuse, retournant souvent passer ses vacances en Irlande qu'elle trouvait « très romantique ». Ses origines anglo-irlandaises lui donnèrent peu à peu l'impression d'être étrangère à Londres. « À mesure que je vieillis j'ai le sentiment que nous étions déracinés [...] Je me suis récemment rendu compte que je suis une sorte d'exilée. » Fille unique, elle a souvent recherché dans son œuvre des frères et des sœurs imaginaires, « l'être que l'on a perdu, cet autre que l'on cherche ». Elle fit ses études à Bristol, puis, en 1938, entra à Somerville College (Oxford), où elle étudia les lettres classiques jusqu'en 1942 tout en lisant Marx, et devenant membre du parti communiste. Elle aurait aimé être archéologue, mais la guerre en décida autrement. Fonctionnaire intérimaire du Trésor de 1942 à 1944, elle fut ensuite administrateur en Belgique et en Autriche de camps de réfugiés des Nations unies. Là, elle lut Gabriel Marcel, Sartre, Kierkegaard et s'initia à l'existentialisme. Sartre, Camus et leurs héros déracinés (Roquentin, Meursault) coïncidaient avec le démantèlement de l'Europe et le chaos des camps qu'elle connaissait. Dans leurs œuvres, elle découvrit la place nouvelle faite à l'expérience ainsi que les problèmes de valeur et de moralité. En 1947, elle reçut une bourse de philosophie à Newnham College (Cambridge), où elle eut tout loisir de poser les fondements d'une carrière universitaire qui débuta en 1948 avec sa nomination de « Fellow » à St. Anne's College (Oxford) où elle devait rester jusqu'en 1963. Dès lors sa vie personnelle, qui se confond avec son œuvre et ses activités universitaires, nous renseigne peu. En 1956, elle épousa John Bayley, professeur à Oxford et critique bien connu, avec qui elle vit au nord d'Oxford « l'une des associations littéraires et critiques les plus fécondes de notre temps ». Sur le plan politique, Iris Murdoch a insensiblement dérivé à droite tout en restant libérale ; sur le plan intellectuel, elle donne l'exemple unique (avec Sartre et Camus en France) d'une romancière-philosophe-moraliste. Toute biographie de cette femme qui, de 1954 à 1990, nous a donné vingt-cinq romans, se doit d'être avant tout artistique et philosophique. « Je suis professeur de philosophie, éduquée en philosophe, je "fais" de la philosophie et j'enseigne la philosophie. » Elle s'est tôt détournée de l'existentialisme pour une philosophie morale qui s'intéresse aux circonstances par lesquelles conduite et conscience sont modelées ou modifiées. Iris Murdoch compare le détachement de l'artiste à celui du saint, bien que, à l'inverse de celui-ci, celui-là ne soit pas « à part ». En 1968, elle se présente comme « platonicienne » : elle voit dans Platon – v. *La Souveraineté du bien* [*The Sovereignty of Good*] – une incarnation de la « lutte particulièrement poignante de l'artiste et du saint ». Le saint est bon inconsciemment, c'est l'action qui compte pour lui. L'artiste crée en toute conscience sa vie par l'esthétique. Ainsi cette dichotomie éternelle informe-t-elle la psychologie morale des personnages et donne-t-elle vie aux romans. Les artistes troublent la romancière car l'art permet de recréer un monde égocentrique où autrui est utilisé à des fins égoïstes. La connaissance de l'œuvre philosophique d'Iris Murdoch aide à pénétrer le monde touffu de ses romans. *Sartre, rationaliste romantique* [*Sartre, Romantic Rationalist,* 1953] rejette un existentialisme par trop dépourvu de ce mystère qui est au cœur de la personne humaine. Quant à *La Souveraineté du bien* (1970), elle marque l'intérêt de l'écrivain pour la notion de Dieu. Son premier roman, *Sous le filet* (*), fut suivi par d'autres succès, entre autres *Les Cloches* (*), dont l'action rassemble des laïcs dans un couvent, *Une tête coupée* [*A Severed Head,* 1961], adapté à la scène par Priestley, *Les Angéliques* [*The Time of the Angels,* 1968], dominé par un prêtre satanique, *Le Prince noir* [*The Black Prince,* 1973], roman de la première personne, *La Mer, la Mer* (*) (1978) qui obtint le prix Booker, *L'Élève du philosophe* [*The Philosopher's Pupil,* 1983], *L'Apprenti du bien* [*The Good Apprentice,* 1985] et *Le Message à la planète* [*The Message to the Planet,* 1989]. Les romans de Murdoch, dont la grande habileté technique déconcerte parfois la critique, peignent la vie des classes moyennes et intellectuelles avec une verve et une inventivité étonnantes. La virtuosité est mise au service de préoccupations abstraites, au premier plan desquelles se situent sexualité et freudisme, vie artistique et religieuse, nature du bien et du mal. Iris Murdoch a été honorée à maintes reprises : elle a reçu le prix James Tait pour *Le Prince noir,* le Whitbread Literary Award pour *Amour sacré, amour profane* [*The Sacred and Profane Love Machine*]. Membre de l'Académie américaine des arts et des lettres, Compagnon (1976), puis Dame (1987), de l'Empire britannique, elle n'en continue pas moins son œuvre avec une constance, une sincérité et une fécondité qui forcent l'admiration.

ALAIN BLAYAC.

♦ *« En associant art et vertu, Murdoch identifie la littérature à un révélateur de vérité et souligne ses liens avec les concepts de la morale. »* C. B. Bove. ♦ *« Iris Murdoch a à son actif une œuvre abondante, ambitieuse, dont l'originalité tient à l'exploitation poétique des symboles et aussi à l'insistence obsessive sur la sexualité. »* S. Monod. ♦ *« L'humour tempère la cocasserie quand elle est directement intégrée à la solution d'une intrigue, au dénouement des destinées. »* A. Ruer.

RÉF. : *Modern Fiction Studies,* « Iris Murdoch Special Number », 15, 1969. – J. L. Chevalier, *Rencontres avec Iris Murdoch,* Caen, 1978. – G. Backus, *Iris Murdoch, The Novelist as Philosopher, The Philosopher as Novelist,* Berne & New York, 1986. – P. Conradi, *Iris Murdoch, The Saint and the Artist,* New York, 1986.

MURET Marc-Antoine. Humaniste français. Né le 12 avril 1526 à Muret (Haute-Vienne) ; mort à Rome, le 14 juin 1585. Fils d'un jurisconsulte, Muret semble s'être formé tout seul au contact des écrits de l'Antiquité. Étudiant sans fortune, il mena de front ses humanités et des activités pédagogiques. Il était tantôt à Agen, où il séjourna en 1544-45 puis en 1546-47, tantôt à Poitiers, où il régenta au collège Sainte-Marthe. Après un court séjour à Villeneuve-d'Agen, il partit pour Bordeaux, sans doute pour enseigner au collège de Guyenne, où il eut pour élève Michel de Montaigne alors âgé de quatorze ans. C'est là que fut représentée sa tragédie *Julius Caesar.* Il quitta Bordeaux vers avril 1548, se retrouva régent au collège d'Auch en 1550. Appelé à Paris, le jeune et déjà célèbre professeur fit des cours au collège du Cardinal-Lemoine, puis à Boncourt, où il compte au nombre de ses élèves Étienne Jodelle et Vauquelin de La Fresnaye. Le roi et Catherine de Médicis vinrent écouter ses leçons ; il s'attira l'estime du cardinal de Lorraine ; on le vit, au carnaval de 1553, participer, avec Ronsard, Belleau, Baïf, Jodelle, Denisot, Dorat, à la Pompe du bouc. Il publia en 1552 un petit recueil de poésies légères et sensuelles, les *Juvenilia.* En 1553, il donnait un *Commentaire* sur les *Amours* (*) de Ronsard, qui parut en tête de la seconde édition de cette œuvre.

Malheureusement, une accusation, probablement fondée, de pratiquer également les mœurs des anciens Grecs mit fin à une si brillante carrière. Chassé de Paris (fin de 1553), il gagna Toulouse, où des poursuites furent engagées contre lui. Il se réfugia donc en Italie et s'installa à Venise, où il professa les humanités et se lia avec les humanistes italiens et l'imprimeur fameux Paul Manuce. C'est chez lui qu'il publia des éditions annotées de Térence (1555), des *Catilinaires* (*) de Cicéron (1557), de Catulle, de Tibulle, de Properce (1558) et d'Horace (1561). Ces ouvrages se ressentent de la hâte avec laquelle ils ont été composés. Au début de 1559, Muret fut appelé à Ferrare par le cardinal Hippolyte II d'Este qui fit de lui son secrétaire ; c'est à sa suite qu'il reviendra, pour la dernière fois, en France, en août 1561. Le cardinal le fit nommer en 1563 professeur de philosophie morale à l'université de Rome, où il devait enseigner jusqu'en 1584. Là, il choisit comme matière de son enseignement l'*Éthique à Nicomaque* (*) d'Aristote, sur laquelle il publia un intéressant commentaire (1571), ainsi que sur la *Rhétorique* (*) du même auteur, puis les *Pandectes* de Justinien. En 1572, Muret reçut du pape le titre envié de citoyen romain, et en 1576 entra dans les ordres. C'était alors un personnage considérable. Ses leçons sur les œuvres de Cicéron – il devait publier des commentaires sur le *De finibus* et le *De officiis* –, sur *La République* (*) de Platon, sur Sénèque, sur la *Politique* (*) d'Aristote ainsi que sur les historiens latins étaient fort courues. Poète apprécié, il fit paraître en latin un poème en l'honneur de Notre-Dame de Lorette (1572) et un livre d'hymnes (1576). Il était traité avec déférence par tout ce que la Ville éternelle contenait d'humanistes en résidence ou de passage. On sait qu'il reçut en 1581 la visite de son ancien élève Montaigne. En 1584, Muret se retira ; il mourut l'année suivante, laissant ses biens à un neveu qu'il avait fait venir à Rome pour s'y occuper lui-même de son éducation et à qui il dédia en 1578 un plan d'études, l'*Institutio puerilis*. Outre les très nombreux commentaires dont nous avons signalé au passage les principaux, Muret laissait des *Variae lectiones*, publiées à Venise en 1559, mais qui connurent de son vivant plusieurs éditions augmentées, et surtout des *Discours* [*Orationes*], œuvres inspirées par les circonstances, les leçons d'ouverture de ses cours, et des *Épîtres* (*), qui sont de loin ce qu'il a laissé de mieux.

♦ *« Marc-Antoine Muret que la France et l'Italie reconoist pour le meilleur orateur du temps. »* Montaigne.

RÉF. : Ch. Dejob, *Marc-Antoine Muret*, thèse, Paris, 1881. — G. Colletet, notice inédite sur *Marc-Antoine Muret*, publ. par Tamizey de Larroque, Paris, 1896.— Franck Delage, *Marc-Antoine de Muret, poète français*, Limoges, 1911. — R. Trinquet, « Recherches chronologiques sur Muret », *Bibl. d'Humanisme et Renaissance*, XXVII, 1965 ; « Un maître de Montaigne : l'humaniste limousin M.-A. Muret », *Bulletin de la Société des amis de Montaigne*, 1966, p. 3-17.

MURGER Henri. Écrivain français. Né et mort à Paris (24 mars 1822-28 janvier 1861). Fils d'un concierge originaire de Savoie et qui exerçait le métier de tailleur, il fit à Paris ses études primaires. Ayant l'esprit ouvert et la figure avenante, il obtint, tout jeune encore (1838) et grâce à M. de Jouy, d'entrer comme secrétaire chez le comte de Tolstoï, agent diplomatique de Russie : emploi peu rémunérateur (cinquante francs par mois) que, faute de mieux, il allait conserver pendant quelque dix années. Peu après la mort de sa mère (1840), il se vit brutalement mis à la porte par son père pour avoir dit que sa vocation était de devenir écrivain. Contraint de se réfugier dans une mansarde, il fit alors l'apprentissage de la misère, la « vie de bohème » dont il allait demeurer le chantre si longtemps. Il ne vécut qu'à force de prodiges : travaillant à l'excès, il tombait souvent malade, d'où ses fréquents séjours à l'hôpital Saint-Louis. Vers 1843, il fit, par chance, la rencontre d'Arsène Houssaye, alors directeur du journal *L'Artiste* et, par lui, fut mis en contact avec Gérard de Nerval et d'autres écrivains célèbres. Encouragé par l'accueil chaleureux dont il était l'objet, le jeune homme se plongea plus que jamais dans le travail. En 1847, il fit paraître dans *Le Corsaire* la plupart des morceaux de prose qu'il devait bientôt réunir en volume sous le titre de *Scènes de la vie de bohème* (*) (1848). Ayant obtenu d'emblée un succès considérable, il le vit grandir encore trois années plus tard, quand il fit représenter au théâtre des Variétés la pièce qu'il en avait tirée en collaboration avec Théodore Barrière (1851). Ayant assis de la sorte sa réputation, Murger ne fut plus en peine de placer partout sa copie, même à *La Revue des Deux Mondes* (*). Citons : *Le Pays latin* (1851), *Madame Olympe* (1852), *Les Vacances de Camille* (1852), *Le Dernier Rendez-vous* (1852), *Adeline Protat* (1853), *Les Buveurs d'eau* (1854), *Scènes de la vie de jeunesse* (1855). En 1855, il abandonna Paris pour se retirer à Marlotte, près de Fontainebleau. Bien que son état de santé fût toujours précaire, il écrivit *Propos de ville et de théâtre* (1856), *Le Roman de toutes les femmes* (1857) et *Scènes de la vie de campagne* (1857). Il mourut à l'hospice Dubois avant d'avoir atteint la quarantaine. Outre la pièce citée plus haut, il avait fait jouer *Le Bonhomme Jadis* (1852) et *Le Serment d'Horace* (1861). Mentionnons ses œuvres posthumes : *Le Roman d'un capucin* (1868), *Le Souper des funérailles* (1873), *Les Roueries d'une ingénue* (1874), et enfin le recueil de vers intitulé *Nuits d'hiver*, dont il corrigeait les épreuves le jour de sa mort, due à la gangrène.

RÉF. : J.-D. Maublanc, *Rétrospectives*, Paris, 1929. — G. Montorgueil, *Henri Murger, romancier de la bohème*, Paris, 1929. — Dr. Cabanès, *Autour de la vie de bohème*, Paris, 1938. — A. Warnod, *La Vraie Bohème de H. Murger*, Paris, 1947. — R. Baldick, *The First Bohemian*, 1961.

MURNER Thomas. Moine franciscain, poète, théologien et écrivain satirique allemand. Né le 24 décembre 1475 à Oberehnheim (aujourd'hui Obernai, Alsace), où il mourut en 1537, avant le 23 août. Il fut élevé au couvent des minorites de Strasbourg. Franciscain du tiers ordre depuis 1490, il prit les ordres en 1497, voyagea jusqu'en 1499, étudiant à Paris, Cracovie, Fribourg. Il réfuta la *Germania* de Wimpfeling dans sa *Nova Germania* (Strasbourg, 1502). En 1505 il reçut de l'empereur Maximilien la couronne des poètes. En 1506 il fut nommé docteur en théologie à Fribourg-en-Brisgau, puis en 1519 docteur en droit à Bâle, après avoir séjourné à Berne, Spire, Francfort, en Italie, à Strasbourg et à Trèves. Il accepta l'invitation à se rendre en Angleterre adressée par Henri VIII, dont il traduisit *Des sept sacrements* [*De septem sacramentis*, 1522] ; ensuite il fut représentant de l'évêque de Strasbourg au Reichstag de Nuremberg. Chassé d'Alsace par une révolte de paysans en 1525, il obtint une cure dans le canton de Lucerne, où il s'attaqua aux partisans de Zwingle, puis il alla à Heidelberg, obtint enfin la protection du prince électeur Louis de Palatinat et, à partir de 1533, il fut curé dans sa ville natale. Murner fut le plus violent orateur catholique du XVIe siècle. Adversaire acharné de Fischart et surtout de Luther, en qui il avait d'abord vu un compagnon de lutte contre les abus du clergé, il se montra sans pitié pour les catholiques eux-mêmes. Successeur de Brant, il le dépassa dans ses œuvres par la richesse de son imagination et la variété des formes qu'il utilise. Sa première œuvre est un *Traité sur la Vierge* [*Tractatus de immaculata Virginis conceptione*, 1499]. À partir de 1512 – *Exorcisme des fous* (*) –, il s'adonna presque exclusivement à la satire religieuse. La même année il écrivit *La Corporation des fripons*, où il fustige violemment les vices et les folies des hommes. En 1515, ce fut *Le Moulin de Schwyndelsheim et l'anniversaire de Gredt, la meunière* (+) ; en 1519, *Le Camp des fous* (*). Parmi ses nombreuses attaques contre Luther, citons *Du grand fou luthérien* (*) (1522). On lui doit aussi une traduction de Virgile (1515), des ouvrages scolaires de logique, de métrique et de droit. Une édition de ses œuvres choisies a été publiée en Allemagne en 1890. On lui attribue *Till Eulenspiegel* (*) (1515).

RÉF. : G. E. Waldau, *Nachricht von Th. Murners Leben und Schriften*, Nuremberg, 1775. – Th. von Liebenau, *Der Franziskaner Thomas Murner*, Fribourg-en-Brisgau, 1913. – M. Sondheim, *Murner als Astrolog*, Francfort-sur-le-Main, 1938. – J. Schutte, *« Schympff red ». Frühformen bürgerlicher Agitation in Thomas Murners « Grossern Lutherischen Narren »* (1522), Stuttgart, 1973.

MURRAY Margaret Alice. Anthropologue anglaise. Née le 23 juillet 1863, morte le 13 novembre 1963 à North Welwyn dans le Hertfordshire. Anthropologue – ou plus précisément archéologue –, cette spécialiste des fouilles a minutieusement étudié la sorcellerie en Europe occidentale, au Royaume-Uni et ailleurs. L'un de ses livres consacrés à ce sujet résume l'essentiel de ses recherches : *Le Dieu des sorcières* (*) (1952). L'auteur voit dans la sorcellerie une véritable religion, et en tout cas son ouvrage rassemble une surprenante masse de documents pour étayer cette thèse. Devenue centenaire, Margaret Murray écrivit une autobiographie au titre encourageant : *Mes cent premières années !*

MURRY John Middleton. Critique anglais. Né à Peckham le 6 août 1889, mort le 13 mars 1957 à Bury St. Edmunds. Comme il fut l'époux de Katherine Mansfield (ils se marièrent en 1913, elle devait mourir en 1923, et lui-même se remaria trois fois), certains ont vu en lui un veuf abusif, auquel on doit notamment : *Lettres de Katherine Mansfield* [*Letters of Katherine Mansfield,* 1928], *La Vie de Katherine Mansfield* [*The Life of Katherine Mansfield,* 1933], *Katherine Mansfield et autres portraits littéraires* [*Katherine Mansfield and Other Literary Portraits,* 1949], *Journal de Katherine Mansfield* [*The Journal of Katherine Mansfield,* 1954]. Critique littéraire, il se mouvait avec aisance dans l'histoire des lettres anglaises. Trois ouvrages de lui peuvent être consultés avec fruit : *Les Problèmes du style* (*) (1922), *Aspects de la littérature* (+) (1920), et surtout *Keats et Shakespeare* (+) (1925). Murry joua un rôle important dans la vie littéraire que connut Londres entre les deux guerres. Il fréquenta D. H. Lawrence sur lequel il écrivit un essai, *Fils d'une femme* (+) (1931). Il passe pour avoir été le modèle d'un personnage suave et ambigu dans *Contrepoint* (*) d'Aldous Huxley. En tout cas, il écrivit différents textes critiques qui mériteraient d'être recueillis. Il a laissé une autobiographie : *Entre deux mondes* [*Between Two Worlds,* 1935].

MUSCHG Adolf. Écrivain suisse d'expression allemande. Né le 13 mai 1934 à Zollikon (canton de Zurich). Des études de langues et littératures allemandes et anglaises, conclues en 1959 par une thèse de doctorat sur Ernst Barlach, le préparent à « vendre ses compétences » dans différentes universités étrangères (Tokyo, Göttingen, New York) où il s'expose et s'enrichit au contact du mouvement estudiantin de contestation qui déferle en ces années. À partir de 1970, il exerce à Zurich, où, parallèlement à ses activités d'écrivain, il s'engage dans une carrière politique, au sein du parti social-démocrate helvétique.

Son premier roman, *L'Été du lièvre* [*Im Sommer des Hasen*], paru en 1965, revêt une valeur paradigmatique pour l'ensemble de son œuvre : six jeunes intellectuels ont reçu au nom de la firme industrielle Inauen-Suisse une bourse d'études pour séjourner plusieurs mois au Japon, sans autre obligation que de partir « à la rencontre » du pays et de consigner leurs impressions pour une brochure qui servira le renom international de la firme ; un mois avant la fin de leur séjour, leur mentor – Bischof, responsable du service de publicité – vient recueillir leurs contributions pour envoyer un rapport au directeur, qui est en même temps son ami ; mais, au terme de ce rapport, il remet sa démission et propose pour lui succéder, parmi les six intellectuels, justement celui qui ne parvient pas à écrire une seule ligne. Tout ce qui fait la « manière » d'Adolf Muschg est déjà en place dans cette fable : brillante maîtrise d'une écriture distanciée, au second degré (le texte de Bischof ne fait que « réfléchir » celui des autres), à la limite de l'autoparodie, et en même temps inquiète, fragile, parce que fascinée par son envers, la confrontation avec la réalité. Esquive et engagement. La fiction par défaut, le réel en défaut. *L'Impossible Enquête* [*Albissers Grund,* 1974], à travers la « reconstitution » de la tentative d'assassinat du professeur d'anglais Albisser sur le « graphologue » émigré Zerutt, confirme que l'enjeu, dans cette dialectique négative, est bien le meurtre du père. Adolf Muschg retrouve cette dimension œdipienne vérifiée de manière exemplaire dans la biographie de *Gottfried Keller* (1977). Dans l'histoire banale de Martin et Anne – v. *Ce* *sera tout ?* (*) (1979) – se joue encore la même parabole sur le désir et la réalité. *Bayoun ou le Voyage en Chine* [*Baiyun oder die Freundschaftsgesellschaft,* 1980] nous ramène dans un cadre exotique, comme le premier roman : une délégation helvétique, composée à l'initiative du « célèbre écrivain » Samuel Rütter, mais placée sous la direction du professeur d'agronomie Hugo Stappung – tout est dans ce « transfert », voulu par l'écrivain lui-même –, se rend en République populaire ; dans les derniers jours du voyage, Stappung, l'un des deux « pères » du groupe, est retrouvé assassiné : « Un meurtre offre une chance de prendre les survivants sur le fait. Tous. Les prendre en train de faire quoi ? En train de survivre. » *La Lumière et la Clef* [*Das Licht und der Schlüssel,* 1984], enfin, comme le suggère le sous-titre, achève le « portrait de l'artiste en vampire ».

JEAN-JACQUES POLLET.

RÉF. : Renate Doris, *Adolf Muschg,* Munich, 1984.

MUSÉE. On ne sait rien de l'écrivain grec Musée, si ce n'est qu'il est l'auteur du poème *Héro et Léandre* (*). L'absence de témoignages à son sujet est telle qu'il a même été confondu avec le poète thrace légendaire du même nom, considéré comme le fondateur, avec Orphée, de la poésie héroïque. En réalité, un examen attentif de la langue du poème de Musée révèle qu'il est un disciple de Nonnos et suggère qu'il a été imité par Collouthos. Il a donc probablement composé *Héro et Léandre,* petit poème de 343 vers, entre 470 et 510 ap. J.-C. La parenté de sa langue avec celle de Nonnos laisse supposer qu'il était, comme ce dernier, originaire d'Égypte. Contrairement à Triphiodore et Collouthos, eux aussi d'origine égyptienne et auteurs de courts poèmes dans la postérité de Callimaque, Musée ne raconte pas un épisode de la guerre de Troie, mais une émouvante histoire d'amour.

OLIVIA RODARI.

RÉF. : Pierre Orsini, *Musée. Héro et Léandre,* Paris, 1968.

MUSELLI Vincent. Poète français. Né le 22 mai 1879 à Argentan (Orne) d'un père de souche corse et officier d'infanterie et d'une mère mancelle, mort à Clichy (Hauts-de-Seine) le 28 juin 1956. Successivement pensionnaire à Sainte-Croix du Mans et, à Paris, au collège Sainte-Barbe, il s'inscrit à la Sorbonne en vue d'une licence ès lettres et suit des cours de chinois aux Langues orientales. Il épouse une de ses camarades de faculté, professe quelque temps à Sainte-Marie de Monceau, puis noue ses premières amitiés littéraires : Adrien Bertrand, avec lequel il fonde *Les Chimères,* où paraîtront ses premiers poèmes ; André Salmon, qui l'accueille en 1910 aux *Nouvelles de la République des Lettres ;* Jean Paulhan, collaborateur du *Spectateur* de Gabriel de Tasde, où Muselli donne des essais philosophiques et dialectiques et des contes. Il fréquente aussi la jeune peinture, autour de Guillaume Apollinaire, et se lie avec André Derain, qui peint de lui un beau portrait. On lit et admire dans diverses autres revues, *Le Mercure de France* (*), *Les Marges, Vers et Prose, Les Facettes, La Muse française,* de belles strophes qu'il rassemblera quelques mois avant le conflit mondial sous le titre : *Les Travaux et les Jeux* (*) (1914). Ce mince mais substantiel recueil, où Muselli confère un prolongement original à ses aînés Jean Moréas et Maurice du Plessys, passa inaperçu jusqu'au jour de 1917 où le fielleux éreintement en paraît au *Mercure,* suivi de la signature « Interim » ; cet anonymat dissimulait Paul Léautaud, à qui le poète décoche une épigramme acérée : petite querelle qui expliquera l'absence de Muselli dans la prochaine réédition des *Poètes d'aujourd'hui* (1929). Demeuré silencieux pendant la guerre, il attend 1919 pour grouper en plaquette *Les Masques* (+), sonnets héroï-comiques. Trois ans après, son vieil ami et compatriote Frédéric Lefèvre, qui lui a consacré une étude prophétique (« Muselli sera un des maîtres de demain ») dans sa *Jeune Poésie française* parue en 1917, lui ouvre les colonnes des *Nouvelles littéraires.* C'est là qu'une partie des *Strophes de contre-fortune* (+), des *Sonnets à Phillis* (+), des *Sonnets moraux* (+), des *Sept ballades de contradiction* (+) commencent à toucher un nombreux auditoire. Les *Sonnets à Phillis,* madrigaux « sérieux » qui s'apparentent à Mallarmé plus qu'à Voiture et à Benserade, sont insérés dans *La Nouvelle Revue française* (*), puis paraissent en librairie (1930). Quant aux *Sonnets moraux,* la première grande œuvre de Muselli et l'avènement de sa seconde et définitive manière, ils voient le jour en 1932, dans *Le Correspondant,* et peu après sous forme de plaquette à faible tirage. On a vu, à juste titre, dans cette suite, un prolongement original des *Chimères* (*) de Nerval et de plusieurs pièces majeures des *Fleurs du mal* (*) de Baudelaire ; ainsi « Le Golgotha », « Le Dernier Jour » comptent parmi les sonnets royaux de la poésie ; ils font au surplus apparaître, et pour la première fois sans doute, un ardent mysticisme et une angoisse métaphysique que les œuvres antérieures, très païennes d'allure comme de thèmes, ne laissaient guère prévoir. Cependant, vers la même époque, Muselli achevait d'édifier son plus long poème, *Les Convives* (+), ode en vingt-quatre strophes de six octosyllabes : cette évocation des sages de l'Hellade, couronnée par un hymne à la poésie qui s'inscrit dans les astres pour atteindre à la « connaissance parfaite », se place au même niveau que *Le Cimetière marin* (*) de Valéry. Ce n'est qu'en 1943 que Muselli, toujours plus soucieux de créer que de publier, se décida à réunir ses vers épars en un volume compact (*Poèmes*). Mais ses plus admirables vers, composés entre ses soixantième et soixante-quinzième années, n'y figurent pas tous, tels les poèmes « Méditation » et « Les Douze Pas des Muses », qui le rangent au nombre de nos plus grands poètes chrétiens. De 1943 datent *Les Épigrammes* (+). Signalons enfin que Vincent Muselli avait écrit depuis sa jeunesse une dizaine de récits, étonnants par une syntaxe très neuve et par une affabulation tourmentée, et projetait de les grouper sous le titre de *Faits divers*.

YVES-GÉRARD LE DANTEC.

♦ *« Il avait ce charme d'être simple à tous comme s'il était égal au moindre... Bonhomie exquise, candeur malicieuse, chaleur de plaisir grande ouverte, notre Jean de La Fontaine se fût bien aimé en sa compagnie. »* Marie Noël. ♦ *« Ce poète, si discret, n'a point cherché à surprendre. Mais ce qu'il a fait, il l'a fait avec amour et patience, et il a su l'amener à une quasi-perfection. »* Marcel Arland.

RÉF. : Frédéric Lefèvre, *La Jeune Poésie française*, Paris, 1917. — Trois numéros spéciaux de *Points et contrepoints*, 1938-1957. — G. Walch, notice dans *Anthologie des poèmes d'hier et d'aujourd'hui*, Paris, 1939. — Yves-Gérard Le Dantec, *L'Œuvre de Vincent Muselli, souvenirs et commentaires*, Paris, 1944. — André Salmon, *Souvenirs sans fin*, Paris, 1955-56.

MUSET Colin. Ce trouvère dut vivre durant la première moitié du XIIIe siècle sur les confins du comté de Champagne et du duché de Lorraine. Il ne nous est connu que par une douzaine de chansons qui sont parmi les plus jolies que nous ait léguées le Moyen Âge — v. *Poésies* (*). Toute sa vie tient dans ces chansons qui, avec un aimable cynisme, nous montrent le ménestrel tantôt amoureux et tantôt parasite, mais toujours prêt à déguster un bon repas ou à voler un baiser. Colin Muset partait chaque printemps faire la tournée des châteaux, où il chantait, en s'accompagnant sur sa vielle, les exploits que nous content les vieux romans et les chansons que lui inspiraient amoureux, douces dames et belle saison. Il lui arrivait aussi de parler de sa femme, de ses enfants, de sa meschine (servante), de sa mule et de son valet, mais seulement pour réclamer le prix de ses vers, non qu'il fût avare mais parce qu'il aimait les chapons, le vin clairet, la vie errante et que sa famille attendait pour subsister l'argent de ses tournées. La fraîcheur de ses rythmes et de ses harmonies, qui donne à sa poésie une originalité remarquable, nous communique aussi un humour pourrait-on dire aigrelet qui ajoute encore à son charme, et dessine le visage narquois du ménestrel qui mêle sa vie à sa chanson pour que la chanson « alimente » sa vie. Pour une fois ce n'est pas un seigneur qui déclame ses amours passionnées mais un peu ampoulées, c'est un homme simple qui parle en termes simples sans trop se prendre au sérieux : « L'en m'apele Colin Muset : / J'ai mangié maint bon chaponet / Makcte haste et maint gastelet, / En vergier et en praetelet, / Et quant je puis hoste trover / Qui veut acroire et bien prester, / Adont me prens à séjorner / Selon la blondette au vis cler. » Colin Muset a pratiqué le lai, le descort et le salut d'amour. Joseph Bédier a publié, en 1912, ses « œuvres complètes » : elles ne comptent plus, hélas, que quinze chansons, encore l'authenticité de deux ou trois est-elle discutée. Quoi qu'il en soit, leurs claires rimes raviront toujours par leur jeunesse et leur simplicité.

♦ « [Muset compose] *une poésie en marge de la poésie courtoise comme sa vie est en marge de la société courtoise qui l'accueille et le paie.* » G. Paris.

RÉF. : *Colin Muset*, in *Histoire littéraire de la France*, t. XXIII, Paris, 1850. — J. Bédier, *De Nicolao Museto*, Paris, 1893. — A. Jeanroy, *Les Lais et descorts français au XIIIe siècle*, Paris, 1901. — J. Bédier, *Les Chansons de Colin Muset*, Paris, 1912. — J. M. Bernard, *Études et portraits*, Paris, 1923. — J. Frappier, *La Poésie lyrique française aux XIIe et XIIIe siècles*, Paris, 1954, p. 196-208. — M. Tyssens, « Colin Muset et la liberté formelle », dans *Hommage à J.-Ch. Payen*, Caen, 1989, p. 403-417. — J. Dufournet, *Anthologie de la poésie lyrique française des XIIe et XIIIe siècles*, Paris, 1989.

MUSHANOKÔJI Saneatsu. Romancier et auteur dramatique japonais. Né le 12 mai 1885 et mort le 9 avril 1976 à Tôkyô. De naissance aristocratique, il fréquente l'École des nobles, où il se lie notamment d'amitié avec Shiga Naoya. L'un et l'autre devaient jouer un rôle prépondérant dans la fondation en 1910 d'une revue littéraire, *Le Bouleau Shirakaba*, qui chercha à opposer au pessimisme sombre des naturalistes un humanisme fortement teinté d'utopie : Mushanokôji, qui tenta pour sa part, avec plus ou moins de bonheur, de créer des communautés villageoises modèles, consacra une œuvre abondante à illustrer, non sans quelque didactisme, une croyance assez paradoxale selon laquelle l'harmonie du genre humain passait par la libération radicale de l'individualité.

Sur le plan littéraire, le subjectivisme qui découla d'une telle conviction devait contribuer de façon décisive au développement du « roman à la première personne » [« watakushi shôsetsu »], dont la fortune fut considérable. On retiendra notamment à cet égard, comme autant de jalons au cours d'une longue et fertile carrière, *Le Naïf* (*) (1910), *L'Amour et la Mort* (1939) et *Maître-Sincère* (1949-1950), ainsi que, dans le genre dramatique, deux œuvres : *Vive l'humanité !* [*Ningen banzai*, 1922] et *Le Désir* [*Aiyoku*, 1926].

MICHEL WASSERMAN.

MUSIL Robert. Romancier autrichien. Né le 6 novembre 1880 à Klagenfurt (Autriche), mort le 15 avril 1942 à Genève. D'une vieille famille de fonctionnaires, d'officiers et d'ingénieurs, profondément enracinée dans cette « Cacanie » dont il parlera dans son grand roman, *L'Homme sans qualités* (*), avec une tendresse ironique, Musil se destine d'abord à la carrière des armes, qu'il abandonne ensuite pour entreprendre des études d'ingénieur. Nouvelle bifurcation : après une année d'assistanat à l'université technique de Stuttgart (1902-1903), il étudie la philosophie et la psychologie expérimentale à Berlin (1903-1908). Trois essais dans la vie donc qui seront aussi ceux de son double romanesque, Ulrich. Refusant l'habilitation après le succès de son premier roman, *Les Désarrois de l'élève Törless* (*) (1906), il choisit de vivre de sa plume, mais n'y réussit qu'à moitié. Le recueil de nouvelles *Noces* [*Vereinigungen*, 1911] est mal accueilli. Après la guerre, qu'il fait sur le front tyrolien – il s'en souviendra dans son remarquable récit *Le Merle* [*Die Amsel*], publié en 1936 dans un recueil de prose au titre humoristique d'*Œuvres préposthumes* (*) –, il lui faut accepter un poste à Vienne, tour à tour au ministère des Affaires étrangères et à celui des Armées (1919-1922). En 1921 paraît un drame, *Les Exaltés* (*) qui lui vaut le prix Kleist. Suivent en 1924 un nouveau recueil de nouvelles intitulé *Trois femmes* (*), en 1931 le premier tome de *L'Homme sans qualités* et en 1933 la première partie du second tome. Vivant depuis 1931 à Berlin d'où le chasse le nazisme (qui interdit bientôt ses livres), puis à Vienne encore, d'où Hitler le chasse derechef, enfin exilé en Suisse, il consacre les dernières années de sa vie, solitaire et oublié, à son grand œuvre : cette quête sans fin qu'est devenu son roman – comme en témoignent les *Journaux* (*). Il faut attendre les années 50 pour que la réédition du roman sorte Musil de l'oubli et que se lève sa gloire. Qu'il s'agisse de violences sadiques exercées dans le champ clos et ordonné d'une institution militaire *(Törless)*, de désordres amoureux *(Noces)* ou de la triple aventure mystérieuse du héros du *Merle*, les œuvres secondaires de Musil annoncent ou accompagnent l'expérience centrale de « l'homme sans qualités » : derrière la stabilité apparente des choses se cache un monde de possibles troubles et fascinants ; la réalité elle-même, fiction parmi d'autres, ne saurait prétendre à l'exclusivité. « Il pressent que cet ordre n'est pas aussi stable qu'il prétend l'être ; aucun objet, aucune personne, aucune forme, aucun principe ne sont sûrs... c'est pourquoi il hésite à devenir quelque chose » (chap. 62). « Chaque génération traite la vie qu'elle trouve à son arrivée dans le monde comme une donnée définitive [...] c'est une conception avantageuse, mais fausse. À tout instant, le monde pourrait être transformé dans toutes les directions [...] C'est pourquoi il serait original d'essayer de se comporter non pas comme un homme défini dans un monde défini [...] mais, dès le commencement, comme un homme né pour le changement dans un monde créé pour changer » (chap. 66). Le héros musilien est donc l'homme du possible, ouvert, disponible, sans préjugés ni tabous, mais sa disponibilité est tout le contraire du rêve et de « l'idéalisme des faibles » : c'est son intelligence aiguë et son regard acéré qui lui font discerner le caractère proprement factice de la « réalité » – les hommes vivent avec des mythes qu'ils appellent leur moi, leurs actes, leurs discours, toutes choses dont ils se croient propriétaires. Lui-même « était bien obligé de se dire que les qualités personnelles qu'il s'était acquises dépendaient davantage les unes des autres que de lui-même ; bien plus, chacune de ces qualités prises en particulier, pour peu qu'il s'examinât bien, ne le concernait guère plus intimement que les autres hommes qui pouvaient également en être doués » (chap. 39). Ainsi, le sentiment d'être un « homme sans qualités » – il faudrait dire « sans caractère propre » qui est la traduction exacte de « Eigenschaft » – et donc ouvert à toutes les expériences possibles, naît de l'expérience réelle qu'il s'est constituée « un monde de qualités sans homme », vaste théâtre où chacun joue une partie qu'il croit, à tort, la sienne. C'est dire que l'expérimentation du possible, « l'essayisme », comme dit Musil, ne sont pas dissociables d'un autre ressort essentiel du roman : l'ironie. Essayisme et comédie ne vont cependant pas tout à fait du même pas. La satire ironique des « hommes à qualités », négatifs d'Ulrich, de ceux qui vivent pleins d'eux-mêmes dans l'évidence des certitudes définitives et dans un monde qu'ils s'efforcent de croire éternel, occupe principalement le premier tome ; l'essayisme y joue en sourdine. Ni tout à fait satire de l'Autriche-Hongrie moribonde, ni comédie de l'homme abstrait et éternel, ce premier tome établit avec une rigueur impitoyable un diagnostic : le monde européen, celui du début du siècle, est malade et sur ce corps en décomposition poussent, comme une excroissance monstrueuse, les idéologies, les différents avatars de l'idéalisme. Ce n'est pas la pulsion des intérêts qui est, comme chez Balzac, au centre du roman, mais « la configuration intellectuelle de l'époque », le bouillonnement anarchique des chimères. D'où une galerie étonnante et inoubliable de personnages qui sont tous, à leur façon, des malades mentaux ; qui ont tous une lubie, une manie, un « point », comme dit Musil, plus ou moins fantoches, plus ou moins tragiques ; qui tous tentent comiquement ou désespérément de remplacer leur moi et leur monde défaillants par une chimère de totalité, un rêve de rédemption ou de la parole creuse. La force – et l'actualité – de Musil, c'est de montrer que l'irrationalisme, le goût du mystère et de l'intangible, les théories anti-intellectualistes et les mythes de régénération et de purification naissent sur les débris d'un monde et préparent les déchaînements de la barbarie. Cette grandiose entreprise de démystification avait, en 1930, valeur d'anticipation. L'orgie wagnérienne conduit aux désastres sanglants.

La seconde partie du roman, intitulée « Vers le règne millénaire, ou les Criminels », abandonne en partie le terrain de la comédie et celui des mensonges et donne à la quête musilienne de la « vraie voie » toute sa dimension : autre volet d'une entreprise double. Retrouvant une sœur depuis longtemps oubliée, Ulrich retrouve un autre lui-même et tous deux s'approchent, loin de la société, dans une sorte d'intimité à soi retrouvée de ce que Musil appelle « l'autre état », sorte d'en deçà du bien et du mal, d'âge d'or où s'abolissent les frontières, espace plein admirablement décrit. S'approchent seulement : car cette expérience « aux limites de l'impossible » d'un mysticisme sans Dieu reste pénétrée de raison ; l'intelligence aiguë en conçoit les limites, qui sont celles de la vie même, vouée à la répétition. La critique de l'expérience est au cœur de l'expérience elle-même et si l'ironie recule, elle n'est pas tout à fait absente. Le livre, ainsi, reste ouvert...

Le roman de Musil est inachevé non pas parce qu'un accident est venu brutalement interrompre la vie de son auteur, mais parce qu'il était, à proprement parler, inachevable. En face du roman traditionnel, « du roman à qualités », pourrait-on dire, doté d'un temps, d'un espace et de personnages bien « réels » et structuré par une histoire ayant un début et une fin, et fidèles au principe de causalité, Musil crée le roman du possible, « un roman sans qualités », ouvert et multivoque, ou, pour reprendre la formule de Philippe Jaccottet, remarquable traducteur du roman en français, « un essai de roman ». Ce n'est pas un des moindres mérites de Musil, même si c'est en général le moins souligné, que d'avoir montré que la forme du roman dit réaliste ne saurait, pas plus que le reste, prétendre à l'exclusivité. Certes, il n'est pas le seul et sa postérité en ce sens est assez nombreuse, mais il est l'un des premiers et, à coup sûr, l'un des plus grands. Le lecteur habitué aux histoires menées de bout en bout et aux ingrédients romanesques habituels sera ici déçu. Mais, au vrai, Musil a l'honnêteté de le prévenir, d'une façon quelque peu provocatrice. « D'où chose remarquable, rien ne s'ensuit », tel est le titre du premier chapitre, celui qui ouvre ce qui n'est qu'une « manière d'introduction ». Et l'intrigue bouffonne de l'« Action parallèle », qui forme vaguement charpente, c'est « Toujours la même histoire », un mécanisme à répétition, bien plus proche de la comédie que de l'intrigue romanesque. « L'histoire de ce roman, dit Musil, c'est que l'histoire qui devait y être racontée ne l'est pas. » Le roman commence en 1913, mais une série d'indications démontrent le caractère parfaitement aléatoire de cette affirmation ; le lieu est Vienne, mais le lecteur est prévenu : « Il ne faut donner au nom de la ville aucune signification spéciale » ; deux personnages sont présentés, mais leur identité n'est donnée que comme une hypothèse et une hypothèse d'ailleurs sans fondement ; le roman est agencé de telle manière que chaque figure est le possible d'une autre : Arnheim est le double comique d'Ulrich et l'idylle qui se noue entre le Prussien et Diotime est le reflet anticipé et grotesque de l'aventure d'Ulrich et de sa sœur. Ainsi, l'ironie vient saper les fondements sur lesquels repose toute construction réaliste, elle ouvre des brèches dans une forme menacée de sclérose et éveille les possibilités inexplorées qu'elle recèle. Il s'agit, ici aussi, de risquer l'héritage.

MICHEL VANOOSTHUYSE.

♦ *« Une entreprise poétique dont l'importance décisive pour l'évolution, l'élévation, l'enrichissement du roman allemand ne fait aucun doute* [...] L'Homme sans qualités *est un roman actuel, au sens le plus fort. »* Thomas Mann. ♦ *« Le domaine du grand auteur épique est et restera la Comédie humaine, au sens le plus large du terme. Robert Musil prend place parmi les auteurs d'épopée intégrale. Sa Comédie humaine embrasse le monde entier* [...] *C'est peut-être l'écrivain le plus exact de l'histoire de la littérature. »* Hermann Broch.

RÉF. : K. Dinklage, *R. Musil.* Leben, *Werk, Wirkung*, Hambourg, 1960. — E. Wilkins, *R. Musil*, Stuttgart, 1962. — G. Baumann, *R. Musil*, Berne, 1965. — *R. Musil*, L'Arc, 74, 1978. — P. V. Zima, *L'Ambivalence romanesque, Proust, Kafka, Musil*, Paris, 1980. — J. P. Cometti, *R. Musil ou l'Alternative romanesque*, Paris, 1985 ; *R. Musil : de Törleß à L'homme sans qualités*, Bruxelles, 1986. — A. Longuet-Marx, *Proust, Musil, partage d'écritures*, Paris, 1986. — M. L. Roth, *Musil, l'homme au double regard*, Paris, 1987.

MUSSET Alfred de. Poète français. Né à Paris, au seuil du quartier Latin, le 11 décembre 1810, mort le 2 mai 1857, également à Paris. Alfred de Musset appartenait, par son père comme par sa mère, à un milieu de solide culture littéraire, où le goût des vers bien faits et de la prose spirituelle demeurait chez les uns comme l'héritage précieux du siècle de Voltaire, tandis que le père même du poète gardait au cœur et communiquait à son fils le culte de Rousseau. Son enfance fut tranquille et régulière, animée d'études sérieuses, éclairée de vacances familiales dans la lumière douce du Vendômois, auprès d'un père respecté et affectueux, d'une mère aimante, dans un foyer uni et gai. Les bouleversements politiques de la France semblent n'avoir pas ébranlé la situation assez aisée de la famille. Musset enfant rima comme tant d'autres ; et peut-être ce goût naturel eût-il rapidement avorté si un de ses camarades de lycée, Paul Foucher, le beau-frère de Hugo, n'avait introduit le jeune poète dans le cénacle d'artistes et d'écrivains qui s'était groupé autour de celui-ci. Non certes que Musset fût un admirateur béat du Maître ; mais enfin, à dix-huit ans, il est flatteur de fréquenter ces jeunes athlètes qui accueillirent avec faveur la nouvelle recrue. Cependant on presse Alfred de Musset de choisir un métier et de s'y préparer. Il hésite : ses dons sont multiples ; il dessine fort joliment ; il goûte fort la musique. Il se fait étudiant en droit, puis étudiant en médecine. Décidément la poésie est sa seule vocation : on le laisse libre de s'y consacrer ; encore ne fait-il que s'y livrer à ses heures, sans grande volonté de percer, bien décidé, déjà, à ne pas forcer son talent. Nous avons conservé peu de chose de ces premiers essais ; ce sont des petits poèmes à la mode de 1826-1828 : de la couleur historique, du mystère, de la couleur locale, du macabre, des rythmes acrobatiques, toutes modes que pouvait emprunter au Hugo des *Odes et Ballades* (*), puis des *Orientales* (*) un jeune admirateur de son talent poétique ; mais aussi des madrigaux d'un style tout classique, de pures évocations grecques à la manière de Chénier, des couplets humoristiques. Rien de personnel ; rien d'intime du moins. Nulle teinte de mélancolie lamartinienne, de révolte byronienne ; rien qui pose ou suggère une idée philosophique ou morale. Ce qui frappe dans ces essais de débutant, écrits entre seize et dix-huit ans, c'est la maîtrise d'une facture aisée, l'élégance et la souplesse de la forme ; rien qui sente l'apprenti ; aucune gaucherie. Rare précocité. Si ces essais de jeune poète sentent si peu l'école, c'est que Musset est alors – comme il sera toujours – bien moins un homme de lettres qu'un homme du monde. Non pas un homme de salon ; les femmes qu'il fréquente sont moins maîtresses de maison désireuses de parer leur salon de jeune poésie que les amies de ses amis, jeunes personnes fort légères. Car ses amis ne sont point gens de lettres. Sans doute on le voit souvent aux soirées de l'Arsenal où l'aimable Nodier reçoit toute la jeunesse romantique ; mais ce ne sont là qu'excursions d'un jeune dandy en un milieu un peu étranger ; il trouve cependant le moyen d'y éblouir les dames par sa svelte élégance, tout en séduisant Vigny par son indépendance intellectuelle et Sainte-Beuve par la délicatesse d'une psychologie déjà perspicace. Ses vrais amis, cependant, ne sont pas de ceux-là ; c'est Alfred Tattet, riche, élégant, cultivé, menant joyeuse vie ; c'est Ulric Guttinger, âme plus romantique, auréolée par une passion malheureuse qui avait traversé comme un éclair une vie riche en plaisirs ; c'est le comte de Belgiojoso et le comte d'Alton-Shée. Avec eux, Musset va souper dans les plus élégants restaurants ; on comprend qu'auprès d'eux et sous leur influence le jeune poète si purement parisien ne puisse célébrer qu'une muse plus légère que chaste.

Les *Contes d'Espagne et d'Italie* (*) parurent en décembre 1829. On fut ébloui et scandalisé. Si peu de respect chez un débutant ! Tant d'ironie chez un disciple de Hugo ! Quoi ? Rien pour les âmes tendres et rêveuses ? L'auteur se moquait-il ? Et de qui ? Des romantiques, dont il semblait plaisamment exagérer les outrances ? Des bourgeois nourris de nos auteurs classiques, dont il heurtait tous les goûts ? N'avait-il donc point d'aventure de cœur qui l'ait ému ? Pourtant un premier grand amour lui avait révélé la duplicité féminine ; et cette trahison, il devait toujours en porter le souvenir dans l'âme. Il croira – et il écrira souvent – que cette première découverte avait définitivement ruiné sa faculté d'aimer ; depuis, un scepticisme douloureux se serait emparé de son cœur, une défiance invincible aurait gâté ses plus belles amours ; voilà ce que serait l'histoire de son cœur, telle que la racontent les premiers chapitres de la *Confession d'un enfant du siècle* (*). Ses vingt ans sont en tout cas singulièrement avertis ; et n'allons pas trop croire que cette trahison l'empêche seule de trouver le bonheur dans la confiance et l'abandon. Accusons-en plutôt les expériences d'une vie trop libre et d'amours passagères sans noblesse. Quoi qu'il en soit, le jeune poète n'avait eu garde d'exprimer sa souffrance dans ses vers ; s'il y parlait de lui, c'était sur un ton léger et détaché. Même scandale pour ses débuts au théâtre ; sa première pièce, *La Quittance du diable*, tirée d'un roman de Walter Scott, acceptée par le théâtre des Nouveautés en 1830, n'avait pas été représentée, on ne sait pourquoi. Mais, à la demande d'un directeur audacieux, il présenta au théâtre de l'Odéon une pièce en un acte qui fut jouée pour la première et unique fois le 1er décembre 1830, *La Nuit vénitienne* (*). Elle tomba sous les sifflets. L'auteur se jura de ne plus jamais affronter la représentation ; il devait tenir sa parole longtemps, sans cependant cesser pour cela de faire œuvre dramatique. *Un spectacle dans un fauteuil* (*) (1832) est un recueil formé, en effet, de deux pièces de théâtre en vers, délibérément injouables ; l'une d'entre elles, *La Coupe et les Lèvres*, est précédée d'une importante *Dédicace*, véritable manifeste littéraire, qui précise l'orientation classique de Musset déjà bien visible dans certains poèmes publiés isolément entre 1830 et 1832, comme *Les Secrètes Pensées de Rafaël, gentilhomme français* et *Les Vœux stériles*. Franck, le héros de *La Coupe*, représente, par contre, tout un côté romantique du Musset de 1830-1832 : dégoût de la débauche, scepticisme à l'égard de la femme et de l'amour, vague aspiration à un bonheur simple, mais conviction qu'il est trop tard et que l'amour pur et total ne peut plus refleurir en un cœur qui s'est abandonné au plaisir. C'est ce rêve de pureté que met en scène, paré du charme le plus exquis et de la poésie la plus gracieuse, l'autre pièce : *À quoi rêvent les jeunes filles* (*) ; la pureté perdue sur le plan de la vie, et dont le regret hante ce jeune homme de vingt-deux ans, est retrouvée sur le plan de l'art. Si la vie interdit désormais à l'homme de connaître cette fraîcheur du cœur, du moins l'artiste s'enchante et se console par l'imagination. *Namouna* (*), poème qui complète le recueil, porte, sous l'apparence d'une désinvolture audacieuse, la marque des inquiétudes de l'auteur. Ses expériences amoureuses, Musset tente de les justifier en montrant en don Juan le chercheur éternel de l'idéal féminin. On voit donc que l'œuvre de l'auteur est nourrie par sa vie intime, non par les circonstances de cette vie, mais par les aspirations ou les désespoirs les plus profonds de l'homme. Après une tentative pour se tourner vers le genre romanesque avec le *Roman par lettres* (1833), à peine ébauché, Musset revient au théâtre et publie dans *La Revue des Deux Mondes*, la même année, *Andréa del Sarto* (*) et *Les Caprices de Marianne* (*). La première pièce met en lumière le drame qui se pose dans la vie de Musset : Andréa, le grand peintre, follement épris de sa femme, sacrifie son art et son ambition à cet amour ; en sera-t-il récompensé au moins par la fidélité de celle qu'il aime ? Point du tout. Il perd et ses disciples qui désertent son atelier, et celle à laquelle il a tout sacrifié. Avec celui de la pureté perdue, le grand drame de Musset sera en effet celui des rapports de l'amour et de l'art. La seconde pièce illustre pour la première fois la conception pessimiste que l'auteur se fait de la femme, en tant qu'elle refuse l'amour par amour-propre et vain orgueil ; en même temps Octave, le libertin désabusé, et Célio, l'amoureux idéaliste, symbolisent les deux aspects du Musset de 1830-1833.

Le poème de *Rolla* (*), publié en août 1833, marque un tournant dans l'inspiration du poète lyrique. Sans doute quelques poésies avaient déjà exprimé discrètement la plainte d'un cœur malheureux ; aucune, comme le fait ce poème, ne révélait le désespoir de la foi perdue avec cette éloquence brûlante ; le lyrisme, de désinvolte, devenait grave et profond. Cependant le Musset gracieux, humoristique et frais survivait dans la pièce de *Fantasio* (*) ; il ne mourra jamais, mêlant ses entrechats, jusqu'en 1850, aux cris de l'angoisse ou aux gémissements de l'amour déçu. C'est dans les premiers mois de 1833 que Musset fit la connaissance de George Sand, déjà célèbre par ses premiers romans ; elle avait six ans de plus que lui. Il s'attache à elle pour deux raisons : il trouvait en elle, outre un type féminin d'une beauté accentuée, outre une intelligence forte et active, deux réponses aux besoins de sa nature morale. Par sa gaieté, sa fantaisie, la liberté de ses manières, la poésie audacieuse de sa vie, elle attirait l'homme de plaisir, l'artiste fantaisiste, si jeune de manières et d'imagination. D'autre part, Musset crut trouver en elle la femme qui méritât un grand amour, qui le rendrait à nouveau capable d'aimer, qui l'arracherait, par l'amour, à la vie de plaisir dans laquelle, par désespoir, disait-il, il se plongeait. Ils furent amants fin juillet 1833 ; c'est dans la seconde moitié d'août qu'il faut placer le séjour à Fontainebleau, où Musset effraya George Sand par la crise nerveuse qui s'empara de lui, en pleine nuit et en pleine forêt. Ils partirent ensemble pour l'Italie le 12 décembre et arrivèrent à Venise, par Gênes et Pise, le 30. Au début de février 1834, Musset tomba gravement malade – une fièvre typhoïde sans doute. Il quitta Venise le 29 mars, guéri, mais faible encore, et portant au cœur une cruelle blessure. En effet, si, en fait, et dès le début du voyage, les liens s'étaient distendus entre les deux amants, l'amitié remplaçant d'un commun accord l'amour sensuel qui les avait unis, Musset, malgré cet accord, ne pouvait se résoudre à rendre à sa compagne sa liberté. Certes, lui-même ne se faisait pourtant pas faute d'user de la sienne avec des femmes de rencontre ; mais lorsqu'il surprit la liaison qui s'était établie entre George Sand et le jeune médecin italien Pagello, il souffrit profondément. Cependant rien de plus confiant et de plus chaleureux que la correspondance qu'ils échangèrent après le départ de Musset ; meurtri, sans doute, autant par la maladie que par la rupture, celui-ci mène quelque temps à Paris une vie partagée entre les vains plaisirs retrouvés et une mélancolique solitude. Il écrit à George Sand qu'il l'aime toujours – et cela est vrai – et que cet amour est assez désintéressé pour admettre Pagello. Elle lui écrit en mère et en sœur. Elle revient à son tour ; ils se revoient pour un dernier adieu et Musset part pour Bade fin août 1834. En juillet avait paru *On ne badine pas avec l'amour* (*), pièce terminée après le drame de Venise, et très proche non pas des détails concrets de l'aventure, mais des états d'âme des amants. Fin août paraissait la deuxième livraison, en deux volumes, de *Un spectacle dans un fauteuil*, contenant les pièces publiées en revue, un inédit, *Lorenzaccio* (*), le chef-d'œuvre dramatique de Musset, nourri de son expérience psychologique, inspiré, autant que par la chronique italienne, par son scepticisme devant la vie et devant la politique, par le désespoir de sa pureté perdue, par la conviction que l'échec de son amour et ce qu'il considérait comme l'échec de son œuvre venait de sa vie débauchée et sans idéal moral, par l'espoir qu'un chef-d'œuvre littéraire ou un grand amour sauveur (transposé en assassinat libérateur) viendrait le régénérer. Les amants se reprirent en octobre-novembre 1834, mais, traversée d'orages, cette reprise ne dura guère ; elle fut suivie d'autres aussi brèves. La séparation fut définitive en mars 1835. On a beaucoup exagéré le rôle tenu par sa liaison avec George Sand dans la vie et l'œuvre lyrique de Musset. Le roman autobiographique *La Confession d'un enfant du siècle* (1836) raconte cette aventure et en dégage la leçon morale et quasi historique, réunissant dans un faisceau logique les thèmes qu'orchestreront les poèmes de 1835-1838. Mais, outre que ce roman fait très large la part de la première aventure amoureuse, cause de la débauche à laquelle le héros s'abandonne, il met bien en lumière le caractère intellectuel et moral, beaucoup plus que sentimental, de la souffrance de cet « enfant du siècle ». D'ailleurs, après George Sand, d'autres femmes seront aimées par Musset ; l'amitié pour sa « marraine » Mme Jaubert se transforma en 1836 en une liaison amoureuse de quelques semaines, pour redevenir la plus solide des amitiés ; et nous trouvons l'écho de cet épisode dans *Emmeline* (*), dans la *Nuit de décembre* – v. *Les Nuits* (*) –, dans la *Lettre à Lamartine*, dans

Le Chandelier (*). Après la dame du grand monde, la grisette Louise ; cette brève liaison est le thème de *Frédéric et Bernerette* (*). En 1837, Aimée d'Alton, âgée de vingt ans, est sa maîtresse ; c'est elle la « belle maîtresse » de la *Nuit d'octobre* – v. *Les Nuits* –, la Béatrice du *Fils du Titien* (*). En 1838, Musset aima sans succès Pauline Garcia, sœur de la Malibran ; en 1839, il est l'amant de la jeune et déjà célèbre actrice Rachel ; en 1840, il aime la froide et ardente princesse Belgiojoso, qui l'attire mais se refuse. Enfin ses orageuses liaisons, en 1849, avec l'actrice Mme Allan, en 1852 avec la poétesse Louise Colet, sonnèrent le glas de ses aventures amoureuses, sinon sensuelles ; il avait trente-neuf ans. Ainsi Musset reste après l'aventure avec George Sand tel qu'il avait été auparavant, chercheur d'amour pour s'arracher à la débauche, débauché pour se consoler de son impuissance d'aimer.

Le cycle du lyrisme personnel qui s'ouvre en août 1833 n'est donc qu'en partie consacré à George Sand. Ce sont d'abord les six pièces adressées expressément à celle-ci, et publiées posthumes, datées du 2 août 1833 au 10 janvier 1835, peu connues et si belles ; c'est ensuite le cycle des *Nuits* (*), comprenant, outre *Les Nuits*, la *Lettre à Lamartine*, l'*Espoir en Dieu, Souvenir*, de 1835 à 1841. Ces pièces lyriques sont loin d'être essentiellement amoureuses ; le vrai sujet en est l'incidence de l'amour et de la souffrance sur la création poétique ; dans ce choix entre le cœur et l'esprit, entre l'amour et la création artistique, entre la vie et l'art, après avoir longtemps cru à la valeur fécondante de l'amour et de la souffrance, après avoir longtemps débattu les rapports de ces deux pôles de l'idéal humain, en vers et en prose – *À mon ami Édouard B.* (1832), *Le Fils du Titien* (1838), *Le Poète déchu* (1839), *Une soirée perdue* (1840), *Après une lecture* et *Sur la paresse* (1842) –, Musset choisira délibérément la vie. Ce choix tragique aura été en tout cas le problème capital, le centre véritable de la vie intellectuelle et sentimentale de Musset. Sa grande production lyrique se termine au plus tard en 1838 ; il a vingt-huit ans ; il vivra encore vingt ans ; la plupart des pièces postérieures à cette date seront des œuvres courtes et légères. Sur le plan dramatique, même ralentissement marqué. Sans doute *Barberine* (*) (1835), *Le Chandelier* (1835), *Il ne faut jurer de rien* (*) (1836), *Un caprice* (*) (1837), sont de charmantes réussites ; on conviendra que ces bluettes ont singulièrement moins d'ampleur et de richesse que les œuvres dramatiques antérieures. Après 1837, les pièces se font plus rares, et de bien moindre valeur, de moindres proportions encore : *Il faut qu'une porte soit ouverte ou fermée* (*) (1845), *Louison* (1849), la seule pièce avec *La Nuit vénitienne* (1830) et *Bettine* (1851) écrite directement pour le théâtre, et si médiocre !, *Carmosine* (*) (1850), *On ne saurait penser à tout* (1851). Poésies lyriques, roman autobiographique, pièces de théâtre ne constituent pas l'œuvre entière de Musset. Il faut y ajouter les *Nouvelles et Contes*, au nombre de douze, publiés, les onze premiers de 1837 à 1845, le dernier, *La Mouche*, en 1853 ; narrateur aisé et sans prétention, Musset écrit ses œuvres hâtivement, pressé par le besoin d'argent ; il y reste fort classique ; malgré sa répugnance à l'égard des nécessités de l'affabulation, il a donné là des œuvres qui prouvent simplement qu'il joignait au génie le talent. On a réuni sous le nom de *Mélanges de littérature et de critique* (*) divers écrits en prose, parfois fort intéressants ; ce sont des articles consacrés à des questions d'art et de littérature. On y découvre en Musset une intelligence fine, une rare indépendance de jugement, un goût très sûr : dans ce domaine l'œuvre la plus connue demeure les *Lettres de Dupuis et Cotonet* (*) sur le romantisme ; mais *De la tragédie* et *Un mot sur l'art moderne* sont les plus riches en pensée esthétique. Alfred de Musset fut élu à l'Académie française le 12 février 1852 ; il mourut le 2 mai 1857. Peu de personnes accompagnèrent son corps au cimetière.

Ce paresseux a laissé une œuvre considérable ; l'étonnant dans son cas est que le meilleur et le plus profond de cette œuvre a été écrit entre dix-neuf et vingt-huit ans. On ne peut que s'étonner de la précocité non seulement de son talent de poète, mais surtout de sa connaissance de l'homme. Relativement rédigé dans sa grande période de création, il pourra cependant voir naître sa gloire, surtout à partir de 1850. Il reste par son éloquence, sa chaleur, sa sensibilité, celui de nos poètes romantiques qui parle le plus directement au cœur, un des plus modernes, malgré l'imperfection de la forme, par le drame moral et intellectuel qu'il a vécu ; son théâtre, longtemps méconnu, a trouvé au XXe siècle une audience considérable et presque unique. En particulier, au cours des années 1920-1935, aucun auteur français n'a eu autant de représentations d'œuvres différentes. Ce succès tient à ce fait que, débarrassé des contraintes matérielles de la représentation, Musset a pu devancer son temps et donner en toute liberté à son œuvre dramatique la fantaisie, la profondeur ou la justesse d'observation que demande le public moderne.

PHILIPPE VAN TIEGHEM.

♦ *« Dans notre temps ni dans aucun temps la poésie intime, personnelle, de quelque nom qu'on la désigne, n'a rien de préférable, je dirais presque de comparable aux* Stances à la Malibran, à Lucie, *à* Pâle étoile du soir, *à* J'ai dit à mon cœur, *et surtout aux immortelles* Nuits. *Là les imperfections matérielles, les négligences de détail, les rimes insuffisantes, disparaissent dans le sentiment poétique, dans l'idéale beauté... »* A. de Pontmartin, 1866. ♦ *« Nous le savons tous par cœur... Y eut-il jamais accent plus vivant et plus vrai ? Celui-là au moins n'a jamais menti. Il n'a dit que ce qu'il sentait. Il a pensé tout haut. Il a fait la confession de tout le monde. On ne l'a point admiré, on l'a aimé ; c'était plus qu'un poète, c'était un homme... »* Taine, 1869. ♦ *« Il a dû à ces heures d'orage et de douloureuse agonie de laisser échapper en quelques*

Nuits *immortelles des accents qui ont fait vibrer tous les cœurs, et que rien n'abolira. Tant qu'il y aura une France et une poésie française, les flammes de Musset vivront...* » Maxime Du Camp, 1883. ♦ « *Excepté à l'âge de la première communion... je n'ai jamais pu souffrir ce maître des gandins, son impudence d'enfant gâté, qui invoque le ciel et l'enfer pour des aventures de tables d'hôte, son torrent bourbeux de fautes de grammaire et de prosodie.* » Baudelaire. ♦ « ... *L'amour a trouvé le chemin de ce cœur de dandy ! C'est ce supplice qu'il a « crié » dans ses vers, et c'est la sincérité, c'est l'éloquence du cri qu'il a poussé, c'en est l'accent d'entière vérité qui assurent à jamais la durée de la* Lettre à Lamartine, *des* Nuits, *du* Souvenir. » Brunetière. ♦ « *La vie d'Alfred de Musset fut élégante et vulgaire... Mais ce qui ne l'est point, ce fut son génie, son génie tout en âme, le plus puissamment humain et le plus puissamment moderne, le plus nous tous enfin, qui ait jamais existé.* » Barbey d'Aurevilly, 1877.

RÉF. : Lafoscade, *Le Théâtre d'Alfred de Musset*, Paris, 1901. – Valentine Brunet, *Le Lyrisme d'Alfred de Musset*, Toulouse, 1932. – Pierre Gastinel, *Le Romantisme d'Alfred de Musset*, Paris, 1933. – J. Pommier, *Variétés sur Alfred de Musset*, Paris, s.d. – John Charpentier, *Alfred de Musset*, Paris, 1938. – Philippe Van Tieghem, *Alfred de Musset, l'homme et l'œuvre*, Paris, 1945. – Maurice Allem, *Alfred de Musset*, 2ᵉ édit., Paris, 1948. – Émile Henriot, *Alfred de Musset*, Paris, 1953. – J. P. Richard, *Études sur le romantisme*, Paris, 1971. – B. Masson, *Musset et le théâtre intérieur*, 1974. – Y. Lainey, *Musset ou la difficulté d'aimer*, Paris, 1978.

MUSSET Paul Edme de. Écrivain français. Né et mort à Paris (7 novembre 1804-14 mai 1880). Frère aîné d'Alfred de Musset, il fit ses études au collège Charlemagne et ne débuta dans la littérature qu'après les premiers succès de son frère. Il publia de nombreux romans et recueils de nouvelles : *La Table de nuit, équipées parisiennes* (1832), *La Tête et le Cœur* (1834), *Anne Boleyn* (1836), *Les Nuits italiennes* (1848), *Le Maître inconnu* (1852), etc., mais réussit mieux dans les reconstitutions du passé et l'histoire anecdotique avec *Les Femmes de la Régence* (1841), *Les Originaux du XVIIᵉ siècle* (1848), etc. À partir de 1848, Paul de Musset tint brillamment la chronique dramatique du *National.* Malgré une œuvre abondante, il serait cependant complètement oublié sans son roman intitulé *Lui et Elle* (*) (1859), réplique à George Sand, qui fut dictée à Paul de Musset par la véritable vénération qu'il portait à son frère. On lui doit également une *Biographie d'Alfred de Musset.*

RÉF. : Barbey d'Aurevilly, *Les Œuvres et les Hommes. Les romanciers*, Paris, 1865. – Notice sur Paul de Musset in *Polybiblion*, 2ᵉ série, t. XII, juillet-décembre 1880. – M. Beauvilliers, *Les Célébrités de Patay*, Châteaudun, 1894.

MUSSOLINI Benito. Homme d'État et journaliste italien. Né à Dovia di Predappio (Émilie) le 29 juillet 1883, mort à Guilino di Mezzagra (Lombardie) le 28 avril 1945. Issu de l'une des régions les plus anarchisantes d'Italie, instituteur dès 1901, il exerce d'abord son métier en Suisse, d'où il est expulsé (1902), puis, après un intermède en Italie, dans le Trentin encore autrichien, d'où il est également expulsé (1909). Membre du parti socialiste, il assume à partir de 1912 la rédaction en chef de l'*Avanti*, puis, préconisant l'entrée en guerre de l'Italie auprès des Alliés, il est exclu du parti, fonde son propre journal, *Il popolo d'Italia* et, engagé volontaire, est blessé en 1917. Deux ans plus tard, il participe à la création des « faisceaux » d'anciens combattants, s'assurant, grâce à son journal, la primauté au sein du mouvement qu'on nommera « fasciste ». Député de Milan en 1921, il devient l'année suivante Premier ministre et instaure une dictature qui durera vingt ans : on en connaît les suites et la conclusion misérable. Du temps de son « règne », on a publié de nombreux volumes contenant ses discours et proclamations (dont il était fort prodigue) et qui concernent spécifiquement ses activités gouvernementales – v. *La Doctrine du fascisme* (*) (1936) – un avant-goût en ayant été donné dès 1921, avant même la « marche sur Rome », avec ses *Discours politiques* [*Discorsi politici*]. Au nombre de ses publications de jeunesse, on compte *Le Trentin vu par un socialiste* [*Il Trentino visto da un socialista*, 1911], ainsi que deux essais sur Jean Huss (1913) et sur Jean Jaurès (1917), et, daté d'avant 1914, un méchant roman-feuilleton *La Maîtresse d'un cardinal.* Toutefois, c'est dans *Mon journal de guerre* [*Il mio diario di guerra*, 1923] que l'on peut trouver une expression plus efficace de sa personnalité, et surtout dans son œuvre de journaliste, sans doute largement démagogique, mais non dépourvue d'une alacrité nerveuse, notamment dans *Batailles journalistiques* [*Battaglie giornalistiche*, 1927] : nulle cohérence idéologique sans doute, dans le passage de l'extrême gauche à l'extrême droite, du républicanisme à la stricte observance monarchiste, mais quelque talent au service (partial et ambitieux) de l'« histoire immédiate ». Au temps de l'agonie de la « Républiquette » de Salò, Mussolini reprendra sa plume de journaliste, dans le *Corriere della Sera*, et ses derniers articles seront réunis dans *Le Temps du gourdin et de la carotte* [*Il tempo del bastone e della carota*, 1944].

RÉF. : G. Carocci, *Storia del fascismo*, Milan, 1963. – G. B. Furiezzi, *Sorel et l'Italia*, Messine-Florence, 1975. – E. Gentile, *Le Origini dell'ideologia fascista, 1918-1925*, Bari, 1975. – A. Simonini, *Il linguaggio di Mussolini*, Milan, 1978.

MUTANABBĪ (al-) Abū l-Ṭayyib Aḥmad, dit. Poète arabe. Né en 915 à Kūfa (Bas-Iraq), mort en 965 près de Bagdad. D'origine très modeste, il fit son premier apprentissage de poète auprès des Bédouins du désert d'Iraq et de Syrie, comme c'était alors la coutume. C'est à l'occasion de ce séjour qu'il se serait trouvé à la tête d'une rébellion millénariste ; cet épisode, assez mal connu, lui valut son surnom d'al-Mutanabbī, « celui qui se fait passer pour prophète ». Après un court séjour en prison, il entama une carrière de poète de cour, tout d'abord auprès de Sayf al-Dawla al-Ḥamdānī, émir indépendant d'Alep, à qui il dédia quelques-uns de ses plus beaux panégyriques, puis de l'eunuque Kāfūr, gouverneur d'Égypte, et enfin de plusieurs princes būyides d'Iraq et d'Iran. Cependant, son caractère orgueilleux et difficile, ses vastes ambitions et la haute idée qu'il se faisait de son art lui valurent des brouilles retentissantes avec la plupart de ses protecteurs, dont il traîna certains dans la boue après les avoir adulés. Il semble en fait qu'il ne se soit guère satisfait du rôle subalterne de louangeur à gages qui était alors celui des poètes professionnels. La figure à laquelle il s'identifie dans ses vers est celle du chevalier-poète de l'époque archaïque, dispensateur de l'éloge et du blâme, gardien des valeurs bédouines traditionnelles. C'est d'ailleurs par fidélité à cet idéal qu'il mourut : attaqué par un parti de Bédouins pillards sur la route de Chiraz à Bagdad, il refusa de fuir et périt en combattant, pour ne pas faire mentir son orgueilleuse devise : « Les chevaux et la nuit, et la steppe connaissent mon nom, et la lance et le sabre, et le parchemin et la plume. » Chantre de l'arabité héroïque des « temps barbares », al-Mutanabbī est le plus célèbre des poètes arabes classiques, et sans doute aussi le plus grand. Bien qu'il ait pratiqué tous les registres poétiques, ce qui était alors indispensable pour être reconnu pour un poète de premier plan, c'est surtout dans les genres « sérieux » de la poésie d'apparat qu'il a excellé, et notamment dans le panégyrique [madīḥ], dont il est le maître incontesté et qui constitue la partie la plus importante et la plus significative de son *Dīwān* (*). Mais certains de ses vers les plus célèbres et les plus admirés sont ceux où le poète s'exprime à la première personne, retrouvant le vieux registre bédouin du « poème d'orgueil » [fakhr] ou encore ceux où il expose, sous la forme de « maximes » [ḥikma], sa morale héroïque et hautaine, empreinte d'un profond pessimisme existentiel et qui, par-delà l'islam auquel il ne doit rien ou presque, rejoint l'inspiration des *Mu'allaqāt* (*).

JEAN-PATRICK GUILLAUME.

MUTIS Alvaro. Écrivain colombien. Né à Bogota le 25 août 1923. En 1925, son père, diplomate, est nommé premier secrétaire d'ambassade en Belgique ; il passe son enfance à Bruxelles et fait ses études primaires chez les jésuites, au collège Saint-Michel. De retour en Colombie après la mort de son père (1933), il vit à Bogotá avec sa mère et, durant les vacances, dans une plantation de café et de canne à sucre appartenant à ses grands-parents maternels, Coello. Ces terres chaudes, situées sur les derniers escarpements de la cordillère centrale, à la confluence de deux fleuves du Tolima, le Cocora et le Coello, seront le cadre géographique futur de son œuvre romanesque. À Bogotá, où il prépare le baccalauréat au colegio mayor de Nuestra Señora del Rosario, il a pour professeur de littérature le poète Eduardo Carranza, qui l'encourage à écrire. En 1942, il se marie avec Mireya Durán (qui lui donne trois enfants dont le poète Santiago Mutis Durán). Ses premiers poèmes paraissent dans *La Razón* et le supplément littéraire dominical de *El Espectador* de Bogotá, dirigé par Eduardo Zalamea Borda. C'est ce supplément qui présente en 1945 le poème « La Prière de Maqroll el Gaviero », le futur protagoniste de ses romans. En 1948, il publie avec Carlos Patiño un cahier de poésies intitulé *La Balance* [*La balanza*], et en 1953, à Buenos Aires, Rafael Albertí et Guillermo de Torre incluent dans leur collection « Poetas de España y América » le recueil *Les Éléments du désastre* [*Los elementos del desastre*]. En 1956, après un séjour au Chili où il s'est remarié avec María Luz Montané (qui lui donne une fille), il s'installe à Mexico. Octavio Paz ayant commenté chaleureusement son œuvre, le Mexique s'intéresse à la publication de *Journal de Lecumberri* [*Diario de Lecumberri*, Veracruz, 1960] et des poèmes écrits dans ce pays, *Les Travaux perdus* [*Los trabajos perdidos*, Mexico, 1964]. En Espagne, *Somme de Maqroll el Gaviero* [*Summa de Maqroll el Gaviero*] réunit en 1973 toute l'œuvre poétique et, à Buenos Aires, *La Maison d'Araucaíma* [*La mansión de Araucaíma*], toutes les nouvelles. Les « fantômes » de ses « lectures avides et désordonnées d'adolescent à Coello, nés en bonne partie dans les recoins de l'Occident et de la décadence dorée de Byzance, toujours enveloppés du halo tiède des caféières » et qui le « visitent avec une assiduité inexorable », lui inspirent la plupart des poèmes de *Caravansary* (1982), *Les Émissaires* [*Los emisarios*, 1984] et *Chronique royale et Louange du royaume* [*Crónica Regia y Alabanza del Reino*, Madrid, 1985, dédiée à Philippe II et à sa cour]. Durant vingt-trois ans, Mutis, qui représente les firmes cinématographiques américaines 20th Century Fox et Columbia Pictures, voyagera à travers l'Amérique latine, accumulant les expériences qu'il prête à son héros Maqroll el Gaviero dans sa trilogie romanesque : *La Neige de l'amiral* (*) (1986), *Ilona vient avec la pluie* (*), *Un bel morir* (+) (1989), dans *Amirbar* (1990) et, plus secondairement, dans *La Dernière Escale du Tramp-Steamer* [*La última escala del Tramp Steamer*, 1988]. Nouveau mariage, en 1966, avec Carmen Miracle.

CLAUDE COUFFON.

MUWAYLIḤĪ (al-) Muḥammad. Critique et essayiste égyptien. Né au Caire en 1858 et mort à Ḥulwān le 28 février 1930. Fils d'un journaliste proche du khédive Ismaïl, il entre à l'université traditionnelle musulmane d'al-Azhar, puis participe au mouvement antibritannique de 1882. Il entreprend ensuite des voyages d'études en Europe, devient fonctionnaire et collabore, entre autres, au *Flambeau de l'Orient* [*Miṣbāḥ al-sharq*], hebdomadaire de son père. Lié avec les réformistes, il évolue dans un milieu matériellement et intellectuellement favorisé, soucieux d'une évolution capable de concilier la foi et le progrès. Son ouvrage le plus célèbre reste *Le Propos de 'Isā ibn Hishām* (*), satire stimulante de l'Égypte d'alors, incapable de préserver son identité face aux tentations matérielles de l'acculturation occidentale.

BERNARD MOUSSALI.

MYKLE Agnar. Romancier et nouvelliste norvégien. Né le 8 août 1915 à Trondheim. Traînant encore derrière lui la sulfureuse réputation du pornographe qui dut rendre des comptes à la justice, il est, dans la Norvège de l'après-guerre, le grand pourfendeur d'un puritanisme omniprésent. Mais il est, en même temps, l'auteur qui sait trouver les mots les plus justes pour décrire la fiévreuse quête d'identité, la révolte et les aspirations d'une jeunesse solitaire, impuissante, inhibée, ployant sous le poids d'un sentiment de culpabilité éprouvé depuis toujours. Unanimement saluée par la critique, sa première œuvre, le recueil de nouvelles *L'Échelle de corde* [*Taustigen,* 1948], contient déjà tous ces thèmes, et l'auteur traduit avec une particulière intensité l'ampleur de la désillusion que peut provoquer l'irruption de la réalité dans un monde idéalisé par le rêve. Après le roman *Voleur, voleur tu t'appelleras* [*Tyven, tyven skal du hete*, 1951], où il fustige une forme de voyeurisme social qui porte atteinte à l'intégrité de la vie privée, l'auteur élargit son propos en publiant ses deux romans d'apprentissage *Lasso tourne autour de dame Luna* (*) (1954) et *Le Chant du rubis rouge* (*) (1956). C'est le dernier qui lui valut un retentissant procès. Du reste de sa production, on retiendra surtout *Largo* (1967), un bref recueil de nouvelles où, au-delà de thèmes parfois scabreux, l'auteur montre une subtile compréhension du monde troublé de l'adolescence.

ÉRIC EYDOUX.

MYRDAL Gunnar. Économiste suédois. Né en 1898 dans un village, à Sovarbo, et mort en 1987. Il fait des études de droit avant de se tourner vers l'économie. Il devient professeur à l'université de Stockholm. Il y impulse, dans ces années 30, l'École de Stockholm, dont une partie des découvertes convergent avec celles de Keynes. Son ouvrage théorique majeur, à cette époque, est *L'Équilibre monétaire* (1931) ; il remet en cause les postulats classiques et prône, face aux difficultés économiques, des solutions interventionnistes. Déjà Myrdal est un économiste engagé. Il entame une carrière politique, se fait élire sénateur social-démocrate au parlement suédois. Il est obligé, pendant la guerre, de s'exiler aux États-Unis. À son retour, il devient ministre du Commerce (1945-47), puis haut fonctionnaire international, secrétaire exécutif de la commission économique des Nations unies pour l'Europe. Sa mission l'amène à parcourir le monde. C'est alors qu'il focalise sa réflexion sur les problèmes de développement. Il acquiert en particulier une très bonne connaissance des problèmes de l'Asie. Convaincu de la nocivité et de l'hypocrisie du libéralisme face au sous-développement, il prône une mobilisation des États et du sentiment nationaliste pour lutter contre les blocages institutionnels qui s'opposent au développement. Son ouvrage majeur est publié en 1963 : *Planifier pour développer : de l'État-providence au monde-providence* (*). Myrdal est un pionnier de la reconstruction d'autres rapports Nord-Sud. Il faut lutter pour recréer un nouvel ordre international. En 1974, il partage avec Hayek le prix Nobel d'économie « pour leurs travaux de pionniers sur la théorie des fluctuations économiques et monétaires et pour leur analyse pénétrante de l'interprétation des phénomènes économiques, sociaux et institutionnels ».

LUCETTE LE VAN-LEMESLE.

MYRDAL Jan. Écrivain et journaliste suédois. Né le 19 juillet 1927 à Stockholm. Auteur de pièces de théâtre et de romans, Jan Myrdal a cependant trouvé la notoriété en renouvelant la tradition du récit de voyage. *Le Carrefour des civilisations* [*Kulturers korsväg,* 1960], fruit d'un long périple en Afghanistan, démystifie les clichés de l'exotisme et donne une image non conventionnelle de ce pays. Un séjour en Chine lui inspire ensuite un ouvrage clé qui lui valut une renommée internationale : *Un village de la Chine populaire* [*Rapport från en kinesisk by,* 1963]. Sociologique dans sa démarche, ce reportage sur la Chine maoïste est constitué d'une série d'interviews avec les habitants et se veut un document à l'état brut, où le narrateur s'efface en évitant les commentaires personnels. Ce livre propulse Jan Myrdal sur l'avant de la scène et fait de cet intellectuel qui se réclame du marxisme la figure de proue des écrivains engagés suédois, inspirant des auteurs comme Sara Lidman et Göran Palm. Fort de ce succès, Jan Myrdal a poursuivi son enquête sur ce village entre 1970 et 1982 avec par exemple *Lieou Lin après la révolution culturelle* [*Kina. Revolutionen går vidare,* 1970]. Cette découverte de l'Orient a provoqué chez lui une prise de conscience qu'il exprime notamment dans ses *Confessions d'un Européen déloyal* [*Samtida bekännelser av en europeisk intellektuell,* 1964], réflexion pessimiste sur son sentiment de culpabilité en tant qu'Occidental. Polémiste redoutable, Jan Myrdal ne cesse d'exposer ses convictions militantes dans la presse suédoise. Regroupés en quatorze volumes – *Opinions* [*Skriftställning,* 1968-1987] –, ses articles révèlent ses dons de journaliste, ainsi qu'un goût immodéré pour la controverse et les débats parfois outranciers. Ses mémoires : *Enfance en Suède* (*) (1982), *Un autre monde,* 1984 et *Ma treizième année* (1989) ont également choqué le public suédois. Véritable institution de la vie culturelle en Suède, Jan Myrdal cache néanmoins des réserves d'humour derrière un certain dogmatisme, mais demeure un personnage décrié pour son esprit provocant et souvent impertinent.

MAY-BRIGITTE LEHMAN.

MYRIVILIS Stratis (pseud. de Efstatios Stamatopoulos). Journaliste et romancier grec. Né en 1892 à Skamnia (Mytilène ou Lesbos), mort le 19 juillet 1969 à Athènes. Ayant grandi à Lesbos, il manifeste très tôt ses penchants littéraires en envoyant, encore lycéen, des poèmes aux revues de l'époque. Par la suite, nommé instituteur en 1910, il collabore simultanément à plusieurs journaux de l'île ou de Constantinople et, après que quelques-uns de ses textes eurent été remarqués (par le père de Séféris, entre autres), il décide de vivre de sa plume et se rend à Athènes pour y suivre des cours de droit et de philosophie. Après quelques mois d'une vie difficile, à l'appel de Vénizélos, Myrivilis s'engage comme volontaire pour le front balkanique. Mais la défaite finale, la ruine de « La Grande Idée » déterminent chez lui des conceptions radicales qu'il affiche à son retour dans *La Cloche*, première publication entièrement rédigée en langue démotique, et dans un recueil de nouvelles, *Histoires rouges* [Κόκκωες 'Ιστοριὲς, 1915] qui le révèle d'emblée comme un écrivain réaliste, parfois même violent. C'est en feuilleton, édité par lui-même, que paraît d'abord *De Profundis* (*) (1924), premier exemple et chef-d'œuvre de la « littérature de guerre » en Grèce. Remanié et réédité en 1930 à Athènes, ce « journal de route » d'un simple soldat fait figure d'événement littéraire par une sensibilité et un ton inconnus jusqu'alors en Grèce. Entre-temps appelé dans la capitale pour y prendre la direction du quotidien *Démocratie*, Myrivilis publie en 1933 *L'Institutrice aux yeux d'or* ['Η δασκάλα Hε τα χενσά Hάτια], qui évoque avec humour les tribulations d'un soldat à son retour du front. Enfin, dernier volet de sa « Trilogie de la guerre », *Notre-Dame la Sirène* (*) (1950), peinture optimiste de la nouvelle existence des réfugiés dans un village de pêcheurs. Tout au long de sa vie, Myrivilis complète son œuvre romanesque par des recueils de nouvelles (une demi-douzaine, échelonnés de 1928 à 1959) qui se caractérisent par un grand souci formel autant que par le choix des thèmes : beaucoup de ces récits, quand ils ne sont pas centrés autour de l'enfance, se présentent comme des « Scènes de la vie de province ». Myrivilis a été nommé académicien l'année même où parut son dernier livre (1959).

GILLES ORTLIEB.

DANS LA MÊME COLLECTION

LITTÉRATURE

ALLAIS, Alphonse

Œuvres anthumes : A se tordre — Vive la vie ! — Pas de bile ! — Le Parapluie de l'escouade — Rose et Vert-pomme — Deux et deux font cinq — On n'est pas des bœufs — Le Bec en l'air — Amours, délices et orgues — Pour cause de fin de bail — Ne nous frappons pas —Le Captain Cap *(1 volume)*

Œuvres posthumes, 1877-1905 : Le Tintamarre — L'Hydropathe — Le Chat-Noir — Gil Blas — Le Journal *(1 volume)*

AVENTURES POUR TOUS LES TEMPS

Léon Cahun : La Bannière bleue — Edmond About : Le Roi des montagnes — Alfred Assolant : Aventures merveilleuses mais authentiques du capitaine Corcoran — Théophile Gautier : Le Capitaine Fracasse *(1 volume)*

BALZAC, Honoré de

Le Père Goriot — Les Illusions perdues — Splendeurs et misères des courtisanes *(1 volume)*

Lettres à Madame Hanska *(2 volumes sous coffret)* : *Tome 1* : 1832-1844 — *Tome 2* : 1844-1850

BARBEY D'AUREVILLY, Jules

Une vieille maîtresse — Un prêtre marié — L'Ensorcelée — Les Diaboliques — Une page d'histoire *(1 volume)*

BARRÈS, Maurice

Œuvres romanesques *(2 volumes sous coffret)* : *Tome 1* : Le Culte du moi — Du Sang, de la Volupté et de la Mort — Le Roman de l'énergie nationale — *Tome 2* : Amori et dolori sacrum — Les Amitiés françaises — Les Bastions de l'Est — La Colline inspirée — Le Voyage à Sparte — Greco ou le Secret de Tolède — Un jardin sur l'Oronte — Le Mystère en pleine lumière

BENOIT, Pierre

Romans : Kœnigsmark — L'Atlantide — Pour Don Carlos — Le Puits de Jacob — Le Roi Lépreux — Le Désert de Gobi *(1 volume)*

BIBLE (LA)

Édition établie par Philippe Sellier *(1 volume sous coffret)*

BIGGERS, Earl Derr

Charlie Chan : Le Perroquet chinois — Derrière le rideau — Le Chameau noir — Charlie Chan à la rescousse — Le Gardien des clefs — La Maison sans clef *(1 volume)*

BLONDIN, Antoine

L'Europe buissonnière — Les Enfants du bon Dieu — L'Humeur vagabonde — Un singe en hiver — Monsieur Jadis — Quat' saisons — Certificats d'études — Ma vie entre des lignes — L'Ironie du sport *(1 volume)*

BOILEAU-NARCEJAC

Quarante ans de suspense *(5 volumes)* : *Tome 1* : L'Ombre et la Proie — Celle qui n'était plus — Les Visages de l'ombre — L'Ange gardien — D'entre les morts — Les Louves — Le Dernier Mot — Le Mauvais Œil — Au bois dormant — Meurtre au ralenti — Les Magiciennes — L'ingénieur aimait trop les chiffres — Le Grand Secret — Le Retour — A cœur perdu — *Tome 2* : Sylvestre à qui je dois la vie — Maléfices — Maldonne — Les Victimes — 6 — 1 = 6 — Le Mystère de Sutton Place — ... Et mon tout est un homme — Le Train bleu s'arrête treize fois... —Les Apprenties détectives — La Mort a dit : peut-être — Télé-crime — La Bête noire —

La Porte du large — La Clef — *Tome 3* : Delirium — L'Ile — Les Veufs — Récital pour une blonde —Sans Atout et le cheval fantôme — Sans Atout contre l'homme à la dague — Trois Indispensables Alibis —Manigances — La Vie en miettes — Trois Nouvelles pour *Le Journal du Dimanche* — Les Pistolets de Sans Atout — Opération Primevère — Nouvelles 1973-1974 — Frère Judas — *Tome 4* : L'Étrange Traversée — La Tenaille — Nouvelles 1975-1976 — La Lèpre — Nouvelles 1977 — Les Apprenties détectives — L'Âge bête — Impunité — Carte vermeil —Les Intouchables — Terminus — A une heure près — Box-office — Mamie — Un cas unique — Les Eaux dormantes — Dans la gueule du loup — *Tome 5* : L'Invisible Agresseur — Les Énigmes littéraires de Boileau-Narcejac — La Dernière Cascade — Le Soupçon — Schuss — Une étrange disparition — L'As de pique — Mr. Hyde — Le cadavre fait le mort — Champs clos — La Brebis galeuse — Nouvelles Pièces retrouvées — Tandem ou 35 ans de suspense

BRONTË, Anne, Charlotte, Emily et Patrick Branwell *(3 volumes)*

Tome 1 : E. Brontë : Wuthering Heights ; A. Brontë : Agnès Grey ; C. Brontë : Villette — *Tome 2* : C. Brontë : Jane Eyre ; A. Brontë : La Châtelaine de Wildfell Hall ; C. Brontë : Le Professeur — *Tome 3* : C. Brontë : Shirley — Caractères des hommes célèbres — Albion et Marina — Le Grand Monde à Verdopolis — Le Sortilège — Quatre Ans plus tôt ; P. B.Brontë : Branwell's Blackwood's Magazine — L'Histoire des jeunes hommes — Le Pirate — La Mort de Mary Percy — Et ceux qui sont las se reposent ; A., C. et E. Brontë : Choix de poèmes

CASANOVA

Histoire de ma vie, *suivi de* Textes inédits *(3 volumes sous coffret)*

CARROLL, Lewis *(2 volumes sous coffret)*

Tome 1 : Les Aventures d'Alice sous terre — Les Aventures d'Alice au pays des merveilles — De l'autre côté du miroir et ce qu'Alice y trouva — Le Frelon à perruque — Alice racontée aux petits enfants — Autour du pays des merveilles — Lettres à ses amies-enfants — Visite d'Isa à Oxford — Visite de Maggie à Oxford — Jeux, casse-tête, inventions — Nuages matinaux — La Guida di bragia — Fantasmagorie et poésies diverses — Journaux — *Tome 2* : La Chasse au Snark — Sylvie et Bruno — Tous les contes et nouvelles — Une histoire embrouillée — Le Magazine du presbytère — Le Parapluie du presbytère — Méli-Mélo — Logique sans peine — La Vie à Oxford — Essais et Opinions

CESBRON, Gilbert

Notre prison est un royaume — Les saints vont en enfer — Chiens perdus sans collier — Il est plus tard que tu ne penses *(1 volume)*

COLETTE

Romans, récits, souvenirs *(3 volumes sous coffret)* : *Tome 1* : (1900-1919), Claudine à l'école — Claudine à Paris — Claudine en ménage — Claudine s'en va — La Retraite sentimentale — Les Vrilles de la vigne — L'Ingénue libertine — La Vagabonde — L'Envers du music-hall — L'Entrave — La Paix chez les bêtes — Les Heures longues — Dans la foule — Mitsou — *Tome 2* : (1920-1940) : Chéri — La Chambre éclairée — Le Voyage égoïste — La Maison de Claudine — Le Blé en herbe — La Femme cachée — Aventures quotidiennes — La Fin de Chéri — La Naissance du jour — La Seconde — Sido — Douze Dialogues de bêtes — Le Pur et l'Impur — Prisons et Paradis — La Chatte — Duo — Mes apprentissages — Bella-Vista — Le Toutounier — Chambre d'hôtel — *Tome 3* : (1941-1949), suivi de *Critique dramatique* (1934-1938) : Journal à rebours — Julie de Carneilhan — De ma fenêtre — Le Képi — Trois... Six... Neuf... — Gigi —Belles Saisons — L'Étoile Vesper — Pour un herbier — Le Fanal bleu — Autres bêtes — En pays connu — La Jumelle noire

COURTELINE, Georges

Théâtre, contes, romans, nouvelles, écrits divers et fragments retrouvés : Boubouroche — La Peur des coups — Un client sérieux — Hortense couche-toi ! — Monsieur Badin — Théodore cherche des allumettes — La Voiture versée — Les Boulingrin — Le gendarme est sans pitié — Le commissaire est bon enfant — L'Article 330 — Les Balances — La Paix chez soi — Mentons bleus — Le Miroir concave — Lieds de Montmartre — Dindes et grues — Les Miettes de la table — Scènes de la vie de bureau — Les Fourneaux — L'Ami des lois — Messieurs les ronds de cuir — Les Linottes — Le Train de 8 h 47 — Les Gaîtés de l'escadron — Philosophie — Pochades et chroniques — L'Affaire Champignon — Rimes — X..., roman impromptu *(1 volume)*

CURWOOD, James Oliver

Bêtes et gens du grand Nord : Kazan — Bari, chien-loup, fils de Kazan — Le Grizzly — Nomades du Nord — Rapide-éclair — Les Chasseurs de loups — Les Chasseurs d'or — L'Honneur des grandes neiges — Le Piège d'or — Le Fils des forêts *(1 volume)*

DAUDET, Léon

Souvenirs des milieux littéraires, politiques, artistiques et médicaux de 1880 à 1905 — Député de Paris (1919-1924) — Paris vécu — Le stupide XIXe siècle *(1 volume)*

DICKENS, Charles

Les Grandes Espérances — Le Mystère d'Edwin Drood — Récits pour Noël *(1 volume)*

DIDEROT, Denis

Philosophie : Pensées philosophiques — Addition aux pensées philosophiques — De la suffisance de la religion naturelle — La Promenade sceptique — Lettre sur les aveugles — Additions à la lettre sur les aveugles — Encyclopédie — Suite de l'apologie de M. l'abbé de Prades — Pensées sur l'interprétation de la nature — Le Rêve de D'Alembert — Principes philosophiques sur la matière et le mouvement — Observations sur Hemsterhuis — Réfutation d'Hélvétius — Entretien d'un philosophe avec la Maréchale de *** — Sur les femmes — Essai sur les règnes de Claude et de Néron — Éléments de physiologie *(1 volume)*

DOYLE, Conan

Sherlock Holmes *(2 volumes)* : *Tome 1* : Une étude en rouge — Le Signe des quatre — Les Aventures de Sherlock Holmes — Les Mémoires de Sherlock Holmes — Le Retour de Sherlock Holmes — *Tome 2* : La Vallée de la peur — Le Chien des Baskerville — Les Archives de Sherlock Holmes — Son dernier coup d'archet — Les Exploits de Sherlock Holmes

Les Exploits du Pr Challenger et autres aventures étranges : Le Monde perdu — La Ceinture empoisonnée — La Machine à désintégrer — Quand la terre hurla — Au pays des brumes — Le Monde perdu sous la mer — Contes de terreur — Contes de crépuscule — Contes d'aventures — La Tragédie du « Korosko » — Contes de l'eau bleue — Contes de pirates *(1 volume)*

Le Brigadier Gérard : Les Exploits du brigadier Gérard — L'Oncle Bernac — Les Aventures du brigadier Gérard — La Grande Ombre — Contes du camp — Les Réfugiés — Contes d'autrefois — Contes du ring — Contes de médecins — Contes de mystère *(1 volume)*

Inédits et introuvables : Le Mystère de Cloomber — L'oncle Jérémie et les siens — Mystères et aventures — Autres mystères et aventures — Le parasite — Faffles Haw — Gidlestone et Cie — Idylle de banlieue — Les Lettres de Stark Munro — Un duo *(1 volume)*

DUMAS, Alexandre

Mes mémoires *(2 volumes)* : *Tome 1* : (1802-1830) — *Tome 2* : (1830-1833) *suivi d'un* Quid d'Alexandre Dumas

Romans du XVIIIe siècle : Mémoires d'un médecin *(3 volumes) : Tome 1* : Joseph Balsamo, suivi d'un Dictionnaire des personnages — *Tome 2* : (1830-1833) Le Collier de la reine, Ange Pitou — *Tome 3* : La Comtesse de Charny — Le Chevalier de Maison-Rouge

Romans du XVIIe siècle : Les Mousquetaires *(3 volumes)* : *Tome 1* : Les Trois Mousquetaires — Vingt ans après, suivi d'un Dictionnaire des personnages — *Tome 2* : Le Vicomte de Bragelonne — *Tome 3* : Le Vicomte de Bragelonne (*suite*)

Les Valois *(2 volumes) : Tome 1* : La Reine Margot — La Dame de Monsoreau, suivi d'un Dictionnaire des personnages — *Tome 2* : Les Quarante-cinq, *suivi des* Adaptations théâtrales.

Le Comte de Monte Cristo *(1 volume)*

ENFANTS SUR LES ROUTES (DES)

Hector Malot : Romains Kalbris ; Sans famille — G. Bruno : Le Tour de la France par deux enfants — Jules Verne : P'tit Bonhomme *(1 volume)*

ÉRASME, édition établie par Claude Blum.

Éloge de la folie — Adages — Colloques — Lettres, *précédé d'un* Dictionnaire d'Érasme

ÉVADÉS DES TÉNÈBRES (LES)

Ann Radcliffe : Les Mystères du château d'Udolphe ; Mary W. Shelley : Frankenstein ou le Prométhée moderne ; Joseph Sheridan Le Fanu : Carmilla ; Bram Stocker : Dracula ; Gustav Meyrink : Le Golem *(1 volume)*

FABRE, Jean-Henri

Souvenirs entomologiques : études sur l'instinct et les mœurs des insectes, suivis d'un Répertoire analytique *(2 volumes illustrés sous coffret)*

FÉVAL, Paul

Les Habits Noirs *(2 volumes)* : *Tome 1* : Les Habits Noirs — Cœur d'acier — La Rue de Jérusalem — L'Arme invisible — *Tome 2* : Maman Léo — L'Avaleur de sabres — Les Compagnons du trésor — La Bande Cadet

FLAUBERT, Gustave

Madame Bovary — L'Éducation sentimentale — Bouvard et Pécuchet, suivi du Dictionnaire des idées reçues — Trois Contes *(1 volume)*

FLEMING, Ian

James Bond 007 *(2 volumes)* : *Tome 1* : Casino Royal — Vivre et laisser mourir — Entourloupe dans l'azimut — Les diamants sont éternels — Les Contrebandiers du diamant — Bons Baisers de Russie — Docteur No — *Tome 2* : Goldfinger — Bons Baisers de Paris — Opération Tonnerre — Motel 007 ou l'Espion qui m'aimait — Au service secret de Sa Majesté — On ne vit que deux fois — L'Homme au pistolet d'or — Meilleurs Vœux de la Jamaïque

FONTANE, Theodor

Errements et Tourments — Jours disparus — Frau Jenny Treibel — Effi Briest *(1 volume)*

GALLO, Max

La Baie des anges — Le Palais des fêtes — La Promenade des Anglais *(1 volume)*

GALSWORTHY, John

L'Histoire des Forsyte *(2 volumes)* : *Tome 1* : La Saga des Forsyte : L'Homme de biens — L'Été de la Saint-Martin — Sous le joug — L'Éveil — A louer — A la bourse des Forsyte — Le Sauvetage d'un Forsyte — *Tome 2* : Comédie moderne : Le Singe blanc — Cour silencieuse — La Cuillère d'argent — Les Passants — Chant du cygne — Fin de chapitre : Demoiselle de compagnie — Fleur du désert — Au-delà du fleuve

GONCOURT, Edmond et Jules de

Journal. Mémoires de la vie littéraire, 1851-1896 *(3 volumes sous coffret)*

GREENE, Graham

La Puissance et la Gloire — Le Fond du problème — La Fin d'une liaison *(1 volume)*
Un Américain bien tranquille — Notre agent à La Havane — Le Facteur humain *(1 volume)*

HESSE, Hermann

Romans et nouvelles : Peter Camenzind — L'Ornière — Rosshalde — Knulp — Demian — Le Dernier Été de Klingsor — Le Loup des steppes — Une petite ville d'autrefois — Souvenir d'un Européen *(1 volume)*

HIGHSMITH, Patricia

L'Inconnu du Nord-Express — Monsieur Ripley (Plein Soleil) — Ripley et les ombres — Ripley s'amuse (L'Ami américain) — Sur les pas de Ripley *(1 volume)*

Eaux profondes — Les Deux Visages de janvier — Ceux qui prennent le large — L'Empreinte du faux — La Rançon du chien — Carol *(1 volume)*

Dernières nouvelles du crime : L'Amateur d'escargots — Le Rat de Venise — Toutes à tuer — L'Épouvantail — La Proie du chat — Le Jardin des disparus — Les Sirènes du golf — Catastrophes *(1 volume)*

HOUGRON, Jean

La Nuit indochinoise *(2 volumes)* : *Tome 1* : Tu récolteras la tempête — Soleil au ventre — Rage blanche — *Tome 2* : Mort en fraude — Les Portes de l'aventure — Les Asiates — La Terre du barbare

INDES FLORISSANTES (LES), édition établie par Guy Deleury

Anthologie des voyageurs français au XVIIIe siècles *(1 volume)*

ITALIES, édition établie par Yves Hersant

Anthologie des voyageurs français aux XVIIIe et XIXe siècle *(1 volume)*

JAMES, Henry

Daisy Miller — Les Ailes de la colombe — Les Ambassadeurs *(1 volume)*

KIERKEGAARD, Soren

Œuvres : Ou bien... Ou bien — La Reprise — Stades sur le chemin de la vie — La Maladie à la mort *(1 volume)*

KIPLING, Rudyard

Le Livre de la jungle — Le Second Livre de la jungle — La Première Apparition de Mowgli — Kim — Simples Contes des collines — Fantômes et Prodiges de l'Inde — Capitaines courageux *(1 volume)*

Au hasard de la vie — Histoires en noir et blanc — Trois Soldats — Le Naulahka — Sous les cèdres de l'Himalaya — Wee Willie Winkie — L'Administration Smith — Le Rickshaw fantôme et autres contes étranges — Monseigneur l'éléphant *(1 volume)*

Puck, lutin de la colline — Le Retour de Puck — La Lumière qui s'éteint — Histoires comme ça — Ce chien, ton serviteur — Stalky et Cie — L'Histoire des Gadsby — Les Yeux de l'Asie — Souvenirs — Un peu de moi-même — Histoire des mers violettes *(1 volume)*

KOESTLER, Arthur

Œuvres autobiographiques : La Corde raide — Hiéroglyphes — Dialogue avec la mort — La Lie de la terre — L'Étranger du square *(1 volume)*

LABICHE, Eugène

Théâtre *(2 volumes) : Tome 1 :* Rue de l'Homme-Armé n° 8 bis — Embrassons-nous, Folleville ! — Un garçon de chez Véry — La Fille bien gardée — Un chapeau de paille d'Italie — Un monsieur qui prend la mouche — Le Misanthrope et l'Auvergnat — Edgard et sa bonne — Le Chevalier des dames — Mon Isménie — Si jamais je te pince... ! — L'Affaire de la rue de Lourcine — L'Avocat d'un grec — Voyage autour de ma marmite — La Sensitive — Les Deux Timides — Le Voyage de M. Perrichon — Les Vivacités du capitaine Tic — Le Mystère de la rue Rousselet — La Poudre aux yeux — *Tome 2 :* La Station Champbaudet — Les 37 sous de M. Montaudoin — La Dame au petit chien — Permettez, madame !... — Célimare le bien-aimé — La Cagnotte — Moi — Premier Prix de piano — Un Pied dans le crime — La Grammaire — Les Chemins de fer — Le Papa du prix d'honneur — Le Dossier de Rosafol — Le plus heureux des trois — Doit-on le dire ? — 29 degrés à l'ombre — Garanti dix ans — Madame est trop belle — Les trente millions de Gladiator — Un mouton à l'entresol — Le Prix Martin — La Cigale chez les fourmis

LAWRENCE, T. E.

Tome 1 : Les Dépêches secrètes d'Arabie — Correspondance et autres textes — *Tome 2* : Les Sept Piliers de la sagesse

LEBLANC, Maurice

Arsène Lupin *(5 volumes)* : *Tome 1* : La Comtesse de Cagliostro — Arsène Lupin, gentleman cambrioleur — Les Confidences d'Arsène Lupin — Le Retour d'Arsène Lupin — Arsène Lupin — Le Bouchon de cristal — Arsène Lupin contre Herlock Sholmès — L'Aiguille creuse — *Tome 2* : La Demoiselle aux yeux verts — Les Huit Coups de l'horloge — « 813 » — L'Éclat d'obus — Le Triangle d'or — L'Ile aux trente cercueils — *Tome 3* : Les Dents du tigre — L'Homme à la peau de bique — L'Agence Barnett et Cie — Le Cabochon d'émeraude — La Demeure mystérieuse — La Barre-y-va — La Femme aux deux sourires — Victor de la brigade mondaine — La Cagliostro se venge — *Tome 4* : Boileau-Narcejac : Le Secret d'Eunerville — La Poudrière — Le Second Visage d'Arsène Lupin — La Justice d'Arsène Lupin — Le Serment d'Arsène Lupin — L'Affaire Oliveira ; Maurice Leblanc : Dorothée danseuse de corde — Le Prince de Jéricho — Les Milliards d'Arsène Lupin ; Valère Catogan : Le Secret des rois de France — *Tome 5* : Les Rivaux d'Arsène Lupin : La dent d'Hercule Petitgris — De minuit à sept heures — La Vie extravagante de Balthazar — Le Chapelet rouge — Le Cercle rouge — La Frontière — La Forêt des aventures — Le Formidable Événement — Les Trois Yeux — Un gentleman

LE CARRÉ, John *(3 volumes)*

Tome 1 : L'Appel du mort — Chandelles noires — L'Espion qui venait du froid — Le Miroir aux espions — La Taupe — Comme un collégien — *Tome 2* : Les Gens de Smiley — Une petite ville en Allemagne — La Petite Fille au tambour —Le Bout du voyage — *Tome 3* : Un amant naïf et sentimental — Un pur espion — La Maison Russie

LÉGENDE ARTHURIENNE (LA)

Le Graal et la Table Ronde. Récits du XIIe au XVe siècle : Perceval le Gallois, par Chrétien de Troyes — Perlesvaus — Merlin et Arthur — Le Chevalier à l'épée — L'Âtre périlleux — Hunbaut — La Demoiselle à la mule — Le Livre de Caradoc — Gliglois — Méraugis de Portlesguez, par Raoul de Houdenc — Le Roman de Jaufré — Blandin de Cornouaille — Les Merveilles de Rigomer — Méliador, par Jean Froissart — Le Chevalier au Papegau *(1 volume)*

LE ROUGE, Gustave

Le Mystérieux Docteur Cornélius — Le Prisonnier de la planète Mars — La Guerre des vampires — L'Espionne du grand Lama — Cinq Nouvelles retrouvées — Les Poèmes du Docteur Cornélius *(1 volume)*

L'Amérique des dollars et du crime : La Conspiration des milliardaires — A coups de milliards — Le Régiment des hypnotiseurs — La Revanche du Vieux Monde — L'Héroïne du Colorado *(1 volume)*

LEROUX, Gaston

Le Fantôme de l'Opéra — La Reine du sabbat — Les Ténébreuses — La Mansarde en Or *(1 volume)*

Les Aventures extraordinaires de Rouletabille, reporter *(2 volumes)* : *Tome 1* : Le Mystère de la chambre jaune — Le Parfum de la dame en noir — Rouletabille chez le tsar — Le Château noir — Les Étranges Noces de Rouletabille — *Tome 2* : Rouletabille chez Krupp — Le Crime de Rouletabille — Rouletabille chez les bohémiens, *suivis de* : La Double Vie de Théophraste Longuet — Balaoo — Les Fils de Balaoo

Chéri-Bibi : Les Cages flottantes — Chéri-Bibi et Cécily — Palas et Chéri-Bibi — Fatalitas ! — Le Coup d'État de Chéri-Bibi — Les Mohicans de Babel *(1 volume)*

Aventures incroyables : Le Capitaine Hyx — La Bataille invisible — La Poupée sanglante — La Machine à assassiner — L'Homme qui a vu le diable — Le Cœur cambriolé — L'Homme qui revient de loin — Histoires épouvantables — Mister Flow *(1 volume)*

Les Assassins fantômes : Le Fauteuil hanté — La Colonne infernale — Tue-la-mort — Le Sept de trèfle *(1 volume)*

LONDON, Jack

Romans, récits et nouvelles du Grand Nord : L'Appel de la forêt — Le Fils du loup — Croc-Blanc — Construire un feu — Histoires du pays de l'or — Les Enfants du froid — La Fin de Morganson — Souvenirs et aventures du pays de l'or — Radieuse Aurore *(1 volume)*

Romans maritimes et exotiques : Le Loup des mers — Histoires des îles — L'Ile des lépreux — Jerry, chien des îles — Contes des mers du Sud — Fils du soleil — Histoires de la mer — Les Mutinés de l'Elseneur *(1 volume)*

Du possible à l'impossible : Michael, chien de cirque — Trois Cœurs — Le Vagabond des étoiles — Le Bureau des assassinats — Le Dieu tombé du ciel — Histoires des siècles futurs — Avant Adam *(1 volume)*

Romans et récits autobiographiques : Martin Eden — Les Pirates de San Francisco — La Croisière du Dazzler — Les Vagabonds du rail — Le Peuple de l'abîme — La Croisière du Snark — Le Mexique puni — Le Cabaret de la dernière chance *(1 volume)*

Aventures des neiges et d'ailleurs : Belliou la Fumée — L'Amour de la vie — En pays lointain — Fille des neiges — L'Aventureuse — Cherry ou les Yeux de l'Asie — La Petite Dame de la grande maison *(1 volume)*

Épisodes de la lutte quotidienne : Le Talon de fer — Les Temps maudits — Le Jeu du ring — La Brute des cavernes — La Vallée de la lune — Avec vous pour la révolution *(1 volume)*

LOTI, Pierre

Voyages (1872-1913) : L'Ile de Pâques — Une relâche de trois heures — Mahé des Indes — Obock (en passant) —Japoneries d'automne — Au Maroc — Le Désert — Constantinople en 1890 — Jérusalem — La Galilée — L'Inde (sans les Anglais) — Les Pagodes d'or — En passant à Mascate — Vers Ispahan — Les Derniers Jours de Pékin — Un pèlerin d'Angkor — La Mort de Philae —Suprêmes visions d'Orient *(1 volume)*

LOVECRAFT, Howard Phillips *(3 volumes)*

Tome 1 : Les Mythes de Cthulhu — Légendes et mythes de Cthulhu — Premiers contes — L'Art d'écrire selon Lovecraft — *Tome 2* : Contes et Nouvelles — L'Horreur dans le musée et autres révisions — Fungi de Yuggoth et autres poèmes fantastiques — Épouvante et surnaturel en littérature — Documents — *Tome 3* : Le Monde du rêve — Parodies et Pastiches — Les « collaborations » Lovecraft-Derleth — Rêve et Réalité — Documents

MALET, Léo *(5 volumes)*

Tome 1 : Les Enquêtes de Nestor Burma et les Nouveaux Mystères de Paris : 120, rue de la Gare — Nestor Burma contre C.Q.F.D. — Solution au cimetière — Le Cinquième Procédé — Faux-Frère — Pas de veine avec le pendu — Poste restante — Le soleil se lève derrière le Louvre — Des kilomètres de linceuls —Fièvre au Marais — La Nuit de Saint-Germain-des-Prés — Les Rats de Montsouris —M'as-tu vu en cadavre ? — *Tome 2* : Les Enquêtes de Nestor Burma et les Nouveaux Mystères de Paris : Corrida aux Champs Élysées — Pas de bavards à la Muette — Brouillard au pont de Tolbiac — Les Eaux troubles de Javel — Boulevard... ossements — Casse-pipe à la Nation — Micmac moche au Boul'Mich — Du rébecca rue des Rosiers — L'Envahissant Cadavre de la plaine Monceau — Trois Enquêtes inachevées de Nestor Burma — Cinq chansons — *Tome 3* : Dernières enquêtes de Nestor Burma — L'Homme au sang bleu — Nestor Burma et le monstre — Gros plan du macchabée — Hélène en danger — Les Paletots sans manches — Nestor Burma en direct — Nestor Burma revient au bercail — Drôle d'épreuve pour Nestor Burma — Un croque-mort nommé Nestor — Nestor Burma dans l'île — Nestor Burma court la poupée — *Tome 4* : Les Confrères de Nestor Burma : Johnny Metal — Aux mains des réducteurs de têtes — Miss Chandler est en danger — Le Dé de jade — Affaire double — Le Gang mystérieux — La Mort de Jim Licking — L'Ombre du grand mur — L'Enveloppe bleue — Erreur de destinataire —Derrière l'usine à gaz — L'Auberge de banlieue — Le Dernier Train d'Austerlitz — La Cinquième Empreinte — Recherché pour meurtre — Cité interdite — Mort au bowling — Énigme aux Folies-Bergère — Abattoir ensoleillé — *Tome 5* : Romans, nouvelles et poèmes, La vie est dégueulasse — Le soleil n'est pas pour nous — Sueur aux tripes — « Contes doux » — La Forêt aux pendus — La Louve du Bas-Graoul — Le Diamant du Huguenot — Un héros en guenilles —Le Capitaine Cœur-en-Berne — Gérard Vindex gentilhomme de fortune — La Sœur du flibustier — L'Évasion du Masque de Fer — Le Voilier tragique —Vengeance à Ciudad-Juarez — Vacances sous le pavillon noir — Contes et nouvelles divers — Poèmes — Pièces radiophoniques et téléfilm

MAUPASSANT, Guy de *(2 volumes sous coffret)*

Tome 1 : Quid de Guy de Maupassant — Contes divers (1875-1880) —La Maison Tellier — Contes divers (1881) — Mademoiselle Fifi — Contes divers (1882) —Contes de la Bécasse — Clair de lune — Contes divers (1883) — Une vie — Miss Harriet — Les Sœurs Rondoli — *Tome 2* : Yvette — Contes divers (1884) — Contes du jour et de la nuit — Bel-Ami — Contes divers (1885) — Toine — Monsieur Parent — La Petite Roque — Contes divers (1886) — Le Horla — Contes divers (1887) — Le Rosier de Mme Husson — La Main gauche — Contes divers (1889) — L'Inutile Beauté

MAUROIS, André

Prométhée ou la Vie de Balzac — Olympio ou la Vie de Victor Hugo — Les Trois Dumas *(1 volume)*

MILLE ET UNE NUITS (LES)

Dans la traduction du Dr J.-C. Mardrus *(2 volumes sous coffret)*

MONTESQUIEU

Pensées — Le Spicilège *(1 volume)*

MORALISTES DU XVIIe SIÈCLE (LES), édition établie par J. Lafond *(1 volume)*

La Rochefoucauld : Maximes et réflexions diverses ; Mme de Sablé : Maximes ; Abbé d'Ailly : Pensées diverses ; Étienne de Vernage : Nouvelles Réflexions ; Pascal : Pensées ; Jean Domat : Pensées ; Discours sur les passions de l'amour ; La Bruyère : Les Caractères ; Dufresny : Amusements sérieux et comiques

NIETZSCHE, Friedrich

Œuvres *(2 volumes)* : *Tome 1* : La Naissance de la tragédie — Considérations inactuelles — Humain, trop humain — Aurore — *Tome 2* : Le Gai Savoir — Ainsi parlait Zarathoustra — Par delà le bien et le mal — La Généalogie de la morale — Le Cas Wagner — Le Crépuscule des idoles — L'Antéchrist — Ecce Homo — Nietzsche contre Wagner — Dithyrambes de Dionysos

POE, Edgar Allan

Contes, essais, poèmes *(1 volume)*

PONSON DU TERRAIL

Rocambole *(2 volumes sous coffret)* : *Tome 1* : Les Exploits de Rocambole — *Tome 2 :* La Résurrection de Rocambole

PROUST, Marcel

A la recherche du temps perdu *(3 volumes sous coffret)* : *Tome 1* : Quid de Marcel Proust — Du côté de chez Swann — A l'ombre des jeunes filles en fleurs — *Tome 2* : Le Côté de Guermantes — Sodome et Gomorrhe — *Tome 3* : La Prisonnière — La Fugitive — Le Temps retrouvé

RENAN, Ernest

Œuvres diverses. *Morceaux extraits* de : Correspondance — Lettres intimes — Cahiers de jeunesse — Fragments intimes — L'Avenir de la science — Essais de morale et de critique — Vie de Jésus — Les Apôtres — Saint Paul — L'Antéchrist — L'Église chrétienne — Marc-Aurèle — La Réforme intellectuelle et morale — Dialogues philosophiques — Drames philosophiques — Examen de conscience philosophique — Souvenirs d'enfance et de jeunesse — Feuilles détachées — Histoire du peuple d'Israël — Conférences d'Angleterre.

RENARD, Jules

Journal (1887-1910) *(1 volume)*

RENARD, Maurice

Romans et contes fantastiques : Fantômes et Fantoches — Le Docteur Lerne, sous-dieu — Le Péril bleu — Monsieur d'Outremort — Les Mains d'Orlac — L'Homme truqué — Un homme chez les microbes — Le Professeur Krantz — Le Maître de la lumière — Contes des « Mille et Un Matins » *(1 volume)*

RENDELL, Ruth

L'Été de Trapellune — Un enfant pour un autre — L'Homme à la tortue — La Maison des escaliers — La Gueule du loup *(1 volume)*

RESTIF DE LA BRETONNE et MERCIER, Sébastien

Paris le jour, Paris la nuit : Tableau de Paris — Les Nuits de Paris *(1 volume)*

RIDER HAGGARD, Henry

Elle-qui-doit-être-obéie : Elle ou la Source du feu — Le Retour d'Elle — La Fille de la sagesse — Les Mines du roi Salomon — Elle et Allan Quatermain *(1 volume)*

ROMAINS, Jules

Les Hommes de bonne volonté *(4 volumes sous coffret)* : *Tome 1*: Le 6 octobre — Crime de Quinette — Les Amours enfantines — Éros de Paris — Les Superbes — Les Humbles — Recherche d'une Église — *Tome 2* : Province — Montée des périls — Les Pouvoirs — Recours à l'abîme — Les Créateurs — Mission à Rome — Le Drapeau noir — *Tome 3*: Prélude à Verdun — Verdun — Vorge contre Quinette — La Douceur de la vie — Cette grande lueur à l'Est — Le monde est ton aventure — Journées dans la montagne — *Tome 4* : Les Travaux et les Joies — Naissance de la bande — Comparutions — Le Tapis magique — Françoise — Le 7 octobre

ROMANS LIBERTINS DU XVIIIe SIÈCLE (LES), édition établie par Raymond Trousson

Crébillon fils : Les Égarements du cœur et de l'esprit ; Charles Pinot Duclos : Les Confessions du comte de *** ; Godard d'Aucour : Thémidore ou Mon histoire et celle de ma maîtresse ; La Morlière : Angola, histoire indienne ; Voisenon : Le Sultan Misapouf - Histoire de la félicité ; Boyer d'Argens : Thérèse philosophe ou Mémoires pour servir à l'histoire du père Dirrag et de mademoiselle Éradice ; Fougeret de Monbron : Margot la ravaudeuse ; François-Antoine Chevrier : Le Colporteur ; Claude-Joseph Dorat : Les Malheurs de l'inconstance ; Andréa de Nerciat : Félici ou Mes fredaines ; Vivant Denon : Point de lendemain

ROMANS TERRIFIANTS

Horace Walpole : Le Château d'Otrante ; Ann Radcliffe : L'Italien ou le Confessionnal des pénitents noirs ; Matthew Gregory Lewis : Le Moine ; Ernst Theodor Amadeus Hoffmann : Les Élixirs du diable ; Charles Robert Maturin : Melmoth ou l'Homme errant *(1 volume)*

ROSNY aîné, J.-H.

Romans préhistoriques : Vamireh — Eyrimah — La Guerre du feu — Le Félin géant — Helgvor du fleuve Bleu — Elem d'Asie — Nomaï — Les Xipéhuz — La Grande Énigme — Les Hommes sangliers *(1 volume)*

SAGAN, Françoise

Bonjour tristesse — Un certain sourire — Dans un mois, dans un an — Château en Suède — Aimez-vous Brahms... — Les Merveilleux Nuages — La Chamade — Le Garde du cœur — Un peu de soleil dans l'eau froide — Des bleus à l'âme — Le Lit défait — Le Chien couchant — La Femme fardée — La Laisse — Les Faux-fuyants *(1 volume)*

SAINTE-BEUVE

Portraits littéraires *(1 volume)*

SCOTT, Walter

Waverley — Rob-Roy — La Fiancée de Lammermoor *(1 volume)*

SÉGUR, comtesse de *(3 volumes sous coffret)*

Tome 1 : Lettres à son éditeur — Nouveaux Contes de fées — Les Petites Filles modèles — Les Malheurs de Sophie — Les Vacances — Mémoires d'un âne — Pauvre Blaise, précédé d'un dictionnaire de la Comtesse de Ségur — *Tome 2* : La Sœur de Gribouille — Les Bons Enfants — Les Deux Nigauds — L'Auberge de l'Ange Gardien — François le Bossu — Le Général Dourakine — Comédies et Proverbes — Un bon petit diable — *Tome 3* : Jean qui grogne et Jean qui rit — La Fortune de Gaspard — Quel amour d'enfant ! — Le Mauvais Génie — Diloy le chemineau — Après la pluie le beau temps — La Santé des enfants

SOUVESTRE, Pierre et ALLAIN, Marcel

Fantômas *(3 volumes)* : *Tome 1* : Le Train perdu — Les Amours d'un prince — Le Bouquet tragique — Le Jockey masqué — *Tome 2* : Le Cercueil vide — Le Faiseur de reines — Le Cadavre géant — Le Voleur d'or — *Tome 3* : La Série rouge — L'Hôtel du crime — La Cravate de chanvre — La Fin de Fantômas — Dictionnaire des personnages de Fantômas

STENDHAL

Le Rouge et le Noir — La Chartreuse de Parme — Lamiel — Armance *(1 volume)*

STEVENSON, Robert Louis

L'Île au trésor — Le Maître de Ballantrae — Enlevé ! — Catriona — Veillées des îles — Un mort encombrant — L'Étrange Cas du Dr Jekyll et de Mr. Hyde *(1 volume)*

SUE, Eugène

Le Juif errant *(1 volume)*

Les Mystères de Paris *(1 volume)*

Romans de mort et d'aventures : Kernok le pirate — El Gitano — Atar-Gull — La Salamandre — La Vigie de Koat-Vën — Le Morne-au-diable *(1 volume)*

TWAIN, Mark

Les Aventures de Tom Sawyer — Les Aventures de Huckleberry Finn, l'ami de Tom Sawyer — Tom Sawyer à travers le monde — Tom Sawyer détective — Le Prince et le Pauvre — Un Yankee à la cour du roi Arthur — Wilson Tête-de-Mou — Les Jumeaux extraordinaires *(1 volume)*

VOYAGE EN ASIE CENTRALE ET AU TIBET (LE), édition établie par Michel Jan

Anthologie des voyageurs occidentaux, du Moyen Âge à la première moitié du XXe siècle *(1 volume)*

VOYAGE EN CHINE (LE), édition établie par Ninette Boothroyd et Muriel Détrie

Anthologie des voyageurs occidentaux, du Moyen Âge à la chute de l'Empire chinois *(1 volume)*

VOYAGE EN ORIENT (LE), édition établie par Jean-Claude Berchet

Anthologie des voyageurs français dans le Levant au XIXe siècles *(1 volume)*

VOYAGE EN POLYNÉSIE (LE), édition établie par Jean Scemla

Anthologie des voyageurs occidentaux *(1 volume)*

VOYAGE EN RUSSIE (LE), édition établie par Claude de Grève

Anthologie des voyageurs français en Russie au XVIIIe et au XIXe siècles *(1 volume)*

VOYAGES AUX PAYS DE NULLE PART

Lucien de Samosate : Histoire véritable d'un voyage à la Lune ; Benoît : Navigation de saint

Brendan à la recherche du paradis ; H. de Saltray : Le Purgatoire de Saint-Patrick ; Anonyme : La Vision d'Albéric ; Thomas Morus : L'Utopie ; Tommaso Campanella : La Cité du Soleil ou Idée d'une république philosophique ; Savinien Cyrano de Bergerac : L'Autre Monde : les États et empires de la Lune et du Soleil ; John Bunyan : Voyage du pèlerin, de ce monde à celui qui doit venir ; Jonathan Swift : Voyages de Gulliver dans des contrées lointaines — Charles-François Tiphaigne de La Roche : Giphantie ; Anonyme : Le Passage du pôle arctique au pôle antarctique ; Restif de La Bretonne : La Découverte australe par un homme-volant ou le Dédale français *(1 volume)*

ZÉVACO, Michel *(3 volumes)*
Tome 1 : Les Pardaillan — L'Épopée d'amour — La Fausta — *Tome 2* : La Fausta (*suite*) — Fausta vaincue — Pardaillan et Fausta — Les Amours du Chico — *Tome 3* : Le Fils de Pardaillan — La Fin de Pardaillan — La Fin de Fausta

ZINOVIEV, Alexandre
Les Hauteurs béantes — L'Avenir radieux — Notes d'un veilleur de nuit *(1 volume)*

ZOLA, Émile
Les Rougon-Macquart *(5volumes)* : *Tome 1* : La Fortune des Rougon — La Curée — Le Ventre de Paris — La Conquête de Plassans — *Tome 2* : La Faute de l'abbé Mouret — Son Excellence Eugène Rougon — L'Assommoir — Une page d'amour — *Tome 3* : Nana — Pot-Bouille — Au Bonheur des dames — La Joie de vivre — *Tome 4* : Germinal — L'Œuvre — La Terre — Le Rêve — *Tome 5 :* La Bête Humaine — L'Argent — La Débâcle — le Docteur Pascal
Dictionnaire d'Émile Zola. *Voir* Ouvrages de références - Ouvrages pratiques

POÉSIE

ANTHOLOGIE DE LA POÉSIE FRANÇAISE (UNE), édition établie par Jean-François Revel *(1 volume)*

BAUDELAIRE, Charles
Œuvres complètes *(1 volume)*

MILLE ET CENT ANS DE POÉSIE FRANÇAISE
Anthologie établie par Bernard Delvaille *(1 volume)*

RIMBAUD, Arthur
Œuvres complètes et correspondance, *précédé d'un* Dictionnaire d'Arthur Rimbaud *(1 volume)*

RIMBAUD — CROS — CORBIÈRE — LAUTRÉAMONT
Œuvres poétiques complètes *(1 volume)*

TOULET, Paul-Jean
Œuvres complètes *(1 volume)*

VERLAINE, Paul
Œuvres poétiques complètes, *précédé d'un* Dictionnaire de Paul Verlaine *(1 volume)*

Aubin Imprimeur
LIGUGÉ, POITIERS

Achevé d'imprimer en août 1994
N° d'édition L 07717 / N° d'impression L 45903
Dépôt légal octobre 1994
Imprimé en France

LAFFONT – BOMPIANI

LE NOUVEAU DICTIONNAIRE DES AUTEURS

DE TOUS LES TEMPS ET DE TOUS LES PAYS

III

N – Z

ROBERT LAFFONT

Première édition 1980
Réimpression 1983, 1985, 1986,
1988, 1989, 1990
Nouvelle édition actualisée 1994

ISBN : 2-221-07718-0 (tome 3)
ISBN : 2-221-06888-2 (édition complète)

AVERTISSEMENT

Ce dictionnaire, bien que constituant en lui-même un ouvrage indépendant, est le complément nécessaire du *Nouveau Dictionnaire des œuvres* publié en six volumes.

C'est pourquoi on trouvera, suivant les titres des œuvres citées dans le cours des articles, deux signes typographiques (*) (+) indiquant respectivement : le premier, que l'œuvre suivie de (*) fait l'objet dans *Le Nouveau Dictionnaire des œuvres* d'une analyse complète, le second (+) que cette œuvre est mentionnée dans les colonnes du même dictionnaire.

L'ordre des articles est strictement alphabétique. Les noms des auteurs étrangers figurent dans la graphie la plus courante en français (suivie d'une transcription scientifique pour le russe et d'une transcription en pinyin pour le chinois). Lorsqu'un écrivain est connu sous un pseudonyme, l'article le concernant est à chercher à ce pseudonyme ; le nom complet suit entre parenthèses. Des renvois, dans le cas où il y aurait quelque ambiguïté, sont destinés à faciliter la recherche.

À la suite de la plupart des notices biographiques et critiques on trouvera un certain nombre de jugements d'écrivains célèbres et de grands critiques sur l'œuvre de l'auteur étudié, ainsi qu'une liste des principaux ouvrages qui lui ont été consacrés.

Les auteurs figurant dans cet ouvrage sont nés avant 1951. Ceux nés postérieurement à cette date n'y figurent que s'ils étaient déjà décédés à l'achèvement de la présente réédition (mars 1994).

AVERTISSEMENT

[illegible] chose que constituant en lui-même [illegible] dans [illegible]

[illegible] les [illegible] des [illegible] typographique [illegible] avec [illegible] les [illegible] de [illegible]

[illegible] appliqué [illegible] des [illegible] la plus couramment [illegible] d'une [illegible] de [illegible]

[illegible]

N

NABL Franz. Nouvelliste et romancier autrichien. Né le 16 juillet 1883 à Lautschin (Bohême), mort le 19 janvier 1974 à Graz. Nabl arrive à Vienne avec sa famille en 1886. Jeune homme, il entreprend des études de droit, de philosophie et de philologie avant de se consacrer entièrement à la littérature. Lauréat de multiples distinctions : prix de la ville de Vienne en 1952, prix Peter Rosegger en 1952, etc.

Écrivain conservateur dans la forme, Nabl se veut l'héritier de Stifter. Son roman le plus connu, *Ödhof* (+) (1911), qui se déroule dans le cadre de la monarchie viennoise décadente, raconte comment un despote domestique ruine l'existence de tous ceux qui l'entourent. Si l'analyse psychologique est souvent pertinente, la société sort intacte de la description de Nabl. C'est un vague darwinisme — la loi du plus fort — qui régit les rapports humains. Le second roman de l'écrivain, *La Tombe du vivant* (+) (1917), obéit aux mêmes principes : il s'agit cette fois d'une sœur abusive qui exerce une autorité tyrannique sur toute sa famille. Nabl n'a pas varié sa manière d'écrire dans ses nouvelles plus récentes, dont les meilleures sont réunies sous le titre *Johannes Krantz* (*) (1948). Rejetant toute modernité, Nabl revendique — selon ses propres termes — un « réalisme clair et sain ».

JEAN-JACQUES POLLET.

NABOKOV Vladimir. Écrivain américain d'origine russe. Né le 24 avril 1899 à Saint-Pétersbourg, mort à Montreux (Suisse) le 2 juillet 1977. Il est issu d'une famille aristocratique, cultivée et libérale. Son père, avocat et professeur de droit, l'un des fondateurs du parti démocrate et constitutionnel (Kadet), est député à la Douma et membre du premier gouvernement provisoire en février 1917. Élevé à l'école de Tenishev, parlant dès l'enfance, outre le russe, le français, l'anglais, l'allemand, Nabokov découvre très vite son goût pour la littérature, mais aussi pour la peinture, les échecs et les papillons. Il écrit déjà des poèmes dont un premier recueil paraît dès 1914, puis un second en 1917. En 1919, la famille choisit l'exil, et Nabokov ira terminer ses études à l'université de Cambridge. Il retrouve sa famille à Berlin en 1922. Là, il enseigne la boxe, le tennis et les langues étrangères. Il poursuit sa carrière littéraire et, sous le pseudonyme de Sirine, il publie poèmes, récits et essais dans les journaux de l'émigration russe. Deux recueils paraissent : *Le Chemin de montagne* [*Gorny put*] et *La Vigne* [*Grozd*], en 1923. En 1925, il épouse Véra Slonim. Ils auront un fils, Dimitri. Le premier roman de Nabokov, *Mashenka* (1926), lui vaut la renommée dans les milieux de l'émigration, où l'on s'accorde à saluer en lui le plus grand espoir de sa génération. *Roi, dame, valet* [*Karol, Dama, Valet*], paru en 1928, confirme son talent et accroît sa réputation. Ses livres commencent à être traduits en allemand, anglais, français : *Camera obscura* (1932), *Le Désespoir* [*Otchaynie*] (1936). Invité à retourner en U.R.S.S., il refuse, séjourne en France, gagne les États-Unis, où il va enseigner la littérature russe, pendant vingt ans, à l'université de Stanford (1940), au collège de Wellesley (1941-1948), à Cornell (1949-1959) et à Harvard. Naturalisé américain en 1945, il reste fidèle aux papillons, obtient un poste de chercheur auprès du Musée de zoologie de Harvard et découvre deux espèces, dont l'une va porter son nom. Il commence à écrire en anglais et collabore régulièrement aux meilleures revues américaines : *New Yorker, Partisan Review*, etc. En 1941, il publie pour la première fois des livres écrits directement en anglais : un roman, *La Vraie Vie de Sébastien Knignt* (*) ; un essai consacré à Gogol ; des notes et traductions de Pouchkine, Lermontov, Tioutchev. *Brisure à Senestre* en 1947, le récit des efforts d'un intellectuel pour préserver son intégrité dans un état totalitaire, attire l'attention de la critique américaine. Mais ce sont des souvenirs d'enfance, publiés en 1951, sous le titre de *Speak, Memory*, qui lui vaudront la renommée dans le milieu littéraire américain. Cette notoriété devient mondiale en 1958 avec la publication de *Lolita* (*) qui provoque un scandale, du fait de son sujet (l'amour d'un homme mûr pour une fillette impubère), mais où la critique s'accorde à reconnaître un chef-d'œuvre. Nabokov est consacré grand écrivain « américain ». On ne se lasse pas de louer son style. Il traduit nombre de ses livres antérieurs écrits en russe : *L'Invitation au supplice* [*Priglasenie na kagn'*, 1935] en 1959, *Le Don* [*Dar* – The Gift] en 1964. *Feu pâle* (*), en 1963, démontre la virtuosité du poète en même temps que la puissance sarcastique du penseur : il s'agit d'un long poème, suivi du commentaire d'un exégète savant et dément. En 1964, *La Défense Loujine* (*) illustre non pas seulement le talent du conteur, mais aussi sa science et son goût du jeu d'échecs. On doit à Nabokov des traductions remarquables : de Pouchkine, en anglais ; de Shakespeare, Goethe, Musset, Lewis Carroll, etc., en russe. 1964 : son œuvre est couronnée par le prix international des Éditeurs. Cependant, Nabokov a émigré une fois de plus. Dès 1959, il s'est installé en Suisse, à Montreux, où il écrit son chef-d'œuvre, *Ada* (*) (1969). C'est là que, à la suite d'une mystérieuse maladie, il trouvera la mort, le 2 juillet 1977.

Grand seigneur des lettres, aventurier de l'esprit, le talent de Nabokov a brillé d'une gloire égale dans deux langues et dans toutes les formes littéraires : poésie, récit, roman, essai. Sa magie protéenne s'est exercée aussi bien dans le réalisme que dans le fantastique, dans le romantisme que dans la satire. Mais la diversité des mouvements, des langues, des rythmes, des styles, dissimule ou révèle un même propos, une vocation unique, « une incantation qui doit permettre à tout homme d'exorciser sa servitude » et où l'horreur et la bonne humeur cheminent toujours bras dessus, bras dessous. L'effet se libère de sa cause, l'homme de l'Histoire, l'Histoire de la raison, l'image du récit, celui-ci de la psychologie, celle-ci de la logique... Dans la formation et l'essor de ce talent, on ne saurait surestimer le rôle de l'émigration. Nabokov n'en est pas seulement le chantre – « Il est des nuits, à peine es-tu couché que le lit vers la Russie s'envole » –, le témoin et le champion. Toute sa vision du monde et sa sensibilité sont formées par cette expérience fondatrice. Expulsé de son pays et de l'Histoire, Nabokov se trouve, de ce fait, expulsé de la réalité ou, au moins, de cette part du réel que les hommes croient soumettre à leur volonté et à leur raison. Ayant évité le « tournant dangereux » de la tentation qu'il décrit dans le roman qui porte ce titre, l'émigré se retrouve pareil à un « fantôme sans os ». Un vertige le saisit alors, qui lui fait deviner ou comprendre la part fantastique de la vie et son absurdité. Les héros de Nabokov, le Humbert de *Lolita* ou le Van de *Ada* – mais en fait, il s'agit de l'auteur et de son talent –, vont répondre à ce défi par une survitalité qui se maintient au-dessus du vide et du désespoir par la seule vertu de la vitesse. Le sort qu'il a subi, Nabokov le revendique et, de l'absurdité dont il fut la victime, il devient le prophète. Car, dans l'exil, il a découvert cette part gratuite du réel qui échappe au pouvoir. Parce que la mort sape et défait le monde où le tyran exerce son empire, Nabokov entre dans son jeu. Il lui emprunte les hasards qui défient la raison *(Roi, dame, valet)*, la solitude et le suicide et jusqu'à cette verve comique qui le fait gambader dans l'horreur qu'il relate. Il mine le savoir avec la même verve et montre tout ce qui, dans la démarche intellectuelle, l'apparente à la démence (*Feu pâle*). Sa prose de poète a un même pouvoir destructeur : le feu des images ne désarticule pas seulement la réalité et son récit, mais le récit ou le roman lui-même qui se défait et se refait au gré de cette poésie démoniaque. Pourtant, la grandeur de Nabokov et ses meilleures réussites sont situées dans un temps et un lieu antérieurs à l'émigration, mais qui ont découvert en elle leur force hallucinante : son enfance, ses paysages – « le dernier été russe » – et le premier amour. Cette épiphanie située au début de la vie condamne ce qui la suit à une irréalité vertigineuse ; cette aube qui s'ouvre sur la nuit se nommera Katia, Lolita ou Ada. L'enfance et l'amour sont à jamais liés : d'où la vérité bouleversante de *Lolita*. Seulement, l'amour d'enfants ne saurait être fécond, et doit rester gratuit. L'art de Nabokov a su retrouver le lien singulier qui, dans sa vie, avait noué l'Histoire et le développement de la sexualité. Dans *Ada*, ces thèmes sont développés avec une souveraine liberté. La passion de la langue, unique réalité dont aucun tyran ne peut vous priver, des langues, c'est-à-dire d'une culture qui a exploré et connu non pas seulement les pensées étrangères, mais les mœurs, les habitudes, les sensibilités, prend une magistrale ampleur. Le goût de la vie, de la force, de la sexualité forme un chant baroque qui célèbre un cosmopolitisme sûr de son droit et fier de ses réussites. Nabokov est à la fois un grand écrivain russe et un grand écrivain américain. Si son œuvre a beaucoup emprunté à l'Histoire dont il fut la victime, elle l'a dominée par le talent et la vitalité. Il a vengé l'émigration, les émigrés. Il les a rétablis dans l'honneur, la culture et la joie de vivre. Mais son œuvre n'appartient qu'à la littérature mondiale. Depuis sa mort, beaucoup d'inédits ont été publiés en traduction française : les premiers romans, traduits de l'anglais après avoir été traduits du russe par Nabokov lui-même : *Le Don* en 1967, *Le Guetteur* en 1968, *Roi, dame, valet* en 1970, *L'Exploit* [*Glory*, 1972, en anglais] et *Machenka* en 1981, ainsi que la première version de

Lolita, intitulée *L'Enchanteur* [*The Enchanter*] (1986) ; les nouvelles réunies sous les titres *Une beauté russe* (1980), *Mademoiselle O* [*Nabokov's Dozen*, 1958] et *Détails d'un coucher de soleil* [*Details of a Sunset*, 1976] ; les deux volumes de conférences, *Littératures* I (1983) et II (1985) ; enfin, la correspondance avec Edmund Wilson (1988). Une édition complète des œuvres de Nabokov est en préparation à la Bibliothèque de la Pléiade.

RÉF. : Biographie : Andrew Field, *Nabokov. His Life in Part*, Londres, 1977, trad. 1982.
Bibliographie : Samuel Schuman, *Vladimir Nabokov : A Reference Guide*, Boston, 1979.
Critique : Karl Proffer, *A Book of Things about Vladimir Nabokov*, Ann Arbor (Michigan), 1974. – Maurice Couturier, *Nabokov*, Lausanne, 1979. – David Packman, *Vladimir Nabokov : The Structure of Literary Desire*, St Louis (Missouri), 1982. – Norman Page, éd., *Nabokov : The Critical Heritage*, Londres, 1982. – Revue *Delta* (Université Paul Valéry, Montpellier), n° 17 (octobre 1983).

JEAN BLOT.

NADSON Semen Jakovlevitch [Sémen Jakovlevič Nadson]. Poète russe. Né le 14 décembre 1862 à Saint-Pétersbourg, mort le 19 janvier 1887 à Yalta (Crimée). Ayant perdu son père à l'âge de deux ans, il fut témoin d'une grave maladie psychique du second mari de sa mère, maladie qui se termina par un suicide. Restée sans ressources, la mère de Nadson fut, en 1871, recueillie avec son fils chez l'un de ses frères, I. S. Mamantov, et l'enfant fut placé en pension dans une école militarisée. Deux ans plus tard, il devait perdre sa mère et, note-t-il dans son journal, le fait de dépendre de son oncle qui le traitait sans humanité fut pour lui excessivement pénible. Ayant terminé ses études secondaires, le jeune Nadson entra au prytanée militaire où il devait contracter une phtisie. Sorti, en 1882, sous-lieutenant dans un régiment stationné à Cronstadt, il dut, miné par la maladie, démissionner en 1884.

Conscient de sa vocation, Nadson écrivait des poésies dès l'âge de neuf ans ; il n'avait pas encore terminé ses études secondaires que ses vers étaient déjà acceptés dans les revues littéraires. À partir de 1882, grâce à l'appui de A. N. Pleščéev, il collabora régulièrement à l'une des revues les plus importantes du pays, *Les Annales de la patrie* [*Otečestvennyja zapiski*]. La censure impériale ayant interdit cette revue en 1884, Nadson put, grâce à l'aide de quelques amis, partir pour l'étranger. Ce ne fut qu'en 1885 qu'il fit paraître la première édition de ses *Poésies* (*), qui remportèrent un succès croissant de sorte qu'en août 1887 – sept mois après sa mort – parut la sixième édition de ce recueil. En 1902 furent publiées des poésies posthumes sous le titre de *Chants qui ne furent pas chantés jusqu'au bout* [*Nedopetyja pésni*] et, en 1912, un recueil de ses écrits en prose : *Prose, Journaux et Lettres* [*Proza, dnevniki i pis'ma*].

NAEVIUS Cneius. Poète latin. Né en Campanie vers 270 av. J.-C., mort à Utique (près de Carthage) vers 200. Il appartenait peut-être à une famille plébéienne. Il prit part à la première guerre punique et, en 235, cinq ans après la première représentation dramatique de Livius Andronicus, commença sa carrière d'auteur comique et tragique. Plus tard, il créa la tragédie romaine à sujet national (« fabula praetexta »). Son langage libre et agressif attira sur lui l'hostilité des puissants, et il finit en prison pour avoir attaqué Quintus Cecilius Metellus, consul en 206. Libéré, il partit pour l'exil en Afrique, à Utique, où il mourut. De l'abondante production de Cneius Naevius, il ne nous reste que des titres et quelques fragments. Nous avons connaissance d'une trentaine de comédies, la partie la meilleure de son œuvre dramatique, qui comprenait aussi des tragédies tirées de modèles grecs et deux nationales : le *Clastidium*, sur la victoire remportée en 222 par Marcus Claudius Marcellus sur les Insubres, et *Romulus* ; nous ne savons rien concernant le contenu et le caractère de *Satura*. *La Guerre punique* (*), écrite en vers saturnien, le vieux vers populaire romain, eut une grande importance dans l'histoire de la littérature latine.

RÉF. : Texte et trad. angl. Warmington *Remains of Old Latin*, t. II, Collection Loeb, 1967.

NAGAI Kafû (pseud. de Nagai Sôkichi). Romancier japonais. Né à Tôkyô le 3 décembre 1879, mort le 30 avril 1959 dans le département de Chiba. Fils d'un haut fonctionnaire reconverti dans le privé, il entre à la section chinoise de l'École de langues étrangères, mais n'accorde aux études qu'une part fort limitée de son emploi du temps : c'est qu'il est bien trop occupé par ailleurs à s'initier auprès de maîtres chevronnés à l'art des diseurs comiques et au mode de composition des pièces de kabuki ! Et puis il y a Zola, dont l'influence au Japon se fait de plus en plus considérable, et dont le jeune Kafû s'efforce d'acclimater les théories, notamment dans *Une fleur en enfer* (*) (1902), tandis qu'il propose des adaptations de *La Bête humaine* (*) et de *Nana* (*). Son père, lui-même ancien étudiant à l'université de Princeton, compte-t-il sur les vertus lénifiantes de l'éloignement en envoyant aux États-Unis, la même année 1903, un fils bien peu soucieux apparemment de faire carrière ? Kafû y passera le plus clair de son temps à étudier... le français, dévoré qu'il est du désir de traverser l'Atlantique. Ce qu'il fera en 1908, lorsque sur la recommandation paternelle un poste lui est offert à la succursale lyonnaise d'une banque de Yokohama. De retour au Japon, il livrera le fruit de ses quatre années de vagabondage distingué dans deux recueils très libres d'allure et de propos, si libres à la vérité qu'il aura pour le coup quelques ennuis avec la censure officielle :

Récits d'Amérique (+) (1908) et *Récits de France* (*) (1909) le signalent à l'attention du monde littéraire, et marquent le début d'une période d'intense créativité. Revenu de France émerveillé par les raffinements fin-de-siècle et la poésie symboliste, Kafû, rejetant radicalement le naturalisme de ses débuts, qu'il a de plus en plus tendance à associer à la vulgarité du monde moderne, verse désormais dans un esthétisme mêlé de nostalgie pour le Tôkyô d'antan, menacé d'une disparition rapide. Manifeste dès *La Sumida* [*Sumidagawa,* 1909], cette quête proprement désespérée des lambeaux du passé s'exprimera notamment dans une série de romans sur le demi-monde, dont *Du côté des saules et des fleurs* (*) (1917) et *Le Bambou nain* [*Okamezasa,* 1920] offrent les exemples les plus célèbres. Toutefois, convaincu dès *L'Averse* [*Âme shôshô,* 1921] que sa quête était vaine, il s'enferme dans un long silence qu'il ne rompra, une dizaine d'années plus tard, que pour décrire dans *La Saison des pluies* (*) (1931) le monde des bars du quartier de Ginza, pitoyable héritier de la tradition déjà moribonde des maisons de geishas. Avec *Histoires singulières à l'est du fleuve* (*) (1937), Kafû pousse plus loin encore, au-delà de *La rivière Sumida* qui marquait autrefois un faubourg lépreux, dont il décrit avec une sorte de fascination la laideur, ce que la croissance monstrueuse de la ville a fait du monde autrefois si raffiné des quartiers de plaisir. Le conflit mondial, Kafû l'accueille avec le même détachement sceptique que celui qu'il avait manifesté, trente ans plus tôt, pour la guerre russo-japonaise, et, malgré l'interdiction de publier qui lui est signifiée par les autorités, il n'en continue pas moins à écrire, écoulant après la défaite l'ensemble d'une production qui lui vaut alors un regain de popularité. C'est désormais, avec l'approche du grand âge, la période des honneurs pour un vieillard alerte qui, malgré la médaille du Mérite culturel (1952) et sa réception à l'Académie des arts (1954), n'en continuera pas moins, viveur impénitent, à fréquenter jusqu'au dernier moment les petites danseuses de revue du quartier d'Asakusa...

MICHEL WASSERMAN.

NĀGĀRJUNA. Philosophe indien légendaire de la fin du Ier ou du début du IIe siècle de notre ère (?) dont les éléments biographiques concernent vraisemblablement plusieurs personnages différents. Le plus important, né dans l'hindouisme, probablement brahmane de l'Inde du Sud, reçut l'éducation et la culture traditionnelles des hautes castes. Il se convertit au bouddhisme mais passa au crible de sa science logique, pour les renvoyer dos à dos, les tenants du Petit véhicule [Hināyana] et les partisans du Grand véhicule [Mahāyana]. Aussi le considère-t-on comme le fondateur de la « voie moyenne » [madhyamaka] même si la plupart des sectes qui se référeront à lui appartiennent au Grand véhicule. Parmi les très nombreux textes qui lui sont attribués figurent le *Traité de la voie moyenne* [*Madhyamaka-śāstra*] et surtout l'énorme *Traité de la grande vertu de sagesse* (*) qui est l'un des plus célèbres ouvrages de philosophie bouddhiste.

JEAN PIE LAPIERRE.

NAGY István. Écrivain hongrois. Né le 22 février 1904 à Cluj (Roumanie). Il adhère de bonne heure au parti communiste clandestin, publie en 1933 – à compte d'auteur – son premier roman *Pas de halte* [*Nincs megállás,* 1933] qui lui vaut une persécution accrue. Arrêté en 1935, libéré, puis de nouveau interné pendant la guerre, il continue, dans ses œuvres, à dénoncer les injustices sociales et à militer pour l'amitié des peuples hongrois et roumain. Après 1945, il se consacre surtout à des problèmes liés à l'accession du prolétariat au pouvoir. La prose de Nagy est remarquable par les qualités de son style : une langue riche, imagée, savoureuse dont les éléments régionaux ne sont pas absents. Citons, parmi les œuvres notables de cet excellent écrivain : *Au nom du voisinage* (*) (1941), *Les Petits-Fils des Oltyán* [*Az Oltyánok unokáix,* 1942], *Dans le feu du combat* [*A harc hevében,* 1949].

NAGY László. Poète hongrois. Né le 17 juillet 1925 à Felsöiszkáz (au nord du lac Balaton) et mort le 30 janvier 1978 dans son village natal. László Nagy restera toute sa vie marqué par ses origines paysannes : la nature, les animaux (surtout le cheval) symbolisent la vie. Il a connu la misère de la campagne hongroise. Les changements de 1945 l'enthousiasment, et sa poésie d'adolescent, pétrie d'angoisse et de colère, inspirée des formes populaires, prend un ton plus assuré, optimiste et triomphant. En 1946, il part pour Budapest où il fait quelques vagues études, tout en hésitant entre peinture et poésie. Dès son premier recueil, *Disparais, ô douleur !* [*Tünj el fájás,* 1949], il apparaît comme une figure de proue de la poésie inspirée du socialisme.

Jusqu'au milieu des années 1950, les problèmes sociaux – tradition contre modernité, l'idéal du socialisme – sont au cœur de l'œuvre de Nagy. Il publie en 1951 *L'Artilleur et le Seigle* [*A tüzèr ès a rozs*] ; deux autres recueils – *La Fiancée du soleil* [*A nap jegyese,* 1954] et *Les Délices du dimanche* [*A vasárnap gyönyöre,* 1956] – témoignent de sa crise morale : tenté par la désespérance, il essaye de se démarquer de la tonalité dominante de l'époque. Il reçoit néanmoins plusieurs fois le prix Attila József (1950, 1953, 1955). En 1949, il a la révélation du folklore bulgare. (Nagy ne dissocie d'ailleurs pas traduction et création : García Lorca jouera un rôle clé dans son langage poétique.) Après 1956, il se tournera de plus en plus vers une problématique éthique. Après neuf ans de silence, il publiera ses œuvres les plus marquantes, dont

Hymne en tout temps (*) (1965), *Le Visage vers la mer* [*Arccal a tengernek,* 1966], *Ciel et Terre* [*Eg es föld, Oratorium,* 1971], *Le Cerf enfant prodige* [*Csodafiu-szarvas,* 1977], *Les cloches viennent me chercher* [*Jönnek a harangok értem,* 1978]. Il obtient le grand prix hongrois, le prix Kossuth, en 1966. Nagy a élargi sa palette expressive : il a gardé de ses débuts (quand il pratiquait l'octosyllabe populaire et le mètre classique) le goût de l'objet concret, voire de l'accumulation d'objets. Mais celle-ci est transposée, dans des visions abstraites, surréalistes, par des métaphores audacieuses ou grotesques : et le concret se transforme en un symbolisme quasi mythologique. Il parviendra ainsi à une synthèse insérant le regard sur la société dans une philosophie de l'existence. Il a exercé une grande influence sur la vie intellectuelle hongroise.

EVA TOULOUZE.

NAHUM. Septième prophète mineur. Il vécut à la fin du VIIe et au début du VIe siècle avant J.-C. Il était né à Elqosh, bourg que saint Jérôme situe en Galilée, mais que les modernes, se fondant sur l'analyse même du livre, placent en Judée (Bir el Qaws, près de Bejt Gibrin). Contemporain de Jérémie, il se rapproche cependant plus d'Isaïe par sa noblesse et sa vigueur. Ses descriptions sont pittoresques et vivantes ; il s'exprime avec une clarté sculpturale. Véritable « consolateur » [Nahum], il s'efforça de rendre courage aux Juifs soumis à la puissance assyrienne dont il prophétisait la chute. Sa voix ardente parvient encore jusqu'à nous : « Yahvé est bon, Il est une Force dans les jours d'angoisse, mais avec la fureur d'une inondation dévastatrice. Il chassera dans les ténèbres ses ennemis » — v. *Livre de Nahum* (*).

NAIPAUL Vidiadhar Suprajasad. Romancier trinidadien. Né à Trinidad le 17 août 1932. L'exemple de Vidiah Seepersad Naipaul, issu de pauvres immigrants hindous mais journaliste au *Guardian* et auteur d'un recueil de nouvelles, ne manqua pas d'influencer ses fils : l'aîné, Vidiadhar, évoque son histoire dans *Une maison pour M. Biswas* (*) ; le cadet, Shiva, né en 1945, devint également un romancier apprécié. V. S. Naipaul reçut l'éducation poussée qui convenait à sa caste de brahmane à Queens Royal College puis à l'université d'Oxford. Il s'établit alors en Angleterre, écrivit pour le *New Statesman* et dirigea le programme « Voix de la Caraïbe » à la B.B.C. avant de devenir écrivain de profession. En l'absence d'une tradition littéraire propre à la Caraïbe dont le public restreint ne pouvait lui suffire, il visa une audience internationale et s'efforça de créer un univers romanesque vraisemblable et sympathique pour évoquer une société qu'il percevait comme chaotique et changeante. Son art allie pourtant le réalisme documentaire à une vision de satiriste plus qu'à la tendresse railleuse de l'humoriste.

Naipaul est surtout romancier. Son troisième volume publié, le recueil des nouvelles de *Miguel Street* (1959) est le premier écrit. Le jeune narrateur relate les événements du monde de la rue où les actions d'éclat sont souvent des stratégies de survie : Bogart est ainsi surnommé parce qu'il imite la vedette du film *Casablanca ;* Man-Man joue le Christ au calvaire pour attirer, au moins une fois, tous les regards mais s'insurge vite quand les spectateurs se mettent à le lapider. Cet univers coloré de « machos » qui maltraitent les femmes est un monde de ratés où le paraître, et non le faire, confère l'importance et l'identité. Dans un milieu post-colonial, il s'avère impossible de construire et d'œuvrer. *Le Masseur mystique* (*) (1957) reprend ce thème pour proposer la chronique acide et bouffonne de l'ascension d'un charlatan — situation que Naipaul évoquera à nouveau, avec plus de gravité, dans le premier roman qu'il écrit sur un sujet anglais, *Les Hommes de paille* (*) (1967). *On vote à Elvira* [*The Suffrage of Elvira,* 1958] passe du destin personnel aux comportements collectifs. L'organisation d'élections après l'Indépendance dans le village le plus isolé et arriéré de l'île permet au narrateur de disséquer les accommodements et les malversations qui font de ce petit monde dont les valeurs religieuses se sont effondrées une foire d'empoigne où chacun revendique les lambeaux d'un pouvoir illusoire. Les antagonismes entre groupes raciaux, ethniques et religieux révèlent que l'argent est devenu la seule valeur qui compte. Le récit plein de verve reflète un merveilleux sens du parler local mais la critique sociale est acerbe. D'une tout autre facture est le chef-d'œuvre de Naipaul, *Une maison pour M. Biswas* (1961). Ce monument érigé à la mémoire de son père et au souvenir de son enfance contient assez de compassion et de tendresse pour que sa critique ne dépasse guère les limites de l'humour.

On a beaucoup reproché à Naipaul sa peinture acide des pays du Tiers-Monde et sa critique de leurs dirigeants, et des échecs répétés de leurs plans de développement. Il s'est sans cesse davantage tourné vers ces nouvelles nations. Dans *L'Inde brisée* [*India, A Wounded Civilisation,* 1977], il juge le quiétisme fataliste de Gandhi nuisible à l'individu et au développement de l'Inde : alors que les Hindous immigrés dans la Caraïbe font preuve de dynamisme et d'initiative. Dans *Le Baraquement bondé* [*The Overcrowded Baracoon,* 1972], Naipaul déplore le factionnalisme, facteur d'arriération, à l'île Maurice, et évoque la décolonisation en Égypte et en Afrique centrale dans des nouvelles de *Dis-moi qui tuer* [*In a Free State,* 1971] et dans le roman *À la courbe du fleuve* (*) (1979). En fait l'essentiel de sa critique sociale est consacré à la Caraïbe comme dans *La Perte de l'Eldorado* [*The Loss* *of El Dorado,* 1965], et *Le Passage du milieu* [*The Middle Passage,* 1965], qui met en opposition deux grands moments du destin de Trinidad et cherche dans la psychologie et l'histoire des explications aux problèmes actuels. *Guerilleros* [*Guerillas,* 1975] pose la même problématique à travers ses personnages : Jane incarne la classe des aristocrates coloniaux dont le statut a décliné après l'Indépendance ; mi-Chinois, mi-Africain, Jimmy est attiré par cette culture qu'il déteste. Malgré ses slogans révolutionnaires, il ne parvient pas à dominer cette fascination et le roman laisse une impression chaotique d'irrationnel et de tension. *À la courbe du fleuve* situe en Afrique une thématique comparable. Parmi bien d'autres œuvres non romanesques, Naipaul a également donné une belle autobiographie littéraire, *L'Énigme de l'arrivée* [*The Enigma of Arrival,* 1987].

MICHEL FABRE.

RÉF. : Paul Theroux, *V. S. Naipaul. An Introduction to his Work,* Londres, 1972. – Robert Hammer (ed.), *Critical Perspectives on V. S. Naipaul,* Washington, 1979. – *Commonwealth* n° 9, 1, 1986.

NAKANO **Shigeharu.** Poète, essayiste et romancier japonais. Né dans le département de Fukui le 25 janvier 1902 et mort en 1979. Après des études de littérature allemande à l'université de Tôkyô, qu'il devait conclure sur un mémoire relatif à Heine, il prend part à la fondation de la revue *L'Âne* [*Rôba*], où il s'affirme rapidement comme poète et théoricien de la poésie prolétarienne. Ses activités culturelles au sein de l'extrême gauche japonaise lui valent d'être incarcéré par deux fois au cours des années 30, puis de devoir se soumettre, jusque dans sa création littéraire, à un contrôle policier que reflète l'art de l'esquive dont il fait preuve dans son roman *Le Rêveur et son scénario* (*) (1939). Élu en 1947 à la Chambre Haute, membre du Comité central du parti communiste, Nakano est avant tout un esthète dont il convient de retenir les *Poésies* [*Nakano Shigeharu shishû,* 1935] et les romans autobiographiques qu'il écrivit après guerre, *Le Cœur* [*Muragimo,* 1954] et *A-B-C-D* [*Kô-otsu-hei-tei,* 1965].

NAKAYAMA **Gishû.** Romancier japonais. Né le 5 octobre 1900 dans le département de Fukushima, mort le 19 août 1969. Diplômé de littérature anglaise à l'université Wadesa, à Tôkyô, il enseigne quelques années dans un lycée de la périphérie, puis, au milieu d'une période de grave détresse matérielle et morale, obtient l'important prix Akutagawa pour *Le Chrysanthème à grande corolle* [*Atsumonozaki,* 1938], où se fait jour une conception esthétique du mal qui nourrira également, l'année suivante, *Le Monument de pierre* [*Ishibumi*]. C'est toutefois la guerre (il est dépêché à Java en 1943, et affecté dans les services d'information de la marine) qui va constituer pour Nakayama l'expérience décisive : il en dira l'horreur et l'absurdité dans *Les Derniers Jours de Tenian* (*) (1948), et s'attachera par la suite, comme dans *Le Faucon de Shinobu* [*Shinobu no taka,* 1948], à donner une forme romanesque au thème du combat perdu dans l'Histoire moderne du Japon.

NAKAYAMA **Tadachika.** Écrivain japonais. Né en 1131, mort en 1195. On lui attribue *Le Miroir du présent* (*) et le *Mizu kagami.* Les événements de sa vie nous sont presque totalement inconnus. Les Nakayama appartenaient à la famille des Fujiwara, la plus illustre de l'ancienne noblesse japonaise et qui remontait à Fujiwara no Tetada (1062-1136). Nakayama Tadachika remplit différentes fonctions à la Cour et devint ministre, mais il donna sa démission trois ans plus tard. Il a laissé un journal en vingt-huit volumes, intitulé *Sankaiki,* qui va de 1151 à 1191, et qui, en dépit de certaines lacunes, présente un intérêt non négligeable pour l'histoire de cette époque.

NAKKĪRAR. Poète tamoul, auteur présumé du *Tirumurukāṟṟuppaṭai* (*). La littérature tamoule connaît plusieurs Nakkīrars dont l'auteur du *Neṭunalvāṭai,* l'un des poèmes de l'anthologie des *Dix chants* [*Pattuppāṭṭu*] de l'époque du Caṅkam, daté du IIIe siècle environ et l'auteur d'un commentaire célèbre de l'*Iṟaiyaṉār Akapporuḷ,* l'un des textes, avec la troisième partie du *Tolkāppiyam* (*) à exposer la poétique tamoule classique datant, lui, du VIIIe siècle. L'identification de l'auteur du *Tirumurukāṟṟuppaṭai* avec l'un ou l'autre de ces homonymes reste controversée, l'hypothèse qu'il ne s'agisse ni de l'un ni de l'autre n'étant pas complètement écartée non plus.

ÉLISABETH SETHUPATHY.

NAKOU **Lilika.** Romancière grecque. Née à Athènes le 24 juin 1903, morte en 1989. D'une famille aisée, elle fit ses études dans la capitale puis à Genève, mais dut se faire hospitaliser en 1928 au sanatorium de Davos (Suisse). C'est là qu'elle composa ses premiers récits, publiés la même année à Paris grâce au soutien de personnalités telles que Henri Barbusse ou Romain Rolland. Une rupture avec sa famille l'amena à fréquenter quelque temps la bohème littéraire parisienne, avant un retour en Grèce en 1932. L'année suivante, elle publia à Athènes *La Déflorée* ['Π ξεπαρθένη] puis accepta un poste d'institutrice en Crète (ce qui lui fournira la matière de *Madame Dorémi* ['Η κυρία Ντορέμι, 1955]. Elle se consacrera ensuite exclusivement à la littérature, partageant désormais ses activités entre des reportages, des biographies romancées, des souvenirs et des romans. Ceux-ci, fortement autobiographiques, sans autres transpositions que celles que lui dicte sa seule sensibilité, retracent ainsi toutes les étapes d'une vie mouvementée. Citons *Les*

Égarés [Οἱ Παραστρατητέςοι, 1935] et *Terre de Béotie* (*) (1955).

NALKOWSKA Zofia. Romancière polonaise. Née et morte à Varsovie (10 novembre 1884 - 17 décembre 1954). Fille de Waclaw Nalkowski, éminent publiciste de la seconde génération du positivisme, elle commence très tôt à écrire, tout en prenant une part active à la vie culturelle et sociale de la Varsovie des années 1900. Ses premiers vers, publiés dans *Chimera,* et ses premiers romans, *Femmes* [*Kobiety,* 1906] ou *Les Serpents et les Roses* [*Weże i roże,* 1915], portent la marque de l'esthétisme de la jeune Pologne, mais font déjà pressentir les analyses très subtiles et très intellectuelles de sentiments et de caractères qui marqueront ses œuvres des années 20, *Le Roman de Thérèse Hennert* [*Romans Teresy Hennert,* 1924] ou *Maison de femmes* [*Dom kobiet,* drame, 1930]. Elle s'éloigne de plus en plus des éruptions stylistiques et des brumes scandinaves acclimatées en Pologne par Przybyszewski pour adopter des pensées et des formes plus subtiles et plus claires, qui l'apparentent parfois à Proust. Un instant liée au groupe du « Faubourg » de Boguszewska, elle aborde dans *La Frontière* [*Granica,* 1935] des thèmes sociaux avec un pessimisme que la montée des périls ne fait qu'augmenter. Après la guerre, qu'elle a passée à Varsovie, Nalkowska a donné son chef-d'œuvre avec *Les Médaillons* (*), 1946, recueil de récits sur les camps de concentration, et *Les Liens de la vie* [*Wezly życia,* 1948], tableau critique de la société varsovienne de l'avant-guerre.

NAMMĀḶVĀR. Poète tamoul de la fin du IXe siècle. Considéré comme le plus grand des douze Ālvārs, Nammālvār appartenait à une famille veḷḷaḷa (haute caste non brahmane) de Kurukūr, nom ancien de Ālvārtirunakari la (« ville sainte de l'Āḷvār »), l'un des grands centres viṣṇuites du Pays tamoul avec Srīraṅgam et Śrīvillipputtūr. Māran, qui devint par la suite Nammālvār (« Notre Ālvār ») est dit avoir passé ses seize premières années en méditation à l'ombre d'un tamarinier voisin du temple de Kurukūr. Il aurait ouvert les yeux et parlé pour la première fois pour répondre à une question de Maturakavi qui allait devenir ensuite son disciple. Puis, toujours au même endroit, il aurait composé son œuvre : *Tiruviruttam, Tiruvāciriyam, Periya Tiruvantāti* et *Tiruvāymoli* (*) et y aurait eu, sans devoir se déplacer, la vision de la divinité sous les différentes formes qu'elle revêt dans les cent huit lieux saints viṣṇuites de la tradition tamoule.

ÉLISABETH SETHUPATHY.

NAMORA Fernando. Écrivain portugais. Né le 15 avril 1919 à Condeixa dans la Beira Litoral, mort le 31 janvier 1989 à Lisbonne. Après des études de médecine à l'université de Coïmbre, Fernando Namora exerce de nombreuses années en milieu rural. Ses romans témoignent de son expérience médicale. Il est, dans les années 40, l'un des fondateurs du mouvement néo-réaliste portugais et son œuvre, conformément à l'esprit de ce courant, est une inlassable dénonciation de l'inégalité sociale dans une société sclérosée par la dictature salazariste : « Un écrivain n'est pas fait pour descendre dans la rue : son arme c'est l'écriture », affirme-t-il. S'il est le chantre de la fraternité humaine, ses livres n'en sont pas moins empreints d'une profonde mélancolie et évoquent sans complaisance la condition dramatique du peuple.

Bien que l'architecture ait été sa première vocation, c'est bien la médecine qui apporte le complément nécessaire au travail de Namora : « Elle découvre, apporte la matière première et la température émotionnelle » tandis que l'écriture « fournit l'interprétation », précise-t-il dans la Préface de son roman *La Maison des vagabonds* [*A casa da malta*], publié en 1945, et dans lequel il dénonce la misère insoupçonnée du milieu rural portugais.

Fernando Namora est l'auteur d'une œuvre abondante et variée — chroniques, poèmes, nouvelles, romans — qui sera traduite dans plusieurs pays, à l'Ouest comme à l'Est, et qui lui vaudra une notoriété internationale. Dans *Le Bon Grain et l'ivraie* [*O trigo e o joio*], publié en 1954, s'il dénonce toujours la misère paysanne, il affine très nettement l'étude psychologique de ses personnages. Déjà dans *Feu dans la nuit sombre* [*Fogo na noite escura*], publié en 1943, il se révélait un véritable conteur, un observateur aigu des comportements tout en appliquant ce qui est, pour lui, la définition du néo-réalisme, « un processus de démystification du milieu social portugais ». Avec *Fleuve triste* (*), son dernier roman, publié en 1982, il se propose de mélanger plusieurs genres littéraires et construit la narration sur une énigme sans solution. Le fleuve y est, bien sûr, la métaphore de la Vie, mais l'émigration, la guerre coloniale, la dictature des années 60 au Portugal forment la toile de fond.

Fidèle à ses choix esthétiques et politiques, attaché à une morale sociale de la littérature, Fernando Namora aura ainsi, jusqu'à sa mort, dénoncé la misère économique, politique et culturelle qui a si profondément blessé son pays.

FRANÇOISE BEAUCAMP.

NĀNAK. Mystique indien. Né en 1469 à Talwandi, district de Lahore (Peñdjab), mort en 1538. Il fut le fondateur de la secte des Sikhs, communauté religieuse indienne de caractère politique et militaire. Sa vie est racontée, avec un luxe de détails qu'il ne faut pas toujours prendre à la lettre, dans les nombreux *Janamsākhīs.* Il appartenait à la caste des guerriers et vécut longtemps en nomade. Ce fut peut-être au cours de ses voyages qu'il rencontra des disciples de Kabīr dont les théories devaient avoir sur lui une profonde influence. Sa connaissance des langues persane, hindoue et panjabi lui permettait de s'entretenir familièrement avec tous, qu'ils fussent hindous ou musulmans. En compagnie de son disciple préféré Mardana, il voyagea dans toute l'Inde septentrionale, faisant un grand nombre d'adeptes pour lesquels il composa un recueil de prières quotidiennes et un autre en vers intitulé *Japjī*. On lui attribue également deux œuvres philosophiques en sanscrit : la *Nirākāra Mīmāmsā* et la *Adbhuta Gītā*. Nānak exposait sa doctrine sous forme de chants qu'il déclamait devant les fidèles, et ces chants constituent la partie la plus importante et la plus originale du *Granth* (*), la bible des Sikhs. Nānak ne reconnaît ni l'autorité du *Coran* (*), ni celle des *Veda* (*), des *Sāstra* et des *Purāna* (*), tout en demeurant cependant foncièrement hindou puisque, de l'hindouisme, il conserva la plupart des « samskara » ou rites privés, et tous les dieux. Il prêchait une doctrine unitive, influencée par le monisme védique, à laquelle, toutefois, se mêlait parfois quelque superstition, et rêvait de fondre l'hindouisme avec l'islamisme. Neuf maîtres suivirent ses doctrines. Le premier de ceux-ci, Guru Angad, a composé un ouvrage introductif aux hymnes de Nānak, connu sous le nom de *Gurumukhi,* et qui est encore en usage au Peñdjab.

NAPOLÉON Ier. Empereur des Français. Né à Ajaccio le 15 août 1769, mort à Sainte-Hélène le 5 mai 1821. Il était le fils de Charles Buonaparte (ou Bonaparte comme il s'appela après la Révolution) et de Letitia Ramolino. L'homme de lettres meurt très jeune – exactement à vingt-sept ans, en 1796, lorsqu'il prend le commandement de l'armée d'Italie –, pour laisser la place au jeune conquérant. Mais, aux yeux d'un Thiers ou d'un Sainte-Beuve, Napoléon passe pour le plus grand écrivain de son temps, d'ailleurs bien moins grâce à sa plume qu'à sa parole : les lettres qu'il dicte, les phrases que ses interlocuteurs recueillent, imposeront une nouvelle forme d'expression rapide, coupante, saccadée, dépouillée de toute rhétorique. Ce style ne sera pas le fruit des circonstances ou de son tempérament, mais l'expression d'une volonté bien déterminée. En 1792, il écrivait déjà à son frère Lucien : « J'ai lu ta proclamation : elle ne vaut rien. Trop de paroles et trop peu d'idées. Tu recherches l'effet ; ce n'est pas ainsi que l'on parle au peuple. » L'œuvre proprement littéraire du jeune Napoléon n'est pas, tout compte fait, négligeable ; elle est intéressante surtout par son caractère autobiographique, elle traduit le besoin de trouver un point d'appui, une base solide. À une époque où les croyances et les formes de vie sociale sont remises en question, Napoléon cherche anxieusement le chemin de la gloire, sa première raison de vivre. Espérant d'abord le trouver en Corse, il se propose de se consacrer pendant quatre ans (1786-1790) à la rédaction d'une histoire de son île et d'entrer dans les faveurs de son compatriote Pascal Paoli. Les deux hommes ne s'entendront jamais ; Napoléon s'installe sur le continent en 1791 et il envoie à l'Académie de Lyon un essai pour le concours organisé sur le thème : indiquer les vérités et les sentiments qu'il est le plus nécessaire d'inculquer aux hommes pour leur bonheur. Ampoulée et académique, sa dissertation *Le Discours de Lyon* (+) ne lui sert à rien : le jury l'estime « indigne d'attention ». Toutefois, on y trouve des variations sur des thèmes qui conserveront une valeur à ses yeux, par exemple : « L'énergie est la vie de l'âme en même temps que le principal ressort de la raison. » N'ayant pas réussi à trouver une place ni dans son île ni à l'Académie de Lyon, il va tâter de la politique de la Terreur avec un court pamphlet, intelligent dans sa substance et modéré dans sa forme, *Le Souper de Beaucaire* (*), dans lequel, au nom de l'unité nationale et de l'état réel des forces armées, il veut démontrer l'inanité des soulèvements locaux. L'ensemble révèle une grande prudence, et même une certaine répugnance à s'engager à fond. Depuis l'adolescence, il se trouve souvent au bord du désespoir ; à dix-sept ans, il écrivait : « Que faire en ce monde ? S'il faut mourir, n'est-il pas mieux de se tuer ? » Un an après, à Ajaccio, il écrivait des contes très « noirs » ; dans l'un d'entre eux, *Le Masque prophète* (+), il évoque l'agitateur Hakem qui, à Bagdad, après avoir eu une foule de partisans, adopte un masque d'argent pour dissimuler son visage déformé par les blessures et sa cécité, et, lorsqu'il se sent encerclé, empoisonne ses adeptes et se jette lui-même dans la fosse où il a déposé leurs cadavres. Après le 9 thermidor, Napoléon fut de nouveau sur le point de renoncer à vivre. Le 12 août 1795, il écrivait à son frère : « Si cela continue ainsi, mon ami, je finirai par ne pas m'écarter quand il passe une voiture. » Ce qu'il a vu à Paris l'a échaudé ; en juin 1792, il notait déjà dans son journal : « Chacun recherche son propre intérêt et veut arriver à force d'horreur, de calomnies ; on intrigue, actuellement, plus bassement qu'on ne l'a jamais fait. Tout cela détruit l'ambition. » Trois ans après, du reste, il a pensé à rentrer dans la vie civile, avec une propriété et une femme (Désirée Clary). Mais, en septembre 1795, il avait reçu à la fois le refus de ses parents et la nouvelle de sa radiation de la liste des généraux. C'est de cette période malheureuse que doit dater la stupéfiante nouvelle *Clisson et Eugénie*, dont le texte intégral n'a été publié qu'en 1955. Dans un moment de complet insuccès, Napoléon s'incarne en un personnage chanceux, Clisson, qui, écrit-il, « était né pour la guerre. La fortune seconde constamment son génie, ses victoires se succèdent, et son nom est connu du peuple comme celui d'un de ses défenseurs les plus chers ». À la fin, Clisson découvre la nature, s'éprend d'Eugénie, l'épouse, a des enfants et s'en va vivre dans une propriété à la campagne. Un jour, cependant, il doit reprendre le commandement des armées en guerre, et sa femme le trompe ; alors il se jette « tête baissée dans la mêlée » et meurt « transpercé de mille coups ». Le rêve tout éveillé (qui confine au goût du fantastique) tiendra toujours une place dans son existence, comme un relâchement qui permet de récupérer des forces intellectuelles. Grâce à cette imagination jointe à une intelligence rapide et vaste, il saura diriger sa propagande de manière admirable tant dans les journaux français d'Italie, durant les opérations militaires, qu'à Paris, dans *Le Moniteur*, ou finalement à Sainte-Hélène, dans ce qu'il dicte à Las Cases et aux généraux qui l'entourent. Dans ce but, il n'hésitera pas à réexaminer et à retoucher son propre passé ; par exemple, il semble bien que sa fameuse proclamation : « Soldats, vous êtes nus... » — v. *Proclamations, mémoires et lettres* (*) — n'ait pas été composée ailleurs que sur le navire qui le conduisait à Sainte-Hélène. Non content d'agir sur l'Histoire, il savait en donner une image au trait vif et aux couleurs éclatantes.

ALBERT OLLIVIER.

♦ *« Son style militaire offre un digne pendant aux styles les plus parfaits de l'Antiquité en ce genre, à Xénophon et à César. »* Sainte-Beuve. ♦ *« Coloré quand il peignait, clair, précis, véhément, impérieux quand il démontrait, il était toujours simple* [...] *Singulière destinée de cet homme prodigieux, d'être le plus grand écrivain de son temps, tandis qu'il en était le plus grand capitaine. »* Thiers. ♦ *« Il eut le don d'écrire avec génie. »* Barbey d'Aurevilly.

RÉF. : R. de Vivie de Regie, *Napoléon écrivain*, Bordeaux, 1945. — N. Tomiche, *Napoleon écrivain*, Paris, 1952. — J. Tulard, *Le Mythe de Napoléon*, Paris, 1971.

NAPOLÉON III (Charles Louis Napoléon Bonaparte). Empereur des Français. Né à Paris, au château des Tuileries, le 20 avril 1808, mort à Chislehurst, près de Londres, le 9 janvier 1873. On a souvent dit que Napoléon Ier, s'il n'avait été le plus grand homme de guerre de tous les temps, aurait pu devenir un des premiers écrivains français. L'œuvre écrite de son neveu, quoique abondante, est seulement celle d'un propagandiste, habile à trouver des arguments propres à toucher l'opinion publique, ouvert aux idées nouvelles, mais dépourvu de conceptions vraiment originales. Soumis dans son enfance à la double influence de sa mère, la volage et ambitieuse Hortense de Beauharnais, qui l'éleva dans l'idée qu'il était appelé à devenir l'instrument de la résurrection de l'Empire, et de ses deux précepteurs, l'ancien officier Vieillard et le fils du conventionnel Lebas, imbus des mythes glorieux de 1793, le jeune Louis-Napoléon conçut très tôt le système impérial futur comme une réalisation intégrale de la doctrine révolutionnaire. Passionné de politique, adepte du principe des nationalités, partisan du suffrage universel, il conspira dans les rangs du carbonarisme et participa, en février 1831, à l'insurrection des Romagnes. Mais cette première tentative d'action directe ayant échoué, Louis-Napoléon, devenu héritier de la dynastie des Bonaparte depuis la mort du duc de Reichstadt en 1832, décida de se faire connaître peu à peu par des écrits de circonstance. C'est ainsi qu'il publia ses *Rêveries politiques, suivies d'un projet de constitution* (1832), dans lesquelles il formule sa doctrine de césarisme républicain. Ayant reçu d'autre part une formation militaire théorique accomplie, il rédigea en 1833 des *Considérations politiques et militaires sur la Suisse.*

Cet ouvrage valut au proscrit le titre de citoyen du canton de Thurgovie, et la possibilité de prendre du service dans l'armée helvétique avec le grade de capitaine. Son *Manuel d'artillerie,* paru en 1836, ne répondait pas uniquement cependant à des préoccupations professionnelles ; l'auteur espérait aussi par ce livre, dont il faisait des services à de nombreux officiers, gagner une certaine popularité dans l'armée française. Mais, en 1838, la tentative de Strasbourg échoua, et Louis-Napoléon, expulsé par le gouvernement suisse, dut chercher refuge en Angleterre : c'est là qu'il rédigea en 1839 son volume intitulé *Idées napoléoniennes,* où il présente son oncle comme l'héritier direct et fidèle des principes de 1789, et l'Empire comme un instrument politique au service du peuple dans sa marche vers le progrès social. À cette époque, en effet, Louis-Napoléon ne se proclamait pas seulement républicain, mais encore socialiste et, quelques mois plus tard, au cours de son internement au fort de Ham (après sa tentative de Boulogne en octobre 1840), tandis qu'il s'efforçait d'entretenir l'agitation bonapartiste par des articles dans la presse, il affirmait nettement son hostilité à la bourgeoisie et ses tendances extrémistes dans diverses études : *Analyse de la question des sucres* (1842), *La Paix ou la guerre* (1843), *La Traite des nègres* 1843), *Le Clergé et l'État* (1843) — où il prenait position contre l'école religieuse, etc. C'est dans son célèbre manifeste sur *L'Extinction du paupérisme* (1844) que se trouve l'expression la plus claire de ses vues socialistes : il y expose en effet que le problème de la misère ne pourra être résolu que par l'établissement aux frais de l'État, dans les régions les moins cultivées de France, de vastes colonies agricoles au profit des ouvriers sans travail. Il n'en fallut pas plus pour que ses correspondants habituels, parmi lesquels Béranger, Louis Blanc, George Sand, Proudhon, en vinssent à le considérer comme un martyr du socialisme. On sait à quel point ces illusions furent démenties. Pendant son règne, il ne fit paraître que des recueils de discours officiels et une *Histoire de Jules César* (*) (1865-1866), à laquelle des écrivains familiers de Compiègne apportèrent une contribution discrète mais appréciable. Après la défaite de 1870, enfin, de son exil en Angleterre, l'empereur déchu essaya sous des prête-noms d'atténuer sa responsabilité dans les malheurs de la patrie – *Campagne de 1870 ; causes qui ont amené la capitulation de Sedan* (1872). Son idée d'un césarisme national restera vivace et constituera l'une des forces politiques de la France des débuts de la IIIe République ; non seulement elle inspirera officiellement le parti bonapartiste, mais on peut encore en trouver des échos dans le programme électoral rédigé en 1889, au plus fort de l'agitation boulangiste, par un jeune candidat nancéien, Maurice Barrès.

RÉF. : A. Ebeling, *Napoléon III und sein Hof,* 3 vol., 1891-94. – E. Ollivier, *L'Empire libéral,* 17 vol., Paris, 1894-1918. – O. Aubry, *Le Second Empire,* Paris, 1938. – J. Bertaut, *Napoléon III secret,* Paris, 1939. – G. Roux, *Napoléon III,* Paris, 1969. – A. Castelot, *Napoléon III,* 2 vol., Paris, 1973-1974. – P. Gueriot, *Napoléon III,* Paris, 1980. – W. Smith, *Napoléon III,* Paris, 1982.

NARAYAN Rasipuran Krishnaswami. Nouvelliste et romancier indien. Né à Madras en 1907 dans une famille brahmane, Narayan, après des études universitaires à Mysore, commence une carrière de journaliste indépendant mais se tourne assez vite vers l'écriture : « Un certain jour de septembre choisi par ma grand-mère comme m'étant astralement favorable, j'achetai un cahier et écrivis la première ligne d'un roman et, comme j'étais là assis dans ma chambre à sucer mon porte-plume et à me demander ce que j'allais écrire, Malgudi, avec sa petite gare, se présenta à mes yeux, toute prête à être décrite. » C'est ainsi que l'écrivain relate la naissance romanesque de ce lieu imaginaire, Malgudi, qui va servir de cadre à la fresque qu'il brosse depuis plus de cinquante ans et qui décrit l'Inde depuis la domination anglaise jusqu'à l'après-indépendance. Les œuvres de Narayan comprennent quatorze romans : *Swami et ses amis* [*Swami and his Friends,* 1935], *Le Licencié ès Lettres* [*The Bachelor of Arts,* 1937], *Dans la chambre obscure* [*The Dark Room,* 1938], *Le Professeur d'anglais* [*The English Teacher,* 1945], *Mr. Sampath* (1949), réédité en 1955 sous le nom de *L'Imprimeur de Malgudi* [*The Printer of Malgudi*], *L'Expert financier* [*The Financial Expert,* 1952], *En attendant le Mahatma* [*Waiting for the Mahatma,* 1953], *Le Guide* (*), *Le Mangeur d'homme* [*The Man-Eater of Malgudi,* 1961], *Le Vendeur de bonbons* [*The Vendor of Sweets,* 1967], *Le Peintre d'enseignes* (*) (1977), *Un tigre pour Malgudi* [*A Tiger for Malgudi,* 1982], *L'Homme bavard* [*Talkative Man,* 1986], *Le Monde de Nagaraj* [*The World of Nagaraj,* 1990] : cinq recueils de nouvelles dont *Journées à Malgudi* [*Malgudi Days,* 1943] et *Un cheval et deux chèvres* [*A Horse and two Goats,* 1970] ; un journal : *Mes journées souvenirs* [*My Days : a Memoir,* 1974] et des versions anglaises de deux grands textes épiques indiens : *Le Ramayana* (*) (1973) et *Le Mahabharata* (*) (1978). Cette œuvre très vaste mais très concentrée se préoccupe essentiellement de présenter la classe moyenne indienne, celle des professeurs, des petits imprimeurs ou des vendeurs de bonbons. Modestes et effacés, ces personnages vivent au sein de la famille agrandie traditionnelle mais aspirent confusément à une existence plus indépendante. Les intrigues apparemment innocentes mais toutes orientées les conduisent imperceptiblement vers une plus grande maturité, en les incitant notamment à se libérer des « illusions et des hystéries » et à accepter de concevoir la vie comme une « comédie triste ». Sans jamais devenir vraiment malveillant, l'auteur choisit des personnages naïfs dont le bonheur fragile est soudain mis en pièce par un événement extérieur qui impose de nouveaux rôles ou, tout au moins, de nouveaux ajustements, Toutes ces cassures, tous ces revirements permettent au romancier non pas d'imposer des conduites idéales mais de mettre en évidence les forces qui consolident la vie et, surtout, celles qui la détruisent – en un mot de cerner cette perfection qui, pour être perçue pleinement, doit d'abord être confrontée à l'imperfection. La force de Narayan réside dans la tranquille assurance avec laquelle il considère la vanité humaine et dans son obstination souriante à pousser son lecteur (et ses créations) vers un sort moyen fait d'acceptations et de renoncements. Son ironie est constante mais rarement destructive car elle tend subtilement à conduire le petit monde de Malgudi vers moins de folie douce et, si possible, plus de sérénité.

DENISE COUSSY.

NĀRĀYANA. Auteur indien présumé d'une œuvre didactique sanskrite intitulée *Hitopadeśa* (*) ou *L'Instruction profitable,* qui fut composée pour les fils de Sudarśana, roi de Pataliputrā. Originaire du Bengale, Nārāyana était de religion shivaïte. De lui, nous savons seulement qu'il vécut entre le Xe et le XIVe siècle.

NARÉJNY Vassili Trofimovitch [Vasilij Trofimovič Nareżnyj]. Romancier russe. Né en 1780 au lieu-dit Oustivitza, près de Gadjatch (Ukraine), mort le 21 juin 1825 à Saint-Pétersbourg. Après avoir terminé ses études à l'université de Moscou, Naréjny fut envoyé comme fonctionnaire d'État en Géorgie, récemment acquise à la couronne. Doué d'un certain talent littéraire, il avait en 1800, encore sur les bancs de l'université, écrit une tragédie, *Dimitri l'imposteur* [*Dimitrij samozvanec*], mauvaise imitation des *Brigands* (*) de Schiller. Le séjour en Géorgie permit à Naréjny de se rendre compte des exactions que l'armée et les bureaucrates de l'administration russe faisaient subir aux Géorgiens ; il les stigmatisa dans son *Année noire, ou les Princes-Montagnards* [*Černyjgod, ili gorskié knjaz'ja*], qui ne put paraître qu'en 1829, lorsque les faits auxquels l'écrivain faisait allusion eurent perdu toute actualité. Une tragédie en vers, *Sviatopolk* (1806), fut interdite par la censure, car « il serait indécent de porter sur la scène saint Vladimir, l'introducteur du christianisme en Russie ». Par contre, les *Soirées slaves* [*Slavenskie večera,* 1809] qui, en imitant Ossian, chantaient les gestes et aventures des princes et hommes de guerre slaves, eurent un très grand succès. Enfin, après avoir obtenu, en 1813, sa mise à la retraite, Naréjny fit paraître les trois premières parties de son *Gil Blas russe, ou les Aventures du prince Gabriel Simonovitch Tchistiakov* (*), roman satirique, le premier du genre à paraître en Russie. Les trois autres parties de l'œuvre (qui en compte six) furent interdites par la censure impériale, et cette interdiction fut confirmée en 1835 et 1841. Ce ne fut qu'en 1948, lors de la parution des *Œuvres complètes* de Naréjny, que le public russe put lire cette œuvre en entier.

RÉF. : N. L. Stépanov, étude sur Naréjny in t. V de l'*Histoire de la littérature russe,* Moscou, 1941 (en russe).

NÂSER AL-DÎN AL-TOUSI. Philosophe, mathématicien et astronome persan. Né le 18 février 1201 à Tous, mort le 26 janvier 1274 à Baghdâd. Né probablement dans un milieu chiite duodécimain, Nâser al-Dîn se convertit à l'ismaélisme et se rendit auprès d'un dignitaire dépendant des imâms d'Alamout, dans le Qohestân. Il rédigea ainsi son *Éthique à Nâser* (*), l'un des plus importants ouvrages de morale philosophique en Islam. Il composa une somme de métaphysique ismaélienne, tirant les leçons de la proclamation de la Grande Résurrection en 1164, les *Représentations* [*Tasawwûrât*]. Retenu dans la place forte d'Alamout, il assiste à sa reddition devant les troupes mongoles de Houlagou Khân, qu'il accompagne à Baghdâd. Il restera l'un des plus influents conseillers de la cour mongole, astronome et astrologue. Son œuvre philosophique comprend, outre les deux ouvrages cités, un commentaire du *Livre des indications* d'Avicenne, qui fonda sur de nouvelles bases le destin de l'avicennisme en Iran, et une défense d'Avicenne contre Shahrastâni. Nâser al-Dîn est, par ailleurs, le fondateur de la théologie rationnelle du chiisme duodécimain, qu'il adopta de nouveau après la chute d'Alamout. Deux traités de Kalâm, le *Tajrîd al-aqâ'id* et les *Qawâ'id al-aqâ'id* furent l'objet de soixante-dix études ou commentaires au long des siècles. Grand mathématicien, Nâser al-Dîn se vit confier le grand observatoire d'astronomie de Maragheh. Il eut, enfin, parmi ses élèves et ses disciples les plus importants maîtres du chiisme rationalisant.

CHRISTIAN JAMBET.

NASH Ogden. Poète américain. Né à Rye, dans l'État de New York le 19 août 1902, mort à New York le 19 mai 1971. Après des études à l'université de Harvard, Nash travaille surtout dans l'édition. C'est un poète léger et fantaisiste, doué d'un humour qui est toujours de bon goût et d'un œil qui décèle avec perspicacité les faiblesses de l'humanité, plus particulièrement de l'humanité américaine du XXe siècle.

Techniquement, Ogden Nash est d'une habileté surprenante. L'œuvre est extrêmement volumineuse, mais le meilleur Nash se trouve sans doute dans les livres suivants : *Vers sévères* (+) (1931), *Roue libre* (+) (1931), *Jours heureux* (+) (1935), *Bonnes intentions* (+) (1943), *Une goutte de Vénus* (1943), *Deux, c'est une foule* (+) (1952) et *Le Noël qui faillit ne pas avoir lieu* (+) (1957) – v. *Versus* (*) (1949).

RÉF. : R. Wallace, *God be with the Clown; Humour in American Poetry,* Columbia, 1984.

NASHE (ou Nash) Thomas. Écrivain satirique anglais. Né à Lowestoft (Suffolk) en novembre 1567, mort à une date qui ne dépasse pas 1601. Fils d'un clergyman anglican, il fit ses études au St. John's College de Cambridge et devint « bachelor of arts » en 1586, dans cette université. La mort de son père en 1587 l'empêcha de poursuivre ses études. Il alla chercher fortune à Londres et débuta dans la carrière littéraire par *L'Anatomie de l'absurdité* (*) et la préface du *Ménaphon,* roman de Robert Greene (1589). Puis, en 1592, il écrivit la *Supplique au Diable de Pierre Sans-le-Sou* (*). Cette même année, il participa à la fatale orgie qui coûta la vie à Robert Greene, à la suite de laquelle il écrivit *Étranges nouvelles sur certaines lettres interceptées* [*Strange Newes of the Intercepting of Certaine Letters*], diatribe dirigée contre Gabriel Harvey, et qui inaugurait une violente polémique dont le point culminant fut *Have with you to Saffron Walden* (1596) et qui ne se termina qu'en 1599, avec l'interdiction des écrits des deux adversaires. En 1596, il avait été obligé de fuir dans l'île de Wight, auprès de sir George Carey, à la suite de son pamphlet *Les Larmes du Christ sur Jérusalem* (*) (1593) qui contenait des accusations de concussion. Ce fut là qu'il écrivit *Les Terreurs de la nuit* [*Terrors of the Night,* 1594] et commença son roman picaresque *Le Voyageur malchanceux ou Jack Wilton* (*) (1594). La comédie *L'Île des chiens* [*The Isle of Dogs*], écrite en collaboration avec Ben Jonson en 1597, aujourd'hui perdue, l'obligea de nouveau à quitter Londres. Il se réfugia cette fois à Great Yarmouth où il écrivit *Marchandises de carême* [*Lenten Stuffe,* 1599]. Il ne reste rien, pas même le titre, d'une comédie écrite en collaboration avec Greene. Certains croient que Nashe a collaboré à la *Tragédie de Didon* (+) de Marlowe. Parmi ses œuvres dramatiques, il ne reste que *Les Dernières Volontés et testament de Summer* [*Summer's Last Will and Testament*], qu'il écrivit peut-être à Croydon en 1592.

RÉF. : G. R. Hibbard, *Thomas Nashe,* Londres 1962. – J. V. Crewe, *Unredeemed Rhetoric, Thomas Nashe and the Scandal of authorship,* Baltimore, 1982. – C. Nicholl, *A Cup of News : the Life of Thomas Nashe,* Londres, 1982.

NÂSIR-É KHOSROW Abou Mo'în. Poète, voyageur et philosophe persan, une des plus grandes figures de l'ismaélisme iranien. Né en 1004 de l'ère chrétienne (394 de l'hégire) à Qobadiyân, près de Balkh au Khorâsân, mort entre les années 1072-77 à Yomgân au Badakhchân (Afghanistan actuel). Considéré comme hérétique par l'orthodoxie sunnite, il fut pendant plusieurs siècles après sa mort ignoré par les historiens et les biographes. C'est donc dans son œuvre même – en particulier le *Divân* qui contient la longue « qasidé », ou poème, sur la confession de sa vie, et *Le Livre du voyage* (*) – qu'il convient de glaner quelques repères. Il appartenait à une famille aisée de fonctionnaires et avait deux frères. On peut supposer que, de naissance, il était sunnite et qu'il le resta jusqu'au jour où il se fit initier aux doctrines de l'ismaélisme professées par les Fatimides. Il aurait eu droit au titre de « sayyed », descendant du Prophète, et portait celui de « hakîm », sage. Très tôt, il se serait intéressé avec passion à tous les domaines de la philosophie et des sciences. Il aurait fréquenté la Cour, celle des Ghaznavides d'abord, puis celle des Seldjoukides qui dès 1040 avaient achevé la conquête du Khorâsân. À cette date en effet, Nâsir-é Khosrow avait déjà quitté Balkh pour Merv où il occupait la charge de fonctionnaire des finances. Alors se situe l'événement qui changea le cours de son existence. Le 20 décembre 1045, à la suite d'un songe – v. *Le Livre du voyage* –, il donne sa démission à Merv et part précipitamment pour Le Caire au royaume du calife fatimide, l'Imâm al-Mostansir Billâh. Il y demeure six ans, le temps d'être admis au sein des « missionnaires » de la « da'vat », la sodalité ésotérique de ceux qui ont répondu à la « Convocation » [da'vat] ismaélienne. Le 23 octobre 1052, il est de retour à Balkh investi d'une mission spirituelle. Détenteur du grade de « garant » [hojjat] et désormais entièrement acquis à la cause ismaélienne, il s'adonne avec ardeur à sa mission de « dâ'î » dans le Khorâsân. Mais bientôt, soupçonné d'hérésie, il doit fuir. Il trouve refuge à Yomgân, au Badakhchân, auprès de l'émir Ali ibn Asad, lui aussi un ismaélien et de surcroît un poète. C'est là, à l'abri mais dans la nostalgie de Balkh, qu'il rédige ses plus importants ouvrages et achève son *Divân,* vaste compilation de plus de onze mille vers. Grand théoricien et grand poète, Nâsir-é Khosrow est unique par l'originalité de sa pensée, sa sincérité, sa profondeur, sa liberté d'expression et sa complète dévotion à la doctrine ismaélienne. La totalité de ses œuvres est écrite en persan.

Il est à ce jour neuf œuvres authentiques conservées : le *Divân* (éd. 1929). *Le Livre de la lumière* [*Rôshanâ'î-nâmé*], traité versifié sur quelques principes de doctrine ismaélienne. Réédité à la suite du précédent. *Le Livre du voyage. La Face de la religion* [*Vajh-é Dîn*], traité sur le « ta'vîl » ismaélien, l'herméneutique spirituelle (éd. 1924). *Le Viatique des voyageurs* [*Zâd al-Mosâfirîn*], traité de questions théosophiques ismaéliennes (éd. 1922). *La Table des frères* [*Khwân al-Ikhwân*], traité de théosophie pourvu de diagrammes (éd. 1940). *Le Livre de la lumière* [Rôshanâ'î-nâmé], en prose (éd. 1949). *Développement et solution* [*Gôshâyesh ô rahâyesh*] (éd. 1950). *Le Livre réunissant les deux sagesses* (*). Nâsir-é Khosrow aurait également écrit plusieurs autres œuvres qu'il cite lui-même mais dont aucun manuscrit n'est, pour le moment, arrivé jusqu'à nous – un titre : *Le Guide des égarés* [*Dalîl al-Motahayyirîn*] mentionné dans *La Table des frères.*

ISABELLE DE GASTINES.

NAU John-Antoine (pseud. d'Eugène-Léon-Édouard-Joseph Torquet). Écrivain français. Né le 19 novembre 1860 à San Francisco (États-Unis), mort le 17 mars 1918 à Tréboul (Finistère). Issu d'une famille française originaire de Bolbec (Seine-Maritime), il quitta l'Amérique encore tout enfant, et fit ses études au lycée du Havre, puis à Paris. Mais la mer l'attirait ; dès l'âge de vingt et un ans, il se fit embaucher comme timonier à bord d'un voilier et effectua plusieurs voyages, en particulier aux Antilles, dont il conserva toute sa vie un exaltant souvenir. Ayant cependant renoncé au métier de navigateur, il débuta dans la littérature en 1897 par un recueil de poèmes, *Au seuil de l'espoir*, mais ne fut remarqué que lorsque le jury Goncourt qui, décernant le 21 décembre 1903 son prix pour la première fois, préféra son roman *La Force ennemie* (*) à une œuvre de Charles-Louis Philippe. Nau, qui ne cessa toute sa vie d'accomplir des randonnées le long des rivages méditerranéens, a situé plusieurs de ses œuvres dans les paysages du soleil. Citons parmi ses romans : *Le Prêteur d'amour* (1905), *La Gennia* (1906), *Cristobal le Poète* (1912), *Thérèse Donati* (1920), *Les Galanteries d'Anthime Budin* (1923), etc., et parmi ses recueils poétiques : *Hiers bleus* (1904), *Vers la fée Viviane* (1908), *En suivant les goélands* (1914). Une édition posthume des lettres de Nau à son ami Randau parut sous le titre *Lettres de Corse et de Bretagne.*

RÉF. : Eugène Montfort, *Vingt-cinq ans de littérature française*, Paris, s. d. – Robert Randau, notice en tête de l'édition des *Lettres de Corse et de Bretagne*, Alger, s. d.

NAVÂ'Î 'Alî Shîr. Poète de l'Asie centrale d'expression turque tchaghatay. Né à Hérat en 1441, mort à Astarâbâd en janvier 1501. Issu d'une famille ouïghoure, 'Alî Shîr n'appartient pas à l'aristocratie guerrière tchaghatay qui domine alors l'Asie centrale. Il étudie d'abord à Hérat, puis à Mashhad, avant de s'exiler brièvement à Samarcande. En 1469, l'accession au trône du Khorâsân de sultân Husayn Bâyqarâ, son ancien compagnon d'études, le ramène dans sa ville natale. 'Alî Shîr devient l'intime du souverain, et un personnage éminent de la Cour, l'une des plus brillantes du monde turco-iranien. Le poète, centre de toutes les attentions, régente les modes ; il met cependant sa fortune au service de la population par la construction de nombreux édifices publics, et se fait le protecteur des grands représentants de la poésie persane. 'Alî Shîr, qui appartient à la grande confrérie mystique des Naqshbandî, prend pour guide spirituel Jâmî. L'influence de l'auteur des *Lavâyeh* se lit clairement dans les premiers poèmes, en persan, de 'Alî Shîr – recueillis en un *Dîvân* qui demeure une œuvre de jeunesse. Par la suite, 'Alî Shîr n'écrira plus qu'en turc tchaghatay, dont ses vers offrent la plus haute expression poétique. Les quatre *Dîvân* turcs de Navâ'î (« Le Mélodieux »), riches de quelque trois mille compositions variées, illustrent les caractéristiques majeures de la poésie lyrique turque, dont l'intellectualisme léger (A. Bombaci) repose ici sur une maîtrise exceptionnelle de la langue figurée. Celle-ci est servie par un langage simple, vif, enrichi par une recherche constante du rythme le plus éloquent. De nombreux thèmes rapprochent le poète tchaghatay de ses contemporains persans du Khorâsân, telle la satire sociale des charlatans du soufisme que brocardait également Jâmî. 'Alî Shîr, écarté de la Cour en 1487, et nommé gouverneur d'Astarâbâd, exprime par ailleurs son indépendance d'esprit par d'audacieuses charges contre la société de son temps. Le chef-d'œuvre du poète demeure toutefois sa *Pentalogie* (*), grand roman lyrique dans la tradition persane, écrit entre 1483 et 1485, où Navâ'î excelle dans le chant d'amour. Ici encore, toutefois, une passion sublime se dissimule sous l'apparence frivole d'un lyrisme malicieux, un trait distinctif des poètes turcs d'Asie centrale. 'Alî Shîr, malgré la fortune que lui valurent ses talents et le compagnonnage du prince, resta toute sa vie célibataire et n'eut pas de fils ; cela permit à certains auteurs de supposer que la muse eût pu être l'homosexualité. Toute l'œuvre de ce soufi naqshbandî, que E. Bertel's compare aux « plus grands génies, Shakespeare, Goethe, Pouchkine », atteste cependant une intense activité spirituelle. D'autre part, si l'idéal littéraire de Navâ'î le place dans la grande tradition de la poésie persane, le renouveau qu'il apporta à la langue tchaghatay valut à ses vers d'être imités dans tout le monde turcophone, de la cour ottomane à celles de l'Hindoustan, jusqu'au début du XXe siècle. Le vif sentiment d'appartenance au monde turc, qu'exprime 'Alî Shîr dans son travail multiforme sur sa langue maternelle, est aujourd'hui réinterprété par les orientalistes de l'Asie centrale soviétique : ceux-ci, à l'occasion des cérémonies qui ont marqué à Tashkent le cent cinquantième anniversaire de la naissance du poète, ont réitéré au peuple ouzbek l'invitation à reconnaître en Navâ'î leur grand poète national.

STÉPHANE A. DUDOIGON.

NAVEL Georges. Écrivain français. Né à Médières le 30 octobre 1904, mort à Die le 1er novembre 1993. Sa famille l'envoie en Algérie au début de la guerre de 1914-1918. Il passe un an dans une école libre de Lyon. Fils de petits vignerons qui possèdent treize enfants, il quitte l'école à douze ans pour l'atelier. Son premier livre, *Travaux* (*) (1945), raconte son existence. « Je n'ai pas suivi le caprice mais le gibier du travail. » Il fait tous les métiers (ajusteur, ouvrier, journalier, carrier, paludier, jardinier, peintre en bâtiment, terrassier, vendangeur). Il n'y a « que la vie où l'on s'émerveille qui vaut la peine d'être vécue [...] Rien n'abrutit un homme qui ne veut pas être abruti [...] Celui qui avait dit : Tu gagneras ton pain à la sueur de ton front n'avait pas tout dit. On pouvait relever le défi et faire du travail une joie. » *Travaux* s'ouvre sur une Préface de Paul Géraldy. Mais, contrairement à une légende tenace, ce ne fut pas l'auteur de *Toi et Moi* (*) qui l'encouragea d'abord à écrire, mais l'essayiste Bernard Groethuysen qui l'incita à rencontrer l'éditeur Gaston Gallimard. Georges Navel avait du reste déjà publié vers 1933 quelques poèmes. Dès 1935, au centre culturel Le Musée du soir, patronné en partie par la C.G.T., il était venu lire de très belles pages consacrées à son métier de terrassier. Pendant la guerre d'Espagne, Georges Navel combattit dans les Brigades internationales. Il existe, dit-il, « une tristesse ouvrière dont on ne guérit que par la participation politique ». Après *Travaux,* il publie *Parcours* (1950), *Sable et Limon* (1952), sorte de journal qui couvre les années 1935 à 1945, enfin *Chacun son royaume* (1960), avec une Préface de Jean Giono, qui voit en lui un « Hésiode syndicaliste ».

GUY LE CLEC'H.

RÉF. : P. Aubéry, « Regards sur l'œuvre de Navel », New York, 1963 ; « Sensibilité et Condition ouvrières dans l'œuvre de Georges Navel », Paris, 1968. – M. Ragon, *Histoire de la littérature prolétarienne en France,* Paris, 1974. – G. Mendal, *Georges Navel ou la Seconde Vue,* Cognac, 1982.

NĀYAṈMĀRS. Les soixante-trois saints śivaïtes reconnus par la tradition tamoule sont appelés les Nāyaṉmārs. Sur la base de deux poèmes antérieurs, l'un de Cuntarar (VIIIe siècle) et l'autre de Nampi Āṇṭār Nampi (XIe siècle), Cēkkiḻār, le ministre d'un roi Cōḻa du XIIe siècle, a composé le *Periya Purāṇam* (*), immense fresque hagiographique sur les Nāyaṉmārs dont l'influence est immense sur la tradition śivaïte tamoule.

ÉLISABETH SETHUPATHY.

NAZOR Vladimir. Poète croate. Né le 30 mai 1876 à Postire sur l'île de Brač, mort le 19 juin 1949 à Zagreb. Après le lycée de Split, il étudia les sciences naturelles à Graz. Professeur en Istrie, Dalmatie et à Zagreb, il développa une activité littéraire riche et multiple et devint, à la veille de 1914, la personnalité poétique la plus importante des lettres croates. En 1942, désapprouvant le fascisme collaborateur et anti-yougoslave de Pavelić, il rallia les partisans de Tito et accompagna l'état-major de la résistance communiste jusqu'à la défaite nazie. Après la guerre, il fut président du Sabor (diète croate) et, ensuite, président du Praesidium de la République populaire de Croatie. Méditerranéen, pénétré de culture classique et italienne, il glorifia les mystères de la nature et de la vie, exalta l'histoire et la volonté nationale, et s'imposa aux contemporains comme poète de la vie triomphante et de la foi dans les forces régénératrices de son peuple. Ses débuts littéraires révèlent son goût pour les mythologies grecque et slave : *Légendes slaves* [*Slavenske legende*, 1900]. Son attachement à la solitude ne l'empêcha nullement, par la suite, de recréer avec justesse toutes les dimensions de la vie populaire (des bords de l'Adriatique surtout). Son œuvre comporte des recueils de poésie lyrique et épique, des contes, des nouvelles et des romans ; sa prose aussi est, en général, d'inspiration poétique. Il introduit un rythme nouveau, énergique et libre, dans la poésie croate. On lui doit des essais et des critiques et de nombreuses traductions en vers (Dante, Shakespeare, Goethe, Heine, Hugo, Leopardi, Pascoli). Cette œuvre, marquée par son époque, pâlit quelque peu aux yeux des lecteurs d'aujourd'hui, mais elle offrira toujours d'heureuses redécouvertes. Dans ses meilleurs exemples, sa valeur littéraire, surestimée ou contestée parfois, est cependant sûre. Sa signification pour l'évolution de la poésie et de la conscience croates est grande et durable. Les ouvrages principaux de Nazor sont : *Lirika* (1910, plusieurs éditions remaniées), *Les Rois croates* [*Hrvatski kraljevi,* 1912], *Contes d'Istrie* [*Istarske priče,* 1913], *Le Berger Loda* [*Pastir Loda,* 1938-1939], *Ahasver* 1945) — v. *Poèmes* (*).

BORUT ZERJAV.

RÉF. : U. Urbani, *Vladimir Nazor,* in *Rivista di lett. slave,* 1926. — E. Neumayr, *Das Prosaschaffen des kroatischen Dichters Vladimir Nazor,* Vienne, 1954. — S. Vučetić, *Vladimir Nazor,* Zagreb, 1976.

NECKER Albertine Adrienne (née de Saussure). Femme de lettres et éducatrice suisse d'expression française. Née à Genève en 1766, morte à Mornay, dans la vallée du Salève, le 13 avril 1841. Fille du célèbre physicien et géologue Horace Bénédict de Saussure, elle profita de sa direction attentive et, dès l'âge le plus tendre, l'accompagna plusieurs fois dans ses voyages. Sensible et méditative, Albertine tint jusqu'à dix-sept ans le journal de ses réflexions intimes. Elle était fort avancée déjà dans l'étude des langues et littératures modernes, ainsi que dans les sciences naturelles, lorsqu'elle épousa à dix-neuf ans le capitaine de cavalerie Jacques Necker (1732-1804), qui ne tarda pas à quitter l'armée pour occuper une chaire de botanique à l'Académie de Genève. Sa femme, si l'on excepte quelques brefs séjours à Paris, ne quitta plus sa ville natale. Les répercussions à Genève de la Révolution française causèrent de graves ennuis à Bénédict de Saussure, lequel professait en politique un conservatisme rigide, et la tranquillité d'Albertine en fut troublée. Après la mort de son père (1798), Mme de Saussure resserra ses liens d'amitié avec sa cousine, Germaine de Staël, qu'elle admirait beaucoup. Aussi bien est-ce une pensée de Mme de Staël qui figure en tête de son ouvrage célèbre sur l'*Éducation progressive ou Étude du cours de la vie* (*). Son premier écrit digne d'être retenu est en outre une *Notice sur Mme de Staël.* Elle traduisit le *Cours de littérature dramatique* (*) de Schlegel, puis rassembla toute son expérience de mère et d'éducatrice dans celui de ses ouvrages qui a le plus contribué à sa renommée : l'*Éducation progressive* (1836-1838).

RÉF. : X. Doudan, *Notice sur la vie et les écrits de Mme Necker de Saussure*, Paris, 1844. — M. Zucco, *Una pedagogista del secolo 18°*, Turin, 1904. — J. de Mestral-Combremont, *Albertine Necker de Saussure*, Lausanne, 1946.

NECKER Jacques. Financier et ministre français. Né à Genève d'une famille protestante originaire d'Allemagne, le 30 novembre 1732, mort à Coppet le 9 avril 1804. Il se consacre au commerce et réussit à faire une grande fortune. Nommé résident de Genève à la Cour de France, il occupe, de 1764 à 1770, le poste de syndic de la Compagnie française des Indes. C'est là qu'il commence à montrer ses talents d'administrateur ; divers opuscules, un *Éloge de Colbert* (1773) et un *Essai sur la législation et le commerce des grains* (1775) — où il attaque les théories de Turgot et des économistes réclamant une entière liberté d'exportation — affirment d'autre part sa renommée : en 1776, Necker est nommé directeur général des Finances. Aussitôt, il entre résolument dans la voie des réformes, diminue le nombre des trésoriers et des receveurs, supprime le droit de mainmorte, réalise des emprunts et reprend le projet des municipalités de Turgot en établissant des administrations provinciales. C'est aussi à cette époque qu'il crée une Caisse d'escompte, origine de la Banque de France, et le Mont-de-Piété. Dans son *Compte rendu au roi* (*) (1781), il va donner, avec un certain orgueil, les actes de son administration. Innovation remarquable dans la vie politique : pour la première fois, on faisait directement connaître au public l'état financier du pays. Mais Necker, aux prises avec une cabale de courtisans animée par Maurepas, doit donner sa démission le 19 mai 1781. Pendant sa retraite, il écrivit un traité *De l'importance des idées religieuses* (1788), qui rejoint le courant moralisateur et sentimental, typique du règne de Louis XVI et représenté par Bernardin de Saint-Pierre et l'abbé Barthélemy. Il se révèle aussi, d'une manière assez inattendue, un humoriste, dans son *Bonheur des sots* qui connut un vif succès dans les salons des dernière années de l'Ancien Régime. Rappelé au gouvernement en 1788, Necker trouva une situation déplorable (le trésor royal était tombé à quatre cent mille francs) : ses mesures libérales — rappel du parlement exilé, secours donnés à la population au cours d'un rigoureux hiver — firent de lui, au moment de l'ouverture des états généraux, l'un des hommes les plus populaires. Mais Necker, esprit trop modéré, considérant que la crise en cours était uniquement financière, perdit rapidement le contrôle des événements. Détesté par la Cour, ayant d'autre part mécontenté une importante fraction du tiers état, il se vit assez vivement congédié par le roi et sommé de quitter la France le 11 juillet 1789. Ce coup de force déclencha l'agitation qui aboutit, trois jours plus tard, à la prise de la Bastille. Le 20 juillet, Necker fut rappelé et triomphalement accueilli à Paris ; son nouveau ministère, mal soutenu par l'Assemblée, sapé par la Cour, eut cependant peu d'autorité. Deux emprunts échouèrent. Une émission de huit cents millions d'assignats, décidée sans le consulter, donna à Necker l'occasion de démissionner, le 4 septembre 1790. Il se retira alors dans sa terre de Coppet, près de Genève, et consacra ses dernières années à écrire des ouvrages de politique et de philosophie : *Du pouvoir exécutif dans les grands États* (1791), *Cours de morale religieuse* (1800), *Dernières vues de politique et de finances* (1802). À côté de son rôle politique, fort discuté et critiqué, le père de Mme de Staël a aussi sa place dans l'histoire des idées : il inaugure ce libéralisme moraliste et protestant qui prendra de l'importance sous la Restauration avec des hommes comme Royer-Collard et Guizot.

RÉF. : Baronne de Staël-Holstein, *Mémoires sur la vie privée de mon père*, Paris, 1818. — Ad. Terwander, *Necker, banquier... contrôleur général des finances*, Lille, 1875. — J. Hermann, *Zur Geschichte der Familie Necker*, Berlin, 1886. — P. Bardois, *Necker*, Paris, 1892. — Comte d'Haussonville, *Mme de Staël et M. Necker*, Paris, 1925. — André de Maday, *Necker, précurseur du pacifisme et de la protection ouvrière*, Bruxelles, 1935. — E. Chapuisat, *Necker (1732-1804)*, Paris, 1938. — Pierre Jolly, *Necker*, Paris, 1947.

NECULCE Ion. Chroniqueur roumain. Né en 1672, mort en Moldavie le 15 février 1745. Élevé, après la mort de ses parents, par sa grand-mère, il connut très jeune l'exil, car il dut fuir l'occupation polonaise. Quatre ans après, de retour en Moldavie, il commença comme « vătaf de aprozi » sa carrière officielle, sous Antioche Voda. Il en atteignit le sommet sous Dimitrie Cantemir, auquel il était apparenté puisqu'il avait épousé sa sœur ; « hatman » [commandant] des forces moldaves improvisées à la bataille de Stalinesti (guerre russo-turque de 1711), qui tourna au désastre, il n'hésita pas à suivre son seigneur sur le chemin de l'exil. Il réussit au bout de deux ans, en dépit de la résistance de son seigneur qui était allé jusqu'à essayer de le rendre suspect à Pierre le Grand, à quitter l'empire russe dont l'atmosphère lui était irrespirable. Il ne retourna pas tout de suite dans sa patrie où il craignait les représailles des Turcs pour son attitude lors du conflit russo-turc ; il s'arrêta en Pologne où il attendit que pleine justice lui fût rendue et que lui fussent restituées les terres qu'on lui avait confisquées. Sept ans après, il put rentrer dans son pays, riche d'une amère expérience qu'il devait par la suite confier à la prose sentencieuse de la *Chronique de la Moldavie* (*).

RÉF. : Cartojan-Turdeanu, *Neculce si Alecsandri* in *Mélanges de linguistique et de littérature romanes*, t. III, Paris, 1952. — C. C. Giurescu, *Valorea istorică a tradiţiilor consemnate de Ion Neculce*, Bucarest, 1968. — V. Cristea, *Introducere in opera lui Ion Neculce*, Bucarest, 1974. — E. M. Russev, *Ion Neculce*, Kišinev, 1984.

NEDÎM Ahmed. Poète turc ottoman. Né et mort à Constantinople (1681 ?-1730). On connaît peu de chose de la vie de Nedîm. Fils d'un cadi, un certain Mehmed Bey originaire de Merzifun, il fit des études classiques, puis eut une carrière académique : juge, professeur de medersa, bibliothécaire d'Ibrâhîm Pâshâ, le grand vizir d'Ahmed III. Nommé cadi par Mahmûd Pâshâ en 1725, il s'installe à Beshiktash, station du Bosphore au nord d'Istanbul. Les circonstances de sa mort sont peu claires ; elle coïncide avec la déposition d'Ahmed III, et le massacre par les Janissaires du grand vizir et des hauts dignitaires de l'empire. Nedîm serait tombé du toit du palais d'Ibrâhîm Pâshâ en tentant d'échapper aux insurgés fanatisés. De Nedîm nous sont parvenus, outre son *Dîvân* (*) poétique, une traduction, de l'arabe, de *L'Histoire par 'Aynî de la ville de 'Ayn Tâb* [aujourd'hui Gaziantep] [*Tâ'rîkn ul-'Aynî'l''Ayn Tâb*] — dont le manuscrit est aujourd'hui perdu — et des *Pages d'histoire*

[*Sahâ'if ul-akhbâr*] de Müneijem-bâshi (m. 1702), travaux commandés par Ibrâhîm Pâshâ. L'œuvre poétique de Nedîm, chantre de l'esthétique et des valeurs hédonistes de l'époque des Tulipes, a laissé une marque indélébile sur la poésie du *dîvân*, et inspiré nombre de poètes turcs jusqu'au XXe siècle, tandis que ses vers constituaient, jusque dans les lycées de la République, un modèle de métrique classique (*'arûz*). Le grand mérite de Nedîm est d'avoir insufflé un caractère concret aux formes de l'art classique, sans sacrifier à la trivialité. Le miracle ne se répétera plus dans les innombrables chansons (*sharqî*) de ses imitateurs (A. Bombaci).

STÉPHANE A. DUDOIGNON.

NEFF Vladimír. Romancier tchèque (nommé « artiste national » en 1979). Né et mort à Prague (13 juin 1909 - 2 juillet 1983). D'une lignée de commerçants pragois, il se refuse à suivre la voie familiale et devient lecteur dans une grande maison d'édition ; ses succès littéraires lui permettant ensuite de vivre de sa plume. Après plusieurs romans légers et des parodies de romans policiers, simples exercices de style, il trouve, avec *Le Petit Géant* [*Maly velikán*, 1937], sa voie dans le roman de mœurs de la société bourgeoise et même populaire de la capitale. Il y déploie un très grand talent de psychologue de l'âme enfantine et des adultes, des hommes d'affaires, de leurs compagnes : *Deux à table* (+) (1937), *Le Dieu de l'inutile* (+) (1939), *La Treizième Chambre* (*) (1944) et la parfaite nouvelle *Marie et le Jardinier* [*Marie a zahradník*, 1945]. Le changement de régime en 1948 l'amène à suivre la vague des romans historiques avec *Les Seigneurs de Srpnov* [*Sprnovští páni*, 1953], situé au début du XIVe siècle, et celle des vastes cycles romanesques avec les destins de plusieurs générations, telles les deux familles appartenant au milieu d'affaires pragois, les Norn et les Nedobyl, leur ascension et leur chute, sans oublier, bien sûr, l'arrière-plan historique des événements, la montée de la classe ouvrière, etc. : cinq volumes, des *Mariages de raison* [*Sňatky z rozumu*, 1957] au *Palefrenier royal* [*Královský vozataj*, 1963]. Le dégel culturel lui inspire une étonnante satire du type répandu de ceux qui « s'adaptent » toujours à tous les régimes : *Les Tourments de monsieur Humbl* [*Trampoty pana Humbla*, 1967]. La « normalisation » d'après 1968 le ramène au roman historique et il donne, avec sa maîtrise de narrateur accompli, une nouvelle série sur l'époque d'après la Montagne Blanche : *Les reines n'ont pas de jambes* [*Královny nemají nohy*, 1972], *La Bague des Borgia* [*Prsten Borgiů*, 1975], etc.

VLADIMIR PESKA.

NEGRI Ada. Poétesse et romancière italienne. Née à Lodi (Milan) le 3 février 1870, morte à Milan le 11 janvier 1945. Elle passa son enfance dans la loge de concierge de sa grand-mère ; sa famille était très pauvre, et c'est à grand-peine qu'elle put faire ses études d'institutrice. Elle enseigna quelque temps dans un village, près de Pavie. Après le retentissant succès de son premier recueil de vers, *Fatalité* [*Fatalità*, 1892], confirmé par celui de *Tempête* [*Tempeste*, 1895], elle fut nommée professeur honoraire à l'école normale de Milan. Fixée dans cette ville, elle épousa un industriel ; mais, quelques années après la naissance de sa fille, elle se sépara de son mari et vécut en Suisse jusqu'à l'entrée en guerre de l'Italie. Alors elle se réinstalla à Milan, se donnant toute à sa carrière littéraire. En 1940, son élection à l'académie d'Italie consacra officiellement le talent d'Ada Negri dont le nom reste attaché, en dehors de ses premiers vers déjà cités, ardente expression des revendications sociales, à *Maternité* [*Maternità*, 1904], au *Livre de Mara* (*) (1919), recueil dont l'esthétique rappelle celle de D'Annunzio, à *Stella mattutina* (1921), roman autobiographique, pour ne citer que les ouvrages caractérisant ses différentes manières. Ses dernières œuvres, telle l'*Herbe sur le parvis* [*Erba sul sagrato*], d'une harmonieuse élégance de fond et de forme, font néanmoins regretter sa véhémence première.

NEGRUZZI Costache. Écrivain roumain. Né à Iaşi en 1808, mort le 25 août 1868. Issu d'une très ancienne famille, il fit ses études dans sa ville natale ; un précepteur grec lui enseigna le grec et le français qu'il sut avant sa langue maternelle, il l'initia à la lecture des classiques et eut une influence marquante sur lui. En Bessarabie où sa famille s'était rendue pour fuir la révolution de 1821, il fit la connaissance de Pouchkine, avec lequel il devait entretenir une correspondance suivie. Membre du comité du théâtre roumain (il devait fonder en 1840 le théâtre national de Iaşi), il créa avec deux autres membres de ce comité, Alexandre et Kogalniceanu, ainsi qu'avec Ghika la revue *Le Progrès* [*Propăsirea*] (1843). Il occupa d'importantes charges officielles ; même après avoir refusé de participer à la révolution de 1848, il continua à en assumer dans la Roumanie unifiée. Profondément moldave, il resta fidèle à la vie provinciale jusqu'à sa mort. Traducteur de nombreux ouvrages dramatiques étrangers, il a laissé des romans et des nouvelles, fruits en partie de son observation directe d'une époque et d'une ambiance où se rencontrent le luxe superficiel de marque étrangère et le pittoresque balkanique. La publication des chroniques moldaves que le XIXe siècle devait mettre en lumière lui offrit le domaine si vaste de l'histoire et le sujet de cette puissante évocation dramatique qu'est le roman *Alexandre Lăpuşneanu* (*). Rappelons que Negruzzi a traduit en roumain des poèmes de Victor Hugo et qu'une partie de son œuvre poétique personnelle a été traduite en français.

RÉF. : E. Lovinescu, *C. Negruzzi, Viata si opera*, Bucarest, 1913. – R. Ortiz, *Varia Romanica*, Florence, 1933. – O. Densunianu, *Literatura romîna moderna*, Bucarest, 1933. – A. Piru, *Costache Negruzzi*, Bucarest, 1966. – L. Leonte, *Costache Negruzzi*, Bucarest, 1980. – G. Dimisianu, *Introducere in opera lui Costache Negruzzi*, Bucarest, 1984. – I. E. Osadčenko, *Costache Negruzzi*, Kišinev, 1984. – D. K. Grama, *Politiko-pravovye vozzrenija Costache Negruzzi*, Kišinev, 1986.

NÉHÉMIE. Auteur hébreu du livre de *La Bible* (*) du même nom – v. *Néhémie ou Second livre d'Esdras* (*). Né à Babylone (première moitié du Ve siècle av. J.-C.) dans une famille d'exilés. Il fut échanson à la cour d'Artaxerxès Ier (465-424) à Suse. Les tristes nouvelles que lui apporta son frère Hanani sur la situation de Jérusalem, privée de ses murailles et en proie à des intrigants religieux et politiques, le plongèrent dans un profond découragement dont le souverain lui-même s'aperçut. Néhémie nous narre l'histoire de ses exploits, véritable prélude au sionisme des siècles à venir. Le roi de Perse lui permit de se rendre à Jérusalem, comme « pehah » ou gouverneur, au printemps de 445, porteur de lettres du roi pour les satrapes. Doué d'un courage indomptable et d'une énergie extraordinaire, sans tarder, devançant ainsi l'hostilité des peuples environnants, il visita la nuit les murailles en ruine pour se faire une idée exacte du travail le plus pressant. Ayant convoqué les Anciens, il les invita à réparer immédiatement les brèches des remparts : chaque famille eut son rôle à remplir dans le grand chantier de Jérusalem. Néhémie, insouciant des attentats qui menaçaient sa personne, encourageait tout le monde par l'exemple. Cette rapidité déconcerta les ennemis ; les ouvriers « travaillaient d'une main, et tenaient une arme de l'autre ». Les sentinelles étaient prêtes à sonner les trompettes pour signaler les éventuelles incursions des Samaritains. Cinquante-deux jours plus tard, Néhémie pouvait fêter la reconstruction du rempart national. Mais il voulut en outre restaurer la moralité, tombée très bas au cours de ces années de servitude. Après un bref séjour en Perse (433-424), il revint à Jérusalem, interdit les mariages avec des femmes non israélites, péril continuel d'infiltrations païennes. Il chassa du Temple Tobie, qui y avait établi un véritable bazar, et protégea les pauvres de la rapacité des riches en proclamant une remise générale des dettes. Il se montra parfois dur envers les coupables ; il les fit battre, leur fit raser la barbe et les cheveux, leur ferma les portes de la cité. En présence du peuple ramené de l'exil et de la dispersion, assisté du jeune prêtre Esdras, il lut la *Torah* (*) et renouvela l'alliance avec le Seigneur, apposant sa signature au début du document. Il mourut à une date que nous ignorons, probablement à Jérusalem, ayant sur les lèvres les mots confiants qui terminent son livre : « Souviens-toi favorablement de moi, ô mon Dieu ! »

RÉF. : F. Michaeli, *Les Livres des Chroniques, d'Esdras et de Néhémie*, Delachaux, 1967.

NEHRU Shri Jawaharlal. Homme d'État et écrivain indien d'expression anglaise. Né à Allahabad le 14 novembre 1889, mort à New Delhi le 27 mai 1964. Il fit ses études en Angleterre : à la « public school » de Harrow puis à Cambridge. De retour dans sa ville natale, il exerce la profession d'avocat. Très tôt, il joint ses efforts à la campagne non violente entreprise pour obtenir l'indépendance de l'Inde. Cette attitude lui vaut d'être emprisonné à plusieurs reprises pour ses activités politiques. Il présidera le Congrès national indien en 1929, 1936, 1937, 1946 et de 1951 à 1954, et sera Premier ministre du gouvernement de l'Inde de 1947 à sa mort. Il a écrit *Russie soviétique* [*Soviet Russia,* 1929], *L'Inde et le monde* [*India and the World,* 1936], *Aperçus de l'histoire du monde* [*Glimpses of World History,* 1939], *L'Indépendance et ses conséquences* [*Independence and After*], recueil de ses discours de 1949 à 1953. On lui doit également un recueil de souvenirs intitulé *Ma vie et mes prisons* (*), témoignage assez réticent, qui se détourne de l'actualité, pour des raisons très compréhensibles à l'époque de sa publication (1942). Nehru a compté parmi les hommes les plus simples, les plus honnêtes et les plus généreux de son temps.

NEKRASSOV Nikolaï Alekseïevitch [Nikolaj Alekseevič Nekrasov]. Écrivain russe. Né le 4 décembre 1821 dans une propriété de ses parents à Gresnevo (gouvernement de Jaroslav), mort le 27 décembre 1877 à Saint-Pétersbourg. Il était d'une famille de riches propriétaires, et son enfance fut assombrie par le spectacle du traitement inhumain auquel son père soumettait ses serfs-paysans. Ses études terminées au lycée de Jaroslav, en 1838 son père l'envoya à Saint-Pétersbourg afin qu'il y commençât une carrière militaire ; Nekrassov préféra fréquenter l'université, s'accommodant d'une vie de privations afin de se consacrer à la littérature. En 1840, il publia un premier recueil de vers, *Rêveries et Sons* [*Mečty i zvuki*], qui ne révélait pas encore le poète qu'il était appelé à devenir. Poussé par la nécessité de gagner de l'argent, il écrivait à la suite des poèmes et des vaudevilles, des mélodrames, des récits, publiés souvent sans signature ; toutefois il réussit à donner un tour personnel à ses propres éditions du type des almanachs intitulés *Physiologie de Saint-Pétersbourg* [*Fiziologija Peterburga*], *Recueil de Saint-Pétersbourg* [*Peterburgskij sbornik*], etc., qui laissaient prévoir, dès 1843-1845, son réalisme radical, développé vingt ans plus tard. La rencontre de Nekrassov avec Belinski fut très importante pour l'évolution de sa personnalité ; ce dernier avait vivement apprécié les poésies contenues dans le *Recueil de Saint-Pétersbourg*, devenu célèbre, notamment, parce que *Les Pauvres Gens* (*), premier roman de Dostoïevski, y fut publié.

Les deux carrières de Nekrassov, poétique et journalistique, se déroulèrent en étroite liaison : la première s'inspira largement des sujets sociaux dont s'alimentait la seconde, et celle-ci reçut du tempérament poétique du journaliste une ardeur inhabituelle. En 1847, Nekrassov était directeur de la revue *Le Contemporain* [*Sovremennik*], à laquelle Belinski, déjà passé aux *Annales de la patrie* [*Otečestvennyja zapiski*], apporta la contribution efficace de sa collaboration. Au cours des années qui précédèrent les réformes, *Le Contemporain* refléta le radicalisme qui s'était accentué chez Nekrassov après son rapprochement avec Dobrolioubov et Tchernychevski, mais il ne devint pas l'organe du mouvement, étant donné la formation éclectique de la rédaction, dont le groupe modéré comprenait Tourgueniev et Léon Tolstoï, entre autres. La rupture se produisit après les réformes, et Nekrassov demeura avec le groupe le plus radical ; sa poésie même s'était conformée à cette nuance, qui répondait aux aspirations de l'époque et donna à son nom une popularité exceptionnelle. Le radicalisme du *Contemporain* entraîna sa fermeture en 1866, au moment où l'attentat contre Alexandre II provoqua, de la part du tsar, la première vague de réactions. Nekrassov ne pouvait pas renoncer à son activité journalistique, qui alimentait aussi sa poésie : un peu plus tard, avec l'écrivain satirique Saltykov-Chtchédrine, il assura la direction des *Annales de la patrie,* qui connurent avec lui une période de reprise.

Dans son existence, les événements qui n'étaient pas liés à son activité littéraire furent peu nombreux ; même l'amour, qui lui dicta les plus beaux parmi ses chants d'amour pour la femme de son ami Panaïev, resta confiné dans cette sphère littéraire, et, s'il donna lieu à des aventures peu banales, à un « ménage à trois » conforme au libéralisme « à la Sand », ce fut en harmonie avec les idées du temps, les mêmes qui avaient dicté son roman *Que faire* à Tchernychevski. Malheureusement, cette situation ne procura pas de joie mais des souffrances, tant à la Panaïeva qu'au poète lui-même qui, dans sa vie privée, peut-être aussi à cause de son mauvais état de santé, fut un irrégulier. Ce fut seulement peu de temps avant sa mort qu'il aspira à une vie plus normale en épousant une fille du peuple, mais il fut à nouveau déçu. Sa seule joie fut la conscience d'avoir donné à son pays, en dehors de quelques-uns des plus beaux poèmes sociaux que la poésie russe ait connus, une série de pièces de vers telles que *Pour qui fait-il bon vivre en Russie ?* (*), *Le Gel au nez rouge* (*) et *Femmes russes* (*), dans lesquels l'âme du peuple russe se trouvait dévoilée sous ses aspects les plus intimes et dans ses aspirations les plus hautes.

ETTORE LO GATTO.

♦ *« Nekrassov, dans notre littérature... fut vraiment un poète des plus originaux et vraiment né pour apporter une parole nouvelle. »* Dostoïevski. ♦ *« Son profond amour du peuple, son réalisme satirique, son style populaire, plus que des dons de vrai poète, lui acquirent un énorme succès. »* P. Van Tieghem.

NEKRASSOV Viktor Platonovitch [Viktor Platonovič Nekrasov]. Écrivain russe. Né à Kiev le 17 juin 1911, mort à Paris le 3 septembre 1987. Orphelin de père dès son plus jeune âge, Viktor Nekrassov a été élevé par sa mère qui, après avoir étudié la médecine en Suisse et exercé pendant quelque temps à Paris, le ramène en Russie en 1915. Il passe son enfance et son adolescence à Kiev, sa ville natale. Partagé entre le goût du dessin et celui du théâtre, il fait d'abord des études d'architecture à l'Institut du bâtiment. Diplômé en 1938, il travaille quelque temps comme architecte, puis comme acteur et décorateur dans des théâtres de province. Cependant c'est la guerre qui lui découvre sa vocation. Mobilisé en août 1941 comme officier du génie, il participe d'abord à la retraite devant l'offensive allemande de l'été 1942, puis de novembre 1942 à février 1943, comme commandant en second d'un bataillon de sapeurs, à la défense héroïque du fameux « tertre de Mamaï », nœud de la bataille de Stalingrad. Blessé pendant l'avance victorieuse de l'armée Rouge en Pologne, au cours de l'été 1944, il est démobilisé au début de 1945.

Dès 1944, sur son lit d'hôpital, il projette, après une lecture de *La Guerre et la Paix* (*), d'écrire une grande fresque romanesque sur la bataille de Stalingrad. Ce projet aboutit au roman *Stalingrad*, publié en 1946 par la revue *Znamia.* Le titre ayant été jugé trop ambitieux par la critique, qui reproche au roman sa description très terre à terre de la vie quotidienne des tranchées et l'absence de toute vue d'ensemble de la guerre et de toute référence à l'idéologie et au rôle du Parti, il paraît en volume sous le titre plus modeste de *Dans les tranchées de Stalingrad* (*). Très bien accueilli par les lecteurs, le roman plaît à Staline, qui lui fait attribuer, en juin 1947, le prix littéraire prestigieux et lucratif qui porte son nom.

L'élan de solidarité engendré par la guerre a amené Nekrassov à adhérer au parti communiste. Mais l'expérience des tranchées lui a révélé surtout un univers de franchise et de fraternité dont il gardera la nostalgie. Celle-ci lui inspire, entre 1948 et 1963, une série de récits « en marge » de son premier roman : *Le Deuxième Classe Lioutikov* [*Riadovoj Ljutikov*, 1948], *Senka* [*Sen'ka*, 1956], *Le Sandre* [*Sudak*, 1958], *Dédié à Hemingway* [*Posvjaščaetsja Gemingueju*, 1959], *La Deuxième Nuit* [*Vtoraja noč*, 1960], *Vassia Konakov* [*Vasja Konakov*, 1961], *Le*

Bleu [*Novičok*, 1963]. Elle est encore sensible chez le héros d'un deuxième roman, *La Ville natale* (*) (1954), qui peint la difficile réadaptation à la vie civile d'un jeune démobilisé « naïf » et ses conflits avec les « malins » : l'œuvre tranche par son réalisme sans emphase sur le triomphalisme de la littérature de l'après-guerre. Ce réalisme vaudra une fois de plus à Nekrassov les reproches de la critique orthodoxe, qui taxe de pessimisme et de « naturalisme » sa vision de la société soviétique.

La Ville natale annonce la littérature du premier dégel, consécutif à la mort de Staline (1953). Avec son troisième roman, *Kira Gueorguievna* (*) (1961), écrit après le XXe Congrès du Parti, et dont l'action se passe dans les premiers temps de la déstalinisation, Nekrassov est l'un des premiers écrivains soviétiques à peindre le choc psychologique créé par le retour des survivants du goulag et la fin du tabou pesant sur les années de la terreur stalinienne. Il est surtout, depuis 1956, l'un des interprètes les plus écoutés de l'aspiration de la société soviétique à une ouverture sur le monde extérieur. Les récits de ses séjours en Italie – *Pour faire connaissance* [*Pervoe znakomstvo*, 1958] – et aux États-Unis – *Des deux côtés de l'Océan* [*Po obe storony Okeana*, 1962] – se caractérisent par le même ton direct que ses romans et marquent l'abandon de la fiction romanesque pour le genre où s'exprime le mieux sa personnalité d'écrivain : celui de la causerie familière à bâtons rompus où les « choses vues » alternent avec les souvenirs, les conversations, les scènes et les dialogues rapportés ou imaginés. Par leur franchise et leur absence de préjugés idéologiques, ils effraient les conservateurs et lui attirent, dès mars 1963, une algarade publique de Khrouchtchev et des sanctions disciplinaires du Parti. Il est désormais l'une des figures de proue du camp « libéral » groupé autour de la revue d'Alexandre Tvardovski *Novy Mir*, qui publie encore, en 1965, ses reportages sur la France – *Un mois en France* [*Mesjac vo Francii*] – et sur le Kamtchatka – *À douze mille kilomètres d'ici* [*Za dvenadcat' tysjač kilometrov*] – ainsi que le récit d'un pèlerinage à Stalingrad – *Sur le tertre de Mamaï* [*Na Mamaevom kurgane*] et, en 1967, d'une visite aux lieux où vécut l'écrivain Mikhaïl Boulgakov, victime du stalinisme – *La Maison des Tourbine* [*Dom Turbïnyh*].

Cependant la chute de Khrouchtchev et le triomphe de l'appareil conservateur après octobre 1964 donnent naissance au mouvement dissident. Nekrassov met son prestige de lauréat du prix Staline au service de leur cause : il signe les pétitions en faveur de Siniavski et de Daniel, appuie les protestations de Soljenitsyne contre la censure. Russe, il manifeste avec les Juifs pour le rétablissement de la vérité historique sur l'holocauste et soutient les intellectuels ukrainiens dans leur lutte contre la russification. Après un second blâme infligé en 1969 pour sa participation, le 29 septembre 1966, à une manifestation commémorative du massacre de Baby Yar, il est finalement exclu du Parti en 1973, tandis que le K.G.B. perquisitionne à son domicile et lui confisque ses manuscrits. Mutilés par la censure, les *Carnets d'un badaud* (*) sont en fin de compte interdits, acculant l'écrivain à l'exil : en septembre 1974, il vient s'installer à Paris. Membre du comité de rédaction de la revue *Continent*, dirigée par V. Maksimov, il veille cependant à rester en dehors des conflits de personnes et de tendances qui déchirent la troisième émigration.

Récits « vécus », dérapant parfois vers l'imaginaire, les textes qu'il publie depuis son exil, *Un regard plus autre chose* [*Vzgljad i nečto*, 1979] ; *Saperlipopette* [*Saperlipopet*, 1983] ; *Un petit récit bien triste* [*Malen'kaja pečal'naja povest'*, 1986], continuent ce « journal d'un écrivain » qu'il a inauguré avec ses récits de voyage, et dont l'accent marqué d'un humour parfois un peu mélancolique nous restitue la personnalité attachante d'un écrivain qui a su résister aux honneurs et rester fidèle à lui-même.

MICHEL AUCOUTURIER.

NELLI Jacopo Angelo. Écrivain italien. Né à Sienne en 1673, mort le 21 janvier 1767. Prêtre, il se consacra de bonne heure à la littérature, vécut à Rome, mais fut aussi précepteur dans la famille des Strozzi à Florence. Il prit position contre l'hypocrisie et le jésuitisme. Nelli composa une grammaire italienne et des poèmes bouffons, mais sa réputation est liée à ses comédies, qui lui donnent une place importante parmi les précurseurs de Goldoni. La chronologie de ses œuvres n'est point facile à établir, et leur publication fut partielle. Nelli en rassembla quinze qu'il tira de l'ensemble de son abondante production, et les fit paraître en cinq volumes. Citons : *La Servante maîtresse* (*) (1709), *La Femme en pantalons* [*La moglie in calzoni*], *Les Vieux Rivaux* [*I vecchi rivali*], etc. Nelli fit des emprunts abondants au théâtre français, et en particulier à Molière, accommodant des éléments pris de part et d'autre. Oscillant entre les intrigues de la commedia dell'arte et celles de la comédie française, il se fit surtout apprécier par la fraîcheur de ses dialogues, par leur vivacité pleine de réalisme, qualités qu'il obtenait en n'hésitant point à se servir de mots étrangers ou empruntés aux dialectes. *La Servante maîtresse* devait servir de point de départ au chef-d'œuvre de Pergolèse.

NELLIGAN Émile. Poète canadien d'expression française. Né et mort à Montréal (24 décembre 1879 - 18 novembre 1941). Son père, fils d'émigrés irlandais, était employé des postes à Montréal, sa mère de souche canadienne française, fille d'un avocat de

Rimouski. Enfant, Nelligan était déjà mélancolique et taciturne, et ne s'accommodait pas plus de l'atmosphère familiale que de la contrainte de l'école. Il fréquenta plusieurs établissements de sa ville natale, dont le petit séminaire ; en 1896 il entra au collège Sainte-Marie qu'il quitta après un semestre médiocre, en mars 1897, pour se consacrer entièrement à la poésie. Il y avait toutefois noué quelques amitiés littéraires, et en juin 1896 le journal *Le Samedi* avait publié de lui un premier poème, *Rêve fantastique*, suivi de neuf autres. Le 10 février 1897, son ami Arthur de Bussières le fit admettre à l'*École littéraire* fondée quelques années auparavant par de jeunes poètes de Montréal. Même là, ses amis ne le comprirent guère et l'exclurent temporairement parce qu'il n'apparaissait pas régulièrement aux séances ! Quand il était présent, il ne sortait guère de son mutisme et, s'il se manifestait, c'était par des accès d'humour noir ou dans de véritables états de transes inspirées, comme lors de cette soirée où, en réponse à un critique malveillant, il déclama l'un de ses poèmes les plus célèbres : *La Romance du vin*. Plus jeune que ses amis, il les étonnait pourtant par l'originalité de ses jugements. Son interprétation d'un texte est ample et lui donne toujours l'occasion de le rattacher au monde fiévreux, étrange, qui est le sien. Son imagination transfigure les mots et les images pour les adapter, au fur et à mesure de ses poèmes, à la vision qui le traverse : cri de détresse ou d'indignation, plongée dans sa névrose ou dans une longue mélancolie. Nourri de Baudelaire, des parnassiens et des symbolistes, il se pénètre de leurs procédés de composition sans toujours bien les dominer.

Alors que Rimbaud est encore inconnu au Canada, il proclame son génie et le révèle à ses amis ; tel de ses poèmes marquera d'ailleurs combien il voulait sienne certaine aventure rimbaldienne. Nelligan donne beaucoup de ses poèmes aux journaux locaux et contribue ainsi à faire connaître le groupe auquel il appartient. En été 1898, il s'engage comme matelot à bord d'un navire en partance pour Liverpool, mais, dès son retour, abandonne la vie de marin. Ni lui ni son entourage ne révélèrent le déroulement, voire l'enjeu de ce voyage. Son père lui trouve alors une place de comptable à laquelle il ne put évidemment pas s'astreindre. En 1899, Nelligan est gravement atteint moralement et mentalement, son intelligence résiste de moins en moins au drame de sa jeunesse qui passe « arme au poing, toute en sang », déchirée par « le règne du rire amer », et le poète sombre dans la folie : le 8 août, après une période de surmenage intellectuel, Nelligan doit être conduit à la retraite Saint-Benoît, puis en 1925 à Saint-Jean-de-Dieu. Là il mourra en 1941, sans être sorti de son état de prostration ou d'indifférence. La vie active et publique de Nelligan tient exactement en trois ans, durant lesquels le poète fut constamment le témoin involontaire de la tragédie qu'il vécut : refus d'un monde mauvais où il n'avait pas sa place, et impossibilité de libérer le rêve qui le hantait. Nelligan, qui rompt avec l'inspiration essentiellement nationale de la précédente génération canadienne, retrouve le courant poétique de son siècle ; seul poète maudit canadien, il est aussi le plus grand poète de son pays.

L'œuvre complète d'Émile Nelligan fut réunie et publiée grâce à sa mère et à son ami Louis Dantin en 1903 — v. *Poésies* (*). Une édition critique de ses œuvres fut publiée par Luc Lacourière, professeur à l'université de Montréal (1952).

RÉF. : L. Dantin, *Émile Nelligan et son œuvre*, Montréal, 1903. — *Poètes de l'Amérique française*, 2 vol., Montréal, 1928-1934. — J. Charbonneau, *L'École littéraire de Montréal*, Montréal, 1935. — J. Larose, *Le Mythe de Nelligan*, Montréal, 1981. — B. Courteau, *Nelligan n'était pas fou*, Montréal, 1986.

NĚMCOVÁ Božena (pseud. de Barbora Panklova). Romancière tchèque. Née à Vienne le 4 février 1820, morte à Prague le 21 janvier 1862. Sa mère était domestique et son père cocher, tous deux au service de la duchesse Zahanska. Božena Němcová passa son enfance à Ratiborice, confiée aux soins de sa grand-mère Magdalena Novotna, petite vieille de mœurs patriarcales fidèle aux traditions. La nature romantique de Ratiborice et le château bohémien de l'aventureuse duchesse eurent une grande influence sur la jeunesse de Němcová. En 1837, elle épousa un fonctionnaire des finances qui, persécuté pour ses idées patriotiques, fut constamment déplacé de poste en poste en Bohême et en Slovaquie. Les œuvres de Němcová reflètent les dures conditions de vie auxquelles ils furent ainsi soumis ; elles sont également de précieux et talentueux documents ethnographiques où un sens aiguisé de l'observation de la vie quotidienne se révèle pleinement : *Baruška* (1853), *Rosárka* (1855), *Bára la sauvage* [*Divá Bará*, 1856], *Pauvres gens* [*Chudí lidé*, 1856], *Dans le château et autour du château* [*Vzámku a podzámči*, 1856], *Un village dans les montagnes* (1856), *Une chaumière au pied de la montagne* (1856), *Images de la vie slovaque* (1859)... Son long récit *La Grand-Mère* (*) (1855) est un chef-d'œuvre et appartient aux classiques de la littérature tchèque. De nombreux écrivains (Halas, Seifert, Baar, Ronilek) lui ont rendu hommage.

RÉF. : T. Leleck, *Božena Němcová*, 1920. — V. Tille et M. Novoeny, *Božena Němcová*, 1939. — Z. Nejedlý, *Božena Němcová*, Prague, 1950. — J. Fučik, *Trie studie, Božena Němcová, Karel Sabina, Julius Zeyer*, Prague, 1951. — B. Haluzichý, *Božena Němcová a Slovensko*, Bratislava, 1952. — M. Otruba, *Božena Němcová*, Prague, 1962. — B. Havránek, *Studie o spisovném jazyce*, Prague, 1963. — K. Horálek, *Kslovesným pohádkám Božena Němcová*, in *Česká literatura*, 1985.

NEMESIANUS Marcus Aurelius Olympius. Poète latin. Né à Carthage, il vécut dans la seconde moitié du IIIe siècle après J.-C. Ses quatre églogues [*Eclogae*], qui jusqu'à la fin du siècle dernier furent confondues avec celles de Calpurnius Siculus, sont des œuvres peu étendues (trois cent dix-neuf vers en tout) qui reprennent avec bonne grâce les thèmes et les moyens de Virgile et de Calpurnius. Du petit poème sur la chasse *La Cynégétique* (*), il nous reste trois cent vingt-cinq vers : l'introduction et la partie sur l'équipement nécessaire pour la chasse. L'œuvre est dédiée aux empereurs Numerianus et Carinus, et fut donc composée avant 284, année de la mort de Numerianus. Nemesianus avait l'intention de composer un poème épique sur les hauts faits des deux frères, poème qui, à cause de leur mort prématurée, ne fut évidemment pas composé. De vagues témoignages anciens attribuent à Nemesianus d'autres poèmes didactiques et un hymne en l'honneur de Vénus [*Pervigilium Veneris*].

RÉF. : Némésien, *Œuvres*, texte établi et traduit par P. Volpilhac, Paris, 1975.

NEMÉSIO Vitorino. Écrivain portugais. Né à Praia da Vitória dans l'île Terceira (Açores) le 19 décembre 1901, mort à Lisbonne le 21 février 1978. Après de très brillantes études secondaires et supérieures, il se vit chargé de mission d'enseignement aux universités de Montpellier et de Louvain, tandis qu'en marge de ses travaux scientifiques s'affirmait, en prose comme en vers, son extraordinaire talent. Titulaire de la chaire de littérature romane, il fut réélu à plusieurs reprises doyen de la faculté des lettres de Lisbonne et président du comité de l'Alliance-Française pour le Portugal. Nemésio se place au tout premier rang des poètes d'inspiration religieuse de notre temps. Par un double privilège assez rare, il ne compte pas moins au nombre des prosateurs les plus originaux et accomplis des pays de langue portugaise. Il restera en particulier le chantre de ses ancestrales et poétiques Açores. Il développe dans *Gros temps sur l'archipel* (*) tout son art de la fiction.

JEAN-BAPTISTE AQUARONE.

NÉMETH László. Romancier et essayiste hongrois. Né le 18 avril 1901 à Nagybanya, mort en 1975 à Budapest. Après avoir terminé ses études de médecine, il exerça pendant quelques années, puis ayant gagné un concours littéraire organisé par la revue *Nyugat* (*) (*Occident*), il se consacre entièrement à la littérature. De 1932 à 1936, il publie la revue *Tanu* [*Témoin*] dont il est le seul rédacteur. Ses premiers romans, *Deuil* [*Gyász,* 1930], *Crime* [*Bün,* 1936], remportent un vif succès. Pendant la guerre, il se signale surtout comme essayiste et élabore sa théorie sur les caractéristiques profondes de l'histoire et de la littérature hongroises. Après 1945, il publie son chef-d'œuvre, le roman *Une possédée* (*) (1947). Pendant les années « dures » du régime de Rákosi, il enseigne dans un lycée de province et publie relativement peu. Il fait ensuite paraître deux grands romans, *Esther Égetö* (*) (1956) et *Miséricorde* (*) (1965), de nombreuses pièces de théâtre, d'inspiration surtout historique (*Galilée, Grégoire VII,* etc.) — v. *Drames historiques* (*), et d'excellents essais consacrés à des sujets aussi variés que la traduction, le vers hongrois, l'hypertension, ou l'éducation de ses filles — v. *Les Soirées de Sajkod* (*). En tant que romancier, il se réclame de Tolstoï, en tant qu'essayiste, il a inauguré un style nouveau, notamment sous l'influence de Freud dont la méthode le fascinait : *Freud et la psychanalyse* [*Freud és a pszichoanalizis*, 1929]. Citons parmi ses œuvres *La Révolution de la qualité* [*A minöség forradalma,* 1940-1943], *Drames sociaux* (*) (1958), *Drames historiques* (*) (1963), *L'Expérimentateur* [*A Kisérletezö ember,* 1964].

GEORGES KASSAÏ.

NÉMIROVSKY Irène. Romancière française d'origine russe. Née le 11 février 1903 à Kiev, morte en 1942 au camp de concentration d'Auschwitz. Irène Némirovsky grandit en Russie, dans un milieu opulent et cosmopolite. Son père, riche banquier juif — dont elle fera un saisissant portrait dans son premier roman *David Golder* (*) (1929) —, et sa mère — qu'elle croquera dans son deuxième roman *Le Bal* (*) (1930) — sont les premiers personnages d'une œuvre qui commença très tôt. Chassés par la révolution bolchevique de 1917, les Némirovsky devront se cacher pendant plusieurs mois à Moscou dans un pied-à-terre où la jeune Irène se distraira en lisant tout ce qui lui tombe sous la main. C'est ainsi qu'elle se familiarisera avec les nouvelles de Maupassant, le roman de Karl-Joris Huysmans *À rebours* (*) et, surtout, avec *Le Portrait de Dorian Gray* (*) d'Oscar Wilde. Après plusieurs exils en Finlande puis en Suède, la famille Némirovsky s'installe définitivement à Paris. Irène Némirovsky suit des études de lettres à la Sorbonne et publie sous pseudonyme des contes et des dialogues. *David Golder*, après un épisode de comédie (Irène Némirovsky a oublié d'indiquer son adresse sur son manuscrit), est accepté avec enthousiasme par l'éditeur Bernard Grasset. C'est un énorme succès et Paul Reboux parle d'une révélation comparable à celle que fut jadis la découverte de Colette. Brasillach loue la pureté de style de cet écrivain étranger. Dès lors, et ce jusqu'à la guerre, Irène Némirovsky écrira neuf romans, dont les plus célèbres sont : *L'Affaire Courilof*, *Jézabel*, et *Les Mouches d'automne*. Ce dernier dresse le portrait d'une servante dévouée, Tatiana Ivanovna, qui a consacré toute sa vie à ses maîtres. Lorsque la révolution d'Octobre les chasse de leur domaine de Karinovka, c'est elle qui sauve du pillage l'argenterie et la vaisselle précieuse. Elle suivra ses maîtres en exil, dans leur nouvel appartement exigu, où les exilés tournent en rond comme les mouches d'automne. Influencées par Maupassant et Flaubert – *Un cœur simple* (*) –, *Les Mouches d'automne* sont un chef-d'œuvre. Les lois raciales la contraignent à se réfugier en Saône-et-Loire. C'est là qu'elle écrira ses derniers livres, tous publiés posthumes : *Les Feux de l'automne* (1948), *La Vie de Tchekhov* (1946) et *Les Biens de ce monde* (1947). La police allemande l'arrêtera alors qu'elle était en train de rédiger *Suite française*.

PHILIPPE BLONDEAU.

NERCIAT André-Robert Andréa de. Romancier français. Né à Dijon le 17 avril 1739, mort à Naples en janvier 1800. Fils d'un avocat au parlement de Bourgogne, lieutenant-colonel de la garde des Gendarmes du Roi jusqu'en 1775, incessant voyageur à travers l'Europe occidentale, du Danemark à l'Italie, diplomate officieux au service de plusieurs puissances, « conseiller et sous-bibliothécaire » du landgrave de Hesse-Cassel en 1780, membre de nombreuses sociétés savantes, homme de bonnes mœurs marié en 1783 à Angélique Condamin de Chaussan, père de deux fils qui feront carrière dans la Marine et aux Affaires étrangères après la Révolution, chevalier de Saint-Louis en 1788, émigré et colonel dans l'armée prussienne auprès du duc de Brunswick en 1792, chambellan de la reine Caroline de Naples en 1798, envoyé par elle auprès du pape, emprisonné par les Français au Château-Saint-Ange, mort des suites de cette détention dès son retour à Naples en 1800, cet insaisissable est aussi le dernier représentant du roman érotique, léger, indécent et spirituel tel que le connaît son siècle depuis Crébillon, avant qu'apparaisse l'œuvre terrible de Sade. Le charmant *Félicia ou Mes fredaines* (*), maintes fois réédité et vainement interdit, publié pour la première fois en 1775 à « Londres », a mérité son passage à la postérité. On citera pour mémoire les *Contes nouveaux* (1777) qui, par la dédicace, prouvent les relations entre Nerciat et le célèbre prince de Ligne, ainsi que quelques essais au théâtre (*Dorimon ou le Marquis de Clairville,* 1778 ; *Constance ou l'Heureuse Témérité,* 1780 ; *Les Amants singuliers ou le Mariage par stratagème,* publié à Prague en 1787...), une imitation du *Faublas* de Louvet, une suite de *Félicia* en 1792, intitulée *Monrose ou le Libertin par fatalité.* On retiendra pour leur joyeuse immoralité deux petits textes dont la narration rapide et les tableaux sans voile font le piquant : *La Matinée libertine* (1787) et *Le Doctorat impromptu* (1788). Le titre complet des deux derniers ouvrages de Nerciat, écrits longtemps avant leur publication, en révèle assez plaisamment le ton et le contenu : *Les Aphrodites, ou Fragments thalipriapiques, pour servir à l'histoire du plaisir,* publiées à « Lampsaque » (1793) et *Le Diable au corps, œuvre posthume du très recommandable docteur Cazzoné, membre extraordinaire de la joyeuse faculté phallo-coïto-pygo-glottonomique* (1803)...

CATHERINE BONFILS.

NERSÈS le Gracieux. Poète, compositeur, dignitaire et homme politique arménien. Né vers 1100 en Commagène et mort le 13 août 1173 au couvent de Hromkla en Cilicie. Descendant d'une famille princière, Nersès était destiné aux plus hautes fonctions religieuses. Il devint catholicos des Arméniens en 1166 à Sis, succédant à son frère, Grégoire Pahlavouni, dont il avait été longtemps le conseiller. Après la chute d'Ani et les grandes émigrations du XIe siècle, le pouvoir politique et le centre religieux des Arméniens s'étaient déplacés en Cilicie. Nersès est la figure centrale au XIIe siècle dans les pourparlers politiques de l'Église arménienne avec Byzance, qui cherchait à unifier les Églises chrétiennes sous sa juridiction. C'est un écrivain prolifique, mais aussi un musicien. Il a renouvelé l'ensemble de la liturgie arménienne, composé des centaines de cantiques, de chants et de poèmes liturgiques. Il a écrit de nombreux poèmes profanes de nature pédagogique. Ses œuvres les plus importantes sont toutefois ses longs poèmes historiques et lyriques : *Histoire romancée* [*Vipassanout'iun*] (1121), *Complainte de la prise d'Édesse* (*) (1145) et *Jésus le Fils* [*Hissous Vorti*] (1152).

MARC NICHANIAN.

NERUDA Jan Nepomuk. Écrivain tchèque, né et mort à Prague (10 juillet 1834-22 août 1891). Issu d'une famille modeste, il passa son enfance dans le quartier pittoresque et mystérieux de Malá Strana, où son père, ancien combattant, tenait un débit de tabac. Faute de moyens, il n'achèvera pas ses études universitaires (philosophie, droit) ; après quelques années passées dans l'administration, il entre dans la rédaction des *Tableaux de la vie* [*Obrazy života*], et vit dorénavant du journalisme. Plusieurs déboires amoureux et une longue maladie donnent à ses vers et à ses récits un certain pessimisme – allant parfois jusqu'au cynisme provocateur – qui sera mal accueilli par l'intelligentsia patriotique. Parallèlement, Neruda s'efforce de combattre les modes littéraires ambiantes, basées aussi bien sur le rejet romantico-sentimental de la réalité que sur l'idyllisme bon enfant des courants pseudo-romantiques. Son ultime objectif, la synthèse de l'individuel et du social, le fera ensuite évoluer vers une vision plus large et plus tolérante de la société. Le nom de Neruda reste surtout attaché à six recueils de poésie : *Fleurs de cimetière* [*Hřbitovní kvítí*, 1857], dans lequel le lyrisme funèbre se mêle à l'ironie de l'incrédule ; *Recueils de vers* [*Knihy veršů*,

1867] ; *Chants cosmiques* [*Písně kosmické*, 1878] ; *Ballades et Romances* [*Balady a romance*, 1883] ; *Simples motifs* [*Prosté motivy*, 1883] ; *Chants du vendredi saint* [*Zpěvy páteční*, 1896], recueil resté inachevé, où les thèmes folkloriques et patriotiques sont projetés sur un arrière-plan religieux versifié à forme chorale. Prosateur, Neruda s'essaya au récit, aux petits tableaux de genre, aux anecdotes, aux croquis humoristiques. La plus grande partie de ses œuvres en prose décrit de petits personnages, des types et des atmosphères de Malá Strana. Citons les recueils *Arabesky* (1864), *Petits tableaux praguois* [*Pražské obrázky*, 1872] et particulièrement les *Récits de Malá Strana* (*) (1878), où Neruda met en scène une série de personnages de la vieille Prague, dans un style qui va de l'humour souriant à l'âpre ironie. Quelques-unes parmi ces nouvelles représentent ce que la littérature tchèque a fait de meilleur dans le genre ; l'auteur même apparaît aujourd'hui comme la figure la plus marquante de la littérature tchèque de la seconde moitié du XIXe siècle.

RÉF. : A. Novak, *Jan Neruda*, Prague, 1920. – S. E. Manni, *Jan Neruda, Poet and Essayist*, in *Slavonic and East European Review*, n° 70, 1949. – Jakub Arbes, *O Janu Nerudovi*, Prague, 1952. – V. Křivánek, *Jan Neruda*, Prague, 1983.

NERUDA Pablo. Poète chilien. Né le 12 juillet 1904 à Parral, mort à Santiago-du-Chili le 23 septembre 1973. De son vrai nom Ricardo Elieur Neftáli Reyes, Neruda a eu pour parents une mère institutrice et un père conducteur de train. Il fait ses études au lycée de Temuco et devient professeur à Santiago. Mais il est bientôt envoyé en mission diplomatique en Extrême-Orient, où il exerce les fonctions de consul, successivement à Rangoon (Birmanie, 1927), Colombo (Ceylan, 1928), Batavia (Java, 1930), Singapour (1931). En 1930, il se marie à Java avec une Hollandaise, Marie-Antoinette Agenaar Vogelzanz (« Maruca »). Il est ensuite nommé consul à Barcelone (1934) et à Madrid (1935), où il rencontre sa seconde femme, Delia del Carril, se lie d'amitié avec Rafael Alberti et García Lorca, et fonde la revue *Cheval vert pour la poésie* [*Caballo Verde para la poesía*]. De retour au Chili, il est élu sénateur en 1945. Sa vie n'est désormais plus séparable de la poésie. Immensément populaire parmi les masses chiliennes, il reçoit le Prix national des lettres. Ambassadeur à Paris, il appuie en 1970 Allende et le gouvernement de l'Union populaire. En 1971, il reçoit le prix Nobel. Quand sa mort survient – peu de jours après le coup d'État militaire et la mort de Salvador Allende –, Pablo Neruda est déjà une figure presque mythique des lettres latino-américaines, et sa mort, dans les jours les plus sombres que le Chili ait connus, a presque une valeur de symbole. L'homme Neruda, lui, a eu une vie pleine et variée, qu'il raconte avec humour dans l'un de ses derniers livres, *J'avoue que j'ai vécu* [*Confieso que he vivido*, posth., 1974]. Engagement politique – en Espagne, puis dans son pays –, intense vie amoureuse, immenses voyages de par le monde, tout, chez Neruda, est vitalité humaine, épique, cosmique, tellurique. Et c'est cette vie multiple, généreuse, inlassable, qui prend voix dans ses poèmes. L'œuvre elle-même est immense. Neruda n'est pas de ceux qui publient quelques plaquettes ; il est torrentiel, varié, et il n'est guère de genre poétique – du sonnet à l'ode, de la chanson à l'épopée – auquel il n'ait touché. Il est poète de l'amour, poète de la terre et de la mer, des choses et des éléments, de l'histoire et du mythe, et il a même fait quelques incursions, pas toujours heureuses, dans le domaine de la poésie politique et didactique. Sa fécondité intarissable fait penser aux géants du Siècle d'or espagnol. En 1923, le jeune Neruda – influencé par l'école moderniste latino-américaine (Rubén Darío) – publie *Crépusculaire* [*Crepusculario*]. Mais c'est la lecture des surréalistes qui lui permet de prendre son envol, et d'exprimer une sensualité qui est l'une des dimensions essentielles de sa personnalité et de son œuvre, dans *Vingt poèmes d'amour et une chanson désespérée* [*Veinte poemas de amor y una canción desesperada*, 1924]. *Résidence sur la terre* [*Residencia en la tierra*, 1925-1931] approfondit la vision angoissée présente dans le recueil précédent. Mais l'expérience de la guerre d'Espagne et l'adhésion au socialisme marquent un important tournant chez le poète : rejetant ses œuvres antérieures, il veut désormais devenir le chantre de l'Homme et de l'Amérique latine. *L'Espagne au cœur* [*España en el corazón*, 1937] et le monumental *Chant général* (*) (1950) annoncent l'entrée de la politique dans l'œuvre de Neruda. On a dit que c'était sans doute – surtout le *Chant général* – le seul exemple d'une épopée socialiste pleinement achevée. En ce sens, la poésie de Neruda fait penser aux fresques également monumentales des peintres mexicains, Siqueiros, Rivera, Orozco, qui ont peint dans les années 20 toute l'histoire de la conquête du Nouveau Monde, de l'Indépendance et de la Révolution. Le patriotisme devient ici un patriotisme continental, où Neruda célèbre le destin de l'Amérique latine. Mais déjà les *Odes élémentaires* [*Odas elementales*, 1954], suivies des *Nouvelles odes élémentaires* [*Nuevas odas elementales*, 1956] et du *Troisième Livre des Odes* [*Tercer libro de las odas*, 1957] annoncent un autre changement : Neruda se penche maintenant sur les « éléments », les choses, le monde concret, et c'est peut-être, avec la poésie amoureuse représentée par *La Centaine d'amour* [*Cien poemas de amor*, 1959], le meilleur de l'œuvre, qui montre ici un sens merveilleux de ce qui est « petit » et faussement « trivial » : l'ode au piment rouge, par exemple, est un modèle de poésie des choses. *Les Pierres du ciel* [*Las piedras del cielo*, 1970] et *Les Pierres du Chili*

[*Las piedras de Chile*, 1961] poursuivront l'exploration poétique du monde élémentaire, tout en célébrant infatigablement le sol natal d'où sont surgies ces pierres qui le fascinent. Dans *Vaguedivague* [*Extra-vagario*, 1958], Neruda tente d'assumer ses contradictions et ses responsabilités, de retrouver ou de gagner une certaine sérénité, une certaine capacité d'aimer et de communiquer. Dans *Mémorial de l'Île-Noire* (*) (1964), le poète conte en vers ses souvenirs, de cette maison côtière où il a choisi d'établir son ultime « résidence sur la terre », avec sa dernière égérie, Matilde Urrutia. Les recueils cités ici ne constituent d'ailleurs qu'une partie (certes la plus significative) de l'œuvre poétique de Neruda, qui jusqu'au bout a continué à écrire, dans un continuel jaillissement, des chants telluriques, des poèmes d'amour ou même des poèmes politiquement engagés, comme *L'Initiation au Nixonicide* [*Iniciación al Nixonicidio*, 1973]. Il faudrait citer aussi l'œuvre théâtrale, également marquée par la revendication politique et sociale, comme dans *Splendeur et mort de Joaquin Murieta* [*Esplandor y muerte de Joaquín Murieta*, 1967] ou la fable lyrique, comme *L'Épée de flammes* (*) (1970) dans laquelle le poète chilien se montre tout aussi excellent. Les derniers recueils posthumes de Neruda telle *La Rose détachée* (*) (1973) sont une pathétique méditation sur la maladie, la vieillesse, la mort et l'incertitude devant le destin menacé de l'homme. La poésie protéiforme de Neruda est à l'image du continent qu'elle ne cesse de chanter, et elle est sans doute la première à vouloir exprimer l'Amérique du Sud dans sa totalité, dans son déchirement, dans ses contradictions, mais aussi dans sa grandeur, son profond sens de la terre et de l'humanité. En ce sens, elle est aussi la seule poésie d'Amérique latine à être populaire : dans *J'avoue que j'ai vécu*, le poète avoue son émotion quand il rencontre des mineurs qui récitent ses poèmes et le saluent fraternellement. L'image mythique du poète homérique, chantre de son peuple et reconnu comme tel par celui-ci, est ici réalité : Neruda est certainement le seul poète de ce siècle dans le monde à avoir connu une telle consécration. Son œuvre n'est pas sans faiblesse : elle croule parfois sous le poids de sa propre grandeur, de sa rhétorique enflammée, de son amour du langage ; elle sombre souvent dans un certain manichéisme politique. C'est peut-être la rançon de l'excès de fécondité.

ANTOINE BERMAN ET CLAUDE COUFFON.

♦ *« L'œuvre de Pablo Neruda restera comme un monument américain, d'une inépuisable substance prophétique. Il y a en elle un pouvoir annonciateur que nous ne pouvons que deviner aujourd'hui... Il est bien clair que Neruda est une définitive présence américaine... Parce qu'il est universel, Pablo Neruda est le plus haut témoin de son temps américain. »* Juan Marinello. ♦ *« Préparez-vous à entendre un poète authentique, un de ceux dont les sens se sont formés dans un univers qui n'est pas le nôtre et que peu de gens perçoivent. Un poète plus près de la mort que de la philosophie, plus près de la douleur que de l'intelligence, plus près du sang que de l'encre. Un poète peuplé de voix mystérieuses que, par bonheur, lui-même ne sait pas déchiffrer ; un homme véritable qui sait bien que l'hirondelle et le jonc sont plus éternels que la joue des statues... Il se tient, face au monde, en plein éblouissement, exempt de ces deux traits qui marquent tant de faux poètes : la haine et l'ironie. Lève-t-il l'épée vengeresse, il trouve aussitôt une colombe blessée entre ses doigts. »* Federico García Lorca.

RÉF. : Amado Alonso, *Puesia y estilo de Pablo Neruda*, Buenos Aires, 1940. – Raúl Silva Castro, *Pablo Neruda*, Santiago, 1961. – Margarita Aguirre, *Genio y figura de Pablo Neruda, Buenos Aires*, 1964. – E. Rodríguez Monegal, *Neruda le voyageur immobile*, Paris, 1966. – Jean Marcenac, *Pablo Neruda*, Paris, 1971. – Angelina Gatell, *Neruda*, Madrid, 1971. – Claude Couffon, *Pablo Neruda, Premio Nobel*, in *Papeles de son Armadans*, Palma de Mallorca, 1972. – Revue *Europe, Neruda Présent*, Paris, 1974. – Alain Sicard, *El pensamiento poético de Pablo Neruda*, Madrid, 1981.

NERVAL Gérard de (pseud. de Gérard Labrunie). Poète français. Né et mort à Paris (22 mai 1808-26 janvier 1855). Son père était chirurgien aux armées, sa mère, née Laurent, était la fille d'un marchand linger du quartier Saint-Eustache. Elle mourut en novembre 1810 à Glogau, en Silésie, où elle avait suivi son mari. Gérard fut élevé d'abord par un oncle, à Mortefontaine, puis externe au lycée Charlemagne, où il fut le condisciple de Théophile Gautier. À dix-huit ans, il publiait ses premiers vers : les *Élégies nationales* – v. *Poésies* (*) de Nerval –, puis la traduction du *Faust* (*) de Goethe, qui lui valut une certaine renommée. Il est présenté à Hugo, se lie avec Pétrus Borel, Célestin Nanteuil, le sculpteur Jehan Duseigneur, fondant avec eux le « petit cénacle », noyau du mouvement « Jeune France ». D'esprit républicain, il participa à diverses manifestations estudiantines, qui lui valurent de séjourner, en 1832, à la prison de Sainte-Pélagie. Il avait commencé des études de médecine et s'employa dans la lutte contre le choléra durant l'épidémie de 1832. Ayant hérité de son grand-père, il fit un voyage en Italie durant l'année 1834. À son retour, épris de l'actrice Jenny Colon, il employa sa petite fortune à fonder *Le Monde dramatique* qui le ruina et passa en d'autres mains. C'est l'époque de la « Bohème galante », où il habite, impasse du Doyenné, avec ses amis Théophile Gautier, Camille Rogier, Arsène Houssaye, Édouard Ourliac. Il vit de collaborations à divers journaux, que Gautier, Alphonse Karr et d'autres camarades de lettres lui procurent. En 1838, Jenny Colon, à qui il avait adressé des lettres ferventes, épouse un musicien. Désormais, dans la mémoire de Gérard, la figure de l'actrice évoluera peu à peu vers une image mythique, qui habitera toutes ses grandes œuvres des dernières années. Cette même année, il fait avec Alexandre Dumas son premier voyage en Allemagne : c'est la patrie de Faust, le pays où est morte la mère de Gérard. De plus, les deux amis vont se documenter sur Carl Sand, le meurtrier de Kotzebue, pour un drame, *Léo Burckart,* qu'ils écriront en collaboration, et qui sera joué en avril 1839. Ayant obtenu une mission officielle, Gérard passe quelques mois à Vienne dans l'hiver 1839-1840 et y rencontre Liszt et Marie Pleyel. Il la reverra quelques mois plus tard, ainsi que Jenny Colon, à Bruxelles, où on joue son *Piquillo.*

Jusque-là, Gérard de Nerval n'est qu'un agréable littérateur parisien, un peu plus poète, un peu plus solitaire que les autres. Mais sa vie va changer. En février 1841, il a sa première crise de folie et passe plusieurs mois en maison de santé. « L'épanchement du songe dans la vie réelle » a commencé ; ses meilleures œuvres seront inspirées par cette expérience. À la fin de 1842, quelques mois après la mort de Jenny Colon, Gérard part pour son grand voyage en Orient : îles grecques, Égypte, Syrie, Liban, Constantinople. Il travaillera longtemps aux récits de ce voyage, qui ne paraîtront sous leur forme définitive qu'en 1851 — v. *Voyage en Orient* (*). Divers voyages (Belgique, Hollande, Londres, et de nouveau l'Allemagne), la composition de drames et de livrets d'opéra, presque tous en collaboration, les tâches du journaliste occupent les années suivantes. Mais, à partir de 1851, les crises mentales se reproduisent, à des intervalles de plus en plus rapprochés. Nerval est interné plusieurs fois, d'abord chez le Dr Esprit Blanche, puis chez son fils, le Dr Émile Blanche, qui le soigna admirablement dans sa célèbre maison de Passy. Entre ces périodes d'internement, il continue à voyager (Belgique, Hollande, Allemagne) et s'en va souvent errer au pays de son enfance, le Valois. Il a publié en 1852 *Lorély,* souvenirs d'Allemagne, et *Les Illuminés* (*), recueil d'études sur quelques initiés et quelques personnages pittoresques. Ces deux ouvrages, comme déjà le *Voyage en Orient,* esquissent discrètement son mythe personnel, dont les images se dessineront, plus précises, dans les chefs-d'œuvre des trois dernières années. C'est alors, en effet, entre deux séjours à Passy ou pendant ces internements, que furent composés *Sylvie* (+) et les autres *Filles du feu* (*), les sonnets des *Chimères* (*), les évocations poétiques des *Petits Châteaux de Bohême,* de *Promenades et Souvenirs,* des *Nuits d'octobre,* et enfin l'œuvre testamentaire *Aurélia ou le Rêve et la Vie* (*) où il essaye de reconquérir sur la confusion de la folie le monde des images qui forment son mythe personnel et qu'il tente d'élever à la signification d'une « vita nova » ou d'une « descente aux enfers ». Il a écrit cette grande œuvre durant son dernier voyage en Allemagne, en 1854, qui l'a peut-être mené jusqu'à la tombe de sa mère, en Silésie, il l'a continuée chez le Dr Blanche. Mais, à force de démarches et de sollicitations, il a obtenu une intervention de la Société des gens de lettres pour le faire sortir de la maison de santé. Son dernier hiver fut tragique. Démuni de ressources sûres, sans domicile fixe, sentant faiblir sa faculté d'écrire, il sombrait peu à peu dans le désespoir dont il croyait avoir triomphé en composant *Aurélia.* Vers la fin de janvier 1855, son dénuement est total. Il fait de discrètes visites à quelques amis, laisse chez sa tante un mot laconique : « Ne m'attends pas ce soir, car la nuit sera noire et blanche. » Et le 26 janvier au matin on le trouve pendu à une grille dans la rue de la Vieille Lanterne, au Châtelet. Le suicide ne fait pas de doute, en dépit des efforts de ses amis pour accréditer l'hypothèse d'un meurtre. Gérard de Nerval laissait, outre les œuvres précédemment citées, plusieurs récits comme *La Main enchantée* (*) et un roman inachevé, *Le Marquis de Fayolle* (*).

ALBERT BÉGUIN.

♦ *« C'est un esprit charmant et distingué* [...] *chez lequel, de temps en temps, un certain phénomène se produit, qui, par bonheur, nous l'espérons, n'est sérieusement inquiétant ni pour lui, ni pour ses amis* [...] *Alors notre pauvre Gérard, pour les hommes de science, est malade, et a besoin de traitement, tandis que pour nous il est tout simplement plus conteur, plus rêveur, plus spirituel, plus gai ou plus triste que jamais. »* Alexandre Dumas père. ♦ *« Le vers de Nerval est cette preuve d'existence individuelle que donnent si peu, contre toute attente et contre la promesse de leur appellation, nos écrivains romantiques... »* Jean Giraudoux. ♦ *« Dans le romantisme, qu'il traverse, et auquel il paraît étranger, Gérard de Nerval semble une apparition, la source autonome de son être et de son œuvre s'écoule à part, comme s'il était à la fois en avant de son époque et en arrière* [...] *Par le rythme de la folie et ses alternances, Gérard de Nerval ressemble à plusieurs figures de cet art allemand qu'il a cherché à faire aimer. »* Pierre Jean Jouve. ♦ *« Il se transcrit comme la manifestation d'une essence pure. Il n'y a plus rien dans l'auteur qui soit indigne d'une œuvre nécessaire. Mais il n'y a plus rien en lui qui soit supportable à l'existence. L'assomption vers l'éternel se compense par l'anéantissement... »* Maurice Blanchot. ♦ *« ...Je tiens seulement à ce que l'on sache ce qui devrait pourtant éclater aux yeux, que rien dans ce livre* [Aurélia] *n'est fortuit ni fantaisiste, que le caprice n'y a aucune part, et que chaque affirmation, chaque description, chaque récit de Nerval peut se retrouver mille fois dans l'énorme savoir des initiés et des voyants de tous les âges. Et il serait vain d'« expliquer » les rêves de Nerval par ses lectures et sa connaissance très vaste* [...] *C'est parce que cette science, dans son principe, était inscrite, plantée entre ses yeux qu'il fut possédé toute sa vie du besoin d'en chercher des manifestations ; autrement, on ne saurait expliquer qu'elle dominât si dramatiquement ses rêves. »* René Daumal. ♦ *« Ce qu'on appelle la folie de Nerval semble être venu d'une difficulté à distinguer entre, d'une part, la réminiscence, la sensation introvertie et, d'autre part, les révélations de l'intuition ou du guide intérieur. »* Jean Richer.

RÉF. : A. Houssaye, *Gérard de Nerval,* Paris, 1883. — Th. Gautier, *Histoire du romantisme,* Paris, 1884. — K. Haedens, *Gérard de Nerval ou la sagesse romantique,* Paris, 1939. — P. Valéry, *Au sujet de Nerval,* Paris, 1944. — A. Béguin, *Gérard de Nerval,* Paris, 1945. — J. Richer, *Gérard de Nerval et les doctrines ésotériques,* Paris, 1947. — L.-H. Sébillotte, *Le Secret de Gérard de Nerval,* Paris, 1948.

— A. Marie, *Gérard de Nerval, le poète et l'homme,* Paris, 1954. — R. M. Albérès, *Gérard de Nerval,* Paris, 1955. — M.-J. Durry, *Gérard de Nerval et le mythe,* Paris, 1956. — J.-P. Richard, *Poésie et Profondeur,* Paris, 1955. — R. Chambers, *Gérard de Nerval et la poétique du voyage,* 1969. — Sh. Felman, *La Folie et la chose littéraire,* Paris, 1973.— G. Malandain, *Nerval ou l'Incendie du théâtre,* Paris, 1986. — M. Brix, *Nerval journaliste,* Namur, 1986.

NERVO Amado. Poète mexicain. Né à Tepic (État de Nayarit, Mexique) le 27 août 1870, mort à Montevideo le 24 mai 1919. Il entreprit ses études de droit, songea à se faire prêtre, y renonça en 1891, non sans conserver un penchant pour le mysticisme. Son premier récit, *Le Bachelier* [*El bachiller*], fortement teinté de naturalisme, date de 1891. Entre les années 1898 et 1903, il fonda et dirigea, avec Jesús E. Valenzuela, *La Revue moderne.* Il voyagea en Europe (1900) comme correspondant d'un journal et connut à Paris sa future femme, Anne-Cécile Daillez, une Française, morte prématurément, qui lui inspira *L'Amante immobile* [*La amada inmóvil*, 1918]. De 1905 à 1918, il fut secrétaire d'ambassade à Madrid, puis ministre à Montevideo. Nervo partage avec Rubén Darío la gloire d'être un des poètes modernes de langue espagnole les plus lus et admirés. Le thème fondamental de sa poésie est l'amour, qu'il chante avec beaucoup de délicatesse et une riche tonalité affective. Parmi ses œuvres, citons encore *Mystiques* [*Místicas*, 1895], *Perles noires* [*Perlas negras*, 1898], *Les Jardins intérieurs* (*) (1906), *À voix basse* [*En voz baja*, 1909], *La Sérénité* [*Serenidad*] (1912), *Élévation* [*Elevación*, 1916], *La Plénitude* (1918) et un petit roman, *Le Diable désintéressé* [*El diablo desinteresado*, 1916].

NESTLE Wilhelm. Philologue et historien allemand. Né et mort à Stuttgart (16 avril 1865-18 avril 1959). Frère du théologien Eberhard Nestle, il est l'auteur de travaux sur la philosophie grecque : *Euripide, poète du rationalisme grec* (+) (1901), *Rapport d'Homère à la philosophie et à la sophistique* (+) (1908), *La Religiosité grecque dans ses traits fondamentaux et ses principaux représentants, d'Homère à Proklos* (+) (1930-1933), *Du mythe au logos* (+) (1940), *Études grecques* (*) (1948).

NESTOR. Chroniqueur russe écrivant en slavon. Né en 1056, mort en 1114 (?). À dix-sept ans il prit l'habit au monastère de Kiev, connu sous le nom de « Kievo-Pečerskij Monastyr ». Considéré pendant longtemps comme l'auteur de la première *Chronique* (*) russe, dite de Nestor, on admet aujourd'hui que seule la partie centrale est de lui, à savoir celle qui se rapporte aux événements du monastère auquel, vers la seconde moitié du XIe siècle, il appartint.

En revanche, on peut lui attribuer avec certitude les autres œuvres classées sous son nom : le *Récit sur Boris et Gleb* [*Skazanié o Borisé i Glébé*] et la *Vie de Théodose* [*Zitié Feodosija*] ; le transfert des reliques de ce dernier saint — qui a eu lieu en 1091 — est du reste le seul événement que nous connaissions de la vie de Nestor.

RÉF. : M. Laran, J. Saussay, *La Russie ancienne,* Paris, 1975.

NESTORIUS. Patriarche de Constantinople. Né à Antioche en Syrie en 381, mort à Kharguèh (Haute-Égypte) en 451. Il fit ses études à Antioche et devint moine ; disciple de Théodore de Mopsueste, ou pour le moins versé dans sa doctrine dont il était adepte, il devint patriarche de Constantinople en 428 et s'employa immédiatement à obtenir un édit contre les hérétiques. D'autre part, il taxa d'hétérodoxe le qualificatif θεοτόκος [lat. : dei para] qu'à Constantinople l'on donnait communément à la Vierge et il approuva un prédicateur qui le critiquait. Dans les discussions qui s'ensuivirent, Nestorius déclara que la Vierge ne pouvait être appelée « mère de l'homme » [ἀνθροποτόκος] et aussi « mère de Dieu », afin qu'il fût bien clair qu'il ne fallait pas confondre en Jésus-Christ les deux natures, divine et humaine : d'où il était préférable, disait Nestorius, d'utiliser le terme χριστοτοκος (mère du Christ). Mais l'écho des controverses parvint bientôt d'abord à Alexandrie où saint Cyrille commença à attaquer Nestorius comme hérétique, puis à Rome par les informations envoyées au pape Célestin Ier par Cyrille et Nestorius eux-mêmes. À Rome, Nestorius était d'autre part soupçonné de favoriser l'hérésie pélagienne, et de fait les pélagiens n'étaient pas mentionnés dans le décret impérial précité, tandis que les évêques exilés d'Italie pour pélagianisme avaient trouvé un accueil à Antioche (dont l'école théologique comptait Nestorius parmi ses disciples). Nestorius fut donc condamné à Rome (août 430) et il demanda la convocation d'un concile alors qu'il ignorait la sentence pontificale que Cyrille devait lui transmettre, ce que celui-ci fit avec du retard. Ainsi le concile d'Éphèse, ouvert par Cyrille le 22 juin 431, eut lieu sans attendre l'arrivée du patriarche Jean d'Antioche, des autres évêques, des envoyés du pape, et sans tenir compte de la protestation de nombreux évêques et du représentant de l'empereur. Ainsi se réalisa la séparation entre les partisans de Cyrille et ceux de Jean ; Nestorius fut excommunié et déposé et les légats du pape approuvèrent la sentence. Quant à Nestorius, il retourna alors dans son monastère, mais continua à protester. En 435, l'empereur confirma la déposition, ordonnant que les livres de l'ancien patriarche soient détruits. Il fut ensuite relégué d'abord à Pétra, puis en Égypte, dans la grande oasis ; de là à Panopolis, où il mourut avant le concile de Chalcédoine (451). De toute sa production littéraire il ne reste que quelques rares fragments écrits en grec. Mais en 1910 fut retrouvée une de ses œuvres authentiques (malgré peut-être quelques interpolations), le *Livre* (ou *Bazar*) d'Héraclide, avec un fragment de lettre en syrien. On a encore de lui trois homélies sur les tentatives de Jésus, qui nous sont parvenues parmi des écrits apocryphes de saint Jean Chrysostome ; en revanche plusieurs homélies attribuées à Nestorius par Battifol ont été depuis reconnues comme apocryphes. Ce livre de Nestorius ouvrit toutefois à nouveau la discussion autour de sa doctrine et de son hétérodoxie. Nestorius est moins loin de l'orthodoxie qu'on ne l'a généralement supposé. À la suite de l'école d'Antioche, il voulait affirmer contre l'apollinarisme que Jésus-Christ possédait une nature humaine entière et parfaite ; il ne fut pas non plus un adoptionniste puisqu'il reconnaissait pleinement la divinité du Christ, mais, ne faisant pas de distinction entre « nature » [φύσις], « essence » [οὐσια], « hypostate » [ὑπὸστασις] et « personne », il n'arriva pas à concevoir exactement le caractère de l'union des deux natures dans l'unique personne de Jésus-Christ : pour lui cette union n'est pas « hypostatique », comme elle fut définie par le concile de Chalcédoine, mais seulement morale. Chacune des deux natures, ainsi unies, conserve selon lui sa « personne naturelle » [πρόσωπον φυσικόν] et cette union engendre certainement une « personne de l'union », plutôt artificielle cependant, une sorte de personnalité juridique. Aussi, pour Nestorius, c'est seulement avec de nombreuses réserves et beaucoup de pénétration que peut se réaliser ce que les théologiens appellent : « communication des idiomes » [communicatio idiomatum], à savoir attribuer à une des natures ce qui en fait serait le propre de l'autre (par ex. le fait de dire : Dieu a souffert). Cette prise de position tenait au fait que, par sa formation philosophique, il lui répugnait d'avoir à dire la Vierge « mère de Dieu », ce qui signifierait que la divinité avait pu être engendrée. Mais ainsi il en arrivait à nier la véritable unité du Christ, et de ce point de vue il est incontestable qu'on doive effectivement le considérer comme hérétique. Pourtant, malgré l'accord passé entre saint Cyrille et Jean d'Antioche, les doctrines de Nestorius furent acceptées par les chrétiens de Perse. À travers de nombreux avatars, le nestorianisme survécut en Asie et s'y diffusa jusqu'en Chine où fut trouvée la célèbre épigraphe de Si-ngan-fou, de 781, et aussi à travers la Mongolie et les Indes. Par ailleurs elle fut à l'origine d'une vaste et importante production littéraire. Cependant avec le XVIe siècle commence la décadence de l'Église nestorienne ; la majeure partie, après des aventures complexes, finit par accepter le catholicisme, formant ce qui fut appelé l'Église orientale unie « chaldéenne » ; d'autres nestoriens furent absorbés par les missions protestantes américaines, anglicanes ou russes ; après les persécutions qui suivirent la Première Guerre mondiale (en Irak en 1933) survivent encore quelques petits groupes épars.

ALBERTO PINCHERLE.

RÉF. : J. F. Béthune-Baker, *Nestorius and his Teaching, a fresh Examination of the Evidence*, Cambridge, 1908. – F. Nau, *Nestorius d'après les sources orientales*, Paris, 1911. – M. Jugie, *Nestorius et la controverse nestorienne*, Paris, 1912. – F. Loofs, *Nestorius and his Place in the History of Christian Doctrine*, Cambridge, 1914. – G. L. Prestige, *Fathers and Heretics*, Londres, 1948. – L. I. Scipioni, *Nestorius e il concilio di Efeso. Storia, dogma, critica*, Mailand, 1974.

NESTROY Johann Nepomuk. Acteur et auteur du théâtre populaire autrichien. Né le 7 décembre 1801 à Vienne, mort le 25 mai 1862 à Graz (Styrie). Fils d'avocat, il bénéficia d'une formation scolaire sérieuse. Il abandonna néanmoins ses études de droit au profit d'un emploi de basse à l'opéra de la Cour (Kärtnertortheater). Se produisant ensuite sur les scènes d'Amsterdam, de Brünn (Brno), de Presbourg (Bratislava) et de Graz, il s'aperçut bien vite que ses dons l'appelaient plutôt vers le théâtre parlé, plus précisément vers les rôles comiques. Il devint bientôt le comédien le plus adulé des scènes populaires autrichiennes. Engagé à partir de 1831 par Car Carl, alors directeur de deux établissements viennois, il put — et il dut — également déployer ses talents d'auteur. Les théâtres privés étaient de grands consommateurs de pièces, et Nestroy en écrira plus de quatre-vingts. S'inspirant d'abord du schéma en vogue de la « féerie » [Zauberstück], il ne tarda pas à le vider de sa substance, déjà bien appauvrie, pour passer ensuite aux genres plus réalistes du vaudeville et de la farce, teintés d'une forte couleur locale. L'œuvre qui lui apporta la consécration comme auteur fut *L'Esprit maléfique Lumpazivagabundus* (*) en 1833, où il utilisa, pour l'une des dernières fois, le cadre de la féerie. Son humour mordant, son insolence dans l'observation des mœurs, son esprit sarcastique firent qu'on qualifia sa première période de « style colossal ». Les pièces de la maturité, toujours aussi spirituelles, sont moins agressives. *Le Talisman* [*Der Talisman,* 1840], *La Jeune Fille des faubourgs* [*Das Mädel aus der Vorstadt,* 1841], *L'Homme déchiré* [*Der Zerrissene,* 1844] présentent l'acteur-auteur dans des rôles de raisonneur résigné et ironique. Ce grand artiste de la langue, redécouvert par Karl Kraus, laissa un témoignage remarquable sur les événements de la révolution de 1848 dans sa comédie *La Liberté à Krähwinkel* [*Freiheit in Krähwinkel*] de 1848.

EVA PHILIPPOFF.

NEUMANN Alfred. Écrivain allemand. Né à Lautenbourg (Prusse occidentale) le 15 octobre 1895, mort à Lugano (Tessin, Suisse) le 3 octobre 1952. Il passa sa jeunesse à Berlin, entra comme lecteur dans la maison d'éditions Georg Müller de Munich, fut, de

1918 à 1920, « Dramaturg » (à peu près « directeur littéraire ») des « Kammerspiele » de cette ville ; puis il vécut une libre vie d'écrivain, séjournant fréquemment à Fiesole où, en 1933, contraint par l'avènement du national-socialisme à abandonner l'Allemagne, il s'établit de façon durable. En 1938, il se rendit en France, et, de là, en 1941, à Los Angeles et à Beverley Hills en Californie. De la poésie lyrique, dans laquelle on peut retrouver ses liens avec le mouvement expressionniste – *Chants du sourire et de la détresse* [*Lieder vom Lächeln und der Not*, 1917] ; *Nouvelles poésies* [*Neue Gedichte*, 1920] – il passa au roman, qui lui donna une large notoriété internationale. Après celui des *Frères* [*Brüder*, 1924], histoire, située dans un milieu italien, de l'effondrement moral de personnages appartenant à la bourgeoisie, son premier grand succès fut *Le Patriote* [*Der Patriot*, 1925], portrait du tsar Paul de Russie, fou et esclave du pouvoir, que, par amour de la patrie, tue son favori lui-même, lequel se tue à son tour ; cette œuvre, adaptée à la scène par l'auteur, fut souvent jouée. Mais son chef-d'œuvre est *Le Diable* (*) [*Der Teufel*, 1926], portrait de Louis XI, roi de France, et de son confident, le barbier Olivier Le Daim. Sur le fond historique, Neumann, employant une langue musicale, mouvementée, crée, en les encadrant dans une dense action dramatique, des personnages aux fortes passions, en qui l'on reconnaît des types d'hommes contradictoires et chargés de problèmes. Les romans *Rebelles* [*Rebellen*, 1927] et *Guerre* [*Guerra*, 1928] décrivent les batailles du Risorgimento italien contre l'Autriche pendant la première moitié du XIXe siècle. Dans *Le Héros* [*Der Held*, 1930], l'auteur a traité le thème, alors actuel, du crime politique ; *Le Miroir des fous* (*) [*Der Narrenspiegel*, 1932] nous montre, avec une plaisante verve d'humour réaliste, la vie du vulgaire et bonasse duc Henri II de Liegnitz, toujours ivre et en difficultés financières. La trilogie *Nouveau César* [*Neuer Cäsar*, 1934], *L'Empire* [*Das Kaiserreich*, 1936], *Les Amis du peuple* [*Die Volksfreunde*, 1941] suit la vie de Napoléon III, l'histoire de son pouvoir fait de bourgeoisie, de dictature et de révolution, nous donnant ainsi une sorte de « tragédie du XIXe siècle ». Les ouvrages suivants, *La Source d'or* [*Die Goldquelle*, 1938], *Ils étaient six* [*Es waren ihrer sechs*, 1944], histoire romancée de la révolte, terminée tragiquement, que quelques étudiants de Munich avaient organisée contre le national-socialisme (les frères Scholl, le professeur Huber), et enfin *Le Pacte* [*Der Pakt*, 1950], se rattachent à des événements contemporains au poète. Un des motifs fondamentaux de son art narratif est le problème du pouvoir, de la dictature dans ses répercussions non pas tant politiques que spirituelles. Il représente, de cette manière, l'histoire dans la psychologie des sentiments individuels portés à l'exaspération. Ses drames, parmi lesquels nous rappellerons *Der Patriot*, déjà cité, *Masque royal* [*Königsmaske*, 1928], *Abel* (1948), présentent une structure claire, une action tendue et une technique très experte du dialogue. Dans sa jeunesse, l'auteur s'est aussi mesuré avec la traduction de Molière, Lamartine, Musset, et en général de la poésie française.

RÉF. : *Kürschner's Literatische Kalender*, Berlin, 1932. – *Der Romanführer*, publié par J. Beer, t. III, Stuttgart, 1954. – D. M. Brett, *Alfred Neumanns Romane ; Exd. als Wendepunkt*, thèse, Université de Cincinnati, 1975.

NEVEU Gérald. Poète français. Né à Marseille le 10 août 1921 et mort à Paris le 29 février 1960. Son père ayant abandonné le domicile conjugal, Gérald Neveu fut élevé par sa mère, sa grand-mère et sa tante. À l'école communale, il a pour camarade le futur peintre Pierre Vitali. En 1931, il entre au lycée Périer de Marseille. Mais, se passionnant pour toute autre chose que les études scolaires (notamment pour l'hindouisme), il échoue à son baccalauréat. Il se tourne vers la poésie pour supporter la misère à laquelle sa famille est réduite. Durant l'Occupation, il entre aux P.T.T. à Marseille. Il écrit des poèmes, fréquente, la nuit, dans les bars de la ville, des peintres et des écrivains réfugiés en zone libre. Ce n'est qu'à la Libération que Neveu lit les œuvres de Breton, et celles de Lénine ; il adhère au parti communiste en 1947. Ses premiers textes subissent l'influence du surréalisme. Avec Jean Malrieu, il fonde à Marseille en 1950 la revue *Action poétique* (*). Cependant, de constantes désillusions sentimentales, des échecs, comme l'incompréhension que rencontra son exposition avec Pierre Vitali, « Peinture Poème » (1949), dont Neveu avait écrit le Manifeste, eurent pour conséquence de plonger cet être romantique et tourmenté dans la dépression (il dut faire des séjours en hôpital psychiatrique). En 1954, il est expulsé de son logement et doit chercher refuge chez ses amis. Malgré toutes ces difficultés, il publie deux recueils de poèmes, *Cet oblique rayon* (1955) et *Les 7 Commandements* (1960). Pendant la dernière année de sa vie, qu'il passe à Paris, Neveu écrit un ballet, le scénario d'un film, *L'Hiver*. Après son suicide, on a retrouvé dans ses papiers la matière de deux livres, *Fournaise obscure* (*) et *Une solitude essentielle* (1973) qui sont l'aboutissement transparent de son art poétique.

JACQUES-ÉMILE MIRIEL.

NEVEUX Georges. Auteur dramatique et poète français. Né à Poltava (Russie) le 25 août 1900, mort à Paris en septembre 1982. Après des études de droit et un stage au barreau de Nice, il se fixe à Paris en 1927. Il fréquente les surréalistes et se lie d'amitié avec Desnos, Roussel, Vitrac et Ribemont-Dessaignes. Il débute avec une plaquette de poèmes, *La Beauté du diable* (1929). En 1930, *Juliette ou* *la Clef des songes* (*), montée au Théâtre de l'Avenue, soulève des polémiques acharnées, car il s'agissait d'un rêve porté à la scène ! Après ce premier échec, il travaille pour le cinéma. Sa pièce sera d'ailleurs reprise et portée à l'écran par Marcel Carné en 1951. Il revient au théâtre avec *Ma chance et ma chanson* (+) (1940). Il se réconcilie définitivement avec lui en écrivant *Le Voyage de Thésée* (+), pièce créée par le « Rideau de Paris » le 23 octobre 1943. Cette pièce dense et pure matérialise sur la scène le dédoublement d'un personnage. Pour Neveux, la vie est un songe dont le poète détient la clef ; Juliette, comme Thésée, se retrouve après avoir erré au pays de la mémoire, le temps arrêté. Toutefois, et à la manière de certains surréalistes, il tire du rêve des effets parfois trop concertés pour être tout à fait convaincants. Il n'en est pas moins vrai que, dans toutes ses pièces, il nous amène à nous interroger sur le mystère des êtres. Le procureur impérial russe de *Plainte contre inconnu* (1946), sa pièce la plus pathétique et la plus chargée de sens (mais qui n'est peut-être pas la meilleure), finira lui-même par se tuer lorsqu'il sera reconnu incapable de justifier sa vie. Cette interrogation inlassable exprime l'inquiétude personnelle de l'auteur. Il semble bien qu'il écrive des pièces pour se donner du courage et pour s'accorder avec lui-même. « Rendre respirable ce qui asphyxie », se plaît-il d'ailleurs à dire, ou bien encore : « Le théâtre ne doit pas donner des idées, mais des amis, des personnages vivants et vrais, qui nous deviennent nécessaires. » On lui doit aussi *Zamore* (*) (1953) et *La Voleuse de Londres* (1960). Georges Neveux fut le secrétaire général du Théâtre de l'Athénée de Louis Jouvet et le directeur de la revue *Entr'acte*.

DANIÈLE BOONE.

NEVEUX Pol. Écrivain français. Né à Reims le 21 août 1865, mort à Paris le 28 mars 1939. Destiné à succéder à son père, notaire, il fit son droit, mais la passion des livres lui fit passer un concours qui lui ouvrit une carrière toute différente. Nommé bibliothécaire de la bibliothèque Mazarine, il fréquenta les cénacles littéraires et se lia avec le groupe « de Médan » et, plus particulièrement, avec Céard, Gustave Geffroy, Huysmans et Maupassant. En 1898, il publia un roman, *Golo* (*) qui, bien qu'écrit suivant les canons du naturalisme, était plutôt un « roman d'atmosphère ». De la même veine fut son second – et dernier – roman, *La Douce Enfance de Thierry Seneuse,* qui ne vit le jour qu'en 1916. Dans l'intervalle, Pol Neveux écrivit une étude sur *Guy de Maupassant,* étude qui fut placée par Conard en tête de son édition des *Œuvres complètes* de Guy de Maupassant (1908). Le 20 novembre 1924, Neveux fut élu à l'académie Goncourt, au fauteuil de son ami Henry Céard.

RÉF. : René Dumesnil, « Souvenirs sur Pol Neveux », in *Mercure de France* du 15 mai 1939.

NEWMAN cardinal John Henry. Théologien anglais. Né à Londres le 21 février 1801, mort à Edgbaston (Birmingham) le 11 août 1890. Sa « première conversion » date de sa dixième année. Il eut alors « conscience de ce qu'est un dogme », et se sentit appelé à travailler pour la gloire de Dieu. Bachelier d'Oxford (1820), puis étudiant en théologie, il devint coadjuteur d'une paroisse d'Oxford (1824), et ensuite professeur et vicaire à Oriel College (1826). Mais il se détachait petit à petit de Hawkins et des enseignements qu'il avait reçus, et contractait de nouvelles amitiés, en particulier avec R. H. Froude. Ce fut avec ce dernier qui, comme lui, avait quitté l'enseignement, qu'il voyagea en Méditerranée ; puis il visita seul la Sicile et y tomba gravement malade. Sa ferveur religieuse s'en trouva accrue, et il eut le sentiment d'avoir une mission à remplir. De retour en Angleterre (décembre 1833), il fut, comme bien d'autres, très impressionné par le sermon de J. Keble sur l'« apostasie nationale » qui marquera le début du mouvement d'Oxford. Ce mouvement était dirigé aussi bien contre les « innovations » du protestantisme (luthérien ou calviniste) que contre les « abus » et la « corruption » du catholicisme ; la religion anglicane, vertueuse et heureuse, était la « voie médiane » entre les deux extrêmes. Mais Newman continuait ses études de patrologie et d'histoire de l'Église (*Les Ariens du IV*ᵉ *siècle* [*The Arians of the Fourth Century*] sont de 1830), et cette « voie médiane » lui rappelait les semi-Ariens du IVᵉ siècle. D'autre part, si saint Athanase enseignait que l'Église devait être indépendante de l'État, saint Optat de Milev enseignait que les sacrements sont efficaces en eux-mêmes (« ex opere operato »). C'était là la condamnation de l'Église anglicane. Il abandonna son vicariat et se retira à Littlemore. Plusieurs de ses amis se convertirent – lui attendait. Le grand problème qui se posait à lui était de savoir si l'Église catholique avait vraiment conservé intact le dépôt qui lui avait été fait. Pour se convaincre il écrivit son célèbre *Essai sur le développement de la doctrine chrétienne* [*Essay on the Development of the Christian Doctrine*, 1845], concluant, en résumé, que les éléments immuables du christianisme s'étaient conservés, mais qu'ils étaient doués d'un perpétuel pouvoir d'assimilation.

Et le 9 octobre 1845, Newman se fit catholique. Il se rendit à Rome où il fut ordonné prêtre en 1847. Il fonda la congrégation oratorienne de Maryvale et, en même temps, publia anonymement *Perte et Gain* [*Loss and Gain*], qui est une justification de sa conversion. Il alla ensuite habiter Edgbaston, près de Birmingham. Très estimé et soutenu par l'évêque Ullathorne, il prit cependant une part active à la discussion provoquée par le rétablissement de la hiérarchie catholique en Angleterre. (Son esprit combatif le fit même condamner à une amende à la suite d'une dispute avec un dominicain.) Il fonda la revue *Le Promeneur* [*The Rambler*], qui ne réussit pas ; son projet d'un collège catholique à Oxford ayant échoué aussi, il s'intéressa à l'université catholique de Dublin dont il devint le recteur. Cette question des universités le poussa à écrire son essai sur *Le But et la nature de l'éducation universitaire* [*On the Scope and Nature of a University Education*, 1852] qui devint : *Ce qu'est une université* [*The Idea of a University*]. Il y exprimait que la théologie doit être mise au rang des sciences déductives. Cette opinion et d'autres idées personnelles seront reprises dans son ouvrage important : *Grammaire de l'assentiment* (*). Sa situation était difficile ; suspect à beaucoup de catholiques, dont Manning devenu primat d'Angleterre, il était mal vu de ses anciens amis anglicans dont Kingsley et Pausey, auxquels il s'efforçait de faire entendre que la foi catholique intégrale pouvait très bien se passer des vues du cardinal ultramontain – v. *Apologia pro vita sua* (*) –, son autobiographie spirituelle. Il ne prit point part au concile du Vatican, mais une lettre à l'évêque Ullathorne, prélat modéré, fit grand bruit. Newman trouvait inopportune la proclamation du dogme à ce moment, et n'approuvait pas l'attitude de Manning envers les prélats qui hésitaient ou qui avaient une opinion contraire à la sienne. Cependant, au contraire de Gladstone, il défendit les conclusions du concile. Les catholiques anglais, de plus en plus, le considéraient comme leur représentant le plus autorisé, et il était respecté et apprécié même par des non-catholiques. Il fut nommé membre honoraire de Trinity College d'Oxford ; Léon XIII le fit cardinal. Newman était à la fois théologien, orateur, historien et même poète dans ses cantiques spirituels. Parmi ceux-ci, sont surtout connus celui sur la « colonne de nuées » qui guidait les Hébreux dans le désert : *Guide-moi, lumière de bonté* (*) et *Le Songe de Gerontius* (*). Il exerça une grande influence, mais son œuvre fut diversement interprétée. Les modernistes le considéraient comme un précurseur ; les théologiens catholiques conservateurs firent des réserves qui s'atténuèrent petit à petit et, avec Pie X, l'orthodoxie de ses conclusions basées sur l'histoire fut pleinement reconnue.

ALBERTO PINCHERLE.

♦ *« Newman, en dépit de l'importance de ses réalisations, ne possède la grandeur ni du saint ni du héros. Son orgueil, sa complaisance et son apitoiement sur soi le diminuent mais ajoutent cependant à la complexité de sa nature et à la fascination de son histoire. Sa faiblesse s'unit à sa force et ses vertus à ses défauts pour former l'un des hommes les plus extraordinaires. »* John K. Ryan. ♦ *« ... Newman écrit toujours avec un extraordinaire naturel : le naturel d'un érudit. Mais comme cet esprit simple était pénétrant ! »* Oscar Wilde. ♦ *« Newman est, si je puis dire, le plus autobiographique des hommes. Le moindre de ses livres nous parle de lui. Le « moi » que pourtant il ne formule pas sans répugnance envahit et même, en un certain sens, absorbe tout. Comment critiquer, ordonner ce trésor de confidences, comment choisir entre les divers portraits d'un homme qui a fait son portrait toute sa vie ? »* Henri Bremond. ♦ *« Son œuvre, le témoignage de sa vie, sont des phares dont la lumière porte trop loin pour qu'elle puisse être appréciée autrement que par une postérité qui commence à peine. »* Louis Bouyer.

RÉF. : Lucie-Félix-Faure, *Newman, sa vie et ses œuvres,* Paris, 1901. – Henri Bremond, *Newman, essai de biographie psychologique,* Paris, 1906. – J. J. Reilly, *Newman as a Man of Letters,* 1925. – J. E. Ross, *John Henry Newman,* 1933. – Jean Guitton, *La Philosophie de Newman,* Paris, 1933. – Fernand Tardivel, *La Personnalité littéraire de Newman,* Paris, 1937. – C. F. Harrold, *John Henry Newman,* Londres, 1946. – Louis Bouyer, *Newman, sa vie, sa spiritualité,* Paris, 1952. – J.-M. Cameron, *John Henry Newman,* Londres 1956. – J. Stern, *Bible et tradition chez Newman,* Paris, 1968. – T. L. Sheridan, *Newman et la Justification,* Paris, 1968. – T. Vargish, *Newman and the Contemplation of Mind,* Oxford 1970. – M. C. Trautmann, *Les Idées de J. H. Newman sur l'éducation : essai sur les idéologies contradictoires au* XIX*e en Angleterre,* Paris, 1978.

NEWTON Isaac. Physicien, mathématicien et astronome anglais. Né à Woolsthorpe (Lincolnshire) le 25 décembre 1642, mort à Kensington le 20 mars 1727. Fils d'un modeste propriétaire terrien, il perdit son père très jeune et, de constitution fragile, eut une enfance assez triste que les études n'égayèrent même pas, car, malgré sa très vive intelligence, il ne montra, tout d'abord, aucune aptitude bien déterminée : son unique passion était le dessin et la construction de jouets mécaniques. Retiré dans sa petite propriété par suite des difficultés financières que traversait sa famille, Newton s'occupa sans enthousiasme de faire valoir le modeste bien familial, perdant des heures entières à rêver, à dessiner et, parfois, à construire ses inventions mécaniques, au point qu'il parut encore préférable de l'envoyer à l'école : ce fut l'un de ses oncles qui persuada sa mère de le renvoyer à Grantham pour compléter ses études, puis à l'université de Cambridge. C'est ainsi qu'il fut un étudiant plutôt âgé en comparaison de ses camarades de classe ; en 1661, il s'inscrivit au Trinity College, où il fut attiré surtout par l'enseignement des mathématiques et de l'optique de Barrow ; ce dernier, ayant apprécié immédiatement son esprit, l'encouragea à étudier les mathématiques. Il devint « bachelor of Arts » en 1665, mais la peste qui sévissait dans la région de Londres le poussa à rentrer chez lui ; ce fut en cette circonstance que, selon une légende bien connue, tandis qu'il était assis sous un pommier et méditait le problème de l'accélération du mouvement de la Lune lorsque celle-ci s'approche de la Terre, une pomme, tombée près de lui, lui aurait suggéré la première intuition de la loi de la pesanteur universelle. Mais, à cette époque, il ne réussit à en tirer aucune théorie vérifiable, à cause du fait, notamment, qu'il partait d'une mesure inexacte du diamètre de la Terre. De retour à Cambridge, en 1668, il y conquit le titre de « master of Arts ». Ce fut tout de suite après ces examens que, à l'instigation de Barrow, il composa le premier ouvrage dans lequel il exposait les principes du « calcul différentiel » qu'il parvint à formuler grâce à une généralisation géniale des résultats et des méthodes qu'avaient atteints les plus grands algébristes anglais du temps, Wallis et Barrow lui-même : le *De analysi per aequationes... infinitas,* œuvre qui, malheureusement, circula seulement manuscrite et dans un cercle très restreint, raison pour laquelle Newton, trop réticent à publier ses livres, bien des années plus tard se verra contester par Leibniz la priorité de sa création. Barrow, en 1669, étant passé à l'enseignement de la théologie, Newton hérita de sa chaire de mathématiques et d'optique. Professeur scrupuleux, quoique peu enthousiaste, il se consacra aux études d'optique qui l'amenèrent, par une série d'expériences, à la fameuse découverte de la décomposition de la lumière blanche, explicable, selon lui, par une théorie corpusculaire de la lumière, destinée à tenir en échec la théorie ondulatoire de Huyghens, et qui fut valable pendant tout le XVIIIe siècle. Ses expériences, sa découverte et ses hypothèses sur la lumière furent communiquées dans un mémoire à la Royal Society et publiées dans les *Philosophical Transactions* (1671-1672). Cependant, la tempête de polémiques suscitée par ce mémoire le dégoûta au point qu'il s'abstint de faire paraître ses *Leçons d'optique,* leçons prononcées au cours de son enseignement au Trinity College, qui lui fourniront plus tard les fondements de son *Optique ou Des réflexions, réfractions, inflexions et couleurs de la lumière* (*).

Dans l'intervalle, en 1670, Newton avait entendu parler d'une nouvelle et plus exacte mesure du diamètre terrestre obtenue par le Français Picard ; ce fait l'avait incité à reprendre ses anciennes intuitions au sujet de la loi de la pesanteur universelle ; constatant que, finalement, elle s'accordait avec les faits empiriques, dans la solitude de son laboratoire de Cambridge il la développa méthodiquement en un système complexe de mécanique céleste. Tout cela vint, presque par hasard, à la connaissance de son très fidèle ami Halley, le célèbre astronome, qui le poussa à compléter le travail ; c'est ainsi qu'à la séance du 28 avril 1685 furent présentés aux membres enthousiastes de la Royal Society les deux premiers volumes de l'un des plus grands chefs-d'œuvre scientifiques de tous les temps, les *Principes mathématiques de la philosophie naturelle* (*). Là se trouvait exposé un système complet, basé sur l'hypothèse de Copernic et en plein accord avec les faits d'observation, comme une conséquence de l'extension à toute la nature des lois d'un système de mécanique rationnelle (dont Newton formula le premier d'une manière claire et efficace les trois principes fondamentaux), plus la loi de la gravitation universelle. L'ouvrage fut complété et publié avec de grandes difficultés en 1687 seulement, mais, à partir de ce moment-là, il eut, encore du vivant de l'auteur, plusieurs rééditions et traductions et en connut de nombreuses autres au cours des siècles suivants. Ses travaux, si brillamment commencés, s'ils ne furent pas complètement interrompus, subirent pourtant un notable ralentissement à cause de la grave maladie mentale qui frappa Newton en 1692, à la suite, semble-t-il, de la destruction, causée par un incendie qui s'était déclaré accidentellement dans son laboratoire-bibliothèque, de toutes ses notes et de son laboratoire proprement dit. Il devint d'une humeur étrange et intraitable avec, cependant, des moments de lucidité : ses amis le soignèrent affectueusement et, vers la fin de 1694, il sembla parfaitement guéri ; malgré tout, il ne reprit jamais les expériences de chimie qu'il faisait à l'époque de l'incendie et ne publia plus d'œuvres nouvelles marquantes, se bornant, tout au plus, à la réédition de ses ouvrages précédents ou à la publication de volumes écrits longtemps auparavant et demeurés inédits.

Peut-être ceci fut-il dû également au fait qu'en 1695 il se produisit un profond changement dans les habitudes et les activités de Newton : le taciturne et réservé professeur de Cambridge devint un haut fonctionnaire et un homme du monde londonien. Depuis quelques années (1689), il avait été le silencieux et peu actif député de Cambridge au Parlement ; quoiqu'il n'ait pas eu une position déterminée, il devait être un homme du centre droit, une sorte de tory modéré (protestant) qui, de cette manière, devait jouir également de la faveur des whighs. En outre, il avait une très belle nièce, Catherine Barton, Mrs. Conduitt, liée par une tendre amitié à lord Halifax, ex-camarade d'école de Newton et Lord Trésorier du Royaume. Celui-ci fit nommer Newton inspecteur de la Monnaie de Londres, charge à laquelle il se consacra avec beaucoup de zèle, au point qu'il la conserva même après la chute de son protecteur ; bien plus, il fut nommé directeur de la Monnaie en 1699. Newton démissionna alors de sa chaire de Cambridge et alla s'installer à Londres dans un luxueux appartement qui devint, grâce à sa nièce (Newton resta célibataire toute sa vie), l'un des lieux les plus en vue de la Cité. Sa réputation et sa position mondaine s'affermissaient d'année en année : en 1703, il fut élu président de la Royal Society, en 1705 il fut fait chevalier par la reine Anne et eut par conséquent droit au titre de « Sir » auquel il tenait énormément. Au cours de cette période qui va jusqu'à sa mort, il fit paraître la seconde et la troisième édition des *Principes* (1708 et 1726) ; en 1704, il publia l'*Optique* qui n'est, en grande partie, qu'un recueil d'essais antérieurs ; et, du fait qu'en 1707, à son insu, on avait édité l'*Arithmétique universelle*, il en donna une édition personnelle, très remaniée, en 1722. La seule œuvre originale de cette époque est une très malheureuse tentative de chronologie mathématique, publiée en France clandestinement sous le titre d'*Abrégé de chronologie* (1742), et par lui, partiellement, dans les *Philosophical Transactions* de 1725. Rappelons aussi le *Commercium Epistolicum* (1713), document qui rapporte la polémique assez pénible qu'il eut avec Leibniz au sujet de la priorité dans l'invention du calcul différentiel, polémique qui se prolongea pendant plusieurs années et ne fit honneur à aucun des deux adversaires ; ce document contient pourtant l'intéressante histoire de la manière par laquelle Newton arriva à sa découverte, et des textes qui jusqu'alors étaient demeurés inédits. En 1725, malade et atteint d'infirmités dues à la vieillesse, Newton se retira à la campagne, à Kensington, où il mourut en 1727.

GIULIO PRETI.

♦ *« Il était simple, affable, toujours de niveau avec tout le monde* [...] *Il ne se croyait dispensé, ni par son mérite ni par sa réputation, d'aucun des devoirs du commerce ordinaire de la vie ; nulle singularité, ni naturelle, ni affectée : il savait n'être, dès qu'il le fallait, qu'un homme du commun. »* Fontenelle. ♦ *« Ce grand génie vit qu'il était temps de bannir de la physique les conjonctures et les hypothèses vagues, ou du moins de ne les donner que pour ce qu'elles valaient, et que cette science devait être uniquement soumise aux expériences et à la géométrie... En enrichissant la philosophie par une grande quantité de biens réels, il a mérité sans doute toute sa reconnaissance ; mais il a peut-être plus fait pour elle en lui apprenant à être sage, et à contenir dans de justes bornes cette espèce d'audace que les circonstances avaient forcé Descartes à lui donner. »* D'Alembert, Discours préliminaire de l'*Encyclopédie*. ♦ *« L'importance des travaux de Newton n'a pas résidé seulement dans le fait d'avoir créé une base utilisable et logiquement satisfaisante pour la mécanique proprement dite* [...] *Ses principes fondamentaux étaient si satisfaisants au point de vue de la logique que les faits d'expérience durent donner l'impulsion vers un nouvel essor. »* Albert Einstein. ♦ *« Il fallait être Newton pour apercevoir que la lune tombe, quand tout le monde voit bien qu'elle ne tombe pas. »* Paul Valéry.

RÉF. : D. Brewster, *The Life of Sir Isaac Newton*, Londres, 1831. – C. de Vaux, *Newton*, Paris, 1907. – L. Bloch, *La Philosophie de Newton*, Paris, 1908. – J. Sageret, *Le Système du monde, des Chaldéens à Newton*, Paris, 1913. – L. Trenchard More, *Isaac Newton*, Londres, 1934. – F. Dessauer, *Weltfahrt der Erkenntnis, Leben und Werk Isaac Newtons*, Zurich, 1945. – S. I. Wawilow, *Isaac Newton* (en allem., traduit du russe), Vienne, 1948. – R. S. Westfall, *Never at Rest : a Biography of Isaac Newton*, Cambridge, 1982. – J.-M. Rocard, *Newton et la relativité*, Paris, 1986. – J.-P. Maury, *Newton ou la Mécanique céleste*, Paris, 1990.

NEZAHUALCOYOTL. Poète et prince chichimèque. Né à Texcoco en 1402, mort dans cette même cité en 1472. Le plus grand poète du Mexique précolombien. Il nous a laissé des *Chants* (*) d'un lyrisme grave et tendu. Jeune prince héritier, il fut persécuté pendant dix ans. Après avoir été initié comme guerrier du soleil, aux côtés de Motecuzoma l'Ancien, Nezahualcoyotl, devenu un homme politique habile et redouté, est intronisé Seigneur de Texcoco en 1431. Vers cette date naît la Triple Alliance entre les cités-états de Texcoco, de Mexico et de Tlacopan, véritable fondation de l'empire aztèque. Architecte de génie, Nezahualcoyotl réalise de nombreux palais et jardins, le célèbre aqueduc de Chapultepec, le temple au dieu inconnu, Tloque Nahuaque. Il est incinéré en 1472 avec tous ses insignes, habits et pierres précieuses.

JEAN-CLAUDE CAËR.

NEZVAL Vítězslav. Poète, prosateur et auteur dramatique tchèque (nommé « artiste national » en 1953). Né le 26 mai 1900 à Biskoupky près de Třebíč, mort le 6 avril 1958 à Prague. Fils d'instituteur de campagne, il interrompt ses études universitaires et ne présente pas sa thèse sur Ch.-L. Philippe ; à vingt-quatre ans, il se consacre à la seule littérature. Si son premier recueil *Le Pont* [*Most*, 1922] reflète ses nombreuses lectures – Machar, Březina, Hlaváček, Šrámek, Mahen et les Français Rimbaud et Apollinaire *(Zone !)* traduits par K. Čapek –, le poème *L'Enchanteur merveilleux* [*Podivuhodný kouzelník*, 1922] annonce le « poétisme », mouvement d'avant-garde dont il devient d'emblée avec Teige le chef de file théorique et, avec Seifert, Konstantin Biebl, Halas et brièvement Holan et Závada, le grand créateur poétique. C'est la première grande étape de sa poésie, affranchie des conventions et des contraintes de la raison logique, du moralisme, grâce à la libération de la fantaisie joyeuse, de l'imagination, de la sphère sentimentale et sensuelle, à l'ivresse des progrès de la civilisation technique moderne, des grandes métropoles ou, au contraire, des voyages exotiques – recueils : *La Pantomime* [*Pantomima*, 1924], *Le Petit Jardin de roses* [*Menší růžová zahrada*, 1926], *Épitaphes* [*Nápisy na hroby*, 1926], et les poèmes : « L'Acrobate » [Akrobat, 1927], l'extraordinaire *Edison* (*) (1928), « Le Cimetière juif » [Židovský hřbitov, 1928], « Poème funèbre pour Otokar Březina » [Smutečni hrana za O. Březinu, 1929], « L'Inconnue de la Seine » [Neznámá ze Seiny], dans le recueil de plusieurs poèmes précités : *Poèmes à la nuit* (+) (1930), *L'Indicatif du temps* (+) (1931), etc. Alors que la situation générale s'assombrit, les jeux poétiques se tempèrent, le « poétisme » s'estompe : *Le Manteau de verre* (*) (1932), *Cinq doigts* (+) (1932), *Billet de retour* (+) (1933), *Adieu et Mouchoir* [*Sbohem a šáteček*, 1934]. À ce moment-là, le « poétisme » fait place au surréalisme, sa suite naturelle, selon Nezval : il fonde, avec Karel Teige, un groupe surréaliste, comprenant notamment Biebl, les peintres Styrský et Toyen, des hommes de théâtre, des compositeurs, etc. C'est alors sa seconde grande période de création : *La Femme au pluriel* (+) (1936), *Prague aux doigts de pluie* (*) (1936), *Le Fossoyeur absolu* (+) (1937). En 1938, pour des raisons idéologiques, il dissout le groupe et rompt avec ses amis français, Breton, Éluard, Soupault. Dès 1937, sa poésie déborde sur le plan social dans *52 ballades amères de l'étudiant éternel Robert David* [*52 hořkých balad Roberta Davida*] et ses deux suites (1937-1938), mais aussi sur le plan personnel (maladie de sa mère) et historique – dans *Mère Espoir* [*Matka Naděje*, 1938], *À cinq minutes de la ville* [*Pět minut za městem*, 1939] et *Tableau historique* [*Historický obraz*, 1945], qui traite de l'Occupation. De 1945 à 1951, il dirige la section du cinéma au ministère de l'Information et soutient avec enthousiasme le régime communiste (il est membre du Parti depuis 1924) : *La Grande Horloge* [*Velký orloj*, 1949], *Staline* [*Stalin*, 1949], *Chant de la paix* [*Zpěv míru*, 1950]. Porté au pinacle (il sera plus tard taxé de « schématisme »), il semble revenir de son exaltation (il intervient pour ses anciens amis emprisonnés, il plaide, après Aragon, en faveur d'Apollinaire, etc.) et retrouve certains de ses thèmes anciens : impressions de voyages (en France), admiration de la civilisation technique, invocation de la fraternité humaine, souvenirs de jeunesse, amour du fils – *De mon pays* [*Z domoviny*, 1951], *Les Ailes* [*Křídla*, 1952], *Les Bleuets et les Villes* [*Chrpy a města*, 1955], *Inachevé* [*Nedokončená*, 1960]. À sa poésie s'ajoutent ses nombreuses traductions (Poe, Rimbaud, Mallarmé, Baudelaire, Breton, Eluard, Nîzami, P. Neruda, Mao Tsé-toung, etc.), une multitude d'articles d'études et d'essais sur la poésie dispersés dans des revues (il avait dirigé *Le Surréalisme*, 1936) ou réunis dans *Les Manifestes du poétisme* [*Manifesty poetismu*, 1928] avec Teige, dans *Les Tendances de la poésie moderne* [*Moderní básnické směry*, 1937], et enfin ses études ou monographies sur le poète Wolker, le peintre-écrivain J. Čapek et les peintres H. Rousseau, Styrský et Toyen, Slavíček, Kremlička, etc. Un second volet de son œuvre est constitué par ses pièces de théâtre, qui témoignent de la même fantaisie et virtuosité, notamment *Le Jeu à cache-cache dans l'escalier* [*Schovávaná na schodech*, 1931], inspiré de Calderón, *Manon Lescaut* (*) (1940), *La Petite Lorette* [*Loretka*, 1941], *Les Trois Mousquetaires* [*Tři mušketýři*, 1953], inspirés de Dumas, *Aujourd'hui le soleil se couche encore sur l'Atlantide* [*Dnes ještě zapadá slunce nad Atlantidou*, 1956] sur la menace atomique. Enfin il laisse, outre de merveilleux textes et poèmes pour enfants, plus d'une demi-douzaine de romans, mais surtout trois livres de prose poétique, *Moscou l'invisible* [*Neviditelná Moskva*, 1935], *Rue Gît-le-Cœur* [*Ulice Gît-le-Cœur*, 1936], *Le Passant de Prague* [*Pražský chodec*, 1938], un volume de souvenirs, *De ma vie* [*Z mého života*, 1959, inachevé]. Nezval a été critiqué, dans les années trente, pour avoir parfois cédé à une trop grande facilité et, plus tard, pour ses faiblesses politiques. Il n'en est pas moins probable qu'une bonne part de sa foisonnante œuvre poétique restera parmi le meilleur de la poésie tchèque de ce siècle, et que le poète comptera parmi les plus originaux créateurs du surréalisme mondial.

VLADIMIR PESKA.

NGÔ Tât Tô. Écrivain et journaliste vietnamien. Né en 1894 à Lôc Ha (Bac Ninh), mort en avril 1954 à Yên Thê (Bac Giang). Issu d'une famille de lettrés pauvres, très proches du monde paysan, il acquiert une bonne culture classique tout en s'ouvrant largement à celle de l'Occident. Il possède en outre une profonde connaissance de la mentalité villageoise du Vietnam du Nord. D'abord journaliste, il se tourne vers la création romanesque et les travaux d'érudition (travaux sur Laozi, Mozi, sur la littérature des Ly, des Trân...) pour exprimer ses convictions et mener son combat social. Vers 1940, déçu et inquiet de l'impact de la culture occidentale, mais sans confiance en un retour des valeurs traditionnelles orchestré par les autorités, il écrit *La Tente et le Lit* [*Lêu chong*, 1941], critique sereine, émaillée de scènes pittoresques, bruyantes (retour du lauréat, manifestation d'étudiants) ou d'esquisses psychologiques pénétrantes de l'ancien mode de culture, tout en s'inclinant au passage devant un certain « héroïsme intellectuel ». Admis parmi les communistes en 1948, élu membre de l'Association des écrivains et artistes, il n'a jamais cessé de mettre sa plume au service de tous – théâtre populaire : *Bùi Thi Phac* en 1952 ; traductions d'œuvres anciennes : *Yijing, poésies Tang* en 1940, *Hoàng Lê nhât thông chi* (*) en 1942. Surtout, son roman *Quand la lampe s'éteint* (*) [*Tat dèn*] fait de lui un des meilleurs romanciers du réalisme critique de sa génération.

THANH-TÂM LANGLET.

NGÔ Xuân Diêu (plus connu sous le nom Xuan Diêu). Poète vietnamien. Né le 2 février 1916 à Trung Anh (Bình Dinh), mort le 18 décembre 1985 à Hanoi. Son père était originaire du Hà Tinh. Il grandit au Bình Dinh, étudie à Qui Nhon, Hanoi et Huê, travaille à My Tho puis à Hanoi. Ainsi sait-il chanter avec émotion les mille nuances de cet espace national. Il se lie d'amitié durable avec Huy Cân, également poète, et leur existence est un long parcours commun littéraire et politique (ralliement au Viet Minh en 1944, résistance, collaboration avec le régime du Nord après 1954). Le début de sa création poétique coïncide avec la grande épopée culturelle, sous l'influence du romantisme et du symbolisme français. Aussi devient-il le poète de l'amour, du moi. Son recueil *Poésie poésie* [*Tho tho*,

1938] le consacre grand représentant de la nouvelle poésie. Après 1945, élargissant sa vision tout en continuant son œuvre poétique, il mène des études sensibles, érudites sur les auteurs vietnamiens célèbres (Nguyên Trai, Nguyên Du, Tan Dà, Hô Xuân Huong...) et traduit les grands poètes du monde. Par son rôle actif au sein des associations des gens de lettres, il découvre et aide les jeunes talents. Il laisse une abondante production, illustrant son talent, son désir d'ouverture, son espoir en une société nouvelle, mais également son attachement aux traditions nationales : *Les Poètes classiques vietnamiens* [*Cac nha tho cô diên Viêt Nam*], *Paroles poétiques* [*Tiêng tho*], *Marée montante* [*Triêu lên*], *En marchant sur la grande route* [*Di trên duòng lon*], *Aiguisant le fer pour en faire une aiguille* [*Mai sat nên kim*], *Long chant* [*Truong ca*], *Un-Tous* [*Riêng-Chung*], *La Pointe de Camau-Mains jointes* [*Mui Ca Mau-Câm tay*] – v. *Poèmes* (*) de Xuân Diêu.

THANH-TÂM LANGLET.

NGUGI WA THIONG'O. Romancier, nouvelliste, dramaturge, essayiste kényan. Né en 1948 à Limuru (Kenya). Son parcours personnel et littéraire est lié à l'histoire de son pays. Il grandit en pays kikuyu, non loin de Nairobi, dans la période violente de la rébellion « Mau Mau ». Fils de paysans sans terres, il restera toujours solidaire des siens ; boursier brillant, il accède à la langue anglaise dans le secondaire, puis à l'université. Ses premiers romans, *Enfant, ne pleure pas* [*Weep not, Child* 1964], *La Rivière de vie* [*The River Between* 1962], le recueil de nouvelles *Vies secrètes* [*Secret Lives,* 1975], disent les divisions d'un peuple déchiré par les aspirations parfois contradictoires à l'authenticité et à la modernité, durant la période coloniale. Les protagonistes angoissés, indécis, exigeants envers eux-mêmes donnent à ces ouvrages une tonalité sombre et un caractère introspectif jusqu'alors peu présents dans la fiction africaine. Poursuivant ses études à l'université de Leeds, il écrit *Et le blé jaillira* (*) (1967), immédiatement reconnu comme une œuvre majeure : pour éclairer les difficultés et les ambiguïtés de l'indépendance récente, le livre remonte aux dix années sombres de la rébellion et de l'État d'urgence au Kenya, et souligne la profondeur du conflit au sein des communautés et des familles, mais aussi au cœur même des individus, essayant de dégager avec une rigueur sans complaisance le sens de termes comme « loyauté », « lâcheté », « trahison ». L'organisation complexe et maîtrisée du récit, la retenue du style qui, pour exprimer l'émotion, emprunte tournures et symboles bibliques donnent à cette œuvre une valeur universelle. Ngugi enseigne à la nouvelle université de Nairobi et s'attache à ouvrir les programmes à la diversité des littératures du monde, en particulier les littératures russe et antillaise, et aussi à donner un statut à l'étude des cultures africaines, quelle qu'en soit la langue. Sa réflexion qui veut remettre en perspective l'héritage culturel britannique s'exprime dans les recueils d'essais qui vont exercer une grande influence sur tout le continent : *Le Retour au pays* [*Homecoming,* 1972], *Les Écrivains dans la politique* [*Writers in Politics,* 1981].

Durant dix ans, il travaille à une fresque du Kenya de l'ère « néo-coloniale », le roman *Pétales de sang* [*Petals of Blood* 1977] où l'analyse nettement marxiste des réalités économiques s'articule à une vision personnelle et à une symbolique ancrée dans la tradition. Sa position très critique à l'égard du nouvel ordre social et politique se lit encore plus clairement dans *Le Procès de Dedan Kimathi* [*The Trial of Dedan Kimathi*] (avec Micere Mugo, 1976) et *Je me marierai quand je voudrai* [*I Will Marry when I want,* 1982], pièce militante écrite en collaboration avec Ngugi wa Mirii, et jouée en kikuyu. Arrêté en 1980, il est incarcéré un an sans jugement. Cette détention accentue son intransigeance dans la défense des cultures de l'Afrique, face à l'aliénation imposée, selon lui, par l'usage de la langue anglaise. Ses deux romans suivants, *Le Diable sur la croix* [*Devil ont the Cross,* 1982], *Matigari* (1987), sont d'abord écrits en kikuyu, et deux livres d'essais aux titres clairs, *Le Stylo est un fusil* [*Barrel of a Pen,* 1983] et *La Décolonisation des esprits* [*Decolonizing the Mind,* 1986], sont annoncés comme ses derniers textes en anglais. Après une nouvelle pièce en kikuyu, interdite par le gouvernement, il est contraint à l'exil ; depuis 1982, il vit de façon temporaire en Grande-Bretagne et aux États-Unis. Romancier majeur, homme et écrivain respecté, connu bien au-delà du continent africain, il est une figure dérangeante et incontournable de la vie culturelle africaine, dans ses rapports avec le politique.

JACQUELINE BARDOLPH.

NGUYÊN Binh Khiêm (duc de l'école de Trinh : Trinh Quôc Công, surnom Trang Trinh : premier docteur Trinh). Lettré vietnamien. Né en 1491 à Trung Am (Hai Duong), mort en décembre 1585 dans son « ermitage » Nuage blanc, au bord de la rivière Hàn (Tuyêt giang), Hai Duong. Reçu premier docteur en 1535, il parvient à de hautes charges quand il décide de participer aux affaires publiques, jugeant les Mac capables de bien gouverner ; mais il démissionne en 1542 quand il n'obtient pas la punition de mandarins indignes. Retiré, il se livre à la méditation. De sa mère très cultivée et initiée aux sciences divinatoires, il reçoit tôt les enseignements des classiques et des poésies en langue nationale (nôm). Avec un maître, il approfondit la métaphysique et les livres de divination. Fortement influencé par le *Yi Tsing* (*), il croit en une oscillation nécessaire entre deux pôles opposés pour le bon équilibre du monde et des hommes. Conscient de son devoir, il reprend du service, occupe des postes ministériels, est fait comte puis duc de Trình. À soixante-dix ans, il prend sa retraite mais continue à enseigner. Parmi ses élèves, beaucoup laissent un nom, dont Nguyên Dũ et Phùng Khac Khoan. Il laisse des recueils *Recueil de poésies de l'ermitage des Nuages blancs* (*), *Recueil des poèmes en langue nationale de l'ermitage des nuages blancs* (*)... Mais la postérité connaît surtout ses *Prophéties* [*Sâm Trang Trình*], prédictions dans un style sibyllin, annonçant les grands événements à venir et une apocalypse à laquelle succède une longue paix. Continuant les efforts de Nguyên Trai pour perfectionner la langue littéraire nationale, il utilise un vocabulaire simple mais dégageant une profonde résonance. Il fait la liaison entre les générations très influencées par la littérature chinoise et celles qui font s'épanouir le fond national au XVIIIe siècle.

THANH-TÂM LANGLET.

NGUYÊN Công Hoan. Écrivain vietnamien. Né le 6 mars 1903 à Xuân Câu (Bac Ninh), mort le 6 juin 1977 à Hanoi. Enseignant (1926-1945), il commence sa carrière d'écrivain dès 1920 par des nouvelles satiriques dont *L'Acteur Tu Bên* [*Kêp Tu Bên*], qui consacre son talent. Ses premiers romans – *Lê Dung, Un cœur d'or* [*Tâm long vàng*]... – sont des ouvrages à thèse, moralisateurs. *L'Institutrice Minh* [*Cô giao Minh*], prenant le contre-pied de *Rupture* (*) de Nhât Linh, prêche pour un changement dans la transition. *Tradition mandarinale* [*La ngoc canh vàng*], son chef-d'œuvre, est une tragédie provoquée par les préjugés de classe, par le formalisme d'un code d'honneur désuet, construit autour de l'amour romantique contrarié. Le passage au réalisme critique, déjà marqué dans *Tradition mandarinale*, continue avec *Patron* [*Ông chu*], *Patronne* [*Bà chu*], *La Tête de porc* [*Cai thu lon*] et surtout *Le Dernier Pas* (*). Ses romans, après 1945, dont *L'Ancien Tas d'ordures* [*Dong rac cu*], sont des réquisitoires contre les forces d'oppression. Il publie également des études sur les auteurs vietnamiens. Ses *Mémoires d'écrivain* [*Dòi viêt van cua tôi*] (1971) livrent de précieux renseignements sur cinquante ans d'histoire littéraire vietnamienne. Outre sa contribution à l'enrichissement de la langue, il réussit avec bonheur la synthèse de l'analyse psychologique de l'individu et de la société, en s'efforçant toujours d'éviter que ses opinions politiques ne transforment ses écrits en littérature de propagande.

THANH-TÂM LANGLET.

NGUYÊN Công Tru. Homme d'État et poète vietnamien. Né le 19 décembre 1778 à Dia Linh (Thai Binh), mort le 7 décembre 1859 à Nghi Xuân (Hà Tinh). D'une famille mandarinale ayant tout perdu lors des luttes entre les derniers Lê et les Tây Son, il connaît tôt la pauvreté mais reçoit de son père une formation classique soignée. Doué mais d'esprit indépendant, il connaît plusieurs échecs aux concours avant d'être reçu premier licencié à quarante et un ans. Cela ne l'a pas empêché de mener une carrière mandarinale remarquable bien que très mouvementée : ministre, gouverneur, rétrogradé simple soldat, condamné puis gracié, il garde sérénité et confiance en une justice immanente, et pense que les malheurs des gens de bien ne sont qu'une question de conjoncture (thòi). Administrateur et colonisateur remarquable, il implante des villages dans les terres jusqu'alors insalubres et inondées de Kim Son et Tiên Hai. Confucéen conservateur mais homme d'action, il applique dans les honneurs comme dans la misère le code des lettrés avec orgueil mais sincérité, extravagance mais dignité, ne réservant le mépris qu'aux indignes. Il fait de la poésie en chinois et en nôm – v. *Poésies* de Nguyên Công Tru (*) – une distraction, une consolation, une profession de foi. Il en compose pour les chanteuses, qu'il fréquente assidûment, et laisse plusieurs recueils : *Chant en langue nationale du Sud du Ciel* [*Thiên Nam quôc âm ca khuc*], *Règles pour poèmes chantés* [*Ca trù thê cach*], *Notes sommaires pour les chants* [*Ca diêu luoc ky*] et une œuvre de jeunesse, *Dix moyens pour obtenir la paix* [*Thai bình thâp cach*]. Ayant passé par maintes épreuves, il est, comme les hommes d'État poètes Nguyên Trai, Nguyên Binh Khiêm, sensible aux joies simples puisées dans une nature complice.

THANH-TÂM LANGLET.

NGUYÊN Dinh Chiêu (surnommé Dô Chiêu, le bachelier Chiêu). Écrivain vietnamien. Né le 1er juillet 1822 à Tân Thoi (Gia Dinh), mort le 3 juillet 1888 à Ba Tri (Bên Tre). Bachelier en 1843, il ne peut se présenter au concours général à Huê à cause du décès de sa mère. Le chagrin et une maladie mal soignée le rendent aveugle. Il doit exercer la médecine traditionnelle et l'enseignement pour vivre. Après 1861, refusant l'occupation française, il part pour Bên Tre, encore sous administration vietnamienne, et considère son pinceau comme une arme d'éducation morale et de résistance. Confucéen fervent, il est affecté par la décadence du confucianisme, le rêve d'une société juste et pure. Dans son roman éponyme *Duong Tu Hà Mâu*, il critique violemment christianisme et bouddhisme, qu'il considère comme de mauvaises doctrines dangereuses pour le pays. Ses règles de vie et son idéal sont exposés dans *Luc Vân Tiên* (*). Son patriotisme et sa dignité dans l'extrême pauvreté forcent le respect des Français. Ses hommages aux défenseurs de la patrie nous sont parvenus dans les *Oraisons pour les héros de Cân Giuoc* [*Van tê nghia si Cân Giuoc*], pour *Truòng Dinh*, pour *Pham Tòng*, pour les *Soldats morts au combat dans les six provinces*

[*Van tê nghia si trân vong luc tinh*]. Le *Dialogue entre un pêcheur et un bûcheron* [*Ngu tiêu vân dap*] est un curieux ouvrage sur l'art médical, mais aussi une réflexion religieuse. Fier écrivain du Sud, il est respecté pour son intégrité. Il est admiré pour ses œuvres qui, sans être de parfaites réussites littéraires, n'en représentent pas moins la pensée de certains Vietnamiens de son temps.

THANH-TÂM LANGLET.

NGUYÊN Dù. Lettré vietnamien, originaire de Hai Hung (Nord Vietnam), vivant au début du XVIe siècle, à une époque très troublée. Licencié, sous-préfet, mais n'appréciant guère l'anarchie qui règne partout, il se retire sous prétexte de soigner sa mère. Dès lors il mène une vie d'anachorète, écrit en chinois le *Vaste recueil des légendes merveilleuses* (*), utilisant ainsi le merveilleux pour faire œuvre de moraliste.

NGUYÊN Gia Thiêu (marquis de Ôn Nhu). Écrivain vietnamien. Né en 1741 à Liêu Ngan (Hà Bac), mort le 22 juin 1798 à Liêu Ngan. De famille noble, il reçoit une éducation raffinée dans le palais du prince Trinh. Doué pour les lettres mais aussi pour les diverses formes de l'art, il s'y consacre après avoir démissionné de ses fonctions (commandant de la garde du prince en 1759, gouverneur militaire de Hung Hoa en 1782), dégoûté de la vie mandarinale et sensible aux malheurs du temps. Il est profondément marqué par le bouddhisme et le taoïsme. À l'avènement des Tây Son, il simule la folie pour décliner leur offre de service. Ses nombreux poèmes en chinois et en langue nationale, regroupés dans le *Recueil de poésies de Ôn Nhu* [*On Nhu thi tâp*], sont perdus pour la plupart. Seule nous est parvenue la *Complainte d'une odalisque* (*).

THANH-TÂM LANGLET.

NGUYÊN Trai (pseud. Uc Trai). Érudit, homme d'État et poète vietnamien. Né en 1380 à Hanoi, exécuté le 19 septembre 1442 à Hanoi. Descendant par sa mère de la dynastie des Trân, il sert sous les Hô, puis après la chute de ces derniers et l'occupation du pays par les Chinois, il rallie la résistance (1418-1427) aux côtés de Lê Loi, futur roi, dont il sert aussi le successeur. Confucéen convaincu, il prêche l'harmonie sociale fondée sur l'humanité et l'équité. Craint et jalousé, il se retire à Côn Son vers 1430, avec des participations sporadiques aux affaires à la capitale. Rappelé à la cour en 1439, il s'y voit confier de hautes responsabilités. Le roi, en tournée d'inspection en 1442, lui rend visite dans sa demeure familiale à Côn Son. Sa concubine Thi Lô, présente dans la suite royale, est accusée de régicide quand le roi meurt subitement sur le chemin du retour. Condamné à mort pour complicité lors du procès dit « du jardin des letchis », lieu du décès royal, il est exécuté avec les hommes de sa famille en application de la terrible peine d'« extermination des trois familles » (Tru di tam tôc : celles du père, de la mère, de l'épouse). Il est réhabilité en 1464, et ordre est donné de rechercher ses œuvres dispersées, et ses parents rescapés. Sa carrière mouvementée en un siècle tourmenté, sa vaste érudition, sa sensibilité altruiste donnent à ses œuvres une valeur littéraire et documentaire. En chinois, on peut relever entre autres : les *Lettres et ordres aux armées* [*Quân trung tu mênh tâp*], recueil de courrier aux occupants et ordres aux résistants d'un grand diplomate et stratège, la *Proclamation de la victoire sur les Wu* (*), le *Traité de géographie* (*), l'*Histoire de Bang hô* [*Bang hô di su luc*], biographie de son grand-père Trân Nguyên Dan, l'*Histoire véridique de Lam Son* [*Lam Son thuc luc*], riche de renseignements sur la résistance de 1416 à 1427, le *Recueil de poésies de Uc Trai* (*), composés pour la plupart durant sa retraite, le *Livre des règlements* [*Luât thu*], aujourd'hui introuvable, jetant les bases du futur code des Lê. Mais c'est dans ses poèmes en nôm réunis dans le *Recueil de poésies en langue nationale* (*) qu'on découvre le mieux la sensibilité de l'homme. Ses œuvres sont regroupées dans *Écrits légués par Uc Trai* [*Uc Trai di tâp*] publiés en 1868, grâce à une longue et patiente recherche par Trân Khâc Kiêm au XVe siècle et Duong Ba Cung (1795-1868). Elles furent rééditées en totalité ou partiellement plusieurs fois à Saigon (1966, 1972) et Hanoi (1956, 1969, 1976).

THANH-TÂM LANGLET.

NGUYÊN Tuân. Écrivain vietnamien. Né et mort à Hanoi (10 juillet 1910 - 28 juillet 1987). Écrivain à part entière en 1937 après avoir collaboré à plusieurs journaux de Hanoi, il connaît la célébrité avec *Échos et reflets d'un temps* (*). Ses options politiques (ralliement au Viet Minh en 1945, participation aux guerres d'Indochine, option pour le régime nord-vietnamien) n'ont pas altéré ses préoccupations littéraires d'ordre esthétique (le plein épanouissement des sens y est érigé en philosophie) et non social. Il excelle dans le genre vietnamien dit « au gré de la plume » [tùy but] qu'il utilise aussi bien pour des récits – *Au gré de la plume I et II* [*Tùy but I, II*], *De la résistance* [*Tùy but khang chiên*], *De la rivière Da* [*T.b. Sông Dà*] – que pour des travaux d'érudition sur le *Kim Vân Kieû* (*), sur Ngô Tât Tô, Vu Trong Phung, Tan Dà, sur des auteurs russes et chinois... Le même souci se retrouve dans ses principaux récits : *La Lampe d'arachide* [*Ngon dèn dâu lac*], *La Chevelure de Hoài* [*Toc chi Hoài*]... Esthète trouvant son plaisir dans les jeux, l'alcool, la musique, les fleurs, le fantastique, déçu par la mise en œuvre des idées modernes, il révèle son désir du voyage et sa nostalgie du passé dans des récits presque autobiographiques : *Sans patrie* [*Thiêu quê huong*], *Un voyage* [*Môt* *chuyên di*], *Le Brûle-Parfum en bronze* [*Chiêc lu dông mat cua*], *Pagode de la musique* [*Chùa dan*]. Il écrit même des histoires ténébreuses comme *Le Cadavre de Ngoc Lan* [*Xac Ngoc Lan*]. Après 1945, il applique sa conception de l'esthétisme à la société entière et à la nature grandiose de son pays. Mais il demeure inimitable, fidèle à lui-même, indépendant par son style sobre, concis, tour à tour lyrique, satirique, émouvant, en véritable sculpteur de mots et musicien des phrases.

THANH-TÂM LANGLET.

NGUYÊN DU (pseud. Tô Nhu, Thanh Hiên). Lettré vietnamien. Né le 3 janvier 1766 à Hanoi, mort le 16 septembre 1820 à Huê. Originaire de Tiên Diên (Hà Tinh), véritable pépinière de grands lettrés, il appartient à une lignée de grands mandarins serviteurs des Lê. Orphelin très tôt, il connaît une vie matérielle difficile mais reçoit une bonne culture classique grâce à la solidarité familiale. Quand les Tây Son puis les Nguyên prennent le pouvoir, fidèle à l'idéal confucéen, il refuse de servir les nouveaux maîtres. Exhortés par ses amis, il rentre dans le mandarinat en 1802 et en gravit vite les échelons (grand chancelier, chef de mission en Chine en 1813-1814). C'est probablement en 1800 qu'il lit un banal roman chinois dont il tire la trame de son célèbre roman en nôm *Kim Vân Kiêu* (*). La similitude des destinées l'émeut. Comme Kiêu, obligée de faillir à son premier amour, il est contraint, lui, fidèle aux Lê, de servir d'autres maîtres, du moins certains ont pu le penser. Promu vice-ministre à son retour, il est chargé en 1820 d'une nouvelle ambassade en Chine, mais meurt avant le départ. En langue nationale, il laisse aussi l'*Oraison pour le ralliement des âmes errantes* (*). En chinois : *Poème de Thanh Hien* [*Thanh Hiên thi tâp*], *Poèmes divers faits à la cour* [*Nam trung tap ngâm*], où il ne livre ses sentiments qu'indirectement par des réflexions générales sur la vie changeante, ses soucis matériels ou son pessimisme, *Poésie composée au cours du voyage au nord* [*Bac hanh tap luc*], où figurent un beau poème sur la déchéance d'une belle chanteuse du temps des Lê et deux décrivant avec tristesse les changements de l'ancienne capitale Thang Long. Ses meilleurs vers utilisent l'histoire de la Chine et ses observations dans ce pays pour parler des problèmes nationaux sans se compromettre. Poète génial, il laisse s'épancher avec pudeur ses sentiments et sa compassion. Romantique avant la lettre, le lettré se joint à l'artiste pour la perfection de la langue nationale capable d'exprimer les moindres frémissements du cœur.

THANH-TÂM LANGLET.

NHẬT LINH (pseud. de Nguyên Tuòng Tam). Écrivain vietnamien. Né le 25 juillet 1906 à Câm Giang (Hai Duong), suicidé dans sa prison à Saigon le 7 juillet 1963. D'une vaste culture (beaux-arts à Hanoi, études scientifiques à Paris), il s'engage très tôt dans le combat pour la modernité. De retour au Vietnam en 1932, il fonde et préside le Groupe littéraire indépendant [Tu luc van doàn] doté d'une revue *Mœurs* [*Phong Hoa*], puis *Aujourd'hui* [*Ngày nay*], et d'une maison d'édition : *Actuel* [*Dòi Nay*]. Le mouvement se donne pour objectifs de combattre le sentimentalisme pleurnichard en vogue et de libérer l'individu et le pays. Après des publications dans la ligne traditionnelle : *Traditions de lettrés* [*Nho phong*]..., il se lance dans la rénovation littéraire par de nombreux romans et nouvelles qui le placent parmi les grands écrivains de son temps : *Rupture* (*), *Solitude* [*Lanh Lùng*], *Ténèbres* [*Tôi Tâm*], *Deux amis* [*Dôi ban*], *Papillon blanc* [*Buom trang*], *Deux après-midi ensoleillés* [*Hai buoi chiêu vàng*], *Soleil d'automne* [*Nang thu*], *Tu dois vivre* [*Anh phai sông*], *La Charge d'une marchande de fleurs* [*Ganh hàng hoa*], *Une existence orageuse* [*Dòi mua gio*] (ces trois derniers écrits en collaboration avec Khai Hung). Après 1945, il se consacre davantage à la politique, mais déclare en 1951 n'être d'aucun parti, et se tourne de nouveau vers la création littéraire. Émigré au Sud, il met fin à sa vie dans sa prison pour protester contre le régime de Ngô Dinh Diêm.

THANH-TÂM LANGLET.

NICANDRE de Colophon. Pour résoudre le casse-tête de témoignages contradictoires, la critique philologique s'entend aujourd'hui à reconnaître deux Nicandre, tous deux poètes épiques originaires de Colophon, attachés à la cour des Attalides et tous deux prêtres d'Apollon Clarios (notons qu'il s'agissait là d'une charge héréditaire, ce qui permet de supposer un rapport de filiation entre les deux Nicandre).

Le premier Nicandre serait fils d'Anaxagore et aurait vécu vers le milieu du IIIe siècle av. J.-C., au temps d'Attale Ier de Pergame. Une inscription delphique atteste qu'il a été honoré de la proxénie à Delphes. Il a peut-être connu, à la cour d'Antigonos Gonatas, roi de Macédoine, Aratos, le poète des *Phénomènes* (*). On lui attribue, sans plus de certitude, un poème historique sur l'Étolie dont il ne reste que des fragments. Le second Nicandre, fils de Damaios et peut-être petit-fils du premier Nicandre, aurait vécu dans la seconde moitié du IIe siècle av. J.-C. et fréquenté la cour du roi de Pergame Attale III Philométor (138-133). Il est surtout connu pour ses deux épopées didactiques en hexamètres, les *Thériaques* et les *Alexipharmaques*, consacrées à la science des poisons, venins et remèdes. Aristote, avec ses travaux sur les animaux, avait ouvert à la connaissance des Grecs des domaines nouveaux. La poésie didactique se fit comme un devoir d'exploiter ces nouveaux territoires. Les deux poèmes de Nicandre réveillent tout un monde de serpents, araignées et autres reptiles ou insectes aux morsures inquiétantes. Révélant antidotes et remèdes, la poésie de Nicandre paraît révéler à son destinataire un savoir indispensable pour échapper à la mort ou pour la donner à autrui. On raconte qu'Attale III – que Nicandre a peut-être célébré dans un poème qui nous est perdu – appréciait particulièrement, en amateur et utilisateur de poisons, la poésie de Nicandre.

Les poèmes de Nicandre posent un problème déjà soulevé par Aristote dans sa *Poétique* (*), celui du rapport entre la poésie et la science. La critique s'est demandé si Nicandre était plus poète que médecin. La question est peut-être un faux problème et il faut remarquer, d'une part, que les médecins grecs reconnaissaient la compétence de Nicandre, et d'autre part que l'hexamètre épique offrait alors un moyen idéal et privilégie pour codifier, fixer et diffuser un savoir médical.

À Nicandre on attribue encore plusieurs poèmes perdus dont les *Géorgiques* louées par Cicéron et des *Métamorphoses* (*) connues d'Ovide et Antoninos Liberalis. Quintilien a par ailleurs inscrit Nicandre au canon des poètes épiques.

DAVID BOUVIER.

NICCOLINI Giovanni Battista. Écrivain italien. Né à Bagni di S. Giuliano (Pise) le 19 novembre 1782, d'une famille florentine, mort à Florence le 20 octobre 1861. Il étudia le droit à Pise, obtint, en 1807, la chaire d'histoire et de mythologie à l'académie florentine des beaux-arts dont il fut aussi secrétaire et bibliothécaire, et devint membre de l'académie de la Crusca en 1812. Il fut aussi précepteur des pages de la cour d'Elisa Baciocchi-Bonaparte et bibliothécaire du Grand-Duché. En 1848, il fut nommé membre du sénat toscan, mais se garda de participer activement à la vie politique d'alors et passa le reste de sa vie dans une digne retraite. Niccolini est l'auteur de nombreux textes à caractère critique et littéraire, mais sa renommée est liée à la résonance politique et patriotique de ses tragédies (*Nabucco,* 1815 ; *Giovanni da Procida,* 1817 et surtout *L'Arnaldo da Brescia,* 1837). On lui doit encore, outre des traductions de Sophocle et d'Eschyle, la tragédie *Béatrice Cenci* – v. *Les Cenci* (*) –, *Œdipe dans le bois des Euménides* (*), *Médée* (*) et de nombreux poèmes où prédominent les thèmes patriotiques et civiques. Après 1859, son esprit et sa poésie s'ouvrirent aux enthousiasmes monarchiques.

NICÉPHORE saint. Patriarche de Constantinople et historien qui naquit au VIIIe siècle et mourut en 829. D'une illustre famille patricienne, il s'opposa à la secte des iconoclastes ou briseurs d'image. L'empereur Constantin VI le nomma secrétaire impérial et conseiller secret de l'État. À ce titre, il participa au septième concile œcuménique de Constantinople en 787 et se retira peu après dans un monastère, près du Bosphore, pour s'y consacrer à l'histoire et aux études religieuses. Mais à la mort du patriarche Tarasius (806), il fut appelé à lui succéder. Nicéphore fut un vaillant défenseur de la foi et de la liberté de l'Église sous l'empereur Léon l'Arménien qui, étant iconoclaste, le déposa et l'envoya en exil (815) où il mourut. On lui doit de nombreux ouvrages, notamment des épîtres, des pamphlets contre les Juifs, les manichéens, les iconoclastes, en particulier l'*Antirrheticus* qui établit contre ceux-ci la valeur des images et de tout l'art religieux. Ses œuvres historiques les plus importantes sont l'*Abrégé de l'histoire* (*) qui s'étend de 602 à 769, et les *Aperçus de chronographie* (*), petits tableaux chronologiques, simples et clairs, qui remontent jusqu'à Adam et vont jusqu'à l'an 829, et connurent un très vif succès.

NICÉTAS, évêque de Rémésiana. Né vers 335, mort après 414. Il fut nommé très jeune évêque de Rémésiana, l'actuelle Bela-Palanka, en Serbie, puisque nous savons qu'en 366-367 il occupait déjà certainement ce siège. Durant son long épiscopat, il livra un dur combat pour l'évangélisation de la zone danubienne, comme nous le savons par Paulin de Nole avec qui Nicétas se lia lors d'un voyage à Rome effectué en 397. Son activité poétique est consacrée aux nécessités du culte : les œuvres les plus significatives qui nous restent de lui sont *La Chute d'une vierge consacrée* [*Ad lapsam virginem libellus*], dont l'attribution a été très discutée, étant donné l'existence d'autres compositions très proches liées au nom de différents auteurs, et le *Te Deum* (*) en prose rythmée attribué à saint Ambroise et à saint Augustin. Nicétas est aussi l'auteur d'un recueil, en six livres, d'instructions destinées aux candidats au baptême (il en demeure quelques fragments) et d'autres ouvrages de caractère liturgique.

RÉF. : H. Leclercq, « Te Deum », in Dom Cabrol et Dom Leclercq, *Dictionnaire d'Archéologie chrétienne et de liturgie*, t. 15, 2e partie, col. 2028-2048, Paris, 1953.

NICHIREN. Moine bouddhique japonais, né en 1222, mort en 1282, fondateur de la secte qui porte son nom, le « Nichiren-shû ». Aux côtés de Dôgen et Shinran, il est l'une des personnalités religieuses remarquables de ce XIIIe siècle japonais qui vit surgir les courants novateurs et rivaux que l'on regroupe sous le nom de bouddhisme de Kamakura. Comme beaucoup de réformateurs, Nichiren ne voulait rien d'autre que le retour à ce qu'il estimait être la forme la plus pure du bouddhisme, qu'il pensait avoir retrouvée au terme d'un long itinéraire. Entré dans les ordres à onze ans et ordonné dans sa seizième année, il pratiqua d'abord l'ésotérisme de l'école Tendai avant de commencer une pérégrination à travers écoles et sectes en diverses provinces qui finit par le ramener au mont Hiei, centre du Tendai. Désormais certain que la vérité se trouvait dans le *Sûtra du Lotus*, texte fondamental de l'école, et dans l'exégèse qu'en avait faite Zhiyi, son fondateur chinois (VIe siècle), il entreprit de combattre tout ce qui, dans le bouddhisme japonais, lui semblait diverger ou aller à l'encontre de ces principes, c'est-à-dire à peu près tout ce qui était postérieur à Saichô, le fondateur du Tendai japonais (IXe siècle). Son message avait d'autant plus d'impact qu'il liait les « hérésies » aux catastrophes naturelles et aux désordres politiques qui ravageaient le pays. Ses opposants, nombreux comme on peut le penser dans les autres sectes, le firent par deux fois exiler, mais il put passer paisiblement la fin de sa vie dans le monastère qu'il avait fondé au Minobu-san, dans la préfecture de Yamanashi. Le Nichiren-shû et les nombreuses sectes et branches laïques qui en dérivent sont encore très actifs de nos jours.

Par sa véhémence et son inspiration quasi prophétique, Nichiren a introduit un ton nouveau dans le bouddhisme japonais. Il traduisit en japonais le *Sûtra du Lotus* et la plus grande partie de son œuvre est en cette langue et non en chinois classique. Ses livres les plus importants sont le *Traité de la consolidation de l'État par l'établissement du vrai* (*), le *Traité qui ouvre les yeux* (*) et l'*Opuscule sur la contemplation et l'objet central de vénération* [*Kanjin-honzon shô*]. Il rédigea également de nombreuses lettres.

JEAN-NOËL ROBERT.

RÉF. : Articles « Nichiren » et « Nichiren-shū », *Dictionnaire historique du Japon*, fsc. XV, Tôkyô, 1989

NICOLAÏ Johann Christoph Friedrich. Écrivain allemand. Né le 18 mars 1733 à Berlin, où il mourut le 8 janvier 1811. Fils d'un libraire, il fit ses études secondaires dans sa ville natale, et en 1749 alla faire un stage de librairie à Francfort-sur-l'Oder. Il poursuivit son éducation en autodidacte, et à partir de 1754 s'installa comme libraire à Berlin. Critique et éditeur, ami de Lessing, de Mendelssohn, il rassembla autour de lui les meilleurs esprits de son temps. Les revues qu'il anima et publia, d'abord sa *Bibliothèque des sciences et des arts* [*Bibliothek der schönen Wissenschaften und der freien Künste*] à partir de 1757, puis sa bibliothèque générale allemande [*Allgemeine deutsche Bibliothek*, 1765-1806] joueront pendant longtemps un rôle prépondérant dans l'orientation des lettres allemandes. Nicolaï lui-même fit figure de chef littéraire de l'Aufklärung, ne ménageant jamais personne, si bien qu'il se fit de nombreux adversaires dans le camp des classiques et surtout des romantiques. Cependant l'esprit de l'Aufklärung triomphait, et des collaborateurs de ses publications (Herder, Merck, Eschenburg, etc., et surtout Lessing) avaient acquis une très vaste notoriété. Lui-même menait une activité incessante de critique, de philosophe et de publiciste dans les revues comme dans ses œuvres multiples, parmi lesquelles nous citerons : *Vie et opinions de M. Sebaldus Nothanker* [*Leben und Meinungen des Herrn Magisters S. N.*, 1773-1776], *Remarques sur l'érudition, l'industrie, la religion et les mœurs* [*Bemerkungen über Gelehrsamkeit, Industrie, Religion und Sitten*, 1783]. En 1799 encore le *Montagsklub* [*Club du lundi*], fondé à Berlin, fit de lui son chef déclaré. Mais les tenants de la littérature romantique attaquaient toujours plus durement son rationalisme intransigeant et parfois étroit. Goethe, dont il avait parodié le *Werther* (*), le stigmatisa dans les *Xénies* (*), plus tard dans son second *Faust* (*), et L. Tieck, dans son *Zerbino*. Nicolaï ne dut alors qu'à sa forte position dans la société de Berlin de ne pas sombrer dans le désaveu littéraire. Il faut toutefois signaler que ses relations de voyages et ses *Lettres sur la littérature moderne* (*) (1759-1765) conservent encore aujourd'hui leur importance historique et culturelle. Citons enfin ses *Lettres sur l'état actuel des belles-lettres en Allemagne* (*) (1755).

RÉF. : Horst Möller, *Aufklärung in Preussen. Der Verleger, Publizist und Geschichtsschreiber Friedrich Nicolaï*, Berlin, 1974. – Bernhard Fabian (éd.), *Nicolaï. Essays zum 250. Geburtstag*, Berlin, 1983. – *Friedrich Nicolaï. Leben und Werk*, Katalog der Ausstelung zum 250. Geburtstag, Sttatsbibliothek preussischer Kulturbesitz, 1983.

NICOLAI Otto. Compositeur allemand. Né à Königsberg (Prusse-Orientale) le 9 juin 1810, mort à Berlin le 11 mai 1849. Après une enfance malheureuse, il s'enfuit à seize ans de la maison paternelle et trouva protection à Stargard, chez le conseiller de justice Adler, qui lui fit faire ses études à Berlin avec Zelter et Klein. Appelé à Rome par von Bunse pour y être organiste de la chapelle de l'ambassade de Prusse, il étudia avec Baini la musique italienne. Nommé chef de chant et de chœur au Kärntnertor-Theater de Vienne en 1837, il revint en 1838 en Italie, où il séjourna jusqu'en 1841 et écrivit quelques opéras dans le goût de l'époque : *Rosmonda* (1839) ; *Le Templier* (+) (1840), son œuvre qui a le plus de relief et qui obtint le plus de succès ; *Odoardo e Gildippe* (1841) ; *Le Proscrit* [*Il Proscritto*, 1841], sur un livret auparavant destiné à Verdi. Nommé premier chef de chant au théâtre de la cour à Vienne, il fonda la Société philharmonique, qui se proposait principalement d'exécuter les *Symphonies* (*) de Beethoven. À Vienne, Nicolai fit même représenter un remaniement du *Proscrit*, sous le titre *Le Retour du proscrit* [*Die Heimkehr des Verbannten*, 1844]. Il composa en outre diverses œuvres de musique orchestrale et chorale, dont une *Messe en ré majeur*, dédiée à Frédéric-Guillaume IV de Prusse (1843), et une

Ouverture de fête [*Fest-Ouvertüre*] pour le jubilé en 1847 directeur du chœur de la cathédrale et de l'opéra de la cour de Berlin, il y mena à terme et y fit représenter avec un vif succès, le 9 mars 1849, *Les Joyeuses Commères de Windsor* (*), l'unique opéra de Nicolai qui ait survécu. Le musicien n'avait pas encore trente-neuf ans accomplis lorsqu'il mourut, subitement frappé d'apoplexie.

NICOLAS de Cuse (ou Cues). Théologien et philosophe allemand. C'est sous ce nom que l'on désigne Nicolaus Cryfftz ou Khrypfs (« Krebs », qui en allemand signifie « écrevisse » : signe qui se retrouve sur son blason cardinalice). Né d'une pauvre famille de Cues (en français : Cuse), village de la province de Trèves, en 1401, mort le 11 août 1464 à Todi (Ombrie). Grâce à la bienfaisance d'autrui il put faire des études et, en 1423, il obtint le titre de docteur en droit de l'université de Padoue. Après avoir reçu les ordres, il participa en 1432 au concile de Bâle, au début duquel il soutint la thèse des partisans de la suprématie du concile sur le pouvoir du pape. Son premier ouvrage important, *De la concordance catholique* (*) (1433), est entièrement inspiré par cette conception. Cependant, voyant à quoi visait la majorité du concile, il prit l'autre parti et combattit vaillamment pour la thèse de la suprématie papale. Il fit partie de la commission envoyée en 1437 à Constantinople pour traiter de la question de l'union de l'Église grecque avec l'Église latine, travaillant efficacement à la préparation du concile de Florence, au cours duquel cette union fut ratifiée pour un temps. Lors de son voyage de retour de Constantinople il écrivit son chef-d'œuvre, *De la docte ignorance* (*) (1440), suivi bientôt par les *Conjectures* (*), traduction en termes gnostiques de la métaphysique développée dans *De la docte ignorance*. En 1449, le pape Nicolas V le nomma cardinal au titre de St-Pierre-aux-Liens et, l'année suivante, visiteur apostolique pour l'Allemagne occidentale, les Pays-Bas et la Bohême, où il dut combattre l'hérésie hussite, devenue de plus en plus violente. Sa mission achevée, il fut nommé évêque de Bressanone. Il eut à surmonter mainte difficulté dans l'accomplissement de sa tâche, qui se doublait de la lutte pour la défense du territoire attenant au siège épiscopal contre les tentatives perpétrées même à main armée par Sigismond, comte du Tyrol, pour se l'approprier. La lutte devint âpre, la vie de l'évêque fut même en danger ; Pie II intervint dans la querelle, et en 1459 il rappela Nicolas de Cuse à Rome pour en faire son vicaire, tout en lui conservant son titre d'évêque de Bressanone. À Rome, Cuse s'indigna des mauvaises mœurs de nombreux dignitaires de la Curie (nous sommes à la veille du pontificat d'Alexandre VI). Il mourut durant le voyage entrepris pour rejoindre Pie II qui préparait la croisade contre les Turcs. Il fut enseveli à Rome dans l'église St-Pierre-aux-Liens, suivant son désir.

Les péripéties de la vie de Nicolas de Cuse prennent toute leur signification si on les replace à l'époque où il vécut. Époque de crise profonde, crise de toutes les autorités, divine et humaine, papale et impériale, religieuse et morale, c'est-à-dire crise du principe d'autorité lui-même. Nicolas de Cuse ressentit les premiers élans de la culture nouvelle qui allaient s'affermir dans l'humanisme ; il fut lui-même un humaniste. Il découvrit de nombreux codex (parmi lesquels le très célèbre Codex Plautinus), et légua ses richesses pour la fondation, dans son pays, d'un hôpital et aussi d'un séminaire qui, doté d'une riche bibliothèque, devint un lieu d'études. Acquis aux idées modernes qui visaient à une conception scientifique de la nature, il fut lui-même savant mathématicien, physicien, astronome, cosmographe. Un des premiers, avant Copernic, il rejeta l'hypothèse de la pesante enveloppe des sphères concentriques qui limiterait l'univers et affirma que la Terre était en mouvement. Mais Nicolas de Cuse, également, vécut et souffrit les péripéties du duel tragique qui opposait Rome et ses adversaires, l'unité universelle de l'Église et celle de l'Empire, les forces de dégradation et les anciennes institutions qu'elles attaquaient. Visiteur apostolique à la veille de la Réforme luthérienne, il tâcha de s'opposer vigoureusement et avec intransigeance à toutes les formes de corruption, d'immoralité, d'abus, de superstitions, d'hérésie, d'injustice, qui allaient à l'encontre de la foi et des mœurs. Il ressentit la gravité de la chute de Constantinople et la menace que le triomphe de l'Islam faisait peser sur la chrétienté. Et c'est pourquoi il fut des premiers à combattre sur le plan religieux et doctrinal l'islamisme, comme dans sa *Cribatio alchorani.*

Les colloques qu'il organisa dans sa modeste demeure de Rome, près de la basilique de St-Pierre-aux-Liens, demeurent caractéristiques de sa mentalité scientifique. Des hommes insignes participaient à ces réunions. Le thème des discussions était la cosmographie : c'est-à-dire l'étude de la Terre, de ses mouvements, de ses rapports avec l'univers. De là sortirent ces conceptions qui contribuèrent aux conquêtes géographiques de l'époque, y compris la découverte de l'Amérique. Nicolas de Cuse fut aussi un des premiers à réaliser une carte géographique, dont on conserve la copie. Dans le second livre de *De la docte ignorance*, il va jusqu'à examiner de manière scientifique la question de savoir si les planètes autres que la Terre peuvent être habitées. Enfin, Nicolas de Cuse fut un de ceux qui propagèrent en Italie l'« art divin de l'imprimerie », ainsi qu'il le nomme lui-même. L'influence exercée par une activité touchant à tous les points du savoir humain fut très grande. C'est aux colloques de St-Pierre-aux-Liens que se rattachent ceux qui, une génération plus tard environ, se tinrent à Milan sur l'initiative du grand mathématicien Paciolo. L'argument des discours qui s'y tenaient procédait encore des nouvelles conceptions métaphysico-scientifiques mises en œuvre par le cardinal humaniste. Et il est certain que, directement ou indirectement, Léonard de Vinci eut connaissance de ces discussions mathématiques et scientifiques. Plus tard, et surtout à partir de Descartes et Kepler, la renommée scientifique de ce précurseur ne fit que croître. La sérénité qui préside à ses travaux ne doit cependant pas faire oublier les angoisses qui marquèrent cette vie de lutte aux heures les plus difficiles de la chrétienté.

PAOLO ROTTA.

♦ *« Un vrai philosophe, qui fait paraître Leibniz et ses semblables tout à fait plats et superficiels. Pic de la Mirandole et Reuchlin ont beaucoup puisé chez lui. Il excite pourtant moins l'esprit qu'eux, mais il est comme la pierre fondamentale de la profondeur la plus ferme et la plus essentielle. »* Friedrich Schlegel. ♦ *« Mieux peut-être qu'aucun contemporain, à l'idéal du Saint Empire romain, au rêve des Croisades, il oppose lui-même la figure nouvelle d'une communauté pluraliste et d'une paix religieuse fondée sur la raison plutôt que sur l'autorité. Pourtant nulle rupture en lui... Il s'efforce surtout, avec un bonheur inégal, de repenser chaque doctrine, en assimilant autant que possible dans l'unité de son propre système les apports les plus variés. »* Maurice de Gandillac.

RÉF. : A. Jäger, *Der Streit des Cardinals Nikolaus von Cues mit dem Herzog Sigmund*, 2 vol., Innsbrück, 1861. — Dux, *Der deutsche Kardinal von Cusa und die Kirche seiner Zeit*, Ratisbonne, 1877. — E. Vansteenberghe, *Le Cardinal Nicolas de Cues, L'action, la pensée*, Paris, 1920. — Ernst Hoffmann, *Nikolaus von Cues und die deutsche Philosophie*, Heidelberg, 1940. — Maurice de Gandillac, *La Philosophie de Nicolas de Cues*, Paris, 1942. — K. Jaspers, *Nikolaus von Kues*, Munich, 1964 (rééd. 1987). — P.M. Watts, *Nicholas von Cusa, A XVth century Vision of Man*, Leiden, 1982.

NICOLE Pierre. Moraliste français. Né le 13 octobre 1625 à Chartres où son père, fort lettré, était juge à la chambre épiscopale, mort à Paris le 16 novembre 1695. Une santé chétive ne put entraver son ardeur à l'étude. Latiniste consommé, Nicole, qui avait deux tantes religieuses à Port-Royal, se rendit, âgé de dix-sept ans, à Paris pour se préparer à la prêtrise, mais il ne devait point dépasser les degrés de clerc tonsuré et de bachelier en théologie. Devenu le secrétaire, puis l'ami d'Antoine Arnauld, son destin de professeur, de controversiste et de moraliste se confond dès lors avec celui des messieurs de Port-Royal. Son œuvre (et bien souvent malgré qu'il en ait) sera toute consacrée désormais à la cause janséniste, à ses querelles, à ses polémiques interminables, qui entraîneront au combat le plus pacifique des hommes. Le jansénisme de Nicole est d'ailleurs essentiellement un « jansénisme modéré, non cyranien, parallèle au thomisme » dont la modération même lui valut plus d'un ennui, jusque dans le clan port-royaliste. Ce qui distingue Nicole, en effet — malgré le recours d'une plume parfois acérée —, c'est cette tendance où le portait son sens chrétien, comme aussi une modération naturelle, à mitiger le jansénisme. Seuls les spécialistes de l'histoire religieuse consultent encore les écrits sur la grâce, les ouvrages de controverse — en français ou en latin — de Nicole janséniste, à propos des cinq propositions tirées de l'*Augustinus* (*) de Jansénius, ses livres contre le calvinisme et ses réfutations des mystiques (du quiétisme en particulier). Citons cependant les *Disquisitiones sex Pauli Irenaei* (1657) ; la traduction latine, avec commentaires, des *Provinciales* (*) de Pascal, sous le pseudonyme de Guillaume Wendrock (les commentaires et références de Nicole, vu leur grand intérêt, furent retraduits en français par Mlle de Joncoux dans l'édition des *Provinciales* de 1699) ; les dix *Lettres imaginaires* (1664-1665) imitées des *Provinciales* dont la première — « sur l'hérésie imaginaire » (le jansénisme) — a donné son titre au recueil ; les *Visionnaires* (huit lettres, 1666) principalement dirigées contre le poète et dramaturge Desmarets de Saint-Sorlin, adversaire des jansénistes. Nicole y expose l'ensemble de ses doctrines antimystiques et traite les hommes de théâtre d'« empoisonneurs publics ». Ce recueil lui valut deux lettres cinglantes de Racine, qui allait devenir plus tard son ami. Citons encore la *Perpétuité de la foi touchant l'Eucharistie* (trois volumes, 1669-1672-1673).

Éducateur né, Nicole fut un des cinq maîtres de Port-Royal de Paris, puis il professa à l'École des Granges, à Port-Royal-des-Champs. On lui doit une *Logique de Port-Royal ou Art de penser* (*), composée avec Arnauld. Il fonda à Chartres, à Troyes et à Beauvais, des écoles de filles. Nicole, affamé de solitude, fut, au plus fort de la bataille janséniste, jeté dans l'action par le Grand Arnauld, et plusieurs fois contraint de se cacher en province ou aux Pays-Bas. Et lorsque, après avoir dénoncé (pour une fois imprudent), en une lettre latine à Innocent XI, les « monstrueuses erreurs des casuistes » (1677), il fit sa soumission à l'archevêque de Paris, il déchaîna un tollé parmi ses amis. Cependant, pour important que soit son rôle dans l'histoire de Port-Royal, c'est le moraliste, le psychologue fin et pénétrant des *Essais de morale* (*) (1671-1714) qui, seul, assure aujourd'hui à Pierre Nicole une survie discrète. De Mme de Sévigné à Henri Bremond, son profond pessimisme imprégné de douceur chrétienne et le regard si aigu qu'il porte sur les replis insoupçonnés du moi où se terre l'amour-propre ont trouvé des admirateurs. Les *Essais de morale*, qui comprennent six volumes (dont deux posthumes), contiennent maintes considérations des plus nuancées sur la difficulté d'établir la paix entre les hommes, la connaissance de soi-même et ses illusions, un *Traité de l'éducation d'un prince* (+), etc., qui font de Nicole, dans ses meilleures pages, un maître de la civilité chrétienne dont la réflexion suivante donne assez le ton : « L'homme veut se voir parce qu'il est vain. Il évite de se voir parce que, étant vain, il ne peut souffrir la vue de ses défauts et de ses misères. » Au cours de ses huit dernières années, Nicole, sans jamais cesser d'écrire, put connaître enfin cette tranquillité à laquelle il aspirait. Sa correspondance (trois volumes) a été publiée au XVIIIe siècle par son biographe, l'abbé Goujet.

HENRI LE BRETON GRANDMAISON.

♦ *« Mais surtout témoignez bien à M. Nicole la profonde vénération que j'ai pour son mérite, et pour la simplicité de ses mœurs encore plus admirable que son mérite. »* Boileau à Racine. ♦ *« Cependant nous perdons M. Nicole, c'est le dernier des Romains. »* Mme de Sévigné. ♦ *« Nicole n'était plus et n'avait jamais été de la race et de la tige des port-royalistes purs ; il n'en a ni l'esprit ni la ferveur... Il nous charme par ses contrastes ; il est sceptique autant qu'on peut l'être dans la foi, curieux autant qu'on peut l'être avec des scrupules et des interdictions sévères : âme tremblante, timorée et qu'on ne fait pas sortir de la ligne ; pleine d'ingénuité et de candeur, au milieu de la plus sagace clairvoyance. »* Sainte-Beuve.

RÉF. : Henri Bremond, *Nicole*, 1909. – Émile Thouverez, *Pierre Nicole*, 1926. – Le Breton Grandmaison, *Pierre Nicole ou la civilité chrétienne*, 1945.

NICOLSON Harold. Écrivain anglais. Né à Téhéran en 1886, mort à Londres le 1er mai 1968. Son père était diplomate et lui-même vécut une partie de son enfance à l'ambassade de Grande-Bretagne à Paris. Il compléta ses études à Oxford (Balliol College). En 1909, il entre au Foreign Office. Il est nommé successivement à Madrid, Constantinople, Téhéran et Berlin. En 1914, c'est lui qui fut chargé d'annoncer aux autorités allemandes l'entrée en guerre de la Grande-Bretagne. À Versailles, il fait partie de la délégation britannique, ce qui lui inspirera plus tard le livre *Quand on faisait la paix* [*Peace making,* 1921], dans lequel il reproche aux Anglo-Saxons une certaine hypocrisie à l'égard de la France. En 1929, Harold Nicolson quitte le Foreign Office pour le journalisme et la politique. Il sera « secrétaire parlementaire » du ministère de l'Information en 1940-41, puis, plus tard, député travailliste. Il avait épousé la romancière Victoria Sackville-West, qui lui donna deux fils. L'un d'eux, Nigel, préfaça et édita trois volumes de son journal (de 1930 à 1962) et décrivit sa vie conjugale dans *Portrait d'un Mariage* (1973). L'écrivain avait été anobli en 1953. Il laisse une œuvre considérable et un peu dispersée – de critique (sur Verlaine, Sainte-Beuve, Tennyson, Byron, etc.), de biographe et d'essayiste – dont on retiendra *Le Désir de plaire* [*The Desire to Pleage,* 1943], *Bonne Conduite* (*) (1955), étude historique sur les morales humaines, et *L'Humour anglais* (*) (1946), qui est sans doute ce que l'on a écrit de mieux sur le sujet.

NIEBUHR Barthold Georg. Historien allemand. Né à Copenhague le 27 août 1776, mort à Bonn le 2 janvier 1831. Issu d'un père frison et d'une mère originaire de l'Allemagne du Sud, Niebuhr fit ses études à l'université de Kiel. Après un séjour en Angleterre et en Écosse, il entra en 1800 au service du Danemark, puis, à partir de 1806, au service de la Prusse. Nommé historiographe de la maison royale de Prusse et, à partir de 1810, professeur d'histoire romaine, il fut le maître de Schleiermacher et de Savigny. Ses cours formèrent un volume intitulé *Exposés sur les antiquités romaines* (+) (1858), et trois volumes intitulés *Histoire romaine* (*), dont les deux premiers volumes parurent en 1811 et 1812, et le troisième seulement après la mort de l'historien, en 1832. Ambassadeur du roi de Prusse auprès du Saint-Siège de 1816 à 1823, Niebuhr revint ensuite en Allemagne et se vit confier, en 1825, la chaire d'histoire à l'université de Bonn, chaire qu'il conserva jusqu'à sa mort. Il est le créateur de la critique historique considérée en tant que science, dont Ranke devint, plus tard, le représentant le plus brillant.

RÉF. : U. Wilcken, *Eine Gedächtnisrede auf B. G. Niebuhr*, Bonn, 1931. – R. R. Bridenthal, *B. G. Niebuhr, Historian of Rome. A Study in Methodology,* Ann Arbor (Michigan), 1971. – E. Vischer, *Zur Geschichte der Geschichtsschreibung*, Berne, 1985.

NIELSEN Carl. Compositeur danois. Né à Sortelung le 9 juin 1865, mort à Copenhague le 3 octobre 1931. Violoniste de formation, il travaille avec Niels Gade au Conservatoire de Copenhague où il sera violoniste, puis chef d'orchestre à l'Opéra royal (1889-1914). Considéré comme le premier compositeur danois d'importance, il a laissé six *Symphonies* (*) (no 3 « Espansiva », 1911 ; no 4 « L'Inextinguible », 1916 ; no 6 « Sinfonia simplice », 1925) profondément originales qui offrent une alternative organique et rythmique à l'évolution postromantique incarnée par Mahler et les compositeurs d'Europe centrale. Ses concertos pour flûte (1927) et pour clarinette (1928) connaissent de plus en plus les faveurs des instrumentistes. Dans le domaine lyrique, *Saül et David* (+) (1898-1901) et *Maskarade* (1906) offrent deux aspects opposés de son tempérament : le traitement des masses dans un cas, la simplicité classique dans l'autre, avec d'abondantes références aux chansons traditionnelles danoises. Il a également signé une musique de scène pour la pièce d'Adam Oehlenschläger, *Aladin ou la Lampe merveilleuse* (*).

RÉF. : Carl Nielsen, *La Musique et la Vie,* Arles, 1988. – Jean-Luc Caron, *Carl Nielsen,* Lausanne, 1989.

NIETZSCHE Friedrich Wilhelm. Philosophe allemand. Né le 15 octobre 1844, jour de la fête du roi Frédéric-Guillaume IV (d'où ses prénoms) à Roecken, en Prusse, mort à Weimar le 25 août 1900. Nietzsche avait quatre ans lorsque son père mourut accidentellement, encore très jeune, et le souvenir de cette fin dramatique et prématurée sera pour lui déterminant, d'autant plus que la mort de son père a été suivie de celle de son jeune frère. Sa mère quitta avec lui Roecken pour Naumbourg-sur-Saale. À douze ans, il entra au collège de Pforta, ancien monastère cistercien, pris au XVIe siècle par les révolutionnaires luthériens et qui devint un foyer de la Réforme. Son père et sa mère étant de famille ecclésiastique luthérienne, sa place y était marquée. Il se signala tout de suite par un exploit. Les camarades de Nietzsche s'accordant pour traiter de légende l'histoire de Mucius Scaevola qui avait mis sa main dans le feu, il plongea la main dans le poêle et en ramena un charbon ardent. À dix-sept ans, il décida de ne pas se faire pasteur et à dix-huit ans entra à l'université de Bonn où il vécut isolé. En 1863, étudiant à l'université de Leipzig, il fut bouleversé par la lecture du *Monde comme volonté et comme représentation* (*) de Schopenhauer ; et il écrivit à sa sœur : « Que cherchons-nous ? Le repos, le bonheur ? Non, rien que la vérité, tout effrayante et mauvaise qu'elle puisse être... » À cette époque, il se lia avec Erwin Rohde, qui demeura longtemps son meilleur ami. Il admirait Bismarck. Incorporé dans l'armée en 1867, il fut renvoyé chez lui après une chute de cheval. On lui demanda des études historiques pour une revue importante de Berlin. Mais il s'intéressait à tout, sauf à la politique. « Décidément, disait-il, je ne suis pas un animal politique. » Après la lecture de Schopenhauer, le deuxième événement important de sa jeunesse fut sa rencontre avec Wagner, pour lequel il avait la plus grande admiration. Aussi accepta-t-il, avant d'avoir obtenu tous ses diplômes, d'être nommé professeur de philologie grecque à Bâle (1868), ce qui lui permettait de voir plus facilement Wagner qui habitait Triebschen, sur le bord du lac des Quatre-Cantons, avec Cosima, la fille de Liszt, qu'il venait d'enlever et d'épouser. Nietzsche devint un assidu de leur maison et un ami intime.

En 1870, il consacra ses loisirs à l'étude des origines de la tragédie grecque. À l'annonce de la victoire allemande, il s'engagea et fut envoyé en France comme ambulancier, puis à Karlsruhe où il tomba malade. L'Allemagne lui paraît alors prendre la suite de la Grèce : Bismarck étant son chef, Moltke son soldat, Wagner son poète, Nietzsche son philosophe. En 1871, il publia le résultat de ses travaux sous le titre : *La Naissance de la tragédie ou Hellénisme et pessimisme* (*), sans obtenir de succès. Depuis Winckelmann, la critique classique ne reconnaissait qu'un aspect de l'art grec, celui qui symbolise Apollon, art fait de mesure et de pondération, qui est l'objet d'une contemplation sereine s'élevant au-dessus d'un monde condamné à la souffrance. Nietzsche lui oppose un autre aspect, symbolisé par Dionysos : c'est l'extase dans laquelle plonge la vue du vouloir-vivre universel, et qui permet d'échapper à la souffrance non pas en la niant, mais en niant sa cause qui est ce vouloir-vivre lui-même poussé à son point suprême. L'influence de Wagner, combinée avec celle de Schopenhauer, est prédominante alors, et durera même après que le premier se fut installé à Bayreuth grâce à l'amitié que lui portait le roi de Bavière, Louis II. Une première crise intellectuelle éclata pour Nietzsche lorsqu'il se détacha du pessimisme de Schopenhauer et de l'esthétisme de Wagner, et qu'il commença à répudier l'art comme moyen d'évasion. C'est alors qu'il publia les premières *Considérations inactuelles* (*), où l'histoire est dénoncée comme un poison pour l'être sain et joyeux de vivre. L'université de Bâle où il était professeur lui ayant accordé un congé, il partit en Italie avec deux amis, Alfred Brenner et Paul Rée, et il y retrouva Wagner dont l'esprit était alors occupé par le sujet de *Parsifal* (*). Pour Nietzsche, cet opéra marque le point culminant de la dégénérescence européenne : la négation du vouloir-vivre n'est autre qu'une extinction de l'instinct vital. C'est l'idée qu'il développa dans *Humain, trop humain* (*) (1878) et *Le Voyageur et son ombre* (*) (1880). À ce moment, il lisait les moralistes français, surtout La Rochefoucauld, Chamfort, et aussi Pascal. Il admirait leur lucidité et leur amour de la vérité pour elle-même, leur rigueur et leur clarté. À partir de 1879, tombé malade, il abandonna sa chaire de philologie et commença une vie errante. Sa sœur l'emmena d'abord dans l'Engadine, où il retourna chaque été, l'altitude lui étant bienfaisante. Désormais, il sera toujours égrotant et forcé de vivre avec la pension de quatre mille francs par an que lui faisait l'université de Bâle. Les livres qu'il publiera n'auront aucun succès, et ses amis l'abandonneront, excepté l'un d'eux, Peter Gast. Après un court séjour à Naumbourg dont le climat ne lui réussit pas, il décida de se rendre de nouveau en Italie, séduit cette fois par Venise où habitait Gast, qui y vivait dans la gêne mais librement, et y composait de la musique. Gast servait de lecteur, de secrétaire et de musicien à Nietzsche qui, grâce à lui, devint un « Méditerranéen ». Il pressentit une nouvelle poésie, une nouvelle musique, une nouvelle philosophie qui vaudront par elles-mêmes et sans besoin d'opposition, tirant leur joie d'une affirmation passionnée – v. les lettres à Peter Gast dans la *Correspondance* (*). C'est dans cette atmosphère que naquirent les aphorismes composant *Aurore* (*) dont le sous-titre était alors : *L'Ombre de Venise* et dont le titre était emprunté à un passage des Véda : « Il y a beaucoup d'aurores qui n'ont pas encore lui » – passage lu par lui dans le livre d'Oldenberg sur Bouddha paru à l'époque. Nietzsche, après une nouvelle tentative de séjour à Naumbourg, passa l'hiver à Gênes où il vécut de la vie populaire. Son livre parut dans l'été 1881. À cette époque, il repartit pour l'Engadine et, au début d'août, y connut l'extase très singulière du retour éternel.

La lecture d'Empédocle, celle des philosophes hindous connus à travers Oldenberg, celle plus récente de Karl Vogt (*La Force*), l'avaient mené à considérer l'Univers comme animé d'un mouvement cyclique. Un après-midi, se promenant à travers bois du côté de Silva-Plana, Nietzsche s'arrêta au pied du rocher de Surlei, aujourd'hui consacré à sa mémoire, qui surplombe les eaux du lac de Sils. C'est là « à six mille cinq cents pieds au-dessus de la mer et beaucoup plus au-dessus des choses humaines » qu'il eut l'intuition que, la durée du monde n'ayant pas de terme et les éléments dont il se compose étant un nombre fini, les combinaisons qui le constituent à chaque instant sont également limitées. Un instant comme celui où Nietzsche convalescent contemple le lac au pied du rocher est donc fatalement appelé à revenir. C'est ainsi que le monde du devenir se rapproche du monde de l'être au point de coïncider presque avec lui. Cette ancienne croyance est renouvelée par Nietzsche qui la fait passer du domaine mythique au domaine mystique : l'important pour lui est moins la répétition de l'événement que la joie dionysiaque avec laquelle cette répétition est accueillie, et l'éternité du retour des choses n'a de signification que par l'instant qui marque pour nous ce retour, instant qui, lui, porte le caractère de l'éternel. L'homme, en même temps, devient un héros lorsqu'il accepte ou plutôt lorsqu'il veut cet éternel retour en apparence absurde et désespérant, et qu'il dit à la Nature : « Encore une fois ! » Nietzsche, une fois son exaltation tombée, fut tenté à trois reprises par le suicide. Puis il passa un hiver relativement heureux, malgré l'insuccès total de *Aurore,* à Gênes, où il fréquenta l'Opéra. À Venise, il avait retrouvé la musique de Chopin ; à Gênes, ce fut celle de Rossini, de Bellini, de Bizet : « Carmen me délivre », disait-il. Il publia un nouveau recueil : *Le Gai Savoir* (*). Au printemps, il partit pour la Sicile, puis pour Rome. Là, Mme Malwida von Meysenbug lui présenta une jeune fille russe, Lou Salomé, avec laquelle elle espérait le marier, et dont Nietzsche tomba amoureux. Mais, après une période de réflexion, Lou Salomé refusa le mariage proposé et d'ailleurs se rendit à Bayreuth pour y entendre *Parsifal* ; elle finit par rompre. Nietzsche retourna passer l'hiver en Italie, à Rapallo. C'est là que prit corps la conception du Surhomme — ou plutôt du Surhumain — et que Nietzsche écrivit la première partie de *Ainsi parlait Zarathoustra* (*), son grand livre prophétique dans lequel il exalte les valeurs vitales aux dépens des valeurs de connaissance. Wagner venait de mourir à Venise après avoir connu un succès triomphal. Un retour en Engadine permit à Nietzsche d'écrire sur le lieu même de la « vision » la deuxième partie de *Zarathoustra,* qui contient aussi des réminiscences d'un séjour à Rome en juin 1883, sous une forme lyrique. L'hiver suivant se passa à Nice, qui enchanta le voyageur et le retint plus que ses autres résidences : la troisième partie y fut écrite et publiée en même temps que la deuxième, en 1884. Quant à la quatrième, elle ne put être tirée qu'à quarante exemplaires, faute d'éditeur.

Le sous-titre du livre était : *Un livre pour tous et pour personne.* Il se présentait en effet comme un substitut de l'Évangile, destiné à être répandu aussi largement que celui-ci, et en même temps comme une annonce, difficile à comprendre, des temps nouveaux. La culture moderne a besoin d'être fondée sur une croyance à des valeurs qui ne soient pas celles d'une décadence, comme celles qui inspirent le christianisme, le pessimisme, le rationalisme, le moralisme et le socialisme. Zarathoustra est l'homme fort qui brise les anciennes tables de valeurs et les remplace par d'autres : ce n'est pas un pur destructeur, c'est un messie. Les mêmes idées sont développées dans un livre d'aphorismes dont un grand nombre se réfèrent à un plan systématique : *La Volonté de puissance* (*), avec pour sous-titre : *Essai d'une transmutation de toutes les valeurs,* qui ne fut publié qu'après sa mort dans une édition sujette à caution, établie par sa sœur. La publication des *Fragments posthumes* (*) dans l'édition de Karl Schlechta, en 1956, a mis fin à l'illusion que Nietzsche avait signé là son grand œuvre. Néanmoins, ce projet l'occupa plusieurs années, en Allemagne et à Nice où il vécut tour à tour. Entre-temps, il reçut la visite de lecteurs très rares attirés par ses idées mais qui ne viendront plus le revoir, tel un jeune écrivain, ami de la veuve de Wagner, Heinrich von Stein, et un dilettante errant, Paul Lawzky, qui fut son compagnon occasionnel à Nice. En 1886, Nietzsche publia à ses frais un essai improvisé sur le sujet qui lui tenait à cœur : *Par-delà le bien et le mal* (*), avec pour sous-titre : *Prélude à une philosophie de l'avenir,* après un voyage à Venise où il revit Peter Gast, et un autre en Allemagne.

Malgré ses déplacements, Nietzsche menait une vie monotone. Pendant cinq étés de suite, il logea à Sils-Maria dans une chambre solitaire qui donnait sur une pinède et qu'il payait un franc par jour. Il y travaillait chaque matin en déclamant ses phrases et en martelant la cloison à coups de poing pour souligner leur rythme. Il se rendait ensuite à l'auberge voisine où il déjeunait en compagnie de dames qui revenaient chaque année et qui lui rendaient le service de remplir son assiette, car il y voyait à peine. Il n'aimait pas à parler de son œuvre ni de ses idées, mais il se plaisait à faire de longues promenades avec ses compagnes d'occasion envers lesquelles il se montrait délicat et serviable, aussi effacé dans sa vie qu'il l'était peu dans son œuvre. Le soir, il dînait seul d'une tranche de cake et d'une tasse de thé qu'il préparait lui-même, comme le matin en se réveillant il avait préparé son café. Il aurait voulu aller en Corse et particulièrement à Corte : « C'est là que Napoléon a été conçu. N'est-ce pas un lieu tout indiqué pour entreprendre la transmutation de toutes les valeurs ? » Il y aurait terminé *La Volonté de puissance.* Mais c'était un voyage trop difficile à entreprendre, et le livre ne trouvait du reste pas d'éditeur. Nietzsche se mit à écrire des préfaces pour des réimpressions de ses livres déjà parus. À Nice où il passait l'hiver, il lisait Stendhal, Maupassant, Baudelaire, et il fit la connaissance de Guyau dont il lut l'*Esquisse d'une morale sans obligation ni sanction* (*) ; il avait des affinités avec lui, bien que le malentendu fût fondamental entre eux, Guyau ne faisant que renforcer la morale traditionnelle avec l'arme qu'employait Nietzsche pour la renverser : l'exaltation de la vie. Plus importante et significative fut la rencontre que fit Nietzsche de l'œuvre de Dostoïevski – c'était avec les *Mémoires écrits dans un souterrain* (*) où l'homme humilié devient à son tour un humiliateur ; cette analyse du ressentiment aura une répercussion sur les derniers livres. (Entre-temps, il avait reçu des témoignages d'admiration de la part de Jakob Burckhardt, le philologue de Bâle, et de Taine, ce dernier témoignage lui étant particulièrement sensible, car il tenait à l'opinion de Paris où se faisait la « musique de chambre de la littérature », bien qu'il n'estimât pas la politique de la « pauvre France, malade de la volonté ».) En effet, en 1887, dans *La Généalogie de la morale* (*), Nietzsche voit dans le ressentiment, dans la révolte contenue et refoulée des esclaves contre les maîtres, le principe initial de l'ascétisme, qui donne aux faibles et aux impuissants le pas sur les forts ; les valeurs serviles l'emportent alors sur les valeurs héroïques, d'où le triomphe par la ruse des Sémites sur les Romains. Georg Brandès, le critique danois, lui écrivit pour l'approuver.

C'est à Turin que Nietzsche fit la dernière étape de sa vie consciente. Il y découvrit une traduction française des *Lois de Manu* – v. *Mānava-Dharmaçâstra* (*) – qu'il met en opposition avec le *Décalogue,* à cause de la hiérarchie entre les classes sociales que le code védique institue et de la victoire qu'il assure des valeurs supérieures sur celles qu'aime la multitude. Il y écrivit aussi *Le Cas Wagner* (*) (1888), pamphlet violent, suivi du *Crépuscule des idoles* (*) (1888). « Il faut méditerranéiser la musique », tel est le thème positif de ces œuvres. Puis *L'Antéchrist* (*), écrit en un mois à Sils-Maria, qui est une longue imprécation contre Jésus et ses disciples, dont Luther, et un éloge enthousiaste des grands hommes, tels César, Néron, César Borgia, Napoléon et Goethe. Le livre eut du retentissement à cause de sa violence. De retour à Turin, à l'automne de la même année, il éprouva un sentiment perpétuel de joie qu'il traduisit dans son dernier manuscrit : *Ecce Homo* (*). Il s'y montre, ainsi que dans les lettres qu'il adresse à ses amis, comme la synthèse de Dionysos et du Crucifié. La crise de démence, qui éclata à Turin en janvier 1889, détermina Franz Overbeck à aller chercher Nietzsche et à le ramener à Bâle ; il fut ensuite interné dans une maison de santé de Iéna. Plus tard, sa sœur, Mme Förster-Nietzsche, le recueillit dans une maison qu'elle fit construire à Weimar. Il fut reconnu d'après des examens médicaux que la paralysie générale dont Nietzsche fut atteint après sa crise de démence et sa période d'euphorie était due à une syphilis ancienne qui avait évolué d'une manière classique. Nietzsche mourut sans avoir repris sa lucidité en 1900.

JEAN GRENIER.

♦ *« Pour parler de façon exacte, vous êtes, selon ma femme, le seul gain que la vie m'ait amené. Je vous ai lu de nouveau et je vous jure devant Dieu que vous êtes le seul à savoir ce que je veux. »* Richard Wagner, lettre à Nietzsche (1872). ♦ *« Nietzsche, c'est la pensée de montagne. L'horizon est tourmenté, orageux ; des nuages luttent comme des géants. Une grande déchirure s'est faite : des vérités lointaines apparaissent, incendiées par le feu du soleil qui surgit* [...] *Songée dans l'oxygène et dans l'ozone, sa philosophie a vraiment des vertus respiratoires. Elle a la pureté de l'air des sommets ; elle augmente la force vitale. »* Rémy de Gourmont. ♦ *« Nietzsche a été jaloux du Christ, jaloux jusqu'à la folie* [...] *Il ne tenait qu'à Nietzsche de redécouvrir sous les suaires et de ressusciter un Christ véritable ; mais, plutôt que de se rallier à Celui dont l'enseignement surpassait le sien, Nietzsche pensa se grandir en l'affrontant. »* André Gide. ♦ *« Voilà Nietzsche et son surhomme, qui est une force orgueilleuse, dont le délire d'orgueil conclut à la servitude et à l'avilissement du genre humain. Au profit de qui ? Du surhomme, qui est* [...] *un misérable fou qui vagit aux mains des infirmiers. »* André Suarès. ♦ *« Nietzsche n'a probablement pas connu le caractère de sa maladie, mais il se rendait exactement compte de ce dont il lui était redevable* [...] *C'est le propre de ce mal de provoquer* [...] *une ivresse où passent des vagues de bonheur et de puissance, où les forces de la vie s'exaltent subjectivement* [...] *Avant de plonger sa victime dans la nuit intellectuelle et de la tuer, il lui dispense les expériences illusoires de la puissance et de l'aisance souveraines, de la révélation et de l'inspiration* [...] *il l'amène à se considérer comme le truchement de la divinité, comme le réceptacle de la grâce et même comme un dieu en personne. »* Thomas Mann. ♦ *« Il est possible de trouver chez Nietzsche pour chaque jugement son contraire. On dirait qu'il a sur toutes choses deux opinions. C'est pourquoi on peut invoquer des passages de Nietzsche à l'appui des idées en apparence les plus inconciliables. La plupart des partis ont pu s'abriter derrière son autorité : athées et croyants, conservateurs et révolutionnaires, socialistes et individualistes, savants méthodiques et rêveurs, hommes politiques et apolitiques, esprits libres et fanatiques. »* Karl Jaspers.

RÉF. : Lou Andreas-Salomé, *Friedrich Nietzsche in seinen Werken,* Vienne, 1894. – Elisabeth Förster-Nietzsche, *Das Leben Friedrich Nietzsches,* Leipzig, 1895-1904. – Alois Riehl, *Friedrich Nietzsche, der Künstler und Denker,* Stuttgart, 1901. – Ernest Seillière, *Apollon ou Dionysos ; Frédéric Nietzsche,* Paris, 1905. – Daniel Halévy, *La Vie de Frédéric Nietzsche,* Paris, 1909. – Ernst Bertram, *Nietzsche,* Berlin, 1918 ; trad. Paris, 1932. – Charles Andler, *Nietzsche, sa vie et sa pensée,* 6 vol., Paris, 1920-31. – Ludwig Klages, *Die psychologischen, Errungenschaften Nietzsches,* Leipzig, 1930. – Thierry Maulnier, *Nietzsche,* Paris, 1935. – Gustave Thibon, *Nietzsche ou le déclin de l'esprit,* Paris, 1948. – Karl Jaspers, *Nietzsche,* trad. Paris, 1950. – Gilles Deleuze, *Nietzsche et la philosophie,* 1962. – J. Granier, *Le Problème de la vérité dans la philosophie de Nietzsche,* 1966. – Martin Heidegger, *Nietzsche,* 2 vol. trad., 1971. – Bernard Pautrat, *Versions du soleil,* 1971. – Sarah Kofman, *Nietzsche et la métaphore,* 1972.

Les œuvres complètes de Nietzsche sont éditées sous la direction de G. Colli et M. Montinari. La traduction française est en cours d'achèvement aux éditions Gallimard sous la responsabilité de M. de Gandillac.

Plusieurs textes de la période bâloise, réunis dans le volume des écrits philologiques de l'édition Kröner, du début du siècle, ont été traduits ou sont en cours de traduction en français : *De la rhétorique,* « Poétique », 1971 ; *Introduction à l'étude des dialogues de Platon,* L'Éclat, 1990.

NIEVO Ippolito. Romancier italien. Né à Padoue le 30 novembre 1831, mort en Méditerranée dans la nuit du 4 au 5 mars 1861. Passion politique et passion littéraire sont étroitement unies dans la vie de Nievo, l'une des figures les plus attachantes du romantisme italien. La renaissance politique de l'Italie ne peut passer, pour Nievo, que par une renaissance morale. Ses premières années s'écoulent en Vénétie et dans le Frioul, dans ce château de Colloredo di Montalbano, près d'Udine, qui revivra dans son chef-d'œuvre. Dès 1848, il milite en faveur du Risorgimento. Il poursuit des études de droit à Pavie (1852-1855). En 1856, il publie son premier roman, *Ange de bonté* [*Angelo di bonta*], ainsi que *Le Varmo* [*Il Varmo*] : ces nouvelles, dont la tonalité est parfois proche de George Sand, auraient dû s'intégrer dans un grand recueil consacré à la vie paysanne. À Milan, où l'attire l'amour de Bice Melzi d'Eril, il fréquente le salon de la comtesse Maffei et d'autres milieux littéraires (1857-1859). En 1857 paraît son deuxième roman, *Le Comte berger* [*Il conte pecoraio*], tableau de la condition paysanne au Frioul, ainsi que trois tragédies à sujet historique : *Les Invasions modernes* [*Le invasioni moderne*], *Les Capouans* [*I Capuani*], Spartacus [*Spartaco*]. Cette même année, Nievo travaille à un récit satirique, *Le Baron de Nicastro* [*Il barone di Nicastro*], publié en 1859, et commence la rédaction de son chef-d'œuvre, le roman *Mémoires d'un Italien* (*), paru posthume en 1867. En 1859, lors de la seconde guerre d'indépendance italienne, il s'engage dans les chasseurs à cheval de Garibaldi. L'essai *Venise et la Liberté de l'Italie* [*Venezia e la libertà dell'Italia*] trahit sa déception à la paix de Villefranche, conclue entre Napoléon III et François-Joseph. En 1859 paraissent aussi les poèmes *Les Amours garibaldiennes* [*Gli amori garibaldini*], qui viennent s'ajouter au recueil publié dès 1854 et à *Lucioles* [*Lucciole*, 1858]. En 1860, Nievo s'engage dans les volontaires garibaldiens qui vont débarquer en Sicile. Vice-intendant de l'expédition, nommé ensuite colonel, Nievo meurt, en mission officielle, lors du naufrage du « Ercole », le bateau qui le ramenait de Palerme au Piémont.

FRANÇOIS LIVI.

RÉF. : A. Balduino, *Aspetti e tendenze del Nievo poeta*, Florence, 1962. – M. A. Cortini, *L'autore, il narratore, l'eroe*, Rome, 1983. – C. Cappello, *Invito alla lettura di Ippolito Nievo*, Milan, 1988.

NILSSON PIRATEN Fritiof. Romancier suédois. Né le 4 décembre 1895 à Vollsjö, mort le 31 janvier 1972 à Kivik. Licencié en droit à Lund en 1918, il a été avocat à Stockholm (1919-1921), puis à Tranås (1921-1931). Célèbre déjà dans les milieux étudiants de Lund pour sa verve de conteur, il débuta par un recueil de nouvelles, *Bombi Bitt et moi* (*) (1932), suivi d'un roman burlesque, *Le Bouc dans le jardin* [*Bock i örtagård,* 1933]. Le sens du tragique, presque toujours inhérent à ce type d'humour, ressort dans le roman *Le Libraire qui cessa de se baigner* (*) (1937) et dans les *Histoires de Färs* [*Historier från Färs,* 1940].

NIMIER Roger. Romancier français. Né à Paris le 31 octobre 1925, mort à Garches (Hauts-de-Seine) le 28 septembre 1962. Ses ancêtres avaient appartenu à la maison des comtes de la Perrière, qui fournit un certain nombre de corsaires malouins. Nimier aimait faire allusion à ses ascendances bretonnes. Son père, ingénieur, était l'inventeur de l'horloge parlante. Sa mère, premier prix de violon du Conservatoire de Paris, abandonna la musique lors de son mariage. Le jeune Roger fait ses études au lycée Pasteur où il a comme condisciple Michel Tournier. En 1942, il obtient le deuxième prix de philosophie au Concours général. Tout en commençant de gagner sa vie, il suit les cours de la Sorbonne et devient licencié en philosophie. Peu après la libération, il s'engage au 2e régiment de hussards. Il se bat dans la poche de Royan où il est blessé. Il est démobilisé au printemps 1945. Sans doute, son premier roman, *L'Étrangère,* qui se situe pendant l'été de cette même année, est-il quelque peu autobiographique : le héros se prénomme d'ailleurs Roger. Nimier garde ce manuscrit dans ses tiroirs (publication posthume, 1968). On s'aperçoit en le lisant que le jeune auteur était un disciple de Giraudoux et de Cocteau. Mais il allait vite s'inventer un style bien à lui. Son deuxième roman, le premier qu'il ait publié, s'appelle *Les Épées* (1948) et il est d'une extrême violence. On y voit un adolescent passer de la Résistance à la Milice, mais il ne croit en vérité qu'aux « chemins solitaires ». Le livre fut aussitôt remarqué. Jouhandeau a dit son saisissement quand il le lut : « Ce fut comme si j'avais reçu une gifle de gloire, une gifle de lumière. » Avec ses deux romans suivants, qui parurent en 1950, *Perfide* et surtout *Le Hussard bleu* (*), Nimier s'imposa comme la figure littéraire la plus marquante de sa génération. Les revues se disputèrent sa collaboration et il se révéla excellent critique. En 1951, on lui proposa de diriger un nouvel hebdomadaire, *Opéra.* Rédacteur en chef de vingt-six ans, il imagina une mise en pages aérée et des titres à sensation, très parisiens. Alors qu'il était partout fêté, il écrivit deux nouveaux romans d'un romantisme désabusé : *Les Enfants tristes* (*) (1951) et *Histoire d'un amour* (1953). Chardonne lui conseilla alors d'attendre dix ans pour publier un nouveau livre. Nimier voulut-il suivre ce conseil ? En tout cas, abandonnant provisoirement le roman, il allait se consacrer au journalisme, au cinéma et à l'édition. Côté cinéma, *Ascenseur pour l'échafaud* (1957), dont il écrivit le scénario et les dialogues pour Louis Malle, fut le premier des films qu'on catalogua « nouvelle vague ». Il adapta lui-même pour l'écran *Histoire d'un amour,* qui devint *Les Grandes Personnes* et que réalisa Jean Valère (1960). En collaboration avec Roland Laudenbach, il s'inspira librement de Flaubert pour permettre à Alexandre Astruc de tourner *L'Éducation sentimentale* (1962). Depuis 1957, il occupait un poste de conseiller littéraire aux éditions Gallimard. Il était notamment chargé de commander des Préfaces pour la collection classique du Livre de Poche. Ainsi fit-il présenter Suétone par Montherlant, Tolstoï par Chardonne, Dumas par Morand et Homère par Antoine Blondin. Il travailla aussi à l'achèvement du *Tableau de la littérature française* entrepris dans les années 30 par Malraux, à la N.R.F., sous forme d'ouvrage collectif. Au début des années 60, il prépara sa propre rentrée littéraire. Aux *Enfants tristes,* il allait faire se succéder les cavalcades de *D'Artagnan amoureux.* Le livre serait posthume : Nimier devait être victime d'un terrible accident de voiture. C'est sans aucune raison que certains journalistes parlèrent de suicide. Marcel Aymé fit observer qu'une telle hypothèse était monstrueuse puisque « Nimier avait à son bord une passagère qu'il connaissait à peine ». Dans la littérature contemporaine, Nimier reste le chef de file de ceux que l'on a appelés les « hussards » et qui, refusant la littérature selon Sartre, revinrent à la littérature selon Larbaud.

JACQUES BRENNER.

RÉF. : Pol Vaudromme, *Roger Nimier,* Bruxelles, 1977. – Marc Dambre, *Roger Nimier, Hussard du demi-siècle,* Paris, 1989.

NIN Anaïs. Romancière américaine. Née le 21 février 1903 à Neuilly-sur-Seine, morte le 14 janvier 1977 à Los Angeles (Californie). Enfant, elle suit son père Joaquin Nin – pianiste et compositeur célèbre – dans ses tournées à travers le monde. Élevée dans un univers cosmopolite et artistique, elle continuera toute sa vie à en faire partie. En Amérique, comme en France et en Europe, elle connaît et fréquente à peu près tous les écrivains et artistes de son temps et porte généralement sur eux un jugement acéré. Dans un premier essai, elle s'intéresse à Lawrence dont son cercle subit l'influence : *D. H. Lawrence, étude non professionnelle* [*D. H. Lawrence, an Unprofessionnal Study*]. Amie d'Henry Miller, elle préface la première édition de *Tropique du Cancer* (*) (1934). Son poème en prose *La Maison de l'inceste* [*House of Incest*] paraît en 1936, puis un roman *Un hiver d'artifice* [*Winter of Artifice*] en 1939. Les cinq œuvres suivantes forment son « roman continu », paru sous le titre général *Les Cités intérieures* [*Cities of the Interior*] : *Les Miroirs dans le jardin* [*Ladders to Fire*, 1946], *Les Enfants de l'albatros* [*Children of the Albatross*, 1947], *Une espionne dans la maison de l'amour* [*A Spy in the House of Love*, 1955], *Le Cœur aux quatre logis* [*The Four-Chambered Heart*, 1959] et *La Séduction du Minotaure* [*Seduction of the Minotaur*, 1961]. Citons encore des nouvelles réunies sous le titre de *Sous une cloche de verre* [*Under a Glass Bell*]. Mais son *Journal* (*) est considéré comme son œuvre essentielle. Il comporte plus de quinze mille pages. Ce *Journal* est la quête d'une identité, mais l'auteur y parle aussi de la vie privée des « vagabonds de l'esprit » qu'elle a connus des deux côtés de l'océan. Cette même quête, d'un lyrisme contenu, se retrouve dans son œuvre romanesque, également inspirée de sa propre vie. « Mon discours dans mon *Journal* est naturel, ce que je produis ailleurs est un condensé, le mythe, le poème », écrit-elle. Dans ses romans, le personnage central est toujours une femme à la recherche d'elle-même. Son œuvre est remarquable par son style imagé, métaphorique, et par sa quête mythique (mystique ?) du moi.

JEANINE PAROT.

NIRĀLĀ (pseud. de Surjakumār Tripāthī). Poète indien de langue hindie. Issue d'une famille de brāhmanes originaires d'Uttar Pradesh, il naquit au Bengale le 21 février 1898 dans la petite principauté de Mahiṣādal (district de Midnapur), et mourut le 15 octobre 1961 à Allahabad. Son œuvre entière est marquée par l'influence bengalie. L'admiration passionnée du jeune poète pour Madhusudan Dutt et Rabindranath Tagore, l'imprégnation de la philosophie mystique de Ramakrishna et Vivekananda, conjuguées aux tragédies qui jalonnèrent son existence, devaient le conduire à opérer une rupture sans précédent avec les conventions, notamment en matière de prosodie, ce qui lui valut l'hostilité de nombreux critiques. Mariant avec audace pureté classique et spontanéité, lyrisme et vigueur, réalisme et fantasmes, expressions rustiques et métaphores grandioses, gravité et ironie, il renouvela par son originalité le genre poétique hindi, en y introduisant en particulier le vers libre. Rédacteur de revues associées au mouvement romantique du Chāyāvād, dont il fut l'un des piliers, écrivain fécond, penseur fertile, figure exceptionnelle, il n'accéda cependant à la célébrité que tardivement, mena une vie difficile et finit par sombrer dans la folie. Parmi ses œuvres les plus représentatives, il faut citer : *Anāmikā* (*) (1923 et 1938), *Arômes* [*Parimal,* recueil de 1930] qui contient certains de ses poèmes les plus populaires comme « Le Bourgeon de jasmin » [Juhî kî kalî], *Pièces lyriques* [*Gītikā,* 1936], *Tulsīdās* (poème épique de 1938), *Jasmin* [*Belâ,* 1943] et *Jeunes feuilles* [*Nave patte,* 1946]. Il écrivit en outre plusieurs romans de veine sociale et de nombreuses nouvelles.

CATHERINE THOMAS.

NISARD Désiré. Critique français. Né le 20 mars 1806 à Châtillon-sur-Seine (Côte-d'Or), mort le 27 mars 1888 à San Remo (Ligurie, Italie). D'une intelligence précoce, il vint tout jeune à Paris et fit de brillantes études au collège Sainte-Barbe. Ayant ensuite résolu de parfaire lui-même son instruction, il employa si bien son temps qu'il acquit de grandes connaissances dans le domaine littéraire. S'étant cru, dès l'âge de vingt ans, la vocation de journaliste, il sut manœuvrer de telle sorte qu'il obtint un peu plus tard d'entrer au *Journal des Débats* (*) (1828), où il put donner carrière à son républicanisme. Pendant la révolution de Juillet (1830), il fit bravement le coup de feu sur les barricades, avec ses frères et l'un de ses oncles qui y fut tué. Déçu par le gouvernement de Louis-Philippe, il passa dans le camp des libéraux (1832) dont le principal organe était *Le National* (fondé peu de temps auparavant par Armand Carrel, Adolphe Thiers et Mignet). Devenu le critique littéraire de ce journal (1833) au moment où le romantisme était en pleine effervescence, il se posa, d'entrée de jeu, en adversaire de ce dernier, lançant l'anathème contre Hugo et autres partisans de ce qu'il appelait la « littérature facile ». S'étant fait le dépositaire de ce qu'on nomme l'idéal classique, il avait donc tout ce qu'il fallait pour faire figure dans l'enseignement officiel : d'abord maître de conférences à l'École normale supérieure (de 1835 à 1844), il devint chef du secrétariat au ministère de l'Instruction publique (1836), puis maître des requêtes au Conseil d'État (1837) et un peu plus tard professeur d'éloquence latine au Collège de France (1844). Il avait d'ailleurs fait paraître plusieurs ouvrages dans lesquels il se révélait bon prosateur : *Études sur les poètes latins de la décadence* (1834), *Histoire et description de la ville de Nîmes* (1835), *Mélanges* (1838) et un *Précis de l'histoire de la littérature française* (1840). Il avait entrepris, en outre, une édition très complète des classiques latins accompagnés de leur traduction, laquelle, d'ailleurs, porte son nom et compte maints collaborateurs : *Collection des auteurs latins avec la traduction en français* (1838-1850).

Il fut reçu en 1850 à l'Académie française, l'emportant sur Alfred de Musset. Après le coup d'État du 2 décembre, il fut assez opportuniste pour devenir un chaud partisan du second Empire, et en recueillit bientôt les fruits : inspecteur général de l'enseignement supérieur (1852), secrétaire du conseil de l'Instruction publique (1853), professeur d'éloquence française à la Sorbonne (1854) et enfin directeur de l'École normale (1857-67). Entraîné dans la chute de l'Empire (1871), il put assez longtemps se survivre à lui-même et alla s'éteindre à San Remo. Étant, de tout point, l'antipode de Sainte-Beuve, Nisard incarne la critique universitaire dans toute la force du terme. Il fut, pendant toute sa vie, le dogmatisme en personne. Bon écrivain, il s'est attiré le reproche de manquer de sens historique. Son titre le plus remarquable est, sans contredit, son *Histoire de la littérature française* (*) (1844-1861).

ROLAND PURNAL.

♦ *« Nisard parle au nom du sens et du goût avec instruction, esprit et talent. Il prend intérêt à toutes sortes de choses et y porte une expression abondante, redondante parfois, mais claire et sensée, une foule d'observations morales qui plaisent à beaucoup d'esprits modérés et distingués, qui enchantent beaucoup d'esprits solides. »* Sainte-Beuve.

RÉF. : Barbey d'Aurevilly, *Les Quarante Médaillons de l'Académie*, Paris, 1864. – H. Babon, *Vingt figures contemporaines*, Paris, 1875. – Vicomte de Vogüé, *Discours de réception à l'Académie française*, Paris, 1889. – J. Malavie, *Un bourgeois de Louis-Philippe à l'épreuve de l'esprit démocratique*, thèse, Aix, 1970.

NISHIDA Kitarô. Philosophe japonais. Né le 19 mai 1870 à Ishikawa-Ken, mort le 7 juin 1945 à Kamakura. Parmi les penseurs modernes du Japon, c'est Nishida qui mérite le plus le nom de philosophe. Influencé par la philosophie occidentale, notamment celle de Bergson, de Fichte et des néo-kantiens, il a non seulement donné une expression « philosophique » à la pensée traditionnelle japonaise, mais aussi créé un système de pensée original qui pourrait intéresser les philosophes d'aujourd'hui. La notion principale de la philosophie nishidéenne est celle de l'expérience pure [jun-sui-kei-ken], développée dans son œuvre principale : *Étude du bien* (*) (1911). Il s'agit d'expériences où la conception dualiste sujet/objet n'a pas encore pris corps. Insistant sur cette notion comme étant la base de toute théorie de la connaissance, Nishida a créé un nouveau système de pensée qui s'oppose à la tradition occidentale basée, elle, sur la notion dualiste de sujet/objet. Autre concept important dans sa philosophie : celui du « lieu » [basho] qu'il applique à la logique, à la métaphysique et même aux questions historiques. Le lieu pour Nishida n'est pas simplement un lieu physique où « le sujet et l'objet se trouvent face à face », mais aussi un topo logique qui fait « intermédiaire entre le sujet et le prédicat ». Le lien nishidéen n'est « rien »

[mu] en soi parce qu'il n'est aucune entité, mais, pouvant « s'autodéterminer » en tous les existants du monde, il est dynamique et omnipuissant. Malgré son originalité, la philosophie nishidéenne est souvent objet de critiques pour avoir défendu ou admis le régime fasciste pendant la guerre. Certains disent que la faille se trouve chez le philosophe qui n'a pas su limiter l'application de son système, mais il se pourrait qu'il existe un défaut dans son système lui-même qu'il est très important d'étudier.

HITOSHI OSHIMA.

NITHARD. Chroniqueur franc écrivant en latin. Né vers 800, mort le 14 juin 844. Contrairement à la plupart des historiens carolingiens, Nithard n'était pas un clerc mais un très grand seigneur. Petit-fils de Charlemagne, il avait pour mère Berthe, fille de l'empereur, et pour père le célèbre poète Angilbert, qui fut surnommé l'Homère de la Cour et qui était primicier de la chapelle impériale. Nithard était donc le cousin germain des rois Charles le Chauve, Louis le Germanique et Lothaire, dont il raconte l'histoire dans sa chronique. Il est probable qu'il naquit environ l'an 800. Il exerça les fonctions de comte et fut un homme de guerre, néanmoins, très versé dans la connaissance des lettres sacrées, c'était également un homme fort cultivé. Ses dispositions de diplomate furent utilisées à maintes reprises par son cousin Charles le Chauve, plus jeune que lui d'au moins vingt ans, dont il fut le principal conseiller et qui le chargea de nombreuses missions. En 843, Nithard fut nommé abbé laïque du monastère de Saint-Riquier, dont l'abbé Ricbodon, son cousin également, fils d'une autre fille de Charlemagne, avait la charge temporelle. Il mourut l'année suivante, le 14 juin 844, à la bataille qui eut lieu sur les bords de l'Agout, près d'Angoulême, contre les troupes de Pépin II d'Aquitaine qui barraient le passage aux vassaux de Charles le Chauve tentant de rejoindre leur maître au siège de Toulouse. Nithard fut enseveli aux côtés de son père. C'est à la demande de Charles le Chauve qu'il entreprit d'écrire en latin l'*Histoire des fils de Louis le Pieux* (*), en faisant état de ses notes personnelles et des documents officiels.

RÉF. : P. Petau, *De Nithardo Caroli Magni nepote, ac tota ejusdem Nithardi pro sapia breve syntagma*, Paris, 1613. – Chr. Paetz, *De vita et fide Nithardi*, Halle, 1865. – G. Meyer von Knonau, *Über Nithards vier Bücher Geschichten, der Bruderkrieg der Söhne Ludwigs des Frommen und sein Geschichtschreiber*, Leipzig, 1866. – U. Berlière, *Nithard, Abt von Centula* [St-Riquier], 1887. – Ph. Lauer, introd. à l'éd. de l'*Histoire*, Paris, 1926.

NIVARD de Gand. Nous avons très peu de renseignements sur la vie de l'auteur d'*Ysengrimus* – v. *Roman de Renart* (*). D'origine allemande (peut-être rhénan) il vécut au XIIe siècle et fut probablement un homme d'Église. Il fit ses études à Paris et séjourna sans doute à plusieurs reprises en France. Il a dû, cependant, résider surtout dans les Flandres, à Gand et dans les parages : d'où son nom. Il est à peu près certain qu'il enseigna au couvent de Saint-Pierre de Blandigny et qu'il entretint d'étroits rapports (en qualité de prébendaire et de « scolasticus ») avec l'église de Sainte-Pharaïlde. Il y était entre 1146 et 1148, dates qui, d'après les savants travaux de Voigt, peuvent délimiter l'époque de la rédaction d'*Ysengrin*.

RÉF. : Ernst Voigt, introduction à l'édition de l'*Ysengrin*, Halle, 1884. – Léonard Willems, *Étude sur l'Ysengrinus*, Gand, 1895. – Voretzsch, article in *Zitschrift für romanische Philologie*, tome XX, 1896. – É. Charbonnier, *Recherches sur l'Ysengrinus*, Vienne, 1983.

NIWA Fumio. Romancier japonais. Né le 23 février 1904, dans le département de Mie, d'une famille de desservants bouddhiques. Il est encore enfant lorsque sa mère abandonne le foyer familial. Ce fait le marquera profondément, orientant une grande partie de son œuvre autour du thème de la mère coupable, qui nourrira aussi bien sa première nouvelle publiée, *L'Automne* [*Aki*, 1926], que la grande autobiographie romancée de l'âge mûr, *Le Blé qui lève* (*) (1953). Après des études de littérature japonaise à l'université Waseda, à Tôkyô, au cours desquelles il publie déjà en abondance dans plusieurs revues estudiantines, il ne parvient pas à trouver d'emploi, et se voit contraint, sans grand enthousiasme, à retourner occuper près de son père des fonctions d'officiant. Il n'en continue pas moins à écrire, et le succès de *La Truite* [*Ayu*, 1932] décide, à vingt-huit ans, de sa carrière littéraire. Il quitte alors définitivement le monastère ancestral pour poursuivre à Tôkyô une activité de romancier tourmenté par une sensualité assez trouble, où l'obsession de la mère adultère – *L'Embonpoint* [*Zeiniku*, 1935] – le dispute à la fascination des bars du quartier de Ginza, qui fourniront le décor d'un certain nombre de romans de mœurs : parmi ces derniers, *La Verte saison* [*Wakai kisetsu*] paraîtra en 1936 sous forme de feuilleton dans l'important journal *Asahi*, et assurera à son auteur une audience qui ne s'est plus jamais démentie. Vient la guerre, qu'il vivra à partir de 1942 dans les services d'information de la Marine. Pour l'écrivain assez facile qu'était devenu Niwa, bâtissant à l'intention d'un très large public des intrigues amoureuses assaisonnées d'un zeste de scandale, l'expérience du combat, puis celle de la défaite et de ses séquelles matérielles et morales, fut l'occasion d'une prise de conscience, et le point de départ d'une seconde manière, marquée cette fois par une plus large préoccupation à l'égard du monde moderne, voire par une tendance au réformisme social : s'interrogeant dans *Le Blé qui lève* sur la place des religieux dans la société contemporaine, il dénonce dans *Le Serpent et les Colombes* (*) (1952) l'imposture des sectes nouvelles, plaide dans *L'Âge des méchancetés* (*) (1947) pour la prise en charge des vieillards, et dans *Vagabondage* (+) (1955) pour un système plus généreux de Sécurité sociale. S'il n'est pas certain que l'intérêt littéraire ait été en la matière à la hauteur de la hardiesse et de la justesse des vues, Niwa n'en a pas moins continué à bénéficier de l'appui enthousiaste d'un public dont il sut souvent exprimer le souci profond. Reconnu par ses pairs comme par ses lecteurs, il est admis en 1964 à l'Académie des arts, et prend en 1965 la direction de la Société japonaise des gens de lettres.

MICHEL WASSERMAN.

NIZÂM AL-MOLK. Homme d'État et écrivain persan. Né le 10 avril 1018 à Rādkān (près de Tous, au Khorasân), mort assassiné le 14 octobre 1092. Après avoir exercé à Ghazna un emploi dans l'administration locale, il entra au service des Seldjoukides d'abord à Balkh, puis à Merv, au moment de la plus grande puissance de cette dynastie turque. Vers 1056, il fut nommé vizir par Alp Arslân, prince du Khorasân, et c'est probablement à cette époque qu'il reçut le titre honorifique, qui lui convenait si bien, de « Nizâm al-Molk » (ordre du royaume). De nouveau vizir lorsque le trône impérial fut occupé par ce même Alp Arslân, on ne saurait dire si, en fait, ce fut le souverain ou son ministre qui dirigea l'État, dont la politique consistait alors essentiellement à utiliser les forces toutes neuves des tribus turques qui, de l'Asie centrale, déferlaient sur l'Azerbaïdjan et l'Anatolie. Alp Arslân étant mort en 1072, Nizâm al-Molk demeura vizir, et fut en outre tuteur (atābeg) du nouveau souverain, Malekchâh, âgé de dix-huit ans. Impitoyable et ferme en ce qui concernait la défense du pouvoir, il laissa à d'autres le soin de mener les campagnes et les expéditions militaires. Sous son gouvernement, les Seldjoukides firent en 1076 la conquête de Jérusalem, événement qui est à l'origine du mouvement des croisades franques. Nizâm al-Molk s'attacha surtout à régler l'administration de l'État turc ; c'est ainsi notamment qu'il parvint à sédentariser les turbulentes tribus, à garantir la sécurité des routes et à promouvoir la prospérité économique. Il protégea les savants, notamment le célèbre théologien al-Gha zālī, et fonda de nombreuses écoles coraniques supérieures (madrasé), dont la plus fameuse, à Baghdâd, garda son nom. Pendant les dix dernières années de sa vie, le pouvoir de Nizâm al-Molk fut compromis par les efforts d'émancipation de Malekchâh, puis par les complots d'un favori et de l'une des épouses du souverain, qui voulait assurer la succession à son propre fils. Enfin, le sac de Bassora par les Qarmates en 1090, et le siège d'Alamout par la secte des Assassins ruinèrent son prestige. En 1092, il fut tué, tandis qu'il quittait Baghdâd pour regagner la capitale Ispahan, par un sicaire déguisé en soufi, probablement émissaire des Assassins, ou des milieux de la Cour qui lui étaient hostiles. Ce représentant de la plus haute culture persane sut organiser en un grand empire structuré les forces barbares des envahisseurs turcs. Nizâm al-Molk se plaignait d'ailleurs de la lenteur de leur adaptation aux exigences d'un État évolué, et c'est cette difficulté qui fut la cause principale du déclin rapide de l'empire seldjoukide après la mort de ce grand ministre. Le fameux *Traité de gouvernement* (*), achevé l'année même de sa mort, est son testament politique, et la conclusion de la longue expérience.

RÉF. : H. Massé, *Nizâm,* Paris, 1930. – H. Bowen, *Nizâm, in Enzyklop des Islam,* tome III, 1936. – A. Talas, *L'Enseignement chez les Arabes, La Madrasa Nizamiyya et son histoire,* Bordeaux, 1939.

NIZÂMI Abou Mohammad Elyas. Poète persan. Né à Ganjé (actuel Kirovabâd en Azerbaïdjan) en 1141 et mort en 1209. Orphelin très tôt, il fut élevé, avec son frère (également poète, mais de moindre talent), par un oncle auquel il sembla avoir été redevable de sa formation intellectuelle, très complète pour l'époque. On sait encore de Nizâmi que sa mère appartenait à la noblesse kurde, qu'il se maria trois fois et qu'il eut un fils. Ses biographes ne nous apprennent rien d'autre à son sujet, et l'étude de son œuvre, pauvre de détails personnels, indique seulement qu'il se trouva en relations avec les principaux souverains iraniens de son temps, auxquels il dédia ses poèmes. L'un d'eux lui donna une de ses filles en mariage ; un autre lui fit don du revenu (misérable à en croire le bénéficiaire) d'un village.

Nizâmi est une des figures les plus originales de la littérature persane qui lui doit un de ses genres favoris, le roman en vers. Firdousi avait déjà montré la voie avec son *Youssouf et Zouleïkha* (*) ; il fut surpassé par Nizâmi dont le *Khamsé* [*Les Cinq Poèmes*] constitue un chef-d'œuvre jamais égalé par les nombreuses, et parfois brillantes, imitations qu'elle suscita. À l'extraordinaire harmonie du verbe, à la subtile élégance de la pensée et des sentiments qu'exprime ce créateur de la poésie courtoise en Orient, le lecteur occidental ne peut se retenir d'ajouter un autre mérite, rare dans les littératures islamiques, celui de la spontanéité et d'un constant renouvellement.

La première œuvre de longue haleine écrite par Nizâmi est le *Le Trésor des secrets* (*), recueil, en vers, d'anecdotes morales teintées de mysticisme, qu'il dédia en 1176 (?) au souverain de l'Azerbaïdjan. Elle fut suivie par un *Khosrow et Chîrîn* (*), thème emprunté au *Livre des rois* (*) de Firdousi, admirable version de la vieille légende iranienne des amours de l'empereur sassanide Khosrow et de la belle Chîrîn courtisée également par l'architecte Farhâd, qui meurt victime de sa passion. Nizâmi présenta cette œuvre, une première fois au destinataire de son *Makhzan al-asrâr,* et ensuite au successeur de ce prince, l'atābeg Qizil Arslân (le Lion rouge). La gloire lui venant, Nizâmi se vit demander, par le roi caucasien du Chirvân, un récit des aventures du poète bédouin Majnoun (le Fou) et de sa maîtresse Leïla (la Nuit), célèbres dans la littérature arabe. À contre-cœur, il exécuta cette commande, d'ailleurs une de ses meilleures réussites (1188) – v. *Leïli et Majnoun* (*). Pour l'atābeg de Mossoul, Izz al-Dîn Mas'oud Ier, il composa un *Iskandar-nâmé* – v. *Livre d'Iskandar* (Alexandre) (*), et un charmant roman en vers, les *Haft Peïkar* (*). De ces deux ouvrages, dont la rédaction se situe entre 1191 et 1199, il offrit une version remaniée à l'atābeg d'Azerbaïdjan, Nosrat al-Dîn Abou Bakr. Il suivait en cela l'usage des poètes orientaux de son temps qui tiraient leurs moyens d'existence de la générosité des grands. Le *Livre d'Alexandre,* inspiré d'un des derniers chapitres du *Livre des rois,* comporte une dizaine de milliers de vers ; il se divise en deux parties, *Livre de la fortune* [*Eqbâl-nâmé*] ou *Livre de l'honneur* [*Charaf-nâmé*] et *Livre de raison* [*Khérad-nâmé*]. Tout en relatant les aventures légendaires du conquérant macédonien et sa quête de la source de jouvence, il offre de nombreux développements scientifiques et philosophiques qui en font une sorte de somme de la pensée iranienne de l'époque de Nizâmi. *Les Sept Princesses* [*Haft peïkar*], d'un abord autrement aisé, sont consacrées au récit des aventures des sept princesses épouses de Bahrâm Gour (Bahrâm l'Onagre), le Vert-Galant de la dynastie sassanide. Chacune de ces sept princesses symbolise un des sept jours de la semaine en même temps qu'une des sept planètes. Certains des épisodes dont elles sont les héroïnes comportent une atmosphère d'un fantastique curieusement moderne. Nizâmi est également l'auteur d'un *Divân* (recueil de poèmes lyriques) encore inédit mais, semble-t-il, d'un moindre mérite que ses compositions narratives. Son charme fait de lui un des écrivains les plus attachants de l'Iran et l'un des plus lus. Il en est aussi, aux yeux de l'histoire littéraire, l'un des plus importants ; les œuvres des poètes persans, turcs et indiens qui ont tenté de rivaliser avec lui, en composant eux aussi des séries de cinq poèmes, empliraient une bibliothèque.

ROGER LESCOT.

RÉF. : W. Bercher, *Nizâmi's Leben und Werken,* Leipzig, 1871. – H. W. Duda, *Ferhâd und Schirin,* Prague, 1933. – E. G. Brown, *A Literary History of Persia,* vol. II, Cambridge, 1938.

NIZÂMI AROUZI Abol-Hassan (Nizâm al-Dîn Ahmad ibn Omar ibn Ali Samarqandi, appelé communément Arouzi, « le prosateur », pour le distinguer de son homonyme le grand poète). Auteur iranien de la première moitié du XIIe siècle. Né à Samarqand vers la fin du XIe siècle. On ne connaît de sa vie que les quelques détails enregistrés par lui-même dans le seul de ses ouvrages qui nous soit parvenu : *Les Quatre Discours* (*), composé probablement en 1156 de l'ère chrétienne. Il était, nous apprend-il, depuis déjà quarante-cinq ans au service de la dynastie des Ghûrides, « rois des montagnes », lorsqu'il écrivit le livre qui fait de lui le plus grand prosateur de la littérature persane. Il semble avoir passé la majeure partie de son existence au Khorâsân. Les événements de sa vie auxquels il se réfère se situent entre les années 1110-11 et 1152-53, et nous le présentent successivement à Samarqand en 1110-11 où il se renseigne sur le poète Roudaki ; à Balkh, en 1112-13 où il rencontre Omar Khayyâm ; à Hérat en 1115-16 où il réside ; à Tous en 1116-17 où il se rend dans l'espoir de gagner la faveur du sultan Sandjar, le dernier des grands Seldjoukides, dont l'armée campait aux environs. À cette occasion, il visite la tombe de Firdousi. À Nichapour où il passe à plusieurs reprises et où en 1135-36 il visite la tombe de Khayyâm. À Hérat enfin où en 1152-53, après la défaite de l'armée ghûride par Sandjar, il demeure caché quelque temps. De la dernière anecdote du livre on peut déduire qu'il avait une épouse et des enfants. Poète de cour par profession – il se met au nombre des poètes qui ont immortalisé la dynastie des Ghûrides (cf. anecdote 1, Deuxième discours) –, il était en outre expert en l'art du secrétaire de cour et sérieusement initié à l'astrologie et à la médecine qu'il pratiquait à l'occasion. Mais c'est à l'excellence de sa prose qu'il doit sa renommée. D'après certains passages des *Quatre Discours* on déduit qu'il vécut au moins jusqu'en 1155-56.

ISABELLE DE GASTINES.

NIZAN Paul. Écrivain français. Né le 7 février 1905 à Tours, mort le 23 mai 1940 près de Dunkerque. Après une enfance bourgeoise et provinciale, il entre à l'École normale supérieure, où il se lie avec Jean-Paul Sartre. Après un voyage à Aden, il s'inscrit en 1927 au parti communiste. Jusqu'à la guerre, il partage sa vie entre l'enseignement de la philosophie et son activité militante, écrit des articles pour *L'Humanité* et *Europe* (*). De 1934 à 1935, il réside avec sa femme à Moscou. En 1939, il quitte bruyamment le parti communiste français à la suite de la signature du pacte germano-soviétique. Un an plus tard, il est tué sur le front.

L'œuvre romanesque de Paul Nizan, assez brève, est l'une des plus remarquables de l'entre-deux-guerres. En 1960, dans sa Préface à la réédition de *Aden Arabie* (*) (1931), Sartre a essayé de tirer son ami de l'oubli dans lequel il était injustement tombé. *Aden Arabie,* le premier roman de Nizan, est autobiographique : l'auteur raconte les désillusions qu'il a éprouvées lors de ce voyage. *Antoine Bloyé* (1933), *Le Cheval de Troie* (1935) et *La Conspiration* (*) (1938) sont également des livres parfaitement biographiques, où Nizan retrace successivement la vie de son père, puis les événements sociaux et politiques de la France de l'après-guerre. Acerbes, lucides, passionnées, ces œuvres de Nizan sont l'un des rares exemples en France, après Jules Vallès, de romans politiques de qualité. Ce sont des livres militants, visant à montrer les aliénations multiples de l'univers capitaliste. Mais ce propos avoué n'ôte rien à leur vigueur et à leur jeunesse littéraire. *Les Chiens de garde* (1932) constituent un pamphlet impitoyable contre les philosophes académiques de la Troisième République, notamment Brunschvicg. En 1936, Nizan a également publié un essai intitulé *Les Matérialistes de l'Antiquité.*

Cette œuvre, brillante, parfois imparfaite, constitue un témoignage irremplaçable sur la vie intellectuelle, sociale et politique de la France de l'entre-deux-guerres.

ANTOINE BERMAN.

RÉF. : A. Ginsbourg, *Nizan,* Paris, 1966. – J. Leiner, *Le Destin littéraire de Nizan,* Paris, 1970. – A. King, *Paul Nizan, écrivain,* Paris, 1976. – A. Cohen-Solal, *Paul Nizan, communiste impossible,* Paris, 1980. – J. Steel, *Nizan, un révolutionnaire conformiste ?* Paris, 1987.

NIZON Paul. Romancier suisse d'expression allemande. Né à Berne le 19 décembre 1929. Fils d'émigré russe, il conclut des études d'archéologie et d'histoire de l'art, dans sa ville natale puis à Munich, par une thèse sur Vincent Van Gogh. Un temps critique d'art, puis professeur à Zurich, il se consacre à l'écriture à partir de 1962. Il vit à Paris depuis 1977.

« Je suis un autobiofictionnaire qui avance immobile », dit-il volontiers. Une formule qui résume, effectivement, toute la poétique de Paul Nizon. D'abord la dimension délibérément autobiographique de son œuvre : « Un livre, avant de l'écrire, je dois le vivre. Et vivre n'a de sens que par la mise en mots. Écrire m'est aussi nécessaire que respirer. » En même temps, Nizon prend ses distances à l'égard de l'écrivain qui raconte des histoires : « Je ne suis pas un metteur d'histoires en bouteilles, un virtuose de l'emballage. J'allume de petits éclairs et, à leur fugitive lumière, je poursuis mon chemin. » Paul Nizon écrit à chaque fois le même livre, à la frontière du journal, du récit romanesque, de la prose poétique. La légende du fils prodigue, revisitée, entre autres, par le Rainer Maria Rilke des *Cahiers de Malte Laurids Brigge* (*), semble bien constituer le foyer de l'imaginaire de l'écrivain, en tant qu'elle noue les thèmes de l'arrachement, de la vie dilapidée, du vagabondage, de la culpabilité et de l'impossible rédemption sans la miséricorde du père.

Le premier roman de Paul Nizon, *Canto* (1963), évoque un séjour romain, en 1960, et se place sous le signe de la mort du père ; le héros-narrateur erre entre sa chambre solitaire, les rues grouillantes et les bordels : « Regarde : j'ai des larmes ; mais rien sur quoi je pourrais les verser ; regarde, j'ai le ventre plein de larmes, mais aucune raison de pleurer. » L'écriture, dans cette ville qui a l'immensité d'une « surface gelée », serait comme l'impossible conquête d'un aplomb, d'une permanence, un rêve de pierre : « Pas d'idée, de programme, d'engagement, d'histoire, de fable, de fil directeur ; rien que cette passion d'écrire dans les doigts [...] rien qu'une matière qu'il me faut fixer avec les mots, afin d'arrêter quelque chose sur quoi je puisse m'arrêter. » Après un détour par la réflexion et l'essai sur l'art – *Bonheur de vivre et grands peintres* [*Lebensfreude in Bildern grosser Meister,* 1969] –, Paul Nizon revient au « romanesque » avec *La Vie immergée. Procès-verbal d'un voyage* [*Untertauchen. Protokoll einer Reise,* 1972] : le séjour d'un journaliste zurichois à Barcelone engage en profondeur, une fois encore, une éthique-esthétique de l'existence en partance – « Avoir sans posséder, disparaître pour être ». Disparaître, s'effacer, s'abîmer, telle est aussi toute l'histoire de *Stolz* (*) (1975), ce jeune homme qui ressemblait à l'auteur « comme un frère », « qui voulait découvrir la vie, s'était installé dans une ferme solitaire du Spessart, afin de s'y consacrer à un ouvrage », et qui y périt de froid. *L'Année de l'amour* (*) (1981) transporte le narrateur dans un autre paysage gelé – celui de Paris – où il ressasse la question de la survie à travers l'écriture : « Cette ville glaciale te tuera ou te ressuscitera. » *L'Année de l'amour* lui a permis, en tout cas, de sortir de son égotisme angoissé pour « tâtonner, s'étonner, essayer d'épeler la réalité » dans les « capriccios » de son livre *Dans le ventre de la baleine* [*Im Bauch des Wals,* 1989]. L'œuvre de Paul Nizon est à l'image de celle du « champion de jeûne » de Kafka : dans l'exhibition du dénuement naît une sorte de pure littérature, concentrée sur ses propres sensations.

JEAN-JACQUES POLLET.

NJEGOŠ Petar (II) Petrović, prince-évêque du Monténégro [Pierre Pétrovitch Niégoch]. Poète serbe. Né à Njeguši le 1er novembre 1813, mort à Cetinje le 19 octobre 1851. Devenu à dix-sept ans « vladika gospodar », dernier chef à la fois spirituel et laïque des Monténégrins, il combattit avec succès le particularisme des tribus et la rivalité d'une autre famille puissante, et réussit à consolider sa dynastie et le pouvoir central. Il dota son pays d'une organisation plus moderne en créant un sénat, des tribunaux, un système fiscal, une garde permanente, la première école et la première imprimerie, et favorisa le développement économique. Protégé par la Russie, et, généralement, en bons termes avec l'Autriche, il renforça, plus par son action diplomatique que militaire, l'indépendance « de facto » de son État en l'acheminant vers la souveraineté complète. Il effectua plusieurs voyages en Russie, en Italie, et à Vienne. Patriote monténégrin, serbe et yougoslave, ami de l'illyrisme croate, il chérissait l'idée de la libération de tous les Slaves du Sud. En 1848, il offrit aux Croates en guerre contre les Hongrois des troupes monténégrines (aide qui ne fut pas acceptée), et recommanda aux Croates et Serbes dalmates de se rallier au ban (gouverneur) Jelačić. Son évolution littéraire commença sous l'influence de la poésie populaire et du poète serbe Sima Milutinović, son éducateur. Ce mélange de la manière épique populaire et du classicisme serbo-russe ne donna d'abord pas de résultats heureux – *Épopée de la liberté* [*Svobodijada*] –, narrant les combats contre les Turcs. Dans ses moyens d'expression, Njegoš resta fidèle à cette double influence jusqu'à la fin, tout en la dépassant de façon magistrale dans la maturité de sa vie, de sa pensée et de son art, en y ajoutant un sens pathétique de la grandeur de l'homme et du peuple et une profonde interrogation philosophique. Il intégra dans sa vaste culture personnelle l'éthique patriarcale de ses ancêtres et l'humanisme occidental, la passion de la liberté nationale, et son inquiétude métaphysique d'homme et de chrétien de son temps. Par son chef-d'œuvre, *La Couronne de la montagne* (*), véritable monument de l'esprit national à l'époque du romantisme finissant, il devint le plus important poète épique serbe. *La Lumière du microcosme* [*Luča mikrokozma,* 1845], poème épique, écho lointain du *Paradis perdu* (*) de Milton, exprime sa pensée pessimiste sur le sort de l'homme dont le corps seul, dans la vision, est terrestre.

De loin la meilleure de ses œuvres, la seule qui s'impose durablement par sa beauté classique et l'élévation de ses idées, est *La Couronne de la montagne* (1847), poème épico-dramatique, dédié à Karageorges, chef de l'insurrection serbe. Sa dernière œuvre, de forme dramatique, de signification littéraire mineure, malgré quelques passages intéressants, *Étienne le Petit* [*Scépan Mali,* 1851], raconte l'histoire d'un aventurier qui prétendit être le tsar Pierre et qui, au XVIIIe siècle, régna un certain temps sur le Monténégro. Suivant l'exemple de Karadžić, Njegoš édita aussi des poèmes populaires : *Le Miroir serbe* [*Ogledalo srpsko,* 1854].

RÉF. : Prof. St Stanojević, article *sub nomine* dans le t. III de la *Narodna enciklopedija srpskòhrvatsko-slovenačka,* Zagreb, 1928 (en serbe). – L. Durkowicz-Jakszicz, *Petar II Petrović Njegoš,* Varsovie, 1938 (thèse en polonais avec un résumé en français). – K.J. Spasić, *Petar II Petrović Njegoš et les Français,* Paris, 1972. – M. Vuković-Birčanin, *Petar II Petrović Njegoš 1813-1851,* Munich, 1983.

N'KRUMAH Kwame. Homme d'État ghanéen. Né et mort à Accra (15 septembre 1909 - 27 avril 1972). Après des études aux États-Unis, il est influencé par le communisme en Europe. En 1948, il est le secrétaire général de l'United Gold Coast Convention. Il s'en sépare en 1949 et fonde le Convention People Party. Prenant parti contre le « rapport Coussey » et réclamant l'autonomie immédiate, il déclencha une campagne de désobéissance qui n'alla pas sans émeutes. Il fut arrêté, mais les élections de 1951 donnant la majorité au C.P.P., le gouverneur Arden Clarke tira N'Krumah de prison pour le nommer chef de gouvernement. Ce fut le début d'une collaboration loyale, dans laquelle N'Krumah joua un rôle décisif. Il changea le nom de Gold Coast en Ghana pour le rattacher à l'histoire africaine la plus ancienne (1957). Il fut l'initiateur de la conférence d'Accra (1958), qui réunit divers représentants des pays arabes et qui décida de soutenir les mouvements d'indépendance en Afrique. Le 30 juin 1960, le Ghana devint une république tout en restant dans le Commonwealth. N'Krumah prônait une unité continentale africaine et exposa son projet au cours de la session inaugurale de « l'Organisation de l'unité africaine » (O.U.A.) (1963). Il épousa une Égyptienne blanche qu'il n'avait jamais vue pour symboliser l'union des deux Afrique (noire et blanche). Cependant, l'orientation de sa politique vers le socialisme, la concentration de tous les pouvoirs entre ses mains entraînèrent sa chute. Profitant de son voyage à Pékin, des militaires s'emparèrent du pouvoir le 24 février 1966. Il se réfugia alors en Guinée.

On lui doit quelques ouvrages en anglais où apparaissent ses idées et ses choix politiques : *Ghana : l'autobiographie de Kwame N'Krumah* (*) (1957), *Je parle de liberté* (+) (1961), *L'Afrique doit s'unir* (+) (1963)...

DANIÈLE BOONE.

NOAILLES Anna-Élisabeth de Brancovan, comtesse Mathieu de. Poétesse française. Née le 15 novembre 1876 à Paris, où elle mourut le 30 avril 1933. Son aïeul paternel, Georges Démètre Bibesco, avait épousé Zoé Mavrocordato, fille adoptive du dernier prince de Brancovan, descendant des souverains de Valachie. Par sa mère, Raoulka Musurus, elle appartenait à une famille grecque d'origine crétoise qui avait compté des poètes et des lettrés. Paris, le Bosphore et la Savoie furent les toiles de fond de son enfance et, dès l'âge de treize ans, elle s'exerça à la versification. Tour à tour elle subit l'influence des parnassiens, de Musset, puis de J.-J. Rousseau et d'Heinrich Heine, mais, plus que tous les autres, de Victor Hugo dont le génie la subjugua. Le 18 août 1897, en l'église de Publier (Haute-Savoie), elle épousa le comte Mathieu de Noailles. Le 1er février 1898, ses premiers poèmes (*Litanies*) parurent dans *La*

Revue de Paris (*) et, le 18 septembre 1890, elle donnait le jour à un fils, Anne-Jules de Noailles. Son premier recueil de vers, *Le Cœur innombrable* (*) (1901), reçut un accueil enthousiaste. C'était la révélation d'un talent hors de pair, et le brillant début d'une série de volumes où harmonieusement s'exprime un intense amour de la nature : arbres, plantes, et surtout soleil. Cette œuvre, imprégnée du panthéisme le plus ardent, allait exprimer aussi le culte de la jeunesse et des héros, avec un sens profond de la mort, la hantise de l'éternel et de l'absolu. Sous l'influence de Maurice Barrès, dont elle avait fait la connaissance en 1896 et qui fut, de sa part, l'objet d'un attachement du reste partagé, Anna de Noailles fit, dans son inspiration, plus large encore la part de l'Orient, mais, de toute son âme devenue Française, elle ne ressentait pas moins l'attrait des « pays de l'Aisne et de l'Oise ». Elle publia successivement les volumes de vers suivants : *L'Ombre des jours* (+) (1902), qui contient la célèbre pièce intitulée *Jeunesse* ; *Les Éblouissements* (*) (1907), où figurent la *Prière devant le soleil* ; *Les Vivants et les Morts* (*) (1913) ; *Les Forces éternelles* (1921), où sont évoqués les champs de bataille de la Marne. Au faîte de la gloire, Anna de Noailles fut élue membre de l'Académie royale belge de langue et de littérature françaises, et l'Académie française lui décerna le grand prix de littérature.

Très admirée des écrivains, des hommes politiques et des savants, elle était devenue une sorte de personnage officiel et fut la première femme à recevoir la cravate de commandeur de la Légion d'honneur. On lui doit également trois romans, qui valent surtout par ce qu'ils peuvent contenir d'éléments autobiographiques : *La Nouvelle Espérance* (1903), évocation de la vie d'une jeune femme du monde à cette époque, *Le Visage émerveillé* (*) (1904), journal d'amour d'une religieuse, qui fit scandale, et *La Domination,* œuvre manquée dont elle ressentit vivement l'échec. Citons encore : *De la rive d'Europe à la rive d'Asie,* récit d'un séjour qu'elle avait fait, enfant, en Turquie (1913), *Les Innocents ou la Sagesse des femmes* (1923), recueil de nouvelles, et *Passions et Vanités* (1923). À partir de 1912, la santé d'Anna de Noailles commença de s'altérer et elle quitta de moins en moins sa chambre du 40, rue Scheffer. Elle publia encore deux recueils de poèmes : le *Poème de l'amour* (1925) et *L'Honneur de souffrir* (*) (1927), consacré à ses morts, ainsi que ses *Poèmes d'enfance* (1928). En 1932 parut *Le Livre de ma vie,* éléments d'une biographie intime qui s'arrête à l'année 1896. Son corps repose au Père-Lachaise ; son cœur fut inhumé à Publier. Un dernier recueil de poèmes fut publié après sa mort sous le titre *Derniers vers et poèmes d'enfance.* Au chalet d'Amphion, sur les bords du Léman où les Brancovan passaient chaque année plusieurs mois, et dont elle chanta les paysages, un monument fait de pierre et de verdure a été érigé par l'Association des amis du poète. La correspondance échangée entre Anna de Noailles et Maurice Barrès ne sera pas publiée avant 1983.

HENRI LE BRETON GRANDMAISON.

♦ *« Anna de Noailles fut notre dernier poète inspiré. »* L.-P. Fargue. ♦ *« Éloquente, grandiloquente, volubile, Mme de Noailles ne livrait pourtant que peu d'elle-même, en agitant autour d'elle des paroles nombreuses, comme autant de voiles qu'exigeait sa pudeur. »* Colette. ♦ *« Elle avait poussé à leurs extrêmes conséquences en particulier toutes* [les] *libres théories sur la libre inspiration, et il nous faut bien dire que de là viennent les graves manques de son œuvre. »* Robert Brasillach.

RÉF. : Colette, *Discours de réception à l'Académie royale belge de langue et de littérature françaises,* Paris, 1936. – L.-P. Fargue, *Anna de Noailles* in *Portraits de famille,* Paris, 1947. – E. de La Rochefoucauld, *Anna de Noailles,* Paris, 1956. – Cl. Mignot-Ogliastri, *Anna de Noailles : une amie de la princesse Édouard de Polignac.* – F. Broche, *Anna de Noailles : un mystère en pleine lumière, 1876-1933,* Paris, 1989. – E. Hugonnet-Dugna, *Anna de Noailles : cœur innombrable : biographie, correspondance,* Paris, 1989.

NOBRE António. Poète portugais. Né à Porto le 16 août 1867, mort le 18 mars 1900 à Foz do Douro. Il commence ses études de droit à Coïmbre et les termine à Paris. C'est dans la capitale française qu'il subira l'influence du symbolisme. La poésie d'António Nobre, réunie en trois volumes : *Seul* (*) publié en 1892, *Adieux* [*Despedidas,* 1902], *Premiers vers* [*Primeiros versos,* 1921], est sévèrement critiquée parmi ses plus proches amis qui la trouvent « mièvre ». En fait Nobre est un homme malade, exilé, nostalgique de son enfance et déçu dans ses affections. Comme Cesário Verde (1855-1886), il a contribué à renouveler la poésie de langue portugaise. Il écrit, sur le ton de la confidence, son désespoir et son désir de vivre. Tuberculeux, il se sait condamné. Il meurt à trente-trois ans et son œuvre, rejetée d'abord pour ses imperfections stylistiques, est reconnue comme un des tournants de la poésie portugaise, qu'il a libérée de conventions trop rigides.

FRANÇOISE BEAUCAMP.

NODIER Charles. Écrivain français. Né à Besançon le 29 avril 1780, mort à Paris le 27 janvier 1844. Fils de l'avocat Antoine-Melchior Nodier et de Suzanne Pâris, Charles Nodier ne fut légitimé qu'à l'âge de onze ans. La Révolution marquera profondément son enfance. Dès sa douzième année, il appartient à la société locale des jacobins. Éloigné de Besançon pendant la Terreur, il habite alors Novillars, chez un ami de son père, le naturaliste Girod de Chantrans qui l'initie à la botanique et à l'entomologie. Puis il est envoyé à Strasbourg auprès de l'accusateur public Euloge Schneider, bientôt guillotiné. Après le 9 Thermidor (1793), il retourne dans sa ville natale et, lors d'une fête de la jeunesse, prononce un éloge de Barra et d'Agricol Viala, deux jeunes victimes de la guerre civile. Mais, de nouveau, on juge bon de l'éloigner de la cité. En 1796, le régime politique étant plus stable, il y revient et suit les cours de l'École centrale. L'année suivante, il fonde une sorte de club, comme il y en avait tant alors : la Société des philadelphes, et publie (en 1798) une *Dissertation sur l'usage des antennes dans les insectes.* Conjointement, il rédige un essai d'autobiographie, *Moi-même.* Le coup d'État du 18 brumaire ayant mis en place le Consulat, il prend bientôt position contre Bonaparte. Politique et littérature l'accaparent, et les philadelphes signalent leur existence en publiant un ouvrage collectif, *Essais littéraires par une société de jeunes gens.* Nodier est attiré par Paris où il séjourne de décembre 1800 à mars-avril 1801. Il réintègre ensuite la cité bizontine où il devient bibliothécaire adjoint et publie deux opuscules tirés à un petit nombre d'exemplaires, une *Petite bibliographie des insectes* et *Pensées de Shakespeare.* Dès octobre, il regagne Paris et fréquente le groupe naturiste des méditateurs, inspiré par la pensée de Pythagore. Il s'éprend de l'une de ses adeptes, Lucile Franque, qui mourra l'année suivante. Nodier commence à donner ses premiers romans : *Les Proscrits*, fortement marqués par le *Werther* (*) de Goethe, *Le Peintre de Salzbourg,* suivi des *Méditations du Cloître* et, sous l'anonymat, un roman libertin, *Le Dernier Chapitre de mon roman.* Il compose un très savoureux *Dictionnaire raisonné des onomatopées françaises* et rime une ode contre le premier consul, *La Napoléone*, ouvrage dont il ne tarde pas à révéler qu'il est l'auteur (peut-être par désespoir, Lucile Franque venant de mourir). Arrêté le 23 décembre 1803, il est remis en liberté trente-six jours plus tard, mais on l'assigne à résidence à Besançon. Il y compose ses *Essais d'un jeune barde.* Bientôt son antibonapartisme l'incline à participer à la conspiration dite de l'Alliance. La plupart de ses amis sont arrêtés. À temps, il prend la fuite et vit clandestinement jusqu'en octobre 1805 où de nouveau il peut s'installer sans inquiétude à Besançon. Il trouve, en effet, en la personne du préfet du Doubs Jean de Bry un sûr protecteur. En 1806 un volume, où passe l'ombre de la défunte Lucile Franque, naît de sa plume, *Les Tristes, ou Mélanges tirés des tablettes d'un suicide.* Il y insère son premier récit fantastique, *Une heure, ou la Vision.* Toujours grâce à l'appui de Jean de Bry, il ouvre à Dôle en 1808 un cours public de philosophie, belles-lettres et histoire naturelle qui obtient un vif succès. Cette même année, il épouse Désirée Charve, fille du juge Claude Charve qui avait eu pour fille d'un premier mariage Lucile Franque. Marié, Nodier cherche un emploi moins aléatoire et devient secrétaire à Amiens de sir Herbert Croft, un érudit anglais ; mais bientôt, Herbert Croft étant ruiné, il doit quitter cette trop brève sinécure et revient dans la famille de sa femme, à Quintigny, près de Lons-le-Saunier. Il publie alors (1809) *Archéologue, ou Système universel et raisonné des langues*, qui témoigne de sa profonde passion pour la philologie. Sa fille Marie naît en 1810. Tout en s'intéressant aux problèmes les plus variés, dont le plagiat (*Questions de littérature légale*), il se met en quête d'un nouveau poste et finit par obtenir l'insolite emploi de bibliothécaire de Laybach (Lubjana), capitale des provinces illyriennes du premier Empire. Il entre en fonction en janvier 1813 au pays des vampires et s'occupe du journal tétraglotte *Le Télégraphe officiel* ; toutefois, les Autrichiens s'étant emparés de l'Illyrie, il quitte son poste en septembre, rejoint Quintigny, puis s'installe à Paris (1813) où il commence à collaborer au *Journal de l'Empire* (qui deviendra le *Journal des Débats*) et fréquente certains écrivains : Ballanche, Millevoye, Désaugiers. En 1814, Napoléon fait ses adieux à Fontainebleau et gagne l'île d'Elbe. Nodier affirme son allégeance au nouveau roi (Louis XVIII). Un fils lui naît, Térence, qui mourra en 1816. Pendant les Cent Jours qui voient le retour de l'empereur, il doit se réfugier chez son ami le duc de Caylus. À cette époque, il fait paraître, sans nom d'auteur, *Les Philadelphes. Histoire des sociétés secrètes de l'armée.* Après les Cent Jours, de nouveau parisien, il continue de donner des articles au *Journal des Débats* et, en 1818, publie un roman, *Jean Sbogar* (*), qui attire sur lui l'attention du public. Pressenti pour enseigner à l'université d'Odessa, il ne parvient pas à obtenir le passeport nécessaire. Il s'adonne donc de plus en plus à sa tâche de journaliste, multiplie les articles (dans *Le Drapeau blanc, Le Défenseur*, etc.), écrit des romans : *Thérèse Aubert, Adèle*, s'intéresse au genre frénétique anglais (sans l'approuver de front), compose en collaboration un mélodrame *Le Vampire*, signe du pseudonyme de « Cyprien Bérard » un roman de même inspiration, *Lord Ruthwen, ou les Vampires*, propose en deux volumes des *Mélanges de littérature et de critique* et préface les remarquables *Voyages pittoresques et romantiques dans l'ancienne France*, ouvrage qui formera la sensibilité de la nouvelle génération. Fort de sa naissante réputation, il présente en 1821 un récit débordant d'imagination emphatique, *Smarra ou les Démons de la nuit* (*), adapte pour le théâtre le *Bertram* de l'Irlandais Maturin, le célèbre auteur de *Melmoth* (*). D'un voyage entrepris avec Taylor, Cailleux et le peintre Isabey, il rapporte sa *Promenade de Dieppe aux montagnes d'Écosse.* Son nouveau fils, Amédée, ne survit que de quelques mois à sa naissance. Nodier, touché de ces deuils, fait de plus en plus du monde des livres son vrai monde et développe son œuvre selon des voies variées : fantaisie, érudition, rêveries. Il écrit tout aussi bien d'abondantes préfaces (pour les œuvres traduites de Byron, par exemple) qu'un *Essai sur la théorie des langues*, un recueil d'histoires terrifiantes, *Infernaliana*, ou un conte d'une surprenante teneur, *Trilby* (*). Les romantiques, groupés autour de Hugo, le tiennent en haute estime, d'autant plus que dans *La Quotidienne* du 12 mars 1823 il a soutenu le *Han d'Islande* (*) du jeune maître. Une vive amitié s'ensuivra entre les deux hommes. Nommé le 3 janvier 1824 bibliothécaire du comte d'Artois à l'Arsenal, Nodier habitera désormais en ces lieux qui seront définitivement liés à sa mémoire. Il y tient salon, y accueille les romantiques. En 1824, le comte d'Artois, sous le nom de Charles X, est couronné roi de France. Hugo et Nodier assistent au sacre ; l'été, ils voyagent ensemble en Savoie et en Suisse. Nodier fait alors figure de parrain du mouvement romantique. Toujours féru de philologie, il publie en 1828 son *Examen critique des dictionnaires de langue française*. L'année suivante, la création de *La Revue de Paris* marque pour lui le début d'une collaboration qui durera jusqu'à sa mort. Il y donne en feuilleton ses *Souvenirs et portraits de la Révolution* (*). L'an 1830, celui de la bataille d'*Hernani* et des Trois Glorieuses, voit sa plus bizarre publication, l'*Histoire du roi de Bohême et de ses sept châteaux*, délectable fantaisie où l'auteur, inspiré de Sterne, laisse toujours attendre l'essentiel du récit et joue de maints artifices typographiques. Certains événements ébranlent sa sensibilité presque maladive – et d'abord le mariage de Marie, sa fille chérie, dont il refuse, en définitive, l'éloignement, puisque le couple résidera toujours, selon ses propres vœux, à l'Arsenal. En juillet, Louis-Philippe est proclamé roi des Français. Nodier conserve son emploi. Ce sceptique, cet inquiet se replie sur lui-même. Son tempérament de rêveur s'exprime dans *De quelques phénomènes du sommeil*, sa fantaisie dans le « type » célèbre du « Bibliomane » (qu'il donne au *Livre des Cent-et-un*), son goût pour l'histoire dans ses *Mémoires de Maxime Odin* (devenus plus tard *Souvenirs de jeunesse*). De plus en plus la mélancolie s'empare de lui ; elle nous vaut sa méditation *De la palingénésie et de la résurrection*. Mais la fiction le requiert parallèlement, qu'il s'agisse de romans : *Mademoiselle de Marsan*, ou de contes : *Histoire d'Hélène Gillet, Le Songe d'or, L'Amour et le Grimoire*. Renduel, le grand éditeur des romantiques, commence à publier ses œuvres complètes (elles compteront douze volumes), et l'adorable *Fée aux miettes* (*) y prend place. En 1833, il donne quantité de textes d'inspiration fort diverse : des fantaisies (*Hurlubleu* et *Léviathan-le-Long*), des contes fantastiques (*Jean-François les Bas-Bleus, La Combe de l'Homme mort, Les Fiancés*), des fables ou des apologues (*Trésor des Fèves et Fleur des Pois, L'Homme et la Fourmi*), une nouvelle mystique : *(Sybille Mérian)*, une mise en scène historique (*Le Dernier Banquet des girondins)*. Élu à l'Académie française cette même année, il connaît cependant une période où la maladie commence à le miner. Sa passion pour la linguistique et surtout pour les livres ne s'en exprime pas moins dans le *Bulletin du bibliophile* qu'il fonde en 1834. Immergé dans l'univers de l'étrange, il compose encore des contes notoires comme *Paul, ou la Ressemblance*. Si *Inès de Las Sierras* (*) relève assurément d'un fantastique combiné, d'autres nouvelles, en revanche, sont inspirées par une pure vision de l'au-delà : *La Légende de sœur Béatrix* (1837), *Lydie et la Résurrection* (1838). Sans désemparer, ce rêveur obstiné continue de faire maintes préfaces (ainsi, pour l'édition du théâtre complet de Pixérécourt) et stigmatise plaisamment les excès du modernisme sociétaire qu'il nargue dans *Voyage pittoresque et industriel dans le Paraguay-Roux*. Il ne dédaigne pas, au besoin, de livrer quelques réflexions sur des sujets mineurs comme les marionnettes (dans *La Revue de Paris* en 1842). Malgré la présence d'amis fidèles, ses dernières années sont placées sous le signe du désenchantement. En 1844, il meurt dans son fief onirique de l'Arsenal au moment même où l'on publie sa dernière œuvre, *Franciscus Columna*, beau récit d'amour mystique qu'admirera Nerval.

Tenu pour l'exemple même du conteur fantastique, Nodier a cependant souffert d'une telle caractérisation et, si son nom apparaît dans toute rétrospective de la littérature romantique, il ne s'ensuit pas que ses œuvres ont, de nos jours, le public qu'elles méritent. Leur mise en forme de la folie, leur élégance désarment des lecteurs qui se plaisent désormais à de plus brutales étrangetés. Les surréalistes, attentifs à la vie du rêve, ne l'ont pas revendiqué comme précurseur, même si quelques-uns (Lise Deharme, André Pieyre de Mandiargues) ont dit en quelle estime ils le tenaient. À côté de l'œuvre fantastique (le quart de l'iceberg !), les ouvrages du polygraphe sont aujourd'hui réédités pour les amateurs de *curiosa*. L'attention de plus en plus soutenue qu'ils rencontrent semble devoir ménager à Nodier une destinée posthume jusqu'alors imprévisible, aux dépens même de son œuvre de fiction.

JEAN-LUC STEINMETZ.

♦ *« ... Nodier, par rapport à la nouvelle école qu'il aurait pu songer à se rattacher et à conduire* [...] *Nodier sans prétention, sans morgue, sans regret, ne fut aux poètes survenants que le frère aîné* [...] *et le premier camarade. »* Sainte-Beuve. ♦ *« Il fut l'un des plus fidèles apôtres de l'amour pur. »* Nerval. ♦ *« C'était un homme adorable que Nodier ; sans un vice, mais plein de défauts, de ces défauts charmants qui font l'originalité de l'homme de génie, prodigue, insouciant, flâneur. »* Alexandre Dumas. ♦ *« L'homme en lui est passionnant, parce que la diversité même de ses activités, leur incohérence apparente, leur caractère parfois saugrenu font supposer quelque mystère personnel. »* Albert Béguin.

RÉF. : Sainte-Beuve, *Charles Nodier*, Paris, 1840. – Jules Janin, *Prospectus pour les œuvres de Charles Nodier*, Paris, 1863. – Albert Béguin, *L'Âme romantique et le rêve*, Paris, 1939. – Pierre-Georges Castex, *Le Conte fantastique en France de Nodier à*

Maupassant, Paris, 1951. — Hubert Juin, *Charles Nodier*, Paris, 1970. — Paul Bénichou, *L'École du désenchantement*, Paris, 1992.

NOËL Bernard. Écrivain français. Né le 19 novembre 1930 à Sainte-Geneviève-sur-Argence (Aveyron). Dès 1958, avec les proses poétiques d'*Extraits du corps* (*), Bernard Noël observe du plus près comment la langue s'articule dans les différents états de la matérialité du corps. Marqué par Artaud et Bataille, ce livre inaugure pourtant une manière nouvelle de conduire une expérience poétique faite d'une forte inspiration et d'une lucidité cruelle, implacable. Sa fortune ira grandissante et déterminera à son tour plusieurs générations de poètes. Un tel livre, à la force, à la densité rare, amènera à une longue période de silence que viendront rompre enfin *Face au silence* (1967), dans lequel le poète substantifie l'aphasie et lui donne la magnificence du sacré, et *Le Lieu des signes* (1971) qui réunit lettres, textes, bribes de journal et permet de mieux mesurer à quel point ce silence aurait pu être un abîme définitif. Ce dernier livre témoigne d'une pratique littéraire posée avec la constante exigence de ce qu'à défaut d'une expression plus adéquate on pourra nommer un exercice spirituel. Suivront une forclusion qui autorisera l'écriture de nombreux ouvrages : *La Peau et les Mots* (1972), *Bruits de langue* (1980), dans lequel le langage poétique est soumis à une déconstruction salutaire, et la version définitive de *L'Été langue morte* (1982) qui frappe par le retour à un lyrisme maitrisé. *La Chute des temps* (+) (1983) est certainement l'œuvre poétique la plus aboutie du poète. Le dispositif adopté, celui d'une alternance de chants et de contre-chants, autorise en effet une fusion de ses relations ambivalentes avec la langue dans un jeu aussitôt déjoué : le poème célèbre et critique, dévoile et éclaire, progresse et recule dans une adhésion impitoyable au monde et avec une réussite permanente d'une poétique qui procure au lecteur une exaltation jouissive proche de celles des lectures de Pound ou de Cummings. Mais Bernard Noël a également écrit des proses admirables que la force du *Château de Cène* (*) (1969) et que le scandale de son interdiction pour « atteinte aux bonnes mœurs » ne doivent pas occulter. *Une messe blanche* (1970), *Les Premiers Mots* (1973) ou *Le 19 Octobre 1977* (1979) permettent de préciser une démarche essentiellement critique : le récit, le roman deviennent alors des espaces d'interrogation sur le fonctionnement social et surtout sur la place qu'occupe chez tout homme ce que Bernard Noël nomme la « pensée visible », c'est-à-dire la fausse innocence de tout regard porté sur le monde. Cette préoccupation de clarification l'amène très rapidement à écrire des essais sur les écrivains (*Treize cases du je*, 1975), sur les peintres (de Matisse à Masson en passant par David ou Gustave Moreau), sur l'Histoire (*Le Dictionnaire de la Commune*, 1978), sur le processus du regard (*Le Journal du regard*, 1988) ou sur la perversité du monde moderne qu'il critique en créant le néologisme de la « sensure », cette dilution du sujet dans l'excès de signes consommables (*Le Sens la Sensure*, 1985) et dont il évoque la violence dans une pièce inspirée d'une bavure policière (*La Reconstitution*, 1988) et la complexité dans un étonnant *Portrait du monde* (1988).

HERVÉ CARN.

RÉF. : Hervé Carn, *Bernard Noël*, Paris, 1986.

NOËL Marie (pseud. de Marie Rouget). Poétesse française. Née à Auxerre (Yonne) le 16 février 1883, morte dans la même ville en 1967. Fille d'un universitaire incroyant, devenue une chrétienne ardente, elle fit ses études au lycée d'Auxerre, obtint son brevet supérieur et passa toute sa vie dans sa ville natale, à l'ombre de la vieille cathédrale. Son œuvre, rassemblant des recueils tels que *Les Chansons et les Heures* (*), *Le Rosaire des joies* (+), *Chants et psaumes d'automne* (*), a été couronnée en 1962 par le grand prix de poésie de la Société des gens de lettres et le grand prix de poésie de l'Académie française. Marie Noël est toute pénétrée d'une piété franciscaine, simple et familière, mais dont l'innocence et la naïveté laissent transparaître une recherche parfois douloureuse de Dieu et les mouvements d'angoisse d'une âme qui ne consent jamais à se payer de mots.

RÉF. : Raymond Escholier, *La Neige qui brûle*, Paris, 1957. — Michel Manoll, *Marie Noël*, Paris, 1962. — A. Blanchet, *Marie Noël*, Paris, 1962. — Henri Gouhier, *Le Combat de Marie Noël*, Paris, 1971.

NOLHAC Pierre de. Poète et historien français. Né le 15 décembre 1859 à Ambert (Puy-de-Dôme), mort le 31 janvier 1936 à Paris. Après des études secondaires à Rodez, il fit sa licence de lettres à Clermont et vint à Paris, où les cours de Tournier lui donnèrent le goût de l'hellénisme et de la culture classique. En mission à Rome, il découvrit à la Bibliothèque Vaticane trois manuscrits autographes de Pétrarque, dont celui du *Canzoniere* (*). De retour à Paris il fut nommé professeur à l'École des hautes études. Les cours qu'il y professa formèrent plus tard le volume intitulé *Ronsard et l'humanisme* (1921). Il débuta dans les lettres par un livre d'érudition : *La Bibliothèque de Fulvio Orsini...* (1887), suivi d'un *Érasme en Italie* (1888) et d'un *Pétrarque et l'humanisme* (1892). Nommé, en cette même année 1892, conservateur du musée de Versailles, il y écrivit *Marie-Antoinette, Dauphine* (1896), *La Reine Marie-Antoinette* (1899), *Louis XV et Marie Leczinska* (1900), *La Création de Versailles* (1901), *Louis XV et Madame de Pompadour* (1903), etc. Poète délicat, il donna *Les Paysages de France et d'Italie* (1894) et *Poèmes de France et d'Italie*

(1904 et 1925). Élu, en 1922, à l'Académie française au fauteuil d'Émile Boutroux, il fit encore paraître *Versailles inconnu* (1925), *La Vie et l'œuvre de Maurice Quentin de Latour* (1930) et des *Contes philosophiques* (*) (1932).

RÉF. : Maurice Levaillant, *P. de Nolhac*, Paris, 1928. – A. Mabille de Poncheville, *P. de Nolhac*, Paris, 1944.

NONIUS Marcellus. Grammairien et lexicographe d'expression latine originaire de Tunisie, qui vécut dans la première moitié du IVe siècle après J.-C. Il est l'auteur de l'*Abrégé de doctrine* (*) en vingt volumes. Son principal mérite est d'avoir conservé de nombreux fragments d'ouvrages par ailleurs perdus : c'est par le dictionnaire de Nonius que nous connaissons par exemple la plus grande part de ce qui nous a été conservé de l'œuvre poétique de Varron.

NONNOS de Panopolis. Poète grec du Ve siècle ap. J.-C. Nonnos appartenait à l'une des familles – nombreuses dans les cités de Haute-Égypte comme Panopolis – imprégnées d'hellénisme qui luttèrent contre la propagande chrétienne. Vers 450 ap. J.-C., il se rendit vraisemblablement à Alexandrie où, malgré les pillages, la Bibliothèque restait un instrument de travail privilégié. Là, il rédigea *Les Dionysiaques* (*), une épopée en hexamètres de quarante-huit livres. En plus de ce vaste poème qui constitue son œuvre principale, on lui attribue une *Paraphrase de l'Évangile selon Jean,* sans doute postérieure au concile d'Éphèse de 431, mais dont on ignore si elle fut rédigée avant ou après *Les Dionysiaques.* Cette œuvre pose le problème, mal résolu, d'une éventuelle conversion de l'auteur. *Les Dionysiaques* font une place importante à l'orphisme, aux mystères, à la magie, à l'astrologie ; c'est-à-dire à des croyances que l'Église condamnait. La *Paraphrase,* en revanche, atteste une véritable connaissance des questions théologiques. Quelle que soit la solution du problème, l'essentiel est d'avoir conservé intégralement ces deux poèmes qui, chacun à leur façon, nous renseigne sur l'évolution du genre épique.

DAVID BOUVIER.

RÉF. : S. S. Ouwaroff, *Nonnos von Panopolis, der Dichter,* Saint-Pétersbourg, 1817. – P. Collart, *Nonnos de Panopolis. Études sur la composition et le texte des « Dionysiaques »,* Le Caire, 1930. – G. D'Ippolito, *Studi Nonniani. L'Epillio nelle Dionisiache,* Palerme, 1964. – Fr. Vian, édition et traduction des *Donysiaques* de Nonnos de Panopolis, Paris, 1976 sqq.

NONNOTTE Claude Adrien François. Prédicateur et écrivain français. Né à Besançon le 29 juillet 1711 ; mort le 3 septembre 1793. Ce jésuite se fit une certaine réputation de prédicateur à Paris, à Versailles et à Turin, mais son nom serait certainement tombé dans l'oubli s'il n'avait publié une critique de l'*Essai sur les mœurs et l'esprit des nations* (*) de Voltaire, intitulée *Erreurs de M. de Voltaire* (*) (1762) qui lui attira les railleries de ce dernier. Cet ouvrage avait été précédé d'un *Examen critique ou Réfutation du livre des mœurs* (1757) qui en est une ébauche. Bien entendu, Voltaire ne laissa pas passer ces *Erreurs.* Pendant vingt ans, il railla le malheureux jésuite qui tenta de riposter en 1766 dans une *Réponse*, puis dans une *Lettre d'un ami à un ami sur l'honnêteté littéraire de M. de Voltaire*. Après la suppression de l'ordre des jésuites, Nonnotte se retira à Besançon, sa ville natale. Les autres œuvres de cet auteur sont historiques ou exégétiques, *Dictionnaire philosophique de la religion, où l'on établit tous les points de doctrine attaqués par les incrédules* (1772), réplique du *Dictionnaire philosophique* (*) de Voltaire, et *Les Philosophes de trois premiers siècles de l'Église* (1789).

RÉF. : M. Grappin, *Éloge de Claude Adrien Nonnotte*, Besançon, 1812. – Ch. Barthélemy, *Erreurs et mensonges historiques*, Paris, 1881. – Carlos Sommervogel, *Bibliothèque de la Compagnie de Jésus*, tome V, Paris, 1894. – J. Brener, *Claude Fr. Nonnotte, S. J. Seine Bedeutung als philosophischer Gegner der Aufklärung, im besonderen Voltaires*, Bonn, 1933.

NONO Luigi. Compositeur italien. Né et mort à Venise : 29 janvier 1924 - 8 mai 1990. Élève de Malipiero au Conservatoire de Venise (1943-45), Bruno Maderna l'entraîne chaque été à Darmstadt pour y découvrir la musique de Schoenberg et de Webern (1950-59, les deux dernières années, il y enseigne). L'univers dodécaphonique restera l'un des deux axes dominants de sa démarche créatrice avec les écrits de Gramsci : marxiste convaincu, il adhère, en 1952, au parti communiste dont il deviendra membre du comité central en 1975. Il épouse, en 1955, la fille d'Arnold Schoenberg, Nuria. Dès la création de sa première œuvre, *Variations canoniques* (1950), il devient l'un des membres les plus en vue de l'avant-garde. Cet aristocrate vénitien intransigeant vit intensément son engagement politique, mais il refuse le réalisme socialiste de Jdanov tout en cherchant à amener à la musique un nouveau public visiblement dépassé par la nouveauté et la subtilité de son œuvre. Chaque partition se transforme sous sa plume en un acte politique. L'*Epitaffio a Federico García Lorca* (1952-53) et les *Canti per 13* (1955) révèlent, en marge de la violence du discours, une finesse et une élégance de langage qui le distinguent d'emblée du reste de l'avant-garde européenne. La voix humaine, à laquelle il confie des textes de Brecht, Sartre, Maïakovski, Rosa Luxembourg, Fidel Castro ou Che Guevara, lui permet aussi de laisser s'épanouir un lyrisme naturel typiquement italien. Sa première œuvre importante, *Le Chant suspendu* [*Il canto sospeso*, 1956], est une révolte contre les horreurs du fascisme. Avec *Intolleranza 1960* (1961), il recherche une nouvelle approche du théâtre musical. Au début des années soixante, Nono se détache du pointillisme wébernien et aborde la musique électronique avec *Omaggio a Emilio Vedova* (1960). Pendant une quinzaine d'années, il mêle avec subtilité ce nouveau moyen d'expression à une écriture traditionnelle, essentiellement vocale, refusant toujours l'aléatoire : *Chants de vie et d'amour* [*Canti di vita e d'amore*, 1962], *Rappelle-toi ce qu'ils t'ont fait à Auschwitz* [*Ricorda cosa ti hanno fatto in Auschwitz*, 1966], *Ne consommons pas Marx* [*Non consumiamo Marx*, sur des graffitis estudiantins de Mai 68, 1969], *Un fantôme rôde autour du monde* [*Ein Gespenst geht um in der Welt*, d'après le manifeste communiste de Marx et Engels, 1971], *Comme une vague de force et de lumière* [*Como una ola de fuerza y luz*, 1972]. En 1975, l'avant-gardiste engagé fait son entrée au temple de la tradition du bel canto, la Scala de Milan, avec un nouvel opéra, *Au grand soleil d'amour chargé* (*). À partir de 1980, il est à la tête du Studio expérimental du Südwestfunk, à Fribourg-en-Brisgau, où il découvre les ressources de l'électronique en direct. Son message devient moins intransigeant, plus intériorisé : *Fragment-Silence* [*Fragmente-Stille*] pour quatuor à cordes (1980), *Das atmende Klarsein* (1981) ; mais la partition qui domine cette dernière période créatrice est incontestablement *Prométhée* (+), sa troisième œuvre scénique (1984), qui échappe à toute classification : Nono y pratique le collage de fragments de textes en plusieurs langues européennes qui s'éclairent tour à tour d'une lumière éblouissante ou restent étrangers les uns aux autres, symbole des limites auxquelles l'homme sera toujours confronté.

ALAIN PÂRIS.

RÉF. : J. Stenzl (éd.), *Luigi Nono : Texte : Studien zu seiner Musik*, Zurich, 1975. — F. Spangemacher, *Luigi Nono. Die elektronische Musik*, Ratisbonne, 1983.

NOOTEBOOM Cees. Auteur néerlandais. Né à La Haye le 31 juillet 1933. Il a débuté au milieu des années 50 comme prosateur, poète et traducteur ; depuis les années 60 il s'est consacré aux récits de voyage, mais il n'a acquis définitivement la notoriété sur le plan national et international que dans les années 80 avec le succès de son roman *Rituels* (*). Dans cette œuvre, tant dans la prose que dans la poésie, l'homme n'est présent que comme spectateur marginal et solitaire. Nooteboom n'a jamais appartenu à quelque groupe ou tendance que ce soit et fait figure d'isolé au sein de sa génération. Vu ses nombreux voyages et ses séjours prolongés en Espagne, qu'il considère comme sa deuxième patrie, il ne participe en rien à la vie sociale et culturelle de son pays natal.

Nooteboom excelle dans le reportage littéraire. Ses premiers récits de voyage ont été publiés dans les recueils *Midi à Bruay* [*Een middag in Bruay*, 1963], *Une nuit en Tunisie* [*Een nacht in Tunesië*, 1965], *Un matin à Bahia* [*Een ochtend in Bahia*, 1968] et *Un soir à Ispahan* [*Een avond in Isfahan*, 1978]. Il a également publié un reportage politique concernant la révolte de Mai 68, *Les Troubles parisiens* [*De Parijse beroerte*, 1968], et un livre au sujet de l'Espagne, *Le Chemin détourné vers Santiago* [*De omweg naar Santiago*, 1992]. Beaucoup de récits de l'auteur présentent la structure d'une quête : dans le monde qui l'entoure, il recherche le durable, dans le présent le passé, dans l'actualité l'histoire, et dans la dynamique l'immobilité. Dans les récits de voyage ultérieurs, rassemblés sous des titres comme *Passages passés* [*Voorbije passages*, 1981], *Tu restes où tu es tombé* [*Waar je gevallen bent blijf je*, 1983], *L'Aspiration vers l'Ouest* [*De zucht naar het Westen*, 1985] et *Le Monde un voyageur* [*De wereld een reiziger*, 1989], l'auteur a mis l'accent sur ses expériences intérieures. Pour lui le voyageur est un homme sans liens ou caractéristiques fixes, il n'appartient à aucun monde, il se veut de préférence anonyme et sans identité. La poésie de Nooteboom se centre autour de l'idée archaïque que tout ce qui existe se tient, que le sujet et l'objet forment une unité, que l'homme peut découvrir le monde en lui et qu'il peut, lui, se retrouver dans le monde. Le lyrisme de Nooteboom, qui n'est pas sans dureté, se présente sous une forme soigneusement élaborée. Les thèmes dominants de sa poésie sont le temps, la mort, la conscience de la précarité, l'impossible communication et le désir d'immuabilité. Sa première œuvre en prose est complètement imprégnée du dilemme sartrien « vivre ou raconter ». Ce qui apparaît tout autant dans *Le chevalier est mort* [*De ridder is gestorven*, 1963], écrit dans le style du « nouveau roman » : c'est une réflexion sur le métier d'auteur. Le personnage principal écrit un livre au sujet d'un écrivain décédé, qui a lui-même rassemblé des notes concernant un auteur également décédé. Le roman *Rituels* (1980) prolonge thématiquement cet ouvrage, ainsi que le premier roman de Nooteboom *Philip et les autres* [*Philip en de anderen*, 1955]. Dans tous ces récits, il est question de la recherche d'une forme de vie idéale où le rôle de la femme se révèle important. Les textes en prose parus après *Rituels*, entre autres *Le Chant de l'être et du paraître* [*Het lied van schijn en wezen*, 1981] et *Dans les montagnes des Pays-Bas* [*In Nederland*, 1984], sont centrés autour de la problématique du paraître et de l'être, de la fiction et de la réalité, de l'imagination et des faits. Selon Nooteboom, cette thématique, que l'on retrouve de Calderón de la Barca à Jorge Luis Borges, est éminemment espagnole. Nooteboom a traduit de la poésie (entre autres de Hans Magnus Enzensberger, Nicolas Guillén, Pablo Neruda, Cesare Pavese) et du théâtre (Brendan Behan, Vladimir Nabokov, etc.). En 1992, il a obtenu le prix Constantin Huygens, une des hautes distinctions attribuées à un auteur néerlandophone.

GEORGES WILDEMEERSCH.

NORA Eugenio de. Poète espagnol. Né le 13 novembre 1923 à Zarcos (province de León). Issu d'une famille paysanne, Nora fait des études secondaires à León puis entre à l'université de Madrid où il suit un double cursus de droit et de lettres (1942-1946). Il écrit dans la revue *Cisneros* puis fonde avec un autre poète, né à Burgos mais résidant à León, Victoriano Crémer (né en 1906), la revue *Espadaña* (1944-1950). Nora devient lecteur à l'université de Berne. Il réside encore aujourd'hui en Suisse. Très sollicité il donne fréquemment des conférences sur la littérature espagnole. Ses essais critiques et les trois volumes qu'il a publiés chez Gredos à Madrid en 1960 et 1962, *La novela española contemporánea,* font de lui l'un des meilleurs spécialistes du roman espagnol au XXe siècle.

Le poète a fait connaître cinq recueils : *Amour promis* [*Amor prometido,* 1945], *Chants au destin* [*Cantos al destino,* 1945] ; *Contemplation du temps* [*Contemplación del tiempo,* 1948] ; *Toujours* [*Siempre,* 1953] ; enfin *Espagne, passion de vie* (*) qui obtint le prix Boscán en 1953.

Ce livre est l'un des plus beaux qui aient été écrits en Espagne dans les années 50. Nora y flétrit tout autant le coupable silence que l'emploi du lyrisme facile. Habité par l'amour de la patrie douloureuse, il chante d'arides paysages et les souffrances d'un peuple ; tout en avouant l'échec d'un langage nécessairement fragmentaire, il redit avec force la nécessité pour l'homme de pratiquer le « devoir de joie ».

MARIE-CLAIRE ZIMMERMANN.

RÉF. : Jacques Gaucheron, *Chants pour l'Espagne,* Paris, 1966.

NORDBRANDT Henrik. Poète danois. Né le 21 mars 1945 à Copenhague. Ancrée dans la tradition symboliste qu'elle renouvelle en y apportant une méfiance radicale à l'égard du symbole, et proche des poètes comme Wallace Stevens, Cavafy et Séféris, l'œuvre de Nordbrandt est unique dans le paysage poétique danois. Sa métaphore fondamentale est celle du voyage. Le port d'arrivée est celui d'Ithaque – le réel – où il ne faut arriver que vieux, c'est-à-dire lorsqu'on est soi-même riche de ce qu'apportait le voyage et que l'on n'a plus besoin de quémander des richesses à Ithaque. Ainsi, avec pour objet l'espace du voyage, le désir – au départ métaphysique – des symbolistes est maintenu dans son état pur, et, avec lui, l'espoir.

Après avoir, dans ses premiers livres *Poèmes* [*Digte,* 1966] et *Miniatures* [*Miniaturer,* 1967], célébré la beauté de la décadence, Nordbrandt arrive dans *Les Dormeurs* [*Syvsoverne,* 1969], avec l'aide de Lao Tseu, à formuler une acceptation dynamique du néant en tant que condition nécessaire pour que quelque chose soit. Le voyage devient ce rien nécessaire pour que les lieux et les paysages, *L'Entourage* [*Omgivelser,* 1972], titre de l'un de ses recueils, et, en même temps, l'identité soient parce que le moi n'est plus, ou bien est devenu personne. Ce sont d'abord les paysages méditerranéens, la Grèce, la Turquie, puis, enfin, l'Arménie, qui viennent emplir sa poésie d'une clarté qui contraste singulièrement avec le crépuscule danois, pays qui représente tout ce qu'il déteste dans la civilisation contemporaine : son manque de culture au sens propre du terme : *Départs et Arrivées* [*Opbrud og ankomster,* 1974], *Ode à la pieuvre* [*Ode til blæksprutten,* 1975], *Verre* [*Glas,* 1976] et *La Maison de Dieu* [*Guds Hus,* 1977]. Mais le voyage peut également ressembler à une fuite ; ce n'est pas une solution en soi. Le passé se manifeste ici aussi et oblige à un retour au pays natal : *Ère glaciale* [*Istid,* 1977], *Jeux fantomatiques* [*Spøgelseslege,* 1979], qui reprennent les thèmes des premiers recueils, mais sous une forme plus pessimiste, plus désespérée. Voyage du retour à soi ? Une sorte de réconciliation s'opère entre le passé et le présent, l'enfance et la maturité, qui permet à sa poésie d'ouvrir son champ de potentiel critique. En face du danger éminent qui menace le globe, elle s'investit tout entière ; moins par ses thèmes que par sa forme, en contraste souvent. Les associations jaillissent, tout en se développant dans la langue de tous les jours : la langue parlée dont la musicalité est tendue jusqu'à l'extrême. L'expression renoue ici avec un mode de pensée oblitéré par le rationalisme dont l'étroitesse nous fait passer à côté de la vie intérieure qui nous anime, jusqu'à l'âme des objets même, c'est-à-dire le monde, le réel et la matière essentielle de la poésie : *84 poèmes* (*) (1984), *La Ville des luthiers* [*Violinbyggernes by,* 1987], *Le Tremblement de la main en novembre* [*Håndens skælven i november,* 1986], *Sous le mausolée* [*Under Mausolæet,* 1987].

KARL E. POULSEN.

NORÉN Lars. Poète et dramaturge suédois. Né le 9 avril 1944 à Stockholm. Lars Norén compose une poésie émotionnelle et subjective, dictée par un besoin panique de s'exprimer pour ne pas sombrer dans la folie. Influencé par le surréalisme dans ses premiers recueils : *Lilas, neige* [*Syrener, snö,* 1963], il se rallie au lettrisme : *Introduction no 2 à Schizz* [*Inledning no 2 till Schizz,* 1965], *Encyclopédie* [*Encyklopedi,* 1966], et utilise la technique du collage pour matérialiser les visions d'épouvante qui l'avaient marqué dans sa jeunesse lors d'un internement psychiatrique. Il recourt cependant à un style poétique plus traditionnel pour peindre le quotidien avec acuité et hypersensibilité dans ses journaux intimes :

Revolver [*Revolver,* 1969], *Poèmes solitaires* [*Solitära dikter,* 1972], *Le Roi Mej et autres poèmes* [*Kung Mej och andra dikter,* 1973]. Lars Norén sonde les profondeurs de l'individu avec une hardiesse inquiétante qui révèle le désarroi de notre époque. Depuis une dizaine d'années, il s'adonne passionnément au théâtre au point de devenir le dramaturge suédois contemporain le plus important. Les scènes suédoises voient monter quatre de ses pièces en 1980 : *Oreste* [*Orestes*], *Acte sans merci* [*Akt utan nåd*], *La Force de tuer* (*) et *Un horrible bonheur* [*En fruktansvärd lycka,* publié en 1981]. Puis son œuvre se poursuit à un rythme impressionnant. Qu'elles soient d'inspiration autobiographique : *La nuit est mère du jour* [*Natten är dagens mor,* 1983], *Le chaos est voisin de Dieu* [*Kaos är granne med Gud,* 1983], ou moins personnelle : *La Veillée* [*Nattvarden,* 1985], *Des êtres d'un seul jour* [*Endagsvarelser,* 1989], *Automne et Hiver* [*Höst och vinter,* 1989], ses tragédies sont des variations sur un même thème : la recherche de leur identité par des personnages en miettes, rongés par une soif d'amour inassouvie. Englués dans les conventions de la classe moyenne et dans des relations familiales perturbées, ils luttent pour se libérer et sont prêts à tout pour survivre.

Lars Norén, écrivain intuitif mais aussi érudit, se situe dans la lignée de Strindberg et d'O Neill. Toutefois, il repousse encore plus loin les limites de la suggestion et de l'analyse psychologique. L'angoisse de Lars Norén devant la folie se double de dons dramatiques exceptionnels dont témoignent l'ampleur et la rapidité de ses succès tant en Suède qu'à l'étranger.

MAY-BRIGITTE LEHMAN.

NORGE Géo (pseud. de Georges Mogin). Poète belge d'expression française. Né à Bruxelles, le 2 juin 1898, d'une famille d'origine française, mort à Mougins, le 25 octobre 1990. Il fonde en 1925 le « Théâtre du Groupe libre » avec Raymond Rouleau et Tania Balachova. En 1931, Pierre-Louis Flouquet crée chez Norge *Le Journal des poètes* qui rassemble une quinzaine d'entre eux parmi lesquels André Salmon. Toute sa vie, Norge la voue à la poésie, la sienne, mais aussi celle des autres, organisant à partir de 1932 des réunions de poètes dans son « grenier » bruxellois. En 1934, il publie un *Florilège de la nouvelle poésie en Belgique* et, en 1937, il fonde *Les Cahiers blancs.* En 1954, il s'installe en France à Saint-Paul-de-Vence.

En 1978, ont paru *Les Œuvres poétiques* de Norge qui rassemblent la production de cinquante-cinq ans d'un travail discret et régulier. Son premier recueil, *Vingt-sept poèmes incertains* (1923), ne laisse encore paraître qu'un versant de son originalité. Il compare le poème à un « poisson un peu étrange et féerique à travers les rutilances de l'aquarium et la cohue de l'eau ». Ce qui le requiert très tôt, c'est la réalité et les mots qui en sont la partie la plus malléable. Il leur restitue leur vertu populaire. Émule de Rabelais, Norge plie le langage à la célébration humoristique des choses et des êtres. *Joies aux âmes* (1941), *Les Quatre Vérités* (1962) et *Les Oignons* (1953) représentent pour lui trois courants essentiels de sa poésie : « grands versets, petits vers de mètres courts, secs, percutants... Enfin, poèmes aussi brefs que possible, en prose. Fruits d'humeurs différentes ».

Observateur de la réalité, il en saisit la vie interne, le mouvement cosmique au sein duquel l'homme n'occupe guère que la place d'un *Gros Gibier* (1953) dont il traduit le grotesque dans *La Langue verte* (*) (1954), recueil dont l'inspiration a pu être comparée à celle d'un Jarry ou d'un Queneau. Peu à peu, Norge s'est cependant orienté, notamment dans *Les Oignons,* vers une sorte de sagesse qu'expriment des aphorismes, des contrefables, des poèmes métaphysiques, déjà sensible dans *Les Râpes* (1949), qui débouche sur l'heureuse alliance du réel et de l'invisible dans *Eux les anges* (1978). Son œuvre se poursuit avec *Les Coq-à-l'âne* (1985) et *Le Stupéfait* (1988).

GUY LE CLEC'H.

NORRIS Frank (pseud. de Benjamin Franklin Norris). Romancier américain. Né le 5 mars 1870 à Chicago, mort le 25 octobre 1902 à San Francisco. Il fut avec Stephen Crane, son contemporain, le premier écrivain qui introduisit le naturalisme dans le roman américain. D'origine anglo-saxonne, Norris avait pour père un riche joaillier. Alors qu'il était tout enfant, sa mère lui communiqua l'admiration qu'elle éprouvait pour Scott, Dickens et Stevenson, et cette admiration joua un rôle décisif. Lorsque toute la famille se rendit à San Francisco puis à Paris, le jeune garçon avait quinze ans, et il étudiait la peinture. Il devint élève des beaux-arts dans le Paris de Zola et de Maupassant, mais Norris ne connaissait point l'existence de ces écrivains, et il se passionna pour Froissart, la *Chanson de Roland* (*) et le Moyen Âge, ce qui le conduisit à écrire, alors qu'il avait dix-neuf ans, un long roman en vers sur la chevalerie, *Yvernelle.* Une fois qu'il eut regagné l'Amérique, Norris passa quatre ans à l'université de Californie, menant la vie d'un jeune étudiant très fortuné. Après avoir lu les œuvres de Zola (dont il interprétait le déterminisme non comme une théorie scientifique ou philosophique, mais comme un élément purement dramatique), il se rendit compte que le goût du public pour l'absolu, le bizarre, le fantastique, le grotesque, pouvait trouver satisfaction dans la peinture de la vie moderne ; la découverte qu'il fit également des *Sagas* (*) scandinaves ne fit que l'encourager à prendre une voie nouvelle, rendant encore plus vif son goût pour les drames « épiques » dont les véritables héros n'étaient pas des hommes, mais des « forces » impersonnelles et inhumaines. Ce fut à Harvard, où il passa un an à lire et à travailler, qu'il écrivit son premier roman *Les Rapaces* (*), œuvre puissante qui évoque effectivement celle de Zola.

Après un voyage en Afrique, pendant lequel il assista à la révolte des Boers, Norris devint journaliste à San Francisco, puis lecteur principal chez un éditeur à New York. Ce fut lui qui découvrit *Sister Carrie* (*) de Dreiser. Il ressort, de cette période de sa vie, qu'il était hanté par l'idée de l'énergie primitive, de la force brutale, de la vigueur physique et animale, idée qui devait être pleinement exploitée par Jack London. Puis, tout à coup, il songea à écrire une saga américaine, *L'Épopée du blé* [*The Epic of the Wheat*], dans laquelle il aurait pu déployer les ressources de son imagination. C'est de ce projet que naquirent des romans comme *La Pieuvre* (*) (1901), dont les personnages principaux sont le blé et les chemins de fer ; et *La Bourse du blé* [*A Deal in Wheat*, posth., 1903] qui traitait, avec moins de talent, du marché des céréales à Chicago. L'œuvre devait former une trilogie, mais le troisième volume, *Le Loup* [*The Wolf*], ne se trouvait point achevé lorsque Norris mourut, à l'âge de trente-deux ans, à la suite d'une opération.

STANLEY GEIST.

RÉF. : M. Biencourt, *Une influence du naturalisme français en Amérique : Frank Norris*, Paris, 1933. – Donald Pizer, *The Novels of Frank Norris*, Bloomington (Indiana), 1966.

NORTON Thomas. Écrivain et homme politique anglais. Né à Londres en 1532, mort le 10 mars 1584 à Sharpenhoe, dans le comté de Bedford. Il était le fils aîné de Thomas Norton, riche marchand, et d'Elizabeth Merry. Élevé à Cambridge, il devint très rapidement le copiste du protecteur Somerset, se montrant un jeune homme de vaste culture et de goûts littéraires. En 1555, il fut admis comme étudiant à l'Inner Temple et, peu après, épousa Margery Cranmer, troisième fille de l'archevêque Thomas. Très tôt, il s'était mis à composer des vers, et il se trouve certainement parmi les auteurs anonymes des *Mélanges de Tottel* (*). Auteur de différents traités religieux et politiques, d'un « journal » et de plusieurs traductions du latin, il doit le rang qu'il occupe dans la littérature au fait d'avoir écrit, en collaboration avec son ami Thomas Sackville, la première tragédie régulière anglaise, *Gorboduc, ou Ferrex et Porrex* (*), dont il rédigea trois actes. Membre du Parlement, dans son fanatisme protestant il y soutint toute mesure sévère contre les catholiques. En 1581, nommé censeur officiel de la reine Elizabeth, avec la tâche d'enquêter sur les sujets catholiques, il se distingua par la cruauté employée dans les interrogatoires et la torture. Accusé de trahison, il fut emprisonné peu de temps à la Tour de Londres, dont il sortit grâce à l'intervention de Walsingham ; il mourut peu après.

NORWID Cyprian Kamil. Poète polonais. Né à Laskowo-Głuchy le 24 octobre 1821, mort à Paris le 28 mai 1883. Orphelin très jeune, il fut élevé chez des parents à Varsovie. Il interrompit ses études pour se rendre à l'étranger : en Italie, à Venise et à Vérone d'abord, puis à Florence, pour y étudier la peinture et la sculpture. Éperdument amoureux, sans être payé de retour, de la belle Maria Kalergis Nesselrode qu'il avait connue en Pologne, il la suivit en Allemagne. À cette époque ses essais artistiques ne le satisfaisaient pas plus qu'ils ne rencontraient l'approbation du public ; il devait en être de même pour sa poésie. En 1848, il se rendit à Rome pour s'engager dans la Légion polonaise, mais il en ressortit très vite par suite de violentes discussions avec Mickiewicz. L'échec des mouvements de 1848 l'aigrit profondément : il alla à Paris, mais la misère le contraignit à émigrer en Amérique, d'où il revint également pauvre. Solitaire et méconnu, il publia un volume de vers, *Poésie* [*Poezje*], en 1863 à Leipzig, puis le *Prométhidion* (*) qui contenait son credo poétique ; l'un et l'autre restèrent sans écho, car Norwid ne suivait pas les tendances de son siècle. Il publia encore de très beaux poèmes dont *Le Piano de Chopin* [*Fortepian Szopena*]. Vers la fin de sa vie, on le recueillit à l'hospice polonais Saint-Casimir à Paris et il y mourut, obscur : il fut enterré dans la fosse commune. Ce fut seulement un quart de siècle plus tard que l'écrivain Zenon Przemycki (Myriam) proclama sa grandeur et donna une magnifique édition de ses œuvres.

NOSSACK Hans Erich. Romancier allemand. Né et mort à Hambourg (31 janvier 1901 - 2 novembre 1977). Fils d'un grand commerçant de la ville hanséatique, il fréquente le lycée, puis fait des études supérieures de philologie et de droit à l'université de Iéna. Il exerce divers métiers, tâte du journalisme, manifeste à l'époque des sympathies pour le Parti communiste, qui lui apparaît comme le dernier rempart devant la montée du nazisme. Cependant en 1933 il prend la tête de l'affaire familiale, convaincu de se retirer ainsi de la vie publique ! Depuis plusieurs années déjà il écrit, mais le nouveau régime lui interdit de publier. Nossack continue, douze ans durant, son travail secret. Mais tous ses manuscrits seront détruits lors du bombardement de Hambourg. 1945 est bien, pour l'écrivain, « l'année zéro ». Lorsque paraît son premier roman, Nossack est âgé de cinquante-quatre ans. Résidant dans sa ville natale, il vit de sa plume depuis 1956. En 1961, il reçoit le prix G. Büchner, l'une des plus hautes distinctions littéraires de la République fédérale. Ses œuvres en France éveillent un écho particulier, sans doute parce que la génération dite « existentialiste » — Jean-Paul Sartre le premier — s'y est, d'une certaine manière, reconnue.

Nossack est d'abord le romancier des ruines de l'après-guerre : *Nekyia. Récit d'un survivant* (*) (1947), *Interview avec la mort* (*) (1948). Mais c'est dans les années 50 qu'il conquiert véritablement la notoriété, grâce à une série de livres voisins par le sujet et la manière d'écrire, et qui traduisent les interrogations, le dénuement d'une époque. *La Dérive* (*) (1955) est l'histoire d'une femme d'industriel distinguée qui brutalement renonce au confort, à la sécurité de la vie bourgeoise pour s'enfuir « sans remords » et « pour toujours » avec un jeune écrivain ; mais bientôt déçue, convaincue « du grand vide derrière les visages », elle reviendra auprès de son mari, avant de repartir à nouveau pour trouver cette fois une mort absurde et banale dans un accident d'automobile. La technique narrative — il s'agit d'un récit « post mortem » mis dans la bouche de l'héroïne qui parle à la première personne — est signifiante de la philosophie de l'auteur : tout se passe en effet comme si l'existence qui nous est contée appartenait depuis longtemps au néant, était en quelque sorte irrémédiablement vouée, d'entrée de jeu, à la mort. *Spirales. Roman d'une nuit d'insomnie* (*) (1956) réunit cinq « paraboles » à travers lesquelles un personnage s'interroge sur lui-même, « s'accuse, plaide pour soi, essaye de prononcer sa propre grâce pour trouver enfin le repos ». Même quête de l'identité dans le roman suivant, *Le Frère cadet* (*) (1958), tandis qu'*Avant la dernière révolte* (*) (1961) dessine une mythologie du quotidien.

Après cette période particulièrement féconde, il faut attendre plusieurs années pour voir Nossack publier à nouveau des romans, *Le Cas d'Arthez* [*Der Fall d'Arthez*, 1968], *Au vainqueur inconnu* [*Dem unbekannten Sieger*, 1969], *La Mélodie dérobée* [*Die gestohlene Melodie*, 1972] — autant de livres de « maturité » qui ne valent cependant pas, aux yeux de certains critiques, les romans des années 50. Dans l'un de ces derniers, Nossack parle d'individus « sans paysage, sans arrière-plan ». Or les héros de Nossack, malgré qu'il en ait, ont une histoire sociale : celle de la haute bourgeoisie. Que cette hérédité leur pèse comme elle pèse à Nossack n'empêche qu'ils ne peuvent (ni ne veulent) s'en délier. Contradiction naguère féconde pour le romancier et qui le paralysa peut-être par la suite.

JEAN-JACQUES POLLET.

RÉF. : J. Krans, *Hans Erich Nossack*, Munich, 1981.

NOSTRADAMUS Michel (Michel de Nostre-Dame). Médecin et astrologue français. Né à Saint-Rémy-de-Provence le 14 décembre 1503, mort à Salon le 2 juillet 1566. Issu d'une famille juive qui se convertit au catholicisme quelques années après sa naissance, il commença ses études à Avignon, où il devint maître ès arts en 1521. Il semble avoir ensuite voyagé. Le 23 octobre 1529, il s'inscrivit à la faculté de médecine de Montpellier. Il fut reçu docteur vers 1534. En 1536, il se rendit à Agen, où il se lia avec l'humaniste Scaliger. C'est là qu'il se maria. Mais il perdit sa femme en 1539, puis les deux enfants qu'il avait eus de celle-ci, et quitta alors Agen. Il reprit ses voyages : on le vit à Venise, à Valence, à Turin. En 1544, à Marseille, puis de mai 1546 à janvier 1547 à Aix-en-Provence, en qualité de médecin engagé par la municipalité, il travailla à combattre la peste. Après un séjour à Lyon en 1547, il alla se fixer à Salon-de-Provence, où il se remaria, le 26 novembre, et eut trois fils et trois filles, dont le célèbre César. C'est en 1550, dit-on, qu'il publia son premier almanach : beaucoup d'autres suivront. Mais ce n'était là que l'amorce de l'ouvrage à jamais célèbre qu'il méditait d'entreprendre : la longue suite de *Prophéties* (*) dont chacune se trouve enfermée dans un quatrain et dont le tour énigmatique prête à tant d'interprétations. Il fit paraître cet ouvrage à Lyon en 1555 : cette édition contient les trois premières centuries et les cinquante-trois premiers quatrains de la quatrième. Du jour au lendemain, l'auteur obtint un succès foudroyant par toute la France. Mandé aussitôt à la Cour par Catherine de Médicis, Nostradamus y fut prié de tirer l'horoscope de ses fils. Après la mort de l'un d'eux (François II), toute la Cour se plut à reconnaître l'absolue véracité de sa prédiction. Il reçut, le 17 octobre 1564, la visite de Charles IX et de Catherine de Médicis et obtint la charge de médecin ordinaire du roi. Outre ses *Almanachs* et ses *Prophéties*, Nostradamus a encore publié *Le Traité des fardements* (1552) qui, dans sa réédition de 1555, comporte deux parties, l'une sur les « fardements et senteurs », l'autre sur les confitures, et qui donne des précisions sur le rôle de Nostradamus pendant la peste aixoise. On lui doit aussi une paraphrase de Galien (1557), une traduction restée inédite jusqu'en 1968 des *Notes hiéroglyphiques* d'Orus Apollon, et de très intéressantes lettres.

RÉF. : L. Videl, *Déclaration des abus, ignorances et séditions de Michel Nostradamus,* Avignon, 1558. — E. Jaubert, *Vie de M. Nostradamus...*, Amsterdam, 1656. — E. Bareste, *Nostradamus,* Paris, 1840. — Parker, « La Légende de Nostradamus et sa vie réelle », in *Revue du XVIe siècle,* t. X, Paris, 1923. — Moura et Louvet, *La Vie de Nostradamus,* Paris, 1930. — E. Leroy, « Les Origines de Nostradamus (1503-1566) », *Mémoire de l'Institut historique de Provence,* XVIII (1941), p. 3-38. — R. Busquet, *Nostradamus, sa famille, son secret,* Paris, 1950. — G. Neyrial, *La Vraie Vie de Michel de Notre-Dame...,* (thèse), Toulouse, 1951. — J. Dupèbe, éd. *Lettres inédites de Nostradamus,* Genève, 1983. — M. Chomarat, *Bibliographie de Nostradamus,*

Baden-Baden et Bouxwiller, 1989. – R. Benazra, *Répertoire chronologique nostradamique*, Paris, 1990.

NOUGÉ Paul. Écrivain belge d'expression française (1895-1967). Né à Bruxelles d'une mère belge et d'un père français, Paul Nougé est considéré comme l'un des principaux représentants du surréalisme belge francophone. Biochimiste de métier, ce chercheur scientifique sera, parallèlement à la carrière professionnelle qu'il exercera jusqu'à son licenciement en 1953, un remarquable chercheur littéraire, reconnu par Francis Ponge comme la « tête la plus forte du surréalisme en Belgique ». Il participe, en 1921, à la fondation du parti communiste belge, même s'il entretiendra par la suite une constante méfiance à l'égard des partis politiques. Après avoir signé de nombreux manifestes antifascistes, il est mobilisé dans l'armée française en 1939.

Son entrée en littérature est tardive, effectuée en 1924 par le biais d'une série de tracts intitulés « Correspondance », préparés en collaboration avec Camille Goemans et Marcel Lecomte, et présentés généralement comme le point de départ du surréalisme belge. Des liens se nouent dès lors avec les surréalistes parisiens, mais le groupe bruxellois garde ses distances et se développe de manière relativement indépendante. C'est dans une conférence prononcée à Charleroi en 1929 que Nougé expose en substance sa conception de l'art, en des termes résolument éloignés des manifestes de Breton. Proche de Magritte avec qui il collabore en maintes occasions, il oppose l'« efficacité » des « objets bouleversants » au culte de l'originalité ainsi qu'à l'engagement personnel de l'écrivain dans une formation politique. Déçu par sa propre expérience en ce domaine, il appelle à un autre type d'engagement, à la fois esthétique et éthique, en vertu duquel l'écrivain transforme l'idée reçue en un objet, en une image irrecevable.

Toute la pratique poétique de Nougé est gouvernée par une rétention extrême – semblable à celle des moralistes classiques – du propos, par une résistance active à l'« incontinence verbale » (Michaux) et par la fragmentation systématique de l'œuvre. Dans un texte caractéristique des années 30, « La Solution de continuité », Nougé insiste sur le devoir de ne pas s'abandonner naïvement à la littérature, de maintenir vis-à-vis d'elle un « certain détachement », une distance à laquelle renoncent ceux qu'il nomme les « littérateurs ». « Il s'agit de vivre », conclut-il, en donnant à ce verbe une intensité toute surréaliste et en posant un regard parfois tendre, parfois clinique, sur le monde, en particulier sur la femme et le corps.

On sait peu de chose sur la vie de l'homme, en dehors de ce que nous apprennent ses textes. Être contradictoire, cartésien mais volontiers mystique, austère mais souvent lyrique, surréaliste opposé au surréalisme, communiste hostile aux partis communistes, Nougé s'est toujours refusé à faire œuvre de sorte que ses écrits se composent exclusivement d'aphorismes, d'exercices de style, de récits brefs, de notes ou de poèmes, tous épars et livrés à l'inachèvement. On doit à son ami Marcel Mariën de les avoir rassemblés en deux volumes, *Histoire de ne pas rire* (*) (1956) et *L'Expérience continue* (*) (1966).

MICHEL BIRON.

NOURISSIER François. Écrivain français. Né le 18 mai 1927 à Paris. Après des études de droit, sciences politiques, lettres (Sorbonne), il entre au Service des réfugiés et des relations extérieures, au Secours catholique, et accomplit de nombreuses missions (Allemagne, Autriche, Proche-Orient) de 1949 à 1951. Cette expérience nourrit un essai, *L'Homme humilié* (1950), et parcourt à travers le personnage du Hongrois, Gesa, le premier roman de François Nourissier, *L'Eau grise* (1951), qui obtient le prix Fénéon en 1952. Son éditeur, Plon, le patronage de Jacques Chardonne, le soutien de certains critiques classent l'auteur parmi les Hussards – nom donné à un groupe d'écrivains dont Roger Nimier, auteur du *Hussard bleu* (*), 1950, Jacques Laurent, Antoine Blondin, Michel Déon... De 1955 à 1958, il est rédacteur en chef de *La Parisienne* (*), dirigée par Jacques Laurent. Secrétaire général des éditions Denoël (1952-55), ses activités de conseiller littéraire chez Grasset depuis 1958, de critique littéraire au *Point*, au *Figaro-Magazine* et ses collaborations multiples et diverses (*La Nouvelle Revue française* (*), *Humanité-Dimanche, Le Figaro, Elle, L'Observateur*...), son rôle au sein de l'académie Goncourt depuis 1977 lui donnent à connaître et souvent à juger le milieu des lettres, dont il fustige les mœurs dès 1957 : *Les Chiens à fouetter*. De 1958 à 1965 paraît sous le titre d'*Un malaise général*, qui se nourrit de l'expérience et de la vie de l'auteur, la trilogie formée par *Bleu comme la nuit, Un petit bourgeois* et *Une histoire française* (grand prix du roman de l'Académie française, 1966). Avec *Le Maître de maison* (*) (1968), Nourissier revient au roman proprement dit et poursuit la veine romanesque : *La Crève* (prix Fémina, 1970), *Allemande* (1973). En 1975, *Lettre à mon chien* le ramène à l'essai. *Le Musée de l'homme* (1978), chronique thématique, dresse le bilan négatif d'un « quinquagénaire » considérant la frivolité du monde et voyant s'effilocher ses rêves en lambeaux de réussites sociales. *L'Empire des nuages* (1981), roman authentique, reprend la même réflexion à travers l'histoire d'un peintre dont le public se détourne. *La Fête des pères* (1985), interrogation sur ce que l'on crée (enfants ou livres), est un récit-essai. Dépassant les étiquettes dont on l'a gratifié, Nourissier construit une œuvre où l'autobiographie directe, le jugement mêlant humour et cruauté, non sans tendresse dissimulée, le disputent à une tendance romanesque dont l'auteur se défend préférant, dit-il, l'« aveu » et l'« essai sur soi ». Mais n'est-ce pas pour mieux retrouver les autres ?

YANNICK PELLETIER.

NOUVEAU Germain Marie Bernard. Poète français. Né et mort à Pourrières, Var (31 juillet 1851-4 avril 1920). Né près d'Aix-en-Provence, au pied de la montagne Sainte-Victoire peinte par Cézanne, Nouveau est hanté par des nostalgies de lumière et de soleil. C'est d'ombre cependant que s'enveloppe sa petite enfance, passée à Paris, puis à Aix auprès d'un père peu apte à gérer les affaires familiales, dans un climat personnel encore alourdi par la mort de la mère et un remariage rapide que suit de deux ans la mort d'une jeune sœur du poète. Ces événements laissent d'incontestables traces dans l'inconscient de Nouveau qui tentera d'idéaliser, sous diverses formes inaccessibles, l'image de la femme : il en trouvera, finalement, la meilleure représentation dans la Vierge-Mère (*Ave Maris Stella, paraphrase rimée*, 1912). Au petit séminaire, puis au collège d'Aix, il fait d'honnêtes études et se distingue plus particulièrement dans les lettres classiques et le dessin. En 1870, il obtient son baccalauréat puis, après une année passé comme surveillant au lycée de Marseille, il débarque à Paris, à l'automne de 1872. Il fréquente aussitôt les milieux littéraires, notamment le groupe des Vivants (Bouchor, Ponchon, Richepin, etc.). Il publie dans *L'Artiste* ses premiers vers, sous le nom de P. Néouvielle : cette manie du pseudonyme ne le quittera plus et on le retrouvera caché derrière les appellations les plus diverses (Humilis, La Guerrière, Marie Bernard, Bénédict). Cette quête perpétuelle d'une identité toujours nouvelle n'est pas le moins curieux chez ce personnage étrange. Ses premiers poèmes, tout inspirés de Verlaine qu'ils soient, témoignent d'une vive sensibilité et d'un don pictural très sûr : il possède un sens impressionniste de la couleur et des attitudes. En 1874, il fait la rencontre de Rimbaud et l'accompagne à Londres. C'est là qu'il recopie quelques-unes des *Illuminations* (*). L'année suivante, il recevra en dépôt divers manuscrits de Rimbaud. Cependant, Nouveau voyage ; il rencontre Verlaine et servira de trait d'union entre ce dernier et l'auteur d'*Une saison en enfer* (*). C'est aussi l'époque où il amorce sa conversion. Revenu à Paris, il fréquente le milieu bohème du salon de Nina de Villard (Cros, Mendès, Villiers de l'Isle-Adam) où il passe pour un original. Tout en menant une modeste vie d'employé, il peint et écrit (diverses proses dans *La Lune rousse*). Il compose (1878-1881) les poèmes qui seront recueillis sous les titres successifs de *Savoir aimer, Poèmes d'Humilis* et enfin *La Doctrine de l'amour* – v. *Poésies* (*) de Nouveau. Après quelques mois passés au Liban, Nouveau est de retour à Paris. Il fréquente le cabaret du Chat Noir et commence à écrire une série de poèmes légers destinés à célébrer l'amour – fort charnel – d'une certaine Valentine à laquelle il ne faut sans doute pas chercher de modèle réel (*Valentines*, 1922). Il est nommé professeur de dessin dans divers établissements, mais, à la suite d'une crise mystique (mai 1891), il est interné plusieurs mois à Bicêtre. À sa sortie, il entreprend une série de voyages qui le conduisent à travers l'Europe et l'Afrique du Nord. Il mène une vie de mendiant mystique et vagabond. Tandis qu'il écrit *Le Maron travesti*, une édition de ses poèmes religieux (*Savoir aimer*, 1904) paraît sans son aveu. Il n'aura désormais de cesse de rechercher ses manuscrits pour les détruire et en interdire la publication. Aussi l'essentiel de son œuvre ne fut-il connu qu'après sa mort. En 1922 et 1924, les surréalistes découvrent coup sur coup *Valentines* et *Poésies d'Humilis* : ils font de leur auteur un annonciateur de leurs doctrines, au même titre que Rimbaud ou Lautréamont. La vérité est que Nouveau apportait en effet quelque chose de neuf à la poésie : une glorification de l'amour sous ses formes mystiques et sensuelles et, davantage, un évanouissement de l'être dans l'amour de cet amour. Il s'y ajoutait l'usage d'une forme primesautière à travers laquelle le poète marquait une distance ironique à l'égard de lui-même et de son lecteur. Avec lui se faisait entendre un ton neuf en littérature.

LOUIS FORESTIER.

♦ *« Nouveau est charmant, n'est-ce pas, mais quel "janséniste" ! »* Verlaine. ♦ *« À cette discipline à laquelle nous sommes soumis et que Rimbaud toute sa vie a désespérément secouée, Nouveau propose de remédier par l'observation volontaire d'une discipline plus dure. L'esprit se retrempe peu à peu dans cet ascétisme et il n'en faut pas davantage pour que la vie reprenne un tour enchanteur. »* Breton. ♦ *« Ce rôle de madrigaliste et de blasonneur met derechef et surtout en évidence le côté aimable, le tempérament féminin, la* gentilezza *native de Nouveau visité par le bonheur d'aimer. »* Pierre-Olivier Walzer.

RÉF. : E. Delahaye, *Souvenirs familiers...*, 1925. – L. Vérane, *Humilis, poète errant*, 1929. – L. Forestier, *Germain Nouveau*, 1971. – J. Lovichi et P. O. Walzer, *Dossier Germain Nouveau*, 1971. – G. Nouveau, *Pages complémentaires* présentées par M. Pakenham, 1983. – *Le Point vélique. Études sur Rimbaud et Nouveau*, 1986. – M. Dabadie, *L'Écharde dans la chair*, 1986.

NOVALIS (pseud. de Friedrich von Hardenberg). Écrivain allemand. Né à Oberwiederstedt (Saxe) le 2 mai 1772, mort à Weissenfels (Saxe) le 25 mars 1801. Descendant d'une famille de vieille noblesse, c'est d'une tradition de sa maison que le poète hérita son pseudonyme : dès le XIIIe siècle, en effet, les seigneurs de Hardenberg utilisaient parfois l'adaptation latine de leur nom, soit Novali, ou Novalis. De bonne heure, Friedrich von Hardenberg fut destiné à devenir ingénieur des mines et à suivre les traces de son père, directeur des salines à Weissenfels. Il est élevé dans des sentiments de grande piété : ses parents appartenaient tous les deux à une communauté piétiste fondée par les frères Moraves et, dès son enfance, *La Bible* et les cantiques nourrirent son imagination. C'est dans la maison familiale, pôle d'attache de toute sa vie, où il fut instruit par des précepteurs, qu'il inventa ses premiers contes de fées. Plus tard, ses amis romantiques le tinrent pour l'incarnation même de l'esprit poétique qui passait comme un météore dans le ciel de la littérature. Ses dons étaient multiples : mort avant trente ans, il a laissé une œuvre mince mais de toute première importance sur le plan poétique et philosophique. Par ailleurs, il n'a jamais cessé de s'intéresser aux sciences, en particulier à la minéralogie et à l'électricité. Étudiant le droit en 1790 à l'université d'Iéna, il y suit aussi des cours de philosophie et, surtout, les cours d'histoire donnés par Schiller qu'il admirait sans réserve et qui représentait pour lui une haute figure morale. Il y rencontre également Friedrich Schlegel qui devient son ami, et Fichte dont il lit avec passion la *Doctrine de la science* (*), qui lui apparaît comme l'œuvre d'un « Newton du monde intérieur ». Après avoir terminé ses études à Wittenberg, il occupe son premier poste administratif à Tennstedt, petite ville tout près de Wittenberg, à l'automne de 1794. Peu après, il rencontre au château de Grüningen, à proximité de Tennstedt, celle qui devait décider de son existence et, en un sens, de son œuvre : Sophie von Kühn, âgée de treize ans à peine, et qui, selon les témoignages des contemporains, alliait une grâce juvénile à une étonnante maturité d'esprit. Novalis vit une époque d'un bonheur intense mais bref : dès la fin de l'année 1795, Sophie tombe gravement malade ; elle meurt le 19 mars 1797. Cette date marque un tournant définitif de la vie du poète. Il affirme sa volonté de mourir, lui aussi, non pas par un acte de désespoir mais précisément par un acte d'espoir, résultat d'une méditation religieuse : Novalis s'apprête à rejoindre sa fiancée, médiatrice entre le jour et la nuit, entre l'apparence et la réalité. « Vivre », écrit-il alors, « est le commencement de la mort. La mort est tout ensemble terminaison et début, séparation en même temps que plus étroite union avec soi-même. » La disparition de Sophie est à la source de ses *Hymnes à la nuit* (*) qui parurent en 1800 dans la revue des frères Schlegel, l'*Athenaeum* (*). Avec cette œuvre lyrique, en partie en vers, en partie « poèmes en prose », la poésie romantique allemande a acquis une véritable dimension nouvelle dont les résonances se retrouvent dans le *Tristan* (*) de Richard Wagner. Auparavant, l'*Athenaeum* avait déjà accueilli des fragments philosophiques de Novalis, *Grains de pollen* (+), la seule collection d'aphorismes que Novalis ait publiée de son vivant, sous son pseudonyme et avec ce titre, choisi par lui. Selon ses propres termes, ce sont des fragments de son « perpétuel monologue intérieur, des coups de sonde ». Ils parurent en 1798 et traitent des sujets les plus divers : morale, esthétique, politique, religion, sciences de la nature.

À la fin de l'année 1797, Novalis se rend sur le désir de son père à la « Bergakademie » (École des mines) de Freiberg, en Saxe, célèbre alors dans toute l'Europe pour les cours de géologie du savant Gottlob Werner. La poétisation des qualités mystérieuses des minéraux inspirera désormais une large part de son œuvre. En même temps, il se plonge dans les écrits sur le galvanisme de son ami Ritter. Ses études et ses lectures l'amènent à concevoir une grande « Encyclopédie du monde visible et invisible » dont l'idée fondamentale serait « l'idéalisme magique » qui développe la capacité de réconcilier le corps et l'esprit, de transfigurer le monde par le rêve. Ce projet destiné à la fois aux scientifiques et aux poètes n'a pas vu le jour. Mais c'est dans cette perspective qu'il faut lire les deux romans inachevés de Novalis, *Les Disciples à Saïs* (*) et *Henri d'Ofterdingen* (*), sinon l'ensemble de ses *Fragments* qui représentent en quelque sorte des parties du grand Livre à écrire qui devrait être la bible des temps futurs, animée par une religion nouvelle au centre de laquelle se trouve la figure de Sophie : « J'ai pour Sophie de la religion, non de l'amour, disait Novalis, un amour absolu, indépendant du cœur, fondé sur la foi. » Tout en se livrant à ses contemplations, il cherche à retrouver un certain équilibre dans sa vie : en 1798, à Freiberg, il fait la connaissance de la fille du directeur des mines, Julie von Charpentier. Les fiançailles sont bientôt annoncées. Bien que cette relation ne soit en rien comparable avec celle qui l'avait uni à Sophie, Julie von Charpentier, elle aussi, eut sa place dans l'œuvre poétique de Novalis, notamment dans *Henri d'Ofterdingen,* où elle a inspiré la figure de Cyane, tandis qu'on retrouve le souvenir de Sophie dans Mathilde, la fille du poète Klingsohr, l'incarnation de tout un idéal romantique, symbolisé par la « Fleur bleue ».

En 1798, à Freiberg, Novalis travaille aux *Disciples à Saïs* – qu'il abandonnera un an plus tard au profit d'*Henri d'Ofterdingen* – mais aussi à un opuscule de circonstance qui atteste une certaine préoccupation monarchique et mystique : *Foi et Amour* (+), hommage enthousiaste au jeune roi de Prusse, Frédéric-Guillaume III, et à la reine Louise, qui suscita l'admiration générale. En 1799, Novalis revient à Weissenfels comme assistant de direction aux salines. Il rédige alors un court essai, *La Chrétienté ou l'Europe* – v. *Fragments* (*) –, esquisse de son rêve d'un Occident uni, heureux, pacifié sous l'égide d'une Église chrétienne renouvelée. Avec cet essai, Novalis se trouve à l'origine de la théorie politique du romantisme allemand. L'œuvre porte les traces d'une lecture des *Discours sur la religion* (*) de Schleiermacher, parus en septembre 1799. Destinée à l'*Athenaeum,* elle n'y fut point insérée, les Schlegel ne partageaient pas les idées de Novalis et Goethe avait déconseillé la publication. La première édition ne parut que vingt-cinq ans après la mort du poète. Mais le pamphlet avait été connu dans les cercles romantiques et avait été fort apprécié par Adam Müller et quelques autres. En 1799, Novalis rédige aussi ses premiers *Cantiques spirituels* (*) et entreprend des études nombreuses sur le Moyen Âge en vue de la rédaction d'*Ofterdingen.* La référence déterminante pour Novalis reste cependant le *Wilhelm Meister* (*) de Goethe auquel, malgré son enthousiasme initial, il reproche d'être trop prosaïque et bourgeois. Il veut écrire un « anti-Meister », un véritable roman initiatique où le poète sera aussi un prophète et l'annonciateur d'un retour à l'Âge d'or. Seule la première partie, « L'Attente », a pu être achevée ; la seconde, « L'Accomplissement », est restée à l'état de fragment. Novalis rédige encore des *Hymnes sacrés* (*) qui témoignent de son attachement au Christ et à la Vierge sans qu'on puisse parler d'une conversion au catholicisme. En fait, le Dieu de Novalis n'appartient à aucune religion particulière, il est le Dieu de maître Eckart, Dieu naturel caché au cœur de l'homme. Atteint de phtisie, Novalis meurt en 1801. Son ami fidèle, Ludwig Tieck, s'occupera dès 1802 de publier ses œuvres posthumes. Novalis a été incontestablement le véritable poète du premier mouvement romantique en Allemagne, un poète tourné vers le monde intérieur et la communion panthéiste avec la nature, mais auquel aucune des doctrines irrationalistes de son temps, sous leur forme historique, religieuse ou ésotérique, n'est restée étrangère. Éloigné de tout fanatisme, il croyait à un progrès de l'humanité, à un développement pacifique en une gradation ascendante. Tout en demeurant attaché aux principes de la religion réformée, il se plaisait aux émotions que lui offrait le culte catholique. Le géologue Steffens, qui fut son ami, a écrit que chez lui les deux confessions auraient cohabité.

ERIKA TUNNER.

♦ *« La plus pure et la plus séduisante incarnation d'un esprit hautement immortel. »* Tieck. ♦ *« Moins encore sa destinée que le fond même de sa nature faisaient de lui ici-bas une personnalité tragique, un initié à la mort. »* Schleiermacher ♦ *« Un de ces nihilistes poétiques, de ces génies passifs, un de ces androgynes qui, lorsqu'ils conçoivent, s'imaginent créer. »* Jean Paul ♦ *« Ce qui fait le fond de la personnalité de Novalis, c'est que les besoins spéculatifs chez lui ont été assez forts pour éveiller dans cette belle âme une aspiration nostalgique, mais non pour lui permettre, ni de triompher de la tendance à l'abstraction, ni d'y renoncer. »* Hegel ♦ *« Novalis avait été aimé des dieux. Avec lui s'était éteinte – non pas pour toujours (lui-même n'a-t-il pas évoqué dans* Ofterdingen *le Barberousse de la légende, ne dormant que d'un œil dans sa caverne ?) mais pour longtemps – une espérance fraîche et baptismale, pleine de matin, et pourtant vieille comme le monde. »* Julien Gracq.

RÉF. : E. Spenlé, *Novalis. Essai sur l'idéalisme romantique en Allemagne,* Paris, 1904. – H. Lichtenberger, *Novalis,* Paris, 1912. – M. Besset, *Novalis et la pensée mystique,* Paris, 1947. – W. Vordtriede, *Novalis und die französischen Symbolisten,* Stuttgart, 1963. – E. Heftrich, *Novalis. Vom Logos der Poesie,* Francfort-sur-le-Main, 1969. – G. Schulz, *Novalis in Selbstzeugnissen und Bilddokumenten,* Reinbek, 1969. – H. Kurzke, *Novalis,* Munich, 1988. – M. Seidel, *Novalis. Eine Biographie,* Munich, 1988.

NOVARINA Valère. Écrivain et dessinateur français. Né le 4 mai 1947 à Genève. Sa première pièce *L'Atelier volant* date de 1971. Elle est mise en scène par Jean-Pierre Sarrazac en 1974. Très rapidement, après des pièces à la dramaturgie « classique », Novarina se tourne vers un théâtre de recherche, d'expérimentation. Il y aura un *Falstafe*, mis en scène par Marcel Maréchal en 1976, auquel succède la période des recherches linguistiques. Avec *Le Babil des classes dangereuses* (1978), mis en scène par Jean Gillibert en 1984, nous sommes conviés au grand théâtre de la langue : un théâtre d'opérations où le corps de la langue maternelle est furieusement éventré, jusqu'à exhiber ses origines et ses dessous. Jubilation toute rabelaisienne qui a pour effet de modifier la morphologie, de changer les racines, d'introduire des barbarismes, bref de faire surgir une langue neuve, inédite, inouïe, dans la tradition ouverte par James Joyce avec *Ulysse* (*). Dans *Le Drame de la vie* (1984) le jaillissement phonique pur débouche sur une ivresse généalogique où s'énumèrent en incessantes litanies les noms de personnages inconnus, lus dans les annuaires. Procédés de nomination que Novarina reprendra avec son *Discours aux animaux* (*) (1987), discours beaucoup plus linéaire, à la limite du roman et dans lequel résonnent les paroles d'un homme « sonnant et raisonnant » face à la multitude muette des animaux. Résolument tourné vers un théâtre expérimental, Valère Novarina va travailler pour l'Atelier de création radiophonique de France-Culture. Il a écrit, à la demande de Jean-Loup Rivière, une première version radiophonique du *Monologue d'Adramélech* en 1983. Avec le comédien André Marcon, il travaille au plus près du souffle rythmique, de la danse dramatique. Rude travail de métamorphose auquel se soumet André Marcon qui dans *Le Monologue d'Adramélech* se transforme successivement en « Adraméon, Ablamélion, Abiblalech, Adraméluch ». Parallèlement à ses activités de dramaturge et d'écrivain, Valère Novarina peint et dessine les deux mille cinq cent quatre-vingt-sept personnages de son théâtre. Il a exposé à Montpellier, à Dijon, à Milan. La consécration viendra avec son exposition au Centre Georges-Pompidou en janvier 1984 et en février 1985, dans le cadre de l'exposition « La Voix, maintenant et ailleurs ». Les préoccupations picturales de Valère Novarina recoupent ses recherches dramaturgiques et linguistiques. Dernière facette de sa personnalité, celle du critique. Novarina déconseille aux interprètes l'art oratoire de la récitation traditionnelle, et les supplie de récrire le texte, de se l'accommoder. Deux essais ont vu le jour sur ce thème : le premier en 1979, *Lettre aux acteurs*, et en 1986, *Pour Louis de Funès*.

PHILIPPE BLONDEAU.

NOVÁS CALVO Lino. Écrivain cubain d'origine espagnole. Né le 23 septembre 1903 à Grañas del Sor (Galice), mort à Palm Beach (Floride) le 24 mars 1983. Après une enfance misérable, il arrive à Cuba où il exerce divers métiers (charbonnier, matelot, chauffeur de taxi), tout en écrivant. Autodidacte, il devient journaliste et part à Madrid en 1931. Il traduit Balzac, Huxley, Faulkner, et écrit des nouvelles qui font l'admiration d'Ortega y Gasset. Elles paraissent dans *La Revista de Occidente* (1932). C'est la consécration. Sa biographie romancée *Pedro Blanco, le négrier* [*Pedro Blanco, el negrero,* 1933] est qualifiée d'« extraordinaire » par Carpentier. Un autre roman, *Une expérience au Barrio Chino* [*Un experimento en el Barrio Chino*], paraît en 1936. Durant la guerre civile, à l'instar de son ami Hemingway, il est correspondant de guerre du côté républicain.

De retour à Cuba en 1939, il est professeur de français et dirige la revue *Ultra* avec le grand ethnologue Fernando Ortiz. De 1942 à 1945, il remporte des prix littéraires, il collabore à *Orígenes,* la revue fondée par Lezama Lima. Ses premiers recueils de nouvelles paraissent à Buenos Aires : *La luna nona* (1942), et *Îlot Canas* [*Cayo Canas,* 1946], suivi de *L'Autre Îlot* [*El otro cayo,* Mexico, 1959]. Une nouvelle paraît dans *Les Vingt Meilleures Nouvelles d'Amérique latine* (1958).

En 1960, il s'exile aux États-Unis. Professeur à l'université de Syracuse, Novás Calvo continue d'écrire. L'anthologie *Façons de raconter* [*Maneras de contar*] paraît à New York (1970). Durant trente ans de régime castriste, il est interdit de publication à Cuba. Il faudra attendre 1990 pour que paraisse à La Havane le recueil *Œuvre narrative* [*Obra narrativa*]. En Espagne est publiée l'anthologie *Angusola et les Couteaux* (*) (1990).

Pourtant, au même titre que Carpentier et que Labrador Ruiz, qu'il a influencés, Novás Calvo a donné ses lettres de noblesse à la prose narrative cubaine ; il a su l'élever au-dessus du régionalisme, lui conférant une dimension universelle.

LILIANE HASSON.

♦ *« Le langage de Novás Calvo, surprenant par sa quotidienneté, se nourrit de l'absence et de l'invisible ; langage du métissage, langage des nouveaux dieux. Dorénavant, notre littérature sera autre. »* José Triana.

RÉF. : Raymond D. Souza, *Lino Novás Calvo,* Boston, 1981. — Lorraine E. Roses, *Voices of the Storyteller : Cuba's Lino Novás Calvo,* Westport, 1986.

NOVATIEN. Antipape et hérésiarque latin. Né en Italie, à Rome peut-être, il vécut dans la première moitié du IIIe siècle apr. J.-C. Selon Socrate, historien de Constantinople, Novatien aurait subi le martyre en Asie Mineure, pendant les persécutions de Valérien, en 258. Ordonné prêtre par le pape Fabien, il ne tarda pas, grâce à sa culture, à son éloquence et à son austérité, à acquérir au sein de la communauté romaine une position telle qu'il ambitionna la succession à l'évêché de Rome lorsque mourut saint Fabien, l'une des premières victimes des persécutions de Décius. Mais, contrairement à l'attente générale, ce fut Cornelius qui fut élu. Novatien, appuyé par une partie de la communauté romaine, déclara alors l'élection de Cornelius illégitime et se fit consacrer évêque de Rome, donnant ainsi naissance à un nouveau schisme. Les partisans de Novatien furent appelés « novatiens » — mais ils se donnèrent le nom de Καθαροι [les purs], en raison de leur conception rigoriste de la pureté ecclésiastique. Condamné par un concile tenu à Rome, leur mouvement ne s'en répandit pas moins rapidement à Rome, Constantinople, Antioche et Alexandrie ; il résista pendant environ quatre siècles en Asie Mineure, en Égypte et en Grèce. Novatien fut le premier chrétien romain à avoir écrit exclusivement en langue latine. De sa vaste production, dont parle saint Jérôme, il nous est parvenu *Sur la nourriture des Juifs* (+) et *De la Trinité* (*), son œuvre principale. Les deux lettres envoyées par la communauté romaine à saint Cyprien, à l'occasion de la controverse avec les dissidents carthaginois sur les « lapsi » envers lesquels Novatien se montra assez sévère, sont sûrement de lui. L'attribution des deux traités *Des spectacles* [*De spectaculis*] et *Des bienfaits de la pudeur* [*De bono pudicitiae*] demeure incertaine ; certains les croient encore de Cyprien.

RÉF. : Migne, *Patrologie latine,* t. III, col. 861-970.

NOVERRE Jean Georges. Chorégraphe français. Né à Paris en avril 1727 (baptisé le 29 avril dans la chapelle protestante hollandaise), mort à Saint-Germain-en-Laye le 19 novembre 1810. Élève de Louis Dupré, « le dieu de la danse », il fit ses débuts devant la cour à Fontainebleau en octobre 1743 ; puis, en 1748, se rendit à Berlin, où il fut très bien accueilli par Frédéric II. De retour à Paris, il fut nommé, en 1749, maître de ballet à l'Opéra-Comique ; de 1755 à 1757, il remplissait les mêmes fonctions à l'Opéra de Londres, pour prendre, en 1758, la direction des ballets à l'Opéra de Lyon. Le duc de Wurtemberg l'ayant chargé d'organiser et de diriger sa troupe chorégraphique, Noverre resta à Stuttgart de 1759 à 1764. Pendant son séjour au Wurtemberg, il écrivit ses fameuses *Lettres sur la danse et les ballets* (*), dont la première édition parut à Lyon en 1760. Une autre édition de cet ouvrage, considérablement augmentée, fut publiée à Paris en 1807, en deux volumes, sous le titre quelque peu modifié de *Lettres sur les arts imitateurs en général et sur la danse en particulier.* Cet ouvrage fait de Noverre l'initiateur des réformes essentielles qui marquent encore l'art moderne de la danse. Nommé, en 1776, directeur des ballets à l'Académie royale de musique, il conserva ce poste jusqu'en 1780, année de sa retraite. On doit à Noverre plusieurs ballets-pantomimes.

RÉF. : J.-B. de La Borde, *Essai sur la musique ancienne et moderne*, Paris, 1780. – F. H. J. Castil-Blaze, *La Danse et les Ballets, depuis Bacchus jusqu'à Mlle Taglioni*, Paris, 1832 et *Théâtres lyriques de Paris, l'Académie impériale de musique... de 1645 à 1855*, Paris, 1855. – M. Béjart et Th. Mathys, *Noverre, Lettres sur la danse*, Paris, Ramsay, 1978.

NOVIKOV Nikolaï Ivanovitch [Nikolaj Ivanovič Novikov]. Écrivain russe. Né le 26 avril 1744 dans la propriété familiale d'Avdot'ino (gouvernement de Moscou), où il mourut le 31 juillet 1818. Il appartenait à une famille de propriétaires aisés ; il ne termina pas ses études, commencées à Moscou, et prit du service dans un des régiments qui devaient porter au trône Catherine II. Il publia peu après des traductions, des récits, des poésies (1768). Novikov fit ensuite partie de la Commission pour le nouveau code, créée par la nouvelle impératrice. Éloigné, de ce fait, de la vie militaire, il donna sa démission en 1768 pour se consacrer au journalisme. L'année suivante il lança *Le Bourdon* (*), revue qui ne vécut que deux ans (1769-1770) ; la vivacité des descriptions, l'âpreté des jugements portés surtout contre la gallomanie de la haute société et de la Cour, font de cette œuvre un document de mœurs de premier ordre, d'autant plus que cette revue entama une polémique avec la revue *Un peu de tout* [*Vsjakaja vsjačina*] inspirée par Catherine II elle-même. Cette polémique contraignit Novikov à se montrer moins virulent, puis à cesser la publication de son périodique. En 1772, il fit paraître une nouvelle revue, *Le Peintre*, qui connut un succès très brillant, mais dans laquelle, pour les mêmes raisons qui avaient contraint *Le Bourdon* au silence, Novikov dut bientôt baisser le ton ; aussi en fit-il une publication d'articles sérieux de caractère abstrait, sans tendances satiriques, et surtout sans aucune allusion au point le plus douloureux de la vie sociale russe : le servage, qui avait fait l'objet de ses pages les plus vivantes. Dans une troisième revue, *Le Porte-Monnaie* [*Košelek*], publiée en 1774, Novikov recommence une charge contre la gallomanie ; sujet que traitent mieux cependant les comédies d'alors. Entretemps, l'écrivain entreprenait dans un but éducatif la publication de divers ouvrages scientifiques et historiques, la réédition d'anciens textes sous le titre d'*Ancienne bibliothèque russe* [*Drevnjaja rossijskaja biblioteka*] avec l'entière approbation de l'impératrice qui lui ouvrit les archives ; il s'occupa également d'un *Essai de dictionnaire des écrivains russes* [*Opyt slovarja rossijskih pisatelej*], source encore aujourd'hui précieuse pour les historiens du XVIIIe siècle. On pourrait dire que, par ces ouvrages et d'autres encore, Novikov créa le public russe. Fondateur d'écoles, créateur d'une admirable typographie qui devait donner une vive impulsion à l'art typographique russe, il serait certes parvenu à conférer une nouvelle atmosphère à la culture si, lors de la Révolution française qui jeta Catherine dans le parti de la réaction, ses activités ne s'étaient trouvées interrompues pour des raisons imprévues ; à cause de son appartenance à la franc-maçonnerie, fait qui jusqu'alors ne l'avait nullement gêné, on se mit à le considérer comme dangereux. En 1791, son imprimerie fut fermée, il fut arrêté et emprisonné à Schlüsselburg où il resta jusqu'à l'accession au trône de Paul Ier, qui le fit libérer, non par tolérance mais par haine de tout ce qu'avait fait Catherine. La santé ruinée par quatre années de prison, Novikov se consacra, comme bien d'autres francs-maçons, aux méditations mystiques, et ne rentra qu'en théorie dans la vie active ; il vécut jusqu'en 1818, mais on pourrait dire qu'il se survécut à lui-même.

♦ *« Homme intelligent et dangereux. »* Catherine II.

RÉF. : André Monnier, *Un publiciste frondeur sous Catherine II : Nicolas Novikov*, Paris, 1981.

NOVIUS. Auteur comique latin. Il vécut entre les IIe et Ier siècles av. J.-C. On ne sait rien de sa vie, mais son nom semblerait indiquer qu'il était originaire de la Campanie. Novius a écrit de nombreuses *Atellanes* (*), farces en langue populaire, précédemment improvisées, de provenance osque (ou opique). Il se confina toujours assez obscurément dans ce genre particulier, contrairement à son contemporain Lucius Pomponius qui, tout en traitant les mêmes sujets, les éleva au rang de comédies. L'œuvre de Novius est presque entièrement perdue. Les quarante-trois titres de ses pièces que nous connaissons révèlent que son inspiration n'allait guère au-delà des traditionnels personnages des *Atellanes*, et qu'il parodiait volontiers les poètes.

RÉF. : F. Marx, « Attellanae Fabulae » in Pauly-Wissowa, *Realencyklopädie*, II, 1914-1920. – W. Kroll, in Pauly-Wissowa, *Realencyklopädie*, t. 17, 1, col. 1215-1216. – A. Daviault, *Comedia togata*, Paris, 1981.

NOVO Salvador. Poète mexicain. Né à Mexico le 30 juillet 1904, mort dans la même ville en 1974. Après des études de philosophie et de lettres, il devient professeur à l'université de Mexico et collabore à de nombreuses revues littéraires et théâtrales. Novo appartient au groupe des « Contemporáneos » avec Carlos Pellicer, Xavier Villaurrutia et José Gorostiza. Son œuvre, assez abondante, se caractérise par un ton à la fois ironique et tendre. Parmi les nombreux recueils qu'il a publiés, il faut citer *Vingt poèmes* [*XX poemas*, 1925], *Miroir* (*) (1933), *Nouvel amour* (*) (1933), *Seamen Rhymes* (+) (1933), *Poèmes prolétaires* (+) (1934), *Frida Kahlo* (+) (1935), *Louange fleurie* (+) (1944), *Nous disons : notre pays* (+) (1949), ainsi que *Never ever* (+) et *La Romance d'Angelillo et d'Adela.* Salvador Novo n'est d'ailleurs pas seulement un poète : il a également publié des romans, des pièces de théâtre, des articles journalistiques et a longtemps travaillé pour la télévision. C'est la figure la plus diversifiée et la plus talentueuse, sinon la plus profonde du groupe des « Contemporáneos ».

NOVOMESKÝ Laco. Poète, journaliste et homme politique slovaque (nommé « artiste national » en 1964). Né le 27 décembre 1904 à Budapest, mort le 4 septembre 1976 à Bratislava. Jeune instituteur, il abandonne tôt cette voie et passe l'entre-deux-guerres à Prague comme journaliste communiste, très lié aux milieux littéraires et artistiques d'avant-garde. Avec d'autres jeunes poètes et écrivains slovaques – Ján Poničan (1902-1978), Fraňo Král' (1903-1955), Peter Jilemnický, d'origine tchèque (1901-1949), etc. –, et les futurs hommes politiques (Vladimír Clementis, Gustáv Husák...), il participe à la rédaction de la revue littéraire, artistique et politique (de gauche) *DAV* (*La Masse,* 1924-1937). Il publie parallèlement ses recueils de poésies d'inspiration sociale et personnelle, influencées par la « poésie prolétarienne » et le « poétisme » tchèques : *Dimanche* [*Nedelá,* 1927], *Rhomboïde* [*Romboid,* 1932], *Les Fenêtres ouvertes* [*Otvorené okná,* 1935]. Les événements à la veille de la guerre (montée du nazisme, guerre civile en Espagne), les débuts de l'État slovaque et de la guerre trouvent reflet et commentaire dans *Le Saint hors du village* [*Svätý za dedinou,* 1939] et *D'un crayon clandestin* [*Pašovanou ceruzkou*], publié en 1948, mais écrit avant 1941. Novomeský participe à l'insurrection nationale slovaque (1944), occupe ensuite un poste de commissaire slovaque à l'Éducation et à la Culture. Au début des années 50, il est, avec d'anciens « davistes », faussement accusé de « nationalisme bourgeois slovaque » et condamné à dix ans de prison. Relâché après cinq ans, il vit anonymement à Prague. Il est finalement réhabilité (1963), nommé « artiste national », submergé de titres, distinctions honorifiques... Après des milliers de vers écrits en prison et « confisqués », il écrit un long poème sur les beaux jours de l'avant-garde et les rêves révolutionnaires d'alors, *Villa Tereza* (*) (1963). Un autre long poème évoque son enfance, sa jeunesse, ses luttes, son bilan du socialisme présent : *À 30 minutes de la ville* [*Do mesta 30 minút,* 1963]. Un recueil de brèves poésies, retour aux temps de prison, confirme son choix fondamental d'un socialisme humaniste : *De là-bas et autres poèmes* [*Stamodtial' a iné,* 1964]. Par la suite, certains de ses articles, études et discours seront réunis en volumes.

VLADIMIR PESKA.

NU'AIMA Mīhā'īl. Écrivain libanais d'expression arabe. Né le 12 novembre 1889 à Baskinntā (Liban), mort en 1988 à Beyrouth. Il fit ses études d'abord à Nazareth (Palestine), puis en Ukraine, ensuite aux États-Unis et en France, obtenant un diplôme de licencié en droit, de « Bachelor of Sciences » et d'arts et lettres, s'exprimant aisément dans les langues russe, anglaise et française, en plus de l'arabe. Il rentra au Liban en 1932 et vécut uniquement pour les lettres et la poésie dans son ermitage de Chakrūb, au pied du mont Sannine, où il accueillait avec hospitalité les savants, les personnages de toutes sortes, les étudiants, les humbles en quête d'idéal et de vérité. Son influence littéraire s'exerça au sein d'une association d'écrivains, « al-Rābita al-qalamiyya ».

Sa toute première pièce de théâtre : *Les Pères et les Fils* [*al-Ābā' wa'l-Banūn,* 1917], écrite et représentée à New York, traite du conflit dramatique entre deux générations. Ses contes *Il y avait une fois* [*Kān mā kān,* 1937] ont paru aussi dans des revues arabes aux États-Unis avant d'être réunis en volume. *Le Crible* [*al-Ghirbāl,* 1923] présente des essais de critique littéraire, donnant les principes qui doivent régler une activité de création féconde et insistant sur le rôle important des traductions qui assument une médiation nécessaire entre la culture arabe et le reste de l'humanité. Nu'aima a tracé la voie à la génération des jeunes poètes arabes qui se sont dégagés des règles formelles anciennes. Les essais poétiques intitulés *Les Étapes* (*) (1933) illustrent cette nouvelle perspective. Citons ses recueils : *La Nourriture de la rencontre* [*Zād al-ma'ād*], *Les Aires où l'on bat le blé* [*al-Bayādir*], *Une vigne sur un chemin* [*Karm 'ala darb*], *Le Murmure des paupières* [*Hams al-jufūn*]. En 1959, une autobiographie clôt l'ensemble de ces différents messages : *Soixante-dix ans. Histoire d'une vie* [*Sab'ūn sanat. Hikāyat 'umr*]. Sa pensée est tourmentée mais fulgurante, son style sobre mais brillant de mille facettes. Son amour de la liberté dans l'art s'accorde avec son respect de tout ce qui est authentiquement humain.

RENÉ KHAWAM.

RÉF. : N. N. Naimy, *The Lebanese Prophets of New York*, Beyrouth, 1985.

NUÑEZ DE ARCE Gaspar. Il est surtout connu en tant que poète et dramaturge romantique espagnol, mais il eut aussi, comme de nombreuses personnalités de son temps, une activité politique variée. Né le 4 août 1834 à Valladolid (León), mort le 9 juin 1903 à Madrid. Il fit ses études à Valladolid et à

Madrid. Jeune encore, il inaugura sa carrière de journaliste comme chroniqueur pendant la campagne d'Afrique, puis il fut député de l'Union libérale en 1965. Lors de la révolution de septembre (1868) il devint gouverneur de Barcelone, et avec l'avènement du gouvernement provisoire il reconnut la monarchie. Il passa ensuite au parti constitutionnel de Sagasta (1871), et après la restauration des Bourbons il obtint des postes importants. En 1874 il fut admis à l'Académie espagnole. Il ne lui fut pas toujours possible de maintenir dans la vie pratique cette cohésion politique ; sa personnalité est caractérisée par un sentiment fondamental de doute et de pessimisme, par un conflit permanent entre la raison et l'affectivité, perceptible aussi dans ses œuvres poétiques dont nous mentionnerons *Les Cris de combat* (1874), le poème *Raymond Lulle* et *Poésies* (1874). Auteur dramatique, il collabora avec Antonio Hurtado et composa ainsi un très grand nombre de pièces, parmi lesquelles *Le Laurier de la rivière* [*El Laurel de la Zubia*] et *Blesser dans l'ombre* [*Herir en la sombra*]. Parmi ses œuvres personnelles la plus notable est *Le Fagot* (*) inspiré du drame qui se joua entre Philippe II et son fils don Carlos.

NUŠIĆ Branislav [Branislav Nouchitch]. Le plus important dramaturge serbe moderne. Né le 8 octobre 1864 à Belgrade, mort le 19 janvier 1938 à Sarajevo. Ses œuvres théâtrales ont dominé la première moitié du XXe siècle grâce à la vivacité de leur action et à leur humour, qu'on retrouve également dans ses œuvres narratives. Après avoir terminé son droit à Belgrade en 1888 et fait un an de prison à cause de l'un de ses poèmes, il entra au ministère des Affaires étrangères. Durant dix ans, il travailla dans les consulats de la Macédoine turque, mais s'occupa surtout de littérature. C'est à cette période que furent composées quelques-unes de ses œuvres les plus significatives, comme ses contes sur la vie serbe et la comédie intitulée *Le Représentant du peuple* [*Narodni Poslanik*], écrite en 1896 et publiée en 1924. En 1901 il fut nommé secrétaire du ministère de l'Instruction publique et directeur du Théâtre national de Belgrade. Il eut fréquemment l'occasion de mettre au service du gouvernement de Belgrade sa connaissance des pays du sud de la Serbie, considérés comme « irrédents ». Le ministre Cincar-Markovič lui confia, en 1903, le poste de secrétaire de la zone méridionale. Il fit un séjour de deux ans à Novi Sad en qualité de directeur du théâtre serbe local et connut une période d'intense activité journalistique puis, durant la guerre balkanique, fut, en 1912, le premier gouverneur de la ville de Bitolj récemment conquise. L'organisation du théâtre de Skopje lui fut confiée en 1913, et il s'en occupa jusqu'en 1915. Durant la Première Guerre mondiale, il vécut en Italie, en Suisse et en France. Le gouvernement yougoslave lui confia d'importantes charges après la guerre, et il assuma la direction du théâtre national de Sarajevo. Son chef-d'œuvre, la comédie *Le Défunt* (*), fut représenté en 1937. L'édition de ses *Œuvres complètes* [*Sabrana Dela*], publiée à Belgrade entre 1935 et 1938, comporte vingt-cinq volumes.

O

OATES Joyce Carol. Écrivain américain. Née le 16 juin 1938 à Lockport (New York). L'ampleur et la diversité de l'œuvre qu'elle a accomplie à ce jour font d'elle un prodige de créativité littéraire. Ses quelque vingt-cinq romans, quinze volumes de nouvelles, huit de poésies, ses dix-sept pièces de théâtre, sans compter ses essais et ses critiques (entre autres sur Jung, Mann, Ionesco) ne donnent qu'en partie la mesure de sa production, car cet écrivain exigeant, qui corrige inlassablement ce qui est venu sous sa plume d'un premier jet, a éliminé nombre de ses manuscrits depuis le début de sa carrière. Ses brillantes études à Syracuse University (New York) ont développé son goût pour la littérature, qu'elle a enseignée par la suite dans diverses universités, à Detroit (Michigan), Windsor (Ontario), New York, et qu'elle enseigne actuellement à Princeton (New Jersey), où elle est titulaire d'une chaire prestigieuse depuis 1986. Elle édite avec son mari, Raymond J. Smith, la *Ontario Review,* créée en 1974 à Windsor. Lauréate de la Guggenheim Foundation, elle a obtenu le National Book Award pour son roman *eux* (*) (1969). Elle est extrêmement appréciée par le grand public, y compris pour ses romans policiers (signés Rosamond Smith) parmi lesquels on peut citer *Des yeux de serpent* [*Snake Eyes,* 1992].

La scène oatesienne est vaste. Des constellations de personnages y évoluent : *Souvenez-vous de ces années-là* [*You Must Remember This,* 1987]. L'auteur explore le monde politique – *Les Assassins, un livre d'heures* [*The Assassins : A Book of Hours,* 1975] – aussi bien que l'expérience religieuse – *Haute enfance* [*Childwold,* 1976] – ou l'émergence de la conscience féminine : *Marya* [*Marya : A Life,* 1986]. Sur la toile de fond de l'Amérique tout entière, les intrigues se développent sur plusieurs décennies : *La Légende de Bloodemmor* [*A Bloodsmoor Romance,* 1982]. On retrouve dans la plupart des œuvres de Oates l'évocation du moment où naissent les émotions, particulièrement chez les femmes, dont elle sonde la sensualité inhibée et la passivité devant l'agressivité mâle – *Faites de moi ce que vous voulez* [*Do With Me What You Will,* 1973]. Quant aux hommes, ils libèrent souvent leurs pulsions sexuelles de façon violente : viols et meurtres abondent dans ses nouvelles et romans. On aurait pourtant tort de n'y voir que cet aspect sensationnel. La subtilité et la flexibilité de l'écriture, la richesse d'une inspiration toujours renouvelée, la finesse des rapports entre auteur, narrateur et lecteur, la perception des frontières floues entre le réel et l'onirique, la création d'un microcosme de l'Amérique « impérialiste, exploitatrice mais inlassablement optimiste », la conception hawthornienne des impulsions inhérentes à la nature humaine, qu'il vaut mieux libérer que refuser de reconnaître, portent la marque du talent de Joyce Carol Oates et justifient pleinement sa notoriété.

CLAIRE LARRIÈRE.

OBALDIA René de. Dramaturge, romancier et poète français, d'origine panaméenne. Né le 22 octobre 1918 à Hong Kong, de mère française et de père panaméen (son père était consul général de Panama à Hong Kong). Il habite en France dès son enfance et fait ses études au lycée Condorcet, à Paris. Naturalisé français, il est mobilisé pendant la Seconde Guerre mondiale ; fait prisonnier il est interné dans un camp de Silésie, où il restera jusqu'en 1945. À son retour, il se consacre à la littérature et collabore à de nombreuses revues dont *Le Mercure de France* (*). Ses premiers poèmes (*Humaï*) avaient été publiés en 1938, un autre recueil, *Midi*, influencé par le surréalisme, paraît en 1949. De 1952 à 1954, René de Obaldia est directeur adjoint au centre culturel de Royaumont. Il écrit de brefs récits d'un humour étrange : *Les Richesses naturelles* (1952), puis il aborde le roman avec *Tamerlan des cœurs* (*) (1955), qui relate, en mêlant les siècles, les exploits du Conquérant et de Jaime, qui ne conquiert que les cœurs. *Fugue à Waterloo* (1956, grand prix de l'Humour noir), *Le Centenaire* (*) (1959) : divagations d'un vieillard ou épopée de la mémoire – trois œuvres d'une bouffonnerie étourdissante. Il s'essaie ensuite au théâtre avec *Génousie* (1960) où il invente un langage, le génousien ; *Le Satyre de la Villette* (1963), pièce de boulevard ; *Le Général inconnu* (1964), parodie de Shakespeare et de *La Bible* ; *Du vent dans les branches de sassafras* (*) (1965), western parodique et burlesque ; *Le Cosmonaute agricole* (1965), où les créations verbales abondent : « Je dérive, je dérive, je Tanana, je Tananarive » ; *Édouard et Agrippine* (1967), moquerie du langage argotique ; *M. Klebs et Rozalie* (1975) ; *Les Bons Bourgeois* (1981) et *Grasse matinée* (1981). René de Obaldia a également écrit quelques pièces radiophoniques et des poèmes pour enfants : *Innocentines* (1969). Lié à l'avant-garde littéraire pendant un certain temps, Obaldia se rapproche de Michaux et de Ionesco par ses jeux de mots et ses aphorismes absurdes : « Les sourds sont toujours ceux qui voient / Et les muets jouent aux billes / De préférence en verre / Pour y voir clair. » Mais son écriture est plus surréaliste qu'absurde. C'est la force de l'imaginaire qui le conduit dans un univers poétique où il jongle avec les images et les mots. Il a reçu le grand prix du théâtre de l'Académie française (1985) et le grand prix littéraire dramatique de la Ville de Paris (1991).

CHRISTINE DE CLINCHAMPS.

OBEÏD-É ZÂKÂNI Nizâm al-Dîn. Poète, parodiste et satiriste persan. Né vers 1300 à Zâkân, près de Qazvîn, mort en 1371. Originaire d'une famille d'ascendance arabe, il poursuit ses études à Chiraz, dont il conserve un excellent souvenir, sous le règne de Cheikh Abou Ichâq Injou (mort en 1346-1347). Puis il retourne à Qazvîn, où il exerce les fonctions de juge et de tuteur de jeunes aristocrates. Indigné par la dépravation des Iraniens depuis les invasions turques, Obeïd-é Zâkâni cherche par tous les moyens à faire comprendre aux habitants de Qazvîn à quel point leur morale est corrompue. C'est pourquoi il abandonne l'écriture de poésie sérieuse et compose des satires, contenant des réflexions graves et des conseils sages. À Baghdâd, où il séjourne sous la protection de Sultan Oveïs, il rencontre le poète Salmân de Sâva, avec qui il se querelle puis se réconcilie. Il meurt dans la misère en 1371.

Obeïd-é Zâkâni est peut-être le plus remarquable parodiste et satiriste de l'Iran. Il est l'un des hommes de lettres les plus accomplis de son temps, et possède une maîtrise parfaite de la langue arabe. Son œuvre est vaste, mais malheureusement peu appréciée, à cause de son caractère grivois. Sa poésie lyrique sérieuse est d'un style incomparable par son charme et sa subtilité, mais ses œuvres de satiriste l'ont fait oublier.

Une sélection de ses œuvres est imprimée à Istanbul en 1885-1886 par les soins de H. Ferté, et à Berlin en 1924. Elle comprend : *Éthique de l'aristocratie* [*Akhlâq al-ashrâf*, 1340], une critique acerbe, en prose, des mœurs de l'époque, avec une préface et sept chapitres, traitant chacun d'une vertu, vue d'abord par les Anciens, puis par les Modernes ; *Le Livre de la barbe* [*Resh-nâmé*], en prose et en vers, est un dialogue fantasque entre l'auteur et la barbe, considérée comme destructrice de la beauté juvénile ; *Les Cent Conseils* [*Risâla-yé sad pand*, 1350], cent aphorismes en prose, certains sérieux, d'autres ironiques et grivois ; *Définitions* [*Ta'rifât*] ou *Les Dix Sections* [*Dah fasl*], traité en prose de quelques pages ; des poèmes divers, surtout obscènes, incluant des pastiches ; *Le Joyeux Traité* [*Risâla-yé delgosha*] en deux parties, contenant des anecdotes et des facéties, d'abord en arabe, puis en persan.

Dans cette sélection sont oubliés les poèmes sérieux et les panégyriques, ainsi que d'autres ouvrages dont *Le Livre des amants* [*Oshâq-nâmé*, 1350-1351], « masnavi » de sept cents couplets contenant des « ghazals » et *La Souris et le Chat* (*), court « masnavi » de cent soixante-quatorze vers, lithographié à Bombay avec des gravures sur bois.

Obeïd-é Zâkâni, doué de grands talents poétiques et d'un esprit moqueur, n'a jamais connu le succès qu'il mérite, car il choque le « bon goût » des Iraniens.

MARIE-HÉLÈNE PONROY.

RÉF. : H. Javadi, *Satire in Persian Literature*, Rutherford, 1988.

OBEY André. Auteur dramatique français. Né à Douai le 8 mai 1892, mort à Montsoreau le 11 avril 1975. D'abord romancier (*Le Gardien de la ville*, 1919, *L'Enfant inquiet*, 1920, *Le Joueur de triangle*, 1928), il se consacre au théâtre sous l'influence de Jacques Copeau qui avait remarqué sa première pièce, *La Souriante Madame Beudet* (*), écrite en collaboration avec Denys Amiel en 1921. En 1929, il écrit *Noé* (*) pour la « Compagnie des Quinze » qui créa encore *Le Viol de Lucrèce* (1930), *La Bataille de la Marne* (1931), *Vénus et Adonis* (1932) et *Loire* (1933). Il écrivit trois versions successives de la même pièce sur le thème de Don Juan ; *Le Trompeur de Séville* (1937), *L'Homme de cendres* (1949). Il continue régulièrement une carrière probe (*Laure*, 1951, *Lazare* (*) 1951, *Une fille pour du vent*, 1953, *Les Trois Coups de minuit*, 1958). Malgré les limites de son théâtre (parfois bien conventionnel), on ne peut oublier qu'il a intéressé Jacques Copeau et Jean-Louis Barrault. André Obey a été administrateur de la Comédie-Française en 1946-47.

OBRADOVIĆ Dositej (Dimitri, en religion Dosithée). Homme d'État, pédagogue et écrivain moraliste serbe. Né dans le village de Čakovo, près de Temešvar, dans le Banat roumain, en 1739 ou 1740 ; mort à Belgrade, en Serbie provisoirement libérée des Turcs, le 7 avril 1811. Son père, un artisan, mourut peu de temps avant sa naissance ; sa mère se remaria et le jeune Obradović fut envoyé à Temešvar apprendre le métier de matelassier. Il y apprit également à lire et à écrire, chose très rare à cette époque, surtout dans les Balkans. Le moine orthodoxe qui fut son professeur le persuada d'entrer en religion ; Obradović obtempéra et, sous le nom de Dosithée, se fit moine dans un monastère de Hopovo, dans le Srem (l'antique Sirmium). La vie monastique déçut cet homme actif autant que mystique ; il quitta donc son monastère en 1760, après trois années de noviciat — en oubliant de demander l'autorisation à ses supérieurs —, et se mit en tête de passer en Russie. Se trompa-t-il de chemin, ou changea-t-il d'avis ? Quoi qu'il en soit, au lieu d'aller vers le nord-est, il se rendit à Zagreb, descendit le long de la côte dalmate et s'embarqua sur un bateau. Chaque étape de ce premier voyage apportait quelque chose de nouveau à Obradović : dans le Monténégro, il se fit ordonner prêtre par l'évêque local, à Santi-Quaranti il apprit l'albanais ; puis, après une escale à Corfou et au mont Athos, il arriva jusqu'à Smyrne où il resta quelque temps, fréquentant l'« académie libre » du philosophe grec Dendrinos. C'est pendant ce voyage qu'Obradović débuta dans les lettres, en composant, pour la fille d'un prêtre nommé Simić, un *Alphabet* [*Bukvica*], ouvrage d'instruction morale, dont chacun des chapitres commence par une nouvelle lettre de l'alphabet.

De retour du Moyen-Orient, Obradović remonte vers l'Italie du Nord, Venise et Trieste, où il est signalé en 1771. Il vit de leçons privées qu'il donne aux enfants, tout en étudiant lui-même avec une véritable passion ; vers la fin de sa vie, il connaissait très bien, outre le serbe, sa langue maternelle, le roumain, le grec, le latin, l'italien, l'allemand, le français, l'anglais et le russe. De Trieste, ce voyageur infatigable vint à Zara (Zadar) et de là se rendit à Vienne, où — suivant son propre témoignage — il passa les années les plus agréables et les plus utiles de sa vie (1771-1776). Obradović quitta Vienne avec le métropolite slovaque Vidak, puis il le laissa et partit de nouveau pour Trieste, où il fit la connaissance d'un archimandrite russe, Varlaam, avec lequel il visita Venise, Ferrare, Pistoïe, Lucques, etc. Il s'embarqua ensuite pour Constantinople et Galatz, où il passa trois années à instruire les enfants d'un boyard. Ayant réussi à économiser trois cents ducats, Obradović put enfin, en automne 1782, accomplir le rêve de sa vie ; il partit pour l'Allemagne et s'inscrivit à l'université de Halle, où il suivit assidûment les cours du professeur de philosophie Eberhard (1739-1809). C'est à Halle qu'il « jeta son froc aux orties » et adopta définitivement le costume civil. En été 1783 il passa à l'université de Leipzig, où il trouva la fameuse imprimerie Breitkopf, l'une des rares possédant des caractères cyrilliques. Il en profita pour faire paraître son premier ouvrage important : *La Vie et les aventures de Dosithée (Dimitri) Obradović* (*) (1783), ouvrage suivi, l'année suivante, par ses *Conseils de la raison saine* [*Saveti zdravog razuma*]. En 1784 — alors qu'il était précepteur d'enfants confiés à la garde de l'évêque roumain Ciuk —, Obradović accompagna ceux-ci à Londres, à Paris, à Versailles (où il vit le roi Louis XVI et la reine Marie-Antoinette) et à Cambrai, où il se rendit spécialement pour voir la tombe de Fénelon. En 1785 il retourna à Vienne, où il donnait des leçons de français et d'italien ; puis il suivit le général russe Zoritch, qui lui avait promis de lui acheter une imprimerie. Cette promesse tardant à devenir réalité, Obradović quitta le général et retourna à Leipzig, où il fit paraître un poème sur la prise de Belgrade par les Autrichiens et un volume de *Fables* [*Basnè*]. Lorsque, en 1789, éclata la Révolution française, Obradović retourna à Vienne, d'où, vers 1802, il se rendit à Trieste, où il entra dans la franc-maçonnerie. En 1803, on le vit à Venise, où il resta jusqu'à l'arrivée des troupes françaises et où il fit paraître son *Éthique* [*Etika*], traduction très libre des *Novelle morali* de l'Italien Francesco Soave (1743-1806). Lorsque la Serbie se révolta contre le joug turc, le métropolite Stratimirovitch (qui fut également franc-maçon) l'engagea à rentrer et à prendre du service. Dosithée acquiesça avec joie, partit pour Karlovćy (1807) et se mit à la disposition du prince Karageorges. Étant l'un des rares hommes cultivés parmi les Serbes de son époque (le prince Miloš Obrenović, ce véritable créateur de la Serbie moderne, resta toute sa vie un illettré), Obradović fut vite apprécié et aimé dans cette nation jeune où tout était à faire. Dès 1808, il fonda à Belgrade une haute école et, en 1810, un séminaire. Karageorges lui confia plusieurs missions diplomatiques et le nomma ensuite ministre de l'Instruction publique de la jeune Serbie. De retour d'une mission en Roumanie, en traversant le Danube en barque, Obradović contracta une pleurésie et, après une courte maladie, mourut paisiblement dans sa maison de Belgrade, où il avait aménagé — le rêve de toute une vie enfin accompli — une imprimerie.

Obradović fut très aimé, à cause de sa grande affabilité ; son influence fut énorme et il est considéré comme l'un des deux écrivains les plus importants de la littérature nationale serbe. Il fut en fait le premier à publier des œuvres en langue serbe parlée ; avant lui on n'écrivait qu'en slavon d'église. Néanmoins, son appartenance à la franc-maçonnerie (chose impensable de nos jours pour un prêtre orthodoxe) lui valut l'inimitié de deux grands compatriotes : Vuk Karadžić et le prince-évêque Petar Njegoš. L'opposition ecclésiastique fut si forte que le patriarche de Constantinople envoya, en 1842, un mandement au métropolite de Belgrade, lui enjoignant de mettre à l'index les « œuvres impies et empoisonnant le lecteur » de Dositej Obradović et d'en empêcher la réédition. Cette opposition n'empêcha pas pour autant le souvenir d'Obradović de vivre dans la mémoire populaire. L'édition complète de ses œuvres dut attendre les fêtes du centenaire de sa mort (1911) pour voir le jour à Belgrade.

GEORGES POPOVITCH.

RÉF. : D. Obradović, *Vie et aventures...*, Leipzig, 1783. – J. Kopitar, *D. Obradovitsch, erster serbischer Volksschriftsteller,* Vienne, 1810. – P. Šafarik, *Geschichte des serbischen Schriftthums,* Leipzig, 1865. – K. Radčenko, *Einige Bemerkungen über das Leben und die literarische Tätigkeit Dositei Obradović's* (in *Archiv für slavische Philologie*), 1900. – T. Ostojić, *D. Obradović Klosterjahre* (in *Archiv für slavische Philologie*), 1908. – J. Skerlić, *Histoire de la littérature serbe au* XVIII*ᵉ s.* (en serbe), Belgrade, 1908. – L. Léger, *La Renaissance intellectuelle de la nation serbe* (in *Journal des Savants*), Paris, 1911. – Schmauss, *Dositei Obradovitsch,* 1930 (thèse). – M. Kostić, *D. Obradović dans la perspective historique aux* XVIII*ᵉ et* XIX*ᵉ siècles* (en serbe), Belgrade, 1952. – G. R. Noyes, *The Life and Adventures of Dimitrije Obradović,* Berkeley et Los Angeles, 1953.

O'BRIEN Flann (pseud. de Brian O'Nolan). Romancier et journaliste irlandais, né le 5 octobre 1911 à Strabane en Irlande du Nord, mort à Dublin le 1er avril 1966. Comme Joyce, son aîné, il rénove profondément le genre romanesque. Élevé dans la langue irlandaise, il manie l'anglais et le gaélique avec la même virtuosité, et toute son œuvre reflète cette double source de son inspiration. En 1923, sa famille s'installe à Dublin, où Brian fait ses études secondaires et entre à l'université. Étudiant brillant, linguiste émérite, il est l'auteur d'une thèse sur les poètes irlandais. Grand chahuteur, orateur de génie, il fait preuve dès cette époque d'un attrait immodéré pour la boisson. En 1935, il devient fonctionnaire du gouvernement irlandais ; malgré son alcoolisme chronique et la méfiance que lui valent ses écrits de la part de ses supérieurs, il y fait une carrière honorable (devenant secrétaire privé de plusieurs ministres) jusqu'en 1953, date à laquelle il est contraint de démissionner. Il publie son premier roman, *La Kermesse irlandaise* (*), en 1939, sous le pseudonyme de Flann O'Brien. Joyce fait l'éloge de ses talents d'écrivain et de son esprit comique, mais le public boude l'œuvre. Son second roman, *Le Troisième Policier* (*), écrit en 1940, est refusé par tous les éditeurs et ne sera publié qu'en 1967, après sa mort. En 1941 paraît *Le Pleure-Misère* (*), attaque drôle et féroce contre les partisans du renouveau gaélique. Flann O'Brien délaisse alors le roman ; il écrit plusieurs pièces de théâtre, dont *Faustus Kelly* (1943), satire de la classe politique irlandaise. Un grand journal de Dublin, l'*Irish Times,* lui ouvre ses pages. D'octobre 1940 jusqu'à sa mort, il y tient, sous le pseudonyme de Myles nag Copaleen (Myles des petites poneys), une rubrique satirique paraissant trois fois par semaine sous le titre de « Cruiskeen Lawn » (la petite cruche débordante), écrite tantôt en anglais, tantôt en irlandais. Ces chroniques iconoclastes et caustiques, fort appréciées des lecteurs, contribuent à la célébrité dublinoise de Flann O'Brien qui, tout en assurant ses fonctions professionnelles, partage la vie de bohème et les beuveries quotidiennes d'autres Irlandais célèbres tels que Brendan Behan ou le poète Patrick Kavanagh. Ses écrits plus tardifs – *Une vie de chien* [*The Hard Life,* 1961], *Les Archives de Dalkey* [*The Dalkey Archive,* 1967] – font preuve de la même verve satirique, sans pourtant égaler ses premiers romans. Miné par l'alcool et la maladie, Flann O'Brien meurt à Dublin en 1966. L'influence (qu'il récusait) de Joyce sur Flann O'Brien est incontestable ; comme lui, il s'attaque aux travers de l'Irlande contemporaine et pourfend le sentimentalisme et le traditionalisme pointilleux des gaélisants purs et durs. Flann O'Brien imprime au roman sa marque personnelle : ses personnages, échappant à leur auteur, semblent suivre leur destin propre – ils devaient d'ailleurs être interchangeables d'un roman à l'autre, explique le narrateur dans *La Kermesse irlandaise.* L'intrigue se noue et se dénoue au fil de multiples péripéties facétieuses, absurdes et burlesques, où Flann O'Brien donne libre cours à sa fantaisie et à son génie des mots. Cette œuvre exubérante, truffée de références à la tradition mythologique irlandaise, recouvre une vision pessimiste de la condition humaine, prise entre la mort et l'absurdité de la vie.

ELISABETH GAUDIN.

RÉF. : Anne Clissman, *Flann O'Brien : A Critical Introduction to His Writing,* 1975. – Anthony Cronin, *No Laughing Matter : the Life and Times of Flann O'Brien,* 1989.

O'BRIEN Kate. Romancière irlandaise. Née à Limerick le 3 décembre 1897, morte à Canterbury (Kent) le 13 août 1974. Après de premières études dans sa ville natale, elle fréquenta l'University College de Dublin. Un temps, elle se fixa en Angleterre où elle appartint à la rédaction du *Manchester Guardian.* Elle passa une année à Bilbao et acquit par la suite une excellente connaissance de la vie espagnole. Elle écrivit une pièce, *Villa bien* [*Distinguished Villa,* 1926], que trois autres devaient suivre, ainsi que des romans à succès, souvent consacrés aux classes moyennes irlandaises et à leurs conflits religieux, ou parfois encore à des thèmes espagnols. *Fleur du mois de mai* (+) (1953) est semi-autobiographique. *Telles que musique et splendeur* (*) (1958) relate les aventures de deux jeunes Irlandaises qui, à la fin du XIXe siècle, essaient de faire une carrière dans l'opéra ; c'est un récit sentimental et délicat. L'œuvre la plus mémorable de Kate O'Brien est sans doute le roman *Sans ma pendule* [*Without my Clock,* 1931], qui reconstitue le monde victorien de la province irlandaise, et valut à l'auteur deux prix littéraires. Citons encore *La Princesse à l'œil de soie* [*That Lady,* 1946] et *Mon Irlande* [*My Ireland,* 1962].

OCAMPO Silvina. Nouvelliste et poétesse argentine. Née en 1906, morte le 14 décembre 1993 à Buenos Aires. Ne se souciant guère de la publication de son œuvre, avare de détails autobiographiques la concernant, Silvina Ocampo a parfois été injustement ignorée. Au contact d'écrivains talentueux avec lesquels elle a souvent collaboré, notamment au sein de la prestigieuse revue *Sur* (*) que dirige sa sœur aînée Victoria, Silvina s'est forgé une écriture et un style qui lui sont propres, où la force de sa prose poétique alterne avec l'humour et l'ironie. Son monde est celui de l'illusion autobiographique, d'un réel apparemment plausible et innocent qui dérive vers le fantastique et l'irrationnel.

Outre l'*Anthologie de la littérature fantastique* (1940), l'*Anthologie de la poésie argentine* (1941), publiées toutes deux en collaboration avec Jorge Luis Borges et Adolfo Bioy Casares, son époux, Silvina Ocampo est notamment l'auteur des recueils de poésie et de nouvelles suivants : *Voyage oublié*, poèmes, [*Viaje olvidado*, 1935] ; *Autobiographie d'Irène* [*Autobiografía de Irene*, 1948] ; *La Furie* [*La furia*, 1959] ; *Les Invitées* [*Las invitadas*, 1961]. Un sélection de ses nouvelles a été traduite en français sous le titre, *Faits divers de la terre et du ciel* (*) (1978) avec une Préface de Jorge Luis Borges et une Introduction d'Italo Calvino.

JEAN-CLAUDE VILLEGAS.

RÉF. : Jorge Luis Borges, « Silvina Ocampo », *Sur*, 1943. — Helena Percas, *La poesía feminina argentina*, Madrid, 1958. — Alejandra Pizarnik, « Dominios ilicitos », *Sur*, 1968.

OCAMPO Victoria. Femme de lettres argentine. Née le 7 avril 1890 à Buenos Aires. Morte dans cette ville le 28 janvier 1979. Issue d'une famille d'aristocrates liés à la fondation de l'Argentine, elle eut une enfance choyée mais étouffante et ne put exercer dans sa jeunesse une vocation qu'avaient affinée ses contacts avec Marguerite Moreno : le théâtre. Après un mariage malheureux en 1912, constatant « qu'il est difficile d'être une femme sur les rives du Río de la Plata » pleines de préjugés, elle vécut un amour clandestin avec l'avocat Julián Martínez et séduisit par sa beauté et son intelligence le jeune philosophe espagnol Ortega y Gasset, qui publia en Espagne son premier essai important consacré à Dante, *De Francesca à Béatrice* (1924). La lecture de Rabindranath Tagore, qu'elle abrita durant deux mois chez elle (novembre 1924-janvier 1925), l'amitié de Jules Supervielle et de Ricardo Güiraldes développèrent son enthousiasme pour la littérature. Passionnée pour certaines œuvres, elle voulut en connaître les auteurs et les aima. En 1929, ayant fait le voyage en France pour y rencontrer Keyserling, qui la déçoit, elle découvre Pierre Drieu La Rochelle avec lequel elle partage des sentiments amoureux qui se transforment en amitié fidèle malgré des options politiques divergentes. Rentrée à Buenos Aires, elle y fait construire une maison qui scandalise la ville mais plaît à Le Corbusier et qu'elle orne de tableaux de ses amis Picasso, Miró, Fernand Léger. Encouragée par Eduardo Mallea, Waldo Frank, Drieu et Ortega y Gasset, elle fonde le 1er janvier 1931 la revue cosmopolite *Sur* (*), « consacrée aux problèmes américains sous tous leurs aspects » et à laquelle « collaboreront les Américains qui ont quelque chose à dire et les Européens qui s'intéressent à l'Amérique ». Cet organe intercontinental dont le titre fut suggéré par Ortega y Gasset accueillera pendant quarante-cinq ans les plus grands écrivains universels, parmi lesquels Borges et Michaux. En 1955, Victoria Ocampo commence ses *Témoignages* [*Testimonios*], chronique du monde qu'elle côtoie en Argentine mais aussi au cours de ses nombreux voyages en France (A. Malraux) et en Angleterre (Virginia Woolf) et qu'elle poursuivra jusqu'en 1977. Fin juin 1939, elle s'embarque à Cherbourg avec un grammairien et sociologue de vingt-six ans : Roger Caillois. Francophile active, elle aide financièrement celui-ci à fonder à Buenos Aires la revue *Lettres françaises*, éditée par *Sur*, et dont le premier numéro réunit des textes d'André Malraux, de Gide, de Supervielle, de Caillois, et son étude *Racine et Mademoiselle* (reprise dans *Le Vert Paradis*, Buenos Aires, 1945). Opposée à la dictature de Juan Domíngo Perón, elle est emprisonnée le 8 mai 1953 et relâchée le 2 juin, après l'intervention de Gabriela Mistral, avec l'appui d'Albert Camus, Waldo Frank, Aldous Huxley. En 1977, elle est la première femme à entrer à l'Académie argentine des lettres. Presque ruinée par le péronisme et la crise financière de son pays, elle s'éteint d'un cancer de la gorge dans sa propriété de San Isidro, après avoir légué ses biens à l'U.N.E.S.C.O.

CLAUDE COUFFON.

RÉF. : Laura Ayerza de Castilho et Odile Felgine, *Victoria Ocampo*, Paris, 1991.

O'CASEY Sean (forme anglicisée de Shaun O'Cathasaigh). Dramaturge irlandais. Né à Dublin le 30 mars 1884, mort à Torquay (Devon) le 18 septembre 1964. Le plus jeune fils d'une famille nombreuse de pauvres gens, handicapée par la mort prématurée du père, et de plus affligé lui-même d'une mauvaise vue, il ne fit guère d'études et ne commença à lire qu'à l'âge de treize ans. Il est vrai qu'ensuite il combla vite ses lacunes. Il travailla d'abord chez un quincaillier, puis, à partir de dix-neuf ans et douze années durant, comme cantonnier. Il devint un syndicaliste actif, apprit le gaélique et contribua fortement à mettre sur pied, en 1914, l'armée républicaine irlandaise (Irish Citizen Army). Il prit part également à la rébellion pascale de 1916. Cependant, ses trois premières pièces avaient été refusées par le Théâtre de l'Abbaye de Dublin qui enfin reçut *L'Ombre d'un franc-tireur* (*), une comédie tragique en deux actes qui fut créée le 12 avril 1923. Sa singularité était de montrer les pièges que tend l'héroïsme. Le succès fut tel que O'Casey put dès lors vivre en écrivain professionnel. Suivirent *Message à Cathleen* (+) (1923) et *Junon et le Paon* (*) (pièce montée en 1924, et publiée en 1925). Yeats vit dans cette seconde œuvre « un nouvel espoir et une vie nouvelle pour le théâtre », et le public fut enthousiaste. Mais un malentendu se creusait entre celui-ci et l'auteur, et la pièce suivante, *La Charrue et les Étoiles* (*), représentée en février 1926, fut fort mal accueillie. O'Casey montrait la part de la futilité et de l'incohérence dans les combats pour la libération de l'Irlande. Et, au-delà de celle-ci, il posait la question : où est la vraie libération si le pouvoir de l'Église subsiste, allié aux forces bourgeoises ? Malgré ce qu'avait de prodigieux la comédie humaine mise en place par l'écrivain au long de ses quatre actes – les actes III et IV évoquant l'insurrection pascale de 1916, les deux premiers un quartier pauvre de Dublin à la fin de 1915 –, le spectacle tourna à l'émeute.

O'Casey décida alors de quitter l'Irlande pour l'Angleterre, où il passa la suite de ses jours, non sans critiquer parfois la politique britannique avec une extrême vivacité. Il était loin d'avoir épuisé sa verve et ses thèmes, mais ses pièces n'eurent plus qu'un succès épisodique. En 1949 devait être publié, et en 1951 réédité, un recueil provisoire en deux volumes de son œuvre théâtrale. En gros, il semble qu'on puisse découvrir dans celle-ci deux points de vue entrecroisés : celui du révolutionnaire et celui du patriote irlandais. Dans la première catégorie, on classerait alors des pièces comme : *L'étoile devient rouge* (*), pièce engagée jouée à Londres en 1940, et où sont confrontés fascisme et communisme, *Roses rouges pour moi* (*), où O'Casey se souvient de sa ferveur syndicaliste (l'œuvre fut publiée en 1943, jouée à Londres cinq ans plus tard, puis au T.N.P. à Paris en 1959), *Poussière pourpre* (*) (1951), où l'auteur ridiculise deux capitalistes anglais incapables de comprendre l'âme irlandaise.

Dans l'autre catégorie, c'est toujours, à quelques variantes près, la satire du catholicisme irlandais : de sa pruderie, de son pharisaïsme. De 1949 à 1958, ce thème informera *Coquin de coq* (*) (1949), *Histoire de nuit* (*) (1951), *Il est temps de partir* (*) (1951), *Le Dispensaire* (*) (1952), *On attend un évêque* (*) (1955), *Les Tambours du père Ned* (*) (1958). O'Casey nous a laissé en outre six volumes d'*Autobiographies* [*Autobiographies*, 1939-1954], ensemble qui fut réédité en un seul volume en 1964, l'année de sa mort.

OCCAM ou Ockham Guillaume d'. Théologien anglais. Né à Occam, village situé au sud de Londres, entre 1295 et 1300, mort à Munich le 10 avril 1349 ou 1350. Entré jeune chez les franciscains, c'est à Oxford qu'il étudia la philosophie et la théologie. Au terme de ses études, il devint « bachelor » et il commença d'enseigner sous la direction d'un docteur et maître d'où, peut-être, le nom de « venerabilis inceptor », sous lequel il passa à la postérité, qui, à l'origine, ne désignait qu'un débutant dans l'enseignement universitaire, accompagné du qualificatif donné à ceux qui appartenaient à l'état ecclésiastique ou religieux. C'est par la suite que les disciples, constitués en école sous le nom de « Nominales », amenèrent ce terme à désigner le créateur d'une nouvelle philosophie, fondée sur une nouvelle logique, différente de celle d'Aristote. Il professait à Oxford lorsque s'élevèrent de vives oppositions, précisément contre ses nouvelles théories qui le poussaient à modifier substantiellement les doctrines métaphysiques traditionnelles – par exemple au sujet des rapports entre la substance et la quantité – et à donner des interprétations non orthodoxes à certains dogmes chrétiens – par exemple au dogme de l'Eucharistie. Le chancelier de l'université, pour lui demander des explications, le fit citer par le Saint-Siège, qui se trouvait alors en Avignon. Au terme de l'examen des accusations et des réfutations, on ne reconnut chez Guillaume d'Occam que de la hardiesse dans ses idées philosophiques, mais aucune erreur véritable dans sa foi. Il aurait pu reprendre son enseignement à Oxford si, entre-temps, il ne s'était trouvé mêlé à une controverse de caractère théologique que le général de son ordre, Michel de Césène, soutenait en Avignon contre le pape Jean XXII lui-même, concernant la pauvreté observée par le Christ et que les franciscains auraient dû imiter, ainsi qu'à une lutte de caractère politique engagée entre ce même pape et Louis de Bavière, élu empereur contre Frédéric d'Autriche. Les franciscains prirent le parti de Louis de Bavière, le pape répondit par deux excommunications. Michel de Césène et Guillaume d'Occam, ayant fui Avignon à la fin de mai 1328, trouvèrent asile à Pise auprès de Louis le 8 juin. C'est alors que commença pour Occam, qui s'était établi à Munich, une carrière d'écrivain religieux, pour défendre la pauvreté des franciscains, et d'écrivain politique, pour défendre les droits de l'empereur à l'égard du pape. L'étoile de Louis de Bavière ayant bientôt décliné, les hostilités cessèrent peu à peu. À sa mort, en 1342, Michel de

Césène remettait le sceau de l'ordre à Guillaume d'Occam en le nommant vicaire général. En 1348, très probablement en signe de repentance et pour montrer son désir de se réconcilier avec son ordre et avec le pape, Occam fit parvenir ledit sceau, à l'occasion du chapitre général de Vérone, à Guillaume Farinerio, nouveau général de l'ordre. Guillaume d'Occam mourut à Munich, en 1349 ou l'année suivante.

L'activité littéraire du venerabilis inceptor se divise en trois temps : l'enseignement à Oxford, la période avignonnaise, le séjour à Munich. À la première époque remontent les œuvres philosophiques et théoriques liées à l'enseignement ; dans la seconde se placent la révision des ouvrages précédents et, peut-être, la rédaction des autres œuvres philosophiques, logiques et physiques, compilations ou œuvres originales ; à la troisième appartiennent les ouvrages polémiques sur les hérésies papales présumées et les ouvrages théologiques et politiques sur les pouvoirs du pape et de l'empereur. De la première période datent le commentaire sur le *Livre des sentences* de Pierre Lombard – v. *Questions très subtiles et réponses au « Livre des sentences »* (*) –, son œuvre capitale, et le *De sacramento altaris* ; à la seconde appartiennent l'*Expositio aurea super totam artem veterem* et la *Somme de toute logique* (*) ; dans la troisième se placent *Quodlibet* (*), le *Summulae in libros physicorum* et le *Centiloque théologique* – on lui attribue d'autres ouvrages philosophiques qui ne sont peut-être que des remaniements des œuvres précédentes –, plus les ouvrages polémiques de nature théologique, dont les principaux sont l'*Opus nonaginta dierum,* le *De dogmatibus papae Johannis XXII,* le *Contra Johannem XXII papam,* et le *Compendium errorum papae,* et ceux de nature politique dont les plus importants sont le *Dialogus inter magistrum et discipulum de imperatorum et pontificum potestate,* les *Allegationes de potestate imperiali,* les *Huit questions à propos de l'autorité pontificale* (*), le *Tractatus de jurisdictione imperatoris in causis matrimonialibus,* le *De electione Caroli IV.* Dans la partie philosophique de la plus remarquable de ses œuvres, le commentaire sur les *Sentences,* il adressa de très violentes critiques à un supposé « abstractionnisme » oublieux du concret vivant, il défendit donc chaleureusement une connaissance intuitive, sensitive et intellective des individus particuliers dans leur particularité, niant toute valeur réelle aux concepts universels et abstraits ; il substituait à la métaphysique un fidéisme de tradition et de sentiment. Guillaume d'Occam fut un précurseur de l'empirisme anglais, et, en général, de l'attitude « phénoméniste » qui, par la suite, prévalut dans la philosophie moderne. Dans ses autres ouvrages philosophiques de logique et de physique, il ne fit que commenter les ouvrages correspondants d'Aristote ; dans ceux qui touchaient les polémiques théologico-politiques, il se plaça sur le même plan que Marsile de Padoue et que Jean de Jandun, rassemblant tous les éléments du césaropapisme qu'exploiteront plus tard Wiclef, Huss, Luther, les gallicans et les joséphites.

CARLO GIACON, S. J.

♦ *« Guillaume d'Ockham est le point d'aboutissement philosophique et théologique de mouvements intimement liés à l'histoire de la logique médiévale depuis le temps d'Abélard et à la crise averroïste du XIIIe siècle finissant. »* E. Gilson.

RÉF. : Riezler, *Die literarischer Widersacher der Päpste zur Zeit Ludwig des Baiers,* 1874. – F. Bruckmuller, *Die gotteslehre W. v. Ockham,* Munich, 1911. – L. Kugler, *Der Begriff d. Erkenntnis bei W. v. Ockham,* Breslau, 1913. – E. Hochstetter, *Studien zur Metaphysik und Erkenntnislehre W. v. O.,* Berlin, 1927. – E. A. Moody, *The Logic of W. of O.,* Londres, 1935. – S. U. Zvidema, *De Philosophie van Occam in zijn Commentaar of de Sententiën,* Hilversum, 1936. – Léon Baudry, *Guillaume d'Occam, sa vie, ses œuvres, ses idées sociales et politiques,* Paris, 1950. – P. Alféri, *Guillaume d'Ockham, le singulier,* Paris, 1989.

OCHAGAN Hagop. Écrivain arménien, romancier et critique, de son vrai nom Kufédjian. Né à Brousse le 9 décembre 1883, mort à Alep le 17 février 1948. Ochagan est le premier très grand romancier en arménien occidental. Il a connu de près la réalité de la société turque ottomane que ses romans reflètent. Il écrit au début des nouvelles, reprises en 1921 dans le volume intitulé *Les Humbles* [*Khonarnèrə*], où il s'inspire des récits cueillis dans la bouche des « laissés pour compte » de son village, Sölöz. Il est en même temps un critique littéraire mordant et souvent détesté. Il échappe par miracle à la déportation et à la mort en 1915. Après la guerre, il veut se faire le chroniqueur de son peuple martyrisé. Vivant à Constantinople jusqu'en 1922, puis en Bulgarie, en Égypte (jusqu'en 1926), à Chypre (jusqu'en 1934) et à Jérusalem, il enseigne partout la littérature arménienne, et il commence à écrire en 1926 la série de ses grands romans, qui culmine avec *Les Rescapés* (*), roman inachevé de mille huit cents pages, publié au Caire entre 1931 et 1934. En 1936, il commence son *Panorama de la littérature arméno-occidentale* [*Hamapatker Arevmətahay grakanout'ian*], ouvrage en dix volumes et cinq mille pages, qu'il achève en 1944. Une violente campagne de presse contre ses positions politiques supposées, à l'époque de la propagande soviétique pour le retour des Arméniens dans leur patrie, assombrit ses dernières années.

MARC NICHANIAN.

RÉF. : Marc Nichanian, « H. Ochagan tel qu'en lui-même », dans *Dissonanze,* Milan, 1984.

OCHAGAN Vahé. Écrivain arménien. Né en 1922 à Plovdiv (Bulgarie), fils de Hagop Ochagan. Homme établi, il semble pourtant voué à l'errance : enfance à Chypre, jeunesse à Jérusalem, études à Paris (1946-1952), à l'époque de l'existentialisme, dont il hérite bien des thèmes ; années centrales à Beyrouth, où il travaille en particulier à l'université américaine ; en 1975, exil aux États-Unis, d'abord à Philadelphie (où il enseigne la littérature et la civilisation arméniennes), puis à San Francisco ; en 1992, ultime exil en Australie. Vahé Ochagan est l'intellectuel de la diaspora par excellence, du fait des lieux multiples qui ont accueilli son existence, et de son activité littéraire incessante (en tant que poète et prosateur, mais aussi en tant que savant, critique, essayiste, enseignant). Il a publié six volumes de poésie très importants puis, sur le tard, deux volumes de prose. Son œuvre centrale reste *La Ville* (*), ouvrage poétique publié à Beyrouth en 1963.

MARC NICHANIAN.

OCKEGHEM Johannes (ou Jean de). Compositeur flamand. Né en Flandre vers 1420, mort à Tours vers 1495. D'abord maître de chapelle à Anvers et en Bourgogne (Moulins), il passa ensuite la majeure partie de sa vie comme compositeur et maître de chapelle au service de la cour des rois de France Charles VII, Louis XI et Charles VIII. En 1459, il fut nommé trésorier de l'abbaye Saint-Martin de Tours, charge honorifique importante. À sa mort, de nombreuses déplorations le célébrèrent comme le plus grand musicien de son temps : Érasme en personne composa des vers latins à sa mémoire. Figure dominante de la musique européenne dans la seconde moitié du XVe siècle, Ockeghem est le plus grand maître de la polyphonie franco-flamande avant Obrecht et Josquin des Prés. On a gardé de lui une vingtaine de *Chansons polyphoniques,* quinze *Messes* (*), un *Requiem* (le plus ancien connu), un *Credo* et neuf *Motets* (*) ; le *Deo gratias* à trente-six voix qu'on lui attribue n'est probablement pas de lui. Ses *Messes* se fondent sur un thème connu en « cantus firmus » (« L'Homme armé », « Fors seulement », « Ma maîtresse ») ou sont composées librement, sans thème préalable (*Missa « cujus vis toni »*). La technique d'écriture polyphonique de Ockeghem est extrêmement savante : double canon dans la *Missa prolationum,* ou absence de clés permettant plusieurs lectures différentes, dans la *Missa « cujus vis toni »,* à la façon des recherches d'un Bach vieillissant ou de certains compositeurs contemporains. Mais, si l'intensité de cette musique peut paraître sévère, Ockeghem n'est pas aride, il ne sacrifie pas à l'abstraction intellectuelle ; sa musique brille d'une flamme sombre et ardente, elle exprime fidèlement les intentions poétiques et liturgiques des textes chantés. La perfection de la polyphonie de Ockeghem devait servir d'exemple à tous les contrapuntistes du XVIe siècle.

GILLES CANTAGREL.

O'CONNOR Flannery. Nouvelliste et romancière américaine. Née à Savannah (Géorgie) le 25 mars 1925, morte le 3 août 1964 à Milledgeville (Géorgie). Hormis quelques séjours à l'université d'Iowa, dans le Nord-Est et, plus tard, à Lourdes, Flannery O'Connor, pendant les trente-neuf ans de sa vie douloureuse (elle était atteinte d'une maladie incurable dont son père était mort et qui la rendit infirme pendant les dix dernières années de sa vie), n'a guère quitté sa Géorgie natale, où elle habitait, seule avec sa mère, une grande et belle ferme nommée « Andalusia », à quelque distance de Milledgeville, l'ancienne capitale de l'État. C'est là que Maurice Edgar Coindreau lui rendait visite, grâce à qui, encore une fois, la France devait découvrir un des meilleurs auteurs américains contemporains, avant que les États-Unis ne le fassent. Car il faut bien dire que ceux-ci ne l'ont reconnue qu'après sa mort ; mais, près de trente ans après celle-ci, le statut de Flannery O'Connor est désormais tout à fait établi, et le nombre d'ouvrages critiques consacrés à son œuvre a dépassé depuis longtemps celui des volumes qui la constituent : deux romans, *La Sagesse dans le sang* (*) (1952) et *Et ce sont les violents qui l'emportent* (*) (1960) ; une trentaine de nouvelles en deux recueils, *Les braves gens ne courent pas les rues* (*) (1955) et *Mon mal vient de plus loin* (*) (posth. 1965), auxquels il faut ajouter un recueil posthume de nouvelles inédites intitulé dans la traduction française *Pourquoi ces nations en tumulte* ; un remarquable recueil d'essais, *Le Mystère et les Mœurs* (*) (1969), et un volume de correspondance intitulé *L'Habitude d'être* [*The Habit of Being,* 1979] – soit, en tout, sept volumes dont quatre sont posthumes.

Il y a un « petit monde » de Flannery O'Connor, mémorable et coloré, fait de faux prophètes et d'évangélistes miteux, de mères stupidement protectrices et de filles ou de fils uniques coupés de la vie (et de la grâce) par leur intellect, d'escrocs séduisants et de fous échappés de l'asile, qui justifie, sans doute, qu'on parle à son sujet de grotesque, voire même de gothique, dans la bonne tradition sudiste, de Poe à Carson Mc Cullers en passant par Faulkner. Mais cela ne saurait suffire à mesurer les profondeurs qu'elle sait atteindre avec une admirable économie de moyens. Catholique en plein Sud baptiste, et ainsi doublement pénétrée de la lettre comme de l'esprit des Écritures, Flannery O'Connor doit presque être considérée comme un écrivain théologique, telle est la rectitude des tensions spirituelles et symboliques sur laquelle elle construit ses fictions, qui n'en ont pas moins d'étonnantes qualités comiques. C'est comme si le mysticisme d'un Pascal s'était exprimé à travers la gestuelle d'un Buster Keaton. Elle partage aussi avec un Samuel Beckett cet humour si moderne d'être noir, et qui vous touche à l'estomac, comme un coup de poing. La fiction de Flannery O'Connor n'est certes pas une fiction confortable. Il est rare qu'une œuvre si limitée atteigne à une telle puissance, et on n'a pas eu tort de dire qu'elle était le plus grand écrivain du Sud depuis Faulkner. Il n'y aurait guère aujourd'hui qu'une autre conteuse, Eudora Welty, pour lui ravir ce titre.

MICHEL GRESSET.

RÉF. : Friedman, Melvin, et Lewis Lawson (éds.), *The Added Dimension : The Art and Mind of Flannery O'Connor,* New York, 1966 et 1977. – Maurice Edgar Coindreau, *Mémoires d'un traducteur,* Paris, 1974, 1992. – Friedman, Melvin, et Beverly Lyon Clark, *Critical Essays on Flannery O'Connor,* Boston, 1985. – Robert H. Brinkmeyer, Jr., *The Art and Vision of Flannery O'Connor,* Baton Rouge (Louisiane), 1989. – Geneviève Brisard, *Loin du paradis : Flannery O'Connor,* Paris, 1991.

O'CONNOR Frank (pseud. de Michael Francis O'Donovan). Conteur et poète irlandais. Né à Cork le 17 septembre 1903, mort à Dublin le 10 mars 1966. Après avoir fait des études dans sa ville natale chez les frères des écoles chrétiennes, il fut quelque temps journaliste puis entreprit une carrière de bibliothécaire à Dublin et dans d'autres villes. L'auteur de contes et de nouvelles : *Invités de la nation* [*Guests of the Nation,* 1931], *Pommes de discorde* (+) (1936), *Gelée de pommes sauvages* (*) (1944), *Les Histoires de Frank O'Connor* [*The Stories of Frank O'Connor,* 1953], fut comparé à Tchekhov. Ses deux romans : *Le Saint et Mary Kate* (+) (1932), *Intérieur hollandais* (+) (1937), sont moins bien venus. Il a publié en 1960 un recueil de poèmes, *Les Rois, les seigneurs et le petit peuple* [*Kings, Lords and Commons*]. Le premier volume de son autobiographie, *Fils unique* [*An Only Child*], parut en 1961, et le second, qu'il n'avait pu terminer, deux ans après sa mort.

ODOÏEVSKI Vladimir Fedorovitch [V. F. Odoevskij]. Écrivain russe. Né le 1er août 1803 à Moscou ; mort le 27 février 1869 à Moscou. Prince, sénateur, haut dignitaire de la cour, il fut en outre un auteur fécond et qui s'intéressait à tout : sciences naturelles, économie politique, littérature, musique, philosophie et mystique. Aussi joue-t-il dans la Russie des débuts du XIXe siècle, en bien des domaines, un rôle important d'éveilleur et d'initiateur. Initiateur à la pensée allemande, spécialement à la Naturphilosophie (Schelling et Oken), mais, de façon plus générale, il a su faire connaître la poésie, la mystique, la philosophie allemandes. Ainsi, avec d'autres, il a été un agent efficace de l'acclimatation en Russie de l'influence allemande qui met fin au règne de la gallomanie et estompe l'influence des Lumières rationalistes. L'esprit nouveau valorise dans un même mouvement l'instinct, l'intuition, les idées innées et la révélation. Il se caractérise par une recherche du lien vivant entre toutes les sciences, et, par-delà la science, par la recherche du lien vivant entre la foi, la science et l'art : c'est le culte du tout et de l'intégrité de l'esprit.

Initiateur à la pensée allemande, Odoïevski le sera de façon pratique par l'intermédiaire du cercle romantique « Les Amis de la sagesse » [Lioubomoudrié] où il occupe une place centrale (1823-1825). C'est dans ce groupe d'étudiants moscovites que se façonne la nouvelle mentalité et que s'élaborent les doctrines très idéales et très patriotiques qui seront systématisées de façon antithétique par les slavophiles et les occidentalistes. Lorsqu'il quitte Moscou pour Saint-Pétersbourg, son salon devient un des lieux littéraires les plus vivants de la capitale.

Initiateur, il le sera aussi grâce aux revues littéraires et philosophiques qu'il dirige ou dans lesquelles il écrit, en particulier le *Mnémosyne* (1824), puis le *Messager de Moscou* (1827-1830). Ce sont des tribunes pour diffuser ses idées et celles de ses amis : acclimater en Russie les richesses de la nouvelle pensée allemande, chercher les voies d'un savoir unifié, formuler le rôle de la Russie future.

Parmi ses très nombreux écrits, l'œuvre la plus connue s'intitule *Les Nuits russes* (*) (1844). C'est un recueil de nouvelles philosophiques. On y trouve une réflexion sur la restauration de l'intégrité de la connaissance, condition d'une philosophie véritablement nouvelle. Mais on y trouve aussi une conception du rôle de la Russie. C'est ce dernier point que l'on a retenu, avec son corollaire concernant l'Europe : « l'Occident est en train de périr », les Russes ont une mission : « sauver l'âme de l'Europe » ; « le XIXe siècle appartient à la Russie ». Autant de thèmes qui seront repris et orchestrés à leur manière par les slavophiles. Mais son influence est beaucoup plus large, elle s'étend à Gogol, Dostoïevski, Lermontov et Tolstoï...

Le rôle de V. F. Odoïevski n'a pas seulement consisté à transporter en Russie le ferment de l'idéalisme allemand. Son rôle a aussi été celui d'un adaptateur : il a su russifier les idées venues d'Allemagne, si bien qu'elles vont très vite sembler proprement nationales. En particulier, en s'attachant à la doctrine de la triple unité de la foi, de la connaissance et de l'art, il semble avoir pressenti un thème ou une attitude qui va caractériser après lui toute la pensée religieuse russe. En ce sens, il occupe une place notable dans l'histoire des idées en Russie.

Il ne faut pas confondre le prince Vladimir Odoïevski avec son cousin Alexandre Ivanovitch (1802-1839), poète, membre actif de l'insurrection décembriste, condamné au bagne où il reste le chantre des thèmes décembristes.

FRANÇOIS ROULEAU.

RÉF. : P. N. Sakouline, *De l'histoire de l'idéalisme en Russie. Le prince Odoïevski.* 2 vol. Moscou, 1913 (en russe). – B. Zenkovski, *Histoire de la philosophie russe,* Paris (Tome I, 153-168). – John Cornwell Neil, *The Life, Times and Milieu of V. F. Odoevskij, 1803-1869,* Londres, 1986.

OE Kenzaburô. Romancier et essayiste japonais. Né le 31 janvier 1935 à Ose (Japon, préfecture d'Ehime). Sa naissance dans ce village de l'île méridionale de Shikoku, qui sera le décor principal de son œuvre romanesque, prédisposait Oe à occuper une position littéraire marginale. Et c'est en effet le refus de toute contrainte institutionnelle qui caractérisera cet écrivain. Le prix Europalia, qu'il reçoit à Bruxelles en 1989, est le signe d'une reconnaissance internationale, acquise dans sa maturité, alors que son œuvre romanesque et théorique est déjà traduite dans le monde entier. Rarement, un auteur sera parvenu avec autant d'intégrité et d'intransigeance à faire de son destin personnel un reflet de préoccupations universelles. Et cela, sans doute, par l'extrême originalité de son style tourmenté, imagé, riche en métaphores et en descriptions minutieuses aux prises avec les sinuosités de la conscience, les infimes perceptions de la réalité, les complexités de l'affectivité, les méandres des relations humaines et les jeux contradictoires des rapports de forces politiques.

Avant de connaître avec *Une affaire personnelle* (*) (1964) un grand succès critique, c'est à la fin des années 50, alors qu'il est encore étudiant en littérature française, que Kenzaburô Oe publie ses premières nouvelles. Il obtient le prix Akutagawa en 1958 pour *Gibier d'élevage* – repris dans le recueil *Dites-nous comment survivre à notre folie* (*). On peut déceler dans ses premières publications la double orientation que prendra l'œuvre à venir : l'engagement politique dans la gauche « non classée » et l'analyse psychologique attentive à tous les frémissements de la conscience.

En 1964, dans sa nouvelle *Agwîî le monstre des nuages,* Oe évoque la naissance de son fils mentalement handicapé. Non seulement il refuse d'exclure l'enfant de la vie familiale, mais il l'intègre à son œuvre, et Hikari (« lumière » en japonais) devient une figure familière aux lecteurs d'Oe.

Dans *Le Jeu du siècle* (*) (1967), l'écrivain affirmera toute la plénitude de son talent en recomposant l'univers psychique et social de deux frères revenus dans le village de leur enfance et toute l'histoire politique du Japon à travers les révoltes paysannes, les manifestations étudiantes, les luttes contre les dirigeants sous influence étrangère. Le génie d'Oe consiste à concilier un certain naturalisme, des fragments autobiographiques, une réflexion écologique et politique, et une imagination foisonnante qui n'a pas d'égal au Japon.

Son œuvre sera désormais une longue variation sur ces thèmes, traités de façon plus ou moins romanesque, avec notamment *Le Déluge étendu jusqu'à mon âme* [*Kôzui wa waga tamashii ni oyobi,* 1973], dont le héros est un « représentant des arbres et des baleines », *Le Jeu contemporain* [*Dôjidai gêmu,* 1979], *Les Femmes qui écoutent l'arbre de pluie* [*Reintsuri o kiku onnatachi,* 1982]. *Réveillez-vous, ô jeunes gens d'un nouvel âge* [*Atarashii hito yo mezame yo,* 1983], *Comment tuer un arbre* [*Ika ni ki o korosu ka,* 1984]. Par ailleurs, grand critique, Oe fait intervenir dans ses livres William Blake, Malcolm Lowry, Dante, entrelaçant une lecture personnelle de leurs œuvres avec sa propre création littéraire.

Avec *M/T et l'histoire des merveilles de la forêt* (*) (1986) Oe traite d'une manière nouvelle les sujets qui lui sont chers : la constitution de cellules sociales rebelles (ici, l'histoire imaginaire de la fondation d'un village dans une forêt perdue), la création de mythes religieux et politiques, et la vie adulte de son fils Hikari. Avec un art incomparable, Oe parvient à mêler une réflexion théorique serrée sur des concepts ethnologiques, une rêverie poétique sur l'histoire et les légendes de la fondation du monde, et une émouvante description de la sensibilité musicale de son fils. Ami du compositeur Tôru Takemitsu, l'écrivain a en effet réussi à faire apprendre à Hikari les règles de la composition et de l'harmonie. Les résultats permettent de repenser en totalité le problème de l'insertion sociale des handicapés mentaux et de réviser des jugements hâtifs sur leur sensibilité et leur rapport au monde.

Dans *Lettres aux années de nostalgie* (*) (1989), le héros, Gii, « l'ermite de la forêt » qui apparaissait déjà dans *Le Jeu du siècle,* peut être, superficiellement, considéré comme un alter ego de l'auteur, mais c'est en même temps le catalyseur de son imagination et de ses thèmes de prédilection : manifestation antimilitariste, protection de la nature et mythologie de la forêt, incarcération.

« Pour moi, déclarait Oe dans un entretien, la littérature est nécessairement une contestation de la culture. Or, ce qui est curieux, c'est ce paradoxe qui veut qu'à la génération suivante, cette contestation devienne une expression de la culture. Il suffit de voir comment Céline a fini par appartenir au patrimoine culturel de la France. Selon moi, seule la littérature peut formuler une auto-affirmation critique de la culture japonaise. »

Aux yeux de Oe, écrire, c'est, pour reprendre une de ses expressions, « marcher sur une corde raide ». Cet art de funambule est aussi un art de la conciliation entre des genres qui étaient étanches. C'est, du reste, de cette modification profonde du statut de l'écriture romanesque que vient la difficulté lorsqu'on est amené à commenter Oe et à proposer une synthèse de son œuvre. Il y a, certes, des sujets récurrents que l'on peut cerner sans mal : la naissance et la vie de son fils Hikari, le village mythique de l'île de Shikoku, la rébellion de groupes autonomes contre un pouvoir centralisateur, la circulation entre ce qu'il est convenu de renvoyer au mythe et ce qui s'inscrit dans l'histoire contemporaine. L'auteur met en cause les dichotomies traditionnelles qui séparent le réel et l'imaginaire, l'historique et le mythique, le rêve et la veille. Il va plus loin encore, puisqu'il transgresse la frontière qui divise le privé et le public, l'autobiographique et le politique. On a souvent dit que la langue japonaise d'Oe bafouait les bonnes manières de la stylistique. Là-dessus, il faut dissiper le malentendu selon lequel la langue d'Oe serait occidentalisée. Rien n'est plus faux : son japonais est seulement aussi singulier que l'anglais de Henry James ou le français de Proust.

Jusque dans ses phrases complexes, son écriture garde toujours un aspect oral, c'est-à-dire narratif mais aussi déclamatoire, visionnaire, jouant constamment sur les niveaux de langage, recourant même aux procédés de séduction des conteurs qui s'adressent aux enfants et rejoignant par là un certain type de littérature répétitive, telle qu'on peut la trouver dans les civilisations à oralité dominante. L'intérêt d'Oe pour l'Afrique et une certaine littérature sud-américaine s'explique aussi par là.

RENÉ DE CECCATTY ET RYOJI NAKAMURA.

RÉF. : Interview dans *Le Magazine littéraire* nº 244, juillet-août 1987. — Entretien avec Y. Mishima in *Europe* nºˢ 693-694, janvier-février 1987. — Entretien dans *Le Monde*, 1ᵉʳ décembre 1989.

OEHLENSCHLAEGER Adam Gottlob. Poète et dramaturge danois. Né à Vesterbro, près de Copenhague, le 14 novembre 1779, mort à Copenhague le 20 janvier 1850. Il était le fils d'un régisseur de château de Frederiksberg, et son enfance se déroula dans le cadre majestueux et romantique du vieux château royal. Il venait d'atteindre sa douzième année lorsque son esprit éveillé attira l'attention d'Edvard Storm, professeur de philologie au collège supérieur « Prospérité », dont la protection lui permit enfin d'entreprendre des études sérieuses, assez vite interrompues, il est vrai, car la passion dramatique s'était emparée de l'adolescent, il voulait devenir acteur. En 1797, à l'âge de dix-huit ans, il monta pour la première fois sur la scène du théâtre royal. Mais il ne parvint pas à s'imposer au public, et, renonçant au théâtre, entreprit sans entrain des études de droit. Déjà il écrivait quelques vers, mais sa vocation littéraire ne se révéla définitivement qu'en 1802, avec la rencontre décisive de Henrik Steffens, jeune professeur récemment revenu d'un voyage en Allemagne, et qui faisait découvrir le romantisme de Goethe et de Schiller à ses élèves de l'université de Copenhague. C'est à la suite d'une conversation avec Steffens, qui ne dura pas moins de seize heures, qu'Oehlenschlaeger écrivit sa première œuvre importante : *Les Cornes d'or* [*Guldhornene*, 1802]. Sa destinée se révélait enfin à lui d'une manière nette : il allait rajeunir la littérature de son pays en créant un romantisme national, selon l'exemple des grands maîtres allemands. Dès lors, les œuvres d'Oehlenschlaeger vont se succéder rapidement : dans les années 1803-04, le poète compose une épopée de mythologie nordique, *Voyage de Thor vers Jötunheim* [*Thors reise til Jötunheim*], le « singspiel » *L'Autel de Freja* [*Frejas Alter*], la description lyrique intitulée *Voyages de Langeland* [*Langelandsreisen*], la *Saga de Vaulundur* [*Vaulundurs Saga*], adaptation d'un vieux texte nordique, enfin son œuvre la plus célèbre, la transcription dramatique du conte d'*Aladin ou la Lampe merveilleuse* (*) (1804). Ces diverses productions furent réunies dans les deux volumes des *Écrits poétiques* [*Poetiske Skrifter*], qui parurent en 1805.

La même année, Oehlenschlaeger entreprenait un long voyage d'apprentissage à travers l'Europe, et d'abord par l'Allemagne, où il rencontrait Fichte, Tieck, Goethe : c'est à Weimar que le poète danois écrivit deux de ses meilleurs drames nordiques, *Baldur le Bon* [*Baldur hin Gode*] et *Hakon Jarl*, que Goethe songea un temps à faire représenter. Continuant sa route, Oehlenschlaeger arriva à Paris et y fit un séjour d'une année, au cours de laquelle il composa sa tragédie *Palnatoke* et ses *Poèmes du Nord* [*Nordiske Digte*, 1807] et entreprit son drame *Axel et Valborg* (*). Après avoir été l'hôte de Mme de Staël à Coppet, il descendit vers l'Italie, et les paysages d'art de la péninsule lui suggérèrent le thème de sa tragédie *Le Corrège* (1809), écrite d'abord en allemand, et dans laquelle il posait le problème de l'artiste aux prises avec les difficultés de la vie matérielle. Rentré dans sa patrie après cinq ans d'absence, il fit représenter avec un grand succès *Axel et Valborg*, se maria avec son amie de jeunesse, Christiane Heger, à laquelle il était fiancé depuis 1801 et, en cette meme année 1810, reçut la chaire d'esthétique à l'université de Copenhague. Professeur, il n'eut que peu de succès ; mais sa gloire d'écrivain n'allait cesser de grandir, entretenue par de nombreuses publications : deux recueils de *Poèmes* [*Digte*, 1811-13] ; des épopées et des cycles de ballades tels que : *Helge* (*) (1814), *La Saga de Hroar* [*Hroars Saga*], composée pendant un nouveau séjour à Paris en 1817, *Les Dieux du Nord* [*Nordens Guder*, 1819], *Hrolf Krake* (1828), poème héroïque en douze chants, etc. ; des œuvres dramatiques : *Hagbarth et Signe* [*Hagbarth of Signe*, 1815], *Yrsa* (1815), *Éric et Abel* [*Erig og Abel*, 1820], *Les Vaeirngs à Miklagaard* [*Vaeringerne i Miklagaard*, 1827], *La Reine Marguerite* [*Dronning Margareta*, 1833], *Dina* (1842), etc. En 1829, lors d'un voyage en Suède, Oehlenschlaeger fut solennellement couronné à Lund le « roi des poètes du Nord », et son soixante-dixième anniversaire prit au Danemark l'allure d'une fête nationale. À sa mort, tous les spectacles de Copenhague furent suspendus et les réjouissances publiques interdites pendant une semaine. Pendant six mois, la loge d'Oehlenschlaeger au Grand Théâtre resta vide, tendue de crêpe, et les splendides funérailles de l'écrivain, à la cathédrale de la ville, furent suivies par le prince héritier. Oehlenschlaeger est peu connu en France, où seules ont été traduites en français les pièces de théâtre *Axel et Valborg, Le Corrège* et *Hakon Jarl.*

JEAN DELANOS.

♦ *« Il possède un talent poétique indéniable. »* Goethe. ♦ *« Oehlenschlaeger : Une de ces « moitiés » qui se prennent pour des « entiers » et même un peu plus que cela. »* Hebbel. ♦ *«* [Il marqua] *le point de départ de la vie spirituelle moderne au Danemark, et [fut] la pierre d'angle de l'édifice élevé par la littérature danoise dans la première moitié du* XIX*e siècle. »* Georg Brandès.

RÉF. : Adam Oehlenschlaeger, *Meine Lebenserinnerungen*, 4 vol., Leipzig, 1850. – Le Fèvre-Daumier, *Oehlenschlaeger, le poète national du Danemark*, Paris, 1854. – Kr. Arentzen, *A. Oehlenschlaeger, litteratur historik livsbillede,* Copenhague, 1879. – B. Andersen, *Oehlenschlaeger, et livs poesie*, 3 vol., Copenhague, 1899. – Albert Sergel, *Oehlenschläger in seinen persönlichen Beziehungen zu Goethe, Tieck und Hebbel,* thèse, Rostock, 1907.

O'FAOLAIN Sean (pseud. de John Whelan). Romancier irlandais. Né à Cork le 22 février 1900, mort à Dublin le 20 avril 1991. Il fit ses études à l'université Nationale, puis à Harvard (États-Unis) avant d'enseigner les lettres anglaises en Grande-Bretagne de 1929 à 1933. Puis il fut nommé directeur du Arts Council d'Irlande en 1957. Il vécut aux États-Unis (en 1957 également, il devait donner à l'université de Princeton plusieurs conférences sur les métamorphoses du personnage de fiction). Son premier livre, *Folie d'une nuit d'été* (+) (1932), fut un recueil de nouvelles très remarquables. Deux autres recueils suivirent : *Une bourse de piécettes* (+) (1937), *Thérèse* (+) (1947). Tous trois devaient être regroupés en un seul volume en 1958. Son premier roman, *Un nid de gens tout simples* (+) (1933), a immédiatement établi sa réputation dans un genre négligé par ses compatriotes. En 1940, *Retour en Irlande* (*) impose définitivement le romancier par l'ampleur d'une fresque sociale où il montre ce qu'il estime être l'abrutissement de ses concitoyens par le catholicisme et le caractère routinier de leur vie. Mais on verrait bien à tort en O'Faolain un polémiste. Il y a chez lui un détachement et un désir de connaissance par lesquels s'explique la variété de son œuvre : biographies de héros irlandais, livres de voyages sur l'Italie, essais de critique littéraire. Son autobiographie, *Vive moi !* (*) (c'est le titre français originel du livre), parut en 1963. En fait, c'est l'œuvre modeste d'un homme qui, partagé entre son devoir civique et la culture que se doit à lui-même tout être doué, lutta avec l'I.R.A., fit plus tard la guerre comme engagé volontaire, traduisit des poèmes du gaélique, lutta contre la censure et surtout contribua à la renaissance littéraire irlandaise.

OFFENBACH Jacques. Compositeur français d'origine allemande. Né à Cologne le 20 juin 1819, mort le 4 octobre 1880 à Paris. Fils d'un chanteur de la synagogue de Cologne, il s'appelait en réalité Jakob Eberst (certains prétendent qu'il se nommait Jakob Lévy, et qu'il aurait tiré son nom d'Offenbach du lieu de sa naissance qui aurait été non point Cologne, mais la petite ville d'Offenbach). Il se rendit assez jeune à Paris, suivit pendant un an la classe de violoncelle au Conservatoire, et entra (1835) dans l'orchestre de l'Opéra-Comique. Sa première opérette, *Pascal et Chambord,* fut représentée le 2 mars 1839 au Théâtre du Palais-Royal, mais ne lui apporta aucun renom. Ayant obtenu en 1849 le poste de directeur de l'orchestre au Théâtre-Français, Offenbach commença avec *Pépito* (1853) son heureuse carrière de compositeur d'opérettes. En 1855, il ouvrit un théâtre à son compte, les « Bouffes-Parisiens ». Le 5 juillet de cette même année, il y donna *Les Deux Aveugles* et *Une nuit blanche*, prélude à une longue série d'une centaine d'opérettes et opéras bouffes. *Madame Papillon* (1855) marque le début de sa collaboration avec Halévy, *Ba-ta-clan* (1855), *Tromb-al-Cazar* (1856) et *Le Mariage aux lanternes* (1857) comptent parmi ses premiers succès. Le 21 octobre 1858, les Bouffes-Parisiens donnent la première représentation d'*Orphée aux Enfers* (*). Ironique, audacieux, Offenbach y fait un portrait de la société du second Empire sur un rythme irrésistible. Puis ce sont *Geneviève de Brabant* (+) (1859), *Daphnis* et *Chloé* (+) (1860), *La Chanson de Fortunio* (*) (1861), qui fait suite au *Chandelier* de Musset, *Bavard et Bavarde* (1862), *Lieschen et Fritzschen* (1863) ; enfin, le 17 décembre 1864, il fait représenter, au Théâtre des Variétés, ce que l'on considère comme son chef-d'œuvre, *La Belle Hélène* (*). Il donne ensuite *Barbe-Bleue* (*) (1866), *La Vie parisienne* (*) (1866), *La Grande-Duchesse de Gerolstein* (*) (1867), sur des livrets de Meilhac et Halévy, et *Robinson Crusoé* (+) (1867). Avec *La Périchole* (*) (1868), Offenbach s'essaye à plus de raffinements, montre une sensibilité plus délicate et plus diverse, fait des recherches mélodiques. *Vert-Vert* (1869), *La Princesse de Trébizonde* (1869), *Les Brigands* (1869), *Le Roi Carotte* (1872, sur un texte de Sardou), *Fantasio* (+) (1872), *Les Braconniers* (1873), *La Jolie Parfumeuse* (1873), une nouvelle version d'*Orphée aux Enfers* et de *Geneviève de Brabant* (1874 et 1875), *La Boulangère a des écus* (1875) montrent qu'Offenbach tentait d'être plus subtil, qu'il ressentait l'influence de Massenet, et savait combien il peut être difficile de départager ce qui appartient à l'opéra de ce qui appartient à l'opérette. Après avoir donné encore *Madame Favart* (1878) et *La Fille du tambour-major* (*) (1879), Offenbach chercha à s'ouvrir les portes de l'Opéra-Comique en écrivant *Les Contes d'Hoffmann* (*) qu'il ne put terminer. L'œuvre ne fut représentée toutefois qu'après la mort du compositeur, le 10 février 1881.

CARLO MARINELLI.

♦ *« Il est né du croisement d'un coq et d'une sauterelle. »* Un Parisien. ♦ *« L'individu le plus international du monde...* [sa musique] *dégageait une chaleur de fumier* [où] *tous les cochons d'Europe étaient venus se vautrer. »* Wagner. ♦ *« La forme suprême de la spiritualité... »* Nietzsche. ♦ *« C'est vraiment français ; un comique tellement bon garçon et primesautier que tout lui est permis. »* Léon Tolstoï.

RÉF. : André Martinet, *Offenbach, sa vie et son œuvre*, Paris, 1887. – Louis Schneider, *Offenbach*, Paris, 1923. – René Brancour, *Offenbach*, Paris, 1929. – S. Kracauer, *Jacques Offenbach ou le Secret du second Empire*, Paris, 1937. – Jacques Brindejont-Offenbach, *Offenbach, mon grand-père*, Paris, 1940. – Alain Decaux, *Offenbach, roi du second Empire*, Paris, 1958. – David Rissin, *Offenbach ou le Rire en musique*, Paris, 1980. – Claude Dufresne, *Offenbach ou la Gaîté parisienne*, Paris, 1992.

O'FLAHERTY Liam. Romancier et conteur irlandais. Né à Inishmore (îles d'Aran) le 28 août 1897, mort à Dublin le 7 septembre 1984. Séminariste, il renonça à se faire ordonner prêtre. Il étudia quelque temps à l'University College de Dublin. Il servit dans le corps expéditionnaire britannique pendant la Première Guerre mondiale, mais fut réformé en 1917. Il voyagea beaucoup, à la façon d'un travailleur manuel itinérant, tantôt marin tantôt manœuvre ou guère mieux. Militant syndicaliste en une période de montée du chômage, il fut amené en 1922 à quitter l'Irlande. Son premier roman, *L'Indicateur* [*The Informer*, 1926], attira l'attention sur un talent vigoureux, qui savait bâtir une action dans un milieu bien observé, et saisir en même temps les nuances de comportement chez des personnages pris dans la même toile d'araignée. De la même année date *Mr. Gilhooley* (+), où l'on voit un quinquagénaire finir par étrangler la fille qui l'a rendu fou. Cette parabole des bas-fonds de Dublin est reprise et amplifiée dans *Le Puritain* (*) (1931), mêlée à des déclamations nietzschéennes. *L'Assassin* (*) (1928) avait déjà montré les préparatifs d'un crime – celui d'un activiste de l'indépendance irlandaise, plus tard envoyé en mission secrète aux États-Unis, et qui retourne au pays pour tuer un ministre ; mais dans ce roman, le drame, intériorisé, était celui d'une conscience. Tous ses autres romans – *Le Martyr* (*) (1933), *Famine* (1937), *Insurrection* (*) (1950) – traitent de sujets apparentés. Les nouvelles de Liam O'Flaherty sont d'une tonalité moins âpre. Elles ont été recueillies en 1937. L'auteur a publié aussi deux volumes d'autobiographie : *Deux années* [*Two Years*, 1930], *Faire honte au diable* [*Shame the Devil*, 1934].

OGDEN Charles Kay. Linguiste et critique anglais. Né en 1889, mort à Londres le 20 mars 1957. Il fit ses études à la « public school » de Rossall puis à Cambridge (Magdalene College). Le premier il eut l'idée de « l'anglais de base », basic english, réduit à huit cent cinquante mots. Ogden est surtout connu comme le coauteur, avec I. A. Richards, d'une étude monumentale sur *Le Sens de la signification* (*) (1923). Il y est élaboré une technique qui annonce la sémantique contemporaine, et nie à l'art tout mystère. Les classifications de ces deux linguistes doivent beaucoup, de leur propre aveu, aux travaux de John Stuart Mill et de l'anthropologue Malinowski.

OGYÛ Soraï. Penseur et homme d'État japonais. Né et mort à Edo (16 février 1666-19 janvier 1728). Un des penseurs les plus éminents du Japon féodal, il a exercé une vaste influence non seulement sur les politiciens de son époque, mais aussi sur divers penseurs postérieurs, dont Motoori Norinaga. Ses idées politiques ont servi de base philosophique à ceux qui ont construit un État « moderne » lors de la restauration de Meiji. Anti-néo-confucianiste comme Itô Jinsaï, Ogyû dans son œuvre principale, *Discours sur le Chemin* (*), a durement critiqué la tendance métaphysique de Chu Si et défini le confucianisme comme enseignement politique. Le mot « politique » signifiant, d'après lui, le maintien, par un bon gouvernement, d'une société dans l'ordre et dans la paix. Son idéal était une bonne application des principes confucianistes à la politique, et il a essayé de le réaliser en tant que conseiller d'État. Les préoccupations d'Ogyû ne se sont pas bornées à la politique. Il a eu un intérêt spécial pour les questions religieuses aussi bien que littéraires. Sur celles-ci, il a été le premier à introduire une méthode analytique pour l'interprétation des textes et concevait la littérature comme un bon moyen d'enrichir l'esprit de chacun. Par rapport à la religion, sa position est celle d'un agnostique ; il a accordé peu de valeur aux discussions métaphysiques. Par contre, il a reconnu la valeur sociale des actes religieux, et surtout du rituel. Pour lui qui a donné une importance primordiale au politique et au social, la religion aussi bien que la morale ont été d'abord abordées en fonction de l'État et de la société.

HITOSHI OSHIMA.

O'HARA John Henry. Romancier américain. Né le 31 janvier 1905 à Pottsville (Pennsylvanie), mort le 11 avril 1970 à Princeton (New Jersey). La mort de son père, un médecin, l'empêche d'aller terminer ses études à Yale, et il exerce des métiers aussi divers que ceux de régisseur, magasinier, vendeur de soda, secrétaire, etc. Il devient finalement reporter et travaille pour de nombreux journaux. Son premier roman *Rendez-vous à Samara* (*) paraît en 1934 et connaît une large audience. C'est l'histoire d'une déchéance et d'un suicide, l'analyse psychologique d'un homme et d'un milieu. Le style est dense et la langue vigoureuse, n'excluant ni la vulgarité ni les nuances. Citons encore *Butterfield 8* (1935), *Mon copain Joe* (*) (1940). En 1949, il publie *Dix rue Frederick* [*Ten North Frederick*], roman dans lequel il dénonce, par le biais d'une ambition déçue, l'hypocrisie, l'étroitesse puritaine et le cloisonnement social des villes de province américaines. On a parfois rapproché son écriture de celle d'Hemingway et souligné son art du portrait. Ses nouvelles sont souvent citées comme une des meilleures parts de son œuvre.

O. HENRY (pseud. de William Sydney Porter). Écrivain américain. Né à Greensboro (Caroline du Nord) le 11 septembre 1862, mort à New York le 5 juin 1910. Il quitta l'école à quinze ans, et pendant cinq ans travailla dans le « drugstore » d'un de ses oncles. Très jeune, O. Henry se fit connaître comme un artiste de talent. En 1882, il se rendit au Texas, vécut pendant deux ans dans un ranch, apprit un peu de français, d'allemand et d'espagnol, et se mit à écrire. À Austin (Texas) il travailla successivement comme employé, comptable, dessinateur et caissier de banque, de 1885 à 1894, se maria et commença de collaborer à la *Free Press* de Detroit avec quelques esquisses narratives. En 1895, il partit pour Houston (Texas) où il rédigea une chronique quotidienne pour le *Daily Post*. En 1896, il reçut l'ordre de se présenter devant le tribunal pour le vol d'une petite somme dans une banque d'Austin où il avait travaillé. Selon toute probabilité, il eût été facilement lavé de cette accusation (la banque étant déplorablement administrée) s'il était rentré à Austin, mais, pris de panique, il s'enfuit au Honduras où il resta jusqu'à ce qu'il apprît la maladie de sa femme, en 1898 ; il rentra aux États-Unis, passa en jugement et fut condamné à cinq ans de prison à purger au pénitencier de Colombus (Ohio) où sa bonne conduite fit réduire sa peine à trois ans et trois mois. Pendant sa détention il publia différents récits sous divers pseudonymes et, après sa libération, s'installa à New York, en 1902, où il écrivit de nombreuses nouvelles (« short stories ») inspirées de ses expériences dans la grande ville. En décembre 1903, le *World* de New York le chargea d'écrire une nouvelle hebdomadaire pour l'édition du dimanche. À partir de 1904, ses nouvelles devinrent célèbres et furent publiées en un ou deux volumes par an jusqu'à sa mort ; quatre autres volumes parurent postérieurement. Rappelons : *Les Quatre Millions* (*) (1899), *La Chasse à l'homme* (*) (1902), *Choux et Rois* [*Cabbages and Kings*, 1904], *La Voix de la cité* [*The Voice of the City*, 1908], *Affaires uniquement* [*Strictly Business*, 1910], *Six et Sept* [*Sixes and Sevens*, 1911], *Contes du Far West* (*) (1912), *Épaves et brebis galeuses* [*Waifs and Strays*, 1917], enfin, *La Rançon du chef rouge* [*The Ransom of Red Chief*]. En 1918, la Société des arts et sciences fonda le prix O. Henry pour récompenser la meilleure nouvelle américaine. Ce prix a consacré l'association du nom de O. Henry (très célèbre aux États-Unis) avec un art lapidaire de la nouvelle, aux effets savamment calculés, selon la leçon de Poe.

L. R. LIND.

OHNET Georges. Écrivain français. Né le 3 avril 1848 à Paris, où il mourut le 5 mai 1918. Son père, architecte, l'orienta vers le barreau, mais il se lança dans le journalisme. Après la guerre de 1870, il fut polémiste et chroniqueur au *Pays* et au *Constitutionnel.* Il débuta comme écrivain de théâtre en 1875, par une pièce écrite en collaboration avec Denayrouze, *Regina Sarpi,* jouée au Théâtre historique. En 1877, il donna au Gymnase une comédie, *Marthe.* Ce fut cependant par le roman qu'il atteignit à la célébrité. Dans divers journaux et revues – *Le Figaro, L'Illustration, La Revue des Deux Mondes* (*) – parut une série de romans qu'il intitula d'abord du titre général *Batailles de la vie.* Puis il les publia séparément. Citons : *Serge Panine* (1881) ; *Le Maître de forges* (*) (1882), qui remporta un immense succès et qui, lors de son adaptation théâtrale, tint l'affiche pendant un an au Gymnase ; *La Grande Marnière* (1885), au style très imité de George Sand. Au reste, toute l'œuvre de Ohnet se veut en opposition radicale, dans le choix des thèmes et dans la forme employée, avec le naturalisme triomphant. Malheureusement, le romancier ne renouvelle en rien la forme, il l'emprunte plutôt à ses prédécesseurs, voire même au pire des feuilletons (comme dans ses romans *Les Dames de Croix-Mort, Volonté*) et il ne se sert du contexte social de l'époque (ainsi dans *Le Maître de forges,* où il décrit la lutte entre l'ancienne aristocratie et la nouvelle ploutocratie) que pour l'abstraire de toute réalité concrète et le recouvrir d'un faux idéalisme moral.

RÉF. : Jules Lemaitre, *Les Contemporains* (1re série), Paris, 1886. – Barbey d'Aurevilly, *Le Théâtre contemporain,* Paris, 1896. – Henri d'Alméras, *Avant la gloire,* Paris, 1902.

OKARA Gabriel. Écrivain nigérian. Né à Bumodi le 21 avril 1921. Après des études au Nigéria et aux États-Unis, Okara a occupé divers postes dans l'administration et l'édition. Il a publié un recueil de poèmes *L'Invocation du pêcheur* [*The Fisherman's Invocation,* 1978] et un roman *La Voix* (*) (1964). Malgré sa production très réduite, Okara est un des grands poètes africains qui, tout en admirant la facture introspective d'un Gérard Manley Hopkins ou d'un T. S. Eliot, ont été également fascinés par le lyrisme très ouvert de la tradition orale. De ce fait, ses poèmes sont des élégies subtilement sophistiquées qui, pour dire la disparition de la vie traditionnelle, utilisent des métaphores africaines comme celles du fleuve (et du pêcheur), du tambour (et du danseur) ou du prophète (et de la mort). Les poèmes écrits lors de la guerre du Biafra disent, eux, les cris de souffrance puis le silence sombre qui s'instaura après la chute des espoirs. Et c'est également en poète qu'Okara a rédigé son unique roman, *La Voix*. Ce livre est un des rares textes africains qui tentent de trouver un mode d'expression écrit compatible avec un contexte social fort peu littéraire. La réussite de ce texte exceptionnel provient de l'aisance avec laquelle ces paysans du delta du Niger s'expriment : leur discours est calqué sur leur mode d'expression vernaculaire et conserve, lorsqu'il est traduit en anglais, une beauté hiératique des plus convaincantes : « La rivière s'écoulait ; elle reflétait le soleil à sa fin, comme une mémoire en son agonie. On eût dit le visage d'une idole. Personne ne pouvait dire ce qu'il y avait derrière. »

DENISE COUSSY.

OKOUDJAVA Boulat Chalvovitch [Bulat Šalvovič Okudžava]. Écrivain russe. Né le 9 mai 1924 à Moscou. Son père, d'origine géorgienne, occupait un poste de dirigeant au sein du parti. Il fut arrêté et exécuté en 1937. Sa mère fut également arrêtée et envoyée en camp. Alors qu'il est encore dans une école secondaire, Okoudjava s'engage et part sur le front comme volontaire – il retracera son expérience du front dans *La Cuiller* (*). À la fin de la guerre, il fait des études de lettres à l'université de Tbilissi, où sa mère viendra le rejoindre à sa libération. Il enseigne comme professeur de littérature dans une école de la région de Kalouga. C'est là que sortira son premier recueil de vers. En 1955, Okoudjava retrouve son Moscou natal, qu'il ne quittera plus. C'est vers cette époque qu'il commence à chanter. D'abord il ne chante que dans des cercles restreints d'amis, mais peu à peu il se produit sur des scènes de clubs, d'associations, d'instituts, etc. Il crée ainsi un genre totalement nouveau en Russie, celui du poème chanté. L'importance des mots, l'apparente simplicité de la mélodie, l'absence d'effets de voix, l'ont fait comparer à Brassens (qu'il connaît et qu'il aime). Il sera à l'origine de tout un mouvement et il a ouvert la voie à des poètes-compositeurs comme A. Galitch (plus politique), comme V. Vyssotski (plus rude) ou encore I. Kim (plus satirique). Même si la génération suivante a pu préférer les chansons de Vyssotski à celles d'Okoudjava, celui-ci est resté le père fondateur de ce genre et, surtout, il a rassemblé autour de ses chansons les différentes générations et les différents milieux ; ainsi a-t-il été un des rares, dans les années 70, à garder l'estime, parmi les écrivains publiés, des milieux dissidents et émigrés. Un courage civique certain (il a signé des lettres de défense de dissidents) y a contribué. Ses chansons sont restées longtemps interdites à l'antenne et n'avaient pas droit au disque ; elles circulaient donc en bandes magnétiques puis en cassettes « pirates ».

Outre son activité de chanteur-compositeur, Okoudjava a commencé dès 1961 à écrire des romans. Son roman *La Cuiller* (*) a été critiqué pour son pacifisme. Depuis, il se consacre essentiellement à des romans historiques où les réflexions sur l'histoire russe ont des échos contemporains. Ce sont les romans *Pauvre Avrosimov* [*Bednyj Avrosimov* ou *Glotok svobody*, 1969], où un pauvre secrétaire décrit les interrogatoires de Pestel, un des dirigeants des décembristes, ce qui donne l'occasion à l'auteur de s'interroger sur la violence dans l'histoire ; c'est *Amour toujours* [*Mersi, ili pohoždenija Šipova*, 1971], qui tourne autour des problèmes de la délation ; c'est *Le Voyage des dilettantes* [*Putešestvie diletantov*, 1976-1978], où, à travers l'amour fou qui unit le noble Miatlev et Lavinia dans les années 1840-50, Okoudjava reprend le thème de « l'homme de trop » du XIXe siècle, dans lequel on retrouve celui de l'intellectuel soviétique des années 70 face au pouvoir ; c'est *Le Rendez-Vous avec Bonaparte* [*Svidanie s Bonapartom*, 1985], qui conduit le lecteur de la Révolution française à l'incendie de Moscou en 1812 ; s'y mêlent réflexions des héros sur l'histoire de l'humanité et sur l'histoire russe, et description de la guerre contre Napoléon vue par une Française de Moscou. Plus récemment, Okoudjava a pu faire éditer des récits autobiographiques qui étaient restés longtemps interdits par la censure : *La Jeune Fille de mon rêve* [*Devuška moej mečty*, 1988].

ALEXIS BERELOWITCH.

OLDENBOURG Zoé. Romancière et historienne française d'origine russe. Née le 31 mars 1916 à Saint-Pétersbourg. Zoé Oldenbourg est venue en France à l'âge de neuf ans. Avant d'être historienne et romancière, Zoé Oldenbourg a été peintre. Chez elle, deux disciplines, l'histoire et la fiction littéraire, s'épaulent mutuellement. On retrouve une même recherche religieuse dans sa trilogie sur l'histoire des cathares (*Le Bûcher de Montségur*, 1959 ; *Les Brûlés*, 1960 ; *Les Cités charnelles,* 1961), dans sa pièce *L'Évêque et la Vieille Dame* (1983) et dans ses ouvrages sur *Les Croisades* (1965) et *Saint Bernard* (1970). Pour Zoé Oldenbourg, le roman historique est une « immense plongée dans le temps sans laquelle une civilisation manque de souffle et s'étiole ». Son inspiration se porte sur le Moyen Âge. Ainsi, son roman *Argile et Cendres* (1946) fait revivre l'époque des croisades, autour de l'histoire du baron Ansiau et de sa femme Aalais. Les événements s'enchaînent à une allure prodigieuse, alternant les scènes de voyages avec les scènes de mœurs, les amours avec les meurtres. Une époque que Zoé Oldenbourg sait nous rendre très proche par son art de la description et des dialogues. Le baron Ansiau n'est pas pour le lecteur contemporain une énigme, un personnage que le passage du temps rendrait incompréhensible. Zoé Oldenbourg saisit ses héros à la fois dans le temps de l'Histoire et dans celui de l'intimité. Effet de proximité visible dans cet extrait d'*Argile et Cendres* : « Ansiau se faisait frotter [...] le corps de lavande et d'essences d'herbes odorantes par une vieille servante aux mains rugueuses comme des brosses. » Bonheur de l'expression, sensualité de la scène. Dans *La Joie des pauvres* (1970), nous assistons aux mouvements d'une foule de pauvres envoûtés par la prédication de Pierre l'Ermite qui admoneste ses « pauvres de Dieu » – presque tous issus du nord de la France, à suivre les armées qui s'en vont délivrer Jérusalem. Longues cohortes de loqueteux qui ne se mêlent pas à l'armée des princes. Zoé Oldenbourg dépeint les rêves de ces foules ne songeant qu'à pénétrer en Terre sainte ; leurs rêves mais aussi les déceptions et même l'horreur qui va succéder aux enthousiasmes. Dans *La Pierre angulaire* (*) la romancière met en scène la vie de petits seigneurs des environs de Troyes. Scènes de la vie quotidienne de ces nobliaux de province avec leurs tournois, leurs mœurs grivoises et leurs sanglants règlements de comptes. Soulignons que Zoé Oldenbourg s'est insurgée contre les amalgames faciles que certains n'hésitaient pas à faire entre roman historique et sous-roman. Dans son avertissement au lecteur de *La Joie des pauvres*, elle souligne que « complimenter un romancier pour son érudition, réelle ou supposée, c'est le traiter de plagiaire ou de cuistre [...] ce roman est une image de la condition humaine [...]. Du reste, que les amateurs d'Histoire se rassurent, les faits décrits dans ce roman sont vrais. » Avertissement qui, outre l'ampleur de son ambition, permet de définir plus précisément la démarche de la romancière : ni copie conforme des archives de la Bibliothèque nationale ni pure invention. Zoé Oldenbourg a par ailleurs analysé son itinéraire personnel dans *Visages d'un autoportrait* (1976).

PHILIPPE BLONDEAU.

OLECHA Iouri Karlovitch. Écrivain russe. Né le 3 mars 1899 à Elisavetgrad (Ukraine), mort à Moscou le 10 mai 1960. Issu d'une famille de petite noblesse polonaise, il a fait ses études au lycée d'Odessa jusqu'en 1917, puis passé deux années à la faculté de droit, à l'université. En 1919, Olecha a servi, en tant que volontaire, dans l'Armée rouge. Plus tard, il s'est fixé à Kharkov (1922) et enfin à Moscou (1923) où, après une courte période de journalisme satirique, il a publié une fantaisie pour les enfants, *Les Trois Gros Bonshommes* (1924), plusieurs récits, et finalement son célèbre roman *L'Envie* (*) (1927) auquel il avait travaillé cinq ans (1922-1927). Ce livre a déclenché une tempête critique car il s'agissait d'un problème d'importance exceptionnelle : la nouvelle société postrévolutionnaire était-elle accessible à la poésie, aux sentiments humains, au rêve, au romantisme, ou bien ne tolérait-elle que le progrès technique, la croissance du bien-être matériel, les nécessités de la consommation ? Olecha nous montre avec tristesse la démission de l'homme et de la dignité humaine, le triomphe de la « fabrique de saucisses », l'impossibilité « de transformer les chiffres en fleurs ». *L'Envie*, roman psychologique et lyrico-humoristique, faisait penser à la tradition tchékhovienne ; il a été transformé par l'auteur en drame, *La Conspiration des sentiments* [*Zagovor čuvstv*, 1928], mis en scène au théâtre Vakhtangov (1929), non sans scandale mais avec beaucoup de succès. Une autre pièce, *La Liste des bienfaits* [*Spisok blagodejanij*, 1931], traitant l'histoire d'une actrice qui cherche à s'incorporer à la nouvelle société et à résoudre le même problème moral que celui posé dans *L'Envie*, a été montée par Vs. Meyerhold dès 1931. En même temps est sorti un recueil de récits profondément poétiques et pleins de tendresse, *Le Noyau de cerise* (*) (1930). La dernière œuvre d'Olecha, dans les années 30, fut un scénario, *Le Jeune Homme sévère* [*Strogij junoša*, 1934], où l'auteur a vainement essayé de créer l'idéal d'un héros moderne. Après cet échec, Olecha a gardé le silence pendant quinze ans ; l'œuvre qui ne devait paraître qu'en 1958 fut une adaptation théâtrale de *L'Idiot* (*) de Dostoïevski. On lui doit cependant un livre posthume, *Chaque jour une ligne* [*Nulla dies sine linea*] (*) (1965), qui est un recueil de maximes, de pensées détachées, de métaphores, de bons mots et d'images. Le sort tragique d'Olecha illustre le cas typique d'un artiste au vrai talent et profondément honnête qui, à l'époque stalinienne, n'a pas voulu capituler et faire des concessions honteuses pour sa dignité d'écrivain et qui a préféré la « mort civile » à la prostitution de son art.

EFIM ETKIND.

RÉF. : N. Å. Nilsson, *Olecha in Histoire de la Littérature russe. Le XXᵉ siècle. La Révolution et les Années vingt*, Paris, 1988.

OLIVEIRA Alberto de. L'un des poètes les plus talentueux du XIXᵉ siècle brésilien. Né à Palmital-do-Saquarema, dans l'État de Rio de Janeiro, le 28 avril 1857, mort à Niterói le 19 janvier 1937. Il effectua ses premières études à Niterói, fut étudiant en médecine et en pharmacie à Rio, puis fit son droit à São Paulo. Entré dans la vie publique, il obtint diverses charges politiques, puis devint professeur de langue et de littérature portugaises à l'école normale et à l'école d'art dramatique de Rio. Ami fraternel d'Olavo Bilac, il fut parmi les fondateurs de l'Académie brésilienne des lettres, et correspondant de l'Académie des sciences de Lisbonne. Il débuta en 1878 par des *Chansons romantiques* [*Canções romanticas*] d'une pure inspiration romantique, mais dès 1884, avec *Meridionales* [*Meridionais*], il montrait qu'il avait entièrement adopté les canons parnassiens pourtant opposés à sa nature exubérante et passionnée. À cette tendance encore appartiennent les *Sonnets et Poésies* (*) (1885) qui allient néanmoins un solide équilibre intérieur à une remarquable perfection formelle. D'autres recueils de vers suivirent — *Vers et Rimes* [*Versos e rimas*, 1885], *Poésies complètes* [*Poesias completas*, 1900], qui comprenaient des œuvres déjà parues et des inédits ; *Poésies* [*Poesias*, 2e série, 1911 ; 3e série, 1913 ; 4e série, 1927] ; et *Poèmes choisis* [*Poesias escolhidas*, 1933] ; quelques anthologies et deux remarquables essais sur le culte de la forme dans la poésie brésilienne (1916) et sur le sonnet au Brésil (1920).

OLIVEIRA Carlos de. Romancier et poète portugais. Né le 10 août 1921 à Belém do Para (Brésil) où ses parents avaient émigré. Mort à Lisbonne le 5 août 1981. C'est au Portugal, à Gândora (Beira Litoral) où son père s'installe en tant que médecin, qu'il grandit. Il trouvera dans cet univers rural, la source et la matière de sa création littéraire. En 1941, il entreprend des études de lettres à l'université de Coïmbre. Il commence alors à fréquenter de jeunes poètes, écrivains, intellectuels qui, bientôt, formeront le groupe « génération 40 ». Ce mouvement s'engage dans un « nouvel humanisme » fondé sur le marxisme. Il donnera naissance au courant néo-réaliste qui, au Portugal, sous la dictature salazariste, deviendra le lieu de résistance et de lutte des intellectuels et des artistes. « L'artiste d'aujourd'hui ne peut abdiquer de sa qualité d'homme politique. Ni son œuvre, ni sa vie ne peuvent être hors de l'espace dans lequel se jouent de manière décisive la paix, la sécurité et le bonheur des hommes. »

Après de brèves expériences dans l'enseignement et comme archiviste dans un journal, Carlos de Oliveira se consacrera exclusivement à la littérature. Dès 1942, il avait publié son premier recueil de poèmes, *Tourisme* [*Turismo*] et en 1943, un premier roman, *La Maison dans la dune* [*A casa na duna*]. Il collabore à plusieurs revues, traduit Paul Éluard, Jules Supervielle, Louis Aragon et Jean Cassou. Ses poèmes, *Récolte perdue* [*Colheita perdida*, 1948], *Terre d'harmonie* [*Terra de harmonia*, 1950], comme ses romans, *Petits bourgeois* [*Pequenos Burgueses*, 1948] et *Une abeille dans la pluie* (*), (1953) évoquent le monde rural, que les hommes ont bâti en le gagnant sur les terres sablonneuses de la région de Gândora : « J'ai grandi entouré par la grande misère des paysans, par une mortalité infantile énorme, une émigration étonnante. Il est donc naturel que tout m'ait touché (mieux : tatoué) », écrit-il en 1971, dans *L'Apprenti-Sorcier* [*O aprendiz de feiticeiro*]. Mais son œuvre dépasse largement la description réaliste des injustices sociales et la dénonciation du régime en place. Elle maintient en effet, dans un style d'une grande pureté, un équilibre entre l'expression objective de la réalité paysanne et l'évocation lyrique et symbolique de cet univers de sable qui n'engendre que l'instabilité et l'éphémère. Ce milieu et la vie des hommes qui le peuplent sont pour lui des mystères à déchiffrer inlassablement. Nature et personnages sont fortement liés : le paysage créant l'homme et l'homme créant la nature. Dans son dernier roman *Finisterra* sous-titré *Paysage et peuplement* (1978), la présence de ces deux réalités laisse peu de place à la narration, proprement dite : l'œuvre évoque plutôt un long poème symbolique et impressionniste décrivant ce lien indissoluble ; c'est aussi l'accomplissement d'une œuvre.

FRANÇOISE BEAUCAMP.

OLIVET Pierre Joseph Thoulier, abbé d'. Grammairien et traducteur français. Né à Salins (Savoie) le 1er avril 1682 ; mort à Paris le 8 octobre 1768. Après avoir appartenu à la Société de Jésus, où il professa sous le nom de P. Thoulier — Voltaire fut son élève —, l'abbé d'Olivet entra dans le clergé séculier et se consacra aux études. Il donna successivement un *Traité de prosodie*, des *Essais de grammaire*, et de très nombreuses traductions, remarquables par leur exactitude, notamment des *Philippiques* (*), des *Catilinaires* (*), *De la nature des dieux* (*) de Cicéron. Ces différents travaux lui valurent d'entrer en 1723 à l'Académie française, dont il devait se révéler bientôt un des membres les plus assidus et les plus utiles. D'Olivet en effet prit une part prépondérante dans les travaux du Dictionnaire — v. *Dictionnaire de l'Académie française* (*) ; surtout, il reprit l'*Histoire de l'Académie française* (*), que son premier auteur, Pellisson, avait conduite jusqu'en 1652. L'œuvre de d'Olivet, qui s'arrête à l'année 1700, est beaucoup plus importante et beaucoup plus intéressante que la première partie de cette *Histoire*, due à Pellisson, et contient de très précieux renseignements. Poursuivant la publication des œuvres de Cicéron, dont il édita encore des *Pensées*, extraites de ses différents écrits, l'abbé d'Olivet donna en 1740-1742 une remarquable édition des *Œuvres complètes de Cicéron* [*Ciceronis opera omnia, cum delectu commentariorum*].

RÉF. : Boersson de Mairet, *Éloge historique et littéraire de l'abbé d'Olivet*, Paris, 1839. — Barbey d'Aurevilly, *Critiques diverses*, Paris, 1909. — E. et J. de Goncourt, *Portraits intimes du XVIIIe siècle*, Paris, 1924.

OLLÉ-LAPRUNE Léon. Philosophe français. Né et mort à Paris (25 juillet

1839-13 février 1898). Ancien élève de l'École normale supérieure, agrégé de lettres en 1861 et de philosophie en 1864, il fut d'abord professeur au lycée de Versailles puis, à partir de 1875, maître de conférences à l'École normale supérieure. En 1880, il passait son doctorat ès lettres avec une thèse latine sur Aristote et une thèse française intitulée *De la certitude morale* (*), qui reste son œuvre principale. Parmi les autres volumes publiés par Ollé-Laprune, citons : *La Philosophie de Malebranche,* deux volumes (1870), *La Philosophie et le temps présent* (1890), *Les Sources de la paix intellectuelle* (1892), *Le Prix de la vie* (1894) et deux ouvrages posthumes : *La Vitalité chrétienne* (1901), publiée par Georges Goyau, et *La Raison et le Rationalisme* (1906), publié par Victor Delbos. Disciple de Gratry, Ollé-Laprune a vigoureusement réagi contre le dogmatisme rationaliste du XIXe siècle en affirmant une nécessaire collaboration de la raison et de la foi, car, dit-il, il convient de « chercher la lumière avec la lumière ». Il a ainsi grandement contribué en son temps à la résurrection de la « philosophie chrétienne ».

RÉF. : Maurice Blondel, *Léon Ollé-Laprune, l'achèvement et l'avenir de son œuvre,* Paris, 1923.

OLLIER Claude. Écrivain français. Né le 17 décembre 1922 à Paris. Après des études de droit, il exerce pendant cinq ans des fonctions administratives au Maroc, où, confronté à une autre culture, il se met en quête de la « différence ». Il commence à écrire vers 1950, en investissant divers genres littéraires (aventures coloniales, récits policiers, science-fiction), pour aménager entre eux des « passerelles ». Il ouvre alors le cycle en huit volumes qu'il intitulera plus tard *Le Jeu d'enfant,* parce que ce « voyage au centre de l'écriture » lui aura permis de développer, à l'âge adulte, son goût du jeu avec les mots, des itinéraires labyrinthiques, des aventures à double sens, des constructions futuristes et des rêves indéchiffrables. Avec *La Mise en scène* (*) (1958), qui obtient le prix Médicis, Claude Ollier se rattache au Nouveau Roman ; son écriture descriptive, l'agencement de l'œuvre, qui tient de la narration psychanalytique aussi bien que de l'énigme policière, le rapprochent en effet de Michel Butor, de Claude Simon. En 1959, il effectue un voyage en Amérique qui lui apporte les données de son troisième livre, *Été indien* (1963), après la publication du *Maintien de l'ordre* (1961). L'intrigue d'*Été indien,* qui conduit un certain Morel de New York jusqu'au Mexique, repose sur le thème de la disparition, tout comme *L'Échec de Nolan* (1967), dont le héros a probablement péri dans un accident d'avion. Dans chacun de ces romans, l'enquête visant à restituer la vérité tourne court, et semble se perdre définitivement dans les méandres d'une mémoire falsifiée. À partir de *La Vie sur Epsilon* (1972), Ollier se sert du récit d'anticipation pour mettre en évidence les lacunes de la narration. Si *Enigma* (1973) a pour thème l'oubli des origines, un astronaute ayant déserté sa planète natale, *Our ou Vingt ans après* (1974) prend le prétexte d'une recherche archéologique afin de montrer la mise en abyme et la fragmentation du texte, qui tend vers sa propre disparition. Le dernier livre du cycle, *Fuzzy sets* (1975), confirme ce vertige, par la dissémination toute mallarméenne des signes, l'apparition des blancs et des points de suspension sur la page.

Claude Ollier s'est également intéressé au cinéma, et à la mise en scène d'une manière générale. Son activité de critique se retrouve dans le journal qui a accompagné la genèse de sa création romanesque : *Cahiers d'écolier* (1984), *Fables sous rêve* (1985) et *Les Liens d'espace* (1989) témoignent de cette activité multiple, dans laquelle les lectures, les rêves et les voyages s'enchevêtrent dans un réseau de sens en constante évolution. Les influences nombreuses, qui vont de Fritz Lang à Gaston Leroux en passant par la linguistique ou la sémiologie, traversent cette œuvre foisonnante, où l'autobiographie apparaît enfin comme un pôle majeur, mais, ainsi que l'atteste cette présentation d'*Une histoire illisible* (1986) : « Tout projet biographique participe d'un leurre, toute ligne de vie d'un dessin truqué. »

OLIVIER HOUBERT.

OLLIVIER Albert. Historien et journaliste français. Né en 1915, mort en 1964. Après avoir écrit un ouvrage remarqué sur *La Commune* (1939), il fit partie, aux côtés de Jean Paulhan, du comité de rédaction de *La Nouvelle Revue française* (*) puis, lorsque Drieu La Rochelle en prit la direction pendant la guerre, il entra dans la Résistance et participa, dans Paris encore occupé, à la première émission clandestine de la Radio libre, le 10 août 1944, avec Jean Guignebert, Pierre Schaeffer, Michel Droit, Jean Marcillac, Van Lee...

Après la Libération, il se consacra au journalisme et entra dans l'équipe d'Albert Camus au journal *Combat.* Gaulliste convaincu, il fit preuve à la fois de hardiesse politique et d'un souci de l'ordre et se prononça pour la stabilité de l'État et de ses institutions. Jusqu'en 1958 il milita pour le retour au pouvoir du général de Gaulle. Mais, en homme de gauche, il souffrit de l'équivoque algérienne sur laquelle fut fondée la Ve République, et il se réfugia dans les études historiques, publia un *Saint-Just ou la Force des choses* (*) (1954), préfacé par André Malraux, où il montre que la Révolution s'est faite sur de multiples causes dont Saint-Just aurait été à la fois l'une des incarnations et l'une des synthèses. Il s'insurgea contre une histoire qui suivrait une voie unique, comme « le croient les progressistes et les réactionnaires ». Il fit paraître en 1958 un ouvrage sur les *Templiers* puis, en 1959, sur *Le Dix-Huit Brumaire* où, à partir d'un événement ponctuel, il retraçait l'histoire d'une période postrévolutionnaire tout en précisant sa philosophie de l'histoire, à l'écart des « préjugés partisans » et des « simplifications établies » et respectueux de la part qui revient au hasard.

JOËL SCHMIDT.

OLLIVIER Émile. Homme politique français. Né à Marseille le 2 juillet 1825, mort le 20 août 1913 à Saint-Gervais-les-Bains (Haute-Savoie). Il passa une partie de son adolescence avec son père Démosthène Ollivier, qui fut dans la suite banni de France pour avoir protesté contre le coup d'État de 1851. Avocat à Paris en 1848, le gouvernement provisoire le nomma commissaire du département des Bouches-du-Rhône et du Var, puis préfet à la suite de la répression de l'émeute socialiste. En 1849, il reprit sa place au barreau et se fit un nom en plaidant d'importants procès politiques. Élu député en 1857, Émile Ollivier fit partie, dans le groupe dit des « Cinq », de l'opposition républicaine contre le gouvernement de Napoléon III. Quelques réformes ayant été obtenues dans le sens libéral, jointes à sa répugnance pour la gauche républicaine, firent naître en lui l'espoir d'une transformation du régime impérial. C'est dans cet esprit qu'il intervint en 1866. Grâce à son action sur le « Tiers parti » lors du conflit survenu avec le ministre d'État Rouher, dont il obtint la démission (fin 1869), Émile Ollivier, le 2 janvier 1870, fut nommé Premier ministre et garde des Sceaux. À ce titre, il était chargé d'élaborer une Constitution nouvelle avec l'appui du centre droit et du centre gauche. Ce changement avait permis à la vie politique de renaître et aux partis de se reconstituer, sans instaurer pour autant un véritable régime parlementaire, ni désarmer l'opposition républicaine de Gambetta et des autres « irréconciliables », ainsi que l'internationale socialiste. Le 8 mai 1870, la Constitution fut ratifiée par un plébiscite largement favorable, mais le Premier ministre, entraîné par les événements, fut amené en juillet à endosser la responsabilité de la déclaration de guerre à la Prusse, et cette responsabilité, il l'aggrava encore en affirmant qu'il en acceptait le risque d'« un cœur léger » : déclaration regrettable, même si l'on admet que, par ces mots, il voulut dire seulement « sans remords », sous prétexte que cette guerre était imposée à la France. Les premiers revers ayant eu pour conséquence une réaction des partisans de l'empire autoritaire, Ollivier, le 9 août 1870, fut contraint de démissionner. Après trois ans d'exil en Italie, il regagna la France et tenta sans succès de rentrer dans l'arène politique. Il mena dès lors, comme écrivain et journaliste, une existence des plus actives, publiant de nombreux articles et opuscules, consacrés le plus souvent à des problèmes politiques. On lui doit notamment : *L'Église et l'État au concile du Vatican* (1879), *Le pape est-il libre à Rome ?* (1882), *1789 et 1889* (1889), *Solutions politiques et sociales* (1894) et l'intéressante série d'études, récits et souvenirs recueillis dans les dix-sept volumes de *L'Empire libéral* (*) (1894-1901). Deux autres ouvrages : *Démocratie et Liberté* (1867) et *Le 19 janvier* (1868) sont une relation des événements qui précédèrent son arrivée au pouvoir. Il avait été élu en 1870 membre de l'Académie française.

RÉF. : A. Berthezène, *Histoire de la guerre de 1870... Le Ministère Ollivier,* Paris, 1897. – S. Brase, *Émile Olliviers' Memoiren und die Entstehung des Krieges von 1870,* Berlin, 1911. – S. Norel, *Un grand méconnu : Émile Ollivier,* Toulon, 1937. – P. St-Marc, *Émile Ollivier,* Paris, 1950.

OLSON Charles. Poète américain né à Worcester, dans le Massachusetts, le 27 décembre 1910, mort à New York le 10 janvier 1970. Charles Olson est issu d'une famille d'origine suédoise de la Nouvelle-Angleterre. Après des études supérieures dans le Connecticut, à la Wesleyan University et à Yale, puis à Harvard, et un début de carrière dans l'enseignement universitaire, il a été l'un des principaux animateurs du *Black Mountain College,* de 1948 à 1956. Cette sorte de phalanstère artistique situé en Caroline du Nord a dû fermer ses portes pour des raisons financières, mais a vu passer l'essentiel des grands créateurs de l'époque dans des domaines très différents. Ce lieu d'expérimentation artistique a été fréquenté, côté poésie, par Robert Duncan et Denise Levertov, notamment, par John Cage, Merce Cunningham et Willem de Kooning dans d'autres domaines. Charles Olson dirigea l'établissement de 1951 à 1956, dans un esprit d'ouverture favorable à l'éclosion des arts d'avant-garde.

Le premier livre d'Olson est consacré à Melville. Il s'agit de *Appelez-moi Ishmael* (*). C'est une étude plus prophétique et viscérale que critique du grand romancier du XIXe siècle, publiée en 1947, qui est encore de nos jours un document essentiel sur la Renaissance américaine et sur les valeurs littéraires de l'immédiat après-guerre. La lucidité y voisine avec la plus parfaite subjectivité, et c'est là l'intérêt essentiel de l'ouvrage.

Avec la publication en 1950 d'un essai intitulé « Le Vers projectif » [Projective Verse], Charles Olson devient le porte-parole de toute une génération de poètes américains, à l'heure du mouvement dit de la « Renaissance de San Francisco », mené notamment par Robert Duncan et Jack Spicer. Dans ce texte bref, Charles Olson énonce des principes. Tout d'abord, il reconnaît la primauté de la voix, souhaitant que l'écriture soit animée de l'intérieur par le mouvement de la parole. Ceci ne pouvait que contenter des cohortes de poètes, en raison des facilités promises par un tel principe. Ensuite, Olson crée le concept de « composition en surfaces » [Composition by field], disant en somme qu'il faut regrouper des unités de sens et aller de l'une à la suivante pour composer un poème. Après avoir donné toute latitude au créateur, comme semble l'indiquer la foi en la réussite artistique qu'apporte la langue parlée, Olson, confusément, prône un début de méthode, et oppose un art de composer à l'inspiration libre caractéristique de l'intervention de la parole dans la poésie.

Charles Olson a été l'homme d'une œuvre unique aux mille ramifications, *Maximus amant du monde* (*), qui se présente comme une somme poétique dont l'inspiration est proche des *Cantos* (*) d'Ezra Pound. Il a fallu attendre 1983 pour disposer d'une édition complète de cet ensemble de textes. Olson met en pratique les principes précédemment énoncés. La voix est présente, et les surfaces poétiques, posées sur la page blanche comme la matière picturale du peintre, se détachent et s'assemblent malgré tout, par un réseau de correspondances sémantiques qui exigent une participation active du lecteur. Ce long texte de la poésie américaine contemporaine ne cesse de fasciner, et il se présente comme le terrain de chasse favori de la critique théorique la plus actuelle, en particulier les émules de Paul de Man. Charles Olson nous laisse également un petit livre de souvenirs merveilleusement écrits, *Le Bureau de poste ; souvenirs d'un père* (*), qui raconte son enfance de fils d'employé des postes en Nouvelle-Angleterre, avant la guerre. Ce récit rappelle qu'on ne peut pas être poète sans bénéficier d'une grande sensibilité personnelle.

ALAIN SUBERCHICOT.

OLSSON Hagar. Critique et romancière finlandaise d'expression suédoise. Née le 16 septembre 1893 à Gustavs, morte le 21 février 1978 à Helsinki. Son père était pasteur ; elle passa sa première enfance dans l'île d'Åland, son adolescence en Carélie et fit des études d'abord commerciales, puis universitaires à Helsinki (1915-1916). Ses premiers romans, *Lars Thorman et la mort* [*Lars Thorman och döden,* 1916] et *La Femme et la Grâce* [*Kvinnan och nåden,* 1919], expressionnistes, montrent l'influence de Lagerkvist. Après plusieurs autres romans paraissent *Chitambo* (*) (1933) et finalement *Le Sculpteur sur bois et la Mort* (*) (1940) suivi de l'essai autobiographique *Je vis* [*Jag lever,* 1948]. Elle a également écrit des pièces de théâtre comme *S.O.S.* (1928) et *Le Brigand et la Vierge* [*Rövaren och jungfrun,* 1944]. Mais c'est en tant que critique qu'elle a joué un rôle capital, par ses écrits et par son amitié avec Edith Södergran – que reflètent *Les Lettres d'Edith* [*Ediths brev,* 1955]. Entrée comme critique au journal *Dagens Press* dès 1918, elle se fit la propagandiste des « modernistes » et l'introductrice de la nouvelle littérature internationale.

ONDREJOV L'udo (pseud. de L'udovít Mistrík). Romancier, conteur et poète slovaque. Né le 19 octobre 1901 à Slanje pri Varaždinĕ (Croatie), mort le 18 mars 1962 à Kostiviarska. Sa vie et son œuvre sont marquées pour toujours par la montagne de sa Slovaquie centrale, où il participe à l'insurrection nationale de 1944. Relativement tard, il se fait connaître par ses poésies de tendance « ruraliste » au sens social certain et empreintes de mélancolie : *Martin Nociar Jakubovie* (1932), *Sans retour* [*Bez návratu,* 1932], *Illusions* [*Mámenie,* 1936] et *Chansons à boire* [*Pijanské piesne,* 1941]. Il a plus de succès avec ses livres pour la jeunesse bâtis sur un double thème – la vie des montagnards et les contrées exotiques : *Contes de la montagne* [*Rozprávky z hôr*], *L'Homme et le Cheval* [*Clovek a kôň*], *Carnet d'Afrique* [*Africký zápisnik,* 1936], *À travers les montagnes de Sumatra* [*Horami Sumatry,* 1936], etc. Sa véritable importance littéraire et sa popularité, qui ne se démentent pas, résident cependant dans la création d'un courant spécifique, typique de la littérature slovaque des années 30 et 40, la « prose lyrique », inspirée apparemment de Giono et de Ramuz – et dont on peut également citer comme adeptes Margita Figuli, Dobroslav Chrobák (1907-1951) et František Svantner (1912-1950). Les tenants de ce mouvement choisissent comme « héros » des hommes taillés tout d'une pièce, durs, violents, mais purs, droits et humains – le plus souvent des montagnards. Pour mettre en relief de telles figures et pour atteindre un style épique et puissant, ils utilisent certains moyens expressifs du lyrisme. Il en va ainsi dans la trilogie romanesque d'Ondrejov, *La Jeunesse insurgée* (*) (1936), *Jerguš Lapin* (+) (1938) et *Tes étoiles sont sur terre* (+) (1950), regroupée sous le titre *Le soleil s'est levé sur la montagne* [*Slnko vystúpilo nad hory*]. Dans les dernières années de sa vie, malade, Ondrejov écrit encore des récits réunis sous le titre *Le Champ des potences* [*Sibeničné pole*].

O'NEILL Eugene Gladstone. Dramaturge américain. Né à New York le 16 octobre 1888, mort à Boston le 27 novembre 1953. Sa jeunesse aventureuse lui fournit les expériences qu'il utilisa dans ses premières œuvres. Son père était un Irlandais émigré aux États-Unis où il se fit un nom comme acteur et comme directeur de théâtre. O'Neill suivit son père dans ses tournées jusqu'à l'âge de sept ans ; il suivit ensuite les cours de diverses écoles, surtout catholiques, et s'inscrivit, en 1906, à l'université de Princeton qu'il abandonna au bout d'un an pour devenir employé à New York, puis il quitta sa place pour se joindre à une expédition qui allait prospecter des gisements aurifères dans le Honduras espagnol. Il revint dans sa patrie sans avoir rien trouvé, devint alors vice-directeur d'une compagnie dramatique qui parcourait les États-Unis puis, ayant entendu l'appel de la mer, s'embarqua sur un voilier norvégien qui levait l'ancre de Boston pour Buenos Aires. Il s'essaya là à divers emplois mais, vite repris par son goût pour la mer, il s'engagea comme simple marin sur un bateau anglais qui faisait l'aller-retour Buenos Aires-Durban. Son troisième voyage le conduisit de Buenos Aires à New York où il obtint une place sur un transatlantique américain de la ligne New York-Southampton. À son retour il entra comme acteur dans la compagnie de son père et fit une tournée dans le Far West ; enfin il passa de la scène à la rédaction du *Telegraph*, modeste journal de New London dans le Connecticut, en qualité de rédacteur à tout faire. On lui découvrit peu après un début de tuberculose et il dut demeurer six mois dans un sanatorium entre 1912 et 1913. Il en sortit physiquement guéri et décidé à écrire pour le théâtre.

Il composa ses premières œuvres dramatiques en un acte dans l'atmosphère enthousiaste de Greenwich Village, et un groupe de jeunes acteurs les représenta à Princeton dans le Massachusetts où il s'était rendu. Ces Princeton Players se transportèrent à New York et offrirent à O'Neill un débouché à son abondante production qui compte plus de quarante titres dans ses œuvres complètes. Ses premières pièces en un acte sont : *La Lune des Caraïbes* [*The Moon of the Caribbees*], *En route vers Cardiff* [*Bound East for Cardiff*], *Le Long Retour* [*The Long Voyage Home*, un volume, 1923], etc., qui utilisent d'une manière directe ses expériences maritimes. Ce sont plus des études de caractères que de vrais drames, et l'influence de G. B. Shaw et de J. M. Synge y est évidente. *Derrière l'horizon* [*Beyond the Horizon*, 1920], qui esquisse déjà la contradiction entre nature et destin, fut sa première œuvre longue et son premier grand succès sur les scènes de Broadway. Il passa la même année à l'expérience expressionniste avec *L'Empereur Jones* (*) et *Le Singe velu* (*) (1922). Mais O'Neill, se débarrassant de l'influence de Wedekind et de quelques autres, parmi lesquelles celle d'Ibsen, ne s'est explicitement reconnu comme maîtres que Nietzsche et Strindberg. Le fatalisme qu'il avait déjà exprimé dans *Anna Christie* (1921) le conduisit vers une forme de théâtre expérimental nourrie par les diverses doctrines nouvelles avec lesquelles il entrait en contact. *Désir sous les ormes* [*Desire under the Elms*, 1924] témoigne de l'influence de la psychanalyse, et si dans *Le Grand Dieu Brown* [*The Great God Brown*, 1926] l'emploi de masques symboliques montre encore une vive influence de l'expressionnisme, *L'Étrange Intermède* (*) (1928) et *Dynamo* (1929) s'efforcent de rendre le flux continu de la conscience, les frustrations, les complexes et autres éléments psychanalytiques, en recourant à la pensée parlée (subtil développement de l'ancien « a parte ») et au drame-fleuve en neuf actes. *Tous les enfants du bon Dieu ont des ailes* [*All God's Chillun Got Wings*, 1924], un de ses drames les plus naturels et les plus émouvants, inspiré par la défense des Noirs, marque une parenthèse dans cette période expérimentale. *Le deuil sied à Électre* (*), drame en trois tableaux et treize actes, qui est l'une de ses œuvres les plus engagées sinon la plus réussie, montre, mis à part le travestissement moderne et psychanalytique du mythe classique, que la faute à expier n'est pas l'offense faite à une divinité mais la violation de la morale sociale, et identifie ainsi le Destin avec la société. Nous trouvons dans *Jours sans fin* [*Days Without End*, 1934] un protagoniste attiré irrésistiblement vers le catholicisme ; *Le marchand de glace est passé* [*The Iceman Cometh*, 1946] exprime symboliquement la perte des illusions et l'approche de la mort. Cette même année, O'Neill fut atteint de la maladie de Parkinson, qui mit pratiquement fin à son activité.

Il avait écrit, en 1940, un drame autobiographique : *Long voyage vers la nuit* (*) qui, selon son expresse volonté, n'a été publié et représenté qu'après sa mort. Les pénibles épreuves supportées par sa famille forment ici le substrat de la fiction dramatique. Dans cette œuvre douloureuse et émouvante, O'Neill se montre conscient que le Destin est au-dedans et non au-dehors de nous-mêmes. C'est peut-être d'avoir constaté que lui seul, de toute sa famille, a réussi à se délivrer et à se sauver, grâce à son œuvre d'écrivain, qui l'a conduit à cette connaissance ; on ne serait, cependant, pas très loin de la vérité en disant que son fatalisme pessimiste est un reflet de cette doctrine calviniste de la prédestination que le puritanisme, jamais éteint dans la conscience américaine, a perpétué depuis le temps des Pères Pèlerins du Mayflower. Dans son ensemble, l'œuvre de O'Neill demeure inégale de par son caractère expérimental dû à un tempérament fondamentalement poétique qui a souvent cherché à s'exprimer, dans la forme dramatique, en la violentant jusqu'à la briser. Ce tempérament poétique imprègne néanmoins les drames de O'Neill d'une humanité et d'une pensée qui font de lui le plus grand des dramaturges des États-Unis, l'initiateur d'un vrai théâtre américain, le premier qui, en Amérique, ait atteint une résonance internationale qui fut confirmée, en 1936, par le prix Nobel.

SALVATORE ROSATI.

♦ *« Si je devais donner un même titre à toute l'œuvre de Eugène O'Neill, je l'appellerais :* L'Enfer est en nous. *Le rôle du théâtre tragique est de créer des mythes où nous devons nous reconnaître. Il a créé de nouveaux mythes – plus intérieurs : l'Œdipe ou l'Électre que nous rencontrons dans la rue, ou plus près encore, dans nos pensées de la nuit. »* Jean Prévost.

♦ *« Ce visionnaire disposait pleinement des deux pouvoirs essentiels du dramaturge : créer une fascination, faire vivre des personnages par rapport à une fatalité. Son théâtre est celui de la fin d'un monde, mais c'est un monde.* » Michel Zéraffa.

RÉF. : Biographie : Michel Zeraffa, *O'Neill*, Paris, 1953. – Arthur et Barbara Gelbs, *O'Neill*, nouv. éd. augmentée, New York, 1973. – Louis Sheaffer, *O'Neill : Son and Artist*, Boston, 1973.
Bibliographie : Jennifer McCabe Atkinson, *Eugene O'Neill : A Descriptive Bibliography*, Pittsburgh, 1974.
Critique : Leonard Chabrow, *Ritual and Pathos : The Theatre of O'Neill*, Cranbury (N.J.), 1976. – Jean Chothia, *Forging a Language : A Study of the Plays of Eugene O'Neill*, Cambridge (G.B.), 1979. – Michael Mannheim, *Eugene O'Neill's New Language of Kinship*, Syracuse (N.Y.), 1982.

ONETTI Juan Carlos. Écrivain uruguayen. Né à Montevideo le 1er juillet 1909. Descendant d'Italiens, il est un de ces exilés européens qui, comme tant de personnages de ses romans, ont essayé en vain de planter des racines dans le cône sud. Fils d'un modeste inspecteur des douanes et d'une Brésilienne née Borges — ce qui lui donne un lien de parenté avec Jorge Luis —, il abandonne rapidement ses études secondaires et commence sa formation d'autodidacte par toutes sortes de lectures : *Fantomas* (*), Knut Hamsun, Balzac, Proust, Barbusse, Céline et Faulkner, parmi beaucoup d'autres, sans oublier Simenon. Il exerce des métiers divers jusqu'à devenir, en 1939, rédacteur en chef de la prestigieuse revue uruguayenne *Marcha*. Onetti est très représentatif de cette « génération perdue » d'écrivains latino-américains qui, autour des années 40, vivaient une sorte de désenchantement nihiliste face aux dictatures d'Amérique latine et à la corruption générale qui les soutenait. Cependant, il serait vain de chercher dans son œuvre un engagement politique lié aux conflits de son temps. En 1943, la guerre d'Espagne lui sert seulement de toile de fond *(Une nuit de chien)* pour condamner la violence, d'où qu'elle vienne. Si Onetti a partagé le plus clair de sa vie entre Montevideo et Buenos Aires, ni l'une ni l'autre ne servent de cadre à ses romans. Pour cela il édifia Santa María, ville imaginaire à mi-chemin entre les deux capitales, où se rencontrent des êtres déchus, fils d'émigrants qui ne sont plus européens sans être tout à fait américains. D'un livre à l'autre, dans le même univers glauque de Santa María, les notables, les miséreux, les prostituées, tout un monde interlope s'agite, échafaude des rêves perdus d'avance, rongés par le temps et la médiocrité. Lorsque Onetti publie, en 1933, sa première nouvelle, *Avenue de Mai-Diagonale-Avenue de Mai* [*Avenida de Mayo-Diagonal-Avenida de Mayo*], ce qui deviendra la constante de son œuvre à venir est déjà en place : la ville moderne comme décor où évoluent des personnages venus d'ailleurs, en quête d'identité, la perversion et le détournement radical du réel par l'imaginaire. Mais ce sera un court roman violent et iconoclaste, *Le Puits* [*El pozo*], tiré à cinq cents exemplaires, qui témoignera, en 1939, d'une volonté de remettre en cause une littérature tournée vers le baroque et le merveilleux. Loin des fleuves profonds, des forêts amazoniennes, Eladio Linacero, l'antihéros, véritable paria spirituel, est une victime de la nouvelle métropole. Il rejette les valeurs dominantes de cette civilisation et cherche son propre salut en se glissant dans les interstices qu'elle met à sa disposition. Telle est l'éthique de l'œuvre d'Onetti, aussi bien dans *Le Chantier* (*) que dans *Ramasse-Vioques* (*) ou *La Vie brève* (*), les trois romans qui composent la grande saga de Santa María.

La violence, les passions se diluent dans la grisaille, deviennent de simples faits divers : c'est une femme qui loue tout un théâtre pour mettre en scène un épisode insignifiant qu'elle a rêvé et qui meurt comblée sur les planches (« Un rêve réalisé ») ; c'est une veuve avant le mariage qui portera toute la vie durant sa robe de noces (« La Fiancée volée ») ; c'est le champion de catch au bout du rouleau (« Jacob et l'Autre »), quelques titres parmi les douze qui composent son recueil de nouvelles *Les Bas-Fonds du rêve*. Paradis perdu de l'enfance, sentiment de la faute et expiation par la mort, telle est l'obsession primordiale de ce romancier, ainsi que le thème de l'amour, toujours sans amour et qui débouche sur la haine, la vengeance, les trahisons. Ce n'est donc pas un sentiment de sympathie qui provoque l'adhésion du lecteur mais la voix de l'écrivain. Près de l'écriture automatique des surréalistes, la phrase est souvent longue, un peu exsangue, marquée par la syncope et les silences. Sa démarche consiste à accueillir toute image surgie de sa plume, sans aucun respect pour la syntaxe. Parfois le narrateur et l'auteur sont deux voix distinctes qui se fuient, se mêlent, se chevauchent et qui entraînent le récit — v. *Les Adieux* (*).

Inclassable, insensible aux phénomènes de mode, meurtri par un séjour dans les geôles militaires de son pays, Onetti est installé à Madrid depuis 1974. Il a reçu en 1980 le prix Cervantès, la plus haute distinction des lettres en langue espagnole. Son influence ne cesse de grandir, tant en Espagne qu'en Amérique latine.

RAMON CHAO.

RÉF. : F. Aínsa, *Las trampas de Onetti*, Montevideo, 1970. – J. Ruffinelli, *Onetti*, Montevideo, 1973. – M. Frankenthaler, *Juan Carlos Onetti : La salvación por la forma*, New York, 1977. – D. Kadir, *Juan Carlos Onetti*, Boston, 1977. – J. Ludmer, *Los procesos de construcción del relato*, Buenos Aires, 1977. – O. Prego et M. A. Petit, *Juan Carlos Onetti o la salvación por la escritura*, Alcobendas (Madrid), 1981. – J. M. Molina, *La dialéctica de la identidad en la obra de Juan Carlos Onetti*, 1982. – M. Millington, *Reading Onetti : language, narrative, and the subject*, Liverpool, 1985. – M. C. Milián-Silveira, *El pimer Onetti y sus contextos*, Madrid, 1986. – E. Andreoli-Ralle, *Juan Carlos Onetti : la plume et le puits*, Paris, 1987. – R. Chao, *Onetti*, Paris, 1990.

ÔOKA Shôhei. Romancier japonais. Né le 6 mars 1909 à Tôkyô et mort le 25 décembre 1988, dans la même ville. Après des études de littérature française à l'université de Kyôto, il se consacre jusqu'à la guerre à la traduction et à la critique stendhaliennes. Puis il est mobilisé (1944) et envoyé aux Philippines, où il est bientôt fait prisonnier par les Américains. De cette expérience naîtront successivement après guerre un récit autobiographique à la sobriété toute stendhalienne, *Le Journal d'un prisonnier* (+) (1948), ainsi qu'un roman d'une insoutenable perfection, *Les Feux* (*) (1951), qui demeure vraisemblablement le chef-d'œuvre de cette « littérature de guerre » inspirée par le conflit aux écrivains japonais. Entre-temps il aura publié un roman d'analyse placé sous les auspices conjoints de Stendhal et de Radiguet, *La Dame de Musashino* [*Musashino Fujin*, 1950], et il obtient en 1959 l'important prix Mainichi pour *L'Ombre des fleurs* [*Kaei*].

OPATOSHU Joseph (pseud. de Joseph Meir Opatovski). Romancier et nouvelliste américain d'expression yiddish. Né à Mlave (Pologne) le 24 décembre 1886 et mort à New York le 7 octobre 1954. L'auteur gardera de son enfance dans la forêt polonaise un amour profond pour la nature et le folklore slave. Par son père, il est enraciné dans l'histoire prestigieuse du hassidisme, par sa mère, dans une longue lignée de Juifs liés à la terre et à la forêt. Son père est un érudit, partisan de l'émancipation qui s'occupe de commerce de bois et écrit des poèmes en hébreu. C'est lui qui fait l'éducation religieuse de son fils, le confiant par ailleurs à l'école russe jusqu'à l'âge de 12 ans et l'envoyant ensuite à Varsovie dans une école de commerce. Le jeune homme fait des études d'ingénieur à Nancy, en France, avant de gagner l'Amérique en 1907, où il retrouve son père, non sans avoir auparavant obtenu de Peretz, à Varsovie, la traditionnelle approbation à sa carrière d'écrivain.

Il débute en Amérique, où il participe au mouvement d'avant-garde poétique des « Yunge », publiant dans leurs revues ses premiers textes, consacrés aux bas-fonds des bourgades juives polonaises ou des quartiers ethniques de New York : « De l'autre côté du pont » [Oyf iener zayt brik, 1910], sa première nouvelle, *Le Roman d'un voleur de chevaux* [*Der roman fun a ferd-ganev*, 1912] qui le rend immédiatement célèbre, *Dans le ghetto new-yorkais* [*Fun Niu-Yorker geto*, 1914]. Cette même année commence également sa collaboration littéraire au *Tog*, quotidien yiddish libéral, à tendance sioniste, dont il sera le collaborateur permanent sa vie entière. C'est en 1921 qu'il publie son roman le plus célèbre, *Dans les forêts de Pologne* (*), retraçant le déclin du hassidisme polonais avant l'insurrection de 1863. Il devient dès lors le maître du roman historique, évoquant aussi bien le judaïsme polonais (*1863*, suite du précédent, publié en 1926) que celui du Moyen Âge allemand : *Un jour à Regensburg* [*A Tog in Regensburg*, publié en 1933] ; ou de l'Antiquité : *La Dernière Révolte* [*Der letster Oyfshtand*], et *Rabbi Akiba*, publiés en 1948. Mais c'est dans ses nombreux recueils de nouvelles (publiés entre autres aux éditions Kletskin à Wilno) et dans un roman « américain » comme *La Danseuse* [*Di Tentserin*, 1930] qu'il excelle à trouver un style sobre et frappant, conciliant l'observation de la réalité contemporaine avec la peinture tourmentée des destins individuels.

Après avoir été l'un des porte-parole les plus écoutés de la littérature yiddish, dont il défend le destin précaire lors des congrès mondiaux de la culture, ou des séances internationales du Pen Club, au moment où la menace nazie n'est pas encore perçue dans toute son ampleur, et s'être fait le chantre du yiddish, pour lui langue culturelle du judaïsme au même titre que l'hébreu, il meurt à New York en 1954 et est enterré aux côtés des grands « ancêtres » de la littérature yiddish, Sholem Aleykhem, Yehoash, et Jacob Gordin.

Empruntant à *La Kabbale* (*) sa conception quasi mystique du langage, il glorifie l'instinct sexuel avec une force rare dans la littérature yiddish.

CAROLE KSIAZENICER.

RÉF. : N. Meisel, *Joseph Opatoshu, his Life and Works*, Varsovie, 1937.

OPITZ Martin. Écrivain et poète allemand. Né le 23 décembre 1597 à Bunzlau (Silésie), mort le 20 août 1639 à Dantzig. Fils d'un maître boucher, il fit ses études d'abord au Magdalenäum de Breslau, puis au Gymnase de Beuthen, où il se révéla un latiniste et un érudit de talent, et à Francfort-sur-l'Oder, où il publia ses premières odes et ses premiers sonnets ; il partit ensuite pour Heidelberg, y suivit quelque temps le cours de la faculté, et devint précepteur des fils du conseiller palatin Lingelsheim. La guerre l'obligea à se réfugier en Hollande (1620), où il se lia d'amitié avec Daniel Heinsius, et, en 1621, il partit pour le Jutland. La même année le prince de Transylvanie, Bethen Gabor, lui offrit la chaire de philosophie et des beaux-arts à l'École supérieure de Wissembourg. En 1623, il était à la cour de Liegnitz, où il écrivit en cinq jours son *Livre de la poésie allemande* (*) (1624), qui fut en Allemagne l'art poétique de base jusqu'à la période classique. Il mena ensuite une existence instable, errante et parfois misérable ; cependant il trouva toujours quelque prince pour le sortir de ses mauvais pas. En 1625, il fut couronné poète par l'empereur Ferdinand II à Vienne ; en 1626, il entra comme secrétaire au service du burgrave Charles Hannibal Ier de Dohna, président de la chambre impériale de Breslau, qui en fit le chef de la chancellerie privée de cette ville.

Bien qu'Opitz fût protestant et le prince un catholique acharné dans la poursuite des luthériens, l'écrivain sut s'entendre avec lui, et servit fidèlement son protecteur jusqu'à la mort de celui-ci (1633).

Entre-temps Opitz fut anobli et prit le nom de von Boberfeld (1627) ; en 1629, il fut élu membre de la « Fruchtbringende Gesellschaft ». En 1630, lors d'un séjour à Paris, il fit la connaissance de Hugo Grotius. Entré au service diplomatique des ducs de Liegnitz et de Brieg en 1633, puis de la Suisse, il mena de nouveau une existence incertaine jusqu'à ce que (1636) le roi Ladislas IV de Pologne le nommât historiographe de la cour à Dantzig, où il mourut de la peste.

L'influence d'Opitz sur le développement de la littérature allemande du XVIIe siècle fut très importante, et il joua un rôle essentiel et déterminant pour l'unification de la langue allemande. Son premier grand écrit théorique date déjà de son temps d'étudiant : *Aristarque ou du mépris de la langue allemande* (+) (1617). Cependant son grand œuvre sera son *Livre de la poésie allemande.* La règle principale en était que le vers allemand, au contraire du vers roman dans lequel les syllabes étaient seulement comptées et non mesurées, exigeait une alternance régulière entre les syllabes accentuées et inaccentuées ; c'est-à-dire qu'Opitz détermina le rythme par l'accentuation et non par la quantité. Sa systématisation poétique comptait déjà des prédécesseurs tels Heinsius, Scaliger, Ronsard, et en Allemagne même Ernest Schwabe, qu'il cite constamment mais dont l'œuvre ne nous est point parvenue. Ses errances à travers la guerre de Trente Ans lui inspirèrent en outre ses *Poèmes de consolation dans les revers de la guerre* [*Trost-Gedichte in Widerwartigkeit des Krieges*, 1633] et son *Éloge de la vie de camp* [*Lob des Feldlebens*, 1623]. Opitz est aussi l'auteur du texte du premier opéra allemand, *Daphné* (*) (1627), de Heinrich Schütz, dont la partition fut détruite dans un incendie en 1760 ; Opitz composa également une tragédie, *Judith* (+) (1635) et une *Pastorale de la nymphe Hercynie* (1630).

FRANÇOIS SÉGURET.

♦ *« Il ne s'est servi des mots allemands que pour traduire en une forme poétique, et non pour le peuple, mais pour les nobles et les richesses de privilégiés, les produits de son érudition. »* Hoffmann von Fallersleben.

RÉF. : Friedrich Gundolf, *M. Opitz*, Munich-Leipzig, 1923. – André Moret, *Le Lyrisme allemand au XVIIe siècle*, Paris, 1935. – J. B. Birrer, *Die Beurteilung von M. Opitz in der deutschen Literaturgeschichte*, Fribourg, 1940. – Ursula Bach, *Die Sprachbehandlung Opitzens in seiner Theorie und Praxis*, Halle, 1949. – M. Szyrocki, *Martin Opitz*, Munich, 1974. – R. D. Hacken, *M. O. Studien zu Werk und Person*, Amsterdam, 1982.

OPPEN George. Poète américain. Né le 24 avril 1908 à New Rochelle, New York, mort en 1984 à Sunnyvale, Californie. La carrière poétique de George Oppen tranche sur la scène littéraire américaine, à la fois par son exigence et par son extrême discrétion. En effet, après des débuts prometteurs qui le virent – alors installé en France – publier William Carlos Williams et Ezra Pound, participer avec Louis Zukofsky au mouvement « objectiviste », et écrire son premier recueil de poèmes, *Série discontinue* (*), Oppen – de retour aux États-Unis – décida en 1935 d'abandonner la littérature et de travailler avec sa femme Mary pour le parti communiste comme organisateur de l'union des travailleurs de Brooklyn. Après la guerre, il occupa divers emplois manuels puis dut fuir au Mexique (1950) pour échapper au F.B.I. Ce n'est qu'en 1962 qu'il retrouva sa plume pour donner *Les Matériaux* [*The Materials*], et publier par la suite quatre autres recueils dont la perfection justifie sa réputation et son influence croissantes.

Les traits significatifs du style de George Oppen y sont en effet exaltés : réflexion aiguë sur l'art poétique, préférence pour le fragment aphoristique, netteté de l'image que découpe le silex des mots (« la joie pure / Du fait minéral »), attention si intense prêtée aux objets que le poème lui-même en acquiert une compacité objectale – v. *Ce en quoi* (*) –, honnêteté totale du sentiment alliée à une grande rigueur morale.

C'est d'ailleurs dans la perspective de ces deux dernières caractéristiques que l'interruption de la carrière poétique d'Oppen gagne rétrospectivement tout son sens : celui d'un bain nécessaire dans le réel, qui lui en fit éprouver la matière et la pluralité – *D'être en multitude* [*Of Being Numerous*, 1968, prix Pulitzer 1969] –, et lui évita de rester « Ce cœur sans élégance / Qui ne peut saisir / Le monde / Et fait de l'art ». Par cette patiente confrontation, chacun des poèmes d'Oppen se place naturellement et complètement dans ce qu'Yves Bonnefoy appelle le « vrai lieu », celui où les mots épousent si parfaitement la forme du monde qu'ils en deviennent la demeure inévitable.

En posant son regard si lucide sur les choses (« Je n'ai jamais eu d'autre motif poétique / Que d'atteindre la clarté », écrit-il), George Oppen a su nous rendre présents au monde.

ANTOINE CAZÉ.

RÉF. : *George Oppen, Man and Poet*, éd. par Burton Hatlen, Orono, 1981.

OPPIEN de Cilicie. Poète grec. Oppien vécut, en Cilicie, vers la fin du IIe siècle de notre ère. Les témoignages anciens s'entendent à situer son acmé durant le règne de Marc Aurèle (161-180), en qui il faut reconnaître l'Antonin à qui il dédie son poème des *Halieutiques* (*). Une notice biographique, plutôt douteuse mais dont tout ne doit pas être rejeté, laisse entendre que, après avoir accompagné son père en exil, il serait venu à Rome réciter sa poésie et l'empereur lui aurait accordé une monnaie d'or pour chacun de ses vers. Quoi qu'il en soit du bien-fondé de cette anecdote, elle semble confirmer qu'Oppien fut rapidement reconnu, par les Anciens, comme un poète digne d'intérêt. Athénée est l'un des premiers à le citer et des inscriptions signalent qu'on l'enseignait dans les écoles.

Les Halieutiques sont l'unique œuvre d'Oppien qui nous soit conservée. Épopée didactique hexamétrique en cinq livres, *Les Halieutiques* sont consacrées au monde de la pêche et recensent largement plus d'une centaine d'espèces de poissons. Au pouvoir visionnaire de l'aède des temps homériques s'est substituée la compétence scientifique du poète naturaliste qui sait nommer et classer les innombrables espèces de poissons. Oppien s'inscrit ainsi dans la longue tradition de la poésie à caractère didactique et scientifique qui remonte à Hésiode et à laquelle Aristote, avec ses travaux sur les animaux, avait ouvert de nouvelles voies déjà exploitées par un Nicandre.

DAVID BOUVIER.

OPPIEN de Syrie. Poète grec du IIIe siècle ap. J.-C. Oppien de Syrie est l'une des nombreuses figures énigmatiques de la littérature grecque. Son nom semble avoir été usurpé à l'Oppien de Cilicie qu'il a imité fidèlement pour écrire sa *Cynégétique* (*) ou *Traité de la chasse*, un poème qui est à l'art de la chasse ce que *Les Halieutiques* (*) sont à l'art de la pêche. Dès le ve siècle de notre ère, cette œuvre était recopiée dans les manuscrits à la suite des *Halieutiques*, sans indication particulière du nom de son auteur, si bien qu'on ne tarda pas à attribuer le poème à Oppien de Cilicie. En 1776 seulement, le philologue Schneider relevait toute une série de points qui interdisait l'attribution des deux épopées à un poète commun. Depuis lors, l'étude de la langue et de la métrique a confirmé cette thèse et l'on distingue donc Oppien de Cilicie, auteur des *Halieutiques*, d'Oppien de Syrie, auteur de *La Cynégétique*.

La Cynégétique est dédiée à l'empereur Caracalla, ce qui permet de risquer, pour sa composition, la date précise de 215, année où Caracalla serait venu séjourner en Syrie. Le premier livre de ce poème didactique donne des informations sur les chevaux et les chiens que le chasseur devra se choisir. Les trois livres suivants sont dédiés à la chasse des animaux sauvages.

DAVID BOUVIER.

ORDERIC VITAL [Ordericus Vitalis]. Historien anglo-normand né aux environs de Shrewburry le 16 février 1075, mort probablement au monastère de Saint-Evroult, en Normandie, vers 1142. Son père, Odelerius, qui avait pris part à la conquête de l'Angleterre et avait obtenu un domaine près de Shrewburry, le destinait à la vie ecclésiastique. Il l'envoya, en 1085, au monastère de Saint-Evroult où Orderic fut reçu moine le jour de la Saint-Vital. Il changea alors son nom d'origine saxonne contre celui de ce saint. Ses supérieurs le chargèrent d'écrire l'histoire du monastère mais, amplifiant son plan primitif, il en vint peu à peu à tenter d'écrire l'histoire du monde depuis la prédication de l'Évangile. Les meilleures parties de son ouvrage, *Histoire ecclésiastique* (+), sont les quatrième et cinquième livres qui rapportent l'histoire de la conquête de l'Angleterre, les expéditions normandes en Italie, la première croisade et la vie de Robert de Normandie et d'Henri Ier. Orderic disposait de bonnes sources d'informations, car nombre de chevaliers qui avaient été les compagnons de Guillaume le Conquérant étaient venus finir leurs jours à Saint-Evroult. Son œuvre est un fatras de faits assemblés sans beaucoup d'art, mais c'est aussi une mine très précieuse de renseignements sur son époque.

RÉF. : *Orderic Vital et l'abbaye de Saint-Evroult, notices et travaux publiés en l'honneur de l'historien normand...*, Alençon, 1912. – L. Musset, « L'horizon géographique, moral et intellectuel d'Orderic Vital, historien anglo-normand », in *La Chronique et l'histoire au Moyen Âge*, éd. par D. Poiriou, Paris, 1984.

ORENS ou Orientius, saint. Poète latin de la première moitié du ve siècle. Selon toute probabilité il doit être identifié à son homonyme, évêque d'Auch qui, en 439, fut chargé par Théodoric Ier, roi des Wisigoths, de se mettre en relation avec les généraux romains Aetius et Littorius. En plus de différentes brèves compositions sur *La Naissance du Seigneur* (+), sur les noms du Christ – *Épithètes de Notre-Seigneur et Sauveur* (+), *Explications des noms du Seigneur* (+) –, sur *La Trinité* (+), de *Louange* (+), etc., et de deux sermons, nous possédons de lui – qui ne nous est pas autrement connu – un poème composé de cinq cent dix-huit distiques, intitulé *Commonitorium* (*) où l'influence de Prudence et du *Poème de la Providence* [*Carmen de Providentia*] est très sensible.

RÉF. : Migne, *Patrologie latine*, t. 61, col. 973-1006.

ORESME Nicole. Philosophe et écrivain scientifique français. Né aux environs de 1320 ou 1330 dans le diocèse de Bayeux ; mort à Lisieux, le 11 juillet 1382. On sait qu'il étudiait la théologie à l'université de Paris en 1348. Nommé grand maître du collège de Navarre, à Paris, en 1356, il fut reçu maître en théologie en 1362. Nicole Oresme joua un rôle fort important de conseiller près du roi Charles V, à l'éducation duquel il avait participé alors que ce dernier était encore dauphin. Il fit partie du groupe de politiques qui comprenait également Raoul de Presles et Philippe de Mézières, et qui tentait auprès du roi et sous sa direction de définir les règles de la science du gouvernement. Ce petit cercle tirait ses préceptes surtout d'Aristote dont, sur l'ordre du roi, Oresme entreprit les traductions de la *Morale* et de la *Politique*. Ces conseillers publiaient eux-mêmes des traités ; nous avons ainsi conservé un *Traité de la puissance ecclésiastique et séculière* de Raoul de Presles, un *Songe du vieil pèlerin* dû à Philippe de Mézières, un *Songe du verger* [*Somnium viridarii*], œuvre probablement d'Évrard de Trémaugon, mais la participation de Nicole Oresme est de loin la plus importante ; on sait qu'outre ses traductions il donna un *Livre de politique* (+), un *Livre appelé économique* (+), et un *Traité du commencement et première invention des monnaies* (*) (1366). Mais Oresme était également un savant de premier ordre et ses œuvres les plus importantes sont les écrits en latin et en français qu'il a consacrés à la physique et à l'astronomie, et dans lesquels il se montre parfois un étonnant précurseur. C'est ainsi que, devançant Descartes, Galilée, et Newton, il soutient la loi de la chute des corps, le mouvement diurne de la Terre dans son *De difformitate qualitatum,* dans le *Traictié de l'Espère* [*Traité de la sphère*] et surtout dans son œuvre la plus importante, le *Traité du ciel et du monde* (*) ou *Commentaire aux livres du ciel et du monde* (1377). Dans le *Traité de la latitude des formes,* en latin, il préconise l'emploi des coordonnées. D'un autre point de vue, Nicole Oresme est encore un précurseur, puisqu'il est le premier, près de trois siècles avant Descartes, à s'être servi du français pour composer des traités philosophiques et scientifiques. En 1377, Oresme, qui avait été chanoine à Rouen et à Paris, était nommé évêque de Lisieux ; il mourait cinq ans plus tard, dans sa ville épiscopale.

♦ « [Ses arguments dont] *la clarté et la précision dépassent de beaucoup ce que Copernic a écrit sur le même sujet.* » P. Duhem.

RÉF. : C. Michalski, *La Physique nouvelle et les différents courants philosophiques au* XIVe *siècle,* Cracovie, 1928. – R. Mathieu, *Nicole Oresme, sa vie, ses œuvres,* Paris, 1963 et « Nicole Oresme », dans le *Dictionnaire des Lettres françaises.* I. *Le Moyen Âge,* Paris, 1964, p. 549-552.

ORFF Carl. Compositeur allemand. Né et mort à Munich (10 juillet 1895-29 mars 1982). Son activité se partage entre l'éducation, des travaux de musicologie et la composition proprement dite. Sa méthode d'éducation musicale, la « Schulwerk » ou méthode active, remonte à 1924. Elle est basée sur la découverte de la musique par les enfants au départ de la pratique, et notamment de la rythmique, bien plus que de la théorie, c'est-à-dire du solfège et de l'harmonie. Le succès de cette méthode a été et reste important. Orff a été un des premiers à s'intéresser à l'œuvre de Monteverdi. Nous lui devons trois adaptations de l'*Orfeo* (1925, 1931, 1940), et d'autres œuvres du même maître. Quant à son œuvre de compositeur, nous n'en connaissons qu'une partie, l'auteur ayant volontairement détruit toute sa production antérieure à 1936. Depuis cette date, il s'est livré à la composition d'opéras, ou plutôt, suivant son expression, de « théâtre musical ». Sur ses neuf opéras, les trois plus célèbres ont été regroupés sous le titre collectif de *Trionfi* (*). Il s'agit des *Carmina Burana* (*) (1936), sur des poèmes d'étudiants médiévaux contestataires, des *Catulli Carmina* (*) (1943), sur des poèmes de Catulle, et du *Triomphe d'Aphrodite* (+) (1952), sur des textes de Catulle, Sapho et Euripide. La technique musicale employée par Orff dans ces trois œuvres est étonnamment primitiviste : une répétition incantatoire de textes chantés sur des accords simples, coupés en fragments courts, interrompu parfois par une phrase en solo à caractère mélismatique, répétés sur un rythme dont le tempo va en s'accélérant jusqu'à l'inévitable crescendo final. Le rôle de l'orchestre est réduit à celui d'un énorme instrument de percussion. L'effet dramatique de cette méthode n'est pas niable ; son caractère musical est beaucoup plus discutable. Dans ses œuvres plus récentes, comme *Œdipe le tyran* (1959) d'après Sophocle ou *Prometheus* (1966) d'après Eschyle, Orff semble encore réduire le rôle de la musique pour n'arriver plus qu'à une diction scandée par l'orchestre.

JEAN-FRANÇOIS LABIE.

RÉF. : F. Dangel-Hofmann, *Carl Orff-Michel Hofmann, Briefe zur Entstehung der Carmina Burana,* Tutzing, 1990.

ORHAN KEMAL (ou Reshit Kemal, ou Orhan Reshit, pseud. de Mehmet Rashit Öghütcü). Nouvelliste et romancier turc. Né à Ceyhan le 15 septembre 1914, mort à Sofia (Bulgarie) le 2 juin 1970. La vie du jeune Mehmet Rashit est bouleversée en 1930, et ses études secondaires interrompues, lorsque son père, sénateur, est contraint de s'exiler en Syrie, pour des raisons politiques. L'adolescent passe avec lui quelque temps en Syrie et au Liban, avant d'être autorisé, en 1932, à rentrer en Turquie. Au lieu d'y poursuivre sa scolarité, il continue de mener l'existence vagabonde à laquelle il est habitué, et qu'il décrit dans ses premières nouvelles semi-autobiographiques. La critique sociale radicale qu'il exprime bientôt lui attire les foudres du régime kémaliste : le jeune écrivain est condamné à cinq ans de travaux forcés en 1939. À la prison de Bursa, il fait la connaissance du poète Nazïm Hikmet, qui exercera une influence déterminante sur la personnalité du jeune écrivain. Sur le conseil de Nazïm, il abandonne la poésie de ses débuts pour se consacrer exclusivement à la prose. Orhan Kemal publie en 1954 son grand roman *Sur les terres fertiles* (*), dans lequel il dénonce la permanence d'une exploitation humaine de type féodal dans l'Anatolie du Sud-Ouest arriérée, brutalement touchée par l'industrialisation. Écrivain professionnel depuis le début des années 50, Orhan Kemal connaît alors le succès, un peu dans l'ombre de Yashar Kemal, avec lequel il partage, outre un pseudonyme, les mêmes préoccupations sociales. Très en vogue dans les pays d'Europe de l'Est, où son œuvre est abondamment traduite, Orhan Kemal est invité en 1970 par les Unions des écrivains bulgare et roumaine, pour participer à une série de séminaires littéraires, et suivre un traitement médical. Mais il meurt subitement, à Sofia, d'une hémorragie cérébrale.

L'un des premiers représentants du réalisme critique en Turquie, Orhan Kemal fait de l'« homme ordinaire » son héros, l'axe de sa critique sociale. Dans ses œuvres, le conditionnement social des individus est toujours clairement mis en valeur : l'attitude de ses personnages est sur-déterminée par leur origine, même la définition du bien et du mal obéit à des critères sociaux. Ses sujets, souvent sinistres, sont traités dans un style réaliste ; en même temps, Orhan Kemal parvient à créer une atmosphère théâtrale par la structure en scénario et les dialogues de ses récits (nombre de ses œuvres ont été adaptées à la scène). Ses références aux dialectes de toutes origines, bosnien, albanais, crétois, etc., colorent ses romans d'une authenticité de terroir, sans nuire à leur unité ni à leur efficacité idéologique. Montrant dans ses histoires toute la brutalité et la corruption du système, Orhan Kemal tente également de suggérer pour la masse laborieuse les voies de la résistance. La nouvelle « La Grève » [Grev, 1954] est l'histoire d'une grève dans une usine, et des débuts de la lutte des travailleurs contre le capitalisme institutionnalisé. La fraude généralisée, l'exploitation du paysan pauvre et illettré, la substitution du capitaliste formé à la ville au notable féodal — dont il est parfois le rejeton — constituent la toile de fond des autres récits du même recueil : celui, par exemple, de l'homme de loi qui essaie de prendre possession de la cahute d'un paysan qu'il bluffe en parlant avec un correspondant imaginaire dans un « téléphone » (c'est le titre de la nouvelle) débranché. Imposture d'une modernité essentiellement aliénatrice : on voit bien ce que les romans sociaux d'Orhan Kemal partagent avec les œuvres de ses contemporains, à commencer par les épopées anatoliennes de Yashar Kemal. Les œuvres autobiographiques présentent le portrait de l'intellectuel turc des années cinquante gagné à la cause du peuple anatolien ; comme chez tous les écrivains turcs progressistes du XXe siècle, l'expérience initiatrice de la prison et la découverte du peuple anatolien y tiennent une place centrale.

STÉPHANE A. DUDOIGNON.

ORIBASE de Pergame. Médecin grec. Né en 325, mort à Byzance vers 403. Il étudie la médecine à Alexandrie, où il acquiert une grande réputation. Il devient le médecin personnel du futur empereur Julien l'Apostat, qu'il accompagne dans de nombreuses campagnes. Exilé à la mort de celui-ci, il est ensuite rappelé à la cour de Byzance. L'un de ses fils, Eustathe, deviendra médecin. Un nombre substantiel de ses écrits nous reste, qui permet de le considérer comme l'un des médecins les plus éminents de l'ère postgalénique — v. *Œuvres* d'Oribase (*).

VINCENT BARRAS et ANNE-FRANCE MORAND.

RÉF. : U. Bussemaker et Ch. Daremberg, *Œuvres d'Oribase*, 1851-1876. — J. Raeder, *Oribasii collectionum medicarum reliquiae*, Leipzig-Berlin, 1926-1933. — B. Baldwin, « The Career of Oribasius », *Acta Classica* 18, 1975.

ORIGÈNE. Théologien grec. Né en 185 à Alexandrie, mort en 252 ou 253, peut-être à Tyr. Sa famille était chrétienne et son père, Léonidas, fut martyrisé au temps de la persécution de Sévère, en 202. Origène dut alors subvenir aux besoins de sa mère et de ses six frères et sœurs cadets et choisit la carrière de professeur de grammaire ; toutefois, comme l'évêque d'Alexandrie éprouvait des difficultés à trouver des catéchistes, à cette époque de persécutions, Origène accepta cet emploi et abandonna l'enseignement profane. Eusèbe nous le montre à ce moment-là, occupé non seulement à enseigner les éléments de la foi aux catéchumènes mais aussi à assister les martyrs et à les exhorter à la fidélité. Au bout de quelques années de cet enseignement, Origène se rendit compte qu'il était insuffisant pour répondre aux difficultés soulevées par les intellectuels païens. C'est alors qu'il sentit la nécessité de créer un centre d'enseignement supérieur, le « Didascaléion », et qu'il renonça, pour cette raison, à ses fonctions de catéchiste. Cette initiative n'était pas tout à fait nouvelle ; avant lui, saint Clément avait déjà cherché à fonder à Alexandrie une « école de la connaissance » chrétienne. Cependant, la contribution personnelle d'Origène consista à créer un centre dans lequel on dispensât un enseignement complet, qui comprenait toutes les branches de la culture profane, ainsi qu'on les concevait à l'époque, couronnées par l'étude de l'Écriture dont elles constituaient la préparation. Le Didascaléion est la première ébauche de ce que sera l'Université médiévale. Cela impliquait pour Origène une étude de la philosophie : il n'était pas comme saint Justin un philosophe venu au christianisme, mais un chrétien venu à la philosophie. Son point de départ philosophique est un platonisme modéré, sa pensée montre des contacts évidents avec celle de Plutarque, de Maxime de Tyr et d'Albinus. Le problème de ses rapports avec le néo-platonisme est complexe : il est certain que, à Alexandrie, il fut l'élève d'Ammonius Saccas, le maître de Plotin, d'autre part, il ne put pas subir l'influence de Plotin, de vingt ans son cadet, et leur éventuelle rencontre donne lieu à controverse. La première œuvre importante d'Origène, le traité *Sur les principes* (*), est une tentative géniale pour donner une explication cohérente du dogme chrétien, en le ramenant à deux principes : l'amour de Dieu et la liberté humaine. C'est dans cet ouvrage qu'apparaissent les thèmes les plus hardis d'Origène — qui seront condamnés plus tard —, en particulier la préexistence des âmes, le salut universel, l'infériorité du Verbe vis-à-vis du Père. En même temps qu'il fondait la théologie systématique, Origène inaugurait la science biblique ; il essayait d'établir un texte critique, en groupant à cette fin les différentes versions de *La Bible* dans les *Hexaples* (+) et en effectuant des recherches pour en trouver de nouvelles, notamment dans les grottes du désert de Judée où l'on a récemment retrouvé les manuscrits de la mer Morte. Parallèlement à ce travail critique, il commença à rédiger des commentaires sur tous les livres des Écritures — v. *Commentaires sur l'Écriture sainte* (*).

L'enseignement d'Origène à Alexandrie prit fin à la suite d'un incident qui l'opposa à l'évêque Démétrius : Origène avait été ordonné prêtre sans l'autorisation de celui-ci. Chassé d'Alexandrie, il s'installa à Césarée de Palestine où il passa probablement les vingt dernières années de sa vie. Il y continua un enseignement analogue à celui qu'il avait donné à Alexandrie et y fonda la célèbre bibliothèque dans laquelle devaient travailler plus tard Eusèbe et saint Jérôme. Sa carrière prit alors l'aspect nouveau de la prédication ; presque tous les jours il commentait les Écritures au peuple chrétien dans l'église de la ville. De cette prédication, il nous est resté un grand nombre d'*Homélies* (*) qui sont le monument le plus ancien et l'un des plus précieux de la prédication chrétienne. Origène est le personnage le plus en vue de l'Église, à son époque ; il entretient des relations avec les plus grands personnages du temps, le pape Fabien, Julius l'Africain ; les évêques l'invitent à réfuter les hérétiques — on a récemment retrouvé à Tourah, en Égypte, le compte rendu de l'une de ces discussions, le *Dialogue avec Héraclide.* Les relations d'Origène avec la société impériale sont particulièrement importantes, il est invité à la cour par Julia Mamée, tante d'Héliogabale et mère d'Alexandre Sévère ; un peu plus tard il correspondra avec Philippe l'Arabe qui était sans doute chrétien. Commencée en un temps de persécutions, la vie d'Origène se terminera en un temps de persécutions également : il fut arrêté sous Décius et torturé, mais pas mis à mort ; toutefois, il ne survécut que quelques années. Il reste, sans hésitation possible, le plus grand génie de l'Église chrétienne de langue grecque ; il a marqué de son empreinte la théologie orientale, comme saint Augustin, le seul génie auquel on puisse le comparer, a marqué de la sienne la théologie occidentale. Théologien, exégète, apologiste dans le *Contre Celse* (*), ascète et précurseur des Pères du désert, il a laissé sa marque dans tous les domaines auxquels il a touché.

JEAN DANIÉLOU, S. J.

♦ *« Il travaillait et jeûnait tout le jour ; il employait la plus grande partie de la nuit à lire l'Écriture sainte, et couchait à la dure. Suivant à la lettre le texte de l'Évangile, il n'avait qu'un manteau, allait pieds nus et ne s'inquiétait pas du lendemain. »* Eusèbe. ♦ *« Dans sa conduite, il a vécu en chrétien ; mais dans les croyances concernant la divinité, il était grec, et transportait l'art des Grecs aux fables étrangères. »* Porphyre. ♦ *« Si sur cette vigne féconde il y avait quelque chose à émonder, le Père céleste l'en a purifié par sa mort. »* Saint Augustin. ♦ *« Ni dans le bien ni dans le mal, personne ne l'a égalé. »* Cassiodore. ♦ *« Après les apôtres, je regarde Origène comme le grand maître des Églises ; l'ignorance seule pourrait nier cette vérité. Je me chargerais volontiers des calomnies qui ont été dirigées contre son nom, pourvu qu'à ce prix je puisse avoir sa science profonde des Écritures. »* Saint Jérôme. ♦ *« L'influence si profonde d'Origène ne surprend pas quiconque étudie sa doctrine. Pour la première fois, la théologie ne tend plus à réfuter les adversaires, mais à instruire les chrétiens ; elle a l'ambition de pénétrer plus intimement les vérités révélées, de les coordonner en un ensemble doctrinal où l'esprit saisisse tout ce qu'il croit et tout ce qu'il sait. »* Lebreton.

RÉF. : Freppel, *Origène,* 2 vol., Paris, 1868. — J. Denis, *La Philosophie d'Origène,* Paris, 1885. — F. Prat, *Origène,* Paris, 1907. — E. de Faye, *Origène, sa vie, son œuvre et sa pensée,* Paris, 3 vol., 1920-30. — J. Daniélou, *Origène,* Paris, 1947. — Urs von Balthazar, *Parole et mystère chez Origène,* Paris, 1957. — H. Chadwick, *Early Christian Thought and the Classical Tradition, Studies in Justin, Clement and Origenes,* Oxford, 1966. — H. Grouzel, *Bibliographie critique d'Origène,* La Haye, 1971 ; *Origène,* Paris, 1985. — P. Nautin, *Origène, sa vie, son œuvre,* Paris, 1977. — H. de Lubac, *Recherches dans la foi. Trois études sur saint Anselme, Origène et la philosophie chrétienne,* Paris, 1979.

ÖRKÉNY István. Écrivain hongrois. Né et mort à Budapest : 5 avril 1912 — 24 juin 1979. István Örkény, dont la personnalité traverse la littérature hongroise de l'après-guerre, vient d'un milieu petit-bourgeois aisé et urbain. Les piaristes commencent par éveiller en lui l'ouverture d'esprit et la curiosité envers le monde et les hommes. À la fin de ses études secondaires, il s'oriente vers des formations éclectiques : il obtient en 1934 un diplôme de pharmacie (son père était pharmacien) après avoir commencé et interrompu une formation d'ingénieur chimiste qu'il conclura néanmoins en 1941, l'année où paraît, à compte d'auteur, son premier recueil de nouvelles, *Danse de mer* [*Tengertánc*]. Ses débuts littéraires datent de 1936. C'est cette année-là qu'il publie, tout en travaillant, ses premiers poèmes. Il est ainsi conduit à fréquenter un milieu de jeunes intellectuels, bohèmes et désargentés, dont le mode de vie et les options politiques sont en nette contradiction avec le modèle familial. Örkény en concevra un regard critique sur la Hongrie horthyste. Sa famille cependant s'inquiétera de ces fréquentations et enverra le jeune homme découvrir Londres et Paris. Il revient de ce voyage en septembre 1939. La guerre sera pour lui un déclencheur décisif, dont l'influence déterminera la suite de son itinéraire : elle a fait de lui, d'après ses propres mots, un « être humain ». Volontaire, il entre avec les troupes hongroises en Transylvanie. Mobilisé en 1942 et envoyé sur le Don, il est fait prisonnier en 1943. Alors que sa formation et ses expériences l'orientaient vers un certain élitisme, il découvre la solidarité, la communauté de vie : « Je n'ai plus de voie à part dans le monde. » Il découvre combien en guerre la perception du bien et du mal est exacerbée. Cet humanisme conditionnera toutes ses options, politiques et littéraires, à partir de son retour en Hongrie en 1946. C'est à ce moment-là qu'il adhère au parti communiste hongrois. Il y restera jusqu'en 1956, non sans conflits orageux avec la direction des affaires culturelles. Dans une première période, Örkény est un écrivain prolixe et reconnu. Il commence par publier des œuvres écrites en captivité : une série de souvenirs de captivité *Le Temps que nous arrivions* [*Amig idejutottunk,* 1946 et 1981], une étude sociologique de la captivité *Le Peuple des camps* [*Làgerek nèpe,* 1947]. Dans les années 1947-49, il publie un recueil de nouvelles par an, ses deux premières pièces, et commence à gagner sa vie en travaillant pour le théâtre comme adaptateur, et dans la presse comme chroniqueur. Il continue à écrire des œuvres de fiction, qui souvent connaissent très vite des adaptations théâtrales, voire cinématographiques. C'est en 1951 que paraît son premier roman *Les Conjoints* [*Házastársak*]. Malgré ses polémiques avec les autorités, il reçoit en 1953 le prix Attila József. En 1956 s'ouvre une période nouvelle, au cours de laquelle il produira les plus marquantes de ses œuvres. Parmi elles, après le foudroyant succès de son recueil de nouvelles *La Truite argentée* [*Ezüstpisztráng,* 1956], son deuxième roman, *Sœur Gloria* [*Glória,* 1957], qui traite de la rencontre d'une religieuse avec la vie après la fermeture des couvents. Mais il est réduit au silence entre 1959 et 1963. Il devra travailler comme ingénieur, mais n'arrêtera pas d'écrire. Les romans qu'il publie quand il sort du silence – *Chats* [*Macskajätèk,* 1966] et *La Famille Tót* (*) (1967) – sont, sous forme scénique, devenus des classiques. Il continue à écrire des nouvelles, et inaugure un genre bien personnel : les *Minimythes* (*) (1968), mot à mot « nouvelles-minute ». C'est là qu'il exprimera de la manière la plus synthétique et la plus percutante une vision du monde sensible au grotesque et à l'absurde mais non moins bienveillante et humainement souriante.

Dans les années 70, István Örkény compte parmi les valeurs sûres de la littérature hongroise, comme le prouve, entre 1971 et 1973, la publication en quatre volumes de ses œuvres complètes sous le titre *En ordre chronologique* [*Idörendben*]. C'est d'ailleurs en 1973 que lui est décernée la plus haute distinction hongroise, le prix Kossuth. Les dernières années, son activité se ralentit. Il publie quelques pièces, un dernier roman, *Floralies* [*Rózsakiállitas,* 1977], et se consacre à l'édition de volumes d'œuvres choisies, de textes théoriques et autobiographiques. L'œuvre d'Örkény a eu aussi un retentissement international, et certaines de ses œuvres sont traduites en français.

EVA TOULOUZE.

ORMESSON Jean Le Fèvre, comte d'. Écrivain et journaliste français. Né le 16 juin 1925 à Paris, dans une illustre famille qui compte, entre autres, un membre du Conseil de régence sous la minorité de Louis XV, et quatre ambassadeurs de France dont son père. Ancien élève de l'École normale supérieure, licencié ès lettres et en histoire, agrégé et diplômé d'études supérieures de philosophie, en 1950 il devient secrétaire général du Conseil international de la philosophie et des sciences humaines à l'U.N.E.S.C.O. ; il en est élu président en septembre 1992. Il est rédacteur en chef adjoint (1952-1971), membre du comité de rédaction (depuis 1971) puis rédacteur en chef de la revue *Diogène* (Sciences humaines). Haut fonctionnaire, il est attaché à divers cabinets ministériels et aux délégations françaises à plusieurs conférences internationales : Conférence de la paix, Assemblée générale des Nations Unies (1946-48)... Collaborateur de divers journaux de Paris et de province depuis 1949, il devient directeur général du *Figaro* (1976).

« C'est pour tromper le temps et la peur de la mort qu'on raconte ou qu'on écrit des histoires », avoue Jean d'Ormesson. Ne serait-ce pas aussi parce que depuis Chateaubriand la seule gloire qui vaille d'être recherchée serait celle que confère le titre d'écrivain ? Après une période à caractère autobiographique, de *L'amour est un plaisir* (1956) aux *Illusions de la mer* (1968), Jean d'Ormesson s'attache à une œuvre plus romanesque : *La Gloire de l'empire* (1971, grand prix du roman de l'Académie française), *Au plaisir de Dieu* (*) (1974), *Histoire du Juif errant* (*) (1990). Le temps, l'Histoire, l'amour sont les thèmes majeurs de l'écrivain : le premier ne se possède pas, la seconde se fait sans notre participation, malgré nos illusions, le troisième n'existe que par nous et nous permet, seul, de résister aux deux autres. Aimer, écrire restent les meilleurs ferments d'un bonheur, conçu comme un plaisir personnel à vivre, y compris dans l'affolement des contradictions. Voilà pourquoi Jean d'Ormesson est si proche de Chateaubriand auquel il a consacré une « biographie », *Mon dernier rêve sera pour vous*

(1982) et *L'Album Chateaubriand* (1988). L'écrivain a été élu à l'Académie française (1973) au fauteuil de Jules Romains, dont il préside la Société des amis depuis 1974.

YANNICK PELLETIER.

OROSE Paul. Historien espagnol écrivant en latin. Né à Tarragone (Catalogne) ou à Bracara vers 390, mort après 418. Ordonné prêtre, il quitta bientôt l'Espagne pour l'Afrique de saint Augustin, soit parce que les Vandales lui rendaient l'existence impossible, soit parce que, à l'école d'Augustin, il désirait perfectionner sa propre formation théologique et se rendre capable de soutenir la lutte contre les hérétiques. En réponse à son *Commonitorium de errore Priscillianistarum et Origenistarum*, il reçut de saint Augustin un écrit sur ces erreurs, et en outre le conseil de rejoindre Jérôme en Palestine afin de mieux approfondir les questions relatives aux origénistes, et en particulier celles qui se rapportaient à l'âme. Orose partit en emportant deux opuscules d'Augustin et une lettre de recommandation qui le présentait à Jérôme comme son « fils par l'âge, son confrère par la dignité, d'esprit vif, de parole facile, assidu au travail » – v. saint Augustin, *Lettres* (*), 166. Il arriva à Bethléem vers la fin du printemps 415, et se mêla à la lutte contre les pélagiens dans laquelle Jérôme se trouvait fort engagé. Sur l'invitation de l'évêque Jean, il participa à la conférence de Jérusalem (juillet 415) où il exposa combien il avait été fait en Afrique contre Pélage, sans réussir à éviter les accusations des sympathisants de Pélage pour lesquels il devait écrire le *Livre apologétique* [*Liber apologeticus*]. En 416, Orose revint en Occident, apportant à Rome un écrit de Jérôme sur la résurrection de la chair, et en Afrique, au synode de Carthage, des lettres des évêques gallo-romains qui en Palestine combattaient contre Pélage ; enfin, pour son pays, les reliques de saint Étienne avec le récit de leur découverte traduit en latin par Avitus de Bracara. Orose ne rejoignit pas l'Espagne à cause des mauvaises nouvelles qu'il en reçut ; il laissa les reliques à Minorque et retourna chez Augustin en Afrique. Sur son conseil, il y écrivit les sept livres de l'*Histoire contre les païens* (*), terminée vers 418. Après cette date on ne sait plus rien de lui.

RÉF. : Moerner, *De Orosii vita ejusque historiarum libri VII*, Berlin, 1844. – J. A. Davids, *De Orosio*, Den Haag, 1930. – H. Hagendhal, *Orosius und Justinus*, Göteborg, 1941.

ORSINI Felice. Homme politique italien. Né à Meldola (Forlí) le 10 décembre 1819, mort à Paris le 3 mars 1858. Fils d'un ex-officier de l'armée napoléonienne et carbonaro, Orsini, dès l'adolescence, vécut dangereusement, en ardent révolutionnaire. Après s'être inscrit à la faculté de droit de l'université de Bologne, il entra dans le parti de la « Jeune Italie », dont il devint, en peu de temps, l'un des représentants les plus actifs. En 1843, il passa son doctorat ; l'année suivante, il fut arrêté par la police pontificale et condamné aux travaux forcés pour avoir fondé une « Conjuration italienne des fils de la mort ». Il resta en prison jusqu'en 1846, année où Pie IX accorda sa célèbre amnistie. Puis il se livra en Toscane à une intense activité révolutionnaire, qui entrava, dirent certains historiens, la progression pacifique des réformes des princes. En 1847, il publia une adresse, *À la jeunesse italienne* [*Alla gioventù italiana*], puis, en 1848, refusant tout atermoiement, il s'enrôla dans les milices pontificales de Durando et prit part aux combats qu'elles soutinrent en Vénétie. Quand Pie IX, s'étant détaché, par l'allocution du 29 avril, de la cause italienne, ordonna le licenciement de ses troupes, Orsini, avec d'autres, se rendit à Venise où la lutte continuait, puis à Rome pour la défense de la République animée par la foi et la volonté de Mazzini. À la chute de Rome, Orsini fut contraint à l'exil et, après de brefs séjours à Florence et à Gênes, il demeura trois ans environ (de 1850 à 1853) à Nice, où il s'adonna à des études scientifiques et publia une géographie militaire, pour finir par aller à Londres où il rentra dans les rangs de la conspiration de Mazzini organisée dans la péninsule et fut envoyé en Lombardie avec la mission de suborner les soldats hongrois et italiens de l'armée autrichienne. Mais la conspiration échoua et il fut arrêté en décembre 1854, en Transylvanie, alors qu'il tentait de se rendre en Turquie. Emprisonné à Mantoue, il réussit à s'évader, en 1856, en une fuite qui, par ses aspects romantiques, impressionna toute l'Europe. Il retourna à Londres, la seule ville offrant un vaste champ à ses initiatives, et là il publia certains livres de mémoires qui éveillèrent un grand intérêt : *Cachots autrichiens* [*Austrian Dungeons*], *Mémoires et Aventures* [*Memoirs and Adventures*], *Mémoires politiques* (*) (1857). Cette expérience l'avait éloigné de Mazzini, dont il critiqua ouvertement les méthodes révolutionnaires et l'habileté à ne jamais s'exposer lui-même. C'est peut-être en cette opposition personnelle qu'il faut voir l'origine première de l'attentat contre Napoléon III de janvier 1858. L'attentat, on le sait, échoua, et Orsini, arrêté aussitôt, fut condamné à mort.

FRANCO CATALANO.

RÉF. : E. Montazio, *Felice Orsini*, Turin, 1862. – E. Zironi, *Vita di Felice Orsini*, Florence, 1888. – P. Mastri, *Felice Orsini nel forte di S. Leo*, Immola, 1908. – A. Luzio, *Felice Orsini*, Milan, 1914. – M. Boulenger, *L'Attentat d'Orsini*, Paris, 1927. – C. Gevel, *Deux Carbonari : Napoléon III et Felice Orsini*, Paris, 1934.

ORS Y ROVIRA Eugenio d'. Philosophe et critique d'art espagnol. Né à Barcelone le 28 septembre 1882, mort à Villanueva y Geltrù (prov. de Barcelone) le 25 septembre 1954.

Importante figure de la littérature espagnole contemporaine. Étudiant, il participa au mouvement de renaissance catalane du début du siècle ; il devait par la suite en diriger le côté culturel. À partir de 1906, il commença de publier les *Gloses* [*Glossari*] – d'abord dans des périodiques catalans, puis en espagnol, puis aussi, partiellement, en français – qui sont une sorte de journal intellectuel, tenu pendant plus de quarante ans. Dans les « gloses », généralement courtes, tous les thèmes intéressants de notre époque, en alternance avec des récits, sont examinés selon un critère où l'anecdotique se hausse au rang de catégorie, où l'unité de la pensée ne diminue en rien le charme de l'explosion concentrée sous une forme originale, d'une habileté toute journalistique. À la première époque de la production catalane d'Ors y Rovira, il faut aussi rattacher *La ben plantada* (1912), sorte de bréviaire de la race, le *Flos sophorum* (1912) et *La Vallée de Josaphat* [*La val de Josafat*], où l'auteur passe une revue critique de toutes les grandes figures de la culture. À partir de 1907 commence l'ère des très fréquents voyages à l'étranger, les études alternant avec le travail de création intellectuelle, spécialement philosophique, qui se résume principalement dans *La Philosophie de l'homme qui travaille et qui juge* [*La filosofía del hombre que trabaja y que juega*], plus tard dans *La Philosophie de l'intelligence* [*La filosofía de la inteligencia*] – en tant que raison sensibilisée – dans les cours professés à Buenos Aires et, récemment, en 1950, dans son livre *Le Secret de la philosophie* [*El secreto de la filosofía*], qui approfondit le développement complet d'une pensée basée sur la « fórmula biológica de la lógica » et fonde un nouveau rationalisme dont le fait qu'il dérive de la « crítica del sentido » le rend riche de conséquences importantes, notamment dans le domaine de l'esthétique.

Passionné d'art, Eugenio d'Ors consacra à sa critique une grande partie de son activité ; il organisa des expositions, assuma, pendant la période 1937-1939, la direction générale des Beaux-Arts, et publia des ouvrages sur des thèmes artistiques : *Trois heures au musée du Prado* [*Tres horas en el museo del Prado*], *L'Art de Goya, La Vie de Goya, Paul Cézanne, Pablo Picasso, Poussin et le Greco* [*Poussin y el Greco*], *Théorie des styles* [*Teoría de los estilos*], *Art de l'entre-deux-guerres* [*Arte de entreguerras*], *Trois leçons au musée du Prado* [*Tres lecciones en el museo del Prado*], *Du baroque* (*) [*Lo barroco*], dans lequel il soutient pour la première fois le critère du baroquisme en tant que constante stylistique, historique, etc. Il fit des cours en Espagne et à l'étranger sur la « Ciencia de la cultura », fondée principalement sur sa théorie des éléments constants dans l'histoire, qu'il a résumée dans un très court ouvrage intitulé *La historia del mundo en quinientas palabras*. Un autre aspect de ses travaux est, en quelque sorte, l'aspect moral qui se reflète principalement dans *Catéchisme de la vie sans artifices* [*Catecismo de la vida sencilla*], *Apprentissage et Héroïsme* [*Aprendizaje y heroismo*], *De l'amitié et du dialogue* [*De la amistad y el diálogo*], *Grandeur et servitude de l'intelligence* [*Grandeza y servidumbre de la inteligencia*]. À l'origine, comme on l'a vu, de ce mouvement « XXe siècle », partisan de l'esprit classique, orateur et conférencier inimitable, riche d'une culture harmonieuse et de « savoir-faire » littéraire, Eugenio d'Ors a été un personnage d'un relief exceptionnel dans la vie intellectuelle européenne du dernier demi-siècle. Pourvu d'un esprit fin et ironique et de sens artistique, son nom et ses pseudonymes – « Xenius », « Octave de Romeu » – dominèrent les milieux où il vécut, en particulier Barcelone, Madrid, Paris, Genève et Buenos Aires.

CELESTINO CAPASSO.

♦ *« Eugenio d'Ors est, avec Charles Bernard, le premier des critiques d'art de notre époque. »* Léon Daudet. ♦ *« Son œuvre... le journal d'une intelligence. »* Valery Larbaud.

RÉF. : Diego Ruiz, *Los bellos mentes de aquí : Eugenio d'Ors*, Barcelone, 1912. – Enrique Jardi, *La filosofía de Eugenio d'Ors*, in *La Lectura*, mai 1914, Madrid. – J. Ortega y Gasset, *El Novecentismo*, Buenos Aires, 1916. – J. G. Morente, *La filosofía de Eugenio d'Ors*, Buenos Aires, 1917. – José Luis L. Aranguren, *La filosofía de Eugenio d'Ors*, Madrid, 1944.

ORTEGA Y GASSET José. Philosophe espagnol. Né le 8 mai 1883 à Madrid, où il mourut le 10 octobre 1955. Issu d'une famille d'écrivains et d'hommes politiques, il étudia d'abord au collège des jésuites de Miraflores del Palo (Malaga), puis à l'université de Madrid. Après avoir soutenu une thèse de philosophie sur *Les Terreurs de l'an mil : Critique d'une légende* [*Los terrores del año mil : Crítica de una leyenda*], il paracheva sa formation pendant plusieurs années en Allemagne (à Leipzig, à Berlin, et surtout à Marbourg où il s'initia au néo-kantisme sous la direction d'Hermann Cohen), puis, de 1910 à 1936, professa la métaphysique à l'université de Madrid. De 1936 à 1942, Ortega y Gasset résida successivement en France, en Hollande, en Argentine et au Portugal et, les dix années suivantes, partagea sa vie entre Madrid et Lisbonne, non sans effectuer de longs séjours en Allemagne et un voyage aux États-Unis. Il fonda en 1923 la *Revue de l'Occident* [*Revista de Occidente*], ainsi que la maison d'édition du même nom et, en 1948, l'Institut d'humanisme de Madrid. Comme publiciste (beaucoup de ses écrits parurent d'abord dans les journaux ou revues), comme professeur, comme conférencier, son rayonnement intellectuel était considérable. Le système métaphysique auquel il a donné naissance est à l'origine d'un renouveau de la philosophie espagnole dont les divers aspects portent sa marque personnelle. Dans ses écrits, comme dans ses cours, il se révéla un maître du style. Rhétoricien d'une valeur exceptionnelle, il sut faire de la métaphore un instrument de connaissance philosophique. Son influence en tant qu'éducateur a été décisive pour l'adaptation de l'Espagne aux exigences de notre époque. Il est arrivé occasionnellement à Ortega y Gasset d'intervenir dans la politique de son pays, et il siégea aux Cortès de 1931 à 1933. Son premier livre, *Méditations de don Quichotte* (+) (1914), contenait déjà en germe les principales idées qui formèrent sa philosophie, notamment le principe « Je suis moi et l'expression de mon milieu », l'idée de la vérité en tant que découverte, une théorie du concept, le postulat de la raison vitale, le « prospectivisme ». Ces thèmes sont développés, ainsi que beaucoup d'autres, dans les huit volumes du *Spectateur* [*El espectador*, 1916-1934], formant un vaste panorama intellectuel ; ce n'est pas sans raison qu'Ernst-Robert Curtius appelait Ortega l'« un des douze pairs de l'esprit européen ». Parmi ses œuvres, citons *Le Thème de notre temps* [*El tema de nuestro tiempo*, 1923], le premier exposé définitif de sa philosophie ; *Espagne invertébrée* (*) (1921), et ses ouvrages les plus chargés de philosophie : *À propos de Galilée* [*Enttorno a Galileo*, 1933], *L'Histoire comme système* (+), *Idées et Croyances* (*), *Deux prologues* [*Dos prólogos*], *Notes sur la faculté de penser* [*Apuntes sobre el pensamiento*] et *L'Homme et la Nation* [*El Hombre y la gente*, 1957], sa grande étude de sociologie, dont on a annoncé la publication. Mais son livre le plus célèbre est *La Révolte des masses* (*) (1930). La métaphysique d'Ortega, qui est le noyau de toute son œuvre, considère la vie humaine comme une « réalité radicale » dont procèdent toutes les autres et démontre que la vie n'est pas possible, sinon à travers la raison. L'interprétation de l'histoire, la théorie des générations, la réforme des méthodes intellectuelles, tout, dans sa pensée, découle de cette position philosophique. Une telle pensée suscita des réactions passionnées en Espagne et à l'étranger. Quant à l'Allemagne, l'œuvre d'Ortega y est aussi connue que dans les pays de langue espagnole.

JULIÁN MARÍAS.

♦ *« C'est le seul homme qui, avec une égale autorité et une égale pénétration, soit capable de parler de Kant aussi bien que de Proust, de Debussy aussi bien que de Scheler. »* E. R. Curtius. ♦ *« Subtil et incomparable artiste, écrivain plein de bonheur et de ressources, Ortega ne craint point la frivolité ; il la recherche même ; il aime à se placer à un point de vue actuel, sachant qu'il n'est qu'actuel, mais pleinement actuel ; il s'ingénie à situer le problème dans cette position lumineuse, éclatante, méridienne, que Nietzsche fixait si cruellement. »* Jean Cassou.

RÉF. : C. Barja, *Ortega y Gasset*, in *Libros y autores contemporáneos*, 1935. – E. R. Curtius, *Ortega y Gasset*, in *Kritische Essays zur europaïschen Literatur*. – J. D. García Bacca, *Nueve grandes filósofos contemporáneos y sus temas*. – J. Marías, *Filosofía española actual, Ortega y la idea de la razón vital*, Santander, 1949. – S. Villaseñor, *Ortega y Gasset existentialist*, Chicago, 1949. – Fernando Vela, *Ortega y los existencialismos*. – J. Saiz Barbera, *Ortega y Gasset ante la crítica*, Madrid, 1950. – *Homenaje a Ortega y Gasset*, Conception, 1956.

ORTESE Anna Maria. Romancière et nouvelliste italienne. Née le 13 juin 1914 à Rome. La vie d'Anna Maria Ortese semble placée tout entière sous le signe de l'errance et de terribles difficultés matérielles. Cinquième enfant d'un père d'origine catalane et d'une mère toscane, elle vit ses premières années entre Portici, dans la banlieue de Naples, et Potenza, puis à Tripoli, où sa famille émigre en 1924. À son retour en Italie, sa scolarité est irrégulière : elle l'interrompt pour suivre des cours de piano, mais des lectures solitaires et passionnées (Poe, K. Mansfield) engendrent le besoin d'écrire, qui se concrétisera en 1933, à la mort de son frère Manuel. Quatre ans plus tard, Massimo Bontempelli, le maître du « réalisme magique », fait publier le premier recueil de nouvelles de la jeune femme : *Douleurs angéliques* [*Angelici dolori*], incompris de la critique. Commence alors une longue suite de malentendus pour un auteur qui jamais ne se considérera comme tout à fait italien et dont l'œuvre, partagée entre une inspiration fantastique proche du mysticisme et une veine plus fidèle au réalisme social, s'élabore avec acharnement dans une solitude croissante. En 1950, *L'Infante ensevelie* [*L'Infante sepolta*], son second recueil de nouvelles, passe inaperçu, mais le président Einaudi remarque en 1952 sa série d'articles sur Naples et obtient pour elle une bourse auprès d'Olivetti, à Ivrea. Elle achève alors *La mer ne baigne pas Naples* (*), qui lui vaut le prestigieux prix Viareggio. À la mort de son père, elle s'installe en Lombardie, où elle collabore à divers journaux et revues, avant de publier *Silence a Milan* [*Silenzio à Milano*], en 1959. Au début des années 60, elle est à Rome en compagnie de sa sœur Maria, et compose son chef-d'œuvre, *L'Iguane* (*), publié en 1965 et qui sera redécouvert vingt ans plus tard par Roberto Calasso. Ce roman singulier ayant par trop dérouté la critique, Anna Maria Ortese adopte une écriture apparemment plus réaliste dans *Les Beaux Jours* [*Poveri e semplici*], qui obtient en 1967 le prix Strega. Les années de la contestation étudiante voient s'accentuer l'isolement de l'écrivain, dont les deux recueils de nouvelles : *La Lune sur le mur* [*La luna sul muro*] et *Le Halo gris* [*L'alone grigio*] n'ont guère de succès. C'est un retour au passé qui s'impose alors, dans un roman d'une extrême complexité, autobiographie que transfigure un lyrisme halluciné : *Le Port de Tolède* [*Il porto di Toledo*], en 1975. Installée désormais à Rapallo, sur la côte ligurienne, Anna Maria Ortese publie un roman écrit en 1960 : *Le Chapeau à plumes* [*Il cappello piumato*], et plusieurs recueils de textes parus dans des journaux italiens entre 1954 et 1965 : *Train russe* [*Treno russo*], *Terreurs d'été* [*Estivi* *terrori*]. En 1987 sont réunis sous le titre *De veille et de sommeil* [*In sonno e in veglia*] des textes oubliés des années 70.

Sans que se trouvent modifiées ses conditions de vie précaires, Anna Maria Ortese est désormais reconnue comme un grand écrivain et reçoit le prix Fiuggi pour l'ensemble de son œuvre, certes inégale, mais dont les plus hauts moments sont aussi des sommets de la littérature italienne de ce siècle.

BERNARD SIMEONE.

ORTIZ Adalberto. Romancier et poète équatorien. Né à Esmeraldas, le 9 février 1914. Étudiant à l'École normale Juan Montalvo de Quito, il obtint le titre de professeur en 1937. Des poèmes publiés en 1939-40 dans le journal *El Telégrafo* de Guayaquil le révélèrent et l'imposèrent comme chef de file de la poésie noire équatorienne, ce que confirma, en 1945, le recueil *Tierra, són y tambor*. Mulâtre, Ortiz fait entendre dans ses chants les rythmes des tambours et des marimbas des forêts tropicales de sa province natale où vivent de nombreux descendants de l'Afrique esclave. Son œuvre poétique rappelle par son langage populaire et sa musicalité phonique les premiers « sones » du Cubain Nicolás Guillén et par ses images nostalgiques les poèmes du Portoricain Luis Palés Matos, sans toutefois cesser d'être originale, tant elle porte en elle les traits spécifiques de la sensibilité noire équatorienne. Elle a été réunie en 1952 sous le titre *L'Animal blessé* [*El animal herido*]. En 1942, le roman *Juyungo* (*) popularisait les aventures de son protagoniste, Ascension Lastre, en même temps que les paysages, les coutumes, les croyances et les superstitions de la forêt esméraldienne. Conteur, Adalberto Ortiz écrivit plusieurs livres de nouvelles faisant habilement alterner ou fusionner le mythe, la magie et le folklore, notamment *La mala espalda* (1952) et *La entundada* (1971). Adalberto Ortiz a été délégué de l'Équateur au quatrième congrès de l'U.N.E.S.C.O. à Mexico (1947), puis chargé d'affaires au Paraguay (1948-49), avant d'être attaché culturel à Paris. Depuis quelques années, il consacre une partie de ses activités à la peinture.

CLAUDE COUFFON.

ORWELL George (pseud. d'Eric Arthur Blair). Écrivain anglais. Né en 1903 à Motihari (Bengale), mort à Londres le 21 janvier 1950. Issu d'une famille anglo-indienne (son père était fonctionnaire dans les services de contrôle de l'opium), il fit ses études au collège d'Eton, mais avoue lui-même qu'il n'y travailla guère. À sa sortie d'Eton, en 1921, il s'engagea dans la police indienne impériale de Birmanie, dont il démissionna six ans plus tard, incapable de supporter le climat asiatique et désirant se consacrer à la littérature. Pendant cette période d'isolement, il avait en effet découvert quelques écrivains contemporains dont il subit l'influence, James Joyce, T. S. Eliot, D.H. Lawrence. À son retour en Europe, après un séjour en France où il connut une vie très difficile, il publia ses premières œuvres, *Promenades à travers Paris et Londres* [*Down and Out in Paris and London*, 1933] et *Jours birmans* [*Burmese Days*], affabulation romanesque assez terne, mais qui a l'intérêt de poser les problèmes de la justice et du conflit des races en Asie. En 1936, alors qu'il commençait à vivre de journalisme, Orwell alla prendre part à la guerre civile espagnole dans les rangs des milices anarchistes du P.O.U.M. Il servit sur le front d'Aragon, et fut même sérieusement blessé à Huesca. Mais en Espagne il vit avec angoisse les communistes s'efforcer, par les moyens les plus impitoyables, de prendre le contrôle absolu de toutes les forces républicaines ; c'est cette situation qu'il décrit dans son *Hommage à la Catalogne (1936-37)* (*). Les convictions politiques de l'homme de gauche qu'était jusqu'alors Orwell ne manquèrent pas d'en être ébranlées, et cette évolution s'accentua dans des livres comme *La Ferme des animaux* (*) (1945) et surtout *1984* (*) [*Nineteen Eighty-Four*, 1949], dramatique vision du monde démocratique et totalitaire de demain. Après avoir publié en 1939 *Un peu d'air frais* [*Coming Up for Air*], son livre le plus proche sans doute du véritable roman, Orwell, réformé, servit pendant la guerre dans la Home Guard ; il fit également paraître *Le Lion et la Licorne* [*The Lion and the Unicorn*], à la fois essai sur le socialisme et peinture de l'Angleterre pendant les hostilités. Orwell avait également publié, en 1934, *La Fille du clergyman* [*The Clergyman's Daughter*], *Et vive l'aspidistra* (*) (1936), et *La Route du quai Wigan* [*The Road to Wigan Pier*, 1937].

RÉF. : W. Lewis, *The Writer and the Absolute*, Londres, 1952. – C. Hollis, *A Study of George Orwell*, Londres, 1956. – G. Woodcock, *The Crystal Spirit : a Study of George Orwell*, Londres, 1967. – B. Crick, *George Orwell : a Life*, Londres, 1980. – J. R. Hammond, *A George Orwell Companion : a Guide to the Novel, Documentaries and Essays*, Londres, 1984. – Patrick Reilly, *George Orwell : the Age's Adversary*, Londres 1986. – Alok Rai, *Orwell and the Politics of Despair*, Cambridge, 1989.

ORZESZKOWA Eliza. Femme de lettres polonaise. Née et morte à Grodno (Lituanie) (25 mai 1841-18 mai 1910). Elle se maria à seize ans, mais son union ne fut pas heureuse, et elle vécut intensément des années tragiques. La révolution de 1863 influa fortement sur son esprit et sur sa vie, son mari ayant été envoyé en Sibérie d'où il ne revint jamais. L'année suivante, la libération des serfs attachés à la terre devait bouleverser l'ordre social de la Pologne. Eliza Orzeszkowa, avec une compréhension profondément humaine, fut de ceux qui l'approuvèrent sincèrement. Le premier ouvrage qui attira sur elle l'attention de la Pologne, *Tableau des années de famine*

[*Obrazek z lat glodowych*], palpite d'amour et de sympathie pour ceux qui souffrent. Ce fut aux abandonnés et aux malheureux qu'elle consacra son œuvre littéraire : aux Juifs méprisés, persécutés, *Meïr Ezofowicz* (*) (1878) ; aux paysans, *Le Paysan* [*Cham*] ; et surtout à sa patrie, *Sur le Niemen* [*Nad Niemnem*], et *Gloria victis*, souvenirs de la révolution de 1863, publiés à la veille de sa mort. Eliza Orzeszkowa s'est également intéressée à la condition de la femme : *Dernier amour* [*Marta i Ostatnia milość*], préconisant son émancipation. De 1897 datent *Les Argonautes* [*Argonauci*]. Ayant toujours vécu en Lituanie, Eliza Orzeszkowa conserva toute son originalité et sa fraîcheur de ton, et si, dans l'ensemble, elle fait partie de l'école positiviste, elle contempla cependant la réalité des conditions de la vie pour y apporter une lueur d'amour et d'espérance. Toute la Pologne célébra son jubilé littéraire, honorant à la fois son œuvre et sa grande âme.

RÉF. : P. Chmielowski, *Esquisse de l'histoire de la littérature contemporaine*, Cracovie, 1895. – J. Zaleski, *Eliza Orzeszkowa*, Varsovie, 1914. – M. Romankówna, *Na nowych drogach. Studia o Elizie Orzeszkowej*, Varsovie, 1948.

OSBORNE John. Écrivain anglais. Né à Londres le 12 décembre 1929. Auteur dramatique aujourd'hui reconnu comme une figure de l'« establishment » littéraire anglais, John Osborne a commencé sa carrière dans la rébellion et le scandale. Avec *Jeune homme en colère* (*) (1956), il rompt en visière avec le théâtre bourgeois et moralisateur qui dominait la scène anglaise des années 50. Chef de file des « Jeunes gens en colère » [Angry Young Men], il a, dans une certaine mesure, révolutionné les conventions théâtrales en participant à la profonde mutation des structures dramatiques de son pays (naissance du Royal Court Theatre) et à la bataille pour l'abolition de la censure (1968).

La vie de John Osborne commence un peu comme un roman de Dickens. Son père meurt de la tuberculose alors qu'il est encore petit. Sa mère, tenancière de pub, l'élève dans une ambiance rude et souvent violente. Renvoyé de l'école à seize ans pour avoir giflé le maître, il vit de collaborations journalistiques, avant d'entrer dans le milieu du théâtre, d'abord comme assistant à la mise en scène, puis comme acteur. En 1956, le directeur de l'English Stage Company, installée au Royal Court Theatre, sollicite de jeunes auteurs par le canal de son journal. Osborne envoie le manuscrit de *Jeune homme en colère,* qui sera programmé comme la troisième production de la saison d'ouverture du Royal Court Theatre. Le succès fut d'abord de scandale : une volée de bois vert s'abat sur Osborne, orchestrée par les principaux critiques, mais aussi des personnalités influentes, comme Somerset Maugham et Laurence Olivier. *Jeune homme en colère* marque pourtant le début de la « Royal Court Revolution » ; Jimmy Porter devient le porte-parole énergique mais désespéré d'une génération pleine de nostalgie et de rancœur pour ses glorieux aînés. Arnold Wesker a su mettre les mots sur ce sentiment de « reconnaissance » : « La guerre avait été pour nous une période de formation, suivie par l'espoir de 1945, et le déclin général à partir de là. Nous étions la génération de ce déclin. »

En fait, c'est la familiarité de ton de Jimmy Porter qui a choqué ; car *Jeune homme en colère* n'est pas, dramatiquement, une pièce révolutionnaire : par son réalisme et l'univocité de son action en trois actes, elle reste traditionnelle. Avec *Luther* (1961) et surtout *Un bon patriote* [*A Patriot for me,* 1965], Osborne s'inscrit plus manifestement dans la lignée épique de Brecht. Dispersion des lieux, scènes de groupe, imprévisibilité du rythme et du découpage scénique, usage de la musique : *Un bon patriote,* qui évoque l'itinéraire d'un brillant colonel dont l'homosexualité brise la carrière et la vie, est peut-être la plus exubérante et la plus émouvante des pièces de John Osborne. Chez lui, l'individu s'oppose à l'ordre social dans une lutte désespérée. Si sa vision du monde semble avoir toujours conservé quelque chose d'une adolescence dévastée, ses personnages de rebelles, tonitruants ou discrets, témoignent de la pureté d'une quête douloureusement vécue, pour reprendre le titre d'une de ses pièces, comme un « témoignage irrecevable ».

ANOUCHKA VASAK.

RÉF. : J. Russell Taylor : *Anger and After,* Londres, 1962. – M. C. Pasquier, N. Rougier, B. Brugière, *Le Nouveau Théâtre anglais,* Paris, 1969.

OSÉE. Prophète d'Israël qui vécut au VIIIe siècle avant J.-C., et dont les prédictions furent assez importantes pour qu'on lui donnât la première place parmi les prophètes mineurs. La carrière prophétique d'Osée s'est déroulée dans le royaume du Nord vers 750-720. L'époque était particulièrement sombre (régicides, corruption, menace assyrienne...). Sur l'ordre de Yahvé, Osée épouse « une femme de prostitution », Gomer, dont il est fortement épris. « Son étrange mariage apparaît comme un de ces actes symboliques par lesquels les prophètes rendaient leurs paroles plus saisissantes » (André-Marie Gérard). Ce fut de là que le prophète tira son inspiration pour décrire l'ingratitude du peuple d'Israël envers son Dieu, et la divine miséricorde envers ce même peuple – v. *Osée (Livre d')* (*).

ÔSHIKÔKI NO MITSUNE. Poète japonais. Né en 857, mort en 905. On ne sait rien de sa famille. Il fut l'une des quatre compilateurs du *Kokin waka Shû* (*), grande anthologie de poèmes japonais, et l'un des plus grands poètes de son temps. Ses vers sont caractérisés par une remarquable spontanéité et par une expression vigoureuse des sentiments, ils sont souvent aussi assombris par une profonde tristesse. Les poésies de Ôshikôki no Mitsune se trouvent répandues dans les anthologies officielles, mais il en existe également un recueil intitulé *Mitsuneshû* (shû : recueil) ; celles que lui inspirèrent la nature ou les côtés tristes de la vie humaine sont particulièrement belles.

OSTAYEN Paul van. Poète belge. Né le 22 février 1896 à Anvers, mort le 17 mars 1928 à Miavoye-Anthée, près de Dinant. Il était le septième enfant d'un étameur hollandais ; sa mère était originaire du Limbourg belge. Après la déclaration de guerre et l'invasion allemande, van Ostayen, qui était alors un modeste employé municipal, se prit à militer parmi les activistes flamands et, en novembre 1918, il crut prudent de se réfugier à Berlin. Là, suivant les théories dadaïstes, il écrivit les poésies réunies dans les volumes *Fêtes de peur et de peine* [*Feesten van Angst en Pijn*] et *Ville occupée* [*Bezette Städ,* 1921]. S'étant lassé de l'atmosphère allemande, il revint en cachette à Anvers en 1921. Peu de temps après, il fut amnistié, et rentra ainsi dans la vie civile. Ayant renié la majeure partie de ses « travaux d'adolescent », van Ostayen devint le principal défenseur de l'expressionnisme flamand. Il s'édifia une poétique personnelle, employant pour la première fois dans les Flandres le terme de « poésie pure ». Cette poésie se sert d'un langage dans lequel le mot, dégagé de tout lien syntaxique, se présente isolément ; l'image, ensuite, est abandonnée pour une association d'idées évoquées par le son. La *Ville occupée* a recours à l'effet optique produit par les caractères d'imprimerie de différentes grandeurs, des mots répandus dans un désordre voulu sur la page – elle a été imprimée dans la même typographie que les *Calligrammes* (*) d'Apollinaire. Mais van Ostayen arrive au sommet de son art subtil dans le cycle *Le Premier Livre de Schmoll* [*Het eerste Boek van Schmoll*] et dans le volume posthume de ses *Poésies* (*). Il collabora à des revues comme *Espace* [*Ruimte*] et *Vlaamsche Arbeid.* En 1923, il perdit sa mère et tous ses frères et sœurs ; sa santé s'altéra toujours davantage et les dernières années de sa vie furent tristes. Quelques semaines après avoir fondé la revue *Het Avontuur,* van Ostayen mourut dans un sanatorium. Ses œuvres complètes ont été rééditées en 1953. Pour de nombreux jeunes lettrés des Pays-Bas, il fut l'« incomparable ».

RÉF. : R. Herreman, *La Littérature flamande moderne,* Bruxelles, 1935. – R. Brulez, *Écrivains flamands d'aujourd'hui,* Bruxelles, 1938. – F. Closset, *Aspects et figures de la littérature flamande,* Bruxelles, 1944.

ÖSTERLING Anders. Poète suédois. Né à Hälsingborg le 13 avril 1884, mort à Stockholm le 13 décembre 1981. Élevé à Malmö, agrégé en histoire de la littérature en 1914 puis bibliothécaire à l'université de Lund de 1909 à 1919, il devient, après une première période symboliste – publiant des poèmes et des essais dès le lycée et son premier recueil de poésie à l'âge de vingt ans –, le chantre de sa province natale, la Scanie, et des joies et émotions de la vie quotidienne. Ce réalisme caractérise *Les Chansons de l'année* [*Årets visor,* 1907], qu'il considère lui-même comme son véritable début, et il en expose le programme dans l'essai *La Poésie lyrique d'aujourd'hui* [*Dagens lyrik,* 1909], invoquant entre autres Wordsworth. Sa virtuosité formelle se met au service du recueillement en face des petites choses de la vie dans *Le Livre des idylles* (*) (1917), qui résume en quelque sorte toute sa poésie, même si dans d'autres recueils les perspectives s'élargissent et le ton se fait parfois plus âpre. Critique littéraire écouté dans plusieurs grands quotidiens depuis 1907, membre de l'Académie suédoise dès 1919 et son secrétaire perpétuel de 1941 à 1964, rédacteur d'anthologies, traducteur de Wordsworth, Shelley, Goethe, Hofmannsthal, Thomas Mann, Quasimodo, Ungaretti, etc., directeur de la célèbre collection « La Série jaune » qui accueillit entre les deux guerres tous les grands noms de la littérature internationale, il a exercé une influence considérable sur le climat littéraire suédois – et sans doute aussi sur l'attribution du prix Nobel.

CARL GUSTAV BJURSTRÖM.

OSTER SOUSSOUEV Pierre. Poète français. Né le 6 mars 1933 à Nogent-sur-Marne. Études secondaires au collège Sainte-Croix de Neuilly et au lycée Buffon, de 1943 à 1950. Hypokhâgne et khâgne à Louis-le-Grand en 1951 et 1952. Oster est marqué par l'amitié de Jean Paulhan grâce à qui il rencontre Alexis Léger. En 1971, Pierre Oster épouse, à Leningrad, Angella Soussoeva. Il entre aux éditions du Seuil en 1973 ; il est membre du comité littéraire de ces éditions à partir de 1978. Il est élu au jury du prix Max Jacob en 1984. Suivons sa création.

Le champ de mai (1955), premier recueil fait de poèmes en vers, de quatrains gnomiques et de notes sous la forme d'aphorismes, témoigne déjà des préférences formelles de Pierre Oster, qui recherchera toujours « l'équilibre entre puissances de poésie et puissances de prose » (*Un ordre du mouvement,* 1979). Équilibre classique entre une tendance à l'expansion lyrique, et la litote qu'un esprit rigoureux s'impose pour que la poésie jaillisse d'un éclat. *Le champ de mai* dit en même temps le lieu sensible de la nature et un paysage de l'âme que cette nature construit par analogie. C'est l'œuvre délicate d'un écrivain de vingt et un ans, assuré des rapports indubitables entre la poésie et l'Un. Cette conception s'affirmera dans *Solitude de la lumière* (*) (1957). *Un nom toujours nouveau* (1960) et *La grande année* (1964) marquent un tournant dans la production du poète : aux essences, seul objet du discours, se substitue partiellement la nature, retrouvée après *Le champ de mai*, mais multipliée, interpellée. Grande poésie, vouée aux énergies telluriques, où l'érotisme du poète rencontre celui du monde dans une symbiose toute ronsardienne. Mais la quête de l'Un y demeure le souci premier. On le voit mieux encore dans *Les dieux* (*) (1970). La nature y est reproduite selon ses aspects les plus détaillés, mais non sans qu'il y ait un saut, voire une rupture, entre chaque notation (« L'esthétique du discontinu nous interdit paradoxalement de pénétrer dans le fragmentaire », *L'ordre du mouvement*, 1991) : à travers la nature, cet « homme de l'éloge est en quête d'un rapport sacré avec la vie » (Maulpoix) ; dans ses miniatures où, d'un trait sûr, Oster poétise chaque parcelle du monde, ce sont les différentes manifestations de l'Être qu'il cherche. L'ample vers, déjà pratiqué dans les deux précédents recueils selon une métrique des accents et non des syllabes, se dépouille ici de sa rime. La quête se poursuit dans de grands poèmes publiés séparément, dont *Rochers* (1982). Dans *Requêtes* (1977), puis dans *L'ordre du mouvement* (1991), Oster pratique l'art de la maxime ou de la prose brève : lyrisme concentré, certes, mais aussi art poétique, où s'explique l'une des œuvres contemporaines les plus réfléchies et, malgré certaines apparences, les plus modernes.

ANDRÉ GENDRE.

OSTROVSKI Alexandre Nikolaïevitch [Aleksandr Nikolaevič Ostrovskij]. Auteur dramatique russe. Né le 31 mars 1823 à Moscou, mort le 2 juin 1886 au village de Slykovo, dans le gouvernement de Kostroma. Le futur créateur du « théâtre de mœurs » en Russie étudia la jurisprudence et, en 1845, entra dans un tribunal de commerce où il resta jusqu'en 1851 ; ce fut là qu'il eut l'occasion d'observer de très près le milieu et les types des marchands qui devaient lui fournir les matériaux pour la plupart de ses comédies. Le succès obtenu par le fragment d'une comédie, *Le Banqueroutier* [*Bankrot*], publié en 1847, prouva non seulement que le public russe attendait avidement des pièces réalistes mais aussi que le jeune écrivain, quoique n'ayant pas encore affronté la scène, était déjà prêt pour le faire. Cette comédie, complétée trois ans plus tard et intitulée *Entre proches on s'arrange* (*), ne put être jouée tant la censure craignit les répercussions que son réalisme aurait pu causer. Pour voir l'une de ses pièces portée à la scène, Ostrovski dut attendre 1853, année où la censure autorisa la représentation de *La Fiancée pauvre* [*Bednaja nevesta*], publiée l'année précédente par la revue *Le Moscovite* [*Moskvitjanin*] qui donna en outre deux de ses meilleurs ouvrages : *Chacun à sa place* ou, mot à mot, *Ne t'assieds pas dans le traîneau d'autrui* [*Ne v svoi sani ne sadis'*, 1853] et *Pauvreté n'est pas vice*. Depuis cette date jusqu'à sa mort, Ostrovski produisit presque chaque année une comédie nouvelle, et ce fut à la préparation de ces pièces qu'il passa toute son existence, pauvre en événements extérieurs, exception faite de sa participation à l'« expédition littéraire » de 1856, qui lui fournit l'occasion de connaître les usages et les coutumes des territoires qu'arrose la Volga, expérience qui lui servit plus tard pour la reconstitution de l'atmosphère de certains drames historiques. Après tant d'années de travail, Ostrovski obtint finalement sa nomination au poste de directeur du répertoire des théâtres impériaux de Moscou, et cet événement aurait pu avoir une grande importance ; toutefois il se produisit trop tard, presque à la veille de sa mort.

Du point de vue financier, les difficultés qu'il dut surmonter furent nombreuses, soit que la censure interdît une ou deux œuvres, ce qui signifiait une ou deux années de manque à gagner, soit que les revues qui publiaient ses nouveautés se montrassent peu larges dans leur rétribution : ceci explique qu'il ait quitté la revue *Le Moscovite*, qui l'avait présenté au public, et qu'il ait donné ensuite ses nouvelles pièces à *La Conversation russe* [*Russkaja beseda*], au *Contemporain* [*Sovremennik*] et aux *Annales de la patrie* [*Otečestvennyja zapiski*]. Un moment crucial de l'activité d'Ostrovski fut la publication de *Une place lucrative*, en 1857, qui fut suivie, en 1859, de *La Fille adoptive* [*Vospitannica*] et, en 1860, de *L'Orage* (*), sa pièce la plus connue, même à l'étranger, ainsi que de : *Un vieil ami, c'est mieux que deux nouveaux* [*Staryj drug lučše novyh dvuh*, 1860]. À partir de 1862 commença la série des drames historiques avec *Koz'ma Minin*, auquel succédèrent, en 1865, *Le Voïvode ou le Rêve sur la Volga* [*Voevoda, ili Son na Volge*] ; en 1867, *Le Faux Dimitri* (*), *Vassili Sujskij, Tušino* et *Vassilissa Melent'eva* (également connu sous le titre d'*Ivan le Terrible*). Ostrovski s'intéressa parallèlement aux sujets historiques et à la société contemporaine ; de 1863 datent *A qui n'arrive-t-il pas malheur ?* [*Greh da beda na kogo ne živet*] et *Jours lourds* [*Tjaželyje dni*] ; de 1865, *Dans un poste clé* [*Na boïkom meste*] ; de 1868, *Le plus malin s'y laisse prendre* (*). L'horizon du dramaturge s'élargissait toujours plus, englobant d'autres classes sociales que celle des commerçants ; déjà, dans *L'Orage*, Ostrovski avait introduit des éléments psychologiques qui montraient de nouvelles tendances dans cette classe même des marchands, où ce qui en avait été la caratéristique, le « samodurstvo » (autorité prétentieuse et méprisante, « de droit divin », du chef de famille), s'était finalement atténué. Toujours attentif aux nouveaux phénomènes sociaux, Ostrovski avait de plus en plus souvent glissé dans ses pièces des types issus d'autres milieux : celui des propriétaires qui vendaient leurs terres, celui des intermédiaires mêlés à ces affaires souvent désastreuses, ou des faux riches vivant de dettes et d'expédients, ou des petits bourgeois, ou des entrepreneurs, ou, enfin, des acteurs, ceux-ci tirés d'un milieu particulièrement cher à l'auteur, celui des théâtres de province.

Entre 1868 et 1879, de nombreuses pièces avaient paru dans des revues ou avaient été représentées ; ce sont les comédies : *Un cœur ardent* [*Gorjačeje serdce*, 1869], *Argent fou* [*Bešennyja den'gi*, 1870], *La Forêt* (*), *Loups et Brebis* [*Volki i ovcy*, 1875], *Les Fiancées riches* [*Bogatyja nevesty*, 1876], *Sans dot* [*Bezpridannica*, 1878], *Le cœur n'est pas une pierre* [*Serdce ne kamen'*, 1880], etc., et deux œuvres très originales qui dépassent le cadre de la comédie de mœurs : *Fleur de neige* (*) et *Un comique du XVIIe siècle.* Son esprit d'observation, sa fraîcheur naturelle, son exactitude dans la transformation de la réalité en œuvres d'art — presque toujours de premier plan et souvent de réels chefs-d'œuvre *(Entre proches on s'arrange, L'Orage, La Forêt, Fleur de neige)* — ont fait d'Ostrovski une personnalité d'un relief exceptionnel ; son influence fut énorme dans l'histoire du théâtre, mais aussi dans celle des mœurs littéraires à cause des polémiques qui s'élevèrent au sujet de ses œuvres, en particulier grâce aux critiques Dobrolioubov et Grigoriev qui, sous des angles différents cependant, en montrèrent également la grandeur et la signification. Le « Petit Théâtre » de Moscou contribua à rendre tangibles les qualités de ce théâtre, au point qu'à la mort de l'auteur, en l'honneur du disparu, on l'appela « la maison d'Ostrovski ».

ETTORE LO GATTO

RÉF. : J. Patouillet, *Ostrovski et son théâtre de mœurs russes*, Paris, 1912.

OSTROVSKI Nicolas [Nikolaj Alekseevič Ostrovskij]. Romancier russe. Né le 29 septembre 1904 au village de Vilija (gouvernement de Volhynie, aujourd'hui en Ukraine), mort à Moscou le 22 décembre 1936. Dans sa prime jeunesse il avait été pâtre, puis, à l'âge de onze ans, aide au buffet de la gare de Sepetovka ; il y travaillait de dix à douze heures par jour et, bien souvent, échangeait son maigre dîner contre la permission de lire les journaux et les revues du kiosque de la gare. À quinze ans, il s'engagea dans l'armée Rouge et s'y distingua par un courage qui lui valut des éloges officiels. Grièvement blessé à la tête et au ventre lors d'un combat près de Lwow, le 19 août 1920, Ostrovski mit plus d'un an à se remettre ; toutefois, son œil droit restait presque totalement perdu et le gauche avait une acuité visuelle fort réduite. Devenu, en août 1924, membre du parti communiste, il se consacra à la jeunesse locale, mais, dès la fin de cette même année, il fut obligé de garder le lit par suite d'une ankylose qui immobilisait petit à petit ses articulations. Condamné à l'inaction, mais désirant être encore utile, il décida d'écrire un roman autobiographique. Commencé en novembre 1930, tantôt écrit à l'aide d'une réglette (il ne voyait presque plus rien), tantôt dicté aux membres de sa famille, le roman *Et l'acier fut trempé* (*) fut terminé en 1932 et parut en feuilleton dans la revue *La Jeune Garde* [*Molodaja gvardija*], avant d'être publié en volume (1935). Encouragé par le succès de sa première œuvre, Ostrovski commença, dès 1934, un nouveau roman, *Nés de la tempête* [*Roždennyje burej*], dont l'action se passe dans la Pologne antibolcheviste des années 1920-1922. Il venait de terminer le premier volume lorsque la mort le surprit.

RÉF. : M. Serebrjanskij, *Esquisses littéraires*, Moscou, 1948 (en russe). — S. A. Tregub, *Nikolaj Ostrovskij*, Moscou, 1954 (en russe).

OTERO Blas de. Poète espagnol. Né à Bilbao le 15 mars 1916, mort à Madrid le 29 juin 1979. Il passa son enfance à Bilbao, puis étudia jusqu'au baccalauréat à Madrid, chez les jésuites. Renonçant à la carrière de droit qu'il préparait, et enseignant pour vivre à Bilbao, il se consacra à la poésie et publia en mars 1941, à Pampelune, ses premiers vers, *Quatre poèmes* [*Cuatro poemas*], suivis de *Cantique spirituel* [*Cántico espiritual*, 1942], influencé, comme le titre l'indique, par la lecture de saint Jean de la Croix. La quête angoissée de Dieu demeurant invisible et l'angoisse existentielle animent alors ses recueils, *Ange férocement humain* (*) (1950) et *Rappel de conscience* (*), qui obtient le prix Boscán 1950, à Barcelone. Les deux livres devaient être réunis plus tard (Barcelone, 1958) sous le titre *Ancia*, constitué par la première syllabe du premier titre et la dernière syllabe du second. « Jusqu'où ira cette tour de Dieu fouettée par les tempêtes », se demande alors le poète Dámaso Alonso qui, en 1952, l'inclut avec un élogieux commentaire dans ses *Poètes espagnols contemporains* en affirmant entre autres : « La poésie de Blas de Otero est peut-être celle qui m'a le plus ému ces deux dernières années. » La réponse fut donnée en 1955 avec le recueil au titre significatif devenu très vite célèbre : *Je demande la paix et la parole* (*). Blas de Otero, s'opposant à Juan Ramón Jiménez qui écrivait pour l'« immense minorité », allait écrire pour l'« immense majorité » une œuvre civique, sociale, engagée, souvent interdite par la censure franquiste, devenant avec Gabriel Celaya le chef de file d'une génération résistante et critique : *Parler clair* (+) (1959), *Au sujet de l'Espagne* (+) (1964), *Tandis que* [*Mientras*, 1970]. En 1969, *Expression et Réunion* [*Expresión y reunión*, 1941-1969] recueille l'ensemble de l'œuvre augmenté de quelques poèmes. Prose : *Histoires feintes et véritables* [*Historias fingidas y verdaderas*, 1970].

CLAUDE COUFFON.

RÉF. : Emilio Alarcos Llorach, *La poesía de Blas de Otero*, université d'Oviedo, 1955 ; Madrid, 1966.

OTERO SILVA Miguel. Écrivain vénézuélien. Né à Barcelona (État d'Anzoátegui) le 26 octobre 1908 ; mort à Caracas le 28 août 1985. Bachelier en 1925, il publie l'année suivante un premier poème, d'influence moderniste, « Estampa », dans la revue *Elite* de Caracas. À dix-sept ans, les journaux *Fantoches* et *Caricaturas* présentent ses collaborations humoristiques sous le pseudonyme de Miotsi. En 1929, étudiant ingénieur, il combat la dictature du général Juan Vicente Gómez, mais, après l'échec d'une opération insurrectionnelle, il est contraint de s'exiler en Espagne. Il y écrit *Fièvre* [*Fiebre*], un roman qui s'inspire de cette expérience politique, mais qui ne sera publié qu'en 1939. Rentré dans son pays en 1936, il est contraint de s'exiler à nouveau sous la présidence d'Eleazar López Contreras. C'est à son retour à Caracas en 1941 qu'il crée l'hebdomadaire humoristique *El Morrocoy Azul* dans lequel il exerce sa verve satirique. Le 3 août 1943, il fonde avec son père Henrique Otero Vizcarrondo et le poète Antonio Arráiz le journal *El Nacional* dont il est le rédacteur en chef et qui devient vite l'un des grands organes de presse latino-américains. Homme de gauche, partisan des Alliés durant la Seconde Guerre mondiale, puis défenseur de ses amis écrivains persécutés sur le continent, il leur ouvrira en grand les colonnes du *Nacional* et combattra pour toutes les causes de la liberté et de la dignité, se montrant souvent aussi un généreux mécène. À la découverte du pétrole, richesse nationale, il consacre son roman *Maisons mortes* (*) (1955), suivi, en 1961, de *Oficina nº 1*, où il évoque, après avoir passé une année d'enquête à El Tigre, la ville pétrolière, la vie des pionniers de l'or noir. Poète d'avant-guerre dans *Agua y cauce* (1937), il publie, après *25 poemas* (1942), une belle *Élégie chorale à Andrés Eloy Blanco* (1958), mort en 1955, *La mar que es el morir* (1965), *Umbral* (1976). Trois romans le consacreront comme un brillant novateur du langage : *La muerte de Honorio* (1962), une histoire policière sur la dictature récente de Pérez Jiménez ; *Et retenez vos larmes* [*Cuando quiero llorar no lloro*, 1970] ; *Lope de Aguirre, prince de la liberté* (1979), réhabilitation du conquistador souvent vilipendé. Prix Lénine 1980.

CLAUDE COUFFON.

OTHON, évêque de Frisingue [Otto von Freising]. Chroniqueur allemand, écrivant en latin. Né vers 1115, mort en 1158 à Morimund, en Bourgogne, Othon était l'oncle de l'empereur Frédéric Barberousse. Il fit ses études à Paris, entra au monastère cistercien de Morimund, puis fut nommé évêque de Frisingue. Il participa à la seconde croisade et alla en Italie. Les deux œuvres historiques d'Othon sont la *Chronique depuis Adam jusqu'à l'an 1146* (*) et la *Geste de l'empereur Frédéric* [*Gesta*]. Il œuvra pour la gloire impériale en ressuscitant au bénéfice de Barberousse les prétentions de l'Empire romain. Historien précis, Othon était doué d'un remarquable talent d'exposition, coulant dans le moule des modèles classiques le portrait de ceux qui l'entouraient et racontant ce qu'il avait vu lui-même ou entendu de témoins oculaires.

JEAN-MARC PASTRÉ.

RÉF. : J. Hashagen, *Otto von Freising als Geschichtsphilosoph und Kirchenpolitiker*, Berlin, 1900.

ÔTOMO NO YAKAMOCHI. Poète japonais. Né à Nara probablement en 718, mort dans cette même ville en 785. Il était le fils de Ôtomo no Tabito (665-731) qui fut non seulement ministre mais l'un des grands poètes de l'époque ; après la mort de son père, il fut élevé par sa tante, Sakanoe no Iratsume, elle-même poétesse au talent délicat. À son époque, les Ôtomo étaient l'une des familles les plus influentes de la noblesse, bien qu'un peu en déclin, et Yakamochi occupa différentes charges à la Cour ; il fut pendant quelques années gouverneur des provinces de Etchû (de nos jours préfecture de Yoyama) et de Inaba (préfecture de Tottori). Sa vie officielle fut remplie de vicissitudes ; à plusieurs reprises mêlé à des complots politiques, il fut destitué, puis réhabilité. Il mourut précisément au moment où l'un de ses parents, Ôtomo no Tsugihito, tua Fujiwara no Tanetsugu (735-785) sur l'ordre du prince Sawara (757-785), frère de l'empereur Kammu (781-806). Arrêté, Tsugihito déclara qu'il avait agi à l'instigation de Yakamochi, de sorte que celui-ci fut privé de tous les honneurs funéraires ; son cadavre demeura pendant vingt jours sans sépulture. C'est seulement vingt et un ans plus tard qu'on réhabilita sa mémoire, son innocence ayant été reconnue. On lui attribue généralement la compilation du *Man-Yô-Shû* (*), anthologie de poèmes, le monument poétique japonais le plus important, qui contient quatre cent trente-deux « tanka » (ou poésies brèves) et quarante-six « chôka » (ou poésies longues) de lui. En tant que poète, il faut lui reconnaître une rare et particulière sensibilité pour la nature. Cependant ses vers sont en général plus raffinés que spontanés et bien moins inspirés par des élans du cœur que par des sujets contingents comme le désir de flatter quelqu'un, d'animer une fête, etc., et même le plaisir simple de faire des jeux de mots.

OTTLIK Géza. Écrivain hongrois. Né à Budapest le 9 mai 1912. Parmi les écrivains hongrois contemporains, Ottlik est certainement l'un des plus discrets : il ne se livre que par des écrits, sporadiques, et singulièrement par son œuvre maîtresse, *Une école à la frontière* (*).

Sa scolarité s'est accomplie dans des écoles militaires, puis il s'est tourné vers les études scientifiques, pour obtenir en 1939 un diplôme universitaire de mathématiques et de physique. C'est au même moment qu'il commence à publier dans différentes revues des critiques et des textes de fiction. Son premier recueil de nouvelles *Les Tricheurs* [*Hamisjàtékosok*] paraît en 1941.

Après la guerre, il est dramaturge-adaptateur à la radio hongroise. Pendant douze ans, il sera secrétaire du PEN-club. Il publie son deuxième recueil *Des toits à l'aube* [*Hajnali hàztetök*] en 1957. Il avait achevé en 1948 la première version du roman *Une école à la frontière*, qu'il « laissera reposer » jusqu'en 1959. Dès sa publication, cet ouvrage recueillit un succès exceptionnel, accompagné néanmoins de controverses, et il est très vite devenu un classique de la prose hongroise contemporaine.

Il faudra attendre 1969 pour qu'Ottlik publie un nouveau recueil de nouvelles, *Tout y est* [*Minden megvan*], suivi en 1980 d'un recueil d'essais *Prose* [*Proza*]. Ottlik est également traducteur : de l'anglais et de l'américain (Dickens, Shaw, Waugh, O'Neill et Osborne) ainsi que du français et de l'allemand.

Comme on le voit, Ottlik est un auteur peu prolixe. On le définit souvent comme l'homme d'une seule œuvre, conçue « dans le tissu du silence ». Les recueils de nouvelles n'atteignent pas en effet les sommets d'*Une école à la frontière*. Ottlik est sensible à la dimension mystérieuse de l'œuvre et à son unicité. Il se prononce très violemment, dans sa pratique même de critique, contre la paraphrase de l'œuvre : ses structures complexes tendent, au-delà du niveau superficiel de l'anecdote, à faire percevoir, à suggérer l'inexprimable. Ottlik est certainement moins dépendant de la conjoncture spatiale et temporelle que la plupart des écrivains hongrois. Il part néanmoins de la réalité de son pays et des thèmes qui le touchent, mais il leur donne un caractère tout à fait universel. La place éminente de Géza Ottlik dans le panorama littéraire hongrois contemporain a été reconnue dans les années 1980 et attestée par les prix dont il a été gratifié en Hongrie : prix József Attila en 1981 et le très prestigieux prix Kossuth en 1985.

EVA TOULOUZE.

OTTO Rudolf. Pasteur et théologien luthérien allemand. Né à Peine (Hanovre) le 25 septembre 1869, mort à Marburg (Hesse) le 6 mars 1937. Agrégé en 1897, puis chargé du cours de théologie systématique à Göttingen (1904), professeur à Breslau en 1914 et, enfin, à Marburg où il demeura jusqu'à sa mise à la retraite (1917-1929), Otto possédait une profonde connaissance de la mystique orientale ainsi que de la mystique allemande et luthérienne, et il se signala à l'attention mondiale par son livre sur la catégorie du « sacré », ou du « divin » – *Le Sacré* (*) (1917) – qui fut suivi d'une vaste synthèse d'histoire des religions, *Mystique d'Orient et d'Occident* [*West-östliche Mystik*, 1926]. Le problème des rapports entre la mystique indienne et le christianisme lui a également inspiré les recherches de son ouvrage sur *La Religion de la grâce en Inde et chez les chrétiens* [*Die Gnadenreligion Indiens und das Christentum*, 1930], et sa dernière œuvre *La Divinité et les divinités des ariens* [*Gottheit und Gottheiten der Arier*, 1932]. Esprit inquiet qui percevait le dramatique contraste entre l'iniquité du monde et la perfection de Dieu, Otto répandit par ses écrits et par des conférences ses principes qui fondaient l'activité religieuse sur la reconnaissance du côté absolument « divin », transcendant de Dieu, de qui l'humanité n'a aucune possibilité, théorique ou pratique, de s'approcher parce qu'Il est « Autre ».

OTTOKAR de Styrie (Ottokar von Steiermark]. Chroniqueur allemand. Né vers la seconde moitié du XIIIe siècle, mort au début du XIVe (après 1309). Il est l'auteur d'une *Chronique rimée autrichienne* (*) et d'une *Chronique des Césars*, qui a été perdue. Il était au service d'Otto von Liechtenstein, fils du minnesänger Ulrich, et fut, comme il nous le dit lui-même, l'élève d'un certain Conrad de Rothenbourg longtemps après l'expédition du prince Conradin. Il faut donc situer son noviciat entre 1268 et 1278. On ne possède aucun autre renseignement sur sa vie.

OTWAY Thomas. Poète dramatique anglais. Né le 3 mars 1652 à Trotton, près de Midhurst (Sussex), mort à Londres le 16 avril 1685. Fils d'un ecclésiastique, il fit ses études à Winchester, et à partir de 1669 au Christ Church College d'Oxford qu'il quitta en 1672, après la mort de son père, sans être titulaire d'aucun grade universitaire. S'étant rendu à Londres, il se fit acteur et monta sur les planches ; cette tentative échoua, mais Otway mit à profit cette expérience dans la nouvelle carrière qu'il entreprit alors, celle d'auteur dramatique. Il recueillit ses premiers succès avec les tragédies *Alcibiade* [*Alcibiades,* 1675], que jouèrent Mrs. Bettorton et Mrs. Barry (qui obtint alors son premier triomphe d'actrice et dont Otway s'éprit) et *Don Carlos* (*) (1676), avec ses adaptations de Racine – la tragédie *Tite et Bérénice* [*Titus and Berenice,* 1677] –, et de Molière – la farce *Les Fourberies de Scapin* [*The Cheats of Scapin,* 1677], représentée le même soir que la précédente tragédie et publiée peu après dans le même volume –, et un an plus tard, en 1678, avec une comédie divertissante, *Amitié à la mode* [*Friendship in Fashion*]. La même année, pour s'éloigner de Mrs. Barry qui était devenue la maîtresse de lord Rochester, Otway s'enrôla pour la campagne de Hollande. De retour l'année suivante, il reprit sa carrière avec *Caius Marius* (*) (1679-80), où l'on sent l'influence du *Roméo et Juliette* (*) de Shakespeare, et *L'Orpheline* *ou le Mariage malheureux* (*) (1680) avec, également, les vers de *Le poète se plaint de sa muse* [*The Poet's Complaint of his Muse*], son unique composition poétique de quelque importance (1680) avec sa comédie *La Fortune du soldat* [*The Soldier's Fortune,* 1681], et enfin avec la meilleure de ses tragédies, *Venise sauvée* (*) (1682). En 1680, Otway était devenu le précepteur du fils de Charles II, mais il perdit son poste en 1682. En 1684, pour subvenir à ses besoins financiers, il fit représenter une très médiocre comédie, *L'Athée* [*The Atheist*], et en février de l'année suivante, il envoya au nouveau roi, Jacques II, une composition poétique intitulée *Le Château de Windsor* [*Windsor Castle*]. Mal rétribué pour ses pièces de théâtre et menant une vie de bohème, ses dernières années s'écoulèrent dans la misère, et il mourut, semble-t-il, de faim et de privations, dans une auberge. Les éditeurs lui attribuèrent une tragédie, *Amitié héroïque* [*Heroick Friendship*], imprimée avec beaucoup de négligence en 1719. Pathétique, délicat, presque maladivement sentimental, Otway ajouta une note personnelle au goût pour le drame « noir » de tradition élisabéthaine.

♦ *« Si Shakespeare l'emporte sur Corneille, nous avouerons que Racine est bien peu de chose en comparaison du tendre et élégant Otway. Pour s'en convaincre, il ne faut que jeter les yeux sur ce petit précis de la tragédie intitulé* L'Orpheline. *»* Voltaire.

RÉF. : Thornton, *Life of Thomas Otway,* Londres, 1813. – Beljame, *Le Public et les hommes de lettres en Angleterre au XVIIe siècle,* Paris, 1881. – E. Schumacher, *Thomas Otway,* Bonn, 1924. – R. G. Ham, *Otway and Lee,* New Haven, 1931.

OUSPENSKI Gleb Ivanovitch [Gleb Ivanovič Uspenskij]. Écrivain russe. Né le 13 octobre 1840 à Toula, d'une famille de gens d'Église (tradition interrompue par son père qui devint employé), mort le 24 mars 1902 à Strél'na, près de Saint-Pétersbourg. Il étudia d'abord à l'université de Saint-Pétersbourg, puis à celle de Moscou. La mort de son père, en l'obligeant à gagner sa vie, lui fit abandonner prématurément ses études. Il commença d'écrire assez tôt ; son premier ouvrage important, *Les Mœurs de la rue Rasteriaevskaïa*, parut en 1866, en partie dans *Le Contemporain* [*Sovremennik*], qui fut fermé la même année par la censure impériale. Comme il travaillait lentement, ce ne fut que trois ans plus tard qu'il donna un second roman : *La Ruine* [*Razorenie*, 1869] ; il partit ensuite pour l'étranger, se désintéressant de son œuvre qui avait été acceptée par la plus importante revue radicale de l'époque, *Les Annales de la patrie* [*Otečestvennyja zapiski*]. Le destin voulut qu'après avoir peint le monde des villes de province (employés et petits bourgeois), qui lui avait fourni les éléments profondément humains des *Mœurs de la rue Rasteriaevskaïa*, il en vint à décrire l'action de la vie urbaine sur les campagnards. Il fallait naturellement une profonde connaissance de ces derniers milieux, et Ouspenski l'acquit en occupant un emploi à la Caisse d'épargne agricole d'une bourgade du gouvernement de Samara, d'où il passa dans celui de Novgorod. Le fruit de ses observations fut d'abord *Extraits d'un journal campagnard* (*) (1878), puis *La Puissance de la terre* (*) (1882). Son nom demeure attaché à ce dernier ouvrage, plus peut-être par l'originalité des situations que par l'art qu'il y déploie. Ouspenski l'écrivit dans le grand élan qui le poussait vers le peuple, mais l'ouvrage reflète les désillusions causées par son contact avec les paysans ; pourtant, le mouvement sincère qui portait les intellectuels vers les milieux populaires de l'époque ne diminua pas en lui. Après *La Puissance de la terre*, il donna encore d'autres romans, mais son cycle était accompli. Une maladie mentale le frappa en 1893 ; il se survécut une dizaine d'années jusqu'à ce que la mort vînt le délivrer de ses maux.

RÉF. : Ossip Lourié, *La Psychologie des romanciers russes du XIXe siècle,* Paris, 1905.

OUSPENSKI Pierre Demianovitch [Petr Demjanovič Uspenskij]. Philosophe russe. Né à Moscou en 1878, mort à Londres en octobre 1947. Après avoir fait de sérieuses études en sciences naturelles et en mathématiques et obtenu son diplôme d'ingénieur, Ouspenski se fit connaître par trois écrits consacrés à la philosophie de la quatrième dimension : *La Quatrième Dimension* (1909), *Tertium Organum : clé des énigmes du monde* (1911, trad. angl. 1951), et *Un nouveau modèle d'Univers* (1912, trad. angl. 1948). Préoccupé par les questions qui se posaient à lui quant à la véritable raison d'être de l'homme à sa place dans l'univers, Ouspenski fit un voyage en Égypte et aux Indes, pensant pouvoir y trouver des hommes capables de lui donner une réponse satisfaisante. Déçu dans cet espoir, il retourna en Russie, où il rencontra G. I. Gurdjiev, auprès duquel il vécut pendant quelque temps. Ayant émigré à Londres après la Révolution russe, il y publia deux livres, dans lesquels il décrit sa rencontre avec cet homme étrange, ainsi que certaines leçons qu'il reçut de lui. Ces livres : *Fragments d'un enseignement inconnu* (*) (1949), et *L'Homme et son évolution possible* (1950, trad. 1952), ne purent paraître qu'après la mort de l'auteur.

ØVERLAND Arnulf. Poète norvégien. Né le 27 avril 1889 à Kristiansund, mort le 25 mars 1968 à Oslo. Ayant grandi dans des conditions modestes, il fit quelques études de philologie après le baccalauréat, mais débuta comme peintre. Sa première exposition eut lieu en même temps que la parution de son premier recueil, *La Fête solitaire* [*Den ensomme fest*, 1911]. Tuberculeux, sa maladie a marqué son deuxième recueil, *Les Cent Violons* [*De hundrede fioliner*, 1912]. Au lendemain de la guerre

1914-1918, il prend le parti de l'Allemagne malheureuse, contre la Paix de Versailles, dans *Pain et Vin* [*Brød og Vin*, 1919], et publie des poèmes politiques, *Le Front rouge* [*Den røde front*, 1937]. Son principal recueil entre les deux guerres est *Commandements* (+) (1929), dont la force, l'indignation et la chaleur contrastent avec l'amertume de *Je te conjure* (*) (1934), où l'on trouve cependant aussi d'ardents poèmes d'amour. Antifasciste convaincu, il mit en vain l'opinion en garde et, en 1940, il publia *Paroles graves adressées au peuple norvégien* [*Ord i alvor til det norske folk*]. Ses poèmes contre les occupants circulèrent ensuite clandestinement. En 1941, il fut arrêté et, en 1942, envoyé au camp de concentration de Sachsenhausen. Ses poèmes sur la Résistance et le camp de concentration ont été réunis dans *Nous survivons à tout* (*) (1945), les poèmes plus personnels dans *Retour à la vie* [*Tilbake til livet*, 1946]. Øverland a publié depuis plusieurs recueils : *Le Pêcheur et son âme* [*Fiskeren og hans sjel*, 1950], *L'Épée derrière la porte* (1956), etc. Mais ses dernières années ont surtout été remplies par une activité politique et polémique dans le domaine de la langue, de la politique étrangère, etc. Déjà, les procès de Moscou l'avaient éloigné du communisme. Après la guerre, il fit des tournées de conférences pour expliquer que le système stalinien était aussi dangereux pour notre civilisation que l'impérialisme hitlérien. Il a également laissé des nouvelles. Son œuvre dramatique n'a pas été couronnée de succès.

CARL GUSTAF BJURSTRÖM.

OVIDE (Publius Ovidius Naso). Poète latin. Né le 20 mars de l'an 43 av. J.-C., à Sulmone (Abruzzes), mort en 17 apr. J.-C., à Tomes (Mésie). Il nous a laissé les principaux éléments de sa biographie dans les poèmes qu'il écrivit en exil. Ce retour du poète malheureux vers son insouciante jeunesse est assez émouvant. Des bords froids et tristes de la mer Noire, Ovide évoque les lumineuses visions de Rome, de la Grèce et de la Sicile, sa brillante carrière de poète à la mode. Après son enfance à Sulmone, petite ville des Abruzzes, « qu'arrosent des eaux fraîches », il fut envoyé par son père à Rome pour y suivre les enseignements du grammairien, puis du rhéteur. Sénèque le Rhéteur nous a laissé quelques renseignements précieux sur les années d'apprentissage d'Ovide. Il fut l'élève d'Arellius Fuscus, très helléniste, et de Porcius Latro, dont plusieurs sentences se retrouvent dans les poésies d'Ovide. Sénèque nous a même conservé le texte d'un exercice scolaire, une « controverse », dans laquelle le jeune Ovide défendait déjà les droits du cœur dans une bizarre affaire de suicide par amour. Le futur maître dans *L'Art d'aimer* (*) était d'ailleurs naturellement poète : « Dès mon enfance, je me plus aux mystères sacrés, et la Muse, secrètement, m'attirait à son service [...] Tout ce que j'essayais d'exprimer prenait naturellement la forme du vers. » À ce poète naissant, une merveilleuse occasion de nourrir son génie fut offerte. À dix-huit ans, Ovide s'embarqua pour un voyage d'étude en Grèce, qui allait parfaire sa culture hellénique et lui révéler la lumière, la mer, le paysage, l'art de la Grèce. La poésie d'Ovide sera, d'ailleurs, ordinairement moins inspirée par la nature que par les arts plastiques. Dans ce voyage, C. Pompeius Macer, poète comme lui, l'accompagnait. À leur retour, ils restèrent longtemps en Sicile : « Nous vîmes le ciel resplendir de la flamme de l'Etna, que vomit la bouche du géant enseveli dans la montagne, et le lac d'Henna et les marais fétides de Palicus, et l'Anapus mêlant ses eaux à celle de Cyané et la Nymphe, tout près de là, qui, fuyant le fleuve d'Elide, court encore aujourd'hui sous les eaux de la mer. » Rentré à Rome, Ovide commença de parcourir les premières étapes du « cursus honorum » qui normalement devait le conduire au Sénat. La vie politique à Rome venait d'ailleurs de subir une transformation décisive pendant l'enfance et l'adolescence d'Ovide. Les guerres civiles avaient mis fin à la République romaine. Octave triomphant avait ramené l'ordre, la paix, mais fondé l'Empire. Toutes les forces matérielles et spirituelles étaient mobilisées au service du renouveau de l'idée romaine. Mais la carrière d'Ovide s'interrompit rapidement. Elle lui fit pourtant prendre contact avec les problèmes juridiques en qualité de triumvir (fonction policière), de décemvir et de centumvir (fonction judiciaire). « J'ai sans malversations tenu en main la fortune des accusés et jugé les procès du ressort des décemvirs, dira-t-il plus tard à Auguste ; sur les affaires privées aussi, j'ai statué en juge irréprochable, et même la partie condamnée reconnut mon impartialité. »

Oui, mais Ovide ne pense sérieusement qu'à une seule chose : la poésie. Il fréquente le cercle de Messala, préfet de la ville de Rome. Il y rencontre Horace, Properce, Tibulle, Virgile, ce dernier à peine entrevu. Dans ce cercle, on cultive particulièrement l'élégie. Messala encourage Ovide dans cette voie, le « lance ». Ovide lit ses premiers vers en public à dix-huit ans. Il va connaître rapidement le succès avec ses *Amours* (*), qu'il commence à composer, qu'il publiera en 15 av. J.-C., et dont il donnera une seconde édition réduite en 4 av. J.-C. Ce livre est l'histoire d'une liaison, avec toutes ses péripéties. La maîtresse d'Ovide est Corinne : nom d'emprunt, nom collectif sans doute ; nulle passion n'arrache de cris au poète : seulement de la grâce, de la verve, de l'esprit. Enhardi par le succès, Ovide se lance dans un genre fort différent et très sérieux : la tragédie. Sa *Médée* (*) sera goûtée par des connaisseurs comme Quintilien et Tacite. Mais, après cette tentative honorable, Ovide reviendra à l'élégie. En même temps que les *Amours*, il avait commencé à composer les *Héroïdes* (*), dans un genre qu'il prétendait avoir inventé. Ce sont les lettres d'amoureuses illustres, Pénélope, Briséis, Phèdre, Didon, Hermione, Déjanire, Ariane, Médée, Sappho, Hélène, etc. ou de leurs soupirants, Pâris, Léandre, Acontius. La rhétorique et l'esprit précieux d'Ovide s'y donnent libre cours. Immédiatement avant ou après l'ère chrétienne paraît *L'Art d'aimer*. Ici Ovide s'aventure sur un terrain scabreux. Octave devenu Auguste veut restaurer la morale romaine, réagir contre l'adultère. Ovide, pour sa part, offre un traité de la séduction. Il se défendra en disant qu'il n'écrit pas pour les honnêtes femmes. L'ouvrage est charmant par sa finesse psychologique, par la savoureuse évocation de la vie romaine, par son ton de gracieux badinage. Un tel livre assura à Ovide un succès définitif. Le public féminin pouvait aussi lire *De la manière de soigner le visage féminin*, recettes de beauté versifiées. Et le poète donnait également, dans *Les Remèdes d'amour* (*), le secret de la guérison aux « cœurs malheureux ». La Muse et la Fortune avaient donc souri à Ovide. Dans sa maison située non loin du Capitole, une société brillante et heureuse de vivre se réunit. Le « chantre léger des tendres amours » semblait même avoir trouvé enfin l'amour conjugal avec une troisième épouse, qui ne lui apporta pas seulement l'affection, mais ses puissantes relations dans l'entourage impérial. Tout jeune, on lui avait imposé un mariage qui fut un échec total. D'un second mariage, il avait eu une fille. Mais, bien qu'il affirme que sa seconde femme ait été sans reproche, il avait dû s'en séparer. Protégée d'Atia, tante maternelle d'Auguste, sa troisième femme était liée avec la maison de Fabius Maximus, un des favoris d'Auguste. Elle le rapprochait de l'empereur. Les genres littéraires et les thèmes d'Ovide changent alors complètement. *Les Métamorphoses* (*), poème en quinze livres, de quatorze mille vers, groupent habilement les récits de la mythologie grecque en une chatoyante tapisserie. *Les Fastes* (*) s'inscrivent nettement dans le programme impérial de restauration de la religion romaine. C'est le calendrier établi par le collège des pontifes, et qui marque les jours fastes et néfastes, les fêtes, les dates importantes de l'histoire de Rome. Mettre ce calendrier en poésie, c'est donc traiter un sujet éminemment romain. Mais, tandis qu'Ovide entreprend cette tâche, le destin frappe. Un édit impérial condamne le poète à la relégation à vie (novembre 8 apr. J.-C.). Il doit s'embarquer en décembre et rejoindre Tomes, l'actuelle Constantza, port de la Dobroudja, en Roumanie.

Que s'est-il passé ? Dans les poèmes de l'exil, Ovide fait allusion à deux motifs : l'un avoué, l'autre secret : « Je n'ai rien fait que la loi me défendît de faire ; et cependant, je dois l'avouer, ma faute est plus grave encore. Ne demande pas ce qu'elle est ; j'ai écrit un *Art* absurde (allusion à *L'Art d'aimer*) ; c'est lui qui empêche qu'on puisse considérer mes mains comme innocentes. Si j'ai commis quelque autre faute, veuille ne pas le demander ; je veux que dans mon *Art* on voie toute ma faute. » Il est évident que *L'Art d'aimer* a été invoqué par Auguste comme un prétexte, afin de dissimuler le vrai motif de l'exil d'Ovide. Il y avait déjà huit ans que le livre avait paru et, somme toute, il n'était pas plus immoral que d'autres. Sur le vrai motif, on est réduit aux conjectures. Ovide s'est tu. Il eût été extrêmement dangereux pour lui de le divulguer. On voit simplement qu'il insiste sur le caractère involontaire de sa faute : « Pourquoi ai-je vu quelque chose ? Pourquoi ai-je rendu mes yeux coupables ? Pourquoi n'est-ce qu'après mon imprudence que j'ai compris ma faute ? [...] Oui, à l'égard des dieux, le hasard lui-même doit être expié ; la divinité ne fait point grâce à l'erreur involontaire. » À vrai dire, ces affirmations peuvent être un système de défense. On peut vraisemblablement supposer que cette consigne de silence imposée à Ovide cachait quelque scandale de l'entourage impérial dont il aurait été le témoin, voire le complice. On a supposé (Boissier) qu'Ovide aurait favorisé les relations coupables entre Julie, petite-fille d'Auguste, et Silanus, exilés tous deux la même année. On a pensé aussi (Ellis) qu'Ovide avait assisté à une cérémonie secrète du culte d'Isis et que cette indiscrétion avait déplu à Livie, la femme de l'empereur, fervente des mystères de la déesse égyptienne. Pour d'autres (Ripert), Ovide aurait été trop lié avec Fabius Maximus, dont son mariage l'avait rapproché, et ce Fabius Maximus aurait cherché à influencer Auguste pour qu'il se désignât comme successeur Agrippa Postume plutôt que Tibère, fils de Livie. Quoi qu'il en soit, l'arrachement à Rome, à ses amis, à sa famille déchira cruellement le poète. Sa femme voulait le suivre ; elle le pouvait ; mais, restant à Rome, elle s'emploierait à le faire réhabiliter et à préserver ses biens de la confiscation. Ovide nous a laissé la description de la nuit de décembre où il quitta Rome, laissant ses amis en pleurs, sa femme inanimée de douleur, pour rejoindre Brindes où l'attendait le bateau qui allait l'emporter irrévocablement. Après une longue et pénible traversée, Ovide trouva à Tomes un pays glacial et sinistre : « Au-delà d'ici, il n'y a rien, sauf seulement le froid et l'ennemi, et l'onde marine condensée par le gel qui la saisit. » C'est dans ce lointain poste frontière qu'Ovide va passer les dix dernières années de sa vie, espérant toujours une grâce de plus en plus improbable, suppliant inlassablement Auguste et Livie de lui pardonner, pressant sa femme, ses amis, d'intervenir pour lui, s'acharnant à continuer son œuvre poétique loin de tout secours intellectuel.

Il continua de travailler aux *Fastes*, composa des élégies et des épîtres en vers, respectivement *Les Tristes* (*) et *Les Pontiques* (*), dans lesquels il décrit ses états d'âme, la tristesse du pays où il vit, dans lesquels il évoque aussi les beaux souvenirs de sa vie heureuse. Ces deux ouvrages constituent un véritable journal, d'abord de voyage, ensuite d'exil ; c'est ce qui fait leur prix. L'amour pour sa femme, la tendresse pour ses amis, la haine de ses adversaires, la craintive supplication aux puissants, sont les thèmes les plus fréquents. Mais on entrevoit aussi ce que pouvait être la vie dans cette petite ville, aux limites de l'Empire, la rencontre entre la civilisation gréco-romaine et la barbarie. En l'an 14, Auguste mourut. Le fils de Livie lui succéda : Tibère, qui ne voulut rien changer aux dispositions prises par Auguste. L'angoisse de mourir en exil commença de saisir Ovide : « Je suis venu sur la terre des Gètes, il faut donc que j'y meure. » Il se sentait de plus en plus abandonné, de plus en plus isolé. On ne sait rien de sa mort, survenue probablement à la fin de l'an 17. Il s'était composé lui-même cette épitaphe : « Moi qui suis couché là, chantre léger des tendres amours, Nason, le poète, mon inspiration m'a perdu ; passant, qui que tu sois, si tu as aimé, pour conjurer le malheur prononce ces paroles : que les restes de Nason reposent dans la paix. » Cette vie est celle d'un poète uniquement poète, pour qui l'art pour l'art est la seule valeur. On a beaucoup reproché à Ovide son maniérisme et son art recherché, décadent. Il n'émeut pas beaucoup, même dans les poèmes de l'exil, mais il charme par sa fraîcheur, son esprit, son don d'observation. Le succès d'Ovide ne s'est jamais démenti. Dès le vivant du poète, il fut considérable. Pendant son exil, on mimait ses poèmes à Rome. On a retrouvé des vers d'Ovide écrits sur les murs de Pompéi. D'une manière assez générale, les écrivains latins de qualité, comme Quintilien, comme Sénèque le Philosophe, comme Sénèque le Rhéteur, l'estimeront, lui reprochant toutefois de faire de l'esprit (« lascivire ») d'une manière immodérée et dans des descriptions qui ne supportent guère l'ironie. Cette considération réservée va faire place à un enthousiasme croissant au cours des siècles. *Les Métamorphoses* fourniront des symboles à l'allégorie chrétienne ; le Moyen Âge écoutera avec délices l'habile conteur, et sur son déclin viendra se mettre à l'école de *L'Art d'aimer*. Cher aux troubadours et aux trouvères, il est l'inspirateur du *Roman de la Rose* (*). Mais déjà au XIIe siècle il avait posé à saint Bernard et à Guillaume de Saint-Thierry le problème de l'amour, et ce dernier voulait écrire un *Anti-Naso*. En 1519, Luther proposera de supprimer un cours sur la logique aristotélicienne et de le remplacer par un cours sur *Les Métamorphoses*. Il revit en partie dans Ronsard, fournit au XVIIe siècle une mine inépuisable pour ses opéras, inspire les artistes du XVIIIe siècle. Le début du XIXe siècle lui apporte un élève inattendu en la personne de Sören Kierkegaard, car *Le Journal du séducteur* (*) puise une partie de son ironie étrange dans *L'Art d'aimer*. Ovide, le chantre léger des tendres amours, est un des maîtres de la pensée et surtout de la sensibilité occidentales, à laquelle il a fourni pour une grande part ses expressions, ses thèmes et ses problèmes.

PIERRE HADOT.

Antiquité. ♦ *« Toute argumentation lui était pénible. Il ne se permettait aucune licence de style, sauf dans ses poèmes ; et là encore, il connaissait bien ses défauts, mais il les aimait ; il disait qu'un visage est plus agréable s'il a quelque grain de beauté. »* Sénèque le Rhéteur. ♦ *« "Comme des îles, les montagnes émergent et le nombre des Cyclades croît", comme le dit fort bien (à propos du déluge) le plus ingénieux des poètes, qui dit encore d'un ton qui répond à la grandeur du spectacle : "Tout n'est que mer, une mer sans rivages." Malheureusement tout ce bel élan du génie et du sujet tombe dans des puérilités ridicules : "Le loup nage au milieu des brebis, l'onde entraîne les lions fauves." C'est manque de sobriété de faire de l'esprit quand le globe terrestre est englouti. »* Sénèque le Philosophe. ♦ *« Ovide, trop amoureux de son propre talent. »* Quintilien.

XIIIe-XIVe siècle. ♦ *« Ce est li* Romans de la Rose, *où* l'art d'amours *est tout enclose. »* Guillaume de Lorris. ♦ *« Ovide, clerc de Vénus. »* Chaucer.

XVIIe-XVIIIe siècle. ♦ *« On ne peut le nommer sans avoir horreur de son obscénité. »* Fénelon. ♦ *« Ovide pourra vous répondre* [à Bayle] *: "J'aime mieux Daphné changée en laurier et Narcisse en fleur que de la matière subtile changée en soleil et de la matière rameuse devenue terre et eau. Je vous ai donné des fables pour des fables et vos philosophes donnent des fables pour des vérités." »* Voltaire.

XIXe siècle. ♦ *« Herder m'avait sévèrement critiqué pour la joie que j'avais trouvée à lire* Les Métamorphoses *d'Ovide. J'avais beau essayer de défendre mon poète favori, j'avais beau dire que pour une jeune imagination rien n'est plus agréable que de vivre en de sereines et lumineuses contrées, avec les dieux et les héros pour être le témoin de leurs faits et gestes et de leurs passions... peine perdue ; Herder me disait qu'il ne pouvait y avoir aucune vérité immédiate en ces poèmes ; il n'y avait là ni la Grèce, ni l'Italie, ni un monde primitif, ni un monde civilisé, mais beaucoup plus la simple imitation de modèles antérieurs et le maniérisme qu'on peut attendre d'une culture trop raffinée. »* Goethe.

XXe siècle. ♦ *« Je pense que nul pays ne l'a mieux compris que la France. Cet esprit qui, sérieux au fond, regarde en se moquant le petit monde humain, est admirablement français. C'est surtout peut-être au temps de la Renaissance et du Grand Roi que l'esprit posthume du poète se retrouve le plus chez lui. »* E. K. Rand. ♦ *«* Les Métamorphoses, *où brillent, quelquefois à l'état d'ébauches, tant de merveilles encore inexplorées, sont une source toujours jaillissante. Quelle autre,* La Bible *à part,* l'Odyssée *peut-être, alimenterait pareillement la méditation, qui est le rêve sous sa forme la plus haute, docile à la maîtrise d'une souriante raison qui ne peut naître que d'un subtil accord entre les puissantes réserves de l'œuvre et nos secrets appels. »* F. Lefèvre. ♦ *« Le Moyen Âge a trop volontiers fait de lui un moralisateur qu'il n'est guère ; les siècles classiques en ont fait un poète de salon et d'alcôve, ce qu'il n'a été qu'à certains moments ; sachons le voir avec d'autres yeux ; retrouvons en lui une Rome familière, colorée, charmante, spirituelle, et aussi le décor méditerranéen des histoires mythologiques. »* E. Ripert.

RÉF. : E. Ripert, *Ovide, poète de l'amour, des dieux et de l'exil*, Paris, 1921. — W. Brewer, *Ovid's Metamorphoses in European Culture*, Boston, 1933. — G. Mayer, *Die Farbenbezeichnungen bei Ovid*, Bamberg, 1934. — H. Bartholome, *Ovid und die antike Kunst*, Leipzig, 1935. — M. Beamer, *Greek*

Art in Ovid's Poems, s. 1, 1936. – A. Stocker, *De l'Âme chez les poètes*, Paris, 1940. – J. Engels, *Étude sur l'« Ovide moralisé »*, Groningen, 1943. – H. Fränkel, *Ovid, a Poet between Two Worlds*, Berkeley, 1945. – D. P. Harding, *Milton and the Renaissance Ovid*, Urbana, 1946. – G. May, *D'Ovide à Racine*, Paris, 1949. – F. Lefèvre, *Orphée*, Paris, 1949. – Herescu et alii, *Ovidiana*, Paris, 1958. – S. Viarre, *Ovide, Essai de lecture poétique*, 1972. – J.-M. Frécaut, *L'Esprit et l'humour chez Ovide*, 1976. – R. Chevallier et alii, *Colloque Présence d'Ovide*, Paris, 1982. – M. von Albrecht et E. Zinn (ed.), *Ovid*, Wege der Forschung, Darmstadt, 1982.

OWEN Robert. Industriel et philanthrope anglais. Né et mort à Newtown, dans le comté de Montgomery (14 mai 1771 - 17 novembre 1858). Précurseur de ce qu'on appelle aujourd'hui la législation sociale, Owen s'efforça de trouver des solutions nouvelles et généreuses aux problèmes sociaux, mais ses idées souvent utopiques lui valurent personnellement bien des mécomptes et portèrent préjudice aux côtés positifs de son œuvre. Son activité de réformateur social débuta vers 1800, lorsqu'il réduisit la durée de la journée de travail et favorisa la création d'une caisse mutuelle et d'une coopérative de consommation dans l'usine de New-Lanark (Écosse) dont il était co-propriétaire. Au cours des années suivantes, son action se poursuivit, intense et infatigable, en particulier par la lutte contre l'excessif travail des enfants dans les usines. Il réussit à attirer l'attention de plusieurs parlementaires sur ce problème majeur et, en 1815, prépara avec Robert Peel le premier projet de loi ouvrière par lequel, notamment, il était interdit de faire travailler les enfants âgés de moins de dix ans. La réaction des industriels fut telle que ce projet ne put être transformé en loi qu'en 1819, et que pendant longtemps les principales dispositions n'en purent être appliquées. L'influence qu'exercèrent sur Owen les utopies du XVIIIe siècle apparaît nettement dans les propositions qu'il fit pour combattre le paupérisme consécutif aux guerres napoléoniennes, par la création de communautés autonomes de travailleurs, associés dans leur effort productif agricole et industriel. N'ayant pas réussi à obtenir un appui gouvernemental pour son projet, Owen chercha à le traduire en actes aux États-Unis, par la fondation, en 1825, de la communauté « New Harmony », qui se solda par un coûteux échec. Owen se consacra alors au mouvement coopératif parmi les ouvriers anglais, mouvement au sein duquel il introduisit la notion de classe. Dans ce sens, il créa en 1834 la « Grand National Consolidated Trades Union » qui devait diffuser et mettre en pratique un système, en substance socialiste, de production et de distribution. Cette tentative également, bien qu'animée par un grand souffle d'idéal, échoua au bout de très peu de temps, mais non sans avoir suscité de l'intérêt chez les ouvriers britanniques. Une des œuvres les plus importantes d'Owen est *Le Livre du nouveau monde moral* (*) (1826-44), qui nous présente l'ensemble de ses doctrines, de l'utopie au coopératisme. Rappelons en outre : *Une vue nouvelle de la société humaine* [*A New View of Human Society,* 1813], *Observations sur l'effet du système des manufactures* [*Observations on the Effect of the Manufacturing System,* 1818], *La Révolution dans l'esprit et la pratique de la race humaine* [*The Revolution in the Mind and Practice of the Human Race,* 1849], et son autobiographie, *La Vie de Robert Owen* [*The Life of Robert Owen,* 1857].

RÉF. : H. G. Mac Nab, *Examen impartial des nouvelles vues de M. Robert Owen et de ses établissements à New-Lanark,* trad., Paris, 1821. – E. Dolléans, *Robert Owen,* Paris, 1905. – F. Podmore, *Robert Owen,* Londres, 1906. – B. H. Hawey, *Robert Owen, Social Idealist,* Berkeley, 1949. – M. Cole, *Robert Owen of New-Lanark,* Londres, 1953. – M. Dommanget, *Robert Owen,* Paris, 1956. – A. L. Morton, *The Life and Ideas of Robert Owen,* Londres, 1965.

OWEN Wilfred. Poète anglais. Né le 18 mars 1893 à Oswestry, dans le Shropshire, et mort au combat le 4 novembre 1918, sur le canal de la Sambre. S'il apparaît aujourd'hui comme l'un des plus grands « poètes de guerre » de son temps, Wilfred Owen ne connut de renommée que posthume et controversée. De milieu modeste, de constitution fragile, il dut très tôt s'exiler en France pour fuir la rigueur des hivers anglais ; il passa ainsi deux années à Bordeaux (1913-1915), donnant des cours d'anglais, travaillant à un recueil de « Poèmes mineurs ». Owen dut le nouvel élan de son écriture à la douloureuse épreuve de la guerre, où il s'engagea en 1915 malgré une santé toujours précaire, et surtout à la rencontre avec Siegfried Sassoon en 1917, au cours d'une permission d'invalidité passée en Angleterre. Les conseils de son aîné le mirent sur la voie d'une sorte de « réalisme romantique » (Yeats ne voyait guère en Owen qu'un romantique attardé, empruntant à Keats sa manière et son vocabulaire), style qu'il devait décliner dans une grande diversité de modes – paraboles, récits, lyrisme, monologues –, mais autour d'un thème unique : « La guerre est mon sujet, et le malheur de la guerre. » Owen ne publia de son vivant que quatre poèmes ; après une période d'oubli presque complet, il fut ressuscité dans les années 30 par le groupe de W. H. Auden – ainsi Stephen Spender voyait-il en lui « l'influence la plus palpable dans la poésie moderne ». On découvrit, alors seulement, la vigueur délicate de ces hymnes aux jeunes soldats marchant vers la mort, comme le Christ au Golgotha, l'originalité de ces poèmes de guerre empreints de compassion et d'un érotisme à peine déguisé, et la technique virtuose d'Owen – inventeur de la rime consonantique, ou pararime : « escaped / scooped » ou « groined / groaned », par exemple, dont le principe fut repris avec plus ou moins de succès par des générations de poètes. Sa carrière posthume atteignit son apogée en 1961, lorsque Benjamin Britten mit en musique certains de ses poèmes, pour son *War Requiem* (+). Edmund Blunden en 1931, puis Cecil Day-Lewis en 1963 réunirent l'ensemble de ses poèmes, qui surent enfin trouver un écho auprès du public anglais.

PATRICK HERSANT.

RÉF. : J. Stallworthy, *Wilfred Owen : A Biography,* Londres, 1974.

OWFI Mohammad. Anthologue persan. Né à Boukhara probablement, dans le premier quart du XIIe siècle, mort à Delhi en 1232. Owfi prétend descendre d'Abd al-Rahmân b. Owf, Compagnon du Prophète. Appartenant à une famille cultivée de Transoxiane, il fait ses études à Boukhara. En 1201, il se rend à Samarcande pour y trouver un emploi à la cour du gouverneur ilkhanide, le Sultan Jalâl al-Dîn Tamghâj, où son oncle maternel est médecin. En 1204, il va à Nasâ, puis voyage au Khorassân ; en 1206, il réside à Nichapour, où il fait la connaissance de personnages éminents. Il se rend ensuite à Hérat et à Ghazna, traverse l'Indus en passant par le Sind et le Goudjérat et, arrivé à Lahore, demande protection au vizir de Nâser al-Dîn Qabacha, Aïn al-Molk, à qui il dédie en 1220 sa célèbre anthologie *L'Essence des esprits* (*). Il est un certain temps « juge » [qadi] à Cambaye, où il termine en 1223 sa traduction persane de l'ouvrage d'al-Tanoukhi, *al-Faraj ba'd al-Shidda.* À cette époque, les Mongols attaquent le Kwarezm et avancent vers Moltân et Delhi ; Chams al-Dîn Iltoutmich vainc Qabacha en 1228. Owfi change alors de maître, s'attachant à la cour d'Iltoutmich. C'est à son vizir, Nizâm al-Molk al-Joneïdi, qu'il dédie son recueil d'anecdotes *Somme d'histoires* (*), œuvre remarquable car elle contient plus de deux mille anecdotes historiques et littéraires sur différentes dynasties qui régnèrent en Perse avant l'invasion mongole. Owfi, vit, semble-t-il, à Delhi jusqu'en 1232.

MARIE-HÉLÈNE PONROY.

O-YANG SIO [Ouyang Xiu] (prénom public Yong Chou ; surnommé Tsouei-weng ou Lio-yi ts'iu-che). Écrivain chinois, né à Lou-Ling (Tsiang-si) le 6 août 1007, d'une famille pauvre, mort en 1072 à Ying-tcho. Il perdit son père à l'âge de quatre ans, et c'est sa mère qui lui apprit à écrire, avec des pointes de roseau. Lorsqu'il eut atteint quinze ans, ses dispositions et son intelligence lui donnèrent rapidement accès aux examens d'État. Sa vie publique fut un exemple d'honnêteté et de droiture, mais il fut relégué en province à la suite d'une accusation portée contre son projet de « petite réforme », et parce qu'il dut céder devant son adversaire politique Wang An-che (1021-1086). On dit qu'il aimait le vin et les sociétés galantes. Comme Tcho Touen-yi, Chao Yong, Tchang Tsai et les frères Tch'eng, il fut confucianiste. Comme historien, O-yang Sio est connu pour le *Sin-T'ang-chou* ou *Nouvelle histoire des T'ang,* achevée en 1060, rédigée en collaboration avec Song Ts'i (998-1061), de 1054 à 1060 ; on attribue à notre auteur les soixante-quinze premiers chapitres (les « annales principales », les « traités » dont quelques-uns ont été traduits en français par R. des Rotours, et les « tableaux ») de cet ouvrage, pour lequel il avait été nommé « fonctionnaire chargé de la correction et de la rédaction », tout en exerçant de nombreuses autres charges officielles (préfet de K'ai-song, grand secrétaire au département de la chancellerie impériale, vice-président du ministère des Rites) ; on doit aussi à O-yang Sio la *Nouvelle Histoire des Cinq Dynasties* [*Sin-Wou-tai-che*] ; ces deux ouvrages sont supérieurs, par le style et le sens historique, aux autres études anciennes sur ces deux périodes. Les œuvres complètes de notre auteur ont été réunies sous le titre de *O-yang Wen-tchong kong-ts'iuan-tsi.* Les sujets traités y sont extrêmement divers, tant sur le mode grave que sur le mode léger. L'on y trouve ainsi une étude sur le *Livre des vers* (*), d'autres sur les inscriptions antiques (*Tsia-kou-lou*), les caractères des contemporains (*Kouei-tien-lou*), les pivoines (*Lo-yang nou tan-tsi*). Ses *Essais littéraires* (*) ont imposé la prose « en style ancien » [kou-wen], comme Han Yu (768-824), qu'il admirait, l'avait fait sous les T'ang. Mais O-yang Sio fut aussi un immense poète, qui rénova avec plus de huit cents pièces le style de la poésie régulière « che ». Il composa encore deux recueils de « ts'e » (poèmes composés sur la prosodie d'un « air » donné, florissants sous les Song, 960-1279), dont le *Lio-yi ts'e* est le plus connu, tandis que le *Tsouei-weng ts'in-ts'iu wai-p'ien* fut longtemps réfuté pour ses sujets érotiques et sa langue souvent vernaculaire. Tous ces écrits sont très populaires, et leur auteur a été canonisé sous le nom de Wen-tchong, puis admis en 1530 au temple de Confucius.

RÉF. : J. T. C. Liu, *The Works and Political Life of Ouyang Hsiu,* Stanford, 1967.

OYONO Ferdinand. Romancier camerounais. Né le 14 septembre 1929 à N'Goulémakong, dans la région d'Ebolowa, une zone de forêts, de cacaoyères... et de missions chrétiennes, qui sert de cadre à ses deux premiers romans.

Catholique convaincue et pratiquante, la mère de Ferdinand Oyono avait quitté le domicile conjugal parce qu'elle refusait de cohabiter avec un mari polygame ; quant au père, rédacteur des services civils et financiers, son statut de fonctionnaire l'obligeait à de fréquents déplacements. Partagé entre deux foyers, le jeune Oyono a donc eu l'occasion, très tôt, de voyager à travers les différentes circonscriptions du Cameroun et d'y engranger, au contact des représentants de l'administration coloniale que fréquentait son père, les observations aiguës qui font l'originalité de son œuvre.

À l'issue de la classe de 4e au lycée de Nkongsamba, Ferdinand Oyono quitte le Cameroun pour le lycée de Provins où il obtient le baccalauréat en 1954, avant de s'engager dans des études de droit et de sciences politiques, tout en ébauchant la rédaction de ses souvenirs d'enfance, brouillon de ses futurs romans, *Une vie de boy* (*), *Le Vieux Nègre et la médaille* (1956), dans lesquels il dresse avec une ironie parfois féroce le bilan d'un colonialisme sur le déclin. En effet, à la suite du vote de la loi-cadre de 1956, l'administration du Cameroun cesse d'être coloniale dans les mots, mais elle reste néanmoins en grande partie aux mains des Européens, et si les « petits Blancs » que met en scène le romancier se révèlent parfois inquiets des nouvelles dispositions juridiques, ils n'en abandonnent pas pour autant la mentalité raciste et arrogante dont *Le Vieux Nègre et la médaille* nous offre un exemple particulièrement caustique.

Après la publication d'un dernier roman, *Chemin d'Europe* (1960), contemporain de l'accession à l'indépendance du Cameroun, Ferdinand Oyono, bientôt accaparé par d'importantes fonctions diplomatiques et politiques – de 1964 à 1975 il a été ambassadeur de son pays à Paris –, n'a plus rien publié, et il donne le sentiment d'avoir mis un terme à une carrière littéraire pourtant prometteuse.

JACQUES CHEVRIER.

RÉF. : Jacques Chevrier, *« Une vie de boy » de Ferdinand Oyono*, Paris, 1977. – G. Mendo-Ze, *La Prose romanesque de Ferdinand Oyono*, Paris, 1984.

OZ Amos (pseud. de A. Klauzner). Écrivain israélien. Né le 4 mai 1939 dans la Jérusalem mandataire. Originaires de Russie et de Pologne, ses parents lui enseignèrent une langue unique, l'hébreu : « Je devais être une nouvelle page, un enfant blond, simple et robuste, libéré des névroses juives et d'un intellectualisme outrancier. » Il fit ses études primaires dans une école religieuse où on lui enseigna « la nostalgie de la splendeur passée d'Israël qui, tombée dans le feu et dans le sang, se relèverait dans le feu et dans le sang ». Il devint « expert en fanatismes comparés » et composa alors des poèmes d'inspiration biblique exaltant la résurrection du royaume de David et le terrible châtiment de ses ennemis. Deux ans après le suicide de sa mère, survenu en 1952, il quitta sa famille, sa ville natale, « fragile mosaïque d'enclaves étrangères les unes aux autres qui éveillèrent en moi cette curiosité qui ne devait plus me quitter d'être, l'espace d'un instant, l'autre », changea son nom et, dans l'espoir de faire table rase, il partit vivre au kibboutz Hulda. Tout en poursuivant ses études secondaires, il s'y imprégna des valeurs fondamentales du kibboutz : le travail, le collectivisme et l'égalité, visant à l'amélioration progressive de l'humanité. Après son service militaire, il revint au kibboutz travailler dans les champs de coton. C'est à cette époque qu'il publia ses premières nouvelles dans la revue *Keshet,* « des histoires ironiques sur les rêves déçus des pionniers idéalistes ». En 1962, on l'envoya à l'université hébraïque de Jérusalem, où il obtint une licence de lettres et de philosophie. De retour à Hulda, il se consacra à l'écriture et à l'enseignement au lycée du kibboutz. Personnalité marquante de la gauche modérée israélienne, Oz fut, en 1977, l'un des fondateurs du mouvement « La Paix maintenant », militant pour une réconciliation israélo-arabe. Cet engagement s'illustre par nombre d'articles politiques et idéologiques, notamment par son essai *Les Voix d'Israël* [*Po vecham beeretz Israel bestav 1982,* 1983]. En 1986, il quitta le kibboutz pour s'établir avec sa femme et ses trois enfants à Arad, petite ville du Néguev. Aujourd'hui, il enseigne la littérature hébraïque à l'université Ben Gourion de Beer-Sheva. Amos Oz est l'auteur de onze romans et recueils de nouvelles, traduits en vingt-deux langues et couronnés par de nombreux prix : prix Holon 1965, prix Brenner 1976, prix Zeev 1978, prix Bernstein 1983, prix Bialik 1986, prix Femina étranger et prix Wingate 1988 – pour *La Boîte noire* (*) –, d'essais et de chroniques, ainsi que d'un livre pour enfants, *Mon vélo et autres aventures* [*Soumchi*, 1978]. Dans ses premiers écrits, Oz, l'une des figures les plus remarquables de la génération de l'État, s'interroge sur les contradictions internes du sionisme qui, cherchant à guérir le judaïsme des archétypes étrangers glanés dans l'exil par le retour à Sion, amena avec lui les germes de la maladie. La « page neuve » se révèle chargée des anciennes terreurs que l'auteur va s'attacher à démasquer en analysant les racines spirituelles, émotionnelles et symboliques de la réalité israélienne. Quatre de ses récits s'articulent autour du kibboutz, la valeur la plus sacrée de l'idéal sioniste. *Les Terres du chacal* (+) (1965) décrivent la petite communauté d'un kibboutz affrontant un environnement hostile : la Terre promise est une terre cruelle où les chacals hurlent la nuit dans les champs. Vient l'heure du doute : la Rédemption se trouve-t-elle *Ailleurs peut-être* (*) (1966) ? De retour dans sa patrie, le juif errant, incapable de « toucher la terre » qui se dérobe, ne parvient qu'à *Toucher l'eau, toucher le vent* [*Laga'at bamayim, laga'at baruach,* 1973]. Même ici, *Un juste repos* [*Menuchah Nechonah,* 1982] est introuvable. Oz semble imputer aux pères l'aliénation *Jusqu'à la mort* [*Ad mavet,* 1971] des fils. Les singulières figures qui traversent la Jérusalem d'Oz sont des créatures déracinées, torturées et schizophrènes – telle Hanna, l'héroïne de *Mon Michaël* (*) (1968). Dévorées par la nostalgie, elles ont perdu tout contact avec la réalité, comme dans *La Colline du mauvais conseil* [*Héar haetsa haraa,* 1976]. À l'intensité fiévreuse, presque magique, des premiers récits où il s'attachait à exorciser les vieux démons dont la maladie du fanatisme est le nouvel avatar – *La Boîte noire* (1987) –, Oz s'emploie dans ses derniers romans à décrypter les signes pour y découvrir la présence originale de l'infini, loin de l'idéal matérialiste du sionisme ou de l'approche culturelle du religieux. Au terme du long apprentissage de la résignation, *Connaître une femme* [*Lada'at icha,* 1989], ses héros attendent l'illumination qui leur permettra de découvrir une troisième voie, *La Troisième Condition* [*Hamatsav hachelichi,* 1991], afin de surmonter l'impuissance issue de la tension des contraires.

SYLVIE COHEN.

OZAKI Kôyô [Ozaki Tokutarô]. Écrivain japonais. Né à Edo, aujourd'hui Tôkyô, le 10 janvier 1868, mort à Tôkyô le 30 octobre 1903. Il renonça à terminer ses études universitaires pour fonder en 1885, avec un groupe d'amis, le cercle littéraire *Kenyûsha* [*Les Amis de l'écritoire*], qui attira la plupart des romanciers de la nouvelle génération, adversaires des thèmes traditionnels du roman de l'époque de Edo. Grâce à ses deux publications périodiques, *Le Plaisir de notre bibliothèque,* littéralement : *Bibliothèque sans valeur* [*Garakuta bunko*], fondé en 1885, et *Les Fleurs de la capitale* [*Miyako no hana*], fondées en 1888, le cercle publia des œuvres d'une grande valeur. En 1889, Kôyô écrivit son roman *La Confession d'amour de deux religieuses* [*Ni-nin bikuni iro zange*], qui le rendit célèbre. Entre 1889 et 1897, il introduisit dans la littérature un nouveau style, singulier mélange de la langue écrite et classique et du langage parlé. Ses expressions, extraordinairement colorées et charmantes, lui ont mérité le surnom de « peintre de la parole ». Pendant une dizaine d'années environ, Ozaki Kôyô fit également paraître de nombreux chefs-d'œuvre dans le quotidien *Yomiuri.* Il épousa en 1891 Kikuko, fille du médecin de la famille impériale Kabashima, qui lui donna trois fils. Joyeux et bon vivant, en vrai « edokko » qu'il était (c'est-à-dire : natif de Tôkyô), il venait affectueusement en aide à ses disciples, parmi lesquels les plus fameux furent Izumi Kyôka (1873-1939), Oguri Fûyô (1875-1926), Yanagawa Shun.yô (1877-1918) et Tokuda Shûsei (né en 1871), appelés à devenir célèbres. Ozaki Kôyô, dont le rayonnement s'étendait à tous les milieux, donna à la littérature la plus large diffusion. Il était, en outre, le bienfaiteur des écrivains, servant leur prestige en améliorant leur sort. Avant de mourir il composa, en guise d'adieu au monde, ces deux vers : « Si je dois mourir, que ce soit à l'automne / et avant que s'évanouisse la rosée ! » Le poète n'avait pas eu le temps de terminer l'un de ses meilleurs ouvrages, *Le Démon doré* (*), qui fut achevé en 1905 par son élève Oguri Fûyô.

RÉF. : Georges Bonneau, *Histoire de la littérature japonaise contemporaine*, Paris, 1940.

OZAKI Tokutarô : v. **Ozaki** Kôyô.

OZANAM Frédéric. Écrivain français. Né à Milan le 23 avril 1813, mort à Marseille le 8 septembre 1853. Issu d'une famille de lointaines origines israélites, mais depuis longtemps convertie au catholicisme, arrière-petit-fils d'un membre de l'Académie des sciences et fils d'un médecin lyonnais, Ozanam reçut de sa mère une éducation ardemment chrétienne et la brève crise de doute qu'il traversa pendant son adolescence fut rapidement surmontée. En 1830, Frédéric fit partie de cette jeune élite qu'enthousiasmait la tentative de rénovation catholique menée par le groupe de *L'Avenir* (*) et la condamnation, puis l'apostasie de Lamennais l'affectèrent douloureusement. Cependant, venu à Paris en 1832 pour y faire ses études de droit, Ozanam, à la différence de Lamennais, allait d'abord se tenir en marge de la politique et consacrer ses vastes puissances de dévouement à des œuvres de charité pure : c'est ainsi qu'en 1833, âgé seulement de vingt ans, il fondait la société de Saint-Vincent-de-Paul, qui prit une extension rapide. Mais un autre rêve de Lamennais, celui de la réconciliation de l'esprit moderne et de la religion traditionnelle, hantait le jeune universitaire : aussi Ozanam multiplia-t-il les efforts pour obtenir de l'archevêque de Paris l'autorisation des fameuses conférences à Notre-Dame de Lacordaire. Toutes ces activités ne retardaient pas les études d'Ozanam, qui passa son doctorat en droit en 1836 et son doctorat en lettres en 1838. D'abord professeur de droit commercial à Lyon, il obtint en 1841 la suppléance de la chaire de littérature étrangère à la Sorbonne, et, de la préparation de son enseignement, tira deux essais : *Dante et la philosophie catholique au* XIII*e siècle* (1839), *Études germaniques,* deux volumes (1847-49), etc. Il n'en restait pas moins avant tout un militant catholique et, tandis que Montalembert défendait au Parlement et dans la presse la liberté de l'enseignement, Ozanam menait en pleine Sorbonne une vive campagne contre le rationalisme universitaire. En 1844, il se voyait cependant titularisé dans sa chaire de littérature étrangère. La révolution de 1848 l'enthousiasma et, avec Lacordaire, il lança le journal *L'Ère nouvelle,* plus « avancé » encore que ne l'avait été *L'Avenir,* puisqu'on y parlait ouvertement de « démocratie chrétienne » et qu'on y saluait dans le triomphe récent des idées républicaines « l'ère politique du christianisme et de l'Évangile ». Ces thèses ne pouvaient être que fort désagréables au polémiste Louis Veuillot, qui engagea une campagne contre l'entreprise d'Ozanam et de Lacordaire, Rome finit par s'émouvoir et *L'Ère nouvelle* dut cesser de paraître au bout d'une année. Le coup d'État de Napoléon III laissa Ozanam désemparé et il refusa de se rallier à l'autorité nouvelle. Sa santé était d'ailleurs déjà gravement atteinte ; il devait mourir peu après, au retour d'un voyage en Italie et en Espagne. Âme ardemment chrétienne – v. ses *Lettres* (*) –, d'une générosité infatigable, Ozanam ne manquait pas de lucidité politique : il fut un des premiers catholiques à pressentir, dans les années 1840, l'importance grandissante qu'allait prendre la « question sociale » dans le monde moderne. Enfin ses travaux sur Dante suffisent à lui assurer des titres durables.

RÉF. : C. Huit, *La Vie et les œuvres d'Ozanam,* Lyon, 1888. – H. Girard, *Un catholique romantique : Frédéric Ozanam,* Paris, 1930. – A. Romero Carranza, *Ozanam y sus contemporaneos,* Buenos Aires, 1951. – L. Celier, *Ozanam,* 1956.

P

PACHECO José Emilio. Écrivain mexicain. Né le 30 juin 1939 à Mexico. Il a obtenu en 1980 le prix national de journalisme, mention « Diffusion culturelle ». Pacheco, qui collabore à de nombreux journaux et revues, a, dans la culture mexicaine actuelle, un statut de « polygraphe » qui rappelle celui dont jouissait jadis Alfonso Reyes. Mais c'est incontestablement la poésie qu'il privilégie dans son œuvre. Un de ses premiers recueils de poèmes, *Ne me demande pas comment passe le temps* [*No me preguntes cómo pasa el tiempo*], a obtenu en 1969 le prix national de poésie. Ce livre a été suivi par *Le passé est un aquarium* [*Irás y no volverás*, 1973], *Iles à la dérive* [*Islas a la deriva*, 1976], *Les Travaux de la mer* [*Los trabajos del mar*, 1983], *Fin de siècle et autres poèmes* [*Fin de siglo y otros poemas*, 1984], *Je regarde la terre* [*Miro la tierra*, 1986]. Pacheco considère la poésie comme un brasier où se consume et se régénère le présent de la conscience ; dans ce feu, qui est à la fois désintégration et lumière, s'effectue la transmutation d'un désastre – celui de notre « ère fugitive » – où le poète est lui aussi impliqué et où il s'attache à revigorer les parties mortes du langage. « Ses poèmes – commente José Miguel Oviedo – remplissent une fonction semblable à celle des "ready-made" de Duchamp ou des collages de Max Ernst dans le domaine de l'art : ils sont autant de façons d'atteindre l'anomalie et la nouveauté à travers la reproduction » – v. *Tu mourras ailleurs* (*).

CLAUDE FELL.

PACHELBEL Johann. Organiste et compositeur allemand. Baptisé à Nuremberg le 1er septembre 1653, mort à Nuremberg le 3 mars 1706. Il fit ses études dans sa ville natale avec Schewmmer. Il occupa de nombreux postes : organiste de la cour d'Eisenach en 1677, puis de 1678 à 1690, à la « Predigkirche », église des dominicains d'Erfurt, en 1690 à la cour de Stuttgart, en 1692 à celle de Gotha. En 1695, après avoir refusé un poste à Oxford, il revient à Nuremberg où il tiendra, jusqu'à sa mort, les orgues de l'église Saint-Sebald. Il forma de nombreux élèves, dont le plus connu est Johann-Christoph Bach, frère aîné de Johann-Sebastian. Il est surtout connu pour son œuvre d'orgue – v. *Toccatas, fugues, chorals* (*). Composée pour grande part de pièces courtes, ce qui en facilitera la diffusion, elle comporte des sonates en trio, des suites, des variations en canon, dont l'une au moins est restée célèbre jusqu'aujourd'hui ; il utilise beaucoup la forme fuguée : quatre-vingt-quatorze fugues sur le seul Magnificat. Ses nombreux préludes et variations sur des thèmes de choral ouvrent la voie à la technique de Johann Sebastian Bach. Il faut retenir l'existence d'une œuvre vocale non négligeable : des motets, quelques cantates, deux messes, treize Magnificat. Ses œuvres pour clavecin sont regroupées dans *L'Hexachordum Apollinis* (1699). De ses deux fils, l'aîné, Wilhelm, lui succéda dans son poste, le second émigra en Amérique où il devint organiste d'une des églises de Charleston.

JEAN-FRANÇOIS LABIE.

PACIOLI ou **PACIUOLO fra'Luca.** Mathématicien italien. Né à Borgo San Sepolcro (Ombrie) vers 1445, mort probablement à Rome peu après le 30 août 1514. Issu d'une famille modeste, il se rendit très jeune à Venise en qualité d'instituteur, entra ensuite chez les franciscains et, après avoir complété sa propre culture théologique et philosophique, il se mit à enseigner les mathématiques dans différentes villes d'Italie. Ami de Léonard de Vinci, il fut l'une des figures les plus caractéristiques de son époque ; ne voulant plus écrire en latin comme les mathématiciens qui l'avaient précédé, il préféra un italien qui, en fait, resta chez lui très barbare, truffé de mots latins, grecs et dialectaux. Il serait faux de le considérer comme un créateur, mais ce qu'il tira des ouvrages inédits de Leonardo Fibonacci fut sans aucun doute une véritable révélation. Ses œuvres principales sont la *Somme de l'arithmétique* (1494), ouvrage de caractère encyclopédique, qui eut une très large diffusion et une forte influence, ainsi que *De la divine proportion* (*) (terminé en 1496, publié à Venise en 1509) en trois parties, dont la première fut illustrée par Léonard de Vinci. Ses ouvrages constituent une préparation idéale aux nouvelles recherches sur l'algèbre du XVIe siècle.

RÉF. : H. Staïgmuller, in *Ztschr. für Math. Phys.*, 1889. — B. Penndorf, in *Ztschr. für Handelswiss, und Handelspraxis*, 1921. — J. Ryder, *Lines of the Alphabet in the Sixteenth Century*, Londres, 1965.

PAÇO D'ARCOS Joaquim. Romancier portugais. Né à Lisbonne le 14 juin 1908, mort dans la même ville le 10 juin 1979. Descendant du vice-amiral Correia da Silva, gouverneur de l'Inde portugaise, député-pair et premier comte de Paço d'Arcos (1834-1905). Après avoir grandi en Chine où son père était gouverneur de Macao, celui-ci, commandant de vaisseau émérite, une fois nommé administrateur du Mozambique, se l'adjoignit, à peine âgé de dix-sept ans, en qualité de secrétaire. Ensuite, tour à tour journaliste, antiquaire à São Paulo et, de retour en Europe, inspecteur d'une compagnie de navigation, il devint chef des services de presse au ministère des Affaires étrangères de Lisbonne (1936-1960). Son œuvre, remarquable par l'art du récit et l'analyse psychologique, aussi variée qu'attachante (romans et nouvelles, essais, pièces de théâtre, grands reportages, mémoires, etc.), se présente dans sa partie principale comme une vaste fresque de la capitale portugaise (*Crónica da Vida de Lisboa*) de 1918 à 1945. Citons parmi ses romans les plus connus *L'Antiquaire de São Paulo* (*) (1936) et *La Biche captive* (*) (1956).

JEAN-BAPTISTE AQUARONE.

PACUVIUS Marcus. Écrivain latin. Né à Brindisi (Pouilles) en 220 avant J.-C., mort à Tarente vers 130. Neveu d'Ennius, il fut, à Rome, l'ami des politiciens et des hommes de lettres qui entouraient la famille des Scipions. À la fois peintre et poète, il passa les dernières années de sa longue vie à Tarente. Outre ses *Tragédies* (*) et la « prétexte » intitulée *Paulus*, dont il ne reste qu'environ quatre cents vers, Pacuvius écrivit des satires à la manière d'Ennius, c'est-à-dire des poèmes en différents mètres, mêlés à de la prose, dont le ton et le sujet étaient variés, et dont aucun fragment ne nous est parvenu. Ses tragédies remportèrent un grand succès sur les scènes romaines, et continuèrent à être représentées après la mort de l'auteur.

PADILLA Heberto. Poète et romancier cubain. Né le 20 janvier 1932 à Pinar del Río. Après des études de droit à l'université de La Havane, il part aux États-Unis. De retour à Cuba en 1959, il devient correspondant de l'agence officielle Prensa Latina à Londres. En 1964-65, il représente le ministère du Commerce extérieur à Moscou. Il se lie avec l'intelligentsia dissidente, en particulier le poète Evtouchenko. Il continue de collaborer à plusieurs revues, dont *Les Temps modernes* (*).

Son recueil *Le Juste Temps humain* [*El justo tiempo humano*, La Havane, 1962] est primé. Il apparaît comme une réaction contre la poésie baroque, celle de Lezama Lima et de ses disciples. Les poèmes évoquent l'absurdité de la condition humaine, la rupture avec le passé et l'avènement d'une ère nouvelle, le « juste temps humain ». En 1968, un autre recueil, *Hors jeu* (*), primé aussi, est publié assorti d'une déclaration de l'Union des écrivains dénonçant le contenu idéologique des poèmes. Commence alors pour Padilla un ostracisme qui culminera avec son arrestation en 1971 ; menacé, il obtient sa libération en échange d'une rétractation. En séance publique, le poète « avoue » des activités contre-révolutionnaires, impliquant son entourage et diverses personnalités cubaines et étrangères. Cet épisode retentissant, connu comme « l'affaire Padilla », a suscité les protestations d'intellectuels (de Sartre à Vargas Llosa) et d'une opinion publique jusque-là favorable au castrisme.

Après l'affaire, Padilla, ainsi que son épouse Belkis Cuza Malé, poétesse de talent, sont interdits de publication. Le recueil *Provocaciones* paraît à Madrid en 1972. Padilla est traducteur dans un organisme étatique jusqu'à son exil aux États-Unis en 1980. Le couple s'installe alors à Princeton et fonde la revue *Linden Lane Magazine* (1982). Padilla se consacre au journalisme et enseigne la littérature dans diverses universités. Le recueil *L'Homme au bord de la mer* [*El hombre junto al mar*, Barcelone, 1981] regroupe des poèmes écrits à Cuba qui expriment, au-delà de la résignation, l'ardent désir de survivre, grâce à l'arme de la poésie. De ses démêlés avec les autorités de son pays, Padilla a tiré le roman *Dans mon jardin paissent les héros* [*En mi jardín pastan los héroes*, Barcelone, 1982], écrit à Cuba. Puis il publie une autobiographie assez sélective sur la période révolutionnaire, *La Mauvaise Mémoire* [*La mala memoria*, Barcelone, 1989].

LILIANE HASSON.

♦ *« Je remarque des traits communs entre les Procès de Moscou et l'Aveu de Padilla. Apparemment, l'autodivinisation des chefs exige, en contrepartie, l'auto-humiliation des incrédules. »* Octavio Paz.
♦ *« Padilla était alors comme le " héros " de toute notre génération. »* Reinaldo Arenas.

RÉF. : Lourdes Casal, *El caso Padilla : Literatura y Revolución en Cuba*, Miami, 1971. — José Mario, « Introducción », *in* Heberto Padilla, *Provocaciones*, Madrid, 1973.

PAGANINI Niccolò. Compositeur et violoniste italien. Né à Gênes le 27 octobre 1782, mort à Nice le 27 mai 1840. Il fut le plus génial des virtuoses-compositeurs de violon, et, par certains aspects, il occupe une position historique semblable à celle de Liszt pour le piano. Son père, Antonio Paganini, et sa mère, Teresa Bocciardo, étaient tous deux amateurs de musique, et ce fut son père qui inculqua à Niccolò les premières notions de violon et de mandoline. Il étudia ensuite le violon dans sa ville natale et, après avoir donné ses premiers concerts à l'âge de treize ans, à Gênes et à Florence, se rendit à Parme pour se perfectionner avec Alessandro Rolla. De retour à Gênes, il y rencontra en 1796 le célèbre violoniste Rodolphe Kreutzer ; ce fut dès cette époque qu'il entreprit de composer, comme il le disait lui-même, de la musique « difficile », affrontant de nouveaux problèmes de technique du violon. Il écrivit alors ses premiers concertos et, peut-être, quelques-uns des vingt-quatre *Caprices* (*), son œuvre musicalement la plus importante, qui ne fut cependant imprimée qu'en 1818, bien que portant le numéro d'op. 1. La période suivante de la vie de Paganini est obscure ; il quitta certainement Gênes peu de temps après, alors que la ville était agitée par les soulèvements politiques, et parcourut l'Italie en donnant des concerts. Il fit un assez long séjour en Toscane (1801-1804). De 1805 à 1808, il est à la cour de Lucques, chez Elisa Baciocchi, sœur de Napoléon ; il y exerce les fonctions de violoniste et de directeur de la musique. Puis nous le retrouvons à Florence, toujours dans la suite d'Elisa Baciocchi, pendant une période indéterminée (peut-être jusqu'en 1813). Ensuite, il reprend ses tournées : de 1813 à 1825, il donne des concerts dans plusieurs villes d'Italie, s'imposant partout et voyant sa gloire s'accroître de jour en jour. En 1827, il entreprit son premier voyage à l'étranger pour une tournée de concerts. Il commença par l'Allemagne, puis il se rendit en Autriche, où il plongea dans l'extase le public viennois — c'est là qu'il commença d'apprécier l'art de Beethoven qui venait de mourir, surtout ses *Quatuors* (*) qu'il joua et admira de plus en plus —, ensuite à Berlin, à Varsovie, Leipzig, Francfort-sur-le-Main, Halle, Magdebourg et plusieurs autres villes allemandes. En 1813, il fit sa première apparition en France et en Angleterre (en premier lieu, naturellement, à Londres et à Paris) et, au cours des années qui suivirent, il revint plusieurs fois dans ces deux pays pour des tournées de concerts. Rappelons sa rencontre avec Berlioz à Paris, en 1833, d'où devait naître la symphonie *Harold en Italie* (*) du maître français. Il se rendit également en Irlande, en Belgique et en Hollande. En 1834, il revint dans sa patrie : il donna des concerts à Parme, à Gênes, à Turin et à Marseille. Puis il dut abandonner sa carrière de virtuose pour des raisons de santé. Il résida à Marseille, puis à Nice afin de s'y soigner d'une tuberculose du larynx dont il mourut.

Il est difficile d'établir la chronologie de ses œuvres, qui furent généralement publiées tardivement ou même après sa mort. Le *Concerto n° 1 en ré majeur* op. 6 — v. *Concertos pour violon et orchestre* (*) —, le plus souvent joué, fut (d'après Fétis) composé en 1811 ; le *Concerto n° 2 en si mineur* op. 7, qui contient le célèbre rondo *La Campanella* (*), fut certainement joué par Paganini à Vienne en 1828 ; les autres sont moins souvent joués, inédits ou totalement inconnus. Parmi les pièces brillantes le plus souvent interprétées, *Les Sorcières,* variations sur un thème de Süssmayer, virent le jour aux environs de 1813, les variations sur *Le Carnaval de Venise* (*), en 1829 ; par contre, on ignore la date de composition de ses autres variations les plus connues, celle sur l'air *Di tanti palpiti* du *Tancrède* (+) de Rossini, sur la *Prière du Moïse* (*), de Rossini également, et sur l'air *Nel cor più non mi sento,* de *La Belle Meunière* (*) de Paisiello, de même que celle du *Mouvement perpétuel* (*) ; quant aux dates de composition des *Sonates pour violon et guitare,* des *Sonates et sonatines* pour guitare, etc., nous n'avons aucune certitude à leur sujet.

FABIO FANO.

♦ *« ... Il me manque une base pour cette colonne de flammes et de nuées. J'ai simplement entendu quelque chose de météorique, et je n'ai pas pu me rendre compte. »* Goethe. ♦ *« C'était une musique comme l'oreille n'en entend jamais, une musique que le cœur seulement peut rêver, quand il repose, la nuit, sur le sein de la bien-aimée. »* Heinrich Heine. ♦ *« Quel homme ! Quel violon ! Quel artiste ! Que de souffrances, de misères, de tortures dans ces quatre cordes ! »* Franz Liszt. ♦ *« J'ai entendu chanter un ange dans l'Adagio de Paganini. »* Schubert. ♦ *« Paganini est, dans l'art instrumental, une double liaison entre le style classique-romantique et le style moderne. Il a donc devancé d'un siècle l'écriture violonistique actuelle, et je reste persuadé que ses inventions, ses trouvailles, ses heureuses créations ont influencé les possibilités techniques de toute l'orchestration mondiale. »* Jacques Thibaud.

RÉF. : G. Harris, *Paganini, in seinem Reisewagen und Zimmer,* Brunswick, 1830. — J. M. Schottky, *Paganinis Leben und Treiben als Künstler und als Mensch,* Prague, 1830. — E. Anders, *Niccolo Paganini, sa vie, sa personne et quelques mots sur son secret,* Paris, 1837. — O. Bruni, *Niccolo Paganini,* Florence, 1904. — J. G. Prodhomme, *Paganini,* Paris, 1908. — L. Day, *Niccolo Paganini, of Genoa,* New York, 1929. — J. Pulver, *Paganini,* Londres, 1935. — A. Codignola, *Paganini intimo,* Gênes, 1935. — H. Spiwacke, *Paganiniana,* Washington, 1945. — M. Tibaldi Chiesa, *Paganini, la vita e l'opere,* Milan, 1947. — Renée de Saussine, *Paganini,* Genève, 1955. — Edward Neill, *Niccolò Paganini,* Paris, 1981.

PAGNOL Marcel. Écrivain et cinéaste français. Né à Aubagne (Bouches-du-Rhône) le 28 février 1895, mort à Paris le 18 avril 1974. Il fait ses études secondaires à Marseille tout en commençant à écrire des poèmes pour la revue *Massilia.* En 1913, il entre à la faculté des lettres d'Aix-en-Provence et fonde la revue *Fantasio*, qui deviendra *Les Cahiers du Sud* (*). En 1915, licencié d'anglais, il est nommé professeur au collège de Tarascon puis, en 1917, au collège de Pamiers. Il revient à Aix-en-Provence comme répétiteur en 1918. Il occupe le même poste au lycée Saint-Charles de Marseille et se met à écrire des tragédies. En 1925, il « monte » à Paris comme répétiteur au lycée Condorcet et commence à fréquenter les milieux littéraires. Il fait représenter *Les Marchands de gloire* au théâtre de la Madeleine. La pièce n'a pas grand succès. Nullement découragé, il fait jouer *Jazz* l'année suivante au théâtre des Arts. En 1927, il abandonne l'enseignement. En 1928, *Topaze* (*) est donné au théâtre des Variétés sur la recommandation d'André Antoine et obtient un succès considérable. Il en est de même pour *Marius* (*), représenté en 1929 avec Raimu dans le rôle de César. En 1931, Pagnol écrit le scénario et les dialogues de son premier film, tiré de *Marius*, et réalisé par Korda.

Il fait de même pour *Fanny* (*), pièce de théâtre publiée en 1932, dont Marc Allégret réalise le film, mais dirige lui-même le tournage de *César* (*), écrit d'emblée pour le cinéma en 1936, et dont il fera par la suite une pièce. Il fonde en 1935 *Les Cahiers du film* pour défendre ses théories sur le septième art. Il adapte pour le cinéma des sujets empruntés aux romans de Giono. Il fait quelques incursions du côté du roman – *Pirouettes* (1932), *L'Eau des collines*, en deux parties : *Jean de Florette* et *Manon des sources* (1964) – ainsi que du côté de la traduction – *Hamlet* (1947), *Les Bucoliques* (1958). Après la Seconde Guerre mondiale, Marcel Pagnol est élu à l'Académie française (1946). Il revient au théâtre avec *Judas* (1955) et *Fabien* (1956), pièces qui connaissent des fortunes diverses. Ce sont surtout ses souvenirs d'enfance qui lui vaudront un regain de succès : *La Gloire de mon père* (*) (1957), *Le Château de ma mère* (*) (1957), *Le Temps des secrets* (*) (1960) et *Le Temps des amours* (posthume, 1977).

Du théâtre au cinéma, puis aux souvenirs d'enfance, Pagnol sut préserver une continuité dans le ton émouvant où se mêle le rire. Ce qu'on en retient, c'est le naturel, la spontanéité. On oublie que ces qualités n'étaient pas innées chez lui. Nourri des classiques, il lui a fallu beaucoup travailler pour les acquérir. Son succès au théâtre viendra de ce qu'il n'hésite pas à reprendre à son compte le mélodrame « qui fait pleurer Margot » dans la célèbre trilogie *Marius-Fanny-César*. Il suffit d'évoquer ces trois noms pour se souvenir aussi d'une intrigue très charpentée, s'appuyant sur des personnages fortement typés qui semblent bondir de la rue pour entrer en scène. Mélodrame mais aussi théâtre de Guignol. Dans *Topaze*, si la morale est bafouée c'est que cette morale est d'abord immorale. Qui n'a rêvé un jour de réduire à quia les princes qui nous gouvernent ? Cette pièce qui n'a pas vieilli a survécu aux assauts de l'avant-garde des années 50. Au demeurant, le théâtre de Pagnol fut servi par des comédiens superbes. Il se maintient aussi par son langage. Né de l'observation des petites gens de Marseille qui secouent, sans le faire exprès, notre langage littéraire trop souvent porté à une certaine sclérose d'expression, il apporte sur la scène la vie toute crue. Marcel Pagnol le savait et disait que son théâtre n'est pas un « théâtre de bibliothèque » ou d'avant-garde « mais le vrai, celui qui s'adresse au peuple, le théâtre théâtral ». Parlant de la langue populaire, il notait aussi dans ses *Notes sur le rire* (1947) : « Ce langage contient de grandes vérités scientifiques et philosophiques si l'on se donne la peine de l'examiner, d'extraire les racines des mots, de démonter les phrases toutes faites. »

C'est également dans ce sens que s'oriente Marcel Pagnol lorsqu'il aborde le cinéma.

Le genre romanesque n'est sans doute pas celui que Pagnol a abordé avec le plus de bonheur, bien que *L'Eau des collines* retrouve l'un des thèmes profonds de la terre provençale. Cet amour du pays, on le relève également dans les *Souvenirs d'enfance* (*), où il s'associe aux transfigurations de la mémoire. À cet égard, *La Gloire de mon père* constitue une œuvre remarquable. Marcel Pagnol y évoque la figure de ce père instituteur, qui disposait d'une culture étendue, savait communier avec la nature et possédait une haute conscience morale. Et l'enfant était comme ébloui lorsqu'il le suivait par la garrigue matinale. À la Bastide Neuve, Marcel Pagnol connut le bonheur auprès de ceux qui l'entouraient. Car il y avait encore là sa mère, toute tendresse, et l'oncle Jules, d'une sagacité sans égale. Ces êtres réels, il les a aimés, mais, à mesure qu'ils s'étaient éloignés dans le temps, ils s'étaient, selon l'excellente remarque de Bernard de Fallois, transformés en personnages. Et dans le récit qu'il a fait de scènes vraies, le mémorialiste prend autant de plaisir que le romancier qui laisse courir son imagination, il est d'une certaine façon aussi libre. Pagnol a dit : « Si j'avais été peintre je n'aurais fait que des portraits. » Ceux qu'il a tracés des personnages de son enfance restent merveilleusement vivants.

Alors que les cultures régionales s'efforcent de renouer avec leurs traditions et de retrouver leurs racines, il n'est pas mauvais de reconnaître en Marcel Pagnol une sorte de précurseur.

GUY LE CLEC'H.

♦ *« Le classicisme de Marcel Pagnol ne se nourrit pas seulement de textes, son inspiration se rafraîchit aux sources du quotidien. C'est la raison pour laquelle il n'est jamais pédant. Car il confronte toujours sa culture avec ses souvenirs ou ses découvertes. »* Yvan Audouard. ♦ *« Rien ne montre mieux que ce* Temps des amours *combien le génie de Pagnol était avant tout un génie réaliste. Les choses, les gens, les scènes qu'il aime décrire sont toujours ceux de la vie. »*

Bernard de Fallois. ♦ *« Il entrait du soulagement dans le triomphe réservé il y a vingt ans aux* Mémoires *de Pagnol. Enfin un créateur qui ne rougissait pas d'émouvoir avec des sentiments réputés ordinaires : sa fierté de fils d'instituteur, son humiliation devant la grille close d'un parc, une rodomontade de bouliste, la joie d'un doublé de bartavelles, l'odeur d'une garrigue à la fraîche ! »* Bertrand Poirot-Delpech.

RÉF. : *Biblio,* numéro de mars 1961 (études par Gilbert Sigaux, Jean-Jacques Gautier ; interview par Marcel Mithois). – Yvonne Georges, *Le Provençalisme dans « L'Eau des collines »*, Paris, 1966. – Yvan Audouard, *Audouard raconte Pagnol,* Paris, 1973. – Cl. Beylie, *Marcel Pagnol,* Paris, 1974. – R. Castans, *Il était une fois Marcel Pagnol,* Paris, 1978.

PAILLERON Édouard Jules Henri. Poète et auteur dramatique français. Né et mort à Paris (17 septembre 1834-20 avril 1899). Il fut d'abord clerc dans une étude, puis, dès 1860, se voua aux lettres en publiant un volume de satires en vers, *Les Parasites.* Sa première pièce, *Le Parasite,* un acte en vers, fut jouée à l'Odéon la même année. Il écrivit ensuite, successivement, *Le Mur mitoyen* (1861), *Le Dernier Quartier* (1863) et *Le Second Mouvement* (1865). Il se révèle léger et très mondain dans *Le Monde où l'on s'amuse* (1858) ; plus profondément émouvant dans son essai dramatique des *Faux Ménages* (1869). Mentionnons, parmi ses comédies à succès, jouées soit au Théâtre-Français dont il devient un des auteurs privilégiés, soit au Gymnase : *L'Étincelle, Cabotins, La Souris, Le Chevalier Trumeau,* etc. *Le Monde où l'on s'ennuie* (*) (1881) fut un de ses triomphes. L'année suivante, Pailleron fut élu membre de l'Académie française, en remplacement de Charles Blanc.

PAINE Thomas. Homme politique et pamphlétaire anglo-américain. Né le 29 janvier 1737 à Thetford, comté de Norfolk (Angleterre), mort le 8 juin 1809 à New York. Paine eut une vie particulièrement agitée qui le fit passer et repasser d'un continent à l'autre. Issu d'un milieu pauvre et muni d'une instruction modeste, il fit d'abord toutes sortes de métiers en Angleterre, fabricant de corsets comme son père, corsaire, receveur d'impôt, maître d'école, épicier... Son avenir s'infléchit après une rencontre avec Franklin, qui lui procura des lettres d'introduction pour Philadelphie, où il arriva en 1774 et s'y consacra au journalisme. Il écrivit des articles sur les sujets les plus divers dans le *Pennsylvania Magazine,* tout en s'enthousiasmant pour la cause des Insurgents. En 1776, il publia son premier pamphlet, *Le Sens commun* (*), dans lequel il récusait la monarchie et demandait aux Américains de proclamer immédiatement leur indépendance. Ce fut un énorme succès, en raison de la nouveauté des solutions proposées, la rupture complète avec la métropole. En quelques semaines, cent vingt mille exemplaires furent vendus, et aussitôt traduits dans d'autres langues, à commencer par le français. Dès le début de la guerre, Paine se joignit à l'armée de Washington, tout en continuant à produire des articles qui firent l'objet de son second ouvrage, *La Crise* [*The Crisis*]. Les hostilités terminées, il se consacra à sa nouvelle idée fixe, la construction d'un pont en fer. Faute de pouvoir intéresser les Américains, il retourna en Europe, où il se trouvait au moment où commença la Révolution française. Repris par la politique, il défendit, contre Burke, la Révolution dans ses *Droits de l'homme* (*), parus en 1791 et 1792. Il y soutenait l'idée que les droits de l'homme ne pouvaient être garantis que dans une république, avec une constitution écrite et un suffrage largement ouvert. Devenu citoyen français, il fut élu député du Pas-de-Calais à la Convention, où il se rangea dans les rangs des girondins. Mal lui en prit, car emprisonné à la fin de 1793, il demeura incarcéré presque un an. Au cours de cette période, il composa *L'Âge de Raison* [*Age of Reason*], un ouvrage philosophique et religieux, qui défendait le déisme et le rationalisme. Retiré de la politique, il regagna les États-Unis en 1802 et y passa ses dernières années dans un oubli et un dénuement à peu près complets. Enterré à New Rochelle, près de New York, son corps fut ramené par William Cobbett en Angleterre en 1819.

CLAUDE FOHLEN.

RÉF. : *The Complete Writings of Thomas Paine*, Philip S. Foner, ed., New York, 1945, 2 vol. – Thomas Paine, *Le Sens commun*, intr. et trad. Bernard Vincent, Paris, 1983. – Thomas Paine, *Les Droits de l'homme*, présenté par Claude Mouchard, Paris, 1987. – Eric Foner, *Tom Paine and Revolutionary America*, New York, 1976. – Bernard Vincent, *Thomas Paine ou la religion de la liberté*, Paris, 1987. – Jean Lessay, *L'Américain de la Convention : Thomas Paine, professeur de révolutions*, Paris, 1987.

PAINLEVÉ Paul. Savant et homme politique français. Né et mort à Paris (5 décembre 1863-29 octobre 1933). Après de brillantes études aux lycées Saint-Louis et Louis-le-Grand, lauréat du concours général, il entra à l'École normale supérieure en 1883 et révéla rapidement son génie mathématique. Agrégé en 1886, docteur ès sciences en 1887, il fut d'abord chargé du cours de mécanique rationnelle à la faculté des sciences de Lille (1887-92), puis maître de conférences à la Sorbonne (1892), professeur adjoint (1895) et enfin, en 1903, professeur titulaire de la chaire de mathématiques générales. Il était également répétiteur à Polytechnique depuis 1896 et maître de conférences à Normale supérieure depuis 1897. Poussant sa recherche mathématique dans des directions fort diverses, Painlevé s'est particulièrement attaché aux problèmes posés par la théorie des fonctions, aux équations différentielles, aux mouvements et trajectoires réels des systèmes, aux lois du frottement, aux intégrales de la dynamique, etc., ses deux principaux ouvrages étant les

Leçons sur le frottement, cours professé à la Sorbonne en 1895, et *De la méthode en mécanique* (1909).

Ce n'est qu'après sa quarantième année que Painlevé entra dans la politique active, où il devait jouer jusqu'à sa mort un rôle de premier plan. Cependant, comme de nombreux autres universitaires, il avait déjà pris parti, pendant l'affaire Dreyfus, pour l'officier condamné. En 1906, il se présenta aux élections dans le secteur du quartier Latin, sous l'étiquette de socialiste indépendant. Élu, il fit de véhémentes interventions en faveur des grévistes, mais montra également un vif intérêt pour toutes les questions militaires et, en 1912 et 1913, fut rapporteur du budget de la Marine. Devenu ministre de l'Instruction publique dans le cabinet formé par Briand en octobre 1915, il fut également chargé de l'étude des inventions concernant la défense nationale. Ces fonctions le préparaient à occuper, dans le cabinet Ribot, à partir de mars 1917, le ministère de la Guerre, dans lequel Painlevé eut à prendre la décision capitale de remplacer Nivelle par Pétain à la tête des armées françaises. Le 12 septembre 1917, Painlevé devint président du Conseil, tout en conservant le portefeuille de la Guerre, mais deux mois plus tard, se voyant reprocher de ne pas lutter assez énergiquement contre le défaitisme, il dut céder la place à Clemenceau. Les hostilités terminées, Painlevé fut réélu député dans la Chambre « bleu horizon », mais la majorité, de tendance modérée, ne lui permit de jouer qu'un rôle de coulisses. En collaboration avec Édouard Herriot, il prit la tête d'une vigoureuse campagne d'opposition au Bloc national et fonda le Cartel des gauches, qui obtint la majorité aux élections de 1924. Cependant, la manœuvre tendant à l'élection de Painlevé comme président de la République échoua ; de nouveau président du Conseil en avril 1925, Painlevé prit Caillaux comme ministre des Finances, et se rendit au Maroc pour surveiller personnellement les opérations en cours contre Abd el-Krim. Mis en minorité par la Chambre qui refusait son programme financier, il fut remplacé par Briand, mais conserva dans le nouveau ministère le département de la Guerre, qu'il détint de nouveau en 1926 et 1928, dans les deux cabinets Poincaré. Il fut enfin à deux reprises ministre de l'Air (1930-31 et 1932-33).

Dans les loisirs de sa carrière politique, Painlevé reprenait son enseignement scientifique, recueilli dans les *Axiomes de la mécanique* (1922), le *Cours de mécanique professé à l'École polytechnique* (1930) et les *Leçons sur la résistance des fluides visqueux et non visqueux*, données à la Sorbonne en 1930. Mais la meilleure introduction à l'ensemble de son activité scientifique, philosophique et politique est sans doute le recueil posthume de ses *Paroles et Écrits* (*) (1936).

♦ *« Il est difficile d'imaginer une existence mieux remplie, plus riche et plus féconde que celle de Paul Painlevé. Au cours de sa rapide et brillante carrière, il semble avoir été poussé par le feu intérieur qui l'animait à ne rien laisser perdre des dons exceptionnellement précieux et variés qu'il avait reçus de la nature. Il fut successivement, et avec une égale aisance, un grand savant, un créateur dans le domaine de la pensée* [...], *un orateur et un écrivain remarquable par sa sensibilité, par la force et la beauté de son expression, et enfin un homme d'action d'une grande clarté d'esprit et d'un courage à toute épreuve* [...] *Son activité de savant s'est développée et progressivement élargie sur le même rythme que sa vie tout entière qu'elle a préparée et continuellement sous-tendue. D'un côté comme de l'autre, il est passé de l'abstrait au concret, de la réflexion à l'action, du principe à l'application. »* Paul Langevin.

PAI P'OU [Bai Pu]. Dramaturge chinois. Né en 1227 dans le Chan-si (district de Heu-ts'u) et mort en 1306 probablement à Tsin-ling. On sait seulement que, vivant sous la dynastie Tsin, il fut confié au grand poète Yuan Hao-wen quand les Mongols envahirent la Chine. Il refusa de servir les envahisseurs malgré les offres qui lui furent faites et consacra sa vie à la littérature, aux voyages et aux rencontres avec des lettrés. Il fait partie de ceux qu'on a appelés les « quatre grands dramaturges de l'époque Yuan », dont quelques œuvres sont dans *Choix de pièces Yuan* (*). Il aurait écrit au moins quinze pièces, mais seulement deux nous ont été conservées dans leur intégralité : *Pluie sur le sterculier* (*) et *À cheval et par-dessus le mur* (*).

JACQUES PIMPANEAU.

PAISIELLO ou Paesiello Giovanni. Compositeur italien. Né le 9 mai 1740 à Tarente (Pouilles), mort le 5 juin 1816 à Naples. Il commença de composer des opéras à Bologne dès 1764. Doué d'un talent facile et abondant, il écrivit en peu de mois deux mélodrames gais : *Le Bavard* [*Il Ciarlone*] et *Les Français brillants* [*I Francesi brillanti*]. Ce dernier ouvrage ne plut pas au public, mais peu après l'auteur parvint à le faire exécuter à Modène, où il remporta un certain succès. Il y composa, pour le théâtre Rangoni, *Madame l'humoriste* [*Madama l'umorista*] et *Démétrius* [*Demetrio*]. Mais ce fut à Naples qu'il devait remporter le plus grand succès de sa jeunesse avec l'*Idole chinoise* [*Idolo cinese*, 1767]. De 1769 date *Don Quichotte de la Manche* (+) ; de 1773, *Sémiramis* et probablement *Alexandre aux Indes* (+). En 1775, avec *Socrate imaginaire* [*Socrate immaginario*], il révéla toute la plénitude d'un style comique très varié et vraiment personnel. En 1776, Catherine II l'invita à sa cour, à Saint-Pétersbourg, où il devait rester huit ans. Pendant son séjour en Russie, Paisiello composa diverses œuvres, dont *Le Mariage inattendu* [*Il Matrimonio inaspettato*], *Achille à Scyros* (+), *La Servante maîtresse* (*) et *Le Barbier de Séville* (*), en plus de nombreuses pages de musique instrumentale. Avant de rentrer en Italie, il s'arrêta à Varsovie, puis à Vienne ; là, il rencontra Mozart et écrivit pour l'empereur Joseph II *Le Roi Théodore* [*Re Teodoro*], sur un thème de l'abbé Casti. À Naples, il fut fort bien accueilli et remplit des fonctions très recherchées ; entre 1788 et 1789, il élabora deux opéras qui sont parmi les meilleurs de son théâtre comique : *La Belle Meunière* (*) et *Nina ou la Folle par amour* (*). Pendant la révolution de 1799, il ne quitta pas Naples, et, après la restauration, retrouva la faveur du roi, qui lui confia diverses charges. En 1802, Napoléon l'invita à Paris, où il fit représenter, avec peu de succès, *Proserpine* (+). Quand, en 1806, Ferdinand IV perdit le royaume de Naples pour n'avoir pas pris part à la troisième coalition contre Bonaparte, Paisiello ne suivit pas le roi fugitif en Sicile. Au retour du roi Bourbon, il perdit tous ses privilèges. Mentionnons enfin, dans le domaine de la musique religieuse, son *Te Deum* (+).

RÉF. : F. Schizze, *Vita di Paisiello*, Milan, 1833. – H. Short, *Paisiellos Buffokunst und Ihre Beziehungen zu Mozart*, 1919. – A. Della Corte, *Paisiello*, Turin, 1922. – E. Faustini-Fasini, *Opere di Giovanni Paisiello*, Bari, 1940.

PAI SIEN-YONG [Bai Xianyong]. Écrivain chinois. Né en 1937 dans la province du Kouang-si, émigré en 1951 dans la République nationaliste de Taiwan. Après avoir étudié à l'Université nationale, il fit en 1961 un premier voyage aux États-Unis, où il réside actuellement en partie, puisqu'il enseigne la littérature et la langue chinoises à l'université de Californie. Fondateur de la revue *Littérature moderne* [*Sien-tai wen-sue*] en 1963, Pai Sien-yong est considéré comme l'un des meilleurs nouvellistes chinois contemporains. Il a été qualifié de « maître de l'art du portrait » par Henry Miller, à propos de son recueil le plus célèbre, *Gens de Taipei* (*). Il est aussi l'auteur du premier roman moderne qui prenne pour sujet la communauté homosexuelle à Taiwan – *Les Garçons de cristal* [*Nie-tse*] –, et de *Enfance à Guilin* [*Yu-ts'ing sao*].

VALÉRIE LAVOIX.

PAI SING-TSIEN [Pai Xingjian]. Écrivain chinois, né vers 776 dans la province du Cha'an-si (district de Houa) et mort vers 826, dont on sait qu'il était le frère du célèbre poète Pai Tsiu-yi. Il est entré dans l'histoire de la littérature pour la *Biographie de Li Wa* (*), un des plus célèbres récits en chinois classique de l'époque T'ang.

JACQUES PIMPANEAU.

PAKHÔME saint. Moine copte. Né d'une famille de paysans, près d'Ezneh, en Haute-Égypte, vers 290, mort à Tabena (Égypte) probablement le 3 mai 346. Obligé de s'enrôler à vingt ans dans les troupes de Constantin, il fut si touché par la charité des soldats chrétiens qu'il se convertit dès son retour en Égypte. Il vécut d'abord en ermite dans les ruines d'un temple de Sérapis, puis devint le disciple de Polémon et fit preuve d'un tel ascétisme que sa réputation se répandit bientôt et qu'un grand nombre de chrétiens vinrent se joindre à lui. C'est pour les accueillir qu'à la suite d'une vision céleste il fonda un monastère à Tabena, dans une île du Nil. Ce monastère, qui fut sans doute ouvert vers 323, est le premier de l'histoire de la chrétienté car, jusqu'alors, les anachorètes vivaient en solitaires, ne se réunissant que pour le service dominical. Ses disciples augmentèrent à tel point qu'il dut bientôt les répartir entre dix monastères. C'est pour leur imposer une discipline commune qu'il composa sa fameuse *Règle monastique* (*) dont le texte original a été perdu et qui nous est parvenue dans la traduction latine qu'en fit saint Jérôme vers 404. On lui attribue en outre *Monita ad monacos, Verba mystica*, et un certain nombre d'épîtres contenant des recommandations aux directeurs de ses couvents.

RÉF. : « Histoire de saint Pakhôme et de ses communautés », in *Annales du Musée Guimet*, t. XVII, 1889. – Ladeuze, *Étude sur le cénobitisme pakhômien*, Louvain, 1898. – L. T. Lefort, *Les Vies coptes de saint Pakhôme et de ses premiers successeurs*, Louvain, 1943. – P. Deseille, *L'Esprit du monachisme pakhômien*, Beyrolles, 1973.

PALACIO VALDÉS Armando. Écrivain espagnol. Né à Entralgo (Asturies) le 4 octobre 1853, mort à Madrid le 3 février 1938. Il fit ses premières études à Avilés, passa ensuite à Oviedo où il commença son droit qu'il alla terminer dans la capitale, dirigea la *Revue européenne* [*Revista Europea*] et collabora à de nombreux journaux et revues de la péninsule, se distinguant par la finesse de son style et sa très profonde compréhension des problèmes qui agitaient l'Espagne de l'époque. Entre-temps, il publiait ses romans dont quelques-uns, comme *La Sœur Saint-Sulpice* (*), *Marthe et Marie, José, La Joie du capitaine Ribot* [*La alegría del capitán Ribot*], *Santa Rogelia, Riverita, Maximina, La aldea perdida*, sont considérés comme de véritables chefs-d'œuvre, riches en précieuses indications autobiographiques au même titre que *Le Roman d'un romancier*, son autobiographie. Il ne fut pas un anticlérical acharné comme Pérez Galdós, mais il se plut à présenter des problèmes religieux délicats comme dans *Marthe et Marie*, et leur solution montre nettement ses convictions de matérialiste moderne. Il fut par-dessus tout une âme douce et sensible, ouverte à des sentiments de profonde solidarité humaine. Il choisit souvent, pour protagonistes de ses ouvrages, des humbles, mineurs et marins, dont il conta la dure existence, la lutte quotidienne contre la mort et la misère.

À la mort de Pereda, en 1906, Palacio Valdés fut appelé à lui succéder à l'Académie royale. Rappelons encore, parmi les ouvrages de Palacio Valdés, *La Foi* (*) et *Tristan ou le Pessimisme* (*).

RÉF. : A. Cruz Rueda, *Arando Palacio Valdés*, Madrid, 1925. – R. Narbona, *Palacio Valdés o la armonia*, Madrid, 1941.

PALAEPHATE. Écrivain grec. On ne sait rien de sa patrie d'origine ni de sa vie. D'après les informations discutables que l'on trouve dans la *Souda* (*) il semble que Palaephate aurait été un péripatéticien de l'école aristotélienne, né à Paros ou à Priene, et qu'il vécut au IIe ou au IVe siècle av. J.-C. À cette époque la croyance aveugle dans les mythes religieux des anciens Grecs avait déjà diminué, et était parodiée dans les comédies attiques. Dans un manuel de mythologie intitulé *Traité touchant les histoires incroyables* (*), Palaephate tente une interprétation rationnelle des mythes qui annonce la critique historique moderne. À l'origine de chaque mythe, il y a un noyau historique auquel sont venus s'ajouter des embellissements dus à la fantaisie populaire. Il nous appartient de reconstruire, comme Palaephate le fait déjà pour de nombreux épisodes, la donnée historique originelle, et de chercher l'intention profondément morale et religieuse du récit mythologique.

PALAMÀS Grégoire. Théologien byzantin. Né en 1296 à Constantinople, mort le 14 novembre 1359 à Salonique. Issu d'une famille noble d'origine anatolienne – son père, Constantin Palamàs, était sénateur –, il reçut une très bonne éducation, mais, à vingt-deux ans, quitta sa famille et se fit moine au Mont-Athos. Ordonné prêtre en 1326, il devint bientôt célèbre à la suite de ses controverses théologiques avec le moine calabrais Barlaam et le théologien Grégoire Akindynos. Défendant les théories d'influence néo-platonicienne contre les positions thomistes, Palamàs contribua une fois de plus à rallumer l'antique querelle des platoniciens et des aristotéliciens. Élu évêque de Thessalonique en 1347, il ne put prendre possession de son siège épiscopal qu'en 1350. Le concile de Constantinople de 1351 donna à Palamàs raison contre ses adversaires, mais l'évêque retourna au Mont-Athos vivre la vie des cénobites hésychastes. Rappelé en 1353 à Constantinople, il fut fait prisonnier par des pirates barbaresques et, racheté par des Serbes, retourna à Salonique, où il mourut. Il fut canonisé par le patriarche de Constantinople Philothée. On lui doit plusieurs écrits théologiques, dont la *Prosopopée* [Προσωποποιία] et *Théophanès* (*). Certains écrits de Palamàs ont été inclus plus tard dans la *Philocalie* (*).

RÉF. : F. J. Stein, *Studien über die Hesychasten des XIV. Jahrh.*, Berlin, 1873. – R. P. M. Jugie, article sub nomine in t. XI du *Dictionnaire de théologie catholique*. – Archimandrite Cyprien Kern, *Anthropologie de Grégoire Palamàs*, Paris, 1950 (en russe). – J. Meyendorff, *Introduction à l'étude de Grégoire Palamàs*, Paris, 1959. – D. Stiernon, « Bulletin sur le palamisme », dans *Revue des études byzantines*, Paris, 1972.

PALAMÀS Kostis. Poète grec qui, aux environs de 1880, ramena la poésie de la Grèce ressuscitée dans le sillage de Solomós, duquel s'étaient écartés les « puristes » d'Athènes. Né à Patras le 9 janvier 1859, mort à Athènes le 28 février 1943. Resté orphelin à sept ans, il passa une adolescence rêveuse sur les bords de la lagune de Missolonghi. En 1876, il vint à Athènes pour y étudier le droit, qu'il négligea bientôt pour la littérature. Il épousa en 1886 Maria Balbi, qui fut la compagne de sa vie. Pendant une trentaine d'années, de 1897 à 1927, il remplit les fonctions de secrétaire général à l'université d'Athènes. Lorsque fut fondée, en 1927, l'académie d'Athènes, Palamàs fut l'un des premiers appelés à en faire partie. En 1930, il en fut élu le président. Le cinquantenaire de son activité littéraire, célébré solennellement à Athènes en 1936, illustra le retentissement de son œuvre dans le pays entier. Vénéré les dernières années de sa vie comme le guide spirituel de la nation, il mourut à une heure grave pour sa patrie, occupée par les armées étrangères. Pendant plus d'un demi-siècle, la haute figure de Palamàs domina non seulement par son œuvre poétique, mais aussi par son activité critique et la noblesse, l'humanité de sa personnalité, la vie spirituelle de la Grèce moderne. L'héritage du poète est représenté par une vingtaine de volumes de vers, quelques drames et de nombreux écrits de critique littéraire. Pauvre d'événements, sa vie fut tout intérieure. Sa poésie est le fidèle miroir de cette vie, naturellement lyrique. Cette œuvre, inégale dans son abondance, atteint à un heureux équilibre entre inspiration et expression dans la claire brièveté des *Ïambes et Anapestes* (*) (1898), et surtout dans ses poèmes lyriques, *La Vie immuable* (*), publiés en 1904, qui évoquent par leur titre même cette vie intérieure où le poète se réfugie et se plonge avec une si grande prédilection. Un petit recueil, *Tombe*, de 1897, est également remarquable ; c'est une élégie où le poète pleure la mort de son petit garçon de cinq ans. Bien qu'ils ne soient pas dénués de moments heureux, les grands poèmes épiques, d'un souffle plus large, sont moins convaincants : *Les Douze Paroles du tsigane* (*) (1907) et *La Flûte du roi* (*) (1910) par exemple, où l'auteur se propose de s'élever à un ton sublime de poésie épique et nationale. Le conte *La Mort du pallicare* (*) et le drame *Trisèvjeni* méritent une mention particulière.

BRUNO LAVAGNINI.

RÉF. : B. Récatas, *L'Hymne libérateur de Costis Palamàs*, Paris, 1935. – M. Péridis, *Costis Palamàs, un aperçu de la vie et de l'œuvre du poète*, Alexandrie, 1937. – P. Lascaris, *Hommage à Palamàs*, Chartres, 1944. – K. Th. Demaras, *Kostis Palamàs*, Athènes, 1947 (en grec). – K. Th. Dimaras, *Kostis Palamàs*, Athènes, 1962. – K. G. Kasinis, *Vivliografia Kostis*

Palamàs (1911-1925), Athènes, 1973. – A. Karantonis, *Kostis Palamàs,* Athènes, 1980. – R. Fletcher, *Kostis Palamàs and the Struggle for Demoticism,* Athènes, 1983.

PALANTE Georges. Philosophe français d'origine belge. Né le 20 novembre 1862 à Blangy-les-Arras (Pas-de-Calais), mort le 5 août 1925 à Hillion (Côtes-d'Armor). Reçu 7e à l'agrégation (1888), en 1898 il est nommé professeur au lycée de Saint-Brieuc. À seize ans, Palante développa une acromégalie qui lui donna la lourde dégaine que Louis Guilloux, dans le *Sang noir* (*), prête à Cripure dont il fut le modèle. Physiquement désigné à l'attention gênée de tous, Palante transcende son handicap en le portant sur l'agora de la philosophie. Sa singularité et une sensibilité personnelle des plus vives le dressent en révolté absolu contre la nature et la société. Sa philosophie ne tient pas au ressentiment d'un caractère aigri, elle relève de l'expérience vécue et parfois provoquée : échec du mariage (1890), thèse refusée en Sorbonne (1911), querelle poussée jusqu'à l'absurde avec Jules de Gaultier (1923) à propos du bovarysme, suicide (1925). *Combat pour l'individu* (*) (1904), *La Sensibilité individualiste* (1909), *Les Antinomies entre l'individu et la société* (thèse, 1912), *Pessimisme et Individualisme* (1914), ces titres résument la pensée de Palante : refus des idéologies sociopolitiques, d'une philosophie de l'Histoire et du progrès, promotion d'un individu responsable dans une société libertaire démocratique. Palante influença ses jeunes amis briochins, Louis Guilloux et Jean Grenier. Par ce dernier qui fut le « maître » de Camus, l'idéal palantien resurgit dans *L'Homme révolté* (*). Alors que s'effondrent les idéologies, cet idéal retrouve sa pleine actualité. Depuis 1987, les éditions Folle Avoine rééditent l'œuvre de Palante, qui fut l'objet d'un colloque (Saint-Brieuc 1990), dont les actes (*La Révolte individuelle*) ont paru en 1991.

YANNICK PELLETIER.

PALAZZESCHI Aldo (pseud. de Aldo Giurlani). Poète et romancier italien. Né à Florence le 2 février 1885, mort à Rome le 17 août 1974. Ses premiers poèmes, *Les Chevaux blancs* [*I cavalli bianchi*, 1905] et *Lanternes* [*Lanterne*, 1907], sont marqués par une fantaisie bavarde et volontiers blasée, qui révèle l'amateur riche atteint par le lyrisme « crépusculaire » en vogue à l'époque, manière de réagir contre la grandiloquence d'annunzienne. Avec toutefois, chez Palazzeschi, des traits un peu grinçants, à l'image du sigle éditorial sous lequel paraissent ses œuvres (à compte d'auteur), chez un certain Cesare Blanc, nom de l'un des chats du poète !... Ce goût de l'insolite, et sans doute un souci de renouvellement, font que, dès les débuts du futurisme à Milan, Palazzeschi y adhère d'enthousiasme, avec les poèmes de *L'Incendiaire* [*L'Incendiaro*, 1910] et un récit narquois, *Le Code de Péréla* [*Il codice di Perelà*, 1911], jetant pourtant le trouble dans ce mouvement littéraire rigoureusement enrégimenté, où l'on fait grise mine à la fantaisie et à l'humour. Ce futurisme toscan (auquel se joindront d'autres adhérents du groupe florentin de la revue *Lacerba*, notamment Papini et Soffici, caractérisés, eux, par un intellectualisme non moins troublant), devient vite dissident. En fait, la profession de foi la plus véritable de Palazzeschi demeurera toujours celle qu'exprime son vers fameux : « Et laissez-moi donc m'amuser ! » De là, ce qu'on appellera le « cas Palazzeschi ». Suit, au lendemain de la guerre de 1915-1918, une période de stérilité apparente, qui persiste pendant les années 30, où l'unique publication importante de Palazzeschi est l'édition complète et définitive de ses *Poésies* (1930). Stérilité due, en fait, aux circonstances, l'inspiration de l'écrivain exigeant que la réalité puisse devenir, à ses yeux, un jeu, et que les êtres se transforment en *buffi* (comiques). Et c'est la naissance du prosateur, narrateur ironique et nostalgique des petites vies, où le ton quelque peu tchékhovien se nuance d'un humour parfois âpre – dans les chefs-d'œuvre que seront les *Gravures du XIXe siècle* [*Stampe dell'ottocento*, 1932], le roman des *Sœurs Materassi* (*) (1934), histoire de deux vieilles filles déchues à cause de l'amour qu'elles portent à un jeune neveu, auquel s'apparentera, longtemps après, un autre roman, *Les Frères Cuccoli* [*I Fratelli Cuccoli*, 1948], nouveau récit de déchéances aimables. Au soir de sa vie, quittant sa Toscane trop familière, Palazzeschi s'installe à Rome, qu'il racontera à sa manière familière, dans *Roma* (1953), avant de clore son œuvre par les souvenirs un peu décevants de *Joie de la mémoire* [*Il piacere della memoria*, 1963]. On lui doit également un recueil de nouvelles : *Bêtes de notre temps* (*) (1951).

NINO FRANK.

RÉF. : G. Spagnaletti, *Palazzeschi*, Milan, 1971. – L. de Maria, *Palazzeschi l'avanguardia*, Milan, 1976. – P. Pieri, *Ritratto del saltimbanco da giovane. Palazzeschi 1905-1914*, Bologne, 1980. – W. Pedullà, *Il ritorno dell'uomo di fumo. Viaggio paradossale con Palazzeschi in un paese allegro e innocente*, Venise, 1987. – A. Saccone, *L'occhio narrante. Tre studi sul primo Palazzeschi*, Naples, 1987.

PALÉS MATOS Luis. Poète portoricain. Né le 20 mars 1898 à Guayama. Mort le 23 février 1959 à Santurce. Enfant d'une santé délicate, il souffre d'asthme, de malaria, d'insomnies, mais révèle des dons poétiques précoces, favorisés par le milieu familial. En 1914, il publie quelques poèmes dans les journaux locaux et, en 1915, à Guayama, son premier recueil, *Azalées* [*Azaleas*]. Ayant interrompu ses études secondaires, il devient instituteur auxiliaire, puis exerce différents métiers dont celui de journaliste. Marié en janvier 1918 avec une amie d'enfance, Natalidad Suliveres, dont il a un fils, Edgardo, il perd celle-ci quelques mois plus tard et lui dédie *Le Palais dans l'ombre* [*El palacio en sombras,* 1918-1919]. L'œuvre restera longtemps inédite, comme la plupart de celles qu'il compose alors, notamment *Programme champêtre* [*Programa silvestre,* 1915], *Vers pour Noël* [*Versos para Natividad,* 1915-1917], *Coplas jíbaras* (1918-1925). Rejetant la poésie traditionnelle, il lance avec le poète José I. de Diego Padró un *Manifeste du Diepalisme* [*Manifiesto del Diepalismo, El Imparcial,* San Juan, 7 novembre 1921], accompagné d'un poème significatif : *Orchestration diépalique* [*Orquestación diepálica*]. (Le nom de cette école proche du dadaïsme est formé à partir de la première syllabe des deux noms : die [Diego]-pal[Palés]-isme.) En 1923, il rencontre María de Lourdes Valdés Tous (avec laquelle il se mariera en 1930) et qui lui inspire *Vers pour Maria* [*Versos para María,* 1925], en même temps qu'il prépare *Chansons de la vie moyenne* [*Canciones de la vida media*]. Mais bientôt, la publication des poèmes *Village noir* [*Pueblo negro*] et *Danse noire* [*Danza negra*] dans *La Democracia* (numéros des 18 mars et 9 octobre 1926) impose celui qui va devenir l'un des maîtres de la poésie afro-antillaise. S'il ne quitte pas son île, Palés Matos rêve d'horizons lointains, de l'Afrique, et lit les romans exotiques de René Maran, le *Décaméron noir* de Frobenius, *Magie noire* (*) de Paul Morand ; il se passionne pour les poètes noirs des États-Unis et le jazz américain. Une intuition exceptionnelle et un sens du rythme et de l'onomatopée lui dictent les poèmes que saluera dès 1929 le critique espagnol Angel Valbuena Prat dans la revue *Hostos* et qui, réunis en 1937, constituent *Tambours de cheveux crépus et peaux de nuit* (*). En 1941, il voyage aux Îles Vierges, et, en 1944, est nommé poète-résident de l'université de Porto Rico, laquelle édite en 1957 le volume *Poésie 1915-1956,* avec une introduction de Federico de Onís. Mort d'une crise cardiaque, Palés Matos laisse inachevés un roman autobiographique, partiellement publié en revue, *Littoral,* et une prose dramatique, *Grosse mer* [*Mar gruesa*]. Son œuvre complète a été réunie par Margot Arce de Vázquez (Editorial de la universidad de Puerto Rico, 1984).

CLAUDE COUFFON.

♦ *« La poésie de Palés Matos est espagnole et elle est noire, et elle est, comme toute la culture des Caraïbes, beaucoup plus, car les Caraïbes sont le point de confluence des autres cultures du nord de l'Europe et de celle des États-Unis. »* Federico de Onís.

RÉF. : Margot Arce de Vázquez, *Los poemas negros de Luis Palés Matos,* San Juan, 1934, et différents travaux dans les revues *Asomante, La Torre, Universidad de Río Piedras,* de Porto Rico. — Federico de Onís, *Luis Palés Matos : vida y obra,* San Juan, 1960.

PALESTRINA Giovanni Pierluigi da. Compositeur italien. Né à Palestrina (dans l'Antiquité : Préneste), près de Rome, en 1525 ou au début de 1526 ; mort à Rome le 2 février 1594. Son patronyme lui venait de son grand-père paternel Pierluisci ou Pierluisco (Petrus-Aloysius), et enfin il se fit appeler lui-même d'après son lieu de naissance Giovanni Pierluigi de Palestrina (Joannes Petrus-Aloysius Praenestinus) ; dans les divers documents datant de cette époque, il apparaît sous ce nom plus ou moins déformé. On sait peu de chose de son enfance ; il est probable qu'il reçut ses premières notions musicales à la Schola cantorum de la cathédrale de San Agapito à Palestrina. Il fut emmené à Rome pour y poursuivre ses études et grâce à l'appui de l'évêque de Palestrina, le cardinal Andrea Della Valle, nommé en 1534 archiprêtre de Sainte-Marie-Majeure, il fut admis parmi les petits chanteurs de cette basilique ; il y figurait en 1537. Pendant tout le temps qu'il y resta il reçut les leçons des maîtres qui se succédèrent à la direction de la Chapelle : Robin Mallapert qui donna sa démission en 1539, Robin de Févin et Firmin Le Bel, nommé maître de la chorale en 1540. À part une brève interruption, Palestrina y demeura jusqu'à l'automne 1544. Le 28 octobre de cette année, il fut nommé organiste et chanteur de la cathédrale San Agapito ; le nouvel évêque de ce diocèse était le cardinal G. Maria Del Monte, qui le tenait en si grande considération que, lorsqu'il devint pape sous le nom de Jules III, il le fit nommer « magister puerorum » de la chapelle Julia et maître de chapelle à Saint-Pierre, en remplacement de son premier maître Mallapert. En signe de gratitude, Palestrina dédia au pape son premier recueil de *Messes* (*) qui fut publié en 1554, presque en même temps que le premier recueil de *Madrigaux* (*) « avec un accent doux, fier et amoureux ». Sensible à l'hommage, le pape voulut récompenser encore plus le compositeur, et il l'admit sans examen, en janvier 1555, dans le chœur de la chapelle Sixtine ; ceci lui valut l'inimitié des autres chanteurs, d'autant plus qu'il semble que Palestrina n'avait que peu de voix. Il était de plus marié (il avait épousé en 1547 une jeune fille aisée de sa ville natale, Lucrezia Gori, qui devait lui donner trois fils : Rodolfo, Angelo et Iginio). Si bien qu'à la mort de son protecteur Jules III auquel succéda pendant trois semaines seulement le pape Marcel II, le nouveau pontife Paul IV, en s'appuyant sur le règlement qui exigeait que pour faire partie du chœur pontifical on fût, entre autres, ecclésiastique, licenciait en mai 1555 Palestrina ainsi que deux autres chanteurs, Ferrabosco et Barri, en leur attribuant à titre exceptionnel une pension équivalant au traitement complet de dix écus, en compensation de la fourniture de la musique. Au bout de peu de mois, en octobre 1555, il fut nommé maître de chapelle de Saint-Jean-de-Latran ; il devait y rester jusqu'au mois de juillet 1560, où, à la suite de la décision du chapitre d'effectuer des économies, il donna sa démission. L'année suivante, il prenait la direction de la chapelle à Sainte-Marie-Majeure, où il avait été petit chanteur ; il y succédait à Valent. Il devait assumer cette fonction jusqu'à l'automne 1566, tout en assurant en même temps l'enseignement du chant au Séminaire romain, qui venait d'être fondé et où il fit entrer ses deux fils Rodolfo et Angelo.

C'est de ces années que datent la publication du premier livre des *Motets* (*), dédié à l'évêque d'Ostie, le cardinal Carpi (1563), et celle du second volume de *Messes* (1567), dédié à Philippe II d'Espagne auquel il dédiera également le troisième en 1570. Dans ce second volume se trouve la célèbre *Messe du pape Marcel* — v. *Messes* — à six voix, composée ou commencée bien des années auparavant, lors du bref pontificat de Marcel II, auquel la tradition veut que soit rattachée la réforme de la musique sacrée, tradition qui considère Palestrina comme un « sauveur » — sauveur du chant figuré (polyphonie) que le concile de Trente voulait, dit-on, interdire. Cette prétendue abolition est absolument légendaire, tout au plus une réforme de la polyphonie religieuse avait-elle été envisagée dans le but de la rendre moins compliquée et plus intelligible.

Vers la fin de 1567, Palestrina était entré en rapport avec l'empereur Maximilien II d'Autriche, qui lui offrit le poste de directeur musical à la cour de Vienne ; mais les pourparlers échouèrent devant les exigences du compositeur. L'année suivante, il se lia d'amitié avec le duc de Mantoue, Guglielmo de Gonzague, compositeur amateur, qui devait par la suite souvent soumettre ses travaux à Palestrina auquel il demandait conseils et avis, et qu'il chargea en outre d'écrire, pour l'église Santa Barbara qu'il avait fait construire à Mantoue, des messes et des motets. On doit à cette amitié, qui dura jusqu'à la mort du duc, le 14 août 1587, la composition d'un nombre important d'œuvres écrites par Palestrina pour le duc, dont dix messes, appelées « mantoviennes » ; ces œuvres ont été retrouvées, après la Seconde Guerre mondiale, par l'historien palestrinien Knud Jeppesen, à la bibliothèque du Conservatoire de Milan. De ce groupe fait partie, selon le même Jeppesen, l'unique messe pour voix adultes (« sine nomine ») que l'on connaisse de Palestrina. À la mort de Giovanni Animuccia, en 1571, Palestrina lui succéda à la direction de la chapelle Julienne à Saint-Pierre, poste qu'il devait conserver jusqu'à sa mort. Mais plusieurs coups douloureux le frappèrent peu après : le 20 novembre 1572, il perdait son fils Rodolfo, musicien déjà réputé ; puis, le 1er janvier 1573, son frère Silla et deux ans plus tard son second fils Angelo. Le seul fils qui lui restait, le dernier, Iginio, épousa en 1576 Virginia Guarnecci dont il eut douze enfants. Mais un autre malheur allait frapper le maître : la mort de sa femme survenue le 28 juillet 1580. Palestrina parut ne jamais devoir se relever de ce coup.

Décidé à entrer dans les ordres, il présenta une requête au pape Grégoire XIII, qui avec une vive satisfaction lui accorda par un bref l'autorisation demandée en ajoutant que « Notre très cher fils Joannes Petraluysius, laïc de Palestrina », était autorisé à entrer dans le clergé avec le titre de maître de musique de la Basilique. Le 7 décembre 1580, Palestrina recevait la tonsure dans l'église San Silvestro sur le Quirinal ; l'année suivante, le pape lui accordait un bénéfice vacant, à l'église Sainte-Marie-Majeure de Ferentino. Mais comme le « clericus » se préparait à prendre les ordres mineurs, un fait nouveau survint, qui le ramena sur la voie de la laïcité. Ayant fait la connaissance d'une riche veuve romaine d'une quarantaine d'années, Virginia Dormuli, propriétaire entre autres d'une pelleterie, il l'épousait le 28 février 1581. Cette union souleva une grande surprise accompagnée de regrets : Palestrina se trouva pris par une activité commerciale qui améliora nettement sa situation financière. Il participa activement à la vie de l'affaire, acheta des terrains, fit construire des maisons qu'il loua ; au total, il augmenta ses revenus. C'est pourquoi certains de ses biographes ont prétendu que Palestrina aimait beaucoup l'argent. En fait, il consacra une grande partie de ses nouveaux revenus à la publication de plusieurs de ses œuvres restées inédites. De 1581 à 1594 parurent en effet plus de seize recueils d'œuvres diverses : trois volumes de *Messes,* trois de *Motets,* trois de *Madrigaux,* deux d'*Offertoires,* deux de *Litanies,* deux de *Lamentations* (*), un d'*Hymnes* et un de *Magnificat ;* ensemble imposant, qui selon Coates représente environ quatre cents compositions. On peut dire que désormais la vie de Palestrina se déroula paisiblement « entre l'église et son foyer », entouré de l'estime générale et dans une très large aisance. En janvier 1594, alors qu'il venait de donner à l'impression le septième volume de *Messes,* Palestrina tombait soudain malade et mourait le 2 février, fête de la Purification de la Vierge Marie, dans sa maison située derrière Saint-Pierre (dans le chemin appelé « du Palestrino », d'après son nom). Il fut enterré à Saint-Pierre, au pied de l'autel de la « chapelle nouvelle », au milieu des manifestations de regrets de « tous les musiciens de Rome et d'une multitude de peuple ». Sur le cercueil de plomb on apposa une inscription qualifiant le disparu de « Musicae Princeps ». Il laissait un important héritage d'œuvres éditées et inédites, les dernières devaient être publiées de temps à autre après sa mort. Ce n'est qu'à la fin du XIXe siècle que, l'art de Palestrina étant à nouveau apprécié, on entreprit des études sérieuses de sa production ; sur l'initiative des éditions Breitkopf und Haberl de Leipzig, on procéda à la publication de ses œuvres complètes en trente-trois volumes (de 1862 à 1903). En Italie, la publication de l'*Opera Omnia* a été commencée en 1939 sous la direction de Raffaello De Rensis. Il est à noter que, de toute la production palestrinienne, aussi bien ce qui a été publié pendant la vie du compositeur, et ce qui ne vit le jour qu'à titre posthume (ce qui représente, entre autres, trente-huit *Messes* en six volumes), on ne possède que fort peu de manuscrits autographes ; le plus important de ces derniers est le ms. 59, retrouvé par Casimiri : *Lamentations, Antiennes, Hymnes, Psaumes, Improperi* (*) « et autres manuscrits divers ».

LUIGI COLACICCHI.

♦ *« ... On sait à quel degré de cynisme et d'imbécillité étaient parvenus les anciens contre-pointistes... la gloire de Palestrina est d'avoir fait disparaître cette barbarie. »* Berlioz. ♦ *« ...* [Les] *célèbres chants d'église de Palestrina* [sont] *une révélation toute spirituelle, devant laquelle nous demeurons saisis, frappés, d'un ineffable émoi... »* Richard Wagner. ♦ *« Émanation du vieil art ecclésiastique traditionnel, fille directe des pré-renaissants dont elle achève l'effort,* [l'œuvre de Palestrina] *débouche sur cet art nouveau qui trouvera en Bach un parfait accomplissement* [...] *Mû par une tendance toute spontanée, toute naïve,* [Palestrina] *écrit comme écrivaient les maîtres médiévaux, sans calcul, comme il pense, comme il sent. »* J. Samson.

RÉF. : Abbé Baini, *Memorie storico-critiche della vita e dell'opere di Giovanni Pierluigi da Palestrina*, 2 vol., Rome, 1828. — G. Felix, *Palestrina et la musique sacrée,* Lille, 1895. — C. Respighi, *Nuovo studio su G. P. da Palestrina e l'emendazione del graduale romano,* Rome, s. d. — M. Brenet, *Palestrina,* Paris, 1914. — F. Raugel, *Palestrina,* Paris, 1930. — J. Samson, *Palestrina ou la poésie de l'exactitude,* Paris, 1940.

PALEY Grace. Nouvelliste américaine. Née le 11 décembre 1922 dans une famille de Juifs exilés de Russie et installés dans le Bronx, à New York. (Ce fut également le lieu de naissance de Henry Miller.) À seize ans, elle entre à Hunter College, mais s'en fait expulser pour absentéisme. Elle commence à écrire et se marie. À Greenwich Village, où elle habite, elle milite dans les mouvements de libération de la femme, puis contre la guerre du Vietnam, contre l'énergie nucléaire, pour l'écologie. En 1958, elle publie son premier recueil de nouvelles, *Les Petits Riens de la vie* (*). L'année suivante, comme presque tous les autres écrivains américains de sa génération, elle commence une carrière d'enseignante dans diverses universités américaines. En 1974, elle publie son second recueil de nouvelles, *Énorme changement de dernière minute* [*Enormous Changes at the Last Minute*], et, en 1985, son troisième recueil, *Plus tard le même jour* [*Later the Same Day*]. À cette date, aux États-Unis, sa réputation était enfin faite : elle était devenue l'une des meilleures nouvellistes de sa génération. En France, la première traduction étant restée obscure, l'artisan de la découverte de Grace Paley fut Claude Richard, professeur à l'université de Montpellier, qui traduisit ses deuxième et troisième recueils, qui lui rendit visite dans sa « datcha » du Vermont, non loin de la frontière canadienne, qui a consacré à son œuvre le numéro 14 (mai 1982) de la défunte revue *Delta,* et qui réussit à la faire venir en France trois fois, en 1985, 1986 et 1987. Noëlle Batt a dit de Grace Paley qu'elle était une « anthropologue des destins ordinaires », et rien n'est plus juste. Aucune intention de moraliste ni même de psychologue dans les miniatures que sont ses nouvelles, dont le grand art est précisément qu'elles cachent l'art avec lequel elles ont été composées — généralement, art du dialogue plutôt que du récit à proprement parler. On peut évoquer le petit monde de Grace Paley comme on a évoqué naguère celui de Flannery O'Connor et, tout comme c'était une première qu'une femme conteuse et catholique dans un Sud protestant, c'est également une première que cette femme conteuse juive de New York. À trois ans près, elles étaient d'ailleurs contemporaines. On peut également leur trouver un trait commun : leur humour féroce. Mais là s'arrête le parallèle, car la religion n'est pas plus sacrée que le reste pour Grace Paley — certainement l'un des meilleurs auteurs comiques des États-Unis d'aujourd'hui.

MICHEL GRESSET.

PALINGÈNE (Marcellus Palingenius Stellatus, pseud. de Pier Angelo Manzoli). Poète italien écrivant en latin. Né à Stellata, près de Ferrare, dans les premières années du XVIe siècle, mort vers 1543. Palingenius (en grec : né à nouveau, régénéré) pourrait être un surnom dû à son adhésion aux croyances hermétiques (traité XIII), Stellatus pourrait être une allusion à son lieu de naissance supposé, Stellata, ou avoir été suggéré par son poème où le ciel et les astres tiennent une place importante (stellatus = étoilé). Il a vécu dans la première moitié du XVIe siècle en Italie ; on sait très peu de choses sur sa vie ; à la fin du XIXe siècle, on supposait qu'il était médecin ; en fait, s'il a été ami des médecins, il ne l'a pas été lui-même ; on le croyait sujet du duc de Ferrare Hercule II d'Este à qui il a dédié son poème ; en réalité, il était d'origine napolitaine et aurait vécu à Rome ; il aurait pu être « grammaticus », c'est-à-dire professeur de latin. Le *Zodiaque de la vie* (*) a paru à Venise on ne sait exactement à quelle date ; une deuxième édition parut à Bâle en 1537, une troisième en 1543 ; l'ouvrage connut maintes rééditions aux siècles suivants, mais toujours hors d'Italie. En effet à une date incertaine (1543 ou 1550), selon le témoignage de Gyraldi dans son livre sur les poètes de son temps, ses restes furent exhumés et un châtiment leur fut infligé « pour impiété » : ils furent brûlés ; il était donc condamné par le Saint-Office, à titre posthume, pour hérésie à cause de son grand poème. En dehors de celui-ci, on n'a retrouvé de lui que de brèves pièces de vers publiées en tête d'ouvrages d'autrui : le traité d'un chirurgien sur l'extraction d'une pierre de la vessie (Rome, 1522), un livre sur l'histoire de sainte Marie (Naples, 1524). Au XVIIe siècle, il fut le poète préféré de Gabriel Naudé, qui le cite à plusieurs reprises dans ses *Considérations politiques sur les coups d'État.*

JACQUES CHOMARAT.

RÉF. : Giuseppe Borgiani, *Marcello Palingenio Stellato e il suo poema lo « Zodiacus vitae »*, Città di Castello, 1913. – Franco Bacchelli, « Note per un inquadramento biografico di M.P.S. », *Rinascimento*, seconde série, XXV, 1985. – Jacques Chomarat, « La Création du monde selon Palingène », *Présences du latin*, Genève, 1991.

PALISSOT DE MONTENOY Charles. Auteur comique et publiciste français. Né à Nancy le 3 janvier 1730 ; mort à Paris le 15 juin 1814. Fils d'un conseiller du duc de Lorraine, le jeune Palissot soutint à l'âge de treize ans une thèse de théologie ; il se préparait à entrer dans l'ordre de l'Oratoire lorsqu'une nouvelle et impérieuse vocation lui fit abandonner ses études pour venir à Paris en 1749, avec deux tragédies, *Zarès* et *Ninus II.* L'une d'elles, *Ninus*, fut jouée mais connut un échec. Incapable de se faire un nom par son œuvre personnelle, Palissot employa le reste de son existence à railler celle des autres. La brillante carrière de Palissot commence avec deux comédies satiriques, qui sont des pièces à clef, *Les Originaux ou le Cercle* (1755), et surtout *Les Philosophes* (*) (1760), où il s'en prend à Diderot, J.-J. Rousseau, Helvétius et Duclos, sans toutefois oser attaquer Voltaire, alors trop puissant. C'était donner au public d'excellents prétextes pour se gausser de ces personnages qui l'inquiétaient, et la vive riposte de Diderot dans *Le Neveu de Rameau* (*) ne changea rien à l'affaire. Palissot n'en resta pas là. Comme il avait imité le Molière des *Femmes savantes* (*) dans *Les Philosophes*, il prit modèle sur Pope pour composer la *Dunciade ou la Guerre des sots* (*) (1764), poème satirique en trois chants bientôt augmenté de sept autres. Palissot publia également des *Petites Lettres contre de grands philosophes* (1757), où il poursuivit insidieusement ce travail de sape auquel il avait consacré son talent, puis des *Mémoires sur l'histoire de la littérature française depuis François Ier jusqu'à nos jours* (*) (1771) où l'on trouve, plutôt que des jugements sûrs, quantité d'anecdotes et de détails. Mais le triomphe des idées nouvelles donna à Palissot plus de prudence : il sut se faire oublier pendant la Révolution et mourut administrateur de la bibliothèque Mazarine.

RÉF. : T. de Puymaigre, *Les Poètes et les Romanciers de la Lorraine*, 1848. – Méaume, *Palissot et les Philosophes*, 1864. – D. Delafarge, *La Vie et l'Œuvre de Palissot*, Paris, 1912. – *Théâtre du XVIIIe siècle*, éd. J. Truchet, t. II, Paris, 1974.

PALISSY Bernard. Céramiste et écrivain français. Né à Agen vers 1510, mort à la Bastille, en 1589. Arpenteur-géomètre de son métier, exerçant tour à tour la « pourtraiture » et la « vitrerie », Bernard Palissy ne reçut qu'une instruction fort rudimentaire avant d'entreprendre divers voyages en Guyenne, Armagnac, Saintonge et Poitou et de séjourner dans le Béarn. Fixé à Saintes en 1539, il y chercha avec ses seules connaissances le secret des faïences italiennes qui avaient alors un immense succès. Autodidacte, nanti d'une curiosité jamais satisfaite des choses de la nature, esprit indépendant, Palissy s'attacha à la cause de la Réforme et participa en 1556 à la fondation de l'Église réformée de Saintes. Ses recherches lui valurent la misère, ses convictions dont il se fit l'apôtre, la prison, dont il ne fut tiré que par la protection du maréchal de Montmorency qui lui obtint le brevet d'« inventeur des rustiques figulines du Roy », grâce auquel Palissy put gagner La Rochelle. C'est dans cette ville qu'il publia, en 1563, la *Récepte véritable, par laquelle tous les hommes de France pourront apprendre à multiplier et à augmenter leurs thrésors* (*). Gagnant ensuite Paris où il séjourna de 1567 à 1572, l'émailleur du roi exécuta de nombreux travaux pour ses protecteurs à Écouen, et aux Tuileries où il décora une grotte pour la reine mère Catherine de Médicis. Sans doute à la suite de la Saint-Barthélemy, il se réfugia avec sa famille à Sedan, où il demeura de 1572 à 1576, non sans s'absenter un temps en 1575 pour donner des conférences à Paris. Il y rentra en 1576. C'est là qu'il publia, en 1580, les *Discours admirables de la nature des eaux et fontaines tant naturelles qu'artificielles, des métaux, des sels et salines, des pierres, des terres, du feu et des émaux... Plus un traité de la marne* (*).

Mais, lors de la Ligue, Palissy fut emprisonné comme calviniste à la Bastille ; ayant refusé d'abjurer, il y mourut dans son cachot. Humble ouvrier et grand inventeur, Bernard Palissy occupe une place tout à fait à part parmi les écrivains du XVIe siècle. Ignorant le grec et le latin, dépourvu de toute connaissance érudite, il n'eut d'autre guide que l'observation et l'expérience conduites par un intrépide et ardent désir de savoir qui lui fit aborder toutes sortes de problèmes. Vivement intéressé par l'histoire de la Terre, il fut un des premiers géologues. Son style, quelque peu archaïque et diffus mais soulevé parfois de beaux mouvements d'éloquence, est loin d'être sans charme.

♦ *« Philosophe naturel et homme d'un esprit merveilleusement prompt et aigu. »* La Croix du Maine, XVIe siècle. ♦ *« Homme rare, mais peu connu que parmy les très curieux* [...] *ayant trouvé par ses expériences et par son jugement la raison de plusieurs choses naturelles auparavant cachées... »* Charles Sorel, XVIIe siècle. ♦ *« ... aussi grand physicien que la nature seule puisse en fournir. »* Fontenelle. ♦ *« Palissy* [...] *dont j'aime extrêmement l'esprit d'observation et la netteté de style. »* Réaumur. ♦ *« Son œuvre est le fondement de la géologie. »* Cuvier. ♦ *« Il est impossible de ne pas proclamer ce pauvre ouvrier d'argile un des plus grands écrivains de la langue française. »* Lamartine.

RÉF. : C. Delange et H. Borneman, *Monographie de l'œuvre de Bernard Palissy*, Paris, 1862. – L. Audiat, *Bernard Palissy, étude sur sa vie et ses œuvres*, Paris, 1868. – Ernest Dupuy, *Bernard Palissy. L'homme, l'artiste, le savant, l'écrivain*, Paris, 1902. – Bruno Hauschmann, *Bernard Palissy, der Naturforscher und Schriftsteller als Vater der induktiven Wissenschaftsmethode des Bacon von Verulam*, Leipzig, 1903. – D. Leroux, *La Vie de Bernard Palissy*, Paris, 1927. – *Revue de l'art*, 78, 1987.

PALIVEC Josef. Poète tchèque. Né le 7 octobre 1886 à Švabín près de Zbiroh, mort le 30 janvier 1975 à Prague. Docteur en droit, il entre dans les services diplomatiques du nouvel État tchécoslovaque. En poste à Genève et à Paris, il se lie d'amitié avec Valéry ; époux de la sœur des frères Čapek, leur fille épouse le fils de Stravinski. Résistant antinazi, il connaît les camps de concentration. Il retrouve en 1945 le ministère des Affaires étrangères, mais le régime communiste de 1948 l'arrête et le condamne à vingt ans de prison ; relâché après dix ans (1960), il est complètement « réhabilité » en 1968. Il est l'un de ces rares poètes qui, tels Březina, Krasko ou Bezruč, créent d'un seul coup toute leur œuvre et retournent au silence : ses trois longs poèmes, *La Bague à cacheter* (*) (1941), *À l'écoute* [*Naslouchání*, 1942] et *Le Dormeur* [*Spáč*, 1943], paraissent sous le titre d'ensemble de *Tamis* [*Síta*, 1943 et 1969]. Si l'influence de Valéry (dont il traduit admirablement les principales œuvres poétiques) y est sensible, la vision personnelle de Palivec, son expression raffinée spécifique, sa construction rigoureuse font de son œuvre l'un des sommets de la poésie métaphysique tchèque, après celle de Mácha et de Březina, et aux côtés de Holan et de Zahradníček. Appelé le « prince de la poésie » par Halas, il exerce justement avec celui-ci la plus forte attirance et influence sur la jeune poésie d'après 1948, en dépit de toutes les exhortations au réalisme socialiste. Le Printemps de Prague permet la parution de ses essais sous le titre *La Poésie toujours à venir* [*Poésie stále budoucí*, 1969].

VLADIMIR PESKA.

PALLADIO Andrea (Andrea di Pietro). Architecte italien. Né à Padoue, et non à Vicence comme on l'a longtemps cru, le 30 novembre 1508, mort à Vicence le 19 août 1580. Il ne quitta Padoue qu'en 1524 après avoir fréquenté le cénacle humaniste d'Alvise Cornaro et pris conscience de sa vocation d'architecte avec l'aide de Giangiorgio Trissino, l'ami qui lui donna le surnom de Palladio. Il arriva donc âgé de seize ans à Vicence, et travailla durant plusieurs années dans le célèbre atelier de Pedemuro, où il rencontra Sammicheli. Un voyage à Rome, l'étude directe des monuments antiques et celle du style de Bramante, dont il avait déjà eu connaissance à travers Serlio, complétèrent son éducation. En 1545, quand il gagna le concours pour le revêtement de la basilique de Vicence, il avait non seulement assimilé les apports de ses proches devanciers mais il avait acquis une solide formation classique. Célèbre à Vicence, il se trouve bientôt à la tête du mouvement architectural en Vénétie. Sa production ne se ralentira pas jusqu'en 1580, date de sa mort, et elle est colossale. Les principales étapes de son évolution sont : le palais Chiericati à Vicence (1550), la villa « La Malcontenta » (1558), la « Rotonda » (1567), l'église du Rédempteur à Venise (1577), enfin le Théâtre olympique de Vicence, dont il ne put voir que la phase initiale de construction. Entre-temps, il déployait une intense activité de théoricien et publiait : *Les Antiquités de Rome* [*L'Antichità di Roma*, 1554] ; *Les Dix Livres d'architecture de M. Vitruve* [*I dieci libri dell'architettura di M. Vitruvio*, 1556] contenant ses dessins et *Les Quatre Livres de l'architecture* (*) (1570). Ces ouvrages furent la base de tous les traités d'architecture jusqu'aux néoclassiques.

La célébrité universelle de Palladio, demeurée indiscutée à travers les siècles, est due au fait qu'il commença lui-même la critique de ses propres œuvres architecturales. Mais quelle est la raison de la constante « actualité » de cet architecte ? Ses œuvres satisfont à deux exigences contradictoires : elles sont conservatrices et révolutionnaires. Personne n'étudia Vitruve plus que lui, en suivit les règles, obéit à l'académisme de son temps ; les néoclassiques eurent donc toutes les raisons de trouver en lui leurs préceptes. Une « lecture moderne » de ses œuvres nous dévoile toutefois une personnalité très originale et sans préjugés, essentiellement anticlassique. Palladio écrit « en latin » et, de ce fait, se trouve en règle, mais il dit des choses absolument neuves. La tradition vénitienne lui a donné l'expérience de l'espace illusoire, anti-classique par excellence, et il la prolonge en se servant du dictionnaire des formes classiques.

BRUNO ZEVI.

RÉF. : Vasari, *Vies des peintres, sculpteurs et architectes*, Florence, 1550 (trad. Paris, 1842). – Quatremère de Quincy, *Histoire de la vie et des ouvrages des plus célèbres architectes*, Paris, 1830. – A. Magrini, *Memorie intorno la vita e le opere di A. Palladio*, Padoue, 1845. – F. Banister Fletcher, *Palladio, his Life and Works*, Londres, 1903. – Paul Klopfer, *Von Palladio bis Schinkel, eine Charakteristik der Baukunst des Klassizismus*, Esslingen, 1911. – G. K. Loukomski, *Andrea Palladio*, Monaco, 1923. – G. G. Zorzi, *I disegni delle Antichità di A. Palladio*, Vicence, 1958. – R. Pane, *Palladio*, Turin, 1961. – G. G. Zorzi, *Le Opere pubbliche e i palazzi privati*, Vicence, 1964. – E. Forssman, *Palladios Lehregäude*, Uppsala, 1965. – J. S. Ackerman, *Palladio*, Harmonds Worth, 1966 ; Paris, 1981. – G. G. Zorzi, *Le chiese e i ponti di A. Palladio*, Vicence, 1966. – W. Timofie Witsch, *Die Sakrale Architektur Palladios*, Munich, 1968. – G. G. Zorzi, *Le Ville e teatri di A. Palladio*, Vicence, 1968 ; *Il redentore*, Vicence, 1969. – R. Streitz, *Palladio. La Rotonde et sa géométrie*, Paris-Lausanne, 1973. – M. Tafuri, *Architecture et Humanisme de la Renaissance aux réformes*, Paris, 1981. — F. Barbieri (en collaboration), *Vicenza e Palladio*, Turin, 1987.

PALLADIOS de Galatie. Évêque d'Hélénopolis. Né vers 368 en Galatie (Asie Mineure), mort après 431. Il avait vingt ans quand il se rendit en Égypte, dans le désert de Nitrie, pour visiter des moines auprès desquels il acquit des tendances origéniennes. Sa santé étant ébranlée, il partit s'installer en Palestine, près du mont des Oliviers. Vers 400, il fut nommé évêque d'Hélénopolis en Bithynie. De là, il se rendit à Rome pour plaider auprès de l'empereur Honorius et du pape Innocent la cause de saint Jean Chrysostome, dont il écrivit une vie dialoguée : *Dialogue historique sur la vie et les actes de saint Jean évêque de Constantinople* (*). De retour à Constantinople, il fut exilé en Haute-Égypte par l'empereur Arcadius. Dans une petite œuvre très précieuse intitulée *Histoire lausiaque* (*) du nom de son dédicataire, il a laissé une fresque de la vie monastique en Égypte et en Palestine, existence dont il avait eu une expérience directe et inoubliable.

RÉF. : J. Brémond, *Les Pères du désert*, Paris, 1927. — E. M. Cataluccio, *Il « Lausiakon » di Palladio tra semiotica e storia*, Rome, 1984.

PALLAVICINO Carlo. Compositeur italien. Né à Salò vers 1630, mort à Dresde le 29 janvier 1688. Figure dominante de l'opéra italien après Monteverdi, il a composé une vingtaine d'opéras pour des théâtres vénitiens, notamment *Demetrio* (1666). En 1667, il s'installe à Dresde où il continue à composer des opéras pour la cour de Saxe où ses principaux succès seront son *Néron* (+) et sa *Gerusalemme liberata* (1687).

ALAIN PÂRIS.

PALMA Ricardo. Écrivain péruvien. Né à Lima le 7 février 1833, mort dans cette même ville le 6 octobre 1919. Bohème et romantique, à dix-huit ans il obtint un véritable triomphe avec la publication de son drame *Rodil.* Enthousiasmé depuis sa jeunesse par le mouvement libéral, partisan de José Gálvez, il fut exilé au Chili après la faillite de l'insurrection. De là il partit pour l'Europe et visita la France, l'Italie et l'Angleterre, puis de 1868 à 1872 il fut secrétaire d'État dans le gouvernement de José Balta, et devint ensuite sénateur de la République. De 1884 à 1912, il dirigea la Bibliothèque nationale de Lima, et, jusqu'à sa mort, se consacra à ses activités d'écrivain. Les *Traditions péruviennes* (*) sont devenues célèbres en castillan, et elles ont été traduites en plusieurs langues. Louées par les conservateurs car elles évoquent la vie péruvienne à l'époque de la Colonie, elles ne sont pas pour autant une apologie de cette dernière. Selon Maríategui, Ricardo Palma reconstruisit le passé colonial « à partir d'un réalisme moqueur et d'une fantaisie irrévérencieuse et satirique » et « sa moquerie ronge en souriant le prestige de la vice-royauté et de l'aristocratie ». Parmi ses autres œuvres, rappelons les poèmes des *Harmonies* [*Armonías*, 1865] et des *Passiflores* [*Pasionarias*, 1870], et *Souvenirs d'Espagne* [*Recuerdos de España*, 1899], ainsi que *Notes pour l'histoire de la bibliothèque de Lima* [*Apuntes para la historia de la biblioteca de Lima*, 1912] et *Filigranes* [*Filigranas*, 1892].

PALMERSTON Henry-John Temple, vicomte. Homme d'État anglais. Né à Broadlands près de Romsey (Hants) le 20 octobre 1784, mort à Brocket Hall le 18 octobre 1865. Entré en 1805, à vingt et un ans, à la Chambre des communes, il y joue rapidement un rôle important, d'abord comme sympathisant des « tories », puis, à partir de 1828, dans les rangs du parti libéral. À la victoire de celui-ci, Palmerston est chargé du ministère des Affaires étrangères (1830-1841), et il donne une orientation nouvelle à la politique anglaise en soutenant les mouvements libéraux de Belgique et d'Espagne. L'originalité de Palmerston demeure cependant avant tout dans ses méthodes, soudaines et agressives, tout à l'opposé de celles de ses prédécesseurs, surtout lors de son retour aux affaires en 1846, où son appui trop manifeste aux séditions libérales, dans l'affaire de Cracovie, en Italie, en Grèce, finit par indisposer les puissances européennes. Un moment écarté du pouvoir en 1851, Palmerston entraîne peu après la chute de son adversaire lord Russell et il devient ministre de l'Intérieur puis, en 1855, président du Conseil. Les conservateurs, le rendant à juste titre responsable de l'atmosphère tendue des relations franco-anglaises, le forcent une fois encore à démissionner, mais il se rétablit au ministère en 1859 et s'y maintiendra jusqu'à sa mort après avoir signé, en 1860, le fameux traité de commerce libre-échangiste avec la France. Palmerston, qui a laissé des *Lettres* (*), est une figure originale et grande qui a su concilier son libéralisme farouche avec un sentiment intraitable de la grandeur de l'Empire britannique.

RÉF. : Lord Dalling, *La Vie de lord Palmerston*, 1870-1876. — Ashley, *Life of Lord Palmerston*, 1888. — B. K. Martin, *The Triumph of Lord Palmerston. A Study of Public Opinion in England before the Crimean War*, 1926.

PALUDAN Jacob. Romancier et essayiste danois. Né le 7 février 1896 à Copenhague, mort le 26 septembre 1975 à Birkerød. Son père, professeur d'histoire de la littérature à l'Université, réunissant autour de lui les esprits conservateurs, représentait le pôle opposé à Brandès. Le fils se révolta, comme il convient, mais garda au fond de lui l'attitude de son père. Pharmacien en 1918, il fit en 1920-1921 un voyage en Équateur et aux États-Unis, dont il revint, rempli d'une sainte horreur du monde moderne et de

« l'américanisation », qu'il ne cessera de dénoncer dans ses romans, dont le premier, *Les Chemins vers l'Ouest* [*De Vestlige Veje*], parut en 1922. Après un recueil de poèmes, il publia encore quatre romans, avant de donner la somme de sa vision amère et sceptique du monde moderne dans les deux volumes de *Jørgen Stein : Tonnerre dans le Sud* (*) (1932) et *Sous l'arc-en-ciel* [*Under regnbuen*, 1933]. Chroniqueur dans divers journaux, il n'a depuis publié que des recueils d'essais, d'aphorismes et de réflexions diverses.

PALUDAN-MÜLLER Frederik. Écrivain danois. Né le 7 février 1809 à Kjerteminde-de Fiorié, mort à Copenhague le 29 décembre 1876. Son père, évêque protestant d'Aarhus, fut nommé en 1819 au siège d'Odensee, et c'est dans cette ville que le jeune Frederik fit ses premières études, à l'école latine. Inscrit à l'université de Copenhague en 1828, Paludan-Müller était encore étudiant en droit lorsqu'il fit des débuts littéraires assez remarqués avec son drame *L'Amour à la Cour* [*Kjaerlighed ved Hoffet*, 1832], qui fut suivi d'un poème d'inspiration byronienne, *La Danseuse* [*Dandserinden*, 1833], d'un conte à la manière orientale, *La Fuite de Zuleima* [*Zuleimas flugt*, 1834] et d'un drame lyrique, *Amour et Psyché* [*Amor og Psyche*, 1834], où se manifestait déjà le goût de l'auteur pour une antiquité imprégnée de romantisme, avec les poèmes *Vénus* (1841), *Noces d'une dryade* [*Dryadens Bryllup*, 1844] et *Tithon* (1844). Licencié en droit (1835), Paludan-Müller ne parut pas au barreau et, après avoir accompli un tour d'Europe de 1838 à 1840, il mena à Copenhague une vie de plus en plus retirée, consacrée uniquement à la littérature. Marié depuis 1830 à la femme de lettres Charite Borch, il s'orienta de plus en plus vers une poésie d'inspiration religieuse dans des œuvres telles que : *Le Paradis* [*Paradiset*, 1861], *La Mort d'Abel* [*Abels Död*, 1844], *Caïn, Ahasvérus* (1853), *Kalamus* (1854), *Benoît de Nursie* [*Benedikt fra Nursia*, 1861], rassemblées après sa mort dans le volume intitulé *Six poèmes* [*Six Digte*, 1883]. Mais l'œuvre la plus importante de Paludan-Müller, restée malheureusement incomprise du public contemporain, est sa grande épopée satirique *Adam Homo* (*) (trois volumes, 1841-48). Dans la dernière période de sa vie, Paludan-Müller écrivit un long roman social, *Ivar Lykkes* (trois volumes, 1866-73).

RÉF. : F. Lange, *Paludan-Müller*, Copenhague, 1899. — G. Brandès, étude in *Gesammelten Schriften*, t. III, Munich, 1903.

PANDURO Leif. Romancier danois. Né le 18 avril 1923 à Copenhague ; mort le 16 janvier 1977 à Asserbo. Le conflit fondamental de l'œuvre de ce « Rabelais » danois et contemporain est celui qui oppose faussement « normalité » et « folie » ; cette dernière est le résultat des traumatismes infligés dès la petite enfance, au nom de l'éducation, par les « normaux » qui l'imposent à tous ceux qui s'y opposent : les enfants, les jeunes et les artistes. Pourquoi, demande Panduro, n'arrivons-nous pas à aimer ? Pourquoi avons-nous si peur de l'amour au point de l'enfermer dans des institutions au lieu de le vivre ? Vivre, c'est vivre exposés, sans filet de secours, livrés et non pas à la merci de l'Autre — seul fondement d'une éthique véritable, capable de sortir les sociétés occidentales de ce conflit qui pervertit tous les rapports humains. Les premiers romans de Panduro, *Au diable, vos traditions* [*Rend mig i traditionerne*, 1958] et *Les Indécents* [*De Uanstaendige*], traitent de l'adolescence et de son angoisse d'être happé par le système. Le monde figé des adultes sera le thème d'une série de romans des années 60 dite *La Trilogie de l'identité : Fern le Danois* (*) (1963), *L'Erreur* [*Fejltagelsen*, 1964], *Le Mauvais Homme* [*Den Gale Mand*, 1965]. À ces romans il faut ajouter *Les Amateurs* (*) (1972) ainsi qu'une série de pièces écrites pour la télévision dans les années 70. Panduro raconte comment l'adulte, l'homme surtout, croule et littéralement implose sous le poids de son rôle social. La socialisation de l'individu est trop forte et le sens de la vie ne peut que se manifester négativement dans l'autodestruction ou la folie allant jusqu'à la schizophrénie totale, dont l'interprétation est proche de celle de l'antipsychiatrie, mais aussi de celle de Blicher et de Kierkegaard, pour qui l'angoisse du bien et l'absence de passion constituent le véritable fléau moral.

KARL E. POULSEN.

PANDUROVIĆ Šima. Poète, essayiste et auteur dramatique serbe. Né et mort à Belgrade (14 avril 1883-27 août 1960). Après des études de philosophie à l'université de Belgrade, il dirige et publie plusieurs revues littéraires. Fortement influencé par les « poètes maudits » et notamment par Baudelaire et Edgar Poe, il introduit dans la littérature serbe la dimension du « pessimisme poétique » et de l'individualisme exacerbé. Dans ses trois grands recueils de vers, *Honneurs posthumes* (*) (1908), *Les Jours et les Nuits* [*Dani i noci*, 1912] et *Syllabes serties* [*Okavani slogovi*, 1918], il apparaît comme le chantre du tombeau, de la douleur et de l'impuissance de l'homme face à la mort, et son talent insolite fait longtemps scandale avant d'être reconnu. Il se distingue dès ses débuts par sa maîtrise formelle et l'élégance d'un vers toujours grave et sombre, mais musical. Parmi ses poésies, qui ont aujourd'hui leur place dans toutes les anthologies, il faut citer surtout *Résignation* [*Rezignacija*], *Attaches* [*Veze*], *Secousse* [*Potres*] et *Les Flammes mortes* [*Mrtvi plamenovi*]. Il est en outre l'auteur de pièces de théâtre et d'études critiques rassemblées en un recueil, *Entretiens sur la littérature* [*Razgovori o književnosti*, 1927].

PANÉ Armijn. Écrivain indonésien. Né le 18 août 1908 à Muara Siponging, mort le 16 février 1970 à Jakarta. Frère cadet de Sanusi Pané, il put également accéder à l'enseignement secondaire dispensé par les Hollandais et faire ses études à l'École de médecine de Batavia puis de Surabaya. Il fut ensuite professeur au Taman Siswa de Kediri, Malang et Jakarta, avant de se consacrer entièrement à des activités littéraires ou journalistiques. En 1933, il fonda avec Takdir Alisjahbana et Amir Hamzah la revue *Pujangga Baru* qui devait marquer toute une génération d'écrivains et, à partir de 1936, devint rédacteur dans la maison d'édition Balai Pustaka. Ses activités d'écrivain sont multiples : d'abord auteur de poèmes comme *Jiwa berjiwa* (1939), *Gamelan Jiwa* (1960), il donne un recueil de nouvelles *Histoires entre les hommes* [*Kisah antara manusia,* 1953], des pièces de théâtre, *Jinak-jinak merpati* (1953), enfin un roman *Chaînes* (*) qui fit sensation à l'époque où il fut publié et divisa le public. Armijn Pané y décrivait avec réalisme des scènes de la vie conjugale ou de la vie quotidienne qui, jusqu'alors, n'avaient pas trouvé place dans la littérature indonésienne. Il écrivit également des articles intéressants sur la littérature, sur le cinéma indonésien, un essai sur la grammaire de l'indonésien (1950), sur l'histoire de la Chine (1953) et fit diverses traductions, en particulier d'Ibsen et d'Ehrenbourg.

PIERRE LABROUSSE.

PĀṆINI. Ce théoricien de la grammaire sanskrite est le plus illustre de l'histoire littéraire indienne, et son œuvre est la plus ancienne qui nous soit connue. On l'appelait aussi, du nom de sa mère, Dākṣīputra et Dākṣeya ; il naquit à Śalātura, dans le Kandahar (non loin des villes actuelles de Peshawar et Attok), mais il passa presque toute sa vie à Taxila. On pense qu'il vécut après les grammairiens Yāska et Śaunaka, vers le ve siècle avant notre ère. Dans son enfance, dit la légende, il était si piètre élève, si peu intelligent, qu'il fut mis à la porte de l'école. Mais un peu plus tard, grâce à Śiva, il devint un maître du savoir ; le dieu lui ouvrit le domaine des sciences grammaticales, et lui révéla directement une partie de son célèbre recueil de trois mille neuf cent quatre-vingt-seize aphorismes ou « sūtra », en huit volumes qui forment la première *Grammaire sanscrite* (*). De fait, Pāṇini, qui est considéré comme le fondateur du sanskrit classique, semble avoir utilisé certains traités antérieurs remontant à l'époque védique. Son œuvre a suscité de très nombreux commentaires, dont le principal est le *Mahābhāṣya* (*) de Patañjali. Selon la légende, Pāṇini aurait été tué par un lion.

RÉF. : K.-M.-K. Sarma, *Pāṇini, Kātyāyana and Patañjali,* Delhi, 1968. — G. Cardona, *Pāṇini, a Survey of Research,* La Hague, 1976. — Mahavir, *Pāṇini as Grammarian,* Delhi, 1978. — V.-V. Bhandare, *Sanskrit Speech Habits and Pāṇini,* Delhi, 1986. — I.-S. Pawate, *Structure of the « Ashatadhyayi »,* Delhi, 1987.

PANIZZA Oskar. Romancier, poète, essayiste et dramaturge allemand. Né le 12 novembre 1853 à Kissinger, mort à Bayreuth le 30 septembre 1921. « Oskar Panizza, écrivain, né le 12 novembre à Bad Kissingen, appartient à une famille lourdement marquée par l'hérédité. » Ainsi commence l'autobiographie de Panizza, rédigée à l'hôpital psychiatrique où il passa les quinze dernières années de sa vie. Auteur prolixe à la réputation sulfureuse, grand pourfendeur de l'Allemagne impériale et chrétienne, ce n'est qu'à travers scandale et folie que Panizza, en définitive, attira l'attention de quelques-uns de ses contemporains. Son œuvre préfigure et inspira, pourtant, les tenants de la satire sociale expressionniste des années 20, des écrivains et artistes tels que Grosz, Tucholsky, ou Mehring.

Fils d'un père ultra-catholique mort dans ses premières années, élevé par une mère d'origine française huguenote, Oskar Panizza développera toute sa vie une haine féroce du catholicisme, et au-delà, des religieux et des puissants de ce monde. Un voyage à Paris, où il se plonge avec avidité dans l'étude des auteurs français, une carrière médicale vite compromise par des tendances dépressives influencent ses premiers écrits. Il publie des recueils de poésie comme *Chansons noires* [*Düstere Lieder,* 1885] « où l'on retrouve l'influence de Heine », selon ses propres dires, et des contes comme *Les Visions* [*Visionen*] marquées du romantisme désespéré d'Edgar Poe et Hoffmann. Le satirique *Journal d'un chien* (*) est publié en 1892 ; en 1981, *Le Crime de Tavistock Square,* inspiré par un séjour en Angleterre, est cité au tribunal de Leipzig ; des essais « théologiques » anti-cléricaux, et surtout son œuvre maîtresse *Le Concile d'amour,* publié en 1894 — v. *Journal d'un chien* —, ainsi que les *Parisiana* où il agonit d'injures le *Kaiser* Guillaume II et le peuple allemand, « peuple de valets et de bourreaux », lui valurent plusieurs séjours en prison, la confiscation de ses biens et la haine de la plupart de ses contemporains. Après plusieurs fuites en Suisse et à Paris et l'interdiction systématique de ses écrits, Oskar Panizza sombrant peu à peu dans la paranoïa, sujet à des hallucinations auditives, fut finalement interné en 1905 à sa demande après plusieurs essais infructueux, sous un faux nom, à l'asile de Bayreuth où il demeura jusqu'à sa mort en 1921. Son œuvre a retenu tout particulièrement l'attention d'André Breton, qui a vu en lui un commanditaire du Mal absolu, aux côtés de Sade et de Lautréamont.

SERGE ROSENBERG.

♦ *« Son cerveau était le pays des possibilités sans limites. Son penchant irrésistible pour le cynisme était adouci par une sincérité touchante et un humour gamin. [...] Cette haine de la religion, venue d'une certaine étroitesse de cœur, et qui s'exprimait par la polémique, était chez lui indissociable d'une imagination délirante qu'il mettait souvent au service de sa haine. Ainsi muni de ces armes il s'avançait sur le terrain de la grande satire. »* Hannes Ruch. ♦ *« Oskar Panizza est un peintre d'icônes hérétiques. »* Walter Benjamin. ♦ *« ... avec Panizza, [...] c'est la dérision qui mène le jeu... Dès le départ, elle s'en prend aux personnifications du "sacré" que nombre de nos contemporains persistent à révérer. »* André Breton.

PAN KOU [Ban Gu] (appellation honorifique, Meng-tsien). Historien, poète et philosophe chinois. Né en l'an 32, mort en 92 de l'ère chrétienne. L'on ne sait presque rien de sa jeunesse. Il fut incarcéré une première fois, sous l'inculpation d'avoir falsifié l'histoire nationale, et fut libéré grâce aux efforts de son jeune frère, le fameux général Pan Tch'ao, qui réussit à le disculper devant l'empereur. Celui-ci lui confia alors la rédaction de la biographie du premier empereur des Han postérieurs, Kouang-wou-ti (mort en 57).

Plus tard Pan Kou embrassa le parti du rebelle To Sien (mort en 92) et l'accompagna en Mongolie, où ce général combattit avec succès les tribus turques qui troublaient la frontière. Pan Kou fut de nouveau jeté en prison, et y mourut sans avoir pu terminer sa grande œuvre historique, les *Annales des Han* (*) (ou *Annales des Han antérieurs ; Han-chou* ou *Ts'ien-han-chou*), qui prend la suite chronologiquement des *Mémoires historiques* (*) de Se-ma Ts'ien (145-86 ? av. J.-C.), selon la même méthode de composition, utilisant d'ailleurs les matériaux déjà réunis par son père Pan Piao (3-54 de notre ère). C'est à Pan Kou, notamment, que l'on doit le précieux supplément bibliographique du *Ts'ien-han-chou,* grâce auquel on connaît les titres de nombreuses œuvres anciennes, aujourd'hui perdues ; l'ouvrage fut achevé par sa sœur. Notre auteur écrivit aussi deux compositions en prose rythmée [fou] en l'honneur des deux capitales, Tch'ang-an et Louo-yang, respectivement intitulées *Si-tou-fou* et *Tong-tou-fou.* Elles ont été traduites en anglais par D. E. Knechtges dans le premier volume du *Wen xuan or Selections of Refined Literature ; Rhapsodies of Metropolises and Capitals,* publié à Princeton en 1982. La célébrité de Pan Kou comme poète est aussi due au fait qu'il fut l'un des premiers à employer le vers pentasyllabique chinois. On pense d'autre part qu'il a collaboré à la rédaction du compte rendu du débat académique de l'an 79, précieux pour les renseignements qu'il donne sur le gouvernement des Han antérieurs, connu sous le titre de *Traité général de la tigresse blanche* [*Pai-hou-t'ong*], dont Tjan Tjoe Som a publié, à Leyde, en 1949, une traduction anglaise.

RÉF. : Lo Tchen-Ying, *Une famille d'historiens et son œuvre,* Paris, 1931.

PANOFSKY Erwin. Historien d'art allemand. Né à Hanovre le 30 mars 1892, mort à Princeton (New Jersey) le 14 mars 1968. Après des études d'histoire de l'art et de philosophie à Berlin, Munich et Fribourg, Panofsky enseigna l'histoire de l'art à Hambourg (1926-1933) et à l'université de New York (1931-33) en qualité de « visiting professor ». Parallèlement, il collaborera activement avec le Warburg Institute et son futur directeur Fritz Saxl, avec lequel il cosignera dès 1923 un premier essai sur la « Mélancolie » de Dürer, puis *Saturne et la mélancolie* (*). En 1933, il sera radié par les nazis et rejoindra bientôt l'Institute for Advanced Studies, à l'université de Princeton, où il poursuivra ses recherches jusqu'à sa mort. Il se fit remarquer dès 1915 pour sa *Dürer Kunsttheorie* qu'il ne cessa ensuite de remettre sur le métier et d'amplifier pour donner trente ans plus tard une nouvelle somme, *La Vie et l'art d'Albrecht Dürer* [*The Life and Art of Albrecht Dürer,* 1943]. Toute son œuvre porte la marque de sa lecture de l'œuvre d'Aloïs Riegl à la lumière de la philosophie kantienne telle qu'il pouvait la connaître par l'école de Marbourg et notamment par Ernst Cassirer, qui demeura jusqu'à la fin de sa vie l'un de ses points de référence principaux. C'est à cette période qu'appartient l'article sur « le concept de volonté d'art » – ou *Kunstwollen* (1920) – ainsi que *Idea : contribution à l'histoire du concept de l'ancienne théorie de l'art* [*Idea, ein Beitrag zur Begriffgeschichte der älteren Kunsttheorie*, 1924], où il montre comment la séparation du « pulchrum » et du « bonum » a accouché de l'idée moderne d'esthétique. L'année suivante, ce sera l'essai sur *La Perspective comme forme symbolique* [*Die Perspektive als symbolische Form,* 1925], inspiré de la réflexion de Cassirer sur les formes à travers lesquelles un contenu se trouve associé à un signe au point de s'y identifier. À cette ligne de recherche, on peut rattacher l'essai sur l'abbé Suger de Saint-Denis (1946) et *Architecture gothique et pensée scolastique* [*Gothic Architecture and Scolasticism,* 1948], où il retrace la genèse et l'évolution de l'architecture gothique en accordant une large place à la notion d'« analogie ».

Insatisfait de l'impressionnisme et de la confusion des genres qu'il percevait dans l'histoire de l'art contemporaine, il voudra créer une méthode nouvelle, qu'il baptisera « Iconologie » par opposition à la classique iconographie. Si les fondements théoriques de cette démarche ont été jugés inférieurs à ses résultats (Robert Klein), les *Essais d'iconologie* (*) (1939) sont, suivant le mot de Gombrich, « de ces livres dont je tiendrais pour inconvenant d'oser même entreprendre l'éloge ». Dès lors, l'érudition de Panofsky empruntera des voix multiples, engrangeant les découvertes, quitte à s'émanciper de ses propres règles méthodologiques : *Les Primitifs flamands* (*) (1953), *L'Œuvre d'art et ses significations* [*Meaning in the Visual Arts*, 1957] et *La Renaissance et ses avant-courriers dans l'art d'Occident* [*Renaissance and Renascences in Western Art*, 1960].

PIERRE-EMMANUEL DAUZAT.

PANT Sumitrānandan. Poète indien de langue hindie. Né le 20 mai 1900 à Kausānī (district d'Almora, Uttar Pradesh), mort le 29 décembre 1977 à Allahabad. Pant fut, avec Nirālā, le pionnier du mouvement romantique hindi (Chāyāvād) et l'un des plus grands poètes de l'Inde contemporaine, célébré surtout pour la suavité de sa prosodie – v. *Vīnā*. À la fois diverse et homogène, jalonnée par une série de ruptures que masque la dominante lyrique, son œuvre est le reflet d'une époque profondément troublée en même temps que l'illustration de l'étonnant syncrétisme du génie indien. Elle s'ouvre par la phase romantique, où l'influence du modèle anglais (de l'ode, en particulier) apparaît très sensible dans des recueils comme *Pallava* (*) (1926) et *L'Abeille* (+). Puis elle s'infléchit vers le progressisme naissant : *Clair de lune* [*Jyotsnā*], petite pièce allégorique de 1934, *La Fin d'un âge* [*Yugānt*, 1936], *La Voix de l'époque* [*Yugvānī*, 1934] et *La Villageoise* [*Grāmyā*, 1940] trahissent la prédominance de l'homme et de la question sociale. Mais bientôt le spiritualisme d'Aurobindo (fondateur de l'ashram de Pondichéry) investit la pensée du poète, comme en témoignent *Rayon d'or* [*Svarnkiran*] et *Poussière d'or* [*Svarndhūli*, 1947]. De ces courants multiples, la dernière période offre l'harmonieuse symbiose : ainsi dans l'épopée monumentale de 1964, *Le Matérialiste* [*Lokāyatan*]. Parmi les œuvres les plus célèbres de Pant, il faut citer encore *Pallavini* (1940) et *Cidambara* (1959).

CATHERINE THOMAS.

RÉF. : P. Gaeffhe, *Hindi Literature in the XXth Century*, Wiesbaden, 1978.

PANYASSIS d'Halicarnasse. Poète épique grec. Il vécut au début du Vᵉ siècle av. J.-C. à Halicarnasse. On dit qu'il fut peut-être l'oncle ou le cousin de l'historien Hérodote. Vers 460, Lygdamis, tyran d'Halicarnasse, exila l'historien et condamna à mort Panyassis. On lui attribue une *Héracléide* – v. *Cycle épique grec* (*) –, épopée (en quatorze livres) qui chantait les travaux d'Héraclès. De ce poème, il nous reste une cinquantaine de vers. Selon la *Souda* (*), Panyassis « ranima la poésie épique qui s'était éteinte ». Pausanias et Clément d'Alexandrie au IIᵉ siècle de notre ère et Athénée au IIIᵉ le lisaient encore et le citent avec éloge. Avec Homère, Hésiode, Pisandre et Antimaque, il est considéré par les critiques anciens comme appartenant aux meilleurs poètes épiques de l'Antiquité.

DAVID BOUVIER.

PANZINI Alfredo. Écrivain italien. Né à Sinigaglia (province d'Ancône) le 31 décembre 1863, mort à Rome le 10 avril 1939. Il fit ses premières études à Rimini, puis à Venise, et à Bologne devint l'élève de Carducci jusqu'en 1886. Nommé professeur de lycée, il exerça dans plusieurs villes avant d'obtenir un poste à Milan, où il demeura jusqu'en 1928. Sa vocation d'écrivain se révéla plutôt tardivement ; ce fut à trente ans qu'il publia son premier ouvrage, *Le Livre des morts* [*Il Libro dei morti*, 1893]. À ses débuts, il passa presque inaperçu, et attendit longtemps la grande popularité dont il jouit finalement : ce fut *La Lanterne de Diogène* (*) (1907) qui éveilla l'attention de la jeune génération du début du siècle et marqua le réel départ de sa carrière. Dès lors, Panzini écrivit des nouvelles, des romans, des récits tels que le *Voyage d'un pauvre homme de lettres* (1919), son *Journal sentimental de la guerre* [*Diario sentimentale della guerra*, 1923] et, enfin, des récits historiques : *1859, Le Comte de Cavour* (1931), qui eurent tous une large audience. Désormais, son humour mesuré, sa résignation de sceptique souriant devant le spectacle du monde qu'il dissèque avec finesse mais qu'il se garde de juger, ont conquis le public ; *Xanthippe* (1914) est peut-être bien, à cet égard, son œuvre la plus caractéristique. Panzini occupe dans la littérature italienne du début du XXᵉ siècle une place à part, tout à fait isolée.

RÉF. : G. Baldini, *Alfredo Panzini*, Brescia, 1941.

PAO TCHAO [Bao Zhao]. Poète chinois. Né vers 404 à T'an-tch'eng ou à Chan-tang, et mort en 466 dans la province de Hou-pei. Il vécut à une époque où la Chine était divisée entre le Nord et le Sud et où les dynasties successives qui régnèrent sur la partie méridionale connurent une histoire particulièrement sanglante. Pao Tchao fut un proche de la Cour, mais, d'une famille originaire du Nord, il se sentait exilé dans le Sud, et il fut victime des bouleversements politiques tout au long de sa carrière (il sera d'ailleurs tué au cours de la répression d'une rébellion), ce qui explique l'amertume et le ressentiment qui transparaissent dans son œuvre, en particulier dans la plus célèbre, *La Route difficile* (*).

JACQUES PIMPANEAU.

PAOUSTOVSKI Constantin Guéorguiévitch. Écrivain russe. Né et mort à Moscou : 31 mai 1892-14 juillet 1968. Issu d'une famille modeste (son père était un employé des chemins de fer), il entreprit à la faculté des lettres des études qui furent interrompues en 1914 par la guerre, qu'il fit dans un service sanitaire. Pendant les années de la Révolution et de la guerre civile, il a travaillé dans le journalisme à Kiev, à Odessa et au Caucase et, en 1923, il s'est fixé à Moscou. Ses premières œuvres publiées, par exemple *Le Nuage scintillant* [*Blistajuščie* *oblaka*, 1929], proposent déjà des traits qui resteront typiques chez Paoustovski : son attachement pour les voyages lointains et les aventures, pour les rencontres et les séparations. Ce romantisme un peu naïf et profondément lyrique restera propre à Paoustovski jusqu'à la fin de ses jours : « L'attitude romantique, disait-il, ne permet pas à l'homme d'être mensonger, ignorant, lâche et cruel. Le romantisme est une puissance ennoblissante. » Sa gloire littéraire commence après l'essai historico-géographique et très poétique *Kara-Bougaz* (1932), qui est suivi d'un ouvrage du même type, *Colchide* (1934) ; les descriptions de la nature sont la force de Paoustovski qui voit partout dans l'univers la beauté et l'utile liés au bon. Après 1934, l'année du premier congrès des écrivains de l'U.R.S.S. et de la formation des principes du réalisme socialiste, Paoustovski, ne voulant pas se soumettre à la doctrine, se confina pour longtemps dans des sujets historiques et esthétiques : il écrit plusieurs biographies romancées des peintres russes : *Orest Kiprenski* (1937), *Isaak Levitan* (1937), et de poètes du XIXe siècle, *Taras Chevtchenko* (1939), un roman sur l'époque des décembristes, *Conte du Nord* (1938), dans lequel les descendants des révolutionnaires russes de 1825 se retrouvent cent ans plus tard et sont liés comme leurs grands-parents par des relations complexes et romantiques. Un roman des années trente, *Le Sort de Charles Lonceville* (1933), retrace l'histoire d'un soldat de Napoléon fait prisonnier en 1812 et déporté à Petrozavodsk où il observe avec horreur la vie des Russes opprimés par le pouvoir tsariste.

L'activité littéraire de Paoustovski se poursuit avec la publication des premières parties de son grand livre autobiographique, *Histoire d'une vie* (*) (1942-1963), entamé en pleine guerre et terminé pendant le « dégel » khrouchtchévien. Les six parties du livre montrent l'évolution de la Russie au cours des premières décennies du XXe siècle : *Les Lointaines Années* [*Dalëkie gody*, 1945], *La Jeunesse agitée* [*Bespokojnaja jounost'*, 1955], *Le Début d'un siècle inconnu* [*Načalo nevedomogo veka*, 1945], *Le Temps des grandes espérances* [*Vremja bol'ših ožidanij*, 1958], *Le Bond vers le midi* [*Brosok na jug*, 1960], *Le Livre des vagabondages* [*Kniga skitanij*, 1963]. Ce roman-confession tire sa grande valeur des détails qui font distinctement voir la vie de la province et de la capitale de la Russie pendant une époque cruciale de son histoire, et de portraits psychologiques d'un grand nombre de ses habitants appartenant à toutes les couches sociales. En même temps, le romancier a écrit un livre aussi profond que poétique sur le processus de la création littéraire, *La Rose d'or* (*) (1952). Paoustovski a lutté courageusement pour la réhabilitation de ses confrères condamnés et oubliés (Babel, Olecha, Boulgakov, A. Grin, Zabolotski) et pour la libération et la juste appréciation d'écrivains persécutés (Siniavski et Daniel, Soljénitsyne, Doudintsev).

EFIM ETKIND.

PAPADAT-BENGESCU Hortensia. Écrivain roumain. Née à Iveşti (Moldavie) le 8 décembre 1876, morte à Bucarest le 5 mars 1955. À ses débuts, elle publie en français des articles et plus tard des poèmes. D'ailleurs, elle aurait souhaité poursuivre des études à Paris, mais, mariée à un magistrat, elle le suit dans ses pérégrinations à travers le pays. C'est une fidèle du cénacle et de la revue *Le Sylphe* [*Sburătorul*], animés à Bucarest par le critique Eugen Lovinescu. Dans son théâtre, elle fait l'analyse psychologique des relations conventionnelles que la bourgeoisie impose à l'individu. Dans ses romans, elle approfondit cette analyse psychologique de cette même bourgeoisie, victime surtout de ses propres vices, en procédant à une véritable dissection des corps et des âmes qui semblent elles-mêmes faites de chair. Elle s'inspire de Marcel Proust, quatre romans suivant la destinée d'une famille bourgeoise : *Les Vierges échevelées* (+) (1926), *Concert de Bach* (*) (1927), *La Route secrète* [*Drumul ascuns*, 1932], *Racines* [*Rădăcini*, 1938] ; enfin, précédant ce dernier, un roman isolé, *Le Fiancé* [*Logodnicul*, 1935].

PAPADIAMANDIS Alexandros. Écrivain grec. Né le 3 mars 1851 à Skiathos, où il mourut le 3 janvier 1911. Troisième enfant d'un pope, Papadiamandis a passé toute sa jeunesse à Skiathos et grandi dans le strict respect d'une tradition byzantine qui a laissé une profonde empreinte sur son œuvre. D'un tempérament plutôt solitaire, il apprend les langues étrangères en autodidacte et s'essaye très tôt à composer des poèmes, des comédies et des romans. En 1873, après un séjour de plusieurs mois au mont Athos, il se rend à Athènes pour s'inscrire à l'université de philosophie : ce sera le début d'une vie marginale et précaire qui durera près de vingt ans (il n'obtiendra jamais son diplôme et vivotera de traductions et autres travaux littéraires mal rétribués), marquée par de fréquents retours sur son île natale, une incapacité à s'insérer socialement et un sentiment de culpabilité à l'égard de sa famille qui doit continuer à subvenir à ses besoins. Il fait son entrée en littérature en 1879, avec un roman historique, *L'Émigrée* [Η Μεταναστις], qui, s'il répond aux exigences du genre, ne laisse encore rien soupçonner des qualités littéraires que Papadiamandis manifestera par la suite. La transition se fera peu à peu, après deux autres romans historiques et, surtout, *Christos Milionis* [Χρήστος Μηλιόνης, 1885], premier échantillon d'une peinture de mœurs où transparaissent certaines de ses convictions intimes. Entre 1887 et 1910, il compose près de deux cents nouvelles, dont la plupart ont pour cadre l'île de Skiathos — où il s'est, entre-temps, définitivement installé – et qui témoignent de sa prédilection pour les humbles, les cœurs simples et les « éclopés de la vie » – v. *Les Rivages roses* (*) et *Les Petites Filles et la mort* (*). Souvent composés hâtivement, sous la pression de la nécessité (Papadiamandis n'eut d'autre source de revenus, jusqu'à sa mort, que ses collaborations aux journaux de l'époque), tous ces récits n'atteignent pas, loin s'en faut, à la perfection de *Garde au lazaret* [Βαρδιανός στα σπόρκα, 1893], *Rêve sur la vague* [Ονειρο στο Κύμα, 1900] ou *Les Petites Filles et la mort*, qui constitue, par la sereine cruauté de l'analyse, son chef-d'œuvre ; chaque nouvelle témoigne cependant, à des degrés divers, de ce qui fait la force et l'originalité de Papadiamandis : un regard attentif et compréhensif sur les personnages qu'il évoque (même s'il s'en tient parfois à des archétypes), un érotisme bridé et diffus, une langue transparente (démotique pour les titres et les dialogues, puriste pour les descriptions) et la subtilité du mécanisme de la nostalgie et de la réminiscence. Mettant en avant son attachement à l'orthodoxie, la frugalité de sa retraite à Skiathos, son humilité et son penchant pour les êtres marginaux, on a parfois voulu imposer l'image d'Épinal d'un « saint des lettres », retranché du monde et animé d'une foi naïve en Dieu, sinon en l'homme. Une lecture attentive de son œuvre suffit toutefois pour déceler un tempérament inquiet et tourmenté, plus proche de Dostoïevski (dont il a d'ailleurs traduit certains romans) que de John Bunyan.

GILLES ORTLIEB.

RÉF. : O. Merlier, *Skiathos île grecque*, Paris, 1934 ; *Nouvelles*, Athènes, 1965. – P. Moullas, *Papadiamandis aftoviographoumenos*, Athènes, 1974.

PAPIAS le Clerc. C'est un des plus célèbres grammairiens byzantins du Moyen Âge, mais les informations le concernant sont très rares. D'après son nom, nous pouvons supposer qu'il vécut à Pavie, et nous savons qu'il fut maître d'école. En 1053, il dédia à ses deux fils le fameux *Vocabulaire* (*), vaste manuel d'érudition classique et médiévale qui eut beaucoup de succès pendant plusieurs siècles.

PAPINI Giovanni. Écrivain italien. Né le 9 janvier 1881 à Florence, où il mourut le 8 juillet 1956. Son père, modeste marchand de meubles du faubourg des Abbizi, était athée, et Giovanni a évoqué sa jeunesse malheureuse dans *Un homme fini* (*) (1912), où une inquiétude religieuse se fait jour. Dès l'enfance il fréquenta les bibliothèques publiques et révéla ses dons littéraires en rédigeant, avec son camarade Ettore Allodoli, de petits journaux manuscrits et des romans à la manière de Jules Verne et d'Edgar Poe. Après les classes élémentaires, il étudia dans une école technique, puis s'inscrivit dans une école normale, mais, promu instituteur, n'utilisa pas son diplôme. Papini était alors un jeune homme rangé, myope à l'extrême, pâle et chétif, mais possédant une connaissance précoce des hommes, et il ne faisait pas bon lui chercher querelle. Il n'avait que vingt-deux ans lorsque parut le premier numéro de son hebdomadaire *Leonardo,* qui dura deux ans et qui fut suivi par une « vraie » revue : *La Voix* [*La Voce,* fin 1908], dont il fut codirecteur avec son ami Prezzolini, et qui rassemblait l'élite des écrivains d'avant-garde. C'est également sous son impulsion que naquirent tour à tour les revues *L'Âme* [*L'Anima,* 1911], *Lacerba* (1913) ; puis il devint rédacteur en chef de la revue nationaliste florentine *Il Regno,* fondée par Enrico Corradini. Enthousiaste partisan de l'intervention contre l'Allemagne et l'Autriche en 1915 et pourtant bouleversé par la conflagration mondiale, Papini sentit naître en lui un désir profond de certitude qui allait bientôt s'exprimer dans la célèbre *Histoire du Christ* (*) (1921). Cet ouvrage, traduit dans presque toutes les langues, lui valut une notoriété internationale indiscutable. La conversion de Papini au catholicisme eut un énorme retentissement, bien que ses précédents écrits aient déjà, sous le couvert de paradoxes frisant l'anarchie, laissé prévoir cette évolution. Papini, qui s'était révélé comme poète avec *Cent pages de poésie* [*Cento pagine di poesia,* 1915] et *Œuvre première* [*Opera prima,* 1917], entra, à partir de 1921, dans une période de création intense. Citons notamment : le *Dictionnaire de l'homme sauvage* [*Dizionario dell' uomo salvatico,* 1923], dont parut seulement le premier volume, *Gog* (*) (1931), *Saint Augustin* [*San' Agostino,* 1930], *Dante vivant* [*Dante vivo,* 1933], *L'Homme Carducci* [*Grandezze di Carducci,* 1935], *Histoire de la littérature italienne* [*Storia della letteratura italiana,* 1937, inachevée], ouvrage solide quant à l'érudition, mais qui est d'un artiste plus que d'un critique. Nommé, sous la dictature fasciste, membre de l'Académie italienne, l'écrivain protégea maintes institutions culturelles. Il donna, en 1940, un recueil de prose, *Figures humaines* [*Figure umane*], puis, dans la période qui suivit la dernière guerre, parurent les *Lettres du pape Célestin VI* [*Lettere di Papa Celestino VI,* 1946], message de paix et de fraternité sous la fiction d'un pontificat imaginaire ; *La Vie de Michel Ange* [*Vita di Michelangelo,* 1949] à laquelle il songeait depuis plusieurs années ; *Le Livre noir* (*) (1951) ; *Le Diable* (*) (1953), qui suscita tant de polémiques et fut censuré par le Saint-Siège pour avoir frôlé l'hérésie ; *Espion du monde* [*Spia del mondo,* 1955], recueil de pensées et réflexions diverses. On lui doit également des essais et souvenirs : *Passé lointain* [*Passato remoto,* 1948] et *La Galerie des bustes* [*La loggia dei busti,* 1955]. Dans ses dernières années, Papini, atteint d'un mal terrible, n'en conserva pas moins ses facultés intellectuelles. Ce fut dans ces tristes conditions qu'il dicta à sa nièce, Anna Paszkowski, des impressions publiées sous le titre *Éclats* [*Schegge*], dans le *Corriere della sera*. La pensée de Papini, dont l'œuvre fut traduite en toutes les langues, eut un retentissement mondial dans la première moitié du XXe siècle.

Papini demeure l'un des plus grands prosateurs italiens. Un recueil posthume, paru en 1956, *Le Bonheur d'un être malheureux* [*La felicità dell'infelice*], contient la suite de ses souvenirs, du début de 1955 jusqu'à sa mort.

ETTORE ALLODOLI.

RÉF. : G. Prezzolini, *Discorso su Giovanni Papini*, Florence, 1915. – Lazarillo, *Giovanni Papini*, Milan, 1920. – R. Fondi, *Un Costruttore : Papini*, Florence, 1922. – Giov. Papini, *Un homme fini* (autobiographie), Paris, 1923 et *Passato remoto*, Florence, 1948. – C. Neidhart, article dans le no XXXVI de la *Schweizerische Rundschau*, Zurich, 1936. – M. di Franca, *Storia dell'anima di Giovanni Papini*, Modène, 1957. – J. Lovreglio, *Giovanni Papini 1881-1956. Une odyssée intellectuelle entre Dieu et Satan*, Paris, 1973. – L. Righi, *Giovanni Papini : imperatore del mulla*, Florence, 1982.

PAQŪDA Bahya ben Josef ben. Écrivain juif d'expression arabe. Né en Espagne où il vécut (à Saragosse ou à Cordoue) au XIe siècle, mort aux environs de 1080. Bien que muette sur les événements de son existence – on sait seulement que ben Paqūda fut juge à un « daján » (tribunal rabbinique) –, la tradition nous apporte cependant l'écho de sa sainteté qui lui valut le titre de « Hehassid », le « Pieux ». Il apparaît ainsi dans son ouvrage *Introduction aux devoirs des cœurs* (*), écrit en arabe, alors langue de culture internationale, et qui, en seize parties ou « portiques », expose les devoirs de la vie morale et de la profonde religiosité juives.

On a défini ben Paqūda comme un ascète mystique, ce qui est exact, mais dans les limites de sa propre définition de l'ascétisme, comme un « refus du repos et des plaisirs charnels qui ne sont pas strictement nécessaires à l'existence » (neuvième « portique », chap. II). L'œuvre de Paqūda, traduite en 1160 en hébreu sous le titre : *Sefer Hōboth ha-Levavoth* par le célèbre traducteur hispano-provençal Jehudā ibn Tibbon, fut imprimée pour la première fois à Naples en 1489 et connut ensuite un nombre extraordinaire d'éditions et de traductions, de résumés, avec ou sans commentaires, car l'influence de la pensée de Paqūda dépassa les milieux cultivés et se répandit rapidement parmi les grandes masses juives où elle est encore vivante. Les poèmes hébraïques de Paqūda ont trouvé place dans la liturgie de la Synagogue. Une traduction française en parut à Paris en 1952.

RÉF. : J. de Menasce, *Quand Israël aime Dieu*, Paris, 1931. – G. Vajda, *La Théologie ascétique de Bahya Ibn Paqūda*, in *Cahiers de la Société asiatique*, Paris, 1947.

PARACELSE (Theophrastus Philippus « Aureolus » Bombastus von Hohenheim, dit). Alchimiste et médecin suisse d'expression latine. Né le 10 novembre 1493 à Etzel, près d'Einsiedeln (canton de Zurich), mort le 24 septembre 1541 à Salzbourg. Son père était un médecin pauvre mais de très bonne famille : le grand-oncle de Paracelse, Georg Bombast von Hohenheim, originaire du Wurtemberg, avait été grand-maître de l'ordre des Chevaliers de Saint-Jean de Jérusalem. Le jeune Theophrast était de santé délicate. Fut-il réellement eunuque, comme le prétendirent ses ennemis et certains d'entre ses biographes ? Il serait hasardeux de l'affirmer. Son père, qui en 1502 fut nommé professeur de « science chimique » – c'est ainsi que l'on nommait officiellement l'alchimie – à l'école des mines de Villach, en Carinthie, lui donna ses premières leçons. En 1510, il quittait la maison paternelle pour prendre ses inscriptions à l'université de Bâle, où il reçut son surnom de Paracelse.

Nous le retrouvons, en 1511, à Wurtzbourg, où il restera pendant cinq ans élève assidu et admiratif de l'abbé Trithème, alchimiste et kabbaliste de grand renom, maître du célèbre Cornelius Agrippa von Nettesheim. À la fin de cette période, il fit un séjour de dix mois à Schwatz, auprès du chimiste Simon Füger, propriétaire de mines ; puis commença pour lui l'ère des grands voyages, qui ne prit fin qu'avec sa mort. La raison de ces déplacements constants ? D'une part une incontestable soif de connaissances. Mais il y avait aussi peut-être une autre raison, qui fait de ce médecin, peu orthodoxe certes, mais incontestablement savant, une sorte de précurseur (sinon fondateur) des associations initiatiques qui surgiront à travers toute l'Europe au siècle suivant. Quoi qu'il en soit, nous voyons Paracelse en 1517 à Vienne, à Cologne, à Paris et à Montpellier ; en 1518 à Lisbonne, à Oxford et dans les Pays-Bas ; en 1519 au Danemark, en Suède, en Prusse, en Bohême, en Pologne, en Lituanie, etc. En 1522, Paracelse est à Venise, comme chirurgien militaire attaché aux troupes qui partent à la conquête du royaume de Naples. Cette expédition lui permettra de visiter la fameuse école de Salerne, où il recevra enfin le diplôme de docteur qu'il avait négligé d'obtenir à Bâle. La guerre finie, Paracelse s'installa d'abord à Fribourg (1526), puis à Strasbourg, où il fut très mal accueilli par ses confrères, malgré, ou peut-être à cause d'un certain nombre de guérisons spectaculaires. Appelé par Érasme de Rotterdam à Bâle, au chevet de son ami l'imprimeur humaniste Frobenius, Paracelse guérit ce dernier ; reconnaissant, Érasme employa son crédit pour faire nommer Paracelse au poste de médecin municipal de Bâle et professeur à l'université de cette ville, ce qui l'obligea à opter pour la Réforme. Ce fut à l'université de Bâle que Paracelse fit un « coup d'État » extraordinaire pour l'époque. Depuis que l'on enseignait la médecine en Europe, les cours avaient toujours été faits en langue latine ; de plus, l'enseignement, purement théorique, n'était basé que sur les écrits de Galien. Paracelse osa — le premier en Europe — enseigner en langue vulgaire (en allemand, en l'occurrence) et opposa aux théories stratifiées de Galien une science expérimentale et vivante, fondée — pour autant qu'il eût besoin de théorie — sur les enseignements d'Hippocrate.

Cette attitude révolutionnaire — qui lui valut le surnom de « Luther de la médecine » — fut à l'origine d'une telle levée de boucliers que Paracelse dut quitter le territoire bâlois et se réfugier d'abord en Alsace, puis dans d'autres cantons suisses, persécuté partout et pauvre au point d'être habillé de haillons. Ce n'est qu'à Nuremberg, qu'il atteignit le 23 novembre 1529, qu'il put s'arrêter et prendre quelque repos. C'est de cette époque que datent le *Liber paramirum* ou *Opus paramirum* (*) et l'*Opus paragranum* (*), qui ne purent d'ailleurs paraître — ainsi que la plupart de ses écrits, à de très rares exceptions près — qu'après la mort de leur auteur. C'est également vers 1530-35 que Paracelse composa son fameux *Prognostic* [*Prognosticatio eximii doctoris Theophrasti Paracelsi*], qui parut à Augsbourg en 1536, en même temps que sa *Grande Chirurgie* [*Chirurgia magna*]. L'étoile de Paracelse brille de nouveau de tout son éclat à ce moment. On l'appelle au chevet du maréchal de Bohême ; il est en rapport avec l'archiduc Ferdinand d'Autriche, auquel il dédie sa *Grande Chirurgie*. Mais, miné par des privations, et surtout par les émanations des préparations chimiques à base de mercure et d'autres produits délétères qu'il expérimente constamment, il meurt à Salzbourg à l'âge de quarante-huit ans. L'œuvre entière de Paracelse, telle qu'elle parut en allemand à Munich en 1923-1933, comporte quinze volumes.

ALEXANDRE LABZINE.

♦ *« Ce fut un homme d'un mérite éclatant et d'une vanité prodigieuse... Il est le fondateur de la pharmacie chimique ; il exerça la médecine avec le plus grand succès ; il a bien mérité du genre humain. »* Diderot, 1765. ♦ *« Toute la médecine de Paracelse est basée sur ce souci fondamental d'intégrer l'homme dans l'univers dont le Moyen Âge avait tenté de se séparer. »* Dr René Allendy, 1937. ♦ *« Paracelse est un précurseur non seulement dans le domaine de la médecine chimique, mais encore dans ceux de la psychologie empirique et de la thérapeutique psychologique. »* Dr C. J. Jung, 1942.

RÉF. : Th. Erastus (pseud. de Lieber), *Disputatio de medicina novi Ph. Paracelsi...*, Bâle, 1572. — Lenglet-Dufresnoy, *Histoire de la philosophie hermétique*, Paris, 1742. — Diderot, *Dictionnaire philosophique*, article *Théosophes*, Paris, 1765. — F. Hartmann, *The Life of Ph. Th. Bombast of Hohenheim*, Londres, 1886. — F. Strung, *Theophrastus Paracelsus*, Leipzig, 1903. — A. M. Stoddart, *La Vie de Paracelse*, Paris, 1914. — Dr. R. Allendy, *Paracelse, le médecin maudit*, Paris, 1937 (nouv. éd. Paris, 1987). — C. J. Jung, *Paracelsica*, Zurich, 1942. — A. Koyré, *Mystiques, spirituels, alchimistes*, Paris, 1955. — G. Bechtel, *Paracelse ou la Naissance de la médecine alchimique*, Paris, 1970. — L. Braun, *Paracelse, Nature et Philosophie*, Strasbourg, 1981.

PARAIN Brice. Philosophe et essayiste français. Né le 10 mars 1897 à Jouarre (Seine-et-Marne), mort à Paris le 20 mars 1971. Après la Première Guerre mondiale (à laquelle il a participé en 1916), il suit des études de philosophie à l'École normale supérieure de 1919 à 1923, et de russe à l'École des langues orientales de 1920 à 1923. Docteur ès lettres, il est envoyé en mission à l'ambassade de France à Moscou de 1925 à 1926. En 1927, il entre aux éditions Gallimard et se spécialise dans les littératures russe et allemande.

Brice Parain a publié une série d'ouvrages qui vont de l'essai au roman, tout en gardant une orientation de base nettement philosophique : *Essai sur le logos platonicien* (*) (1942), *Recherches sur la nature et les fonctions du langage* (*) (thèse de doctorat ès lettres, 1942), *L'Embarras du choix* (1946), *La Mort de Socrate* (*) (1950), *Sur la dialectique* (*) (1953), *De fil en aiguille* (*) (1960), *Noir sur blanc* (1962), *Joseph* (*) (1964), *Entretiens avec Bernard Pingaud* (1966), *France, marchande d'églises* (1966), *Petite métaphysique de la parole* (1969).

L'œuvre de Brice Parain tourne tout entière autour d'une réflexion sur la nature du langage. En ceci, elle est éminemment moderne, et contemporaine des recherches de Benda ou de Jean Paulhan. Mais elle reste volontairement à l'écart des grands courants de la philosophie française de l'après-guerre, représentés par Merleau-Ponty ou par Sartre. Plus qu'un philosophe, Parain est un essayiste. Et cette vocation d'essayiste reflète en soi une certaine réflexion sur « la nature et les fonctions du langage » : ennemi de toute pensée dogmatique, acritique, qui prétendrait, en réduisant le langage à un objet, s'élever au-dessus de lui, alors qu'elle n'existe que par le langage, Parain s'est continuellement interrogé sur la capacité de vérité du langage dans la communication : les mots ne sont pas un instrument ou un véhicule neutre de vérité, les mots servent avant tout à communiquer, ou à tenter de communiquer, et la vérité est dans cette communication. Plus qu'une catégorie épistémologique, la vérité est une catégorie éthique et humaniste. « Ce qui est en question, dit-il dans son roman *Joseph* (dont le héros, significativement, est un traducteur, c'est-à-dire quelqu'un qui se trouve confronté au langage), c'est de savoir si l'homme est essentiellement solitaire, tyrannique, fantasque, impatient, à la recherche de l'absolu, ou s'il est capable de vivre avec un autre en bon accord. » Cet humanisme est plus proche de celui de Socrate que de celui de son disciple Platon. Le choix de l'essai correspond chez le philosophe, comme celui du roman, à une prudence élémentaire, car « on n'est jamais sûr de ce que les mots signifient ». Dans un film de Jean-Luc Godard, *Vivre sa vie*, Brice Parain a assumé lui-même ce rôle du philosophe « modeste » qui réfléchit avec les autres sur la signification de l'existence, du langage et des rapports humains. L'œuvre de Brice Parain est l'une des rares à s'être interrogée sur le mensonge et la fausseté des mots, sur leur pouvoir, pourrait-on dire, d'errance et d'illusion. Qui dit langage dit aussi erreur, mensonge, non-communication, et pourtant les hommes ne peuvent pas s'entendre hors du langage : le silence est la mort de toute entente, l'irruption de la violence et de la folie. Parler est, comme le pressentait Socrate, la seule issue raisonnable, tant que la parole ne dégénère pas en discours autoritaire et mensonger.

ANTOINE BERMAN.

RÉF. : P. Klossowski, « Le Langage, le Silence et le Communisme », *Critique*, n° 37, juin 1949. – G. Perros, « Avec Brice Parain », *Critique*, n° 169, juin 1961, texte repris dans *Papiers collés*, II, Paris, 1973. – H. Lemaître, « Brice Parain », Paris, 1968. – « Hommage à Brice Parain », *Nouvelle Revue française*, n° 223, 1971.

PARDO BAZÁN Emilia. Romancière espagnole. Née le 16 septembre 1852 à La Corogne (Galice), morte à Madrid le 12 mai 1921. Outre qu'elle fut l'un des plus grands romanciers espagnols, Emilia Pardo Bazán exerça le dynamisme et la complexité de sa personnalité dans le domaine de l'essai et de l'enseignement. Fille unique du comte Pardo Bazán, après une enfance précoce, à dix-huit ans elle épousa don José Quiroga ; à la suite de l'élection de son père aux Cortès de 1869, elle s'installa à Madrid. Ce fut là qu'elle eut ses premiers contacts avec la vie littéraire de l'époque, s'enthousiasmant pour le théâtre ; de 1891 à 1893, après l'avoir fondée, elle dirigea seule une revue théâtrale. Entre-temps, des voyages en France et en Angleterre, où elle fut acclamée comme conférencière, lui firent connaître les modes littéraires européennes, et surtout ce naturalisme français dont elle soutint la transplantation en Espagne (*La Question palpitante*, 1883), ce qui lui valut les critiques des principaux lettrés d'Espagne du temps. Elle se mêla à ces polémiques avec une grande sérénité et un parfait équilibre, prise par diverses occupations, en particulier sa production littéraire qui, en passant par des chefs-d'œuvre comme *Le Château de Ulloa* (*), atteignit, de 1879 à 1908, un chiffre supérieur à soixante pour les romans, sans compter de nombreux essais critiques – v. *Coup de soleil* (*) (1889) et *La Sirène noire* (*) (1908). Dans sa carrière académique, elle obtint les plus grandes récompenses : d'abord conseillère de l'instruction publique, elle occupa ensuite, à l'université de Madrid, la chaire de littérature comparée (1916), spécialement créée pour elle en dépit de l'opinion du corps académique. Une seule satisfaction lui fut refusée : sa nomination à l'Académie espagnole ; il est probable que ce fut contre elle que s'aiguisèrent les flèches de Juan Valera, dans sa satire *Les Femmes et les Académies* [*Las mujeres y las academias*].

♦ « *La meilleure romancière que l'Espagne ait produite au* XIX*e siècle.* » Fitzmaurice-Kelly.

RÉF. : E. Pardo Bazán, *Los pazos de Ulloa*, Madrid, 1886. – F. Vézinet, *Les Maîtres du roman espagnol contemporain*, Paris, 1907. – A. A. Coello, *La Condesa Emilia Pardo Bazán*, Quito, 1922. – N. E. Brown, *La Vida y las novelas de E. Pardo Bazán*, Madrid, 1940. – Nelly Clemessy, *Emilia Pardo Bazán, romancière*, Paris, 1973.

PARÉ Ambroise. Chirurgien et écrivain français. Né près de Laval (Mayenne) en 1510 ; mort à Paris, le 20 décembre 1590. Si l'on écarte les légendes relatives à l'enfance de Paré, les faits connus de sa vie sont les étapes d'une carrière fort brillante, encore qu'elle ait commencé très humblement : compagnon chirurgien à l'Hôtel-Dieu de Paris, où il est admis entre 1530 et 1533, chirurgien à la suite de l'armée du maréchal de Montejan en Italie en 1537, nommé maître barbier chirurgien à Paris en 1541, puis chirurgien militaire en Roussillon, en Hainaut, en Bretagne, en Flandres, Paré a la chance de guérir le duc François de Guise, devant Boulogne en 1545. Ce sont les grands qu'il soigne désormais, le duc de Rohan, le roi de Navarre, Henri II enfin, dont il est fait chirurgien ordinaire. Il avait déjà publié, en 1545, la *Méthode de traicter les playes faictes par hacquebutes et aultres bastons à feu* (*), et en 1549 la *Briefve collection de l'administration anatomique : avec la manière de conioindre les os ; et d'extraire les enfants tant morts que vivans.* Il savait payer de sa personne ; on le vit au siège de Metz lorsqu'il réussit au péril de sa vie à pénétrer dans la place pour y apporter ses soins à la garnison investie. Reçu chirurgien de robe longue, Paré fit encore plusieurs campagnes, assista Henri II mourant, et fut chirurgien ordinaire de François II et de Charles IX. Fait premier chirurgien de ce dernier, il fut tenu par lui en haute estime s'il faut en croire l'anecdote qui veut que ce roi l'ait caché dans sa propre garde-robe lors de la Saint-Barthélemy, ce qui confirmerait l'opinion habituellement reçue mais non définitivement prouvée que Paré avait rallié la Réforme. Le fait qu'il manqua d'être empoisonné pour cause de religion semble le démontrer. À partir de 1561, Paré, qui reste attaché à la cour et ne fait plus campagne, publie un nombre considérable de traités : au cours de la même année (1561), *La Méthode curative des playes et fractures de la teste humaine avec les pourtraicts des instrumens nécessaires pour la curation d'icelles*, où il préconise la trépanation préventive et perfectionne le trépan, l'*Anatomie universelle du corps humain*, écrit en collaboration avec Rostaing du Bignon ; en 1564, les *Dix livres de chirurgie avec le magasin des instrumens nécessaires à icelle* ; en 1568, le *Traicté de la peste, de la petite vérolle et rougeolle, avec une briefve description de la lèpre* ; en 1572, les *Cinq livres de chirurgie* ; en 1573, deux autres *Livres de chirurgie* portant sur la génération de l'homme et sur les monstres ; en 1582, le *Discours d'Ambroise Paré* [...] *à sçavoir de la mumie, des venins, de la licorne et de la peste*.

Paré, venu du peuple et ayant reçu une instruction des plus sommaires, est avant tout un praticien ; ses théories reposent sur ses observations personnelles et les déductions, souvent ingénieuses, qu'il en tire. Il sait d'ailleurs fort bien enseigner les autres, et ses livres furent longtemps en honneur auprès des chirurgiens. Dès 1575, il s'employa à réunir et à publier ses *Œuvres*, ce qui souleva l'irritation de la Faculté et lui valut un procès. D'autres attaques surviendront, auxquelles il répondit notamment par son *Apologie*, jointe en 1585 à la quatrième édition de ses *Œuvres*. Entre autres reproches, on lui faisait grief de traiter de certaines questions délicates en français. Mais, défenseur de sa langue, il ne cessa d'en revendiquer le droit. Son style, rapide, nerveux, imagé, fait de lui l'un de nos grands écrivains scientifiques.

JACQUES BROSSE.

♦ *« Homme docte et des premiers de son art, qui nonobstant les temps avait toujours parlé et parlait librement pour la paix et pour le bien du peuple : ce qui le faisait autant aimer des bons comme mal vouloir et haïr des méchants. »* L'Estoile.

RÉF. : Le Paulmier, *Ambroise Paré d'après de nouveaux documents*, Paris, 1887. – P. Valet, *Recherches historiques sur Ambroise Paré*, Paris, 1898. – Paule Dumaître, *A. Paré, chirurgien de quatre rois de France*, Paris, 1986.

PARETO Vilfredo. Économiste et sociologue italien. Né le 15 juillet 1848 à Paris, mort le 19 août 1923 à Céligny (canton de Genève). Fils d'un aristocrate génois exilé pour « mazzinisme » et d'une Française, il passa toute son enfance en France, puis fit ses études supérieures en Italie et obtint son diplôme d'ingénieur à Turin, en 1869. Il déploya ensuite une activité importante dans le domaine industriel en qualité de directeur de grosses sociétés, et, enclin à s'intéresser aux problèmes concrets d'économie, il écrivit dans différents périodiques en faveur du libre-échange ; là furent évidentes ses qualités distinctives de polémiste vigoureux et plutôt intolérant. Pareto perçut immédiatement la signification et l'importance de l'œuvre de Walras, auquel il succéda dans l'enseignement de l'économie politique à Lausanne, en 1893, contribuant à l'affirmation internationale de cette école de l'« équilibre économique général », qu'on désigna plus tard par le nom de la ville où ils professèrent. Ayant abandonné son activité universitaire en 1906, Pareto demeura en Suisse et, dans une retraite solitaire à la villa Angora (Céligny), il s'occupa de compléter son système économique et de construire son système sociologique.

Parmi les ouvrages économiques de Pareto, le *Cours d'économie politique* (*) (1896-97) et le *Manuel d'économie politique* [*Manuales di economia politica*, 1906] sont d'une importance vraiment fondamentale. Il faut encore rappeler son essai, *L'Économie mathématique*, de 1911. L'œuvre sociologique de Pareto, dont *Les Systèmes socialistes*, de 1902, peuvent être considérés comme une expression anticipée, atteint son apogée dans le *Traité de sociologie générale* (*) (1916). L'œuvre de Pareto, qui a pénétré avec quelque retard dans le monde anglo-saxon, constitue l'un des systèmes sur lesquels repose la pensée économique moderne.

FEDERICO CAFFÈ.

RÉF. : G. H. Bousquet, *V. Pareto, sa vie et ses œuvres*, 1928. – F. Borkenan, *Pareto*, Londres, 1936. – *Hommage à Vilfredo Pareto*, in *Revue d'économie politique*, nos V-VI, 1949. – J. M. de Zumala-Carregui, *Vilfredo Pareto*, Madrid, 1951. – G. Perrin, *Sociologie de Pareto*, Paris, 1966. – G. Busino, *Introduction à une histoire de la sociologie de Pareto*, Genève, 1968.

PARINI Giuseppe. Poète italien. Né à Bosisio en Lombardie, le 22 mai 1729, mort le 15 août 1799 à Milan. Fils de Francesco Maria Parino, courtier en soie, et d'Angela Maria Carpani (ou Carpana), sœur du curé d'un village voisin, il fut envoyé à Milan afin d'y faire ses études. Sa famille, qui le destinait à la prêtrise, le rejoignit dans cette ville où elle connut la misère. Mis à l'école des Barnabites de Saint-Alexandre, il y fut un élève fort médiocre. Au milieu de la misère et des durs efforts, avant même l'accomplissement normal des études et désormais presque étranger à cette préoccupation, s'épanouissaient un caractère indépendant, une vocation de poète et peut-être déjà celle d'un éducateur : les deux passions qui l'accompagneront durant toute sa vie. À vingt-trois ans, il publia un recueil de vers, *Quelques poésies de Ripano Eupilino* [*Alcune poesie di Ripano Eupilino*]. En 1753, Parini fut introduit à l'Académie « dei Trasformati », fondée au XVIe siècle.

Ordonné prêtre en 1754, il fut attaché comme pédagogue à la maison des ducs Serbelloni, où il resta huit ans. Ce fut là la deuxième période importante de son expérience morale. À ses observations vint aussi certainement s'ajouter une méditation personnelle sur les écrits « de combat » qui, pour la plupart venus de France, contribuèrent de façon décisive, dans les années 1750-1760, avec la diffusion des idées éclairées en Italie, à créer un esprit nouveau. Dans cette atmosphère les thèmes de la méditation de Parini s'élargirent et s'élevèrent et le contenu idéologique de sa veine poétique s'y enrichit incontestablement. Il engagea et soutint une polémique littéraire contre Alessandro Bendiera (1756) et contre le père Paolo Onofrio Branda (1760), son ancien maître de rhétorique ; cette préoccupation apparaît dans les thèmes civiques des trois *Odes* (*) arcadiennes « La Vie rustique » [La vita rustica, 1757] ; « La Salubrité de l'air » [La salubrità dell'aria, 1759] ; « L'Imposture » [L'impostura, 1761] et dans l'inspiration égalitaire du *Dialogue sur la noblesse* [*Dialogo sopra la nobilità*] et éclate dans « Le Matin » [Mattino, 1763], qui n'est que la première partie de son chef-d'œuvre en vers libres *Le Jour* (*). En 1765 il publia le « Midi » [Mezzogiorno] suivi par « Le Soir » [La sera] qu'il divisa plus tard en « Vêpres » [Vespro] et « La Nuit » [Notte]. Mais ces deux parties, qu'il travailla longuement, ne furent jamais terminées. Citons encore *Ascanio in Alba* (*) (1771).

Les *Odes* sont au nombre de dix-neuf, y compris celles que nous avons mentionnées, et elles furent composées à de longs intervalles. Citons « L'Éducation » [L'educazione, 1764], « Le Besoin » [Il bisogno, 1765], « La Récitation des vers » [La recita dei versi, 1783], « La Chute » [La caduta, 1785], « À Sylvie » [A Silvia, 1795], « À la Muse » [Alla Musa, 1795], ainsi que les trois odes d'inspiration amoureuse, « Le Danger » [Il pericolo, 1787], « Le Don » [Il dono, 1790], et « Le Message » [Il messaggio, 1793]. En 1762, indigné par la conduite de la duchesse qui avait giflé la fille d'un serviteur, il avait quitté la maison Serbelloni et vécut toujours par la suite dans une pauvreté relative qu'il supporta avec fierté ; il était cependant entouré d'admiration et honoré de temps à autre par quelque charge publique. En 1769, le comte de Firmian, ministre plénipotentiaire d'Autriche, lui confia la rédaction de la *Gazette de Milan* [*Gazetta di Milano*]. L'année suivante, il abandonna cette fonction et on lui donna la chaire d'éloquence des écoles palatines des jésuites de la « Canobbiana ». Les fruits de son enseignement sont recueillis dans les *Principes des belles-lettres* [*Principi fondamentali e generali di belle lettere applicati alle belle arti*], résumé de sa théorie sur l'art et de ses jugements sur divers écrivains italiens et latins. En 1777, il fut inscrit au groupe d'Arcadie sous le nom de Darisbo Elidonio, ce qui fut plutôt un hommage que la reconnaissance de son talent ; en 1787 il fut nommé surintendant des écoles publiques de Brera sans parler d'autres charges moins importantes. Lorsqu'en 1796 les Français entrèrent en Italie, il fut chargé de fonctions municipales, mais s'étant opposé à tout excès il en fut relevé. Il mourut entouré d'amis et de disciples, deux heures après avoir dicté un sonnet d'avertissement aux Autrichiens entrés à Milan en promettant la restauration.

RAFFAELE SPONGANO.

♦ *« Notre immortel Parini possède une grande originalité d'invention et même de versification. »* Manzoni. ♦ *« Bien que ses idées soient justes, elles apparaissent rarement profondes. Leur mérite principal réside dans une méthode claire, un vocabulaire choisi et une maîtrise absolue du sujet. »* Foscolo. ♦ *« L'ironie de Parini n'est pas seulement profondément intellectuelle, mais aussi sentimentale. C'est même en cela que réside son originalité. »* De Sanctis.

RÉF. : C. Cantù, *L'abate Parini e la Lombardia nel secolo passato,* Milan, 1854. – R. Dumas, *Parini, sa vie, son œuvre, son temps,* Paris, 1878. – G. Carducci, *Studi su G. Parini,* Bologne, 1903. – U. Bosco, *Lirica pariniana,* Milan, 1943. – R. Spongano, *La poetica del sensismo e la poesia del Parini,* Milan, 1946 ; *Il primo Parini,* Bologne, 1963. – G. Petronico, *Parini e l'illuminismo lombardo,* Bari, 1972. – G. Savarese, *Iconologia pariniana,* Florence, 1973. – S. Antonelli, *Giuseppe Parini,* Florence, 1973. – R. Pernoud, *Giuseppe Parini (1729-1799). L'homme et l'œuvre,* thèse, Lille, 1973. – N. Jonard, *Introduzione a Parini,* Rome-Bari, 1988.

PARIS Gaston Bruno Paulin. Philologue français, membre de l'Institut, fils de l'érudit Paulin Paris. Né à Avenay (Marne) le 9 août 1839, mort à Cannes le 5 mars 1903. Il fit ses études classiques au collège Rollin, puis suivit les cours des universités allemandes de Göttingen et de Bonn sur les langues romanes, sous la direction de Diez. Rentré en France, il s'inscrivit à l'École des chartes et à la faculté de Droit. Reçu docteur ès lettres en 1865, il fut ensuite professeur de grammaire française dans des cours libres, puis bientôt directeur des conférences des langues romanes à l'École pratique des hautes études. En 1872, il succéda à son père au Collège de France et fut nommé membre de l'Académie des inscriptions en 1876. Spécialiste de la littérature du Moyen Âge, il publia, entre autres ouvrages curieux et savants : *Étude sur le rôle de l'accent latin dans la langue française* (1862) ; *Histoire poétique de Charlemagne* (*) (1865) ; *La vie de saint Alexis* (textes des XIe, XIIe, XIIIe et XIVe siècles) ; *Les Plus Anciens Monuments de la langue française* (IXe et Xe siècle, 1875) ; *Miracles de Nostre Dame par personnages* (édités en collaboration, 1876-1893) ; *Les Contes orientaux dans la littérature française du Moyen Âge* (1877) ; *Le Mystère de la Passion,* d'Arnoul Gréban – v. *La Passion de Paris* (*) (1878) ; *Aucassin et Nicolette* (*), chantefable du XIIe siècle (1878) ; *La Poésie du Moyen Âge* (1885), etc. Il fit paraître également un certain nombre d'articles dans la *Bibliothèque de l'École des chartes,* et fut l'un des fondateurs de *La Revue critique* (1865), de la *Romania* (1872) et de *La Revue historique.*

RÉF. : *Études romanes dédiées à G. Paris,* Paris, 1891.

PARISE Goffredo. Romancier et nouvelliste italien. Né le 8 décembre 1929 à Vicence, mort le 31 août 1986 à Trévise. Après des études de philosophie interrompues prématurément, Parise fit son entrée dans la profession journalistique en devenant rédacteur au quotidien régional, *L'Alto Adige.* C'est le début d'une longue carrière qui le conduira notamment à collaborer régulièrement à des journaux aussi prestigieux que *Il Resto del Carlino* (Bologne) et surtout le *Corriere della Sera.*

À partir de 1966, l'auteur effectuera une série de reportages qui le conduiront notamment en Chine, au Vietnam, au Chili, aux États-Unis, dans la France de Mai 1968, et, plus tard, au Japon. Il tirera de ces voyages une série de reportages dont une partie a été regroupée dans divers essais (*Cara Cina,* 1960 ; *Due, tre cose sul Vietnam,* 1967 ; *New York,* 1977).

Son premier roman, *L'Enfant mort et les comètes* (+) (1951), à la limite du rêve et de la réalité, est le reflet des années difficiles de sa jeunesse. Les héros de ce roman sont, comme le dit Andrea Zanzotto, « les pauvres enfants abandonnés, à la recherche acharnée d'une forme de survie, dans ce monde ou dans d'autres, au cours de la Première Guerre mondiale et après, dans des conditions inhumaines, mais pourtant capables de trouver à chaque moment de leur vie quotidienne, dans leur imagination, une "raison" nouvelle » (préface à l'édition complète des œuvres de Parise, 1986).

Ces mêmes bandes d'enfants à demi livrés à eux-mêmes sont les héros d'*Odeur de sainteté* (*) (1954) : le narrateur et son ami Cena sont à la fois les espions et les collaborateurs d'un prêtre de choc, ancien des milices mussoliniennes en Espagne, fasciste farouche et athlète accompli, qui fait des ravages dans les cœurs des demoiselles pieuses installées dans le même groupe d'immeubles misérables que les deux jeunes garçons. Chacune veut s'attirer ses bonnes grâces et l'entraîner à commettre le péché de chair. Les deux garnements tirent parti de cette situation pour grappiller çà et là quelques pièces qui leur permettent de survivre.

Avec *Le Patron* (*) (1965), l'auteur quitte le domaine de l'enfance malheureuse de l'entre-deux-guerres pour aborder le thème de l'organisation et du travail dans les entreprises modernes. Le roman, qui paraît au moment du « miracle » économique, est à rapprocher d'une série d'œuvres qui, précisément à cette époque, traitèrent de la question de l'emploi dans les grandes entreprises : on peut citer par exemple *Les Grilles du paradis* [*Donnaruma all'assalto,* 1959] d'Ottiero Ottieri et *Pauvre Albino* (*) (1961) de Paolo Volponi.

Abécédaire (*) (1972 et 1982, qui obtint le prix Strega) est une suite de nouvelles ou d'articles, rangés par ordre alphabétique, où l'auteur s'exprime avec retenue et sensibilité sur des thèmes ou des événements qui lui tiennent à cœur.

Dans le cadre de son activité de romancier-reporter, Goffredo Parise fut amené à prendre position sur les grandes questions de politique intérieure et internationale. Il le fit notamment dans les années 70, avec une rubrique bimensuelle qu'il tenait dans le *Corriere della Sera* et qui s'intitulait *Parise risponde.*

Parmi les autres œuvres de l'auteur, il convient de noter *Les Fiançailles* [*Il fidanzamento,* 1956], *Luxurieux point ne sera* [*Amore et fervore,* 1959] et *Il crematorio di Vienna,* 1969. Parise fut aussi dramaturge. On lui doit notamment *L'Absolu naturel* [*L'assoluto naturale,* 1967] ; la pièce fut mise en scène en 1968-69, puis portée à l'écran par Mauro Bolignini.

ALAIN SARRABAYROUSE.

PARMÉNIDE. Philosophe grec et législateur d'Élée, colonie ionique de la Grande Grèce, qui vécut probablement à la fin du VIe siècle av. J.-C. ou dans la première moitié du Ve. Pour la « profondeur de sa pensée vraiment noble et majestueuse », il fut très estimé de Platon qui lui dédia un de ses plus admirables dialogues – v. *Parménide* (*) – et l'appela vénérable. Parménide était fils de Pyrès et citoyen d'Élée, colonie fondée en Œnotrie par des réfugiés de Phocée en 540-539 av. J.-C. Âgé de soixante-cinq ans et accompagné de son disciple Zénon, il aurait rencontré à Athènes Socrate, alors tout jeune, selon Platon, si toutefois cette rencontre n'a pas été seulement un de ces nombreux symboles d'unions idéales que les anciens traduisaient candidement en événements. Le peu que Diogène Laërce nous dise de sa vie est également incolore et incertain : il aurait été l'élève du poète et philosophe Xénophane de Colophon et du pythagoricien Aminias, et aurait été le maître du premier Théophraste. Mais la vie de ce Grec d'Italie (le premier grand métaphysicien de l'Occident) est toute dans son œuvre et dans la ferveur poétique avec laquelle il inaugure le genre des poèmes philosophiques qui atteindront leur sommet avec le *De natura rerum* de Lucrèce. Les poèmes de Parménide sont aussi solennels qu'une initiation religieuse et s'inspirent peut-être de quelques textes orphiques : le poète est emporté sur le char volant des jeunes filles du soleil vers les portes du Jour et de la Nuit, gardées par la Justice, accomplissant ainsi un voyage mystique, un itinéraire de révélation qui a quelque chose de fixe et d'immuable comme une apocalypse et que l'on ne peut comparer à l'itinéraire de la dialectique platonicienne. « Tout demeure » : telle est la grave affirmation du poème *De la nature* (*), où la vérité en soi s'affirme dogmatiquement, comme un oracle, et s'identifie avec la certitude, avec l'Être, avec toutes les catégories que la « philosophia perennis » enferme dans une unité absolue, par la seule vertu du raisonnement. Parménide a du monde physique une image géométrique unitaire et précise, s'il est vrai, ainsi qu'il le semble, qu'il enseigna que la terre était sphérique et les étoiles du soir et du matin identiques. À partir de cette conception de l'Être – qui s'éloigne déjà du monde tel que le concevaient les philosophes ioniens, ses prédécesseurs – commence le duel dramatique entre la philosophie de l'être et la philosophie du devenir. Comme la plupart des philosophes présocratiques, Parménide prit une part active à la vie politique de sa cité. Speusippe rapportait qu'il fut le législateur d'Élée. Selon une tradition reproduite à plusieurs reprises, les magistrats d'Élée faisaient jurer aux citoyens de garder les lois que Parménide leur avait données.

♦ *« La grande nouveauté dans le poème de Parménide, c'est la méthode de raisonnement... Cette méthode, il l'applique avec la plus extrême rigueur. Il nous interdit de prétendre que nous pensons ce que nous sommes forcés de reconnaître comme impossible à penser. S'il avait manqué de courage pour pousser les vues prédominantes de son époque à leur conclusion logique et pour accepter cette conclusion, quelque paradoxale qu'elle pût paraître, les hommes auraient continué à se mouvoir à jamais dans le cercle sans fin de l'opposition de la raréfaction et de la condensation, de l'un et du multiple. Ce fut la dialectique pénétrante de Parménide qui rendit le progrès possible. »* J. Burnet.

RÉF. : Nietzsche, *Naissance de la philosophie à l'époque de la tragédie grecque*, 1896. – H. Diels, *Parmenide Lehrgedicht*, 1897. – W. J. Verdenius, *Parmenides ; Some Comments on His Poem*, Groningen, 1942. – Yves Battistini, *Trois contemporains : Parménide, Héraclite, Empédocle*, Paris, 1955. – B. Cassin, *Si Parménide*, Lille, 1980. – N. L. Cordero, *Les Deux Chemins de Parménide*, Paris-Bruxelles, 1984. – L. Couloubaritsis, *Mythe et philosophie chez Parménide*, Paris, 1986. – Giorgio Colli, *La Sagesse grecque*, Combas, 1991.

PARNICKI Teodor. Écrivain polonais. Né le 5 mars 1908 à Berlin, mort le 5 décembre 1988 à Varsovie. « Romancier de l'histoire délirant autant que méthodique », il s'intéressa à des pays et à des cultures très variés, aux débuts de la civilisation méditerranéenne comme à des épisodes de l'histoire de la Pologne, mettant l'accent sur la philosophie, l'art, la religion et les mythes : *Muse des lointains voyages* [*Muza dalekich podróży*, 1970], *Je sortirai seul sans défense* [*Wyjdę Sam Bez Obrony*, 1976], *Aetius, le dernier des Romains* [*Aecjusz, Ostatni Rzymianin*, 1937], *Les Aigles d'argent* (*) (1945), au carrefour des civilisations européennes de l'Est pendant le haut Moyen Âge, *La Fin de l'« Entente des peuples »* (*) (1955), qui souligne la répétition de l'histoire, *Le Verbe et la Chair* [*Slowo i Cialo*, 1959] évoquant l'univers hellénistique, sémitique, romain et asiatique. *Le Nouveau Conte de fées* [*Nowa Baśn*, 1962-1970], lui, aborde les XIe et XIIe siècles dans différents pays d'Europe. Selon Parnicki, la culture forme un tout dont les dilemmes de notre temps ne sont qu'une minuscule partie. La psychanalyse est le meilleur instrument pour étudier la psychologie de l'homme. Les héros de ses différents romans, à la recherche de la vérité, dialoguent entre eux pour mettre en évidence la nature immuable de l'homme à travers les siècles. « L'œuvre de Parnicki est celle d'un écrivain qui par l'histoire du monde a expliqué sa vie personnelle, et par l'interprétation de sa vie intérieure a percé les secrets de l'histoire. »

LAURENCE DYÈVRE.

PARNY Évariste Désiré de Forges, vicomte de. Poète français. Né à Saint-Paul (île Bourbon, aujourd'hui la Réunion) le 6 février 1753, mort à Paris le 5 décembre 1814. Issu d'une des plus riches familles de la colonie, il fut de bonne heure envoyé en France pour y faire son éducation (1765). Placé tout d'abord au collège de Rennes, il se signala par son goût des lettres autant que par sa dévotion. Après un passage au séminaire, et pour complaire à ses parents, il choisit la carrière des armes. Il vint donc à Paris pour y suivre les cours de l'École militaire (1772). Après avoir fait ses études, il obtint un grade dans la cavalerie (1776). Ayant toujours eu du goût pour la poésie fugitive, il fit paraître dans *L'Almanach des Muses* (1777) plusieurs pièces de vers où déjà il montrait quelque maîtrise. Lors d'un retour dans son île natale (1773), il avait fait la rencontre de Mlle Troussaille, jeune créole d'une grande beauté qu'il n'eut pas de peine à séduire. Parny, qui devait la célébrer sous le nom d'Éléonore, la tint toujours pour le seul amour de sa vie. De retour à Paris en 1778, il fit paraître son premier recueil de vers, qui demeure son chef-d'œuvre : les *Poésies érotiques* (*). Devenu, un peu plus tard, capitaine de dragons et fort satisfait de son état, Parny se contenta de vivre en épicurien, sans publier la moindre page qui fût propre à asseoir sa réputation.

Mais, ayant fini par avoir le mal du pays, il voulut aller rejoindre Éléonore dont il se trouvait séparé depuis tant d'années. En 1785, il obtint donc d'accompagner comme aide de camp M. de Souillac, qui venait d'être nommé gouverneur de l'île Bourbon. Sitôt débarqué, il fut cruellement déçu en apprenant que la jeune femme avait été, par son père, mariée à quelque médecin. Se sentant alors incapable de demeurer là-bas, il résolut de repartir pour la France sans esprit de retour (1786). Il y publia un recueil de poèmes prétendument traduites du malgache, les *Chansons madécasses* (1787). Ayant acheté un beau domaine à Feuillancourt (entre Marly et Saint-Germain), il se consacra tout entier à la poésie. Il n'allait pas jouir longtemps de sa thébaïde : par suite de la Révolution de 1789, il perdit, en effet, ses cinquante mille livres de rente. Devenu presque indigent, il s'abstint, pourtant, de récriminer contre le nouvel état de choses. Davantage : il y applaudit, croyant qu'il allait en sortir un monde meilleur. Après avoir vécu des débris de sa fortune, il dut chercher un emploi : l'ayant trouvé dans les bureaux du ministère de l'Intérieur, il le quitta au bout d'un an pour tenter de vivre de sa plume. Sous le Directoire, il écrivit un grand poème satirique en dix chants où il attaquait hardiment le christianisme : *La Guerre des dieux anciens et modernes* (*) (1799). Trois ans plus tard, il épousa une veuve nommée Marie-Françoise Velly. Peu après, il devint membre de l'Institut (1803). Pendant les dix années suivantes, il composa plusieurs œuvres de longue haleine qui n'ajoutèrent rien à sa réputation. Citons : *Le Portefeuille volé* (1805), *Voyage de Céline* (1806) et un poème en douze chants intitulé

Les Rose-Croix (1808). Atteint d'une cruelle maladie (1810), Parny dut cesser d'écrire pour demeurer jusqu'à la fin cloué sur son lit. Ses *Œuvres complètes* furent publiées à Paris en 1808 (cinq volumes in-18), en 1824 (deux volumes in-8) et en 1831 (quatre volumes in-18). De tous les poètes élégiaques que compte la France au XVIIIe siècle, Parny demeure le plus grand. Fait pour chanter le désir et la volupté, il montre dans ses moindres vers un sentiment profond de l'harmonie.

ROLAND PURNAL.

RÉF. : M.-J. Chénier, *Tableau historique de l'état et des progrès de la littérature française depuis 1789*, Paris, 1815. – H. Potez, *L'Élégie en France avant le romantisme*, Paris, 1897. – D. Mornet, *Le Romantisme en France au XVIIIe siècle*, Paris, 1912. – J.-M. Bernard, *Petits Sentiers de la poésie française*, Paris, 1923. – R. Barquissau, *Les Poètes créoles du XVIIIe siècle*, Paris, 1949. – S. Mettinger, « *Les Chansons madécasses* de Parny », *Cahiers CRLH-CIRADI*, n° 5, 1988.

PARTHÉNIOS de Nicée. Poète grec. Né à Nicée, ou à Mirléa, en Bithynie, d'Héraclide et d'Eudore vers 90 av. J.-C., mort en 10 av. J.-C. Il fut fait prisonnier par les Romains au cours de la troisième guerre contre Mithridate (73 av. J.-C.). Parthénios fut pris comme esclave – et probablement affranchi – par le poète Elvius Cinna : c'est ce qui explique que l'on ait cru parfois qu'il était son fils. Dès lors, il vécut toujours à Rome ou en Italie, contribuant puissamment à l'influence exercée par les poètes grecs [νεωτεροι] – en particulier Euphorion de Chalcis – sur le développement de la poésie latine jusqu'à Virgile. Parthénios composa à la mémoire de sa femme Arété, morte avant lui, un chant funèbre et un éloge en trois livres dont s'est inspiré l'orateur et poète Lucinius Calvus dans ses élégies sur la mort de sa maîtresse Quintilia. Le seul ouvrage de Parthénios qui nous soit parvenu est son recueil de trente-six nouvelles amoureuses, *Souffrances d'amour* (*). Parthénios était également l'auteur des *Métamorphoses*, poèmes disparus dont quelques fragments ont été rapportés dans *Souffrances d'amour*.

RÉF. : A. Meineke, étude sur Parthénios de Nicée in *Philologus*, 1859. – M. P. Loicqberger, « Roman grec et réalités gauloises », in *Les Études classiques*, n° 52, Paris, 1984.

PARUN Vesna. Écrivain croate. Née le 10 avril 1922 à Zlarin, près de Šibenik. Sa notoriété de poète fait souvent oublier qu'elle est aussi l'auteur de toute une littérature poétique enfantine, de pièces dramatiques lyriques, de scénarios de films, d'essais, de reportages. On peut dire de Vesna Parun qu'elle est le poète le plus prolixe de l'après-guerre, avec une œuvre qui ne compte pas moins d'une trentaine de recueils. Après des études au lycée de Split et à la faculté des lettres de Zagreb, elle se fixe dans cette ville et se consacre entièrement à l'écriture. Sa très forte personnalité poétique s'affirme dès avant la Seconde Guerre mondiale, mais n'atteint son apogée que dans les années qui suivirent. C'est en 1947 qu'est publié le recueil intitulé *Les Aubes et les Bourrasques* [*Zore i vihori*] : éclate alors le plus grand scandale littéraire de l'époque non seulement en Croatie, mais dans toute la Yougoslavie. Le poète ne conteste pas la nouvelle réalité révolutionnaire. Elle fait pis. Elle s'exprime dans une écriture poétique inspirée de Tin Ujević, bête noire des critiques réalistes-socialistes pour crime de symbolisme et de formalisme bourgeois. Vilipendée par les ténors de l'idéologie en cours, Vesna Parun tente de se racheter dans un recueil conforme, *Poésies* [*Pjesme*, 1948], et attend son heure, qui sonnera avec la rupture entre Tito et Staline. Son troisième recueil, *L'Olivier noir* [*Crna maslina*, 1955], marque véritablement l'apogée de son art. Car, des nombreux recueils qui suivirent, l'on ne peut retenir que quelques poèmes sublimes, fâcheusement noyés dans une production pléthorique.

À l'écoute de tous les grands problèmes de son temps (violence de la guerre, destruction, faim, asservissement), ouverte à toutes les douleurs (l'angoisse, l'absurdité, la quête de l'identité sont ses thèmes favoris), elle restera cependant et avant tout le chantre de l'amour malheureux. Chez elle, l'érotisme charnel glisse insensiblement vers la douleur de l'instant heureux qui s'achève. L'amour est tragédie, abandon et traîtrise, la solitude empoisonnée par les soupçons, les jalousies, les malédictions. Mais toute cette tristesse est transcendée par la richesse des métaphores et le rythme pur de la phrase – v. *La Pluie maudite* (*). Valeur turbulente mais incontournable, Vesna Parun, avec Jure Kaštelan, a eu l'extrême mérite de jeter un pont entre la grande poésie d'entre les deux guerres (Ujevič, Šimić, Krleža) et la grande poésie d'aujourd'hui (Mihalić, Šoljan, Milicević).

JANINE MATILLON.

PASCAL Blaise. Témoin unique d'un moment unique, en ce grand âge de la Renaissance française que fut la première moitié du XVIIe siècle, savant, homme et chrétien parfait, écrivain et penseur que nul ne surpasse, que bien peu égalent, homme qui parle au cœur de chaque homme, l'auteur des *Pensées* (*), Blaise Pascal, issu de deux vieilles familles de cette terre arverne qui est, depuis deux mille ans, le cœur de la France, naquit à Clermont en Auvergne le 19 juin 1623 et mourut à Paris le 19 août 1662. Entre un et deux ans, nous conte sa nièce Marguerite Périer, il lui arriva une chose très extraordinaire. Il tomba dans une espèce de langueur accompagnée de deux circonstances étranges : il ne pouvait souffrir la vue de l'eau, non plus que celle de son père et de sa mère proches l'un de l'autre. Pour conjurer le sort que lui avait jeté une femme à qui la pieuse Mme Pascal faisait la charité, sort qui allait à la mort, il fallut le transférer sur un chat noir qui mourut, et appliquer à l'enfant un cataplasme de neuf feuilles de trois herbes cueillies avant le lever du soleil par un enfant de moins de sept ans. Ainsi entra dans la vie, sous les maléfices d'une sorcière, à l'ombre d'une cathédrale, l'homme qui, en dépit de la légende, allia toujours à la fougue le plus bel équilibre, et qui devait proscrire la superstition avec l'incrédulité comme deux vices naturels et pareillement pernicieux.

Il perdit sa mère, Antoinette Begon, en 1626, et fut élevé par son père, Étienne Pascal, président à la cour des aides de Clermont, avec ses deux sœurs, Gilberte, née en 1620, et Jacqueline, née en 1625. Dès qu'il fut en âge qu'on lui pût parler, nous dit sa sœur Gilberte Périer, il donna des marques d'un esprit tout extraordinaire. C'est pourquoi son père résolut, en 1631, de résigner ses fonctions et de s'établir à Paris, pour s'y consacrer tout entier à l'éducation de ce fils qui manifestait un étonnant génie, et qu'il entreprit de former en tenant toujours son esprit au-dessus de son ouvrage, afin de lui faire découvrir le sens, l'ordre et la raison de toutes choses. À pareille école, les dons de Blaise Pascal ne tardèrent pas à porter leurs fruits, devançant même l'heure normale de leur éclosion. Curieux de savoir par l'expérience les causes de tous les effets qu'il observait, et ne pouvant se résoudre qu'à ce qui lui paraissait évidemment vrai, il composa à onze ans un traité des sons ; ayant appris sans maître ou plutôt inventant en quelque sorte la géométrie, alors que son père n'entendait le perfectionner d'abord que dans les règles de la grammaire, le latin et le grec, à douze ans il retrouve par lui-même la trente-deuxième proposition du premier livre d'Euclide ; à seize ans, il écrit un *Essai pour les coniques* (*), où, selon le mot de Mersenne, il « passait sur le ventre à tous ceux qui avaient traité du sujet », et, par une application géniale de la géométrie projective inaugurée par Desargues, traçait cet « hexagramme mystique » d'où peuvent être tirées toutes les propriétés des coniques ; pour soulager dans ses calculs de collation et de répartition des taxes son père, qui venait d'être envoyé à Rouen sur ordre du cardinal de Richelieu en qualité de commissaire délégué du roi (1639), il imagine à dix-neuf ans sa machine arithmétique – v. *Avis à ceux qui auront curiosité de voir la machine arithmétique et de s'en servir* (*) – dont la réalisation lui coûta plusieurs années de travail, et qui inspira tous les imitateurs venus après lui, combinant les « lumières de la géométrie, de la physique et de la mécanique » par la « légitime et nécessaire alliance de la théorie avec l'art » ; comme il fit pour la presse hydraulique et pour maintes inventions (à l'exception de la brouette et du haquet, dont une légende sans aucun fondement lui a autrefois attribué la paternité !).

L'année 1646 marque dans la vie de Pascal une date décisive, celle de la « première conversion » et de la première expérience sur le vide, qui décidèrent de sa vocation scientifique et de sa vocation religieuse. Au début de cette année-là, Étienne Pascal, qui s'était démis la cuisse en tombant sur la glace, fut visité par deux gentilshommes « rouvillistes », La Bouteillerie et Deslandes, qui avaient été convertis par le curé de Rouville, Guillebert. Ils lui remirent des ouvrages de Saint-Cyran, qui était depuis 1636 directeur de Port-Royal, et ne tardèrent pas à gagner son fils Blaise, qu'il avait élevé dans un juste respect de la foi et des limites de la raison humaine, et qui, commençant à « goûter Dieu », le fit goûter à Jacqueline, puis à son père et à toute la famille, en leur faisant ressentir leur incapacité à connaître où est le vrai bien et à l'embrasser d'un seul accord. Bientôt après (février 1647), dans son zèle religieux, Pascal, moins préoccupé, comme les commençants, de se réformer que de réformer les autres, dénonce à l'archevêque de Rouen douze propositions téméraires de l'ancien capucin Jacques Forton, sieur de Saint-Ange, sur l'« alliance de la foi et du raisonnement » et en obtient la rétractation.

En octobre de cette même année 1646, le Montluçonnais Pierre Petit, intendant aux fortifications, de passage à Rouen, avait fait connaître aux Pascal l'expérience de Torricelli sur le vide. Blaise la reproduit, il établit le fait, il le défend contre le père Noël, il en détermine la cause, qui est la pression de l'air, par le premier emploi raisonné de la méthode de différence (l'expérience du vide dans le vide) et de la méthode des variations (la grande expérience du Puy-de-Dôme, tracée le 15 novembre 1647 dans la *Lettre de Pascal à son beau-frère Périer* – v. *Lettres* (*) de Pascal –, réalisée par Périer le 19 septembre 1648) ; enfin il en généralise les résultats, en formulant le principe de l'hydrostatique, et il en tire les conclusions, physiques et philosophiques, dans des traités définitifs où il dégage les notions fondamentales de l'équilibre, de l'universelle relativité physique, de la valeur des hypothèses, du progrès et de l'autorité en science : *Expériences nouvelles touchant le vide* (*) (publiées en octobre 1647), *Récits de la grande expérience de l'équilibre des liqueurs* (octobre 1648) – v. *Opuscules* (*) –, fragment de la Préface pour le *Traité du vide* (*), que suivront les deux *Traités de l'équilibre des liqueurs et de la pesanteur de la masse de l'air* (*), et que devait compléter un *Traité de mécanique* aujourd'hui perdu.

Cependant, dès l'été 1647, Pascal, dont la santé avait été gravement altérée par ses travaux, était revenu avec Jacqueline se fixer à Paris. Il y vit Descartes les 23 et 24 septembre, la première fois en présence de Roberval, que son père fréquentait avec les plus célèbres mathématiciens du temps. En même temps que ses ouvrages de physique, il travaille à un *Traité des coniques* (en latin) dont nous ne connaissons que la première partie (la *Génération des coniques*) et des notes prises par Leibniz, et entre en relation avec les messieurs de Port-Royal, Singlin et Antoine de Rebours. Puis après un séjour d'une année à Clermont, où il travaille à sa machine dont il avait établi un modèle dès 1645 et pour laquelle il avait obtenu le 22 mai 1649 un privilège, confirmation du soutien déjà accordé par le chancelier Séguier, il revient avec son père et Jacqueline se fixer définitivement à Paris en novembre 1650. Le 24 septembre 1651, Étienne meurt. Pascal écrit aux Périer une admirable *Lettre sur la mort de leur père – v. Lettres*. Il demande à Jacqueline de demeurer avec lui au moins une année pour l'aider « à se résoudre dans le malheur ». Cependant Jacqueline, une fois les partages signés, partit pour Port-Royal, le 4 janvier 1652, sans avoir revu son frère, parce qu'elle craignait que « sa vue lui donnât au cœur ». Lui, qui ne pouvait se résigner à être séparé de sa sœur, s'efforça de retarder le plus possible le moment de sa prise d'habit. Jacqueline lui écrivit alors, le 7 mai 1652, pour le supplier d'y consentir et de ne pas lui ôter ce qu'il était incapable de lui donner. Il se rendit enfin à son désir ; il assista le 26 mai à sa vêture, et consentit même, bien que le règlement de la succession d'Étienne ne fût pas achevé, à lui constituer une dot.

Ce fut pour Pascal le commencement de la « période mondaine ». Il est alors dans un grand éloignement de Dieu : « Qu'il y a loin de la connaissance de Dieu à l'aimer ! » Il noue des relations d'amitié avec le duc de Roannez (qu'il n'avait rencontré jusque-là que très épisodiquement). Dans l'entourage du duc, Pascal fait connaissance du chevalier de Méré, esprit fin, frotté de libertinage et théoricien de l'honnêteté, ainsi que de Damien Mitton, riche bourgeois, joueur notoire à la réputation de bel esprit, dont la personnalité et le comportement semblent avoir impressionné tout particulièrement le futur auteur des *Pensées*. C'est à cette époque (1652-53) que les biographes de Pascal se sont plu à situer un voyage en Poitou du jeune savant avec ses nouveaux amis, pendant lequel Méré se vante d'avoir ouvert Pascal aux réalités autres que scientifiques ; en fait – comme l'a montré J. Mesnard – ce voyage ne s'est vraisemblablement jamais produit. C'est aussi en pensant à cette période de la vie de Pascal qu'on lui a longtemps attribué – à tort – le *Discours sur les passions de l'amour* (*). Pascal, en même temps, s'applique à l'analyse mathématique ; il trace un programme de ses découvertes et de ses travaux dans une *Adresse à l'académie parisienne de mathématiques* (*) (1654) ; de juillet à octobre 1654, il échange avec Fermat de Toulouse une correspondance sur le problème « des partis », ou la répartition des enjeux d'une partie interrompue, problème que lui avait proposé Méré, et à partir duquel il jette les bases du calcul des probabilités, qui « soumet le hasard à ses lois » et ouvre à l'esprit humain une voie entièrement nouvelle, d'une fécondité indéfinie ; parallèlement il écrit son *Traité du triangle arithmétique* (*) et les traités connexes, que compléteront en 1658 ses travaux sur la roulette ou cycloïde – v. *Traités relatifs à la cycloïde* (*) – formulant le principe de l'analyse infinitésimale, et qui, par « la liaison toujours admirable que la nature, éprise d'unité, établit entre les choses les plus éloignées en apparence », lui permettent d'en tracer les applications à la nature entière : c'est là que Leibniz « puisera la lumière » pour en tirer les algorithmes du calcul de l'infini. De toutes ces réflexions scientifiques, Pascal tirera la matière de nombreux développements des *Pensées*, parmi les plus originaux : le grand fragment « infini rien » connu sous le titre du « pari » ; les deux infinis de grandeur et de petitesse ; la discontinuité des ordres (le corps, les esprits, la charité).

Mais rien d'humain ne pouvait satisfaire cette âme éprise d'infini. Il éprouve, avec un grand mépris et dégoût du monde, le vide de son cœur, les angoisses et les bienfaits de la souffrance, et ce besoin de Dieu dont témoigne son écrit sur *La Conversion du pécheur* – v. *Opuscules*. Dans son impatience d'être tout à Dieu, jointe à tant d'humilité, de soumission et de modération même en une âme aussi bouillante, il est visible que Dieu le cherche et que lui Le cherche en gémissant. Il confie à Jacqueline le grand abandon où il se trouve, détaché des folies du monde mais incapable encore de s'attacher à Dieu, par un reste d'indépendance qui faisait arme de tout pour éviter un assujettissement qui ne pouvait être que parfait dans la disposition où il était. Enfin Dieu se soumit cette âme qui Le cherchait d'une telle ardeur. Il répondit à son appel, Il lui envoya le feu qui éclaira son esprit, embrasa son âme et lui donna, dans un indicible sentiment de la présence divine, la certitude et la joie. Et ce fut la nuit du 23 novembre 1654, consignée dans le *Mémorial* (*) qu'il portait cousu dans la doublure de son habit et qu'on y découvrit après sa mort. « FEU. Dieu d'Abraham, Dieu d'Isaac, Dieu de Jacob, non des philosophes et des savants. Certitude. Certitude. Sentiment, joie, paix. Dieu de Jésus-Christ [...] Oubli du monde et de tout, hormis Dieu [...] Grandeur de l'âme humaine [...] Joie, joie, joie, pleurs de joie [...] Jésus-Christ, Jésus-Christ. Je l'ai fui, renoncé, crucifié. Que je n'en sois jamais séparé. Il ne se conserve que par les voies enseignées dans l'Évangile. Renonciation totale et douce. »

En janvier 1655, Pascal fait retraite à Port-Royal-des-Champs, où Singlin le pourvut d'un directeur plein de feu et de lumière, Le Maistre de Sacy. Géomètre et homme toujours, ainsi que l'atteste l'*Entretien avec M. de Sacy sur Épictète et Montaigne* (*) où se trouve exposée l'idée maîtresse de son « Apologie » – misère de l'homme sans Dieu, grandeur de l'homme avec Dieu. Les importants fragments sur l'*Esprit géométrique* (*) et sur l'*Art de persuader* (*) paraissent dater de cette même époque, où l'on peut voir l'écho des conversations avec Arnauld sur la géométrie et la mise au point d'une méthode pour l'enseigner dans les Petites Écoles de Port-Royal. Pascal est maintenant chrétien parfait. Il met chaque chose à son rang et donne tout à Dieu. C'est à cette date qu'il écrivit *Le Mystère de Jésus* : « Console-toi, tu ne me chercherais pas si tu ne m'avais déjà trouvé. Je pensais à toi dans mon agonie, j'ai versé telle goutte de sang pour toi [...] Seigneur, je vous donne tout. »

Cependant, un événement imprévu vient pour un temps le détourner de son dessein et l'engage à fond dans la lutte qui met aux prises Arnauld et la Sorbonne, les jansénistes et les jésuites, à propos de la condamnation à Rome de cinq propositions extraites de l'*Augustinus* (*), condamnation que les jansénistes acceptaient en « droit » mais non en « fait », niant qu'elles fussent dans Jansénius. Du 23 janvier 1656 au 24 mars 1657, il publie en faveur de Port-Royal dix-huit *Lettres écrites à un provincial par un de ses amis sur le sujet des disputes présentes de la Sorbonne* – v. *Les Provinciales* (*). Ces lettres eurent un immense retentissement. Puis, sur le point d'être condamné à Rome par la Congrégation de l'Index (le 6 septembre 1657), Pascal s'arrête en pleine lutte, en plein triomphe.

Entre-temps, le 24 mars 1656, sa nièce Marguerite Périer avait été guérie d'une fistule lacrymale à la suite de l'attouchement d'une épine de la couronne de Jésus. Pascal en fut pénétré d'une grande joie et y vit une marque de la mission à laquelle Dieu le destinait. Il prend comme devise « Scio cui credidi », au milieu d'une couronne d'épines. Il écrit ses étonnantes *Lettres à Mlle de Roannez* – v. *Lettres* – et la détache du monde pour la faire s'attacher et s'unir à Dieu, dans la crainte et la joie qu'emporte le sentiment du mystère que couvrent toutes choses : mystère du Dieu caché. Enfin, après avoir été ramené accidentellement à la géométrie, en 1658, par un mal de dents qu'il calma en trouvant la solution de la roulette, et par l'obligation que lui fit M. de Roannez de mettre au concours le problème, qu'il fut seul capable de résoudre en son entier, pour prouver qu'il n'avait rien perdu de la force de son esprit en le soumettant à Dieu, et après avoir écrit coup sur coup, de juin 1658 à janvier 1659, ses trois *Lettres circulaires relatives à la cycloïde,* son *Histoire de la roulette*, sa *Lettre de A. Dettonville à M. de Carcavy*, suivie de *Traités de géométrie,* sa *Lettre à Huygens sur la dimension des lignes courbes*, il abandonne la géométrie, que, dans une lettre écrite à Bienassis à Fermat le 10 août 1660, il déclare « bonne pour faire l'essai, mais non pas l'emploi de notre force ». Désormais, Pascal ne connaît plus d'autre science que la perfection.

Dès septembre 1656, et plus résolument à partir de 1657, tandis qu'il achevait d'écrire *Les Provinciales*, après avoir rédigé ses *Écrits sur la Grâce* (*), il avait commencé de travailler au grand ouvrage sur *La Vérité de la religion chrétienne*, dont il avait conçu l'idée en sa trentième année, et qui était destiné à convaincre les libertins et à ramener les chrétiens à la pratique de l'Évangile. Il lit alors énormément, et, comme sa prodigieuse mémoire commence à lui faire défaut, il prend l'habitude de noter ses pensées généralement sur de grandes feuilles qu'il découpait ensuite pour classer par ordre les différents fragments en diverses liasses. À l'automne de 1658 il expose à quelques amis le dessein, l'ordre et la place de son grand ouvrage, que le classement de la copie (du moins pour les vingt-sept premières liasses) nous permet de reconstituer dans ses grandes lignes. Tombé peu après dans un « état d'anéantissement » qui lui interdit tout travail suivi, il écrit la sublime *Prière pour demander à Dieu le bon usage des maladies* (*). Puis, après un séjour en Auvergne au château de Bienassis (mai-septembre 1660), il revient à Paris, prononce ses *Trois discours sur la condition des grands* (*), que rédigera et publiera Nicole, et imagine pour le service des pauvres l'entreprise des carrosses à cinq sols, pour laquelle il obtiendra en janvier 1662 des lettres patentes du roi. Un moment sa nature impérieuse se révolte et paraît tout près de résister au pape, dans l'affaire de la signature du formulaire (juin 1661), à laquelle il s'opposa tout d'abord, contre le gré de ses amis de Port-Royal. Puis, après la mort de Jacqueline (4 octobre), il s'apaise, il se retire de toutes les disputes qui divisent les fidèles et risquent de les séparer de l'Église et du chef de l'Église qui est le pape, ainsi qu'il l'avait écrit à Mlle de Roannez et déclaré dans la dix-septième *Provinciale*, et qu'il en fit la confession, six semaines avant sa mort, au curé de Saint-Étienne-du-Mont, Beurrier. Désormais, il ne veut plus vivre que dans la pauvreté et la charité, la souffrance, la mortification et le silence, faisant toutes choses dans la pure vue de Dieu, le Souverain Maître, afin de mériter, comme il le dit dans son *Abrégé de la vie de Jésus-Christ*, le « royaume où Dieu sera tout en tous ». Ainsi Dieu, au témoignage de Beurrier, le voulut par là « disposer à la précieuse mort des saints ». Le 17 août 1662, il reçoit du curé de Saint-Étienne le viatique et meurt le samedi 19, avec la simplicité d'un enfant. Ses dernières paroles furent : « Que Dieu ne m'abandonne jamais ! »

Ainsi s'achevait, à l'âge de trente-neuf ans et deux mois, la vie de cet homme dont on peut dire, avec Bergson, que nos sondes sont trop courtes pour en mesurer la pensée, et qu'il a inauguré, avec Descartes, une des deux formes de pensée entre lesquelles se partage l'esprit moderne, et, sans doute la plus profonde, parce que la plus proche du cœur de l'homme. Comme Descartes, Pascal fonda toutes choses sur Dieu ; mais à Dieu il demande moins la certitude de la science et la puissance sur la nature que la vérité, la joie et la paix, que seul peut nous donner Jésus-Christ, le véritable Dieu des hommes, en qui est toute notre vertu et notre félicité : celui qui L'aime, celui qu'Il aime, ainsi qu'il écrit dans ses *Pensées*.

JACQUES CHEVALIER.

actualisation de LAURENT THIROUIN.

XVIIe-XVIIIe siècle. ♦ « *Tout son plaisir était dans la raison, dans l'ordre, dans la justice.* » Gilberte Périer. ♦ « *Il y a longtemps que j'ai envie de combattre ce géant, ce vainqueur de tant d'esprits... Misanthrope sublime... Pascal a été géomètre et éloquent : la réunion de ces deux mérites était alors bien rare ; mais il n'y joignait pas la vraie philosophie.* » Voltaire, 1733, 1777.

XIXe siècle. ♦ « *Il y avait un homme qui, à douze ans, avec des barres et des ronds, avait créé les mathématiques ; qui, à seize ans, avait fait le plus savant traité des coniques qu'on eût vu depuis l'Antiquité ; qui, à dix-neuf ans, réduisit en machine une science qui existe tout entière dans l'entendement ; qui, à vingt-trois ans, démontra les phénomènes de la pesanteur de l'air, et détruisit une des grandes erreurs de l'ancienne physique ; qui, à cet âge où les autres hommes commencent à peine à naître, ayant achevé de parcourir le cercle des sciences humaines, s'aperçut de leur néant et tourna ses pensées vers la religion ; qui, depuis ce moment jusqu'à sa mort, arrivée dans sa trente-neuvième année, toujours infirme et souffrant, fixa la langue que parlèrent Bossuet et Racine, donna le modèle de la plus parfaite plaisanterie comme du raisonnement le plus fort ; enfin qui, dans les courts intervalles de ses maux, résolut par distraction un des plus hauts problèmes de la géométrie, et jeta sur le papier des pensées qui tiennent autant du Dieu que de l'homme. Cet effrayant génie se nommait Blaise Pascal.* » Chateaubriand, 1802. ♦ « *Sa langue n'est qu'une logique désespérée, un radicalisme d'anéantissement de l'homme devant sa destinée ; il ne raisonne même plus, il s'abdique. C'est le grand suicide de la métaphysique, qui s'anéantit dans la foi.* » A. de Lamartine. ♦ « *Quand je lis Pascal, il me semble que je me relis. Je crois que c'est celui de tous les écrivains à qui je ressemble le plus par l'âme.* » Stendhal, 1805. ♦ « *Le plus profond des penseurs français.* » Schleiermacher. ♦ « *S'ouvrir à cette flamme, à cet amour, à tout ce qu'il y a de tendre et de généreux en lui.* » Sainte-Beuve. ♦ « *Cet auteur était si bien en même temps un homme que personne ne peut le lire sans se trouver par quelque endroit en conformité de pensée ou de sentiment avec lui.* » E. Droz, 1886. ♦ « *Pascal est devenu comme un auteur de notre temps.* » Renouvier, 1897.

XXe siècle. ♦ « *Pascal a introduit en philosophie une certaine manière de penser qui n'est pas la pure raison, puisqu'elle corrige par l'esprit de finesse ce que le raisonnement a de géométrique, et qui n'est pas non plus la contemplation mystique, puisqu'elle aboutit à des résultats susceptibles d'être contrôlés et vérifiés par tout le monde.* » H. Bergson, 1905. ♦ « *Une des plus fortes intelligences qui aient paru... Ayant changé sa neuve lampe contre une vieille, il se perd à coudre des papiers dans ses poches quand c'est l'heure de donner à la France la gloire du calcul de l'infini.* » Paul Valéry, 1919. ♦ « *Il possédait le sens scientifique, le sens de l'ironie et du scepticisme, en même temps que son opposé, le sens tragique de l'Espagnol, la faim de l'éternité ; et de là naquit cette lutte terrible qui se livra en son âme. Nous autres Espagnols, nous comprenons parfaitement, et mieux sans doute que les Français, le mot de Pascal : "Il faut s'abêtir."* » Miguel de Unamuno, 1923. ♦ « ... *Comment s'est constitué ce point de perfection, cet équilibre inouï, cette dangereuse réalité ? Quel phénomène, quel miracle ! Pascal est-il donc une pierre noire tombée du ciel ?* » Maurice Barrès, 1923. ♦ « *Pascal, ce fulgurant génie.* » Louis de Broglie, 1951. ♦ « *Pascal, la première réalisation exemplaire de l'homme moderne.* » L. Goldmann, 1956. ♦ « *De toute la personne de Pascal devait se dégager une sorte de séduction impérieuse. Il attirait en s'imposant. On sait quel ascendant il prit sur le duc de Roannez, comment ce grand seigneur se fit son humble disciple et lui garda toute sa vie une émouvante fidélité. On sait aussi par de multiples témoignages combien ses paroles restaient gravées dans la mémoire de ses auditeurs. Ayant si fortement remué ses contemporains, il ne pouvait qu'exercer un puissant attrait sur la postérité.* » J. Mesnard, 1967.

RÉF. : *La Vie de monsieur Pascal*, écrite par Mme Périer, sa sœur ; *Mémoire sur la vie de M. Pascal*, écrite par Mlle Marguerite Périer, sa nièce ; *Mémoires du père Beurrier* ; Préface de l'édition des *Pensées* dite de Port-Royal, 1670. — *Discours sur les « Pensées » de Pascal* de Filleau de la Chaise, 1672. — Documents reproduits, avec d'autres, par Louis Lafuma, *Blaise Pascal, Pensées*, t. II, 1951 (voir aussi ses *Recherches pascaliennes*, 1949, et ses *Controverses pascaliennes*, 1952). — Sainte-Beuve, *Port-Royal*, 1840-1848. — Édition des *Œuvres de Pascal* dans la collection des Grands Écrivains de la France, par L. Brunschvicg, P. Boutroux, F. Gazier, 1908-1925. — E. Jovy, *Pascal inédit*, Vitry-le-François, 1908 et suiv. — P. Humbert, *L'Œuvre scientifique de Blaise Pascal*, Paris, 1947. — *Blaise Pascal*, Cahiers de Royaumont, 1956. — L. Goldmann, *Le Dieu caché*, 1959. — J. Mesnard, *Pascal et les Roannez*, Paris, 1965 ; *Pascal*, Paris, 1967. — H. Gouhier, *Blaise Pascal, commentaires*, Paris, 1966. — Ph. Sellier, *Pascal et saint Augustin*, Paris, 1970. — *Méthodes chez Pascal*, colloque tenu à Clermont-Ferrand en juin 1976. — T. Shiokawa, *Pascal et les miracles*, Paris, 1977. — G. Ferreyrolles, *Pascal et la raison du politique*, 1984. — P. Ernst, *Géologie et stratigraphie des « Pensées » de Pascal*, 1990. — A. Mckenna, *De Pascal à Voltaire*, Oxford, 1990. — L. Thirouin, *Le Hasard et les règles : le modèle du jeu dans la pensée de Pascal*, Paris, 1991. — On consultera en priorité la nouvelle édition monumentale des *Œuvres complètes* dite Édition du Tricentenaire, réalisée par Jean Mesnard, Paris, 1964-1991, qui fait le point sur la datation, l'histoire, la bibliographie critique de chaque texte de Pascal.

PASCOLI Giovanni. Poète italien. Né à San Mauro de Romagne, le 31 décembre 1855, mort à Bologne (Émilie) le 6 avril 1912. Son enfance fut attristée par la mort tragique de son père, administrateur de biens de la famille Torlonia (1867), puis il perdit sa sœur aînée et sa mère. Après avoir achevé ses études, Pascoli, bénéficiaire d'une bourse de la ville de Bologne, fit de brillants débuts à l'université de cette ville. Il ne tarda pas, cependant, à négliger les cours au profit des nouveaux mouvements politiques internationaux, non sans risques puisqu'il fit quatre mois de prison en 1878. Après sa libération, il soutint une thèse de doctorat et fut nommé successivement professeur aux lycées de Matera, de Massa (1884) et de Livourne (1887). De cette époque datent ses premières poésies lyriques, *Myricae*, courtes pastorales d'inspiration virgilienne dont le recueil ne devait être publié qu'en 1891. Pascoli excellait aussi dans les vers latins et, toute sa vie, il participa avec éclat aux concours de poésie latine d'Amsterdam. Appelé en 1895 par la faculté de Bologne, il y enseigna les grammaires grecque et latine, et occupa, de 1897 à 1903, la chaire de littérature latine à l'université de Messine. Le poète partageait alors son temps entre l'enseignement et de longs séjours dans une petite maison qu'il avait acquise à Castelvecchio di Barga, près de Lucques. L'année de son installation à Messine parurent *Primi poemetti,* premier recueil de ses *Poemetti* (*) (1904), lyrique évocation de la vie des champs, suivis en 1909 de *Nuovi poemetti.* C'est également à Messine que Pascoli composa ses volumes de critique sur Dante : *Minerve obscure* [*Minerva oscura,* 1898], *Sous le voile* [*Sotto il velame,* 1900] et *L'Admirable Vision* [*La mirabile visione,* 1902]. Professeur, de 1903 à 1906, à l'université de Pise, il publia au cours de son séjour un autre recueil de vers, les *Chants de Castelvecchio* (*) (1903), suite de *Myricae,* puis les *Poèmes conviviaux* (*) (1904), inspirés de l'Antiquité. En 1906, Pascoli succéda à Carducci à la chaire de littérature italienne de l'université de Bologne. Dès lors son inspiration, que tentait la poésie historique, s'éloigna de plus en plus de la source fraîche des *Myricae* et des *Chants de Castelvecchio.*

Il donna successivement les *Odes et Hymnes* (1906-1913), les *Pensées et Discours* [*Pensieri e discorsi,* 1907], les *Chansons du roi Enzio* [*Canzoni di re Enzio,* 1909], dans la manière des poètes épiques du Moyen Âge, les *Poèmes italiques* (1911). Enfin parurent posthumes en 1913 les *Poèmes du Risorgimento.* L'inspiration du poète, qui, dans ces dernières œuvres en italien, fait presque entièrement défaut, ne cessa de se renouveler, au contraire, dans la poésie lyrique latine. Remarquables, en effet, sont les deux volumes de ses *Chants latins* (*) (1914 et 1930), et singulièrement les *Chants chrétiens* [*Poemata christiana*], entre autres *Thallusa* (1912), le dernier ouvrage de l'écrivain. Les meilleurs poèmes de Pascoli respirent la santé, tant il réussit à retrouver dans la nature une pureté à laquelle son âme aspirait. Cette poétique, qui s'était affirmée dans *Myricae,* il en approfondit l'essence dans ses écrits intitulés *Le Petit Enfant* (*), publiés en 1897, puis en 1902 (édition définitive), où il définit ainsi le poète : « le petit enfant éternel qui voit tout avec émerveillement, comme la première fois ». De cet état d'enfance, de cet enchantement naquit un nouveau langage poétique, précieux et rare, qui devait exercer une grande influence sur la poésie italienne du XXe siècle.

GIORGIO PETROCCHI.

♦ *« Quelques plaintes touchantes, mais surtout les premiers espoirs des cœurs qui s'ouvrent à l'amour, la tristesse des âmes qui l'appellent en vain ou le voient s'éloigner, voilà ce que nous offre Pascoli. »* A. Valentin. ♦ *« Étrange mélange de spontanéité et d'artifice, Pascoli est un* petit grand *poète. »* Benedetto Croce.

RÉF. : A. Valentin, *Giovanni Pascoli, poète lyrique,* Grenoble, 1925. – J. Bianconi, *Giovanni Pascoli,* Toulouse, 1937. – *Omaggio a Giovanni Pascoli,* Milan, 1955. – M. Biagini, *Il poeta solitario. Vita di Giovanni Pascoli,* Milan, 1955. – G. Barberi Squarotti, *Simboli e strutture della poesia di Pascoli,* Florence-Messine, 1966. – G. F. Goffis, *Pascoli antico e nuovo,* Brescia, 1969. – Debenedetti, *Pascoli : la rivoluzione inconsapevole,* Milan, 1979. – *Giovanni Pascoli, poesia e poetica,* Séminaire d'études pascoliennes (San Mauro, 1982), Santarcangelo di Romagna, 1984.

PASEK Jan Chryzostom. Mémorialiste polonais. Né à Wełgrzynowice près de Rawa (palatinat de Varsovie) en 1636 (?), mort en 1701. Son œuvre est la source à peu près unique que nous possédions sur lui, *Mémoires : 1656-1688* (*), où, déjà âgé, il évoque ses aventures sous une forme spontanée. Pasek était un gentilhomme de petite noblesse ; il n'hésita pas, chaque fois que son roi l'appelait, à abandonner ses affaires pour aller combattre, et demeura fidèle à son souverain, alors que bien d'autres l'avaient abandonné ; ce sont là ses mérites. Mais c'était un esprit inquiet et turbulent, un buveur, qui ne fit que se quereller toute sa vie. Il se battit contre les Suédois en 1656, contre Rakoczy en 1657 ; il se rendit au Danemark avec Czarniecky en 1658 et se battit ensuite contre les Tartares et les Russes. À quarante ans, il se retira dans ses terres, et refusa deux excellents partis pour épouser une veuve âgée. Puis il commença de se disputer avec ses parents, ses amis et ses voisins ; il fut condamné au bannissement comme perturbateur de l'ordre public. Il mourut à la veille de l'exécution de cette sentence.

PASOLINI Pier Paolo. Poète, romancier, critique et cinéaste italien. Né à Bologne le 5 mars 1922, mort à Ostie le 2 novembre 1975. Fils d'un officier de carrière, Pasolini connaît d'abord une vie rythmée par les affectations de ce dernier et les vacances estivales à Casarsa della Delizia, le village frioulan de sa mère, à laquelle le lie un amour passionné, alors que ses relations avec son père resteront toujours marquées d'un douloureux malentendu. Lecteur de la poésie hermétique mais plus encore de Rimbaud, Pier Paolo soutient à Bologne, où il suit les cours de Roberto Longhi, un mémoire sur Pascoli avant de publier, à vingt ans et à compte d'auteur, son premier recueil de poèmes, écrit en frioulan : *Poésies à Casarsa* [*Poesie a Casarsa*], aussitôt salué par le critique Gianfranco Contini dans le *Corriere di Lugano.* En 1943, alors qu'il s'est réfugié avec sa mère dans le village de celle-ci, il apprend la mort de son frère Guido, victime d'un affrontement entre les résistants italiens parmi lesquels il combat et les titistes à la frontière yougoslave. Cet événement marquera toute la vie de Pasolini.

Dès 1945, il enseigne dans la région de Casarsa et fonde avec quelques amis l'« Academiuta di Lenga Furlana », destinée à défendre la langue et la poésie frioulanes. Mais sa conscience politique a mûri, et sa lecture de Gramsci lui a révélé le marxisme. Il devra bientôt quitter le Frioul à la suite d'une accusation d'homosexualité qui entraîne son exclusion de l'enseignement public et du parti communiste. Installé avec sa mère près du pénitencier de Rebibbia, il découvre le monde sensuel et violent du sous-prolétariat romain, qui deviendra une des sources majeures de son inspiration et le révélateur de ses désirs comme de ses conflits. Après deux années de chômage désespéré, il trouve un emploi dans une école privée et rencontre le poète Giorgio Caproni. La venue de son père à Rome recrée un lourd climat familial. En 1955, il acquiert la notoriété avec son premier roman, *Les Ragazzi* [*Ragazzi di vita*], qui met en scène les jeunes gens des « borgate » romaines et lui vaut d'être poursuivi pour obscénité. L'apparent néo-réalisme de l'œuvre ne peut masquer la vision mythique de Pasolini, le puissant vitalisme qui le lie à ces garçons. Après diverses collaborations à des scénarios (Bolognini, Soldati...), Pasolini exprime aussi dans sa poésie le choc du sous-prolétariat : *Les Cendres de Gramsci* (+) obtient en 1957 le prix Viareggio. Deux ans plus tard paraît son second roman, *Une vie violente* [*Una vita violenta*] puis, en 1960, *Passion et Idéologie* (+), qui regroupe des textes critiques parus pour la plupart, de 1955 à 1959, dans la revue de gauche *Officina,* créée avec Leonetti, Fortini et Roversi. C'est là qu'est publiée son épigramme « À un pape » au moment de la mort de Pie XII, ce qui contraint la revue à suspendre sa publication. En 1961, *Accattone* est son premier film et entretient, comme les suivants (*Mamma Roma*, 1962 et *La ricotta*, 1963), des liens profonds avec sa poésie, laquelle s'affirme la même année grâce à *La Religion de mon temps* (+). Dès lors, Pasolini s'engage dans la voie difficile et déchirante d'un dialogue profond entre christianisme et marxisme, qui n'ignore pas non plus les abîmes de la sensualité. En 1964, *Poésie en forme de rose* (+) témoigne de la crise violente à laquelle l'a conduit ce dialogue : crise avec un marxisme dénaturé par les événements de Budapest et les tensions au sein des partis communistes, autant qu'avec une Église qui, après la mort de Jean XXIII, renonce au progressisme. Pourtant, la même année, son film *L'Évangile selon saint Matthieu* [*Il Vangelo secondo Matteo*] est primé à Venise. Désormais, le poète se trouve renvoyé à ses drames les plus intimes, à ses plus torturantes contradictions. Naissent dans ce contexte plusieurs films : *Des oiseaux petits et gros* [*Uccellacci e uccellini*] en 1965, puis *Œdipe roi* [*Edipo re*] en 1967, et le premier texte pour le théâtre : *Pilade.* Ce sera ensuite *Théorème* [*Teorema*] (1968), film et roman, suivi, au théâtre, par *Porcherie* [*Porcile*] et *Affabulation* [*Affabulazione*] et, au cinéma, par *Médée* [*Medea*] (1969) qu'il tourne avec Maria Callas. La participation de Pasolini à la direction de *Nuovi Argomenti* aux côtés de Moravia et sa position contrastée à l'égard des mouvements étudiants de 68 le poussent à une quête renouvelée d'exigence formelle après l'extrême désarroi idéologique et personnel qu'exprime son recueil *Transhumaniser et Organiser* (+) et les films de la *Trilogie de la vie : Le Décaméron, Les Contes de Cantorbery, Les Mille et Une Nuits.* Cette quête d'une plus grande rigueur apparaît dans les textes d'*Empirisme hérétique* [*Empirismo eretico*], et dans le drame *Calderón* en 1973. Il déploie dans le même temps une grande énergie polémique dans la presse italienne, les *Écrits corsaires* [*Scritti corsari*] regroupant les principaux articles de ces années-là. En 1975, année de sa mort, seront publiées *La Divine Mimésis* [*La Divina Mimesis*], récit fragmentaire, et *La Nouvelle Jeunesse* [*La Nuova Gioventù*], qui reprend et complète les poèmes frioulans de l'adolescence. Cette même année, les quatre recueils poétiques en langue italienne sont réunis, complétés par quelques inédits, dans le volume *Les Poésies* — v. *Poésies 1943-1970* (*). Le dernier film, *Salò ou les 120 Jours de Sodome* [*Salò o le 120 giornate di Sodoma*], est interdit en Italie. Le 2 novembre, on retrouve le corps de Pasolini sur la plage d'Ostie : le poète a été assassiné dans des circonstances encore mal élucidées, où se mêleraient drame de l'homosexualité et machination politique. Après sa mort seront publiés de nombreux textes, notamment ses articles critiques parus de 1972 à 1975 dans *Il Tempo : Descriptions de descriptions* (*) et deux tomes de correspondance (1940/1954 et 1955/1975) présentés par son cousin Nico Naldini. Paraissent aussi les fragments d'un scénario consacré à saint Paul, tandis qu'un roman inachevé, *Vas*, n'est lu que par quelques proches. Nombreux demeurent les inédits, surtout dans le domaine poétique, dont disposent Graziella Chiarcossi, exécutrice testamentaire du poète, et la Fondation Pasolini que dirige Laura Betti.

BERNARD SIMEONE.

RÉF. : Jean Duflot, *Entretiens avec Pier Paolo Pasolini*, Paris, 1970. — Dario Bellezza, *Mort de Pasolini*, Paris, 1983. — Enzo Siciliano, *Vie de Pasolini*, Paris, 1984.

PASQUIER Étienne. Magistrat, humaniste et historien français. Né et mort à Paris (7 juin 1529-30 août 1615). En 1546, le jeune Pasquier suit les cours de droit de Hotman et de Baudoin à Paris ; l'année suivante, il se rend à Toulouse pour y entendre Cujas, puis en Italie, où il assiste aux leçons d'Alciat à Pavie, de Socin à Bologne. En 1549, Étienne Pasquier fait ses débuts comme avocat au barreau de Paris. Il entre dans la carrière des lettres en publiant (1554) *Le Monophile*, dialogue sur l'amour entre trois jeunes gens et une demoiselle ; l'originalité principale de l'œuvre est l'intervention de Jeanne d'Arc. Quelques années plus tard, Pasquier épouse une jeune veuve dont il était le défenseur, et, gravement malade, prend de longues vacances à Argenteuil, puis à Amboise, à Cognac enfin, et met ses loisirs à profit en achevant le premier livre des *Recherches de la France* (*), qui paraît en 1560, et en écrivant l'*Exhortation aux princes et seigneurs du conseil du Roy pour obvier aux séditions qui occultement semblent nous menacer par le faict de la Religion* (1562), dont l'attribution, bien que contestée, semble certaine. Pasquier y fait figure de modéré, traçant par anticipation le programme des politiques qui s'éloigneront autant des excès des réformés que de ceux de la Ligue et se rallieront plus tard à Henri IV. Un petit écrit, publié à la suite du premier livre des *Recherches,* le *Pourparler du Prince,* complète de manière théorique l'*Exhortation* ; l'auteur s'y prononce pour une monarchie tempérée qui ne devra pas oublier que « les peuples ne sont pas faits pour les rois, mais les rois pour les peuples ». En 1562, Pasquier reparaît au barreau. Il y acquiert bientôt une grande renommée à la suite d'un procès retentissant qu'il plaide, de l'université de Paris, appuyée par les évêques du royaume, contre la Compagnie de Jésus. L'Université commençait à prendre ombrage de la diffusion de cet ordre et de la place envahissante qu'il commençait à occuper avec ses collèges dans l'enseignement ; elle choisit pour la défendre Étienne Pasquier et un autre avocat, qui lui aussi jouissait d'une grande réputation, Antoine Arnauld, le père du grand Arnauld. Bien que les jésuites aient gagné leur procès, les plaidoiries des deux avocats furent fort remarquées. Conséquent avec lui-même, Pasquier sortit de cette affaire brouillé à mort avec la Compagnie, qu'il attaquera encore en 1602 avec son *Catéchisme des jésuites ou Examen de leur doctrine.* Pasquier plaidera d'autres procès fameux, pour le seigneur d'Arconville, pour le maréchal de Montmorency, pour le duc de Lorraine, pour Henri de Guise, pour la ville d'Angoulême.

Il n'en délaisse pas pour autant ses travaux, et à côté d'œuvres légères, comme les *Ordonnances générales d'amour* (1564), et des poèmes de circonstance : *Vers sur le tombeau de messire Anne de Montmorency* (1567), *Sonnets sur le tombeau du seigneur de La Châtre* (1569), *Au Roy, Congratulation de la paix faite par S. M. entre ses sujets l'unziesme jour d'août 1570* — à propos de la paix de Saint-Germain — il publie surtout le second livre des *Recherches* (1565).

Personnage de plus en plus en vue, Pasquier est chargé de mettre en pratique ses idées de modération au cours de deux missions d'importance, la première en tant que commissaire aux Grands Jours de Poitiers (1579), la seconde à ceux de Troyes (1583). Nommé en 1585 avocat général à la chambre des comptes, Pasquier critiquera à deux reprises la politique royale, à propos d'édits créant des offices publics qui devaient pouvoir être mis en vente. S'il ne cesse de travailler à ses *Recherches,* il n'oublie pas qu'il est poète et se disperse dans des recueils galants, tels la *Puce de Mme des Roches* (1583) et *La Main ou Œuvres poétiques faites sur la main de Estienne Pasquier* (1584), recueils auxquels participent les plus brillants esprits de l'époque. Lors des troubles qui suivent la mort d'Henri III (1589), Pasquier, qui vient de publier sa *Congratulation au roi sur sa victoire et ses heureux succès contre l'estranger,* se tient quelque peu à l'écart. Partisan d'Henri III contre la Ligue, puis d'Henri IV, il verra ses fils se battre et l'un d'entre eux mourir pour la bonne cause à l'âge de vingt et un ans, en 1590. Mais Pasquier s'absorbe de nouveau dans ses études, il compose les livres suivants des *Recherches.* Par ailleurs, il prépare le recueil de ses *Lettres,* dont une première édition avait paru en 1586, et qui devait être complété dans les éditions suivantes de 1590, 1597, 1607 avant de connaître une édition définitive à titre posthume en 1619. C'est, avec les *Recherches,* la partie la plus intéressante de l'œuvre de Pasquier. Au travers de ces *Lettres* paraît la physionomie vivante de l'auteur, homme modeste, laborieux, dévoué à ses amis et à l'État, plein de sollicitude et de compréhension pour ses enfants.

Quant à son œuvre principale, les *Recherches,* Pasquier ne l'achèvera qu'à sa mort, et le neuvième et dernier livre ne verra le jour qu'en 1621. On peut saluer en Pasquier le père de l'histoire de France. Il est le premier, et avec une exactitude et une érudition remarquables pour son temps, à avoir exploré le passé de la France ; sa curiosité est inlassable et il faut ajouter qu'elle ne lasse pas ; ce qui l'intéresse plus que les événements, ce sont les institutions, les mœurs et même l'histoire des idées, l'histoire des lettres et des arts, et cela même donne à ses *Recherches* une vie qui est d'ailleurs soutenue par un style direct, dru, plein de verve et d'entrain, plein de jeunesse enfin, ce qui ne l'empêche pas d'être fort travaillé. Le fils de Pasquier, Nicolas, raconte que son père consacrait à son ouvrage tous les loisirs dont il pouvait disposer et en polissait avec soin les phrases.

JACQUES BROSSE.

♦ *« Si je mettais ici tous les témoignages favorables qu'une infinité de grands hommes ont rendus de sa vertu et de sa suffisance, il faudrait presque faire un livre aussi ample que le plus ample des siens. »* Guillaume Colletet. ♦ *« Pasquier représente à merveille cet esprit parlementaire, libre et mesuré, nourri de forte moelle juridique mais orné de toute la culture des lettres, qui a fait longtemps en France le fond principal de la société polie. Lui-même est un sage qui a pour qualités dominantes le bon sens et la sincérité. Bon Français, bon bourgeois de Paris, bon chrétien à la mode des ancêtres. »* P. de Nolhac.

RÉF. : Nicolas Pasquier, *Lettres,* Paris, 1623. — A. Loisel, *Pasquier ou Dialogue des avocats du Parlement de Paris,* Paris, 1652. — Wenderoth, *Estienne Pasquier poetische Theorie und seine Tätigkeit als Literaturhistoriker,* Marburg, 1903. — M. J. Moore, *É. Pasquier, historien de la poésie et de la langue françaises*, thèse, Poitiers, 1934. – Dorothy Thickett, *Estienne Pasquier, the Versatile Barrister of the XVIth Century France*, New York et Londres, 1979. – Paul Bouteiller, *Recherches sur la vie et la carrière d'E. Pasquier*, Paris, 1989. – *Étienne Pasquier et ses Recherches de la France*, ouvr. collectif, Paris, P.E.N.S., 1991.

PASSAVANTI Jacopo. Écrivain italien. Né à Florence, de Banco Passavanti et de Francesca de Tornaquinci, vers 1302, mort en 1357. Il prit l'habit de Saint-Dominique dans le célèbre couvent de Santa Maria Novella, vers 1317, séjourna comme étudiant en théologie, à Paris, de 1330 à 1333 environ, puis il enseigna la théologie jusqu'en 1340 ; au cours de cette même année, il fut nommé prédicateur au couvent de Santa Maria Novella. On sait également qu'il fut prieur dans différents couvents comme celui de Pistoie, San Miniato al Tedesco à Florence, puis vicaire général du diocèse de Florence. Ce sont là autant d'indications qui permettent d'imaginer une vie bien réglée, un homme propre à l'étude et à l'action ; et le contraste est étonnant lorsqu'on se trouve en face d'une œuvre telle que *Le Miroir de la vraie pénitence* (*), toute frémissante d'inventions inquiétantes, de fantasmagories et de mystère.

PASSERAT Jean. Humaniste et poète français. Né à Troyes (Aube) le 18 octobre 1534 ; mort à Paris le 14 septembre 1602. Ayant commencé ses études dans sa ville natale, Jean Passerat les termina à Paris, au collège de Reims ; sitôt après il fit carrière dans l'enseignement et professa au collège du Plessis, au collège du Cardinal-Lemoine et au collège de Boncourt. Afin de se perfectionner dans la matière qu'il enseignait déjà, il se plaça pendant quatre ans sous la férule de l'illustre Cujas dont il suivit les cours à Bourges. Rentré à Paris en 1569, Passerat fut précepteur du fils du président Henri de Mesmes et vécut pendant trente ans dans l'hôtel de Mesmes. Poète latin et français, il fit paraître quelques pièces : en 1559 un *Adieu à Phœbus et aux Muses* et une *Ode à Bacchus* ; en 1563, un *Hymne de la Paix* ; en 1564 un *Chant d'allégresse*. En 1572, Passerat fut nommé à la chaire d'éloquence au collège des lecteurs royaux (Collège de France) à la place de Ramus, qui venait de périr dans les massacres de la Saint-Barthélemy ; il y commenta les œuvres de Plaute, Cicéron, Salluste, Catulle, Virgile, Properce, Tibulle et Ovide, en des leçons qui furent suivies et dont une partie fut publiée après sa mort sous le titre de *Orationes et Praefationes* (1606). Lors de la Ligue, il dut interrompre son cours et c'est alors qu'il participa à la composition de *La Satyre Ménippée* (*). En 1597, une attaque de paralysie le fit renoncer à l'enseignement. S'il n'a publié de son vivant que peu de ses poèmes, outre les minces plaquettes que nous avons citées il avait fait imprimer, en 1597, les *Kalendae Januariae*, recueil d'épigrammes latines adressées chaque année à son protecteur le président de Mesmes ; son œuvre poétique, publiée après sa mort par son neveu Jean de Rougevalet sous le titre *Recueils des œuvres poëtiques de Jean Passerat, lecteur et interprète du Roy* (1606), abondante et variée, contient d'excellents morceaux telle *La Métamorphose d'un homme en oiseau* ; elle est faible dans les poèmes amoureux qui manquent de sincérité. Passerat atteint à une certaine grandeur dans ses œuvres patriotiques ou religieuses et a laissé quelques satires qui sont des chefs-d'œuvre, telle *La femme et le procès sont deux choses semblables*. Esprit délicat, fort érudit mais sans pédanterie, il y a dans son œuvre une mâle gaieté, une robuste fraîcheur qui le rattachent à une époque antérieure de la poésie française.

RÉF. : Goujet, *Mémoire sur le Collège Royal de France*, 1758. – M. Raymond, *L'Influence de Ronsard*, Paris, 1927.

PASSEUR Stève (pseud. d'Étienne Morin). Auteur dramatique français. Né à Sedan le 24 septembre 1899, mort à Paris le 16 octobre 1966. Il s'est taillé un domaine à la limite du réel et de l'imaginaire, mais dans ses pièces le rêve fait place au cauchemar. À force de virtuosité, il a su rendre à peu près vraisemblable l'atmosphère confinée de *L'Acheteuse* (*) (1930) et intéresser les spectateurs au sort d'un homme faible séquestré par la femme qu'il a épousée pour sa dot. Après *Les Tricheurs* (*) (1932), *Je vivrai un grand amour* (+) (1936) présente au moins un personnage plus nuancé qui donne à la pièce sa consistance. Stève Passeur a surtout bénéficié des excellents interprètes qu'il a su trouver dans les personnes de Lugné-Poe, Dullin, Jouvet et Pitoëff. Citons parmi ses dernières pièces : *Marché noir* (1941), *Le Vin du souvenir* (1947), *107'* (1948), *N'importe quoi pour elle* (1954).

PASTERNAK Boris Leonidovitch [Boris Leonidovič Pasternak]. Poète et romancier russe. Né le 10 (29) février 1890 à Moscou, mort à Peredelkino (près de Moscou) le 30 mai 1960. Boris Pasternak est le fils aîné d'un peintre connu, Leonid Pasternak (1862-1944), illustrateur préféré de Tolstoï, et d'une pianiste virtuose, Rosalia Kaufman (1867-1939), qui a renoncé à sa carrière en se mariant. À treize ans, l'émerveillement devant la musique de Scriabine, ami de ses parents, éveille sa première vocation. Mais six ans plus tard, auteur d'une sonate que le compositeur a couverte d'éloges, il renonce brusquement à la musique pour se consacrer à des études universitaires de philosophie. La renommée du néokantien Hermann Cohen l'attire à Marbourg, où il suit ses cours pendant le semestre d'été 1912. Mais il y vit aussi l'exaltation d'un premier amour, qui l'éloigne de la philosophie en lui révélant sa vocation de poète.

De retour à Moscou, il se joint au groupe postsymboliste « Lyrisme » [Lirika], qui publie en 1913 ses premiers vers, puis entre en dissidence avec Sergueï Bobrov (1889-1971) et Nikolaï Asseïev (1889-1963) pour former le petit groupe futuriste « La Centrifugeuse » [Tsentrijouga]. L'audace novatrice de son premier recueil, *Un jumeau dans les nuées* [*Bliznec v tučah,* 1914], est cependant assez modérée, et se manifeste surtout par le goût des images insolites, des rimes inédites et des jeux de sonorités. Dans l'article polémique « La Réaction de Wassermann » paru dans le recueil collectif de Tsentrifouga *Le Manupède* [*Rukonog*], il dénonce comme un procédé mécanique la « métaphore par ressemblance » dont abusent certains futuristes, et défend la « métaphore par contiguïté » (ou métonymie), expression d'une « conscience lyriquement submergée ».

La personnalité de Maïakovski, dans lequel il admire le porte-parole et le chef de file de sa génération, lui fait pressentir les implications tragiques d'un lyrisme centré sur la création d'une image du « moi » à laquelle le poète est condamné à subordonner sa vie. Dans *Par-dessus les obstacles* [*Poverh bar'erov*], son second recueil (1917), le « moi » du poète se dissout dans l'image du monde extérieur qui, saisie dans l'instant concret, « submerge lyriquement sa conscience ». Mais c'est en 1917, à la faveur d'une passion qui a la Révolution pour arrière-plan, que Pasternak trouve définitivement sa voie : tandis que triomphe une poétique de l'éclair, fixant les associations spontanées — et parfois obscures — à travers lesquelles est éprouvée la sensation dans une expression verbale qui s'impose par sa forme rythmique, acoustique et articulatoire, le thème lyrique sous-jacent s'explicite : c'est l'abandon à la « vie », source transcendante de toute valeur et de toute vérité, vécue dans l'instant comme une révélation éblouissante. D'où le titre de son troisième recueil, *Ma sœur la vie* (*), qui ne paraît qu'en 1922. Le sous-titre (« L'Été 1917 »), tout en datant précisément le moment de cette révélation poétique, la rattache au moment historique de la Révolution, qui n'est désignée allusivement que dans quelques poèmes, mais que suggère la tonalité exaltée de l'ensemble.

En même temps qu'il s'affirme comme l'un des premiers poètes de sa génération, Pasternak cherche aussi sa voie dans la prose. Ses premiers récits, écrits en 1915 et 1917, *Le Trait d'Apelle* (*) et *Lettres de Toula* (*), ne sont encore que des apologues illustrant sa conception des rapports entre l'art et la vie. En 1917-1918, il achève au brouillon un premier roman, dont le début paraît en 1922 sous la forme d'une nouvelle, *L'Enfance de Luvers* (*). Cette première esquisse d'un personnage féminin qui hantera son œuvre romanesque s'arrête au seuil de l'adolescence ; elle vaut surtout par une démarche « proustienne », utilisant le langage métaphorique pour éviter le piège des mots dissimulant sous le cliché psychologique la vérité de la sensation immédiate.

Cependant la Révolution le ramènera à une prose plus traditionnelle, après un détour par la poésie épique ou narrative, dans laquelle il cherche à retrouver l'harmonie de l'été 1917 entre l'inspiration lyrique et le « vent de l'histoire ». En 1923, le poème *Haute maladie* [*Vysokaja bolezn'*] (remanié en 1928), évocation imagée des ruines de la guerre civile, de la chute du régime impérial et de la naissance de l'État nouveau incarné par Lénine, est surtout un constat de faillite de l'épopée, témoignant d'un conflit entre la poésie, vécue comme une « haute maladie » contre laquelle la volonté ne peut rien, et une révolution que paraît légitimer l'Histoire. En 1925-1927, il tente encore d'y soumettre son inspiration en la célébrant à travers le prélude de 1905 embelli par ses souvenirs d'adolescent — *L'An 1905* (*) — ou par la légende héroïque — *L'Enseigne de vaisseau Schmidt* (*). Dans la nouvelle en prose *Les Voies aériennes* (1924) (*), il magnifie l'abnégation du révolutionnaire. Mais c'est la forme du « roman en vers », héritée de Pouchkine, qui, avec *Spektorski* [*Sektorskij,* 1925-1929] (*), lui permettra de se projeter dans un personnage imaginaire et lui servira ainsi de transition entre la poésie lyrique et la prose romanesque, à laquelle il passe en 1929 avec *Le Récit* [*Povest'*] (*). Serge Spektorski, héros commun de ces deux œuvres, donne un visage concret à l'image de la « haute maladie » qui fait du poète un étranger à son temps ; mais le constat de faillite est corrigé dans *Le Récit* par l'histoire du premier essai littéraire du héros, entrepris pour soulager la détresse des femmes, et exprimant symboliquement le sens sacrificiel qui lui fait voir dans sa vocation une impérieuse mission.

Le malaise qu'expriment les œuvres des années 20 incite Pasternak à un retour sur soi. Le récit autobiographique *Sauf-Conduit* (*), conçu en 1927 comme un hommage à Rilke, devient une profession de foi et une apologie de la poésie face à l'idéologie communiste. Achevée au moment où apparaissent les premiers symptômes de la terreur, l'œuvre laisse deviner à travers l'image de Venise le spectre de l'État policier, et se conclut par l'évocation du suicide de Maïakovski (14 avril 1930), présenté comme le tragique accomplissement du principe subversif inhérent à tout lyrisme.

Marié en 1923 à une jeune artiste peintre, Evguénia Lourié, qui lui a donné un fils, Evguéni, Pasternak se sépare d'elle en 1931 pour former un nouveau foyer avec Zinaïda Neuhaus, elle-même séparée du pianiste Heinrich Neuhaus. La passion qu'elle lui inspire et le séjour qu'il fait avec elle en Géorgie, où il est accueilli et choyé par l'élite culturelle du pays, sont vécus comme une « seconde naissance », dont l'euphorie le rend perméable à la propagande présentant le « grand tournant » de la collectivisation et de l'industrialisation comme l'aube d'une ère nouvelle, et Staline comme son artisan. Dans le recueil *Seconde naissance* [*Vtoroe roždenie,* 1931], la Géorgie amicale et ensoleillée, découverte avec les yeux de l'amour, rapproche les « lointains socialistes » et triomphe des doutes et des hésitations du poète.

Ces espoirs paraissent confirmés en 1932 par la dissolution des organisations littéraires « prolétariennes », qui persécutent les « compagnons de route » non communistes, et la création de l'Union des écrivains soviétiques, qui leur apporte la protection du parti et de l'État. À son Congrès inaugural (août 1934), l'ancien « compagnon de route » Pasternak est fêté par l'auditoire et encensé par le représentant du Comité central, Boukharine. Mais la faveur officielle l'asservit et lui pèse : en juin 1935, souffrant d'une grave dépression, il est enrôlé de force dans la délégation soviétique au Congrès antifasciste de Paris. Au début de 1936, il publie encore dans les *Izvestia,* à la demande de leur rédacteur en chef Boukharine, un poème célébrant sans le nommer Staline, désigné comme le « génie de l'acte ». Cependant, au cours de la même année, ses interventions publiques critiquant la campagne officielle contre le « formalisme » (c'est-à-dire contre l'art moderne) et son refus de s'associer à une protestation collective contre le *Retour de l'URSS* (*) de Gide (qu'il a sans doute mis en garde contre la propagande officielle) font scandale et le rendent suspect. Il cesse progressivement toute activité publique et se retire dans la « datcha » de Peredelkino, aux environs de Moscou, mise à sa disposition par l'Union des écrivains. L'arrestation et le procès de Boukharine (1938) dissipent ses illusions sur Staline et en font désormais un opposant silencieux.

Cette situation condamne le projet de roman qu'il a conçu dès 1932 comme un bilan de son expérience historique, et qu'il doit abandonner à la veille de la guerre après en avoir publié quelques fragments. Seule la traduction, désormais, pourra assurer sa subsistance. Dès 1935, il a publié une anthologie des poètes géorgiens. Ce seront ensuite des poèmes de Keats, de Shelley, de Verlaine (son poète français préféré), de Petöfi, de Slowacki. En 1938, à la demande de Meyerhold (arrêté peu après), il entreprend une traduction de *Hamlet*, qui, achevée et publiée en 1941, sera suivie par celle de six autres tragédies de Shakespeare — *Roméo et Juliette* (*), *Antoine et Cléopâtre* (*), *Othello* (*), *Henri IV* (*), *Le Roi Lear* (*), *Macbeth* (*), puis, après 1949, par le *Faust* (*) de Goethe et la *Marie Stuart* (*) de Schiller. Ses traductions, qui recherchent la spontanéité et la liberté de ton plus que la fidélité littérale, lui apportent au début la joie de la création originale, mais lui pèseront à la longue comme une lourde obligation.

La sérénité morale que lui a rendue son existence retirée est sensible dans le cycle de poèmes lyriques inspiré en 1940-1941 par le paysage rural de Peredelkino. La guerre, qui entraîne en 1941 l'évacuation de sa famille et son propre enrôlement dans la défense civile de la capitale, lui apparaît pourtant comme une épreuve purificatrice, mettant fin à la « domination inhumaine de l'imaginaire ». Elle lui inspire des poèmes patriotiques, qui paraissent en 1943, avec le cycle de Peredelkino, sous le titre de *Dans les trains du petit jour* [*Na rannih poezdah*]. L'euphorie de la victoire, dans l'atmosphère de relative liberté qui survit à la guerre, lui fait reprendre en octobre 1945 son ancien projet romanesque. Dès août 1946, les décrets de Jdanov annoncent pourtant de nouvelles persécutions, qui le frappent en octobre 1949 avec l'arrestation d'Olga Ivinskaïa, sa dernière passion, à laquelle il est lié depuis 1947 et dont l'image se reflétera dans l'héroïne principale de son roman. Pressions et menaces ne le font cependant pas renoncer à son projet, auquel il continue à travailler, en secret jusqu'à la mort de Staline et la libération d'Olga Ivinskaïa (avril 1953).

Achevé en 1955, *Le Docteur Jivago* (*) est, sous l'apparence d'une fresque historique des « années terribles de la Russie », un roman d'amour et une fable symbolique. Le conflit central oppose le poète Iouri Jivago au révolutionnaire Pavel Antipov, unis par le souci d'arracher la femme qu'ils aiment tous deux, Lara, symbole de la vie, aux puissances du mal. Le révolutionnaire répond au mal par une violence qui le détruira lui-même, le poète par l'amour et la création, dont l'expression la plus haute est le sacrifice.

L'image d'Hamlet, confondue avec celle du Christ, dans laquelle Pasternak, en tête du recueil de vers qui clôt le roman, s'identifie à son héros, traduit la signification sacrificielle qu'il attache à ce livre, dans lequel il voit l'œuvre principale de sa vie : elle intègre ainsi à l'œuvre l'image de sa propre destinée. Sa publication en Italie (novembre 1957), après qu'elle a été rejetée par les éditeurs soviétiques, est un événement de portée mondiale, le défi involontaire d'un homme seul face à un système totalitaire encore sans faille. L'attribution du prix Nobel, en octobre 1958, qui lui apporte le soutien de l'opinion mondiale, en fait un paria dénoncé comme un traître devant l'opinion de son pays. Exclu de l'Union des écrivains soviétiques, donc privé de tout moyen d'existence légal, et menacé d'exil, il devra refuser le prix pour mettre fin aux persécutions. Son dernier recueil lyrique, *L'Éclaircie* [*Kogda razguljaetsja*], écrit pour l'essentiel en 1956-1957, et où se traduit la paix que lui a apportée le sentiment d'avoir accompli sa mission, ainsi que *Hommes et Positions* [*Ljudi i položenija*], préface à une anthologie projetée de son œuvre poétique, ne pourront d'abord paraître qu'à l'étranger. Sa dernière œuvre, un drame historique et symbolique dont l'héroïne incarne le destin de la Russie, *La Beauté aveugle* [*Slepaja krasavica*], restera inachevée.

Ce n'est qu'en 1987, à la faveur de la « perestroïka », que l'Union des écrivains réhabilitera sa mémoire en annulant son exclusion, et que *Le Docteur Jivago* pourra enfin atteindre sans entraves les lecteurs russes, ses principaux destinataires. Déjà cependant l'œuvre poétique, bien que publiée avec parcimonie et de façon incomplète, aura influencé de très nombreux poètes de la génération du dégel (notamment André Voznessenski et Guennadi Aïgui), et se sera profondément gravée dans les mémoires : de tous les grands poètes russes du XXe siècle, Pasternak est sans doute celui dont les vers sont aujourd'hui le plus largement connus et le plus souvent cités.

MICHEL AUCOUTURIER.

♦ *« Lire des vers de Pasternak, c'est se nettoyer la gorge, fortifier sa respiration, rafraîchir ses poumons : des vers comme ceux-là doivent guérir de la tuberculose. Nous n'avons pas à l'heure actuelle de poésie plus saine. C'est du lait de jument après le lait en poudre. »* Ossip Mandelstam, 1923. ♦ *« Pasternak est un grand poète. Actuellement, c'est le plus grand de tous : la plupart* ont été, *quelques-uns* sont, *lui seul* sera. *Car, pour tout dire, il n'est pas encore : il balbutie, gazouille, tinte – il appartient tout entier à demain ! – c'est le halètement du nouveau-né, et ce nouveau-né, c'est l'Univers. »* Marina Tsvetaeva, 1923. ♦ *« Récompensé d'une éternelle enfance, / Avec la générosité et la vue perçante des astres, / Toute la terre fut son héritage, / Mais avec tous il l'a partagée. »* Anna Akhmatova, 1936. ♦ *« C'est la Russie qui s'exprime à nouveau librement. Tel est le sentiment qui vous saisit dès les premières pages du* Docteur Jivago, *un sentiment qui se confirme à mesure que l'on avance dans le livre, devenant à la fin si puissant que, lorsqu'on le ferme, c'est avec une émotion qui n'est pas loin de la vénération. »* Nicola Chiaromonte, 1958.

RÉF. : Michel Aucouturier, *Pasternak par lui-même,* Paris, 1963. – Jacqueline de Proyard, *Pasternak,* Paris, 1964. – *Pasternak. Modern Judgements,* Londres, 1969. – *Boris Pasternak. Essays,* Stockholm, 1976. – H. Gifford, *Boris Pasternak : A Critical Study,* New York, 1977 ; *Pasternak. A Collection of Critical Essays,* Englewood Cliffs, 1978. – *Boris Pasternak. Colloque de Cerisy-la-Salle,* Paris, 1979. – L. Fleishman (Flejsman), *Boris Pasternak v dvadcatye gody,* Munich, 1980 ; *Boris Pasternak v tridcatye gody,* Jérusalem, 1984 ; *Boris Pasternak. The Poet and his Politics,* Londres, 1990. – G. de Mallac, *Boris Pasternak. His Life and Art,* Norman, 1981. – C. Barnes, *B. Pasternak. A Litterary Biography,* vol. 1 (1890-1928), Cambridge, 1989. – Evguéni Pasternak, *Boris Pasternak. Materialy dlja biografii,* Moscou, 1989.

PASTEUR Louis. Un des plus grands savants français. Sa gloire est universelle. Avant lui, les problèmes de la structure moléculaire des corps, de l'origine de la vie, du cycle éternel de la vie et de la mort dans la nature, étaient enveloppés du plus profond mystère. L'homme regardait sans les comprendre les phénomènes de fermentation et de putréfaction. Il était impuissant à se préserver des maladies contagieuses, ne sachant ni leur cause ni leur mode de propagation. Les chirurgiens n'osaient plus opérer, la moindre incision pouvant être une porte ouverte à la mort. L'infection puerpérale était la terreur des maternités. Industries des fermentations, médecine humaine et médecine vétérinaire, chirurgie, obstétrique et hygiène furent transformées par ses découvertes.

Il naquit le 27 décembre 1822 à Dole (Jura). Son père, Jean-Joseph Pasteur, était tanneur, après avoir fait comme conscrit la guerre d'Espagne et la campagne de France dans les armées de Napoléon. En 1826, Jean-Joseph Pasteur vint s'installer à Arbois (Jura). Louis Pasteur, d'abord élève au collège d'Arbois, continua ses études au collège royal de Besançon. Il passa son baccalauréat ès sciences avec la note « médiocre » en chimie. En 1843, il est reçu quatrième au concours de l'École normale supérieure. Élève, puis aide-préparateur de physique à l'École normale, il passe en 1847 ses thèses de doctorat en physique et en chimie. À vingt-six ans, il publie dans les *Annales de chimie et de physique* un mémoire de cristallographie qui le rend célèbre dans le monde savant. Il avait résolu un problème qui semblait aux chimistes et aux physiciens insoluble : comment deux substances cristallines considérées comme identiques, le tartrate et le paratartrate de soude et d'ammoniaque en solution, peuvent-elles, l'une dévier la lumière polarisée (tartrate), l'autre être sans action sur cette lumière (paratartrate) ? Pasteur découvre, sur une des arêtes des cristaux de tartrate, une minuscule facette qui n'avait jamais été observée avant lui. Placé devant une glace, le cristal donne une image non superposable : il est « dissymétrique ». Les cristaux de paratartrate ont les uns une facette qui s'incline à droite (cristaux droits), les autres une facette qui s'incline à gauche (cristaux gauches). Une solution de cristaux droits dévie à droite la lumière polarisée. Une solution de cristaux gauches la dévie à gauche. Le mélange, en quantités égales, des deux solutions, constituant le paratartrate, n'a plus d'action sur la lumière polarisée.

Après des recherches de plusieurs années, où il associa la cristallographie, la chimie et l'optique, Pasteur put établir qu'il y a un parallélisme entre la forme extérieure d'un cristal, sa constitution moléculaire et son action sur la lumière polarisée. Les cristaux dissymétriques font dévier la lumière polarisée ; les cristaux qui ont un plan de symétrie la laissent indifférente. Enfin, Pasteur formula une loi dont les conséquences l'amenèrent au seuil même du mystère de la vie : seuls les produits de la nature vivante sont dissymétriques et, corrélativement, actifs sur la lumière polarisée ; au contraire, les produits minéraux ont un plan de symétrie et sont corrélativement inactifs. Ce sont ces travaux de Pasteur sur les cristaux qui furent à l'origine de la stéréochimie.

Pasteur avait été nommé à la fin de 1848 professeur suppléant de chimie à l'université de Strasbourg. Il avait épousé dans cette ville la fille du recteur, Mlle Marie Laurent. Elle fut pour son mari la compagne idéale qui ne cessa de l'aider dans son travail et de le soutenir dans les épreuves de sa vie. En 1854, Pasteur fut nommé doyen de la faculté des sciences de Lille. C'est à ce moment qu'il fut entraîné vers l'étude des fermentations par une suite logique de ses recherches. Il avait constaté que, sous l'influence d'une fermentation, l'acide paratartrique est dissocié : on ne trouve plus dans le liquide fermenté que l'acide tartrique gauche ; ainsi, une substance non active sur la lumière polarisée devient active sous l'influence d'une fermentation. Puisque toute substance active provient de la nature vivante, la fermentation, se demanda Pasteur, ne serait-elle pas corrélative de la vie ? Il étudia d'abord les fermentations lactique et alcoolique. De 1857 à 1863 se succédèrent notes à l'Académie des sciences et mémoires sur les fermentations, et le rôle des ferments dans la nature. Comment agissent les ferments pour transformer la matière fermentescible ? L'étude de la fermentation butyrique va éclairer Pasteur. Le ferment qui produit cette fermentation possède la propriété de vivre à l'abri de l'air. Il emprunte à la matière organique l'oxygène dont il a besoin pour vivre et ainsi il la décompose. Pasteur propose les termes « aérobies » et « anaérobies » pour les deux genres de vie que l'on rencontre parmi les êtres inférieurs, l'un qui exige la présence du gaz oxygène libre, l'autre qui s'effectue en dehors du contact de ce gaz. Pasteur généralise ce qu'il a observé dans la fermentation butyrique : pour lui, la fermentation, c'est la vie sans air. Une question se posait : les micro-organismes peuvent-ils apparaître spontanément dans les milieux fermentescibles ? Il fallait donc résoudre ce problème : existe-t-il une génération spontanée ? Problème demeuré jusqu'alors insoluble. Après des expériences et après des luttes mémorables avec ses contradicteurs, en particulier avec Pouchet, directeur du Muséum d'histoire naturelle de Rouen, Pasteur put affirmer en 1862, dans un célèbre mémoire, que les poussières de l'atmosphère renferment des micro-organismes toujours prêts à se développer et à se multiplier. Les liquides les plus putrescibles restent inaltérés si on a la précaution de les mettre à l'abri du contact de ces germes.

Pasteur fut amené, au cours de ses travaux sur les fermentations, à étudier la formation du vinaigre (1862) et les maladies des vins (1863). Il découvre pourquoi le vin se transforme en vinaigre. Ce liquide provient de l'oxydation du vin, oxydation provoquée par un ferment, mycoderma aceti. Pasteur enseigne aux vinaigriers comment on peut obtenir un vinaigre de qualité constante. Chaque maladie des vins, constate Pasteur, est due à un ferment particulier. Pour éviter l'altération des vins, Pasteur propose de les chauffer à une température de 55° (pasteurisation).

Depuis la fin de 1857, Pasteur était administrateur de l'École normale et directeur des études scientifiques de cette école. Il travaillait dans un misérable laboratoire. En 1865, il se sent prêt à étudier le grand problème des maladies contagieuses. Elles devaient être dues, se disait-il, à des ferments vivants, comme le sont les fermentations. Mais voici que son maître, le chimiste Jean-Baptiste Dumas, lui demande de s'occuper d'une maladie qui sévit sur un insecte, le ver à soie. L'industrie de la soie dans le Midi de la France était ravagée par cette maladie, appelée pébrine. Pasteur hésite : il n'a jamais vu un ver à soie. Cependant il finit par accéder aux sollicitations pressantes de Jean-Baptiste Dumas et part pour Alès (Gard) où la maladie était particulièrement sévère. Il constate au microscope, dans les vers malades, des corpuscules brillants. Il affirme que ces corpuscules sont la cause de l'affection. Il montre que la maladie est contagieuse : elle se propage presque toujours par les déjections des vers malades. Il montre aussi qu'elle est héréditaire : il voit les corpuscules dans le ver malade, les suit dans la chrysalide, dans le papillon et dans les œufs que celui-ci vient de pondre. Puisque la maladie est héréditaire, on peut la combattre par le « grainage cellulaire » : on fait pondre isolément chaque papillon femelle sur un linge ; la ponte effectuée, on fixe la femelle au coin du linge ; après broyage de la femelle, si l'examen microscopique montre la présence de corpuscules, les œufs doivent être détruits, car ils sont certainement corpusculeux. Que de combats Pasteur dut livrer contre les éleveurs de vers à soie ! Ces travaux sur la pébrine expliquaient pour la première fois scientifiquement la contagion et l'hérédité d'une maladie infectieuse, et établissaient des règles de prophylaxie. Bien que la pébrine fût évitée, certains élevages présentaient encore une forte mortalité. Pasteur constata qu'il s'agissait d'une maladie, distincte de la première, la flacherie. Dans l'intestin des vers atteints de cette maladie, il découvrit en abondance des micro-organismes, les uns en « chapelets de graines », les autres en forme de « vibrions ». Ces germes proviennent de la feuille du mûrier en décomposition. Ils deviennent pathogènes dans l'intestin du ver lorsque celui-ci est affaibli par suite d'un élevage défectueux (encombrement, mauvaise aération) ou par suite de facteurs météorologiques (orages, vent, température élevée). Ainsi il faut un « terrain » particulier pour que la maladie se déclare. Bien plus, il existe une prédisposition héréditaire à la flacherie par suite de la débilité de la descendance d'un ver malade.

Pasteur, depuis 1868, était paralysé du côté

gauche. C'est avec cette terrible infirmité qu'il accomplit la dernière partie de son œuvre, la plus prodigieuse et la plus féconde. Après la guerre de 1870, durant laquelle il manifesta d'une façon éclatante son patriotisme, il reprit ses recherches sur les fermentations. Il indiqua les conditions d'une bonne fabrication de la bière et mit en évidence, dans les maladies de cette boisson, des germes apportés par les poussières de l'air ou répandus à la surface des objets servant au travail du brasseur. Il faut, pour rendre la bière inaltérable, la chauffer comme on chauffe le vin (pasteurisation). C'est seulement en 1877, après avoir été élu à l'Académie de médecine en 1873 (à une voix de majorité), qu'il se décida à entreprendre des recherches sur les maladies infectieuses des animaux supérieurs. Il les commença par l'étude de la maladie charbonneuse avec ses collaborateurs Chamberland et Roux. La cause de cette maladie, malgré les travaux de Davaine et de Koch, était encore tout entourée d'obscurité. Pasteur, par une technique semblable à celle qui lui avait permis d'isoler les micro-organismes agents des fermentations, donna la preuve irréfutable que le petit bâtonnet (appelé « bactéridie » par Davaine) que l'on trouve dans le sang de l'animal charbonneux était bien la cause du charbon. La technique de Pasteur est simple : on met une goutte de sang charbonneux dans un premier tube de bouillon stérilisé par la chaleur ; le microbe se multiplie ; avec une goutte du premier tube, on ensemence un second tube ; avec une goutte du second tube, on ensemence un troisième tube, etc. Par ces cultures successives, la goutte primitive « a été diluée dans des océans », selon l'expression de Roux. Or, une goutte de la 20e ..., de la 100e culture, inoculée à un mouton, le tue. On ne saurait donc penser que c'est une substance toxique contenue dans la goutte de sang charbonneux qui est la cause de la mort ; c'est bien la bactéridie.

Au cours de ces recherches sur le charbon, Pasteur découvrit le vibrion septique, microbe anaérobie qui provoque une septicémie gangréneuse. Il découvrit la cause des furoncles et de l'ostéomyélite : c'est un microbe en « amas de grains » (on l'appelle aujourd'hui staphylocoque). Il reconnut que l'infection puerpérale, qui était à l'origine d'une effroyable mortalité dans les maternités, était due à un microbe « en chapelet de grains » (dénommé depuis streptocoque). Ses discussions avec les membres du corps médical sont restées célèbres. Ses conseils aux médecins, aux chirurgiens, aux accoucheurs surprenaient tous ceux qui restaient attachés aux doctrines vétustes. La maladie infectieuse, disait Pasteur aux médecins, vient toujours de l'extérieur : il n'y a pas de maladie spontanée. Pour éviter la suppuration et l'infection puerpérale, disait-il aux chirurgiens et aux accoucheurs, il faut employer des objets exposés préalablement à une température de 130 à 150°. Les méthodes antiseptiques et aseptiques émanent des travaux de Pasteur.

En l'année 1879, on entretenait au laboratoire de Pasteur le microbe du choléra des poules. Au cours de leurs recherches sur ce microbe, Pasteur, Chamberland et Roux observent que les poules ne meurent pas si on leur injecte la culture du microbe vieilli. Ces mêmes poules, inoculées quelque temps après une culture jeune, très virulente, résistent : elles sont donc « vaccinées ». C'est la conservation à l'étuve à 37° pendant plusieurs semaines qui fait perdre peu à peu sa virulence au microbe et c'est à l'action de l'oxygène de l'air qu'est due cette atténuation. Un microbe atténué transmet à sa descendance le degré de son atténuation. Telle fut l'origine de la méthode des vaccinations préventives. Cette méthode d'atténuation était-elle d'ordre général ? Pasteur cherche à l'appliquer avec Chamberland et Roux à la bactéridie charbonneuse, mais il se heurte à la spore, forme de résistance de la bactéridie. Après des essais multiples, Pasteur constate que les bactéridies se développent à 42-43° sans former de spores. À cette température, sous l'action de l'oxygène de l'air, l'atténuation se fait peu à peu. Ces bactéridies atténuées conservent le degré de leur atténuation dans les générations successives développées à 30-40°. À cette température, elles donnent de nouveau des spores qui fixent la virulence. Le vaccin du charbon était ainsi découvert. Une célèbre expérience faite à Pouilly-le-Fort (1881) démontra de la façon la plus éclatante l'effet des vaccinations pastoriennes. Sur un lot de cinquante moutons, seuls vingt-cinq reçurent le vaccin charbonneux. Les vingt-cinq vaccinés résistèrent tous à l'inoculation d'une bactéridie extrêmement virulente. Les vingt-cinq moutons témoins périrent tous après l'inoculation de la bactéridie. Pasteur étudia un peu plus tard, avec Thuillier, le microbe du rouget du porc qui provoque une maladie mortelle chez le pigeon. Issu de l'organisme de cet animal, le microbe possède une virulence exaltée pour le porc. Par contre, si ce microbe provient de l'organisme d'un lapin, sa virulence pour le porc est atténuée au point de pouvoir immuniser cet animal contre la maladie mortelle.

En 1881, Pasteur est en pleine gloire. Il reçoit la grand-croix de la Légion d'honneur. Il est élu membre de l'Académie française. À cette époque, il poursuit des recherches sur la rage. Après bien des échecs dans l'expérimentation, il a l'idée avec Roux, puisque la rage est une maladie du système nerveux, d'inoculer après trépanation, à la surface du cerveau d'un chien neuf, une parcelle du cerveau d'un chien enragé : le chien inoculé mourut de la rage. Tous les chiens ainsi inoculés contractèrent la maladie. Désormais l'expérimentation devenait possible. L'expérience qui a réussi sur les chiens, Pasteur la reproduit avec Roux sur les lapins. Pasteur et Roux constatent que l'incubation de la rage, après de nombreux passages de lapin à lapin, est toujours de six jours. On a donc un virus de virulence fixe. Les moelles épinières de lapins injectés avec un virus fixe et sacrifiés au bout de six jours furent exposés dans des vases à l'action de l'air; l'atmosphère de ces vases était privée d'humidité grâce à des fragments de potasse déposés dans le fond : la virulence s'atténua ainsi lentement, jusqu'à s'éteindre. La rage n'apparaissant que plusieurs semaines après la morsure, on pouvait tenter de vacciner les chiens pendant la période où le virus n'a pas encore atteint les centres nerveux. À des chiens mordus par un animal rabique, Pasteur injecte des moelles de lapins vieillies, puis des moelles de plus en plus fraîches : la rage ne se déclare pas. Sûr de sa méthode, Pasteur se décide à l'appliquer à l'homme. Un jeune Alsacien, Joseph Meister, fut le premier inoculé par le vaccin antirabique. D'autres suivirent. Le résultat fut éclatant : un homme mordu par un chien enragé peut être à coup sûr préservé de la rage si les inoculations sont faites peu de temps après la morsure. Cette découverte n'alla pas sans susciter de violentes controverses. Les attaques contre les vaccinations antirabiques furent dirigées par un professeur de la faculté de médecine de Paris, Peter. Elles furent douloureuses à Pasteur. Mais la vérité finit par triompher.

En 1888, l'Institut Pasteur fut inauguré. Dans cet Institut, qui allait bientôt avoir des filiales dans le monde entier, Pasteur vit se développer la science qu'il avait créée. Sans cesse de nouvelles découvertes en montraient la fécondité. Le 27 décembre 1892 eut lieu le Jubilé de Pasteur à la Sorbonne : les savants du monde entier apportèrent la reconnaissance des peuples à celui qu'on appelait le plus grand bienfaiteur de l'humanité. Le 28 septembre 1895, à Villeneuve-l'Étang (commune de Marnes-la-Coquette), près de Paris, Pasteur mourut. La France lui fit des obsèques nationales. Il repose à l'Institut Pasteur dans une crypte où sont rappelées ses principales découvertes. À côté de lui est inhumée Mme Pasteur.

PASTEUR VALLERY-RADOT.

NOTE BIBLIOGRAPHIQUE. Les *Œuvres* (*) de Pasteur ont été réunies par le professeur Pasteur Vallery-Radot en 7 volumes in-8 (1922-1939) : t. I – *Dissymétrie moléculaire* ; t. II – *Fermentations et générations dites spontanées* ; t. III – *Études sur le vinaigre et sur le vin* ; t. IV – *Études sur la maladie des vers à soie*, t. V – *Études sur la bière* ; t. VI – *Maladies virulentes, virus-vaccins et prophylaxie de la rage* ; t. VII – *Mélanges scientifiques et littéraires. Tables des noms cités. Table chronologique. Index analytique et synthétique de l'œuvre de Pasteur.*

La *Correspondance de Pasteur* a été rassemblée et annotée par le professeur Pasteur Vallery-Radot en 4 volumes in-16 (1940) : t. I – *Lettres de jeunesse, l'Étape de la cristallographie, 1840-1857* ; t. II – *La seconde étape, Fermentations. Générations spontanées. Maladie des vins, des vers à soie, de la bière, 1857-1877* ; t. III – *L'Étape des maladies virulentes. Virus-vaccins du choléra des poules, du charbon, du rouget, de la rage, 1877-1885* ; t. IV – *L'Étape des maladies virulentes (suite). Vaccination de l'homme contre la rage. Dernières années, 1885-1895.*

RÉF. : R. Vallery-Radot, *La Vie de Pasteur,* Paris, 1900. – E. Duclaux, *Histoire d'un esprit,* Paris, 1916. – S. J. Compton, *The Genius of Louis Pasteur,* Londres, 1932. – Pasteur Vallery-Radot, *Les Plus Belles Pages de Pasteur,* choisies et annotées, Paris, 1943 ; *Pasteur inconnu,* Paris, 1954 ; *Images de la vie et de l'œuvre de Pasteur,* Paris, 1956. – H. Mondor, *Pasteur,* Paris, 1945. – J. Nicolle, *Un maître de l'enquête scientifique : Louis Pasteur,* Paris, 1953. – A. George, *Pasteur,* 1957. – F. Dagognet, *Méthodes et doctrine dans l'œuvre de Pasteur,* 1967.

PASTOR Ludwig von. Historien allemand naturalisé autrichien. Né le 31 janvier 1854 à Aix-la-Chapelle (Rhénanie), mort le 30 septembre 1928 à Innsbruck (Autriche). Après avoir fait ses études aux universités de Bonn, de Berlin et de Vienne, il passa son agrégation d'histoire à Innsbruck et fut nommé, en 1886, professeur d'histoire ancienne et médiévale à l'université de cette ville. Parallèlement, il entreprit d'écrire sa monumentale *Histoire des papes depuis la fin du Moyen Âge* (*), dont le premier volume parut en 1886, et le seizième et dernier en 1906. Nommé, en 1901, directeur de l'Institut autrichien d'histoire à Rome, von Pastor fut élevé, en 1916, à la baronnie, avec le titre de Freiherr von Campersfelden, et, en 1921, nommé ambassadeur d'Autriche auprès du Vatican. Outre un certain nombre de monographies historiques, on doit à von Pastor le remaniement de la seconde édition de l'*Histoire du peuple allemand* (+) de Janssen. Un volume posthume intitulé *Journaux, lettres et souvenirs* [*Tagebücher, Briefe und Erinnerungen*] fut publié par W. Wühr en 1950.

RÉF. : W. Groetz, « L. von Pastor » in Ders, *Historiker in meiner Zeit,* Cologne, 1957.

PATAÑJALI. Théoricien de la grammaire sanscrite (IIe siècle avant notre ère). Il est l'auteur du *Mahābhāṣya* (*), grand commentaire des *Vārttika* (+) ou *Éléments d'interprétation* que Kātyāyana avait écrits au siècle précédent pour développer les aphorismes de la *Grammaire sanscrite* (*) de Pāṇini. Dans cette œuvre, qui est intéressante en outre pour les renseignements précis que l'on y trouve sur la vie en Inde antique, Patañjali commente et cite abondamment des sutras de Pāṇini que Kātyāyana avait laissés de côté. Le but principal qu'il s'y était assigné était de rechercher « le mysticisme sous-jacent des phénomènes de la parole ».

RÉF. : K.M.K. Sarma, *Pāṇini, Kātyāyana, and Patañjali,* Delhi, 1968. – V.-P. Limaye, *Critical Studies on the « Mahābhāṣya »,* Hoshiapur, 1974. – J. Bronkhorst, *Three Problems Pertaining to the « Mahābhāṣya »,* Poona, 1987.

PATAÑJALI. Ce philosophe indien du Ve siècle de notre ère (?) était, selon la légende, une réincarnation du serpent Śeṣa. Surnommé

Phaṇīndra, il est considéré par la tradition comme l'auteur des *Yoga-sūtra* (*), appelé aussi pour cette raison *Patañjali-Darśana.* Il a été souvent confondu avec le grammairien homonyme qui vivait au IIe siècle avant J.-C.

RÉF. : Mircea Éliade, *Patañjali et le Yoga,* Paris, 1976 (éd. rev.).

PATER Walter Horatio. Écrivain anglais. Né à Shadwell (quartier est de Londres) le 4 août 1839, mort à Oxford le 30 juillet 1894. Il semble que ses ancêtres vinrent de Hollande à l'époque de Guillaume d'Orange. Le père de Pater, né en Amérique, s'était rendu en Angleterre pour y exercer la médecine dans une intention philanthropique, sans esprit de lucre. Après les années de jeunesse passées à Enfield où les siens s'étaient fixés, Pater étudia à la King's School de Canterbury, d'où il passa au Queen's College d'Oxford. C'est là qu'il fut reçu docteur. Étant enfant, il avait manifesté un vif intérêt pour les cérémonies religieuses, et caressa pendant quelque temps l'idée de prendre les ordres dans l'Église anglicane. Cependant, ce ne fut pas vers le sacerdoce qu'il s'orienta, mais vers ce laïque apostolat qu'est l'enseignement. Non que Pater eût des dispositions spéciales pour l'enseignement tel qu'on le comprend d'ordinaire. En fait, quand il résigna ses fonctions de « tutor » au Brasenose College d'Oxford où il était devenu « fellow » en 1864, pour se consacrer avec plus de facilité aux lettres, les autorités du collège, au lieu de déplorer une telle décision, l'encouragèrent. Le caractère de Pater, trop porté à la rêverie, aux nuances, le privait de l'assurance nécessaire à un maître. Si quelques élèves s'enthousiasmèrent pour son culte de la Beauté, ce fut moins grâce à sa persuasion que par le charme délicat qui émanait de sa personnalité amène et séduisante. L'inspiration littéraire de Pater s'éveilla au contact de Ruskin, de Swinburne, de Goethe et de Winckelmann. En Italie, en 1866 (Ravenne, Pise, Florence), les chefs-d'œuvre de la Renaissance italienne achevèrent de modeler sa conception de la vie. Son premier essai parut en 1866 dans la *Westminster Review* : un fragment sur Coleridge ; puis, en janvier 1867, la même revue publia l'essai sur Winckelmann. Cet essai, ainsi que ceux qu'il publia ultérieurement, formèrent, en 1873, le volume intitulé *La Renaissance* (*). Sa deuxième œuvre importante, *Marius l'épicurien* (*), parut seulement une douzaine d'années plus tard, en 1885. Entre-temps, l'existence de Pater se déroulait selon un rythme uniforme : à Oxford durant l'année scolaire, et en voyage avec ses sœurs pendant les vacances. Il visita à diverses reprises la France septentrionale qu'il aimait, et se rendit à Rome en 1882.

Son idéal de vie, exposé dans *Marius,* était un épicurisme non pas orienté vers une application facile et des plaisirs vulgaires, mais qui devait tendre à de nobles et profondes émotions afin que la vie fût elle-même un chef-d'œuvre aussi parfait qu'une œuvre d'art. Les pages exaltant le culte de la Beauté, recommandant à l'âme de « brûler d'une intense et pure flamme », ne laissèrent pas d'impressionner la nouvelle génération. Et même, s'élevant de la critique au « portrait imaginaire » — v. *Portraits imaginaires* (*) (1887) —, son inspiration se fixa, s'attarda complaisamment sur la vision d'une adolescence douloureuse, riche en sensations. Tous ses personnages ont un air de famille reflétant l'âme de l'auteur qu'il dépeint dans *L'Enfant dans la maison* (*) (1894). En 1889 étaient parues les *Appréciations.* Déjà, Pater annonce Proust. Le style est en harmonie avec cette unité de ton, châtié, avec une surabondance d'épithètes et d'incidences qui lui confèrent une préciosité un peu mièvre. La mort, due à une crise cardiaque, termina cette existence parcourue sur le rythme lent de la contemplation méditative.

MARIO PRAZ.

♦ *« Pater est un critique éminent. Sa méthode est un impressionnisme dont Hazlitt et Lamb avaient donné le brillant exemple. Son intuition, aussi aiguë, est encore plus personnelle, en ce sens qu'elle est plus limitée, strictement conduite par le sentiment de ses propres puissances, en ce sens, aussi, qu'elle utilise volontiers les états semi-conscients, les régions incertaines du monde intérieur, et que ses jugements sont plus souvent la divination des parties obscures et de l'envers des âmes. »* Louis Cazamian.

RÉF. : A. Symons, *Studies in Prose and Verse,* 1904. — E. Thomas, *Walter Pater, a Critical Study,* 1913. — L. Cattou, *Essai sur Walter Pater,* Paris, 1936. — R. Child, *The Aesthetic of Walter Pater,* New York, 1940. — Lord Cecil, *Walter Pater, the Scholar-Artist,* Cambridge, 1955. — G. d'Hangest, *W. Pater, l'homme et l'œuvre,* Paris, 1962 (thèse). — G. Monsman, *Walter Pater,* Boston, Mass. 1977. — R. M. Seiler (éd.), *Walter Pater : the Critical Heritage,* Londres, 1980.

PATIN Guy. Médecin français. Né à La Place-en-Bray, près de Beauvais (Oise), le 31 août 1602, mort à Paris le 30 mars 1672. Issu d'une famille de marchands drapiers, de notaires et d'avocats, il acheva ses études au collège de Boncourt, à Paris, où il fut reçu « maître ès arts ». Mais, sa famille le destinant à l'état ecclésiastique, il rompit avec elle et, tout en gagnant sa vie comme correcteur d'imprimerie, entreprit ses études de médecine. Il fut reçu docteur en octobre 1627 et allait devenir un des représentants les plus typiques de la Faculté de son temps, dont il partageait pleinement le sectarisme, la vénération aveugle vouée à Hippocrate et à Galien, la méfiance ironique pour toutes les récentes découvertes scientifiques : ainsi niait-il, par exemple, la circulation sanguine. Patin dut sans doute en partie à son sens aberrant de la tradition de faire une belle carrière officielle ; professeur de chirurgie en 1646, doyen de la faculté de Paris de 1650 à 1652, il enseigna au Collège de France de 1654 à 1672. Il lutta avec virulence contre la faculté de Montpellier, contre Renaudot et les chimistes.

Homme à plusieurs facettes, Patin fut, en dehors de ses activités officielles de médecin, un humaniste curieux de tout et amateur de livres rares. Il était ami avec le peintre Poussin. Il eut des liens constants avec les libertins érudits de l'Académie Dupuy, fréquenta Naudé, Gassendi, Sorel. Contradictoire, il ne remettait jamais en cause le principe de la foi, mais opposait un scepticisme railleur à la croyance vulgaire aux miracles et à la sorcellerie. Il dénonça avec une verve caustique les ordres religieux et l'autorité papale. Son indépendance d'esprit se manifesta surtout dans le domaine politique ; toutefois, évitant de s'en prendre à l'autorité royale, il critiqua essentiellement le pouvoir de Richelieu, se référant à *La Pharsale* (*) de Lucain, ode à la liberté contre la tyrannie. Son sens de la relativité, sa curiosité à l'égard des coutumes étrangères, son intérêt pour l'individuel sont apparents dans ses *Lettres* (*), qui fourmillent d'anecdotes précieuses sur la médecine du XVIIe siècle et de renseignements sur la littérature. Cette correspondance, qui constitue un document de tout premier ordre pour l'histoire des mœurs et des mentalités, révèle un esprit satirique extrêmement aiguisé. La première édition parut à Francfort-sur-le-Main en 1683 ; une réédition, considérablement augmentée, fut donnée huit ans plus tard à Cologne.

RÉF. : Sainte-Beuve, *Causeries du Lundi*, tome VIII, Paris, 1855. — René Pintard, *La Mothe le Vayer, Gassendi, Guy Patin*, Paris, 1943.

PATMORE Coventry Kersey Dighton. Écrivain et poète anglais. Né le 23 juillet 1823 à Woodford (Essex), mort le 26 novembre 1896 à Lymongton (Hampshire). Fils d'un écrivain, Peter George Patmore, qui l'aida à prendre conscience de ses dons, il fut envoyé en France (1839) au collège de Saint-Germain-en-Laye, où il perfectionna sa connaissance du français. Patmore publia, à vingt et un ans, un premier volume de vers, *Poèmes* [*Poems*, 1844]. Bien que de peu de poids, le livre lui gagna l'amitié de Rossetti, de Woolner et des préraphaélites. En 1846, grâce aux bons offices de lord Houghton, il obtint un poste d'assistant bibliothécaire au British Museum, poste qu'il conserva jusqu'en 1865. Il collabora à la revue préraphaélite *Germe* [*Germ*], en 1850, et pendant les années qui suivirent écrivit le poème célèbre intitulé *L'Ange du foyer* (*), qui fut accueilli avec enthousiasme par Tennyson, Ruskin, Browning et Carlyle, mais critiqué par Swinburne qui en parla comme d'« idylles de boudoir et de paroisse ». Le poème avait été inspiré à Patmore par la très belle Emily Augusta Andrews, qu'il avait épousée en 1847 et qui était morte en 1862 en lui laissant six enfants. En février 1864, Patmore se rendit à Rome où il acheva de se convertir au catholicisme, après avoir longuement mûri cette décision.

Il fit à Rome la connaissance de Marianne Caroline Byles, laquelle venait de se convertir elle aussi ; à son retour en Angleterre, il l'épousa. Il abandonna alors son emploi de bibliothécaire et se contenta d'administrer les domaines qu'il possédait dans le Sussex, les vendant ensuite (1874) avec un gain considérable. Il s'installa alors à Hast où mourut sa seconde femme (1880), en souvenir de laquelle il commença de faire construire une église, St. Mary Star of the Sea. En 1881, il se maria une troisième fois avec Harriet Robson. Sa production littéraire reflète les problèmes d'ordre spirituel que Patmore considéra et affronta avec une sincérité entière. *L'Éros inconnu* (*) (1877), un livre d'odes, et les essais recueillis sous le titre de *Religio Poetae* (1893) ont un fondement mystique qui leur donne une vigueur et une profondeur singulières.

♦ *« Je l'admire et je pense qu'il honore notre temps [...] Les femmes devraient se cotiser pour lui élever une statue. »* Tennyson. ♦ *« Sa grande simplicité m'attire et sa géniale fraîcheur. »* Carlyle. ♦ *« Sa renommée est vraiment trop au-dessous de ses mérites. »* G. Manley Hopkins. ♦ *« Lui et ses amis rendent aux mots leur sens le plus réel. »* Ruskin. ♦ *« Il a été aussi haut que son temps le lui permettait. »* Valery Larbaud.

RÉF. : V. Larbaud, *Ce vice impuni, la lecture*, Paris, 1925. — H. Read, *The Great Victorians*, 1932. — A. Guidi, *Coventry Patmore*, Brescia, 1946. — D. Patmore, *The Life and Times of Coventry Patmore*, Londres, 1949. — J. C. Reid, *The Mind and Art of Coventry Patmore*, Londres, 1957. — P. M. Ball, *The Heart's Events*, Londres, 1976.

PATOČKA Jan. Philosophe tchèque. Né à Turnov (Bohême orientale) le 1er juin 1907, mort à Prague le 13 mars 1977. Après des études de philosophie, de romanistique et de slavistique à l'université Charles de Prague (1925-31), il défend, en 1932, sa thèse de doctorat sur le concept d'évidence et sa signification pour la noétique (analyse phénoménologique de la pensée). En 1928-29, lors d'un séjour d'études à Paris, il rencontre Koyré et assiste, en 1929, aux leçons publiques de Husserl à la Sorbonne, qui lui laissent une très forte impression. En 1932-33, boursier de la fondation Humboldt, il séjourne à Berlin et à Fribourg où il s'initie davantage à la phénoménologie auprès de Husserl, de Fink et de Heidegger. En 1937, il soutient sa thèse d'habilitation, *Le Monde naturel comme problème philosophique* [*Přirozený svět jako filosofický problém*] et est très actif, de 1934 à 1939, comme secrétaire tchèque du Cercle philosophique de Prague, qui accueillit Husserl, en novembre 1935, pour des conférences demeurées célèbres (qui deviendront *La Crise des sciences européennes et la phénoménologie transcendantale* dont le début paraît à Belgrade en 1936). Après avoir enseigné dans différents lycées de Prague de 1934 à 1943, et travaillé comme manœuvre en 1944, il est, de 1945 à 1949, chargé de cours à la faculté de philosophie de l'université Charles et à la faculté de pédagogie de Brno. Chassé de l'enseignement en 1949, il travaille, de 1950 à 1954, comme bibliothécaire à l'institut Masaryk, et de 1954 à 1957, comme co-éditeur des œuvres de Comenius. En 1958, il est réintégré comme chercheur à l'institut de philosophie de l'Académie des sciences, et en 1968 nommé professeur titulaire de philosophie à l'université Charles, pour être en 1972 mis à la retraite d'office. Enfin, en janvier 1977, il est l'un des trois premiers porte-parole de la Charte 77 (mouvement d'initiative civique dont il n'est pas le créateur), ce qui lui valut de mourir prématurément à la suite d'interrogatoires policiers particulièrement prolongés et pressants. Les conditions difficiles de la vie tchèque à cette époque ont fait que Patočka n'a publié que fort peu de livres de son vivant : outre sa thèse d'habilitation, un monumental ouvrage sur Aristote, *Aristote, ses devanciers, ses successeurs* [*Aristoteles, jeho předchůdci a dědicové,* 1964], et un autre ouvrage sur le « sens d'aujourd'hui » dont le tirage a immédiatement été saisi. Son œuvre, dispersée dans des cours polycopiés, des inédits et des articles, a été systématiquement rassemblée, à partir de 1977, en samizdat. Œuvre multiple et riche, qui couvre presque tous les champs de la philosophie, dont il faut citer principalement les *Essais hérétiques sur la philosophie de l'Histoire* (*) et *Le Monde naturel et le mouvement de l'existence humaine* (*). Elle commence à être connue en France à partir de 1981 par le remarquable travail de traduction d'Erika Abrams.

Philosophe d'inspiration phénoménologique, nourri dès sa jeunesse des œuvres de Husserl et de Heidegger, Patočka a apporté à la phénoménologie sa contribution originale, de même ampleur que celles de son ami Eugen Fink et de Maurice Merleau-Ponty. L'originalité très précieuse de Patočka dans le mouvement phénoménologique vient de ce que, ayant compris que le phénomène ne se réduit pas à du donné, il délivre la phénoménologie tout à la fois du subjectivisme transcendantal husserlien et de la conception heideggerienne du *Dasein* comme d'un étant. Poussant la phénoménologie dans une direction « asubjective » (cf. *Qu'est-ce que la phénoménologie ?*, Grenoble, 1982), il conçoit le phénomène comme un mixte d'apparences et de la facticité du *sum* (« je suis ») pour lequel et en lequel le phénomène se phénoménalise. Loin de constituer un centre abstrait de « représentations », le *sum,* originairement en « ek-stase » au phénomène où il s'apparaît, est porteur de son obscurité comme de l'obscurité de l'être en sa question, irréductible à un fait positif. Cette conception s'articule en profondeur sur une doctrine cohérente des trois mouvements de l'existence dont la cohésion chaque fois factice (au sens de Heidegger) constitue la concrétude humaine et la teneur propre aux périodes historiques. Cette philosophie, élaborée patiemment et obscurément, malgré les difficultés matérielles et politiques, et qui commence à être reconnue dans ses contours essentiels, a aussi été inspirée par une longue méditation de la pensée grecque et moderne, où Patočka a repris à nouveaux frais les réflexions husserliennes de la *Krisis* et les élaborations heideggeriennes sur l'Histoire de l'Être et sur le rapport problématique entre *Gestell* et *Ereignis* (« Dispositif » et « Événement »). Son œuvre dépasse donc très largement une simple mise au point technique interne à la phénoménologie, et propose un regard profondément original sur notre temps, l'Histoire, l'art, la politique et la philosophie. Regard porté sur la précarité du *sens* de notre condition, tentative socratique de nous délivrer des sortilèges de la dévastation nihiliste, réactivation, dans l'esprit phénoménologique plus que dans la lettre, de la question philosophique — question de l'Europe dans sa vocation universelle — , l'œuvre de Patočka est bien, selon l'expression de Walter Biemel, celle d'« un des rares véritables Européens de notre temps ». Œuvre tout en questions, aux antipodes de tout dogmatisme, et exigeante plus par sa très grande subtilité que par la technicité de son expression, toujours réduite à l'essentiel. Il faut enfin signaler que Patočka a contribué à la culture philosophique tchèque en traduisant dans cette langue la *Phénoménologie de l'esprit* (*) (1960) et l'*Esthétique* (*) (1966) de Hegel.

MARC RICHIR.

PATRIZI Francesco. Philosophe platonicien italien. Né en 1529 dans l'île dalmate de Cherso, mort à Rome en février 1597. Très jeune, il accompagna son oncle, capitaine des galères de Venise, dans ses navigations. Il étudia ensuite à Ingolstadt en Bavière, puis à Padoue où il s'initia à la médecine, à la philosophie et aux lettres. Après divers voyages à Ferrare, Rome et Venise, il entra au service des Contarini et s'embarqua pour Chypre où il se montra un administrateur avisé et doté de qualités politiques. De retour en Italie, il séjourna de nouveau à Venise et à Padoue, où il reprit ses études. Mis à part deux voyages en Espagne, il séjourna à Modène et à Ferrare entre 1567 et 1592, où il enseigna la philosophie platonicienne, enseignement qu'il poursuivit à Rome de 1592 à sa mort. Il montra des intérêts extrêmement variés, traitant tour à tour de politique, de littérature, d'histoire, de rhétorique, de philosophie, de mathématiques et d'art militaire. Son ouvrage principal, la *Nuova filosofia universale,* publiée en 1591, s'efforçait de rénover la pensée néo-platonicienne et rencontra l'hostilité des aristotéliciens et de l'Inquisition ; sa *Poétique* — v. *Poétique* (*) d'Aristote — parue en 1587 constituait déjà une critique de l'esthétique aristotélicienne. Signalons encore *La Cité heureuse,* texte politique de 1551 récemment traduit en français.

PA TSIN [Ba Jin]. Romancier chinois. Né le 25 novembre 1904 à Tch'eng-tou dans la province du Se-tch'ouan. De son vrai nom Li Fei-kan, il adopta comme nom de plume Pa Tsin, formé à partir des deux noms de Bakounine et Kropotkine, car il fut un des tenants de l'anarchisme, mouvement qui dès le début du XXe siècle eut une grande importance en Chine. Il introduisit l'œuvre de Kropotkine et d'Emma Goldman. Après des études à l'École des langues étrangères de Tch'eng-tou, il alla étudier à Shanghai. En 1927, il vint en France, à Paris et à Château-Thierry, où il écrivit en 1929 son premier roman, *Destruction* [*Mie-wang*], qu'il publia à son retour et qui lui valut la notoriété. C'était une histoire sentimentale de jeunes qui, marqués comme lui par le Mouvement du 4 mai, rêvaient de révolution. Il continua dans la même veine avec *Trilogie d'amour* [*Ai-ts'ing san-pon ts'iu*], *Brouillard* [*Won*], *Pluie* [*Yu*], *Éclairs* [*Tien*] (1931-1933). Son meilleur livre, *Famille* (*) (1931-32), a pour thème son enfance ; il lui donna une suite pour former une deuxième trilogie avec *Printemps* [*Tch'ouen*, 1938] et *Automne* [*Ts'io*, 1940]. À partir de la guerre de résistance au Japon en 1937, il devint un écrivain patriote. *Nuits glacées* [*Han-ye*, 1947] est son meilleur roman sur la vie pendant la guerre. Dans *La Quatrième Chambre d'hôpital* [*Ti-se ping-che*], sur son expérience à l'hôpital, il voulut décrire un « monde en réduction de la société chinoise de l'époque ». Après la Libération, il devint un écrivain officiel, mais, auteur prolixe jusque-là, il n'écrivit plus que quelques textes de circonstance. Vivement attaqué pendant la Révolution culturelle, il fut réhabilité à la chute de la Bande des Quatre et se rendit plusieurs fois à l'étranger.

JACQUES PIMPANEAU.

PAUL saint. Né à Tarse entre l'an 5 et l'an 15 après J.-C., petite ville de la Cilicie, mort, probablement, en 67 après J.-C. près de la route de Rome à Ostie. Apôtre, grand écrivain chrétien, l'un des plus puissants esprits qu'ait connus l'humanité, à la fois métaphysique et mystique, penseur et homme d'action, saint Paul a été l'une des personnalités qui déterminèrent le succès du christianisme dont les dogmes portent encore la trace profonde qu'il y a imprimée. Saul – c'était son nom juif – naquit dans une famille d'artisans aisés qui possédaient l'état juridique de « citoyens romains ». Après qu'il eut fait les études habituelles dans la communauté israélite de l'endroit, on l'envoya à Jérusalem pour les poursuivre à l'école des meilleurs docteurs de la loi, en particulier à celle du célèbre rabbin Gamaliel. Il ne devait pourtant pas résider dans la Ville sainte en l'an 30, au moment du drame de la Passion du Christ ; en revanche, il y habitait certainement lorsque, en 36, le diacre Étienne fut lapidé. Non seulement Saul assistait à ce meurtre, mais – par haine de la nouvelle secte – il s'offrit pour surveiller les vêtements des meurtriers.

Quelles furent les raisons qui provoquèrent la métamorphose de cette haine en une adhésion passionnée à la foi en Jésus-Christ ? Le livre des *Actes des apôtres* (*) et saint Paul lui-même rapportent dans quelles conditions – envoyé en mission à Damas, par les chefs des prêtres juifs, afin d'y rechercher et d'y faire arrêter les zélateurs du Christ – le jeune pharisien fut, à l'improviste, sur le chemin du désert, l'objet d'un phénomène mystérieux, manifestation prodigieuse de la puissance divine : jeté à terre, frappé de cécité, il se releva converti dans l'instant à Celui qui l'avait aimé au point de le frapper au cœur en 36 après J.-C. Après un séjour à Damas où, ayant recouvré la vue, il prit contact avec le petit noyau des partisans de la nouvelle foi, il se retira dans le désert (on ne sait pas exactement où) pendant plusieurs mois, afin d'affermir et d'approfondir, dans le silence et la solitude, les principaux points de sa croyance. De retour à Damas, violemment attaqué par les Juifs fanatiques, il dut quitter la ville clandestinement, en se faisant descendre dans un grand panier le long des murailles d'enceinte, en 39. Il profita de cette occasion pour se rendre à Jérusalem et s'y mettre en relations avec les chefs de la nouvelle Église, saint Pierre et les autres apôtres, non sans difficultés, car dans la Ville sainte le souvenir de son activité persécutrice était encore très vif. L'autorité de Barnabé, qui le connaissait depuis longtemps et lui était peut-être apparenté, l'accrédita auprès de la communauté chrétienne. Ensuite, il rentra dans sa cité natale – à Tarse – où il résida jusqu'au moment où Barnabé vint le chercher pour le conduire à Antioche, vers 43.

Le futur missionnaire était alors sur le point de commencer à déployer son activité personnelle. À Antioche, ville cosmopolite où la communauté des disciples du Christ était nombreuse – c'est là qu'on leur avait donné, pour la première fois, le surnom de « chrétiens » –, il se prépara à répondre à cette vocation de propagateur de l'Évangile qui, désormais, devait être la sienne. Lorsqu'une famine frappa durement la Palestine, lui et Barnabé furent envoyés à Jérusalem pour porter à la communauté les secours fraternels de celle d'Antioche. En 46, ils entreprirent leur premier grand voyage missionnaire. À Chypre, où ils obtinrent les premiers résultats de leur travail, Saul abandonna définitivement son nom hébreu pour adopter le « cognomen » latin de Paul, qu'il devait porter depuis l'enfance comme second nom. Cette « latinité » pouvait se montrer d'une grande utilité dans l'activité que l'apôtre se proposait de déployer dans les milieux païens. À partir de ce moment-là, en effet, sa vocation se fixait, conformément aux instructions que le Christ lui avait données pendant son extase. Il serait, désormais, celui qui devait apporter au monde, en majeure partie païen, la parole de vérité : l'Évangile. Grâce à lui, le message du Christ sortirait du cadre judaïque, palestinien, pour devenir universel. Au cours de ses prédications, partout où il existait une communauté juive, saint Paul aimait à se présenter à la synagogue, mais, presque toujours, cette prise de contact aboutissait à un échec ; les Israélites qui adoptèrent l'Évangile par son intermédiaire furent très peu nombreux. Sa parole se révélait beaucoup plus efficace parmi les foules prosélytes ou de païens proprement dits, qui ne connaissaient rien de la religion monothéiste juive. Ce premier voyage, après Chypre, engloba quelques régions inconnues de l'Asie Mineure ; Paul créa des centres chrétiens à Pergé en Pamphylie, à Antioche de Pisidie, à Lystré, Iconium et Derbé de Lycaonie. Le succès fut remarquable, mais les difficultés ne manquèrent pas. À Lystré, Paul fut laissé pour mort par ceux qui le lapidaient, mais il survécut. Entre son second et son troisième périple, l'apôtre demeura quelque temps à Antioche – 49-50 après J.-C. – d'où il se rendit à Jérusalem pour le concile des apôtres. La question en cause était d'une gravité difficilement appréciable de nos jours ; il ne s'agissait pas tellement de l'autorisation de donner le baptême aux païens, encore que certains judéo-chrétiens s'opposassent alors à cette initiative, que de savoir s'il fallait ou non rendre obligatoire la loi mosaïque pour les païens convertis. L'opinion libérale, qui rejetait le poids des nombreuses pratiques judaïques, eut saint Paul pour principal défenseur ; c'est pourquoi, d'ailleurs, il deviendra le profond commentateur de la valeur de la Loi, de son importance historique et de son crépuscule définitif au moment de la rédemption opérée par le Christ. Le second voyage missionnaire – 50-53 – comprit une visite aux communautés chrétiennes d'Anatolie, fondées quelques années auparavant, puis se poursuivit, en partie, dans la Galatie proprement dite, dans certaines localités de l'Asie proconsulaire, et s'étendit à la Macédoine et à l'Achaïe. L'évangélisation fut particulièrement sensible à Philippes, Thessalonique, Bérée et Corinthe. Athènes reçut également la visite de saint Paul qui y prononça le célèbre discours devant l'Aréopage dans lequel il se servit de certains éléments ou, tout au moins, de la terminologie de la philosophie stoïcienne ; son succès, du point de vue missionnaire, fut plutôt restreint. Pendant son séjour à Corinthe où il rencontra le gouverneur de la province, Gallion, frère de Sénèque, saint Paul – semble-t-il – débuta dans la carrière d'écrivain en adressant une *Épître aux Thessaloniciens* (*) destinée à éclairer les fidèles au sujet de la parousie et de la résurrection à la fin du monde.

Le troisième voyage – 53-54-58 – commença par la visite des communautés d'Asie Mineure et s'étendit de nouveau à la Macédoine et à l'Achaïe où saint Paul s'arrêta trois mois, mais il choisit pour centre principal la grande ville d'Éphèse. Là, il demeura trois ans, travaillant avec une nombreuse équipe de collaborateurs jusque dans les villes voisines. Ce fut un apostolat extrêmement profitable, mais rempli de difficultés pour saint Paul, dont la principale fut le tumulte d'Éphèse provoqué par Démétrius, porte-parole des nombreux commerçants qui vivaient de la vente des statuettes-souvenirs d'Artémis. Saint Paul, se rapportant à un épisode antérieur, parle d'une lutte contre les fauves ; il est presque certain que l'expression est métaphorique, mais bien des indices militent en faveur de l'hypothèse d'une simple incarcération qu'il dut subir à cette époque. C'est d'Éphèse que saint Paul écrivit la première des *Épîtres aux Corinthiens* (*) dans laquelle apparaissent clairement les obstacles rencontrés par le christianisme dans une société libertine et légère, telle que l'était celle des villes de l'Isthme. C'est probablement dans la même ville qu'il faut placer la composition de l'*Épître aux Galates* (*) et de l'*Épître aux Philippiens* (*), tandis que la *Seconde Épître aux Corinthiens* fut rédigée peu après en Macédoine. De Corinthe, l'apôtre expédia l'importante *Épître aux Romains* (*) dans laquelle il traite à fond des relations entre la foi et les actes du point de vue du salut. Il entendait préparer ainsi sa prochaine arrivée dans la capitale de l'Empire. En réalité les événements ne se déroulèrent pas suivant ses prévisions. Saint Paul, s'étant rendu à Jérusalem pour remettre le montant d'une importante collecte à cette église pauvre, fut emprisonné par le chiliarque Lysias qui l'envoya au proconsul Félix, à Césarée ; là, l'apôtre passa deux nuits sous garde militaire, puis, tandis que son procès allait être jugé par le nouveau proconsul Festus, il en appela, en qualité de citoyen romain, au tribunal de César. On dut l'embarquer sous bonne escorte pour Rome, où les tribunaux de l'empereur Néron décideraient de son sort. Ce voyage sur mer fut d'ailleurs fécond en épisodes pittoresques, naufrage et sauvetage miraculeux au cours duquel le prestige de l'apôtre en imposa jusqu'à ses gardiens – hiver 60-61. De 61 à 63, saint Paul vécut à Rome, moitié en prison, moitié en une espèce de liberté sous condition et surveillée dans une maison privée. Pendant cette première captivité romaine, il écrivit au moins trois de ses *Épîtres,* celle *aux Éphésiens* (*), *aux Colossiens* (*), à *Philémon* (*).

Mis en liberté, car les tribunaux impériaux n'avaient retenu aucune accusation valable contre lui, il reprit son ministère, mais à partir de ce moment-là l'histoire n'est plus aussi précise. Il nous manque, pour cette période, le précieux auxiliaire d'un document fondamental, c'est-à-dire des *Actes des apôtres* qui s'interrompent à son arrivée à Rome. Saint Paul se rendit en Crète, en Illyrie et en Achaïe, selon toutes probabilités, également en Espagne ; de cette époque datent deux *Épîtres,* la première de celles *à Timothée* (*), celle *à Tite* (*) ; très vraisemblablement celle *aux Hébreux* (*) fut également composée à ce moment-là ; on perçoit en ces dernières une intense activité visant à l'organisation des Églises. C'est probablement à la suite d'une dénonciation que, tandis qu'il se trouvait à Troas, saint Paul fut de nouveau arrêté en 66. De Rome, il écrivit la plus émouvante de ses *Épîtres,* la seconde *à Timothée,* dans laquelle il exprimait son unique désir, souffrir pour le Christ et, avec Lui, donner sa vie pour l'Église. Enfermé dans un horrible cachot, il vécut les derniers mois de son existence à la seule lumière de cette espérance surnaturelle. Du point de vue humain, il se sentit abandonné de tous. Dans des circonstances qui sont demeurées obscures, il fut – selon la tradition – condamné à mort, et, comme il était citoyen romain, décapité à l'épée. Cela se passa probablement en 67 après J.-C., non loin de la route qui mène à Ostie. Selon une tradition recevable, l'abbaye des Trois-Fontaines occuperait précisément le lieu de la décapitation.

On a parfois gonflé l'importance de l'œuvre de saint Paul, certains l'ont considéré comme le véritable fondateur du christianisme ; d'autres, en revanche, l'ont accusé d'être le premier « déformateur » du message du Christ ; ce sont là des jugements hâtifs. Il est certain que son activité fut plus grande et plus étendue que celle des autres apôtres, et que ses épîtres, plus que celles de ses amis, agirent sur le développement doctrinal et théologique du christianisme. Toutefois, la véritable gloire de saint Paul, celle dont il se montrait fier, à juste titre, est celle d'avoir été le fidèle interprète et le propagateur infatigable du message de Jésus. C'est à lui, sans aucun doute, plus qu'à tout autre, que l'on doit la nette et opportune séparation entre christianisme et judaïsme. Mais il serait exagéré de prétendre que cette différenciation ait été obtenue par la création d'un système religieux spécial, soi-disant élaboré sous l'influence de la philosophie grecque, du syncrétisme culturel ou des nombreuses religions non révélées.

ANGELO PENNA.

♦ *« Il enterre la synagogue avec honneur. »* Saint Augustin. ♦ *« De même que dans l'Ancien Testament ce sont les Psaumes de David qui sont les plus consultés par l'Église, de même dans le Nouveau Testament ce sont les épîtres de saint Paul parce que dans ces deux œuvres la doctrine théologique est contenue tout entière. »* Saint Thomas d'Aquin. ♦ *« Nous admirons dans ces admirables Épîtres une certaine vertu plus qu'humaine, qui persuade contre les règles, ou plutôt qui ne persuade pas tant qu'elle captive les entendements ; qui ne flatte pas les oreilles, mais qui porte ses coups droit au cœur. »* Bossuet. ♦ *« Au reste, plus on lit les Épîtres de saint Paul, et plus on est étonné ; on ne sait quel est cet homme qui, dans une espèce de prône commun, dit familièrement des mots sublimes, jette les regards les plus profonds sur le cœur humain, explique la nature du Souverain Être et prédit l'avenir. »* Chateaubriand. ♦ *« Paul, saint pour l'Église, pour l'humanité grand, représente ce prodige à la fois divin et humain, la conversion. Il est celui auquel l'avenir est apparu. Il en reste hagard, et rien n'est superbe comme cette face à jamais étonnée du vaincu de la lumière... »* Victor Hugo. ♦ *« Pour Paul, Jésus n'est pas un homme qui a vécu et enseigné... C'est un être tout divin... Si cette école seule nous avait transmis des écrits, nous ne toucherions pas à la personne de Jésus et nous pourrions douter de son existence. »* Ernest Renan. ♦ *« Saint Paul s'appuie sur le besoin de mystère des grandes masses religieusement agitées... Il a compris le grand besoin du monde païen, et de ces simples faits de la vie et de la mort du Christ il a donné une image absolument arbitraire, accentuant tout à nouveau, déplaçant partout le centre de gravité... il a annulé par principe le christianisme primitif... L'attentat* [du Christ] *contre les prêtres et la théologie a abouti, grâce à saint Paul, à un nouveau sacerdoce, à une nouvelle théologie. »* Nietzsche.

RÉF. : Ernest Renan, *Saint Paul,* Paris, 1869. – F. Prat, *Saint Paul,* Paris, 1922 et *La Théologie de saint Paul,* Paris, 1929-1930. – Tricot, *Saint Paul,* Paris, 1928. – F. Amiot, *L'Enseignement de saint Paul,* Paris, 1938. – Jacques Maritain, *La Pensée de saint Paul,* New York, 1941. – E. B. Allo, *Paul, apôtre de Jésus-Christ,* Paris, 1942. – L. Cerfaux, *La Théologie de l'Église suivant saint Paul,* Paris, 1948. – Mgr Joseph Holzner, *Paul de Tarse,* Paris, 1951. – G. Ricciotti, *Saint Paul apôtre,* Paris, 1952. – Daniel-Rops, *Saint Paul conquérant du Christ,* Paris, 1952, et *Saint Paul, aventurier de Dieu,* Paris, 1955. – Claude Tresmontant, *Saint Paul et le Mystère du Christ,* Paris, 1956. – S. Breton, *Saint Paul,* Paris, 1988.

PAUL d'Égine. Médecin grec du VIIe siècle. Il passe une bonne partie de sa vie à Alexandrie, peut-être même après la conquête arabe de cette ville. Selon les chroniqueurs arabes, il passe pour le médecin le plus célèbre de son temps : sa doctrine gynécologique notamment, dont il ne nous reste rien, est alors fameuse. Nous possédons de lui un seul ouvrage : l'*Abrégé de médecine en sept livres* (*). Son influence sera grande parmi les médecins musulmans.

ANNE-FRANCE MORAND et VINCENT BARRAS.

RÉF. : R. Briau, *Chirurgie de Paul d'Égine*, Paris, 1855. – I. Heilberg, *Pauli Aeginatae Epitomes iatriches biblia hepta*, Leipzig-Berlin, 1921-1924.

PAUL DIACRE (Paul Warnefried). Historien latin. Né vers 720 dans une noble famille lombarde fixée dans le Frioul, mort au mont Cassin, probablement en 799. Après avoir fait ses études à Pavie, à la cour du roi Ratchis, où Flavien fut son maître de grammaire, et lui enseigna également les premiers rudiments de la langue grecque, Paul Diacre fut moine d'abord à Civate, puis au mont Cassin. Ayant renoué des relations avec la maison royale lombarde, il s'occupa de l'éducation littéraire d'Adelpergue, fille de Didier et femme d'Arichis, duc de Bénévent, pour laquelle il écrivit, antérieurement à 774, l'*Appendice à l'histoire romaine d'Eutrope* (*). Si l'on en croit un fait rapporté par le *Chronicon Salernitanum*, Paul

Diacre était devenu si cher au roi Didier que celui-ci le tenait au courant de toutes ses affaires secrètes. Peu de temps après la chute de Didier, qui fut aussi celle du royaume des Lombards, Paul Diacre vit conduire son frère prisonnier en France, pour sa participation au complot de Rotgando, duc de Frioul, en 776, ses biens confisqués et sa famille réduite à la mendicité. C'est peut-être ce malheur, qui le frappait dans ses plus chères affections, qui le mit en rapport avec Charlemagne auquel, en 782, il adressa une supplique en distiques qui est l'une des pièces les plus profondément senties de sa poésie. Paul Diacre demeura quelques années à la cour d'Aix-la-Chapelle, de 782 à 786 environ, où Charlemagne, désireux de s'entourer de toutes les forces culturelles de l'Empire, l'avait invité ; il y enseigna, notamment, le peu de grec qu'il savait aux ecclésiastiques qui devaient accompagner à Constantinople Rotrude, fiancée au prince héritier de Byzance, mais il ne s'assimila jamais complètement, comme l'avait fait Alcuin, à l'atmosphère et à la vie de la Cour. La nostalgie de sa cellule et de la solitude ne le quittait pas, et Charlemagne ne voulut pas le maintenir plus longtemps dans ce pénible exil. De 786 à sa mort, Paul Diacre résida au mont Cassin, où se déploya la plus grande partie de son activité littéraire : le fruit le plus remarquable en est l'*Histoire des Lombards* (*), qu'il mena des origines mythiques de cette race jusqu'à la mort de Liutprand en 744. Homme d'une culture remarquable pour l'époque, versificateur facile, surtout dans les brèves compositions – v. *Poésies* (*) –, historien impartial, dont la prose est pleine de mouvement et de vie – v. encore l'*Histoire des évêques de Metz* (+) –, âme profondément religieuse, Paul Diacre est le témoin, avec quelques rares autres personnalités, Pierre de Pise et Paulin d'Aquilée, de la survivance tenace des traditions culturelles en Italie au cours du VIIIe siècle qui, dans ce pays, est l'un des plus pauvres du Moyen Âge.

EZIO FRANCESCHINI.

RÉF. : R. Jacobi, *Die Quellen der Longobardengeschichte des Paulus Diaconus*, Halle, 1877. – L. J. Engels, *Observations sur le vocabulaire de Paul Diacre*, Nimègue, 1961.

PAULDING James Kirke. Écrivain américain. Né le 22 août 1778 à Great Nine Partners dans le Putnam County (New York), mort à Hyde Park (New York) le 6 avril 1860. Huitième de neuf enfants, il fut élevé à Tarrytown sur l'Hudson où il reçut une instruction très sommaire, mais où il fit la connaissance de Washington Irving, beau-frère de sa sœur, dont il se fit un ami intime, ainsi que des autres frères Irving. À dix-huit ans, il entra dans un bureau à New York. Ce fut en collaboration avec Washington Irving qu'il publia, de 1807 à 1808, une revue humoristique, *Salmagundi ;* il prêta son concours au *Morning Chronicle* et, en 1812, fit paraître la *Divertissante histoire de John Bull et de son frère Jonathan* – v. *John Bull en Amérique* (*) (1824). Un volume intitulé *États-Unis et Angleterre* (+) (1815) où il se défendait contre un féroce compte rendu anglais de son *Lai du violon écossais* [*Lay of the Scottish Fiddle*], parodie des poésies de Walter Scott, lui procura sa nomination, par le président Madison, au poste de secrétaire du Board of Navy Commissioners ; cet emploi lui fit habiter Washington de 1815 à 1823 ; il s'y maria en 1818. En 1824, le président Monroe le nomma agent de la Marine pour New York où il vécut jusqu'en 1838. Ce fut alors qu'il commença d'écrire des nouvelles réalistes et des romans, où l'influence d'Henry Fielding est sensible, pleins d'humour et d'un style naturel et aisé. Citons parmi ses ouvrages : *Köningsmarke* (1823), satire des romans de Walter Scott, et son meilleur roman, *Le Coin du feu d'un Hollandais* (*) (1831), histoire des Hollandais à New York avant la Révolution, *Le Vieux Continental* [*The Old Continental*, 1846], qui retrace la Révolution à New York et peut soutenir la comparaison avec *L'Espion* (*) de Cooper ; ajoutons *Lettres du Sud* [*Letters from the South*, 1817], *Cap à l'Ouest* [*Westward Ho !* 1832], *La Vie de Washington* [*The Life of Washington*, 1835], *Esclavage aux États-Unis* [*Slavery in the United States*, 1836], *Histoire de l'oncle Sam et de ses fils*, et de très nombreux articles dans différentes revues. En 1838, Paulding fut nommé secrétaire d'État à la Marine dans le cabinet Van Buren. Loué par Poe, considéré comme un rival par Cooper, Paulding exerça une certaine influence sur Hawthorne. Écrivain trop prolixe et trop hâtif, il est aujourd'hui presque oublié bien qu'il soit pour ainsi dire le père du roman réaliste américain.

L. R. LIND.

PAULHAN Frédéric. Philosophe français. Né à Nîmes le 21 avril 1856, mort à Paris le 14 mars 1931. Il compte parmi les fondateurs de l'école française de psychologie scientifique. Son premier ouvrage d'importance, *L'Activité mentale et les éléments de l'esprit* (*) (1889), participe de la tendance très marquée d'une réaction contre la psychologie de l'association de Stuart Mill, popularisée en France par Taine. Paulhan développe une psychologie qui tend à voir dans la vie de l'âme beaucoup plus un dynamisme complexe de tendances que des états mis les uns à côté des autres [nebeneinander] ou qu'un mécanisme. Avec Ribot, Fouillée, Janet, il participe ainsi à l'élaboration d'un système synthétique dans l'étude de la psychologie. Il collabora activement à la *Revue de philosophie* et à la *Revue philosophique* et publia une série d'ouvrages où se développe sa conception du monde par suite de synthèses toujours plus vastes : *La Fonction de la mémoire et le souvenir affectif*

(*) (1904), *Les Mensonges du caractère* (+) (1905), *Le Mensonge de l'art* (1907), *La Morale de l'ironie* (1909). En 1911, dans *La Logique de la contradiction,* il préconise l'élaboration d'une logique utilitaire à côté de la logique de la conséquence et de la logique de la vérité. Ajoutons aux ouvrages de Paulhan déjà mentionnés : *Le Mensonge du monde* (+) (1921) et *Les Puissances de l'abstraction* (*) (1928).

PAULHAN Jean. Écrivain français. Né à Nîmes (Gard) le 2 décembre 1884, mort à Neuilly-sur-Seine le 9 octobre 1968. Son père, Frédéric Paulhan (1856-1931), bibliothécaire et philosophe, a publié de nombreux ouvrages dont les préoccupations semblent s'être poursuivies dans les réflexions du fils ; et cela jusque dans la formulation même ; quelques titres soulignent fortement cette étonnante continuation : *Les Mensonges du caractère, La Morale de l'ironie, La Logique de la contradiction, La Double Fonction du langage, Le Nouveau Mysticisme.* Comme si ce père dont Paulhan parle très peu se trouvait lui avoir indiqué une certaine voie et une certaine forme de questionnement. Après des études de lettres et de philosophie, Jean Paulhan apprend le chinois. Envoyé comme professeur à Madagascar, il découvre une civilisation complètement différente, exerce brièvement divers métiers (dont celui de chercheur d'or), et surtout, au cours de son apprentissage de la langue malgache, rencontre une forme de parole singulière, les Hain-Tenys, sorte de joute rituelle où les discutants rivalisent de virtuosité et de justesse dans le choix et l'agencement de proverbes. Cette expérience d'un usage particulier du langage le marque si durablement qu'il n'est pas exagéré de dire que toute sa réflexion sur l'expression en découle. Il publie en 1913 un recueil de ces poésies proverbiales — *Les Hain-Tenys mérinas* (*). Mobilisé dans les zouaves en 1914, il est blessé peu après le début des hostilités. Il publie en 1917 un bref récit, déconcertant et non conformiste, intitulé *Le Guerrier appliqué* (*), dans lequel il relate l'expérience étrange et troublante de la vie au front. Ce texte singulier frappe plus encore par l'accent véridique qui l'anime, à la fois pudique et dur. C'est un des rares écrits sur la guerre de 14-18 qui échappe résolument aux poncifs du genre. Dans le même temps, sa vie conjugale se détériore. En 1920, rédacteur au ministère de l'Instruction publique, il entre à *La Nouvelle Revue française* (*) comme secrétaire de Jacques Rivière. À la mort de celui-ci, il en devient, officieusement d'abord puis officiellement, directeur : il est au centre de la vie littéraire et intellectuelle française, il y reste pendant plus de quarante ans, déployant une inlassable activité et entretenant une immense correspondance, qui ont dans une certaine mesure pris le pas sur son œuvre personnelle. Cette position a certainement contribué à former de lui l'image convenue et commode d'une « éminence grise des lettres françaises ». Reste que l'essentiel de ce qui a été la littérature a en effet eu à voir avec lui, depuis la plus classique (Gide, Valery Larbaud) jusqu'à la plus inclassable (Paulhan a toujours soutenu et encouragé Antonin Artaud par exemple), et ce rôle lui a valu aussi bien des amitiés indéfectibles que des haines (parfois théâtrales, comme en témoignent les insultes des surréalistes et de Breton en particulier). Outre la *N.R.F.*, Paulhan participe activement à *Commerce* (*), à *Mesures* (*) ; aux éditions Gallimard, il fonde, avec Bernard Groethuysen, la « Bibliothèque des idées » (1927). Aux jours sombres de l'occupation allemande, il est remplacé par Drieu la Rochelle, qui engage la revue dans la collaboration. Avec Jacques Decour, il fonde une revue clandestine, *Les Lettres françaises* (1941). La même année paraissent *Les Fleurs de Tarbes ou la Terreur dans les lettres* (*), aboutissement (provisoire) de sa réflexion sur le langage et la littérature. Parallèlement à son activité de résistant, il consacre plusieurs études à des peintres (Braque, Fautrier, Dubuffet) avec lesquels il se lie d'amitié. À la Libération, la *N.R.F.* ne pouvant reparaître, il fonde *Les Cahiers de la Pléiade* (treize cahiers paraissent entre 1946 et 1951) et dans le n° 1 il publie son *Guide d'un petit voyage en Suisse* (*), savoureux exercice d'étonnement devant les minuscules événements quotidiens inaperçus. Une polémique de plus en plus vive l'oppose aux partisans de l'épuration, les arguments de Paulhan mécontentent à peu près tout le monde et le font ranger « à droite » à un moment où il n'est manifestement pas encore reçu d'exprimer des réserves concernant le communisme (*Lettre aux directeurs de la Résistance,* 1952). Lorsque *La Nouvelle N.R.F.* peut paraître (1953), il en partage la direction avec Marcel Arland, Dominique Aury assumant le secrétariat. Il y donne notamment une étude sur « La Peinture cubiste », qu'il va reprendre et augmenter pour en faire un des plus remarquables ouvrages consacrés au cubisme (la version « complète » attend 1970 pour voir le jour). Il préface, chez Pauvert, un livre qui fait scandale, *Histoire d'O* (*) de Pauline Réage (qu'on soupçonne un moment d'être un pseudonyme sous lequel il se dissimulerait lui-même), il en souligne la pureté et la violente franchise, par contraste avec l'hypocrisie des « bons sentiments ». Là encore ses arguments déconcertent ceux que choque le violent érotisme du texte, comme ils déconcertent la XVIIe chambre correctionnelle devant laquelle il fait une déposition ironique en faveur de l'édition de Sade, lecture qu'il suggère n'être guère plus effrayante que celle de *La Bible* (*), et moins insinuante que celle de Baudelaire (1957). Dans la *N.R.F.,* il publie un bref essai intitulé *Le Clair et l'Obscur* (1958), où se formule explicitement la conception mystique, proche du zen, à laquelle aboutissent cinquante années d'apprentissage obstiné. Durant ces années, il consacre de nombreux textes à la peinture, notamment *L'Art informel, Éloge* (*) (1962). En 1963, il est élu à l'Académie française. En 1966, il prononce devant la Société française de philosophie une conférence intitulée « Note sur la pensée à l'état brut » qui apparaît comme la suite des *Fleurs de Tarbes*, et cette note, augmentée de plusieurs autres textes sur le langage, l'expression et la pensée, a été publiée en 1967 sous le titre *Le Don des langues*. Ses œuvres sont rassemblées en cinq gros volumes par Zylberstein, au Cercle du livre précieux chez Tchou (1966-1970). Des textes anciens demeurés inédits, comme *Progrès en amours assez lents* (*), paraissent chez le même éditeur, peu avant la mort de Paulhan, au terme d'une longue hospitalisation. Un numéro spécial de la *N.R.F.* (mai 1969) lui rend un chaleureux hommage.

Ce parcours suggère d'emblée une première explication à la position singulière de Paulhan, à la fois célèbre et inconnu, sinon méconnu : la plupart de ses textes sont brefs, et quand d'aventure ils ont une certaine ampleur, ils laissent d'ordinaire le lecteur dans un certain désarroi (« Mais que m'a-t-on dit au juste ? » ou « Que s'est-il donc passé pendant que je lisais ? »), voire une certaine irritation (« Se serait-on moqué de moi ? » se dit-on volontiers). Il est vrai que ces textes dérangent. D'abord par une façon non commune d'envisager les événements en apparence les plus simples, les manières de dire les plus quotidiennes ; plus encore, par une façon insolite de les exprimer. Ensuite, parce que chacun d'eux est tout à la fois parfait, bijou d'élégance et de vivacité, et inabouti, remettant à une autre fois un problématique dernier mot, éludant sans cesse une conclusion toujours différée ; en sorte que tous ces textes, s'enchaînant les uns aux autres dans un mouvement de rectification perpétuelle, paraissent rétrospectivement un seul et même ouvrage démesurément étiré sur soixante années et poursuivant inlassablement l'approche de la même énigme à travers des sujets divers, langage, expérience, peinture, comme d'ailleurs Paulhan lui-même le dit dans son *Discours de réception à l'Académie* : « Ayant poursuivi toute ma vie la solution de certain problème, qui n'était pas tout à fait étranger au mystère dont je parlais... » (celui de l'expression).

L'expérience des proverbes malgaches a en effet conduit Paulhan à mettre en question la stabilité du langage, ou plus précisément celle de notre relation au langage : selon les circonstances ou les situations de parole, un même mot peut changer de sens et de poids ; il peut se charger d'un pouvoir de persuasion tout à fait inattendu s'il appartient par exemple à une locution proverbiale, mais en même temps sa signification usuelle disparaît, et c'est alors la formule entière qui vaut, non pour son sens, mais pour sa consistance de formule : « Le proverbe est d'abord phrase, ensuite fait. » Au premier abord, cette instabilité paraît réservée à un genre particulier de parole ; Paulhan s'avise pourtant qu'on peut remarquer un tel retournement dans toute forme langagière et que, selon que l'on privilégie l'idée (le sens) ou le mot, on se range dans le camp de ceux qu'il appelle les « terroristes » ou dans celui des « rhétoriciens » ; or, découvre-t-il, aucune de ces positions n'est elle-même stable, et tel orateur, pour qui « liberté, démocratie » sont des valeurs fondamentales quand c'est lui qui les prononce, se voit traité de « rhéteur » par ses adversaires qui entendent ces mêmes « liberté, démocratie » comme des mots vides. En sorte que notre expression tout entière se trouve soumise à ce curieux mouvement par lequel un mot devient idée ou la chose même, sans pourtant cesser d'être un mot. Il y a là comme une opération mystérieuse qui caractérise l'événement de langage, et en particulier celui qui se donne à voir dans la littérature et qui s'éprouve plus qu'il ne se laisse saisir par le raisonnement. Paulhan n'a cessé de chercher à approcher cette expérience et ce secret. Cette attitude proprement mystique était déjà en germe dans les brefs récits qu'on a du mal à lire sans s'exposer soi-même. « Un livre peut-il être l'équivalent d'une initiation, secret compris. C'est en tout cas ce que j'ai tenté », écrit-il à Francis Ponge (16 octobre 1941).

JEAN-YVES POUILLOUX.

♦ *« Si quelque chose le caractérise, c'est bien la passion de l'incognito* [...] *Il n'a jamais l'air de partager son avis ; ce qui n'empêche pas, et c'est miracle, l'autorité, le tranché dans le vif, la plus implacable dureté, les goûts les moins vagues* [...] *Je le crois profondément amoureux du génie* [...] *Combien d'écrivains ne seraient pas ce qu'ils sont sans l'appui attentif et généreux de cet homme de silence, qui semble en savoir plus long qu'eux sur eux-mêmes. »* Georges Perros. ♦ *« Jean Paulhan nous laisse libres. »* Henri Thomas. ♦ *« Que Jean Paulhan manque gravement aujourd'hui* [...] *que manque l'autorité de sa justesse parmi les phraseurs, l'autorité de sa justice parmi les fanatiques, que manque dans notre ciel sa subtile balance* [...] *je ne peux m'empêcher d'y penser avec tristesse et crainte. »* Philippe Jaccottet. ♦ *« Les tentatives de Jean Paulhan consistent justement à saisir l'insaisissable non pas en l'affrontant, mais en usant d'un biais. »* André Dhôtel.

RÉF. : M. Toesca, *Jean Paulhan, l'écrivain appliqué*, Paris, 1948. – M. J. Lefebve, *Jean Paulhan*, Paris, 1949. – R. Judrin, *La Vocation transparente de Jean Paulhan*, Paris, 1961. – *Jean Paulhan*, numéro spécial de la *Nouvelle Revue française*, Paris, mai 1969. – *Cahiers Jean Paulhan*, Paris, premier numéro en 1980. – L. Jenny, *La Terreur et les signes*, Paris, 1983. – A. Dhôtel, *Jean Paulhan*, Lyon, 1986.

PAULIN d'Aquilée. Écrivain latin. Né entre 730 et 740, peut-être dans le Frioul, mort à Aquilée le 11 janvier 802. Il vécut pendant la période qui vit l'effondrement du royaume lombard et la montée de la domination de Charlemagne ; il fut le soutien et le fidèle collaborateur de ce dernier dans sa restauration religieuse, civile et culturelle. Dans la donation de terres que lui fit le roi franc en 776, il est appelé « maître de l'art de la grammaire » ; il poursuivit son œuvre d'écrivain même à la cour impériale, où il demeura de 777 à 787, jusqu'au moment où il fut nommé, pour succéder au patriarche Sigualdo, patriarche d'Aquilée, charge qu'il occupa jusqu'à sa mort. En cette qualité il prit part au concile de Ratisbonne, dont Félix d'Urgel sortit condamné (sur l'ordre de Charlemagne, en 798, il commença à écrire un traité théologique contre cet accusé), puis en 794 au concile de Francfort auquel il présenta un ouvrage sur la Trinité, le *Libellus sacrosyllabus.* La production littéraire de Paulin comprend, en outre, une œuvre en prose, le *Livre d'exhortation* [*Liber exhortationis*], recueil de préceptes destiné à Eric, duc de Frioul, et de nombreuses compositions poétiques ; quelques-unes d'entre elles sont écrites en mètres classiques, et sont conformes aux règles dont s'inspirèrent les poètes de la renaissance carolingienne. Toutefois, les chants dans lesquels Paulin d'Aquilée exprime le plus de fraîcheur et de pureté sont ceux qu'il composa en abandonnant l'artificiel hexamètre scolaire et les rythmes de l'ode pour suivre les lois de la poésie populaire — v. ses *Hymnes* (*).

RÉF. : G. della Stua, *La Vita di S. Paolino,* Venise, 1782. — Aymeric et Condamin, *Histoire générale de la littérature du Moyen Âge en Occident,* Paris, 1884. — G. Giovanni, *Paulinus II, Patriarch von Aquilei,* Vienne, 1896.

PAULIN de Nole, saint (Meropius Pontius Anicius Paulinius). Écrivain latin. Né à Bordeaux en 353 ou 354, mort à Nole (Campanie) le 22 juin 431. Il passa à la postérité sous le nom de Paulin de Nole parce qu'il se retira d'abord à Nole comme moine et qu'ensuite il y fut sacré évêque. Il appartenait à une famille noble qui possédait de vastes propriétés. Paulin fit ses études à Bordeaux et fut l'élève préféré d'Ausone, dont il réussit à dépasser la renommée. Parti pour Rome, il entra dans la carrière officielle ; il devint notamment sénateur et, probablement en 378, « consul suffectus ». L'année suivante, il fut nommé gouverneur de Campanie. Il rentra ensuite en Aquitaine et y épousa Teresia, une Espagnole qui joignait à de hautes qualités morales une très grosse fortune. La présence de Teresia, les modifications de la conjoncture politique et l'amitié d'hommes d'une haute spiritualité tels que Delphin et Amand de Bordeaux, Exupère de Toulouse, Alithius de Cahors, Diogénien d'Albi, Dynamius d'Angoulême, Pégase de Périgueux et Victrice de Rouen, en réveillant en lui le sens religieux, l'amenèrent au baptême qu'il reçut de Delphin en 389. C'est ainsi que commença la période au cours de laquelle, graduellement, s'approfondira en Paulin le désir d'une nouvelle vie. Tout d'abord, il partit pour l'Espagne, également à cause de pénibles événements familiaux, et là, quand son fils Celse mourut âgé de huit jours, en lui et en Teresia mûrit la volonté de se retirer du monde.

Ils commencèrent par vendre leurs immenses biens au profit des pauvres, comme le leur avaient conseillé Augustin et Jérôme ; ils décidèrent de mener une vie totalement chaste, puis de quitter l'Espagne. Avant leur départ, Paulin fut ordonné prêtre à Barcelone par la volonté du peuple, le jour de Noël 393. Enfin, en 394, ayant fini de liquider ses biens, il partit pour l'Italie et, passant par Florence, où il rencontra Ambroise, et Rome, il se retira à Nole. Il commença d'y mener une véritable vie monastique, se consacrant à la prière, à la pénitence, à l'assistance aux pauvres. Des visites de personnages illustres et une correspondance — v. *Lettres* (*) — avec les plus hautes personnalités du temps animèrent la vie de cet ermitage où il écrivit ses *Poésies* (*). En 409, à la demande du peuple, il devint évêque de Nole et, en cette qualité, soutint la population contre le choc des barbares et participa à la lutte contre Pélage.

GIUSEPPE LAZZATI.

RÉF. : Lagrande, *Paulin de Nole,* 1877. — P. Brochet, *La Correspondance de saint Paulin de Nole et de Sulpice Sévère,* Paris, 1906. — P. Fabre, *Essai sur la chronologie de l'œuvre de saint Paulin de Nole,* Paris, 1948 ; *Saint Paulin de Nole et l'amitié chrétienne,* Paris, 1949. — R. P. H. Green, *The Poetry of Paulin of Nole,* Bruxelles, 1971.

PAUL LE SILENTIAIRE. Poète byzantin du VIe siècle. Fils de Cyrus, lui-même fils de Florus, descendant d'une illustre famille, il fut « primarius » à la cour de Justinien, c'est-à-dire chef des « silentiaires », huissiers chargés de maintenir le silence au palais impérial. Il semble que ce soit à lui que fait allusion Agathias le Scolastique lorsqu'il écrit (*Hist.* V, 9) : « Celui-ci, qui, de naissance illustre, avait hérité de grands biens de ses ancêtres, n'en cultivait pas moins avec grand soin la doctrine et l'éloquence, ce qui lui procura gloire et honneurs. » Il est d'ailleurs possible que ce même Agathias ait épousé Anicesia, fille de Paul le Silentiaire. Les premières œuvres du poète ne se détachent guère encore de la tradition littéraire païenne, encore très vivante dans la Byzance du VIe siècle. Par contre, l'originalité de Paul le Silentiaire s'affirme dans le poème composé en 562 à l'occasion de la nouvelle consécration de Sainte-Sophie, à la suite de l'effondrement de la coupole et de sa restauration. Ici, la fiction rhétorique cède le pas à une vivante description et à l'évocation des magnifiques cérémonies byzantines. Et ce rôle de cicérone et de maître de cérémonie convient parfaitement à l'auteur auquel on attribue un autre poème, consacré à la description des *Thermes pythiens* [Εις τά έν Πυθίοις Θέρμα], thermes situés près de la ville de Pruse (maintenant Brousse, en Asie Mineure) et qui furent embellis par Justinien. L'impératrice Théodora s'y rendit en 533. Le lyrisme de Paul le Silentiaire n'est pas dépourvu de finesse. Et c'est en véritable artiste qu'il analyse et exprime les mille nuances des marbres, les lumières qui naissent de ces ors. Comme Platon et Plotin, il voit dans la beauté une émanation du divin. Enfin, il connaît la technique des arts dont il parle et l'on suppose même qu'il contribua avec Justinien à l'ordonnance de l'œuvre à laquelle il dédia son poème. Du point de vue archéologique, le grand poème consacré à Sainte-Sophie – v. *Description de l'église de Sainte-Sophie* (*) – est pour nous d'un grand prix, car il nous donne une idée assez précise des aménagements intérieurs de cette église, en partie disparus à la suite de la conquête turque.

EVA TEA.

PAULUS Julius. Jurisconsulte latin des IIe-IIIe siècles. Il fut, avec Ulpien, le dernier grand représentant de la jurisprudence classique. Élève probable de Scaevola, il fut d'abord avocat puis, avec Ulpien, assesseur du préfet du prétoire Papinien et, sous Sévère et Caracalla, membre du consilium impérial. Exilé par Héliogabale, il fut bien vite rappelé par Alexandre Sévère et, par lui, élevé à la dignité de préfet du prétoire en même temps, semble-t-il, qu'Ulpien. Il écrivit quatre-vingt-six ouvrages divisés en trois cent dix-neuf livres, chiffre dépassé seulement par Antistius Labeo, à qui l'on attribue cinq cents volumes. Sa production comprend les deux types classiques de commentaires : *Ad Sabinum* (seize livres) et *Ad edictum* (soixante-dix-huit livres), en plus de deux livres *Ad edictum aedilium curulium.* On y trouve encore deux recueils de casuistique (vingt-six livres de *quaestiones,* vingt-trois livres de *responsa*) plus larges et plus importants que les recueils correspondants d'Ulpien, sans compter une série particulièrement riche de « libri singulares » contenant des opuscules (par exemple *De conceptione formularum, De legitimis hereditatibus, De donationibus inter virum et uxorem, De actionibus, De adulteriis, De extraordinariis criminibus*) souvent destinés à commenter une ancienne loi républicaine (par exemple *Ad legem Cinciam, Ad legem Falcidiam*) ou un sénatus-consulte de l'époque impériale (*Ad S. C. Velleianum, Ad S. C. Tertullianum, Ad S. C. Orphitianum*). D'assez nombreux savants modernes inclinent à penser que la plupart de ces « libri singulares » sont des extraits postclassiques des traités compris dans les commentaires, spécialement dans celui *Ad edictum.*

Certains critiques considèrent que les vingt-trois livres « brevium » sont également d'origine postclassique – qui constituent un commentaire abrégé de l'édit prétorien. Mais l'empreinte postclassique est encore beaucoup plus évidente dans les célèbres *Sentences* (*), qui comprennent cinq livres de maximes sur les différentes branches du droit privé et pénal. L'œuvre des Julius Paulus, qui touche tous les domaines du droit, est complétée par des ouvrages de caractère didactique telles que les *Regulae* et les *Institutiones* qui s'ajoutent aux *Sentences* citées plus haut. La renommée de Julius Paulus fut très grande parmi ses contemporains, mais elle le fut encore davantage aux yeux de la postérité. À l'époque de Justinien on exploita copieusement les ouvrages de Julius Paulus, dont les extraits composent environ un sixième du *Digeste.*

GIOVANNI PUGLIESE.

PAUSANIAS le Périégète. Écrivain grec du IIe siècle de notre ère. Sa *Périégèse ou Description de la Grèce* (*) laisse entendre de façon claire qu'il était originaire de Magnésie sur le Sipyle, en Lydie (Asie Mineure). On a parfois essayé de rapprocher Pausanias d'un homonyme (Pausanias de Damas), mais cette identification semble erronée. Pausanias est né probablement autour de 115 ap. J.-C., et l'on suppose qu'il a commencé à écrire autour de 155. Au cours de son livre, Pausanias nous dit qu'il écrit deux cent dix-sept ans après le relèvement de Corinthe (44 av. J.-C.), c'est-à-dire en 174. Il a dû terminer son ouvrage avant 180, puisque Marc Aurèle, mort en 180, est le dernier empereur mentionné par Pausanias (tous les empereurs ayant régné depuis 98 sont mentionnés). En plus de la Grèce, Pausanias a visité, entre autres, l'Égypte, Byzance, les îles de Thasos, Rhodes et Délos, Rome, la Campanie, le sud de l'Italie, la Sardaigne et la Sicile.

Avec sa *Périégèse*, Pausanias poursuit un double but : écrire un guide de voyage et réaliser une œuvre littéraire. C'est l'incompatibilité de ces deux buts qui fera de Pausanias un auteur très peu lu jusqu'à la Renaissance. En fait, la *Périégèse* est une source unique de renseignements sur la Grèce antique.

PAUL SCHUBERT.

RÉF. : J. Heer, *La Personnalité de Pausanias*, Paris, 1979. – C. Habicht, *Pausanias' Guide to Ancient Greece*, Berkeley/Los Angeles, 1985.

PAVESE Cesare. Écrivain italien. Né à Stefano Belbo (Cueneo) le 9 septembre 1908, mort à Turin le 26 août 1950. Il fit toutes ses études à Turin. Ses premières œuvres furent une thèse sur Walt Whitman (1930) et une traduction, tout de suite considérée comme exceptionnelle, du *Moby Dick* (*) de Melville (1932). Pavese n'était pas inscrit au parti fasciste et n'aimait pas l'enseignement, aussi son activité de professeur fut-elle irrégulière. Il enseignait l'italien, le latin, la philosophie et, en 1936, obtint le titre de professeur d'anglais. Entre-temps, il donnait une série de traductions remarquables par leur rigoureuse fidélité au texte : Melville – *Benito Cereno* (*) –, Dos Passos, Faulkner, Anderson, Gertrude Stein, Defoe, Dickens et Joyce.

Ce fut pour lui l'occasion d'accumuler une originale expérience critique qui se manifesta, à partir de 1930, par sa collaboration à la revue *Culture* [*La Cultura*], où il donna des articles qui devaient être réunis en un volume, publié après sa mort, en 1951, sous le titre : *La Littérature américaine et autres essais* [*La letteratura americana ed altri saggi*]. Ce fut durant cette période que Pavese composa son premier recueil de poèmes, *Travailler fatigue* [*Lavorare stanca*], qui parut en 1936, chez Solaria à Florence, exemple isolé de poésie narrative qui passa alors inaperçu par suite de l'arrestation de Pavese, envoyé en résidence forcée à Brancaleone, en Calabre. Ce recueil, augmenté de quelques poèmes, fut réédité en 1943 et la critique s'aperçut tardivement de la valeur de cette réaction à l'hermétisme qui dominait à cette époque la poésie italienne. *Tes pays* (*) (publié en 1941, mais écrit en 1939), bref roman à propos duquel on parla de « monologue intérieur » et de technique néo-réaliste d'inspiration américaine, révéla Pavese et fit scandale par la brutalité du thème et du langage. Ce n'est que plus tard que l'on se rendit compte que ce court roman avait été précédé par de nombreux travaux et d'abord par un long récit : *La Prison* (*) (1938-39). Ce livre avait été lui-même précédé par des nouvelles esquissant en partie les œuvres futures, que Pavese garda dans ses tiroirs et qui ne parurent qu'en 1953 sous le titre de *Nuit de fête* [*Notte di festa*]. Composées entre 1936 et 1938, ces nouvelles sont déjà remarquables par leur « côté concret et spontané ». La crise psychologique et artistique de Pavese date donc de son séjour forcé en Calabre, entre 1935 et 1936. Cette époque marqua le début, il l'a dit lui-même, de nouvelles méditations sur son métier et vit commencer la rédaction de son *Journal*. De retour à Turin, il se donna tout entier au travail et participa, en particulier avec Leone Ginzburg, à la fondation et à la direction des éditions Einaudi. Il écrivit alors *Le Bel Été* (*) (1939), petit roman qui demeura inédit durant dix ans, *La Plage* (*), « distraction », simple « recherche de style », comme le disait l'auteur, et les nouvelles de *Vacances d'août* [*Feria d'agosto*], écrit entre 1941-44, publié en 1946, mélange de narration et de méditation sur des thèmes de la mystique de l'enfance.

Les désastres des vingt mois de guerre qui suivirent l'armistice du 8 septembre 1943 le firent se retirer avec la famille de sa sœur – il vécut toujours près d'elle – à Serralunga di Cera, dans le Montferrat, où il se livra à une méditation solitaire. Après la Libération, Pavese vécut quelque temps à Rome, puis à Milan et s'établit enfin à Turin, mais il ne cessa de travailler pour la maison Einaudi. Sa vie fut dès lors très stable ; il ne fit plus que quelques voyages à Rome, en Toscane et dans le Piémont, où il aimait aller revoir son village natal. Une infatigable volonté lui faisait poursuivre son travail d'éditeur, ses études d'ethnologie et son œuvre littéraire. Il avait comme la hâte de s'exprimer tout entier à travers quelques thèmes longtemps médités : la campagne, dans son état primitif et sauvage, la banlieue, le Piémont des collines, le monde des paysans et des ouvriers, des bourgeois et des mondains où il se mouvait avec moins de sûreté, la tristesse des vies ratées, des espoirs déçus, et la cruauté de la mort. De 1945 à 1950, son travail créateur ne connut aucun répit. C'est en 1945 qu'il écrivit *La Terre et la Mort* [*La terra e la morte*], poème qui fait partie de son recueil posthume : *Viendra la mort et elle aura tes yeux* [*Verrà la morte e avra i tuòi occhi*] ; vinrent ensuite : *Dialogues avec Leucò* (*), *Le Camarade* [*Il compagno*], qui obtint, en 1947, le prix Salento. Ce sont les années où Pavese s'intéresse au communisme, auquel il adhère sans vraie vocation politique. En 1949, il publie *Avant que le coq chante* (*), qui comprend *La Maison sur la colline* (*) et l'ancien récit : *La Prison*, et *Le Bel été*, volume qui réunit le petit roman du même nom, écrit dix ans plus tôt, *Le Diable sur les collines* (*) et *Entre femmes seules* (*), dans lequel vit le plus réel de ses personnages féminins, Clelia.

À l'automne de 1949, il écrivit en deux mois *La Lune et les Feux* (*), « souvenir de l'enfance et du monde », son dernier livre et peut-être son chef-d'œuvre. Pavese était alors certain d'avoir mis fin au cycle historique de son temps, d'avoir écrit une « saga complète », et il est probable, en effet, si on les lit non comme une chronique, mais comme une expérience spirituelle, que les événements, les problèmes et les mœurs de son époque se trouvent dans la trame de ses récits, dans les brefs chapitres de mieux en mieux rythmés qui vont de *La Prison* à *La Lune et les Feux*. Son *Journal*, qui retrace tout le parcours de son idéale « maturité » – il a été publié en 1952 sous le titre : *Le Métier de vivre* (*) –, porte, à la date du 18 août 1950, cette ultime phrase : « Plus un mot. Un geste. Je n'écrirai plus. » Le sentiment qu'il avait dit tout ce qu'il avait à dire, une nouvelle déception amoureuse (avec une jeune actrice américaine à laquelle il avait dédié des poèmes en anglais et des scénarios de cinéma), l'insatisfaction devant le succès (il obtint en juin 1950 le prix Strega) et « un calme et las renoncement » attisèrent son ancienne obsession du suicide. Le 26 août au soir, il se donna la mort dans une chambre d'hôtel en absorbant un barbiturique. La rigueur de son œuvre, l'absence totale de dilettantisme, la conscience critique qui accompagna l'évolution de son art, la sincérité de sa vie, font de lui l'un des plus hauts et des plus significatifs interprètes de notre époque, de sa crise, de ses douloureuses recherches et, comme le disait Pavese, de ses tentatives ardues pour connaître le monde et aider à le construire.

FRANCO ANTONICELLI.

RÉF. : D. Fernandez, *L'Échec de Pavese*, Paris, 1969. – P. Renard, *Pavese, Prison de l'imaginaire, lieu de l'écriture*, Paris, 1972. – P. Lorenzi Davitti, *Pavese e la cultura americana*, Messine-Florence, 1975. – A. Andreoli, *Il mistiere delle letteratura*, Pise, 1977. – S. Pavtasso, *Guida a Pavese*, Milan, 1980. – G. Pampaloni, *Trent'anni con Cesare Pavese*, Milan, 1981. – Giudetta Isatti-Rosowski, *Pavese lecteur de Freud : un trajet et son interprétation*, in *Du réalisme à l'irréalité*, Paris, s.d. – T. Wlassics, *Pavese falso e vero, Vita, poetica, narrativa*, Turin, 1985.

PAVIĆ Milorad. Écrivain serbe. Né le 15 octobre 1929 à Belgrade. Après des études, il a soutenu à Zagreb une thèse de doctorat sur le poète serbe Vojislav Ilić et la poésie européenne (1966), puis il a occupé différents postes en Serbie comme professeur de littérature. Cet érudit est l'auteur d'une œuvre triple. Spécialiste de la littérature serbe des XVIIe, XVIIIe, XIXe siècles, il y a consacré un grand nombre d'articles et d'ouvrages, notamment une *Histoire de la littérature serbe baroque des XVIIe et XVIIIe siècles* [*Istorija srpske književnosti baroknog doba XVII i XVIII veka*, 1970]. Poète, il publie un premier recueil de poèmes, *Palimpsestes* [*Palimpsesti*] en 1967, suivi d'autres publications dans les années 70, dont une pièce dramatique, *Lit pour trois personnes* [*Krevet za tri osobe*, 1975]. Le troisième volet est l'œuvre narrative. Pavić commence par écrire des nouvelles et son premier recueil sera publié en 1973 : c'est *Le Rideau de fer* [*Gvozdena zavesa*]. D'autres recueils suivront, qui confirment son talent de narrateur. Il atteint la notoriété avec un roman, *Le Dictionnaire khazar* (*) (1985), qui fait de lui un auteur à succès, auprès du public comme de la critique, et accumule les prix littéraires. Il n'en va pas de même pour le roman suivant, *Paysage peint avec du thé* [*Predeo slikan čajem*, 1988], d'une originalité qui paraît maniérée, bien que Pavić y expérimente de nouvelles méthodes pour briser la structure linéaire de la narration, dont la première partie avait été écrite et publiée dix ans auparavant. Ces deux romans révèlent la prédilection de l'auteur pour le fantastique et la logique du rêve. Pavić, par la suite, devait se consacrer aux problèmes idéologiques de son temps et exprimer sa foi dans la mission civilisatrice du peuple serbe en guerre.

JANINE MATILLON

PAVLOV Ivan Petrovich. Physiologiste et médecin russe. Né le 14 septembre 1849 à Riazan, mort le 27 février 1936 à Leningrad. Aîné de onze enfants, il aidait ses parents aux travaux ménagers et de jardinage, ce qui lui donna un profond respect pour les travaux manuels. Une chute grave à l'âge de sept ans l'empêcha de fréquenter l'école jusqu'à onze ans. C'est son père qui fit son éducation scolaire. Il abandonna une carrière ecclésiastique pour s'inscrire en 1870 à l'université de Saint-Pétersbourg et entreprendre des études de sciences naturelles. Son travail sur les nerfs pancréatiques décida de sa carrière et Pavlov entra à l'Académie de médecine en 1875. Il devint le collaborateur de Botkine, un élève de Claude Bernard. Ses débuts scientifiques furent très difficiles. Ses conditions de travail et de salaire l'empêchaient d'avoir une vie familiale normale. Vers 1877, il commença des études sur les sécrétions glandulaires (salivaires et gastriques) qui l'orienteront en 1890 vers l'analyse des « excitations psychiques » et des réflexes conditionnés – v. *Les Réflexes conditionnés* (*) (1927). Il passa donc de l'étude de la physiologie de la digestion à celle de la physiologie du cerveau. Pavlov s'opposait aux interventions chirurgicales sans anesthésie sur les animaux, pour des raisons scientifiques, et payait de ses propres deniers les animaux opérés. Malgré ses brillantes recherches et son titre de docteur et professeur agrégé en 1883, la carrière de Pavlov fut également difficile. Brillant pédagogue, il ne put obtenir une chaire de physiologie à l'université de Saint-Pétersbourg qu'à l'âge de quarante-six ans, où il enseigna pendant trente ans. Il ne fut titularisé membre correspondant de l'Académie des sciences qu'en 1907 alors qu'il avait déjà reçu le prix Nobel depuis trois ans.

ARLETTE STRERI.

PAYRÓ Roberto Jorge. Romancier argentin. Né à Mercedes (Buenos Aires) le 19 avril 1867, mort à Buenos Aires le 5 avril 1928. Important représentant de l'école réaliste, à laquelle il donna des volumes remarquables tels que *Le Mariage de Laucha* [*El Casamiento de Laucha*], *Pago Chico, Divertissantes aventures du neveu de Juan Moreira* (*), les *Nouvelles histoires de Pago Chico* [*Nuevos cuentos de Pago Chico*], *Marco Severi*, il manifesta très tôt son amour des lettres ; en effet son premier livre, *Nouvelles et fantaisies* [*Novelas y fantasías*], parut en 1887. Ses études, faites au collège Saint-Joseph de Buenos Aires, terminées, il se consacra au journalisme, sans que cette profession à laquelle il resta toujours fidèle portât préjudice à la spontanéité de son art de romancier. Il passa son enfance à Lomas de Zamora, où l'on conserve encore de nos jours sa splendide bibliothèque ; il s'installa plus tard à Bahia Blanca où il fonda le journal *La Tribune* [*La Tribuna*], organe combatif d'idées avancées, éloigné de tout conformisme, qui fut pour Payró la cause de graves persécutions politiques. Homme d'action, il se mêla à la politique argentine, faisant ouvertement profession de socialisme (il fut même l'un de ceux qui tentèrent de fonder le parti socialiste argentin). En 1892, il devint le correspondant de *La Nation* [*La Nación*] et, comme tel, à plusieurs reprises fut envoyé à l'étranger. Ses comptes rendus envoyés de Belgique, au cours de la Première Guerre mondiale, le firent mettre en prison jusqu'à la fin des hostilités. En 1923, il put regagner son pays où il demeura jusqu'à sa mort.

PAZ Octavio. Poète et essayiste mexicain. Né à Mexico le 31 mars 1914. D'ascendance mexicaine par son père, andalouse par sa mère, il est sensible, dès sa prime jeunesse, à cette double culture qu'il cherche tenacement à faire sienne. Son grand-père paternel, précurseur du mouvement « indigéniste », auteur d'un roman qui s'attachait à faire revivre la tradition préhispanique, possédait une riche bibliothèque où l'adolescent puise son premier savoir du monde précolombien. Son père, avocat, promoteur de la réforme agraire, est conseiller du révolutionnaire Emiliano Zapata auprès du mouvement ouvrier des États-Unis. Au seuil même des études universitaires qu'il entreprend à Mexico, Octavio Paz entame son activité littéraire par la fondation de la revue *Barandal* en 1931, puis des *Cahiers du val de Mexico* en 1933. Cette même année, il publie son premier recueil de poèmes *Lune sylvestre* (+). Suivront *Racine de l'homme* (+) et *Sous ton ombre claire* [*Bajo tu clara sombra*], l'un et l'autre en 1937. On retrouve dans ces œuvres de jeunesse, intimement mêlés, les échos assourdis de l'esthétique symboliste, encore très présente en Amérique latine, et les accents plus volontaires de la poésie baroque du Siècle d'or espagnol : Góngora, Quevedo, et déjà Sor Juana Inés de la Cruz, la grande poétesse mexicaine à qui, quelque quarante années plus tard, il consacrera une étude monumentale. En 1937, durant la guerre civile espagnole, il se trouve à Valence où il assiste au congrès des Écrivains antifascistes. Il y rencontre notamment Pablo Neruda, César Vallejo, Miguel Hernandez, Rafael Alberti, et surtout Luis Cernuda avec qui il nouera une amitié durable. De retour à Mexico, il s'engage résolument dans le débat politique, collabore à des journaux ouvriers, se lie avec des intellectuels espagnols émigrés au Mexique après l'écrasement des armées républicaines. Il fait la connaissance de Benjamin Péret et commence à s'intéresser de plus près aux activités du surréalisme. En 1943, il part pour les États-Unis, où il séjournera deux ans. Il lit avec ferveur Yeats, Pound et Cummings, rencontre Robert Frost et William Carlos Williams. La poésie nord-américaine, à laquelle il faut adjoindre T. S. Eliot, demeurera dès lors et pour longtemps une de ses références privilégiées. Mais c'est à Paris, où il occupe un poste diplomatique de 1946 à 1951, que Paz trouve véritablement son lieu et sa formule poétiques. Devenu l'ami d'André Breton, il collabore aux publications surréalistes, partage les positions antistaliniennes du groupe, s'interroge sur son devenir d'écrivain et son identité culturelle. Séjour fécond, puisque voient le jour durant cette période *Liberté sur parole* (*) qui rassemble en 1949 toute l'œuvre poétique antérieure, et le superbe essai sur l'identité mexicaine, *Le Labyrinthe de la solitude* (*) (1950), deux œuvres majeures qui déclarent à la fois la singularité du poète et la rigueur de sa réflexion critique. En 1951, *Aigle ou soleil ?* (+) rend manifestes ses affinités avec l'entreprise surréaliste à laquelle il demeurera attaché, par-delà les options poétiques qui l'en éloigneront bientôt. Un premier voyage en Orient – Japon, Inde – réalisé en 1952 élargit encore ses horizons de culture. Littérature, philosophie et arts orientaux le requièrent vite, tel un heureux contrepoids aux influences occidentales dont, intuitivement, il cherche à se dégager. Revenu à Mexico en 1955, il enseigne à l'université et parachève conjointement deux ouvrages : *Pierre de soleil* (+), paru en 1957, et que traduira Benjamin Péret, où le chant lyrique est traversé par les questionnements inaboutis et les violences de l'histoire ; *L'Arc et la Lyre* [*El arco y la lira*], réflexion de poète plus que de théoricien sur l'expérience et la vertu du « dire poétique ». Dès lors et jusqu'à ce jour, Paz mènera de front son œuvre de poète et sa méditation toujours vive sur les civilisations occidentales, orientales et primitives dans leurs différents registres, des manifestations les plus hautes de l'art – poésie, peinture, sculpture – jusqu'aux enchaînements et aux déchaînements tragiques de l'histoire contemporaine. L'expérience du théâtre le tente. En 1957, il crée un groupe théâtral, « Poésie à haute voix », pour lequel il écrit son unique pièce, *La Fille de Rappaccini* [*La hija de Rappaccini*], inspirée d'un conte de Hawthorne. À Paris, où il réside à nouveau de 1959 à 1962, il poursuit son travail poétique et le rassemble en deux livres, rééditant d'une part *Liberté sur parole* qui réunira désormais l'œuvre antérieure à 1958, publiant d'autre part *Salamandre* [*Salamandra*] où se retrouvent les poèmes écrits entre 1958 et 1961. À partir de 1962 et jusqu'à 1968 s'ouvre pour lui une époque de vie particulièrement faste. Nommé ambassadeur du Mexique à New Delhi, Paz interroge les grands livres du bouddhisme, les expériences spirituelles des maîtres à penser, les monuments, les foules de pèlerins, les paysages. Bien des essais qu'il écrira par la suite – anthropologiques, esthétiques, et même politiques – portent la marque de cette découverte désormais capitale. C'est en Inde également qu'il épouse en secondes noces Marie-José Tramini, française de nationalité, à qui sont dédiés ses plus beaux poèmes écrits sous le signe d'Éros, que l'on retrouve dans *Versant est* (*) (1969). Mais l'histoire, comme suspendue un instant par la fascination orientale, vient bouleverser derechef la vie du poète. Apprenant le massacre de plusieurs centaines d'étudiants sur la place des Trois-Cultures à Mexico, le 2 octobre 1968, Paz démissionne de son poste en signe de protestation. Il reprend alors, plusieurs années durant, son existence itinérante, donnant des cours dans des universités américaines et anglaises. Son double travail de poète et d'essayiste n'en est nullement affecté. De l'Orient, il n'a pas ramené un savoir, ou même l'espoir d'une sagesse, mais le désir d'une confluence possible entre des poétiques qui s'ignorent, des mentalités qui s'excluent. Ainsi donne-t-il en 1970 une traduction des poèmes de Bashô, *Sentiers d'Oku* [*Sendas de Oku*], parfaite recréation du haïku en langue espagnole. Conjointement, il compose avec les poètes Jacques Roubaud, Edoardo Sanguineti et Charles Tomlinson un *Renga* collectif (1971) qui constitue en français, en italien, en anglais et en espagnol la première adaptation de cette forme poétique japonaise. De retour à Mexico en 1971, il y fonde la revue *Plural,* ouverte à la littérature, aux arts, à la politique. C'est en 1972 qu'est publié un des livres les plus attachants de Paz, *Le Singe grammairien* (*), cristallisation de son expérience en Orient, pérégrination de l'écriture et de l'écrivain au-dedans de soi. Cependant l'œuvre proprement poétique ne perd pas ses droits. En 1974, Paz publie *Mise au net* [*Pasado en claro*], long poème spéculatif que traduira Roger Caillois. Puis seront écrits, outre de nombreux essais sur Marcel Duchamp, Claude Lévi-Strauss, l'histoire du Mexique, les poèmes réunis dans *Le Feu de chaque jour* (titre original *Vuelta : Retour*), publié en 1976, composé en effet au retour de l'Inde, et, après un intervalle assez important, *L'arbre parle* (titre original *Árbol adentro : Arbre au-dedans*) en 1987. Entre-temps, et comme pour reprendre et enrichir la réflexion première du *Labyrinthe de la solitude,* Paz avait consacré plusieurs années à cerner l'œuvre de cette étonnante figure de la littérature mexicaine du XVIIe siècle, Sor Juana Inés de la Cruz, religieuse et femme de lettres, réduite au silence par une hiérarchie ecclésiastique toute masculine. Cet ouvrage, paru en 1982, *Sœur Juana Inés de la Cruz ou les Pièges de la foi* (*) est bien plus qu'une monographie ou une évaluation critique. Comme Paz l'écrit lui-même : « Mon essai est une tentative de restitution : je prétends restituer son monde, la Nouvelle-Espagne du XVIIe siècle, la vie et l'œuvre de Sor Juana. » En 1976, après la disparition de la revue *Plural,* Paz avait fondé *Vuelta* qui occupe désormais une place prépondérante dans la vie culturelle de l'Amérique latine. À cela s'ajoute, tel un complément nécessaire à la création poétique, le travail du traducteur donnant à la langue espagnole les poèmes de Pessoa, d'Apollinaire, et une version étonnante du « Sonnet en ix » de Mallarmé. Disons encore que, dans la tradition de Baudelaire, Paz a fait du « culte » des images sa grande passion de poète. L'imposante exposition organisée à Mexico en mars 1990 sous le titre « Les Privilèges de la vue » a rendu visibles et comme préhensiles les moments de son « musée imaginaire ». Octavio Paz réside présentement à Mexico. Parmi ses derniers voyages en Europe, on retiendra volontiers celui qui l'a conduit à Stockholm pour y recevoir le prix Nobel de littérature en décembre 1990. Ce couronnement allait à une œuvre dont il est difficile en peu de mots de mesurer l'importance et l'ampleur. Des mythes méso-américains aux écrits de l'Orient, des strates espagnoles aux expériences surréalistes, cette poésie, toute de liberté et de transparence, mais gravide aussi de tragique et d'obscur, s'est développée comme organiquement, s'enrichissant de sa propre aventure intérieure et circonstancielle. « Poésie de circonstance », ainsi que la définissait récemment Octavio Paz, reprenant la formule de Goethe, elle est plus encore l'histoire d'un homme dans son siècle, devenant, par la vertu du verbe, rythme et mesure, insurrection et réconciliation des contraires.

CLAUDE ESTEBAN.

RÉF. : Claire Céa, *Octavio Paz,* Paris, 1965. – Ramón Xirau, *Octavio Paz : El sentido de la palabra,* Mexico, 1970. – Rachel Phillips, *The Poetic Modes of Octavio Paz,* Londres, 1972. – Pere Gimferrer, *Lecturas de Octavio Paz,* Barcelone, 1980. – Maya Schärer-Nussberger, *Octavio Paz : trayectorias y visiones,* Mexico, 1989.

PÁZMÁNY Péter. Cardinal jésuite hongrois. Né le 4 octobre 1570 à Várad, mort le 19 mars 1637 à Pozsony (Presbourg, aujourd'hui Bratislava). Il fut la personnalité la plus marquante de la Contre-Réforme en Hongrie, remarquable homme d'État, le rénovateur et, pour de nombreux siècles, le modèle suprême de l'éloquence sacrée. Il descendait d'une ancienne et illustre famille protestante. À douze ans, il se convertit au catholicisme, et en 1587 il entrait dans la Compagnie de Jésus. Il fit ses études à Cracovie, Vienne et Rome et, ordonné prêtre, il se vit confier, à l'université de Graz, la chaire de philosophie, puis celle de théologie. En 1607, appelé à la cour primatiale, il commença à participer au gouvernement de l'Église hongroise qui, à cette époque, était en relation étroite avec la politique nationale. Pendant dix ans, il remporta de nombreux succès, entouré de l'admiration générale pour ses mérites d'écrivain, et il rédigea une quinzaine d'œuvres théologiques et polémiques. En 1616, il fut élevé à la plus haute dignité ecclésiastique. Devenu archevêque d'Esztergom, il fit triompher la Contre-Réforme et prit une part décisive à la direction de son pays. Pour les grands services qu'il avait rendus à la cause du catholicisme, Urbain VIII le nomma cardinal en 1629. En tant qu'homme d'État, tout en soutenant la dynastie des Habsbourg, il défendit avec une grande fermeté les intérêts hongrois, et les patriotes protestants eux-mêmes le tenaient en grande estime. Il créa et appuya financièrement de nombreuses institutions culturelles (dont l'université de Nagyszombat, fondée en 1635 et transférée plus tard à Pest). Il a fortement contribué à l'expansion du catholicisme. Polémiste étonnant et remarquable apologiste, il porta des coups mortels aux protestants ; ses œuvres comportent de plus une dimension profondément artistique. Sa traduction des *Quatre livres de Thomas A. Kempis sur l'Imitation du Christ* (1604) est un authentique chef-d'œuvre de prose magyare. L'austère architecture et l'eurythmie de style du *Livre des prières chrétiennes* (1606) et du *Guide de la vérité divine* (*) (1613) le mettent au-dessus de tout ce qui avait été écrit dans le genre, et Pázmány se révèle un prosateur puissant et original dans ses *Sermons* (1636).

PEA Enrico. Écrivain italien. Né à Seravezza (Lucques) le 29 octobre 1881, mort à Forte dei Marmi (Lucques) le 11 août 1958. Issu d'un milieu modeste, Enrico Pea est très tôt orphelin. Pour subsister, il travaille dans les champs puis comme berger. Âgé de quinze ans, il part pour l'Égypte et s'installe à Alexandrie où s'était constituée une petite colonie italienne d'émigrés. Pea exerce divers métiers (il sera notamment apprenti imprimeur) et sympathise avec le mouvement anarcho-syndicaliste. Il commence à écrire des poèmes, et rencontre à Alexandrie le poète Ungaretti. De retour en Italie, dans sa Toscane natale, il publie ses premiers recueils : *Balivernes* [*Fole*, 1910], *Montignoso* (1912), *Lo Spaventacchio* (1914). Ces œuvres s'inscrivent dans le mouvement avant-gardiste. Installé à Viareggio, Pea s'occupe de la direction artistique d'un théâtre. Durant cette période, il écrit trois pièces : *Judas* [*Giuda*, 1918], *Premières pluies d'octobre* [*Prime piogge d'ottobre*] et *Rose de Sion* [*Rosa di Sion*, 1919]. Pea se tourne alors vers la forme romanesque, dans laquelle son talent s'exprimera de façon privilégiée. Il publie en 1922 *Moscardino* (*), qui sera suivi de *Visage saint* [*Volto santo*, 1924]. Dans ces romans assez brefs, il puise dans les souvenirs de sa famille et dans sa propre jeunesse. Il y décrit une réalité très sombre ; ses personnages à l'âme tourmentée connaissent des destins funestes. Pea fait à la fois preuve de lyrisme (il y a chez lui une veine expressionniste) et d'une grande sobriété stylistique, avec une écriture presque transparente. Ses narrations déconstruites, fragmentées, font parfois place à des descriptions poétiques très pures (il sait admirablement dépeindre la Toscane). Il est significatif que l'écrivain américain Ezra Pound ait tenu à traduire Pea en anglais. Les romans que Pea continuera de publier ont confirmé sa place très originale dans la littérature italienne du XXe siècle : *Serviteur du diable* [*Servitore del diabolo*, 1931], *L'Étranger* [*Il forestiero*, 1937], *La Maremme* [*La Maremmana*, 1938], *Vie en Égypte* [*Vita in Egitto*, 1949], *Péchés sur la place* [*Peccati in piazza*, 1956].

JACQUES-ÉMILE MIRIEL.

PEACOCK Thomas Love. Écrivain anglais. Né à Weymouth, dans le Dorsetshire, le 18 octobre 1785, mort à Lower Halliford, dans le Middlesex, le 23 janvier 1866. Fils de Samuel Peacock et de Sarah Love, il fut élevé chez son grand-père paternel, à Chertsey, puis à l'école d'Englefield Green, près de Reading, de 1792 à 1798. Il fut employé peu de temps, en 1799-1800, dans une entreprise londonienne, puis, du printemps à l'automne 1806, il fit un voyage à pied en Écosse méridionale ; en 1808-1809 il était devenu le secrétaire adjoint de sir Home Riggs Popham, commandant du navire le « Vénérable ». En avril 1809, de retour à Chertsey, Peacock entreprit une excursion : il remonta la vallée de la Tamise afin de chercher l'inspiration pour son court poème *Le Génie de la Tamise* [*The Genius of the Thames*]. Plusieurs années de suite, à partir de 1810, il visita le Pays de Galles, séjournant à Maentwrog où il fit la connaissance de Jane Gryffyth qu'il épousa en 1819. Ce fut en 1812, à Londres, qu'il rencontra Shelley dont il devint l'ami intime et qui le choisit pour son exécuteur testamentaire. Après ces quelques années d'une existence plutôt nomade, consacrée aux études et aux voyages, il entra, en mai 1819, à l'East India Company ; il s'y affirma au point qu'il y termina sa carrière avec le grade d'inspecteur en chef. Retraité en 1856, il passa le reste de sa vie à Lower Halliford, petit village sur la Tamise, en amont de Londres, où, depuis l'époque de son mariage, il avait installé sa famille. Rappelons parmi ses poésies : *La Philosophie de la mélancolie* [*The Philosophy of Melancholy*, 1812], *Rhododaphne* (1818) et la satire *Poèmes du papier-monnaie* [*Paper Money Lyrics*, 1837]. Il écrivit sept romans : *Le Château de la bizarrerie* (*) (1816), *Mélincourt* (1817), *L'Abbaye de cauchemar* (*) (1818), *Maid Marian* (*) (1822), *Les Malheurs d'Elphin* [*The Misfortunes of Elphin*, 1829], *Crotchet Castle* (1831) et *Gryll Grange* (publié en feuilleton en 1860, et en volume en 1861). Ses essais dramatiques, *Le Cercle de Loda* [*The Circle of Loda*], *The Dilettanti*, et *Les Trois Docteurs* [*The Three Doctors*], qui ne furent jamais représentés, furent publiés posthumes en 1910. Parmi ses ouvrages de critique, rappelons en particulier *Les Trois Âges de la poésie* [*The Three Ages of Poetry*, 1820], qui provoquèrent la réponse de Shelley, *Défense de la poésie* (*) (1821), et les *Souvenirs sur P. B. Shelley* [*Memoirs of P. B. Shelley*, parus en trois livraisons dans le *Fraser's Magazine* de 1858, 1860 et 1862].

♦ *« Il est plein de génie et son* Palmyra *est le meilleur poème que j'aie jamais lu. »* Shelley.

RÉF. : J. B. Priestley, *T. L. Peacock*, 1927. – J.-J. Mayoux, *Un épicurien anglais, T. L. Peacock*, 1932. – O. W. Campbell, *Thomas Love Peacock*, Londres, 1953. – L. Madden, *Thomas Love Peacock*, Londres, 1967. – C. Dawson, *Thomas Love Peacock*, Londres, 1968. – H. Mills, *Peacock, his Circle and his Age*, Cambridge, 1968. – F. Felton, *Thomas Love Peacock*, Londres, 1973. – M. Butler, *Peacock Displayed*, Londres, 1979.

PEAKE Mervyn. Artiste et écrivain anglais. Né le 9 juillet 1911 à Kuling (Chine), mort à Londres le 17 novembre 1968. Illustrateur célèbre de *La Ballade du vieux marin* (*) de Coleridge ou de *L'Île au trésor* (*) de Stevenson, auteur de plusieurs recueils de poésies dont l'un, *Les Souffleurs de verre* [*The Glassblowers*], lui valut avec le deuxième volet de sa trilogie *Le Livre de Titus* (*) un prix décerné en 1950 par la Société royale de littérature, romancier (*Mr Pye,* 1953), nouvelliste et enfin dramaturge, Peake est un artiste aux dons multiples. Leur variété ne fait cependant que souligner l'originalité de son imagination créatrice. L'enfance en Chine dans une famille de religion protestante non conformiste, avec un père missionnaire et docteur, lui fournit un immense réservoir de formes, de couleurs, d'odeurs et de sons en même temps qu'elle aiguisa une sensibilité déjà vive. De retour en Angleterre à l'âge de douze ans, il fit ses études secondaires dans le Kent puis rentra à Londres, à l'école de l'Académie royale. L'île de Sark, où il vécut ensuite pendant trois ans dans une communauté d'artistes et où il revint vivre après son mariage, sera sa deuxième grande source d'inspiration. Si Maeve Gilmore, l'artiste peintre qu'il épousa en 1937, lui donna amour et compréhension, la guerre, l'embrigadement dans l'armée – mal supporté au point de provoquer des dépressions nerveuses, puis sa démobilisation en 1943 –, un séjour en Allemagne en 1945 commandité par un journal en vue d'un reportage au cours duquel il visita en particulier le camp de Belsen, mirent ses nerfs à vif. Malgré le succès d'estime de ses livres et de ses dessins, l'aisance financière ne vint jamais. L'espoir, déçu, de gains rapides avec une comédie [*The Wit to Woo,* 1957] entraîna une nouvelle dépression nerveuse, bientôt suivie des premiers symptômes de la maladie de Parkinson qui devait l'emporter douze ans plus tard.

Plus qu'une trilogie, son œuvre littéraire la plus célèbre : *Le Livre de Titus* (*), publiée en trois parties avec *Titus d'enfer* en 1946, *Gormenghast* en 1950 et *Titus errant* en 1959, est en réalité une autobiographie transposée. À sa mort Maeve Gilmore put faire état de notes rédigées en vue d'un quatrième livre. La tradition anglaise du récit d'imagination et d'aventures, héritée en partie du roman gothique et influencée par Stevenson dévoré dans l'enfance, est dans *Titus d'enfer* prétexte au déploiement d'une écriture fantasmatique jonglant avec l'angoisse et le macabre, l'humour et la grosse farce. Fasciné par les visages déformés des « souffleurs de verre », transformant dans un poème le blitz de Londres en une fantasmagorique danse de vie et de mort (« The Rhyme of the Flying Bomb »), l'art de Peake déconstruit la « vision fonctionnelle » du réel. Jouant avec les « points de vue » narratifs, avec la temporalité du récit et de la description, accélérée ou ralentie, il décompose et recompose formes et mouvements à travers les anamorphoses de la caricature et les métamorphoses d'un bestiaire. L'écriture devient une scénographie symbolique.

THÉRÈSE VICHY.

PEDRELL Felipe. Compositeur, critique musical et historien espagnol. Né à Tortosa le 19 février 1841 et mort à Barcelone le 19 août 1922. À l'âge de sept ans, il devint enfant de chœur à la cathédrale de Tortosa et y apprit le solfège ; c'est là qu'il sentit naître son amour pour la musique. En 1868, il publia un *Impromptu* ; en 1871, un ensemble de mélodies : *Nuits d'Espagne* [*Noches de España*] ; en 1872, deux morceaux pour piano qu'il signe de l'anagramme Delper, ainsi que *Les Poèmes du pianiste* [*Las poemas del pianista*], étude sur les sonates de Beethoven. Pedrell s'installe à Barcelone en 1873. Il obtient un grand succès avec son opéra *Le Dernier Abencérage* [*El Ultimo Abencerraje*], où il utilise déjà le chant populaire. La musique qu'il écrivit pour *Les Orientales* (*) de Victor Hugo date de 1876 et son opéra *Cléopâtre* de 1878. Au cours de deux voyages à Rome, il perfectionna ses connaissances en histoire de la musique. À partir de 1888, Pedrell doit surtout sa réputation et l'influence croissante qu'il exerce sur le monde musical espagnol à ses ouvrages théoriques. Parallèlement, il s'attache à la composition d'œuvres telles que la trilogie musicale, *Les Pyrénées* (*). Après avoir fondé en 1888 une revue d'histoire et de critique, *La Illustración Musical Hispano-Americana*, Pedrell fait éditer les deux premiers volumes de la *Hispaniae Schola Musica Sacra* ; puis viennent, en 1897 et 1898, les cinq volumes du *Théâtre lyrique espagnol antérieur au* XIXe [*Teatro lírico español anterior al siglo* XIX]. À partir de 1896 et pendant sept ans, il est professeur à l'École d'études supérieures de l'Athénée de Madrid. À partir de 1902 sont publiées à Leipzig les *Œuvres complètes de Tomás Luis de Victoria*, dont il avait préparé l'édition. Sa trilogie, *Les Pyrénées*, avait été représentée intégralement à Barcelone en cette même année 1902. C'est entouré de nombreux disciples avides de son enseignement que Pedrell meurt en 1922. Il laissait inachevé un *Dictionnaire biographique et bibliographique des musiciens espagnols.* En se basant sur le chant populaire et en s'inspirant des anciens maîtres espagnols, il consacra sa vie de compositeur et d'érudit à remettre en valeur le passé musical de l'Espagne.

JORGE RODRIGUEZ.

RÉF. : G. Campa, *El maestro Pedrell.* – H. Collet, *Philippe Pedrell et la musique espagnole moderne.* – E. Dagnino, *L'Opéra di Pedrell nel movimento musicale moderno.*

PEELE George. Poète et auteur dramatique anglais. Né vers 1558, mort à Londres en novembre 1596. Peele fit ses études à Oxford, au Broadgates Hall (l'actuel Pembroke College) et au Christ Church College, obtenant ses diplômes de « bachelor of arts » en 1577 et de « magister artium » en 1579. En octobre 1580, il épousa une jeune fille d'Oxford, une certaine Ann Christian, et l'année suivante il s'installa à Londres. En juin 1583, il fut appelé à Oxford pour diriger les représentations de deux drames de William Gager, *Rivaux* [*Rivals*] et *Didon* [*Dido*], données à l'occasion de la visite du prince polonais Albert Laski. Il est possible que Peele n'ait pas été seulement auteur dramatique, mais aussi acteur. Son activité théâtrale comprend non seulement des pièces régulières telles que *Le Jugement de Pâris* (*) (1584), *Édouard Ier* [*Edward I,* 1593], *La Bataille de l'Alcazar* [*The Battle of Alcazar,* 1594], *Le Conte de la vieille femme* [*The Old Wife's Tale,* 1595], *David et Bethsabée* [*David and Bethsabe,* 1599], et *La Chasse de Cupidon* [*Hunting of Cupid*], perdue, mais aussi une demi-douzaine de « pageants », parmi lesquels *Polymnie* [*Polyhymnia,* 1590], *Descensus Astreae* (1591), et *Angelorum Feriae* (1595). Ses œuvres poétiques se composent de *Un adieu* [*A Farewell*] et *Une histoire de Troie* [*A Tale of Troy,* 1589], *Une églogue* [*An Eclogue,* 1585], et *L'Honneur de la Jarretière* [*The Honour of the Garter,* 1593].

RÉF. : L. R. Ashley, *George Peele,* New York, 1970.

PÉGUY Charles. Écrivain français. Né à Orléans (Loiret) le 7 janvier 1873, tué au cours de la bataille de la Marne, à Villeroy (Seine-et-Marne), le 5 septembre 1914. Ses ascendances obscures furent toujours la fierté du normalien Péguy. Il sortait en effet d'une famille de paysans et de vignerons : son père, un menuisier, étant mort quelques mois après sa naissance, le petit Charles fut élevé par sa mère qui gagnait difficilement sa vie en rempaillant des chaises. D'abord remarqué par ses maîtres de l'école communale qui lui obtinrent une bourse au lycée d'Orléans où il fit de solides études classiques, Péguy arriva à Paris en 1891 pour préparer le concours de l'École normale supérieure : après un premier échec, il accomplit une année de volontariat, et en octobre 1893 fut admis à Sainte-Barbe. C'est là, dans la fameuse cour rose, qu'il rencontra ses premiers amis, Jérôme Tharaud, Marcel Baudoin, Joseph Lotte. À cette époque il avait déjà perdu la foi, mais s'enthousiasmait pour un « socialisme jeune, nouveau, grave, un peu enfant... profondément chrétien ». En août 1894 il entra enfin à Normale, mais, d'un caractère déjà trop indépendant pour se plier aux routines universitaires, il demanda son congé au bout d'un an, rentra à Orléans, y fonda un groupe d'études socialistes et, après un nouveau séjour à l'École pendant l'année scolaire 1896-1897, quitta définitivement la maison de la rue d'Ulm en automne 1897, sans avoir obtenu de diplôme.

Depuis deux ans, il travaillait à une fresque dramatique, *Jeanne d'Arc* (*), œuvre encore imparfaite mais nourrie des nobles aspirations de son adolescence et de la foi en une régénération de l'humanité par le socialisme conçu non comme un bouleversement social mais comme une « révélation profonde intérieure ». Péguy, qui venait de se marier avec la sœur d'un de ses camarades de Sainte-Barbe, réussit, grâce à la dot de sa femme, à ouvrir une librairie socialiste au quartier Latin (1er mai 1898) ; mais, un an plus tard, l'entreprise, en difficulté, était transformée en une société anonyme à laquelle Péguy ne participait plus qu'en qualité de gérant appointé ; et en décembre 1899 survint enfin la brouille définitive entre Péguy et ses associés, parmi lesquels Lucien Herr, le bibliothécaire de l'École normale, et Léon Blum. Ce n'étaient pas seulement des projets d'édition qui les opposaient ; c'était l'exploitation électorale de la fameuse affaire Dreyfus dans laquelle Péguy, à la différence de ses anciens amis socialistes, n'avait voulu voir qu'une sublime controverse de morale politique. De Jaurès lui-même, dès cette époque, il commençait de s'éloigner et, reprenant sa liberté entière à l'égard de toute consigne de parti, il fonda en janvier 1900 les *Cahiers de la Quinzaine* (*), réalisation de son rêve d'un « journal vrai ».

En 1905 le « coup de tonnerre » de Tanger va d'ailleurs bouleverser complètement les perspectives intellectuelles et politiques de Péguy : celui-ci, jusqu'alors internationaliste et pacifiste, découvre soudain, face à la menace allemande, la réalité charnelle de la patrie française. Toute sa vie va désormais être celle d'un héritier parti à la reconquête des diverses traditions de sa race et de sa terre : *Notre Patrie* (*) (1905) fut le point de départ de cette évolution vers le nationalisme. De la patrie maintenant retrouvée, cet effort d'« approfondissement » intérieur conduisit Péguy, dès 1908, à la foi chrétienne et aux portes de l'Église catholique, qu'il ne put franchir qu'à la veille de sa mort, en ayant été empêché jusqu'alors par sa situation familiale (il était marié civilement et sa femme professait un agnosticisme décidé), par son attitude de fidélité jalouse au socialisme dreyfusard — v. *Notre jeunesse* (*) (1910) —, enfin par son tempérament farouchement indépendant, qui lui donnait une grande méfiance du monde clérical. C'est donc un catholicisme assez étrange que celui de Péguy, religion poétique, sans sacrements, assez libre avec le dogme même, et pourtant d'une humilité dont la sincérité ne fait pas de doute, bien que les affaires de Dieu y soient souvent confondues avec une « mystique » de l'héroïsme et du messianisme national français. Le *Mystère de la charité de Jeanne d'Arc* (*) (1910), la première œuvre poétique écrite par Péguy après sa conversion, est une refonte de sa *Jeanne d'Arc* socialiste de 1897 et elle n'en renie rien, l'espérance du salut éternel s'ajoutant sans la contredire à la volonté de vaincre la misère temporelle. Dans ses œuvres suivantes, *Le Porche du mystère de la deuxième vertu* (*) (1911), *Le Mystère des saints Innocents* (*) (1912), *La Tapisserie de sainte Geneviève et de Jeanne d'Arc* (*) (1912), *La Tapisserie de Notre-Dame* (*) (1913), *Ève* (*) (1913), Péguy va édifier un des sommets de la poésie chrétienne française. Son originalité spirituelle réside certainement dans une manière particulière de rechercher et de faire resplendir le surnaturel au cœur même de la vie terrestre, du « charnel » : l'âme de Péguy est en effet beaucoup plus sensible à la présence de Dieu en ce monde qu'à sa transcendance. Jamais depuis le Moyen Âge — dont il s'inspire d'ailleurs sans cesse — on n'avait mêlé avec autant de familiarité et de grandeur l'histoire divine et l'histoire la plus quotidienne et la plus populaire.

Mais l'œuvre poétique de Péguy n'a été écrite qu'en marge de ses combats politiques et intellectuels, dont on retrouve l'atmosphère dans *Situations* (1906-1907), *Un nouveau théologien* (1911), *L'Argent* (*) (1913), *Clio* (*) (posthume, 1917). Dans quelques moments de répit, Péguy se laissait entraîner à composer quelque admirable commentaire littéraire, tel que *Victor-Marie, comte Hugo* (*) (1910) ; d'autres fois, c'était pour la pensée pure qu'il se faisait polémiste, ainsi lorsqu'il entreprit de défendre son maître Bergson, menacé par l'Index catholique — v. *Note sur M. Bergson et la philosophie bergsonienne* (1914) et *Note conjointe sur M. Descartes et la philosophie cartésienne* (*) (1924). Dédaigné par les grands écrivains de son temps, Barrès excepté, Péguy était devenu le chef d'une petite chapelle non sans influence sur une partie de la jeunesse et que fréquentèrent plus ou moins longtemps (car avec Péguy on se fâchait vite) Romain Rolland, André Suarès, Georges Sorel, Julien Benda, et, plus jeunes, Daniel Halévy, Henri Massis, Jacques Maritain. Obsédé par la perspective d'une guerre imminente, Péguy rêvait d'être le « rassembleur » de toutes les traditions françaises, dénonçait l'esprit de capitulation incarné à ses yeux par Jaurès et préparait de toutes ses forces la « génération de la revanche ». Aussi est-ce avec une sorte de soulagement et d'allégresse que Péguy rejoignit son affectation de lieutenant d'infanterie, aux premiers jours de la guerre de 1914. Depuis sa mort héroïque, son influence n'a, semble-t-il, cessé de grandir. Mais Péguy, aujourd'hui célébré et revendiqué par tous les partis, réconcilié même avec les pouvoirs officiels de l'Université et de l'Église, est-il réellement beaucoup lu ? Il faut reconnaître que son style rend assez difficile l'accès de sa pensée : la prose de Péguy progresse par d'inlassables répétitions, en forme de litanies. C'est un fleuve large et lent, chargé de richesses sans doute, mais qui ne laisse pas de paraître parfois monotone au lecteur trop peu attentif.

MICHEL MOURRE.

♦ *« Lui-même semblait un maître d'école extraordinaire, un grand pédagogue, un prédicant de l'ancienne France. Sa cervelle madrée, obstinée, baroque, avait reçu de naissance le génie des vieux maîtres de la rue du Fouarre, des moines populaires et des gazetiers révolutionnaires... Il a, dans une brève carrière d'homme de lettres, trouvé moyen d'épanouir des forces de paysan qui agrandit ses champs, de boutiquier qui compte et recompte ses sous, de typo qui fait de la belle ouvrage, de curé qui prêche ses ouailles et d'officier de ligne entraînant ses hommes au devoir. »* Maurice Barrès. ♦ *« Je trouve l'indignation de Péguy rafraîchissante... La grande vertu de Péguy c'est le courage au service de la foi, le courage dans l'affirmation. »* Paul Claudel. ♦ *« On te verra toujours patient, toujours acharné, saint de besogne, passionné pour tout ce qui vaut la peine de vivre ; voué à tout ce qui fait croire, faiseur d'hommes, instituteur de bonne doctrine, humble et simple d'aspect, homme de souci, piéton sans fanfare, grand par l'esprit, plus grand par la qualité de l'âme. Ton caractère ne craint rien du temps. Tu es fondé sur la bonne terre de France, plus que sur le marbre et le granit. »* André Suarès. ♦ *« Je dis, sachant ce que je dis, qu'il n'y a pas eu sans doute, depuis Dostoïevski, un homme qui soit aussi clairement homme de Dieu. »* Alain-Fournier. ♦ *« Toute l'histoire de la vie de Péguy est l'histoire de la victoire de son ingénuité sur ses violences, l'histoire d'une victoire, pour employer ses propres termes, du saint sur le héros. »* Emmanuel Mounier.

RÉF. : René Johannet, *Péguy et ses « Cahiers »*, Paris, 1914. — André Suarès, *Péguy*, Paris, 1915. — Marcel Péguy, *La Vocation de Charles Péguy*, Paris, 1925-1926 ; *Le Destin de Charles Péguy*, Paris, 1941. — Jérôme et Jean Tharaud, *Notre cher Péguy*, Paris, 1926. — Mounier, M. Péguy et Izard, *La Pensée de Charles Péguy*, Paris, 1931. — Henri Massis, *Évocations*, Paris, 1931. — Daniel-Rops, *Péguy*, Paris, 1932. — Paul Archambault, *Charles Péguy*, Paris, 1939. — Daniel Halévy, *Charles Péguy et les « Cahiers de la Quinzaine »*, Paris, 1940. — Albert Béguin, *La Prière de Péguy*, Neuchâtel, 1942. — Roger Secrétain, *Péguy, soldat de la vérité*, Paris, 1943. — Romain Rolland, *Péguy*, 2 vol., Paris, 1944. — Jean Delaporte, *Connaissance de Péguy*, 2 vol., Paris, 1944. — André Rousseaux, *Le Prophète Péguy*, Paris, 1946. — Charly Guyot, *Péguy pamphlétaire*, Neuchâtel, 1950. — B. Guyon, *Péguy*, Paris, 1960. — Théodore Quoniam, *Pour connaître la pensée de Péguy*, Paris, 1967. — Simone Fraisse, *Péguy et le monde antique*, Paris, 1972 ; *Les Critiques de notre temps et Péguy*, Paris, 1973 ; *Péguy et le Moyen Âge*, Paris, 1978 ; *Péguy*, Paris, 1979. — Jean Bastaire, *Péguy, l'insurgé*, Paris, 1975. — Henri Guillemin, *Charles Péguy*, Paris, 1981.

PEIPER Tadeusz. Poète et critique littéraire polonais. Né à Cracovie le 3 mai 1891, mort à Varsovie le 10 novembre 1969. Il étudie à Paris quand éclate la Première Guerre mondiale, qu'il passe en Espagne. De retour à Cracovie en 1921, il sera le fondateur et le premier théoricien de l'« Avant-Garde » poétique, et le rédacteur en chef de la revue *L'Aiguillage* [*Zwrotnica*]. À la poésie, il assigne pour but la peinture du monde moderne (« Miasto, Masa, Maszyna » [La Ville, la Masse, la Machine]) et pour moyen d'expression une rigoureuse construction intellectuelle qu'il appelle l'« épanouissement ». Dans ses *Poèmes* (*), publiés en 1935, Peiper rejette les conventions formelles de rime et de rythme et préconise l'emploi de « métaphores compréhensives », unissant les idées les plus différentes, et de rythmes différenciés selon le mouvement de la pensée. Ses proclamations, *Des lèvres nouvelles* [*Nowe usta*, 1925] et ses articles, *Par ici* [*Tędy*, 1930] ont joué un rôle important dans l'évolution de la poésie polonaise entre 1922 et 1939. Après la guerre, qu'il a passée en Union soviétique, Peiper s'est fixé à Varsovie. Avant sa mort, il y a publié quelques romans, des pièces de théâtre et un livre de souvenirs de guerre, ainsi qu'une adaptation du *Chien du jardinier* (*) de Lope de Vega.

PEIRCE Charles Sanders Santiago. Philosophe américain. Né à Cambridge (Massachusetts) le 10 septembre 1839, mort à Milford (Pennsylvanie) le 19 avril 1914. Fils de l'astronome et mathématicien Benjamin Peirce, il reçut de son père une formation scientifique de premier ordre. « Bachelor of Arts » à l'université Harvard (1859), « Master of Arts » (1862), puis « Bachelor of Science » (1863), il travailla, de 1869 à 1875, comme assistant au Harvard Observatory. À partir de 1872, il entreprit une série d'expériences sur le pendule pour déterminer la densité et la forme de la terre. De la même époque datent ses études sur la longueur des ondes lumineuses, effectuées avec Rutherford. Élu en 1876 membre de la National Academy of Sciences, le savant consacra ensuite différentes études à des problèmes de mathématiques, de physique, d'astronomie, d'optique, de chimie, ou relatifs à la profession d'ingénieur. Il publia alors les *Recherches photométriques* [*Photometric Researches*, 1878] et édita un ouvrage de son père, l'*Algèbre linéaire associative* [*Linear Associative Algebra*, 1882]. Peirce n'était pas un penseur orthodoxe et, en dehors des relations personnelles qu'il noua avec quelques philosophes sur qui il exerça son ascendant, il fut de ceux que sa position extra-universitaire condamna pour une large part à l'indifférence de ses contemporains. Malgré les efforts de William James en sa faveur, il n'a jamais pu obtenir une chaire universitaire. Le pragmatisme lui doit son nom. Comme il s'en est expliqué dans un article de 1905, la méthode pour laquelle il forgea ce terme est étroitement liée à un expérimentalisme issu des laboratoires scientifiques mais que l'on peut avoir rencontré, selon lui, dans les écrits de philosophes comme Kant, Berkeley et Spinoza. Peirce en donne la présentation suivante, en songeant à la démarche qui l'avait lui-même conduit à en thématiser l'esprit : « Dans le but de formuler ce qu'il approuvait de la sorte, il conçut la théorie selon laquelle une conception, c'est-à-dire la portée rationnelle d'un mot ou d'une expression, réside uniquement dans les effets concevables qu'elle est susceptible d'avoir sur la conduite de la vie. Si bien que, dans la mesure où il n'est manifestement rien qui, pouvant avoir un effet direct sur la conduite, pourrait ne pas résulter de l'expérience, on trouvera dans la possibilité de définir avec exactitude l'intégralité du phénomène expérimental concevable susceptible d'être impliqué par l'affirmation ou la négation d'un concept une définition complète de ce concept, sans qu'il n'y ait absolument rien de plus en lui. » Pour cette doctrine, Peirce a inventé le mot « pragmatisme ». Son premier essai philosophique important, *Comment rendre nos idées claires* (*), parut dans le *Popular Science Monthly* en janvier 1878, fut traduit en français et publié l'année suivante dans la *Revue philosophique*. Peirce y pose les fondements du pragmatisme. *Comment rendre nos idées claires* eut en philosophie un grand retentissement. On doit également à Peirce les *Études de logique* [*Studies in Logic*, 1883], *L'Architecture des théories* [*The Architecture of Theories*, 1890], *Qu'est-ce que le pragmatisme ?* [*What Pragmatism is*, 1905], *La Naissance du pragmatisme* [*The Issue of Pragmatism*, 1905]. Retiré à Milford en 1891, Peirce fut appelé aux comités de rédaction du *Century Dictionary* (1889-1891), du *Dictionary of Philosophy and Psychology* (1901-1905), et rédigea maints articles sur des questions de science, de psychologie, de phonétique, de bibliographie et de cartographie. Charles Peirce, peu au fait des réalités pratiques, connut dans ses dernières années une grande gêne et vécut presque ignoré. Miné lentement par le mal qui devait l'emporter, il travailla jusqu'à son dernier souffle.

♦ *« Esprit original et puissant, il a fait avancer toutes les sciences de l'esprit en même temps que la philosophie pure. »* William James.

RÉF. : E. Freeman, *The Categories of Charles S. Peirce*, Chicago, 1937. – M. Thompson, *The Pragmatic Philosophy of Charles S. Peirce*, Chicago, 1953. – M. G. Murphey, *The Development of Peirce's Philosophy*, Cambridge (Mass.), 1961. – A. Ayer, *The Origins of Pragmatism ; Studies in the Philosophy of Ch. S. Peirce and Williams James*, Londres, 1968. – G. Deledalle, *Le Pragmatisme. Textes choisis*, Paris, 1971 ; *C.S. Peirce, phénoménologue et sémioticien*, Amsterdam, 1987. – C. Chauviré, « Le "pragmatic turn" de C.S. Peirce » in *Critique*, nº 449, 1984. – C. S. Peirce, *Textes anticartésiens* (trad. et présentation J. Chenu), Paris, 1984. – C. Tiercelin, « La Métaphysique de Peirce », *Philosophie* nº 10, 1986.

PEIRE CARDENAL. Troubadour provençal. Né vers 1180 au Puy-en-Velay, mort vers 1278. D'une famille noble, il se prépara à la prêtrise, mais ne reçut pas les ordres : il fut « chanoine damoisel » du Puy. Il fit de bonnes études et prit part aux tournois poétiques du Puy-Sainte-Marie. Il mena la vie de poète de cour, fréquenta les rois et les barons, Raymond VI et Raymond VII de Toulouse dont il fit l'éloge, les seigneurs d'Auvergne, sire Hugues des Baux, vicomte de Marseille, et le roi d'Aragon Jacques Ier.

Il vécut tant bien que mal de ses revenus de secrétaire et de troubadour. Son œuvre, très abondante, comporte des pièces ressortissant aux genres traditionnels : chanson, tenson, partimen, sirventes, planh, descort, cobla, mais aussi aux genres nouveaux, estribot, sermo, crida, faula. Il a écrit peu de chansons d'amour, peut-être au début de sa carrière, et d'abord en poète courtois conformiste, proclamant que le désir vaut mieux que la jouissance, donnant des conseils à la dame : connaître avant de voir, rechercher le mérite plutôt que de plaire, demeurer prudente dans l'accueil. Il prend ensuite ses distances envers ce type d'amour, qui procure plus de maux que de biens, refusant d'attendre inutilement, d'être « le captif et l'homme lige » de sa dame : « Ni soi sos pres ni sos liatz. » C'est surtout dans la satire, dans le *sirventes* moral, qu'il a été le plus grand et le plus créatif. Il a laissé, dans ce genre, 56 *sirventes,* 18 *coblas* et d'autres chants qu'on regroupe sous trois rubriques : satires d'ordre personnel ou politique, satires contre le clergé, satires de morale générale. Il dénonce avec vigueur tout ce qui viole le droit et la morale : les cruautés de Simon de Montfort et des envahisseurs français qui anéantissent la civilisation occitane, l'indignité du haut clergé vénal et simoniaque, le dévergondage des femmes, la corruption, la cupidité, l'hypocrisie, la fraude et la violence. Le poète, qui semble lié au mouvement franciscain, fustige le mal au nom de la loyauté et de la pauvreté, et il chante la Vierge en vers admirables.

Poète de l'amour, Cardenal l'est à coup sûr ; mais, si cet amour peut relever de la courtoisie et signifier la passion qui attire l'amoureux vers l'aimée, s'il désigne aussi un sentiment d'affection et d'amitié, il devient surtout le signe d'une qualité essentielle de l'homme qui en compose toute la valeur, d'une qualité active qui l'engage vers un idéal de vie sociale et fait de l'homme pour l'homme une valor, un pretz (« valeur ») en soi et pour soi, et non point un sujet soumis à l'autorité de tous les pozestats (« puissances »). Avec amor on a alors vérité, droiture, loyauté, largesse et valeur, piété et foi profonde. Amor en vient à désigner l'essentiel des désirs de l'homme, résumant toutes les activités que réclame une certaine qualité de l'art de vivre. Contre les mœurs nouvelles venues de France, Cardenal a choisi la vertu plus spécialement sociale qu'est la charité, et il a voulu montrer qu'elle était cet amor chanté par les troubadours.

L'œuvre est incarnée dans les événements et dans la tragédie de la croisade albigeoise. Aussi Cardenal est-il un poète de la contestation. Ayant foi dans la Loi, il attaque les prêcheurs hypocrites « qui fuient l'œuvre qu'ils vont prêchant aux autres », les légistes qui soutiennent l'injustice au nom de la cupidité croissante, le droit pur au nom du bon droit : « Dretz a mestier d'ajuda, / E qui l'en ditz de no / En pur dreg a pauc pro » (LXVI, 76-78) (« Le bon droit a besoin d'aide, et si on la lui refuse, dans le droit pur il y a peu de profit »). Il s'en prend aux instances de la justice : « Je les vois faillir les premiers, et ils font semblant alors même de rire » (LXXVII, 20-21). Tout le siècle est témoin au procès intenté par Cardenal qui met en cause les plus hautes autorités morales au nom de la « mesure » qui obéit à l'amour et au sentiment du droit. Chaque fois il s'élève jusqu'au débat qui fait l'unité de son inspiration, la protestation contre une civilisation dont le dernier mot est convoitise, cobeitat. Sa pensée peut s'exprimer à travers des jeux de mots d'étymologie onomastique : « Aquist ric home non son ges de Valenza / Anz son de Gap e d'Albrac, deforas Fransa / De Bauzaç es de Cruas es lur semensa » (XXI), « Ces puissants hommes-là ne sont pas de Valence (valeur) mais plutôt de Gap (jactance) et d'Aubrac (boue), hors de France (franchise, noblesse), de Bauzac (tromperie) et de Cruas (cruauté) est leur race ». Cette contestation du poète, radicale, est celle d'une minorité consciente d'être une minorité, mais persuadée de détenir la vérité et, partant, intransigeante. Au cœur de l'œuvre on trouve la fable « Una ciutatz fo, no sai cals » (LXXX) (« Il y avait une fois je ne sais quelle cité »), écrite entre 1250 et 1265, après la mort de Raymond VII et la perte de tout espoir de survie pour la civilisation occitane. Le thème – une pluie rend fous tous les hommes sauf un – est une donnée folklorique, mais l'interprétation de la pluie par la convoitise est propre à Cardenal : tenu pour fou, frappé, couvert de boue, le poète persiste parce qu'il sait que la méchanceté a envahi l'humanité, conséquence de convoitise. Maintenant qu'ont disparu les seigneurs occitans qui soutenaient *Joi* « joie », *Pretz* « valeur » et *Paratge* « noblesse », la valeur ne dépend plus des établissements d'État, de la place occupée dans la hiérarchie sociale : « Mieux vaut de beaucoup un ribaud avec la misère qui vit en paix et supporte sa gêne, qu'un comte malhonnête qui, tous les jours, regorge d'un honteux profit et ne craint pas le déshonneur. » Cette intransigeance qui refuse tout accommodement quand il s'agit de vérité et de justice, et qui accepte même la mort, est celle du porte-parole d'un peuple devenu étranger dans son propre pays, plutôt que d'un moraliste doué pour la satire. Comme les spirituels, Cardenal nie l'autorité orgueilleuse au profit de l'Amour, qui seul donne la vraie connaissance, et estime que ce qui compte pour un chrétien, c'est la valeur de l'homme en lui-même ; de là l'importance accordée à la pauvreté, comme chez les franciscains : « Ja neguns homs que Dieu creza / Non amassara riqueza » (LV, 49-50) (« Jamais nul homme qui croit en Dieu n'amassera de richesse »), « La riqueza del segle es paubretatz » (LXXIX) (« La richesse du siècle est pauvreté »).

Le sarcasme est sans doute le trait distinctif de son style qui emprunte non seulement aux lexiques courtois et religieux, mais aussi et souvent à la langue quotidienne du peuple : les prieurs batailleurs ont des amours « parfaites [*fina*] comme de loups et de bergers » ; les clercs, qui se disent pasteurs *(pastor)*, ne sont que des tueurs *(aucizedor)*. Le sarcasme utilise toutes les figures, comparaisons et métaphores, contre des individus (Estève, le traître, « est à la façon des fruits de l'églantier, gros et rond, plein de méchantes humeurs ») ou une classe : les clercs savent « prendre le chat qui se rebiffe, sans gant, avec la main d'autrui », car, pour le courage, « quand ils sont à l'écuelle, chacun vaut un Roland ». L'image violente donne le branle au poème : « Le milan ni le vautour ne flairent pas plus vite la charogne que clercs et prédicateurs le séjour du riche » (« Tartarassa ni voutor / No sent tan leu la carn puden / Qom clerc e prezicador / Senton ont es lo manen »). Cette violence contestataire est le cri dramatique d'une civilisation qu'on détruit : avec Cardenal, nous sommes au cœur d'une lancinante tragédie.

JEAN DUFOURNET.

RÉF. : R. Lavaud, *Poésies complètes du troubadour Peire Cardenal*, Toulouse, 1957. — Ch. Camproux, *Peire Cardenal, troces causits*, Montpellier, 1970, et *Écrits sur les troubadours*, t. I, Montpellier, 1984, p. 57-183.

PEIRE d'Auvergne. Troubadour qui vécut vers le milieu du XIIe siècle, et dont on peut situer l'activité poétique entre environ 1158 et 1180. On sait, d'autre part, qu'il fut le disciple de Marcabrun et l'un des maîtres de Raimbaut d'Orange. Il était jongleur de profession, d'origine plutôt modeste, vagabondait en Provence, et fut particulièrement bien accueilli à la cour de Toulouse ; on le reçut également très bien en Espagne, où il fut protégé par la cour de Castille, et à Barcelone. Son comportement littéraire en fait un troubadour de grande importance, car il existait en lui un désir d'innovation, et il tenta d'atteindre une plus grande pureté de style. En outre, on trouve chez Peire d'Auvergne, ce qui est remarquable, une tendance critique à l'égard de ses collègues antérieurs et contemporains. Dante lui-même le compte parmi les « antiquiores doctores » — *Traité de l'éloquence en langue vulgaire* (*), I, 10 —, c'est-à-dire parmi les poètes illustres ; à son époque, on le considéra comme le prince des troubadours. Le recueil *Vers* (*) réunit la vingtaine de poèmes de lui qui nous sont parvenus.

RÉF. : R. Zenker, *Die Lieder Peire's von Auvergne*, Berlin, 1900. — A. Jeanroy, *La Poésie lyrique des troubadours*, Paris, 1934. — A. del Monte, *Peire d'Alvernha, Liriche*, Turin, 1955.

PEIRE VIDAL. Troubadour d'origine toulousaine et bourgeoise, fils d'un pelletier (peut-être commença-t-il par exercer lui-même ce métier). Il vécut dans la seconde moitié du XIIe siècle et dans les premières années du XIIIe, sans probablement dépasser 1205 ou 1206. Il dut faire son apparition en qualité de poète à la cour de Raimond V, qui était, à l'époque, le véritable et le plus grand centre littéraire de Provence. Il jouit également de la protection d'Alphonse II d'Aragon, comte de Provence (1162-1196), auquel il adressa quelques-unes de ses chansons — v. *Sirventes* (*) — et aussi de celle du vicomte Barral de Marseille, qu'il désigne dans ses poésies sous le nom fictif de Rainier ; il noua même avec ce dernier une réelle amitié.

À partir de 1186, nous le voyons ensuite errer de cour en cour : à Montpellier auprès d'Alphonse VIII de Castille, auprès d'Alphonse II d'Aragon à qui il va jusqu'à offrir ses services contre le comte de Toulouse ; puis on le trouve en Terre sainte, pèlerin « involontaire » comme il se définit lui-même, enfin auprès de Richard Cœur de Lion qui, à l'époque, n'était encore que seigneur de Poitiers. Puis Peire rentra en Provence, mais entre 1192 et 1196 il perdit tous ses protecteurs importants : Raimond, Barral et Alphonse II. Pendant ces années-là, son cœur est voué à une femme qu'il appelle « Louve » ; ce fut ce nom qui donna naissance à l'une des nombreuses plaisanteries auxquelles le poète se plut et qui fournirent un point de départ aux créations extraordinaires des anciens biographes ; il voulut vivre par amour pour elle, à la manière des bêtes sauvages. Mais cela ne dura pas longtemps, et il passa facilement à d'autres amours d'autant plus que, après la disparition de ses protecteurs, la Provence ne présentait plus pour lui de grands attraits.

En revanche, la renommée d'un prince italien mécène, Boniface Ier de Montferrat, l'attira, mais, à cette cour, la première place était déjà occupée par un autre troubadour, Raimbaut de Vaqueiras. Toutefois les charmes de la sœur du marquis, Alazais, le retinrent, bien qu'il semble que cet amour n'eût pas été réciproque et que les rapports fussent demeurés assez distants. C'est là qu'il échangea une « tenson » violente avec le marquis Manfredi Lancia, et c'est de cette période que date sa fière attaque contre Henri VI, empereur d'Allemagne, pour la défense des Italiens et des Lombards en particulier, qu'il exhorte à s'unir. Voyageur infatigable, Peire Vidal poussa jusqu'en Hongrie, probablement en 1198, à la suite de Constance d'Aragon. On le retrouve ensuite de nouveau en Italie, à Gênes, où il se sent si à son aise qu'il se proclame en riant « empereur » des Génois et réussit à se faire des amis. C'est avec l'un de ceux-ci, le comte Henri de Malte, qu'il se rend à Malte, en 1204-1205, d'où viennent ses deux dernières chansons adressées à ses amis d'Espagne, de Provence, d'Italie et d'Aragon. À partir de ce moment-là, on ne sait plus rien de ce poète vagabond et aventureux, plein de verve et de bizarrerie.

RÉF. : P. Ginguené, *Peire Vidal, poète provençal,* in *Histoire littéraire de la France,* t. XV, Paris, 1820. – S. Schopf, *Beiträge zur Biographie und zur Chronologie der Lieder des Troubadours Peire Vidal,* Breslau, 1887. – F. Novati, *Un 'avventura di Peire Vidal,* in *Romania,* XXI, 1892. – F. Torraca, *Pietro Vidal in Italia,* Naples, 1915. – J. Anglade, *À Propos des troubadours toulousains,* Toulouse, 1917 ; *Histoire de la littérature méridionale,* Paris, 1921 ; *Les Poésies de Peire Vidal,* Paris, 1923 ; *À propos de Peire Vidal,* in *Romania,* XLIX, 1923. – W. Meyer-Luebke, *Zu Peire Vidal,* Halle, 1919. – O. Schultz-Gora, *Nochmals zu Pons de Capduelh und Peire Vidal,* Hall, 1921. – R. Lejeune, articles in *Annales du Midi,* janvier-avril et juillet-octobre, 1943. – N. Zingarelli, « Peire Vidal e le cose d'Italia », dans *Studi Medievali,* t. I, p. 336. – D'Arco Silvio Avalle, *Peire Vidal,* Poésie, Milan-Naples, 1960.

PEISSON Édouard. Romancier français. Né le 7 mars 1896 à Marseille, mort à Ventabren (Bouches-du-Rhône) le 2 septembre 1963. Capitaine de la marine marchande et employé à la Compagnie générale transatlantique de 1914 à 1923, il dut à cette date renoncer à sa carrière de marin, travailla quelque temps comme rédacteur à la préfecture des Bouches-du-Rhône et reconquit sa liberté en commençant à publier ses livres qui font de lui un des meilleurs romanciers de la mer. Après *Ballero capitaine* (1929), recueil de nouvelles, parurent une trentaine de volumes parmi lesquels : *Courrier de la mer* (1930), *Parti de Liverpool* (1932), *Gens de mer* (*) (1934), *Mer Baltique* (1936), *Le Pilote* (1937), *Le Voyage d'Edgar* (1938), etc. Peisson fut couronné en 1940 par le grand prix du roman de l'Académie française et en 1951 par le grand prix littéraire de la Mer. Il était membre de l'Académie de marine.

PEI TAO [Bei Dao] (nom de plume de Tchao Tchen-k'ai). Poète chinois. Né en 1949 à Pékin, Pei Tao appartient à ce que Ai Ts'ing appela la « génération perdue ». Garde rouge au début de la « révolution culturelle », il se détourne de la politique après son affectation comme ouvrier dans une entreprise de construction pékinoise. Il compose à partir de 1970 des *Poèmes* (*) et des nouvelles sous son vrai nom : *Retour d'un étranger* [*Kouei-lai te mo-cheng-jen*], *Mélodies* [*Suan-lu*], où s'expriment sa colère sans doute, mais peut-être surtout un individualisme désenchanté et révolté. Ainsi Pei Tao se détache-t-il du courant de la « littérature de cicatrices », pour représenter une tendance plus nouvelle, qu'annonçait la fondation de la revue *Aujourd'hui* [*Tsin-t'ien*] en 1978 – dont il fut rédacteur en chef. Ayant fait de nombreux séjours à l'étranger depuis 1987, Pei Tao a émigré au Danemark après la répression du « printemps de Pékin » en 1989.

VALÉRIE LAVOIX.

RÉF. : B. S. Mac Dougall, « Bei Dao's Poetry : Revelation and Communication », in *Modern Chinese Literature,* mars 1985.

PEKKANEN Toivo. Écrivain finlandais. Né le 10 septembre 1902 à Kotka, mort le 29 mai 1957 à Copenhague. Originaire d'une ville industrielle dont le port exporte les produits de plusieurs usines de cellulose et de grandes scieries, il perd son père, un tailleur de pierre, lors de la guerre civile de 1918, dont les conséquences furent particulièrement lourdes, dans cette région, pour les vaincus de « l'armée rouge » : camps de concentration, condamnations à mort. Quoique dès l'âge de treize ans, à la sortie de l'école primaire, il eût pris l'habitude d'exécuter de légers travaux dans le port, il souffrit, avec sa mère et ses trois sœurs, de dures privations, sinon de la faim. Toutefois, il put entrer dans une école professionnelle, ce qui lui permit, au bout de deux ans, de travailler dans la métallurgie. C'est en 1931 que, grâce au succès de son roman *Les Faiseurs de route* [*Tientekijät*], il lui fut enfin possible de quitter l'usine pour vivre en écrivain indépendant. Il est donc naturel que sa vie intellectuelle se soit concentrée autour des problèmes politiques et sociaux.

Son premier grand succès, *À l'ombre de l'usine* (*) (1932), rappelle à bien des égards la vie de l'auteur lui-même, mais le développement intellectuel et moral du jeune ouvrier, le héros du roman, dépasse de beaucoup, par sa portée, son destin individuel, car il illustre bien le drame de toute une partie de la classe ouvrière. En 1944 parut en France la suite de ce roman, *Aux rives de ma Finlande* [*Isänmaan ranta*], préfacé par Lucien Maury qui fit remarquer « qu'en cette Finlande tragique, déchirée par la guerre civile et la guerre étrangère, au climat alternativement rude et idyllique, s'élabore, (...) comme dans toute la Scandinavie, une notion de l'homme et de la société dont on discerne aisément la valeur universelle ». Pekkanen ne fut certes pas le premier à décrire le conflit social de notre temps, mais sa création est « soustraite à la polémique, aux vues étroites, aux préjugés, aux ignorances, adaptée aux réalités de notre époque et aux exigences éternelles de la nature humaine ». Dans un avant-propos autobiographique de l'édition française d'un de ses romans, Pekkanen avoue avec simplicité : « Ma jeunesse s'est passée exclusivement dans le travail, le jour à l'usine, le soir sur les livres ou à écrire. C'est seulement lorsque je me suis libéré de l'usine que j'ai pu m'adonner pour de bon à mes occupations littéraires et les résultats, depuis lors, se sont améliorés... » Cette vision des choses, cet état d'esprit ne se sont jamais démentis en lui, et son livre de souvenir *Mon enfance* (*) (1953) en est un probant témoignage.

INKERI TUOMIKOSKI.

PÉLADAN Joseph-Aymé, dit Joséphin. Écrivain français. Né à Lyon le 28 mars 1858, mort à Neuilly-sur-Seine le 27 juin 1918. Issu d'un milieu de militants légitimistes et catholiques méridionaux hauts en couleur, il s'installe à Paris en 1881 et s'attaque violemment dès ses premiers articles à la peinture réaliste et académique. Promouvoir l'« art idéaliste et mystique » d'un Gustave Moreau, d'un Puvis de Chavannes, lui semble le meilleur moyen de lutter contre la « décadence » : si Dieu parle par la beauté des chefs-d'œuvre, si l'Église n'est plus administrée que par des prélats républicains, l'artiste sera le prêtre de l'avenir, le musée deviendra temple... Son premier roman, *Le Vice suprême* (1884), que préface Barbey d'Aurevilly, inaugure la vaste série de *La Décadence latine* (*) (vingt et un volumes). On y trouve déjà les éléments autour desquels s'organisera sa carrière : goût prononcé pour l'« autoglorification » qui le fait se magnifier dans ses héros, obsessions érotiques, occultisme, enfin la verve lyrique et l'humour très particulier qui caractérisent son style. Participant au « renouveau occultiste » de la fin du XIXe siècle, il fonde en 1888 avec Stanislas de Guaita un ordre kabbalistique de la Rose-Croix. Mais à dater de 1890 son militantisme personnel s'intensifie : il prétend descendre de mages chaldéens, prend le titre de Sar, « excommunie » dans ses « mandements » aussi bien Émile Zola que Mme de Rothschild, allant jusqu'à sermonner le cardinal Rampolla, premier secrétaire du Vatican... Ces excentricités amusent Paris mais ne sont pas du goût de Guaita : exclu de la Rose-Croix kabbalistique, Péladan fonde la Rose-Croix catholique et poursuit sa bruyante campagne, organisant de 1892 à 1897 des expositions d'art wagnéro-symboliste et prêchant dans ses traités de l'*Amphithéâtre des sciences mortes* (six volumes) une philosophie originale. Dans *Comment on devient fée, érotique* (1893), qui fait suite aux enseignements altiers de *Comment on devient mage, éthique* (1892), il assigne à la femme le rôle « providentiel » de prostituée sacrée au service des « œuvres de lumière »... Incompris, déjà déçu, il épouse en 1895 une aristocrate, se range ; mais divorce en 1900, se remarie l'année suivante plus modestement, devient un critique d'art nostalgique du préraphaélisme et fermé à toute innovation : il s'en prend dans ses chroniques au Salon d'automne, à Matisse, à Picasso, à Rouault comme jadis à Courbet... Il voit en 1904 sa belle tragédie, *Sémiramis*, représentée avec succès aux arènes de Nîmes. Ses contemporains l'oublient pourtant. Au long des derniers romans de *La Décadence latine*, ses héros ne cessent d'exprimer sa propre amertume. Un regain d'exaltation le précipite à partir d'août 1914 dans une littérature « antiboche » et lui dicte un « catéchisme » du « surhomme chrétien » ainsi qu'une *Grande prière médiévale* aux anges, aux trônes et aux dominations pour la victoire de la France... Il meurt âgé de soixante ans, victime d'une intoxication alimentaire cinq mois avant l'armistice.

CHRISTOPHE BEAUFILS.

RÉF. : R. L. Doyon, *La Douloureuse Aventure de Péladan*, Paris, 1946. – Ch. Beaufils, *Joséphin Péladan : Essai sur une maladie du lyrisme*, Paris, 1993.

PÉLAGE. Moine et écrivain latin. Né en Grande-Bretagne entre 350 et 354, mort en Palestine ou en Égypte entre 423 et 429. Il est probable qu'il fit son éducation théologique en Orient, et qu'il fut de bonne heure pénétré par la doctrine du libre arbitre telle que l'avait définie Origène. Il vint se fixer à Rome vers 401, y menant, tandis qu'il poursuivait ses études, une vie pieuse et ascétique qui lui valut l'estime de tous. Vers 405, il commença de répandre ses opinions sur la liberté et la dignité naturelle de l'homme et sur l'absurdité de la notion du péché originel. Ces idées font l'objet de deux écrits : *Traité sur la Trinité* [*De Trinitate*], *Le Livre des témoignages ou des extraits* [*Eclogarum liber*] et d'une lettre : *Lettre à Démétriade* (*). Un autre écrit, le *Commentaire sur les Épîtres de saint Paul* (*), fut composé à Rome vers 410 ; il oppose aux interprétations précédentes les opinions propres à son auteur. Opposé à la doctrine de la toute-puissance de la grâce, répandue alors par saint Augustin, Pélage eut avec ce dernier une entrevue courtoise, mais celui-ci fit condamner son enseignement par le concile local de Carthage en 412. Pélage se rendit alors en Orient, où il reçut partout un excellent accueil. Mais Augustin le fit mettre en accusation par son envoyé Paul Orose devant la conférence d'évêques à Jérusalem, en 415. Ce synode prit fait et cause à la majorité pour Pélage et l'on décida d'en référer à Rome, tandis que Théodore de Mopsueste prenait l'offensive contre les augustiniens. Ces derniers réussirent cependant à influencer Innocent Ier, qui censura Pélage sans toutefois le condamner comme hérésiarque. C'est à la faveur de la faiblesse de son successeur, le pape Zosime, que le grand concile de Carthage prononça, le 14 mai 418, la condamnation solennelle de la doctrine pélagienne. L'empereur Honorius entreprit alors, sur la demande d'Augustin, une persécution contre les pélagiens, et dix-huit évêques furent bannis d'Italie, dont le plus célèbre, Julien d'Eclanum, fit la synthèse du pélagianisme. On perd la trace de Pélage à partir de 418.

RÉF. : G. de Plinval, *Pélage, ses écrits, sa vie et sa réforme*, Lausanne, 1943 ; *Essai sur le style et la langue de Pélage*, 1947. – Gisbert Greshake, *Gnade als konkrete Freiheit*, Mayence, 1972. – Otto Wermelinger, *Rom und Pelagius*, Stuttgart, 1975.

PÉLIN Elin (pseud. de Stoyanov Dimitar). Écrivain bulgare. Né à Baylovo, le 18 juillet 1877, mort le 3 décembre 1949 à Sofia. Un des maîtres du récit, dans la littérature bulgare, il transpose, avec beaucoup de vérité et de justesse, la vie et les mœurs du monde rural, à la fin du XIXe siècle au début du XXe siècle, en Bulgarie. Par l'ensemble de son œuvre, il se présente comme l'interprète du destin du paysan, confronté à la pauvreté, à l'injustice sociale, et plus généralement aux bouleversements provoqués par l'arrivée des temps modernes. Le village apparaît non seulement comme un carrefour des problèmes sociaux mais il est vu et présenté dans un conflit qui l'oppose, sans merci, à la ville. Dans cette confrontation qui prend vite des dimensions morales, l'auteur prend soin de montrer le rôle destructeur de la ville sur la mentalité du paysan, souvent naïf et plein d'illusions. Le mode de vie citadin contribue à sa dégradation morale. Il s'avère une des causes principales de la disparition de la famille patriarcale à l'époque. Observateur sensible et fin, l'écrivain, dans son long récit *La Famille des Guératsité* [*Guératsité,* 1911], retrace les changements notables survenus dans le psychisme du paysan. La pureté de la vie commune et idyllique n'est plus qu'un souvenir que l'on évoque avec regret et tendresse. Elle est remplacée par la soif de possession individuelle et le réalisme de l'auteur recrée le drame de l'individu, avide de biens, hostile à la morale traditionnelle chrétienne. Cette nouvelle aspiration devient le thème fondamental d'un autre long récit, *Terre* [*Zémya,* 1921-1922]. L'étude des instincts humains primitifs permet la réalisation d'analyses psychologiques convaincantes. Le conflit fondamental, souvent de nature sociale, par la mise en relief des contradictions entre les lois et la morale, se transforme en multitude de questions d'ordre éthique. Un nombre important de personnages, supportant mal les difficultés de leur condition, se comportent en vrais rebelles. Fiers et indépendants, ils revendiquent le droit au respect de leur dignité humaine — v. *Sous la treille du monastère* (*).

Ayant, tout au long de sa vie, le sentiment aigu d'une mission à accomplir, en tant que citoyen, Elin Pélin s'est toujours comporté en témoin de son époque. Son attitude critique envers ses personnages s'accompagne toujours de beaucoup d'humour et d'ironie mais, tout en portant un jugement indirect à leur égard, il s'interdit la moralisation, car il ne croit pas au perfectionnement moral. Pour lui les passions humaines sont toutes-puissantes. Dans les collisions dramatiques du bien et du mal, il excelle dans la fixation des traits caractéristiques du comportement social et psychologique national, en mettant l'accent également sur la prédisposition au rêve et à la recherche de la beauté chez les protagonistes.

Elin Pélin apparaît surtout comme novateur : c'est lui qui crée la prose lyrique en Bulgarie grâce aux nouvelles fonctions lyrico-psychologiques conférées au paysage : suggérer l'émotion, traduire ses moindres nuances, véhiculer la vie intérieure du « moi ».

ÉLÉNA FOULLIARON.

PELLICER Carlos. Poète mexicain. Né à Villahermosa le 4 novembre 1899, mort en 1977. Il fait ses études à Bogotá, en Colombie, et parcourt ensuite l'Amérique latine et l'Orient. De retour dans son pays, il devient professeur de littérature et d'histoire, collabore à diverses revues littéraires et fonde plusieurs musées. Pellicer, comme José Gorostiza, Salvador Novo et Xavier Villaurrutia, fait partie du groupe des « Contemporains ». De tout le groupe, c'est le tempérament sans doute le plus exubérant, le plus éloquent et le plus sensuel. Il y a dans tous ses poèmes un profond sentiment des éléments, de la nature, de la mer, des paysages mexicains tropicaux. Poète visuel, merveilleux créateur de métaphores, il fut surnommé « le chasseur d'images ». Selon Alfonso Reyes, « Pellicer eut toujours des yeux ; et l'on suppose même un cœur ». Il faut citer parmi ses nombreux recueils *Couleurs en mer et Autres poèmes* [*Colores en el mar y otros poemas*, 1921], *Heure de juin* [*Hora de junio*, 1937], *Enceinte* [*Recinto*, 1941], *Subordinations* [*Subordinaciones*, 1948], *Pratique du vol* (*) (1956), *Matériel poétique* [*Material poético*, 1962], *Teotihuacán et 13 août : ruine de Tenochtitlán* (1965). L'œuvre poétique de Pellicer évolue vers un contrôle de soi de plus en plus rigoureux, comme si l'auteur était fatigué de son propre sensualisme, ainsi que l'expriment les vers suivants : « Laisse-moi un seul instant / ne plus être cri et couleur. »

PELLICO Silvio. Écrivain italien. Né le 24 juin 1789 à Saluces (province de Cuneo), mort le 31 janvier 1854 à Turin. De santé délicate dès l'enfance, Pellico dut faire des études particulières à Saluces, puis à Turin d'où son père partit pour Milan, en 1806, après la faillite de son commerce de droguiste, tandis qu'il envoyait le jeune homme à Lyon chez des parents. Là, Pellico reçut une formation révolutionnaire, de tendance rationaliste ; de retour à Milan en 1810, il se lia d'amitié avec Monti et Foscolo ; il s'essaya d'abord à la tragédie classique avec *Laodicée* [*Laodicea*, 1812], mais il se tourna ensuite vers le romantisme et remporta un grand succès, dû également aux allusions patriotiques, avec *Francesca de Rimini* (*) (1818), représentée le 18 août 1815, interprétée par Carlotta Marchionni. L'auteur conçut une passion pour une sœur de cette actrice, mais sa famille réagit très vivement ; il demeura à Milan, où il enseigna le français au collège des orphelins, même après le retour des Autrichiens, tandis que les siens retournaient à Turin. Ce fut alors qu'il entra en qualité de précepteur chez les Porro Lambertenghi, où se réunissait le groupe des poètes romantiques, qui créa plus tard le *Conciliatore*, auquel Pellico se consacra avec ardeur, en dépit des avertissements et des menaces de la police qui supprima le journal en 1819 et en 1820 interdit la représentation de l'*Euphemio de Messine* [*Eufemio da Mes-*

sina]. Par l'intermédiaire de Piero Maroncelli, Pellico entra en contact avec le mouvement carbonaro et fut inscrit à la « société » dont il devint, à son tour, propagandiste.

Au retour de l'un de ses voyages de propagande à Venise, le 8 octobre 1820, il apprit l'arrestation de Maroncelli ; toutefois, négligeant de se mettre lui-même en sûreté pour en avertir d'autres, il fut arrêté à son tour et conduit à la prison de Sainte-Marguerite ; ensuite, sur ordre de Vienne, il fut traduit devant la commission de Venise présidée par le zélé Salvotti. Son procès se termina par une condamnation à mort, le 6 décembre 1821, peine commuée, par la suite, en quinze ans de travaux forcés. Conduit en avril 1822 au Spielberg, à Brno, il endura ses souffrances avec toute la résignation dont fut capable son âme douce et désormais orientée vers les réconforts de la foi ; bien que son temps eût été abrégé par grâce impériale, l'expérience le détourna de toute activité politique ultérieure. Libéré en 1830, ayant retrouvé sa famille à Turin, il limita désormais ses affections aux siens et, aux yeux des libéraux, par son attitude religieuse et ses nouvelles relations, il fut perdu pour la cause. Devenu bibliothécaire chez la marquise de Barolo, conservatrice, il y demeura jusqu'à sa mort. Pourtant, *Mes prisons* (*), bien qu'écrites dans un esprit chrétien de pardon et d'abandon à la Providence, lui attirèrent les invectives des réactionnaires ; c'est pour cette raison, sans doute, qu'il y ajouta d'autres chapitres dans lesquels, sans renier ses principes, il condamnait les révolutions au nom de l'Évangile et soutenait que la non-complicité est une réaction suffisante contre l'injustice. Les *Devoirs des hommes* [*Doveri degli uomini*, 1834], écrits dans le même esprit, connurent aussi une large diffusion. Durant sa détention, Pellico avait composé deux tragédies : *Ester d'Engaddi* et *Iginia d'Asti ;* puis d'autres tragédies, *Gismonda, Hérodiade* (*), *Thomas More* [*Tomaso Moro*] ; des hymnes : *Tancrède* [*Tancredi*], la *Mort de Dante* [*Morte di Dante*] ; des poésies variées l'occupèrent ensuite ; toutefois, l'échec de *Corradino*, en 1834, le poussa à abandonner définitivement le théâtre.

PIA ONNIS.

RÉF. : Mme Bourdon, *Silvio Pellico*, Lille, 1879. – L. Masson, *Silvio Pellico*, Lyon, 1901. – A. Luzio, *Il Processo Pellico*, Milan, 1903. – A. Romanò, *Silvio Pellico*, Brescia, 1948. – N. Bolla, *Silvio Pellico, il prigionerio della liberta*, Milan, s. d. – M. Parenti, *Bibliographia delle opere di Silvio Pellico*, Florence, 1952. – *Saluzzo e Silvio Pellico nel 150°* « Le mie prigioni », Actes du séminaire d'études (Saluces, 1983), Turin, 1984.

PELLISSON Paul. Écrivain français. Né à Béziers (Hérault) le 30 octobre 1624, mort à Paris le 7 février 1693. Issu d'une famille de magistrats protestants, il fit ses études secondaires à Castres, sa philosophie à l'académie protestante de Montauban, son droit à Toulouse. Reçu avocat (1645) il est atteint de la petite vérole, qui marque son visage (1646). Il fait un voyage à Paris, où il entreprend de se faire connaître dans les milieux littéraires, notamment par les contacts qu'il a avec Conrart, protestant comme lui. Mais les troubles qui furent précurseurs de la Fronde l'incitent à retourner dans sa province. Il avait connu une académie à Castres, s'était fait l'un des animateurs d'un cercle académique à Toulouse, il récidive à son retour à Castres, et acquiert une certaine notoriété régionale comme traducteur. Sitôt la Fronde achevée, il repart pour Paris, où il mène dès lors une carrière fulgurante. En 1654, alors qu'approche le vingtième anniversaire de la fondation de l'Académie française, il compose une *Histoire* de celle-ci : les académiciens, reconnaissants, l'élisent membre surnuméraire en attendant qu'un fauteuil se libère. Il fréquente assidûment le cercle réuni autour de Mlle de Scudéry, ainsi que l'« académie » de l'abbé Ménage. Il se lie avec Guez de Balzac et Sarasin avant leur disparition, et fait figure de vedette de la littérature mondaine. Par ce jeu de relations, il entre au service de Fouquet, dont la puissance et l'influence sont alors en plein essor, et qui devient surintendant des Finances. Pellisson, son secrétaire et homme de confiance, joue aussi auprès de lui le rôle de conseiller pour le mécénat que le ministre développe ; il collabore également, dans cette perspective, avec Molière pour la création à Vaux-le-Vicomte, en 1661, des *Fâcheux* (*), dont il compose le prologue. Et il accède à l'emploi envié d'historiographe de Louis XIV. L'arrestation de Fouquet lui vaut d'être lui aussi emprisonné. Il fait preuve alors de courage en affirmant sa fidélité à son patron déchu, et en prenant sa défense dans divers textes adressés au roi. Il subit cinq ans de prison, mais son innocence ayant été reconnue à l'occasion du procès Fouquet, il retrouva sa place comme historiographe du roi, en 1667, après avoir donné un *Abrégé de la vie d'Anne d'Autriche* (1666). Il poursuivait son activité d'animateur de la vie littéraire, participant à l'académie Lamoignon, contribuant à la création de celle de Soissons. Dans les intrigues de cour, Mme de Montespan poussa en avant Racine et Boileau comme nouveaux historiographes de Louis XIV (1677), et Pellisson, s'il ne fut pas exclu, perdit ses prérogatives. Il se consacra alors davantage à l'érudition théologique : *Réflexion sur les différends en matière de religion* (1686), *Traité de l'eucharistie* (1694).

Polygraphe, Pellisson était surtout estimé en son temps comme traducteur et historien. Par la suite, ce sont surtout ses apports en matière de critique littéraire qui ont gardé une place dans l'histoire. Son *Histoire de l'Académie française* (*) instaure un propos institutionnel sur la littérature qui a donné un essor décisif à l'autonomisation de celle-ci. Mais plus encore, Pellisson théoricien de la « galanterie » a marqué l'esthétique de son temps. Après la mort de l'écrivain Sarasin, ses amis entreprennent une édition de ses *Œuvres* en hommage posthume, et Pellisson la nantit d'une préface, ou *Discours* (*) (1656), qui constitue un des textes théoriques les plus significatifs de l'esthétique littéraire au milieu du XVIIe siècle. Il y développe l'idée d'une littérature nourrie de savoir et de la lecture des Anciens, mais orientée par le soin de plaire aux « honnêtes gens » et aux « dames », de s'ajuster donc aux goûts de la mondanité moderne, et cherchant un équilibre dans la variété des tons, dans la fluidité des distinctions entre les genres, qui rompt avec les contrastes et les emphases baroques, mais qui ne s'enferme pas dans les cadres contraignants que Boileau érigera en normes. Cette esthétique « galante » — qui ne se confond pas avec la préciosité — a largement influencé La Fontaine et Racine, sans parler de Mlle de Scudéry, Mme de Villedieu et même Molière, et elle représente la tendance forte du goût littéraire des années 1660.

ALAIN VIALA.

RÉF. : F. L. Marcou, *La Vie et les œuvres de Pellisson*, thèse, 1853. — U. Chatelain, *N. Fouquet protecteur des lettres et des arts*, thèse, Paris, 1905. — A. Viala (dir.), *L'Esthétique galante*, Toulouse, S.L.C., 1990.

PENDERECKI Krzysztof. Compositeur et chef d'orchestre polonais. Né le 23 novembre 1933 à Debica, non loin de la Vistule. Il suit les cours de Malawski, de Skolyszewski et de Wiechowicz à Cracovie, ville dont il est le recteur de musique depuis 1972. Le monde musical l'ovationne lorsqu'il obtient trois premiers prix respectivement avec *Strophes, Émanations* et *Les Psaumes de David,* au concours de l'Association des compositeurs polonais en 1959. Premier avant-gardiste des pays de l'Est dès 1960, il compose des pages cinglantes en utilisant la lutherie électroacoustique (*Psalmus,* 1961, pour bande ; *Trodesbrigade,* 1963, musique de film) ou en cernant les occurrences du free jazz (*Actions,* 1971). Dans la lignée des œuvres bruitistes de Iannis Xenakis intégrant une notation graphique du timbre inédite, mise au service d'effets de masse orchestrale [clusters], il imagine des nuages de points par le truchement d'une écriture en micro-intervalles (*Threnos à la mémoire des victimes d'Hiroshima,* 1959-61 ; *Fluorescences,* 1962 ; *De natura sonoris,* 1966). Ensuite il élabore un style passager teinté de néo-romantisme allemand (*Dies Irae,* 1967 — oratorio dédié à la mémoire des victimes d'Auschwitz). Sa foi et son attachement à Jean-Sébastien Bach vont ensuite faire naître de grandes fresques sous forme d'oratorio (*Utrejna,* 1970, messe russe chantée en vieux slavon), de symphonie (1972-73 ; 1979-80), d'opéra (*Les Diables de Loudun* (*), 1967-69 ; *Paradis perdu,* 1978, sacra rappresentazione ; *Le Masque noir,* 1984-86 ; *Ubu Roi,* 1990-91, opéra bouffe) et d'œuvres religieuses conséquentes (*Passion selon saint Luc* (*), 1963-65 ; *Magnificat,* 1973-74 ; *Te Deum,* 1979-80, pour le pape Jean Paul II). Avec le souci d'assimiler les langages des maîtres du passé et cet esprit inventif qui veut renouveler le contenu formel de la grande tradition classique, il va écrire des *Canon* (1962, œuvre mixte), *Prélude* (1971), *Partita* (1971-72, avec guitare basse électrique), *Capriccio* (1980, pour tuba), *Passacaille et Rondo* (1988), *Concerto* (1976-77, violon ; 1966 et 1982, violoncelle ; 1983-85, alto). Enfin, si les œuvres de jeunesse mixaient certaines techniques venues du sérialisme avec des procédés issus de l'étude du chant grégorien, le geste d'écriture des années 80 tient de la virevolte palinodique. En effet, afin de s'extraire d'une musicologie monopolistique qui feint de l'ignorer et surtout pour tenir compte des goûts du public, Penderecki fait à présent fi des expérimentations hasardeuses et compose d'une manière tonale pour formations classiques (influence fauréenne). Depuis 1980, il se range inconsciemment du côté des « postmodernes » en renouant avec la tendance germanique appelée « nouvelle simplicité ». *Lacrimosa* (1980), commande de Lech Walesa et du syndicat Solidarnosc, et *Requiem polonais* [*Polnisches Requiem,* 1980-84] offrent ainsi un nouveau confort d'écoute dû en partie au retour de la consonance et de l'instrumentation romantique.

PIERRE-ALBERT CASTANET.

PENNAC Daniel. Romancier, conteur et essayiste français. Né en 1944 à Casablanca (Maroc). Professeur de lettres, il publie deux romans destinés à la jeunesse, où se révèle un ton tout à fait nouveau : *Cabot-Caboche* (1982), *L'Œil du loup* (1984). Il s'adresse ensuite aux lecteurs adultes à travers deux romans « policiers » : *Au bonheur des ogres* (1985) et *La Fée Carabine* (*) (1987), publiés dans la fameuse « Série noire ». Ces deux ouvrages se suivent et narrent les aventures d'un certain Benjamin Malaussène. Bien sûr, l'intrigue proprement criminelle est palpitante et menée de main de maître. Néanmoins, Pennac excelle d'abord à camper des personnages et à peindre un monde à part, celui de Belleville, véritable village dans Paris, voué pourtant aux affres de la spéculation immobilière et à la démolition. Ces deux œuvres connaissent un vif succès, non seulement auprès des amateurs de « polars », mais dans un lectorat d'une extrême diversité socio-culturelle. Dès 1988, une adaptation télévisée de *La Fée Carabine*, par Yves Boisset, confirme l'audience de Pennac auprès d'un très large public.

On peut certes lire ces romans à des fins de pur délassement. Il est pourtant difficile de rester insensible au naturel des personnages, même dans les situations les plus extravagantes, et à l'humour ravageur de l'auteur. Ces qualités littéraires ne sont pas passées inaperçues : le troisième roman de la « saga » de

Benjamin Malaussène, *La Petite Marchande de prose* (1989), n'a pas été publié en « Série noire », mais dans la prestigieuse « Collection blanche » des éditions Gallimard. Enfin reconnue par la littérature « officielle », cette œuvre témoigne des mêmes qualités que les précédentes : l'intrigue policière y reste des plus surprenantes, les personnages hauts en couleur, l'humour omniprésent. La trilogie dans son ensemble est presque, selon le mot de Nietzsche, « un livre pour tous et pour personne ». Avec ou sans références culturelles, chacun peut la lire avec une jubilation au moins équivalant au plaisir que prend l'auteur à écrire et à raconter une histoire. L'allusion aux contes pour enfants, transparente dans les trois titres, indique assez l'ambition de Pennac : faire retrouver au lecteur adulte quelque chose du plaisir qu'il prenait, enfant, à écouter un récit. Ambition comblée et que l'on aurait tort de croire frivole : il y a aussi dans ces textes un regard aigu sur l'existence, et sans doute un petit secret que la suite de l'œuvre dévoilera peut-être. En attendant, à l'écart des avant-gardes auto-proclamées, Pennac a tracé son chemin et trouvé ses lecteurs. Il dispense avant tout une joie de lire dont il s'est fait le champion dans son essai *Comme un roman* (1992).

ALAIN QUESNEL.

PEPUSCH Johann Christoph. Compositeur anglais d'origine allemande. Né en 1667 à Berlin, mort le 20 juillet 1752 à Londres. Fils d'un pasteur protestant, il étudia la musique et obtint à l'âge de quatorze ans un emploi à la cour de Prusse, mais il l'abandonna en 1697 pour se rendre en Hollande et de là à Londres, où il fit partie de l'orchestre du théâtre de Drury Lane (1700). Il participa à la fondation de l'Academy of Ancient Music, et en 1712 fut nommé organiste et compositeur du duc de Chandos, pour lequel il composa de la musique d'église. En 1716, il publia douze cantates pour voix et instruments, dont l'une eut un si grand succès qu'elle resta au répertoire pendant un siècle et demi. Devenu directeur du Lincoln's Inn Fields Theatre, Pepusch y fit représenter un grand nombre de « masques » et de comédies musicales. De 1724 date *La Mort de Didon* (+). Mais ce fut John Gay qui le lança en lui demandant d'écrire la musique de *L'Opéra des gueux* [*The Beggar's Opera*] (*) (1728), qui allait marquer le début de la formule de l'« opéra ballade », laquelle devait connaître une grande renommée. Le succès remporté par *L'Opéra des gueux* poussa Gay à écrire une suite, *Polly*, dont il confia de nouveau la partie musicale à Pepusch ; mais la censure en interdit la représentation qui ne devait avoir lieu qu'en 1777, bien longtemps après la mort de Gay et de Pepusch. Ce dernier consacra ses dernières années à l'enseignement, publia un *Traité d'harmonie* [*Short Treatise on Harmony*, 1730-31] et termina sa carrière comme organiste de Charter House.

RÉF. : Fétis, *Biographie universelle des musiciens*, Bruxelles, 1834.

PEPYS Samuel. Mémorialiste anglais. Né le 23 février 1633 à Brampton près de Huntingdon, mort à Clapham (Londres) le 26 mai 1703. Les membres de sa famille s'étaient peu à peu élevés, au cours des siècles, à l'état de gentilshommes, mais son père se mésallia avec une fille du peuple. Le jeune Samuel fréquenta d'abord l'école de Huntingdon, puis le St. Paul's College de Londres avant d'être reçu, en 1650, au Trinity Hall de Cambridge où il obtint ses diplômes de « bachelor of arts » en 1654 et de « master of arts » en 1660. Le goût de la littérature semble avoir hanté ses années d'université puisqu'il écrivit alors un long poème intitulé : *L'amour est une tricherie* [*Love is a Cheat*], mais rien ne nous en est parvenu, car, par la suite, il en détruisit le manuscrit. Il épousa à Westminster, le 1er décembre 1655, Elizabeth Marchand de Saint-Michel, fille d'un huguenot français exilé, et vécut d'une pension que lui accordaient ses parents jusqu'à ce que son protecteur, Edward Montagu, le prît à son service comme secrétaire, en 1659, puis lui fit obtenir un poste à l'Office de la Marine. Ce dernier poste lui convint si parfaitement qu'il ne tarda pas à devenir l'un des meilleurs spécialistes des questions maritimes et se vit attribuer le secrétariat à l'Amirauté, fonction qui lui permit de mettre de l'ordre dans les finances de la Flotte, d'assurer au mieux la solde des marins et la fabrication des équipements tout en faisant réaliser de sérieuses économies au Trésor. Cette réussite ne lui épargna cependant pas les ennuis, mais, appelé devant les Communes à justifier de son activité durant la guerre contre la Hollande, son rapport, loin de le disqualifier, augmenta considérablement son prestige. Ses ennemis ne désarmèrent pas pour autant, et sur l'accusation de trahison et de « papisme » le firent incarcérer à la Tour, en 1672 ; pourtant, aucune charge n'ayant pu être retenue contre lui, il fut réintégré dans ses fonctions. La même accusation lui valut d'être à nouveau emprisonné en 1679 et, quoique un non-lieu fût intervenu en sa faveur, il se démit de toutes ses charges le 21 mai 1679. Il reprit du service en 1682 et accompagna le duc d'York dans sa mission en Écosse ; en 1684, il organisa l'évacuation de Tanger et en 1685 fut élu au Parlement. Il se démit une nouvelle fois de toutes ses fonctions le 9 mars 1689 et mena dès lors, jusqu'à la fin de ses jours, une vie complètement retirée.

Il avait publié plusieurs volumes sur l'histoire et les affaires de la marine, mais son *Journal* (*), qui le fait ranger aujourd'hui parmi les plus grands écrivains de langue anglaise, ne fut révélé qu'en 1825.

♦ *« Il n'y a pas de doute que son incomparable sincérité est plus profitable au lecteur que n'importe quel examen de conscience. »* Walter Scott. ♦ *« Il semble qu'il n'ait eu d'autre désir que de se montrer respectable et qu'il ait tenu un journal pour montrer qu'il ne l'était justement pas. »* R. L. Stevenson.

RÉF. : J. Lucas-Dubreton, *La Petite Vie de Samuel Pepys, Londonien*, 1923. – A. Ponsonby, *Samuel Pepys,* 1928. – A. Bryant, *Samuel Pepys,* Cambridge, 1933-35. – S. Willy, *English Diarists : Evelyn and Pepys,* Londres, 1963. – G. Trease, *Samuel Pepys and his World,* Londres, 1972. – R. Ollard, *Samuel Pepys, a Biography,* Londres, 1974.

PERCY Thomas. Évêque, poète et éditeur anglais. Né à Bridgnorth (Shropshire) le 13 avril 1729, mort à Dromore (Irlande) le 30 septembre 1811. Son père et son grand-père étaient épiciers, mais il prétendait descendre de Percy, duc de Northumberland. Ayant fait de bonnes études à l'école de Bridgnorth, il obtint une bourse pour le Christ College d'Oxford (1746). Devenu « bachelor of arts » en 1750 et « master of arts » en 1753, il entra dans les ordres ; son collège lui octroya la paroisse d'Easton Maudit dans le Northamptonshire, puis une autre paroisse. Il ne quitta l'université qu'en 1756. En 1759 il épousa Anne Gutteridge. C'est alors qu'il commença sa carrière littéraire en éditant des traductions d'ouvrages chinois, puis les œuvres du duc de Buckingham et du comte de Surrey et, en 1763, d'anciennes poésies irlandaises en langue runique. *Reliques de l'ancienne poésie anglaise* (*), qui parut en 1765, est l'ouvrage qui le rendit célèbre. Il avait lui-même sauvé de la destruction, dans son enfance, une grande partie des poèmes qu'il édita. L'œuvre fut dédiée à la duchesse de Northumberland. Percy fut attaché à cette famille (à laquelle précisément il se disait apparenté) en qualité de chapelain et de précepteur du plus jeune fils. Il édita en 1768 *Le Livre de raison du comte de Northumberland en 1512* [*Household Book of Earl of Northumberland in 1512*], et devint en 1769 le chapelain du roi George III, tandis que sa femme était nommée gouvernante du jeune duc de Kent. À Londres, il fréquenta les « clubs », notamment celui qu'avait fondé le peintre Reynolds (qui a laissé de Percy un beau portrait). Il y rencontra le Dr Johnson et Oliver Goldsmith. Il avançait aussi dans la carrière ecclésiastique ; doyen de Carlisle, il fut nommé évêque de Dromore en Irlande. Son tact et son esprit de tolérance lui firent traverser sans mal la révolution qui éclata dans l'île en 1798. Il vota pour l'Union en 1800. Devenu aveugle en 1803, il supporta avec courage son infirmité. Il fut enterré à Dromore et sa femme repose auprès de lui. De ses neuf enfants, deux fils seulement survécurent... Thomas Percy était un fin lettré plutôt qu'un homme de lettres. Une « Société Percy » a été fondée en 1840. Outre les œuvres déjà citées, on peut noter : *O Naney veux-tu venir avec moi ?* [*O Naney will you come with me ?*], poème à sa fiancée (1758), *L'Ermite de Warkworth* [*The Hermit of Warkworth*], ballade sur le Northumberland (1771), *Essai sur l'origine du théâtre anglais* [*An Essay on the Origin of the English Stage,* 1795].

♦ *« Je ne crois pas qu'il existe actuellement un seul versificateur habile qui n'aurait pas la fierté de reconnaître ce qu'il doit aux* Reliques. *»* Wordsworth. ♦ *« Les* Reliques *sont un des livres les plus passionnants qui aient jamais été composés. »* Walter Scott.

RÉF. : J. Pickfort, *Life of Bishop Percy,* Londres, 1868. – Alice C. O. Gaussen, *Percy Prelate and Poet,* Londres, 1908. – A. Watkin-Jones, *Bishop Percy and the Scottish Ballads,* Oxford, 1933.

PEREC Georges. Écrivain français. Né à Paris le 7 mars 1936, mort à Ivry le 3 mars 1982. Né de parents juifs polonais émigrés en France, Georges Perec vit une enfance marquée par la mort de son père au front de 1940, puis par la disparition de sa mère déportée sans retour en 1943, sans doute morte à Auschwitz. Il est élevé au sein de la famille de son père. Parisien à l'âge adulte, il suit des études hésitantes (lettres, psychosociologie...) et, de 1954 à 1962, écrit plusieurs livres qui ne seront pas publiés. Son premier roman *Les Choses* (*) (1965) est d'emblée un succès public, autant que d'estime : un roman de ton flaubertien, rigoureux et implacable, où la « société de consommation » naissante paraît se refléter. Après un petit livre plus fantaisiste, *Quel petit vélo à guidon chromé au fond de la cour ?* (1966), Perec approfondit dans *Un homme qui dort* (*) (1967) une piste que les lecteurs des *Choses* avaient pu négliger, quoiqu'elle y fût bel et bien amorcée : la tentation, chez un personnage, du détachement, de l'absence au monde, en un mot de l'inexistence, dont l'emblème en littérature sera toujours, pour Perec, le personnage de Bartleby créé par Herman Melville (Bartleby qui répond toujours aux sollicitations d'agir qui lui sont présentées par la formule : « Je préférerais ne pas le faire. »). Ce roman, *Un homme qui dort,* dont Perec fera un film, avec Bernard Queysanne, exhibe la faille perecquienne, ce sentiment d'être sans passé, sans origines, dépourvu de mémoire...

La Disparition (*) (1969) rompt totalement avec le ton de l'œuvre antérieure. Entre-temps, Perec a découvert l'Oulipo (Ouvroir de littérature potentielle) qui sans doute l'aida à matérialiser le « réveil » de l'homme qui dort, dans le champ de la littérature. La contrainte lipogrammatique (le roman est écrit sans la lettre e, qui est la lettre la plus courante en français) emmène l'auteur du côté de la profusion narrative, des personnages nombreux, des actions spectaculaires, crimes, enlèvements, vengeances... À y bien regarder, l'obsession du vide (*W ou le Souvenir d'enfance* (*) nous apprendra que « peretz », en hébreu, veut dire « trou ») est toujours au cœur de la fiction, puisque le roman est celui d'une disparition : celle du « e blanc » du Rimbaud des « voyelles », la seule voyelle présente dans le nom de Perec, comme dans le mot « être », et celui d'une tentative à peu près réussie d'extermination familiale. Perec, qui a fréquenté les petits métiers liés à la sociologie, qui a fréquenté pour son compte la psychanalyse, publie *La Boutique obscure, 124 rêves* (1973), puis *Espèces d'espaces* (*) (1974), tandis qu'il élabore un grand projet autobiographique qui demeurera inachevé ou fragmentaire. Imaginaire et banalité quotidienne seront en permanence les deux sources contradictoires du romancier.

W ou le Souvenir d'enfance (1975) résout de façon dynamique le tiraillement de Perec entre le gouffre autobiographique, lieu de l'enfermement, et la dissémination narrative, lieu de l'accomplissement espéré. *W* alterne les chapitres d'une fiction et les chapitres d'investigation autobiographique, les deux voies menant au même point, qui est un point d'Histoire, situé au cœur même des camps de la mort. Tandis que *Je me souviens* (*) (1978) renouvelle radicalement la mémoire personnelle en l'incluant dans la « communauté du souvenir », *La Vie mode d'emploi* (*) (1978), « romans », accomplit dans un grand œuvre la potentialité narrative de l'écrivain Perec, aidé des recherches formelles de l'Oulipo. Plus d'une centaine d'histoires brodent les destins d'hommes du siècle pris dans ce dilemme de la présence et de l'absence au monde, comme ce Bartlebooth qui sous son nom-valise partage avec Barnabooth (personnage de Valery Larbaud) la tentation du plein : voyager, créer, accumuler, jouer, mais aussi avec l'inévitable Bartleby la tentation du vide : effacer toute trace et mourir. La faille de l'être au monde a toujours le dessus : Bartlebooth ne finira pas son dernier puzzle et Perec mourra à 46 ans après avoir publié encore *Un cabinet d'amateur* et *La Clôture et autres poèmes* (*). Il mourra la tête pleine de projets, comme celui d'*Esther,* un grand roman familial depuis longtemps rêvé, et *53 jours,* un roman qui paraîtra, inachevé, en 1989.

Perec est mort trop tôt, mais son œuvre est d'une exceptionnelle plénitude et complétude. Son noyau intime, qu'il faut sans doute aller chercher dans *W ou le Souvenir d'enfance*, ne cesse de rayonner dans les autres livres qui allient tous à une originalité radicale un sens du jeu, de la gravité et du comique, qui dialogue subtilement avec la littérature contemporaine ou passée, qui témoigne sans concession mais sans mépris des engouements d'époque : sociologique, psychanalytique, formaliste... Elle délimite un point tragique, qui tient de l'intime et du commun, à l'aide d'un puissant déploiement de moyens formels et littéraires, utilisés avec une belle rigueur instrumentale et sous-tendus par une trop rare modestie intellectuelle et ludique.

JACQUES JOUET.

PEREDA José María de. Romancier espagnol. Né à Polanco (Santander) le 6 février 1833 et mort à Santander le 1er mars 1906. Il passa son enfance dans cette province d'Espagne où il fit ses études tout en observant les paysages et les gens qui l'entouraient. En 1852, il se rendit à Madrid pour étudier les mathématiques, mais il fréquenta les théâtres et les cafés où se réunissaient les gens de lettres qui le détournèrent de ses études. De retour à Santander, Pereda publia, à partir de 1858, ses premiers articles dans la revue *L'Abeille de la montagne* [*La Abeja montañesa*]. En 1864, Pereda donna son premier roman, *Scènes montagnardes* [*Escenas montañesas*], suivi en 1871 de *Types et Paysages* [*Tipos y paisages*], qui fut plus remarqué que les *Scènes montagnardes* et valut à son auteur les encouragements de Menéndez y Pelayo. Enfin, en 1876, *Croquis à la détrempe* [*Bocetos al temple*] consacra son succès. Mais Pereda demeura fidèle à son pays natal et il ne fut attiré par la vie madrilène qu'en 1884. C'est là qu'il écrivit sa meilleure œuvre, *Sotileza*, épopée maritime de Santander. En 1888, il publia encore *La Montálvez*, satire de la vie de cour. Reçu à l'Académie espagnole en 1897, il consacra son discours de réception au roman régional dont il était devenu l'un des plus éminents spécialistes. À la fin de sa vie, Pereda séjournait tantôt dans sa maison de Santander, tantôt dans celle qu'il possédait à Polanco. En 1904, il eut une violente attaque d'apoplexie et il mourut, deux ans plus tard, entouré de l'amour de sa femme et de la sympathie de tous les paysans de la région.

Pereda s'est exclusivement consacré à la peinture des paysages, des gens et des mœurs de sa province natale. Son style lui-même, très original, est enrichi de nombreux provincialismes. Outre les œuvres déjà citées, trois sont particulièrement à remarquer : *Pedro Sánchez, Don Gonzalo González de la Gonzalera* (*) et *Dans les montagnes* (*).

JORGE RODRIGUEZ.

RÉF. : A. Charro Hidalgo, *José María de Pereda*, Madrid, 1884. – J. Montero, *Pereda*, Madrid, 1919. – *Homenaje al novelista José María de Pereda*, Santander, 1933.

PERELMAN Chaïm. Philosophe belge. Né à Varsovie le 20 mai 1912, mort à Uccle, près de Bruxelles, le 22 janvier 1984. Il émigre en Belgique en 1925, où il restera jusqu'à sa mort. Il fait toute sa carrière à l'université de Bruxelles. Il est considéré comme le père de la rhétorique contemporaine. Le droit sera pour lui le champ d'application par excellence du raisonnement non contraignant, auquel il identifie rhétorique et argumentation. On lui doit, entre autres, le *Traité de l'argumentation*

(*), en collaboration avec Olbrechts (1958), *Rhétoriques* (1989), *L'Empire rhétorique* (1977), *La Logique juridique* (1976), *Éthique et Droit* (1990). Par sa « nouvelle rhétorique », il a mis en lumière les mécanismes de raisonnement non formel par lesquels un locuteur s'efforce de convaincre un auditoire. La logique de la vraisemblance que dégage Perelman prend appui sur le droit, et, à l'inverse de la métaphysique traditionnelle, se nourrit exclusivement de la « différence » des hommes entre eux.

MICHEL MEYER.

PÉRET Benjamin. Écrivain français. Né à Rezé (Loire-Atlantique) le 4 juillet 1899, mort à Paris le 17 septembre 1959. Codirecteur des premiers numéros de *La Révolution surréaliste* (*), Péret fut le seul, parmi les promoteurs de ce mouvement, à demeurer toute sa vie strictement fidèle à son esprit. Cette fidélité fit de lui une sorte de « poète maudit », d'autant qu'il ne répondit jamais que par l'insulte et le sarcasme aux impératifs et aux normes de la société. Il doit à ce non-conformisme, qu'il paya en vivant dans la gêne et l'obscurité, d'avoir pu élaborer une œuvre tout entière ouverte à l'humour et au merveilleux, et qui se caractérise par une invention perpétuelle à force de verve, de jeux de mots, d'allitérations et d'images neuves. – Poésie : *Le Passager du transatlantique* (1921), *Immortelle maladie* (+), *Dormir, dormir dans les pierres* (+), *Le Grand Jeu* (1928), *De derrière les fagots* (1934), *Je ne mange pas de ce pain-là* (1936), *Je sublime* (+), *Feu central* (*), *Air mexicain* (1952) ; Prose : *Au 125 du boulevard Saint-Germain* (+), *Il était une boulangère* (+), *Et les siens mouraient* (+), *Le Déshonneur des poètes* (1945), *Mainforte* (1946), *La Brebis galante* (+) (1949), *Mort aux vaches et au champ d'honneur* (+) (1953), *Le Gigot, sa vie, son œuvre* (*). Il a par ailleurs donné une traduction du *Livre de Chilám Balam de Chumayel* – v. *Chilám Balam* (*) –, une *Anthologie de l'amour sublime* (1958) et une *Anthologie des mythes, légendes et contes populaires d'Amérique* (posth. 1960).

BERNARD NOËL.

RÉF. : J.-L. Bédouin, *Benjamin Péret*, Paris, 1961. – Cl. Courtot, *Introduction à la lecture de Benjamin Péret*, Paris, 1965. – J.-M. Gontier, *Benjamin Péret*, Paris, 1982.

PERETZ Itskhok Leybush. Écrivain polonais d'expression yiddish né le 18 mai 1851 à Zamosc en Pologne, mort le 3 avril 1915 à Varsovie. Peretz reçoit une éducation juive traditionnelle, et s'initie en autodidacte à la littérature allemande et polonaise. En 1878, il passe sa licence d'avocat. Il commence à écrire en polonais et en hébreu, sans grand succès. En 1888, il publie « Monish », son premier poème, dont l'ironie rappelle Heine, dans la revue annuelle de Sholem Aleykhem, *Di yidishe folksbibliotek*. En 1890, il participe à l'expédition de statistique juive financée par le philanthrope Jan Bloch, et sillonne la province de Tomaszow en rassemblant des informations sur la vie de la population juive, qu'il utilisera dans ses *Images d'un voyage en province* [*Bilder fun a provints-rayze*, 1891]. Ayant perdu sa licence d'avocat à la suite d'une calomnie, il trouve un poste d'administrateur des pompes funèbres de la communauté juive de Varsovie, qu'il occupera jusqu'à sa mort. Il lance les revues *La Bibliothèque juive* [*Di yidishe bibliotek*] en 1891 et *Feuillets pour les fêtes* [*Yontev-bletlekh*] en 1894, qui contribuèrent à élever la qualité de la littérature yiddish. En 1908, il dirige la conférence de Czernowitz, qui déclare le yiddish langue nationale du peuple juif à parité avec l'hébreu. Dans les années 1890, il est attiré par le socialisme (il passe plusieurs mois en prison pour participation à une réunion illégale). Ses œuvres de l'époque sont marquées par les tendances sociales, la défense des femmes et des déshérités, et la foi en l'éducation. Mais, dans le courant des années 1890, Peretz se tourne vers le symbolisme et le néo-romantisme. Il publie deux recueils, *Contes hassidiques* (*) (1908) et *Contes populaires* [*Folkstimlekhe geshikhtes*, 1909], dans lesquels il utilise le matériau des contes hassidiques et populaires en lui donnant une nouvelle esthétique, découvrant la beauté morale de la vie des héros pauvres et humbles. Il écrit aussi trois drames symbolistes qui marquèrent toute l'histoire du théâtre yiddish : *Enchaîné devant le temple* [*In polish oyf der keyt*, 1909] ; *La Chaîne d'or* [*Di goldene keyt*, 1909], qui a pour thème les conflits entre trois générations d'une dynastie de leaders hassidiques et qui culmine dans une scène où le vieux rabbin refuse de déclarer la fin du Chabbat, temps de repos qui préfigure l'ère messianique, afin de libérer le monde de la mesquinerie et de l'angoisse ; et enfin *La Nuit sur le vieux marché* (*) (1907-14). Peretz fut le mentor de toute une génération d'écrivains yiddish qui montaient à Varsovie pour rechercher son soutien, dont Dovid Pinski, Reyzen, Sholem Asch, Joseph Opatoshu, Nomberg, Der Nister. Dans les dernières années de sa vie, il œuvra beaucoup en faveur des Juifs polonais opprimés. Son cortège de funérailles fut suivi par toute la communauté juive de Varsovie.

DELPHINE BECHTEL.

PÉREZ Alonso. Écrivain espagnol. Né et mort à Salamanque (León) au XVIe siècle. Il exerça la profession de médecin dans sa ville natale. Dans la *Bibliothèque d'auteurs espagnols* [*Biblioteca de autores españoles*] de Rivadeneyra, on trouve une romance et deux sonnets d'Alonso Pérez, mais celui-ci est surtout connu en tant qu'auteur d'une *Seconde Partie de la Diane* – v. *La Diane* (*) de Montemayor.

PÉREZ DE AYALA Ramón. Romancier espagnol. Né à Oviedo (Asturies) le 9 août

1881, mort à Madrid le 5 août 1962. Élève des Jésuites, il les pourfendra dans *AMDG*, roman partiellement autobiographique. Licencié en droit, il sera d'abord poète avec ses trois *Sentiers : La Paz del sendero*, 1903 ; *El sendero innumerable*, 1916 ; *El sendero andante*, 1921 – v. *Le Sentier en marche* (*). Collaborant à de nombreux journaux, voyageur infatigable, il fut un auteur en prise avec l'intelligentsia internationale. Libéral et partisan des Alliés, il luttera contre la monarchie et la dictature de Primo de Rivera, et créera avec Ortega, Marañón, etc., le groupe « Au service de la république ». Académicien en 1928, député en 1931, il sera ambassadeur de la république à Londres. Démissionnaire en raison de la guerre civile, il s'installera à Buenos Aires jusqu'en 1955, collaborant assidûment à la presse argentine. On peut dire qu'il a représenté l'intelligence progressiste de l'Espagne à un moment de son histoire. Mais sa veine créatrice semble s'être épuisée avant la cinquantaine. Essayiste remarquable, chroniqueur réputé dans *Politique et Tauromachie* [*Política y toros*, 1918], *Les Masques* [*Las máscaras* I, 1917 ; II, 1919], *Hermann enchaîné* [*Herman encadenadó*, 1917], il fut avec Gabriel Miró le conteur et romancier le plus original de son temps par sa recherche stylistique et son intellectualisme créateur. Dans sa première période, il écrit quatre romans réalistes, satiriques, « picaresques ». Après l'érotisme de *Éclipse sur les sommets* [*Tinieblas en las cumbres*, 1907] et *AMDG* (1910), *La Patte de la renarde* [*La pata de la raposa*, 1912] oppose l'amour pur et l'amour sensuel, tandis que *Ballerines et Trottins* [*Troteras y danzaderas*, 1913] décrit la bohème madrilène dans un roman à clé. Les grands romans postérieurs aux *Trois nouvelles poématiques de la vie espagnole* [*Tres novelas poemáticas de la vida española*, 1916] sont *Bellarmin et Apollon* [*Belarmino y Apolonio*, 1921], *Les Travaux d'Urbain et Simone* [*Los trabajos de Urbano y Simona*, 1923], précédés de *Lune de miel, lune de fiel* [*Luna de miel, luna de hiel*]. Enfin *Tigre Jean* [*Tigre Juan*, 1926], qui s'inspire des théories biologiques du docteur Marañón, et *Le Guérisseur de son honneur* [*El curandero de su honra*, 1926], sa suite, sont les derniers titres d'une création romanesque prématurément tronquée. Dans ses nouvelles « poématiques », l'auteur déborde le genre romanesque en faisant appel à la poétique héritée de Cervantes et de Goethe. On peut considérer Pérez de Ayala comme le romancier espagnol le plus intellectuel de l'entre-deux-guerres.

LOUIS URRUTIA.

PÉREZ DE GUZMÁN Fernán. Il est considéré comme le meilleur prosateur castillan de son temps. Né aux environs de 1378, mort, probablement en 1460, à Batres (Tolède). Neveu du chancelier Pero Lope de Ayala et comme lui de souche noble, il passa sa vie à la cour, occupant de hautes charges politiques et militaires jusqu'au moment où, à cause de ses dissentiments avec don Alvaro de Luna, il perdit les faveurs de Jean II. À cinquante-six ans, il abandonna la cour et se retira dans son château de Batres. De nature peu mondaine et se tenant volontiers à l'écart, Pérez de Guzmán se consacra à l'étude et à la littérature, composant des poésies lyriques et didactiques. Il s'attacha particulièrement aux ouvrages historiques comme la *Mer des histoires* (*) et aux portraits de ses contemporains dans *Généalogies et Portraits*, œuvres où il fit preuve, par son impartialité envers ses ennemis et par une critique de sa propre patrie, d'une objectivité qui confère une grande dignité à sa personnalité.

PÉREZ DE HITA Ginés. Historien castillan. Né vers 1544 au village de Mula (Murcie), mort à Murcie, probablement après 1619. La date approximative de sa naissance nous est fournie par de rares points de repère, et la certitude qu'il avait déjà vingt-cinq ans lorsque éclata la révolte des Maures dans les monts Alpujarras. Il fit alors campagne comme écuyer du marquis de los Vélez (1568-1571). Tel est le fait le plus connu et le plus marquant de son existence. La description qu'il a laissée des coutumes mauresques dans ses *Guerres civiles de Grenade* (*) témoigne de sa compréhension de la grandeur arabe, et il s'y révèle cultivé et sensible.

PÉREZ DE MONTALBÁN Juan. Écrivain et auteur dramatique espagnol. Né à Madrid en 1602, il y mourut vers la fin de 1638. Il était le fils d'Alonso Pérez, d'origine juive, libraire du roi dès 1604, et qui, après avoir exercé son métier à Alcalá de Hénarès, s'installa à Madrid où il devint l'ami de Lope de Vega et son éditeur « privilégié ». Juan hérita de son père une grande admiration pour Lope de Vega qui, ayant reconnu ses dons, facilita ses débuts dans la carrière littéraire et, plus tard, fit de lui son collaborateur. Pérez de Montalbán étudia la philosophie et les lettres à l'université d'Alcalá, et obtint en 1620 son doctorat. À dix-sept ans, il écrivit sa première comédie *Mourir et dissimuler* [*Morir y disimular*], où la différence de ton entre le premier acte et les deux autres fait supposer qu'il fut aidé par Lope de Vega lui-même. En 1625, il devint docteur en théologie à Alcalá, fut ordonné prêtre, et nommé peu après notaire apostolique de l'Inquisition. Dans ses dernières années, il perdit la raison. Son œuvre, très vaste, comprend tout d'abord un *Orphée en langue espagnole* qui rivalisait, du point de vue culturel, avec celui de Jáuregui, et qui contribua brillamment à la défense de la langue espagnole traditionnelle. La même année, Pérez publia *Succès et prodiges de l'amour en huit nouvelles exemplaires* [*Sucesos y prodigios de amor en ocho novelas exemplares*], ouvrage plusieurs fois réimprimé. Sa *Vie et Purgatoire de saint Patrice* eut de nombreuses imitations. Il fut en outre le premier biographe de Lope de Vega, qu'il glorifia peu après sa mort dans *Renommée posthume* [*Fama póstuma*]. Il eut une polémique avec Quevedo qui, dans *La Perinola*, avait ridiculisé son ouvrage intitulé *Pour tous* [*Para todos*, 1633]. Pérez écrivit en outre au moins cinquante-huit comédies, toutes visiblement imitées de Lope de Vega. Rappelons notamment : *La Gitane de Memphis, Sainte Marie l'Égyptienne, Diego García de Paredes, Les Templiers* [*Los Templarios*], *La Petite Gitane* [*La Gitanilla*], *Palmerin de Oliva* et *Les Amants de Téruel* (*), fameuse comédie (remaniement de celle de Tirso de Molina) sur un célèbre mythe espagnol du XIIIe siècle, et qui fut souvent imitée. Ses comédies, d'inspiration religieuse, historique ou chevaleresque, révèlent plus de culture et de gravité que de souffle poétique.

RÉF. : Fitzmaurice-Kelly, *The Nun Enseign*, Londres, 1908. — G. W. Bacon, *The Life and Dramatic Works of Dr. Juan Pérez de Montalbán, Rev. Hisp.*, XXVI, 1912. — A. Restori, *Il « Para todos » di Juan Pérez de Montalbán*, in *La Bibliofilia*, XXIX, 1928.

PÉREZ GALDÓS Benito. Écrivain espagnol. Né le 10 mai 1843 à Las Palmas de Grande Canarie, mort le 4 janvier 1920 à Madrid. Son père, don Sebastián, de seize ans plus âgé que sa femme, colonel d'artillerie, participa à la guerre d'Indépendance contre les Français, ainsi que son frère Domingo, chapelain aux armées, qui écrivit une relation sur l'expédition des grenadiers canariens dans la péninsule. Les récits paternels inspirèrent probablement l'auteur des *Épisodes nationaux* (*) qui commença la composition de sa célèbre série en 1873, après la mort de don Sebastián en 1871, sans doute par identification au père. La mère de Benito, doña Dolores, d'origine basque, dirigeait la maisonnée avec autorité, imposant une stricte discipline et une morale exigeante à ses dix enfants, qui reçurent une éducation religieuse traditionnelle. Des influences libérales s'exercèrent cependant très tôt sur le jeune Benito : l'île a toujours été ouverte sur l'extérieur et les relations avec l'Angleterre y sont anciennes. Une particularité de l'histoire familiale vint renforcer cette influence libérale qui eut tant d'importance dans la vie du romancier. Le frère de doña Dolores, José María, avait émigré à Porto Rico où il s'était lié avec une Américaine divorcée, Adriana Tate. Les enfants issus du premier mariage d'Adriana épousèrent respectivement le frère aîné et la sœur aînée de Benito, et c'est dans leur famille que le jeune garçon fut soumis à une influence qui vint contrebalancer les principes rigides de l'éducation maternelle. Les liens étaient étroits entre Benito et son frère, qui était aussi son parrain, ainsi qu'avec sa femme, doña Magdalena Hurtado de Mendoza, sa marraine.

D'une famille aisée, Benito reçut une éducation soignée à la fois dans sa famille où ses sœurs s'occupèrent beaucoup de lui, ce qui permet d'émettre l'hypothèse d'une surstimulation précoce, et dans le collège des Augustins récemment ouvert, qui s'inspirait des principes des Lumières. Une fois bachelier, Galdós partit suivre des études de droit à Madrid en 1867, grâce à l'aide de sa marraine qui, ayant perdu son mari et son fils, le rejoignit en 1868. Galdós s'installa alors définitivement à Madrid, et ne retourna à Las Palmas que deux fois pour de brefs séjours. Il y vécut avec sa marraine ou ses sœurs, Concha puis Carmen, et ne se maria jamais.

Il abandonne très vite les études de droit que sa mère rêvait de lui voir suivre dans l'espoir qu'il deviendrait avocat, comme son propre frère. Sa vocation d'écrivain se confirme à cette époque, et, après quelques drames romantiques dont il ne reste rien, il écrit son premier roman, qui paraît en 1870, *L'Ombre* [*La sombra*]. Ce court roman fantastique est suivi de *La Fontaine d'or* [*La fontana de oro*], la même année, puis de *El audaz* en 1871. Ces œuvres sont à l'origine de la double vocation de l'auteur, car il s'agit d'assez longs romans qui annoncent par bien des aspects les grands romans suivants, mais aussi de romans historiques dont l'action se déroule à la fin du XVIIIe siècle, ou pendant le *Trienio liberal* de 1820-1823.

À partir de 1873, outre les nombreux articles de journaux qu'il ne cessera jamais d'envoyer à *La Nación* puis à *La Prensa* de Buenos Aires, Galdós entreprend la première série des *Épisodes nationaux* avec *Trafalgar.* Le succès de ce roman historique le pousse à publier les deux premières séries d'*Épisodes*, qu'il pense définitivement terminer en 1879, avec *Un factieux de plus et quelques prêtres en moins* [*Un faccioso más y algunos frailes menos*]. Entre-temps, il a également écrit *Doña Perfecta* (*) (1876), *Gloria* (*) (1877), *Marianela* (1878), *La Famille de Léon Roch* [*La familia de León Roch,* 1878]. C'est à ce moment qu'a lieu un tournant décisif dans la création galdosienne. Jusqu'alors, il n'avait écrit que des romans historiques ou des romans d'inspiration réaliste en se réclamant à la fois de Balzac et de Dickens, et des grands classiques espagnols, en particulier Cervantes et Quevedo. La lecture de *L'Assommoir* (*) (1877) de Zola va l'orienter vers des œuvres de caractère naturaliste, inaugurées en 1881 avec *La Déshéritée* (*). Fait exceptionnel dans la carrière de Galdós qui est un écrivain prolifique, deux années s'écoulent sans qu'il publie quoi que ce soit. Lui-même a divisé son œuvre romanesque en *Romans de la première période,* avant 1881, et *Romans contemporains*, après 1881, reconnaissant qu'il avait alors changé de « manière » à la façon des peintres. Une période d'intense création débute à ce moment où il publie coup sur coup une série de chefs-d'œuvre qui font de lui le plus grand romancier de son temps : *L'Ami Manso* (*) (1882), *Le Docteur Centeno* [*El doctor Centeno,* 1883], *Tormento* (1884), *Madame Bringas* (*) (1884), *L'Interdit* [*Lo prohibido,* 1883-1884], *Fortunata et Jacinta* (*) (1886-1887), considéré comme son plus grand roman, *L'Inconnue* [*La incógnita,* 1888-1889], suivie de la série des quatre *Torquemada* entre 1889 et 1893.

Galdós est alors au sommet de sa gloire. En 1883, un grand banquet devant compenser son échec à l'Académie est organisé en son honneur. L'élite de la société de la Restauration appartenant à toutes les tendances politiques y assiste ; Castelar, Cánovas, Echegarray prononcent des discours. Galdós apparaît comme le symbole d'une Espagne qui semble avoir réussi à surmonter ses divisions. Sollicité par Sagasta, le chef du parti libéral, il devient député de Porto Rico en 1886. Très timide en public, il ne prononce aucun discours important aux Cortes, se bornant à soutenir le régime et son parti, surtout par ses articles, et profitant de ce formidable observatoire pour étudier de près la vie politique dont il décèle tous les vices. Il les dénonce modérément dans ses articles, puis de façon de plus en plus véhémente. Finalement, il rompt sans éclat avec le parti libéral en 1890, à la fin de la législature qui voit le retour des conservateurs au pouvoir.

En 1891, il entre à l'Académie espagnole. Il écrit à ce moment un de ses grands chefs-d'œuvre, *Angel Guerra* (*) (1890-1891), qui marque un tournant dans sa trajectoire littéraire. Malgré les apparences, Galdós ne s'engage pas dans une période néo-spiritualiste comme on l'a souvent affirmé. Il prend en compte les courants de renouveau religieux et la réaction antinaturaliste inaugurée par Huysmans, mais on ne peut ranger ses romans suivants sous l'étiquette du naturalisme spiritualiste. *Tristana* (1892), *Nazarín* (1895), *Halma* (1895), *Miséricorde* (*) (1897), restent caractéristiques d'un naturalisme modéré, don Benito n'ayant jamais repris à son compte les excès du naturalisme français. L'importation des postulats naturalistes avait toujours été tempérée par l'exemple des grands classiques espagnols dont l'humour était pour Galdós un ingrédient essentiel. Par ailleurs, le naturalisme de Galdós, postérieur à celui de Zola, se fonde sur l'observation et prend principalement comme modèle scientifique la médecine, en particulier la psychiatrie, et la psychologie expérimentale, qui commencent à se développer à l'époque. L'analyse psychologique a toujours occupé une place de choix dans les romans de Galdós, qui s'est inspiré pour ses descriptions des phénomènes psychiques des résultats de la science contemporaine. Ses postulats sont donc matérialistes, et il est connu pour son athéisme. Aucun changement à cet égard ne peut être observé dans l'œuvre galdosienne. C'est la nature de l'objet observé qui diffère à partir de 1890 et non les méthodes d'observation.

Sur le plan personnel, 1890 marque également un tournant important. Après une liaison secrète avec la romancière Emilia Pardo Bazán, il vit quelque temps avec une femme d'origine modeste, Lorenza Cobián, dont il a une fille, María.

Cherchant inlassablement de nouvelles formes d'expression, Galdós se tourne vers le roman dialogué avec *Réalité* [*Realidad,* 1892], puis *La Folle du logis* [*La loca de la casa,* 1892] et *L'Aïeul* [*El Abuelo,* 1897]. Il est inspiré par le symbolisme dans un de ses derniers romans *Le Chevalier enchanté* [*El caballero encantado,* 1905]. Mais l'essentiel de la production galdosienne est constitué vers le tournant du siècle par le théâtre et le roman historique.

En 1892, Galdós adapte son roman *Réalité* pour la scène. Il obtiendra quelques succès dans ce genre avec *La loca de la casa* représentée la même année, *La de San Quintín* (1894), *Doña Perfecta* (1896) et surtout *Électre* [*Electra*] en 1901. Cette œuvre devient l'étendard des anticléricaux et sa représentation dans toute l'Espagne provoque d'importantes manifestations.

De plus en plus engagé politiquement, don Benito rejoint les républicains et accepte de se présenter à Madrid aux élections de 1907 qui ont lieu au suffrage universel. Brillamment élu comme représentant de la coalition républicano-socialiste, il joue cependant un rôle effacé sur le plan politique en dehors de la campagne électorale où il prononce de grands discours, malgré son peu de talent oratoire et sa faible voix.

Ces succès politiques dans les rangs progressistes l'empêchent d'obtenir le prix Nobel puis d'être nommé sénateur à vie, les éléments conservateurs s'y opposant farouchement. Galdós, qui a de gros problèmes d'argent, est obligé en 1898 de reprendre les *Épisodes nationaux* qui avaient été pour lui une source importante de revenus, et il écrit les troisième et quatrième séries ainsi que la série finale entre 1898 et 1912.

Plusieurs opérations de la cataracte ayant échoué, il devient presque aveugle en 1910 et son activité littéraire cesse pratiquement après 1912. En 1914, il est élu encore une fois député, mais de Las Palmas, sans faire campagne ni siéger. Il meurt en 1920 à Madrid.

SADI LAKHDARI.

RÉF. : J. Casalduero, *Vida y obra de Galdós,* Buenos Aires, 1943 ; nouvelle éd. Madrid, 1974. — S. H. Eoff, *The Novels of Pérez Galdós : The Concept of Life as Dynamic Process,* St Louis, 1954. — R. Gullón, *Galdós novelista moderno,* Madrid, 1960. — R. Ricard, *Galdós et ses romans,* Paris, 1961. — A. Regalado-Garcia, *Benito Pérez Galdós y la novela historica española : 1868-1912,* Madrid, 1966. — G. Correa, *Realidad, ficción y simbolo en las novelas de Benito Pérez Galdós,* Bogotá, 1967. — J. Rodriguez Puértolas, *Galdós : Burgesía y revolución,* Madrid, 1975. — W. T. Pattisson, *Benito Pérez Galdós,* Boston, 1975. — C. Blanco Aguinaga, *La historia y el texto literario : tres novelas de Pérez Galdós,* Madrid, 1978. — J. Beyrie, *Galdós et son mythe,* Paris, 1980. — B.

J. Dendle, *Galdós : The Mature Thought*, Lexington, 1980. – W. H. Shoemaker, *The Novelistic Art of Galdós*, Albatros, 1980-1982. – V. Fuentes, *Galdós demócrata y republicano*, La Lugana, 1982. – S. Miller, *El mundo de Galdós : teoría, tradición y evolución del pensamiento socio-literario galdosiano*, Santander, 1983. – P. A. Bly, *Vision and the Visual Arts in Galdós. A Study of the Novels and Newspaper Articles*, Liverpool, 1986. – A. M. Peñuel, *Psychology, Religion and Ethics in Galdós's Novels – The Quest for Authenticity*, Lanham, 1987.

PERGAUD Louis. Écrivain français. Né à Belmont (Doubs) le 22 janvier 1882, tué au combat près de Marchéville le 4 avril 1915. Fils d'un instituteur rural, il devint lui-même instituteur à Maisons-Alfort. Vers 1906, il entra comme rédacteur à la direction des beaux-arts de l'Hôtel de ville de Paris. Il débuta dans les lettres par un recueil de vers : *L'Herbe d'avril* (1908). Mais sa vocation était ailleurs : en effet, dès son plus jeune âge, dans sa Franche-Comté, il avait appris à observer les mœurs des animaux. De là le livre qu'il fit paraître en 1910, livre qui lui valut le prix Goncourt : *De Goupil à Margot, histoires de bêtes* (*). L'année suivante, il publia d'autres histoires du même genre : *La Revanche du corbeau*, et, trois ans après, *Le Roman de Miraut, chien de chasse* (*) (1914). On possède encore de lui *La Guerre des boutons* (*) (1912) et un recueil posthume de nouvelles villageoises : *Rustiques* (1921).

RÉF. : L.-A. Layé, *Louis Pergaud, poète, conteur et romancier*, Besançon, 1925. – C. Léger, *Louis Pergaud, sa vie, son œuvre*, Paris, 1932. – S. Evans, *Une amitié, Deubel et Pergaud*, Rodez, 1939. – M.-T. Marchand, *Louis Pergaud et le monde animal*, thèse lettres, Nice, 1971. – M. Devoge, *Lectures de « La Guerre des boutons »*, thèse Paris VII, 1980. – H. Frossard, *Louis Pergaud*, L'Amitié par le livre, 1982.

PERGOLÈSE (Giovanni Battista Pergolesi). Compositeur italien. Né le 4 janvier 1710 à Jesi, mort le 16 mars 1736 à Pouzzoles (Golfe de Naples). Il commença ses études musicales à Jesi et les poursuivit à Naples, peut-être au Conservatoire des pauvres de Jésus-Christ. Ses maîtres furent Gaetano Greco, Durante et enfin Francesco Feo. Il connut ses premiers succès avec deux oratorios : *La Mort de saint Joseph* [*La morte di S. Giuseppe*] et *La Conversion de saint Guillaume d'Aquitaine* [*La conversione di S. Guglielmo d'Aquitania*, 1731]. Pendant l'hiver de la même année 1731, Pergolèse fit représenter au Théâtre San Bartolomeo de Naples *Saluste* [*Salustia*], opéra en trois actes, avec les intermèdes intitulés *L'amour rend l'homme aveugle* [*Amor fa l'uomo cièco*], mais ces œuvres ne remportèrent aucun succès ; même accueil froid du public à l'opéra qui suivit, *Ricimero*. Ce fut peut-être la raison pour laquelle Pergolèse se retira de la scène. Mais la pause ne dura que quelques mois pendant lesquels il composa de la musique de chambre et d'église. En automne 1732, il revint au théâtre avec une comédie sentimentale en dialecte napolitain, *Le Frère amoureux* [*Lo frate innamurato*], qui fut favorablement accueillie au Théâtre des Florentins. L'année suivante, le 28 août 1733, le musicien fut applaudi avec enthousiasme au Théâtre San Bartolomeo avec *La Servante maîtresse* (*). Ces succès furent comme un bref intervalle serein dans la courte existence de Pergolèse. Les œuvres qui suivirent, surtout ses mélodrames sur lesquels il fondait tout particulièrement son espoir, furent très froidement accueillies, parfois même avec hostilité : *Adrien en Syrie* (1734), *Liviette et Tracolle* (*) (1734). Au Théâtre Argentina de Rome, en 1735, *L'Olympiade* (*) connut le pire des accueils. Revenu à Naples, Pergolèse fit représenter *Flaminio*, comédie sentimentale en trois actes. Il était déjà atteint de phtisie ; peu après, son état s'étant aggravé, il se retirait au couvent des franciscains de Pouzzoles où il mourait après avoir mis la dernière main à son chant suprême, l'admirable *Stabat Mater* (*). L'art de Pergolèse constitue une des expressions les plus suggestives de la musique du XVIIIe siècle par la simplicité si efficace de ses accents, le ton intime et tendre du sentiment, qui dans une pudeur profondément aristocratique trouve sa mesure spontanée.

♦ *« Il n'est pas vrai qu'on puisse mourir de rire ; car à coup sûr j'en serais mort, malgré la douleur que je ressentais de ce que l'épanouissement de ma rate m'empêchait de sentir, autant que je l'aurais voulu, la musique céleste de cette farce. »* Président de Brosses, après une audition de *La Servante maîtresse* de Pergolèse. ♦ *« Le salut pour la musique italienne du XVIIIe siècle eût été dans un genre qu'elle venait de créer : l'opéra buffa qui, chez... Pergolèse, repose sur l'observation humoristique de la nature italienne. Les Italiens, qui sont de grands railleurs, ont laissé là des chefs-d'œuvre inimitables. »* Romain Rolland.

RÉF. : P. Boyer, *Notice sur la vie et les ouvrages de G. B. Pergolèse* in *Mercure de France*, 1772. – Schletterer, *G. B. Pergolesi*, Leipzig, 1880. – G. Radiciotti, *G. B. Pergolesi*, Rome, 1910. – S. A Luciani, *Giovanni Battista Pergolese, note e documenti*, Sienne, 1942. – M. Margadonna, *Giovanni Battista Pergolese*, Milan, 1961. – F. Degrada, *Giovanni Battista Pergolese, contributo a un'interpretazione critica*, Milan, 1962-63.

PERI Jacopo. Compositeur italien. Né à Rome le 20 août 1561, mort à Florence le 12 août 1633. Musicien attaché à la cour des Médicis, il joue un rôle déterminant dans la constitution de la Camerata florentine, cercle d'intellectuels qui est à l'origine, entre autres, de l'apparition de l'opéra. Après avoir écrit des intermèdes comme *Adonis* (+) (1594), il compose en 1598 *Daphné* (+), qui est considéré comme le premier opéra de l'histoire et dont seuls des extraits sont parvenus jusqu'à nous. Parmi ses autres ouvrages lyriques, on lui doit une *Euridice* (+) (1600).

ALAIN PÂRIS.

PÉRIER Odilon-Jean. Poète belge d'expression française. Né et mort à Bruxelles (9 mars 1901-22 février 1928). Issu d'une riche famille bourgeoise, laquelle comptait plus d'un pionnier du Congo belge, il fut élevé par une mère aussi distinguée par le cœur que par l'esprit. Bien qu'il fût d'une santé délicate, il fit de bonnes études secondaires. Après quoi, il suivit les cours de l'université de Bruxelles ; se sentant pourtant moins porté vers le droit que vers la poésie, il débuta aussitôt par un long poème en vers libres : *Combat de la neige et du poète* (1920), poème qu'il devait renier par la suite. Il donna, l'année suivante, un recueil où déjà s'affirme sa maîtrise : *La Vertu par le chant* (+) (1921) – v. *Poèmes* (*) (1952). Quelques mois plus tard, il publia un autre recueil, supérieur à ce dernier : *Notre mère la ville* (+) (1922). La même année, il fonda avec Franz Hellens et Mélot du Dy *Le Disque vert,* cahiers littéraires franco-belges. Ayant été remarqué bientôt par Jacques Rivière, le poète se vit ouvrir les portes de *La Nouvelle Revue française* (*). Possédant le culte du langage et un goût très sûr, Périer aspirait à des conquêtes plus difficiles, comme en témoigne le long poème qu'il nous donna ensuite : *Le Citadin* (+), ou *Éloge de Bruxelles* (1924). Séduit, en outre, par le théâtre, il écrivit alors une comédie en prose qu'il fit représenter au Théâtre du Marais en 1925 : *Les Indifférents* ou *L'on s'amuse comme on peut.* L'œuvre d'Odilon-Jean Périer comporte encore : *Pierre ou les Bûcherons,* drame (1924), *Le Passage des anges,* récit en prose (1926) et son dernier recueil de vers : *Le Promeneur* (+) (1925). Mort à vingt-sept ans, Odilon-Jean Périer tient le rang d'un très grand poète.

RÉF. : Auguste Marin, *Odilon-Jean Périer,* Bruxelles, 1939. – M. Defrenne, *Odilon-Jean Périer,* Bruxelles, 1957.

PERL Joseph. Satiriste polonais de Galicie orientale, qui écrivit en hébreu, yiddish et allemand. Né et mort à Tarnopol (10 novembre 1773 - 1er octobre 1839). La région, qui comptait une forte communauté juive, fut rattachée à l'Autriche lors des partages de la Pologne. Après de solides études talmudiques, Perl fut attiré par le mouvement piétiste et mystique du hassidisme, avant de s'en détourner et d'en devenir un farouche adversaire. Il devint alors un adepte militant des « Lumières hébraïques », la Haskala. Pour propager ses idées, il fonda à Tarnopol une école juive moderne dont il s'occupa et qu'il développa durant toute sa vie ; il lui adjoignit une école professionnelle, une bibliothèque, une imprimerie. Elle obtint en 1820 le statut d'école d'État. Mais elle fut en butte aux attaques des Juifs orthodoxes qui la trouvaient trop libérale, et à celles des « maskilim » (partisans de la Haskala) extrémistes pour qui elle était trop traditionaliste. Son œuvre littéraire est surtout consacrée à la lutte contre le hassidisme dont il ne retient que les aspects négatifs et les déviations, négligeant totalement ses richesses spirituelles et humaines. Il écrivit contre la « secte » des pamphlets en allemand et en yiddish, et les deux récits parodiques et satiriques en hébreu qui le rendirent célèbre, le roman épistolaire *Le Révélateur de secrets* (*) (1819), et *La Machine à détecter l'homme juste* (+) (1838). Avec son contemporain Isaac Erter (1791-1851), Perl est l'un des principaux auteurs satiriques de la Haskala, qui ouvrirent la voie au roman hébraïque de la fin du XIXe siècle.

JANINE STRAUSS.

PÉROCHON Ernest. Romancier français. Né à Vouillé (Deux-Sèvres) en 1885, mort à Niort (Deux-Sèvres) le 10 février 1942. Ancien élève de l'École normale d'instituteurs de Parthenay, Pérochon, avant de devenir romancier, professa dans le terroir qu'il devait bientôt décrire, et connut une renommée soudaine lorsque son roman rustique *Nène* (*) (1920) obtint le prix Goncourt. Ernest Pérochon publia ensuite d'autres romans où les descriptions retiennent parfois plus que l'étude des caractères : *Le Chemin de plaine* (1920) (sous forme de journal), *Les Creux-de-Maisons* (1921) dont le succès fut très vif, *La Parcelle 32* (1922), *Les Ombres, les Gardiennes* (1924), *Le Crime étrange de Lise Balzan* (1929), *Milon* (1936), chronique paysanne du règne de François Ier. Pérochon a publié en outre un recueil : *Poésies* (*Chansons alternées – Flûtes et bourdons*) (1922) et plusieurs romans scolaires.

PÉROTIN (dit Pérotin le Grand). Compositeur français. Né vers 1180, mort vers 1236. Maître de chœur à la cathédrale Notre-Dame de Paris, Pérotin reprit le *Magnus Liber* (*), recueil de pièces liturgiques de son grand maître Léonin, en y inaugurant un nouveau style de déchant qui préfigure le motet, et en y intégrant trois « conduits », respectivement à une, deux et trois voix. Il est cité dans les traités de l'époque comme « discantor optimum » (le meilleur compositeur de déchant).

DOMINIQUE JACCOTTET.

PERRAULT Charles. Grand commis d'État et écrivain français. Né et mort à Paris (12 janvier 1628-16 mai 1703). D'origine tourangelle, mais établie à Paris, la famille Perrault appartient à une haute bourgeoisie de robe de sensibilité moderne et janséniste dont les fils sont avocat (Jean), receveur général des finances (Pierre), architecte et médecin (Claude) ou docteur en théologie (Nicolas). Quant à Charles, s'il paraît suivre un banal cursus de futur robin (brillantes études littéraires au collège de Beauvais à Paris, licences en droit, et inscription au barreau en 1651), il rompt en réalité avec l'institution scolaire : à seize ans, il refuse l'autorité de son régent et continue, quatre ans durant, sa formation en autodidacte (point tant d'ailleurs à l'étude de son programme de classiques latins, puis de droit, que penché sur Tertullien et *La Bible* (*) ou écrivant avec ses frères une traduction du sixième livre de l'*Énéide* (*) en vers burlesques, 1644).

Une fois avocat, alors qu'il poursuit avec ses frères sa réflexion sur l'origine du burlesque (*Les Murs de Troie,* 1653), après deux plaidoiries, il se trouve, à vingt-six ans, chez Pierre, une sinécure de commis de la recette générale, par laquelle il peut désormais se consacrer à une vie de dilettante cultivé, recevant quelques amis choisis dans la maison de ses parents disparus (Charpentier, Colletet, La Mesnardière, Quinault...), ou composant des vers galants et précieux : *Portrait d'Iris, de la voix d'Iris, Dialogue de l'amour et de l'amitié* (1657), *Le Miroir ou la Métamorphose d'Orante* (1661). C'est alors que, bizarrement, on le voit s'essayer à célébrer les grands événements du royaume : odes sur la paix à l'occasion du traité des Pyrénées (1659), sur le mariage de Louis XIV et de Marie-Thérèse (1660), sur la naissance du Dauphin (1661), avec un talent littéraire discuté (par Racine) mais un succès politique croissant, au point d'apparaître bientôt au jeune roi et à ses administrateurs comme une recrue de choix pour mener à bien le projet culturel de remise en ordre de la France ; en même temps qu'il est commis à la surintendance des bâtiments royaux, Perrault qui vient encore de prouver sa science encomiastique (*Discours sur l'acquisition de Dunkerque par le roi*..., 1663), est nommé, sur recommandation de Chapelain, secrétaire de la Petite Académie (future Académie des inscriptions et belles-lettres). Malgré la fraude de son frère, receveur des finances, il y gagne la confiance de Colbert et, dès 1665, assure le suivi de la politique artistique et scientifique du règne – il crée le Petit Conseil du Louvre où siègent Le Vau, Le Brun, son frère Claude et lui-même –, et, partant, celui de la propagande, rassemble les éloges de Mazarin (1666), soutient Le Brun par la plume *(La Peinture)* au plus fort de la querelle du coloris, relate un carrousel de 1662 ou poursuit l'apologie du règne (*Le Parnasse poussé à bout,* 1668).

Aussi est-ce presque automatiquement qu'il est élu à l'Académie française (1671) dont il devient chancelier à la mort de Séguier (1672) et redéfinit les règles de fonctionnement. Son efficacité s'avère une nouvelle fois telle que, la même année, Colbert lui confectionne un office sur mesure (le contrôle général des bâtiments). Alors âgé de quarante-trois ans, Perrault se marie avec une jeune fille de vingt-quatre ans sa cadette qui lui donne cinq enfants. Mais, tout en continuant son œuvre de panégyrique officiel (composition avec Quinault de *Deux poèmes à la louange du roi* en 1674), il commence à esquisser, derrière l'anecdote de faits littéraires, une réflexion critique sur les fondements culturels de la société : prenant la défense d'*Alceste,* opéra de Quinault et Lulli, il en montre la supériorité par rapport à la pièce du grand Ancien, Euripide *(Critique de l'opéra ou Examen de la tragédie intitulée Alceste...)* ; c'est Racine qui leur répond (Préface d'*Iphigénie* (*)). En fait, c'est là le prélude à la querelle des Anciens et des Modernes, laquelle contribuera à remettre en cause la politique culturelle royale. De fait, à partir de 1676, les relations de Colbert avec Perrault, qui vient de publier un *Recueil* de ses œuvres, se rafraîchissent jusqu'à lui faire perdre, en 1680, ses émoluments ; et s'il continue cependant de mettre sa plume au service de la Petite Académie (*Poème à la louange de M. Le Brun*, 1681) et bien sûr à celui de la couronne (le *Banquet des dieux pour la naissance du duc de Bourgogne,* 1682), sa fonction de premier commis cesse progressivement, voire même celle de tout service de la surintendance. À la mort de Colbert (1683), il est congédié de sa charge de contrôleur général et exclu de la Petite Académie par Louvois ; seulement resté directeur de l'Académie, il est de facto mis d'office, à cinquante-cinq ans, dans une retraite presque totale.

Charles Perrault se consacre alors à l'éducation de ses enfants (il est veuf depuis 1678), mais surtout reprend et approfondit une réflexion religieuse (*Épître chrétienne sur la pénitence,* louange de Louis XIV protecteur de la religion catholique, 1683, ode *Aux nouveaux convertis*, 1685, etc.), qui s'avérera constituer le soubassement éthique de la querelle prochaine des Anciens et des Modernes. En témoigne sa consultation de deux religieux, Anciens modérés, Bossuet et Huet, à propos de son *Saint Paulin évêque de Nole* (1686), épopée en six chants qui paraît suivie d'une épître à Fontenelle, *Le Génie.* Le 27 janvier 1687, la lecture publique du *Siècle de Louis XIV* – v. *Le Siècle de Louis Le Grand* (*) – de Charles Perrault, à la gloire des Modernes, fait éclater une querelle entre Anciens et Modernes, dont les enjeux dépassent les polémiques de leurs chefs de file respectifs, Boileau et lui-même. Elle se soldera d'ailleurs par la réconciliation (1694) de ceux qui n'étaient vraisemblablement que « différemment du même avis » (Boileau). Au fil de la querelle paraissent les quatre volumes des *Parallèles des Anciens et des Modernes* (*) (1688 à 1697), où Perrault livre la somme théorique de ses positions en même temps qu'il propose une double parabole de sa réflexion sur l'ordre du monde : d'une part, sous forme théologique, *La Création du monde* (1691), devenu *Adam ou la Création de l'homme, sa chute et sa réparation...* (1697), et de l'autre sous la forme, apparemment naïve, de *Contes en vers* – v. *Contes* (*) – ou de *Contes ou Histoires du temps passé* (1691 à 1697). La production de la dernière décennie de la vie de Perrault (*Le Cabinet des beaux-arts,* 1690, *La Chasse,* 1692, mais aussi *Le Triomphe de sainte*

Geneviève, 1694, ou encore *Les Hommes illustres qui ont paru en France pendant ce siècle*, 1696)... s'ordonne selon ce double désir d'illustration.

FANNY NÉPOTE-DESMARRES.

RÉF. : Paul Bonnefon, « Charles Perrault, essai sur sa vie et ses ouvrages » ; « Charles Perrault littérateur et académicien », in *R.H.L.F.*, 1904, 1905, 1906 – Hubert Gillot, *La Querelle des Anciens et des Modernes en France*, Paris, 1914 – T. di Scanno, *Les Contes de fées à l'époque classique*, Paris, 1968. – M. Soriano, *Les Contes de Perrault*, Paris, 1977. – L. Mourey, *Introduction aux contes de Grimm et Perrault*, Paris, 1978. – D. Escarpit, *Histoire du conte « Le Chat botté » en France et en Angleterre*, Paris, 1985. – C. Perrault, *Contes*, texte présenté et commenté par Roger Zuber, 1987 – *Précis de littérature française du XVIIe siècle*, Paris, 1990.

PERRET Jacques. Écrivain français. Né le 8 septembre 1901 à Trappes (Yvelines), mort à Paris le 10 décembre 1992. Fils d'un fonctionnaire, il fait des études aux lycées Montaigne et Louis-le-Grand, puis à la faculté des lettres à Paris, d'où il sort avec le grade de diplômé d'études supérieures ; il est devenu caporal de tirailleurs au Maroc, il a voyagé et séjourné dans de nombreux pays étrangers. C'est la guerre de 1939-45 qui, comme pour beaucoup d'autres écrivains, décide finalement de sa vocation, et notamment les épreuves de sa captivité en Allemagne, qui le mettront en contact avec un microcosme humain et social tout à fait exemplaire. Il s'évadera en 1942 et il prendra le maquis en France. Cette expérience sur l'univers des prisonniers et sur les tragédies et les comédies qu'il a connues, qu'il a éprouvées pendant près de deux années, il la relatera dans un ouvrage célèbre, *Le Caporal épinglé* (*) (1947) où, à l'inverse de Francis Ambrière qui raconte par le détail la vie des prisonniers dans *Les Grandes Vacances*, il mêle les souvenirs aux rêveries, la poésie au réel. Il sait regarder avec humour, avec férocité parfois, mais sans méchanceté, l'homme dépouillé de tous ses artifices qu'est devenu le prisonnier, l'homme nu dans sa vérité, sa grandeur et ses petitesses. Dès lors, Jacques Perret publie de nombreux romans où il montre son goût pour la vie, son sens très fort de l'existence, et aussi une sorte de pessimisme souriant ou féroce lorsqu'il parle de l'animal humain. Il obtient le prix Interallié pour *Bande à part* (*) (1951). Il écrit également des nouvelles : *Objets perdus* (1949), *La Bête Mahousse* (*) (1951), *Histoires sous le vent* (*) (1953), *Le Machin* (1955), *L'Oiseau rare* (1959), observations sans concession sur la comédie humaine. Il livre aussi des chroniques comme *Bâtons dans les roues* (1953), *Cheveux sur la soupe* (1954) et *Salades de saison* (*) (1957), où il se montre un pamphlétaire très vif qui soulève le voile sur les faiblesses, les contradictions, les lâchetés apparentes de ses victimes. Ses prises de position au moment de l'affaire d'Algérie l'ont conduit à divers démêlés avec le pouvoir. Mais la littérature l'a reconnu comme un de ces écrivains qui excellent dans la peinture bouffonne et cocasse de la vie. Jacques Perret a reçu en 1958 le prix du Prince Rainier III de Monaco. Trois volumes de souvenirs, *Grands chevaux et dadas* (1975), *Raison de famille* (1976), *Belle lurette* (1983) permettent d'approcher ce personnage riche en couleur.

JOËL SCHMIDT.

PERRIER Anne. Poétesse suisse d'expression française. Née le 16 juin 1922 à Lausanne. La poésie pour Anne Perrier se définit moins en termes de travail, d'élaboration méthodique, de mise en œuvre langagière, qu'en termes d'expérience intérieure, de recherche obscure d'une source, d'approche d'un mystère rayonnant. L'attention portée au monde, dans sa beauté mouvante et saisonnière comme dans son inéluctable dégradation, va de pair avec le respect d'une humanité toujours en quête d'elle-même, jusque dans son inquiétante finitude : ainsi la biographie du poète, l'histoire du monde présent et la création d'une œuvre s'accordent pour former un tout où les recueils de poésie se suivent à espaces réguliers, de 1952 avec *Selon la nuit* à 1989 avec *Les Noms de l'arbre*.

Anne Perrier mène une vie très unie, toute de discrétion et d'intensité intérieure, à Lausanne, en compagnie de son mari, éditeur ; c'est là qu'elle a élevé ses deux fils. Convertie au catholicisme, elle a approfondi sa vie intérieure au contact stimulant tant du cardinal Journet que de Jacques Maritain. Musique et vie spirituelle rythment un quotidien sereinement assumé, enrichissant d'une dimension ailée le voyage de la vie.

Ses trois premiers recueils, qui paraissent dans les années 50, portent la marque du désarroi des poètes devant les horreurs de la guerre et l'avènement de la bombe atomique : *Selon la nuit* en 1952, *Pour un vitrail* en 1955 et *Le Voyage* en 1958. Vient ensuite un temps où se rétablit un équilibre entre beauté du monde et misère humaine, qu'une vision spirituelle du bien et du mal garantit : tels sont les recueils du *Petit Pré*, en 1960, et *Le temps est mort*, en 1967.

Les événements de la vie cependant ont parfois bousculé les frontières de la poésie. La mort violente du poète portugais Cristovam Pavia, un interlocuteur douloureux en vie spirituelle comme en poésie, oblige Anne Perrier à prendre la mesure de sa vulnérabilité, à affronter sa fragilité, à accroître sa vigilance à l'égard des mots et à entreprendre tout un travail du deuil qui trouve son expression lumineuse et pacifiée dans *Lettres perdues* (1971).

Trois composantes nourrissent la vision du monde et la poésie d'Anne Perrier et constituent les thèmes principaux des recueils qui suivent : *Feu les oiseaux* (1975), *Le Livre* *d'Ophélie* (1979), *La Voie nomade* (*) (1986), *Les Noms de l'arbre* (1989). Le monde grec – la Crète et les âges archaïques en particulier –, et plus largement méditerranéen, voire biblique, est l'univers de prédilection d'Anne Perrier ; là furent les vrais commencements du monde comme de l'humanité, les premiers pas risqués hors de la protection des dieux.

La chanson populaire, le conte ou la comptine contrebalancent les mythes tragiques, offrant une prise au rêve comme à l'incantation, selon les surprises et les rythmes de la langue orale.

La révolte contre le temps présent qu'Anne Perrier considère comme hostile à la poésie, complaisant face à l'injustice, barbare vis-à-vis de l'enfance comme de la nature, accompagne sa défense de la vérité, son goût de la clarté, son sens de la beauté et de l'ascèse nécessaire. Anne Perrier évoque l'exemple de l'arbre du Ténéré, « détruit sottement ou accidentellement en 1973 », alors qu'il avait crû en plein désert depuis près de deux mille ans, servant de repère et de point de rencontre pour les caravanes ; elle dénonce ainsi l'aveuglement et la brutalité sans limites de notre temps, tout en restituant au monde sa dimension d'éternité : « Dès lors ô frère où déposer notre ombre / Si c'était là l'éternité / Plus aucune boussole plus rien / Qui retienne le cœur de se perdre / Dans l'étincellement des vents. »

DORIS JAKUBEC.

PERRIN Jean Baptiste. Physicien français. Né à Lille le 30 septembre 1870, mort à New York le 17 avril 1942. Fils d'un capitaine d'infanterie, il fit ses études secondaires à Lyon, où son père était en garnison, puis au lycée Janson-de-Sailly à Paris. Entré à l'École normale supérieure en 1890, il refusa de s'engager immédiatement dans la carrière de l'enseignement, voulant d'abord se consacrer à diverses recherches physiques. Ayant reçu une petite bourse, il fut nommé agrégé-préparateur à l'École, et put en 1897 présenter sa thèse de doctorat ès sciences sur *Les Rayons cathodiques et les rayons Roentgen*. En 1898, il se voyait chargé d'un cours de physique-chimie à la Sorbonne, mais, trois ans plus tôt, il avait déjà donné une importante révélation scientifique, dans un mémoire à l'Académie des sciences, en montrant que les rayons cathodiques étaient constitués par des charges électriques négatives en mouvement. Il se consacra également à l'étude des mouvements browniens, de la désintégration du radium, des phénomènes sonores, mais son terrain d'élection devait être celui de la physique nucléaire : en 1901, Perrin fut le premier savant à supposer pour l'atome une structure rappelant celle du système solaire. Professeur titulaire de la chaire de physique-chimie à la faculté des sciences depuis 1910, il devint en 1923 membre de l'Académie des sciences, et reçut en 1926 le prix Nobel de physique pour ses travaux sur la structure discontinue de la matière. Mêlé à la politique dès l'époque de l'affaire Dreyfus, Perrin entra en 1936 dans le cabinet Léon Blum comme sous-secrétaire d'État à la Recherche scientifique. Il fut le promoteur, en 1937, du Palais de la découverte et, en 1939, du Centre national de la recherche scientifique. Parmi ses ouvrages, citons : *Osmose et parois semi-perméables* (1900), *Les Principes* (1901), *Les Atomes* (*) (1912), *Éléments de la physique* (1930), etc. Jean Perrin est le précurseur de la géométrie dite aujourd'hui « fractale ».

RÉF. : Albert Ranc, *Jean Perrin, un grand savant au service du socialisme*, Paris, 1945. – *Hommage national à Paul Langevin et J. Perrin* (plaquette collective), Paris, 1950.

PERROS Georges (pseud. de Georges Poulot). Écrivain français. Né et mort à Paris (31 août 1923 - 24 janvier 1978). Études à Reims, Belfort (« amour des Vosges »), au gré des déplacements de son père, inspecteur d'assurances, puis, en 1939, au Conservatoire de Rennes – où, venu pour s'inscrire au cours de piano, il opte pour l'art dramatique –, à Paris enfin, au lycée Condorcet (1941), au Centre du spectacle et au Conservatoire de la rue de Madrid. Il débute au théâtre en jouant *La Célestine* (*), et dans les lettres en participant aux premières manifestations lettristes. Un prix de comédie lui vaut d'être engagé à la Comédie-Française. Distraction ou indifférence (le rêve, alors, d'une absolue transparence), il s'y laisse oublier (1949-1950), « passant le plus clair et le plus obscur de [son] temps dans une mansarde de Meudon » à poursuivre le commentaire en abîme, nonchalant, éperdu d'idées, d'humeurs, de situations, de lectures (Valéry, Kierkegaard), qui, commencé avec les poèmes et les journaux intimes de l'adolescence, trouve dans la note sa forme privilégiée. La rencontre providentielle de Jean Grenier au Caire, lors d'une tournée, exténue le peu de goût qu'il conserve pour le métier de comédien. L'auteur des *Iles* (*) lui fait connaître Jean Paulhan et le milieu de la N.R.F. Dès lors, la revue publie nombre des notes qui formeront les trois tomes de *Papiers collés* (*) (1960, 1973, 1978) ainsi que des vers de *Poèmes bleus* (1962) et d'*Une vie ordinaire* (*) (1967). Lecteur au T.N.P. de Vilar puis aux éditions Gallimard, il vit, à partir de 1959, en Bretagne. Il s'y marie avec une amie russe venue l'y rejoindre. Paradoxalement, le centre de gravité de cette existence imprudente, enfin trouvé dans l'éloignement, la résistance, la pauvreté énergiquement et, autant que possible, gaiement assumée, figure alors, pour quelques intellectuels parisiens, une pensée réconfortante, un point de fuite rêvé ou de chute éventuel – un lieu en tout cas ouvert en permanence aux vicissitudes de l'amitié. Saturant l'espace de la fumée de sa pipe et de sa moto, Georges Perros ne cesse de travailler à sa manière : écrit, dessine, chante, va ici et là ranimer les courages et défier les prétentions, est invité chaque semaine à « parler de son ignorance » aux facultés de Brest et de Quimper, jusqu'à ce qu'un cancer l'atteigne à la gorge, réalisant un de ses « projets d'avenir » : le « petit lopin de terre si durement, si paresseusement, si atrocement gagné, mon Dieu », sous les pins qui dominent la baie de Douarnenez. Peu avant et peu après sa mort ont paru *Échancrures* (1977) et *L'Ardoise magique* dédiée aux laryngotomisés (1978), puis les *Notes d'enfance* (1979). On lui doit aussi des traductions de Strindberg et de Tchekhov. Il laisse, en outre, une importante correspondance avec Jean Grenier, Jean Paulhan, Brice Parain, Lorand Gaspard, Jean Roudaut et Michel Butor.

Né moraliste, sous le regard de *Monsieur Teste* (*), et comme tel poursuivant et dénonçant le rêve d'une innocence originelle à l'infini des reflets spéculaires de la conscience, Georges Perros a soudain cédé devant l'évidence. À tant faire que de traverser une crise des valeurs, il a opté bravement pour ce qui, de toute façon, n'en possède aucune au trébuchet des idéologies dominantes et des hiérarchies éternelles : le prosaïsme, la tendresse, la spontanéité, le subjectif – en un mot, pour la vie, telle qu'elle est donnée et reprise, mais vécue au plus près, sans ajout, dans la tension d'un perpétuel et amer enchantement.

GILBERT MINAZZOLI.

RÉF. : Jean Roudaut, *Georges Perros*, Paris, 1991.

PERROUX François. Économiste français. Né le 19 décembre 1903 à Lyon dans un milieu d'artisans, mort à Stains en 1987. Perroux a un parcours scolaire brillant. Il est reçu premier à l'agrégation d'économie à 28 ans. C'est un catholique fervent et militant. Le but de l'économie est de permettre le développement, la satisfaction des besoins fondamentaux de tous les hommes. Cet humanisme chrétien lui donne une distance avec l'individualisme de la pensée néoclassique qu'il découvre, dès le début des années 20, à Lyon dans le séminaire d'Antonelli. Professeur à l'université de Lyon de 1928 à 1937, puis à Paris de 1937 à 1955, il est élu au Collège de France en 1956. Mais cette carrière universitaire est loin de représenter son activité réelle. Polyglotte, il va se former à l'École de Vienne et il noue une amitié étroite avec Schumpeter. Il enseigne à la London School of Economics. Il séjourne aux États-Unis. Il fonde en 1944, avec le patronage de Keynes, l'I.S.E.A. (Institut de science économique appliquée) qui deviendra plus tard l'I.S.M.E.A., avec l'introduction des mathématiques appliquées à l'économie. Il dirige quelques années l'I.E.D.E.S. (Institut d'études du développement économique et social), qu'il quitte en 1968. La limite de Perroux est son incapacité à travailler dans des institutions où il n'a pas le pouvoir absolu. Mais il sait assimiler toutes les théories nouvelles tout en restant fidèle à lui-même.

Deux axes peuvent être isolés dans ses recherches : comprendre la dynamique concrète du développement du capitalisme moderne, d'une part, et reconnaître et combattre le sous-développement, d'autre part. Il est à l'origine de la création de concepts nouveaux, entrés aujourd'hui dans le langage commun : espaces économiques, pôles de développement, industries motrices, macro-décisions, structures, asymétrie, effets de domination, développement (opposé à croissance), sous-développement, coût de l'homme, ressources humaines, régulation. « Nobélisable », il n'a pas obtenu le prix, ses concepts se prêtant mal à la quantification. Son œuvre est variée et très abondante, mais *L'Économie du XXe siècle* (*) donne la synthèse de sa pensée.

LUCETTE LE VAN-LEMESLE.

PERSE (Aulus Persius Flaccus). Poète satirique latin. Né en 34 dans la petite ville étrusque de Volaterrae, mort en 62. Sa famille possédait une haute situation et avait des liens de parenté avec l'aristocratie romaine. Vers douze ans, Perse se rendit à Rome, où il suivit l'enseignement des meilleurs maîtres de grammaire et de rhétorique et fit ses premiers essais littéraires. Un peu plus tard, il entra à l'école du stoïcien Anneus Cornutus, que fréquentait le poète Lucain ; il se lia d'amitié avec le vieux poète Cesius Bassius. Il eut aussi pour amis des membres cultivés des familles aristocratiques romaines ; certains faisaient partie de l'opposition stoïco-républicaine contre Néron. En mourant, Perse laissa sa très belle bibliothèque à Cornutus. Celui-ci se chargea, avec Cesius Bassius, de faire paraître l'édition des écrits de Perse : il fit détruire ses compositions de jeunesse et ne sauva que le recueil des *Satires* (*).

♦ *« Il y a plus de sagesse dans son mince volume qu'en beaucoup d'énormes livres à succès. »* Martial. ♦ *« Son petit livre lui fait beaucoup de gloire et de véritable gloire. »* Quintilien. ♦ *« La pureté de ses mœurs, l'aménité de son caractère et la noblesse de ses sentiments font de lui un modèle. »* Suétone.

RÉF. : F. Villeneuve, *Essai sur Perse*, Paris, 1918. – E. Paratore, *Biografia e poetica di Persius*, 1968.

PERUTZ Leo. Romancier autrichien. Né le 2 novembre 1884 à Prague, mort le 25 août 1957 à Bad Ischl. Fils d'un industriel pragois d'origine juive, il s'installe très vite à Vienne (1899) où il fréquente bientôt le cercle littéraire « Freilicht », en compagnie des écrivains Ernst Weiss et Richard Bermann. Des études en économie et en mathématique lui permettent – remarquable analogie avec Franz Kafka – d'entrer comme expert dans une compagnie d'assurances. Il fait ses débuts de romancier en 1915, avec la publication de *La Troisième*

Balle (+), qui connaît un succès immédiat. Grièvement blessé sur le front de Galicie, en 1916, il est rapatrié et affecté, jusqu'à la fin de la guerre, au service de presse de l'armée (où l'on retrouve, à l'époque, toutes les « célébrités » des lettres autrichiennes : Hofmannsthal, Rilke, Musil, Werfel, etc.). Il devient un auteur connu, dont les bonnes feuilles paraissent dans les revues à grand tirage. Mais l'invasion hitlérienne de 1938 le contraint à l'exil. Il parvient, après de nombreuses tracasseries administratives, à obtenir un visa pour la Palestine. Il arrive à Tel-Aviv le 15 septembre 1938, où il restera jusqu'à sa mort, sans pour autant épouser ouvertement la cause sioniste. Il revient chaque été, après la guerre, passer quelques semaines à St. Wolfgang, au milieu de ses amis d'autrefois, dont Alexander Lernet-Holenia, qui devait assurer l'édition de son roman posthume *Le Judas de Léonard* [*Der Judas des Leonardo*, 1957].

L'ironie du sort : tel est le thème unique, obsédant, de la fiction pérutzienne. Les règles et l'enjeu sont en place dès *La Troisième Balle*, roman « historique » qui se déroule lors de la colonisation du Mexique par les troupes de Cortés : le chevalier rhénan Grumbach, qui a entendu la malédiction prononcée à son endroit par un supplicié, travaille, quoi qu'il fasse, à l'exacte réalisation de la parole fatale. La vie comme acte manqué, comme destinée que l'on s'acharne à rencontrer à mesure que l'on prétend la déjouer – comme le sort tragique, dans *Le Marquis de Bolibar* (*) (1920), que rencontrent, que construisent eux-mêmes deux régiments de la Ligue du Rhin durant la campagne napoléonienne d'Espagne. La fatalité n'a d'ailleurs bientôt plus besoin, dans les romans suivants, de porte-parole « officiel », intronisé avec tous les poncifs et les effets de « fantastique ». Ce n'est finalement rien d'autre qu'une certaine idée que le héros se forge de son existence, une raison qu'il se donne de vivre (et de mourir), en un mot : une obstination. Celle, par exemple, de Stanislas Demba, le héros du *Tour du Cadran* [*Zwischen neun und neun*, 1918] qui, après avoir (croit-il) échappé aux policiers qui lui ont passé les menottes pour une faute vénielle, parcourt inlassablement les rues de Vienne les mains cachées sous sa pèlerine, au risque de se perdre ; celle de Tancrède Turlupin [*Turlupin*, 1924], le petit perruquier parisien au temps de la Fronde, à se convaincre de sa noble ascendance en se faisant reconnaître par la duchesse de Lavan ; celle de Vittorin, dans *Où roules-tu, petite pomme ?* [*Wohin rollst du, Äpfelchen ?* 1928] qui, alors que la guerre vient de finir et qu'il retrouve enfin sa famille à Vienne, n'a de cesse de repartir en Russie pour se venger de l'officier qui commandait le camp de prisonniers où il a passé plusieurs années de captivité. La conduite obstinée des héros de Perutz, nourrie par un sentiment, ou une illusion, d'élection, les condamne à la solitude, à l'errance : le plus lourd sacrifice est demandé au *Cavalier suédois* (*) (1936) qui, sur fond de batailles entre papistes et luthériens dans l'Europe orientale du XVIIIe siècle, devient ainsi l'homme sans nom, le proscrit, portant la marque d'infamie. À la croisée entre fantastique et fiction policière, l'écriture de Perutz manipule signes et indices pour transformer chaque récit en sa propre énigme. La postface du *Maître du Jugement Dernier* [*Der Meister des Jüngsten Tages*, 1923], qui reprend le schéma narratif du meurtre en chambre close et désigne finalement un livre comme instrument du crime, nous avertit du caractère suspect de toute fiction : ce que nous prenons naïvement pour une protestation d'innocence n'est peut-être que le fruit de « cette propension, observée chez de nombreux criminels, à jouer avec les indices jusqu'à ce qu'ils apportent la preuve qu'ils auraient pu être innocents si le destin en avait décidé autrement ». La boutade de Friedrich Torberg, qui voit en Leo Perutz un « hybride d'Agatha Christie et de Franz Kafka », traduit bien la singularité de cette œuvre.

JEAN-JACQUES POLLET.

PESSANHA Camilo de Almeida. Écrivain portugais. Né à Coïmbre le 7 septembre 1867, mort à Macao le 1er mars 1926. Destin sombre et marginal que celui de cet admirable poète dont Jorge de Sena disait : « Il est le plus pur symboliste de la poésie portugaise et l'un des plus extraordinaires poètes qui ait écrit en notre langue. » Fils illégitime d'un étudiant de bonne famille et d'une domestique, il ne sera reconnu par son père qu'à l'âge de 17 ans. Il vécut cependant toute son enfance et son adolescence avec ses parents et ses quatre frères et sœurs. Mais sa mère occupa toujours une place subalterne, gouvernante de son compagnon et de ses propres enfants. Camilo Pessanha étudie le droit – comme son père – à l'université de Coïmbre et fréquente les milieux littéraires et bohèmes de l'époque. Il écrit alors, vers 1890, ses premiers poèmes. En 1894, diplômé de l'université, il part à Macao, enclave portugaise en Chine, où il sera professeur de lycée avant d'exercer les fonctions de procureur et de juge... Il s'adonne à l'opium, vit en concubinage avec une Chinoise et évite de fréquenter la société portugaise locale. Il fait de nombreuses études, publiées au Portugal sous le titre « China », sur la civilisation et la littérature chinoises dont il acquiert une connaissance profonde. De santé très fragile, il doit séjourner de temps à autre au Portugal où, malgré et peut-être à cause de son isolement, il commence à se faire connaître. La façon très particulière qu'il a de divulguer sa poésie lui donne une notoriété et une aura qui ne cesseront de le surprendre : Camilo Pessanha n'écrit pas ses poèmes, il les compose mentalement et les récite à quelques amis ; quelquefois il en écrit et les envoie ou les donne à ceux qu'il aime. Leyla Perrone-

Moïses écrit très justement dans sa présentation de la traduction française de *Clepsydre* (*) : « Pendant trente ans il a été l'auteur admiré d'un livre inexistant dont on ne connaissait que des morceaux. » En 1915, lors de la parution du premier numéro de *Orpheu,* Fernando Pessoa et Mário de Sá-Carneiro le reconnaissent comme leur maître ; son œuvre, selon Pessoa, est une « source continue d'exaltation esthétique ». Le refus des émotions convenues, du sentimentalisme, son acceptation de la fuite du temps, de la réalité, de la mort, la musique de ses vers composent une œuvre admirable. Et, fort heureusement, parmi ses admirateurs, il en fut pour recueillir ses poèmes, les transcrire, les rassembler. En 1916, Camilo Pessanha part une nouvelle fois pour Macao ; il n'en reviendra pas. En 1920, il voit paraître la première édition de *Clepsydre,* encore incomplète. Il meurt tuberculeux en 1926 à Macao, laissant cet unique recueil qui ne sera réédité, avec l'intégralité supposée de ses poèmes, qu'en 1969.

FRANÇOISE BEAUCAMP.

PESSOA Nogueira Fernando. Poète portugais. Né et mort à Lisbonne (13 juin 1888-30 novembre 1935). Très sédentaire, en dehors des années d'enfance et d'adolescence (1896-1905) qu'il vécut à Durban (Afrique du Sud) où sa mère, devenue veuve alors qu'il avait cinq ans, s'en fut rejoindre son nouvel époux. Après des études primaires, secondaires et commerciales faites en anglais, c'est un excellent linguiste, doué pour les lettres. Lorsque, âgé de dix-sept ans, il regagne le Portugal, il reste longtemps fidèle à la langue anglaise, dont la connaissance sera son gagne-pain avoué : après une tentative avortée dans l'imprimerie, il entre au service de diverses maisons de commerce en tant que rédacteur-secrétaire à la correspondance étrangère. En son privé, il lit avec fièvre tout ce qui lui tombe sous la main ; symbolistes français, philosophes allemands, théosophes anglo-saxons dont il traduira les œuvres, et ce Max Nordau qui lui fit une telle impression qu'il se crut à la lisière de la folie — où sa grand-mère avait sombré. Cet homme effacé, qui change souvent d'adresse pour mieux brouiller les pistes, bouillonne de projets : animateur d'un groupe de jeunes gens de son âge, il se détourne vite du « saudosismo », forme décadente du symbolisme, alors en pleine décrue. S'il cache encore ses vers, il publie des essais critiques dans *Aguia,* organe du groupe « La Renaissance portugaise » ; il y prophétise à son pays l'avènement d'un « super-Camoens » dont il est aujourd'hui facile d'imaginer le nom. Un autre mouvement fondé par lui, le « paulisme », n'aura qu'une existence éphémère ; d'une tout autre portée seront le « sensationnisme » et l'« intersectionnisme », débouchant l'un et l'autre sur le futurisme de Marinetti qui est en train de conquérir l'Europe. C'est alors, l'année où éclate la Première Guerre mondiale, que se produit chez Pessoa un cyclone psychique dont s'émerveillera le plus clairvoyant de ses proches, Mario de Sá-Carneiro, qui a laissé les prémices d'une grande œuvre (*Confession de Lucio, Ciel en feu, Dispersion*), avant de se donner la mort, vêtu de son frac, à Paris. Le 8 mars 1914, date célèbre dans les annales de la création littéraire, Pessoa se mit à écrire, debout, sur une commode haute : sans une rature, plus de trente poèmes se bousculèrent sous le bec de sa plume. Sentant impérieusement qu'ils étaient d'un autre que lui, en qui il saluait son maître, il les signa de ce nom : Alberto Caeiro, dont l'œuvre sera rassemblée en un recueil, *Le Gardeur de troupeaux* (*). Aussitôt après, six nouveaux poèmes jaillirent, dont il reconnut la paternité. À un maître, il faut des disciples : au cours de la même séance surgirent deux nouveaux personnages, Ricardo Reis et, très différent de lui, un certain Alvaro de Campos, qui lui dicta incontinent, cette fois à la machine, la longue et fougueuse *Ode triomphale* (*). Dès ce jour mémorable, où s'amalgamèrent, en une conflagration sans précédent, médiumnité, voyance, conviction et mythomanie, cette famille prit corps, elle vécut, pour reprendre à J. do Prado Coelho sa formule, dans l'unité et la diversité. Les personnages ainsi venus au monde le même jour ne seront pas des jumeaux, bien au contraire. Chacun de ces « hétéronymes » se verra attribuer une date de naissance, voire un horoscope, une profession, une biographie, des opinions politiques. Entre eux s'échangent des vues, des commentaires, des polémiques — il leur advient de juger Fernando Pessoa, leur démiurge à tous. Celui-ci, en pleine fièvre de création (« Je me sentais plus les êtres que j'avais créés que moi-même »), va de l'avant : cet homme courtois, plutôt effacé, plein d'humour mais impénétrablement « maître d'indiscipline », publie en 1915 la revue d'avant-garde *Orpheu,* dont il ne fut mis en vente que deux numéros (le troisième resté à l'état d'épreuves). Autour de lui, il y groupe les meilleurs noms de sa génération : en plus de Sá-Carneiro, Luiz de Montalvor, Angelo Lima, les peintres Sousa-Cardoso et Almado Negreiros, ainsi que le poète açorien Armando Cortes-Rodrigues, à qui il envoie des lettres (publiées à Lisbonne en 1944) qui constituent un témoignage de prix sur cette période d'animation et d'effervescence. Avant de se saborder, *Orpheu* a publié, sous la signature d'Alvaro de Campos, l'ample *Ode maritime* (*) où s'entrechoquent sauvagerie et tendresse, échos de Whitman et ancestrale « saudade » portugaise. On crie à la paranoïa : ce sera pis encore lorsque, en 1917, paraît dans l'unique numéro de *Portugal futuriste,* promptement saisi par la police, le coruscant *Ultimatum,* chaotique chant du cygne d'un épigone de Zarathoustra, annonciateur des idéologies qui n'allaient pas tarder à inspirer fascisme et autres régimes d'autorité. Non que Pessoa soit un esprit proprement politique : son instabilité de gyrovague pourrait bien remonter à un lointain ancêtre juif persécuté par la Sainte Inquisition — il ne se fixe nulle part, il entreprend la rédaction d'un roman policier, il songe à ouvrir un cabinet d'astrologue, il sollicite un emploi de bibliothécaire, il veut prendre un brevet d'inventeur, il fonde et dirige une revue de comptabilité. Entre 1918 et 1921, il fait imprimer à compte d'auteur, en minces opuscules, des poèmes directement composés en anglais : *35 Sonnets, Inscriptions, Antinoüs et Épithalame,* les deux premiers d'une irréprochable facture classique, les deux autres d'un érotisme sans fard. Cet homme-orchestre démuni de façade sociale est hanté par le trésor qu'il va léguer à la postérité : « Toute ma vie gravite autour de mon œuvre, quelque bonne ou mauvaise qu'elle soit, ou puisse être. Tout le reste dans l'existence a pour moi un intérêt secondaire. » Ce qu'il publie, d'esprit polémique, satirique ou philosophique — *La Dictature militaire, Le Banquier anarchiste, Le Livre de l'intranquillité* (*) — ne fait que des remous momentanés. Ce n'est qu'en 1927, onze ans après la mort de Sá-Carneiro, qu'il sera mis à son rang, le premier, par les tout jeunes gens, alors inconnus et depuis lors illustres (José Régio, João Gaspar Simões, Adolfo Casais Monteiro, etc.) qui publient à Coïmbre la revue *Presença,* sismographe d'une génération hypersensible. À cette équipe appartient un Français, Pierre Hourcade, qui signe dès 1930 une « Rencontre avec Fernando Pessoa », annonciatrice de maint autre témoignage. Le poète, réconforté par la ferveur de ses cadets, détache de sa considérable production poétique la matière d'un petit livre, *Message* (1934), le seul de ses recueils qu'il ait vu imprimé, et qui lui valut, dans un concours du Secrétariat de la propagande nationale, un chétif deuxième prix. Il y avait là des accents et des images initiatiques, entés sur la tradition rosicrucienne, qui échappèrent certainement au très officiel jury. Pessoa ne survécut pas longtemps à ce demi-succès qui était aussi un demi-échec : usé par l'excès de sa vie intérieure, par des grippes chroniques, des crises de neurasthénie et aussi l'alcool des derniers mois, il s'éteignit le 30 novembre 1935 à l'hôpital français de Lisbonne. Sa véritable vie commençait alors. La grande malle rustique où il avait rangé ses manuscrits n'a cessé de dégorger ses trésors : une douzaine de recueils de poèmes, rassemblés en un volume, *Obra poética* (Rio de Janeiro, 1972), et de nombreux livres de prose : correspondance, essais critiques, pages d'esthétique et de philosophie, notes intimes, etc., dont un choix typique a paru dans *Obra em prosa* (Rio de Janeiro, 1974). Pessoa est devenu une gloire internationale, on lui consacre colloques et séminaires, il est traduit dans la plupart des langues. Célèbres sont ses trois hétéronymes majeurs (on lui en attribue au total une quinzaine) : Alberto Caeiro, sage qui vit à la campagne, autodidacte sensualiste, agnostique clairvoyant et ami de l'évidence ; Ricardo Reis, humaniste païen, disciple d'Horace et Anacréon, archaïque en sa forme et épicurien en sa pensée ; Alvaro de Campos, ingénieur qui a vécu dans le monde anglo-saxon, chantre de la vitesse, des moteurs, du goût de l'introspection et de l'amère contemplation de l'absurde. Là où il signe de son nom d'état civil, Pessoa est un écheveau de contradictions : hermétiste et d'une éblouissante clarté, grave, plaisant, sarcastique, tendre, enclin à l'humour, elliptique, éloquent, délicat, cynique, passionné, détaché, raffiné, paysan, il est tout cela à la fois : Protée incarné, à lui seul toute une dramaturgie. Désintégrateur du « moi » qui se reconstitue en multiples éclats, il reste à la fois le précurseur et le fils exemplaire du siècle de la fission de l'atome.

ARMAND GUIBERT.

♦ *« A nos yeux, Pessoa est un homme inventé par Borges : quatre écrivains en un seul, mais eux-mêmes divisés à l'infini. »* Marc Alyn. ♦ *« L'un des tempéraments lyriques les plus considérables de notre époque, l'égal d'un Maïakovski, d'un Rilke, d'un Lorca... impitoyable dilettante du néant, il n'est sans doute pas un créateur plus résolument intellectuel depuis Mallarmé. »* Alain Bosquet. ♦ *« Pessoa représente, autant que l'Espagnol Machado, ces poètes du XXe siècle dont la patrie était partout et nulle part, ces véritables navigateurs d'une mer inconnue. »* Georges Cattaui. ♦ *« Trois grands poètes : Apollinaire, Maïakovski et Pessoa. Toute l'œuvre de Pessoa est une quête de l'identité perdue, une passion. »* Octavio Paz.

RÉF. : João Gasper Simões, *Vida e obra de Fernando Pessoa,* Lisbonne, 1951. — Armand Guibert, *Fernando Pessoa, poète d'aujourd'hui,* Paris, 1960 et 1973. — Antonio Quadros, *Fernando Pessoa ou les délices du doute,* in *Verbe et vertige,* Paris, 1961. — Jacinto do Prado Coelho, *Diversidade e unidade em Fernando Pessoa,* Lisbonne, 1963. — Georg Rudolf Lind, *Theoria poetica de Fernando Pessoa,* Porto, 1972. — Maria Teresa Rita Lopes, *Fernando Pessoa et le Drame symboliste,* Paris, 1977. — *Pessoa en personne : lettres et documents,* Paris, 1986. — Solange Triger, Serge Plagnol, *Fernando Pessoa, si après ma mort...,* Royaumont, 1986. — *Fernando Pessoa,* in *Europe* n° 710-711, Paris, 1988. — José Gil, *Fernando Pessoa ou la Métaphysique des sensations,* Paris, 1988. — Jacinto Lageira, Henri Deluy, *Pessoa et le Futurisme portugais,* in *Action poétique*, n° 110, 1988. — Edouardo Lourenço, *Fernando Pessoa : roi de notre Bavière,* trad. Paris, 1988. — José Augusto Seabra, *Fernando Pessoa ou le Poètodrame,* Paris, 1988. — Edouardo Lourenço, *Pessoa, l'étranger absolu,* trad. Paris, 1990.

PESTALOZZI Johann Heinrich. Pédagogue suisse d'expression allemande. Né à Zurich le 12 janvier 1746, mort le 17 février 1827 à Brugg (canton d'Argovie). Fils du chirurgien Gian Battista Pestalozzi, il était d'origine italienne, d'une famille de Chiavenna. Élevé par sa mère et par une servante, Babeli, il reçut sa première instruction de son grand-père paternel, Andreas, pasteur au village de Höngg, aujourd'hui banlieue de Zurich. En 1751, il commença ses études à l'école de latin, au collège, et enfin au « Carolinum » de Zurich, où il eut pour maîtres Bodmer, Breitinger, Steinbruckel, épris à la fois de culture classique et d'idéal de renouvellement civil et patriotique dans le sens des traditions républicaines ancestrales. Lui-même, membre de la Société helvétique qui s'était constituée autour de Bodmer, ressentit vivement l'influence de l'*Émile* (*) et du *Contrat social* (*) de Rousseau, en même temps que celle du philanthropisme et de la physiocratie. Dominé par le désir d'une profonde régénération du peuple, qui aurait, croyait-il, son début à la campagne et dans le labeur rural, il fonda, près de Birr (canton d'Argovie), dans une propriété qu'il avait achetée, une entreprise agricole à laquelle il donna le nom de Neuhof (la ferme nouvelle). L'exploitation n'eut pas de succès, et il la transforma en institution pour orphelins abandonnés, où travail agricole et instruction allaient de pair. Mais sa tentative échoua, et l'institut ferma ses portes en 1779. Pestalozzi, ruiné, avait cependant fait une expérience salutaire : c'était le pauvre qui devait élever les pauvres, en les comprenant et les aimant. La période suivante de sa carrière est celle consacrée à la composition de ses œuvres littéraires, parmi lesquelles il convient de relever : *Soirées d'un ermite* [*Abendstunde eines Einsiedlers*, 1781], paru dans les *Éphémérides* de son ami Iselin ; le roman *Léonard et Gertrud* (*), paru en quatre parties, la première en 1781, la seconde en 1783, la troisième en 1785, la quatrième en 1787, et qui eut plus de succès littéraire que pratiquement éducatif ; *Christophe et Else* (+) (1782) ; le journal *Schweizerblatt (Gazette suisse pour le peuple)* (1782), qui dura une année ; et enfin les très importantes *Figures pour mon abécédaire ou Des principes fondamentaux de ma pensée* (*) (1797).

Pendant ce temps, Pestalozzi entrait en rapports avec Roschow, le grand-duc Léopold de Toscane, le comte von Zinzendorf, le philosophe Fichte ; celui-ci exaltera sa méthode dans ses *Discours à la nation allemande* (*). Les amères expériences que lui avait occasionnées la Révolution française, dont il partageait cependant avec ardeur les théories idéales, se conclurent par la mission de diriger, à Stanz, une institution pour orphelins (de cinq à quinze ans), victimes de la répression de la révolte de Nidwalden par les Français. Cette institution dura six mois, mais Pestalozzi put y faire mûrir son principe et sa méthode d'éducation élémentaire. Il reprit cette expérience à Burgdorf, avec Fischer, précédemment son élève, et avec Krusi, y dirigeant une école, à laquelle s'ajoutèrent ensuite un asile-école et une institution pour classes moyennes, comprenant une École normale. En 1801, il publiait *Comment Gertrude instruit ses enfants* (*), où il exposait la suite de ses expériences et les directives centrales de sa méthode ; en 1803, le *Livre des mères* [*Buch der Mütter*] et d'autres textes didactiques. Jean de Muralt, Niederer, Schmid, Hopf s'unirent à lui. Contraint à quitter Burgdorf le 7 décembre 1803, il s'établit en juin 1804 à Münchenbuchsee, près de l'institut fameux de Fellenberg (à Hofwyl), mais des causes de mésentente avec celui-ci l'entraînèrent à accepter l'offre du château d'Yverdon pour y ouvrir une institution, où le suivirent, dès 1805, ses vieux collaborateurs. Elle s'étendit au point de comprendre tous les degrés de l'enseignement, jusqu'au seuil de l'Université, et acquit une grande renommée, si bien qu'elle reçut la visite de personnalités illustres, du géographe Ritter à Mme de Staël, à Fröbel et à Fichte. Mais, tandis que Pestalozzi continuait à élaborer en divers écrits ses idées sur l'éducation élémentaire, l'institut déviait peu à peu de la direction qu'il lui avait imprimée, et les conflits de tendances entre certains de ses collaborateurs finirent par le lasser ; il s'en éloigna en 1817. Il y revint pourtant, réconciliant Niederer et Schmid ; il le quitta de nouveau en 1825, revenant à Neuhof pour une nouvelle expérience. L'année suivante, il publiait *Le Chant du cygne* (*) et, en même temps, s'occupait de l'édition de ses œuvres. Élu président de la Société helvétique reconstituée, il y prononça divers discours sur les rapports entre renouveau politique et renouveau éducatif, ainsi que sur l'éducation familiale. La publication iniquement diffamatoire d'un certain Eduard Biber — *Contribution à une biographie de H. Pestalozzi et la mise en lumière de son dernier écrit « Mes destinées »* [*Beitrag zur Biographie H. Pestalozzi's und zur Beleuchtung seiner neuesten Schrift : « Meine Lebensschicksale »*, 1827] — attrista ses dernières heures. En 1827, il terminait une vie de noble apostolat qui, sans parvenir à une doctrine complètement définie, éclaira cependant, par la ferveur indomptable de ses recherches, les aspects essentiels de l'éducation élémentaire, et laissa des traces décisives dans celle du peuple. Parmi les œuvres de Pestalozzi, citons encore : *Méthode théorique et pratique* (*). Ses *Œuvres complètes* parurent en quinze volumes de 1819 à 1827.

GIOVANNI CALO.

RÉF. : Pestalozzi, *Selsbiographie*, Leipzig, 1826. — Adèle Du Thou, *Notice sur Pestalozzi*, Genève, 1827. — Franz Zoller, *Pestalozzi und Rousseau*, Munich, 1851. — G. Compayré, *Les Grands éducateurs. Pestalozzi et l'éducation élémentaire*, Paris, 1902. — P. Natorp, *Pestalozzi und die Frauenbildung*, Leipzig, 1905. — H. Holman, *Pestalozzi*, Londres, 1908. — Albert Malche, *Vie de Pestalozzi*, Lausanne, 1946. — E. Aeppli, *Pestalozzi, sa vie, sa pensée, son action au service du peuple*, Genève, 1946. — Frieda Fischer-Züst, *Über Pestalozzis Freiheitsbegriff*, thèse, Berne, 1951. — L. Burgener, *L'Éducation corporelle selon Rousseau et Pestalozzi*, Paris, 1973. — M. Born, *Die Einheit von Pestalozzis Anthropologie und Pädagogik*, Essen, 1977. — M. Soetard, *Pestalozzi ou la naissance de l'éducateur*, Berne/Francfort/Las Vegas, 1981. — G. Piaton, *Pestalozzi*, Toulouse, 1982. — J. Cornaz-Besson, *Qui êtes-vous, monsieur Pestalozzi ?*, Yverdon, 1987.

PETE ISIS. Prêtre et écrivain égyptien. Troisième du nom parmi les membres d'une famille qui, pendant plusieurs générations englobant un siècle et demi – de l'époque des rois saïtes à celle de la domination perse en Égypte –, comprit des prêtres consacrés au culte du dieu Ammon, dans la petite ville de Teuzoi, de nos jours El-Hibeh, sur la rive droite du Nil, au sud du Fayūm. Le texte des *Cas de Pete Isis* (*), sur papyrus, en écriture démotique, conservé à la John Ryland's Library de Manchester, est daté de la neuvième année du règne de Darius Ier (512 av. J.-C.), et il est adressé au satrape résidant à Memphis. Il se peut qu'il ne s'agisse pas du texte original mais d'une copie destinée aux archives de la ville ou de la famille même de Pete Isis.

PETIT DE JULLEVILLE Louis. Professeur et critique français. Né en 1841 à Paris, où il mourut en 1900. Après avoir été reçu en 1860 à l'École normale supérieure, puis à l'agrégation, il soutint son doctorat ès lettres en 1868. Il fut professeur successivement à la faculté des lettres de Dijon, à l'École normale supérieure, enfin à la Sorbonne. Après un premier ouvrage d'ordre pédagogique, *Le Discours français et la Dissertation française* (1868), il s'intéressa à la Grèce ancienne, s'attachant aussi bien à la littérature dans ses deux thèses publiées en 1868, *L'École d'Athènes au IVe siècle ap. J.-C.* et *Quomodo Graeciam tragici poetae graeci descripserint*, qu'à l'histoire : *Histoire de la Grèce sous la domination romaine* (1875) et *Histoire grecque* (1875). Il se tourna ensuite vers la philologie française (*Notions sur les origines et l'histoire de la langue française*, 1882) et surtout vers le théâtre médiéval. C'est à ce titre qu'il a laissé un nom et exercé une influence certaine, touchant à tous les aspects de la littérature dramatique, puisqu'il a publié *Les Mystères* (2 vol., 1880), son ouvrage le plus connu, qui comporte la date, la longueur, le nombre des personnages, les représentations et l'analyse des pièces ; *Les Comédiens en France au Moyen Âge* (1885) ; *La Comédie et les mœurs en France au Moyen Âge* (1885) ; *Le Répertoire du théâtre comique en France au Moyen Âge* (1886), qui contient la bibliographie des œuvres alors connues ainsi que la liste de celles dont l'existence a été mentionnée mais dont le texte a disparu (certaines, depuis, ont été retrouvées et éditées). De ces travaux fondés sur une documentation solide, mais dont il faut bien entendu actualiser la bibliographie et revoir certaines hypothèses, il a procuré une bonne synthèse dans *Le Théâtre en France, histoire de la littérature dramatique depuis ses origines jusqu'à nos jours* (1889). Il fut enfin le maître d'œuvre d'une monumentale *Histoire de la langue et de la littérature françaises des origines à nos jours* (*) en 8 volumes (1896-1899), pour laquelle il sut s'entourer d'éminents spécialistes.

JEAN DUFOURNET.

PETÖFI Sándor. Poète hongrois. Né le 1er janvier 1823 à Kiskörös (province de Pest), mort le 31 juillet 1849 sur le champ de bataille de Segesvár (aujourd'hui Sighisoara, Transylvanie). Ses parents, très pauvres, étaient d'origine slovaque. Cependant, son père se montrait fervent patriote hongrois. C'est de lui que Sándor tenait son ardent nationalisme, son impétuosité, son entêtement et son inquiétude. Son père, boucher, changeait souvent de résidence, et le jeune Sándor, pendant dix ans, fréquenta diverses écoles et ne se fit jamais remarquer par son zèle à l'étude. À seize ans, il quitta définitivement l'école et se lança dans une vie vagabonde. Pendant quatre années, il fut soldat, copiste de théâtre, acteur sans talent, pour se retrouver las, malade et pauvre à Debrecen. Il se mit alors à rassembler les poésies qu'il écrivait depuis quelque temps, et les présenta à Mihály Vörösmarty, la plus grande autorité littéraire de son temps. Petöfi n'avait encore nullement conscience de sa valeur, que Vörösmarty reconnut aussitôt. Ce fut grâce à ce dernier que le premier volume de poèmes de Petöfi vit le jour en novembre 1844 – v. *Le Marteau du village* (*). Et le public découvrit un poète d'une grande originalité : sa simplicité et sa spontanéité suscitèrent un grand étonnement mêlé tout d'abord d'un peu de méfiance. Il avait le don de transposer dans ses vers, sans artifices ni stylisation, d'innombrables sujets qu'avant lui personne n'avait considérés dignes d'un tel honneur. Petöfi s'attira tout particulièrement la faveur de la critique et du public avec ses « chansons populaires » et le conte intitulé *Jean le Preux* [*János vitéz*].

Le succès des quatre volumes suivants, parus en 1845 et au début de 1846, fut tel qu'âgé à peine de vingt-trois ans Petöfi devint célèbre dans tout le pays. Ces volumes contiennent l'expression la plus parfaite de son lyrisme amoureux, qui, très personnelle et d'une forme nouvelle, séduisit par sa pudeur et sa retenue. Les ardeurs du poète étaient toujours pures, dans les jeunes filles aimées il célébrait sa future épouse et rêvait d'un amour unique et éternel. Son premier amour fut prématurément brisé par la mort ; *Les Feuilles de cyprès* naquirent de ce souvenir douloureux ; dans *Les Perles d'amour*, écrites pour la seconde femme qu'il aima, les doux chants d'espoir furent presque aussitôt suivis des pleurs du renoncement, car les parents de la jeune fille ne permirent pas au rêve du poète de se réaliser. L'écho de cette douleur se retrouve dans *Les Nuages* ; son pessimisme le rendit quelque temps sensible à l'influence de Shelley, Byron, Heine. Mais un nouvel amour, le dernier, devait le guérir de sa misanthropie : celui pour Julie Szendrey – d'abord idéal lointain, impossible, puis sa fiancée, et enfin, en septembre 1847, sa femme – lui inspira les poésies les plus célèbres de la littérature hongroise – v. *Poésies* (*). Sa poésie amoureuse eut non seulement un charme irrésistible par sa valeur artistique et poétique, mais elle créa une attitude morale en excluant de la poésie magyare jusqu'à la fin du siècle tout élément licencieux, frivole, érotique. Une autre passion cependant anime ses vers, l'amour de la patrie. Le patriotisme de Petöfi est avant tout amour pour le peuple opprimé, et aussi révolte contre l'oppression nationale. La nation, de même que l'individu, ne peut développer ses forces morales et spirituelles que dans la liberté. Cette adoration religieuse de la liberté s'élevait au-dessus de tout programme politique, mais en fait elle se concentrait autour des deux problèmes les plus brûlants de l'époque : l'abolition du servage des paysans, et la suppression du pouvoir royal qui tyrannisait également les nobles et les serfs. De cette époque (1847) datent *Étienne le fou* (*) et *Fin de septembre* [*Szeptember végén*].

Mais si le libéralisme mystique inspirait à Petöfi les hymnes les plus sublimes, sa poésie politique est d'une valeur très inégale. Les épanchements de sa haine effrénée contre l'empereur manquent souvent d'art et nuisent même à quelques passages du poème *L'Apôtre*, la meilleure de ses œuvres inspirées par sa passion révolutionnaire : elle parut pendant l'été 1848 alors que la gloire des journées de mars, à laquelle le poète avait si largement contribué avec son *Chant national*, déclinait ; son républicanisme absolu commençait à l'isoler. Les événements de 1849 parurent justifier ses prophéties : mais la lutte finale et glorieuse contre le despotisme prit une tournure tragique à la suite de l'intervention russe, et la Hongrie resta isolée face aux grandes puissances. Alors l'amour et l'angoisse que le poète ressentait pour sa patrie firent taire tout autre idéal politique : les derniers accords de sa lyre furent les prières patriotiques et les hymnes guerriers des *honvéd*. Il mourut à 26 ans sur le champ de bataille. Cette mort continua à entourer sa figure d'une aura mythique.

EMERICO VÀRADY.

♦ *« Si parfois mes expressions et mon sujet sont plus libres que les autres, cela vient du fait que je ne considère pas la poésie comme un salon seigneurial où on ne peut entrer qu'en pimpant habit et en bottes vernies, mais comme une cathédrale où l'on entre en sabots et même pieds nus. »* S. Petöfi. ♦ *« Faire parler des gens simples avec tant de naturel et rester sur le plan du bon goût littéraire, personne n'y arriva comme lui dans toute notre littérature. »* Jean Horvàth. ♦ *« Petöfi, Homère, Dante, Shakespeare et Goethe, semblent à certains moments être les incarnations successives d'un même poète. »* Hermann Grimm. ♦ *« Petöfi, sans ménagement, bouscule toutes les traditions de la poésie et ose nommer les choses par leur nom à l'aide d'un langage que tout le monde peut comprendre. »* P. A. Loffler.

PÉTRARQUE François (Francesco Petrarca). Né le 20 juillet 1304 à Arezzo (Toscane), mort à Arquà, dans les monts Euganéens, le 19 juillet 1374. Pétrarque est l'un des plus grands poètes italiens, le phare de la culture littéraire de son temps, un maître qui influa de manière décisive sur le goût et la vie de la Renaissance. Sa famille était une vieille famille toscane aux solides traditions culturelles que l'exil du père, ser Petraccolo, chassé de Florence par les « Noirs » victorieux, le 20 octobre 1302, avait placée dans des conditions difficiles. Pétrarque fit, tout d'abord en compagnie de son frère Gherardo, ses études en Provence où son père s'était installé, puis il alla se perfectionner à Bologne, où il poursuivit ses études de droit pour obéir à la volonté paternelle. En 1326, ayant définitivement abandonné les études juridiques, il se consacra aux lettres et embrassa l'état ecclésiastique, se bornant d'ailleurs à recevoir les ordres mineurs qui, grâce à la jouissance de quelques bénéfices, le mirent à l'abri des difficultés financières. Il se fit rapidement remarquer par son intelligence, sa culture, sa vie élégante et raffinée, s'attirant ainsi la protection du cardinal Jean Colonna, auprès duquel il demeura longtemps « non comme chez un maître, mais plutôt comme auprès d'un père ou mieux encore d'un frère plein d'affection ». C'est alors qu'il noua ces nombreuses amitiés qui lui permirent d'être le chef d'une vaste école d'esprits liés par leurs intérêts culturels communs. Cette période provençale est décisive pour la formation de Pétrarque, tout d'abord pour ce qui concerne son expérience amoureuse, car, selon son récit, c'est au 6 avril 1327 que remonte sa rencontre avec Laure dans l'église Sainte-Claire en Avignon. L'honnêteté de la dame tempéra rapidement les ardeurs de cet amour qui s'éteignit peu à peu, mais Pétrarque en conserva toujours un très vif souvenir et un regret ; bien plus, sa vie spirituelle tout entière finit par s'y refléter, ainsi que le montrent les textes du *Canzoniere* (*), qui sont presque tous des poésies amoureuses.

En réalité, sous ses paroles de tristesse amoureuse, Pétrarque exprime cette tristesse plus fondamentale qui constitue le secret de sa personnalité ; il était par là en parfait accord avec la tradition littéraire, du « dolce stil nuovo » en particulier, qui conseillait de ramener à l'amour et à la dame la signification de toute autre expérience. En somme, c'est bien l'analyse psychologique, enquête sur l'aventure de son âme tout entière, qui constitue la matière du *Canzoniere*. Pétrarque admet avoir cultivé les passions terrestres ; le sens moral n'en était pas moins aigu en lui, et il ressentait très vivement le problème de la destinée humaine ; tout cela, d'ailleurs, en plein accord avec sa sincère foi religieuse et son goût pour la méditation. Ce qu'il aime, sur terre, acquiert par conséquent à ses yeux le caractère d'un lien criminel et, spontanément, germent en lui les questions angoissées, conscient qu'il est que l'attachement aux choses terrestres est inconciliable avec un complet don de soi à Dieu. Il espérait en une complète libération. Celle-ci ne s'étant pas produite, le *Canzoniere* demeure comme un témoignage du conflit entre l'humain et le divin. Tel est le caractère essentiel de la tristesse de Pétrarque ; mais sur cette tristesse née d'une contradiction jamais résolue se greffent d'autres sources de peine. Pétrarque, en effet, ne jouit pas pleinement des choses terrestres, il est bien loin d'y trouver entière satisfaction, et ce qui l'en empêche c'est l'obsession qu'il a de la labilité des choses humaines. Dans chacune de ses œuvres il est possible de trouver des allusions au temps qui s'envole, à notre vie qui n'est qu'une course rapide vers la mort, au monde qui va, lui aussi, vers une fin inéluctable. Tout cela a pour conséquence un désarroi qui attriste toute son existence, un souci de mettre à profit le peu de temps accordé, la crainte de voir tout à coup disparaître ce qui lui est cher, et une aspiration désespérée à quelque chose qui ne soit pas périssable.

Tout ceci provoque un état d'anxiété qui lasse terriblement Pétrarque et s'accompagne d'un désir de paix et de repos. On ne constate d'ailleurs aucune différence entre les poèmes de la première et de la seconde partie du *Canzoniere* qui, en fait, ne peut être considéré comme l'histoire d'une aventure amoureuse, mais comme un témoignage prouvant que les désirs, les espérances, les angoisses, les tristesses de Pétrarque furent toujours les mêmes, à trente comme à soixante ans. Le fait est d'importance parce qu'il révèle une absence d'évolution quand bien même la disposition des poèmes du *Canzoniere* voudrait démontrer une ascension progressive de l'humain au divin, de même que *Les Triomphes* (*) manifestent l'intention de considérer comme atteint ce « port tranquille », toujours convoité par le poète. Ces années où il séjourna en Avignon furent marquées par d'importantes expériences artistiques et intellectuelles. Il étendit et approfondit considérablement sa culture personnelle par des études infatigables. Parallèlement, il mena une activité littéraire en langue vulgaire et en latin, grâce à laquelle il parvint peu à peu à sa maturité artistique, maturité que l'on peut considérer comme atteinte après la trentaine, ainsi qu'en témoignent les ouvrages de la seconde moitié de sa vie, les seuls, à quelques exceptions près, qu'il laissa parvenir jusqu'à nous. Pendant cette période, parmi d'autres de moindre importance, Pétrarque effectua deux grands voyages : le premier, en 1333, le conduit à Paris, Liège et Cologne, le second, en 1337, à Rome où il perfectionna son goût pour l'Antiquité classique. L'aspiration à un monde idéal, soustrait aux manques de la réalité concrète, se trouve à la base de son humanisme : étudier l'Antiquité par haine du présent et rechercher une perfection spirituelle que Pétrarque n'aperçoit ni en lui ni autour de lui.

L'amour de l'Antiquité est, chez lui, un amour vivant pour une époque qu'il s'efforce de comprendre en lui restituant, par la chaleur de son propre enthousiasme, forme et vie, et il cherche à préciser les détails non à la manière du collectionneur ou de l'érudit, mais d'un homme qui s'évertue à ressusciter un monde perdu. C'est pourquoi l'on perçoit chez lui un constant désir d'arriver à posséder dans son intégrité ce monde antique dont il est épris. Son activité philologique s'oriente dans trois directions que développera l'humanisme : identifier son latin à des modèles antiques, soumettre à un contrôle critique les informations qu'il recueille sur l'Antiquité, essayer de découvrir des textes disparus. Sa méthode, sa joie des découvertes, ses regrets pour ce qu'il a perdu, sont exactement ceux des générations qui recueillirent son héritage humaniste. Partout où il passe il cherche des soutiens. Le réseau serré de ses amitiés lui permet de créer une école dont il est le maître et dont Boccace est l'élève le plus célèbre. L'amitié de Pétrarque avec l'homme de Certaldo est quelque chose de fondamental pour l'histoire des lettres italiennes ; dans leur travail se précisent un goût et une orientation culturels qui seront pendant des siècles l'âme même de la civilisation littéraire. L'humanisme de Pétrarque ressort particulièrement dans le critère rigoureux selon lequel il choisit ses propres livres. Pétrarque est las de la dialectique, des traités scolastiques, de la science qui oublie les problèmes spirituels de l'homme, il se méfie des auteurs médiévaux qui, manquant de discernement critique, ne savent pas distinguer le vrai du faux, et rapportent des informations inexactes ou fantaisistes ; il a en horreur, enfin, les écrivains qui offusquent, par la rudesse de leur style, son idéal d'un latin purifié des duretés médiévales par l'étude des modèles classiques : Sénèque et Cicéron en particulier. D'autre part, il n'existe aucun conflit entre son humanisme et son christianisme. La vraie foi manqua aux Anciens, c'est vrai, mais, lorsqu'on parle de vertu, le vieux et le nouveau monde ne sont pas en lutte. C'est pour cela que Pétrarque sent que le problème moral est le domaine dans lequel il pourra trouver une continuité entre classicisme et christianisme.

En dehors du voyage à Rome, fondamental pour Pétrarque humaniste, l'année 1337 fut aussi celle de la naissance de son fils naturel Giovanni, et celle de son premier séjour dans sa très douce solitude de Vaucluse, son Hélicon transalpin, où il commença deux œuvres d'une portée plus vaste : *L'Afrique* (*) et *Des hommes illustres* (*), toutes deux destinées, d'ailleurs, à demeurer inachevées. L'an 1341 inaugura une troisième période dans la vie de Pétrarque, celle des séjours alternés en Italie et en Provence ; jusqu'en février 1342 il habita Parme, jusqu'en septembre 1343 Vaucluse, jusqu'en octobre 1345 de nouveau en Italie, puis, jusqu'en novembre 1347, en Provence, puis presque quatre ans en Italie, jusqu'à l'été 1351 et, finalement, vint son dernier séjour à Vaucluse. Son premier séjour en Italie eut lieu à l'occasion du voyage que Pétrarque entreprit pour recevoir au Capitole, à Rome, la couronne de laurier que lui avait value sa renommée de poète et de très savant lettré (8 avril 1341). En rentrant de Rome, il accepta, presque pendant un an, l'hospitalité d'Azzo de Correggio, seigneur de Parme, et c'est là qu'il connut et chérit le site isolé de Selvapiana, son Hélicon cisalpin. En fait, la conception humaniste de l'existence se montre particulièrement dans le goût que Pétrarque eut pour l'« otium » des Anciens, et il fit l'éloge de la solitude dans beaucoup de ses pages, tandis que ses longs séjours dans des lieux champêtres confirment, sur le plan pratique, ce que disent lesdites pages : il eut une tendance à la vie solitaire, dans le calme de la campagne, loin des villes affairées et bruyantes. S'il aima la solitude, ce ne fut pas celle du misanthrope qui déteste et fuit les hommes, ni celle de l'ascète qui, dans son ermitage, réalise son idéal contemplatif. Il la désira réconfortée par les études littéraires, réjouie par la contemplation de la belle nature, rendue humaine par la visite fréquente d'amis : dans l'ensemble, un idéal aristocratique qui s'accorde singulièrement bien avec certains traits de la personnalité de Pétrarque. Après février 1342, il vécut deux années très intenses et importantes marquées par la naissance de Francesca, son deuxième enfant naturel, l'entrée de son frère Gherardo chez les chartreux, les signes d'une crise spirituelle qui poussa Pétrarque à méditer sur la vanité des passions auxquelles il obéissait depuis de longues années.

C'est de ces années que datent *Mon secret ou Du mépris du monde* (*) et les *Psaumes* [*Salmi*]. Il retraversa les Alpes en septembre 1343 en qualité d'ambassadeur du pape à la cour de Naples, puis s'arrêta de nouveau longtemps à Parme, travaillant avec entrain à un nouvel ouvrage historique, *Des choses mémorables* (*) ; celui-ci, toutefois, était condamné à rester inachevé à cause de la fuite dramatique et périlleuse par laquelle Pétrarque dut quitter Parme assiégée par les troupes des Visconti. Vers la fin de cette même année, il retourna dans sa chère Vaucluse et y resta au calme, travaillant pendant presque deux ans. Durant cette période, il commença de composer ses *Églogues* (*), et termina la première rédaction de *La Vie solitaire* (*) et du *Repos des religieux* (*). En 1347 il apprit avec enthousiasme la nouvelle que le peuple romain s'était révolté contre les nobles et avait élu tribun Cola di Rienzo : il saisit vivement l'occasion de retourner en Italie. En fait, à plusieurs reprises, il se proclama citoyen romain avec orgueil et fit montre de cette foi et de cette révérence qui le poussèrent à vénérer et à aimer Rome par-dessus toute autre ville, l'exaltant comme « la capitale du monde, la reine de toutes les villes, le siège de l'empire, le rocher de la foi catholique, la source de tout exemple mémorable ». C'est seulement dans la sagesse d'un juste gouvernement que Rome, redevenue maîtresse du monde avec l'aide de toutes les forces italiennes, peut pourvoir au bien-être des peuples dans la paix universelle. Tout ce qui retarde ou empêche la restauration de l'ancien empire est donc, aux yeux de Pétrarque, exécrable : les discordes entre les citoyens romains eux-mêmes, les luttes entre les villes italiennes, fruit des ambitions locales qui ne savent pas tenir compte de l'intérêt général, l'exil de l'Église, tenue éloignée de Rome par la prédominance du clergé français, la résistance des peuples « barbares » à la souveraine domination de Rome, la nonchalance et la somnolence des Italiens. En revanche, toute tentative pour rendre à Rome et à l'Italie dignité et puissance lui semble très louable et enthousiasmante.

Lorsqu'il reçut la nouvelle de la tentative de Cola di Rienzo, qui avait restauré l'ancienne république romaine, il en exalta l'entreprise ; cependant, de Rome, on lui fit parvenir des informations qui dépeignaient Cola sous des traits différents de ceux qu'il avait souhaités. Il se rendit alors à Parme où il possédait un bénéfice, auquel, à partir de 1348, s'ajouta la charge d'archidiacre, mais il voyagea très souvent, allant à Mantoue, Rome, Padoue où il obtint un canonicat. En 1348, à Parme, il apprit la mort de Laure survenue par une mystérieuse coïncidence le 6 avril : nouvelle invitation à méditer sur la vanité des choses humaines ; il désira revoir Vaucluse en 1351, mais n'y resta pas longtemps ; deux ans après, il accepta l'invitation de l'archevêque Giovanni Visconti et se fixa à Milan, d'abord dans une petite maison près de Saint-Ambroise, puis au monastère de Saint-Simplicien-hors-les-Murs. De Giovanni Visconti, puis de Bernabò et de Galeazzo, Pétrarque reçut plusieurs missions officielles en qualité de secrétaire et d'orateur : il traita avec Gênes, Venise, les Novarais, l'empereur Charles IV, le rebelle Jacopo Bussolari et le roi de France, mais il ne voulut jamais, cependant, accepter un emploi bien défini, étant trop jaloux de sa propre liberté. Il demeura neuf bonnes années à Milan, fort actives ; à cette période appartiennent l'*Invectiva contra quemdam magni status hominem*, l'*Itinéraire syrien*, l'édition des *Invectives contre un médecin* (*), des *Sans nom* [*Sine nomine*], la révision de plusieurs de ses œuvres déjà composées, les soins minutieux apportés au *Canzoniere* et au « corpus » de ses *Familiari* — v. *Lettres* (*). Il quitta Milan en 1361 pour fuir une épidémie de peste et se réfugia à Padoue où il accepta l'invitation de Francesco da Carrara ; il y apprit bientôt la mort de son fils Giovanni. L'extension de l'épidémie le contraignit à se déplacer rapidement et à se réfugier à Venise ; il resta cinq ans dans cette ville, honoré par le gouvernement de la République, et réconforté par la présence de sa fille, femme de Francescuolo da Brossano, et par l'amitié d'hommes d'esprit supérieur. Parmi ceux-ci mentionnons Boccace, qui vint lui rendre visite au cours de l'été 1363.

Pendant ces années-là, également, son activité littéraire fut très intense ; il compléta la collection des *Lettres métriques* [*Epistole metriche*], révisa les *Églogues*, et commença l'agencement définitif du *Canzoniere ;* il publia les *Lettres* et *Des remèdes contre l'une et l'autre fortune* [*Dei rimedi dell'una e dell'altra fortuna*], qui proposent pour toute circonstance de la vie un conseil appuyé par l'exemple d'un grand personnage et montrent comment, chez Pétrarque, littérature et vie finirent par se fondre dans une synthèse typique du mouvement humaniste. Après de brefs séjours à Pavie et à Padoue, il choisit pour dernière habitation, pour la fin de sa vie, cette petite maison d'Arquà, dans les monts Euganéens. Là, comme autrefois à Vaucluse et à Selvapiana, il put vivre comme il le préférait, « dans le calme complet de l'âme, loin des tumultes, des bruits, des préoccupations, lisant continuellement et écrivant ». Il travailla aux *Triomphes*, rassembla ses *Lettres de vieillesse* [*Senili*], publia ses derniers ouvrages de polémique active : *Sur ma propre ignorance et celle de beaucoup d'autres* (*) et l'*Invective contre celui qui maudit* [*Invectiva contra eum qui maledixit*] ; cette dernière lui fut dictée par le dessein de contribuer au retour de l'Église à Rome. En rentrant à Rome, le pape aurait rendu « à lui-même Rome, à Rome la paix, à l'Italie et au monde la dignité et mis un terme aux malheurs ». C'est pour cela que Pétrarque supplia Benoît XII, puis Clément VI et finalement Urbain V, unissant sa voix à celle des saintes Catherine et Brigitte dans l'invocation qui implorait le retour du souverain pontife là où était mort saint Pierre, dans la ville sanctifiée par le sang de tant de martyrs. Sa tranquille résidence d'Arquà n'était pas très favorable à la santé de Pétrarque, désormais ébranlée ; dès 1369 il souffrait de fièvre tierce ; l'année suivante il eut une très grave syncope dont il ne put se remettre complètement. Dans la matinée du 19 juillet 1374, les siens le trouvèrent mort. Outre les œuvres que nous avons déjà mentionnées, rappelons enfin les *Entretiens familiers de Pétrarque sur la bonne et mauvaise fortune ou l'Art de vivre heureux* (*) (1354-1366), *Mon Italie* (*) et les *Rimes* (*).

PIER GIORGIO RICCI.

Renaissance. ♦ *« Je vole vers le ciel et je gis sur la terre ; et sans étreindre rien, j'embrasse le monde entier* [...] *Je me repais de douleur et je ris de mes larmes ; il me déplaît également de vivre et de périr. »* Pétrarque. ♦ *« Au grand Pétrarque, en premier lieu, nous sommes redevables d'avoir fait surgir du caveau des Goths les lettres depuis longtemps ensevelies. »* Pic de la Mirandole. ♦ *« Pétrarque... qui Sorgue et sa Florence / Et son laurier engrava dans les cieux. »* Ronsard. ♦ *« J'alléguerai Pétrarque, duquel j'ose bien dire que, si Homère et Virgile avaient entrepris de le traduire, ils ne le pourraient rendre avec la même grâce et naïveté. »* Du Bellay.

XVIIIe siècle. ♦ *« Je ne fais pas grand cas de Pétrarque ; c'est le génie le plus fécond du monde dans l'art de dire toujours la même chose. »* Voltaire.

XIXe siècle. ♦ *« Pétrarque fut le plus accompli des poètes de sentiment. »* Lamartine. ♦ *« Nous admirons les autres écrivains mais nous aimons Pétrarque. »* Foscolo. ♦ *« En répandant de tous côtés dans l'Europe émerveillée ses lettres, ses poèmes, ses traités, il a donné aux nations occidentales, liées jadis par la théologie, un lien tout autre, philosophique et littéraire ; dans cette Europe sujette encore au pouvoir ecclésiastique et féodal, il a fondé une puissance nouvelle, hors de l'Église et de l'État, toute morale, toute moderne, la République des lettres* [...] *Pétrarque fut le premier à sentir et à faire ce que les poètes antiques ne firent pas, ce que le christianisme ne permettait pas sinon pour une fin de mortification ascétique, c'est-à-dire que chaque âme individuelle peut avoir une histoire comme la société humaine, que chaque heure de la vie peut inspirer un poème, qu'un événement sans importance et intime, s'il résonne comme un écho dans le cœur humain, peut résonner dans un poème. »* Carducci. ♦ *« Pétrarque mérite d'être appelé le premier homme moderne, en ce sens qu'il inaugura chez les Latins le sentiment délicat de la culture antique, source de notre civilisation. »* Renan.

XXe siècle. ♦ *« Pétrarque est donc du petit nombre d'esprits auxquels, sans le savoir, nous devons tous quelque chose de notre vie intellectuelle. Il faut juger sa grandeur à celle des idées qu'il a fait revivre et dont l'Europe n'a pas encore, après des siècles, cessé de nourrir sa pensée. »* P. de Nolhac.

RÉF. : Ugo Foscolo, *Essays on Petrarca*, Londres, 1823 ; dans vol. X des *Œuvres*, Florence, 1953. — J. Burckhardt, *Die Kultur der Renaissance*, Bâle, 1860. — Francesco De Sanctis, *Saggio critico sul Petrarca*, 1869, rep., Bari, 1954. — P. de Nolhac, *Le Canzoniere autographe de Pétrarque*, Paris, 1886 ; *Pétrarque et l'Humanisme*, Paris, 1892, nouvelle éd. remaniée, 1965. — E. Munch, Prince d'Essling, *Pétrarque. Les Études d'art...*, Paris, 1902. — Giosue Carducci et S. Ferrari, *Le Rime di Francesco Petrarca*, Florence, 1924. — Hasselkuss, *Der Petrarkismus in der Sprache der englischen Sonettdichter der Renaissance*, Barmen, 1927. — H. Hauvette, *Les Poésies lyriques de Pétrarque*, Paris, 1931. — J. H. Witfield, *Petrarca e il Rinascimento*, 1942. — U. Bosco, *Francesco Petrarca*, 1946. — G. Billanovitch, *Petrarca letterato*, Rome, 1947 ; *Studi Petrarcheschi*, 5 vol., Bologne, 1948-1952. — E. H. Wilkins, *The Making of the Canzoniere...*, Rome, 1951 ; *Studies on the Life and Works of Petrarch*, Cambridge, Mass., 1955 ; *Petrarch's Correspondance*, Padoue, 1960 ; *Life of Petrarch*, Chicago, 1961 ; *Vita del Petrarca e formazione del Canzoniere*, Milan, 1961. — A. Noferi, *L'esperienza poetica del Petrarca*, Florence, 1962. — A. Tripet, *Pétrarque ou la Connaissance de soi*, Genève, 1967. — Alain Michel, *Pétrarque et la Pensée latine*, Avignon, 1974. — M. Guglielminetti, *Petrarca e il petrarchismo. Un'ideologia della letteratura*, Turin, 1977. — U. Dotti, *Petrarca e la scoperta della conscienza moderna*, Milan, 1978 ; *Vita di Petrarca*, Rome-Bari, 1987. — Kessler, *Petrarca und die Geschichte. Geschichtsschreibung, Rhetorik, Philosophie. Im Ubergang vom Mittelalter zur Neuzeit*, Munich, 1978. — Mario Santagata, *Dal sonnetto al Canzoniere*, Padoue, 1979. — Ch. Trinkaus, *The Poet as Philosopher. Petrarch and the Formation of Renaissance Consciousness*, New Haven, Conn.-Londres, 1979. — M. R. Waller, *Petrarch's Poetics and Literary History*, Amherst, 1980. — Nicholas Mann, *Petrarch*, Oxford, 1984, trad. *Pétrarque*, Arles, 1989.

PETRESCU Camil. Écrivain roumain. Né et mort à Bucarest : 9 avril 1894-14 mai 1957. Il commence des études de philosophie, mais s'engage comme volontaire pendant la Première Guerre mondiale d'où il revient blessé. La guerre finie, il passe sa licence de philosophie et enseigne le roumain dans un lycée germano-hongrois de Timişoara (Banat), où il se lance aussi dans le journalisme politique. Revenu à Bucarest, il devient rédacteur en chef de la *Revue des Fondations royales* [*Revista Fundaţiilor regale*] et, pour peu de temps, directeur du Théâtre national. Ses poèmes de guerre, *Vers* [*Versuri*, 1925], sont suivis d'un recueil de poèmes philosophiques, *Transcendentalia* (1931). Son théâtre foisonne d'idées, mais c'est surtout dans le roman que s'épanouit sa personnalité. Là, il brise la continuité de l'action, sans respect pour la chronologie, et sa formation philosophique l'aide dans son effort de renouvellement de la technique et des thèmes. Parmi ses pièces de théâtre, il convient de citer : *Âmes fortes* (*) (1925) et *Danton* (1931) ; parmi ses romans : *Dernière nuit d'amour, première nuit de guerre* (+) (1930) et *Madame T.* (*) (1933) ; parmi ses essais : *Thèses et Antithèses* [*Teze şi antiteze*, 1936] et *Husserl, une introduction à la phénoménologie* [*Husserl, o introducere în fenomenologie*, 1938].

NICOLAS GHEORGHIU.

PETRESCU Cezar. Écrivain roumain. Né à Hodura (Moldavie) le 1er décembre 1892, mort à Bucarest le 9 mars 1961. Il passe sa licence en droit à Iaşi, puis en 1921 il est à Cluj l'animateur de la revue *La Pensée* [*Gândirea*]. Établi à Bucarest, il a une intense activité de journaliste, voyage en France et en Italie, est élu député et devient secrétaire général au ministère des Arts. Auteur très fécond, il a essayé — et en partie réussi — à dépeindre dans une « comédie humaine » la société roumaine d'entre les deux guerres, aussi bien dans la capitale que dans des villes de province et des villages, où des groupes sociaux et professionnels font naître des conflits qui brisent les meilleurs et épargnent les médiocres. Il convient de citer parmi ses récits : *Les Lettres d'un paysan libre* [*Scrisorile unui răzes*, 1922] *Le Chemin aux peupliers* [*Drumul cu plopi*, 1924], *Aranca, la Vouivre des lacs* [*Aranca, ştima lacurilor*, 1929] ; parmi ses romans : *Crépuscule* (*) (1927), *La Symphonie fantastique* [*Simfonia fantastică*, 1929], *La Rue de la Victoire* [*Calea Victoriei*, 1930], *Le Trésor du roi Dromichet* [*Comoara regelui Dromichet*, 1930] et *L'Or noir* [*Aurul negru*, 1932], *Le Ballet mécanique* [*Baletul mecanic*, 1931], *Le Dimanche de l'aveugle* [*Duminica orbului*, 1934], une trilogie consacrée au poète Mihail Eminescu — *Hypérion* [*Luceafărul*, 1935], *Nirvana* (1936), *Carmen Saeculare* (1937) — et *Les Yeux du revenant* [*Ochii strigoiului*, 1942].

NICOLAS GHEORGHIU.

PETRI Olaus. Réformateur suédois. Né le 6 janvier 1493 à Örebro, mort le 19 avril 1552 à Stockholm. Fils d'un simple forgeron, ses humanités une fois terminées à Uppsala, il se rendit d'abord à Leipzig, puis à Wittenberg où la prédication passionnée de Luther fit sur lui une très profonde impression. De retour en sa patrie (1519) il devint — aidé de son frère Laurentius — prédicateur protestant à Stangnäs, bien qu'il ne reçût la prêtrise que vingt ans plus tard. Le roi Gustav Vasa, l'ayant appelé à Stockholm, le fit son secrétaire d'État (1524), puis son chancelier (1531-1533). Accusé — injustement, semble-t-il — de ne pas avoir dénoncé un complot dont il aurait eu connaissance, il fut condamné à mort, mais la peine fut commuée en une très forte amende et la perte de sa situation. Consacré pasteur en 1539, il rentra en grâce en 1543, mais ne s'occupa dorénavant plus des affaires d'État. Théologien savant, orateur prestigieux, il fut également un traducteur habile et un écrivain de talent. Parmi ses œuvres — dont l'ensemble, réédité en 1914-1917 à Uppsala, forme quatre volumes — il faut noter la *Chronique suédoise* [*En swensk crönika*], qui va des origines de l'histoire suédoise jusqu'à Gustav Vasa et témoigne d'un esprit critique remarquable. Il composa, en outre, un certain nombre de traités populaires d'apologétique protestante, qui se distinguent par la pureté de leur langue sans que cela nuise à leur vivacité ; on lui attribue également *La Comédie de Tobie* (*).

RÉF. : A. Strindberg, *Maître Olof* (vie romancée), in : *Théâtre complet*, vol. 1., l'Arche, 1882. — H. Schück, *Olavus Petri*, Stockholm, 1893 ; *Histoire de la littérature suédoise*, Paris, 1923. — H. Holmquist, *Die schwedische Reformation*, Leipzig, 1925. — C. J. I. Bergendoff, *Olaüs Petri and the Ecclesiastical Transformation in Sweden*, New York, 1928. — G. T. Westin, *Historieskrivaren Olaus Petri*, Lund, 1946. — H. Holmquist, *Handbok i svensk kyrkohistoria*, 2 vol., Stockholm, 1952-53. — G. Hagelin, *De som skrev våra psalmer*, Stockholm, 1969.

PÉTRONE (Caius Petronius Arbiter). Écrivain et poète latin que la critique moderne a identifié à divers Pétrones mentionnés par des écrivains (Pline l'Ancien, Plutarque, Tacite) ou par des inscriptions antiques ; mais certaines allusions à des faits, des choses et des personnes, ainsi que le style et la langue, le feraient de préférence remonter à l'époque de Néron sous le règne de qui, en 66 après J.-C., mourut un certain Pétrone, né vers l'année 20, homme de grand talent et de mœurs extravagantes, « arbiter elegantiæ » de la cour impériale, que l'on a désormais tendance à identifier avec l'auteur du *Satiricon* (*). Tacite nous raconte sa fin dans *Les Annales* (*) : intelligent, raffiné, ce riche jouisseur, qui avait montré de grandes qualités comme proconsul en Bithynie, puis comme consul, fut accueilli parmi les intimes de Néron, et dans cette cour corrompue il dicta la loi du bon goût ; le tout-puissant Tigellin, préfet du prétoire, poussé par la jalousie, l'accusa d'avoir participé à la conjuration de Pison ; Pétrone se rendait en Campanie pour se justifier auprès de Néron lorsqu'il reçut l'ordre de s'arrêter à Cumes et, comprenant que tout était perdu et qu'il valait mieux mourir tout de suite, il se trancha les veines, puis il les lia pour ne pas mourir trop vite, s'entretint de choses et d'autres avec ses amis, punit ou récompensa quelques esclaves. La coutume voulait que, dans les testaments, on glorifiât Néron, mais dans ces derniers moments Pétrone écrivit une relation documentée des hontes et des vices de l'empereur ; il y apposa son sceau, envoya le tout à Néron, et mourut. Au Moyen Âge et pendant la Renaissance, on pensait que les fragments qui restaient de l'œuvre de Pétrone étaient tirés de cet acte d'accusation écrit au moment de mourir, mais il est impossible que l'auteur soit parvenu à composer ces seize livres et plus après s'être coupé les veines. Dans le *Satiricon*, premier roman picaresque de la littérature européenne, la société néronienne est décrite avec le même cynisme amusé et élégant qui caractérise la vie et la mort de Pétrone.

♦ *« Combien de perfection pour cette corruption ! Que de fumier pour cette fleur ! De quels éléments est-elle donc pétrie, cette grâce suprême et dernière qui n'a qu'un point et un* moment *? Car cette délicatesse-là, qui est celle de la fin, ressemble, on l'a dit, à ces viandes faites qui ne sauraient attendre un instant de plus. »* Sainte-Beuve.

RÉF. : Saint-Evremond, *Jugement sur Sénèque, Plutarque et Pétrone*, Paris, 1664. – A. Collignon, *Pétrone en France*, Paris, 1905. – A. Rini, *Petronius in Italy,* New York, 1937. – D. M. Paschall, *The Vocabulary of Mental Aberration in Roman Comedy and Petronius,* Baltimore, 1939. – V. Ciaffi, *Struttura del Satyricon*, 1955. – L. Pepe, *Studi Petroniani*, 1957. – J. P. Sullivan, *The Satyricon of Petronius*, Londres, 1968.

PETROV Eugène v. **ILF et PETROV.**

PETROV Ivaylo. Écrivain bulgare. Né le 9 janvier 1923 dans le village de Bdintsi. Esprit inquiet, il se manifeste en littérature dès 1946. D'un individualisme farouche, il se pose comme objectif l'approche diversifiée du réel, et tel Protée, il désire se métamorphoser sans cesse. Une thématique variée et une narration à la première personne lui permettent de trouver des intonations stylistiques différentes. Sa prose du début, essentiellement lyrique, confirme ses qualités d'observateur perspicace : *Petites illusions* [*Malki ilyousii,* 1963].

Dans le genre autobiographique, peu développé en Bulgarie, il se distingue par ses *Notes désordonnées* [*Obarkani zapiski,* livre I, 1971 ; livre II, 1989] qui représentent un ensemble de nouvelles où il aborde le problème de la formation de l'écrivain, dont les souvenirs sont liés à une campagne sévèrement touchée par le dépeuplement. Sensible à la pauvreté et à l'ignorance villageoise, Petrov se fait l'avocat des humbles et des faibles. Le deuxième livre dresse le bilan de sa vie d'écrivain dans une société où la dégradation morale est croissante. Par l'aphorisme et le fragment, l'écrivain procède à l'analyse du mal de vivre. Le roman *Avant ma naissance... et après* [*Predi da se rodya... i sled tova,* 1968] est une démythification de la vie où s'entremêlent le réalisme et la fantaisie, la représentation plastique et la réflexion. Œuvre unique par sa conception, elle décrit l'imperfection du monde et de la nature humaine avec beaucoup d'ironie et d'humour. *Chasse aux loups* (*) (1986) est son dernier roman.

ÉLÉNA FOULLIARON.

PETROV Mihaïl. Écrivain oudmourte. Né le 21 novembre 1905 à Monasevo, mort en décembre 1955 à Iževsk. Qu'ils aient disparu dans les camps staliniens ou tout simplement qu'ils aient renoncé à s'exprimer, les principaux intellectuels oudmourtes, qui après la révolution de 1917 avaient contribué au formidable essor de leur culture nationale, sont tombés dans l'oubli. Coupée de l'apport de ses prédécesseurs, la génération suivante, dont l'âge adulte commence avec la guerre, va essayer malgré tout de continuer à créer. Mihaïl Petrov représente admirablement ceux qui essayent alors honnêtement, même s'il leur manque bien des éléments d'information, de faire progresser la cause de cette petite culture nationale dans une république autonome d'U.R.S.S. située à l'est du cours moyen de la Volga.

La vie de Petrov a commencé par des privations : issu d'un milieu démuni, il est très vite orphelin. Il ne va pas à l'école et acquiert une culture d'autodidacte. Pendant la Seconde Guerre mondiale, il sera mobilisé. Il consacrera les dix dernières années de sa vie à la littérature et en 1950 il est déjà célèbre. Soucieux en permanence de s'améliorer, il apparaît comme un écrivain exceptionnellement exigeant envers soi. Il laisse une œuvre poétique, dont de très remarquables poèmes ayant la guerre pour thème et une ode célèbre consacrée à l'amour, *Italmas* (1945) – en oudmourte, prénom de femme et nom de fleur – mais surtout un roman, dont la célébrité a dépassé les frontières de son pays : *Le Vieux Moultane* (*), (1954), une sorte d'affaire Dreyfus au cœur de la Russie.

EVA TOULOUZE.

PETROVIĆ Veljko. Écrivain serbe. Né à Sombor le 5 février 1884, mort à Belgrade le 27 juillet 1967. Après des études de droit à Budapest, il collabore à divers journaux progressistes en Serbie et en Croatie. Entre les deux guerres, il occupe un poste important au ministère de la Culture puis il devient, après la Seconde Guerre mondiale, président de la « Société littéraire serbe » [Matica srbska]. Il se classe parmi les poètes patriotes, notamment dans *Chants patriotiques* [*Rodoljubive pesme*, 1912] et *Sur le seuil* [*Na pragu*, 1913], expressions de la révolte de l'individu contre les conditions de vie des Serbes à l'époque austro-hongroise. Prosateur fécond, il consacre plusieurs recueils de nouvelles à l'étude critique du conformisme bourgeois. Parmi ses essais, il convient de citer ceux qu'il a consacrés aux grands auteurs serbes, russes et hongrois, dans une œuvre en prose particulièrement abondante. Principaux recueils de nouvelles : *Le Printemps trompeur* (*) (1921), *Épreuves* [*Iskušenja*, 1924], *Une caille dans la main et autres contes identiques* [*Prepelica u ruci i druge slične pripovetke*, 1963].

PEUTINGER Konrad. Humaniste allemand. Né et mort à Augsbourg (14 octobre 1465-28 décembre 1547). L'aisance de sa famille, qui appartenait à la corporation des marchands, lui permit de recevoir une éducation très soignée et de se rendre en Italie, en 1482, où il étudia la jurisprudence et les belles-lettres dans les universités de Padoue, de Bologne, de Florence et de Rome. De retour en Allemagne, il fut nommé syndic d'Ausgbourg et représenta cette ville à la diète de Lindau, à la convention de Worms et à la réunion de la ligue de Souabe. Il fut également chargé de mission auprès de l'empereur Maximilien qui, en reconnaissance de sa valeur, le nomma son conseiller. Charles Quint lui accorda le même crédit et il s'en servit pour protéger les lettres et les arts. À la diète d'Augsbourg, en 1530, il protesta contre la décision de la majorité au sujet des hérétiques et résilia toutes ses fonctions. Il se consacra dès lors exclusivement à l'étude et correspondit avec tous les savants de son époque. Son principal titre de gloire est d'avoir éveillé le goût des recherches historiques et archéologiques. Il réunit un grand nombre de manuscrits, en particulier des chroniques du Moyen Âge, collectionna les statues, les inscriptions et les médailles. Il écrivait en latin dans une forme très élégante ; son œuvre principale : *Inscriptions romaines* (+) (1520), le met au premier rang des grands humanistes. Les manuscrits qu'il avait rassemblés furent par la suite déposés à la bibliothèque de Vienne ; ils comprennent entre autres la fameuse *Table de Peutinger* (*), recueil de cartes des voies de l'Empire romain, retrouvée par Conrad Celtis. On a également de lui des *Propos de table* (+) (1530).

RÉF. : T. Herberger, *Peutinger in seinem Verhältnisse zu Kaiser Maximilian I,* Augsbourg, 1851. – E. König, *Peutingerstudien,* Munich, 1914.

PEYREFITTE Roger. Écrivain français. Né à Castres (Tarn) le 17 août 1907. Il fait ses études dans deux collèges religieux du Sud-Ouest, au lycée de Foix et à la faculté des lettres de Toulouse. En 1930, il sort major de l'École des sciences politiques, entre au Quai d'Orsay en 1931, est secrétaire d'ambassade à Athènes de 1933 à 1938. Il est révoqué en 1945, révocation annulée en 1962. Son œuvre commence par un coup d'éclat, la publication en 1944 d'un roman, *Les Amitiés particulières* (*), que Gide appréciait fort et qui obtint le prix Renaudot. Dans ce récit tendre et lyrique d'une passion juvénile dans les maisons d'éducation, Roger Peyrefitte parvient à renouveler le vieux débat du pur et de l'impur, du bien et du mal, en lui donnant une hauteur tragique grâce à la présence d'un jésuite, le père de Trennes, figure douloureuse et diabolique. *Mademoiselle de Murville* (1947) est suivie de *L'Oracle* (1948), peinture des milieux archéologiques en Grèce, pays qui va occuper dans l'œuvre de Peyrefitte une place privilégiée, comme la patrie du bonheur. Dans *La Mort d'une mère* (1950), le narrateur raconte le peu d'empressement qu'il marque pour se rendre au chevet de l'agonisante. Cette espèce de confession publique a un sens qui la dépasse : un individualisme tout païen est sur le point de se substituer à un monde de foi et d'humanité. Cette veine intime, Roger Peyrefitte la retrouve à différents moments de sa carrière littéraire. Notamment avec *Jeunes proies* (1956), *Notre amour* (1967) et *L'Enfant de cœur* (1978). Avec les romans qui suivent les années 50, il opère un tournant marqué en se lançant dans la chronique scandaleuse de notre époque. *Les Ambassades* (*) (1951) et *La Fin des ambassades* (*) (1953) sont des satires féroces de la carrière où l'auteur introduit des personnages à clef. Il s'en prend ensuite au personnel administratif de l'Église romaine dans *Les Clefs de Saint-Pierre* (*) (1955), suivies des *Chevaliers de Malte* (1957) qui reprennent la même attaque au travers d'un ordre fort ancien. Tournant ensuite sa verve contre un ordre laïque cette fois, il s'en prend à la franc-maçonnerie avec *Les Fils de la lumière* (*) (1961). Tout en aiguisant un tour d'esprit voltairien, Roger Peyrefitte élargit l'horizon de ses attaques. Il introduit dans ses romans toute une part de documentation qui ne va pas sans soulever de nombreuses polémiques. Avec *Les Juifs* (1965), il prétend ne s'en prendre qu'à certains milieux juifs. *Les Américains* (1968) et *Manouche* (1972) ajoutent de nouveaux traits à la fresque de la société contemporaine dont il veut se faire le peintre.

Il est certes difficile de tracer une perspective générale dans cette œuvre où l'auteur semble n'obéir qu'à sa seule fantaisie. Il a publié un *Musée de l'amour* (1972), où il fait connaître ses collections artistiques, puis *La Muse garçonnière* (1973), recueil d'épigrammes traduites du grec, contribution de Roger Peyrefitte à l'hellénisme dont il donne un vaste tableau avec un triptyque qui doit constituer la vie d'Alexandre le Grand et dont le premier volume a pour titre *La Jeunesse d'Alexandre* (1978). Auparavant, il a fait un crochet pour raconter dans *Tableaux de chasse ou la Vie extraordinaire de Fernand Legros* la carrière d'un singulier marchand de tableaux qu'il considère comme un « Casanova moderne du monde des milliards et qui a été plusieurs fois sous les plombs » ; il revient à la confession avec *Propos secrets* (1979). Citons encore *Roy* (1979), *L'Illustre Écrivain* (1982). Roger Peyrefitte place lui-même son œuvre sous un double signe : celui de la Grèce et celui du XVIIIe siècle.

GUY LE CLEC'H

PHAN Huy Chu. Érudit et écrivain vietnamien. Né en 1782 originaire du Nghê an, mort en 1840 à Thanh Mai (Son Tây). D'une famille de grands mandarins lettrés, il se distingue très jeune par une vaste culture. Mais, peut-être à cause de son intelligence très ouverte qui ne veut pas s'enfermer dans les classiques chinois, il ne dépasse pas le grade de bachelier. En 1821, Minh Mang, connaissant son renom, lui confie des charges à la Cour puis en province. Il fait également partie de missions en Chine et en Indonésie qui lui permettent de compléter ses connaissances déjà encyclopédiques. Mais sa carrière chaotique (rétrogradation, renvoi) le détourne du mandarinat et il retourne à l'enseignement et aux lettres. Les *Règlements par matière des dynasties successives* (*) constituent son œuvre principale. Il est aussi l'auteur du *Traité de géographie du Viet impérial* [*Hoàng viêt du dia chí*], de *Poèmes de voyage* [*Hoa thiêu ngâm luc*, et *Hoa trinh tuc ngâm*], d'un *Récit de voyage* [*Hai trình chi luoc*], intéressante relation de son voyage en Indonésie, en 1832, où sont consignées des observations sur le pays et les gens.

THANH-TÂM LANGLET.

PHÈDRE (Caius Julius Phaedrus). Les renseignements biographiques sur ce fabuliste latin pourtant bien connu sont rares et sujets à discussion. À commencer par la forme latine de son nom, qui, selon certains, serait « Phaeder ». Né en Macédoine en 15 avant J.-C., mort en 50 après J.-C. Il vint comme esclave à Rome, nous ignorons dans quelles circonstances, peut-être encore tout jeune : les manuscrits le disent « Augusti libertus », affranchi d'Auguste. Il eut en tout cas le moyen d'assurer sa propre formation intellectuelle, et bientôt le latin devint sa seconde langue maternelle. Rempli d'admiration pour les grands poètes de l'époque d'Auguste, animé de vives ambitions littéraires, il choisit un genre nouveau pour les Romains : les fables. Sous le principat de Tibère, il publia ses deux premiers livres de *Fables* (*), mais sans doute donna-t-on à certaines d'entre elles une interprétation satirique sur l'actualité, ce qui eut pour conséquence d'attirer à l'auteur l'inimitié du puissant ministre Séjan. Son « prologue » du livre III veut être une justification publique : il nie toute intention ou signification cachée à ses apologues. Il est cependant possible qu'il ait été condamné pour délit ordinaire. Dans l'« épilogue » du livre III, en fait, il s'adresse à Eutychus, personnage inconnu, difficilement identifiable au favori de Caligula, pour obtenir une absolution complète ; dans le quatrième et le cinquième livre, il ne fait plus d'allusion à ses mésaventures judiciaires, et on en a déduit que sa supplique avait reçu un accueil favorable. Dans cet « épilogue », Phèdre affirme qu'il est « languentis ævi » : quand il écrivit ce cinquième livre, le poète était certainement assez âgé. De lui, on ne sait rien d'autre : il semble qu'il ait encore écrit sous Claude.

RÉF. : Hervieux, *Les Fabulistes latins*, Paris, 1935. – L. Herrmann, *Phèdre et ses fables*, Leyde, 1950. – *Entretiens sur l'Antiquité classique* (Fondation Hardt), 30, *La Fable*, dir. Adrados, 1984.

PHILÈS Manuel. Poète byzantin. Né à Éphèse en 1275, mort en 1345 à Constantinople. Il vécut à Constantinople, fut ami de Maxime Planude et élève de Georges Pachymère pour la mort de qui il composa une monodie ïambique. Il eut une vie très mouvementée, voyagea en Perse, en Arabie et en Inde. L'empereur l'envoya même en Russie afin d'y négocier le mariage d'une princesse byzantine. Inculpé de lèse-majesté pour avoir employé une expression peu respectueuse à l'égard de l'empereur, il fut mis en prison mais libéré bientôt. Ses *Poésies* (*), en général didactiques, lui donnent une place distinguée parmi les versificateurs de l'époque byzantine.

PHILIDOR François-André Danican, dit. Compositeur français. Né à Dreux le 7 septembre 1726, mort à Londres le 31 août 1795. Il est le représentant le plus célèbre d'une famille de musiciens français des XVIIe et XVIIIe siècles. Il était également le premier joueur d'échecs de son temps et écrivit en 1748 une *Analyse du jeu d'échecs.* Le club d'échecs de Londres lui servit même une pension régulière. Sa première composition musicale est un *Lauda Jerusalem* (1755), qui n'eut aucun succès. Il changea de voie en 1759 et composa pour la scène ; il devint ainsi pendant dix ans le plus célèbre représentant de l'opéra-comique. Il écrivit : *Blaise le Savetier* (1759) ; *L'Huître et les plaideurs* (1759) ; *Le Quiproquo ou le Volage fixé* (1760) ; *Le Soldat magicien* (1760) ; *Le Jardinier et son seigneur* (1761) ; *Le Maréchal-Ferrant* (1761) ; *Le Sorcier* (1764) ; *Tom Jones* (1765), etc. Son chef-d'œuvre est l'opéra *Ernelinde, princesse de Norvège* (*) (1767), qui fut remanié en 1769 sous le titre *Sandomir, prince de Danemark.* Son *Carmen saeculare* d'Horace fut donné à Londres en 1779. Philidor est un des créateurs de l'opéra-comique français. Moins ample que Gluck dans ses drames musicaux, il est néanmoins supérieur à Duni et à Monsigny. Une partition de piano d'*Ernelinde* a été rééditée par César Franck. – Son frère, Anne Danican, dit Philidor (1681-1728), est l'auteur de plusieurs ouvrages lyriques, notamment *Diane et Endymion* (1698).

RÉF. : G. E. Bonnet, *Philidor et l'évolution de la musique française au XVIIIe siècle*, Paris, 1921.

PHILIPPE Charles-Louis. Écrivain français. Né à Cérilly (Allier) le 4 août 1874, mort à Paris le 21 décembre 1909. Après avoir échoué aux concours de Polytechnique et de Centrale en 1893 et 1894, il abandonne ses études et entre en correspondance avec Mallarmé et René Ghil. Employé municipal à la Ville de Paris à partir d'octobre 1896, bientôt nommé au Service technique des égouts, son poste lui assure une existence modeste qui lui permet de s'adonner à la poésie symboliste. Mais il se tourne bientôt vers une autre recherche : collaborateur de la revue socialiste *L'Enclos*, puis cofondateur du Théâtre Civique, il élabore un style romanesque marqué par des thèmes à la fois naturalistes et sentimentaux. Après *La Mère et l'Enfant* (*) (1900), où il décrit sa relation avec sa propre mère, une liaison avec une prostituée lui inspire sa première grande œuvre, *Bubu de Montparnasse* (*) (1901). Dès lors, comme l'a remarqué André Gide, deux aspirations contraires sont aux prises : la sentimentalité morbide de celui qui parlait dans ses lettres de « ce plaisir larmoyant et mélancolique qui est pour moi le plus grand des plaisirs » ; et le besoin de conquérir sur la mélancolie sa véritable et impérieuse personnalité. Premier signe d'une telle évolution : c'est Bubu, proxénète et bourreau d'une jeune prostituée, et non celle-ci, qui donne son nom au roman... Mais cette marche vers la « force » et la « joie », qui va de pair avec la découverte de Nietzsche, ne suffit pas à rendre à Philippe la santé qui lui manque. Atteint dès 1898 par une adénite scrofuleuse, il se sent une « pauvre petite masse de chair dolente » (Gide) propre à être écrasée par la société. Il rétorque avec ses romans, où s'exprime un besoin souverain de révolte – toujours impossible à assouvir. Il y a d'abord *Le Père Perdrix* (*) (1902), où un vieux forgeron acculé à la détresse par la maladie devient le paria d'un village et, installé à Paris où il faut tant d'énergie et une telle force de résistance pour survivre, se laisse mourir ; puis *Marie Donadieu* (*) (1904) dont l'héroïne, provinciale, elle aussi montée à Paris, est en proie à un besoin de liberté et d'authenticité qu'elle met maladroitement en œuvre et qui, au final, ne fait que son malheur. Enfin, dans *Croquignole* (*) (1906), qui se déroule parmi les plus modestes employés de bureau, le héros veut briser les vitres pour mieux respirer ; sans morale mais profondément débonnaire, assez fort pour aspirer encore au bonheur alors que ses collègues sont vaincus par l'apathie, c'est à lui qu'advient la chance : un héritage le sauve de son milieu et lui permet d'exalter le Pantagruel qui sommeillait en lui. Ayant au bout de deux ans épuisé son héritage, mais ayant tant joui de sa libération qu'un retour à la vie de bureau lui est devenu impossible, il se donne la mort.

Avec *Le Père Perdrix, Marie Donadieu* et *Croquignole*, à trois reprises, Philippe manque de peu le prix Goncourt. Il entame à cette époque *Charles Blanchard* (posthume, 1913) en s'inspirant de la vie difficile de son père. Mais, en novembre 1909, une fièvre typhoïde se déclare et dégénère en méningite. Soigné par son ami Élie Faure, Philippe s'éteint à Paris le 21 décembre. Il est enterré trois jours plus tard à Cérilly.

Défunt, il donna matière à trois remarquables portraits : la description de sa dépouille par Paul Léautaud dans son *Journal littéraire* (*), le récit de ses derniers moments et de son enterrement par Gide ; enfin le sculpteur Antoine Bourdelle vint mouler son dernier visage, projetant autour du linceul des « éclaboussures de plâtre ».

CHRISTOPHE BEAUFILS.

♦ *« Pas de forage aussi profond, rien d'aussi dur, dans aucune littérature. »* Léon-Paul Fargue. ♦ *« Il porte en lui de quoi désorienter et surprendre, c'est-à-dire de quoi durer. »* André Gide.

RÉF. : André Gide, « La Mort de C.-L. Philippe », in *Nouveaux Prétextes*, Paris, 1911 ; *C.-L. Philippe*, Paris, Figuière, 1911. – G. Bodard, *C.-L. Philippe*, Moulins, 1935. – C. Guillaumin, *C.-L. Philippe, mon ami*, Paris, 1942. – J. de Fourchambault, *C.-L. Philippe, le bon sujet*, Paris, 1943. – F. Talva, *C.-L. Philippe et son œuvre*, Moulins, 1949. – L. Lanoizelée, *C.-L. Philippe, l'homme, l'écrivain*, Paris, 1953. – B. Vercier, introduction et chronologie, in *Bubu de Montparnasse*, Paris, 1978.

PHILIPPE de Novare. Jurisconsulte et moraliste français. Né vers la fin du XIIe siècle, mort en 1265. Il était d'origine lombarde et se rendit tout jeune en Orient, où il entra au service des Ibelins de Chypre. Il assista au siège de Damiette en 1218, fut blessé au siège de Buffavento, et joua un rôle important au siège de Famagouste et à la bataille de Nicosie. Ce fut lui qui fut chargé de diriger les négociations et d'établir le traité qui, en 1233, mit fin aux hostilités entre la maison de Chypre et Frédéric II. La paix lui permit de se consacrer à l'étude des coutumes et de plaider devant les cours d'Acre et de Nicosie. Il rassembla tout ce qu'il put découvrir concernant la jurisprudence dans les cours féodales d'Orient, et en fit un ouvrage : *Traité des us et coutumes d'outre-mer* – v. *Assises de Jérusalem et de Chypre* (*) (en collab., 1255) – qui fit autorité durant plusieurs siècles. Dans sa vieillesse, il composa un court traité de morale : *Des quatre âges de l'homme* (*), dont les quatre livres s'efforcent de tracer le portrait de l'homme parfait du XIIIe siècle. Ce livre est assez mal rédigé, mais garde un intérêt documentaire qui en rend encore la lecture attrayante. Philippe de Novare a laissé, en outre, quelques poésies, et nous possédons un fragment de ses mémoires qui raconte la lutte des Ibelins contre les Impériaux — v. encore *Renart couronné* (+) (env. 1260-1268).

RÉF. : Beugnot, *Notice sur la vie et les écrits de Philippe de Novare,* in *Bibliothèque de l'École des chartes,* 1840. — A. Foulet, « Les *Mémoires* de Ph. de Novare sont-ils un plaidoyer ? », dans *Romania,* 1930, p. 419-427. — J. Flinn, *Le Roman de Renart dans la littérature française et dans les littératures étrangères au Moyen Âge,* Toronto, 1963, p. 158-173.

PHILIPPE de Thessalonique. Poète grec. Né peut-être à Thessalonique au Iᵉʳ siècle. Après avoir vécu tout d'abord dans ce centre de la littérature grecque, il passa le reste de sa vie à la cour de Rome, ainsi qu'il ressort des nombreuses odes auliques que l'on trouve dans sa *Couronne fleurie* (*) qui entendait compléter le recueil homonyme de Méléagre. Bien qu'il fût l'ami de plusieurs rhéteurs, dont Aetius, et qu'il connût cette discipline, il ne semble pas qu'il en ait fait lui-même profession. Une grande partie de ses odes paraissent avoir été écrites sous le règne de Caligula (37-41) : il dirigea les jeux dans lesquels, devant le char d'Auguste, parurent plusieurs éléphants ; ils se déroulèrent en fait au mois d'août 37, pendant la consécration du temple au défunt empereur. Cette date s'accorde avec la prière pour la guérison du souverain, qui se rapporte à la maladie dont souffrit Caligula vers la fin de l'année 37. L'*Anthologie palatine* (*) nous a conservé sous son nom quatre-vingt-huit épigrammes d'une facture exquise.

PHILIPPE de Vitry. Poète et musicien français. Né sans doute à Vitry (Champagne) en 1291, mort à Meaux (Seine-et-Marne) en 1361. Nous savons seulement qu'il fut secrétaire de Charles IV, puis de Philippe VI, conseiller de Jean II et, pour finir, évêque de Meaux. C'est l'un des premiers représentants de l'écriture polyphonique et, probablement, le plus important théoricien musical du XIVᵉ siècle. Il fut aussi célèbre comme poète que comme compositeur mais aucune de ses œuvres musicales n'a pu, jusqu'à présent, être retrouvée. Plusieurs traités lui sont parfois attribués : *Ars perfecta* (+), *Liber musicalium* (+), *Ars contrapunctus* (+), mais il n'est considéré avec certitude que comme l'auteur de l'*Ars nova* (*), bref traité en latin qui établit les fondements du « nouvel art » polyphonique français. Bien que ce livre soit plus une ébauche qu'une œuvre théorique véritable, il demeure le seul document essentiel que nous possédions sur l'évolution de la musique française au XIVᵉ siècle et mérite, à ce titre, une place de choix dans l'histoire de l'art musical, car il nous permet de nous faire une idée assez exacte des théories harmoniques en faveur à une époque de transition particulièrement importante. De Philippe de Vitry, rappelons encore *Le Dit de Franc Gontier* (+) — v. *Dits* (*).

RÉF. : A. Coville, « Philippe de Vitry, notes biographiques » dans *Romania,* 59, 1933. — J. Maillard et A. Gilles, « Philippe de Vitry », dans l'*Éducation musicale,* 17, 1961.

PHILIPPIDE Alexandru. Poète et essayiste roumain. Né à Iaşi le 1ᵉʳ avril 1900, mort à Bucarest le 8 février 1979. Il passe une licence de lettres puis de droit dans sa ville natale, et va faire des études de philosophie à Berlin et d'économie politique à Paris. Après avoir été fonctionnaire, il vivra retiré à partir de 1947. Néoromantique, il reprend dans sa poésie des thèmes fondamentaux : les mystères de l'univers et de l'existence, la destinée de l'homme face au temps et à l'espace, la mort de l'homme et du monde. Le poète voudrait égaler la puissance de Dieu mais, redevenu humble, il prie et chante Dieu dans de fervents hymnes panthéistes. Citons ses recueils de poèmes : *Or stérile* (+) (1922), *Rochers frappés par la foudre* (+) (1930), *Rêves dans le bruit et la fureur du temps* (*) (1939), *Monologue à Babylone* [*Monolog în Babilon,* 1967], et c'est sous ce titre qu'une anthologie bilingue franco-roumaine fut publiée à Bucarest en 1975. Ses essais font en général l'éloge de la perfection artistique du passé et refusent l'improvisation qui caractérise trop souvent l'art moderne.

PHILIPS John. Poète anglais. Né à Bampton (Oxfordshire) le 30 décembre 1976, mort à Oxford le 15 février 1709. Longtemps connu surtout pour ses premiers poèmes : *Le Splendide Shilling* [*The Splendid Shilling,* 1701] qui, dans un style parodiant Milton, oppose l'heureux possesseur de la « splendide » monnaie au poète impécunieux qui cherche à fuir ses créanciers, et *Blenheim* (1705), écrit dans un but de propagande. Mais le meilleur de sa poésie se trouve dans *Le Cidre* (*) (1708), où son utilisation du modèle virgilien des *Géorgiques* (*) n'est pas uniquement parodique mais ouvre la voie à des poètes comme Thomson, l'auteur des *Saisons* (*), ou Cowper.

PHILLIPS Stephen. Écrivain anglais. Né à Summertow, près d'Oxford, le 28 juillet 1864, mort à Londres le 9 décembre 1915. Après des études à Stratford, il s'établit à Londres. Le succès de ses *Poèmes* [*Poems,* 1897] l'incita à écrire pour le théâtre où ses pièces *Hérode* [*Herod,* créée en 1901], *Paolo et Francesca* (*), *Néron, Faust,* reçurent un accueil enthousiaste à une époque où le public et la critique anglaise espéraient une renaissance littéraire. Il fut même comparé à Sophocle ou Shakespeare, mais ses pièces suivantes furent des échecs, et il fut bientôt oublié.

PHILON d'Alexandrie. Philosophe et exégète biblique juif d'expression grecque, né et mort à Alexandrie (20 av. J.-C. ? - 50 apr. J.-C. ?), parfois cité sous le nom de Philo Judaeus (Philon le Juif). On ne sait presque rien de sa vie, car il a très peu parlé de lui-même. Dans ce qui est peut-être son dernier ouvrage, *L'Ambassade à Caligula* (*), il rapporte le récit d'une ambassade juive auprès de l'empereur Caligula (en l'an 40) qu'il a lui-même dirigée en raison de son âge et de sa notoriété. Dans un ouvrage d'authenticité parfois contestée, *Sur la providence* [*De Providentia*], il est fait mention d'un pèlerinage au Temple de Jérusalem, mais ses traités fourmillent d'allusions à l'éducation grecque à laquelle Philon a certainement eu accès, sans qu'on sache s'il a pu effectivement fréquenter le gymnase.

Par l'historien juif Flavius Josèphe, on apprend qu'il appartenait à la plus noble famille de sa cité natale. Son frère, le riche alabarque Caius Julius Alexander, jouissait de la citoyenneté romaine et avait marié son fils aîné à Bérénice, fille du roi de Judée, Agrippa I ; un autre de ses fils, Tiberius Julius Alexander, avait « abandonné les coutumes ancestrales » pour faire carrière dans l'administration et l'armée romaines (c'est ce même Tibère Alexandre qui aida Titus à prendre Jérusalem en l'an 70). Philon, quant à lui, avait choisi la voie de la spiritualité. Il nous reste de lui une œuvre immense, bien qu'incomplète, où il met la philosophie au service de l'Écriture. C'est ce qui lui a valu le respect de l'Église qui l'a préservée dans l'original grec ou parfois dans une vieille version arménienne. Les traités sont généralement désignés sous un titre latin.

Ces œuvres, dont la chronologie est impossible à établir, ont été classées en cinq catégories : 1) exposition de la loi : *De la création du monde* (*), *Sur le décalogue* [*De decalogo*], *Sur les lois spéciales* [*De specialibus legibus*], *Abraham* [*De Abrahamo*], *Joseph* [*De Josepho*] ; 2) commentaire allégorique : *Allégorie des lois* [*Legum allegoriae*], *Des songes* [*De somniis*] ; 3) exégèse : questions et réponses sur la Genèse et l'Exode, préservées seulement en : 4) traités philosophiques dont l'authenticité est douteuse : *Sur l'éternité du monde* [*De aeternitate mundi*], *Sur la providence* [*De providentia*] ; 5) écrits historiques : *Contre Flacus* (*), *Ambassade à Caligula*.

Le noyau originel de son œuvre provient sans doute, comme l'a montré Nikiprowetzky, des questions liées à l'exégèse du texte biblique qui se pratiquait dans les synagogues évoquées par Philon comme des lieux d'étude. Tandis que dans les *Questions sur la Genèse* [*Questiones in Genesim*] et *L'Exode* [*In Exodum*], il suit le texte biblique verset par verset, dans l'« exposition de la loi » et le « commentaire allégorique » il développe la question suscitée par le texte en l'assortissant d'exégèses allégoriques inspirées de la philosophie grecque et en se livrant à de nombreuses digressions.

« Ou Platon philonise ou Philon platonise », ce dicton antique tire Philon vers l'école platonicienne, mais on décèle dans son œuvre beaucoup d'éléments stoïciens et pythagoriciens. On a donc parfois parlé à son sujet d'éclectisme ou de culture scolaire. De fait, si l'on excepte les traités contestés (comme le *De aeternitate mundi* très aristotélicien), on s'aperçoit que Philon puise dans chaque système philosophique ce qui lui permet de valoriser l'Écriture. Sa préoccupation est essentiellement pédagogique et apologétique : il veut montrer les beautés de l'enseignement de Moïse aux païens et aux juifs perplexes. Il a ainsi ouvert la voie à l'exégèse de l'Église.

Y a-t-il une pensée proprement philonienne ? Celle-ci peut se dégager de la masse des commentaires où revient une constante : le thème de la migration, d'inspiration platonicienne. Pour Philon, il existe un monde intelligible créé par Dieu avant le monde sensible. L'itinéraire spirituel du sage doit prendre modèle sur celui des patriarches : ainsi Abraham a quitté la Chaldée, empire du monde matériel, et Jacob a lutté avec l'ange pour s'élever au-dessus du sensible. Les patriarches et quelques autres triades bibliques qui les préfigurent incarnent, avant même qu'elle soit promulguée, la loi de Moïse, qui correspond elle-même à la loi de la nature, au sens de la raison, du « logos » divin qui anime le monde. La philosophie authentique est donc la contemplation du monde, non pas celle qui reste au niveau de la physique, mais celle qui, comme le suggère l'étymologie donnée au nom d'Israël, permet de voir Dieu.

MIREILLE HADAS-LEBEL.

RÉF. : É. Herriot, *Philon le Juif, Essai sur l'École juive d'Alexandrie,* Paris, 1898. – É. Bréhier, *Les Idées philosophiques et religieuses de Philon d'Alexandrie,* Paris, 1925. – H. Austryn Wolfson, *Philo Foundation of Religious Philosophy in Judaism, Christianity and Islam,* 2 vol., Cambridge (Mass.), 1948. – J. Daniélou, *Philon d'Alexandrie,* Paris, 1958. – E. G. Goodenough, *An Introduction to Philo Judaeus,* Oxford, 1962. – R. Radice et D. T. Runia, *Philo of Alexandria, an Annotated Bibliograhy 1937-1986,* Brill, 1988, en complément à H. L. Goodhart and E. R. Goodenough, « A General Bibliography of Philo Judaeus », in E. R. Goodenough, *The Politics of Philo Judaeus : Practice and Theory,* New Haven, 1938, rééd. Hildesheim, 1967. – Valentin Nikiprowetzky, *Le Commentaire de l'Écriture chez Philon d'Alexandrie,* Leyde, 1977.

PHILOSTRATE de Lemnos (ou Philostrate fils de Nervien). Écrivain grec. Disciple et gendre de Philostrate l'Athénien, avec qui il est souvent confondu. Né à Lemnos vers 190, mort peut-être à Rome vers le milieu du IIIe siècle. Il enseigna, lui aussi, à Athènes. Après la mort d'Élagabal, on le trouve, en 222, à Rome où il rencontre Élien. Nous ne savons rien de plus de cet auteur. L'attribution même de ses œuvres reste incertaine. La généalogie des Philostrate ne peut être en effet établie avec rigueur, les rares indications présentes dans leurs œuvres (deux certitudes : la *Vie d'Apollonios de Tyane* (*) et les *Vies des Sophistes* (*) sont du même auteur ; l'auteur des livres I et II des *Images* (*) est le grand-père maternel de l'auteur des secondes *Images*) et les données confuses des trois biographies de la Souda ne donnant pas de tableau simple et cohérent. Diverses combinaisons sont possibles, avec deux, trois ou quatre Philostrate, entre lesquels il est difficile de répartir les œuvres conservées.

PHILOSTRATE l'Athénien ou l'Ancien. Écrivain grec. Né à Lemnos vers 170, mort sous le règne de Philippe l'Arabe (244-249), il fut le second membre d'une famille de lettrés et d'écrivains. Pendant longtemps, il professa la sophistique à Athènes, d'où le nom qu'on lui donna pour le distinguer de ses homonymes, en particulier de son gendre, Philostrate de Lemnos. En 211, il est à Rome ; en faveur auprès de l'impératrice Julia Domna, femme de Septime Sévère, il l'accompagne dans plusieurs voyages. Parmi l'entourage de l'impératrice, fille d'un prêtre d'Émèse, il entre en contact avec les milieux syriaques, et c'est sur le conseil de sa protectrice qu'il écrivit la vie d'*Apollonios de Tyane* (*) où, dans un cadre de mysticisme néo-pythagoricien, il représente la figure de ce thaumaturge. Au nombre de ses œuvres figure peut-être le dialogue l'*Héroïque*, qui traite du culte de Protésilas. Quant aux *Vies des sophistes* (*), dédiées à son disciple et ami Antonius Gordien, alors proconsul en Afrique, il en avait eu la première idée précisément au cours d'entretiens qui les réunissaient l'un et l'autre, à Antioche, dans le temple d'Apollon Daphnaeos. En ce lieu de rencontre des sophistes de la ville naquirent les biographies qu'il devait élaborer et qui sont souvent fondées sur ses souvenirs personnels. On lui attribue, bien qu'avec quelque incertitude, le traité *Sur la gymnastique* [Γυμναστικός] où il fait revivre l'athlète antique, ainsi que des *Épîtres amoureuses*.

RÉF. : G. Anderson, *Philostratus : Biography and Belles Lettres in the Second Century A. D.*, Douvres, N. H., et Beckenham, 1986.

PHOCYLIDE de Milet. Poète élégiaque grec. Première moitié du VIe siècle av. J.-C. Il ne reste que quelques brefs fragments de l'œuvre de Phocylide, constituée essentiellement d'élégies, et sa vie ne nous est pas du tout connue ; on peut la situer vers le milieu du VIe siècle, à Milet. Ses vers, qui se présentent comme des « sentences » [*γνῶμαι*], peuvent se rattacher à la tradition hésodique, et annoncent aussi l'œuvre de Théognis, une ou deux générations plus tard. Comme le fera Théognis, Phocylide inaugure ses sentences par une formule de signature [*σφραγίς*, « sceau »] qui en garantit l'authenticité : « Ceci aussi est de Phocylide. » Les sentences sont en général très brèves (souvent deux vers seulement) et leur propos, de caractère moral, touche à des sujets civiques : remise en cause du critère de la naissance aristocratique, solidarité, justice (« C'est dans la justice, en un mot, qu'est toute la vertu ») ; d'autres sentences se réfèrent au cadre de la poésie symposiaque, célébrant le bonheur de boire au banquet. Un fragment évoque les différentes « races de femmes », thématique misogyne assez répandue dans la poésie archaïque, que l'on peut faire remonter à Hésiode et que l'on retrouve chez Sémonide par exemple. Si la pensée de Phocylide est souvent banale, elle manifeste toutefois une certaine conscience et réflexion politique, et elle annonce les concepts que développera et mettra en pratique Solon.

Un recueil de sentences de deux cent trente hexamètres, intitulé « Sentences de Phocylide », nous a été transmis : clairement apocryphe, il est l'émanation d'une certaine philosophie populaire hellénistique et d'un fonds de sagesse populaire juive ; il a dû être composé au début du Ier siècle av. J.-C. Son titre témoigne néanmoins de la réputation qui s'était attachée au nom de Phocylide dans l'Antiquité.

MADELEINE ROUSSET.

RÉF. : M. L. West, *Iambi et elegi graeci*, II, Oxford, 1972.

PHOTIUS. Écrivain byzantin. Né et mort à Constantinople (810 ou 820 env.-892 env.). Sa famille était apparentée à la maison régnante. Brillant professeur à l'université de Constantinople, écrivain et humaniste – v. *Bibliothèque* (*), *Lettres* (*), *Lexique* (*) –, il fut l'infatigable promoteur d'une renaissance de la culture à Byzance. Photius eut pour disciple et ami saint Cyrille, l'apôtre des Slaves, dont il organisa la mission en Moravie. Il fut chargé par la Cour d'une ambassade auprès du calife de Bagdad. Il dirigeait la chancellerie impériale lorsque, en 858, son oncle Bardas, ministre de Michel III, porté au pouvoir par une révolution de palais, le désigna, bien que laïc, pour succéder à Ignace, patriarche de Constantinople. Ce dernier, devant son élévation à l'impératrice Théodora, fut suspect au nouveau régime, relégué dans une île par Bardas et contraint d'abdiquer. Une fraction du clergé avait d'ailleurs toujours contesté la validité de l'élection d'Ignace, et les évêques qu'il avait consacrés, ayant quelque sujet d'inquiétude, firent jurer à Photius de tenir toujours pour valides son patriarcat et les ordres sacrés par lui conférés. Photius promit, et fut reconnu de tous. Mais bientôt, les évêques nommés par Ignace, estimant que Photius avait violé sa promesse, le déclarèrent déchu. Photius, alors, réunit un synode qui invalida l'élection et les actes de son prédécesseur. Cette décision ayant été notifiée au pape d'une façon extrêmement laconique, Innocent Ier, avant de se prononcer, envoya à Constantinople deux légats, Rodoalde et Zacharie, respectivement évêques de Porto et d'Anagni. Cédant aux pressions de la Cour, ils reconnurent Photius, mais le pape les désavoua pour avoir outrepassé leur mandat. De leur côté, les partisans d'Ignace se rendirent à Rome à la fin de 862 et obtinrent (synode de 863) la condamnation solennelle de Photius. Telle était la situation lorsque, en 866, sur l'invitation de Boris, roi de Bulgarie, le pape Nicolas Ier envoya dans ce pays une légation chargée d'y établir la juridiction de Rome. Se voyant supplanté dans une région placée jusque-là sous son influence, et où l'empire avait des intérêts directs, Photius convoqua un concile (été 867) et fut assez audacieux pour excommunier le pape. Mais, en septembre de la même année, Basile Ier, ayant assassiné Michel III, monta sur le trône, et cette nouvelle révolution entraîna le retour d'Ignace. Un concile œcuménique (869-870) renouvela la condamnation de Photius qui fut exilé. En 872, cependant, Photius était de nouveau à la Cour comme précepteur des fils de Basile Ier. Il se réconcilia avec Ignace et, à la mort de ce dernier (877), parvint, en dépit de nombreuses protestations, à réoccuper le siège patriarcal. Pour complaire à Basile Ier, le pape Jean VIII consentit à le reconnaître, à la condition qu'il renonce à la Bulgarie et s'excuse devant le concile de ses fautes passées. Photius répondit que la question bulgare regardait l'empereur, refusa de s'excuser sous prétexte qu'il était innocent, et fit en sorte que le concile de 879 fût une exaltation de sa personne et la réprobation tacite de celui de 689. Le pape lui en fit d'amers reproches. Néanmoins, toutes relations ne paraissent pas rompues entre eux. L'on pense aussi qu'il en fut de même avec les successeurs de Jean VIII jusqu'au pape Formose, sur l'attitude duquel subsistent des doutes. Photius tenta dans la suite, mais en vain, d'obtenir de Rome une révision du jugement rendu contre son premier patriarcat, jusqu'au jour où l'empereur Léon VI le Philosophe monta sur le trône et, pour des raisons mal connues, l'obligea à abdiquer (886). L'ancien patriarche se retira alors dans un monastère et mourut à Hiéria en Arménie.

PELOPIDAS STEPHANOU, S. J.

RÉF. : Ovornik, *Le Second Schisme de Photios*, Byzantion VIII, Bruxelles, 1933. – Grumel, *Y a-t-il eu un second schisme de Photius ?* R. S. P. Th. XXII, 1933, et *La liquidation de la querelle photienne*, E. D., XXIII, 1934. – M. Jugie, *Le Schisme byzantin*, 1941. – D. Stratoudaki White, *Patriarch Photios of Constantinople. His Life, Scholarly Contributions and Correspondance together with a Translation of Fifty-Two of his Letters*, Brookline/Mass, 1981. – J. Schamp, *Photius historien des lettres. La « Bibliothèque » et ses notices biographiques*, Paris, 1987.

PHRANZÈS ou **Phrantza Georges.** Chroniqueur byzantin. Né en 1401 à Constantinople, mort vers 1478 à Corfou. De famille noble, il fréquenta très tôt la Cour. Il accompagna Jean Paléologue dans le Péloponnèse, où il resta auprès du despote de Mistrà, Constantin Paléologue. En 1436, il épousa à Constantinople la fille d'Alexis Paléologue, Hélène, dont il eut quatre enfants. Toujours apprécié de ses souverains, il assuma des charges très importantes : il fut notamment gouverneur de Patras et reçut à cette occasion, de l'empereur Jean, le titre de protovestiaire, c'est-à-dire de chef de la garde privée de l'empereur ; en 1447, il devint gouverneur de Sparte. À la prise de Constantinople, il fut fait prisonnier par les Turcs, mais en 1454 il put revenir dans le Péloponnèse, où il entra au service du nouveau despote de Mistrà, Thomas. En 1457, invité par la reine de Serbie, Hélène Paléologue, il se rendit à Leucade ; mais désormais fatigué, en proie à de grandes souffrances morales et physiques (il était devenu sourd), il revêtit l'habit de moine et prit le nom de Grégoire. L'année suivante, il partit pour Corfou : poussé par les notables de cette région à raconter les événements dont il avait été témoin, il écrivit au cours de ses dernières années la *Chronique* (*) qu'il acheva en 1477.

PIAGET Jean. Psychologue et épistémologue suisse, né à Neuchâtel le 9 août 1896, mort à Genève le 16 septembre 1980. L'œuvre de Piaget est marquée par une conviction qui date, comme il s'en est souvent expliqué, de ses premiers travaux en zoologie et en sciences naturelles. À ses yeux, en effet, les phénomènes vitaux doivent être considérés à la lumière des processus d'adaptation qui placent l'organisme en relation avec son milieu. Cette conviction, Piaget l'a d'abord acquise en s'intéressant aux mollusques de la région de Neuchâtel, alors qu'il était encore enfant, sous l'influence de Paul Godet, le directeur du musée de la ville, qui l'avait pris sous sa protection. L'influence précoce de Paul Godet se nourrira cependant d'autres influences, avant que le jeune naturaliste ne devienne le psychologue de l'enfant et l'épistémologue dont le nom est désormais associé à l'une des entreprises scientifiques les plus originales du XXe siècle. L'itinéraire de Jean Piaget fut ainsi successivement marqué par la lecture de Bergson et des auteurs qui, comme Janet ou Ribot, tentaient alors d'engager la psychologie dans la voie d'une science. Sous ce rapport, l'enseignement d'Arnold Reymond fut tout à fait décisif, en ce sens qu'il conduisit Piaget à se détourner de la biologie au profit de la psychologie ; en ce sens, aussi, qu'il éveilla le jeune Piaget aux questions d'épistémologie et de théorie de la connaissance qui ne tardèrent pas à le mobiliser, sans pour autant renoncer aux bénéfices d'une approche génétique, dont les premiers aperçus furent découverts en biologie, dès les premières études de jeunesse sur les mollusques. Une date importante fut, à n'en pas douter, celle qui conduisit Claparède, en 1921, à lui confier des responsabilités au sein de son laboratoire de Genève. À cette époque, il est vrai, Piaget sera également amené à enseigner successivement l'histoire de la pensée scientifique, puis la sociologie, mais désormais l'étude de l'intelligence enfantine sera au cœur de tous ses travaux.

Considéré sous ce jour, l'itinéraire de Jean Piaget offre l'image d'une rare cohérence. Mais l'intérêt qu'il convient de lui prêter ne tient pas exclusivement à la permanence, dans son œuvre, des préoccupations génétiques, ni à la continuité que Piaget n'a cessé d'affirmer entre les fonctions supérieures et les processus élémentaires de la vie. En passant de la biologie à la psychologie, d'abord au cours de ses études à Zurich, puis à Paris, Piaget se tourne vers les problèmes d'une psychologie de l'intelligence – dont Wallon était alors l'un des pionniers influents – pour y trouver ensuite les conditions d'une épistémologie scientifique digne de ce nom. Pour le psychologue de l'enfant qu'il est alors devenu, l'étude du développement de l'intelligence devient un moyen de saisir les principales notions inscrites au cœur de notre pensée scientifique, pour ainsi dire à la naissance, comme si l'enfant était amené à acquérir, sur des bases que seule la psychologie permet d'étudier, les catégories et les concepts qui structurent la pensée rationnelle, et qui en constituent les conditions. Ces ambitions ont valu à Piaget diverses critiques, en particulier de la part des philosophes, souvent peu enclins à voir un psychologue aborder des questions qu'ils dissocient volontiers des recherches empiriques. Cela n'a toutefois pas arrêté le psychologue de l'enfant qui leur a lui-même répondu dans un livre assez vif : *Sagesse et illusions de la philosophie,* publié en 1965. La carrière de Piaget s'est déroulée à Neuchâtel, à Paris et à Genève. Mais son œuvre, sur le plan intellectuel, s'est développée durant plus de cinquante ans selon une trajectoire qui l'a conduit à aborder, sous un angle psychologique et génétique, les principales questions d'épistémologie générale ou restreinte qui se posent dans le champ diversifié du savoir. Une étape importante, à cet égard, fut la création du Centre d'épistémologie de Genève, en 1956, qui allait donner naissance à un important travail interdisciplinaire associant aux psychologues des hommes de science venus de tous les horizons. Le livre publié en 1967 sous le titre *Logique et connaissance scientifique* (*) en constitue une remarquable illustration. Mais l'itinéraire intellectuel de Piaget est marqué par un très grand nombre d'ouvrages qui ont également ponctué l'œuvre individuelle et collective. Citons : *Le Langage et la pensée chez l'enfant* (*) (1923), *La Représentation du monde chez l'enfant* (*) (1926), *Le Jugement moral chez l'enfant* (1932), *La Naissance de l'intelligence chez l'enfant* (*) (1936), *La Formation du symbole chez l'enfant* (1946), *Le Développement de la notion du temps chez l'enfant* (1946), *La Psychologie de l'intelligence* (1947), *L'Introduction à l'épistémologie génétique* (1950) (*), *Psychologie et pédagogie* (1969), *L'Épistémologie génétique* (1970), *Psychologie et Épistémologie* (1970), ainsi que les *Études d'épistémologie génétique,* depuis 1957.

L'orientation des travaux de Piaget lui a parfois valu l'indifférence des philosophes. Bien que mondialement connu, et bien que ses travaux comportent une signification incontestablement philosophique, seuls quelques philosophes des sciences en ont véritablement mesuré l'importance dans les pays francophones. En revanche, comme il est permis de mieux s'en rendre compte aujourd'hui, les questions qu'il a contribué à poser prendraient certainement plus de relief à la lumière des intérêts ou des orientations de la philosophie anglo-saxonne, et tout particulièrement de la philosophie anglo-américaine. Piaget lui-même avait compris, même s'il n'en partageait pas philosophiquement les vues, qu'il avait pour interlocuteurs des philosophes comme Carnap ou Quine. C'est ce que montrent les dernières années de sa vie, avec le débat qui l'opposa à Chomsky, par exemple, sur la question de l'inné et de l'acquis pour les fonctions intellectuelles et les compétences linguistiques. Jusqu'à la fin, en effet, Piaget n'a cessé de montrer une vitalité intellectuelle peu commune, ainsi qu'une curiosité qui ne s'encombrait pas des limites ordinaires qu'imposent les modes ou les idéologies.

JEAN-PIERRE COMETTI.

RÉF. : Guy Cellerier, *Jean Piaget,* Paris, 1973. – J.-M. Dolle, *Pour comprendre Jean Piaget,* Toulouse, 1974. – André Nicolas, *Jean Piaget,* Paris, 1973. – *Hommages à Jean Piaget,* Bulletin de psychologie, Paris, 1977. – *Théories du langage, théories de l'apprentissage. Le débat Piaget-Chomsky,* Paris, 1979.

PICABIA Francis (pseud. de Francis Martinez de Picabia). Peintre, graveur et écrivain français. Né et mort à Paris (22 janvier 1879-30 novembre 1953). Sa mère meurt alors qu'il a 7 ans, il est élevé par son père et son grand-père, qui se passionnait pour la photographie. À 15 ans, on envoie sa première toile au Salon des artistes français et il reçoit une mention. Sa vocation est acceptée par les siens. Il suit les cours de l'École du Louvre et de l'École des arts décoratifs. Cormon le prend dans son atelier privé mais il découvre Sisley et peint à sa manière. Jusqu'en 1908, il semble qu'il mène avec succès cette carrière d'impressionniste tardif. À partir de 1909, il peint sa première aquarelle dite « orphique » (« Caoutchouc ») et des toiles représentant des foules, dont les personnages décomposés en facettes rappellent les œuvres contemporaines de Braque et de Picasso, mais avec un dynamisme qui les rapproche du futurisme. En 1911, il prend part aux réunions de l'atelier de Jacques Villon à Puteaux. En 1913, il se rend à New York où il est invité à exposer à l'« Armory Show », première introduction de l'art moderne aux États-Unis. Il obtient avec Duchamp un succès de scandale. Duchamp, Picabia, Man Ray sont alors les propagateurs d'un esprit pré-dada, anarchique, violemment antidogmatique. Vers 1915, Picabia dessine d'une façon nette et précise des motifs de rouage, des parties d'objets manufacturés. Stieglitz publie quelques-uns de ces dessins dans sa revue *291*. À Barcelone, Picabia fonde *391* (*) en 1917, prolongement européen de *291* qui paraîtra jusqu'en 1924. Cette revue littéraire et artistique est l'une des meilleures illustrations du mouvement qui agita le monde des arts et des lettres autour de 1920. Après un premier recueil de poèmes, *Cinquante-deux miroirs,* il publie en Suisse *Poèmes et dessins de la fille née sans mère* (*) (1918), qui attire l'attention de Tristan Tzara et des dadaïstes. Il expérimente alors, dans ses œuvres plastiques, l'apport de matériaux divers comme des plumes, allumettes, cure-dents, etc. (*La Femme aux allumettes,* 1920). Il exécute également des tableaux, sortes de poèmes visuels, uniquement faits d'inscriptions (*Le Double Monde,* 1919 ; *Chapeau de paille,* 1921). En 1919, il revient se fixer à Paris, rejoint par Tzara en 1920. Tous deux deviennent les principaux animateurs des manifestations Dada de Paris. Il publie alors deux numéros d'une nouvelle revue : *Cannibale* (1920). Il écrit beaucoup ; ses textes font alors appel à l'inconscient et au hasard, et témoignent d'une extrême liberté : *Pensées sans langage* (1919), *Poésie Ron-ron* (+) (1919), *Jésus-Christ Rastaquouère* (1920), *Unique Eunuque* (*) (1920). En 1922, il rompt brusquement avec Dada, arrêtant en même temps ses peintures mécanistes et, en 1924, il rompt avec Breton. Sa peinture connaît alors une période plus lyrique et expressionniste, dite « des monstres » à laquelle succède, à partir de 1927, celle dite « des transparences ». Pendant la guerre, il s'adonne à une peinture commerciale. À partir de 1945, il revient à une peinture non figurative. En 1949, une grande exposition rétrospective de son œuvre a lieu à Paris.

DANIÈLE BOONE.

PICARD Max. Essayiste suisse d'expression allemande. Né le 5 juin 1888 à Schopfheim (Bade), mort le 3 octobre 1965 à Neggio (près de Lugano). Il fait des études de médecine mais reconnaît très vite, après avoir exercé quelque temps à Munich, s'être trompé sur sa véritable vocation : la « science médicale, à cette époque résolument mécaniste-positiviste-darwiniste », lui était « entièrement étrangère ». Dès 1918, il se retire à Brissago (dans le Tessin) pour se consacrer au métier d'écrivain.

Lui-même définit son œuvre comme une tentative pour redessiner la « véritable image de l'homme », celle de sa « ressemblance divine ». Pour servir cette ambition, il commence par des écrits esthétiques, comme *La Fin de l'impressionnisme* [*Das Ende des Impressionismus,* 1919], *Les Sculptures de bois du Moyen Âge* [*Mittelalterliche Holzfiguren,* 1920], dans lesquels il déplore le caractère profane de l'art moderne comparé à la tradition médiévale. Tous les essais qu'il publie ensuite, *Le Dernier Homme* [*Der letzte Mensch,* 1921], *Le Visage humain* (+) (1930), *La Fuite devant Dieu* (*) (1934) stigmatisent avec une intransigeance rousseauiste l'« âge technique » qui éteint toute étincelle de sacré. Morale chrétienne que Picard érige en analyse politique : dans *L'Homme du néant* (*) (1945), il explique que l'épidémie du nazisme s'est propagée à la faveur de la « discontinuité » qui règne aujourd'hui dans le monde et qui habite l'homme. À la fureur des discours hitlériens, au fracas des armes, il oppose *Le Monde du silence* (*) (1948), seul véritable refuge du divin.

JEAN-JACQUES POLLET.

PICASSO Pablo. Peintre et écrivain espagnol. Né à Malaga le 25 octobre 1881 et mort à Mougins le 8 avril 1973. Cet artiste poétique, que les poètes reconnurent comme l'un des leurs (de Apollinaire à Michel Leiris en passant par Max Jacob et Éluard, sans oublier Reverdy et Tzara) dès ses premières œuvres picturales, fut aussi un poète – *L'Enterrement du comte d'Orgaz* [*El Entierro del conde de Orgaz,* 1958] – et un dramaturge d'expression française, plus fortement marqué par le surréalisme, voire par le nihilisme dada, dans sa prose que dans sa peinture. Sans que l'on puisse parler d'influence, Rimbaud et Mallarmé, mais aussi Diderot et Rétif de La Bretonne, lectures de prédilection de Picasso, symbolisent la dette de l'œuvre envers la littérature. De premières collaborations dans la presse dès le début du siècle feront rentrer les lettres puis les mots et les phrases dans son œuvre picturale soit sous une forme peinte (dès 1911), soit sous forme de collages (dès 1912). Ainsi le livre idéal, selon Picasso, devait-il tenir du « pot-pourri », où tableaux, dessins et textes devaient s'agencer comme un atelier. Parodiant son mot fameux, on a pu dire à son sujet : le poète en lui est celui qui cherche, le plasticien celui qui trouve. Reste que les thèmes sont souvent les mêmes : amour et mort, corrida, crucifixion et minotaure. La totalité de l'œuvre littéraire a été réunie en 1989 sous le titre *Écrits* (*) avec une préface de Michel Leiris.

PIERRE-EMMANUEL DAUZAT

PICCINNI Niccolò. Compositeur italien. Né à Bari (Pouilles) le 16 janvier 1728, mort à Passy le 7 mai 1800. Il fut l'élève de Leo et de Durante au Conservatoire Sant'Onofrio de Naples. Ce fut à Naples que débuta son activité artistique ; il y cultiva l'opéra bouffe, sans négliger cependant l'opéra, genre où pourtant il ne jouit pas de la même réputation que celle qu'il avait acquise comme auteur de musique légère – v. *Alexandre aux Indes* (+) (1758) et *Le Roi pasteur* (+) (1760). En 1760, à Rome, il mit en musique une œuvre de

Goldoni, *Cecchina ou la Bonne Fille* (*), la colorant d'une grâce touchante et d'une intimité séduisante. Le succès flatteur de cette œuvre ouvrait une phase d'extraordinaire activité créatrice, durant laquelle Piccinni composa plus de cinquante opéras et opéras bouffes. Il était cependant plus souvent attiré par ce dernier genre, où il pouvait donner libre cours à son allégresse et à sa vivacité napolitaine. Ce ne fut qu'après son départ pour Paris – où les partisans de l'opéra traditionnel l'avaient appelé et où, forcé par les circonstances, il devint l'adversaire de Gluck – que son intérêt parut se concentrer sur l'opéra. Il en donna deux spécimens importants avec *Roland* [*Orlando,* 1778] et *Didon* (*) (1783). Il est aussi l'auteur de *Caton à Utique* (+) (1770), *Iphigénie en Tauride* (*) (1781), *Endymion* (+) (1784), *Pénélope* (+) (1785) et *Olympiade* (+). Toutefois, même au cours de cette période, il traita de temps en temps le genre comique, comme pour trouver un soulagement aux inquiétudes et à l'amertume que lui donnaient les disputes auxquelles il se trouvait mêlé malgré lui.

RÉF. : François Lesure, *Querelle des gluckistes et des piccinnistes*, Genève, 1984.

PICCOLOMINI Aeneas Sylvius, Pie II. Pape et humaniste italien. Né à Corsignano (Sienne) – devenu pape il fit changer ce nom en Pienza – le 18 octobre 1405, mort à Ancône le 15 août 1464. Piccolomini, qui appartenait à une famille aristocratique appauvrie par des vicissitudes politiques et familiales, reflète dans sa production multiforme et dans sa biographie – presque romanesque – les tendances opposées de son époque. Il fit son droit à Sienne, après avoir aidé son père dans ses occupations campagnardes jusqu'à l'âge de dix-huit ans, puis, non sans traverser une crise religieuse passagère, il se mêla à la bruyante « bohème » de la ville et cultiva activement l'étude des classiques et de la poésie. Tempérament aventureux et plein d'allant, en 1442 il participait au concile de Bâle, appartenant à la suite de l'évêque Domenico Carafa ; il passa ensuite au service d'autres prélats, remplissant des tâches et des charges délicates ou même dangereuses comme, par exemple, sa tentative, découverte par la suite, de faire aboutir les manœuvres du concile en vue de l'arrestation du pape Eugène IV à Florence. La notoriété qu'il s'était acquise dans le milieu du concile et son adhésion au mouvement antiromain lui valurent en 1436 d'être nommé secrétaire des travaux du concile proprement dit. Il fut successivement le secrétaire de l'antipape Félix V (1439) et le légat du concile auprès de la diète de Francfort, où il reçut solennellement, en outre, le laurier des poètes, le 27 juillet 1442. C'est à cette période qu'appartiennent certains de ses ouvrages les plus connus, ceux qui reflètent le plus directement une éthique assez relâchée caractéristique de la vie de Piccolomini à cette époque : un *Libellus* (1436), polémique pour la défense du concile, un recueil de poésies amoureuses en latin, une comédie, *Chrysis* (1443-1444), et, plus répandue, *Euryale et Lucrèce. Histoire de deux amants* (*) (1444). À partir du moment où il passa au service de l'empereur Frédéric III, en tant que secrétaire de la chancellerie impériale (1442), puis lors de son ambassade auprès de la curie pontificale (1445), Piccolomini commença à se rallier à des vues politiques et religieuses plus modérées, tendance qui ne fit que s'accentuer au cours des années suivantes, en particulier lorsque, de l'état laïc, il passa à l'état ecclésiastique, gravissant rapidement les différents échelons qui l'amenèrent au pontificat : prêtre en 1446, évêque de Trieste l'année suivante, de Sienne en 1450, légat pontifical dans les États allemands en 1452, cardinal en 1456, élu pape au conclave de 1458. Il mena alors une politique de renforcement de l'Église et de conciliation entre les États italiens ; sur le plan religieux et disciplinaire, il se montra un défenseur extrêmement sévère de la suprématie papale sur le concile, intervenant activement pour freiner l'émiettement du catholicisme en Allemagne. La grande idée et le drame de son pontificat fut le programme d'une nouvelle croisade en faveur de laquelle il réussit à convoquer une diète à Mantoue (1459-1460) ; l'échec de ce programme hâta sa mort. Il fut à l'origine d'initiatives éclairées et bienfaisantes dans le domaine social et se montra généreux protecteur des arts ; en revanche, il considéra toujours avec de grandes réserves les manifestations de la culture et de la littérature humanistes dont il avait été lui-même l'un des plus brillants représentants, lorsqu'elles se trouvaient en opposition ou paraissaient échapper à la direction morale de l'Église. En dehors des œuvres déjà citées, Piccolomini a laissé une vaste production de caractère historique, en latin : *Commentaires sur les événements du concile de Bâle* (*), *De rebus Basileae gestis stante vel dissoluto concilio, Historia bohemica, Historia rerum Frederici III imperatoris,* une *Cosmographie* érudite, une série de portraits historico-biographiques, *De viris aetate sua claris,* et, infiniment plus vivants du point de vue artistique, et historiquement intéressants, les *Commentaires sur les événements de son temps* [*Commentarius rerum memorabilium*]. Ses nombreuses *Lettres* (*), également, sont importantes, certaines d'entre elles, comme la *De liberorum educatione,* adressée au roi Ladislas, la *De curialium miseriis,* à Jean Eich, et la *De ortu et auctoritate imperii romani*, ont l'étendue et le caractère de traités systématiques.

GIOACCHINO PAPARELLI.

RÉF. : Verdière, *Essai sur Aeneas Sylvius Piccolomini,* Paris, 1843. – G. Voigt, *E. S. de'Piccolomini als Papst Pius II,* Berlin, 1856-1863. – A. Weiss, *Piccolomini als Papst Pius II,* Graz, 1897. – G. Soranzo, *Pio II e la lotta politica italiana contro i Malatesta,* Padoue, 1911. — C. M. Ady, *Pius II,* Londres, 1913. — E. Garin, *Ritratti di umanisti,* Florence, 1967.

PIC DE LA MIRANDOLE Jean (Giovanni Pico, conte della Mirandola e Concordia). Savant italien d'expression latine. Né le 24 février 1463 au château de La Mirandole (duché de Ferrare), mort le 17 novembre 1494 à Fiesole (Toscane). Il fut une des figures les plus significatives du XVe siècle, époque de bouleversements et de transition. Sa vie fut courte mais intellectuellement intense et agitée. Enfant précoce, il possédait une mémoire prodigieuse. À quatorze ans, alors qu'il étudiait le droit canon à Bologne, il rédigea un résumé des *Décrétales.* Il voyagea en Italie et à l'étranger, entra en rapport avec l'Académie florentine et soumit au jugement de Politien certaines de ses œuvres poétiques inspirées de Pétrarque. Il étudia la philosophie de Platon et d'Aristote, apprit le grec, l'arabe, l'hébreu, le chaldéen afin de pouvoir lire dans le texte *La Kabbale* (*), *Le Coran* (*), les *Oracles chaldéens,* les dialogues de Platon. À Paris, en 1485, il conçut au contact du naturalisme d'Averroès le dessein d'une œuvre monumentale qui réunirait, en les assemblant avec harmonie, les traditions culturelles parvenues jusqu'à son époque. Revenu en Italie, il enleva à Arezzo, en 1486, l'épouse de Giuliano Mariotto de Médicis, et fut attaqué et blessé. En décembre 1486 parurent à Rome les *900 conclusions* (*). Cette œuvre, la plus caractéristique de ce penseur inquiet, ne compte pas moins de neuf cents thèses, prises aux sources culturelles les plus disparates (philosophes et théologiens latins, arabes, péripatéticiens, platoniciens, pythagoriciens, Chaldéens, le Trismégiste, les partisans de *La Kabbale*) ou élaborées par Pic de La Mirandole lui-même, pour introduire de nouvelles vérités philosophiques ou démontrer la vérité du christianisme, comme point de convergence de la tradition culturelle, religieuse, philosophique et théosophique des divers pays. Les *900 conclusions* devaient être discutées à Rome, après l'Épiphanie de 1487, par les savants du monde entier, afin de permettre l'établissement d'une paix philosophique universelle entre les lettrés et savants de toutes les doctrines et les fidèles de toutes les confessions religieuses. Cette paix philosophique ne devait jamais se réaliser. La Curie romaine ayant conçu des soupçons sur l'orthodoxie de Pic de La Mirandole, la discussion fut suspendue et les neuf cents thèses furent examinées.

Tout d'abord les juges n'en trouvèrent que treize suspectes d'hérésie, mais Pic de La Mirandole ayant écrit son *Apologie* [*Apologia*] qui fut estimée hautaine et obstinée, elles furent toutes condamnées (5 août 1487). Le jeune comte chercha alors à se réfugier à Paris, mais il y fut arrêté et enfermé à Vincennes. Libéré sur l'intervention de Charles VIII, il accepta l'invitation de Laurent le Magnifique et s'installa à Florence, où il se plongea dans ses méditations. Pendant deux ans il approfondit ses études bibliques, chaldéennes, cabalistiques, et fit paraître un nouvel ouvrage, *Heptaplus* (*), dans lequel il revenait sur le récit de la *Genèse* (*) pour en comprendre la signification cachée. En 1491, après avoir renoncé à la jouissance de ses biens personnels et à sa part d'héritage, il fut pris d'un grand désir d'embrasser la vie religieuse. Il se rendit encore dans diverses villes italiennes, et en 1493 parvint à rentrer dans le sein de l'Église sans avoir fait de rétractation, grâce au pape Alexandre VI. Il entra dans l'ordre des Dominicains, et sur le point de mourir — le 17 novembre 1494 — il en revêtait l'habit. En mourant, il laissait tous ses biens à l'hôpital de Santa Maria, mais il léguait sa bibliothèque, riche de volumes précieux, à Anton Maria, sous la condition formelle qu'il ne la céderait à aucun couvent. Penseur et homme inquiet, profondément religieux, mais ne voulant pas s'incliner devant l'autorité de l'Église ni devant le dogme catholique, il parcourut dans sa vie brève toutes les voies du savoir, et se lança dans les expériences intellectuelles les plus hardies. Il vécut au moment de l'éclosion de l'humanisme, et donna à ce mouvement une signification à la fois très précise et spéculative, plaçant l'homme au centre de la réalité, comme le « microcosme » ou le « caméléon » divin qui possède la liberté de déchoir au rang des brutes ou de devenir « fils de Dieu », égal à Dieu lui-même. À ce sujet, il convient de citer le chapitre *De la dignité de l'homme* (*), que Pic de La Mirandole plaça en guise d'introduction aux *900 conclusions.* Il s'intéressa également à la nature ainsi qu'en témoigne sa *Disputation contre l'astrologie* (*), œuvre monumentale, dans laquelle il soutient la possibilité d'une science des astres permettant de rechercher les lois des événements célestes. Citons enfin une autre œuvre de Pic de La Mirandole, le traité *L'Être et l'Un* (*).

CLETO CARBONARA.

♦ *« Il doit être mis au nombre des miracles de Dieu et de la nature à cause de l'élévation de son esprit et de sa doctrine. »* Savonarole. ♦ *« Prodige sans défauts. »* Scaliger. ♦ *« ... homme unique en son temps dans toutes les branches de la science. »* Léon X. ♦ *« Je ne craindrais pas de placer parmi les tout premiers écrivains Pic de La Mirandole* [...] *qui fut si peu satisfait de l'enseignement et de l'éloquence de son époque qu'il me paraît avoir tenté de surpasser les écrivains de l'Antiquité et je me demande s'il n'en a pas surpassé beaucoup* [...] *par un certain don miraculeux du génie. »* Érasme. ♦ *« Il fut un homme presque divin. »* Machiavel. ♦ *« L'histoire du prince de La Mirandole n'est que celle d'un écolier plein de génie, parcourant une vaste carrière d'erreurs et guidé en aveugle par des maîtres aveugles. »* Voltaire. ♦ *« Il est le seul qui ait eu le courage de défendre énergiquement la science et la vérité de tous les temps contre les esprits étroits qui mettaient au-dessus de tout l'Antiquité classique... »* Jacob Burckhardt.

RÉF. : W. Greswell, *Memoirs of Joannes Picus of Mirandola,* Londres, 1805. – C. Dreydorff, *Das System des Johannes Pico Grafen von Mirandola und Concordia,* Marburg, 1858. – F. Calori-Cesi, *Giovanni Pico la Fenice degli ingegni,* 1897. – G. Massetani, *La filosofia cabbalistica di Giovanni Pico della Mirandola,* Empoli, 1897. – A. Levy, *Die Philosophie Giovanni Picos della Mirandola,* Berlin, 1908. – B. Kieszkowski, *Recherches sur la philosophie de Jean Pic de La Mirandole,* Varsovie, 1930. – G. Semprini, *La filosofia di Pico,* Milan, 1936. – L. Gautier-Vignal, *Pic de La Mirandole,* Paris, 1937. – E. Garin, *Giovanni Pico della Mirandola,* Rome, 1963 ; *Ritratti di umanisti,* Florence, 1967 ; *Lo zodiaco della vita. La polemica sull' astrologia dal Trecento al Cinquecento,* Rome-Bari, 1982. – F. Secret, *Les Kabbalistes chrétiens de la Renaissance,* Paris, 1964. – G. Di Napoli, *Giovanni Pico della Mirandola. Mirandola e la problematica dottrinale del suo tempo,* Rome-Paris-Tournai, 1965. – H. de Lubac, *Pic de La Mirandole,* Paris, 1974. – J. de Pina-Martins, *Jean Pic de La Mirandole,* Paris, 1976. – *Une controverse sur Origène à la Renaissance : Jean Pic de La Mirandole et Pierre Garcia,* textes présentés par H. Crouzel, Paris, 1977.

PICHETTE Henri (pseud. de Harry Paul Pichette). Poète et dramaturge français. Né le 26 janvier 1924 à Châteauroux. Après une enfance marquée par l'errance et les voyages, partagée entre plusieurs foyers, il rejoint sa mère à Marseille pendant la guerre, commence à écrire vers l'âge de dix-neuf ans. Il se marie en 1945, et devient correspondant de guerre, avant de publier ses premiers textes par l'intermédiaire de Paul Éluard. C'est la période des *Apoèmes* (*) (1948), brûlot dirigé contre l'académisme en poésie, formidable réservoir d'invention verbale. Pichette rencontre Antonin Artaud, entreprend *Les Épiphanies* (*), pièce tonitruante qui s'apparente aussi bien à un poème surréaliste qu'à une tragi-comédie autour de la question du langage. À cette occasion, il fait la connaissance de Gérard Philipe, qui tiendra le rôle principal dans *Les Épiphanies* en 1947, et montera la pièce suivante de Pichette, *Nucléa,* créée au T.N.P. de Jean Vilar le 3 mai 1952. À la mort de son ami comédien, Pichette rédigera le *Tombeau de Gérard Philipe* (1961). Entre-temps, il publie un essai intitulé *Rond-Point* (1950), à la suite duquel il est question de Joyce. La possibilité d'une parenté avec l'auteur d'*Ulysse* (*) s'illustre sans nul doute dans la recherche de nouveaux modes d'expression. Les années 50 amorcent un tournant vers l'engagement politique, tandis que l'activité littéraire se poursuit, à travers la collaboration à *Esprit.* Pichette se présente lui-même comme un marginal ; pourtant son œuvre témoigne d'une attention pour les choses de ce monde, même si elle semble s'être estompée avec les années. Entre 1962 et 1964 l'écrivain s'exile au Québec, effectuant un retour aux sources familiales (son père était d'origine québécoise) et culturelles : il va s'intéresser au folklore, avec le souci d'établir des ponts entre les différentes « racines de l'arbre France ». Son œuvre s'oriente alors dans un courant naturaliste et panthéiste. Pichette se consacre également à la réédition de ses textes antérieurs, il gère en quelque sorte son fonds, en élaborant une stratégie de clarification, d'épuration ; il faut rendre lisibles des textes marqués par des tics de langage. D'autres publications continueront de maintenir en vie la flamme poétique : *Odes à chacun* (1961), *Poèmes offerts* (*) (1982).

Les thèmes varient d'un recueil à l'autre, le ton lui-même diffère : il y a un gouffre entre les finesses ludiques contenues dans les accents baroques des *Apoèmes*, les refrains nostalgiques de certains *Poèmes offerts,* et *Les Épiphanies.* Néanmoins, l'attention portée aux phénomènes proprement linguistiques (allitérations, assonances), au travail avec le corps de la langue (rhétorique et stylistique confondues), au maniement subtil des phonèmes, à leurs résonances internes, contribue à faire rendre gorge au sens caché des mots. Pour Pichette, le poète est avant tout un plasticien de la langue, un pourvoyeur d'images fabuleuses : « Et le poète lève les interdits. Aucune douane ne s'interpose. Les flammes mangent en spirale les ficelles du barrage de la raison. »

OLIVIER HOUBERT.

PICON Gaëtan. Écrivain français, né à Bordeaux le 19 septembre 1915, mort à Paris, le 6 août 1976. Après des études dans sa ville natale, il est agrégé de philosophie en 1938, et enseigne quelques années en province. Venu à Paris en 1945, il y entame une carrière de professeur, de conférencier, de chroniqueur auprès des jeunes revues nées de la Libération, et d'homme de radio. Il sera, plusieurs années durant, directeur des arts et des lettres auprès d'André Malraux, au ministère des Affaires culturelles. Chargé de cours à l'École pratique des hautes études, il s'apprêtait à prendre la direction de l'Académie de France à Rome au moment où il fut frappé par la mort.

C'est à Malraux que Gaëtan Picon consacre son premier essai, en 1945. D'emblée se marque ainsi l'attrait – qu'il exprimera à plusieurs reprises, dans un article du *Panorama,* et dans le *Malraux par lui-même,* en 1953 – pour cette rencontre exceptionnelle d'une vie et d'une œuvre qu'incarne l'auteur de *La Condition humaine* (*). Attrait pour un témoignage d'humanité, d'abord, que Gaëtan Picon reprend et prolonge à sa manière, dans chacune de ses réflexions sur la littérature et ses enjeux, et qu'il formule dans la préface à la réédition du *Panorama de la nouvelle littérature française* en 1976 : « ... je pense que l'expérience essentielle de ma génération aura été celle d'un *choix,* qui ne fut pas seulement artistique [...] Pour ou contre la révolution d'Octobre, la République espagnole, les démocraties, pour ou contre les écrivains de la *N.R.F.,* la révolution surréaliste, le cubisme, l'abstraction... » Aussi bien, toute la critique de Gaëtan Picon est-elle orientée par la reconnaissance conjointe d'une œuvre et d'un homme. Telle est, par exemple, la leçon des essais qui composent les trois tomes de *L'Usage de la lecture* (tome I, 1960 ; tome II, 1961 ; tome III, *Lecture de Proust,* 1963). Tel est aussi l'esprit qui préside aux choix du *Panorama,* dont l'édition originale de 1950 fut revue et augmentée en 1960 et en 1976. Tel est enfin le sens, dans une perspective plus personnelle, des deux récits publiés respectivement en 1968 et 1970, *Un champ de solitude* et *L'Œil double.*

Mais la figure de Malraux offre encore une autre parenté avec l'œuvre de Picon : l'interrogation à laquelle elle soumet le fait artistique. Dans *L'Écrivain et son ombre* (1953), premier volume d'une *Introduction à une esthétique de la littérature,* c'est en fait l'avènement à la conscience de « l'expérience vécue des œuvres d'art » qui est visée. Disciple de Hegel, comme le fut Malraux, Gaëtan Picon dessine là, dans sa recherche des fondements du jugement critique, une véritale « esthétique » qui englobe en une même interprétation la littérature et les arts du visible. Rien d'étonnant à ce que l'entreprise ouvre finalement le champ d'une réflexion sur la peinture elle-même, qu'illustre en 1970 *Admirable tremblement du temps.*

Dans un ouvrage posthume (1979) ont été heureusement réunies deux extrémités chronologiques de la pensée de Gaëtan Picon : une série d'entretiens diffusés sur France-Culture en mai 1975, où l'écrivain parle de son œuvre, de ses goûts et de ses projets littéraires ; et son tout premier essai commencé à Noël 1940 qui donne son titre à l'ensemble, *La Vérité et les mythes.*

CHRISTIAN DOUMET.

PIERNÉ Gabriel. Compositeur français. Né à Metz le 16 août 1863, mort le 17 juillet 1937 à Ploujean (Finistère). Fils d'une mère professeur de piano au Conservatoire de Metz et d'un père professeur de chant, il vint en 1870 à Paris, où il entra bientôt au Conservatoire. Élève de César Franck, Lavignac, Marmontel et Massenet, il remporta successivement des prix de piano, d'harmonie, de fugue et contrepoint, et d'orgue. Grand prix de Rome en 1882, il se rendit, après son séjour de trois ans à la Villa Médicis, auprès de Franz Liszt. De retour à Paris, où ses parents dirigeaient un cours de musique, il devint lui-même professeur ; la future Mme Pierné comptait parmi ses jeunes élèves. À la mort de César Franck, Gabriel Pierné succéda à son maître comme organiste de l'église Sainte-Clotilde de 1890 à 1898. Nommé en 1903 chef adjoint des Concerts Colonne, il succéda en 1910 à Édouard Colonne au poste de premier chef d'orchestre. Vers la même époque, il dirigea également les premières représentations des Ballets russes de Serge de Diaghilev. Gabriel Pierné fut élu membre de l'Institut en 1924. Chef d'orchestre d'une subtilité sans égale, il fut aussi un compositeur fécond : sa première œuvre, une *Sérénade,* date de 1875 (Pierné avait alors douze ans). Sa production, considérable, comprend plusieurs opéras-comiques : *Le Chemin de l'amour* (1883), *Les Elfes* (1883), *Don Luis* (1886), *Lizarda* (1894), *La Coupe enchantée* (1895) ; des comédies lyriques, notamment le charmant *On ne badine pas avec l'amour* (+) (trois actes, Paris, 1910), *Sophie Arnould* (un acte, Opéra-Comique, 1927), *Fragonard* (trois actes, Porte-Saint-Martin, 1935) ; de nombreuses musiques de ballet : *Le Collier de saphirs* (1891), *Les Joyeuses Commères de Paris* (*) (1892), *Bouton d'or* (1893), *Le Docteur Blanc* (1893), *Cydalise et le Chèvrepied* (*) (Paris, 1923), *Impressions de music-hall* (*) (Paris, 1927), *Giration* (1933), *Images* (1935). Gabriel Pierné a également écrit de nombreuses musiques de scène, notamment pour *La Princesse lointaine* (*) (1895), *La Samaritaine* (*) (1897), *Ramuntcho* (1908), *Francesca de Rimini* (+), etc. Dans le domaine de la musique symphonique, il faut retenir *Fantaisie-Ballet* (*) (1885), le *Poème symphonique* pour piano et orchestre, le *Concertstück* pour harpe et orchestre, et le *Divertissement sur un thème pastoral* (1931). On doit encore à Gabriel Pierné de grandes œuvres chorales : *La Nuit de Noël de 1870* (1896), *L'An Mil* (+) (1897), *La Croisade des enfants* (*) (1902) — qui obtint le prix de la Ville de Paris —, *Les Enfants à Bethléem* (+) (1907), *Saint François d'Assise* (+) (1912), les *Paysages franciscains,* un *Concerto en ut mineur* pour piano, de la musique de chambre, notamment une *Sonate pour violon et piano* (1900), un *Quintette* avec piano (1918), un *Trio* avec piano (1912), une *Sonate* pour violoncelle et piano, une *Sonate da camera* pour flûte, violoncelle et piano, des *Variations libres et Finale* pour flûte, violon, alto, violoncelle et harpe, des chœurs, des mélodies, etc. La musique de Gabriel Pierné est empreinte des qualités qui ont caractérisé ce grand chef d'orchestre : la sensibilité, la grâce, la précision. La clarté de la virtuosité de son écriture, le charme délicat de ses harmonies font de lui l'un des artistes les plus représentatifs de l'école française contemporaine.

CLAUDE NOËL.

RÉF. : O. Séré, *Musiciens français d'aujourd'hui,* Paris, 1921. — H. Büsser, *Notice sur la vie et les œuvres de Gabriel Pierné,* Paris, 1938. — R. Dumesnil, *Portraits de musiciens français,* Paris, 1938. — P. Landormy, *La Musique française après Debussy,* Paris, 1943. — G. Masson, *Gabriel Pierné, musicien lorrain,* Metz, 1987.

PIERO DELLA FRANCESCA (Piero dei Franceschi, dit della Francesca dans les documents anciens). Peintre et théoricien de la peinture, italien d'expression latine. Né à Borgo San Sepolcro entre 1410 et 1420 (1416 ?), mort dans cette même ville au début d'octobre 1492. Il était le fils de Benedetto, cordonnier et tanneur, et de Romana di Perino, de Monterchi. Le paysage du Val

Tiberina et Borgo même furent toujours chers au peintre qui les représente dans les fonds de ses œuvres, même tardives. Il est probable que, dès avant 1437, Piero avait quitté son pays natal pour se rendre à Florence ; en 1439, dans une note de paiement de l'hôpital de Sainte-Marie-Nouvelle pour les fresques de saint Aegidius – aujourd'hui perdues – Piero figure en qualité d'aide de Domenico Veneziano. L'apprentissage auprès de ce peintre, dont les quelques œuvres conservées se distinguent des toiles florentines par les recherches dont elles témoignent sur les représentations de la couleur dans l'espace, fut très important pour Piero, qui joignait à une rare sensibilité picturale une passion pour les mathématiques et le nouveau problème abstrait de la perspective ; pour Domenico, le contact avec son génial élève fut, peut-être, tout aussi déterminant. Il ne faut pas non plus oublier la leçon de Masaccio. En 1442, Piero se trouvait de nouveau dans son pays, où il devint conseiller du peuple ; trois ans plus tard il y reçut la première commande dont nous ayons connaissance, le panneau de la *Madonna della Misericordia*, qui se trouve encore au Palais communal de Borgo. C'est aussi vers cette date qu'il peignit le *Baptême du Christ* (National Gallery, Londres) et le *Saint Jérôme* (Musée de Venise), puis il commença son pèlerinage à travers les cours.

Sa première étape fut peut-être Ferrare ; l'invitation vint probablement de Lionello d'Este sur l'indication compétente d'Alberti, formulée avant celle de Borso – qui accéda au principat en 1450. Des travaux exécutés à la cour d'Este il ne reste rien, mais la présence de Piero influença un peu tous les peintres ferrarais, en particulier Cossa. À son tour, à Ferrare, Piero eut la possibilité de développer son goût pour la peinture flamande. La présence de Piero à Rimini en 1451 est attestée par la date de la fresque où *Sigismond Malatesta est au pied de son saint protecteur* (temple des Malatesta) ; mais c'est le moment où débutent ses rapports avec la cour d'Urbino, pour laquelle il peignit, probablement plus tard, la petite *Flagellation*. Ce fut à la mort de Bicci di Lorenzo (1452) que débuta la vaste entreprise des fresques de Saint-François à Arezzo, représentant les *Épisodes de la crucifixion*, œuvre capitale dont le peintre s'occupa plusieurs années, avec des interruptions et, vers la fin, l'utilisation de quelques aides ; en 1456 on parle de cette œuvre comme d'une chose achevée. Le peintre était en outre sollicité par des commandes variées à exécuter dans des endroits différents ; il partit pour Rome, mais ses fresques au Vatican furent détruites au temps de Jules II ; les concitoyens de Piero demandèrent sa collaboration pour l'autel de *Saint Augustin*, commandé en 1454 et qui lui prit huit années ; le bourg de Monterchi voulut pour son cimetière la très rare représentation mystique de la *Madone de l'enfantement* ; pendant ce temps se poursuivaient ses relations avec la cour d'Urbino. Pour le duc Frédéric, Piero della Francesca peignit le diptyque triomphal portant le portrait du prince et de sa femme, vers 1465, et il est probable qu'il collabora à l'agencement sur plan et à l'ornementation du palais en cours de construction.

En 1466, le maître se trouve à Arezzo ; pour cette ville il avait déjà peint la *Madeleine* (au Dôme), et nous savons qu'il avait été chargé de peindre l'étendard de la Compagnie de la Madeleine ; après cette date, ses séjours dans sa cité natale deviennent de plus en plus fréquents et prolongés. En 1474 et en 1478, il reçoit des paiements pour des œuvres que nous ne connaissons pas et, en 1482, il loue une maison à Rimini pour un an ; l'affirmation de Vasari selon laquelle, après sa soixantième année, Piero della Francesca vécut aveugle pendant vingt-six ans, s'occupant exclusivement de la composition de ses ouvrages théoriques, est donc à retenir avec de grandes réserves. Un certain Marco di Longaro, en 1556, raconta à Betto degli Alberti qu'étant enfant il avait conduit par la main « Mastro Piero della Francesca » ; cependant, en 1487, celui-ci rédigea un feuillet de testament de sa propre main. Il fut donc peut-être aveugle pendant ses toutes dernières années. Parmi ses traités, nous avons conservé *La Perspective dans la peinture* (*), écrit avant 1482, d'une grande importance technique et théorique, probablement dédié à Frédéric de Montefeltro, et le court traité *Des cinq corps réguliers* (*), adressé à Guidobaldo, fils de Frédéric. Un petit abaque de la main du maître est conservé à la Bibliothèque laurentienne. Le 12 octobre 1492, Piero della Francesca fut inhumé dans l'abbaye de Borgo San Sepolcro.

GIUSTA NICCO FASOLA.

RÉF. : R. Longhy, *Piero della Francesca,* 1927 ; trad., Paris, 1927. – M. Salmi, *Piero della Francesca e il palazzo ducale di Urbino,* Florence, 1945. – J. Alazard, *Piero della Francesca,* Paris, 1948. – B. Berenson, *Piero della Francesca,* Florence, 1950. – K. Clark, *Piero della Francesca,* Londres, 1951. – H. Focillon, *Piero della Francesca,* Paris, 1952. – L. Venturi, *Piero della Francesca,* trad., Genève, 1954. – E. Battisti, *Piero della Francesca,* Milan, 1971.

PIERRE saint. Nom que donna Jésus à Simon, fils de Jonas, qui devait devenir le premier des douze apôtres. Né à une date inconnue mais probablement entre les années 20 et 10 avant J.-C. à Bethsaïde, petite ville de Galilée, mort à une date également incertaine (67 ? 64 ?) à Rome. Il fut disciple de Jésus et c'est « sur lui » que Jésus fonda son Église. Simon avait un frère, André, et était marié au moment où il suivit le Christ. Comme il appartenait à une famille de pêcheurs, il était probablement analphabète ; son manque de culture rabbinique fut relevé avec un certain mépris dans les milieux lettrés de Jérusalem. Son frère et lui avaient eu des contacts avec Jean-Baptiste, mais ils abandonnèrent le précurseur lorsque le Christ se manifesta à eux. Les *Évangiles* nous font entrevoir un portrait assez complet de Simon. Il est simple, généreux, impulsif dans ses interventions qui parfois dénotent une véritable incompréhension du message de Jésus ; mais Jésus montre pour lui une prédilection évidente dès la première rencontre. Simon participe avec Jacques et Jean à toute l'activité de Jésus, et assiste même à des épisodes intimes desquels étaient exclus les autres apôtres. Jésus dut, très souvent, être à Capharnaüm l'hôte de la belle-famille de Simon. Ce fut à Césarée de Philippe, au nord-est du lac de Tibériade, que Jésus promit à Simon qu'il serait le chef de l'Église future. L'apôtre venait de proclamer la véritable personnalité de Jésus : « Tu es le Christ, le Fils du Dieu vivant. » Cette réponse fut jugée comme une inspiration venue d'en haut. « Heureux sois-tu, Simon fils de Jonas, car ce n'est ni la chair ni le sang qui te l'ont révélé mais mon Père qui est dans les cieux. Et moi je te dis que tu es Pierre et sur cette pierre, je bâtirai mon Église et les portes de l'enfer ne prévaudront point contre elle. Je te donnerai les clefs du royaume des cieux et ce que tu lieras sur la terre sera lié dans les cieux et ce que tu délieras sur la terre sera aussi délié dans les cieux » (Matthieu, XVI, 16-19). Dans le texte qui lui ordonne de guider les disciples et tous les croyants, texte qui utilise la métaphore bien connue des « brebis » et des « agneaux » à faire paître, la tradition et la théologie ont vu la confirmation de sa « primauté » sur les autres apôtres et tous les chrétiens.

L'épisode le plus populaire, avant la crucifixion de Jésus, est celui du triple reniement de Pierre. L'apôtre se ravisa immédiatement et ne perdit aucune de ses prérogatives. Après la résurrection de Jésus, il est le premier des apôtres à bénéficier d'une apparition du ressuscité. Dans l'Église primitive, Pierre occupe un poste absolument prééminent comme il ressort des premiers chapitres des *Actes des apôtres* (*). On lui attribue des miracles ; il est plus qu'aucun autre le courageux affirmateur de la résurrection et de la divinité de Jésus. Cela lui vaut d'être mis en prison au moins deux fois. Son activité se déroule surtout à Jérusalem où eut lieu sa première rencontre avec Paul. Nous connaissons aussi quelques-uns de ses voyages missionnaires en Judée et en Samarie. Les *Actes des apôtres* mettent en relief la part prépondérante de Pierre dans le baptême de Cornélius. Il ne s'agit pas d'une conversion opérée par l'apôtre, qui, au contraire, fit preuve d'incertitude et souleva des difficultés, mais d'un geste voulu par Dieu pour donner une solution à un grave problème de l'Église primitive ; il marque l'admission des simples païens au christianisme, sans l'exigence d'une préalable conversion au judaïsme. Ce problème fut concrètement abordé au concile de Jérusalem (40 ou 50 ap. J.-C.) où triompha l'idée libérale de saint Paul, et tout particulièrement à cause de l'intervention de Pierre. Après son deuxième emprisonnement à Jérusalem, qui se termina grâce à une intervention surnaturelle, les *Actes* se désintéressent de Pierre et se bornent à mentionner qu'il partit « pour un autre lieu ». Cela se passa un peu avant l'année 44. On a souvent fixé cette date à 42 et interprété l'expression générique de Luc comme une indication voilée de Rome. Mais la présence de Pierre à Jérusalem en 49-50 ap. J.-C. et peu après à Antioche rend très problématique une telle interprétation, qui concorde fort mal avec ce que nous savons des débuts du christianisme à Rome.

Nous ne savons que très peu de chose sur les méthodes missionnaires de Pierre. Rien de sûr ne se peut déduire de la riche littérature apocryphe. Ce n'est qu'à partir des affirmations de saint Paul, qui oppose ses méthodes à celles de Pierre, que l'on peut conclure qu'il évangélisa surtout les Hébreux, qu'il se faisait entretenir par les communautés catéchisées et qu'il emmenait avec lui une « femme-sœur », qui pourrait bien être sa propre femme, mais l'opinion qui exclut ces relations matrimoniales est beaucoup plus sûre. Les mêmes écrits nous indiquent l'importance de l'autorité de Pierre qui, dans l'*Épître aux Galates* (*) et l'*Épître aux Corinthiens* (*), est désigné comme un personnage bien connu de tous.

Beaucoup de Pères de l'Église parlent de Pierre comme du premier évêque d'Antioche. Cette terminologie dénote une organisation ecclésiastique postérieure. Nous ne savons pas combien dura ce séjour à Antioche, mais il ne semble pas qu'il fût très long. Il n'existe presque plus personne pour nier la venue de Pierre à Rome. Celle-ci est déjà affirmée par des auteurs du IIe siècle, y compris ceux qui auraient eu intérêt à la nier. Le premier qui en parle explicitement est saint Ignace d'Antioche (début du IIe siècle). Le martyre à Rome est une affirmation aussi ancienne et aussi universelle mais il n'a de fondement que par la prédilection rapportée par Jean : « Lorsque tu seras devenu vieux [dit le Seigneur à Simon] tu étendras les mains, et un autre [...] te mènera où tu ne voudrais pas. » La formule « tu étendras les bras » signifiait la crucifixion. Des fouilles entreprises en 1939 ont confirmé la tradition ayant trait à la sépulture de Pierre. Elles ont permis de découvrir le « trophée », ou monument sépulcral dont parlait le prêtre Caius au IIe siècle, et démontré comment ce monument fut un objet de piété et de vénération bien avant que Constantin eût érigé la superbe basilique vaticane. La durée du séjour de Pierre à Rome demeure par contre très discutée, et personne ne parle plus guère des fameux vingt-cinq ans de son pontificat romain. D'après ce que nous disent les plus anciens historiens de l'Église sur les rapports de Pierre avec les chrétiens de la capitale de l'Empire, on n'a cependant pas le droit de réduire ce pontificat à une période trop brève.

Il est très probable que ce fut de Rome que Pierre écrivit la première de ses *Épîtres* (*) aux communautés de l'Asie Mineure.

La date de son martyre est également très controversée, mais l'on ne peut suspecter la réalité de sa mort violente. La date en est le plus communément fixée à 67 ap. J.-C., mais on ne peut dire qu'elle soit certaine. Un grand nombre d'autres dates sont signalées par d'anciens écrivains qui nous montrent, en définitive, qu'ils ne se fondaient pas sur une tradition bien établie. Beaucoup préfèrent aujourd'hui la date de 64, qui a l'avantage de coïncider avec la première grande persécution décrétée par Néron après l'incendie de Rome. En même temps que beaucoup d'autres fidèles inconnus, le vieux pêcheur de Galilée, déjà disciple impulsif et fervent de Jésus puis courageux et savant organisateur de l'Église, rendit son suprême témoignage d'amour et d'attachement à sa charge et à l'*Évangile*.

L'évangéliste Marc a recueilli les souvenirs de l'apôtre et reflète l'enseignement de celui dont il a été le disciple et l'interprète – v. *Évangile de saint Marc* (*).

ANGELO PENNA.

♦ *« Son amour a été premièrement imparfait ; et celui qu'il ressentait pour le Fils de Dieu tenait plus d'une tendresse naturelle que de la charité divine. De là vient qu'il était faible, languissant et n'avait qu'une ferveur de peu de durée* [...] *Mais le faible de cet amour ayant enfin paru dans sa chute, cet apôtre, se défiant de soi-même, se releva de sa ruine, plus fort et vigoureux par l'humilité qu'il avait acquise* [...] *Et enfin cet amour, qui s'était fortifié par la pénitence, fut entièrement perfectionné par le sacrifice de son martyre. »* Bossuet.

RÉF. : L. C. Fillion, *Saint Pierre*, Paris 1906. – Besson, *Saint Pierre et les origines de la primauté romaine*, Genève, 1929. – A. Tricot, article in *Dictionnaire de théologie catholique*, t. XII-2, Paris, 1935. – R. Aigrain, *Saint Pierre*, Paris, 1939. – G. Thils, *L'Enseignement de saint Pierre*, Paris, 1943. – O. Cullmann, *Saint Pierre, disciple, apôtre, martyr*, Neuchâtel, 1952. – M.-E. Boismard, *Quatre hymnes baptismales dans la première épître de Pierre*, Paris, 1961. – Ph. Rolland, *Saint Pierre dans le Nouveau Testament*, Paris, 1974. – F. Genuyt, J. Calloud, *La Première Épître de Pierre : analyse sémiotique*, Paris, 1982. – E. Cothenet, *Les Épîtres de Pierre*, Paris, 1984.

PIERRE LOMBARD. Théologien d'origine italienne et d'expression latine. Né à Novare, en Lombardie, vers la fin du XIe siècle ou le début du XIIe, mort à Paris le 21 ou 22 juillet 1160. Il appartenait à une famille très pauvre et fit probablement ses études à Bologne ; il vint en France, vers 1136, pour les compléter. Protégé par saint Bernard de Clairvaux, il fit un court séjour à Reims, puis se rendit à Paris où, finalement, il se fixa. Nous ne possédons aucun renseignement sur ses vingt ans de carrière professorale, mais nous savons qu'il acquit très rapidement une grande réputation et que sa célébrité se propagea jusqu'en Allemagne et en Italie. C'était un lecteur assidu d'Abélard, qu'il rencontra peut-être, et l'un des plus grands érudits de son temps. La haute estime dont jouissait à Rome son activité théologique lui valut de faire partie, en 1148, du concile qui, réuni à Reims sous la présidence d'Eugène III, jugea les doctrines et l'enseignement de Gilbert de la Porrée. Sa célébrité et ses mérites furent consacrés, en 1159, par son élévation à la charge d'évêque de Paris. Il semble que l'on puisse considérer comme sa première œuvre le *Commentaire sur les psaumes,* qui explique les psaumes verset par verset à l'aide de citations des Pères de l'Église et des écrivains ecclésiastiques. La grande quantité de manuscrits qui nous en sont parvenus atteste le succès de son *Commentaire sur les épîtres de saint Paul,* mais *Les Quatre Livres de sentences* – v. *Livres des sentences* (*) – n'ont jamais cessé d'être considérés comme son ouvrage essentiel. Cet ouvrage, qui n'est pourtant qu'une compilation des principales opinions des Pères de l'Église sur les dogmes et sur les problèmes religieux, a exercé une profonde influence sur tout le développement de la théologie médiévale et a servi de manuel d'enseignement durant des siècles. Nous possédons, en outre, un grand nombre de *Sermons* qui sont tous d'une composition soignée mais qui sacrifient par trop aux travers de la scolastique.

RÉF. : O. Baltzer, *Die Sentenzen des Petrus Lombardus,* Leipzig, 1902. – J. Annat, *Pierre Lombard et ses sources patristiques,* in *Bulletin de littérature ecclésiastique,* 1906. – S. de Ghellinck, *La Carrière de Pierre Lombard,* in *Revue d'histoire ecclésiastique,* tome XXVII, 1931. – *Miscellanea Lombardiana,* Novare, 1957.

PIETRO Martire d'Anghiera. Écrivain italien d'expression espagnole. Né à Arona (Lombardie) en 1459, mort à Grenade en 1526. Il vint très jeune à Rome et y fut le secrétaire de plusieurs cardinaux et de l'ambassadeur de Castille, comte de Tendilla, qu'il suivit en Espagne, en 1487. Sa solide culture humaniste et ses dons personnels attirèrent sur lui la sympathie et la protection de Ferdinand d'Aragon et d'Isabelle de Castille, qui en firent leur conseiller écouté. En 1501, il accomplit une importante mission diplomatique en Égypte, dont il donna une ample relation. Vivant à la Cour, au contact des gouvernants et des plus hauts personnages de l'Espagne, il eut l'occasion de connaître personnellement les navigateurs et les explorateurs de son temps (Colomb, Vespuce, Cabot, Magellan, etc.), et d'en conter les exploits dans les *Décades du Nouveau Monde* (*) et dans l'*Opus epistolarum,* ouvrages que, de nos jours encore, la critique considère d'importance capitale pour l'histoire de la géographie.

PIEYRE DE MANDIARGUES André. Écrivain français. Né et mort à Paris (14 mars 1909-13 décembre 1991). D'origine nîmoise, il est le petit-fils de Paul Bérard, ami et collectionneur de nombreux Impressionnistes. Sa vie est essentiellement marquée par des voyages, une intense activité littéraire et une relation profonde avec la peinture. Pieyre de Mandiargues a reçu le prix des Critiques en 1951 pour *Soleil des loups* (*), et le prix Goncourt en 1967 pour *La Marge* (*). Mais ces deux prix sont venus récompenser une œuvre déjà largement développée, marquée en ses commencements par l'influence des surréalistes, dont Mandiargues a été un fidèle ami.

On a pu le définir – s'il ne l'a pas fait lui-même – comme un homme partagé entre le romantisme et le baroque, la « Forêt noire » et le « Mexique ». C'est sous le signe de ce double amour – signe à son tour d'un esprit sensuel, esthète et torturé, qu'il faut situer les récits et les romans de Mandiargues, et ses très beaux poèmes, moins connus du public. Récits et romans : *Le Musée noir* (*) (1946), *Soleil des loups* (1951), *Marbre* (*) (1953), *Le Lis de mer* (*) (1956), *Le Cadran lunaire* (*) (1958), *Feu de braise* (*) (1959), *La Motocyclette* (*) (1963), *La Marge* (1967), *Le Marronnier* (1968), *Mascarets* (*) (1971), *Sous la lame* (*) (1976), *Le Deuil des roses* (*) (1983), *Tout disparaîtra* (*) (1987). Les recueils de poèmes : *Dans les années sordides* (*) (1948), *Hedera* (1946), *Les Incongruités monumentales* (1948), *Astyanax* (+) (1957), *L'Âge de craie* (+) (1961), *Cartolines et Dédicaces* (+) (1960), *Le Point où j'en suis* (1964), *Dalila exaltée* (1964), *La Nuit l'Amour* (1964). Mais Mandiargues est aussi un remarquable critique : *Les Masques de Léonor Fini* (1951), *Les Monstres de Bomarzo* (1957), *Le Belvédère* (*) (1958), *Les Corps illuminés* (1965), *Bona l'amour et la peinture* (1971), *Chagall* (1975), *Arcimboldo le Merveilleux* (1977). Il faut citer enfin les *Cahiers de poésie* (*), *Porte dévergondée* (*) (1965), et le remarquable texte d'interviews intitulé *Le Désordre de la mémoire* (1975). Récemment, Mandiargues s'est également tourné vers le théâtre : *Isabella Mona* (1973) ; *Madame de Sade,* d'après Mishima (1976) ; *Arsène et Cléopâtre* (1981).

Tant au niveau de la thématique que du style, on retrouve chez Mandiargues cette dualité signalée plus haut ; intelligence et sensualité, rationalité et fantastique, beauté et bestialité, goût de la lumière et passion de l'obscurité. Mandiargues est d'abord un conteur et un narrateur : il dresse la scène de ses histoires – appartements somptueux, musées, bordels, chambres de torture, paysages enneigés, bergeries à l'odeur de musc – avant de les commencer et de présenter des personnages. Ce cadre est minutieusement décrit, minutieusement « planté », ainsi que le ferait un peintre. À l'intérieur de ce « tableau » s'agitent des figures perpétuellement fascinées et déchirées par l'érotisme, la violence, le sang et la mort, par tout ce qui vibre d'imaginaire autour de la chair. Dans un très beau texte publié dans *La Nouvelle Revue française* – *À l'honneur de la chair* –, Mandiargues a voulu faire l'éloge de la simple sensualité et du corps. Mais l'œuvre, plus profondément, est envahie par des fantasmes toujours plus troubles et inquiétants : au fond de la sexualité, du désir, du sang, il y a la mort, le vertige du meurtre, de la blessure. Ces fantasmes, dans les récits et les romans de Mandiargues, sont parfois traités, bien qu'ils soient authentiques, avec une certaine complaisance baroque que l'auteur a peut-être héritée de Breton ou des écrivains du XVIIIe siècle. Le narrateur est un voyeur : il dépeint, il regarde, aime se perdre dans ce qu'il peint et regarde. On ne peut ici s'empêcher de penser à Léonor Fini, à laquelle Mandiargues a consacré un très beau texte. L'œuvre poétique, elle, s'enfonce plus profondément dans la dimension inconsciente. L'œil de l'écrivain devient plus voyant, mais en même temps moins voyeur pictural. Dans *Les Incongruités monumentales* se lèvent des images qui dépassent définitivement le jeu de l'intellect et du goût esthétique : « Le feu des géraniums illumine la houille. » Mandiargues navigue ainsi des fantasmes aux images poétiques, ce qui explique l'alternance régulière, chez lui, des textes en prose et des textes proprement poétiques.

Sans atteindre la profondeur des œuvres de Pierre-Jean Jouve, de Hugo Von Hoffmannstahl ou d'André Breton, avec lesquelles elle présente de claires affinités, l'œuvre d'André Pieyre de Mandiargues est sans doute, en France, l'une des plus attachantes et des plus originales de l'après-guerre.

ANTOINE BERMAN.

RÉF. : Salah Stétié, *André Pieyre de Mandiargues,* Paris, 1978. – *André Pieyre de Mandiargues. Un Saturne gai,* entretiens avec Y. Caroutch, Paris, 1982.

PIGAFETTA Antonio. Navigateur et écrivain italien. Né à Vicence (Vénétie) entre 1480 et 1491 ; ses date et lieu de décès sont incertains. Il appartenait à une famille noble ; après avoir appris le métier des armes dans les rangs de l'ordre des Chevaliers de Rhodes, il entra dans l'Ordre même. En 1519, tandis qu'il se trouvait à Barcelone dans la suite de son concitoyen Francesco Chiericati, protonotaire apostolique, il apprit qu'une expédition d'exploration par mer était en voie de préparation à Séville, sous le commandement de Magellan. Engagé en surnombre en qualité d'attaché personnel ou aide du commandant, Pigafetta connut le sort et les aventures de cette audacieuse expédition, embarquée à Séville le 10 juillet 1519 et terminée le 6 septembre 1522 à Sanlucar de Barameda. Après la mort tragique de Magellan dans l'île de Mactan, Pigafetta fit partie de l'état-major du navire « Vittoria », et, en 1522, il touchait de nouveau terre à Séville avec les dix-sept autres survivants de cette expédition. Après un court séjour au Portugal et en France, il rentra en Italie (1523) ; étant demeuré quelques mois à Mantoue à la cour de Gonzague, sur l'invitation de Clément VII, il se rendit à Rome et à Monterosi di Viterbo, où (1524-1525) il présenta au grand maître de l'Ordre sa relation intitulée *Le Premier Voyage autour du monde sur l'escadre de Magellan* (*), texte documentaire d'une importance capitale pour l'histoire des découvertes géographiques. Les renseignements sur la vie de Pigafetta sont rares pour les années suivantes ; en 1554, il reçut la « comenda » de Norcia et d'Arquata, dont les revenus le firent vivre pendant le restant de ses jours. De Pigafetta, nous possédons, en outre, un court traité intitulé *Règle sur l'art de naviguer* [*Regola sull'arte del navigare*] qui a été publié en 1894, en même temps que le texte critique du *Premier Voyage autour du monde.*

RÉF. : S. A. Robertson, *Magellan's Voyage around the World by Antonio Pigafetta*, Cleveland, 1906. – C. Manfrani, *Relazioni del primo viaggio intorno al mondo di Antonio Pigafetta*, Milan, 1928. – H. Daniel, *F. Magellan*, Garden City – New York, 1964. – D. Dainelli, *L'impresa di Magellano*, Turin, 1965.

PIKE Kenneth L. Linguiste américain. Né le 9 juin 1912 à Woodstock (Connecticut). Pike combine de manière unique une virtuosité inégalable dans l'analyse des données linguistiques les plus diverses, la connaissance d'un grand nombre de langues de toutes les régions du monde et une vision théorique originale, qui se refuse à séparer l'étude du langage de l'activité humaine. Sa carrière est intimement liée au développement du Summer Institute of Linguistics (S.I.L.), une institution dont l'objectif est de former des linguistes capables de traduire *La Bible* dans les langues de toutes les régions du globe. Pike y reçoit une formation linguistique de base et y fait ses premières recherches sur le terrain, en particulier au Mexique, avant d'y enseigner et d'en assumer la présidence de 1942 à 1979. Ses premiers travaux le mettent rapidement en contact avec des universitaires, qui l'amènent à préparer une thèse, soutenue en 1942, et à entreprendre, parallèlement à ses activités au S.I.L., une carrière académique. C'est ainsi qu'il publie successivement trois ouvrages sur *La Phonétique* [*Phonetics*, 1942], *La Phonologie* [*Phonemics*, 1947] et *Les Langues à tons* [*Tone languages*, 1948], qui renouvellent profondément les études dans ce domaine, et qu'il est nommé en 1948 professeur associé, puis, en 1955, professeur à l'université de Michigan, à Ann Arbor. Pike étend alors progressivement son champ d'étude aux structures grammaticales et discursives et rédige son œuvre majeure, où il développe la théorie « tagmémique », la première à situer l'étude du langage dans le cadre global de l'étude du comportement humain : *Le Langage en relation avec une théorie unifiée de la structure du comportement humain* (*) (1re éd., 1954-1960, 2e éd. revue, 1967). Il étend ses recherches sur le terrain aux langues d'autres continents : Amérique du Sud, Asie, Afrique, Australie. Pike prend sa retraite de l'université de Michigan en 1978 et reçoit la même année le titre de docteur honoris causa de la Sorbonne, mais il reste très actif sur tous les terrains du monde.

EDDY ROULET.

PILES Roger de. Maître verrier, peintre et écrivain français. Né à Clamecy (Nièvre) le 7 octobre 1635, mort à Paris le 5 avril 1709. D'une famille aisée, il reçut une éducation très soignée (qu'il termina en étudiant la théologie en Sorbonne) et manifesta de bonne heure un grand intérêt pour la peinture. À son retour d'un premier voyage en Italie, le président Amelot de la Houssaye, à qui Gilles Ménage l'avait recommandé, le chargea de l'éducation de son fils Michel, marquis de Gournay (1662). Piles effectua un nouveau voyage en Italie en compagnie de son élève. Ses premières œuvres parurent à Paris, et en particulier ses préceptes du « parfait peintre ». Son élève, devenu ambassadeur, l'emmena avec lui au titre de secrétaire d'ambassade à Venise, en 1682, puis au Portugal, en 1685, et en Suisse en 1689 ; il le chargea d'apporter à Louis XIV le traité de neutralité signé avec les Quatre Cantons. On l'envoya ensuite (1692) en mission secrète en Hollande où, tout en feignant de ne s'intéresser qu'à la peinture, il ouvrit des tractations avec le parti de la paix. Découvert et emprisonné, il rédigea, durant sa longue incarcération, un *Abrégé de la vie des peintres...* (*) (1699). À son retour (1697), Louis XIV lui accorda une pension. Il fut encore chargé d'une mission en Espagne, en 1705, avec l'ambassadeur Amelot ; il reçut divers titres honorifiques parmi lesquels celui de conseiller de l'Académie. Comme peintre, il n'exécuta que quelques portraits de personnages importants ou célèbres (Boileau, Mme Dacier, etc.), tous perdus, et dont on ne possède que des reproductions gravées ; ses œuvres les plus intéressantes sont des traités d'esthétique et d'histoire – v. *Cours de peinture par principes* (+) (1708) et *Dissertation sur la balance des peintres* (*) (1708), réunis en cinq volumes sous le titre : *Œuvres diverses de M. de Piles* (Paris, 1767).

RÉF. : A. Fontaine, *Les Doctrines d'art en France de Poussin à Diderot*, Paris, 1909. – L. Mirot, *R. de Piles, peintre, amateur, critique*, Paris, 1925. – B. Teyssèdre, *Roger de Piles et les débats sur le coloris du siècle de Louis XIV*, Paris, 1965.

PILINSZKI Jànos. Poète hongrois. Né et mort à Budapest, 27 novembre 1921 – 27 mai 1981. Pilinszki a fait ses études secondaires chez les piaristes et publié son premier poème à l'âge de 17 ans. Il s'inscrit en droit en 1939, mais seulement pour un semestre. Il poursuit ses études à la faculté des lettres. Pendant la guerre, il continue à publier des poèmes dans différentes revues. Il sort de l'université en

1944, juste avant d'être mobilisé. L'expérience de la guerre est très éprouvante : il y endure de terribles souffrances physiques. Il ne rentrera à Budapest qu'à l'automne 1945 et publiera son premier recueil *Trapèze et Limite* (+) en 1946. Entre-temps, il travaille pour plusieurs journaux. Dans les années 1947-48, il voyage en Italie et en Suisse. De retour en Hongrie, il continue à travailler et après un silence forcé publie en 1959 son deuxième recueil : *Et le troisième jour* (+). *Requiem* (1961), une nouvelle et *Sombre paradis* [*Sötét mennyország*, 1962] paraissent au milieu des années 60, alors qu'il se prépare à beaucoup voyager pendant quelques années. Il passera notamment beaucoup de temps en France. Dans son pays, il est alors reconnu et sollicité. C'est en 1970 que ses poèmes sont rassemblés dans un recueil *Icônes de la grande ville* (*). Il continue à publier des recueils de poèmes dans les années 70 : notamment *Cratère* [*Kráter*, 1976], qui rassemble les poèmes de ses recueils antérieurs, alors qu'en 1978 paraissent ses *Poèmes choisis*. C'est un an avant sa mort qu'il aura la plus grande reconnaissance de l'État hongrois pour son activité littéraire, le prix Kossuth.

La guerre le conduit à un tournant poétique essentiel : même s'il n'a été ni prisonnier ni déporté, il a été témoin et cela avec une telle intensité qu'il mettra du temps à s'en affranchir. Il s'éloigne d'une conception esthétique de la poésie : il est partagé entre l'horreur du camp de concentration, et la sanctification par la souffrance. Il éprouve partout un sentiment d'aliénation : « Je me suis définitivement placé hors du monde » écrit-il. Il s'identifie souvent d'ailleurs à ceux qui souffrent. Sa poésie est faite d'images cruelles ou surréalistes sans lien logique apparent. Le caractère suggestif de ses vers n'empêche pas une structure formelle rigoureuse. Poète chrétien, d'un existentialisme humaniste, il ne cède ni aux modes ni aux tentations du monde matériel. Sa poésie n'est pas séparable de sa foi et de son univers religieux : sa vision du monde est théocentriste : « Réalité et mysticisme sont frère et sœur. » Il affirme donc l'importance de la connaissance intuitive, d'origine divine. Sa profession de foi est celle d'un « engagement immobile ». Sa poésie est du coup sombre, tourmentée, mais non dépourvue d'une exceptionnelle énergie. L'écrivain dont il se sent le plus proche est sans doute Dostoïevski. Dans les dernières années, il évolue vers une plus grande liberté formelle, écrivant par esquisses, mais le fond de son message ne change pas.

EVA TOULOUZE.

PILNIAK Boris (pseud. de Boris Andreïevitch Vogau). Romancier et nouvelliste russe. Né le 14 octobre 1894 à Mojaïsk (gouvernement de Moscou), fusillé le 21 avril 1938. L'écrivain est né dans la « Russie profonde », d'un père d'origine allemande et d'une mère russe. Toute son œuvre porte la marque de cette connaissance intime des mœurs et de l'esprit de la province russe reculée. Boris Pilniak date son activité de romancier de ses années d'enfance. Assis sur son cheval de bois devant un miroir, il mimait et racontait des heures durant les aventures de ses héros favoris. « Je mentais, dira-t-il, pour mettre dans la nature l'ordre qui me semblait être le meilleur et le plus drôle. Je ne pouvais m'empêcher de mentir. »

Le roman *L'Année nue* (1922) (*), traduit dans de très nombreuses langues, va apporter la célébrité à l'écrivain, âgé de vingt-huit ans. C'est l'un des premiers textes écrits sur la Révolution, présentée par Pilniak comme une force biologique élémentaire. Il y oppose les pulsions anarchistes de la paysannerie et la volonté des bolcheviks d'instituer un ordre centralisé fondé sur des choix rationalistes. L'œuvre suscitera le débat. Trotsky (dans *Littérature et Révolution*) ainsi que de très nombreux critiques reprochent à Pilniak de ne voir dans la Révolution qu'un déferlement d'irrationnel et de nier de ce fait le caractère scientifique du marxisme, qui guide l'action des communistes. Pilniak inaugure dans *L'Année nue* une technique inspirée de Bely, Rémizov et Zamiatine : fragmentation de la narration, « montage » des divers plans du récit, brouillage des repères chronologiques et temporels, collages verbaux. Ce roman fait de Pilniak le chef de file d'une école littéraire. Son nom reste attaché à la grande prose expérimentale des années 20 (Babel, Ivanov, Vesely), dont les recherches rejoignent souvent celles de l'avant-garde occidentale.

En 1926, nouveau scandale avec *Le Récit de la lune non éteinte* [*Povest' ne pogašennoj luny*] qui relate comment, incapable de désobéir aux ordres du Parti, un haut dignitaire de l'armée (dans lequel on reconnaît Frounze) accepte une opération inutile dont il sait qu'elle lui coûtera la vie. En 1929 paraît à Berlin le roman *L'Acajou* (*). Pilniak y montre les déçus de la Révolution ainsi que la montée d'une classe dirigeante de bureaucrates. Accusé de collusion avec les Blancs, Pilniak est la cible d'une violente campagne. L'année suivante, il publiera *La Volga se jette dans la mer Caspienne* [*Volga vpadaet v kaspiiskoe more*] ; il y reprend le sujet de *L'Acajou* tout en le modifiant de façon à produire une œuvre conforme aux canons du réalisme socialiste naissant. Dans les années suivantes, Pilniak écrira de nombreuses relations de voyage (États-Unis, Japon), ainsi que des ouvrages qui s'efforcent de conforter la vision du socialisme en marche. Auteur extrêmement prolifique, Pilniak est l'auteur de nombreux récits. Citons : *La Mère-Marâtre* [*Mat' Mačeha*, 1922], *Les Machines et les Loups* [*Mašiny i volki*, 1924], *Au-delà des chemins de halage* [*Zavoloče*, 1925], *Ivan Moskva* (1927), *O. K.* [*O' Kej*, 1933], *La Maturation des fruits* [*Sozrevanije plodov*, 1936], *Le Grenier à sel* [*Soljanoj ambar*,

1937]. Arrêté en 1937 pendant la terreur, Pilniak sera fusillé en 1938.

MARIANNE GOURG

PINDARE. Poète grec. Né à Cynoscéphales, bourg voisin de Thèbes en 518 av. J.-C., mort en 438 av. J.-C. Pindare est l'un des plus grands poètes grecs, le principal représentant de la lyrique chorale. Nous connaissons de lui quarante-quatre odes triomphales ou victoriales, les *Épinicies* (*). L'Antiquité tardive nous a laissé six *Vies* de Pindare, appartenant au genre de la biographie largement romancée, où un petit nombre d'informations crédibles se mêle à beaucoup de légendes et d'anecdotes, quelquefois bien trouvées, comme celle des abeilles qui, pendant son sommeil, venaient poser du miel sur les lèvres de Pindare enfant, ou bien celle de sa mort au théâtre dans les bras d'un beau jeune homme.

L'autre source biographique pour les philologues du XIXe siècle fut sa poésie même, car il s 'y exprime souvent à la première personne. Mais la critique des dernières décennies a posé, à nouveaux frais, le problème du « moi » lyrique qui, dans le cas de Pindare, peut désigner le poète lui-même, le chœur qui chante ou un autre groupe, l'identité indéfinie du « on » ou le dédicataire de l'ode. Ainsi, toute reconstruction historico-biographique puisée dans les odes ne saurait aller sans précautions.

Il semble assuré que Pindare était proche, sinon issu, de l'aristocratie thébaine. En ce qui concerne sa famille, le nom même de son père est incertain, puisque les *Vies* en donnent trois : Skopélinos, Pagonidas ou Daïphantos. Les grands modèles de son éducation furent bien entendu Homère et Hésiode (l'autre grand poète de Béotie). Il s'imprégna sans doute de l'influence de deux poétesses locales, Myrtis et Corinna. C'est encore pour acquérir un meilleur apprentissage poétique et musical qu'il fut très jeune envoyé à Athènes où florissait le lyrisme choral et le dithyrambe. On peut supposer que son talent fut vite reconnu puisque la première ode datable que nous possédions est de 498 ; il s'agit de la *Xe Pythique* célébrant la victoire d'un membre de la grande famille thessalienne des Alévades qui, à en croire Hérodote, encouragèrent Xerxès à envahir la Grèce.

L'attachement de Pindare à l'aristocratie se manifeste tout au long de son œuvre ; il reste quasi muet sur Athènes qui, à cette époque, changeait pourtant le cours de l'histoire en engendrant la démocratie et en repoussant l'invasion perse, sinon pour célébrer la victoire de l'Alcméonide Mégaclès, ostracisé peu avant par les démocrates. Il semble que, pendant les guerres Médiques, Pindare soit resté solidaire et en étroits rapports avec la partie de l'hellénisme qui avait pactisé avec l'envahisseur. Les hellénistes, admiratifs des cités qui écartaient le danger asiatique, expliquent difficilement cette attitude et soulignent la tradition selon laquelle Pindare fut puni par Thèbes à cause des vers glorifiant Athènes, qui, de son côté, récompensa généreusement le poète.

Dès sa jeunesse, Pindare noua des liens durables avec Égine, l'île dorienne politiquement proche de Thèbes, mais amenée par Athènes à combattre les Perses à Salamine. Il s'y est certainement rendu, et onze de ses quarante-quatre odes sont dédiées à des Éginètes. Il toucha le sommet de son art et de sa gloire dans les odes qu'il composa en l'honneur des souverains des colonies occidentales, et en particulier de Sicile. Ayant repoussé la menace carthaginoise, cette partie du monde hellénique connaissait alors une période de puissance et de prospérité sous le règne de personnages hors du commun tels Hiéron de Syracuse et Théron d'Agrigente. Attirés par l'éclat que revêtaient les jeux Panhelléniques, ces illustres représentants de la Grande Grèce vinrent y concourir. Ils remportèrent des victoires dans la course de chevaux et de chars, épreuves demandant des moyens considérables, et prestigieuses entre toutes. En eux, Pindare trouva les dédicataires dont la naissance, les ancêtres, les exploits étaient propres à lui inspirer, comme ils le firent, les plus sublimes de ses vers.

Les biographes de Pindare considèrent comme certain que, entre 476 et 474, il voyagea en Sicile et séjourna dans les Cours brillantes d'Hiéron de Syracuse et de Théron d'Agrigente. Il dut y croiser les deux autres grands poètes de lyrique chorale, Simonide et Bacchylide, ses rivaux ; on a lieu de le penser si l'on admet qu'ils sont bien les destinataires de certains de ses vers polémiques. C'est sans doute en Sicile aussi qu'il connut l'enseignement des pythagoriciens et des orphiques sur la destinée de l'âme. Avec ses odes siciliennes, sa renommée gagna l'ensemble du monde hellénique. Il est appelé à célébrer des athlètes de Rhodes, de Corinthe, d'Argos. Deux des plus belles odes (*IVe* et *Ve Pythiques*) sont dédiées à Arcésilas, roi de Cyrène en Libye ; la précision avec laquelle certaines images de cette ville sont évoquées fait penser que Pindare s'y est rendu.

L'œuvre de Pindare est imprégnée par une profonde religiosité. En Zeus, il vénère le maître et le dispensateur de tout, en Apollon le protecteur des valeurs aristocratiques et le seigneur de l'oracle de Delphes, avec lequel il entretenait des relations privilégiées, honoré qu'il était, par le clergé delphien, de son vivant déjà. À l'opposé d'Homère, le divin chez Pindare ne saurait s'exprimer dans des récits agréables mais trop humains. Il les laisse aux aèdes. Quant à lui, il n'hésite pas, afin de les épurer, à modifier les récits traditionnels. La « rectification » de la légende de Pélops dans la première *Olympique* en est l'exemple le plus connu. Dans l'ordre des affaires humaines, Pindare, répétons-le, partage les valeurs de l'aristocratie dorienne ; ainsi s'explique entre autres son attitude lors des guerres Médiques. À l'échelle de l'individu, il proclame à plusieurs reprises sa foi dans les vertus innées et reçues par le sang, et sa méfiance à l'égard de « celui qui ne sait que ce qu'il a appris ».

L'œuvre de Pindare ne se limitait pas aux quatre livres d'*Épinicies* (*) qui nous sont parvenus ; les Alexandrins en connaissaient dix-sept. Les biographies anciennes en donnent les titres, et les découvertes papyriques, toujours en cours, mettent au jour des fragments précieux. Il s'agit essentiellement des compositions destinées à des cérémonies religieuses et à des exécutions chorales en cours de banquets. Reconnu de son vivant déjà, Pindare ne cessa d'être admiré par les plus grands esprits de tous les temps.

FANI TRIPET-PEDIS.

♦ *« Pindare fut poète souverain. Oui, "maître en sagesse", servant de la vérité, trouveur de mots et inventeur dans la langue, glorificateur, évocateur et correcteur des mythes, héraut des signes, savant en timbres et en rythmes, "oiseau divin de Zeus", devin mire et prophète-archer, Pindare fut, comme on dit, un poète. Il le fut dans sa pratique et dans son influence. Sa langue noble, donneuse de vie, fut entendue de tous en Grèce. Par-delà les circonstances historiques où elle a fleuri, elle est encore pour nous parole de liberté et de vérité et fulgure — même en traduction — en énonçant ce que le langage ordinaire ne peut pas dire : la gloire. En honorant l'homme selon l'exigence lyrique, Pindare a fait le plus haut usage de la langue. Et, s'il a pu être oublié d'un tout-venant ingrat, plus épris de souffrance que d'excellence, il a été révéré par les plus grands poètes européens qui ont reconnu en lui un maître et ont reçu de la traduction de son œuvre à laquelle ils se sont exercés le don de faire culminer leur propre langue. »* Jean-Paul Savignac.

RÉF. . A. Croiset, *La Poésie de Pindare et les lois du lyrisme grec,* Paris, 1880. — U. V. Willamowitz-Moellendorf, *Pindaros,* Berlin, 1922. — A. Puech, introduction aux *Œuvres* de Pindare (4 vol.), Paris, 1922. — J. Irigoin, *Histoire du texte de Pindare,* Paris, 1952. — J. H. Finley, *Pindar and Aeschylus,* Cambridge, U.S.A., 1955. — J. Duchemin, *Pindare, poète et prophète,* Paris, 1956. — C. M. Bowra, *Pindare,* Oxford, 1964. — J.-P. Savignac, *Œuvres complètes de Pindare,* Paris, 1990 (texte bilingue avec introduction et bibliographie détaillée).

PINDEMONTE Ippolito. Poète italien. Né le 13 novembre 1753 à Vérone, mort dans cette même ville le 18 novembre 1828. Sa famille appartenait à la plus haute et ancienne noblesse ; il était lui-même chevalier de Malte, mais une santé délicate l'empêcha de remplir les obligations militaires attachées à cette dignité. Après avoir fait ses études, il entreprit de voyager pour les compléter ; il visita d'abord l'Italie, fréquentant les milieux littéraires où il se fit de solides amitiés, puis partit pour l'étranger. Il s'arrêta assez longuement en France ; il était à Paris en 1789 et présent aux premières manifestations de la Révolution ; d'abord séduit par les idées qui guidaient les promoteurs du mouvement, l'aristocrate qu'il était fut bientôt déçu par les violences auxquelles il assista, et il s'en fut en Angleterre. De retour en Italie, il ne semble pas qu'il ait été particulièrement intéressé par les événements politiques qui bouleversèrent le nord du pays ; aussitôt que la tempête napoléonienne fut calmée, il se retira à Vérone, où il demeura jusqu'à sa mort, tourné vers le passé. Quoique ayant vécu à cheval sur deux siècles, Pindemonte est résolument resté un homme et un amateur du XVIIIe. Il s'était d'abord exercé à la traduction des classiques grecs et y avait fait preuve de maîtrise — *Iphigénie en Tauride* (+), publiée en 1806 —, ce fut peut-être de là que lui vint le goût d'écrire une tragédie ; son *Arminius* (1804) est une pièce de valeur ; le lyrisme en est sincère et la réintroduction du chœur, adroite. Pourtant l'art dramatique n'est pas celui qui convient à la nature intime de Pindemonte. Son domaine (il y excelle) est la poésie pure, où sa légère mélancolie — qu'il faut se garder de prendre pour un préromantisme à la manière des lakistes anglais — peut s'exhaler librement, voir les *Épîtres en vers* (1800). Dans *Les Tombeaux* (*) (1807), épître en vers, et dans l'esquisse qui l'avait précédée, *Les Cimetières*, on mesure ce qui sépare Pindemonte du romantisme naissant d'un Foscolo.

RÉF. : B. Montanari, *Della vita e delle opere d'Ippolito Pindemonte,* Brescia, 1834. — M. Scherillo, *Ippolito Pindemonte,* Messine, 1919. — O. Bassi, *Fra classicismo e romanticismo, Ippolito Pindemonte,* Milan-Genève, 1934. — N. F. Cimmino, *Ippolito Pindemonte e il suo tempo,* Rome, 1968.

PIÑERA Virgilio. Écrivain cubain. Né à Cárdenas (Matanzas) le 4 août 1912, mort à La Havane le 18 octobre 1979. Dramaturge, nouvelliste, romancier, poète, traducteur de Kafka, Virgilio Piñera est le maître à penser de toute une génération d'intellectuels cubains. Après des études littéraires à l'université de La Havane, il collabore à la revue *Orígenes*, fondée par Lezama Lima et publie des recueils de poèmes, *Les Furies* [*Las Furias*, 1941], et *L'Île à bout de bras* [*La isla en peso*, 1943], vibrant d'un amour douloureux et lucide pour son pays ; *Promenade à cheval* [*Paseo a caballo*], paru dans *Orígenes*, sera censuré sous la Révolution.

Sa pièce *Electra Garrigó* (1941), jouée en 1948 avec un grand succès, est la version « cubanisée », d'un humour dévastateur, de l'œuvre de Sophocle ; les dieux sont morts et les efforts de l'homme pour maîtriser son destin sont d'une absurde inanité. *Jésus* (1948) est une satire du pouvoir politique et de la religion. *Fausse alerte* [*Falsa alarma*], deux ans avant *La Cantatrice chauve* (*), annonce Ionesco.

En 1946, à la recherche d'horizons plus stimulants, il part à Buenos Aires où il restera par intermittence jusqu'en 1958. Il continue de vivre d'expédients. Là, il se lie d'amitié avec un autre exilé, Witold Gombrowicz et supervise la traduction de *Ferdydurke* (*). Il publie son premier roman, *La Chair de René* [*La carne de René*, 1953], et son premier recueil de nouvelles *Contes froids* (1956), qu'il enrichira tout au long de sa vie – v. *Nouveaux contes froids* (*). En 1955, il rompt avec Lezama Lima et fonde, avec José Rodríguez Feo, la revue *Ciclón* ; il y publie *Les Serfs* [*Los siervos*], farce anticommuniste qui ne figure pas dans le recueil dit *Teatro completo* (La Havane, 1960).

En 1958, il revient définitivement à La Havane. Au début de la Révolution, il collabore à divers périodiques, dirige les éditions R jusqu'à leur interdiction en 1964 ; doublement subversif, il est bientôt persécuté, tant en raison de son homosexualité que de son non-conformisme politique et littéraire. Maintes fois, il est arrêté par la Sûreté de l'État. À partir de 1970, il est interdit de publication et ses manuscrits sont régulièrement confisqués. L'ostracisme est total jusqu'à sa mort.

Air froid (*) est représenté à La Havane en 1959. Dans *Deux vieilles paniques* [*Dos viejos pánicos*, 1968], les personnages expriment leur angoisse existentielle dans une société où règne la terreur. Primée officiellement, la pièce ne sera jouée qu'en 1989. Deux romans allégoriques paraissent, quoique fort irrévérencieux : *Petites manœuvres* [*Pequeñas maniobras*, 1963] et *Pressions et Diamants* [*Presiones y diamantes*, 1967] ; ce dernier relate les avatars burlesques de l'encombrant diamant Delphi (anagramme de Fidel)... Un livre de *Contes* paraît en 1964. Enfin, l'anthologie poétique *La Vie entière* [*La vida entera*, 1969] clôt la série des œuvres publiées à Cuba du vivant de l'auteur.

À partir de 1987, dans une tentative de réhabilitation posthume, au demeurant limitée, quelques œuvres sont publiées à Cuba : *Un flash* [*Un fogonazo*, 1987] et *Grimaces pour scribouillards* [*Muecas para escribientes*], nouvelles écrites entre 1945 et 1978. À l'étranger paraissent plusieurs œuvres encore interdites dans l'île, dont la pièce de théâtre expérimental *Une boîte à chaussures vide* [*Una caja de zapatos vacía*, Miami, 1986].

Piñera lui-même a résumé avec esprit le sens de son œuvre : « Je suis celui qui rend les choses sérieuses plus sérieuses à travers l'humour, l'absurde et le grotesque. »

LILIANE HASSON.

♦ *« Dans ses* Contes froids, *Piñera déploie une grande imagination afin de nous procurer le "frisson métaphysique". Il veut rendre palpable la folie cosmique de l'homme qui se dévore lui-même en passant par une logique insensée. »* Witold Gombrowicz. ♦ *« Le monde de Virgilio Piñera est celui de l'intempérie, de la persécution et de la malédiction.* L'île à bout de bras *en est un exorcisme implacable et lumineux. »* Reinaldo Arenas.

RÉF. : David William Foster, *Cuban Literature : A Research Guide*, New York, 1985. – Reinaldo Arenas, *Nécessité de liberté* [*Necesidad de libertad*], Mexico, 1986.

PINERO sir Arthur Wing. Dramaturge anglais. Né à Islington, dans la banlieue de Londres, le 24 mai 1855, mort à Londres même le 23 novembre 1934. Fils d'un avoué londonien (d'ascendance juive, dont les ancêtres émigrèrent du Portugal), il ne reçut qu'un minimum d'instruction, étant obligé de travailler – dès l'âge de dix ans – dans l'étude paternelle. Mais le jeune Pinero décida de se faire acteur, résolution qu'il mit à exécution à l'âge de dix-neuf ans ; sa première apparition devant les feux de la rampe eut lieu à Édimbourg le 22 juin 1874. Il persévéra dans cette vocation une dizaine d'années, ne jouant que les utilités, et quitta la scène lorsqu'un critique écrivit qu'il n'avait jamais vu une aussi mauvaise interprétation du rôle du roi Claudius dans *Hamlet* (*).

La première pièce écrite par Pinero, à l'âge de vingt-deux ans, fut un acte intitulé *Deux cents livres par an* [*£ 200 a Year*], joué à l'occasion d'une fête de bienfaisance le 6 octobre 1877. S'étant acquis une certaine notoriété en écrivant des farces, genre qui avant lui était mal vu du public anglais de la fin du XIXe siècle, Pinero s'attaqua à des pièces d'une plus grande envergure, notamment des œuvres à contenu psychologique. *La Seconde Mme Tanqueray* [*The Second Mrs. Tanqueray*], représentée le 27 mai 1893, assit la réputation de Pinero, même en dehors des frontières de son pays. De même *Le Joyeux Lord Quex* (*) (1899), *Iris* (1901), et *Sa maison en ordre* [*His House in Order*, 1906] remportèrent un succès mérité.

RÉF. : H. Fyfe, *A. W. Pinero, Play Wright*, Londres, 1902. – W. D. Dunkel, *Sir Arthur Pinero*, Chicago, 1941. – W. Lazenby, *Arthur Wing Pinero*, New York, 1972.

PINGET Robert. Écrivain français d'origine suisse. Né le 19 juillet 1919 à Genève. Après des études de droit, il vient à Paris où il s'installe dès 1946. Il voyage beaucoup, dessine, peint, expose. En 1950, il part enseigner le français en Angleterre. De retour en France, il se consacre à l'écriture et commence à publier, partageant son existence entre Paris et la campagne. En 1987, il reçoit le grand prix national des lettres. Les éléments biographiques s'arrêtent là, selon le vœu même de Robert Pinget qui les estime dénués de tout intérêt et de toute signification pour la connaissance vraie d'un auteur ; seule compte l'œuvre. La sienne, si originale et si variée, débute en 1951 avec un recueil de nouvelles, *Entre Fantoine et Agapa*, publié par une revue de province, et où il délimite d'emblée la géographie de l'univers dans lequel va se dérouler la presque totalité de ses fictions : Agapa, Douve, Fantoine, Sirancy... L'année suivante paraît son premier roman, *Mahu ou le Matériau*, qui trace, en une série d'anecdotes brèves et de situations assez surréalistes, le portrait d'un de ces « types » si caractéristiques de son œuvre, que sont, après Mahu, Baga, Mortin et Monsieur Songe. Ce livre est suivi du *Renard et la Boussole* en 1953. Avec *Graal Flibuste* (*) (1956), Pinget donne une sorte d'épopée parodique où les allusions voilées à don Quichotte et au « mirifique Espagnol » sont visibles, ainsi que sa capacité à déployer un monde bien réel nourri de rêves ou de délires extraordinaires mais vains. Son entrée aux éditions de Minuit, dans ces années-là, l'embrigade dans le Nouveau Roman dont il sera considéré, un temps, comme l'un des plus sûrs représentants. Si, après *Le Fiston* (*), paru en 1959, des livres tels *L'Inquisitoire* (*) (1962), qui présente en un gros roman les minutes d'un interrogatoire serré, anonyme et presque atemporel, et *Quelqu'un* (*) (1965, prix Femina), où l'on assiste à la lente décomposition tragi-comique du microcosme médiocre d'une pension de famille, ressortissent sans doute à cette « école », le théâtre qu'il donne parallèlement le situe plus sûrement du côté de son ami Samuel Beckett : *Lettre morte* (*) (1959), *La Manivelle* (*) (1960), *Ici ou ailleurs* (1961), *Architruc* (1961) et *L'Hypothèse* (1961). Comme le grand Irlandais, mais nettement moins préoccupé que lui par les situations absurdes, Robert Pinget refuse toute théorisation dogmatique de l'écriture et se défend d'être un « intellectuel » au détriment de sa vraie nature d'artiste (il a revendiqué souvent l'honneur d'être un poète). S'il parle de son « dégoût du roman dans son acception classique », c'est pour mieux affirmer sa constante recherche d'un « ton » pour chacun de ses écrits, pour mieux justifier la nécessité de faire surgir, préalablement à toute première phrase, un narrateur anonyme et absolument neutre à qui il prête la main, et qui lui ressemble le moins possible ; ce n'est pas là une doctrine mais simplement une clé pour entrer dans son monde. Et cette démultiplication, comme osirienne, permet la variété des modes narratifs et des univers maniaquement décrits où se meuvent, autant qu'elles le peuvent, des créatures qui s'ennuient. Cela n'empêche pas la réapparition durable, dans les romans, des mêmes « personnages », des mêmes lieux, et parfois de situations très proches d'un texte à l'autre. Mais à dater de *Le Libera* (1968), et avec *Passacaille* (1969), *Cette voix* (1975), *L'Apocryphe* (*) (1980) et *L'Ennemi* (*) (1987), la répétition des données, la tentation du ressassement des faits qui mènent à un apparent délire obsessionnel autour d'un assassinat d'enfant, d'un vol ou d'un manuscrit mystérieux, favorisent la présence d'un substrat moral, où affleure sans cesse la mauvaise conscience. Sous le ton, sous l'intrigue assez policière (la permanence des enquêtes), sous le désordre des mémoires, perce le mal. L'ennui engluant, dans quoi se débattaient mollement les dérisoires protagonistes d'autrefois, a cédé le pas à un monde de mourants taraudés par leur fin proche et l'angoisse de cette fin, et hantés par un drame que le lecteur ne fait jamais que frôler. Trois opuscules, appelés « carnets », *Le Harnais* (1984), *Charrue* (1985), *Du nerf* (1990), aux confins de l'ana, du recueil d'aphorismes et du ramas de phrases apparemment anodines — souvent attribuées aux personnages des autres livres —, fondent un peu plus la perception d'une éthique. Cette impression est renforcée par l'humour, parfois décapant, des livres dialogués (*Autour de Mortin,* 1965) ou des pièces de théâtre comme *Abel et Bela* (1971), *Paralchimie* (1973), *Nuit* (1973), *Un testament bizarre* (1986). Mais sans doute les plus belles réussites de Robert Pinget sont-elles tout entières dans les « types » qu'il a créés, Mahu, Baga, Mortin, et surtout monsieur Songe, un vieil homme un peu acariâtre mais plein de quant-à-soi et d'esprit d'à-propos, dont les vieux jours nous sont connus par un petit livre exemplaire – *Monsieur Songe* (*) (1982).

FRANÇOIS BODDAERT.

PINSKI Dovid. Romancier et dramaturge israélien d'origine russe et d'expression yiddish. Né le 5 avril 1872 à Mogiliev (Empire russe), mort en Israël, à Haïfa, le 11 août 1959. Il grandit à Moscou et Vitebsk, étudia à Vienne et s'installa à Varsovie. En 1892, il montra ses premiers écrits à Perets, sorte de guide ou de père spirituel des écrivains juifs de son temps, et entretint avec lui une longue et fructueuse amitié. Sa première histoire courte, « Le Plus Grand Ami de l'homme » [Der groyser Menshnfraynd], parut en 1894 dans la revue dirigée par Spector : *L'Ami de la maison* [*Der Hoyz fraynd*]. L'année suivante, il édita une anthologie littéraire, *Littérature et Vie* [*Literatur un lebn*], puis organisa des comités yiddish dans diverses villes pour diffuser les *Feuillets des Jours de fêtes* [*Yontef Bletlekh*] de Perets. En 1896, tout en poursuivant ses études à Berlin, il fonda une maison d'édition, « L'Esprit du temps » [Tsaytgayst], pour la propagation de la littérature et des sciences en yiddish. Il séjourna ensuite en Suisse, où il commença à écrire des articles pour le journal new-yorkais *Abend Blat,* organe du parti travailliste, qui l'invita à devenir son directeur littéraire en 1899, date à laquelle il émigra aux U.S.A. À New York, il coédita de 1904 à 1911 avec le leader travailliste Shlosberg l'hebdomadaire *Le Travailleur* [*Der arbeter*], mais, à la suite du pogrome de Kishinev (1903), Pinski modifia son orientation politique, passant du bundisme au sionisme socialiste. Il devint un des dirigeants du mouvement Parti sioniste ouvrier [Poalei Tsion], participa à de nombreux groupes culturels, édita deux mensuels sionistes, *Le Combattant juif* [*Der yiddisher Kemfer*] et *Avenir* [*Tsukunft*]. Il est notamment l'auteur d'un slogan qui se voulait réconciliateur sur les plans linguistique et politique : « Le yiddish mais aussi l'hébreu pour la diaspora ; l'hébreu mais aussi le yiddish en terre d'Israël. » En 1949, il quitta New York pour Israël où sa demeure de Haïfa devint un centre littéraire pour les jeunes écrivains yiddish.

Sur un plan plus strictement créatif, Dovid Pinski exerça ses talents dans les domaines du drame et de la fiction, puisant son inspiration dans l'histoire juive. Bien qu'écrites en langue yiddish, certaines de ses pièces connurent un franc succès à l'intérieur comme à l'extérieur du monde juif : *Le Juif éternel* [*Der eibiker Yid,* 1906], *Le Trésor* [*Der Oytser*], *La Balance finale* [*Der Letster Sakh Hakl*]. Ses pièces les plus célèbres furent : *La Famille Tsvi* [*Die Familie Zvi*], *Azik Sheftl, Yenkel le Forgeron* (*). Pinski porta un vif intérêt aux personnages bibliques et post-bibliques héroïques, aux faux messies, illustrant sa propre quête de rédemption, son romantisme et son engagement politique. Il s'attaqua aussi à la description du monde qui l'entourait, de l'assimilation des Juifs américains (« Arnold Levenberg », 1928, « La Maison de Noakh Edon », 1931). Les récits tardifs de Pinski ont pour thème le génocide et s'intègrent dans la veine tragique et héroïque qui animait un grand nombre de ses œuvres. Malgré les descriptions de souffrance, de misère, il mit aussi en scène la consolation, la réparation, dévoilant son optimisme profond, sa confiance en l'utilité de la vie.

Le choix de ses thèmes, ses personnages et son emphase placèrent Pinski au cœur de certaines tendances de la littérature juive contemporaine, envisagée comme miroir des tensions, bouleversements, réalités et idéologies de la société juive des XIXe et XXe siècles.

ARIEL SION.

PINTER Harold. Écrivain anglais. Né à Hackney (Londres) le 10 octobre 1930. Bien que contemporain des « Jeunes gens en colère », et certainement proche d'eux par le réalisme de ses sujets, Harold Pinter s'en distingue par son individualisme, son apparent désengagement et l'originalité d'un univers que chaque nouvelle pièce vient enrichir.

Harold Pinter est né dans un faubourg de Londres, dans une famille juive. Son père était tailleur. De sa petite enfance, il gardera le souvenir des odeurs désagréables que dégageait l'usine à savon du voisinage, et le climat d'antisémitisme dans lequel il a grandi, qui le contraindra à quitter Londres avec ses proches entre 1939 et 1944. Depuis toujours passionné de théâtre, c'est vers une carrière d'acteur qu'il se dirige après la guerre. Dans les années 51-52, il joue Shakespeare et publie des poèmes. C'est en 1957 que sa première pièce, *La Chambre* [*The Room*], est représentée à Bristol. Elle attire l'attention d'un producteur de théâtre qui assure la création de sa seconde pièce, *L'Anniversaire* [*The Birthday Party,* 1958], à Cambridge, Oxford, puis au Lyric Theatre de Londres. Elle sera retirée de l'affiche au bout d'une semaine : « un chef-d'œuvre d'absurdité », estimera le journal *Punch*. Plus enthousiaste sera l'accueil réservé aux pièces radiophoniques, en particulier *Une petite douleur* [*A Slight Ache,* B.B.C., 1959]. Mais le succès mondial lui vient en 1960 avec *Le Gardien* (*), puis avec *Le Retour* (*) (1965). En 1962, Pinter écrit le scénario du film de Joseph Losey, *The Servant.* C'est encore pour Losey qu'il fera l'adaptation du *Messager* [*The Go-Between,* 1969]. Il revient à la scène en 1971 avec *C'était hier* [*Old Times*], et depuis 1973 met en scène des pièces créées au National Theatre. Dès lors, il est présent sur tous les fronts : théâtre avec *No Man's Land* (1975), *Hothouse* [*The Hot House,* 1980], *Un pour la route* [*One for the Road,* 1984] ; cinéma avec l'adaptation de *À la recherche du temps perdu* (1972) et de *La Femme du lieutenant français* (1980) ; radio et télévision toujours. « Mon but, c'est la rigueur, la nuance et la précision », écrivait Harold Pinter à l'âge de vingt-quatre ans. Au fil des années, ses pièces se font en effet toujours plus elliptiques, et ses thèmes privilégiés – la menace, la sourde agression – prennent, au-delà de leur référence, même stylisée, à des situations historiques, une résonance métaphysique : c'est le cas, par exemple, de *Un pour la route,* qui évoque le problème de la torture. Dès sa première pièce, cependant, Pinter laisse poindre l'angoisse sous la banalité de l'intrigue et le réalisme du décor. La plupart de ses pièces ont pour cadre des intérieurs minutieusement décrits. Mais qu'ils soient saturés d'objets hétéroclites (*Le Gardien*) ou que leur vacuité soit soulignée par un élément insolite (un monte-plats dans la pièce du même nom [*The Dumb Waiter*], un passe-plats à glissière dans *L'Anniversaire*), le réel devient vite « étrangement inquiétant ». Quant aux personnages définis exclusivement par leurs âges, rien ne signale leur déviation, sinon les zones d'ombre de leur passé qu'ils livrent dans des récits souvent contradictoires – *L'Anniversaire, Le Gardien, La Collection* (*) – ou leurs imperceptibles obsessions (trouver des lacets de chaussures, manger des olives). Les pièces de Pinter, d'une précision à la limite de la manie – le décor et la structure de *La Collection* en font un petit chef-d'œuvre –, baignent ainsi dans un climat d'insécurité au sein d'un quotidien qui devrait être rassurant : le lieu – la maison – est toujours menacé d'intrusions (*L'Anniversaire, Le Gardien, La Collection*) ; les personnages, fondamentalement imprévisibles, révèlent, sans spectaculaire, une faille ou une bizarrerie de leur identité (Ruth dans *Le Retour,* Davies dans *Le Gardien*) ; le dialogue se caractérise à la fois par son naturel (répliques courtes, usage de l'argot) et ses dérapages aux limites de l'onirisme (monologues, suspensions). Dans ces surprenantes perturbations se niche un humour que l'on aimerait qualifier d'anglais, si l'expression ne manquait la modernité de la « pinteresquerie » : la folie se cache au cœur du quotidien. C'est dire que Pinter s'est très vite désolidarisé aussi bien du réalisme combatif du *Jeune homme en colère* (*) d'Osborne que d'une recherche de la signification à la manière d'un Tom Stoppard. « Je dirais, écrit-il comme pour mettre fin à une vieille querelle d'universitaires, que ce qui se passe dans mes pièces est réaliste, mais ce que je fais n'est pas du réalisme. » Demeure un regard d'une extraordinaire acuité et ironie, vertigineux dans son retrait. « Il ne s'agit pas d'intelligence. Il s'agit d'être capable de regarder le monde » (Teddy, *Le Retour*).

ANOUCHKA VASAK.

RÉF. : H. Pinter, « Writing for the Theatre », Introduction to *Plays : One,* Londres, 1962. – R. Heyman, *Harold Pinter,* Paris, 1973. – « Harold Pinter », in *The Plays of the Sixties,* R. Cornish & V. Ketels, Methuen, Londres et New York, 1985.

PIOVENE Guido, comte. Écrivain et journaliste italien. Né à Vicence le 27 juillet 1907, mort à Milan le 9 novembre 1974. Issu d'une vieille famille de la Vénétie, il reçoit son éducation principalement dans des institutions scolaires tenues par les jésuites, formation dont il gardera dans toute son œuvre la marque, avec un goût accentué de la casuistique et de la confession sentimentale, qui s'affirment dès le livre de ses débuts, *La Veuve joyeuse* [*La Vedova allegra*, 1931]. Adopté de bonne heure par la revue *Pan*, que dirige le célèbre journaliste Ugo Ojetti, il ne tarde pas à entrer au grand quotidien *Corriere della Sera* et y élargit sa vue des événements : il va en résulter des chroniques feutrées et pénétrantes, une activité de rumeur d'idées, de plus en plus attentif aux levains de son temps (les Russes, Freud, l'existentialisme)... L'intelligentsia italienne reconnaîtra chez lui une autorité tendancieuse – on l'appellera, après la libération de l'Italie, le « Comte Rouge », d'après le sobriquet fameux d'un prince ancien de la dynastie. Parallèlement, son œuvre spécifiquement littéraire se développe, et sur de tout autres bases, dans une thématique pourtant complémentaire. Typique d'une Vénétie toujours habitée dans ses tréfonds par un esprit à la fois dévot et séditieux, hérité des XVIIIe et XIXe siècles, elle se manifeste par des formes autobiographiques déguisées (les monologues du journal intime, des lettres, de la confession) ; et c'est un « Mauriac à l'italienne » que révèlent *La Novice* (*) (1941), *La Gazette noire* (*) (1943), *Pitié contre pitié* (*) (1946), *Les Faux Rédempteurs* [*I falsi redentori*, 1949]. Son œuvre romanesque interrompue par un engagement à l'U.N.E.S.C.O. et de longs séjours à Paris et à Londres, Piovene parvient à la maîtrise dans la considération des réalités de son temps, dont témoignent le grand reportage *De America* (1953) et surtout le bilan de son *Voyage en Italie* [*Viaggio in Italia*, 1957] – d'après des causeries télévisées – qui reste fondamental pour toute étude sur la Péninsule. Au filon littéraire délaissé, Piovene retournera par *Une journée de visions* [*Un giorno di visioni*, 1962] et surtout par le roman *Les Furies* (*) (1963), retrouvant aisément la densité succulente de sa prose ancienne, prose d'un moraliste se laissant tenter par quelque immoralisme sournois... Chez qui, au demeurant, on décèle la fidélité inconsciente aux ferments de son terreau originel, qui est tout à la fois celui des « petits mondes anciens » de Fogazzo et celui des châteaux romantiques de Nievo.

NINO FRANK.

RÉF. : G. Catalano, *Costanti tematiche nell' opera di Guido Piovene*, Naples, 1974. – S. Rosso Mazzinghi (a c. di), *Guido Piovene*, Venise, 1980.

PIRANDELLO Luigi. Écrivain italien. Né à Girgenti, maintenant Agrigente (Sicile) le 28 juin 1867, mort à Rome le 10 décembre 1936. Si la célébrité lui est surtout venue de ses œuvres dramatiques, la poésie, le récit, l'essai et le théâtre sont des formes qu'il a constamment pratiquées et qui se mêlent tout au long de son œuvre. Pirandello n'écrivait que sous l'empire d'impulsions soudaines, mais il les soumettait à une vigilante réflexion ; il s'abandonnait au monde de la fantaisie, mais le disciplinait dans une composition qui contraint ses personnages à venir proclamer publiquement ce qui se cachait dans le secret de leur maison ou de leur conscience, à venir faire sommairement justice des autres ou de soi-même. Poète lyrique, il fut limité par son inclination à la morale et à une mélancolique sagesse atavique, fruit de la tradition sicilienne, avant de montrer un esprit aigu et malicieux ; narrateur à la veine intarissable, il réduisit à des formes sommaires ses personnages qui, portés par une inspiration épique, allaient aveuglément mais avec confiance à la rencontre des innombrables événements de la vie. Ces quatre aspects de son inspiration – poésie lyrique, essai, récit et drame –, s'ils facilitent la classification de son œuvre et offrent un schéma de son évolution artistique, se retrouvent en fait tous ensemble dans chacune de ses grandes œuvres. On peut laisser de côté ses premières poésies et ses essais, mais ce serait une erreur que de chercher à déterminer si Pirandello nouvelliste est plus ou moins grand que Pirandello dramaturge, car ce sont là deux moments nécessaires non seulement de son évolution poétique unique, mais du rythme interne de son écriture. Il n'existe, par contre, aucune cohérence dans la chronique de sa vie, sauf en ce qui concerne sa discipline formelle et son travail acharné. Il étudia dans les universités de Palerme, de Rome et de Bonn où il obtint son doctorat, en 1891, et fut lecteur l'année suivante. Établi ensuite à Rome, il participa à la vie journalistique et littéraire, en même temps qu'il était suppléant à la chaire de langue et de littérature italiennes à l'Istituto Superiore di Magistero (1897), poste dont il devint titulaire en 1908 et qu'il conserva jusqu'en 1922.

Une crise économique bouleversa son patrimoine familial qui était investi dans le commerce du soufre ; la crise de démence de sa femme accabla sa vie conjugale. La gloire vint le soustraire aux angoisses de cette vie qu'il avait acceptée, mais quand il fut devenu écrivain de réputation mondiale, académicien et prix Nobel, il porta dans sa vie vagabonde d'homme de théâtre et de metteur en scène le même esprit de labeur acharné, et il opposa cette attitude sévère à tous les succès de sa vie littéraire. Ce n'est point par pure obligation envers la chronologie que l'on doit mentionner ses premiers recueils de vers : *Mal content* [*Mal giocondo*, 1889], *Pâques de Gea* [*Pasqua di Gea*, 1890] et *Élégies rhénanes* [*Elegie renane*, 1895], car, s'ils paraissent bien pauvres en face de l'extraordinaire floraison lyrique de la littérature italienne de cette époque, on y trouve cependant des thèmes qui réapparaîtront dans ses dernières œuvres. Parmi ses essais, nous ne citerons que : *Art et Science* [*Arte e scienza*], et *Humorisme* [*Umorismo*, 1908], dont les titres, à eux seuls, sont significatifs. Ses romans sont : *L'Exclue* (*) (1901), *Feu Mathias Pascal* (*) (1904), *Les Vieux et les Jeunes* (*) (1913), *On tourne* [*Si gira*, 1915] — republié en 1925 sous le titre : *Les Cahiers de Séraphin Gubbio, opérateur* (*) — et *Un, personne et cent mille* (*) (1926). Les essais sont une réflexion apologétique sur sa propre activité littéraire ; les poèmes lyriques, outre l'influence de Carducci et de D'Annunzio, sont des notations autobiographiques ou épigrammatiques ; les romans ne sont que de longues nouvelles développées à l'infini et accompagnées d'un commentaire perpétuel. Comme romancier, Pirandello imite l'ampleur des poèmes épiques qui multiplient les observations sur la multitude continuellement changeante des événements humains, bien que le détachement de la description et la tendance à l'apologue unifient cette infinie diversité d'un ton sentencieux. Faits et personnages sont juxtaposés dans une série presque infinie, décrits en deçà de cette substance religieuse propre à chaque être humain, et l'auteur semble répéter pour chacun d'eux ces *Informations sur mon involontaire séjour sur la terre* [*Informazioni del mio involontario soggiorno sulla terra*] qu'il ébaucha vers la fin de sa vie et que l'on retrouva, dans trois dossiers, sous forme de notes. Chaque nouvelle a, naturellement, une valeur en soi ; c'est un fragment de matière mais pur comme la lumière, dur comme le cristal ; Pirandello les a rassemblées dans une multitude de recueils dont les titres pourraient, à eux seuls, servir de clé à la compréhension de l'évolution de sa poétique. Leur titre définitif : *Nouvelles pour une année* (*), « peut sembler modeste mais, au contraire, est peut-être trop ambitieux », dit-il dans l'avertissement.

Il semble que Pirandello ait répété dans le cycle de son œuvre immense cet ample processus qui, au XVIe siècle, fit se muer en comédies les nouvelles des XIVe et XVe siècles. C'est ainsi qu'il reprend très souvent dans ses pièces les thèmes de telle ou telle de ses nouvelles, et transforme en dialogue ou monologue les faits qu'il avait racontés dans les limites parfaitement circonscrites et circonstanciées de ses récits. Dès ses premières comédies, *L'Étau* [*La morsa*] et *Cédrats de Sicile* [*Lumie di Sicilia*, 1910], le drame des « Masques nus » (titre qu'il a donné à toute sa production dramatique) est toujours le suivant : contraste entre l'illimité de la vie et les limites de la connaissance et de l'action. Ce secret une fois découvert, il s'appliqua à la composition de ses comédies avec la même ferveur qu'il avait mise à celle de ses nouvelles auxquelles, libre de tout travail scolaire, il se consacrait de huit à treize heures tous les dimanches matin. Comme l'antithèse entre le moraliste et le dramaturge lui était devenue naturelle on pourra observer ces deux aspects de son caractère dans son théâtre. Le premier se manifeste sous forme d'apologues scéniques : *Méfie-toi !... Giacomino* [*Pensaci, Giacomino*, 1916] ; *Liolà* (*) (1916) ; *Le Plaisir d'être honnête* [*Il piacere dell'onestà*, 1917] ; *L'Homme, la bête et la vertu* (*) (1919), et de comédies, auxquelles on pourrait donner le nom de « comédies à thèses », où le sujet sert d'exemple à la sentence : *Chacun sa vérité* (*) (1916) ; *C'était pour rire* [*Ma non è una cosa seria*, 1918] ; *Le Jeu des rôles* (*) (1918) ; *Tout pour le mieux* [*Tutto per bene*, 1919] ; *Comme avant, mieux qu'avant* (*) (1920) ; le second aspect se concrétise dans la trilogie du « théâtre dans le théâtre » dont la première comédie : *Six personnages en quête d'auteur, comédie à faire* (*) (1921) est le nœud de toute la dramaturgie et de toute l'œuvre pirandellienne, en même temps qu'un tournant de tout le théâtre moderne par le contraste entre les personnages qui possèdent une vie insupprimable et les acteurs qui, avec leurs conventions théâtrales, leurs costumes, ne peuvent combler l'infini ; par le contraste entre les personnages et le public qui continuellement échangent leur rôle dans *On ne sait jamais tout* (*) (1924), « comédie en deux ou trois actes avec intermèdes choraux » ; par le contraste entre poésie et mise en scène dans *Ce soir, on improvise...* (*) (1930), qui raille la présomption des inventions spectaculaires et fallacieuses.

Après *Six personnages en quête d'auteur*, le théâtre de Pirandello retrouve, grâce à la conquête de la vérité poétique, une liberté d'imagination, de réflexion et d'action qui permettra au dramaturge de développer des thèmes qui étaient demeurés latents dans ses premières productions ; c'est le cas dans *Henri IV* (*) (1922), qui dénonce le caractère irréductible de la vie dans les idoles historiques et le délit qui s'ensuit ; dans *Vêtir ceux qui sont nus* (*) (1922), qui raconte la fin pitoyable d'une vie qui avait mis l'illusion à la place de l'espoir, et dans *L'Offrande au Seigneur du navire* [*Sagra del Signore della nave* 1924]. Pirandello dépassa son agnosticisme provisoire pour nous donner les trois mythes de la foi dans *Lazare* (*) (1928), celui de la nature éternellement maternelle dans *La Nouvelle Colonie* (*) (1926), et celui de la créativité poétique dans *Les Géants de la montagne* (*) (1936) (inachevé). Il ne serait pas difficile de ramener à ces thèmes essentiels d'autres œuvres de sa riche production. Le carduccianisme et le naturalisme ont moins influencé les débuts littéraires de Pirandello que, plus récemment, le « crépuscularisme » et l'hermétisme. On peut voir de temps à autre dans son œuvre des influences du « crépuscularisme », mais c'est là le cas pour toute la littérature italienne de la fin du XIXe siècle et du début du XXe ; on pourrait aussi les attribuer à une certaine pudeur et préférer les rapporter aux mœurs siciliennes auxquelles nous font penser, d'autre part, ses jeux de mimique et la puissance de ses masques qui perpétuellement couvrent et découvrent les visages. Parler de régionalisme sicilien serait cependant une erreur ; la culture et les coutumes de son île natale font certes partie de l'expérience de Pirandello, mais son œuvre puise ses sujets dans toute l'Italie et en donne une interprétation amère et douloureuse qui contraste avec la mythographie officielle de son temps. Ses paysages sont désolés ; les hommes s'y confinent en eux-mêmes dans une solitude tantôt affligée et tantôt furieuse. L'influence du relativisme, qui triomphait dans les années de la gloire de Pirandello, fut beaucoup moins importante. Il faut surtout étudier cet auteur dans la perspective de l'expressionnisme, dont l'influence alla croissant sur le goût et les coutumes de l'entre-deux-guerres. Des thèmes et des symboles expressionnistes apparaissent dans quelques-unes de ses nouvelles et de ses pièces, où la vérité s'appauvrit dans une fixité anormale, et où les personnages s'expriment anxieusement par des gestes guignolesques et une loquacité qui délivre leurs secrets et tarit leur charge vitale jusqu'à leur complet épuisement. Derrière ses récits, on observe pourtant la présence d'une nature immortelle qui n'épuise jamais ses réserves de vie, et la dramaturgie qui s'est édifiée à la suite de son théâtre s'ouvre à la partie divine du personnage et à la consolation spirituelle. En plus des œuvres de Pirandello que nous avons déjà citées, rappelons : *Chacun son tour* (*) (1902), *Le Mari de sa femme* (*) (1911), *À la sortie* (*) (1916), *Le Béret à grelots* (*) (1917), *La Jarre* (*) (1917), *La Volupté de l'honneur* (*) (1917), *La vie que je t'ai donnée* (*) (1923), *La Fleur à la bouche* (*) (1923), *Diane et Tuda* (*) (1926), *Comme tu me veux* (*) (1930), *Se trouver* (*) (1932), *Quand on est quelqu'un* (*) (1933).

MARIO APOLLONIO.

♦ *« S'il est une histoire d'homme liée à une vérité d'écrivain, Pirandello est un exemple d'unité. Sa vie secrète est la clef de son art. »* F. V. Nardelli. ♦ *« Ce fut, sans doute, un homme tourmenté et non un simple fabricant de pièces de théâtre mais la joie sereine de la beauté ne lui appartient pas... »* B. Croce. ♦ *« Il y a quelque chose de nouveau et de vital dans cet écrivain. »* James Joyce. ♦ *« Nul dramaturge ne s'est mis, comme Pirandello, en posture plus négative vis-à-vis du théâtre ; au rebours des traditions glorieuses du grand spectacle tragique qui évoque aux yeux du public les splendeurs augustes, qui fait défiler sur la scène des héros, des princes, des rois, il s'environne de protagonistes quelconques, anonyme et grise cohorte de la vie de chaque jour. Avec cette matière commune dépassant de loin les personnages ibséniens, tous issus de la classe moyenne, Pirandello crée la renaissance de la tragédie classique. »* S. d'Amico. ♦ *« Il a senti le drame de la connaissance jusqu'à l'angoisse ; c'est un cri d'angoisse spontané qui retentit dans les meilleurs de ses récits, dans tout son théâtre. La conscience qui accompagne l'homme de sa naissance à sa mort et différencie sa destinée de celle de l'animal ou de la plante, voilà la source unique du tragique pirandellien. »* B. Crémieux. ♦ *« Avant la révolution brechtienne, [...] l'entreprise la plus vaste et la plus systématique de renouvellement de la dramaturgie. »* J.-M. Gardair.

RÉF. : A. Tilgher, *Studi sul teatro contemporaneo*, 1923 ; *La scena e la vita*, 1925. — B. Crémieux, *Henri IV et la dramaturgie de Luigi Pirandello*, Paris, 1928. — D.Vittorini, *The Drama of Luigi Pirandello*, Philadelphie, 1935. — F. V. Nardelli, *L'Homme secret*, trad. Paris, 1937. — M. Lo Vecchio-Musti, *L'Opera di Luigi Pirandello*, Turin, 1939 ; *Bibliografia di Pirandello*, Milan, 1952. — Corrado Alvaro, préface aux *Novelle per un anno*, Florence. — A. Janner, *Luigi Pirandello*, Florence, 1944. — L. Baccolo, *Luigi Pirandello*, Milan, 1949. — J. T. Paolantonacci, *Le Théâtre de Luigi Pirandello*, Paris, 1951. — A. di Pietro, *Pirandello*, Milan, 1951. — L. Mac Clintock, *The Age of Pirandello*, Bloomington, 1951. — V. Cantoro, *Luigi Pirandello e il problema della personnalità*, Bologne, 1954. — M. Doisy, *Études : Vondel, Ibsen, Pirandello*, Paris, 1954. — G. Dumur, *Luigi Pirandello*, Paris, 1955. — G. Giudice, *Luigi Pirandello*, Turin, 1963. — J. Chaix-Ruy, *Luigi Pirandello, humour et poésie*, Paris, 1967. — G. Piroué, *Pirandello*, Paris, 1967. — A. Borlenghi, *Pirandello o dell' ambiguità*, Padoue, 1968. — G. Genot, *Pirandello 1867-1967*, Paris, 1968. — Revue des Études Italiennes, *Pirandello*, Tome XVI, janvier-mars 1968. — G. Genot, *Pirandello*, Paris, 1970. — A. Leone de Castrix, *Storia di Pirandello*, Bari, 1971. — J. M. Gardair, *Pirandello, fantasmes et logique du double*, Paris, 1972. — R. Alonge, *Pirandello tra realismo e mistificazione*, Florence, 1977. — Théâtre complet, Introduction et notices de P. Renucci et A. Bouissy, 2 vol., Paris, 1977-1985. — F. Angelini, *Il teatro del Novecento da Pirandello a Fo*, Bari, 1978. — *Lectures pirandelliennes*, Paris VIII-Vincennes, Paris, 1978. — G. Macchia, *Pirandello o la stanza della tortura*, Milan, 1981. — *Pirandello e la cultura del suo tempo* (Collectif), Milan, 1984. — J. Spizzo, *Pirandello, genèse et dissolution de la représentation théâtrale ; essai d'interprétation psychanalytique de la dramaturgie pirandellienne*, Paris, 1986. — G. Piroué, *Luigi Pirandello, Sicilien planétaire*, Paris, 1988.

PIRANÈSE (Giovanni Battista Piranesi). Architecte et graveur vénitien. Né à Mogliano di Mestre le 4 octobre 1720, mort à Rome le 9 novembre 1778. Fils d'un tailleur de pierre, il étudia l'architecture à Venise avec Matteo Lucchesi et Carlo Zucchi. En 1740, il fit partie de la suite de l'ambassadeur vénitien qui se rendait à Rome. Dans cette ville, Giuseppe

Vasi et Felice Polenzani l'initièrent à la gravure et, en 1743, il publia la *Première partie d'architecture et de perspective* [*Prima parte d'architettura e prospettive*]. Après avoir séjourné, peu de temps semble-t-il, à Venise, puis à Naples et à Herculanum (1743-1744), il ouvrit à Rome un atelier sur le Corso, face à l'Académie de France. Renouant avec ses études archéologiques, il y vécut en savante compagnie ses années les plus fécondes. De 1740 datent *Les Prisons* [*Invenzioni capricciose di carceri*] (première édition), rééditées en 1760 sous le titre *Prisons imaginaires* [*Carceri d'invenzione*]. Il donna ensuite *Antiquités romaines du temps de la République et des premiers empereurs* (+) (1748), les *Trophées d'Octavien Auguste* [*Trofei di Ottaviano Augusto,* 1753], les quatre volumes des *Antiquités romaines* (*) (1756), le *Champ de Mars de la Rome antique* [*Campo Marzio dell'antica Roma,* 1761-62], les *Lapides Capitolini* (1762) et *Description et dessin du réservoir du lac Albano* [*Descrizione e disegno dell'emissario del lago Albano*]. Outre ces ouvrages fondamentaux, Piranèse composa, à partir de 1746, les grandes *Vues de Rome* [*Vedute di Roma*] : soit cent trente-sept feuillets et un frontispice gravés à la gloire des plus fameux vestiges de l'Antiquité et des monuments de la Rome des papes, remarquables par la variété des tons et la violence des clairs-obscurs. Là ne se borne pas l'activité de Piranèse. Son nom reste attaché à des monuments comme le prieuré de Malte, sur l'Aventin, et il a créé un style qui lui est propre ; la beauté de ce style se fait particulièrement sentir dans les *Diverses manières d'orner les cheminées* [*Diverse maniere di adornare i camini,* 1769]. On lui doit encore *Magnificence et architecture des Romains* (+) (1771), les *Vases, candélabres, cippes, sarcophages* [*Vasi, candelabri, cippi, sarcophagi,* 1768-78], le *Trophée* [*Trofeo,* vers 1770], ainsi que quelques livres posthumes publiés par ses fils Francesco (mort en 1810) et Angelo. Les deux frères se rendirent ensuite à Paris où ils fondèrent une entreprise de chalcographie. Les gravures de Piranèse, après avoir été la propriété de l'imprimeur parisien Firmin Didot, furent acquises en 1839 par la chalcographie nationale italienne.

RÉF. : Durand, *Quelques idées sur l'établissement des frères Piranesi,* Paris, 1902. — H. Focillon, *G. B. Piranesi,* Paris, 1918. — A. Hyatt Mayor, *Giovanni Battista Piranesi,* New York, 1952. — L. Keller, *Piranèse et les romantiques français. Le mythe des escaliers en spirale,* Paris, 1966. — *Piranèse et les Français* (colloque villa Médicis, 1976), Académie de France à Rome, 1978. — J. Wilton-Ely, *The Mind and Art of Giovanni Battista Piranesi,* Londres, 1978.

PIRCKHEIMER Willibald. Humaniste allemand. Né à Eichstädt (Bavière) le 5 décembre 1470, mort à Nuremberg le 22 décembre 1530. Son origine patricienne lui valut le privilège de recevoir une éducation et une instruction très soignées. Il alla poursuivre ses études à Padoue, puis à Pavie, et s'y initia à la jurisprudence sans négliger les belles-lettres. C'est à Padoue, sous la direction de Marc Musurus, qu'il acquit une connaissance très approfondie du grec, et se fit apprécier des humanistes italiens. De retour en Allemagne en 1497, il s'établit à Nuremberg et devint conseiller de l'empereur Maximilien, qui le chargea de négociations importantes auprès des diètes de Trèves et de Cologne pendant les années 1511 et 1512. Il reçut ensuite le commandement des troupes chargées de mater la rébellion des cantons suisses. Au retour de cette expédition il fut promu conseiller à Nuremberg, puis devint, en 1526, conseiller auprès de Charles Quint.

Mais il abandonna cette charge pour se consacrer exclusivement à l'étude durant les dernières années de sa vie. Il fut lié avec les personnages les plus illustres de son siècle : Albert Dürer, Érasme, Konrad Celtis, Reuchlin, Pic de la Mirandole, et entretint une correspondance avec les plus célèbres humanistes. Esprit universel, il a laissé des traités sur l'astrologie, la numismatique, l'histoire, la théologie et la politique. C'est sur la demande de Maximilien et du Conseil de la ville de Nuremberg qu'il entreprit d'écrire ses Mémoires et une description de la guerre contre les cantons. Il rompit avec la scolastique et entra dans le mouvement de la Réforme, ce qui l'amena à écrire un pamphlet pour la défense de Reuchlin. Il encourut ainsi la censure de Rome (1521), mais son désir de voir régner la paix religieuse le ramena au parti catholique. Ce retour ne le fit pas entrer en grâce et, suspect à l'une et l'autre confessions, il demeura dès lors complètement isolé jusqu'à sa mort. Ses œuvres les plus connues sont : *La Guerre suisse* (*) ; *Un petit ouvrage de Plutarque de Chéronée* [*Plutarchi Chaeron. opuscula quaedam*] ; *Le Rhéteur de Lucien* [*Luciani rhetor*] ; *De la vraie chair et du vrai sang du Christ* [*De vero Christi carne et vero ejus sanguine*] ; *Élégie sur la mort de Dürer* [*Elegia in obitum A. Dureri*] ; *Théâtre de la vertu et de l'honneur* [*Theatrum virtutis et honoris*], et sa correspondance avec les humanistes réunie sous le titre : *Lettres d'humanistes* (*). Une édition posthume de ses principaux ouvrages a été publiée en 1610 : *Œuvres politiques, historiques, philosophiques et épistolaires* [*Opera politica, historica, philologica et epistolica*].

RÉF. : P. Drews, *Pirckheimer's Stellung zur Reformation*, 1887. — H. Rupprich, *Willibald Pirckheimer und die erste Reise Dürers nach Italien*, Munich, 1930. — É. Reicke, *Willibald Pirckheimer's Leben, Familie und Persönlichkeit*, Berlin, 1930. — A. Reimann, *Die älteren Pirckheimer*, 1944. — W. Eckert, Ch. v. Imhoff, *Willibald Pirckheimer*, Cologne, 1982. — C. J. Burckhardt, *Gestalten und Mächte*, Zurich, 1984.

PIRENNE Henri. Historien belge d'expression française. Né à Verviers en Wallonie le 23 décembre 1862, mort à Uccle-Bruxelles le 24 octobre 1935. Son père possédait une importante filature, et la fréquentation de ses ateliers lui donna le goût des études sociales. Il fit ses études à l'université de Liège, et en sortit docteur en philosophie. Il fréquenta ensuite les universités de Leipzig, de Berlin et de Paris, puis, en 1883, suivit les cours de l'École pratique des hautes études et ceux de l'École des chartes, dans le but de posséder toutes les disciplines capables d'assurer un maximum de rigueur à son travail d'historien. Il débuta dans l'enseignement comme assistant à l'université de Liège, et fut nommé professeur à l'université de Gand en 1886. Il publia en 1893 un ouvrage qui lui valut une grande considération : *Bibliographie de l'histoire de Belgique des origines à 1830.* Il se consacra ensuite à l'œuvre capitale de sa vie : *Histoire de Belgique* (*), dont les sept volumes parurent de 1899 à 1932. Ce livre révolutionna complètement les conceptions courantes sur l'histoire de la nation belge en montrant comment, depuis le haut Moyen Âge, Flamands et Wallons étaient unis par une communauté d'intérêts économiques, de traditions et de luttes. Parmi ses nombreux travaux sur les cités médiévales et sur les conditions sociales, il faut surtout citer : *Les Anciennes Démocraties des Pays-Bas* (1910), *Recueil de documents relatifs à l'histoire de l'industrie drapière en Flandre* (1906-1924), quatre volumes en collaboration avec G. Espinas, et enfin *Histoire de l'Europe des invasions au XVIe siècle* (+) (1936). Pirenne fut le premier président de l'Union académique internationale et reçut de nombreuses distinctions.

RÉF. : « Henri Pirenne », hommage de la revue *Le Flambeau*, décembre 1935. – J. Šusta, *Henri Pirenne*, Prague, 1936. – R. Latouche, *Henri Pirenne, historien de la Belgique*, Paris, 1936.

PIRMEZ Octave. Écrivain belge d'expression française. Né au Châtelet le 19 avril 1832 dans une famille de noblesse terrienne wallonne très mêlée depuis 1830 à la vie politique et intellectuelle de la Belgique, mort à Acoz le 30 avril 1883. Il fait ses premières études chez lui, sous la direction d'un précepteur, et fréquente ensuite les cours de philosophie et de lettres de l'université de Bruxelles. Vers sa vingtième année, à la suite d'une crise sentimentale, il entreprend plusieurs voyages en Allemagne et en Italie, dont on trouvera les notes, pleines d'un romantisme nostalgique, dans *Jours de solitude* (*) (1862). Établi définitivement dans sa propriété du Hainaut à partir de 1860, il rédige une sorte de journal spirituel dont il tirera *Pensées et Maximes,* son premier livre (1861), et en 1873 ses *Heures de philosophie,* d'inspiration pascalienne. En 1878 paraît *Remo,* volume de souvenirs poétiques qu'Octave Pirmez consacre à son frère aîné, dont la mort tragique l'avait bouleversé en 1872, et qu'il présente comme une sorte d'« enfant du siècle » de l'époque positiviste. Connu seulement de son vivant par un petit groupe de lettrés, parmi lesquels Victor Hugo, Amiel, Sainte-Beuve, resté volontairement éloigné de la foule, Pirmez a une place importante dans l'histoire des lettres belges, puisqu'on peut le considérer comme le précurseur des rénovateurs qui s'exprimèrent dans *La Jeune Belgique* (*) autour des années 1880.

RÉF. : A. Siret, *Vie d'Octave Pirmez.* – P. Champagne, *Octave Pirmez, sa vie et son œuvre,* 1925. – C. Honlet, *Les Écrivains belges contemporains,* 1946.

PIRON Alexis. Écrivain français. Né à Dijon le 19 juillet 1689 ; mort à Paris le 21 janvier 1773. Fils d'un apothicaire, Aimé Piron, auteur de *Noëls* écrits en patois bourguignon, il se destine d'abord au barreau, mais doit arrêter ses études à cause de sa médiocre fortune et accepter un emploi de clerc de notaire, puis de secrétaire de banquier. Des poésies obscènes et son humeur déjà satirique lui ayant attiré des difficultés dans sa ville natale, il arrive à Paris en 1719 et végète d'abord quelque temps dans de misérables travaux de copiste. Les difficultés du Théâtre de la foire – qu'un édit venait d'obliger à ne représenter que des pièces à un seul personnage – donnent à Piron une occasion de se faire connaître : en deux jours, il écrit *Arlequin Deucalion*, pièce bouffonne qui mettait en scène Arlequin au temps du déluge, et qui eut un grand succès. Après avoir écrit, soit seul, soit en collaboration avec Lesage, dix-neuf ouvrages pour le Théâtre de la foire (*Les Trois Commères, La Robe de dissension, Le Caprice, Crédit est mort*, etc.), Piron, sur le conseil de Crébillon, commence à travailler pour le Théâtre-Français, où il fait ses débuts en 1728 avec *Les Fils ingrats ou l'École des pères*, comédie sentimentale en vers qui eut plus de succès que des tragédies comme *Callisthène* (1730), *Gustave Vasa* (1733) et *Fernand Cortès* (1734) – intéressantes seulement par l'innovation consistant à mettre en scène des événements de l'histoire moderne, comme le réclamera plus tard le romantisme. Avec *La Métromanie* (*) (1738), c'est encore la comédie qui apportera à Piron une célébrité durable. Mais ses contemporains le connaissaient surtout par ses *Poésies* (*) faciles, ses épigrammes, par cet esprit inépuisable, mordant, impardonnable pour les victimes, et qui faisait peur à Voltaire lui-même. Piron ne manquait pas une occasion, par exemple, d'égratigner l'Académie : c'est lui, montrant le lieu des séances, qui s'écriait : « Ils sont là quarante qui ont de l'esprit comme quatre » ; et faut-il rappeler la burlesque épitaphe qu'il s'était composée : « Ci-gît Piron, qui ne fut rien / Pas même académicien. » L'Académie voulut le faire mentir et l'élut en 1753, mais Louis XV refusa son agrément à cause des odes licencieuses que Piron avait commises dans sa jeunesse. Cet insouciant, cet homme de plaisir, fondateur du Caveau avec de joyeux amis comme Collé, Panard, Crébillon, familier des artistes, assez peu travailleur, finit assez mal pour un épicurien : il perdit à peu près la vue, eut la douleur de voir sa femme devenir folle, et tomba dans la dévotion. On se souvient de *La Métromanie*, mais on ne la joue plus, ni le reste de son théâtre, où les personnages sont généralement inconsistants, mais où la vivacité du dialogue, l'abondance des traits comiques rappellent les qualités de cet auteur des salons, qui fut spirituel, et rien de plus. Son fabuleux opéra-comique, *L'Endriaque*, musique de Rameau, doit être cité comme une curiosité : les héros se nomment Elfriderigelpot, Caudaguliventer et Espadavantavellados !

♦ *« Il se met par terre pour mieux mordre. »* La Harpe. ♦ *« Les saillies, les bons mots, les choses plaisantes et sentencieuses coulent de sa bouche avec une rapidité qu'on n'a peut-être jamais vue. »* Grimm. ♦ *« Ce Piron avait l'habitude d'insulter à tous les hommes célèbres qui essuyaient des persécutions. Ses œuvres sont remplies des preuves de cette basse méchanceté. Il posait cependant pour un bon homme, parce qu'il était paresseux et que, n'ayant aucune dignité dans le caractère, il n'offensait pas l'amour-propre des gens du monde. »* Condorcet.

RÉF. : A. de Mastaing, *Les Piron*, 1844. – G. Lanson, *La Comédie au* XVIIIe *siècle*, 1895. – Faguet, *Histoire de la poésie française : Les Poètes secondaires du* XVIIIe *siècle*. – P. Chaponnière, *Piron, sa vie, son œuvre* et *La Vie joyeuse de Piron*, Paris, 1935. – Ed. et J. de Goncourt, *Portraits intimes du* XVIIIe *siècle*, Paris, 1924. – S. Menant, *La Chute d'Icare*, Genève, 1981.

PIROTTE Jean-Claude. Écrivain belge d'expression française. Né à Namur le 20 octobre 1939. Enfant précoce, fugueur, il est atteint très tôt du désir d'écrire et de peindre et de l'amour des livres. Après des études (« nonchalantes mais brillantes ») de lettres, puis de droit, il devient avocat et le sera pendant onze ans. Son premier livre, publié en 1963, *Goût de cendre*, est un recueil de poèmes, de même que les deux suivants : *Contrée* (1965) et *D'un mourant paysage* (1969) – qui montrent une passion pour les lieux, les paysages, un penchant pour l'élégie et la complainte, et une rigueur d'expression, une réelle exigence de style. Ce sont les qualités du poète à venir. Car poète il sera, en vers comme en prose, porté par son sens des images et celui des cadences musicales. Des démêlés avec la justice de son pays en 1975 l'ayant jeté sur les routes, il est devenu une sorte d'artiste vagabond poussant toujours ailleurs, de la lumière toscane à la lumière charentaise, sa poursuite de l'improbable bonheur. *Journal moche* (1981), recueil fourre-tout au ton mi-provocant, mi-douloureux, *La Pluie à Rethel* (1982), récit désenchanté de la perte de l'innocence, *La Vallée de misère* (1987), chronique poétique des jours sans pain, sont les trois œuvres qui datent de cette période de « cavale » et ont tissé la légende de Pirotte auteur maudit, noctambule désabusé pour qui vivre est impossible. Mais ces livres sont ceux d'un écrivain véritable et excèdent de très loin le témoignage ou la confession. Ses exemplaires tentatives dans l'ordre du roman le prouvent : *Fond de cale* (1984), *Un été dans la combe* (1986) et *Sarah, feuille morte* (1989). Et ses chroniques – ou œuvres d'un genre plus indécis, dont la construction semble davantage livrée aux caprices du hasard ou aux hésitations de la liberté : *Les Contes bleus du vin* (1988), *La Légende des petits matins* (1990), *Récits incertains* (1992) – ne le démentent pas. Dans la familiarité (plus que dans l'influence) des auteurs aimés, révérés (Larbaud, Chardonne, Marcel Arland, Henri Thomas, Philippe Jaccottet ou André Dhôtel, dont il s'est littéralement cru un personnage), Pirotte élabore de livre en livre un univers très personnel, imaginaire autant qu'autobiographique, éclairé par une vraie poétique des lieux, charpenté des éternelles questions du temps et de la mort, traversé de la douleur d'être en vie, mais pétri d'élégante légèreté (ce qui ne signifie pas désinvolture), de rigoureuse familiarité, de haute simplicité. Il y est fidèle à sa modeste ambition de « saisir quelques reflets d'une lumière fragile et de se pénétrer de son ignorance ». De là lui vient sans doute sa capacité à transmettre l'émotion avec une si grande fidélité – comme dans le récit intitulé *L'Épreuve du jour* (*) (1991), qui est une pure réussite, son livre de maturité.

GEORGES MONTI.

PISANDRE de Camiros. Poète grec du VIIe siècle av. J.-C. Dans sa *Chrestomathie* (*), Proclus incluait dans son canon des cinq meilleurs poètes épiques grecs le nom de Pisandre. Originaire de Camiros, une des trois cités qui à l'époque archaïque se partageaient l'île de Rhodes, Pisandre aurait connu son heure de gloire aux alentours de la trente-troisième Olympiade (648-5 av. J.-C.). Il est connu comme l'auteur d'une *Héracléide* – v. *Cycle épique grec* (*) – qui, en deux chants, suivait Héraclès dans l'accomplissement de ses travaux. Ce poème fit autorité et contribua à fixer certains traits du héros et de sa légende. Dans la première moitié du IIIe siècle av. J.-C., les Rhodiens, fiers de leur poète, lui élevèrent une statue et prièrent Théocrite de rédiger, en son honneur, l'épigramme qui nous est conservée dans l'*Anthologie palatine* (*) (IX, 598).

DAVID BOUVIER.

PISSEMSKI Alexei Feofilaktovitch [Aleksej Feofilaktovič Pisemskij]. Romancier et auteur dramatique russe. Né le 10 (22) mars 1820 dans la propriété familiale « Raménie », dans le gouvernement de Kostroma, mort à Saint-Pétersbourg le 21 janvier (2 février) 1881. Au terme de ses études, faites à l'université de Moscou, à la faculté des sciences (physiques et mathématiques), au lieu de se chercher un emploi correspondant à sa préparation, Pissemski, qui avait toujours eu, malgré la misère dans laquelle il avait grandi, une passion pour la lecture, et avait fortement subi l'influence de George Sand, décida subitement d'accepter un poste qui lui permettrait de se consacrer à la littérature. N'ayant pas réussi à trouver immédiatement un éditeur pour son premier roman, *Le Monde des boyards* [*Bojarščina*], qui fut interdit par la censure, il le fit circuler manuscrit, mais bientôt il fit partie de la « jeune garde » de la revue *Le Moscovite* [*Moskovitjanin*], dans laquelle ses œuvres commencèrent à paraître à des intervalles plus ou moins réguliers et avec un succès inégal. Les questions qui intéressèrent le plus Pissemski furent la question féminine dans *Mille âmes* (1858), et *Dans le tourbillon* (*) (1871), celle des idéalistes de la période qui va de 1840 aux réformes d'Alexandre II dans *Péché de vieillesse* [*Starčeskij greh*], *La Mer agitée* (*), *Hommes de 40* [*Ljudi sorokovyh godov*, 1869], *Les Petits-Bourgeois* (*) (1878), et *Les Francs-Maçons* [*Masony*, 1880], son dernier roman. Pissemski traita de problèmes analogues à ceux de ses romans dans quelques comédies et drames, parmi lesquels *Un destin amer* [*Gor'kaja sud'bina*], considéré comme l'une des meilleures pièces du théâtre réaliste russe du milieu du XIXe siècle. La vie de l'employé Pissemski fut pauvre en événements extérieurs ; en revanche, celle de l'écrivain fut très riche en expériences intellectuelles, car il dut triompher de rudes polémiques, mais il reçut ensuite la haute approbation de Tourgueniev, Leskov et Tchekhov.

RÉF. : Jules Lemaître, *Impressions de théâtre*, 5e série, Paris, 1891. – R. Marchand, *Parallèles littéraires franco-russes*, Mexico, 1949.

PITHOU Pierre. Jurisconsulte et écrivain français. Né à Troyes (Aube) en 1539, mort à Nogent-sur-Seine (Aube) en 1596. Fils d'un avocat au barreau de Troyes, Pierre Pithou suivit les cours de Cujas à Bourges et à Valence et fut reçu à vingt et un ans avocat au parlement de Paris. Calviniste, il eut beaucoup de peine à s'établir en France, aussi se rendit-il à Sedan dont il rédigea la coutume, puis à Bâle. Rentré en France à la suite de l'édit de pacification de 1570, Pithou échappa à la Saint-Barthélemy et en 1573 abjura le protestantisme. Il put alors faire carrière. Nommé bailli de Tonnerre, il fut ensuite substitut du procureur général, puis procureur général de la chambre de justice de Guyenne, établie par Henri de Navarre. C'est son dévouement à la cause de ce dernier qui le fit collaborer à *La Satyre Ménippée* (*) dont il aurait composé la pièce maîtresse, la harangue de Daubray, avocat du Tiers. Après l'avènement d'Henri de Navarre au trône de France, Pithou fut nommé procureur général au parlement de Paris. Cet éminent juriste avait déjà publié *Adversariorum subrecivorum* (1565), les *Mémoires des comtes de Champagne* (1572), les *Commentaires sur les coutumes de Troyes* (publié seulement en 1628) et avait édité un certain nombre de textes classiques de droit. Il donna, en 1593, les *Raisons pour lesquelles les évêques de France ont pu donner l'absolution à Henri de Bourbon, roi de France.* L'année suivante, en 1594, il publiait les *Libertés de l'Église gallicane,* qui devaient servir de base à la fameuse déclaration de l'Assemblée du clergé de 1682 et qui renchérissaient encore sur l'expression de sa méfiance envers les prétentions romaines. Pithou a laissé également de nombreuses autres œuvres juridiques. Il publia et commenta plusieurs classiques latins, dont Salvien, Quintilien, Phèdre, Ethicus, Perse et Pétrone.

RÉF. : Loisel, « Vie de Pierre Pithou », dans *Pasquier ou Dialogue des avocats de Paris.* – Grosley, *Vie de Pierre Pithou.* – Bassieux, *Théorie des libertés gallicanes au parlement de Paris,* Paris, 1906.

PIXÉRÉCOURT René-Charles Guilbert de. Auteur dramatique français. Né et mort à Nancy (22 janvier 1773-27 juillet 1844). Fils d'un ancien officier qui était loin d'être indulgent, il fit ses études au collège de sa ville natale où il obtint de brillants succès. Après la prise de la Bastille, son père ayant choisi d'émigrer à Cologne (1791), il fut contraint de l'y suivre et d'entrer dans l'armée de Condé comme officier pour combattre la Révolution (1792). Ayant déserté peu après, il se rendit en Lorraine pour épouser la jeune fille qu'il aimait, et s'en fut avec elle se fixer à Paris. Pour vivre, il comptait avant tout sur sa vocation de dramaturge. Il devait vite perdre ses illusions : ayant écrit plusieurs pièces sous un pseudonyme, il se fit éconduire partout, à telle enseigne qu'il dut se résoudre à se faire enlumineur chez un marchand de colifichets de la rue Saint-Martin. Après des mois de misère noire, il put enfin parvenir à faire jouer une de ses pièces à L'Ambigu : *La Petite Auvergnate* (1797). Ayant mis ainsi le pied à l'étrier, il donna quelques semaines plus tard *La Forêt de Sicile*, et, l'année suivante, *Victor ou l'Enfant de la forêt* (*). Il obtint alors un tel succès qu'il vit s'ouvrir aussitôt toutes les portes des théâtres de Paris. Se faisant d'emblée le champion du mélodrame, il produisit sans relâche, pendant plus d'un quart de siècle, plus d'une centaine d'ouvrages (dont soixante-dix seulement ont été imprimés). Citons : *Le Château des Apennins* (1799), *Coelina ou l'Enfant du mystère* (*) (1800), *Pizarre ou la Conquête du Pérou* (1802), *Les Maures d'Espagne* (1804), *Robinson Crusoé* (+) (1805), *Le Solitaire de la Roche noire* (1806), *Les Ruines de Babylone* (1810), *Le Chien de Montargis* (*) (1814), *Valentine ou la Séduction* (1821), *Masers de Latude ou Trente-cinq ans de captivité* (*) (1834). Sans être à proprement parler l'inventeur du mélodrame, il fut du moins le maître du genre, et par là même s'acquit le surnom de « Corneille des boulevards ». On sait que sa vogue inouïe ne subit jamais la moindre éclipse. Ce ne fut qu'à partir de 1830 qu'il associa des collaborateurs (dont les principaux furent Mélesville, Ducange et Anicet Bourgeois). Signalons qu'ayant toujours eu le goût des livres il fut le fondateur de la Société des bibliophiles français.

RÉF. : P. Lacroix, *Guilbert de Pixérécourt*, Paris, 1869. – A. Virely, *G. de Pixérécourt*, Paris, 1909. – W. S. Hartog, *G. de Pixérécourt, sa vie, son mélodrame, sa technique et son influence*, Paris, 1926. – J. Marsan, *Le Mélodrame de G. de Pixérécourt*, Paris, 1926. – J. Przybós, *L'Entreprise mélodramatique*, Paris, 1987.

PIZARNIK Alejandra. Femme de lettres argentine. Née à Buenos Aires le 29 avril 1936, morte dans cette ville le 24 septembre 1972. Elle s'imposa très jeune dans la poésie de son pays par ses recueils *La Terre la plus étrangère* [*La tierra más ajena*, 1955], *La Dernière Innocence* [*La última inocencia*, 1956], *Les Aventures perdues* [*Las aventuras perdidas*, 1958]. Après avoir étudié les lettres et la peinture à Buenos Aires, elle vint vivre à Paris, où elle se lia avec André Pieyre de Mandiargues, Octavio Paz, Julio Cortázar (1960). Travaillant comme correctrice d'épreuves pour la revue de langue espagnole *Cuadernos*, elle traduisit les poètes qu'elle aimait : Hölderlin, Antonin Artaud, Henri Michaux, et publia quelques poèmes dans *La Nouvelle Revue française* (*) et *Les Lettres nouvelles.* En 1962, les éditions Sur de Buenos Aires éditaient *L'Arbre de Diane* (*), précédé d'un hommage poétique d'Octavio Paz. Rentrée en Argentine, elle exprima sa solitude et ses angoisses devant la vie dans *Les Travaux et les Nuits* [*Los trabajos y las noches*, 1965] et *Extraction de la pierre de folie* [*Extracción de la piedra de locura*, 1968]. En 1969, une bourse de la fondation Guggenheim lui permettait de séjourner aux États-Unis et d'écrire un essai, *La Comtesse sanglante* [*La condesa sangrienta*]. Un mal de vivre inexorable qu'elle semblait vouloir exorciser par la beauté de l'écriture lui dicta encore, avant de se suicider : *Noms et Figures* [*Nombres y figuras*, 1969], *L'Enfer musical* [*El infierno musical*, 1971], *Les Petits Chants* [*Los pequeños cantos*, 1971]. En 1982 a été publié son recueil posthume *Textes de l'ombre et Derniers poèmes* [*Textos de la sombra y Últimos poemas*].

CLAUDE COUFFON.

♦ *« Je relis fréquemment tes poèmes, je les fais lire aux autres et je les aime. Ce sont de jolis animaux un peu cruels, un peu neurasthéniques et tendres ; ce sont de très jolis animaux : il faut les nourrir et les dorloter ; ce sont de petits fauves à la peau précieuse, peut-être une espèce de chinchillas : il faut leur donner du sang de luxe et des caresses. »* André Pieyre de Mandiargues.

PIZZUTO Antonio. Romancier italien. Né à Palerme le 4 mai 1893, mort à Rome le 23 novembre 1976. Singulier cas que celui de cet ancien fonctionnaire de la police, formé par l'étude du droit et de la philosophie qui publie, en 1959, au moment où il prend sa retraite, son premier livre, *Signorina Rosina* (*) (une édition privée ayant paru dès 1956) qui sera suivi de deux autres romans, *Ici on répare les poupées* (*) (1960) et *Ravenne* (1962), et de divers recueils de textes, *Petites pages* (*) (1964), *Symphonie* [*Sinfonia,* 1966], *Nouvelles petites pages* [*Nuove paginette,* 1967]. Cette production, aussi tardive que surprenante, ne peut être considérée comme celle d'un amateur, fût-il exceptionnellement doué. Il s'agit en effet d'une œuvre compacte, d'une originalité radicale, et qui, tout en révélant un auteur au courant des recherches les plus modernes quant au renouvellement de la technique romanesque (Faulkner, le nouveau roman), fut trop vite classée dans le sillage de la révolution joycienne. La spécificité de Pizzuto repose sur un projet de style, qui se manifeste dans une élaboration savante, voire absconse parfois, en vue de produire une « prose d'art », qui n'a toutefois rien de commun avec le modèle du XIXe siècle. Dans la perspective d'un jeu proustien du souvenir romancé, obtenu au moyen de la fameuse composition en rosace – car pour la matière même du propos, le provincialisme, l'ironie, les fioritures relèvent de l'ancienne manière « crépusculaire » – c'est l'aboutissement – et la réussite, pourrait-on dire, du vieux dessein futuriste de rénover le langage. Dans la phrase de Pizzuto, plus encore que le docte rappel de règles antiques (l'ablatif absolu à la latine, la syntaxe platonicienne), la critique est allée jusqu'à voir un certain écartement des idiomes indo-européens par « la suppression de l'opposition entre nom et verbe qui caractérise le chinois et d'autres langues similaires » (Contini). De ce projet stylistique insolite, le chef-d'œuvre est *Ravenne,* jugé « parfait comme un œuf », et en effet, plus encore que les deux romans précédents, il ne trouve sa raison d'être que dans « l'exercice de style »... Et toute l'œuvre de Pizzuto n'est en somme qu'un jeu exemplaire et exceptionnel, nettement expérimental, mais qui reste typique de cette quête baroque qui est l'une des tendances permanentes des lettres italiennes, anciennes et actuelles.

NINO FRANK.

RÉF. : Madeleine Santschi, *Portrait d'Antonio Pizzuto,* Lausanne, 1987.

PLANCK Max. Physicien allemand. Né à Kiel le 23 avril 1858, mort à Göttingen le 4 octobre 1947. Fils d'un professeur de droit, il étudia les mathématiques et la physique pendant trois ans à l'université de Munich et pendant un an à celle de Berlin, où il fut plus sensible à l'influence des écrits de Clausius qu'à celle de ses professeurs Helmholtz et Kirchhoff. Il passa son doctorat en 1879, l'« habilitation » en 1880, puis enseigna comme chargé de cours à Munich, jusqu'à ce qu'il fût appelé en 1885 à occuper la chaire de physique théorique de l'université de Kiel, obtenue après la publication du *Principe de la conservation de l'énergie* [*Das Prinzip der Erhaltung der Energie,* 1887] ; enfin, en 1889, il fut muté à la même chaire à l'université de Berlin. Il s'y lia d'amitié avec Helmholtz, qui sera le premier à reconnaître son génie, et en 1892 il fut nommé titulaire de sa chaire. En 1894, à la demande de Helmholtz, il fut élu membre de l'Académie des sciences de Berlin, dont il sera l'un des quatre secrétaires permanents de 1912 à 1943.

Dès 1897, Planck s'était intéressé avec succès à l'application des deux premiers principes fondamentaux de la thermodynamique, à la thermochimie et à l'électrochimie ; il publia alors un *Manuel de thermochimie générale* [*Grundriss der allgemeinen Thermochemie,* 1893] et ses *Leçons de thermodynamique* [*Vorlesungen über Thermodynamik,* 1897]. Puis il s'appliqua à l'étude de la radiation de la chaleur et, le 19 octobre 1900, il exposait la loi de la radiation dans une communication à la Société de physique de Berlin : *Au sujet d'une correction de l'équation spectrale de Wien* [*Über eine Verbesserung der Wienschen Spektralgleichung,* 1900] ; le 14 décembre de la même année, il faisait part à cette société des conséquences théoriques de cette loi dans *À propos de la théorie de la loi de distribution de l'énergie dans le spectre normal* [*Zur Theorie des Gesetzes der Energieverteilung im Normalspektrum*] : à travers la matière et la radiation, l'énergie ne se transforme que selon des quantités proportionnelles à la fréquence de la radiation. La théorie des « quanta », que Planck formula à partir d'une hypothèse qui compte parmi les plus fécondes de l'histoire des sciences, fut une véritable révolution dans la représentation physique du monde, et le point de départ de la physique moderne : *Introduction à la physique théorique* (*) (1916-1930). Pendant longtemps Planck s'efforça de coordonner avec la théorie classique l'une des plus importantes constantes naturelles, qu'il avait découverte et appelée « quantum h » ; cependant l'insuccès de ses efforts le convainquit de la nécessité d'adopter de nouvelles méthodes de calcul qui furent développées par la suite, par E. Schrödinger entre autres.

Poursuivant sa « recherche de l'absolu » qu'il considérait comme la tâche de sa vie – *Autobiographie scientifique* [*Wissenschaftliche Selbstbiographie,* 1948] –, Planck s'intéressa aussi très activement à la théorie einsteinienne de la relativité, à laquelle il adhéra sans réserve à partir de 1908 – en particulier *Pour la dynamique des systèmes en mouvement* [*Zur Dynamik bewegter Systeme,* 1908]. Tandis que dans sa publication *De la théorie de Mach sur la connaissance physique* [*Zur Machschen Theorie der physikalischen Erkenntnis,* 1910], il s'attaquait au positivisme qu'il jugeait stérile, il poursuivait ses études dans le domaine de la thermodynamique – *Le Principe de Le Chatelier et Braun* [*Das Prinzip von Le Chatelier und Braun,* 1934] – et rassemblait les résultats de ses travaux dans de nombreux ouvrages et communications (sa bibliographie compte environ deux cent quarante titres), tout au long de ces soixante-sept années d'un enseignement qu'il pratiquait avec passion et qui dura presque jusqu'à sa mort, orientant de plus en plus ses recherches vers les problèmes de la connaissance et de l'esprit – v. *L'Univers tel qu'il est aux yeux de la physique moderne* (*) (1929) – ainsi par exemple vers l'étude des rapports entre religion et sciences naturelles, entre causalité et liberté, entre monde sensible et monde réel. Peu de temps avant sa mort, Planck fit encore entendre au monde ses avertissements dans *Sens et limites des sciences exactes* [*Sinn und Grenzen der exakten Wissenschaften,* 1941] et il insista sur le besoin absolu de paix rendue nécessaire par l'invention de la bombe atomique.

Planck toucha aux sommets de la gloire scientifique. Il obtint le prix Nobel de physique pour 1918 (qui ne fut, en réalité, remis qu'en 1920 à cause de la guerre) ; il occupa, de 1930 à 1937, la présidence de la Kaiser Wilhelm Gesellschaft, société fondée en vue du développement des sciences, et qui prit son nom en 1948 ; il fut plusieurs fois nommé docteur honoris causa et membre de nombreuses académies et sociétés scientifiques. Amateur d'alpinisme et de musique, il trouvait dans ces activités détente et équilibre. Cependant les épreuves les plus douloureuses ne lui furent pas épargnées : par deux fois témoin de la tragédie où fut plongé son peuple, il eut personnellement une vie familiale assombrie par des deuils multiples ; sa première femme mourut en 1909 ; il perdit les quatre enfants qu'il avait eus de ce premier mariage, et un enfant de son second mariage mourut en 1945, victime de la terreur nazie ; enfin, au cours de la Seconde Guerre mondiale, il perdit tout son patrimoine et, avec lui, son précieux journal. Planck mourut en 1947, presque aussi âgé qu'Alexandre von Humboldt ; comme celui-ci, qui l'avait occupée le premier, Planck assuma la charge de chancelier de l'ordre « Pour le mérite ».

KURT R. BIERMANN.

RÉF. : M. Planck, *Wissenschaftliche Selbstbiographie,* Leipzig, 1948. – H. Hartmann, *Max Planck als Mensch und Denker,* Leipzig, 1948. – H. Hönl, *Max Planck und die Physik,* Fribourg-en-Brisgau, 1949. – J.-L. Herlbron, *The Dilemnas of an Upright Man : Max Planck as Spokesman for German Science,* Berkeley, 1986 ; *Planck : 1958-1947 : une conscience déchirée,* Paris, 1988.

PLANQUETTE Jean Robert Julien. Compositeur français. Né et mort à Paris (31 mars 1848-28 janvier 1903). Il fit ses études au Conservatoire de Paris, sans toutefois s'y distinguer de façon particulière. Après avoir composé quelques romances, il fit dans l'opérette une brillante carrière. Ses premières œuvres : *Méfie-toi de Pharaon* (1872), *Le Serment de madame Grégoire* (1874), *Le Péage*, furent jouées au café-concert de l'Eldorado. Mais son opérette la plus connue, *Les Cloches de Corneville* (*) (1877), fut représentée au théâtre, où il donna successivement une vingtaine d'ouvrages lyriques du genre léger, notamment *Babel-Revue* (1879), *Le Chevalier Gaston* (1879), *Les Voltigeurs de la 32e* (1880), *La Cantinière* (1880), *Rip* (1882) – v. *Rip van Winckle* (*) –, *Nell Gwynn* (1884, également connue sous le titre de *Colombine*), *La Crémaillère* (1885), *Surcouf* (1887), *The Old Guard* (représenté en Angleterre, 1887), *La Cocarde tricolore* (1892), *Le Talisman* (1893), *Panurge* (1895), *Mam'zell Quat'sous* (1897). *Le Paradis de Mahomet* fut joué après la mort de Planquette, en 1906. Alerte, entraînante, la musique des *Cloches de Corneville* valut à son auteur un immense succès : l'opérette eut, à Paris, plusieurs centaines de représentations successives et continue à figurer au répertoire des théâtres lyriques.

PLANUDE Maxime. Moine et écrivain byzantin. Né à Nicomédie vers 1255, mort en 1305 à Constantinople. Son nom de baptême était Emmanuel. Il mena surtout la vie d'un anachorète et d'un érudit sous les Paléologues, Michel VIII et Andronic II, mais fut envoyé par ce dernier empereur comme ambassadeur à Venise en 1296. Le vaste champ de ses connaissances, et singulièrement celle du latin, font de lui un précurseur de l'humanisme. On doit à Planude *Les Quatre Syllogismes*, ouvrage dirigé contre l'Église latine, que réfutèrent Georges le Métachite, Démétrius Cydonias et Bessarion, mais il s'est surtout consacré à la culture profane et aux lettres classiques, notamment dans les *Extraits* historiques et géographiques, et dans l'anthologie des épigrammes grecques, qui parut sous le nom d'*Anthologie planudéenne* (*). Non moins remarquables sont l'*Arithmétique selon les Indiens* [Ψηφοφορία κατ' Ινδούς] et ses traductions en grec d'Ovide, César, Boèce, Cicéron, etc. Planude est également l'auteur de traités de grammaire d'une moindre importance. Sa correspondance, en revanche, offre un intérêt considérable. Elle renferme cent vingt et une lettres, écrites entre 1292 et 1300, dont quelques-unes sont adressées à l'empereur Andronic II, à son jeune frère Constantin Porphyrogénète et autres dignitaires, politiques ou ecclésiastiques.

RÉF. : *Maximi monachi Planudis epistulae*, Bratislava, 1890. – L. Mohler, *Kardinal Bessarion als Theolog, Humanist und Staztsmann*, Paderborn, 1923. – P. Waltz, *Anthologie palatine*, Paris, 1928. – M. Sugie, *Theologia dogmatica christianorum orientalium*, Paris, 1931. – N. G. Wilson, *Scholars of Byzantium*, Londres, 1983.

PLATEN-HALLERMÜNDE August von. Poète et écrivain allemand. Né le 24 octobre 1796 à Ansbach (Bavière), mort le 5 décembre 1835 à Syracuse (Sicile). Descendant d'une vieille famille noble installée dans l'île de Rügen, son père était conservateur des eaux et forêts à Ansbach. Entré en 1806 aux cadets de Munich, Platen fut sous-lieutenant en 1814, participa en 1815 à la campagne de France, visita la Suisse en 1816, y faisant la connaissance de l'écrivain Zschokke. Il poursuivit des études linguistiques et historiques, s'intéressa aux sciences naturelles, s'enthousiasma pour les classiques anciens, continua, à partir de 1818, ses études à Wurzbourg, puis à Erlangen, où il reçut l'influence philosophique de Schelling, et où il se lia d'amitié avec Liebig, le futur chimiste. Au cours de ses nombreux voyages, il rendit visite à Jean-Paul, à Rückert, à Jacob Grimm, à Goethe ; En 1824, il effectua son premier voyage en Italie, qui fut pour lui une révélation profonde ; il finit par s'y installer en 1826, vivant d'une pension que lui avait octroyée le roi Louis Ier. Son âme de voyageur le poussa là encore dans des randonnées à travers le pays, visitant des amis, repassant même une fois par l'Allemagne. Cependant il menait une activité littéraire variée, toujours dominée par un besoin d'expression poétique. Goethe avait deviné en lui une espèce de génie lyrique ; c'est celui qui parcourt ses *Ballades* (*) (1818-33), *Ghazels* (*) (1821), *Nouveaux Ghazels* (+) (1823), *Sonnets de Venise* (1825), *Odes* (*) (1828-34), œuvres très profondément marquées par l'inspiration du second romantisme allemand. On doit aussi à Platen des satires mordantes (notamment contre Immermann), de la critique et des œuvres de théâtre – v. *La Pantoufle de verre* (*) (1823) et *Tristan* (+) (1826). Ses œuvres complètes parurent en 1839.

♦ *« J'ai relu les poésies de Platen et ne puis méconnaître la richesse de son génie. Il y manque l'amour, et cette absence l'empêche d'obtenir tous les effets qu'il aurait pu. On le craindra et il deviendra l'idole de tous ceux qui seront négatifs comme lui sans toutefois avoir son génie. »* Goethe.

PLATH Sylvia. Poétesse et romancière américaine née le 27 octobre 1932 à Boston, morte à Londres le 11 février 1963. Son père enseignait à Boston University. Spécialiste des abeilles de renommée internationale, il exerça une influence déterminante sur sa fille, destinée par lui à une brillante carrière dans l'enseignement supérieur. Les études de Sylvia Plath à Smith College, institution universitaire très renommée du Massachusetts, furent marquées par une période de dépression grave et une tentative de suicide. Sylvia Plath obtint une bourse pour terminer ses études à Cambridge, en Grande-Bretagne. C'est là qu'elle fit la connaissance du poète Ted Hughes, qu'elle épousa, et dont elle eut deux enfants, nés en 1960 et 1962. Sylvia Plath, avant de mettre fin à ses jours, se consacra encore quelque temps à la poésie et à la rédaction du livre à caractère autobiographique qui la rendit célèbre, *La Cloche de détresse* (*). Ce récit décrit l'itinéraire d'une jeune femme, qui la conduit à la pathologie mentale et à une lente et irrémédiable déchéance personnelle dans l'enfermement psychiatrique, loin de toute chaleur humaine.

La poésie de Sylvia Plath est d'une sensibilité exacerbée, à l'instar de sa prose. Des thèmes psychologiques y apparaissent, comme le renoncement et l'attachement au père, la douleur élevée au rang de légende mais issue du plus profond de soi, ou encore l'amour simple de la nature de la Nouvelle-Angleterre et d'Ariel, le cheval que possédait l'écrivain dans ses années d'adolescence. On ne trouve pas dans cette poésie de formalisme excessif, comme on a pu le voir chez d'autres poètes de sa génération, John Hollander et John Berryman par exemple. Sylvia Plath pratique le vers libre, et souvent le vers bref, et compose des textes d'une grande irrégularité métrique. Elle a le sens de la formule cruelle : « Mourir / C'est un art, comme tout le reste. / J'y réussis de façon exceptionnelle. »

L'œuvre poétique de l'écrivain a surtout été publiée en revue de son vivant. En 1981, soit presque vingt ans après sa disparition, son époux, Ted Hughes, a dirigé chez Faber la publication complète de l'œuvre poétique de Sylvia Plath. L'expression de la douleur psychique y est telle qu'elle évoque pour le lecteur francophone les textes poétiques d'Antonin Artaud, dont Plath est proche par la sensibilité.

ALAIN SUBERCHICOT.

PLATON. Le plus grand philosophe de l'Antiquité, et sans doute aussi de tous les temps. Né peu après la mort de Périclès, vers 428 avant l'ère chrétienne, mort vers 347 à Athènes. Sa famille appartenait à l'aristocratie athénienne : son père, Ariston, passait pour descendre de Codros, le dernier roi d'Athènes ; sa mère, Périctioné, descendait de Dropide, ami et parent du sage Solon, le législateur d'Athènes ; elle était cousine germaine de Critias, qui fut un des trente tyrans, et sœur de Charmide, qui fut un des commissaires du Pirée. Cette noble origine, ces relations paraissaient devoir destiner Platon à la politique. Par ailleurs, il s'était initié aux arts, et il allait participer aux concours de tragédie quand, à vingt ans, après avoir été initié à la philosophie par Cratyle, un héraclitéen, il devint disciple de Socrate. Celui-ci lui montra l'ignorance des gens qui se prétendaient compétents, et la valeur essentielle de l'action morale ; il lui enseigna que la vertu est la connaissance et le vice ignorance ; et que la politique exige une préparation comme toute autre activité. Platon ne devait plus se séparer de lui jusqu'au procès et à la mort du maître, huit ans plus tard (399). À ce moment, écœuré par les crimes commis par les différents partis qui s'étaient succédé au pouvoir, il rejoignit à Mégare un autre élève de Socrate, Euclide. Par la suite, il entreprit un grand voyage au cours duquel il visita l'antique Égypte, Cyrène, où il rencontra entre autres le mathématicien Théodore, l'Italie du Sud, où il se lia avec Archytas de Tarente, homme politique et savant pythagoricien, enfin Syracuse, où il devint l'ami de Dion, beau-frère de Denys l'Ancien. Le tyran, outré que Platon ait osé lui faire la leçon, chargea l'ambassadeur de Sparte de le vendre comme esclave à Égine ; mais il eut la chance d'y être reconnu par un de ses amis de Cyrène, Annicéris, qui le racheta et le libéra.

Rentré à Athènes vers 387, à quarante ans environ, il y fonda son école, l'Académie, ainsi nommée du nom du jardin où il l'installa. C'est le premier Institut d'enseignement supérieur que nous connaissions. On y poursuivait des recherches scientifiques ; l'enseignement des sciences exactes y préparait à l'étude de la philosophie considérée en elle-même ; et dans ses applications à la politique, il s'y forma des philosophes — comme Aristote, qui y passa vingt ans — et de nombreux hommes d'État. Plus ou moins transformée dans son esprit, mais toujours fidèle au souvenir de son fondateur, l'école devait subsister pendant neuf siècles, jusqu'au règne de Justinien. Malgré le succès qu'elle connut, Platon n'hésita point, vingt ans plus tard, quand mourut Denys l'Ancien, vers 367, à retourner à Syracuse, où l'appelait Dion, dans l'espoir de faire de Denys le Jeune un réformateur capable de réaliser son rêve d'une politique fondée sur la philosophie ; mais le tyran exila Dion, et, flattant Platon sans l'écouter, le retint plus longtemps qu'il n'aurait voulu. Platon y revint pourtant une troisième fois, en 361, à soixante-dix ans, mais sans plus de succès ; Archytas dut même envoyer de Tarente un vaisseau de guerre pour libérer le philosophe. Platon vécut assez pour voir Denys renversé par Dion en 357, et Dion assassiné par un de ses compagnons en 354. Il mourut octogénaire, vers 347, alors qu'il travaillait à son dernier livre, *Des lois* (*) — les lois de la Syracuse idéale. Platon désigna pour lui succéder à la tête de l'Académie son neveu Speusippe, fils de sa sœur Potonè. Aristote, déçu, partit pour l'Asie, avant de revenir, plus tard, à Athènes et d'y fonder au Lycée une école rivale de l'Académie.

Disciple de Socrate, qui n'avait rien écrit, s'en tenant à l'action qu'il exerçait par ses paroles, Platon préférait de beaucoup la conversation dialoguée, où les questions du maître orientent les réactions des interlocuteurs, à la rédaction d'œuvres écrites, que le lecteur risque d'interpréter à contresens, sans que l'auteur puisse redresser ses erreurs ; et il savait combien il vaut mieux trouver la vérité par soi-même, avec l'aide d'un bon guide, que la recevoir toute faite, passivement. Aristote fait allusion à plusieurs reprises aux

« doctrines non écrites » de son maître. Pourtant Platon a beaucoup écrit ; et, chose rare pour un auteur antique, son œuvre nous est parvenue tout entière – et même enrichie de quelques apocryphes ! Mais, sauf dans ses tout derniers ouvrages, le *Timée* (*) et *Des lois*, où il nous livre ses conceptions cosmologiques, physiques, biologiques, juridiques, théologiques (dans une certaine mesure tout au moins), il ne nous a pas donné d'exposé systématique de sa doctrine. Toutes ses œuvres sont des dialogues qui se proposent souvent de faire revivre l'enseignement de Socrate, tel que Platon le comprend et le prolonge. À plusieurs reprises, on les voit se terminer par un aveu d'ignorance : il s'agit avant tout pour Platon de « former » son lecteur, de le « purger » de ses préjugés contradictoires pour l'élever ensuite progressivement du sensible à l'intelligible, en n'hésitant pas à faire les « détours » nécessaires, de manière à le rendre capable de fonder son action sur des principes stables et valides, en accord avec la nature profonde du réel. De telles préoccupations commandent la structure des dialogues.

La collection de ceux qui sont considérés comme authentiques en comprend une trentaine, vingt-huit exactement, d'inégale longueur. Plusieurs des plus importants et des plus longs, *La République* (*), *Le Politique* (*), *Des lois*, sont consacrés au problème de la cité. Au cours du dernier siècle, les érudits se sont efforcés de grouper ces œuvres dans l'ordre chronologique. On attribue généralement à la période de jeunesse des œuvres où l'on voit Socrate montrer à ses interlocuteurs leur incapacité à définir les notions les plus essentielles en morale, telles que la vertu et les vertus, par exemple *Charmide* (*), *Lachès* (*), *Lysis* (*), *Protagoras* (*), ou à un rhapsode son incapacité à bien juger de la poésie – v. *Ion* (*). On place ensuite les œuvres relatives au procès et à la détention de Socrate : *Apologie de Socrate* (*), *Criton* (*). On rattache à la période de maturité le *Gorgias* (*), critique d'une rhétorique qui ne se fonde pas sur la préoccupation de la justice ; le *Ménon* (*), qui examine si la vertu peut s'enseigner, et quelle est la nature de l'opinion vraie ; le *Cratyle* (*), qui traite des origines du langage ; *Le Banquet* (*), sur le Beau et l'Amour ; le *Phédon* (*), sur l'immortalité de l'âme et la mort de Socrate ; *La République* (de la justice et de l'organisation de l'État idéal). Viennent ensuite, introduits par le *Phèdre* (*), qui traite de la vraie rhétorique, un groupe de dialogues métaphysiques : *Théétète* (*), *Parménide* (*), *Sophiste* (*), qui s'achève par *Le Politique*, et que devait prolonger, d'après les indications mêmes de Platon, un dialogue sur le *Philosophe* qui n'a pas été écrit. Les dialogues de vieillesse comprennent le *Philèbe* (*) (du plaisir et de la méthode), le *Timée* (cosmologie et anthropologie), un dialogue inachevé (sur l'Athènes préhistorique), le *Critias* (*) et *Des lois*. Mais chacune de ces œuvres aborde en outre bien des questions ; elles gardent la variété et la spontanéité d'une conversation qui fait alterner les scènes les plus vivantes avec les analyses les plus rigoureuses, les plus minutieuses, les plus arides parfois, comme avec les allégories et les mythes imagés chargés de suggérer l'inexprimable.

Pour bien comprendre la doctrine de Platon il faut se représenter la crise morale et politique que traversait Athènes au temps de la terrible guerre du Péloponnèse, et dans la période qui suivit. Crise morale : toutes les idées sur lesquelles avaient vécu les cités grecques étaient ébranlées par la critique des sophistes, dont le relativisme – s'il avait le mérite de mettre en cause les préjugés favorables à l'esclavage, par exemple – ouvrait par ailleurs la voie à un amoralisme sans scrupule. Il fallait rendre prestige et valeur à la notion de juste, là où l'on ne voyait plus que l'intérêt du plus fort, à la notion de loi, sans laquelle il n'est pas d'esprit civique. Il fallait leur donner ce que nous appellerions un fondement métaphysique, atteindre des principes stables, au-delà de ce flux universel des choses qui passent, sur lequel Aristote nous dit que l'héraclitéen Cratyle avait attiré l'attention du jeune Platon avant même qu'il eût rencontré Socrate. Crise politique aussi : méditant sur les révolutions grecques, Platon y voyait une chute sans fin de formes meilleures en formes pires ; il a tracé en termes inoubliables le tableau de ce déclin dans *La République*, aux livres VIII et IX, montrant comment se succèdent ce qu'il appelle aristocratie, timocratie ou régime militaire, oligarchie, démocratie, tyrannie enfin, le régime le plus arbitraire de tous. Il fallait remonter la pente, établir les plans de cette cité idéale qu'il n'a jamais renoncé à réaliser. Ici encore il fallait instituer un ordre fondé dans l'absolu.

Or Platon avait éprouvé, en voyant vivre et mourir Socrate, la grandeur des valeurs morales qui commandaient ses actions, et le sens de la vertu qui consistait, selon lui, dans la connaissance du bien, ainsi que l'intérêt que présentaient la définition des vertus et l'étude de leurs rapports. D'autre part, au contact de Théodore de Cyrène et surtout d'Archytas de Tarente, il avait compris que les essences mathématiques sont indépendantes des figures qui les matérialisent, et que leur étude nous initie à un ordre de connaissances supérieur au domaine du sensible, qu'il s'agisse de l'arithmétique, de la géométrie, de l'acoustique ou de l'astronomie (voir *La République*, livre VII) ; aussi nous dit-on qu'il interdisait l'entrée de son école à quiconque était dépourvu de culture mathématique, et plusieurs de ses élèves – notamment Théétète – y élaborèrent une partie importante de la géométrie dans l'espace, notamment la théorie des solides réguliers, que l'on appelle encore parfois les solides platoniciens, et dont il est question dans le *Timée*. Par ailleurs, il estimait qu'une formation mathématique était aussi nécessaire au politique qu'au philosophe. D'autre part encore on voit dans *Le Banquet* comment les valeurs esthétiques apportent également la révélation d'essences idéales à celui qui sait dégager de la jouissance des belles choses l'intuition de la beauté (« dialectique de l'amour »). Et enfin la structure des êtres vivants ou des objets fabriqués par nos techniques donne aussi l'exemple de ce que nous appellerions des types ou des prototypes, des formes qui imposent un ordre aux matériaux qui les composent ; notion qu'Aristote devait reprendre et qui, sous son second aspect, lui paraît peu platonicienne, contrairement au témoignage de Platon lui-même. Ces valeurs, ces essences, ces structures sont plus réelles aux yeux de Platon que les phénomènes sensibles, qui n'en sont que les ombres (mythe de la caverne). Elles constituent ce que Platon appelle le monde des idées ou des formes intelligibles, dont l'étude est le domaine de la dialectique. Alors que la géométrie se contente de rattacher – comme le fera Euclide – les théorèmes à un certain nombre d'axiomes, la dialectique doit remonter plus haut encore, et s'élever d'idée en idée jusqu'à un fondement inconditionnel, principe de l'être et du connaître : l'idée du bien, dont Platon compare le rôle par rapport au monde intelligible à celui du soleil dans le monde sensible (*La République,* livre, VII, fin).

Comment l'homme connaît-il ces idées ? Une réponse symbolique à cette question est donnée par la théorie, d'origine pythagoricienne, de la « réminiscence », selon laquelle acquérir un savoir, c'est se ressouvenir de ce que l'on avait contemplé dans une vie antérieure ; elle est illustrée par l'exemple du jeune esclave de *Ménon,* qui ignore tout de la géométrie, et à qui Socrate fait pourtant découvrir de lui-même, en l'aidant seulement de ses questions, que c'est sur la diagonale que se construit le carré double d'un carré donné. Le *Phèdre* donne une image mythique célèbre des âmes qui, avant la naissance, parcourent la voûte du ciel, montées chacune sur un char ; celles qui sont pourvues du meilleur attelage peuvent jeter un coup d'œil sur les espaces hypercélestes où résident les idées. Qui a vu ainsi, avant de naître, l'idée du beau, se la rappelle en présence des êtres ou des objets beaux ; à ce souvenir, il se trouble, et c'est ainsi que Platon explique le délire d'amour. Le lien établi de la sorte entre la notion d'idée et la notion d'âme est approfondi dans le *Phédon,* dont le mythe final, comme ceux du *Gorgias* et du livre X de *La République,* expose le sort de l'âme après la mort, les récompenses et les sanctions d'outre-tombe ; le plus grand châtiment de l'âme injuste étant la mauvaise qualité qu'elle a acquise par les actions mêmes qui ont pu lui procurer une fortune de mauvais aloi. Platon en arrive ainsi à soutenir ce paradoxe qu'il vaut mieux subir l'injustice que la commettre et que, quand on l'a commise, expier est préférable à ne pas expier. Ainsi se trouvent renversées les notions courantes dans la morale populaire de son temps.

Non moins radicales sont les solutions que Platon apporte à la crise politique. Il renonce à constituer un État meilleur avec les citoyens adultes, qu'il considère comme irrémédiablement corrompus ; mais que l'on confie les jeunes à des éducateurs philosophes, et il sera possible de redresser la situation. *La République* trace tout un programme d'enseignement et de sélections successives, permettant de former garçons et filles, car Platon proteste contre le rang inférieur que réservait aux femmes la cité grecque. Il s'agissait de choisir les meilleurs et les meilleures pour en faire les gardiens et les gouvernants, qui, après une formation musicale et sportive, devaient être initiés successivement aux sciences exactes, à la théorie des idées, à la notion du bien. À trente-cinq ans seulement, ils devaient entrer en fonctions, et pour quinze ans. Platon prescrit qu'ils vivent en commun, sans aucune possession personnelle ; nous serions tentés de dire : comme les membres d'un ordre religieux. Suivent des prescriptions que Platon lui-même n'énonce pas sans prendre quelques précautions verbales : pour atteindre une union plus parfaite, pour faire de la cité tout entière une grande famille, il renonce en effet à leur accorder une famille privée ; le gouvernement trouvera moyen d'unir les meilleurs aux meilleures, et leurs enfants seront élevés en commun dans des sortes de crèches. C'est la fameuse communauté dite des femmes et des enfants, qui comporte en réalité une réglementation des unions par l'État ; une même génération, ou plutôt une même promotion d'adultes considérant indistinctement une même génération d'enfants comme les siens, et réciproquement étant traitée par eux en parents.

Platon consacra encore à la politique deux ouvrages importants : le *Politique,* où il montre comment l'initiative de l'homme d'État digne de ce nom sera supérieure à l'immutabilité figée des lois, dans un monde abandonné à son inertie par le dieu qui le dirige ; et enfin *Des lois,* œuvre considérable et inachevée de sa vieillesse, qui revient à la recherche d'une stabilité échappant à la décadence. Platon y tient compte davantage du fait que les hommes ne sont que des hommes et non des dieux. Certes, si les hommes étaient plus parfaits, il ne serait pas besoin de lois pour les diriger, et l'élimination de la propriété individuelle est toujours considérée par lui comme un idéal unissant les hommes dans la joie d'une vie commune. Mais l'imperfection humaine est telle qu'il faut préférer au type le meilleur de constitution un second type moins parfait, mais plus réalisable ; et Platon se proposait d'en tracer un troisième, plus accessible encore, qu'il n'eut pas le temps de dessiner. Celui que proposent *Des lois* reste théorique, avec sa division de la Cité en cinq mille quarante familles, réparties en quatre classes, dont les fortunes ne devaient pas différer plus que du simple au quadruple. Il sert de cadre à une étude approfondie de l'organisation économique, politique, juridique, éducative et religieuse. Ce qui a le plus attiré l'attention en ces derniers temps est le caractère autoritaire de ce régime intolérant, où un sort terrible est réservé aux incroyants.

Nous ne pouvons exposer ici les théories platoniciennes de la nature, ni le contenu des grands dialogues métaphysiques de la période de vieillesse – v. l'analyse de chaque dialogue dans le *Dictionnaire des œuvres.* Indiquons seulement que Platon a fait lui-même dans le *Parménide* la plus vive critique qu'on ait jamais présentée de sa propre théorie des idées ; et qu'on trouve, dans les dernières œuvres, de nouveaux aspects de sa conception de la dialectique, et les principes d'une classification dichotomique des espèces. On voit assez, par tout ce qui précède, la richesse d'une œuvre qui a été à travers les siècles une source permanente d'inspiration et qui, sur de nombreux points, a encore beaucoup à nous apprendre, bien que d'autres passages suscitent encore de nos jours de très vives critiques, qui montrent à quel point elle est restée vivante.

PIERRE MAXIME SCHUHL.

Antiquité. ♦ *« Si Platon sépara du monde sensible l'un et les nombres, et s'il introduisit les idées, c'est à cause de son intérêt pour les modes d'expression. Ses prédécesseurs, en effet, ne connaissaient pas la dialectique. »* Aristote. ♦ *« Platon, ce Dieu nôtre... ennemi de la rhétorique et cependant le plus éloquent des écrivains. »* Cicéron. ♦ *« Platon, l'homme le plus sage et le plus savant de son temps, qui a parlé de telle sorte que tout ce qu'il disait devenait grand, et qui a dit des choses qui, de quelque manière qu'elles fussent dites, ne pouvaient devenir de petites choses... Il suffirait de lui retrancher quelques mots pour en faire un chrétien. »* Saint Augustin.

XIVe-XVIe siècle. ♦ *« Platon parle d'une pureté qui n'est pas de ce monde, ni hors du monde, qui n'est ni dans le temps ni dans l'éternité, qui n'a ni dehors ni dedans. »* Maître Eckhart. ♦ *« Aristote a pour lui la quantité, Platon la qualité. »* Pétrarque. ♦ *« J'ai traduit Platon, persuadé qu'en rendant à la lumière cette théologie, les péripatéticiens, c'est-à-dire presque tous les philosophes, comprendraient qu'on ne doit pas traiter la religion comme des contes de bonne femme. »* Marsile Ficin. ♦ *« La licence du temps m'excusera-t-elle de cette sacrilège audace d'estimer aussi traisnants les dialogismes de Platon mesme, estouffant par trop sa matière, et de plaindre le temps que met à ces longues interlocutions vaines et préparatoires un homme qui avait tant de meilleures choses à dire. »* Montaigne.

XVIIe-XVIIIe siècle. ♦ *« On ne s'imagine Platon et Aristote qu'avec de grandes robes de pédants. C'étaient des gens honnêtes et, comme les autres, riant avec leurs amis ; et quand ils se sont divertis à faire leurs* Lois *et leur* Politique, *ils l'ont fait en se jouant ; c'était la partie la moins philosophique et la moins sérieuse de leur vie, la plus philosophique était de vivre simplement et tranquillement. »* Pascal. ♦ *« Un homme qui saurait tout Platon et qui ne saurait que Platon, saurait peu et mal... La réputation qu'eut Platon ne m'étonne pas : tous les philosophes étaient intelligibles ; il l'était autant que les autres et s'exprimait avec plus d'éloquence. »* Voltaire. ♦ *« Il y a plus à profiter pour un esprit supérieur dans une page de cet auteur que dans mille volumes de critique... Parle-t-il de l'harmonie générale de l'univers, celui qui en fut l'auteur emprunterait sa langue et ses idées. »* Diderot. ♦ *« La véritable philosophie des amants est celle de Platon ; durant le charme, ils n'en ont jamais d'autre. Un homme ému ne peut quitter ce philosophe ; un lecteur froid ne peut le souffrir. »* J.-J. Rousseau.

XIXe siècle. ♦ *« Au lieu, comme Socrate, de soumettre uniquement l'activité morale à la subjectivité de la raison, Platon lui subsume la réalité tout entière. Pour la première fois, la philosophie prend la forme d'une science spéculative... Au principe de toutes choses, il y a l'Universel ou Idée...* [mais] *Platon ne conçoit cette participation à l'Universel qu'à travers la destruction de l'individuel. C'est là le défaut de la dialectique platonicienne et aussi de la philosophie pratique. Il faudra attendre le christianisme pour que l'individu soit rétabli dans ses droits. »* Hegel. ♦ *« N'est-ce pas singulier que Platon dans* La République *veuille en faire expulser les « poètes », il les attaque ailleurs assez souvent... et pourtant il était lui-même un poète, ou un penseur avec un penchant prépondérant de poésie. Et puis cette étrangeté encore que ce stade chez lui n'est pas antérieur et qu'ainsi l'éthique – le décisif – vienne en dernier. Non hélas ! c'est tout le contraire... C'est une réminiscence de Socrate qui était, lui, effectivement, le moraliste et avait raison de vouloir chasser le « poète ». À la génération qui suit, celle de Platon, nous en sommes à l'étape où c'est Platon le poète qui veut supprimer le « poète » et c'est pure fantaisie poétique chez lui que de vouloir le supprimer, tant il y a eu recul depuis Socrate. »* Kierkegaard. ♦ *« Ma méfiance de Platon va toujours plus au fond : je trouve qu'il a dévié de tous les instincts fondamentaux des Hellènes, je le trouve si imprégné de morale, si chrétien avant la lettre – il donna déjà l'idée du « bien » comme idée supérieure –, que je suis tenté d'employer à l'égard de tout le phénomène Platon, plutôt que toute autre épithète, celle de haute fumisterie, ou, si l'on préfère, d'idéalisme. »* Nietzsche.

XXe siècle. ♦ *« La pensée chrétienne ne nous tient que trop... et il est bon de savoir, par lecture familière, qu'un Platon s'est élevé à la grandeur morale sans reproche, à la forte dialectique, à la grande poésie, par la seule puissance d'une Raison qui ne devait aucun respect à une foi quelconque ; ici la religion a pris sans effet la forme d'un mythe, illustrant seulement les preuves, au lieu d'accoutumer aux arguments de prédicateur, comme il arrive chez nous. »* Alain. ♦ *« La philosophie de Platon est avant tout un continuel retour du philosophe sur lui-même, une philosophie du philosophe où la philosophie se prend elle-même comme objet, une conscience philosophique réfléchissante, dans laquelle l'expérience philosophique apparaît sous des formes toujours nouvelles. Dans ce sens, la philosophie ne peut aucunement être conçue comme étant telle philosophie déterminée, mais bien comme l'exercice de la philosophie. Aussi vaudrait-il mieux s'abstenir de parler d'une philosophie platonicienne, voire d'un système de Platon, mais s'en tenir à une manière de philosopher propre à Platon, ou mieux encore à l'exercice de la philosophie en général, tel que Platon le comprend et l'enseigne. »* B. Groethuysen. ♦ *« C'est une tradition que Platon aurait brûlé ses écrits poétiques et des ébauches de tragédie lorsqu'il se fut définitivement attaché à Socrate. La crise de son adolescence fut donc une crise du langage. Pendant toute sa vie ensuite, il ne fera que chercher la vérité hors de la poésie et de la rhétorique, parce qu'il les accusera de légèreté et de mensonge. La philosophie sera pour lui l'antidote de la rhétorique comme la religion vingt-deux siècles plus tard pour*

Racine, et de nos jours le travail pour Rimbaud. » B. Parain.

RÉF. : L. Robin, *La Théorie platonicienne des idées et des nombres,* Paris, 1908 ; *La Théorie platonicienne de l'amour,* Paris, 1908 ; *Études sur la signification et la place de la physique dans la philosophie de Platon,* Paris, 1919 ; *Platon,* Paris, 1933. – A. E. Taylor, *Plato, the Man and his Work,* Londres, 1926. – Diès, *Autour de Platon,* 2 vol., Paris, 1927 ; *Platon,* Paris, 1930. – Festugière, *Contemplation et vie contemplative selon Platon,* Paris, 1936. – P. Lachièze Rey, *Les Idées morales, sociales et politiques de Platon,* Paris, 1938. – R. Schaerer, *La Question platonicienne,* Paris, 1938. – J. Moreau, *Construction de l'idéalisme platonicien,* Paris, 1939. – Brice Parain, *Essai sur le logos platonicien,* Paris, 1942. – Koyré, *Introduction à la lecture de Platon,* New York, 1945. – K. R. Popper, *The Open Society and its Enemies,* 1946. – P. M. Schuhl, *La Fabulation platonicienne,* Paris, 1947 ; *Essai sur la formation de la pensée grecque, introduction à une étude de la philosophie platonicienne,* 2e éd., Paris, 1949 ; *Platon et l'art de son temps,* 2e éd., Paris, 1952 ; *Le Merveilleux,* Paris, 1952 ; *L'Œuvre de Platon,* Paris, 1954. – V. Goldschmidt, *Les Dialogues de Platon,* Paris, 1947 ; *La Religion de Platon,* Paris, 1949. – P. Kucharski, *Les Chemins du savoir dans les derniers dialogues de Platon,* Paris, 1949. – R. B. Levinson, *In Defence of Plato,* Cambridge, 1953. – F. Châtelet, *Platon,* Paris, 1965 ; *Platonisme et pensée contemporaine,* Paris, 1970. – Vincent Descombes, *Le Platonisme,* Paris, 1971. – Jan Patocka, *Platon et l'Europe,* Paris, 1983. – Robert Véron, *Platon, une introduction à la vie de l'esprit,* Paris, 1987.

PLATONOV Andreï (pseud. d'Andrej Platonovič Klimentov). Écrivain russe. Né le 1er septembre 1899 à Voronej, mort le 5 janvier 1951 à Moscou. Platonovič Klimentov (il prendra pour pseudonyme son patronyme) est né dans une famille d'ouvriers. À Voronej, il fréquente l'école paroissiale, puis l'école secondaire, avant de travailler comme ouvrier. Après un passage dans l'armée Rouge, il termine l'école polytechnique de sa ville natale et va s'employer à la bonification des steppes arides qui serviront de cadre à nombre de ses récits. Il commence par publier des vers. La notoriété viendra avec le recueil *Les Écluses d'Épiphane* [*Epifanskie sljuzy,* 1927] – v. *Villegrad* (*). Dans ce récit du temps de Pierre le Grand, Platonov critique le volontarisme de dirigeants coupés de leur peuple, qui décrètent de grands travaux sans tenir le moindre compte des conditions réelles, sacrifiant énergies et vies humaines. Platonov aborde ici l'un de ses thèmes majeurs : celui de la fausseté des idéologies, de la séduction qu'elles exercent, des perversions qui en résultent. Le récit historique *Ivan Joh* (paru dans le même recueil) en est comme la suite chronologique. Ivan Joh, sorte de philosophe errant, sorti du peuple et épris de liberté (ce sont là des traits constants du héros platonovien), devient un « imposteur » dans la tradition de Pougatchev ; cent quarante ans plus tard, ses descendants, qui ont fondé en Sibérie un royaume où s'incarne l'utopie paysanne, rencontreront des partisans de Lénine en route pour Moscou. La confrontation des deux rêves pose plus de questions qu'elle n'en résout. Sur cette étape de l'utopie, la révolution léniniste, Platonov reviendra avec *L'Homme intérieur* [*Sokrovennyj celovek,* 1928], et surtout avec son grand roman *Les Herbes folles de Tchevengour* (*), qui met en scène de façon visionnaire le pouvoir mortifère des idéologies (terminé en 1929, *Tchevengour* ne sera publié en U.R.S.S. qu'en 1988). Viendra ensuite la période dite du « grand tournant », celle de la révolution stalinienne : collectivisation forcée à la campagne, révolution « culturelle » dans tout le pays. Elle va inspirer à Platonov une série de textes majeurs. C'est d'abord le récit *Makar pris de doute* [*Usomnivsijsja Makar,* 1929] et la nouvelle *À l'avance. Chronique de la vie des koulaks* [*Vprok. Kulackaja hronika,* 1931], satire féroce de la collectivisation. Nouvelle incarnation de l'Ivan le Sot du conte populaire, Makar se rend à Moscou pour vérifier ce qu'il en est réellement... et découvre l'imposture (l'« homme scientifique » de son rêve, celui qui était sensé répondre à toutes les questions, s'avère n'être qu'un simulacre sans vie). La critique se déchaîne. Quant à Staline, la lecture de ces ouvrages devait lui inspirer un commentaire laconique : « Un salaud. » De la même époque date *La Fouille* (*), l'un des textes les plus sombres qui aient jamais été écrits sur la collectivisation ; Platonov n'envisagera même pas de le publier (publication à Londres en 1969). Il essaie de se racheter avec *La Mer de Jouvence* (*), où il veut présenter la réalisation de l'utopie sous un jour positif, mais son inspiration est plus forte que ses intentions et cette tentative n'aboutit qu'à montrer la réalité du fantastique et le fantastique de la réalité. En 1933, un voyage en Asie centrale lui inspirera le récit *Djann* (*), qui relate le parcours de la mort à la vie d'un petit peuple misérable. Durant les années 30, Platonov doit se cantonner dans une activité de critique. Réduit à la misère, il signe ses articles de pseudonymes significatifs : Celovekov (L'Homme), Firs (c'est le nom du vieillard que, dans une pièce de Tchekhov, les propriétaires « oublient » en quittant leur domaine). En 1937-38, Platonov rédige la pièce *Les 14 Isbas rouges* [*14 krasnyh izbušek*] où il confronte l'utopie meurtrière du socialisme aux enthousiasmes d'un savant occidental « de stature mondiale ». Durant la guerre, les récits et correspondances de Platonov sont publiés. Mais en 1946, son récit *Le Retour* [*Vorvraščenije*] fera à nouveau de lui un exclu. Arrêté, son fils ne reviendra des camps, après plusieurs années, que pour mourir de tuberculose. Tuberculeux à son tour, usé par les épreuves, Platonov mourra en 1951. – Dans ses romans et nouvelles, Platonov se distingue par un style reconnaissable entre tous : transformant les mots abstraits en choses concrètes et palpables, il crée une langue décapée, « primitive », dénonciatrice, qui tend à abolir l'écart entre pensée et langage.

MARIANNE GOURG

PLAUTE (Titus Maccius Plautus). Poète comique latin. Né avant 251 av. J.-C., à Sarsina en Ombrie ; mort en 184. Nous manquons de tout renseignement certain sur sa vie ; après avoir travaillé, on ne sait pas à quel titre, dans le milieu théâtral, il parvint à amasser un peu d'argent qu'il employa dans quelque spéculation commerciale. Il fit faillite et, réduit à la pauvreté, fut contraint de s'employer comme homme de peine chez un meunier. Ce serait vers cette époque qu'il aurait écrit ses trois premières comédies (*Saturio, Addictus,* et une troisième dont nous ne connaissons pas le titre) qui furent accueillies avec faveur. Des vingt et une comédies qui nous sont parvenues, on ne peut dater avec certitude que *Stichus* (*) représentée en 200, *Pseudolus* (*) représentée en 191, et approximativement *Le Soldat fanfaron* (*), allusion à l'incarcération de Naevius, qui dut être mise en scène tout de suite après l'événement (206). Auteur très populaire, il eut de nombreux imitateurs et on lui a attribué souvent des comédies apocryphes. Varron, le critique du Ier siècle av. J.-C., choisit parmi cent trente comédies vingt et une qui sont incontestablement authentiques : celles-là mêmes qui nous sont parvenues. À la différence de ses contemporains versatiles Ennius et Naevius, Plaute a limité son activité à un seul domaine, celui de la comédie et, semble-t-il, s'est contenté d'adapter les œuvres qui appartiennent à ce qu'on appelle la comédie nouvelle grecque : des comédies de Ménandre, il a tiré *La Cassette* (*), *Stichus* et *Les Bacchis* (*) ; de celles de Philémon, *Les Trois Écus* (*), *Le Marchand* (*) ; de celles de Dyphile, *La Maisonnette* et *Le Cordage* (*) ; de celles de Démophile, *Asinaria* (*).

Il ne reste rien de ses modèles, mais si même nous ne savions pas, par des sources antiques, les libertés que Plaute prenait en adaptant ses comédies au goût romain, il nous suffirait de lire ses pièces pour nous faire une idée de son talent et de sa culture. Mais le vrai chef-d'œuvre de Plaute est son langage, et là il est inimitable. Il a su exploiter toutes les ressources du latin, sa langue est riche, vivante et populaire tout en ayant un caractère original ; elle lui permet d'exprimer sans la moindre trace de trivialité les idées vulgaires de gens vulgaires. Un grammairien a écrit : si les Muses avaient voulu parler latin elles auraient utilisé la langue de Plaute. Son originalité, compte tenu de ses modèles, et son sens de l'art ne sont pas moindres dans ses vers et ses chants lyriques qui alternent avec les parties dialoguées. Plaute nous a laissé l'image éternelle d'un monde corrompu ou devenu le jouet du hasard ou de la folie, monde où seul le cynisme dépourvu de tout préjugé des rusés et des intrigants, des esclaves surtout, parvient à faire son chemin. Les situations, les intrigues et les caractères de l'œuvre de Plaute jouirent de la faveur de toutes les époques et on les retrouve dans un nombre infini de versions, toujours amusantes, dans Boccace comme dans l'Arioste et l'Arétin, dans Shakespeare comme dans Molière.

FAUSTO CODINO.

♦ *« L'admirable Plaute... »* Varron. ♦ *« Les caractères de son génie comique sont la gaieté, l'esprit, l'urbanité et l'élégance. »* Cicéron. ♦ *« Dans les comédies de Plaute, voyons-nous autre chose que des jeunes gens qui, après avoir par quelque tromperie tiré de l'argent à leurs pères, pour dépenser à la suite de leurs amours déréglées, sont enfin richement mariés ; et des esclaves qui, après avoir servi de ministres à leurs débauches, obtiennent leur liberté pour récompense. »* Corneille. ♦ *« Plaute ignorait la bienséance et la médiocrité. »* La Fontaine. ♦ *« Les comparaisons de Plaute avec Molière, toutes à l'avantage de ce dernier, n'empêchent pas qu'on ne doive estimer ce comique latin qui, n'ayant pas la pureté de Térence, et fort inférieur à Molière, a été, par la variété de ses caractères et de ses intrigues, ce que Rome a eu de meilleur. »* Voltaire. ♦ *« Son théâtre est le supplément nécessaire des livres historiques : c'est l'histoire secrète et anecdotique de la vie romaine ; ce sont les mémoires des hommes ordinaires, qui ne sont point nommés dans les annales et qui forment la mesure commune du caractère national dont les hommes illustres ne sont que les exceptions. »* J. Naudet. ♦ *« Plaute possède deux dons innés, celui de la scène et celui du style. C'est un inventeur inépuisable, un dénicheur de situations et d'expressions. Il lui manque la science des préparations, des transitions, des développements logiques ; mais il possède l'art de camper ses personnages en face l'un de l'autre dans des situations imprévues. Au plus bas degré, ce sont des trucs de vaudeville. Un peu plus haut, ce sont les artifices de la comédie d'intrigue. Plus haut encore, ce sont des traits de caractère frappants. »* R. Pichon. ♦ *« Il y a en un mot chez lui une alliance de la délicatesse grecque et de la bouffonnerie italienne. »* A. Uri.

RÉF. : F. Léo, *Plautinische Forschungen zur Kritik und Geschichte der Komödien*, Berlin, 3e éd., 1912. — P. Lejay, *Plaute*, 1925. — A. de Lorenzi, *Cronologia ed evoluzione plautinia*, Naples, 1952. — G. E. Duckworth, *The Nature of Roman Comedy*, 1952.

PLESSIS Frédéric. Poète et érudit français. Né à Brest le 3 février 1851, mort à Paris en 1942. Docteur ès lettres et en droit, il fut professeur de lettres successivement dans les facultés de Poitiers, de Caen, de Bordeaux, de Lyon, puis, à partir de 1892, à l'École normale supérieure. Des études sur Properce (1884), une thèse restée classique sur *La Poésie latine* (1909), un traité de *Métrique grecque et latine*, etc., lui firent une solide réputation d'humaniste. En marge de ses travaux d'érudition, Frédéric Plessis ne cessa jamais cependant de composer des poèmes : les premiers parurent en 1869, dans la seconde anthologie du *Parnasse contemporain* (*), puis ce fut, en 1886, *La Lampe d'argile* (*) suivie, onze ans plus tard, de *Vesper*. Un dernier recueil, *La Couronne de lierre,* parut en 1921. La poésie de ce Celte, très attaché à sa Bretagne qui l'a plusieurs fois inspiré, mais Provençal par sa mère, ami d'Anatole France et de Maurras, paraît, dans sa première période, comme toute formée de reflets de l'*Anthologie.* Dans les poèmes suivants domine peu à peu un certain stoïcisme, qui se conciliera d'ailleurs avec ces grâces hellénistiques auxquelles Plessis resta toujours sensible. À la piété envers Athènes il alliait résolument celle qu'il vouait à Rome, et il fut un des premiers artisans de la renaissance littéraire latine, à un moment où celle-ci était encore limitée à peu près aux cercles du félibrige.

PLÉTHON (pseud. de Georgios Gemisthos). Écrivain byzantin. Né sans doute à Constantinople vers 1355, mort vers 1450. Il est l'un des principaux promoteurs de la renaissance littéraire européenne et sa renommée fut immense. Chargé de nombreuses fonctions publiques, il assuma aussi la représentation de l'Église grecque au concile de Florence en 1438. Son œuvre marque un renouveau de la pensée platonicienne et porte un coup fatal à la scolastique. La plupart de ses livres ont été perdus, mais il nous reste quelques traités : *De la différence entre Aristote et Platon, Traité des lois* (*), *Du destin, Oracles magiques de Zoroastre*. On lui doit, en outre, des extraits d'Appien, de Théophraste, d'Aristote, de Xénophon et de Diodore de Sicile.

PLEYNET Marcelin. Poète, romancier et essayiste français. Né le 23 décembre 1933 à Paris. Il est bon de rappeler que ce fidèle de Philippe Sollers à *Tel quel* (*) puis à *L'Infini* n'a cessé de poursuivre une œuvre personnelle. Tout d'abord il est poète : son travail, commencé par *Les Trois Livres* (1984) qui regroupent différents recueils dont *Comme* (1965), et plus tard *Rime* (1981) ou *Fragments du chœur* (1984), impose un lyrisme maîtrisé et ouvert aux expériences les plus diverses du langage, sans oublier *Stanze* (*) (1973) qui reste la plus belle réussite de l'exaltation suscitée par la redécouverte par *Tel quel* des grands textes poétiques (Homère, Pound) et du compagnonnage avec la Révolution chinoise et les genres littéraires qui s'y déployaient. Pleynet a d'ailleurs évoqué ce dernier attachement critique dans *Le Voyage en Chine* (1980) qui inaugure une série de publications dans lesquelles le diariste montre une grande curiosité intellectuelle (*Spirito Peregrino*, 1981). Pleynet, en effet, titulaire de la chaire d'esthétique de l'École supérieure des beaux-arts de Paris, a mené une œuvre de critique littéraire (*Artaud ou Lautréamont*, 1967) et d'art : on lui doit des textes majeurs sur Mondrian (*L'Enseignement de la peinture*, 1971), *Matisse* (1988), *Giotto* (1985) ou *Motherwell* (1989). Plus récemment, il a publié des romans, *Prise d'otage* (1986) et *La Vie à deux ou trois* (1992) dans lesquels, renouant avec une écriture traditionnelle, il interroge les valeurs et les mœurs de l'époque contemporaine.

HERVÉ CARN.

PLIEVIER Theodor. Romancier allemand. Né le 1er février 1892 à Berlin, mort le 12 mars 1955 à Avegno (Suisse). Fils d'ouvrier, issu d'une famille nombreuse, il vagabonde dès l'âge de seize ans à travers l'Europe. Mobilisé de 1914 à 1918 dans la marine de guerre, il participe à la révolte des marins de Wilhelmshaven et milite dans les conseils d'ouvriers et de soldats. Après avoir exercé tous les métiers, il prend en 1933 le chemin de l'émigration : Prague, Paris et finalement Moscou, où il participe au Congrès des écrivains. Il revient en Allemagne en 1945 dans le sillage de l'armée Rouge et devient président, à Weimar, de l'« Association culturelle pour le renouveau démocratique de l'Allemagne ». Il quitte en 1947 la zone d'occupation soviétique et choisit de résider en Suisse. Plievier est surtout connu pour sa trilogie romanesque sur la campagne de l'Est des armées hitlériennes : *Stalingrad* (*) (1945), *Moscou* (+) (1952), *Berlin* (1954), ouvrages qui connurent un grand retentissement lors de leur parution, peut-être en raison de leur « actualité » de reportage journalistique. On retiendra également le premier roman de Plievier, *Les Coolies de l'empereur* (+) (1929), dont fut tirée en 1930 une pièce de théâtre mise en scène par Piscator, qui raconte la révolte des marins de Kiel et l'épopée de la « République des Conseils ». Les œuvres de Plievier représentent, en leur ensemble, une tentative conséquente de « réalisme documentaire ».

JEAN-JACQUES POLLET.

PLINE l'Ancien (Caius Plinius Secundus). Écrivain latin. Né à Côme entre le 25 août 23 et le 24 août 24 apr. J.-C., mort le 24 août 79 à Castellamare di Stabia. C'est surtout par les *Lettres* (*) de son neveu Pline le Jeune que nous connaissons la personnalité de cet éminent naturaliste. Suétone avait écrit une biographie de Pline l'Ancien dans ses *Hommes illustres* (*) ; malheureusement nous n'en possédons qu'un résumé schématique. Caius Plinius Secundus est né à Côme, riche municipe situé sur la rive sud du lac qui aujourd'hui porte le même nom et s'appelait alors le lac Larius. Sa famille appartenait à la riche bourgeoisie provinciale qui commençait alors à jouer un rôle éminent, et il est probable que quelques-uns de ses parents figuraient déjà dans l'ordre équestre. Nous ne connaissons rien de la vie de Pline avant ses débuts dans la carrière équestre comme officier de cavalerie. Il est tout d'abord préfet d'une cohorte auxiliaire de Thraces, puis préfet d'une aile de la cavalerie. Il semble qu'il ait participé aux campagnes contre les Chauques (47), puis contre les Chattes (50-51). On trouve sa trace à Xanten, en Rhénanie, mais il parcourut, au cours des années passées à l'armée, une grande partie de la Germanie, des sources du Danube à l'embouchure du Rhin. En 52, Pline semble libéré du service, car il assiste, en cette année, à une cérémonie qui eut lieu sur le Tibre. Il est probable que, dès cette époque, Pline accumulait des notes de toutes sortes sur les contrées où il séjournait. Il en tire déjà profit dans trois ouvrages qu'il entreprit alors : *Sur l'art de lancer le javelot à cheval,* la *Vie de Q. Pomponius Secundus,* chef capitaine et poète qu'il avait bien connu, enfin un long travail qu'il continua par la suite et qui devait comprendre vingt livres, les *Guerres de Germanie.* Nous perdons sa trace dès son retour en Italie (vers 52). Il semble que, jusqu'à 70, année de l'avènement de Vespasien, il se soit tenu à l'écart. Et ce silence s'explique probablement par les risques que couraient les esprits libres et en vue sous le règne de Néron (54-69). C'est à l'étude de la rhétorique et de la grammaire que Pline semble alors surtout s'être consacré. Il publie un ouvrage en trois volumes sur la formation de l'orateur, le *Studiosus,* et huit livres sur les *Incertitudes du langage.* Il n'est pas impossible qu'il ait exercé pendant quelque temps le métier d'avocat. En 61 ou 62 naît le second fils de sa sœur que Pline devait adopter et qui fut son élève, Pline le Jeune. Il semble que, après 70, Pline l'Ancien ait repris sa carrière officielle interrompue. L'*Histoire naturelle* montre une connaissance directe des choses de l'Orient, et il est probable que c'est dans ces années-là que Pline s'y rendit ; il est fort possible qu'il ait même participé à la guerre entreprise par Titus contre les Juifs. Pline y aurait joué le rôle de sous-procurateur du chef d'état-major général, Tiberius Julius Alexander. Pline occupa ensuite selon toute vraisemblance des charges administratives d'une certaine importance. Nous savons par une lettre de Pline le Jeune (*Ép.* III, 5, 17) que son oncle fut procurateur financier de l'Espagne tarragonaise, et une inscription indiquerait qu'il exerça les mêmes fonctions en Syrie. Ce qui est certain, c'est qu'au cours des années 71-74/75 Pline voyagea beaucoup, et en particulier en Afrique, en Narbonnaise et en Belgique. Toutefois, ces déplacements et ces fonctions ne devaient pas l'empêcher de rassembler des matériaux pour des œuvres à venir puisqu'en Espagne sa documentation fut évaluée à prix d'or. Vers 74, Pline atteint le rang de commandant dans une légion, mais on ne sait exactement ni la nature de son emploi ni le lieu où était cantonnée son unité.

Enfin, probablement peu après, il est appelé à la cour impériale et chargé de hautes fonctions qui le mettront en contact direct et quotidien avec l'empereur Vespasien. Selon J. Beaujeu, il s'agirait de la direction d'un des cinq bureaux de l'administration centrale et plus précisément soit du bureau des suppliques qui recevait les demandes adressées à l'empereur et y répondait, soit du bureau des études, lequel fournissait au souverain la documentation indispensable pour prendre des décisions sur les affaires en cours. Ces absorbantes attributions ne semblent guère avoir ralenti l'activité personnelle de Pline. C'est en effet alors qu'il rédige ou termine l'*Histoire contemporaine* en trente et un livres, aujourd'hui perdus, mais dont Tacite s'est certainement servi, et les trente-sept livres de l'*Histoire naturelle* (*), dédiés au prince héritier Titus en 77. Si l'*Histoire contemporaine* ne fut certainement publiée, selon sa volonté, qu'après la mort de son auteur, il est fort possible qu'il en ait été de même de l'*Histoire naturelle.*

Au vrai, nous sommes beaucoup mieux renseignés sur la mort de Pline que sur sa vie. Une lettre de son neveu (*Ép.* VI, 16) nous en donne un récit circonstancié. En 79, Pline l'Ancien a alors cinquante-cinq ans, il est commandant de la flotte de Misène et réside dans ce port où il reçoit fréquemment les visites de sa sœur et du fils de celle-ci qu'il chérissait comme son propre enfant, Pline le Jeune. Le 24 août 79, le Vésuve entre en éruption et Pline se fait conduire à Stabies au bord de la baie de Naples, à la fois pour observer de près le cataclysme et pour organiser les secours aux habitants des villes voisines qui fuient le danger. Il meurt asphyxié par les vapeurs de soufre, ou peut-être victime d'une crise d'apoplexie, dans les bras de deux esclaves à la fin d'une nuit sinistre et au milieu de la panique générale.

L'*Histoire naturelle* de Pline a joui jusqu'au XVIIᵉ siècle d'une extraordinaire faveur, elle a servi de source à nombre d'ouvrages d'apparence scientifique. Elle n'est cependant elle-même bien souvent qu'une compilation où les observations personnelles tiennent peu de place par rapport aux emprunts faits à tous les écrivains scientifiques grecs. Il y a loin des grandes synthèses helléniques, et en particulier de l'œuvre d'Aristote dont avec persévérance Pline s'inspire largement, à l'*Histoire naturelle.* Pline n'est ni un créateur, ni un penseur, ni un savant. Il lui reste d'avoir fait passer dans l'héritage latin les résultats atteints par ses devanciers, et d'avoir donné une œuvre unique dans la littérature latine. Il a de plus été un modèle pour plusieurs générations de Romains par sa vie toute consacrée au labeur, à la curiosité, à l'observation, malgré les nombreuses et lourdes charges qu'il a occupées.

JACQUES BROSSE.

♦ *« Pline a donné à l'histoire naturelle une étendue proportionnelle à son importance, mais il l'a traitée d'une manière pitoyable. »* Bacon. ♦ *« Pline n'a point été un observateur tel qu'Aristote, encore moins un homme de génie, capable, comme ce grand philosophe, de saisir les lois et les rapports d'après lesquels la nature a coordonné ses productions... C'est un auteur sans critique qui, après avoir passé beaucoup de temps à faire ses extraits, les a rangés sous certains chapitres en y joignant des réflexions qui ne se rapportent point à la science proprement dite. »* Cuvier. ♦ *« Pline a voulu tout embrasser, et il semble avoir mesuré la nature et l'avoir trouvée trop petite encore pour l'étendue de son esprit... et ce qu'il y a d'étonnant, c'est que dans chaque partie [de son* Histoire naturelle], *Pline est également grand... Non seulement il savait tout ce qu'on pouvait savoir de son temps, mais il avait cette facilité de penser en grand qui multiplie la science ; il avait cette finesse de réflexion de laquelle dépendent l'élégance et le goût, et il communique à ses lecteurs une certaine liberté d'esprit, une hardiesse de pensée qui est le germe de la philosophie. »* Buffon.

RÉF. : H. J. Cotte, *Poissons et animaux aquatiques au temps de Pline,* Paris, 1944. — H. Le Bonniec, *Bibliographie de l'« Histoire naturelle » de Pline,* Paris, 1946. — A. Ernout, *Introduction à l'« Histoire naturelle »,* Paris, 1950. — F. Greenaway, *Science in the Early Roman Empire : Pliny the Elder,* Londres/Sydney, 1986.

PLINE le Jeune (Caius Plinius Caecilius Secundus). Écrivain latin. Né en 61 ou 62 à Novum Comum (Côme), mort vers 114 à Rome. Tout jeune, il perdit son père qui avait épousé une sœur de Pline l'Ancien, et son éducation fut confiée à son oncle qui l'adopta par testament, d'où son nom. Son oncle eut une influence considérable sur sa formation spirituelle, à laquelle devait également contribuer son maître romain, Fabius Quintilien. À dix-neuf ans il se lança dans une brillante carrière d'avocat, qui ne devait être interrompue que par le service militaire : il partit pour la Syrie en qualité de « tribunus militum » dans la « legio III Gallica ». Même là, cependant, il trouva le moyen de s'adonner aux études et de fréquenter des philosophes stoïciens dont Artémidore. Ne perdant pas de vue son idéal de « bonus civis » de la République, il s'efforça de parcourir la carrière des charges publiques : « decemvir litibus iudicandis », avant son service militaire, il fut nommé questeur (91-92), puis tribun de la plèbe (93-94), préteur (95-96), préfet du trésor public militaire (96-98), préfet du Trésor (98-100), consul (100), « curator alvei Tiberis » (100-101), et enfin augure de 101 jusqu'à sa mort. Cette dernière charge qui lui fut accordée par Trajan fit de sa carrière la répétition exacte de celle de Cicéron, son modèle de vie et son modèle littéraire. Vers la fin de sa vie, il fut envoyé comme légat impérial en Bithynie (111-112 ou 112-113) et de là correspondit régulièrement avec Trajan. Il se maria trois fois, mais n'eut pas d'enfant ; certaines de ses lettres nous donnent de sa dernière épouse, Calpurnia, un portrait fort vivant et très amoureux. Pour satisfaire son ambition politique et littéraire dont font foi les *Lettres* (*), il créa, à ses propres frais, une bibliothèque à Côme. Ambition liée toutefois à un grand idéal d'honnêteté et de probité civique, qui lui fit prendre toujours, même dans les moments difficiles, la défense de la constitution de l'État, et qui le fit se dépenser en faveur d'amis dans le besoin. Une sensibilité toute moderne le porta vers des idées profondément humanitaires envers les esclaves ; sensibilité qui nous est révélée encore dans cette manière toute nouvelle d'admirer la nature, les beautés de la campagne. Ses œuvres de jeunesse en vers comprenaient également une tragédie en grec, et plus tard il composa des vers de onze pieds à la manière de Catulle. Ses œuvres en prose étaient représentées par seize livres de discours — dont il ne reste que le *Panégyrique de Trajan* (*) — et par les célèbres *Lettres*. Le dixième livre de ces dernières, c'est-à-dire la correspondance officielle avec Trajan, constitue l'ultime témoignage de l'activité de Pline ; il mourut sans doute peu après son retour à Rome (vers 114).

♦ *« Il est peu de sujets de la vie, et surtout de ceux qui tiennent à l'habitude des choses de l'esprit, sur lesquels il ne nous offre quelque pensée ingénieuse, brillante et polie, une de ces expressions qui reluisent comme une pierre gravée antique, ou comme les blancs cailloux qu'il se plaît à nous montrer en nous décrivant les belles eaux de ses fontaines. Pline est du petit nombre des Romains qui ont ce que Sacy appelle les mœurs, c'est-à-dire qui ont de la pudeur, de la modestie, de la décence. Avec plus de vivacité d'esprit et de relief, c'est le Daguesseau du déclin de l'Antiquité. »* Sainte-Beuve. ♦ *« C'est presque un moderne et il demeure l'une des figures les plus attrayantes de l'Antiquité. »* L. Joubert.

RÉF. : E. Allain, *Pline le Jeune et ses héritiers,* Paris, 1901-1902. — D. Merejkovski, *Ewige Gefährten,* Munich, 1915. — R. Meister, *Zur Frage des Kompositionsprinzips in den Briefen des Plinius,* Vienne, 1924. — W. H. Tanzer, *The Villas of Pliny the Younger,* New York, 1924. — A. M. Guillemin, *Pline et la vie littéraire de son temps,* Paris, 1929. — R. Pichon, *Histoire de la littérature latine,* Paris, 1930. — P. N. M. Dragicévik, *Essai sur le caractère des lettres de Pline le Jeune,* Mostar, 1936. — M. Durry, *Pline le Jeune. Panégyrique de Trajan,* Paris, 1938. — S. E. Stout, *Scribe and Critic at Work in Pliny's Letters,* Bloomington, 1954.

PLISNIER Charles. Écrivain belge d'expression française. Né à Ghlin, près de Mons (Hainaut), le 13 décembre 1896, mort à Bruxelles le 17 juillet 1952. Encouragé, tout jeune encore, par Verhaeren, il fut tout à la fois poète et homme d'action avant de se vouer au roman. Inscrit comme avocat au barreau de Bruxelles, il se posa d'emblée, à l'instar de Barbusse, en admirateur fougueux de la révolution russe. On le vit alors participer à tous les congrès communistes tant en son pays qu'à l'étranger. En 1925, il devient directeur du Secours rouge international. Ayant par la suite (1928) fait état de la déception que lui causait son dernier voyage en Russie et affirmé ses sympathies trotskistes, il est exclu de ce fait à Anvers par le parti communiste. C'est alors qu'il commença à écrire : *Faux-Passeports* (*). Retourné à ce monde bourgeois dont, d'ailleurs, il était issu, Plisnier garda jusqu'à sa mort la nostalgie de l'idéal dont il s'était fait le champion. Ce souffle révolutionnaire se manifeste dans son œuvre poétique. Citons : *Ève aux sept visages* (1919), *La Guerre des hommes* (1920), *Brûler vif* (1923), *Prière aux mains coupées* (1924), *Fertilité du désert* (1933), *Périple* (1936), etc. Dans *Sacre* (1938) et plus encore dans *Ave Genitrix* (1943) s'amorce un retour vers la foi catholique. Partisan du rattachement de la Wallonie à la France, Plisnier vint se fixer en France. En 1937, il obtint le prix Goncourt avec un recueil de nouvelles intitulé *Faux-Passeports*. Son œuvre de romancier comprend : *Figures détruites* (1932), *L'Enfant aux stigmates* (1933), *Mariages* (1936) ; un roman-fleuve, *Meurtres* (*) (1939), chronique d'une famille bourgeoise, et *Mères* (1946-48). Signalons enfin un essai : *Mesure de notre temps* (1931). D'une vaste culture, Plisnier était un mystique en même temps qu'un homme de cœur. Son œuvre, quelque peu dédaignée dans les milieux littéraires, conserve de nombreux lecteurs.

RÉF. : *Hommage à C. Plisnier,* numéro spécial de *Marginales,* avril 1946. – Roger Bodart, *Charles Plisnier,* Paris-Bruxelles, 1954. – R. Foulon, *Charles Plisnier,* Malines, 1971.

PLOMER William. Romancier sud-africain d'expression anglaise. Né à Pietersburg, dans le Transvaal, le 10 décembre 1903, mort à Brighton le 21 septembre 1973. Après avoir fait des études en Angleterre, à la « Public School » de Rugby, il retourna en Afrique du Sud où il fut fermier dans le Stormberg puis négociant dans le Zoulouland. Plus tard, il passa deux années au Japon, au terme desquelles il regagna l'Angleterre par la Mandchourie, la Sibérie, la Pologne et divers autres pays. Pendant la dernière Guerre mondiale, il travailla pour l'Amirauté britannique. Il a publié des romans – *Turbott Wolfe* (+) (1925), *Révision* (+), *Les Envahisseurs* (+) –, des nouvelles, des poèmes – ceux-ci assez remarquables pour l'aisance satirique et la vivacité d'observation – une biographie de Cecil Rhodes, une autobiographie prenante et subtile, *Doubles Vies* (+) (1943). *Chez Soi* (*) (1958) raconte, entre la formule des mémoires et celle de l'essai, son adaptation au pays de ses ascendants anglais. Plomer écrivit aussi des livrets d'opéra pour Benjamin Britten.

RÉF. : S. Nowell Smith, *The Autobiography of William Plomer,* Londres, 1975.

PLOTIN. Philosophe grec. Il naquit probablement en 205 à Lycopolis Magna en Haute-Égypte, et mourut en Campanie en 270. Exemple même de la pensée grecque vieillissante qui se refuse de mourir avant d'avoir donné au monde, déjà conquis par le christianisme, une œuvre suprême de synthèse, il fut incontestablement le penseur le plus représentatif du IIIe siècle, car il réunissait en lui les traditions les plus élevées du monde antique. De sang égyptien, alexandrin par son éducation philosophique, romain, car selon saint Augustin, qui le préférait à tous les autres Grecs, son école aurait « fleuri » à Rome de 244 à 269, il se montra cependant grec par ses aspirations et, tout en étant ouvert à la culture orientale, il n'en subit pas l'influence. Son platonisme ne l'empêcha pas de rechercher les aventures, d'accomplir des voyages et d'aller jusqu'à prendre part, lui ami de la paix, du silence et de la contemplation, à la malheureuse expédition militaire de Gordien contre les Perses (243-244), au cours de laquelle il espérait rencontrer des sages perses ou hindous. Alors que Platon ne dissimule pas ses appétits charnels qu'il entend seulement transcender, son disciple n'a que mépris pour la chair et ressent, presque comme saint Paul, le poids mortel de son corps ; il a honte de sa condition d'homme. « Il se retenait – au dire de Porphyre – de parler de sa naissance, de ses parents, de sa patrie. » Il ne prenait point de viande ; sa pudeur approchait de l'ascétisme, il n'allait pas toutefois jusqu'à défendre le suicide stoïcien. Quand Porphyre atteint de neurasthénie (en 268) voulut mettre fin à ses jours, il le persuada de vivre et le poussa à faire un voyage en Sicile. Il haïssait les peintres et les sculpteurs parce qu'ils représentaient des ombres de couleurs et il ignora toujours que son fidèle disciple Amélios avait introduit secrètement dans son école le peintre Carterius qui, après l'avoir observé attentivement, s'en allait peindre chez lui son portrait de mémoire. Nous ne savons pas ce qu'il est advenu de ce tableau ; on prétend que l'homme barbu, figure centrale du sarcophage dit « du philosophe » (musée du Latran), représenterait Plotin. L'époque où vécut Plotin est sombre, aride, désordonnée et sans véritable grandeur. Le caractère du philosophe, son œuvre s'en ressentent. Plotin fut toujours un solitaire ; sa philosophie mystique comporte un renoncement beaucoup plus profond et réel que celui des épicuriens. Ses aspirations se trouvent exprimées dans la phrase qui termine les *Ennéades* (*) : « envol de l'esprit seul vers Lui seul » et sert de conclusion à l'exposé de l'idéal mystique qui débute l'exhortation : « Détache-toi de toute chose. »

De son enfance égyptienne, il nous conte une seule anecdote. Très attaché à sa nourrice, il ne la quittait pas ; à l'âge de huit ans encore, il lui découvrait le sein et cherchait à la téter ; un beau jour, la nourrice perdit patience et le traita d'impudent. Plotin en fut si mortifié qu'il ne le fit plus jamais. Comme Aristote, il ne fut pas un philosophe précoce, c'est en 230/31, à vingt-huit ans, qu'il décida de se consacrer à la philosophie ; après être passé d'un maître à un autre, déçu par les célébrités de son temps, il rencontra enfin, en 232, Ammonius Saccas, le Socrate alexandrin. « Voilà l'homme que je cherchais », dit-il, et il fut son disciple pendant onze ans, jusqu'à sa campagne de Perse. Lors de la retraite, il dut fuir en Mésopotamie, puis à Antioche, d'où il se rendit à Rome en 244. Dans l'école romaine de Plotin, qui compta parmi ses disciples Porphyre, Amélios et Eutychès, de nombreux sénateurs, des femmes illustres et en général toute la société cultivée de l'époque, régna d'abord l'esprit de l'enseignement d'Ammonius : doctrine secrète, interdite aux non-initiés. Après la maladie qui contraignit Plotin à se rendre de Rome à six milles de Minturnes, dans la propriété champêtre de Zéthus, l'école fut dissoute ; Eutychès, médecin alexandrin, accourut de Pouzzoles au chevet de son maître mourant : « Tu vois, je t'ai attendu », dit le philosophe, et il ajouta une de ces phrases profondes qui résument toute une philosophie : « J'essaie de faire remonter le divin qui est en nous au divin qui est dans l'Univers. » Et il mourut, âgé de soixante-cinq ans.

Tandis que certains de ses disciples, tel Amélius, participaient avec empressement aux rites sacrés, Plotin s'y refusait en termes qui parurent hautains et ne furent pas compris : « C'est aux dieux de venir vers moi, et non pas à moi de monter vers eux. » C'était parce que pour Plotin la divinité se trouvait partout. Il était un contemplatif pur et non un dialecticien au sens moderne ; il ignora l'histoire et la politique. C'est pourquoi la cité idéale, Platonopolis, que, selon le naïf Porphyre, il aurait voulu fonder en Campanie, n'est pour nous qu'un symbole, celui d'une cité de l'esprit (comme la *République* (*) de Platon) où les intellectuels seraient réunis par la poursuite d'un idéal purement contemplatif. Encore une fois Plotin ne fut pas compris non seulement de l'empereur Gallien et de son épouse Salonine, mais également de son biographe et de ses disciples. Plotin, il est vrai, était très hospitalier et il accueillait les jeunes élèves qui lui étaient confiés. Il leur lisait des vers, les initiait à la philosophie, veillait sur eux avec un grand scrupule, mais il tenait éloignés tous ses disciples, vieux et jeunes, de la politique qu'il haïssait autant que la guerre, l'astrologie, le fanatisme et l'hypocrisie. Si dans l'interprétation de Porphyre nous éliminons tout ce qui est légendes et oracle et tout ce qui réduit l'austère fils de Platon à un homme qui tient du magicien et du thaumaturge, du médecin et du saint, nous aurons une image qui correspondra, avec plus de vérité, à celle qui se dessine dans son œuvre même. Et, avec Hegel, nous n'hésiterons pas à classer cette œuvre parmi les plus grandes de la pensée humaine. Le sens religieux de la vie qu'il y exprime eut une grande influence sur la renaissance platonicienne en Italie.

VINCENZO CILENTO.

♦ *« Grâce à cette illumination démonique qui remonte souvent par l'intelligence jusqu'au premier dieu, et jusqu'à l'au-delà, en suivant la voie prescrite par Platon dans le* Banquet, *il vit le dieu qui n'a ni forme ni essence...* [il] *eut la vision du but tout proche. La fin et le but, c'était pour lui l'union intime avec le Dieu qui est au-dessus de toutes choses. Pendant que je fus avec lui, il atteignit quatre fois ce but, grâce à un acte ineffable, et non pas en puissance. »* Porphyre. ♦ *« Le trait le plus important et caractéristique chez Plotin, c'est son haut et pur enthousiasme pour l'élévation de l'esprit vers ce qui est bon et vrai, vers l'Absolu... toute sa philosophie nous achemine vers la vertu et vers la contemplation intellectuelle de l'Éternité. »* Hegel. ♦ *« Il lui fut donné de voir la terre promise, mais non pas d'en fouler le sol. Il alla jusqu'à l'extase ; un état où l'âme se sent ou croit se sentir en présence de Dieu, étant illuminée de sa lumière ; il ne franchit pas cette dernière étape pour arriver au point où la contemplation venant s'abîmer dans l'action, la volonté humaine se confond avec la volonté divine. Il se croyait au faîte : aller plus loin eût été pour lui descendre... »* Henri Bergson. ♦ *« Ce qui donne, pour nous, à la philosophie de Plotin un incomparable pouvoir de séduction, ce n'est pas seulement le souffle de vie intérieure qui l'anime, c'est que l'esprit moderne y retrouve ses préoccupations essentielles. »* L. Robin.

RÉF. : L.-J. Dehaut, *De la doctrine de Plotin dans ses rapports avec celle d'Ammonius Saccas, son maître,* Bruxelles, 1840. — J. Matter, *Histoire de l'École d'Alexandrie comparée aux principales écoles contemporaines,* 2 vol., Paris, 1840. — J. Simon, *Histoire de l'École d'Alexandrie,* 2 vol., Paris, 1843-45. — J. Barthélemy Saint-Hilaire, *De l'École d'Alexandrie,* Paris, 1845. — E. Vacherot, *Histoire critique de l'École d'Alexandrie,* 3 vol., Paris, 1846-51. — G. H. Kvischer, *Die Philosophie des Plotin,* 1854. — Th. Whittaker, *The Neoplatonists,* Cambridge, 1901. — A. Drews, *Plotin und der Untergang der antiken Weltanschauung,* Iéna, 1907. — W. R. Inge, *The Philosophy of Plotinus,* Londres, 1918. — R. Arnon, *Le Désir de Dieu dans la philosophie de Plotin,* Paris, 1921. — É. Bréhier, *La Philosophie de Plotin,* Paris, 1928. — J. Guitton, *Le Temps de l'éternité chez Plotin et chez saint Augustin,* Paris, 1933. — É. Krakowski, *Plotin et le paganisme religieux,* Paris, 1933. — M. de Corte, *L'Expérience mystique chez Plotin et chez saint Jean de la Croix,* article in *Études Carmélitaines,* octobre 1935. — M. de Gandillac, *La Sagesse de Plotin,* Paris, 1952. — J. Trouillard, *La Purification plotinienne* et *La Procession plotinienne,* Paris, 1955. — P. Hadot, *Plotin ou la Simplicité du regard,* Paris, 1963 (nouv. éd. 1989). — N. Maladi, *La Pensée de Plotin,* Paris, 1970. — J. Moreau, *Plotin ou la Gloire de la philosophie antique,* Paris, 1970. — J.-C. Fraisse, *L'Intériorité sans retrait,* Paris, 1985.

PLUTARQUE. Écrivain et philosophe grec. C'est surtout de son œuvre elle-même que nous pouvons tirer des données biographiques sur Plutarque de Chéronée, en plus d'une brève notice de la *Souda* (*) qui lui est consacrée, mais dont les informations sont sujettes à critique.

Plutarque naquit à Chéronée en Boétie, la cité qui demeure liée au souvenir de la fameuse bataille de 338 av. J.-C. Un passage des *Moralia* (*) permet de situer la date de sa naissance : en effet, Plutarque nous y apprend qu'il se trouvait à Delphes lors du séjour de Néron en Grèce (66-67 ap. J.-C.), à écouter les leçons de son maître Ammonios sur « la question de l'E de Delphes » et qu'il était sur le point de se rendre à Athènes pour y entrer à l'Académie (traité *Sur l'E de Delphes* 1 et 7) ; il ne devait pas avoir alors plus de vingt ans et serait donc né entre 46 et 50. Quant à la date de sa mort, Eusèbe nous permet d'établir un « terminus post quem », en disant qu'il aurait été nommé procurateur de la Grèce en 119 ; c'est donc peu après 120 qu'il dut mourir (néanmoins certains datent sa mort de 125 ou même de 127).

Ce que l'on sait de sa famille, qui paraît

avoir été riche et bien considérée, vient de Plutarque lui-même. Il évoque son arrière-grand-père Nicarque, établi à Chéronée au temps d'Antoine (v. *Antoine*, 68.7) ; de son grand-père Lamprias, il parle à plusieurs reprises comme d'un homme spirituel et gai. Quant à son père, il l'évoque rarement et ne le nomme pas. Il avait deux frères, Lamprias et Timon, qu'il cite en de nombreux passages, et le second apparaît comme interlocuteur dans le dialogue « Sur les délais de la justice divine ». Plutarque se maria sans doute après l'année 70 (v. *Moralia* 611 d et 701 d). De sa femme Timoxène, il loue la fermeté de caractère avec laquelle elle supporta les deuils familiaux, sa piété, la manière dont elle éduqua ses enfants. Modèle de toutes les vertus conjugales, elle s'intéressait aussi à la philosophie et aux lettres, et aurait même rédigé une épître, « Sur le goût de la parure », adressée à une amie. C'est à elle bien sûr que s'adresse la « Consolation à sa femme », l'un des textes de Plutarque le plus lu à travers les siècles. Des cinq enfants qu'ils eurent (quatre garçons et une fille), la fille mourut à l'âge de deux ans, l'aîné des garçons adolescent, et le plus jeune en bas âge. Aux deux autres fils, Autoboulos et Plutarque, leur père dédia le *De an. procr. in Timaeo*, et il cite souvent Autoboulos. Par la suite, on inventa un cinquième fils de Plutarque, à qui fut attribué le catalogue de ses écrits, dit de Lamprias. On connaît aussi le nom du maître de Plutarque, Ammonios, un Égyptien qui tenait une école à Athènes à l'époque de Néron. Plutarque l'évoque plusieurs fois. Il est l'un des personnages du dialogue « Sur le déclin des oracles » et prend également part à la discussion des « Propos de table ».

Plutarque passa l'essentiel de sa vie à Chéronée. Il voyagea néanmoins, en Grèce et à l'étranger (à Alexandrie, en Italie, à Rome en particulier). Il séjourna à Athènes, dont il était citoyen, ainsi qu'à Sparte. Il fit certainement plusieurs séjours à Rome, à la fois pour des missions d'ordre politique et pour des raisons culturelles. L'un de ses séjours à Rome eut lieu sous l'empereur Vespasien, un autre sans doute entre les années 81 et 94. Une partie des « Propos de table » furent discutés à Rome, comme Plutarque nous l'apprend. Ses conférences et leçons lui valurent succès et estime de la part des Romains qui venaient l'écouter. Plutarque obtint aussi la citoyenneté romaine, des titres honorifiques et des charges publiques. À Chéronée, Plutarque se consacrait à l'exploitation de son patrimoine et à ses travaux intellectuels. Mais il accepta aussi des charges publiques : ses concitoyens le nommèrent archonte éponyme, le chargèrent de la surveillance des travaux publics, il fut nommé téléarque, et peut-être même béotarque. À l'approche de la cinquantaine, il fut appelé à exercer la fonction de prêtre d'Apollon à Delphes, à partir des premières années du règne d'Hadrien. Il conserva cette charge pendant vingt ans, jusqu'à sa mort. Dans les dernières années de sa vie, les habitants de Delphes lui confièrent la charge d'épimélète, qui faisait de lui le directeur des travaux de restauration du sanctuaire. Celui-ci était dans un état de délabrement complet, et les travaux, commencés par ordre de Domitien, avançaient lentement. D'ailleurs l'oracle attirait de moins en moins les pèlerins ; c'étaient pour la plupart de petites gens qui venaient demander à la Pythie (une paysanne illettrée) si l'on devait se marier, faire un voyage, prêter de l'argent, etc. – v. le traité « Sur les oracles de la Pythie ». Plutarque guidait les pèlerins dans les détours de l'enceinte sacrée, leur montrait les statues et les trophées accumulés dans les chapelles par la piété des dévots d'autrefois ; il offrait des sacrifices, menait des processions, dirigeait les chœurs, interpellait l'oracle. À Chéronée, Plutarque avait créé, chez lui, une académie privée, où il enseignait – à l'instar de son propre maître Ammonios à Athènes. L'éthique constituait l'essentiel d'un enseignement donné sous forme de leçons et de discussions.

L'œuvre de Plutarque est extraordinairement abondante. Le « catalogue de Lamprias » compte deux cent vingt-sept titres, dont certains sont apocryphes néanmoins. Il nous reste quatre-vingt-trois textes, soit environ un tiers de son œuvre, ainsi que des fragments d'une quinzaine d'autres textes, cités par d'autres auteurs ou par Plutarque lui-même. En outre, nous conservons dix-huit œuvres que le catalogue ne cite pas. Les soixante-dix-huit traités moraux (*Moralia*) et les cinquante biographies – v. *Vies parallèles* (*) – qui nous sont parvenus témoignent de cette activité littéraire hors du commun, l'une des plus intenses de l'Antiquité.

Si les nombreux traités regroupés sous le nom de *Moralia* sont relativement disparates, touchant à des thèmes extrêmement variés, ce n'est pas le cas des *Vies parallèles*, qui constituent un ensemble homogène.

Les *Vies parallèles* forment vingt-trois paires (l'une, « Epaminondas » – « Scipion l'Ancien », est perdue) ; on a conservé en outre quatre biographies isolées : Galba, Othon, Artaxerxès, Aratos. Le catalogue de Lamprias en signale encore quatorze autres. Quant aux *Vies des dix rhéteurs*, attribuées à Plutarque, elles sont apocryphes. On admet en général que Plutarque dut rédiger les *Vies parallèles* aux approches de la cinquantaine, probablement entre 105 et 115, sous l'empereur Trajan. Le procédé de la biographie parallèle était déjà pratiqué au IVe siècle (Isocrate, Xénophon), et c'était un motif rhétorique apprécié. Plutarque s'est proposé de rapprocher, à travers des représentants illustres, les peuples grec et romain ; il veut rappeler aux Romains la grandeur des Grecs, et aux Grecs que les Romains ne sont pas les barbares qu'ils croient parfois. Il incite ainsi à une estime réciproque entre les deux peuples, et, en mettant en évidence l'égalité de leurs valeurs, il jette les bases de la concorde dont les *Vies* doivent être le symbole et l'incitation. En effet, le parallélisme est mené de manière à ce qu'apparaisse une véritable égalité entre les deux personnages — même si ressort néanmoins en filigrane la supériorité des Grecs. À travers les *Vies parallèles*, Plutarque poursuit une visée morale : il se sert de l'histoire comme d'un réservoir où puiser des exemples d'hommes remarquables et de vertus supérieures. Le personnage se dégage ainsi de sa seule référence historique pour assumer une valeur de paradigme absolu. Dans les *Vies* se manifestent aussi les qualités littéraires de Plutarque. Non seulement il possède à la perfection l'art de camper ses personnages, mais il sait admirablement peindre le décor et créer l'ambiance. Ce don de « peintre » qu'avaient admiré chez lui André Chénier (Crassus caché dans la grotte) et Chateaubriand (la mort de Pompée), on le retrouve même dans les *Moralia* (cf. notamment la mort du grand Pan dans le traité *Sur la disparition des oracles*).

Il fut à travers de longs siècles le plus éloquent propagateur du culte des héros. C'est ce qui a attiré vers lui un Bonaparte, un Frédéric le Grand, un Condé. L'histoire de la gloire de Plutarque est longue et capricieuse. De son vivant il semble avoir joui d'une renommée qui ne dépassait guère les limites de sa province. Sa réputation, en tant que philosophe essentiellement, s'affirme au cours des générations qui suivent la sienne. Il se peut que son neveu Sextus y ait contribué dans une certaine mesure. En tout cas on voit le médecin Galien, dans la seconde moitié du IIe siècle, le mentionner dans ses écrits et Aulu-Gelle parler de lui comme d'un homme « très instruit et intelligent ». Eusèbe dira quelque cent cinquante ans plus tard : « La quatorzième année du règne de Néron [soit en 68 ap. J.-C.] Musonius et Plutarque étaient fort connus chez les Romains. » Ce propos est évidemment absurde, Plutarque ayant atteint à peine l'âge de vingt ans à cette époque. Mais il ne put sortir de la plume d'Eusèbe que parce que de son temps la réputation acquise par Plutarque rendait la chose vraisemblable. Eunape (374-414), dans l'introduction de ses *Vies des sophistes*, voit en lui « le maître de la morale supérieure, la personnification gracieuse et enchanteresse de la sagesse ». Les Byzantins se révélèrent gardiens pieux et propagandistes fervents de l'œuvre de Plutarque. On trouve son éloge dans Agathias (VIe s.), Théophilacte Simokatès (VIIe s.), Suidas (Xe s.), Jean Mauropous (XIe s.), Maxime Planude (XIIIe s.).

Pendant ce temps l'Occident ignore absolument l'existence de Plutarque. La première mention de son nom paraît être celle du moine anglais Jean de Salisbury, devenu évêque de Chartres (XIIe s.), qui a fait de lui un précepteur de l'empereur Trajan. Cette version fut reprise au siècle suivant par Vincent de Beauvais et, ensuite, par Pétrarque. Somme toute, Plutarque avait subi le sort de tant d'auteurs grecs, qui durent attendre l'éclosion de la Renaissance pour pénétrer dans le patrimoine culturel de l'humanité. Mais à la différence d'un bon nombre de ses compagnons de route, une fois qu'il y a pris pied, non seulement il s'y installe à perpétuelle demeure, mais, au fur et à mesure que les siècles avancent, il élargit de plus en plus son champ d'influence. Ici encore l'Italie ouvre la voie. Ce sont les Italiens qui les premiers traduisent Plutarque, en latin d'abord, en leur langue moderne ensuite. Machiavel, le premier parmi les grands esprits de la Renaissance, marque son admiration pour le « gravissimo scritore ». Celle d'Érasme, pourtant, ne fut pas moindre. Il a traduit plusieurs traités de Plutarque, celui, notamment, « Sur les moyens de distinguer le flatteur de l'ami », dont la dédicace à Henry VIII porte que « cet écrit est digne d'être lu par tous les princes ». Luther, par contre, ne se sentait guère attiré vers Plutarque, mais Mélanchton l'appréciait beaucoup et le célèbre cordonnier-poète Hans Sachs contribua grandement à le rendre populaire en Allemagne. C'est en France, surtout, que l'influence de Plutarque se fit sentir le plus profondément. Ceci à partir de la traduction d'Amyot. Elle durera environ trois siècles. Michelet, qui avait choisi pour sujet de sa thèse de doctorat les *Vies parallèles*, fut un des derniers à être subjugué par lui. En Angleterre le fait capital demeure l'assimilation de Plutarque par Shakespeare (à travers la retraduction de North), qui a produit *Jules César* (*), *Antoine et Cléopâtre* (*) et *Coriolan* (*). Aux États-Unis, Emerson se révéla fidèle disciple de Plutarque vers le milieu du siècle dernier. Notre époque, outre l'intérêt historique qu'elle lui porte, s'interroge sur le moment de la pensée grecque que Plutarque représente, ainsi que sur les enjeux rhétoriques de son œuvre.

♦ *« Dans le petit nombre de livres que je lis quelquefois encore, Plutarque est celui qui m'attache et me profite le plus. Ce fut la première lecture de mon enfance, ce sera la dernière de ma vieillesse : c'est presque le seul auteur que je n'ai jamais lu sans en tirer quelque fruit. »* J.-J. Rousseau (1777).

RÉF. : Principaux ouvrages de Plutarque : *Vies parallèles*. Premières traductions : 1470 (collective latine, publiée par Campana), 1482 (italienne : Jaconello de Riete), 1491 (espagnole : Palencia), 1534 (allemande : Boner), 1559 (française : Amyot), 1579 (anglaise : North, d'après Amyot). Éditions du texte : 1517, Giunta, Florence ; 1519, Aldo, Venise ; 1530, Grynaeus, Bâle ; 1560-1570, Xylander, Venise ; 1723-1729, Bryan, Londres ; 1774-1782, Reiske, Leipzig.
Œuvres morales. Premières traductions : 1521 (latine, collective), 1534 (allemande : Eppendorff), 1542 (espagnole : Diego Gracian), 1572 (française : Amyot). Éditions du texte : 1509, Aldo, Venise ; 1542, avec traduction latine, Xylander, Bâle ; 1795-1830 Wyttenbach, Oxford. **Éditions récentes :** *Vitae* : Ziegler, Teubner, Leipzig 1969, t. I à IV ; Les Belles-Lettres, Paris, 1957 (se continue), t. I à XVI. *Moralia* : Paton, Wegehaupt et Pohlenz, Teubner,

Leipzig, 1974, t. I à VII ; Les Belles-Lettres, Paris 1987 (se continue), t. I à XII.
Bibliographie : H. Hirzel, *Plutarch*, Leipzig, 1912. – Barbu, *Les Procédés de la peinture des caractères et la vérité historique dans les biographies de Plutarque*, Paris, 1939. – Ziegler, « Plutarchos » in *Realencyclopädie* de Pauly-Wissowa, t. XLI, Stuttgart, 1951 – R. Flacelière, *Sagesse de Plutarque*, Paris 1964 ; « La pensée de Plutarque dans les Vies », in *Bull. de l'Assoc. G. Budé*, 1979. – F. Fuhrmann, *Les Images de Plutarque*, Paris, 1964. – R. Aulotte, *Amyot et Plutarque. La tradition des Moralia au* XVI*e siècle*, Genève, 1965 ; *Plutarque en France au* XVI*e siècle*, Paris, 1971. – R. H. Barrow, *Plutarch and his Time*, Londres, 1967. – A. Momigliano, *Lo sviluppo della biografia greca*, Turin, 1974. – Y. Vernière, *Symboles et mythes dans la pensée de Plutarque. Essai d'interprétation philosophique et religieuse des Moralia*, Paris, 1977. – F. Le Corsu, *Plutarque et les femmes dans les « Vies parallèles »*, Paris, 1981.

POE Edgar Allan. Poète, conteur, essayiste et critique américain. Né le 19 janvier 1809 à Boston (Massachusetts), mort le 7 octobre 1849 à Baltimore (Maryland). C'est dans une famille d'acteurs ambulants que naît le plus improbable des Bostoniens. Son père disparaît bientôt et sa mère, jeune première très admirée, tombe malade en tournée et meurt dans une petite chambre de Richmond (Virginie). Rien ne protège Edgar, qui va avoir trois ans, du spectacle de ce drame. Il est recueilli par un riche négociant de la ville, John Allan, et s'attache à ses parents nourriciers, à la grâce de cette mère, aux promesses de réussite sociale qu'incarne ce père. Il profite d'un séjour familial en Écosse (1815) puis à Londres (1816-1820), reçoit une excellente éducation. En 1826, il entre à l'université de Virginie. Mais John Allan lui refuse le train de vie de ses condisciples et, en mars 1827, c'est la rupture. Le rêve aristocratique du quasi-gentleman virginien s'écroule. Edgar quitte la maison (où Mrs. Allan mourra en 1829) pour Boston. Suivent des années de lutte pour survivre, dans l'armée d'abord, puis à l'école d'officiers de West Point pour un semestre. Ces années sont ponctuées de lettres indignées ou suppliantes à John Allan, mais Poe y affiche une énorme ambition littéraire (« le monde sera ma scène »). Il se veut poète et publie en 1827, 1829 et 1831 trois minces recueils qui ne rencontrent guère d'écho. Celui de 1831 contient quelques poèmes qu'il mènera à leur maturité, dont « À Hélène » [To Helen] – voir *Poèmes* (*) de Poe.

Poe rejoint alors à Baltimore une tante de condition très modeste et sa famille. Et il se tourne, par nécessité, vers le conte. Revues et magazines naissants organisent des concours : premier succès en 1831, puis un second en 1833 avec « Manuscrit trouvé dans une bouteille » [Ms Found in a Bottle], mais la vie est précaire. En 1834, John Allan meurt, sans même mentionner Edgar dans son testament.

Poe travaille à rassembler ses premiers contes en un volume cohérent qui ne verra jamais le jour, mais continue à placer de nouveaux contes dans les revues. En août 1835, il devient collaborateur permanent du *Southern Literary Messenger* de Richmond, où il retourne habiter. Il lance le magazine par des controverses contre les auteurs du Nord, inaugure une critique sévèrement textuelle qui tranche avec la critique d'opinion alors seule pratiquée. Sans doute aussi commet-il quelques écarts de boisson. Fin 1836, il s'est fait un nom mais devient trop encombrant et doit démissionner en janvier de l'année suivante. Entretemps, pour éviter que ne lui échappe la petite cellule familiale qui lui reste, il épouse sa cousine Virginie, âgée d'à peine quatorze ans, et le ménage, accompagné de Maria Clemm, la mère de Virginie, s'installe très petitement à Richmond : l'attachement d'« Eddie » envers « Sis » (pour « Sister ») et « Muddie » (pour « Mother ») gardera toujours quelque chose d'enfantin et de poignant.

En 1837, une première tentative de Poe pour s'implanter à New York, la capitale littéraire, échoue, et c'est à Philadelphie que sont publiées *Les Aventures d'Arthur Gordon Pym* (*) en juillet 1838 et « Ligeia » en septembre. Poe entre au service du *Gentleman's Magazine* où il souffre du manque d'indépendance critique, mais poursuit son œuvre de conteur. Fin 1839, *Contes du grotesque et de l'arabesque* (*) rassemble enfin sa production ; dans la Préface, Poe défend la qualité d'une terreur qui « n'est pas d'Allemagne, mais de l'âme ». Il rêve aussi d'être le maître d'une revue d'où il pourrait régner sur la République des Lettres, mais il ne la fondera jamais. Il entre, cependant, dans une période de travail serein (juin 1841-mai 1842) quand le *Gentleman's*, changeant de main, devient le *Graham's Magazine.* Il perfectionne sa théorie de l'intrigue comme construction visant à la perfection formelle, célèbre dans « Une descente dans le Maelström » [A Descent into the Maelström] la pleine maîtrise de son art, confirme dans « Introduction aux comptes rendus critiques » [Exordium to Critical Notices] son choix d'une critique centrée sur le texte comme tel. En juin 1843, « Le Scarabée d'or » [The Gold Bug] est un immense succès populaire. En avril 1844, avec « Le Canard au ballon » [The Balloon Hoax], il conquiert New York. En janvier 1845, son poème « Le Corbeau » [The Raven], exploit intellectuel et prosodique, emporte l'adhésion des critiques comme du grand public – et Poe exploitera son énorme succès par sa très provocante *Philosophie de la composition* (*). En juillet 1845, *Contes* [*Tales*], qui offre une sélection de sa production, est bien reçu. En novembre paraît *Le Corbeau et autres poèmes* [*The Raven and Other Poems*]. Poe, arrivé à New York en avril 1844, est au faîte de la célébrité. D'abord collaborateur du *Broadway Journal,* il en était devenu rédacteur en chef en juillet 1845 et seul propriétaire (grâce à un emprunt) en octobre. Dans ce modeste hebdomadaire, Poe fournit un travail écrasant, publie des versions révisées de la plupart de ses contes et de ses poèmes ainsi qu'une soixantaine d'essais et de comptes rendus. Mais il s'essouffle aussi, nuit à sa propre réputation par des querelles littéraires mal menées, comme la « guerre Longfellow ». Quand le *Broadway Journal* fait faillite, en janvier 1846, sa vie prend un tour plus sombre et plus exalté.

Dès janvier 1842, Virginie, sa jeune femme, d'une grande beauté et excellente musicienne, s'était rompu un vaisseau sanguin alors qu'elle chantait. On la crut perdue. Elle se remit partiellement, connaissant régulièrement de semblables accidents, jusqu'à sa mort, en janvier 1847. Durant cette période où « l'horreur de l'incessante oscillation entre espoir et désespoir » l'éprouve cruellement, il arrive à Poe de boire. Dans une vie soumise à d'énormes pressions psychologiques et financières, l'écrivain, qui ne supportait pas l'alcool, y avait parfois recours pour se donner le répit de l'inconscience. Poe est maintenant à Fordham, dans la banlieue de New York, où la famille s'était installée, en mai 1846, dans un petit cottage. Il a été malade, déprimé, mais rassure un ami : « La vérité est que j'ai beaucoup à faire ; j'ai décidé de ne pas mourir avant que ce soit fait. » Dans la fébrilité, il intensifie ses recherches en vue de la composition d'un ambitieux traité cosmologico-esthétique. *Eurêka* (*) paraît en juin 1848. Il y met en scène la résistance intellectuelle que l'homme oppose, pour conscience garder, à l'écrasement du cosmos sur lui-même dans l'Unité crainte et désirée du « Parent perdu ».

Poe éprouva un attachement profond tant pour sa mère nourricière d'abord, la belle et dolente Frances Allan, que pour sa tante ensuite, la très pratique et très dévouée Maria Clemm. Et toujours il idéalisa la femme. Dans sa jeunesse, déjà, la grâce et la douceur de la mère d'un camarade de classe lui aurait inspiré « À Hélène ». Vers la fin de sa vie, il nouera des idylles littéraires avec des poétesses de quelque renom : Mrs. Frances Osgood en 1845, Mrs. Sarah Helen Whitman en 1848. Mais seule comptera la passion impossible que lui inspirera, de juillet 1848 à sa mort, la jeune femme d'un industriel du Massachusetts, Mrs. Annie Richmond : l'émotion fut, en tout honneur, profonde et réciproque. C'est sans doute pour lui inspirer de la pitié qu'après avoir, sur le conseil de « son » Annie, demandé Mrs. Whitman, qui était veuve, en mariage, Poe absorbe une forte dose de laudanum (seul cas où on lui ait connu semblable défaillance). Sa santé se détériore, mais cette flambée affective suscite, chez le poète, une seconde gerbe de lyrisme : « Ulalume » avait été écrit en décembre 1847, « Pour Annie » l'est en mars 1849, « Annabel Lee » en juin. Le même mois, il part pour le Sud avec à nouveau la vieille idée de financer un projet de grande revue littéraire. Il semble faire avec Richmond d'heureuses retrouvailles. Le 24 septembre, il remonte vers le Nord. Le 3 octobre, on le retrouve dans un état d'hébétude et d'extrême abandon dans une taverne de Baltimore utilisée comme bureau de vote en ce jour d'élection. Transporté à l'hôpital, il y meurt le 7 octobre.

R. W. Griswold, chargé de la publication des *Œuvres* [*Works,* 1850], ira jusqu'au faux pour imposer un « Mémoire » haineux qui établira pour longtemps la mauvaise réputation d'un écrivain qui, en fait, connut la vie d'un lutteur intellectuel et eut quelques amis fidèles. Il unissait à une immense fierté une grande dépendance affective et fut parfois tenté de sortir d'impasses personnelles par l'esclandre ou un verre d'alcool. Son œuvre est marquée par une focalisation paradoxale sur une unité aussi inévitable qu'insaisissable. C'est elle dont il tente de restaurer la musique dans les meilleurs poèmes lyriques, elle autour de laquelle s'épuisent, dans le drame ou la farce, les narrateurs de ses contes, elle enfin dont il fait le terrible guide de l'artiste dans sa critique. En travaillant avec une lucidité sans défaillance un matériau archaïque en sommeil chez ses contemporains, Poe ouvrait dans l'exaltation, le rire et la douleur des chemins qui nous conduisent, via le symbolisme et le formalisme, jusqu'à la plus récente actualité intellectuelle. C'est la France qui a fait sa réputation.

La première timide adaptation française (de « William Wilson ») date de 1844. D'autres suivirent. En 1846, le nom de Poe circulait à Paris. Le 15 juillet 1848, Baudelaire inaugure avec « Révélation magnétique » [Mesmeric Revelation] un travail de traduction qui s'étendra sur dix-sept ans. Mallarmé, puis Valéry achèveront de consacrer le génie de Poe. Récemment encore, un de ses contes policiers a pu servir de champ clos à Lacan et Derrida. Poe est un auteur à double public, populaire et intellectuel. Aux États-Unis, il est classé parmi les écrivains du Sud ; il partage avec ceux d'après la guerre de Sécession jusqu'à Faulkner et peut-être Flannery O'Connor le sentiment d'une immense perte subie dans les temps originels. C'est depuis les années 1970 seulement que la critique américaine le classe parmi les écrivains majeurs.

HENRI JUSTIN.

♦ *« L'air est raréfié dans cette littérature comme dans un laboratoire. »* Baudelaire, 1852. ♦ *« Poe fut toujours grand, non seulement dans ses conceptions nobles, mais encore comme farceur. »* Baudelaire, 1857. ♦ *« Un enthousiasme pour Poe est la marque d'un stade de réflexion franchement primitif. »* Henry James, 1876. ♦ *« Le cas littéraire absolu. »* Mallarmé, 1894. ♦ *« Il fit la synthèse des vertiges. »* Valéry, 1892. ♦ *« L'inventeur des combinaisons les plus neuves et les plus séduisantes de la logique avec l'imagination, de la mysticité avec le calcul, le psychologue de l'exception, l'ingénieur littéraire. »* Valéry, 1924. ♦ *« Que Poe ait eu une intelligence puissante est indéniable ; mais ce me semble être l'intelligence d'un garçon brillant avant la puberté. »*

T. S. Eliot, 1948. ♦ « *Poe l'incontournable.* » Harold Bloom, 1984.

RÉF. : Marie Bonaparte, *Edgar Poe : sa vie, son œuvre : Étude analytique,* Paris, 1933 (nouv. éd. 1958). – A. H. Quinn, *Edgar Allan Poe : A Critical Biography,* New York, 1941. – P. F. Quinn, *the French Face of Edgar Poe,* Southern Illinois Univ. Press, 1954. – *The Recognition of E. A. Poe (selected criticism since 1829),* Carlson éd., Univ. of Michigan Press, 1966. – *Poe,* Regan éd. coll. « xxth Century Views, » Prentice-Hall, New Jersey, 1967. – D. Hoffman, *Poe, Poe, Poe, Poe, Poe, Poe, Poe,* New York 1972, éd. poche 1985. – C. Richard, *Edgar Allan Poe journaliste et critique,* Paris, 1978. – D. Thomas & D. K. Jackson, *The Poe Log,* Boston 1987. - *Critical Essays on Edgar Allan Poe,* éd. E. W. Carlson, Boston 1987. – M. J. S. Williams, *A World of Words : Language and Displacement in the Fiction of Edgar Allan Poe,* 1988. – George Walter, *Enquête sur Edgar Allan Poe, poète américain,* Paris, 1991. – Henri Justin, *Poe dans le champ du vertige,* à paraître.

POINCARÉ Henri Jules. Mathématicien et philosophe français. Né à Nancy le 29 avril 1854, mort à Paris le 17 juillet 1912. Fils d'un professeur à l'Académie de médecine, il était cousin de Raymond Poincaré. Entré à l'École polytechnique en 1873, sorti premier, passé en 1875 à l'École des mines, il obtint le 1er avril 1879 le titre d'ingénieur des mines et, la même année, passa son doctorat ès sciences (mathématiques). Il entra alors dans l'enseignement et fut chargé du cours d'analyse à la faculté des sciences de Caen. En 1881, son mémoire *Sur la théorie des fonctions fuchsiennes* le révéla au monde savant, et il fut appelé à Paris comme maître de conférences à la faculté des sciences. Répétiteur d'analyse à l'École polytechnique en 1883, chargé du cours de mécanique physique et expérimentale à la faculté des sciences en 1885, il fut nommé, le 22 août 1886, professeur titulaire de la chaire de physique mathématique et de calcul des probabilités. Un an plus tard, il devenait membre de l'Académie des sciences, en janvier 1893 membre du Bureau des longitudes, en 1908 membre de l'Académie française. Dès 1889, il avait conquis une réputation mondiale avec son *Mémoire sur le problème des trois corps et les équations de la dynamique* qui, dans un concours ouvert à tous les savants d'Europe, obtint le grand prix fondé par le roi de Suède pour son soixantième anniversaire. L'œuvre de Henri Poincaré concerne trois domaines principaux : mathématiques pures, astronomie et physique. C'est dans l'ordre des mathématiques analytiques, en particulier dans les problèmes relatifs à la théorie des fonctions, qu'elle a fourni son apport principal. Parmi les volumes publiés par le savant, citons : les deux volumes du *Cours professé à la faculté des sciences de Paris pendant l'année 1885-86,* les neuf volumes du *Cours de physique mathématique* (1890-1901), *Les Méthodes nouvelles de la mécanique céleste* (1892-99, 3 vol.), *Théorie des tourbillons* (1893), *Les Oscillations électriques* (1894), *La Science et l'Hypothèse* (*) (1902), *La Valeur de la science* (*) (1905), *Science et Méthode* (*) (1909), *Dernières pensées* (1913). De nombreux autres mémoires et essais ont été réunis dans l'édition des *Œuvres* (1916-50 ; 5 vol. parus).

Mais Henri Poincaré ne fut pas seulement un savant exceptionnel. Comme le montrent divers ouvrages destinés à un plus large public, il sut aussi associer sa voix et son intelligence scientifique à quelques-uns des débats philosophiques les plus significatifs de son temps. Poincaré a développé des vues originales et stimulantes sur la nature des mathématiques ou les rapports de celles-ci avec la réalité. Ces réflexions le conduisirent, entre autres, à s'opposer à la réduction russellienne des mathématiques à la logique, et à militer pour un conventionnalisme soucieux de la spécificité des démarches mathématiques. L'ensemble des écrits que Poincaré a consacrés à la science en font un philosophe qui, comme Duhem, par exemple, a bénéficié d'une notoriété internationale. Le conventionnalisme mathématique a trouvé en lui l'un de ses plus brillants avocats.

JEAN-PIERRE COMETTI.

RÉF. : E. Lebon, *Henri Poincaré,* Paris, 1912. – É. Picard, *L'Œuvre de Henri Poincaré,* étude in *Annales de l'École normale supérieure,* Paris, 1913. – L. Rougier, *La Philosophie géométrique de H. Poincaré,* thèse, Paris, 1920. – A. Bellivier, *Henri Poincaré ou la vocation souveraine,* Paris, 1956 – J. Mooig, *La Philosophie de mathématique de Henri Poincaré,* Paris, 1966. – A. F. Schmid, *Une philosophie de savant. Henri Poincaré et la logique mathématique,* 1978. – J. Giedymin, *Science and Convention. Essays on Henri Poincaré's Philosophy of Science and the Conventionalist Tradition,* Oxford, 1982. – G. Heinzmann, *Entre intuition et analyse, Poincaré et le concept de prédicativité,* Paris, 1985.

POINCARÉ Raymond Nicolas Landry. Homme politique français. Né à Bar-le-Duc (Meuse) le 20 août 1860, mort à Paris le 15 octobre 1934. Homme des « marches de l'est », sa jeunesse fut profondément marquée par les souvenirs de l'invasion de 1870, et Poincaré fut animé toute sa vie par la volonté de retrouver et de protéger les provinces perdues au traité de Francfort. Après avoir fait ses études de droit, il débuta dans le journalisme au *Voltaire* (de 1882 à 1887) puis dans la politique active. Conseiller général et chef de cabinet du ministre de l'Agriculture (1886), ministre de l'Instruction publique (1893 et 1895), des Finances (1894 et 1895), il fut président de la Chambre des députés de 1895 à 1898. Entré au Sénat en 1903, il fit partie de la majorité combiste, redevint ministre des Finances en 1906, puis président du Conseil et ministre des Affaires étrangères de 1912 à 1913. Le 17 janvier 1913, bien qu'il n'eût encore que cinquante-deux ans, Poincaré fut élu président de la République, et cette élection prenait une valeur symbolique qu'exprimait à sa manière le slogan lancé par la gauche : « Poincaré, c'est la guerre ! » La politique du « prince lorrain », comme disait Thibaudet, fut en effet dominée par le souci d'assurer la défense militaire contre l'Allemagne et de renforcer l'alliance russe : après avoir encouragé le ministère Barthou à faire voter la loi militaire de trois ans (1913), il se rendit en juin 1914 à Saint-Pétersbourg, où il fut surpris par le début de la crise européenne. De 1914 à 1918, il sacrifia tout à l'Union sacrée, et en 1917 appela Clemenceau à la présidence du Conseil. Son mandat ayant expiré en janvier 1920, il fit partie de la commission des réparations, mais rentra bientôt dans la politique militante. Président du Conseil et ministre des Affaires étrangères de 1922 à 1924, il passa dans l'opposition lorsque les élections eurent donné le pouvoir au Cartel des gauches. En avril 1925, il fut le principal artisan de la chute du ministère Herriot. Enfin, de 1926 à 1928, il présida un grand ministère d'Union nationale, le plus long de l'histoire de la IIIe République, et qui fut marqué par la stabilisation des finances. Raymond Poincaré, qui faisait partie de l'Académie française depuis 1909 et avait déjà publié divers recueils d'articles et d'essais : *Idées contemporaines* (1906), *Questions et figures politiques* (1907), consacra les dernières années de sa vie à la rédaction de ses mémoires publiés de 1926 à 1933 sous le titre : *Au service de la France, neuf années de souvenirs* (*).

RÉF. : H. Seelhozer, *Raymond Poincaré,* Paris, 1922. – G. Suarez, *De Poincaré à Poincaré,* Paris, 1928. – P. Mendès-France, *L'Œuvre financière du gouvernement Poincaré,* Paris, 1928. – G. Hanotaux, *Raymond Poincaré,* Paris, 1935. – P. Miquel, *Poincaré,* Paris, 1961. – G. Wormser, *Le Septennat de Poincaré,* Paris, 1977.

POINSINET Antoine Alexandre Henri. Auteur dramatique français. Né à Fontainebleau le 17 novembre 1735, mort à Cordoue le 7 juin 1769. Outre plusieurs poèmes (*L'Inoculation, Épîtres*), Poinsinet est l'auteur de nombreuses comédies dont *L'Impatient, Le Cercle ou la Soirée à la mode* (*), d'opéras bouffes (*Sancho Pança dans son île*) et de comédies lyriques (*Le Sorcier, Tom Jones*). Cet auteur connut un vif succès à son époque.

POLEVOÏ Boris Nikolaevitch. (pseud. de B. N. Kamnov). Journaliste et écrivain russe. Né à Moscou le 17 mars 1908, mort dans la même ville le 12 juillet 1981. Fils d'un avocat et d'une doctoresse, il a passé son enfance à Tver, et c'est à Tver qu'il a été ouvrier dans un atelier de tissage et qu'il a publié ses premiers essais journalistiques. En 1941, Polevoï devint correspondant militaire de la *Pravda* ; ses essais furent réunis dans un livre, *De Belgorode aux Karpates* (1945). Le roman qui rendit Polevoï célèbre, *Un homme véritable* (*) (1946, prix Staline 1946), est l'histoire véridique d'un pilote de l'armée qui continua d'exercer sa profession après avoir été amputé des deux jambes. Polevoï crée l'idéal de l'homme soviétique comme il était conçu par les dirigeants du Parti : intrépide, allant droit vers son but, qui est celui du Parti, sans hésitation ni faiblesse, sans réflexion ni soupçon. Cette formation de l'idéal moral est continuée dans le recueil de récits, *Nous autres Soviétiques* (1948, prix d'État 1949), et dans son roman, *L'Or* [*Zoloto*, 1949-1950]. Depuis 1962, Polevoï était rédacteur en chef de la revue *Jeunesse* [*Younost*] qui joue un rôle important en U.R.S.S. en publiant les œuvres d'auteurs débutants.

EFIM ETKIND.

POLITIEN Ange (Angelo Ambrogini, dit Poliziano). Écrivain italien. Né le 14 juillet 1454 à Montepulciano près de Sienne, mort le 29 septembre 1494 à Florence. Il fut un humaniste et philologue insigne, mais il doit sa réputation, en particulier, à ses œuvres poétiques en langue italienne, auxquelles il n'accorda lui-même jamais d'importance, les *Stances* (*), *Orphée* (*) et des poésies diverses : *Chansons à danser*, huitains populaires ou « rispetti », etc. En prose italienne, il nous a laissé des *Lettres* [*Lettere*], trois *Sermons prononcés en un cercle d'études* [*Sermoni recitati in una compagnia di dottrina*] et, s'ils sont de lui comme cela paraît probable, les *Dits plaisants* [*Detti piacevoli*], publiés par Wesselski en 1929 à Iéna sous le titre : *Journal* [*Tagebuch*]. À l'âge de dix ans, il perdit son père, et sa famille se trouva dans la gêne. Il se rendit à Florence, où nous le voyons, en 1469-70 déjà, auditeur aux cours du Studio fiorentino ; il eut pour maîtres Joannes Argyropulos, Andronicos Kallistos, Cristoforo Landino, Marsile Ficin ; tout de suite, il fit preuve d'une extraordinaire facilité à composer des vers latins et grecs, avec une rare maîtrise des deux langues et une adroite élégance de style. Mettant son espoir dans le mécénat de Laurent de Médicis, il entreprit, en 1470, la traduction de l'*Iliade* (*) en vers latins, commençant par le second livre ; il voulait évidemment continuer l'œuvre pour laquelle, en 1452, le pape Nicolas V avait ouvert un concours entre les humanistes du temps ; le vainqueur avait été Carlo Marsuppini d'Arezzo, qui mourut peu de temps après avoir traduit le premier livre. Politien, encouragé par la subvention que Laurent lui avait accordée, dut cependant attendre jusqu'en 1473 – il avait alors achevé le troisième livre – pour trouver une situation convenable chez les Médicis, avec pleine liberté de poursuivre ses études. Il continua la traduction de l'*Iliade* de temps à autre, les années suivantes, mais non au-delà de 1478, et elle demeura interrompue au livre V. Vers le milieu de l'année 1475, Laurent lui confia l'éducation de son fils aîné Pierre, et il s'y consacra avec assiduité, suivant les déplacements continuels de la famille de Laurent.

C'était l'heureux temps où, à Florence, on vivait joyeusement de fêtes, de joutes et de chants, et Politien se mit à composer *La Joute* [*La Giostra*], stances destinées à célébrer la victoire de Julien, frère de Laurent, dans une joute du 28 janvier 1475. Politien sentait vraiment ce qu'il devait à la munificence des Médicis, de Laurent notamment ; rien d'étonnant, par conséquent, à ce que ses louanges, dans les *Stances*, les *Élégies* latines, les *Épigrammes* latines et grecques de cette période, tournent de temps à autre à la flatterie courtisane. Mais il fut toujours d'esprit sincère dans son dévouement à Laurent qui, du reste, le traitait avec une franche amitié et avec le respect dû à son érudition d'humaniste. Chez les Médicis, Politien ne jouait pas seulement le rôle de pédagogue, mais celui d'homme de confiance pour toute la famille. Quand il se trouvait avec Laurent, hors de Florence, c'était lui qui écrivait à Donna Clarice pour lui communiquer des nouvelles de son mari. En 1477, Politien réussit à obtenir que lui fût assigné le prieuré de San Paolo et il y reçut, en conséquence, les ordres. Il avait espéré pouvoir, grâce à l'indépendance financière qu'il en retirerait, disposer de lui-même avec plus de liberté, mais, au printemps de l'année suivante, le bouleversement que la conjuration des Pazzi apporta à la famille des Médicis par le meurtre de Julien et la blessure de Laurent l'entraîna à témoigner de son attachement et de sa fidélité en s'offrant à accompagner la femme de Laurent et leurs fils Pierre et Jean à Pistoie et dans leur villa. Avec cet événement, non seulement disparaissait, fauchée par la violence, la jeunesse florissante de Julien, mais s'achevait, pour Laurent et pour le groupe de ses amis et protégés, une période d'allégresse et d'insouciance qui avait réjoui Florence de chants populaires, à la composition desquels participaient, entre autres, Laurent lui-même, Luigi Pulci et Politien. C'était le moment où il écrivait en italien, en latin et en grec ; et, de même que, dans les *Épigrammes* et les *Élégies*, les langues latine et grecque se pliaient docilement à exprimer des instants et des aspects de la vie florentine à laquelle il participait, de même, dans les octaves des *Stances*, et quelques années plus tard, dans les vers d'*Orphée*, la langue florentine des chants populaires révélait une fraîcheur primitive qui s'adaptait admirablement à l'évocation des mythes classiques. Isolé à la campagne avec la famille de Laurent, Politien informait souvent son protecteur des événements de la maison et continuait à s'occuper de l'instruction de Pierre et de Jean, mais ses rapports avec Donna Clarice devinrent bientôt intenables, et il dut quitter la villa de Cafaggiolo au printemps de 1479. Laurent chercha à remédier tant bien que mal à cette situation, lui permettant, en un premier temps, d'habiter la villa des Médicis à Fiesole, et le chargeant personnellement d'un travail littéraire. Par la suite, il le reçut à Florence, au palais de la via Larga ; mais, cédant à Donna Clarice, il le dispensa de l'instruction de ses fils.

En décembre de cette même année 1479, un malentendu entre lui et Laurent, qui devait partir pour Naples, l'intervention de quelque ennemi, et une certaine hésitation craintive de sa part, firent qu'il ne partit pas à la suite de Laurent et qu'il s'exila volontairement. Après avoir erré en diverses villes de l'Italie du Nord, il fut reçu par les Gonzague à Mantoue ; là il composa, en quelques jours et en langue vulgaire, le drame *Orphée* [*Orfeo*] dont il existe deux rédactions ; la plus longue fut publiée en 1766 par Affo sous le titre *Orphei tragedia.* Mais la nostalgie de Florence était puissante en son esprit. Quand il sut que Laurent était revenu de Naples, il s'employa à se faire rappeler, et lui envoya, le 19 mars 1480, une longue lettre en latin pour se défendre des accusations malveillantes et confirmer son immuable fidélité. Laurent lui pardonna, et, en août 1480, Politien était déjà à Florence ; en novembre de la même année, il commençait son enseignement au Studio fiorentino, qui lui procura, en Italie et en Europe, la réputation méritée de lecteur et de commentateur profondément expert d'auteurs grecs et latins : rêve de son adolescence, qui était devenu une réalité. Il avait à peine vingt-six ans, et il dominait, d'un esprit critique indépendant, le monde de la culture gréco-latine, qui semblait être celui où il avait respiré depuis sa naissance. Le sérieux avec lequel il se préparait à faire ses cours nous est attesté par le riche matériel des *Miscellanea*, où l'on trouve traitée une grande quantité de questions philologiques, historiques, grammaticales et stylistiques, reprises également dans le vaste recueil des *Lettres* latines de lui-même et de ses correspondants. Politien se plaisait parfois à lire, comme prélude à ses cours, de petits poèmes en hexamètres latins qu'il avait composés — v. *Les Sylves* (*) — *Manto, Rusticus, Ambra, Nutricia.* Après la mort de Laurent (1492), il espéra un moment la protection de Pierre pour obtenir du pape Alexandre VI la pourpre cardinalice, mais cette ambition demeura insatisfaite, assombrissant encore les derniers mois de sa vie, pendant lesquels il dut supporter, par contre-coup, l'impopularité où était tombé le successeur dégénéré de Laurent et l'inimitié de certains hommes en place, comme Marulle, Lascaris et Sannazar. On lui doit, outre les œuvres déjà citées, *La Conjuration des Pazzi* (1478).

VINCENZO PERNICONE.

♦ *« J'ai pu être l'émule des Grecs dans la connaissance de leur propre langue : genre de mérite qu'aucun de mes compatriotes n'a possédé au même degré que moi depuis plus de mille ans. »* Politien.
♦ *« Ce que Politien a surtout appris des Anciens, c'est à ne rien laisser dans son œuvre qui ne soit limé, poli, marqué au coin de la plus exquise perfection artistique. La muse de Politien, c'est l'élégance. »* A. Gaspary.
♦ *« Ce qui fait la supériorité de Politien,... c'est son absolue maîtrise de la forme. »* A. Jeanroy.

RÉF. : W. J. Clausius, *Politianus, sive de A. Bassi Politiani vita, scriptis et moribus liber*, Magdebourg, 1718. — F. O. Mencke, *Historia vitae et in literas meritorum Angeli Politiani...*, Leipzig, 1736.

– W. P. Greswell, *Mémoirs of Angelus Politianus*, etc., Manchester, 1801. – Carducci, Préface à l'édition des *Œuvres de Politien*, Florence, 1863. – Léon Dorez, *L'Hellénisme d'Ange Politien*, in t. XV des *Mélanges d'archéologie et d'histoire*, Rome, 1895. – P. Michele, *La Vita e le opere di Angelo Poliziano*, Livourne, 1916. – Actes de Colloque, *Il Poliziano e il suo tempo*, Florence, 1957. – R. Ramat, *La poesia toscano del Poliziano*, Florence, 1962. – I. Maïer, *Les Manuscrits d'Ange Politien*, Genève, 1965 ; *La Formation d'un poète humaniste, Ange Politien*, Genève, 1966. – F. Tateo, *Lorenzo de' Medici e Angelo Poliziano*, Bari, 1971. – V. Branca, *Poliziano e l'umanesimo della parola*, Turin, 1983.

POLITIS Cosmas (pseud. de Pâris Tavéloudis]. Romancier grec. Né en Égypte en 1893, mort à Athènes le 23 février 1974. Après une enfance smyrniote, il dut quitter l'Asie Mineure lors de la « catastrophe » de 1921 et voyagea beaucoup en Europe, s'exerçant à divers métiers. De retour en Grèce, il ne se manifesta que tardivement, avec *Le Bois de citronniers* [Τό Λεμονόδασος, 1930]. À l'écart des écoles, insoucieux de l'accueil réservé à ses œuvres, il abandonna progressivement le style classique de ses débuts, son idéal de « beauté pure », pour se livrer à la recherche de nouvelles formes littéraires. Sa tentative la plus achevée, *Eroïca* (1938), couronnée par l'État, marque une date dans la littérature néo-hellénique. On trouve chez lui un sentiment très fort de la nature allié à une prédilection pour les analyses psychologiques – *Hécate* (1933), *Trois femmes* [Τρείς γυνείκες, 1943] – véhiculées par une prose musicale qui lui est propre. Ses derniers romans s'attachent à reconstruire le monde de son enfance, tamisé par la mémoire et la nostalgie : *Le Coin* [Τό Γύρι, 1944] ; *Chez Hatzi-franko* [Στόυ Χατζηφράγκου, 1963].

POLITZER Georges. Philosophe français. Né en 1903 à Nagyvárad (Autriche-Hongrie), mort en mai 1942, fusillé par les nazis. Sa mort tragique interrompt une réflexion qui aurait pu déboucher sur l'une des pensées marxistes les plus originales de ce siècle. Politzer commence son œuvre par une critique féroce du bergsonisme (*La Fin d'une parade philosophique : le bergsonisme,* 1929) et de la psychologie officielle. Dans sa *Critique des fondements de la psychologie* (1928), il rejette aussi bien le behaviourisme que l'introspection, et propose une étude du « drame humain », c'est-à-dire du comportement concret des individus. Les *Principes élémentaires de philosophie* (*) (posth., 1946) et *Révolution et contre-révolution au XXe siècle* (posth., 1947) témoignent d'un certain appauvrissement de sa réflexion, dû sans doute aux pressions qu'exerçaient sur lui le militantisme politique et le désir de rendre le marxisme accessible au plus grand nombre. Bien qu'il soit impossible de dire quelle aurait été l'évolution de sa pensée, il est permis de supposer qu'il aurait participé activement à l'évolution de la pensée marxiste qu'a rendue nécessaire la crise du stalinisme après la guerre.

POLO Gaspar Gil. Écrivain espagnol. Né à Valence au début du XVIe siècle, mort peut-être à Barcelone en 1591. Il préféra le nom de sa mère, Isabel Ursula Gil, et le plaça devant le nom paternel. On n'a pu établir en toute certitude qu'il ait occupé la chaire de grec à l'université de Valence, où il résida probablement vers 1565-1574 en qualité de notaire (1571) et de « maestro racional » (1572). Son fils Julián (qu'il ne faut pas confondre avec le jurisconsulte du même nom) lui succéda dans sa dernière charge, obtenue grâce à la bienveillance de Philippe II. En 1580, Polo fut nommé administrateur des domaines royaux à Barcelone. Il est avant tout l'auteur de *La Diane amoureuse* (*) (1564), et l'on n'a conservé de lui qu'un sonnet antérieur à ce fameux roman pastoral. Cependant, il devait être déjà célèbre, puisque J. de Timoneda le cite dans une revue de poètes de Valence (*Sarao De Amor*, 1561). Polo a d'ailleurs lui-même célébré les poètes de Valence dans son *Canto de Turia* – livre III de *Diane*, dans lequel il loue chaleureusement certains professeurs (peut-être ses collègues ?) dont nous ignorons les œuvres. Faute de mieux connaître sa vie, on ne sait comment interpréter certains passages de son roman *La Seconde Partie de la Diane* [*La Segunda parte de la Diana*], continuation en prose et en vers de *La Diane* (*) inachevée de Montemayor, où l'argument central de Diane et Syrène s'accompagne de divers autres motifs dans la tradition du roman pastoral espagnol. Les contemporains furent presque unanimes à vanter les écrits de Polo, et la postérité a ratifié leur jugement.

RÉF. : H. A. Rennert, *The Spanish Pastoral Romances*, Philadelphie, 1912.

POLO Marco, dit Milione. Voyageur italien. Né en 1254 à Venise, mort dans cette même ville le 8 ou 9 janvier 1324. Il appartenait à une famille vénitienne, probablement d'origine dalmate, qui, à l'instar de tant d'autres de la cité sur la lagune, possédait des comptoirs et des entrepôts commerciaux dans les ports de la Méditerranée orientale et même de la mer Noire. Son père Nicolò et son oncle Matteo avaient quitté, en 1260, le port de Soldaia en Crimée, et pénétré dans la grande plaine d'Europe sud-orientale pour y faire du commerce ; puis, après bien des aventures, ils avaient atteint Canbalig (Pékin) où le conquérant mongol Koubilaï venait de fixer sa propre capitale impériale. Dix ans plus tard, les deux frères rentraient à Venise où ils retrouvèrent Marco, âgé de quinze ans. Toutefois, les richesses contemplées dans le lointain Orient et les encouragements reçus de Koubilaï les poussèrent, en 1271, à reprendre le chemin long et malaisé de la Chine ; ils emmenèrent le jeune Marco qui, de la sorte, entra dans le vif de l'existence et dans la gloire. Ayant pénétré en Asie par la côte de la mer du Levant, ils parcoururent l'Anatolie, l'Arménie et la Perse dans des directions et suivant des itinéraires qu'aucun Européen n'avait encore empruntés ; ensuite, le territoire compris entre les plaines de la Boukharie et les monts du Khorassan, les hauts plateaux du Pamir, la grande chaîne du Tien-Chân, les déserts du Si-kiang, avec ses vastes oasis marginales, et de Gobi, et, enfin la Chine populeuse virent nos trois Vénitiens s'avancer lentement avec les caravanes et atteindre Canbalig, la fastueuse cour impériale de Koubilaï. L'accueil fut joyeux de la part du souverain qui comprit à quel point l'expérience de trois Occidentaux pouvait lui être utile pour gouverner cette immense Chine, déjà très civilisée, et soumise depuis peu à son autorité ; il s'attacha surtout au jeune Marco qui, tandis que Matteo et Nicolò s'occupaient probablement de leurs affaires et d'accumuler des richesses, devint le conseiller le plus écouté de l'empereur Koubilaï.

Non seulement Marco partageait l'existence du souverain, dans la capitale et dans les résidences d'été, et le suivait dans ses chasses pour lesquelles il semblait qu'un peuple tout entier se déplaçait au milieu d'un luxe insurpassable, mais il fut chargé du gouvernement de certaines provinces, assura des inspections, et même accomplit des missions diplomatiques au Yunnan, en Birmanie et jusqu'en Inde. Enfin, après dix-sept ans de séjour en Chine, les trois Polo éprouvèrent, en dépit de leurs expériences nombreuses et variées, la nostalgie de leur lagune ; ils obtinrent la permission de partir, mais seulement lorsque se présenta l'occasion d'escorter une jeune princesse que l'on destinait comme épouse au souverain de la Perse. Ce fut ainsi que commença leur périple à travers l'Asie entière : le long des côtes de la Chine et de l'Indochine, de la Malaisie, de Sumatra, de l'Inde et de l'Iran, puis le retour par la Perse, l'Arménie et l'Anatolie par des voies déjà connues. En 1295 ils étaient de retour à Venise, ayant accumulé les profits autant que les aventures, semble-t-il. Il est cependant plus que probable que nous n'aurions pas ou presque pas eu d'informations sur tout cela si Marco, en 1298, n'était tombé aux mains des Génois, au cours d'un combat guerrier près de Curzola ou d'une rencontre entre bateaux marchands rivalisant dans la mer du Levant pour s'y emparer des meilleurs marchés et des meilleurs commerces. Le fait est qu'il se trouva en prison, et qu'il dut partager sa cellule avec un certain Rustichello, de Pise (Rusticien de Pise), modeste homme de plume, auquel il relata son aventureuse existence en Asie. Rusticien la rédigea en langue d'oïl, laquelle jouissait d'une grande faveur en un temps où une langue italienne littéraire n'était pas encore fixée. C'est ainsi que naquit le livre qui reçut pour titre *Le Livre de Marco Polo, ou le Devisement du monde* (*), communément appelé *Le Million* [*Il Milione*], d'après le surnom de son auteur. Il n'est pas de livre, peut-être, qui ait eu plus de succès, traduit dans toutes les langues, même en dialectes locaux, et, bien entendu, en latin.

Lorsque vint l'imprimerie, on fit de ce célèbre *Million* des éditions dans toutes les langues, et de nos jours, à sept siècles d'écart, on n'a pas cessé de l'imprimer ; bien plus, on a observé une reprise non seulement de l'édition mais de la critique de l'œuvre de Polo. Celui-ci, en décrivant les pays et les gens qu'il a connus en vingt-cinq ans de vie asiatique perpétuellement changeante et remplie d'expériences variées, et en rapportant ce qu'il a entendu dire de contrées et de peuples qu'il n'a point directement connus, se montre profond et fin observateur en même temps que critique avisé de ce qu'il voit et entend ; sa curiosité personnelle est sans limites et il n'a pas d'œillères. La diffusion de cet ouvrage, qui révélait un continent entier et ses fabuleuses richesses, connut un succès immédiat, non seulement parce qu'on le considéra comme un récit d'aventures fantastiques, mais parce qu'il excita l'ardent désir de propagande religieuse des missionnaires et la soif de gain des marchands : les uns et les autres commencèrent à suivre les itinéraires terrestres indiqués par Marco Polo. Tout ce qu'il avait écrit fut bientôt confirmé, et par là même naquit chez les puissants la volonté d'atteindre au but et de palper ces richesses. Il n'est pas impossible qu'un exemplaire du *Million*, donné à Henri le Navigateur, ait agi comme stimulant pour ces navigations qui, en contournant l'Afrique entière, devaient conduire les Portugais, avec Vasco de Gama, à la conquête de l'Inde ; pas impossible non plus qu'un exemplaire attentivement lu et annoté par Christophe Colomb ait contribué à faire déployer les voiles des caravelles du roi d'Espagne vers l'Occident pour atteindre le Cathay, c'est-à-dire la Chine de Marco Polo, ouvrant ainsi la voie de l'Amérique. Indépendamment de ces grandioses et imprévisibles conséquences, reste l'hommage que rendit Humboldt à celui que les Chinois et les Japonais vénèrent comme l'homme qui les a révélés au monde occidental et qui serait le « plus grand voyageur de tous les temps et de tous les pays ».

GIOTTO DAINELLI.

♦ *« Homme moult honorable et en moult pays hautement respecté lequel désiroit porter au su de tous les choses qu'il avoit de ses propres yeux vues. »* Thibault de Cepoy, XIVᵉ siècle. ♦ *« ... Messire Marco Polo, l'auteur de toutes ces merveilles, est un homme fort honorable, véridique et dévot. Il est estimé de tous ceux qui le connaissent, et ses vertus réclament foi pleine et entière en tout ce qu'il nous va contant. »* Frère Francesco Pepino de Bologne, XIVᵉ siècle. ♦ *« Marco Polo est un géographe véritable qui sait saisir dans son ensemble une ambiance naturelle, l'humanité qui y vit, les œuvres qui s'y accomplissent.*

Un véritable explorateur qui ne choisit pas, mais examine et note tout... » G. Dainelli.

RÉF. : P. Zurla, *Di Marco Polo e degli altri viaggiatori veneziani piu illustri*, Venise, 1818. – H. Yule, *Marco Polo*, Londres, 1903. – A. Aniante, *Vie et aventures de Marco Polo*, Paris, 1938. – V. Chklovski, *Le Voyage de Marco Polo*, Paris, 1938. – Giotto Dainelli, *Marco Polo*, Paris, 1946. – S. Iwamaru, *Manuscripts and Printed Editions of Marco Polo*, Tokyo, 1949. – L. Ulpe, *Der Teppich des Marco Polo*, Munich, 1951. – *Nel 7 centenario della nascita di Marco Polo*, Venise, 1955. – P. Pelliot, *Notes sur Marco Polo*, Paris, vol. I, 1959 ; vol. II, 1963.

POLYBE. Historien grec. Né entre 205 et 200 av. J.-C. à Mégalopolis, en Arcadie, mort vers 120, à la suite d'une chute de cheval (à quatre-vingt-deux ans ?). Son père, Lycortas, était l'ami de Philopoemen et fut plusieurs fois stratège de la ligue achéenne, de sorte que le jeune homme commença de bonne heure à acquérir une précieuse expérience politique et militaire en connaissant les hommes d'État qui dirigeaient les destinées de la Grèce. En 183, âgé d'un peu plus de vingt ans, il eut l'honneur de rapporter de Messène à Mégalopolis les cendres de Philopoemen pour ses funérailles solennelles ; en 169-168, il fut nommé hipparque, charge la plus haute de la ligue après celle de stratège. Le parti de Philopoemen et de Lycortas était un parti patriote modéré, qui avait toujours cherché à transiger avec les Romains, tout en éprouvant de l'antipathie à leur égard, et essayé de conserver une certaine indépendance aussi bien en face de Rome que de la Macédoine. Mais il survint des événements trop graves pour ces politiciens provinciaux qui se croyaient astucieux, et la mort de Lycortas fit empirer l'état des choses. La guerre ayant éclaté entre Romains et Macédoniens, la ligue achéenne crut de sage politique de garder une neutralité bienveillante vis-à-vis de Rome. C'était la pire des solutions pour qui voulait sauver son indépendance. De cette manière, les hommes politiques de la ligue aboutirent à ce que les Romains, en deux guerres successives, fussent en mesure de battre aisément leurs adversaires un par un : d'abord les Macédoniens, puis les Achéens. La victoire des Romains à Pydna (168) détermina la crise de la ligue : les partisans de Rome, voulant gouverner avec l'appui de Rome, saisirent l'occasion pour se défaire de leurs adversaires politiques à l'intérieur. Et le chef de ce parti fut assez lâche pour rédiger une liste de mille d'entre eux, qu'il dénonça à l'étranger, sans aucune preuve sérieuse, comme ennemis de Rome, sous l'accusation d'avoir passé des accords secrets avec Persée. Les mille Achéens furent appelés à Rome pour se justifier. Les Romains avaient trop de sens juridique pour intenter un procès n'ayant aucun fondement légal, mais trop de sens politique pour les laisser libres ; ils reléguèrent les accusés en diverses villes d'Italie. L'un des mille était Polybe, et cet événement douloureux finit par être le plus important et le plus heureux de sa vie ; sans lui, il serait resté un modeste politicien achéen, aigri par les haines municipales ; grâce à lui, il put comprendre la grandeur de Rome et devenir l'historien de cette grandeur.

À Mégalopolis, il avait connu Paul-Émile, le vainqueur de Pydna ; il fut admis dans sa maison comme précepteur de ses fils Fabius Maximus et Scipion Émilien, et il put obtenir, par leur intercession, de rester à Rome, sous la surveillance du préteur urbain. Pendant les dix-sept années qu'il y passa, il put approcher tous les personnages les plus importants de la vie romaine ; la maison de Scipion, où il connut, entre autres, Panétius, était assurément le meilleur observatoire politique que l'on pût souhaiter. Son ancienne antipathie pour Rome se convertit peu à peu en sympathie et en admiration pour ce peuple extraordinaire qui, en cinquante-trois ans, était devenu le plus puissant du monde. Il scruta les raisons d'une fortune aussi rapide, qui tout d'abord dut lui paraître mystérieuse, étudia la société et la constitution romaines, et se mit à écrire l'histoire de cette période si riche d'événements ; il voyagea dans le Latium et en Italie méridionale, en partie pour consulter des documents et, ayant accompagné Scipion en Espagne au cours de l'année 151, il traversa les Alpes, au retour, pour se rendre compte des lieux du passage d'Annibal. Ce n'est qu'en 150 que le Sénat, après plusieurs sentences défavorables, accorda aux Achéens bannis le retour dans leur patrie ; Polybe rentra en Grèce, mais demeura lié à Rome et à Scipion ; il suivit celui-ci, avec Panétius, en 149, dans l'expédition contre Carthage, et il assista à la prise de la ville. Profondément convaincu de la fatalité inéluctable de la domination romaine, il tenta d'empêcher par ses conseils la guerre des Grecs contre Rome ; puis il accourut en Grèce aussitôt après le sac de Corinthe, et vit les soldats romains jouer aux dés sur les tableaux des plus grands peintres grecs. Il s'employa de toutes les manières à adoucir le sort des vaincus ; envoyé pour régler l'administration des villes du Péloponnèse, il pacifia les esprits et les inclina vers la résignation. Il ne suivit pas Scipion dans son voyage en Orient en 140, mais il l'accompagna, en 134, dans son expédition contre Numance, et écrivit une monographie sur cette guerre. Ses dernières années furent tristes ; il assista au tribunat et au meurtre de Tibérius Gracchus, puis à la mort mystérieuse de Scipion, et il vit, dans les soulèvements populaires, une terrible menace contre la constitution qui était, pour lui, une garantie indispensable de la domination de Rome.

En dehors de quelques œuvres perdues, d'une *Vie de Philopoemen,* de la *Guerre de Numance* et d'un traité de tactique, Polybe a écrit les *Histoires* (*), dont les cinq premiers livres nous sont parvenus entiers ; en outre, de nombreux fragments très répandus, ceux qui portent le nom d'*Excerpta antiqua,* et les restes des fragments byzantins portant le nom de l'empereur Constantin Porphyrogénète, nous conservent, en tout, un cinquième environ de la partie qui a été perdue.

Polybe veut écrire une histoire « universelle » et « pragmatique » : ce sont les deux caractères essentiels de son œuvre. Deux siècles avant lui, Éphore avait écrit une histoire universelle ; un autre, Diodore, l'écrira un siècle après. Mais ces histoires ne sont universelles qu'en apparence, et en réalité représentent une somme d'histoires particulières sans lien entre elles. Le lien, en revanche, se trouve chez Polybe : c'est la politique romaine qui, peu à peu, rassemble en main les fils de l'histoire du monde ; et, en ce sens, on peut appeler son histoire universelle. Elle est pragmatique, d'autre part, en ce sens qu'elle est un exposé non de généalogies ou de fondations mythiques de villes, mais des Πρὰξεις, des actions politiques ; le terme est opposé, avec intention, à l'histoire rhétorique d'Éphore et de Théopompe, à l'histoire érudite et moralisante de Timée, à l'histoire poétique de Douris et de Phylarque. Chez Polybe est fondamentale l'idée de l'utilité de l'Histoire. Elle doit servir à former les hommes politiques, qui profiteront de l'expérience du passé et, en des cas analogues, sauront comment se comporter ; en outre, elle sera utile aux esprits sérieux, avides de comprendre vraiment les faits. Il fait profession de la plus stricte impartialité et, dans l'ensemble, tient sa promesse, mais seulement jusqu'à un certain point. Il est trop favorable aux Romains, qu'il justifie toujours en tout, et trop hostile à Philippe V de Macédoine et à Persée. Il est presque totalement impartial en ce qui concerne les guerres puniques ; mais, quand il s'agit d'événements le touchant de plus près, comme ceux de la ligue achéenne, réapparaissent les sympathies et les haines du nationalisme local. Et l'on ne peut absolument pas excuser la rancune odieuse et sans générosité dont il poursuit les chefs de la révolte des Grecs contre Rome, lesquels, sans nul doute, manquèrent de sagesse politique, mais sacrifièrent leur vie à leur idéal, et aimèrent mieux mourir en Grecs que de vivre avec une dignité amoindrie. Polybe estime indispensable, dans l'histoire, la recherche des causes, et il sait distinguer avec subtilité entre la πρόφασις (la cause apparente, le motif officiel), l'ἀρχὴ (le début), et l'αιτία (la cause véritable). Mais il ne faut pas croire qu'il soit, dans la recherche des causes, réellement profond. Ce n'est pas un philosophe, mais plutôt la négation de la philosophie ; c'est à tort qu'on l'a cru stoïcien, et, encore plus à tort un précurseur génial de Vico. Il ne croit pas aux dieux. Il conçoit la religion comme « instrumentum regni », bon pour endiguer la foule, inutile pour les sages. Le moteur à peu près unique des actions humaines est, d'après lui, l'utilité. L'expérience des affaires politiques a créé en lui la mentalité caractéristique du politicien sans préjugés. Il est toujours prêt à louer le vainqueur, à blâmer le vaincu, à démontrer que tout est advenu parce que cela devait advenir. Il n'exclut pas, naturellement, les passions et les sentiments comme impulsions à l'action, mais, dans l'ensemble, cela compte peu. Souvent, il admet une force supérieure, et l'appelle du nom de Tyché, chère aux hommes : la « nécessité naturelle » ; plus souvent, c'est une puissance aveugle qui emporte tout et gouverne tout à sa fantaisie.

Mais chez Polybe, l'historien est très supérieur au styliste. Sa prose, relâchée et pénible, se noie dans le jargon de la périphrase et des formules stéréotypées et manque de vie. Seule la polémique contre les historiens qu'il méprise semble le ranimer et lui suggère quelques images vivantes. Si l'on veut l'apprécier réellement, il faut oublier ses leçons méthodologiques, ses efforts philosophiques, sa manière d'écrire, pour admirer la lucidité, l'exactitude, la précision avec laquelle il raconte une bataille ou des négociations diplomatiques. Dans l'ensemble, il ressemble beaucoup à Xénophon, avec lequel il a de commun nombre de caractéristiques bonnes ou mauvaises : l'expérience des choses politiques et militaires, la vanité, l'égoïsme, le bon sens banal, la manière plate de moraliser, l'intelligence des choses pratiques. Par une curieuse méprise, beaucoup de modernes ont vu en lui un progrès de l'historiographie et l'ont salué comme le plus grand historien grec, un maître de la méthode historique, l'Aristote de l'histoire, supérieur même à Thucydide. En fait, Polybe est un historien scrupuleux et épris de vérité, il n'est pas un grand historien ; il n'a aucune grande idée et aucun idéal. Et il y a en lui quelque chose de sec et de mesquin : c'est un esprit trop étroit, utilitaire, prosaïque, pour entendre le grand drame qu'est l'Histoire. Et qu'il soit l'historien de la grandeur de Rome est vraiment une plaisanterie de la Tyché.

GENNARO PERROTTA.

♦ *« Ôtez de l'histoire les raisons pour lesquelles tel événement est arrivé, les moyens que l'on a employés, le succès dont il a été suivi, le reste n'est plus qu'un exercice de l'esprit dont le lecteur ne pourra rien tirer pour son instruction. »* Polybe. ♦ *« On dit que Scipion réussit dans toutes ses entreprises toutes les fois qu'il suivit les conseils de Polybe et qu'il échoua lorsqu'il ne voulut pas les écouter. »* Pausanias. ♦ *« Polybe n'entend rien à l'art d'écrire et personne n'est capable de soutenir d'un bout à l'autre la lecture de ses livres. »* Denys d'Halicarnasse. ♦ *« Polybe est un écrivain qui mérite confiance et qui n'est pas méprisable. »* Tive-Live. ♦ *« Polybe se distingue par l'exactitude et la recherche scrupuleuse de la vérité... Il nous fait connaître les institutions des peuples et le caractère des hommes ; il ne raconte pas en artiste comme Hérodote, mais il cherche les causes des faits et en apprécie les résultats. »* Fustel de Coulanges. ♦ *« Polybe est l'historien de la véritable grandeur de Rome. Celle que peint Tite-Live est mensongère. »* Willamowitz-Moellendorf. ♦ *« Polybe est l'Aristote de l'antique historiographie, un Aristote qui serait historien et théoricien à la fois. »* B. Croce.

RÉF. : J. C. Orelli, *Lectiones Polybianae et Theophrasteae,* Turin, 1834. – R. Laqueur, *Polybius,* Leipzig, 1913. – M. Feyel, *Polybe et l'histoire de Béotie,* Paris, 1942. – W. von Fritz, *The Theory of the Mixed Constitution in Antiquity, a Critical Analysis of Polybius' Political Ideas,* New York, 1954. – F. W. Walbank, *A Historical Commentary or Polybius,* 3 vol., Oxford, 1957-1979 et *Polybius,* Los Angeles, 1972. – E. Gabba (dir.), *Polybe, neuf exposés suivis de discussions,* Genève, 1974.

POLYCARPE de Smyrne, saint. Écrivain grec chrétien. Né vers 68, mort en martyr entre 155 et 167. Il fait partie du groupe d'écrivains chrétiens connus sous le nom des « Pères apostoliques » parce qu'ils furent directement ou indirectement en rapport avec les apôtres. Polycarpe était d'origine grecque et sans doute né de parents chrétiens. Il est aussi possible qu'il ait été converti très jeune par saint Jean l'Évangéliste et la tradition veut que ce soit près de cet apôtre, dont il était l'un des meilleurs disciples, qu'il ait connu Ignace d'Antioche. Il est probable, en tout cas, qu'il ait pu entrer en contact avec « un grand nombre de personnes qui avaient vu le Seigneur ». Peut-être est-ce encore saint Jean qui le consacra évêque de Smyrne vers 99 et lui donna mission de veiller sur l'Église d'Asie Mineure. On sait qu'il eut pour disciple le fameux évêque de Lyon, Irénée, et qu'il vint à Rome vers 155 pour s'y entretenir avec le pape Anicet sur la date à laquelle il convenait de fixer la célébration de la fête de Pâques et y défendre l'usage aux Églises d'Asie de la placer le 14 du mois de Nisan. Il ne semble pas qu'ils aient réussi à se mettre d'accord, mais cela n'entacha pas leurs rapports et il n'y eut aucune rupture. L'on sait aussi que lorsque Ignace, évêque d'Antioche et son ancien condisciple, fut conduit à Rome pour y être jeté aux bêtes, ils se rencontrèrent à Smyrne, mais ce sont les seuls événements de sa vie que nous ait conservés l'histoire. L'œuvre qui lui vaut d'occuper une place de choix parmi les premiers écrivains chrétiens est son *Épître aux Philippiens* (*), qui fut écrite vers l'an 120. C'est le seul de ses écrits qui n'ait pas été perdu ou dont on puisse garantir l'authenticité. Polycarpe n'avait pas moins de quatre-vingt-cinq ans lorsque la trahison d'un esclave le livra au proconsul romain, Stacius Quadratus. Invité à renier le Christ, Polycarpe aurait riposté que, l'ayant servi fidèlement pendant plus de quatre-vingts ans, il n'avait aucune raison de se renier lui-même. Polycarpe fut alors placé sur un bûcher et décapité lorsque les flammes s'éteignirent. Tel est du moins le récit que donne de cet événement le *Martyrium Polycarpi*, lettre adressée par l'Église de Smyrne et rédigée par Marcion. La mort de Polycarpe survint soit au cours de la persécution de 155-156, soit lors de celle de 167 : dans ce dernier cas, Polycarpe aurait été presque centenaire.

♦ *« Toute parole que sa bouche a prononcée a été accomplie et sera accomplie. »* Le Martyrium. ♦ *« Son épître est apte à faire connaître ce qui caractérise la foi de son auteur ainsi que la prédication de la vérité. »* Saint Irénée.

RÉF. : Ignace d'Antioche, *Lettres et Martyre de Polycarpe de Smyrne*, éd. par Père Thomas Camelot, 4e éd. revue et corrigée, Paris, 1969.

POLYEN, dit le Macédonien. Écrivain grec. Né en Macédoine au IIe siècle. Il se rendit à Rome sous le règne de l'empereur Marc Aurèle pour y exercer la profession de rhéteur et d'avocat, et ce fait est tout ce que nous connaissons de sa vie. En s'inspirant de Frontin et de Suétone, il écrivit vers 163 un recueil de ruses de guerre qu'il intitula *Stratagèmes* (*) et qu'il dédia aux empereurs Marc Aurèle et Lucius Verus. Cette œuvre fut très appréciée des empereurs auxquels elle avait été dédiée. Leurs successeurs en firent aussi grand cas et il semble qu'on ait continué à lui accorder une grande importance jusqu'à la fin du Moyen Âge puisque c'est d'après elle que Léon VI le Sage, empereur d'Orient, rédigea ses *Conseils stratégiques* et que deux éditions au moins en furent tirées au XVIe siècle. Polyen avait écrit d'autres traités, en particulier sur la *Tactique militaire*, sur *Thèbes* et sur les *Constitutions macédoniennes*, mais ils ont été perdus.

POMIALOVSKI Nikolaï Guerassimovitch [Nikolaj Gerasimovič Pomjalovskij]. Écrivain russe. Né en 1835 à Saint-Pétersbourg, dans la famille d'un diacre, mort dans cette même ville le 5 octobre 1863. Il fit ses études au séminaire ; après en être sorti et avant de commencer une carrière quelconque, il se consacra à d'intenses lectures pour compléter sa propre instruction et trouver une explication aux doutes douloureux que la vie de séminariste avait éveillés en lui. C'est ainsi qu'au travers des articles parus dans la revue *Le Contemporain* [*Sovremennik*] il prit contact avec les idées des critiques radicaux Tchernychevski et Dobrolioubov. S'intéressant particulièrement aux problèmes de l'éducation, il écrivit une série d'esquisses dont l'une fut publiée en 1859. En 1860-61, il fréquenta l'université comme auditeur et se sentit encouragé à se consacrer à la littérature. *Le Contemporain* reçut ses premiers récits d'une certaine ampleur : *Bonheur bourgeois* et *Molotov*. En 1862-63, il publia l'ouvrage auquel son nom reste le plus attaché : *Esquisses de la vie au séminaire* (*) tandis qu'il préparait un long roman, *Frère et Sœur* [*Brat i sestra*], demeuré inachevé, dans lequel il avait l'intention de représenter la vie d'une famille de la petite bourgeoisie de Saint-Pétersbourg. D'autres projets ne furent pas non plus réalisés, car les difficultés de l'existence et l'habitude de la boisson avaient miné l'organisme de Pomialovski, qui mourut subitement.

RÉF. : Prince P. Kropotkin, *Russian Literature*, Londres, 1905. – J. G. Jampolskij, *N. G. Pomyalovskiy* (en russe), Moscou, 1941.

POMPÉIA Raúl d'Ávila. Romancier, chroniqueur et journaliste brésilien. Né à Angra dos Reis, dans l'État de Rio de Janeiro, le 12 avril 1863, mort à Rio de Janeiro le 25 décembre 1895. Il emprunta différents pseudonymes : Fabricius, Procopius, Lauro, Pompeu Stell, Rapp, Um moço do povo, Y., Niomey e Hygdard, R., ?, Raul D., Raulino Palma. Élevé jusqu'à dix ans dans une famille aisée et austère, il est ensuite interne au colégio Abílio jusqu'en 1879, puis il termine ses humanités au célèbre colégio Pedro II (creuset de l'élite brésilienne). En 1881, il part faire des études de droit à São Paulo où il va découvrir les courants positivistes, matérialistes et révolutionnaires, adhérer à la cause abolitionniste et participer activement aux mouvements étudiants. Recalé en troisième année, il part en 1883 s'inscrire à la faculté de droit de Recife où il terminera ses études en 1885. De retour à Rio de Janeiro, il se lance dans le journalisme et la vie de bohème carioca.

En 1891, il est nommé professeur de mythologie à l'École des beaux-arts. Il collabore à différents journaux de l'époque comme critique d'art et caricaturiste, et devient correspondant du *Diário de Minas.* Deux événements importants vont alors orienter sa vie : en 1888 l'abolition de l'esclavage, et en 1889 l'avènement de la République, qui déclenchent passions et polémiques. L'une d'elles va l'opposer au poète Olavo Bilac avec lequel il doit se battre en duel. Mais il refuse. Nommé à la tête de la Bibliothèque nationale en 1894, il en est chassé en 1895, après avoir prononcé un discours subversif aux obsèques du président Floriano dont il défendait les thèses militaristes. Accusé, dans un article infamant, d'avoir renoncé au fameux duel par couardise, il se tire une balle dans le cœur dans la nuit de Noël (1895). Il a trente-deux ans. La vie de cet être chaste, replié sur lui-même et profondément vulnérable, semble n'avoir été peuplée d'aucune amitié intime et, si les femmes y ont un rôle, c'est plutôt celui de fantasmes.

Raúl Pompéia a une place bien particulière dans la littérature brésilienne. Écrivain dont la philosophie pessimiste et amère prenait ses racines dans une sensibilité exacerbée, il était totalement opposé au milieu dans lequel il ne trouvait pas sa place. Influencé par les Goncourt, il pratique tout au long de sa courte vie le journalisme de combat, aidé en cela par une pensée rigoureuse, vigoureuse et mordante. Difficilement classable dans les grands courants littéraires, on peut néanmoins le situer dans la lignée des impressionnistes brésiliens.

Connu comme l'auteur d'une seule œuvre, *L'Athénée. Chronique d'une nostalgie* (*) (1888), il a cependant publié : *Uma Tragédia no Amazonas* (1880), *As Jóias da Coroa* (1882) et *Cançoẽs sem Metro* (1900).

MONIQUE LE MOING.

POMPIGNAN Jean-Jacques Le Franc, marquis de. Écrivain français. Né à Montauban (Tarn-et-Garonne) le 10 août 1709, mort à Pompignan (Gard) le 1er novembre 1784. Avocat, premier président de la cour des Aides de Montauban, ce juriste se défit de sa charge pour se consacrer entièrement à la littérature. Il aborda les genres littéraires les plus divers : la tragédie (*Énée et Didon,* qui obtint un vif succès en 1734), la comédie (*Les Adieux de Mars,* 1735), le livret d'opéra (*Léandre et Héro,* 1750), le livret de « ballet héroïque » (*Le Triomphe de l'harmonie,* 1737), la poésie (*Poésies sacrées,* 1756). Son érudition était étendue. On lui doit des traductions importantes, bien que, selon le goût du temps, ce soit plutôt des adaptations : les *Psaumes* (*) de David (à partir de l'hébreu) en 1751, les tragédies d'Eschyle (c'est une première en français) en 1770, les *Géorgiques* (*) de Virgile en 1784, des *Mélanges de traductions de différents ouvrages de morale, italiens et anglais* en 1779. Trois titres achèveront de donner une idée du large éventail des appétences de l'écrivain : *Essai critique sur l'état de la République des lettres* (1744), *Voyage de Languedoc et de Provence* (qui a recours au vers comme à la prose, 1745), *Considérations sur la révolution de l'ordre civil et judiciaire survenue en 1771.* En 1759, l'auteur des *Poésies sacrées* avait été élu à l'unanimité membre de l'Académie française. Dans son discours de réception, il s'en prit violemment aux « philosophes », qui le lui firent très chèrement payer. Il s'efforça de leur rétorquer dans ses *Réponses aux « quand », aux « si » et aux « pourquoi »* (1760). « Oui, la mort seule nous délivre / Des ennemis de nos vertus : / Et notre gloire ne peut vivre / Que lorsque nous ne vivons plus. » Ces vers de l'« Ode sur la mort de J.-B. Rousseau » (*Odes chrétiennes et philosophiques,* 1771) ne peuvent s'appliquer à leur auteur : l'œuvre du marquis de Pompignan ne s'est pas remise des pointes assassines de Voltaire, sans doute plus spirituelles qu'équitables.

RÉF. : T.E.D. Braun, *Un ennemi de Voltaire : Le Franc de Pompignan,* Paris, 1972.

POMPONAZZI Pietro, dit Pomponace. Philosophe italien écrivant en latin. Né à Mantoue (Lombardie) le 16 septembre 1462, mort à Bologne (Émilie) le 18 mai 1525. Il fit ses études universitaires au « Studio » de Padoue, où pour la philosophie il fut l'élève d'Achillini. Ayant passé son doctorat en médecine (1487), il commença d'enseigner dans cette même université l'année suivante jusqu'à ce qu'il eût obtenu la chaire de philosophie naturelle à la faculté de médecine. Cette chaire comportait en pratique la lecture et le commentaire des ouvrages de physique d'Aristote et de ses exégètes. Pomponazzi obtint un remarquable succès auprès de ses élèves, ce qui ne manqua d'ailleurs pas de provoquer des discussions chez les représentants du rigide averroïsme qui régnait à l'école. Cependant, en 1509, la guerre de la ligue de Cambrai amena la soldatesque française, qui pilla Padoue : le Studio fut fermé et Pomponazzi, comme bien d'autres Padouans, dut s'enfuir pour chercher des lieux où la guerre ne sévissait pas. C'est ainsi qu'en 1510 il enseigna à Ferrare, et que de 1511 ou 1512 à sa mort il fut professeur à Bologne. Cependant, même là, ses cours furent souvent interrompus par la guerre, parfois pendant de longues périodes. Le milieu ne lui était d'ailleurs pas aussi favorable qu'à Padoue, toujours à cause du peu d'enthousiasme qu'il nourrissait pour Averroès. À cela vinrent s'ajouter les polémiques et la persécution ecclésiastique provoquées par la publication, en 1516, du très célèbre opuscule intitulé *Traité de l'immortalité de l'âme* (*), où Pomponazzi, renversant la thèse thomiste sur l'intelligence active, concluait au caractère philosophiquement indémontrable de l'immortalité. Le livre fut brûlé à Venise en place publique, sur l'ordre de l'évêque ; il fut en outre attaqué par divers écrivains, dont deux illustres professeurs du temps, Contarini et Nifo, auxquels Pomponazzi répondit – *Apologie* (+) (1518) et *Défense* (+) (1519). Il ne semble cependant pas que de telles infortunes aient épouvanté Pomponazzi ; elles l'incitèrent tout au plus à publier ses écrits avec plus de prudence ; ses derniers ouvrages en effet, tels *De la nutrition* [*De nutritione*], *Du destin* [*De fato*], et *Les Causes des merveilles de la nature ou les Enchantements* (*) (composés après 1520, mais publiés posthumes en 1567), présentent un développement de sa pensée dans le sens du matérialisme d'Alexandre d'Aphrodise, tandis que dans ses leçons s'accentuait sa polémique contre Averroès.

RÉF. : F. Fiorentino, *P. Pomponazzi, studi storici sulla scuola bolognese e padovana del seccolo XVI*, Florence, 1869. – L. Ferri, *Intorno alle dottrine psicologiche di P. Pomponazzi*, Rome, 1875. – A. H. Douglas, *The Philosophy and Psychology of P. Pomponazzi*, Cambridge, 1910. – E. Weil, « Pomponazzi », dans *Archiv für Gesch. der Philosophie*, n° 41, 1932. – P. O. Kristeller, « Pietro Pomponazzi », dans *Revue internationale de philosophie*, 1951. – É. Gilson, « Autour de Pomponazzi. Problématique de l'immortalité de l'âme en Italie au début du XVIe siècle », dans *Archives d'Histoire doctrinale*, Paris, 1961. – A. Poppi, *Saggi sul pensiero inedito di Pietro Pomponazzi*, Padoue, 1970. – J. Céard, « Matérialisme et théorie de l'âme dans la pensée padouane. Le Traité de l'immortalité de l'âme de Pomponazzi », dans *Revue philosophique de la France et de l'étranger*, 1981.

POMPONIUS Lucius. Auteur dramatique latin. Né à Bologne, il vécut entre la fin du IIe siècle avant Jésus-Christ et le début du Ier et transforma vers 90 av. J.-C. le caractère des *Atellanes* (*), petites pièces jouées après la tragédie. Ce nom provient du bourg d'Atella situé entre Naples et Capoue. Les atellanes furent introduites à Rome vers 365. C'était alors un spectacle populaire. Par la suite, un canevas servit de cadre à la satire devenue représentation théâtrale. L'atellane se caractérise donc par ses attaches avec le milieu campagnard, comme le montrent les personnages qu'elle met en scène, Rusticus, Porcaria, Maccus, paysan d'Apulée ou de Calabre, maladroit, gourmand, sensuel. Lucius Pomponius substitua à l'improvisation un texte écrit auquel les acteurs pouvaient apporter des modifications. On possède de lui soixante-cinq titres de pièces et de nombreux fragments qui révèlent la variété de son œuvre. Elle comporte des peintures de mœurs, des ridicules locaux ou professionnels (le Candidat, l'Aruspice, l'Augure, la Philosophie). Les pièces mythologiques *(L'Agamemnon supposé, Ariane)* devaient être des parodies. On suppose que l'atellane a transmis ses personnages traditionnels à la « commedia dell'arte » italienne.

PONCHIELLI Amilcare. Compositeur italien. Né à Paderno (prov. de Crémone) le 31 août 1834, mort à Milan le 16 janvier 1886. Après avoir obtenu son diplôme au Conservatoire de Milan, il se consacra sans tarder à la composition. Entre 1856 et 1861, il put faire représenter à Crémone ses premiers essais pour le théâtre : *Les Fiancés* (+) et *La Savoyarde* [*La Savoiarda*] (cette dernière œuvre fut remaniée et reprise sous le titre de *Lina*). Mais ces années expérimentales et celles qui suivirent furent pleines d'amertume. Pour faire face aux nécessités les plus pressantes de l'existence, Ponchielli se résigna à de plus modestes emplois, tels que celui de chef de la musique de la Garde nationale à Plaisance ou de directeur de la fanfare de Crémone. Enfin, en 1874, il connut son premier succès avec *Les Lituaniens* [*I Lituani*] ; et, en 1876, le triomphe de *La Gioconda* (*) assura sa renommée de façon durable. Malgré l'intensité dramatique de l'action, Ponchielli utilisa amplement, dans cet ouvrage, les ressources d'une ligne mélodique riche en mouvements tendres, plaisants, avec l'appui d'effets scéniques dans lesquels s'insérait un vague sentimentalisme qui devint de plus en plus manifeste dans ses derniers ouvrages : *L'Enfant prodigue* (+) (1880) et *Marion Delorme* (1885). De 1880 jusqu'à sa mort, Ponchielli occupa la chaire de composition au Conservatoire de Milan, charge qu'il avait longtemps convoitée et qu'il assuma avec un zèle exemplaire. Parmi ses plus éminents élèves, nous citerons Puccini, Mascagni, Bossi, Tebaldini.

RÉF. : G. Cesari, *Amilcare Ponchielli*, Crémone, 1934. – G. Tebaldini, *Ponchielli*, in *Musica d'Oggi*, 7, 1934. – G. de Noyoli, *Amilcare Ponchielli*, Crémone, 1936.

PONCHON Raoul. Poète français. Né à La Roche-sur-Yon le 30 décembre 1848, mort à Paris le 2 décembre 1937. Après avoir passé sa jeunesse en province, il vint chercher fortune à Paris où, s'étant fait remarquer dans les salons littéraires et dans le milieu journalistique, il vécut librement sans exercer de profession régulière ; en près de trente ans, toutefois, et en plus de cent cinquante mille vers, avec la ponctualité d'un fonctionnaire, il publia d'abord dans *Le Courrier français* (1887-1907), puis, presque jusqu'à la déclaration de la Seconde Guerre mondiale, dans le *Journal*, une « gazette rimée » hebdomadaire dans laquelle il commentait les événements contemporains. Il était doué d'une veine facile, répondant vite à toute sollicitation, et possédait d'heureuses aptitudes à réduire les sujets du jour dans le ton et la forme d'une « causerie » intelligente et substantielle dans son fond. Toute sa vie se résume dans ce fidèle et monotone service d'hommage hebdomadaire aux muses. Depuis son arrivée à Paris, il vécut toujours dans la même chambre d'hôtel, fréquenta les mêmes cafés et les mêmes rendez-vous d'amis ; son existence se termina par un long et mélancolique séjour à l'hôpital. Ponchon n'était pourtant pas un « bohémien », c'était au contraire un homme solide et vigoureux, au bon sens très affiné, aimant le bon vin et les femmes, qui savait s'attendrir à la vue d'une fleur et sourire et souffrir des malaises de l'âme — « cette marquise », comme il l'appelait — contrainte à la dégradante cohabitation avec le corps, « ce monstre hideux ». De la forêt immense de ses « gazettes rimées », il tira un modeste florilège d'histoires piquantes qu'il réunit dans le volume *La Muse au cabaret* (*) (1920), que suivirent après sa mort *La Muse gaillarde* (1939), *La Muse vagabonde* (1947), *La Muse frondeuse* (1971). En 1924 il avait été reçu à l'académie Goncourt.

♦ *« Ponchon* [...] *un véritable grand poète. »* J. Moréas. ♦ *« Oui, Ponchon est un grand poète. Il n'est pas excessif de l'appeler le premier du temps, bien que sa modestie charmante ait quelquefois trouvé l'honneur exagéré. »* Ch. Maurras.

RÉF. : J.-M. Bernard, *Études et Portraits*, Paris, 1923. — M. Coulon, *Raoul Ponchon*, Paris, 1927. — Ch. Maurras, *Poésie et Vérité*, Grenoble, 1944. — D. Mouret, introd. à *La Muse frondeuse*, 1971.

PONGE Francis. Écrivain français. Né le 27 mars 1899, à Montpellier, mort à Bar-sur-Loup (Alpes-Maritimes), le 6 octobre 1988. Après des études secondaires au lycée Malherbe de Caen, il décide de poursuivre des études de droit et de philosophie, à Paris. Mobilisé en 1918, démobilisé l'année suivante, admissible à l'École normale supérieure — il restera muet à l'oral —, il adhère au parti socialiste et rompt provisoirement avec sa famille. Dès 1923, alors qu'il publie ses premiers textes, il se lie à Jean Paulhan avec qui il entretiendra une longue correspondance (jusqu'en 1968, publiée en deux volumes à Paris en 1986). En 1926 paraissent ses *Douze petits écrits* (+), deux ans plus tard il rédige *Le Galet*. Il adhère provisoirement au mouvement surréaliste, se marie et travaille aux messageries Hachette dont il sera licencié en 1937, après avoir, là aussi provisoirement, adhéré au parti communiste. Mobilisé en 1939, démobilisé en 1940, c'est à Roanne qu'il travaille aux textes de *La Rage de l'expression* (*) (1952). En 1942 paraissent à Paris *Le Parti pris des choses* (*). Activités de Résistance. Rentré à Paris en 1944, il fait la connaissance des peintres Braque, Picasso, Fautrier auxquels il consacrera de nombreuses études, réunies en 1977 sous le titre *L'Atelier contemporain* (*). Durant l'été 1946, il commence la rédaction du *Savon* (*) (1967). De nombreux voyages et des difficultés matérielles marquent la fin des années 40. En 1952 — et jusqu'en 1964 — il enseigne à l'Alliance française. En 1961 paraissent les trois tomes du *Grand Recueil* (*Lyres, Méthodes, Pièces*) (*). De la même façon qu'il avait collaboré au premier numéro des *Temps modernes* (*) (en 1945), il publie *La Figue* dans le premier numéro de *Tel Quel* (1960) (groupe avec lequel il rompra en 1974). En 1965 paraît *Pour un Malherbe* (*), bientôt suivi de *Tome premier* (*), un important recueil de ses textes écrits entre 1926 et 1950. La fin de son existence est marquée par de nombreuses conférences à l'étranger, de nombreuses distinctions (littéraires et autres), une décade lui est consacrée à Cerisy, en 1975. *Les Cahiers de l'Herne* font paraître un numéro sur son œuvre en 1986. Signalons également la parution de *La Fabrique du pré* (*), en 1971, de *L'Écrit Beaubourg* (1977) et de *Nioque de l'Avant-Printemps* (1983). Enfin, le *Nouveau nouveau recueil* (posthume, 1992) rassemble en trois tomes toutes les publications de Ponge qui n'avaient trouvé place ni dans le *Grand Recueil,* ni dans *Tome premier,* ni dans *Nouveau recueil* (1967).

« Notre premier mobile fut sans doute le dégoût de ce qu'on nous oblige à penser et à dire, de ce à quoi notre nature d'homme nous force à prendre part. » Cet extrait de *Proêmes* daté de 1929-1930 pourrait servir de fil conducteur pour interpréter le cheminement de Ponge : dégoût des idées, surtout celles que l'on se fait au sujet des choses, de la pensée abstraite, voire de la philosophie (il ne faut pas oublier que Ponge a reçu une formation philosophique, qu'il cite ou évoque des philosophes — avant tout Épicure, Lucrèce, Husserl... et que son œuvre a fasciné nombres de philosophes contemporains — Sartre, Maldiney, Derrida...) ; critique de tout langage hérité, de sa dégradation et « prostitution » par des usages grossiers, qu'ils soient communs ou littéraires ; enfin, méfiance à l'égard de tout anthropocentrisme pour qui le monde nous serait en droit destiné selon une finalité préétablie et qui ne fait que réduire l'homme à ce qu'il n'est pas. « Prendre part », l'expression est à prendre à la lettre : il y a un parti à prendre, celui des choses. Choses naturelles ou fabriquées, toutes elles requièrent de nous l'ajustement de nos paroles qui ne peut se produire que par un travail inlassable, une « rage de l'expression ». « L'expression est ma seule ressource. La rage froide de l'expression. » Tout l'élan créateur, ou mieux recréateur, « récréateur », réside en cette charge de dire au plus juste ce qui nous est le plus proche. « Cageot », « lessiveuse », « pomme de terre », « crevette », « homme » – du plus négligeable au plus important, chaque objet a droit à nos égards, à notre regard. « Muettes instances » des choses qui requièrent notre parole. « Il est une occupation à chaque instant en réserve à l'homme : c'est le regard-de-telle-sorte-qu'on-le-parle » (*Le Parti pris des choses,* texte de 1927). Les choses doivent devenir parole, mais la parole elle-même doit devenir chose. L'opacité muette du réel, inquiétante et informe, peut s'ouvrir « au jour de la parole » et ainsi par cette lente transmutation trouver accès au sens. Cette attention aux choses trouve à se réaliser (au sens propre) dans et par un « compte-tenu des mots ». Les mots risquent à tout moment de glisser sur les choses, de s'évader, de prendre des tours et des détours (rhétoriques) qui les éloignent de leur fonction, d'où cet extrême scrupule, quasi obsessionnel à leur égard (Ponge cite fréquemment Littré, se livre à des recherches étymologiques, joue avec eux, créé des néologismes...). Les mots doivent « aller aux choses », descendre dans leur épaisseur, épouser leur singularité et simplicité. « Ô ressources infinies de l'épaisseur des choses, *rendues* par les ressources infinies de l'épaisseur sémantique des mots ! » (*La Fabrique du pré*). Mots et choses jouent non seulement pour leur propre compte, mais aussi – et c'est là tout l'enjeu de l'entreprise pongienne – entre eux. Jeu qui, s'il n'exclut pas le ludique, a cependant toute la gravité de la rencontre supposant proximité et distance. Trouver la bonne distance, le « régime » (comme l'on parle du régime d'un moteur), retrouver l'équilibre, pour avoir sens, ne se peut que comme acte et par là même suppose un risque encouru. Les choses ne se laissent pas faire, la parole trop maîtrisée tend toujours à s'autonomiser et à prendre pour elle tout le poids du réel. Sans fin il faut « parler contre les paroles », gommer, effacer, raturer, répéter. Méthode musicale des variations, exigeante, vigoureuse dont on pourrait tirer toute une éthique (voire une politique) : celle de l'inachèvement (de la jeunesse), du sens du transitoire (du multiple), du respect (distance et confiance), de la probité (justice et justesse).

FRANCIS WYBRANDS.

RÉF. : Sartre, *Situations I,* Paris 1947. – Henri Maldiney, *Le Legs des choses dans l'œuvre de Francis Ponge,* Lausanne, 1974. – *Ponge inventeur et classique* (Colloque de Cerisy), Paris, 1977. – « Francis Ponge », *Cahier de l'Herne,* Paris, 1986. – Michel Collot, *Francis Ponge, entre mots et choses,* Seyssel, 1991 (avec une bibliographie complète des écrits de Ponge).

PONSARD François. Poète dramatique français. Né à Vienne (Isère) le 1er juin 1814, mort à Paris le 13 juillet 1867. Fils d'un avocat, il entra d'abord au collège de sa ville natale, fit sa rhétorique à Lyon, et en 1833 fut envoyé à Paris pour y suivre les cours de l'École de droit. Reçu, il sut se révéler poète en publiant une traduction du fameux *Manfred* (*) de Byron (1837), qui passa inaperçue. S'étant ouvert à son père du peu de goût qu'il avait pour le barreau, il obtint, non sans peine, de se consacrer tout entier à la poésie dramatique. Heureux de pouvoir se cantonner dans la solitude, il conçut alors le projet de créer un théâtre en réaction contre certains excès du drame romantique. Il voulut en même temps renouveler la tragédie classique par un style plus familier, l'absence d'unité de lieu et une nette liberté dans la conduite de l'intrigue. Sa première tragédie allait être un coup de maître : *Lucrèce* (*), reçue à l'Odéon, grâce à l'entremise d'un de ses amis, en 1843 – autrement dit un mois à peine après l'échec des *Burgraves* (*) de Hugo –, fut un véritable triomphe. Ponsard fit alors figure de chef de file ; il devenait, en quelque sorte, le champion de l'« école du bon sens ». Sans se laisser étourdir par ce triomphe, l'auteur reprit bientôt le chemin de la province. Dans sa retraite il écrivit *Agnès de Méranie* (+), jouée à Paris en 1846, qui fut loin d'obtenir le succès qu'elle méritait. En 1850, Ponsard donna *Charlotte Corday* (*), assez belle œuvre inspirée de l'*Histoire des Girondins* (*) de Lamartine, accueillie avec faveur par les spectateurs, mais interdite par décision gouvernementale. Au début du second Empire (après le coup d'État du 2 décembre), Ponsard se vit accorder la place fort enviée de bibliothécaire du Sénat. Mais, soucieux avant tout de son indépendance, il démissionna. En 1853, il obtint toute l'audience du public avec *L'Honneur et l'Argent,* violente satire inspirée par la soif de spéculation dont le Paris d'alors était la proie. La même année, il fut élu membre de l'Académie française. Après avoir fait jouer *La Bourse* (+) (1856), comédie du même goût que la précédente, Ponsard se tut pendant dix ans et mena une vie mondaine. Il devait pourtant revenir au théâtre avec *Le Lion amoureux* (*) (1866), et l'année suivante avec *Galilée,* poésie dramatique en trois actes dans laquelle il plaidait en faveur de la liberté de la science.

♦ *« Avouons qu'un pareil langage ne s'était plus entendu au théâtre depuis Corneille. »* Alfred de Musset (après *Charlotte Corday*). ♦ *« Messieurs, nous n'oublierons pas cette lecture* [de Lucrèce]. *Ce que nous venons d'entendre est l'œuvre d'un vrai poète. Cette œuvre marquera une date. C'est une génération qui nous arrive avec un esprit nouveau. »* Alphonse de Lamartine.

RÉF. : Barbey d'Aurevilly, *Les Quarante Médaillons de l'Académie*, Paris, 1864. — P. Blanc, *Ponsard*, Vienne, 1870. — J. Janvier, *François Ponsard*, Paris, 1872. — C. Latreille, *La Fin du théâtre romantique et François Ponsard*, Paris, 1900. — H. Schrenker, *Ponsard als Dramatiker und Lyriker*, Diss. Erlangen, 1913. — J. Vier, *La Comtesse d'Agoult et François Ponsard*, 1960.

PONSON DU TERRAIL Pierre Alexis, vicomte de. Romancier français. Né le 8 juillet 1829 à Montmaur (Hautes-Alpes), mort à Bordeaux le 20 janvier 1871. Après des études à Marseille, il se rend à Paris contre l'avis de sa famille qui le destinait à une carrière d'officier de marine ; lors de la Révolution de 1848, il combat dans les rangs de la garde mobile et se retrouve capitaine. Mais son seul désir est d'entrer en littérature. Après plusieurs essais infructueux et quelques nouvelles où il enrichit sa palette en tâtant de tous les genres, il signe sa première œuvre de longue haleine, *Les Coulisses du monde* (1851-1852). Ce grand roman « de mœurs contemporaines » lui ouvre les portes du feuilleton : il publie successivement un excellent récit fantastique (*La Baronne trépassée*, 1852), des nouvelles teintées d'autobiographie et plusieurs romans historiques (*Les Cavaliers de la nuit*, 1852 ; *Bavolet*, 1855 ; *Le Pacte de sang*, 1857 ; *La Dame au gant noir*, 1858). Le genre lui réussit ; il connaît un triomphe avec *La Jeunesse du roi Henri* (de 1859 à 1860 au *Pays*). Mais la gloire lui vient d'une œuvre entamée en 1857 pour *La Patrie* : c'est dans ses *Drames de Paris* (*) qu'apparaît — presque à l'improviste — la figure de Rocambole, qui lui assure très vite fortune et célébrité. Devant l'immense succès de son personnage, Ponson prolonge les *Drames* jusqu'en 1860 ; il leur ajoutera plus tard *La Résurrection de Rocambole* (*Le Petit Journal*, 1865-1866), *Le Dernier Mot de Rocambole* (*La Petite Presse*, 1866-1867), *Les Misères de Londres* (*La Petite Presse*, 1867-1868) et *Les Démolitions de Paris* (*La Petite Presse*, 1869-1870). Bien servies par la publicité tapageuse des journaux à un sou, ces suites conquièrent un vaste public séduit par la stature toujours plus imposante du héros ; Rocambole est entré dans le domaine public, au point d'être avec l'empereur la cible favorite des caricaturistes (le célèbre portrait de Rocambole avec les traits de Napoléon III vaut d'ailleurs à Rochefort la saisie de son journal). Quant à l'auteur, il est devenu le premier feuilletoniste de l'Empire, tant par la popularité, la rémunération, la réussite (il reçoit la Légion d'honneur en 1866, en même temps que Flaubert) que la production.

Ponson va en effet beaucoup publier, travaillant souvent à plusieurs feuilletons en même temps. Touche-à-tout impénitent, il aborde sans complexe les genres les plus divers : romans « contemporains » (*Les Gandins*, 1860) ou romans « historiques » (*Les Masques rouges*, 1863 ; *Le Bal des victimes*, 1864 ; *La Seconde Jeunesse du roi Henri*, 1868) ; récits rustiques (*Le Chambrion*, 1865 ; *Mon village*, 1866) ou didactiques (*Les Mémoires d'un gendarme*, 1865 ; *Le Nouveau Maître d'école*, 1865) ; aventures (*Le Forgeron de la Cour-Dieu*, 1868 ; *Les Voleurs du grand monde*, 1869), romans d'éducation (*Pas-de-chance, histoire d'un enfant trouvé*, 1865) et récits fantastiques (*L'Auberge de la rue des Enfants-Rouges*, 1867 ; *La Femme immortelle*, 1868). Cette création imposante s'interrompt en 1870 lorsque la guerre éclate ; Ponson quitte Paris pour l'Orléanais où il monte une compagnie de francs-tireurs, puis doit se réfugier à Bordeaux. Il y meurt de maladie, le 20 janvier 1871.

Longtemps raillé par la critique pour la simplicité de son style et les redites de sa narration, Ponson du Terrail a sans aucun doute payé en qualité ce qu'il exploitait en quantité ; chez lui ficelles et lieux communs remplacent souvent vraisemblance ou psychologie. C'est à l'aune de son efficacité qu'il convient de juger ce promoteur de l'improbable (dit désormais « rocambolesque »). Ponson s'est mérité un trône au royaume du feuilleton pour avoir su plier sa plume aux attentes d'un public friand de drames et avide de péripéties. On prendra garde alors, au regard de ses faiblesses, de ne pas négliger ses atouts : invention proliférante, mélange des styles (entre lyrisme et ironie), sens aigu du suspense et surtout création de grandes figures héroïques — à commencer par Rocambole, l'inoubliable bandit entré tout à la fois dans la langue et dans l'imaginaire.

LAURENT BAZIN.

PONTANO Giovanni ou Giovianus Pontanus. Homme politique et littérateur italien écrivant en latin. Né à Borgo di Cerreto (Ombrie) le 7 mai 1426, mort à Naples à l'automne 1503. Sa province natale étant déchirée par la guerre civile, il se réfugia auprès d'Alphonse Ier de Naples ; un emploi à la chancellerie royale lui permit de compléter ses études. Dès l'accession au trône de Ferdinand Ier, l'importance de Pontano ne cessa de croître ; son habileté diplomatique fut telle, dans les circonstances les plus délicates, qu'il devint Premier ministre en 1486. Il domina alors toute la politique de Naples jusqu'à l'entrée des Français en 1495 ; son comportement ultérieur est discutable et très différemment jugé ; un seul fait importe : sa brillante carrière publique est brisée. L'écrivain passe désormais au premier plan ; il avait déjà composé plusieurs « dialogues » dont l'*Antonius* (1491), satirique, le *De l'ingratitude* [*De ingratitudine*] ou *L'Âne* (*), publié seulement en 1507, et qui rapporte la cabale montée contre l'auteur alors qu'il était précepteur du fils de Ferdinand Ier, des traités d'astronomie, *Uranie* [*Urania*] et *Du jardin des Hespérides* [*De hortis Hesperidum*], etc. Poète, Pontano fonda et rédigea les statuts de l'Académie qui porte son nom et devint l'une des plus célèbres d'Italie ; il eut, en outre, le grand mérite de montrer le chemin à suivre à ses successeurs, en introduisant pour la première fois dans ses vers l'élégance et la grâce des poètes antiques. Rappelons encore de cet auteur fécond un beau poème de la vie conjugale, *De l'amour conjugal* (*), l'*Aegidius* (1501), à la gloire du moine de Viterbe, et le traité *De la fortune* (1500), conçu suivant le même déterminisme que ses ouvrages scientifiques.

RÉF. : V. Prestipino, *Motivi de pensiero umanistico e Giovanni Pontano*, Milan, 1963. – A. Mazzoni, *Giovanni Giovano Pontano. La vita ei carmi*, Milan, 1967. – F. Tateo, *L'umanesimo etico di Giovanni Pontano*, Bari, 1972.

PONTOPPIDAN Henrik. Écrivain danois. Né à Fredericia (Jutland) le 24 juillet 1857, mort à Copenhague le 21 août 1943. Descendant d'une famille de pasteurs, il voulut rompre avec la tradition et, quittant la petite ville d'Anders où il vivait depuis l'âge de sept ans, il se rendit à Copenhague pour y préparer la carrière d'ingénieur. Mais, prenant conscience au cours d'un voyage en Suisse de sa vocation poétique, il interrompit ses études techniques pour s'adonner aux lettres. Dégoûté de la vie urbaine, il demeura quelques années à la campagne comme maître d'école et, pour mieux réaliser son idéal de vie, il épousa même une paysanne. Mais la réalité de cette vie rurale ne tarda pas à le décevoir, ainsi que le prouvent ses romans : *Ailes coupées* [*Stækkede Vinger*, 1881], *Sandinge* [*Sandinge Menighed*, 1883], *Tableaux de campagne* [*Landsbybilleder*, 1883] et *Du fond des chaumières* [*Fra hytterne*, 1887]. Son découragement quant à l'éducation du peuple s'étendit de l'école à l'Église – *L'Ours polaire* [*Isbjørnen*, 1887] – et aux partis démocratiques vers lesquels il était venu, entre-temps, avec confiance – *Nuages* [*Skyer*, 1890]. Le divorce le libéra en 1892 d'une situation intenable ; quittant la campagne, il alla s'établir à Copenhague, où il se remaria, cette fois avec une femme appartenant à la même classe sociale que lui. Le pessimisme et le sentiment de déception, toutefois, unis à son peu de confiance en ses propres forces, *Vol d'aigle* (+) (1895), ne l'abandonnèrent pas ; un témoignage nous en est donné par ses romans *La Terre promise* (*) (1898), *Pierre le Chanceux* (*) (1898-1904), qui sont un tableau en grisaille de la vie danoise à la campagne et dans la capitale, parmi le peuple et dans la haute bourgeoisie, non sans plusieurs allusions autobiographiques, bien que transposées dans le domaine de la fantaisie. L'amertume et le pessimisme ne sont pas moindres dans les romans *Le Royaume des morts* [*De dødes Rige*, 1912-16], *Le Paradis de l'homme* [*Mands Himmerig*, 1927], contre le radicalisme politique. Et cette amertume, cette désillusion prennent des tons plus intimes et personnels dans ses *Mémoires* [*Erindringer*, 1933-40]. Il faut signaler aussi le roman *Thora van Deken* (1927). En 1917, le prix Nobel fut décerné à Pontoppidan, ex aequo avec Gjellerup.

RÉF. : V. Andersen, *H. Pontoppidan*, Copenhague, 1917. – E. Frandsen, *Aargangen, der maatte snuble i Starten*, Copenhague, 1943. – C. M. Wœl, *H. Pontoppidan*, 2 vol., Copenhague, 1945. – Alfred Jolivet, *Les Romans d'Henrik Pontoppidan. Cinquante ans de vie danoise*. Éd. Bibliothèque nordique, 1960.

POPE Alexander. Poète anglais. Né à Londres le 21 mai 1688, mort le 30 mai 1744 à Twickenham. Bien qu'il aimât se présenter comme d'une famille ayant pour chef l'Earl of Downe, il appartenait non à la noblesse, mais à une famille aisée de la bourgeoisie commerçante. De religion catholique, il ne pouvait fréquenter les écoles de l'État ; il n'en mit que plus d'ardeur à l'étude, entreprenant, à douze ans, seul, celle du grec et du latin, et, à quinze ans, celle du français et de l'italien avec des professeurs de Londres. Le travail excessif paraît avoir épuisé sa constitution délicate, qu'une infection tuberculeuse et peut-être aussi les suites lointaines d'un accident ruinèrent, faisant de lui ce petit bossu sur les disgrâces physiques duquel ses ennemis insistèrent méchamment. Le critique John Dennis en particulier, par une attaque sauvage qu'avaient provoquée certains vers de l'*Essai sur la critique* (*) (1711), alors que Pope était âgé de vingt-trois ans, aggrava chez lui l'obsession grandissante de sa laideur, idée fixe qui donna naissance chez lui à des réactions haineuses et mordantes qui ne semblent pas lui avoir été naturelles.

Parmi les hommes de lettres dont il subit l'influence – ceux qui avaient traduit en anglais *L'Art poétique* (*) de Boileau –, le poète William Walsh devint son confident et le critique de ses premières œuvres, les *Pastorales* [*Pastorals*] (publiées en 1709, mais composées plusieurs années auparavant), écrites selon les préceptes sur la nature idéale que Pope avait empruntés à Rapin et à Fontenelle. Une note plus personnelle se trouve dans le petit poème sur *La Forêt de Windsor* (*), composé à la même époque que les *Pastorales* et publié en 1713. À la période du séjour de Pope dans la forêt de Windsor remonte l'amitié, destinée à avoir une importance énorme dans sa vie, qui le lia aux sœurs Thérèse (née en 1688) et Marthe (née en 1690) Blount ; elle fut d'abord égale pour l'une et l'autre, et ce sentiment romantique eut peut-être le pouvoir de lui faire oublier parfois son infirmité ; plus tard, il se rendit compte qu'il aimait Marthe. Avant même que les *Pastorales* vissent le jour, il avait probablement commencé à travailler à une œuvre plus importante et de nature toute différente, l'*Essai sur la critique*, par lequel il donnait à l'Angleterre le poème didactique que divers écrivains s'étaient efforcés de réaliser. Dans la seconde partie de l'année 1711, il vécut retiré à la campagne, dans la forêt de Windsor, consolé en partie des outrages de Dennis par de nouvelles amitiés que cette agression féroce lui avait procurées, et surtout par le voisinage des sœurs Blount ; il travailla alors à la composition de son chef-d'œuvre, *La Boucle dérobée* (*), où l'influence de Voiture est manifeste. Vers la fin de 1713, tout en développant certaines parties de *La Boucle dérobée,* il s'apprêtait à entreprendre son « magnum opus », la traduction de l'*Iliade* (*), qui devait faire de lui un des écrivains les plus éminents d'alors et lui assurer une complète indépendance financière vis-à-vis des mécènes et du public. C'était la première fois qu'un homme de lettres conquérait cette indépendance. Le succès de la traduction de l'*Iliade* est le fait le plus sensationnel de la carrière de Pope ; on estime à cinq ou six mille livres sterling la somme, énorme pour l'époque, qu'il en tira. Pour se l'expliquer, il faut se rappeler surtout la position qu'occupait, à ce moment, l'œuvre d'Homère dans le conflit des Anciens et des Modernes, la fameuse querelle qui, de la France, retentissait aussi en Angleterre. Homère était le type de la grandeur simple et sévère de l'âge primitif, dont l'idéal animera le néo-classicisme du XVIIIe siècle ; cependant, Pope essaya d'effacer ou d'ennoblir les aspects rustiques du chantre grec et de souligner les côtés héroïques, entourant tout le poème d'un coloris uniforme de grandeur surhumaine. Le premier volume de l'*Iliade* parut en 1715 et l'œuvre fut achevée en 1720 ; en 1725-26, la traduction de l'*Odyssée* (*), que Pope avait confiée à des collaborateurs, parut également.

Pendant ses années de travail à la traduction de l'*Iliade,* aux environs de 1716, il rechercha particulièrement la société des femmes et apprit ainsi à interpréter avec une grande finesse leur psychologie, dans ses chagrins et ses angoisses. Mais l'admiration qu'il éprouvait pour elles était rendue vaine, en ce qui regarde l'amour, par son physique disgracieux, et le sentiment de frustration qu'il en éprouvait est le thème fondamental des deux poésies les plus pathétiques qu'il ait écrites, les *Vers en souvenir d'une femme malheureuse* [*Verses to the Memory of an Unfortunate Lady*] et l'*Épître d'Héloïse à Abélard* (*). Dans ses confidences à ses amies, il donna à l'épître un double rôle, laissant entendre à Marthe Blount qu'elle l'avait inspirée, et adressant le même compliment à lady Wortley Montagu, qui semble avoir plus de droits à être appelée l'inspiratrice de ce petit poème. Il devait, plus tard, vers 1725, se brouiller avec cette femme spirituelle, auteur de quelques-unes des lettres les plus brillantes du siècle.

L'aisance qu'avait procurée à Pope la traduction d'Homère lui permit, en 1719, de s'installer dans une villa à Twickenham, où il passa le reste de sa vie, alternant la retraite studieuse et la fréquentation de la haute société, et trouvant dans les charmes du séjour (surtout dans la décoration d'une grotte fameuse inscrustée de minéraux) une compensation à l'absence de passions amoureuses dans sa vie.

La seconde partie de sa carrière littéraire nous le présente presque exclusivement comme poète satirique et comme moraliste sur les traces d'Horace et de Boileau — v. *La Dunciade* (*), *Épîtres morales* (*), *Essai sur l'homme* (*) ; il y travaille le vers avec un souci du fini et de la correction très français et s'applique à le rapprocher du naturel de la prose. Son œuvre, grâce à ces caractères, rencontra en France un accueil enthousiaste et ouvrit la voie à l'introduction de la littérature anglaise sur le continent. On ne rendrait pas justice à la poésie de Pope en l'appréciant à la mesure de la poésie romantique, qui implique une sensibilité et un goût tout autres ; mieux vaudrait un parallèle avec la musique du XVIIIe siècle, celle d'Haendel par exemple, et plus encore avec l'architecture palladienne d'Angleterre. Ce que Vitruve et Palladio furent pour les architectes, Horace le fut pour Pope : à la symétrie des parties architectoniques correspond la symétrie des distiques héroïques ; le « lucidus ordo » confère aux idées finesse et sérénité, et une sûreté cristalline qui est, elle aussi, une forme de haute poésie.

MARIO PRAZ.

♦ *« Après le plaisir de contempler ses propriétés, son plus grand bonheur semble avoir été d'énumérer les gens de haut rang avec lesquels il était lié. »* Johnson. ♦ *« Pope est le meilleur poète d'Angleterre et, en ce moment, du monde entier... Je considère son* Essai sur la critique *comme supérieur à l'* Art poétique *d'Horace et* La Boucle de cheveux *surpasse, à mon avis,* Le Lutrin *de Despréaux. »* Voltaire. ♦ *« La poésie de Pope adoucit mes maux et me porte à la patience. »* Rousseau. ♦ *« Mille ans passeront avant que notre littérature puisse espérer son pareil. »* Byron. ♦ *« Sa vie est celle d'une coquette qui s'étudie à la glace, se farde, minaude, raccroche des compliments et cependant déclare que les compliments l'ennuient... il n'a pas plus d'idées que de passions, j'entends de ces idées qu'on a besoin d'écrire et pour lesquelles on oublie les mots. »* Taine. ♦ *« Il n'y a peut-être pas, dans toute la littérature anglaise, d'homme plus noir que Pope...* [mais] *parmi les accusations justifiées qui pèsent sur sa mémoire, aucune n'entame son indépendance d'écrivain et la fidélité avec laquelle il s'attache à sa profession. »* A. Beljame. ♦ *« La grande réussite de Pope dans la littérature anglaise fut le triomphe de la simplicité. »* Lytton Strachey.

RÉF. : G. K. Chesterton, *Pope and the Art of Satire,* Londres, 1910. — Lytton Strachey, *Pope,* Cambridge, 1925. — E. Andra, *L'Influence française dans l'œuvre de Pope,* Paris, 1931. — G. Sherburn, *The Early Career of Alexander Pope,* Oxford, 1934. — N. Ault, *New Light on Pope,* Londres, 1949. — P. Quennell, *Alexander Pope,* Londres, 1968. — J. P. Russo, *Alexander Pope : Tradition and Identity,* Cambridge (Mass.), 1972. — M. Brownell, *Alexander Pope and the Arts of Georgian England,* Oxford, 1978. — A. D. Nuttal, *Pope's « Essay on Man »,* Londres, 1984. — L. Brown, *Alexander Pope,* Oxford, 1985. — M. Mack, *Alexander Pope, a Life,* Oxford, 1985.

POPPER Karl Raimund. Philosophe britannique d'origine autrichienne. Né le 28 juillet

1902 à Vienne. À 17 ans, il est d'abord tenté par le communisme mais devient très vite antimarxiste tout en restant proche des sociaux-démocrates. Il fait plusieurs tentatives pour devenir ouvrier : de 1922 à 1924, pendant ses études de sciences et de philosophie, il sera apprenti ébéniste à Vienne, expérience, dit-il, « socratique ». En 1919, il prend connaissance de la psychanalyse freudienne et de la « psychologie individuelle » d'Alfred Adler, auprès duquel il participe à des actions d'aide sociale. Il fait alors la découverte, pour lui décisive, des travaux d'Einstein : il ne cessera plus d'opposer la connaissance scientifique, « faillibiliste » et ouverte à la sanction des tests expérimentaux, au marxisme et à la psychanalyse, « pseudo-sciences » que leur clôture rend « irréfutables ». À l'université, il lit Kant, suit les cours du psychologue Karl Bühler sur les fonctions du langage, et du mathématicien Hans Hahn, l'un des fondateurs, en 1925, du Cercle de Vienne. Popper n'appartiendra jamais au Cercle mais, dès 1926, il en suit le développement à travers les publications de ses membres, en particulier Rudolf Carnap auquel le liera un dialogue critique ininterrompu. Sa pensée se développe à travers la critique des thèses de l'empirisme logique du Cercle. Après son doctorat en 1928 et l'entrée dans l'enseignement, Popper met en ordre ses idées antérieures, notamment celle d'un critère de démarcation entre science et métaphysique, non plus sémantique (seuls les énoncés vérifiables sont dotés de sens) mais fondé sur la réfutabilité ou la falsifiabilité des théories. Cette clarification lui permet de dénoncer la théorie erronée de la science, dominante depuis Bacon, d'après laquelle les sciences naturelles seraient inductives, et l'induction la démarche consistant à « vérifier » les théories scientifiques par des observations ou des expériences répétées. Encouragé à publier par Herbert Feigl, un membre du Cercle, Popper entreprend, dès 1930, la rédaction de deux ouvrages dont un seul, *La Logique de la découverte scientifique* (*), est achevé et publié à Vienne à l'automne 1934 (daté de 1935). Il rencontre alors Tarski. Devant la montée du nazisme, Popper, issu d'une famille juive convertie au protestantisme, s'exile dès 1936 en Nouvelle-Zélande puis en Angleterre. Devenu sujet britannique, il enseigne à la London School of Economics de 1946 à 1969, date de son accession à l'éméritat. Pendant la guerre, il rédige ses critiques du fascisme et du communisme dans *Misère de l'historicisme* (*) (1945) et *La Société ouverte et ses ennemis* (*) (1945). Son plaidoyer pour une « société ouverte » noue la défense de la démocratie libérale au « rationalisme critique » issu de sa théorie épistémologique. Les conséquences diverses de cette position sont exploitées dans *Conjectures et Réfutations. La croissance du savoir scientifique* [*Conjectures and Refutations. The Growth of Scientific Knowledge,* 1963]. Ce recueil contient notamment une interprétation de la théorie sémantique de la vérité de Tarski comme une réhabilitation de la théorie de la vérité-correspondance (accord avec les faits) qui permet à Popper de maintenir à la fois le caractère conjectural de nos théories et leur prétention implicite à décrire la réalité. Dans les années 1970, Popper développe une conception évolutionniste de la connaissance (par essais et erreurs) ainsi que la théorie dite des « trois mondes » : outre le monde physique, il convient d'admettre la réalité propre d'un monde de la subjectivité et d'un monde des produits de la culture et de la connaissance. Par la médiation du langage, surtout dans sa « fonction argumentative », la connaissance, de subjective, devient objective : *La Connaissance objective* [*Objective Knowledge. An Evolutionary Approach,* 1972]. Popper nourrit désormais, à partir d'une réinterprétation de la physique quantique dans une visée cosmologique, une conception indéterministe de l'Univers dont témoigne *L'Univers irrésolu* [*The Open Universe,* 1982]. Découverte tardivement en France, la pensée de Popper y exerce désormais une influence considérable sur l'épistémologie des sciences de la nature et de la société.

MICHAEL A. SOUBBOTNIK.

RÉF. : J. Baudoin, *Karl Popper,* Paris, 1989. – J. G. Ruelland, *De l'épistémologie à la politique. La philosophie de l'histoire de Karl R. Popper,* Paris, 1991.

PORPHYRE de Tyr. Philosophe d'origine syrienne. Né à Tyr en 233, mort à Rome (?) entre 301 et 305. Disciple favori de Plotin, le plus grand néo-platonicien, il est l'auteur d'une intéressante *Vie de Plotin* et de très nombreux autres écrits qui révèlent une forte personnalité intellectuelle et morale ; aussi saint Augustin l'a-t-il qualifié « doctissimus philosophorum ». Phénicien de naissance, Porphyre parcourut l'Orient avant de s'établir à Rome où il suivit les cours de Plotin. Nature ardente, il rompit la docte quiétude de l'École. C'est sur ses instances que Plotin écrivit *Les Ennéades* (*), son immortel ouvrage dont Porphyre, après la mort du maître, devait se faire l'éditeur et l'exégète. Cependant, il n'assista pas aux derniers moments du sage, et c'est d'un autre disciple qu'il recueillit ses suprêmes paroles, qui nous sont parvenues grâce à lui. Plotin, en effet, ayant constaté que son fidèle disciple – par excès de travail ou pour d'autres raisons – sombrait dans la mélancolie au point de songer au suicide, l'avait exhorté à voyager. Porphyre obéit et vogua vers la Sicile, sans rompre toutefois les relations avec son maître. Il avait même obtenu que lui fussent communiqués en son volontaire exil les manuscrits qui, plus tard, serviraient de base aux *Ennéades.* Mais Porphyre n'est pas seulement un philosophe néo-platonicien. Esprit d'une rare vigueur et des plus ouverts, il s'intéressait en outre à la grammaire, à la rhétorique, à l'histoire, à l'astronomie et à la médecine. La *Souda* (*) contient une liste, d'ailleurs incomplète, de ses écrits. Bidez en compte soixante-dix-sept. Disciple de Plotin, Porphyre l'est tellement par sa tournure d'esprit que l'on a pu dire de son commentaire des *Ennéades* qu'il constituait le premier pas sur le chemin de la connaissance et un abrégé méthodique des idées fondamentales de l'École. Très pythagoricien de ton est le traité sur *L'Abstinence de la chair* adressé à Firmus Castricius, grand ami de Plotin, qui était revenu à la consommation des viandes proscrite par l'ascétisme de Plotin. Porphyre, quant à lui, fait valoir un argument plus élevé : la cruauté des sacrifices sanglants. Ce traité a pour nous un intérêt documentaire, car il nous informe des diverses opinions qui avaient cours en la matière. Il montre aussi quelle force pouvait atteindre la dialectique de l'auteur dans son désir qu'un culte purement spirituel soit rendu à la divinité. Mais son ouvrage le plus célèbre (composé, comme le précédent, sous le ciel de Sicile) est l'*Isagogé* (*) (introduction aux catégories d'Aristote) qui, dans la traduction de Boèce, fournira la base de la controverse, si fameuse au Moyen Âge, sur la valeur cognitive des « universaux ». De son *Histoire de la philosophie* en quatre livres ne subsistent que des fragments concernant Platon et le platonisme qui, selon Porphyre, contient toute vérité ; et un autre fragment important, mais mutilé, du premier livre sur la *Vie de Pythagore* (*), sujet particulièrement cher aux penseurs qui, tels Apollonios de Tyane et, plus tard, Jamblique, se sentaient moins attirés par Platon que par la théosophie. Fragmentaire également est la connaissance que nous avons, à travers Eusèbe, de la *Philosophie des oracles*. Cet ouvrage, qui rappelle, en beaucoup moins sérieux, les traités pythiques de Plutarque, renferme quelques textes d'oracles : révélations prétendues au moyen desquelles Porphyre « dogmatisait » une religion essentiellement privée de dogmes. Sa prédilection pour l'Orient est visible dans le traité *Sur les statues,* où il prend la défense du culte païen et propose une conception des dieux qui s'apparente au stoïcisme. Dans ses *Recherches homériques* — une œuvre de jeunesse —, qui reflètent peut-être l'enseignement du fameux rhéteur Longin, s'amalgament deux éléments nouveaux : d'une part l'allégorie, que Philon d'Alexandrie avait appliquée à *La Bible* (*) — dans ses *Commentaires allégoriques des saintes lois* (*) —, et que Porphyre applique à Homère ; d'autre part, un essai de conciliation entre Platon et Homère, qui trouvera son point extrême dans Proclus, comme pour sceller, en ce rapprochement symbolique, la fin d'un monde. C'est ainsi que *L'Antre des nymphes dans l'Odyssée* est une exégèse allégorique des *Odes* : l'antre agréable, obscur, consacré aux Naïades qui tissent des étoffes de pourpre, dans le perpétuel écoulement des sources, symbolise le monde. Porphyre, anticipant sur le *Télémaque* (*) de Fénelon en une œuvre, aujourd'hui perdue, intitulée *Sur le profit que les rois peuvent tirer d'Homère*, attribuait une philosophie au grand poète grec. Par cette naïve exaltation d'Homère, Porphyre entendait réagir, au nom du néo-platonisme, contre la sévérité de Platon à l'égard des poètes. On connaît le texte d'une lettre de Porphyre adressée *À Marcella*, la veuve sage, déjà mère de six fils, qu'il avait épousée : c'est une sorte de testament spirituel très humain, bréviaire de vie morale et religieuse, fondé sur des principes ayant une grande affinité avec le christianisme : foi, vérité, amour, espérance. Pourtant, cet homme sage et pieux fut un ardent ennemi des chrétiens, et peut-être conseilla-t-il à Dioclétien de les persécuter. L'ouvrage *Contre les chrétiens* (*) en quinze livres (268) bat la diane de ces persécutions nouvelles et méthodiques. Autrement plus dangereux que le pamphlet de Celse et les railleries de Lucien, il sera interdit et supprimé par le christianisme triomphant et vaudra à son auteur cette terrible parole de saint Jérôme : « Sceleratus ille Porphyrius ! » En réalité, Porphyre, contrairement à son maître Plotin, fut pour les chrétiens un ennemi fanatique. Alors que l'on possède du *Discours véritable* de Celse des fragments tirés de la mémorable réponse d'Origène (dont Porphyre fut peut-être l'élève à Césarée), nous ne sommes pas en mesure de compléter par la connaissance de ses textes antichrétiens l'évocation de la passionnante figure de Porphyre philosophe et philologue, héritier de la pensée de Plotin et frère spirituel de l'empereur Julien, toujours partagé entre la dialectique et le sacré, entre la piété et la haine.

VINCENZO CILENTO.

♦ *« Le plus savant des philosophes... »* Saint Augustin. ♦ *« Là où Porphyre a transporté le conflit entre le christianisme et les sciences philosophiques et religieuses, on le retrouve encore aujourd'hui ; encore, Porphyre n'a pas été réfuté et, en somme, on ne peut le réfuter qu'après lui avoir tout d'abord donné raison en ramenant le christianisme à son noyau primitif. »* Harnack. ♦ *« Porphyre disait à peu près tout ce que les critiques modernes ont pensé découvrir. »* Loisy.

RÉF. : J. Bidez, *Vie de Porphyre*, Gand, 1913 (réimpr. Olms, 1964). — P. Hadot, *Porphyre et Victorinus*, Paris, 1968. — G. Lardreau, « La Philosophie de Porphyre et la question de l'interprétation », in *Porphyre, L'Antre des nymphes dans l'Odyssée*, Paris, 1989.

PORPORA Nicola. Compositeur italien. Né à Naples le 17 août 1686, mort à Naples le 3 mars 1768. Élève du Conservatorio dei Poveri di Gesù Cristo de sa ville natale, il donne son premier opéra, *Agrippina*, en 1708. Il entre au service du prince de Hesse-Darmstadt puis est maître de chapelle de l'ambassadeur du Portugal. Il est professeur au Conservatorio di San Onofrio où il forme notamment Métastase et les fameux castrats

Farinelli et Caffarelli. Après un séjour à Venise (1726-33), il devient le rival de Haendel à Londres comme compositeur de l'Opera of the Nobility (1733-37) où il donne notamment *Ariane à Naxos* (1733), *Polyphème, Iphigénie en Aulide* (1735) et *Mithridate* (+) (1736). De retour à Naples en 1738, la reprise triomphale de *La Semiramide riconosciuta* (+) (1724, remaniée en 1729) lui vaut le poste de directeur au Conservatorio di Loreto (1739-42). En 1744, il part pour l'Autriche puis pour Dresde où il devient maître de chant de la princesse de Saxe (1748-51). Il finira ses jours à Naples dans la misère. Il a laissé un nombre considérable d'opéras dans lesquels il met surtout l'accent sur la virtuosité vocale.

ALAIN PÂRIS.

PORTA Carlo. Poète dialectal italien, né à Milan en 1775, mort dans cette même ville en 1821. En 1798-99, ce fils de haut fonctionnaire est à Venise. Là, l'exemple de Lamberti et de Burati fait naître en lui le goût de la poésie dialectale. De retour à Milan, il obtient un emploi à l'Intendance qui lui assure la sécurité économique. Il mènera désormais, jusqu'à sa mort, une vie de bureaucrate diligent où il trouvera le loisir d'écrire. Face aux événements contemporains, Porta partage les sentiments et les opinions de la bourgeoisie progressiste milanaise : d'abord sympathisant de Napoléon, puis autonomiste, il voit ses espoirs que l'Autriche restitue la paix et l'ordre dans le Milanais déçus par la politique de la Restauration et partage les idéaux de renouveau politique et social du groupe du Conciliatore. Dans la polémique qui éclate en 1816 entre partisans du classicisme et romantiques, il prend parti pour les seconds. Ses compositions poétiques furent rassemblés en 1826 dans un recueil intitulé simplement *Poésies* (*).

PORTALIS Jean Étienne Marie. Juriste et homme d'État français. Né au Beausset-en-Provence (Var), le 1er avril 1745 ; mort à Paris, le 25 août 1807. Reçu dès l'âge de vingt et un ans avocat au parlement d'Aix-en-Provence, Portalis eut l'occasion de plaider contre Beaumarchais et contre Mirabeau et publia plusieurs *Mémoires* sur des points de droit, parmi lesquels on remarqua particulièrement un *Mémoire sur la validité du mariage des protestants,* qui exerça une grande influence. Lorsque survint la Révolution, Portalis était intendant de la Provence. Il fut incarcéré pendant la Terreur. Élu député de Paris au Conseil des Anciens sous le Directoire, il s'opposa aux mesures violentes prises lors du coup d'État du 18 Fructidor et fut porté de ce fait sur la liste des proscrits. S'étant réfugié en Allemagne en 1797, il en revint en 1800 pour faire partie du Conseil d'État. À ce titre, il prit une part fort importante dans la rédaction du *Code civil des Français, ou Code Napoléon* (*), et négocia en 1801 le Concordat. Également estimé par Bonaparte et par la cour de Rome, Portalis devint en 1802 directeur des Affaires ecclésiastiques et, lors de la création de ce ministère en 1804, ministre des Cultes ; la même année, il fut nommé ministre de l'Intérieur. Il venait de se déclarer de manière particulièrement énergique pour l'Empire. Bien qu'il ait soutenu dès 1803 que « l'éducation publique appartenait à l'État », Portalis s'opposa au projet de Fourcroy qui devait aboutir à la réforme de l'enseignement et à la création de l'université nouvelle. Dès 1806, Portalis se fit assister par son fils, nommé secrétaire général ; aussi, à la mort du ministre, Joseph Portalis lui succéda-t-il dans ses fonctions. Il fut également nommé conseiller d'État et comte de l'empereur. Portalis était membre de l'Institut. Homme plein de sens et de droiture, il fut un remarquable administrateur. Il a laissé un traité sur *L'Usage et l'abus de l'esprit philosophique pendant le XVIIIe siècle,* qui a connu un certain succès lors de sa publication par Joseph Portalis, après la mort de son père (1810). Le petit-fils de Portalis a publié les *Discours, rapports et travaux inédits sur le Code civil et le Concordat* (1844-1845) de son grand-père.

♦ *« Portalis serait l'orateur le plus fleuri et le plus éloquent s'il savait s'arrêter. »* Napoléon.

RÉF. : Blessig, *Oraison funèbre de Portalis,* Paris, 1807. – Boullée, *Essai sur la vie, le caractère et les ouvrages de Portalis,* Paris, 1859. – Lavallet, *Portalis, sa vie, ses œuvres,* Paris, 1869. – B. Gagnebin, *Portalis,* Genève, 1956.

PORTER Katherine Ann. Nouvelliste et romancière américaine. Née le 25 mai 1890 à Indian Creek (Texas), morte le 18 septembre 1980 à Silver Springs (Maryland). « Miss » Porter, comme on l'appelait, reçut une éducation à la fois sudiste et catholique, puis voyagea (Mexique, Allemagne et France où, en 1933, elle traduisit un livre de chansons françaises). Son premier ouvrage, un recueil de nouvelles intitulé *L'Arbre de Judée* (*) (1930), lui valut immédiatement la réputation d'une styliste impeccable à la psychologie raffinée. Elle ne déçut pas avec le suivant, *Vin de midi* [*Noon Wine*, 1937], qui trouva sa place deux ans plus tard dans le recueil intitulé *Le Cavalier pâle* [*Pale Horse, Pale Rider*, 1939]. En 1944, elle donna encore plusieurs chefs-d'œuvre dans *La Tour penchée* (*), recueil de neuf nouvelles situées dans le Sud, la plupart ayant pour héroïne une Miranda qui doit apparemment beaucoup aux souvenirs d'enfance de l'auteur. Après un recueil d'essais intitulé *Les Jours passés* [*The Days Before*, 1952] (nouvelle édition augmentée en 1970), miss Porter se consacra à un roman qui fit grand bruit lorsqu'il parut enfin, en 1962 : c'est *La Nef des fous* (*), grande parabole du voyage de la vie utilisant la fiction d'une traversée en vingt-sept jours du Mexique en Allemagne, en

1931. Le livre n'est sûrement pas son meilleur, surtout en comparaison avec *The Collected Stories of Katherine Ann Porter* qui parurent trois ans plus tard, mais il eut un succès considérable et fut récompensé par toutes sortes de prix.

MICHEL GRESSET.

PÔRTO ALEGRE Manoel José de Araújo. Poète et dramaturge brésilien. Né à Rio Pardo le 19 novembre 1806, mort à Lisbonne le 29 décembre 1879. Sans être doué d'un tempérament poétique exceptionnel, il n'en fut pas moins, avec Domingos José Gonçalves de Magalhães et António Gonçalves Dias, un des promoteurs du romantisme au Brésil. En 1831, après avoir fréquenté l'École des beaux-arts de Rio de Janeiro, fondée par des artistes français, il se rendit à Paris où il se lia d'amitié avec Almeida Garrett, alors en exil. Il participa à la bataille d'*Hernani* (*) en faveur de Victor Hugo, collabora à la revue brésilienne *Niterói,* fondée et dirigée par Gonçalves de Magalhâes, et entreprit la publication de ses poésies. Pôrto Alegre publia en 1836 le poème intitulé *Voix de la nature,* qu'il avait écrit à Naples l'année précédente. En 1863, il réunit le reste de ses poèmes sous le titre *Les Brésiliennes* [*Brasilianas*], recueil paru à Vienne et qui contient, entre autres, *La Destruction des forêts* [*A Destruiçâo das florestas*] et *O Corcovado.* Il s'intéressa vivement à la peinture, à l'architecture et, d'une façon générale, à tous les arts, et composa plusieurs drames, notamment *Angélique et Firmin* [*Angelica é Firmino*], ainsi que des comédies comme *L'Espionne de Bonaparte* [*O Espiâo de Bonaparte*], *Le Cordonnier homme d'État* [*O Sapatiera politicão*] et *Les Judas* [*Os Judas*]. Pôrto Alegre est, en outre, l'auteur de *Colomb* (*) (1863), poème épique, très populaire, en vers libres. Au soir de sa vie, il entra dans la carrière consulaire et représenta son pays à Berlin, puis à Lisbonne où il mourut. En 1870 l'empereur du Brésil lui conféra le titre de baron pour services rendus à l'Empire.

RÉF. : Ferdinand Wolf, *Le Brésil littéraire,* Berlin, 1863. — Hélio Lôbo, *Manoel de Araújo Pôrto Alegre,* Rio de Janeiro, 1938. — De Paranhos Antunes, *O pintor do romantismo. Vida e obra de M. de Araújo Pôrto Alegre,* Rio de Janeiro, 1946.

PORTO-RICHE Georges de. Écrivain français. Né à Bordeaux le 20 mai 1849, mort à Paris le 4 septembre 1930. D'une famille israélite d'origine italienne, il vécut librement de sa production d'écrivain de théâtre. Après sa première publication, un volume de vers : *Prima verba* (1872) — un autre lui fera suite en 1877, *Tout n'est pas rose* —, Porto-Riche aborda le théâtre avec des ouvrages en vers fortement pénétrés d'influences romantiques : *Vertige* (1873), *Un drame sous Philippe II* (1875), *Les Deux Fautes* (1878), passant ensuite au développement analytique d'un thème cyclique en une série de drames qu'il intitula de manière générale « théâtre d'amour » et auxquels son nom demeure particulièrement lié. Cette série, commençant par *La Chance de Françoise* (1888), continue avec *L'Infidèle* (1891), *Amoureuse* (*) (1891), *Le Passé* (*) (1897), *Les Malefilâtre* (1904), *Le Vieil Homme* (*) (1910), *Zubiri* (1912), *Le Marchand d'estampes* (1918), etc. Derrière ces drames, on entrevoit en l'auteur l'homme chez qui le don d'introspection est exacerbé par des influences littéraires. Enfermé dans le tourment de l'amour charnel, il y atteint parfois un caractère tragique qui a amené certains admirateurs enthousiastes à le comparer à Racine. Mais son monde est trop circonscrit, et ses personnages sont fatalement simples : les hommes égoïstes, cyniques, infidèles et menteurs, les femmes faibles, faciles, impudiquement avides. De ce monde, cependant, et de ses tristes héros, il a dit tout ou presque tout ce qui pouvait être dit ; et l'analyse n'aurait pu être plus intrépide et audacieuse, plus raffinée et désolée, et, parfois, déconcertante. En 1903, Porto-Riche fut élu membre de l'Académie française.

RÉF. : C. R. Marx, *Georges de Porto-Riche,* Paris, 1912. — E. Rey, *Georges de Porto-Riche,* Paris, 1923. — E. Sée, *Porto-Riche,* Paris, 1932. — W. Muller, *Georges de Porto-Riche, l'homme, le poète, le dramaturge,* Poitiers, 1934. — H. Brugmans, *Georges de Porto-Riche. Sa vie, son œuvre* [1934], rééd. 1971.

POSIDONIOS d'Apamée. Philosophe grec, de l'école stoïcienne dite « moyenne ». Né à Apamée (Syrie) en 135 av. J.-C., mort en 52 à Rhodes où il s'était établi et avait ouvert sa célèbre école en 96. Il est souvent désigné par l'appellation Posidonios le Rhodien. Dans sa jeunesse, il se consacrait entièrement aux exercices gymniques, au point qu'on le surnomma « l'athlète », puis il partit pour Athènes, devint l'élève de Panétios, accomplit de longs voyages d'études, jusqu'en Gaule et en Espagne et, par deux fois, se rendit à Rome. Sa renommée attirait à l'école de Rhodes des disciples grecs et romains ; Cicéron, Varron, Pompée vinrent à plusieurs reprises l'écouter et demeurèrent en relations amicales avec lui. La méditation philosophique qui l'amena à exposer dans ses œuvres une conception éclectique du stoïcisme accordé avec le platonisme se trouvait mêlée, chez lui, à de multiples autres intérêts : Posidonios se montra historien dans un ouvrage en cinquante-deux livres, qui fait suite à l'œuvre de Polybe — v. *Histoires* (*) de Posidonios —, géographe dans *De l'océan* [Περί ώκεανοῦ], amateur d'astronomie et de météorologie avec *Sur les phénomènes célestes* [Περὶ μετεώρων], mathématicien, observateur de phénomènes physiques et géologiques, etc., en somme, l'un des cerveaux les plus encyclopédiques du monde antique. Aucune de ses œuvres ne nous est parvenue : nous n'avons que de rares fragments, extraits de citations d'autres auteurs ; depuis un siècle on cherche à reconstituer la pensée ou, tout au moins, les grandes lignes de l'œuvre de Posidonios. Sa philosophie est un remaniement du stoïcisme originel dans un sens mystique, qui peut s'expliquer peut-être par l'origine syrienne de Posidonios. Sa théologie introduit différentes catégories d'êtres divins, parmi lesquels les astres, intermédiaires entre la divinité suprême (le Logos) et l'homme : de là l'importance de l'astrologie et de la divination. En morale, Posidonios abandonne l'intellectualisme rigide de l'école et il exprime les passions non comme des erreurs de l'intellect, mais comme des inclinations irrationnelles. C'est au rapport de l'utile avec le devoir, et à l'importance des biens extérieurs pour notre bonheur qu'il a consacré son ouvrage *Sur le devoir* [Περί τοῦ καθῆκοντος] dont s'est servi Cicéron. La cosmologie de Posidonios, bien que dans un remaniement péripatéticien, nous est en partie conservée dans le court traité pseudo-aristotélicien *Sur le monde* ; le commentaire de Chalcidius sur le *Timée* (*) de Platon, qui connut une si grande renommée au Moyen Âge, dérive également de Posidonios. Dans le développement de la pensée philosophique, on considère Posidonios comme l'homme qui, en dehors du milieu restreint de l'Académie, ouvre la voie au néo-platonisme.

RÉF. : P. Toepelmann, *De Posidonio Rhodio rerum scriptore*, thèse, Leipzig, 1867. – Thiaucourt, *Essai sur les traités philosophiques de Cicéron*, Paris, 1885. – F. Schühlein, *Studien zu Posidonius Rhodius*, Leipzig, 1886 ; *Zu Posidonius Rhodius*, Leipzig, 1891. – M. Arnold, *Quaestiones Posidonianae*, Leipzig, 1903. – G. Altmann, *De Posidonio Timaei Platonis commentatore*, Berlin, 1906. – W. Gerhaüsser, *Der Protreptikos des Poseidonios*, Munich, 1912. – K. Reinhardt, *Kosmos und Sympathie. Neue Untersuchungen über Poseidonios*, Munich, 1926. – P. Schubert, *Die Eschatologie des Posidonius*, Leipzig, 1927.

POSSE Abel. Écrivain argentin. Né à Córdoba le 7 janvier 1934. Petit-fils d'un immigrant italien de la région de Gênes, il est aussi, par sa mère, le descendant d'une vieille famille argentine. Après des études primaires au collège La Salle de Buenos Aires, puis secondaires au lycée national, il s'inscrit à la faculté de droit. En 1959, il se rend à Paris pour y préparer un doctorat de droit politique, abandonné au profit d'autres études juridiques et littéraires. Il y rencontre une étudiante allemande, Sabine Langenheim, avec laquelle il se marie en 1966 à Buenos Aires, où il exerce la profession d'avocat. Entré dans la diplomatie en 1966, il est nommé attaché d'ambassade à Moscou et écrit un premier roman, *Les Homards* [*Los Bogavantes*, 1970]. En 1967 naît son fils Ivan (mort accidentellement à Paris en 1983). En 1971, alors qu'il est en fonction à Lima, il publie *La Gueule du tigre* [*La Boca del Tigre*], considéré par Ernesto Sábato comme « l'œuvre de l'homme en crise totale ». Consul à Venise (1973-1979), il achève *La Guerre au roi* (*) (1978), un roman où fusionnent autour de la figure du conquistador Lope de Aguirre les mythes et l'histoire du continent latino-américain. Attaché culturel à Paris (1980-1985), il fonde la collection *Nadir*, destinée à faire connaître en France la poésie argentine moderne, et donne dans *Les Chiens du paradis* (+) (1983, prix Rómulo Gallegos 1987) une dimension fantastique à l'aventure de Christophe Colomb. Passionné par la projection du nazisme en Argentine et le destin des réfugiés allemands arrivés après la Seconde Guerre mondiale, il consacre un cycle romanesque à ce phénomène avec *Les Démons cachés* [*Los demonios ocultos*, 1988] et *Le Voyageur d'Agartha* [*El viajero de Agartha*, 1989]. Ambassadeur en Israël (1988) puis à Prague (1990), il analyse dans *La Reine de La Plata* [*La Reina del Plata*, 1990] les conflits et affrontements de la société argentine contemporaine.

CLAUDE COUFFON.

POTHIER Robert Joseph. Jurisconsulte français, né et mort à Orléans (9 janvier 1699-2 mars 1772). Fils d'un conseiller au présidial d'Orléans, Pothier occupa cette charge à l'âge de vingt et un ans (1720), puis il fut professeur de droit à l'université d'Orléans à partir de 1749. Son enseignement était fort recherché. Pothier d'ailleurs ne se contentait pas de professer ex cathedra, il recevait les étudiants chez lui et ne refusait jamais ses conseils. Jurisconsulte éminent, il se recommande par la pureté de la doctrine, la justesse du raisonnement, la distinction établie par lui du for extérieur et du for intérieur ; écrivain, par la clarté de son style et ses dons d'exposition. Son ouvrage le plus célèbre est : *Les Pandectes de Justinien mises dans un nouvel ordre* (*), publication pour laquelle il fut secondé par d'Aguesseau. Il a également laissé la *Coutume d'Orléans*, avec des notes (1760), et un *Traité des obligations* qui exerça une profonde influence sur les rédacteurs du Code civil. Ses œuvres complètes ont été publiées pour la première fois à Orléans en dix volumes in-4° ou trente-quatre volumes in-12 (1773-1779).

RÉF. : Jousse, *Éloge de Monsieur Pothier*, Paris, 1772. – Dupin, *Dissertation sur la vie et les ouvrages de Pothier*, Paris, 1825. – Frémont, *Vie de Robert Joseph Pothier*, Orléans, 1850.

POTOCKI Jan. Écrivain polonais d'expression française. Né le 8 mars 1761 à Pików (Ukraine), mort le 2 décembre 1815 à Vładówka (Podolie). Issu d'une des plus illustres familles de l'aristocratie polonaise, le « comte Jean » quitte la Pologne à sept ans devant les troubles de la Confédération de Bar, et est élevé en Suisse. Une curiosité intellectuelle prodigieuse, une culture essentiellement cosmopolite, la passion des « Lumières », un athéisme à peu près certain, des sympathies maçonniques probables, joints à un aristocratisme inné, font de cet esprit que l'on a dit déséquilibré une des personnalités les plus étonnantes du XVIIIe siècle européen. Potocki a été un infatigable voyageur : il a combattu en Hongrie dans l'armée impériale, navigué sur les galères de Malte, parcouru la Turquie, l'Égypte, l'Espagne et le Maroc, séjourné à Paris de 1785 à 1787 (il y a fréquenté le salon de Mme Helvétius et connu Volney), puis à nouveau, en 1791, est passé en Hollande et en Angleterre, avant d'aller en Allemagne, au Caucase et même, en 1805, en Mongolie. Ethnologue de valeur, il a mené de très sérieuses recherches sur l'archéologie et la protohistoire des peuples slaves. Ses *Recherches sur la Sarmatie* (1789) et surtout son *Histoire primitive des peuples de la Russie* (1802) affirment de façon prophétique le caractère autochtone des peuples slaves, thèse longtemps combattue qui n'est admise que depuis peu. Il se dégage de ces livres une sorte de slavophilie qui tient lieu à Potocki de doctrine politique, à une époque où la Russie est haïe en Pologne. Député à la Diète de Quatre ans (1788-1792), Potocki a été l'un des auteurs de la Constitution du 3 mai 1791, voulue par le roi Stanislas-Auguste et préparée par les « philosophes ». Cependant, c'est comme homme de lettres qu'il est aujourd'hui célèbre, pour les *Parades* (1793), farces jouées sur la scène du château de Lancut, et surtout pour le *Manuscrit trouvé à Saragosse* (*), roman partiellement publié en 1805, et dont la seule version intégrale qui nous soit parvenue est la traduction polonaise de Charles Edmond. Ce grand récit, fondateur de la littérature fantastique moderne, est sans doute l'écrit de combat le plus « baroque » que nous ait laissé la littérature européenne du temps. Ces soixante-six journées de la vie du capitaine van Worden cachent, sous leur apparence romantique, une apologie conséquente de la philosophie des Lumières à laquelle Jan Potocki a consacré sa vie. Retiré sur ses terres en 1813, après sept années passées à Saint-Pétersbourg, le « comte Jean » s'est suicidé au cours d'une crise de névralgie avec une balle d'argent bénite, « pour le cas où Dieu existerait ».

JEAN LAJARRIGE.

PO TSIU-YI [Bo Juyi] (appellation honorifique, Leu Tien ; surnom, Siang-chan). Poète chinois. Né à Sin-tch'eng (Chaan-si) en 772, mort en 846, il vécut sous la glorieuse dynastie T'ang (618-906) et fut l'un des plus grands poètes de la Chine, plus populaire encore, de son vivant, que les grands Li Po et Wang Wei. En 783, sa famille s'installa à Yong-yang, situé à vingt milles de Sin-tch'eng, mais, vers l'âge de dix ou onze ans, Po Tsiu-yi quitta cette ville et se fixa à Sia Kouei, petit village sur le Wei, éloigné d'une trentaine de milles de Ch'ang-an, capitale de l'Empire. Là, il vécut chez l'un de ses oncles auquel ses parents l'avaient confié en partant pour le lointain Tsiangsou où le père avait un emploi gouvernemental. Po Tsiu-yi, vers 800, se trouve mêlé à la vie politique de la capitale (où il noue d'amicales relations avec le célèbre poète Yuan Tchen, 779-831, qui lui sera cher jusqu'à la mort) ; il vivait dans une période de guerre et d'expéditions militaires qui procuraient du prestige à la dynastie, mais, en revanche, nuisaient à l'économie du pays et engendraient la misère pour la population. Po Tsiu-yi, sensible aux souffrances du peuple, subit deux fois l'exil pour ses vives protestations et ses énergiques exhortations à l'empereur afin qu'il mette un terme à ces guerres. La première fois, il fut envoyé dans le lointain Tsing-chou ; dégoûté, il se retira sur les « collines odorantes » (Siang-chan, d'où son surnom) proches de son lieu d'exil. Rappelé deux ans plus tard, en 819, il fut de nouveau exilé en punition de ses critiques à l'empereur. Il fut ensuite envoyé comme gouverneur à Hang-tcho, où il fit construire l'une des digues du beau lac occidental, encore connu comme « digue de Po ». Il s'en fut comme gouverneur à Sou-Tcho en 825, il y mena une vie toute de fêtes et d'orgies, jusqu'en 831, au moment où mourut son ami Yuan Tchen ; à partir de cette date jusqu'en 841, Po Tsiu-yi se retira à la campagne près de Louo-Yang. En 841, il fut nommé président du ministère de la Guerre, et il mourut cinq ans après. Il écrivit des vers dès l'enfance ; il raconte lui-même qu'à cinq, six ans, il apprenait déjà à faire des vers, et qu'à neuf ans « il avait la maîtrise des sons et des rimes ». Sa très riche production poétique – v. *Recueil des poésies de Pai Siang-chan* (*) – devint très populaire ; on raconte qu'avant de publier ses vers il les lisait à une petite vieille et qu'il les polissait jusqu'à ce que celle-ci (c'est-à-dire le peuple) les comprît. C'est pourquoi ses vers sont d'une extrême simplicité ; une limpidité de forme et une finesse psychologique presque horaciennes font de lui le poète le plus proche du goût du lecteur occidental. Au contraire, dans son pays, sa renommée décrut après sa mort, tandis qu'elle se conserva au Japon où Po Tsiu-yi fut considéré comme une sorte de Khami ou divinité shintoïste. Ses vers furent gravés sur des dalles et placés dans un jardin qu'il avait lui-même créé en souvenir de la délicieuse retraite de Siang-chan.

BENEDETTO FEDELE.

RÉF. : A. Waley, *The Life and Times of Po chü-i,* Londres, 1949.

POTTIER Eugène Edme. Poète français. Né à Paris le 4 octobre 1816, mort en 1888. Fils d'un serviteur de la maison de l'impératrice Joséphine, il mène une vie assez misérable, exerçant divers métiers avant de se fixer comme dessinateur. Tout jeune, il commence à écrire des chansons, d'abord légères et insouciantes, célébrant le vin et l'amour à la manière de Béranger, puis, à partir de 1840, de revendication sociale, dont l'une, *Il est bien temps que chacun ait sa part,* connaît une certain succès. Combattant de la Commune, il doit, à la fin de l'insurrection, passer en Angleterre, puis en Amérique, mais revient bientôt en France où il se mêle, jusqu'à sa mort, à l'agitation socialiste. L'auteur des *Chants révolutionnaires* (+) (1887) serait néanmoins complètement oublié s'il n'était également le parolier de *L'Internationale* (*) (1871).

RÉF. : M. Dommanget, *Eugène Pottier,* Paris, 1971.

POUCHKINE Alexandre Sergueïevitch [Aleksandr Sergeevič Puskin]. Né à Moscou le 26 mai (6 juin) 1799, mort à Saint-Pétersbourg le 29 janvier (10 février) 1837. Poète lyrique et épique, dramaturge, romancier en vers et en prose, historien, critique, Pouchkine est non seulement le plus grand des écrivains russes, mais l'incarnation même du génie national. Du côté paternel, Pouchkine appartient à l'une des plus anciennes familles de la noblesse russe. Depuis Alexandre Nevski et jusqu'à Catherine II, ses ancêtres ont été intimement liés à l'histoire du pays. Cet enracinement — six siècles de noblesse et de service à la Russie — a été pour beaucoup dans le goût de Pouchkine pour l'histoire, son respect de la tradition, son amour du passé national : « Pour rien au monde, écrira-t-il en 1836 à l'Occidental Tchaadaev, je n'aurais voulu changer de patrie, ni avoir d'autre histoire que celle de mes ancêtres, telle que Dieu nous l'a donnée. » Par sa mère, née Hannibal, Pouchkine descend en droite ligne d'un prince abyssin, dont le fils, retenu en otage par les Turcs, fut racheté et adopté par Pierre le Grand. À cet apport de sang africain, Pouchkine doit son tempérament passionné, sa fougue, son exubérante gaieté et son sens aigu de l'honneur. Le jeune Alexandre grandit inaperçu, dans une maison livrée au désordre et au caprice, entre un père léger, faible et égoïste, et une mère — beauté mondaine — froide, autoritaire et entêtée : il lui arrivait de tenir son fils en quarantaine des mois entiers. La chaleur familiale qui lui manque, Pouchkine la retrouve un peu auprès de sa grand-mère maternelle et de sa « niania » Arina Rodionovna. Mais, si ses parents lui refusent leur tendresse, ils lui offrent, par leur situation sociale, des conditions favorables à l'éclosion de son génie littéraire. Pouchkine, enfant, a le privilège de connaître et d'entendre discuter les meilleurs esprits de l'époque : l'historien Karamzine, les poètes Joukovski et Batiouchkov. Son propre oncle, Basile Lvovitch Pouchkine, est un poète estimé. Grâce à la gallomanie qui règne dans la maison, Alexandre acquiert une maîtrise précoce de la langue française et en profite pour dévorer la bibliothèque classique de son père. Ainsi, c'est nanti d'une forte culture classique et au fait des problèmes littéraires du jour qu'en 1811, à l'âge de douze ans, il entre au lycée de Tsarskoïé-Sélo, établissement secondaire et supérieur à la fois, qui venait de s'ouvrir pour former au service de l'État les plus méritants rejetons de la noblesse. On imagine mal ce qu'aurait été Pouchkine sans les six années passées au lycée. Non que l'enseignement y ait été bien dispensé — Pouchkine ne sera pas le seul à ironiser plus tard sur son caractère désordonné et superficiel —, mais il y trouva un milieu qui devait lui servir de véritable famille. C'est au lycée qu'il connut la valeur de l'amitié et les meilleurs amis de sa vie ; c'est là aussi que vers l'âge de treize ans « la Muse... lui apparut pour la première fois » et qu'il reçut presque aussitôt de la part de ses condisciples, tous plus ou moins poètes, puis du vieux patriarche de la poésie Derjavine, la consécration littéraire. Le 19 octobre, anniversaire de la fondation du lycée, restera un thème constant et particulièrement inspiré de la poésie de Pouchkine. Les poésies du lycée sont de genre et d'inspiration très divers : romances populaires, couplets patriotiques, paysages ossianiques, vers fugitifs où l'on sent l'influence de Parny et de Derjavine, épîtres, etc. Sans parvenir à une grande profondeur, Pouchkine y atteint, comme Mozart dans ses premières œuvres, d'emblée et avec une aisance déconcertante, la perfection de la forme ; à une clarté toute française il joint une musicalité dont les secrets lui sont révélés par Batiouchkov, son poète préféré, et un sens remarquable de la mesure.

Sorti du lycée avec un esprit mûr — à dix-huit ans, aux dires d'un contemporain, il pensait comme un homme de trente — et une âme toute jeune, avide d'impressions et de liberté, Pouchkine se jette à corps perdu dans la vie mondaine de la capitale : théâtre, bals, festins, société littéraire (*Arzamas*) ou libertine (*La Lampe verte*), cette vie prodigue et dissolue nous est décrite, à quelques détails près, dans le premier chapitre d'*Eugène Onéguine* (*). Vif, spirituel, d'une gaieté débordante et communative, mêlant au sérieux les farces enfantines, mordant dans ses épigrammes mais bienveillant par nature, tel apparaît Pouchkine à vingt ans, tel il restera jusqu'aux dernières années de sa vie. Ayant fait ses preuves dans les genres mineurs, Pouchkine s'attaque maintenant à un grand poème national : *Rouslan et Lioudmila* (*), œuvre composite et un peu froide, mais brillante et de facture parfaite, qui consacre définitivement sa primauté littéraire. Gagné par le souffle du libéralisme qui balaye alors toute l'Europe, Pouchkine accorde une place importante dans ses poésies lyriques aux motifs politiques ; il rappelle les rois au respect de la loi, s'insurge contre le servage, et rêve de voir son nom gravé sur les ruines du despotisme. Son attitude provocante — il va jusqu'à paraître au théâtre avec le portrait du meurtrier du duc de Berry — et la divulgation de ses vers séditieux attirent l'attention de la police : en 1820, Pouchkine est muté en Bessarabie. Cet exil a son bon côté : il arrache Pouchkine à la vie trépidante de la capitale, et lui ouvre des horizons nouveaux. Mais, à peine débarqué à Ekatérinoslav, prétextant un refroidissement, il reçoit de son supérieur, le bon et tolérant Inzov, la permission d'aller prendre les eaux du Caucase avec la famille du général Raïevski. Il découvre la nature sauvage et sublime des cimes caucasiennes, les côtes pittoresques de la Crimée, les peuples encore primitifs. Ses amis, Alexandre, Nicolas et surtout Hélène Raïevskaïa, l'initient à Chénier qui sera la dernière influence française sur son œuvre, et à Byron, dont la marque, bien que profonde, ne sera pas de longue durée. De ces impressions diverses, auxquelles s'ajoute un amour mystérieux (on a parlé de Marie Raïevskaïa, mais rien n'est moins sûr), naissent plusieurs œuvres importantes : *Le Prisonnier du Caucase* (*), *La Fontaine de Bakhtchisaraï* (*), *Les Frères brigands* [*Brat'ja razbojniki*], et de nombreuses poésies lyriques.

Dans la cosmopolite et orientale Kichinev, où, en septembre 1820, il rejoint Inzov, Pouchkine se lance à nouveau dans le tourbillon d'une vie intense et déréglée, les parties de cartes alternant avec les intrigues amoureuses et les duels. Il ne s'est guère assagi : de cette époque datent de nombreux vers licencieux et *La Gabriéliade* (*), parodie blasphématoire, dans le style de *La Pucelle d'Orléans* (*) de Voltaire, du dogme de l'immaculée conception du Christ. Plus tard, le poète reniera totalement ce péché de jeunesse. La politique le passionne : il s'enflamme pour la cause de l'indépendance hellène, s'affilie à la loge maçonnique locale, l'une des plus avancées de Russie... En été 1823, las de la « boue moldave », Pouchkine obtient sa mutation à Odessa, où il retrouve une société cultivée. Il étudie Goethe, Shakespeare et *La Bible* (*), amorce *Les Tziganes* (*) et compose les deux premiers chapitres d'*Eugène Onéguine*, qui ne doit plus à Byron que sa forme, inspirée de *Beppo* (*). Sa passion pour la femme d'un riche négociant odessite, Amélie Firsnitch, sera l'un des amours les plus durables de sa jeunesse. Simultanément, poussé par son rival et mauvais génie, Alexandre Raïevski, il courtise la femme de son nouveau supérieur, la comtesse Vorontsov. Vorontsov cherche à se débarrasser de son attaché indiscipliné. Une lettre interceptée, dans laquelle Pouchkine se vantait de prendre des leçons « de pur athéisme », sert de prétexte au gouvernement pour exiler de nouveau le poète, cette fois dans le domaine maternel de Mikhaïlovskoïé, dans la province de Pakov.

Ce nouvel exil, bien que comportant des aspects assez blessants pour Pouchkine – son père est chargé de surveiller sa correspondance –, est encore plus bénéfique que le premier. Si son séjour dans le Sud lui avait permis d'élargir le champ de ses impressions, les deux années de solitude à Mikhaïlovskoïé, lui donnent l'occasion de faire retour sur lui-même et de se retremper aux sources mêmes de l'âme nationale russe. Cette période, relativement courte (1824-26), est à juste titre considérée comme décisive pour l'évolution spirituelle du poète. Après le départ de ses parents, il n'a pour toute société que sa vieille « niania », Arina Rodionovna, qui, des soirées entières, le captive et l'enchante par ses récits populaires. Sa journée est partagée entre les promenades à cheval ou à pied, la lecture – dans ses lettres il réclame à grands cris des livres à ses amis de Saint-Pétersbourg – et le travail. Sa solitude est égayée par les visites de quelques amis et par le voisinage de la propriétaire du domaine de Trigorskoïé, Prascovie Osipova, qui, avec ses deux fils, ses quatre filles et sa nièce, A. P. Kern, inspiratrice d'une des plus belles poésies lyriques de Pouchkine, offre un havre réconfortant au poète. Il aime aussi fréquenter le prêtre du village, homme simple s'il en fut ; le dimanche il se rend souvent au monastère de Sviatogorsk, où, habillé en homme du peuple, il se mêle à la foule des paysans et prête une oreille attentive aux cantiques spirituels chantés par les mendiants. En décembre 1824, après avoir achevé *Les Tziganes* et le troisième chapitre d'*Eugène Onéguine*, il s'attelle à *Boris Godounov* (*), qui est à la fois le drame d'un homme et de tout un peuple. Si Karamzine, les vieilles chroniques et les vies de saints lui donnent la matière du drame, Shakespeare, qu'il oppose à Byron et aux classiques français, lui permet d'en fixer la forme.

Ni les charmes de la campagne, auxquels il est très sensible, ni le sentiment d'avoir produit une œuvre de grande portée ne peuvent apaiser son désir de retrouver ses amis et la vie active de Saint-Pétersbourg. Il n'a pas vingt-sept ans et son exil dure depuis cinq ans. Plusieurs démarches auprès de l'empereur échouent. Excédé, il en vient à faire des projets fantaisistes de fuite à l'étranger. La révolte du 14 décembre 1825 lui apporte des inquiétudes – parmi les conspirateurs il compte de nombreux amis –, mais aussi l'espoir d'un changement. Pur de toute complicité, il adresse au nouveau souverain, Nicolas Ier, plusieurs requêtes, promettant de garder pour lui ses opinions religieuses et politiques quelles qu'elles soient. En septembre 1826, un gendarme vient le chercher à Mikhaïlovskoïé et le convoie jusqu'à Moscou, mais c'est pour lui rendre la liberté. L'empereur le reçoit « de la manière la plus aimable » et décide d'être le premier critique et l'unique censeur de ses œuvres. De cette entrevue datent les rapports personnels de Pouchkine avec le nouveau souverain, rapports complexes, souvent pesants pour le poète, mais empreints de franchise et fondés sur une estime et une amitié réciproques. Peu de temps avant sa mort, malgré d'amères désillusions, Pouchkine pourra dire encore qu'il est « personnellement attaché de cœur à l'empereur ». Ce dernier plus d'une fois viendra en aide au poète et le tirera de situations embarrassantes. Si Pouchkine échappe aux tracas de la censure, il doit désormais compter avec la surveillance discrète mais continuelle de la police, et traiter des affaires littéraires avec le chef des gendarmes, le comte Benkendorff, fonctionnaire honnête et poli, mais borné et sourd à la poésie. Toutefois, jamais Pouchkine n'eut à courber l'échine ou à faire œuvre de poète de cour. C'est avec une sincérité égale qu'en 1826 il dédie des stances à Nicolas Ier et salue ses amis décembristes exilés en Sibérie. Si certaines de ses poésies ont tardivement vu le jour, sa liberté intérieure a toujours été préservée.

La société moscovite accueille Pouchkine avec chaleur. Lorsqu'il paraît au théâtre, tous les yeux se tournent vers lui... Il est adopté par le cercle des jeunes amateurs de la métaphysique allemande, les « lioubomudry », et collabore activement à leur revue, *Le Messager de Moscou* [*Moskovskih vestnik*]. Mais la vie mondaine n'a plus autant d'attrait pour lui : il n'a pas passé deux mois à Moscou qu'il regagne de son propre gré Mikhaïlovskoïé, où il écrit son premier essai en prose, *Le Maure de Pierre le Grand* (*), roman historique resté inachevé. Désormais chaque automne, saison particulièrement propice à son inspiration, le verra à la campagne. En 1827, il reçoit l'autorisation de séjourner à Saint-Pétersbourg : il y loge à l'hôtel, reprend un genre de vie dissipé, perdant d'importantes sommes au jeu. En 1829, il écrit d'un jet, en moins de quinze jours, *Poltava* (*), remarquable poème qui introduit l'Ukraine dans la littérature russe et chante la gloire de Pierre le Grand. Mais un sentiment de lassitude s'empare du poète. Dans ses poésies lyriques revient à plusieurs reprises le thème de la repentance. Sa vie trop libre et trop aventureuse lui pèse... « Je n'ai pas de but devant moi, mon cœur est vide, mon esprit inoccupé », écrit-il le jour de son vingt-neuvième anniversaire. Le cercle de ses amis se restreint. Il pense trouver un refuge dans le mariage. En 1826, déjà, il a brigué sans succès la main de Sophie Pouchkina, une parente éloignée, célèbre pour sa beauté. Sa tentative auprès de Mlle Olénina semble avoir subi le même sort. Il voue à Catherine Ouchakova une passion tendre et sincère, mais hésite à lui faire des propositions. À la même époque, il triomphe de la vertu facile d'Anna Kern et entretient une brève liaison avec la femme d'un officier de haut rang, la comtesse Zakrevska. En 1829, il est subjugué par la beauté rare et parfaite d'une jeune fille de seize ans, Nathalie Gontcharova. Sa demande en mariage n'est pas repoussée, mais ajournée. Alors, pour tromper sa déception, il part brusquement, sans en demander la permission, au Caucase rejoindre l'armée en lutte avec les Turcs. Il rapporte de cette fugue quelques belles poésies et une courte relation, le *Voyage à Erzéroum* [*Putešestviev Arzrum*] qui compte parmi les plus parfaites de ses pages en prose. Revenu à Moscou, il est de nouveau accueilli froidement par les Gontcharov qui hésitent à accorder leur fille à un poète sans grandes ressources et qu'ils croient suspect au gouvernement. L'empereur les rassure et autorise la publication de *Boris Godounov* qui procure à Pouchkine un revenu substantiel. En mars 1830, Pouchkine est officiellement fiancé. Mais les exigences de sa future belle-mère amènent de violentes disputes, et c'est sur une véritable rupture qu'en août de la même année Pouchkine part pour Boldino, propriété paternelle dont une partie doit lui échoir à l'occasion de son mariage. Une épidémie l'y retient plus longtemps qu'il ne l'aurait voulu. L'automne, la campagne, la solitude, le sentiment d'être à un tournant de sa vie ont fait de ces trois mois passés à Boldino une époque de création prodigieuse. Pouchkine peut se vanter de rapporter à Moscou les deux derniers chapitres d'*Eugène Onéguine*, un poème de quatre cents vers, *Une maisonnette à Kolomna* [*Domik v Kolomne*], quatre petites tragédies, genre absolument nouveau et propre à Pouchkine, cinq nouvelles en prose, *Les Récits de Belkine* (*), et une série de poésies lyriques. Ce qui frappe dans cette production, ce n'est pas seulement la quantité, pourtant extraordinaire, mais aussi la diversité des genres et surtout la perfection de chaque œuvre. Sa pensée se condense. Son vers allie la puissance à une harmonie légère et transparente. Pouchkine atteindra encore les mêmes sommets, mais ne se surpassera plus. Revenu à Moscou en décembre, il se réconcilie avec les Gontcharov. Son mariage est célébré le 18 février 1831. Peu de temps après, il écrit à un ami : « Je suis heureux. Mon seul désir est que rien ne change dans ma vie. » Seule la mort prématurée de son ami, le poète Delvig, assombrit son bonheur. Les jeunes mariés s'installent d'abord à Tsarskoïé-Sélo, à l'ombre du lycée, puis à Saint-Pétersbourg. Sa proposition d'écrire l'histoire de Pierre le Grand et de ses successeurs est acceptée en haut lieu. Il reçoit, avec l'accès aux archives, une pension « pour faire aller sa marmite », selon l'expression de l'empereur. Rivalisant avec Joukovski, il aborde un genre nouveau, le conte populaire. Son premier essai, le *Conte du tsar Saltan* – v. *Tsar Saltan* (*) (1831) –, est un chef-d'œuvre. Sa tendance vers l'expression objective et le dépouillement le conduit à délaisser la poésie au profit de la prose. En 1832, il laisse dans ses brouillons un roman à peine achevé et qui ne verra le jour que quatre ans après sa mort, *Doubrovski* (*). En janvier 1833, Pouchkine est élu membre de l'Académie russe, présidée par un conservateur ultra, le vieil amiral A. Chichkov, et composée de nombreux ecclésiastiques. Cette élection reflète l'évolution spirituelle du poète, amorcée dès 1823. En politique, il est le type même du conservateur libéral, mais son conservatisme s'accentue : il considère la monarchie comme un facteur progressiste en Russie, et accuse les Romanov d'être trop révolutionnaires. Le chantre de la liberté se double d'un poète de l'Empire. En religion il ne peut plus dire comme jadis « mon cœur est matérialiste mais ma raison s'y refuse », car sa raison et son cœur s'accordent dans une mystique sobre et retenue. En littérature, il se rallie partiellement aux vues du réactionnaire Chichkov, accordant une place dominante aux slavonismes et aux expressions populaires aux dépens du langage policé et francisé des salons.

En été 1833, il entreprend un voyage dans les provinces de l'Est, pour recueillir sur place les matériaux indispensables à une *Histoire de la révolte de Pougatchev* [*Istorija pugačevskago bunta*] (pour laquelle il a abandonné ses études sur Pierre le Grand) et au roman « à la Walter Scott » qu'il projette de situer à la même époque. Sur le chemin du retour, il s'arrête à Boldino, et là, dans la solitude, il sent à nouveau le souffle sacré. En moins de six semaines, il achève le *Conte du pêcheur et du petit poisson* [*Skazka o rybake i rybke*], celui de *La Princesse morte et des sept preux* [*Skazka o mertvoj carevne i o semi bogatyrjah*], les poèmes *Angelo* (+) et *Le Cavalier de bronze* (*), la préface à l'*Histoire de la révolte de Pougatchev*, et le premier brouillon de *La Fille du capitaine* (*). Revenu à Saint-Pétersbourg, Pouchkine est absorbé par la vie mondaine de la capitale où la beauté de sa femme fait sensation. Pour pouvoir inviter cette dernière aux bals de la cour, l'empereur confère au poète au début de 1834 la dignité de « gentilhomme de la chambre », privilège des jeunes aristocrates, que Pouchkine ressent comme une humiliation et une nouvelle contrainte. L'atmosphère de médisance, d'intrigues, d'hypocrisie qui règne à la cour l'écœure. En juin, n'y tenant plus, il donne sa démission. L'empereur, piqué au vif, l'accepte, mais refuse à Pouchkine l'accès aux archives. Force lui est de se soumettre. L'année 1834, presque entièrement occupée aux besognes historiques, ne verra sortir de la plume de Pouchkine qu'une petite nouvelle, *La Dame de pique* (*), l'un de ses chefs-d'œuvre les plus universellement connus.

Pouchkine n'aspire plus qu'à s'évader de Saint-Pétersbourg, non seulement pour couper court aux folles dépenses entraînées par la vie dans la capitale (il a soixante mille roubles de dettes), mais pour échapper à la vanité et à la petitesse de la société. « Il est temps, mon amie, il est temps, le cœur veut le repos », écrit-il dans une poésie dédiée à sa femme ; et il ajoute, en prose, ces mots qui sont tout un programme : « O quand vais-je transporter mes pénates à la campagne ! Champs, jardin, paysans, livres, travaux poétiques, famille, amour. Religion, mort. » Mais deux personnes s'opposent à l'exécution de ce programme. L'empereur, qui ne veut pas voir les bals de la cour privés d'une des beautés les plus admirées de Saint-Pétersbourg, et Nathalie Pouchkine, plus soucieuse de l'admiration qu'elle suscite que des aspirations intérieures de son mari. En octobre 1835, Pouchkine, laissant sa femme et ses trois enfants, part seul passer l'automne à Mikhaïlovskoïé. Mais l'inspiration ne vient pas, car son cœur n'est pas en repos, et c'est sans avoir écrit une seule ligne qu'il quitte brusquement la campagne, appelé à Moscou par la maladie de sa mère. Les premiers mois de l'année 1836 lui apportent un chagrin, la mort de sa mère, dont il n'a pas eu le temps d'apprécier la tardive tendresse, et une bonne nouvelle, l'autorisation de publier une revue littéraire. La collaboration de Joukovski, Viazemsky, Krylov, Gogol, Tioutchev fait du *Contemporain* [*Sovremennik*] le meilleur organe de l'époque... À la fin de l'année, les nuages s'amoncellent autour de lui... Sa susceptibilité et sa nervosité deviennent maladives et le mettent à plusieurs reprises à la veille de duels. Sa femme, insouciante, est flattée par les assiduités équivoques d'un émigré français de vingt-quatre ans, Georges d'Anthès, fils adoptif du ministre des Pays-Bas en Russie, le baron de Heeckeren. En novembre, Pouchkine reçoit une lettre anonyme le nommant « grand maître de l'ordre des cocus ». Sûr de l'innocence de sa femme, mais atteint dans son honneur, Pouchkine envoie sur-le-champ un cartel au baron de Heeckeren qu'il soupçonne d'être l'auteur de la lettre. Joukovski évite l'irréparable : le ministre des Pays-Bas assure que les assiduités de son fils visaient non pas Nathalie Pouchkine, mais la sœur de celle-ci, Catherine Gontcharov. Et de fait, peu de temps après, d'Anthès obtient la main de la belle-sœur de Pouchkine. Mais son attitude envers la femme du poète demeure ambiguë et provocante. Le 26 janvier 1837, Pouchkine adresse à Heeckeren une lettre l'accusant des pires incitations et le sommant d'arrêter le « manège » du « lâche » et du « chenapan » qu'est son fils.

Cette fois le duel ne peut être évité. Pouchkine mise sur sa dernière carte. Vainqueur, il sera contraint de se retirer à la campagne ; vaincu, la mort le libérera de la société où il étouffe. Le 27 janvier, dans l'après-midi, les deux adversaires se rencontrent à la Rivière noire, près de Saint-Pétersbourg. D'Anthès tire le premier et blesse le poète au ventre. Pouchkine s'affaisse, puis se relève et tire à son tour, atteignant son rival au bras. La blessure de Pouchkine est mortelle. Ramené chez lui, il exige des médecins la vérité et accueille la sentence avec calme. Il rassure et innocente sa femme, bénit ses enfants, envoie dire à d'Anthès qu'il lui pardonne, apaise le désir de vengeance de ses amis. « Paix, paix », dit-il. Ses douleurs sont atroces, il les supporte avec courage. L'empereur lui envoie un billet lui conseillant de mourir en chrétien et le rassurant sur le sort de sa famille qu'il prend sous sa protection. Le vieux prêtre venu administrer les sacrements déclare que jamais il n'a vu une telle élévation d'âme. Ses nombreux amis, restés à son chevet, sont frappés par la paix et la lumière qui se dégagent du mourant. Le 29 janvier, après trois jours d'agonie, Pouchkine expire. Sa mort est ressentie comme un deuil national. Cinquante mille personnes de toutes conditions défilent devant son cercueil. Le gouvernement, craignant des manifestations, prend des mesures : un seul ami est autorisé à accompagner la dépouille mortelle du poète au monastère de Sviatogorsk. Gogol, qui apprend la nouvelle à l'étranger, exprime le sentiment général des amis et des admirateurs de Pouchkine en écrivant : « Le grand homme n'est plus. Toute ma vie est empoisonnée [...] Je ne puis exprimer la centième partie de ma douleur. Toute la joie de ma vie, ma joie suprême a disparu avec lui. »

De son vivant, Pouchkine a eu une influence déterminante sur ses contemporains : il a été l'étincelle qui a suscité une pléiade de poètes et d'écrivains. Son nom est le symbole de toute une époque. Après sa mort, sa grandeur a fait sa solitude : Pouchkine n'a pas eu d'école, car il est au-dessus de toute école, mais, consciemment ou non, tous les écrivains ont suivi la voie tracée par son génie. Il est assez malaisé en quelques mots d'embrasser son œuvre et de définir l'originalité de son art. Pour Pouchkine, tout a été prétexte à poésie, et rien en particulier. Il a fait écho à tous les temps et à tous les pays. Espagnol dans *Le Convive de pierre* (*), anglais dans *Le Festin au temps de peste* [*Pir vo vremja čumy*], Pouchkine a été européen parce que profondément russe, et totalement russe parce que européen. L'homme et la nature sont représentés chez lui dans toute leur étendue, du sublime jusqu'au trait le plus insignifiant. L'histoire de sa vie est tout entière dans son œuvre et pourtant elle est invisible. Nul plus que Pouchkine ne s'est effacé pour faire place au seul poète. Il s'est exprimé dans tous les genres, et dans chacun d'entre eux il a atteint d'emblée la perfection. Ni tâtonnements ni redites. Chaque pièce jaillit de sa plume absolument neuve. Aucun poète n'a eu au même degré le don d'exprimer en peu de mots tout le sujet. Le plus concis des écrivains français, Mérimée, désespérait de rendre la concision de la prose de Pouchkine et affirmait que seul le latin pouvait traduire celle de sa poésie. Une courte poésie chez Pouchkine n'a pas moins de valeur qu'un long poème. Quelques scènes lui suffisent à créer un nouveau *Don Juan* — v. *Le Convive de pierre* —, un dialogue, à exprimer l'idée essentielle de *Faust*... La plus longue de ses œuvres, *Eugène Onéguine*, embrasse la vie russe dans sa totalité. Cette concision est au service de la simplicité la plus pure et de la vérité la plus dépouillée, mais sublimées par la poésie. Aucune emphase, aucune éloquence : poésie pure, musique des êtres et des choses. Ces traits originaux du génie pouchkinien rendent la magie de ses poésies et même de sa prose intraduisible. C'est pourquoi Pouchkine est mal connu en dehors de la Russie et d'un groupe restreint de slavisants, et qu'il n'occupe pas encore dans la littérature mondiale la place qui lui revient.

NIKITA STRUVE.

♦ *« L'homme le plus intelligent de Russie. »* Nicolas Ier. ♦ *« Personne ne remplacera Puszkin. Il n'est pas donné à un pays de produire plus d'une fois un homme qui réunit à un si haut degré les qualités les plus diverses et qui semblent s'exclure mutuellement. »* Adam Mickiewicz. ♦ *« Le nom de Pouchkine est pour nous synonyme de poète national russe. En effet, aucun des poètes russes ne lui est supérieur et ne peut être plus justement appelé national : ce droit sans conteste lui appartient. En lui, comme dans un dictionnaire, est contenue toute la richesse, la puissance et la souplesse de notre langue. Plus que tout autre il a écarté ses limites et montré son étendue. Pouchkine est une manifestation extraordinaire, peut-être l'unique manifestation de l'esprit russe : c'est l'homme russe dans son développement final, tel qu'il apparaîtra peut-être dans deux cents ans. En lui la nature russe, l'âme russe, la langue russe, le caractère russe sont reflétés avec la pureté, la beauté épurée, avec lesquelles un paysage se reflète sur la face convexe d'un verre optique. »* Gogol. ♦ *« Gogol a dit que Pouchkine est une manifestation extraordinaire, peut-être l'unique manifestation de l'esprit russe. Et prophétique, ajouterai-je pour ma part. »* Dostoïevski. ♦ *« Il a créé notre langue poétique, notre langue littéraire et il ne reste plus à nous et à nos descendants qu'à suivre la voie tracée par son génie... "Votre poésie, me dit un jour le célèbre écrivain français Mérimée, admirateur de Pouchkine au point de le déclarer le plus grand poète de son temps, vise d'abord à la vérité ; la beauté vient ensuite d'elle-même... La poésie de Pouchkine naît spontanément, miraculeusement, de la plus sobre prose..." Il le comparaît aux Grecs pour l'équilibre de la forme et du fond (images et sujet), l'absence de toute interprétation, de toute déduction morale. »* Tourgueniev. ♦ *« Je trouve que la phrase de Pouchkine est toute française, j'entends française du* XVIIIe *siècle, car on écrit plus simplement aujourd'hui... S'il fallait résumer en quelques mots le caractère des poèmes de Pouchkine, il faudrait noter la simplicité de la composition, la sobriété des détails et surtout le tact exquis qui les fait choisir. »* Mérimée. ♦ *« Pouchkine est notre amour et notre joie. Il pénètre dans notre âme, se confondant avec elle, comme la prière de l'enfant, la caresse d'une mère, comme l'enfance dorée, la jeunesse ardente, la sagesse de l'âge mûr. Il est l'air que nous respirons, nous le portons en nous, il vit en nous plus que nous n'avons conscience, comme vit en nous notre patrie avec sa profondeur insondable et son mystère inviolé, et non seulement la poésie de Pouchkine, mais le poète lui-même. Pouchkine est une manifestation merveilleuse de la Russie, en quelque sorte son apothéose. »* Serge Boulgakov. ♦ *« Pouchkine était appelé à devenir la vivante révélation du secret de la poésie en Russie... Il eut pour mission de conquérir, de donner pour toujours à la terre russe la poésie comme un art. La société russe prit conscience d'elle-même dans le poème d'*Eugène Onéguine. *Pour la première fois peut-être, mais quel pas en avant !... Ce pas avait une ampleur gigantesque, et dès lors la stagnation devenait impossible. »* Bielinski.

RÉF. : Émile Haumant, *Pouchkine*, Paris, 1911. — Modeste Hofmann, *Pouchkine*, Paris, 1931. — Numéro spécial de la *Revue de littérature comparée*, Paris, janvier-mars 1937. — Henri Troyat, *Pouchkine*, Paris, 1946, 1976. — M. et R. Hofmann, *Pouchkine et la Russie*, 1947 ; *Le Drame de Pouchkine*, Paris, 1948. — André Meynieux, *Pouchkine*, Paris, 1962.

– Jean-Louis Backès, *Pouchkine*, Paris, 1966. – A. Tertz (Siniavski), *Promenades avec Pouchkine*, Paris, 1976. – Ju. Tynianov, *La Jeunesse de Pouchkine*, Paris, 1980. – Marina Tsvetaïeva, *Mon Pouchkine*, Paris, 1987. – Numéro spécial de la *Revue des études slaves*, t. 59 (1-2), Paris, 1987.

POULAILLE Henri. Romancier français. Né à Paris le 5 décembre 1896, mort à Cachan en 1980. Après l'école communale de la rue Lacordaire, il devient garçon de courses chez un pharmacien (1911) puis préparateur en pharmacie (1914). Il pratique ensuite quantité de métiers – crieur de journaux, homme-sandwich, manœuvre, secrétaire dans un hôpital (1919-1921) – avant de devenir secrétaire chez Bernard Grasset (1923), puis directeur du service de presse de cet éditeur (1925-1960). Il anima plusieurs revues qui prétendaient s'adresser aux ouvriers (*Nouvel âge*, 1930, *Prolétariat*, 1933). Il fut directeur de la page littéraire du *Journal du peuple* (1926).

On lui doit de nombreux romans à caractère populiste : *Ils étaient quatre,* (1925), *Le Pain quotidien* (*) (1910), *Les Damnés de la terre* (*) (1935), *Les Rescapés* (*) (1938) ainsi qu'une étude sur *Charles Chaplin* (1927) et des livres pour enfants.

POULENC Francis. Compositeur français. Né et mort à Paris (7 janvier 1899 -31 janvier 1963). Passionné de musique dès sa plus tendre enfance, il sera néanmoins en grande partie autodidacte : il se perfectionne, non pas dans l'enseignement officiel, mais auprès de Ricardo Viñès pour le piano, et de Charles Koechlin pour la composition. Très jeune, il a assimilé Mozart, Chopin, Schubert – musiciens chez qui la sensibilité prime la spéculation formelle : plus tard s'y ajouteront Chabrier, Moussorgski, Couperin, Scarlatti, Ravel, Debussy. Mais il reçoit le choc du *Sacre du printemps* (*) et de sa rencontre avec Satie, découvrant ainsi les vertus de la simplicité, voire de la banalité en même temps que du trait juste. Ses premières œuvres sont très marquées par cette double influence : *Rhapsodie nègre* (1917 – il n'a que dix-huit ans), *Mouvements perpétuels* (*) pour piano (1919), *Le Bestiaire* (*), d'après Apollinaire (1919). Ces dernières mélodies révèlent déjà en lui le grand amoureux de la voix humaine et le passionné de poésie, qui illustrera, outre Apollinaire, Max Jacob, Desnos, Louise de Vilmorin, et surtout Paul Éluard. En 1920, il est, avec Auric, le benjamin du « Groupe des Six » (en compagnie de Milhaud, Honegger, Durey, Tailleferre, sous la houlette de Cocteau), et écrit avec ses amis la musique des *Mariés de la Tour Eiffel* (*), spectacle de Cocteau (1921). Peu après, il se rend à Vienne, avec Darius Milhaud, pour y rencontrer Schoenberg, Berg et Webern. À Paris, il écrit un ballet, *Les Biches* (*), pour les Ballets russes de Serge de Diaghilev (1923). Dès lors, il vit exclusivement comme compositeur, et accompagne les récitals de mélodies de son ami Pierre Bernac. Également stimulé par le travail de ses amis peintres – Picasso, Braque, Matisse, Miró –, il produit une gerbe d'œuvres étincelantes, tour à tour canailles et charmeuses, tendres et cocasses. On a appelé « période fauve » cette époque qui, jusqu'en 1936, voit paraître le *Concert champêtre* (*), pour clavecin et orchestre (1928), *Aubade*, concerto chorégraphique pour piano et dix-huit instruments (1929), *Le Bal masqué* (*), cantate d'après Max Jacob (1932). C'est le Poulenc faubourien et mondain, antisublime, volontiers pasticheur, inventif, poète et impertinent, écrivant de la musique comme le pommier produit des pommes – veine qui ne s'épuisera pas lorsque d'autres courants traverseront son œuvre. En 1936, il retrouve la foi catholique à la suite d'un pèlerinage à Rocamadour. Désormais, toute une partie de sa production sera d'inspiration religieuse, dans un caractère dépouillé, d'abord, « roman » – *Litanies à la Vierge noire* (1936), *Messe a cappella* (*) (1937), *Motets pour un temps de pénitence* (1939), à quoi il faut rattacher les mélodies *Tel jour, telle nuit* (Éluard, 1937), *Sécheresses* (Edward James, 1937) et le *Concerto pour orgue, orchestre à cordes et timbales* (1938). Son style religieux évoluera vers la pompe versaillaise du *Stabat Mater* (1950) ou du *Gloria* (1959), et vers l'expression dramatique des *Dialogues des carmélites* (*), opéra d'après Bernanos (1956). C'est que son amour pour la voix humaine s'exprime dans un autre registre que la mélodie ou le motet, celui du théâtre, avec deux autres ouvrages qui sont de rares réussites d'intelligence, de goût et de sensibilité : *Les Mamelles de Tirésias* (*), opéra bouffe d'après Apollinaire (1944) et *La Voix humaine* (*), monodrame sur un texte de Cocteau (1958). Musicien ignorant les problèmes formels, il est peu attiré par le développement d'école et lui préfère la spontanéité de l'instant – et cela jusque dans sa musique de chambre (*Sonates* pour divers instruments, *Trio, Sextuor*). Son imagination sans cesse en éveil, sa veine lyrique intarissable, la séduction et la facilité de sa plume, son élégance aussi trouvent leur terrain d'élection dans les nombreuses mélodies qui jalonnent sa vie, et dans lesquelles il éclaire subtilement les mots de ses poètes de prédilection : *Cocardes* (Cocteau, 1919), *Chansons villageoises* (Fombeure, 1942, *Calligrammes* (Apollinaire, 1948), *La Fraîcheur et le Feu* (Éluard, 1950), *Le Travail du peintre* (Éluard, 1956). Dans les œuvres pour piano enfin, instrument dont il jouait à ravir, il se refusa toujours à la grande composition pour se limiter à de petites pages, comme improvisées, où brille ce merveilleux don de séduction qui reste la dominante de son art. Il a néanmoins laissé un *Concerto pour piano* (1949) et un *Concerto pour deux pianos* (1932). Poulenc a écrit également une biographie de Chabrier (Paris,

1961), et *Journal de mes mélodies* (+) (Paris, 1964).

GILLES CANTAGREL.

RÉF. : – Claude Rostand, *Entretiens avec Francis Poulenc*, Paris, 1954. – Henri Hell, *Francis Poulenc, musicien français,* Paris, 1958 ; nouvelle édition, 1978. – Francis Poulenc, *Correspondance, 1915-1963*, Paris, 1967. – Jean Roy, *Poulenc*, Paris, 1964. – Pierre Bernac, *Poulenc et ses mélodies*, Paris, 1978. – G. R. Keck, *Francis Poulenc*, Londres, 1990.

POULET Georges. Critique littéraire belge d'expression française né à Chênée (province de Liège) le 29 novembre 1902 ; mort à Bruxelles le 31 décembre 1991. Une longue et cosmopolite carrière universitaire le mènera, après des études à Liège, des universités d'Édimbourg, de Baltimore (1952) et de Zurich (1956), jusqu'à celle de Nice (à partir de 1968). À vingt-deux ans, il fait une thèse sur *Les Relations entre les personnages dans le roman balzacien* (inédite), en 1927 il publie son seul et unique roman *La Poule aux œufs d'or,* mais ce n'est qu'en 1949, avec la publication du premier volume de sa tétralogie, *Études sur le temps humain* (*), que débute véritablement sa carrière. Le temps n'est pas pris comme thème des œuvres étudiées mais, plus profondément, comme le substrat sur lequel elles s'établissent, l'impulsion créatrice à l'origine de leur développement. Rechercher cette impulsion à travers les œuvres qui la mettent en forme, c'est aller à la rencontre d'une « conscience autre » que l'acte de lecture tentera d'épouser au plus intime d'elle-même. Philosophiquement la thèse est proche de celle de Bergson, mais c'est avant tout en Jacques Rivière ou Charles Du Bos qu'il se reconnaîtra. Parallèlement à ces recherches sur le temps paraissent *Les Métamorphoses du cercle* (*) (1961). L'espace, autre dimension essentielle de notre appréhension des phénomènes, semble se substituer au temps, mais c'est « l'espace subjectif », celui dans lequel évoluent des consciences et celui qu'elles font leur à travers leurs œuvres qui est pris en compte. Pascal, Balzac, Flaubert, Baudelaire, Mallarmé sont ici lus à nouveau à partir de la façon dont ils « se représentent ce qu'il y a de plus intime en eux, c'est-à-dire le sentiment de leurs relations avec le dedans et le dehors, leur conscience de l'espace et de la durée. » En 1963 paraît *L'Espace proustien* (*) dont le titre semble prendre le contre-pied du bergsonisme supposé de l'auteur de la *Recherche.* « À la mauvaise juxtaposition, à l'espace intellectuel, condamné par Bergson, s'opposent une bonne juxtaposition, un espace esthétique, où, en s'ordonnant, les moments et les lieux forment l'œuvre d'art, ensemble remémorable et admirable. » *Trois essais de mythologie romantique* paraissent en 1966 où est analysée la façon dont certains auteurs romantiques (Nerval, Gautier...) ont créé l'espace de déploiement de leurs écrits à partir de thèmes déjà donnés par la culture. Ce qui importe au critique ce n'est pas de repérer les thématiques objectives mais de descendre jusqu'au lieu où leur reprise par une conscience libre se métamorphose en un « univers imaginaire » singulier. Georges Poulet, dont on a pu faire le père de la « nouvelle critique », ne peut donc être assimilé à un « formaliste » : l'écrivain n'est pas le lieu traversé par « la grande écriture mythique où l'humanité essaie ses significations » (Roland Barthes). La critique à la recherche des « actes de pensée » où prennent source les œuvres va s'efforcer par un mouvement de « sympathie identificatrice » de « redécouvrir le sens d'une vie qui s'origine à partir de la conscience qu'elle prend d'elle-même. » *La Conscience critique* (1971) et *Entre moi et moi* (1977) expliciteront la façon dont le critique devra tendre à retrouver « l'acte par lequel l'esprit, pactisant avec son corps et avec celui des autres, s'est uni à l'objet pour s'inventer sujet ». La lecture par laquelle la « conscience critique » va jusqu'à la conscience écrivante incarnée dans et par l'œuvre ne cherche pas à identifier, pour les classer après les avoir répertoriés, des thèmes (psychosociologiquement repérables), mais à épouser, à même l'acte de son surgissement, un « cogito ». Lire, c'est aller au commencement, « se hausser jusqu'à la saisie directe d'une subjectivité sans objets ». Démarche aux confins de la phénoménologie et de l'herméneutique qui tend à outrepasser le simple subjectivisme psychologique pour nous plonger au « centre » de « consciences monadiques » qui, par essence, échappent à toute prise en vue de survol (extérieure) ainsi qu'à toute identification empathique. C'est cette démarche qui préside à toute l'entreprise de lecture de Georges Poulet que la dernière phase de ses travaux va déployer et essayer sur de nombreux auteurs. En 1968 paraît un *Benjamin Constant par lui-même,* en 1980, dans *La Poésie éclatée,* Rimbaud, entre autres, fera l'objet d'analyses où le projet se ramifie ; enfin, en 1985, 1987 et 1989 paraissent les trois volumes de *La Pensée indéterminée* qui rassemblent une somme considérable de lectures (près de deux cents auteurs) qui vont de la Renaissance à nos jours (Beckett, Blanchot, Barthes...). Le « je » de l'écrivain, ce qu'il est de plus intime, doit pour parvenir à lui-même sortir du chaos originel et indéterminé, et ainsi, par une « manifestation concrète indubitable » retrouver l'espace anonyme où les autres consciences pourront le recevoir. L'acte de lecture est donc fondamentalement un acte de (re)connaissance.

FRANCIS WYBRANDS.

POUND Ezra. Poète américain. Né le 30 octobre 1885 à Hailey (Idaho), mort le 1er novembre 1972 à Venise. Après des études de langues romanes à l'université de Pennsylvanie et à Hamilton College, Pound enseigne un temps à Wabash College (Indiana), avant d'être renvoyé pour « immoralité ». Il quitte les États-Unis en 1908 et voyage en Espagne, en France et en Italie. De 1912 à 1919, à Londres, il est correspondant de la revue de poésie *Poetry* (*) (Chicago). En 1914, il fonde avec Wyndham Lewis la revue « vorticiste » *Blast* (*). En 1921, il quitte Londres pour Paris, où il est correspondant de la revue *The Dial* (1922). Trois ans plus tard, il quitte Paris pour s'établir en Italie, à Rapallo, où il fonde (1927) la revue *The Exile*. Il reste en Italie pendant toute la période de la guerre, assurant des émissions à la radio italienne, certaines de nature politique. Accusé de trahison, il est arrêté par l'armée américaine, en 1945, et enfermé dans une cage à Pise. Rapatrié, il est jugé inapte à se défendre et interné dans un hôpital psychiatrique, d'où il est libéré en 1958. Il retourne alors en Italie.

Il est difficile de fixer et de définir Pound, esprit errant et volatile par excellence. Dès son arrivée en Europe, il s'active. Il n'a que mépris pour le monde des lettres contemporain, à la seule exception de Yeats, dont il se permet néanmoins de corriger les poèmes afin de les « moderniser ». « Moderne », pour Pound, ne signifie pas antitradition, mais sens augmenté et renouvelé de la tradition : « Make it new » (faire nouveau) est son cri de guerre. Pound ne veut pas seulement renouveler les arts, mais la civilisation tout entière : « Très simple, ce que je veux, c'est une nouvelle civilisation. » Tout en travaillant lui-même comme vingt diables, il découvre et aide d'autres « horribles travailleurs ». C'est lui qui lance Eliot, avec *Prufrock* (*), et fait du manuscrit informe de *La Terre vaine* (*) le poème (dédié à Pound, « il miglior fabbro ») que nous connaissons. C'est lui qui prend en main James Joyce, publiant ses textes, lui envoyant de quoi se nourrir et se vêtir à un moment où lui-même est dans une situation financière désastreuse. Sa générosité envers d'autres artistes dont il estime le travail important est sans bornes, son ambition dépassant toute ambition personnelle : « Il est extrêmement important, dit-il, qu'une grande poésie soit écrite, peu importe par qui. » Lui-même dépense une très grande partie de son énergie en expérimentation et en recherches, voulant sortir à tout prix du « chaos actuel » et établir les fondements sur lesquels une grande poésie moderne (ou post-moderne) serait « possible ». Pound a une activité de pédagogue considérable. Il parle humoristiquement de lui-même comme de l'« Ezuversité » et, devant la faillite des institutions pédagogiques établies, il tente d'en créer des nouvelles : le « Paideuma Institute », par exemple. Une grande partie de sa correspondance est de nature pédagogique, et ses œuvres pédagogiques sont nombreuses. On peut citer dans ce contexte son *ABC de la lecture* (*) (1934) – ABC qu'il a fait aussi pour l'économie [*ABC of Economics,* 1933] – et *La Kulture en abrégé* (*) (1938). Précisons que, si Pound est pédagogue, c'est dans le sens le plus actif du mot, et qu'il n'a rien de l'esprit de lourdeur : son savoir est gai. Pound est à la recherche d'une forme, d'un ordre, d'une culture. Cette culture ne peut être nationale (Yeats, pourtant féru de nationalisme, allait finir par le comprendre) ; elle ne peut plus s'appuyer sur une Église (Eliot, pendant longtemps le compagnon d'armes de Pound, est l'objet de ses sarcasmes quand il devient pour lui « le Révérend ») ; et Pound ne se contente pas d'une culture personnelle. La culture ne peut plus être que mondiale, et c'est de par le monde entier, depuis la littérature des langues romanes – *L'Esprit des littératures romanes* (*) (1910) – jusqu'à la littérature extrême-orientale – traduction de *L'Anthologie classique chinoise* [*The Classic Anthology defined by Confucius,* 1954] qu'il va chercher les pièces d'un puzzle qu'il n'arrive jamais à bien composer – les *Cantos* (*) étant sa tentative majeure. Pound a son idée. Si Rimbaud a cherché la « lumière-nature », Pound cherche la « lumière-culture ». Car cette « lumière » (il l'appelle aussi le Paradiso, la Terre promise, l'Immaculata) a existé. En Chine notamment, grâce aux efforts des confucianistes ; et à l'époque de la Renaissance italienne. Pound rêve de la retrouver et de l'établir, dans un (nouveau) monde, à l'époque moderne. Cette époque est celle des restes, flottants, sans cohérence, d'une culture occidentale formée principalement par deux mouvements : la pensée philosophique grecque, que Pound accuse d'irresponsabilité totale ; et le christianisme, qu'il considère comme fondamentalement déséquilibré. Le résultat est un intellectualisme desséché, un marécage psychologique et une instabilité générale. L'œuvre de Pound s'inscrit contre cet état de choses. Elle commence très discrètement avec la publication, à Venise, d'une petite plaquette, *A Lume Spento* (1908). Quand le poète et romaniste Pound arrive à Londres, la littérature anglaise est à peine sortie de l'époque victorienne. Pour Pound, cela signifie flou, rhétorique, prolixité ; manque cette précision – cette présentation explicite qu'il prise chez un Arnaut Daniel ou un Guido Cavalcanti. Il recommande des modèles, multiplie les essais critiques, fonde l'école « imagiste » pour propager le culte de l'image définie contre tout ce qui est verbeux et vaguement symbolique. Et il continue à publier son œuvre : *Personae* (1909), *Canzoni* (1911), *Ripostes* (1912), *Lustra* (1916), *Quia pauper amavi* (1918), qui contient déjà trois *Cantos* et son *Hommage à Sextus Propertius* [*Homage to Sextus Propertius*]. Cette première « série » culmine avec la publication de *Hugh Selwyn Mauberley* (*) en 1920, où Pound se montre aux prises avec son époque, s'efforçant de « ressusciter l'art mort de la poésie ». Pound est passé maître aussi dans l'art de ressusciter d'anciens textes. Il l'a déjà fait pour la poésie anglo-saxonne, les troubadours et Propertius, et son travail de traducteur n'a jamais cessé.

Dès 1912, il est en possession des manuscrits d'Ernest Fenollosa (mort à Londres en 1908 après avoir passé une très grande partie de sa vie au Japon), et cela ouvre une nouvelle perspective dans ses activités. Les manuscrits de Fenollosa contenaient des brouillons de traductions faites d'après des poèmes chinois, notamment ceux de Li Po (Rihaku en japonais), et des pièces nô. Pound les reprend, les adapte. *Cathay* paraît en 1915, *Quelques pièces nobles du Japon* [*Certain Noble Plays of Japan*] en 1916. La culture extrême-orientale, en particulier celle de la Chine, va prendre une place de plus en plus grande dans son esprit. Il entreprend une nouvelle traduction des classiques confucéens, dans laquelle son intérêt pour la langue chinoise (il y voit une langue qui, à l'encontre des langues occidentales qui ont tendance à se perdre dans l'abstraction, procède par images concrètes) s'allie à son enthousiasme pour l'activité culturelle des « ju chia » (les lettrés confucéens). Il édite les notes de Fenollosa sur la langue chinoise et publie *Le Caractère chinois comme véhicule de la poésie* [*The Chinese Written Character as a Medium for Poetry*] en 1935. C'est de la langue chinoise qu'il déduit la « méthode idéogrammique » qui sera le principe d'organisation des *Cantos*. Cette méthode, qui s'oppose à la logique linéaire et discursive de l'aristotélisme, consiste à rassembler des éléments concrets, seul moyen de donner une image adéquate de la complexité du réel – sans idée préconçue : « Quant à la forme finale, attendez qu'elle soit là ; je n'ai pas de carte. » Et le long périple des *Cantos* commence. Les trente premiers paraissent en 1930. Dix ans plus tard, ils ont atteint le chiffre de 71. Ceux qu'il écrit à Pise – v. *Cantos pisans* (*) –, dans le camp d'internement, sont publiés en 1948 et reçoivent le prix Bollingen, après une des controverses les plus houleuses de la littérature américaine. La *Section Rock-Drill, 85-95 de los Cantares* paraît en 1955. Cette œuvre énorme, qui contient pêle-mêle à peu près tout ce qui passe par la tête de Pound : lectures, souvenirs, rencontres, le tout dans une langue polyglotte, est une des œuvres les plus significatives et symptomatiques de notre époque. L'énergie qu'il dépense à la composer, alliée à sa santé défaillante, fait que ce labeur laisse Pound dans un état de léthargie complète. Vers 1963, il dit : « Je suis dans l'incertitude totale. Je ne travaille plus. Je ne fais rien. Je contemple les choses. » Les dernières années de Pound sont marquées d'un silence terrible. En 1968 paraissent les « esquisses et fragments » des derniers *Cantos* qu'il envisageait d'écrire : *Drafts and Fragments : Cantos 111-117.* On lit des bribes de phrases comme celles-ci : « vers la limpidité, voilà l'exultation » ; « du naufrage du temps, ces fragments » ; « je n'arrive pas à la cohérence » ; « un joli petit paradis au-dessus du gâchis » ; « tout cohère, je vous dis, même si mes notes ne cohèrent pas » ; « lumière pure, nous te supplions ; cristal, nous te supplions ; clarté, nous te supplions » ; « vent blanc, rosée blanche ».

KENNETH WHITE.

♦ *« C'est à Pound encore plus qu'à Eliot que nous sommes redevables de notre sens contemporain de l'énorme variété des modes littéraires et des réalisations d'une douzaine de cultures. »* G. S. Fraser. ♦ *« Il a repoussé les limites des références, de la diction et de la structure en poésie. »* R. Graves. ♦ *« Il a fait des découvertes sensationnelles et des erreurs monumentales. »* J. Joyce. ♦ *« Quand je regarde l'œuvre de Pound comme un tout, je trouve plus de style que de forme ; à certains moments plus de style, plus de moyens que chez n'importe quel autre poète contemporain de ma connaissance, mais ce style est interrompu, brisé, tordu par son opposé : obsession névrotique, cauchemar, confusion balbutiante. »* W. B. Yeats. ♦ *« Le rapport de Pound à la tradition est celui d'un homme abandonné qui a sa méthode pour piller ses détails. C'est un barbare lâché dans un musée. »* Y. Winters. ♦ *« Ezra Pound est sans doute un poète d'un ordre très élevé et très rare, mais il est difficile de s'en rendre compte à cause des nuages de poussière que soulève sa personnalité occupée à se déplacer comme une tornade sur la scène contemporaine. »* W. Lewis. ♦ *« Comme régime permanent je ne pouvais pas le supporter. Il était souvent brillant, souvent complètement idiot. Mais je n'ai jamais cessé de l'aimer. »* W. C. Williams. ♦ *« Pound était un poète et un poète très remarquable ; c'était aussi un catalyste qui sentait ce que l'époque pouvait produire et qui l'aidait à naître. »* C. Connolly.

RÉF. : H. Kenner, *The Poetry of Ezra Pound,* Norfolk (Conn.), 1951 ; *The Pound Era*, Berkeley, 1971. – D. Donoghue, *The Third Voice,* Princeton, 1959. – G. S. Fraser, *Ezra Pound,* Édimbourg, 1960 – L. G. Leary, *Motive and Method in the Cantors of Ezra Pound,* New York, 1961. – N. Stock, *Poet in Exile,* Manchester, 1964. – D. Davie, *Ezra Pound, Poet as Sculptor,* Londres, 1965. – J. P. Sullivan, *Ezra Pound and Sextus Propertius,* Londres, 1965. – « Ezra Pound », *Cahiers de l'Herne* n°s 6 et 7, Paris, 1965-66. – J. Cornell, *The Trial of Ezra Pound,* New York, 1966. – *Ezra Pound, the Critical Heritage,* éd. E. Homberger, Londres, 1972. – L. Veza, *Ezra Pound,* Paris, 1973. – D. Davie, *Ezra Pound,* Londres, 1975. – J. Tytell, *Ezra Pound, The Solitary Volcano,* New York, 1987 (trad. Paris, 1990).

POURRAT Henri. Écrivain français. Né et mort à Ambert (Puy-de-Dôme) : 7 mai 1887-17 juillet 1959. Il resta toujours attaché à son Auvergne natale, à laquelle il a consacré la majeure partie de ses ouvrages de fiction et d'histoire. Cette fidélité à une terre à la fois rude et belle, et à ses habitants dont il connaît en détail et en profondeur les coutumes et les croyances l'ont conduit à écrire une sorte de cycle romanesque qui sera publié entre 1922 et 1931 en quatre volumes : *Le Château des sept portes ou les Enfants de Gaspard* (+) (1922), *L'Auberge de la belle bergère ou Quand Gaspard de guerre revint* (+) (1925), *Le Pavillon des amourettes ou Gaspard et les bourgeois d'Ambert* (+) (1930), *La Tour du Levant ou Quand Gaspard mit fin à l'histoire* (+) (1931). Le tout fut réuni en 1960 sous le titre : *Les Vaillances, farces et aventures de Gaspard des Montagnes* (*). À cette épopée qui fut son chef-d'œuvre, il convient d'ajouter une fresque illustrant l'histoire du paysan : *L'Homme à la bèche* (1941) et divers autres livres : *Le Mauvais Garçon* (1925), *La Veillée de novembre : vie de Cécile Sauvage* (1931), *Monts et Merveilles* (1934), *Vent de mars* (1941) (prix Goncourt), *Sous le pommier* (1945), *le Chasseur de la nuit* (1951), *L'Épopée de Guillaume Douare* (1953), livres dans lesquels Henri Pourrat évoque avec une sensibilité vigoureuse et poétique les paysages de l'Auvergne, et les travaux et les jours de sa province. Henri Pourrat est également entré dans la postérité pour ses recherches d'une remarquable minutie : il a en effet laissé une œuvre magistrale, *Le Trésor des contes* (*) (1948-1962), recueil en treize volumes des fables, légendes et traditions orales du monde rural dont il fut le familier, et dont il a sauvé la mémoire.

JOËL SCHMIDT.

RÉF. : W. Bal, *Pourrat essayiste,* Anvers, 1953. – G. Rogen, *Maîtres du Terroir,* Paris, 1959. – R. Gardes, *Henri Pourrat au Travail,* Clermont-Ferrand, 1981. – B. Bricourt, *Le Savoir et la Saveur, Henri Pourrat et le Trésor des contes,* Paris, 1992.

POURTALÈS Guy de. Romancier français d'origine suisse. Né le 4 août 1881 à Berlin, mort le 12 juin 1941 à Lausanne (Suisse). Descendante de huguenots émigrés au début du XVIIIe siècle, la famille de Pourtalès compte trois branches, une en France, une autre en Allemagne et la troisième à Neuchâtel, à laquelle appartient le romancier ; des alliances familiales poussent encore des racines jusqu'en Angleterre. L'Europe est donc le terreau dont Guy de Pourtalès va nourrir son œuvre ; mais il a choisi la France comme patrie spirituelle, profitant en 1913 de la loi qui permet aux enfants d'émigrés de réintégrer la nationalité française. Cosmopolite par ses origines et par son éducation qui le mène de Genève, où il passe son enfance, à Neuchâtel, Bonn, Berlin et enfin Paris, où il s'établit et fréquente les milieux de la *N.R.F.,* Guy de Pourtalès est resté fidèle aux rives du Léman qui forment le cadre de ses deux romans autobiographiques, *Marins d'eau douce* (1919) et *La Pêche miraculeuse* (*) (1937). Retenu par la guerre en 1939 dans sa demeure d'Etoy, près de Lausanne, c'est là qu'il apprend la mort de son fils, tombé dans les Flandres à quelques kilomètres du lieu où lui-même avait été gazé en 1915.

En apparence, son œuvre est disparate : des essais littéraires, *De Hamlet à Swann* (1923), *Les Affinités instinctives* (1934) ; trois romans, *Montclar* (*) (1926) s'intercalant entre les deux transpositions romanesques de sa jeunesse, un récit de voyage au pays khmer, *Nous à qui rien n'appartient* (1931), et six biographies, genre très prisé dans l'entre-deux-guerres : *La Vie de Franz Liszt* (1925), *Chopin ou le poète* (1927), *Louis II de Bavière ou Hamlet-roi* (1928), *Nietzsche en Italie* (1929), *Wagner, Histoire d'un artiste* (1932) et *Berlioz et l'Europe romantique* (1939). À cela s'ajoutent de nombreux articles et les conférences qu'il a données dans plusieurs pays. L'écrivain a cependant lui-même groupé ces différents livres sous le titre général de *L'Europe romantique* (*), englobant dans une même réflexion sur le XIXe siècle finissant — qui pour lui s'achève en 1914 — les vies des grands hommes et sa propre jeunesse. La Première Guerre mondiale marque pour Pourtalès la fin d'un type de société et d'un monde de valeurs, parmi lesquelles il privilégie la reconnaissance du génie et de l'individu. S'il se tourne vers les compositeurs, c'est parce que la musique représente pour lui le langage de l'âme qui permet d'accéder à la transcendance. Bien qu'il ne porte pas d'intérêt aux bouleversements sociaux qui secouent l'Europe au début de ce siècle, il demeure attentif aux menaces politiques qui se lèvent avec la montée des fascismes ; homme de bonne volonté comme Jules Romains ou Roger Martin du Gard, il tente, dans *La Pêche miraculeuse,* dont le héros s'engage dans le conflit, de dénoncer le danger des nationalismes.

Très française par la pureté classique de son écriture, l'œuvre romanesque de Guy de Pourtalès est profondément suisse romande dans sa sensibilité. *Marins d'eau douce,* récit d'une enfance privilégiée à Genève et dans une campagne du bord du lac, narre les découvertes et l'éveil à la musique d'un jeune garçon pour qui le lac est source d'exploits sportifs aussi bien que de révélations profondes. Le héros de *Montclar* est un frère lointain d'Adolphe ou de Barnabooth, désinvolte et raisonneur, incapable de choisir entre deux femmes. Il évolue entre Paris et une province non localisée mais qui ressemble beaucoup à la Suisse romande par les valeurs morales protestantes auxquelles se réfèrent les personnages. Le ton cynique des analyses de Montclar rappelle celui de Benjamin Constant, dont Pourtalès était l'arrière-arrière-petit-neveu et avec lequel il se sentait en affinité. *La Pêche miraculeuse,* qui obtint le grand prix du roman de l'Académie française, est l'un des meilleurs tableaux de la société genevoise du début du XXe siècle. Les derniers représentants de familles privilégiées dont les fortunes se défont côtoient des banquiers au calvinisme autoritaire et terroriste, des jeunes femmes qui s'émancipent au grand scandale des leurs et un milieu interlope d'anarchistes et de réfugiés russes qui préparent un monde meilleur. Les rencontres, les amitiés et les amours du héros, jeune pianiste, sont pour l'écrivain prétexte à brosser une fresque vivante et contrastée où la tendresse n'exclut pas la critique. Le roman est à la fois la somme des expériences de l'auteur et un testament spirituel ; au moment où la violence déferle à nouveau, Pourtalès défend la vision d'une Europe fondée sur un patrimoine culturel commun et sur des valeurs spirituelles dont il sait qu'elles sont menacées. L'histoire s'achève en effet sur la fondation de la Société des Nations, espoir d'une « nouvelle terre » déjà démenti par les événements qui accompagnent la rédaction de l'œuvre.

Les deux textes parus à titre posthume, les mémoires de l'écrivain, *Chaque mouche a son ombre* (1980) et le *Journal 1919-1941* (1991), expliquent sa personnalité, commentent son travail et sont à leur manière un tableau révélateur d'une époque et d'une société disparue.

FRANÇOISE FORNEROD.

RÉF. : S. A. L'Hopital, *La Formation d'un esprit européen au début du XXe siècle, Pourtalès,* Paris, 1975. – F. Fornerod, *Histoire d'un roman. « La Pêche miraculeuse » de Pourtalès,* Genève, 1985.

P'OU SONG-LING [Pu Songling] (prénom public Lio-sien, surnom Lio-ts'uan). Écrivain chinois, né à Tse-tch'ouan (Chantong) le 5 juin 1640, mort le 15 février 1715. Ses ancêtres étaient d'origine mongole ou turque, son père un marchand mais aussi un lettré passionné. En dépit de son talent et de ses dons littéraires, P'ou Song-ling tenta en vain et à plusieurs reprises d'obtenir le grade de licencié (qui lui sera accordé « au bénéfice de l'âge » peu de temps avant sa mort). Les biens familiaux ne suffisant pas à son entretien, il s'engagea en 1670 comme secrétaire dans la basse vallée du Yang-tse. Il quitta son poste au bout de deux ans, pour vivre dans le dénuement (avec sa femme et ses quatre fils) jusqu'à ce qu'il s'emploie à nouveau (en 1680), cette fois chez un riche ami auquel il resta attaché pendant une trentaine d'années. À 45 ans, il devint précepteur et put terminer sa vie dans une relative aisance – aidée peut-être par ses fonctionnaires de fils. Il semble que ce soit dans la plus noire décennie de sa vie que P'ou Song-ling composa l'illustre recueil des *Contes extraordinaires du pavillon du loisir* (*). Si l'on en croit sa préface, l'auteur recueillit patiemment ces anecdotes et récits fantastiques en s'asseyant chaque jour sur le bord du chemin, et en interrogeant les passants, ou encore en écoutant les amis qui voulaient bien enrichir sa « collection » d'histoires étranges. Il se décrit encore penché sur sa table dans le petit matin glacé, entendant le vent qui siffle au-dehors, et décrivant le monde des ombres à la lumière vacillante d'une lampe. Le recueil fut achevé en 1679, et augmenté jusqu'en 1707. Il circula longtemps sous la forme d'un manuscrit, et ne fut imprimé qu'une cinquantaine d'années après la mort de son auteur. La célébrité indiscutée de P'ou Song-ling est principalement due à l'élégance de son style, ainsi qu'à l'extrême popularité des types – revenantes, renardes ou lettrés pauvres entre autres – et des récits de ses *Contes extraordinaires.* Il fut un auteur prolifique, et son œuvre complète compte poèmes, chansons, essais, une biographie de sa femme qui est aussi un peu la sienne propre, des traités de médecine ou d'agriculture.

RÉF. : J. V. Muhleman, *P'u Sung-ling and the Liao-chai chih-yi : Theme and Art of the Literary Tale* (thèse), université d'Indiana, 1978.

POUSSEUR Henri. Compositeur belge. Né à Malmédy le 23 juin 1929. Dès le début de ses études au Conservatoire de Liège (1947-51), Pousseur fit partie du groupe des dodécaphonistes liégeois autour de Pierre Froidebise. Dans une première phase, des *Trois chants sacrés* (1951) à *Caractères* pour piano (1961), il exploite, parallèlement à Boulez et Stockhausen, différentes possibilités prolongeant la recherche de Webern : la démultiplication des textures, la densité variable comme paramètre déterminant morphologie et forme, les concepts d'ouverture et de mobilité de l'œuvre, la musique électronique, etc. À partir de 1960, Pousseur se consacre particulièrement à l'élargissement de la palette harmonique en vue d'une matrice universelle qui puisse intégrer tous les langages historiques et géographiques. Les premières œuvres réalisées dans cette voie, qui est devenue la base de la pensée musicale du compositeur, sont *Votre Faust* – v. *Faust* (*) –, *Couleurs croisées* (1967) et les *Éphémérides d'Icare II* (1970). Tantôt assonance stylistique – l'histoire, le jazz ou les traditions populaires –, tantôt véhicule d'une nouvelle polyphonie, l'élément mélodique gagne du *Procès du jeune chien* (1974-78) à *Leçons d'enfer* (1991), deux spectacles autour de Schönberg et de Rimbaud respectivement, constamment en importance. Pousseur a accompagné son activité d'importants travaux théoriques et s'est intéressé de près aux problèmes de l'enseignement musical.

PASCAL DECROUPET.

POUVILLON Émile. Romancier français. Né à Montauban en 1840, mort à Belle-Combette près de Chambéry où il se trouvait en villégiature, le 6 octobre 1906. Il se fit connaître en donnant des romans-feuilletons dans plusieurs journaux et revues – *La Rue* de Vallès, *Le Temps, La Revue bleue, La Revue des Deux Mondes* (*), etc. Associant une vision réaliste à la précision délicate du style, il se situe dans un naturalisme régionaliste plus proche de George Sand, de Daudet et des parnassiens que de Zola. De sa douzaine de romans, recueils de contes, nouvelles et essais, consacrés au terroir languedocien, on retiendra : *Césette, histoire d'une paysanne* (1881), *Jean-de-Jeanne* (1886), *Les Antibel* (1892), *Terre d'oc* (*) (1908). Il s'essaya également, mais sans grand succès, au théâtre avec *Le Roi de Rome* (1898).

POWELL Anthony. Romancier anglais. Né à Londres le 31 décembre 1905. Fils d'officier, il passa la plus grande partie de sa jeunesse dans des bases militaires. Il fit ses études à Eton et à Oxford (Balliol College), avant de travailler à Londres pour l'éditeur Duckworth. Dès 1931, il publia son premier roman, *Hommes d'après-midi* [*Afternoon Men*], une satire des milieux littéraires et artistiques de Chelsea et de Bloomsbury. On y remarquait déjà l'économie de style et l'art du dialogue qui seront sa marque. Suivirent *Venusberg* (1932), *D'une vision à une mort* [*From a View to a Death,* 1933] *Agents et Patients* [*Agents and Patients,* 1936] et *Qu'est devenu Waring* [*What's Become of Waring ?,* 1939]. Dans ce roman, il utilisa sa connaissance du monde de l'édition pour en donner une satire mordante. La firme Judkins & Judkins, dont la prospérité reposait sur les livres de voyage d'un nommé Waring, doit lui chercher un biographe officiel après sa mort, et l'enquête révèle bien des secrets. Powell, qui en 1934 avait épousé lady Violet Pakenham, la fille du cinquième comte de Longford, apparaissait alors comme un écrivain brillant et superficiel. Après la Seconde Guerre mondiale, pendant laquelle il servit dans le Welch Regiment puis comme officier de liaison entre l'armée anglaise et les états-majors alliés, il publia une remarquable biographie de l'historien du XVIIe siècle John Aubrey (1948), dont il édita une anthologie des *Vies brèves* (*) (1949). Membre de la rédaction du « Times Literary Supplement » feuilletoniste littéraire du *Daily Telegraph,* il se consacra surtout pendant ving-cinq ans à la rédaction d'un roman-fleuve en douze volumes, d'un style tout différent de ses premiers romans, qui imposa sa réputation : *Une danse sur la musique du temps* (*) (1951-1975). Le narrateur, Nicholas Jenkins, nous est présenté dans *Une question d'éducation* (+) (1951) au moment où, comme l'auteur, il fréquente Eton et Oxford. Les volumes suivants de cette chronique, qui s'étend sur une cinquantaine d'années, ne déroulent pas le fil de la vie de Jenkins — dont le lecteur ignore l'essentiel — mais nous font peu à peu découvrir, par ses yeux, la vérité des êtres qui l'entourent — amis, collègues, connaissances. À cause de ses dimensions, et du rôle qu'y joue la mémoire, on a immédiatement comparé l'entreprise de Powell à celle de Proust. Pourtant, tout oppose le « Temps retrouvé » de l'écrivain français à la « Vérité dévoilée par le temps » que recherche le romancier anglais. Le narrateur ne demande pas à la mémoire de lui faire revivre le passé, mais de l'aider à comprendre les lois du monde.

FRANÇOIS DUPUIGRENET DESROUSSILLES.

RÉF. : B. Bergonzi, *Anthony Powell,* Londres, 1971. — J. Tucker, *The Novels of Anthony Powell,* New York, 1976. — M. Gorra, *The English Novel at Mid-Century. From the Leaning Tower,* New York, 1990.

POWYS John Cowper. Écrivain anglais. Né le 8 octobre 1872 à Shirley (Derbyshire), mort le 17 juin 1963 à Blaenau-Ffestiniog (Merioneth). Figure étonnante par sa vie comme par son œuvre, John Cowper Powys ne l'est pas moins par le fait que, malgré bien des développements heureux, parmi lesquels on peut citer : a) la publication de nouvelles éditions de presque toutes les œuvres (romans, essais et poèmes) par la « Village Press » (Londres) ; b) la multiplication d'études critiques après le coup d'envoi donné, l'année même de la mort de l'écrivain, par le professeur George Wilson-Knight ; c) la création d'une *Powys Newsletter* publiée annuellement par le professeur Blackmore à l'université Colgate (New York), il reste l'écrivain sinon des « happy few », du moins d'un cercle relativement limité — mais enthousiaste — de lecteurs. Pourtant, nulle œuvre n'est moins élitiste que la sienne ; on peut même parler à son sujet d'une véritable démocratie de l'écriture — ou plutôt du verbe, si l'on songe non seulement à sa vie de conférencier, mais au fait que son œuvre écrite obéit moins à des critères esthétiques qu'à un profond désir de convaincre. C'est d'ailleurs à cela même qu'on peut par ailleurs attribuer le fait que son nom n'est toujours pas associé avec celui de ses plus grands contemporains (Joyce et Lawrence, par exemple), du moins dans l'esprit de ceux (critiques, universitaires, etc.) pour qui la littérature doit d'abord être « bien faite ». Or il est vrai que non seulement son œuvre, mais ses œuvres, prises individuellement, sont trop souvent démesurées et maladroites, parfois les deux ensemble, traditionnelles quant à la facture et si personnelles quant à l'écriture, qu'elles ont bien du mal à passer, par exemple, le test infaillible de la traduction. Mais les qualités de John Cowper Powys, plus énormes encore, si l'on peut dire, que ses défauts, viennent évidemment d'ailleurs, et s'adressent aussi ailleurs, en nous, qu'au « goût » de l'esthète : notamment la profonde originalité de ses intuitions, et la grandeur solitaire de son itinéraire à contre-courant des modes et des tendances du premier demi-siècle.

Aîné d'une famille de onze enfants, dont sept devaient publier au moins un livre, et trois être de véritables écrivains (ses frères Theodore et Llewelyn, et lui-même), fils d'un pasteur anglican, le révérend Charles Francis Powys (« un roc », dira son fils), et de Mary Cowper Johnson, elle-même descendante collatérale des poètes John Donne (1572-1631) et William Cowper (1731-1800), John Cowper passa, serait-on tenté de dire, une enfance « heureuse » dans le Dorset et le Somerset. Mais à nul sujet mieux qu'au sien ne convient le mot de Sartre, selon qui les enfances heureuses engendrent autant la névrose que les enfances malheureuses. Il suffit, pour s'en convaincre, d'évoquer les véritables règlements de comptes auxquels il procède dans son *Autobiographie* (*), surtout, mais aussi dans tous ses romans, par « personae » interposées, et dans beaucoup de ses essais. De même, il faut reconnaître qu'à nul écrivain mieux qu'à lui ne s'applique la théorie freudienne de la répétition, tant ses héros sont frères et coulés dans un moule unique, qui a nom la psyché du fils aîné des Powys.

Après l'école de Sherbone (Dorset) – où il détesta le cricket –, John Cowper alla à Cambridge – où il désapprouva passionnément l'idéal du « gentleman » –, puis il devint conférencier itinérant dans le cadre des activités « extra-murales » des universités anglaises. C'est lors de ces tournées qu'avec la « perversité » des regards qu'il portait sur les jambes des jeunes filles à Brighton, par exemple, il découvrit son extraordinaire talent d'acteur, ou même de mime, plutôt que de professeur. Ceux qui ont eu la chance de le voir (comme plus tard aux États-Unis Henry Miller) assurent qu'une conférence de Powys était inoubliable. En 1896, il épouse la sœur de l'un de ses meilleurs amis, Margaret Alice Lyon, dont il aura un fils, qui, par une ironie que sut apprécier le fils du pasteur Powys, devait devenir prêtre catholique avant de trouver la mort à la suite d'un accident. Mais John Cowper ne resta pas marié longtemps : l'en empêchaient son indépendance d'esprit et de corps et, plus profondément, une sexualité quelque peu tyrannique dans ses exigences « anormales ».

C'est en 1905 que commence le deuxième tiers, le « pan américain », de sa très longue vie. Pendant près de trente ans, en effet, il va parcourir « tous les États sauf deux », sautant d'un train à l'autre pour satisfaire un public naïvement avide de culture et fasciné par cet histrion venu d'Europe. C'est ainsi qu'au hasard de ces conférences souvent mal payées, si même elles l'étaient, John Cowper se fera nombre d'amis ou d'adeptes célèbres : Théodore Dreiser et Henry Miller, par exemple. La correspondance qu'il ne réussit pas moins à entretenir avec les nombreux membres de sa famille pendant ces années d'errance a quelque chose de stupéfiant : elle se compte par milliers de lettres, dont la publication n'a fait que commencer.

En 1929, néanmoins, épuisé par cette vie de bohème professionnelle, et déjà victime d'ulcères gastriques, il décide de s'installer pour écrire et, avec une jeune Américaine, Phyllis Playter, qui restera sa fidèle compagne et presque sa vestale jusqu'au jour de sa mort, il loue une petite maison dans la vallée de l'Hudson, au nord de New York. C'est là qu'alors et enfin, comme libérant une poussée créatrice trop longtemps contenue, il écrit successivement, quoique bientôt sexagénaire, les livres qui constituent sans nul doute le bloc majeur et central de son œuvre romanesque : *Wolf Solent* (*) (1929) : la même année que *L'Adieu aux armes* (*) de Hemingway, *Le Bruit et la Fureur* (*) de Faulkner, et *Aux sources du fleuve* de Thomas Wolfe ; *Les Enchantements de Glastonbury* (*) (1932) ; *Les Sables de la mer* (*) (1934) – parus aux États-Unis sous le titre *Weymouth Sands*, et en 1935 en Angleterre sous le titre *Jobber Skald* ; et *Camp retranché* (*) (1937) avant lequel, néanmoins, il avait écrit le livre qu'il faudrait citer s'il n'en fallait citer qu'un : c'est l'*Autobiographie* (1934), véritable « livre de vie » (comme l'écrira Henry Miller dans *Les Livres de ma vie*) qu'il avait en quelque sorte « amorcé » dès 1916 par ce début d'autobiographie à deux qu'étaient *Les Confessions de deux frères* (*), écrites en collaboration avec son frère Llewelyn.

Car, contrairement à ce qu'a pu écrire un « powysien » français, et non des moindres : Jean-Jacques Mayoux, Powys n'était pas, alors, un « débutant de cinquante ans », tant s'en faut : il avait déjà publié deux douzaines d'ouvrages ! Mais il est vrai que : 1°) il s'obstina longtemps, comme Faulkner, à devenir poète, après la publication – et l'échec – de ses premières *Odes* [*Odes and Other Poems*, 1896], puisqu'il publia encore dans ce genre *Aconit* [*Wolf's Bane : Rhymes*, 1916], *Mandragore* [*Mandragora*, 1917], *Salicorne* [*Samphire*, 1922] et *Lucifer* (1956 pour la publication, mais 1905 pour la composition) ; 2°) la plupart des autres livres publiés pendant le premier tiers du siècle étaient des essais, aux titres aussi révélateurs que des programmes : *La Guerre et la Culture* [*The War and Culture*, 1914] aux États-Unis ; *The Menace of German Culture*, 1915, en Angleterre] ; *Les Cent Meilleurs Livres* [*One Hundred Best Books*, 1916] ; *Jugements en suspens* [*Suspended Judgments*, essais littéraires, 1916] ; *La Vision complexe* [*The Complex Vision*, 1920] ; *Psychanalyse et Moralité* (*) (1923) ; un premier essai intitulé *L'Art du bonheur* (*) (1923), différent du livre qui devait paraître en 1935 sous le même titre ; *La Religion d'un sceptique* (*) (1925) ; *Le Secret du progrès individuel* (*) (1926) ; *L'Art d'oublier le déplaisir* (*) (1928) ; *Le Sens de la culture* (+) (1929) ; *L'Apologie des sens* (*) (1930) ; un essai consacré à l'œuvre de *Dorothy Richardson* (1931) ; *Une philosophie de la solitude* (*) (1933) ; 3° les trois premiers romans, pourtant remarquables à bien des égards, n'avaient guère retenu l'attention du public : ni *Bois et Pierre* (*) (1915), ni *Rodmoor* (*) (1916), ni *Givre et Sang* (*) (1925) ne lui avaient fait un nom de romancier. C'était encore, au début des années 30, sur sa réputation de conférencier et, accessoirement, d'essayiste qu'il vivait, et on comprend très bien, dès lors, l'importance du choix de 1929.

Quelques années plus tard, il alla même jusqu'au bout de la sédentarité récemment choisie : il rentra, définitivement, d'abord en Angleterre, puis dans le pays de Galles (d'abord à Corwen, puis à Blaenau-Ffestiniog), où il allait vivre encore près de trente années, presque entièrement partagées entre l'écriture (livres et lettres) et la marche, celle-ci toujours accompagnée de son bâton. C'est alors que commence la période « historique » (comme si, après qu'il y eut mis l'Atlantique, il lui fallait maintenant mettre des siècles entre lui et ses sujets) alors qu'en réalité, comme l'a bien montré Jean Markale, il invente son appartenance au fascinant peuple celte davantage qu'il ne la (re)découvre. Après *Morwyn* (*) (1932), il publie *Owen Glendower* (1941) ; *Le Gallois obstiné* (*) (1947), recueil d'essais (1935-1947) qui contient une remarquable analyse « dithyrambique » de ce que signifie pour lui sa vie au pays de Galles ; et enfin *Porius* (1951), que d'aucuns, dont George Steiner, par exemple, considèrent comme un chef-d'œuvre.

Cependant il n'en continue pas moins à publier des essais, littéraires – *Les Plaisirs de la littérature* [*The Pleasures of Literature*, 1938, aux États-Unis, *The Enjoyment of Literature*, la même année, en Angleterre] ; *Dostoïevski* (1947) ; *Rabelais* (1948) – ou généraux, comme *Lutte à mort* [*Mortal Strife*, 1942], *L'Art de vieillir* (*) (1944), *Pair Dadeni ou le Chaudron de la renaissance* [*Pair Dadeni or the Cauldron of Rebirth*, 1946] et *Malgré tout* [*In Spite Of*, 1953]. Quant à la toute dernière période de son œuvre romanesque, on peut considérer qu'à partir de *La Fosse aux chiens* (*) (1952), qui semble clore (à quatre-vingts ans) l'histoire de l'exploitation d'une névrose à des fins romanesques, Powys, puisqu'il écrit encore, et même abondamment, va s'échapper de plus en plus, et délibérément, semble-t-il, dans une sorte de « cosmic-fiction », où règne la fantaisie mais où, néanmoins, çà et là, resurgissent les obsessions d'antan, à peine exorcisées : c'est *Atlantis* (1954) ; *La Tête qui parle* (+) (1956) ; *Les Montagnes de la lune* [*Up and Out*, 1957] : sous son titre anglais intraduisible, le volume contient un texte intitulé « The Mountains of the Moon » ; *Homère et l'Éther* [*Homer and the Aether*, 1959], et enfin *Tout ou Rien* [*All or Nothing*, 1960].

Malgré ses complexités inutiles et ses énormes naïvetés, l'œuvre monumentale de John Cowper Powys présente un intérêt tel qu'en la lisant, comme l'a dit Jean Wahl (auteur d'une remarquable préface aux *Sables de la mer*), on explore la création. En outre, comme l'a si bien remarqué Henry Miller, elle contient un véritable message de vie.

MICHEL GRESSET.

RÉF. : Biographie : H. P. Collins, *John Cowper Powys*, Londres, 1976. – K. Hopkins, *The Powys Brothers*, Londres, 1967. – R. P. Graves, *The Brothers Powys*, New York, 1983.

Études critiques : G. Wilson-Knight, *The Saturnian Quest*, Londres, 1964. – J. A. Brebner, *The Demon Within*, Londres, 1973. – G. Cavaliero, *John Cowper Powys, Novelist*, Oxford, 1973. – J. Hooker, *John Cowper Powys*, Cardiff, 1973. – D. de Margerie, F.-X. Jaujard, M. Gresset, études in *Granit 1/2*, Paris, 1973. – M. Krissdottir, *John Cowper Powys and the Magical Quest*, Londres, 1980.

Une *Powys Review* est publiée deux fois l'an par l'université du pays de Galles.

POWYS Llewelyn. Écrivain anglais. Né à Dorchester (Dorset) le 13 août 1884, mort à Clavadel (Suisse), le 2 décembre 1939. Il fit ses études à Cambridge, puis donna des cours dans diverses universités américaines. Devenu tuberculeux, maladie qui lui inspira *Peau pour peau* (*), il s'en alla vivre au Kenya et y travailla la terre comme fermier de 1914 à 1919. De 1920 à 1925, il fut journaliste à New York ; il voyagea ensuite beaucoup, notamment en Palestine et aux Antilles, avant de se fixer en Suisse. Son œuvre, qui débuta par un livre écrit en collaboration avec son frère John Cowper : *Confessions de deux frères* [*Confessions of two Brothers*, 1916], se compose d'une importante série d'essais : *Ébène et ivoire* [*Ebony and Ivory*, 1923], *Le Rire noir* [*Black Laughter*, 1924], *Le Berceau de Dieu* [*The Cradle of God*, 1929], *L'Illusion pathétique. Une étude du christianisme* [*The Pathetic Fallacy. A Study in Christianity*, 1930], *Pèlerinage d'un païen* [*A Pagan's Pilgrimage*, 1931], *La Splendeur de la vie* [*The Glory of Life*, 1934], et les célèbres *Essais du Somerset et du Dorset* [*Somerset and Dorset Essays*], qui ont été réunis en un volume en 1957.

L'essai fut pour Powys une forme très libre dans laquelle il sut à la fois faire la synthèse de ses expériences et de ses méditations pour exalter un matérialisme poétique, aussi hostile au mysticisme et à toutes les « désincarnations » qu'il était amoureux de la vie. Il a laissé une autobiographie en deux volumes : *Argile passionnée* [*Impassioned Clay*, 1931] et *Amour et Mort* [*Love and Death*, 1939].

BERNARD NOËL.

POWYS Theodore Francis. Écrivain anglais. Né à Shirley (Derbyshire) le 11 juin 1875, mort à Sturminston Newton Dosef, le 27 novembre 1953. Frère de John Cowper et de Llewelyn Powys, il fit ses études à Dorchester, mais ne fréquenta pas l'université. En 1900, il s'installa à East Chaldon, village du Dorset, et n'en bougea presque plus. Son œuvre, qui fut longue à s'imposer, mit aussi beaucoup de temps à trouver des éditeurs, puisqu'il ne commença à la publier qu'au début des années vingt. Cette œuvre se compose principalement de contes, ou nouvelles, et de romans, tous d'essence poétique sous leur apparence réaliste. Grâce à sa connaissance parfaite de la langue, notamment de celle du XVIe siècle., T. F. Powys s'est forgé un style extrêmement riche et plastique, aux harmoniques subtiles et aux archaïsmes savoureux, et qui est allé vers toujours plus de simplicité, plus de limpidité. Ces qualités sont particulièrement sensibles dans les *Fables* (1929) et dans les contes des recueils : *Le Capitaine Patch* (*) (1935), *La Chèvre verte, ou le Meilleur Don* [*Goat Green, or the Better Gift*, 1937], *Le Chemin de la bouteille et autres histoires* [*Bottle's Path, and Other Stories*, 1946]. Ses meilleurs romans : *Le Bon Vin de M. Weston* (*) (1927), *La Maison de l'écho* [*The House with the Echo*, 1928], *De vie à trépas* (*) (1931), possèdent, grâce à leur humour et au charme agissant de l'allégorie qu'ils développent, une puissance d'évocation inimitable.

BERNARD NOËL.

POZZI Catherine. Écrivain français. Née à Paris le 13 juillet 1882, morte à Paris le 3 décembre 1934. Fille du professeur Samuel Pozzi – chirurgien, membre de l'Académie de médecine et sénateur de la Dordogne, mais aussi homme du monde et poète parnassien à ses heures –, Catherine Pozzi grandit dans le giron du Tout-Paris aristocratique et bourgeois de la fin du XIXe siècle. À vingt-cinq ans, elle épousa Édouard Bourdet. Quelques années après la naissance, en 1909, de son fils Claude Bourdet, elle fut atteinte de tuberculose. Elle apprit alors, avec la méthode et le désordre de qui sait son temps compté, l'histoire de la philosophie et des religions, les mathématiques, les sciences. Elle se mit également, à partir de 1913, à tenir son monumental Journal intime d'adulte où elle consigna jusqu'à sa mort non seulement la tension de son esprit vers une indépendance morale et intellectuelle, mais aussi les affres d'une sensibilité particulièrement intransigeante et douloureuse. Catherine Pozzi passa son baccalauréat à trente-six ans, pendant la Première Guerre mondiale, divorça et rencontra en 1920 celui qui fut son « très haut Amour » et son « Enfer », Paul Valéry. En février 1927, elle publia dans *La Nouvelle Revue française* (*) une nouvelle autobiographique, *Agnès*, signée « C. K. » (Catherine-Karin), que la critique (B. Crémieux) eut la perspicacité d'attribuer parfois à Paul Valéry, tant son esprit était proche de *La Soirée avec Monsieur Teste* (1896) et de *La Lettre de Madame Émilie Teste* (1924) – voir *Monsieur Teste* (*). Catherine Pozzi développa alors, à partir de cette affinité avec Paul Valéry si perceptible aux yeux de ses contemporains, un sentiment paranoïaque qui rendit insupportables ses rapports avec lui. Au terme de huit années d'une liaison presque secrète mais terriblement exigeante, riche d'une réflexion commune et quotidienne, mais douloureuse et dévastatrice pour tous deux, Catherine Pozzi rompit avec le « Prince des poètes » : elle perdit alors son lien le plus puissant avec le Paris des Salons, hanté par les figures d'Edmée de La Rochefoucauld, d'Anna de Noailles, de Mme Muhlfeld, de Colette, et avec le Paris de la politique, du journalisme et des lettres. Désormais, ce fut une solitude noire et fiévreuse qui l'attendit, éclairée de quelques amitiés amèrement fidèles : Marie de Régnier, Julien Benda, Jean Paulhan – qu'elle n'autorisa à imprimer qu'un seul de ses poèmes, « Ave », dans la *N.R.F.* du 1er décembre 1929 –, Pierre Jean Jouve, Jean Guéhenno, Ernst Robert Curtius, Jacques Maritain, Charles Du Bos, Louis Massignon... Désormais, ce fut la maladie qui accentua ses ravages, exténuant à coups de morphine, de laudanum, le corps frêle et les nerfs à vif. Catherine Pozzi mourut à cinquante-deux ans, en décembre 1934. L'année suivante furent publiés, d'une part, ses *Poèmes* (*) – six textes qu'elle avait elle-même âprement sélectionnés et organisés pour la revue *Mesures* (*) – et, d'autre part, son essai philosophique, commencé en 1915 sous le titre *De libertate* mais demeuré inachevé, *Peau d'Âme*. Depuis cette année 1935, son nom avait peu à peu sombré dans l'oubli, mais l'édition en 1987 de son *Journal 1913-1934* (*) a rappelé ou fait découvrir sa personnalité à la fois intelligente, hypersensible et exigeante à l'extrême. Son *Œuvre poétique* complète a alors été établie (1988) et ses correspondances également.

CLAIRE PAULHAN.

PRADINES Maurice. Psychologue français. Né et mort à Paris (28 mars 1874 - 27 mars 1958). Sa vie est tout entière consacrée à l'enseignement de la psychologie, d'abord à Strasbourg, puis à Paris. Il est surtout connu pour son monumental *Traité de psychologie générale* (*) (trois volumes publiés de 1943 à 1949), mais a également publié *La Philosophie de la sensation* (trois volumes, 1928-1934), *L'Esprit de la religion* (1941), et *L'Avenir de l'esprit dans les espèces* (1955). Tout en critiquant l'anti-intellectualisme de Bergson, Pradines s'efforce de réconcilier l'aspiration scientifique de l'homme avec ses aspirations éthiques et religieuses : « L'évolution de la mystique, écrit-il par exemple, témoigne d'une exigence qui est plus forte que toute la raison logique. » Philosophe, Pradines est donc à la recherche d'une certaine unité de l'esprit humain. Psychologue, il est partisan d'une psychologie strictement scientifique, conçue selon le modèle des sciences exactes, et c'est dans cet esprit, qui aujourd'hui paraît désuet, que ses traités ont été conçus.

PRADON Jacques. Auteur dramatique français né à Rouen en 1644 et mort à Paris en 1698. L'histoire littéraire l'a longtemps prénommé, de façon erronée, Nicolas. Il est surtout connu pour la rivalité qui l'a opposé à Racine, à l'occasion de la cabale de *Phèdre* (*). En fait, il n'était pas sans talent, et ses premières pièces, *Pyrame et Thisbé* (1674) et *Tamerlan ou la Mort de Bajazet* (1675), ont bien réussi – le succès de celle-ci aurait même été étouffé par Racine. Quant à la *Phèdre et Hippolyte* (*) qu'il opposa à la *Phèdre* de Racine (janvier 1677), il faut faire la part de la légende : les loges, et encore moins les salles, n'avaient pas été louées par ses protecteurs, et il fallut plusieurs semaines, au désespoir de Racine, avant que sa pièce cédât dans la faveur du public. De 1678 à 1697, il fit encore représenter quatre tragédies, *La Troade* (1679), *Statira* (1680), *Régulus* (+) (1688) et *Scipion l'Africain* (1697). Ces quatre pièces et les trois précédentes composent toute son œuvre dramatique. Elles ont été réunies dans le recueil des *Œuvres de Pradon* (1774, deux volumes in-12).

GEORGES FORESTIER.

♦ *« Toute la différence qu'il y a entre Pradon et moi, c'est que je sais écrire. »* Racine.

RÉF. : Fournel, *Contemporains et successeurs de Racine,* in *Revue d'histoire littéraire de la France,* 1894. – Ch. de Beaurepaire, *Notice sur le poète Pradon,* Rouen, 1899. – T. W. Bossom, *A Rival of Racine : Pradon, His Life and Dramatic Works,* Paris, 1923. – R. Picard, *La Carrière de Jean Racine,* Paris, 1956, éd. revue, 1961. – O. Classe, *Phèdre et Hippolyte,* Exeter, 1987.

PRADOS Emilio. Poète espagnol. Né à Malaga le 4 mars 1899, mort à Mexico le 24 avril 1962. En 1925, paraît son premier recueil de poèmes, inspiré par la mer : *Temps* [*Tiempo*]. Dans la revue *Litoral* qu'il fonde avec le poète Altolaguirre, sont publiés ses livres suivants : *Chansonnier du gardien de phare* [*Cancionero del Farero*, 1926] et *Retour* [*Vuelta*, 1927]. Dans *Corps poursuivi* [*Cuerpo Perseguido*, 1926-1928], l'amour apparaît comme moyen d'accès à l'unité totale. Puis son engagement politique conditionne sa poésie : dans *La Voix captive* [*La voz cautiva*, 1933-34] et surtout *Pleurs souterrains* [*El llanto subterráners*, 1936] où il condamne la répression dans les Asturies. *Destin fidèle* [*Destino fiel*, 1937] lui vaut le Prix national de littérature. Exilé à Mexico après 1939, il y publie *Mort minime* [*Mínima muerte*, 1944] – mort du passé et quête du Moi en communion avec l'Autre. Successivement paraissent : *Jardin fermé* [*Jardín cerrado*, 1946], *Fleuve nature* [*Río Natural*] et *Circoncision du songe* [*Circoncisión del sueño*] en 1957, *La Pierre écrite* [*La Piedra escrita*, 1961], *Signes de l'être* (*) (1962) et, posthume, *Rendez-vous sans limites* [*Cita sin límites*, 1965], où sont réunies ses dernières œuvres. Prados, pour qui la poésie était un don que l'on fait aux autres, se croyait incompris et en souffrit. « Prados, écrit son biographe José Sanchis-Banies, se croyait réellement investi d'une mission : d'où sa foi et son total engagement, d'où aussi son sentiment de culpabilité quand il estimait sa mission inaccomplie. »

RÉF. : José Sanchis-Banies, *Introducción a Emilio Prados, La piedra escrita*, Madrid, 1979.

PRAETORIUS Michael. Compositeur et théoricien allemand. Né vers 1571 à Creuzburg an der Werra (près d'Eisenach), mort le 15 février 1621 à Wolfenbüttel (Basse-Saxe). Fils d'un pasteur luthérien, il entreprend des études de philosophie et de théologie à l'université de Francfort-sur-l'Oder, tout en étant organiste de l'église Sainte-Marie. En 1593, il devient maître de chapelle du duc Heinrich Julius von Brunswick, l'un des hommes, disait-on, le plus instruit de son temps. À la mort du duc, en 1613, il fait plusieurs voyages en Allemagne et entre en relations avec Heinrich Schütz (1585-1672), élève de Gabrieli, et Samuel Scheidt (1587-1654), élève de Sweelinck. L'œuvre de Praetorius comporte de la musique sacrée (hymnes luthériens pour la plupart) et des danses instrumentales (desquelles seul *Terpsichore musarum* (*) (1612), qui rassemble quelque trois cents airs, nous est parvenu). Il est également l'auteur du *Syntagma musicum* (1614-19), ouvrage théorique qui traite de la pratique de la musique liturgique et organologique, et des instruments, source d'informations précieuses sur les usages musicaux de l'époque. Tout en conservant le style traditionnel d'une stricte écriture polyphonique, qui, appliquée à la prose biblique, crée un nouveau genre de musique spirituelle très expressif, Praetorius écrit également de grandes œuvres chorales et orchestrales dans le style « concertato » italien, qui annoncent, avec les œuvres de Schütz et Scheidt, les grands chorals de Buxtehude et Bach.

DOMINIQUE JACCOTTET.

PRAPANCA Mpu. Poète javanais du XIVe siècle. Auteur du *Negarakertagama* (*) et d'autres œuvres du genre « kakawin » qui n'ont pas été conservées. Surintendant bouddhiste à la cour du roi de Majapahit, Hayam Wuruk, il suivit le souverain dans sa pérégrination dans les provinces de l'Est, qu'il décrit dans son poème. Sa biographie nous est inconnue ; il représente cependant le type des poètes de cour de cette époque de l'hégémonie javanaise, par référence auxquels les écrivains nationalistes indonésiens du début du siècle intitulèrent leur mouvement « Le Nouveau Poète » [Poedjangga Baroe].

HENRI CHAMBERT-LOIR.

PRATOLINI Vasco. Écrivain italien. Né à Florence le 19 octobre 1913, mort à Rome le 12 janvier 1991. Son œuvre littéraire a été inspirée par ses origines florentines et populaires, aussi ses meilleurs romans mettent-ils en scène le monde des petites gens de Florence. Son enfance fut endeuillée par la mort de sa mère, ensuite Vasco commença de gagner très tôt sa vie ; c'est pourquoi il ne put suivre d'études régulières, et sa formation fut celle d'un autodidacte. Les vicissitudes de ses jeunes années ont été consignées dans ses textes autobiographiques, *Le Tapis vert* [*Il tappeto verde*, 1941] et *Rue des Magazzini* [*Via de' Magazzini*, 1941], ainsi que dans *Chronique familiale* (*) (1947). Ses premiers écrits furent influencées par l'« hermétisme » ; auparavant, le jeune Pratolini avait adhéré avec enthousiasme au fascisme « de gauche », qui exaltait la vitalité et la spontanéité du peuple. Pendant la guerre, il s'engagea dans la Résistance ; plus tard, le néo-réalisme et le marxisme lui permirent de développer ses expériences idéologiques et littéraires et donnèrent à son œuvre une nouvelle dimension sociale. Il donna avec *Le Quartier* (*) (1944) et *Chronique des pauvres* *amants* (*) (1947) deux versions successives d'un même sujet : la formation sentimentale et politique d'un groupe de jeunes gens appartenant au sous-prolétariat d'un quartier populaire florentin pendant le fascisme. *Chronique des pauvres amants* consacra sa renommée en Italie et à l'étranger et fit de lui un représentant de tout premier plan du courant néo-réaliste. Son activité s'étendit également au cinéma, et il écrivit les scénarios de plusieurs films, dont celui de *Rocco et ses frères* tourné par Visconti en 1960. Au faîte de sa gloire, Pratolini, qui avait publié en 1949 *Un héros de notre temps* [*Un eroe del nostro tempo*] et en 1952 *Les Filles de San Frediano* [*Le ragazze di San Frediano*], se lança dans l'élaboration d'une vaste fresque historique destinée à rénover le roman réaliste en Italie : *Une histoire italienne*, dont les trois volumes devaient couvrir une période allant de la fin du XIXe siècle jusqu'à nos jours. Le premier volet de la trilogie consacré au début des luttes ouvrières à Florence, *Métello* (*) (1955), suscita de vives polémiques et ouvrit de fait la crise du néo-réalisme. Le volume suivant, *Le Gâchis* [*Lo scialo*, 1960], mettait longuement en scène la bourgeoisie fasciste florentine, sans que l'auteur arrive à dominer véritablement son sujet. Avant de rédiger le troisième tome, Pratolini publia *La Constance de la raison* [*La costanza della ragione*, 1963], qui retrace l'histoire de l'éducation politique et sentimentale d'un jeune ouvrier florentin des années 60. Enfin *Allégorie et Dérision* [*Allegoria e derisione*, 1966] vint clore la trilogie avec l'histoire d'un personnage, Valerio, entrecoupée de lourdes allégories idéologiques. Pratolini s'avéra incapable de mener à bien son projet ; la représentation historique de la société italienne dans toute sa complexité lui échappait, et on peut dire qu'il ne fut un écrivain fécond et original que dans ses romans autobiographiques et populaires.

MARIELLA COLIN.

PRAXAGORAS de Cos. Médecin grec actif autour de 300 av. J.-C. Il appartient à une famille de médecins qui semble avoir été liée à la secte des aslcépiadiens. Les auteurs plus tardifs de l'Antiquité, comme Galien, le tiennent pour un médecin important, proche d'Hippocrate et de Dioclès, et le rangent dans l'école « logique » ou « dogmatique », c'est-à-dire un courant de pensée médicale attribuant une grande importance à la spéculation sur les maladies. Il est très influencé par l'enseignement d'Aristote. On sait encore de lui qu'il a écrit plusieurs traités, notamment sur l'anatomie, la thérapeutique et les symptômes. Nous n'en possédons aujourd'hui plus que des fragments — v. *Fragments* (*) de Praxagoras. Il compte parmi ses élèves des noms aussi prestigieux qu'Hérophile et peut-être aussi Erasistrate. Aussi constitue-t-il un maillon essentiel entre la médecine hippocratique et la médecine hellénistique.

ANNE-FRANCE MORAND et VINCENT BARRAS.

RÉF. : F. Steckerl, *The Fragments of Praxagoras of Cos and his School*, Leiden, 1958.

PRAZ Mario. Historien italien d'art et de la littérature. Né et mort à Rome (6 septembre 1896-23 mars 1982). Élevé à Florence, Praz commencera par étudier la jurisprudence puis les lettres. Sa thèse sera consacrée à Gabriele D'Annunzio. Multipliant de bonne heure les voyages dans l'Europe entière (Allemagne, Autriche, Angleterre, Écosse), il se vouera bientôt à l'histoire de l'art mais aussi de la littérature anglaise et italienne, et sera, de 1924 à 1934, professeur à Liverpool et à Manchester puis, de 1934 à la fin de sa carrière en 1966, à l'université de Rome. Parallèlement à son enseignement et à ses travaux d'érudition, il sera journaliste et signera plus de deux mille cinq cents articles. Collectionneur passionné, il dirigera la fondation Primoli à partir de 1966. « Anglologue », suivant le mot d'Arbasino, et amateur d'esthétique décadente, il s'intéresse surtout à la thématique romantique : ainsi *Le Pacte avec le serpent* [*Il Patto col Serpente,* 1972] et *Le Jardin des sens* [*Il Giardino dei sensi. Studi sul Manierismo e il Barocco,* 1975] sont-ils, de son propre aveu, des « paralipomènes » à *La Chair, la mort et le diable* (*) (1966). L'un des autres points forts de son œuvre sera l'étude des rapports entre l'écriture et les beaux-arts : *Mnémosyne* [*Mnemosyne : the Parallel Between Literature and the Visual Arts,* 1967] et *Le Goût néo-classique* [*Gusto neoclassico,* 1959]. Si le premier essai, issu d'une série de conférences, tient davantage de la synthèse qui vient couronner une œuvre, le second, d'une érudition sans faille, répond à un souci qui fut celui de Praz dès 1940 : dénoncer une méthode qu'il attribue à Venturi, et qui consiste à poser l'équation entre l'art néo-classique et l'art académique, pour réhabiliter le goût des formes simples qui s'affirme au milieu du XVIIIe siècle en France mais aussi en Angleterre et en Italie. Le voyage en Italie du frère de la Pompadour, la découverte de Pompéi et d'Herculanum, la célébration du « beau idéal » par Winckelmann, la nostalgie de l'héroïsme romain s'allient aux exigences des Lumières pour provoquer une « révolution du goût », dont Praz s'attache, en mêlant analyses esthétiques, descriptions formelles et citations littéraires, à suivre l'évolution sous Napoléon avec le style Empire. Dans le même ordre d'idée, Praz se fera l'historien de la décoration d'intérieur, « de Pompéi à nos jours », avec *La Philosophie de l'ameublement* [*La Filosofia dell'arredamento,* 1945] — titre emprunté à Edgar Poe —, qu'il remettra sur le métier jusqu'en 1964 et qui deviendra alors en français l'*Histoire de la décoration d'intérieur* [*La Filosofia dell'arredamento. I mutamenti nel gusto della decorazione interna attraverso i* *secoli*] : il suit le destin de notre civilisation matérielle sous le biais de faits « insignifiants » tels que le drapé des rideaux ou l'apparition des plantes d'intérieur, l'incidence des lumières et les revêtements muraux. Par la force des choses, cette histoire du goût est aussi celle des amateurs et jette les bases d'une véritable « anthropologie du collectionneur ». Reste un dernier pan des écrits de Praz qui l'apparente à Élie Faure, ceux du voyageur, réunis l'année de sa mort sous le titre *Le Monde que j'ai vu* [*Il mondo que ho visto,* 1982], témoignage d'un monde disparu en même temps qu'« art du voyage ». Enfin, Praz se fera collectionneur de ses propres travaux et publiera deux ans avant sa mort une anthologie de ses essais, de Piranèse aux néo-classiques et des romantiques anglais au décadentisme italien en passant par les figures de cire et la nécromancie, sous le titre *Une voix derrière la scène* [*Voce dietro la scena,* 1980]. L'œuvre de Praz témoigne qu'en histoire de l'art comme ailleurs il n'est de grandes œuvres sans grandes obsessions.

PIERRE-EMMANUEL DAUZAT.

PREDA Marin. Romancier roumain. Né le 5 août 1922 à Siliştéa-Gumeşti, département de Téléorman, mort à Bucarest le 16 mai 1980. Fils de paysans, il fait ses classes primaires dans son village natal, se voit refuser l'entrée de l'École normale en raison de sa myopie. Il réussira néanmoins à entrer dans une école normale, celle d'Abrud, mais devra interrompre avant l'heure, par manque de moyens financiers, ses études, poursuivies dans une autre école, celle de Cristur-Odorhéï – que le diktat de Vienne oblige à transférer de Transylvanie, amputée d'une partie de son territoire, à Bucarest. À Bucarest, il lie des amitiés durables dans le milieu littéraire, connaît bien, pour avoir gagné un moment sa vie comme correcteur, les milieux journalistiques et fait ses véritables débuts avec la publication d'une nouvelle dans le supplément littéraire d'un des grands journaux de l'époque, *Le Temps*, [*Timpul*]. Après son service militaire, effectué à la charnière de deux époques, celle de la guerre finissante et du commencement du trouble après guerre, il publie, dans plusieurs journaux, des nouvelles, *Le Cheval* [*Calul*], *La Fantôme* [*Strigoaica*], *L'Acacia* [*Salcîmul*], qui seront reprises plus tard dans le volume intitulé *La Rencontre sur les terres* [*Intîlnirea din pamînturi*] publié en 1948 aux éditions Cartea Româneasca de Bucarest. Suivront une série impressionnante de nouvelles et de romans qui vont faire de lui l'un des romanciers les plus courageux – il sera aux prises avec la censure dès 1952 – les plus lus et les plus populaires de l'après-guerre : *Développement* [*Desfàşurarea,* 1952], *Les Moromété* (*), (premier tome en 1955), les nouvelles, *Fenêtres obscures* [*Ferestre întunecate,* 1956] et *L'Audace* [*Indràzneala,* 1959] publiées auparavant dans *Viaţa Româneascà*, revue où il travaillait alors comme rédacteur. Puis viendront *Les Gaspilleurs* [*Risipitorii,* 1962], la nouvelle *Fièvre* [*Friguri,* 1963], le second tome des *Moromété* (1967), *L'Intrus* [*Intrusul,* 1968], une série d'essais très modernes et personnels, *L'Impossible retour* [*Imposibila întoarcere,* 1971], *Le Grand Solitaire* [*Marele Singuratic,* 1972], *Le Délire* (*) (1975), qui sera un événement de société autant et plus que littéraire et dont le second tome ne verra jamais le jour puisqu'il devait traiter de sujets hautement délicats comme ceux de la Seconde Guerre mondiale et de l'instauration du régime communiste en Roumanie. Suivra une autobiographie poignante et remarquablement audacieuse, *La Vie comme proie* [*Viaţa ca o pradà,* 1977] et sa dernière grande œuvre, son testament sinon son propre acte d'accusation, *Le Plus Aimé des fils de cette terre* [*Cel mai iubit dintre pàmînteni,* 1980], roman en trois volumes, devenu presque immédiatement introuvable en librairie. Marin Preda mourra quelques mois après sa publication dans des conditions particulièrement ténébreuses qui font dire à ceux qui l'ont connu de très près qu'il aurait été, en fait, discrètement « suicidé ». Sa fin aura été, comme l'essentiel de son existence, une fin d'homme et d'écrivain libre, aussi libre qu'on pouvait l'être sous un régime totalitaire comme le régime communiste roumain. De même que les autres grands noms de la littérature roumaine, sa popularité lui a permis de résister efficacement de l'intérieur. Il a dirigé la meilleure maison d'édition roumaine, Cartea Româneascà. Son œuvre romanesque se distingue par sa vigueur d'écriture et une volonté non-conformiste de réinterprétation de l'histoire de son pays.

JEAN-LOUIS COURRIOL.

PREMCHAND (pseud. de Dhanpat Rāy). Romancier et nouvelliste indien, de langues ourdoue et hindie. Le futur Gorki de la littérature hindie naquit le 31 juillet 1880 à Lamhī, petit village proche de Bénarès, dans une famille de pauvres kāyasths (caste de scribes) et mourut le 7 octobre 1936. De langue maternelle ourdoue, il débuta dans les lettres en publiant dans cet idiome un pamphlet nationaliste qui fut saisi par les autorités britanniques en 1908, puis il adopta progressivement le hindi afin de véhiculer son message au plus grand nombre de ses compatriotes. Sa vie et son œuvre sont en effet dominées par son engagement au service d'une double cause : la réforme de la société indienne et l'émancipation du joug colonial. Lorsqu'à l'appel de Gandhi lors du mouvement de non-coopération (1921) il renonce à son unique moyen de subsistance, il est l'auteur de deux romans appréciés : *La Maison du service* [*Sevāsadan,* 1918], qui traite du statut de la femme et de la prostitution, et *L'Ashram de l'amour* (*) (1921), critique virulente contre le système zamindari, qui inaugure un genre dont Premchand demeure le maître incontesté : l'épopée paysanne. Il se consacre dès lors à ses activités d'écrivain particulièrement fécond et de rédacteur de diverses revues, qui se confondent chez ce « soldat de la plume » avec l'action politique. Président de la première session du rameau indien de la « Progressive Writers Association » en 1935, Premchand meurt l'année suivante, épuisé par une vie de durs combats contre la misère, les préjugés, le poids de la tradition. Contemporaine d'un moment décisif de l'histoire de l'Inde, l'œuvre de Premchand apparaît comme le reflet de ses aspirations, de ses tensions et de ses contradictions, tout en éclairant de l'intérieur l'idéologie du gandhisme, dont on ne saurait la dissocier. Ainsi s'explique la prédominance des thèmes utopiques qui jalonnent sa production : tantôt c'est le mythe de l'Âge d'or qu'il s'agit de retrouver derrière les vicissitudes de l'histoire, tantôt le modèle idéal de la communauté de village dont il faut s'inspirer pour reconstruire une société aimante et fraternelle, libérée de ces tares que sont l'intouchabilité, l'exploitation des femmes, des paysans et des ouvriers, et la domination étrangère. *La Scène* [*Rangbhūmi,* 1925] montre l'effritement des valeurs traditionnelles lorsque s'installe au village l'usine des capitalistes coloniaux, *La Terre des actes* [*Karmabhūmi,* 1932], la montée irrésistible du sentiment national et le sacrifice héroïque de toute une génération ; enfin, l'admirable *Don de vache* [*Godân,* 1936] dépeint sous le jour le plus cru la misère paysanne. Outre une dizaine de romans, Premchand composa quelque trois cents nouvelles (réunies dans les onze volumes de *Mānsarovar*) – v. *Les Joueurs d'échecs* (*) – qui constituent une véritable fresque de la société indienne de l'époque et qui témoignent de la rare maîtrise de l'écrivain ainsi que de la générosité de l'homme.

CATHERINE THOMAS.

RÉF. : Catherine Thomas, *L'Ashram de l'amour, le gandhisme et l'imaginaire,* Paris, 1979.

PRESCOTT William Hickling. Historien nord-américain. Né et mort à Boston, Massachusetts (4 mai 1796-28 janvier 1859). Il appartenait à l'une de ces familles puritaines, riches et cultivées, qui formaient une véritable aristocratie fière de ses traditions morales, stricte et sévère. Il vécut toute sa vie dans une telle atmosphère et fut un type représentatif de cette société qui continuait à subir l'influence de la culture européenne et s'isolait de la rude et vigoureuse république nouvelle. Alors qu'il était à Harvard, un accident lui fit perdre un œil et amoindrit la vision de l'autre ; sa situation de fortune lui aurait permis de vivre en dilettante, mais ce digne fils de puritain n'admettait pas l'oisiveté et s'interdisait de s'apitoyer sur son propre sort. Avec l'aide de sa femme et d'un lecteur, il entreprit de sérieuses études en s'imposant un sévère programme de travail. Il étudia la langue et la littérature anglaise, française, italienne et espagnole, et l'histoire des deux continents. L'Espagne, et en particulier la période de ses conquêtes, le passionna. C'était un sujet peu connu de ses contemporains. Il publia en 1837 l'*Histoire du règne de Ferdinand et Isabelle* (*) qui obtint un vif succès, succès qui s'accrut avec les œuvres suivantes : *Histoire de la conquête du Mexique* (*) (1843), *Histoire de la conquête du Pérou* (*) (1847), *Histoire du règne de Philippe II* [*History of Philip II,* 1858]. Des deux côtés de l'Atlantique, littérateurs et historiens louèrent son art de conter et de décrire. On admira sa grande et sûre érudition, à laquelle il sut donner une forme dramatique et vivante.

RÉF. : H. T. Peck, *Life of W. H. Prescott,* New York, 1905.

PREŠEREN Francè. Poète slovène. Né le 3 décembre 1800 à Vrba, mort le 8 février 1849 à Kranj. Issu d'une vieille famille paysanne de la Slovénie alpine, il fréquenta le lycée à Ljubljana ; après six années d'études à Vienne, il y fut promu, en 1828, docteur en droit. Précepteur au collège de Klinkowström à Vienne, il eut comme élève le poète autrichien Anastasius Grün, qui lui conserva toujours son admiration. Définitivement retourné dans sa patrie, Prešeren travailla la plupart du temps dans l'étude d'un avocat de Ljubljana. Ses tentatives de s'établir comme avocat lui-même furent pendant de longues années entravées par les autorités, en grande partie à cause de ses idées libérales. Son unique recueil de *Poésies* (*) parut en 1846 (daté 1847). Homme de large culture humaniste et moderne, d'une sensibilité romantique, adversaire résolu de l'absolutisme, il s'exprime dans ses vers à travers son drame personnel et le triste destin historique de son peuple. Son sentiment de la vie – marqué par un amour passionné et inassouvi et la mort tragique de l'ami le plus cher – et sa vision du monde sont, certes, profondément romantiques ; mais cette variante originale du romantisme européen se distingue par son goût des formes métriques empruntées surtout à la Renaissance italienne, par sa rigueur classique, par son sens de la mesure, par son acceptation virile des souffrances personnelles, par son émouvante sincérité, par sa révolte, nullement xénophobe, contre l'humiliante condition politique, sociale et intellectuelle des Slovènes sous le régime de Metternich. Ce poète, qui avait une grande maîtrise de l'art poétique, fut le premier à faire de la langue slovène un instrument capable d'exprimer les mouvements les plus subtils de l'âme et de la pensée. Poète de l'amour et de l'amère solitude de l'homme créateur et indépendant plongé dans un milieu provincial arriéré, il élargit encore sa signification nationale et universelle par son message spirituel, par ses idées démocratiques sur la liberté, la justice humaine et la fraternité de tous les peuples. Ses poésies reprennent d'abord quelque peu le ton du lyrisme populaire pour atteindre leur sommet dans deux séries de sonnets (*Couronne de sonnets* et *Sonnets de la douleur*) ; remarquable est aussi le poème épique intitulé « Le Baptême près de la Savica », traitant de la christianisation des Slovènes. De grande valeur et très significatif pour sa pensée est son poème allemand en souvenir de son ami et mentor P. Cop. Prešeren est la figure centrale de la littérature slovène. C'est lui qui a le plus puissamment confirmé l'autonomie et déterminé l'essor de la langue littéraire d'un petit pays longtemps divisé et dominé du dehors. Son œuvre, dont l'élévation de pensée et la perfection formelle rayonnent sur toutes les générations postérieures, est devenue un élément inspirateur permanent de toute la culture slovène.

BORUT ZERJAV.

RÉF. : A. Slodnjak, introduction à la *Selection of Poems* de Fr. Prešeren, Oxford, 1954. – B. Calvi, *Fonti italiane e latine nel Prešeren maggiore*, Turin, 1960. – A. Slodnjak, *Francè Prešeren življenje*, Ljubljana, 1964. – Š. Bulovec, *Prešernova bibliografija*, Maribor, 1975. – P. Scherber, *Slovar prešernovega pesniškega jezika*, Maribor, 1977.

PREVEL Jacques. Poète français. Né le 21 juillet 1915 à Bolbec (Seine-Maritime), mort le 27 mai 1951 à Sainte-Feyre (Creuse). Plus que nul autre, Jacques Prevel a incarné l'image du poète maudit, tout au long des trente-six ans d'une vie vouée volontairement à la pauvreté, au malheur, à la maladie et à la mort. Après avoir passé son enfance et sa jeunesse au Havre, où il devint employé de mairie, Prevel « montera » à Paris vers 1940 pour s'adonner uniquement à son œuvre, mais les trois plaquettes qu'il publiera (dont deux à compte d'auteur) passeront totalement inaperçues : *Poèmes mortels*, 1945, *Poèmes pour toute mémoire*, 1947, *De colère et de haine* (*), 1950. La dernière période de sa vie, vécue dans le plus grand dénuement, sera cependant illuminée par l'amitié qu'Artaud et lui se voueront l'un à l'autre et dont Prevel témoignera dans un journal d'une sincérité et d'une sobriété impressionnantes, paru seulement en 1974 sous le titre *En compagnie d'Antonin Artaud* (*). En 1951, trois ans après la mort d'Artaud, Prevel devait décéder, miné par la tuberculose.

Dans le recueil de ses *Poèmes* paru en 1974, Prevel clame sa désolation face à un monde voué au vide, avec une nudité de style qui confère aux mots une force inouïe, comme s'il atteignait grâce à ce dépouillement ascétique la trame même de la réalité, identifiable alors au langage. Seule la compassion bouleversante de l'amour lui paraît parfois pouvoir conjurer ce désespoir total qui l'habite, et qui semble finalement dans son œuvre triompher de tout autre sentiment – voir *De colère et de haine*.

PHILIPPE FAUCHER.

PRÉVÉLAKIS Pandélis. Poète et romancier grec. Né le 18 février 1909 à Rethymnon (Crète), où s'écoule toute sa jeunesse, mort le 15 mars 1986 à Athènes. C'est l'un des esprits les plus précoces de la « génération de 1930 » puisqu'il a dix-sept ans lors de sa première rencontre avec Kazantzakis, et moins de vingt lorsqu'il publie un long poème intitulé *Soldats* [Στρατιῶτες, 1928]. En 1933, il se rend à Athènes pour y suivre des cours de droit et de philosophie, formation qu'il enrichira par un séjour à Paris et des voyages dans toutes les grandes villes d'Europe. Durant cette période, il ne se manifeste que par des travaux d'esthétique (il consacre plusieurs ouvrages au Gréco et publie des articles sur l'art grec dans des journaux anglais) ou des traductions : Valéry, Claudel, Euripide, etc. Cette exigence, cette profonde culture, qui lui valent d'être nommé directeur des Beaux-Arts à Athènes en 1937, sont manifestes dans *Chronique d'une cité* (*) (1938) qui marque le véritable début de son œuvre. Dans cette « mythistoire », comme il l'appelait lui-même, élaborée autour de la ville de Rethymnon, il inaugure une prose poétique proche de la tradition populaire et de ce que Kazantzakis entendait par le « regard crétois ». Comme pour son aîné, le roman, pour Prévélakis, a moins pour but de cerner l'âme de l'individu que celle de tout un peuple, et la Crète apparaît comme le personnage essentiel de son œuvre. C'est ainsi qu'il publie *Crète dévastée* [Πάντερμη Κρητη, 1945] en prenant pour sujet le soulèvement historique de 1866, et surtout, de 1948 à 1950, la trilogie intitulée *Le Crétois* (*) (*L'Arbre, La Première Liberté, La Cité*) avec le dessein d'incarner la population anonyme de l'île dans la figure centrale d'un combattant pour la liberté. Mais cela ne va pas toujours sans quelque raideur ou affectation et, dans ses derniers livres, Prévélakis revient sur ses ambitions pour se consacrer uniquement à la perfection de la forme : *Le Pain des anges* [Τό Ψωμὶ τῶν ἀγγελῶν, 1965]. D'inspiration crétoise, nous possédons encore *Le Soleil de la mort* (*) (1959), peinture de mœurs brossée sur l'argument d'une « vendetta », et *La Tête de Méduse* (1963), qui retrace l'itinéraire spirituel d'un jeune homme jusqu'à son retour sur le sol natal. Prévélakis est également l'auteur d'un œuvre poétique, critique (consacrée à Kazantzakis) et théâtrale, pour laquelle il reçut plusieurs récompenses officielles.

GILLES ORTLIEB.

PRÉVERT Jacques. Poète français. Né le 4 février 1900 à Neuilly-sur-Seine, mort le 12 avril 1977 à Omonville-la-Petite (Manche), près du cap de la Hague. Son père était breton et sa mère auvergnate (ils eurent un second enfant, l'excellent cinéaste Pierre Prévert). Il grandit à Paris où il fréquenta l'école communale. Son père vivotait de petites combines, parfois à la périphérie des « bonnes œuvres ».

Peut-être peut-on y déceler en partie les sources de ce ridicule dont Jacques Prévert ne cessera d'affubler la religion catholique, ses dogmes, ses pompes et ses desservants. Le même père l'emmenait au théâtre grâce à des « billets de faveur », et il n'oublia jamais ce monde agrandi, lyrique et simplifié qu'offre la scène. Il fut aux Grands Magasins du Bon Marché un employé peu modèle. Mobilisé en 1918, l'armée française l'envoya, la guerre finie, au Proche-Orient. Après guerre, il dit son mot chez les surréalistes, à sa façon plus indépendante que marginale, dans le groupe dit de la rue du Château, aux côtés de Marcel Duhamel, du peintre Yves Tanguy, de Raymond Queneau et de Georges Sadoul. En un certain sens, il sera le plus pur des surréalistes : d'abord par ce sens du « dépaysement » que très naturellement il introduisit dans sa poésie, et dont il n'y a pas lieu de donner d'exemples puisqu'il est partout, et parce qu'il s'exprima toujours au plus près de lui-même, dans une très profonde indifférence aux systèmes critiques et au qu'en-dira-t-on. Mais aussi par la rigueur de sa morale (de sa contre-morale) : car il ne manifesta aucun goût pour les appartenances, à plus forte raison pour le prosélytisme des idées ; il voulut aimer seulement les élus de son propre choix, et n'entendit rien aux alliances et aux sectes, aux récriminations et alternances d'un pouvoir, fût-il révolutionnaire. « Excellent musicien, il joua pendant un certain temps du luth de classe sous les fenêtres du parti communiste, reçut des briques sur la tête, et repartit déçu maître chanter dans les cours d'amour... »

Comme il avait la passion des énigmes lyriques que proposait le cinéma, il écrivit des scénarios pour ce moyen d'expression encore dans sa fraîcheur, et le fit avec sa fertilité habituelle. Il vécut dans le Midi pendant la guerre, puis un temps s'installa à Saint-Paul-de-Vence. Plus tard, à Paris, il habita un somptueux capharnaüm au premier étage sur un boulevard proche de l'ancien Moulin-Rouge. Dans la première pièce, il se tenait à une grande table, tout seul : un poème écrit au crayon feutre traînait là, ou bien c'étaient les matériaux d'un futur collage — de belles filles nues, le pape, des dorures, des verdures... Il travaillait et ne travaillait pas, accueillant un visiteur ou un autre, qu'il écoutait (il écoutait bien), et encore il parlait et parlait. Un monologue plutôt qu'une conversation. Tout de suite, le visiteur était précipité loin de toute trivialité commune. Prévert, lui, se tenait droit comme un I. Son regard bleu, on ne peut le décrire, on en peut dire seulement ce qu'il écrivit de celui de Vincent Van Gogh : « Le regard bleu et doux / Le vrai regard lucide et fou / De ceux qui donnent tout à la vie. » Faisons tout de même un correctif : il y avait aussi de la dureté dans le regard de Prévert sur le monde. Plus tard, il choisit de vivre dans la campagne normande, somptueuse et marine, où il devait finir ses jours.

Maurice Saillet a dit de Prévert qu'il fut un maître de la parole, et rien n'est plus vrai. Il parlait, donc écrivait, en Parisien, un français du nord de la Loire, insoucieux de domestiquer les e muets, de sorte que, dans la perspective d'une métrique enseignée, on compterait chez lui un bon nombre de faux alexandrins, souvent beaux, comme « les roues de vos carrosses savaient où vous alliez », ou de versets païens faits pour l'oreille : « aussi vrai qu'il y a une fanfare poissons dans chaque vague de la mer ». Il n'avait aucun souci de la corrélation entre l'oral et l'écrit. Il se louait de sa langue de « certifié d'études » (et un jour s'excusa auprès de ses lecteurs d'avoir donné deux f à la girafe), mais c'est dans cette langue qu'il écrivit ses dépaysements : « ... un singe avec ses employés / un jardinier avec son sécateur / un jésuite avec une phlébite. »

Autant que la religion enseignée par les pères des écoles chrétiennes, il exécrait l'intellectualisme, et toute prétention en général. Il avait fait du mot « grand » sa bête noire, disant à Fernand Léger, à Picasso : « Vous n'êtes pas de grands peintres, vous êtes de bons peintres. » L'approche comparative lui était odieuse, il refusait toute définition de la poésie, de l'humour, etc. Il faisait parler un conférencier de la façon suivante : « J'ai des vestiges / Je ne suis pas quiconque / J'ai des références », et interpellait ses semblables en ces termes : « Hommes à la tête d'éponge / hommes aux petits corridors. » Utiles antidotes dans une époque trop abandonnée aux charlatans de l'abstrus.

Il faut souhaiter bon vent à qui voudra fixer la bibliographie de Jacques Prévert. Il se proclamait paresseux et a travaillé sa vie entière — à son rythme, à sa main. Les premiers grands recueils — *Paroles* (*) (1946), *Spectacle* (*) (1951), *La Pluie et le Beau Temps* (*) (1955) — ont eu des lecteurs innombrables, mais la totalité des textes publiés — dispersés au gré des amitiés et des circonstances dans les revues littéraires, les catalogues d'exposition, les ouvrages préfacés, etc. — défie le recensement. À titre indicatif seulement, voici quelques titres : *Contes pour enfants pas sages* (*) (1947), *Lettre des îles Baladar* (*) (1952), *L'Opéra de la lune* (*) (1953), *Tour de chant* (*) (1953), *Lumières d'homme* (*) (1955), *Histoires* (*) (1963), *Fatras* (*) (1966). Ce poète n'écrivit jamais que ce qui lui vint en tête d'écrire, pourvu que ce fût avec assez de force, d'authenticité ; et toujours il s'est refusé à des renoncements, à des révisions, des seconds choix — dans le même esprit radical de non-carrière, qui s'imposait à lui comme une évidence.

Jacques Prévert nous fit du bien, le temps de son passage, et il fut un humain plus unique que les autres. Bel et bien, il ne ressemblait à personne.

JEAN QUEVAL.

RÉF. : G. Guillot, *Les Prévert,* Paris, 1967. – A. Bergens, *Jacques Prévert,* Paris, 1969. – A. Laster, *Paroles,* Paris, 1972. – M. Rachline, *Jacques Prévert, drôle de vie,* Paris, 1981.

PRÉVOST, abbé Antoine-François. Écrivain français. Né à Hesdin le 1er avril 1697, mort près de Chantilly le 25 novembre 1763. Réduit aujourd'hui à *Manon Lescaut,* Prévost est une figure importante de la vie intellectuelle des Lumières en France, et l'un de ses plus grands romanciers. Issu d'une famille de notables provinciaux (son père est avocat au Parlement et procureur), il fait des études au collège d'Hesdin ; il commence deux noviciats chez les jésuites, interrompus par deux engagements militaires, et entre, « après une affaire malheureuse », chez les bénédictins de Jumièges (1720). Cet « asile » va se révéler pour lui un « tombeau » dont il sort huit ans plus tard. Tout en poursuivant ses études de théologie, qui conduisent à son ordination (en 1725), il contribue à des publications érudites et fait passer en Hollande un récit libertin et satirique sur la Régence, les *Aventures de Pomponius* (1724). En 1728, il rompt avec son ordre, et publie les deux premiers tomes de son premier vrai roman les *Mémoires et aventures d'un homme de qualité* (*). Il inaugure ainsi une nouvelle existence, vouée à l'aventure et à la littérature : il tente de vivre de sa plume, et en une douzaine d'années écrit l'essentiel de son œuvre, poursuivi par les faillites, les scandales, les polémiques. Il découvre d'abord avec enthousiasme l'Angleterre, qu'il doit quitter, soupçonné d'avoir voulu épouser la fille de son employeur. Commence en Hollande une période de troubles financiers et sentimentaux, et de riche création littéraire : il achève les *Mémoires et aventures d'un homme de qualité,* y insère l'*Histoire du chevalier des Grieux et de Manon Lescaut* (*) (1731), et commence son deuxième grand roman, *Le Philosophe anglais ou l'Histoire de M. Cleveland* (*) (1731). Il fait amende honorable, revient en France, obtient sa réintégration chez les bénédictins. Il se consacre en partie à son journal, le *Pour et Contre* (1733-1740) et entame un roman plus prudent, *Le Doyen de Killerine* (*) (1735). Polémiques et folles dépenses provoquent de nouvelles errances, également propices à l'écriture : il achève le *Doyen* et *Cleveland,* publie deux biographies historiques, l'*Histoire de Marguerite d'Anjou* (1740) et l'*Histoire de Guillaume le Conquérant* (1742), et trois romans assez courts, proches par leur propos ambigu, leur ton désenchanté, leurs personnages libertins ; en 1740, l'*Histoire d'une Grecque moderne* (*), en 1741, les *Mémoires pour servir à l'Histoire de Malte* et *Les Campagnes philosophiques, ou Mémoires de M. de Montcal.* Il rentre en France et se consacre à des travaux d'édition et de traduction qui lui apportent la stabilité financière et une respectabilité que le genre encore décrié du roman ne pouvait lui procurer. Il renonce à la fiction, à deux brèves exceptions, les grêles *Mémoires d'un honnête homme* (1745), et le décousu *Monde moral* (1760-64). Il traduit une *Vie de Cicéron* (1743), puis des *Lettres de Cicéron* (1744), et publie les *Voyages du capitaine Robert Lade.* En 1745, soutenu par le pouvoir, il lance par souscription l'*Histoire générale des voyages,* librement adaptée de l'anglais, et en livre jusqu'en 1759 un volume par an. Cette vaste entreprise précède l'*Encyclopédie* et obéit à la même intention : rassembler les connaissances acquises sur les peuples et les continents, et offrir ainsi la matière d'une réflexion anthropologique et philosophique. Il continue parallèlement à faire connaître la culture anglaise, traduisant (non sans opérer des coupes) les deux grands romans de Richardson, *Clarisse Harlowe* (*) en 1751 et l'*Histoire de sir Charles Grandison* (*) (1755-1758), et des romans moins connus de Sheridan et Hakesworth. Il adapte de l'anglais un dictionnaire, le *Manuel lexique* (1750 et 1755), et prend un moment la direction du *Journal étranger* (1755). Tous ses romans sont régulièrement réédités, d'amples œuvres choisies paraissent en 1783-1785 puis en 1810-1816. Mais bientôt on retient de son œuvre la seule *Manon Lescaut.*

Prévost est pourtant l'un des plus grands romanciers français du XVIIIe siècle, le seul qui ait utilisé le genre romanesque pour construire un univers complexe, personnel, varié, sensible à la place du sujet dans l'histoire et la société comme à sa recherche de liberté et à sa quête anxieuse d'une vérité intérieure. Dans une période de méfiance à l'égard de la fiction, il renoue avec la tradition baroque et exploite toutes les ressources du romanesque : intrigue complexe, renversements, coups de théâtre, comportements extrêmes, violences et désirs brutaux. Il confère à ce romanesque une tonalité spécifique qui trouve son prolongement dans le roman noir et le romantisme : décors gothiques, hantise de la claustration, jouissances du deuil, errances, insatisfactions infinies, mélancolies. Ainsi peint à larges touches, l'univers de Prévost frappe surtout par son implacable cohérence et son intensité métaphysique. Le romancier tranche en effet sur ses contemporains en se plaçant dans une perspective religieuse, et en montrant des personnages aux prises avec la morale et l'interdit de la loi. Mais s'il inscrit à l'horizon de ses œuvres les principes de la responsabilité et de la culpabilité, c'est pour les remettre en question, sinon les dissoudre : la norme répond à un désir de l'homme et à un besoin social mais se dérobe face aux pouvoirs anarchiques de la passion et aux incitations de la nature. Prévost aime en particulier représenter ses héros découvrant les conséquences paradoxales de leurs projets ou de leurs actions, entraînés dans une terrible logique qu'ils ne maîtrisent pas, auteurs involontaires de leurs crimes et de leurs malheurs. Pour créer cette impression d'obscurité et de tragédie, Prévost exploite dans tous ses romans le même procédé narratif des mémoires fictifs : tout est vu dans l'optique subjective d'un personnage qui veut rétrospectivement comprendre ce qui lui est arrivé, et percer à jour ce que les autres ont bien voulu lui laisser voir ou lui ont dit. Le récit de Prévost est constitué en grande partie par les discours de ses protagonistes, qui ont cherché à lui imposer leurs propres visions, ou à l'entraîner dans leurs constructions imaginaires : la « réalité » n'existe que dans le mouvement passionné pour l'interpréter, la susciter ou y substituer ses rêves, et cet aspect contradictoire et fuyant des êtres et des choses vient compromettre les différentes catégories morales et religieuses qui sont alléguées pour les appréhender ou contribuer à les modifier. L'univers de Prévost, porté par l'inquiétude, perpétuellement sous tension, est ainsi l'expression d'un moment historique où le sujet, perdant ses repères métaphysiques et politiques, voit s'ouvrir à lui la liberté non seulement de faire l'histoire mais aussi de se définir lui-même. Lire Prévost, c'est revenir au moment où l'homme moderne se découvre.

JEAN-PAUL SERMAIN.

♦ *« Chaque ligne de l'*Homme de qualité retiré du monde, *du* Doyen de Killerine *et de* Cleveland *excite en moi un mouvement d'intérêt sur les malheurs de la vertu et me coûte des larmes. »* Diderot. ♦ *« J'ai souhaité qu'il eût fait des tragédies, car il me paraît que le langage des passions est sa langue naturelle. »* Voltaire. ♦ *« L'abbé Prévost, homme très aimable et très simple, dont le cœur vivifiait ses écrits, dignes de l'immortalité, et qui n'avait rien dans l'humeur ni dans sa société du coloris sombre qu'il donnait à ses ouvrages. »* Rousseau. ♦ *« Il entasse événement sur événement, et vous fait perdre de vue les personnages qui vous intéressaient, pour en introduire de nouveau. »* La Harpe. ♦ *« Cette désolée Manon regarde moins l'aurore que le couchant. Elle appartient à la fin du règne de Louis XIV. C'est un livre amoureux, libertin, catholique. »* Michelet. ♦ *« Quel ton d'excellente compagnie. »* Flaubert. ♦ *« L'abbé Prévost ne se peut comparer qu'à Pétrone. Son atmosphère est celle du* Satyricon. *»* Cocteau. ♦ *« Un sens inquiétant du mal, le goût exaspéré de blesser l'honneur en le noyant de miel. »* François Nourissier.

RÉF. : Henri Roddier, *L'Abbé Prévost, l'homme et l'œuvre,* Paris, 1955. — Claire E. Engel, *Le Véritable Abbé Prévost,* Monaco, 1958. — *L'Abbé Prévost,* colloque d'Aix-en-Provence 1963, Aix-en-Provence, 1965. — Jean Sgard, *Prévost romancier,* Paris, 1968. — Jeanne R. Monty, *Les Romans de l'abbé Prévost,* Genève, 1970. — *Cahiers Prévost d'Exiles,* 1984-1990, Grenoble, 6 vol. parus. — Jean-Paul Sermain, *Rhétorique et roman au* XVIII*e siècle, l'exemple de Prévost et de Marivaux,* Oxford, 1985. — Jean Sgard, *L'Abbé Prévost : labyrinthes de la mémoire,* Paris, 1986. — Alan J. Singerman : *L'Abbé Prévost, l'amour et la morale,* Genève, 1987. — Aurelio Principato, *Il raggio nella cripta, ricerche su Prevost romanziere,* Pise, 1988.

PRÉVOST Jean. Écrivain français. Né à Saint-Pierre-lès-Nemours le 13 juin 1901, mort à Sassenages (Vercors) en 1944. Journaliste (à l'*Œuvre*, 1924, puis à partir de 1930, à *L'Intransigeant*), rédacteur dans des revues (au *Navire d'argent*, 1925-26 ; à l'*Europe*, 1927-28), secrétaire d'éditeurs (aux éditions Rieder, 1927), lecteur de littérature française dans des universités étrangères (à Cambridge, 1929-30), passant des pages dédiées au sport (*Plaisirs des sports*, 1925) à la biographie (*Vie de Montaigne*, 1926), il avait bientôt montré son ardeur d'homme de lettres pourvu d'une préparation universitaire accomplie. L'essayiste s'affirme dans *Les Épicuriens français* (Stendhal, Sainte-Beuve, Hérault de Séchelles) de 1931, dans *La Création chez Stendhal* (1942), dans *Baudelaire, essai sur l'inspiration et la création poétiques* (1952, posthume) ; l'écrivain politique, dans l'*Histoire de France après la guerre* (1932). Auteur également de beaux souvenirs de jeunesse (*Dix-Huitième année*, 1928), il devait, tout naturellement, arriver au roman. Après *Tentative de solitude* (1925), ce fut, en 1930, *Les Frères Bouquinquant* (*), roman populiste, d'une expression plus achevée, tendant à démontrer que les gens du peuple aussi ont une psychologie complexe. Vinrent ensuite *Rachel* (1932), *Le Sel sur la plaie*, et d'autres. Mais la révélation complète de l'écrivain fut empêchée par l'irruption de la guerre, durant laquelle il tomba, combattant du maquis.

RÉF. : Vercors, *Cinq parmi d'autres*, Paris, 1947. — P. H. Simon, *Procès du héros*, Paris, 1950. — M. Bertrand, *L'Œuvre de Jean Prévost*, Berkeley et Los Angeles, 1968. — O. Yelnik, *Jean Prévost, portrait d'un homme*, Paris, 1979.

PRÉVOST Marcel. Écrivain français. Né à Paris le 1er mai 1862, mort à Vianne (Lot-et-Garonne) le 8 avril 1941. Sorti de l'École polytechnique, il exerça quelque temps la profession d'ingénieur, qu'il abandonna lorsqu'en 1890 le revenu de ses travaux d'écrivain lui permit de vivre indépendant. La partie la plus heureuse et caractéristique de sa production se place, dans l'histoire du roman français à la fin du XIXe siècle, sous le signe de la réaction contre le roman naturaliste et d'un intérêt aigu pour les mystères de l'âme féminine. L'orientation antinaturaliste, après les essais encore incertains de ses premiers romans, *Le Scorpion* (1887), *Chonchette* (1888), *Mademoiselle Jauffre* (1889), est visible aussi dans la production postérieure à 1890 : *Cousine Lara* (1890), *La Confession d'un amant* (1891), *L'Automne d'une femme* (1893) et *Les Demi-Vierges* (*) (1894 ; adaptation pour le théâtre en 1895) ; le dernier fut un succès retentissant, même de scandale. Il y avait déjà cette enquête curieuse et piquante sur l'âme féminine, toutefois, dans les *Lettres de femmes* (1892) et *Nouvelles Lettres de femme* ; on la retrouvera encore dans d'autres romans comme *Notre compagne* (1895), *Jardin secret* (1897), *Dernières Lettres de femmes* (1897) et *L'Heureux Ménage* (1900). Puis, sous la poussée du changement d'idées et de goûts survenu dans le public et la culture littéraire, l'intérêt de Marcel Prévost pour la psychologie féminine prit un autre ton et se dirigea vers d'autres fins dans le court cycle des *Vierges fortes*, qui comprend les deux romans *Frédérique* (1900) et *Léa* (1900), suivis, à peu de distance, par les *Lettres à Françoise* (1902) ; et il faut ramener au même motif l'affleurement de préoccupations de morale générale dans les romans de la dernière période, tels que *La Princesse d'Erminges* (1905), *L'Accordeur aveugle* (1905), *Pierre et Thérèse* (1909), *Féminités* (1912), *Les Anges gardiens* (1913), *L'Adjudant Benoît* (1916), *Les Don Juanes* (1922), *Nouvelles Lettres à Françoise* (1924), *L'Homme vierge* (1930), etc. En 1909, Marcel Prévost fut appelé à occuper le fauteuil de Victorien Sardou à l'Académie française.

RÉF. : J. Lemaître, *Les Contemporains*, tome V, Paris, 1892. – R. Doumic, « *Marcel Prévost* », in *La Revue des Deux Mondes*, 1900. – É. Faguet, *Marcel Prévost*, in *La Revue des revues*, 1912. – *Marcel Prévost et ses contemporains*, œuvre collective, 2 vol., Paris, 1943. – M. Bertrand, *L'Œuvre de Prévost*, Berkeley/Los Angeles, 1968. – J.-F. Costelœ, *The Novels of Prévost*, thèse, Université Lancaster, 1980.

PRÉVOST-PARADOL Lucien Anatole. Littérateur et publiciste français. Né à Paris le 8 juillet 1829, il se suicida à Washington le 11 août 1870. Fils de Mme Paradol (1798-1843), actrice fort applaudie à la Comédie-Française, il fut mis au Collège Bourbon où il se fit vite remarquer par sa maturité d'esprit, en même temps que ses condisciples Hippolyte Taine et Ludovic Halévy. En 1848, il obtint le premier prix du discours français et l'année suivante le prix d'honneur de philosophie. Admis à l'École normale en 1849, il y fut le condisciple de Taine et passa son doctorat en 1855. Nommé à la faculté d'Aix professeur de littérature, il obtint aussitôt un grand succès. S'étant vu offrir, en 1856, d'entrer au *Journal des débats* (*), il donna sa démission, revint à Paris et dès lors se consacra tout entier au journalisme. Chargé de la rédaction du bulletin politique en raison de son libéralisme, il y fit preuve de tant de verve combative qu'il fut bientôt considéré comme un adversaire redoutable du second Empire. Ayant, en 1860, publié un certain libelle *(Anciens Partis)*, il fut traduit en police correctionnelle et condamné à un mois de prison. Rendu, par là, très populaire, il devint le collaborateur du fameux *Courrier du dimanche* où, bien plus encore qu'aux *Débats*, il pouvait harceler le régime. Il entra à l'Académie française en 1865. Dès 1869, il cessa de se poser en adversaire irréductible du second Empire, et il se vit offrir le poste de ministre plénipotentiaire à Washington (1870). Il se suicida à l'annonce de la déclaration de guerre.

Sans avoir laissé aucune œuvre supérieure, Prévost-Paradol n'en restera pas moins l'un des écrivains les plus doués de son temps. Passé maître dans l'art de l'ironie, il fut avant tout un grand journaliste. Citons : *De la liberté des cultes en France* (1858), *Essais de politique et de littérature* (1859), *Nouveaux Essais de politique et de littérature* (1962), *Derniers Essais de politique et de littérature* (1863). Au surplus, il s'est révélé moraliste de haute classe, comme en témoigne son ouvrage intitulé *Études sur les moralistes français* (*) (1864).

RÉF. : O. Gréard, *Prévost-Paradol*, Paris, 1894. – A. Aubert, *Un grand libéral, Prévost-Paradol*, Paris, 1931. – P. Guiral, *Prévost-Paradol*, Paris, 1955.

PRIESTLEY John Boynton. Romancier, dramaturge et essayiste anglais. Né le 13 septembre 1894 à Bradford, dans le Yorkshire, mort le 14 août 1984 à Londres. Fils d'instituteur, il passa son enfance à Bradford, ville ouvrière, provinciale et chaleureuse qu'il évoqua souvent avec nostalgie. Après la guerre et des études à Cambridge, il se fit connaître à Londres comme journaliste et essayiste dans la tradition de Hazlitt et Charles Lamb. Après avoir publié des recueils de ses chroniques – notamment *Chroniques de Lilliput* [*Papers from Lilliput*, 1922] –, et deux premiers romans, il connut un immense succès en 1929 lorsque parurent *Les Bons Compagnons* (*), récit picaresque, à la Fielding ou à la Dickens, de l'errance à travers l'Angleterre d'une troupe de musiciens ambulants. Priestley adapta le roman pour la scène en 1931, et la pièce est restée un classique du théâtre anglais du XXe siècle – André Previn en fit même une comédie musicale en 1978. *La Ruelle de l'ange* [*Angel Pavement*], son roman suivant, est généralement considérée comme sa plus belle réussite romanesque, mais cette peinture très sombre des destins croisés d'un groupe d'employés londoniens fut mal reçue par la critique et boudée par le public. Priestley renoua avec le succès dès 1932, au théâtre, grâce à *Tournant dangereux* [*Dangerous Corner*], habile variation sur le thème du huis clos, que devaient suivre quarante autres pièces dont *Laburnum Grove* (1933), *Lorsque nous serons mariés* [*When we are married*, 1938] et *Le Tilleul* [*The Linden Tree*, 1947]. Son œuvre d'essayiste se poursuivit également avec un de ses livres les plus attachants, *Voyage en Angleterre* [*English Journey*, 1934], où la Grande-Bretagne en crise des années 30 est décrite avec affection et humour au fil du récit sans contrainte du voyage qu'il fit en 1933, de Southampton à Londres en passant par le Yorkshire de son enfance, le Lancashire et l'East Anglia. Il y développait une sagesse à la Samuel Johnson qu'on retrouva dans ses chroniques de guerre, prononcées chaque dimanche à la B.B.C., et qui furent rassemblées dans les recueils *La Grande-Bretagne parle* [*Britain speaks*] et *Post-scriptums* [*Postscripts*]. Jusqu'à sa mort, Priestley continua de publier des récits de voyage, des romans et des essais, dont le monumental *La Littérature et l'homme d'Occident* (*), inspiré par les théories de Jung, et prit une part active au mouvement antinucléaire. Auteur prolifique – sa bibliographie compte cent quatorze titres –, il incarna pendant presque un siècle, souvent à son corps défendant, les vertus de bon sens, de courage et d'humour que l'on prête aux Anglais.

FRANÇOIS DUPUIGRENET DESROUSSILLES.

RÉF. : S. Cooper, *J. B. Priestley, Portrait of an Author,* Londres, 1970. – K. Young, *J. B. Priestley,* Londres, 1977. – J. Braine, *J. B. Priestley,* Londres, 1978. – V. Brome, *J. B. Priestley,* Londres, 1988.

PRIESTLEY Joseph. Théologien, chimiste et physicien anglais. Né à Fieldhead (Yorkshire) le 13 mars 1733, mort à Northumberland (États-Unis) le 6 février 1804. Son père était un modeste artisan non conformiste (calviniste) dont il hérita l'amour de la liberté religieuse. Il fréquenta jusqu'à douze ans l'école du village, mais, grâce à la générosité du pasteur Kirby, il put continuer ses études et eut à vingt ans de solides connaissances en sciences et en langues anciennes. Il entra en 1752 au séminaire calviniste de Daventry, et en 1755 exerça son premier ministère à Needham Market (Suffolk). À Nantwhich où il exerça ensuite, il ouvrit une école, où, en plus de l'enseignement des rudiments, il faisait des expériences scientifiques. C'est là qu'il commença ses études sur l'électricité ; études qu'il poursuivit à Warrington, où il avait été appelé en 1761 en qualité de professeur de latin et de grec. Bien que n'ayant encore rien publié d'important, il fut nommé en 1766 membre de la Royal Society. Ce n'est que l'année suivante que parut son *Histoire de l'électricité* [*History of Electricity*], qui contient aussi quelques recherches personnelles. Nommé pasteur à Leeds, c'est dans cette ville qu'il écrivit des libelles politiques contre le gouvernement réactionnaire alors en guerre avec les colons américains. Il y commença également des expériences sur la chimie des gaz qui le rendirent célèbre. En 1772 (l'année où il fut nommé membre étranger de l'Académie des sciences), il devint le secrétaire de lord Shelburne et voyagea avec lui sur le continent. En 1774, il rencontra Lavoisier ; il lui exposa la méthode grâce à laquelle il avait, quelques mois plus tôt, préparé de l'« air déphlogistiqué », c'est-à-dire de l'oxygène. Il était alors dans la période la plus féconde de sa vie ; en 1772-1774 parurent les *Fondements de la religion naturelle et révélée* [*Institutes of Natural and Revealed Religion*] ; en 1778, *Recherches sur la matière et l'âme* [*Disquisitions relating to Matter and Spirit*]. Le premier volume de son œuvre scientifique essentielle : *Expériences et observations sur différentes espèces d'air* (*), avait été publié en 1774 ; il la continua jusqu'en 1786. Il quitta lord Shelburne en 1780 pour reprendre un ministère religieux à Birmingham, où, en qualité de pasteur à la New Meeting Society, il se lia avec des hommes de science notoires, en particulier avec James Watt et Erasme Darwin ; il y poursuivit ses travaux sur les gaz et reprit sa polémique politico-religieuse contre le gouvernement et l'Église d'Angleterre en publiant l'*Histoire de la corruption du christianisme* [*An History of the Corruptions of the Christianity,* 1782] et les premiers volumes de l'*Histoire générale de l'Église chrétienne* [*General History of the Christian Church,* 1790].

C'est une figure curieuse que celle de ce prêtre, non conformiste en religion, matérialiste en philosophie, jacobin en politique (il prit parti pour les colons américains et sympathisa avec les révolutionnaires français). Il n'était pas aimé : les bien-pensants excitèrent le peuple contre lui et, accusé (à tort) d'avoir fêté en 1791 l'anniversaire de la prise de la Bastille avec un groupe de démocrates, il vit son église et sa maison envahies et saccagées. Il se rendit à Londres, où, sans être officiellement inquiété, il se sentit surveillé par la police et évité par ses collègues de la Royal Society. Si bien qu'en mai 1794 il émigra, comme beaucoup d'autres, en Amérique et se fixa à Northumberland. Il y publia encore les *Expériences et observations relatives à l'analyse de l'air atmosphérique* [*Experiments and Observations relating to the Analysis of Atmospheric Air,* 1800] et les deux derniers volumes (1800-1802) de l'*Histoire de l'Église chrétienne.*

GIULIO PRETI.

♦ *« Aucun homme n'a poussé aussi loin l'étude du christianisme et aucun, je crois, ne l'a fait plus sincèrement. »* Robert Southey. ♦ *« Tout homme raisonnable, s'il prend pitié des infortunes de Priestley et estime son ingéniosité, ne peut le considérer que comme la victime de sa propre folie et de ses passions mal dirigées. »* De Quincey.

RÉF. : Thorpe, *J. Priestley,* Londres, 1906. – O. Lodge, *Joseph Priestley* in *Nine Famous Birmingham Men,* Birmingham, 1909. – C. Matignon, *Cérémonie du deuxième centenaire de la naissance de Priestley,* Paris, 1933. – J. F. Fulton, *Works of Joseph Priestley,* New Haven, 1937. – M. C. Park, *Joseph Priestley and the Problem of Pantisocraty,* Philadelphie, 1947. – J. G. Gilliam, *The Crucible : the Story of Joseph Priestley,* Londres, 1954. – F. W. Gibbs, *Priestley, Adventures in Science, Champion of Truth,* Londres, 1965. – R. E. Crode, *A Bibliography of Priestley,* Londres, 1966.

PRIGOGINE Ilya. Chimiste belge d'origine russe. Né à Moscou le 25 janvier 1917. Naturalisé belge à l'âge de douze ans, Ilya Prigogine fit ses études de chimie à l'université libre de Bruxelles, où il est professeur de chimie théorique depuis 1951 et directeur des instituts Solvay. Sa contribution essentielle, couronnée par le prix Nobel de chimie 1977, concerne le champ très interdisciplinaire (incluant la chimie, la biologie, la physique et la cosmologie) de la thermodynamique. Alors que la thermodynamique ne s'intéressait jusque-là qu'aux systèmes isolés (sans échange d'énergie avec le milieu extérieur) et à l'équilibre (définissable par des grandeurs statistiques comme la température), Prigogine s'intéressa à la thermodynamique « hors d'équilibre » et montra qu'au sein de milieux très désorganisés peuvent apparaître et persister des « structures dissipatives », dont les exemples sont légion en biologie. Ses travaux ont fortement contribué à l'émergence de la science du « chaos » et des théories de la complexité. Il a publié plusieurs ouvrages de vulgarisation : *La Nouvelle Alliance* (*) (1979), avec Stengers ; *Entre le temps et l'éternité* (1988), dans lesquels il annonce l'avènement d'un lien nouveau et renforcé entre science et culture.

NICOLAS WITKOWSKI.

PRIMAT. Moine de Saint-Denis et chroniqueur français du XIIIe siècle. Nous ignorons tout de sa vie, mais il s'est désigné comme l'auteur des *Grandes chroniques de France* ou *Chroniques de Saint-Denis* (*), et cette attribution lui a été maintenue faute de renseignements plus précis. Son œuvre est particulièrement intéressante pour la période qui va de 1250 à 1286 ; il était visiblement bien informé et ses récits paraissent dignes de foi, mais il s'abstient d'indiquer ses sources. On a pensé qu'il agissait ainsi afin de démontrer la richesse des archives de son abbaye, et de prouver qu'elle était seule à même d'entreprendre la véritable chronique du royaume.

PRITCHETT Victor Sawdon. Journaliste, critique, romancier et nouvelliste anglais. Né à Ipswich le 16 décembre 1900. Fils d'un petit entrepreneur, il travailla dans plusieurs entreprises de commerce, en Angleterre et en France, avant de devenir journaliste pour le *Christian Science Monitor* qui l'envoya, au lendemain de la guerre, en Irlande, en Espagne – pour laquelle il conçut une véritable passion –, au Maroc et aux États-Unis. En 1927, il revint à Londres où il commença à collaborer à divers périodiques, principalement au magazine socialiste *The New Statesman* dont il devint le critique littéraire, puis le rédacteur en chef jusqu'en 1950. Dès lors, il partagea sa carrière entre le journalisme et une œuvre personnelle qui resta longtemps confidentielle. Il débuta en 1928 par un récit de voyage, *À travers l'Espagne* [*Marching Spain*], qui ne connut pas plus de succès que son premier roman, *Clare Drummer* (1929). Cependant, il s'affirmait comme un maître de la nouvelle dès son premier recueil, *La Vierge espagnole* [*The Spanish Virgin*, 1930] et dans les quelque quarante nouvelles qu'il publia dans diverses revues jusqu'à la fin de la Seconde Guerre mondiale et qui furent rassemblées en 1945 sous le titre *Cela n'arrivera peut-être jamais* [*It May Never Happen*]. Renonçant définitivement au roman après *Mr. Benuncle* (1951), il publia des volumes de critique très personnels comme *Lectures* (*) (1953), *Balzac* (1973) ou *L'Aimable Barbare : vie et œuvre de Tourgueniev* [*Gentle Barbarian : The Life and Work of Turgenev,* 1977], et deux volumes d'autobiographie, *Un taxi à la porte* [*A Cab at the Door,* 1968], et *L'Huile de minuit* [*The Midnight Oil,* 1971]. Les années 60 et 70 lui apportèrent enfin la reconnaissance de ses pairs et du public. Président du P.E.N. Club britannique en 1971, puis de l'organisation internationale en 1974, il fut annobli en 1975 pour services rendus à la littérature anglaise. La publication de nouveaux recueils de nouvelles, *Au bord de la falaise* [*On the Edge of the Cliff,* 1969], puis *Nouvelles complètes* [*Collected Stories,* 1982], ainsi que son édition de l'*Anthologie des nouvelles d'Oxford* [*Oxford Book of Short Stories,* 1981], permirent de prendre conscience de la singularité de l'art de Pritchett. Plus qu'un créateur de personnages et d'intrigues, c'est un extraordinaire inventeur de situations, inquiétantes et inoubliables, qui forcent les protagonistes à révéler leurs vérités secrètes.

FRANÇOIS DUPUIGRENET DESROUSSILLES.

RÉF. : Dean R. Baldwin, *V. S. Pritchett,* Boston, 1987.

PROBA Petronia. Poétesse latine. Fille du consul Petronius Probianus, qui fut aussi préfet de Rome, elle était l'épouse d'un autre « praefectus urbi ». Elle vécut entre 322 et 370 et, dans les dix dernières années de sa vie, elle composa un poème de six cent quatre-vingt-quatorze hexamètres qui n'est qu'un centon de vers virgiliens – v. *Centon virgilien* (*). Alors qu'elle était encore païenne, Petronia Proba avait écrit des poèmes sur la gloire de Rome, mais après sa conversion à la foi chrétienne, elle voulut adapter à ce thème nouveau les anciennes formes poétiques en se conformant strictement aux préceptes de la rhétorique. L'œuvre se divise en deux parties égales, une sur l'Ancien Testament, l'autre sur la vie de Jésus. Les épisodes sont choisis librement, mais en forçant quelque peu la pensée biblique pour la faire entrer dans le carcan virgilien. Cependant, la sincérité du sentiment est indéniable et, dans les descriptions de la nature comme dans quelques épisodes de la vie du Christ, l'auteur parvient à une certaine efficacité. Dans les écoles médiévales, l'œuvre de Proba fut beaucoup lue et admirée, même si le recours à des citations tirées des poètes chrétiens pour argumenter en faveur de la foi chrétienne avait été parfois condamné.

PROCLUS de Constantinople. Philosophe grec. Né à Constantinople en 412, mort à Athènes en 485. Ses premières années s'écoulèrent à Xanthos de Lycie, sanctuaire d'Apollon, d'où son surnom de Lycien. Il étudia à Alexandrie sous le premier Olympiodore et reçut à Athènes l'enseignement du néo-platonicien Plutarque et de son disciple Syrianus. Proclus avait tout pour lui : beauté, fortune et charme, à ce point que, lorsqu'il arriva à Athènes, le gardien de la cité, sur le point de fermer les portes, lui aurait dit : « Si ce n'eût été toi, je n'aurais plus laissé passer personne. » Peut-être ne devons-nous pas prendre à la lettre cette anecdote rapportée par Marinus (*Vita Procli*, X), un élève du maître. Proclus n'en est pas moins, aux yeux de l'historien, le philosophe qui retarda la fermeture de l'école d'Athènes. Après lui, cette école, qui avait connu soixante-dix années de jeunesse de la pensée, ne fit plus que végéter jusqu'à l'année 529, deuxième du règne de Justinien. Proclus vécut soixante-treize ans, mais, étant donné qu'il avait annoncé qu'il mourrait à l'âge de soixante-dix ans, le philosophe décida de se considérer comme mort et disait volontiers : « Je n'ai que soixante-dix ans... » Proclus fut un des plus grands parmi les héritiers de la pensée néo-platonicienne et son œuvre constitue une « somme » méthodique de la suprême pensée de l'Antiquité. Outre ses commentaires des principaux dialogues de Platon à la lumière de la pensée néo-platonicienne, Proclus a laissé deux œuvres plus personnelles, empreintes d'un esprit qui semble annoncer déjà les méthodes de l'enseignement scolastique : *Théologie platonicienne* et surtout *Éléments de théologie* (*). Ce dernier ouvrage, composé avec la rigueur d'un traité de géométrie, eut un énorme retentissement, et tel que son auteur — métaphysicien classique — ne l'avait pas prévu, puisqu'il semble annoncer déjà la dialectique de Hegel. Le livre est dominé par cette loi, chère à Proclus, selon laquelle l'Unité, en elle-même se réfléchissant d'une manière ineffable, se développe de telle sorte que tout ce qu'elle engendre est par elle contenu et doit inévitablement, par une activité circulaire [κυκλικὴ ἐνέργεια], retourner à son origine [ἐπιστροφὴ]. Cette théorie du retour à l'Unité — dans laquelle le multiple lui-même se divise à l'infini — est sans comparaison avec le dynamisme de Plotin que parcourt un souffle unique. Elle constitue plus exactement une sorte de cristallisation des êtres dont l'idée sera reprise et renforcée par les scolastiques byzantins. Proclus fut exilé une année en Lydie, mais peut-être ne s'agissait-il que d'une retraite volontaire. Il fut sans nul doute un ascète toujours plongé dans les méditations les plus profondes. Humain et pieux, il parlait le langage des inspirés. Quant à ses écrits, ils sont un étrange composé de subtilité logicienne et de contemplation mystique, de ritualisme et de liberté, de Grèce et d'Orient. Proclus a écrit également des poèmes. On lui doit six *Hymnes* (*), d'inspiration orphique, dont la poésie consiste surtout dans un humain abandon à la divinité. Proclus voulut être enterré près de Syrianus, son maître vénéré, et il s'était composé cette épitaphe : « Ci-gît Proclus le Lycien, ton disciple et successeur. Ô très bon Syrianus, nos corps sont enfermés dans la même tombe : puissent les temples célestes garder nos deux âmes » (*Vie*, XLVII).

VINCENZO CILENTO.

♦ *« Proclus est plus détaillé et il est allé plus loin que Plotin ; on peut soutenir qu'à cet égard nous trouvons en lui le meilleur de ce qui a été formulé par n'importe quel néo-platonicien* [...] *Avec Proclus, nous sommes devant le point culminant de la philosophie néo-platonicienne. »* Hegel.

RÉF. : J. Simon, *Du commentaire de Proclus sur le « Timée » de Platon*, Paris, 1839. – Berger, *Proclus, exposition de sa doctrine*, Paris, 1840. – Matter, *Histoire de l'École d'Alexandrie*, Paris, 1840. – Vacherot, *Histoire critique de l'École d'Alexandrie*, tome II, Paris, 1846. – C. Gallavotti, *L'Esthétique grecque chez son dernier représentant, le néo-platonicien Proclus* in *Mémoires de l'Académie royale des sciences de Turin*, série II, vol. LXVII, 1930. – L. J. Rosan, *The Philosophy of Proclus*, New York, 1949. – G. Martano, *L'Uomo e Dio in Proclo*, Naples, 1952. – P. Bastid, *Proclus et le Crépuscule de la pensée grecque*, Paris, 1969. – Actes du Colloque de Neuchâtel, juin 1985, *Proclus et son influence*, Paris, 1987. – Actes colloque international, Paris, 2-4 octobre 1985, *Proclus, lecteur et interprète des Anciens*, Paris, 1988.

PROCOPE de Césarée. Historien byzantin contemporain de Justinien. Né à Césarée de Palestine dans les dernières années du Ve siècle, probablement entre 490 et 507, mort vers 562. Il reçut une solide formation littéraire et juridique. Il devait avoir une trentaine d'années quand la rencontre de Bélisaire fit, du rhéteur et avocat palestinien, l'historien de Justinien. En qualité de conseiller juridique, Procope suivit Bélisaire dans la guerre de Perse, entre 527 et 531. Depuis de nombreux siècles, le royaume perse, d'abord sous la dynastie des Arsacides puis, comme à cette époque, sous celle des Sassanides, n'avait cessé de constituer une menace sur les frontières orientales de l'empire. Mais, en 531, à l'accession au trône de Chosroès (531-579), Justinien put conclure une trêve de longue durée qui lui laissait les mains libres pour se tourner vers l'Occident (532). C'est alors que Procope accompagna Bélisaire dans la campagne contre les Vandales (533-534). Tandis que le général célébrait son triomphe à Constantinople, Procope demeurait en Afrique attaché au cabinet de Salomon, successeur de Bélisaire au commandement des troupes et au gouvernement de l'Afrique. De Carthage, il se rendit en Sicile après des péripéties dramatiques (fin mars 536) et rejoignit Bélisaire qui avait entamé avec bonheur sa campagne contre les Ostrogoths. Procope passa les années suivantes près de Bélisaire et fut témoin d'événements mémorables, vit le siège de Naples et l'entrée à Rome des troupes impériales (536), assista au siège de la Ville éternelle par les Goths de Vitigès (537-538) et, après un arrêt des hostilités provoqué par des dissensions entre Bélisaire et Narsès, fut témoin de la chute des Ostrogoths, de la reddition de Vitigès et de l'entrée de Bélisaire à Ravenne. La fréquentation des historiens de l'Antiquité, la connaissance des hommes, de l'art militaire, des problèmes diplomatiques, stratégiques et tactiques posés par les guerres avaient enrichi son expérience. Plein de ces nouvelles impressions, frappé par la grandeur des événements auxquels il avait été mêlé, Procope sentit naître en lui la vocation d'historien et conçut l'idée de laisser à la postérité un récit de cette guerre des Goths par laquelle le grand empereur avait rétabli l'autorité de Rome en Occident. Il rentra à Constantinople en 540, à la suite de Bélisaire après l'heureuse conclusion de la campagne d'Italie. Nous l'y trouvons en 542 ; on estime qu'au cours de ces années, dans l'intervalle compris entre la première et la seconde campagne d'Italie, il s'était occupé de son œuvre d'historien. En premier lieu, Procope avait conduit son récit de la guerre des Goths jusqu'en 550, en trois livres qui comprennent aussi la seconde campagne péniblement menée de 544 à 548 par suite de l'insuffisance des moyens mis à sa disposition et qui aboutit à un échec. La phase terminale de la guerre (551-553) fit l'objet d'un dernier livre qui fut publié séparément, tandis que les sept premiers l'avaient été aux environs de 550. Outre les huit livres de l'*Histoire des guerres de l'empereur Justinien* (*), Procope a laissé un traité, *Les Édifices de Constantinople,* écrit à la demande de Justinien désireux de léguer à la postérité le souvenir des importants travaux publics réalisés sous son règne. Si avec *Les Édifices* Procope n'a écrit qu'un panégyrique officiel, il sait dans *Les Guerres* conserver l'impartialité de l'historien qui n'écrit pas pour complaire aux grands. Il est possible que bientôt le bel enthousiasme qu'il avait ressenti à la fin de la première campagne d'Italie ait été ébranlé par les événements qui survinrent dans les dix années suivantes quand Bélisaire dut affronter la puissance renaissante des Goths et les assauts de Totila. Il est possible aussi que Procope ait été amèrement déçu de ne pas voir reconnue et récompensée en fonction de sa valeur l'œuvre d'historien par laquelle il léguait à la postérité les faits glorieux du règne de Justinien. Il se peut enfin que d'autres raisons personnelles se soient jointes au goût de la vérité, au probe désir de la proclamer à haute voix pour l'inciter à écrire le singulier petit ouvrage qui est, par son âpreté et son réalisme, comme le revers de la médaille, l'imprécation après l'enthousiasme et l'adulation. C'est pour épancher sa rancœur que Procope se plut, dans ses dernières années, alors qu'il s'était retiré à Césarée, à recueillir tous les bruits malveillants qui couraient sur le compte du souverain et de l'impératrice, sur la cupidité des fonctionnaires avides et corrompus, sur la cruauté des persécutions religieuses, les dépenses somptuaires et la terrible pression fiscale qui avait épuisé les ressources de l'empire. C'est à cet état d'âme qu'est dû l'étrange opuscule intitulé *Histoire secrète* (*). Procope ne publia pas ces pages dans lesquelles il épanchait sa mauvaise humeur ; elles devaient lui survivre pour informer la postérité de ce qu'avait été l'envers du décor de ce règne apparemment si glorieux.

BRUNO LAVAGNINI.

RÉF. : Dalm, *Prokopius von Caesarea*, Berlin, 1865. – Haury, *Zur Beurteilung des Geschichtsschreiben Procopius von Caesarea*, Munich, 1896. – Otto Veh, *Zur Geschichtsschreibung und Weltauffassung des Prokop von Caesarea*, Bayreuth, 1952. – R. Browning, *Justinian and Theodora*, Londres, 1971. – J.-A.-S. Evans, *Procopius*, New York, 1972. – A. Cameron *Procopius and the Sixth Century*, Londres, 1985.

PRODROMOS Théodore. Écrivain et poète byzantin (1115-1166), qui vécut sous le règne de Jean et de Manuel Comnène. Son talent se manifesta en prose et en vers, tantôt dans de brefs récits satiriques à la manière de Lucien, dans des romans tel *Rodanthé et Dosiclès* (*), ou encore dans des lettres et traités sur les sujets les plus divers. Il a contribué à créer la figure légendaire du Ptocoprodromos qui inspira nombre de poèmes en langue vulgaire. Pendant un temps il fut hébergé au monastère des Manganes grâce à Manuel Comnène. Mais cette faveur ne dura guère et Prodromos mourut dans la misère, en un autre couvent où il avait pris le nom de moine Hilarion. L'authenticité d'une partie de sa vaste production est discutée. Outre son roman en vers déjà cité, mentionnons ses *Poèmes* (*), imités du pastiche homérique *La Batrachomyomachie* (*), et des lettres, *À l'empereur Jean le Maure* (+).

RÉF. : E. Miller, *Le Poète à la cour des Comnène*, Paris, 1874. – Neumann, *Griech. Geschichtschreiber im XII. Jarh.*, Leipzig, 1888. – D. C. Hesseling et H. Pernot, *Poèmes prodromiques*, Amsterdam, 1910.

PROKOFIEV Serge [Sergej Sergeevič Prokofjev]. Compositeur russe. Né au village de Sontsovka (district d'Ekaterinoslav) le 11 (23) avril 1891, mort à Moscou le 5 mars 1953. Il fut initié très jeune à la musique par sa mère Maria Grigorievna Jitkova, femme très cultivée et excellente pianiste. À cinq ans, il jouait déjà correctement du piano et montrait ses aptitudes à la composition en écrivant, à la suite d'une conversation de ses parents sur l'Inde, un *Galop hindou*. À neuf ans, il écrivit un opéra, suivi, dans les années suivantes, de deux autres. C'est alors que, sur les conseils du théoricien Tanéiev, il entreprit des études d'harmonie et de contrepoint sous Reinhold Glière et, à l'automne 1904, fut admis au Conservatoire de Saint-Pétersbourg dans la classe de composition et de piano. Il eut pour professeurs Rimski-Korsakov, Liadov, Glazounov et Tcherepnine, mais il put se soustraire bien vite à l'atmosphère académique de l'école et, grâce à l'amitié du compositeur Miaskovski et du pianiste Ternov, s'introduisit dans les milieux d'avant-garde de la capitale, qui s'étaient réunis dans le cercle dit des « Soirées musicales », cercle dont l'un des buts consistait à réagir contre l'étroit nationalisme des épigones des « Cinq » et à s'ouvrir aux courants artistiques européens. Prokofiev y débuta le 31 décembre 1908 avec sept morceaux pour piano dont le dernier, *Suggestion diabolique* [*Djavol'skoje navoždenié*], fit grande impression par la hardiesse de ses accords dissonants, sa complexité polyphonique et rythmique, et la virtuosité avec laquelle l'instrument était traité. En 1910, le musicien obtint son diplôme de composition, et, dans les années qui suivirent, consolida sa réputation en Russie. De vives polémiques accompagnèrent la création de ses œuvres, effectivement explosives, comme ses deux premiers *Concertos pour piano et orchestre* (*) (1911 et 1912), le *Scherzo humoristique* [*Jumorističeskoe skerco*] pour quatre hautbois (1912) et les *Sarcasmes pour piano* [*Sarkazmy dlja fortepiano,* 1913]. Pendant que le célèbre critique musical Sabanéiev se demandait si le jeune musicien n'avait pas « perdu le sens de la réalité », d'autres parlaient avec enthousiasme de « cubisme » et de « futurisme » musical. En 1913, Prokofiev se présenta aux examens de piano avec son *Premier concerto* et obtint le premier prix malgré l'opposition de Glazounov. Son activité, comme pianiste et compositeur, sera désormais très grande. Toutes les formes de composition musicale attiraient son tempérament enthousiaste, mais c'est surtout dans les pièces pour piano et les œuvres théâtrales qu'il s'exprimera avec le plus de bonheur.

Dès avant la révolution de 1917, il avait composé quatre sonates, une *Toccata pour piano* et un opéra, *Magdalena* (+) (1911). En 1913, il commença de songer à un drame lyrique tiré du *Joueur* (+) de Dostoïevski mais, à l'occasion d'un voyage à Londres, en 1914, Diaghilev le détourna de ses projets d'opéra et lui conseilla de s'essayer au ballet en lui passant commande d'une partition sur « une légende russe ou quelque morceau préhistorique ». C'étaient les années où triomphaient, à Paris et à Londres, Stravinski et les « Ballets russes » ; Prokofiev s'adapta parfaitement bien à la situation. Sa *Suite scythe* (*) (1915), faisant partie du ballet *Alla et Lolli* (+) qui a pour argument la guerre entre des divinités rivales du peuple scythe, et qui ne fut jamais terminé, et son second ballet, *Chout ou Le Bouffon* (*) [*Šut*], composé en 1915 d'après une nouvelle d'Afanassiev, mais que Diaghilev ne pourra monter qu'en 1921, furent composés dans le climat parisien de l'époque. Ce n'est d'ailleurs pas un hasard si les suites qu'il en tira plus tard lui valurent le reproche de s'être mis dans le sillage de Stravinski. Il est toutefois certain que ces deux œuvres, malgré quelques parentés de style indiscutables avec *Le Sacre du printemps* (*), présentent une atmosphère poétique bien propre à Prokofiev, atmosphère animée d'un intense lyrisme à mi-chemin entre l'ironie et la passion qui va jusqu'aux extrêmes limites de l'expressionnisme. Ces caractéristiques apparaissent encore plus clairement dans une œuvre comme *Le Joueur* [*Igrok*] (dont l'idée avait été reprise en 1916) tandis que, dans un genre différent, l'originalité de Prokofiev, sur le plan du style, se révèle particulièrement dans la *Symphonie classique* [*Klassičeskaja simfonija*, 1917]. En 1917, Prokofiev assiste, à Saint-Pétersbourg, à l'éclatement de la révolution et, dans l'excitation de cet événement, écrit un nouveau ballet : *Sept, Ils sont sept* [*Séméro ikh*], qui est une exaltation de la victoire des révolutionnaires. Au printemps de 1918, il demande au commissaire du peuple, Lunatcharski, la permission de quitter l'U.R.S.S. et, l'ayant obtenue, se rend aux États-Unis. Le 20 novembre de cette même année, Prokofiev conquiert le public de New York par ses qualités pianistiques, mais, à part ses succès de concertiste, les quatre années qu'il passera en Amérique seront décevantes pour lui, et ses compositions recevront un accueil systématiquement hostile, surtout à New York. *L'Amour des trois oranges* (*), nouvel opéra — tiré de la pièce de Gozzi et qu'il avait entrepris en Russie, puis terminé en Amérique entre deux concerts —, ne recueillit à Chicago, le 30 décembre 1921, qu'un modeste succès, bien qu'il soit aujourd'hui considéré comme un authentique chef-d'œuvre pour son brillant humour, son lyrisme délicat, la maîtrise de son orchestration et son parfait rythme théâtral.

Déçu par cet échec et quelques autres, Prokofiev abandonna les États-Unis en 1922 et se rendit à Ettal, en Allemagne du Sud, pensant y trouver un lieu propice à l'achèvement de *L'Ange de feu* [*Ognennyj angel*], nouvelle composition théâtrale tirée d'un roman du poète symboliste Brioussov et située dans l'Allemagne du XVIe siècle. En 1923, le musicien choisit Paris comme nouvelle résidence où fut créé son *Premier concerto pour violon* (*). À Paris, Prokofiev fut à nouveau attiré dans l'orbite de Diaghilev, ce qui se traduisit par deux ballets : *Le Pas d'acier* [*Stal'noj skok,* 1925, représenté le 7 juin 1927] et *L'Enfant prodigue* (+) (1929). À Paris, il prit conscience de l'incompatibilité entre son monde spirituel et idéologique, et l'Occident. L'absence de terrain favorable à sa passion pour le théâtre (le drame lyrique fut toujours au centre de ses préoccupations) l'isolait et le décevait. *L'Ange de feu* demeura dans ses tiroirs : ce n'est qu'en automne 1954 qu'il fut créé à Venise, partition, dont le violent réalisme révéla l'abîme qui sépare la « Weltanschauung » de Prokofiev de celle, toute parisienne, de Cocteau, des « Six » et aussi de Diaghilev et de Stravinski. Au cours d'une tournée en Russie, en 1927, Prokofiev renoua d'anciennes amitiés et établit d'autres liens. En 1933, après une tournée de concerts en Europe et en Amérique, Prokofiev décida de rentrer dans sa patrie. Sa première œuvre y fut la musique du film : *Le Lieutenant Kijé* (*)

[*Poručik Kiže*, 1934] de Feinzimmer. Pour le cinéma, il écrivit encore : il composa la musique d'*Alexandre Nevski* (*) et d'*Ivan le Terrible* d'Eisenstein (1938 et 1942) dont la cantate et la suite comptent parmi les plus hauts témoignages de son art. Il se rapproche désormais de plus en plus de la grande tradition romantique et, sans renier l'expérience occidentale, va vers une simplification expressive adaptée à de nouvelles exigences de communication humaine. Le ballet en trois actes *Roméo et Juliette* (+) (1935) et le conte didactique *Pierre et le loup* (*) [*Pétja i volk*, 1936] obéissent à cet ordre de préoccupations. En 1937, Prokofiev célébra l'anniversaire de la Révolution par une gigantesque partition (cinq cents exécutants avaient été prévus) : la *Cantate pour le XXe anniversaire de la révolution d'Octobre* [*Kantata na dvadcatuju godovščinu Oktjabr' skoj revoljucii*], sur des textes de Marx, Lénine et Staline. L'année 1938 fut marquée par une dernière tournée de concerts aux États-Unis, et une intense activité créatrice, surtout dans le domaine de la musique de chambre et de la musique symphonique. Entre 1939 et 1940, Prokofiev écrivit un nouvel opéra, *Siméon Kotko*, sur une nouvelle de Kataiev, « Je suis le fils d'un peuple de travailleurs », relatant un épisode de la guerre des partisans d'Ukraine en 1918. Exécuté en 1940, cet opéra fut apprécié par certains critiques comme un chef-d'œuvre et condamné par d'autres comme un essai musical « formaliste et bourgeois ». La même polémique se ralluma six ans plus tard à l'occasion de la première de *Guerre et Paix* [*Vojna i mir*], grandiose fresque théâtrale écrite par Prokofiev, en 1942, pour exalter le peuple russe dans sa lutte contre l'envahisseur. La *Symphonie n° 6* [*Sestaja simfonija*, 1947] provoqua l'intervention du Comité central du parti communiste au Congrès des compositeurs soviétiques de février 1948 qui amena la condamnation du formalisme de Prokofiev, Chostakovitch, Mijaskovski et Khatchaturian. Prokofiev répondit par une lettre à l'Union des compositeurs, dans laquelle il admettait que « les éléments formalistes étaient propres à ma musique d'il y a quinze ou vingt ans », mais protestait de « n'avoir jamais mis en doute l'importance de la mélodie » et confirmait sa détermination d'« éviter le style condamné par l'idéologie soviétique » dans sa nouvelle œuvre : *L'Histoire d'un homme vrai* [*Povest'o nastojaš čemčeloveké*]. Cette œuvre, présentée à Leningrad en décembre 1948, fut toutefois, et malgré le succès, accusée par la critique d'être « construite dans un style atonal et dissonant d'une évidente origine occidentale ». De 1948 à 1953 (année où il mourut des suites d'un infarctus du myocarde), l'activité de Prokofiev se cantonna au domaine de la musique symphonique, *Symphonie n° 7* (1952), et de la musique de chambre, et témoigne de la volonté du compositeur de tenir compte des reproches qu'on lui a adressés sans renoncer à sa propre personnalité musicale.

LUIGI PESTALOZZA.

RÉF. : I. Nestiev, *Serge Prokofiev*, Moscou, 1946 (trad. Paris, 1946). – C. Samuel, *Prokofiev*, Paris, 1960. – M. Hofmann, *Prokofiev*, Paris, 1964. – V. Serov, *Serge Prokofiev, a Soviet Tragedy*, New York, 1968. – S. Moisson-Franckauser, *Serge Prokofiev et les courants esthétiques de son temps (1891-1953)*, Genève, 1974. – D. Gutman, *Prokofiev*, Londres, 1988. – S. Prokofiev, *Voyage en U.R.S.S.* (1927), Arles, 1991.

PROKOPOVITCH Théophane [Feofan Prokopovič]. Prédicateur et homme d'État russe. Né à Kiev en 1681, mort à Saint-Pétersbourg le 8 septembre 1736. Après avoir terminé ses études au séminaire et à l'académie de Kiev, il se rendit à Rome où, pour pouvoir suivre les cours au collège de Saint-Athanase, administré par les jésuites, il dut se faire catholique romain. Après avoir terminé ses études de théologie et de philosophie à Rome, il revient, en 1704, à Kiev et, redevenu orthodoxe, fut nommé professeur à l'académie locale. Son érudition, rare pour l'époque, lui permit de composer un grand nombre de livres scolaires traitant de théologie, de philosophie, de rhétorique et même de versification. Il écrivit une « tragi-comédie » : *Vladimir*, dans laquelle, en traitant de la victoire du christianisme sur l'idolâtrie, il se révéla comme le défenseur enthousiaste des réformes de Pierre le Grand. Dans ses écrits comme dans ses prônes, Théophane Prokopovitch nie le droit, pour le clergé, de censurer la science profane, et préconise pour cette dernière la voie ouverte en Occident par Bacon et Descartes. Pierre le Grand l'ayant fait venir à Saint-Pétersbourg et nommé évêque de Pakov, il devint le principal conseiller de l'empereur pour tout ce qui concernait les affaires ecclésiastiques. C'est lui qui composa le *Règlement ecclésiastique* [*Duhovnyj reglament*, 1720], qui régit le statut des ecclésiastiques russes jusqu'aux derniers jours de l'empire. Nommé, en 1720, archevêque de Novgorod et, peu après, premier membre du Synode (situation équivalant à celle du ministre des Cultes), il conserva son influence sous le règne de l'impératrice Anne, malgré de très nombreuses inimitiés, surtout dans le clan des évêques. Ses *Sermons* (*) eurent une très grande influence sur le poète russe Kantemir, tandis que ses vues politiques influencèrent nettement l'historien V. .N. Tatischtchev.

RÉF. : Samarine, *Étienne Javorsky et Th. Prokopovitch en tant que prédicateurs*, Moscou, 1844 (en russe). – P. O. Morozov, *Th. Prokopovitch comme écrivain*, Saint-Pétersbourg, 1880 (en russe). – Hans Koch, *Die russische Orthodoxie im Petrinischen Zeitalter*, Breslau, 1929. – France Venturi, *Feofan Prokopovič*, Cagliari, 1953.

PROKOSCH Frederick. Poète et romancier américain. Né le 17 mai 1908 à Madison

(Wisconsin), mort le 2 juin 1989 à Plan-de-Grasse (Alpes-Maritimes). Fils d'un célèbre professeur de linguistique à Yale et d'une pianiste de quelque réputation, Prokosch reçut une éducation éclectique et européenne (en Autriche, en Allemagne, en France et finalement en Angleterre) avant de recevoir son doctorat à Yale en 1933. Son premier roman, *Les Asiatiques* (*) (1935), fut aussitôt suivi d'un second, *Les Sept Fugitifs* (*) (1937), qui lui valut le prix Harper. Puis il écrivit *La Nuit des humbles* (*) (1939) et *Les Cieux d'Europe* [*The Skies of Europe*, 1941] avant de passer plusieurs années en Europe (à Stockholm, comme attaché culturel, puis à Rome de 1947 à 1953). Il se fixa ensuite en France. Il n'en continua pas moins de publier des romans : citons *Les Conspirateurs* [*The Conspirators*, 1943] ; *Béatrice Cenci* (*) ; *America, My Wilderness* (1972).

Il a aussi publié un nombre impressionnant (une quarantaine) de recueils de poèmes, presque tous à compte d'auteur et dans les villes les plus diverses : Lisbonne, Londres, Rome, Paris, Venise, Naples, Barcelone, Stuttgart, Zurich, Hong Kong, Bangkok, Singapour, Anvers, Vienne. Malgré cette abondance, il faut bien reconnaître que son nom n'attire plus guère le public, mais il n'en fut pas toujours ainsi. André Gide et Thomas Mann apprécièrent beaucoup son premier roman, Albert Camus son second, qui était, d'après lui, le premier « roman géographique ». S'il entendait par là « cosmopolite », ce n'était sûrement pas le premier, ni du côté américain ni du côté français, mais il est vrai que Prokosch a eu au moins l'intention d'écrire en « international », tant par sa sensibilité de membre attardé de la « génération perdue » que par ses sujets eux-mêmes : ainsi, *Les Asiatiques* raconte le voyage d'un jeune Américain, et *Les Sept Fugitifs* l'exil de citoyens soviétiques. Talent incontestable mais indécis, peut-être plus constamment prometteur que décisif, Prokosch a aussi publié des traductions de Hölderlin.

MICHEL GRESSET.

PROPERCE Sextus. Poète latin. Né probablement vers 47 ou 46 av. J.-C., en Ombrie, dans une localité assez proche de Mevania, mort vers 15 ou 14 av. J.-C. Dans le premier poème de son IVe livre d'*Élégies* (*), il nous fournit lui-même le peu de renseignements sûrs que l'on ait à son propos. Son père mourut alors qu'il était encore enfant, et sa famille fut presque aussitôt après victime de la distribution des terres faite au profit des vétérans d'Octave. Il dut assister, plein de crainte, à la sanglante bataille de Pérouse, en 40 avant J.-C., qui opposait Octave et Marc-Antoine. Une fois revêtu de la toge virile, il s'installa à Rome, se consacra à la poésie, et fut initié à l'amour par une nommée Lycinna. Mais en 29 av. J.-C. il rencontra celle qu'il appelle Cynthie, sans doute par allusion au mont Cynthe sur lequel était honoré Apollon, dieu de la poésie : elle était lettrée et peut-être poétesse (ou bien est-ce une allusion à Diane ?). La figure de cette femme domine les deux premiers livres d'élégies, soit que le poète la considère comme la source unique de son inspiration, soit qu'il décrive avec transport sa beauté, soit qu'il affirme la violence d'un sentiment qui, pour n'être pas toujours partagé, ne le tourmentait pas moins. Mais peu à peu de nouveaux thèmes parurent dans son œuvre (III, 14 et 15 sont un chant en l'honneur de la liberté retrouvée). Il célébra les anciens mythes du Latium, obéissant par là aux sollicitations de son ami Mécène. Il s'inspire de Callimaque et de Philète, de son contemporain Virgile, dont il annonce avec enthousiasme la gloire future. Dans le livre IV, il célèbre les origines de Rome, exalte les métamorphoses du dieu Vertumne, le mythe de Tarpeia, celui d'Hercule et de Cacus, de Jupiter Férétrius. Mais l'ombre de Cynthia, morte, revient une dernière fois l'assaillir. Elle lui apparaît en songe, semblable à ce qu'elle était autrefois, avec une partie de sa robe consumée par le feu et ses lèvres mouillées par l'eau du Léthé. Elle se plaint de ce que le poète l'a oubliée, et lui confie, en termes pleins de délicatesse, différentes missions. Puis elle lui demande d'enlever le lierre qui enveloppe son tombeau. On ne sait à quelle date mourut le poète ; probablement en 15 ou 14 avant J.-C., date ultime à laquelle purent être écrits vraisemblablement les poèmes VI et XI du IVe livre.

♦ *« ... Admirable poète. »* Ovide. ♦ *« Properce est unique parmi les poètes romains par la force et la chaleur qu'il donne au vers élégiaque ; seul il élève le doux et languissant pentamètre à la dignité du vers héroïque. »* M. Mérivale.

RÉF. : E. Reizenstein, *Wirklichkeitsbild und Gefühlsentwicklung bei Properz,* Leipzig, 1936. — L. Alfonsi, *L'Elegia di Properzio,* Milan, 1945. — W. C. Helmbold, *Nugae Propertianae,* Berkeley, 1949. — F. Dornseiff, *Verschmähtes zu Virgil, Horaz und Properz,* Berlin, 1951. — P. Grimal, *Les Intentions de Properce et la composition du livre IV des « Élégies »,* Bruxelles, 1953. — J.-P. Boucher, *Études sur Properce,* Paris, 1965. — P. Veyne, *L'Élégie érotique romaine,* Paris, 1983.

PROPP Vladimir Jakovlevitch. Folkloriste russe. Né le 17 (29) avril 1895 à Saint-Pétersbourg, mort le 22 août 1970 à Leningrad. D'origine allemande, Propp s'est d'abord consacré à des études de linguistique, pour se tourner ensuite vers le folklore de son pays. Il entre en 1932 à l'université de Leningrad, dont il devient professeur en 1938, poursuivant son enseignement bien après la Seconde Guerre mondiale. Son ouvrage le mieux connu, *Morphologie du conte* (*), a été publié en 1928 à Leningrad. Il constitue la partie méthodologique d'un projet d'étude du conte populaire, que Propp veut intégrer au champ des études historiques, tant du point de vue littéraire que de celui de l'anthropologie classique. Il donnera la suite de ce travail avec la publication en 1946 des *Racines historiques du conte merveilleux* [*Istoriceskie Korni volsebnoj skazi*], traduit en français en 1983, et de *L'Épopée héroïque russe* [*Russkij Geroiceskij Epos*], en 1955. Considéré comme proche des formalistes russes (sa première traduction, en anglais, provenait de l'entourage de Roman Jakobson), Propp, avec *Morphologie du conte,* apparaît comme un précurseur de la méthode structurale, reconnu tel par un article de Claude Lévi-Strauss – v. *Anthropologie structurale 2* (*) – avec lequel cependant il a engagé une brève polémique en 1966. Ses propres vues anthropologiques, inspirées par Frazer, peuvent être déduites de son dernier ouvrage, *Les Fêtes agraires russes* [*Russkie Agrarnye Prazdniki,* 1963], où il retrouve certaines hypothèses, nourries par la tradition de Frazer, qui apparaissaient déjà dans la question de l'origine du conte merveilleux, sous-jacente à *Morphologie du conte.* Il interprète la dramaturgie et le rituel des fêtes populaires en y retrouvant les « fonctions » du conte, et en cherchant à concilier le symbolisme ritualiste avec l'économie du travail agricole.

FRANÇOIS LALLIER.

PROSPER d'Aquitaine, saint. Écrivain latin. Né en Aquitaine vers 390, mort vers 463. On trouve des renseignements sur sa vie dans le traité *Des hommes illustres* (*) de Gennade. Possédant une culture vaste, choisie et non seulement sacrée mais aussi classique et profane, toute sa vie intellectuelle s'épanouit dans la lumière augustinienne. Il ne semble pas qu'il ait jamais été prêtre ; on ne sait même pas s'il se consacra à la vie monastique bien qu'elle ait eu pour lui de l'attrait. On lui attribue cependant le *Poème de l'époux à l'épouse* [*Poema conjugis ad uxorem*], où il invite la femme à se donner toute à Dieu. Il eut avec saint Augustin des rapports directs par correspondance, et aussi des relations par l'intermédiaire d'amis communs. Sur le terrain de la théologie, la controverse sur la grâce, le libre arbitre et la prédestination battait alors son plein : Prosper s'y plaça toujours aux côtés de saint Augustin. En 429, il dénonçait le semi-pélagianisme qui s'implantait dans la Gaule méridionale, et par la plume, en vers même, il défendait la doctrine augustinienne de la grâce – poème en mille deux hexamètres intitulé par jeu de mots *Les Ingrats* [*Carmen de ingratis*], qui réfute les erreurs des ennemis de la grâce (les « ingrats », justement), celles de Cassien, des pélagiens et des semi-pélagiens, et les deux *Épigrammes contre un critique d'Augustin* [*Epigrammata in obtrectatorem Augustini*], peut-être dirigées contre Cassien. Citons encore : *Pro Augustino responsiones a excerpta Genuensium,* éclaircissements destinés à deux prêtres de Genève, Camille et Théodore, sur quelques passages des deux dernières œuvres d'Augustin. Après la mort de l'évêque d'Hippone, ses adversaires devinrent encore plus féroces et la défense de Prosper plus acharnée. À un libelle anonyme qui circulait en Gaule, il répondit par la *Défense d'Augustin et réponses aux principales objections des calomniateurs gaulois* [*Pro Augustino responsiones ad capitula objectionum Gallorum calumniantium*] ; après quoi il obtint de Rome que le pape saint Célestin, dans une lettre datée de 431, se prononçât solennellement en faveur d'Augustin contre ses opposants de Gaule. Mais un autre libelle, attribué à saint Vincent de Lérins, provoqua une nouvelle intervention de Prosper : la *Défense d'Augustin et réponses aux principales objections des partisans de Vincent* [*Pro Augustino responsiones ad capitula objectionum vincentianarum*] ; et à Cassien, l'auteur des *Conférences* (*), l'un des plus puissants adversaires de la doctrine augustinienne, il répondit par un courageux *Livre contre un discuteur* [*Liber contra collatorem*]. Lorsque les polémiques s'apaisèrent, Prosper s'adonna à une étude plus calme des œuvres de saint Augustin, dont il tira des sentences, sous forme d'épigrammes : *Épigrammes tirées des sentences de saint Augustin* [*Epigrammata ex sentenciis sancti Augustini*], et à des commentaires de quelques psaumes. C'est une œuvre plus personnelle que sa *Chronique* (*), qui se rattache à celle de saint Jérôme et la continue de 379 à 455 ; elle rappelle saint Augustin dans la vision essentiellement théologique des faits historiques. Dans le même temps qu'il se livrait à ces travaux, Prosper eut l'occasion de collaborer avec le pape saint Léon le Grand, surtout lors de la controverse au sujet de la date de Pâques. La critique est généralement d'accord pour lui attribuer le traité intitulé *Sur la grâce de Dieu* (*).

RÉF. : L. Valentin, *Saint Prosper d'Aquitaine, étude sur la littérature latine ecclésiastique du Ve siècle en Gaule,* Toulouse, 1900. – M. Jacquin, *La Question de la prédestination aux Ve et VIe siècles : saint Prosper d'Aquitaine, Vincent de Lérins, Cassien,* in *Revue d'histoire ecclésiastique,* tome VII, 1906.

PROUDHON Pierre Joseph. Écrivain politique français. Né à Besançon le 15 janvier 1809, mort à Paris le 19 janvier 1865. Ce doctrinaire du socialisme était issu d'une très pauvre famille du Jura. Fils d'un tonnelier, il ne dut qu'à la charité de quelques personnes de pouvoir, en 1820, entreprendre ses études au collège de sa ville natale. Ne pouvant même pas acheter de livres, il obtint pourtant de brillants succès, mais les difficultés matérielles l'obligèrent, à l'âge de dix-neuf ans, à renoncer à l'université et à devenir ouvrier typographe. En 1837, après avoir accompli son « tour de France » (1829-1834), il fonde une imprimerie avec deux amis. Un *Essai de grammaire générale* (1837) envoyé à l'Académie de sa ville lui vaut une pension triennale de quinze cents francs. En 1840, il entre dans l'activité politique avec son mémoire *Qu'est-ce que la propriété ?* (*), bien peu remarqué d'abord, malgré la fameuse formule : « La propriété, c'est le vol », simple paradoxe bruyant et publicitaire que Proudhon corrigeait d'ailleurs en affirmant, aussi vivement, que « la propriété, c'est la liberté ». Un autre mémoire, *Avertissement aux propriétaires*, suscite au moins l'intérêt de la Justice, qui poursuit Proudhon en cour d'assises, sans parvenir d'ailleurs à le faire condamner (1842). C'est à la même époque que Proudhon doit abandonner son imprimerie dont les affaires étaient depuis longtemps fort mauvaises ; il se fait embaucher dans une entreprise de transports par eau sur le Rhône et la Saône, publiant entre-temps *De la création de l'ordre de l'humanité* (1843), le *Système des contradictions économiques* (1846) et *La Philosophie de la misère* (*) (1846). La révolution de 1848 va faire de Proudhon une personnalité politique de premier plan : installé à Paris et devenu rapidement populaire grâce à son journal *Le Représentant du peuple*, il est lui-même élu représentant (de la Seine) aux élections de juin ; mais il ne brillera guère à l'Assemblée, où l'on peut tenir son action pour à peu près nulle : sa proposition en faveur d'une nationalisation partielle des fermages, des loyers et du capital sera repoussée à l'unanimité moins sa propre voix !

C'est seulement dans son nouveau journal *Le Peuple*, plusieurs fois supprimé et contraint de changer de titre, que Proudhon put développer ses idées à l'aise. Passant à la pratique, il fonda même (janvier 1849) la Banque du peuple, qui devait fonctionner sans capitaux, par la voie du simple échange et du papier-monnaie. L'entreprise n'eut guère le temps de faire ses preuves, Proudhon, sur ces entrefaites, ayant été condamné à la prison pour excitation « à la haine et au mépris du gouvernement » (mars 1849). Marié pendant sa détention, il fut libéré en juin 1852 et rentra dans la vie privée, sans cesser toutefois de traiter des problèmes politiques, publiant d'abord ses *Confessions d'un révolutionnaire*, puis des prises de position contre l'unité italienne, contre la révolte polonaise, enfin des études sur *La Justice dans la Révolution et dans l'Église* (1858), qui lui valent une nouvelle condamnation à la prison. Proudhon n'a plus qu'à s'exiler en Belgique ; et quand il rentre en France en 1862 – il avait été amnistié par Napoléon III en décembre 1860 – c'est pour se retirer définitivement dans sa maison de Passy. Dans ces dernières années, il publie encore : *La Guerre et la Paix* (1861), *Du principe fédératif* (1863) et il achève en 1865 son « testament », *De la capacité des classes ouvrières*. Parmi les écrivains socialistes du XIXe siècle, Proudhon a d'abord l'originalité d'être un authentique écrivain, soucieux du style, dialecticien vigoureux formé par la lecture de Hegel et riche d'une érudition d'infatigable autodidacte. D'autre part, plus qu'un politicien ou un économiste, c'est un moraliste : il a la passion d'une justice quelque peu abstraite, fondée sur le respect intransigeant de l'individu. De là trois exigences fondamentales : 1° Le droit de tous au travail, où l'on ne doit pas voir le châtiment d'une faute originelle, mais la plus haute manifestation de l'intelligence et de la liberté. 2° L'« égalité des intelligences » et le « nivellement des conditions ». Par conséquent, lutte contre l'Église, qui remet la libération des servitudes dans un autre monde, et lutte contre le capital, qui assure à une soi-disant élite la domination des masses. Proudhon veut-il détruire la propriété ? En aucune façon, et cet anticlérical est bien proche du droit chrétien traditionnel lorsqu'il affirme la légitimité de la propriété en tant que pouvoir sur les choses et son excès intolérable lorsqu'elle se transforme en pouvoir de l'homme sur l'homme. 3° La disparition de l'État. Proudhon est littéralement obsédé par les dangers de l'étatisme. La disparition de l'État est à ses yeux la conséquence logique et nécessaire de la Révolution. Pourra naître alors une société meilleure, tout économique et fondée exclusivement sur le contrat que Proudhon, sorti d'un milieu artisan et qui semble n'avoir pas bien vu le problème moderne du prolétariat, comprend comme une fédération de petits propriétaires échangeant leurs produits grâce à la Banque du peuple. Proudhon, en fait, ne s'intéresse qu'à l'individu, à la liberté, à l'élan individuel. L'ordre moral, politique et économique a selon lui sa base dans une sorte d'intuition immédiate de la conscience, par laquelle chaque individu se sent solidaire de tous et lié à la société qui n'a d'autre rôle, d'ailleurs, que de garantir et d'accroître la liberté individuelle. « Nous nions le gouvernement de l'État, écrit-il, parce que nous affirmons la personnalité et l'autonomie des masses. » Seulement, dans une société moderne de plus en plus compliquée sous l'effet des nécessités économiques, de plus en plus centralisée, l'antiétatisme outrancier, moral et même, pour ainsi dire, mystique de Proudhon, l'empêchait d'avoir une grande influence sur les mouvements ouvriers. Aussi faut-il chercher la survivance des thèmes proudhoniens non chez les chefs socialistes, bientôt gagnés au marxisme, mais chez des libertaires, souvent chrétiens, comme Péguy.

JACQUES PATRY.

RÉF. : Sainte-Beuve, *Proudhon, sa vie et sa correspondance*, Paris, 1872. – A.-J. Langlois, *J.-P. Proudhon, sa vie et son œuvre*, Paris, 1875. – Bouglé, *La Sociologie de Proudhon*, Paris, 1911. – D. Halévy, *La Jeunesse de Proudhon*, Paris, 1913. – J. Duprat, *Proudhon sociologue et moraliste*, Paris, 1928. – L. Daudet, *Flammes*, Paris, 1930. – P. Bourgeau, *P.-J. Proudhon et la critique de la démocratie*, thèse, Strasbourg, 1933. – A. Cuvillier, *Proudhon*, Paris, 1937. – J. Bourgeat, *Proudhon*, Paris, 1943. – De Lubac, *Le Drame de l'humanisme athée*, Paris, 1945.

PROUST Marcel. Écrivain français. Né et mort à Paris (10 juillet 1871-18 novembre

1922). Marcel Proust a vu le jour dans la maison, aujourd'hui disparue, que son grand-oncle maternel, Louis Weil, possédait à Auteuil, 96, rue La Fontaine, au milieu d'un vaste jardin planté de tilleuls. Son père, Adrien Proust, appartenait à une vieille lignée beauceronne et catholique, fixée depuis bien des générations aux environs de Chartres, dans le bourg d'Illiers, que Proust devait un jour évoquer sous le nom de Combray. Après être entré au séminaire, Adrien Proust avait renoncé à sa vocation religieuse pour faire ses études de médecine. Il avait épousé une jeune fille juive, d'origine alsacienne, Jeanne Weil, qui devait lui donner deux fils, Marcel et Robert. On peut juger du caractère imprévu que revêtit pour les Proust d'Illiers le mariage de leur fils avec cette jeune fille israélite au beau visage oriental. Peut-être cette ascendance mixte nous aidera-t-elle à mieux comprendre certains aspects complexes du génie de Marcel Proust. Peu de temps avant la naissance de Marcel, pendant la Commune de Paris, le docteur Proust avait été blessé par la balle d'un insurgé, tandis qu'il rentrait de l'hôpital de la Charité ; Mme Proust, enceinte, se remit difficilement de l'émotion qu'elle avait éprouvée en apprenant le danger auquel venait d'échapper son mari. L'enfant, qu'elle mit au monde bientôt après, naquit si débile que son père craignit qu'il ne fût point viable. On l'entoura de soins ; il donna les signes d'une intelligence et d'une sensibilité précoces ; mais sa santé demeura délicate. En rentrant d'une promenade au bois de Boulogne, à l'âge de neuf ans, il fut pris d'une crise d'asthme si intense que son père pensa le voir succomber à la violence de ses suffocations. Ce fut sans doute en jouant dans les jardins humides d'Auteuil qu'il contracta le rhume des foins dont il devait souffrir toute sa vie et qui ferait pour lui du retour de chaque printemps une épreuve au lieu d'une joie. Ce mal allait lui permettre d'échapper à la dispersion que nous impose le temps des horloges, lui faisant découvrir un temps plus précieux : sa propre durée intérieure. Proust a lui-même évoqué, en les amalgamant, les deux milieux où s'écoula son enfance : Illiers, maison provinciale de sa grand-tante Amiot, et Auteuil. On aimerait savoir quels furent ses goûts, ses songes, ses pensées, lorsqu'il jouait, enfant, aux Champs-Élysées, avec Lucie et Antoinette Félix-Faure. Un album de jeune fille nous livre quelques-uns de ses aveux. « Quel est pour vous le comble de la misère ? » demandait le questionnaire. « Être séparé de Maman », répondait ce petit garçon, déjà si passionnément exclusif. Il appartenait à cette famille magnifique et lamentable des nerveux, dont il dira qu'elle est le sel de la terre. On l'imagine jouant aux Champs-Élysées, à côté des chevaux de bois, sur la pelouse verte et jaune, à l'époque où il connut cette promesse de l'amour plus troublante que l'amour même. Au cours des vacances d'été, courant le long du sentier de halage, par la prairie au bord du Loir, il tendait les bras vers les myriades de renoncules jaunes, ces boutons-d'or « qu'il aimait pour leur nom de princes de contes de fées ». Sa grande passion était alors une petite fille russe, Marie de Benardaky, qu'il nous peindra dans *Jean Santeuil* (*) sous le nom de Marie Kossicheff, première ébauche de Gilberte Swann. En dépit de sa santé fragile, Marcel Proust allait bientôt suivre les cours du lycée Condorcet, où il devait se faire apprécier de ses maîtres et chérir de ses camarades, Léon Brunschvicg, Louis de La Salle, Robert Dreyfus, Abel Desjardins, Jean de Tinan... (En rhétorique, il obtient le prix de composition française et, en philosophie, où il est l'élève favori de Darlu, le prix d'honneur de dissertation.)

En 1889, faisant à Orléans son service militaire, au 76ᵉ régiment d'infanterie (sous le régime du volontariat), Proust avait lié connaissance avec Robert de Billy. Il suivit un peu plus tard les cours de la Sorbonne, de la faculté de droit et de l'école libre des Sciences politiques. Après avoir songé d'abord à la carrière diplomatique, après avoir même été quelque temps attaché à la bibliothèque Mazarine, il avait décidé de se consacrer entièrement aux lettres. Avec Fernand Gregh, Daniel Halévy, Flers et La Salle il avait fondé en 1892 *Le Banquet*, cette jeune revue dont les huit numéros sont devenus si précieux. Plus tard, il allait collaborer à *La Revue blanche* (*), de Thadée Natanson. Il signait tantôt Laurence, tantôt Horatio. Il était devenu l'ami de Gabriel Trarieux et de Léon Daudet ; il allait bientôt se lier avec les Bibesco, avec Robert de Montesquiou, avec G. de Lauris, enfin avec Bertrand de Fénelon dont il fera Robert de Saint-Loup. Proust fréquentait alors le salon de la princesse Mathilde, dont jadis Sainte-Beuve et les Goncourt avaient été les hôtes, ainsi que les salons de Mme Strauss et de Mme de Caillavet, où il retrouvait Anatole France et Charles Maurras. Proust cependant n'était pas satisfait. À quoi menaient ces succès faciles, cette dispersion ? Ce qu'il lui fallait, c'était une inépuisable félicité. Un tel bonheur, il savait ne le pouvoir trouver que par l'art seul et le travail. « Les vrais livres doivent être, notait-il, les enfants non du grand jour et de la causerie, mais de l'obscurité et du silence. »

À vingt-cinq ans, Marcel Proust publie, en édition de luxe, chez Calmann-Lévy, son premier ouvrage, *Les Plaisirs et les Jours* (*) en 1896. La préface en est signée du plus illustre écrivain de l'époque, Anatole France. Mais on a souvent insinué que cette élogieuse présentation du livre avait pour véritable auteur l'égérie du vieux maître : Mme Arman de Caillavet. Ce recueil de nouvelles, d'essais et de vers est illustré par Madeleine Lemaire. Quelques-uns des poèmes ont été mis en musique par Reynaldo Hahn, ami intime de l'auteur. L'ouvrage n'en passe pas moins inaperçu aux yeux des critiques et du grand public. Il faudra attendre la mort de Proust pour que Gide écrive dans *La Nouvelle Revue française* (*) que cette première tentative contient déjà plus que la promesse de tous les dons à venir. Parmi les comptes rendus du nouveau livre, il en est un dont le ton est si méprisant et les insinuations si perfides que Proust, se jugeant offensé, provoque en duel l'insolent critique, Jean Lorrain. La rencontre a lieu dans les bois de Villebon, près de Meudon. Proust y fait preuve d'un grand courage. Ses témoins sont le peintre Jean Béraud et Gustave de Borda, tandis que Paul Adam et Octave Uzanne assistent Lorrain. Tout n'est pas négligeable dans *Les Plaisirs et les Jours.* C'est ainsi qu'une nouvelle, intitulée *La Fin de la jalousie*, contient en puissance la matière de ce qui sera tour à tour « Un amour de Jean Santeuil » et *Un amour de Swann* (+). Quant à la « Mélancolique villégiature de Mme de Breyves », elle nous offre une première version de ce qui deviendra un jour la « petite phrase » de Vinteuil et qui n'est encore qu'une mesure des *Maîtres Chanteurs* (*).

De 1895 à 1905 environ, tout en élaborant ses conceptions esthétiques et en traduisant deux œuvres de Ruskin – *La Bible d'Amiens* (+) et *Sésame et les lys* (*) –, Proust a tenté d'ébaucher le grand roman qu'il portait en lui et qui devait être l'histoire de son itinéraire spirituel. Mais cette version trop hâtive ne pouvait le satisfaire. N'a-t-il pas confessé : « J'écris au galop, j'ai trop à dire ! » C'est sans doute l'une des raisons pour lesquelles, au cours de sa vie, il n'a que rarement fait allusion à cette première tentative, à ce roman autobiographique qu'il avait eu l'intention de détruire et que Bernard de Fallois a retrouvé dans un carton à chapeau, trente ans après la mort de Proust. En 1899, Proust avait écrit à Marie Nordlinger, cousine de Reynaldo Hahn : « Je travaille depuis très longtemps à un ouvrage de très longue haleine, mais sans rien achever. » Vers la même époque, à Trouville, dans le cottage de « la Cour Brûlée », Proust avait entrepris, sous forme de lettres, un roman à quatre, dans le genre de *La Croix de Berny*, avec, pour collaborateurs, ses amis Fernand Gregh, Robert de Flers et Daniel Halévy. Entre *Les Plaisirs et les Jours* et *Swann*, le texte de *Jean Santeuil* (*) apporte un des chaînons manquants grâce auxquels nous pouvons reconstituer l'évolution de l'écrivain. C'est déjà Proust : ce n'est pas le plus grand Proust ; il y a encore trop de joliesse et de féminité dans ces « copeaux d'un travail sublime ». Proust n'a pas encore retrouvé le temps : il est trop près de son enfance pour pouvoir la ressusciter avec la magie du souvenir ; *Jean Santeuil* est moins une œuvre d'art qu'un journal ; mais, ainsi que l'a noté Mauriac, Proust y ressent déjà l'amour comme une forme de désespoir. Proust ne devait guère se montrer indulgent pour cette période de sa vie. Ce fut pourtant vers 1907 qu'il composa son *Contre Sainte-Beuve*, lequel, abandonné en cours de route, avait failli devenir un essai sur Balzac ; car, au contact de l'auteur de *La Comédie humaine* (*), Proust n'avait pas seulement senti s'éveiller sa vocation de romancier, mais avait éprouvé le besoin d'affirmer sa différence.

Cependant, le premier chef-d'œuvre de Proust – *Du côté de chez Swann* (+) – ne paraîtra qu'en décembre 1913, à la veille de la Première Guerre mondiale. Si Proust semble avoir conçu dès 1907 le dessein de son grand roman, il ne se mettra vraiment à la tâche qu'en 1909, lorsqu'il aura composé la « structure » de ce triple cycle de Swann, des Guermantes et d'Albertine. Depuis la mort de sa mère, en 1905, il connaît la solitude, l'affranchissement de tout lien familial, le détachement absolu. Son isolement sera plus grand encore lorsque, le 30 mai 1914, il verra mourir tragiquement – dans un accident d'aviation – son secrétaire, Alfred Agostinelli, « l'être qu'il a le plus aimé après sa mère ». Ce sera désormais grâce au manque de tout respect humain, à l'absence de tout scrupule, qu'il sera redevable de son audace, de sa clairvoyance, de sa véracité presque cruelle. *À la recherche du temps perdu* (*) sera donc l'histoire de sa vocation, d'une vocation longtemps méconnue, ajournée ou différée, mais qui s'impose enfin à lui avec la force contraignante d'un devoir, avec la violence d'une passion. Peu à peu, la barrière du moi individuel tombera. Proust ne sera plus que « le lieu où s'accomplit son œuvre ». *Swann* représentera la première des trois générations dont la *Recherche* nous offre la peinture et la métamorphose. Proust nous a dit comment il concevait lui-même le propos et le plan de son livre. Il écrivait à René Blum : « C'est encore du roman que cela s'écarte le moins. Il y a un “ Monsieur ” qui raconte et qui dit “ je ” ; il y a beaucoup de personnages ; ils sont préparés dès ce premier volume ; c'est-à-dire qu'ils feront dans le second exactement le contraire de ce à quoi on s'attendait dans le premier. Au point de vue de la composition, elle est si complexe qu'elle n'apparaît que très tardivement quand tous les “ thèmes ” ont commencé à se combiner. C'est un livre extrêmement réel, mais “ supporté ” en quelque sorte, pour imiter la mémoire involontaire [...] par une grâce, un pédoncule de réminiscences. » Ainsi, un fragment de son récit allait être « une partie de sa vie qu'il avait oubliée », et qu'il retrouvait tout à coup en mangeant « un peu de madeleine trempée dans du thé » – saveur qui le ravit avant qu'il l'eût reconnue et identifiée pour en avoir pris jadis tous les matins dans la maison de sa grand-tante à Combray – tandis qu'une autre partie « renaît des sensations du réveil, quand on ne sait pas où on est, qu'on se croit deux ans avant dans un autre pays ». La vie, ses souffrances, ses amertumes, ses désillusions, puis l'expérience de la guerre – dont il fut, quoique éloigné du front par la maladie, si profondément bouleversé –, tout cela devait prêter à son travail une richesse, une intonation, des résonances neuves. Malgré le développement imprévu de ses thèmes, malgré la complexité croissante de son orchestration, on peut affirmer que, loin de perdre ou d'altérer, comme on l'a dit, le sens de sa *Recherche*, Proust se trouvait avoir obéi « à une sorte de plan secret qui, dévoilé à la fin, impose rétrospectivement à l'ensemble une sorte d'ordre et le fait apercevoir merveilleusement étagé jusqu'à cette apothéose finale ».

S'il est vrai qu'une grande vie est une pensée de jeunesse accomplie dans l'âge mûr, nulle existence n'aura plus que celle de Proust mérité l'épithète. Depuis le jour où, devant les arbres de Méséglise et la mare de Montjouvain – et ces marbrures roses que formaient dans l'eau les reflets des tuiles mouillées par l'averse et dorées par le soleil –, impuissant à exprimer son émotion, il s'était écrié : « Zut, zut, zut, zut ! » sentant que son devoir était de ne pas s'en tenir à ces mots opaques, mais de voir plus clair dans son ravissement, il n'eut point de paix jusqu'à ce qu'il fût parvenu à fixer le trouble qui l'agitait, à couler cette chose impalpable et ce mouvement intérieur en des mots correspondant à son sentiment le plus intime. Par une longue et pénible élucidation, les idées encore confuses qui l'exaltaient allaient atteindre le repos dans la lumière. Parfois la nuance de la pierre au soleil lui semblait prête à s'entrouvrir pour lui livrer ce qu'elle semblait contenir et cacher à la fois. À travers l'objet soudain illuminé, c'était comme un appel vers la réalité seconde de notre être que croyait entendre Proust. Pour lui, c'était la mission même du poète que de « dégager l'essence de nos sensations en les réunissant, pour les soustraire aux contingences du Temps, dans une métaphore ». L'artiste, proclamait-il, n'invente pas : il découvre. Car l'art réside en des correspondances furtives : « Il n'est pas possible qu'une musique, une peinture qui nous émeuvent ne répondent pas à une réalité spirituelle. » L'univers aspire obscurément à entrer en contact avec nous. « Il dépend de nous, disait-il, de rompre l'enchantement qui rend les choses prisonnières, de les hisser jusqu'à nous, de les empêcher de retomber pour jamais au néant. » Cette lutte véhémente contre l'oubli, cet effort frénétique et persistant pour vivre dans l'absolu intemporel, c'est le thème essentiel du *Temps perdu* et du *Temps retrouvé* (+). Pour créer son univers, Proust s'était, avec un rare « courage de l'esprit », détaché de tout « sans regret, ni dégoût ». Et seul le souci de son œuvre le soutint après qu'il eut, par la mort de sa mère, « perdu son seul but, sa seule douceur, son seul amour, sa seule consolation ». Il lui fallut toutefois reprendre contact avec le monde pour « imposer sa création » et (lorsqu'en 1919 il eut obtenu le prix Goncourt) pour la défendre contre l'incompréhension de certains critiques ou les interprétations tendancieuses de certains disciples. Ainsi que le note Harold Nicolson : « Proust commençait à être fêté. Il restait couché dans la journée dans sa chambre sombre et sans air et, le soir venu, passait méticuleusement son habit... pour assister aux réceptions offertes en l'honneur des délégués au Congrès de la Paix. »

Parfois, vers la fin de sa vie, Proust se reprochait de n'avoir pas suffisamment sacrifié sa vie à sa vocation. Il était semblable à son héros Bergotte, qui, sur le point de mourir, voyait sa propre vie chargeant l'un des plateaux d'une balance, tandis que l'autre contenait le « petit pan de mur jaune » si bien peint par Vermeer. À ce passage Proust attachait une importance singulière. Quinze mois environ avant sa mort, ayant été, en compagnie de Jean-Louis Vaudoyer, visiter l'Exposition hollandaise, au Jeu de Paume des Tuileries, afin d'y contempler la *Vue de Delft* de Vermeer, il fut pris d'un soudain malaise et se sentit mourir... Or, dès qu'il eut repris connaissance, il s'empressa de noter toutes les sensations qu'il venait d'éprouver et qu'il devait prêter à Bergotte. Et l'on assure que, dernier scrupule d'artiste, il désira, la veille même de sa mort, retoucher ce passage, et dicta quelques lignes à Céleste, sa servante fidèle. Son œuvre n'était pas « finie » sans doute, mais il savait maintenant qu'elle ne serait jamais finie, qu'il valait mieux qu'elle ne fût jamais finie. Il savait que, pareille aux grandes basiliques médiévales, toujours inachevées, sa *Recherche* se prêterait mieux de la sorte à la nécessaire collaboration du lecteur.

On a pu dire de Proust qu'il était mort pour son art. Atteint en septembre 1922 d'un refroidissement, il se fût sans doute aisément rétabli s'il n'eût été surmené par la correction des épreuves d'*Albertine disparue* (+). En dépit d'une fièvre épuisante, il poursuivit sans répit son travail, refusant de se conformer aux prescriptions de son médecin, le Dr Bize. Peut-être eût-il été temps de le sauver ? Mais, avec un mystérieux acharnement, il ne voulut point obéir aux conseils affectueux de son frère. Il souffrait de suffocation. Il avait une forte fièvre, mais ne cessait de travailler. Céleste Albaret, qui veillait alors sur lui, nous a fait le récit de ses derniers moments. « Céleste, répétait-il d'une voix douce mais obstinée, Céleste, la mort me poursuit. Je n'aurai pas le temps de finir [...] Empêchez qu'on entre chez moi ! » Il avait le pressentiment de sa fin prochaine. Il désirait la solitude, il voulait écarter médecins, amis et famille ; mais il reçut deux fois Jacques Rivière et lui donna des instructions au sujet de la publication d'*Albertine disparue*. Halluciné, il voyait autour de lui rôder « une grosse femme noire » : la Mort. Sa face émaciée, sa barbe noire en broussaille, son teint de cire jaune, ses yeux brûlés par la fièvre le faisaient, parmi ses linges blancs, apparaître comme un sombre

Christ espagnol. C'est ainsi que l'a peint Dunoyer de Segonzac, qui le vit sur son lit de mort. Le 18 novembre 1922, vers quatre heures de l'après-midi, en présence de son frère, il cessa de respirer. « On l'enterra ; mais toute la nuit funèbre, aux vitrines éclairées, ses livres disposés trois par trois veillaient comme des anges aux ailes éployées et semblaient, pour celui qui n'était plus, le symbole de sa résurrection. »

GEORGES CATTAUI.

♦ *« Il nous attire, il nous retient dans une atmosphère de serre chaude, parmi des orchidées savantes qui ne nourrissent pas en terre leur étrange et maladive beauté. Soudain, dans l'air lourd et délicieux, passe une flèche lumineuse, un éclair qui, comme le rayon du docteur allemand, traverse les corps. D'un trait le poète a pénétré la pensée secrète, le désir inavoué. »* Anatole France. ♦ *« Proust était le plus aimable jeune homme, une merveilleuse source de compliments et de moqueries, avec une extrême abondance de mots un peu ternes et une subtilité prodigieuse de nuances. Il est devenu le Meredith français. »* Maurice Barrès. ♦ *« La poésie de la désillusion, il y a là vraiment une forme de poésie tout à fait spéciale à Proust. Le moi apparaît telle une barque frêle engagée dans un système stellaire et traversée de part en part par des rayons irrésistibles et insanes qui font communiquer les astres en les transperçant. »* Charles Du Bos. ♦ *« Proust et Freud inaugurent une nouvelle manière d'interroger leur conscience. Ils rompent avec les indications du sens intime ; ils ne veulent plus y demeurer parallèles ; ils attendent, ils guettent, au lieu des sentiments, leurs effets : ils ne veulent les comprendre que par leurs signes. L'homme intérieur est ici traité pour la première fois comme un corps sur la composition duquel ne peuvent renseigner que les réactions auxquelles il donne lieu. »* Jacques Rivière. ♦ *« Il n'a pas saisi la vie par l'action même, il l'a rejointe, et comme imitée, par la surabondance des connexions que la moindre image trouvait si aisément dans la propre substance de l'auteur. Il donnait des racines infinies à tous les germes d'analyse que les circonstances de sa vie avaient semés dans sa durée. L'intérêt de ses ouvrages réside dans chaque fragment* [...] *Dans ses profondeurs personnelles Marcel Proust a cherché la métaphysique dont aucun monde ne se passe. Quant à ses moyens, ils se rattachent sans conteste à notre tradition la plus admirable. »* Paul Valéry. ♦ *« ... l'écriture de Proust est* [...] *la plus artiste que je connaisse. Par elle il ne se sent jamais empêché. Je cherche le défaut de ce style, et ne puis le trouver. Je cherche ses qualités dominantes et je ne puis les trouver non plus ; il n'a pas telle ou telle qualité : il les a toutes... Si déconcertante est sa souplesse que tout autre style auprès du sien paraît guindé, terne, imprécis, sommaire, inanimé. »* André Gide. ♦ *« L'art de Proust est bien loin de ce mélange impur de littérature et de mentalité scientifique. Son roman est aussi peu scientifique qu'il est psychologique. Il est bien une œuvre de la connaissance, mais il s'agit ici d'une connaissance esthétique de l'individu et non d'une connaissance systématisée dans les lois. Proust ne nous offre pas de formules, mais du réel, du concret. »* Ernst-Robert Curtius. ♦ *« Voyez-vous cet homme seul, luttant pied à pied jusqu'à la mort contre le flot montant des souvenirs, cet Hercule débile qui capte le flux du temps, ou s'abandonne savamment au reflux ? Il est mort de ce travail insensé ; il est mort, peut-être sans Dieu dont l'amour l'en eût détourné, comme il détourna Pascal de toute fin humaine. À nous, ses frères plus jeunes qui l'avons admiré et aimé, voilà la leçon terrible qu'il nous laisse : l'art n'est pas une plaisanterie ; il y va de la vie et il y va de bien plus. »* François Mauriac.

RÉF. : Léon Pierre-Quint, *Marcel Proust, sa vie, son œuvre*, Paris, 1925 ; *Le Combat de Marcel Proust*, Paris, 1955. – G. Gabory, *Essai sur Marcel Proust*, Paris, 1926. – Paul Souday, *Marcel Proust*, Paris, 1927. – Ernst-Robert Curtius, *Marcel Proust*, Paris, 1928. – Princesse Bibesco, *Au bal avec M. Proust*, Paris, 1928. – Benjamin Crémieux, *Du côté de Marcel Proust*, Paris, 1929. – Samuel Beckett, *Proust*, New York, 1931 (trad. fr. Paris, 1960). – G. Cattaui, *L'Amitié de Proust*, Paris, 1935 ; *Marcel Proust*, Paris, 1952 ; *Iconographie de Marcel Proust*, Genève, 1958. – Ramon Fernandez, *Proust*, Paris, 1943. – H. Bonnet, *Le Progrès spirituel dans l'œuvre de M. Proust*, Paris, 1946. – André Maurois, *À la recherche de Marcel Proust*, Paris, 1949. – G. Brée, *Du temps perdu au temps retrouvé*, Paris, 1950. – Claude Mauriac, *Proust par lui-même*, Paris, 1953. – Gaëtan Picon, *Lectures de Proust*, Paris, 1963. – Georges Poulet, *L'Espace proustien*, Paris, 1963. – D. Painter, *Marcel Proust*, 2 vol., Paris, 1966. – Gilles Deleuze, *Proust et les signes*, Paris, 1970. – Jean-Yves Tadié, *Proust et le roman*, Paris, 1971. – Gérard Genette, *Figures III*, Paris, 1972. – Jean-Pierre Richard, *Proust et le monde sensible*, Paris, 1974. – Jean Milly, *La Phrase de Proust*, Paris, 1975 ; *Recherche de Proust*, Paris, 1980. – Vincent Descombes, *Proust, philosophie du roman*, Paris, 1987. – Antoine Compagnon, *Proust entre deux siècles*, Paris, 1989. – Ghislain de Diesbach, *Proust*, Paris, 1991.

PRUDENCE (Aurelius Prudentius Clemens). Écrivain latin, né vers l'an 348, dans la province de Tarragone en Espagne, mort entre 415 et 425. Il fréquenta les écoles des rhéteurs et eut, dit-il, une jeunesse assez turbulente. Ses plaidoyers le rendirent rapidement célèbre, et l'empereur Honorius le nomma par deux fois gouverneur d'une province d'Espagne, avant de l'attacher à son conseil personnel. Ces différents honneurs, loin de le griser, l'amenèrent à considérer avec détachement les « vanités de ce monde » et, lorsqu'il sentit approcher la vieillesse, il décida de consacrer le reste de sa vie à Dieu. C'est alors qu'il se mit à écrire dans le double but de chanter et de défendre la religion chrétienne. Ses œuvres se composent de deux recueils lyriques et de poèmes descriptifs, didactiques et polémiques. L'ensemble fut fort apprécié de son temps et a connu un certain nombre d'éditions depuis le XVIe siècle. Son premier recueil rassemble, sous le titre de *Cathemerinon* (*), douze hymnes qui font l'apologie des devoirs quotidiens de la vie chrétienne tout en rappelant les plus glorieux souvenirs de la tradition. Le *Peristephanon* (*) est, lui, une suite de quatorze hymnes dont chacune est écrite à la louange d'un martyr. L'*Hamartigénie* (*) essaie, dans un style très didactique, de faire l'étude des origines du mal et de sa propagation sur la terre. Les poèmes polémiques allient à un ton de touchante sincérité une belle passion dans l'invective. Ils sont au nombre de deux : l'*Apotheosis* (*) qui défend le dogme de la Trinité, et, plus particulièrement, la nature divine et humaine du Christ, contre les erreurs des patripassiens, des sabelliens et des priscillianistes, et *Contre Symmaque* (*) qui attaque le personnage de ce nom parce qu'il avait demandé au Sénat le rétablissement de l'autel de la Victoire. La *Psychomachie* (*) est un poème descriptif qui raconte la lutte du bien et du mal dans l'âme des hommes. C'est, sans doute, la moins réussie de toutes ses œuvres. Le *Dittochéon,* enfin, fait en quarante-huit quatrains l'histoire abrégée de l'Ancien et du Nouveau Testament. Prudence a surtout le mérite d'être l'un des premiers et le plus grand des poètes chrétiens de langue latine. Ce fait lui a permis d'introduire dans les vieux cadres de la poésie latine, qu'il manie avec plus ou moins de bonheur, une inspiration nouvelle qui nous donne au moins l'illusion de l'originalité.

♦ *« C'est l'un de nos plus célèbres poètes. »* Sidoine Apollinaire. ♦ *« ... poète appréciable et d'un long succès. »* Érasme. ♦ *« La lecture de ses œuvres est intéressante parce qu'elle permet de se rendre compte de la réconciliation qui, à la fin du* IV*e siècle, s'était désormais opérée entre le christianisme et la culture antique. »* M. Lavarenne.

RÉF. : M. Lavarenne, *Étude sur la langue du poète Prudence,* Paris, 1933. — S. Schwen, *Vergil bei Prudentius,* Leipzig, 1937. — C. Ropizarda, *Prudenzio e la lingua greca,* Catane, 1948. — R. Herzog, *Die allegorische Dichtkunst des Prudentius,* 1966.

PRUS Bolesław (pseud. d'Aleksander Głowacki). Écrivain polonais. Né à Hrubiezów le 20 août 1847, mort à Varsovie le 19 mai 1912. Orphelin dès son enfance, il passa à Lublin ses premières années, et c'est là qu'il commença ses études. Il eut une jeunesse douloureuse et dure, prit part à l'insurrection de 1863, où il fut blessé et emprisonné. Poussé par son inquiétude intérieure, il tenta diverses voies, étudia la physique et les mathématiques à l'École centrale, d'où il passa à l'Institut d'agronomie ; il fut ensuite ouvrier, technicien, instituteur, et trouva finalement sa voie dans le journalisme, puis dans la littérature, à laquelle il se consacra. Après un voyage à l'étranger (France et Allemagne), il revint dans sa patrie où il demeura jusqu'à sa mort. Prus fut l'un des plus éminents représentants du mouvement positiviste qui régna en Pologne après l'échec de la révolution de 1863 ; son œuvre présente un caractère moral et social ; il fut l'un des partisans les plus décidés d'une transformation démocratique de la Pologne, encore féodale sous bien des aspects. Ses romans dépeignent le monde polonais de son temps : *L'Avant-Poste* [*Placówka*], *Les Émancipées* [*Emancypantki*] ; *La Poupée* (*) est le meilleur de tous. *Le Pharaon* nous ramène à l'Égypte antique. Prus a écrit en outre de charmantes nouvelles : *Le Gilet* [*Kamizelka*], et *L'Orgue de Barbarie* [*Katarynka*]. Dans ces dernières, comme dans toutes les œuvres de Prus, vibre un vif sentiment de fraternité humaine, qui s'exprime dans une forme artistique parfaite.

PRZYBOŚ Julian. Poète polonais. Né le 5 mars 1901 à Gwoźnica, mort à Varsovie le 18 octobre 1970. Fils d'un petit paysan, il doit, après des études de polonais à l'université de Cracovie, travailler jusqu'en 1939 comme professeur de lycée. Ses premiers vers paraissent en 1922 dans la revue *Skamander* mais, dès la fondation de *Zwrotnica,* il devient, aux côtés de Peiper, de Kurek et d'A. Ważyk, le principal théoricien et le plus fécond des poètes de l'« Avant-Garde » cracovienne. Après la disparition de *Zwrotnica,* il collabore à *L'Art contemporain* édité à Paris par J. Brzełkowski. Comme ce dernier, il appartient, entre 1930 et 1935, au groupe *« a.r. »* (artistes révolutionnaires) de Lódź. Réfugié à Lwów après la défaite de septembre 1939, puis ouvrier agricole dans son village natal pour échapper aux recherches de la police allemande, Przyboś prend, après 1945, une part active à la vie politique du pays, devient président du Syndicat des gens de lettres, membre du premier Conseil national, ambassadeur en Suisse (1947-1951), directeur de la Bibliothèque jagellonne de Cracovie (1952-1955). Puis il se fixe à Varsovie où il demeure jusqu'à sa mort. Przyboś n'est pas un poète d'accès facile. Il a abandonné assez vite les thèmes de ses premiers poèmes, *Boulons* [*Sruby*], et *Des deux mains* [*Oburalcz*], publiés en 1925 et 1926, qui voulaient exprimer le rythme de la civilisation des grandes villes industrielles. Si ces recueils postérieurs, *Au fond de la forêt* [*W Głab lasu,* 1932] ou *L'Équation du cœur* [*Równanie serca,* 1938] confrontent sans cesse le cœur et la pensée du poète au spectacle de la nature, ils conservent une forme dense et une construction minutieuse, intellectuelle et sans surprises, qui excluent les trouvailles d'expression et rendent la lecture ardue. Les poèmes d'après 1945 abordent plus directement les problèmes de l'homme et de la nation sans prendre pour autant un ton tragique ou moralisateur : *Tant que nous vivrons* [*Póki my żyjem,* 1944], *Projection verticale* [*Rzut pionowy,* 1952] et surtout *Une place sur la terre* (*) (1945) rejettent aussi bien « l'improvisation et les caprices de la fièvre du cœur » que « les rigueurs grammaticales d'une syntaxe logique », mais, en dépit de leur abord difficile, ce sont des œuvres fortes, émouvantes et sincères. Même lorsqu'il a accepté de célébrer les réalisations de la « Pologne populaire » — *Le Moins de mots* [*Najmniej słów,* 1955] chante la construction de l'aciérie de Nowa Huta — Przyboś reste un « virtuose de la concision », un magicien intellectuel du mot, confiant dans la puissance de conviction du verbe poétique, le plus complet, le plus conséquent et à coup sûr le plus émouvant des poètes de l'« Avant-Garde ».

JEAN LAJARRIGE.

PRZYBYSZEWSKI Stanisław. Écrivain polonais. Né à Lojewo, près d'Inowrocław, le

7 mai 1868, mort à Jaronty (près de la même ville) le 23 novembre 1927. Son père était professeur ; sa mère avait un sens musical qu'il hérita et qu'on retrouvera dans toute son œuvre et dans toute sa vie. À Berlin, il étudia l'architecture, la médecine, la psychologie ; puis il se rallia au parti socialiste qui commençait à prendre une place prépondérante, et devint rédacteur de la *Gazeta Robotnika.* Il voyagea en Norvège (il avait épousé l'écrivain norvégien Dagny Juell), puis en France et en Espagne, cependant qu'il publiait des essais de psychologie, des romans et des drames en langue allemande. En 1897, il regagna la Pologne où il assuma la rédaction de la revue de Cracovie, *La Vie* [*Żsycie*]. À partir de cette époque, il récrivit en polonais toutes les œuvres qui l'avaient rendu célèbre en Allemagne, c'est-à-dire *Messe des morts* [*Totenmesse – Msza zmarłych*] ; *Vigilien ; De Profundis ; Androgyne ; Sur la mer* [*Am Meere – Nad Morzem*], son chef-d'œuvre rédigé en prose poétique, etc. Przybyszewski fait montre non seulement de talent littéraire mais d'un grand sens du théâtre dans ses drames : *Danse de l'amour et de la mort* [*Taniec miłości i śmierci*] ; *Martha ; Pour le bonheur* [*Dla szczęścia*], et surtout son œuvre majeure : *La Neige* [*Śnieg*], montée avec succès, en Russie, par Meyerhold. Parmi ses romans, citons encore la trilogie intitulée *Homo sapiens* (*). L'œuvre de Przybyszewski eut de fervents admirateurs à l'époque, mais lorsque l'écrivain mourut il n'avait plus aucune influence sur la jeunesse de son pays.

RÉF. : Maxime Herman, *Un sataniste polonais : Stanislas Przybyszewski de 1868 à 1900*, Paris, 1939.

PSELLOS Michel (Constantin). Homme d'État et écrivain byzantin. Né en 1018 à Nicomédie, mort vers 1096. Il eut, pour maître de droit et de philosophie, Jean Xiphilin, qui était venu de Trébizonde à Constantinople où Psellos le rencontra, et qui devint plus tard patriarche. Psellos fut d'abord avocat ; puis on le nomma juge sous le règne de Michel le Paphlagonien (1034-1041) et secrétaire impérial sous le règne de Michel le Calfat. Il exerça une influence certaine sur Constantin Monomaque par lequel il fut également nommé professeur de philosophie à l'Académie qui venait d'être fondée. Il ne garda toutefois que peu de temps ce poste, car il fut appelé à des fonctions plus hautes et nommé secrétaire du Conseil d'État. Devenu ensuite conseiller impérial, il ne cessa de recueillir des titres honorifiques, comme celui de « très honoré » et de « somme des philosophes ». À la mort de l'empereur, il se retira en Bithynie, dans un monastère de l'Olympe, près de Pruse où avait déjà cherché asile son ami Jean Xiphilin. À partir de 1054 il prit l'habit monastique, et abandonna son nom de Constantin pour celui de Michel. La nostalgie de la vie active le poussa à quitter assez vite le monastère, afin d'assumer d'importantes fonctions à la cour du nouvel empereur Michel le Stratiotique. À la chute de ce dernier, il sut garder les faveurs des empereurs qui lui succédèrent, Isaac Comnène et Constantin Doucas ; sa fortune se maintint sous la régence d'Eudoxie, et il obtint, sous le règne de Michel Parapinace (1071-1078), une charge de Premier ministre. On manque d'informations sur les dernières années de la vie de Psellos et sur sa mort. Homme doté de connaissances prodigieuses, il réussit à concilier la vie active et la vie contemplative, comme en témoignent nombre de ses ouvrages et l'influence qu'il exerça sur la culture de son temps ; il parvint, en effet, à remettre Platon en honneur et à préparer la renaissance littéraire qui s'accomplira sous le règne des Comnène. Parmi ses œuvres abondantes, rappelons la *Chronographie* (*), histoire des années 976 à 1077, l'*Enseignement varié* (*), et les *Oraisons funèbres* (*) écrites à la mémoire des patriarches Michel Cérulaire (Kéroularios), Constantin Lichoudis et Jean Xiphilin.

♦ *« Psellos regarde Platon comme un théologien, qui est arrivé à ordonner nos connaissances sur le monde intelligible. Il est, de ce fait, le promoteur du mouvement platonicien qui, par Pléthon et Bessarion, s'est propagé dans l'Italie de la Renaissance. »* L. Bréhier.

RÉF. : E. Renauld, *Étude de la langue et du style de Michel Psellos*, 1920. – Tatakis, *La Philosophie byzantine*, Paris, 1949.

PSICHARI Ernest. Écrivain français. Né à Paris le 27 septembre 1883, tombé au champ d'honneur le 22 août 1914 à Saint-Vincent-Rossignol, près de Virton (Belgique). Fils du philologue Jean Psichari, petit-fils d'Ernest Renan, il reçut une éducation laïque, scientiste et républicaine dans une maison qui était un des centres de l'agitation dreyfusarde. Jeune homme, il partage en tout point les idées de sa famille et, avec son ami Jacques Maritain, lui aussi adepte, à cette époque, d'une sorte de socialisme mystique, il collabore aux universités populaires, et, dans les couloirs de la Sorbonne, où il prépare sa licence en philosophie (1902), fait des collectes pour entretenir la propagande syndicaliste. Il rêve aussi de devenir écrivain et, dès l'âge de dix-huit ans, a publié dans des revues des poèmes d'inspiration symboliste. Il a naturellement lu les œuvres de Renan, mais semble en avoir été moins touché que par les cours de Bergson au Collège de France et surtout, en 1903, par sa rencontre avec Charles Péguy, lui aussi ardent dreyfusard, mais déçu par l'exploitation politique de l'Affaire à laquelle était en train de se livrer le parti combiste. Impatient de se dévouer, de servir, Psichari commence à souffrir profondément du manque de certitudes intellectuelles, et il pressent que le vague idéalisme dont on a nourri sa jeunesse ne l'a pas suffisamment armé pour affronter la vie. Peu après sa vingtième année, une déception sentimentale vient précipiter la crise morale déjà latente : en plein désarroi, Ernest Psichari quitte le domicile familial, fait une tentative de suicide et, vivant ensuite des métiers les plus divers – il fut même débardeur sur les quais de la Seine –, il traîne une vie misérable dans les faubourgs parisiens.

À l'automne 1903, après quelques semaines de repos dans la maison de campagne de ses parents, il prend la décision de s'engager au 51e régiment d'infanterie, cherchant dans l'armée « la force et l'énergie ». Ayant obtenu par la suite sa mutation dans l'artillerie coloniale, il part au Congo au début de 1906, avec la mission Lenfant, et reçoit la médaille militaire. Ce dur apprentissage de la discipline du soldat – *L'Appel des armes* (1913) – donne enfin à Psichari la certitude morale, et l'exaltant sentiment de participer à une longue tradition qu'il avait vainement demandée à ses maîtres de la Sorbonne. Un long séjour dans les solitudes de la Mauritanie (1909-1912) va lui permettre de mener à son terme cette révolution intérieure : le désert agit sur le jeune officier à la manière d'un cloître, et bientôt le petit-fils de Renan comprend qu'il doit faire un pas décisif, « prendre, comme il dit, le parti de ses pères contre son père », et, après avoir retrouvé la France, retrouver aussi la religion de la France – la foi catholique. À son retour dans la métropole, le 15 novembre 1912, Psichari est déjà chrétien de tête et de cœur. Le 8 février 1913, dans la chapelle du petit séminaire de Versailles, il communie pour la première fois et bientôt, dans les loisirs de la vie de garnison, il écrit son second livre, récit à peine transposé de son expérience, qui rejoint celle de ses amis, Péguy, Maritain, Massis, tous trois convertis à la même époque, *Le Voyage du centurion* (*) (posthume, 1915). Sans quitter l'armée, Psichari aspire cependant désormais à une règle plus haute encore. À la suite d'une retraite au couvent dominicain de Ryjkholt, en Hollande, il décide d'entrer dans l'ordre des Frères prêcheurs, dont il est d'ailleurs déjà tertiaire. Mais la guerre éclate, son régiment se porte à l'ennemi dès les premiers jours des hostilités. Ernest Psichari tombe lors d'un combat dans la forêt de Neufchâteau, frappé d'une balle dans la tête. Psichari n'est pas un grand écrivain ; il a été une figure morale, le témoin exemplaire de la « génération sacrifiée ».

MICHEL MOURRE.

♦ *« ... le témoignage le plus saisissant et le plus clair d'une génération que nous avons vue se former sous nos yeux éblouis de bonheur, et qui rature les enseignements officiels de ses maîtres immédiats, pour aller chercher sa parole de vie plus haut dans la race, plus loin dans le passé. »* Maurice Barrès. ♦ *« Homme de grand soleil, homme aux yeux frais, au cœur émerveillé* [...] *vous qui seul de nous avez entendu le silence* [...] *et qui ainsi avez gardé la pureté de votre âme. »* Charles Péguy. ♦ *« Dans l'éloignement, et par cet éloignement même, qui le gardait intact, Ernest Psichari a plus agi sur nos âmes et sur nos pensées qu'aucun de nos compagnons. C'est toute notre jeunesse qui s'exaltait en lui. »* Henri Massis.

RÉF. : H. Massis, *Le Sacrifice*, Paris, 1916 ; *Évocations*, Paris, 1931 ; *Notre ami Psichari*, Paris, 1936. – W. Becherer, *Ernest Psichari, in seiner psychologischer Entwicklung*, thèse, Iéna, 1933. – Daniel-Rops, *Ernest Psichari*, Paris, 1942. – F.-L. Charmont, *Ernest Psichari, l'homme et l'œuvre*, thèse, Paris, 1944. – J. Peyrade, *Psichari, maître de grandeur*, Paris, 1947.

PSICHARI Jean. Philologue et écrivain grec. Né à Odessa le 15 mai 1854, mort à Paris le 30 septembre 1929. Il fit ses premières études à Constantinople. Venu en France à quatorze ans, il compléta son instruction à Marseille et à Paris, où il étudia la philologie. Après avoir hésité entre le latin et l'italien il opta pour le grec moderne, et eut pour maître Émile Legrand. Il devint privat-docent en 1884, ensuite professeur à la Sorbonne ; il succéda à Legrand, en 1900, à la chaire de grec moderne à l'École des langues orientales vivantes. De loin en loin, il fit quelques voyages en Grèce aux fins d'études et aussi pour répandre ses idées sur la linguistique. Il se sépara en 1912 de sa première femme, fille d'Ernest Renan, et se remaria. Son action fut prépondérante pour hâter la solution de la question linguistique en Grèce. Ne se bornant pas à l'exposé théorique de ses principes, présentés dans divers essais, Psichari voulut leur donner une application pratique. C'est pourquoi *Mon voyage* (*), publié en 1888, a fait date en Grèce dans la controverse sur la langue littéraire. Grammairien de stricte observance, Psichari ne préconisa pas seulement l'usage de la langue vulgaire en littérature, mais il voulut en définir les formes avec une rigueur logique qui heurtait les usages populaires. Entre 1902 et 1912, il recueillit en treize volumes l'ensemble de son œuvre littéraire sous le titre global de *Roses et Pommes* ['Ρόδα χαί Μῆλα] (dont des nouvelles et des romans comme *Jalousie, Le Rêve de Yanniri, Vie et Solitude*, et des pièces de théâtre).

RÉF. : Germaine Rouillard, *Jean Psichari* in *Annuaire pratique de l'École des hautes études*, Paris, 1930. – Y. Kordatos, Athènes, 1943. – *Hommage à Jean Psichari*, 1950.

PTOLÉMÉE Claude. Astronome, géographe, mathématicien et physicien grec du IIe siècle de notre ère. Nous ne savons rien sur sa vie sinon qu'il vécut à Alexandrie et qu'il fut l'un des personnages les plus célèbres du règne de Marc Aurèle. Historiquement, il est le dernier des grands savants grecs, ce qui lui a permis de réaliser la synthèse des travaux de ses prédécesseurs et de les compléter par ses propres recherches. L'importance de son œuvre est devenue immense du fait que c'est à travers elle que notre civilisation est entrée en contact avec la science hellénique. Il se peut que cette circonstance ait conduit à la surestimer. Il n'en reste pas moins qu'il fut l'un des plus grands esprits de son temps et que l'universalité de ses connaissances et de ses recherches lui vaudrait quand même une place de premier rang dans l'histoire des diverses sciences qu'il étudia. Son livre le plus fameux s'intitule *Almageste ou Traité complet d'astronomie* (*). Il condense toutes les connaissances du temps en cette matière et il est resté jusqu'à Copernic le bréviaire de l'astronomie. Il définissait un nouveau système qui, grâce aux méthodes géométriques, permettait de calculer les périodes du mouvement direct et du mouvement rétrograde, les élongations, les révolutions tropiques et synodiques. Ce livre connut une large diffusion dans tout le monde antique et fut traduit en latin par Boèce. Cette version latine a été perdue et c'est par la traduction arabe faite à Bagdad au IXe siècle et traduite en latin au XIIIe qu'il nous est parvenu. Nous possédons quelques autres de ses traités d'astronomie, ce sont : les *Tables manuelles*, abrégé des tables qui figurent dans l'*Almageste*, *Sur les planètes*, *Sur les étoiles fixes* et *Sur la manière de prendre la hauteur du soleil*. Il ne nous reste que deux de ses ouvrages de physique : l'*Optique*, qui définit exactement quelques-unes des lois de la réfraction, et les *Harmoniques*, qui étudie les intervalles musicaux et leurs rapports. Son œuvre de géographe n'est pas moins importante que son œuvre d'astronome ; elle comprend : le *Planisphère* (*), qui développe la méthode de projection de la voûte céleste sur un plan, *L'Analemne* (+), étude sur la construction des cadrans solaires, et surtout le célèbre *Traité de géographie* (*) dont les huit volumes et les vingt-sept cartes nous retracent toutes les connaissances géographiques des Anciens. Son œuvre de philosophe ne nous est connue que par : *Sur le critérium et le principe directeur de l'âme*, qui témoigne de l'ampleur de ses conceptions et de l'universalité de son esprit.

RÉF. : W. Kubitschek, *Studien zur Geographie des Ptolemäus*, Leipzig, 1934. – A. Diller, *The Oldest Manuscripts of Ptolemaic Maps*, s. l., 1940. – O. Thomson, *History of Ancient Geography*, Cambridge, 1948. – G. Sarton, *Ancient Science and Modern Civilization, Euclid and his Time, Ptolemy and his Time. The End of Greek Science and Culture*, Londres, 1954.

PUBLILIUS SYRUS. Poète mimique latin du Ier siècle av. J.-C. (90 ?-40 ?). Esclave venu de Syrie, il fut affranchi à Rome en raison de sa valeur intellectuelle. Avec Decimus Laberius, chevalier romain qu'il avait défié et vaincu dans une joute littéraire en présence de César, Publilius est le principal représentant de cette forme littéraire, le mime. De ses *Mimes* (*), deux titres seulement ont été conservés ; il est vrai qu'ils étaient destinés à disparaître rapidement, car ils dépendaient surtout du talent d'improvisation et de l'originalité des acteurs. Certains, néanmoins, virent leur succès se poursuivre à la scène jusqu'au règne de Néron. On a conservé, au contraire, un recueil de *Sentences* (*) tirées des œuvres de Publilius où, en dépit d'un caractère essentiellement bouffon et même licencieux, abondent des traits de morale qui plurent à des auteurs tels que Sénèque, et se retrouvent jusque dans les écrits de saint Jérôme.

PUCCINI Giacomo. Compositeur italien. Né à Lucques le 22 décembre 1858, mort à Bruxelles le 29 novembre 1924. Son père, Michele, descendait d'une lignée de musiciens, qui avaient tous été comme lui maîtres de chapelle. L'enfant avait six ans quand il mourut. Un maître excellent, Angeloni, présida à ses premières études, puis Puccini obtint le diplôme de l'Institut musical Pacini. Une représentation d'*Aïda* (*) à l'opéra de Pise décida de sa vocation pour le théâtre. Puccini se rendit alors à Milan (1880) et, grâce à une bourse de la reine Marguerite, put s'inscrire au Conservatoire de cette ville où enseignaient Bazzini et Ponchielli. Nanti d'un diplôme de composition, le jeune musicien écrivit tout d'abord un *Motet* et une *Missadi gloria* pour ténor et basse, avec chœurs mixtes et orchestres, simples exercices d'école qui furent exécutés le 12 juillet 1878 en l'église San Paolino de Lucques. Mais on a de lui une autre *Messe* (éditée par la Mills Music de New York) dont l'inspiration – plus théâtrale que liturgique, conformément au goût de l'époque – laisse percer une note qui lui est propre ; elle fut bientôt suivie d'un *Capriccio symphonique*, présenté au Conservatoire, d'une *Élégie pour violons* et de *Chrysanthèmes*. Toutes ces œuvres témoignaient d'un sens inné du théâtre, à tel point que l'Agnus Dei de la *Messe* put être intégré dans le madrigal de *Manon Lescaut*. De même, certaines parties du *Capriccio* passèrent dans *La Bohème*, ainsi que l'*Élégie* – heureusement retouchée – dans *Manon Lescaut*. C'est au théâtre que Puccini consacra toute une carrière qui va de *Le Villi* (1884) et *Edgar* (1889) à *Manon Lescaut* (*) (1893), *La Bohème* (*) (1896), *La Tosca* (*) (1900), *Madame Butterfly* (*) (1904), *La Fille de l'Ouest* [*La Fianciulla del West*, 1910], *L'Hirondelle* [*La Rondine*, 1917], le *Triptyque* (+) (1918) – *Le Manteau* [*Il Tabarro*], *Sœur Angélique* [*Suor Angelica*], *Gianni Schicchi* (*) – et son ouvrage ultime, *Turandot* (*) (1926), représenté après sa mort, et dont le dernier acte fut achevé par Alfano et Tommasini.

De *Manon* à *Turandot* – exception faite pour les deux premières tentatives, et aussi pour *La Rondine*, composition hybride, a mi-chemin entre l'opéra et l'opérette, Puccini excelle toujours à préserver ce sens de la poésie et cette spontanéité qui sont bien à lui. Et *Manon Lescaut* offre déjà le type même de l'opéra puccinien, lequel, incontestablement, manifeste certaine faiblesse dans les grandes scènes dramatiques, par exemple dans *La*

Tosca. Non que l'auteur soit dépourvu de qualités mélodiques ou d'invention musicale, mais il arrive que l'expression, impuissante à traduire des sentiments profonds, retentisse trop faiblement à nos oreilles. Puccini, sans renier pour autant son passé, était soucieux de renouvellement. C'est ainsi que, dans *La Fille de l'Ouest*, il déploya au maximum sa virtuosité orchestrale. On peut en dire autant de *Turandot*, d'un coloris si intense, qu'il s'agisse de l'orchestre, des chœurs ou de cette nuit exotique dont l'enchantement est moins le fait de l'emploi d'instruments orientaux que d'un souffle humain passionné, et de cette mélancolie d'amour suggérée par la musique de Puccini. Il arrive même que Puccini, par exemple dans *Gianni Schicchi*, se révèle d'un étonnant modernisme. Des courants modernes harmoniques — français — sont également reconnaissables dans *Madame Butterfly*, ce qui n'empêchera pas l'héroïne de demeurer italienne et « puccinienne » à l'extrême. Puccini, et c'est à la fois chez lui une force et une faiblesse, craignait toujours que le spectateur ne s'ennuyât, et c'est pourquoi il se limite à l'essentiel. On peut dire aussi qu'il maintenait un étroit rapport entre la musique et ses personnages. Il possède également le don de créer des atmosphères, particulièrement dans *Turandot*, dans la scène de la mansarde de *La Bohème* et celle des ponts de la Seine. Puccini, enfin, lorsqu'il compose, s'inspire de ses propres rêves qui, alors, semblent vrais, ou du moins proches de la réalité. Hostile à toute abstraction, il cherche dans la vie même la poésie de la vie. Les *Lettres* [*Epistolario*] de Puccini furent éditées à Milan en 1928 ; et la traduction anglaise parut à Londres en 1931.

ALFREDO BONACCORSI.

RÉF. : A. Weissmann, *Giacomo Puccini*, Munich, 1922. — R. Specht, *Giacomo Puccini*, Berlin, 1931. — V. Seligman, *Puccini among friends*, Londres, 1938. — G. R. Marek, *Puccini : a Biography*, New York, 1951. — A. Gauthier, *Puccini*, Paris, 1961. — D. Amy, *Puccini*, Paris, 1970. — M. Carner, *Puccini*, Paris, 1983. — W. Ashbrook, *The Operas of Puccini*, Oxford, 1985. — M. Kaye, *The Unknown Puccini*, Oxford, 1986. — M. Girardi, *Puccini. La vita e l'opera*, Rome, 1989.

PUFENDORF Samuel von. Philosophe et juriste allemand d'expression latine. Né le 8 janvier 1632 à Dorf-Chemnitz (Saxe), mort le 26 octobre 1694 à Berlin. D'une famille de pasteurs, il étudia à Leipzig et Iéna. Il quitta Iéna en 1657 pour la Hollande, puis devint précepteur de la famille de Petrus Julius Coyet, ministre résidant à Copenhague de Charles-Gustave, roi de Suède. Fait prisonnier ainsi que les autres membres du ministère par les Danois soulevés contre Charles-Gustave, en prison il médita longuement sur ses lectures de Grotius et Hobbes, élaborant alors un système de droit universel, et lorsque à la fin de sa captivité il accompagna ses pupilles à l'université de Leyde, il publia (1660) ses *Éléments de jurisprudence universelle*. L'œuvre est dédiée à Charles-Louis, électeur palatin, qui créa la même année pour Pufendorf une chaire de droit naturel et de droit des gens à l'université de Heidelberg, la première du genre dans le monde. En 1667, il publia, avec l'assentiment de l'électeur, *De l'état de l'empire germanique* [*De statu imperii germanici*], paru sous le pseudonyme de Severinus de Monzambano, gentilhomme de Vérone. L'ouvrage fit sensation. C'était une attaque directe du Saint Empire et de la maison d'Autriche. En 1670, Pufendorf fut appelé à l'université de Lund, où il publia en 1672 *Du droit de la nature et des gens* (*). En 1677, il était historiographe royal et secrétaire d'État à Stockholm ; en 1686, il devint historiographe de Frédéric III, électeur de Brandebourg, et conseiller privé à Berlin. Dans le traité *Du droit de la nature et des gens*, Pufendorf reprend pour une bonne part les théories de Grotius, qu'il complète par les doctrines de Hobbes et par ses propres idées. Son point de vue central est que le droit naturel ne doit pas être étendu hors des limites de cette vie et qu'il règle uniquement les actes extérieurs. Pufendorf combattit la théorie de Hobbes sur l'état de nature, concluant pour sa part que celui-ci était un état de paix et non de guerre mais que, faible et incertain, il avait besoin d'être soutenu. Pour lui l'État [civitas] est une personne morale [personna moralis], et la somme des volontés individuelles constitue sa volonté. Pufendorf apparaît donc là comme un précurseur de Rousseau. Dans *De la coutume* [*De habitu*], il trace les limites entre les pouvoirs civils et ecclésiastiques, et pose les bases des relations ultérieures entre l'Église et l'État en Allemagne. Il opère une distinction fondamentale entre la jurisprudence suprême dans les affaires ecclésiastiques [jus circa sacra], comme inhérente au pouvoir de l'État dans le respect de toutes les religions, et le pouvoir ecclésiastique [jus in sacra] inhérent à l'Église, mais qui par accord avec l'État peut être transféré à celui-ci dans certains cas. Ce système de jurisprudence fut étendu à la Prusse au cours du XVIIIe siècle. De 1673 date *Devoir de l'homme et du citoyen*. La postérité a sous-estimé Pufendorf, en grande partie à cause du jugement de Leibniz, son adversaire intraitable, qui le considérait comme un piètre philosophe. De toute façon sa jurisprudence demeure le modèle de celles des XVIIe et XVIIIe siècles. Il fut un critique avisé du droit de l'État alors en vigueur, en montra les limites et d'autre part, sans qu'il y ait ici la moindre contradiction logique, il réclama l'institution d'une union évangélique où, par la primauté de l'État sur l'Église, une plus grande liberté de conscience serait accordée à l'individu.

RÉF. : P. Avril, *Pufendorf* in *Les Fondateurs du droit international*, Paris, 1904. — A. P. Weppler, *Samuel Pufendorf*, Munich, 1928. — H. Funke, *Die Lehre vom Fürsten bei Samuel Pufendorf*, Berlin, 1930. — R. Derathé, *J.-J. Rousseau et la science politique de son temps*, Paris, 1950. — A. Randelzhofer, *Die Pflichtenlehre bei S. von Pufendorf*, Berlin, 1983.

PUIG Manuel. Romancier argentin. Né en 1932 à General Villegas (province de Buenos Aires) ; mort le 22 juillet 1990 à Cuernavaca (Mexique), après une opération de la vésicule biliaire. Entré en 1951 à l'université de Buenos Aires où il suit des cours d'architecture et de philosophie, il se passionne pour le cinéma et, grâce à une bourse du Centre expérimental de Rome, vient étudier dans cette ville avec Cesare Zavattini. De 1955 à 1961, il voyage en Europe, à Paris, à Stockholm, à Londres, et rencontre Vittorio de Sica, René Clément, Stanley Donen. En 1962, il part pour New York avec un scénario de film, *La Trahison de Rita Hayworth*. N'ayant pu le porter à l'écran, il en fait un roman qui, publié en 1968, l'orientera définitivement vers la littérature. Ses structures romanesques resteront toutefois celles du cinéma : séquences, découpage, montage. Si la technique du feuilleton radiophonique inspire avec humour *Le Plus Beau Tango du monde* [*Boquitas pintadas*, 1970], c'est le dialogue et l'expression gestuelle hollywoodiens qui se trouvent parodiés dans *Les Mystères de Buenos Aires* [*The Buenos Aires Affair*, 1973] et *Pubis angelical* (1979) pour offrir une radioscopie des classes moyennes argentines et étudier d'une façon plus générale les pulsions et les fantasmes de l'individu. Dans son chef-d'œuvre, *Le Baiser de la femme-araignée* (*) (1976), le cinéma n'est plus seulement une technique mais une puissance salvatrice, puisque le souvenir des films qu'ils ont vus permet à deux condamnés d'échapper, en les invoquant, à l'horrible réalité carcérale. « Les livres suivants, écrit leur traducteur français Albert Bensoussan, confirment la fêlure du désespoir sur le glacis des pellicules. Le froid s'installe dans ce monde d'images qui déclinent. En même temps qu'il vieillit, l'auteur voit l'écran blanchir et ses héros pâlir. » Après *Malédiction éternelle à qui lira ces pages* [*Maldición eterna a quien lea estas páginas*, 1980], c'est au Brésil où il avait choisi de vivre que Manuel Puig situe son roman *Sang de l'amour partagé* [*Sangre de amor correspondido*, 1982].

CLAUDE COUFFON.

PUJMANOVÁ Marie. Romancière et poétesse tchèque (nommée « artiste nationale » en 1953). Née et morte à Prague (8 juin 1893 – 19 mai 1958). Née d'une famille patricienne, mariée à un metteur en scène d'opéra, elle acquiert une solide culture littéraire (française, russe), voyage beaucoup. Ses convictions évoluent d'un libéralisme démocratique à des positions de gauche (au temps de la crise économique et de la montée du fascisme) et finalement au communisme après 1945. Fine observatrice de la vie bourgeoise, de la famille, de la femme en voie d'émancipation, douée d'un grand talent d'expression, elle affectionne la forme du récit : *Sous les ailes* [*Pod křídly*, 1917], *Contes du parc municipal* [*Povídky z městského sadu*, 1920], *Le Pressentiment* [*Předtucha*, 1942], *L'Aube* [*Svítání*, 1949], *Sœur Alena* [*Sestra Alena*, 1958]. Si le roman *La Patiente du docteur Hegl* [*Pacientka doktora Hegla*, 1932] présente encore une histoire individuelle, sa trilogie romanesque *Les Gens à la croisée des chemins* (*) (1937), *Le Jeu avec le feu* (+) (1948) et *La Vie contre la mort* (+) (1952) se veut un vaste tableau de la société tchèque depuis les années 20 jusqu'à la libération de 1945 ; les deux derniers volumes, salués d'abord avec enthousiasme, sont ensuite taxés de « didactiques » et de « tribut payé aux postulats politiques de l'époque révolutionnaire ». On lui doit aussi des poèmes inspirés par la famille, Prague, la libération, la paix, l'U.R.S.S., la Chine, enfin par *Madame Curie* [*Paní Curieová*, 1957]. Avant la guerre, elle a écrit nombre d'études littéraires, notamment une monographie sur la romancière Božena Benešová (1873-1936) ; après la guerre, elle a fait surtout d'enthousiastes reportages sur les pays socialistes.

VLADIMIR PESKA.

PULCI Luigi. Poète italien. Né à Florence le 15 août 1432, mort à Padoue en octobre ou novembre 1484. Les trois frères Pulci, Luca (3 décembre 1431-29 avril 1470), Bernardo (8 octobre 1438-9 février 1488), et Luigi, fils de Brigida de' Bardi et de Jacopo, mort en 1451, eurent des aptitudes littéraires diverses. De l'enfance de Luigi, on sait peu de chose. En 1459, de graves revers de fortune subis par sa famille l'obligèrent à accepter les fonctions de secrétaire et comptable de Francesco Castellani ; mais les malheureuses expériences financières de Luca aboutirent au bannissement de Florence de ses deux frères, qui purent y revenir quelques mois plus tard, grâce à l'intercession de Laurent le Magnifique. Toutefois, en 1469, une nouvelle faillite avait provoqué l'incarcération de Luca, qui mourut en avril 1470 sans avoir recouvré sa liberté. Cette année-là et la suivante, Luigi Pulci – qui en 1467-68 avait accompli un voyage à Pise, peut-être pour le compte de Laurent de Médicis déjà – reçut de son prince des missions de confiance : à Camerino, auprès de Giulio Cesare da Varano, et à Naples auprès d'Alphonse d'Aragon, duc de Calabre ; en 1472, il accompagna à Rome Clarice Orsini, femme de Laurent ; en 1473, il se rendit à Bologne, Milan et Venise. À la fin de cette année-là ou au début de la suivante se place son mariage avec Lucrezia degli Albizzi, qui devait lui donner quatre fils. De ces années 1474-75 date sa polémique avec Matteo Franco, poète très cher à Laurent et assidu de sa cour ; il est possible qu'on doive à cette polémique et aux dissentiments avec Marsile Ficin, ami de Matteo Franco, les premiers malentendus entre Pulci et Laurent, et le passage du premier au service de Roberto Sanseverino, qu'il suivit en de nombreuses pérégrinations. Lors d'un voyage à Venise où il accompagnait son seigneur, Pulci tomba malade en route, et s'éteignit à Padoue. Son attitude sceptique vis-à-vis des pratiques religieuses, l'accusation d'adhérer à la magie, tout son comportement désinvolte à l'égard des choses de la foi firent qu'il n'eut pas de funérailles religieuses, et son inhumation eut lieu en terre non consacrée, comme pour les hérétiques.

Poète de verve bizarre et heureuse, Pulci a laissé, dans son *Morgant le géant* (*), l'un des plus hauts exemples de style comique de la littérature de la Renaissance. Dans ce poème, qui se compose de vingt-huit chants, il donne une forme burlesque au matériel que lui offrait la tradition des chanteurs ; et même, dans les vingt-trois premiers – l'œuvre, en effet, fut composée en deux périodes : commencée peut-être en 1461, et reprise ensuite pour les cinq derniers chants ; d'où l'ancienne dénomination de *Morgant le grand* – il élabore de nouveau, avec, à certains endroits, une fidélité absolue au texte, le *Chant de Roland,* composition italienne anonyme du XIVe siècle. La première édition complète de *Morgant* est l'édition florentine de 1483 ; la florentine et la vénitienne de 1482 ne reproduisent que les vingt-trois premiers chants. À *Morgant* s'ajoutent les *Lettres à Laurent le Magnifique* [*Lettere a Lorenzo il Magnifico,* éditées en 1868], parfois spirituelles et bizarres, souvent amères et désenchantées ; la « Gueuse de Dicomano » [Beca da Dicomano], petit poème rustique, parodie de la *Nencia da Barberino* (+) de Laurent de Médicis, la « Joute » [Giostra], court poème en octaves célébrant la victoire remportée par Laurent dans la joute de 1469, les sonnets du débat avec Matteo Franco, les *Fables* [*Frottole*] et les « strambotti », poésies villageoises d'amour. Tandis que la « Joute » semble définitivement assignée à Pulci, l'attribution des « strambotti », en revanche, est très douteuse ; et tout à fait dépourvue de fondement celle de *Ciriffo Calvaneo* : c'est l'œuvre de son frère Luca, qui, dans la révision de ce poème, fut cependant aidé par Luigi. Dans la rédaction d'un autre poème, de Luca également, « Le Dryadée d'amour » [Il Driadeo d'Amore], les critiques ont estimé pouvoir identifier la main de Luigi.

GAETENO MARIANI.

RÉF. : A. Monigliano, *L'indole e il riso di Luigi Pulci,* Rocca son Casciano, 1907. – L. Pirandello, *L'umorismo,* 1908. – Giovanni Getto, *Studio sul Morgante,* Milan, 1944. – D. de Robertis, *Storia del Morgante,* Florence, 1958. – A. Gianni, *Pulci uno e due,* Florence, 1967. – S. S. Nigro, *Luigi Pulci,* Basi, 1972. – P. Omieto, *Pulci medievale,* Rome, 1978. – N. Jonard, « La Nature du comique dans le *Morgante* de Pulci », in *Culture et Société en Italie du Moyen Âge à la Renaissance. Hommage à André Rochon*, Paris, 1985.

PULGAR Hernando del. Écrivain espagnol. Né à Tolède, ou au Pulgar, probablement en 1430, mort à Grenade en 1493. Fils de « convertis », élevé à la cour de Juan II, roi de Castille, il servit son successeur Henri IV de 1450 à 1468, puis Isabelle la Catholique et Ferdinand II d'Aragon, dont il devint le secrétaire en 1471. Il fut ensuite nommé ambassadeur en Italie (1473), puis en France. Dépourvu d'ambition, il avait quitté la cour lorsque, en 1482, la reine, alors en Andalousie, lui demanda d'écrire la *Chronique des Rois Catholiques.* Pulgar, dès lors, suivit la reine dans ses voyages et ses expéditions. Il relata ainsi, à titre de témoin, les événements de deux époques successives : la première dominée par l'anarchie et la corruption, l'autre qui fut celle de la renaissance. La première a été décrite également dans les célèbres *Coplas de Mingo Revulgo* que certains auteurs, tels Mariana et Sarmiento, attribuèrent à Pulgar. Mais ce dernier n'en rédigea que le commentaire, dans un but d'édification. Il y dépeignit les caractères sans adulation ni malveillance, et célébra chaleureusement les héros de sa patrie dans *Le Livre des hommes illustres de Castille* (*) (1486). De tels hommes, à ses yeux, pouvaient rivaliser de valeur avec ceux de tous les pays et de tous les temps. Humaniste, il voyait dans l'histoire « la lumière de la vérité » et un exemple à suivre dans la vie. Et, s'il lui arrive de commettre des erreurs de documentation et de chronologie, il ne néglige jamais la beauté du style. On doit aussi à Pulgar les *Lettres* [*Cartas*, 1485 ?] qu'il adressait à des personnages illustres, souverains, gentilshommes ou prélats, et qui ont une valeur documentaire en ce qui concerne l'époque et Pulgar lui-même, assez prodigue de maximes.

RÉF. : F. Martínez de la Rosa, *Hernán Pérez del Pulgar, el de las hazañas, Bosquejo histórico,* Madrid, 1834. – F. P. Villareal y Valdivia, *Hernán Pérez del Pugar y las guerras de Granada. Ligeros apuntes sobre la vida y hechos hazañosos de este caudillo,* Madrid, 1892. – E. Fueter, *Geschichte der neueren Historiographie*, Munich, 1925.

PUMPURS Andrejs. Poète letton. Né le 22 septembre 1841 à Lieljumprava, mort le 6 juillet 1902 à Riga. Il représente dans la poésie lettonne la tendance romantique, qui se proposait de ressusciter le passé légendaire et les mythes héroïques. Que l'imagination créatrice de ce poète ait prodigieusement travaillé autour de *L'Éventreur d'ours* (*) (1888), symbole du héros national, n'est pas sans un rapport étroit avec sa région natale, riche d'antiques traditions, et avec sa nature même, encline aux élans fantastiques, aux exploits héroïques et aux nobles passions. Dans la vie de chaque jour, il devait se contenter d'être un simple géomètre, et comme tel il travailla dans diverses localités (1867-73). Il essaya de mieux s'installer à Riga (1874) mais n'y parvint pas, et s'engagea comme volontaire dans les Balkans pendant la guerre russo-turque. Après son séjour à l'Académie militaire d'Odessa, il resta définitivement sous les drapeaux, et par la suite ne fit plus que voyager à travers les diverses régions de Russie.

PURCELL Henry. Compositeur anglais. Né en 1659 à Londres, où il mourut le 21 novembre 1695. Il perdit son père à l'âge de six ans et fut adopté par son oncle Thomas. Entré peu de temps après comme choriste à la Chapelle royale où Henry Cooke dirigeait les chœurs d'enfants, ce fut sous la direction de Cooke qu'il fit ses premières études musicales. En 1672, il entra à l'école de Pelham Humfrey qui avait certainement été en contact avec Lully, et put ainsi faire connaître à son élève la musique française. Purcell commença très tôt à composer ; vers 1670 il écrivit la musique d'un hommage des enfants de la Chapelle royale au roi. Quand ensuite sa voix mua, il devint l'élève de John Blow et remplit l'office de copiste à l'abbaye de Westminster. C'est de cette période que datent ses premiers *Hymnes* (*), ainsi que d'autres musiques de circonstance, et peut-être aussi ses premiers essais de musique de scène. En 1679, il succéda à Blow au poste d'organiste de l'abbaye de Westminster, et cette activité le poussa certainement à composer de nombreuses pièces de musique sacrée qui alternent cependant avec des *Fantaisies* pour instruments à cordes et de nouveaux essais pour la scène. En juillet 1682, il fut nommé organiste de la Chapelle royale et compositeur ordinaire du roi. C'est en cette qualité qu'il devait encore écrire de nombreuses œuvres de circonstance : odes pour des festivités et chansons pour l'anniversaire des membres de la famille royale. La première des *Odes pour le jour de Sainte-Cécile* date de 1683. C'est en 1686 que Purcell composa, pour le couronnement de Jacques II, un hymne majestueux, aux riches et chaudes sonorités : *My Heart is Inditing.* Entre-temps (1683) avait paru son premier recueil imprimé : les douze sonates pour deux violons et basses, qu'il écrivit sous l'influence des grands maîtres italiens. Durant cette même période il continua d'écrire pour le théâtre. Il ne s'agissait pas, à proprement parler, de véritables créations musicales, mais d'adaptations d'œuvres théâtrales où il introduisit des motifs de danse, des morceaux instrumentaux et des pièces chantées, tandis que les parties dramatiques demeuraient liées à un simple récitatif. On peut dire, cependant, que ces travaux lui servirent à se faire la main et lui donnèrent une expérience de la scène qu'il utilisa ensuite dans un opéra, *Didon et Énée* (*) (1688-1690), le seul dont il ait écrit en entier la musique. Cette œuvre, qui marque une date fondamentale dans sa carrière, fut composée à la demande d'un maître de danse et exécutée par les élèves du collège de Chelsea avec la collaboration de l'auteur, qui tenait les cymbales. Il est possible que l'imprésario Betterton ait été présent à cette représentation de *Didon,* et qu'il ait alors invité Purcell à écrire la musique de son *Dioclétien* [*Diocletian*], sur un drame de Beaumont et Fletcher.

Le *Dioclétien* plut à Dryden qui demanda à Purcell de collaborer à son *Roi Arthur* [*King Arthur*]. Cette nouvelle œuvre fut exécutée en 1691. La musique que Purcell composa ensuite pour une adaptation anonyme du *Songe d'une nuit d'été* (*) de Shakespeare représenté en 1692 au Dorsen Gardens Theatre sous le titre de *La Reine des fées* (*) remporta un bon succès, Parallèlement à ces œuvres importantes, de nombreuses pièces vocales et instrumentales virent le jour, ainsi que de nouvelles partitions de circonstance parmi lesquelles il faut notamment mentionner le *Te Deum* (+) et le *Jubilate* pour la fête de Sainte-Cécile de 1694. Ce sont des pages dont les accents solennels annoncent certains effets grandioses de la musique de Haendel. Lors des funérailles de la reine Mary II, Purcell composa la très belle hymne intitulée : *Ne te souviens pas, Seigneur, de nos offenses* [*Remember not, Lord, our Offences*]. L'année suivante (1695), il décrivit la musique de scène de *La Tempête* (+) de Shakespeare, de l'*Histoire comique de Don Quichotte* (+) de d'Urfey. C'est dans cette œuvre que se trouve la chanson *Des treilles fleuries...* [*From Rosie Bowers*] qui fut la dernière composition de Purcell, car il était déjà malade. Il mourut à Westminster et fut inhumé dans cette célèbre abbaye. Purcell est justement considéré comme le plus grand et le plus original des musiciens anglais. Son génie est changeant et sa verve intarissable. Son immense production, très variée, comprend des musiques de scène, des hymnes, des psaumes, des canons, des odes, des cantates profanes, des chansons, des duos vocaux et des sonates — citons encore *Le Libertin* (+) (1676), *Régulus* (+) (1688), *Amphitryon* (+) (1690), *Œdipe roi* (+) (1692), *Timon d'Athènes* (+) (1694), et *Sophonisbe* (+). La prompte réceptivité de Purcell lui permit d'assimiler les styles les plus divers qu'il réussit à coordonner et à fondre en une profonde synthèse grâce à sa spontanéité originale. Son style est capable de densité dans les mouvements incisifs de la texture polyphonique et des récitatifs, et d'atteindre à une gracieuse cadence dans les inflexions de la danse. Le caractère le plus original de son génie se trouve peut-être dans sa musique de scène et surtout dans son opéra *Didon et Énée,* admirable par la beauté et la plénitude de sa forme, par l'intense émotion humaine qui le parcourt tout entier, et plus particulièrement dans les motifs qui expriment le drame amoureux de Didon.

VINCENZO TERENZIO.

♦ *« ... la musique* [...] *est parvenue en Angleterre à une perfection qu'elle n'avait jamais atteinte auparavant, surtout entre les mains habiles de M. Purcell. Il l'a composée avec un si grand génie qu'il ne peut rien craindre d'autre qu'un public ignorant et sans jugement. »* Dryden.

RÉF. : J. F. Runciman, *Purcell*, Londres, 1909. – H. Dupré, *Purcell*, Paris, 1927. – D. Arundell, *Henry Purcell*, Londres, 1927. – A. K. Holland, *H. Purcell, The English musical tradition*, Londres, 1932. – J. A. Westrup, *Purcell*, Londres, 1936 (trad. franç., Paris, 1947). – S. Demarquez, *Purcell*, Paris, 1951. – *H. Purcell, Essays on His Music*, éd. Imogen Holst, Londres, 1959. – F. B. Zimmerman, *Henry Purcell, His Life and Times*, New York, 1967. – C. Alexander Price, *Henry Purcell and the London Stage*, Cambridge, 1984.

PURDY James. Écrivain américain. Né le 14 juillet 1923 près de Fremont, Ohio. Après une enfance passée dans une famille nombreuse et dans la gêne pécuniaire, Purdy termine en 1940 ses études secondaires à Chicago et entre à l'université de la ville. C'est en 1943, pendant les études supérieures qu'il y fait jusqu'en 1946, qu'il se met à écrire. Après avoir voyagé en Amérique latine, en France et en Espagne (1946-48), Purdy devient en 1949 professeur au Lawrence College (Wisconsin), poste qu'il quittera en 1953 pour se consacrer entièrement à l'écriture. Mais bien que quelques-unes de ses premières nouvelles aient été publiées en revues *(Evergreen, Creative Writing, Mademoiselle)*, l'écriture de Purdy se heurte, aux États-Unis, à une incompréhension et à un refus qui feront naître en lui un long ressentiment. Purdy a même tant de mal à publier ses premiers écrits que son premier livre paraîtra d'abord en Angleterre, avant d'être repris un an plus tard en Amérique : *Couleur de ténèbres* [*Color of Darkness*, 1956], avec une Préface enthousiaste d'Edith Sitwell. En 1958, Purdy reçoit une bourse Guggenheim, ainsi qu'un prix littéraire du National Institute of Arts and Letters. Il publie, l'année suivante, son premier roman important, *Malcolm* (*), qui connaît un grand succès et qui sera adapté pour la scène par Edward Albee. Dès lors, la biographie de cet homme discret se résume aux dates de publication de ses très nombreux livres suivants : *Le Neveu* (*), *Les Enfants, c'est tout* [*Children Is All*, 1961], *Le Satyre* (*), *Les Œuvres d'Eustace* [*Eustace Chisholm and the Works*, 1967], *Ce que raconta Jeremy* [*Jeremy's Version*, 1970], *L'Oiseau de paradis* [*I Am Elijah Thrush*, 1972], *La Maison de l'asticot solitaire* [*The House of the Solitary Maggot*, 1974], *Je suis vivant dans ma tombe* (+) (1975), *Chambres étroites* (+) (1978), *Les Inconsolés* [*Mourners Below*, 1981], *Sur la voie de la gloire* [*On Glory's Course*, 1985], *Dans le creux de sa main* [*In the Hollow of His Hand*, 1986], *Les Chandelles de tes yeux* [*The Candles of Your Eyes*, 1987], *La Tunique de Nessus* (*) (1989). Purdy a également écrit des pièces de théâtre : *Un Jour après la foire [A Day After the Fair]*, *Orgueilleuse chair* [*Proud Flesh*] ; et des poèmes : *L'huître est un animal fortuné* [*An Oyster is a Wealthy Beast*], *Le Soleil qui court* [*The Running Sun*], *L'éclat du Soleil est fils unique* [*Sunshine Is an Only Child*], *Leçons et Complaintes* [*Lessons and Complaints*]. Il peint et vit depuis longtemps dans un quartier de New York nommé Brooklyn Heights.

PHILIPPE MIKRIAMMOS.

PUTHUMAIPPITTAN, le « Fou de nouveauté » (pseud. de Co. Viruttācalam). Écrivain tamoul. Né à Tiruppātirippuliyūr le 25 avril 1906 et mort à Trivandrum le 30 juin 1948. Auteur de plus de deux cents nouvelles, d'un court roman, d'essais, de trois pièces de théâtre et de poèmes. Puthumaippittan fut l'un des principaux collaborateurs de *Maṇikkoṭi*, une revue littéraire des années 30 qui a joué un rôle considérable dans le développement de la littérature tamoule moderne. Il appartient à une génération d'écrivains tamouls inspirés par la littérature occidentale qu'il a d'ailleurs contribué à faire connaître en traduisant de l'anglais en tamoul de nombreuses nouvelles. Licencié en lettres mais déterminé à ne vivre que de sa plume, il connut la misère pendant la plus grande partie de sa vie, et mourut d'une tuberculose mal soignée alors même qu'il était déjà relativement connu. Acclamé aujourd'hui comme le « père de la nouvelle tamoule », il a réussi à se créer un style à lui, dont la concision et la force sont très caractéristiques – v. *Nouvelles* (*).

ÉLISABETH SETHUPATHY.

PUTNAM Hilary. Philosophe, logicien et mathématicien américain. Né le 31 juillet 1926 à Chicago (Illinois). Putnam est professeur de philosophie des sciences et de logique mathématique à l'université Harvard, membre de l'Académie américaine des sciences. Il a publié un très grand nombre d'articles réunis dans les trois volumes de ses *Écrits philosophiques* [*Philosophical Papers*]. La philosophie des mathématiques, des sciences, du langage, mais aussi la philosophie de l'histoire et la philosophie morale sont du domaine de Putnam. Sa méthode est résolument analytique : il dissèque les thèses mises en question souvent d'une façon très technique et ses propres thèses sont élaborées avec le même souci de l'argumentation rigoureuse. Putnam cherche à trouver une position philosophique originale entre le positivisme dominant dans les pays anglo-saxons – au moins jusque 1962, année où paraît *La Structure des révolutions scientifiques* (*) de T. S. Kuhn – et le relativisme européen (chez Michel Foucault, par exemple. Une idée essentielle chez Putnam est que le relativisme se réfute lui-même : si tout est relatif, il est relatif que tout soit relatif et donc on peut aussi bien dire que tout n'est pas relatif. Putnam retrouve ainsi ce que dit Platon dans *Théétète* (*). Si le positivisme est aussi à rejeter, c'est qu'il confond scientificité et rationalité, et réduit la seconde à la première. Putnam se propose alors de reconstruire une théorie de la rationalité en éliminant ce qui lui fait obstacle. Et d'abord la théorie selon laquelle chaque locuteur a en tête le mécanisme de référence des mots qu'il utilise. Puis celle selon laquelle les concepts seraient des descriptions « a priori » des choses auxquelles nous faisons référence. Selon Putnam, nommer c'est faire référence en fonction de tout un environnement humain et non humain, ce n'est pas une expérience intérieure ou métaphysique – v. *Représentation et Réalité* (*) (1988). Putnam rejette aussi le « réalisme métaphysique » pour lequel la vérité est affaire de correspondance entre une proposition (ou une croyance) et la réalité. Il propose le « réalisme interne ». Toute vérité est fonction d'une interprétation, mais toutes les interprétations ne se valent pas. La vérité conserve tout son sens comme idéal d'acceptabilité rationnelle d'une théorie. Contrairement à Feyerabend, Putnam ne dit pas que tout se vaut, que le rebouteux et le médecin ne sont pas plus justifiés l'un que l'autre à prétendre avoir raison. Car le médecin, à la différence du rebouteux, met en place une structure argumentative montrant la rationalité de ce qu'il avance. Dans *Raison, vérité et histoire* (*), Putnam insiste sur l'idée que le rationalisme est un choix éthique. En effet, c'est reconnaître une valeur supérieure à ce qui est justifiable. L'idéal de vérité n'est pas neutre. La raison est donc une valeur et il est raisonnable de l'affirmer. La philosophie analytique, le Wittgenstein du *Tractatus logico-philosophicus* (*) et surtout Russell dans toute son œuvre maintenaient fermement la distinction entre le rationnel et le raisonnable, entre fait et valeur. Putnam s'attache à la mettre en question. Aussi diverse soit-elle, toute son œuvre est dominée par ce problème.

ROGER POUIVET.

PYM Barbara. Romancière anglaise. Née à Oswestry, petit village du Shropshire, le 2 juin 1913 ; morte à Oxford le 11 janvier 1980. Après une enfance heureuse, Barbara Pym fit ses études au Huyton College de Liverpool, puis à l'université d'Oxford au Collège de Sainte-Hilda. Quand éclata la Seconde Guerre mondiale, la jeune femme partit travailler à Bristol au service de la Censure des Postes et Télégraphes, et en 1943 elle rejoignit le « Women's Royal Naval Service » pour lequel elle fut envoyée en Italie pendant deux ans. Après la mort de sa mère en septembre 1945, elle s'installa à Londres où elle vécut avec sa sœur cadette Hilary à partir de 1946. Confrontée à la nécessité de gagner sa vie, elle prit un poste d'assistante de recherche à l'Institut africain international qu'elle devait occuper jusqu'en 1974 tout en poursuivant parallèlement et non sans difficultés une carrière d'écrivain.

Barbara Pym avait en fait commencé à écrire dès 1929, mais ses premiers manuscrits n'avaient pas trouvé d'éditeur. La guerre terminée, elle décida de les réviser et un premier roman, *Comme une gazelle apprivoisée* [*Some Tame Gazelle*], fut accepté par Jonathan Cape et parut en 1950. Ce même éditeur publia ses cinq romans suivants parmi lesquels *Des femmes remarquables* (*) (1952), *Jane et Prudence* [*Jane and Prudence,* 1953], et *Les Ingratitudes de l'amour* [*No Fond Return of Love,* 1961]. Puis contre toute attente, son septième roman, *Une demoiselle comme il faut* [*An Unsuitable Attachment*], fut refusé non seulement par Cape mais par tous les autres éditeurs à qui elle adressa son manuscrit. Sa traversée du désert devait durer dix-sept ans, pendant lesquels Barbara Pym n'en continua pas moins d'écrire, en particulier les romans *La douce colombe est morte* [*The Sweet Dove Died*] et *Quatuor d'automne* (*), eux aussi refusés.

La romancière devait être redécouverte en 1977 grâce à deux articles élogieux parus dans le *Times Literary Supplement,* l'un de lord David Cecil, l'autre de Philip Larkin, si bien que son roman *Quatuor d'automne* (*) fut enfin accepté et publié cette année-là et même sélectionné pour le Booker Prize tandis que tous ses ouvrages antérieurs étaient réédités. Dernier roman paru de son vivant, *La douce colombe est morte* (1978), fut un best-seller. Atteinte d'un cancer depuis plusieurs années, Barbara Pym mourut en 1980, laissant encore quelques manuscrits inédits.

Nul ne saurait aujourd'hui mettre en doute les qualités de cette romancière qui s'inscrit dans la tradition de la comédie sociale de Jane Austen, auteur dont Pym reconnaît d'ailleurs avoir subi l'influence. Ses romans décrivent tous avec ironie un groupe social restreint où le pasteur fait parfois figure de héros et où le mariage constitue l'objectif premier. L'écrivain analyse avec la minutie d'une entomologiste, a-t-on pu dire, le comportement et les petites intrigues d'hommes et de femmes menacés par la solitude et l'incompréhension, et qui rêvent d'un amour impossible. Le charme de cette œuvre intimiste réside dans la délicatesse avec laquelle sont suggérés grâce à une écriture sobre et discrète l'insignifiance de l'existence quotidienne, le sentiment de détresse et de nostalgie qui habite tous les personnages.

MARIE-FRANÇOISE CACHIN.

PYNCHON Thomas Ruggles. Écrivain américain. Né le 8 mai 1937 à Glen Cove, Long Island (État de New York). Après de brillantes études secondaires qu'il achève à l'âge de seize ans, Pynchon obtient une bourse pour l'université Cornell (Ithaca, New York), où il entame des études d'ingénieur. Dès sa deuxième année, cependant, il s'oriente vers les lettres. Il fait son service militaire dans l'U.S. Navy (1955-57), puis revient à Cornell poursuivre ses études littéraires (il suit notamment un cours dispensé par Vladimir Nabokov). Pynchon obtient en juin 1959 son diplôme « avec distinction dans tous les sujets ». C'est à Cornell qu'il publie sa première nouvelle, « Petite pluie » [The Small Rain, mars 1959], dans la revue *The Cornell Writer* dont il est membre du comité de rédaction. Cette nouvelle sera suivie d'autres, publiées dans *Epoch, New World, Writing, Kenyon Review, The Noble Savage* et *The Saturday Evening Post.* Elles seront reprises plus tard dans un recueil intitulé *L'Homme qui apprenait lentement* [*Slow Learner,* 1984].

Après avoir décliné l'offre de son université qui lui proposait de donner des cours d'écriture, Pynchon mène pendant quelques mois une existence bohème à Greenwich Village. Il refuse un emploi de critique cinématographique au magazine *Esquire* et commence son premier roman. De février 1960 à septembre 1962, il travaille comme rédacteur technique pour l'entreprise aéronautique Boeing à Seattle, puis part vivre en Californie et au Mexique tout en terminant son roman. *V.* (*) paraît en 1963 et reçoit le William Faulkner Foundation Award pour le meilleur premier roman de l'année. Après la publication de *V.*, Pynchon entame une existence clandestine et sans doute vagabonde, qui le fait en tout cas passer par Watts, le quartier noir de Los Angeles où l'émeute avait fait rage en 1965. Pynchon consacre un reportage à la vie dans ce quartier, « A Journey into the Mind of Watts » (*New York Times Magazine* du 12 juin 1966). Mais, depuis, on ne sait plus rien de la vie privée de Pynchon, dont on ne connaît aucune photo depuis une quarantaine d'années.

Vente à la criée du lot 49 (*) paraît en 1966 et reçoit le Rosenthal Foundation Award décerné par le National Institute of Arts and Letters. *L'Arc-en-Ciel de la gravité* (*) paraît en 1973 et remporte le National Book Award. Le livre, considéré par certains comme « illisible et obscène », se voit refuser, l'année suivante, le prix Pulitzer pour la fiction, mais reçoit en 1975 la Howells Medal décernée par le National Institute of Arts and Letters, distinction que l'auteur a toutefois refusée. *Vineland* [*Vineland*] paraît en 1990.

PHILIPPE MIKRIAMMOS.

PYTHAGORE. Philosophe grec. Né dans l'île grecque de Samos vers 570 av. J.-C., mort à Métapont vers 500 av. J.-C. C'est un des personnages qui ont fait époque dans l'histoire de la pensée grecque, ce qui explique l'intérêt qu'on n'a cessé de lui témoigner jusqu'à nos jours. La mention de Pythagore la plus ancienne se trouve chez son contemporain, le poète-philosophe Xénophane de Colophon, à propos de la doctrine pythagoricienne de la « métempsycose ». De grands écrivains, historiens et philosophes du Vᵉ siècle av. J.-C. comme Héraclite, Empédocle, Hérodote et Ion de Chios, pour une raison ou une autre, se réfèrent à Pythagore. Platon et Aristote également lui consacrent des parties importantes de leurs ouvrages. Aristote aurait même écrit une monographie sur Pythagore qui ne nous est malheureusement pas parvenue. Grâce à ces témoignages, ainsi qu'aux informations sur la vie et l'enseignement de Pythagore qu'on trouve chez Héraclide du Pont, Polybe et Strabon, et surtout dans les *Vies de Pythagore* écrites par Jamblique — v. *De la vie de Pythagore* (*) — Porphyre et Diogène Laërce — v. *Vies, doctrines et sentences des philosophes illustres* (*) —, on peut reconstituer avec une certitude plus ou moins satisfaisante la biographie, l'éducation, l'enseignement et la philosophie de Pythagore. Ainsi nous pouvons dire aujourd'hui que Pythagore est né vers 570 av. J.-C. à Samos dans la famille du graveur de gemmes Mnésarque. Ses maîtres furent les grands philosophes Phérécyde de Syros et Anaximandre. On peut situer entre 554-53 av. J.-C. les voyages d'études que le jeune philosophe accomplit à Babylone, en Égypte et Perse, et probablement en Gaule. En 533-530/29 il voyage en Grèce (Samos, Sparte et Crète), après quoi il retourne à Samos qu'il trouve soumise à la tyrannie de Polycrate. Le philosophe quitte alors aussitôt l'île pour la Sicile, où il s'installe à Crotone. Suivant le témoignage de Polybe, qui puise ses informations chez l'historien sicilien du IVᵉ siècle av. J.-C. Timée de Tauroménion, au moment de l'arrivée de Pythagore, cette ville cherchait dans la luxure une consolation, après sa défaite dans la guerre contre Locres. La légende veut que Pythagore l'ait sauvée grâce à son enseignement.

À Crotone, avec sa disciple et épouse Théanô, Pythagore fonde une société à la fois religieuse, philosophique et politique, qui revêtait un caractère aristocratique. Cette école, ouverte également aux femmes, constituait une fratrie, dont le but initial était d'enseigner aux adeptes un mode de vie particulier. Les principes de ce mode de vie pythagoricien comprenaient des restrictions alimentaires portant par exemple sur les fèves et la viande, ainsi que les préceptes de garder le silence pendant les cinq années qui suivent l'initiation, de s'habiller en blanc, de pratiquer l'amour uniquement pour la procréation et non pas pour le plaisir, etc. Ces règles étaient destinées à purifier le corps et l'âme, et à préparer cette dernière pour ses futures transmigrations.

La fraternité pythagoricienne connut un grand succès, non seulement dans toute la Sicile, mais aussi à Sybaris et Rhégion. Elle eut une influence grandissante sur la vie politique de l'île, ce qui expliquerait l'opposition à la secte organisée par les éléments démocratiques de Crotone sous la direction de Cylon. Ce mouvement aurait abouti vers 500 av. J.-C. à un incendie dans la maison de Milon où les pythagoriciens se seraient tous réunis. Les sources divergent quant aux conséquences de cet attentat ; selon les unes, tous les pythagoriciens, y compris Pythagore, sauf deux (Archippus et Lysis), auraient perdu la vie dans le feu ; selon les autres, Pythagore aurait été sauvé par ses disciples et il se serait retiré à Métapont où il est mort peu après. Quoi qu'il en soit, on s'accorde pour placer sa mort vers 500 av. J.-C.

L'enseignement de Pythagore touche à plusieurs domaines de la connaissance humaine (astronomie, mathématiques, musique, étude de l'âme) dans lesquels, selon la tradition, le philosophe fit d'importantes découvertes. Parmi celles qu'on peut lui attribuer avec une assez grande certitude, il y a son idée que la terre est ronde, sa théorie du nombre quaternaire (« tétractys »), la découverte des proportions numériques dont dépendent les tons musicaux, ces deux dernières amenant logiquement à l'harmonie des corps célestes. Mais Pythagore est avant tout connu pour son enseignement de la transmigration des âmes, la métempsycose. À ce propos on racontait qu'il se souvenait de ses précédentes réincarnations, et des noms qu'il avait portés auparavant : Pyrrhus, Hermotime, Euphorbe, Éthialide. Ses disciples prétendaient qu'il était le fils d'Apollon (ou d'Hermès) et c'était grâce à cela qu'il avait gardé le souvenir de ses vies antérieures. De l'Antiquité nous sont parvenues d'autres histoires miraculeuses liées à Pythagore : il aurait eu un fémur d'or ; il serait descendu aux Enfers où il aurait rencontré les âmes d'Hésiode et d'Homère ; il aurait eu des dons prophétiques. Chez Hérodote on peut même lire que Zalmoxis, vénéré par les Thraces comme un dieu, aurait été l'esclave de Pythagore. Pythagore serait également le premier à introduire les mots « philosophie » et « philanthropie ».

Les doctrines occultes de Pythagore et des pythagoriciens sont désignés par le terme « akousmata » (du grec ἀκούω « entendre »). En effet, jusqu'au pythagoricien Philolaos (V-IVes s. av. J.-C.), elles n'étaient transmises qu'oralement. Ces messages oraux étaient formulés par symboles [σύμβολα], groupés en trois types selon les trois questions auxquelles ils répondaient : « Qu'est-ce que c'est ? » [Τί ἐστι], « Qu'est-ce qui est le mieux » [Τί ἐστι μάλιστα], « Qu'est-ce qui est à faire ? » [Τί πρακτέον] ou encore par énigmes (du grec « αἰνίγματα » « devinettes »).

Du fait de l'absence d'écrits de Pythagore lui-même, on lui attribua dès l'Antiquité des ouvrages proches de l'enseignement pythagoricien, par exemple certains poèmes orphiques, selon Ion de Chios. D'autres ouvrages qui ont été publiés ultérieurement sous le nom de Pythagore, comme les célèbres *Vers d'or* (*), qui constituent une compilation tardive des règles de la vie pythagoricienne. Cette compilation, ainsi que certains autres principes du pythagorisme (l'immortalité et la transmigration des âmes, la monade initiale et le dualisme moral de sa cosmogonie) semblent avoir été inspirés par l'orphisme. Par contre, l'approche rationnelle des mythes, ainsi que les modèles mathématiques de l'Univers, ont apparemment influencé Platon et ses conceptions du micro et macrocosme — v. *Phèdre* (*) — du nombre en tant que principe universel — v. *le Timée* (*) — du fini et de l'infini — v. *Philèbe* (*) — et du destin des âmes — v. *Phédon* (*).

Dans les siècles qui suivirent l'époque de Pythagore, son enseignement fut répandu par des disciples illustres : Philolaos, Alcméon, Archytas, Aristoxène, Dicéarque, Timée.

NADINA RADEVA.

RÉF. : Th. Taylor, *Iamblichus' Life of Pythagoras*, Inner Traditions International Ltd, 1818 (rééd. 1986). — E. Rohde, Rheinisches Museum, 1871, *Pythagoras' Dates*. — A. Delatte, *Étude sur la littérature pythagoricienne*, Paris, 1915 ; *La Vie de Pythagore de Diogène Laërce*, édition critique avec introduction et commentaires, 1922 ; *Essai sur la politique pythagoricienne*, Liège, 1922. — G. Méautis, *Recherches sur le pythagorisme*, Paris, 1922. — J. Lévy, *Recherches sur les sources de la légende de Pythagore*, 1926 ; *La Légende de Pythagore de Grèce en Palestine*, 1927. — *Pythagore, Les Vers d'or ; Hiéroclès, Commentaire sur les vers d'or des pythagoriciens*, Traduction nouvelle avec Prolégomènes et Notes par Mario Meunier, Paris, 1930. — J. S. Morrison, *Pythagoras of Samos*, 1956. — W. K. Guthrie, *Orphée et la religion grecque*, Paris, 1956. — C. J. De Vogel, *Pythagoras and Early Pythagorism*, Holland, 1966. — F. Adorno, *Il pensiero greco. Orientamenti bibliografici*, Bari, 1969. — *La Vie de Pythagore de Porphyre*, traduction Des Places, Paris, 1982.

PYTHÉAS de Marseille. Navigateur, astronome et géographe grec. Né à Marseille et ayant vécu dans la seconde moitié du IVe siècle av. J.-C. Pour des raisons non établies (recherche géographique, commerce, aventure ?), il partit explorer les pays du Nord, en longeant l'Espagne, la Gaule, la côte sud de la Bretagne (actuelle Grande-Bretagne), et parvint jusqu'à l'Elbe. Selon certains auteurs modernes, il aurait même visité l'Islande, ce qui paraît peu probable. De son œuvre, la *Description de l'océan*, il ne reste que quelques fragments cités par des auteurs plus tardifs (Strabon, Pline l'Ancien, Hipparque). L'existence d'un deuxième traité, le *Périple autour de la terre* — v. *Périples* (*) —, est peu sûre. La valeur de l'œuvre de Pythéas fut très discutée pendant l'Antiquité, et c'est encore le cas de nos jours. Les modernes sont divisés entre admirateurs et détracteurs. Pythéas décrit la banquise et le jour polaire, mais a-t-il vraiment vu ces phénomènes de ses propres yeux ? Il fut l'un des premiers à soupçonner l'influence de la lune sur les marées. Par ailleurs, croyant avoir trouvé des Scythes au nord, il prétend démontrer que la terre habitée est une île, entourée par l'océan. On ne sait pas si Pythéas a construit ses théories à partir de ses observations, ou si, au contraire, partant d'une théorie préconçue, il a adapté ses observations. Quoi qu'il en soit, Pythéas a influencé la conception géographique de l'Europe occidentale et septentrionale pendant plusieurs siècles.

PAUL SCHUBERT.

RÉF. : H.-J. Mette, *Pytheas von Massalia*, Berlin, 1952.

Q

QÂ'ÂNI Habibollâh. Poète persan. Né le 20 octobre 1808 à Chiraz, mort le 2 mai 1854 à Téhéran. Il est le fils du poète Golchân, qui meurt alors qu'il a onze ans. Il fait ses études à Chiraz, puis à Ispahan, où il étudie aussi les mathématiques et la métaphysique. De retour à Chiraz, il s'intéresse à la métrique et écrit des commentaires sur les deux panégyristes Khâqâni et Anvari. Ses poèmes attirent l'attention de Hassan Ali Mirza (1823), qui vient d'être nommé gouverneur et lui donne le nom de plume de Qâ'âni. Le gouverneur le prend sous sa protection et l'emmène au Khorassân, où Qâ'âni poursuit ses études, compose de la poésie et collectionne de vieux manuscrits. Lorsque le souverain qadjar Mohammad Châh (1834-1848) accède au trône, il confère à Qâ'âni, en tant que panégyriste de la cour, le titre honorifique de « Hassan le Perse » [Hassan al-ajam]

Le poète s'installe à Téhéran, peu avant la prise de pouvoir par Nâser al-Dîn. Le tout-puissant Amir-é Kabir est malintentionné envers lui, comme envers les autres poètes. Mais Qâ'âni trouve comme nouveaux protecteurs le prince Ali-Qouli Mirza et le souverain lui-même, qui le qualifie de « roi des poètes » [Malek al-shu'arâ]. Il devient ainsi le poète officiel de la cour. Mais miné par l'alcool et les drogues, dont l'opium, qu'il prend pour dissiper sa mélancolie, il meurt le 1er ou 2 mai 1854.

Qâ'âni, homme de grande érudition, a composé vingt-trois mille vers, ce qui est considérable étant donné la brièveté de sa vie. Certaines éditions de son *Divân* incluent le *Pêle-Mêle* (*), où il a une attitude critique à l'égard de la société. Il est le plus grand poète du XIXe siècle. Dans ses « qasidés » et ses « ghazals », il se distingue par son talent descriptif et son choix de mots harmonieux et de rimes. Il est le premier de ses contemporains à connaître parfaitement bien la langue française – il traduit un manuel de botanique. Pourtant, ses connaissances de l'Europe n'ont pas une influence profonde sur son œuvre. Qâ'âni est considéré comme le meilleur poète de l'époque qadjare ; il est apprécié pour sa clarté de pensée et sa franchise, jugées charmantes, et son humour délicieux.

MARIE-HÉLÈNE PONROY.

QAZWĪNĪ (al-) 'Imād al-Dīn Abū Yaḥyā Zakariyyā. Savant musulman d'expression arabe. Né à Qazwīn (nord de l'Iran actuel) vers 1203, mort à Ḥilla (Bas-Iraq) en 1283. Juriste de formation, il exerça la profession de cadi dans diverses villes d'Iraq. Il est surtout connu comme l'auteur des *Créatures merveilleuses* (*), sorte d'« encyclopédie de poche » traitant aussi bien d'astronomie que de géographie, de tératologie ou de démonologie. Esprit curieux et érudit, non dépourvu d'esprit critique, mais fasciné par le merveilleux et toujours tenté de croire l'incroyable, al-Qazwīnī, que l'on a parfois comparé à Hérodote ou à Pline l'Ancien, est un représentant assez typique du « savant moyen » de la période médiévale.

JEAN-PATRICK GUILLAUME.

QUANTZ Johann Joachim. Compositeur et instrumentiste allemand. Né à Oberscheiden (Hanovre) le 30 janvier 1697, mort à Potsdam le 12 juillet 1773. Fils de forgeron et bien que désigné par son père pour lui succéder à la forge, Johann Joachim est formé au métier de musicien par son oncle Justus Quantz. Jouant parfaitement de divers instruments, membre de l'orchestre de la ville de Dresde, il est admis en 1718 comme hautboïste à la Chapelle royale, puis, avec l'aide de Buffardin, devient premier flûtiste de la « Petite musique de chambre ». Trois ans de voyages en Europe le mettent en relation avec la plupart des musiciens de son temps. Il étudie le contrepoint à Vienne avec Zelenka, à Rome avec Gasparini. De retour à Dresde en 1727 fort d'une solide réputation de virtuose et de compositeur, d'abord professeur de flûte du futur Frédéric II, il entre au service du roi en 1741 comme musicien de chambre et compositeur de la Cour. Son œuvre, principalement pour flûte, mêle aux traditions allemandes les influences italiennes et françaises. Elle comporte plus de trois cents concertos et quelque deux cents sonates (solos, duos, trios et quatuors). Il est également l'auteur d'un *Essai d'une méthode pour apprendre à jouer de la flûte traversière* (*), source de précieux renseignements sur les principes de l'exécution musicale au XVIIIe siècle.

DOMINIQUE JACCOTTET.

QUARANTOTTI GAMBINI Pier Antonio. Romancier italien. Né à Pisino d'Istria (ou Pazin, Yougoslavie) le 23 février 1910, mort à Venise le 22 avril 1965. Après de très longues études universitaires (il est docteur en droit en 1937) effectuées à Trieste, sa ville natale étant devenue temporairement italienne, il trouve un emploi dans un journal touristique qui lui procure de nombreux voyages. Mais, entre-temps, ses premiers essais littéraires sont accueillis avec faveur : deux romans, *Nos semblables* [*I nostri simili,* 1932] et *La Rose rouge* [*La rosa rossa,* 1937], qui le font classer, un peu superficiellement, parmi les « écrivains triestins », encore mal assimilés par leurs confrères péninsulaires. Or, il faut préciser (et Quarantotti Gambini l'a fait lui-même, en insistant là-dessus) que son statut géographique et sentimental est plus complexe, puisqu'il est issu de l'Istrie, marche ultime de l'ancienne République de Venise et pays déjà slovène : rien de commun, donc, avec le vieil esprit « Mitteleurop » des Triestins comme Svevo ou les Slataper, mais la reconnaissance de vagues cousinages balkaniques. De plus, de son propre aveu, une rencontre précoce en Istrie même, pendant ses jeunes années, l'influencera profondément, celle de Richard Hughes, l'auteur anglais de *Un cyclone à la Jamaïque* (*). Quant à l'apport direct de Trieste, lieu privilégié de ses romans principaux, réunis sous le titre général des *Années aveugles* (*), il est en quelque sorte concrétisé par la longue amitié qui l'unit, entre 1930 et 1957, au grand poète Umberto Saba. Fixé à partir de 1946 à Venise, Quarantotti Gambini va y produire le meilleur de son œuvre, *Les Régates de San Francisco* (*) (1947), *Amour militaire* [*Amor militare,* 1955], *Le Cheval Tripoli* (*) (1956), et le roman essentiel mais un peu trop copieux de *La Vie ardente* [*La calda vita,* 1958], où se reflète un univers romanesque d'un charme profond et tenace, d'une grâce à la fois libre et âcre, qui est celui des troubles et des malices de l'adolescence, dans le décor prenant des villes maritimes. Au soir d'un parcours trop vite brisé et qui s'orientait vers un certain épanouissement de son inspiration, un Quarantotti Gambini plus complexe se révélait par le reportage de *Sous le ciel de Russie* [*Sotto il cielo di Russia,* 1963], dans la prose de *Lumière de Trieste* [*Luce di Trieste,* 1964], dans les textes souvent poignants de *L'Amour de Lupo* (*) (1964), où revit l'inoubliable souvenir des guerres anciennes, entrevues par les yeux de l'enfance.

NINO FRANK.

RÉF. : R. Scrivano, *Quarantotti Gambini,* Florence, 1968. – B. Maier, *La letteratura triestina del Novecento,* Trieste, 1969. – P. Barucco, *Les Yeux interdits, étude psychocritique de l'œuvre de Quarantotti Gambini,* Paris, 1978.

QUASIMODO Salvatore. Poète italien. Né à Modica (Sicile) le 20 août 1901, mort à Naples le 4 juin 1968. Son père est chef de gare, et d'origine partiellement grecque, issu de réfugiés provenant de Patras : il est muté à Messine en 1908, à la suite du tremblement de terre qui détruit presque entièrement la ville, impressionnant fortement son jeune fils, qui n'oubliera jamais le spectacle des ruines contemplées du wagon qui sert de domicile provisoire à la famille. Tout en entreprenant des études techniques d'ingénieur, Quasimodo participe dès 1917 à la création d'une revue littéraire qui publiera ses premiers essais poétiques. Ingénieur à Rome à partir de l'après-guerre, il entre au Génie civil en qualité de géomètre (1926), est employé en Calabre, en Ligurie, en Lombardie et, en 1938, abandonnera finalement son travail de technicien pour devenir le secrétaire de Cesare Zavattini, humoriste et cinéaste professionnel. Mais, dès 1929, son beau-frère Elio Vittorini l'avait introduit, à Florence, dans le groupe littéraire de la revue *Solaria* qui va publier son premier recueil de vers, *Eaux et Terres* [*Acque e Terre,* 1930]. Son talent aussitôt reconnu et apprécié, quelques prix littéraires mineurs le confirmant dans sa vocation, Quasimodo va appartenir, d'une façon très spécifique, à la tendance poétique dite de l'« hermétisme », que cherchent à définir, vers la fin des années 30, les critiques et essayistes de la revue *Letteratura,* héritière, à Florence, des prestiges de la mémorable *Solaria,* interdite par le fascisme. Mais Quasimodo s'affirme véritablement avec sa traduction des *Lyriques grecs* [*Lirici greci,* 1940], par laquelle débute une œuvre considérable de traducteur, qui se poursuivra dans les décennies suivantes, tout en lui attirant, dès l'abord, l'hostilité des universitaires italiens : après les poètes lyriques, il traduira Eschyle et Sophocle, l'*Odyssée* (*), puis Catulle, Virgile, Ovide, et aussi Shakespeare et Molière, sans oublier l'*Évangile* de saint Jean (*), et des modernes, qu'il réunira dans son recueil *De Aiken à Cummings* (1948). Quasimodo avait été nommé, en 1941, professeur de lettres italiennes au conservatoire de musique de Milan, fonction qu'il occupera presque jusqu'à sa mort. Il fut inscrit au parti communiste (1945), sans exercer toutefois aucune activité politique, mais le fait est intéressant car il coïncide avec sa période « antihermétiste ». L'écrivain reçoit en 1958 le prix Viareggio et, l'année suivante, le prix Nobel, alors qu'il se trouve en URSS, où il entrait en convalescence à la suite d'un infarctus. L'hommage international rendu au grand poète est accueilli en Italie même avec des « mouvements divers », une partie de l'intelligentsia locale s'élevant curieusement contre le vote de l'académie suédoise... Et ce n'est que pendant les dernières années de sa vie que Quasimodo, ne publiant plus guère, faisant à Milan de la critique dramatique, voyageant fréquemment en Europe et en Amérique, docteur « honoris causa » à l'université d'Oxford (1967), verra enfin définitivement reconnue par ses compatriotes eux-mêmes l'importance de son œuvre. Il sera agréé comme un poète majeur non moins qu'un homme de haute culture.

La bibliographie de Quasimodo n'est pas très fournie : après *Eaux et Terres,* le recueil de ses débuts, viennent *Le Hautbois submergé* [*L'oboé sommerso,* 1932], qui contient peut-être le meilleur de son œuvre, *Odeur d'eucalyptus et autres poèmes* [*Odore di eucalyptus e altri versi,* 1933], *Erato et Apollon* (1936), *Et soudain c'est le soir* (*) (1942), *Jour après jour* (+) (1947), *La vie n'est pas un songe* [*La vita non è sogno,* 1949], enfin *La Terre incomparable* [*La Terra inpareggiabile,* 1958] – toute cette production étant ensuite réunie sous le titre *Tous les poèmes* [*Tutte le poesie,* 1960]. S'y ajouteront un dernier recueil de poèmes, *Donner et Avoir* [*Dare e avere,* 1966], les volumes en prose où il a rassemblé ses critiques dramatiques, une étude sur Pétrarque [*Petrarca e il sentimento della solitudine,* 1945], les essais qui forment *Le Poète et le Politique* [*Il poeta e il politico,* 1960], les souvenirs de *Milan à l'encre de Chine* [*Milano in inchiostro di China,* 1963]. Quasimodo a par ailleurs préparé diverses anthologies poétiques.

Dans cet itinéraire qui est, comme on le voit, celui d'un poète doublé d'un grand humaniste, interviennent donc deux incidents majeurs, au surplus liés entre eux : l'hermétisme suivi d'une attitude antihermétiste, qui avait pu sembler une espèce de palinodie, et quelque mauvaise humeur à son égard, par la suite, lors de l'attribution du prix Nobel. L'hermétisme, orientation poétique dont on le tiendra pour l'épigone, recouvre une grande diversité de projets dont le dénominateur commun est tout bonnement une apparence vaguement ésotérique. Elle est motivée, chez Ungaretti, par un propos stylistique déterminé, issu en quelque manière du Mallarmé de *Un coup de dés jamais n'abolira le hasard* (*), alors que, pour Montale, l'hermétisme traduit un refoulement intérieur dû à une inspiration, disons, minérale, aussi bien qu'à une imperméabilité absolue au climat de l'époque, le fascisme et ses séquelles. D'où, pour l'un comme pour l'autre, une volonté de sublimation de la parole, qui ne tarde pas à prendre une signification esthétisante. Rien de plus opposé à la poétique de Quasimodo, dont l'hermétisme est naturel, quasi instinctif, dicté par son insularité méridionale – les Siciliens disent comme les Anglais « le Continent » pour désigner le reste de l'Italie – et encore plus par son hérédité grecque, intensifiée par la pratique des poètes antiques : sa concision, son sens de l'ellipse, sa contraction sentimentale n'ont nullement pour origine un propos esthétisant, mais sont le langage spontané d'un poète pour lequel l'inspiration naît de la vérité des jours et de sa présence dans la vie, la sienne et celle de tous les hommes. De là surtout, au moment où le contexte politique italien change du tout au tout, une volonté d'affirmer hautement cette présence, qui sera assurément pour beaucoup dans l'hommage international rendu à son œuvre, et, de là aussi, le malentendu qui se produisit en Italie même, où Quasimodo passait encore pour l'épigone des aînés, ceux-ci étant, disait-on, bien plus dignes des honneurs suprêmes.

En fait, une vue synoptique de l'œuvre poétique de Quasimodo, tout en reconnaissant l'unité de son inspiration, révèle une évolution dont le départ est donné par sa mémorable traduction des *Lyriques grecs ;* et il se pourrait bien que ces traductions – recréations serait mieux dit – restent comme l'expression la plus haute de son génie. Dès 1939, Quasimodo avertit que sa thématique est « orientée vers les valeurs de "qualité" de la "parole absolue" et du sentiment qu'elle comporte », et, en 1947, il défendra son propos d'une poésie immédiate visant à « refaire l'homme » : la fréquentation assidue de Sapho et des autres Grecs l'amènera à devenir ce qu'il est – un classique solaire nettement différencié de ses grands contemporains chez qui l'héritage romantique léopardien demeure essentiel. Classique, il l'est, dans son insularité qui le retiendra constamment ; « Là, finie est la terre : / avec fatigue, avec sang, / je me fais une prison... / ... Là, la latomie féconde / l'orange grecque, pour l'hyménée des dieux... » Et, ne fût-elle qu'à travers les cauchemars de l'époque, l'évolution provoque une « libération » foncière dans l'épreuve du combat et des destructions, qu'évoque par exemple son court recueil *Avec le pied de l'étranger sur notre cœur* [*Con il piede straniero sopra il cuore,* 1946] : « Ne creusez pas des puits dans les cours : / les vivants n'ont plus soif. / Ne touchez pas les morts, si rouges, si enflés, / laissez-les dans la terre de leurs demeures : / la ville est morte, la ville est morte... » C'est par une ascèse quotidienne que « le poète doit refaire l'homme, cet homme égaré sur la terre et dont il connaît les pensées les plus obscures, qui justifie le mal comme une nécessité à laquelle on ne saurait le soustraire, qui moque jusqu'aux pleurs parce que les pleurs aussi sont "théâtraux", qui attend le pardon de l'*Évangile* en gardant dans sa poche ses mains salies par le sang ». Et au bout de la route il y a quoi ? Rien que le « miroir » de ces Grecs, tel que, d'après Alcée,

Quasimodo annonce d'une voix assourdie : « Ô coquillage marin, fils / de la pierre et de la mer qui blanchit, tu émerveilles l'esprit des enfants... »

NINO FRANK.

♦ *« S'il faut absolument déceler, chez Quasimodo, un problème, ce problème, d'après nous, est de nature proprement pascalienne. »* Carlo Bo. ♦ *« Avec Quasimodo, le modernisme éclate : et une poésie naît, d'un type et d'un timbre nouveaux. »* K. Zelinski. ♦ *« Quasimodo est habité par cette tendance mystique qui anime une si grande part de la poésie moderne... qui plonge ses racines dans le passé, jusqu'à un Hölderlin ou un Blake. »* S. Solmi. ♦ *« Sa découverte du langage essentiel des Grecs, le fait qu'il ait su restituer en les faisant siens le rythme intérieur du fragment et la lumineuse simplicité de leurs accents expliquent bien des aspects de son activité créatrice. »* G. Raboni.

RÉF. : C. Bo, *Otto studii,* Florence, 1939. — G. De Robertis, *Scrittori del Novencento,* Florence, 1940. — F. Casnati, *Cinque poeti,* Milan, 1944. — F. Giannessi, *Gli ermetici,* Brescia, 1951. — M. Petrucciani, *La poetica dell'ermetismo italiano,* Turin, 1955. — P. Mazzamuto, *Quasimodo,* Palerme, 1967. — G. Finzi, *Quasimodo e la critica,* Milan, 1969. — M. Tondo, *Salvatore Quasimodo,* Milan, 1976. — N. Tedesco, *L'isola impareggiabile - Significati e forme del mito di Quasimodo,* Florence, 1977. — O. Macri, *La poesia di Quasimodo,* Palerme, 1987.

QUATREFAGES DE BRÉAU Jean Louis Armand de. Naturaliste et anthropologiste français. Né à Berthezène, près de Valleraugue (Gard), le 10 février 1810, mort à Paris le 12 janvier 1892. Issu d'une vieille famille cévenole de religion protestante, il fait ses études au lycée de Toulouse, puis à celui de Strasbourg. C'est là qu'il passe, avec une précocité étonnante, à dix-neuf ans, son doctorat de mathématiques. Il consacre sa thèse à la *Théorie d'un coup de canon* (1829). En 1832, à vingt-deux ans, il est docteur en médecine. Ayant suivi sa famille à Toulouse, il s'établit docteur dans cette ville mais abandonne la profession lorsqu'il est chargé du cours de zoologie à la faculté des sciences en 1838. Deux ans plus tard il vient à Paris, publie des articles très remarqués dans *La Revue des Deux Mondes* (*) et soutient une nouvelle thèse de doctorat, de sciences naturelles cette fois, *Sur les caractères zoologiques des rongeurs.* C'est à l'étude des invertébrés qu'il se consacre ensuite ; nommé en 1850 professeur d'histoire naturelle au lycée Napoléon, il est élu à l'Académie des sciences en 1852, et en 1855 remplace Flourens à la chaire d'anthropologie. Quatrefages, spiritualiste convaincu, occupera la dernière période de sa vie à combattre sans relâche les thèses de Darwin (*Théories transformistes,* 1892). Dans des essais comme *Histoire de l'homme* (1867), *Introduction à l'étude des races humaines* (*) (1887), il défend d'autre part la thèse de l'unité de l'espèce humaine.

QUEFFÉLEC Henri. Écrivain français. Né à Brest le 29 janvier 1910 et mort à Paris le 13 janvier 1992. Son origine bretonne et son amour du terroir nourriront la plupart de ses romans. Reçu à l'École normale supérieure, c'est comme agrégé qu'il part en 1934 enseigner pendant une année à Mont-de-Marsan. Il est ensuite lecteur à l'université d'Upsal, en Suède, jusqu'en 1939. À cette époque, il a déjà publié un recueil de poèmes, *Sur la lisière* (1937). Nommé professeur à Paris, il quitte l'enseignement en 1942 pour se consacrer à l'écriture et aux voyages. En 1944, il publie *Journal d'un salaud,* satire des comportements pendant l'Occupation. De la même année date *Un recteur de l'île de Sein,* où la thématique qui lui est propre apparaît déjà complètement : c'est un roman chrétien qui évoque le conflit entre la nature et la spiritualité. Le réalisme breton de Queffélec prend ici toute son ampleur. L'œuvre sera adaptée au cinéma sous le titre *Dieu a besoin des hommes.* Dans *Un homme d'Ouessant* (1953), le réalisme se fait plus épique, et la place du religieux plus grande encore. Dans ses romans de la mer, *Tempête sur Douarnenez* (*) (1951), *Un royaume sous la mer* (1957), *Frères de la brume* (1960), *Tempête sur la ville d'Ys* (1962), il étudie les comportements humains et décrit la peine des hommes. Queffélec a par ailleurs su montrer qu'il n'était pas qu'un écrivain de la mer : *Celui qui cherchait le soleil* (1953) est l'histoire d'un jeune ouvrier parisien à la quête d'un idéal. *Combat contre l'invisible* (1953) oppose la foi religieuse à la science moderne. Mais c'est dans ses essais que l'auteur parlera plus directement de ce retour au réel concret, dénonçant les abus de la civilisation ; ainsi de *La Technique contre la foi* (1962), au titre significatif. Dans *Saint François d'Assise* (1981), il s'exprime sur la nature de sa foi religieuse. On a pu parler à son propos de réalisme spirituel : Queffélec se contente de décrire les hommes et les paysages, et ses personnages apparaissent comme étant l'enjeu d'un combat qui les dépasse. Malgré le sentiment d'un espoir intangible, ils se heurtent à une réalité dans laquelle ils sont inéluctablement pris.

JACQUES-ÉMILE MIRIEL.

QUENEAU Raymond. Poète et romancier français. Né le 21 février 1903 au Havre (Seine-Maritime), mort le 25 octobre 1976 à Neuilly-sur-Seine (Hauts-de-Seine).

Au Havre, ses parents possédaient une boutique de confection et de mercerie, et Raymond Queneau fréquente le lycée de la ville jusqu'au baccalauréat. Il se rend à Paris en 1920 pour préparer une licence de philosophie. En 1924, Pierre Naville le présente au groupe surréaliste, dont il partage les activités jusqu'en 1929, date où il rompt avec André Breton et rejoint les dissidents de la rue du Château (Prévert, Duhamel, Tanguy).

En 1932, il fait un voyage en Grèce, au cours duquel il commence à écrire *Le Chiendent* (*), roman qui paraît en 1933. En 1937, c'est *Chêne et Chien*, son premier recueil de poèmes. En 1938, il entre au comité de lecture des éditions Gallimard. En 1945, avec Michel Gallimard, il crée l'Encyclopédie de la Pléiade, qu'il va diriger pendant trente ans. En 1951, il est élu à l'académie Goncourt, et admis au collège de 'Pataphysique. De 1952 à 1960, il écrit plusieurs dialogues de films, dont *Monsieur Ripois*, de René Clément, *La Mort en ce jardin* de Luis Buñuel, et *Le Dimanche de la vie* (*), de Jean Herman. En 1959, paraît *Zazie dans le métro* (*), qui connaît un succès considérable et inattendu.

En 1960, suite à la composition de *Cent mille milliards de poèmes* (*), Raymond Queneau fonde, avec François Le Lionnais et quelques amis, l'Ouvroir de Littérature Potentielle (OuLiPo). En 1968, paraît *Le Vol d'Icare* (*), son dernier roman. Puis, en 1973, *Le Voyage en Grèce* (*), choix d'articles donnés, pendant les années 30, à différentes revues. Enfin, en 1975, son dernier livre, *Morale élémentaire* (*) : un recueil de poèmes à la fabrication savante et aux significations profondes.

Le premier ouvrage publié par Raymond Queneau, *Le Chiendent* (1933), peu de temps après sa rupture avec André Breton, manifeste sans ambiguïté deux préoccupations profondément étrangères aux surréalistes et qui ne l'abandonneront jamais : le souci de la construction romanesque et l'attention méthodique portée au langage (il faudrait dire : aux langages).

Son premier recueil de vers, *Chêne et Chien* – v. *Si tu t'imagines* (*) –, n'a été publié qu'en 1937. C'est un ouvrage curieux, qui réunit des souvenirs d'enfance et de jeunesse, le récit d'une psychanalyse, puis celui, à gros traits, d'une fête au village. Dans ce volume, qui se sous-titre « roman en vers », le poète use d'une écriture volontairement banale et retrouve ainsi les chemins d'une poésie quotidienne qui n'apparaissait plus en 1930 (et jusque vers 1970) que dans les chansons.

D'une certaine façon, *Le Chiendent* et *Chêne et Chien* posent les fondements de toute l'œuvre romanesque et poétique de Raymond Queneau : on y trouve déjà la plupart de ses thèmes favoris et les différents procédés d'écriture qu'il mettra en œuvre quarante ans durant.

Le style de Raymond Queneau ne réside pas tant dans une utilisation systématique du français parlé que dans la façon nuancée dont il introduit ledit français parlé dans une langue très soignée, et presque académique. Cet apport syntaxique et lexical enrichit naturellement le matériau initial dont il dispose, mais lui permet aussi de multiples possibilités de ruptures de ton, procédé qu'il affectionne.

La curiosité de Raymond Queneau était immense : elle s'étendait à tous les domaines de la connaissance, avec une prédilection naturelle pour les mathématiques. Cette disposition encyclopédique réunissait ainsi en lui deux penchants complémentaires : le goût pour l'acquisition du savoir et l'intérêt pour les méthodes de la découverte. Mais c'est naturellement au langage, qui allait devenir son principal outil de travail, que sa curiosité s'est appliquée avec le plus de constance et de pénétration. L'aboutissement de ce souci devait être la fondation de l'Ouvroir de Littérature Potentielle, qui se proposait de créer de nouvelles « structures » poétiques et romanesques (de nouvelles formes fixes, comparables au sonnet, par exemple, ou des règles analogues à celle des trois unités). L'OuLiPo, qui accueillit Georges Perec et Italo Calvino, et dont les membres actuels continuent à œuvrer dans le même sens, ne fut pas un simple « club littéraire » de plus, mais une création véritable, et peut-être même l'œuvre de Raymond Queneau la plus féconde et la plus insaisissable.

L'évidente importance des recherches et des découvertes langagières dans le travail de l'écrivain ne doit pas faire négliger ses exceptionnelles qualités de romancier : Queneau est un admirable créateur de figures et un merveilleux raconteur d'histoires. On s'en convaincra aisément en lisant des œuvres limpides comme *Pierrot mon ami* (*) et *Les Fleurs bleues* (*), ou touffues comme *Les Enfants du limon* (*) et *Loin de Rueil* (*).

On observera notamment la force et la tendresse avec lesquelles il décrit ses personnages féminins. Ses héroïnes sont souvent les éléments moteurs des romans qu'elles habitent, et c'est presque toujours à leur énergique obstination que les hommes (maris ou amants) doivent leur salut.

On remarquera enfin, et ce n'est pas sans rapport avec ce qui précède, qu'en un temps où les écrivains « sérieux » abandonnaient volontiers les émotions sentimentales aux auteurs populaires, Raymond Queneau publiait, avec *Odile* (*) et *Un rude hiver* (*), deux romans d'amour graves, profonds et bouleversants.

À ce sujet, enfin, il est curieux de noter qu'une même question court d'un livre à l'autre, et c'est : « Qu'est-ce qu'un personnage de roman ? » Cette question, qui formait déjà la trame du *Chiendent*, se trouve explicitement posée dans *Le Vol d'Icare*. On voit que Raymond Queneau, en écrivain dédaigneux de toute confession publique, a subtilement déplacé le problème d'identité traditionnel, le « Mais qui suis-je donc ? » qui faisait les délices de ses contemporains. (C'est toujours le cas.)

Après la mort de Raymond Queneau, on a découvert une quarantaine de cahiers, constituant un « journal » qu'il a tenu, assez régulièrement, pendant plus d'un demi-siècle, et dont un seul volume est paru jusqu'ici (1939-1940). Celui-ci éclaire d'un jour nouveau la personnalité de son auteur, mais d'une manière évidemment trop partielle pour que des conclusions raisonnables puissent en être tirées.

Son refus de la gravité, sa gentillesse et sa modestie ont trop longtemps fait prendre Raymond Queneau pour un humoriste. Le mot « malice » lui conviendrait mieux, et pas seulement parce que, du mot « humour », on use à tort et à travers. L'humour est plein de replis ombreux, d'âcres touffeurs et de ricanements que l'on ne découvre jamais, au fond des choses, chez Queneau. Ensuite, pour savoir ce qu'en pensait Queneau lui-même, il suffit de se reporter à l'article « L'Humour et ses victimes », publié en 1938 dans *Volontés* et, repris, trente-cinq ans plus tard (pas par hasard, donc), dans *Le Voyage en Grèce*. Il ne résout pas vraiment le problème, mais il jette le lecteur de bonne foi dans une saine perplexité.

Cet écrivain, qui a rencontré trois mouvements littéraires de première importance : le surréalisme, l'engagement sartrien et le nouveau roman, ne s'est laissé troubler par aucun d'eux. Il est remarquable, en particulier, que sa longue fréquentation des surréalistes n'ait eu sur lui aucune influence notable : on n'en trouve que quelques traces dans *Les Ziaux* – v. *Si tu t'imagines* (*).

S'il donne ainsi, du monde qui l'entoure, une vision résolument personnelle, son œuvre est cependant profondément insérée dans son temps, et même dans chaque décennie.

C'est la réunion de ces deux qualités contradictoires qui font, de Raymond Queneau, un auteur « classique », c'est-à-dire un écrivain dont la place, dans la littérature, est d'aujourd'hui et de toujours.

JACQUES BENS.

RÉF. : Jean Queval, *Queneau*, Paris, 1960. rééd. 1971. – Claude Simonnet, *Queneau déchiffré* (Notes sur Le *Chiendent*), Paris, 1962. – Jacques Bens, *Queneau*, Paris, 1962. – Paul Gayot, *Queneau*, Paris, 1967. – Jacques Jouet, *Queneau*, Paris, 1988. – Revues consacrées à Queneau : *Les Amis de Valentin Brû*, Levallois-Perret. *Temps mêlés-Documents Queneau*, Verviers. *Petite bibliothèque quenienne*, Limoges. – Numéros spéciaux : *Magazine littéraire*, nov. 1974. *Europe*, juin-juillet 1983.

QUENTAL Antero Tarquinio de. Poète et philosophe portugais. Né et mort aux Açores (18 avril 1842 - 11 septembre 1893). Son père était un écrivain renommé. Il fit ses études à Lisbonne et à Coïmbre, et se fit connaître dès 1860 grâce à sa poésie intitulée *L'Histoire* [*A Historia*]. En 1861, il publia des sonnets, et, licencié en droit en 1864, préféra se consacrer à la littérature. À partir de 1865, Quental se trouva en polémique avec Castilho ; ce fut là l'origine de la nouvelle école portugaise, à la tête de laquelle se trouvèrent Quental et Teófilo Braga. Cette polémique eut aussi pour conséquence un duel entre Quental et Ortigao. Quental s'intéressa par la suite à la politique, organisant les conférences démocratiques du Casino de Lisbonne. Ce fut à l'une de ces conférences qu'il affirma, en 1871, que la décadence de l'Espagne et du Portugal avait été causée par le catholicisme et par la monarchie. En 1872, Quental fut l'inspirateur de l'Association ouvrière. Les conférences ayant été interdites, il abandonna la politique et fit un voyage aux États-Unis. Revenu au Portugal, il participa à une nouvelle polémique, mais cette fois dans le même camp que Castilho. Puis il se retira à Villa do Conde, où il mena une vie calme et où il fut atteint de neurasthénie. En 1890, à l'occasion de l'ultimatum lancé par lord Salisbury au Portugal, il devint président de la Ligue patriotique du Nord. Mais celle-ci ayant échoué, Quental retourna aux Açores, et c'est là qu'il se suicida d'un coup de revolver. Son œuvre poétique traduit un profond pessimisme, mais aussi la résignation d'un philosophe. En 1863 il publia *Béatrice*. En 1865 parurent *Les Odes modernes* [*As Odes modernas*], dont il y eut une deuxième édition en 1875. Dans ces *Odes*, Quental s'est inspiré de Sully Prudhomme et de lord Byron. En 1871, à Oporto, il publia les *Printemps romantiques* [*Primaveras romanticas*], où se révèle l'influence de Lamartine. Dans les *Sonnets* (*), publiés à Oporto en 1886, puis en 1890, on retrouve le pessimisme de Schopenhauer ainsi que la théorie de l'inconscient de Hartmann. Le sonnet intitulé « Dans la main de Dieu », qui a été placé par Oliveira Martins à la fin du recueil, n'aurait sans doute pas occupé cette place dans la pensée de Quental et il ne faut pas y voir un retour au catholicisme. Ces sonnets eurent un grand succès et furent traduits en français, en anglais et en espagnol. Teófilo Braga publia, en 1894, à Lisbonne, une œuvre posthume de Quental intitulée *Rayons d'une lumière éteinte* [*Raios de extinta luz*], avec une notice biographique. Parmi les pamphlets du poète, il en existe deux, célèbres, adressés à Castilho : *Bon sens et bon goût* [*Bom-senso e bom-gosto*] et *La Dignité des lettres et les littératures officielles* [*A Dignidade das lettras e as litteraturas officiaes*]. Dans l'œuvre en prose de Quental, on retrouve ses qualités de vigueur et de clarté. Il faut citer : *Tendances générales de la philosophie pendant la seconde moitié du* XIXe *siècle* [*Tendências gerais da filosofia na segunda metade do seculo* XIX] ; *Le Portugal en face de la révolution d'Espagne* [*Portugal perante a revolução de Hespanha*], qui exerça une profonde influence sur la littérature portugaise et qui date de 1868 ; *Les Causes de la décadence des peuples péninsulaires* (*) (1871), où l'on trouve de nombreuses idées que développa Oliveira Martins ; *Considérations sur une philosophie de l'histoire littéraire portugaise* [*Considerações sobre a filosofia da historia litteraria portugueza*]. N'ayant pu croire au christianisme, Quental s'est tourné vers le socialisme français, puis vers la métaphysique allemande et les théories de Hegel. Son suicide demeure un mystère inexplicable et étonna tous ses amis qui l'avaient surnommé, à cause de sa bonté, saint Antero.

JORGE RODRIGUEZ.

RÉF. : F. de Figueiredo, *Historia de la literatura portuguesa,* Barcelone, 1927. – J. de Carvalho, *A evolução espiritual de Antero,* Lisbonne, 1929. – L.C. da Silva, *Antero de Quental. Evolução de seu pensamento filosófico,* Braga, 1959. – F.M.S. Silva, *The Philosophic and Educational Thought of Antero de Quental,* Berkeley, 1969. – J. Alves, *Antero de Quental. Les mortelles contradictions : aspects comparatifs avec Charles Baudelaire et Edgar Allan Poe,* Paris, 1982. – A.M.A. Martins, *O essencial sobre Antero de Quental,* Lisbonne, 1985.

QUENTIN Patrick (pseud. de Hughes Calligham Wheeler, né en 1912, et de Richard Webb, 1892-1965). Le « tandem » a également écrit des romans policiers sous le nom de Q. Patrick et de Jonathan Stagge. Les deux écrivains ont collaboré de 1936 à 1952, ensuite Wheeler a écrit seul, et c'est lui qui a exercé une influence déterminante sur le roman policier. Wheeler est né à Londres ; il a été naturalisé américain en 1942. Après avoir fait des études universitaires, il a servi dans le corps médical de l'armée américaine pendant la Seconde Guerre mondiale. Les romans policiers signés Patrick Quentin ajoutent au roman-problème des analyses psychologiques qui renouvellent le genre. En 1949, les deux auteurs obtiennent le grand prix de littérature policière avec *Puzzle au Mexique* [*Puzzle for Pilgrims,* 1948] qui met en vedette Iris et Peter Duluth, un couple d'Américains que l'on retrouve dans huit romans. Peter est un producteur de théâtre contraint de se transformer en détective pour résoudre des mystères qui mettent en danger sa carrière et sa vie. Il faut lire également *Puzzle pour démons* [*Puzzle for Fiends,* 1947], *Araignée ma mie* [*Black Widow,* 1953], *La Dent du piège* (*) (1957) et *La Vérité du mensonge* [*The Man with two Wives,* 1958].

DENIS BOUTET DE MONVEL.

QUERIDO Israël. Écrivain hollandais. Né et mort à Amsterdam (1er octobre 1872-5 août 1932). Autodidacte, sa faim de tout connaître le poussa à lire pêle-mêle histoire, philosophie et littérature, et à se faire une culture étendue mais très disparate. Il se choisit pour maîtres Balzac et Zola et se mit, tout jeune, à composer d'énormes romans à l'image de ses modèles. Il avait le sens de la vie, mais avec excès, et ses récits, s'ils suggèrent parfois un monde de visionnaire, tombent le plus souvent dans la démesure. Son premier roman : *Une vie* [*Levensgang,* 1901], étudie le milieu des diamantaires juifs, le deuxième : *La Peine des hommes* [*Menschenwee,* 1903], les conditions de vie dans les campagnes, mais son œuvre essentielle demeure *Le Jordaan* (*), vaste épopée en quatre volumes qui raconte la vie du quartier du même nom à Amsterdam. Querido se tourna à la fin de sa vie vers le roman historique et donna entre autres dans ce genre : *Le Monde antique* [*De oude waereld,* 1919], qui présente les mêmes défauts de démesure que le reste de son œuvre. Grand travailleur, il fit paraître, parallèlement à ses romans, une foule d'articles sur des questions littéraires et musicales.

QUESNAY François. Médecin et économiste français. Né à Méré, près Montfort-l'Amaury (Yvelines), le 4 juin 1694 ; mort à Versailles le 16 décembre 1774. Élevé dans une ferme, Quesnay connut les réalités de la vie campagnarde avant de savoir lire. Il n'apprit à lire, en effet, qu'à l'âge de dix ans, et s'instruisait seul en latin et en grec, prenant également une teinture de philosophie et de mathématiques. Apprenti barbier-chirurgien jusqu'en 1711, il fut apprenti graveur à Paris et y étudia en même temps la médecine et la chirurgie. De retour à Méré, il fut chirurgien à Orgerus, puis à Mantes-la-Jolie. Enfin, il étudia au collège de Saint-Côme à Paris pour devenir maître chirurgien (1718). Il retourna à Mantes comme chirurgien de 1718 à 1734. Il s'y fit bientôt connaître non seulement par son habileté de praticien mais par un certain nombre d'ouvrages théoriques et fut chirurgien du duc de Villeroy, avant d'être chirurgien ordinaire du roi. Nommé, en 1737, secrétaire perpétuel de l'Académie de chirurgie, il professa dans les écoles de chirurgie et en 1744, âgé de cinquante ans, se fit recevoir médecin. Aussitôt associé à la faculté de médecine de Paris, Quesnay reçut le titre de premier médecin ordinaire du roi. Louis XV, qui l'appelait le Penseur, l'appréciait si fort qu'il l'anoblit, lui donnant pour armes trois fleurs de pensée, accompagnées de la devise « Propter cogitationem mentis ». Par la suite, le médecin du roi prit une part active aux querelles qui s'étaient élevées entre la faculté et le collège de chirurgie. Mais depuis longtemps, Quesnay avait d'autres préoccupations, dont témoignent ses œuvres, notamment l'*Essai physique sur l'économie animale* (*), traité de physiologie théorique qui ne manque pas d'aborder la question sous l'angle philosophique. Enfin ses idées sur l'économie rurale se répandaient. Déjà à partir de 1748, quand il devint médecin de Mme de Pompadour (qui était une protectrice des « Philosophes »), il tenait dans son entresol des séances consacrées à ses théories. Parmi ses « disciples » se trouvaient, outre Turgot et Dupont de Nemours, le marquis de Mirabeau – qui écrivit une *Théorie de l'impôt* (1760) et la *Philosophie rurale* (1763) –, Marmontel, Diderot, d'Alembert, Helvétius, etc. Cela explique qu'on lui demanda de collaborer à l'*Encyclopédie* (*), ce qu'il fit. Après l'interdiction en 1752, il continua clandestinement, pour terminer à la deuxième interdiction en 1759. Ainsi, bien avant 1758, Quesnay avait déjà publié ses idées dans l'*Encyclopédie* (voir surtout les articles

« Fermiers » et « Grains »). Mais ce n'est qu'en 1758 qu'elles apparurent dans un ouvrage personnel, le *Tableau économique* (*) suivi de *Maximes* et de *Notes*, publié à Versailles à un très petit nombre d'exemplaires et qui disparut bientôt de la circulation. Malgré son petit tirage, le *Tableau* connut un succès immense, et Quesnay dut en donner dans le *Journal d'Agriculture* de juin 1766 un compte rendu détaillé. Enfin en 1768-1769, Dupont de Nemours publia, sous le titre *Physiocratie ou Constitution naturelle du gouvernement le plus avantageux au genre humain* (*), les nombreux écrits de caractère économique, déjà publiés ou inédits, de Quesnay. Ce n'est d'ailleurs pas Quesnay qui inventa le terme de physiocratie, qui devait désigner le mouvement à l'origine duquel se trouvaient ses idées, mais Dupont de Nemours. Quesnay, lui, avait repris à Montchrestien le terme d'économie politique, dont il peut être considéré à bon droit comme l'un des fondateurs. Le nom, trouvé par Dupont de Nemours, insistait sur un aspect particulier de la nouvelle théorie qui se proposait en effet de réformer la société selon les lois de la nature. On conçoit, étant donné le mouvement des idées en cette période du XVIIIe siècle, le succès que devait recueillir une telle tentative. Avec Gournay, Quesnay ne réclamait rien de moins que la liberté du travail et du commerce contre le mercantilisme qui triomphait depuis Colbert.

Outre ces trois œuvres importantes, Quesnay avait encore publié plusieurs ouvrages de médecine : *Réfutation du traité de Silva sur la saignée*, la *Préface* des *Mémoires de l'Académie de Chirurgie*, enfin l'*Histoire de la chirurgie* (1744). Il avait de plus collaboré au *Journal de Physique*, au *Journal d'Agriculture*, aux *Éphémérides d'un citoyen*, enfin à *L'Ami des hommes* (*) du marquis de Mirabeau.

♦ *« Quand il se tromperait sur tout, il ne peut être blâmé que par ceux qui ignorent que nous sommes presque toujours condamnés à passer par l'erreur pour arriver à la vérité. Nous devons beaucoup à ceux qui nous éclairent ; nous devons aussi quelque chose à ceux qui cherchent à nous éclairer. »* Diderot.

RÉF. : C. d'Alban, *Éloge historique de M. Quesnay*, Paris, 1775. – Marquis de Mirabeau, *Éloge funèbre de M. Quesnay*, Paris, 1775. – F. Cadet, *Histoire de l'économie politique*, Reims, 1869. – A. Sachoder, *Studien über das Lehrsystem Quesnay*, Greefervald, 1907. – G. Schelle, *Le Dr Quesnay*, Paris, 1907. – A. Bock, *Der « Produit net » der Physiokraten*, Berlin, 1912. – P. Gemählin, *Les Grands Économistes*, Paris, 1925. – *François Quesnay et la Physiocratie*, Paris, Institut national d'Études démographiques, 1958.

QUESNEL, père Pasquier. Théologien français. Né à Paris le 14 juillet 1634, mort à Amsterdam le 2 décembre 1719. Entré en 1687 dans l'ordre de l'Oratoire, Quesnel se rallia très tôt aux doctrines jansénistes, dont il devait devenir l'un des principaux défenseurs, son ordre étant lui-même assez favorable aux jansénistes. Quesnel franchit les échelons de la hiérarchie et dirigea l'institut de l'Oratoire à Paris. En 1671, le père Quesnel, sous le pseudonyme de Paschasius, publia un petit volume qui engendra bientôt de graves périls, l'*Abrégé de la morale de l'Évangile ou Pensées chrétiennes sur le texte des IV Évangiles* – v. le *Nouveau Testament* (*). Ce n'était qu'une traduction de la *Vulgate*, mais les commentaires qui l'accompagnaient résumaient la doctrine de Port-Royal et vulgarisaient des idées telles que la grâce gratuite, la nécessité de la pénitence rigoureuse, l'excellence de la prière en langue vulgaire. On y trouvait aussi des vues relativement démocratiques sur la constitution de l'Église. Quesnel y disait par exemple : « Jamais une excommunication injuste ne doit nous empêcher de faire notre devoir ; c'est l'Église qui, par le consentement présumé des premiers pasteurs, l'exerce au nom du corps. » Le succès fut d'emblée si considérable que l'auteur se trouva amené bientôt à accroître l'ouvrage. L'*Abrégé* avait reçu l'approbation de Mgr de Noailles, alors évêque de Châlons. À la suite de l'exil d'Abel de Sainte-Marthe, directeur de l'Oratoire, le père Quesnel dut quitter Paris, puis, après avoir refusé de signer un engagement de ne pas enseigner la doctrine de Descartes, la France. Il dut se rendre aux Pays-Bas où, en 1684, il retrouva à Bruxelles Antoine Arnauld, dont il devait recevoir le dernier soupir en terre d'exil, en 1694. Cependant Quesnel, tout en lançant une quantité considérable de libelles et de pamphlets (contre les jésuites notamment), poursuivait la publication de son *Abrégé* ; après le tome II, paru en 1679, le troisième fut publié en 1687 ; il parut sous sa forme définitive en 1695 en quatre gros volumes qui reçurent des jansénistes le nom des « quatre grands frères ». Bien que le roi maintenant réconcilié avec le pape s'apprête à prendre de sévères mesures à l'encontre de Port-Royal, il n'ose se brouiller avec le cardinal de Noailles, devenu archevêque de Paris, qu'attaquent violemment les jésuites au sujet de l'ouvrage de Quesnel. Noailles obtient alors de l'auteur qu'il remanie son ouvrage qui reparaîtra en 1699 sous le titre de *Le Nouveau Testament en français avec des réflexions morales sur chaque verset*. Si l'on ne sévit pas encore contre l'œuvre, l'auteur, lui, est arrêté à Bruxelles à l'instigation de l'archevêque de Malines et incarcéré dans cette ville en 1696. Il ne sortira de captivité que délivré par un de ses partisans, sept ans plus tard, en 1703. Peu après, Louis XIV donne l'ordre de l'arrêter, mais Quesnel s'évade et va se réfugier en Hollande.

Déjà en 1693 et 1694 un certain nombre de propositions avaient dû être retirées des rééditions de l'*Abrégé*. Par un bref du 13 juillet 1708, Clément XI, tout dévoué au roi de France, ordonna de brûler solennellement l'ouvrage, mais cette mesure ne fut pas exécutée, le cardinal de Noailles et les gallicans ayant fait valoir qu'un bref était contraire aux libertés de l'Église gallicane. L'affaire ne pouvait en rester là. Louis XIV demanda une bulle et l'obtint ; c'est la fameuse bulle *Unigenitus Dei Filius* (+), publiée le 8 septembre 1713. Elle condamnait cent une propositions tirées des ouvrages de Quesnel. Exclu de l'Église, vivant en Hollande, Quesnel y fondait un certain nombre de communautés jansénistes qui formèrent la Petite-Église, laquelle mettait en pratique les recommandations des docteurs de Port-Royal, et dont l'influence devait se répandre jusqu'en Pologne. C'est pour la défense de ces communautés que Quesnel, sous le pseudonyme de Du Bois, publia en 1700, à Delft, *La Foy et l'Innocence du Clergé de Hollande,* à la suite de la parution d'un libelle diffamatoire intitulé *Mémoires touchant le jansénisme en Hollande.* En 1704, il donna encore *La Souveraineté des rois défendue,* où il soulignait les graves empiétements de l'Église romaine.

Outre tous ces ouvrages inspirés par les circonstances, le père Quesnel avait fait paraître, en 1675, une remarquable édition des *Opera omnia* de Léon le Grand, édition qui fut condamnée ; en 1687, la *Tradition de l'Église romaine sur la prédestination des saints et la grâce efficace,* parue à Cologne sous le pseudonyme de Germain ; en 1689, à Lyon, la *Discipline de l'Église ;* en 1699, *L'Histoire abrégée de la vie et des ouvrages d'Antoine Arnauld,* suivie la même année de la *Causa Arnaldina.* Citons enfin un certain nombre d'ouvrages de méditation, tels les *Prières chrétiennes,* le *Bonheur de la mort chrétienne, Idée du sacerdoce et du sacrifice de Jésus-Christ, Élévation sur la Passion de Jésus-Christ et sur sa mort.*

Le père Quesnel ne fut pas seulement un habile polémiste et un théologien rigoureux, son style est souvent excellent. Il a malheureusement vécu la période la plus triste de l'histoire de Port-Royal, celle où, sous les coups de la persécution, la doctrine se raidit et aboutit à une intransigeance et une austérité insoutenables, avant de tomber dans le schisme. Considéré comme le successeur d'Antoine Arnauld, dès la mort de celui-ci le père Quesnel contribua beaucoup à répandre des idées qui n'avaient eu cours auparavant qu'auprès d'un public très limité. Sa *Correspondance* a été publiée par Mme Albert Leroy en 1900.

JACQUES BROSSE.

RÉF. : Dom Clémencet, *Histoire générale de Port-Royal,* Amsterdam, 1755-1757. — R. P. Rapin, *Histoire du jansénisme,* 1865. — J.-A.-G. Tans, *Pasquier Quesnel et les Pays-Bas,* Paris, 1960. — J.-A.-G. Tans et H. Schmitz du Moulin, *Pasquier Quesnel devant la Congrégation de l'Index,* La Haye, 1974.

QUEVAL Jean. Écrivain français. Né le 29 avril 1913 à Rouen (Seine-Maritime), mort le 10 décembre 1990 à Hérissy (Seine-et-Marne). Jean Queval passe son enfance à Rouen. En 1925, son père, petit industriel, le fait venir à Paris, où il habite rue Caulaincourt. En 1934, il part vivre sa vie, sans grandes spécialités professionnelles. D'abord attiré par le journalisme sportif, il collabore à *L'Écho des sports.* Puis, c'est la critique de cinéma : il donnera des centaines de chroniques à *L'Écran français,* à *Clartés* (de 1945 à 1946) et au *Mercure de France* (de 1947 à 1962).

Il écrit également des essais, dont un sur la presse sous l'Occupation (*Première page, cinquième colonne,* 1945), un autre sur l'Angleterre (*L'Air de Londres,* 1947), un troisième sur le tournage du film de Jacques Becker *Rendez-vous de juillet* (1949). Juste complément de son activité de critique de cinéma, il écrit, pour Bernard Hecht, le scénario et les dialogues de deux feuilletons pour la télévision : *Les Beaux Yeux d'Agatha* (1964), et *La Malle de Hambourg* (1972). Il entreprend également, vers la fin des années 50, une brillante carrière de traducteur, qui lui vaudra en 1975 le très estimé prix Halpérine-Kaminsky pour sa traduction des *Enchantements de Gladstonbury* (*) de John Cowper Powys. Enfin, il participe en 1960, avec Raymond Queneau et François Le Lionnais, à la fondation de l'Ouvroir de littérature potentielle, groupe de travail dont l'influence, dans la vie littéraire, commence à se faire sentir.

Trop absorbé par ses travaux de commande, Jean Queval n'a pu se consacrer suffisamment à une œuvre plus personnelle, dont les éléments qu'il nous a laissés sont pourtant pleins d'un charme particulier, qui tient à une inspiration très originale, mais surtout à une écriture d'une rare densité. Ramassées, abruptes, ses phrases possèdent une force sans sécheresse, une vigueur qui n'exclut jamais ni la malice ni l'émotion. On retiendra surtout un récit autobiographique (*Tout le monde descend,* 1959), un essai sur Raymond Queneau (1960, puis 1971), une pièce de théâtre, *Dieu avec nous,* tirée de *La Rose et l'Anneau,* de Thackeray (1965), et *Etc.* (*) (1963), un superbe roman du type « fondateur de mythes ». Jean Queval a également écrit quelques recueils de poèmes, épars d'abord, puis réunis dans *En somme* (*) (1970). L'influence de Raymond Queneau, qu'il a toujours considéré comme un de ses inspirateurs, s'y fait subtilement sentir.

JACQUES BENS.

QUEVEDO Y VILLEGAS Francisco Gómez de. Écrivain espagnol. Né à Madrid le 17 septembre 1580, mort à Villanueva-de-los-Infantes (province de Ciudad-Real) le 8 septembre 1645. Son père avait rempli la charge de secrétaire de l'impératrice Marie d'Autriche à Vienne, où il résida quelque temps, puis d'Anne d'Autriche, reine d'Espagne, quatrième femme de Philippe II, et sa mère fut dame d'honneur de la reine. Après avoir étudié au collège impérial des jésuites, il passa en 1596 à l'université d'Alcalá de Hénarès pour y étudier, outre les langues classiques et modernes, la philosophie, le droit et les sciences, notamment les mathématiques. Quevedo, une fois obtenue sa licence ès arts (1600), s'inscrivit à la faculté de théologie, mais en 1601 on le retrouve, sans emploi bien défini, à Valladolid où la cour résidait alors. Là, il put observer à loisir ces cabales politiques et cette vanité des grands insultant à la misère du peuple, qui devaient inspirer son génie satirique. Ce génie se révéla dans *Histoire de don Pablo de Ségovie* (*). À la même époque remontent ses premières poésies, dont quelques-unes furent réunies dans l'*Anthologie des poètes illustres* (+) d'Espinosa (1605), et la précieuse correspondance qu'il échangea avec le célèbre philologue flamand Juste Lipse. En 1606, l'écrivain accompagna la Cour à Madrid et poursuivit dans cette ville ses études de théologie, mais on ignore s'il les poussa jusqu'au doctorat. Quevedo entreprit alors la composition des *Visions* (*), recueil de fantaisies satiriques à tendance moralisante, et se lia d'amitié avec le duc d'Osuna auquel il dédia quelques traductions d'Anacréon. Le jeudi saint 1601, si l'on en croit Astrana Marín, le poète, ayant tué en duel un chevalier à la porte d'une église, dut s'enfuir en Sicile, mais ce meurtre n'est nullement prouvé. Il est seulement établi que, vers 1613, Quevedo servit le duc d'Osuna, vice-roi de Sicile, tantôt comme secrétaire d'État, tantôt comme chargé de missions auprès du roi ou du pape. On sait également qu'il fut l'agent secret du duc dans ses intrigues contre les républiques italiennes. C'est ainsi qu'en décembre 1613 il souleva le peuple de Nice contre Charles-Emmanuel de Savoie ; de même, il favorisa la fameuse conspiration de 1618 contre Venise, n'échappant à la mort que grâce à sa parfaite connaissance de l'italien. En 1615, Quevedo s'acquitta avec bonheur d'une mission délicate auprès de Philippe III : il s'agissait en apparence de présenter au roi les actes du parlement sicilien, mais en réalité de défendre la nomination de son maître comme vice-roi de Naples, et le duc, en récompense, le nomma ministre des Finances.

En 1616, il revint encore en Espagne pour recevoir du souverain l'habit de chevalier de l'ordre de Santiago. L'échec de la conjuration de Venise l'obligea finalement à regagner l'Espagne. En 1620, Osuna tomba en disgrâce. Les ennemis du duc jetèrent alors Quevedo en prison, l'accusant d'avoir trompé la famille royale et abusé des faveurs du vice-roi, mais il put finalement quitter le couvent de Santiago, à Ucles, pour se rendre dans sa maison de la Torre de Juan Abad, près de Valdepeñas. À la mort de Philippe III (1621), des poursuites ayant été ordonnées contre le duc, Quevedo dut se rendre à Madrid pour déposer contre lui. Néanmoins, l'année suivante, on le renvoya à la Torre. Enfin libre (1623), il suivit Philippe IV en Andalousie et, trois ans plus tard, dans un voyage en Aragon. Il publia alors quelques œuvres satiriques, et cela lui valut de nouveaux ennemis. Cependant, le comte-duc d'Olivarès, favori de Philippe IV, le prit sous sa protection et obtint pour lui le titre honorifique de secrétaire royal. On le relégua de nouveau, en 1628, au couvent de San Marco de León pour être intervenu dans le conflit relatif à la reconnaissance de sainte Thérèse d'Avila, patronne de l'Espagne. Quevedo demeura insensible aux flatteries d'Olivarès qui lui offrait l'ambassade de Gênes, et continuait à soutenir saint Jacques de Compostelle contre sainte Thérèse.

Il eut une longue liaison avec une actrice nommée Ledesma qui lui aurait donné plusieurs fils, mais, en 1634, pour complaire à la femme d'Olivarès, épousa doña Esperanza de Mendoza, dame de Cetina, veuve quinquagénaire dont il se sépara deux ans plus tard. Ses malheurs, joints au spectacle de la corruption des mœurs espagnoles, rendirent ce misanthrope de plus en plus amer et agressif. En 1639, Olivarès le rendit responsable de libelles contre son gouvernement, que le roi avait trouvés sur sa table. Sous ce prétexte et pour d'autres raisons fort obscures, il le fit emprisonner, le 7 décembre 1639, au couvent de San Marco, à León, dans une cellule humide, d'où il ne sortit qu'à la chute du favori, en 1643. Retiré à la Torre, puis à Villanueva-de-los-Infantes, il s'y éteignit, malade et presque aveugle, à l'âge de soixante-cinq ans. Quevedo, un des plus grands écrivains d'Espagne, brilla dans les genres les plus variés : poésie, philosophie, critique littéraire, roman, politique, théâtre, religion, etc. Parmi ses ouvrages les plus célèbres, citons : *La Politique de Dieu* (écrite en 1617, imprimée en 1635), la *Vie de Fray Tomás de Villanueva* [*Vida de Santo Tomás de Villanueva*, 1620], *Les Grandes Annales des quinze jours* [*Grandes anales de quince días*, 1621], *Lettres du chevalier de la Tenaza* [*Cartas del caballero de la Tenaza*, 1625], *Histoire de don Pablo de Ségovie* (1626), *La culta latiniparla* (1629), *Libro de todas las cosas* (1631), *L'Heure de tous* (*) (1635), *Marcus Brutus* (*) (1644), *Parnasse espagnol* (*) (1648).

ENRIQUE MORENO BÁEZ.

♦ *« De tous les écrivains de l'Espagne, Quevedo est celui qui s'est le plus rapproché de Voltaire, non par le génie, il est vrai, mais par l'esprit : il avait comme lui cette universalité de connaissances et de facultés, ce talent pour manier la plaisanterie, cette gaieté un peu cynique, lors même qu'elle était appliquée à des objets sérieux, cette ardeur pour tout entreprendre et pour laisser des monuments de son génie dans tous les genres à la fois ; cette adresse à manier l'arme du ridicule, et cet art de faire connaître les abus de la société en tribunal de l'opinion. »* J. C. L. Simonde de Sismondi. ♦ *« Quevedo est le satiriste le plus terrible, le plus désinvolte, dur, sec et dévergondé de toute l'Espagne. »* Cejador.

RÉF. : J. C. L. Simonde de Sismondi, *De la littérature du midi de l'Europe*, t. IV, Paris, 1813. – E. Mérimée, *Essai sur la vie et les œuvres de F. de Quevedo*, Paris, 1886 (thèse). – L. Astrana-Marín, *Quevedo y su época*, Madrid, 1925. – René Bouvier, *Quevedo*, Paris, 1928. – Antonio Papell, *Quevedo, su tiempo, su vida, su obra*, Barcelone, 1947. – Amédée Mas, *La Caricature de la femme, du mariage et de l'amour dans l'œuvre de Quevedo*, Paris, 1957. – Jean Bourg, Pierre Dupont et Pierre Geneste, Introduction à leur traduction de *L'Heure de tous*, éd. Aubier, Paris, 1980.

QUIGNARD Pascal. Écrivain français. Né le 23 avril 1948 à Verneuil-sur-Avre (Eure). Il fait des études de philosophie. Ses intérêts le portent vers les langues et littératures anciennes ainsi que la musique. Il travaille comme membre du comité de lecture d'une maison d'édition parisienne. Son premier essai, consacré à Sacher Masoch (*L'Être du balbutiement*), paraît en 1969 ; deux ans plus tard, il donne une traduction, avec présentation de l'*Alexandra* du poète tragique Lycophron, extraordinaire exercice qui porte la langue aux plus extrêmes de ses possibilités de rompre avec le déjà dit. Cette passion pour les langues et ceux qui surent les faire bouger est l'une des caractéristiques de l'œuvre qui saura aller des plus anciens auteurs aux plus modernes (en 1975, il donne un *Michel Deguy* et, en 1985, un essai sur Louis-René des Forêts : *Le Vœu de silence*). *La Parole de la Délie,* essai sur Maurice Scève, « tentative de restituer la parole de la Délie au chaos propre de sa voix », paraît en 1974. Dans les années qui suivront, jusqu'à *Carus* (*) (1979), Pascal Quignard donne une suite de textes souvent brefs, obscurs, tendus, tirés à peu d'exemplaires : *Écho* (1975), *Sang* (1976), *Hiems* (1977), un poème latin *Inter aerias fagos* (1977), *Sarx* (1977), *Sur le défaut de terre* (1979). En 1976, un court récit, *Le Lecteur,* interroge, mettant en jeu toutes les ressources d'une langue pétrie d'érudition, le retrait propre à celui qui littéralement plonge corps et âme lorsqu'il se livre à l'« acte insensé » de lire. Acte qui est comme la doublure fantomatique de celui d'écrire. Langue, écriture, lecture seront au centre de la série des *Petits traités* (*) dont trois volumes paraîtront en 1981, 1982 et 1984 (réédités en huit volumes et considérablement augmentés en 1990). L'auteur, qui donne un cours sur l'histoire du roman à l'École des hautes études, se livrera à ce genre littéraire avec un certain bonheur (y compris commercial) : en 1984, *Les Tablettes de buis d'Apronenia Avitia* reconstituent le journal de chevet d'une patricienne romaine de la fin du IVe siècle de notre ère, *Le Salon du Wurtemberg* (1986) puis *Les Escaliers de Chambord* (1989) savent créer des atmosphères ou s'organisent en symphonie souvenirs, noms, milieux divers, goûts décadents et raffinés pour les objets les plus infimes, et passions amoureuses. En 1990 paraissent deux œuvres qui témoignent de la fascination de leur auteur pour la Rome antique : *Albucius* et *La Raison.* La musique, que l'auteur pratique, nous vaudra deux livres, en 1987 *La Leçon de musique* et, en 1991, *Tous les matins du monde* (sur M. de Sainte-Colombe et Marin Marais) dont il tirera un scénario pour un film du même nom – réalisé par Alain Corneau la même année.

FRANCIS WYBRANDS.

QUILLIAN Michel, sieur de La Tousche. Poète catholique et gentilhomme breton qui vécut dans la seconde moitié du XVIe siècle. On possède peu de renseignements sur sa vie. Sans doute membre de la Ligue, il fut partisan d'Henri de Lorraine, duc de Guise, en l'honneur duquel il écrivit *Les Grandeurs et Vaillantises de M. de Guyse, prince de Joinville* (Paris, 1589). Cet ouvrage est une adaptation en vers français d'une pièce latine parue un an auparavant dans une *Guiseias* (Paris, Michel Jouin). Auteur également d'un *Discours* (1588), Quillian est surtout connu pour son long poème, *La Dernière Semaine ou Consommation du monde* (*), paru à Rouen en 1596. Dans l'épître liminaire il s'adresse à Henri IV avec l'espoir d'obtenir un bénéfice ; il invoque la mort de deux frères qui ont combattu pour le roi, la destruction de deux de ses hôtels lors des guerres : il faut peut-être en conclure que son engagement dans les rangs de la Ligue ne fut pas très long.

FRANÇOIS ROUDAUT.

QUINAULT Philippe. Auteur dramatique français né et mort à Paris (1635-1688). Fils d'un maître boulanger de la rue de Grenelle, formé et introduit dans le monde et les milieux littéraires par Tristan l'Hermite, auprès de qui il avait été placé, il rencontra le succès dès ses premiers essais dramatiques (1653) et assura sa vie matérielle en 1660 en épousant Louise Goujon, veuve d'un riche marchand ; il put ensuite acheter une charge de valet de chambre du roi, puis d'auditeur à la chambre des comptes. Élu à l'Académie française en 1670, associé à Lully à partir de 1672 pour une triomphale collaboration de quinze années dans l'opéra, Quinault termina ainsi sa vie couvert d'argent, de gloire et d'honneurs. La première partie de sa carrière (1653-1662) est dominée par la comédie et la tragi-comédie. On en retiendra, outre une intéressante *Comédie sans comédie* qui mettait le procédé du théâtre dans le théâtre au service d'une parade des principaux genres dramatiques de l'époque, son choix du genre tragicomique, à une époque où, discipliné et dépossédé de la plupart de ses caractéristiques par la tragédie romanesque, le genre paraissait mort : coup d'audace qui lui réussit, puisque quatre de ses huit tragi-comédies, *Amalasonte* (1657) tout particulièrement, mais aussi *Le Feint Alcibiade* (1658), *Stratonice* (1660) et *Agrippa* (1662), drame de sosie royal inspiré de l'*Oropaste* (*) de Boyer, furent de très grands succès. Ensuite, sans renoncer complètement à la comédie (*La Mère coquette*, 1665, inspirée de la comédie du même titre de Donneau de Visé jouée concurremment par Molière), il passe à la tragédie. Il n'en composa que trois, dont la première seulement eut un succès exceptionnel, *Astrate* (*) (1665). Ce n'est pas elle qui fit sa renommée, mais la polémique dont elle fut l'enjeu (attaques très violentes de Boileau) devait confirmer définitivement Quinault dans sa réputation de « doucereux ». Tout cela pour souligner que le talent de Quinault ne s'est pas seulement déployé dans la dernière partie de sa carrière, tout entière au service de la tragédie lyrique (1673-1686). Inventeur aux côtés de Lully de l'opéra à la française, dont l'association s'était amorcée à l'occasion de *Psyché* (*) (Molière, Corneille, Quinault, Lully), dernière grande tragédie à machines, Quinault écrivit pour le musicien une dizaine de « tragédies en musique ». De *Cadmus et Hermione* (*) (1673) à *Armide* (*) (1686, « l'opéra des dames »), en passant par *Alceste* (*) (1674), *Thésée* (1675), *Atys* (1676), *Isis* (1677), *Proserpine* (*) (1680), *Persée* (1682), *Phaéton* (1683, « l'opéra du peuple »), *Amadis de Gaule* (*) (1684), *Roland* (1685), Quinault a réussi parfaitement le mariage de la passion pathétique et de la mythologie (mythologie moderne dans ses trois dernières œuvres), de la violence sublimée et de l'héroïsme poétisé, et a remarquablement su s'adapter à cette nouveauté pour un Français qu'était le récitatif. C'est pourquoi, malgré la simplification de la psychologie et l'accentuation des contrastes, l'absence d'enjeu véritable autre que la passion amoureuse, l'exacerbation de la galanterie romanesque, les contemporains ont estimé que le genre méritait pleinement son nom de « tragédie en musique ».

GEORGES FORESTIER.

RÉF. : E. Gros, *Ph. Quinault, sa vie et son œuvre*, Paris, 1926. — J. B. A. Buijtendorf, *Ph. Quinault, sa vie, ses tragédies et ses tragi-comédies*, Amsterdam, 1928. — C. Girdlestone, *La Tragédie en musique (1673-1750) considérée comme genre littéraire*, Genève, 1972. — J. Truchet, *Théâtre du XVIIe siècle*, tome II, « La Pléiade », Paris, 1986.

QUINE Willard van Orman. Logicien et philosophe américain né le 25 juin 1908. Professeur à Harvard depuis 1936, Quine est sans aucun doute l'un des philosophes dont l'œuvre aura le plus durablement marqué la philosophie américaine contemporaine et, au-delà, les développements de la philosophie et de l'épistémologie postanalytique. Encore qu'on ait pu, pendant un temps, le tenir pour proche du Cercle de Vienne, et quoiqu'il se proclame volontiers empiriste, Quine a porté un coup fatal aux orientations et aux convictions qui furent celles de la philosophie anglo-saxonne dans le sillage du Cercle après la Seconde Guerre mondiale. La doctrine de la science et la conception de la philosophie défendues par Carnap trouvaient un principe majeur dans la distinction établie entre les propositions synthétiques, propres aux sciences empiriques, et les propositions analytiques qui, dans l'esprit de Carnap et du Cercle de Vienne, correspondaient aux énoncés de la logique et des mathématiques, leur vérité pouvant être établie par des procédures rigoureusement logiques. En 1951, Quine publiait un texte décisif : *Les Deux Dogmes de l'empirisme* (+), où il montrait que la distinction de l'analytique et du synthétique reposait sur un cercle. À cette fin, Quine s'attachait à une critique radicale de la notion de « synonymie », tout en attaquant le dogme « réductionniste » aux termes duquel un énoncé doit, pour se voir reconnaître un sens, être soumis au contrôle de l'expérience. Pour Quine qui, sur ce plan-là, adopte une vision « holiste » du langage et de la connaissance, aucun énoncé ne peut affronter « isolément » le tribunal de l'expérience.

Les effets de ce texte pourtant bref furent décisifs. Ils mettaient un terme aux espoirs qui avaient marqué le travail patient et imposant de Carnap depuis la naissance du Cercle de Vienne, autour de Moritz Schlick, dans les années vingt. Mais ces premiers travaux allaient se prolonger dans des recherches ultérieures sur la « signification » dont les conséquences ne furent pas moins importantes. Diverses étapes ont préparé, à cet égard, l'aboutissement que représente *Le Mot et la Chose* (*), publié en 1960, l'œuvre la plus importante de Quine sur le plan philosophique, celle qui allait être au centre de très importants débats dans le monde anglo-saxon. Quine y établit en effet deux principes, aux conséquences ruineuses pour le « mythe de la signification » : l'« indétermination de la traduction » et l'« inscrutabilité de la référence ». Avec ces deux thèses, on peut en effet tenir pour définitivement caduque l'idée d'un tribunal, somme toute métaphysique, aux termes duquel nos énoncés devraient être soumis à une instance extérieure souveraine et fondatrice. Une fois délivré de ses dogmes, l'empirisme débouche sur un pragmatisme qui, s'il ne renonce pas absolument à la vérification, en établit néanmoins les limites. Les thèses de Quine trouvent un prolongement dans une « relativité de l'ontologie » tenue pour indépassable. Il en résulte également une épistémologie « naturalisée » dont le béhaviorisme constitue l'armature méthodologique. Aussi la philosophie, pour Quine, ne se distingue-t-elle pas de la science.

Quine a, bien entendu, poursuivi ses travaux bien au-delà de ces années décisives. La lecture de Davidson, Putnam ou Rorty suffirait à montrer à quel point ses thèses demeurent présentes dans les discussions d'aujourd'hui. Il n'est sans doute pas jusqu'aux orientations qui ont vu le jour chez des historiens des sciences comme Kuhn ou Feyerabend qui ne pourraient en témoigner. Des questions comme celle du « réalisme » et de l'« anti-réalisme », par exemple, mobilisent divers arguments qui réservent généralement une place importante à l'indétermination de la traduction, à une interprétation « holiste » du langage et de la science, ainsi qu'à d'autres thèmes que la pensée de Quine a imposés à l'attention. Mais Quine n'est pas seulement le philosophe qui aura donc donné définitivement congé à l'épistémologie néo-positiviste et aux incertaines démarcations qui faisaient partie de son programme. Le philosophe des *Deux dogmes de l'empirisme* est aussi un logicien dont les contributions, dès les années trente, se signalent par une originalité que la notoriété acquise par ailleurs a peut-être légèrement occultée. Après Carnap, dont on connaît également la diversité des talents, Quine est probablement l'un des derniers esprits à avoir su marier, de manière aussi originale et féconde, l'audace philosophique et l'inventivité logique.

JEAN-PIERRE COMETTI.

RÉF. : *The Roots of Reference,* 1973. – P. Gochet, *Quine en perspective,* Paris, 1978. – *Les Deux Dogmes de l'empirisme* in P. Jacob, *De Vienne à Cambridge,* Paris, 1980. – J. Proust, *Questions de forme,* Paris, 1986. – D. Koppelberg, *Die Aufhebung des analytischen Philosophie,* 1987. – *Quiddities,* 1989.

QUINET Edgar. Professeur au Collège de France où il forme avec Michelet, son « frère de cœur et de pensée », et Mickiewicz une triade célèbre ; comparatiste, poète épique, homme politique, historien français. Né à Bourg le 17 février 1803 dans une vieille famille de notables bressans, mort à Versailles le 27 mars 1875. Son héritage spirituel (son père, Jérôme, licencié en droit, passionné de sciences, engagé volontaire en 1792 dans les armées républicaines, exècre en Napoléon un tyran ; sa mère Eugénie, élevée dans le calvinisme genevois et le culte des Lumières, vénère Voltaire et surtout Mme de Staël) le place entre Réforme et Révolution aux sources mêmes de la liberté romantique. Pensionnaire au collège de Bourg (1815-16) puis de Lyon (1817-20), où il prépare l'École polytechnique sur les instances paternelles tout en n'ayant d'inclination, son autobiographie l'*Histoire de mes idées* (*) (1858) en témoigne, que pour les humanités et la poésie qu'il cultive en secret, il se façonne un esprit dont la liberté se réfracte dans une admiration provisoire pour l'éclectisme de Cousin autant que dans un cursus diversifié (bachelier ès lettres en 1819 ; admissible à l'École polytechnique en 1820 ; bachelier en droit en 1824 ; licencié ès lettres en 1838, docteur ès lettres en 1839 avec une thèse de philosophie *Considérations philosophiques sur l'art* et une thèse latine *De Indicae poesis antiquissimae natura et indole* qui le met au nombre des artisans de la « Renaissance orientale »). À cette culture plurivoque, les voyages (en Angleterre 1825, en Grèce 1829, en Italie 1832-33) apportent l'enrichissement d'une curiosité vécue. Tour à tour la vie prolonge ou précède les évasions livresques. L'expédition scientifique en Morée donne naissance à *De la Grèce moderne et de ses rapports avec l'Antiquité* (1830). Décisif entre tous, le séjour de deux ans à l'université d'Heidelberg (1827-28), placé sous le signe de Creuzer, scelle un engouement pour la pensée germanique qui lui a préexisté et vient se focaliser sur les *Idées sur la philosophie de l'histoire de l'humanité* (*) de Herder, dont Quinet publie la traduction (1827-28), suivie d'un *Essai sur le caractère et les écrits de Herder*, mais surtout précédée d'une *Introduction* en forme de discours de la méthode dans laquelle, tout en empruntant au maître allemand la volonté de penser ensemble les évolutions progressivement ascendantes de la nature et de l'humanité, il se démarque vigoureusement du fatalisme providentialiste de son modèle : « L'histoire, dans son commencement comme dans sa fin est le spectacle de la liberté, la protestation du genre humain contre le monde qui l'enchaîne, le triomphe de l'infini sur le fini, l'affranchissement de l'esprit, le règne de l'âme : le jour où la liberté manquerait au monde serait celui où l'histoire s'arrêterait. » Profession de foi dont Quinet fait sa devise politique et poétique. Politiquement, il exalte « l'éclair de Juillet » 1830, dénonce en Louis-Philippe le roi d'une coterie bourgeoise qui se détourne de « la nation dont elle devrait être la parole vivante » (*1815 et 1840 ; Avertissement au pays,* 1841). Après 1848, devenu député républicain de l'Ain (1848-49), il donne à son engagement la double caution de l'action et de la méditation : *L'Enseignement du peuple* (1850) pose le principe de la laïcité comme pierre de touche du républicanisme moderne. Parallèlement, il prend la défense des nationalités menacées, qu'elles soient française ou italienne (*Le Rhin* 1841 ; *La Croisade* [...] *contre la république romaine* 1949). Poétiquement de même il joint la théorie à la pratique. Dans le sillage d'une réflexion esthétique qui fait de la libération de l'inspiration par rapport au dogme et de l'individualisation du génie par rapport aux traditions collectives, les lois de l'histoire de l'épopée en particulier et de l'art en général (*De la Nature et de l'Histoire dans leurs rapports avec les traditions religieuses et épiques,* 1830 ; *De l'histoire de la poésie,* 1857 : réunion d'articles parus en 1836-37 dans *La Revue des Deux Mondes* (*)), il inscrit sa propre œuvre épique sous les auspices du triomphe progressif de la liberté sur le destin : *Ahasvérus* (*) (1833-34) montre l'errance fatale du Juif maudit s'inversant au terme d'une Passion rédemptrice en quête initiatique. *Napoléon* (1836) met en scène le clair-obscur de l'aventure de la liberté postrévolutionnaire, *Prométhée* (1838) l'affranchissement par les archanges messagers d'un dieu nouveau du Titan révolté contre les anciens dieux de l'Olympe. De fait, historien des religions,

Quinet demeure « esprit de liberté ». Devenu en 1839 professeur de littérature étrangère à la faculté de Lyon puis en 1841 (jusqu'en 1846) de langues et littératures de l'Europe méridionale au Collège de France, il consacre son enseignement à une histoire des révélations (*Du génie des religions,* 1842) jusqu'au christianisme qu'il montre incarnant le divin dans la conscience, donnant chair à l'idée la plus haute du genre humain mais dégénérant dans les perversions institutionnelles d'un catholicisme despotique prêt à sacrifier l'autonomie de la conscience à l'impérialisme de l'Église romaine (*Des jésuites,* 1843, *L'Ultramontanisme,* 1844). Le véritable esprit chrétien qui déserte les pesanteurs cléricales se réfugie désormais au cœur de la société civile : sans être une révélation, la Révolution française a, dans ses heures de grâce, inscrit dans l'histoire le message de liberté et de fraternité qui avait fait la grandeur du christianisme primitif (*Le Christianisme et la Révolution française,* 1845). Hérétique sur tous les modes, Quinet, proscrit après le coup d'État du 2 décembre d'abord à Bruxelles (1851-58) puis à Veytaux, sur les bords du Léman (1858-70), grave dans l'exil ses « Châtiments » (*Le Livre de l'exilé,* 1875). Irréconciliable, il refuse même l'amnistie offerte en 1859 aux républicains bannis par un régime dont il refuse de cautionner la clémence césarienne (*Protestation contre l'amnistie,* 3 août 1859). Rentré en France en 1870, après la proclamation de la IIIe République, il est élu en 1871 député de la Seine et siège à l'extrême gauche de l'Assemblée dans l'union républicaine aux côtés de Gambetta. Empreinte d'amertume, son œuvre d'exil s'avère hantée par le cauchemar du naufrage de la liberté dans une France où la Révolution de 1789 a échoué faute d'avoir pu révolutionner les consciences par un renouveau religieux qui seul eût donné à la République une assise durable en extirpant la tradition despotique faite de césarisme et de monarchisme absolu sanctifié par l'Église romaine – *La Révolution* (*), 1865, *Critique de la Révolution,* 1867 – qui est la plaie de l'histoire de France. Pour finir, c'est hors du chaos des événements dans la théorie politique (*La République, conditions de la régénération de la France,* 1872), dans le mythe (l'épopée de *Merlin l'Enchanteur,* 1860, lance à toutes les prisons le défi victorieux de la prophétie et de la poésie), dans l'idéalisme philosophique d'un progressisme messianique mâtiné d'optimisme évolutionniste et conquis sur les désespoirs vécus, qu'Edgar Quinet trouve, au seuil de la mort, le « don de sérénité ». Son dernier rêve, romantique entre tous, est celui de l'avènement d'un « esprit nouveau » qui, réconciliant « l'esprit pur » avec le « monde sensible », harmonisant science naturelle, « science politique et sociale » « dans un même tissu », consacrerait le règne de la « grande unité » qui « met la paix en toutes choses » (*La Création,* 1870 ; *L'Esprit nouveau,* 1875).

SIMONE BERNARD-GRIFFITHS.

♦ *« Ce génie grandiose du romantisme, dans son ambition d'une vision synthétique de l'histoire, embrassant les temps et les espaces, c'est Edgar Quinet qui, en dépit de son échec littéraire, le représente le mieux. Il est le poète de la philosophie de l'histoire. »* Pierre Albouy. ♦ *« C'est un trait particulier à cet auteur mineur que de ne pouvoir être comparé qu'aux plus grands ».* Léon Cellier. ♦ *« Le poète, en lui, s'ajoutait à l'historien. Ce qui caractérise les vrais penseurs, c'est un mélange de mystère et de clarté. Ce don profond de la pensée entrevue, Quinet l'avait. »* Victor Hugo. ♦ *« On donna son nom à un vaisseau qui, en 1931, s'échoua ; à un boulevard parisien qui débouche sur un cimetière. Personne ne le lit et son nom est partout. »* Jacques Vier.

RÉF. : Albert Valès, *Edgar Quinet, sa vie et son œuvre,* Carrières-sous-Poissy, 1936. – Maurice Domino, « Edgar Quinet : Être dans l'histoire, écrire l'histoire », in *Annales littéraires de l'université de Besançon,* 1977. – Ceri Crossley, *Edgar Quinet (1803-1875), a Study in Romantic Thought,* Lexington, Kentucky, 1983. – Willy Aeschimann, *La Pensée d'Edgar Quinet, Étude sur la formation de ses idées avec Essais de jeunesse et Documents inédits,* Paris-Genève, 1986. – Simone Bernard-Griffiths, « Edgar Quinet, esprit de liberté », in *Histoire littéraire de la France,* Paris, 1977 ; article « Quinet » in *Dictionnaire des littératures de langue française,* Paris, 1987 ; *Edgar Quinet, Merlin romantique : Essai sur le mythe de Merlin dans l'œuvre d'Edgar Quinet,* thèse d'État, 1987.

QUINTANA Manuel José. Poète et homme politique espagnol. Né à Madrid le 11 avril 1772, il y mourut le 11 mars 1857. Sa famille était originaire de l'Estramadure. Il fit ses études à Salamanque où il eut pour maître Meléndez Valdés, le poète le plus représentatif de l'école de Salamanque au XVIIIe siècle, l'un des auteurs les plus aimables de cette période. Quintana subit d'abord l'influence de ce maître ; elle est manifeste dans ses premières *Poésies* (*) (1788). Puis il rechercha un mode d'expression personnel, très lyrique, fort éloigné par ses thèmes et son rythme des poésies les plus typiques de Meléndez Valdés. Quintana écrivit en 1791 *Les Règles du drame* [*Las reglas del drama*], où il reprend les idées de Boileau et défend la règle des trois unités. Plus tard, il fonda la revue *Variétés littéraires et artistiques* [*Variedades de literatura y artes*] et commença d'assurer sa renommée par des odes célèbres, *À la bataille de Trafalgar* [*Al combate de Trafalgar,* 1805] notamment, puis par son œuvre en prose *Vies des Espagnols illustres* [*Vidas de españoles célebres,* 1807]. Déjà en 1801, il avait fait représenter, sans aucun succès d'ailleurs, *Le Duc de Viseo* (*), tragédie à la manière d'Alfieri. Une autre tragédie, *Pélage* (1805), est aussi conforme aux canons néo-classiques. Les événements de 1808 mirent Quintana en face de l'invasion française comme premier officier de la Secrétairerie générale de la Junte suprême gouvernementale du royaume. Dans la *Semaine patriotique* [*Semanario Patriótico*] – qu'il fonda et dirigea – et ses poésies de cette époque, on remarque l'ardeur avec laquelle Quintana chante la guerre pour l'indépendance. Après les hostilités, ses idées libérales héritées des encyclopédistes le firent exiler à Pampelune (1814-1820). En 1823, il fut nommé directeur général des Études et quelques années plus tard, après la mort de Ferdinand VII, président du Conseil de l'instruction publique et précepteur d'Isabelle II, laquelle en 1855 tint à le couronner au cours d'une séance solennelle du Sénat. Pareil hommage se rencontrait avec l'opinion publique, qui voyait en Quintana le poète le plus représentatif de son temps.

QUINTE-CURCE (Quintus Curtius Rufus). Écrivain latin. Sous son nom nous sont parvenues les *Histoires d'Alexandre le Grand* (*). En l'absence de documents sûrs, on a voulu l'identifier soit avec le Curtius Rufus dont parlent Tacite et Pline, soit avec Quintus Curtius Rufus que Suétone place entre M. Porcius Latronis et L. Valerius Primarius ; mais rien ne permet de conclure. Quinte-Curce suit la tradition historique universaliste empruntée par Trogue-Pompée aux Grecs, et subit en même temps l'influence de la tradition rhétorique de l'époque d'Auguste jusqu'à Sénèque, sans parler de l'influence de Tite-Live. Mais Quinte Curce a été le premier écrivain romain à traiter d'événements totalement étrangers à son pays. Ce faisant il obéit plus à une vocation de romancier qu'à celle de l'historien. Les événements survenus dans sa patrie n'étaient pas faciles à romancer. Dans la geste d'Alexandre au contraire, il pouvait choisir tout le merveilleux et l'exotique, sûr de plaire et de conquérir

QUINTILIEN (Marcus Fabius Quintilianus). Rhéteur latin. Né à Calahorra (Espagne tarragonaise) entre 35 et 40, mort vers 96. Il étudia à Rome chez le grammairien Rhemnius Palémon (qui fut également le maître de Perse), puis chez le célèbre rhéteur Domitius Afer. Revenu en Espagne, il fut rappelé à Rome en 68 par l'empereur Galba. Son succès fut aussi grand dans l'exercice de sa profession d'avocat (il plaida pour la reine Bérénice) que dans l'enseignement ; Vespasien lui confia la charge rétribuée de maître de rhétorique ; il l'occupa pendant vingt ans. Pline le Jeune compta au nombre de ses élèves. Quintilien se retira de l'enseignement vers 90 pour se consacrer en paix à l'étude et à la rédaction de ses traités. Domitien lui conféra les insignes et le titre de consul, et le chargea de l'éducation de ses neveux, fils de Flavia Domitilla. Mais son existence fut semée de traverses ; dans son âge mûr il perdit sa jeune femme et ensuite deux fils encore enfants. Outre son œuvre capitale, la célèbre *Institution oratoire* (*), qu'il publia vers 95, témoignage de l'étendue de sa culture et de ses expériences, nous savons qu'il a écrit d'autres ouvrages aujourd'hui perdus : une étude *Sur les causes de la décadence de l'éloquence* [*De Causis corruptae eloquentiae*], antérieure à *L'Institution*, un discours, *Plaidoyer pour Naevianus Arpinianus*, le seul qu'il ait publié. Contre sa volonté on édita des résumés de ses leçons – sous le titre d'*Art de la rhétorique*. On lui a attribué à tort deux recueils de *Déclamations* qui ont été conservés sous son nom. Quintilien fit autorité au Moyen Âge : il mérite enore une place éminente dans l'histoire de l'enseignement, de la rhétorique et de la critique littéraire latine.

♦ *« Le nom de Quintilien suffit pour exprimer, dans l'ordre critique, le modèle du scrupuleux, du sérieux, de l'attentif, l'idée du jugement même. »* Sainte-Beuve.

RÉF. : J. Cousin, *Études sur Quintilien*, Paris, 1936. – E. Boloffi, *La critica filosofica e letteraria in Quintiliano*, Bruxelles, 1958. – A.D. Leeman, *Orationis ratio*, 1963.

QUINTUS de Smyrne. Poète grec. Quintus n'est connu que comme l'auteur des *Posthomériques* (*). Sans en être certain, on a de bonne raisons de considérer qu'il vécut dans la première moitié du IIIe siècle ap. J.-C. Pour déterminer son origine, on s'est référé à un vers de son poème dans lequel il rend grâce aux Muses de l'avoir, au temps de sa jeunesse, inspiré dans le pays de Smyrne (XII, 310). Il convient de ne pas prêter trop de crédit à des vers qui relèvent plus d'une convention littéraire que d'une sincère description autobiographique. Au IIIe siècle, Smyrne était considérée comme la patrie d'Homère et, dans un poème qui se veut suite immédiate de l'*Iliade* (*), il était important pour l'auteur d'avoir une identité qui pût se confondre avec celle de son modèle. L'Asie Mineure reste néanmoins la patrie la plus probable de Quintus.

DAVID BOUVIER.

QUIROGA Horacio. Écrivain uruguayen. Né à Salto, port fluvial du nord-ouest de l'Uruguay, le 31 décembre 1878 ; mort à Buenos Aires le 19 février 1937. Fils de famille désabusé, hypersensible et quelque peu schizophrène, grand lecteur d'Edgar Poe et de Maupassant, il rêva de conquérir littérairement Paris, fit le voyage en 1900 et revint bientôt, déçu et amer. En 1902, le succès de ses poèmes et proses modernistes publiés à Montevideo sous le titre *Les Récifs de corail* [*Los arrecifes de coral*] lui permettait de reprendre espoir, quand la mort de son meilleur ami, Federico Ferrando, qu'il tua par accident en manipulant un pistolet, le plongea dans la réalité cauchemardesque de la prison, des tribunaux et des procès. Exilé à Buenos Aires, chez une de ses sœurs, un premier voyage, conseillé par Leopoldo Lugones, lui fit découvrir l'insolite beauté de la région de Misiones, aux confins de l'Argentine, du Brésil et du Paraguay, avec ses forêts presque vierges, ses Indiens guaranis, sa vie rurale primitive, ses pionniers rudes et fascinants. Resté fidèle au modernisme, il écrit des nouvelles, *Le Crime de l'autre* [*El crimen del otro*, 1904], mais aussi certains contes déjà imprégnés d'ambiance fantastique (*L'Oreiller de plumes*, 1907). Après une tentative industrielle malheureuse dans le Chaco, Quiroga retourna à Misiones en 1912, acheta des terres à San Ignacio et s'y installa comme colon. La mort, une nouvelle fois, se rappela à lui quand, en 1915, sa jeune épouse Ana María Cires se suicida, lui laissant deux enfants en bas âge. Isolé, mauvais défricheur mais excellent créateur de fictions, il trouva dans l'envoûtante Misiones l'inspiration pour des contes étranges que ses contemporains ne comprirent pas toujours mais que l'Amérique latine tout entière devait admirer plus tard et que beaucoup d'écrivains comme Julio Cortázar, José María Arguedas et Augusto Roa Bastos n'ont cessé de louer. *Contes d'amour, de folie et de mort* (*) (1917), *Contes de la forêt pour les enfants* [*Cuentos de la selva para los niños*, 1918], *Le Sauvage* [*El salvaje*, 1920], *Anaconda* (1921) constituent les plus beaux fleurons de ce genre fantastique dont Quiroga fut le véritable introducteur en Amérique hispanique et dont il reste l'une des figures clefs. Après *Les Exilés* [*Los desterrados*, 1926], recueil de nouvelles plus réalistes, l'originalité créatrice de Quiroga semble s'être quelque peu tarie, comme le suggèrent les semi-échecs qui accompagnèrent le roman *Amour passé* [*Pasado amor*, 1929] et les contes *Au-delà* [*Más allá*, 1935]. La maladie fit partir ce solitaire de ses plantations. Un cancer sans guérison possible l'incita à quitter, un jour de février 1937, l'hôpital de Buenos Aires où on allait l'opérer, pour acheter du cyanure dans une pharmacie et s'empoisonner le soir même dans sa chambre de malade.

CLAUDE COUFFON.

RÉF. : Emir Rodríguez Monegal, *El desterrado. Vida y obra de Horacio Quiroga*, Buenos Aires, 1968. – Nicolas Bratosevich, *El estilo de Horacio Quiroga en sus cuentos*, Madrid, 1973.

R

RAABE Wilhelm, sous le pseud. de Jacob Corvinus. Écrivain allemand. Né à Eschershausen (Brunswick) le 8 septembre 1831, mort à Brunswick le 15 novembre 1910. Il fit ses premières études dans des petites villes de province, mais dut s'interrompre à dix-huit ans pour prendre un emploi dans une librairie de Magdebourg ; et c'est seulement à l'âge de vingt-trois ans qu'il suivit les cours de l'université de Berlin. Il écrivit alors *La Chronique de la Rue-aux-Moineaux* (*), qu'il publia sous le pseudonyme de Jacob Corvinus. Dès lors, il se consacra entièrement à son activité d'écrivain. Étant retourné chez ses grands-parents maternels, à Wolfenbüttel, il demeura là quelques années, puis il commença de vagabonder à pied à travers toute l'Allemagne, afin de mieux comprendre l'âme de sa race, ce qui le conduisit peu à peu à des sentiments nationalistes. Il épousa une jeune fille de la petite bourgeoisie de Wolfenbüttel, et alla s'installer à Stuttgart. Il y passa huit ans, et ce fut l'époque la plus heureuse de son existence, celle où il composa sa grande trilogie : *Le Pasteur de la faim* (+), *Abu Telfan ou le Retour de la montagne de la Lune* (*), *Le Schüdderrump* (*). Déjà dans ces œuvres s'annonce sa façon de prendre position devant le monde moderne — dont le caractère foncièrement mauvais contraste avec la « faim d'idéal » qui marque les personnages —, position toujours plus nette et plus intransigeante. Raabe passa les quarante dernières années de sa vie à Brunswick, dans une sorte de retraite, et tout occupé de son travail. Le siècle suivant le tint pour un « réactionnaire », une manière de misanthrope bourru, alors qu'il y avait en lui, à côté d'un humour plein de bonhomie et d'une propension au pathétique — qui rappelle Jean-Paul —, le désir d'atteindre à un absolu. En plus des œuvres déjà mentionnées, citons encore, de Raabe : *La Chancellerie de Notre-Seigneur Dieu* (*) et *Récits* (*).

RÉF. : Siegfried Hajek, *Der Mensch und die Welt im Werk W. Raabes*, Warendorf, 1950. — Anna Krüger, *Der humoristische Roman mit gegansätzlich verschränkter Bauform, Jean Paul, W. Raabe, usw.*, Limbourg, 1952. — H. Pougs, *Wilhelm Raabe, Leben und Werk*, 1958. — G. Lukacs, *Wilhelm Raabe* in *Werke* 7, Neuwied, 1964. — H. Helmers, *Wilhelm Raabe*, Stuttgart, 1978. — J. Sammous, *Wilhelm Raabe. The Fiction of the Alternative Community*, Princeton, 1987.

RABAN MAUR (Magnentius Hrabanus Maurus). Théologien latin d'origine germanique. Né à Mayence vers 780, mort dans cette même ville le 4 février 856. Il fut élevé au monastère de Fulda où il reçut le diaconat en 801. Ses supérieurs l'envoyèrent ensuite à Tours pour y suivre les leçons d'Alcuin, et il devint très vite l'un des disciples préférés de ce maître. Ce fut Alcuin qui le surnomma Maur ou Maurus du nom du disciple de saint Benoît. Il retourna à Fulda au bout de quelques années et en fut nommé abbé en 822. Il se démit de cette fonction en 842 et se retira à Petersberg afin de se consacrer tout entier à l'étude et à la rédaction de ses ouvrages. Il donna quelques œuvres purement pédagogiques telles que : *Excerptio de arte grammatica Prisciani* (essai sur la prosodie) et *De inventione linguarum*, mais ce sont surtout ses nombreux commentaires des Écritures saintes qui lui valurent l'admiration de ses contemporains. Ses ouvrages de discipline ecclésiastique conservent un assez grand intérêt documentaire, surtout *De l'instruction du clergé* (*), encore qu'il se contente pour une bonne part de reprendre la *Doctrine chrétienne* (*) de saint Augustin. Il tenta d'élaborer une sorte d'encyclopédie avec son *De l'univers ou De la nature des choses* (*) et laissa de nombreux poèmes qui ne sont le plus souvent que des plagiats d'Alcuin et dont le plus connu est *Les Louanges de la Sainte Croix* (*). Ses poésies de circonstance nous donnent toutefois de précieux renseignements sur la vie de son époque. L'œuvre de Raban Maur, si elle manque d'originalité, présente l'intérêt d'avoir transmis à ses successeurs le riche patrimoine culturel qu'il avait accumulé au cours de plusieurs décennies de patientes recherches. Raban Maur fut tiré de sa retraite de Petersberg par la volonté de Louis le Germanique qui le nomma archevêque de Mayence. C'est à ce titre qu'il participa à plusieurs conciles dont celui qui condamna la doctrine de Gottschalk (848).

RÉF. : R. Mabillon, *B. Rabani Mauri elogium historicum*, in *Patrologie latine* (s.d.). – Schwarz, *De Rabano Mauro primo germaniae praeceptore*, Heidelberg, 1811. – Kunstmann, *Hrabanus Maurus Magnentius, eine historiche Monographie*, Mainz, 1841. – Spengler, *Leben des Rhabanus Maurus*, Ratisbonne, 1856. – Richter, *Hrabanus Maurus, ein Beitrag zur Gesch, der Pädagogik im Mittelalter*, Maldun, 1882. – Falk, *Der hlg. Rabanus Maurus als Exeget*, 1899. – Turnau, *Rabanus Maurus*, Munich, 1900. – Dreves, *Studien zur Venantius Fortunatus und Rabanus Maurus*, Munich, 1908. – H. Spelsberg, *Hrabanus Maurus. Bibliographie*, Fulda, 1984.

RABAUD Henri. Compositeur français. Né à Paris le 18 novembre 1873, mort à Neuilly-sur-Seine le 11 septembre 1949. Appartenant à une famille de musiciens, il entra à dix-huit ans au Conservatoire de Paris, se présenta en 1894 au concours de Rome et remporta le premier grand prix. Il écrivit alors sa *Deuxième Symphonie* (1898) et un poème symphonique, *La Procession nocturne* (*) (1897), qui obtint un vif succès aux Concerts Colonne et resta longtemps au répertoire. L'année suivante, il composa un oratorio, *Job* (1900). Attiré par le théâtre, il écrivit *La Fille de Roland* (Opéra-Comique, 1904 ; Opéra, 1921), *Le Premier Glaive* (Arènes de Béziers, 1908), *Antoine et Cléopâtre, Le Marchand de Venise.* En 1914 fut créée à l'Opéra-Comique l'œuvre capitale de Henri Rabaud : *Marouf, savetier du Caire* (*). Élu membre de l'Institut en 1918, il écrivit encore *L'Appel de la mer* (Opéra-Comique, 1924) et *Rolande et le mauvais garçon* (Opéra, 1937). On lui doit encore : un *Quatuor à cordes* en sol mineur, un poème symphonique, *Poème virgilien ;* un *Psaume IV* pour soli, chœur et orchestre ; la musique de scène de *Paul et Virginie* pour la pièce de Népoty. Mucisien au style équilibré, parfois entaché d'un certain académisme, Henri Rabaud est un des représentants du classicisme français contemporain.

RÉF. : Landormy, *La Musique française après Debussy*, Paris, 1943.

RABBE Alphonse. Écrivain français né en 1784 à Riez (Alpes-de-Haute-Provence), mort à Paris dans la nuit du 31 décembre 1829 au 1er janvier 1830. Les *Œuvres posthumes* publiées en deux volumes par le « neveu de l'auteur » (Charles Rabbe) comprennent le texte majeur d'Alphonse Rabbe, *L'Album d'un pessimiste* (*). Il retint l'attention de Baudelaire, de Breton (Alphonse Rabbe étant tenu pour « surréaliste dans la mort », en 1924), de Bousquet. Mais Alphonse Rabbe avait eu une grande activité de journaliste, politique et littéraire, et de polygraphe, qu'évoque Victor Hugo dans l'ode qu'il dédie au « Sévère historien dans l'ombre endormi ! ». Rabbe publia ainsi un *Résumé de l'histoire d'Espagne* (1823), un *Résumé de l'histoire de Russie* (1825), une *Histoire d'Alexandre Ier* (1826), une *Géographie de l'empire de Russie* (1828)... De 1827 à 1830, il dirigea la précieuse *Biographie universelle et portative des contemporains* pour laquelle il rédigea les notices sur Benjamin Constant et David.

Sa vie constitue à ses yeux une suite de déceptions : il se voulut peintre, musicien, acteur. Il fut marqué par ses échecs politiques, n'étant pas récompensé de ses prises de position royalistes. Son activité de journaliste lui valut des poursuites, une arrestation : « Il pouvait manquer de modération ou de convenance, et non de nerf ou de concision » (notice de la *Biographie universelle...*). Mais plus graves furent les suites de la syphilis qu'il aurait contractée en Espagne (avec les armées impériales en 1808-1809) : à Aix (où il fut inscrit au barreau) il passait pour un double d'Antinoüs ; la maladie détruisit sa beauté au point de lui imposer de vivre à l'écart ses cinq dernières années, avec l'opium pour toute aide. Aussi lorsque dans un livre de désespoir radical il justifie le droit au suicide, il parle d'une préoccupation qui lui fut constante.

Ce qui a été dit pour justifier le bonheur d'être mort, de Sénèque à Rousseau, a été retenu par Alphonse Rabbe, qui dessine, par citations, un autoportrait spirituel. Son livre est une méditation sur ce qui est nommé la « mort philosophique », et l'élaboration d'un art de mourir. La réflexion peut dissoudre nos craintes : « Ce n'est point la réalité des choses, c'est le fantôme de l'opinion qui trouble les hommes. » Le style de Rabbe faisait l'admiration de Baudelaire : « Je viens de verser des larmes, il y a longtemps que cela ne m'était pas arrivé ; car le plus souvent je m'arme de férocité contre moi-même, et j'imagine une sorte d'affreuse joie à briser ma poitrine et à me déchirer de mes propres mains. » De Rabbe nous ne possédons aucun portrait ; le manuscrit où il fait la démonstration que l'esprit peut affronter la mort a disparu.

JEAN ROUDAUT.

RÉF. : Lucienne de Wieclawik, *Alphonse Rabbe dans la mêlée politique et littéraire de la Restauration*, Paris, 1963.

RABEARIVELO Jean-Joseph. Écrivain malgache. Né à Tananarive le 4 mars 1903 (ou 1901 ?), mort dans cette ville le 22 juin 1937. Descendant par sa mère d'une lignée aristocratique, mais né hors mariage (à une date qu'il a volontairement embrouillée) ; très attaché à la tradition malgache, mais fasciné par la culture littéraire européenne, piégé par la situation coloniale qui l'enferme dans une situation subalterne de correcteur d'imprimerie, « latin parmi les mélaniens », il a choisi de rester partagé entre ses identités problématiques. Son projet, patiemment construit, vise à développer la littérature malgache aussi bien dans sa langue maternelle, le malgache, que dans sa langue adoptive, le français. Dans une série d'articles de presse, il trace le programme d'une rénovation de la littérature malgache par le recours à la traduction et à l'imitation des littératures européennes (il donne l'exemple en transposant en malgache de nombreux poèmes français et en préparant un volume de traductions de poèmes de Paul Valéry). Réciproquement, il publie dans les revues littéraires de Tananarive des traductions en français de poèmes malgaches, traditionnels ou modernes. Guidé par le poète Pierre Camo (magistrat en poste à Tananarive), il publie en français des recueils de poèmes élégiaques et morbides : *La Coupe de cendres* (1924), *Sylves* (1927), *Volumes* (1928). Il s'essaie au roman en retraçant les dernières années de la monarchie malgache indépendante : *L'Aube rouge* (1925, inédite), *L'Interférence* (1928, publiée seulement en 1988). Il porte sur la scène une antique légende, *Imaitsoanala, fille d'oiseau* (1935). Il donne enfin, avec *Presque-Songes* (*) (1934) et *Traduit de la nuit* (*) (1935), un double et étonnant chef-d'œuvre de poésie bilingue, jouant sur le transfert en français des très anciens ressorts de la poésie malgache traditionnelle du « hain teny ». Mais, confronté à d'insurmontables difficultés de tous ordres, il se donne la mort, en composant son suicide comme un dernier poème. La colonie, pour lui rendre hommage, publie ses *Vieilles chansons des pays d'Imerina,* traduction française de « hain teny » authentiques. Il laissait de nombreux inédits, et particulièrement les 1 833 pages du journal intime régulièrement tenu depuis 1933, remarquable témoignage (malheureusement encore inédit) sur l'aventure intérieure d'un intellectuel colonisé au plus fort de la période coloniale.

JEAN-LOUIS JOUBERT.

RÉF. : Robert Boudry : *Jean-Joseph Rabearivelo et la mort,* Paris, 1958.

RABELAIS François. Humaniste et romancier français. Né dans le Chinonais en 1483 (?), mort à Paris en mars 1553. La date de naissance de Rabelais est incertaine. Sur la foi d'une copie du XVIIIe siècle d'un épitaphier mentionnant sa mort à Paris le 9 avril 1553, à 70 ans, on retient la date de 1483 (mais des documents concernant sa succession, nouvellement mis en lumière, attestent que son décès ne saurait être postérieur au 14 mars). D'aucuns ont retardé cette date jusqu'en 1494. La tradition le fait naître à la Devinière, propriété de son père qui était avocat à Chinon, région dont il transposera la toponymie dans ses romans.

Aucun document ne permet de savoir ce qu'il en fut de son adolescence. On a supposé des études de droit, ses ouvrages attestant la parfaite connaissance qu'il en avait. En 1510, il aurait été novice au couvent de la Baumette, près d'Angers. Le premier document sur lequel on puisse se fonder est la lettre que, frère mineur franciscain à Fontenay-le-Comte en Vendée, il écrit en 1521 à l'humaniste Guillaume Budé à qui il envoie des vers grecs de sa composition. Il fréquente alors un cercle de juristes animé par Amaury Bouchard et Tiraqueau et suit de près la querelle qui oppose ces derniers sur la question des femmes et du mariage ; Bouchard publie en réponse à l'ouvrage *De legibus connubialibus,* de Tiraqueau, paru en 1513, une apologie du sexe féminin où il précise que Rabelais écrit une traduction partielle de l'*Histoire* (*) d'Hérodote. Inquiété dans ses lectures grecques par ses supérieurs, Rabelais en 1524 rejoint l'ordre des bénédictins à Maillezais et devient secrétaire de l'évêque Geoffroy d'Estissac. Il fréquente le cercle du poète Jean Bouchet qui le tient pour un homme de « grans lettres grecques et latines » et à qui il envoie une épître en vers, son premier écrit connu en français. Vers 1530, il quitte l'ordre des bénédictins pour l'habit de prêtre séculier et embrasse une carrière médicale. Étudiant à la faculté de médecine de Montpellier, il est bachelier le 1er décembre 1530 ; il professe en 1531 un cours sur les *Aphorismes* (*) d'Hippocrate et sur l'*Art* (*) de Galien qu'il commente à partir de manuscrits grecs, prise de parti pour une médecine humaniste qui revient aux sources grecques souvent défigurées par la médecine arabe. De 1532 à 1535, il exerce à l'Hôtel-Dieu de Lyon.

Il se fait alors éditeur de textes savants selon les principes de la philologie humaniste : restitution de textes antiques soumis à l'examen critique. En 1532, il édite en latin les *Lettres médicinales* de Manardi, les *Aphorismes* d'Hippocrate à partir d'un manuscrit grec pour restaurer l'« antique et authentique médecine », le *Testament de Cuspidius* (texte apocryphe) pour faire connaître comment les Anciens rédigeaient leurs testaments. Dans un genre très différent, c'est vraisemblablement un travail d'édition qui l'amène à s'intéresser de près aux *Grandes et inestimables Cronicques : du grant et enorme geant Gargantua* pour lesquelles il rédige une table des matières mettant en valeur un certain nombre d'éléments utilisés par la suite dans son propre *Gargantua* (*), comme les cloches de Notre-Dame, la grande jument ou la dent creuse de Gargantua.

Vers 1531-32, il publie chez l'éditeur Claude Nourry, sous le pseudonyme d'Alcofribas Nasier, *Les horribles et espoventables faictz et prouesses du tresrenomme Pantagruel Roy des Dipsodes/filz du grand geant Gargantua.* Pantagruel, nom emprunté par Rabelais à un petit diable de mystères, génie marin, dominateur des altérés, devient ainsi l'élément fondateur de la geste. Et si, en 1535, Rabelais adjoint un *Gargantua,* histoire du père de Pantagruel, appelé à devenir le livre premier, c'est toujours par rapport à Pantagruel que les livres suivants seront publiés, puisque la geste à partir du *Tiers Livre* prendra le nom de *Faicts et dicts heroïques du bon Pantagruel* (voir *Gargantua*). Le *Pantagruel* suit la trame traditionnelle des romans de chevalerie : enfance, apprentissage, hauts faits du héros. Y apparaît un des personnages centraux de l'œuvre : Panurge. En 1533, la *Pantagrueline prognostication,* pastiche des opuscules de prophéties, prend place dans les réflexions évangéliques contemporaines sur le libre arbitre et dans la lutte de la royauté française contre Charles Quint. Rabelais s'essayera à d'autres reprises à cette littérature d'almanach.

Pendant l'hiver 1533-34, Rabelais accompagne le cardinal Jean du Bellay à Rome. Il s'y occupe de botanique et de topographie et, à défaut de publier sa propre topographie de Rome, il édite en 1534 celle de Marliani. En février 1535, il quitte précipitamment l'Hôtel-Dieu de Lyon, laissant vraisemblablement sous les presses de François Juste le *Gargantua* dont il n'a corrigé que les premiers cahiers. Le seul exemplaire connu de la première édition de ce texte étant dépourvu de page de titre, la critique débat pour une publication en 1534 ou 1535. Elle paraît dans un contexte politique troublé, puisque, dans la nuit du 17 octobre 1534, des pamphlets contre la messe ont été placardés jusque dans la chambre du roi, initiative suivie d'une violente répression. Le *Gargantua* réitère la trame de roman de chevalerie du *Pantagruel,* en y ajoutant l'épisode, fréquent dans les gestes, de la fondation d'une abbaye, ici celle de Thélème, avec sa fameuse devise : « Fay ce que vouldras ». Rabelais introduit dans cet ouvrage la figure haute en couleur de frère Jean des Entommeures, moine d'action qui sauve le clos de Seuillé contre les ennemis. Partant dans la guerre pichrocholine d'un conflit qui avait opposé son père à son voisin Gaucher de Sainte-Marthe, Rabelais suit au plus près l'actualité : les variantes d'une édition à l'autre en 1535 montrent que, derrière la folie de conquêtes de Pichrochole, il a tenu à faire une satire de Charles Quint.

Lors de son séjour à Rome d'août 1535 à mai 1536 (dont on a conservé les lettres qu'il fait parvenir à son protecteur D'Estissac), il est absous par Clément VII de son crime d'apostasie et est autorisé par Paul III à pratiquer la médecine et à reprendre l'habit de bénédictin dans le monastère de Saint-Maur-des-Fossés. En 1537, il obtient à Montpellier les titres de licencié et de docteur en médecine. En 1538, il assiste à la rencontre d'Aigues-Mortes entre François Ier et Charles Quint. À partir de 1540, il est au service de Guillaume du Bellay, frère du cardinal. Il fera plusieurs séjours en Piémont avant la mort de son protecteur en janvier 1543.

Si *Pantagruel* et *Gargantua* sont inscrits en 1543 et 1544 sur la liste des livres à censurer établie par la Sorbonne, cela n'empêche pas Rabelais d'obtenir un privilège royal en septembre 1545 pour la suite de son roman et le remaniement des premiers volumes. En 1546, à Paris, sous son nom, avec son titre de docteur en médecine, il publie le *Tiers Livre* (voir *Gargantua*), enquête sur le mariage éventuel de Panurge, encadrée par les éloges paradoxaux des dettes et du pantagruélion, prise de parti dans la querelle des femmes où, sous la forme du dialogue lucianiste, Rabelais mêle comédie et dialogue.

Après la condamnation du *Tiers Livre* par la Sorbonne, Rabelais, de 1546 à 1547, est à Metz, terre d'empire ; nommé conseiller de la ville, il est vraisemblablement chargé d'une mission diplomatique auprès des princes protestants. De septembre 1547 à septembre 1549, il fait un autre séjour à Rome où il compose la *Sciomachie,* description des fêtes données à l'occasion de la naissance de Louis d'Orléans. C'est lors de ce séjour que paraît à Lyon en 1548 la première version du *Quart Livre :* onze chapitres, abruptement terminés et notablement modifiés et amplifiés en 1552.

En 1550, il obtient un nouveau privilège de dix ans pour l'impression de ses œuvres et fait paraître en 1552 à Paris, chez Michel Fezandat, en même temps qu'un *Tiers Livre* « reveu, et corrigé par l'autheur, sus la censure antique », un *Quart Livre* qui, le 1er mars 1552, est interdit de vente pour quinze jours par le Parlement. Le *Quart Livre,* récit initiatique, est une charge contre la papauté, en accord avec la politique royale contemporaine. Il se présente sous la forme d'un récit de voyage qui mêle les données actuelles nouvelles et les récits traditionnels, parodie les épopées antiques et tire profit de l'anonyme *Disciple de Pantagruel.* Les héros, sous le prétexte d'avoir le mot de la Bouteille sur le problème de Panurge, mais en fait mus par le « studieux desir de veoir, apprendre, congnoistre », sont embarqués dans un voyage mythique qui aborde les problèmes de la connaissance du monde et de soi. C'est le dernier ouvrage paru du vivant de Rabelais qui, au début de 1553, résigne ses cures de Saint-Christophe-du-Jambet et de Meudon.

Le prétendu cinquième livre paraît posthume. En 1562, l'*Isle Sonante* fournit seize chapitres qui sont repris, à part celui des Apedeftes, en 1564 dans l'édition du *Cinquiesme Livre* où les héros arrivent à l'oracle de la Dive Bouteille à Chinon, « première ville du monde », où les attend une cérémonie initiatique au cours de laquelle ils auront le mot de la Bouteille : « trinch ». L'authenticité de cet ouvrage, dont on possède un manuscrit non autographe, controversée dès le XVIe siècle, a donné lieu à une abondante littérature critique. L'examen des trois états connus laisse entendre que l'on est en présence de lectures parallèles de manuscrits originaux, difficiles à lire et hétérogènes, composés de notes de lecture, de la première version du prologue du *Tiers Livre,* d'une suite du *Quart Livre* de 1548 et d'une navigation qui devait suivre immédiatement le *Tiers Livre.* Les éditeurs ont voulu faire passer pour un cinquième livre ces brouillons qui ne constituent absolument pas le *Quint Livre* auquel Rabelais aurait pu songer s'il avait voulu donner une suite à sa navigation du *Quart Livre* qui est peut-être bel et bien achevée par l'alliance des mots hébraïque et français « sela, beuvons ».

Si Rabelais est surtout resté l'auteur du *Pantagruel* et du *Gargantua,* on ne doit pas oublier que ces ouvrages ne représentent que le tiers de la geste pantagruéline et qu'ils ne prennent tout leur sens que par rapport à l'ensemble de l'œuvre. Rabelais n'a cessé d'affiner ses techniques narratives, ses personnages, ses messages à ses lecteurs.

L'univers romanesque rabelaisien offre un système de références unique dans la littérature, mêlant fiction et réalité dans des dimensions spatiales et temporelles hors de toute norme. Ses trois géants, Grandgousier, Gargantua, Pantagruel, sont les derniers rejetons d'une lignée qui compte géants bibliques, géants mythologiques, géants des romans de chevalerie, géants de pure fiction. Pantagruel, le petit diable qui, dans le mystère médiéval, assoiffe les hommes en leur jetant du sel dans la bouche, devient un géant par antiphrase, alors que, selon les folkloristes qui recueillent les légendes orales, le nom de Gargantua (du celtique « gar » = pierre) semble associé à certains cultes celtiques et aurait pu désigner le géant gardien de la pierre, et au dieu Gargant qui effraie par sa force, son appétit et ses exploits urinaires. Les géants conservent dans la geste rabelaisienne quelques traits de leur origine : pouvoir d'altération, motif de l'avalage, généreux compissages. Mais, au fil du roman, ils s'humanisent, et l'auteur est obligé à intervalles réguliers de rappeler par quelque élément de contraste la taille de ses héros. L'inquiétant Pantagruel du *Pantagruel* est devenu l'« idée et exemplaire de toute joyeuse perfection » dans le *Tiers Livre.*

Plus en fait qu'un monde merveilleux, créé par ces figures extraordinaires et qui renverrait à un fonds populaire, apparaît en filigrane le monde contemporain. Derrière les guerres picrocholines, la région chinonaise et la politique de Charles Quint ; derrière la cour des Papimanes, celle de Jules III ; derrière le *Tiers Livre,* la querelle des femmes. Les érudits ne cessent de mettre au jour de nouveaux éléments qui montrent comment Rabelais fait de son œuvre le miroir des réalités contemporaines et même parfois une œuvre de propagande politique.

C'est aussi toute la culture humaniste qui sous-tend le jeu incessant des allégations d'autorités antiques, des exemples anciens ou contemporains qui donnent une épaisseur temporelle exceptionnelle. Rabelais établit un dialogue incessant avec les Anciens, le Plutarque de la *Cessation des oracles* par exemple dans le *Quart Livre,* et avec les humanistes contemporains. Ainsi le prologue du *Gargantua* est une réécriture du mythe des Silènes d'Alcibiade développé par Érasme dans ses *Adages* (*), donné en clair par Rabelais comme une réflexion sur les apparences et la connaissance ; mais cet adage était aussi pour Érasme matière à réflexion sur le sens immédiat et sur le sens caché des Écritures et des œuvres littéraires, que Rabelais n'évoque alors que par allusion et que seul le recours au texte érasmien permet de restituer. Rabelais se plaît ainsi à la suggestion. Son *Quart Livre* s'achève, comme l'*Éloge de la folie* (*) d'Érasme, sur l'invitation à boire. Derrière les créations rabelaisiennes, il y a également tout un réseau d'allusions littéraires ; ainsi avec Panurge vivent Ulysse, le Cingar du *Baldus* (*) de Folengo ou Till l'Espiègle.

Face au monde renaissant, il y a chez Rabelais une volonté de dire le monde dans sa variété, d'amasser les mots de toutes les langues, de tous les dialectes, d'établir des listes de noms de plantes, d'animaux venimeux, des inventions de l'homme, un souci de l'abondance qui se veut aussi prise de possession du monde dans son ensemble, d'un monde où le microcosme, l'homme pour Rabelais, est à l'image du macrocosme. Rabelais a voulu un roman cosmique.

Dans cet univers si particulier éclate le rire rabelaisien, symbole de la dignité de l'homme, depuis Aristote qui disait déjà que le rire est le propre de l'homme. Toute l'œuvre de Rabelais condamne les « agélastes », ceux qui ne savent pas rire. Le rire rabelaisien, que l'on a qualifié de carnavalesque, est fondé sur de grosses plaisanteries monacales, sur des jeux de mots, contrepèteries ou autres, souvent salaces. Mais on ne saurait négliger la vertu curative du rire, mise en avant dans le *Quart Livre,* et surtout sa vertu pédagogique reconnue par les Anciens. La verve comique est aussi attitude d'humaniste ; elle permet, comme le dit Érasme, de faire entrer plus facilement la vérité dans l'esprit.

Le roman de Rabelais peut être lu comme une éthique sans cesse affinée, comme le montrent bien la mention dans tous ses ouvrages du pantagruélisme et les définitions qu'il en donne : « estre bons pantagruelistes (c'est-à-dire vivre en paix, joye, santé, faisant toujours grande chere) » (*Pantagruel*) ; « en pantagruelisans, c'est-à-dire beuvans a gré et lisans les gestes horrificques de Pantagruel » (*Gargantua*) ; « une forme specifique et proprieté individuele laquelle nos majeurs nommoient Pantagruelisme, moyenant laquelle jamais en mauvaise part ne prendront choses quelconques ilz congnoistront sourdre de bon, franc et loyal couraige » (*Tiers Livre*) ; « moyennant un peu de pantagruelisme (vous entendez que c'est certaine gayeté d'esprit conficte en mespris des choses fortuites) » (*Quart Livre*).

Une des valeurs clés du pantagruélisme de Rabelais, dans le sillage d'Érasme, est le rejet de la philautie (« amour de soi »), de l'attachement à sa propre doctrine qu'il stigmatise déjà dans sa dédicace de l'ouvrage de Marliani et qu'il reprend dans le *Tiers Livre.* De nombreux épisodes sont des variations sur ce thème. Philautes, Pichrochole ou les insulaires du *Quart Livre,* Panurge et son dogmatisme, sa sophistique, son arrogance, alors que la création de Thélème peut se lire comme une utopie antiphilautique. Selon Pantagruel, en s'oubliant soi-même, en se détachant de toute affection terrienne, l'esprit peut être apte à recevoir le bénéfice de la divination et à entrer en contact avec la divinité. Le remède contre la philautie, c'est la folie aux yeux du monde, prônée par Pantagruel à la suite de saint Paul, et la connaissance de soi, premier trait de philosophie pour Rabelais. Chacun est ainsi invité à suivre son sentiment sans offenser autrui, leçon paulinienne.

Lui est liée une autre notion (paradoxale dans ce monde de géants) : la médiocrité (au sens de « juste milieu ») qui parcourt toute l'œuvre. Son absence de « médiocrité » conduit à la mort le marchand avec ses moutons. Comme le dit en clair Rabelais : « Soubhaitez doncques médiocrité ; elle vous adviendra ; et encores mieulx, deuement cependant labourans et travaillans. » Dans toutes ses œuvres, l'homme doit se faire coopérateur avec Dieu. Cette morale de l'effort et la confiance en la grâce de Dieu s'opposent à la doctrine de la prédestination de Calvin, que condamne Rabelais, et à l'athéisme que le positivisme du début du siècle, effarouché par les plaisanteries sur la religion, pourtant de tradition monacale, a voulu voir en Rabelais.

Par-delà cette quête de soi-même, cette propédeutique de la connaissance symbolisée par le voyage du *Quart Livre,* l'œuvre de Rabelais est aussi une dénonciation violente de tous les vices sociaux, une satire des conformismes : critique des moines, des pèlerinages, de la confession, des cultes des saints à la suite d'Érasme ; critique des vices de la papauté dans l'épisode des Papimanes ou de l'île Sonante ; critique des sorbonnards, des sophistes ; de la justice. Elle est aussi traité pratique de pédagogie, véritable institution du prince, utopie sociale avec l'harmonie des thélémistes.

L'œuvre de Rabelais est également une invite permanente à déchiffrer les signes. Dès le prologue du *Gargantua* qui, dans la nouvelle économie de l'œuvre, est devenu le texte inaugural de la geste et qui a fait couler beaucoup d'encre parmi les rabelaisants, Rabelais invite à une réflexion sur l'interprétation et il multipliera les textes à double entente : énigme en forme de prophétie, dispute de Thaumaste et Panurge, paroles gelées. En fait la lecture allégorique d'un texte, pour médiévale qu'elle est, est aussi attitude d'humaniste, et là encore il faut faire preuve de « médiocrité ». Selon Érasme : « Également impies sont ceux qui écartent des Écritures les types ou les allégories et ceux qui, recherchant l'allégorie, rejettent le sens historique là où aucune nécessité n'y oblige. Il faut dans ce domaine garder une sobre moyenne. »

Le recours à la lecture allégorique se fait pour Érasme à la suite de l'apôtre Paul qui, après le Christ, a ouvert certaines sources d'allégorie et qui tient à une occultation du message et à un message sélectif. Cette façon de procéder pose les modalités du codage dans l'œuvre : anecdotes à lire comme paraboles, structuration des livres en inclusion concentrique où se détermine au cœur de l'œuvre le noyau signifiant.

Le texte de Rabelais participe aussi à la réflexion contemporaine sur les genres : pièces poétiques, épopée, jeux sur histoire et chronique, sur les niveaux de langue, sur les vices du langage, les innovations décriées par les premiers traités théoriques sur le français.

L'œuvre de Rabelais est aussi une variation sur le langage où verbe créateur et paroles des hommes se répondent. Rabelais réfléchit sur les rapports entre les mots et les choses : pure convention ou signifiant à plus haut sens. L'œuvre est ainsi fortement marquée par les recherches contemporaines sur la forme des mots en un moment où le français est à codifier. Rabelais a entrepris avec son système de la « censure antique » une restitution du français en le dotant d'une orthographe qui puisse manifester son origine et les corruptions qu'il a subies et en essayant de le restaurer dans son intégrité. Tel Érasme qui, dans la prononciation contemporaine des langues anciennes, recherche les vestiges de la prononciation antique, Rabelais n'a pas hésité à mettre à contribution toutes les langues et tous les dialectes, abondamment représentés dans son œuvre. Il a tout au long de son œuvre effectué un travail très complexe sur la forme qui devient significative de prises de position humanistes.

MIREILLE HUCHON.

♦ *« Tous les sçavans hommes de France n'ont point méprisé leur vulgaire. Celuy qui fait renaistre Aristophane et feint si bien le nez de Lucian en porte bon tesmoignage. »* Du Bellay. ♦ *« Il n'y a celuy de nous qui ne sçache combien le docte Rabelais en folastrant sagement sur son Gargantua et Pantagruel gaigna de grace parmy le peuple. »* Pasquier. ♦ *« Rabelais, facetieux, mordant, utile-doux, raillard, second Épicure, gausseur ou gaudisseur, lucian françois, docte gabeur, ventre epicurien, plaisant, moqueur, pantagruelite ».* M. de La Porte. ♦ *« Son livre est une énigme, quoi qu'on veuille dire, inexplicable, c'est une chimère, c'est le visage d'une belle femme avec des pieds et une queue de serpent ou de quelque autre bête plus difforme ; c'est un monstrueux assemblage d'une morale fine et ingénieuse et d'une sale corruption. Où il est mauvais, il passe bien loin au-delà du pire, c'est le charme de la canaille ; où il est bon, il va jusques à l'exquis et à l'excellent, il peut être le mets des plus délicats. »* La Bruyère. ♦ *« C'est un philosophe ivre qui n'a écrit que dans le temps de son ivresse. »* Voltaire. ♦ *« Ô divin maître, vous êtes un atroce cochon !* » George Sand. ♦ « *Montaigne eût dit : que sais-je ? et Rabelais : peut-être.* » Hugo. ♦ « *Ce Michel-Ange de l'ordure.* » Barbey d'Aurevilly. ♦ « *Un rire des dieux, suprême, inextinguible...* » Claudel.

RÉF. : Jean Plattard, *L'Invention et la composition dans l'œuvre de Rabelais,* Paris, 1909. – Lucien Febvre, *Le Problème de l'incroyance au XVIe siècle. La religion de Rabelais,* Paris, 1942. – M.A. Screech, *L'Évangélisme de Rabelais,* Genève, 1959 ; *Rabelais,* Londres, 1979. – Marcel de Grève, *L'Interprétation de Rabelais au XVIe siècle,* Genève, 1961. – Alfred Glauser, *Rabelais créateur,* Paris, 1966. – Mikhaïl Bakhtine, *L'Œuvre de Rabelais,* Paris, 1970. – Gérard Defaux, *Pantagruel et les sophistes,* La Haye, 1973. – François Rigolot, *Les Langages de Rabelais,* Genève, 1976. – Roland Antonioli, *Rabelais et la médecine,* Genève, 1976. – Mireille Huchon, *Rabelais grammairien,* Paris, 1981. – V.-L. Saulnier, *Rabelais dans son enquête,* t. I, Paris, 1983 ; t. II, Paris, 1982. – Claude Gaignebet, *« A plus haut sens ». L'ésotérisme spirituel et charnel de Rabelais,* Paris, 1986. – Daniel Ménager, *Rabelais en toutes lettres,* Paris, 1986. – Guy Demerson, *François Rabelais,* Paris, 1991. – Edwin M. Duval, *The Design of Rabelais's Pantagruel,* Yale, 1991. – *Études rabelaisiennes,* Genève, t. I, 1956, à XXVIII, 1992.

RABEMANANJARA Jacques. Écrivain et homme politique malgache. Né à Mangabe (Maroantsetra, au fond de la baie d'Antongil, sur la côte est de Madagascar), le 23 juin 1913. Initié par son grand-père maternel aux traditions des ancêtres betsimisaraka, il étudie au séminaire, puis entre dans l'administration. Fondateur de *La Revue des jeunes de Madagascar,* il apparaît comme l'héritier littéraire de Rabearivelo. En 1939, la guerre l'oblige à rester à Paris où il était étudiant à la Sorbonne : pendant l'Occupation, il travaillera au service des prisonniers de guerre coloniaux. À la Libération, il est associé aux démarches politiques visant à aménager les relations entre la France et Madagascar. Secrétaire du Mouvement démocratique pour la rénovation malgache, il est élu député de Madagascar en 1946. Après le déclenchement de l'insurrection malgache du 29 mars 1947, il est arrêté et traduit en justice avec les autres députés malgaches. Condamné aux travaux forcés, il est détenu à Madagascar, puis à Marseille, avant d'être amnistié en 1956. En 1942, il avait publié les poèmes *Sur les marches du soir* et, en 1947, une tragédie en alexandrins, *Les Dieux malgaches*. Les épreuves de l'arrestation et de la prison font naître en lui de superbes chants de douleur et de révolte : *Antsa* (*) (1947), *Lamba* (*) publié en 1956, *Antidote* (1961). Le recueil des *Rites millénaires* (1955) témoigne de l'influence exercée sur le poète malgache par sa découverte du romantisme allemand. Astreint en 1956 à la résidence surveillée en France, il travaille à la direction de la revue *Présence africaine.* Rassemblant dans *Témoignage malgache et colonialisme* (1956) et dans *Nationalisme et problèmes malgaches* (1958) divers textes de circonstance, il s'essaie au théâtre : *Les Boutriers de l'aurore* (1957), *Agapes des dieux* (1962). L'accession de Madagascar à l'indépendance en 1960 lui permet de rentrer dans la Grande Île, où il est élu député et est bientôt nommé ministre, puis vice-président de la République. La Révolution de 1972 le contraint à nouveau à l'exil en France. Il reprend sa collaboration avec les éditions Présence africaine. Après *Les Ordalies* (1972), curieux recueil de sonnets, il lance contre le nouveau pouvoir malgache le pamphlet poétique de *Thrènes d'avant l'aurore* (1985) et rassemble dans *Rien qu'encens et filigrane* (1987) ses belles méditations poétiques sur le thème des anciens rites. L'Académie française lui a décerné en 1988 le grand prix de la francophonie.

JEAN-LOUIS JOUBERT.

RABON Isroel. Romancier et poète yiddish. Né en 1900 à Radom (Pologne), mort en 1942 dans le camp d'extermination de Ponary. Rabon est une des personnalités les plus fortes et les plus originales de l'avant-garde littéraire de Lodz où il dirigea une revue, *Oïsies* [*Lettres*], publia des recueils de poèmes expressionnistes d'une grande intensité émotionnelle et d'une rare violence métaphorique : *Derrière la clôture du monde* [*Untern ploït fun der velt,* 1928], *Printemps gris* [*Groer friling,* 1933], *Poèmes* [*Lider,* 1937] ; des nouvelles et des romans parus en feuilletons : *Derrière un rideau* [*Hinter a forhang,* 1930], *La Seconde Vie de Dovid Verdiger* [*Dos tzveïte lebn fun Dovid Verdiger,* 1936], *Le Cas Rizenberg* [*Der fal Rizenberg,* 1937]. Ses deux œuvres les plus marquantes sont *La Rue* (*) (1928) et le premier volume du roman inachevé *Baluty* (1934). Romancier de la ville et de l'aliénation, il mêle une écriture blanche et minimaliste à une technique expressionniste de l'onirisme et de la folie.

Quand éclate la Seconde Guerre mondiale, il fuit vers l'Est, est arrêté à Vilno et assassiné par les Nazis.

RACHEL ERTEL.

RACAN Honorat de Bueil, seigneur de. Poète français. Né au château de Champmarin (aujourd'hui Aubigné-Racan) dans le Maine angevin, le 5 février 1589 ; mort à Paris, le 21 janvier 1670. Racan appartenait à une ancienne et illustre famille, celle de Bueil. Son enfance se déroule dans le cadre charmant des vallons du Maine, mais des deuils successifs font de lui, dès l'âge de treize ans, un orphelin. Recueilli par son cousin, le comte de Bellegarde, Racan fait ses débuts à la Cour comme page de la chambre du roi Henri IV. En 1605, le jeune garçon — il n'a que seize ans — est présenté à Malherbe. Jusqu'à la mort du maître, Racan vivra dans son ombre. Il écrira : « Je respectais toujours M. de Malherbe comme mon père, et M. de Malherbe vivait avec moi comme avec un fils » ; Malherbe de son côté affirmera que Racan était avec

Maynard son meilleur disciple. Cette amitié véritable entre ce vieillard et cet adolescent nous vaudra les très précieux *Mémoires sur la vie de Malherbe* (*) et la belle rigueur qui servira de digue aux facilités du poète des *Psaumes.* Pour Racan, la carrière militaire, qui suit tout naturellement celle de page, commence en 1608, mais ce n'est qu'en 1621 qu'il connaîtra le baptême du feu, au siège de Saint-Jean-d'Angély. Jeune officier, Racan tombe amoureux d'une coquette, Catherine Chabot, qui épouse le marquis de Termes, frère de Bellegarde, le protecteur du poète. Cet amour fidèle que la belle ne récompensera jamais s'étirera pendant de longues années jusqu'à ce que Racan ait enfin la sagesse d'y renoncer. Désormais c'est pour Catherine, qu'il appelle Arthénice, que le poète écrit des vers et en premier la pastorale dramatique de trois mille vers qui lui est dédiée, *Les Bergeries* (*), d'abord appelée *Arthénice,* où l'on trouve une fraîche et passionnée peinture de l'amour alliée à une évocation harmonieuse de l'Âge d'or. *Les Bergeries* furent un très grand succès ; représentées à l'Hôtel de Bourgogne en 1619, jouées à la Cour en 1624 ou 1625 — le rôle principal en était tenu par Henriette de France, la future reine d'Angleterre —, imprimées en 1625 et réimprimées onze fois en dix ans, elles firent la gloire du poète.

Après ses campagnes, Racan s'installe au château de La Roche-Racan, en Touraine et ne vient que quelques mois par an à Paris ; ayant renoncé à la trop lointaine Arthénice, il s'y marie (1628) et y a de nombreux enfants. En 1634, c'est là qu'il reçoit la nouvelle de son élection à l'Académie aux travaux de laquelle il se montre fort assidu, y prononçant un discours *Contre les sciences,* qui préfigure le *Discours sur les sciences et les arts* (*) de J.-J. Rousseau. Racan y raille le pédantisme des docteurs qui prétendent constituer une « rhétorique des choses les plus communes » et réduire « en art le pleurer et le rire ». Il prophétise la venue d'un temps sinistre où « l'on ne pourra plus rire à propos, à leur gré, que par règles et figures ». Depuis son adolescence, Racan avait cultivé la poésie religieuse ; dans sa retraite campagnarde, il se remet à l'œuvre, encouragé par un sien voisin, l'abbé du monastère cistercien de La Clarté-Dieu, et compose une traduction en vers des *Psaumes* qui sera publiée dans les *Odes sacrées* de 1651 et dans les *Dernières œuvres et poésies chrestiennes de Messire Honorat de Bueil, Chevalier seigneur de Racan* (1660), recueils qui avaient été précédés par les *Sept psaumes de la pénitence* (1627). Outre la beauté de la langue, la rigueur de la versification, ces traductions tiennent leur originalité de la prise de position de Racan qui entend « expliquer les matières et les pensées de David par les choses les plus connues et les plus familières du siècle et du pays où nous sommes » et les « accommoder le plus qu'il pourra au temps présent ». Faisant de brefs séjours à Paris où il fréquente les beaux esprits, Chapelain, Conrart, Ménage, etc., avec qui il reste en correspondance lorsqu'il a regagné ses terres, et où il règle ses affaires fort embrouillées — Racan fut, toute sa vie, accablé de procès —, il s'occupe fort continûment de ses domaines et consacre ses loisirs à la poésie. Très exigeant — à l'exemple de son maître Malherbe —, Racan pensa brûler ses vers et il ne les publia qu'avec circonspection et parfois fort longtemps après les avoir écrits. Il mourut à Paris. Ses restes furent inhumés dans la crypte de l'église de Neuvy-le-Roi auprès de ceux de ses ancêtres. Le jeune La Fontaine fut influencé par ce poète dont il admirait l'aisance, et la limpidité syntaxique et lexicale.

♦ « *Racan avait plus de génie que* [Malherbe], *mais il est plus négligé et songe trop à le copier. Il excelle surtout à mon avis à dire les petites choses ; et c'est en quoi il ressemble mieux aux anciens, que j'admire surtout par cet endroit.* » Boileau.

RÉF. : L. Arnould, *Racan,* 1896. — Valéry Larbaud, *Notes sur Racan,* 1925.

RACHID AL-DÎN FAZLOLLÂH. Homme d'État et historien persan. Né à Hamadan vers 1247, exécuté à Tabriz le 18 juillet 1318. Fils d'un apothicaire juif, il se convertit à l'islam à l'âge de trente ans. Il entre alors comme médecin au service du souverain mongol ilkhanide Abaqa-Khân (1265-1281). Étant donné ses talents d'homme d'État, il devient en 1298 l'auxiliaire de Sadr al-Dîn Zanjani, vizir du petit-fils d'Abaqa, Ghazân (1295-1304). Sadr al-Dîn est exécuté peu après, mais Rachid al-Dîn reste l'associé de son successeur, Sa'd al-Dîn Savaji. Il accompagne Ghazân dans une expédition (1302-1303) contre les Mamelouks en Syrie. C'est grâce à son influence que Ghazân entreprend des réformes fiscales pour protéger la population sédentaire de la rapacité de l'aristocratie nomade mongole. À la même époque, Ghazân lui demande d'écrire une histoire des Mongols et de leurs conquêtes.

Sous le successeur de Ghazân, Öljeitu (1304-1316), Rachid al-Dîn possède de vastes domaines dans le royaume ilkhanide ; de plus, l'administration de l'État est devenue le monopole privé de sa famille : sur ses quatorze fils, huit sont gouverneurs de provinces. Il dispose d'énormes sommes pour fonder des entreprises privées et publiques. À Sultaniya, nouvelle capitale d'Öljeitu, il fait construire un splendide faubourg, composé d'une mosquée, d'une « madrasé », d'un hôpital et de plusieurs milliers de maisons d'habitation. En même temps, il travaille sans relâche à son histoire, dont il présente le premier volume à son souverain dès le 14 avril 1306. En 1309, il bâtit également un faubourg à Ghazaniya, à l'est de Tabriz, appelé d'après son nom Rab'i Rachidi, qu'il alimente en eau par la construction d'un grand canal dérivé de la rivière

Sarow-Roud. Son influence ne connaît alors nulle limite ; il réussit même à convertir Öljeitu à la doctrine des Chafi'ites.

Mais sa position lui vaut la jalousie de nombreux adversaires. En 1312, le vizir Sa'd al-Dîn tombe en disgrâce et est mis à mort. En 1315, lui-même est accusé d'être responsable du manque d'argent qui ne lui permet pas de payer aux troupes leurs soldes. Le nouveau vizir, Taj al-Dîn Ali-Châh, s'il ne peut ternir sa réputation du vivant d'Öljeitu, lui porte un coup décisif, lorsque le prince Abou Sa'id (1316-1335) succède à son père ; il l'accuse d'avoir empoisonné Öljeitu. Il est exécuté le 18 juillet 1318, avec son fils Khwajé Ibrahim. Son cadavre est exposé à toutes sortes d'outrages ; le faubourg de Rab'i Rachidi est saccagé. Son fils aîné, Ghiyat al-Dîn, bien qu'il conserve sa situation après la mort de son père, est lui aussi frappé d'un arrêt de mort en 1336. Le corps de Rachid al-Dîn ne connaîtra pas le repos de la tombe : Miran-Châh (1404-1407), le fils dément de Timour, fera déterrer ses ossements et les fera enfouir dans le cimetière juif en 1399.

Rachid al-Dîn doit sa gloire à son immortel ouvrage historique, *Le Recueil des chroniques* (*), comprenant deux grandes parties : la première est l'histoire des Mongols, la seconde est une histoire universelle.

En outre, il écrit de nombreux autres ouvrages : le *Kitab al-ahyâ va'l-athâr*, divisé en vingt-quatre chapitres, traitant des questions de météorologie, agriculture, arboriculture, apiculture, lutte contre les serpents et les animaux nuisibles, et aussi d'architecture, de fortification, de construction de navires, de mines, et de métallurgie. Le *Tawdiha*, traité de mystique en dix-neuf chapitres, Le *Miftâh al-tafâsir*, sur l'éloquence du Coran et ses commentaires. Le *Al-risâlât al-sultaniya*, basé sur une discussion théologique avec Öljeitu (achevé en 1307). Le *Latâ'ef al-haqâ'eq*, quatorze lettres sur des sujets de théologie mystique. Les quatre derniers ouvrages sont écrits en arabe et constituent le *Majmu'a-yé rachidi*, dont un exemplaire de luxe copié en 1310-1311 appartient à la Bibliothèque nationale de Paris. Le *Bayân al-haqâ'eq*, dix-sept lettres sur des sujets de théologie, où sont traitées également des questions de médecine. Le *Mukâtabât-e rachidi* – v. *Lettres de Rachid al-Dîn* (*) –, correspondance de Rachid al-Dîn, sur des sujets politiques et financiers, avec ses fils et d'autres officiels ilkhanides.

Rachid al-Dîn a pleinement conscience de l'importance de ses ouvrages et s'efforce de les préserver de la destruction. Il en commande des copies pour ses amis et différents savants. Ses ouvrages écrits en persan sont traduits en arabe, et inversement. Chaque année, il envoie des exemplaires aux bibliothèques des grandes villes, et il autorise quiconque le désire à en prendre copie gratuitement. Cependant, aucun exemplaire complet de ses œuvres ne nous est parvenu, même s'il est trop tôt pour affirmer avec certitude que ses travaux manquants sont perdus.

MARIE-HÉLÈNE PONROY.

RACHILDE (pseud. de Mme Alfred Vallette, née Marguerite Eymery). Écrivain français. Née au Cros, près de Périgueux (Dordogne) le 11 février 1860, morte à Paris le 4 avril 1953. Son père, officier de carrière, aurait voulu avoir un fils ; Marguerite étant restée fille unique, il l'éleva en garçon. Mais sa plus grande joie était d'écrire : à douze ans elle débuta dans les lettres, en envoyant à un journal périgourdin sa première œuvre, une légende : *La Création de l'oiseau-mouche*. Cet essai fut suivi d'un roman, publié en feuilleton, sous le pseudonyme de Rachilde, dans la presse locale : *Madame de Sangdieu* (1878). Spirite, Rachilde puisait ses sujets et jusqu'à son pseudonyme dans les « communications » de la table tournante. Encouragée par un mot bienveillant de Victor Hugo, Rachilde obtint une préface d'Arsène Houssaye pour son *Monsieur de la Nouveauté* (1880) et une autre, de Barrès, pour la deuxième édition (1889) de *Monsieur Vénus*, livre que Barrès estimait être un chef-d'œuvre. Pourtant, lors de sa parution (1884), *Monsieur Vénus* fit scandale : Rachilde fut poursuivie par le Parquet belge et condamnée. Après *Monsieur Vénus*, Rachilde publia *Nono* (1885), *La Virginité de Diane* (1886), *Le Marquis de Sade* (1887), *Madame Adonis* (1888), etc. Mariée, en 1889, avec Alfred Vallette, critique et chroniqueur, Rachilde fonda, avec son mari, *Le Mercure de France* (*), dont le premier numéro vit le jour le 1er janvier 1890. Outre une collaboration constante à cette revue, Rachilde publia beaucoup : en moyenne un livre par an. Signalons entre autres : un recueil de contes et nouvelles, paru sous le titre *Le Démon de l'absurde* (1894), *La Princesse des ténèbres*, roman publié en 1896 sous le pseudonyme de Jean de Childra ; un roman de mœurs, *Les Hors nature* (1897), *La Tour d'amour* (*) (1899), *La Jongleuse* (1900), *Le Meneur de louves* (*) (1905) et combien d'autres ! Parmi ses dernières œuvres on doit signaler : *La Découverte de l'Amérique* (1919), *La Haine amoureuse* (1924) ; les essais : *Alfred Jarry, ou le Surmâle des lettres* (1928) et *Portraits d'hommes* (1930) ; un recueil de poésies : *Les Accords perdus* (1937), et son dernier roman, en partie autobiographique, *Face à la peur* (1942).

RÉF. : Rachilde, *Face à la peur*, Paris, 1942. – E. Gaubert, *Rachilde*, Paris, 1907. – M. Coulon, *L'Imagination de Rachilde*, Paris, 1921. – A. David, *Rachilde, homme de lettres, son œuvre*, Paris, 1924. – Cl. Dauphiné, *Rachilde*, Périgueux, 1985.

RACHMANINOV Sergueï Vassilievitch [Sergej Vasilievič Rakhmaninov]. Compositeur russe. Né à Onéga (gouvernement de Novgorod) le 1er avril 1873, mort à

Beverly Hills (Californie), le 28 mars 1943. Élève du Conservatoire de Saint-Pétersbourg de 1882 à 1885, il poursuivit ses études musicales à Moscou jusqu'en 1891, sous la direction d'Arenski. Nommé, en 1893, professeur à l'Institution de jeunes filles Mariinski de Moscou, il devint en 1912 chef d'orchestre de l'Opéra de Saint-Pétersbourg. Au lendemain de la révolution russe il émigre et partage son temps entre les États-Unis où il avait déjà fait un séjour en 1909-10 et où il résidait au moment de sa mort, et Lucerne (Suisse). Il mène en outre une brillante carrière de pianiste et est considéré comme l'un des plus éminents représentants de l'école russe. Il a composé trois opéras, *Aleko* (1893), *Le Chevalier ladre* [*Skupoj rycar',* 1900], tous les deux sur des livrets de Pouchkine, et *Francesca da Rimini* (+) (1906). Mais Rachmaninov est surtout connu par ses vingt-quatre *Préludes* (*), ses quatre *Concertos pour piano et orchestre* (*) et ses *Variations sur un thème de Paganini* (*) également pour piano et orchestre. Son style reste fidèle à la tradition de virtuosité romantique, mais se distingue par un puissant don mélodique. Il a également composé *L'Île des morts* [*Ostrov mertuykh,* 1907], poème symphonique inspiré par le tableau de Böcklin, *Les Cloches* [*Kolokolà*], cantate pour chœur et orchestre (1914), le *Trio élégiaque* en ré mineur op. 9 pour piano et cordes (1914). Ses *Lettres* [*Pis 'ma*] furent recueillies et éditées à Moscou en 1955.

RÉF. : W. Lyle, *Rachmaninov : a Biography,* Londres, 1939. — O. von Riesemann, *Rachmaninoff's Recollections,* Londres, 1943. — A. Gronowicz, *S. Rachmaninov,* New York, 1946. — J. Culshaw, *S. Rachmaninov,* Londres, 1949. — C. Poivre d'Arvor, *Serge Rachmaninov, la passion au bout des doigts,* Monaco, 1986.

RACINE Jean. Auteur dramatique français. Né en décembre 1639 — baptisé le 22 de ce mois, il est possible qu'il soit né le jour même — à La Ferté-Milon (Aisne), mort le 21 avril 1699 à Paris. Sa famille occupait, depuis des générations, des fonctions administratives. Son père avait une charge, d'ailleurs médiocre, au Grenier à sel (administration des impôts indirects). L'enfant perdit sa mère, Jeanne Sconin, le 28 janvier 1641, il n'avait que treize mois ; son père, qui s'était remarié, mourut le 6 février 1643. L'orphelin de trois ans, resté sans aucune fortune, fut recueilli par sa grand-mère, Marie des Moulins, qui était en même temps sa marraine. Celle-ci devait bientôt se retirer auprès du monastère de Port-Royal. Racine, après avoir passé quatre ans (1651-1655) au collège de Beauvais, eut ainsi la chance de recevoir, dans les écoles qu'avaient organisées les solitaires, aux Granges, une éducation très solide. L'ancien avocat Antoine Le Maître, le moraliste Nicole, l'helléniste Lancelot, d'autres encore furent ses professeurs. Plus qu'une formation morale, c'est une formation intellectuelle que lui assura Port-Royal. Dans ce centre spirituel, où des membres de quelques-unes des plus grandes familles du royaume s'étaient retirés, il put également nouer certaines relations qui, par la suite, devaient lui être fort utiles dans sa carrière.

En 1660, après avoir fait une année de logique au collège d'Harcourt, il se trouve à Paris sous la protection de son cousin Nicolas Vitart, qui est l'homme de confiance des Chevreuse. Il fait le bel esprit et se passionne pour la littérature. Il songe déjà au théâtre, mais la pièce (perdue) qu'il a composée, *L'Amasie,* ne trouve pas grâce devant les comédiens. Au contraire, une ode officielle célébrant le mariage du roi, *La Nymphe de la Seine* — v. *Poésies* (*) — remporte un véritable succès et attire l'attention de Chapelain, alors le personnage le plus important du Parnasse. La vocation littéraire du jeune homme est déjà pleinement attestée, mais à une époque où le métier d'auteur est misérable, un orphelin sans fortune ne saurait songer à vivre de sa plume. Racine, selon une pratique courante de son temps, va essayer de se faire conférer un bénéfice ecclésiastique qui assurera sa vie matérielle, tout en ne lui imposant que fort peu d'obligations. Dans cette intention, il se rend à Uzès chez son oncle Sconin, qui occupait les fonctions de vicaire général auprès de l'évêque. Dans cet exil, il écrira force lettres ingénieuses — v. *Lettres* (*) — et sa vocation littéraire s'affirmera. Revenu à Paris en 1663 sans avoir obtenu le bénéfice escompté, il se décidera — si décrié le mot soit-il — à devenir un auteur. Mais, pendant son absence, Colbert, aidé de Chapelain, a mis sur pied tout un système de gratifications et de pensions aux gens de lettres, destiné à faire des écrivains les chantres de la gloire du règne. Le roi ayant été malade, Racine compose une *Ode sur la convalescence du roi* — v. *Poésies* (*) — qui lui fera obtenir en 1664 une pension. Cette gratification annuelle, que le roi accordait aux gens de lettres qui, jugeait-il, illustraient son règne, Racine devait la conserver jusqu'à sa mort.

Connu en tant que poète officiel, il n'en continuait pas moins de s'intéresser avant tout à la scène. Mais il n'y avait à Paris que trois théâtres, et il était très difficile de se faire jouer. C'est après plusieurs tentatives infructueuses que Racine réussit à faire accepter par Molière, le directeur du théâtre du Palais-Royal, sa tragédie : *La Thébaïde ou les Frères ennemis* (*). Représentée en juin 1664, cette pièce n'eut pas grand succès. Son auteur l'avait pourtant mise sous la protection du duc de Saint-Aignan, qui était à la Cour le grand seigneur qui s'intéressait le plus à la littérature. Mais dans cette tragédie éloquente et conventionnelle, où la psychologie reste sommaire, il était certes difficile de déceler un génie qui ne s'était guère encore révélé. *Alexandre le Grand* (*) au contraire, joué en décembre 1665, séduisit les contemporains par ses situations piquantes et, plus encore, par son tour galant. Cette tragédie peut paraître fade et fausse, mais on eut en 1665 le sentiment qu'un grand dramaturge était né. En outre, Racine avait forcé l'attention en ayant à l'égard de Molière un procédé très insolite : après la quatrième représentation de sa pièce, il l'avait donnée aux comédiens du théâtre rival, l'Hôtel de Bourgogne. Cette sorte de trahison, qui devait brouiller à jamais Racine et Molière, fit à la pièce une certaine publicité. Mais elle donna du caractère de son auteur une idée peu avantageuse. Racine apparut comme un homme avide de succès et de gloire, qui n'était pas disposé à s'embarrasser de scrupules quand son intérêt était en jeu. On le vit bien à peu près au même moment, lors de sa querelle avec Port-Royal. Nicole, dans une brochure qui ne visait nullement Racine, avait rappelé la condamnation traditionnelle du théâtre par l'Église, et le peu d'estime qu'on avait alors dans le monde pour la profession d'auteur dramatique. Racine tint à se poser en défenseur du théâtre, prit à cœur de justifier socialement la condition de poète, et ne craignit pas d'attaquer, d'une manière d'autant plus violente qu'elle était spirituelle et méchante, Port-Royal et ses anciens maîtres.

C'est à l'Hôtel de Bourgogne que, de même que les pièces qui suivirent, fut représentée en novembre 1667 la tragédie d'*Andromaque* (*). Elle eut un succès presque comparable à celui du *Cid* (*) trente ans plus tôt, et c'est d'elle que date la véritable gloire de Racine. Un nouveau type de tragédie, avec à la fois plus de rigueur dramatique et plus de poésie tragique, était né. On ne fut que plus surpris de voir le jeune auteur qui venait de s'illustrer ainsi abandonner le genre noble de la tragédie pour brocher une comédie souvent bouffonne : *Les Plaideurs* (*). Mais ce « caprice », qui remplit la fin de l'année 1668, amusa la Cour et le roi. Au reste, comme il l'écrivit lui-même de façon méprisante, il n'attendait pas un grand honneur d'avoir ainsi « réjoui le monde », et il ne s'attarda pas dans le comique. En décembre 1669, il fait représenter la plus « pompeuse » de ses tragédies, *Britannicus* (*), où se déploie toute la grandeur romaine. Dans un tel domaine, il devait nécessairement se heurter à Corneille, qu'il attaquera violemment dans sa préface, lors de la publication de la pièce. Les nombreux partisans de Corneille vieilli, et les ennemis du jeune auteur dont le caractère ombrageux ne plaisait guère, se déchaînèrent contre la nouvelle tragédie. Mais c'est avec *Bérénice* (*), en novembre 1670, que le combat contre Corneille devait mener à une victoire décisive. Il semble que ce soit Racine qui ait tenu à rivaliser avec son aîné et à faire vivre les mêmes personnages que celui-ci met en scène dans son *Tite et Bérénice* (*), joué également en novembre 1670. Quoi qu'il en soit, c'est la *Bérénice* de Racine qui, représentée plus de trente fois, chiffre énorme alors, souleva l'enthousiasme du public. On applique désormais à Racine la fameuse épithète de « tendre » qui lui restera par la suite. *Bajazet* (*), représenté tout au début de l'année 1672, montra combien le génie racinien était divers. *Bérénice* avait vérifié le principe énoncé dans sa préface qu'« il n'est pas nécessaire qu'il y ait du sang et des morts dans une tragédie » ; l'action y était tout intérieure et aucun coup de théâtre n'intervenait. *Bajazet*, au contraire, est un drame sanglant où les événements se précipitent jusqu'à la catastrophe finale. Le public fut surtout sensible au décor oriental — que les critiques d'ailleurs jugèrent insuffisamment turc. En janvier 1673, *Mithridate* (*) marque un retour à cette Antiquité qui est le domaine traditionnel de la tragédie classique. Les effets tirés de la politique grandiose de l'ennemi des Romains s'y combinent à ceux d'une intrigue amoureuse. Le succès de cette pièce coïncide avec l'échec de ce qui devait être l'avant-dernière tragédie du grand Corneille. Racine a désormais le droit de se considérer comme le plus grand dramaturge du temps, et il peut compter sur l'attention bienveillante du roi, qui conservera toujours une préférence pour *Mithridate*. La réussite de Racine est éloquemment attestée par le fait que la tragédie qui suit, *Iphigénie en Aulide* (*), fut créée en août 1674 à la Cour ; elle fut le clou d'une des fêtes les plus somptueuses de la monarchie, que donna le roi à Versailles à son retour de sa campagne de Franche-Comté. Représentée à Paris cinq mois plus tard, la pièce remporta l'un des plus grands succès du siècle par son caractère touchant. Quand *Phèdre* (*) fut jouée en janvier 1677, cette tragédie se trouva en concurrence avec une pièce : *Phèdre et Hippolyte* (*), sur le même sujet, que donnait le théâtre rival. Ces sortes de concours étaient alors courants, mais le jeune auteur qui osait ainsi se mesurer à Racine, Pradon, avait eu l'habileté de se ménager des appuis efficaces. En dépit des efforts de Racine, qui monta une cabale pour lutter contre celle de son adversaire, la pièce de Pradon eut d'abord un certain succès. Elle était soutenue en particulier par la coterie du duc de Nevers. Ce grand seigneur qui se piquait de poésie fut alors attaqué de la manière la plus outrageante dans un sonnet qu'on attribua à Racine. Celui-ci n'en était pas l'auteur ; il eut pourtant quelque difficulté à se disculper. Il n'est pas sûr que la réussite de sa pièce, qui triompha bientôt de celle de Pradon, l'ait entièrement consolé de tous ces mécomptes.

Pendant les treize années de la carrière théâtrale qu'il venait de parcourir, Racine n'avait jamais négligé sa situation mondaine. Tout en écrivant pour le théâtre, il s'était toujours comporté plus en courtisan qu'en auteur. Les souvenirs de Port-Royal avaient fait de lui un ami de la grande famille des Chevreuse, et ceux-ci l'avaient présenté à Colbert, à qui il avait dédié *Bérénice*. C'est à la protection du grand ministre qu'il devra d'entrer à l'Académie française en 1673, et surtout d'obtenir la charge de trésorier de France à Moulins, sinécure très précieuse tant sur le plan matériel que sur le plan mondain. Il était devenu l'ami de Boileau au moment où celui-ci se poussait à la Cour, et les deux poètes allaient désormais représenter la littérature auprès des gens du monde. Quand ils auront réussi à se glisser auprès de Mme de Montespan et de sa sœur, Mme de Thianges, leur succès sera assuré. À cette époque où l'on n'avait que mépris pour ceux qui vivaient de leur plume, Racine n'a jamais été considéré comme un homme de lettres parmi les autres. C'est bien pour cela qu'il a été presque universellement détesté par ses confrères en littérature. Le ton amer ou âpre de plusieurs de ses préfaces montre assez la violence de la lutte qu'il a dû soutenir. Loin de se laisser aller à la bohème des gens de théâtre, il a eu un goût marqué pour la sécurité bourgeoise : il s'est toujours préoccupé de faire des économies ou d'effectuer des placements sûrs. Ses liaisons successives avec ses deux principales interprètes, la Du Parc et la Champmeslé, ont été relativement discrètes, et ont eu, semble-t-il, un caractère en grande partie professionnel. Surtout à partir de 1675, il y a chez cet écrivain un désir de respectabilité et une ambition sociale que le théâtre n'est guère en mesure de satisfaire. Il ne faut donc pas être trop surpris de voir Racine, au cours de l'été 1677, accepter la mission d'écrire l'histoire officielle du roi. Les fonctions d'historiographe représentent en effet pour lui, ainsi que pour Boileau avec qui il les partage, une promotion considérable. Elles lui permettent d'approcher le roi qui, dans ce gouvernement absolu et cette société centralisée, est le foyer de toute faveur, et qu'il accompagne dans plusieurs de ses expéditions militaires, en 1678, 1683 et 1687. En outre, les victoires militaires et les conquêtes du roi provoquent alors précisément un prodigieux courant d'enthousiasme ; chacun se préoccupe des moyens d'éterniser la gloire du monarque. C'est un immense honneur pour Racine et Boileau d'être chargés par le roi lui-même de faire passer à la postérité la mémoire de ses grandes actions – v. *Précis historique des campagnes de Louis XIV depuis 1672 jusqu'en 1678* (*), et *Relations de ce qui s'est passé au siège de Namur* (+). À l'âge de trente-sept ans, Racine cesse donc d'écrire pour le théâtre et semble oublier la vocation qui, dès l'âge de vingt ans et en dépit des obstacles, l'avait poussé à composer des tragédies. Mais, s'il quitte le théâtre, il n'abandonne pas tout à fait la littérature. L'historiographie elle-même est un genre littéraire. En outre, chaque fois que la vie à la Cour l'exige, Racine se souvient qu'il est un écrivain. Il s'essaie à composer des livrets d'opéra, car le roi a une passion pour ce divertissement. Il fait les vers d'une *Idylle sur la Paix* – v. *Poésies* –, qui sera chantée à Sceaux en 1685, lors d'une fête somptueuse que la famille Colbert offre au roi. Il acceptera même de menues besognes littéraires pour plaire à Mme de Montespan ou aux Condé. Enfin, il reste l'auteur dramatique le plus admiré et le plus joué, et il se préoccupe en 1687 de procurer une nouvelle édition collective de ses œuvres. S'il n'écrit plus de pièces nouvelles, il tient à défendre celles qu'il a composées, et il continue à lancer des épigrammes contre ses anciens ennemis. Bien plus, le courtisan essaie d'élever la condition de l'homme de lettres ; dans un discours qu'il prononcera tout au début de 1685 à l'Académie, il tentera, tout en faisant un admirable éloge de Corneille qui venait de mourir, d'assimiler la gloire littéraire à la gloire militaire – comparaison qui heurtait alors de solides préjugés.

Au moment où il devenait historiographe et où il changeait de vie, en 1677, Racine avait épousé Catherine de Romanet, une orpheline de fortune moyenne qui appartenait à la bonne bourgeoisie. Sa vie familiale sera exemplaire, et il s'occupera beaucoup plus qu'on ne le faisait d'ordinaire au XVIIe siècle des sept enfants qui lui naîtront de 1678 à 1692. Ce père de famille bien établi, ce courtisan prudent, va pourtant revenir au théâtre, mais dans des circonstances très particulières. Mme de Maintenon devait en effet lui demander de composer une pièce édifiante que joueraient ses protégées, les pensionnaires de l'institution de Saint-Cyr. Ce fut *Esther* (*), représentée en janvier 1689. Étant donné l'importance que Mme de Maintenon attachait à Saint-Cyr, et son influence sur le cœur et l'esprit du roi, la pièce devait nécessairement avoir un grand retentissement. De fait, cette sorte d'oratorio sacré enthousiasma le roi devenu dévot, fut joué devant la Cour avec un immense succès, et valut à Racine un triomphe mondain autant que littéraire. On crut que le courtisan-poète allait devenir le fournisseur attitré de Saint-Cyr. Et en effet une nouvelle pièce lui avait été commandée. Mais on commençait à s'aviser que les représentations bouleversaient la vie des pensionnaires ; l'Église s'alarmait de voir le théâtre pénétrer à l'intérieur d'une maison religieuse d'éducation, qui était de surcroît patronnée par le roi. L'offensive des dévots fut si énergique que la tragédie d'*Athalie* (*), véritable opéra sacré, que Racine avait terminée en 1690, ne fut jamais véritablement représentée. On se contenta, au début de 1691, de quelques représentations sans costumes devant un public extrêmement restreint. L'expérience de Saint-Cyr n'en avait pas moins fait de Racine un véritable familier du roi et de Mme de Maintenon. L'heureux auteur d'*Esther* et d'*Athalie* avait reçu à la fin de 1690 la charge de gentilhomme ordinaire de la chambre du roi, qui devait lui donner un rang important à la Cour. C'était là la consécration d'une carrière exceptionnellement réussie, et un contemporain pouvait écrire : « Tous les gens de lettres doivent être ravis du présent qui vient d'être fait à M. Racine, puisque l'honneur en rejaillit en quelque sorte sur eux. »

En abandonnant le théâtre profane en 1677, en rompant ses relations avec les comédiens, gens excommuniés, en embrassant une vie honorable et bientôt honorée, Racine s'était tout naturellement rapproché de Port-Royal. Ses relations avec le monastère de la vallée de Chevreuse, qui constituait le centre de ce que les jésuites appelaient l'hérésie janséniste, vont devenir de plus en plus intimes. En 1690, sa tante, la Mère de Sainte-Thècle, devient abbesse. Dans les années suivantes, Racine sera en communication constante avec les principaux amis du monastère : Arnauld, Quesnel, Nicole, Vuillart. Courageusement il devient dans le monde le véritable chargé d'affaires de Port-Royal persécuté. Il se trouve ainsi dans une position singulièrement difficile, pris comme il l'est alors entre son loyalisme envers le roi, dont il est l'historiographe, et son amitié pour Port-Royal, dont il compose secrètement l'histoire : l'*Abrégé de l'histoire de Port-Royal* (*), publié longtemps après sa mort. En 1698, malade, fatigué peut-être des contradictions dans lesquelles il vivait, Racine sent de plus en plus la vanité des honneurs qu'il avait si obstinément poursuivis. S'il continue ses travaux d'historiographe, il vient de moins en moins souvent à la Cour. Il a pris soin de ménager à son fils Jean-Baptiste de solides appuis dans la carrière diplomatique que poursuit le jeune homme. D'autre part, il marie sa fille aînée, Marie-Catherine, à l'héritier d'une famille amie de Port-Royal. Après avoir traîné pendant plusieurs semaines un abcès au foie, il meurt de façon édifiante le 21 avril 1699 et est enterré, conformément à ses vœux, dans le cimetière de Port-Royal, aux pieds de M. Hamon. Ses restes, après la destruction du monastère, furent transférés, en 1711, avec ceux de Pascal à Saint-Étienne-du-Mont. Sans oublier tout à fait les tragédies qui l'ont immortalisé à nos yeux, les contemporains, paradoxalement, virent surtout en lui, lorsqu'il disparut, le courtisan, l'historiographe, le grand personnage dont la mort devait affecter le roi lui-même.

RAYMOND PICARD.

XVIIe siècle. ♦ *« Racine fait des comédies pour la Champmeslé, ce n'est pas pour les siècles à venir ; si jamais... il cesse d'être amoureux, ce ne sera plus la même chose. Vive donc notre vieil ami Corneille ! »* Mme de Sévigné. ♦ « [Il] *met tout le monde contre lui. Il ne peut souffrir qu'on estime les ouvrages des autres. Il est si plein de lui-même qu'il querelle ses amis s'ils ne sont pas de son sentiment. »* Tallemant des Réaux, 1677. ♦ *« Il est égal, toujours le même partout, soit pour le dessein et la conduite de ses pièces, qui sont justes, régulières, prises dans le bon sens et dans la nature ; soit pour la versification, qui est correcte, riche dans ses rimes, élégante, nombreuse, harmonieuse : exact imitateur des Anciens, dont il a suivi scrupuleusement la netteté et la simplicité de l'action ; à qui le grand et le merveilleux n'ont pas même manqué, ainsi qu'à Corneille, ni le touchant, ni le pathétique... Corneille nous assujettit à ses caractères et à ses idées, Racine se conforme aux nôtres ; celui-là peint les hommes comme ils devraient être, celui-ci les peint tels qu'ils sont. »* La Bruyère. ♦ *« M. de Racine a passé du théâtre à la Cour, où il est devenu habile courtisan, dévot même. Le mérite de ses pièces dramatiques n'égale pas celui qu'il a eu l'esprit de se former en ce pays-là, où il fait toutes sortes de personnages. Ou il complimente avec la foule, ou il blâme et crie dans le tête-à-tête, ou il s'accommode à toutes les intrigues dont on veut le mettre ; mais celle de la dévotion domine chez lui... Pour un homme venu de rien, il a pris aisément les manières de la Cour. Les comédiens lui en avaient donné un faux air ; il l'a rectifié, et il est de mise partout, jusqu'au chevet du lit du roi, où il a l'honneur de lire quelquefois : ce qu'il fait mieux qu'un autre. S'il était prédicateur ou comédien, il surpasserait tout en l'un et l'autre genre. C'est le savant de la Cour. »* Recueil de caractères de diverses personnes considérables de la Cour de France (auteur inconnu), vers 1692. ♦ *« On ne saurait, au reste, voir un homme plus universellement regretté que ne l'est M. Racine. Les grands, qui étaient tous les jours chez lui durant sa maladie, montraient bien par leurs soins combien ils le chérissaient et combien ils craignaient sa mort ; et la comtesse de Gramont, qui y était presque tous les jours, me dit le soir de la grande fête, les larmes aux yeux : "Hélas ! Quelle perte pour nous, gens de Cour, que celle d'un tel ami ! car tout ce que nous y étions de gens qui pensions un peu sérieusement à notre salut l'avions pour conseil comme pour exemple. Il nous encourageait, nous éclairait, nous fortifiait..." »* Lettre de Vuillart, 1699. ♦ *« Personne n'avait plus de fonds d'esprit, ni plus agréablement tourné ; rien du poète dans son commerce, et tout de l'honnête homme, de l'homme modeste, et, sur la fin, de l'homme de bien. »* Saint-Simon.

XVIIIe siècle. ♦ *« Racine le poète du cœur, et d'autant plus sublime qu'il ne l'est que quand il faut l'être ; Racine, le seul poète tragique de son temps dont le génie ait été conduit par le goût. »* Voltaire. ♦ *« Dans mille ans d'ici, il fera verser des larmes ; il sera l'admiration des hommes dans toutes les contrées de la terre ; il inspirera à l'humanité la commisération, la tendresse. On demandera qui il était, de quel pays, et on l'enviera à la France... Il eût été mieux sans doute qu'il eût reçu de la nature la vertu d'un homme de bien avec les talents d'un grand homme. »* Diderot. ♦ *« Racine et Corneille, avec tout leur génie, ne sont eux-mêmes que des parleurs... mais chez Racine tout est sentiment ; il a su faire parler chacun pour soi, et c'est en cela qu'il est vraiment unique parmi les auteurs dramatiques de sa nation. »* Rousseau. ♦ *« Racine est, sans comparaison, infiniment plus voisin de l'excellent* [que Corneille], *quoiqu'il porte tous les fâcheux stigmates du maniérisme français et que, dans l'ensemble, il manque un peu de force. »* Schiller, 1799.

XIXe siècle. ♦ *« Bien que Racine ait accompli des chefs-d'œuvre en eux-mêmes, il y a répandu néanmoins une perpétuelle fadeur, un éternel amour, et son ton doucereux, son fastidieux entourage ; mais ce n'était pas précisément sa faute ; c'était le vice des mœurs de son temps. »* Napoléon Ier. ♦ *« En parcourant les tableaux des vicissitudes humaines tracés par Racine, on croit errer dans les parcs abandonnés de Versailles ; ils sont vastes et tristes ; mais, à travers leur solitude, on distingue la main régulière des arts et les vestiges des grandeurs. »* Chateaubriand. ♦ *« Si* [Racine] *vivait de nos jours, et qu'il osât suivre les règles nouvelles, il ferait cent fois mieux qu'*Iphigénie. *Au lieu de n'inspirer que de l'admiration, sentiment un peu froid, il ferait couler des torrents de larmes. »* Stendhal, 1823. ♦ *« Il n'est pas sûr de son instrument et il écrit quelquefois fort mal. »* Victor Hugo. ♦ *« Le* *propre de l'œuvre de Racine est... d'être parfaite, d'une perfection à la fois profonde et évidente. À quelque degré qu'on s'arrête dans l'intelligence de son œuvre, on a l'idée d'une certaine perfection ; on ne tombe jamais sur une expression incomplète ou qui offense... j'insiste là-dessus, jamais rien qui offense ni même qui étonne ; rien d'étrange ; sa manière comme sa physionomie est d'une beauté heureuse, ouverte sans être banale, d'une de ces beautés incontestables et qui existent pour tous.* » Sainte-Beuve. ♦ « *Contrairement à nos idées de jeunesse, Racine est le* Romantique *de son époque.* » E. Delacroix, 1858.

XXe siècle. « *Racine savait-il lui-même où il prenait cette voix inimitable, ce dessin délicat de l'inflexion, ce mode transparent de discourir, qui le font Racine, et sans lesquels il se réduit à ce personnage peu considérable duquel les biographies nous apprennent un assez grand nombre de choses qu'il avait de communes avec dix mille autres Français ?* » Valéry, 1920. ♦ « *Qu'est-ce que Racine eût donné, Anglais, au temps d'Élizabeth ? On n'imagine point Racine moins amoureux de perfection, mais bien d'une perfection différente. À quel point celle qu'il rêve et qu'il atteint lui fut dictée, mesurée, par son entourage et son époque ! Il ne se pourrait davantage. Mais sa connaissance du cœur, sa sensibilité cruelle, la beauté de sa forme, sa noblesse, tout cela est proprement de lui.* » André Gide. ♦ « *Il n'est pas un sentiment en Racine qui ne soit un sentiment littéraire... Il n'y a en lui rien de visionnaire ni de réel, de frénétique ni de découragé. Son amertume, quand il est amer, ne vient pas de ce qu'il est trompé ou boiteux ; sa douceur, de ce qu'il est en paix ; sa vigueur, de ce qu'il est herculéen — mais de ce qu'il est écrivain... Quand le mot* mort *vient sous sa plume, il ne pense pas à sa mort..., ni à la Champmeslé quand il écrit Hermione.* » J. Giraudoux, 1930. ♦ « [Je regrette] *que Racine n'ait pas eu la chance d'être né ailleurs qu'en France... Il est à son zoo dont il ne doit pas dépasser l'enclos ; ... étonnant ingénieur royal avec des torrents à son service qu'il doit canaliser par un jeu frivole et subtil de fontaines mythologiques... Je vous fiche mon billet qu'il eût aimé voir, comme l'Anglais, applaudir ses débordements par une salle de matelots ivres.* » Ventura García Calderón, 1937. ♦ « *Les pièces de Racine, qui témoignent d'une telle expérience de la vie et d'un tel art de la forme, ne sont pas faites pour des esprits et pour des talents inexpérimentés. ... Je trouve que ce sont des chefs-d'œuvre extraordinaires, mais des chefs-d'œuvre qui, pour moi, me sont étrangers.* » Paul Claudel, 1953. ♦ « *Je viens de relire ce prétendu chef-d'œuvre,* Phèdre. *Que d'effets ratés ! Les Français aiment Racine parce qu'ils ont posé une fois pour toutes que Racine incarnait la France. Or la France ne peut s'incarner en quelque chose de médiocre. Ça les amène à dire que Racine est admirable.* » André Malraux. ♦ « *Ceux à qui Racine suffit sont de pauvres âmes et de pauvres esprits. Ce sont des âmes et des esprits restés béjaunes et pensionnaires de couvent... Il est absurde d'écrire, comme on l'a fait, que Racine "est le plus grand poète lyrique français". Mais il n'est pas absurde de dire qu'il y a vingt-sept vers de lui qui sont quelque chose d'unique dans toute la poésie française et, à mes yeux, ce qu'elle contient de plus enchanteur.* » Henry de Montherlant, 1956.

RÉF. : La Harpe, *Cours de littérature*, t. V, Paris, 1825. — Jules Lemaitre, *Jean Racine*, Paris, 1908. — François Mauriac, *La Vie de Jean Racine*, Paris, 1928. — Henri Bremond, *Racine et Valéry*, Paris, 1930. — Jean Giraudoux, *Jean Racine*, Paris, 1930. — Thierry Maulnier, *Racine*, Paris, 1936. — Daniel Mornet, *Jean Racine*, Paris, 1943. — Pierre Moreau, *Racine, l'homme et l'œuvre*, Paris, 1943. — E. Vinaver, *Racine et la poésie tragique*, Paris, 1951. — J. Pommier, *Aspects de Racine*, Paris, 1954. — Raymond Picard, *La Carrière de Jean Racine*, Paris, 1956, et *Corpus Racinianum. Recueil-inventaire de textes et documents du XVIIe siècle concernant Jean Racine*, Paris, 1956. — Lucien Goldmann, *Racine*, Paris, 1956 ; et *Le Dieu caché, étude sur la vision tragique dans les Pensées de Pascal et dans le Théâtre de Racine*, Paris, 1956. — Ch. Mauron, *L'Inconscient dans l'œuvre et la vie de Jean Racine*, Paris, 1957. — Ph. Butler, *Classicisme et Baroque dans l'œuvre de Racine*, Paris, 1959. — R. Barthes, *Sur Racine*, Paris, 1963. — O. de Mourgues, *Autonomie de Racine*, Paris, 1967. — J.-J. Roubine, *Lectures de Racine*, Paris, 1971. — J.-L. Backès, *Racine*, Paris, 1981. — J. Scherer, *Racine et/ou la Cérémonie*, Paris, 1982. — Alain Viala, *Racine, la stratégie du caméléon*, Paris, 1990.

RACINE Louis. Écrivain français. Né et mort à Paris (6 novembre 1692-29 janvier 1763). Septième et dernier enfant du grand poète, il fit ses études au collège de Beauvais sous la direction de Rollin, et fut le condisciple de Voltaire à Louis-le-Grand. Tout jeune, il commença à écrire des vers et persévéra, malgré les conseils de Boileau. Louis Racine n'avait cependant point d'ambition vulgaire, puisque, à peine devenu avocat, il décida soudain de fuir le monde et fit retraite pendant trois années chez les Pères de l'Oratoire de Notre-Dame-des-Vertus. C'est alors qu'il écrivit son poème sur *La Grâce ;* l'œuvre éveilla l'intérêt du chancelier Daguesseau, qui prit le jeune écrivain sous sa protection et le fit entrer, alors qu'il n'était âgé encore que de vingt-six ans, à l'Académie des inscriptions et belles-lettres. Louis Racine fut inspecteur général des fermes en province, et séjourna à Moulins, à Lyon, et à Soissons ; il passa quinze ans dans cette dernière ville, de 1731 à 1746, occupant aussi le poste de directeur des gabelles. Résignant son emploi en 1746, il revint à Paris, décidé à se consacrer exclusivement aux lettres. Très cultivé, connaissant parfaitement les langues anciennes, traducteur du *Paradis perdu* (*) de Milton, auteur de plusieurs essais critiques dont la plupart ont été recueillis dans ses *Réflexions sur la poésie* (1747), Louis Racine dialogue avec la philosophie de son temps, avec profondeur et rigueur. Ses vers, fermes et éloquents, sont marqués d'un ton personnel et d'un sentiment intense du tragique de la condition humaine. Son grand poème sur *La Religion* (*) (1742) connut un succès durable et fut constamment réédité jusqu'au milieu du XIXe siècle. Frappé d'un coup terrible par la mort brutale de son fils au cours du célèbre tremblement de terre de Lisbonne, il décida de se retirer de la société et alla habiter une petite maison de Saint-Denis. Ses *Mémoires contenant quelques particularités sur la vie et les ouvrages de Jean Racine* (*) furent publiés en 1747 avec une *Correspondance entre Racine et Boileau ;* touchants par leur piété filiale, ils sont toutefois assez incomplets.

JACQUES PATRY.

RÉF. : *Éloge historique prononcé par M. Lebeau*, Paris, 1763. – A. de la Rocque, *Vie de Louis Racine*, Paris, 1852. – Abbé Pécheur, *Louis Racine à Soissons, sa société, ses relations et ses travaux*, étude in *Bulletin de la Société Archéologique de Soissons*, 1899. – E. Guitton, « Un poème hardi et singulier », *La Grâce*, dans *La Régence*, Paris, 1970. – S. Menant, *La Chute d'Icare*, Genève, 1981.

RADCLIFFE Ann. Romancière anglaise. Née à Londres le 9 juillet 1764, morte à Londres le 7 février 1823. Elle était la fille unique de William et Ann Ward. Elle avait vingt-trois ans lorsqu'elle épousa, à Bath, William Radcliffe qui abandonna bientôt les études juridiques pour se consacrer à la littérature. Il devint propriétaire et éditeur de l'*English Chronicle* et dirigea cette publication en collaboration avec sa femme. Celle-ci connut la célébrité dès son premier livre *Les Châteaux d'Athlin et Dunbayne* [*The Castles of Athlin and Dunbayne,* 1789], suivis de *Julia ou les Souterrains de Mazzini* [*The Sicilian Romance*, 1790], et s'acquit une immense renommée avec les trois suivants : *Le Roman de la forêt* [*The Romance of the Forest*, 1791], *Les Mystères d'Udolphe* (*) (1794) et *L'Italien ou le Confessionnal des pénitents noirs* (*) (1797). Ces œuvres, qui s'inscrivent dans la grande tradition du roman noir anglais lancée par H. Walpole et perpétuée par Lewis et Maturin, sont parmi les meilleures du genre, et furent largement traduites et diffusées dans l'Europe du début du XIXe siècle. Ann Radcliffe n'exploita pas son succès et, après la parution de son cinquième roman, cessa de publier pour se consacrer tout entière aux éditions de son mari. C'est après sa mort que parurent son autre roman : *Gaston de Blondeville* (1826) et ses *Poèmes* [*Poems,* 1834].

RÉF. : D. Varma, *The Gothic Flame,* Londres 1957. – M. Levy, *Le Roman gothique anglais, 1764-1824,* Toulouse, 1968. – R. Kiely, *The Romantic Novel in England,* Harvard, 1972. – P. Arnaud, *Ann Radcliffe et le fantastique,* Paris, 1976.

RADICHTCHEV Alexandre Nikolaïevitch [Aleksandr Nikolaevič Radiščev]. Écrivain russe. Né le 20 août 1749 dans le domaine familial de Verkhnee Obljazovo, à cent vingt verstes de Moscou, il s'y suicida le 12 septembre 1802. Le futur auteur du *Voyage de Saint-Pétersbourg à Moscou* (*) fit ses études à l'École des pages de Saint-Pétersbourg d'où, sur l'ordre de Catherine II, il fut envoyé, en 1766, avec onze autres jeunes gens, à Leipzig pour y compléter sa culture. Il y subit surtout l'influence des philosophes français Helvétius, Raynal et Rousseau. Pendant son séjour à l'étranger, il se lia d'amitié avec F. V. Ouchakov, qu'il a appelé « le guide de sa jeunesse ». Revenu à Saint-Pétersbourg en novembre 1771, Radichtchev fut nommé employé au Sénat. L'année suivante, il fit la connaissance de N. I. Novikov, qui l'encouragea à poursuivre ses études ; leur premier résultat fut la publication de sa traduction d'un ouvrage de l'abbé de Mably, *Réflexions sur l'histoire grecque*. Pendant quelques années, la carrière de Radichtchev parut s'être arrêtée là. Mais, en 1783, une ode qu'il avait dédiée *À la Liberté* [*Oda svobode*] attira l'attention de ses amis, leur révélant le progrès que ses idées « libéralisantes » avaient accompli au cours des années de silence. De cette ode naquit ce qui fut ensuite appelé l'école des poètes « radichtchéviens ». Une année importante pour Radichtchev fut 1789, quand il publia la *Vie de F. V. Ouchakov* [*Žitie Fedora Vasil'jeviča Ušakova*] et qu'il obtint de la censure la permission de faire paraître le *Voyage de Saint-Pétersbourg à Moscou*, commencé en 1785 et fini en 1788 (il n'est pas exact que cette autorisation, comme on l'a cru, ait été refusée). Le livre fut imprimé en 1790 et immédiatement confisqué. En même temps, ordre était donné par l'impératrice d'en arrêter l'auteur, qui, le 24 juillet 1790, fut condamné à mort, peine commuée en celle de l'exil en Sibérie pour dix ans. Il faut noter que ce livre resta interdit en Russie jusqu'à la révolution de 1905. Radichtchev dut à l'avènement de Paul Ier sa libération de l'exil, mais non une pleine liberté de mouvements, car il fut contraint à demeurer dans son domaine. Il y composa plusieurs poésies. En 1801 lui fut accordé le droit de s'établir où il voulait, mais il était gravement malade par suite de souffrances supportées les années précédentes et, dans une crise de neurasthénie, il mit fin à ses jours.

♦ *« Le premier disciple de la Révolution française en Russie. »* Catherine II.

RÉF. : D. M. Lang, *The First Russian Radical, Alexander Radishchev, 1749-1802*, Londres, 1959.

RADIGUET Raymond. Écrivain français. Né à Saint-Maur (Seine) le 18 juin 1903, mort à Paris le 12 décembre 1923. Il passa son enfance en banlieue et entra, en 1909, à l'école communale de Saint-Maur, où il fit de rapides progrès qui lui permirent d'obtenir une bourse et d'être reçu au lycée Charlemagne, à Paris. Une véritable rage de lecture lui fit bientôt délaisser ses études et manquer ses cours pour se plonger dans les œuvres des écrivains du XVIIe et du XVIIIe siècle ; il avait en particulier une passion pour *La Princesse de Clèves* (*) ; plus tard, il dévora Stendhal et Proust, puis Rimbaud, Mallarmé et Lautréamont. Inquiet pour son avenir, son père essaya de lui donner des leçons de grec et de latin, mais il dut y renoncer : la littérature seule intéressait Raymond Radiguet, qui commençait à composer de courts poèmes dont l'un parut, le 6 mai 1918, dans *Le Canard enchaîné.* Radiguet avait quinze ans et vivait son premier amour, celui qu'il devait décrire dans *Le Diable au corps* (*). André Salmon, qui avait lu ses premiers poèmes, l'encouragea ; Radiguet décida d'abandonner ses études et de vivre en faisant du journalisme. Il écrivit de petits reportages, des échos et des enquêtes pour *L'Éveil* et *L'Heure*, fut durant six mois secrétaire de rédaction au *Rire ;* ces divers travaux lui permirent d'entrer en contact avec les cercles littéraires parisiens et de s'y faire des amis. Il fut mal reçu par Apollinaire, mais Max Jacob devina immédiatement son talent, et l'envoya à Jean Cocteau qui le fit travailler et lui permit de collaborer à *Sic* et à *Littérature*. Dès 1920, il donna un opéra-comique avec Satie et Cocteau : *Paul et Virginie*, un recueil de poèmes : *Les Joues en feu* (*), et une pièce en deux actes : *Les Pélicans*, représentée au théâtre Michel. Ce fut durant ses vacances, passées cette année-là à Arcachon, qu'il entreprit *Le Diable au corps* et se donna une discipline intérieure qui lui permit de mener son œuvre à bien malgré son extravagante vie de bohème. Bernard Grasset, enthousiasmé par son roman, lui signa un contrat lui assurant une mensualité de quinze cents francs qui le libéra de ses soucis matériels. Lancé par une campagne publicitaire sans précédent dans l'histoire des lettres, le livre parut en 1923 et apporta la gloire à Radiguet. Nombre de critiques avaient été indisposés par la publicité faite autour de cet « auteur de dix-sept ans », mais la plupart se rendirent devant les qualités du roman, qui connut un immense succès malgré les protestations des ligues d'anciens combattants et des associations bien pensantes.

Dès juin 1922, Radiguet avait commencé *Le Bal du comte d'Orgel* (*) ; il le termina durant l'été 1923, à Piquey, où Cocteau l'avait amené en vacances. C'est à cette même époque que, renonçant à sa vie de bohème, il se mit à « faire de l'ordre » dans sa vie extérieure et rassembla tous ses poèmes. Il lui fallait désormais se hâter, comme s'il avait la sensation que le temps lui était compté. Un soir d'automne, alors qu'il se promenait avec ses amis, une faiblesse subite le saisit ; il fut transporté d'urgence dans une clinique où l'on fit tout pour le sauver, mais la fièvre typhoïde l'emporta en quelques jours. Les deux romans de Radiguet et ses poèmes, réunis sous le titre *Les Joues en feu*, titre qu'il avait donné à sa première plaquette, n'ont cessé, depuis trente ans, d'être réédités. On le compare à Rimbaud, on en a déjà fait un classique, et son œuvre, il est vrai, s'inscrit parfaitement dans ce courant du roman français né avec *La Princesse de Clèves :* une histoire parfaitement contée, un style sobre, du goût et de la mesure.

BERNARD NOËL.

♦ *« Il laisse un livre absolument classique et sans doute le seul livre classique de ces dernières années :* Le Bal du comte d'Orgel. » Edmond Jaloux. ♦ *« Il vénérait et méprisait le travail. On ne saurait parler en ce qui le concerne de naissance ni de mort. Une apparition. Une disparition. Et le voilà* tel qu'en lui-même enfin l'éternité le change, *tel que nous le saluâmes toujours ; un enfant après la course, seul au monde, assis dans une gloire, les joues en feu. »* Jean Cocteau. ♦ *« Je n'ai jamais rencontré pareille sûreté de jugement, une pensée aussi originale, d'apparence hardie, d'essence pénétrante et féconde. Sur les hommes, les milieux, les écrivains morts ou vivants, sa phrase brève, dense, illuminait, ouvrait, béante, cette lucarne par où l'on plonge au plus profond des âmes. »* Joseph Kessel.

RÉF. : H. Massis, *Textes inédits de Raymond Radiguet*, Paris, 1927. – F. Mauriac, *Le Roman*, Paris, 1928. – J. Cocteau, *La Difficulté d'être*, Paris, 1947. – K. Goesch, *R. Radiguet*, Paris-Genève, 1955. – G. Guisan, *Radiguet ou le Génie de la patience*, Lausanne, 1957. – R. Noakes, *Raymond Radiguet*, Paris, 1968. – C. Borgal, *Raymond Radiguet*, Paris, 1969. – N. Odouard, *Les Années folles de Radiguet*, Paris, 1973. – M. Crosland, *Radiguet*, Londres, 1976. – D. Zampogna, *Radiguet*, Naples, 1980. – M. C. Bertoletti, *« Le Diable au corps » de Radiguet*, Florence, 1981.

RADITCHKOV Yordan. Nouvelliste, romancier et dramaturge bulgare. Né le 24 octobre 1929 à Kalimanitsa. Il est le maître du grotesque et de la parodie dans la littérature contemporaine bulgare : *Humeur féroce* [*Svirepo nastroenie*, 1965] ; *Abécédaire de la poudre* [*Barouten boukvar*, 1969]. Son intérêt pour la mentalité et le destin paysans, assujetti au folklore et au mythe, se traduit dans les événements et les personnages par le truchement de l'exceptionnel, du merveilleux et des collisions dramatiques, dans une narration qui fait appel au langage quotidien et au dialogue d'une authenticité surprenante. Le modèle du monde proposé est fondé sur l'absurde de la vie du villageois confronté à la modernité. Les situations grotesques dans lesquelles il se trouve confèrent un caractère carnavalesque à la narration. Raditchkov est le dernier écrivain du déclin villageois, d'un tournant historique où l'esprit primitif s'oppose aux temps modernes d'une manière douloureuse. Fidèle à la composition d'un roman où les nouvelles s'organisent en cycle et à la présence très active de l'auteur-narrateur, l'écrivain tente de ramener les phénomènes à leur sens cosmique par le biais de la mythologie populaire. Dans ses pièces de théâtre *Lazaritsa* (1978) et *Essai de vol* [*Opit za letene*, 1979] où il renonce à la dramaturgie classique, Raditchkov, par la farce, le grotesque et l'absurde, estime que les lois de la nature sont les seuls critères de la vie humaine et que celle-ci se trouve lourdement menacée par le progrès technique. Son roman *L'Arche de Noé* (*) (1989) est l'expression du désarroi d'une société en dérive.

ÉLÉNA FOULLIARON.

RADNÓTI Miklós. Poète hongrois. Né le 5 mai 1909 à Budapest, mort en novembre 1944 à Abda. Miklós Radnóti est né dans une famille de l'intelligentsia juive budapestoise. Dans le seul texte en prose qu'il a laissé, *Le Mois des Gémeaux* [*Az Ikrek hava...*], il évoque le drame qui a marqué son enfance : la mort à sa naissance de sa mère et de son frère jumeau. Longtemps – jusqu'à un poème libérateur daté de 1938 – Radnóti se sentira coupable d'avoir laissé « deux morts derrière lui ». Son premier recueil, *Salut païen* [*Pogány köszöntő*] paraît en 1930. C'est en 1934 qu'il termine ses études de lettres et de français à Szeged. Mais jamais il ne pourra enseigner, en raison des lois antijuives et de son engagement progressiste. C'est certainement après 1938 que la poésie de Radnóti atteint sa maturité : entre cette date et sa mort, son œuvre, peu abondante, comprend quelques-uns des poèmes les plus remarquables de la langue hongroise. Sa vie s'achève tragiquement : mobilisé à plusieurs reprises pendant la guerre, il est envoyé en camp de travail obligatoire en Yougoslavie, à Bor. Il y restera jusqu'à l'automne 1944. Il sera alors avec d'autres acheminé à pied en direction de l'Autriche via la Hongrie. Dans cette « marche forcée », ils sont encadrés par les S.S. et les Croix Fléchées hongroises, qui abattent les retardataires. C'est le sort qui attend Radnóti, dont le corps sera retrouvé dans le charnier d'Abda, en Hongrie septentrionale. Dans la poche de son paletot, un carnet avec ses tout derniers chefs-d'œuvre.

Toute sa vie, Radnóti poète ne cessera de dialoguer avec Radnóti traducteur. Il a traduit surtout des poètes français : Du Bellay, La Fontaine, Chénier, Gérard de Nerval, Blaise Cendrars, Paul Fort, Francis Jammes, Apollinaire...

Sa propre poésie a subi une importante évolution, qui transparaît aussi bien dans la thématique que dans la forme. Son deuxième recueil de poèmes, *Nouveau chant des bergers* [*Ùjmòdi pásztorok éneke,* ...] est saisi pour sacrilège. La thématique de ses premiers poèmes révèle une tendance au classicisme : une atmosphère bucolique domine, éloignée des réalités sociales, empreinte de joie de vivre et d'un solide érotisme (« Vierges, bergers et troupeaux à corps de soleil » ou « Paysage et amoureux »). Il écrit en vers libres dans une langue qui est déjà d'une extrême simplicité. Avec la montée des périls en Europe, sa poésie devient plus angoissée, visionnaire, alors que son vers se resserre, devient plus synthétique, s'inscrit dans une forme plus rigoureuse. Il atteint donc un classicisme formel qui va de pair avec l'émergence de thèmes de plus en plus liés à la terreur, à la guerre. Il continue à publier : en 1936 *Avance, condamné à mort* [*Járkálj csak, halálraitélt*], en 1938 *Chemin abrupt* [*Meredek út*]. La guerre d'Espagne le bouleverse, et surtout le meurtre de Federico Garcia Lorca, dont il traite dans sa première Églogue (il en écrira sept), en un dialogue sur ce monde « où on assassine les poètes » : « Je ne suis même pas triste, je me suis fait à ce monde atroce, au point que je n'ai même plus mal, je n'ai que du dégoût. » Ses principaux poèmes sont regroupés dans son recueil posthume *Ciel écumeux* (*), paru en 1946.

Sa poésie est traversée par plusieurs thèmes. Celui du poète d'abord, un double du moi, poète qui est la conscience de son temps, poète qu'on assassine, comme ce Noir tué en 1933, John Love (« John Love, mon frère »), comme Lorca, comme lui-même, qui dans le camp de Bor écrit dans le noir, sans accents pour ne pas perdre le fil de la plume : « Écris pour le ciel, quand tout est brisé. » Le poète n'a d'autre mission qu'écrire : « J'écris / que ferais-je d'autre ? Le poète écrit, le chat miaule, le chien aboie.... » Et encore, dans la deuxième Églogue, l'Aviateur interroge : « Écriras-tu sur moi ? / Si je vis. Et s'il y a quelqu'un pour qui écrire. »

Autre thème qui traverse l'œuvre de Radnóti, celui de la raison : sa raison est forme, et prend de plus en plus de poids au fil du temps. La montée du fascisme, c'est la défaite de la raison ; le poète est celui qui « parle en forme et dit, comme un témoin, le vrai de son époque ». Ce n'est pas un hasard si les derniers vers de Radnóti atteignent une telle perfection formelle (sonnet, vers du Nibelungen-lied, hexamètres). Parfois surgit, limpide, une étincelle de raison figée en souvenir, une réminiscence de la vie en temps de paix (« Marche forcée »). La rencontre du surréalisme et peut-être aussi la traduction d'Apollinaire ont rendu Radnóti de plus en plus audacieux dans les associations de mots : ses tout derniers poèmes sont d'une simplicité parfois presque télégraphique et bouleversante.

EVA TOULOUZE.

RAHEL (pseud. de Rahel Bluwstein). Poétesse israélienne de langue hébraïque. Née à Saratov (Russie) le 9-20 septembre 1890, morte à Tel-Aviv le 16 avril 1931. Arrivée en Palestine en 1909, elle s'installa à Rehovot et s'adonna à l'étude de l'hébreu. Venue à Toulouse en 1913 afin d'y étudier l'agronomie, elle ne put regagner la terre d'Israël qu'à la fin de la Première Guerre mondiale. Elle s'établit alors à Deganyah qu'elle dut quitter rapidement, gravement atteinte de tuberculose. Elle passa les dernières années de sa vie à Tel-Aviv. Ses poèmes, publiés dès 1920 par diverses revues, furent rassemblés en trois recueils : *Regain* [*safiaḥ*, 1927], *De loin* [*minégued*, 1930] et *Nébo* (1932), et réunis en 1935 dans un volume intitulé *La Poésie de Rahel* (*). Chantre des pionniers de la deuxième Alyah, elle exprime ses sentiments patriotiques envers le pays ancestral, son amour de la nature et du travail de la terre. Puisant dans sa propre expérience, elle dépeint également sa solitude, ses amours déçues, les affres de la maladie, sa crainte de la mort. Toute son œuvre, empreinte de nostalgie, révèle, de par la diversité des sentiments qui y sont exprimés, la personnalité profonde de la poétesse. La simplicité extrême de la langue, sa musicalité, et le recours à *La Bible* confèrent à cette poésie, très populaire en Israël, une originalité et une qualité que les critiques littéraires n'ont pas toujours appréciées à leur juste valeur.

LETITIA LAMBERT.

RAIMBAUT de Vaqueiras (connu aussi sous le nom de Rambaud de Vachères). Troubadour né entre 1155 et 1160 au village de Vaqueiras, dans le comtat Venaissin, mort probablement en Macédoine vers 1210. Raimbaut était le fils d'un chevalier pauvre et devenu aveugle nommé Peirols ; il apprit dès sa jeunesse l'art de composer des vers, art qui s'accompagnait alors d'études musicales, car les poèmes étaient pour la plupart chantés. Il débuta à la cour de Bertrand de Baux, et s'y fit remarquer en célébrant un tournoi qui eut lieu en 1177. Son protecteur périt au cours de la guerre qui l'opposait à Raimond V de Toulouse, et Raimbaut composa deux « sirventes » pour stigmatiser la lâcheté de l'ennemi et la faiblesse des alliés. Une brouille avec Guillaume IV d'Orange, fils de Bertrand de Baux, l'obligea à quitter la cour à laquelle il s'était attaché et à chercher asile auprès d'Aimar II, comte de Valentinois, lequel accueillait volontiers sur ses terres les poètes du temps, et se lia d'amitié avec Raimbaut qui conserva toujours pour lui un très fidèle attachement. La réputation de Boniface III, marquis de Montferrat, dont la cour s'ornait de tout ce que l'époque comptait de grands talents, attira ensuite Raimbaut qui s'y rendit vers 1193. Il ne tarda pas à s'y imposer. La belle Béatrix du Carret, sœur de Boniface III, régnait sur cette cour ; Raimbaut en tomba éperdument amoureux. « Je suis pris, disait-il, comme perdrix à la tonnelle » ; il déclara son amour et la dame l'accepta pour « chevalier et serviteur ». Il avait entre-temps conquis l'estime du marquis et, toujours à cheval, l'accompagnait dans toutes ses guerres.

Il ne s'occupa plus dès ce moment que de chansons, de guerre et d'amour, sa dame ayant accepté qu'il fût plus que son « serviteur ». En 1204, à la mort du comte de Champagne, Boniface de Montferrat fut élu chef de la quatrième croisade et Raimbaut, quittant à regret son amour, l'accompagna. La croisade finit dans le pillage de Constantinople au cours duquel Raimbaut et Boniface, qui avaient vainement tenté de s'y opposer, eurent l'occasion de sauver Marguerite de Hongrie, veuve de l'empereur Isaac, et Agnès, fille de Louis VII, roi de France. Boniface épousa Marguerite de Hongrie et obtint le royaume de Thessalonique ; ce fut alors que, pour lui rappeler ses services, Raimbaut lui adressa sa célèbre épître, qui est l'un des plus beaux morceaux de la littérature provençale. « Vous me devez, Seigneur marquis, écrivait-il, la récompense de trois serviteurs puisque vous trouvez en moi le témoin, le chevalier et le poète. » Boniface le dota de considérables propriétés en Macédoine, et Raimbaut se préparait à y goûter enfin le bonheur avec celle qui n'avait cessé d'occuper son cœur lorsque lui parvint, au début de 1204, la nouvelle de la mort de Béatrix. Des stances adressées à Aimar II témoignent, avec une rare simplicité, de sa douleur. La mort de Boniface, tué par une flèche empoisonnée alors qu'il poursuivait les Bulgares, dut achever d'assombrir la vie de Raimbaut, mais nous perdons désormais sa trace. Il ne nous est parvenu de lui que vingt-huit pièces — v. *Poésies* (*) — mais elles suffisent à assurer sa gloire. Son œuvre, l'une des plus belles que le Moyen Âge nous ait transmises, est remarquable par sa délicatesse, sa concision et son harmonie.

RÉF. : Jehan de Nostredame, *Les Vies des plus célèbres et anciens poètes provençaux,* Lyon, 1575. — Raynouard, *Choix des poésies originales des troubadours,* t. V, Paris, 1820. — Dr. Arlatan de Lauris, *Notice sur Raimbaut de Vacqueiras* in t. III du *Recueil des mémoires de la Société des sciences,* Aix-en-Provence, 1827. — Émeric-David, *Rambaud de Vachères* in t. XVII de l'*Histoire littéraire de la France,* Paris, 1832. — Fauriel, *Histoire de la poésie provençale,* Paris, 1846. — J.-H. Smith, *The Troubadours at Home ; their Lives,* t. I., New York, 1899. — J. Linskill, *The Poems of Raimbaut de Vaqueiras,* La Haye, 1964.

RAIMBAUT d'Orange. Troubadour provençal. Né à Orange, ou dans les environs au château de Courthézon, vers 1146, mort le 10 mai 1173 au château de Courthézon. Il était le fils de Guillaume d'Omélas et de Tiburge d'Orange qui s'étaient mariés en 1129, et le neveu de Guillaume VI de Montpellier. Ses parents moururent alors qu'il était encore très jeune et il hérita de son père le fief d'Omélas. Raimbaut céda ses droits sur Omélas contre vingt mille sous melgoriens et la tradition veut qu'il ait dilapidé cette somme en festins et en débauche. C'est qu'il a laissé la réputation d'un seigneur « gaspailleur » qui non content de festoyer dans son château enfonçait les portes des couvents et violait les nonnes. Il aurait même, à la fin de ses jours, emprunté l'argent nécessaire pour aller en pèlerinage à Jérusalem afin de se faire absoudre de ses innombrables péchés. Un vieux texte le dépeint comme ayant « de la figure, de l'esprit, de la vivacité et une certaine magnificence mais inconstant, dissimulé, ennemi des bienséances et peu délicat dans ses plaisirs ». Il vivait au milieu d'une petite cour de nobles et se moquait des bourgeois et de la puissance de leur argent. La gloire militaire le laissait indifférent et ce n'est pas sans cynisme qu'il semble avoir considéré les vieilles règles de la chevalerie. Quoiqu'il n'ait pas été de mode de s'instruire pour les gens de sa condition, son œuvre témoigne d'une grande culture. Ses maîtres troubadours furent Marcabrun et Peire d'Auvergne, et il assista à plusieurs rassemblements de troubadours à Puivert (Aude). C'est dire qu'il fut parfaitement au courant du mouvement littéraire de son époque. Il ne nous est parvenu qu'une quarantaine de ses poèmes — v. *Vers* (*) ; tous sont remarquables par leur virtuosité formelle, leurs rimes riches et leurs savantes alternances. Ils se distinguent de la monotonie générale de la poésie des troubadours par leur sens de l'humour encore que cela ne suffise pas à les mettre au premier rang.

BERNARD NOËL.

RÉF. : Carl Appel, *Raimbaut von Orange,* Berlin, 1928. — A. Jeanroy, *La Poésie lyrique des troubadours,* Paris, 1934. — W. T. Pattison, *The Life and Works of the Troubadour Raimbaut d'Orange,* Minneapolis, 1952.

RAIMON DE MIRAVAL. Troubadour provençal. Né dans la seconde moitié du XIIe siècle, mort après 1229. Châtelain de Miraval (aujourd'hui Miraval-Cabardès) près de Carcassonne, il fut le familier de Raymond VI de Toulouse, qu'il appelait Audiart, et de grands seigneurs espagnols, Uc de Mataplana, Pierre II d'Aragon, Alphonse VIII de Castille. Son château pris par les troupes de Simon de Montfort en 1209 (ou 1211), il se réfugia en Catalogne où il appela au secours Pierre II dans la chanson « Bel m'es qu'ieu chant e coindei » [Il me plaît de chanter et d'être aimable] : « Chanson, pars et dis de ma part au roi, guide, parure et nourriture de toute joie, qu'il n'y a en lui rien d'indigne, si bien que je le vois tel que je le désire. Qu'il recouvre Montagut et revienne à Carcassonne : il sera alors empereur de haut mérite et son écu sera redouté, ici des Français et là des Mahométans. » Après Muret, il vécut à Lérida où il mourut après 1229. Il n'y a rien à tirer de la *vida* et des *razos* tout à fait fantaisistes de ses biographes provençaux.

Son œuvre, écrite entre 1185 et 1213, qui comprend trente-huit chansons, cinq *sirventes*, des *coblas*, un jeu parti et un salut d'amour, a fait de lui, pour Raimon Vidal et Matfre Ermengaud, le type même de l'amant et du poète courtois, pour qui l'amour permet d'acquérir honneur et *pretz* (« valeur ») : il faut se soumettre à Amour pour augmenter la valeur de sa dame, quitte à la critiquer si elle ne mérite pas cet hommage. Il s'agit chez Raimon de Miraval moins de *fin'amor* que de courtoisie mondaine. Adversaire du *trobar clus* et de son hermétisme, habile versificateur, il écrit dans un style simple et élégant, proche de la conversation de salon, mais il est capable dans les sirventes d'un ton direct et robuste.

JEAN DUFOURNET.

RÉF. : P. Andraud, *La Vie et l'Œuvre du troubadour Raimon de Miraval,* Paris, 1902. — L. T. Topsfield, *Les Poésies du troubadour Raimon de Miraval,* Paris, 1971 ; « Raimon de Miraval and the Art of Courtly Love », dans *Modern Language Review,* t. 51.

RAIMUND Ferdinand. Auteur comique autrichien. Né le 1er juin 1790 à Vienne, mort le 5 septembre 1836 à Pottenstein (Basse-Autriche). Fils d'un artisan (qui se nommait en réalité Raimann) et resté orphelin tout jeune, il fut aussitôt mis au travail. Mais la passion qu'il ressentait pour le théâtre ne lui laissait pas de répit, et à dix-huit ans il devint acteur. Il se croyait doué pour les rôles tragiques, mais dans les compagnies avec lesquelles il accomplit des tournées en province il dut remplir des rôles comiques, et lorsqu'en 1814 il put entrer au théâtre de la Josefstadt à Vienne, il connut son premier vrai succès comme protagoniste dans une comédie de Gleich. En 1817, il jouait au théâtre de la Leopoldstadt, où il fut acclamé comme le talent comique le plus original des théâtres viennois. Il lui arrivait de modifier, pour les rendre passables, les pauvres textes qu'il récitait ; un jour, il en compléta un à peine ébauché et celui-ci, *Le Fabricant de baromètres,* fut son premier succès d'auteur (1823). Il devait être suivi, toujours dans la ligne de la comédie populaire autrichienne de tradition baroque, de sept œuvres qui, de la farce féerique [Zauberposse] — dont faisait encore partie *Le Diamant du roi des esprits* [*Der Diamant des Geisterkönigs,* 1824] — atteignaient à la comédie dramatique féerique [Zauberspiel]. Cette série, commencée avec *La Fille du royaume des fées ou le Paysan millionnaire* (*) (1826) se termine avec *Le Dissipateur* (*) (1834), où le merveilleux n'est plus guère qu'un moyen instrumental et décoratif au service de l'idée dramatique. Au milieu de cette série, Raimund avait déjà donné *Le Roi des Alpes et le misanthrope* (*) (1828), chef-d'œuvre où le comique et le dramatique sont étroitement mêlés. Par contre, son ambition tragique lui fit rompre cet équilibre dans *La Couronne maléfique* (*), paru en 1829, qui cependant contient des passages d'une force singulière ; de même le personnage comique (encore une transformation du vieux Kasperl) rachète ce qu'il y a d'intentionnel dans *La Fontaine enchaînée* [*Die gefesselte Phantasie,* 1828], alors que dans *Malédiction de Moisasur* [*Moisasurs Zauberfluch,* 1827], la fantaisie et le réalisme dramatique s'intègrent avec une grande efficacité dans un cadre allégorique d'un baroque très suggestif. Dans les comédies de Raimund, on retrouve toujours cette touche de l'art populaire viennois, mais son sens de la vie, les enseignements de son œuvre sont contenus dans le « contentement », la résignation du Biedermeier. Toutefois, lui-même, toujours romantiquement agité, était incapable d'atteindre à cette sagesse, et il en donna la preuve vers la fin de sa vie ; mordu par un chien qu'il pensait enragé, il se rendit à Vienne pour voir un médecin, et se suicida en cours de route. Les nombreux « Lieder » dont il a semé à pleines mains ses compositions théâtrales sont très réussis et jouissent encore d'une grande vogue.

RÉF. : H. Waniek, *Die Lieder F. Raimunds,* 1940. — Joseph Gregor, *Die Raimund-Feier der Stadt Wien,* 1940. — Else Wondrusch, *F. Raimunds Schaffen im Spiegel der Wiener Presse,* Vienne, 1947. — K. Kahl, *Raimund,* Velber, 1967. — R. Wimmer, *Ferdinand Raimunds Zauberspiele,* Munich, 1984.

RAINE Kathleen Jessie. Poète et critique britannique. Née le 14 juin 1908 à Ilford (banlieue londonienne). Après ses études secondaires, Kathleen Raine opte pour les sciences naturelles à Cambridge, au Girton College nouvellement créé pour les jeunes filles, et obtient son M.A. en 1929. Les grandes lignes de sa vie sont retracées dans son autobiographie : *Adieu, prairies heureuses* (*), *Le Royaume inconnu* (+) (1975) et *La Gueule du lion* (+) (1977). Elle commence à donner ses poèmes en revues à partir de 1935 et publie en 1943 son premier recueil, *Pierre et Fleur* (+) – v. *Isis errante* (*). Les autres titres de son œuvre poétique sont : *Vivre dans le temps* [*Living in Time,* 1946], *La Pythonisse* (+) (1949) – v. *Isis errante* –, *Le Premier Jour* [*The Year One,* 1952], *Le Tertre et la Tombe* [*The Hollow Hill,* 1965], *Le Pays perdu* [*The Lost Country,* 1971], *Sur un rivage désert* [*On a Deserted Shore,* 1973], *Le Portrait ovale* [*The Oval Portrait,* 1977], *L'Oracle dans le cœur* [*The Oracle in the Heart,* 1980] et *La Présence* [*The Presence,* 1987]. *Visages du jour et de la nuit* [*Faces of Day and Night,* 1972] est un recueil de proses. De 1955 à 1961, Kathleen Raine a enseigné au Girton College ; elle a donné en 1962 une série de conférences à la National Gallery of Art de Washington, et a été faite docteur ès lettres de l'université de Leicester en 1974. Elle a traduit plusieurs œuvres littéraires françaises dont *Les Illusions perdues* (*) et *La Cousine Bette* (*) de Balzac. Son importante œuvre critique porte sur Shelley, Coleridge, Saint-John Perse, Edwin Muir, Vernon Watkins et David Gascoyne – *Défense des sources anciennes* [*Defending Ancient Springs,* 1967] –, sur Keats, Hopkins, Jung, T. S. Eliot et David Jones – *Le Voyage intérieur du poète* [*The Inner Journey of the Poet,* 1982] – et sur Yeats : *Yeats l'initié* [*Yeats the Initiate,* 1986]. Mais c'est surtout à Blake que l'auteur s'est attachée : *Blake et la tradition* [*Blake and Tradition,* 1968], *William Blake* [1970], *Blake et l'Antiquité* [*Blake and Antiquity,* 1974], *De Blake à une vision* [*From Blake to a Vision,* 1978] et *L'Imagination créatrice de William Blake* [*Blake and the New Age,* 1979]. Elle a publié la revue *Temenos* (douze numéros, 1981-1991) et a ajouté un quatrième volume à son autobiographie, *Le Voyage en Inde* [*India Seen Afar,* 1991]. Une anthologie de sa poésie est parue en français sous le titre *Le Royaume invisible* (1991).

PHILIPPE MIKRIAMMOS.

RAINIS Jānis (pseud. de Jānis Pliekšāns). Poète letton. Né le 11 septembre 1865 au lieu-dit Varslavani, en Zemgalie, mort le 12 septembre 1929 à Riga. Il est le poète letton le plus universel. Il sut exprimer les rêves les plus audacieux de ses concitoyens dans des drames symboliques tels que *Feu et Nuit* (*) (1905) et *Le Cheval d'or* [*Zelta zirgs,* 1910]. Passionné par le destin de l'humanité dans les diverses nations du monde, il composa des cycles entiers de drames, dont *Joseph et ses frères* [*Jāzeps un vina brali,* 1919]. Poète lyrique s'il en fut, il se montra d'une grande délicatesse en parlant de l'amour ; esprit supérieur, il resta incompris et solitaire, même parmi les acclamations de la foule. Ses parents étant gens aisés, il put s'adonner aux études et à la littérature ; à l'âge de quinze ans il traduisit en letton *Boris Godounov* (*) de Pouchkine. Élève au lycée de Riga (1880-83) il passa ensuite, en 1889, son doctorat en droit à Saint-Pétersbourg, où il eut l'occasion de pénétrer dans un milieu culturel très ouvert. Il fit partie du mouvement progressiste, alors fort à la mode, appelé en littérature le « courant nouveau ». De retour dans sa patrie, il choisit la carrière d'avocat et devint un des militants les plus importants du socialisme révolutionnaire, surtout en 1891, année où il prit la direction du journal *Dienas lapa* [*La Feuille du jour*]. Pour pouvoir mieux étudier le problème social il se rendit en 1893 en Allemagne et en Suisse. Il fit vers cette époque la connaissance de Aspazija, poétesse lettonne déjà célèbre par ses drames. Lorsqu'en 1897 il fut arrêté en raison de son activité politique et condamné à cinq années de déportation en Russie, Aspazija devint sa femme et lui fut d'un grand réconfort. En 1903, libéré, il put faire un court séjour dans sa patrie, mais la répression du mouvement révolutionnaire obligea les deux poètes à émigrer en Suisse. Ses quinze années d'exil inspirèrent au poète la plus belle de ses œuvres lyriques : *Les Cinq Cahiers d'esquisses de Dagda* [*No Dagda skicu burtnikas,* 1921], histoire d'un exilé. En 1920, il fit un retour triomphal dans sa patrie libérée. Cette dernière période de sa vie fut extrêmement active. Les socialistes l'entraînèrent de nouveau dans la politique ; les nationalistes le nommèrent ministre de l'Instruction publique ; ses amis, en faisant sans cesse appel à son aide, lui firent perdre des heures précieuses mais Rainis, toujours actif, réussit cependant à composer plusieurs œuvres. D'autres demeurèrent inachevées ou à l'état d'ébauches. Il fut frappé d'une crise cardiaque dans sa villa des environs de Riga. Le peuple, uni dans le deuil, l'enterra solennellement et donna son nom au cimetière monumental de Riga. Ses *Œuvres complètes* [*Koroti raksti*] parurent en quatorze volumes à Riga (1947-51).

RAÏNOV Nikolaï. Écrivain bulgare. Né dans le village de Kessarevo (région de Tirnovo) le 1er janvier 1889, mort le 2 mai 1954 à Sofia. Son premier recueil de récits, *Légendes bogomiles* [*Bogomilski légéndi,* 1912], est inspiré par la littérature apocryphe du Moyen Âge. En 1918, Raïnov publie *Visions de la Bulgarie ancienne* [*Vidénija iz drévna Balgarija*] et *Contes du soleil* (*) qui le confirment comme un maître de la légende et du poème en prose. En 1919, paraît son roman sur la vie du Christ, *Entre le désert et la vie* [*Mejdou poustinjata i jovita*]. Passionné par les problèmes de la spiritualité, à la recherche d'un style nouveau, s'inspirant de l'ancienne littérature, mais revue à travers le goût de l'école symboliste et néo-romantique, Raïnov exerce une forte influence sur les écrivains de sa génération. Il est l'auteur de plusieurs volumes de contes et de légendes, d'une *Histoire de l'art* en douze volumes [*Istorija na iscoustvoto,* 1931-39] et d'une histoire de la littérature bulgare, *L'Éternel dans notre littérature* [*Vetchnoto v nashata litératoura,* 1941].

RAI SAN-YÔ (pseud. de Rai Noburu). Patriote, historien et homme de lettres japonais. Né à Ôsaka en 1780, mort à Kyôto en 1832. Son père, Rai Shunsui (1741-1816), était un homme de bonne culture, très au fait de la poésie et de la philosophie chinoises : il était le sinologue de son fief natal d'Aki, et le précepteur de l'héritier de la seigneurie locale. Ainsi, San-Yô grandit dans un milieu d'études pour lesquelles il montra, dès son jeune âge, de très heureuses dispositions. À treize ans, il composa une poésie chinoise qu'il envoya à son père, alors à Edo (aujourd'hui Tôkyô), où elle fut grandement appréciée par le sinologue Shibata Ritsuzan (1736-1807). En 1797, il suivit l'un de ses oncles à Edo, et entra à l'école d'Ofuji Nishû (1745-1813). De retour dans son fief, en 1809, il commença à rédiger son ouvrage le plus connu, *Histoire non officielle du Japon* (*), qui devait lui coûter vingt ans de travail et de recherches. C'est un livre brûlant de patriotisme qui joua un rôle énorme dans la préparation de la révolution qui devait renverser le shogounat et, en 1868, rétablir le pouvoir légitime entre les mains de l'empereur. Une autre de ses œuvres, l'*Histoire politique du Japon* (+), fruit de profondes méditations, fut écrite dans son âge mûr. San-Yô était également un remarquable sinologue : en dehors des deux ouvrages cités, écrits en chinois, il a laissé de nombreuses poésies chinoises, dans lesquelles cependant l'inspiration et le sentiment sont japonais.

RAJAM AIYAR. Écrivain tamoul. Né à Vattalakunda, près de Madurai en 1872, mort le 13 mai 1898. Auteur à l'âge de vingt et un ans de *Kamalāmpāḷ Carrittiram* – v. *L'Histoire de Kamalāmpāl* (*) –, l'un des premiers romans tamouls, Rajam Aiyar est un journaliste passionné de philosophie védantique ; il a été choisi par Swami Vivekananda pour éditer la revue *Prabuddha Bharata ;* Rajam Aiyar est aussi l'auteur d'un livre en anglais sur le Vedanta (*Rambles in Vedanta*).

ÉLISABETH SETHUPATHY.

RÁKOCZY, François II (en hongrois II Ferenc). Prince de Transylvanie et de Hongrie, et écrivain hongrois d'expression française et latine. Né en 1676 à Borsi, mort en 1735 à Rodosto. Déjà le comte Miklos Zrínyi avait, dans la littérature hongroise, allié son action de condottiere à la plume, et donné à la Hongrie son épopée. Le prince François II Rákoczy représente sans doute l'exemple le plus éminent du couple politique-littérature. La fin du XVIIe siècle avait vu la fin de l'occupation turque, mais aussi la prise de possession effective de la Hongrie par les Habsbourg, dont les armées avaient ravagé le pays. En 1703, le prince de Transylvanie prenait la tête d'une coalition de nobles et de paysans, et entreprenait une guerre de libération qui allait durer jusqu'en 1711. Mais les troupes autrichiennes étaient puissantes et expérimentées, alors l'entreprise diplomatique de François II échoua : ni Louis XIV ni Pierre le Grand ne lui accordèrent leur appui concret. De plus, les contradictions entre la noblesse et la paysannerie apparurent comme irréductibles. L'échec de la guerre d'indépendance fut entériné par la paix de Szatmàr en 1711. François II dut partir en exil. Il trouva d'abord refuge en France à la cour de Louis XIV, il fréquenta les théâtres, où il vit les pièces de Racine et de Molière, fit la connaissance de Saint-Simon, de Mme de Maintenon. Mais c'est à partir de 1716 que, retiré au monastère de Grosboin, il se mit à écrire. En 1717, il poursuivit son exil en Turquie où il se fixa et mena une vie retirée et méditative jusqu'à sa mort.

Ce fringant homme politique et chef militaire, janséniste fervent à la fin de sa vie, fait partie intégrante de l'histoire littéraire de la Hongrie. Principalement, tant par leur contenu que par leur langue, deux de ses œuvres sont remarquables : *Confession d'un pécheur* (*) (1716-1719) écrite en latin et ses *Mémoires* (1717) écrits en français qui paraîtront en 1739 à La Haye et formeront les cinquième et sixième parties d'un volume intitulé *Histoires des révolutions de Hongrie.* Ce sont des œuvres d'une exceptionnelle franchise : ce croyant ascétique ne cesse en effet de réfléchir à son expérience d'homme d'État et d'analyser les causes de son échec, avec toute la modestie qui le conduit à mettre sans cesse en doute ses propres impressions et à faire œuvre, autant que possible, d'historien moderne.

EVA TOULOUZE.

RALEGH sir Walter. Homme politique et écrivain anglais. Né à Hayes, près de Budleigh Salterton Bay (Devonshire) vers 1552, mort décapité à Londres le 29 octobre 1618. L'on ne sait rien de sa vie jusqu'en 1575, sinon qu'il étudia à Oxford, qu'il fit partie d'un corps de volontaires anglais venu au secours des protestants français, et qu'il prit sans doute part à la bataille de Jarnac. Il fut, ensuite, capitaine du vaisseau « Falcon » au cours d'une expédition contre les Espagnols. En 1580, ses nombreux duels lui valurent d'être arrêté deux fois ; à sa libération, il se mit au service des comtes de Leicester et d'Oxford. Ceux-ci lui firent avoir le commandement d'une compagnie à la tête de laquelle il se distingua dans la répression de la rébellion de Desmonds en Irlande. Après la victoire, il se présenta à la Cour où sa correspondance avec Walsingham lui avait fait une certaine réputation et où sa beauté, ses manières et son esprit lui valurent les faveurs de la reine Elizabeth Ire qui lui accorda entre autres privilèges le monopole de l'importation des draperies et la succession du comte de Bedford. Devenu premier favori de la reine, il fut nommé en 1587 capitaine de la garde. Il organisa alors des expéditions vers le Nouveau Monde et obtint la propriété, moyennant paiement au trésor du cinquième du produit des métaux précieux découverts, de toutes les terres explorées par ses vaisseaux. C'est ainsi qu'il acquit une partie de Terre-Neuve, la Virginie et la Caroline du Nord. Deux tentatives de colonisation ayant échoué en 1586 et 1587, il vendit ses droits à une compagnie de marchands, tout en se réservant des rentes sur l'exploitation de ces territoires. À partir de 1587 sa position de premier favori commença à lui être disputée par le comte d'Essex et, en 1588, il se retira sur ses terres d'Irlande sous le prétexte d'organiser la défense des côtes et de lever des milices. En 1589, il prit part à une expédition au Portugal qui faillit soulever une révolte contre Philippe II. En 1592, il organisa le blocus et l'interception de la flotte de commerce espagnole, mais la reine le rappela pour le punir d'avoir séduit une de ses dames d'honneur, Elizabeth Throgmorton. Il fut écroué à la Tour et dut faire montre d'un grand repentir pour être libéré et obtenir la permission de se marier. Il se retira avec sa femme sur ses terres du Dorsetshire et un fils lui naquit en 1593. Las de sa vie tranquille, il partit en 1595 vers l'Afrique du Sud à la recherche de mines d'or. À son retour, il publia *La Découverte de la Guinée* [*The Discoverie of Guinea*], narration très brillante mais dont les invraisemblances suscitèrent l'incrédulité. Il est alors, à cause de son arrogance, l'homme le plus impopulaire d'Angleterre et son scepticisme lui vaut d'être publiquement traité d'athée. Sa vaillance durant la prise de Cadix et ses blessures lui apportèrent un retour de faveur et une réconciliation apparente avec le comte d'Essex. Il accompagna ce dernier dans une expédition aux Açores en 1597, mais ils se prirent à nouveau de querelle, ce qui entraîna pour Ralegh de nouvelles réprimandes de la reine et de la Cour. En 1600, il fut nommé gouverneur de Jersey et se montra un excellent organisateur. Il était d'ailleurs l'un des meilleurs critiques de la législation fiscale et agrarienne de son temps. En 1601, il participa à la répression de la rébellion du comte d'Essex et présida à son exécution, mais l'avènement de Jacques Ier le mit dans une situation difficile. Le nouveau roi ne l'aimait pas. Il le fit exclure de la garde et lui enleva tous ses monopoles et privilèges, y compris le gouvernement de Jersey. Il le fit ensuite accuser de conspiration et incarcérer à la Tour le 19 juillet 1603. Son procès eut lieu en novembre, mais il fit face avec tant d'honneur aux brutalités de ses juges qu'un retournement de l'opinion publique eut lieu en sa faveur et que la sentence de mort prononcée contre lui ne fut pas exécutée. Condamné à la détention perpétuelle, il se consacra à la chimie et à la littérature, sans perdre l'espoir d'être un jour libéré. Il écrivit alors son *Histoire du monde* (*) et inventa un élixir. Le trésor royal étant vide, il promit de ramener de l'or de Guinée et fut libéré sous condition de réussite le 19 mars 1616. Il mit à la voile le 17 mars 1617 mais l'expédition échoua. À son retour, condamné à être décapité, il accepta la mort avec sérénité.

BERNARD NOËL.

♦ *« Les écrivains les plus érudits ont été surpassés par l'immense génie de cet homme qui pourtant avait été éduqué parmi les marins et les soldats. Il faut admirer son indomptable courage qui le poussa, malgré l'âge et les circonstances, à entreprendre un aussi grand travail que son* Histoire du monde. *»* Hume. ♦ *« Lisez sir Walter Ralegh, il vous en apprendra plus que n'importe qui. »* Cromwell. ♦ *« Le génie de Ralegh a embrassé tous les domaines de l'activité humaine et sa dernière heure fut encore consacrée à transcrire les émotions du sage et du héros qui ne craint pas la mort. »* Disraéli.

RÉF. : D. B. Quinn, *Ralegh and the British Empire,* Londres, 1947. – M. Waldman, *Sir Walter Ralegh,* Londres, 1950. – E. Strathmann, *Sir Walter Ralegh,* New York, 1951. – P. Edwards, *Sir Walter Ralegh,* 1953. – A. Latham, *Sir Walter Ralegh,* Londres, 1964. – P. Lefrance, *Sir Walter Ralegh, écrivain* (thèse), Paris, 1968. – S. Greenblatt, *Sir Walter Ralegh, The Renaissance Man and his Roles,* New Haven, 1973.

RAMAKRISHNA. Maître spirituel bengali. Né le 18 février 1836 à Kamarpukur, mort le 16 août 1886 à Cossipore, près de Calcutta. Gadadhar Chattopadhyaya, dit Ramakrishna, est né d'un couple brahmine modeste. Son père avait eu une vision de Vishnu qui lui avait promis de s'incarner dans son futur fils. La beauté de la nature provoqua chez l'enfant sa première extase : il avait six ans. Il en avait sept quand son père mourut, et neuf quand il ceignit le cordon sacré des brahmanes. À seize ans, il fut appelé par son frère aîné qui avait ouvert un collège de sanskrit à Calcutta, mais, malgré sa bonne volonté, il ne réussit pas dans un travail qui l'éloignait de la dévotion. En 1855, il devint le desservant du temple de Kālī (la nature mère) construit en 1847 à Dakshineswar, au bord du Gange, par une riche veuve de Calcutta, Rāni Rasmani, qui le soutint toute sa vie. Il remplit son rôle avec une ferveur extraordinaire, complètement absorbé par la présence de la Mère divine, qui était à ses yeux à la fois l'expression de l'amour maternel et la représentation des forces cosmiques, la synthèse des antinomies. Son adoration allait volontiers jusqu'aux délires mystiques de l'exaltation et aux hallucinations de l'angoisse. Il se considérait comme le fils de Kālī, voyait en toute femme une manifestation de la Mère de l'Univers, suait le sang et faillit perdre la raison plus d'une fois.

En 1859, à vingt-trois ans, il épousa la petite Sarada Devi, fille de brahmanes d'un village proche de Kamarpukur, âgée de cinq ans ; elle-même sera toute sa vie obsédée par la pureté, et cet étrange destin d'union spirituelle la fit vénérer de son vivant et après sa mort en 1920, comme « la Mère ».

Ce n'est pas Sarada Devi, mais une autre brahmine qui mit fin au délire de Ramakrishna : Bhairavi Brāhmani fut son véritable gourou, l'initia au tantrisme et sut à son tour faire reconnaître en lui un avatar divin. Puis elle le confia à un autre gourou, moine errant et austère, nommé Tota Puri, qui arriva à Dakshineswar en 1864, où il resta onze mois. Il initia Ramakrishna à la doctrine et à la discipline du Vedānta, négation de tous les dualismes. Le résultat fut que le disciple dépassa le maître, et il lui arriva de s'élever au-delà du monde des phénomènes, absorbé en brahman, en atteignant l'extase du samādhi une fois pendant plusieurs jours, une autre fois six mois durant. Pour lui, tout n'était plus que la manifestation de la Mère divine devenue Brahman, de Kālī, l'énergie primordiale, la Grande Créatrice. Il partage alors son temps entre la pratique spirituelle, l'enseignement des disciples et le secours des déshérités. En 1872 Sarada Devi rejoignit son mari à Dakshineswar. Puis Ramakrishna rencontra et étudia le bouddhisme, l'islam et le christianisme, grâce, en partie, au mouvement syncrétiste bengali Brahmasamaj que dirigeait alors son ami Keshub Chandra Sen. Après avoir confié son héritage spirituel à Vivekananda, Ramakrishna mourut d'un cancer de la gorge entouré de ses disciples, en criant le nom de Kālī.

Ramakrishna n'a rien écrit. Ce qui a été publié comme *L'Enseignement de Ramakrishna* (*) n'est qu'une compilation de notes et de pensées pieusement recueillies. La pensée de Ramakrishna n'était d'ailleurs pas originale en elle-même. Son génie est d'avoir su se mettre à l'écoute de ceux qui lui parlaient, avec une perméabilité et un sens de la synthèse qui fascinaient ses auditeurs.

Aux chercheurs de Dieu, ce « fou » qu'il était rappelait, hors tout dogmatisme, que la clef était le don de soi. Son influence a été considérable dans le Nouveau Monde et en Europe grâce à la Ramakrishna Mission fondée par Vivekananda. En France, Romain Rolland, qui a publié la *Vie de Ramakrishna*, a contribué à son rayonnement, de même que le Swami Siddheswarananda qui anima jusqu'à sa mort, en 1957, l'ashram qu'il avait fondé à Gretz (Seine-et-Marne).

JEAN PIE LAPIERRE.

RAMEAU Jean-Philippe. Compositeur français. Né à Dijon le 25 septembre 1683 ; mort à Paris le 12 septembre 1764. Jean-Philippe Rameau est le maître de la dernière période glorieuse de la musique classique française. Fils de l'honnête organiste de la cathédrale Saint-Bénigne à Dijon, par tradition familiale, sa carrière était tracée et il n'attendit pas d'avoir terminé ses études chez les jésuites pour embrasser le métier de musicien. Comme presque tous les artistes de son époque, il passe les Alpes pour visiter l'Italie. Il a dix-sept ans. Ce voyage ne paraît pas l'avoir mené bien loin puisque à Milan il entre comme violoniste dans une troupe de théâtre qui le conduira bientôt en Provence. En 1702, il se montre déjà si excellent musicien qu'il se voit confier les orgues de Notre-Dame-des-Doms, en Avignon. Pendant longtemps, il mènera une vie fort instable, toujours préoccupé de trouver une position ou un milieu qu'il croit plus favorable sans parvenir à se fixer. Nous le trouvons à Clermont-Ferrand, où il rompt son contrat d'organiste pour se rendre à Paris. Pendant quelque temps, il y tient l'orgue des jésuites de la rue Saint-Jacques et des pères de la Merci ; puis il revient dans son pays natal à la mort de son père, dont il prend pendant quatre ans la succession. En 1712, il est nommé à Lyon, passe à Saint-Etienne, avant d'aller retrouver son ancien clavier de Clermont-Ferrand. Cette vie ambulante et agitée de paroisse en paroisse ne semble pas nuire à son activité créatrice. Comme tous les organistes d'autrefois, Rameau était claveciniste. Il devint un professeur fort apprécié. Son premier livre de clavecin – v. *Pièces de clavecin* (*) – paraît en 1706 ; mais il faudra attendre près de vingt ans avant de voir paraître le deuxième livre qui sera suivi sept ans plus tard d'un troisième livre. À côté de son métier d'exécutant et de compositeur, sa grande préoccupation, celle qui restera l'impérieuse passion de toute sa vie, sera d'établir les fondements de la science de l'harmonie. Depuis que les vieux modes avaient été remplacés par l'écriture verticale, on pouvait sentir le besoin d'en analyser les principes acoustiques, d'en fixer les règles, de codifier les éléments de la tonalité moderne. Rameau attendit l'âge de quarante ans (1722) avant de présenter les fruits de ses études et de son expérience, et de publier son *Traité de l'harmonie* (*), livre fondamental qui restera pendant deux siècles la référence des musiciens. Cet ouvrage fait grand bruit. Écrit avec une admirable lucidité et avec une compréhension sans égale des problèmes de la musique, il suscite l'intérêt, les passions, les controverses. Rameau vient alors se fixer à Paris. Il y essuie d'abord un échec : au concours pour l'obtention de l'orgue de Saint-Paul, c'est Daquin qui l'emporte sur lui. Agé de quarante-quatre ans, Rameau se marie avec Mlle Mangot, qui en a dix-huit. Il poursuit son œuvre de théoricien qui agite le monde de la musique. Le théâtre l'intéresse aussi : il compose pour le théâtre de la Foire Saint-Laurent et de la Foire Saint-Germain. Parallèlement, il écrit des cantates, des motets et tient l'orgue de Sainte-Croix-de-la-Bretonnerie. Un homme de très grand goût, le fermier général La Popelinière, l'attire dans sa maison richement décorée d'œuvres d'art et lui demande d'y organiser des concerts. Il y rencontre les écrivains et les artistes les plus éminents, dont Voltaire qui lui ressemble d'étrange façon et qui sera toujours son fervent admirateur.

C'est alors que l'abbé Pellegrin écrit pour lui, extrait de *Phèdre* (*), le livret d'*Hippolyte et Aricie* (*), qui sera créé à l'Opéra en 1733. Le public, dans son ensemble, est déconcerté par une musique trop savante. Le clan des lullistes stigmatise l'agressivité des accords, une écriture de théoricien qui, soi-disant, perd tout pouvoir mélodique. Les épigrammes pleuvent : « Distillateurs d'accords baroques / Dont tant d'idiots sont férus / Chez les Thraces et les Iroques / Portez vos opéras bourrus. » Pourquoi Rameau ne s'inspire-t-il pas plus simplement de la nature ? « Si le difficile est beau / C'est un grand homme que Rameau. / Mais si le beau par aventure / N'était que la simple nature / Quel petit homme que Rameau ! » L'auteur, dont l'entêtement et le caractère irascible étaient bien connus, s'il savait répondre avec une véhémence lucide aux attaques de ses adversaires dirigées contre ses écrits, se trouvait désemparé devant cet accueil fait à sa musique. Il ne reniait rien, bien au contraire, mais irrité et découragé, il déclarait : « J'ai cru que mes goûts réussiraient ; je n'en ai point d'autres ; je ne ferai plus d'opéras. » À vrai dire, il avait aussi de grands admirateurs et le vieux Campra, après la première représentation, déclarait en bon prophète : « Voilà un homme qui nous dépassera tous. » Rameau ne renonça point à l'opéra, mais, dès lors, il en fit représenter un presque chaque année. Dans les dernières années de sa vie – il devait mourir âgé de quatre-vingts ans – l'ardeur des polémiques suscitées par ses doctrines ne fit que s'accuser. Il s'acharnait avec une opiniâtreté hautaine et farouche à la défense de ses idées, et répondait à ses détracteurs par des coups de boutoir. Il représentait avec force un art spécifiquement français, notamment dans ses polémiques contre Jean-Jacques Rousseau après que celui-ci eut fait paraître sa ridicule *Lettre sur la musique française* (*), et contre l'Allemand Grimm, qui jouissait du plus haut crédit dans la société parisienne. En dehors de d'Alembert, qui fut l'un de ses plus pénétrants commentateurs – *Discours préliminaires de l'Encyclopédie* (*), *Éléments de musique théorique et pratique* –, il ne trouvait chez les philosophes de l'*Encyclopédie* (*) qui régnaient sur les idées du jour que des contempteurs généralement ignorants de ce dont ils parlaient avec outrecuidance. Les querelles s'éternisaient, de plus en plus véhémentes.

Quelles étaient les théories défendues par Rameau avec tant d'âpreté ? Le musicien accordait une extrême importance à son œuvre pédagogique – au point qu'il considérait que le temps donné à la composition était du temps perdu qui le détournait de ses recherches. Il apportait à ses spéculations un esprit scientifique qui le fit nommer le « Newton des sons » tandis que Voltaire l'appelait « notre Euclide-Orphée » pour l'auteur du *Traité* et pour le poète de *Castor et Pollux* (*). « C'est l'harmonie qui nous guide et non la mélodie », écrit Rameau. Cette donnée primordiale renversait les données acquises. Le musicien démontrait que l'accord n'était pas seulement destiné à fournir un agréable support à la mélodie, mais que celle-ci devait faire partie intégrante de l'ensemble et même en être une conséquence. Tout se trouve donc ramené à une théorie qui a pour base l'accord parfait, et ses différents renversements, les dissonances venant colorer diversement la suite ou la superposition des accords. Pour son analyse du « corps sonore », il distingue le « son principal » du « petit son », et c'est l'origine du principe de la « base fondamentale ». Tout cela qui paraît évident aujourd'hui paraissait alors presque invraisemblable et l'on ne peut s'étonner que ces conclusions révolutionnaires aient soulevé de telles polémiques.

Malgré son esprit mathématique, Rameau était homme d'imagination. Compositeur de génie, ses découvertes de l'ossature du langage sonore n'ont jamais contraint le libre cours de son inspiration. Dès ses premières pièces pour clavecin, et même dans celles où il semble ne nous proposer que de pittoresques tableautins : *Les Tourbillons, Les Cyclopes, La Poule, Le Rappel des oiseaux* – v. *Pièces de clavecin* –, il fait preuve d'une telle rigueur, d'une telle fermeté de composition, d'une telle autorité d'écriture qu'il dépasse le cadre habituel de la musique écrite pour cet instrument. S'il ne possède pas toujours les ombres mystérieuses et les troubles délicieux de Couperin, il montre son habileté dans le domaine de l'instrumentation, ainsi qu'en témoignent ses *Concerts en sextuor* directement issus de sa musique de clavecin. Mais c'est dans son œuvre dramatique que Rameau devait donner toute sa mesure. Il aborde tous les genres avec un égal bonheur malgré la médiocrité habituelle de ses librettistes : la tragédie-ballet, héritée de Lully : *Hippolyte et Aricie, Castor et Pollux* (*), *Dardanus, Zoroastre* ; la pastorale héroïque : *Zaïs, Acante et Céphise* ; la comédie-ballet : *Platée* (*), *Les Paladins* ; la petite comédie galante : *Pygmalion* (+), et enfin ces suites de tableaux composites, prétextes à spectacles merveilleux où se succèdent les ouvertures, les soli, les chœurs, les danses : *Les Indes galantes* (*), *Les Fêtes d'Hébé* (+), *Le Temple de la gloire*. En toute occasion, il se révèle homme de théâtre et propose au public un spectacle complet, varié, passant avec aisance de la grave solennité dramatique aux plus joyeux divertissements. Son orchestre sonne clair, sur des rythmes serrés, et les parties vocales sont traitées avec la même force que les parties instrumentales. Elles s'appuient l'une l'autre et se fondent. Ses plus grands triomphes, Rameau les a toujours obtenus avec sa musique de danse. La danse ne s'introduit pas dans son œuvre par jeu gratuit, elle s'incorpore naturellement dans le cours de l'action. Le compositeur possède un sens chorégraphique qui lui permet, en des pages colorées de façon éclatante, de donner au ballet sa signification ; la musique commande les pas des danseurs. L'œuvre de Rameau se distingue par sa haute tenue, son élégance polie, son caractère aristocratique. Ses récitatifs échappent, pour une part, à l'habituelle monotonie par leur souplesse et leur pouvoir expressif. L'expression, il n'en abuse point, il ne la force jamais et il arrive au pathétique et à la magnificence par les procédés les plus simples. Il emploie des moyens volontairement restreints pour atteindre la grandeur ; son vocabulaire musical lui permet d'exprimer l'intensité des sentiments dans une sorte de synthèse intellectuelle et de réserve qui est le propre de l'art classique. Mais cet épanouissement magistral de l'esprit classique arrivait à un moment et dans un milieu déjà touché par les premières efflorescences du romantisme, et ce fut redoutable à l'œuvre de Rameau. Elle dut céder le pas aux niaiseries sentimentales et aux insipides bluettes de l'opéra-comique prônées par les amis de la Nature. La mode ayant changé, elle tomba rapidement dans l'oubli. Avant le renouveau de la musique baroque survenu dans les années 80, Rameau a bénéficié d'une première réhabilitation grâce aux efforts de Charles Bordes, de Vincent d'Indy, de Saint-Saëns, qui dirigea l'édition des œuvres complètes, grâce à la sympathie de musiciens qui l'admiraient, comme Ravel ou Debussy, et grâce à des musicologues avertis. Rameau a conquis sa place et siège désormais au premier rang des maîtres de la musique.

BERNARD CHAMPIGNEULLE.

♦ *« Je cherche à cacher l'art par l'art même. »* J.-Ph. Rameau. ♦ *« Rameau était d'un naturel dur et sauvage ; il était étranger à tout sentiment d'humanité. Sa passion dominante était l'avarice. Il était insensible à la réputation, aux distinctions, à la gloire. Il voulait de l'argent et il est mort fort riche. »* Grimm. ♦ *« Il faut reconnaître dans M. Rameau un très grand talent, beaucoup de feu, une tête bien sonnante, un grand connaisseur des renversements harmoniques et de toutes les choses d'effet ; beaucoup d'art pour s'approprier, dénaturer, orner, embellir les idées d'autrui et retourner les siennes ; assez peu de facilité pour en inventer de nouvelles ; plus d'habileté que de fécondité ; plus de savoir que de génie, ou du moins un génie étouffé par trop de savoir ; mais toujours de la force et de l'élégance et très souvent du beau chant. »* J.-J. Rousseau. ♦ *« ...une des plus sublimes conceptions de la musique dramatique. »* Berlioz. ♦ *« Vive Rameau ! A bas Gluck qui a barré la route au grand maître français. »* Debussy. ♦ *« Au fond, Rameau a tout dit. »* Paul Dukas.

RÉF. : D'Alembert, *Éléments de musique et pratique suivant les principes de M. Rameau*, Paris, 1779, rééd. 1984. – J. Gardien, *Jean-Philippe Rameau*, Paris, 1949. – P. Berthier, *Réflexions sur la vie et l'art de J.-Ph. Rameau*, Paris, 1957. – J. Malignon, *Rameau*, Paris, 1960 ; *Petit dictionnaire Rameau*, Paris, 1983. – C. Girdlestone, *Jean-Philippe Rameau, sa vie, son œuvre*, Paris, 1962 (rééd. 1983). – J. R. Anthony, *La Musique en France à l'époque baroque (de Beaujoyeulx à Rameau)*, Paris, 1982. – P. Beaussant, *Rameau de A à Z*, Paris, 1983. – C. Kintzler, *Jean-Philippe Rameau*, Paris, 1983 ; *Poétique de l'opéra français de Corneille à Rousseau*, Paris, 1991. – D. Paquette, *Jean-Philippe Rameau, musicien bourguignon*, Paris, 1985. – J. de La Gorce (éd.), *Colloque international organisé par la Société Rameau (Dijon, 1983)*, Paris-Genève, 1986.

RAMOS Graciliano. Professeur, journaliste et romancier brésilien. Né à Quêbrangulo, dans l'État d'Alagoas le 27 octobre 1892, mort de tuberculose à Rio de Janeiro le 20 mars 1953. Il a parfois emprunté les pseudonymes de J. Calisto et R.O. Successivement maire de Palmeira dos Índios (Pernambouc), directeur de la Presse officielle de l'État d'Alagoas jusqu'en 1931 et directeur de l'Instruction publique en 1933. Il est emprisonné de mars 1936 à janvier 1937, sans procès, pour subversion et affinités avec le parti communiste – auquel il n'adhérera qu'en 1945. En 1939, il est nommé inspecteur général de l'enseignement.

C'est un des écrivains les plus amers et les plus tourmentés de la littérature brésilienne. Il projette dans ses personnages sa tristesse, son malheur, sa solitude. Son pessimisme dit non à la misère quotidienne et à l'aliénation politique et économique de son peuple qu'il connaît bien, aux abus de l'Estado Novo. La composition de son œuvre résulte d'un processus rigoureusement sélectif et subordonné essentiellement aux limites de l'expérience personnelle – expérience du « sertão » brésilien. Il décrit admirablement la condition des « sous-humains » que sont les paysans du Nordeste, leur passivité, leur fatalisme, leur nivellement à l'état d'objets soumis aux « cannibales » de la nouvelle société bourgeoise et au système quasi féodal de cette partie du Brésil. Il recherche l'homme dans ses rapports avec une matrice régionale déterminée et, hélas, déterminante.

Sa pensée tragique, emplie de fatalisme, froide et déterminée, s'exprime dans des phrases concises, claires, réduites aux éléments strictement nécessaires, use d'un vocabulaire méticuleusement choisi. Il construit ses intrigues de façon rigoureuse et sans concession d'aucune sorte. Son œuvre est fortement marquée par le problème socio-économique du Nordeste brésilien. Elle se compose d'une dizaine de romans et aussi de contes : *Cannibales* [*Caetés*, 1933], *São Bernardo* (1934), *Angoisse* [*Angústia*, 1936], *Sécheresse* (*) (1938), *Deux doigts* [*Dois dedos*, 1943], *Insomnie* [*Insônia*, 1945], *Enfance* (*) (1945), *Mémoires de prison* (1953), *Voyage* [*Viagem*, 1954].

MONIQUE LE MOING.

RÉF. : H. Pereira da Silva, *Graciliano Ramos. Ensaio crítico-psíquico*, Rio, 1954. – A. Cândido, *Ficção e confissão. Ensaio sôbre a obra de Graciliano Ramos*, Rio, 1956. – A. Brasil, *Graciliano Ramos. Ensaio*, Rio, 1969. – R. Mourão, *Estruturas, Ensaio sôbre o romance de Graciliano Ramos*, Belo Horizonte, 1969. – V. de Souza Lima, *Graciliano Ramos em Palmeira dos Índios*, Rio, 1971. – E. Melillo Reali, *Itinerário nordestino di Graciliano Ramos*, Naples, 1973. – H. P. de Almeida, *Graciliano Ramos, Machado, Drummond e outros*, Rio, 1975. – F. A. Cristóvão, *Graciliano Ramos. Estrutura e valores de um modo de narrar*, Brasilia, 1975 ; 3e éd. 1986. – L. Puccinelli, *Graciliano Ramos. Relações entre ficção e realidade*, São Paulo, 1975. – L. Malard, *Ensaio de literatura brasileira. Ideologia e realidade em Graciliano Ramos*, Belo Horizonte, 1976. – C. de Carvalho, *Ensaios Gracilianos*, Rio, 1978. – C. Ramos, *Mestre Graciliano, Confirmação de uma obra*, Rio, 1979. – P. de C. Silveira, *Graciliano Ramos. Nascimento, vida, glória e morte*, Maceió, 1982. – C. L. de Oliveira, *Understanding Graciliano Ramos*, Columbia, 1988.

RAMOS ROSA António. Poète portugais. Né à Faro, en Algarve, le 17 octobre 1924. C'est après la révolution du 25 avril 1974 qu'il fut pleinement reconnu dans son pays et que son œuvre commença à être traduite en Europe. En 1947, il est arrêté pour avoir milité dans un mouvement de jeunesse démocratique. En 1952, il crée à Lisbonne avec d'autres jeunes poètes une revue, *Árvore*, que la censure interdira après le quatrième numéro. Dès lors, António Ramos Rosa, modeste employé de bureau, très attentif aux recherches de la poésie moderne (il traduit Yves Bonnefoy, René Char, Henri Michaux) entreprend à travers l'écriture une véritable quête de liberté intérieure. C'est en effet un « espace de liberté » que, pour lui, la parole poétique peut construire afin d'échapper à la contrainte de l'absurde. Il ne s'agit pas, bien évidemment, de fuir le réel mais au contraire de retrouver sa véritable texture par une patiente exploration de la matière mobilisant l'attention et les sens (tout en sachant que les illusions peuvent en découler). Ce travail mène à la connaissance, à l'appréhension du beau, à des « joies divines » et surtout « au nœud pur du silence ». Car, selon ses propres paroles, « l'imprononçable est l'horizon de ce qui est dit » ; les mots nomment le monde seulement « le temps d'un souffle » : « Les mots répètent, ils ne se répètent pas, ils ne sont jamais les mêmes, le résidu de clarté qu'ils filtrent est celui d'un seul jour à la lumière duquel le verre d'eau n'est pas un verre d'eau et est un verre d'eau », écrit-il dans son essai *La Poésie moderne et l'interrogation du réel* [*Poesia moderna e interrogacão do real*]. Mais pour capter l'imminence du monde, le poète a besoin de se mettre en état d'ignorance, de « traverser » l'angoisse et le désespoir. Dans le recueil *Le Livre de l'ignorance* [*O livro da ignorância*], publié en 1988, Ramos Rosa tente de se dépouiller, de se libérer de tout acquis, prend le regard de l'éternel « débutant » de l'« animal » (*Animal regard* (*), 1975) qui seul lui permettra, peut-être, une rencontre avec le monde, avec l'autre et lui-même :

« Mes yeux ne fabriquent rien, mais découvrent. » Cette attitude n'aboutit pas à une poésie descriptive et moins encore à un hymne à la nature. Le poème semble plutôt méditation, l'expression d'une expérience singulière : il faut faire le vide en soi afin de mieux accueillir, de mieux sentir la matière du monde. Le langage poétique, excessivement épuré auquel tend Ramos Rosa, lui permet de trouver, ou du moins d'approcher l'« obscure source des mots » et de percevoir à fleur de matière une « divinité obscure et immédiate », un dieu sans visage, muet, *Le Dieu nu(l)* [*O deus nu(lo)*, 1988].

FRANÇOISE BEAUCAMP.

RAMUS Pierre (nom latinisé de Pierre de La Ramée). Philosophe et humaniste français. Né à Cuts (Aisne) vers 1515 ; mort à Paris, le 25 août 1572, au cours du massacre de la Saint-Barthélemy. La vie de ce singulier personnage fut une des plus hasardeuses qui soient. Né dans une famille misérable – son grand-père, bien que d'origine noble, exerçait la profession de charbonnier –, Pierre de La Ramée se rend à Paris, au collège de Navarre, où il sera le domestique d'un de ses camarades. Cela ne l'empêche pas de faire de fortes études et, en 1536, d'être reçu maître ès arts avec une thèse qui fit scandale. Ce jeune présomptueux ne s'y risquait-il pas à démontrer que toute l'œuvre d'Aristote était entachée d'erreurs graves. En 1543, Ramus revient à l'attaque avec deux maîtres livres, les *Aristotelicae animadversiones* et les *Dialecticae partitiones* (+). Il y propose de substituer à l'aristotélisme encore triomphant un platonisme mêlé d'éléments empruntés à Cicéron. Cette fois, c'en est trop, l'Université se considère comme compromise et obtient du roi un arrêt célèbre et passablement burlesque, qui enjoint à Ramus de ne plus attaquer Aristote et de ne plus se mêler d'écrire sur la philosophie. Heureusement, Ramus a des protecteurs. Le cardinal Charles de Lorraine le fait nommer principal du collège de Presles (1545). Six ans plus tard, l'anti-Aristote est professeur au Collège de France. De ces hauts postes, Ramus lance coup sur coup l'*Oratio initio suae professionis habita* (1551), le *Pro philosophica Parisiensis Academiae disciplina oratio* (1551), qui sont des œuvres de polémique, puis son grand ouvrage, le premier traité de philosophie qui ait été écrit en français, la *Dialectique* (*) (1555), le *De moribus veterum Gallorum* (1559), dont la traduction française par Michel de Castelnau paraît la même année, ouvrage où Ramus, le premier, remonte jusqu'aux origines gauloises de la France, le *De Caesaris militia* (1559), qui complète cet ouvrage, en 1562 la *Gramère* (sic), où il propose une réforme de l'orthographe fondée sur la phonétique, puis l'*Advertissement sur la réformation de l'université de Paris* (1562), la *Préface sur le proème des mathématiques* (1567), la *Remonstrance de P. de La Ramée faite au conseil privé touchant la profession royalle en mathématiques* (1567), où il ne suggère rien de moins qu'une profonde réforme de l'enseignement fondée sur les sciences, les mathématiques et le droit, au détriment de la scolastique, la réforme de l'algèbre, celle de la prononciation latine.

Les sympathies de Ramus pour la Réforme furent fortifiées par l'échec du colloque de Poissy (1561). Il quitta Paris en 1568, gagna la Suisse et l'Allemagne et fit, en 1570, à Heidelberg, profession de foi protestante. Il ne rentra en France qu'après la paix de Saint-Germain (1570). L'année suivante, il publie, à Lausanne, sa *Defensio pro Aristotele adversus J. Schecium*, où il raconte sa vie mouvementée et fait l'historique de ses querelles philosophiques. Il meurt en 1572, massacré lors de la Saint-Barthélemy. Ramus laissait aussi de très nombreux commentaires sur les grandes œuvres classiques, dont un *Ciceronianus* (1557), qui fut célèbre en son temps et n'a pas cessé d'exciter l'intérêt. Esprit singulièrement pénétrant et audacieux, emporté et absolu, Ramus fut une des figures les plus caractéristiques qui illustrent cette ample révision de toutes les valeurs que fut la Renaissance humaniste et religieuse ; il fit à bien des égards figure de précurseur et joua, en particulier auprès des protestants, un rôle fort important dans l'évolution des idées.

JACQUES BROSSE.

RÉF. : Freigius, *Vie de Ramus*, en tête des *Proelectiones in Ciceronis orationes*, Bâle, 1574. – N. de Nancel, *Petri Rami vita*, Paris, 1599. – Lenz, *Historia Petri Rami*, Wittemberg, 1713. – Ch. Waddington, *Ramus*, Paris, 1855. – Ch. Desmaze, *Ramus*, Paris, 1864. – Lobstein, *Petrus Ramus als Theologe*, Strasbourg, 1878. – A. Maura-Ballange, *Ramus et Dorat*, Limoges, 1913. – R. Hooykaas, *Humanisme, Science et Réforme : Pierre de La Ramée*, Leyde, 1958. – W. J. Ong, *Ramus, Method and the Decay of Dialogue* [...], Cambridge, 1958. – Jean Dupèbe, « Autour du collège de Presles », dans *Bibliothèque d'humanisme et Renaissance*, XLII, 1980, p. 123-177.

RAMUZ Charles-Ferdinand. Écrivain suisse d'expression française. Né à Lausanne, le 24 septembre 1878, mort dans la même ville le 23 mai 1947. Enfance à Lausanne et à Cheseaux-sur-Lausanne. Après avoir obtenu sa licence ès lettres classiques à l'université de Lausanne, Ramuz fait l'expérience de l'enseignement au collège d'Aubonne (canton de Vaud), puis du préceptorat à Weimar. Cependant il veut devenir écrivain et, comme sa mère l'y encourage, il se rend à Paris où il s'installe en 1903 et où il séjourne jusqu'en 1914. Il n'oublie pourtant pas ni sa famille, ni ses amis, ni le domaine de Cheseaux que ses parents ont acquis après avoir quitté leur commerce de denrées coloniales à Lausanne. Ramuz y revient chaque année pour de longues vacances. Il a écrit une suite de poèmes en prose : *Le Petit Village* (1903), une « histoire » : *Aline* (*) (1905) et, dès 1907, il publie ses premiers romans : *Les Circonstances de la vie* et, après un séjour en Valais, *Jean-Luc persécuté* (*) (1909), *Aimé Pache, peintre vaudois* (*) (1910) et *Vie de Samuel Belet* (*) (1913). En 1914, il met fin à sa première période créatrice par un recueil de proses : *Adieu à beaucoup de personnages* et, la même année, il participe avec Edmond Gilliard et Paul Budry à la fondation des *Cahiers vaudois* dont il rédige le manifeste sous la forme d'un essai : *Raison d'être*. Il y exprime sa volonté de « ressemblance » à une nature, un sol, un accent et une langue. Dans *Paris, notes d'un Vaudois* (1938), il dira : « C'est Paris lui-même qui m'a libéré de Paris. Il m'a appris dans sa propre langue à me servir (à essayer du moins de me servir) de ma propre langue. » Dès lors, c'est à une expression de plus en plus personnelle qu'il s'attachera, une « langue geste » qui sache exprimer dans sa nudité le drame de collectivités villageoises qui, dans les romans de sa deuxième période, combattent les forces du mal. Ces œuvres, dont *La Guérison des maladies* (*) (1917), *Le Règne de l'esprit malin* (1917), *Les Signes parmi nous* (*) (1919) et *Présence de la mort* (1922), ont toutes été inspirées par l'effroi du néant dont la guerre de 1914-18 portait le germe. L'Histoire n'y est pas précisément évoquée, mais les prolongements qu'elle a suscités dans l'esprit du poète l'ont conduit à un renouvellement de ses thèmes. La plupart des romans de cette période sont d'un visionnaire, et *La Grande Peur dans la montagne* (*), qui est de 1926, atteint à la dimension du mythe. Farouche, ombrageuse, insensible aux convoitises des hommes qui en exploitent les ressources, la montagne qui s'éboule s'y montre comme une divinité intraitable à laquelle finalement rien ne répondra que le silence panique d'un village qui ensevelit ses morts. Dans ses œuvres de la deuxième période, Ramuz est plus proche de la fable antique que du roman paysan ou régionaliste. Sa vision s'est élargie (« Mon vrai besoin, c'est d'agrandir ») et sa thématique s'est simplifiée. Les romans de la troisième période, celle de la pleine maturité : *La Beauté sur la Terre* (*) (1927), *Fête des vignerons* (*) (1929), *Adam et Ève* (1932), *Derborence* (*) (1934) et *Le Garçon savoyard* (*) (1936) s'imposent à l'attention par la stylisation de la matière et de l'expression. Quant aux essais qui, dans ces années-là, traduisent les préoccupations de Ramuz : *Taille de l'homme* (*) (1933), *Questions* (1935) et *Besoin de grandeur* (*) (1937), ils sont d'un homme qui interroge et qui, conscient des périls dont sont menacés les peuples d'Occident, ne veut trouver d'apaisement que dans une réflexion sur des vérités premières à défendre et à maintenir. La Seconde Guerre mondiale l'atteint dans ses convictions et ses espérances, et la défaite de la France aggrave son isolement. Il ne cesse pourtant d'écrire. *La Guerre aux papiers* paraît en 1942 et, bientôt après, ses deux recueils de *Nouvelles* (1944 et 1946), qui sont l'aboutissement d'un art à son plus haut niveau de perfection. Cependant la maladie vient assombrir ses dernières années, et le *Journal. Dernières pages* (1949) s'interrompt à quelques jours de sa mort. On ne saurait dire de Ramuz qu'il est l'écrivain d'une région et qu'il s'est borné à dire le lac et la montagne. Son dessein est infiniment plus vaste, et, si son expression prend source dans tout ce qui est à la fois proche et primitif, elle prétend à des significations intemporelles qui disent aussi bien son besoin de réconciliation que sa nostalgie de l'unité perdue. S'il écrivait en 1904 : « Il n'y a que deux choses qui intéressent : l'amour et la mort », il pourra dire à la fin de sa vie : « Toute mon œuvre n'aura été qu'un balbutiement devant l'être. »

JEAN-PIERRE MONNIER.

♦ « *On rira bien dans quelque cinquante ans, en feuilletant les gazettes, de voir à combien de médiocres on fit des célébrités dans les années mêmes où un Ramuz publiait pour la joie d'un tout petit nombre* Joie dans le ciel *ou* La Guérison des maladies. » Paul Claudel. ♦ « *Les sujets de Ramuz, c'est la chaise de van Gogh, l'arbre d'Hobbema, la violette de Dürer, la pomme de Cézanne : la banalité du quotidien transfigurée, éternisée par l'intensité de l'artiste. Et puis le don de rendre la simplicité sublime et le sublime simple ; ce mélange de retenue et de générosité, cet équilibre entre l'art raffiné et la force primitive : voilà me semble-t-il ses plus beaux secrets d'ouvrier, ceux qui lui valent tout ensemble l'admiration de ses confrères et l'amour de ses lecteurs.* » Stefan Zweig. ♦ « *Il y avait ce cœur fait pour aimer, pour désirer d'être aimé, et qui demeure inassouvi. Et cette grande tristesse d'une solitude qui ne peut être rompue jamais, sinon par l'acte même du romancier inventant ses personnages pour qu'autour de lui ils fussent présence et image de la communion des vivants et des morts.* » Albert Béguin.

RÉF. : E. Buenzod, *C.-F. Ramuz*, Lausanne, 1928. – *Hommage à C.-F. Ramuz*, Lausanne, 1938. – C. Guyot, *Comment lire Ramuz*, Paris, 1946. – A. Tissot, *C.-F. Ramuz ou le Drame de la poésie*, Neuchâtel, 1947. – M. Zermatten, *Connaissance de Ramuz*, Lausanne, 1947. – A. Béguin, *Patience de Ramuz*, Neuchâtel, 1950. – E. Beaujon, *La Vision du peintre chez Ramuz*, Neuchâtel, 1953. – G. Guisan, *C.-F. Ramuz*, Paris, 1966. – B. Voyenne, *C.-F. Ramuz et la sainteté de la Terre*, Neuchâtel, 1967. – M. Dentan, *C.-F. Ramuz, L'espace de la création*, Neuchâtel, 1974. – G. Duplain, *C.-F. Ramuz. Une biographie*, Lausanne, 1991.

RANKE Leopold von. Historien allemand. Né à Wiehe (Thuringe saxonne) le 21 décembre 1795, mort à Berlin le 23 mai 1886. Après avoir fait à l'université de Leipzig des études de philologie et de théologie, Ranke enseigna pendant sept ans (1818-1825) l'histoire dans une école secondaire de Francfort-sur-l'Oder. La publication en 1824 de sa première œuvre : *Histoire des nations romanes et germaniques de 1494 à 1535* [*Geschichte der germanischen und romanischen Völker : 1494 bis 1535*], augmentée d'une *Contribution à l'étude critique de quelques historiens modernes* [*Sur Kritik neuerer Geschichtsschreiber*], attira sur lui l'attention des autorités compétentes et il fut appelé, malgré son jeune âge, à occuper la chaire d'histoire à l'université de Berlin. Ayant pu, grâce à la protection de Metternich, étudier les archives diplomatiques de la plupart des capitales européennes, il découvrit à Venise les *Rapports des ambassadeurs vénitiens au Sénat* [*Relazioni degli ambasciatori veneti al Senato*], qui, lorsque cette découverte fut connue, furent étudiés par des savants italiens et publiés à Florence, en vingt-cinq volumes, entre 1839 et 1878. Cette documentation de première main sur les dessous de la politique européenne aux XVIe et XVIIe siècles fut utilisée par Ranke dans un nombre considérable de travaux historiques consacrés à cette période, et dont les plus importants ont pour titre : *Histoire des pontifes romains aux XVIe et XVIIe siècles* (*) (3 vol., 1834-1836) ; *Histoire de l'Allemagne à l'époque de la Réforme* (*) (6 vol., 1839-1847) ; *Histoire de France, plus particulièrement aux XVIe et XVIIe siècles* (+) (5 vol., 1852-1861) ; *Histoire d'Angleterre aux XVIe et XVIIe siècles* [*Englische Geschichte im 16. und 17. Jahrhundert*, 7 vol., 1859-1868] et *Les Ottomans et la monarchie espagnole aux XVIe et XVIIe siècles* [*Die Osmanen und die spanische Monarchie im 16. und 17. Jahrhundert*, 1877]. Anobli en 1865, Ranke résigna son poste de professeur à l'université de Berlin en 1871 et se consacra à l'édition de ses *Œuvres complètes* [*Sämmtliche Werke*], qui parurent à Leipzig en cinquante-quatre volumes, dont les deux derniers, sortis des presses après la mort de l'auteur, contiennent son *Autobiographie* [*Zur eigenen Lebensgeschichte*, 1890]. Dans les dernières années de sa vie, bien qu'ayant presque totalement perdu la vue, Ranke entreprit de dicter une *Histoire universelle* (+), dont six volumes seulement ont pu voir le jour. Les méthodes critiques de cet historien éminent, qui n'écrivait pas une ligne qui ne soit basée sur un document authentique de l'époque, influencèrent toute la science historique de la seconde moitié du XIXe siècle et furent unanimement adoptées par les historiens de tous les pays.

RÉF. : L. Krieger, *Ranke, The Meaning of History*, Londres, 1977. – W. J. Mommsen, *L. v. Ranke und die moderne Geschichts-wissenschaft*, Stuttgart, 1988.

RANSOM John Crowe. Poète américain. Né à Pulaski (Tennessee) le 30 avril 1888, mort à Gambier (Ohio) le 3 juillet 1974. Fils d'un pasteur méthodiste, dans la tradition radicale (fundamentalist) du Sud, Ransom fait ses études aux universités de Vanderbilt (Nashville) et d'Oxford (Angleterre). En 1914, il rejoint la section d'anglais de l'université de Vanderbilt où il reste vingt ans, pour passer ensuite à Kenyon College, dans l'Ohio, où il occupe la chaire de poésie Carnegie et édite la *Kenyon Review.* À Vanderbilt, Ransom est au centre du groupe d'écrivains sudistes, farouchement régionalistes, qui se nomme « Les Fugitifs » [The Fugitive Group] et qui crée la revue *The Fugitive* (*) (1922). Les Fugitifs « prennent parti » ensemble – dans l'ouvrage collectif *Je prends parti* (*), 1930 – pour la civilisation du Sud contre la barbarie et la vulgarité du Nord. Sudiste donc avant d'être américain, Ransom est une de ces « personnalités divisées » dont parle Robert Penn Warren. Il est divisé aussi entre la poésie et la critique, et pendant longtemps il sera bien mieux connu comme critique que comme poète. Son nom est indissociablement lié à la théorie (un peu myope) de *La Nouvelle Critique* (+) (titre d'un livre paru en 1941) qui est fondée sur une analyse formaliste minutieuse des textes. Vers la fin de sa vie pourtant, sa poésie commence à attirer plus d'attention, ce qui lui vaut la « National Book Award » en 1964. Malgré ses maniérismes, son ton un peu guindé, le pédantisme dont il sait aussi se moquer, et ses attachements surannés, Ransom ne perd jamais contact avec la réalité rugueuse, et son style possède une force idiomatique qui vient du sol même. De ses livres, poèmes et essais, il convient de citer *Poèmes sur Dieu* (+) (1919), *Coups de froid et coups de fièvre* (+) (1924), *Deux Gentilshommes enchaînés* (*) (1926), *Le Dieu sans tonnerre* (*) (1930), *Le Corps du monde* (+) (1938).

RÉF. : T. H. Parsons, *John Crowe Ransom,* New York, 1969. – T. D. Young, *Gentleman in a Dustcoat : A Biography of J. Crowe Ransom,* Baton Rouge, 1976.

RAO Raja. Romancier indien de langue anglaise. Né le 21 novembre 1909 à Hassan (Mysore, Inde). Émigré aux États-Unis et bien qu'écrivant en anglais, Raja Rao n'a jamais perdu de vue les valeurs traditionnelles proprement indiennes qu'il s'efforce de souder dans ses différents romans. Le plus connu est *Le Serpent et la Corde* (*) (1960) où se côtoient spiritualité occidentale et spiritualité indienne ; *La Chatte et Shakespeare* (*) (1965) est plus directement métaphysique, Raja Rao le considérant lui-même comme un « livre de prière ». Avec *Camarade Kirilov* [*Comrade Kirilov,* 1976] et *Le Gendarme et la Rose* [*The Policeman and the Rose,* 1977] son propos devient plus satirique.

RÉF. : C. D. Narasimhaiah, *Raja Rao,* Delhi, 1975. – K. R. Rao, *The Fiction of Raja Rao,* Aurangabad, 1980. – P. C. Bhattacharya, *Indo-Anglian Literature and the Works of Raja Rao,* Delhi, 1983. – R. Iha, *Gandhian Thought and Indo-Anglian Novelists,* Delhi, 1983. – Shiva Niranja, *Raja Rao,* Ghaziabad, 1985.

RAOUL de Houdenc. Trouvère picard. Il vécut approximativement entre 1170 et 1226. Les érudits s'accordent, en général, pour penser qu'il était originaire du village de Houdenc en Bray, près de Beauvais. Nous ne savons, en vérité, absolument rien sur sa biographie. Il fut le rival de Chrétien de Troyes, un adepte des doctrines de Bernard de Clairvaux et, peut-être, le précurseur de Dante. C'est en tout cas l'un de nos écrivains les plus importants du Moyen Âge, car il a écrit un roman arthurien et courtois avec son célèbre *Méraugis de Portlesguez* (*), et il est le véritable créateur du développement allégorique dont devaient s'inspirer Huon de Méry, Rutebeuf et Jean de Meung. Sa vie, de par ailleurs, correspond à ce qu'on pourrait appeler la « première Renaissance » et le siècle des cathédrales. Raoul de Houdenc inaugure une littérature à cette image : autour d'une idée centrale très précise s'organisent une foule de détails qui masquent cette idée tant qu'on ne prend pas un certain recul, tout comme la multitude de sculptures qui ornent une cathédrale masque sa « structure » tant qu'on ne s'éloigne pas pour contempler l'ensemble de l'édifice. L'idée de la perfection morale et de l'audace chevaleresque se développe à partir de *Méraugis* dans les autres œuvres de Raoul de Houdenc : *Le Songe d'Enfer* (*), *Le Roman des Eles de courtoisie* et *La Voie de paradis* (*) qui lui est attribuée. Son style est vivant et très expressif, ses rimes très riches ; il a du goût pour la propriété de l'expression et, s'il imite parfois la technique de Chrétien de Troyes, il n'en donne pas moins à tous ses récits une forme très personnelle. On le considère assez fréquemment comme l'auteur de *La Vengeance de Raguidel* (*), mais cette attribution est fort douteuse.

BERNARD NOËL.

RÉF. : W. von Zingerle, *Über Raoul de Houdenc und seine Werke,* Erlangen, 1880. – C. Abbehusen, *Zur Syntax Raoul de Houdenc,* Marburg, 1888. – E. Deslignières, *Nouvelles Recherches sur le lieu d'origine de Raoul de Houdenc,* Amiens, 1901. – P. Lebesgue, *« Le Songe d'Enfer » suivi de « La Voie de paradis », poèmes du XIIIe siècle, précédés d'une notice historique et critique, et suivis de notes bibliographiques et d'éclaircissements,* Paris, 1908. – A. Micha, *Raoul de Houdenc est-il l'auteur de la Voie de Paradis et de la Vengeance Raguidel ?* in *Romania,* T. LXVIII, 1944-1945. – A. Strubel, *La Rose, Renart et le Graal. La Littérature allégorique en France au XIIIe siècle,* Paris, 1989.

RAPIN Nicolas. Poète français. Né à Fontenay-le-Comte (Vendée) vers 1539, mort à Poitiers le 17 février 1608. Après avoir fait son droit à Poitiers, Nicolas Rapin fit carrière dans la magistrature ; il fut successivement avocat à la sénéchaussée du Bas-Poitou, échevin, maire de Fontenay, vice-sénéchal de robe courte du Bas-Poitou (1573), grand prévôt de la connétablie de France (1584). Parallèlement, Rapin fit carrière militaire dans les troupes d'Henri de Navarre et participa au siège de Fontenay et à la bataille d'Ivry avec le grade de capitaine. Nettement opposé à la Réforme, comme à la Ligue, il était un de ces bourgeois d'opinion modérée sur qui s'appuya le gouvernement d'Henri IV. En 1594, il est nommé lieutenant criminel de robe courte de la prévôté de Paris, et à ce titre accomplit avec une rigueur et une rudesse qu'on lui a reprochées maintes missions délicates. Mais ce magistrat était aussi un poète ; il écrivait sans relâche en grec, en latin et en français, sur les sujets les plus futiles (*La Puce de Mlle des Roches,* 1579) et les plus graves (les *Sept Psaumes de la pénitence,* 1588), donnant également des traductions de l'italien et du latin. Sa célébrité vint surtout de la part qu'il prit à la composition de *La Satyre Ménippée* (*), où on lui attribue les harangues du recteur Roze et de l'archevêque de Lyon et l'épître du sieur Engoulevent, sans d'ailleurs que ces attributions soient prouvées. En 1600, Rapin se démit de ses charges et se retira dans sa propriété de la Terre-Neuve près de Fontenay. Il mourut à Poitiers, se rendant à Paris.

RÉF. : J. Brunel, *Nicolas Rapin,* thèse, Paris IV, 1988.

RAPIN René. Jésuite et écrivain français. Né à Tours en 1620, mort à Paris le 27 octobre 1687. Ayant achevé des études classiques au collège de sa ville natale, ce bourgeois de dix-neuf ans monte à Paris pour entrer au noviciat de la Compagnie de Jésus et poursuivre, une dizaine d'années durant, une formation théorique et pratique au terme de laquelle il peut être ordonné prêtre et nommé régent au collège de Clermont (il a alors trente et un ans). Ce double statut lui offre un moyen efficace d'entrer en relation avec les milieux aristocratiques et lettrés et de faire apprécier sa plume. De fait, dès 1657, on lui confie le neveu de Mazarin, Alphonse Mancini, dont la mort accidentelle est pour Rapin l'occasion d'écrire des vers latins, puis un recueil d'*Eclogae sacrae* (1659) qui le fait remarquer comme poéticien, grâce à sa préface, *Dissertatio de carmine pastorali* ; puis, en 1660, devenu préfet des études, le père Rapin est chargé de l'éducation des deux fils du président Lamoignon, par l'intermédiaire desquels il s'intègre au cercle de la future académie. Il compose alors ses *Hortorum libri IV* (1665), poème didactique qui lui assure une notoriété française puis européenne. Sa nomination comme « scriptor » (1666) officialise en termes religieux sa compétence d'homme de lettres, quelques mois avant qu'il n'en obtienne la consécration mondaine en entrant à l'académie Lamoignon (1667). Fort de cette double reconnaissance, le père Rapin devient l'artisan d'une dynamique littéraire de cohésion sociale et religieuse : tantôt il met les savoirs mondains au service des valeurs spirituelles et vice versa, utilisant les anecdotes glanées dans le salon de Mme de Sablé pour son *Histoire du jansénisme* (1666) ou se faisant l'artisan de la conversion de Mme de La Sablière ; tantôt il élabore une critique littéraire mondaine et jésuite – *Comparaisons* (1667-1677), puis *Réflexions* (1670-1675) (*) –, en collaboration avec un exilé, libertin, « oracle » de la langue française, Bussy-Rabutin, qu'il cherche en même temps à ramener à la religion en lui adressant des œuvres de piété (*L'Esprit du christianisme*, 1672). Cette lourde tâche a raison de la santé du « bon père » à soixante-sept ans.

FANNY NÉPOTE-DESMARRES.

RÉF. : E. T. Dubois, éd. critique des *Réflexions sur la poétique*, Genève et Paris, 1970.

RASPAIL Jean. Écrivain français. Né le 5 juillet 1925 à Chemillé-sur-Dême (Indre-et-Loire). Son père était président du comité d'importation charbonnière, directeur général des mines de la Sarre. Après ses études, le fils opte pour une carrière de voyageur. De 1950 à 1970, il a dirigé de nombreux voyages, expéditions et missions à travers les cinq continents (raid automobile Terre de Feu-Alaska, mission française d'études aux pays incas...), qui ont été la source d'une importante production de films d'exploration et d'ethnologie. Membre de la société des explorateurs français, journaliste (chroniqueur au *Figaro*), écrivain, l'œuvre littéraire de Jean Raspail participe de l'expérience de son auteur, de son caractère de promeneur attentif aux diversités des hommes, qu'il s'agisse des récits : *Terre et peuple incas* (1955), *Terres saintes et profanes* (1960), *Bleu caraïbe et Citrons verts* (1980), ou des romans : *Le Camp des saints* (*) (1973), *La Hache des steppes* (1974), *Septentrion* (1979) ou *Moi, Antoine de Tounens, roi de Patagonie,* grand prix du roman de l'Académie française en 1981. *Qui se souvient des hommes* (1986), prix Chateaubriand, prix du livre Inter et Gutenberg, en 1987, trouve son prolongement dans *Pêcheur de lunes* (1990), où l'écrivain s'attache à retrouver les « Bédouins de Chinon », descendants des Maures de la bataille de Poitiers, les « derniers Huns » d'Origny-le-Sec, dans l'Aube. À la recherche d'un « chemin qui transcende nos misérables destinées », Jean Raspail donne avec *Sire* (1991), où l'on voit en 1999 le dernier descendant de la Maison de France se faire secrètement sacrer roi à Reims, un authentique roman de la pureté et de l'honneur absolus.

YANNICK PELLETIER.

RASPE Rudolf Erich. Écrivain allemand. Né en 1737 à Hanovre, mort à Muckross (Irlande du Nord) vers la fin de 1794. Après avoir étudié la philologie et les sciences naturelles aux universités de Göttingen et de Leipzig, il travailla comme employé à la bibliothèque municipale de Hanovre (1762-1766). En 1767, il obtint le poste de professeur au Collegium Carolinum de Cassel, en même temps que celui de conservateur du musée d'antiquités et de monnaies du landgrave de Cassel. Parmi ses travaux scientifiques, il convient de signaler son *Histoire naturelle du globe* [*Specimen historiae naturalis globi terraquei...*], qui vit le jour à Amsterdam en 1763, et une étude de paléontologie, qui parut, en 1769, dans les *Philosophical Transactions of the Royal Society of London*, travaux qui furent très appréciés et valurent à leur auteur le titre envié de membre honoraire de la « Royal Society ». En 1773, Raspe fit ses débuts dans le journalisme, en fondant, avec Jacob Mauvillon, le *Spectateur de Cassel* [*Casseler Zuschauer*]. Accusé de malversations, il dut fuir en Angleterre. Possédant la langue anglaise, il publia à Londres, dès 1776, une monographie intitulée *Notice sur quelques volcans allemands...* [*Account on some German Volcanos and their production...*], suivie en 1781 d'un *Essai critique sur la peinture à l'huile* [*A Critical Essay on Oil-Painting*]. C'est à Oxford qu'il fit paraître la première édition (1785) des *Aventures du baron de Münchhausen* (*), petit livre dans lequel — avec une fantaisie extraordinaire — Raspe « arrange » les aventures réelles d'un « Junker » prussien qu'il avait personnellement connu en Allemagne, le baron Karl-Friedrich-Hiéronymus von Münchhausen. Le livre n'eut aucun succès, et Raspe vendit ses droits à un libraire-éditeur nommé Kearsley. Ce dernier fit écrire par quelqu'un un chapitre d'introduction et rajouter aux cinq chapitres primitifs, écrits par Raspe, quatorze nouveaux, tirés de différents récits de voyages. Le succès vint immédiatement, mais, du vivant de Raspe, personne ne sut qu'il était l'auteur des seuls chapitres originaux de ce livre. Après avoir publié en deux volumes in-4°, au texte bilingue (français et anglais) et aux innombrables illustrations, un *Catalogue raisonné d'une collection générale de pierres gravées antiques et modernes* (1791), Raspe induisit un richissime Irlandais à lui confier une somme importante d'argent pour monter une affaire d'alliage or-argent suivant un procédé nouveau, et disparut avec les fonds. Cette nouvelle aventure, en s'ébruitant, fournit à Walter Scott le sujet de son *Antiquaire* (*). Pendant que Raspe se cachait dans les montagnes du comté de Donegal, en Irlande du Nord, il contracta la scarlatine, qui lui fut fatale.

RÉF. : R. Halls, *Raspe*, 1934. – J. D. Carswell, *The Prospector. Being the Life and Times of R. E. Raspe*, 1950.

RASPOUTINE Valentin [Valentin Grigor'evič Rasputin]. Écrivain russe. Né le 15 mars 1937 à Oust-Ouda, village sibérien du bord de l'Angara. Après des études à l'université d'Irkoutsk, il fit du journalisme jusqu'en 1966. C'est en 1967 que paraît le premier récit important de Raspoutine, *De l'argent pour Maria* [*Den'gi dlja Marii*]. Dans ce récit comme dans les suivants, Raspoutine place ses héros devant l'imminence de la fin, devant une épreuve qui révèle les âmes et les cœurs : la prison pour Maria, tenancière inexpérimentée du magasin d'un kolkhoze, qui sera la victime de l'égoïsme général ; la mort, qu'une vieille paysanne vit à l'avance comme un passage vers la lumière au milieu de l'incompréhension des siens – *Le Dernier Délai* (*) (1970) ; le dernier été d'une île de l'Angara, symbole de la Terre Mère qui va être submergée par les eaux d'un barrage : *L'Adieu à l'île* (*) (1976). Dans *Vis et souviens-toi* [*Živi i pomni*, 1974], un soldat déserteur et sa femme vivent en bêtes traquées la tragédie de l'amour condamné par la loi. Ces quatre récits, concentrés dans le temps (quelques jours ou quelques semaines) et bien enracinés dans la Sibérie natale de l'auteur, s'ouvrent à l'universel par leur symbolisme et la primauté de l'éthique. Raspoutine défend la mémoire des valeurs chrétiennes et paysannes (compassion, entraide, abnégation, sens de la beauté du monde), incarnées par de vieilles femmes archétypales : c'est la base sans laquelle l'avenir ne peut être édifié. Accusé de passéisme et de nationalisme par le camp occidentaliste, Raspoutine est en fait un résistant à la ruine morale, économique et écologique de son pays. L'urgence des problèmes fait qu'il a délaissé la prose lente et réflexive de ses quatre grands récits pour une prose de « publiciste ». En 1985, il sonne le tocsin avec *L'Incendie* (*), où le feu sert à une ordalie apocalyptique. Son dernier ouvrage, *Sibérie, Sibérie...* [*Sibir', Sibir'...*], dont des fragments ont été publiés en 1988, est une œuvre à la fois ethnographique et polémique qui vise à sauver ce qui peut encore l'être de la civilisation et de la nature sibériennes. Raspoutine a été élu par l'Union des écrivains député du peuple en mars 1989 et il a fait partie du Conseil présidentiel de Gorbatchev (mars-décembre 1990), en mettant en garde contre les effets d'un libéralisme économique et moral sauvage. Depuis 1991, il a rejoint le camp des conservateurs nationaux-bolcheviques.

Valentin Raspoutine a été la figure de proue de la « prose rurale » des années 70. Il représente la veine éthique et métaphysique de cet important courant littéraire qui avait commencé à la mort de Staline par montrer l'asservissement et la misère des kolkhoziens, avec notamment Fedor Abramov (1920-1983), auteur d'une trilogie sur le calvaire du nord de la Russie après la guerre : la dernière partie, *À la croisée des chemins* [*Puti-pereput'ja*, 1973], a été traduite en français sous le titre *Chronique de Pékachino* ; Boris Mojaev (né en 1923) et son Bienvif [Živoj], type du moujik juste et batailleur qui s'oppose aux bureaucrates, à l'arbitraire et au mensonge : *Dans la vie de Fedor Kouzkine* [*Iz žizni Fedora Kuz'kina*, 1966] ; Vassili Biélov (né en 1932) avec une figure de paysan plein d'abnégation et de soumission : *Affaire d'habitude* [*Privyčnoe delo*, 1966]. Biélov, auteur aussi d'un roman sur (contre) la collectivisation – *Veilles* [*Kanuny*, 1972-1976] – et d'essais d'esthétique populaire – *Harmonie* [*Lad*, 1979-1981] – est proche de Raspoutine, comme Victor Astafiev (né en 1924), qui dans *Le Tsar-Poisson* [*Car'-ryba*, 1972-1975] décrit avec un réalisme symbolique la ruine de la nature et de l'homme, et dans *Triste polar* [*Pečal'nyj detektiv*, 1986] dénonce l'ensauvagement des campagnes soumises à la loi de la pègre. Ces « écrivains de la campagne », ainsi que d'autres comme E. Doroch (1908-1972), V. Choukchine (1929-1974), V. Tendriakov (1923-1984), S. Zalyguine (né en 1913), V. Solooukhine (né en 1924), tous traduits en français, ont appelé bien avant le feu vert officiel (février 1987) à la réhabilitation des « valeurs universelles » et transcendantes, ont évoqué les « taches blanches » de l'histoire (en particulier la collectivisation) avant les historiens et sapé ce qu'on pourrait appeler l'irréalisme du discours officiel sur la campagne et l'« homme nouveau ». L'œuvre de Raspoutine et des écrivains du courant de la « prose rurale » est un remarquable exemple du rôle de conscience, de mémoire et d'avertissement que la littérature russe a traditionnellement rempli.

MICHEL NIQUEUX.

RATHAIRE de Vérone (ou Rathier). Né près de Liège vers 890, mort à Namur le 25 avril 974. Peu d'hommes ont eu, au Moyen Âge, une vie aussi tourmentée que ce moine belge qui est indéniablement l'une des plus fortes personnalités du Xᵉ siècle. Il entre très jeune à l'abbaye de Lobbes où il s'enrichit d'une vaste culture, et où il reviendra toujours, dans les périodes les plus dures de ses nombreuses tribulations, pour y trouver un asile sûr. Lorsque le père abbé Hilduin, avec qui il était venu en Italie auprès de Hugues de Provence, quitta l'évêché de Vérone pour l'archevêché de Milan, Rathaire lui succéda et présida aux destinées du diocèse vénitien qui était alors l'un des plus importants de la Haute-Italie. Toutefois des dissensions ne tardèrent pas à s'élever avec le roi Hugues, qui le fit interner près de Pavie (935-937), puis l'exila à Côme (939). Rentré à Vérone en 947, il fut contraint de s'en éloigner par ordre du roi Lothaire, et obtint pour peu de temps l'évêché de Liège. En 961, il alla pour la troisième fois à Vérone, mais, après sept ans d'âpre lutte contre le clergé hostile à son œuvre de réforme, il quitta définitivement la ville (968) et retourna dans sa patrie, où il mourut. Il fut enterré dans le monastère de sa jeunesse, à Lobbes. Ses *Écrits* (*) se rattachent tous à son activité d'évêque et sont l'expression vivante du désir de réforme des mœurs du clergé qui fut le but principal de la vie et de l'œuvre de Rathaire. Mais l'emportement, parfois privé de contrôle, de son tempérament nuisit à Rathaire, sa haine de tout compromis l'empêcha quelquefois de comprendre la réalité de son temps ; néanmoins son œuvre demeure, malgré la faillite de ses initiatives, comme un exemple de fermeté dans ce siècle que l'on a pourtant dit « de fer ».

RÉF. : Hauck, *Kirchengeschichte, Deutschlands*, t. III, Munich, 1906. – A. Fliche, *La Réforme grégorienne*, t. I, Paris, 1926. – G. Monticelli, *Raterio Vescovo di Verara*, Milan, 1938. – F. Dolbeau, *Ratheriana III. Notes sur la culture patristique de Rathier*, in *Sacris erudiri*, nᵒ 29, 1986.

RAVAISSON-MOLLIEN Félix. Philosophe français. Né le 25 octobre 1813 à Namur (à cette époque chef-lieu du département de Sambre-et-Meuse), mort à Paris le 18 mai 1900. Après avoir fait ses études secondaires au collège Rollin à Paris, il passa plusieurs mois à Munich où il suivit les cours de Schelling. Reçu à l'agrégation en 1836, il se présenta deux ans plus tard à l'examen de doctorat avec une thèse latine sur Aristote – dès 1837 il avait fait paraître le premier volume de son *Essai sur la métaphysique d'Aristote* (1837-46) – et une thèse française sur *L'Habitude* (*) (1838), dont l'influence devait être importante sur l'histoire du spiritualisme français au XIXᵉ siècle, et particulièrement sur Boutroux et Bergson. Nommé professeur à la faculté de Rennes en 1838, Ravaisson fut ensuite (1840-1859) inspecteur général des Bibliothèques, puis de 1859 à 1888 (date de la suppression de ce poste) inspecteur général de l'enseignement supérieur. Ayant appris de son maître Schelling l'importance des points de vue esthétiques dans l'effort métaphysique, Ravaisson fit également diverses études archéologiques, et en 1870 fut nommé conservateur du département des antiquités du Musée du Louvre. Sa philosophie, inspirée par des tendances historiques très diverses, est dominée par le souci de concilier le déterminisme matériel et la liberté spirituelle. Ravaisson a espéré réussir dans cette tâche grâce à une philosophie « ayant pour principe générateur la conscience que l'esprit prend en lui-même d'une existence dont il reconnaît que toute autre existence dérive et dépend, et qui n'est autre que son action » – pour reprendre les termes mêmes de l'auteur dans son *Rapport sur la philosophie en France au XIXᵉ siècle* (1868). Du point de vie de l'histoire de la philosophie, on peut considérer que la pensée de Ravaisson constitue une étape entre Maine de Biran et Bergson. Un an après sa mort son *Testament philosophique* (*) (1901) a été publié dans la *Revue de métaphysique et de morale*.

♦ *« L'esprit qui vivifie* [l'œuvre de Ravaisson] *est un esprit nouveau, et l'avenir dira peut-être que l'idéal qu'elle proposait à notre science et à notre activité était, sur plus d'un point, en avance sur la nôtre. »* H. Bergson.

RÉF. : Émile Boutroux, « La Philosophie de F. Ravaisson », article in *Revue de Métaphysique et de Morale*, 1900. – Henri Bergson, « Notice sur la vie et les œuvres de F. Ravaisson-Mollien », article in *Séances et travaux de l'Académie des sciences morales et politiques*, Paris, 1904.

RAVEL Maurice. Compositeur français. Né à Ciboure (Pays basque), le 7 mars 1875, mort à Paris le 22 décembre 1937. Son père, Joseph Ravel, peut être considéré comme un des pionniers de l'industrie automobile : le premier il construisit un « générateur à vapeur chauffé par les huiles minérales appliquées à la locomotion ». Il est aussi l'inventeur du moteur surcomprimé à deux temps. Il épousa en 1874 Marie Delouart, une Basquaise des Basses-Pyrénées, qui lui donna en 1878 un second fils, Édouard, puis trois filles, Marie, Alexandrine et Louise. Joseph Ravel portait un intérêt assez vif à la musique pour en avoir entrepris l'étude élémentaire – nous dit Roland-Manuel. Il fut ravi d'avoir un fils qui dès son plus jeune âge – sans être un enfant prodige – manifestait un goût certain et des dons pour la musique. Maurice Ravel commença à étudier le piano à l'âge de six ans environ avec Henri Ghys (bon musicien, auteur d'un *Air Louis XIII*). À douze ans, il a comme professeur d'harmonie un disciple de Léo Delibes, Charles-René, que le jeune Ravel étonne par l'originalité du tour mélodique de ses premiers essais de composition. En 1889, l'élève Ravel est admis au Conservatoire dans la classe d'Anthiome (piano préparatoire) ; à l'Exposition universelle les gamelangs lui révèlent le charme essentiel des musiques d'Extrême-Orient : les échelles modales défectives.

En 1891, Ravel, nanti d'une première médaille de piano, passe dans la classe de Charles de Bériot, où il a pour condisciple Ricardo Viñès, qui deviendra son ami et son interprète. Il étudie l'harmonie, en bon élève non dépourvu d'ironie, avec Émile Pessard. Il découvre à la même époque deux musiciens, Chabrier et Satie, dont la musique l'influence : « Mes premières compositions, écrit-il, dans son esquisse biographique, demeurées inédites, datent de 1893 environ. J'étais alors dans la classe d'harmonie de Pessard. L'influence d'Emmanuel Chabrier était visible dans la *Sérénade grotesque* pour piano ; celle de Satie dans la *Ballade de la Reine morte d'aimer*. » Il écrit le *Menuet antique* (+) et la *Habanera* (+) pour piano, en 1895. Cette dernière pièce révèle, du premier coup, Maurice Ravel tout entier. On la retrouve orchestrée, mais non modifiée, dans la *Rapsodie espagnole* (1907). En 1896, Ravel est admis dans la classe de contrepoint d'André Gédalge et dans celle de Gabriel Fauré pour la composition. La Société nationale de musique donne en première audition, le 5 mars 1898, les *Suites auriculaires* (+), deux pièces pour deux pianos de Maurice Ravel : *Entre cloches* et la *Habanera*, qui furent accueillies avec des « murmures ironiques et furieux ».

De l'année suivante (1899) date la célèbre *Pavane pour une infante défunte* (*) que le compositeur jugera toujours avec sévérité. En 1901, il obtient le second grand prix de Rome – manquant de justesse le premier grand prix. Il vient d'achever *Jeux d'eau* (*), pièce pour piano dont l'influence indéniable sur Claude Debussy est perceptible dans la technique des *Estampes* (*), composées en 1903. À cette époque, Ravel rencontre Debussy, qu'il admire profondément (pour lui le *Prélude à l'après-midi d'un faune* (*) est « le chef-d'œuvre de la musique »). Le *Quator en fa* (*) (1903) et les trois poèmes de *Shéhérazade* (*) (1903) se ressentent de cette admiration. Ce sont les seules œuvres de Ravel où l'on peut déceler les traces légères d'une influence debussyste. *Jeux d'eau*, le *Quatuor* et *Shéhérazade* ferment à jamais les portes du premier grand prix de Rome au jeune musicien qui concourt par deux fois en vain. C'est un scandale dans le monde musical, auquel la presse fait écho. Théodore Dubois, alors directeur du Conservatoire, est obligé de démissionner. Il est remplacé par Gabriel Fauré.

De 1905 à 1908, Ravel enfin délivré de tout souci scolaire construit une part de son œuvre qui ne sera ni la moins importante, ni la moins caractéristique puisqu'elle comprend la *Sonatine* (*) (1905), les *Miroirs* (+) (1905-1907), les *Histoires naturelles* (*) (1906), la *Rapsodie espagnole* (*) (1908), *L'Heure espagnole* (*), *Gaspard de la nuit* (+) (1908), *Ma mère l'Oye* (*) (1908). Trois années d'une fécondité exceptionnelle : pas une de ces œuvres qui ne soit un chef-d'œuvre. Les *Histoires naturelles* sont l'occasion d'une seconde « affaire Ravel ». À propos de cette œuvre typiquement ravélienne le critique Pierre Lalo se plaignait d'y entendre « sans cesse [...] l'écho particulier de la musique de M. Debussy ». Cette accusation parfaitement injustifiée fut relevée vivement et la discussion dégénéra vite en conflit. Jean Marnold, Louis Laloy, M.-D. Calvocoressi défendirent Ravel avec éclat et par leurs écrits mirent les choses au point de façon définitive. En 1909, Serge de Diaghilev, désireux de rajeunir ses cadres, commanda à Ravel pour les Ballets russes une partition sur un argument de Fokine, chorégraphe de la troupe : c'est *Daphnis et Chloé* (*), la plus importante, par ses dimensions, des œuvres du musicien. Elle ne sera achevée qu'en 1912. Entre-temps Ravel écrit pour le piano les *Valses nobles et sentimentales* (*). Elles sont jouées en première audition à la Société musicale indépendante, en 1911, sans nom d'auteur, au milieu des protestations et des huées. On les attribua à Zóltan Kodály, à Erik Satie, à Théodore Dubois même, et à bien d'autres encore, sauf à leur véritable auteur. Ces *Valses*, dont l'originalité et l'audace désorientèrent les premiers auditeurs, tiennent une place à part dans l'œuvre de Ravel. Elles résument une tendance et ouvrent une voie : celle de la concentration, puis du dépouillement de la matière et de la forme. Voie qui trouvera son achèvement dans les *Trois poèmes de Stéphane Mallarmé*.

En 1913, Ravel a trente-huit ans. Il est devenu un musicien célèbre dont l'influence s'étend de plus en plus. Mais la réussite ne l'entame pas. Il rejoint à Clarens, au bord du lac Léman, son ami Igor Stravinski : ils doivent tous deux réorchestrer pour Diaghilev des passages de *La Kovanchtchina* (*) de Moussorgski. Tandis que Stravinski écrit, sous l'influence passagère de Schoenberg, les *Poèmes de la lyrique japonaise,* Ravel compose de son côté les *Trois poèmes de Stéphane Mallarmé.* « Extrémisme de la pureté. Union inhumaine et sensible de la poésie absolue et de la technique en sa rigueur obstinée : voilà Stéphane Mallarmé — et voici son musicien » (Roland-Manuel). Lorsque la guerre éclate, Ravel achève son *Trio* pour piano, violon et violoncelle. Il se trouve à Saint-Jean-de-Luz. Réformé, en raison de sa santé très délicate, il multiplie les démarches afin de s'engager dans l'armée, sans résultat. En désespoir de cause, il s'engage comme conducteur au service de convois automobiles du train. Mais en juin 1917 il est libéré, réformé temporairement. Il écrit *Le Tombeau de Couperin* (*), suite pour piano, dont chacune des pièces est dédiée à la mémoire d'un ami tombé au front. De 1918 à 1919, il borne son activité à des travaux d'orchestration. À partir de décembre 1919 il travaille à un poème chorégraphique, sur la demande de Diaghilev : *La Valse* (*). Mais, inexplicablement, les Ballets russes renoncèrent à monter l'ouvrage lorsqu'il l'eut achevé en 1920. Il mettra quatre ans (1920, fin 1924) à composer *L'Enfant et les Sortilèges* (*), fantaisie lyrique en deux parties sur un texte de Colette. De 1925 datent les *Chansons madécasses* (*), cycle de mélodies avec accompagnement de flûte, de violoncelle et de piano, composé à l'intention d'Élisabeth S. Coolidge. La gloire de Ravel ne cesse de croître. En 1928, le compositeur découvre l'Amérique au cours d'une tournée de quatre mois. À son retour (en avril), il écrit le *Boléro* (*) qu'Ida Rubinstein lui avait commandé, avant son départ, pour ses spectacles. Ce tour d'illusionniste devait connaître un destin triomphal. Cette même année Ravel revêt la toge de « doctor honoris causa » à l'université d'Oxford. Et il dirige un peu partout son *Boléro.* En 1929, Ciboure rend hommage au grand musicien qu'elle a vu naître : la rue du Quai, débaptisée, devient le quai Maurice-Ravel. « Notre musicien est aussi sensible à ces manifestations que gêné de s'en voir l'objet » (Roland-Manuel). Il commence en 1930, simultanément, la composition de deux *Concertos* pour piano et orchestre : l'un à l'intention de Marguerite Long, le *Concerto en sol majeur* (*), l'autre à l'intention d'un pianiste viennois, Paul Wittgenstein, mutilé de la main droite, le *Concerto pour la main gauche* (*). En 1932, il part en compagnie de Marguerite Long pour une grande tournée de concerts en Europe centrale.

Les trois poèmes de *Don Quichotte à Dulcinée* (1932) sur des textes de Paul Morand constituent l'adieu de Ravel à la musique. Il est pourtant plein de projets, mais la maladie qui devait l'emporter commence à se manifester. Vers le milieu de 1933, il éprouve une gêne inexplicable à écrire, à signer. Il est soudain incapable d'exécuter certains mouvements. Il se sent de plus en plus « vivre dans le brouillard » selon ses propres termes. Ses amis essaient de le divertir, le font voyager. L'année 1935 le voit en Espagne et au Maroc qu'il désire connaître. Toujours lucide, l'ombre qui peu à peu envahit son esprit ne cesse de s'épaissir. Il vit de plus en plus dans sa maison de Montfort-l'Amaury, le Belvédère. Mais le mal augmente chaque jour. On décide une intervention chirurgicale. L'opération a lieu le 19 décembre 1937. Il demeure dans un demi-sommeil une longue semaine et il s'éteint sans souffrance le 28 décembre au petit matin. L'enterrement eut lieu le jeudi 30 décembre 1937. Maurice Ravel repose au cimetière de Levallois auprès de ses parents.

HENRI HELL.

♦ *« Je n'ai jamais éprouvé le besoin de formuler, soit pour autrui, soit pour moi-même, les principes de mon esthétique. Si j'étais tenu de le faire, je demanderais la permission de reprendre à mon compte les simples déclarations que Mozart a faites à ce sujet. Il se bornait à dire que la musique peut tout entreprendre, tout oser, et tout peindre, pourvu qu'elle charme et reste enfin et toujours la musique. »* Maurice Ravel. ♦ *« Ravel rêve de la perfection et il sait y atteindre. Sa musique offre le miracle de la forme parfaite : rien n'y est de trop, rien n'y manque. Ni redondance, ni sécheresse : partout le point juste, et la convenance exacte de ce qui est dit à ce que l'artiste peut dire. Son tort, parfois, est de sembler sans défaut* [...] *Ravel est apollinien autant qu'on puisse l'être en musique, cet art dionysiaque entre tous. »* André Suarès. ♦ *« Une esthétique de l'imposture... »* Roland-Manuel. ♦ *« Parmi toutes les gamineries plus ou moins suspectes de l'après-guerre, entre toutes les formes si concertées de l'infantilisme moderne, Maurice Ravel représentait l'innocence. Depuis qu'il est mort c'est notre innocence qui est morte. »* V. Jankélévitch.

RÉF. : Numéros spéciaux de la *Revue musicale,* 1925 et 1938. — Roland-Manuel, *Maurice Ravel,* Paris, 1938, rééd. 1948. — Hélène Jourdan-Morhange, *Ravel et nous,* Genève, 1945. — Armand Machabey, *Maurice Ravel,* Paris, 1946. — Wanda Landowska, *Maurice Ravel, sa vie et son œuvre,* Paris, 1950. — Hélène Jourdan-Morhange et Vlado Perlemuter, *Ravel d'après Ravel,* Lausanne, 1953. — René Chalupt, *Ravel au miroir de ses lettres,* Paris, 1956. — Vladimir Jankélévitch, *Ravel,* Paris, 1956, rééd. 1982. — H. H. Stuckenschmidt, *Maurice Ravel, Variations sur l'homme et l'œuvre,* Paris, 1981. — Marcel Marnat, *Ravel,* Paris, 1986. — Maurice Ravel, *Lettres à Roland-Manuel et à sa famille,* Paris, 1986.

RAVITCH Melekh (pseud. de Zekharye-Khone Bergner). Poète et critique littéraire canadien d'expression yiddish. Né le 27 novembre 1893 à Radimno (Galicie), mort à Montréal le 23 août 1976. Après ses études secondaires, il devint employé de banque à Lemberg puis à Vienne, jusqu'en 1921. Il vécut ensuite à Varsovie (jusqu'en 1934), devint secrétaire de l'Union des écrivains et journalistes juifs. Il séjourna aussi en Australie, en Amérique, au Mexique, avant de s'installer en 1950 à Montréal. Il commença à publier des vers lyriques en 1910, mais son nom est inséparable du mouvement moderniste qui s'exprima dans la revue *Khaliastra* (*) (la clique) et introduisit l'expressionnisme et le futurisme dans la littérature yiddish. Citons, parmi ses recueils (non traduits), *Continents et Océans* (*) (1937) et *Les Chants de mes chants* [*Lider fun mayne lider,* 1954]. Il rédigea aussi une riche galerie de portraits d'écrivains dans les trois volumes de *Mon dictionnaire* [*Mayn lexicon,* 1948-58] et une intéressante autobiographie.

NADIA DÉHAN.

RAWLS John. Philosophe américain. Né le 21 février 1921 à Baltimore. Il fait ses études dans les universités de Princeton et Cornell. Il est mobilisé de 1943 à 1946. De 1950 à 1952, il est « instructor » à Princeton. En 1953, il enseigne à Oxford. « Assistant Professor » à Cornell de 1953 à 1959, il publie deux textes décisifs : *Deux concepts de règles* [*Two Concepts of Rules*, 1955], établit la distinction, reprise par Searle, entre « règles constitutives » qui créent et définissent des comportements et « règles normatives » qui régissent des comportements indépendants d'elles. *La Justice comme équité* [*Justice as Fairness*, 1957, traduit en 1987] engage toute sa recherche ultérieure en montrant que l'utilitarisme néglige dans la justice l'aspect fondamental de l'équité, mieux exprimé par les théories du contrat social. Invité à Harvard en 1959-60, il est nommé au M.I.T. en 1960 puis professeur à Harvard en 1962. Les mouvements de défense des droits civiques, l'action de Martin Luther King puis la protestation contre la guerre du Vietnam influenceront profondément la théorie de la désobéissance civile formulée dans la *Théorie de la justice* (*). Ce monument, qui a suscité depuis une abondante littérature et auquel se réfèrent magistrats et juristes anglo-saxons, entend rompre avec l'alternative de l'utilitarisme et de l'intuitionnisme en philosophie morale pour renouer avec les traditions kantienne et lockienne du contrat social et systématiser à nouveaux frais les caractères structuraux de la conception de la justice qui leur est sous-jacente. Rawls y remplace le contrat par une « situation originelle » hypothétique dans laquelle les partenaires, placés derrière un « voile d'ignorance » qui les livre à leur seule rationalité argumentative, choisissent les principes de justice (liberté et répartition des « biens premiers ») réglant la « structure de base » de la société. Il s'agit moins pour Rawls de formuler de nouveaux principes que de fonder ceux que chacun accepterait s'il y réfléchissait en fonction de ses « convictions bien pesées ». Dans *La Théorie de la justice comme équité : une théorie politique et non pas métaphysique* [*Justice as Fairness : Political, not Metaphysical*, 1985, traduit en 1988], Rawls insiste sur le fait que sa théorie ne dépend d'aucune prétention de la philosophie à la vérité universelle. Un trait caractéristique de la démarche de Rawls consiste donc à appliquer le principe de tolérance à la philosophie elle-même. *L'Idée d'un consensus par recoupement* [*The Idea of an Overlapping Consensus*, 1986, traduit en 1988] sanctionne une conception politique de la justice valable dans les démocraties constitutionnelles et pluralistes. L'unité sociale d'une démocratie ne peut reposer sur une idée commune du sens et de la finalité de la vie humaine mais sur des principes politiques régulateurs.

MICHAEL A. SOUBBOTNIK.

RĀY Bhārat Candra. Poète bengali. Né à Bhursut, district actuel de Howrah, Bengale occidental (Inde) en 1712 et mort en 1760. D'une famille de brâhmanes qui possédait des terres, Rāy eut ses biens confisqués et dut quitter son village natal. Après des années d'errance, il trouva un emploi auprès de l'administrateur français de Chandernagor qui le recommanda au rājā de Krishnanagar, protecteur des arts et des lettres. Grand lettré, connaissant, outre le bengali et le sanskrit, le persan et l'hindustānī, Rāy devint poète officiel de la cour. En 1753, il composa son œuvre maîtresse *Poème bénéfique en l'honneur de la déesse Annadā* (*) qui est du point de vue artistique l'œuvre sans doute la plus achevée de la littérature bengali médiévale.

FRANCE BHATTACHARYA.

RAY Jean. Romancier et nouvelliste belge d'expression française. Né et mort à Gand (8 juillet 1887-17 septembre 1964). De son vrai nom Jean Raymond Marie de Kremer, Jean Ray, d'origine flamande, devint célèbre en tant qu'écrivain de langue française. Sensible, dès son enfance, aux mystères que recèle le surnaturel, et assoiffé d'aventures, il lui fallait une vie hors du commun, qu'il découvrira sur mer au cours d'une existence mouvementée. Aussitôt terminées ses études à l'université de Gand, il quitte en effet la maison paternelle et s'engage sur les navires de fret. C'est ainsi qu'il fait le tour du monde, partageant la vie dure et pittoresque des marins de son temps. Mais Jean Ray franchit parfois les limites de la pure convention puisqu'il va jusqu'à se livrer à la contrebande et au trafic du rhum et du whisky.

Au cours de ces voyages, Jean Ray connaîtra de nombreuses aventures, dignes parfois des héros qu'il créera plus tard, et qui lui vaudront le surnom de « Tiger-Jack » ainsi que l'estime de ses compagnons de bord. En 1925, il cesse pourtant de voyager et met à profit ce répit pour écrire *Les Contes du whisky* (*). Mais sept ans plus tard, il repart pour l'Islande et les îles Féroé d'où il ramène un reportage sur les pêcheurs intitulé *Les Moissons de l'abîme,* qu'il signe John Flanders, ainsi qu'une de ses plus belles nouvelles, *Le Psautier de Mayence.* Peu de temps après, au cours d'une escale à Hambourg, il achèvera *La Ruelle ténébreuse,* qui compte aujourd'hui parmi les chefs-d'œuvre du genre. Mais en 1930, il quitte définitivement la marine marchande (il avait alors le grade de capitaine). C'est à cette époque qu'un éditeur lui proposera la traduction d'aventures policières allemandes. Jean Ray, qui a accepté, se lasse cependant de ce travail monotone et abandonne peu à peu le texte allemand pour produire des contes originaux où il laisse courir librement son imagination. C'est ainsi que naîtra le personnage de Harry Dickson qui connaîtra un vif succès lors de sa parution en France en 1931. La série considérable des *Aventures de Harry Dickson* (*), qui compte à elle seule plus de cent épisodes, se situe dans la lignée de Souvestre et Allain (Fantômas) et de Conan Doyle (Sherlock Holmes) et trouve ainsi sa place au sein d'une tradition toujours vivante de la littérature populaire. Les années suivantes, Jean Ray, toujours avide de découvertes, reprendra souvent la mer. Au hasard de ses voyages, il exercera de nombreux métiers et deviendra même un jour dompteur dans un petit cirque de province. Vers 1940, cependant, las peut-être de cette vie vagabonde, il retourne à Gand, sa ville natale, où il se fixe. Dès lors, il ne cessera plus d'écrire et ses ouvrages se multiplieront jusqu'à sa mort, en 1964, alors qu'il est âgé de soixante-dix-sept ans. Cette même année paraîtront *Les Contes noirs du golf* et *Le Carrousel des maléfices* qui se situent au nombre de ses principales œuvres avec *Malpertuis* (*) (1943), *Les Derniers Contes de Canterbury* (*) (1944), ainsi que *Saint-Judas-de-la-Nuit* (+), publié en 1963. L'œuvre envoûtante de Jean Ray, que rehausse un style riche et coloré propre à plus d'un écrivain flamand, ouvre les portes d'un monde tout à la fois terrifiant et fascinant. Les personnages pittoresques qui se meuvent dans une Flandre toujours présente n'appartiennent pas tout à fait à la réalité. Ils entraînent le lecteur sur les chemins détournés qui furent ceux de Poe et de Lovecraft, devenant au fil des pages les complices des créatures impassibles originaires d'une autre dimension. Pour ne pas contraindre ses personnages, Jean Ray a délibérément choisi le ton du narrateur, car il préfère laisser ceux-ci agir librement et même lui échapper. La sensibilité et l'instinct sont ainsi seuls à régner sur cette œuvre éminemment poétique qui place son auteur au rang des grands maîtres du réalisme fantastique.

PHILIPPE FAUCHER.

RÉF. : F. Truchaud et Jan van Herp, *L'Herne, Jean Ray*, Paris, 1980 (*Cahiers de l'Herne* n° 38). – J. Carion, *Jean Ray*, Paris, 1986.

RAY Lionel (pseud. de Robert Lorho). Poète français. Né le 19 janvier 1935 à Mantes-la-Ville (Yvelines). L'un des acteurs du renouvellement des formes qui caractérise la poésie française des années 70, il fut salué par Aragon comme un « événement poétique considérable ». Pour Ray, le lyrisme ne réside pas dans l'immédiat de la sensation, mais dans le langage : « Le travail sur soi-même, dit-il, n'est rien s'il n'est d'abord un travail sur les mots et la phrase. » Tel l'oiseau phénix, il a fait de la métamorphose, du renouvellement perpétuel de lui-même, de la quête du nom perdu, un état chantant, une poétique de la parole naissante : « Je suis le changement et la mobilité, non une eau fixe. Je suis ce que je deviens. » En une dizaine de livres dont *L'Interdit et mon opéra* (1973), *Partout ici même* (1978), *Le Corps obscur* (1981), *Le Nom perdu* (*) (1987), *Une sorte de ciel* (1990), *Approches du lieu* (1986), Ray consomme la rupture avec un certain lyrisme mou, son projet étant d'abord un « texte fragmenté qui se détruise au fur et à mesure qu'il se fait et soit susceptible d'être réinventé à l'infini », mais s'affirme bien comme l'héritier de Rimbaud, de Breton et du bel canto d'Aragon, de Supervielle et Milosz. Dans un perpétuel jaillissement d'étincelles de sens, sous la pluie bienfaisante des métaphores, l'état chantant se définit comme la capture d'une mort toujours devancée, dans la danse d'une parole qui se confie à l'« invisible corde », au visage à venir confondu avec le visage solaire de la « femme analogie, accompagnée d'oiseaux », et accomplit, dans l'allégresse et la grâce de l'envol, le difficile chemin qui va de je à l'autre.

CLAUDE ADELEN.

RAY Man (pseudonyme). Peintre, photographe et cinéaste américain. Né à Philadelphie le 27 août 1890, mort le 18 novembre 1976 à Paris. L'aventure de cet homme, si secret qu'on ne connaît pas son vrai nom, commence en 1908, lorsqu'il se met à peindre sous l'influence des impressionnistes, puis dès 1911 sous celle des peintres abstraits d'Europe. En 1915, il rencontre Marcel Duchamp, qui deviendra en quelque sorte son maître. En 1915, Ray, Duchamp et Picabia forment le groupe Dada de New York. C'est alors qu'il crée les fameux « ready-mades », c'est-à-dire des objets manufacturés à peine transformés qu'il propose arbitrairement comme œuvres d'art : voir son fer à repasser. En 1921, il est à Paris, où il se lie avec les surréalistes, notamment avec André Breton. Il s'intéresse alors à la photographie, créant ce qu'il appelle des « rayographes », ou photogrammes, qu'il recueille en 1922 dans un volume intitulé *Les Champs délicieux*. Puis il devint si célèbre comme photographe du « tout-Paris » qu'on oublia son œuvre peint. En 1924, avec Duchamp, il produit le film intitulé *Anemic Cinema* et, en 1923, *Le Retour à la raison*, qui fit scandale et qui fit dire à Cocteau qu'il était « le poète de la chambre obscure ». En 1940, il quitte Paris pour Los Angeles, mais il revient dès 1946. Man Ray a publié un *Autoportrait* (*) (1963).

RÉF. : Georges Ribemont-Dessaignes, *Man Ray*, Paris, 1984. – John Esten, *Man Ray, Les années Bazaar*, Paris, 1989. – Neil Boldwin, *Man Ray*, Paris, 1990.

RAYMOND Marcel. Écrivain suisse d'expression française. Né et mort à Genève (20 décembre 1897 - 28 novembre 1981). Ami d'Albert Béguin, avec lequel il entretiendra une correspondance qui sera publiée, *Lettres, 1920-1957* (1976), Marcel Raymond succède, à l'université de Genève, à Albert Thibaudet, et apparaît comme un novateur dans le domaine de la critique littéraire. Il tente de remonter aux sources de la genèse spirituelle d'une œuvre ou d'un mouvement littéraire et de faire ressortir les rapports entre l'écrivain, le langage et son temps qui donnent naissance à la création littéraire dans sa singularité et sa spécificité. Il insiste aussi sur les influences que toute œuvre reçoit et sur celles qu'elle finit par sécréter. Son livre capital *De Baudelaire au surréalisme* (*) (1933) met en évidence cette nouvelle conception de la critique littéraire, qu'on retrouve dans d'autres études : *Paul Valéry et la tentation de l'esprit* (1946), *Baroque et Renaissance poétique* (*) (1955), *Jean-Jacques Rousseau, la quête de soi et la rêverie* (1962), *Sénancour, sensations et révélations* (1965)... D'autre part, Marcel Raymond s'est essayé à une poésie qui retrouve l'âme des êtres et l'esprit des choses avec *Poèmes pour l'absente* (1966). Ce sont des qualités que l'on retrouve dans le volume autobiographique *Le Sel et la Cendre* (1970), *Journal 1964-1978* (1989).

RÉF. : G. Poulet, *La Conscience critique*, Paris, 1971. – *Albert Béguin et Marcel Raymond*, colloque de Cartigny, Paris, 1979.

RAYNOUARD François Juste Marie. Poète dramatique et écrivain français. Né à Brignoles (Var) le 8 septembre 1761, mort le 27 octobre 1836 à Passy. Avocat au barreau de Draguignan, il vint à Paris comme membre suppléant de l'Assemblée législative, où il siégea sur les bancs des Girondins. Emprisonné à la chute de ceux-ci sous l'inculptation de « fédéralisme », il sortit, après le 9 Thermidor, de la prison où il avait composé sa première œuvre théâtrale, *Caton d'Utique* (1794). Rentré en sa Provence natale, Raynouard ne retourna à Paris que sous le Consulat, pour voir l'Académie française couronner son poème *Socrate dans le temple d'Aglaure* (1803). Le 14 mai 1805, il fit jouer au Théâtre-Français sa tragédie *Les Templiers* (*), qui, malgré les attaques violentes du critique Geoffroy, rédacteur du *Journal de l'Empire*, connut auprès du public un succès presque sans précédent, tant au théâtre qu'en librairie : on en vendit des centaines et peut-être même des milliers d'exemplaires dans la rue, à la criée. Encouragé par ce succès, Raynouard écrivit encore un certain nombre de tragédies, mais seuls *Les États de Blois* furent représentés (1810), sans succès d'ailleurs. Membre du corps législatif en 1806, il siégea, à partir du 24 novembre 1807, à l'Académie française, dont il fut le secrétaire perpétuel jusqu'en 1829, date à laquelle il se démit de ses fonctions pour se consacrer entièrement aux langues romanes en général et au provençal en particulier. Dans cet ordre d'idées, il fit paraître successivement : les six volumes intitulés *Choix de poésies originales des troubadours* (1816-1821), une *Grammaire comparée des langues de l'Europe latine dans leurs rapports avec la langue des troubadours* (1821) et, enfin, les six volumes de son *Lexique roman, ou Dictionnaire de la langue des troubadours* (1838-1844).

RÉF. : J. David, *Raynouard, sa vie et ses œuvres*, in t. XVIII des *Mémoires de l'académie de Caen*, Caen, 1866. – P. Bagarry, *F.-J.-M. Raynouard*, Aix, 1896. – L. Bertrand, *Discours à l'occasion du centenaire de la mort de Raynouard*, Paris, 1937.

RAYTCHEV Gueorgui. Écrivain bulgare. Né le 7 décembre 1882 dans le village de Zemlen, mort le 18 février 1947 à Sofia. Maître du récit psychologique, l'écrivain tente de percer la nature contradictoire et complexe de l'âme humaine, à travers la lutte sans merci des instincts et de la conscience, de la libido et de la raison, dans une narration aux motifs freudiens, teintée parfois de « satanisme » : *Récits* [*Razkazi,* 1923]. Très vite l'écrivain s'engage à surmonter les cadres étroits de la tradition littéraire nationale au profit d'une esthétique et d'une poétique moderne et européenne. Son intérêt pour le psychisme pathologique, qu'il considère inhérent à l'homme, le conduit à mettre l'accent sur l'analyse de la criminalité. Par le monologue et le dialogue, par des personnages en évolution permanente, les rapports entre la réalité et le psychisme sont rendus dans toute leur complexité. En opposant le village à la ville, l'auteur considère le mode de vie rurale comme condition préalable à une existence conforme à la morale – *La Clé d'or* [*Zlatniyat klyoutch,* 1942] –, mais pendant les années 20-30 il s'est efforcé pourtant d'éloigner la littérature de la problématique du village pour la diriger vers des sujets propres à la réalité de la ville. Les paradoxes d'une vie psychique chaotique et l'aliénation, due à la ville avec ses corollaires la peur et la souffrance, sont les thèmes privilégiés de son meilleur récit *Péché* (*) (1921). Romantique et panthéiste dans *Le Chant de la forêt* [*Pesenta na gorata,* 1928], *Le Royaume des cerfs* [*Elenovo tsarstvo,* 1929], l'écrivain traduit l'élan vers l'harmonie et la lumière.

ÉLÉNA FOULLIARON.

RÂZI Fakhr al-Dîn al. Théologien persan de l'Islam sunnite. Né à Rayy en 1149, mort à Hérat le 29 mars 1210. Fils d'un prédicateur de Rayy, Râzi accomplit des études approfondies en matières religieuse, littéraire et philosophique auprès des maîtres réputés. Il entreprit ensuite des voyages en Iran oriental. Il se rendit successivement à Gorganj au Khwârezm, à la cour d'Alâ al-Dîn Tékeçh, de 1177 à 1179, qu'il dut quitter devant l'hostilité des mo'tazélites, et en Transoxiane. Après un bref retour à Rayy, il repartit pour la Transoxiane où il tint en 1186-87 des controverses avec les matoridites et les hanafites. Par la suite, il s'attacha définitivement à deux cours, ghoride et khwârezmide. Sous les Ghorides, il séjourna à Bâmiyân et à Ghazna, sous Chihâbal-Dîn Ghori, qu'il aurait accompagné deux fois en Inde. Sous Ghiyâs al-Dîn Ghori, il se fixa à Hérat en 1192, où il tint école, mais il dut quitter la ville après quelques années, sous la pression des karrâmites. Il se replia alors vers la cour khwârezmide et devint tuteur d'Alâ al-Dîn Mohammad, fils de Tékeçh, qui succéda à son père en 1200. Râzi revint à Hérat en 1203, lorsque Mohammad prit la ville aux Ghorides, et y mourut en 1210, vénéré en tant que « Cheikh al-Islām » ce qui lui valut d'être considéré comme le « guide de la religion » (Imâm Râzi). Outre sa tombe à Hérat, il subsiste de nos jours un mausolée de F. Râzi à Gorganj (l'actuelle Urgentch).

Figure éminente de la pensée islamique, de l'école acharite en théologie et chaféite en droit, Râzi fut considéré comme le « rénovateur de la religion » après Ghazzālī. Expert en sciences traditionnelles et rationnelles, lecteur des philosophes, dont Fārābī et Avicenne, il se proposa de concilier la théologie avec la philosophie, ce qui lui dut les fréquentes critiques de ses contemporains. Ses rapports avec les soufis restent obscurs ; nous savons qu'il rencontra, entre autres, Najm al-Dîn Kobrā. Râzi nous a légué près d'une centaine d'ouvrages arabes et quelques ouvrages persans. Dans le domaine de la religion, son œuvre majeure est *Les Clés de l'invisible* [*al-Mafātīh al-Ghaïb*], le plus long commentaire du *Coran* existant. Il rédigea également un grand nombre de traités de théologie et de droit – dont les célèbres *Précis* [*al-Muhassal*] et *Les Quarante* [*questions*] [*al-Arba'în*] –, un traité sur les sectes en Islam et un recueil de controverses. En philosophie, ses ouvrages les plus importants sont *Les Investigations orientales* [*al-Mabāhîs al-Mashriqiyya*] et le commentaire des *Ishārāt* d'Avicenne, lequel fut critiqué par Nâser al-Dîn Tousi ; on lui attribue par ailleurs un traité d'éthique, *Ilm al-Ahlāq*. Dans le domaine de la science, il est l'auteur d'ouvrages sur la médecine, la géométrie, l'astrolabe, etc. et de traités de sciences occultes consacrés à l'astrologie, la physiognomonie, la géomancie, la chiromancie et à la magie talismanique de tradition harranéenne qu'il exposa dans *Le Secret occulte* [*al-Sirr al-Maktūm*], ouvrage célèbre et controversé, mentionné par Ibn Khaldūn. Parmi ses écrits persans, il faut signaler en particulier son encyclopédie *Le Compendium des sciences* (*) et un traité d'oniromancie identifié récemment. L'ensemble de l'œuvre de Râzi, d'une impressionnante érudition, reste encore peu connue pour l'heure.

ŽIVA VESEL.

RÉF. : G. C. Anawati, article « Fakhr al-Dîn al-Râzi » dans l'*Encyclopédie Islamique*.– F. Kholeif, *A Study on Fakhr al-Dîn al-Râzi and his Controversies in Transoxiana*, Beyrouth, 1966. – M. S. H. Ma'sumi, *Imām Râzi's 'Ilm Al-Akhlāq*, Islamabad, 1969. – M. Fakhry, *Histoire de la philosophie islamique*, Paris, 1989.

READ sir Herbert Edward. Critique d'art et poète anglais. Né le 4 décembre 1893 dans le Yorkshire, anobli en 1953, mort le 12 juin 1968. Il fit ses études à Halifax et à l'université de Leeds. Au cours de la Première Guerre mondiale, il se bat en France et en Belgique, est cité et décoré. Il commence ensuite une carrière dans les musées, au Victoria and Albert Museum de Londres (1922-31), puis enseigne les Beaux-Arts à travers le Royaume-Uni et aux États-Unis avant d'être nommé professeur de poésie à Harvard. Il ne cessa de défendre l'art moderne, en particulier dans *La Signification de l'art* (+) (1931), et dans *La Philosophie de l'art moderne* (+) (1952). Il a défendu aussi le romantisme en général et le surréalisme considéré comme son expression moderne. Il s'est passionnément intéressé à l'art (peinture, sculpture, artisanat...) dans tous ses rapports avec la société – *L'Art et l'Industrie* (+) (1934), *L'Art et la Société* (+) (1937) –, redoutant la bureaucratisation et l'étatisme. On lui doit une *Histoire succincte de la peinture moderne* [*A Concise History of Modern Painting*, 1959]. Il a publié plusieurs essais sur la littérature anglaise : sur Shelley, Byron, Coleridge, Swift. Ses propres *Poésies complètes* [*Complete Poems*] parurent en 1946, mais en 1940 il avait déjà publié son autobiographie, *Annales d'innocence et d'expérience* [*Annals of Innocence and Experience*]. La meilleure introduction à cette œuvre, une et variée, se trouve sans doute dans le recueil *Poésie et Critique* (*) (1963).

RÉF. : W. Harder, *A Certain Order : the Development of Herbert Read's Theory of Poetry*, Londres, 1971. – G. Woodcock, *Herbert Read, The Stream and the Source*, Londres 1972.

READE Charles. Romancier et dramaturge anglais. Né à Ipsden House dans l'Oxfordshire le 8 juin 1814, mort à Londres le 11 avril 1884. Il fit ses études au Magdalen College d'Oxford et obtint de nombreux titres et distinctions universitaires. Il débuta dans les lettres par une comédie : *Bataille de dames* [*The Ladies's Battle*], jouée à l'Olympic Theatre de Londres en mai 1851. Il connut le succès avec *Masques et Visages* [*Masks and Faces*], pièce en deux actes écrite en collaboration avec Tom Taylor – reprise sous forme de roman avec le titre de *Peg Woffington* (1853) –, et surtout *Le Courrier de Lyon* [*The Lyons Mail,*

1854]. *Jamais trop tard pour s'amender* [*It is Never Too Late to Mend : A Matter of Fact Romance*, 1856], écrit dans le but de réformer les abus commis dans les prisons, imposa son nom comme romancier. *Le Cloître et le Foyer* (*) (1864), récit des aventures du père d'Érasme, est considéré comme son chef-d'œuvre. Il connut son plus grand succès de théâtre avec *Drink* (1879), une adaptation de *L'Assommoir* (*) de Zola. Travaillant à partir d'une énorme documentation composée de coupures de presse, de comptes rendus d'enquêtes ou de procès et d'observations diverses, Reade est en fait l'un des précurseurs de l'école naturaliste. Autres œuvres importantes : *Gold* (1853), *Argent comptant* (*) (1863), *Griffith Gaunt* (1866), *Une terrible tentation* [*A Terrible Temptation*, 1871] et *A Simpleton* (1873).

RÉF. : John Coleman, *Charles Reade as I knew him*, 1903. — L. Rives, *Charles Reade, sa vie et ses romans*, Toulouse, 1940. — B. Toulet, *Le Passé et le présent dans l'œuvre romanesque de Charles Reade*, Lille, 1981.

RÉAUMUR René Antoine Ferchault de. Savant français. Né le 28 février 1683 à La Rochelle (Charente-Maritime), mort le 17 octobre 1757 au château de la Bermondière, près de Saint-Julien-du-Terroux (Mayenne). Fils d'un conseiller au présidial de La Rochelle, il fut élevé au collège des jésuites de Poitiers, puis, devant succéder à son père, alla faire ses études de droit à Bourges. Mais, à vingt ans, Réaumur provoque l'étonnement du monde savant par différents mémoires relatifs à des problèmes géométriques. En 1708, son traité intitulé *Manière générale de trouver une infinité de lignes courbes nouvelles* le fait admettre, à vingt-cinq ans, à l'Académie des sciences. Sa belle fortune lui permettait de se consacrer exclusivement à l'étude. Il fréquentait Fontenelle, Montesquieu, le salon de Mme de Tencin, tout en restant attaché au christianisme. Ses relations avec Voltaire, Buffon et Diderot furent difficiles ; la collection de descriptions de métiers qu'il avait rassemblée donna naissance à l'accusation de plagiat intentée aux encyclopédistes. En effet, autant que la science pure, les techniques excitaient son intérêt et c'est avec zèle qu'il prit la charge de la *Description des arts et métiers* que lui confia l'Académie peu après son élection ; trois volumes de cette série ont été rédigés par lui : *L'Art des ancres* (1761), *Nouvel Art d'adoucir le fer fondu* (1762) et *L'Art de l'épinglier* (1762). Non content de les décrire, Réaumur voulait participer activement aux progrès de l'industrie : en 1722, il fait connaître des procédés révolutionnaires dans le travail du fer et la fabrication de l'acier : son *Traité sur l'art de convertir le fer forgé en acier et d'adoucir le fer fondu* (1722) est le premier ouvrage publié en France sur cette question ; en 1725, il introduit en France le fer-blanc ; en 1727-29, portant son attention sur la fabrication de la porcelaine, il essaie d'obtenir un matériau semblable à celui utilisé en Saxe, n'y parvient pas, mais ouvre le chemin à Darcet et à Macquer. En revanche, il découvre en 1739 le verre blanc opaque, qui reste connu sous le nom de « porcelaine de Réaumur ». Dans le domaine de la physique, le principal titre de gloire de Réaumur fut son thermomètre à 80° ; dans le domaine des sciences naturelles, il a fait d'importantes recherches sur la nature et le mode de formation des écailles de poisson et des perles, sur la locomotion des mollusques ; quant à ses *Mémoires pour servir à l'histoire des insectes* (*) (1734-42), ils ont joui longtemps d'une grande autorité. Aux volumes déjà cités, il faudrait ajouter, pour avoir une idée de la grande diversité des préoccupations scientifiques de Réaumur, les nombreux mémoires parus dans les recueils de l'Académie des sciences à partir de 1708 ; citons seulement l'*Examen de la soie des araignées* (1710), *Observations sur les mines de turquoises* (1713), *Sur l'art de faire éclore et d'élever en toute saison des oiseaux domestiques* (1749), etc. Tous ces écrits sont malheureusement rédigés dans un style fort négligé et souvent confus.

JACQUES PATRY.

RÉF. : Grandjean de Fouchy, *Éloge de R. A. Ferchault de Réaumur*, in *Mémoires de l'Académie des sciences*, 1757. — J. Torlais, *Réaumur*, Paris, 1961.

REBATET Lucien. Écrivain et essayiste français. Né et mort à Monas-en-Valloire, (Drôme) : 15 novembre 1903-24 août 1972. Élève des pères jésuites, il suit des études de philosophie, puis devient employé d'assurances. En 1929, il débute à *L'Action française* comme critique musical, puis critique cinématographique, sous le nom de François Vinneuil. À partir de 1932, il est rédacteur à *Je suis partout*. Il publie dans ce journal des reportages et des éditoriaux d'ordre politique. En 1942, il publie un pamphlet retentissant, *Les Décombres* (*). Ses écrits politiques lui vaudront d'être condamné à mort le 23 novembre 1946 par la Cour de justice de la Seine. Il sera gracié le 12 avril 1947.

Après la Seconde Guerre mondiale, Lucien Rebatet mène une existence effacée, mais publie deux romans, *Les Deux Étendards* (*) (1952) et *Les Épis mûrs* (1954), qui consacrent sa place dans les lettres françaises modernes. Il publie également *Une histoire de la musique* (1969).

La diffusion de l'œuvre romanesque de Lucien Rebatet a beaucoup souffert des engagements qu'il a pris pendant la guerre et l'Occupation. Mais *Les Deux Étendards* constituent un témoignage irremplaçable sur la France d'avant guerre, tout comme les romans de Paul Nizan ou de Brasillach. Rebatet est un grand styliste, qui a tenté d'écrire un roman comme on écrirait une composition musicale. Il était d'ailleurs un véritable musicologue. *Les*

Deux Étendards constituent une sorte de « Bildungsroman », où toute la problématique humaine, sociale, religieuse, politique de la province française de l'avant-guerre est remarquablement évoquée.

ANTOINE BERMAN.

RÉF. : J.-P. Vandromme, *Lucien Rebatet*, Paris, 1968. — A. M. Supervielle, *La Foi, sa négation. Rebatet, « Les Deux Étendards »*, in *Contrepoint*, n° 28, 1978. — J. Duvignaud, *« Les Deux Étendards »*, in *NRF*, novembre 1978.

REBELL Hugues (pseud. de Georges-Joseph Grassal). Romancier français. Né le 27 octobre 1867 à Nantes, mort à Paris le 6 mars 1905. Fils d'un riche commerçant nantais, le jeune Grassal fit ses études au collège de l'île de Jersey, dirigé par les jésuites. À la fin de ses études secondaires, il revint à Nantes et fonda avec quelques amis une revue, *Le Gai Sçavoir*, qui ne subsista que pendant un an (1885-86), et où il publia sous le pseudonyme de Charles Blanchère ses premiers vers. À la mort de son père, survenue le 18 mai 1887, il décida de vivre à Paris. Il se disait royaliste et adversaire de la démocratie et, pour que nul ne pût l'ignorer, il choisit un nouveau pseudonyme : Rebell, pour signer son premier livre, *Les Méprisants* (1886). Entre 1886 et 1901, Rebell publia un volume de poèmes, *Les Chants de la pluie et du soleil* (1894), et une dizaine de romans et nouvelles qui eurent peu de succès, sauf, peut-être, *La Femme qui a connu l'Empereur* (1898). Une certaine gloire survint avec *Les Nuits chaudes du Cap français* (*) (1902), mais Hugues Rebell, depuis 1900, souffrait d'une maladie intestinale qui devait l'emporter après de cruelles souffrances.

RÉF. : H. Mazel, « Hugues Rebell » in *Mercure de France* du 15 avril 1905. — M. Boisson, *Hugues Rebell intime*, Paris, 1931. — J. Brückmann, *Hugues Rebell, ein Vorkämpfer des französischen Nationalismus*, thèse, Bonn, 1937.

REBOUX Paul (pseud. d'André Amillet). Écrivain français. Né le 21 mai 1877 à Paris, mort à Nice le 14 février 1963. Il est surtout connu pour ses célèbres pastiches, *À la manière de* (*), qu'il composa de 1908 à 1913 avec Charles Müller. Mais cet écrivain très prolixe qui expérimente tous les moyens d'expression et de diffusion fut tour à tour ou en même temps journaliste, critique littéraire, cinématographique, dramatique, critique culinaire également, conférencier radiophonique, et devint même, à la fin de ses jours, un spécialiste de la radiesthésie. Il a laissé une œuvre d'historien qui eut un grand succès auprès du grand public avant la Seconde Guerre mondiale et qui sut mêler avec astuce l'anecdote et le romanesque et donner à certaines figures des siècles passés une présence certaine, bien qu'elles paraissent relever plutôt du feuilleton qu'appartenir à une vérité historique indiscutable ! Citons : *Madame du Barry* (1932), *Madame se meurt, Madame est morte* (1932), *Une rude gaillarde : la princesse Palatine* (1934), *La Belle Gabrielle qu'aima Henri IV* (1938), *Le Duc de Lauzun, bourreau des cœurs* (1947), *Théodora, saltimbanque puis impératrice* (1950). Mais cet humoriste doté d'un esprit curieux de tout s'essaya aussi, avec un certain bonheur, à écrire des essais de savoir-vivre et même des essais polémiques, tels *Le Nouveau Savoir Manger* (1951), qui faisait suite à ceux parus en 1930 et en 1941, *Petits secrets de l'art d'écrire* (1941), *Trop d'enfants ?* (1951), *Tuberculeux, l'on pourrait vous guérir* (1952) et enfin une étude sur la radiesthésie parue sous le titre *Votre sixième sens, la révélation d'un don que chacun de nous possède sans s'en douter* (1953).

JOËL SCHMIDT.

REBREANU Liviu. Romancier et dramaturge roumain. Né à Tîrlişiua, département de Bistrita-Năsăud, le 27 novembre 1885, mort dans sa maison de campagne de Valéa Maré, département de l'Arges, le 1er septembre 1944. Le créateur du roman roumain moderne est le fils aîné d'une famille de treize enfants, celle de l'instituteur Vasilé Rebreanu, lui-même issu d'une famille de paysans libres installés sur les frontières roumaines de cette région de Transylvanie, d'où leur nom de « grăniceri ». Toute sa vie, d'homme et d'écrivain, est une sorte de métaphore de la Roumanie, un symbole noble, puissant de ce qu'elle peut être lorsqu'elle est vraiment elle-même, un pays ouvert sur de multiples cultures, capable de les intégrer, de les faire s'enrichir mutuellement, de leur donner une expression sublimée à travers l'œuvre d'art. En effet, après avoir été à l'école primaire roumaine de Maieru (1891-1894) et un an au collège roumain de Nàsàud, il poursuit ses classes au collège hongrois de Bistrita (1897-1899), passe à l'école supérieure, hongroise encore, de Sopron (1900-1903), pour entrer à l'Académie militaire de Budapest d'où il sort sous-lieutenant de l'armée austro-hongroise en 1906. Il restera deux ans au 2e régiment royal de Gyula, puis démissionnera dans des circonstances encore mal déterminées sans beaucoup regretter la vie militaire qu'il avait dû choisir pour des raisons financières alors que sa passion était la médecine. Après avoir exercé divers petits métiers dont, notamment, celui de clerc de notaire, et débuté officiellement dans la revue *Luceafàrul* en 1908, il réalisera le rêve de tout intellectuel roumain en cette Transylvanie occupée par l'empire austro-hongrois : passer les montagnes pour se retrouver dans le royaume libre. Il s'installe à Bucarest en 1909, est accueilli assez rapidement par les milieux littéraires, notamment le cercle de Mihai Dragomirescu. Il va dès lors poursuivre son apprentissage acharné de la langue roumaine littéraire car, si le roumain est sa langue maternelle, sa formation, dans le creuset cosmopolite et polyglotte de Transylvanie, l'avait d'abord conduit à donner une expression étrangère à son désir d'écrire. C'est ainsi que celui qui symbolise le plus brillamment la vigueur expressive du roumain a d'abord été un écrivain hongrois. Il nous reste plusieurs textes de lui en cette langue. Bel exemple de syncrétisme, de cohabitation fructueuse entre des cultures et des langues si différentes. Cependant les autorités hongroises le poursuivent jusqu'à Bucarest et demandent son extradition en 1910, l'obtiennent et le font emprisonner quelques mois à Gyula pour des délits qu'il aurait commis durant sa brève carrière militaire mais dont il est probablement innocent. Cette affaire trouble et tout à fait secondaire sera très régulièrement exploitée par ses ennemis à différentes époques de sa vie. Revenu à Bucarest la même année, Liviu Rebreanu va se lancer véritablement dans la vie littéraire de la capitale roumaine. Tout en écrivant, sans publier immédiatement, il participe à la fondation de différentes revues dont certaines éphémères, exerce les fonctions de secrétaire littéraire au théâtre national de Craiova (1911-1912) où il fréquente le milieu des acteurs, ce qui l'amènera à écrire pour le théâtre un certain nombre de pièces, aujourd'hui peu jouées, parmi lesquelles on peut retenir *La Lettre* [*Plicul*], *Les Apôtres* [*Apostolii*]. C'est alors qu'il rencontre celle qui va devenir sa femme, l'actrice Fanny Rădulescu, qu'il épouse en 1912. De cette union naîtra une fille, Puia Florica (qui se consacre aujourd'hui encore, avec une fidélité qui récompense justement l'amour immense que lui a voué son père, au service exemplaire de sa mémoire). L'entrée en guerre du royaume de Roumanie en 1916 et l'occupation de Bucarest par les troupes allemandes rappelleront une fois de plus à l'écrivain qu'il est sujet austro-hongrois. Considéré comme déserteur, il est obligé de se cacher et s'enfuit en Moldavie, à Iasi. Malgré quelques publications de nouvelles, *Les Voyous* [*Golanii*, 1916], *Témoignage* [*Màrturisire*, 1916], et *La Vengeance* [*Ràfuiala*, 1919], et de très nombreuses collaborations à divers journaux ou revues, il ne connaîtra la gloire qu'à partir de 1920, avec *Ion* (*), son chef-d'œuvre, le premier grand roman roumain. Suivront des livres qui seront tous autant de succès : *La Forêt des pendus* (*) (1922), *Adam et Ève* [*Adam si Eva*, 1925], *Ciuléandra* (*) (1927), *Le Petit Seigneur* [*Cràisorul*, 1929], *La Révolte* (*) (1932), *Braise* [*Jar*, 1934], *La Bête immonde* (*) (1938), *Ensemble* [*Amîndoi*, 1940]. L'apport de Liviu Rebreanu à la littérature roumaine de l'entre-deux-guerres est essentiel. Il transforme le roman en une œuvre d'art à part entière dont le message politique, social, philosophique ou national s'approfondit à travers la recherche esthétique. Sans être un théoricien de la littérature, ou peut-être justement parce qu'il se refuse à l'être, Liviu Rebreanu a ouvert à la prose roumaine la voie moderne du roman total, du roman microcosme de fiction, seul à même d'éclairer durablement l'univers réel qu'il renonce à platement imiter, tout en restant fidèle aux méthodes et à la forme du réalisme narratif.

JEAN-LOUIS COURRIOL.

RÉCAMIER Mme (Jeanne Françoise Julie Adélaïde Bernard). Née à Lyon le 4 décembre 1777, morte à Paris le 11 mai 1849. Elle épousa à quinze ans un riche banquier, Jacques Récamier, qui, en 1798, acquit l'hôtel Necker, où elle ouvrit un salon que fréquentèrent les opposants de Bonaparte. Mme de Staël lui voua une amitié jamais démentie et lui vint en aide lorsque son mari fut ruiné, en 1805. Mme Récamier avait l'ambition de plaire, elle était « amoureuse de l'amitié » et savait se faire des amis des admirateurs auxquels elle n'avait pas cédé ; ce fut le cas d'Ampère et de Benjamin Constant. Chateaubriand, seul, sut la retenir ; la vieillesse et les revers les rapprochèrent encore, mais, quand ils furent veufs tous deux, elle refusa de l'épouser. Elle avait demandé que l'on brûlât tous ses papiers après sa mort, mais ce vœu ne fut pas écouté et l'on publia, en 1859, un volume de ses *Souvenirs* et un volume de *Correspondance*.

RÉF. : Duc d'Abrantès, *Le Salon de Madame Récamier*, Paris, 1844. – P. Triaine, *Récamier et ses contemporains*, Paris, 1899. – E. Herriot, *Madame Récamier et ses amis*, Paris, 1934. – J. Bertaut, *Madame Récamier*, Paris, 1947. – M. Levaillant, *Une amitié amoureuse, Mme de Staël et Mme Récamier*, Paris, 1956.

RECHETNIKOV Fédor Mikhaïlovitch [Fedor Mikhajlovič Rešetnikov]. Écrivain russe. Né à Iekaterinbourg (actuellement : Sverdlovsk), dans le gouvernement de Perm' (Sibérie), le 5 (17) septembre 1841, mort à Saint-Pétersbourg le 9 (21) mars 1871. Orphelin, il fut élevé par son oncle, employé des postes. Ayant terminé, en 1859, son instruction primaire, il exerça un emploi de scribe au tribunal d'Iekaterinbourg, puis un emploi analogue à Perm', où il se mit à écrire des nouvelles et des poésies. Puis, il obtint un poste dans la capitale, comme scribe au ministère des Finances. À Saint-Pétersbourg, il prit contact avec les milieux littéraires de la capitale, et *L'Abeille nordique* [*Severnaja pčela*] accueillit ses débuts. En 1864, *Le Contemporain* [*Sovremennik*] acceptait son roman *Ceux de Podlipnaja* (*) qui, par ses terribles descriptions de la vie misérable des paysans sibériens, produisit une impression exceptionnelle. Ce succès poussa Rechetnikov à quitter sa situation et à se consacrer complètement à la littérature. En 1865 parut dans *Le Contemporain* la première partie d'un volumineux roman, *Les Travailleurs des mines* [*Gornorabočie*], qui demeura inachevé par suite de la disparition de la revue. D'un troisième roman, *Les Glumov* [*Glumovy*], également consacré à la vie des mineurs, deux parties seulement virent le jour, respectivement en 1866 et 1867 ; par contre, ses deux autres romans, *Où vit-on mieux ?* [*Gde lučše ?*, 1868] et *Notre propre pain* [*Svoj hleb*, 1870], qui n'ajoutèrent rien à sa renommée, bien que très supérieurs aux précédents du point de vue artistique et aussi intéressants sous l'angle de l'idéologie « populiste », furent entièrement édités. Atteint d'une forme grave de tuberculose, il mourut tout de suite après la publication de son dernier roman. Les œuvres de Rechetnikov, grâce aux accents tragiquement personnels qui les animent et qui révèlent une force de sincérité peu commune, constituent de précieux documents pour la compréhension de leur temps.

RÉF. : S. Vengérov, article sub nomine in t. LIV du *Dictionnaire encyclopédique* de Brockhaus et Efron, Saint-Pétersbourg, 1899 (en russe).

RECLUS Jean Jacques Élisée. Géographe français. Né à Sainte-Foy-la-Grande (Gironde) le 15 mars 1830, mort à Torhout (Belgique, Flandre occidentale) le 4 juillet 1905. Second fils d'un pasteur protestant, il fit ses études à la faculté protestante de Montauban, puis à l'université de Berlin. Conquis dès cette époque aux idées les plus avancées, il se tint volontairement éloigné de la France après le coup d'État du 2 décembre et, de 1852 à 1857, fit un voyage à travers le monde, visitant en particulier l'Angleterre, les États-Unis, l'Amérique centrale et les Antilles. Rentré enfin à Paris, il fit paraître, outre de nombreuses études à *La Revue des Deux Mondes* (*), ses premiers ouvrages scientifiques : *La Terre* (*) (1867-68), deux volumes, et *Histoire d'un ruisseau* (1869). Il donna également une *Introduction au dictionnaire des communes de France* (1864). Après avoir servi dans la garde nationale, pendant la guerre de 1870, Élisée Reclus, membre de l'Association internationale des travailleurs, se rallia en mars 1871 à l'insurrection de la Commune. Fait prisonnier le 5 avril suivant par l'armée de Versailles, il fut traduit devant un Conseil de guerre et, le 16 novembre 1871, condamné à la déportation. Mais le prestige scientifique dont il jouissait dès cette époque ayant suscité des protestations mondiales, le savant anarchiste vit sa peine commuée en celle du bannissement (4 janvier 1872). Après un séjour en Italie, il s'installa en Suisse à Clarens, d'où il organisa, en collaboration avec le prince Kropotkine, une agitation anarchiste en France et à l'étranger. Rentré à Paris en 1879, il se consacra à la publication des volumes de sa gigantesque *Nouvelle géographie universelle* (*) (1876-94). En 1892, on lui donna la chaire de géographie comparée à l'université libre de Bruxelles, mais ces fonctions officielles n'interrompirent point ses activités de militant politique. En 1897, Reclus fit même paraître un exposé de ses théories anarchistes, *L'Évolution, la révolution et l'idéal anarchique.* Après sa mort parut son ouvrage philosophique, *L'Homme et la terre* (1905).

RÉF. : G. de Greef, *Éloge d'Élisée Reclus,* Gand, 1906. — H. Sarrazin, *Élisée Reclus ou la Passion du monde,* Paris, 1985.

RÉDA Jacques. Écrivain français. Né à Lunéville (Meurthe-et-Moselle) le 24 janvier 1929, dans une famille d'ascendance piémontaise et bourguignonne qu'il évoque avec les lieux de son enfance dans *Aller aux mirabelles* (1992). Il tient peut-être, d'un grand-père fabricant de cyles, ce goût immodéré pour la « route » et l'affranchissement de l'espace qui marque toute son œuvre. Après des études secondaires effectuées en partie chez les jésuites, au collège Saint-François de Sales d'Évreux, où il reçoit une solide formation classique (c'est là qu'il s'initie aux règles de la prosodie et qu'il écrit ses premiers poèmes), il fait du droit, s'installe définitivement à Paris, puis exerce divers métiers, notamment dans une usine de Bagneux et pour un organisme sis à Luxembourg, ce qui lui permet d'acquérir une longue pratique du chemin de fer — v. *Gares et Trains* (1983) et *L'Herbe des talus* (*) (1984), en particulier. Entre 1952 et 1955, Réda publie quatre plaquettes, plus tard retranchées de la liste de ses œuvres. Du reste, un « silence » de treize années succédera à cette période, pendant lequel il ne publie plus qu'en revues : dans les *Cahiers du Sud* (*) en particulier où, après des articles critiques, des pages de prose, il donne, en 1961, ses premiers « vrais » poèmes. Il apparaît ensuite régulièrement dans *Les Cahiers du chemin* (1967-1977) de Georges Lambrichs et dans *La Nouvelle Revue française* (*). Membre du comité de lecture des Éditions Gallimard, il devient rédacteur en chef de la *N.R.F.* en 1987. Jacques Réda collabore depuis nombre d'années à *Jazz Magazine* par des chroniques passionnées dont il tirera la substance de plusieurs livres : une remarquable *Anthologie des musiciens de jazz* (1981) et deux volumes où les poèmes alternent avec des proses enlevées qui, pour inattaquables qu'elles soient sur le plan documentaire, relèvent devantage d'une libre improvisation que d'un arpentage méthodique de l'histoire du jazz : *L'Improviste, une lecture du jazz* (1980) et *Jouer le jeu* (*L'Improviste II*) (1985).

En 1968, à l'heure où règne sur les lettres une forme de terrorisme qui fait sa règle de l'éclatement du discours et du refus du lyrisme, paraît *Amen* (*), le premier vrai livre de Réda, celui qui impose d'emblée sa voix singulière. Franchement lyrique, le poète s'inscrit dans un registe à la fois réaliste et élégiaque, fait d'une sourde inquiétude et d'un certain « assentiment aux douceurs de l'inévitable ». Suivent en 1970 *Récitatif* (*) et, en 1975, *La Tourne* (*) qui forment avec *Amen* ce qu'on pourrait appeler une trilogie inaugurale de l'adieu. Et du recommencement. Avec *Les Ruines de Paris* (*) (1977), Réda semble repartir d'un pas plus libre, comme allégé, sur ses chemins. Flâneur impénitent, il explore (à pied, en solex, en train) les recoins et terrains vagues de Paris et de ses banlieues, les « pays perdus » de la province française et des villes européennes. Par la grâce d'un phrasé aux modulations complexes et musicales, d'une langue fruitée, tout ensemble familière et soutenue, d'un humour aussi bourru qu'il est pudique, Réda transforme nos petits désastres intérieurs en autant d'éclaircies dans un ciel où « notre destin nuageux lui-même se dévide » — v. *Retour au calme* (*) (1989). À ce courant vagabond qui charrie des proses savamment balancées et des poèmes où les formes classiques se revivifient, et qui mêle les souvenirs aux reliefs de la contemplation errante, se rattachent aussi *Hors les murs* (*) (1982), *Beauté suburbaine* (1985), *L'Herbe des talus* déjà cité, *Châteaux des courants d'air* (*) (1987), *Recommandations aux promeneurs* (*) (1988), *Le Sens de la marche* (*) (1990), *Sonnets dublinois* (1990) et cette *Lettre sur l'univers et autres discours en vers français* (1991) tout à fait exemplaire de l'art prosodique de Réda. Cet art sera le sujet de *Celle qui vient à pas légers* (1985), brillant petit traité où il évoque aussi bien ce « vers mâché » dont il est l'inventeur, les vertus pneumatiques du E muet, l'importance accordée au rythme, que le vers de quatorze syllabes qui lui est cher ou la condition précaire du poète. En chemin, Réda est rarement seul ; toujours un livre au moins l'accompagne et des ombres complices l'encouragent qu'il salue au passage ou avec qui il fait route un moment : Cingria dans *Le bitume est exquis* (1984), Cavafy, Claudel, Follain, Perros, Ponge, Schéhadé entre autres, dans *Premier livre des reconnaissances* (1985) et *Nouveau livre des reconnaissances* (1992), sans oublier *Ferveur de Borges* (1988).

Réconciliant, avec un détachement souverain et ironique, la banalité de l'existence et l'euphorie lyrique, Jacques Réda, par la frappe de son vers, la cadence inimitable de sa prose, son attention passionnée au réel, apparaît incontestablement comme une des figures majeures et l'une des voix les plus nécessaires de la poésie française contemporaine.

GUY GOFFETTE.

♦ *« Lire Réda* [...] *c'est éprouver avec lui jusqu'au bout la force de ce déglingage à la fois aigu et bon enfant des apparences, qui aboutit le plus souvent à la jouissance d'une extrême singularité (parfois humoristiquement connotée) : cette qualité des choses repérée et louangée chez Cingria, la* surexactitude. » Jean-Pierre Richard.

RÉF. : Roger Munier, *Le Parcours oblique*, Paris, 1979. — Stéphane Marti et Philippe Sudan, *Entretien avec Jacques Réda*, Fribourg, 1985. — Jean-Michel Maulpoix, *Jacques Réda, le désastre et la merveille*, Paris, 1986. — Jean-Pierre Richard, *L'État des choses*, Paris, 1990.

REDI Francesco. Écrivain et savant italien. Né le 18 février 1626 à Arezzo, mort le 1er mars 1698 à Pise. Diplômé de médecine et de philosophie à Pise (1676), il demeura plusieurs années à Rome comme maître de rhétorique auprès de la famille Colonna. En 1654, il s'installa à Florence et fut parmi les promoteurs de l'Accademia del Cimento (1657). Devenu lecteur de langue italienne au studio Fiorentino, il fit figure d'arbitre, à Florence et, plus largement en Toscane, en matière de littérature. Il appartint à l'académie de la Crusca et fut accueilli dans celle de la reine Christine de Suède. Homme aux intérêts multiples et grand collectionneur de livres, il se passionna pour les littératures grecque et latine, étudia plusieurs langues étrangères et rédigea un dictionnaire des termes d'Arezzo. Il est, à ce titre, considéré comme l'initiateur des études dialectales modernes. En tant que scientifique et médecin, il parvint à une renommée européenne. On s'oriente avec lui vers la science rationaliste du début du XVIIIe siècle. Comme écrivain et poète, son succès est lié à la limpidité et à la vivacité de sa prose, qui révèle une prédilection pour la forme épistolaire, ainsi qu'au célèbre dithyrambe *Bacchus en Toscane* (*), né dans le cadre de l'académie de la Crusca.

REDON Odilon. Dessinateur, peintre, pastelliste, graveur et écrivain français. Né à Bordeaux le 20 avril 1840 et mort à Paris le 6 juillet 1916. Il fut l'élève de Gérôme puis du graveur Rodolphe Bresdin (1822-1885), dont il ne cessera d'honorer la mémoire, mais c'est Fantin-Latour qui l'initia à la lithographie. Il réalisa près de deux cents fusains et lithographies de scènes oniriques, qu'il baptisera les *Noirs*, dont des séries intitulées *Dans le rêve* (1879), *À Edgar Poe* (1882), *Hommage à Goya* (1885) et *L'Apocalypse de saint Jean* (1899). Contemporain des impressionnistes, il n'en affirmera pas moins son indépendance en peinture sous l'influence de Gustave Moreau dont il admirait l'œuvre et qui, par son *Œdipe et le sphinx*, lui aurait permis de découvrir sa voie solitaire : d'abord en effectuant des copies de tableaux de maître, puis à partir de 1890 en tentant une transposition colorée des *Noirs* dans des peintures telles que *Les Yeux clos* ou des fusains rehaussés de pastel. En 1900, Redon se dira désormais incapable de revenir au fusain de sa jeunesse et se consacrera à une série de portraits au pastel. Parallèlement à sa carrière artistique, il fit œuvre de critique d'art. Adopté par les symbolistes, il fut proche d'écrivains comme Élémir Bourges et Émile Verhaeren et il se lia d'amitié avec Huysmans, Mallarmé, Henry James et Paul Valéry, mais surtout Francis Jammes et Paul Claudel. En 1894, une grande rétrospective chez Durand-Ruel lui permit d'élargir le cercle de ses « amateurs », suivant sa propre expression, dont il chercha toujours à faire des amis. Sur le plan proprement pictural, il marquera moins son époque que les générations suivantes : Émile Bernard, Maurice Denis et Paul Gauguin reconnaîtront leur dette envers lui tandis qu'il comptera parmi ses amis les nabis, en particulier Bonnard et Vuillard. Enfin, c'est sous sa présidence que fut fondée en 1884 la Société des artistes indépendants. Les tendances littéraires perceptibles dans son œuvre, et qu'on lui a souvent reprochées, sont le fait de l'importance primordiale qu'il attachait à l'écriture : « Écrire... est le travail le plus noble... que puisse faire un homme. Écrire est le plus grand art. Il traverse le temps et l'espace, supériorité manifeste qu'il a sur les autres. » De fait, Redon écrira toujours, depuis son « Livre de raison », qu'il tint scrupuleusement dès l'âge de 25 ans, jusqu'à son journal qu'il commença en 1867 et qu'il poursuivit parallèlement aux carnets. Les artistes surréalistes saluèrent en lui l'un des précurseurs de leur mouvement. Ce n'est qu'après la mort du peintre que fut éditée une partie importante de ses écrits sous le titre *À soi-même* (*), en 1922. La *Correspondance* fut de même réunie – très partiellement – par sa femme, Arï Redon, en un volume qui parut l'année suivante, *Lettres d'Odilon Redon, 1878-1916.* Avec l'ensemble de ces publications, Redon prend place, aux côtés de Delacroix et de Fromentin, parmi les meilleurs peintres écrivains du siècle.

PIERRE-EMMANUEL DAUZAT.

REEVE Clara. Femme de lettres anglaise. Née à Ipswich le 31 janvier 1729, morte à Ipswich le 3 décembre 1807. Fille et petite-fille de ministres de l'Église établie, de tendance très conservatrice, elle débute tard dans la littérature. Ses poésies, fades, paraissent en 1769, et son premier roman, *Le Vieux Baron anglais* (*), en 1777 – sous le titre : *Le Champion de la vertu* [*The Champion of Virtue*]. Peu après, Clara Reeve se montrera très prolixe : poésies, romans, souvent érudits et moralisateurs, nouvelles, traductions et un essai, *L'Évolution du genre romanesque* (*) (1785), qui passe pour la première étude sur l'histoire du roman en Angleterre. Son bon sens et ses tendances didactiques expliquent pourquoi son *Vieux Baron anglais* s'éloigne du *Château d'Otrante* (*) de Walpole, alors qu'elle présentait son récit comme le descendant naturel de celui-ci. De fait, son roman forme bien plus une transition entre Walpole et Mrs. Radcliffe qu'une imitation du premier. On y discerne avant tout l'influence de Samuel Richardson (le roman est dédié à sa fille, qui avait remanié le texte), entre autres dans la noblesse d'âme de certains héros aux sermons dorés. Les autres romans de Clara Reeve (qui décrivent surtout la vie bourgeoise de son époque, avec des tendances moralisatrices) sont tombés dans l'oubli. Il faut par contre déplorer la perte, par les postes anglaises, d'un roman que Clara Reeve présentait comme surnaturel : *Le Château Connor, histoire irlandaise* [*Castle Connor, An Irish Story*, 1799].

JACQUES FINNÉ.

REGER Max. Compositeur allemand. Né à Brand, dans le Palatinat, le 19 mars 1873 ; mort à Leipzig le 11 mai 1916. Fils d'un musicien, il fut tout d'abord l'élève de son père, puis fit ses études à Weiden, et enfin avec Hugo Riemann, à Sondershausen et à Wiesbaden où il obtint rapidement un poste de professeur au Conservatoire. Il se rendit ensuite à Munich (1901) où ses idées audacieuses le mirent en difficulté, mais où il remporta un grand succès en tant que pianiste. C'est de cette période que datent la plus grande partie des *Lieder,* les trois premiers *Quatuors à cordes* (op. 54 et 74), le *Quintette avec piano,* op. 64, la *Sérénade* et le *Trio,* op. 77, les *Sonates pour violon et piano,* op. 72 et 84, les onze *Sonates pour violon seul* (op. 42 et 91), les *Variations et fugue sur un thème de Bach,* op. 81, pour piano, la plus grande partie de ses compositions pour orgue, en premier lieu la *Fantaisie et fugue sur Bach,* op. 46, et les *Variations et fugue sur un thème original,* op. 73, enfin les monumentales *Variations et fugue sur un thème de Beethoven,* op. 86, et l'*Introduction, passacaille et fugue pour deux pianos,* op. 96. Ce sont des œuvres où éclatent son exceptionnelle maîtrise dans l'art du contrepoint, et l'admiration qu'il portait aux auteurs classiques. Professeur de composition au Conservatoire de Leipzig (1907), Reger se consacra à la musique orchestrale et chorale, et il écrivit une série de *Motets* pour l'église de Saint-Thomas, ainsi que les *Variations et fugue sur un thème de Hiller,* op. 100 – v. *Variations* (*) ; il ne négligea point la musique de chambre (c'est de cette époque que datent le *Quatuor* op. 109, une de ses œuvres essentielles, le *Sextuor* op. 118 et le dernier *Quatuor à cordes,* op. 121) et composa de la musique vocale. Appelé, en 1911, à diriger l'orchestre de Meiningen, il se fit une réputation hors du commun et perfectionna son écriture orchestrale. De ces années datent le *Concerto dans le style ancien,* op. 123, la *Suite romantique,* op. 125, les *Quatre poèmes de Böcklin,* op. 128 – v. *L'Île des morts* (*) – et les *Variations et fugue sur un thème de Mozart,* op. 132. S'étant retiré à Iéna, il mourut subitement d'une maladie de cœur.

RÉF. : H. Poppen, *Max Reger,* Leipzig, 1918. – K. Hasse, *Max Reger,* Leipzig, 1921. – A. Lindner, *Max Reger,* Stuttgart, 1922. – P. Cœnen, *Max Regers Variationenschaffen,* thèse, Berlin, 1935. – F. Stein, *Max Reger,* Potsdam, 1939 ; *Thematisches Verzeichnis der im Druck erschienenen Werken von Max Reger (1933-38),* Leipzig, 1939. – R. Cadenbach, *Max Reger und seine Zeit,* Laaber, 1991.

REGNARD Jean-François. Poète comique français. Né à Paris le 7 février 1655, mort au château de Grillon le 4 septembre 1709.

La vie de Regnard, si on la connaissait mieux – mais on ne la connaît guère que par la relation de ses *Voyages* (*) – pourrait être un excellent roman d'aventures. Vrai Parisien né sous les piliers des Halles, fils de marchands aisés, orphelin de père à l'âge de 2 ans, placé en apprentissage à 15 ans, il se met à voyager pour les nécessités du négoce. Au retour d'un voyage en Italie, en 1678, son navire est capturé par deux corsaires barbaresques et conduit à Alger. Vendu comme esclave, transféré à Constantinople, Regnard, grâce à ses talents de cuisinier, parvient à gagner les bonnes grâces de son maître qui consent à le relâcher, après deux ans de captivité, contre une forte rançon de douze mille livres. Rentré en France, Regnard repart aussitôt, cette fois pour les pays du Nord, traversant d'abord la Flandre et la Hollande, puis gagnant le Danemark et la Suède, où il se fait présenter au roi, avant d'aller explorer les terres polaires, où il découvre « ce petit animal qu'on appelle Lapon ».

Regnard, après avoir ensuite parcouru les côtes de la Baltique, la Pologne, la Hongrie, la Turquie d'Europe, l'Allemagne, se fixe enfin dans la capitale, achète une charge de trésorier de France (1682), qui le faisait accéder à la noblesse de robe, et, assuré d'une brillante aisance renforcée encore à la mort de sa mère (1693), ne songe plus qu'à jouir de sa vie en épicurien lettré : il s'entoure d'amis, de jolies femmes, passe une grande partie de son temps à table, donne des soupers qui connaissent la vogue, et compte parfois parmi ses convives des grands comme le prince de Conti et le prince de Condé. Pour occuper son temps, par distraction, il commence à écrire des comédies pour le Théâtre-Italien (*Le Divorce,* 1688, *La Descente d'Arlequin aux enfers,* 1689), dont il devient l'un des principaux fournisseurs : de 1688 à 1696 il lui donne onze comédies (quatre écrites en collaboration avec Dufresny). De 1690 datent *L'Homme à bonnes fortunes* (*) et *Critique de « L'Homme à bonnes fortunes »* (+). Dès 1694, il pénètre au Théâtre-Français avec de petits proverbes comme *Attendez-moi sous l'orme* et *La Sérénade,* puis en 1695 avec *Le Bal* (*), où il commence à utiliser le vers, qu'il n'abandonnera plus. De la même année date *La Foire Saint-Germain* (*), écrite en collaboration avec Dufresny. Avec *Le Joueur* (*), en 1696, Regnard atteint la grande comédie. Viendront ensuite, en 1697 *Le Distrait* (*), en 1700 *Démocrite* et *Le Retour imprévu* (*), en 1704 *Les Folies amoureuses* (*) et *Le Mariage de la folie* (*), en 1705 *Les Ménechmes* (*), enfin en 1708 son chef-d'œuvre, *Le Légataire universel* (*) suivi de *La Critique du « Légataire »* (*). Ayant acheté près de Dourdan, à onze lieues de Paris, la belle terre de Grillon, c'est là qu'il va passer son temps en compagnie de deux beautés célèbres du Paris d'alors, écrivant ses dernières comédies – v. *L'Irrésolu* (*) (1713) et *La Provençale* (+) (1731) –, conviant toute la jeunesse des environs à des parties où il offre, comme il le dit lui-même : « grand'chère, vin délicieux, / Belle maison, liberté tout entière... ». On ne sait trop de quoi il est mort : Voltaire prétendait que ce fut de chagrin, mais il est probable que les autres ont raison, qui affirment qu'une médecine prise mal à propos l'emporta, après une indigestion.

On prétendait un jour devant Boileau que Regnard était un auteur médiocre. « En tout cas, il n'est pas médiocrement gai », répliqua Boileau. Dans notre littérature, Regnard donne en effet l'exemple de la gaieté la plus parfaite. La principale ressource de Regnard tient à un fonds quasi inépuisable de traits plaisants et de railleries qui témoignent souvent d'une dureté presque inhumaine, d'une totale absence de scrupules chez ses personnages, valets et maîtres ne songeant qu'à inventer les plus bouffons stratagèmes pour berner des vieillards ridicules et gâteux. Héritier de Molière par les circonstances de son œuvre, il est tout son opposé par le caractère, bon vivant, homme de plaisir, « à qui la vie n'est qu'un pur carnaval », ne cessant de rire lui-même pour faire rire les autres, auteur auquel il est impossible de prêter une philosophie, une ambition et une portée morales.

MICHEL MOURRE.

♦ *« Regnard* [...] *se charge, lui, d'encourager les filous. C'est une chose incroyable qu'avec l'agrément de la police on joue publiquement* [sa] *comédie au milieu de Paris. »* Jean-Jacques Rousseau. ♦ *« Il est aisé, c'est bien le mot, c'est sa devise ; il est, par le tempérament et par humeur, le plus gai des hommes, il a le rire le plus franc et le plus naturel, le style le plus naïf et du meilleur cru : ne lui en demandons pas davantage. »* Sainte-Beuve.

RÉF. : A. Hallays, *Regnard,* Paris, 1929. – G. Jarnati, *La Querelle du Joueur,* Paris, 1936. – A. Calame, *Regnard, sa vie et son œuvre,* Paris, 1960. – S. Chevalley, *Regnard,* Paris, 1968. – Y. Moreau, *Masques et Jeux dans le théâtre comique en France entre 1685 et 1720,* Lille-Paris, 1977. – F. Moureau, *Dufresny auteur dramatique,* Paris, 1979. – Ch. Mazouer, *Attendez-moi sous l'orme, La Sérénade, Le Bal,* Genève, 1991.

RÉGNIER Henri François Joseph de. Écrivain français. Né à Honfleur (Calvados) le 28 décembre 1864, mort le 23 mai 1936 à Paris. D'une famille noble, il fait ses études à Paris au collège Stanislas, puis, pendant quelque temps, à la faculté de droit. Dès son adolescence, il s'est passionné pour la littérature. Ses premiers poèmes, *Les Lendemains* (1885), sont encore sous l'influence parnassienne, mais un an plus tard il devient un des habitués les plus enthousiastes des Mardis de Mallarmé. L'amitié de Viélé-Griffin, de Moréas, de La Tailhède, achève de le convertir à la nouvelle esthétique symboliste qui s'affirme dans ses *Poèmes anciens et romanesques* (1887-90) et dans *Tel qu'en songe* (1892). Mais bientôt, avec *Aréthuse* (1895), s'esquisse une évolution vers un néo-classicisme. Cette même année 1895, Régnier épouse la fille aînée de Heredia – elle-même poète sous le nom de

Gérard d'Houville –, et il ne va pas manquer de subir l'influence parnassienne du poète des *Trophées* (*) qui achève de le détacher du symbolisme, sans l'amener jamais cependant à sacrifier complètement le vers libre. La deuxième manière de la poésie de Régnier s'affirme dans *Les Jeux rustiques et divins* (*) (1897), puis dans *Les Médailles d'argile* (*) (1900), recueils suivis en 1902 de *La Cité des eaux* (*), en 1906 de *La Sandale ailée* et en 1911 du *Miroir des heures*, où quelque mélancolie vient traverser les évocations élégantes et sensuelles du XVIIIe siècle. Artiste extrêmement cultivé, raffiné, quelque peu maniéré, c'est ainsi que Régnier s'était également révélé comme prosateur, dès 1893, dans *Contes à soi-même* qui préparaient ses débuts dans le roman avec *La Double Maîtresse* (*) (1900), *Le Bon Plaisir* (*) (1902), *Le Mariage de minuit* (1903), tribulations d'une charmante et pauvre jeune fille égarée dans un milieu de mœurs douteuses, *Les Vacances d'un jeune homme sage* (*) (1903), *Les Rencontres de M. de Bréot* (1904), avec de hardis « libertins » du XVIIe siècle comme personnages, *La Flambée* (1909), *L'Amphisbène* (1912), histoire d'un yacht et d'une âme inquiète et tendre, *L'Illusion héroïque de Tito Bassi* (1916), *La Pécheresse* (1920), *L'Escapade* (1926), aventures de brigands et galanteries, *Le Voyage d'amour* (1930), qui a pour décor Venise, pittoresque et mélancolique, séjour de prédilection de Régnier qui nous y emmène encore avec ses souvenirs de *L'Altana* (*) (1929).

Romans d'amour, voués à l'exaltation de la beauté féminine et au désir ; romans d'artiste, aussi, très riches, et presque à l'excès, alliant à la culture classique le rêve romantique, le raffinement symboliste, l'inquiétude moderne. Aussi Henri de Régnier reste-t-il un merveilleux évocateur du passé, un parfait initiateur pour qui veut pénétrer la sensibilité des siècles classiques : ce sens du passé, il l'eut, pourrait-on dire, à l'état de mélancolie, de maladie, dont il ne laissait paraître cependant qu'une discrète tristesse, qui ne trouble jamais sans charmer – celle qui convient à l'homme du monde qu'il était.

JACQUES PATRY.

♦ *« Mon gendre a plus de génie que moi, mais j'ai plus de talent que lui. »* José Maria de Heredia. ♦ *« Henri de Régnier a de bonnes intentions : il croit qu'il imite mes* Stances, *mais ce n'est pas ça du tout. »* J. Moréas. ♦ *« Naturellement, sans aucun effort, ses idées s'incarnent en symboles, et c'est merveille à lui de nous les produire toujours quelque peu dans le vague et l'indéfini pour qu'en soient augmentées la simplification et la poésie. »* Verhaeren.

RÉF. : A. Beaunier, *La Poésie nouvelle : Henri de Régnier*, Paris, 1902. – P. Léautaud, *Henri de Régnier*, Paris, 1904. – H. Bordeaux, *Pèlerinages littéraires*, Paris, 1907. – J. de Gourmont, *Henri de Régnier et son œuvre*, Paris, 1908. – H. Berton, *Henri de Régnier, le poète et le romancier*, Paris, 1910. – J. M. Bernard, *Études et Portraits*, Paris, 1923. – É. Verhaeren, *Impressions*, Paris, 1928. – R. Honnert, *Henri de Régnier et son œuvre*, Paris, 1928. – J. de Lacretelle, *Discours de réception à l'Académie française*, Paris, 1938.

RÉGNIER Jehan. Poète français. Né à Auxerre (Yonne) en 1393, mort dans cette même ville vers 1465. Il parcourut d'abord en pèlerin le midi de la France, l'Italie, la Sicile, la Grèce, la Syrie, l'Arménie et la Palestine et, à son retour, se maria et accepta la charge de bailli d'Auxerre. Envoyé secrètement en mission auprès des Anglais par Philippe le Bon, il se trouvait à Rouen en 1431, à l'époque où Jeanne d'Arc y était prisonnière. Capturé par les partisans du roi de France, il fut emprisonné à Beauvais et s'attendait à être mis à mort comme Charles VII en avait donné l'ordre, lorsque sa femme vint s'offrir en otage avec son fils et apporter une partie de sa rançon. Régnier put rentrer à Auxerre, vendit ses biens et, sa captivité lui ayant permis de prendre conscience de son talent, se mit à parcourir le pays en chantant ses malheurs, afin de réunir la somme énorme que représentait sa rançon. Lorsqu'il y fut parvenu, il alla libérer sa femme et son fils, et mena dès lors, à Auxerre, une vie paisible partagée entre la poésie et sa charge de bailli. Il a laissé des complaintes, des ballades, des virelais et des rondeaux qui furent réunis sous le titre de *Les Fortunes et Aversitez de Messire Jehan Régnier* (*) (1526). Cette œuvre souvent fort monotone est pourtant empreinte d'une sincérité qui mérite à son auteur une place de choix parmi les poètes du XVe siècle – v. *Le Livre de la prison* (+).

RÉF. : Ribière, *De la poésie auxerroise aux XVe et XVIe siècles*, in *Congrès scientifique de France*, XXVe session, Paris-Auxerre, 1859. – E. Droz, *Les Fortunes et Adversitez de Jean Régnier*, Paris, 1923. – P. Champion, *Histoire poétique du XVe siècle*, Paris, t. I, 1923, p. 227-284.

RÉGNIER Mathurin. Poète satirique français. Né à Chartres le 21 décembre 1573, mort à Rouen le 22 octobre 1613. Sa vie est assez mal connue et encombrée d'anecdotes légendaires. Il était neveu par sa mère du poète Desportes. Son père, notable de Chartres, tenait un jeu de paume appelé, paraît-il, le « tripot Régnier », et il se peut que Mathurin Régnier s'y soit habitué fort jeune à d'inquiétantes fréquentations. Ce coureur de tavernes est en tout cas un latiniste cultivé, nourri d'Horace et de Juvénal, qui a lu Rabelais, Marot, Montaigne, les poètes de la Pléiade. En 1587, à quatorze ans, « vif de courage et tout chaud d'espérance », comme il dit lui-même, il entre au service du cardinal François de Joyeuse, chargé des affaires du roi auprès du Saint-Siège, mais n'occupe qu'un emploi subalterne. Abandonnant sa charge, il rentre en France, rencontre Philippe de Béthune, ambassadeur d'Henri IV, avec lequel il repart outre-monts. En 1606 meurt son oncle, Philippe Desportes, dont Régnier manque l'estimable héritage mais qu'il remplace bientôt comme chanoine de Chartres, charge immédiatement échangée par lui contre d'autres bénéfices grâce auxquels Régnier mène joyeuse vie à Paris en compagnie de « libertins » comme Motin, le marquis de Cœuvres, Philippe Hurault de Chiverny, évêque de Chartres. En 1608, paraissent son *Discours au roi* et dix premières *Satires* (*), rééditées un an plus tard, avec l'adjonction du *Souper ridicule* et du *Mauvais gîte*. De 1608 également datent les *Poésies diverses* (*). Régnier va pouvoir mener désormais la vie dont il rêvait, car il s'impose comme le poète officiel de la Cour, soit en composant des *Élégies* (*) amoureuses pour Henri IV (1608), soit en célébrant en 1610 l'entrée solennelle de Marie de Médicis à Paris, soit en écrivant pour le jeune Louis XIII l'*Hymne sur la Nativité de Notre-Seigneur*. Mais il meurt en 1613, et la même année ses amis font paraître une réédition de ses œuvres, avec des *Satires*, des *Élégies* et des *Épîtres* (*) nouvelles.

D'Italie, Mathurin Régnier avait au moins rapporté des lectures : Berni, Caporali, les burlesques italiens dont on retrouve l'influence dans son œuvre. Il commence à écrire en cette fin du XVIe siècle qui voit une vive réaction contre le lyrisme élégiaque, contre la poésie noble, un retour à Rabelais, la recherche d'une inspiration plus réaliste. Ce n'est pas toutefois dans les livres, mais autour de lui, dans la vie quotidienne de la petite société de Paris sous le règne d'Henri IV que notre poète va chercher son inspiration. Aussi est-il d'abord pour nous le peintre de son temps : son œuvre abonde en détails sur la rue, le costume, les mœurs, sur tout un pittoresque extérieur. La comédie du Grand Siècle puisera d'ailleurs abondamment chez Régnier, que Musset a justement qualifié « de l'immortel Molière, immortel devancier ». Sa philosophie est sans doute assez courte : indépendant, amoureux passionné de la vie, Régnier approuve surtout le conseil de Montaigne de « suivre la nature ». Il n'en a pas moins écrit quelques poignantes *Poésies spirituelles* (*) (1600-1612) et montré aussi qu'il aurait pu être un poète de l'amour élégiaque et mélancolique (« La Plainte »). Il suit son humeur : pour lui (bien qu'il révère les maîtres de la Pléiade – mais il est plus près de Marot que de Ronsard), la poésie n'est qu'inspiration, le travail est à peu près inutile et la nonchalance une des grandes ressources de l'artiste. Il faut toutefois prendre garde que Régnier donne un tour outré et paradoxal aux conseils poétiques éparpillés dans son œuvre, pour le seul plaisir de faire enrager les doctes de la nouvelle école, Malherbe surtout, coupable de n'avoir pas aimé *Les Psaumes* (*) de son oncle Desportes, et qu'il déteste. Ainsi Mathurin Régnier assurera-t-il que le vrai poète n'a qu'à « laisser aller sa plume où la verve l'emporte » ; comme sans y songer, il se crée une langue sans règle, accueillant les truculences, les inventions spontanées du bas peuple, assez dédaigneuses de la syntaxe. Régnier, par l'intermédiaire des poètes burlesques italiens, se rattache à la satire du Moyen Âge ; son tempérament fait de lui un proche parent de Villon et des auteurs de fabliaux ; sa simplicité, sa confiance dans la « bonne loi naturelle » opèrent, après l'extrême effort d'intellectualité et d'érudition de la Renaissance, un retour à la vieille veine gauloise. À travers tout le XVIIe siècle, on retrouvera Régnier, soit dans le burlesque d'un Scarron, soit dans le réalisme d'un Saint-Amant. Mais, d'une manière plus décisive encore, dans l'acidité de Boileau et le rire de Molière.

MICHEL MOURRE.

♦ « *Égal aux anciens par le génie, mais ignorant, peu net, négligé, inégal.* » Malherbe. ♦ « [...] *c'est le poète français qui, du consentement de tout le monde, a le mieux connu, avant Molière, les mœurs et les caractères des hommes.* » Boileau. ♦ « *Il faut regretter que se soit perdue la naïveté de son style.* » Fénelon. ♦ « *Le Montaigne de notre poésie.* » Sainte-Beuve.

RÉF. : J. Vianey, *Mathurin Régnier*, Paris, 1896. – R. Aulotte, *Mathurin Régnier, les « Satires »*, Paris, 1983.

RÊGO José Lins do. Romancier brésilien. Né le 3 juillet 1901 à la « fazenda » Corredor, près de Pilar, dans l'État de Paraíba, mort le 12 septembre 1957 à Rio de Janeiro. Il est issu d'une vieille famille de propriétaires terriens ruinés, et fait ses études à Recife. Après avoir travaillé dans une banque à Maceio, il s'installe en 1935 à Rio. José Lins do Rêgo est à la fois un romancier et un journaliste : il a collaboré régulièrement toute sa vie au *Jornal de Esportes* et à *O Globo*. C'est un romancier du Nordeste brésilien, comme ses compatriotes Jorge Amado et Ramos. L'œuvre de Gilberto Freyre a exercé sur lui une forte influence. Quatre livres constituent ce que l'auteur appelle le « Cycle de la canne à sucre » : en 1932, *L'Enfant de la plantation* (*), très autobiographique, raconte l'histoire d'un grand-père qui règne sur une « fazenda » emplie d'esclaves cultivant la canne à sucre. *Doidinho* (1933) est la suite de cette peinture de l'ancienne vie féodale qui commence à se lézarder. En 1935, Rêgo fait paraître le troisième volume de ce cycle, *Bangûe*. Un jeune Noir quitte la « fazenda » féodale pour aller travailler à Recife, où il devient prolétaire. *Usine* (1936) ferme le « Cycle de la canne à sucre » : l'auteur décrit comment le capitalisme moderne déplace peu à peu l'ancien féodalisme colonial. *Feu mort* [*Fogo Morto*, 1943] reprend le thème de la décadence de la vieille aristocratie terrienne. *Cangaçeiros* (*) (1953) est un roman sur les fameux bandits du Nordeste. L'œuvre de José Lins do Rêgo est un témoignage important sur l'évolution de la société brésilienne. Mais il faut noter que le romancier est plus à son aise quand il décrit le monde rural que quand il essaye de peindre la grande ville et le prolétariat.

ANTOINE BERMAN.

REICH Wilhelm. Psychiatre, psychanalyste et penseur autrichien. Né à Dobrzcynica, Galicie autrichienne, le 24 mars 1897, mort à Lewisburg, États-Unis, le 3 novembre 1957. Wilhelm Reich appartient à une famille de Juifs assimilés, nourris de culture allemande, et auxquels l'Empire austro-hongrois, relativement libéral, offre des conditions favorables de développement. Dans la vaste exploitation agricole, vouée à l'élevage des bovins, que dirige son père, le petit « Willy » est d'abord instruit par deux précepteurs, avant d'entrer à quatorze ans au lycée allemand de Czernowitz. Lorsqu'éclate la Première Guerre mondiale, il s'engage dans l'armée autrichienne et participe comme officier aux opérations militaires. En 1918, retour de guerre, il entreprend des études de médecine à l'université de Vienne. Adhérant avec enthousiasme à la psychanalyse, il est admis, dès 1919, à la Société psychanalytique de Vienne, devant laquelle il fait sa première communication, sur les « Conflits de la libido et formations délirantes dans *Peer Gynt* (*) d'Ibsen ». Il poursuit ses études de psychiatrie et devient en 1922 premier assistant à la polyclinique psychanalytique fondée par Freud. L'étude de la pensée de Marx l'amène à s'engager politiquement aux côtés des socialistes autrichiens. En 1927, il publie *La Fonction de l'orgasme* [*Die Funktion des Orgasmus*], où la libido freudienne est conçue avant tout comme une énergie sexuelle trouvant son expression plénière dans la génitalité. Préoccupé d'action sociale et de prévention, il fonde en 1929 la Société socialiste d'information et de recherches sexuelles. Il s'enthousiasme, au cours d'un voyage en U.R.S.S., pour l'expérience d'éducation libertaire de Véra Schmidt, fondée sur la liberté sexuelle des enfants.

À Berlin, où il s'installe en 1930, Reich déploie une intense activité. Il fonde l'Association allemande pour une politique sexuelle prolétarienne, ou Sexpol, crée les éditions *Sexpol Verlag*, où il publie de nombreuses brochures, milite aux côtés des communistes. Il expose sa réflexion anthropologique dans *L'Irruption de la morale sexuelle* [*Einbruch des sexual Moral*] en 1932. Menacé par les nazis, il se rend au Danemark, puis en Suède, avant de s'arrêter à Oslo, où il fonde l'Institut de recherches biologiques d'économie sexuelle, pratique la végétothérapie, expérimente sur ces organismes vivants frustes qu'il nomme, titre de son livre de 1938, *Les Bions* [*Die Bione*]. Ses deux grands ouvrages de 1933, *L'Analyse caractérielle* [*Characteranalyse*] et *La Psychologie de masse du fascisme* [*Die Massenpsychologie des Faschismus*] entraînent son exclusion et du parti communiste et de l'Association psychanalytique.

Contraint de chercher refuge aux États-Unis en 1939, Reich forme de nombreux élèves à la pratique de la « végétothérapie caractéro-analytique » et élargit considérablement son champ d'action, aménageant dans l'État du Maine une vaste institution de recherche qu'il baptise *Orgonon*, avec laboratoires, maison d'édition, séminaires. Mais ses recherches peu orthodoxes sur le cancer – *La Biopathie du Cancer* [*The Cancer Biopathy*] est de 1948 –, sur « l'orgone atmosphérique », et sa pratique clinique suscitent une véritable persécution. Reich se voit inculpé, condamné et finalement incarcéré, et c'est au pénitencier de Lewisburg qu'il meurt dans la nuit du 3 novembre 1957, dans des conditions demeurées obscures. En 1945, il avait réuni divers écrits sous le titre *La Révolution sexuelle* (*).

ROGER DADOUN.

REICHA Anton. Compositeur et théoricien tchèque. Né le 26 février 1770 à Prague, mort le 28 mai 1836 à Paris. Il reçoit de son oncle Josef Reicha, violoncelliste et compositeur, sa formation instrumentale (piano, violon et flûte). En 1785, il s'établit à Bonn avec son oncle où ils sont engagés l'un et l'autre, Josef maître de chœur et Anton flûtiste, dans la chapelle des princes de l'électorat de Cologne. Christian Gottlob Neefe, compositeur et organiste à la Cour, donne également des cours de composition qu'Anton suivra avec Beethoven. À Hambourg où il enseigne, Anton écrit son premier opéra, *Godefroi de Montfort* (1794). Entre 1801 et 1808, il séjourne à Paris puis à Vienne, où il fréquente Haydn, Albrechtsberger et Salieri. Mais en 1808, il s'installe définitivement à Paris (il y sera naturalisé en 1829). En 1817, il est chargé des cours de contrepoint et de fugue au Conservatoire. Auteur de nombreux ouvrages théoriques, dont le *Traité de haute composition musicale* (*) rédigé entre 1824 et 1826, il bénéficia d'une large diffusion grâce aux traductions allemandes de Karl Czerny. Au nombre de ses élèves figurent Hector Berlioz, Charles Gounod, César Franck, Franz Liszt, George Onslow. Son œuvre musicale comporte des opéras, des symphonies, de la musique de chambre (quintettes à vent, quatuors et trios pour flûte) et des œuvres pour piano, dont *Trente-six fugues pour piano* (*) dédiées à Haydn.

DOMINIQUE JACCOTTET.

REID Thomas. Philosophe écossais. Né le 26 avril 1710 à Strachan, près d'Aberdeen, mort le 7 octobre 1796 à Glasgow. Il fit ses études classiques dans sa ville natale, fut bibliothécaire de l'université jusqu'en 1736, année où il partit pour l'Angleterre. En 1737, il fut nommé ministre anglican à New Mechar et se maria en 1740. Un mémoire paru en 1748 dans les *Actes philosophiques* de la Royal Society de Londres sous le titre d'*Essai sur la quantité* (*) nous renseigne sur les études auxquelles il se livra durant cette période. Le traité auquel il se réfère dans ce livre est *Recherches sur l'origine de nos idées de beauté et de vertu* (*) de Hutcheson. En 1752, il fut appelé au collège royal pour y enseigner, suivant la coutume de cette université, les mathématiques, la physique, la logique et la morale. À Aberdeen, Reid, avec son ami John Gregory, fonda une société littéraire, sorte de réunion de savants dont les divers membres se communiquaient leurs idées, lisaient les œuvres qu'ils entendaient publier et en discutaient. À ce groupe appartenaient également, outre Gregory, Campbell, Beattie, Gérard. Parmi les écrits les plus importants de Reid lus dans cette société, citons : *Recherches sur l'entendement humain* (*). Dans sa jeunesse, il avait adhéré au scepticisme de Hume ; il avait été également partisan, jusqu'à un certain point, des idées et de tout le système de Berkeley. Mais comme il ne trouvait pas de raisons valables pour nier la matière et pour affirmer que les idées étaient les seuls objets de la connaissance, il renonça à ses premières convictions trop superficielles, et s'opposa au scepticisme de l'un et à l'idéalisme de l'autre. En fait il conçut les *Recherches sur l'entendement humain* dès 1739, date de la parution des deux premiers volumes du *Traité de la nature humaine* (*) de David Hume.

En 1764, il obtint la chaire de philosophie morale à l'université de Glasgow où il succédait à Adam Smith. Sur les traces de cet illustre prédécesseur, il se consacra aussi à l'étude de l'économie politique. Son cours comprenait, outre l'enseignement de la morale pratique et des recherches sur les facultés intellectuelles, celui des principes généraux du droit naturel et de la politique ; une heure était de plus consacrée à des cours de rhétorique. Bien qu'il ne fût pas un orateur, ses leçons furent suivies par un public fort intéressé. Au cours de l'hiver de 1772 Dugald Stewart assista à ses cours. En 1780, il abandonna l'enseignement pour consacrer plus de temps à ses études. Ce fut pendant cette retraite qu'il écrivit *Essai sur les facultés intellectuelles* (*) (1785) et *Essai sur les facultés pratiques* (+) (1788) qui, avec *Les Recherches*, constituent son œuvre principale. La méthode de l'observation et de l'analyse est typique de Reid et de l'« École écossaise » ou du « sens commun », dont il est le fondateur : pour lui, connaître l'esprit, c'est observer et analyser les diverses facultés et les principes constitutifs de l'homme, en tant qu'être intelligent, actif, social et moral, tout en conservant les limites infranchissables des phénomènes et tout en renonçant à en éclaircir l'origine (agnosticisme métaphysique). La sensation et la perception sont les actes primitifs de la connaissance humaine, qui nous permettent de connaître les qualités secondaires et primaires (objectives les unes et les autres) des choses. Ce ne sont pas les idées mais les choses en elles-mêmes qui sont l'objet immédiat de notre esprit. Ce n'est pas le sens commun qui doit s'aligner sur la philosophie mais la philosophie sur le sens commun. Les conclusions les plus immédiates que la raison tire de la perception forment le « sens commun », ou cet ensemble de données suivant lesquelles les hommes se gouvernent dans les choses courantes de la vie tandis que les plus « lointaines » constituent la « science ». Science et sens commun sont liés. Le philosophe croyait ainsi avoir résolu, contre l'empirisme, le problème de l'objectivité de la connaissance et du réel. Ce problème, le même que celui de Kant et de Hume, a souvent amené un rapprochement, en particulier au XIXe siècle, entre l'Écossais et le philosophe de Königsberg. Il existe cependant une différence considérable entre les deux. Reid demeure dans l'empirisme sans pouvoir en sortir, ignore le concept kantien de « critique », et sa « croyance » ou « instinct » est une chose bien différente de l'« a priori » de Kant. L'influence de Reid et de l'école écossaise représente non seulement un chapitre de la philosophie anglaise vers la fin du XVIIIe siècle et le début du XIXe, mais également un chapitre de la philosophie française (Jouffroy, Cousin, Biran, etc.) et italienne (Galluppi, Rosmini, etc.) de la même époque.

MICHÈLE F. SCIACCA.

♦ *« Il est certainement très rare qu'une œuvre aussi profondément philosophique soit écrite avec autant d'esprit et offre autant d'attraits au lecteur. »* Hume.

♦ *« Sa mission était de proclamer l'application de la méthode expérimentale à la philosophie de l'esprit humain, sur les ruines des hypothèses issues de l'école cartésienne ; il a complètement rempli cette mission, puisqu'il a purgé successivement la science de la théorie des idées, du scepticisme désespérant de Hume, de l'idéalisme de Berkeley, des démonstrations de Descartes, et qu'il a ainsi fait table rase. »* Victor Cousin.

RÉF. : Th. Jouffroy, *Œuvres complètes de Thomas Reid,* Paris, 1835. – P. H. Maline, *Philosophie de Reid,* Paris, 1844. – T. M. Cosh, *The Scottish Philosophers. A Biographical and Critical, Expository,* Londres, 1878. – L. Dauriac, *Le Réalisme de Reid,* Paris, 1889. – A. S. Prinzle-Pattison, *The Scottish Philosophy,* Londres, 1890. – M. F. Sciacca, *La Filosofia di Thomas Reid,* Naples, 1935. – D. Schultes, *Philosophie et sens commun chez Thomas Reid,* Berne, 1983.

REJ Z NAGLOWIC Mikołaj. Écrivain polonais. Né et mort à Żurawno, près de Halicz (district de Stanisławow) (1505-1569). De famille noble, il fit ses études à Lwów et à Cracovie. Il eut d'abord des fonctions auprès d'André Teczyński, puis s'établit, à l'âge mûr, aux environs de Cracovie et ensuite de Chelm. Il obtint de larges faveurs du roi Sigismond Auguste, qui le nomma son secrétaire et, avec munificience, lui fit présent de terres. Plus que tout autre état, il aima la simple vie de propriétaire terrien et la célébra dans ses meilleures œuvres, *La Vie de l'honnête homme* (*), en vers, et une réplique de celle-ci, en prose, sous le titre un peu modifié : *Miroir, ou vie de l'honnête homme* [*Zwierciadło albo żywot poczciwego człowieka*]. L'auteur s'exprime en un polonais savoureux qui précède les écrits de Kochanowski et de Górnicki, et qui constitue le premier essai de littérature nationale. Dans sa vie spirituelle, on note sa conversion au protestantisme ; sa participation à la Réforme est attestée par plusieurs de ses œuvres : *Le Marchand* [*Kupiec*], *Vie de Joseph* [*Żywot Józzefa*, 1545]. Il fut le premier écrivain polonais à n'avoir écrit que dans sa langue natale.

RÉF. : Zawadzki, *Mikolaj Rej z Nagłowic*, Lwów, 1877.

REMARQUE Erich Maria (pseud. d'Erich Paul Remark). Écrivain allemand. Né le 22 juin 1898 à Osnabrück, mort le 25 septembre 1970 à Locarno. Sans doute le romancier allemand contemporain « le plus populaire, le plus lu, le plus encensé, le plus dénigré ». Fils d'un relieur, Remarque fait des études pour devenir instituteur, lorsqu'il est appelé sous les drapeaux. Après la guerre, il exerce divers métiers : comptable, démarcheur, journaliste, rédacteur d'un journal sportif. C'est en 1929 que Remarque devient tout à coup célèbre, grâce à l'énorme succès emporté par son premier roman *À l'Ouest rien de nouveau* (*) : traduit en vingt-cinq langues, l'ouvrage atteint en l'espace de dix-huit mois un tirage de 3,5 millions d'exemplaires ! Remarque s'installe ensuite en Suisse, à Ascona (1931), tandis que ses livres sont brûlés par les nazis (1933) et que la nationalité allemande lui est retirée. À partir de 1948, il réside alternativement à New York et en Suisse.

Remarque situe ses romans dans les moments sombres qui ont marqué l'histoire de sa génération : la Première Guerre mondiale *(À l'Ouest rien de nouveau)*, les débuts troublés de la République de Weimar, dans *Le Chemin du retour* [*Der Weg zurück*, 1931], la dépression économique et les années d'inflation, dans *L'Obélisque noir* [*Der schwarze Obelisk*, 1956], l'émigration, dans *Arc de triomphe* (*) (1946), la dictature hitlérienne, avec *Le Temps de vivre et le Temps de mourir* [*Zeit su leben und Zeit zu sterben*, 1954]. Dans chaque situation, le romancier suit le destin d'individus qui cherchent à « se tirer d'affaire », à vaincre ce qu'ils considèrent comme une « malchance ». Les faiblesses (ou les recettes ?) de Remarque sont évidentes : intrigue policière réunissant des personnages contrastés, approche a-historique des événements, mythologie des attitudes « viriles » (le camarade, le traître, le hors-la-loi, etc.), philosophie anodine... On ne saurait néanmoins dénier à Remarque d'avoir dénoncé avec force, dans ses ouvrages, le militarisme, la guerre et la dictature. Preuve que les best-sellers peuvent parfois réveiller, et non pas endormir, la conscience du public.

JEAN-JACQUES POLLET.

RÉF. : A. Autkowiak, *Erich Maria Remarque. Leben und Werk*, Berlin, 1977.

REMIZOV Alexei Mikhaïlovitch. Écrivain russe. Né le 24 juin (6 juillet) 1877 à Moscou, mort le 26 novembre 1957 à Paris. Issu d'une famille de gros commerçants, il fait ses études au lycée, puis à l'université de Moscou jusqu'en 1897, date où il est arrêté à la suite de sa participation à une manifestation social-démocrate. Après quelques mois de prison, il est envoyé pour cinq ans en résidence surveillée dans le nord de la Russie : passant alors son temps en d'abondantes lectures, il subit l'influence de Gogol, de Dostoïevski, des romantiques allemands et surtout de Leskov, de Baudelaire et des symbolistes français (il traduit en prison plusieurs poèmes de Maeterlinck). Lié avec Biely et Gorki, qu'il rencontrera très souvent, il débute dans les lettres en 1902 par un long poème, *Épithalame* [*Epitalam*]. Cinq ans plus tard, *Le Cycle du soleil* [*Posolon'*], puis *Le Limonaire ou le Pré spirituel* [*Limonar'*] révèlent en Remizov un écrivain plein d'humour et de malice, et surtout un merveilleux connaisseur de toutes les ruses et tournures de la langue populaire, curieux des apocryphes et des vieilles légendes, qui traitent des habitants du monde invisible, des songes et des mystères, et des créatures fantastiques. On retrouvera la même inspiration, mais élargie, dans des œuvres comme *L'Étang* (*) (1908), *Sentier vers l'invisible* (*), *Sœurs en croix* (*) (1910). La période 1910-1913, pendant laquelle paraissent huit volumes, fut la plus féconde de la vie de Remizov (qui a d'ailleurs publié au total une centaine d'écrits). L'écrivain quitte volontairement la Russie en 1921, le jour de la mort de son ami Alexandre Blok, et s'installe à Berlin d'abord, jusqu'en 1923, puis à Paris, où, malgré l'extrême difficulté de traduire cette œuvre spécifiquement russe, qui abonde en termes folkloriques et même archaïques, Remizov collabore à la *Nouvelle Revue française* (*) et suscite l'intérêt de critiques comme Marcel Arland. Ses souvenirs, *Les Yeux tondus* (*), sont publiés, posthumes, en 1958.

♦ *« Remizov, l'un des poètes les plus purs de notre époque, et, dans sa modestie, l'un des plus dignes d'hommage. »* Marcel Arland.

RÉF. : H. Sinany, « Alexei Remizov » in *Histoire de la littérature russe. Le XIXe siècle. La Révolution et les années vingt*, Paris, 1988.

RÉMUSAT comtesse de (Claire – ou Clary – Élisabeth-Jeanne Gravier de Vergennes). Femme de lettres française. Née le 5 janvier 1780 à Paris, où elle mourut le 16 décembre 1821. Petite-nièce du comte de Vergennes, ministre des Affaires étrangères de Louis XVI, elle avait quatorze ans lorsque son père, attaché à l'administration de la ville de Paris, périt sur l'échafaud. D'un caractère sérieux, point jolie mais fort capable de plaire, elle aimait l'étude, apprit le latin et, au dire de Sainte-Beuve, avait l'esprit d'une « justesse ornée ». En 1796, elle épousa à seize ans le comte de Rémusat, ancien avocat général à la Cour des aides de Provence. En 1802, grâce aux relations de sa mère avec Joséphine de

Beauharnais, épouse du Premier consul, elle devint dame d'honneur de la future impératrice, cependant que son mari était nommé préfet du palais. Grande admiratrice de Napoléon, elle plut à l'empereur par son jugement, sa culture et le don qu'elle avait d'écouter, mais la faveur du ménage Rémusat commença de décroître après la répudiation de Joséphine, et les Rémusat se lièrent d'amitié avec Talleyrand. Son salon, tant sous la Restauration que sous l'Empire, fut très recherché. Elle a composé plusieurs romans, notamment *Charles et Claire, ou la Flûte,* idylle de deux jeunes émigrés, écrit en 1814, et publié de son vivant dans une revue, et *Lettres espagnoles ou le Ministre,* qui contient plusieurs allusions à la cour impériale. On lui doit également un *Essai sur l'éducation des femmes,* publié en 1824 par son fils, l'écrivain et homme politique Charles de Rémusat. Mais ce sont ses *Mémoires : 1802-1808* (*), publiés en 1879-1880 (3 vol.), ainsi que ses *Lettres* (1881), adressées à son mari de 1804 à 1813, publiées par son petit-fils Paul de Rémusat, qui ont fait sa célébrité. Mme de Rémusat, dont le mari avait été nommé en 1815 préfet de la Haute-Garonne, mourut prématurément à l'âge de quarante et un ans.

RÉF. : Sainte-Beuve, *Portraits de femmes,* Paris, 1886. – G. Stenger, *Grandes dames du* XIX*e siècle,* Paris, 1911.

RENAN Joseph Ernest. Écrivain et philosophe français. Né à Tréguier (Côtes-d'Armor) le 28 février 1823, mort à Paris le 2 octobre 1892. Comme Chateaubriand et Lamennais qui, avec lui, inspirèrent la sensibilité religieuse française du XIXe siècle, Renan était breton mais aussi (par sa mère) quelque peu gascon, et cette double hérédité peut expliquer en partie les contrastes de sa si riche et si fuyante personnalité. Destiné dès l'enfance à la prêtrise, il fit ses premières études à l'école ecclésiastique de Tréguier (1832-38) avec les maîtres religieux auxquels il conserva toute sa vie son affection, mais qui manquaient singulièrement de culture moderne ; il vint ensuite à Paris, achevant ses « humanités » à Saint-Nicolas-du-Chardonnet, dirigé par le futur Mgr Dupanloup (1838-41), puis commençant sa théologie au séminaire d'Issy (1841-43). Mais, entré au grand séminaire de Saint-Sulpice en 1843, il s'en éloignait deux ans plus tard, à la rentrée d'octobre 1845, ayant senti s'évanouir au contact de l'enseignement scolastique et exégétique de l'établissement les états d'âme qu'il avait pris pour une vocation sacerdotale. Cette crise religieuse fut avec celle de Lamennais la plus retentissante du XIXe siècle et la plus lourde de conséquences. Elle décida non seulement de toute la vie et de toute la pensée de Renan lui-même, qui l'a longtemps et remarquablement racontée plus tard dans ses *Souvenirs d'enfance et de jeunesse* (*) (1883), mais aussi de l'attitude que prirent en face du christianisme les diverses générations intellectuelles françaises jusqu'à la fin du siècle. La foi de Renan avait-elle jamais été profonde ? Il s'agissait plutôt, semble-t-il, d'habitudes familiales, d'émotions enfantines et de cet idéalisme religieux typiquement celte dont Renan ne cherchera jamais d'ailleurs à se débarrasser. La découverte soudaine, lors de sa première année d'études à Paris, de la littérature romantique, puis de la philologie, dit Renan, mais surtout (ses lettres le prouvent) de la philosophie allemande, passionnément aimée, et plus encore l'influence de sa sœur Henriette, ébranlèrent assez facilement ce christianisme superficiel et presque tout de sentiment. Ayant donc quitté le séminaire, Renan trouva un poste de répétiteur dans une petite institution privée où de 1845 à 1849 il mena une vie pauvre, solitaire et ascétique, consacrant tous ses moments de loisir à la préparation de ses examens universitaires (en septembre 1848, il fut reçu premier à l'agrégation de philosophie) et à des entretiens intellectuels avec son seul ami, Marcelin Berthelot – v. *Correspondance entre Renan et Berthelot* (*) (1898). Âgé seulement de vingt-cinq ans, il entreprit la rédaction de *L'Avenir de la science* (*), ouvrage qu'il laissa longtemps inédit sur les conseils d'Augustin Thierry, et qui ne connut la célébrité que quarante ans plus tard, en 1890 : livre de jeunesse encore, où il était facile de reconnaître de très nombreuses influences, mais où s'affirmaient la certitude d'un déterminisme universel rejetant tout surnaturel et un culte lyrique et presque mystique de la science positive. Chargé de mission en Italie, Renan, en 1849-50, visite Rome, Florence, Padoue, Venise, et poursuit les recherches historiques nécessitées par la préparation de sa thèse de doctorat sur *Averroès et l'averroïsme* (*) (1852). Dès sa sortie du séminaire, c'est cependant à l'orientalisme qu'il avait consacré ses principaux efforts, qui obtinrent leur premier résultat important avec l'*Histoire générale et système comparé des langues sémitiques* (*) (1855). À cette époque, Renan donne à *La Revue des Deux Mondes* (*) et au *Journal des débats* (*) de nombreux articles recueillis dans *Études d'histoire religieuse* (1857) et dans les *Essais de morale et de critique* (1859). Sa personnalité s'affirme auprès du monde savant et même d'un large public lettré, et en 1862, au retour d'une mission archéologique en Phénicie, Syrie, Galilée, Palestine, pendant laquelle il avait eu la douleur de perdre sa sœur Henriette, morte à Amschit le 24 septembre 1861, Renan se vit confier la chaire d'hébreu au Collège de France ; mais ce cours, à peine commencé, fut suspendu par le gouvernement de Napoléon III, Renan, dans sa première leçon, ayant agressivement qualifié Jésus d'« homme incomparable ».

Il décida alors de publier sa *Vie de Jésus* (*) (1863), « l'un des événements du siècle », a-t-on pu dire sans exagération de ce succès de librairie considérable, rapidement traduit dans toutes les langues. Le premier en France, Renan vulgarisait les travaux de l'exégèse allemande, reprenait la théorie mythique de David Strauss, et posait le problème du Christ en rejetant l'intervention de tout surnaturel particulier. Mais, quoi qu'il en fût de cette position doctrinale, amis et adversaires pouvaient difficilement résister au style plein d'émotion et de poésie de cette œuvre, à la puissance d'évocation avec laquelle Renan avait su restituer le milieu physique, intellectuel et moral de la vie du Christ. Pour les générations venues à l'âge d'homme après 1870, il allait être l'« enchanteur », comme l'avait été, cinquante ans plus tôt, Chateaubriand. Malgré l'onction du style, la *Vie de Jésus* n'en était pas moins une œuvre de combat bien plus que de science pure. Une certaine fantaisie poétique et romanesque en faisait la faiblesse du point de vue des spécialistes. Avec son *Histoire des origines du christianisme* (*) (1863-83), Renan revint à une érudition plus sérieuse, et le combattant fit place en lui à l'historien des idées. Il restait naturellement fidèle à sa méthode directrice, rejetant toute notion du mystère et n'acceptant que les faits « scientifiquement » explicables et prouvés. Mais l'esthète, le poète, ne cessaient point de disputer en lui avec le savant ; cela même qu'il critiquait, Renan ne renonçait pas à en aimer et à en faire aimer la beauté. Si à Athènes, qu'il visite en 1865, il exalte le « miracle grec » — v. la *Prière sur l'Acropole* (*) (1883) — il garde également la sensibilité chrétienne et, rejetant les dogmes du catholicisme, il continue d'admirer l'histoire judéo-chrétienne, et la montre si bien dans ses sommets que le lecteur de l'*Histoire des origines* ou de l'*Histoire du peuple d'Israël* (*) (1887-93) pourrait être amené à juger cette histoire incomparable, surhumaine, et à aboutir finalement à cette présence du mystère que rejetait le sourcilleux scientisme de l'auteur.

C'est que pas un esprit ne fut moins sectaire que celui de Renan ; d'une nature essentiellement féminine, son rêve était de tout éprouver, de concilier toutes les grandes œuvres, toutes les expressions religieuses et philosophiques de l'humanité qu'il concevait, à la manière hégélienne, comme les diverses manifestations, également nécessaires et belles, de la réalité totale : Infini, Dieu, à la recherche d'elles-mêmes et de leur pleine conscience. Rien ne serait plus difficile que d'essayer de fixer Renan dans un point de vue particulier, car ce qu'il cherche précisément c'est à atteindre l'universalité en passant continuellement d'un point de vue à un autre. Aussi, après 1870, réintégré dans sa chaire du Collège de France, élu à l'Académie française en 1879, vit-on cet homme de cabinet et de travail s'aventurer dans le monde, étaler malicieusement les paradoxes de son scepticisme, ironisant sur ses propres négations, donnant un tour frivole et désabusé aux vues les plus scandaleuses et souvent les plus profondes, charmant les mondaines de ses mots caressants, de cette fameuse « musique » dont tant d'adolescents allaient s'enivrer, tels un Bourget, un Maurras, et plus que tous peut-être le jeune Barrès qui ne se gênait point, cependant, pour décocher des traits mordants au dilettantisme du maître. Renan vit alors l'apogée de sa carrière d'artiste ; chargé d'honneurs, pontife du laïcisme, il n'en critique pas moins rudement la démocratie — v. *La Réforme intellectuelle et morale* (*) (1871) — et bafoue avec une parfaite élégance les poncifs officiels — v. *Drames philosophiques* (*) (1888) et *Le Prêtre de Nemi* (*) (1885). Personnage multiple, intelligence à facettes, Renan, qui parut en son temps le type du négateur, aura été également un convertisseur ; il a attiré nombre d'esprits hors du christianisme, mais il a été aussi à l'origine du dilettantisme mystique de la fin du siècle. Il critiquait les dogmes, mais, presque seul parmi les grands écrivains de son temps, il entretenait la sensibilité chrétienne. Ayant formé la « génération du relatif », il donnait en même temps à cette génération la curiosité et même l'angoisse religieuses. Savant enfin, c'est surtout comme poète qu'il a fasciné son temps.

MICHEL MOURRE.

♦ *« Renan est parfaitement incapable de formules précises, il ne va pas d'une vérité précisée à une autre. Il tâte, il palpe. Il a des impressions, ce mot dit tout... »* Taine. ♦ *« Une des lois de notre époque n'est-elle pas le mélange le plus chaotique des idées, le conflit dans nos cerveaux, à tous, des rêves de l'univers élaborés par les différentes races ? Qu'a fait d'autre M. Renan que de servir de théâtre à un de ces mélanges et de raconter, avec une sincérité que nul n'a le droit de suspecter, l'issue particulière d'un de ces conflits ? »* Paul Bourget. ♦ *« Étranger à toute communion de fidèles, il a au plus haut point le sentiment religieux. Sans croire, il est infiniment apte à saisir toutes les délicatesses des croyances populaires. Si l'on veut bien me comprendre, je dirai que la foi ne le possède point, mais qu'il possède la foi. »* Anatole France. ♦ *« Oui, le bienfait dont nous* [le] *remercions, c'est qu'il a trouvé un joint pour conserver à l'esprit moderne le bénéfice de cette prodigieuse sensibilité catholique dont la plupart d'entre nous ne sauraient se passer. La tâche de M. Renan fut de trouver quelque provisoire qui conciliât le sentiment religieux et l'analyse scientifique. »* Maurice Barrès. ♦ *« Ce monde hideux de* [...] *Renan et des autres Moloch du* XIXe *siècle, ce bagne,* [...] *cette affreuse mécanique entièrement gouvernée par des lois parfaitement inflexibles et pour comble d'horreur connaissables et enseignables. »* Paul Claudel. ♦ *« Il y avait en Renan un très grand historien politique à côté d'un historien religieux bien inférieur... C'est Renan qui a dit le mieux comment toute œuvre civilisatrice, toute œuvre spirituelle, morale, digne de l'homme, est le fruit de l'éducation, qui ne va pas sans la tradition et l'hérédité, qui incorpore la durée des siècles à la courte existence des hommes. »* Charles Maurras.

RÉF. : P. Bourget, *Essais de psychologie contemporaine*, Paris, 1883. — M. Barrès, *Huit jours chez M. Renan*, Paris, 1888 ; *Les Maîtres*, Paris, 1927 ; *Mes cahiers*, Paris, 1929-57. — G. Monod, *Les Maîtres de l'histoire, Renan, Taine, Michelet*, Paris,

1894. – J. Pommier, *Ernest Renan, d'après des documents inédits*, Paris, 1923 ; *La Pensée religieuse de Renan*, Paris, 1925 ; *La Jeunesse cléricale d'Ernest Renan*, Paris, 1933. – P. Lasserre, *La Jeunesse de Renan*, 3 vol., Paris, 1925-32. – H. Psichari, *Renan d'après lui-même*, Paris, 1937. – R. Dussaud, *L'Œuvre scientifique d'Ernest Renan*, 1951. – K. Gore, *L'Idée de progrès dans la pensée de Renan*, 1970. – L. Retat, *Religion et imagination religieuse : leurs formes et leurs rapports dans la pensée de Renan*, 1977. – A. W. Wardman, *Renan historien philosophe*, Paris, 1979.

RENARD Jean-Claude. Poète français. Né le 22 avril 1922 à Toulon. À peine entré au collège des Maristes, dans sa ville natale, il s'en échappe. Sa famille s'installe à Paris en 1930 et l'envoie comme interne dans un établissement de Pontoise : nouvelle fugue, mais sans doute déjà la révélation de la foi chrétienne. Juste avant la guerre, il est élève au lycée Henri-IV. Puis c'est l'exode à Bordeaux, le retour à Paris où il passe son baccalauréat de philosophie. De 1942 à 1944, il fréquente les cours de la Sorbonne et obtient une licence ès lettres. Entre avril et juillet de l'année suivante, il accompagne une expédition en Afrique. En 1945, il publie aussi son premier recueil de poèmes, *Juan*. Sa poésie est au début marquée par le symbolisme, et exprime des préoccupations religieuses déterminantes qu'il ne cessera de développer au cours de son œuvre ultérieure. En 1947, il entre dans l'édition, où il accomplira toute sa carrière. Il fait paraître *Cantiques pour des pays perdus* (1947), qui comporte une préface de Patrice de La Tour du Pin. Le titre du recueil indique le désir intime du poète d'habiter des « régions spirituelles ». On retrouve le même sens du religieux dans *Haute-Mer* (1950), ou dans *Métamorphose du monde* (1951) : à la fois désir de transparence et désir de connaissance, une maturité nouvelle alors se fait jour. « Il faut sortir de la solitude, du silence », écrit Renard. Sa recherche poétique acquiert une dimension plus vaste. La transition s'effectue principalement avec *En une seule vigne* (1959) et *Incantation des eaux* (1961) : expérimentant les limites du langage, Renard devient presque un auteur d'avant-garde. Tout cela aboutit, vers le milieu des années 60, à une évolution intérieure qui donnera *La Terre du sacre* (*), *La Braise et la Rivière* (*). Il s'en est expliqué dans des essais (*Notes sur la poésie*, 1970 ; *Quand le poème devient prière*, 1987).

JACQUES-ÉMILE MIRIEL.

RENARD Jules. Écrivain français. Né le 22 février 1864 à Châlons-sur-Mayenne, mort à Paris le 22 mai 1910. L'enfance de Jules Renard, c'est un grand silence roux, une fuite à rebours vers les endroits les plus sensibles de l'accablante solitude qui prend tout individu au sortir même de la nuit des premiers balbutiements. Il donnera toute sa vie l'impression d'avoir été frustré, dès l'abord, dans l'exploration « caressante » de son corps. En friche. Cadet de trois enfants, donc en état d'infériorité – c'est souvent le contraire –, il se trouve tout de suite coincé entre deux êtres profondément malheureux, on pourrait dire comme les pierres, et irréductibles comme elles : ses parents. Là, dans une immobilité végétale, Renard se noue, s'étrangle, isolant autant qu'il est possible son âme, d'une maigreur hivernale, dont il parviendra, tout le long de son assez courte existence, à tirer l'élément nécessaire à la justification de sa seule passion – réduit, région, île où pouvoir respirer, fût-ce quasiment dans l'ankylose –, la littérature. C'est au mot qu'il demandera la transfusion d'un sang plus vif, c'est le tunnel du langage qu'il empruntera volontairement. Mais dans ce tunnel, quoi qu'il fasse, il ne percevra jamais que le même petit point, la même petite paillette de lumière. Il y fixera son œil comme un fou, et décrira sans lassitude tout ce qui traversera ce rayon de soleil. Hommes, bêtes, arbres, passeront par là. C'est au moyen de mot-filet qu'il en prélèvera la substance « renardienne », très proche d'un essentiel qui serait le silence ; très loin de ce qui meut comme amoureusement ce même silence : la poésie.

Sa vie ? En 1881, il quitte Chitry-les-Mines dans la Nièvre, où ses parents s'étaient réinstallés peu après sa naissance. Chitry-les-Mines, où « de huit à dix, lèvres serrées, yeux troubles, oreilles endormies déjà, vie suspendue, toute la famille, pour savoir qui se taira le mieux, fait, sans bruit, sa quotidienne partie de silence ». Il vient à Paris, prépare l'École normale supérieure, y renonce, prend le parti de la littérature. Il écrit des vers, *Les Roses*, et va les lire dans les salons. Interrompu dans ces charmantes vanités par le service militaire, qu'il fait à Bourges. De retour à Paris, il cherche un emploi, en trouve plusieurs, très modestes. C'est la misère. Entre 1887 et 1889, il écrit *Les Cloportes* qu'il ne publiera pas, et se marie, le 28 avril 1888, avec Mlle Marie Morneau. Installation dans la maison de sa femme, 44, rue du Rocher. Il publie *Crime de village, Sourires pincés*. Deux enfants naissent : Pierre et Marie, qu'il appellera plaisamment Fantec et Baïe. Période de production : *L'Écornifleur* (*) (1891), *Poil de carotte* (*) (1894), *Le Vigneron dans sa vigne* (*) (1894), *Histoires naturelles* (*) (1894), *La Maîtresse* (1896)... Il fréquente Capus, Allais, Lucien Guitry, Sarah Bernhardt, Marcel Schwob. Tâte à Mallarmé. Se pâme et s'irrite devant Edmond Rostand. Chante et siffle les louanges de Victor Hugo. Se fait des petites misères : « Jules Renard, ce Maupassant de poche [...] On dira de lui qu'il était le premier des petits écrivains. » Accumule les proverbes à ras de terre, avec lesquels il bourre, jusqu'à l'indigestion, ce qui deviendra son *Journal*, note, prélève, s'ausculte, se visite, pas en touriste – il est le contraire d'un touriste – mais en licencié ès introspections. Fait la navette entre Paris et Chaumot, où il a loué « la Gloriette », et où il est conseiller municipal. Se permet la Légion d'honneur. S'en raille doucement, comme une taupe revenue de tout. Les choses du théâtre le requièrent. Son goût de l'anecdote, du mot pris au piège, de l'instant épinglé, lui donne envie d'écrire des pièces : *Le Plaisir de rompre* (*) (1897), et *Le Pain de ménage* (*) (1898), deux parfaites mises en scène de ses petites obsessions. En 1904, il est élu maire de Chitry, en 1907, à l'académie Goncourt. On dirait presque qu'il a réussi. Il n'en est rien. Il se découvre une âme vaguement sociale : « Ce qui m'amuse, c'est d'écrire pour rien de petits articles moraux dans un petit journal de la Nièvre. » On est maire ou on ne l'est pas. Entre 1898 et 1908 : *Les Bucoliques* (*), dont on peut faire son chef-d'œuvre, et *Monsieur Vernet* (+). En 1897, son père s'est tué. En 1909, sa mère se noie dans le puits. On ne saura jamais s'il y eut suicide. Antoine présente *La Bigote,* à l'Odéon. Enfin, le 22 mai 1910, après bien des alarmes (il note, le six du même mois : « Je veux me lever cette nuit. Lourdeur. Une jambe pend dehors. Puis un filet coule le long de ma jambe. Il faut qu'il arrive au talon pour que je me décide. Ça séchera dans les draps, comme quand j'étais Poil de carotte »), il meurt, atteint d'artériosclérose. Paraîtront après sa mort : *L'Œil clair* (*) (1913), *Les Cloportes* (1919), le *Journal* (*) et la *Correspondance* (1925-1927).

Poète, il aura, toute sa vie, rêvé de l'être, et nul plus que lui n'eût mérité cette promotion d'ordre divin qui, par définition, ignore nos ambitions et nos efforts. Mais l'élément hautement pathétique de son œuvre, de son espèce d'aventure, vient de ce conflit acharné qui le mit aux prises avec tout ce que le langage charrie d'éthique, dans un dégorgement sans pitié de tout ce qui n'est pas ce langage, sans que jamais cette lutte provoque la moindre basculade, le renversement souhaité de l'« autre côté ». Renard est exemplaire pour cette raison, la moins paradoxale qui soit : il se trouve posté, très exactement, à l'envers d'un endroit où règne en maître le mystère absolu, et grâce à sa minutie, à sa rigueur, à son genre de sainteté, il arrive à donner de cet endroit une idée très nette, idée-tableau, idée qu'assument, en perturbant l'essence magique, les poètes majeurs. Il regarde la nature comme un muet regarde un bavard : avec surprise et jalousie. Il y a quelque chose de « méchant », de frénétique, dans les livres de Renard. C'est la méchanceté, la furie, de quelqu'un qui voudrait enchanter le monde, et ne parvient qu'à l'interpréter, à fleur d'une peau tannée. Alors, ce défi, qui est un vœu : « Et j'aurais une casquette avec ces mots en lettres d'or : Interprète de la nature. » Il va très loin dans ce sens (Ravel l'a admirablement compris). Il frôle le sourire, qui est la nature dépliée. Puis les branches se recroquevillent, le souffle se perd dans la glace initiale : c'est le rictus, le papier collé du regard. Toute son œuvre respire à peine, toujours à deux doigts du figement, de la paralysie. Mais c'est bien dans cet infime jeu entre la chair de l'être et l'os du cadavre qu'elle trouve son chant tragique, et, du coup, échappe à son homme. On pense à Tchekhov, sans la steppe de tendresse, sans le génie de l'ennui, qui permet une figuration. Renard, c'est peut-être ce qu'il y a de plus rare en littérature, et ailleurs : le talent.

GEORGES PERROS.

♦ *« Vous avez un style de médecin, presque de pharmacien. »* Un de ses professeurs. ♦ *« Étrange cette vie qui va se rétrécissant. Sa cécité à l'égard des étrangers lui permet d'admirer Rostand, G., etc. Il soigne ses étroitesses, bichonne son égoïsme, et frise au petit fer sa calvitie. »* André Gide. ♦ *« Pourtant – est-ce par cette tentative acharnée de se détruire, est-ce par ce morcellement systématique de la grande période flaubertienne, est-ce par son pressentiment toujours trompé du concret individuel, par-delà les apparences abstraites de l'empirisme – pourtant, ce moribond témoigne d'une sorte de catastrophe qui a pesé sur les écrivains de la « fin de siècle », et qui, directement ou indirectement, est à l'origine de la littérature contemporaine. »* Jean-Paul Sartre.

RÉF. : H. Bachelin, *Jules Renard, 1864-1910. Son œuvre,* Paris, 1930. – F. Boillot, *les Idées de Jules Renard sur le style,* Cambridge, s.d. – H. B. Coulter, *The Prose Work and Technique of Jules Renard,* Washington, 1935. – L. Guichard, *L'Œuvre et l'âme de Jules Renard,* Paris, 1936 ; *L'Interprétation graphique, cinématographique et musicale des œuvres de Jules Renard,* Paris, 1936. – J.-P. Sartre, étude : « L'Homme ligoté. Notes sur le *Journal* de Jules Renard », *Situations I,* Paris, 1946. – A. Joire, *L'Esprit de Jules Renard,* Lausanne, 1947. – P. Schneider, *Jules Renard par lui-même,* Paris, 1956. – S. Zeyons, *Monsieur Poil de carotte,* Paris, 1976. – M. Tœsca, *Renard,* Paris, 1977. – M. Autrand, *L'Humour de Renard,* Paris, 1978. – A. M. Balestrazzi, *Renard. Il mito personale e l'avventura letteraria,* Bari, 1983.

RENARD Maurice. Romancier français. Né à Châlons-sur-Marne le 28 février 1875, mort à Rochefort le 18 novembre 1939. Issu d'une famille fortunée de juristes, frappé par la lecture de Poe, avocat à Paris puis homme de lettres près de Reims, il trouve sa voie après des essais poétiques en publiant en 1905 un recueil de nouvelles *Fantômes et Fantoches*, où il débute dans le merveilleux scientifique. En 1908 paraît *Le Docteur Lerne,* dédié à Wells. C'est avec *Le Voyage immobile* (1909) puis *Le Péril bleu* (*) (1912) qu'éclate le talent d'un des créateurs de la science-fiction française. Marié et fort aisé, il s'installe vers 1910 à Paris et reçoit Colette, Mac Orlan, Farrère, Montherlant, Rosny Aîné. En 1914, il part pour la guerre, il en reviendra brisé, pour donner son roman le plus terrible, *Les Mains d'Orlac* (1920), plusieurs fois porté à l'écran. Mais la guerre l'a aussi appauvri et il écrit pour vivre quelques livres étonnants : *L'Homme truqué* (1921), *L'Invitation à la peur* (1926), *Un homme chez les microbes* (1928). Après 1930 et un divorce, presque ruiné, il ne publie plus guère que des contes sentimentaux et des feuilletons. Exceptionnellement doué tant pour le fantastique et l'horreur que pour la science-fiction, se désignant lui-même comme « scribe de miracles », nouvelliste admirable, il a réfléchi dans plusieurs essais sur les possibilités de ces genres romanesques – *Du roman merveilleux scientifique et de son action sur l'intelligence du progrès* (1909).

GÉRARD KLEIN.

RÉF. : Maurice Renard, *Romans et contes fantastiques,* préface par Jean Tulard ; biographie par Jacques Baudou ; bibliographie par Francis Lacassin, Paris, 1990.

RENART Jehan. Auteur français de romans et de poèmes courtois. Il naquit en Île-de-France et vécut au début du XIIIe siècle. Poète élégant et aristocratique, toute son œuvre porte la marque des raffinements de cour. Sa composition la plus célèbre, *Le Roman de la Rose,* plus connu comme *Roman de Guillaume de Dole* (*), d'environ cinq mille sept cents vers, est d'inspiration chevaleresque. Avant 1204, il écrivit le roman de *L'Escoufle* (+), suivi d'un court et ravissant poème, *Le Lai de l'ombre* (*) (1220). La critique moderne lui attribue à tort un autre roman, *Galeran de Bretagne* (+), qu'il aurait écrit dans sa jeunesse. Citons encore *Le Plait Renart de Dammartin contre Vairon son roncin* (+), et *De Renart et de Piaudoue* (+).

RÉF. : R. Lejeune, *L'Œuvre de Jean Renart,* Paris-Liège, 1935.– J. Dufournet, « *Guillaume de Dole* ou la glorification des ménestrels », dans *Jean Renart, Guillaume de Dole ou le Roman de la Rose,* Paris, 1988, p. 115-149. – R. Dragonetti, *Le Mirage des sources,* Paris, 1987, p. 151-199.

RENAUDOT Théophraste. Médecin et journaliste français. Né à Loudun (Vienne) en 1586, mort à Paris le 25 octobre 1653. Jeune encore il fit ses premiers essais chez un chirurgien-barbier, voyagea, puis se rendit à Montpellier pour y étudier la médecine ; il y fut reçu docteur en 1606. En 1612, au risque de s'attirer des ennuis de la part de la faculté de Paris qui ne tolérait pas sur sa place des diplômés des facultés de province, Renaudot vint dans la capitale pour y pratiquer son art. Cependant la haute protection du père Joseph, l'« éminence grise », et de Richelieu, lui valut d'obtenir la charge honorifique de médecin et de secrétaire du roi. Il s'installa alors dans la maison du Grand Coq, rue de la Calandre. L'année même de son arrivée à Paris, il conçut le projet de fonder un établissement en faveur des pauvres ; le roi accepta le projet, mais ce ne fut qu'en 1630 que Renaudot put ouvrir le premier « bureau d'adresses et de placement ». Son institution se développa rapidement et des « succursales » furent fondées en province ; Renaudot dressa alors son almanach des cinq cent mille adresses, le premier du genre ; il fut nommé commissaire général des pauvres du royaume et intendant général des bureaux d'adresses. Puis, aux bureaux d'adresses, il joignit des bureaux de « ventes à grâce », les premiers monts-de-piété, calqués sur leur modèle italien, où il prêtait à 3 % sur toutes sortes d'objets. Enfin, dans son officine de Paris, il ouvrit un bureau de consultations gratuites et monta un laboratoire de chimie destiné aux élèves de la faculté, ce qui ne manqua pas de lui attirer de sérieux ennuis.

Sans être à proprement parler son inventeur, Renaudot a largement contribué à l'essor de la presse périodique en publiant à partir de 1631 un journal hebdomadaire, *La Gazette* (*), qui accordait la priorité aux nouvelles de l'étranger, et qui dès l'origine utilisa le système publicitaire. À dater de 1633, on y trouve les comptes rendus des conférences scientifiques tenues dans la maison même de Renaudot, qui à partir de 1635 prit la rédaction du *Mercure français.* Renaudot obtint un privilège royal lui permettant d'interdire à ses concurrents la diffusion périodique des nouvelles. En contrepartie, il fit preuve d'une excessive loyauté à l'égard du pouvoir, ne publiant que des récits conformes aux vues de Richelieu qui écrivait : « *La Gazette* fera son devoir ou Renaudot sera privé des pensions dont il a joui jusqu'à présent. »

Renaudot atteignit alors au sommet de son activité et de sa célébrité que ne lui pardonnait toujours pas la faculté de Paris. Aussi, en 1640, celle-ci se décida-t-elle à l'assigner devant le tribunal pour exercice illégal de la médecine, lui et ses collaborateurs, la plupart diplômés à Montpellier. On leur reprochait de croire à l'efficacité des remèdes chimiques ainsi qu'à la circulation du sang. Renaudot ne dut qu'à la protection de Richelieu de gagner un premier procès ; mais après la mort du cardinal, il fut à nouveau attaqué et condamné. Il fit appel devant le parlement, où il fut soutenu par la faculté de Montpellier ; cependant, malgré sa défense acharnée, Guy Patin et la faculté de Paris obtinrent sa condamnation le 1er mars 1644. Protégé de Mazarin, Renaudot perdit sa pension lors de l'exil du cardinal en 1651, et ne profita guère de son éclatant retour. Patin ne désarma jamais contre Renaudot, publiant pendant la Fronde un pamphlet où il prenait pour cible *Le Nez pourri de Théophraste Renaudot, grand gazettier de France et espion de Mazarin.* En outre, la Fronde engendra une multiplication des périodiques, privant *La Gazette* de son exclusivité. Renaudot mourut pauvre au Louvre, où il habitait en qualité d'historiographe du roi. Il était de religion protestante, mais il se convertit au catholicisme, fut marié probablement trois fois, et on lui connut quatre fils et trois filles. Nous citerons encore de lui un *Abrégé de la vie et de la mort du prince de Condé* (Henri II) (1647) et une *Vie de Michel de Mazarin* (1648). Théophraste Renaudot consacra sa vie à faciliter les relations humaines, à développer l'information, à répandre une thérapeutique nouvelle fondée sur la médication chimique et pourtant ses innovations ne devaient connaître un grand essor qu'en des temps où les structures sociales eurent rendu à la fois nécessaires et exploitables les institutions qu'il avait créées. Ajoutons que de nos jours Théophraste Renaudot a donné son nom à un prix littéraire français décerné annuellement.

RÉF. : Duplantier, *Th. Renaudot,* Paris, 1947. – Marie-Noëlle Grand-Mesnil, *Mazarin, la Fronde, et la presse,* Paris, 1967.

RENCLUS DE MOLLIENS, de son vrai nom Bertremieu ou Barthélemy. Poète picard du XIIIe siècle, qui doit son nom au fait d'avoir vécu dans la « recluserie » de Molliens-Vidame, près d'Amiens. Nous ignorons tout de sa vie et ne possédons de lui que deux longs poèmes : *Carité* (+) et *Miserere* (+), qu'il composa sans doute sous la régence de Blanche de Castille ou au début du règne de Saint Louis. Il semble qu'il connut un grand succès à son époque, et ses deux poèmes suffisent à nous persuader de son talent de versificateur et de la sincérité de ses idées – v. *Poèmes* (*).

RÉF. : A. G. van Hamel, *Li Romans de Carité et Miserere du Renclus de Molliens,* Paris, 1885.

RENDELL Ruth. Auteur de romans policiers anglais. Née à Londres le 17 février 1930. Journaliste pendant trois ans, elle commence par écrire des nouvelles non policières qu'elle publie dans des magazines. Son premier roman ayant été refusé, elle propose un roman policier qu'elle avait écrit pour s'amuser et *Un amour importun* [*From Doom with Death*] paraît en 1964 ; l'inspecteur-chef Wexford et son adjoint Burden y font leur apparition. Quand elle est lasse de les mettre en scène, cette « reine du crime » propose des « mystères psychologiques » qui donnent au lecteur l'occasion de s'intéresser plus aux mobiles de l'assassin et à la personnalité des victimes qu'à l'énigme proprement dite. Il faut lire : *L'Enveloppe mauve* [*A Demon in my View,* 1976], *L'Analphabète* (*) (1977), *Le Maître de la lande* [*The Master of the Moor*], qui a obtenu le prix du roman d'aventures en 1982, *La Demoiselle d'honneur* [*The Bridesmaid,* 1989] et ses recueils de nouvelles, un genre dans lequel elle excelle.

DENIS BOUTET DE MONVEL.

RENDRA W. S. (pseud. de Willibrordus Surendra Broto). Écrivain indonésien. Né le 7 novembre 1935 à Solo (Java). Issu d'une famille catholique, il se convertit à l'islam en 1970, mais la préoccupation spirituelle qui anime son œuvre est celle de la mystique javanaise traditionnelle. Il publia ses premiers poèmes dès 1954, puis, après des études de théâtre aux États-Unis, créa à Yogyakarta, en 1968, le Théâtre de l'Atelier [Bengkel Teater]. Auteur d'un recueil de nouvelles *Il a roulé sa bosse* [*Ia sudah bertualang,* 1963], il est surtout connu pour ses poèmes *La Ballade des bien-aimés* [*Ballada orang-orang tercinta,* 1957], *Blues pour Bonnie* (*) (1971), *Image poétique du développement* [*Potret pembangunan dalam puisi,* 1980] et ses pièces de théâtre : *Des hommes au tournant* [*Orang-orang di tikungan jalan,* 1954], *Panembahan Reso,* du nom du héros (1988). Il a également adapté en indonésien et mis en scène Sophocle, Brecht, Shaw et Ionesco. Brillant déclamateur, prisé également pour sa vie privée turbulente, Rendra est adulé par les jeunes Javanais comme le porte-parole de leurs frustrations et de leurs craintes. Il fut incarcéré pendant six mois en 1978 et plusieurs fois interdit de scène. Bien que fondamentalement individualiste, il est passionnément impliqué dans son milieu et se révolte contre tout ce qui peut menacer la plénitude de la vie.

HENRI CHAMBERT-LOIR.

RENOU Louis. Indianiste et grammairien français. Né et mort à Paris (28 octobre 1896-18 juillet 1966). Accumulant successivement les plus hautes charges universitaires, professeur à la Sorbonne, membre de l'Institut, directeur de l'Institut de civilisation et de la Maison franco-japonaise, Renou est sans conteste l'un des orientalistes les plus considérables du XXe siècle. Sa prodigieuse érudition embrasse aussi bien le domaine des langues que celui des littératures ou celui des cultures de l'Inde. Parmi ses très nombreuses œuvres, il faut citer *La Civilisation de l'Inde ancienne* (*) (1950), ses *Études védiques* (1955), *La Grammaire sanskrite* (1961), *L'Hindouisme* (1961), *La Grammaire sanskrite élémentaire* (1963), *Les Littératures de l'Inde* (1966). Renou a consacré une part importante de son œuvre à l'étude de la poésie religieuse de l'Inde antique, et a été à l'origine de très nombreux travaux sur la civilisation hindoue.

RENOUVIER Charles. Philosophe français. Né le 1er janvier 1815 à Montpellier (Hérault), mort le 1er septembre 1903 à Prades (Pyrénées-Orientales). Enfant timide et sauvage, il ne fut un bon élève ni au collège de Montpellier, ni à Sainte-Barbe, ni à l'École polytechnique, des rangs de laquelle il sortit en 1836. Ami de Jules Lequier, dont il admirait le génie, il se plut à reconnaître, par la suite, ce que ses propres conceptions de la liberté durent aux travaux alors complètement inconnus de celui-ci. Jeune, Renouvier montrait plus de goût pour les théories saint-simoniennes que pour la philosophie abstraite. Sa santé l'ayant obligé à changer de climat, Renouvier fit un long voyage à travers l'Italie ; revenu à Paris il reprit ses études, mais « en autodidacte », nous dira, plus tard, son disciple et ami Louis Prat. En 1842, il publia sa première œuvre : *Manuel de philosophie moderne* (*), suivie, en 1844, d'un *Manuel de philosophie ancienne*. La révolution de 1848 l'amena à la politique, mais il s'en désintéressera bientôt ; il ne resta de cette « passade » du philosophe qu'un *Manuel républicain de l'homme et du citoyen* (1848) et un certain nombre d'articles dans la *Feuille du peuple*. Revenu, dès 1851, à ses études, il publia quatre *Essais de critique générale* (*) (1851-1864), *L'Uchronie* (1857) et *La Science de la morale* (1869). Il fonda les revues *La Critique philosophique* (1872-1889) et *La Critique religieuse* (1878-1885), auxquelles il collabora très régulièrement. À partir de 1896, Renouvier reprit la publication de ses traités philosophiques avec *La Philosophie analytique de l'histoire* (1896) et *La Nouvelle Monadologie* (+) (1899). Dans sa philosophie on distingue — ainsi que l'a très justement relevé Émile Bréhier — trois thèmes parallèles : l'action de la loi du nombre, la liberté du moi, et un relativisme fondé sur l'assertion que, bien qu'il n'existe rien en dehors des phénomènes, tout phénomène est relatif et ne peut être étudié que par rapport à un autre. Entre ces trois thèmes, non seulement il n'y a pas de raison nécessaire, mais on peut même relever certaines contradictions que Renouvier s'efforce d'expliquer dans sa *Philosophie analytique de l'histoire*. Après avoir été élu, en 1900, membre de l'Institut (bien que n'ayant fait aucune démarche dans ce sens), Renouvier publia encore trois ouvrages : *Les Dilemmes de la métaphysique* (1900), *Histoire et solution des problèmes métaphysiques*, et enfin *Le Personnalisme* (*) (1903), œuvre maîtresse dans laquelle il tend à redonner à l'homme sa véritable place dans l'univers.

ALEXANDRE LABZINE.

♦ *« Renouvier est l'ennemi-né de toutes les doctrines qui, à un titre quelconque, considèrent la vie morale de l'homme comme une manifestation nécessaire mais passagère d'une loi, parce que ces doctrines absorbent et anéantissent l'individu. »* É. Bréhier.

RÉF. : E. Janssens, *Le Néo-criticisme de Ch. Renouvier*, Paris, 1904. — A. Darlu, *La Morale de Ch. Renouvier*, Paris, 1904. — G. Séailles, *La Philosophie de Ch. Renouvier*, Paris, 1905. — A. Arnal, *La Philosophie religieuse de Ch. Renouvier*, Paris, 1907. — O. Hamelin, *Le Système de Renouvier*, Paris, 1927. — L. Prat, *Ch. Renouvier, philosophe*, Paris, 1937. — M. Méry, *La Critique du christianisme chez Renouvier*, 2 vol., Paris, 1952.

RESENDE García de. Historien et poète portugais. Né à Evora (Alentejo) en 1470, mort en 1536. Il fut au service du roi Jean II et de son fils le prince don Alphonse. Il se rendit à Rome avec les ambassades de Galvão et de Cunha. Auteur d'une *Miscelânea* qui est une sorte de gazette et d'une *Chronique de Jean II* [*Chronica de Don João II*] où il raconte la vie du roi et où l'on trouve quelques anecdotes intéressantes, Resende était non seulement poète, mais dessinateur et musicien : il composa quelques chansons [trovas] dont il fit la musique. Compilateur, en outre, d'un *Cancioneiro general* (+) paru en 1516, qui comprend des poésies de deux cent quatre-vingt-six auteurs portugais dont certains écrivaient en espagnol, c'est grâce à Resende que l'on connaît les œuvres poétiques de la fin du XVe siècle et du début du XVIe siècle. De son œuvre on retient surtout les *Stances pour la mort d'Inès de Castro* — v. *Inès de Castro* (*).

RESPIGHI Ottorino. Compositeur italien. Né à Bologne le 9 juillet 1879, mort à Rome le 18 avril 1936. C'est un compositeur dont le style se situe dans le sillage de l'impressionnisme musical européen, et qui s'affirma surtout comme un coloriste raffiné dans ses orchestrations. Il fit ses études au Liceo musicale de Bologne. En 1900-1901, il se rendit en Russie pour y prendre des leçons avec Rimski Korsakov, ensuite en 1909 il partit pour Berlin où il entra en rapport avec Busoni et Max Bruch. Il devint, quatre ans plus tard, titulaire de la chaire de composition au conservatoire Sainte-Cécile de Rome, dont il fut nommé directeur en 1923. Il avait, dans le même temps, écrit des œuvres dramatiques telles que *Sémiramis* [*Semirama*, 1910], *Maria Vittoria* (1913), *La Belle au Bois dormant* (+) (1920), *La Cloche engloutie* (*) (1927), de très nombreuses mélodies avec piano ou orchestre — *Nebbie, Nevicata, Aretusa, La Sensitiva* — et surtout quelques partitions symphoniques très réussies : *Les Fontaines de Rome* (*) (1916) et la transcription d'*Airs anciens et danses pour le luth* [*Antiche arie e danze per liuto*, 1re série, 1918, 2e série, 1923]. En 1918, il épousa une de ses élèves, Elsa Olivieri Sangiacomo, compositeur et cantatrice, avec qui il effectua de nombreuses tournées de concerts. Sa production s'enrichit encore de poèmes symphoniques : *Les Pins de Rome* (*) (1924), *Vitraux d'église* [*Vetrate di chiesa*], *Fêtes romaines* [*Feste romane*], d'opéras et de ballets, *Belphégor* (*) (1923), *Marie l'Égyptienne* (+), *La Flamme* [*La Fiamma*], et d'autres délicates transcriptions orchestrales de musique ancienne — 3e série des *Airs et danses*, des œuvres de Monteverdi, de Bach, et d'autres compositeurs. Il fut nommé à l'Académie d'Italie en 1932.

RÉF. : S. A. Luciani, *Belfagor, guida attraverso il poema e la musica*, Milan, 1923. — *L'Accademico Respighi* in *Scenario*, mai 1932. — G. F. Ghedini. *Ottorino Respighi*, in *Musica d'Oggi*, 1935. — E. Respighi, *Ottorino Respighi*, Milan, 1954.

RESTIF DE LA BRETONNE Nicolas Edme Rétif ou Restif dit. Écrivain français né le 23 octobre 1734 à Sacy (Yonne), mort le 3 février 1806 à Paris. Longtemps ce nom accompagna davantage une légende qu'un écrivain à l'œuvre tout à fait singulière. Élucubrations des notices biographiques et rares rééditions privilégiaient les aspects scabreux d'un ensemble dont les soixante mille pages défiaient le lecteur. Depuis une trentaine d'années, la situation a bien changé. On est aujourd'hui loin de l'image convenue du noctambule érotomane composant à la casse des centaines d'ouvrages destinés au second rayon.

La famille paternelle de l'écrivain était de Nitry (Yonne). Son père y naît en 1692, et s'installe à Sacy en 1713 lorsqu'il épouse Marie Dondaine. Agriculteur largement à son aise, Edme Restif exerce aussi de petites fonctions judiciaires. Veuf avec sept enfants, il se remarie, toujours à Sacy, le 25 janvier 1734, avec Barbe Ferlet, dont il aura neuf enfants, le premier étant l'écrivain. En 1740, il achète un domaine hors du village, qu'il n'occupe qu'en 1742 : c'est la ferme de La Bretonne dont Restif ajoutera le nom à son patronyme. Jusqu'en 1745, l'enfant vit en petit paysan, avant d'aller en pension à Vermenton puis à Joux-la-Ville : le maître d'école y commence son instruction. En 1746-1747, il est, à l'hôpital de Bicêtre, dans l'école des enfants de chœur que « gouverne » son demi-frère Thomas. Il rejoint en 1748 un autre demi-frère (et parrain), curé de Courgis, qui lui apprend le latin. Il y aperçoit Jeannette Rousseau, une des grandes figures emblématiques de son œuvre. Trop attiré par les filles et renvoyé à Sacy, il entre en apprentissage, le 14 juillet 1751, chez l'imprimeur François Fournier, d'Auxerre. Sous le nom de Mme Parangon, la femme de celui-ci, Marguerite Collet, sera célébrée comme une sorte de vierge-mère, d'amante-sœur, adorée et profanée. Reçu compagnon, il entre, le 22 septembre 1755, à l'Imprimerie royale du Louvre, puis chez divers imprimeurs. Paris : premières rencontres avec les prostituées et prétendu mariage secret avec une Anglaise. En 1759, il erre : Sacy, Dijon, Paris... et se retrouve prote chez son premier patron à Auxerre. Il y épouse, le 22 avril 1760, Agnès Lebègue. Ils auront quatre filles, Agnès (1761-1812), Marie (1761-1763), Elisabeth, une infirme (1763-1770), et Marie-Anne dite Marion (1764-1836). Famille rarement réunie, la mère et les enfants demeurant souvent à Sacy tandis que Restif travaille à Paris. Il s'est essayé à l'écriture : des vers, des ébauches, des « memoranda », une autobiographie vite abandonnée. En 1766, il commence son premier roman, *La Famille vertueuse.* Les sept cents livres qu'il en tire (un an de salaire) le décident à quitter son métier pour « devenir auteur ».

Sa vie se confond ensuite avec son inlassable production. Ni fortune, ni charge lucrative, ni pension : sa plume doit produire beaucoup et vite, énorme labeur qui ne lui fournira jamais qu'un modeste train de vie. Avec cela des ennuis de santé qui ne feront qu'empirer. Les difficultés éloignent sa femme, qui tâte de divers métiers. Souvent séparés, les époux rompront lentement une vie commune qui, depuis 1773, n'est qu'une apparence. Le mariage de leur fille Agnès avec Charles-Marie Augé les dresse l'un contre l'autre. Restif accablera sa femme de reproches, désignant à tous ses amants supposés, comme Fontanes, le futur grand maître de l'Université, ou Joubert, le moraliste. Il couvre son gendre de boue. De fait, Agnès Restif fuit le domicile conjugal, et divorcera en 1794, quelques jours avant que ses parents n'en fassent autant. C'est à l'époque du mariage de sa fille (1781) que Restif (par compensation ?) vit une passion malheureuse avec la jeune, et peu innocente, Sara Debée.

Le Paysan perverti (*) (1775) et *La Vie de mon père* (*) (1778) lui ont apporté, sinon la gloire, du moins une réputation. Il lui doit des amitiés (Grimod de La Reynière, Louis Sébastien Mercier) mais son caractère orgueilleux et ombrageux l'amène souvent à rompre avec ses admirateurs et ses thuriféraires. À partir de 1787, la comtesse Fanny de Beauharnais, tante de Joséphine, lui apportera aide et protection. Car sa vieillesse sera difficile. La Révolution, pendant laquelle il adopte une attitude prudente, voire versatile, la ruine de ses économies due à la chute des assignats, les soucis familiaux (Marion est veuve avec trois enfants) le mettent dans la misère. En 1790, il installe dans son dernier domicile, rue de la Bûcherie, une petite presse, et imprime « à la maison », entre autres, *Monsieur Nicolas* (*), *Les Posthumes, L'Anti-Justine* (*). Obligé, pour survivre, de quémander des secours, il obtient, en 1798, un emploi au ministère de la Police, dans le « cabinet noir ». Cette tardive intégration a beaucoup fait gloser : Restif a-t-il déjà, auparavant, travaillé pour la police ? Si les présomptions sont nombreuses et parfois troublantes, aucune preuve formelle n'en a jamais été apportée. Son emploi supprimé en 1802, Restif survit dans le plus grand dénuement qui soit : non point tant parce qu'il est très pauvre que parce qu'il ne peut plus désormais écrire, ou, en tout cas, publier. Cubières-Palmézeaux, qui avait succédé au poète Dorat dans les faveurs de Fanny de Beauharnais, publia, quelques années après sa mort, un recueil de nouvelles inédites, *Histoire des compagnes de Maria* (1811), avec une longue notice sur sa vie et ses ouvrages, qui fut, longtemps, la seule base des articles consacrés à Restif. En 1854, Alexandre Dumas fit de lui, de sa fille et de son gendre les personnages d'un roman-feuilleton, *Ingénue,* dont l'exactitude n'était pas le point fort, et qui donna l'occasion de se manifester aux petits-fils de Restif. Hérédité ou tradition ? L'un était imprimeur, l'autre secrétaire dans un commissariat de police, et auteur de romans populaires...

À moins d'en faire le simple catalogue, présenter l'œuvre immense de Restif est une gageure. Tout classement relève de l'arbitraire : on trouve dans *Les Contemporaines* des lettres personnelles, dans *Le Thesmographe* un récit de ses démêlés avec son gendre. Pas un seul de ses ouvrages qui ne contienne une part d'autobiographie, et ne renvoie à d'autres qu'il précise, complète, corrige ou modifie : œuvre

« rétiforme », unique dans tous les sens du terme. Ces réserves faites, on peut regrouper des ouvrages où le romanesque l'emporte : *La Famille vertueuse* (1767), *Lucile ou les Progrès de la vertu* (1768), *Le Pied de Fanchette* (1768), *La Fille naturelle* (1769), *Le Marquis de T**** (1771), *Adèle de Comm**** (1772), *Le Ménage parisien* (1773), *Le Nouvel Abeilard* (1778), *La Malédiction paternelle* (1779), *La Découverte australe* (1781), *Les Posthumes* (1802). D'autres romans où les souvenirs personnels fournissent une bonne part des matériaux : *Le Paysan perverti* (1775), *La Paysanne pervertie* (*), (1784), *Le Paysan et la paysanne pervertis* (1785). Des ouvrages qui constituent une saga familiale et autobiographique : *Le Quadragénaire* (1777), *La Vie de mon père* (1778), *La Dernière Aventure d'un homme de quarante-cinq ans* (1783), *La Femme infidèle* (1786), *Ingénue Saxancour* (*) (1788), *L'Anti-Justine* (1798). Les ouvrages constituant les *Idées singulières* (*), où Restif expose ses projets de réforme, sa critique sociale, ses utopies (mais qu'on rencontre aussi dans nombre de ses autres ouvrages) : *Le Pornographe* (1769), *La Mimographe* (1770), *L'Éducographe ou l'École des pères* (1776), *Les Gynographes* (1776), *L'Andrographe* (ou *L'Anthropographe*) (1781), *Le Thesmographe* (1789), *Le Généographe* (retrouvé et publié par D. Fletcher en 1977). Il faut y ajouter les énormes recueils de nouvelles : *Les Contemporaines* (quarante-deux volumes, 1780-1785), *Les Françaises* (1786), *Les Parisiennes* (1787), *Le Palais-Royal* (1790), *L'Année des dames nationales* (douze volumes, 1791-1794). Et cinq volumes de *Théâtre* parus en 1793, après les cinq volumes du *Drame de la vie* (1792), autobiographie mise en scène. Enfin deux ensembles, deux sommes : *Les Nuits de Paris* (*) (seize volumes, 1788-1794), où se mêlent le réel et l'imaginaire, et *Monsieur Nicolas* (seize volumes, 1794-1797), autobiographie mais surtout, avec la *Philosophie de M. Nicolas* (trois volumes, 1796), aboutissement de toute son œuvre. Encore manque-t-il à cette liste quelques œuvres, mineures s'il en est chez lui.

DANIEL BARUCH.

♦ *« Du point de vue littéraire, je dirai presque poétique, on peut en inférer que le génie de Restif* [...] *réside dans cette odeur spécifique de terroir parisien du* XVIIIe [...] *et que l'on pourrait appeler : la quatrième dimension de ce qui est disparu. »* Gilbert Lély. ♦ *« ...expérience d'un homme singulier qui, ayant eu plusieurs manies assez bizarres, a eu celle-ci de confondre tout à fait le plaisir de vivre et le plaisir d'écrire et qui* [...] *n'a cessé de s'épancher dans ses livres* [...] *jusqu'à se croire un* Livre vivant. » Maurice Blanchot. ♦ *« ...Restif ressemble à Balzac. Mais il ressemble de la même façon aux deux autres grands forcenés de notre littérature : Proust et Saint-Simon. »* Jean Dutourd. ♦ *« Mais aussi* [son œuvre] *s'impose-t-elle* [...] *par ses débordements, ses infractions, son insistance pathétique à nous parler, d'une voix sans apprêt, du temps qui fuit, de la dégradation de la beauté, de la fragilité de la vertu, de la difficulté du bonheur, des exaltations et des douleurs de l'amour. »* Pierre Testud.

RÉF. : *Monsieur Nicolas,* édition critique de Pierre Testud, dont les notes constituent la meilleure et la plus sûre des biographies (Paris, 1989). – Les *Études rétiviennes* publient, depuis 1985, les travaux concernant Restif, notamment son *Journal,* déchiffré et commenté par Pierre Testud.

RETZ Jean-François Paul de Gondi, cardinal de. Mémorialiste français né au château de Montmirail en Champagne le 20 septembre 1613, mort à Paris, le 24 août 1679. Il était le fils du comte Emmanuel de Gondi, général des galères, et de Marguerite de Silly. La famille de Gondi était originaire de Florence où elle avait acquis quelque réputation – mais ni l'illustration ni la noblesse comme le laisse entendre Retz lui-même – et une assez belle fortune dans le commerce et la banque. L'un de ses membres, Antoine, vint s'établir en France, s'y maria et, bien qu'il n'ait guère connu de succès dans ses affaires, obtint la protection de sa compatriote, Catherine de Médicis, et fut maître d'hôtel d'Henri II. Avec ses fils commence l'élévation des Gondi, et de manière éclatante ; l'aîné, Albert de Gondi (1522-1602) fut fort en faveur sous Charles IX et Henri III, devint maréchal de France et général des galères ; il avait épousé Catherine de Clermont, qui lui apporta la baronnie de Retz ; son frère cadet, Pierre de Gondi, entré dans les ordres, y fit grande carrière de prélat courtisan, ce qui le conduisit au siège épiscopal de Paris qu'il occupa à partir de 1570 – il n'avait alors que trente-sept ans – et à revêtir la pourpre cardinalice en 1587. L'évêché de Paris devint un fief de famille lorsqu'il passa de Pierre de Gondi à Henri, son neveu, fils aîné d'Albert qui fut coadjuteur de son oncle, puis évêque de Paris et cardinal. L'opération se renouvela avec le frère cadet d'Henri, Jean François de Gondi pour qui le pape Grégoire XV érigea Paris en archevêché. Quant au troisième fils du maréchal, Emmanuel, homme d'une grande et très sincère piété, s'il ne pouvait recueillir lui-même l'héritage de ses frères, du moins, et ce fut la préoccupation de sa vie, entendait-il que l'archevêché restât dans sa famille.

À sa naissance, Paul de Gondi était destiné à monter sur le trône archiépiscopal de Paris. Et ce fut là le drame de sa vie. Dès qu'il eut acquis à Montmirail les rudiments, il fut placé par son père auprès de Monsieur Vincent de Paul, puis entra au collège de Clermont qu'il ne quitta que pour la Sorbonne. Mais de cette instruction, de cet entourage, qu'avait-il retenu ? Une admiration sans bornes pour les héros de l'Antiquité plus que pour les saints, et surtout pour l'un d'eux qui était un singulier modèle pour un ecclésiastique César. Plus proche de lui le séduisait la figure d'un conspirateur, Jean-Louis de Fiesque mais, il importe de le noter, d'un conspirateur qu'une stupide malchance empêche au dernier moment de toucher au but. Paul de Gondi compila à l'âge de dix-huit ans le récit de cette aventure — v. *La Conjuration du comte Jean-Louis de Fiesque* (*). Entre ses cours de Sorbonne et ce travail personnel, Gondi se dépensait en galanteries et en duels, bien décidé à jouir au plus vite de la vie laïque ou semi-laïque qu'il menait alors, plus encore, semble-t-il, à démontrer que la vocation à laquelle on le destinait n'était pas faite pour lui. La décision de son père était inébranlable. Après un voyage en Italie (1638), Paul de Gondi prétend être entré dans une conspiration contre Richelieu ; ce qui est certain c'est qu'il participa effectivement à la tentative de soulèvement fomentée par le comte de Soissons. Mais ne pouvant échapper à son destin et contraint de poursuivre ses études de théologie, Gondi mit une coquetterie à être là aussi le premier. Il le fut lors de la fin de sa licence en Sorbonne. Peu après, on le remarquait déjà à la Cour comme prédicateur et on lui faisait même gloire d'avoir converti un huguenot. Il n'a que vingt-neuf ans quand, en 1643, la Régente, Anne d'Autriche, le nomme coadjuteur de l'archevêque de Paris, son oncle, et le pape archevêque de Corinthe « in partibus ».

Cette fois, Paul de Gondi franchit le pas. Il reçoit les ordres, jusqu'à présent il n'était encore que clerc. Devenu le coadjuteur, il cherche surtout à se concilier ses futurs diocésains et multiplie les largesses. Cette démagogie lui suscite des inimitiés, des méfiances en haut lieu. Elles ne paraissent que trop fondées lorsque se produit l'arrestation du vieux Broussel ; on accuse alors le coadjuteur de susciter la sédition dans le peuple. Il semble qu'en fait Gondi ait essayé de le calmer. Mais ces calomnies, cette fausse interprétation de son action l'irritent. On l'a traité d'agitateur, il le sera sans scrupules. Aussi se donne-t-il corps et âme à la préparation des journées des Barricades (1648). Pendant la grande époque de la Fronde parisienne, il est un personnage de premier plan, essayant d'unir entre eux des conjurés qui se détestent, de leur imposer une direction commune, la sienne, tentant de faire des chefs en vue ses hommes de paille. Il lève à ses frais un régiment qu'il appelle fièrement le régiment de Corinthe, et apparaît tantôt en rochet et camail, imposant par sa présence sacrée silence aux bruyants, tantôt botté en chef de guerre. Cependant sa vraie passion est l'intrigue souterraine ; celles qu'il combine sont beaucoup trop complexes pour ses partenaires qui se lassent de tant de sous-entendus et dont certains plantent là le coadjuteur et ses chimères.

Gondi n'avait pour ainsi dire pas cessé de proposer officieusement sa médiation, il manœuvre de plus en plus entre les partis lorsqu'il voit que définitivement la cause des séditieux est perdue. En 1651, il rentre en grâce ; après la proclamation de la majorité de Louis XIV en septembre, il obtient l'éloignement de Mazarin et pour lui le chapeau de cardinal. C'est sous le nom de cardinal de Retz, qu'il est le second à porter, qu'il est désormais connu. En 1654, à la mort de son oncle, il lui succède sur le trône archiépiscopal de Paris, mais il n'en prendra jamais possession. Lorsque lui parvient sa nomination, il est en effet en prison (à Vincennes, puis au château de Nantes) depuis quinze mois. Le retour de Mazarin a provoqué ce renversement de situation. Mazarin veut négocier avec le nouveau cardinal sa renonciation au siège de Paris. Retz naturellement s'obstine ; il a assez souffert personnellement pour l'acquérir. D'ailleurs, le pape est formel, il n'accepterait pas cette démission. En août 1654, le prisonnier s'évade du château de Nantes et, après de nombreuses péripéties, gagne Belle-Isle, puis l'Espagne et enfin l'Italie, où il est bien accueilli par le pape Innocent X ; mais dès l'année suivante, à l'avènement du successeur d'Innocent X, Alexandre VII, les affaires de Retz se compliquent, le pape lui est franchement hostile. Lionne le fait menacer. Retz juge prudent de s'éloigner et il voyage de par l'Europe, se tenant surtout dans l'Empire et dans les Flandres, travaillant quelque temps à la restauration des Stuart.

Enfin, en 1661, Mazarin est mort et Retz peut faire sa paix. Lorsqu'il se rend compte que Louis XIV demeure inflexible, il renonce à son archevêché et reçoit la très riche abbaye de Saint-Denis. En 1662, il s'installe en Lorraine dans son château de Commercy et y vit dans une somptueuse retraite. Deux ans plus tard, il obtient permission de venir à Paris, à condition de ne pas paraître à la Cour. Ses amis parisiens d'alors, ce sont Mme de Sévigné, Mme de La Fayette. La Rochefoucauld, un autre frondeur ; ses distractions ce sont les travaux de l'esprit. En 1668, Retz se rend au conclave qui devait aboutir à l'élection de Clément IX ; le roi le chargera, non sans méfiance, de quelques autres missions romaines, mais jamais il ne se départira vis-à-vis du cardinal de cette raideur hostile que suscitait toujours chez lui tout ce qui avait touché à cette Fronde qui avait tant effrayé son enfance. Il semble d'ailleurs que, finalement, Retz se soit résigné et qu'il ait mis son point d'honneur à faire une belle fin. Il paraît même que, vers 1672, il a été pris d'un mouvement de piété qu'il faut peut-être aller jusqu'à nommer une conversion. Toujours est-il que lorsque, trois ans plus tard, il veut déposer la pourpre, le pape refuse ce sacrifice. La même année, Retz abandonne tous ses revenus à ses créanciers. Il vit de plus en plus en son abbaye de Saint-Denis et c'est de là qu'il se fera transporter le 14 août 1679 chez sa nièce, la duchesse de Lesdiguières, pour y mourir.

On a beaucoup épilogué sur le personnage et il n'est pas sûr que ses *Mémoires* (*) aient servi sa réputation. Il y avait en lui, sinon un fanfaron de vices, comme Louis XIV disait de son neveu, le futur Régent, du moins un fanfaron de cynisme. La vie de Retz est une série de défis. Son malheur, c'est d'avoir senti en lui de telles possibilités qu'obstinément on lui a refusé de développer. Sans doute Retz était-il un ambitieux, mais il n'était pas que cela, c'était avant tout un spectateur, le spectateur de sa propre ambition. Et peut-être devait-il cette particularité de son caractère à son ascendance italienne. Retz a joué toute sa vie et sans doute ne se préoccupait-il pas tellement qu'il y paraît de perdre, car il aimait mieux le jeu que la victoire. Il est incontestable qu'il n'a pas joué dans l'histoire tout le rôle qu'il se donne, mais il n'est pas prouvé qu'au moment où il écrivait ses *Mémoires* ce n'est pas de la manière qu'il les raconte qu'il revivait les exploits de sa jeunesse. Ce qui, en tout état de cause, est à retenir à sa décharge, c'est l'amitié qu'il suscita dans le public le plus raffiné et aussi le plus difficile, celui qui se rassemblait autour de Mme de La Fayette. Retz fut un esprit charmant, et il en reste quelque chose dans ses *Mémoires* qui séduit encore.

JACQUES BROSSE.

♦ « *Voilà un dangereux esprit.* » Richelieu. ♦ « *C'est le plus méchant homme du royaume.* » Mazarin. ♦ « *Il se faisait aimer parce qu'il savait aimer.* » Oraison funèbre du cardinal de Retz. ♦ « *Il eut peu de piété et quelques apparences de religion ; plus d'ostentation que de vraie grandeur... Il a suscité les plus grands désordres, sans avoir aucun dessein formé de s'en prévaloir. Il a paru ambitieux sans l'être véritablement* [...] *; il aima surtout le bruit, l'éclat, l'intrigue ; son esprit un peu romanesque voulait éblouir, étonner, faire admirer la fécondité de ses ressources. C'était un homme de grands talents, qui lui servirent peu ; ce n'était pas un grand homme.* » La Rochefoucauld. ♦ « *S'il vécut en Catilina dans sa jeunesse, il vécut dans sa vieillesse en Atticus* [...] *Ses Mémoires sont écrits avec un air de grandeur, une impétuosité de génie et une inégalité qui sont l'image de sa conduite.* » Voltaire. ♦ « *Je ne peux lire que deux livres : Machiavel et Retz.* » Benjamin Constant. ♦ « *C'est l'idole des mauvais sujets. Il représentait son temps dont il était à la fois l'objet et le réflecteur. De l'esprit comme homme, du talent comme écrivain (et c'était là sa vraie supériorité) l'ont fait prendre pour un personnage de génie.* » Chateaubriand. ♦ « *Entre les trois grands styles de la prose au* XVII*e siècle, Pascal, Retz, Saint-Simon, Pascal est le style de la pensée, Saint-Simon celui du peintre et le Cardinal celui de l'action. Les trois plus grands styles de France.* » A. Suarès. ♦ « *Surtout il partage avec Saint-Simon une qualité qui a longtemps fait du français une langue aussi belle que le latin et qui est une sorte d'obscurité massive et pourtant pénétrable. Cette obscurité vient du ramassé excessif de la phrase et du refus de répéter des mots lorsque le lecteur à l'esprit vif peut aisément comprendre sans eux.* » A. Maurois.

RÉF. : A. Bertière, *Le Cardinal de Retz mémorialiste,* Paris, 1977. — D. Watts, *Cardinal de Retz, the Ambiguities of a Seventeenth Century Mind,* Oxford, 1980. — J. Delon, *Le Cardinal de Retz orateur,* Paris, 1989. — R. Duchêne, P. Ronzeaud éd., *La Fronde en questions,* U. Provence, 1989. — S. Bertière, *La Vie du cardinal de Retz,* Paris, 1990.

REUCHLIN Johannes. Il fut le père de la philologie hébraïque en Allemagne. Né le 22 février 1455 à Pforzheim (Bade), mort le 6 juin 1522 à Bad Liebenzell ou à Stuttgart. Il fit ses études à Fribourg-en-Brisgau, à Paris, à Bâle où il obtint son agrégation de philosophie et enseigna en 1477 la littérature grecque. Il se rendit ensuite à Paris où il fut contraint, pour vivre, de copier des classiques grecs, puis il étudia le droit à Orléans, passa sa licence en droit à Poitiers, et partit pour Tübingen où il exerça la profession d'avocat et celle de professeur de grec. Dans cette université, il reçut le titre de docteur en droit. Il se rendit à Rome et à Florence à la suite du comte de Wurtemberg. À Florence, il se lia d'amitié avec Marsile Ficin et Pic de la Mirandole, dont il partageait le goût pour le néoplatonisme et la *Kabbale* (*). À Rome, l'humaniste Ermolao Barbaro lui donna le surnom grec de « Kapnion » (petite fumée). Puis il se rendit à Stuttgart où il remplit de nombreuses charges. Après la mort du comte et un bref séjour à Heidelberg, où le prince électeur palatin Philippe le nomma conseiller et précepteur de ses fils, il retourna à Stuttgart en qualité de juge fédéral des États souabes. En 1520, il abandonna ses charges officielles pour se consacrer uniquement à ses études, il enseigna le grec à Ingolstadt (1520-21) et à Tübingen. En 1506, il publia *Des rudiments de la langue hébraïque* [*De rudimentis linguae Hebraicae*] (grammaire et lexique). Il consacra les années suivantes à l'étude des écrits talmudiques. Sa profonde connaissance en cette matière l'entraîna dans la fameuse polémique qui devait troubler les dernières années de sa vie. Un Juif converti, Pfefferkorn, soutenu par les dominicains de Cologne, avait obtenu de l'empereur Maximilien l'autorisation de détruire, comme pernicieux, les ouvrages judaïques (1509) ; l'archevêque de Mayence, Uriel von Gemmingen, s'y opposa, soutenu par Reuchlin. Il s'ensuivit une violente querelle littéraire entre Hochstraten, prieur des dominicains de Cologne et inquisiteur : *Miroir à main* [*Handspiegel*, février 1511] et Reuchlin : *Miroir des yeux* (+) (août 1511). À cette querelle participèrent Ulrich von Hutten, avec son poème satirique *Triomphe de Capnione* [*Triumphus Capnionis*, 1514], et la polémique anonyme des *Lettres des hommes obscurs* [*Epistolae obscurorum virorum*, 1516], première épreuve de force de la nouvelle culture contre le pouvoir ecclésiastique. On possède encore de Reuchlin : *Du verbe admirable* (*) (1494), *Henno* (*) (1497), *Farce de maître Pathelin* (+) (1512), traduction libre rédigée sous le pseudonyme d'Alexandre Connibertus, et *De l'art cabalistique* (*) (1517).

RÉF. : L. Geiger, *J. Reuchlin, sein Leben und seine Werke*, Leipzig, 1871. — F. Secret, *Les Kabalistes chrétiens de la Renaissance*, Paris, 1963. — M. Brod, *Johannes Reuchlin und Sein Kampf. Eine Historische Monographie*, Stuttgart, 1965.

REVEL Jean-François. Journaliste, essayiste français. Né à Marseille le 19 janvier 1924. Après des études secondaires à Marseille et à Lyon, il intègre l'École normale supérieure. Agrégé de philosophie, il est successivement professeur au lycée puis à l'Institut français de Mexico (1950-52), à l'Institut français de Florence (1952-56), au lycée Faidherbe à Lille (1956-59), au lycée Jean-Baptiste-Say à Paris (1960-63). À partir de 1957, année de la parution de *Pourquoi des philosophes ?* (*), Jean-François Revel entreprend une double carrière, littéraire et journalistique : conseiller littéraire aux éditions Julliard (1950-65) puis Robert Laffont (1965-77) ; fondateur et directeur de la collection « Liberté » chez Jean-Jacques Pauvert (1964-68) puis chez Laffont. Il exerce les fonctions de rédacteur en chef des pages littéraires de *France-Observateur* (1960-63), d'éditorialiste littéraire et politique de *L'Express* (1966-1978) avant d'en devenir directeur (1978-81). En 1982, il entre au *Point* comme choniqueur et à Europe 1, en 1989. La rigueur du raisonnement, l'exactitude du vocabulaire, la liberté de ton et d'esprit caractérisent les nombreux essais de Revel, de *La Cabale des dévots* (1962) à *La Connaissance inutile* (1988) en passant par *Contre-censures* (1966), *Ni Marx, ni Jésus* (1970), *La Tentation totalitaire* (1976), *Descartes inutile et incertain* (1976), *Comment les démocraties finissent* (prix Aujourd'hui 1983 et prix Konrad Adenauer 1986). Jean François Revel a reçu pour l'ensemble de son œuvre le prix Chateaubriand (1988).

YANNICK PELLETIER.

REVERDY Pierre. Poète français. Né à Narbonne (Aude) le 13 septembre 1889, mort à Solesmes (Sarthe) le 17 juin 1960. « Mauvaises études, triste ville », dit-il pour caractériser les premières années qu'il passe dans sa ville natale. En 1910, il vient s'installer à Paris, où il fut « favorisé de la vie dure dans tous ses détails ». De 1910 à 1914, il vit la « merveilleuse aventure » que sera sa rencontre au Bateau-Lavoir des peintres Juan Gris, Picasso, Braque, et des poètes Max Jacob, Apollinaire. Il part pour la guerre comme engagé volontaire. Réformé, il revient à Montmartre et travaille comme correcteur dans une imprimerie où il compose lui-même ses premières plaquettes, *Les Poèmes en prose* (*) (1915), illustrées par Juan Gris et Henri Laurens, *La Lucarne ovale* (*) (1916) et *Quelques poèmes* (*) (1916), un roman, *Le Voleur de Talan* (*) (1917), *Les Ardoises du toit* (*) (1918) avec des dessins de Georges Braque, *Les Jockeys camouflés* (*) (1918) avec des dessins de Matisse, *La Guitare endormie* (*) (1919) avec des dessins de Juan Gris, un essai de critique esthétique, *Self Défense* (*) (1919). En 1916, il avait collaboré à la revue *Sic* (*), fondée par Pierre Albert-Birot, avant de créer, en 1917, la revue *Nord-Sud* (*) où il défend l'« esprit nouveau » tel que le conçoit Apollinaire et où il incite poètes et peintres à entrer en contact. En 1926, il traverse le « cercle de feu et de glace » de la religion et se convertit, très temporairement, au catholicisme. Il se retire alors à Solesmes où il restera jusqu'à sa mort. Cependant, dans le silence, il poursuit son œuvre de poète et d'essayiste : *Le Gant de crin* (+) (1926) et *Le Livre de mon bord* (*) (1948), avant de les prolonger dans *En vrac* (+) (1956). Après *Ferraille* (*) (1937), où son œuvre poétique atteint sans doute son inspiration la plus haute, Reverdy donne de courts recueils comme *Le Chant des morts* (*) (1944-1946) avant de rassembler l'ensemble de son œuvre poétique dans *Plupart du temps* (*) (poèmes de 1915-1922) publié en 1945 et *Main-d'œuvre* (*) (poèmes de 1913-1949) paru en 1949.

La poésie de Pierre Reverdy est à l'image de l'homme. Solitaire et secrète. Elle se situe au confluent de plusieurs tendances. D'abord, elle a quelque ressemblance avec l'âpre Montagne noire où ont vécu ses ancêtres, qui furent sculpteurs dans la pierre et dans le bois. Pour avoir fréquenté les peintres cubistes, Reverdy a senti se renforcer en lui son penchant pour l'aspect construit du poème. « La logique d'une œuvre d'art, c'est sa structure. Du moment que cet ensemble s'équilibre et qu'il tient, c'est qu'il est logique. » Et pourtant le surréalisme s'est reconnu dans les premières œuvres de Pierre Reverdy. Dans le *Premier Manifeste du surréalisme* (*) (1924), André Breton déclare qu'il fait sienne la définition que Pierre Reverdy avait donnée de l'image. Dans le numéro de mars 1918 de la revue *Nord-Sud*, Pierre Reverdy écrivait : « L'image... ne peut naître d'une comparaison, mais du rapprochement de deux réalités plus ou moins éloignées. Plus les rapports des deux réalités rapprochées seront lointains et justes, plus l'image sera forte – plus elle aura de puissance émotive et de réalité poétique. » Dès 1916, il exerce donc une indéniable influence sur la jeune poésie comme l'affirme Aragon : « Il était pour nous, quand nous avions vingt ans, Soupault, Breton, Éluard et moi, toute la pureté du monde. Notre immédiat aîné, le poète exemplaire. » Mais Reverdy ne fit que traverser le surréalisme car, selon lui, « l'art est une discipline, il n'y a point d'art sans discipline, il n'y a point d'art personnel sans discipline personnelle ». Déclaration qui marque fortement combien à jamais Pierre Reverdy se tint à l'écart de l'écriture automatique pratiquée entre autres par André Breton et Philippe Soupault. Sa recherche d'une poésie toute personnelle se confond avec la quête essentielle du mystère de l'existence, de l'absolu. Il a très bien perçu, au départ, que la disposition typographique d'un poème sur la page blanche – et son travail dans une imprimerie l'y prédisposait – pouvait apporter des lignes de fuite vers autre chose que les mots. Mais, sous l'influence du cubisme, il va retrancher toujours davantage de son langage ce qui risquerait d'apporter une note pittoresque, et jusqu'à l'image capable de troubler l'ordre interne et rigoureux du poème. Il faut que les êtres, les objets seuls finissent par transparaître dans le silence. André Malraux l'a bien vu, qui dit : « Le poème régulier est un développement ; celui qu'instaura Reverdy était une synthèse. Pour y parvenir, il remplaça la ponctuation par un système de blancs, et infligea à ses œuvres un dépouillement chirurgical. » Ce dépouillement, sa conversion au catholicisme va encore le renforcer. Car loin de tenter d'opérer une appropriation du langage par l'objet comme Ponge l'essaiera plus tard, Pierre Reverdy s'efforce de restituer le « lyrisme de la réalité ». Lyrisme secret, atténué et comme contradictoire, qui demande au poète de gratter les mots jusqu'à ce qu'ils perdent leur brillance, d'effacer le rythme qui retiendrait indûment l'attention du lecteur, pour tenter de découvrir derrière les simples moments de la vie quotidienne un mystère en suspens. Ne pas élever la voix, se parler à soi-même, ne pas effaroucher le silence. Ainsi seulement le poète a-t-il quelque chance de trouver un « contact avec le destin », car les poèmes sont, comme il le dit dans *Le Gant de crin,* « les cristaux déposés après l'effervescent contact de l'esprit avec les réalités ». Faire de Pierre Reverdy un poète de la signification ouverte serait se tromper. Pour lui, la poésie introduit une lacune dans le monde ordinairement perçu : « La poésie est dans ce qui n'est pas. Dans ce qui nous manque. Dans ce que nous voudrions qui fût. Elle est en nous à cause de ce que nous ne sommes pas. » Définition qui fait penser à quelque notion de théologie négative, à une approche par le « non » d'une réalité trop inaccessible pour que le « oui » puisse jamais espérer la circonscrire. « La poésie, c'est le lien entre nous et le réel *absent.* C'est l'absence qui fait naître tous les poèmes. » Pierre Reverdy, dans les textes qu'il donne alors à des revues et qui seront réunis en 1974 dans *Cette émotion appelée poésie,* ne se lasse pas de s'interroger sur le mystère essentiel de la poésie. Elle finit par devenir le substitut de cette religion catholique où il n'a fait qu'un court séjour parce qu'elle se cantonnait par trop, pour son goût, dans un moralisme étroit. « Quand la morale prévaut, c'est le plus sûr indice de décadence pour la religion. » Chez lui, et de plus en plus, ce qui importe, c'est l'attente religieuse, si intense qu'à un moment de son existence elle a remplacé même la poésie. Et quand il est revenu à celle-ci, c'est avec une exigence plus grave. Si Dieu s'est tu en lui, il lui reste la nostalgie de ce qu'il a entrevu de cette présence. « Pour calmer la souffrance de ne pouvoir aller au-delà de nos limites — se replier souvent en deçà de nos limites. » On ne saurait parler de ruptures dans la continuité de l'œuvre, dans l'esprit qui l'anime. Mieux vaut penser à une évolution dans le sens de l'approfondissement. Le poète qui déclarait : « Il faut marcher vers cette lumière dans l'ombre... Il fait jour là-haut. Dans le bas, laissons aller ce triste mouvement, ce va-et-vient du fond de l'air désespéré qui finira au coin discret de l'univers où on aligne les cadavres », c'est celui-là même qui, opérant un mouvement réflexif, aboutit à ce que l'on pourrait nommer une ascèse esthétique. Dix ans avant de mourir, laissant de côté les problèmes de l'image, les problèmes des moyens d'expression, il s'interroge sur les motifs qui engagent le poète et son lecteur à participer à une même communion sous le signe du poème. Ce n'est pas l'émotion spontanément dite qui compte, mais la façon de la dire. Le timbre qui exprime, révélateur de la source profonde d'où elle jaillit, voilà ce qui « permettra la soudure d'âme à âme dans le choc-poésie ». Voici la définition que donne Reverdy de l'art qu'il a pratiqué avec tant d'exigence : « Et ce passage de l'émotion brute, confusément sensible ou morale, au plan esthétique où, sans rien perdre de sa valeur humaine, s'élevant à l'échelle, elle s'allège de son poids de terre et de chair, s'épure et se libère de telle sorte qu'elle devient, de souffrance pesante du cœur, jouissance ineffable de l'esprit, c'est ça la poésie. »

GUY LE CLEC'H.

♦ *« Le côté journellement vécu de sa poésie où réalité du dehors et du dedans se répondent sans chatoiements de vocabulaire ou de syntaxe, l'allure qu'elle revêt d'angle de vue sous lequel le monde est une fois pour toutes appréhendé plutôt que celle de refonte qu'on choisit de lui imposer. »* Michel Leiris.
♦ *« Poésie dramatique donc, pathétique, poésie d'expression intérieure, de l'ecce homo, cristallisant en de brèves et fortes paroles. »* Gaëtan Picon.

RÉF. : J. Rousselot, M. Manoll, *Pierre Reverdy,* Paris, 1951, nouv. éd. 1970. — André du Bouchet, « Envergure de Reverdy », dans *Critique 47,* avril 1951. — Numéro spécial du *Mercure de France,* janv. 1962. — *À la rencontre de Pierre Reverdy,* Fondation Maeght, Saint-Paul-de-Vence, 1970 (catalogue, bibliographie). — E.-A. Hubert, *Bibliographie des écrits de Reverdy,* Paris, 1975. — M. Collot, *Horizon de Reverdy,* Paris, 1981. — G. Bocholier, *Reverdy, le phare obscur,* Seyssel, 1984.

REVERZY Jean. Romancier français. Né et mort à Lyon : 10 avril 1914-9 juillet 1959. Fils d'officier, il fut élevé dans un milieu catholique et réactionnaire. Il fit des études classiques dans un collège religieux de sa ville natale. Adolescent, il milita pour les idées monarchistes. Il sentit ses opinions changer dès les premières années de ses études de médecine. Il était interne des hôpitaux au moment de la guerre. En août 1940, accusé « d'attitude non conforme », il est contraint de démissionner de l'internat. Un peu plus tard, affilié à un groupe de Résistance, il est arrêté par la Gestapo et emprisonné quelque temps. Il gagne ensuite un maquis F.T.P. Ses camarades sont alors des gens d'extrême gauche et c'est parmi eux qu'il va désormais se situer politiquement. À la Libération, au lieu de chercher à se constituer une clientèle élégante comme sa famille l'espérait, il installe son cabinet dans un quartier ouvrier. Plus il ira, plus il considérera son métier comme une œuvre d'assistance aux pauvres et aux déshérités. Ses distractions sont la lecture et les voyages. Ses vacances lui permettent de parcourir l'Europe, l'Orient, l'Océanie. C'est au début des années 50 qu'il se rend en Polynésie sur les traces de Stevenson, de Gauguin et d'Alain Gerbault. C'est un peu plus tard, aux approches de la quarantaine, qu'il devient écrivain : « Très tard, au décours de ma vie, à l'âge des grandes sécheresses, il m'advint de vouloir écrire. Non une page, des pages, un livre, des livres. » On n'a pas manqué de remarquer que ce désir coïncida avec la soudaine appréhension d'une mort prochaine. De fait, quand Reverzy termine son premier livre, *Le Passage* (*), en 1954, il ne lui reste plus que cinq années à vivre. Tout en continuant d'exercer la médecine, il ne cessera plus d'écrire. On a dit que la littérature avait été pour lui un apprentissage de la mort. Dans *Le Passage,* il nous raconte l'histoire d'un homme qui était parti vivre en Polynésie et qui revient à Lyon pour y mourir. Le souvenir du grand océan rend l'idée de la mort acceptable. C'est un livre poétique mais résolument athée. Et il en va de même pour *Place des angoisses* (*) (1956), qui est une œuvre autobiographique où Reverzy évoque son expérience de médecin et brosse le portrait de grand format du professeur Joberton de Belleville. Reverzy, qui avait été conduit à la littérature par une nécessité intérieure et qui avait écrit ses deux premiers romans avec comme références Conrad et Proust, se lança dans un vaste ouvrage expérimental où il entendait examiner l'homme comme un mannequin animé. Un extrait de cet ouvrage parut sous le titre *Le Corridor* (1958). Mais dans le même temps il composait *Le Silence de Cambridge* (publication posthume, 1960) dont il disait à une correspondante : « Cette histoire n'est que la transposition de ma vie réelle et, en l'écrivant, j'ai l'impression de me libérer. Je ne respirerai que lorsqu'elle sera finie. » Ce récit nous permet de comprendre l'anticléricalisme de Reverzy, car on y devine le rôle joué par des prêtres dans ces événements de sa vie privée et les persécutions dont il fut victime. Quand il mourut, Reverzy travaillait à un nouveau roman dont il parlait comme d'une « somme » et qu'il avait intitulé *La Médecine.* Les pages rédigées ont paru en 1960, avec *Le Silence de Cambridge,* sous le titre *La Vraie Vie.* Les autres textes que laissait Reverzy, articles et nouvelles, furent publiés par Maurice Nadeau sous le titre *À la recherche d'un miroir* (1961). Toute l'œuvre de Reverzy fut rassemblée dès 1962 en un seul volume par l'éditeur italien Einaudi. Il fallut attendre quinze ans pour que le même volume parût en France. Mais il reçut un très chaleureux accueil de la critique. « Ce mort si amoureux de la mort a fini de nous parler, a écrit Nadeau en conclusion des *Œuvres complètes.* Mais qu'aurait-il besoin de prononcer des phrases qui nous paraîtraient nouvelles ? Celles dont il nous a fait cadeau nous suffisent. Elles dureront plus longtemps que nous. »

JACQUES BRENNER.

REYBAUD Louis Marie Roch. Écrivain et homme politique français. Né le 15 août 1799 à Marseille, mort le 26 octobre 1879 à Paris. Jeune, il voyagea beaucoup aux Indes et dans le Levant pour le compte de son père qui était commerçant. Puis Méry et Barthélemy ayant encouragé son goût pour les lettres, il vint s'installer à Paris (1829) et se lança dans le journalisme politique, attaquant le gouvernement royal dans les feuilles libérales sous le pseudonyme de Léon Durocher. Vers la même époque, il publia les dix volumes de l'*Histoire scientifique et militaire de l'expédition française en Égypte* (1830-1836). En 1836, il donna dans *La Revue des Deux Mondes* (*) une série d'études attrayantes, bien que superficielles, sur divers systèmes économiques, études qui, réunies en 1840-1843 en deux volumes intitulés *Études sur les réformateurs ou socialistes modernes* (+), lui valurent le grand prix Montyon en 1841 et l'élection à l'Académie des sciences morales et politiques en 1850. En 1843, Reybaud fit paraître un roman qui eut un immense succès : *Jérôme Paturot à la recherche d'une position sociale* (*), peinture spirituelle de la société bourgeoise après la révolution de Juillet. Encouragé par le succès de cette œuvre, Reybaud lui donna une suite : *Jérôme Paturot à la recherche de la meilleure des républiques* (+) (1848), mais ces pages sont loin d'avoir la valeur du premier *Jérôme Paturot.* Élu député le 1er août 1846, comme libéral, Reybaud changea insensiblement d'opinions et, lors des élections suivantes (en 1848 et 1849), vota constamment avec les monarchistes. Parmi ses œuvres, il convient encore de signaler les six volumes des *Mœurs et portraits du temps* (1853) et l'un de ses derniers livres : *Économistes modernes* (1862).

RÉF. : Article « sub nomine » dans le tome V du *Dictionnaire des parlementaires français,* Paris, 1891.

REYER Ernest (pseud. de Louis-Étienne Rey). Compositeur français. Né à Marseille le 1er décembre 1823, mort au Lavandou le 15 janvier 1909. Autodidacte, il reçoit les conseils de Berlioz et débute avec une symphonie orientale, *Le Sélam* (1850), sur un texte de Théophile Gautier. Puis il se consacre essentiellement à l'art lyrique, d'abord avec des opéras-comiques : *Maître Wolfram* (1854) ; *La Statue*, d'après *Les Mille et Une Nuits* (*) (1861), avant de s'imposer à l'Opéra avec *Sigurd* (*) (1884, paraphrase de la démarche wagnérienne qui lui demanda douze ans de travail) et *Salammbô* (*) (d'après Flaubert, 1890). Bibliothécaire à l'Opéra à partir de

1866, il a fait également une importante carrière de critique musical, notamment au *Journal des débats*, où il avait succédé à Berlioz.

ALAIN PÂRIS.

RÉF. : Henri de Curzon, *Ernest Reyer*, Paris, 1924.

REYES Alfonso. Écrivain mexicain. Né à Monterrey le 17 mai 1889, mort à Mexico le 27 décembre 1959. Alfonso Reyes obtient son titre d'avocat en 1913, en pleine Révolution. Sa carrière littéraire et intellectuelle commence en 1909, lorsque, avec d'autres écrivains, penseurs et artistes, il fonde l'Athénée de la jeunesse [el Ateneo de la Juventud], qui prend, sur le plan philosophique et esthétique, le contre-pied du positivisme, véritable philosophie officielle dans le Mexique de l'époque. Il devient secrétaire de l'École des hautes études, où il enseigne l'histoire de la langue et de la littérature espagnoles. En 1913, il est envoyé à la légation du Mexique en France. En 1914, il se rend en Espagne, où il se consacre à la littérature et au journalisme ; il travaille au Centre d'études historiques de Madrid, sous la direction de Menéndez Pidal. En 1920, il est nommé secrétaire à la légation du Mexique en Espagne. À partir de cette époque, sa carrière diplomatique prend son essor : chargé d'affaires en Espagne (1920-24), ambassadeur en France (1924-27), en Argentine (1927-30, puis 1936-37) et au Brésil (1930-36). En 1939, de retour dans son pays, il préside la Maison de l'Espagne au Mexique — qui deviendra le « Colegio de México », un des principaux centres de recherches du pays — et l'Académie mexicaine de la langue. Il est membre fondateur du « Colegio nacional » et de l'Institut français d'Amérique latine à Mexico. En 1945, il obtient le prix national de littérature.

Auteur aux talents multiples, prosateur talentueux — Jorge Luis Borges lui vouait une admiration sans bornes —, Alfonso Reyes cultiva pratiquement tous les genres, en dehors du roman : poésie, drame, récit, conte, chronique, autobiographie, essai, critique et théorie littéraire. C'est surtout en tant qu'essayiste qu'il est connu — v. *Vision de l'Anáhuac* (*) — et ses champs d'exploration sont essentiellement les divagations érudites constamment marquées au coin d'une clarté méridienne et d'un humour léger, les méditations américaines, les études humanistes, la réflexion sur les mécanismes de la création littéraire. En 1979, lors d'un hommage à Reyes pour le vingtième anniversaire de sa mort, Carlos Fuentes écrivait : « L'œuvre d'Alfonso Reyes est, avant tout, la réponse humaniste la plus cohérente que notre société encore informe a reçue. Éclairée par la certitude que seule l'intelligence peut construire une communauté viable, l'œuvre de Reyes marque la volonté de vaincre le fatalisme qui a si profondément empoisonné notre vie historique. » Nombreux sont les commentateurs qui font de Reyes la figure tutélaire de la littérature mexicaine. Rigueur dans la détermination et l'analyse des sources, clarté et précision du style, connaissance minutieuse et chaleureuse de la tradition grecque, latine, espagnole et française, volonté de transmettre une image pleine et non mutilée de l'homme, constituent les traits les plus saillants d'une œuvre dont on reconnaît aujourd'hui la richesse et le rayonnement.

CLAUDE FELL.

RÉF. : J. Bergamín, *Homenaje a Alfonso Reyes*, Perpignan, 1978. — P. Patout, *Alfonso Reyes et la France*, Paris, 1978. — J. L. Morales, *Alfonso Reyes y la literatura española*, Puerto Rico, 1980. — C. Gariano, *La Edad Media : aproximación alfonsina*, Potomac, 1986.

REYLES Carlos. Romancier uruguayen. Il fut l'un des plus typiques de l'école réaliste. Né et mort à Montevideo (30 octobre 1868-24 juillet 1938). Autodidacte, doué d'un pénétrant don d'observation, il comprit l'essence intime de la terre de son pays en donnant des romans très connus comme *Le Terroir* [*El terruño*, 1916] et *Le Gaucho élégant* [*El gaucho florido*]. Il appartenait à une très riche famille et fut pendant dix-huit ans à la tête d'une immense fortune que, loin de dissiper, il réussit, plus tard, à augmenter. Il effectua différents voyages en Europe, en Espagne, et surtout en France. En Espagne, il s'imprégna si bien du charme spirituel de Séville qu'il bâtit, sur ce motif, le meilleur de ses romans, *L'Ensorcellement de Séville* (*).

RÉF. : Lauxar, *Carlos Reyles*, Montevideo, 1918. — Numéro spécial de la revue *La Cruz del Sur*, tome XXXI, 1938.

REYMONT Władysław Stanisław. Romancier polonais. Né à Kobiele Wielkie, près de Radom, le 7 mai 1868, mort à Varsovie le 5 décembre 1925. Dernier-né des dix enfants d'une famille de paysans pauvres, il éprouva toujours de la répugnance pour la vie à la campagne. Ayant échoué dans ses études, il chercha du travail et devint acteur ambulant, ce qui lui permit de parcourir toute la Pologne ; puis il fut employé dans l'administration des chemins de fer. Après s'être adonné au spiritisme, il entra comme novice dans le célèbre couvent de Czestochowa. Mais il découvrit enfin sa véritable vocation et se mit à écrire des nouvelles pour les journaux et les revues — nouvelles rassemblées sous le titre de *Rencontres* [*Spotkania*] — ce qui l'empêcha tout juste de mourir de faim. Il tira de cette vie harassante les matériaux nécessaires à ses nombreux romans : *La Comédienne* [*Komediantka*], sur le monde du théâtre ; *Pèlerinage à Czestochowa* [*Pielgrzymka do Czestochowy*], où l'auteur relate, de façon très vivante, ce qui se passait lors des pèlerinages ; *Le Vampire* [*Wampir*] a trait aux expériences de spiritisme ;

Derrière le front [*Za frontem*] est un roman sur la guerre, et *La Terre promise* [*Ziemia obiecana,* 1898] décrit les débuts de l'industrie dans le district de Łódź. *Année 1794* [*Rok 1794*] est une œuvre où revit l'époque de Kosciuszko. Mais la réputation que l'auteur s'est acquise est liée à une sorte de grand poème en prose, à une manière d'épopée, *Les Paysans* (*), dont le personnage unique est un village polonais et son existence tout au long des saisons. Le livre, qui a valu à son auteur le prix Nobel en 1924, fut traduit dans toutes les langues et apporta à Reymont, qui mourut l'année suivante, richesse et gloire tardives.

RÉF. : Br. Chlebowski, *La Littérature polonaise au* XIXe *siècle,* Paris, 1933. – J. Krżyżanowski, *Wl. St. Reymont, twórca i dzielo,* Lwow, 1937. – Lech Budrecki, *Wl. Reymont, zarys monograficzny,* Varsovie, 1953.

REYNOLD Gonzague de. Essayiste suisse d'expression française. Né à Cressier (Canton de Fribourg) le 15 juillet 1880, mort à Fribourg le 9 avril 1970. Après des études au collège Saint-Michel de Fribourg, à la Sorbonne et à l'Institut catholique de Paris, il est nommé professeur à l'université de Berne puis à Fribourg. Son enseignement porte sur l'histoire de la civilisation moderne et sur l'histoire littéraire de la Suisse française. Il débute par des études sur l'helvétisme (*Cités et pays suisses,* 1910, *Le Génie de Berne et l'âme de Fribourg,* 1934). Aristocrate, il craint l'égalitarisme des médiocres, non sans parfois céder à des illusions sur les régimes autoritaires. Devenu une personnalité d'envergure internationale, il donne une magistrale synthèse : les huit volumes de *La Formation de l'Europe* (*) (1944-1956). Il fut membre correspondant de l'Académie des sciences morales et politiques.

REYNOLDS sir Joshua. Peintre-portraitiste anglais. Né à Plympton (Devonshire) le 16 juillet 1723, mort à Londres le 23 février 1792. Son enfance s'écoula à Plymouth où son père, le révérend Samuel Reynolds, enseignait. Le jeune Joshua était paresseux dans ses études ; il préférait dessiner, s'enchantait des illustrations contenues dans les beaux livres de son père et les reproduisait. Il exécuta aussi un dessin de son école qui surprit le révérend. Cependant à dix-sept ans il hésitait encore entre la profession d'apothicaire et celle de peintre. Ce fut la dernière qu'il choisit, et en 1741 il était l'élève de Thomas Hudson à Londres. Il y resta deux ans, puis revint à Plymouth où il peignit des portraits qui lui rapportèrent bien peu. Il effectua un nouveau séjour à Londres en 1746. En 1749, il rencontra le Commodore (futur lord) Keppel, dont le bateau le « Centurion » était en réparation à Plymouth. Le Commodore l'emmena en Méditerranée. Reynolds visita Lisbonne, Alger, fit une longue escale à Fort-Mahon de Minorque, où il fit le portrait de toute la garnison et fut victime d'un sérieux accident de cheval. Une fois rétabli, il partit pour Rome, y étudiant et copiant les grands maîtres (il n'aimait cependant pas Raphaël). Retourné à Londres, via Paris, où il séjourna un mois, il s'installa. Le portrait du Commodore Keppel fit sa réputation, et bientôt de nombreuses personnalités posèrent pour lui. En 1768, il travailla à la fondation de l'Académie royale de peinture [Royal Academy] dont il fut nommé président. Anobli la même année par le roi George III, il fut mêlé désormais aux cercles intellectuels de Londres, ami de Goldsmith, de Johnson, de l'acteur Garrick. Ses *Discours sur la peinture* (*), qui sont ceux qu'il tenait aux élèves de la Royal Academy, sont remarquables. Les tableaux ou portraits qu'il a exécutés sont trop nombreux pour être cités. Reynolds est vraiment, avec Gainsborough, le peintre « témoin de son temps » ; il peint ses modèles dans leur propre atmosphère et avec la sensibilité caractéristique du XVIIIe siècle. La plupart de ses œuvres sont à la National Gallery de Londres. Reynolds ne s'était pas marié, il avait toujours eu une santé assez mauvaise. Il est inhumé dans la cathédrale Saint-Paul.

RÉF. : W. Cotton, *Sir Joshua Reynolds and his Works*, Londres, 1856. – C. R. Leslie et T. Taylor, *Life and Times of Sir Joshua Reynolds*, Londres, 1865. – C. Philips, *Sir Joshua Reynolds*, Londres, 1894. – A. Graves et W. V. Cronin, *A History of the Works of Sir Joshua Reynolds*, 4 vol., Londres, 1899-1901. – A. Dayot, *Joshua Reynolds, peintre et esthéticien*, Paris, 1930. – F. Benoit, *Reynolds*, Paris, s.d.

REZVANI Serge. Écrivain français d'origine iranienne et russe. Né le 23 mars 1928 à Téhéran. Rezvani, après une carrière de peintre et d'auteur de chansons, publie en 1967 un roman autobiographique, *Les Années Lumière* (*), bientôt suivi en 1969 de *Les Années-Lula.* Ces deux livres forment un diptyque qui retrace la vie d'un personnage-narrateur, Cyrus. L'originalité de la démarche de Rezvani vient d'une analyse fine et marquante des étapes de la vie d'un homme qui découvre grâce à l'amour fou qu'il porte à une femme, Lula, combien son existence cahotante de jeune immigré bousculé par son histoire, faite de deuils, de voyages, d'échanges et de travail artistique, est en attente d'unité. Cette unité lui est offerte par cette femme-fée, toujours génératrice d'émerveillements. Il renonce alors à la peinture pour édifier une citadelle amoureuse qui les protège dans une quête gourmande et rieuse que prolonge et entretient la littérature. Auteur d'une dizaine de romans et de plusieurs pièces de théâtre, dont *Capitaine Schelle, Capitaine Eçço* (1971), Rezvani a composé une œuvre forte et variée. Il peut développer des thèmes plus distanciés de son expérience personnelle, comme dans le très beau roman *Le 8e Fléau* (1989) dans lequel il construit un conte incestueux au sein de l'ambiance torride créée par des personnages quasiment privés de parole. Il peut aussi bien renouer avec la matière de l'amour-écriture de ses premiers livres : ainsi *Phénix* (1990) trace, avec un enchantement renouvelé, le refus de la tentation du retour à la peinture au profit d'un amour vécu comme une éthique.

HERVÉ CARN.

REZZORI Gregor von. Romancier autrichien. Né le 13 mai 1914 à Cernowitz, dans ce qui était alors la Bucovine. Le lieu même de sa naissance destinait déjà Rezzori, malgré lui, au cosmopolitisme : la province de Bucovine (où naquirent aussi le poète Paul Celan et le romancier Manès Sperber), austro-hongroise alors, devint roumaine en 1918, englobée dans l'Ukraine soviétique en 1940, de nouveau roumaine pendant la guerre pour revenir à l'U.R.S.S. après 1944.

Né nomade sans le savoir, à la cassure de deux mondes, aux confins de cette Europe où, dans le moindre petit village, l'Orient et l'Occident se rencontraient, cet aristocrate ressortissant de la double monarchie a joué sa vie sur les frontières. Très vite, il entame une existence d'exils répétés : après avoir passé son enfance en Roumanie et fait ses études à Vienne, il se lance dans une longue suite de voyages qui sont autant l'effet de son goût que le résultat de circonstances historiques. Il partage aujourd'hui son temps entre les villes qu'il aime, aussi diverses que Paris, Pondichéry ou New York, tout en passant la majeure partie de son temps en Toscane où il poursuit l'écriture de ses livres... en allemand. Ces errances ont fait de lui un observateur polyglotte dont la lucidité souvent féroce rivalise avec l'ouverture d'esprit et le raffinement humain et artistique.

Héritier sans nostalgie de l'Empire austro-hongrois, pessimiste sceptique et joyeux, Rezzori porte avec lui la mémoire cynique d'un siècle. Cheminant des Carpates à la Toscane sans jamais se départir de sa superbe sérénité, il fait revivre dans plusieurs de ses livres cette Mitteleuropa de fin d'Empire, dont les caprices géographiques provoquent un mélange particulier des populations.

À Cernowitz, sa ville natale (la ville aux quatre noms : Cernowitz en allemand, Cernauti en roumain, Tchernovtsy en ukrainien, Tchernopol en russe), Rezzori a vu se confronter la culture juive et la tradition à laquelle il appartenait, où l'antisémitisme était de bon ton. De celle-ci, il s'écartera totalement. C'est l'histoire romancée de cette confrontation qu'évoquent les magnifiques *Mémoires d'un antisémite* (*) (1979), *L'Hermine souillée* [*Ein Hermelin in Tscharnopol,* 1958] ou *Les Neiges d'antan* [*Blumen im Schnee,* 1989], bien que chaque fois l'autobiographie se laisse largement dépasser par la fiction. Dans *Œdipe à Stalingrad* [*Œdipus vor Stalingrad,* 1954] ou *La Mort de mon frère Abel* [*Der Tod meines Bruders Abel,* 1976], qui figurent aussi parmi ses œuvres maîtresses, l'écrivain prend ses distances par rapport à ses souvenirs, non sans conférer, là encore, une présence étonnante aux représentants de tous les milieux qu'il évoque, avec leurs visages, leurs langues, leur étrangeté spécifiques.

La perspicacité redoutable de Rezzori, l'intelligence de ses observations et l'étourdissante agilité avec laquelle il fait rebondir l'ironie et un humour souvent cynique font de lui un portraitiste hors pair, une des grandes voix de la littérature allemande du XXe siècle.

MARION VAN RENTERGHEM.

RHEIMS Maurice. Écrivain français. Né à Versailles le 4 janvier 1910. Cet amateur d'art est commissaire-priseur à Paris de 1935 à 1972. De l'étude qui lui échoit, il fait l'une des plus importantes de la capitale et devient l'expert attitré du tout-Paris. Il rencontre de riches collectionneurs, les aide à amasser leurs trésors ; il fréquente également de grands artistes, tel Picasso, dont il sera l'exécuteur testamentaire. Le démon de l'écriture n'apparaît chez lui qu'aux alentours de la cinquantaine avec la publication de *La Vie étrange des objets* (1960), véritable déclaration d'amour aux objets, écrite dans un style plein de verve et de brio. Maurice Rheims sait allier à une érudition qu'il a la délicatesse de dissimuler un humour plaisant et badin. Tous ses livres sont le prolongement direct de son activité professionnelle : il nous la retrace dans *Haute curiosité* (1975), où il parle de sa passion sous un jour autobiographique. Il publie *Les Collectionneurs* en 1981. Le succès de ses ouvrages et son élection en 1976 à l'Académie française l'encouragent à écrire des romans encore plus malicieux et piquants, souvent très satiriques : *Le Saint Office* (*), *Attila, laisse donc ta petite sœur tranquille* (1985), *Les Greniers de Sienne* (1988) ; manifestement, Maurice Rheims aura voulu élever la légèreté et l'ironie en valeurs éthiques. À côté de cette œuvre romanesque, il a écrit, en collaboration, des monographies sur des peintres, entre autres sur Gauguin et Toulouse-Lautrec. Il a consacré un ouvrage à l'art de la Belle Époque, dont il est féru. Scénariste de films (par exemple, *L'Homme pressé,* 1977, d'après Paul Morand), il a réalisé pour la télévision une série d'émissions justement intitulée *Haute curiosité* (1988).

JACQUES-ÉMILE MIRIEL.

RHYS Jean (pseud. Ella Gwendoline Rees Williams). Romancière anglaise. Née le 24 août 1890 dans l'île de la Dominique aux Antilles, morte le 14 mai 1979 à Exeter. Sa mère venait d'une famille créole installée aux Antilles depuis le XVIIIe siècle, et son père était un médecin gallois. Profondément marquée par son enfance dans les îles, qu'elle considéra plus tard comme une sorte de paradis perdu, elle y souffrit pourtant de se sentir rejetée par sa famille, et en particulier par sa mère. Elle quitte la Dominique à seize ans pour faire des études rapidement abandonnées et se lancer dans une carrière théâtrale à Londres, où elle fait surtout de la figuration dans des comédies musicales. Après une première liaison avec un homme plus âgé, épisode raconté de façon à peine romancée dans *Voyage dans les ténèbres* (*), elle épouse en 1919 un journaliste, Jean Lenglet, et s'installe avec lui à Paris, faisant des voyages à Vienne et à Budapest. Elle perd son premier enfant, âgé de quelques semaines ; puis donne naissance à une fille en 1922. Le thème de la mort de l'enfant se retrouvera dans tous ses romans sauf *Quatuor* (+). Après une période faste, son mari se retrouve en prison pour escroquerie. Elle fait alors la rencontre du romancier et essayiste Ford Madox Ford, qui l'encourage à écrire et publie ses premières nouvelles : *Rive Gauche* [*The Left Bank,* 1927]. *Quatuor* raconte sa liaison avec lui, sous l'œil complaisant de sa femme, et décrit ses tendances alcooliques et suicidaires. Les années 30 sont sa période littéraire la plus fructueuse : elle publie trois romans, *Quai des Grands-Augustins* (+) en 1931, *Voyage dans les ténèbres,* en 1934, et *Bonjour Minuit* (*) en 1939. Entre-temps, elle a divorcé de Jean Lenglet et épousé à Londres Leslie Tilden Smith, un agent littéraire, en 1932. En 1936, elle retourne avec lui à la Dominique mais revient déçue de ce voyage, la réalité étant moins belle que dans ses souvenirs. Leur vie commune est une succession de difficultés financières, de frustrations, et de périodes où elle sombre dans l'alcool. Tilden Smith meurt en 1945, et elle se remarie une troisième fois en 1947 avec Max Hamer, le cousin de son second mari, avec lequel se poursuit la même expérience chaotique. Jean Rhys semble avoir eu un certain goût pour les hommes vivant en marge de la société, toujours à la recherche de moyens de subsistance, et victimes de leurs rêves de grandeur. Hamer fait lui aussi de la prison pour escroquerie, comme son premier mari, et elle-même, condamnée pour coups et blessures en 1949, passe cinq jours dans l'hôpital de la prison de Holloway. Elle ne publie rien entre les années 30 et le moment où elle est redécouverte en 1957 à l'occasion d'une adaptation radiophonique de *Bonjour Minuit,* alors qu'on la croyait déjà morte. Sa carrière littéraire reprend avec la publication d'un nouveau roman, *La Prisonnière des Sargasses* (*) en 1966. Tous ses premiers romans sont alors republiés entre 1967 et 1973, ainsi qu'une autobiographie inachevée, *Souriez s'il vous plaît* [*Smile please*] en 1979, et des recueils de nouvelles, *Les tigres sont plus beaux à voir* [*Tigers are Better-looking,* 1968] et *Il ne faut pas tirer les oiseaux au repos* [*Sleep it off Lady,* 1976]. Ces recueils comprennent des nouvelles écrites au début de sa carrière, parfois regroupées dans un ordre différent dans les traductions françaises qui datent respectivement de 1969 et 1978. Sa *Correspondance 1931-1966* parut en 1984 (traduction française 1987).

Toute l'œuvre de Jean Rhys tourne de façon obsessionnelle autour de sa propre vie, à peine romancée, et ses héroïnes malheureuses sont autant de versions d'elle-même. Elle dépeint de l'intérieur leur profond sentiment de solitude et d'exil, leurs errances dans des villes hostiles, et leur exploitation par les hommes, d'où son succès auprès des féministes. Mais Jean Rhys était aussi un écrivain, et les innombrables reprises de ses manuscrits prouvent assez combien comptait pour elle la technique d'écriture. Capable de décrire des sentiments ambigus et fuyants, ou des états proches de la folie, elle témoigne d'une maîtrise et d'une lucidité sans aucune complaisance.

ANN GRIEVE.

♦ *« Un instinct de la forme que possèdent singulièrement peu d'écrivains anglais et presque aucun écrivain anglais féminin. »* Madox Ford. ♦ *« C'est en vérité une grande contemporaine, non seulement par une maîtrise elliptique du récit dont je ne vois guère d'exemple comparable aujourd'hui, mais par l'énergie faite de souffrance et de compassion indignée avec laquelle elle nous exhorte à cesser d'être des tigres, puisque nous n'en avons pas la beauté. »* Pierre Leyris.

RÉF. : L. James, *Jean Rhys,* Londres, 1978. – T. F. Staley, *Jean Rhys, a Critical Study,* Londres, 1979. – C. Jordis, *Jean Rhys Qui êtes-vous ?,* Paris, 1990. – C. Angier, *Jean Rhys,* Londres, 1991.

RIBEIRO Aquilino Gomes. Écrivain portugais. Né le 13 septembre 1885 à Carregal da Tabosa (Sernancelhe), dans la Beira Alta au nord du Portugal, mort le 27 mai 1963 à Lisbonne. Élevé à l'air libre de la montagne, observateur aigu des comportements, il se posera, sa vie durant, comme défenseur des libertés, luttant pour l'émancipation de l'individu. C'est avec une apparente bonhomie, qu'il s'engage contre tout corporatisme. Républicain convaincu, il s'opposera, en tant que citoyen et en tant qu'écrivain, à la royauté d'abord, puis à la dictature salazariste dès 1926. Cette opposition au régime le mène à l'exil à Paris et en Allemagne. En 1932, il revient définitivement au Portugal et s'installe à Lisbonne ; mais il tirera toujours la matière de son œuvre de l'atmosphère de sa province natale. S'il ne cache pas son opposition au régime qu'impose Salazar, il est cependant ménagé grâce à sa stature d'intellectuel intègre, d'écrivain hors pair qui le fait considérer comme un « maître » par le monde littéraire portugais. En 1959, la parution de *Quand les loups hurlent* [*Quando os lobos uivam*], qui retrace la lutte des paysans contre l'État et les propriétaires, le mène cependant devant les tribunaux. C'est la première fois qu'un écrivain est inculpé au Portugal pour un livre de fiction.

Le thème de son œuvre, abondante et diverse, commencée en 1913 avec *Le Jardin* *des tourmentes* [*O jardim das tormentas*] reste la lutte des hommes écrasés, exploités contre les oppresseurs. Mais l'œuvre, tout engagée soit-elle, est surtout le lieu d'une étonnante profusion de mots. L'incroyable faconde lexicale dont Aquilino Ribeiro fait preuve, sa connaissance du monde paysan, son sens aigu de l'observation, donne à ses récits une tournure et un rythme picaresque qui le feront reconnaître comme l'un des classiques de la littérature romanesque moderne. Il laisse des contes, des romans, des essais, des histoires pour enfants. Dans *Le Domaine* (*), publié en 1957, il démontre l'ampleur de son talent. Sa profonde connaissance de l'Histoire lui permet de jouer avec les événements. Une ironie sans concession, un regard sans complaisance sur les hommes et leur cupidité, la sensualité et l'amour de la vie habitent ce livre.

FRANÇOISE BEAUCAMP.

RIBEIRO Bernardim. Poète portugais. Né vers 1482 à Torrão (Alentejo) et mort vers 1552. Il était de famille noble. Dès 1516, on trouve des vers de Ribeiro dans le *Cancioneiro* (+) de Resende. À l'âge de vingt ans, il se rendit à Lisbonne. Après avoir été bien accueilli à la Cour et être devenu greffier de la Chambre, il trouva un ennemi en la personne d'un grand seigneur, Antonio de Ataide, et dut se réfugier à l'étranger. Il se peut aussi que cet exil ait été causé par une mésaventure amoureuse. Quoi qu'il en soit, le roman des *Regrets* [*Saudades*] traduit la profonde tristesse d'un cœur déchiré par l'amour, et l'on y trouve une mélancolie presque romantique. La première édition de cet ouvrage, plus connu sous le nom d'*Encore enfant et toute petite* (*), est posthume (Ferrare, 1554). Les éditions postérieures (Cologne, 1558 ; Lisbonne, 1616 et 1645 ; Oporto, 1891) comportent une seconde partie qui n'est sans doute pas de Ribeiro. L'Inquisition interdit le roman en 1581, mais autorisa la réimpression en 1645. Cet amour malheureux, quel que soit le mystère qui l'entoure, se reflète dans toute l'œuvre de Ribeiro, non seulement dans son mélancolique roman, mais aussi dans ses poésies, qui sont les pathétiques plaintes d'un cœur qui souffre — v. *Églogues*. Ribeiro mourut fou à l'hôpital de la Toussaint à Lisbonne.

RÉF. : T. Braga, *História da Poesia Portuguesa*. – *Menéndez y Pelayo, Origenes de la Novela*, Madrid, 1905. – S. Gaio, *Bernardim Ribeiro*, Coïmbre, 1932.

RIBEMONT-DESSAIGNES Georges. Écrivain français. Né à Montpellier en 1884, mort à Saint-Jeannet (Alpes-Maritimes) le 9 juillet 1974. Georges Ribemont-Dessaignes est un enfant de la grande bourgeoisie : son père occupait une chaire de professeur à la faculté de médecine de Paris, et sa première adolescence se déroula dans le milieu feutré de Neuilly, enfance solitaire au sein d'une atmosphère très « belle époque », surveillée de près par un précepteur. Mais, au lieu de suivre la filière classique des études, le jeune homme va transgresser le code social bourgeois en décidant d'être peintre. Son père le reniera. Durant les années qui commencent en 1911, la maison des Duchamp-Villon à Puteaux va abriter tout un cénacle intellectuel et coloré, auquel Ribemont-Dessaignes participe avec enthousiasme, faisant de Marcel Duchamp son ami le plus intime. Duchamp va profondément le marquer : il ne peint plus, il va sans cesse remettre en question l'art officiel et l'art tout court. 1914 : la Grande Guerre disperse l'« École de Puteaux ». Certains des amis du cénacle vont se retrouver aux U.S.A. (Picabia et Duchamp) ; Ribemont restera en France où il écrira ses premiers poèmes, parmi lesquels « Musique », paru dans la revue *291,* et une pièce de théâtre, *L'Empereur de Chine* (+), créée au Studio « Art et Action » par la famille Autant-Lara en décembre 1925. Le début de l'année 1920 coïncidant avec celui de la période parisienne de « Dada », Tzara arrivant lui-même en janvier 1920, Ribemont va très vite s'intégrer au groupe et deviendra gérant de la revue *391* et de *Cannibales.* En 1922, il s'installe à Monfort-l'Amaury et rédige ses premiers romans dont *L'Autruche aux yeux clos* (1924), *Céleste Hugoline* (1928), et la pièce de théâtre *Le Bourreau du Pérou* (*) (1928). Aux yeux du milieu littéraire de l'époque, Ribemont Dessaignes n'est pas officiellement intégré au mouvement surréaliste, car il accepte mal l'emprise dictatoriale d'André Breton. Une lettre qu'il fera parvenir à celui-ci le 12 mars 1929 lui notifiera amicalement sa rupture, avant de rejoindre le groupe du « Grand Jeu », plus expérimental, moins dogmatique et plus tolérant. De mai 1929 à juin 1931, il est rédacteur en chef de la revue littéraire *Bifur* (*). L'échec financier de *Bifur* et sa disparition en 1931 l'atteindront très profondément. À cette époque, Jacques Prévert, Ribemont-Dessaignes, Raymond Queneau et Joseph Sima se réunissaient « Aux Deux Magots ». En 1934, las du monde littéraire, Ribemont-Dessaignes décide de quitter Paris. En 1940, il tient une pension de famille dans les Alpes, où sa femme meurt après une longue maladie. Cependant, il fournira de nombreux textes pour la revue *Fontaine* et pour *Les Cahiers du Sud,* ainsi que pour la radio de la « France Libre » pendant la durée de la guerre — v. *Ecce Homo* (*) (1945). À sa nouvelle femme, Suzanne, il dédie « Le Règne végétal ». En 1958, c'est *Déjà jadis* (*). Il se consacra désormais exclusivement à l'écriture : poèmes, pièces de théâtre pour la radio et la télévision — v. *Théâtre* (*).

YANN BARBÉ.

RIBEYRO Julio Ramón. Écrivain péruvien. Né à Lima en 1929, dans un milieu de petite bourgeoisie, où son père, comme son grand-père, est avocat. Étudiant en droit à l'université catholique de Lima, il vient pour la première fois en Europe en 1952, après avoir obtenu une bourse d'études en Espagne. Celle-ci étant arrivée à expiration, il choisit de vivre à Paris, où il réside durant deux ans dans une situation économique difficile, en faisant de petits métiers : veilleur de nuit dans un hôtel, porteur dans une gare, mais écrivant déjà les nouvelles qui constitueront *Charognards sans plumes* [*Los gallinazos sin plumas*, 1955]. Après un nouveau séjour au Pérou, durant lequel il publie *Nouvelles de circonstance* [*Cuentos de circunstancias*, 1958] et enseigne à l'université Ayacucho (1960), il revient à Paris et travaille à l'agence France-Presse jusqu'en 1972. Nommé alors conseiller culturel de la délégation péruvienne auprès de l'U.N.E.S.C.O., il est actuellement ministre délégué. Son œuvre, qui mêle habilement réalisme et fantastique, comprend des nouvelles : *Les Bouteilles et les Hommes* [*Las botellas y los hombres*, 1964], *Trois histoires révoltantes* [*Tres historias sublevantes*, 1964], *Les Captifs* [*Los cautivos*, 1972], réunies plus tard sous le titre *La Parole du muet* [*La palabra del mudo*, 1972, 1977 ; en français *Silvio et la Roseraie* (1981) ; également des romans : *Chronique de San Gabriel* (*) (1960), *Les Petits Génies du dimanche* [*Los geniecillos dominicales*, 1965], *La Relève* [*Cambio de guardia*, 1976]. Au théâtre : *Santiago l'Oiseleur* [*Santiago el pajarero*, 1959], *Le Dernier Client* [*El último cliente*, 1966].

CLAUDE COUFFON.

RIBOT Théodule Armand. Philosophe français. Né à Guingamp (Côtes-du-Nord) le 18 décembre 1839, mort à Paris le 9 décembre 1916. Il fit ses études au lycée de Saint-Brieuc et entra en 1862 à l'École normale supérieure. Agrégé de philosophie en 1867, professeur au lycée de Vesoul, puis à celui de Laval, il fut reçu docteur ès lettres en 1873 et sa seconde thèse, sur *L'Hérédité,* appela sur lui l'attention du monde savant. Il entra alors radicalement dans le courant tainien — v. *De l'intelligence* (*) — qui s'efforçait de substituer à la psychologie classique une psychologie expérimentale, fondée sur des faits mesurés et contrôlables. Ayant abandonné l'enseignement de 1872 à 1885, Ribot fonda en 1875 *La Revue philosophique* qu'il dirigea jusqu'à sa mort, et consacra plusieurs ouvrages aux tendances modernes de la philosophie étrangère : *La Psychologie anglaise contemporaine* (1872), *La Philosophie de Schopenhauer* (1874), *La Psychologie allemande contemporaine* (1879). Chargé du cours de psychologie expérimentale à la faculté des lettres en 1885, il devint, trois ans plus tard, professeur au Collège de France. Dans *L'Évolution des idées* et *La Psychologie des sentiments* (1896) s'affirmait la méthode personnelle de Ribot qui prétendait, pour déterminer les éléments constitutifs de la vie intellectuelle, s'appuyer particulièrement sur la physiologie et la pathologie. Ses études sur *Les Maladies de la mémoire* (*) (1881), sur *Les Maladies de la volonté* (*) (1883), dressaient une critique des thèses spiritualistes classiques et tentaient d'expliquer les altérations de la pensée — qui ne serait qu'une « phosphorescence » du cerveau — par les altérations de la matière cérébrale. Les découvertes de Ribot sur les mémoires inconscientes préparaient d'autre part la révolution freudienne.

RICARDO David. Économiste anglais. Né et mort à Londres (19 avril 1772-11 septembre 1823). D'origine israélite, après une période d'apprentissage accompli en Hollande et au bureau paternel, il commença d'exercer sa propre activité d'agent de change auprès du Stock Exchange de Londres. Dans ce milieu, il acquit une connaissance approfondie des problèmes économiques et financiers, qui, ajoutée à ses grandes capacités naturelles, ne tarda guère à lui valoir l'estime des plus éminents économistes du temps. Au début, il s'intéressa à des questions pratiques concernant l'économie anglaise, en publiant en 1809 et 1810 des opuscules sur le prix élevé du métal or et, en 1815, un essai sur le prix du blé — v. *Essai sur l'influence du bas prix des blés sur les profits du capital* (*) — dans lequel se trouve formulée la théorie de la rente foncière qui, bien qu'elle ait été antérieurement conçue par d'autres spécialistes, lui doit sa forme définitive et porte son nom : la « rente ricardienne ». En 1817 parurent *Des principes de l'économie politique et de l'impôt* (*), où apparaissent les différents éléments constitutifs de son œuvre. S'étant complètement retiré des affaires en 1819, il devint membre de la Chambre des communes pour Portarlington et le demeura jusqu'à sa mort. Il fit des interventions appréciées, en particulier sur des problèmes douaniers et bancaires. En même temps, il continua de publier des opuscules et d'entretenir une importante correspondance avec ses amis et ses admirateurs. Il rédigea des notes critiques sur l'œuvre de Malthus, laissant un ensemble d'ouvrages qui n'a été que récemment connu en entier, grâce à une monumentale édition critique, *Œuvres et correspondance de David Ricardo* [*The Works and Correspondance of David Ricardo*] faite par Straffa pour le compte de la Société royale économique britannique.

L'importance de la position de Ricardo dans l'histoire de la pensée économique vient du caractère purement théorique qu'il a donné à sa recherche grâce à un processus d'« abstractions héroïques » et à une chaîne de rigoureuses déductions. Il fait la distinction entre problèmes intérieurs et problèmes internationaux (auxquels il a apporté une contribution fondamentale avec sa théorie des prix de revient comparés) ; il marque la séparation entre phénomènes monétaires et ceux, substantiels, de l'économie. Ricardo considère comme le but essentiel de l'enquête économique la détermination des rapports qui règlent la distribution des produits entre les différentes catégories sociales, détermination qu'il obtient en liant le problème de la distribution à celui de la valeur (d'échange) des biens, estimée d'après le travail nécessaire pour les produire. De la sorte, les bases d'un système théorique étaient posées. Système dont, ensuite, devaient se réclamer tant Marx – pour édifier sa théorie de la plus-value – que les théoriciens de l'utilité – pour l'intégrer à la considération de l'évaluation subjective des biens par ceux qui réalisent les opérations économiques.

FEDERICO CAFFÉ.

RÉF. : D. Kalinoff, *David Ricardo*, Berlin, 1906. – J. H. Hollander, *David Ricardo*, Baltimore, 1910. – H. Biaujeaud, *Essai sur la théorie ricardienne de la valeur*, Paris, 1934. – R. Gonnard, *Histoire des doctrines économiques*, Paris, 1943. – B. Franklin et G. Legman, *David Ricardo and Ricardian Theory*, New York, 1949. – O. St Clair, *A Key to Ricardo*, Londres, 1957. – C. Schmidt, *Essai sur l'économie ricardienne*, Paris, 1984.

RICCOBONI Marie-Jeanne. Romancière française. Née et morte à Paris : 25 octobre 1713 - 6 janvier 1792. Madame Riccoboni a atteint la maturité quand son premier roman *Lettres de Mistress Fanni Butlerd* paraît en 1757. Ces lettres passionnées qu'elle livre au public, peut-être autobiographiques, sont celles d'une amoureuse délaissée et se veulent le témoignage de l'infamie d'un amant infidèle. Fanni Butlerd possède déjà la finesse de l'analyse du sentiment amoureux que la romancière bientôt célébrée affinera dans ses œuvres suivantes, aux intonations féministes, et dont elle « régalera » ses lecteurs, pour reprendre le mot de Diderot, ami de longue date. Chacun des romans suivants conforte la gloire qui fait d'elle l'une des femmes de lettres les plus lues et les plus imitées de son temps : *Histoire du Marquis de Cressy* (1758), *Lettres de Milady Juliette Catesby* (*) (1759), *Histoire de Miss Jenny* (1764), *Ernestine* (1765), *Lettres de la comtesse de Sancerre* (1766), *Lettres d'Élisabeth-Sophie de Vallière* (1771), *Lettres de Milord Rivers* (1776), quatre histoires ayant pour cadre le Moyen Âge (1779), deux autres enfin publiées dans le *Mercure de France* (*) en 1780 et 1786. À ce travail de romancière, il faut ajouter des traductions : un roman, *Amélie* (*) de Fielding (1762) et des pièces de théâtre anglaises : deux volumes parus entre 1768 et 1769, qu'elle entreprend, dit-elle, pour se distraire de l'écriture romanesque. Admiratrice de Mme de La Fayette, elle ne se reconnaît pourtant aucun héritage littéraire. Son œuvre n'en trahit pas moins certaines influences du siècle passé, de même qu'elle emprunte aux romans anglais contemporains.

Avant ce succès public qui dépasse bientôt les frontières et lui vaut d'être traduite dans plusieurs langues, Mme Riccoboni menait une carrière théâtrale dans la troupe des Italiens dirigée par son beau-père, Luigi Riccoboni. De son mariage malheureux avec le fantasque Antoine-François, elle n'a reçu que tromperies et dettes. Quant à son talent d'actrice, il est contesté par le public et, malgré la confiance de Marivaux qui lui offre des rôles de seconde amoureuse, elle est de plus en plus souvent huée. C'est, écrira Diderot dans le *Paradoxe sur le comédien* (*), que sa qualité de femme sensible éclate et ne lui permet pas le recul nécessaire au jeu théâtral. Elle profite pourtant de cette expérience pour observer le monde et « se forger un style » : ses premiers essais littéraires reconnus, outre sa participation à l'élaboration de pièces pour la comédie italienne, proposent une *Suite de Marianne* dans la manière de Marivaux, qui ne sera publiée qu'en 1761.

Sa carrière de romancière comblée lui permet d'occuper dans la société une place qu'elle revendique, et la fierté qu'elle en tire se manifeste souvent dans sa correspondance privée, notamment avec ses amis anglo-saxons. Le modeste salon qu'elle ouvre avec une amie accueille maints voyageurs qui, pour certains (Garrick, Hume), sont fort célèbres et deviennent ses amis et ses correspondants. C'est avec un jeune Écossais, Robert Liston, qu'elle entretient son plus fidèle échange épistolaire. On retrouve, dans sa correspondance connue, la spontanéité, le naturel, l'élégance qui charment dans ses romans. Mais on y lit aussi le portrait d'une femme spirituelle, attachée à son époque, soucieuse de prolonger dans la correspondance les délices de la conversation.

JOSETTE CHÉRY-SOBOLEWSKI.

RÉF. : E. A. Crosby, *Une romancière oubliée, Mme Riccoboni*, Paris, 1924 ; rééd. Genève, 1970.

RICHARD Jean-Pierre. Écrivain et critique français. Né à Marseille le 15 juillet 1922. Normalien en 1941, agrégé de lettres en 1945, docteur ès lettres en 1962, il enseigne la littérature dans des universités étrangères (Édimbourg, Londres, Madrid), puis en France (à partir de 1967) où il est élu à la Sorbonne en 1978.

Depuis la parution de *Littérature et Sensation* (*), qui le révélait en 1954, il n'a cessé d'explorer le lien qui unit, chez des écrivains du XIXe et du XXe siècle, l'écriture et l'expérience intime du monde. Ainsi, à propos de Stendhal, Flaubert, Fromentin et les Goncourt, auxquels était consacré ce premier essai, il mettait au jour l'importance, négligée jusqu'alors, de l'univers matériel et des sensations qu'il définit. Abordant l'année suivante la poésie de Nerval, de Baudelaire, de Verlaine et de Rimbaud dans *Poésie et Profondeur* (*), il précisait l'enjeu de son étude : retrouver le « moment premier de la création littéraire » ; saisir l'instant où d'un même projet se construisent l'homme, l'écrivain et l'œuvre. Ce projet, il devait en montrer toute la fécondité, toute l'ampleur « cosmique », en même temps que la complexité intime, dans sa thèse publiée sous le titre *L'Univers imaginaire de Mallarmé* (*) (1961).

D'emblée, l'analyse reconnaissait son tribut au Sartre de *L'Être et le Néant* (*) et du *Baudelaire* (*) : fondée sur la certitude que toute conscience est conscience de quelque chose, elle se proposait d'explorer la littérature comme le lieu privilégié où se trahit l'« effort de la conscience pour saisir l'être ». Mais elle avouait plus encore sa dette envers l'héritage bachelardien. Les grandes catégories élémentaires qu'avait élaborées Bachelard, Jean-Pierre Richard les retrouve ; moins toutefois dans leur valeur universelle d'archétypes — aussi bien l'analyse accorde-t-elle ici toujours la primauté à la notion de « texte » —, que comme une méthode, fondée sur une commune idée de la lecture. Lire, pour Jean-Pierre Richard, c'est en effet relier entre eux des « motifs récurrents » (telle, dans *Paysage de Chateaubriand* en 1967, la ligne verticale qu'incarnent l'« arbre » et la « colonne ») où l'on reconnaîtra la valeur organisatrice d'un « thème » (ici, celui de la « provocation »). Ainsi, par exemple, la matérialité trouvera-t-elle le plein épanouissement de sa profusion et de sa nuance dans la remarquable analyse de l'alimentaire proustien (*Proust et le monde sensible*, 1974). Attaché à un texte lui-même infiniment subtil et moiré, le critique montrait là sa capacité à forger des outils conceptuels adéquats à leur objet.

Car, pour tenter d'ordonner le foisonnement des motifs apparentés, Jean-Pierre Richard rencontre la nécessité de multiplier les catégories chères à Bachelard, non sans respecter le principe même de la conceptualisation. Ainsi naissent sous sa plume, avec un art consommé de la substantivation, ces instruments de reconnaissance — mais aussi ces émerveillements dont les tables des matières rendent la saveur — que sont l'« aéré », l'« ensoleillé », le « velouté », le « satiné », le « souriant », le « fusant », le « giclé »..., et dont l'analyse ne se contente pas de décrire le contenu, mais qu'elle articule en une continuité de désirs et de répulsions, de prédilections et de dégoûts reconnus finalement comme les traits d'un unique « paysage ».

Sans doute de telles présentations, forcément quelque peu arbitraires, emportent-elles la conviction grâce à la coulée d'une écriture quasi tactile, sensible aux saillies et aux aspérités du texte, et dont l'élégance consiste à transformer constamment des bonheurs de lecture en bonheurs d'écriture.

Au fur et à mesure de son évolution, Jean-Pierre Richard semble montrer un intérêt croissant pour les textes restreints. C'est ainsi qu'à l'opposé des rapides et brillantes synthèses de *Onze études sur la poésie moderne* (1964) *Microlectures I* et *II* (*) s'attachent à l'étude plus minutieuse et quasi microscopique de courts textes, en prose ou en poésie. Depuis longtemps, il est vrai, la méthode a élargi ses niveaux de lecture en intégrant les points de vue psychanalytique et linguistique qui confèrent désormais à l'entreprise le sens d'une herméneutique globale.

Renouvelant sa portée, elle conserve d'ailleurs le même sens lorsque, dans *L'État des choses* (1990), elle aborde de jeunes œuvres choisies pour leur « originalité d'écriture » et la « singularité d'émotion » qu'elles révèlent. À propos de chacune d'elles, c'est encore la prise en compte totale d'un paysage qui est en vue ou, selon le sous-titre de *Microlectures I*, de ces « pages-paysages » dont, dès son texte sur Nerval, Jean-Pierre Richard énonçait la vérité : « Chaque paysage sera donc dépassé vers un être, une vérité personnelle de ce paysage, vers une structure à la fois spatiale et temporelle qui lui conférera son sens et sa valeur. »

CHRISTIAN DOUMET.

RICHARD CŒUR DE LION (Richard Ier d'Angleterre, surnommé aussi « Yea and Nea »). Roi d'Angleterre. Né à Oxford le 8 septembre 1157, mort devant le château de Charlus, en Limousin, le 6 avril 1199. Il était le troisième fils d'Henri II et d'Aliénor d'Aquitaine. Pour des raisons politiques, on le fiança à trois ans avec Alice, fille du roi de France. Il avait douze ans lorsqu'il reçut le duché d'Aquitaine dont il prit effectivement possession en 1172 après avoir été armé chevalier par Louis VII. Il participa à la rébellion d'Henri et Geoffroy Brittany mais fut battu et demanda grâce le 13 septembre 1174. À partir de cette date, et jusqu'en 1184, il s'occupa exclusivement de son duché, soumit ses vassaux rebelles et maintint en respect le comte de Toulouse, son ennemi. En 1183, il guerroya contre son frère Henri qui voulait obtenir son hommage ; la guerre fut interrompue par la mort d'Henri, mais son père lui ayant demandé de renoncer au duché d'Aquitaine en faveur de son autre frère, le prince Jean, Richard se révolta contre son père et se tourna vers Philippe Auguste avec lequel il se lia d'une étroite amitié. La mort de son père, le 6 juillet 1189, le fit accéder au trône et il fut couronné à Westminster, le 3 septembre 1189. Reprenant la politique paternelle, il devint alors le rival de Philippe Auguste et bientôt son ennemi. Cependant, la France et l'Angleterre s'apprêtant pour la croisade, Richard, après une tournée dans ses provinces continentales, s'embarqua, le 22 août 1190, à Marseille. Il s'allia, à Messine, avec le roi Tancrède et, renonçant à la sœur de Philippe Auguste, épousa la fille de Sanche VI, roi de Navarre. Non content de cet affront à Philippe Auguste, il accusa ce dernier de machiner un piège contre lui et son armée, mais la prise d'Acre (12 juillet 1191) et la réussite du début de l'expédition permirent aux deux rois de se séparer sans rompre, Philippe Auguste rentrant en France et laissant à Richard la majeure partie de son armée. La victoire d'Arsouf, l'occupation de Jaffa et la prise de la grande caravane de Telle el Hezy permirent à Richard de se couvrir de gloire, mais il se résigna à signer avec Saladin une trêve de trois ans parce que les Français lui obéissaient mal et qu'il avait des difficultés avec le duc d'Autriche. Il quitta la Palestine le 9 octobre 1192 et, la navigation n'étant pas favorable, décida de rentrer par terre. Reconnu, alors qu'il traversait les États du duc d'Autriche sous un déguisement, il fut arrêté et emprisonné par son ennemi qui le retint durant plus d'un an. C'est à ce moment qu'il composa son célèbre *Rotrouenge du captif* (*), qui est la seule de ses chansons qui nous soit parvenue. Il fut libéré contre l'énorme rançon de cent cinquante mille marks et rentra en Angleterre le 2 mars 1194, pour s'apercevoir que son frère Jean sans Terre profitait de son absence pour s'emparer de son royaume, tandis que Philippe Auguste envahissait la Normandie. Richard enleva tous les châteaux occupés par son frère, obligea Philippe Auguste à demander la paix et conclut contre lui un réseau d'alliances avec les comtes de Bretagne, de Flandre et de Toulouse, tandis qu'il faisait élire empereur son neveu, Othon de Brunswick. Alors qu'il assiégeait le château de Charlus, Richard mourut des suites d'une blessure qui, faute d'avoir été soignée, s'envenima. Son nom allait devenir légendaire. Il fut un chef militaire exceptionnel mais violent et tyrannique ; il fut aussi un trouvère célèbre joignant aux vertus guerrières une culture raffinée. Cette double gloire fait de lui la parfaite incarnation de la chevalerie de son temps.

BERNARD NOËL.

RÉF. : K. Norgate, *England under the Angevine Kings,* Londres, 1887. – K. A. Kneller, *Des Richard Löwenherz deutsche Gefangenschaft,* Fribourg-en-Brisgau, 1893. – G. Paris, *Le Roman de Richard Cœur de Lion,* in *Romania,* tome XXXI, 1896. – L. Landon, *The Itinerary of Richard I,* Londres, 1935. – R. Pernoud, *Richard Cœur de Lion,* Paris, 1988. – *Richard Cœur de Lion, histoire et légende,* Paris, 1989.

RICHARD de Bury. Prélat, homme politique et humaniste anglais. Né à Bury St. Edmunds (comté de Suffolk-Ouest) en janvier 1281, mort dans son manoir d'Auckland le 14 avril 1345. Il étudia la philosophie et la théologie à Oxford, fut ensuite précepteur du futur Édouard III, puis évêque de Durham en 1333 et chancelier d'Angleterre en 1334. Il acheta un grand nombre de manuscrits dont il était très passionné. On lui doit un *Philobiblon* (*) (1345), guide de lecture qui eut un grand succès et qui fut imprimé dès 1473 à Cologne.

RICHARD de Saint-Victor. Écrivain d'expression latine. Né en 1110 en Écosse, mort le 10 mars 1173 à Paris. Il appartient à cette tradition qui, pendant tout le XIIe siècle et au-delà, répandit une si vive lumière en Europe. Il paraît désormais prouvé historiquement qu'il venait des îles anglo-saxonnes (Écosse). Suivant une coutume très courante à cette époque, il quitta sa patrie, séduit par l'attrait universel qu'exerçait alors Paris, où il entra immédiatement chez les chanoines réguliers augustins de Saint-Victor, dont la fondation remontait à Guillaume de Champeaux. L'abbé était alors Gilduin et le préfet des études Hugues, déjà célèbre pour ses ouvrages, sa piété et son enseignement. Le maître doit avoir profondément influencé Richard, sans toutefois étouffer la personnalité du disciple, qui s'intéressait beaucoup plus nettement à des matières précises, comme le montrent ses œuvres fondamentales qui sont de caractère principalement ascétique et mystique – v. *De la préparation de l'âme à la contemplation* (*), *De la grâce contemplative* (*), etc. – ou de caractère théologique – v. *De la Trinité* (*). Bien qu'il ne se soit pas occupé de sciences profanes comme Hugues, il n'est pas difficile de découvrir l'« animus » du maître dans ce besoin de pousser toujours plus loin l'enquête rationnelle dans le domaine théologique, sans, pour autant, rompre l'équilibre entre raison et foi. À Saint-Victor, Richard eut bientôt à remplir des tâches comportant de lourdes responsabilités, qui demandaient souvent une grande prudence et une réelle humilité. En 1159, il était vice-prieur, comme on peut le déduire de sa signature qui figure à côté de celles de l'abbé Achardus et du prieur Nanter, sur un accord entre l'abbaye de Saint-Victor et Frédéric, seigneur de Palaiseau. En 1162, il devint prieur et, en cette qualité, reçut à Saint-Victor, en 1164, le pape Alexandre III, et en septembre 1170 Thomas Beckett, le fameux archevêque de Canterbury. Cette charge ne l'empêcha pas de rédiger de nombreuses œuvres. Sa réputation s'était répandue avant sa mort puisque Jean, vice-prieur de Clairvaux, lui demanda de composer pour lui une prière au Saint-Esprit. Presque tous ses ouvrages répondent à des demandes d'amis et révèlent parfois une émotion lyrique surprenante – par exemple dans *Les Quatre Degrés de la charité violente* [*Tractatus de quatuor gradibus violentis caritatis*]. On trouve également chez lui une grande capacité de raisonnement spéculatif, qui le distingue de Hugues, et qui s'exerce exclusivement dans le domaine théologique et mystique.

♦ *« Pour la contemplation, il fut plus qu'un homme. »* Dante. ♦ *« Il est le plus grand théoricien de la mystique au Moyen Âge... Son esprit l'entraîne comme malgré lui vers les cimes, soit qu'il chante l'amour de Dieu, soit qu'il analyse les propriétés de la contemplation. »* F. Cayré.

RÉF. : Egbert, *Die Erkenntnislehre Richards von St. Viktor*, Münster, 1917. – M. de Wulf, *Histoire de la philosophie médiévale*, tome I, Paris, 1934. – G. Fritz, article in *Dictionnaire de théologie catholique* de Vacant et Mangenot, tome XIII-2, Paris, 1937. – A. M. Éthier, *Le « De Trinitate », de Richard de Saint-Victor*, Paris, 1939. – G. Dumeige, *Richard de Saint-Victor et l'idée chrétienne de l'amour*, Paris, 1952. – R. Baron, *L'influence de Hugues de Saint-Victor*, Paris, 1962.

RICHARDS Ivor Armstrong. Linguiste, critique et poète anglais. Né en 1893 dans le Cheshire, mort le 7 septembre 1979. Il fit ses études à Clifton puis à Cambridge, avant d'entamer une carrière d'universitaire exigeant. Après avoir enseigné à Cambridge même, donc sur les lieux de sa propre formation, il porte la bonne parole à Pékin, puis à partir de 1914 à Harvard. Toutefois, il ne semble pas indispensable de le suivre dans ses déplacements : son aventure est contenue dans ses écrits. Avec C. K. Ogden, il élaborera les fondements de « l'anglais de base » (basic english), et ils écriront en collaboration *Le Sens de la signification* (*) (1923). Richards fut aussi l'un des pionniers de l'analyse textuelle, notamment dans *Critique pratique* (*) (1929) et *Comment lire une page* [*How to read a Page*, 1942]. Il est encore l'auteur de *Principes de critique littéraire* (*) (1924), de *L'Imagination selon Coleridge* (+) (1932), de *Fondements de l'Esthétique* (+) (1923), de *Science et Poésie* (+) (1927). On lui doit enfin deux recueils de poèmes : *Adieu, la terre* (+) (1958) et *Les Écrans* [*The Screens and Other Poems*, 1960].

RICHARDSON Dorothy Miller. Romancière anglaise. Née à Abingdon (Berkshire) le 17 mai 1873, morte à Beckenham (Kent) le 17 juin 1957. Troisième des quatre filles d'un commerçant aisé, après une enfance et une adolescence confortables avec leçons de tennis et de piano et une éducation libérale dans une école privée dont la directrice appliquait les principes de Ruskin, elle fut contrainte, à la suite de mauvais calculs de son père entraînant la faillite de sa famille, de gagner sa vie dès l'âge de dix-sept ans. D'abord institutrice à Hanovre puis dans une petite école du nord de Londres, en 1895, elle devient gouvernante pendant quelques mois dans une famille riche qu'elle quittera pour accompagner sa mère dépressive au bord de la mer, séjour pendant lequel celle-ci se suicidera en se tranchant la gorge d'un couteau de cuisine. Dorothy a alors vingt-deux ans. Elle part ensuite pour Londres où elle va remplir dans Harley Street le rôle de secrétaire dentaire, travail mécanique et fatigant, pendant huit ans. Elle gagne une livre par semaine, loge dans une pension bon marché, mais le soir parfait son éducation en se rendant à toutes sortes de réunions et conférences, passe de nombreuses heures dans la salle de lecture du British Museum ; elle explore la ville, va au théâtre, à l'opéra. Un certain Grad, qui va l'initier à la littérature et à la philosophie russes, lui offre de l'épouser, mais elle refuse pour préserver son indépendance, fréquente des anarchistes, des socialistes, des suffragettes, des défenseurs de l'amour libre. Herbert George Wells a trente ans quand Dorothy Richardson le rencontre, il vient de publier *La Machine à explorer le temps* (*), c'est le début d'une longue amitié ; elle aura une brève liaison avec lui, qui se soldera par une fausse couche, à la suite de quoi elle ira se reposer dans une famille quaker à la campagne. Elle exécute divers travaux de correction, de traduction, écrit des comptes rendus de livres et de films, des articles sur les conditions de travail des femmes pour différents journaux et revues ; elle s'essaie à plusieurs romans qui la laissent insatisfaite car tous sont « fondés sur une idée, produits de l'intelligence » alors qu'elle cherche à décrire la « masse inexprimée en dessous », l'« immuable » que l'on trouve dans le célèbre *Voyage du pèlerin* (*) de Bunyan (1678) et chez les mystiques. Ce qu'elle cherche, c'est un mode ouvert, sans paramètres idéologiques ou psychologiques, de façon à suggérer la nature de l'expérience qui n'est jamais définitive dans le monde réel. Pionnière de ce qu'il est convenu d'appeler le « courant de conscience », expression empruntée par May Sinclair à W. James, elle développe alors une prose analytique qui doit permettre à Miriam, unique héroïne et narratrice de tout l'ensemble de son œuvre romanesque, de nous faire voir autre chose que ce que nous sommes habitués à nommer « réalité » selon des conventions culturelles qui modèlent notre façon de sentir, de penser, de dire. L'auteur se doit de ne pas intervenir, mais seulement d'indiquer les lignes générales des personnages et incidents. Aucune intrigue, imposée de l'extérieur au matériau, ne doit obstruer l'immédiateté de l'expérience. En 1912, à trente-huit ans, elle écrit *Toits pointus* (+), publié en 1915, premier d'une longue série de treize romans qui allaient l'absorber jusqu'à la fin de sa vie et mener son héroïne de ses dix-sept à ses quarante ans ; douze volumes seront réunis, selon ses vœux, en quatre tomes en 1938 sous le titre générique de *Pèlerinage* (*). Le treizième volume, *La Lune de mars* (+), auquel elle travaillait encore l'année de sa mort, sera publié en 1967, dix ans après sa mort. À quarante-quatre ans – elle a alors écrit les trois premiers « chapitres-volumes », comme elle les appelait, de son *Pèlerinage* – elle épouse Alan Odle, artiste inconnu de quinze ans son cadet, tuberculeux, que les médecins ont condamné. Ils vont dorénavant passer leurs hivers en Cornouailles, où l'air, plus sain pour Alan Odle, et le moindre coût de la vie doivent leur permettre de se consacrer, entre les travaux alimentaires, à leurs œuvres respectives, mais reviennent l'été à Londres. Entre deux volumes, elle continue à écrire des sketches, des essais (dont une anthologie et un essai sur les quakers, *Spicilège* *de l'œuvre de George Fox* [*Gleanings from the Work of George Fox*] et *Les Quakers : hier et aujourd'hui* [*The Quakers : Past and Present*], publiés en 1914) ; de 1930 à 1934, elle traduira cinq textes dont un sur Gide (elle aurait aimé traduire le dernier volume de Proust). Alan Odle meurt en 1948.

Le véritable sujet de *Pèlerinage*, c'est la conscience. L'héroïne, sous les fluctuations constantes des êtres et des objets, cherche un élément invariable, et c'est cette quête, plus que la quête d'identité proprement dite, qui donne à l'œuvre son thème central et son titre. Miriam Henderson, jeune femme douée mais ne jouissant d'aucun privilège, aux prises avec un monde d'hommes, va mener son combat matériel et spirituel à travers différents pays et milieux, en essayant de préserver les exigences de sa quête, et, de personnage en personnage, explorer puis mettre en cause théories, idées, comportements, conventions et utilisation du langage.

MARIE-ODILE PROBST.

RÉF. : John Rosenberg, *Dorothy Richardson, the Genius they forgot,* Londres, 1973. – Gloria Glikin Fromm, *Dorothy Richardson, a Biography,* Urbana, 1977.

RICHARDSON Jonathan père et Jonathan junior. Écrivains anglais. Le premier naquit à Londres en 1665 et mourut à Bloomsbury (Londres) le 28 mai 1745. Il étudia la peinture avec John Riley et acquit très vite la célébrité comme portraitiste. La fortune qu'il se fit ainsi lui permit de voyager et de réunir une magnifique collection de tableaux. Mais c'est beaucoup plus à ses traités sur l'art qu'à son œuvre picturale qu'il doit d'avoir laissé un nom. Son fils, Jonathan junior, naquit à Londres en 1694 et mourut à Bloomsbury le 6 juin 1771. Il collabora aux œuvres de son père, dont la plus connue est le *Traité de la peinture et de la sculpture* (*). Les deux premiers tomes de cet ouvrage parurent en 1719, le troisième en 1722. Une traduction française en fut imprimée en 1728 à Amsterdam.

RICHARDSON Samuel. Romancier anglais. Né dans le Derbyshire en 1689, mort à Londres le 4 juillet 1761. Il fut placé à dix-sept ans chez un imprimeur d'Aldersgate, où il apprit peu à peu toutes les techniques du métier, de la correction d'épreuves jusqu'à la typographie. Il épousa la fille de son maître et se trouva à la tête d'une imprimerie dont l'importance ne cessa de croître. C'est ainsi qu'il devint l'imprimeur d'un certain nombre de journaux importants, et en particulier du *Journal de la Chambre des communes* [*Journal of the House of Commons*]. Il possédait une maison dans la Cité et une autre – pour son repos – dans les faubourgs, et menait une vie éminemment respectable. Deux libraires ayant remarqué son talent d'épistolier lui proposèrent d'écrire un recueil de lettres types et, l'idée l'ayant séduit, il se mit au travail. Se prenant au jeu, il amplifia son projet et il naquit de cette expérience un roman par lettres qui parut en novembre 1740 chez Rivington et Osborn, les deux libraires commanditaires, sous le titre de *Pamela ou la Vertu récompensée* (*). Le succès fut immédiat et si considérable que ne pas avoir lu ce livre passait pour un insigne manque d'esprit et de curiosité. Ce succès provoqua un nombre important de pamphlets, de controverses et d'imitations. Il suscita aussi des rivalités, et c'est sans doute au désir de composer un anti-Pamela que l'on doit *Les Aventures de Joseph Andrews* (*) de Henry Fielding. Son deuxième roman : *Clarisse Harlowe* (*), fut commencé vers 1744 et parut en trois livraisons : deux volumes en novembre 1747, deux en avril 1748 et trois en décembre. Toujours écrit sous forme de lettres, il avait cette fois l'intention d'édifier en montrant les malheurs qui accompagnent l'inconduite dans le mariage. Il ne montrait plus la revanche de la vertu mais la vertu outragée et les navrantes conséquences de ce péché. La popularité de ce livre fut aussi grande que celle du précédent, mais Richardson ne pouvait se consoler du succès qu'avait obtenu entre-temps l'extraordinaire *Tom Jones* (*) de Fielding.

Ce fut pour répondre aux vœux de ses admiratrices et faire pièce à son rival qu'il entreprit de narrer dans son troisième roman les aventures d'un gentilhomme. L'ouvrage, *L'Histoire de sir Charles Grandison* (*), parut en 1754, et fut aussi bien accueilli que les deux autres. Richardson avait pourtant conscience d'un échec et il cessa d'écrire, se contentant de tirer de son œuvre une anthologie de « maximes et de sentiments instructifs » à laquelle il affectait d'attacher la plus grande importance. Il entretenait une énorme correspondance avec un large cercle d'admirateurs et surtout d'admiratrices, dont les encouragements et la sympathie avaient contribué à son succès. Il était préoccupé par sa santé, nerveux et affamé d'honneurs, mais continuait à mener une vie paisible, bourgeoise et dévote. Sa réputation avait gagné le continent. Diderot ne tarissait pas d'éloges sur son compte, Voltaire le copiait et Rousseau l'utilisait comme modèle pour rédiger sa *Nouvelle Héloïse* – v. *Julie* (*). En Allemagne, sa popularité était plus grande encore et ses imitateurs foisonnaient. Il est, en fait, le père du roman d'analyse, et Walter Scott a pu dire que personne avant lui n'avait aussi profondément exploré le cœur humain. Son influence sur la littérature anglaise fut pourtant très limitée, et c'est Fielding et Smollett qui auront finalement le mieux marqué son époque et tracé la voie du roman anglais.

BERNARD NOËL.

♦ *« Combien ses situations, qui paraissent romanesques, sont naturelles ; combien ses portraits, qui paraissent chargés, sont vrais ! »* Abbé Prévost.

♦ *« Tout ce que Montaigne, Charron, La Rochefoucauld et Nicole ont mis en maximes, Richardson l'a mis en action. Mais tout homme d'esprit, qui lit avec réflexion les ouvrages de Richardson, refait la plupart des sentences des moralistes ; et avec toutes ces sentences il ne referait pas une page de Richardson. »* Diderot.

RÉF. : Diderot, *Éloge de Richardson*, 1761. – Schmidt, *Richardson, Rousseau und Goethe*, Iéna, 1875. – J. Texte, *Rousseau et les origines du cosmopolitisme littéraire*, 1895. – P. Dottin, *S. Richardson, imprimeur de Londres*, Paris, 1931. – A. D. Mc. Killop, *S. Richardson, Printer und Novelist*, 1936. – P. Van Tieghem, *Le Roman sentimental en Europe de Richardson à Rousseau* in *Revue de littérature comparée*, avril-juin 1940. – R. F. Brisseden, *S. Richardson*, Londres, 1958. – C. Pons, *Samuel Richardson et la littérature bourgeoise en Angleterre*, Aix, 1968. – B. D. Kimpel, *S. Richardson*, Oxford, 1971. – M. Kinhead-Weekes, *S. Richardson, Dramatic Novelist*, Londres, 1973. – E. B. Brophy, *S. Richardson, the Triumph of Craft*, Knoxville, 1974. – R. F. Brissenden, *Virtue in Distress : Studies in the Novel of Sentiment from Richardson to Sade*, Londres, 1974. – M. A. Doody, *A Natural Passion, a Study of the Novels of Samuel Richardson*, Oxford, 1974. – R. G. Hannaford, *S. Richardson, an Annotated Bibliography*, New York, 1980.

RICHAUD André de. Écrivain français. Né à Perpignan (Pyrénées-Orientales) le 6 avril 1909, mort le 29 septembre 1968 dans une maison de santé à Vallauris. Son père est professeur et vient enseigner à Nîmes en 1912 ; il sera tué pendant la guerre de 1914-1918. La mère d'André de Richaud s'installe à Althen-des-Paluds (Vaucluse), chez le grand-père maternel, en 1914. Elle meurt en 1923. André de Richaud fait ses études au collège de Carpentras où il rencontre le poète Pierre Seghers. À partir de 1926, il fait des études de droit et de philosophie à la faculté d'Aix et devient maître d'internat. En 1927, il rencontre Joseph Delteil à qui il vient de consacrer un essai. Professeur de philosophie au lycée de Meaux, il publie en 1930 son premier roman, *La Douleur,* qui obtient un succès de critique. Il enseigne à Paris, au lycée Saint-Louis, lorsqu'il décide d'abandonner la carrière professorale (1932). Il a publié auparavant *La Création du monde* (+) (1930). Il voyage en Grèce, entre en relation avec Jeanne et Fernand Léger. À partir de 1942, il mène une vie errante tout en écrivant *La Confession publique* (+) (1944). *Le Droit d'asile* (*) (1954) obtient le prix Guillaume-Apollinaire. André de Richaud est aussi un important dramaturge, il regroupera un certain nombre de ses pièces dans un recueil intitulé *Théâtre* (*). L'écrivain s'installe à Vallauris en 1958. En 1961, il entre dans la maison de retraite de cette ville.

Blessé par la disparition de son père, prisonnier d'une mère exclusive, André de Richaud semble s'être mal adapté à la vie d'adulte. *La Douleur,* roman semi-autobiographique, raconte la déchéance d'une veuve de guerre qui devient, sous le regard douloureux de son fils, la maîtresse d'un prisonnier allemand. *La Création du monde* est écrite en revanche sous l'empire d'un panthéisme ingénu. Dans les romans que va écrire par la suite André de Richaud – *La Barrette rouge* (1938) ou *L'Étrange Visiteur* (1956) – s'introduit toujours la malédiction du meurtre par où la mort se glisse dans l'ordre des choses. La mort dans les poèmes du *Droit d'asile* prend un visage tout aussi insistant mais plus insidieux : « J'entends venir, j'entends venir, j'entends venir. » La Provence, le retour à l'enfance offriront des recours temporaires à cette hantise contre laquelle André de Richaud n'a cessé de se révolter. Il a adressé enfin une suite de lettres à ses amis. *Je ne suis pas mort* (1965), dernier cri d'un homme qui attendit trop de la vie.

GUY LE CLEC'H.

RÉF. : M. Alyn, *André de Richaud,* Paris, 1966. – Cahier *André de Richaud,* Cognac, 1986.

RICHELIEU Armand Jean du Plessis, cardinal duc de. Homme politique, homme d'Église et écrivain français. Né et mort à Paris (9 septembre 1585 - 14 décembre 1642). De bonne noblesse poitevine par son père, capitaine des gardes d'Henri IV, et issu de la bourgeoisie de robe par sa mère, il est lui-même d'abord destiné à la carrière militaire et, après des études au collège de Navarre, fréquente l'académie Pluvinel. Mais, son frère Alphonse ayant abandonné l'évêché de Luçon pour entrer chez les chartreux, Armand Jean, pour conserver ce bénéfice à sa famille, doit devenir religieux. Il entreprend alors des études de théologie et, à l'âge de vingt-deux ans, passe son doctorat en Sorbonne et est sacré évêque à Rome (1607). À Luçon, il donne tous ses soins à sa charge, prêche deux carêmes avec un grand succès.

Sa carrière prend un tour politique quand il devient député du clergé poitevin aux états généraux de 1614 et se fait remarquer par une harangue dans laquelle il réclame le droit pour les ecclésiastiques de siéger au Conseil. Il est presque immédiatement entendu : Marie de Médicis le prend pour aumônier et le fait entrer au Conseil comme secrétaire d'État à la Guerre (1616). Mais le conflit qui oppose, dès 1617, le roi à la régente met fin à cette première expérience. Richelieu est d'abord entraîné dans la disgrâce de la reine mère qu'il rejoint à Blois, mais il l'empêche, après son évasion, d'entrer en révolte armée contre le roi et il finit par la réconcilier avec lui (traités d'Angoulême, 1619 et d'Angers, 1620), ce qui lui vaut le chapeau de cardinal (1622) et le retour au Conseil en tant que « Principal ministre » (1624). Il conservera cette fonction dix-huit années durant, jusqu'à sa mort. Un passage de son *Testament politique* (*) résume ce qu'ont été ses objectifs : « ruiner le parti huguenot », « ravaler l'orgueil des Grands », « soutenir une grande guerre contre les ennemis puissants pour assurer enfin par une bonne paix le repos pour l'avenir », « mettre l'État en opulence ».

En effet, quand Richelieu arrive aux affaires, la situation intérieure est tendue : protestants et nobles s'agitent. S'il réussit en quatre ans à réduire à néant la puissance militaire que l'édit de Nantes avait accordée aux premiers (paix d'Alès, 1628), il ne parviendra pas à endiguer la fougue de la noblesse, malgré d'impitoyables exécutions au plus haut niveau, telles celles de Henri de Talleyrand Périgord (1627), du fils du connétable de Montmorency (1632), de Cinq-Mars et de De Thou (1642). Quant à la politique extérieure du ministre, obsédée par la stabilité des frontières, elle entraîne Richelieu dans un grand nombre de guerres (Italie, Allemagne, etc.) mais la grande affaire fut certainement la guerre d'Espagne qui dura vingt-quatre ans (1635-1659), dépassant ainsi les bornes de la vie du cardinal. Enfin, en matière économique, il est sûr que Richelieu, surintendant général de la navigation et du commerce de France depuis 1626, a cherché à conduire une action moderne de développement du commerce, par le biais de créations de compagnies à la manière hollandaise, même si l'état du royaume en a oblitéré les plus belles réalisations. Toutefois, c'est certainement dans le domaine des activités culturelles que le passage de Richelieu aura laissé les marques les plus profondes : son nom est associé à l'édification du nouveau collège de la Sorbonne (1626), à la création de la *Gazette,* au service du gouvernement, par Théophraste Renaudot (1631), à celle d'une académie royale pour apprendre l'art militaire, celui de la fortification ou celui des mathématiques (1635), et bien entendu à l'Académie française (1635). Mais l'action de Richelieu s'est surtout traduite par un soutien majeur accordé au théâtre, pour lequel il éprouvait assurément du goût, mais dans lequel il voyait un moyen de propagande évident. Peut-être a-t-il effectivement participé à l'écriture de quelques-unes des pièces de la société des cinq auteurs, initialement composée de Boisrobert, Corneille, Colletet, L'Estoile et Rotrou, dont Corneille sera rapidement exclu et à laquelle sera ultérieurement agrégé Desmarets de Saint-Sorlin. Il fournit même une aide non négligeable aux comédiens et fit construire une salle de théâtre au Palais cardinal.

La personnalité et la compétence hors du commun de ce ministre valétudinaire continue, trois siècles après sa mort, à passionner. Richelieu apparaît comme le premier homme politique « moderne » : avec lui s'affirme la réalité supérieure, la primauté de l'État, encore à peu près inconnue du XVIe siècle qui vécut toujours sous le régime médiéval de la fidélité à l'homme, au seigneur, laquelle, en période troublée — et l'agitation des « grands » sous le règne de Louis XIII le prouve assez — pouvait aller jusqu'à l'insurrection contre l'intérêt commun. L'action de Richelieu est comme la réalisation de l'effort des doctrinaires bourgeois de la monarchie absolue depuis les guerres de religion, comme Jean Savaron dans son *Traité de la souveraineté,* comme Gabriel Naudé surtout qui, par son exaltation des hommes forts, volontaires, maîtres du destin, nous donne, dans ses *Considérations politiques sur les coups d'État* (1639) une sorte de théorie du caractère original de Richelieu. On ne peut cependant voir en celui-ci un précurseur des Jacobins et de l'étatisme moderne : s'il abat les grands, il conserve le sens de la diversité à l'intérieur de la nation, de l'utilité des autonomies provinciales ; il n'a rien d'un idéologue, ne met aucun sectarisme dans ses haines politiques et pense qu'« il ne peut y avoir si mauvaise paix qui ne vaille mieux qu'une guerre civile » ; enfin, autant que Bossuet, il n'imagine de monarchie française que réglée par son caractère religieux, sacral.

À côté de ses ouvrages politiques, les *Mémoires* (*), le *Testament politique,* on possède d'assez nombreux textes de Richelieu. Évêque de Luçon, il avait publié, avec un grand retentissement, un livre de controverse contre les protestants : *Les Principaux Points de la foi catholique défendus contre les quatre ministres de Charenton.* Plus tard, pendant sa disgrâce et une sorte d'exil en Avignon, il écrit un austère traité de morale, *L'Instruction du chrétien,* publié en 1626 et qui aura une trentaine de rééditions. Toute sa vie d'ailleurs, les problèmes théologiques ne cesseront de l'intéresser et l'on trouvera dans ses papiers, après sa mort, un *Traité qui contient la méthode la plus facile et la plus assurée pour convertir ceux qui se seront séparés de l'Église* (publié en 1651), où Richelieu se révèle un théologien expérimenté, tout à fait dégagé de l'appareil scolastique, faisant appel aux seuls témoignages des Écritures, des Pères et surtout de l'expérience, pour contribuer a cette reconstitution de l'unité chrétienne qui fut un de ses grands desseins. Dans un autre ouvrage religieux, *La Perfection du chrétien,* composé à l'époque où, avec Saint-Cyran, commençait l'agitation janséniste, Richelieu se prononce violemment contre la rigueur de Port-Royal, estimant l'« attrition » suffisante à la rémission des péchés ; ce petit livre apparaît ainsi comme une sorte de justification théologique et spirituelle de la décision que le ministre venait de prendre en internant Saint-Cyran à la Bastille. Citons encore : *Discours de la confidence du roi du sieur du Luat* (1624), *Discours aux notables* (1627), *Advis donné au roy après la prise de La Rochelle pour le bien de ses affaires* (1628), *Instructions et maximes que je me suis données pour me conduire à la Cour* (s. d.), *Maximes d'État* (posth., 1764), *Lettres* (posth., 1853-63).

RÉF. : F. Grimm, *« Le Testament politique » de Richelieu,* Paris, 1941. — Ph. Erlanger, *Richelieu,* Paris, 1967. — M. Carmona, *Richelieu,* Paris, 1983. — F. Hildesheimer, *Richelieu : une certaine idée de l'État,* Paris, 1985. — D. Dessert, *Présentation du*

« Testament politique ou les Maximes d'État » de Monsieur le cardinal de Richelieu, Paris, 1990. — J.H. Elliot, *Richelieu et Olivares*, Paris, 1991.

RICHEPIN Jean. Poète français. Né à Médéa (Algérie) le 4 février 1849 ; mort à Paris le 12 décembre 1926. Ce poète turbulent, fils d'un médecin militaire, eut une enfance et une adolescence de « fort en thème » : il fit de brillantes études secondaires, entra à l'École normale supérieure en 1868 et obtint sa licence ès lettres en 1870. Mais voici la guerre, et la Commune ; Richepin s'engage dans un corps de francs-tireurs, prend goût à l'aventure et à la liberté, mène pendant quatre ans une vie errante, successivement journaliste, professeur, matelot, docker à Naples et à Bordeaux puis, vers 1875, apparaît au quartier Latin où, par ses excentricités, il se fait vite une célébrité dans les cafés et les brasseries que fréquentent alors Ponchon, Rollinat, Bourget, Léon Bloy. Ses héros et ses inspirateurs sont Pétrus Borel, poète maudit mort de faim à Mostaganem, Baudelaire, et surtout Vallès, le réfractaire. Richepin a désormais rejeté le joug des conventions et de la culture, il célèbre l'instinct, vante complaisamment, et non sans ridicule, sa force physique, sa virilité, et à partir d'une prétendue hérédité bohémienne et « touranienne », se bâtit une biographie imaginaire et riche en couleur. Un an plus tard, le grand public découvre soudain Richepin avec *La Chanson des gueux* (*) (1876), qui déchaîne les foudres de la justice : le livre est saisi et l'auteur condamné, pour outrage aux bonnes mœurs, à un mois de prison qu'il passe à Sainte-Pélagie. Il avait conquis la célébrité. Le naturalisme était dans l'air, et Richepin chantait une nouvelle bohème, non pas celle de Murger mais celle de la cour des Miracles. Avec le succès, la poésie de Richepin perdit rapidement de sa sincérité. *Les Caresses* (1877) font trop voir l'intention de scandaliser le bourgeois par un étalage de sensualité affectée, souvent vulgaire ou grotesque. Le matérialisme grandiloquent, le nihilisme fanfaron des *Blasphèmes* (1884), firent traiter Richepin de « Lucrèce de foire ». Dès 1873, avec *L'Étoile*, il avait fait des débuts simultanés d'acteur et d'auteur dramatique ; il paraîtra encore en 1883, aux côtés de Sarah Bernhardt, dans le premier rôle de son drame *Nana-Sahib ;* mais son grand succès théâtral sera *Le Chemineau* (*) en 1897. Richepin collaborait en outre au *Gil Blas*, et publiait des romans très populaires comme *La Glu* (1881) et *Miarka, la fille à l'ourse* (1883). Infatigable voyageur, on le voyait souvent à Londres, il parcourait l'Italie, l'Espagne, l'Allemagne, la Scandinavie, l'Afrique du Nord. Son entrée à l'Académie française, où il fut reçu par Maurice Barrès le 18 février 1909, consacra une carrière de révolté en quelque sorte officiel, et désormais inoffensif. Il écrira jusqu'à la fin de sa vie, et en 1922 et 1923 parurent encore deux recueils en vers : *Les Glas* et *Interludes*. Une remarquable truculence verbale ; voilà par quoi s'est d'abord imposé Richepin. Il était violent et romantique, d'un romantisme qui ne retenait que l'effet extérieur, le pittoresque, et surtout les recherches de mots nouveaux. Là était le vrai domaine de Richepin, maître incontestable de son métier poétique, et fort de sa culture de normalien lettré. Mais, victime de sa prodigieuse facilité à trouver des mots et des images, ce révolté, très vite, ne fut plus qu'un « très grand rhétoricien ».

JACQUES PATRY.

♦ *« En réalité, vous vous foutez de tout, excepté de deux choses : jouir le plus vite possible et faire du bruit dans le monde. Vous êtes naturellement un cabotin, comme d'autres sont naturellement des magnanimes et des héros. Vous avez ça dans le sang. Votre rôle est d'épater le bourgeois. L'applaudissement, l'ignoble claque du public imbécile, voilà le pain quotidien qu'il faut à votre âme fière. »* Léon Bloy, lettre à Richepin, 1877.

RÉF. : J. Lemaitre, *Les Contemporains*, t. III, Paris, 1887. — H. d'Almeras, *Avant la gloire. Leurs débuts*, Paris, 1902. — Cameron, introduction aux *Selections from Richepin*, New York, 1905. — M. Barrès, *Discours de réception à l'Académie*, Paris, 1909. — J. Ernest-Charles, *Le Théâtre des poètes*, Paris, 1910. — G. Walch, notice in *Anthologie des poètes français contemporains*, Paris, 1939. — J. L. Lecomte, *J. Richepin, son œuvre, ses idées et son inspiration*, thèse, Paris, 1950. — H. Sutton, *The Life and Work of Jean Richepin*, Genève, 1961.

RICHTER Adrian Ludwig. Peintre et dessinateur allemand. Né le 28 septembre 1803 à Dresde, où il mourut le 19 juin 1884. Il enseigna à l'école de la manufacture de porcelaine de Meissen, puis aux beaux-arts de Dresde. Il avait étudié à Rome où il avait reçu l'influence des nazaréens, et particulièrement de Schnorr, ainsi que des paysagistes romantiques, mais il s'orienta avant tout vers la gravure sur bois pour l'illustration de livres, se révélant poète et conteur autant que dessinateur dans un genre qu'il marqua pour longtemps de son influence en Allemagne. Il illustra quantité de livres d'enfants, de contes, de calendriers populaires, d'almanachs partout répandus, tels les *Deutsche Volksbücher*, les *Volkskalender*, où il se fit l'interprète du bien-être bourgeois, de la sentimentalité tendre et de la gaieté allemandes. Il illustra également les *Contes populaires* [*Volksmärchen*] de Musäus, les *Poésies allemandes* de Hebel, les *Contes* (*) d'Andersen. On lui doit enfin, sous le titre de *Un artiste chrétien* (*), un recueil de *Souvenirs* édités en 1885 par son fils Heinrich.

RICŒUR Paul. Philosophe français. Né le 27 février 1913 à Valence (Drôme). Prisonnier de guerre de 1940 à 1945, puis attaché de recherches au C.N.R.S., il succéda, en 1948, à Jean Hyppolite comme professeur à l'université de Strasbourg. Il fut ensuite professeur de philosophie générale à la Sorbonne et, à partir de 1966 à la nouvelle faculté des lettres et sciences humaines de Nanterre. Il est également professeur invité aux universités de Louvain, Genève, Montréal et Chicago.

Paul Ricœur est l'un des plus grands représentants de la phénoménologie. On lui doit la traduction commentée des *Ideen* de Husserl, publiée en 1950 sous le titre *Idées directrices pour une phénoménologie* (*). Mais sa pensée — qui se garde par ailleurs des compromis éclectiques — s'est orientée vers des directions multiples, tout en prenant ses distances par rapport à l'idéalisme de Husserl et à la problématique de la philosophie de la conscience. La *Philosophie de la volonté* (tome I : *Le Volontaire et l'Involontaire*, 1949 ; tome II : *Finitude et culpabilité*, 1960) voudrait accéder à une « expérience intégrale du " cogito " jusqu'aux confins de l'affectivité la plus confuse », jusqu'à retrouver le corps et « l'affectivité qu'il nourrit ». Le second tome est plus particulièrement consacré à la volonté captive de la faute et à sa faillibilité. La réflexion de Paul Ricœur sur le « scandale du mal » le conduit à ne jamais séparer l'expérience secrète d'une sagesse personnelle de la lutte éthique et politique contre le mal au nom d'une bonté plus « originaire » encore que le mal, ce dernier fût-il radical. Mais l'horizon de crise qui est le nôtre (il est difficile de prétendre que la méditation de Ricœur sur le mal n'est pas étroitement liée aux détresses du siècle) ne voue sa réflexion ni à un scepticisme désenchanté ni à la renonciation au politique, sous la forme d'une interrogation permanente sur ce que seraient des institutions justes. L'admirable texte intitulé « Le Paradoxe politique », publié en 1957 et repris dans la troisième édition d'*Histoire et Vérité* (*) (1964) constitue à cet égard une sorte de fil conducteur susceptible de guider la compréhension de sa pensée : il y a à la fois une « rationalité spécifique » et un « mal spécifique » du politique, et toute la difficulté consiste à ne jamais « lâcher » le paradoxe.

S'intéressant à la psychanalyse en tant qu'elle est une discipline exégétique, *De l'interprétation. Essai sur Freud* (1965) montre comment, à travers la psychanalyse, le « je » se trouve délogé des illusions de la conscience naïve et immédiate. La conscience ne peut plus, désormais, s'ériger en origine du sens. C'est à partir de ce dessaisissement de la maîtrise du sujet que s'oriente dès lors une réflexion qui rencontre d'autres traditions et d'autres écoles de pensée que la seule tradition française : aussi bien l'herméneutique d'un Gadamer que la réflexion juridico-politique américaine (Rawls, Dworkin, Walzer, Taylor, pour ne citer qu'eux) et la littérature anglo-saxonne qui s'intéresse au récit et à la fiction. Si les derniers ouvrages de Paul Ricœur après *Le Conflit des interprétations* (*) (1969) sont centrés sur la question du récit et de son rapport avec l'action — depuis *La Métaphore vive* (1975) jusqu'à *Soi-même comme un autre* (*) (1990) en passant par les trois tomes de *Temps et Récit* (*) (1983, 1984 et 1985) — c'est dans la continuité d'une recherche qui, ayant refusé la création absolue d'une pure subjectivité, voit cependant dans le « soi » d'une connaissance de soi le fruit d'une « vie examinée », pour reprendre le célèbre mot de Socrate : seule une vie examinée vaut la peine d'être vécue. Inséparable des conditions de la modernité (le monde de la crise), la réflexion sur la narration et le récit débouche sur l'idée que l'« ipséité » (distincte de la simplicité immédiate du « cogito ») est également atteinte par le secours de la narration. « À la différence de l'identité abstraite du Même, l'identité narrative, constitutive de l'ipséité, peut inclure le changement, la mutabilité, dans la cohésion d'une vie » (*Temps et Récit*). Ricœur insiste lui-même sur le fait que toute compréhension de soi est « médiatisée » par des signes, des symboles et des textes : la condition de l'expérience humaine est « langagière », toute interprétation est « multivoque » (tel est le sens même de l'herméneutique), se comprendre, c'est se comprendre « devant le texte ». En définitive, c'est un soi « autre que le moi » qui vient à la lecture. Si difficile que soit la philosophie de Ricœur, par la richesse et la pluralité de ses références et de ses ancrages, on ne peut que marquer son caractère à la fois décisif et exigeant, sa fidélité à une action, si fragile soit-elle, sans laquelle l'humain n'aurait plus aucun sens.

MYRIAM REVAULT D'ALLONNES.

RÉF. : *Paul Ricœur. Les Métamorphoses de la raison herméneutique*, Sous la direction de J. Greish et R. Kearney, Paris, 1991.

RICTUS Jehan (pseud. de Gabriel Randon). Écrivain français. Né le 21 septembre 1867 à Boulogne-sur-Mer, mort à Paris le 7 novembre 1933. Les hypothèses que formulait Rictus lui-même quant à l'identité de son père sont plus ou moins fantaisistes ; sa mère était la fille de Jacques Randon, comte dauphinois qui fut ministre sous Napoléon III. Après plusieurs déplacements entre la France et l'Angleterre, ses parents s'étant séparés, le jeune Gabriel mena à Paris, auprès de sa mère, une vie d'enfant martyr. Après l'école primaire, il fit toutes sortes de métiers : livreur, garçon de courses, manœuvre, débardeur, balayeur, commis greffier en Normandie, précepteur d'un idiot ; en même temps il lut, s'instruisit et écrivit. En 1888-1889 il se retrouva clochard, fréquenta Montmartre et certains artistes anarchistes, puis il obtint un emploi à l'Hôtel de Ville où il rencontra Albert Samain, employé comme lui, et qu'il poussa à publier ses poèmes. En 1892 il fut renvoyé de son bureau qu'il quitta avec éclat. Cette même année 1892 vit les débuts de sa carrière publique ; il fonda des soirées de diction poétique, qui ne durèrent qu'un temps, mais dont l'idée fut reprise plus tard par le Théâtre-Français, et collabora à de petites revues symbolistes et parnassiennes ainsi qu'au *Mercure de France* (*) ; de cette époque date son pamphlet *Sarcey génial : conte invraisemblable.* Le 12 décembre 1896 il débute au cabaret des Quat'z'Arts sous le nom de Jehan Rictus. Dans le langage pittoresque et vivant des faubourgs qu'il « orchestre en poèmes », il chante la misère et les gueux. Son succès est grand dans les cabarets où pendant quatre ans il trouve des engagements faciles, accordant aussi sa participation aux fêtes de syndicats ou de groupements politiques. Le premier recueil de ses poèmes, *Les Soliloques du pauvre* (*), paraît en souscription en 1897, chez Moreau, imprimeur d'art, tiré à cinq cents exemplaires. En 1900 le *Mercure*, qui a déjà réédité ce premier ouvrage, publie un nouveau recueil, *Doléances*, puis, en 1902, ce sont *Les Cantilènes du malheur*, qui contiennent peut-être le meilleur poème de Rictus, inspiré par la vision qu'il a eue de la fosse des condamnés, au cimetière d'Ivry : « La Jasante de la vieille ». En 1903 paraît une version nouvelle et définitive des *Soliloques*, qui comprend la plupart des poèmes publiés à cette date.

Rictus s'est aussi essayé au roman avec *Fil de fer* (1906), ouvrage en partie autobiographique, qui, s'il contient de bons morceaux, se perd dans les répétitions et les longueurs ; sa pièce en un acte, *Dimanche et lundi férié ou le Numéro gagnant*, fut jouée au Théâtre de l'Œuvre en décembre 1905. Rictus continua de publier dans les revues, aux *Hommes du jour*, à *Comœdia* (il a collaboré à une trentaine de périodiques), et en 1914 parut son deuxième et dernier grand recueil, *Le Cœur populaire*, qui contient tous les poèmes qui ne sont pas des « soliloques » : doléances, complaintes, récits, chants, etc. Citons en outre son pamphlet *Un bluff littéraire : le cas Edmond Rostand* (1903), les recueils de poèmes *La Frousse* et *Les Petites Baraques* (1907), et une pantomime, *La Femme du monde* (1909). Bohème montmartrois, Rictus connut et fut connu de tous les artistes de la Butte et du Paris de la Belle Époque. Il fréquenta un temps au « Lapin agile », avec Apollinaire, Max Jacob et Carco, mais son amitié la plus durable fut celle qui le lia à Léon Bloy, qui parlera de lui comme du « dernier poète catholique ». Cependant, après *Le Cœur populaire*, l'inspiration de Rictus paraît tarie ; il s'enferme chez lui, prétend travailler mais aucun de ses projets n'aboutit ; il devient maniaque et trouve des excuses naïves à son impuissance poétique. Ses lettres et ses entretiens accusent de plus en plus, dans leurs inlassables répétitions, le goût qu'il a de lui-même, et son besoin « donquichottesque » de se dépenser tourne à la monomanie. De cette époque il reste pourtant un *Journal* inédit, couvrant cent cinquante-neuf cahiers d'écolier, ainsi qu'une quantité de petits écrits et de dessins. Cet ancien poète de la misère qui avait juré de lutter toute sa vie « de façon à ne pas laisser debout un seul pan de l'édifice bourgeois » (lettre à Léon Bloy) était déjà un fervent nationaliste en 1914, un ardent camelot du roi en 1930, et fut enfin un heureux méritant de la Légion d'honneur qu'il reçut peu de temps avant sa mort.

FRANÇOIS SÉGURET.

♦ *« Existe-t-il, en poésie, un aussi douloureux, un aussi long gémissement, un aveu de peine et de misère aussi naïf, aussi intime, aussi déchirant, un aussi profond sanglot ? Je n'en sais rien et j'en doute. »* Léon Bloy.

RÉF. : L. Bloy, *Les Dernières Colonnes de l'Église*, Paris, 1903. – G. Ferdière, *Jehan Rictus, son œuvre*, Paris, 1935. – R. Martineau, *Quelques aspects de Jehan Rictus*, Paris, 1935. – R. Hubert, *Un prétendu poète catholique : Jehan Rictus*, Nice, 1936. – R. L. Doyon, *Jehan Rictus devant lui-même*, Paris, 1943. – T. Briant, *Jehan Rictus*, Paris, 1973.

RIDER HAGGARD Henry. Romancier anglais. Né le 22 juin 1856 à Bradenham, Norfolk, mort le 14 mai 1925 à Ditchingham. Fils d'un avocat distingué, Henry Rider Haggard échoue à l'examen d'entrée de l'Académie militaire d'Ipswich et prépare subséquemment celui du Foreign Office. En 1875, grâce aux relations de son père, il accompagne une mission gouvernementale en Afrique du Sud. Deux ans plus tard, présent au Transvaal lors de son annexion par la Couronne britannique, il est nommé greffier à la haute cour de justice. Il publie régulièrement des articles sur la situation sud-africaine dans des magazines londoniens. Il quitte son poste en 1879 et sert dans la Garde de Pretoria lors de la défaite d'Isandhlouana. Il abandonne alors la carrière légale et s'oriente vers l'élevage des autruches. Il rencontre Luisa Magitson lors d'un voyage en Angleterre et l'épouse l'année suivante. Ils auront trois filles et un fils. La famille revient s'installer en Angleterre en 1881 où Henry Rider Haggard étudie le droit. Il publie alors (à compte d'auteur) *Cetywayo et ses voisins blancs* [*Cetywayo and his white Neighbours, or Remarks on recent Events in Zululand, Natal and Transvaal*, 1882]. Suivent ses deux premiers romans : *Aurore* [*Dawn*, 1884] et *La Tête de la sorcière* [*The Witch's Head*, 1884]. Il embrasse la carrière d'avocat et entame la rédaction des *Mines du roi Salomon* (*) qui remporteront un énorme succès populaire. Rider Haggard mène dès lors deux carrières parallèles.

Le héros des *Mines du roi Salomon*, Allan Quatermain, donne son nom au volume suivant, qui paraît en 1887. La même année, le succès de *Elle ou la Source de feu* (*) l'incite à abandonner le droit et à se consacrer à l'écriture. Il visite de nombreux pays et continents à titre privé et plusieurs romans d'aventures naissent de ces périples : *Cléopâtre* (1889) – Henry Rider Haggard rencontre cette année-là Rudyard Kipling et les deux hommes fraternisent –, *Eric Brighteyes*, situé dans l'Islande d'autrefois, paraît en 1891 ; la même année, alors en voyage au Mexique où il cherche le trésor des Incas, il apprend la nouvelle bouleversante de la mort de son fils âgé de dix ans ; puis paraissent encore *La Fille de Montezuma* [*Montezuma's Daughter*, 1893], *Le Peuple du brouillard* [*The People of the Mist*, 1894], *Cœur du monde* [*Heart of the World*, 1896], situé sous l'empire aztèque ; *La Confrérie* [*The Brethren*, 1904], situé en Palestine à l'époque biblique, *Elissa* (1898), etc. Spécialiste du développement agricole, Henry Rider Haggard s'était présenté au parlement en 1895, mais avait été battu. L'année suivante, il était élu président de la Société des auteurs. Mandaté par le Colonial Office, il parcourt les États-Unis en 1905 et s'y lie d'amitié avec Théodore Roosevelt. Parution, cette même année, de *Ayesha – Le retour d'Elle* (+). Il parcourt encore l'Australie et la Nouvelle-Zélande. *Ève-la-Rouge* [*Red Eve*], roman d'amour épique situé pendant la conquête normande de l'Angleterre, paraît en 1911. Fait Chevalier en 1912 pour services rendus, Henry Rider Haggard est invité à rejoindre les rangs de la Commission royale aux Dominions et publie le premier volume de sa trilogie zoulou : *Marie. La Fleur sacrée* [*The Holy Flower*], d'autres aventures d'Allan Quatermain, paraît en 1915. Mandaté par la Commission, Henry Rider Haggard retourne séjourner en Afrique du Sud et visite le Zimbabwe en 1916, puis se rend en Australie, en Nouvelle-Zélande et au Canada pour étudier le problème de la reconversion de soldats de la Grande Guerre en pionniers dans les dominions de l'Empire. La parution de *L'Esclave reine* [*Moon of Israel*, 1918] marque le déclin de sa popularité littéraire. Il est fait Chevalier Commandeur de l'Empire britannique en 1919. L'avalanche de romans d'aventures continue : *Le Jour où la terre trembla* [*When the World shook*, 1919], *Elle et Allan* (+) (février 1921), où Rider Haggard réunit ses deux plus grandes créations romanesques, *La Vierge du soleil* [*The Virgin of the Sun*, 1922], située chez les Incas, *La Fille de la Sagesse* (+) (1923), où Elle-Ayesha raconte son histoire depuis les origines. Henry Rider Haggard tombe malade à la suite d'un voyage en Égypte et meurt l'année suivante, chez lui. D'autres romans continueront de paraître après sa mort. Son œuvre romanesque, à laquelle s'ajoutent des essais et des récits autobiographiques, est non pas l'une des plus grandes, mais l'une des plus abondantes de son temps, et a fait l'objet de nombreuses adaptations cinématographiques.

XAVIER PERRET.

RIEMANN Bernhard. Mathématicien allemand. Né à Breselenz (Hanovre) le 17 septembre 1826, mort à Selasca, près d'Intra, sur le lac Majeur, le 20 juillet 1866. C'est un des plus grands mathématiciens de tous les temps, et son œuvre domine les mathématiques des cent dernières années. Après avoir abandonné des études de théologie, entreprises pour obéir à son père, Riemann étudia d'abord à Berlin, puis à Göttingen où il devint l'assistant du physicien Weber. Ses travaux fondamentaux sont sa thèse de doctorat (1851) sur les fonctions de grandeur variable, et les deux ouvrages présentés à sa nomination de privat-docent (1853) sur les séries trigonométriques et sur les bases de la géométrie. En 1857, il devint professeur à Göttingen ; quelques années après, gravement malade de la poitrine, il se rendit en Italie pour s'y soigner. C'est là qu'il passa ses dernières années, s'attachant profondément au pays et s'y faisant des amis parmi lesquels figure le mathématicien Betti. L'œuvre de Riemann, si elle n'est pas volumineuse, est tellement riche en conceptions nouvelles et géniales qu'il n'est pas possible de la traiter brièvement. Rappelons seulement que dans sa thèse de 1851 il reprend et développe l'œuvre de Cauchy sur les fonctions de grandeur variable, avec des vues originales et de plus rigoureuses définitions. Riemann introduit la « surface » (aujourd'hui dite de Riemann) « à plusieurs plans superposés », disposés de manière à représenter les fonctions à valeur multiple ; le nombre de coupures incluses et non entrelacées que l'on peut faire sans rompre la connexion est le point de départ de la surface. C'est un concept nouveau, de caractère topologique. Dans son second mémoire de 1853, *Des hypothèses sur lesquelles repose la géométrie* (*), Riemann distingue clairement les propriétés topologiques des propriétés métriques ; il généralise le concept d'espace (ensemble d'éléments déterminés par *n* coordonnées) et celui de distance (« espace » et « métrique » de Riemann). Avec lui, la géométrie, de science de l'espace physique ordinaire, devient la science des espaces : en d'autres termes, Riemann agrandit le domaine de la géométrie et de l'esprit de recherche géométrique, en développant le concept d'espace. Nous ne pouvons nous arrêter ici sur les autres études fondamentales de Riemann (fonctions algébriques et leurs intégrales, formule asymptotique pour déterminer le nombre des nombres premiers inférieurs à une limite déterminée, nouvelle définition du concept d'intégrale définie, etc.). Comme tous les mathématiciens éminents, Riemann fut amené à ces nouvelles conceptions également par des réflexions de caractère philosophique. La plupart des œuvres de Riemann n'ont vu le jour qu'après sa mort, sous le titre de *Œuvres mathématiques* (*) (1876).

RÉF. : R. du Boberil, *Pascal et Riemann*, Rennes, 1902. – H. Weyl, *Die Idee der Riemannschen Fläche*, Leipzig, 1913. – L. P. Eisenhart, *Riemanrian Geometry*, Princeton, 1949. – M. Gromov, *Structures métriques pour les variétés riemaniennes*, Paris, 1981. – E. Cartan, *Leçon sur la géométrie des espaces de Riemann*, Sceaux, 1988.

RIENZO Cola di (Niccolò di Lorenzo Gabrini). Homme d'État italien. Né à Rome en 1313, d'un tavernier et d'une lavandière, mort le 8 octobre 1354. Devenu notaire apostolique, il se rendit populaire et fut appelé au gouvernement de la cité à la suite d'un soulèvement contre les nobles. Ambassadeur auprès du pape Clément VI, alors en Avignon, il demeura un an dans cette ville (entre 1343 et 1344) et rêva, ainsi que le pape et que Pétrarque, son ami, de restaurer la puissance romaine. Rienzo, de retour à Rome, exalta dans ses discours l'antique prestige de l'Urbs et, voulant mettre fin à l'anarchie, proclama, le 20 mai 1347, un gouvernement démocratique. Les barons furent chassés. Rienzo remit rapidement de l'ordre dans l'État, se fit couronner tribun au Capitole et conçut le dessein d'une république italienne. Le dictateur annonça alors la volonté du peuple romain de reprendre ses anciens droits, convoqua Louis de Bavière et Charles IV, qui prétendaient tous deux à la couronne impériale, et — songeant à lui-même — prépara l'élection d'un empereur italien. Mais Clément VI, se méfiant de l'ardent notaire, lança une bulle de condamnation contre Rienzo et s'unit aux barons. Rienzo, découragé, se réfugia au château Saint-Ange et s'enfuit à Prague où Charles IV le livra à Clément VI. Après la mort de ce pape, Innocent VI tenta d'utiliser le prestige renaissant de Rienzo. Reçu triomphalement à Rome en 1354, le tribun forma un second gouvernement, mais, s'étant aliéné bientôt les esprits, fut massacré au cours de la même année. Fort lettré pour son temps, Rienzo avait puisé dans la *Lex regia,* par lui retrouvée, le principe d'une renaissance de la souveraineté romaine. Ses *Lettres* (*) ont été publiées par Burdach, et on lui attribue un recueil épigraphique intitulé *Descriptio Urbis ejusque excellentiae.*

RÉF. : J.-A. Ducerceau, *Conjuration de Nicolas Gabrini, dit de Rienzi, tyran de Rome en 1347,* 1733. — E. d'Auriac, *Études historiques sur Nicolas Rienzi,* Amiens, 1885. — E. Rodocanachi, *Cola di Rienzo, histoire de Rome de 1342 à 1354,* 1888. — G. D'Annunzio, *La vita di Cola di Rienzo,* Milan, 1913. — Comte de Broqua, *Un drame démocratique au* XIVe *siècle : Cola di Rienzo,* 1925.

RIEU Charles, dit **Charloun.** Poète français d'expression provençale. Né le 1er novembre 1845 au Paradou (Bouches-du-Rhône), mort au mas d'Auge, près de Fontvieille en 1924. Il était fils de paysans ; au sortir de l'école, après avoir appris en outre quelques rudiments de grec et de latin, il se mit de bonne heure au travail de la terre pour gagner sa vie. La lecture de *Mireille* (*), alors qu'il était encore enfant, lui fit prendre conscience de sa vocation poétique, encouragée très vivement par Mistral pour qui Charloun conserva un véritable culte. L'œuvre de Charloun est essentiellement composée de ses trois recueils de chansons : *Les Chants du terroir* (*) (1897) ; *Nouveaux Chants du terroir* (1900) ; *Derniers Chants du terroir* (1904). Dans ces trois volumes, le poète chante les « travaux et les jours » du paysan de Provence, aussi bien les menus incidents de la vie de la ferme que les soucis que causent les mauvaises récoltes. Cependant ce paysan a donné une excellente traduction en provençal de l'*Odyssée* (*) (1907), qui rend merveilleusement le rythme et l'harmonie des vers d'Homère et l'atmosphère de la vie rurale en Grèce à l'époque d'Ulysse. Charloun s'est aussi essayé dans le genre dramatique avec *Marguerite du Destet* [*Margarido doú Desté,* 1892] qui, encore inédite, a été jouée à Châteaurenard quelque temps avant sa mort, et n'a été reprise que rarement depuis, malgré ses qualités incontestables. Charloun est un authentique poète paysan qui a le sens de la langue, dont il utilise avec une maîtrise remarquable la souplesse, les images et la rusticité.

RÉF. : Elzéard Rougier, « Les Poètes du terroir, Charloun Rieu », article in *Revue de Provence,* Marseille, 1899. — Hans Weiske, *Charloun Rieu, der Feliber von Paradou,* étude in *Archive für das Studium der neueren Sprachen und Literaturen,* Brunswick, 1907. — Marie Mauron, *Le Solitaire enchanté,* Paris, 1957 ; *Charloun Rieu du Paradou, poète,* Raphèle-les-Arles, 1981.

RIFBJERG Klaus. Poète et romancier danois. Né à Copenhague le 15 février 1931. Membre de l'Académie danoise, 1967. L'œuvre de Rifbjerg comporte des romans, nouvelles, poésies, œuvres dramatiques pour le théâtre, la radio et la télévision ainsi que des scénarios de films. Il débute comme poète avec une série de recueils qui vont transformer la poésie danoise contemporaine de fond en comble : une nouvelle diction, un nouveau vocabulaire et un nouveau langage poétique aptes à exprimer la rencontre complexe entre le monde moderne et un moi qui, privé de ses réflexes intellectuels et culturels pour le contenir, se voit renvoyé à son corps dont les réactions seules peuvent lui dire qu'il existe. Une spontanéité sensuelle à l'état brut pose la question : comment raconter le moi dans sa totalité face à un monde fragmenté et fragmentant ? Les recueils *Confrontation* [*Konfrontation,* 1960], *Camouflage* (1961), *Volière* (1962), *Portrait* [*Portræt,* 1963], ont en commun le thème de l'identité exploré dans le temps et l'espace objectifs comme subjectifs. Peu à peu, l'écriture s'adoucit. Ainsi *Poèmes d'Amager* [*Amagerdigte,* 1965], dont le thème est l'enfance, introduit une ère nouvelle : la structure du poème est plus narrative, son matériau est celui des souvenirs accessibles. Il ne s'agit plus de se frayer un chemin vers le refoulé, mais d'explorer l'espace subjectif ainsi conquis.

Si la poésie de Rifbjerg constitue une « frise de la vie », titre d'un recueil [*Livsfrisen*] paru en 1979, sa prose (romans, nouvelles et œuvres dramatiques) constitue une véritable frise sociale. Traditionnelle par sa forme, la prose de Rifbjerg dépasse pourtant le réalisme ordinaire par ses pénétrantes descriptions lyriques qui puisent leur intensité et leur clairvoyance dans sa poésie. L'innocence et le passage périlleux d'une étape de la vie à une autre sont des thèmes constants. Dans *L'Innocence chronique* (*) (1958), la confrontation entre l'hypocrisie des adultes et la sexualité en éveil des adolescents engendre la mort. L'innocence devient une maladie chronique, que l'on traite dans les hôpitaux, et non pas la force créatrice nécessaire à l'utopie sociale, en l'occurrence la société de bien-être, si la vie peut y avoir une chance de survivre. Dans *L'Amateur d'opéras* (*) (1966), *Anna (moi) Anna* [*Anna (jeg) Anna,* 1969], et *Un visage détourné* [*Et bortvendt ansigt,* 1976], pour ne citer que ceux-là, des adultes socialement bien établis se retrouvent dans des situations instables lorsque leur carrière se désintègre : le masque social craque et cède devant une exigence de réalisation existentielle totale. L'innocence, le rêve d'authenticité venant de l'enfance ne mourra jamais ; voilà le nerf de la critique sociale de Rifbjerg, d'ordre moral plutôt que politique.

KARL E. POULSEN.

RIGAUT Jacques. Écrivain français. Né le 30 décembre 1898, à Paris, mort à Châtenay-Malabry le 6 novembre 1929. Après des études secondaires au lycée Louis-le-Grand, il s'inscrit à la faculté de droit en 1916, puis décide de devancer l'appel — il restera sous les drapeaux jusqu'en octobre 1919. Parallèlement à ses études de droit il se lie avec les écrivains du groupe Dada et publie divers textes dans *Littérature* (*), la revue du mouvement. Après la dissolution du mouvement Dada, en 1923, Rigaut rompt ses rapports avec l'avant-garde littéraire et renonce à s'engager dans l'aventure surréaliste. En 1924, il rencontre une jeune Américaine fortunée (Gladys Barber) qu'il épousera à New York en 1926. Sa brouille avec son épouse, des conditions matérielles souvent precaires, l'abus d'héroïne et d'alcool contribuent à sa déchéance. De retour en France et après plusieurs tentatives de désintoxication, il décide de mettre fin à ses jours et se tire une balle dans le cœur dans la matinée du 6 novembre 1929, mettant à exécution, après un rituel minutieux, un vœu que dès 1920 il avait formulé : « Nous nous tuerons ce soir si c'est notre bon plaisir. » Rigaut ne publia de son vivant que quelques courts textes et renonça à faire paraître ceux qu'il écrira après 1923. Œuvre donc pour l'essentiel posthume, fascinée par la mort, rongée par une souveraine indifférence à l'égard de tout et de soi, et qui sera sauvée de l'oubli grâce à la patience de ses amis. Ses *Écrits* (*), dans leur édition définitive, paraîtront en 1970. « Essayez, si vous le pouvez, d'arrêter un homme qui voyage avec son suicide à la boutonnière. »

FRANCIS WYBRANDS.

RIGAUT de Barbezieux ou de Berbresil. Troubadour saintongeais. Né au château de Barbezieux, en Saintonge, vers 1150, mort probablement à Haro, en Biscaye, vers 1215. Contemporain des grands troubadours Bertran de Born, Arnaut de Mareuil et Giraut de Bornelh, sa biographie demeure très incertaine. Il vécut longtemps en Saintonge, voué à l'amour d'une dame qui était, dit-on, la fille de Jaufré Rudel, et la chanta en la nommant sa « Mieux que dame ». Cet amour fut peut-être partagé, « mais jamais on ne crut qu'elle lui fit amour de sa personne ». Ses chansons lui acquirent du moins la célébrité ; une autre châtelaine l'attira, le séduisit et l'envoya rompre avec sa dame. Il le fit, mais lorsqu'il revint pour partager l'amour qu'on lui avait promis, la châtelaine lui reprocha son infidélité et le renvoya en disant que celui qui trahit une fois, on ne peut plus lui faire confiance. Désespéré, Rigaut gagna la forêt et s'y fit ermite. Les chevaliers, qui regrettaient sa compagnie et ses chansons, essayèrent d'obtenir son pardon ; il fut accordé à la condition que cent jeunes seigneurs viendraient en compagnie de leurs dames demander la grâce de l'infidèle. Ainsi fut fait, du moins telle est la légende que rapporte, entre autres, l'une des nouvelles du *Novellino* (*), légende qui illustre bien les mœurs du temps. Plus tard, Rigaut se rendit à la cour de Champagne et y chanta Marie, comtesse de Champagne et fille d'Aliénor d'Aquitaine, mais sans doute n'eut-il pas grand succès, car son séjour fut de brève durée. Il gagna alors l'Espagne et s'installa à la cour de dom Lopez de Haro, le plus célèbre protecteur des troubadours de ce temps, et c'est probablement là qu'il demeura jusqu'à sa mort. Son œuvre connut un grand succès et une vaste diffusion à travers le Languedoc, la Provence et l'Italie, mais il ne nous en est parvenu qu'une dizaine de chansons. Elles sont considérées comme un véritable bréviaire de l'amour courtois, et peuvent passer pour le modèle classique de la poésie des troubadours — v. *Les Bestiaires* (+) et *Poésies* (*).

BERNARD NOËL.

RÉF. : J. H. Smith, *The Troubadours at Home,* Londres, 1899. — J. Anglade, *Le Troubadour Rigaut de Barbezieux,* in *Société des archives historiques de la Saintonge et de l'Aunis,* Saintes, 1908. — J. Anglade, *Les Chansons du troubadour Rigaut de Barbezieux,* in *Revue des langues romanes,* Montpellier, 1920. — A. Varvaro, *Rigaut de Berbezilh, Liriche,* Bari, 1960. — R. Lejeune, « Le Troubadour Rigaut de Barbezieux », dans les *Mélanges J. Frank,* Sarrebruck, 1957, p. 269-295.

RILKE Rainer Maria (René Karl Wilhelm Joseph Maria Rilke, dit). L'un des plus grands poètes de langue allemande du XXe siècle, avec Stefan George et Hugo von Hofmannsthal, est né le 4 décembre 1875 à Prague, et mort le 29 décembre 1926 à Valmont près de Montreux. Fils de Josef Rilke, ancien officier de carrière et inspecteur des chemins de fer, et de Phia Entz, fille d'un négociant et conseiller aulique. Après ses premières classes à l'école conventuelle des piaristes à Prague, il entre à l'École des Cadets de St-Pölten, puis à la Militär Oberrealschule de Mährisch-Weisskirchen, en est retiré, et après ces cinq années de pénibles expériences, il termine enfin ses humanités en prenant des leçons particulières. Il passe son baccalauréat en 1895 et s'inscrit en 1896 à l'université de Munich, où il étudiera la philosophie mais surtout suivra les cours d'histoire de l'art de Richard Muther. Vers cette époque, Rilke participe à de nombreux courants fin de siècle, publie dans des revues allemandes et autrichiennes, développe une certaine activité dramatique à Prague. Les œuvres en prose et les premiers poèmes de cette période n'ont qu'un intérêt historique et documentaire par rapport à son évolution ultérieure ; car si on y relève d'une part l'influence, d'ailleurs avouée, de Liliencron et de Dehmel, et plus tard de la « Stimmungslyrik » (lyrisme des états d'âme, évocations d'atmosphères), aucune ne caractérise encore le génie qui devait s'épanouir peu de temps après dans des conditions de vie nouvelles, si ce n'est que l'on trouve çà et là des accents qui ne gagneront en ampleur qu'à la suite de certains événements intimes ; destin qui fera de Rilke, malgré sa vaste audience, un « isolé » comme Hölderlin et Nietzsche, et le précipitera hors de la vie littéraire allemande proprement dite dans de plus vastes circuits ; et cependant, c'est en lui que les ressources de l'âme et de la langue allemandes vont connaître une de leurs plus hautes floraisons.

En 1897 à Munich, il rencontre l'ancienne amie de Nietzsche, Mme Lou Andreas Salomé, que le poète de *Ainsi parlait Zarathoustra* (*) avait voulu épouser, et auquel elle avait consacré d'importantes études comme elle fera plus tard pour le poète des *Élégies de Duino* (*) ; devenue à ce moment la femme du professeur Andreas, fameux orientaliste, elle sera plus tard fervente disciple de Freud ; Rilke se lie intimement avec elle. Quand il séjournera pour la première fois en Italie, notamment à Florence, il en rapportera un journal de voyage à l'intention de Lou – v. *Journal florentin* (*) ; elle-même – qui est d'origine balte, d'une famille de huguenots français établie à Saint-Pétersbourg – l'emmène successivement dans deux voyages en Russie où ils séjourneront d'avril à juin 1899, puis derechef du début mai à fin août 1900, et où il rencontrera Tolstoï ; c'est ainsi, sous le signe de Lou, que Rilke éprouve ses deux premiers contacts avec le monde slave et le monde latin. À l'issue de sa liaison avec Rilke, elle continuera à exercer sur lui une cure d'âme qui prévaudra jusqu'aux derniers jours du poète. En automne 1900, revenu en Allemagne, il s'établit à Worpswede (entre Brême et Hambourg) au milieu d'une colonie d'artistes ; c'est là qu'il rencontrera une jeune fille sculpteur, élève de Rodin, Clara Westhoff, qu'il épousera en 1901 ; à la fin de l'année, ils auront une fille, Ruth.

En 1902, Rilke et sa femme se rendent à Paris où Rilke entre en contact personnel avec Rodin ; de cette fréquentation de l'artiste en plein travail, le poète s'en reviendra avec la nostalgie d'une vie artisanale. En avril 1903, Rilke et Clara décident d'interrompre leur vie conjugale, mais ils resteront en constants rapports jusqu'à la fin de la vie du poète ; Rilke se rend à Viareggio, puis revient à Paris et repart avec Clara à Worpswede ; de là, au moins d'août – c'est l'une des conséquences du contact avec Rodin et des antiques à Paris –, ils se rendent à Rome où Rilke passera seul de longs mois jusqu'en juillet 1904. De Rome dont il est sursaturé, répondant à diverses invitations scandinaves dont celle de la femme écrivain danoise Ellen Key, il se rend au Danemark et en Suède. C'est l'époque où il s'occupe intensément de Jacobsen, l'auteur de *Niels Lyhne* (*). En 1905, il revoit son amie Lou à Göttingen, revient l'automne à Paris d'où il repart pour une tournée de conférences en Allemagne. La même année, il s'est lié avec Kippenberg (l'Insel-Verlag) à Leipzig qui désormais publiera toutes ses œuvres.

Si, entre 1896 et 1898, Rilke avait fait paraître quelques recueils qu'il considéra plus tard lui-même comme peu représentatifs et qu'il admit par pure probité dans le premier tome de ses œuvres complètes, il nous faut cependant en mentionner quelques-uns : *Sacrifices lariques* [*Larenopfer,* 1896], *Couronné de rêves* [*Traumgekrönt,* 1897], *Avent* [*Advent,* 1898]. Rilke lui-même a toujours fait dater sa réalité poétique de 1899-1900. Or, dès 1899, on lit dans son recueil *À Moi pour me fêter* [*Mir zur Feier*] – v. *Poésies de jeunesse* (*) – le poème *Ce qu'est la nostalgie,* qui projette déjà le mouvement du destin rilkéen. La même année, il compose *Le Chant de l'amour et de la mort du cornette Rilke* (*). Entre 1900 et 1905, il a d'ores et déjà donné des œuvres capitales : *Le Livre d'heures* (*) (en trois livres composés successivement : le *Livre de la vie monastique,* 1899 ; *Livre du pèlerinage,* 1901 ; le *Livre de la pauvreté et de la mort,* 1903) ; un poème dramatique : *La Princesse blanche* [*Die weisse Fürstin,* 1900] ; *Le Livre d'images* (*) ; certains grands poèmes tels *La Panthère* [*Der Panther,* 1903], *Orphée, Eurydice, Hermès* [*Orpheus, Eurydike, Hermes,* 1904], plus tard réunis dans le recueil des *Nouveaux Poèmes* (*) [*Neue Gedichte,* 1907]. Il a écrit, vers la même époque, les lettres à X. Kappus, publiées sous le titre des *Lettres à un jeune poète* (*) en 1929 ; sa monographie sur *Auguste Rodin* (1903). Enfin, il a commencé sa grande œuvre en prose : *Les Cahiers de Malte Laurids Brigge* (*).

En 1906, Rilke accepte l'hospitalité (à Meudon) de Rodin dont il devient le secrétaire ; peu de temps après, un malentendu vient ternir leurs rapports et Rilke s'installe en Belgique, et arrive vers la fin de l'année à Capri pour y demeurer jusqu'à fin mai 1907. Il se retrouve en octobre 1907 à Paris, où la peinture de Cézanne (salon d'automne) agit sur lui de façon aussi déterminante que l'art de Rodin. En novembre, une tournée de conférences le ramène à Prague ; il se réconcilie par lettres avec Rodin, gagne Venise, puis remonte en Allemagne du Nord (Oberneuland), où il demeure jusqu'en mars 1908. Il passe le début du printemps à Capri et rentre en mai à Paris où il réside rue de Varenne (hôtel Biron). En 1909, il va faire une cure en Allemagne aux bains de Rippoldsau ; fin septembre, il voyage en Provence et découvre les Baux. À son retour à Paris, par l'intermédiaire de son ami le philosophe Rudolf Kassner, il rencontre la princesse von Thurn und Taxis, avec laquelle il développera une longue et confidentielle amitié qui durera jusqu'à la fin de sa vie. Aussi en 1910, après une nouvelle tournée de conférences en Allemagne, faite en janvier, répondant à une invitation de la princesse, gagne-t-il la vieille résidence des Taxis en Dalmatie, sise sur l'Adriatique, le château de Duino — où plus tard naîtront les *Élégies* de ce nom. L'année 1910 achève la période marquée surtout par l'élaboration des *Cahiers de Malte Laurids Brigge* qui paraîtront l'année suivante. Dans l'intervalle, une nouvelle série de ses plus beaux poèmes paraît sous le titre des *Frühe Gedichte* (1909), remaniement de *Mir zur Feier,* mais surtout les *Nouveaux Poèmes* — et quelques-uns de ses grands poèmes les plus célèbres tels : *Alceste* [*Alkestis,* 1907] ; le *Requiem pour une amie* [*Requiem für eine Freundin,* 1908] ; *Requiem pour le comte de Kalckreuth* [*Requiem für den Grafen Wolf von Kalckreuth,* 1909] — v. *Requiem* (*) ; il a traduit les *Sonnets* (*) d'Elisabeth Barrett-Browning (1908), les *Cinq Lettres de la sœur Marianna Alcoforado* — v. *Lettres portugaises* (*) (1906-1907). En outre, il travaille à une seconde partie de son étude sur Rodin et écrit à sa femme une série de *Lettres sur Cézanne.* En décembre 1910, il se rend en Algérie et en Tunisie, puis s'embarque à Naples pour l'Égypte où il voyage et séjourne jusqu'à la fin de mars. Mais, dès avril, il est de retour à Venise et, en juin, à Paris. Il passe ensuite en Allemagne, visite la princesse von Thurn und Taxis en Bohême, puis revenu à Paris à l'automne, il redescend dans le Midi et rejoint le château de Duino où, cette fois, il séjournera seul jusqu'en mai 1912 ; c'est durant cette réclusion prolongée sur l'Adriatique que Rilke entre dans le cycle des *Élégies de Duino ;* il passe une partie de l'été à Venise, s'y lie avec la Duse, puis revient à Duino, remonte à Munich, redescend sur Paris pour gagner l'Espagne où, à partir de novembre jusqu'à fin février 1913, il vivra des heures révélatrices, notamment à Tolède et à Ronda. Durant cette année, il revient en Allemagne, y fait une nouvelle cure à Rippoldsau, revoit Lou Andreas Salomé à Göttingen, entreprend avec elle un voyage dans le Riesengebirge, puis regagne Paris où il habite désormais rue Campagne-Première. Au début de 1914, il quitte Paris pour Berlin où il séjournera de février à mars, s'y lie avec une virtuose, Mme de Hattingberg (Benvenuta), élève de Busoni ; tous deux font ensuite un voyage à Munich et à Duino. De là, Rilke se rend à Assise, rentre à Paris, d'où il repart de nouveau pour Leipzig chez son éditeur et ami Kippenberg ; c'est en Allemagne que le surprend l'explosion de la guerre.

Entre 1911 et 1914, après la publication des *Cahiers* (1911), le plus important à signaler ce sont les premières manifestations des *Élégies* qui seront au nombre de dix (la première et la seconde entièrement écrites à Duino, en mai 1912, suivies d'ébauches de la troisième, de la sixième, de la dixième) ; les grands poèmes : *Trilogie espagnole* [*Spanische Trilogie,* 1913] ; *À l'ange* [*An den Engel,* 1913] ; *Tournant* [*Wendung,* 1914] ; le poème *À Hölderlin* (1914) ; d'autre part, deux morceaux en prose : *Expériences* [*Erlebnisse*], révélateurs de l'« espace intérieur du monde » ; des traductions : *Le Centaure* (*) de Maurice de Guérin ; quelques sonnets de Louise Labé ; *Le Sermon de l'Amour de Madeleine* (sermon français du XVIIe siècle) ; enfin la traduction du *Retour de l'enfant prodigue* (*) d'André Gide.

Au début des hostilités de 1914, Rilke s'installe à Munich ; en 1915, il y revoit Lou Andreas Salomé ; par ailleurs, il s'y lie avec Mme Lulu Albert-Lasard, peintre ; au cours d'un séjour en Westphalie chez Mme Hertha König, il a pu contempler les *Saltimbanques* de Picasso, évocation pour lui d'un souvenir parisien de 1907, et qui trouvera sa résonance dans la quatrième *Élégie.* Vers la fin de l'année il se trouve à Vienne chez la princesse von Thurn und Taxis. Ressortissant autrichien, il y est mobilisé en 1916 ; d'abord pour le service armé, puis comme auxiliaire affecté au service de presse du ministère de la Guerre à Vienne ; définitivement libéré en juin, il continuera à résider à Munich (sauf quelques voyages à Berlin et en Westphalie) et c'est à Munich qu'il vivra la révolution de Novembre 1918. En 1919, il y reçoit encore Lou Andreas Salomé qu'il revoit alors pour la dernière fois ; en juin 1919, invité à donner des séances de lecture dans différentes villes suisses, Rilke quitte définitivement l'Allemagne. Il passe successivement à Berne, Nyon, Zurich, puis à Genève, enfin à Soglio, et décide de demeurer provisoirement en Suisse. En 1920 — après un saut à Venise où il revoit la princesse von Thurn und Taxis — il se retrouve à Genève où il se lie avec « Merline », femme peintre, avec laquelle il explore le Valais ; puis il va passer huit jours à Paris où il reprend contact avec le passé ; Paris retrouvé et le Valais découvert avec des réminiscences du paysage espagnol de Tolède constituent alors pour Rilke l'expérience de la réintégration d'un circuit, la guérison des « fractures intimes ». De retour en Suisse, il séjourne pour un temps près de

Bâle, au château de Berg. Au printemps, il descend dans le canton de Vaud sur le bord du Léman, mais en juin revient avec Merline dans le Valais, où il décide de s'installer à demeure au château de Muzot, près de Sierre, que lui offrent ses amis Reinhardt, de Winterthur. C'est là que se produit, en février 1922, l'événement capital de cette dernière période : l'achèvement des *Élégies de Duino.* Vers la fin de l'année, sa santé se fait chancelante. En 1923, il se rend pour la première fois à la clinique de Valmont. De retour à Muzot, en 1924, il y reçoit Paul Valéry. Il reverra également et pour la dernière fois sa femme Clara Westhoff, à Sierre ; il termine l'année à la clinique de Valmont. Au début de 1925, il quitte Valmont, non pour Muzot, mais pour Paris, où il fait un séjour long et épuisant dans l'agitation des anciens amis retrouvés – entre autres Gide – et des nouvelles rencontres (Jules Supervielle, Jean Cassou, Jacques Rivière, Groethuysen, Edmond Jaloux, Charles du Bos, Jean Paulhan, Maurice Betz, son premier traducteur français). De retour à Muzot, il y célèbre son cinquantième anniversaire. Mais dès le printemps 1926, ses malaises le ramènent à la clinique de Valmont ; il ne repasse à Muzot que vers la mi-été, revoit pour la dernière fois la princesse von Thurn und Taxis, à Ragaz ; en septembre, il est à Lausanne, y rencontre la « belle Égyptienne » (Mme Nimet Eloui) et va passer quelques jours à Muzot ; dès fin novembre, il revient à Valmont. Le mal, dont les symptômes se sont révélés sporadiquement, éclate : Rilke, atteint d'une leucémie aiguë, meurt à la clinique, le 29 décembre 1926. Conformément à son testament, il est enseveli à Rarogne (Valais), le 2 janvier 1927.

Au début de la guerre, Rilke semble encore porté par l'essor des années précédentes ; en tout cas, en 1915, il compose la quatrième *Élégie* et entre autres grands poèmes, le *Requiem pour la mort d'un jeune garçon* [*Requiem auf den Tod eines Knaben*] – v. *Requiem* (*) –, et la magnifique *Ode an Bellman,* les *Paroles du Seigneur à Jean à Patmos* (ainsi que des traductions de Michel-Ange, poursuivies vers la fin de la guerre). Mais, à partir de 1916, son « cœur ruiné » par la désolation est presque réduit au silence jusqu'en 1918, si l'on excepte quelques très beaux vers de circonstance et l'achèvement de la traduction des sonnets de Louise Labé (1917). En 1918, un seul mais très important poème, *Musique : respiration des statues* [*Musik : Atem der Statuen*]. Entre 1919 et 1926 : période les plus fécondes, gravitant autour de l'accomplissement des *Élégies de Duino* et de la composition des *Sonnets à Orphée* (*) (au château de Muzot en 1922). En 1920, Rilke avait composé les *Poèmes posthumes du Comte C. W.* [*Aus dem Nachlass des Grafen C. W.*] (château de Berg, Bâle). Quant aux autres innombrables poèmes venus entre 1919 et 1926, ils ont été recueillis et publiés sous le titre *Poèmes tardifs.* Innombrables sont également les poèmes dispersés qui ont donné lieu récemment à un nouveau volumineux recueil intitulé *Poèmes* (1906-26). Il reste enfin à mentionner les *Poèmes français : Vergers,* les *Quatrains valaisans,* les *Fenêtres,* les *Roses, Carnets de poche* (1924), publiés en 1926 d'abord puis en 1935. Enfin, entre 1921 et 1926, Rilke s'était voué à la traduction des œuvres de Valéry : *Le Cimetière marin* (*) et *Eupalinos* (*) (en 1921 et en 1922), l'*Âme de la danse* (*), *Charmes* (*) et les autres recueils du poète français.

On peut circonscrire trois périodes dans la carrière poétique de Rilke, à partir de 1900 : la première période, de 1900 à 1906, qui est dominée par *Le Livre d'heures* et par quelques autres grands poèmes et s'inscrit dans le contexte des diverses influences et réalités assimilées (la liaison avec Lou Andreas Salomé, la Russie, l'Italie, la Scandinavie, Paris, les arts plastiques) ; Rilke, par défiance de ses états d'âme, de sa propension à l'effusion, de son pathos même, aspire à une règle de vie, à des disciplines d'art, alors même qu'il a déjà atteint à la très haute expression poétique ; de là, la grande attraction de l'exemple artisanal de Rodin, comme aussi celui de la peinture de Cézanne (cela dans sa lutte avec la remontée des souvenirs d'enfance durant son premier séjour parisien) ; le but est alors de créer des « objets » ; de là se forme chez Rilke la notion de l'espace en tant que dimension spirituelle (*Le Livre des images* et les *Nouveaux Poèmes*).

La seconde période, de 1906 à 1910, est dominée par l'élaboration de la grande œuvre en prose : les *Cahiers de Malte Laurids Brigge,* méditation sur le dépaysement d'une âme qui succombe aux « éléments insaisissables de cette vie » pour n'avoir su surpasser la vision artistique de son regard. Œuvre d'une prose admirable, pour Rilke, elle reste comme le témoignage d'un échec intérieur : car elle eût dû opérer l'exorcisme des secrets de son enfance – et elle n'avait fait que peindre son propre recul devant sa vraie tâche. Pendant qu'il achevait le livre, il a envisagé de ne plus écrire pour se vouer à la médecine et même songé un instant à se soumettre à la psychanalyse ; tentation d'échapper à son propre destin qui le ressaisit bientôt avec véhémence au château de Duino (1911-1912).

À Duino commence la troisième période : c'est la période du cycle des *Élégies.* Elle embrasse dix années, y compris la syncope des quatre années de guerre, et culmine dans les six jours de l'achèvement des *Élégies* en 1922, au château de Muzot. On peut y discerner trois phases : la première se polarise entre Duino et Tolède. La seconde est celle des « années indicibles » (1914-18) qui confine le poète à Munich, entre Vienne et Berlin. Dans un grand poème de 1914, le poète avait dit : « l'œuvre de la vision est faite / fais désormais l'œuvre du cœur » ; à vrai dire, ce fut l'intégration de la catastrophe à son expérience. Elle constitue une partie intégrante de la sphère des *Élégies ;* et si, au lendemain de la guerre, il connut le rétablissement du « mouvement circulaire de la conscience », c'est peut-être que la démesure de la catastrophe, l'échec de l'être humain devant les forces « obscures » étaient devenus révélations même de la transcendance de ces forces, sous la figure de l'« Ange », dont la beauté n'est que « le commencement du terrible ». Le mode intermittent dont se « dictèrent » les *Élégies* semblerait témoigner de leur caractère prémonitoire par rapport à un événement qui menace leur audition, et n'en fait pas moins partie de leur origine ; ce qu'elles nomment « la mort familière » — le monde des morts. Jusqu'au moment de Duino, Rilke était allé au-devant des choses pour mûrir son art : désormais, il convertit l'espace vécu en espace intérieur [Weltinnenraum] : ici la mort n'est plus seulement le « fruit qui mûrit à l'intérieur de la vie », mais « la face cachée de l'existence — l'autre côté de la nature », où toute existence apparaît en dehors de la fonction de vivre, toute chose en dehors de son usage, dans sa réalité ontologique.

La dernière phase de la troisième période, au lendemain de l'achèvement des *Élégies* et de la composition des *Sonnets à Orphée,* si elle s'épanouit dans une production poétique d'une splendeur et d'une richesse incomparables, comme en font foi les *Poèmes inédits* ou les *Poèmes* dits *tardifs,* il reste qu'elle fut pour Rilke un règlement de comptes : secoué par l'irruption soudaine et totale d'une « présence » qu'il invoquait depuis dix ans (1912-1922), il connut alors une crise, finale, qu'il éprouva comme la loi des compensations.

Dès la parution du *Livre d'heures* et de son poème de jeunesse (le *Cornette Rilke*), sa célébrité se répandit rapidement non seulement en Autriche et en Allemagne, mais aussi en Scandinavie. Par exemple à l'époque où, en France, Claudel, Gide, pour ne pas parler de Valéry ou de Proust, restaient confinés dans un public de cénacle, et discutés, voire contestés dans l'opinion, Rilke jouissait déjà en Allemagne de la plus vaste audience qu'un poète ait jamais connue de son vivant, dans l'époque contemporaine. Dès le lendemain de la Première Guerre mondiale, la gloire de Rilke était universelle. Et cependant l'œuvre poétique de Rilke appartient comme celles d'un Hölderlin ou d'un Shelley au nombre de celles qui défient la traduction. Il reste que, rarement, poète de son envergure s'est autant dépensé dans sa *Correspondance* (*) (près d'une dizaine de volumes) : elle n'a pas seulement un caractère confidentiel et intime (correspondance avec Lou, avec la princesse von Thurn und Taxis, lettres françaises à Merline) mais, d'une manière générale, elle constitue un perpétuel commentaire aux états préalables à sa création en même temps qu'une méditation sur la position aléatoire du poète dans le monde moderne.

PIERRE KLOSSOWSKI.

♦ *« ... Nous butinons éperdument le miel du visible pour l'accumuler dans la grande ruche d'or de l'invisible. Et cette activité est à la fois soutenue et stimulée par le fait qu'une si grande part du visible s'efface toujours plus rapidement et pour n'être point remplacée* [...] *Les choses animées, vivantes, les choses associées à notre connaître sont sur leur déclin et ne peuvent plus être remplacées. Nous sommes peut-être les derniers à les avoir connues. Sur nous repose cette responsabilité d'avoir non seulement à garder leur souvenir (ce serait trop peu et trop peu sûr), mais encore à sauvegarder leur valeur humaine et* larique... *L'Ange des Élégies est cette créature dans laquelle la transmutation du visible en invisible que nous réalisons apparaît comme déjà accomplie. L'Ange des Élégies est cet être qui se porte garant de reconnaître dans l'invisible un rang supérieur de réalité. »* R. M. Rilke, lettre à Witold de Hulewicz, 13 novembre 1925.

♦ *« Ni avant, ni après Rilke, n'ont été atteints cette haute et sereine tension de l'impression, ce calme de limpide orient dans un mouvement jamais suspendu. Ni l'ancienne poésie allemande, ni George ou Borchardt ne montrent de feu libre, cette combustion sans tremblement ni ombre* [...] *La poésie de Rilke a quelque chose de largement ouvert, son pouvoir dure comme un suspens soutenu* [...] *À suivre l'évolution de Rilke* [...] *on voit* [...] *tout ce qui était présent depuis le début se modifier à peine, être modelé par un sens de plus en plus profond. On assiste, en un mot, au spectacle extrêmement rare d'une formation par accomplissement intérieur* [...] *On pourrait dire qu'il s'agit ici, encore que partiellement, du sentiment considéré comme un Tout sur lequel le monde, comme une île, flotterait... Rilke aura été un jour, sur le chemin qui conduit de la religiosité du Moyen Âge par-delà l'idéal humaniste vers une image nouvelle du monde, non seulement un grand poète, mais un guide considérable. »* Robert Musil. ♦ *« Si l'on voulait isoler le trait propre à l'expérience de Rilke, celui que sa poésie préserve par-delà les images et les formes, il faudrait le chercher dans un rapport avec le négatif : cette tension qui est un consentement, cette patience qui obéit, mais qui cependant va au-delà (« Il obéit en passant outre »), cette action lente et comme invisible, sans efficacité, mais non sans autorité, qu'il oppose à la puissance agissante du monde et qui va dans le chant, est l'entente secrète avec la mort* [...] *Rilke, comme Mallarmé, fait de la poésie un rapport avec l'absence, mais combien cependant les expériences de ces deux poètes, apparemment si proches, sont différentes* [...] *pour Mallarmé, l'absence reste la force du négatif, ce qui écarte « la réalité des choses »* [...] *pour Rilke l'absence est aussi la présence des choses, l'intimité de l'être-chose où se rassemble le désir de tomber vers le centre par une chute silencieuse, immobile et sans fin* [...] *Rilke* [...] *se tourne vers la mort comme vers l'origine de la possibilité poétique, cherche avec elle un rapport plus profond* [...] *L'absence se lie chez Mallarmé, à la soudaineté de l'*instant [...] *L'absence, chez Rilke, se lie à l'espace qui lui-même est peut-être libre du temps, mais qui* [...] *par la lente transmutation qui le consacre, est aussi comme un autre temps, une manière de s'approcher d'un temps qui serait le temps même de mourir ou l'essence de la mort, temps bien différent de l'affairement impatient et violent qui est le nôtre... »* Maurice Blanchot. ♦ *« Si Rilke ne s'est pas effondré, alors qu'il l'aurait pu si souvent, s'il n'avait pas à chercher remède hors de lui, dans la psychanalyse, la morale, la politique ou la religion, c'est qu'il pouvait écrire de telles lignes ;*

c'est-à-dire constater une évidence qui semble suffire à rendre la vie impossible ou vaine et en même temps, par l'image qui la saisit, l'inscrire – sans l'effacer ni la tourner – dans une immensité qui la change, dans une figure qui l'apaise ; c'est-à-dire maintenir l'homme et le monde saufs. [...] *La poésie finalement est cette possibilité d'insérer la plainte dans une totalité qui la résorbe.* » Ph. Jaccottet.

RÉF. : R. Musil, *Discours sur Rilke,* Berlin, 1927 (trad. dans *Essais,* Paris, 1978). – M. Betz, *Petite stèle pour R.M. Rilke,* Paris, 1927 ; *Rilke vivant, souvenirs, lettres, entretiens,* Paris, 1937 ; *Rilke à Paris,* Paris, 1941. – L. Andreas Salomé, *R.M. Rilke,* Leipzig, 1928 (trad. Paris, 1989). – C. Sieber, *Die Jugend R.M. Rilkes,* Leipzig, 1932. – M. von Thurn und Taxis-Hohenlohe, *Souvenirs sur Rilke,* Paris, 1936. – J. R. von Salis, *R. M. Rilkes Schweizerjahre,* Frauenfeld, 1936. – C. F. Ramuz, *Rilke en Valais,* Lausanne, 1939. – E. C. Mason, *Lebenshaltung und Symbolik bei R. M. Rilke,* Weimar, 1939 ; *R. M. Rilke, sein Leben und sein Werk,* Göttingen, 1964. – K. Kippenberg, *R. M. Rilke,* Paris, 1942. – E. Saloux, P. Valéry, A. Gide, R. Rolland et al., *Rilke et la France,* Paris, 1942. – G. Marcel, « Rilke, témoin du spirituel » dans *Homo Viator,* Paris, 1944. – R. Guardini, *Zu R. M. Rilkes Deutung des Daseins,* Berne, 1946. – D. Bassermann, *Der späte Rilke,* Munich, 1947 ; Fribourg-en-Brisgau, 1948. – M. Heidegger, « Wozu Dichter ? » dans *Holzwege,* Francfort-sur-le-Main, 1950. – O.F. Bollnow, *Rilke,* Stuttgart, 1951. – R. Kassner, introduction à la *Correspondance de Rilke avec Marie von Thurn und Taxis,* Zurich, 1951 ; *Rilke,* Pfullingen, 1956. – J. F. Angelloz, *Rilke,* Paris, 1952. – J. Cassou, *Trois poètes : Rilke, Milosz, Machado,* Paris, 1954. – E. Buddeberg, *R. M. Rilke. Eine innere Biographie,* Stuttgart, 1955. – M. Blanchot, « Rilke et l'exigence de la mort » dans *L'Espace littéraire,* Paris, 1955. – B. Alleman, *Zeit und Figur beim späten Rilke,* Pfullingen, 1961. – C. Dédéyan, *Rilke et la France,* Paris, 1961. – P. Jaccottet, *Rilke par lui-même,* Paris, 1970. – K. Hamburger et al., *Rilke in neuer Sicht,* Stuttgart, 1971. – W. Leppmann, *R. M. Rilke. Leben und Werk,* Munich, 1981 (trad. 1984). – « R. M. Rilke » dans *Europe,* mars 1989.

RIMBAUD Jean Nicolas Arthur. Poète français. Né le 20 octobre 1854 à Charleville, mort à Marseille le 10 novembre 1891. Évoquer Rimbaud entraîne dans le sillage d'une aventure, celle de la poésie et celle de la « vraie vie » absolument cherchée. C'est le deuxième enfant d'une paysanne, Vitalie Cuif, venue vivre à Charleville, et d'un militaire qui longtemps servit en Afrique, le capitaine Frédéric Rimbaud. Arthur a un frère aîné, Frédéric. Deux sœurs, Vitalie et Isabelle, compléteront cette famille vite appelée à se défaire. Le capitaine abandonne son foyer. Les enfants désormais vivent sous la sévère tutelle de leur mère, que Rimbaud appelle la « mère Rimbe », « la daromphe » (du féminin de daron : le maître, en argot) ou la « bouche d'ombre » en souvenir du poème homonyme de Victor Hugo. Petite ville, petits esprits. Comment se sortir de ce monde du second Empire sur lequel Napoléon III, surnommé Badinguet par les républicains, exerçait son pouvoir ? Rimbaud découvre le milieu scolaire et, par là, paradoxalement, une certaine forme d'évasion, celle qui passe par les livres et les langues. Il s'évade dans les narrations qu'on lui donne à faire et surtout dans ces étranges compositions en vers latins, exercices imposés aux collégiens de ce temps. Il brille dans ces morceaux imitatifs où, à sa manière, il réinvente le langage. On reconnaît ses mérites, et pour la première fois on le publie (en latin) dans le très sérieux *Bulletin de l'académie de Douai.* Puis ce sont ses premiers poèmes en langue française, *Les Étrennes des orphelins*, pour citer celui que *La Revue pour tous* fait paraître en ces pages au début de l'année 1870 – v. *Poésies* (*) de Rimbaud. Il s'inspire de Hugo, de Coppée, des parnassiens qui représentent alors le mouvement poétique en vogue. Bientôt il témoigne d'un sentiment plus personnel. Il narre une imaginaire promenade amoureuse, évoque la « sensation » d'un soir d'été, ou s'attache à caricaturer les bourgeois qui, chaque dimanche, viennent écouter l'orphéon militaire square de la Gare. Un jeune professeur l'encourage, Georges Izambard. L'Histoire fait des siennes. La guerre franco-prussienne est déclarée en juillet 1870. Deux mois plus tard vient la débâcle, la chute de Sedan marque la fin de l'Empire et l'avènement de la troisième République. Les Prussiens continuent d'occuper le pays. Rimbaud fugue par deux fois, en septembre et en octobre. D'abord à Paris, où il est arrêté dès son arrivée gare du Nord et conduit à la prison de Mazas pour avoir pris le train sans titre de transport. Il en sera libéré grâce à Izambard, rejoindra Douai où celui-ci villégiaturait chez ses tantes. Là il met au point les premiers éléments d'un recueil qu'il destine à Paul Demeny, poète « imprimé » dans la capitale, malgré la médiocrité de ses textes, et familier d'Izambard. La seconde fugue de Rimbaud (après un court retour à Charleville) le conduit dans le Nord (Fumay, Givet, Charleroi où il comptait faire du journalisme, Bruxelles, Douai enfin, toujours dans le havre des tantes Gindre). De nouveau à Charleville durant l'hiver 1870-1871, il est livré à lui-même. Le collège, converti en infirmerie, a fermé ses portes. Rimbaud flâne avec des amis, notamment le fidèle Ernest Delahaye ; à la bibliothèque il observe les « assis » ; sur la frontière il se moque des « douaniers ». Période de « grandes vacances » où il affermit sa poésie qui prend l'accent d'une rébellion. Une nouvelle fugue lui fait atteindre Paris, en février 1871 ; il traîne dans la ville surexcitée contre les hommes du gouvernement réfugiés à Versailles et qui ont signé un armistice que beaucoup estiment déshonorant. À peine est-il revenu que la Commune est proclamée (le 18 mars). C'est l'occasion pour lui d'affirmer sa nouvelle conception de la poésie dans les lettres dites du « voyant » (13 et 15 mai) où il définit le futur poète comme un « voleur de feu » – v. *Lettre du voyant* (*). Il faut trouver l'inconnu par le « long, immense et raisonné dérèglement de tous les sens ». Pour cela, une méthode infaillible : s'encrapuler, c'est-à-dire aussi bien se conduire de manière scandaleuse que bouleverser le langage, le défigurer. Il assure également que « Je est un autre », formule magnifique, mais qui demeure mystérieuse. Quel est l'autre du Je ? Sans doute notre vérité secrète, le génie qui revient à chacun de nous. L'essentiel de Rimbaud se trouve là, dans cette annonce de libération intime qui transforme la personne humaine et simultanément la parole. Il n'y aura de poésie qu'à ce prix, lorsque est recherchée un peu plus que la beauté, lorsqu'on désire « changer le monde » ou « réinventer l'amour ».

Bientôt il écrit à Verlaine, lui envoie des poèmes, et Verlaine, son aîné de dix ans (Rimbaud est alors âgé de dix-sept ans à peine), l'invite à Paris. Il prend le train avec, en poche, son plus célèbre poème, *Le Bateau ivre* (*). À Paris, quoique bien accueilli, il provoque les gens qu'il fréquente par son impertinence majeure. Une lecture à l'un des « Dîners des Vilains Bonshommes », où il scande de m.... répétés la récitation d'un sonnet fait par un piètre poète, manque se terminer des plus mal par l'assassinat de Carjat, un journaliste-photographe qui venait de l'insulter. Quelque temps, il occupe le local des zutistes, une manière de club littéraire fondé par Charles Cros. Il y cohabite avec le musicien famélique Ernest Cabaner. Plusieurs témoignages sur cette période (octobre-décembre 1871 ?) resteront, notamment l'*Album zutique* empli de poèmes drolatiques et d'une inspiration fort libre (il y signe quelques pièces comme les *Remembrances du vieillard idiot*) et une grande toile de Fantin-Latour, *Coin de table*, où on le voit en compagnie de Verlaine et de quelques autres (mais non d'Albert Mérat, d'abord représenté, puis effacé par le peintre : Mérat, à la suite de l'altercation Carjat ne voulant pas figurer sur une peinture de groupe en compagnie de Rimbaud). Personne ne trouve grâce aux yeux de l'adolescent frondeur qui s'emploie malignement à détruire le ménage que Verlaine formait avec Mathilde. Une première fois cependant, il doit retourner dans ses Ardennes, Verlaine ne voulant pas défaire son couple. En cette période (mars-début mai 1872), il semble que Rimbaud ait composé certains poèmes fort simples de facture, inspirés par une sorte de mystique « néante » : *La Rivière de Cassis, Larme*, etc. Il est possible aussi qu'il ait rédigé cette fameuse *Chasse spirituelle* dont Verlaine parlera par la suite, mais qu'il ne parviendra pas à récupérer. En mai 1872, Rimbaud revient à Paris. Ses relations homosexuelles avec Verlaine font peu de doute, et ce dernier en témoignera vertement dans un poème « privé », *Le Bon Disciple*. Rimbaud loge alors en plein quartier Latin, rue Monsieur-le-Prince (d'où il adresse à Demeny la fameuse lettre de « jumphe » qui détaille son emploi du temps quotidien), puis à l'Hôtel de Cluny, près de la Sorbonne. Il fréquente Jean Richepin, Louis Forain, vit en pleine bohème et s'enivre d'absinthe. Finalement, il parvient le 7 juillet à entraîner Verlaine dans une aventure qu'il veut être celle de la poésie. Les deux hommes quittent la France. On les voit en Belgique où, le 21 juillet, Mathilde vient en vain pour rappeler à elle le mari prodigue, puis à Londres, à partir de septembre. Ils fréquentent les Communards exilés et succèdent à Eugène Vermersch (qui dirige alors le *Qui vive ?*) dans un appartement du 34 Howland Street. Rimbaud tient entièrement sous son emprise son compagnon – qu'il nomme alors « le pitoyable frère ». Lui-même est passionnément, mais obscurément à la recherche du « lieu et de la formule ». Leur existence durant ce temps pose d'ailleurs plus d'une énigme, mais on la sent dominée par une exigence d'absolu, comme si à force de vie, de poésie, de désordre également et d'anomalies, la vérité pouvait être trouvée « dans une âme et un corps ».

L'année 1873, à Londres, passera comme un mauvais rêve, éclairé parfois de phénoménales lueurs, d'intuitions magiques. Plusieurs fois le couple se sépare, notamment en avril 1873 où Verlaine tente de renouer avec sa femme, sans succès, puis s'en va vivre chez sa tante Evrard à Juniville dans le Luxembourg belge, cependant que Rimbaud rejoint la ferme familiale de Roche et trace les premiers linéaments d'un « Livre païen » ou « Livre nègre » dont on devine qu'il s'agit de la future *Saison en enfer* (*). Revenus à Londres l'un et l'autre, ils se désunissent à nouveau début juillet. Verlaine à Bruxelles veut s'engager chez les carlistes ou se donner la mort ; il fait signe à Rimbaud, qui le rejoint. Ce sera le drame bien connu, trop connu de leurs retrouvailles au cours desquelles Verlaine, irrité de la conduite de son compagnon (dont il pressent qu'il va être abandonné) le blesse d'une balle (le 10 juillet). Arrestation. Emprisonnement. Rimbaud, quant à lui, regagne ses Ardennes, sans assister au procès (on sait simplement qu'il a officiellement retiré sa plainte). De retour dans le pauvre village de Roche, un véritable « trou », il y achève *Une saison en enfer*, sorte de « prodigieuse autobiographie psychologique » aux dires de Verlaine. Tout en reniant l'Occident, le christianisme et la loi du baptême, tout en se voulant « nègre » s'opposant aux Blancs misérablement civilisés, c'est-à-dire abêtis, asservis, il mesure ce que la vie lui réserve ; ses vingt ans devront entrer dans le monde du travail, connaître la loi du service militaire, participer à la vie du citoyen. Au cours des pages qu'il écrit dans la fièvre, il se cabre contre de telles nécessités, nous donnant ainsi une merveilleuse leçon de violence adolescente au nom d'une poésie à vivre ; dans *Alchimie du verbe* en effet, il conteste maintenant ce qu'il a pu écrire jusque-là, notamment ses poèmes datables de l'année 1872 où l'influence de Verlaine n'était pas négligeable. Imprimé en Belgique, à Bruxelles, grâce aux deniers de sa mère, et sorti des presses de l'Alliance typographique (Poot et Cie) spécialisée dans les publications judiciaires, le livre ne sera pas distribué. Rimbaud vient prendre une demi-douzaine d'exemplaires, en dépose un à la prison des Petits-Carmes pour Verlaine, distribue les autres à des amis et laisse le reste (environ 480 opuscules) dans les locaux de Jacques Poot où on les retrouvera intacts en 1900.

En 1874, il revient à Londres en compagnie d'un jeune poète, Germain Nouveau. Celui-ci n'y demeurera que trois mois. Il semblerait qu'à cette époque Rimbaud ait mis la dernière main à un autre recueil dont le seul Verlaine nous livrera le titre hypothétique : *Illuminations* (*) et le sous-titre évidemment anglais : *Coloured Plates* ou *Painted Plates*. Il s'agit de quelque cinquante poèmes en prose d'une pureté et d'une nouveauté bouleversantes ; ils laissent entrevoir plusieurs projets inaboutis où il n'est pas difficile de percevoir la création presque projectionnelle (comme par la projection d'un film) de divers univers où l'homme serait requalifié, les paysages changés, l'amour réellement réinventé ; la formulation excède la raison. Il faut constater ici une sorte de phénomène ; les *Illuminations* sous notre regard de lecteur se réalisent, deviennent vraies ; elles nous transmettent un pouvoir, changent nos mesures mentales.

Rimbaud, cependant, en possession momentanée de toutes les magies, semble avoir coupé court. Dégoût ? Pressentiment de ses limites ? Idée que « l'art est une sottise » (comme le porte l'un des brouillons d'*Une saison en enfer*) ? Désormais, une vie d'incroyable vagabondage le réclame, avec l'idée de trouver un emploi dans ce monde moderne : ingénieur, recruteur, voyageur, agent de cirque, mercenaire. On le verra successivement dans tous ces rôles en Europe et même à Java, qu'il atteint en 1876 avec d'autres légionnaires volontaires recrutés par l'armée coloniale hollandaise. Il déserte, revient sous un nom d'emprunt, Edwin Holmes, à bord d'un bateau de faible tonnage qui manque naufrager. La suite de ces pérégrinations le mènera par deux fois à Chypre, en 1879 et 1880. Il doit interrompre ce deuxième séjour pour une cause qui reste peu claire, mais on peut croire qu'il prit la fuite à la suite de la mort, accidentelle ou motivée, de l'un des ouvriers qu'il avait sous sa coupe. Après avoir fait escale dans plusieurs ports de la mer Rouge, il se fixe à Aden où, pour le compte de l'agence des frères Bardey, il surveille un atelier de trieuses de café. Mais très vite il va servir, comme employé d'abord, comme directeur ensuite, dans leur factorerie de Harar, cette importante ville de quarante mille habitants au sud de l'actuelle Éthiopie. Harar n'appartenait pas encore aux Abyssins, mais était administrée par des Égyptiens. Là Rimbaud fait du commerce, achetant de l'ivoire, du café, de l'or, du musc, des peaux et vendant ou échangeant quelques produits européens manufacturés. Il reconnaît aussi quelques régions jusque-là inexplorées, comme l'Ogadine, et transmet son rapport (également rédigé par son employé Sotiro) à la Société française de géographie, qui en fait grand cas. En 1885, revenu à Aden, il abandonne son emploi pour livrer des armes à Ménélik, roi du Choa (plus de deux mille fusils), une opération qui lui fait traverser le dangereux désert des Danakil. Ses deux associés étant décédés l'un après l'autre, il doit conduire à lui seul la caravane. Mal payé pour tant de peines, il retourne à Aden par la route de Harar et le port de Zeilah. Après ces fatigues, il part en Égypte pour déposer son or et prendre un moment de repos. Il envisage ensuite de gagner Zanzibar, voire le Japon, mais finalement il se fixe derechef à Harar où son commerce prospère jusqu'au jour où, frappé d'un mal étrange, une tumeur au genou, il doit revenir en France pour se faire opérer. Amputé de la jambe droite à Marseille, il monte une dernière fois au pays, à Roche, mais, encore attiré par l'Afrique, il redescend en catastrophe à Marseille pour prendre un bateau, ce que son état lui interdit. Atteint d'un cancer généralisé, il passe les derniers jours de sa vie à l'hôpital de la Conception. Ses ultimes sentiments sont ceux d'un désespéré. Le 10 novembre il n'existe plus (comme disait Flaubert pour décrire la mort d'Emma Bovary !). La veille, dans son délire, il avait encore dicté à sa sœur une lettre pour le directeur des Messageries maritimes afin d'être transporté à bord d'un navire coûte que coûte. Ce Rimbaud du silence n'en a pas moins écrit des lettres à sa famille (sa mère et sa sœur Isabelle). Sa *Correspondance* (*) laisse entrevoir l'insatisfaction constante qui fut la sienne ; et le désir de toujours aller plus loin, comme pour trouver une vérité en deçà du visible, au-delà du possible. S'il est peu probable qu'il ait rédigé là-bas quelques poèmes, il est sûr, en revanche, qu'il eut encore quelque intention de faire du journalisme, surtout après son retour du Choa, quand il eut reconnu l'itinéraire d'Entotto à Harar. Il en informera d'ailleurs *Le Bosphore égyptien* (25 et 27 août 1887) et la Société de géographie. À la même époque, il souhaitait communiquer le résultat de ses pérégrinations au *Figaro* ou à quelque autre journal. Son imprévu succès d'écrivain ne lui échappa nullement, comme le prouve la lettre d'un certain Lucien de Gavoty lui annonçant sa jeune renommée et lui demandant des textes. Auparavant sans doute, d'autres, venus en Europe, avait entendu parler de son passé de poète (Verlaine en 1884 l'avait révélé dans *Les Poètes maudits*, et la revue *La Vogue* en 1886 avait publié ses *Illuminations*). Il semble que Rimbaud n'ait eu que sarcasmes à l'annonce d'une telle destinée. « Des rinçures », aurait-il dit à César Tian, son employeur des derniers temps.

JEAN-LUC STEINMETZ.

♦ *« Un très grand poète* [...] *de qui la vie est toute en avant dans la lumière et dans la force, belle de logique et d'unité comme son œuvre... »* Paul Verlaine. ♦ *« Éclat, lui, d'un météore, allumé sans motif autre que sa présence, issu seul et s'éteignant », « ce passant considérable ».* Stéphane Mallarmé. ♦ *« La duplicité de son existence ne semble pas ressortir d'une perturbation psychique. Elle fut inhérente, semble-t-il, à une variation de sa* moralité... *»* Victor Segalen. ♦ *« Arthur Rimbaud fut un mystique* à l'état sauvage, *une source perdue qui ressort d'un sol saturé. Sa vie,* un malentendu, *la tentative en vain par la fuite d'échapper à cette voix qui le sollicite et le relance... »* Paul Claudel. ♦ *« Rimbaud est un prophète de l'incurable négation. Le désert de feu est son lieu. »* André Suarès. ♦ *« Et si, à Rimbaud, l'impuissance avait été donnée* exprès ? *»* Benjamin Fondane. ♦ *« J'ai toujours pour ma part pris Rimbaud pour quelqu'un qui s'était borné à* transmettre [...] *Nous sommes nombreux à qui suffit — même serti de nuit obscure — le conducteur intermittent de la foudre. »* Julien Gracq. ♦ *« Chez Rimbaud la* diction *précède d'un adieu la* contradiction. *Sa découverte, sa date incendiaire, c'est la rapidité. »* René Char. ♦ *« Le génie de Rimbaud, cette énergie, cette hâte, aura été avant tout* [...] *d'essayer d'accomplir la réinvention de l'amour avant que, terriblement vite, il ne soit toujours trop tard. »* Yves Bonnefoy.

RÉF. : Paterne Berrichon, *La Vie de Jean-Arthur Rimbaud*, Paris, 1897. — Ernest Delahaye, « À propos de Rimbaud. Souvenirs familiers », Reims, 1907-1908. — Isabelle Rimbaud, *Mon frère Arthur*, Paris, 1920. — Jean-Marie Carré, *La Vie aventureuse de J.-A. Rimbaud*, Paris, 1926. — Rolland de Renéville, *Rimbaud le voyant*, Paris, 1929. — Jean-Paul Vaillant, *Rimbaud tel qu'il fut*, Paris, 1930. — Benjamin Fondane, *Rimbaud le voyou*, Paris, 1933. — Robert Goffin, *Rimbaud vivant*, 1936. — Enid Starkie, *Rimbaud in Abyssinia*, Oxford, 1937 ; *Arthur Rimbaud*, Londres, 1939. — Pierre Arnoult, *Rimbaud*, 1943. — Georges Izambard, *Rimbaud tel que je l'ai connu*, Paris, 1946. — François Ruchon, *Rimbaud. Documents iconographiques*, Genève, 1946. — Henry de Bouillane de Lacoste, *Rimbaud et le problème des « Illuminations »*, Paris, 1949. — Etiemble, *Le Mythe de Rimbaud*, Paris, 1952. — Henry Miller, *Rimbaud*, Lausanne, 1952. — Vernon P. Underwood, *Rimbaud et l'Angleterre*, Nizet, 1956. — Yves Bonnefoy, *Rimbaud*, Paris, 1961. — Henri Matarasso et Pierre Petitfils, *Vie d'Arthur Rimbaud*, Paris, 1962 ; *Album Rimbaud*, Paris, 1967. — Pierre Petifils, *Rimbaud*, 1982. — Alain Borer, *Rimbaud en Abyssinie*, Paris, 1984, et *Rimbaud, l'heure de la fuite*, 1991. — Jean-Luc Steinmetz, *Arthur Rimbaud. Une question de présence*, Paris, 1991.

RIMSKI-KORSAKOV Nicolas Andréevitch [*Nicolaj Andreevic Rimskij-Korsakov*]. Compositeur russe. Né à Tikhvin (région des Lacs) le 18 mars 1844, mort à Saint-Pétersbourg le 21 juin 1908. Son père, qui avait été gouverneur de la Volhynie, était à la retraite et âgé de soixante et un ans à la naissance de Nicolas. À douze ans, son père le fit entrer à l'École navale de Saint-Pétersbourg, où son frère aîné avait fait ses études. Il n'avait cependant aucune vocation de marin. Mais à Saint-Pétersbourg il y avait l'Opéra. Il s'enthousiasma pour Glinka et alla maintes fois entendre *La Roussalka, La Vie pour le tsar* (*), *Russlan et Ludmilla* (*) ; il suivit aussi assidûment des concerts symphoniques. À cette époque déjà il s'essayait à la composition en écrivant un nocturne et une marche funèbre. Une date (1861) qui marque dans sa vie est celle de sa rencontre avec Balakirev alors âgé de vingt-quatre ou vingt-cinq ans. Tous deux devaient former avec Moussorgski, César Cui, Borodine, le Groupe des Cinq qui jeta les bases d'un nationalisme musical russe. Balakirev le poussa à travailler à sa *Symphonie* (op. 1), mais il ne put s'adonner complètement à son art. Son père était mort en 1862, et son frère, qui était aussi son tuteur, était devenu le directeur de l'École navale. Celui-ci exigea que Nicolas terminât ses études et naviguât comme ses camarades, pendant trois ans. Il en coûta au jeune homme de quitter le milieu musical qui lui était cher. En mer, il lut beaucoup. À son retour il devint fonctionnaire au ministère de la Marine et retrouva Balakirev et son groupe. Balakirev dirigea l'exécution de sa *Symphonie* en 1865 ; Moussorgski l'engagea à composer un poème symphonique, *Sadko* (+), inspiré par des airs populaires russes. Il travailla à son premier opéra, *La Pscovitaine* (aussi connue sous le nom d'*Ivan le Terrible*). Dès cette époque il songeait à *Antar*, poème symphonique sur des thèmes arabes. En 1871, il fut nommé professeur de composition et d'instrumentation au Conservatoire de Saint-Pétersbourg. Or, quoique ayant déjà écrit des œuvres de valeur, il ignorait tout de la technique musicale. Il dut s'instruire lui-même pour instruire les autres : il étudia sérieusement l'harmonie et le contrepoint. Balakirev méprisait, à l'encontre de Tchaïkovski, cet enseignement qui manquait d'ailleurs aussi à Moussorgski et à Borodine. Rimski fut amené à corriger l'orchestration des œuvres de ses amis — *Boris Godounov* (*), *Une nuit sur le Mont-Chauve* (*), *La Khovanchtchina* (*) et *Le Prince Igor* (*) — et à réviser ses propres œuvres. Il publia même un traité d'harmonie — v. *Principes d'instrumentation* (*) (posth., 1913). Il resta professeur au Conservatoire jusqu'en 1905, année où il se démit de ses fonctions pour des raisons auxquelles la politique n'était peut-être pas étrangère. Il ne cessa, pendant cette période, de composer et son œuvre est importante. Citons : *Snegourotchka* (*) (1882), *Capriccio espagnol* (*) (1887), *Schéhérazade* (1888), *La Grande Pâque russe* (*) (1898), *La Fiancée du tsar* (+) (1900), *La Légende de la cité invisible de Kitège et de la vierge Févronie* (*) (1907), *Le Coq d'or* (*) (1907). Il était devenu chef d'école après Balakirev, et d'une brillante école qui eut un rayonnement mondial. Il s'est beaucoup inspiré du folklore national qui est riche. Glazounov, son élève, disait qu'il avait découvert et réalisé non seulement l'harmonie, mais encore le contrepoint du chant russe, ce qu'avait rêvé Glinka.

OLGA DIDIER.

♦ *« C'est un autodidacte, comme tous les autres membres du groupe des Cinq, mais, dernièrement, une transformation s'est opérée en lui. C'est une nature sérieuse, honnête, consciencieuse. Il est tombé tout jeune dans ce groupement qui lui a persuadé, immédiatement, qu'il était un génie et qu'il n'avait pas besoin d'étudier, parce que l'école tue l'inspiration, etc. Il a commencé par les croire...* [mais il] *fut le seul parmi eux à comprendre que les idées propagées par ses collègues péchaient par la base et que leur mépris pour l'école et la musique classiques, leur haine des autorités et des exemples, ne masquaient que leur ignorance... »* Tchaïkovski.

RÉF. : N. van Gilse van der Pals, *Rimsky-Korsakov,* thèse, Leipzig, 1914. – Nicolas Rimski-Korsakov, *Journal de ma vie musicale,* Paris, 1914, rééd. 1938 et 1981. – M. Montagu-Nathan, *Rimsky-Korsakov,* Londres, 1916. – Markévitch, *Rimsky-Korsakov,* Paris, 1935. – Max Durand-Fardel, *Trois des Cinq,* Lérins, 1942. – Victor Seroff, *Le Groupe des Cinq,* Paris, 1949. – Vladimir Jankélévitch, *La Rhapsodie, verve et improvisation musicale,* Paris, 1955. – Michel Hofmann, *Rimski-Korsakov, sa vie, son œuvre,* Paris, 1958.

RINALDI Angelo. Écrivain français. Né le 17 juin 1940 à Bastia. Fils d'un militant communiste mort en déportation, Angelo Rinaldi quitte la Corse à l'âge de dix-sept ans : il commence des études de droit à Aix-en-Provence puis s'installe à Paris. Il fait ses débuts dans le journalisme à *Nice-Matin* (de 1961 à 1969), il travaille ensuite à *Paris-Jour* jusqu'en 1972, date à laquelle il devient l'éditorialiste littéraire du magazine *L'Express.* Angelo Rinaldi y fait montre d'un talent de polémiste redoutable avec des articles d'une grande virulence. Il a publié en 1969 son premier roman, *La Loge du gouverneur,* ouvrage diversement apprécié par la critique ; mais ses livres suivants, *La Maison des atlantes* (*) (1971, prix Femina), *La Dernière Fête de l'Empire* (prix Marcel Proust 1981), *Les Jardins du consulat* (1985) apporteront la confirmation d'un style et d'un univers vraiment personnels. Angelo Rinaldi est un écrivain de la mémoire. Ses romans sont des études de mœurs impitoyables dans lesquelles il démonte les rouages de la comédie sociale et traque les secrets de famille inavouables. Les histoires qu'il raconte se passent le plus souvent en Corse. Un sentiment d'amertume baigne cette œuvre corrosive, sans doute celle de l'auteur lui-même, qui ressent la nostalgie profonde de la jeunesse enfuie. Ainsi le narrateur des *Roses de Pline* (1987) est un quadragénaire exilé de son Sud natal qui trace le bilan désabusé de son existence, essayant d'en reconstituer quelques bribes à partir de souvenirs composites. Pour Angelo Rinaldi en effet, qui reviendra sur ce thème dans *La Confession dans les collines* (1990), la mémoire est nécessairement éclatée, toujours fragmentaire. D'où la structure très lâche de ses romans, qui progressent souvent par associations d'idées, lentes digressions. Sa phrase, longue et tortueuse, a non sans raison pu faire penser à une filiation proustienne. Marquée par la lucidité, l'œuvre d'Angelo Rinaldi donne une vision du monde où le désespoir et l'échec ont le dernier mot.

JACQUES-ÉMILE MIRIEL.

RINUCCINI Ottavio. Poète italien. Né à Florence le 20 janvier 1562, mort dans cette même ville le 28 mars 1621. Noble, il devint rapidement le poète officiel de la cour de Florence. Il s'attacha tout particulièrement à la jeune princesse Marie de Médicis et la suivit en France lorsqu'elle épousa Henri IV. Rinuccini séjourna quelque temps à Paris, retourna dans sa patrie, mais, plusieurs fois, entre 1600 et 1605, revint voir sa protectrice. Le très grand mérite de Rinuccini est d'avoir créé l'opéra moderne. Le « stile recitativo », transposition du langage parlé en langage musical, naquit avec *Daphné* (*) – écrite en 1594 et perfectionnée jusqu'en 1597 ; cet ouvrage remporta un tel succès que Rinuccini fournit encore *Eurydice,* mis en musique par Peri, et *Ariane à Naxos* (*) (1608), musique de Monteverdi. Il ne subsiste de ces deux ouvrages que le célèbre *Lamento d'Ariane* (+). Rinuccini est également l'auteur du texte en vers du *Bal des ingrates* (*) (1608), pantomime mise en musique par Monteverdi. Le recueil des poésies profanes et sacrées de Rinuccini, qui témoignent de son talent et de son originalité, a été dédié selon sa volonté à Louis XIII et publié à titre posthume.

RISSE Heinz. Écrivain allemand. Né le 30 mars 1898 à Düsseldorf. Fils de médecin, il fait des études supérieures d'économie politique et de philosophie à Marburg, Francfort-sur-le-Main, Heidelberg, et soutient sa thèse de doctorat sous la direction d'Alfred Weber, en 1921. Après de longs séjours à l'étranger, il vit depuis 1932 à Solingen, où il a exercé la profession de commissaire aux comptes.

Risse a cinquante ans lorsqu'il apparaît pour la première fois sur la scène littéraire. Ses romans, *Quand la lettre tremble* (+) (1950), *Puis vint un jour* [*Da kam der Tag,* 1953], *Le Coup de dés* (*) (1956) expriment dans une prose sèche et précise une obsession kafkaïenne du péché et de la rédemption. Les héros de Risse attendent tous d'être jugés. Le récit s'enrichit parfois de l'ambiguïté de la parabole, comme dans *La Ville sans racines* (+) (1958), description d'une cité imaginaire aux portes de laquelle se creuse un abîme sans fond que les hommes essayent en vain de combler. Risse poursuit sa réflexion à travers les essais *L'effraction et autres nouvelles* [*Der Dichstohl. Und andere Nachrichten,* 1984], *Fiscalia Curiosa* (1986).

RISTIČ Marko. Poète et essayiste serbe. Né à Belgrade le 20 juin 1902. Après des études de philosophie à Belgrade, il s'engage entre les deux guerres dans une vie littéraire extrêmement active, lance et anime plusieurs revues, et devient l'un des chefs du mouvement surréaliste belgradois — v. *L'Impossible* (*) (almanach surréaliste fondé en 1930). Le premier texte qu'il publie, *Rémission* [*Praštanje*, 1922], témoigne déjà de son horreur du conventionnel et de son goût pour la recherche formelle. Après la guerre, il est le premier ambassadeur de la nouvelle Yougoslavie en France. De retour dans son pays, il se consacre entièrement à la vie littéraire. Il est l'auteur de nombreux essais où il affirme le sens social et moral de la poésie et réclame pour le poète une liberté totale. Sa passion pour la polémique rationnelle jointe à son penchant pour le rêve et le subconscient en font l'un des essayistes les plus originaux de la littérature serbe d'après-guerre. Son œuvre poétique, moins heureuse, se présente plutôt comme une mise en application des grands principes théoriques du surréalisme. Parmi ses œuvres les plus connues, il convient de citer *Du bonheur et du rêve* [*Od sreće i od sna*, 1925] et *Nox microcosmina* (1956), qui sont des recueils de poèmes ; *La Politique littéraire* [*Književna politika*, 1952], recueil d'articles et de pamphlets ; *Espace-Temps* [*Prostor-Vreme*, 1952], articles et essais ; *Histoire et Poésie* (*) (1962), des essais, et un roman, *Sans mesure* [*Bez Mere*, 1928-1962].

RITSOS Yannis. Poète grec. Né le 1er mai 1909 à Monemvassia (Péloponnèse), mort le 11 novembre 1990 à Athènes. Par l'ampleur de son œuvre et l'unanimité qui s'est faite, à l'étranger, sur son nom, c'est l'une des personnalités les plus marquantes de la poésie grecque du XXe siècle. Fils cadet d'une famille noble et naguère riche, il est, très jeune, confronté à des épreuves qui feront de lui cet « enfant sans enfance » entrevu dans ses premiers recueils : son frère puis sa mère sont emportés par la tuberculose en 1921 et il grandit désormais à l'ombre de son père, dans la « vieille maison » de Malvoisie, s'essayant déjà à la poésie. Il n'a pas dix-sept ans lorsqu'il quitte le lycée de Gytheïon pour Athènes, à la recherche d'un emploi. Mais il est une nouvelle fois doublement touché : son père est interné dans un asile d'aliénés tandis que lui-même, atteint de tuberculose, entre au sanatorium de Sotiria. Quand il en sortira, en 1931, après quatre ans de lectures, de réflexion, d'exercices poétiques (le mot est, en grec, très proche d'« ascèse »), la décision est prise : il écrira. Il adhère à un « cercle ouvrier » et, pour subsister, s'emploie dans un théâtre puis dans l'imprimerie qui publiera son premier livre, *Tracteur* [Τρακτέρ, 1934]. Ces vers nous le montrent encore hésitant, partagé entre le lyrisme et l'ironie, entre un passé douloureux et sa foi dans l'avenir. Deux ans plus tard, lors d'une manifestation durement réprimée, il compose d'une traite les vingt chants d'*Épitaphe* (+) (1936) que Théodorakis allait rendre un jour célèbres. Il a trouvé sa voie : une langue populaire, fraternelle et la forme du long poème où il peut libérer sa sensibilité. Mais le régime de terreur du 4 août 1936 le contraint bientôt de s'abriter derrière une écriture plus voilée, celle du *Chant de ma sœur* [Τό Τραγουδι τῆς αδελφῆς, 1937], qui marque une nouvelle étape dans la conquête de son domaine poétique puisqu'il y adopte le vers libre et introduit la plupart des thèmes qui nantiront son œuvre.

En 1939, il est à Athènes, et les hivers terribles qui se succèdent dans la capitale, l'Occupation, la famine laissent leur empreinte sur tous les textes composés durant cette période. Désormais, et pour une vingtaine d'années, son sort sera lié à celui de la Résistance. Dans des pages publiées bien plus tard, il proclame la nécessité de choisir son camp (*Le Dernier Siècle av. l'H.* ['Η Τελευταία π. Α. ἑκατονταετία, 1961] ou se penche sur « l'époque lointaine » de l'enfance avec *Vieille mazurka au rythme de la pluie* [Παλιά μαζόυρκά σέ ρύθμο βροχῆς, 1942]. Il découvre alors l'éloquence des objets, la portée des images et les vertus du laconisme, du quotidien. En 1948, après l'« amnistie » de Varkiza qui devait mettre fin à la guerre civile, il est arrêté et transféré dans les camps de « rééducation » de Makronissos puis d'Aï-Stratis où il subira une détention de quatre années. Mais dans les poèmes d'alors, son expérience de la captivité n'est jamais crûment dévoilée. Au contraire, il baisse encore la voix comme s'il était soucieux d'en éprouver la portée ou d'épargner ses forces dans l'adversité. Formellement, il inaugure avec *Le Fleuve et nous* [Τό ποτάμι κι 'ἐμεῖς, 1951] de longs poèmes dialogués où le langage, plus dépouillé, débarrassé de ses éléments narratifs, se dévide comme un fil à la poursuite de l'insaisissable. Mais il ne cesse également de composer, en contrepoint, des poèmes lapidaires où, par la vertu d'un geste, d'une image, il passe maître dans l'art de transfigurer la réalité en laissant affleurer l'essentiel. « Derrière des choses simples, je me cache pour que vous me trouviez », déclare-t-il dans l'un d'eux. Sa libération, en 1952, sera aussi celle de son métier d'écrivain et il se délivre alors de tous les textes composés avant ou durant sa déportation. C'est ainsi que dans *Veille* ['Αγρυπνία, 1954], testament d'une défaite et de dix années amères, paraît le très célèbre *Grécité* [Ρωμιοσύνη], hymne à un sol dont « la vieille blessure saigne comme au premier jour » et où se superposent toutes les périodes de l'histoire dans le compagnonnage de la mort. Profitant du répit qui lui est accordé, il se fixe à Athènes et se lance dans les grandes œuvres de sa maturité — v. *Quatrième dimension* (*). Avec *La Sonate au clair de lune* ['Η σονάτα του σεληνόφωτος, 1956], couronnée la même année du Prix national de poésie, il invente la forme du monologue théâtral qu'il reprendra ensuite dans de nombreux recueils : un prologue délimite les lieux et le personnage (souvent symbolique : une veuve, un héros) qui, sur le ton de la confidence, nous convertit à un temps qui lui est propre, pour un long cheminement intérieur où se côtoient éléments lyriques et dramatiques. Un épilogue, enfin, isole le discours et le rend à sa situation première. C'est ainsi qu'il met en scène *Les Vieilles Femmes et la mer* [Ἱ Οι γεβόντισσες και ή θαλασσα, 1958], *La Maison morte* [Τό νεκρό σπιτι, 1962]. Plus tard, sur un argument mythologique, il composera *Oreste* [Ορέστης, 1966], *Philoctète* [φιλοκτήτης, 1965] et surtout *Hélène* [Ἑλένη, 1972], autant de poèmes « philosophiques » où l'on retrouve tous les thèmes dominants : l'exil intérieur, le lent dévoilement de la vieillesse, l'isolement, les maisons dévastées par le temps, la mémoire des objets familiers, l'existence écartelée entre les exigences personnelles et les impératifs sociaux. Ainsi, sans aucune emphase, « sur le modèle de la discussion simple, confidentielle, peut-être par crainte que ce qu'ils disent ne soit entendu ou qu'il ne le soit pas » (préface aux *Poèmes* de Maïakovski, traduits par Ritsos), ces personnages se prêtent entièrement à son inspiration et nous font entrevoir cette petite « lumière d'éternité lointaine » qui abolit toutes les époques. Parallèlement aux compositions monumentales, Yannis Ritsos publie plusieurs ouvrages nettement autobiographiques : *L'Urne* [Υδρια, 1957], comme *Pour un tombeau d'Anatole* de Mallarmé, est une tentative d'exorcisme par le verbe de la perte d'un enfant cher et, dans ses témoignages [Μαρτυρίες, I, 1963, II, 1966], il nous livre, souvent sous le couvert d'une troisième personne, des « miniatures » poétiques d'inspiration très personnelle.

Le 21 avril 1967, il est une nouvelle fois déporté dans les îles de l'Égée. Pendant trois ans, et malgré la mobilisation de l'opinion, le silence retombera sur lui, sans en avoir tout à fait raison. Pour preuve, les poèmes brefs, durs de *Pierres, Répétitions, Barreaux* [Πέτρες Ἐπανάληψεις, Κιγκλίδωμα, 1972] qu'il fait parvenir clandestinement en France. Placé ensuite en résidence surveillée à Samos, il approfondit le chant des poèmes historiques : *Ismène* [Ἰσμηνη], *Chrysothémis* [Χρυσοθέμις, 1972], parallèlement, toujours, à de courts textes souvent symboliques, taillés dans une veine très dense, miroirs de sa condition d'exilé – *Gestes* [Χειρονομίες, 1972].

Revenu à Athènes dès avant la chute de la dictature, Ritsos parachève infatigablement son œuvre. Durant la dernière période de sa vie, il ne se passe d'année sans qu'il publie quatre ou cinq recueils nouveaux où, dans une langue aisément identifiable, il évoque la tragédie recommencée du présent : *Hymne et complainte pour Chypre* [Υμνος και θρήνος για την Κύπρο, 1974], se penche une nouvelle fois sur ses années d'enfance : *Monemvassia* [Μονεμβασιώτισσες, 1978] ou s'essaye à des poèmes célébrant la femme et l'érotisme : *Erotica* [Ερωτικά, 1984]. L'essentiel de cette production quasiment hugolienne – on estime que les recueils de Ritsos parus de 1934 à nos jours dépassent largement la centaine – est désormais rassemblé dans quatre volumes de *Poèmes* [Ποιηματα I et II, 1961, III, 1964, IV, 1975], mais la voix du poète se fera sans doute entendre encore dans de nombreux textes posthumes. Si l'on peut s'interroger sur la postérité promise à cette œuvre immense, s'il peut être vain d'affirmer avec Aragon qu'il a été le « plus grand poète vivant », Yannis Ritsos a su néanmoins, en témoignant pour l'homme et pour un siècle d'épreuves, s'inscrire dans la mémoire vivante d'un peuple et ouvrir à la poésie des chemins infinis.

GILLES ORTLIEB.

♦ *« Je ne savais pas d'abord de lui qu'il était le plus grand poète vivant de ce temps qui est le nôtre ; je jure que je ne le savais pas. Je l'ai appris par étapes, d'un poème à l'autre, j'allais dire d'un secret à l'autre, car à chaque fois c'était le bouleversement d'une révélation que je ressentais. »* Louis Aragon. ♦ *« Vaine, donc, toute tentative de solution. Ritsos le sait. Et avec l'adresse d'un artiste véritable, il coupe l'énigme elle-même en tout petits morceaux et nous les offre en présent. Ainsi communiquons-nous, d'une certaine manière, avec le secret. »* Tassos Levaditis. ♦ *« Si Ritsos rencontre aujourd'hui en Grèce une telle audience, il le doit à la résonance unique de sa voix qui répond à l'angoisse d'une génération perdue et trouve sa légitimité dans son long combat. »* Gérard Pierrat.

RÉF. : Chryssa Prokopaki-Papandréou, *Yannis Ritsos*, Paris, 1968, 1973. – Raymond Jean, *Écouter Ritsos*, Paris, 1978. – E. Makrinikola, *Meletes gia to ergo tou Yanni Ritsos*, Athènes, 1975 ; *Aphiéroma ston Y. Ritsos*, Athènes, 1981.

RIVAROL Antoine Rivaroli (ou Rivarolo), dit comte de. Écrivain, journaliste et polémiste français. Né le 26 (6 ?) juin 1753 à Bagnols-sur-Cèze (Languedoc), mort le 11 (13 ?) avril 1801 à Berlin. Fils de Jean Rivarol, aubergiste, et de Catherine Avon, roturière. Le père d'Antoine Rivarol fut un singulier personnage. Il possédait une culture qui l'élevait bien au-dessus de sa condition sociale : c'était un excellent latiniste, féru, par surcroît, d'histoire ancienne et de littérature ; il tâtait même de la poésie et connaissait l'italien. Il se disait issu d'une famille noble du Piémont, avait été, outre cabaretier, fabricant de soie, maître d'école, percepteur et édile, et eut seize enfants. Il fut contraint de fermer son auberge pour avoir, semble-t-il, pratiqué des tarifs abusifs. C'est donc dans l'atmosphère d'une famille nombreuse où règne l'amour des lettres mais d'où n'est peut-être pas absent un esprit de bravade que le jeune Antoine passe son enfance, une enfance heureuse même si le maître de maison est loin de suffire toujours aux besoins d'une progéniture affamée. Formé sans doute d'abord par son père, puis par l'école paroissiale, il entre au collège des joséphites de Bagnols, où il se révèle un sujet brillant et ouvert aux disciplines les plus diverses. Et comme tous les enfants pauvres qui font paraître de réelles capacités, il se voit destiné à la prêtrise. Après un passage chez les sulpiciens de Saint-Andéol, il est reçu au séminaire de Sainte-Garde, à Avignon (1770 ?). Antoine, bien pris, suscite l'enjouement des Avignonnaises, qui l'appellent « le bel abbé ». Mais bretteur redoutable par l'esprit, il préfère briller dans les conversations plutôt que dans les alcôves. À Avignon, toutefois, l'art de la parole ne se monnaie guère. Antoine rompt ses liens avec Sainte-Garde et prend, sans doute à pied, la route de Paris qui, espère-t-il, rendra justice à ses dons de bel esprit et de causeur éblouissant. Arrivé à Lyon, il reprend haleine et se trouve, pour un temps indéterminé, un emploi de clerc chez un procureur. À Versailles, peut-être parce qu'il est sans ressources, il se fait entretenir par une bourgeoise en mal d'amour qui pourrait être sa mère. Chassé peu après par le mari, il arrive à Paris en 1777. Pour faire figure dans le monde, il s'y présente comme le chevalier de Parcieux, s'autorisant d'une lointaine parenté avec le célèbre géomètre (Deparcieux). Grâce à Cubières, il est introduit dans plusieurs salons, notamment dans celui de Mme Geoffrin. Il entre en relation avec d'Alembert, Buffon, Diderot, avec Voltaire, qui l'engage à donner de *La Divine Comédie* (*) une traduction digne de l'original : il ne traduira, avec une peine infinie et sans trop respecter le texte de Dante, que L'*Enfer*. Entre-temps, le « vrai » chevalier de Parcieux fait signifier au « faux » de mettre fin à son usurpation. Celui-ci, sans balancer, se rebaptise « comte de Rivarol ». Il collabore pour un temps au *Mercure de France* (*) et fait un « sot mariage » avec une Anglaise, Louise Mather-Flint, qu'il abandonnera sans ressources, quasi à la misère, après lui avoir donné un fils. Cependant, il s'attire par son esprit ironique et cinglant nombre d'ennemis. Le prix de l'Académie de Berlin, qu'il remporte avec son *Discours sur l'universalité de la langue française* (*), prix partagé avec un obscur Allemand, Jean-Christophe Schwab (publié en 1784) et qui ne fait aucune part à la satire, n'adoucit même pas, bien qu'il accroisse le prestige de la France, les haines que Rivarol a déchaînées contre lui. Il a beau n'avoir qu'une passion dans sa vie : la langue française, il n'en témoigne pas moins une disposition à l'affront gratuit qui suscite la révolte de ses victimes. Comme pour enchérir sur son persiflage, il publie, en collaboration avec Champcenetz, un *Petit almanach de nos grands hommes* (*) (1788), « panorama satirique de la vie littéraire de son temps », satire où sont mis à bas même des auteurs comme Beaumarchais, Laclos et Rétif de la Bretonne. Rivarol est alors au faîte de sa célébrité. Il fréquente intimement Lauraguais, se lie avec une grisette complaisante et sans instruction, Manette, puis soudain, changeant de ton et de discours, adresse coup sur coup à Necker deux lettres où il dénonce en voltairien les principes fidéimoraux qu'avait posés a priori, dans son *Importance des opinions religieuses,* le financier passé homme d'État. Désormais, Rivarol se donnera presque entièrement à la politique et à une enquête sur les causes de la Révolution prochaine. Conservateur par respect pour des institutions et des traditions productrices de civilisation, de progrès et d'excellence langagière, et faisant fond sur une « fixité » seule apte à garantir l'épanouissement de l'homme dans un monde enclin à l'éclatement et à la barbarie, il se révèle, tout en invoquant la nécessité de réformes en profondeur, le défenseur le plus intelligent et le plus vigoureux du régime. Disciple de Montesquieu, il estime qu'il n'y a que la monarchie qui puisse convenir à un grand État. Posant le principe d'une relation objective entre les phénomènes sociaux, il commente, sur le mode analytique des sciences humaines, l'actualité politique dans les trois « séries » du *Journal politique national* (12 juillet 1789-3 novembre 1790), fondé par l'abbé Sabatier de Castres. Il collabore aux *Actes des Apôtres,* sacrifie même ses liens amicaux avec Mirabeau, Chamfort, Talleyrand et Sieyès, passés du côté des libéraux. Et en 1790, pour abattre le camp républicain et démocrate, il use dans un *Petit dictionnaire des grands hommes de la Révolution* (*) de l'arme du rire, qui lui avait si bien réussi. Mais les événements se précipitent. Rivarol, qui s'emploie encore, au reste inutilement, à jouer auprès du roi un rôle de conseiller secret, se sent menacé. Prétextant des affaires de famille à régler en Angleterre, il quitte Paris en juin 1792 pour ... Ostende. Dès lors, il ne sera plus que l'émigré inassimilable par l'étranger et trop xénophobe pour y fixer sa demeure : après Ostende, Bruxelles, d'où il adresse une *Lettre à la noblesse française* (1792), d'une haute élévation morale et politique ; puis Rotterdam, où il séjourne chez son brave et généreux ami, le Juif Cappadoce Pereira ; puis Londres, où il a mission de travailler les esprits tories contre la République ; puis Hambourg où, hâbleur frôlant l'escroquerie, il se fait grassement payer un projet de dictionnaire chaque jour plus évanescent : il ne complétera qu'un *Prospectus* et le *Discours préliminaire,* mieux connu sous le titre : *De l'homme intellectuel et moral* (1797) ; enfin Berlin, où il mourra loin de sa famille, loin même de Manette, après s'être vu refuser l'accès à la cour de Prusse. Ses fragments paraîtront posthumes – v. *Maximes et pensées, anecdotes et bons mots* (*). Rivarol a écrit : « C'est dans la parole que se fait la véritable génération de la pensée. » Parce que sa propre parole, fruit de la rencontre unique d'une histoire et d'une terre, fut pour lui nationale et universelle, il l'a logée au cœur de sa triple réflexion littéraire, morale et politique, dans l'infinie ivresse de la langue française, pour lui sacrée.

HENRI MYDLARSKI.

♦ *« C'est un feu d'artifice tiré sur de l'eau. »* Lauraguais. ♦ *« Abus d'esprit et* [...] *cassette de fusées. »* Le prince de Ligne. ♦ *« Ses amis lui prêtèrent de l'argent, et il leur témoigna sa reconnaissance avec tant de grâce qu'ils le remercièrent de l'avoir accepté. »* Cubières-Palmézeaux. ♦ *« Votre logique est plus brillante et plus solide que celle des modernes penseurs. »* Frédéric II de Prusse. ♦ *« Rivarol est un des personnages de l'Europe qui a le plus d'esprit et le moins de qualités. Comme homme vain et orgueilleux, il n'a point d'égal. Ses prétentions sont extrêmes. Il est peu d'individus qui s'expriment aussi bien et il parle de tout avec une facilité qui en impose tout d'abord. Le paradoxe est embelli par lui avec un talent et un charme dangereux. En un mot, c'est le plus beau moulin à phrases que l'on puisse voir. »* Rapport de police à Fouché. ♦ *« Si l'on perce le vernis de la fatuité dont il était revêtu, on arrive à reconnaître en lui le bon sens ; et de cet homme si brillant et si à la mode, on peut dire* [...] *que ceux qui l'auront étudié de près n'en parleront qu'avec estime. »* Sainte-Beuve. ♦ *C'est le regret des choses perdues, l'amer regret, pour qui aime les choses de l'intelligence, des chefs-d'œuvre qu'un homme pouvait faire et qu'il n'a pas faits.* [...] *Rivarol était de nature, de premier jet, hélas ! il n'en eut jamais un second, de pure munificence divine, l'homme le plus admirablement doué du* XVIII*e siècle* [...]. *Malheureusement pour nous qui n'étions pas de son temps, il préféra le monde à la littérature et les salons à la postérité. »* Barbey d'Aurevilly. ♦ *« Un esprit libre, pessimiste, cynique souvent, partial, mais généreux, hostile à la violence, rebelle à toutes les tyrannies, sauf à celle de notre langue, la seule servitude dont il se fit gloire. »* Jean Lessay.

RÉF. : Mme de Rivarol, *Notice sur la vie et la mort de M. de Rivarol,* Paris, an X (1802). – S. de La Platière, *Vie philosophique, politique et littéraire de Rivarol,* Paris, an X (1802). – M. de Cubières-Palmézeaux, *Fontenelle, Colardeau et Dorat,* ouvrage suivi d'une *Vie d'Antoine de Rivarol,* Paris, 1803. – L. Curnier, *Rivarol, sa vie et ses œuvres,* Nîmes, 1858. – M. de Lescure, *Rivarol et la société française pendant la Révolution et l'émigration* (1753-1801), Paris, 1883. – A. Le Breton, *Rivarol,* Paris, 1895. – L. Latzarus, *La Vie paresseuse de Rivarol,* Paris, 1926. – E. Jünger, *Rivarol,* Francfort, 1956. – B. Fäy, *Rivarol et la Révolution,* Paris, 1978. – J. Lessay, *Rivarol,* Paris, 1989.

RIVAS Angel de Saavedra y Ramírez, duc de. Homme politique et écrivain espagnol. Né à Cordoue le 10 mai 1791, mort à Madrid le 22 juin 1865. Il fut élevé à Madrid au séminaire des nobles. En 1806, il entra dans la garde de Sa Majesté, participa ensuite à la guerre contre les Français (1808-1814) et il y gagna le grade de colonel. Pendant la période révolutionnaire (1820-1823), il fut élu député de Cordoue et figura dans le groupe des plus exaltés. Au rétablissement de l'absolutisme, il s'enfuit à Gibraltar, puis en Grande-Bretagne. Deux ans plus tard, il se maria à Gibraltar et s'embarqua pour Livourne afin de rejoindre ensuite Rome. N'ayant pas obtenu l'autorisation de débarquer en Italie, il se fixa à Malte. Là, Rivas, jusqu'alors auteur de poésies et de tragédies classiques, subit l'influence du romantisme par l'intermédiaire de ses amis anglais, et commença d'écrire *Le Maure, enfant trouvé* (+), récit en vers qu'il publia en 1834. En 1830, il partit habiter la France, puis, en 1833, Ferdinand VII étant mort, il rentra en Espagne et, l'année d'après, fit représenter à Madrid *La Force du destin* (*), le drame romantique espagnol le plus important. À partir de cette époque, il se mêla à la vie publique dans les rangs des modérés. En 1836, il fut ministre de l'Intérieur, puis de 1844 à 1850 il représenta Isabelle II à Naples. En 1854, pendant quelques jours, il fut chef du gouvernement. En dehors des ouvrages susmentionnés, ses *Romances historiques* (*), publiées en 1841, sont importantes. Rappelons encore, de Rivas, *Le Désenchanté en songe* (*).

RÉF. : E. A. Peers, *Rivas and Romanticism in Spain,* Londres, 1922 ; *A. de Saavedra, duque de Rivas,* étude in *Revue hispanique,* tome LVIII, 1923. – G. Boussagol, *A. de Saavedra, duc de Rivas,* Toulouse, 1926.

RIVERA José Eustasio. Homme politique et écrivain colombien. Né le 19 février 1889 à Neiva (État de Tolima), mort le 1er décembre 1928 à New York. Ce fut l'un des plus grands écrivains non seulement colombiens, mais de tout le continent américain, l'un des créateurs du roman moderne, dans son unique roman *La Voragine* (*) (1924). Il se montra également un poète très remarquable dans son recueil de vers qu'il intitula *Terre promise* [*Tierra de promisión*, 1921]. Il eut une existence extrêmement aventureuse. Ayant commencé des études supérieures, à vingt ans il conquit un diplôme de professeur, ensuite il étudia le droit à l'université, interrrompant souvent ses cours afin de s'adonner à des travaux personnels et, finalement il réussit à obtenir ses titres vers vingt-huit ans. Mêlé à la vie politique de son pays, Rivera remplit, à plusieurs reprises, d'importantes fonctions officielles. Pour accomplir ces missions, il voyagea longtemps dans les étonnants décors de la région amazonienne, à travers les territoires baignés par l'Orénoque, le Río Negro et le Cariquiare. Fasciné par l'immense enfer vert de la forêt vierge qui s'étendait sur toutes ces régions, il sentit le besoin impérieux de composer un roman qui l'eût pour protagoniste, et il écrivit *La Voragine*, qu'il composa justement pendant la convalescence d'une maladie contractée dans la région amazonienne. La nature américaine et la faune de ces pays forment également le thème principal de *Terre promise.*

RÉF. : A. Torres-Ríoseco, *Grandes novelistas de la América hispana*, 2 vol., Berkeley (Calif.), 1941-1943.

RIVET Paul. Ethnologue français. Né à Wassigny (Ardennes) le 7 mai 1876, mort à Paris le 27 mars 1958. Docteur en médecine en 1897, il participa comme médecin à la mission géodésique française en Équateur (1901-06). Il y recueillit les éléments de son ouvrage, *Ethnolographie ancienne de l'Équateur* (1912-1922), écrit en collaboration avec Verneau. En 1908, Rivet fut nommé sous-directeur du laboratoire d'anthropologie du Muséum. Devenu professeur au Muséum, il fit rattacher à sa chaire le musée d'ethnographie et fonda alors le Musée de l'Homme dont il fut le premier directeur. Militant politique de gauche, Paul Rivet fut en mai 1935 le premier élu du Front populaire et siégea, après la Libération, aux deux assemblées constituantes. Il était, par ailleurs, secrétaire général de l'Institut d'ethnologie de l'université de Paris et de la Société des américanistes, ainsi que président du Conseil international des sciences anthropologiques et ethnologiques. Ses activités officielles n'empêchèrent pas Paul Rivet de laisser une œuvre substantielle : après *Sumérien et Océanien* (1929) et *Le Royaume d'Arda et son évangélisation au XVIIe siècle* (1929), en collaboration avec l'africaniste H. Labouret, il revint à l'ethnologie américaine avec une œuvre fondamentale : *Les Origines de l'homme américain* (*).

JACQUES BROSSE.

RIVIÈRE Jacques. Écrivain français. Né à Bordeaux le 15 juillet 1886, mort à Paris le 14 février 1925. Fils d'un professeur à la faculté de médecine, il fit ses études au lycée de Bordeaux, puis alla préparer à Lakanal le concours d'entrée à l'École normale supérieure : c'est là qu'il rencontra en 1903 le jeune Alain-Fournier, son condisciple, avec lequel il entretint par la suite une correspondance qui constitue un des meilleurs documents sur l'état d'esprit des jeunes intellectuels français dans les premières années de notre siècle – v. *Correspondance de Jacques Rivière et d'Alain-Fournier* (*) (posth., 1926-28). Après avoir passé sa licence ès lettres à Bordeaux en 1907 et accompli son service militaire, Rivière revint à Paris et, gagnant sa vie comme professeur à Stanislas, prépara en Sorbonne un diplôme d'études supérieures pour une thèse sur *La Théodicée de Fénelon.* Mais sa vive sensibilité intellectuelle le rendait passionnément attentif à tous les courants spirituels du temps : il subit tour à tour l'influence de Barrès, de Gide, de Claudel – *Correspondance avec Paul Claudel* (posth., 1926) ; cette dernière semble l'avoir un instant emporté, puisqu'en 1913 Rivière se rallia expressément au catholicisme ; il connaîtra cependant encore bien des retours et des scrupules. Dans ses *Études* (*) (1912), Rivière se révèle un psychologue de premier ordre, bouleversant les cadres de la critique littéraire traditionnelle pour atteindre toujours l'homme dans les œuvres. C'est à *L'Occident* qu'il avait fait ses débuts littéraires, en 1907, mais, dès 1909, son destin fut lié à celui de la jeune *Nouvelle Revue française* (*), dont il devint rapidement le secrétaire de rédaction. Mobilisé en 1914 au 220e régiment d'infanterie – *Carnet de guerre* (posth., 1929) –. Rivière fut fait prisonnier dès le 24 août, mais la guerre n'était pas tout à fait finie pour lui : envoyé au camp de Königsbrück, en Saxe, il tenta de s'évader, fut repris et dirigé vers le camp de représailles de Hülsberg, en Hanovre, où il consigna ses réflexions de captivité dans *L'Allemand* (1918). Gravement malade, il fut transféré en Suisse et interné jusqu'à la fin des hostilités. En 1919, il prit la direction de *La Nouvelle Revue française* et y déploya des qualités de conseiller auxquelles tous les meilleurs représentants de la jeune génération ont rendu hommage. Malheureusement il ne put plus consacrer qu'un temps restreint à son œuvre personnelle : en dehors de nombreux essais littéraires et politiques publiés dans la revue, Rivière, jusqu'à sa mort brutale, à la suite d'une fièvre typhoïde, ne fit paraître qu'un roman, *Aimée* (1922). Sa femme, Isabelle, sœur de son ami Alain-Fournier, qu'il avait épousée en 1909, se voua à la publication de ses nombreux inédits, particulièrement révélateurs de son évolution religieuse : *À la trace de Dieu* (1925), *De la sincérité envers soi-même* (*) (1926), *De la foi* (1928), ainsi que sa correspondance et une étude sur *Rimbaud* (1931). Les *Carnets 1914-1917* ont été publiés en 1977.

MICHEL MOURRE.

♦ *« Je suis né pour écrire des choses très belles, qui embêteront tout le monde et que personne ne lira... »* Jacques Rivière. ♦ *« D'autres ont pu souhaiter de se connaître avec la même passion ; nul ne l'a fait à ciel ouvert, comme Rivière : il ne fut un critique si persévérant, si pénétrant, que parce qu'il avait besoin de tous ses maîtres, de tous ses camarades, pour descendre plus avant dans son cœur ; mais il n'a jamais rien aliéné de lui-même* [...] *Au vrai, sa grandeur – peut-être sa misère – fut de ne pouvoir être le disciple de personne : il n'a rien atteint jamais – fût-ce l'Immuable – qu'il n'ait résolu de dépasser. »* François Mauriac.

RÉF. : H. Massis, *Jacques Rivière*, Paris, 1925. – « Hommage à Jacques Rivière », in *La Nouvelle Revue française*, avril 1925. – F. Mauriac, *Le Tourment de Jacques Rivière*, Paris, 1926. – A. Gide, *Jacques Rivière*, Paris, 1931. – M. Raymond, *Études sur Jacques Rivière*, Paris, 1972.

ROA BASTOS Augusto. Écrivain paraguayen. Né à Asunción le 13 juin 1917. Il passa une partie de son enfance dans le monde rural indien d'Iturbe dont il fait, sous le nom mythique d'Itapé, le cadre de la plupart de ses fictions. Étudiant à Asunción, il écrit des poèmes mais les détruit, ne conservant que quelques textes qu'il publiera en 1960 sous le titre *L'Orangeraie brûlante* [*El naranjal ardiente*, 1947-1949, réédition augmentée en 1983]. Renonçant à ses études, il participe à la guerre du Chaco contre la Bolivie (1932-1935), évoquée avec ses horreurs dans *Fils d'homme* (*) (1960). Durant la Seconde Guerre mondiale, il devient correspondant de guerre pour le journal *El País*, et en assume un temps le secrétariat de rédaction. En 1944-1945, dans le cadre du Centre culturel anglo-paraguayen, il donne des cours de littérature anglaise et, invité par le British Council, effectue un voyage d'études en Angleterre, avant de séjourner trois mois en France, invité par le ministère de l'Information. Contraint de s'exiler de son pays durant la guerre civile de 1947, il se fixe à Buenos Aires où il publie son premier recueil de nouvelles, *Le Tonnerre parmi les feuilles* [*El trueno entre las hojas,* 1953], suivi de *Terre en friche* [*El baldío,* 1966], *Moriencia* (1969 ; trad. française 1980), *Corps présent et autres contes* [*Cuerpo presente y otros cuentos,* 1971], *Le Poulet de feu* [*El pollito de fuego,* 1974]. Dans ces nouvelles comme dans celles de *Lutte jusqu'à l'aube* [*Lucha hasta el alba,* 1979] et de *Récits de la nuit et de l'aube* (éd. française, 1984), il cristallise dans son style l'espagnol et le guarani, langue du peuple paraguayen. La personnalité très discutée du dictateur José Gaspar Rodríguez Francia, qui dirigea le Paraguay de 1814 jusqu'à sa mort en 1840, lui inspire en 1974 *Moi, le Suprême* [*Yo el Supremo*]. Installé en France en 1976, il s'y marie avec Iris Gimenez et enseigne la littérature hispano-américaine à l'université de Toulouse. Il reçoit en Espagne le prix Cervantès 1989. Scénariste, il a obtenu de hautes récompenses, notamment pour *La Soif* (1960), adaptation de son roman *Fils d'homme,* ainsi que pour *Shunko* (1960), *Alias Gardelito* (1961), *Don Segundo Sombra* (1970).

CLAUDE COUFFON.

RÉF. : A. L. Aldana, *La cuentística de Augusto Roa Bastos,* Montevideo, 1975. – D. W. Foster, *Augusto Roa Bastos,* Boston, 1978. – J. M. Marcos, *Roa Bastos, precursor del Post-Boom,* Mexico, 1983. – T. Méndez-Faith, *Paraguay : novela y exilio,* Somerville, 1985.

ROBBE-GRILLET Alain. Écrivain français. Né à Brest le 18 août 1922. Diplômé de l'Institut national d'agronomie, Alain Robbe-Grillet a travaillé en Guinée, au Maroc, à la Guadeloupe et à la Martinique avant de se consacrer exclusivement à la littérature. Il est considéré comme le chef de file d'une école, le Nouveau Roman, qui doit plus son existence à une coïncidence temporelle (signe que cette école correspondait, quand même, à une nécessité, un air du temps) qu'à une volonté délibérée. Butor et Beckett, Nathalie Sarraute et Marguerite Duras, Claude Ollier et Claude Simon, apparaissent entre 1950 et 1960 à l'écart aussi bien de la littérature engagée sartrienne que des « nouveaux hussards » de la droite ressuscitée.

Après que *Un régicide* (*) a été refusé par Gallimard, Robbe-Grillet préfère publier d'abord, aux éditions de Minuit, *Les Gommes* (1953), qu'il avait achevées entre-temps. C'est avec *Le Voyeur* (*) qu'il devient connu, honni par la critique classique, reconnu par Maurice Blanchot et Roland Barthes, qui consacrent au roman deux articles contradictoires, et complémentaires, Blanchot insistant sur le crime sexuel qui forme la trame de l'intrigue, Barthes sur le côté factuel, objectal de la description, du style. *Le Voyeur* obtient le prix des Critiques, en 1955. Les analyses se multiplient sur la mort du personnage (qu'il faudrait sans doute mettre en rapport avec la mort du sujet, prétendûment annoncée par Michel Foucault), le refus de la psychologie, de l'illusion réaliste, qui sont, selon Robbe-Grillet, les fondements du roman traditionnel ; en quoi il reconnaît et développe les analyses de Flaubert, qu'on commence à lire autrement que Balzac et Zola.

En 1957, *La Jalousie* (*) (on assimile le titre, par une lecture hâtive, aux jalousies, lames de bois qui découpent l'espace, et le corps des personnages, sans voir que, d'un simple point de vue grammatical, « la » jalousie est un sentiment, « les » jalousies une sorte de store), par sa description méthodique de chaque décor, de chaque geste, la répétition des séquences subtilement modifiées, met en œuvre cette spatialisation du temps par quoi se définit la schizophrénie. Sans que Robbe-Grillet fasse, en quoi que ce soit, la description d'un cas clinique ; mais le simple fait que, des trois protagonistes, deux seuls soient présents, et nommés (A, la femme, et Franck, l'amant supposé) laisse penser que le récit est organisé selon l'ordre du troisième, le mari, suivant le principe hégélien de la primauté du négatif. Mais sans que jamais, cependant, le roman soit l'application à la lettre d'une théorie philosophique. En fait on s'apercevra, au fur et à mesure du développement de l'œuvre, que c'est la conscience husserlienne qui, pour Robbe-Grillet, peut fournir ses cadres à l'esthétique, littéraire comme cinématographique.

La répétition des séquences, avec ou sans les mêmes éléments, comme la substitution des finalités (*Djinn,* 1981, est, aussi, et peut-être d'abord, un manuel de grammaire française : « la progression régulière des difficultés grammaticales de notre langue s'y distingue sans mal, au cours des huit chapitres de longueur croissante qui correspondraient, en gros, aux huit semaines d'un trimestre universitaire américain », mais le sous-titre : « un trou rouge entre les pavés disjoints », fait à l'évidence allusion au trébuchement du narrateur dans la cour de l'hôtel de Guermantes, de *À la recherche du temps perdu* (*), même si Robbe-Grillet affirme n'y avoir pas délibérément pensé), fait de chacune de ses œuvres non une réflexion sur le genre, mais une théorie en acte sur le fait même d'être romancier, ou cinéaste.

C'était le cas aussi, de *La Maison de rendez-vous* (1965), de *Topologie d'une cité fantôme* (1976), ou du très mystérieux *Projet pour une révolution à New York* (1970). Parallèlement à son œuvre de romancier, Robbe-Grillet construit une œuvre de cinéaste. Non sans mal (« on me reprochait, a-t-il dit, d'être un ingénieur qui écrivait, on m'a reproché d'être un écrivain qui faisait des films, si je faisais de la peinture... ») ; il est d'abord scénariste d'Alain Resnais pour *L'Année dernière à Marienbad,* puis passe derrière la caméra avec *L'Immortelle, Trans-Europ Express, L'Homme qui ment.* De *L'Eden et après,* il construit une version anagrammatique, *N a pris les dés,* et de son premier film « Ciné-roman », *L'Immortelle* (*). Enfin *Glissements progressifs du plaisir, Le Jeu avec le feu, La Belle Captive.* Les fantasmes sado masochistes, un net penchant pour une hémoglobine bien rouge sur des chairs et des murs très blancs, un souci permanent de la déconstruction spatio-temporelle, comme dans les romans, font croire soit à des films érotiques plus ou moins hard, soit à des jeux purement intellectuels sur la fausseté de l'image. Double erreur. En fait, à partir de ses propres thèmes et fantasmes, Robbe-Grillet ne fait, dans ses films, que dire au spectateur que « c'est du cinéma », comme dans ses livres il disait au lecteur : « c'est du roman ». Ce qui n'ôte rien à leur qualité ni à leur importance, mais il est toujours périlleux d'ôter leurs espérances à ceux qui ne désirent que croire. La lutte contre l'illusion réaliste continue. Et se double, avec *Le Miroir qui revient* (*) et *Angélique ou l'enchantement* (*), d'une destruction sans pitié de l'illusion théorique. De ses précédents romans, objectaux et mathématiques, Robbe-Grillet dit : je n'ai jamais écrit que sur moi, et aux deux volumes « autobiographiques », où passent parents et souvenirs des plages bretonnes de l'enfance, il épingle ce titre générique : « Romanesques ». Il est vrai qu'on y trouve, indissolublement mêlés, et placés sur un plan unique, personnages de la famille et personnages de la littérature, Merlin, madame Bovary et le grand-père Robbe. C'est que les personnages de roman, comme les souvenirs d'enfance, sont d'authentiques familiers de l'écrivain. Sartre, d'une certaine manière, ne disait pas autre chose dans *Les Mots* (*). Du coup l'auteur reprend un pouvoir dont il ne s'est jamais démis (sauf dans certaines analyses théoriques) sur son œuvre. Michel Foucault, ainsi, pouvait prouver que le sujet n'a jamais été absent de ses essais, et la « mort de l'homme » n'est pas plus vraie dans l'*Histoire de la folie à l'âge classique* que dans *Topologie d'une cité fantôme,* ou *Le Jeu avec le feu.* Ce qui ne revient pas à faire de Robbe-Grillet un auteur classique (encore que le classicisme rattrape vite ses victimes), mais un inventeur qui, comme tous les inventeurs, s'appuie sur une tradition (ici, celle de Flaubert, ou de Raymond Roussel), pour, classiquement, l'épanouir et la dépasser.

JEAN-JACQUES BROCHIER.

ROBERT Marthe. Écrivain français. Née à Paris le 25 mars 1914. Après des études à la Sorbonne puis à l'université de Francfort, elle fréquente les milieux de Montparnasse et se lie d'amitié avec Roger Gilbert-Lecomte, Arthur Adamov et Antonin Artaud, pour qui elle suscite un vaste mouvement d'opinion chez les artistes et intellectuels de l'époque, afin d'obtenir sa libération au moment de son internement.

Ce qui fonde l'œuvre de Marthe Robert, c'est sans doute l'enracinement de l'écriture dans la lecture. Pour elle, « la lecture et l'écriture ne sont que les deux visages d'une même passion ». Passion qui, nonobstant une culture littéraire universelle, l'a très tôt portée vers quelques œuvres maîtresses dont l'imaginaire s'est peu à peu confondu avec le sien.

C'est ainsi qu'elle n'a cessé d'approfondir, depuis l'*Introduction à la lecture de Kafka* (1946) jusqu'à *Seul, comme Franz Kafka* (1979) en passant par son *Franz Kafka* (1968), sa lecture du grand Pragois. Elle propose de son œuvre une interprétation qui, largement tributaire de la psychanalyse, s'attache d'abord à déplier les enjeux contradictoires (affectifs, religieux, politiques, sociaux, linguistiques...) qu'elle comporte. Cette patiente reconstruction, qui doit peu aux modes critiques et tout à la tenue de son écriture, constituera finalement la méthode « explicative » de Marthe Robert.

De Kafka il est vrai, elle est une lectrice privilégiée puisque, traductrice de l'allemand, elle a procuré nombre d'éditions françaises de ses œuvres, parmi lesquelles le *Journal* (*), *Préparatifs de noce à la campagne* (*), la *Correspondance 1902-1904* (*) ou les *Lettres à Felice.* Toujours portée par sa connivence secrète avec certains textes, elle fait également connaître en France les *Aphorismes* (*) de Lichtenberg, et donne des traductions des *Souffrances du jeune Werther* (*) de Goethe, du *Théâtre* de Georg Büchner (en collaboration avec Arthur Adamov), de *Ainsi parlait Zarathoustra* (*) de Nietzsche, des *Contes* (*) de Grimm...

Cette bibliothèque personnelle, où figurent également en première place *Don Quichotte* (*), *Robinson Crusoé* (*), *La Comédie humaine* (*), Flaubert et Dostoïevski, nourrit une réflexion assidue sur les problématiques du roman. *L'Ancien et le Nouveau* (*) (1963), qui définit le sens et la portée du « donquichottisme » en littérature, appuie sur Cervantès et sur Kafka – *Le Château* (*) – une théorie de l'usage des modèles épiques dans la littérature de fiction. Mais c'est surtout avec *Roman des origines et origines du roman* (*) que se révèle la personnalité et la pénétration d'un esprit appliqué cette fois-ci à éclairer le genre romanesque tout entier de la lumière psychanalytique. Son intérêt pour l'œuvre de Freud, Marthe Robert l'avait prouvé dans une série d'émissions qu'elle lui avait consacrée et qu'elle publia finalement sous le titre *La Révolution psychanalytique* (1979), ainsi que dans son livre *D'Œdipe à Moïse* (1974), méditation sur les relations qu'entretient la pensée freudienne avec la conscience juive. Sur la découverte, par Freud, du *Roman familial des névrosés* (1909), l'auteur fonde une véritable ontologie (en même temps qu'une étiologie) du roman, genre auquel ne s'offrirait jamais le choix qu'entre deux figures inconscientes : celle de l'« enfant trouvé » et celle du « bâtard ».

En marge de ces réflexions, Marthe Robert consigne les interrogations que suscitent en elle « les rapports exacts des choses écrites avec la vie » dans une série d'essais rassemblés sous le titre commun de *Livre de lecture* (1977) (*La Vérité littéraire* en 1981, *En haine du roman* en 1982, *La Tyrannie de l'imprimé* en 1984 et *Le Puits de Babel* en 1987).

CHRISTIAN DOUMET.

ROBERT DE BORON (ou Borron). Poète anglo-normand (XII-XIIIe siècle). Chevalier, originaire de Boron près de Delle (territoire de Belfort), il fut attaché au service des comtes de Montbéliard. En collaboration avec Gasse le Blond, il écrivit trois romans qui se font suite : *Joseph d'Arimathie,* basé sur l'Évangile apocryphe de Nicodème, *Merlin* (*) et *Perceval* (+). Ces romans en vers forment le *Roman de l'estoire dou Graal* (*). Un autre Boron, prénommé Hélie, vécut à la cour d'Henri III d'Angleterre, acheva *Tristan* et écrivit *Guiron le Courtois.*

RÉF. : A. Micha, *Robert de Boron, Merlin,* Genève, 1980 et *Étude sur le « Merlin » de Robert de Boron,* Genève, 1980.

ROBERT DE THORIGNY (ou Torigny). Écrivain français d'expression latine. Né à Thorigny-sur-Vire (Manche) dans la première moitié du XIIe siècle, mort au Mont-Saint-Michel en 1186. Moine à la fameuse abbaye de Bec-Hellouin en 1128, Robert de Thorigny fut élu abbé du Mont-Saint-Michel en 1154 et gouverna pendant trente ans ce monastère. On sait qu'il fit de nombreux voyages en Angleterre où résidait son suzerain, le roi d'Angleterre, et qu'il fut en grande faveur auprès d'Henri II Plantagenêt. Robert de Thorigny a laissé une *Chronique universelle* qui fait suite à la *Chronographie* de Sigebert de Gembloux et ajouta un livre VIII à la *Gesta Normannorum ducum* — v. *Histoire des ducs de Normandie* (+) de Guillaume de Jumièges, lequel était lui-même un continuateur du *De moribus et actis primorum Normanniæ ducum* — v. *Mœurs et faits des premiers ducs de Normandie* (+) de Dudon de Saint-Quentin. Robert de Thorigny est également l'auteur d'un roman, l'*Histoire de Mériadoc, roi de Cambrie* (*).

ROBERTELLI (ou Robortelli) Francesco. Écrivain italien. Né à Udine le 9 septembre 1516, mort à Padoue le 18 mars 1567. Après des études de droit à Padoue, il tint des chaires d'éloquence à Lucques, Pise, Venise, puis au Studio de Padoue où il professa de 1552 à sa mort, exception faite de trois années (1557-1560) où il enseigna à Bologne. Critique et philologue, partisan du classicisme le plus orthodoxe, il édita de nombreux écrivains latins et grecs et fut aussi un grand spécialiste d'histoire antique. Son œuvre principale est le vaste *Commentaire au livre d'Aristote sur l'art poétique* (1548) — v. *Poétique* (*) d'Aristote — qui fut en son temps un grand texte de référence.

ROBERT GROSSETESTE. Homme d'État et philosophe anglais, l'un des plus importants du Moyen Âge. Né à Stradbrook dans le Suffolk vers 1175, mort à Lincoln le 9 octobre 1253. Il étudia le droit, la médecine, les mathématiques et les sciences naturelles à Oxford, dont il sortit en 1197. Ordonné prêtre, il se vit ensuite nommer vers 1207 maître des écoles d'Oxford. Quand les franciscains établirent, en 1229, leur première école à Oxford, il fut choisi comme lecteur de théologie. Mais, selon Roger Bacon qui fut son élève, il surpassa tous ses contemporains par ses connaissances en mathématiques et en sciences naturelles. Sa valeur, ses mérites et sa culture lui valurent de nombreux bénéfices. En 1235, il accepta l'évêché de Lincoln et le conserva jusqu'à sa mort. Il entreprit la réforme de la morale et des disciplines du clergé de son diocèse, ce qui lui valut d'entrer en conflit avec les corporations privilégiées et en particulier avec son propre chapitre. Son zèle réformateur lui attira même par trois fois les réprimandes de Henry III. Il entendait simplement rétablir à leur juste place les prérogatives de chaque pouvoir et, s'il défendit les évêques contre les exactions royales, il sut aussi défendre aux côtés du roi les libertés de l'Église nationale menacées par les prétentions de Rome. Au cours d'une visite au pape, en 1250, il donna lecture, devant lui et devant l'assemblée des cardinaux, d'un mémoire où il décrivait tous les malheurs causés à l'Église par les décisions arbitraires de la Curie. En 1251, il protesta contre une bulle papale enjoignant au clergé anglais de verser un dixième de ses revenus à Henri III pour préparer une croisade, et en 1253 contre un mandement ordonnant à son diocèse d'accueillir et de doter un neveu du pape. Il se reposait par l'étude de ses soucis ecclésiastiques et politiques et des ennuis que lui valait son intransigeance. Il se passionna pour les traités scientifiques introduits en Occident par les Arabes et contribua à la renaissance intellectuelle par ses commentaires d'Aristote et ses traductions du grec — il était un des rares philosophes du temps qui connût cette langue. Sa philosophie est la première qui ait tenté de concilier les doctrines d'Aristote et de saint Augustin, et l'on aura une idée de l'originalité et de la nouveauté de sa pensée en sachant qu'il nia l'éternité du monde et fit de la lumière l'origine de tous les corps. Esprit universel, il exalta les sciences et les mathématiques, composa des traités sur la politique, la musique et l'architecture, et écrivit de nombreux poèmes. Parmi ses nombreux *Écrits philosophiques et scientifiques* (*), il faut signaler, outre sa traduction de l'*Éthique à Nicomaque* (*) et du commentaire de cette œuvre attribuée à Eustrate, le *De luce seu de incohatione formarum,* où il explique la formation du monde à partir de la lumière, des traités de mathématiques comme le *De sphaerae,* le *De arte numerandi,* des écrits polémiques, tel le *De cessatione legalium,* contre les Juifs, et même un livre sur l'agriculture, les *Regulae agriculturae per menses digestae.* Ses œuvres comprennent encore de nombreux sermons et des conférences ou *Dictae*. Enfin, ses *Lettres* sont pour nous une mine incomparable de renseignements sur la vie politique et intellectuelle de son époque.

BERNARD NOËL.

♦ *« Grossi capitis sed subtilis intellectus. »* Anonyme, XIIIe s. ♦ *« Le principal mérite de Robert Grosseteste n'est peut-être pas d'avoir imaginé cette cosmogonie de la lumière ; il faut le louer davantage encore d'avoir choisi cette conception de la matière parce qu'elle permet l'application d'une méthode positive à l'étude des sciences de la nature. »* E. Gilson.

RÉF. : A. C. Crombie, *Robert Grosseteste and the Origins of Experimental Science,* Oxford, 1953. — J. McEvoy, *The Philosophy of Robert Grosseteste,* Oxford, 1982.

ROBERTSON William. Historien écossais. Né à Borthwick (Midlothian) le 19 septembre 1721 ; mort à Grange House (Édimbourg) le 11 juin 1793. Il fit ses études à l'école de Dalkeith et à l'université d'Édimbourg, puis entra dans le clergé. Sa passion pour l'étude n'empiéta jamais sur ses occupations paroissiales et ses dons de prédicateur lui valurent une célébrité locale. La rébellion de 1745 mit en valeur son énergie et il fut, en 1746, élu membre de l'« Assemblée générale » où il devint l'un des chefs du parti modéré. Il travailla de 1753 à 1759 à son *Histoire d'Écosse* qui connut dès sa parution un immense succès, et ne fut pas rééditée moins de quarante fois de son vivant. Robertson reçut les plus grands honneurs ; il fut nommé chapelain de Stirling Castle en 1759, chapelain ordinaire du roi en Écosse en 1761, principal de l'université d'Édimbourg en 1762 et historiographe officiel du roi en 1763. Ses autres œuvres sont l'*Histoire du règne de Charles Quint* (*) (1769), l'*Histoire de la découverte et de la colonisation de l'Amérique* [*History of the Discovery and Settlement of America*, 1777] et *Recherche historique sur la connaissance que les Anciens avaient de l'Inde* [*Historical Disquisition concerning the Knowledge which the Ancients had of India*, 1791]. Sa renommée fut longtemps européenne et il ne connut d'autre rival que Gibbon.

RÉF. : Dugald Stewart, *Account of the Life and Writings of W. Robertson*, Edimbourg, 1801. — J. B. Black, *The Art of History. A Study of Four Great Historians of the XVIIIth Century*, Londres, 1926. — B. Pier, *William Robertson als Historiker und Geschichts Philosoph*, Radbod, 1929.

ROBESPIERRE Maximilien François Marie Isidore de. Homme politique français. Né à Arras le 6 mai 1758, guillotiné à Paris le 10 thermidor an II (28 juillet 1794). Fils d'un avocat d'Arras, Maximilien de Robespierre (il n'abandonnera définitivement la particule qu'en 1790) avait perdu très tôt sa mère. Son père, souvent absent, paraissait se désintéresser de ses quatre enfants (deux garçons et deux filles). Maximilien fut recueilli par son grand-père maternel et placé au collège de sa ville natale à l'âge de sept ans. En 1769, grâce à une bourse accordée par l'évêque d'Arras, il fut envoyé poursuivre ses études à Paris, au collège Louis-le-Grand. Il en sortit en 1781 après avoir obtenu le diplôme de licence à la faculté de droit. De retour à Arras, il fut admis au conseil provincial d'Artois. Sa carrière d'avocat et d'homme du monde, brillamment inaugurée en 1783, subit une certaine éclipse à partir de 1786. Aigri et déçu, il envisageait de quitter Arras. Mais voici que Louis XVI annonce son intention de réunir les états généraux. De nouvelles perspectives s'ouvrent à Robespierre. Il se porte candidat, prenant résolument parti pour le peuple.

À la Constituante, son discours du 20 juillet 1789, où il dressait le bilan de la journée qui avait vu la chute de la Bastille, attira sur lui l'attention de ses collègues. Mais le commencement de la popularité de Robespierre auprès des masses ne date que du 25 janvier 1790. Ces jours-là, il était monté à la tribune pour présenter un projet de décret : « Tous les Français seront admissibles à tous les emplois publics sans autre distinction que celle des vertus et des talents. » C'est à cette époque également que Robespierre commence à se faire remarquer chez les Jacobins qui le portent à la présidence de leur société le 31 mars 1790. Le 16 mai 1791, Robespierre remporta son plus grand succès parlementaire à la Constituante. Il parvint à faire décréter qu'aucun des membres de l'assemblée actuelle ne pourrait être réélu à la prochaine législature. Après la clôture de la Constituante, Robespierre concentra toute son activité chez les Jacobins, prenant nettement position contre la politique belliciste de Brissot et des Girondins.

En mai 1792, Robespierre réussit à mettre sur pied un journal : *Le Défenseur de la Constitution*. Dans le premier numéro, il fit connaître son « credo » politique : il préfère voir les Français « libres et respectés avec un roi » qu'« esclaves ou avilis sous la verge d'un sénat ». Brissot, en prônant la république en juillet 1791, « avait fait reculer la Révolution peut-être d'un demi-siècle ». Au cours des semaines de juillet, lourdes d'orages prêts à éclater, il essaya de prêcher aux fédérés patience et prudence. Mais il dut bientôt se rendre compte qu'on ne pouvait plus endiguer le courant populaire. « Dans la situation où nous sommes il est impossible aux amis de la liberté de prévoir et de diriger les événements », écrivait-il à Couthon le 9 août. Le lendemain, il n'y avait plus de roi en France. Robespierre accepta le fait accompli aussitôt, sans réserve, totalement.

Le 5 septembre, il fut élu le premier, au premier tour de scrutin, député de Paris à la Convention nationale. Il y retrouva ses adversaires, Brissot et les Girondins. Le procès de Louis XVI approfondit encore plus l'abîme qui les séparait. Vint ensuite la trahison de Dumouriez. Pour Robespierre, la connivence des Girondins avec le général rebelle ne faisait pas de doute. Le procès des Girondins était virtuellement ouvert. Deux mois après, le 2 juin 1793, leurs chefs étaient proscrits. Le 10 juillet suivant, Danton, qui dominait alors le Comité de salut public, en fut éliminé. Trois jours plus tard, le couteau de Charlotte Corday débarrassa Robespierre d'un censeur gênant, Marat. La voie était libre. Le 27, il entra au Comité de salut public. Mais il ne réussit pas à s'en rendre maître. Grâce à la diplomatie de l'habile Barère, Carnot y fut introduit dès le 11 août avec son compatriote et ami, Prieur de la Côte-d'Or. Ce qui provoqua un vif mécontentement chez Robespierre. Le jour même, il dénonça aux Jacobins l'existence au Comité de salut public des « traîtres qui y tramaient contre les intérêts du peuple ». Il s'en accommoda pourtant. L'entrée au Comité de Billaud-Varenne et de Collot d'Herbois, quelque trois semaines après, parut renforcer sa position. Il s'en servit pour se débarrasser des hébertistes d'abord, des dantonistes ensuite, qu'il estimait également dangereux, les uns et les autres, pour l'avenir de la Révolution.

Le 1er frimaire, Robespierre inaugurait aux Jacobins sa croisade contre l'athéisme. Il y voyait un complot ourdi par les agents de l'étranger. Le décret qu'il proposa le 18 floréal portait que le peuple français reconnaissait l'existence de l'Être suprême – v. *Sur l'Être suprême* (*) – et l'immortalité de l'âme. Deux jours après la fête de l'Être suprême (20 prairial), Robespierre, « pour affermir le bonheur du peuple », fit présenter par Couthon à la Convention un projet de réorganisation de la justice révolutionnaire, qui visait tout particulièrement les députés en accordant au Comité de salut public le droit de les envoyer directement au tribunal révolutionnaire. L'assemblée, après quelques tentatives, rapidement réprimées, de protestation, vota la loi du 22 prairial. En terminant son exposé, Couthon avait dit : « C'est encore des poignards que nous dirigeons contre nous, nous le savons, mais que nous importent les poignards ! » Il voyait juste : ce jour-là s'ouvrit devant lui et devant Robespierre la route qui devait les conduire l'un et l'autre à l'échafaud de Thermidor. La chute de Robespierre est l'œuvre commune de Cambon, dont la politique financière était très sévèrement jugée par lui, des dirigeants du Comité de sûreté générale : Amar, Jagot et Vadier, qui avaient vu une menace personnelle dans la création, sur l'initiative de Robespierre, auprès du Comité de salut public, d'un Bureau de police générale, et de quelques représentants en mission prévaricateurs, qui craignaient d'être livrés à la justice révolutionnaire. Elle ne put être consommée qu'à la suite de la mésentente qui s'était créée au Comité entre Robespierre et Billaud-Varenne qui refusait de reconnaître l'autorité de celui-ci. La tentative de la commune parisienne de prendre la défense de Robespierre en s'insurgeant contre la Convention échoua. Son irrésolution, son manque d'énergie au moment décisif furent la cause principale de cet échec.

Robespierre n'en demeure pas moins le plus grand homme de la Révolution française qui n'a été, ne l'oublions pas, qu'une révolution essentiellement politique, faite par les bourgeois pour les bourgeois. Il réservait la priorité à l'égalité politique et au perfectionnement moral de l'être humain. La refonte économique et sociale devait venir après. Il eut à peine le temps d'amorcer la réalisation de ses projets.

Dès le lendemain de la chute de Robespierre, la presse s'acharna contre lui avec une véhémence incroyable. Un revirement parut se dessiner dès la fin de l'Empire. Mais c'est sous la Restauration, vers 1820, qu'on assista à une première tentative de réhabilitation de Robespierre (Guillaume Lallement). La révolution de 1830 fit accroître considérablement le nombre de ses apologistes. Sous le second Empire, Robespierre trouva un hagiographe passionné dans Ernest Hamel. La troisième République lui préféra Danton. En 1910, sous la vigoureuse impulsion d'Albert Mathiez, se produisit un « retour à Robespierre », qui ne semble pas avoir survécu à la catastrophe de 1940. Les écrits de Robespierre peuvent être divisés en deux groupes : avant et après 1789. Avant : des vers d'amateur très médiocres, deux mémoires littéraires présentés à des concours académiques, des plaidoyers judiciaires publiés par ses soins et où l'on rencontre déjà des réflexions politiques et sociales. Après : des écrits polémiques destinés à justifier son activité politique, discours et rapports aux assemblées parlementaires et à la société des Jacobins ; on y retiendra surtout ses discours sur la guerre et ses rapports sur la « situation politique de la République », sur les « principes de la morale politique », sur les « rapports des idées religieuses et morales avec les principes républicains ». Ils sont tous rédigés avec un soin extrême, le style demeure toujours grave, solennel, pour ne pas dire emphatique, par endroits ; les effets déclamatoires sont savamment calculés, toute espèce de familiarité de langage, à la manière de Danton, en est rigoureusement exclue. L'usage des longues périodes, l'abus des répétitions rendent leur lecture peu attrayante ; mais prononcés, je dirais plutôt déclamés, par

Robespierre auréolé de tout son prestige, ils ne pouvaient pas manquer de frapper profondément les auditeurs – v. *Discours de Robespierre* (*).

GÉRARD WALTER.

♦ *« On ne craint pas ce chafouin à la tribune, mais il serait dangereux si l'on buvait à côté de lui. »* Mirabeau. ♦ *« Robespierre n'a pas une idée dans la tête, pas un sentiment dans le cœur. »* Condorcet. ♦ *« Robespierre est comme certains médecins qui, sur leur réputation, acquièrent force pratiques ; l'essentiel pour eux n'est pas de guérir, mais seulement de voir un plus grand nombre de malades. »* Danton. ♦ *« Robespierre ne sera jamais bien connu par l'Histoire. Il a été culbuté parce qu'il voulut devenir modérateur et arrêter la Révolution. »* Napoléon. ♦ *« Les hommes d'État ne doivent pas être jugés d'après les règles ordinaires de morale. En 1793 et 1794, il s'agissait de sauver le corps social et, s'il était prouvé que le chef des Jacobins n'eût fait dresser les échafauds de la Terreur que pour abattre les factions et rétablir ensuite ce gouvernement royal que la France entière désirait, il serait injuste de regarder Robespierre comme un homme cruel et de l'appeler tyran ; il faudrait, au contraire, voir en lui, comme dans Sylla, une forte tête, un grand homme d'État. »* Louis XVIII. ♦ *« Un dévot sans passions, sans les vices auxquels elles exposent, mais sans le courage, sans la grandeur et la sensibilité qui les accompagnent ordinairement, un dévot ne vivant que de son orgueil et de sa croyance... »* Thiers. ♦ *« Il y a un dessein dans sa vie, et ce dessein est grand : c'est le règne de la raison par la démocratie. Il y a un mobile, et ce mobile est louable : c'est la soif de la vérité et de la justice dans les lois. Il y a une action, et cette action est méritoire : c'est le combat à mort contre le vice, le mensonge et le despotisme. Il y a un dévouement, et ce dévouement est constant, absolu, comme une immolation antique : c'est le sacrifice de soi-même, de sa jeunesse, de son repos, de son bonheur, de son ambition, de sa vie, de sa mémoire à son œuvre. »* Lamartine. ♦ *« Avec moins de génie que plusieurs autres, moins de cœur et de bonté, Robespierre représente la suite, la continuité de la Révolution, la persévérance passionnée des Jacobins... »* Michelet. ♦ *« Aucun esprit, par sa médiocrité et son insuffisance, ne s'est trouvé si conforme à l'esprit du temps ; à l'inverse de l'homme d'État, il plane dans l'espace vide, parmi les abstractions, toujours à cheval sur les principes, incapable d'en descendre et de mettre le pied dans la pratique. »* Taine.

RÉF. : E. Hamel, *Histoire de Robespierre*, Paris, 1865. – G. Walter, *Robespierre*, Paris, 1961 (troisième édition, augmentée d'un nouveau supplément documentaire et bibliographique), rééd. 1989. – La connaissance des études consacrées à Robespierre par Albert Mathiez est indispensable. Elles ont été groupées en cinq *volumes* intitulés : *Autour de Robespierre* (1 vol.), *Études robespierristes* (2 vol.), *Robespierre terroriste* (1 vol.), *Girondins et Montagnards* (1 vol.). – Les *Œuvres complètes* de Robespierre ont été publiées par la Société des études robespierristes, fondée par Mathiez. – R. Korngold, *Robespierre*, Paris, 1981. – J. Goulet, *Robespierre, la peine de mort et la Terreur*, Pantin, 1983. – Saint-Paulien, *Robespierre ou les Dangers de la vertu*, Paris, 1984. – H. Guillemin, *Robespierre, Politique et Mystique*, Paris, 1987. – E. Huant, *Robespierre ou la Dictature de l'idée*, Paris, 1987. – B. Solet, *Robespierre, une passion*, Paris, 1988. – C. Marand-Fouquet, *Robespierre*, Paris, 1989.

ROBIN Armand. Écrivain français. Né le 19 janvier 1912 à Plouguernevel (Côtes-d'Armor), mort à Paris le 30 mars 1961. Dernier rejeton, le huitième, d'une famille de cultivateurs misérables, il doit à ce rang de naissance et à son acharnement le privilège d'échapper aux servitudes du terroir, implacables en ce temps-là, et de poursuivre des études pour lesquelles il se révèle doué d'aptitudes exceptionnelles. En 1929, Jean Guéhenno, son professeur en classe de première supérieure au lycée Lakanal, découvre en lui une vocation d'une trempe et d'une qualité rares. Un puissant instinct de libération par le verbe guide à tout instant sa conduite ; il s'y soumettra sans réserve, y consacrera jusqu'au dernier soupir l'énergie tout entière d'une âme indomptable. De son existence personnelle il a fait au chant qui l'inspire l'absolu sacrifice, et sa vie se confond avec le poème, arraché à la détresse humaine, que son œuvre traduit. Pour n'être que l'élan qui l'anime, pour ne rien devoir à des chances qu'il juge parasites, il prend très tôt ses distances avec ses propres mérites et renonce aux avantages que procurent les performances classiques aux intellectuels patentés. Tour à tour admissible à l'École normale supérieure (1932), boursier de licence à Lyon (1933), admissible à l'agrégation des lettres (1939), loin d'épuiser ses forces à des exercices d'école – dont, au demeurant, il s'acquitte avec virtuosité –, il s'accommode des demi-échecs qu'il a lui-même en partie provoqués par son détachement souverain et quelquefois de facétieuses reparties. Aux programmes de l'Université, il ne consent que des heures calculées avec parcimonie. D'autres soucis l'absorbent. Dès l'enfance, en son âme ils sont nés du besoin d'échapper à l'angoissant silence qui retranche de l'humanité ceux que leur faiblesse ou leur ignorance laissent « interdits » ; que rejettent aussi les mensonges et les vilenies d'un monde sans pitié. Épouser la cause des « siens », les déshérités, leur prêter sa voix et, contre vents et marées, remonter aux sources où tout redevient pur, où tout redevient vrai, voilà la mission pour laquelle il se sent désigné. C'est pour l'accomplir qu'il se lance dans l'aventure sans fin de la connaissance. Il n'a jusqu'à six ans parlé que le breton ; mais le français, dont il a conquis la maîtrise avec vénération, fut vite entre ses doigts un merveilleux instrument. Après le grec, le latin, l'anglais, l'allemand, il apprend le russe, l'espagnol, l'italien ; éternel étudiant, il s'inscrit à l'École des langues orientales et se familiarise successivement avec le suédois, le flamand, le chinois, l'arabe, le finnois, le hongrois... et va se créant, de dépaysement en dépaysement, une patrie mentale qu'il voudrait pareille à « un monde d'avant le monde, un monde encore innocent de mots ». Son bagage est rapidement suffisant pour lui assurer son gagne-pain : il tire celui-ci des abonnements au bulletin d'information qu'il rédige à partir de l'écoute des émissions radiophoniques internationales. Mais il poursuit en même temps la publication de traductions et d'œuvres originales. La parution de chacun de ses ouvrages marque simultanément une étape de son œuvre et de sa destinée.

Dès 1940, un premier titre dit le choix déjà fait de l'exil et du don de soi : *Ma vie sans moi* (+) offre un ensemble de poèmes de Robin, en même temps que des traductions par lui d'Essenine, de Maïakovski, de J. P. Calloch, de Rilke, de Juljam Tuwim, de Tchekhov, d'Edgard Poe. Deux ans plus tard, il a terminé un « roman » : *Le temps qu'il fait* (*). Étrange roman, en vérité, relatant les drames dont l'auteur fut, en ses jeunes années, l'acteur ou le témoin, mais en outre émouvante évocation, comme en un tableau de Chagall, d'un univers où la réalité inexorablement se mêle à la fiction. Moderne version du « roman breton », *Le temps qu'il fait* est une quête du Graal où le dialogue, à grand-peine institué entre le père et le fils, suscite le prodige de ressusciter le verbe assassiné. 1943 voit paraître la traduction de trois pièces de Goethe ; 1949, celle de *Quatre poètes russes* (Maïakovski, Pasternak, Blok, Essenine) ; 1951, celle des *Poèmes* d'Endre Ady ; tandis que, l'un après l'autre, en 1953 puis en 1958, sortent les deux volumes de *Poésie non traduite* (*) à partir d'auteurs chinois, russes, arabes (du VIe siècle), suédois, néerlandais, etc. Mais il faudrait inventer un mot pour désigner ces « non-traductions », transpositions en français, au sens musical du terme, de l'inspiration des modèles. C'est ainsi que l'un d'eux, Ungaretti, déclare avoir été par Armand Robin « saisi aux racines ». Il y a lieu par ailleurs de citer deux livres un peu à part dans la production de Robin : le premier, *Les Poèmes indésirables* (1945), est fait de vers imprécatoires contre les pouvoirs totalitaires, le second, *La Fausse Parole* (*) (1953), est un vigoureux pamphlet contre le mensonge envahissant des mass media. Signalons enfin la publication des poèmes posthumes, en 1968, sous le titre *Le Monde d'une voix* (*). Sursaut désespéré de celui qui, pour « vivre dans l'éternel », rêvait, dès ses premiers essais, de « coïncider avec toute la souffrance et toute la joie présentes à chaque moment du monde », l'œuvre d'Armand Robin est une œuvre à la fois très savamment et très humblement concertée : elle rayonne du pur éclat d'une triomphante innocence.

ALAIN BOURDON.

RÉF. : *Armand Robin*, numéro spécial de la revue *Plein Chant*, 1979.

ROBINSON Edwin Arlington. Poète américain. Né le 29 décembre 1869 à Head Tide (Maine), mort le 6 avril 1935 à New York. Il descendait par sa mère des tout premiers colons puritains, et garda toute sa vie la réserve, l'austérité, la rigueur spirituelle des habitants de la Nouvelle-Angleterre. Il avait en outre une de ces sombres tournures d'esprit, une méfiance envers « le monde » qui engendrent l'insuccès, la sécheresse, la frustration. La tragique amertume de ses meilleures œuvres vient, certes, de sa personnalité même, mais on peut également l'attribuer pour une grande part à ses origines. Sa triste existence et la gêne qu'il connut toujours interviennent peu dans son état d'âme. Sa carrière poétique commença dès son enfance, et il considéra toute sa vie la poésie comme sa seule raison d'être. Il dut interrompre ses études après trois années d'Harvard, à cause de la mort de son père qui laissait sa famille dans une situation difficile. Après la mort de sa mère en 1896, il quitta le Maine pour New York. C'est à ce moment que parut son premier volume de poésies : *Le Torrent et la nuit d'avant* [*The Torrent and the Night Before*], qui passa inaperçu comme tous ses premiers livres. Il continuait d'écrire, mais se refusa à participer à la vie littéraire de New York, et dédaigna de monnayer son talent. Ses vers parurent d'abord imprimés par ses soins sous le titre des *Enfants de la nuit* (*). Ce sont de petites vignettes concises, écrites pour ainsi dire à voix basse, timidement, et qu'on appellera ses « dossiers spirituels ». Robinson s'apparente à Jonathan Edwards et à Hawthorne, mais il reste bien lui-même par sa profonde intelligence devant les énigmes de l'univers, et par son art scrupuleux. Les mêmes thèmes se retrouvent dans le *Capitaine Craig* [*Captain Craig,* 1902], mais ils y sont développés de façon moins concise. Quelques-uns de ses admirateurs eurent connaissance de sa pauvre existence. L'un deux fut le président Theodore Roosevelt, qui lui assura un emploi dans les Douanes de New York. Ses œuvres étaient lues par un public de plus en plus nombreux. *L'Homme contre le ciel* (*) (1916) lui valut un grand renom. Son expression, d'abord elliptique, devint presque verbeuse dans sa trilogie : *Merlin* (+) (1917), *Lancelot* (+) (1920) et *Tristan* (*) (1927), tirée de la légende du roi Arthur. À la même époque parurent de longs poèmes : *Les Trois Tavernes* [*The Three Taverns,* 1920], *La Récolte d'Aaron* [*Aron's Harvest,* 1920], *Roman Bartholomew* (1923), *L'Homme qui mourut deux fois* (*) (1924), *Le Doute de Dionysos* [*Dionysus Doubt,* 1925]. Il était devenu l'un des deux grands poètes américains de son temps, l'autre étant Robert Frost. Au cours des dernières années de sa vie, il vécut dans une sorte de foyer pour artistes célibataires, dans le New Hampshire, où il était très aimé, car il y faisait du bien.

♦ *« Ses poèmes où brillent des images d'une incomparable intensité le mettent au premier rang des lyriques modernes. »* A. Tate. ♦ *« C'est un vrai poète, un poète que j'ai découvert avec émotion et qui se classera parmi les plus grands. »* Ezra Pound.

RÉF. : H. Hagedorn, *Edwin Arlington Robinson,* New York, 1938. — Y. Winters, *Edwin Arlington Robinson,* Norfolk, 1946. — E. Barnard, *Edwin Arlington Robinson, a Critical Study,* New York, 1952. — Ch. Ph. Smith, *Where the Light Falls, a*

Portrait of E. A. Robinson, New York, 1965. – L. O. Coxe, *E. A. Robinson : The Life of Poetry*, New York, 1969. – *E. A. Robinson*, essais éd. par Harold Bloom, New York, 1988.

ROBLÈS Emmanuel. Romancier et auteur dramatique français. Né à Oran, le 4 mai 1914, dans une famille d'origine espagnole, il ne connut pas son père, mort du typhus peu avant sa naissance. Il vécut son enfance entre une grand-mère ne s'exprimant qu'en espagnol et une mère, ouvrière blanchisseuse, qui lui apprit ses premiers mots de français. Son adolescence inquiète fut marquée par la fascination de la mer qu'il a évoquée dans deux récits autobiographiques : *Jeunes saisons* (1961) et *Saison violente* (1974).

Après des études primaires à l'école Jules Renard puis au collège Ardaillon d'Oran, il accède à l'École normale d'Alger-Bouzaréa, où il a pour condisciple Mouloud Feraoun, futur écrivain qu'il encouragera et éditera au Seuil, dans sa collection « Méditerranée ». Il commence à voyager (Espagne, Maroc, France) tout en enseignant près d'Oran, et en collaborant à la page littéraire d'*Oran républicain*. Il s'inscrit par correspondance à la faculté des lettres d'Alger pour y préparer une licence d'espagnol, puis résilie son sursis d'appel afin d'être incorporé à Alger et suivre plus commodément ses cours. C'est durant cette période qu'il se lie au groupe de jeunes écrivains constitué autour de l'éditeur Edmond Charlot, et qu'il publie son premier roman, *L'Action* (1938). Il collabore aussi à *Alger républicain*, que dirigent Pascal Pia et Albert Camus.

La guerre interrompt ses études universitaires. Nommé interprète d'espagnol dans un état-major, puis envoyé sur un terrain d'aviation du Constantinois, il est démobilisé en août 1940, et demande un poste dans le bled oranais : on le nommera près de Tlemcen, avec sa femme, rencontrée à l'université. La construction du grand barrage de Beni Badel lui inspire son troisième roman, *Travail d'homme*, qui obtient à la libération de l'Afrique du Nord le grand prix littéraire de l'Algérie, puis, après réédition (1945), le prix populiste à Paris.

Remobilisé dans l'Armée de l'air, après trois mois au service d'écoute allié comme traducteur d'espagnol, il est nommé en mars 1943 correspondant de guerre pour l'hebdomadaire officiel de l'aviation : *Ailes de France*. Il est envoyé en Corse, en Sardaigne, à Naples, et participe à des missions de bombardement sur l'Italie du Nord. De ce séjour naîtra son cycle italien : *Cela s'appelle l'aurore* (porté à l'écran par Luis Buñuel), *Le Vésuve* (*), *Un printemps d'Italie* (1970) et *Venise en hiver* (1981). À la libération de Paris, il est affecté au ministère de l'Air et effectue des reportages en Angleterre et en Allemagne.

Démobilisé, il regagne Alger avec sa femme et son jeune fils, collabore à Radio-Algérie et entre au service de l'Éducation populaire pour organiser des bibliothèques rurales. Sa première pièce de théâtre : *Montserrat* (1948), créée simultanément à Paris et Alger, sera représentée dans une quarantaine de pays et en plus de vingt langues. La même année, son roman *Les Hauteurs de la ville* lui vaut le prix Fémina. Dans ces deux œuvres, les héros incarnent des aspirations qui verront leur éclatement en Algérie, quelques années plus tard. À la mort accidentelle de son fils, Roblès quittera Alger pour Paris, où il développera une œuvre romanesque et théâtrale que viendra couronner en octobre 1973 son élection à l'académie Goncourt.

GUY DUGAS.

ROCHE Denis. Écrivain et photographe français. Né le 21 novembre 1937 à Paris. Essayer de saisir la démarche de Denis Roche en quelques lignes tient de la gageure. Rarement en effet on aura pu lire les textes d'un écrivain très doué, incisif et intelligent, aussi acharné à subvertir les codes des genres littéraires, aussi obstiné dans sa haine des effets de la poésie (de l'« idéologie poétique », comme le souligne son éclairant exégète Christian Prigent). En bref, Roche se livre à une apostasie poétique, relayant en cela certains auteurs comme Artaud ou Pound. Caustique, ironique, résolument corrosif, il a mené à leur terme une suite de textes dont les livres ouvrent chez le lecteur une chaîne d'échos : *Éros énergumène* (1968), *Dépôts de savoir et de technique* (1980) se sont ainsi détachés de leurs contenus jusqu'à prendre des valeurs flottantes de mots d'ordre ou de concepts. L'une de ses œuvres majeures, *Le Mécrit* (1972), reprenant une suite de textes déjà publiés en revue, restera comme un texte-limite de la poésie. Jetant avec un feint détachement un matériau soumis à des contraintes arbitraires, comme la clôture du clavier de la machine à écrire, Denis Roche propose une longue et discontinue respiration poétique dont le langage est soumis aux interférences de la violence, de la fantaisie et des réminiscences. Il retourne ainsi la démarche poétique à la manière d'un gant et dévoile le secret de la parole poétique en exhibant les censures, en étalant les raccourcis et les condensations de l'image poétique. Ce faisant, il touche au plus près d'une énigme beaucoup plus fondée, celle du langage de l'inconscient. L'origine, la force de l'origine, il la traque aussi dans *Carnac* (1969). Mais c'est surtout avec *Louve basse* (*) (1976) que Denis Roche affirme d'une façon brûlante la tension de son entreprise. Cautérisation de la blessure de sa rupture avec le groupe *Tel quel*, ce roman rassemble treize séquences qui sont marquées par la variété des matériaux et trace un autoportrait cruel qui aboutit à la mise à mort de l'écrivain Denis Roche. Par la suite, c'est le photographe qui se montrera dans des expositions remarquées et des ouvrages dans lesquels alternent images et réflexions sur l'image (*Notre Antéfixe*, 1978). Il faut signaler enfin *Dans la maison du Sphinx* (1992), recueil de textes sur Blake, Pound ou Ponge, qui pourrait marquer un retour de Denis Roche à la littérature.

HERVÉ CARN.

ROCHÉ Henri-Pierre. Écrivain français. Né à Paris en 1879, mort à Sèvres (Seine-et-Oise) le 9 avril 1959. Peintre, traducteur, journaliste, collectionneur, Roché, qui avait été correspondant du *Temps* durant la Grande Guerre, vécut de nombreuses années à l'étranger : États-Unis, Angleterre, Allemagne, Orient. Il fut le défenseur et l'ami des principaux peintres cubistes, et le traducteur de Schnitzler et de Keyserling. Publiée tardivement, cette œuvre personnelle ne comprend que deux romans, mais d'un charme, d'une vivacité et d'un humour extrêmement attachants : *Jules et Jim* (*) et *Deux Anglaises et le continent* (1956). En 1990 ont été publiés, avec un avant-propos de François Truffaut, des *Carnets (Les Années Jules et Jim, 1920-1921)* de Roché.

ROCHE Maurice. Écrivain français. Né le 2 novembre 1924 à Clermont-Ferrand. Après des études musicales et un livre sur *Monteverdi* (1960) qui fait toujours autorité, Maurice Roche publie *Compact* (*) en 1966. Ce livre étonnant inaugure une longue série d'ouvrages qui ont tous en commun d'être des espaces dans lesquels l'écrivain peut mobiliser ses talents, ceux de dessinateur et de musicien, ceux de virtuose de la langue et de philosophe lucide. Ce qui intéresse en effet Maurice Roche, et qu'il déploie avec un magistral souci de la composition, c'est de mettre en avant dans un dévoilement haletant et maîtrisé à la fois la rencontre de la conscience et de la langue. Ses ouvrages savants font fusionner les sciences, les arts et les techniques dans un encyclopédisme traité avec respect mais aussi avec une dérision que le roman, retournant à son origine, vulgarise et, atteignant l'efficacité des recherches formelles les plus réussies, valorise. Philippe Sollers dans une lumineuse préface au livre souligne déjà combien « en dépit de sa dimension tragique *Compact* (a) également cette forme de liberté, d'humour, d'indifférence rieuse qui est le jeu même joué dans sa profondeur écrite ». Les autres livres de Maurice Roche explorent comme en grossissements les ouvertures de *Compact* : *Circus* (1972), *Code X* (1974), *Opéra bouffe* (1975), *Mémoire* (1976), *Macabré* (1979) ou *Maladie mélodie* (1980), dans lesquels la maladie, le corps, la voix ou l'humaine condition subissent la dissection attentive et cruelle de ce nouvel humaniste, attirent le lecteur et le mettent (nez, oreilles, corps) en face du trépas qui rôde dans leurs marges. Il semble que Maurice Roche ait alors eu une prédilection de plus en plus marquée pour les jeux du signifiant et qu'il soit devenu un virtuose dans son art en entrant dans l'attente dynamique d'une mort annoncée. Dans cette optique, ses plus récents livres, *Je ne vais pas bien, mais il faut que j'y aille* (1987) et *Qui n'a pas vu Dieu n'a rien vu* (1990) sont les meilleures illustrations d'un état de veille et de lucidité dans lequel il déplie le cours du temps de son histoire (et de la nôtre) avec une fantaisie plus libérée encore : schémas, dessins, aphorismes, montages musicaux et graphèmes édifient un fulgurant autoportrait à la manière d'un monument résolument posthume.

HERVÉ CARN.

ROCHEFORT Christiane. Écrivain français. Née à Paris le 17 juillet 1917. Elle publie d'abord des recueils de nouvelles : *Le Démon des pinceaux* (1953), *Cendres et Or* (1956). En 1958, *Le Repos du guerrier* a un grand retentissement, en raison de la franchise avec laquelle la romancière aborde le domaine sexuel (Roger Vadim en tirera un film interprété par Brigitte Bardot et Robert Hossein, 1962). Au demeurant, la révolte contre les conventions, la vie étriquée est l'inspiration la plus constante de Christiane Rochefort. La misère des grands ensembles est le thème principal des *Petits Enfants du siècle* (*) (1961), la satire du confort bourgeois se donne libre cours dans *Les Stances à Sophie* (1963), l'homosexualité apparaît dans *Printemps au parking* (1969), tandis que la psychanalyse est raillée dans *Quand tu vas chez les femmes* (1982). On doit à l'écrivain divers essais, dont *Les Enfants d'abord* (1976), et un récit autobiographique, *Ma vie revue et corrigée par l'auteur* (1978). « Plus elle va, plus Christiane Rochefort se montre sévère pour ceux qu'on appelait hier les croulants et qu'elle appelle "décombres" et "ruines". Elle rêve d'éternelle enfance comme d'autres d'éternelle jeunesse. Du moins est-ce un joli rêve » (Jacques Brenner).

ROCHEFORT Henri (Victor-Henri, marquis de Rochefort-Luçay). Pamphlétaire français. Né à Paris le 30 janvier 1830, mort à Aix-les-Bains le 1er juillet 1913. Authentique aristocrate, il appartenait à une famille dont on signale des représentants dès le XIVe siècle. Les Rochefort ayant été ruinés par la Révolution, le père de l'écrivain s'était fait vaudevilliste et Henri, qui avait entrepris des études de médecine, ne tarda pas à les abandonner pour tenter, lui aussi, sa chance dans la littérature. Comme il était sans fortune, il dut se résigner à accepter un emploi obscur dans les services de l'Hôtel de Ville. Il y resta pendant six ans, attendant impatiemment de pouvoir se lancer dans le journalisme. Il obtint enfin des collaborations à la *Chronique parisienne* de Vallès, à la *Presse théâtrale,* au *Dictionnaire de la conversation* et au *Charivari,* où il tenait la critique dramatique. Il écrivait aussi des vaudevilles et n'en donna pas moins de quatorze, de 1861 à 1865. Il commença à se faire remarquer avec *Les Petits Mystères de l'hôtel Drouot* en 1862, mais la véritable célébrité ne lui vint que lorsqu'il entra au *Figaro,* en 1864. Quelques duels retentissants, avec le prince Murat, avec Paul de Cassagnac, le consacrèrent comme une figure du Boulevard. Journaliste d'opposition, naturellement, il put, grâce à la loi sur la presse de 1868, relativement libérale, avoir enfin sa tribune personnelle : ce fut *La Lanterne* (*), dont le premier numéro, paru le 1er juin 1868, atteignit le chiffre record pour l'époque de cinquante mille exemplaires. Mais le gouvernement de Napoléon III, fort alarmé, fit saisir la publication à partir du troisième numéro et Rochefort fut condamné à treize mois de prison et à dix mille francs d'amende. Il préféra passer la frontière et fit reparaître *La Lanterne* à Bruxelles. Quelque temps plus tard, au début de l'année 1870, venant d'être élu député de Paris, il rentrait en France.

Après le désastre de Sedan, il fait partie du gouvernement de la Défense nationale, mais le pouvoir ayant beaucoup moins de charmes pour lui que l'opposition, il démissionne dès le 1er novembre, lance une feuille violemment républicaine, *Le Mot d'ordre,* où il apporte son soutien à Gambetta, est élu député de Paris à l'Assemblée de Bordeaux le 8 février 1871, mais résilie son mandat moins d'un mois plus tard. Rentré à Paris, il exerce sa verve contre le gouvernement de Versailles et se trouve ainsi complice de la Commune. Lors de l'entrée à Paris des troupes gouvernementales, il doit prendre la fuite, mais il est arrêté à Meaux, Le 20 septembre 1871, il passe devant le Conseil de guerre qui le condamne à la déportation perpétuelle. Cette sentence suscitant de vives protestations dans l'opinion publique, le gouvernement de Thiers hésite à transférer Rochefort dans un bagne outre-mer et, pendant près de deux ans, le polémiste restera détenu dans des forts de la métropole. Moins timide que Thiers, le ministère de Broglie, en décembre 1873, décide le départ du prisonnier pour la Nouvelle-Calédonie. Le 20 mars 1874, en compagnie de quelques autres anciens communards, Rochefort parvient à s'évader, rentre en Europe, séjourne à Londres, puis s'installe à Genève où il ressuscite *La Lanterne*. Son retour en France, après l'amnistie, le 10 juillet 1880, déchaîne un grand mouvement d'enthousiasme populaire. Il reprend alors ses polémiques dans *L'Intransigeant* (+) ; ses nouvelles « têtes de Turcs » sont Gambetta, Ferry et tous les chefs de parti « opportuniste ». Élu député de la Seine en 1885, il donne une fois de plus sa démission. Éternel opposant, l'ancien adversaire de Badinguet se rallie au général Boulanger, ce qui lui vaut d'être accusé de complot contre la République et condamné par contumace à la déportation perpétuelle (13 août 1889). De Londres, où il s'est réfugié, il continue à diriger *L'Intransigeant* et à collaborer régulièrement au *Gil Blas*. Amnistié en février 1895, il rentre en France pour s'engager aussitôt dans les luttes de l'affaire Dreyfus : il est devenu nationaliste, militariste, antisémite et se trouve l'allié des cléricaux, des monarchistes et des bonapartistes ! Mais ce n'est déjà plus que le survivant prestigieux d'une époque révolue : avec Barrès et Maurras, l'opposition au régime se fait doctrinale et s'il y avait une chose dont Rochefort avait toujours été complètement dépourvu, c'était bien d'une doctrine. On ne lit plus guère ses romans, dont quelques-uns furent de grands succès mais ses volumes de souvenirs, *De Nouméa en Europe, retour de la Nouvelle-Calédonie* (1881) et *Aventures de ma vie*, autobiographie en cinq volumes (1895-96), restent des documents d'époque.

MICHEL MOURRE.

RÉF. : C. Ducray, *Henri Rochefort,* Paris, 1914. – G. Bozonnat, *La Jeunesse d'Henri de Rochefort,* thèse, Genève, 1933. – A. Zévaès, *Henri Rochefort, le pamphlétaire,* 1945. – R. L. Williams, *Le Prince des polémistes : Henri Rochefort,* 1970.

ROCHESTER John Wilmot, comte de. Poète et satiriste anglais. Né à Ditchley (Oxfordshire) le 1er avril 1647, mort à Woodstock le 26 juillet 1680. Dans une lettre à sa maîtresse, Elizabeth Barry, Rochester se présentait comme l'« homme le plus extravagant, le plus bizarre et le plus singulier qui fût en vie ». Cette étrangeté est le fruit d'une nature paradoxale, partagée entre la soif du plaisir et une perpétuelle insatisfaction. Paradoxal il l'est encore dans son défi lancé à l'opinion, qu'elle soit religieuse, sociale ou politique. Son œuvre rappelle par ses chansons le Shakespeare des sonnets ou le poète John Donne et annonce dans l'ironie de ses satires les augustiniens Dryden, Swift et Pope qu'elle influença. De son père, il hérita la bravoure, l'amitié pour Charles II et un goût immodéré pour la boisson ; de sa mère, puritaine, une solide éducation religieuse. À Oxford, ses professeurs admirèrent sa connaissance du latin et du grec mais déplorèrent déjà ses débauches nocturnes. En 1661, il partit faire le « Grand Tour » sur le continent afin de parfaire son éducation. De retour en Angleterre en 1664, Rochester, dont la beauté et l'esprit éblouirent la Cour, devint l'une des figures dominantes de la « joyeuse bande » qui gravitait autour de Charles II, sur lequel il exerça toute sa vie une fascination trouble. Ce jeune homme sulfureux fut le symbole du nouvel individualisme et de la vague épicurienne et sceptique qui régnait alors à la Cour. Pour avoir enlevé une jeune et riche héritière (qui se décida à l'épouser deux ans plus tard), il fut emprisonné à la Tour de Londres, et dut, en guise de pénitence, se battre sur mer contre les Hollandais. Ses succès militaires lui rapportèrent l'estime du roi, un salaire avantageux et sans doute la main d'Elizabeth Malet. Ce libertin grossier et cruel envers ses maîtresses resta fidèle à cette femme qu'il estimait et dont il redoutait l'absence. Quelques lettres témoignent ainsi de sa nostalgie de la retraite et de la paix domestique, sentiment peu commun sous la Restauration. Nommé gentilhomme de la Chambre privée, il fut placé au centre d'un cercle de plaisirs qui alimentèrent sa plume et ruinèrent sa santé. Cette époque turbulente fut marquée par sa liaison avec l'actrice E. Barry et une série d'anecdotes picaresques sur ses duels (voir l'affaire d'Epsom où il fut responsable de la mort d'un de ses amis) et ses travestissements. C'est ainsi qu'on le vit placer des espions à la porte des gens dont il voulait faire la satire, se faire passer pour un médecin et débiter des drogues aux femmes de la Cour. Ce goût du masque apparaît également dans son œuvre à travers les multiples « personae » qui prennent la parole dans ses poèmes. À mi-chemin entre fiction et réalité, Rochester se servit de ces masques pour semer le doute dans l'esprit de ses contemporains quant à la valeur et l'authenticité de son dire. Les dernières années de sa vie, bien que marquées par la maladie et la désillusion, furent les plus fécondes du point de vue littéraire. Entre 1674 et 1680, il écrivit la plupart de ses satires – « Sur les eaux de Tunbridge », *Satire contre l'Homme* (+) – et ses chansons les plus subtiles et équivoques sur l'infidélité. Si Rochester mit beaucoup de lui-même dans ses poèmes, l'introspection n'est jamais chez cet homme empreint de culture classique une fin en soi mais un procédé de persuasion amoureuse. Dans ses satires les plus réussies, il peint un univers baroque où l'humour le plus fantaisiste le dispute à la malignité de l'invective. De Rochester, ses contemporains n'ont voulu retenir que son retour largement rendu public à la religion, peu avant sa mort. Or les crises fréquentes de démence dues à la maladie et les diverses pressions de la part de ses proches laissent un doute sur la qualité de sa conversion. L'appétit du scandale et de la publicité ont rattrapé l'homme jusque dans sa mort. Il laisse à tout jamais ouvert le conflit de son aspiration au secret et de son plaisir féroce à le voir divulgué.

STÉPHANIE RAVEZ.

♦ *« Le règne le plus fécond en Satyres fut celui de Charles II, & le Poète le plus satyrique de ce règne fut le comte de Rochester. Jamais on ne vit d'Écrivain plus différent de lui-même, plus vif, plus caustique, plus libre, & cependant plus ingénieux. »* Abbé Yart.

RÉF. : Keith Walker (éd.), *Rochesters Poems*, Oxford, 1984.

ROD Édouard. Écrivain suisse d'expression française. Né le 31 avril 1857 à Nyon (canton de Vaud), mort le 29 janvier 1910 à Grasse (Alpes-Maritimes). Après avoir terminé ses études, d'abord à Lausanne, puis à Bonn, Rod se consacra à l'enseignement ; de cette époque datent, entre autres, *La Légende d'Œdipe à travers les âges* (1879) et *De la littérature comparée* (1886), études qui lui valurent d'être nommé d'abord professeur de littérature comparée (1886), puis professeur de littérature française (1890-1893) à l'université de Genève. Il fit paraître successivement *La Course à la mort* (1885), *Études sur le XIXᵉ siècle* (1888), *Le Sens de la vie* (*) (1889), *Les Trois Cœurs* (1890), *Les Scènes de la vie cosmopolite* (1890) et, enfin, *La Vie privée de Michel Teissier* (*) (1893), suivie de *La Seconde Vie de Michel Teissier* (1894). Très influencé par Schopenhauer, puis par Renan, il commence par nier toute foi, toute croyance au surnaturel ; mais si les œuvres de la première phase de sa production littéraire sont nettement teintées d'agnosticisme et de naturalisme, il évolue ensuite vers le roman psychologique pour entrer, à partir de 1900, dans la période de « romans à thèse sociale » avec *Au milieu du chemin* (1900), *L'Indocile* (1905) et *L'Affaire Jean-Jacques Rousseau* (1906).

RÉF. : Éd. Rod, *Les Transformations d'un jeune homme* et *Mes débuts dans les Lettres*, 1910. – Ch. Beuchat, *Éd. Rod et le cosmopolitisme*, thèse, Paris, 1930. – M. Weidmann, *Versuch über den Stil Ed. Rods*, thèse, Zurich, 1942. – M. G. Lerner, *Édouard Rod, a Portrait of the Novelist and His Times*, La Haye, 1975.

RODENBACH Georges. Écrivain belge d'expression française. Né le 16 juillet 1855 à Tournai (Hainaut), mort à Paris le 25 décembre 1898. De famille gantoise jadis émigrée de Rhénanie, il fait ses études chez les jésuites de Gand, puis à l'université de cette ville, où, en 1878, il obtiendra le diplôme de docteur en droit. De 1876 à 1885, il séjourne à Paris, fréquente les « Hydropathes » d'Émile Goudeau, et publie chez Lemerre trois volumes de vers : *Le Foyer et les Champs* (1877), *Les Tristesses* (1879), *La Mer élégante* (1881), de facture banale et qu'il reniera par la suite. À Bruxelles, pendant deux ans, il exerce brillamment la profession d'avocat, puis participe à la fondation de *La Jeune Belgique* (*). Installé à Paris à partir de 1887, il y demeurera jusqu'à sa mort, ne collaborant plus guère qu'aux périodiques français : *La Nouvelle Revue*, *La Revue blanche* (*), *Le Mercure de France* (*), *La Revue de Paris* (*), *Le Figaro*, *Le Journal*. Il contracte de solides amitiés avec Edmond de Goncourt et Mallarmé, sans cesser de fréquenter son vieil ami Verhaeren, son aîné de deux mois. Le premier recueil où se révèle son originalité, *La Jeunesse blanche*, a paru en 1886 ; Rodenbach s'y affirme incontestablement le premier en date des symbolistes, au sens propre du terme et avant qu'il ait été mis à la mode et brandi comme une oriflamme par les poètes nouveaux, opposé au naturalisme et à la plastique sans drame ni mystère de l'école dite « parnassienne » ; aucun poète depuis Baudelaire n'avait introduit à ce point dans la poésie cette méditation tout intérieure et cette musique en sourdine que seuls le souvenir et le rêve mystique alimentent. Certes, on peut reprocher à Rodenbach sa monotonie, une langueur qui confine à la chlorose et une nuance de préciosité ou de raffinement qui, d'ailleurs, ne tient nullement à la rareté des vocables. Cette note en demi-teintes ne fera que s'accentuer dans *Le Règne du silence* (*) (1891), où le paysage et la description font presque entièrement place au repli, à la méditation. On retrouve l'année suivante une atmosphère comparable dans *Bruges la Morte* (*), roman où l'intrigue, volontairement banale, est noyée dans l'évocation extrêmement délicate et pieuse de la vieille ville aux canaux silencieux et sillonnés de cygnes sous un ciel de brume. Cet ouvrage établit la grande renommée de Rodenbach, tout en provoquant les vives protestations des Brugeois. Le poète s'y révèle prosateur de grande classe et va bientôt affirmer sa maîtrise dans *Le Carillonneur* (*) et *L'Arbre,* qui seront aussi les véhicules de sa nostalgie d'exilé, mais non point de renégat envers la Flandre maternelle. C'est quelques mois après qu'il reçoit de Lunéville une plaquette intitulée *Fleurs de neige,* imprimée à Nancy et signée d'un nom exotique : Heirclas Rügen ; ce pseudonyme dissimule à peine un autre grand poète du lendemain, Charles Guérin, qui se déclarait l'humble disciple de Rodenbach et lui empruntait plusieurs épigraphes pour des sonnets apparemment plus tarabiscotés que mélancoliques ; vivement encouragé par ce maître qui devait le présenter à Mallarmé, Guérin lui consacre une étude enthousiaste et lui demande de préfacer son volume suivant, *Joies grises.* Mais, dès 1896, au moment où paraissent *Les Vies encloses,* le jeune « décadent lorrain » s'est dégagé d'une influence pour lui pernicieuse ; deux ans après, Rodenbach, qui n'a cessé néanmoins de lui témoigner une affectueuse bienveillance, donnera à *La Nouvelle Revue* un bel et juste éloge du *Cœur solitaire* (*). Il donne lui-même, en 1898, son dernier recueil, *Le Miroir du ciel natal,* où, pour la première fois, il adopte le vers libre. Puis sa santé s'altère brusquement ; et après celui de Mallarmé (9 septembre), Charles Guérin pleure le jour de Noël le départ d'un de ses plus généreux patrons. Et ce sera lui que la veuve chargera de surveiller l'édition des écrits posthumes : les études critiques de *L'Élite,* les beaux récits du *Rouet des brumes* et *Le Mirage,* drame tiré de *Bruges la Morte.*

YVES-GÉRARD LE DANTEC.

♦ *« Ses vers sont beaux, contournés et malaisés quelquefois, presque toujours pénétrants, tout chargés de sens et d'un sens rare, en même temps pittoresques et infiniment mélancoliques. »* Jules Lemaître.
♦ *« M. Rodenbach est un des plus absolus et des plus précieux artistes que je sache. Son art est un art à la fois subtil et précis. Je le compare aux dentelles et aux orfèvreries des Flandres... »* Stéphane Mallarmé.

RÉF. : Jules Tellier, *Nos poètes,* Paris, 1888. – Anatole France. *La Vie Littéraire,* Paris, 1888-1892. – Charles Guérin, *Georges Rodenbach,* Paris, 1894. – Fernand Gregh, *La Fenêtre ouverte,* 1901. – Fr. Ruchon, *L'Amitié de Stéphane Mallarmé et de Georges Rodenbach,* Genève, 1949. – Pierre Maes, *Georges Rodenbach,* Gembloux, 1952. – Hubert Juin, « Lecture de Rodenbach » in *Audace* 16, 1970. – C. de Grève, *Georges Rodenbach,* Bruxelles, 1988.

RODIN Auguste. Sculpteur français. Né à Paris le 12 novembre 1840, mort à Meudon le 17 novembre 1917. D'humble origine, il fut d'abord élevé chez les Frères, puis dans une institution libre que dirigeait l'un de ses oncles à Beauvais. Il entra à quinze ans à l'École des arts décoratifs et fut refusé trois fois aux Beaux-Arts. En 1862, la mort de sa sœur l'affecta tellement qu'il entra chez les Eudistes et porta la soutane durant six mois. Carrier-Belleuse et Barye furent ses maîtres à partir de 1864, date à laquelle il entra à la manufacture nationale de Sèvres où il travailla jusqu'à la guerre. Il se rendit alors en Belgique et y demeura sept ans, exécutant des monuments à Bruxelles et à Anvers et complétant sa culture. C'est en 1875 qu'il entreprit sa première grande œuvre : *L'Âge d'airain* (terminé en 1877), qui provoqua d'abord un scandale mais fut achetée par l'État au Salon de 1880. De 1880 à 1885, il travailla à la *Porte de l'enfer*, donna toute une série de bustes célèbres et ses monuments à Claude Lorrain et à Victor Hugo. *Les Bourgeois de Calais* sont de 1895, le *Balzac* de 1898, *Le Baiser* de 1900 et *Le Penseur* de 1904. Il devint une gloire nationale à partir de l'Exposition universelle de 1900 où un pavillon entier lui était consacré, et ne cessa de produire jusqu'à sa mort une œuvre immense qui figure dans les musées et les collections particulières du monde entier. Paul Gsell a réuni ses pensées dans un volume intitulé *L'Art* (*), qui rapporte fidèlement ses conceptions artistiques. Il avait lui-même publié un volume sur *Les Cathédrales de France.*

RÉF. : J. Cladel, *Rodin, l'homme et l'œuvre,* Bruxelles, 1908. – G. Coquiot, *Le Vrai Rodin,* Paris, 1913. – R. M. Rilke, *Auguste Rodin,* trad., Paris, 1928. – P. Gsell, *L'Art de Rodin,* 1946.

RODÓ José Enrique. Écrivain uruguayen. Né à Montevideo le 15 juillet 1872, mort à Palerme le 1er mai 1917. Appartenant à une famille de la petite bourgeoisie, catholique et cultivée, il fut élevé dans une chaude ambiance familiale avec ses cinq frères et sœurs plus âgés que lui. Enfermé durant de longues heures dans la bibliothèque paternelle, il lisait tous les grands auteurs français, de Montaigne à Anatole France. De tous, Renan fut incontestablement le maître spirituel. Passionné de littérature, à laquelle il consacra toute sa vie, il termina ses études en 1895 et, la même année, collabora à la fondation de la *Revue nationale de littérature et de sciences sociales* [*Revista nacional de literatura y ciencias sociales*]. Ses premiers articles critiques, chaleureux mais nuancés, furent consacrés aux contemporains : Menéndez y Pelayo, Leopoldo Alas (« Clarín ») et Gaspar Núñez de Arce. Il y affirmait déjà sa conception humaniste : « Le meilleur critique sera celui qui aura prouvé qu'il a pu comprendre les idéaux, les époques et les goûts les plus opposés. » En 1898, il devint professeur de littérature à l'université de Montevideo. Intéressé par la politique, il accepta à plusieurs reprises de poser sa candidature à la députation au Congrès uruguayen. Il fut rédacteur au journal *El Orden* en 1898, puis, entre 1912 et 1914, au *Diario del Plata*. Son rêve de connaître l'Europe se réalisa au moment où la revue argentine *Caras y caretas* et *La Nación* de Buenos Aires l'y envoyèrent comme correspondant. À partir de 1910, lorsque parut son fameux ouvrage, *Ariel* (*), Rodó se fit le guide spirituel de la jeunesse hispano-américaine qui adopta la doctrine d'Ariel. Les autres œuvres principales de Rodó sont : *Nouvelle vie* [*Vida nueva*, 1897], *Rubén Darío* (1897], *Le Libéralisme et le Jacobinisme* [*Liberalismo y jacobinismo*, 1906], *Motifs de Protée* [*Motivos de Proteo*, 1909], *Le Belvédère de Prospero* [*El mirador de Próspero*, 1914]. Beaucoup de ses chroniques séparées furent groupées dans le volume posthume intitulé *El camino de Paros*. Après sa mort, quelques-uns de ses ouvrages – *Juan Montalvo, Ariel, Rubén Darío, Simón Bolivár* et *Le Libéralisme* – furent réédités sous le titre de *Cinq essais* [*Cinco ensayos*]. En 1930, sa famille autorisa la publication de certains manuscrits inédits qui parurent sous le titre de *Motifs ultimes de Protée* [*Ultimos motivos de Proteo*]. Rodó fut un essayiste très fin, doué d'une logique claire et d'un style agréable, précis, soigné, élégant. Dans son Uruguay natal, Rodó fut l'un des penseurs les plus représentatifs et, comme tel, occupe une place de premier plan dans l'admiration de ses compatriotes.

RÉF. : Lauxon, *Rodó*, Quito, 1915. – Zubillaga, *Critica literaria*, Montevideo, 1915. – A. Gonzales Blanco, *Escritores representativos de América*, Madrid, 1917. – Garcia Godoy, *Americanismo literario*, Madrid, 1918. – G. Gallinal, *Rodó*, Montevideo, 1918. – G. Zaldumbide, *José Enrique Rodó*, Montevideo, 1933. – H. D. Barbagelata, *Ribén Darío et José Enrique Rodó*, Paris, 1958. – C. Couffon, *José Enrique Rodó (Aspects d'une biographie)*, dans J. E. Rodó, *Motifs de Protée*, Paris, 1966.

RODRIGO Joaquín. Compositeur espagnol. Né à Sagunto (Valence) le 22 novembre 1902. Il perd la vue dans son enfance et étudie la composition avec Francisco Antich à Valence (1920-23) puis avec Paul Dukas à Paris (1927-32). Il s'y lie d'amitié avec Manuel de Falla et travaille également la musicologie avec Maurice Emmanuel et André Pirro. De retour en Espagne après la guerre civile, il est conseiller musical à la radio (1944) et professeur à l'université de Madrid (1946). En 1940, il avait fait créer son *Concerto d'Aranjuez* (*) pour guitare et orchestre qui deviendra l'un des succès populaires les plus importants du XXᵉ siècle. Dans un style analogue, évoquant avec nostalgie les couleurs de l'Espagne ancienne, il a composé la *Fantaisie pour un gentilhomme* pour guitare et orchestre (1954), le *Concerto-sérénade* pour harpe et orchestre (1962), le *Concerto andalou* pour quatre guitares et orchestre (1967), le *Concerto pastoral* pour flûte et orchestre (1978) et de nombreuses mélodies. Le néo-classicisme de Rodrigo représente un lien essentiel avec les grandes heures de la musique espagnole par-delà une école contemporaine qui l'a constamment désavoué.

ALAIN PÂRIS.

RODRIGUES LOBO Francisco. Poète portugais. Né à Leiria (Estrémadure) en 1580 et mort noyé accidentellement dans le Tage en novembre 1621. Sa famille était riche et noble. Il fit ses études de droit à l'université de Coïmbre, puis il revint à Leiria, où le marquis de Villa Real le chargea de l'éducation de son fils et de sa fille. Lobo serait tombé amoureux de la fille du marquis et celui-ci l'aurait exilé, mais cet épisode de la vie du poète est aujourd'hui contesté. En 1596, il publia sa première œuvre, intitulée *Romances*. En 1601, il fit paraître *Le Printemps* [*A Primavera*] ; en 1605, *Églogues* (*) ; en 1608, *Le Pasteur errant* [*O Pastor peregrino*] ; en 1610, *Le Connétable du Portugal* (+), poème en vingt chants dédié à Nuno Alvares Pereira ; en 1614, *Le Désenchanté* [*O Desencantado*]. Son livre intitulé *La Cour au village* [*Corte na aldeia*, 1619] remporta un succès considérable : c'est un dialogue entre un docteur, un étudiant, un gentilhomme campagnard, un ancien courtisan et un vieillard qui a passé sa vie à servir les grands. Lobo fait ressortir les défauts et les qualités de chacune de ces professions, mais il exprime surtout dans cette œuvre sa résistance à la domination castillane. Des éditions de ses œuvres complètes se succédèrent de 1723 à 1744. Juan Bautista Morales a traduit en espagnol *Le Printemps, Le Pasteur errant* et *Le Désenchanté*, qui sont les trois parties d'un même roman pastoral ; dans cette œuvre, écrite tantôt en vers, tantôt en prose, on assiste aux aventures du pasteur Lereno, qui s'embarque pour une île inconnue et que le hasard d'une tempête ramène auprès de sa dame. Lobo a également décrit le voyage de Philippe III d'Autriche au Portugal. Ses églogues et ses sonnets sont parmi les meilleurs du début du XVIIᵉ siècle. Il est considéré comme le dernier poète important de l'école lyrique de Camoens, et comme le premier prosateur raffiné.

ROETHKE Theodore. Poète américain. Né le 25 mai 1908 à Saginaw (Michigan), mort le 1ᵉʳ août 1963 à Bainbridge Island, Washington. Theodore Roethke fut sans doute l'un des meilleurs poètes lyriques américains du XXe siècle. Talent multiple, aussi à l'aise dans l'élégie – « Méditations d'une vieille femme » [Meditations of an Old Woman, 1954], écrit en mémoire de sa mère – que dans les poèmes pour enfants comme « Je suis ! dit l'agneau » [I Am ! Says the Lamb, 1961], Roethke a su inventer un monde de rêve (et de cauchemar) qui reflète sa sensibilité d'écorché vif.

Après des études de lettres à l'université du Michigan et à Harvard, Roethke entame une carrière d'enseignant que son charisme couronne immédiatement de succès – même si par la suite des dépressions nerveuses récurrentes viendront périodiquement l'interrompre. Parallèlement, il publie son premier recueil de poèmes : *Porte ouverte* [*Open House,* 1941]. Les œuvres qui suivent, *Le Fils perdu* (+) (1948) et *Louée soit la fin !* [*Praise to the End !* 1951] sont les plus personnelles de Roethke : il y crée un monde fluide, d'une étonnante immédiateté, où se mêlent en brèves phrases le réel et le rêve, et il y explore magistralement les résonances archétypales de sa mythologie privée. Plus tardifs, les poèmes d'amour de *Paroles jetées au vent* (*) sont aussi plus sereins.

Le père de Roethke était fleuriste, et le contact intime avec le monde végétal marqua profondément l'enfant puis le poète. Le cycle des saisons, l'énergie primordiale de la nature sont des thèmes constants de sa poésie. Mais surtout, nul mieux que Roethke n'a évoqué, dans la première partie du *Fils perdu* en particulier, la vie organique qui grouille dans les serres, fascinante et répugnante à la fois : « Des champs tout entiers, beaux et inviolés, – / Moi à genoux dans cette puanteur végétale, / Rampant à quatre pattes, / Enterré vif dans la boue. »

Volontiers symbolique, la poésie de Roethke est gorgée d'images luxuriantes – presque menaçantes à force de sensuelle fécondité. Ainsi de ces « Orchidées » traduites naguère par René Char, que le poète américain avait rencontré à Paris en 1956 : « Doigts tendres et translucides, / Lèvres ni mortes ni vivantes, / Gueules pendantes et spectrales / Qui respirent. » Ni morte ni vivante, mais palpitant dans l'entre-deux du royaume des songes qu'elle a su si bien hanter, la voix de Theodore Roethke berce l'enfant rêveur qui sommeille en nous.

ANTOINE CAZÉ.

RÉF. : A. Seager, *The Glass House : The Life of Theodore Roethke,* New York, 1968. – R. Stiffler, *Th. Roethke The Poet and his Gritics,* Chicago/Londres, 1986.

ROGER-DUCASSE. Compositeur français. Né à Bordeaux le 18 avril 1873, mort au Taillan (Gironde) le 19 juillet 1954. Disciple de Gédalge et de Fauré, premier second grand prix de Rome en 1902 après ses études au Conservatoire de Paris (1891), où il devait être lui-même titulaire d'une classe d'ensemble instrumental (1929), puis de composition (1935-45). Il a été, en outre, directeur de l'enseignement du chant à la Ville de Paris et dans la Seine (1927). Il possédait une vaste culture où s'insérait naturellement une conception de l'écriture musicale d'apparence austère certes, mais ne s'appuyant sur le classicisme que pour y trouver le générateur de toutes les possibilités et s'épanouissant, au gré de la rencontre contrapuntique, en floraison sans cesse inattendue : l'admirable poème pour chœur et orchestre intitulé *Le Soir* et le *Quatuor à cordes* n° 2, achevé dans ses dernières années, en sont un bel exemple. De son œuvre considérable, où s'associent, comme une frappe reconnaissable, la grâce et une sorte d'implacable puissance, il faut retenir : *Orphée* (+) (Opéra de Paris, 1913), *Cantegril* (Opéra-Comique, 1931), *Suite française* (orchestre, 1907), *Sarabande* (orchestre et chœurs, 1910), *Nocturne de printemps* (orchestre, 1918), *Ulysse et les sirènes* (orchestre et chœurs, 1937), *Salve Regina* (1910) et *Trois motets* (1911), *Quatuor avec piano* (1912), les deux *Quatuors à cordes* (1909 et 1953). D'une pantomime inédite, *Le Petit Faune* (1954), ont été tirés des extraits symphoniques.

RÉF. : L. Ceillier, *Roger-Ducasse, le musicien, l'œuvre,* Paris, 1920. – P. Landormy, *La Musique française après Debussy,* Paris, 1943.

ROGER-FERDINAND (pseud. de Roger Ferdinand). Auteur dramatique français. Né à Saint-Lô le 6 octobre 1898, mort à Lozère le 31 décembre 1967. Ses premières pièces furent montées par Charles Dullin (*Irma,* 1926) et Lugné-Poe (*Un homme en or,* 1927), puis cet ancien professeur d'anglais se tourna vers le théâtre de boulevard, où il obtint un triomphe avec *Les J3 ou la Nouvelle École* (*) (1943).

ROHAULT Jacques. Physicien et philosophe français. Né à Amiens en 1620, mort à Paris en 1675. Rohault épousa la fille de Clerselier, avocat au parlement de Paris, philosophe, ami et traducteur de Descartes. Cartésien lui-même, il fit des conférences à Paris sur les applications de la physique de Descartes. Les détracteurs du système cartésien l'accusèrent de battre en brèche les dogmes de l'Église, notamment celui de la transsubstantiation. Rohault y répondit par un exposé général d'une grande clarté des principes de la philosophie de son maître, les *Entretiens sur la philosophie* (1675). Il avait précédemment donné un excellent *Traité de physique* (*) (1671) qui fut longtemps un classique. Après sa mort, son beau-père publia et préfaça ses *Œuvres mathématiques.*

ROHDE Erwin. Philologue et écrivain allemand. Né le 9 octobre 1845 à Hambourg, mort le 11 janvier 1898 à Heidelberg. Après avoir terminé ses études secondaires au « Johanneum » de sa ville natale, il étudia la philologie à Bonn, à Leipzig et à Kiel, ville où, après avoir passé son doctorat, il devint, à son tour, en 1872, professeur de philologie. Ayant fait la connaissance de Nietzsche, il écrivit plusieurs articles pour défendre *La Naissance de la tragédie* (*) ; puis, en 1876, il se fit connaître par une œuvre très érudite sur *Le Roman grec et ses précurseurs* [*Der grieschische Roman und seine Vorlaüfer*]. Il fut nommé, la même année, professeur à l'université d'Iéna, puis, en 1878, à celle de Tübingen, pour terminer sa carrière professorale à l'université de Heidelberg, où il écrivit son œuvre principale : *Psyché, le culte de l'âme chez les Grecs et leur croyance à l'immortalité* (*) (1890-1894). Ses *Écrits mineurs* [*Kleine Schriften*] eurent une édition posthume, en deux volumes (1901-1902), tandis que *La Correspondance de Nietzsche avec Rohde* [*Nietzsches Briefwechsel mit Rohde*] ne parut que plus tardivement, en 1923.

ROÏDIS Emmanouil. Écrivain grec, né à Syros le 28 juillet 1836, mort à Athènes le 7 janvier 1904. Cette personnalité marquante de la vie littéraire grecque de la fin du XIXe siècle est surtout connue, dans son pays et au-delà, pour être l'auteur de *La Papesse Jeanne* (*), ouvrage plusieurs fois traduit en français. Or, ses activités de critique surtout, mais aussi de nouvelliste et de traducteur, dépassent largement ce qui ne fut, après tout, qu'un brillant, mais léger et polémique roman de jeunesse. Fils d'un grand commerçant de Syros, il eut une enfance et une jeunesse heureuses et cosmopolites, marquées par un encyclopédique appétit de lecture, et débuta dans les lettres en 1860, avec une traduction en quatre volumes de l'*Itinéraire de Paris à Jérusalem* (*), de Chateaubriand. En 1862, la ruine de la famille l'incite à renoncer aux affaires et à s'installer définitivement à Athènes. Les progrès d'une surdité dont il souffre depuis l'enfance et, des années plus tard, l'infirmité consécutive à un grave accident l'éloigneront en outre peu à peu de toute vie sociale au profit de lectures souvent érudites. C'est le fruit de ces dernières qu'il rassemble dans *La Papesse Jeanne* (1866), charge allègre et à peine déguisée contre le clergé, et qui lui valut d'être excommunié de l'Église orthodoxe. Sous-titré « Étude médiévale », ce roman, qui retrace les aventures et la fin tragique d'une nonne parvenue jusqu'au trône pontifical, connut un vaste succès en Grèce et à l'étranger. Roïdis puisera à nouveau, les années suivantes, dans les matériaux accumulés pour la composition de ce livre pour rédiger plusieurs autres récits médiévaux – de moindre qualité, cependant – sans cesser de déployer une intense activité sur la scène littéraire grecque : tour à tour fondateur d'un journal historique et satirique (Ἀσμοδαιος), directeur de la Bibliothèque nationale, critique attentif, et sans complaisance, de la littérature de son temps (*Sur la poésie grecque contemporaine* [Περὶ συγχρόνου ἑλληνικῆς ποιήσεως], 1877), il s'attache également à traduire Poe, Murger ou Macaulay. Dans la querelle linguistique qui agite alors la Grèce, il prend clairement parti pour le démoticisme de Jean Psichari et écrit, pour le soutenir, *Les Idoles* [Τα Είδωλα]. Vers 1890, lassé et, au dire de ses contemporains, amer, il renonce au ton pamphlétaire qu'il avait privilégié jusqu'alors pour se consacrer à l'évocation de son île natale ou des pays dans lesquels il avait vécu ses premières années. Les récits de cette période constituent la partie la plus méconnue peut-être, et la plus attachante, de son œuvre. Sans plus rechercher systématiquement l'effet, en se fondant sur ses propres souvenirs et sur l'observation, il met ainsi en scène, sans folklorisme et avec un sens aigu de la psychologie, maints aspects de la vie de province (*Histoire d'un chien* [Ιστορία ενός σκύλου], 1893 ; *Psychologie d'un mari de Syros* [Ψυχολογία Συριανού συζύγου], 1894). Durant les dernières années de sa vie, il exercera une influence sans cesse accrue auprès des jeunes générations.

GILLES ORTLIEB.

ROIG Jaume. Poète didactique catalan. Né à Valence en 1409, mort dans cette même ville le 5 avril 1478. Il étudia peut-être à Leyde et à Paris, et devint docteur ès arts, et docteur en médecine et en physique. En 1434, il fut appelé au Conseil de sa ville en qualité d'examinateur des médecins, fonction qu'il remplit à plusieurs reprises par la suite, parvenant même à devenir le médecin de cour de la reine Marie, épouse d'Alphonse le Magnanime. En 1440, il épousa Isabel Pellicer, femme digne des éloges qu'il en fit dans ses poésies. Il était déjà veuf en 1456 lorsqu'il dut quitter Valence – frappée par une épidémie – et se réfugier à Callosa auprès d'un neveu, Baltasar Bou, à qui est dédié son court mais très important poème didactique intitulé *Spill*, connu également sous le titre de *Livre des conseils* (*). De retour à Valence, Roig y mena pendant ses vingt dernières années une existence tranquille et respectée, occupant différents emplois, parmi lesquels celui de conseiller municipal.

ROJAS Ángel Felicísimo. Écrivain équatorien. Né à Loja le 29 décembre 1909. Professeur de droit à l'université de Guayaquil tout au long de sa vie active, Angel F. Rojas a été quelque peu noyé dans l'exceptionnelle floraison de la littérature produite par des écrivains nés entre 1900 et 1920. Il est souvent rattaché au « groupe de Guayaquil » auquel il semble appartenir géographiquement, aux côtés de Gil Gilbert, Gallegos Lara et surtout Aguilera-Malta, auquel Rojas a consacré d'excellentes études critiques ; d'autres le rattachent plutôt au groupe de Quito, dominé par la grande figure de Jorge Icaza, qui s'est davantage penché sur les problèmes agraires et le dépouillement progressif des populations autochtones sous la poussée du latifundisme. Mais on redécouvre aujourd'hui l'originalité de cet écrivain discret, échappant à toute école, qui s'est surtout illustré dans la critique grâce à une culture particulièrement étendue. Il est aussi l'auteur d'un roman qui a connu un grand succès, *L'Exode de Yangana* (*), publié en 1949. Cette œuvre inclassable apparaît avec le recul du temps beaucoup plus singulière que bien des romans engagés et « prolétariens » de l'époque dont le style vériste date un peu. Rojas a choisi le ton de la fable à la fois familière et mythique pour relater les vicissitudes d'un village équatorien, Yangana, tout entier contraint à l'exode vers l'Amazonie, terre promise. Les affrontements de classes sont adoucis par une bonhomie souriante qui fait le charme du roman.

ÈVE-MARIE FELL.

ROJAS Fernando de. Écrivain espagnol. Né à La Puebla de Montalbán (Tolède) à une date inconnue (vers 1450 ?), mort à Talavera (Tolède) entre le 3 et le 8 avril 1541. Il est l'auteur de *La Célestine* (*), et l'on sait très peu de choses de lui. Ses parents, Garci González Ponce de Rojas et Catalina de Rojas, habitaient à La Puebla de Montalbán et appartenaient à une famille juive convertie, d'après les documents connus datant de 1525-1526. On a relevé en effet dans l'œuvre de Rojas quelque trace hébraïque. Il épousa doña Léonor Alvárez et devint gouverneur de Talavera. Son œuvre intitulée *La Célestine, tragi-comédie de Calixte et Mélibée* dut être écrite vers 1497, à l'époque où l'auteur était « bachelier » et étudiant en droit à Salamanque. Il n'est pas certain qu'on doive lui attribuer l'œuvre entière ; dans ce cas, la déclaration où il indiquait avoir trouvé le premier acte et s'être décidé à en écrire la suite ne serait qu'un artifice littéraire.

ROJAS Manuel. Écrivain chilien. Né le 8 janvier 1896 à Buenos Aires, de parents chiliens, mort à Santiago le 11 mars 1973. Venu à quatre ans au Chili, la mort de son père, alors qu'il est encore écolier, le contraint à exercer différents petits métiers pour aider sa mère, avec laquelle il repart en Argentine. À Rosario, il est apprenti menuisier, puis travaille aux chemins de fer nationaux ; à Mendoza, où un typographe anarchiste lui prête des livres de Hugo, Zamacois, Reclus, Bakounine, il est tour à tour peintre, électricien, figurant et souffleur dans une troupe d'opéra, policier dans un cirque. Ayant gagné Valparaiso, il est engagé comme surveillant au trafic du port, collabore à un journal anarchiste et écrit des poèmes, publiant un premier sonnet, « Ver » [*Gusano*], dans une anthologie composée par le groupe « des Dix » (1918). C'est alors, comme il le confiera plus tard, qu'un besoin irrésistible « d'écrire inlassablement le jour, la nuit, l'après-midi, à toute heure, et de lire, de lire durant des jours entiers, souvent sans manger, toutes sortes de livres, s'empare de lui. » Linotypiste, il réunit sous le titre *Hommes du Sud* [*Hombres del sur,* 1926] ses premières nouvelles et publie un recueil de vers, *La Chanson du passant* [*La tonada del transeúnte*]. En 1928, il se marie avec María Baeza (morte en 1936) et obtient peu après un poste à la Bibliothèque nationale de Santiago. Nommé directeur des publications de l'université du Chili depuis leur fondation, professeur à l'École de journalisme de Santiago, il se remarie en 1941 avec Valérie López Edwards. Les expériences multiples de son enfance et de sa jeunesse, ses contacts avec les milieux défavorisés ou marginaux, alimentent les thèmes de ses romans et de ses nouvelles, d'une forte tonalité picaresque : *Le Délinquant* [*El delicuente,* 1929] ; *Les Chaloupes de la baie* [*Lanchas de la bahía,* 1932] ; *Traversée* [*Travesía,* 1934] ; *La Ville des Césars* [*La ciudad de los Césares,* 1936]. Entré au parti socialiste en 1951, il publie la même année *Fils de voleur* (*), chef-d'œuvre du réalisme social dont l'impact sur l'évolution du roman chilien moderne a été considérable. Après *Mieux que le vin* (+) (1958), et avant *Ombres contre le mur* [*Sombras contra el muro,* 1964], il a étudié dans *Punta de rieles* (1961) l'influence qu'une femme peut avoir sur la vie d'un homme, au point de changer, pour le bien ou pour le mal, son destin. Essayiste, il est l'auteur de *De la poésie à la révolution* [*De la poesía a la revolución,* 1938], *L'Arbre toujours vert* [*El árbol siempre verde,* 1960], et d'une *Petite histoire de la littérature chilienne* [*Historia breve de la literatura chilena,* 1964].

CLAUDE COUFFON.

ROJAS ZORRILLA Francisco de. Dramaturge espagnol de l'école de Calderón de la Barca. Né à Tolède le 4 octobre 1607, mort à Madrid le 23 janvier 1648. Il fit ses humanités à Madrid. Sa vie se passa dans les milieux de la cour de Philippe IV, sans doute dès 1631. Il collabora aux fêtes organisées par le souverain dans les jardins du palais du Buen Retiro, dont le Colisée fut inauguré en 1640 par une comédie dont il était l'auteur : *Les Édits de Vérone* (+). Il appartint à diverses académies et participa à de nombreuses joutes poétiques. Il eut une intrigue avec María de Escobedo qui lui donna une fille, devenue plus tard actrice célèbre. En 1643, le roi lui accorda l'habit de Saint-Jacques. Rojas excella en deux genres : les pièces dramatiques et les comédies de mœurs. Le thème de l'honneur face au respect et au dévouement dus au roi est exposé dans *Hormis le roi, personne* (+) — v. *García del Castañar* (*) — qui comporte de belles scènes exaltant la vie des champs. Américo Castro a souligné l'importance que Rojas donne à la femme qui venge son honneur dans *Cada cuallo que le toca, Procné et Philomène* [*Progne y Filomena*], *La trahison cherche le châtiment* [*La traición busca al castigo*], jusqu'à *Don Lucas del Cigarral,* ou qui, pour le moins, est consciente de sa valeur propre comme dans *Il y a danger aux remèdes* [*Peligrar en los remedios*], *Les Édits de Vérone, Où il y a des insultes, il n'y a pas de jalousie* [*Donde hay agravios no hay celos*]. Ce qu'il y a d'excessif dans l'emploi de ces thèmes, le baroque exagéré, se retrouve dans la « vis comica » et l'esprit qu'il verse dans ses autres genres. On prétend que Rojas a créé la comédie bouffe avec *Entre fous va le jeu* (*) et *Don Lucas del Cigarral,* pièce qui se déroule dans le décor d'un village tolédan et d'une auberge de campagne, fertile en rebondissements, d'une exquise délicatesse. Thomas Corneille l'a imité dans *Don Bertrand du Cigarral* (+) et Scarron dans *Dom Japhet d'Arménie* (+). Le bouffon ou masque est un personnage ridicule dans ses attitudes, et d'autant plus qu'il se croit digne et noble. Maints auteurs français, Lesage notamment, ont largement imité Rojas. Son style rappelle celui de Calderón avec sa tendance au cultisme, au lyrisme, et au besoin de ralentir le feu de l'action au moyen d'artifices de rhétorique. Citons encore parmi les drames de Rojas : *Les Serpents de Cléopâtre, Les Charmes de Médée, Mourir en pensant tuer, Numance encerclée, Numance détruite, Les Travaux de Tobie* [*Los trabajos de Tobias*], *On ne peut être père et roi.*

RÉF. : *A. Morel Fatio, L'Espagne au XVIe et au XVIIe siècle.* Heilbronn, 1878. — C. Pérez Pastor, *Bibliografia madrileña.* — E. Cotarelo, *Don Francisco de Rojas Zorrilla,* Madrid, 1911. — N. Diaz de Escovar et Lasso de la Vega, *Historia del teatro español,* Barcelone, 1924.

ROLAND DE LA PLATIÈRE Madame, née Jeanne Manon Phlipon. Née à Paris le 17 mars 1754, guillotinée le 8 novembre 1793 à Paris. Manon Phlipon était la fille d'un maître graveur ; elle fit presque seule sa propre éducation, s'initia à la peinture et à la musique, et surtout lut avec passion les chefs-d'œuvre de la littérature, surtout les *Vies* de Plutarque — v. *Vies des hommes illustres* (*) — qui lui servirent de guide dans les circonstances de son existence agitée. En 1780, elle épousa Jean-Marie Roland de la Platière, qui avait vingt-deux ans de plus qu'elle et était inspecteur général du commerce. Lorsque son mari fut élu maire de Lyon (1790) et fonda le *Courrier de Lyon,* Mme Roland en fut la principale rédactrice. Quand Roland fut nommé en mars 1792 ministre de l'Intérieur, elle joua à ses côtés un rôle de premier plan, rassemblant autour d'elle les membres du club des Feuillants et les principaux Girondins dont elle devint l'égérie. Roland, renvoyé par le roi, fut rappelé au ministère après le 10 août, condamna les massacres de Septembre et tenta de s'opposer à la domination de la Montagne et de la Commune de Paris ; accusé de fédéralisme, englobé dans le proscription des Girondins, Roland se vit décrété d'accusation. Mme Roland dut paraître à la Convention pour s'y expliquer sur l'accusation qui avait été portée contre elle de mener des intrigues avec l'Angleterre, elle s'en justifia ; mais, de nouveau accusée, elle vit les rangs de ses fidèles s'éclaircir et, définitivement compromise avec la Gironde, elle figura avec son mari sur la liste des proscrits dressée par la Convention sous la pression de la Commune après le coup d'État du 2 juin 1793. Internée successivement à l'Abbaye, à Sainte-Pélagie et à la Conciergerie, Mme Roland fit preuve d'un courage et d'une grandeur d'âme peu communs. Elle fut exécutée le 8 novembre, après avoir prononcé peut-être les mots qui lui sont traditionnellement attribués : « Ô liberté, que de crimes on commet en ton nom ! » Roland, qui s'était réfugié à Rouen et qui était libre encore, ne put survivre à la mort de sa femme, il se donna la mort le surlendemain de l'exécution, peu après en avoir appris la nouvelle. Mme Roland laissait des *Mémoires* (*) qui virent le jour dès 1795, sous le titre d'*Appel à l'impartiale postérité* et constituent un témoignage irremplaçable. Elle laissait également une très abondante *Correspondance* qui a été éditée en plusieurs volumes : *Lettres, 1780-1793* (1900-1903), *Lettres, 1767-1790* (1913-1915), *Roland et Manon Phlipon, lettres d'amour 1777-1780* (1909), par Cl. Perroud.

RÉF. : Cl. Bader, *Mme Roland, d'après ses Lettres et des manuscrits inédits*, Paris, 1892. — I. Tarbell, *Mme Roland*, Londres, 1896. — Cl. Perroud, *Une amie de Mme Roland, souvenirs de Sophie Grandchamp* in *La Révolution française*, t. 37, Paris, 1899. — M. Clemenceau-Jacquemaire, *Vie de Mme Roland*, Paris, 1929. — É. Bernardin, *Les Idées religieuses de Mme Roland*, Paris, 1933. — Wilcocks, *Mme Roland, l'idole des girondins*, tr. fr., Paris, 1938. — A. Le Corbeiller, *Le Calvaire de Mme Roland*, Paris, 1942. — G. Huisman, *La Vie privée de Mme Roland*, Paris, 1955. — P. de Roux, présentation des *Mémoires*, Paris, 1966. — G. Chaussinant-Nogaret, *Mme Roland, une femme en révolution*, Paris, 1985.

ROLAND HOLST Adriaan. Poète et prosateur hollandais. Né à Amsterdam le 24 mai 1888, mort à Bergen le 6 août 1976. Considéré comme l'un des meilleurs poètes de sa génération, il est l'auteur d'une œuvre assez homogène, d'inspiration nettement romantique : il s'est notamment fait le chantre du paradis perdu, monde mythique plus noble et plus juste, à jamais hors de portée des humains perpétuellement voués à l'exil. Roland Holst emprunte bon nombre de motifs à la mythologie, principalement aux mythes celtiques qu'il a étudiés à Oxford de 1908 à 1911. Retenons ici surtout ses œuvres poétiques : *Vers* [*Verzen*, 1911], *La Confession du silence* [*Belijdenis van de stilte*, 1913], *Par-delà les chemins* (*) (1920), *L'Horizon sauvage* [*De wilde kim*, 1925], *Un* *hiver au bord de la mer* [*Een Winter aan Zee*, 1937], *En route* [*Onderweg*, 1946], *Aurore d'hiver* [*Een winter-dageraad*, 1945], *Contre le monde* [*Tegen de wereld*, 1947], *En exil* [*In ballingschap*, 1948], *En danger* [*In gevaar*, 1958], *Aux abords de la frontière* [*Omtrent de grens*, 1960], *Sous les nuages froids* [*Onder koude wolken*, 1962], *Extrêmes* [*Uitersten*, 1967] et *Feu dans la neige* [*Vuur in sneeuw*, 1968].

ROLAND HOLST Henriette (pseud. d'Henriette Van der Schalk). Poétesse néerlandaise. Née le 24 décembre 1869 à Noordwijk (Pays-Bas), morte le 21 novembre 1952 à Amsterdam. Au cours de ses études, elle s'intéresse à Platon, Dante, Spinoza. Cette poétesse écrit tout de suite des vers qui sont d'une philosophe et d'une âme sensible. Elle donne aux idées socialistes un tour concret. Mais, déçue, elle s'écarte de ce courant de pensée. Elle cherche à imprégner son socialisme de sentiments religieux et aborde des questions fondamentales, comme le pourquoi de la souffrance. Elle déplore dans *La Nouvelle Naissance* [*De Nieuwe Gebont*, 1903] l'enfer technique, célèbre dans *Fête commémorative* [*Feest der Gedachtenis*, 1915] la future liberté dont jouiront tous les êtres, et place l'amour à la base de tout idéal. Dans ses poèmes *Entre le temps et l'éternité* (*) (1934), elle rend grâce à Dieu de la beauté, de l'amour, de la vérité qu'il lui a été donné de connaître et de faire connaître aux autres. Elle a consacré des études à Rousseau, Tolstoï, Garibaldi.

ROLFE Frédéric William (sous le pseud. de baron Corvo). Écrivain anglais. Né à Londres le 22 juillet 1860, mort à Venise le 26 octobre 1913. Bien qu'appartenant à une famille protestante, le jeune Rolfe se convertit, à vingt-six ans, au catholicisme, et fit des études pour devenir prêtre, d'abord au séminaire d'Oscott (1887), puis au séminaire anglais de Rome (1889-1890) ; il fut renvoyé de ces deux établissements soi-disant pour « vocation insuffisante », mais probablement à cause de ses goûts comparables à ceux d'Oscar Wilde. Il subsista ensuite en travaillant comme précepteur, comme peintre d'oriflammes et de bannières. Après avoir collaboré avec plusieurs écrivains anglais, il écrivit *Le Livre jaune* [*The Yellow Book*, 1897], dont l'ésotérisme médiéval rebute le lecteur moyen. Il eut son heure de succès avec *Hadrien VII* (*) (1904), où il se dépeint sous les traits de son héros, George Arthur Rose. La plupart de ses œuvres furent signées « baron Corvo », titre qu'il prétendait avoir reçu de la duchesse Sforza-Cesarini, Anglaise de naissance, qui l'aurait adopté.

RÉF. : A. J. A. Symons, *The Quest for Corvo*, Londres, 1934 (Trad. *À la recherche du baron Corvo*, Paris, 1962). – C. Woolf et B. Sewell (éd.), *New Quests for Corvo*, Londres, 1965. – D. Weeks, *Corvo*, Londres, 1971. – M. Benkouitz, *Frederick Rolfe, Baron Corvo : a Biography*, Londres, 1976.

ROLLAND Romain. Écrivain français. Né à Clamecy (Yonne) le 29 janvier 1866, mort à Vézelay le 30 décembre 1944. D'une vieille famille de bourgeois bourguignons de tradition protestante et républicaine, il passa toute son enfance dans la douceur de la vie provinciale. En 1880, la famille Rolland vient s'établir à Paris, et Romain, âgé de quatorze ans, commence à suivre les cours du lycée Saint-Louis, puis de Louis-le-Grand, où il découvre avec enthousiasme les œuvres de Shakespeare et de Victor Hugo. Reçu à l'École normale en 1886, c'est dans le « cloître de la rue d'Ulm » qu'il rencontre André Suarès, qui allait devenir son ami. À la même époque – tandis que paraît *Ainsi parlait Zarathoustra* (*) de Nietzsche –, Romain Rolland étudie Spinoza et envoie des lettres à Tolstoï. Agrégé d'histoire à vingt-trois ans, en 1889, il va passer deux années à l'École d'archéologie de Rome : c'est en Italie qu'il connaîtra ses grandes révélations, soit parmi les souvenirs de la Renaissance et devant les chefs-d'œuvre de Michel-Ange, soit au cours de ses entretiens avec Malwida von Weysenbug, amie de Mazzini, de Wagner, de Nietzsche, et qui fut pour le jeune homme une sorte de médiatrice vers les héros : dès cette époque, il commence à écrire et dresse la première ébauche de son *Jean-Christophe* (*). Passionné de musique, c'est aussi en Italie qu'il travaille à sa thèse sur l'*Histoire de l'opéra en Europe avant Lully et Scarlatti* (*). Mais l'Allemagne l'attire plus encore peut-être : à son retour à Paris, il va devenir l'un des champions du wagnérisme. Comme le maître de Bayreuth, il rêve, à sa manière, de recréer un théâtre à l'image de celui des Grecs, vraiment populaire parce qu'il remettrait en valeur les grandes oppositions élémentaires : ainsi, en 1897, Rolland fait-il représenter *Aert* et *Les Loups* (*), et compose-t-il plus tard, dans le même esprit, *Danton* (*) (1900), et *Le Quatorze Juillet* (*) (1901), qui formeront *Le Théâtre de la Révolution* (*). À la même époque, il entrait aux *Cahiers de la Quinzaine* (*) de Péguy : renouvelant la musicographie d'une part, avec *Haendel et Musiciens d'autrefois*, suivi de *Musiciens d'aujourd'hui*, d'autre part exprimant sa conception d'un héroïsme humanitaire dans une *Vie de Beethoven* (*), qui fit la célébrité de l'auteur et devint le livre de toute une génération – suivi par une *Vie de Michel-Ange* (*) en 1905, et une *Vie de Tolstoï* en 1911 –, Romain Rolland menait une vie de pauvreté et de solitude, en marge des milieux littéraires et mondains, et le plus souvent à l'étranger, en Suisse et en Italie. Il voulait en effet se consacrer entièrement à sa grande œuvre, cette vaste fresque de *Jean-Christophe*, roman d'apprentissage qui était une innovation en France et dont le premier volume parut en 1904. Dix ans plus tard, alors que son ami Péguy, rallié au nationalisme et au catholicisme, allait tomber dès la bataille de la Marne, Rolland, surpris en Suisse par la guerre alors qu'il achevait son *Colas Breugnon* (*), prit une position pacifiste dans *Au-dessus de la mêlée* (*), livre aussi mal reçu en France qu'en Allemagne, qui donna lieu à de furieuses polémiques et enleva à son auteur de nombreuses amitiés – mais Rolland reçut en 1916 le prix Nobel de littérature. Rentré en France en 1919, il était devenu un écrivain « engagé » dans la politique : ce fut son idéal pacifiste qui lui inspira *Clérambault* (+) en 1920 et qui l'amena à fonder la revue *Europe* en 1922 et à s'intéresser à l'hindouisme (*Vie de Ramakrishna, Vie de Vivekananda*) et aux théories de la non-violence (*Mahatma Gandhi,* 1923). Au fur et à mesure que la politique européenne recommençait à s'aggraver, Romain Rolland évoluait vers la Russie soviétique, s'efforçant de « concilier la pensée de l'Inde et celle de Moscou », et proclamant en 1927 son adhésion au communisme. Il n'en poursuivit pas moins entre-temps son œuvre littéraire (*L'Âme enchantée,* 1922-34) et ses études de musicologie avec plusieurs volumes sur les « grandes époques créatrices » de Beethoven. Lorsque éclata la Seconde Guerre mondiale, Rolland, qui venait de publier en 1939 un drame sur *Robespierre,* vivait dans la retraite à Vézelay. Malgré les profondes secousses morales de la défaite et de l'Occupation, il consacra ses dernières années à écrire une biographie passionnée de son ami *Péguy* (1944), dialogue émouvant et véritable confession spirituelle, dont il faut rapprocher *Le Voyage intérieur,* essai autobiographique paru en 1936. Romain Rolland devait mourir quelques mois après la Libération ; son *Journal des années de guerre* fut publié en 1952. Partagé entre Nietzsche et Tolstoï, entre le rêve et l'action, entre l'idéalisme et l'exigence rationaliste, Romain Rolland séduit d'abord par ces balancements et ces hésitations, qui révèlent au moins une infatigable disponibilité pour l'enthousiasme. Il apparaît comme une sorte de Tolstoï français, prenant au sérieux et gonflant de lyrisme les sentiments généreux, professant un humanisme centré sur le culte de la Révolution et sur un amour idéaliste de la vie, dont on peut toutefois se demander s'il ne l'eût pas exprimé plus aisément par la musique que par les lettres. Rolland est en effet un des très rares écrivains français dans la culture desquels la musique ait joué un rôle prépondérant. Longtemps, trop respectueux de toutes les manifestations de la vie, Rolland a semblé se refuser à choisir : sa passion de la liberté restait du côté du sentiment et de la sensation, du songe. Tout son effort, depuis la première guerre, tendit au contraire à enraciner cette liberté dans une communauté, et les raisons qui l'ont poussé vers le communisme rappellent assez celles d'un André Gide. D'un point de vue strictement littéraire, on n'oubliera pas que *Jean-Christophe* introduisit en France le roman-cycle, montrant ainsi leur voie à un Jules Romains et à un Roger Martin du Gard.

MICHEL MOURRE.

♦ *« Nous avons à savoir que cet homme glorieux n'a jamais fait la cour à aucune puissance, et ne prit jamais conseil que de lui-même. »* Alain. ♦ *« ...Sa vie est devenue un Destin, comme celle de Voltaire, comme celle de Hugo, et plus d'une fois il a pu sembler que c'étaient les destinées mêmes de l'Europe qui étaient toutes à l'ouvrage pour composer sa figure et son œuvre. Romain Rolland était pour le monde entier le héros de l'Europe. »* Jean Guéhenno. ♦ *« Rolland se refuse à jouer auprès de ses semblables le rôle d'une autorité. Il exige de chacun qu'il reconnaisse la seule autorité de sa conscience... Pour venir en aide à toute une génération, il a suffi à Rolland de montrer en pleine lumière, des hauteurs de son isolement, comment un homme, par sa fidélité à l'idée qu'il a une fois reconnue vraie, peut la rendre vivante en tous temps. »* S. Zweig.

RÉF. : P. Seippel, *Romain Rolland, l'homme et l'œuvre,* Paris, 1913. – Marc Elder, *Deux essais,* Paris 1914. – J. Bonnerat, *Romain Rolland. Sa vie, son œuvre,* Paris, 1921. – G. Anquetil, *Essai sur Romain Rolland,* Paris, 1918. – E. Evrard, *Nos Mandarins,* Tourcoing, 1920. – S. Zweig, *Romain Rolland, der Mann und das Werk,* Stuttgart, 1921. – M. Lob, *Un grand européen, Romain Rolland,* Auxerre, 1927. – L. Gotzfried, *Romain Rolland, das Weltbild im Spiegel seiner Werke,* Stuttgart, 1931. – C. Sénéchal, *Romain Rolland,* Paris, 1933. – M. Doisy, *Romain Rolland,* Bruxelles, 1945. – *Hommage à Romain Rolland,* Genève, 1945. – M. Descotes, *Romain Rolland,* Paris, 1948. – R. Arcos, *Romain Rolland,* Paris, 1950. – *Hommage à Romain Rolland,* Bruxelles, 1954. – *Hommage à Romain Rolland,* numéro spécial de la revue *Europe,* 1955. – J. B. Barrère, *Romain Rolland par lui-même,* Paris, 1955, rééd. 1978. – J. Robichez, *Romain Rolland,* Paris, 1961. – M. Kempf, *Romain Rolland et l'Allemagne* Paris, 1962. – R. Cheval, *Romain Rolland, l'Allemagne et la Guerre,* Paris, 1963. – J. Pérus, *Romain Rolland et Maxime Gorki,* Paris, 1968. – J. Sipriot, *Romain Rolland,* Paris, 1968. – J. Albertini, « Introduction » aux *Textes politiques, sociaux et philosophiques choisis de Romain Rolland,* Paris, 1970. – W. T. Starr, *Romain Rolland, One against All,* La Haye, 1971. – D. Nedejkovic, *Romain Rolland et Stefan Zweig,* Paris, 1970. – *Travaux consacrés à Rolland depuis sa mort jusqu'à 1973,* in Bulletin de l'Association des Amis de Romain Rolland, 1975. – Cahiers Romain Rolland, Paris, 1976. – T. Motylova, *Romain Rolland,* Moscou, 1979.

ROLLAND DE RENÉVILLE André. Écrivain et poète français. Né à Tours le 8 juillet 1903, mort à Paris le 23 août 1962. Il collabore aux trois numéros publiés de la revue *Le Grand Jeu* (*) fondée en 1928 par René Daumal, Gilbert Lecomte, Roger Vailland et Josef Sima. Plus tard, il crée sa propre revue : *Les Cahiers de l'Hermès* (1947), qui se veut parfaitement objective, son but étant de donner la parole aux voix les plus diverses sans qu'aucun parti pris philosophique ou confessionnel quelconque vienne s'y opposer. Poète – v. *L'Expérience poétique* (*) (1938) –, il considère que la poésie constitue une guerre permanente que l'homme se livre à lui-même, puisque son irruption dans l'existence a pour effet de détruire les conventions, de dissoudre les dogmes, et d'obliger l'homme à plus de conscience (*La Nuit, l'Esprit,* 1946). On lui doit aussi une suite de petits essais sur *Les Filles du feu* (*), sur Rimbaud, Saint-Pol Roux,

Alfred Jarry, Milosz, Léon-Paul Fargue, Henri Michaux, Paul Éluard, Jules Supervielle, etc., regroupés dans un recueil intitulé *Univers de la parole* (1945). Il a annoté les *Œuvres complètes de Rimbaud* (1946), après avoir écrit un remarquable ouvrage sur le poète (*Rimbaud le voyant*, 1929).

ROLLIN Charles. Professeur et historien français. Né et mort à Paris (30 janvier 1661-14 septembre 1741). Fils d'un maître coutelier et reçu maître lui-même pendant son adolescence, il dut à la protection d'un bénédictin d'obtenir une bourse au collège du Plessis et de faire ensuite des études de théologie à la Sorbonne. En 1683, il retourna au collège du Plessis comme professeur de seconde, puis (1687) de rhétorique et, mettant en valeur la littérature grecque, faisant une place aux lettres françaises et s'efforçant de situer la critique des œuvres dans leur contexte historique, il étendit et modernisa les études. Titulaire, depuis 1688, de la chaire d'éloquence au Collège de France, il fut nommé en 1694, à l'âge de trente-trois ans, recteur de l'Université, poste où il montra un grand zèle religieux et renforça la discipline de l'enseignement. En 1699, il prenait la direction du collège de Beauvais, et en 1701 entrait à l'Académie des inscriptions et belles-lettres. Mais cette carrière rapide et brillante allait être soudain arrêtée par l'intransigeance des convictions jansénistes de Rollin ; celui-ci, chrétien fervent et même clerc tonsuré, plutôt que de se soumettre à la bulle *Unigenitus*, préféra être chassé de son poste au collège de Beauvais (1712), cassé du rectorat et exclu des conseils de l'Université. Nommé de nouveau recteur en 1720, il ne put se maintenir dans sa charge que trois mois. Contraint à la retraite, il employa celle-ci à composer son *Traité des études ou de la manière d'enseigner et d'étudier les belles-lettres, par rapport à l'esprit et au cœur* (*) (1726-31). Il fit également paraître treize volumes d'une *Histoire ancienne* (1730-38) et huit volumes d'une *Histoire romaine* (*) (1837-41) qu'il laissa inachevée et qui fut continuée après sa mort par Crevier. Historien, Rollin s'est surtout attaché à mettre en valeur l'énergie des âmes antiques, transformant ainsi l'histoire en un cours de morale. Mais cet homme, aussi doux et humble de caractère que ferme dans ses convictions religieuses, d'une honnêteté scrupuleuse, demeure une figure admirable de l'Université d'Ancien Régime.

RÉF. : Sainte-Beuve, *Causeries du Lundi*, tome VI, Paris, 1854. – H. Ferté, *Rollin, sa vie, ses œuvres et l'université de son temps*, Paris, 1902. – A. Gazier, *Rollin et l'Université* in *Mélanges de littérature et d'histoire*, Paris, 1904. – A. C. Gaudin, *The Educational Views of Charles Rollin*, Columbia University, New York, 1939.

ROLLINAT Maurice. Poète français. Né le 29 décembre 1846 à Châteauroux (Indre), mort à Ivry, dans la clinique du docteur Moreau de Tours, le 21 octobre 1903. Son père, François Rollinat, représentait l'Indre à l'Assemblée de 1848. Après une enfance et une adolescence passées dans le Berry (il était le compatriote de George Sand, qui fut sa marraine et exerça quelque influence sur son sentiment de la nature), il gagna Paris vers sa vingtième année. Il s'y mêla bientôt aux écrivains réalistes ou fantaisistes qui se groupaient autour d'Émile Gourdeau, fondateur des « Hydropathes » en 1878 : Bourget, Maupassant, Hennique, Arène, enfin Charles Cros, poète admirable et isolé. Rollinat possédait alors en portefeuille les gracieux poèmes campagnards qui formèrent bientôt (1877) son premier recueil, *Dans les brandes.* Tout un chapitre, le meilleur sans doute, *Les Refuges,* du volume qu'il préparait en même temps et qui fera sa réputation bruyante en 1883, *Les Névroses* (*), est une suite de beaux, purs et sains paysages berrichons ou d'Île-de-France. Ce ne sont pas ces vers-là qu'on lui demandait aux « Hydropathes », puis au « Chat Noir », mais les peintures sinistres et d'ailleurs vigoureusement brossées des *Spectres* et des *Ténèbres.* On voyait alors en Rollinat le continuateur de Baudelaire ; bien à tort : car il n'a cru voir, dans *Les Fleurs du mal* (*), que l'atmosphère artificiellement macabre et pourrie qui avait été fort à la mode tout au long du romantisme, de *La Comédie de la mort* (*), de Gautier à *L'Épopée du ver* de Hugo. Rollinat, plus que de Baudelaire, se rapproche des ridicules prosopopées d'un Richepin dans ses *Blasphèmes ;* à force de se vouloir terrible et impressionnant, à l'exemple imaginaire d'Edgar Poe, il tombe dans le comique de salle de garde ou du « Cabaret du Néant ». Mais le vrai talent qui se manifeste dans les *Névroses* – que prolongera, dans le sens des *Refuges,* le délicat impressionnisme de *La Nature* (1892) – n'est pas dans ses outrances diaboliques, encore accentuées dans *L'Abîme* (1886) et *Les Apparitions* (1896). Il y a, dans les pages de Rollinat qui sont inspirées par la vie rustique et surtout par son décor naturel, de petites merveilles d'observation, de grâce, de charme musical ; en particulier dans des ballades où le poète a véritablement renouvelé cette forme fixe par l'emploi d'amples et souples alexandrins.

YVES-GÉRARD LE DANTEC.

♦ *« Inférieur à Baudelaire pour la correction lucide et la patience de la rime qui le font irréprochable, Rollinat pourrait bien lui être supérieur ainsi qu'à Edgar Poe par la sincérité et la profondeur de son diabolisme. »* Barbey d'Aurevilly. ♦ *« Il est impossible de mieux faire valoir, de mieux monter en épingle la valeur des mots et, quand on entend cela, c'est comme un coup de fouet donné à ce qu'il y a de littéraire en vous... »* E. de Goncourt.

RÉF. : Barbey d'Aurevilly, *Les Œuvres et les Hommes. Les Poètes,* Paris, 1889. – J. Cladel, *Portraits d'Hier. Maurice Rollinat,* Paris, 1910. – P. Codvelle, *Essai sur la psychose de Rollinat,* Lyon,

1917. – E. Vinchon, *Maurice Rollinat, étude biographique et littéraire,* Paris, 1921. – H. Willette, *Georges Lorin et Rollinat,* Paris, 1928. – A. Zevaès, *Maurice Rollinat,* Paris, 1934. – R. Mianney, *Rollinat, poète et musicien du fantastique,* Sautron, 1981.

ROMAGNOSI Gian Domenico. Juriste italien. Né à Salsomaggiore (duché de Plaisance), le 11 décembre 1761, mort à Milan le 8 juin 1835. Il obtint son doctorat en droit à l'université de Plaisance en 1786 et s'inscrivit alors à l'ordre des notaires de cette ville. Il pratiqua cependant fort peu et, continuant à étudier les sciences et la philosophie, conçut sa fameuse *Genèse du droit pénal* (*), qui parut à Pavie en 1791 et connut plusieurs rééditions. À la suite d'un concours il fut nommé, en 1791, prêteur ou podestat de Trente, ce qui ne l'empêcha pas de continuer ses études de physique et de devancer par ses expériences la découverte d'Oersted sur l'action magnétique du courant électrique, découverte qui est la base de l'électromagnétisme. Lors de l'entrée des Français à Trente, le 5 septembre 1796, Romagnosi présenta au sénat municipal de la cité un programme de réformes qui visait en particulier le système judiciaire et l'instruction publique. Arrêté le 23 avril 1799, après le retour des Autrichiens, il fut accusé de haute trahison, traduit devant le tribunal d'Innsbruck, jugé puis absous (1800). Romagnosi demeura à Trente jusqu'en 1802, date à laquelle il fut appelé à la chaire de droit public de l'université de Parme où il publia une autre de ses œuvres essentielles : *Introduction à l'étude du droit public universel* [*Introduzione alle studio del diritto pubblico universale,* 1805]. En octobre 1806 il se rendit à Milan où il fut chargé de travailler à la préparation du Code pénal ou Code de procédure pénale. Entretemps il passa de la chaire de Parme à celle de droit civil de l'université de Pavie (février 1807) qu'il quitta pour la chaire de haute législation des écoles spéciales de Milan (janvier 1809). Il fut aussi inspecteur supérieur des écoles de droit (mars 1809) et, à partir de février 1811, chargé de diriger le *Journal de jurisprudence universelle* [*Il giornale di giurisprudenza universale*]. Il était en même temps entré dans la franc-maçonnerie, où il parvint aux plus hauts grades. Une attaque d'hémiplégie le frappa en avril 1812 et le contraignit à suspendre, pour quelque temps, toute activité. Après la chute de Napoléon et le retour des Autrichiens, Romagnosi adhéra à la conspiration qui s'organisait. Déjà surveillé par la police parce que suspect d'avoir trempé dans une conjuration ourdie vers la fin de 1814, il fut soumis à une enquête (1817) à la suite de la publication du premier volume de *De la constitution d'une monarchie nationale représentative* [*Della costituzione di una monarchia nazionale rappresentativa*], publié anonymement en 1815, et contraint de démissionner de l'enseignement. Il vécut en donnant des leçons particulières et en collaborant à divers périodiques et journaux parmi lesquels *Le Conciliateur.* Ses contacts avec Pellico et Maroncelli lui valurent d'être impliqué dans les procès de Venise (1821) où il obtint un non-lieu (décembre 1821). L'intervention des autorités autrichiennes l'empêcha d'accepter, en 1825, l'invitation de lord Guilford qui le conviait à occuper la chaire de jurisprudence de la nouvelle université de Corfou, charge en vue de laquelle il avait préparé ses *Institutions de philosophie civile* [*Istituzioni di civile filosofia,* posth., 1839]. Malgré tous ces ennuis, ce furent des années d'intense production : Romagnosi avait publié en 1822 les *Observations sur la Science nouvelle de Vico* [*Osservazioni sulla Scienza nuova di Vico*] qui furent suivies de *Questions sur l'ordonnance des statistiques civiles* [*Questioni sull'ordinamento delle statistiche civili,* 1827-30], *De l'économie suprême du savoir humain* [*Della suprema economia dell'umano sapere,* 1828], *Aperçus fondamentaux sur la logique* [*Vedute fondamentali sull'arte logica,* 1832], *De la disposition à la civilisation et de ses facteurs* (*), *Aperçus fondamentaux pour administrer l'économie suprême de la civilisation* [*Vedute eminenti per amministrare l'economia suprema dell'incivilimento,* 1833], etc. En 1834, il fut nommé à l'Académie des sciences morales et politiques de France. Il mourut des suites d'une attaque d'apoplexie et fut enseveli, selon son vœu, à Carate Brienza.

GAETANO CAPONE BRAGA.

ROMAINS Jules (pseud. de Louis Henri-Jean Farigoule). Écrivain français. Né à Saint-Julien-Chapteuil (Haute-Loire) le 25 août 1885, mort à Paris le 14 août 1972. Instituteur, son père vient s'installer à Paris. Jules Romains fréquente l'école communale puis entre au lycée Condorcet (1904). Sa vocation littéraire s'éveille très tôt. Il est reçu à l'École normale supérieure en 1905. Il prépare une licence ès sciences et obtient un diplôme d'études supérieures de biologie dont il se souviendra en 1920 pour écrire, selon l'expression de Gabriel Audisio, « un mémoire d'anticipation scientifique » : La *Vision extra-rétinienne et le sens paroptique* (*). Professeur de philosophie à Brest et à Laon en 1909, il s'installe à Paris en 1911. Il fréquente le groupe de l'Abbaye (Georges Duhamel, Charles Vildrac...), sorte de phalanstère sis à Créteil où se croisent diverses influences : symbolisme, socialisme révolutionnaire, lyrisme social, futurisme. Jules Romains s'en inspire pour mettre en forme une intuition qui l'avait traversé dès 1903 et qui aboutira à l'« unanimisme ». Sortant du lycée Condorcet, il était entré en contact avec un être vaste et élémentaire dont le corps était formé par des rues, des voitures, des passants à qui s'imposait un rythme d'ensemble embrassant les divers rythmes des consciences individuelles. En 1908, il transpose cette intuition dans son recueil poétique, *La*

Vie unanime (*), non sans en avoir discuté avec Georges Chennevière, un poète avec qui il signera plus tard un *Traité de versification* (1923). Avant 1914, Jules Romains compte déjà à son actif une quinzaine d'ouvrages qui vont du théâtre (*L'Armée dans la ville,* 1911) au roman (*Les Copains* (*), 1913), jusqu'au traité de métaphysique (*Manuel de déification,* 1910). Pacifiste, il fait la guerre dans un service de santé et publie, en 1916, un poème intitulé « Europe » qui chante « les foules contraires à la mort ». Après la guerre, il quitte l'enseignement et s'oriente vers une sorte de théâtre lyrique où des groupes d'hommes s'affronteraient au moyen d'idées plutôt qu'à travers des passions individuelles. En 1920, Copeau monte au Vieux-Colombier *Cromedeyre-le-Vieil* (*). En 1923, c'est la création de *Monsieur Le Trouhadec saisi par la débauche* (*), personnage qui reparaîtra en 1925 dans *Le Mariage de Monsieur Le Trouhadec* (*). Mais c'est avec *Knock ou le Triomphe de la médecine* (*) (1923) que Jules Romains obtient un triomphe. Ses pièces ultérieures, *Le Dictateur* (*) (1926) et *Donogoo Tonka* (*) (1929), sont moins bien reçues. Mais il prenait un nouveau départ avec le roman. Sa trilogie *Psyché* (*) (*Lucienne,* 1922, *Le Dieu des corps,* 1928, *Quand le navire,* 1929) était le prélude à une œuvre plus vaste, « une fiction en prose qui exprimerait dans le mouvement et la multiplicité, dans le détail et dans le devenir cette vision du monde moderne dont *La Vie unanime* chantait d'emblée l'émoi initial ». C'est faire remonter très haut dans le temps l'idée mère des *Hommes de bonne volonté* (*). Entreprise qui suppose une grande énergie puisque les vingt-sept volumes qu'elle comporte furent écrits en 1932 et 1947, avec des interruptions dues à la guerre (pendant laquelle Jules Romains quitte la France et s'occupe de la propagande de la France libre). En 1946, l'écrivain est élu à l'Académie française.

Jules Romains fut toujours un observateur attentif de la situation politique dans le monde. Ce qu'elle lui inspire, il le livre dans des ouvrages comme *Problèmes d'aujourd'hui* (1931), *Problèmes européens* (1933), *Le Couple France-Allemagne* (1935). À la veille de la guerre, il prône encore le rapprochement entre les peuples. Après la Libération, tout en continuant à donner des romans (*Mémoires de Madame Chauverel,* 1959), il se penche plus volontiers sur les problèmes de l'heure (*Retrouver la foi,* 1947, *Examen de conscience des Français,* 1954, *Pour raison garder,* 1961-63, *Lettre ouverte contre une vaste conspiration,* 1966). Mais son optique a changé. De pacifiste de gauche, il est devenu ce que l'on a appelé un « théoricien du radicalisme bourgeois ».

Toute l'œuvre proprement littéraire de Jules Romains est imprégnée de l'intuition à laquelle il a donné le nom d'unanimisme, « harmonie naturelle et spontanée » au sein d'un groupe « d'hommes qui participent à la même émotion ». Avant de devenir une théorie où se remarquent les influences de Durkheim, Tarde et Lévy-Bruhl, l'unanimisme est donc une prise de conscience relevant de la sensibilité. En poésie, plus de symbole ni d'allégorie mais un vers libéré d'une métrique rigide, lesté du poids des foules qui marchent dans les rues, soulevées par un optimisme cosmique. Ce qui ne va pas sans danger, comme l'écrivain le note dans *L'Homme blanc.* Quant au théâtre de Jules Romains, il prend appui sur l'unanimisme pour montrer les foules en proie aux charlatans qui, à la limite, prennent le visage des dictateurs. Si *Cromedeyre-le-Vieil* est encore un poème dramatique plus qu'une pièce, *Knock,* à travers un médecin moliéresque d'allure, montre à l'œuvre la sinistre puissance d'un homme capable d'envoûter toute une population. *Donogoo Tonka* souligne par ailleurs les méfaits de l'illusion créée par la publicité (les mass media d'aujourd'hui). C'est dans son *Manuel de déification* (1910) complété par *Puissances de Paris* (1919) que se trouve l'exposé cohérent de la théorie unanimiste. L'individu renoncera à sa solitude pour penser en fonction du groupe. L'espace est l'endroit où tout s'entrecroise tandis que le temps est « arbitraire et élastique ». Le monde est sujet à la léthargie. Il faut l'éveiller, au besoin de manière brutale. Le canular a des vertus thérapeutiques, comme le montrent *Les Copains,* qui créent des événements capables de tirer les habitants de villes de province de leur sommeil. Qu'en sera-t-il dès lors des émotions personnelles ? Jules Romains se méfie du couple. Pourtant dans *Psyché,* il prône ce qu'il appelle la « religion sexuelle », capable de réconcilier les sens et l'esprit avec l'approbation tacite du groupe social. À travers la femme, le dieu des corps se manifeste dans son universalité. Ce que Jules Romains a conçu et tenté à travers la poésie, le théâtre, le roman, vient converger dans *Les Hommes de bonne volonté.* L'œuvre n'est plus « centrée sur l'individu », mais elle vise à embrasser « un vaste ensemble humain, avec une diversité de destinées individuelles qui cheminent chacune pour leur propre compte en s'ignorant la plupart du temps ». Ce roman polyphonique se déroule du 6 octobre 1908 au 7 octobre 1933 et brasse une foule de personnages dont quelque six cents ont une individualité plus ou moins reconnaissable. Une quarantaine d'entre eux tiennent les premiers rôles. Ce sont pour la plupart des représentants de « groupes de pression », comme on dirait aujourd'hui. Les milieux universitaires et leurs tâches scientifiques, les milieux politiques et leurs intrigues, les milieux d'affaires face à des crises, le monde de l'Église et sa puissance, toute une réalité sociale complexe et désordonnée tente de se situer face à une vaste perspective historique que définit la double « montée des périls » avant 1914 et 1939. Jules Romains juxtapose événements et destins, les mène de front. Ils se côtoient, sans se rencontrer. Ce qui lui permet d'évoquer « tout un pathétique de la dispersion, de l'évanouissement, dont la vie abonde, mais que les livres se refusent presque toujours, préoccupés qu'ils sont, au nom de vieilles règles, de commencer et de finir le jeu avec les mêmes atouts ». Dispersion ne signifie pas, malgré tout, désordre. D'abord, cette fresque sociale en mouvement s'articule selon l'existence de deux normaliens, Jallez et Jerphanion, des amis – des copains – en qui s'incarnent les deux visages de Jules Romains, celui du créateur et celui de l'observateur politique. Ensuite, l'unanimisme intervient comme un élément de coagulation du temps, soit en période de paix – et Paris alors palpite d'une vie mystérieuse –, soit en période de guerre – et c'est le million de combattants déversé sur Verdun pendant la guerre de 1914. Enfin, même si aujourd'hui certaines des options de Jules Romains paraissent dépassées, il n'en reste pas moins que *Les Hommes de bonne volonté* constituent une fascinante chronique des événements qui animèrent et bouleversèrent l'Europe, de Londres à la Volga, et ce sur un quart de siècle.

GUY LE CLEC'H.

♦ *« Il n'est pas trop tôt pour estimer que la postérité aura le droit de voir, dans toute l'œuvre de Romains, pendant plus d'un demi-siècle, sans écart, sans défaillance, l'affirmation constructive d'un classicisme moderne. »* Gabriel Audisio. ♦ *« Dans sa longue légende des* Hommes de bonne volonté... *il veut évoquer la rumeur de la vie collective, le bruissement d'une époque, les tumultes, les fêtes et le mouvement lent de la vie quotidienne. »* R. M. Albérès. ♦ *« La puissance de l'ensemble n'est pas niable, mais elle est celle de la « bonne volonté » plus que de l'inspiration. Il y a là une sorte de simulation du génie créateur qui met en garde. »* Gaétan Picon.

RÉF. : A. Figueras, *Jules Romains,* Paris, 1952. – M. Berry, *Jules Romains, sa vie, son œuvre,* Paris, 1953. – A. Bourin, *Connaissance de Jules Romains,* Paris, 1961. – A. Cuisenier, *Jules Romains, l'Unanimisme et « Les Hommes de bonne volonté »,* Paris, 1969. – D. Boak, *Jules Romains,* New York, 1974. – *Actes du colloque Jules Romains,* Paris, 1979. – L. Jules Romains, *Les Vies inimitables,* Paris, 1985.

ROMANOS le Mélode. Écrivain religieux byzantin, surnommé le « Pindare chrétien ». Né à la fin du vᵉ siècle à Émèse en Syrie, mort à Constantinople après 555. Sa gloire resplendit jusque sur les autels : l'Église grecque célèbre en effet sa fête le 1ᵉʳ octobre et sa biographie figure à l'office des saints. On raconte qu'il fut diacre de l'église de Beyrouth. De là, il se rendit à Constantinople, au temps de l'empereur Anastase (491-518), demeurant au service de l'Église de la Très Sainte Vierge à Cyr d'où il avait l'habitude de se rendre, pour les fêtes nocturnes, au sanctuaire des Blachernes. Une nuit, tandis qu'il reposait, la Vierge lui apparut en songe et lui tendit un livre, en lui disant : « Avale-le. » Le saint ouvrit la bouche et eut l'impression d'avoir avalé le parchemin. « C'est ainsi que lui fut conféré le don de composer des hymnes sacrées », nous dit l'office des saints. S'étant réveillé, encore tout étonné de son rêve, il en rendit grâces au Seigneur, puis, étant monté en chaire, il commença à chanter et de sa bouche sortirent les paroles du cantique que l'on chante encore pour Noël : « En ce jour, la Vierge. » « De la même manière – poursuivit l'office – il composa des "kondakia" pour les autres fêtes et il en existe environ un millier ; après avoir célébré les différents saints, il s'endormit dans la paix du Seigneur. On célèbre sa mémoire à Constantinople, dans l'église de la Très Sainte Vierge de Cyr. » Cette atmosphère surnaturelle est assurément celle qui convient le mieux à la vie du plus grand des hymnographes byzantins. Son inspiration est en effet nourrie d'extases et d'éblouissantes révélations, fruits d'une constante méditation et d'une communion quotidienne avec le divin. L'œuvre de Romanos se réduit aux *Kondakia* ou *Hymnes* (*), parmi lesquelles quatre-vingt-cinq au moins sont authentiques, et dont beaucoup sont encore chantées dans la liturgie byzantine.

RÉF. : Card. Pitra, *Hymnographie de l'Église grecque,* Rome, 1867. – E. Bouvy, *Poètes et Mélodes. Origines du rythme tonique,* 1886 – Eustratiades, *Romanos le Mélode et ses œuvres poétiques,* E. B., 1939, en grec. – E. Wellesz, *A History of Byzantine Music and Hymnography,* Oxford, 2ᵉ éd., 1961. – K. Mitsakis, *The Language of Romanos the Melodist,* Munich, 1968 ; *Byzantine Hymnographia,* Thessalonique, 1971. – J. Grosdidier de Matons, *Romanos le Mélode et les origines de la poésie religieuse à Byzance,* Paris, 1977.

ROMANOV Pantelejmon Sergeïevitch. Écrivain et poète russe. Né le 24 juillet 1884 au village de Petrovsk dans le gouvernement de Toula, mort à Moscou le 8 avril 1938. Ses parents appartenaient à des familles d'ecclésiastiques ; après avoir fait ses études secondaires à Toula, il étudia la jurisprudence à l'université de Moscou, décidé, cependant, à se consacrer à la littérature. S'étant retiré à la campagne en 1906, il y prépara et commença la rédaction d'une vaste épopée intitulée *Rus'* (ancien nom de la Russie) qu'il ne reprit que beaucoup plus tard et qui ne fut publiée partiellement qu'après la Révolution, en 1923. Jusqu'alors écrivain lent et incertain, n'ayant publié qu'une seule nouvelle de quelque intérêt, *Le Père Fedor* [*Otec Fëdor,* 1911], Romanov crut avoir trouvé sa voie avec la Révolution et, de fait, au cours des premières années, particulièrement pendant la « Nep », il publia de nombreux volumes de nouvelles, simplement humoristiques, comme *La Comptabilité à l'italienne* [*Ital'ianskaja buhgalterija*], ou encore sur l'amour : *Nouvelles concernant l'amour* [*Razskazy o ljubvi*], *Lettres de femme* [*Ženskije pis'ma*], dont les données essentielles furent reprises, mais avec plus de rudesse et avec de plus grandes prétentions moralisatrices, dans son roman *Le Camarade Kisliakov* (*) (connu à l'étranger sous le titre *Trois* *paires de bas de soie*) et dans quelques récits sur la révolution sexuelle : *Problème du sexe* [*Voprosy pola*]. Le succès de Romanov en Russie fut de très courte durée, et tout à fait éphémère à l'étranger, où il n'était fondé que sur la curiosité ; l'auteur ne manquait pas de dons d'observation, grâce auxquels certaines de ses nouvelles peuvent être considérées comme d'excellents documents. Attaqué par ceux qui estimaient que sa satire était nuisible parce que la vie quotidienne n'a pas de place dans la littérature soviétique, il disparut de la scène d'une façon soudaine.

RÉF. : Gelb Struve, *Histoire de la littérature soviétique*, Paris, 1946.

ROMERO Elvio. Poète paraguayen. Né à Yegros, une « tache oubliée par la géographie », le 1er décembre 1926. Son père, Pablo Romero, était menuisier mais avait construit pour gagner sa vie un manège de chevaux de bois avec lequel il allait de village en village. Sa mère, Carmen Ferreira, était institutrice, mais accompagnait son mari à travers fêtes et foires. De 1932 à 1935, l'enfant fait ses études primaires à Yegros. Après la terrible guerre du Chaco avec la Bolivie (1932-1935), la famille Romero s'installe à Asunción où Elvio Romero commence ses études secondaires au collège national (1940). Nourri comme la plupart de ses condisciples de l'idéologie anarchiste divulguée dans leur exil par les combattants républicains espagnols, il publie ses premiers poèmes dans *El País* et la revue *Noticias*, auxquels collabore la « génération de 1940 » et notamment Augusto Roa Bastos. En 1945, il reçoit le prix Paul Verlaine, décerné par l'ambassade de France, pour son poème « Il n'y a pas de morts en France » [En Francia no hay muertos]. Participant à la guerre civile contre la dictature du général Morínigo, il est contraint, après l'échec de cette dernière, de s'exiler à Buenos Aires, en septembre 1947. Il retrouve dans la capitale argentine, où vivent Rafael Alberti et María Teresa León, les amis de ces derniers qui l'encouragent dans sa création poétique : Pablo Neruda, León Felipe, Nicolás Guillén. Celui-ci le présente aux éditions Lautaro, qui publient ses poésies de combat, *Jours déchirés* [*Días roturados*, 1948], avec un poème d'hommage de Rafael Alberti. Correcteur au journal *Clarín* (1948-1954), il poursuit son œuvre poétique à la fois engagée et nostalgique : *Réverbérations arides* [*Resoles áridos*, 1950], *S'éveillent les brasiers* [*Despiertan las fogatas*, 1953], *Le Soleil sous les racines* (*) (1956). Conseiller de l'éditeur Gonzalo Losada, il prépare une édition de l'œuvre du poète espagnol Miguel Hernández, mort à la prison d'Alicante en 1942, et écrit son essai, *Miguel Hernández, destin et poésie* [*Miguel Hernández, destino y poesía*, 1958]. Membre du Mouvement mondial de la Paix, il voyage en Europe, en Afrique et en Amérique latine. Après un premier séjour à Cuba en 1961, il travaille à La Havane à la Casa de las Américas, de 1962 à 1964, et écrit *Face au cœur* [*De cara al corazón*, 1961] et *Cette guitare dure* [*Esta guitarra dura*, 1961]. De retour à Buenos Aires (1968), il reprend sa collaboration aux éditions Losada qui continuent de publier son œuvre : *Le Livre de la migration* [*Libro de la migración*, 1966], *Éclair blessé* [*Un relámpago herido*, 1967], *Les Innombrables* [*Los innombrables*, 1970], *Exil et Soir tombant* [*Destierro y atardecer*, 1975], *Le Feu ancien* [*El viejo fuego*, 1977], *Les Vallées imaginaires* [*Los valles imaginarios*, 1984]. En 1989, la chute du général Alfredo Stroessner lui permet de retrouver son pays où il est proclamé poète national. Son *Œuvre complète* est éditée à Asunción en mai 1990.

CLAUDE COUFFON.

♦ *« Durant mon long exil* [...], *j'ai partagé la lutte de mon peuple pour sa liberté, j'ai vécu attentif à la formidable geste incarnée par les milliers de combattants qui, prudemment et courageusement, ont préparé l'avenir de ma patrie, et mon chant s'est ainsi conformé, entre l'exaltation et la mélancolie, à ces lumières et à ces ombres qui, tour à tour, font frémir le cœur. »* Elvio Romero.

ROMERO Luis. Écrivain espagnol. Né en 1916 à Barcelone. Une jeunesse engagée lui fait connaître la prison, les combats dans les rangs franquistes, et le conduit ensuite sur le front russe comme engagé dans la Division bleue. Devenu agent d'assurances à Barcelone, il publie un premier livre, *Corde raide* [*Cuerda tensa*, 1950], avant d'émigrer à Buenos Aires où il écrit *La Noria* (+), qui reçoit le prix Nadal 1951. De retour en Espagne en 1952, il s'installe à Barcelone mais vit souvent dans une petite maison de Cadaques, faisant de nombreux voyages à l'étranger et séjournant un temps à Paris. Tout en collaborant à différents journaux, il poursuit son œuvre d'écrivain avec deux romans psychologiques : *Lettre d'hier* [*Carta de ayer*, 1953] et *Les Voix anciennes* [*Las viejas voces*, 1955]. Mais c'est surtout en chef de file du « réalisme social » qu'il s'exprime dans les romans suivants : *Les Autres* (*) (1956), une histoire policière qui dénonce le désarroi moral des petites gens de Barcelone ; *Nuit de Noël* [*La noche buena*, 1960], qui transpose dans le monde moderne l'histoire de Marie et de Joseph ; *Le Courant* [*La corriente*, 1962], qui renoue, douze ans après, avec le destin des personnages de *La Noria* ; *Le Cacique* [*El cacique*, 1963]. Luis Romero a également publié des récits historiques : *Tudá* (1956), sur son expérience russe ; et plusieurs livres sur la guerre civile : *L'Aube de la guerre d'Espagne, 18 juillet 1936* [*Tres días de julio*, 1967], *Le Désastre de Carthagène* [*El desastre de Cartagena*, 1967], *La Fin de la guerre* [*El final de la guerra*, 1976].

CLAUDE COUFFON.

RONSARD Pierre de. Né le 10 septembre 1524 à Couture en Vendômois ; mort le

27 décembre 1585 à Saint-Cosme-lez-Tours. Pierre de Ronsard, Vendômois, peut revendiquer le double titre de prince des poètes français et de premier poète français moderne. Il est, en effet, le premier pour lequel on puisse dessiner la courbe d'une vie, dont chaque étape est marquée par une œuvre nouvelle et une transformation de la poésie. Fils cadet d'un gentilhomme — sergent fieffé de la forêt de Gâtine, Loys de Ronsart, d'abord au service du roi Louis XII et ensuite de François Ier, père des lettres — il naquit au château de la Possonnière, une ravissante gentilhommière Renaissance, qui peut se visiter encore et dont la mince tour octogonale, les inscriptions et la grande cheminée se voient toujours. En face se cachent les ruines d'une demeure primitive, constituée par des salles souterraines creusées sous la colline, où s'égarait l'enfant génial et précoce : « Je n'avais pas douze ans qu'au profond des vallées, / Dans les hautes forêts, des hommes reculées, / Dans les antres secrets, de frayeur tout couverts, / Sans avoir soin de rien, je composais des vers. » Tout jeune, il entra au service des dauphins et des princesses royales, comme page, ce qui le mena jusqu'en Écosse, avec Madeleine de France (1537-1538). Mais ce cadet, frappé soudain de surdité (1541-1542), ne pouvant plus songer ni aux armes, ni à la diplomatie, dut être d'Église, non pas prêtre, mais, ayant reçu la petite tonsure des ordres mineurs (6 mars 1543), il pouvait accéder à des bénéfices ecclésiastiques.

Toutefois, il fut surtout de lettres. Aussi, après la mort de son père (1544), se laissa-t-il engager à Paris par le diplomate humaniste Lazare de Baïf, dans sa belle maison des Fossés Saint-Victor (aujourd'hui, rue du Cardinal-Lemoine), ornée d'inscriptions grecques, pour y être le jeune Mentor d'un plus jeune Télémaque, Jean-Antoine. En novembre 1547, Lazare de Baïf étant mort, les deux jeunes gens furent inscrits au collège de Coqueret, derrière Sainte-Barbe, impasse Chartière, lequel venait d'être repris par le grand philosophe limousin Dorat, de son vrai nom Disnamandy (en lorrain Mangematin). Ils y retrouvaient Joachim du Bellay et bien d'autres, auxquels Dorat révélait les beautés de la poésie hellénique. C'est de ce milieu effervescent que sortit, en avril 1549, notre premier manifeste littéraire : la *Défense et illustration de la langue française* (*), qui venait bruyamment participer au combat, depuis longtemps engagé, pour la promotion de la langue française, et recommander le renouvellement des genres, à l'instar des Grecs. Joachim du Bellay accompagnait sa *Défense* d'un recueil de sonnets, *L'Olive* (*). Mais la vraie, l'éclatante révélation de la nouvelle « école », qui ne s'appelle pas encore « la Pléiade », mais seulement et plus modestement « la Brigade », fut la publication, un an après, en avril 1550, des *Quatre Premiers Livres des Odes* — v. *Odes* (*) — de Pierre de Ronsard, Vendômois. Après une retentissante et insolente Préface, affirmant sa volonté de révolutionner la poésie, prenant « style à part, sens à part, œuvre à part », le livre, qui marque une date dans l'histoire de notre littérature, s'ouvrait par des *Odes pindariques*, imitées du poète lyrique thébain du Ve siècle av. J.-C., Pindare, à qui les cités grecques commandaient des odes ou chants en l'honneur du vainqueur des jeux Olympiques, auquel elles s'enorgueillissaient d'avoir donné le jour. Ronsard remplaçait l'athlète par le roi ou les princes, et les louait « jusqu'à l'extrémité ». Transposition plus malaisée encore au point de vue formel, car, quel métier d'artisan de la prosodie ne fallait-il pas pour faire se succéder jusqu'à vingt-quatre triades : strophe, antistrophe, épode ? On peut s'en rendre compte en lisant, par exemple, de préférence à haute voix, l'*Ode à Michel de l'Hôpital*, qui ne parut que deux ans plus tard. Mais on ne saurait la goûter pleinement qu'en l'entendant exécutée avec l'accompagnement de l'admirable musique de Goudimel.

À côté de ces odes chargées, selon le mode humaniste, de raretés mythologiques étranges comme cette invocation à Phœbus : « Ô Père, Ô Phebus Cynthien, / Ô saint Apollon Pythien, / Seigneur de Dèle la Divine, / Cyrénean, Patarean, / Par qui le trépié Thymbrean / Dessous la Custode devine », et agitées d'un « forcènement » pareil à celui de ladite Pythie vaticinant sur son trépied delphique, il y avait dix petites odes, celles-là imitées du gracieux poète latin Horace (Ier siècle av. J.-C.), qui célébraient, comme ce dernier avait fait pour son « Fons Bandusiae », la « Fontaine Bellerie », que les paysans de Couture montrent encore comme la « Fontaine de la belle Iris ». Mais les poètes de la vieille école, soucieux de ne pas leur voir échapper « les mannes de la Royale grandeur », comme Mellin de Saint-Gelais, reprochèrent au poète, devant le roi et sa fille Marguerite de Valois, de ne pas savoir ciseler le joli sonnet pétrarquisé qu'il avait introduit en France. Notre Ronsard releva le gant, et, en 1552, en publia tout un volume intitulé : *Les Amours* (*). Il y célèbre sa Cassandre, dont des recherches érudites ont établi que c'était Cassandre Salviati, fille d'un banquier italien. Il l'avait aperçue, jeune fille, à Blois, lors d'une fête de cour, en 1545, dansant un branle de Bourgogne, et en fut violemment épris. Mariée et devenue dame de Pray et de Talcy, ne lui laissant, dit-il... « qu'un pré / Où sans espoir, ses espérances paissent », Cassandre rentrait, à point nommé, dans la donnée de l'amour courtois provençal, devenant ainsi la Laure de ce nouveau Pétrarque, qui lui voue un amour idéal, souvent philosophique, faisant d'elle, selon le vocabulaire platonicien, l'Idée même de la Beauté et de l'Amour, et s'élevant « Jusqu'au giron des plus belles idées ». Le poète ne devait pas s'attarder à cet amour platonique et quintessencié, pour lequel il n'était pas fait, et allait s'orienter bientôt vers une tradition plus naturaliste et gauloise, qui lui inspira les *Folastries*, publiées en 1553 sans nom d'auteur, et deux ans plus tard, deux recueils de sonnets : *Continuation* (+) et *Nouvelle continuation des amours* (+) (1555-56), consacrées, cette fois, non plus à Cassandre, mais à Marie l'Angevine, lesquels marquent un renouvellement complet de sa manière.

D'abord, s'adressant à une simple paysanne de Bourgueil, une Angevine de quinze ans qui devait s'appeler du Pin à en juger par l'arbre de son « senhal », ou signal, il ne peut l'accabler de termes philosophiques, et la qualifier, comme Cassandre, « d'entelechie » (au lieu de : perfection). Elle aurait cru à une injure. S'il garde la forme du sonnet, il l'écrit non plus en décasyllabes mais en alexandrins, le vers de douze syllabes, fort délaissé depuis le *Roman d'Alexandre* (*) (dernier quart du XIIe siècle), auquel il doit son nom. Ronsard adopte aussi la règle de l'alternance des rimes masculines et féminines, le plus rare secret de notre prosodie française, que le Moyen Âge (« le vilain monstre Ignorance » comme l'appela Ronsard) avait peut-être découvert, mais non appliqué. L'humble Marie fut-elle plus accessible que l'altière Cassandre ? Sauf de menues privautés, ces « bonnes manières » que la rusticité tolère, c'est bien douteux. Rupture, silence de plus de vingt ans. Ronsard apprend que son beau Pin de Bourgueil a été abattu par la cognée de la Mort. La blessure se rouvre et le thrène s'élève, un des plus émouvants de notre langue, le *Sonnet de la Mort de Marie* et les *Stances* dédiées à la même.

Toutefois, il ne faut pas croire que les années 1555-56 et celles qui les ont immédiatement précédées soient consacrées à l'amour, et à son expression la plus simple et la plus complète. Celle-ci alterne avec la méditation, d'où sortirent parallèlement (j'emprunte le mot au vocabulaire verlainien) *Les Hymnes* (*) et le *Second Livre des hymnes* (1555-56), où l'alexandrin, cette fois, élargit sa facture pour guinder son vol jusqu'aux Empyrées, où le seul Victor Hugo, trois siècles après, pourra le suivre. 1560 est la date de la première édition collective où le poète rassemble, en quatre petits tomes, publiés à Paris, par Gabriel Buon, « Au Clos Bruneau », les principales œuvres que nous avons analysées. Temps de trêve et de paix, telle une lourde accalmie avant l'orage des guerres de Religion. Pierre de Ronsard, bien qu'ayant des protecteurs et des amis dans les deux camps, et ayant été jadis tenté par la Réforme prêchée par de Bèze au faubourg Saint-Victor, prend parti pour la tradition catholique française : « Madame, je serois ou du plomb ou du bois / Si moi, que la Nature a fait naître François / Aux siècles advenir je ne contois la peine / Et l'extrême malheur dont notre France est pleine. / Je veux maugré les ans, au monde publier, / D'une plume de fer sur un papier d'acier, / Que ses propres enfants l'ont prise et dévêtue, / Et jusques à la mort, vilainement battue. » Les circonstances, qui auraient fait d'un autre un partisan, élèvent Ronsard à la hauteur d'un grand poète satirique, dont l'ardeur se traduit en trois œuvres maîtresses : *Discours des misères de ce temps* (*) (1562), *Continuation du discours des misères de ce temps, Remontrances au peuple de France* (*) (1563), dont s'inspireront plus tard même ses adversaires, comme Du Bartas, dans sa *Sepmaine* (*) et Agrippa d'Aubigné dans ses *Tragiques* (*), et qui annoncent, plus que le Barbier des *Iambes* (*), le Hugo des *Châtiments* (*). On y relève de magnifiques apostrophes à Théodore de Bèze : « Ne prêche plus en France une Évangile armée / Un Christ empistolé tout noirci de fumée... / Christ n'est que Charité, qu'Amour et que Concorde. » À mesure que les esprits s'échauffent, que lances et espadons écrasent les morions d'acier sur les têtes et les cuirasses sur la poitrine, et que le sang coule, le ton de la polémique devient plus âpre. Attaqué en sa personne physique, en son honneur et, ce qui l'atteint le plus, dans son art, Pierre de Ronsard lance sa *Réponse aux ... Prédicans de Genève.* Il y décrit sa journée de chapelain, bourdonnante de prières, encore qu'il se défende d'être prêtre, et occupée de lectures, de pensées et – pourquoi pas ? – des honnêtes plaisirs de la Nature et de la Vie : « J'aime fort les jardins qui sentent le sauvage, / J'aime à faire l'amour, j'aime à parler aux Femmes, / À mettre par écrit mes amoureuses flammes... » Le doux évangile de la Renaissance triomphante est ici prêché. On le retrouvera dans les *Églogues* (*) ou poèmes bucoliques, qui vont, pour plusieurs années après la fin du concile de Trente, occuper les loisirs du nouveau prieur de Croix-Val, de Montoire en Vendômois, et de Saint-Cosme-lez-Tours, sur la Loire, entre lesquels il partage ses studieux loisirs.

Arrivent les années orageuses qui vont aboutir à la Saint-Barthélemy (24 août 1572), deux ans après laquelle Pierre de Ronsard perd le souverain Charles IX pour lequel il avait écrit, lorsqu'il était monté sur le trône, en 1560, la noble *Institution pour l'adolescence du roi très chrétien.* Il en eut d'autant plus de chagrin que, par tempérament et par goût, il ne pouvait aimer son successeur aux amours efféminées, Henri III et ses mignons de cour. Au moins, avant de mourir, Charles IX avait-il pu prendre connaissance des quatre premiers livres de *La Franciade* (*) (1572), tentative d'*Énéide* (*) française, où étaient retracées en décasyllabes (retour à une première manière) les aventures du Troyen, fils d'Hector, Astyanax, devenu Francus pour fonder le royaume de France, dont il est le héros éponyme. Tous les procédés de Virgile : évocation des morts, scènes de magie, amours royales, tempêtes, songes, y sont mis en œuvre, mais le poète, qui a traîné cette entreprise pendant trente ans, n'arriva pas à la conduire à terme. Cependant, un artiste comme celui-là, même quand il se trompe, ne le fait qu'avec talent, et il n'est pas difficile, si l'on veut s'en donner la peine, de trouver dans *La Franciade* des comparaisons rares et des vers exquis, tels que ceux décrivant les amants que l'amour rapproche l'un de l'autre, comme le vent fait des arbres de la forêt. Ronsard n'alla pas plus avant, alléguant la mort du souverain dédicataire. Ronsard avait d'ailleurs, à ce moment-là, d'autres préoccupations. Il s'avoue : « ... né de la sorte / Que sans aimer, je suis et du plomb et du bois, / Quand je suis amoureux, j'ai l'esprit et la voix, / L'invention meilleure en la muse plus forte. » Et ailleurs : « Mon septembre est plus chaud que mon juin de fortune. » Rien n'est plus vrai, car le voilà, déjà grison et bedonnant, engagé dans une nouvelle intrigue amoureuse, qu'il appelle lui-même sa « dernière aventure ». Cette fois, plus de nom supposé, plus d'énigme littéraire à déchiffrer : il s'agit d'une des gracieuses libellules de l'escadron volant que l'astucieuse Catherine lançait à la tête de ceux qu'elle voulait séduire : une de ses filles de cour, Hélène de Surgères, dont il a fait ainsi l'anagramme : « Les rets des généreux Hélène de Surgères. »

Jeune encore, vingt-cinq ans, et Ronsard en avait cinquante, l'âge des barbons de Molière. Elle s'était éprise du capitaine aux gardes Jacques de la Rivière, qu'elle avait perdu. Réussirait-il, comme il avait fait quelques années auparavant, dans une situation analogue, pour Genèvre, à emporter la place ? C'était à la fois risqué et douteux. Il avait bien la gloire, que lui assura sa poésie, donneuse d'immortalité, mais, avoue-t-il : « Être beau, jeune, riche, éloquent, agréable, / Non les vers enchantés sont les sorciers d'Amour. » Cependant, comment une jeune femme ne s'émouvrait-elle pas à entendre exalter sa beauté en une langue dont lui seul (en dépit de son rival Philippe Desportes, qui s'y essayait bien aussi) savait le secret ? Elle l'écoutait dans le jardin des Tuileries ou les galeries du Louvre, d'où elle contemplait « Montmartre et les champs d'alentour ». Elle échangeait avec lui des serments sur une table tapissée de lauriers, acceptait la dédicace d'une fontaine à Croix-Val ; bien plus, elle tolérait les déclarations les plus enflammées, les plus sensuelles et les plus audacieuses (nous sommes au temps des « dames galantes ») : « Ne viendra point le temps, que dessous les rameaux, / Au matin où l'Aurore éveille toutes choses, / En un ciel bleu tranquille, au caquet des oiseaux, / Je vous puisse baiser à lèvres demi-closes, / Et vous conter mon mal, et de mes bras jumeaux, / Embrasser à souhait, votre ivoire et vos roses. » Jamais l'harmonie des vers et des sonnets n'a été plus enveloppante, plus enlaçante ; mais, comme elle n'y cède pas encore, le poète reprend, s'adressant à Hélène, le thème du « carpe diem » d'Horace, déjà lancé à Cassandre dans le fameux : « Mignonne, allons voir si la rose », que Lejeune avait harmonisé, et ce sera le sonnet qui est dans toutes les mémoires : « Quand vous serez bien vieille, au soir, à la chandelle... » Mais, l'idylle sombre dans l'indifférence et même l'aigreur des lettres qui suivent la publication des *Sonnets pour Hélène,* dans l'édition collective des *Œuvres* de 1578. Il en devait revoir encore une, celle de 1584, où figure la fameuse apostrophe aux « bûcherons de la forêt de Gastine », mais nous sommes tout près de la fin d'une œuvre qui ne se termine qu'avec la vie. Le 27 décembre 1585, à Saint-Cosme, où on a retrouvé ses ossements, après qu'il aura composé son épitaphe et dit adieu à son corps, il rendit l'« Amelette, Ronsardelette, / Mignonnelette, doucelette, / Très chère hôtesse de mon corps, / Tu descends là-bas faiblelette, / Pâle, maigrelette, seulette, / Dans le froid royaume des Morts... / Passant, j'ai dit, suis ta fortune / Ne trouble mon repos, je dors. » Outre les ouvrages que nous avons cités, rappelons enfin, *Tombeau de Marguerite de Valois, royne de Navarre* (+) (1551), *Exhortation pour le prix* (+) (1558), *L'Art poétique* (*) (1565), *Élégies, mascarades et bergerie* (*) (1565), *Sonnets pour Astrée* (+) (1578), *Le Bocage royal* (*) (1584), et *Mascarades, combats et cartels* (*) (1584).

GUSTAVE COHEN.

XVIe siècle. ♦ *« Quant aux Français je pense qu'ils l'ont* [la poésie] *montée au plus haut degré où elle sera jamais ; et, aux parties en quoi Ronsard et Du Bellay excellent, je ne les trouve guère éloignés de la perfection ancienne. »* Montaigne. ♦ *« Certes, pouvons-nous bien dire pour le moins de la poésie française, qu'elle a accompli son tour et sa révolution dans le cercle et dans la période de sa vie. Il l'a vue en son orient, il l'a vue en son occident, il l'a vue naître, il l'a vue mourir avec lui ; elle a eu même berceau, elle aura même sépulcre. »* Du Perron, *Oraison funèbre de P. de Ronsard*, 1586.

XVIIe-XVIIIe siècle. ♦ *« M. de Malherbe avait effacé plus de la moitié de son Ronsard, et en notait en marge les raisons. »* Racan. ♦ *« Ronsard qui le* [Marot] *suivit, par une autre méthode, / réglant tout, brouilla tout, fit un art à sa mode, / Et toutefois longtemps eut un heureux destin, / Mais sa muse en français parlant grec et latin, / Vit dans l'âge suivant, par un retour grotesque, / Tomber de ses grands mots le faste pédantesque. / Ce poète orgueilleux, trébuché de si haut, / Rendit plus retenus Desportes et Bertaut. »* Boileau. ♦ *« Ronsard gâta la langue en transportant dans la poésie française les composés grecs dont se servaient les philosophes et les médecins... Personne en France n'eut plus de réputation de son temps que Ronsard. C'est qu'on était barbare dans le temps de Ronsard. »* Voltaire.

XIXe siècle. ♦ *« J'ai tant de respect pour Ronsard, tout Français qu'il fut, que je ne saurais aller à Tours, sans m'enquérir de son tombeau* [...] *Aucun Français ne m'a jamais donné une telle impression de force. »* Southey. ♦ *« Ronsard est à sa manière une espèce de Shakespeare, non par son génie, non par son néologisme grec, mais par le tour forcé de sa phrase. »* Chateaubriand. ♦ *« Cet homme, le nez sur ses livres latins, arrachant des griffes et des dents les lambeaux de l'Antiquité, rimait le jour, la nuit, sans lâcher prise. Jeune encore, mais devenu sourd, d'autant plus solitaire, il poursuivait la Muse de son brutal amour* [...] *Il frappait comme un sourd sur la pauvre langue française. »* Michelet. ♦ *« Ce qui me frappe chez Ronsard poète, et poète si honorable, si laborieux et même si modeste après son accès de fougue première, c'est comme il se casse de bonne heure, comme il devient vite incapable d'autre chose que de courtes poussées, et comme il a le sentiment que la poésie ainsi que la jeunesse gît toute dans la chaleur du sang, et s'évanouit avec elle.* » Sainte-Beuve. ♦ « *Personne plus ou autant que ce sourd... n'a eu le sentiment des harmonies de la langue.* » Brunetière.

XXe siècle. ♦ « *On a trop vu l'amour alimenter sa poésie ; sa majeure source d'inspiration, c'est l'ivresse ; une ivresse mythologique, philosophique, chrétienne même parfois mais d'un christianisme qui s'allie étrangement au paganisme, à laquelle il doit cette sorte de transport lyrique, cette éruption verbale surabondante, intempérée, qui devait écarter de lui les lecteurs à tête froide des siècles suivants et qui ne sera retrouvée, égalée, dépassée que, beaucoup plus tard, par Hugo.* » André Gide. ♦ « *La poésie française n'a plus retrouvé, depuis lors, cette sensualité si humaine, ce culte des corps et des amours, ces douces arabesques, cette fraîcheur d'eau vive jusque dans le plus subtil artifice, ce goût admirable du bonheur, non pas combattu, mais accru et comme tendrement exalté par la certitude de la fragilité de toute chose, du peu de durée qu'ont la beauté, le plaisir, les chères souffrances de l'amour.* » Thierry Maulnier.

RÉF. : J.-David du Perron, *Oraison funèbre sur la mort de Ronsard*, Paris, 1586 (éd. M. Simonin, Genève, 1985). – C. Binet, *Discours de la vie de Pierre de Ronsard*, Paris, 1586 (éd. P. Laumonier, Paris, 1909). – C. Comte et P. Laumonier, *Ronsard et les musiciens du XVIe siècle, contribution à l'histoire de la Pléiade*, Paris, 1900. – G. Tiersot, *Ronsard et la musique de son temps*, Paris, 1902. – Paul Laumonier, *Ronsard poète lyrique*, 3e éd., Paris, 1932. – J. Baillou, *Ronsard et son quatrième centenaire*, Paris, 1926. – H. Busson, *Sur la philosophie de Ronsard*, Paris, 1930. – M. Raymond, *L'Influence de Ronsard*, thèse, Paris et Genève, et *Baroque et renaissance poétique*, Paris, 1955. – Guy Demerson, *La Mythologie dans l'œuvre lyrique de la Pléiade*, Genève, 1972. – D. Ménager, *Ronsard. Le roi, le poète et les hommes*, Genève, 1979. – M. Jurgens, *Ronsard et ses amis*, Paris, 1985. – *Ronsard en son IVe Centenaire*, 2 vol., Genève, 1988-89. – M. Simonbin, *Ronsard*, Paris, 1990.

ROOSEVELT Theodore. Homme politique et écrivain américain. Né à New York le 27 octobre 1858, mort dans cette même ville le 6 janvier 1919. Il appartenait à une famille aisée d'origine hollandaise, apparentée à l'aristocratie du Sud. Dès sa jeunesse, il montra une volonté de fer et une ambition aveugle. À vingt-quatre ans, il abandonna la carrière juridique, publia la première de ses nombreuses études historiques, politiques et sociologiques, et commença sa carrière politique et administrative dans le camp des républicains. McKinley le nomma « assistant secretary » de la Marine et, en 1898, il prit une part active à la conduite de la guerre contre l'Espagne, acquérant ainsi une remarquable popularité. Un livre qu'il publia en 1897, *L'Idéal américain* (*), précisait sa position idéologique (la politique se fond avec la morale, c'est une vocation évangélique) et révélait de surcroît la profondeur de son intelligence ; on pouvait y déceler en outre sa volonté d'honnêteté et le pouvoir d'émulation qu'exerçait sa puissante personnalité, et l'on aurait dit alors que « son plus grand mérite fut celui d'être vivant et de vivifier l'air par sa présence ». Élu vice-président aux élections de 1901, l'assassinat de McKinley le porta au siège présidentiel. Roosevelt modéra son idéalisme et se mit à l'ouvrage ; il allégea l'appareil bureaucratique, força les limites de la doctrine de Monroe, attaqua les trusts, fit construire le canal de Panama, et imposa à l'Europe le respect et la crainte d'une Amérique forte. Theodore Roosevelt fut considéré comme le président du progrès et des réformes, et le père du réalisme critique. Il avait certes abordé nombre de problèmes, mais ses réformes (surtout celle qui visait à contrôler la puissance effrénée des trusts) n'eurent pas beaucoup d'effet. Il fut surtout un « mythe » moral. En 1909, Taft lui ayant succédé à la présidence, Roosevelt partit pour l'Afrique où il voulait chasser le fauve. Sorti de la jungle, il effectua une triomphale « promenade politique » à travers l'Europe, et fut accueilli partout comme la personnification de la puissance des États-Unis. De retour dans sa patrie, il connut de nouveaux triomphes (il obtint le prix Nobel) et, deux ans plus tard, il rentrait dans l'arène politique à la tête des progressistes. Mais, aux élections de 1912, la rivalité entre Roosevelt et Taft ne fit que faciliter l'ascension de Wilson. Il ne resta plus à Roosevelt qu'à retourner à ses expéditions et à ses études, sans pourtant détourner son regard critique du nouveau gouvernement. Il était malade et fatigué lorsque éclata la guerre qu'il avait toujours tâché d'éloigner. Il demanda aussitôt à y participer, à la tête d'un corps de volontaires, et fut déçu quand on le lui refusa. Jusqu'à la fin cependant il resta actif et courageux. Parmi ses ouvrages, il convient de signaler surtout, outre *L'Idéal américain*, *La Conquête de l'Ouest* (*) (1889) et *La Vie intense* (1904).

RÉF. : H. Cabot Lodge, *Theodore Roosevelt*, Boston, 1919. – N. Mac Intyre, *The Life Story of Theodore Roosevelt*, New York, 1919. – J.-B. Bishop, *Theodore Roosevelt and His Time*, New York, 1920. – M. R. Pringle, *Theodore Roosevelt, a Biography*, New York, 1931. – *Études coloniales : les politiques d'expansion impérialiste*, Paris, 1949. – M. Einandi, *Roosevelt et la Révolution du New Deal*, Paris, 1961. – S. Ricard, *Theodore Roosevelt et la justification de l'impérialisme*, Aix-en-Provence, 1986.

ROPARTZ Guy. Compositeur français. Né de vieille souche bretonne à Guingamp le 15 juin 1864, mort à Lanloup le 29 novembre 1955. Il fut, au Conservatoire, l'élève de Massenet et de Dubois, puis étudia avec Franck, dont l'influence sur son œuvre devait être déterminante. Sa vie fut en partie consacrée à l'enseignement, à la tête du Conservatoire de Nancy, puis de celui de Strasbourg, jusqu'en 1929, année de son installation définitive dans sa Bretagne natale. Son œuvre est abondante et variée : opéras et musiques de scène, *Pêcheur d'Islande* (1891), *Le Pays* (1910), cinq *Symphonies* (*) dont la dernière date de 1944, six *Quatuors à cordes*, deux *Messes* dont l'une dédiée à sainte Anne (1921), et de nombreux poèmes symphoniques aux noms évocateurs : *Scènes bretonnes* (1894), *Les Landes* (1888), *Paysages de Bretagne, La Chasse du prince Arthur* (1912), *Sérénade champêtre* (1932). Très attaché à son terroir, Ropartz s'en est voulu le chantre. La Bretagne a été pour lui, plus qu'un simple réservoir de thèmes folkloriques, une source d'inspiration profonde. C'est là l'origine de l'austérité qui rend son œuvre parfois difficile d'accès, malgré une écriture restée traditionnelle.

JEAN-FRANÇOIS LABIE.

RÉF. : E. Djemil, *J. Guy Ropartz ou la Recherche d'une vocation*, Le Mans, 1967. — P.-G. Langevin, « Musiciens de France, la génération des grands symphonistes », in *La Revue Musicale* nos 324-325-326, Paris, 1979.

RORTY Richard. Philosophe américain. Né à New York le 4 octobre 1931. Professeur d'humanités à l'université de Virginie à Charlottesville, après avoir enseigné pendant plus de vingt ans à Princeton, Richard Rorty est probablement l'une des personnalités les plus originales de la philosophie américaine contemporaine. Héritier de ce qu'il a appelé, dans son livre ainsi intitulé, le « tournant linguistique » de la philosophie [*The Linguistic Turn*, 1967], Richard Rorty est apparenté, au moins pour ce qui concerne une phase initiale de ses travaux, à la philosophie analytique, c'est-à-dire au courant qui, sous l'impulsion conjuguée de Russell, de Wittgenstein, du Cercle de Vienne et de la philosophie anglo-américaine du langage, a essentiellement pris son essor en Angleterre et aux États-Unis dans les années qui ont suivi la Seconde Guerre mondiale. Mais, à la différence de la plupart des philosophes qui font partie de cette tradition, Richard Rorty s'est ensuite détourné des pratiques à la fois argumentatives, théoriques et épistémiques qui s'y sont imposées pour les soumettre à une critique qui en constitue à ses yeux le juste aboutissement. Pour n'en retenir que les traits les plus généraux, la position de Rorty consiste à montrer que la philosophie analytique, dans ses tendances les plus représentatives, renoue à son insu avec les présupposés dont la métaphysique s'est nourrie tout au long de son histoire. À cette fin, Rorty prend appui sur les pas décisifs qu'ont accomplis, au cœur de cette tradition, des auteurs comme Quine, Sellars et Davidson, mais aussi des historiens des sciences comme Kuhn ou Feyerabend, en s'attaquant aux mythes et aux oppositions qui, comme celles de l'« analytique » et du « synthétique », du « langage » et des « faits » ou du « schème » et du « contenu », ont forgé le concept du vrai sur lequel la philosophie, comme théorie de la connaissance et comme métaphysique, a fondé son pouvoir et ses attributions. Par là, Rorty est conduit à penser dans leur solidarité inavouée deux traditions — celle de la philosophie « analytique » et celle de la philosophie « continentale » — aux orientations apparemment différentes, voire opposées. En même temps, ses propres options le conduisent à rapprocher les auteurs chez qui il perçoit l'expression d'un même refus : Wittgenstein, Heidegger, Dewey, par exemple, et à dialoguer avec ceux qui, parmi ses contemporains, sont engagés dans des débats semblables ou croisés : Derrida, Foucault, Habermas ou Lyotard, pour ne citer qu'eux.

Un tel dialogue ne signifie nullement un quelconque alignement sur les positions, stricto sensu, des penseurs de la différence ou de la déconstruction. Rorty ne joue pas, du moins pas en ce sens-là, les thèmes « continentaux » du jour contre la philosophie « analytique » d'hier. Car à ce compte c'est dans les deux sens qu'il faudrait lire la proposition. En vérité, le genre de discussion qu'il a contribué à ouvrir consiste certainement à occuper les deux terrains à la fois, en parfaite connaissance de cause, sans s'enfermer dans l'un d'eux, pas plus que dans quelque opposition que ce soit. Non par souci de synthèse dialectique, mais plutôt par refus de céder aux mirages que Hegel nous a si durablement tendus.

En développant cette stratégie, Rorty, sur un mode toujours vif et de manière parfois ironiquement provocante, se fait l'avocat de ce qu'il nomme la « solidarité », par opposition à l'« objectivité ». Il se réclame pour cela de Wittgenstein et de Dewey dont le pragmatisme, plus que celui de Peirce ou de James, traçait déjà, à ses yeux, la bonne voie. Pour un penseur de la « solidarité », la rationalité réside dans la possibilité d'une « entente sans contrainte » et non pas dans la faculté que nous aurions de nous rapprocher toujours davantage d'un réel qui en fixerait la nature et les voies. Les choix décisifs du pragmatisme de Rorty se dessinent clairement dans son livre *Les Conséquences du pragmatisme* [*Consequences of Pragmatism*, 1982], qui réunit divers textes des années 70, ainsi que dans les très nombreux articles publiés depuis vingt ans. Mais le livre décisif est certainement celui que l'auteur a publié en 1979 sous le titre *L'Homme spéculaire* (*).

JEAN-PIERRE COMETTI.

RÉF. : Alan Malachowski (éd.), *Reading Rorty*, Oxford, 1990.

ROSA Salvatore. Peintre et poète italien. Né le 20 juin 1615 près de Naples, mort le 15 mars 1673 à Rome. C'est la peinture qui l'attira d'abord, et c'est pour l'amour de son art qu'il entra au service du cardinal Brancaccio, à Rome. Souffrant de sa condition dépendante, Salvatore Rosa retourna à Naples, mais n'y resta pas, car le milieu artistique y était restreint ; c'était Rome, où se trouvaient rassemblés tous les grands noms, qu'il voulait conquérir. Pour ce faire, après s'être exercé avec des compagnons sur les tréteaux, il ne trouva qu'un moyen, la satire, dirigée contre le tout-puissant Bernini ; il écrivit donc la *Babilonia.* La réaction fut extrêmement vive, mais le but était atteint : Rosa était célèbre et sa fortune faite. Mêlé, probablement, à la révolte de Masaniello, il dut quitter Naples précipitamment et retourna à Rome où sa véhémence naturelle, excitée par les événements, s'exprima dans ses *Satires* (*), éditées en 1695.

ROSEGGER Peter. Écrivain populaire autrichien. Né le 31 juillet 1843 à Alpl/Krieglach en Styrie, mort le 26 juin 1918 à Krieglach. Il illustra de façon exemplaire la littérature du terroir. Issu d'une famille paysanne, et autodidacte, il demeura toute sa vie, malgré son succès, attaché à son milieu d'origine qu'il érigea, dans son œuvre abondante de romancier et de chroniqueur, en modèle éthique et social, face à la vie industrialisée des villes. D'une certaine façon, et notamment à cause de ses écrits polémiques, il faut voir en lui un précurseur du courant anti-rationnel et « vitaliste ». Son œuvre éditée à des millions d'exemplaires fut très appréciée par le national-socialisme et encore très largement lue jusque dans les années 50. Aujourd'hui se fait sentir, même en Autriche, une attitude plus critique à l'égard du « fils de la forêt ». *Les Écrits du maître d'école de la forêt* (*) sont le plus connu et le mieux réussi de ses douze romans.

EVA PHILIPPOFF.

ROSMINI-SERBATI Antonio. Prêtre, philosophe et patriote italien, né le 24 mars 1797 à Rovereto (Trentin), mort à Stresa en 1855. Diplômé de théologie de l'université de Padoue, il est ordonné prêtre en 1821 et fonde en 1828 une congrégation religieuse masculine, l'institut de la Charité, qui aura plus tard pour pendant la congrégation féminine des sœurs rosminiennes de la Providence. En 1848, il est envoyé en mission diplomatique à Rome par le gouvernement piémontais. Après cette entreprise infructueuse, Rosmini se retire à Stresa. Rosmini eut une grande influence sur bien des hommes de lettres, tels ses amis Manzoni et Tommaseo et, plus tard, Fogazzaro, mais sa pensée eut peu d'impact sur la culture philosophique et théologique du catholicisme officiel. La *Théosophie* (*) constitue la pièce maîtresse de cette œuvre gigantesque.

ROSNY J. H. Aîné (pseud. de Joseph Henri Boex). Romancier français. Né à Bruxelles le 17 février 1856, mort à Paris le 15 février 1940. Attiré par les mathématiques, il écrit un premier recueil de vers à treize ans. Après des études à l'École moyenne de Bruxelles qu'il quitte en 1971, il entre dans une maison de commerce puis s'installe à Londres en 1875 où il épouse en 1880 Gertrude Holmes qui lui donnera quatre enfants avant leur divorce (1896). Il se rend à Paris en 1885. Son premier roman, *Nell Horn de l'Armée du Salut,* est un échec commercial (deux cent vingt-cinq exemplaires vendus) mais lui vaut l'amitié d'Edmond de Goncourt. Il signe en 1887 avec son frère Justin François (J. H. Rosny Jeune) *Les Xipéhuz,* nouvelle de science-fiction, qui annonce ses romans préhistoriques. Le premier, *Vamireh,* paraît en 1892, puis un second, *Eyrimah,* en 1893. Rosny Aîné se remarie en 1900 avec Marie Borel. Il participe en 1903 à la première séance de la « société littéraire des Goncourt » qui décerne son prix à *La Force ennemie* (*) de Jean-Yves Nau, un roman d'anticipation. Sa collaboration avec son frère cesse en 1907. En 1909, *La Guerre du feu* (*) lui vaut une réputation durable (deux millions d'exemplaires), puis c'est en 1912 *La Mort de la Terre,* son premier grand roman de science-fiction, suivi en 1914 de *La Force mystérieuse,* en 1922 de *L'Étonnant Voyage de Hareton Ironcastle*, et en 1927 des *Navigateurs de l'infini* dont la fin, *Les Astronautes,* ne sera éditée qu'en 1960. En 1918 paraît *Le Félin géant,* quatrième roman préhistorique. En 1919, Rosny défend *À l'ombre des jeunes filles en fleurs* de Marcel Proust, qui obtient le prix Goncourt. Il est élu président de l'Académie en 1926 et parraine en 1928 la Nouvelle société scientifique de recherches pour l'élaboration de fusées destinées aux voyages interplanétaires, fondée par Esnault-Pelterie, avec qui il forge le mot « astronautique ». En 1930, *Helgvor du fleuve Bleu* vient clore la série préhistorique.

L'œuvre de Rosny Aîné se divise en trois parties entrelacées au long de sa vie. La première, naturaliste et réaliste, est oubliée. La seconde réunit ses romans préhistoriques. La troisième, qui relève de la science-fiction, a fait l'objet d'une réévaluation récente. Au contraire de Verne qui ne s'attache qu'à l'extrapolation technologique, Rosny Aîné exploite la richesse spéculative et poétique de l'univers scientifique. Il s'intéresse à l'avenir lointain et à la succession des espèces (*La Mort de la Terre*), à des formes de vie différentes sur d'autres mondes (*Les Navigateurs de l'infini*), à des transformations de l'environnement physique entraînant des bouleversements sociaux (*La Force mystérieuse*). Il exprime aussi cette interrogation à travers des essais, comme *La Légende sceptique* (1889), *Les Compagnons de l'univers* (1934) et *Les Sciences et le Pluralisme* (1932), seul ouvrage signé de son nom. En un sens, il a poussé le naturalisme scientifique à ses plus extrêmes conséquences.

GÉRARD KLEIN.

RÉF. : J. H. Rosny Aîné, *Portrait et souvenirs avec une notice biographique,* par R. Borel, Paris, 1945. – *Romans préhistoriques,* présentation, biographie et bibliographie par Jean-Baptiste Baronian, Paris, 1985.

ROSNY J.-H. Jeune (pseud. de Séraphin Justin François Boex). Romancier français. Né à Bruxelles le 21 juillet 1859, mort à Proubazlanec (Côtes-d'Armor) le 15 juin 1948. Il occupait à Paris un modeste emploi dans l'Administration lorsque son frère, après le succès de *Nell Horn,* l'invita à collaborer avec lui puisqu'il avait le goût de la littérature. *Les Xipéhuz* (1887) marquèrent brillamment le début de cette collaboration qui devait durer jusqu'en 1908. Il était persuadé que « l'art digne de ce nom exige une compréhension profonde et juste de tout l'univers » ; accumulant les connaissances les plus variées, il aborda donc presque tous les genres : romans sociaux, romans de mœurs, d'imagination et d'histoire. Son premier livre personnel, *L'Affaire Derive,* parut en 1912, mais il revendiqua comme en étant le seul auteur : *La Fauve* (1899) et *La Charpente* (1900). On peut citer à travers son œuvre très volumineuse : *Les Sépulcres blanchis* (1913), *La Courtisane passionnée* (1925), *Franz Hals* (1930), *Élisabeth d'Angleterre* (1937) et *Le Destin de Marin Lafaille* (1946), roman dans lequel il a tenté de donner la synthèse de toute sa pensée. L'admiration et l'amitié des Goncourt lui valurent d'être désigné, aux côtés de son frère, comme l'un des dix premiers membres de leur académie.

ROSS James Clark. Contre-amiral anglais. Né à Londres le 15 avril 1800, mort à Aylesbury (comté de Buckingham) le 3 avril 1862. Encore tout enfant, il entra dans la marine anglaise et accompagna son oncle John Ross dans ses premières expériences polaires arctiques, qui avaient pour but de découvrir le passage nord-ouest (1812-1818). Entre 1819 et 1827 il participa, avec W. E. Parry, à quatre autres expéditions du même genre. Nommé lieutenant à son retour (1827), il suivit son oncle dans l'expédition Felix Booth et resta quatre ans au milieu des glaces (1829-33), découvrant, au cours d'une reconnaissance en traîneau, le pôle magnétique (1er juin 1831). Une fois qu'il eut regagné son pays et qu'il eut été nommé capitaine, il fit des mises au point, d'ordre géographique et d'ordre scientifique, jusqu'à ce qu'on lui eût confié le commandement de la grande expédition antarctique (1839-1843) qu'il a relatée dans *Voyages de découverte et d'exploration dans les régions australes et antarctiques* (*) (1847). À son retour, il fut comblé d'honneurs et épousa Anna Coulman ; en 1848, il fut nommé membre de la Royal Society. Il commanda encore, en 1848-49, l'« Entreprise » dans la première expédition de John Franklin. Par la suite, il ne fit point d'autres recherches, mais continua jusqu'à sa mort à être consulté comme la plus haute autorité en matière de navigation polaire.

ROSSEL Virgile. Juriste et historien de la littérature, Suisse d'expression française. Né le 19 mars 1858 à Tramelan (canton de Berne) où les Rossel étaient établis avant le XVe siècle, mort le 30 mai 1933 à Lausanne. Après des études poussées, Rossel, tout en occupant la chaire de droit à l'université de Berne (1883-1912), consacra ses loisirs aux lettres. On lui doit, outre plusieurs volumes de poésies, une quinzaine de romans et nouvelles dont le plus connu est un roman historique, *Le Roi des paysans* (1915), et une demi-douzaine de pièces de théâtre. Mais ses œuvres les plus appréciées restent sans contredit une *Histoire littéraire de la Suisse romande* (*) (1889-91), une *Histoire de la littérature française hors de France* (1895), une *Histoire des relations littéraires entre la France et l'Allemagne* (1897) et, dans le domaine juridique, un *Manuel du droit fédéral des obligations* (1892) et un *Manuel du droit civil suisse* (1912). En 1910, il publia, en collaboration avec Henri-Ernest Jenny (1876-1940), une *Histoire de la littérature suisse des origines à nos jours* (*).

ROSSET Clément. Philosophe français. Né à Carteret (Manche) le 12 octobre 1939. Agrégé de philosophie et ancien élève de l'École normale supérieure de la rue d'Ulm, Clément Rosset est professeur à l'université de Nice. Dès son premier ouvrage, *La Philosophie tragique* (1960), publié à l'âge de 21 ans, Clément Rosset abordait l'intuition qu'il allait développer dans tous ses autres livres, à savoir que notre expérience la plus immédiate et la plus vraie est justement celle du tragique, c'est-à-dire du réel dans ce qu'il a d'unique et d'irrémédiable, donc d'insupportablement cruel. Dans la lignée de Lucrèce, Spinoza, Schopenhauer, Nietzsche et Cioran, Clément Rosset va s'attacher à démonter pièce par pièce l'étonnant dispositif que met en œuvre la nature humaine pour esquiver le réel auquel elle ne peut s'habituer : que ce soient les mythes destinés à nous en consoler (*Le Monde et ses remèdes*, 1964) ; les efforts de la philosophie pour éliminer de son champ la pensée du pire (*La Logique du pire*, 1971) ou pour se donner des objets absents ou manquants (*Le Principe de cruauté*, 1988) ; ou encore l'indéracinable leurre qu'est l'idée de nature (*L'Anti-Nature*, 1973). En même temps qu'il traque l'illusion dans tous ses modes, Clément Rosset affine sa quête du réel, qu'il définit comme étant « ce qui n'a pas de double », à savoir le simple, le particulier, l'unique, l'*idiotès*. – v. *Le Réel et son double* (*) (1976) –, thème qu'il approfondit avec *Le Réel, traité de l'idiotie* (1977) et *L'Objet singulier* (1979). Cette tâche d'assainissement de la pensée s'accompagnant d'une tentative pour fonder une ontologie du réel (*La Force majeure*, 1983), une philosophie capable de penser ce qui est là, au lieu de prendre pour objet l'ailleurs et l'autrement, comme l'ont fait les penseurs depuis Platon (*Le Philosophe et les sortilèges*, 1985, et *Principes de sagesse et de folie*, 1982). Dans une langue claire, concise et d'un humour caustique, ne craignant jamais l'insolence envers les idées admises (Rosset est également l'auteur de quelques pamphlets), agrémentée des références les plus inattendues, où Tintin voisine avec Malcom Lowry ou Courteline, Rosset se livre à une rigoureuse quête d'un réel riche et désirable qui ne serait pas étayé par l'hypothèse d'autres instances religieuses, politiques ou ontologiques. Il nous propose une philosophie fondée sur le pari que l'on peut tenter de vivre sans mentir et surtout sans se mentir à soi-même. Philosophie revigorante où la contemplation du pire devient génératrice de joie : car « la joie a toujours maille à partir avec le réel, tandis que la tristesse se débat sans cesse, et c'est là son malheur, avec l'irréel ».

ÉDITH DE LA HÉRONNIÈRE.

ROSSET François de. Poète, traducteur et nouvelliste français. Né probablement à Avignon vers 1570, mort à Paris en 1619. On ne possède que peu de renseignements sur ce polygraphe passé à la postérité pour sa traduction des *Nouvelles exemplaires* (*) de Cervantès en 1615 et de la Seconde Partie de *Don Quichotte* (*) en 1618, et surtout pour ses *Histoires tragiques de notre temps* (*) (1614), qui ont connu un succès de librairie considérable. Cousin de Pierre de Laudun d'Aigaliers (avec qui il a traduit les *Nouvelles* de Cervantès), il a fréquenté tous les cercles poétiques du début du XVIIe siècle, ami de Desportes comme de Malherbe : s'il a célébré l'« incomparable Malherbe », procurant en 1615 l'édition des *Délices de la poésie française,* qui réunit autour de Malherbe tous ses disciples, il a cherché à tenir la balance égale entre l'héritage de la Pléiade et la révolution malherbienne, et ses *Paranymphes* exaltent aussi bien Malherbe que Ronsard. Il a publié aussi des *Lettres*, et l'année de sa mort vit paraître sa traduction du *Roland amoureux* (*) de Boiardo.

GEORGES FORESTIER.

RÉF. : A. Adam, *Histoire de la littérature française du XVIIe siècle,* vol. I, Paris, 1949. – H. Coulet, *Le Roman jusqu'à la Révolution,* Paris, 1967. – J.-P. Collinet et J. Serroy, *Romanciers et conteurs du XVIIe siècle,* 1975. – M. Lever, *Le Roman français au XVIIe siècle,* Paris, 1981.

ROSSETTI Christina Georgina. Poétesse anglaise, sœur de Dante Gabriel Rossetti. Elle est née à Londres le 5 décembre 1830 et morte dans cette ville le 29 septembre 1894. Ses premiers poèmes, dont certains datent de sa douzième année, furent imprimés hors commerce dès 1847, sous le titre de *Verses.* Christina Rossetti était une belle jeune fille, frêle et mélancolique, mystique et visionnaire. Elle fit partie du groupe préraphaélite créé par son frère, et ses poèmes, qui parurent dans *Le Germe* [*The Germ*], donnèrent de l'éclat à cette éphémère revue du groupe. Son père étant devenu aveugle, la famille connut la pauvreté ; Christina donna des leçons d'italien. Elle acceptait les épreuves avec courage et un sens du renoncement tout chrétien ; elle était cependant passionnée et aimait la vie, son œuvre en fait foi. Son poème, *Le Marché du lutin* [*The Goblin Market*], qui se trouve dans le volume du même nom (1862), est un des plus caractéristiques de son talent. Il faut noter aussi : *Le Voyage du prince* [*The Prince's Progress,* 1862], *Une cérémonie et autres poèmes* [*A Pageant and Other Poems,* 1881]. On lui doit encore de charmantes pièces de vers pour les enfants : *Sing-Song* (1872) et de courts ouvrages de piété, en prose. Mais c'est au travers des sonnets qui composent *Monna Innominata* (*) qu'apparaissent le mieux les déceptions éprouvées par Christina Rossetti que ses scrupules et sa santé défaillante maintinrent toujours un peu en marge de la vie. Très influencée par le mouvement d'Oxford, elle ne se rallia pas comme certains de ses compagnons au catholicisme. Christina Rossetti passa ses quinze dernières années recluse dans sa maison. Sa santé, qui avait déjà été fortement ébranlée en 1852 par une crise d'angine de poitrine, ne se remit jamais après un accès de maladie de Basedow qui dura près de deux ans.

RÉF. : F. Shove, *Christina Rossetti,* Cambridge, 1930. – M. F. Sandars, *The Life of Christina Rossetti,* Londres, 1930. – E. W. Thomas, *Christina G. Rossetti,* Londres, 1930. – L. M. Packer, *Christina G. Rossetti,* Californie, 1963. – S. Weintraub, *Four Rossettis,* Londres, 1978. – G. Battiscombe, *C. G. Rossetti, a Divided Life,* Londres, 1981.

ROSSETTI Dante Gabriel. Poète et peintre anglais. Né à Londres le 12 mai 1828, mort à Birchington (Kent) le 10 avril 1882. Il était le fils aîné d'une famille d'artistes et de lettrés. Le père, réfugié politique napolitain, enseignait l'italien au Christ College (Oxford), et avait commenté de façon originale *La Divine Comédie* (*). Sa mère, à demi anglaise, avait été professeur ; sa sœur, Christina Georgina Rossetti, était une grande poétesse ; son frère, William Michael Rossetti, un remarquable critique d'art. Dante Gabriel fut d'abord instruit par sa mère, puis au King's College, mais dès l'âge de quatorze ans il abandonna ses études pour s'adonner à la peinture ; il était cependant très doué aussi pour la littérature, puisque *The Ballad of Sir Hugh the Heron* date de sa quinzième année et qu'il avait, à peine adolescent, traduit Dante. En 1846, il entra à la Royal Academy, mais n'y resta pas et alla travailler dans l'atelier de Madox Brown ; mais désirant se soustraire à toute influence imposée, il loua un atelier qu'il partagea quelque temps avec le peintre Holman Hunt. Ce fut en 1847 qu'il fonda, avec Millais et Hunt, la « confrérie préraphaélite » qui, réagissant contre l'art officiel, jugé conventionnel et artificiel, voulait puiser aux sources plus saines, réalistes et naturelles, de l'art primitif d'avant Raphaël. La confrérie connaissait les idées de Ruskin, mais se défendait d'avoir pris de lui son mot d'ordre. En 1850, le groupe lança une revue, *Le Germe* [*The Germ*]. Dante Gabriel y fit paraître un récit en prose, *La Main et l'Âme* [*Hand and Soul*], et un beau poème, *La Damoiselle élue* (*), écrit en 1847. *Le Germe* ne parut que quatre fois. Rossetti, alors, peignait beaucoup : son *Annonciation* date de cette époque ; mais il ne vendait rien. Ruskin le tira d'embarras en lui achetant une grande partie de sa production ; à ce moment aussi, Burne Jones vint à lui et lui fit connaître Swinburne et William Morris (1862). Un drame sentimental s'était déroulé : épris dès 1852 d'Élisabeth Siddal, employée chez un modiste mais qui n'était dépourvue ni de culture ni de goût artistique, et qui avait posé pour sa « Béatrice », il s'était fiancé avec elle. Mais les difficultés matérielles firent qu'il ne l'épousa qu'en 1860. La malheureuse était tuberculeuse, lui ne l'aimait plus ; à la suite d'une querelle, elle se tua. Dante Gabriel torturé de remords ensevelit dans la chevelure de la morte le manuscrit des poèmes qu'elle lui avait inspirés ; mais sept ans plus tard, il demanda l'exhumation pour retrouver son œuvre.

Après la mort de « Lizzie », il déménagea et, la fortune étant venue, installa une demeure luxueuse et ornée d'objets d'art qu'il partagea avec Swinburne et G. Meredith. Mais le déclin de l'artiste s'annonçait : nerveux, il s'intoxiquait avec du chloral et aussi avec du whisky. Il devint querelleur, comme atteint de la manie de la persécution ; il rompit avec la plupart de ses amis. Seul son frère, qui se montra d'un dévouement admirable, fit exception. Dante Gabriel continua cependant à écrire et à peindre jusqu'à sa mort. Ses œuvres poétiques restèrent pour la plupart secrètes et cachées jusqu'en 1870 où furent publiés ses *Poèmes* (+). L'apparition de ce livre fit sensation. Un second volume, paru en 1881, causa quelque déception, bien qu'il contînt un fort beau poème narratif : *Rose Mary* (écrit en 1871). Il faut retenir encore une suite de sonnets intitulés *La Maison de vie* (*), *Sœur Hélène* (*) et de nombreuses ballades — v. *Ballades et Sonnets* (*). Ses études sur la poésie italienne, *Vieux poètes italiens* [*Elderly Italian Poets*, 1861] et *Dante et son cercle* [*Dante and his Circle*, 1874] sont intéressantes. Son tableau le plus célèbre est *Le songe de Dante ;* on peut citer encore *Beata Beatrix*, le *Retour de Tiburce à Delia*, etc., et ses dessins pour illustrer l'œuvre de Dante.

♦ *« La nudité ne saurait être plus harmonieuse... que cette auguste poésie. »* Swinburne. ♦ *« Je lui sais gré, à lui et à son école, de dire les choses comme elles sont. »* Carlyle. ♦ *« Les sonnets sont la chose la plus stupide que j'aie jamais lue. »* Tennyson.

RÉF. : E. Dupré, *Un Italien d'Angleterre*, Paris, 1921. — E. Waugh, *Rossetti, Life and Works*, Londres, 1928. — A. Klimmert, *Dante Gabriel Rossetti und Stefan George*, Würzburg, 1933. — D. Doughty, *Dante Gabriel Rossetti, a Victorian Romantic*, Yale, 1949. — J. Savarit, *Tendances mystiques et ésotérismes chez D. G. Rossetti*, Paris, 1961. — O. Doughty, *D. G. Rossetti, a Victorian Romantic*, Londres, 1963. — H. Talon, *Rossetti, The House of Life*, Paris, 1966. — R. Howard, *The Dark Glass, Vision and Technique* in *The poetry of D. G. Rossetti*, Ohio, 1972. — F. S. Boos, *The poetry of D. G. Rossetti*, Paris, 1976. — J. de Langlade, *D. G. Rossetti*, Paris, 1985.

ROSSI Luigi. Compositeur italien. Né à Torremaggiore, dans les Pouilles, vers 1598, mort à Rome le 20 février 1653. Il fut l'élève à Naples de Giovanni de Macque. Remarqué pour ses dons de chanteur et de claveciniste, Rossi se rend à Rome en 1620, engagé au service de la famille Borghèse. En 1633, il est nommé organiste à l'église San Luigi dei Francesci, poste qu'il gardera jusqu'à la fin de sa vie. Il commence à se faire connaître par ses cantates et ses oratorios. Une forme instrumentale nouvelle y préfigure le « concerto grosso », et s'y développent ces arias mélodieuses qui allaient faire la gloire du compositeur. L'opéra connaît alors un engouement croissant. Le cardinal Barberini, éminent protecteur de l'art lyrique, commande à Luigi Rossi, musicien de sa chambre, un opéra pour le prochain carnaval. Le *Palazzo incantato*, créé en 1642 sur un livret inspiré de l'*Orlando furioso* (*) de l'Arioste, est très bien accueilli. Introduit à la cour de France par le cardinal Barberini et sur l'invitation de Mazarin, Rossi compose un *Orfeo* — v. *Orphée* (*) — présenté avec succès au Palais-Royal en 1647. Outre ces deux opéras, l'œuvre de Rossi comprend plus de trois cents « arie », « canzone », « cantate », « serenate » et « motetti », ainsi que plusieurs oratorios. Ses arias et ses cantates, où la mélodie met en pleine valeur les qualités vocales des chanteurs, ont profondément marqué l'évolution de l'art lyrique.

DOMINIQUE JACCOTTET.

ROSSINI Gioacchino. Compositeur italien. Né le 29 février 1792 à Pesaro (Marches), mort le 13 décembre 1868 à Passy (Paris). Son père, trompettiste, jouait dans les orchestres des théâtres où chantait sa femme, la soprano Anna Guidarini. L'enfant connut la vie vagabonde et instable des gens de théâtre et ne put bénéficier que d'une instruction hâtive et sommaire. Mais sa famille s'étant établie à Bologne (1804), Rossini reçut une solide éducation musicale au Liceo musicale (de Bologne) où il termina ses études de violoncelle et de piano, et pendant trois ans il prit des leçons de contrepoint avec le célèbre Padre Mattei (1807-1810). Entre-temps, il acquérait une large expérience des habitudes théâtrales en suivant, à titre d'accompagnateur au clavecin, les saisons lyriques où travaillaient ses parents. Au cours de cette période, il composa une cantate intitulée *La Plainte d'Harmonie sur la mort d'Orphée* [*Il pianto d'Armonia sulla morte d'Orfeo,* 1808], simple exercice d'école, et, pour une famille de chanteurs, un opéra, *Démétrius et Polybe* [*Demetrio e Polibio*], qui ne fut donné qu'en 1812, à Rome. En revanche, le 3 novembre 1810, on avait déjà représenté à Venise son ouvrage comique et léger, *La Lettre de change ou promesse de mariage* [*La cambiale di matrimonio*]. L'année suivante, à Bologne, il donna L'*Extravagante équivoque* [*L'equivoco stravagante*], et en 1812 il remportait un grand succès avec l'opéra-comique *L'Heureux Stratagème* [*L'inganno felice*], à Venise ; médiocre réussite de l'opéra-oratorio *Cyrius à Babylone* (+), à Ferrare ; de nouveau à Venise, succès discuté de *L'Échelle de soie* (*), opéra-comique ; représentation de *Démétrius et Polybe* à Rome ; entrée triomphale à la Scala de Milan avec *La Pierre de touche* [*La pietra del Paragone*], opéra-comique joué plus de cinquante fois ; et, finalement, *L'occasion fait le larron,* opéra-comique, créé à Venise. Six ouvrages représentés la même année, dont cinq composés en un an, donnaient une idée des possibilités créatrices du nouveau génie musical apparu sur la scène lyrique italienne, où les voix des grands auteurs du XVIIIe siècle s'étaient tues désormais.

En 1813, à Venise, après l'échec d'*Il Signor Bruschino,* qui est pourtant une farce des plus divertissantes, Rossini montra qu'il était aussi un maître de l'opéra seria en triomphant avec *Tancrède,* réussite qui se propagea bientôt dans toute l'Italie ; toujours à Venise, la même année, succès de l'opéra-comique *L'Italienne à Alger* (*) qui, par sa maturité psychologique et l'ampleur de ses développements, est, par rapport aux précédentes opérettes-bouffes, ce que la comédie est à la farce ; enfin, à Milan, succès mitigé d'*Aurélien dans Palmyre,* opéra dont Rossini réutilisa l'ouverture d'abord pour *Elisabetta regina d'Inghilterra* puis pour *Le Barbier de Séville* (*) ; 1814 fut une année noire, marquée seulement par la chute d'un opéra-bouffe à Milan, *Le Turc en Italie* [*Il Turco in Italia*], et d'un « opera seria » à Venise, *Sigismond* [*Sigismondo*]. Toutefois, au cours de cette période de repos relatif, les fruits des succès précédents mûrissaient et, en 1815, l'imprésario napolitain Domenico Barbaia offrit à Rossini la direction musicale des théâtres San Carlo et Del Fondo, avec l'obligation d'écrire deux œuvres nouvelles par an. Rossini travailla avec soin son opéra de présentation, s'adaptant habilement aux goûts et aux habitudes locales ; le succès remporté par son *Elisabetta* (Naples, 1815) balaya d'un seul coup toutes les méfiances avec lesquelles on attendait ses débuts. Pratiquement, avec cette œuvre, non seulement il conquit le cœur des Napolitains, mais aussi celui du mezzo-soprano Isabelle Colbran, prima donna du Théâtre San Carlo, favorite et tyran de l'imprésario Barbaia. Profitant de la faculté qu'il avait de travailler aussi pour d'autres centres lyriques, Rossini s'intéressa aux théâtres romains : après l'accueil assez froid réservé à un médiocre opéra seria, *Torvaldo et Dorliska* (1815), il composa en une vingtaine de jours, sur un livret de Cesare Sterbini, *Le Barbier de Séville* (*) qui, sifflé le soir de la première (20 février 1816), se releva triomphalement à la seconde. À Naples, en 1816, le compositeur donna un opéra-comique médiocre, *La Gazette* [*La gazzetta*], et *Othello ou le More de Venise* (*), qui permit à l'interprétation passionnée de la Colbran de renouveler l'éclatant succès d'*Elisabetta.* En 1817, on porta à la scène *Cendrillon* (*), à Rome, et *La Pie voleuse* (*) à Milan, tandis que Rossini réservait à Naples son *Armide* (+) ; puis, à Rome encore, échec mérité de la hâtive *Adelaïde de Bourgogne* [*Adélaide di Borgogna*]. Peut-être Rossini pensait-il déjà à l'important ouvrage qu'il fit représenter l'année suivante à Naples, *Moïse* (*), qu'on accueillit avec enthousiasme et qui jette les bases d'un genre d'opéra à grand déploiement choral, à sujet et cadre religieux. Cette nouvelle forme devait se prolonger en Italie jusqu'au *Nabucco* et aux *Lombards* [*Lombardi*] de Verdi. À Naples également, le médiocre *Ricciardo e Zoraide* (1818) ne connut pas moins de succès, ainsi qu'*Édouard et Caroline* [*Edoardo e Carolina*] à Venise (1819). Continuellement en chemin entre Venise et Naples, Rome et Milan, Rossini donna tantôt des ouvrages intéressants comme *La Dame du lac* (+) (Naples, 1819), tantôt des ouvrages ternes comme *Bianca e Faliero* (Milan, 1819). Son *Mahomet II* [*Maometto II,* Naples, 1820] fut une nouvelle tentative de mélodrame « serio » d'une conception grandiose analogue à celle du *Moïse,* tandis que *Mathilde de Shabran* [*Matilde di Shabran,* Rome, 1821] semble continuer à exploiter la veine de romantisme psychologique apparue de manière inopinée chez Rossini dans *La Dame du lac. Zelmira* est la dernière œuvre écrite par Rossini pour Naples (1821), et son succès se renouvela bientôt dans les principales villes d'Italie et à Vienne (1823), où Rossini se rendit après avoir épousé Isabelle Colbran le 15 mars 1822 à Bologne. À Vienne aussi, Rossini conquit les habitants tant par son art que par son aimable jovialité d'homme du monde. Il fit une visite à Beethoven et fut douloureusement frappé — lui qui était habitué à une vie joyeuse et luxueuse — par la misère dans laquelle travaillait ce génie. De retour à Bologne, il reçut la consécration officielle de sa renommée européenne avec la commande de quatre cantates pour le congrès des Nations, à Vérone (décembre 1822) : *Le Vrai Hommage* [*Il vero omaggio*], *L'Heureux Augure* [*L'augurio felice*], *La Sacrée Alliance* [*La Sacra alleanza*], *Le Barde* [*Il Bardo*]. L'art de Rossini s'associait ainsi matériellement à cette réaction anti-napoléonienne dont il incarnait même quelques aspects profonds, principalement cette nostalgie de la « Belle Époque ». C'est Venise qui accueillit la dernière œuvre italienne de Rossini, comme elle avait d'ailleurs accueilli la première, *Sémiramis* (*) (1823), nouvel essai dans le genre historique et imposant du *Moïse.*

En octobre 1823, Rossini et sa femme partirent pour Londres, où ils arrivèrent en décembre après avoir passé un mois à Paris, fêtés magnifiquement. Au cours du premier semestre de 1824, la capitale anglaise fut le cadre d'une sorte de festival Rossini : on représenta huit de ses ouvrages ; Rossini et sa femme furent reçus par le roi George IV et assistèrent à un déploiement interminable de fêtes, de banquets, de concerts et de réceptions. Le compositeur ne trouva de temps que pour écrire une bonne cantate, *La Plainte des Muses à la mort de lord Byron* [*Il pianto delle Muse in morte di lord Byron*].

Rentré de Londres en possession d'une jolie fortune. Rossini s'établit à Paris, en qualité de directeur de la musique et de la scène au Théâtre-Italien. En 1825, il y fit représenter une petite œuvre de circonstance, *Le Voyage à Reims,* pour le couronnement de Charles X, puis il s'occupa de transformer pour la scène, et conformément aux habitudes de l'Opéra, quelques-unes de ses œuvres les plus célèbres, en les traduisant en français : en 1827 son *Moïse* triompha dans une version sensiblement modifiée et l'année suivante, en utilisant de larges extraits de la musique du *Voyage à Reims,* il donna sa première œuvre française originale : *Le Comte Ory* (*). L'année suivante, la création de *Guillaume Tell* (*) (1829) fut une grande victoire, et surtout une grande surprise pour ceux qui pensaient que Rossini était un artiste fini et le représentant d'une époque dépassée. Avec *Guillaume Tell,* Rossini prend place dans ce tumultueux univers romantique qu'il paraissait avoir ignoré : des artistes nouveaux et modernes comme Berlioz, qui avaient toujours vu en Rossini le symbole de la réaction artistique, durent se rétracter. Toutefois, après cette victoire qui semblait lui ouvrir un nouvel avenir artistique, Rossini mit fin à sa carrière théâtrale : pendant les trente-neuf années qui lui restaient à vivre, il se borna à jeter sur le papier quelques brèves pages humoristiques pour piano – les *Soirées musicales* (*) (1835) – et quelques autres comme les *Péchés de ma vieillesse,* et à ciseler deux chefs-d'œuvre de musique sacrée : le *Stabat Mater* (*) (1842) et la *Petite Messe solennelle* (1864). On a essayé à maintes reprises d'expliquer ce grand silence : il est certain que l'état de santé de Rossini, qui souffrait d'angoisses nerveuses et d'autres maladies plus prosaïques dues à la vie turbulente qu'il avait menée dans sa jeunesse, y est pour quelque chose. Mais Rossini avait une perception des changements survenus dans le monde politique, artistique et culturel qui dut jouer un rôle déterminant. Une intuition géniale lui avait permis d'écrire *Guillaume Tell* et de se placer ainsi en tête des nouvelles forces artistiques du romantisme, mais ce n'était pas là son inclination profonde, et il vécut tout le reste de son existence en désaccord avec l'évolution de son temps, manifestant ce désaccord par un comportement burlesque de réactionnaire, et accentuant malicieusement sa position d'« homme dépassé ». De 1829 à 1836 il demeura principalement à Paris. Contrarié par des ennuis financiers, des procès avec les imprésarios et les éditeurs, préoccupé de se faire reconnaître par le nouveau gouvernement de la monarchie de Juillet la pension que lui avaient accordée les Bourbons, il s'était, pendant ce temps pratiquement séparé de la capricieuse Isabelle Colbran qui vivait alors à Bologne et, en 1832, à l'occasion d'une grave maladie, Olympie Pélissier entra dans son existence ; c'était une femme mûre et plaisante, au passé quelque peu agité, qui, à partir de ce moment le soigna maternellement et qu'il épousa en 1846, après la mort de la Colbran. En 1838 il s'installa à Bologne où on le nomma conseiller honoraire du Liceo musicale. De désagréables malentendus et l'intolérance des patriotes pendant les journées de 1848 le contraignirent à partir précipitamment pour Florence, où il habita jusqu'en 1855, dans un très mauvais état de santé. Il retrouva bonne humeur, finesse et lucidité d'esprit dans la dernière période de son existence qui s'écoula à Paris : sa maison de la Chaussée d'Antin devint un centre artistique et mondain de la capitale, où il trônait et débitait des mots d'esprit et des répliques sarcastiques, tout en s'intéressant curieusement aux nouvelles tendances de l'art musical.

MASSIMO MILA.

♦ *« J'avais de la facilité, j'aurais pu arriver à quelque chose. »* Rossini. ♦ *« Ne cherchez jamais à faire autre chose que l'opéra-bouffe : ce serait forcer votre destinée que de vouloir réussir dans un autre genre. »* Beethoven. ♦ *« Musique de saltimbanque ! »* Weber. ♦ *« ... Un gros épicurien farci de mortadelle. »* Wagner. ♦ *« Cette musique qui relève les têtes courbées et donne de l'espérance aux cœurs les plus endormis. »* Balzac. ♦ *« Quelle richesse musicale ! Partout une abondance d'airs heureux, de nouveaux modes d'accompagnement, le raffinement dans les harmonies, d'admirables effets orchestraux, des intentions dramatiques pleinement réussies. »* Berlioz. ♦ *« Ce qui excita des transports si vifs, ce fut la nouveauté de ce style, ce furent des chants délicieux garnis, si j'ose m'exprimer ainsi, d'accompagnements singuliers, imprévus, nouveaux, qui réveillaient sans cesse l'oreille et jetaient du piquant dans les choses les plus communes en apparence. »* Stendhal.

RÉF. : Stendhal, *Vie de Rossini,* Paris, 1823. – G. Radiecciotti, *Gioacchino Rossini, Vita,* Tivoli, 1928. – Lord Derwent, *Rossini,* Paris, 1937. – R. Bacchielli, *Rossini con l'aggiunta di Esperienze rossiniane,* Milan, 1954. – F. Bonafé, *Rossini et son œuvre,* Le Puy, 1955. – J.-L. Caussou, *Rossini,* Paris, 1967. – O. Merlin, *Quand le bel canto régnait sur le boulevard,* Paris, 1978. – F. Vitoux, *Gioacchino Rossini,* Paris, 1982, éd. augm., 1986. – R. Celetti, *Histoire du bel canto,* Paris, 1987.

ROSTAND Edmond Eugène Alexis. Écrivain français. Né à Marseille le 1er avril 1868, mort à Paris le 2 décembre 1918. Après des études secondaires faites d'abord à Marseille et ensuite à Paris, au collège Stanislas, le jeune Rostand entreprit des études de droit et, en même temps, écrivit une pièce, *Le Gant rouge* (1888), ainsi qu'un certain nombre de poésies qui ne connurent aucun succès. Bien qu'inscrit au barreau de Paris, il n'exerça jamais, mais se consacra entièrement aux travaux littéraires et fit paraître, en 1890, un volume de poésies : *Les Musardises.* Il se maria la même année avec une poétesse, Rosemonde Étiennette Gérard, dont le premier livre, *Les Pipeaux* (1889), venait d'être couronné par l'Académie française. *Les Deux Pierrots,* pièce écrite par Rostand en 1891, eurent aussi peu de succès que ses œuvres précédentes, par contre, la comédie en vers *Les Romanesques*, représentée le 21 mai 1894 à la Comédie-Française, fut très applaudie. Il écrivit ensuite, pour Sarah Bernhardt, deux pièces en vers : *La Princesse lointaine*, représentée au théâtre de la Renaissance le 5 avril 1895, et *La Samaritaine*, représentée le 14 avril 1897. Le 28 décembre de cette même année 1897, le théâtre de la Porte Saint-Martin créa une autre pièce d'Edmond Rostand, *Cyrano de Bergerac* (*), qui fut un triomphe d'une ampleur rarement égalée dans les annales du théâtre. La critique eut beau indiquer les faiblesses de la pièce — faiblesses pourtant très apparentes —, son succès ne s'est pas démenti jusqu'à nos jours. La pièce suivante, *L'Aiglon* (*), créée par Sarah Bernhardt le 15 mars 1900, connut un triomphe analogue bien que la critique — à juste titre — se montrât encore plus sévère ; cette double réussite auprès du public fut pour beaucoup dans l'élection du poète à l'Académie française (1901). Atteint d'une pneumonie qui mit ses jours en danger et compromit gravement sa santé, Edmond Rostand se retira à Cambo, dans le pays basque, et ne put être reçu sous la Coupole que le 4 juin 1904. Ce ne fut que le 7 février 1910 que les Parisiens purent entendre la nouvelle pièce de Rostand, *Chantecler* (*), qui fut un fiasco complet. *La Dernière Nuit de don Juan* (1921) fut publiée à titre posthume. La thèse défendue dans cette œuvre par le poète tendait à prouver que Schopenhauer avait raison, en déclarant que tout ce qui se réclame du nom de don Juan ne peut être qu'illusion.

♦ *« ...Rostand s'est composé, en guise de français, un exquis charabia. »* J. Rictus. ♦ *« M. Rostand, qui a produit tant de choses charmantes et spirituelles, a pu faire applaudir d'un public difficile quelques-uns des plus mauvais vers dont s'afflige la poésie française. »* R. de Gourmont.

RÉF. : J. Rictus, *Un « bluff » littéraire. Le cas Edmond Rostand,* Paris, 1903. — P. Brun, *Savinien de Cyrano de Bergerac... de Le Bret à M. Rostand,* Paris, 1909. — G.K. Chesterton, *Twelve types,* Londres, 1910. — M. Beutler, *Der Wortschatz in Edmond Rostands Dramen,* Halle, 1914. — E. Évrard, *Nos mandarins,* Tourcoing, 1920. — A. Lantier et F. Keller, *E. Rostand, son œuvre,* Paris, 1924. — P. Faure, *Vingt Ans d'intimité avec Edm. Rostand,* Paris, 1928. — P. Apesteguy, *La Vie profonde d'E. Rostand,* Paris, 1929. — J. Bédier, *Discours de réception à l'Académie française,* Paris, 1931. — R. Gérard, *Edm. Rostand,* Paris, 1935. — P. de Gorsse, *Edmond Rostand, poète français d'inspiration commingeoise,* Paris, 1951. — E. Ripert, *Edmond Rostand, sa vie et son œuvre,* Paris, 1968. — A. Justé, *La Vie et l'Œuvre d'Edmond Rostand,* Paris, 1971. — M. Migeo, *Les Rostand,* Paris, 1973. — A. della Fazia Amoia, *Rostand,* Boston, 1978. — M. Audry, *Rostand, le panache et la gloire,* Paris, 1986.

ROSTAND Jean. Biologiste et écrivain français. Né le 30 octobre 1894 à Paris, mort le 4 septembre 1977 à Ville-d'Avray (Hauts-de-Seine). Fils de l'écrivain Edmond Rostand et de la poétesse Rosemonde Gérard, il passe son enfance à Cambo où son père à dû se retirer pour raisons de santé, et il y fait de sérieuses études dans le cadre familial. Mais, dès l'âge de dix ans, il a découvert les souvenirs de l'entomologiste Fabre — v. *Souvenirs entomologiques* (*) de Jean-Henri Fabre —, révélation qui décide de sa vocation. Il entre à la faculté des sciences de Paris et il en sort avec le grade de licencié ès sciences, après la Première Guerre mondiale qu'il a accomplie, en raison d'une réforme, comme infirmier. À la mort de son père, il s'installe dès 1920 à Ville-d'Avray, qu'il ne quittera plus jusqu'à sa mort et où il possédera son laboratoire personnel. Il devient vite un chercheur, un penseur, voire un polémiste connu, indépendant, et se tient à l'écart des structures universitaires par trop contraignantes. Pourtant, avant de se lancer dans les recherches biologiques, il écrit des essais d'ordre philosophique, comme *Deux angoisses : la mort et l'amour* (1923), *De la vanité et De quelques autres sujets* (1925). On lui doit également *Valère ou l'Exaspéré* (1927), *Julien ou Une conscience* (1928), *Journal d'un caractère* (*) (1931), œuvres de fiction qui révèlent le moraliste. Jean Rostand publie ensuite des ouvrages d'ordre scientifique et notamment *Les Chromosomes, artisans de l'hérédité et du sexe* (1938), ouvrage dans lequel il montre son intérêt passionné pour les questions de génétique qu'il étudie principalement sur les amphibiens — *La Vie des crapauds* (*) (1933). Par une série d'expériences, en particulier sur les grenouilles et les crapauds, il obtient un crapaud sans père, ouvrant la voie à ce qu'on a appelé, un peu rapidement, la parthéno-genèse. De même, il étudie les anomalies chez les batraciens, les monstruosités chez les grenouilles. Il publie les résultats de ses recherches dans des revues scientifiques, mais il entend aussi atteindre le grand public et l'informer : c'est pourquoi il ne craint pas de se soumettre à une vulgarisation de qualité où il sait mettre à la portée des non-spécialistes de nombreuses énigmes biologiques, grâce à des ouvrages clairs, qui vont à l'essentiel, sans s'encombrer d'érudition, et qui emportent l'attention par la passion qui les anime, tels *La Vie des libellules* (*) (1935), *L'Aventure humaine* (*) (1947), *Les Crapauds, les Grenouilles et Quelques grands problèmes biologiques* (1955), *Sciences fausses et fausses sciences* (1958), *Le Droit d'être naturaliste*

(1963). À côté de cette œuvre scientifique, Jean Rostand, qui a été élu à l'Académie française en 1959, poursuit des campagnes d'information à la radio, à la télévision, par le truchement de nombreuses conférences, afin d'éveiller les consciences et d'initier les sensibilités aux grands problèmes que pose la biologie au XXe siècle, notamment à celui des mutants dont il a pu observer quelques spécimens animaux. Il se montre pour cette raison hostile à la bombe atomique, à la politique nucléaire de la France, et s'affirme comme un pacifiste résolu et militant. Ces prises de position sont liées à une morale. Le biologiste, selon lui, doit être non seulement un homme de progrès, mais aussi il se doit d'avertir les hommes, avec bienveillance, conviction et gravité, avec sévérité s'il le faut, des dangers qui les menacent lorsqu'ils deviennent des apprentis sorciers. Aussi les publications scientifiques de Jean Rostand sont-elles étayées par une œuvre de moraliste : *Pensées d'un biologiste* (*) (1939), *Pages d'un moraliste* (1952), *Ce que je crois* (*) (1953), *Inquiétudes d'un biologiste* (1967).

JOËL SCHMIDT.

ROSWITHA von GANDERSHEIM ou HROTSVITHA von GANDERSHEIM. On ne sait presque rien de cette femme que certains historiens de la littérature médiévale ont voulu désigner comme le véritable représentant poétique du règne d'Otton le Grand, et dont les *Drames* (*) ont joui d'une singulière fortune auprès des critiques de ce dernier siècle. Née probablement dans une famille noble, vers 935, elle reçut son éducation au couvent de Gandersheim où elle fut admise très jeune, et eut deux doctes maîtresses, d'abord en Rikkardis, puis en Gerberge, sœur d'Otton Ier, épouse de Louis IV d'Outremer, et plus tard abbesse de ce même couvent. Qu'en dehors d'ouvrages de patristique et d'hagiographie elle ait eu connaissance également d'auteurs païens et chrétiens (Térence, Virgile, Stace, Prudence, Boèce, Alcuin), cela ressort de toute sa production, mais nous ne savons rien d'autre d'elle et nous n'avons pas de preuve qu'elle ait vécu après 973. Écrivain d'une singulière simplicité, du même thème que celui des légendes hagiographiques elle a su tirer de courts poèmes – v. *Petits poèmes hagiographiques* (+) – imités de Virgile et des pièces déjà imitées de Térence, ces dernières, comme elle le confesse elle-même, précisément avec le but d'arracher des mains des très nombreux admirateurs du comique latin ses ouvrages « néfastes » et contraires à tous les principes de la morale chrétienne – v. aussi *Le Chant d'Othon, La Fondation du monastère de Gandersheim,* et *Poésies latines* (*).

RÉF. : R. Köpke, *Hrotsvitha von Gandersheim*, 1869. – E. W. Newman, *The Latinity of the Works of Hrotsvitha von Gandersheim*, thèse, Chicago, 1939. – M. Rigobon, *Il teatro e la latinità di Hrotsvitha*, Padoue, 1932. – K. Kronenberg, *Roswitha von Gandersheim Leben und Werk*, Bad Gandersheim, 1962.

ROTH Henry. Romancier américain. Né le 8 février 1906 en Autriche-Hongrie. Il arrive aux États-Unis à un âge très tendre et connaît, à New York, la vie d'un enfant juif immigré, d'une famille déracinée et qui doit survivre dans un pays où tout lui est d'abord étranger. L'expérience et les souvenirs de cette enfance sont si marquants qu'ils le conduisent à écrire en 1934 son seul et unique roman : *L'Or de la Terre promise* (*). Le livre se déroule sur une période d'environ deux ans (1911-1913) durant laquelle son héros, David Schearle, passe de six à huit ans. Enfant sensible et timide, David a une mère aimante et généreuse et un père renfermé, à tendances paranoïdes. Le livre retrace d'une façon réaliste les problèmes familiaux et les difficultés journalières dans les quartiers misérables de Brownsville ou du « Lower East Side » de New York. C'est aussi l'initiation au judaïsme et l'éveil sexuel. Un réseau symbolique complexe donne au témoignage une grande force de persuasion. Homme d'un seul roman, Roth peut pourtant être considéré comme l'un des plus grands écrivains prolétariens.

ROTH Joseph. Écrivain autrichien. Né le 2 septembre 1894 à Brody, mort le 27 mai 1939 à Paris. Joseph Roth est né de parents juifs dans cette province située aux confins orientaux de l'Empire austro-hongrois, la Galicie, à très forte population juive. Roth y resta jusqu'à l'âge de 20 ans, ce qui explique que cette région si spécifique où se mêlaient les populations allemande, juive, polonaise, ukrainienne, constitue le cœur de toute son œuvre. Après des études secondaires au lycée de Brody, il s'inscrit en 1914 à l'université de Vienne où il suit des études de littérature allemande et publie, dès 1915, ses premiers écrits dans un journal de Vienne. Enrôlé fin 1916, il est envoyé en 1917 en Galicie, affecté à un service de presse. Au retour de la guerre, Roth publie dans un journal nouvellement créé, *Der Neue Tag*, plus d'une centaine de « feuilletons » en un an, petits articles brillants, prenant pour sujet une anecdote, un fait, un moment de l'actualité. L'engagement socialiste de Roth s'y fait déjà sentir. En 1919, il fait la connaissance de Friederike (Friedl) Reichler, elle aussi originaire de Galicie, qu'il épousera en 1922. Quand le *Neuer Tag* doit cesser sa publication, Roth part pour Berlin qui lui semble offrir les chances que Vienne ne peut lui donner : une presse florissante et tout le bouillonnement culturel des années 20 berlinoises. Et de fait, Roth parvient à se faire une place dans les colonnes de journaux berlinois, en particulier dans l'organe du parti social-démocrate *Vorwärts*. Roth y signe ses articles « Joseph le Rouge ».

L'inflation le contraint à repartir pour

Vienne. Ses premiers romans sont publiés à cette époque, indissociables du travail du journaliste, dans leur écriture comme dans leurs thèmes, et du reste publiés d'abord dans des journaux. Ce sont *La Toile d'araignée* [*Das Spinnennetz*], une analyse du terrain politique et social dans lequel s'effectuent la naissance et l'ascension d'un jeune fasciste, roman si proche de l'actualité qu'il mentionne le putsch manqué d'Hitler intervenu en 1923 pendant la publication, puis *Hôtel Savoy* (*) et *La Rébellion* [*Die Rebellion*]. En 1925, Roth devient correspondant à Paris de la *Frankfurter Zeitung*. Il entreprend pour ce journal, au cours de l'été 1925, un voyage dans le sud de la France, en Provence, d'où il rapportera une série d'articles publiés également plus tard sous forme d'essais, *Les Villes blanches* [*Die weissen Städte*]. Il écrit l'essai *Juifs en errance* [*Juden auf Wanderschaft*], description passionnée de la situation des « Juifs de l'Est » en Europe et de ce qu'ils ont apporté à la culture européenne. Un voyage à travers la Russie communiste de 1927 trouvera son écho dans le roman reportage *La Fuite sans fin* [*Flucht ohne Ende*]. Œuvre romanesque et activité journalistique se poursuivent à parts égales, indissociables et indissociées.

À partir de 1928 se déclare la maladie de Friedl Roth, une schizophrénie qui la conduira désormais dans différents sanatoriums où elle mourra en 1940. Les conséquences, pour Roth, sont dramatiques : ébranlement moral, sentiment de culpabilité, apparition de l'alcoolisme, difficultés matérielles. Désormais, Roth ne cessera de travailler en se disant soumis à de terribles besoins d'argent, qui augmenteront encore quand, à partir de 1931 et pendant cinq ans, il vivra avec Andrea Manga Bell, une métisse mère de deux enfants. Elle sera sa compagne pendant les années où Roth écrit ses plus grands romans : *Job* [*Hiob*], histoire d'un Juif pauvre de Galicie, pieux, « simple et craignant Dieu », frappé par le destin et par la rupture des structures de son monde ancien, de la mise à l'épreuve de la foi dans l'adversité. En 1932 paraît *La Marche de Radetzky* (*), le grand roman de Roth racontant la vie et le destin de trois générations des von Trotta, et vaste tableau du déclin de l'Empire des Habsbourg. L'évolution politique de Roth, profondément marqué par la « perte » de l'Autriche de sa jeunesse, l'a conduit à une nostalgie quasi religieuse de l'Empire multinational, et à un légitimisme aussi actif qu'irréaliste. Depuis 1933, Roth vit en exil à Paris, participe à la vie politique de l'exil autrichien, publie plusieurs nouvelles et romans : *Avril* [*April*, 1925], *Tarabas* [*Tarabas, ein Gast auf dieser Erde*, 1934], *Le Buste de l'empereur* [*Die Büste des Kaisers*, 1935], *Confession d'un meurtrier* [*Beichte eines Mörders*, 1936]. L'alcoolisme est devenu, définitivement, une maladie en même temps qu'une forme de suicide. Ses lettres de l'époque sont des témoignages de son pessimisme, des appels à l'aide morale et matérielle, leur destinataire est en particulier son ami et fidèle soutien Stefan Zweig. À Paris, Roth habite à l'hôtel Foyot, écrit aux tables des cafés où ses amis viennent le voir (le café Tournon). Les dernières années voient publier *La Crypte des Capucins* [*Die Kapuzinergruft*], qui prolonge *La Marche de Radetzky* en le poursuivant jusqu'en 1938. La dernière œuvre de Roth sera publiée après sa mort, c'est la brève *Légende du saint buveur* (*). L'écrivain est désormais physiquement anéanti. Victime d'une attaque le 23 mai 1939, il mourra à l'hôpital Necker quatre jours plus tard et sera enterré au cimetière de Thiais.

GILBERT RAVY.

RÉF. : Fritz Hackert, *Kulturpessimismus und Erzählform. Studien zu Joseph Roths Leben und Werk*, Berne, 1967. – David Bronsen, *Joseph Roth. Eine Biographie*, Cologne, 1974. – Bernd M. Kraske (ed.), *Joseph Roth. Werk und Wirkung*, Bonn, 1988. – Michael Kessler, Fritz Hackert (eds.), *Joseph Roth. Interpretation. Rezeption. Kritik*, Tübingen, 1990.

ROTH Philip. Écrivain américain né le 19 mai 1933 à Newark (New Jersey). Romancier, dramaturge, critique, universitaire, Roth est un des écrivains les plus brillants de sa génération. Son œuvre, fortement autobiographique, est marquée par une ironie swiftienne, un humour cinglant et par la répétition quasi obsessionnelle de quelques thèmes privilégiés, tous liés à la sexualité et à la condition juive dans une société anglo-saxonne et protestante.

Après des études à Brucknell University, en Pennsylvanie (1951-1954), puis à l'université de Chicago (1954-1955) où il obtient un poste d'assistant (1956-1958), Roth publie en 1959 *Goodbye, Colombus,* qui lui vaudra le National Book Award. La même année, il épouse Margaret Martinson, dont il divorcera quatre années plus tard. Roth a enseigné dans les universités de Princeton, de New York et de Pennsylvanie. Il vit aujourd'hui dans le Connecticut et fait de longs séjours à Londres.

La publication du recueil de nouvelles *Goodbye, Colombus* a fait scandale. C'est une satire féroce des préjugés, des tabous et du matérialisme de la bourgeoisie juive américaine. Il dénonce, notamment dans « Elie le Fanatique », la bonne conscience des Juifs en voie d'assimilation qui n'hésitent pas à frapper d'ostracisme des coreligionnaires qui eux n'ont pas renoncé à vivre ouvertement leur judaïsme.

Son premier roman, *Laisser courir* (*) (1962), qui fait déjà un discret appel au code psychanalytique, inaugure la nouvelle manière de Roth. Gabe Wallach est un jeune universitaire juif, romantique attardé, qui se trouve incapable de s'investir totalement dans une relation amoureuse ou simplement amicale, mais aussi incapable de lâcher son emprise sur ceux qui gravitent autour de lui. Son ingérence dans la vie des ses amis Libby et Paul Herz provoque une crise conjugale. Ce sont encore les relations conjugales qui sont au centre de

Quand elle était gentille [*When She was Good,* 1967]. Mais le roman, avec une femme comme héroïne, des personnages non-juifs, et un style assez plat, dénué d'humour, n'est guère représentatif de la manière rothienne.

C'est dans *Portnoy et son complexe* (*) (1969) que Roth donnera toute la mesure de son talent et de son humour féroce. C'est un livre fascinant, cocasse, plein d'énormités, où Roth donne libre cours à sa verve truculente et jubilante. Le héros, Portnoy, un jeune avocat juif, raconte, dans le cadre d'une séance psychanalytique, son enfance dans le ghetto familial, les interdictions d'une mère castratrice, les frustrations d'un père constipé, ses exploits masturbatoires et ses performances sexuelles extraordinaires sans qu'il puisse, accablé par un sentiment de culpabilité, trouver la moindre satisfaction.

Avec *Tricard Dixon et ses copains* [*Our Gang,* 1971], Roth change de registre. C'est une satire politique ubuesque d'une rare violence où Roth attaque le président Nixon sur sa politique au Vietnam et dénonce les manipulations du langage par le pouvoir politique. S'inspirant de Kafka, Roth raconte dans *Le Sein* [*The Breast,* 1972] la métamorphose de David Kepesh, spécialiste de Gogol, en un gigantesque sein de femme. Dans *Le Grand Roman américain* [*The Great American Novel,* 1973], Roth explore un nouveau territoire. C'est l'histoire, allégorique, des tribulations d'une équipe de base-ball qui est chassée de son stade pour les besoins de l'armée pendant la Seconde Guerre mondiale. Les joueurs, harcelés par l'échec, la folie, la mort, sont condamnés à une errance perpétuelle.

Ma vie d'homme (*) (1974) met en scène un romancier juif qui offre trois versions de sa vie, d'abord deux récits sur le mode romanesque : la jeunesse heureuse, puis les épreuves conjugales d'un jeune professeur. Le troisième récit, censé être autobiographique, raconte son mariage avec une étudiante plus âgée que lui, psychopathe et mythomane, qui finit par se suicider. Ces confessions successives, qui jouent sur l'écart entre la réalité et la fiction, posent le problème des rapports ambigus ente la vie et le romanesque. *Le Professeur de désir* [*The Professor of Desire,* 1978], journal d'un don Juan hanté par l'angoisse de perdre le désir, raconte la vie amoureuse de Kepesh avant sa métamorphose en sein.

L'Écrivain des ombres [*The Ghost Writer,* 1979] est le premier livre d'une tétralogie qui met en scène Zuckerman, double de l'auteur, qui vient chercher auprès de Lonoff, un écrivain célèbre, la justification de sa vocation littéraire et un père spirituel. Dans *Zuckerman délivré* [*Zuckerman Unbound,* 1981], le héros raconte son divorce et l'incompréhension de son père après la publication de son roman *Carnovsky,* copie conforme du roman de Philip Roth, *Portnoy et son complexe. La Leçon d'anatomie* [*The Anatomy Lesson,* 1984] ainsi que *La Contrevie* (*) (1986) constituent de brillantes variations sur les mêmes thèmes et avec le même héros. Le titre de son dernier roman, *Mensonges* [*Deception,* 1990], résume bien la stratégie romanesque de Philip Roth : tout n'est que tromperie, falsification, masques et manipulations.

CLAUDE LÉVY.

RÉF. : P. Dommergue. *Les USA à la recherche de leur identité,* Paris, 1967. – S. Pinsker, *The Comedy that « Hoists »,* U. of Missouri Press, 1975. – J. P. Jones, *Philip Roth,* Ungar, 1981.

ROTROU Jean. Auteur dramatique français né et mort à Dreux (1609-1650). Par l'importance, la qualité et la variété de son œuvre, Rotrou est considéré comme le plus grand poète de théâtre du XVIIe siècle, après Corneille, Racine et Molière. Sa discrétion, son attachement à sa ville natale (où il retourna au plus tard en 1639, tout en continuant à faire jouer ses pièces à Paris), sa mort prématurée, expliquent que, malgré le succès de ses pièces, sa vie et sa carrière n'aient jamais suscité de passions, de tempêtes et donc de curiosité de scandale. Aussi restent-elles très mal connues. Issu d'une famille de magistrats depuis longtemps implantée à Dreux (plusieurs membres de sa famille, dont son grand-père, avaient été maires de la ville), il fit lui-même des études de droit et devint avocat au parlement de Paris, formation identique à celle de la plupart des poètes dramatiques de sa génération. Jusqu'en 1639, il ne semble pas s'être beaucoup consacré à la carrière judiciaire. Très jeune, en effet, entre 1626 et 1628, il commence à écrire pour le théâtre à un rythme effréné : il déclare en 1634 qu'il a déjà écrit trente pièces (Préface de sa tragi-comédie *Cléagénor et Doristée*). Ce rythme et le fait que la plupart de ces premières œuvres n'ont pas été publiées confirment les hypothèses selon lesquelles il a été attaché dès ses débuts parisiens au théâtre de l'Hôtel de Bourgogne, comme auteur lié par contrat, prenant ainsi la succession d'Alexandre Hardy. Ce statut contraignait l'auteur à écrire des pièces à la demande, pièces qui restaient, pour la plupart, la propriété de la troupe. Hardy lui-même n'avait réussi à se réapproprier et à faire publier qu'une quarantaine des six cents pièces de théâtre qu'en 1626 il déclarait avoir écrites. En 1632, Rotrou était probablement encore sous contrat, comme en témoigne une lettre du critique Chapelain qui déplorait la « servitude si honteuse » à laquelle il était astreint. Il semble n'avoir été libéré de cette servitude que vers 1634, sans que l'on en connaisse les circonstances ni les initiateurs (son protecteur, le comte de Soissons, seigneur de Dreux ? ou Richelieu lui-même, amateur passionné de théâtre, auprès de qui Chapelain a pu intercéder ?). Toujours est-il qu'à partir de cette date il fait partie, avec Corneille notamment, du cercle d'écrivains dramatiques qui sont protégés par Richelieu et qui versifient des pièces à partir de canevas composés par Chapelain sur des thèmes proposés par le ministre *(La Comédie des Tuileries, L'Aveugle de Smyrne)* ; son rythme de publication se ralentit considérablement, et, de 1634 à 1650, il ne donnera plus au théâtre qu'une vingtaine de pièces. Admirateur de Corneille, il reste soigneusement à l'écart de la « querelle du Cid » qui déchire le monde littéraire tout au long de l'année 1637, et en 1647 encore il intègre dans le cours même de sa tragédie *Le Véritable Saint Genest* (*) un éloge vibrant des tragédies romaines de son glorieux confrère. L'extraordinaire facilité d'écriture dont il avait témoigné au début de sa carrière fait croire que, durant les quinze dernières années de sa vie, le théâtre et l'écriture théâtrale n'ont plus occupé qu'une part modeste de son activité. De fait, sans qu'on sache en quelle année il s'est réinstallé dans sa ville natale, il achète en 1639 une charge de lieutenant particulier au bailliage de Dreux, charge qu'il remplira si consciencieusement qu'il refusera, malgré les objurgations des siens, de quitter ses concitoyens en 1650 lors d'une épidémie de fièvre pourprée (forme de peste) ; il y laissera la vie. Il s'était marié en 1640, avait eu six enfants, mais aucun des trois qui lui survécurent n'eut de descendance.

En moins de vingt-cinq ans, Rotrou a donc écrit au moins une cinquantaine de pièces, dont nous ne connaissons que les trente-cinq qu'il a publiées. Cette œuvre importante est d'une si grande variété, d'inspiration, de ton et de forme, qu'il est impossible de la caractériser en une formule, si souple soit-elle. Ayant fait ses débuts à une époque où les impératifs de vraisemblance et de bienséance, ainsi que les fameuses « règles » qui en découlent, étaient inconnus ou ostensiblement ignorés, il propose à son public des œuvres extraordinairement échevelées, où les envolées romanesques voisinent avec des traits du réalisme le plus cru, où l'exacerbation des passions entraîne les personnages dans les plus lointaines aventures, les actes les plus fous, les gestes les plus cruels. C'est que la décennie 1630-1640 constitue l'âge d'or de la tragi-comédie, le genre « baroque » par excellence, dont l'esthétique prétendument réaliste incite les auteurs à faire accomplir, sur la scène même par leurs personnages, toutes les virtualités des pulsions de l'homme ; dont les thèmes, empruntés aux grands romans de l'époque ou à la « comedia » espagnole (dont il fut l'initiateur en France), sont ceux de l'héroïsme triomphant, de la vie aventureuse et du goût pour le changement d'identité, le tout au service de l'amour ; et dont l'expression passe par une alternance entre le spectaculaire des actes (batailles, duels, meurtres) et l'invraisemblance des comportements, entre la rhétorique violente de la passion exacerbée et le lyrisme tendre de l'amour – v. la magnifique *Laure persécutée* (*). Si la tragi-comédie domine ainsi son œuvre (dix-sept pièces ainsi intitulées) au point de déborder sur d'autres genres – ce qui est le cas dans une comédie comme *La Belle Alphrède* (*) –, Rotrou s'est essayé avec succès dans les autres genres : il partage avec Corneille le mérite d'avoir fait renaître le genre de la comédie en 1629 – *La Bague de l'oubli* a été jouée la même année que *Mélite* (*) – et, après ce début emprunté à un modèle espagnol, il écrivit onze autres comédies, passant de la comédie d'inspiration pastorale *(Diane, La Célimène, Céliane...)*, ou d'inspiration tragi-comique, à la comédie à l'antique ou à l'italienne (*Les Ménechmes* (*) et *Les Sosies*, d'après Plaute, *La Sœur*) qui influencera Molière ; ainsi l'*Amphitryon* (*) de celui-ci doit beaucoup aux *Sosies* qui triomphèrent en 1637. De même, il fut à l'origine en 1634, après Mairet, mais en même temps que Corneille et Scudéry, de la renaissance du genre de la tragédie à l'antique *(Hercule mourant)* ; en même temps que deux autres tragédies de la même veine *(Antigone* et *Iphigénie* (*) *en Aulide)*, il s'essaya à la tragédie romaine, à la suite de *Sophonisbe* (*) de Mairet et de *La Mort de César* de Scudéry, tout en tentant d'y faire passer une esthétique de l'horreur (un viol, deux hommes qui s'entretuent, deux meurtres, trois suicides) empruntée à la tragédie irrégulière des trente premières années du siècle (*Crisante*, jouée en 1635, publiée dix ans plus tard). Ce n'est que dans les cinq dernières années de sa vie qu'il fera véritablement siens les impératifs de régularité qu'on qualifie aujourd'hui de « classiques », ce qui lui permettra d'élaborer une dramaturgie fondée sur une exceptionnelle concentration de l'action et une violence désormais tout intériorisée – *Le Véritable Saint Genest* (*), *Venceslas* (*), *Cosroès* (*). Aussi bien l'éloge adressé à Corneille dans *Le Véritable Saint Genest* (I, 5, v. 277-286), que le sujet même de la pièce (une tragédie sainte) témoignent que Rotrou a mesuré le caractère irrémédiable de la révolution cornélienne. Pour autant, il ne se renie pas et ne fait pas du Corneille. Son penchant fondamental pour le dédoublement et l'expression de l'ambiguïté des apparences, aussi bien que son adhésion à une vision du monde où les volontés de la providence sont masquées par ce qui apparaît comme les caprices du sort, sont à l'œuvre sous des formes diverses depuis le début de sa carrière (déguisements, pertes d'identité, folie, quiproquos, jumeaux ou sosies ; événements imprévisibles, revers de fortune). Cette permanence explique qu'il ait osé faire reposer une tragédie *(Saint Genest)* sur le principe du théâtre dans le théâtre (jeu de dédoublement structurel qui montre un acteur de théâtre gagné par son rôle) ou que le héros de sa dernière tragédie soit une sorte d'Hamlet tout en inquiétude et en revirements, confronté à un père que le parricide qu'il avait autrefois commis pour accéder au trône plonge dans des accès de folie, à une marâtre d'une ambition forcenée, confronté surtout à des actes nécessaires qu'il réprouve (coup d'État et exécution de sa marâtre, de son demi-frère, et de son père) et dont il sent qu'ils le conduiront à son tour vers la folie. En somme, si l'on veut s'efforcer de trouver une cohérence dans l'évolution de cette œuvre aussi exceptionnellement diverse, on dira avec le meilleur critique de son théâtre (J. Morel) que Rotrou, tout en restant fidèle à une sorte d'esthétique de l'ambiguïté, est passé de l'ambiguïté subie à l'ambiguïté surmontée.

GEORGES FORESTIER.

RÉF. : H. Chardon, *La Vie de Rotrou mieux connue,* Paris, 1884 (réimpr. Genève, 1970). – F. Orlando, *Rotrou dalla tragicommedia alla tragedia,* Turin, 1963. – J. Van Baelen, *Rotrou. Le Héros tragique et la Révolte,* Paris, 1965. – H. C. Knutson, *The Ironic Game : A Study of Rotrou's Comic Theater,* Berkeley & Los Angeles, 1966. – J. Morel, *Jean Rotrou, dramaturge de l'ambiguïté,* Paris, 1968 (réimpr. Mont-de-Marsan, 1991). – R. J. Nelson, *Immanence et Transcendance, the Theater of Jean Rotrou (1609-1650),* Ohio State University, 1969. – Federici (Carla), *Réalisme et dramaturgie. Étude de quatre écrivains, Garnier, Hardy, Rotrou, Corneille,* Paris, 1974. – J. Scherer, *Théâtre du XVIIe siècle* (t. I), Paris, 1975. – J. Morel, *Agréables mensonges. Essais sur le théâtre du XVIIe siècle,* Paris, 1991.

ROUART Jean-Marie. Écrivain français. Né le 8 avril 1943 à Neuilly, ce petit-neveu de Paul Valéry fait à Paris des études de lettres et de droit. En 1967 il collabore au *Magazine littéraire* avant d'entrer au *Figaro* où de 1967 à 1975 il sera grand reporter et chroniqueur. Il publie à cette époque son premier roman, *La Fuite en Pologne* (1974), qui le fait remarquer. En 1979 il dirige les pages littéraires du *Quotidien de Paris.* Il devient directeur du *Figaro littéraire* en 1986. S'il avait adopté dans son premier livre une forme romanesque éclatée et un peu baroque, il s'en tient dans son deuxième roman, *La Blessure de Georges Aslo* (1975), à une forme très classique qu'il conservera, et où se dégagent les grands thèmes de son œuvre : l'ambition, le rêve, la passion des femmes, mais aussi un sentiment d'échec dans un siècle trop prosaïque à son goût et marqué par la décadence. C'est ce que confirment ses deux grands romans suivants, *Les Feux du pouvoir* (prix Interallié 1977) et *Avant-guerre* (*), couronné par le prix Renaudot en 1983. Jean-Marie Rouart exprimera dans sa très belle préface aux *Mémoires* du cardinal de Bernis (en 1980) sa propre thématique ; il est fasciné par ce destin voué à l'échec, tout à l'opposé de celui de Talleyrand le cynique : « Le cardinal de Bernis, écrivait-il, s'adresse surtout à ceux qui lui ressemblent, les ambitieux de qualité, qui ont du cœur et pensent plus à illustrer leur nom qu'à des places ou prébendes. » Exception faite du *Cavalier blessé* (1987), roman d'aventures historique se passant sous l'Empire, Jean-Marie Rouart fait dès lors une part assez large à la confession intime. Dans *Ils ont choisi la nuit* (1985), essai sur quelques suicidés de la littérature (dont Drieu la Rochelle, qu'il a beaucoup lu), il décrit le jeune homme triste et sans espoir que lui-même avait été à vingt ans. Une déception comparable habite l'auteur dans *La Femme de proie* (1989), ainsi que dans *Le Voleur de jeunesse* (1990), qui met en scène un écrivain qu'une jeune fille fait souffrir et où sont évoquées l'impuissance sexuelle et l'impuissance à écrire. Ce désespoir existentiel, auquel s'ajoute une part de masochisme, fait ici songer à Moravia. Écrivain généreux, romantique, à la langue élégante et riche, Jean-Marie Rouart n'aura jamais abandonné, jusque dans la douleur, le secret désir d'appartenir au cercle restreint des « quelques grands vaincus pleins de noblesse et de cœur ». Il a reçu le prix Prince Pierre de Monaco pour l'ensemble de son œuvre en 1991.

JACQUES-ÉMILE MIRIEL.

ROUBAUD Jacques. Écrivain français. Né à Caluire le 5 décembre 1932. L'univers de Jacques Roubaud est celui d'un mathématicien de profession, en même temps poète, qui décide au bout d'un temps de subordonner la mathématique à la poésie. La poésie, par ailleurs, n'étant autre chose que l'exercice du poème, dans toute sa rigueur et sa matérialité, loin des dérivations molles de la langue courante qui voit de la poésie dans les couchers de soleil. Il s'ensuit un mode de conception de l'activité poétique assez particulière, avec des apparences tantôt obscures, tantôt limpides, en tout cas poésie élaborée, préméditée, logique, ce qui ne veut pas dire froide ou désincarnée.

Roubaud entre en poésie en 1967 avec ϵ (*) qui est, au regard de l'indifférence commune à l'égard du genre, un véritable succès public. Une grande voix de poésie est immédiatement reconnue, à la fois sensible et savante, partout présente dans un volume fortement structuré en de multiples modes de lecture. Entre la tradition exsangue et le modernisme fatigué, une voie s'ouvre, qui ne sera pas sans influence sur les poètes de cette génération. Roubaud poursuit avec *Mono no aware,* poèmes empruntés au japonais (1970), avec *Trente et un au cube* (1973), qui expérimente la forme tanka, comme ϵ expérimentait la forme sonnet. *Autobiographie, chapitre X* (1977), généralise le poème de « remploi » puisque tous les textes y sont des réécritures-appropriations de poèmes français datés de 1914 à 1932, aux signatures prestigieuses de Cendrars à Éluard. Dans le même temps, Roubaud publie *Graal théâtre,* avec Florence Delay (1977 et 1981), une *Anthologie des troubadours* (1981), le recueil *Dors,* précédé de *Dire la poésie* (1981)... impossible de tout citer... sans compter les traductions, les collaborations diverses aux revues et collectifs *Change, Action poétique* (*), *Centre de poétique comparée, Oulipo,* etc. *La Vieillesse d'Alexandre* (*) analyse l'évolution de l'alexandrin en France, depuis Hugo jusqu'à nos jours, et met en évidence la persistance secrète de ce vers jusque dans le vers libre où d'ordinaire on l'y attend le moins.

Il est impossible d'embrasser le champ d'activité de Jacques Roubaud sans considérer son enracinement littéraire, sa tradition, son « archaïsme » volontairement choisi et assumé. Celui-ci remonte à ce que Roubaud tient pour un âge d'or de la poésie, au trobar, les troubadours provençaux du XIIe siècle, qui présentent collectivement tous les caractères de ce qui intéresse Roubaud : souci de la forme poétique marquée par l'expérimentation et par l'invention, la poésie comme « amour de la langue » et comme mesure de la langue et comme « mémoire de la langue », mais aussi comme invention de l'amour. La version claire et la version obscure du trobar (trobar leu, trobar clus) sont toutes les deux considérées en rapport, sinon en conflit. Dans la filiation du trobar, Roubaud retient le cycle du Graal, qu'il ne cessera d'interroger, et dans lequel il voit la « manifestation romanesque de l'amors ». À travers Dante, le « dolce stil novo » et Pétrarque, la canso des troubadours va engendrer la forme sonnet, et Roubaud dès son premier livre va composer ses propres poèmes au plus près de toutes les traditions du sonnet, examiné dans son évolution, en quelque temps et quelque langue que ce soit. Sa rencontre avec Raymond Queneau, autre mathématicien-poète qui généralise la formule de la sextine des troubadours, lui permettra, dès 1966, au sein de l'Oulipo (Ouvroir de littérature potentielle) de travailler collectivement aux relations de la mathématique et de la littérature.

Description du projet (1979), publication assez confidentielle, expose dans toute son ambition un projet de poésie, de théorie, totalisant, qui est aussi un projet de vie. Il faut le regarder attentivement pour mesurer ce qui constitue sans doute, en 1985, une reprise dynamique de l'œuvre, après un drame biographique (que seule la mention expresse qu'en fait l'auteur peut nous autoriser à citer), la mort de sa femme Alix Cléo Roubaud en 1983. La reprise, après un long silence, se matérialise dans le domaine du poème par l'admirable *Quelque chose noir* (*) (1986), poésie de méditation où la parole se réapprend, par *La Fleur inverse, essai sur l'art formel des troubadours* (*) (1986), dans laquelle s'affirme la notion fondamentale de « sens formel » ; par les trois premiers volumes de la série des *Hortense* (1985, 1987, 1990 – voir *La Belle Hortense* (*) où Queneau, Lewis Carroll et Roubaud font la sarabande narrative dans une série trop vite dite « inoffensive » ; par le premier volume du *Grand incendie de Londres* (*) (1989) où l'autobiographie intellectuelle atteint, pourrait-on dire, son aboutissement, si cinq volumes à suivre n'étaient prévus pour la parachever.

Cette œuvre, moderne dans son archaïsme même, acquiert peu à peu sa densité philosophique, qui était déjà perceptible dans les premiers poèmes de ∊, livre de l'appartenance au monde contredite par la possibilité de son contraire, tension entre la totalité conçue et l'inachèvement fatal.

JACQUES JOUET.

ROUCHER Jean-Antoine. Poète français. Né le 22 février 1745 à Montpellier, mort sur l'échafaud le 7 thermidor an II (25 juillet 1794) à Paris. Fils aîné d'un maître tailleur, issu d'une honorable lignée de négociants tanneurs en quête d'élévation sociale, il fait de solides études au collège de sa ville natale, puis à vingt ans gagne Paris sans retour. Il délaisse la théologie pour se lancer dans la carrière des lettres et entame avec l'enthousiasme du néophyte la rédaction d'un ample poème, *Les Mois* (*), qu'il gardera douze ans sur le chantier. Ses débuts sont prometteurs : il fréquente les milieux éclairés, noue des relations haut placées, gagne la protection de Turgot. Admirateur et disciple de Rousseau, il se démarque de Voltaire, trop arriviste et cupide à ses yeux. Séduit par les idées nouvelles et toujours à la pointe des combats pour la tolérance, Roucher entre à la Loge des Neuf-Sœurs dont il sera le secrétaire actif. L'ancien élève des jésuites est devenu un adepte des Lumières. Le libéralisme philosophique professé dans *Les Mois* inquiète la censure qui retarde de plus d'un an la publication du poème enfin survenue en février 1780. L'accueil est mitigé : au lieu de la gloire escomptée, le poète subit l'humiliation d'une « chute retentissante », et sa réputation est dès lors « étouffée ». D'autres projets, des *Jardins*, une *Astronomie*, une *Rhodéide*, ne verront pas le jour. C'est l'échec d'une carrière, compensée par la réussite d'une vie privée : époux et père heureux, Roucher fut aussi un ami comblé. 1789 semble amener la réalisation des réformes désirées et l'occasion d'un nouveau départ. La politique tente le poète qui suivra la même trajectoire qu'André Chénier et commettra les mêmes imprudences : excès de franchise, véhémence irrépressible dans ses articles du *Journal de Paris* le désignent avec son cadet à la vindicte jacobine. Incarcéré le 3 octobre 1793, il sera guillotiné comme Chénier deux jours avant la chute de Robespierre. À défaut des *Iambes*, Roucher laissait aux siens et à la postérité un touchant quatrain, mais il ne devait pas connaître le miracle d'une résurrection posthume.

ÉDOUARD GUITTON.

ROUD Gustave. Écrivain suisse d'expression française. Né le 20 avril 1897 à Saint-Légier, village situé au-dessus de Vevey, mort le 10 novembre 1976. À Saint-Légier, sa famille exploitait une ferme qu'en 1908 l'écrivain et sa sœur Madeleine, avec qui il vécut toute sa vie, quittèrent pour s'installer dans une autre ferme du pays vaudois, à Carrouge, dans le Jorat. Ainsi rompaient-ils avec la douce lumière des eaux pour la rude terre à blé et à betteraves qu'interrompent des forêts de sapins et de hêtres. Ce n'est plus là la lumière latine mais déjà les marches de l'Allemagne. Ainsi Roud obéit-il à la discipline dont procède la clarté française et à l'instinct germanique des mystères, dans ce que l'un et l'autre ont de plus exigeant : Rimbaud et Hölderlin, Mallarmé et Novalis, Schubert et Debussy... Dans ce partage se trouve le secret de sa profondeur et de sa complexité. Son œuvre est tout entière écrite dans la clarté et sa portée tout inscrite dans le secret intérieur. Pudique et réservée, jamais pourtant elle ne céda à l'exubérance, au sombre pathétique.

Gustave Roud a immédiatement porté son œuvre à la hauteur où il voulait qu'elle se tînt et d'où elle n'est jamais descendue, même quand les exigences d'une vie matériellement difficile l'obligeaient, comme il disait, à des besognes. Par ses scrupules, la rareté de ses témoignages, par sa crainte un peu excessive parfois de la profusion, elle a été préservée de la facilité. Elle a gardé du même coup un ton reconnaissable entre tous et qui n'est pas sans faire penser à l'accent de la musique de chambre.

On pourrait dire que Roud vécut en reclus de la poésie dans ce lieu de Carrouge, plein de ressources certes, mais cachées, et que l'attention du poète tint comme une proie sous sa ferveur. Non pas pour les emprisonner ou pour s'en nourrir exclusivement mais pour chercher à saisir, un instant, une part de leur mystère. C'est un acte d'amour vis-à-vis de ce monde créé et visible et que le moindre brin d'herbe exprime. Son expérience poétique tenait de l'expérience spirituelle. Il ne lui était pas nécessaire, pour l'accomplir, de s'éloigner d'un lieu qu'il ne quitta guère sinon pour quelques voyages en Italie et vers Paris, d'où il revenait si ému, si bouleversé, qu'il se refusa de les renouveler de crainte de perdre sa vérité ou son inquiétude. Trop de beauté gratuite lui semblait n'exiger aucun effort, par conséquent créait une habitude qui ressemble bientôt à l'absence. En collaboration avec sa sœur, Gustave Roud régissait un petit domaine agricole dont il louait les champs à des fermiers, sans toutefois rompre avec les travaux saisonniers qui, disait-il, l'éloignaient heureusement du désert de la feuille blanche. Rien là qui ne ressemble à l'image du poète-paysan, encore moins à celle de l'écrivain qui refuse la ville. Pas de choix écologique de sa part, mais une accoutumance au silence, au retrait, à la solitude et au climat, aux habitudes d'une vie rurale dans laquelle il était né. Fidélité à son destin et au don de poésie qui le distinguait des siens, sans que pourtant il ait songé à en tirer vanité. Au contraire, il considérait ce don tout à la fois comme une fatalité et une raison d'être. S'il en avait cherché des avantages, il n'aurait pas vécu jusqu'à la fin de sa vie dans cette discrétion. Le bruit même de sa notoriété semblait s'arrêter sur le seuil de sa ferme. Il décourageait par sa discrétion toute curiosité. Au fond, les amateurs de pittoresque trouvaient de la banalité dans une vie qui se dérobait aux regards.

Sa poésie est une quête de ce qui est insaisissable parce qu'indicible, une recherche de ce qui ne s'altère pas, de ce qui est durable et non pas un reflet, d'une clef pour ce festin dont parle Arthur Rimbaud, du paradis dont Novalis dit qu'il est éparpillé sur cette terre. Il commença sa carrière d'écrivain, bien que le mot de carrière soit impropre, par un livre, *Adieu* (1927), qui ordinairement est celui de la fin d'une vie, puisqu'il est un adieu à la poésie. Il subissait alors la tentation mallarméenne du silence et du rien qui conclut tout. Le silence dura quelques années, puis la grâce revint et les publications se succédèrent à un rythme assez lent mais sûr : *Feuillets* (1929), *Petit traité de la marche en plaine* (*) (1932), *Pour un moissonneur* (1941), *Air de la solitude* (*) (1945), *Le Repos du cavalier* (1958), *Pour un requiem* (1967), *Campagne perdue* (1972). Toute cette œuvre tient en trois petits volumes, *Écrits* (*), publiés à Lausanne et Paris par la « Bibliothèque des arts », mais dont la densité jamais ne s'est relâchée. (Son *Journal* a été publié après sa mort, en 1982.) Sans répéter ses thèmes, Roud a toujours avancé vers une plus grande maîtrise de ce qu'il pensait avoir à dire.

Après avoir publié *Adieu*, Gustave Roud découvrit sa parenté avec les romantiques allemands et l'espace quasi religieux de leur solitude. Il médita sa vie entière sur la folie enviable d'Hölderlin, qu'il traduisit, ainsi que Novalis. Plus tard, il se pencha sur l'œuvre de Georg Trakl qu'il traduisit en grande partie, ainsi que *Les Lettres à un jeune poète* (*) de Rainer-Maria Rilke. Le poète absolu que représente Roud ne s'est pas enfermé dans une tour d'ivoire. Au contraire, il a tenté d'exorciser sa solitude, d'entrer en communication comme tout être humain. Les temps qu'il a vécus n'ont rien facilité. Roud ne s'est jamais refusé à souffrir et même à porter l'angoisse des événements sans, pourtant, les évoquer dans son œuvre autrement que transcendantalement. Roud est un écrivain exemplaire qui laisse non seulement des livres mais une manière de vivre en poésie.

GEORGES BORGEAUD.

RÉF. : Philippe Jaccottet, *Gustave Roud*, Paris, 1968. – Des *Cahiers Gustave Roud* paraissent depuis 1982. – Claire Jaquier, *Gustave Roud ou la Tentation du romantisme*, Lausanne, 1987. – Grietje Hollaert, *Le Style de Gustave Roud*, Genève, 1991.

ROUDAKI Abou Abdollâh. Poète persan. Né au début du Xᵉ siècle dans un village près de Samarcande, mort en 940-41. Il est non seulement le premier grand poète persan, mais aussi un admirable chanteur et un excellent interprète à la harpe et au luth. Sa biographie est mal connue. Des allusions éparses dans ses vers nous apprennent qu'il quitte son village natal pour se rendre à Boukhara, où il devient le panégyriste de l'émir samanide Nasr II (914-943) qui le couvre d'honneurs. Il a comme protecteur le vizir Abol-Fazl Bal'ami, qui le dit sans égal, ni parmi les poètes arabes ni parmi les poètes persans. Il accompagne l'émir à Bâdghis et à Hérat, où se situe l'anecdote rapportée par plusieurs de ses biographes : les courtisans, désireux de regagner Boukhara, prient Roudaki d'user de son influence auprès de Nasr II ; le poète compose son célèbre poème sur la rivière Moulyân ; de retour à Boukhara, il est largement récompensé. L'on a prétendu qu'il naquit aveugle, mais les termes colorés en lesquels il décrit la nature démentent cette assertion. Il est fort probable qu'il ait été aveuglé vers la fin de sa vie, pour ses sympathies à l'égard de la cause ismaélienne, qu'il partageait avec Nasr II. Après la destitution de Bal'ami en 937-938, Roudaki est banni de la cour, où il a suscité tant d'envie, et se retire dans son village natal. Après avoir vécu une vie brillante, il finit ses jours dans la pauvreté et le regret de son passé. Il meurt en 940-941. Ses ossements ont été retrouvés, il y a quelques années, par des archéologues soviétiques.

Roudaki a composé de très nombreux vers, sans doute cent mille, ou un peu plus, bien que certains auteurs, dont Daqiqi, prétendent qu'il en écrivit plus d'un million. Malheureusement, ses œuvres ont toutes été perdues, peut-être, comme le dit J. Rypka, parce que son style aisé et sobre ne correspondait plus au maniérisme des générations suivantes. Les seuls vers du poète qui nous sont restés sont ceux cités par ses biographes. De son *Divân* de poésies lyriques, il ne reste que quelques poèmes qui sont authentiquement de lui ; en effet, la plupart des vers qui le composent peuvent être attribués à Qatrân de Tabriz, qui vécut un siècle plus tard. Il composa aussi six « masnavis ». Il avait également mis en vers *Kalilé et Demné* (*), la célèbre collection de fables qu'Ibn al-Mouqaffa traduisit en prose du pehlévi en arabe, et qui fut la base de nombreuses adaptations; et le *Sendbâd-nâmé*, histoire du fils de roi et des sept vizirs, ouvrage qui, lui aussi, fut traduit du pehlévi en arabe, puis en persan par Zahiri de Samarcande.

La tradition lui prête une œuvre considérable, dont seuls des fragments épars subsistent grâce à ses biographes. Outre les trois œuvres déjà mentionnées, l'on peut citer la fameuse *Ode sur la rivière Moulyân* (*), qui se trouve dans *Les Quatre Discours* (*) de Nizami-Arouzi. Owfi, dans son *Essence des esprits* (*), cite le poète onze fois. Chams-é Qaïs le cite vingt-neuf fois dans son *Al-Mu'jam*, ouvrage sur la prosodie et la rhétorique persane, écrit en 1220-1221, et lui attribue l'invention du « roubâ'i » [quatrain]. Onsori, le poète protégé du sultan ghaznévide Mahmoud de Ghazna, déclara que Roudaki n'avait pas de rival dans l'art du « ghazal ». L'orientaliste allemand Ethé, dans son excellente monographie sur Roudaki, a rassemblé cinquante-deux fragments, comptant deux cent quarante-deux couplets. Asadi, dans son *Loghat-é fors* le cite plus que tout autre poète. On lui attribue également un dictionnaire, le *Tâj al-masâdir*, peut-être connu d'Asadi, mais depuis longtemps disparu.

Roudaki excelle dans presque tous les genres : panégyrique, où il tient une place d'honneur ; élégie funèbre, lyrisme amoureux ; poésie bachique, où il se montre novateur, notamment dans un très beau poème de quatre-vingt quatorze vers ; poésie narrative et morale. Les quelques fragments qui nous restent attestent un tempérament généreux, un style aisé et brillant, où la noblesse s'allie à la sobriété. Pourtant, sa poésie sera plus tard vivement critiquée, surtout par Dowlatchâh, ce qui démontre bien l'évolution du goût littéraire.

MARIE-HÉLÈNE PONROY.

ROUDAUT Jean. Romancier et essayiste français. Né à Morlaix, le 1er juin 1929. Agrégé de philosophie, il succède à Michel Butor comme lecteur de français à l'université de Salonique en 1956. Ses articles attirent l'attention du professeur Pizzorusso, qui l'appelle auprès de lui à Pise en 1963. Nommé professeur ordinaire de littérature française contemporaine à Fribourg (Suisse) en 1972, il y restera jusqu'en 1991, favorisant les rencontres avec des écrivains importants et discrets (Pinget, des Forêts, Bonnefoy, Réda parmi d'autres). Depuis 1991, il vit entre Paris et la Bretagne.

Récusant toute inscription d'éléments autobiographiques, factuels et vérifiables, l'œuvre de Jean Roudaut s'élabore cependant comme figuration d'un portrait et d'un cheminement. Interroger des œuvres aimées permet de marquer les degrés d'un parcours spirituel par le relais d'une activité d'interprétation commune au critique (*Michel Butor ou le Livre futur*, 1964 ; *Poètes et grammairiens au* XVIIIe *siècle*, 1971 ; *Ce qui nous revient*, 1980 ; *Les Villes imaginaires dans la littérature française. Les Douze Portes*, 1990 ; *Georges Perros*, 1991) et au romancier (*Trois villes orientées*, 1967 ; *La Chambre*, 1968 ; *Les Prisons*, 1974 ; *Autre part*, 1978). Certains textes de liaison assurent le glissement d'un mode de discours à l'autre, comme dans le volume *Lieu de composition* (*) (1989) où l'attention à la peinture prolonge une préoccupation déjà ancienne. Si *Une ombre au tableau* (1988) interroge la littérature dans sa manière de parler de peinture, *Le Bien des aveugles* (1992) met en scène le pouvoir d'intercession de la peinture : par le recours aux natures mortes de Chardin ou Morandi, aux figures féminines de Delvaux, c'est à une restitution, un consentement au monde que l'individu, mortel mais non pas déchu, est convié. La littérature et la peinture ne sont alors plus tenues pour des pratiques de l'artifice, ou d'un angélisme luciférien ; sur le modèle de l'icône, le langage et la couleur convient à une présence réelle, à la reconnaissance de l'inscription d'un être dans son discours, quand une esthétique est indissociable d'une éthique. Lecteur et spectateur du tableau ne participent pas seulement à l'œuvre par leurs diverses activités de « lecture » ; ils doivent poursuivre et incarner cette leçon dans leur séjour terrestre, transitant d'un lieu fondateur, un « lieu de composition » – qui emprunte son modèle aux *Exercices spirituels* (*) –, jusqu'à son effacement dans l'insituable du multiple, tout le contraire de l'imperfection et de la dispersion.

Avec une constante ferveur, l'œuvre de Jean Roudaut propose des éclaircissements sur la « profusion des biens » dans laquelle nous vivons en aveugles. Encore très marquée avec *Les Prisons* par une fascination mallarméenne du secret, de l'initiation, qui sépare le quotidien dégradé de l'existence et les moments épiphaniques de l'expérience artistique ; depuis *Une ombre au tableau* et *Lieu de composition*, cette œuvre est sortie des prisons de l'exil et a évolué vers la reconnaissance des évidences sensibles qui exigent une attention renouvelée : le sacré est alors dans tout ce qui nous entoure, et non pas limité à ce qu'il est convenu d'attendre des pratiques religieuses institutionnelles. Transitant de Mallarmé à Proust, elle vise à renouer les liens entre le monde sensible et le sujet détourné, sur le modèle de la pensée orientale, du souci d'affirmation glorieuse d'une conscience individuelle, abolie parce que réintégrée dans l'acte même de voir qui est de conversion, de consentement à cette « heureuse absence » aussi émouvante qu'exigeante et nécessaire.

ADRIEN PASQUALI.

ROUGEMONT Denis de. Écrivain suisse d'expression française. Né à Couvet (canton de Neuchâtel) le 8 septembre 1906, mort à Genève le 6 décembre 1985. Père pasteur, issu d'une vieille famille, probablement originaire de la Franche-Comté, qui compte de nombreux hommes d'Église, de robe et de plume. Après le gymnase de Neuchâtel, Rougemont entre à l'université de cette ville, s'inscrit à l'université de Vienne, puis à celle de Genève. Il voyage en Hongrie, dans le Würtemberg, publie divers écrits et, en 1931, assume la direction littéraire des éditions « Je sers » à Paris, où il se lie avec Alexandre Marc, Mounier, Dandieu. Et ensemble ils lancent les deux groupes personnalistes et leurs revues : *Esprit* et *Ordre nouveau.* En 1933, Rougemont épouse Simone Vion dont il aura deux enfants, Nicolas et Martine. En 1935, il est lecteur à l'université de Francfort où il découvre l'hitlérisme et ses menaces (*Journal d'Allemagne*). Cependant, Rougemont fait paraître des essais, *Politique de la personne,* 1934 ; *Penser avec les mains,* 1936 ; *Journal d'un intellectuel en chômage,* 1937 ; *L'Amour et l'Occident* (*) (1939), qui, tout en donnant forme au personnalisme politique et éthique, affirmeront une vision du monde singulièrement cohérente et aiguë qui fera l'originalité de ce penseur. Mobilisé en Suisse en 1940, Rougemont fonde la Ligue du Gothard pour une résistance à tout prix au nazisme. Un article sur l'entrée de Hitler à Paris lui vaut quinze jours de prison militaire. Chargé de missions aux États-Unis, il s'installe à New York (1941), où il fait des conférences et devient rédacteur des émissions françaises de l'« Office of War Information ». Il se lie d'amitié avec les émigrés européens : Breton, Alexis Léger, Saint-Exupéry, Max Ernst, W. H. Auden, etc., écrit *La Part du diable* (1940), *Les Personnages du drame* (1945), *Lettres sur la bombe atomique* (1946). De retour en Europe, Rougemont s'établit à Ferney-Voltaire. Il divorce, se remarie en 1952 avec Anahite Repond. Rougemont participe au premier Congrès de l'Europe dont il prépare le rapport culturel, prend une part active à la création du Congrès pour la liberté de la culture, dont il assumera la présidence de 1952 à 1966, dirige le Centre européen de la culture dès 1950, fonde l'Association européenne de Festivals de musique (1951), dirige la Fondation européenne de culture (1955). Cette intense activité publique et politique, complétée par des conférences en Europe et en Amérique, des cours à l'Institut universitaire d'études européennes de Genève, qu'il fonde et dirige, à l'École polytechnique de Zurich, etc., ne ralentit pas l'œuvre de l'écrivain et du moraliste, qui publie successivement : *L'Aventure occidentale de l'homme* (1958), *Comme toi-même* (1961), *Le Suisse ou l'Histoire d'un peuple heureux* (1965), *Lettre ouverte aux Européens* (1970), *Journal d'une époque* (1968). Cette œuvre sera couronnée par le prix littéraire du prince de Monaco, le prix littéraire de Genève, le prix européen Robert-Schuman. Rougemont assume la présidence du Pen Club de Suisse romande (1971).

La pensée et l'œuvre de Denis de Rougemont prennent leur source dans le paradoxe de la double nature du Christ, tout entier homme et tout entier Dieu. Sur son modèle, la vie intime et sociale sera repensée. L'esprit devra être conduit à « la plus insistante vénération du réel ». La pensée sera tout entière elle-même et tout entière le monde. Tel est le fondement de la morale des idées. L'homme est un individu autonome, souverain, mais, pour survivre et accéder à la plénitude de la « personne », il doit s'engager dans la communauté. Sa liberté n'a pas d'autre sens que ce service de la cité. Cette double nature se retrouve aussi au fondement du couple qui, étant un, est deux en même temps et au même degré. Parce qu'elle refuse le monde, la logique de la passion doit détruire ce qu'elle adore. Il faut savoir guider l'amour vers « la plus insistante vénération de l'aimé dans son altérité et dans sa liberté. Ici encore, la liberté a une double nature puisqu'elle a pour seul moyen de s'affirmer, comme pour la cité, dans l'engagement, le sacrifice de soi à l'autre dans le lien d'amour. Ce qui est vrai de l'homme est vrai aussi pour les communautés qu'il fonde. La double nature se nomme alors le fédéralisme et s'exprime dans un pacte qui instaure l'union sur le respect des autonomies et fait du respect de la diversité le principe de l'unité. Ce contrat politique devrait être à la base de l'unité de l'Europe, dont Rougemont n'a cessé d'être le champion, et qui ne saurait être fondé sur les États-nations qui se sont constitués contre elle. C'est un pacte analogue qu'il propose dans *L'avenir est notre affaire* (1977), pour régir les rapports de l'homme avec une nature menacée. À la fois toute civilisation et toute nature, nos sociétés, pour survivre, devront apprendre à respecter les altérités qui les fondent (*Nature ou biosphère*). La vigueur de cette pensée, portée par le style d'un essayiste accompli, a fait qu'elle a influencé la formation de plusieurs générations d'intellectuels et qu'elle a été présente dans tous les grands débats de l'époque.

JEAN BLOT.

♦ *« Comme tout être sensible à la source poétique de l'homme, il fut homme d'action autant que de pensée, se refusant à dissocier l'une de l'autre dans le profond mystère de la création. »* St-John Perse.
♦ *« La philosophie de Denis de Rougemont est justement ce qui pourrait donner aux Occidentaux la puissance intellectuelle nécessaire pour resister au chantage des dogmes totalitaires. »* Eugène Ionesco.
♦ *« ... Par la persuasion de sa parole, par la grâce de son écriture dont le jaillissement semble exclure tout effort et déceler au contraire une affluence magique* [...] *un homme dont l'existence honore l'Homme »* Patrick Waldberg.

RÉF. : *Denis de Rougemont, l'écrivain européen*, études et témoignages, Neuchâtel, 1976. — Jean Starobinski, *Table d'orientation*, Lausanne, 1989.

ROUGET DE LISLE Claude Joseph. Officier français. Né le 10 mai 1760 à Lons-le-Saunier (Jura), mort le 26 juin 1836 à Choisy-le-Roi (Seine). Fils d'un avocat, Joseph Rouget dut anoblir son nom pour entrer à l'École militaire de Paris en 1777. Durant ses six ans d'école, il fréquenta l'Opéra plus que les cours de mathématiques. Il passa quelques mois à Mézières, se lia avec Beaumarchais à son retour à Paris. Sa première garnison fut, en 1785, Mont-Dauphin près de Grenoble. En 1789, il fut nommé lieutenant au fort de Joux, près de Besançon. Déjà il composait chansons et livrets d'opéras. Il passa à Paris toute l'année 1790 et collabora avec Grétry au *Despotisme monacal découvert par les sans-culottes.* Après l'échec à l'Opéra-Comique de *Bayard dans Bresce*, dont il avait écrit le livret, il fut envoyé, le 1er mai 1791, à Strasbourg, où il se lia avec Pleyel, maître de chapelle de la cathédrale, et avec le maire Dietrich qui l'invita à ses soirées. En juin, le roi fut rattrapé à Varennes. Le 25 septembre, quatre cents musiciens jouaient sur la place d'Armes l'*Hymne à la Liberté*, que Pleyel avait composé sur le texte de Rouget. Le 25 avril 1792, ce fut la guerre : Dietrich fit afficher sa fameuse proclamation. On para de cocardes tricolores les saints de la cathédrale. Le soir, dans l'exaltation patriotique qui avait saisi la ville, le jeune capitaine accepta de mettre en rimes la prose municipale, et griffonna, dans sa chambre de la rue de la Mésange, les strophes qui devinrent célèbres. Le lendemain, dès sept heures du matin, il courut chez le maire, accorda son violon, et Mme Dietrich se mit au clavecin. Son mari, de sa voix de ténor, essaya ce chant martial qu'il entonna le soir même devant ses amis. Cet air fut joué quatre jours plus tard par la musique de la garde nationale à l'arrivée du régiment de Rhône-et-Loire dont un volontaire eut ce mot, repris plus tard par Bonaparte : « Qu'est-ce que c'est que ce diable d'air là, on dirait qu'il a des moustaches ! » En mai fut imprimé ce *Chant de guerre pour l'armée du Rhin.* Rouget, qui avait reçu sa feuille de route pour Neuf-Brisach, n'abandonna pas sa muse. Il composa un *Roland à Roncevaux* dont seul un refrain surnagea : « Mourir pour la patrie, / c'est le sort le plus beau, / le plus digne d'envie ! » Les Fédérés marseillais, gagnant Paris à petites étapes, avaient adopté ce chant martial dont ils firent la *Marche des Marseillais.* En cours de route, elle s'enrichit d'une strophe, que l'abbé Pessonneaux fit chanter le 14 juillet par ses élèves du Collège de Vienne, ce qui le sauva plus tard de la guillotine. Le 30 juillet, les Marseillais arrivèrent à Paris, apportant cette réplique entraînante au Manifeste de Brunswick. Dix jours plus tard, *La Marseillaise* (*) reçut le baptême du sang lors de l'attaque des Tuileries. Le 10 août tomba le régime, mais Rouget de Lisle refusa de sanctionner la chute du « tyran » en prêtant le nouveau serment. Il fut destitué, mais à Colmar un général de ses amis le persuada de solliciter son pardon, lui qui avait donné « le cri de la République ».

Le 30 septembre, on représenta à l'Opéra une *Offrande à la liberté*, où *La Marseillaise* fut jouée comme l'hymne républicain. À Jemmapes, ce fut l'air qui entraîna les soldats de Dumouriez ; celui-ci termina d'ailleurs en 1793 une de ses proclamations par ces mots : « Entonnez l'hymne des Marseillais et vous vaincrez. » Cette même année, pourtant, Rouget n'arrivait pas à placer ses livrets d'opéras. Puis le voilà suspect, arrêté, envoyé à la prison de Saint-Germain-en-Laye. Il écrivit à Robespierre, composa, en vain, un *Hymne à la raison.* Mais le 9-Thermidor le délivra et un décret reconnut *La Marseillaise* comme chant national, décret qui reste en vigueur depuis le 26 messidor de l'an III. Aide de camp de Tallien, Rouget faisait la campagne contre les Chouans au moment du débarquement des émigrés (1795). Blessé à la cuisse, la Convention lui vota deux violons, à choisir dans le Dépôt national de la rue Bergère. Après une mission en Hollande, d'où il fatigua Bonaparte, il ne put être son « barde » comme il le lui proposait. Mêlé de trop près à un trafic de vivres dont avait profité Joséphine de Beauharnais, il tomba en disgrâce, et bientôt dans la misère. Il dut même se cacher lors de la conspiration du général Malet, son cousin. À la chute de Napoléon, il essaya de chanter le retour des Bourbons, qui cependant l'ignorèrent, et finit ses jours dans la gêne ; en 1826, il récolta même quelques semaines de prison pour dettes. Ce ne fut qu'en 1830 que, chantée de nouveau, *La Marseillaise* lui valut une petite pension de Louis-Philippe. Par fidélité à un malheureux amour de jeunesse, il ne se maria jamais.

JEAN DESTERNES.

♦ *« L'avocat des mauvaises causes. »* Surnom que lui donnèrent les habitants de Lons-le-Saunier. ♦ *« Le citoyen Rouget de Lisle est le véritable Tyrtée français, par l'influence de son chant marseillais, dont il est le poète et le compositeur tout ensemble, qui a valu tant de victoires à la République, chant si cher à nos soldats, et qui sait encore forcer nos ennemis même à le craindre à la fois et à le chanter. »* Proclamation du Directoire. ♦ *« La Marseillaise, quoi qu'en disent les musiciens et les juristes, est le premier chant des temps modernes, puisqu'à son jour elle entraîna les hommes et les fit vaincre. »* Renan.

RÉF. : *Biographie des grands hommes et des personnages remarquables qui ont vécu sous l'Empire*, Paris, 1852. – Dorlhac de Borne, *Les Poètes pendant la Révolution*, Auxerre, 1868. – J. Tiersot, *Rouget de Lisle, son œuvre, sa vie*, Paris, 1892. – A.-B. Senont, *La Marseillaise et Rouget de Lisle*, Paris, 1907. – J. Tiersot, *Histoire de la Marseillaise*, Paris, 1915. – L. Garros, *Rouget de Lisle*, Paris, 1936. – M. de la Fuye et E. Guéret, *Rouget de Lisle*, Paris, 1943. – P. Pares, *Qui est l'auteur de la Marseillaise* ?, Paris, 1974.

ROUMAIN Jacques. Écrivain haïtien. Né à Port-au-Prince le 4 juin 1907, décédé dans la même ville le 18 août 1944. Né dans une famille bourgeoise mulâtre, il fait des études classiques au collège Saint-Louis-de-Gonzague de Port-au-Prince, puis en Suisse et en Belgique. Il participe en 1927 à la fondation de la *Revue indigène* du Docteur Price-Mars, qui s'élève contre l'occupation d'Haïti par les Américains et promeut la réhabilitation de la culture populaire. Son activité militante le fait arrêter et emprisonner en 1929 et en 1932, puis, après la fondation du parti communiste haïtien, en 1934-1937. Exilé en France, il travaille au Musée de l'Homme auprès de Paul Rivet. De retour en Haïti en 1941, il crée le Bureau d'ethnologie, dont la vocation est de retrouver et d'étudier les racines profondes de la culture haïtienne (cette institution sera par la suite reprise et détournée par le dictateur François Duvalier). Nommé en 1943 chargé d'affaires à Mexico, il y est, en août 1944, victime d'une crise cardiaque, qui laisse à peine le temps de le rapatrier, mourant, en Haïti.

Les premières œuvres littéraires de Jacques Roumain sont des nouvelles écrites au début des années 30 (*La Proie et l'Ombre ; Les Fantoches*) et un roman, *La Montagne ensorcelée* (1931), qui évoque, dans la parfaite orthodoxie du mouvement indigéniste, la vie des paysans isolés sur les mornes, victimes d'une âpre misère, piégés par leurs superstitions. Les poèmes de *Bois d'ébène* (parus dans des revues et réunis en 1945), qui exaltent les solidarités internationales des travailleurs exploités (« Mineur des Asturies, mineur nègre de Johannesburg, métallo de Krupp, dur paysan de Castille, vigneron de Sicile, paria des Indes »), ont été souvent repris dans les anthologies de poésie négro-africaine. Avant sa mort, Jacques Roumain avait eu le temps d'achever un roman, *Gouverneurs de la rosée* (*), dont l'édition originale est posthume (1946). Souvent réédité et traduit en de très nombreuses langues, l'ouvrage s'est imposé comme le chef-d'œuvre de la littérature haïtienne. Sa fidélité aux espoirs de libération des paysans, son enracinement dans la langue populaire, son lyrisme généreux lui confèrent une rare qualité d'émotion.

JEAN-LOUIS JOUBERT.

ROUMANILLE Joseph. Poète français écrivant en provençal. Né à Saint-Rémy-de-Provence le 8 août 1818, mort à Avignon le 24 mai 1891. Joseph Roumanille était l'aîné de sept enfants dans une famille de paysans aisés, milieu catholique où l'on conservait pieusement les traditions du terroir et l'usage de la langue provençale. Le jeune Joseph fit ses études au collège du Tarascon, et fut ensuite maître d'études à Nyons, dans la Drôme, puis à Avignon où il eut parmi ses élèves Frédéric Mistral et Anselme Mathieu. Attiré de bonne heure par la langue de sa province, il publia un premier recueil de vers en provençal : *Les Pâquerettes* (*), en 1847. Après la révolution de 1848, il collabora au journal légitimiste d'Avignon, *La Commune*, dans lequel il publia des pamphlets dialogués, où se manifeste un talent remarquable de prosateur et de polémiste ; la plupart de ces écrits ont été réunis dans *Lis Oubreto* (*) (1860). De plus, Roumanille sollicita la collaboration des jeunes poètes provençaux de l'époque, dont il accueillit et analysa les productions dans les colonnes de son feuilleton ; il réunit le tout en volume en 1852 sous le titre de : *Les Provençales* [*Li Prouvençalo*]. Un an auparavant, il avait donné *Les Songeuses* (+), charmant récit mêlé de dialogue. Dès lors, Roumanille fait figure de chef d'école : il établit, d'accord avec Mistral, les principes de l'orthographe nouvelle du provençal, qu'il énonce dans la préface de *La Part de Dieu* (1852), et il participe à la fondation du félibrige le 21 mai 1854 à Font-Ségugne, près d'Avignon, aux côtés de Mistral, Aubanel, Mathieu, Giera, Brunet et Tavan. Il était l'aîné des sept ; il avait préparé le mouvement par son œuvre et son action personnelles ; aussi mérite-t-il d'être surnommé le « père du félibrige ». À partir de 1854, son activité littéraire cède en partie le pas à son rôle d'organisateur et d'animateur. Il assume dès 1858 la publication de l'*Armana Provençau*, dans lequel il fera paraître la plupart de ses contes. Entre-temps, il s'est établi libraire à Avignon, et sa boutique de la rue Saint-Agricol devient le centre des publications félibréennes, si bien qu'en 1884 il sera élu capoulié (président) du félibrige, charge dans laquelle il succéda à Mistral. Néanmoins Roumanille continue d'écrire. Il publie en 1857 *La Cloche montée* [*La Campano Mountado*], poème héroï-comique en sept chants dans lequel son inspiration s'essouffle vite. En 1858, il réédite les *Noëls* (*) de Saboly et de Peyrol, à la suite desquels il en donne quatre de lui, dont quelques-uns, comme *La Jeune fille aveugle*, sont des petits chefs-d'œuvre. En 1860 paraissent *Lis Oubreto* en prose, recueil de contes et de récits, et *Lis Oubreto* en vers, où il réédite tous ses poèmes précédents en y ajoutant ceux qu'il a composés entre 1851 et 1859. Puis viennent *Les Enterreurs de chiens* [*Lis Entarrochin*, 1863], violente satire des enterrements civils, et *Il faut y aller* [*Fau i'ana*], dialogue politique (1877). Enfin, en 1883, paraît le recueil des *Contes provençaux* (*), qui suffirait à assurer la gloire de Roumanille. En effet, si son œuvre poétique ne se distingue jamais par la hauteur de l'inspiration et les trouvailles de style, Roumanille fut le créateur de la prose provençale moderne, du moins de la prose du conte et du récit.

CHARLES ROSTAING.

RÉF. : J. Mouné, *Joseph Roumanille*, 1894. – E. Ritter, *Le Centenaire de Diez, suivi de lettres de Roumanille à V. Duret*, Genève, 1894. – Jourdanne, *Histoire du félibrige*, Avignon, 1897. – M. S. Muickwittz, *Die Zeit*, 1903. – E. Ripert, *Joseph Roumanille, polémiste catholique*, 1948.

ROUMI Mohammad Jalâl al-Dîn. Poète mystique persan. Né à Balkh, dans le Khorassân, en 1207, mort à Konya en décembre 1273. Désigné dans tout le monde de l'Islam comme Mawlânâ, le Maître par excellence (Mevlanâ en turc, ou encore Molavi en persan), il est plus connu en Occident sous le nom de Roumi, dû à sa résidence en Turquie (Roum). Son père, Bahâ-al-Dîn Valad, était un théologien d'une grande notoriété connu sous le nom de Sultan-al-'Ulamâ, Sultan des savants. C'était un maître soufi, et il avait de nombreux disciples. Il semble que ce fut par crainte de l'invasion mongole menaçante qu'il quitta précipitamment Balkh avec sa famille, vers 1219. Cette ville fut en effet rasée en 1221 par les Mongols. Bahâ-al-Dîn Valad conduisit sa famille à La Mecque, pour y accomplir le pèlerinage. Ils passèrent par Nichapour, où ils rencontrèrent Farîd al-Dîn Attâr. Après avoir séjourné quelques jours à Baghdâd, où le sheikh Chihâb al-Dîn Sohravardi vint les accueillir, ils se fixèrent à Arzandjân, conquise peu après par le sultan 'Alâ-al-Dîn Keyqobâd Seldjoukide, qui régnait à Konya où il invita Bahâ-al-Dîn à venir reprendre sa prédication. Ce dernier devint le Maître spirituel de son fils Jalâl al-Dîn jusqu'à sa mort. Conformément à ses instructions, Jalâl al-Dîn se rendit durant sept années à Alep et à Damas pour étudier, notamment la jurisprudence [Fiqh] et [Shari'ä] la loi coranique, qu'il enseigna à son tour au collège qu'avait dirigé son père.

De grands bouleversements vinrent ébranler le royaume des Seldjoukides – qui, en 1243, devinrent les sujets des Mongols, mais ces événements ne semblent pas avoir eu d'influence directe sur la vie et la carrière de Roumi. En revanche, son existence fut bouleversée par sa rencontre avec un personnage étrange, Chams de Tabriz, derviche errant âgé alors de soixante ans, qui arriva à Konya en 642 de l'Hégire. Le biographe de Roumi et de ses disciples, Aflâkî, raconte qu'un jour où Roumi sortait de son collège, il fut retenu par Chams, qui lui posa une question d'ordre mystique, le bouleversant au point de le faire s'évanouir. Revenu à lui, il emmena Chams au collège où il s'enferma avec lui en une retraite de quarante jours. Il existe plusieurs versions de cette rencontre. Certaines racontent que Chams opéra des prodiges. Quoi qu'il en soit, mieux vaut se référer au *Valad-nâmé* (trad. en français sous le titre *La Parole secrète*) de Sultan Valad, fils aîné de Roumi qui dit seulement que son père cherchait un maître, sans préciser comment il le trouva.

Chams transforma la vie de Roumi et lui inspira un amour sans bornes. Aussi, lors de sa disparition – tombé sous les coups, dit-on, des propres disciples de Roumi, jaloux de l'ascendant exercé par lui sur l'esprit de leur maître – la douleur de Roumi fut immense. Il dédia à sa mémoire un merveilleux recueil de poèmes qui porte son nom – le *Divân de Chams de Tabriz* (*) et institua le « Samâ », la danse des membres de la confrérie Mawlawiya qu'il avait fondée à Konya. Cette danse, qui représente le tournoiement vertigineux de tout ce qui se meut dans l'Univers – de l'atome à la planète –, a fait désigner en Occident ceux qui la pratiquent comme « derviches tourneurs ». Le symbolisme de l'oratorio spirituel ou « *Samâ* » – chants, gestes, costumes – se veut à l'unisson d'un Cosmos sacralisé.

Il est très surprenant de découvrir les intuitions fulgurantes de Roumi qui parlait au XIIIe siècle ! des risques présentés par la fission nucléaire, de la pluralité des mondes, du nombre exact des planètes, et qui par ailleurs décrit une séance de psychanalyse que n'aurait pas désavouée Jung.

Roumi disait : « Plusieurs chemins mènent à Dieu : j'ai choisi celui de la danse et de la musique. » La confrérie [Tariqa] des Mawlavis a toujours donné à l'Empire ottoman ses meilleurs musiciens, poètes, calligraphes. Pour Roumi, la beauté est sacrée et son enseignement se fonde sur l'harmonie de toutes choses, leur unité fondamentale.

En tant que psychologue et maître spirituel. Roumi (ou) Mawlânâ met l'accent sur les conditions mentales et éthiques requises pour parvenir à la connaissance véritable. Il remarque combien la recherche de la science est souvent provoquée par la vanité, l'égoïsme, et peut-être même par le désir des richesses. Par conséquent, la seule possibilité d'accéder à la vérité, aux yeux de Roumi, comme à ceux de tous les mystiques, est l'inspiration, l'illumination et le dévoilement, qui se situent hors du temps et de toute science acquise, au-delà des formes apparentes et superficielles de la multiplicité illusoire.

La « réalité » étant unique, seuls les moyens d'approche sont divers. Les religions ne diffèrent qu'en apparence, elles sont fondamentalement une. Les causes de l'hostilité et des divergences entre les peuples proviennent des traditions et des institutions qui leur sont particulières. Aussi Roumi, qui s'était fait l'apôtre de la plus large tolérance, était vénéré par tous sans distinction de croyance. Lors de sa mort, en décembre 1273, des représentants de toutes les communautés religieuses de Konya suivirent les funérailles de celui qui invitait, dans sa « demeure de l'espoir », juifs, chrétiens, musulmans, idolâtres même. Ses œuvres principales sont, en poésie, le *Divân de Chams de Tabriz,* les *Rubâ'iyyât* (*) et surtout son monumental *Masnavi* (*) et, en prose, *Le Livre du dedans* (*). Tous sont traduits en français ainsi qu'un recueil de *Lettres.* Il existe également deux ouvrages en prose, de moindre importance, non encore traduits, *Les Sept Séances* [*Majâlis-e Sab'ah*] et, sur l'interprétation des rêves, un petit opuscule, *Khâb-nâmé.*

EVA DE VITRAY-MEYEROVITCH.

RÉF. : R. A. Nicholson, *Rumi, Poet and Mystic,* Londres, 1950. – Eva de Vitray-Meyerovitch, *Mystique et poésie en Islam, Djalal-ud Din Rumi et l'ordre des Derviches tourneurs,* Paris, 1972 (rééd. 1982) ; *Rumi et le soufisme,* Paris, 1977 ; *Konya ou la Danse cosmique,* Paris, 1989.

ROUPNEL Gaston. Romancier français. Né le 23 septembre 1871 à Laissey (Doubs), près de Besançon, mort le 14 mai 1946 à Gevrey-Chambertin (Côte-d'Or). Bien qu'originaire du Doubs, Roupnel passa une grande partie de sa vie en Bourgogne, qu'il dépeignit avec tant d'amour et de talent dans ses œuvres littéraires. Ayant obtenu sa licence ès lettres à l'université de Dijon, il enseigna au prytanée de La Flèche et aux lycées de Grenoble et de Dijon. Après avoir publié *Nono* (*) (1910) et *Le Vieux Garain* (1914), qui, bien qu'accueillis très chaleureusement tant par le public que par la critique, ne lui apportèrent pas la consécration attendue du prix Goncourt, il se consacra à sa thèse de doctorat : *Les Populations de la ville et de la campagne dijonnaise au* XVII*e siècle.* Cette œuvre brillante autant qu'érudite, qui ne put être publiée qu'en 1922, lui valut la chaire d'histoire bourguignonne à la faculté des lettres de Dijon (1916). Collaborateur attitré de *La Dépêche de Toulouse* (1916-1924), il y fait paraître des chroniques dont une partie seulement fut rassemblée dans *Hé ! Vivant* (1927). On lui doit également *Siloë* (1927), *L'Histoire de la campagne française* (1932), *Histoire et destin* (1943) et *La Nouvelle Siloë* (1945).

ROUSSEAU Jean-Baptiste. Poète français. Né à Paris le 6 avril 1671, mort à Bruxelles le 17 mars 1741. Jean-Baptiste Rousseau était fils d'un cordonnier qui lui fit donner une excellente éducation littéraire. Très jeune, il acquit une certaine réputation comme poète et reçut des conseils de Boileau. Le maréchal de Tallard le prit comme secrétaire et l'emmena à Londres à sa suite. À son retour en France, Rousseau alla vivre chez un autre de ses protecteurs, le directeur des finances Rouillé du Coudray. En 1705, il fut reçu à l'Académie des inscriptions. Il avait donné quelques comédies, *Le Café, Le Flatteur, Le Capricieux,* qui eurent peu de succès, et en avait tiré quelque amertume. Ce fut bien pire lorsqu'il se présenta à l'Académie française comme successeur de Thomas Corneille contre Lamotte-Houdar. Celui-ci, ainsi que les gens de lettres habitués du café Laurent qui étaient ses partisans, rappelèrent les insuccès et la naissance du candidat rival qui avait la faiblesse de rougir de son origine. Peu de temps après, des couplets satiriques attaquaient Lamotte et ses amis ; bien entendu ils n'étaient pas signés, mais tout le monde les attribua à Rousseau. De nouveaux poèmes circulèrent, ils étaient cette fois fort licencieux et remplis de calomnies infâmes. Un capitaine aux gardes, qui faisait partie de la coterie de Lamotte, souffleta Rousseau en public. Un procès s'ensuivit, Rousseau fut acquitté faute de preuves, mais l'opinion publique fut défavorable au poète. Rousseau rejeta la paternité de ces calomnies sur Saurin, membre de l'Académie des sciences et l'un des habitués du café Laurent. On alla cette fois devant le parlement de Paris ; Rousseau fut condamné, comme auteur des pamphlets et comme calomniateur de Saurin, au bannissement à perpétuité. L'inculpé n'avait pas attendu le prononcé de la sentence pour se réfugier en Suisse, à Soleure, où il trouva un défenseur dans la personne de l'ambassadeur de France, le comte de Saint-Luc, qui s'institua son protecteur. Rousseau lui dédia une de ses pièces les plus fameuses, son *Ode à la fortune.* S'attachant à Saint-Luc, le poète proscrit l'accompagna lorsqu'il fut nommé ambassadeur à Vienne et y fut bien reçu du prince Eugène. En 1716, le baron de Breteuil obtint qu'on proposât à Rousseau des lettres de rappel. Celui-ci déclina toute proposition, ce n'était pas une grâce qu'il voulait mais une complète réhabilitation ; il n'avait pas cessé, en effet, de proclamer son innocence. Par la suite, Rousseau s'établit à Bruxelles ; il y rencontra Voltaire avec qui il devait se brouiller. Rousseau cependant ne perdait pas tout espoir de rentrer en France ; en 1738, il fit un voyage secret à Paris : l'autorité, avertie, le laissa faire ; cette fois, Rousseau venait demander les lettres de rappel qu'il avait précédemment méprisées : on les lui refusa. Il revint à Bruxelles où il mourut trois ans après, accablé de chagrin, de regrets et d'infirmités.

Il est certain que dans son siècle Rousseau demeure sans égal pour l'ode : l'*Ode à la Fortune,* l'*Ode à Adonis,* l'*Ode à Bacchus* – v. *Odes et poésies diverses* de J.-B. Rousseau (*) – contiennent de fort beaux passages ; il a créé un nouveau genre lyrique, la cantate, qui lui valut un immense succès et l'on pourrait même dire une immense popularité – la plus parfaite dans ce genre est la *Cantate de Circé.* Ses *Épigrammes*, souvent recherchées, sont loin de manquer de pointe : dans ses *Épîtres* et ses *Allégories,* très inférieures à tout le reste, on trouve encore quelques beaux vers. L'œuvre de Rousseau a surtout exercé une profonde influence par l'invention formelle qu'elle contient. Il est resté le modèle du lyrisme jusqu'à la fin du XIXe siècle. Lamartine et Hugo lui ont emprunté la diversité et l'éclat des strophes. Son inspiration est marquée par l'amertume qu'il ressent devant son destin, et l'appel ardent à la justice divine, même si ses contemporains ont surtout été frappés par la perfection un peu abstraite du style.

♦ *« C'est un homme que je méprise infiniment comme homme et que je n'ai jamais beaucoup estimé comme poète. Il n'a rien de grand ni de tendre ; il n'a qu'un talent de détail... »* Voltaire. ♦ *« Un poète sans enthousiasme, sans élévation, sans sublime ; un homme qui fait des odes par article... et qui, n'ayant point de talents que celui de fondre avec quelque force dans ses poésies des images empruntées de divers auteurs, découvre partout son peu d'invention. »* Vauvenargues. ♦ *« Ce poète pensait peu, et chez lui la partie du sentiment est nulle. »* D'Alembert.

RÉF. : L. Sauger, *Œuvres poétiques de J.-B. Rousseau*, Paris, 1823. – H. A. Grubbs, *J.-B. Rousseau, his Life and Works*, Princeton, 1941. – S. Menant, *La chute d'Icare*, Genève, 1981.

ROUSSEAU Jean-Jacques. Écrivain et philosophe genevois d'expression française. Né le 28 juin 1712 à Genève, mort le 2 juillet 1778 à Ermenonville (Oise). Il était le fils d'un horloger – descendant d'un protestant français réfugié en 1549 et originaire de Montlhéry-lès-Paris – qui s'appelait Isaac, et s'était marié avec Suzanne Bernard, elle aussi « citoyenne de Genève ». Celle-ci mourut à la naissance de Jean-Jacques. Elle avait eu, sept ans auparavant, un autre fils, François, dont on ne sait rien, sinon qu'il disparut encore enfant sans laisser de trace. Son père, qui avait mené une vie vagabonde, et était allé jusqu'à Constantinople, une fois marié, avait gardé à son retour des allures insouciantes et ne s'intéressait guère à l'argent. Il avait pris l'habitude de lire, en compagnie de son fils Jean-Jacques, des romans de toute sorte, comme *L'Astrée* (*) de d'Urfé et les *Vies parallèles* (*) de Plutarque. L'imagination de l'enfant s'échauffait à ces lectures et sa sensibilité s'exaspérait. « Je n'avais rien conçu, dit-il à ce propos ; j'avais tout senti. » Jean-Jacques n'avait que dix ans lorsque son père, qui s'était pris de querelle avec un de ses concitoyens, fut forcé de s'exiler. Il fut confié alors à son oncle Bernard, nommé tuteur. Celui-ci le mit en pension à Bossey, avec son propre fils, chez le ministre Lambercier, où il passa deux années qui restèrent, dans son souvenir, les plus douces de sa vie. C'est là qu'il reçut deux fessées dont la première lui révéla l'amour parce qu'elle était subie, et l'autre l'injustice parce qu'elle était imméritée. Rappelé à Genève avec son cousin, il y demeura trois ans, étudiant la géométrie, écrivant des comédies, puis des sermons qu'il n'osait montrer à personne. Sa famille pensa d'abord à faire de lui un horloger, puis un pasteur, enfin on se décida pour le métier de procureur et on le fit entrer chez un greffier qui, au bout de quelques mois, le jugeant incapable, le congédia. C'est alors qu'il fut placé en apprentissage chez un graveur qui le traita brutalement et chez lequel il fut poussé par un camarade à commettre des larcins, qui entraînèrent des punitions. Un jour qu'il s'était promené dans la campagne, il trouva à son retour les portes de la ville fermées et il résolut, dans la crainte du châtiment qui l'attendait, de s'éloigner de Genève. Il avait seize ans. Arrivé à deux lieues de là, en Savoie, il se présenta au curé du village de Confignon qui l'accueillit et l'invita à se convertir au catholicisme ; dans ce but, il lui remit une lettre pour Mme de Warens, jeune femme récemment convertie qui touchait à cause de son zèle une pension de deux mille francs du roi de Sardaigne. Il se rendit donc à Annecy et y rencontra sur le chemin de l'église Mme de Warens : « Je m'étais figuré une vieille dévote bien rechignée [...] Je vois un visage pétri de grâces, de beaux yeux pleins de douceur, un teint éblouissant, le contour d'une gorge enchanteresse. Rien n'échappa au rapide coup d'œil du jeune prosélyte ; car je devins à l'instant le sien, sûr qu'une religion prêchée par de tels missionnaires ne pouvait manquer de mener en paradis. » Cette rencontre eut lieu le dimanche des Rameaux – 21 mars 1728 – date qui eut la même importance pour Rousseau, que, pour Dante et Pétrarque, celles où ils virent pour la première fois Béatrice et Laure. Mme de Warens envoya son protégé à Turin, à l'hospice des catéchumènes, où il se décida, beaucoup plus rapidement qu'il ne le dit plus tard, à abjurer le protestantisme, bien que les gens sans aveu qui fréquentaient l'hospice lui fissent horreur. Mais il s'en éloigna le plus vite qu'il put avec, comme viatique, la vingtaine de francs qui lui avaient été jetés par les personnes qui assistaient à son abjuration. Il vécut quelque temps dans la pauvreté, puis il entra comme laquais au service de Mme de Vercellis, qui mourut bientôt après. Et à ce moment, il s'empara d'un ruban qui le tentait, dit-il, et du vol duquel il laissa accuser une servante. Puis Rousseau eut l'occasion de faire la connaissance de l'abbé Gaime, dont il fit le « vicaire savoyard », et entra chez le comte de Gouvon, écuyer de la reine, en qualité d'échanson. Sa connaissance du latin s'étant révélée un jour chez son nouveau maître, celui-ci lui fit donner de l'instruction et se chargea de son avenir ; mais cela dura peu de temps, car Rousseau, étant devenu l'ami intime d'un jeune Genevois, Bâcle, gai et spirituel, se fit chasser exprès pour partir avec ce dernier faire le tour du monde en montrant une fontaine de Héron pour gagner leur vie. Il fut bientôt obligé par la pénurie à chercher refuge chez Mme de Warens. Elle avait vingt-cinq ans, lui dix-neuf. Tout de suite les relations furent familières (il l'appelait « maman », elle l'appelait « petit ») et pleines de tendresse, Mme de Warens donnait à Jean-Jacques de bons conseils et de moins bons exemples. Elle voulut le faire entrer au séminaire, il y entra par obéissance et attesta par écrit qu'il avait assisté à un miracle opéré par l'évêque d'Annecy, pour faire plaisir également. Au bout de quelques mois, il fut renvoyé et revint chez sa protectrice qui le plaça cette fois, comme il était passionné de musique, chez le maître de chapelle de la cathédrale, Le Maître, chez qui il resta un an, dans le voisinage de Mme de Warens. Le Maître ayant eu une altercation avec le chantre dut fuir et Rousseau l'accompagna jusqu'à Lyon où il l'abandonna. Il revint à Annecy, d'où Mme de Warens était partie pour Paris, et se lia avec un musicien français nommé Venture qui exerça de l'influence sur lui. Il escorta la fille de chambre de Mme de Warens qui retournait dans son pays, à Fribourg, et bien que ce voyage fût propice à une déclaration d'amour attendue par la jeune femme, il ne lui en toucha mot. Ainsi avait-il agi déjà par timidité avec trois autres femmes bien disposées pour lui.

En passant par Noyon, il alla voir son père qui s'était remarié et ne chercha pas à le retenir. De Fribourg ensuite, il se rendit à Lausanne où, pour imiter Venture, il eut l'idée de se faire passer pour musicien, sous un nom d'emprunt, et composa une cantate qui ne fut pas bien accueillie. Un jour, dans une de ses promenades, à Boudry, près Neuchâtel, il fit la connaissance d'un étrange personnage qui se faisait passer pour archimandrite du Saint-Sépulcre, quêtant pour le rachat des esclaves chrétiens ; il ne parlait et ne comprenait que l'italien. Jean-Jacques devint son interprète. C'était un escroc que démasqua l'ambassadeur de France, M. de Bonac, qui s'intéressa d'autre part à Rousseau et lui fournit les moyens d'aller à Paris. Rousseau fit le voyage à pied en quinze jours, mais ne trouva pas à s'employer à Paris. Il revint donc chez Mme de Warens, installée à Chambéry. Il s'aperçut pour la première fois que Claude Anet, officiellement valet de chambre de sa protectrice, jouait un rôle plus intime auprès de cette dernière, dont le divorce n'était pas reconnu en Savoie. Cette découverte ne changea rien à ses sentiments. Il devint l'ami de Claude Anet qui lui apprit à herboriser ; il se reprit de passion pour la musique et organisa des concerts chez sa bienfaitrice dans lesquels il fit avec succès le chef d'orchestre ; il donna aussi des leçons à de jeunes et charmantes élèves. Pour lui épargner de dangereuses tentations, Mme de Warens résolut, « par tendresse maternelle », de le « traiter en homme ». Il avait vingt et un ans. Claude Anet, qui resta l'intendant et l'amant, y consentit. « Ainsi s'établit entre nous trois une société sans autre exemple sur la terre. » À la mort de l'intendant, Rousseau prit sa place en même temps que ses habits. Il accompagna sa maîtresse à la fin de l'été 1736 dans sa nouvelle demeure, aux Charmettes, à la porte de Chambéry. Rousseau y partagea son temps entre les soins donnés au jardin et ceux qu'il donnait à son esprit, achevant son éducation négligée jusqu'alors, en lisant surtout les écrits de Port-Royal.

Les affaires de Mme de Warens étaient en mauvais état ; l'héritage médiocre de sa mère, que Rousseau finit par réclamer, ne suffisait pas à les rétablir. De plus, la santé de Rousseau s'étant délabrée, il alla à Montpellier se faire traiter. En chemin, il se lia avec Mme de Larnage qui voyageait avec une autre dame et le marquis de Torignan auprès duquel Rousseau se fit passer pour un Anglais jacobite. Mme de Larnage devint amoureuse de lui. Au bout de six semaines, Rousseau repartit pour Chambéry, plus malade qu'à son départ. Mme de Warens l'avait entre-temps remplacé par le fils du portier du château du Chillon. Rousseau refusa le partage et accepta la place qu'on lui offrait de précepteur des enfants de M. de Mably, grand prévôt de Lyon (frère de Condillac), qu'il garda un an. Il ne put s'empêcher de retourner auprès de Mme de Warens. Au cours de ce dernier séjour chez elle, il inventa un système de notation musicale dont il espérait la fortune à Paris. Il y arriva en 1741, mais son système fut rejeté par l'Académie ; il fit pourtant la connaissance d'hommes importants parmi lesquels Fontenelle et Réaumur, Rameau, Marivaux, Diderot. Il protesta contre le refus de l'Académie par une *Dissertation sur la musique moderne.* Il vivait médiocrement de leçons de musique, et composait des « opéras-tragédies ». Mme Dupin, dont il devint amoureux, lui résista, mais lui procura la place de secrétaire particulier de M. de Montaigu, qui venait d'être nommé ambassadeur à Venise. Il passa dix-huit mois à Venise où il se montra, dit-il, grand diplomate, et où il eut des amours qui n'aboutirent pas avec une courtisane qui lui conseilla de quitter les femmes et d'étudier les mathématiques. L'ambassadeur ne voulut pas garder à son service quelqu'un qui lui était supérieur et Rousseau dut revenir à Paris où il ne put obtenir satisfaction.

C'est à ce moment qu'il entra en relations dans son médiocre hôtel avec une lingère, Thérèse Levasseur, qui avait ses parents à sa charge et dont le maintien modeste et le doux regard le séduisirent ; elle avait vingt-deux ans. Rousseau lui déclara dès l'abord qu'il ne l'épouserait jamais mais qu'il ne l'abandonnerait jamais non plus. Il tint sa promesse et vécut désormais avec cette femme sotte et bornée. Cependant, il avait terminé son opéra *Les Muses galantes*, qui fut représenté en présence de Rameau chez M. de la Poplinière. Il écrivit le récitatif d'un opéra *Le Temple de la gloire*, dont les paroles étaient de Voltaire et la musique de Rameau. Il devint secrétaire de Mme Dupin en même temps que de son gendre, M. de Francueil, et passa l'été de 1747 à Chenonceaux, propriété de M. Dupin. De retour à Paris, il apprit que Thérèse était sur le point de le rendre père. L'enfant fut porté aux « Enfants assistés » sur le conseil de la mère de Thérèse et avec le consentement empressé des parents. Rousseau eut ainsi cinq enfants qui subirent le même sort et dont il ne parle que dans son ouvrage posthume, *Les Confessions* (*). Il déclare avoir eu des remords de ces abandons ; mais la délicatesse extrême de sa conscience ne l'empêcha jamais de suivre ses intérêts, ni de satisfaire ses désirs ; et les scrupules qui se manifestaient après l'accomplissement de ceux-ci n'en prenaient qu'une expression plus touchante. Il se donne d'ailleurs des excuses : « Hors d'état d'élever moi-même mes enfants, il aurait fallu dans ma situation les laisser élever par leur mère qui les aurait gâtés, et par sa famille qui en aurait fait des monstres. Je frémis encore d'y penser. »

Rousseau fréquentait alors Mme d'Épinay, d'Alembert et Diderot, pour lequel il écrivait tous les articles concernant la musique de l'*Encyclopédie* (*). Diderot ayant été emprisonné à Vincennes pour sa *Lettre sur les aveugles* (*), Rousseau allait lui rendre visite et un jour, apprenant par *Le Mercure de France* que l'Académie de Dijon avait proposé pour sujet de concours cette question : « Si le progrès des sciences et des lettres a contribué à corrompre ou à épurer les mœurs », il s'arrêta en route et commença d'écrire le *Discours sur les sciences et les arts* (*), qui répond par l'affirmative à la question posée, obtint le prix et fut publié en novembre 1750 avec un très grand succès. Il parut un grand nombre de *Réfutations*, dont une anonyme due au roi Stanislas. Rousseau tint tête et répondit avec fermeté. À la même époque, il réforma son train de vie pour le mettre d'accord avec ses idées sur la vie simple et naturelle. Son nouvel opéra *Le Devin du village* (*) fut joué à la Cour et obtint un grand succès sans que l'auteur voulût en profiter. C'était le temps de la polémique entre le « coin du roi » qui soutenait Rameau et la musique française et le « coin de la reine » qui soutenait la musique italienne. Rousseau prit parti, avec Grimm, pour les Italiens et publia une *Lettre sur la musique française* (*) ; il fit jouer une comédie *Narcisse* qui échoua. En 1755, il tire les conséquences de son premier *Discours* dans son *Discours sur l'origine et les fondements de l'inégalité parmi les hommes* (*), où il attaque les hiérarchies sociales instituées ; il ne veut pas tant soutenir l'idée de la bonté naturelle de l'homme que dénoncer l'injustice de la société ; et il oppose aux « feux follets de la science » le « sens intérieur ». Voltaire l'attaqua. Un voyage à Genève lui fit revoir Mme de Warens tombée dans la misère. « Distrait par un autre attachement, je sentis relâcher le mien pour elle [...] Je gémis sur elle et ne la suivis pas. De tous les remords que j'ai sentis en ma vie, voilà le plus vif et le plus permanent. » Rousseau ayant répudié sa conversion au catholicisme fut réintégré dans le titre et les droits de citoyen de Genève. Mais après des tergiversations, il n'accepta pas d'en jouir, d'autant plus que Voltaire était allé résider à Ferney, et il revint à Paris. Mme d'Épinay l'installa à l'Ermitage, petit logis situé à une lieue d'Épinay sur la lisière de la forêt de Montmorency ; l'endroit était « solitaire plutôt que sauvage » : c'était au printemps 1756. Rousseau se crut placé dans les meilleures conditions pour remplir sa mission : dire la vérité. Il conçut et écrivit la première moitié de *Julie ou la Nouvelle Héloïse* (*). En même temps, il tomba amoureux de Mme d'Houdetot qui, elle, aimait Saint-Lambert et ne promit à Rousseau que son amitié. Mme d'Épinay devina ce qui se passait et Saint-Lambert fut mis au courant. Rousseau crut que la faute en était à la première ainsi qu'à Grimm, son amant. Finalement, Mme d'Épinay donna congé à Rousseau, qui s'empressa de quitter l'Ermitage et alla s'établir à Montlouis, près Montmorency, en se débarrassant cette fois de la mère de Thérèse (décembre 1757). C'est à Montlouis qu'il acheva *La Nouvelle Héloïse* et qu'il écrivit la *Lettre à d'Alembert sur les spectacles* (*). Il y connut M. de Malesherbes, directeur de la « librairie », qui lui proposa son aide et lui rendit des services. Il se lia avec le maréchal de Luxembourg et sa femme. Il se mit à son livre sur l'éducation qui lui demanda trois ans. Trois ouvrages de Rousseau parurent à peu près en même temps : *La Nouvelle Héloïse* (1761), *Le Contrat social* (*) (1762), qui fut saisi à son arrivée en France, et enfin *Émile* (*) qui parut le 24 mai 1762 et fut condamné au feu, et son auteur « décrété de prise de corps » le 8 juin. Ces trois ouvrages eurent un immense succès et firent de Jean-Jacques un grand directeur de conscience, à qui l'on pouvait s'adresser quand on ne faisait partie ni du clan des philosophes ni du clan des dévots. *La Profession de foi du vicaire savoyard* (*) donne ce conseil : « Osez confesser Dieu chez les philosophes, osez prêcher l'humanité aux intolérants. » Après le décret de la grand-chambre, il dut s'enfuir sur le territoire de Berne, à Yverdon où il apprit que *Émile* avait été brûlé également à Genève. Il se retira à Motiers-Travers, dans le comté de Neuchâtel qui appartenait au roi de Prusse et était gouverné par Milord Maréchal (alias Milord Keith, Écossais). Il y vécut d'abord paisiblement. Son infirmité — la maladie de la pierre — le tourmentant de plus en plus, il adopta l'habit arménien qu'il jugeait plus commode. Mais, les pasteurs suisses l'ayant attaqué, il leur riposta par de virulentes *Lettres écrites de la montagne* (*) (1764), qui suivirent la *Lettre à l'archevêque de Paris* (1763), et attirèrent une réplique de Voltaire dans un pamphlet anonyme, *Le Sentiment des citoyens*, qui lui donna l'idée d'écrire un grand livre pour se justifier : *Les Confessions de Jean-Jacques Rousseau, contenant le détail des événements de sa vie et de ses sentiments secrets dans toutes les situations où il s'est trouvé.*

Cependant, devant les menaces grandissantes de la populace et la citation à comparaître devant le Consistoire, Rousseau dut s'enfuir dans le territoire de Berne et se réfugier à l'île Saint-Pierre où il passa la fin de l'été 1765. Mais il dut partir à nouveau et, ne sachant où se réfugier cette fois, il accepta l'offre que lui faisait David Hume de le conduire en Angleterre après un très court séjour au Temple, asile inviolable, où l'avait mené le prince de Conti. Hume l'établit à Wotton, dans le comté de Derby, après un passage à Londres assez bref. Puis l'attitude de Hume à son égard lui parut de plus en plus suspecte. Il imagina, sur la base d'indices qui pouvaient être interprétés de différentes façons, qu'un complot avait été monté contre lui (paroles prononcées par Hume la nuit, lettres décachetées, libelles injurieux) ; il s'aperçut qu'une lettre adressée à lui par le roi de Prusse et lui offrant un refuge avait été fabriquée. Il pensa que Choiseul était à la tête du complot. Pourtant, il eut le temps d'écrire les six premiers livres des *Confessions*. Malgré l'offre du roi d'Angleterre de lui faire une pension, il partit pour la France en mai 1767.

Là, il se fit appeler M. Jacques, puis M. Renou, passa plusieurs jours dans une maison de Mirabeau à Fleury-sous-Meudon, puis à Trye, près de Gisors, qui appartenait au prince de Conti. Là, il acheva le sixième livre des *Confessions*. Mais il se croyait de plus en plus persécuté, et s'imagina qu'on le rendrait responsable de la maladie de son ancien ami du Peyron, qui était venu lui rendre visite, et de la mort du concierge du château. Il quitta Trye au bout d'un an, se rendit à Lyon, Grenoble, Chambéry, où il alla sur la tombe de Mme de Warens rêver à son passé, puis à Bourgoin, où le 29 août 1768 dans une chambre d'auberge, en présence du maire de la ville et d'un cousin de celui-ci, il célébra son mariage avec Thérèse, devenue « sa femme par la grâce de Dieu », et prononça un discours sublime qui fit fondre en larmes les assistants. Il ne retrouva pas pour autant le calme ; il crut découvrir la clé du grand complot tramé contre lui, dont le dernier épisode était à Bourgoin la réclamation d'une dette imaginaire par un inconnu ; il fit des confidences sur la cause de son tourment à une jeune femme, la comtesse de Berthier, qu'il avait rencontrée en allant à Pougues voir le prince de Conti ; il faillit se brouiller avec Thérèse. Entre-temps, il s'était installé près de Bourgoin à Monquin, au pied des Alpes, d'où il fit une excursion au Pilat pour herboriser ; il s'était remis à la rédaction des *Confessions*.

Au printemps 1770, il alla à Lyon assister à la représentation de son *Pygmalion* (+), puis à Paris, où il entreprit de faire dans des salons des lectures des *Confessions*, qui ne suscitèrent ni enthousiasme ni scandale mais plutôt de la gêne et de la pitié. Il se logea rue Plâtrière, où il ne vécut que de très petites rentes et de son travail de copiste de musique. Il jouait de temps en temps chez lui des airs sur son épinette pendant que sa femme cousait du linge et qu'un serin chantait dans une cage ; des moineaux venaient manger du pain sur ses fenêtres, et des plantes poussaient sur une de celles qui donnaient sur l'antichambre. Il fréquentait Bernardin de Saint-Pierre. Les visiteurs et les curieux étaient refoulés ou passés au crible par Thérèse. Un comte polonais lui demanda un projet de constitution pour son pays, et il écrivit des *Considérations sur le gouvernement de Pologne et sur sa réformation projetée*. Un redoublement de sa croyance à la persécution le fit écrire à M. de Sartine pour se justifier des calomnies lancées contre lui, puis un livre étrange : *Les Dialogues, Rousseau juge de Jean-Jacques* (+) : ce sont trois entretiens entre « un Français » et Rousseau lui-même. Ne pouvant pas le publier, puisque ses persécuteurs l'en auraient empêché, il résolut de porter le manuscrit sur l'autel de Notre-Dame ; mais le jour où il y alla, le 24 décembre 1776, il trouva, fermant le chœur, une grille qu'il n'y avait jamais vue. Condillac à qui il porta son écrit ne le comprit pas. Alors, en désespoir de cause, il rédigea un « billet circulaire adressé à la Nation française », dont il fit plusieurs copies et qu'il distribua dans les rues. Ce prospectus justificatif qui portait pour suscription : « À tout Français aimant encore la justice et la vérité », fut refusé par les passants. Puis Thérèse et lui tombèrent malades. Le 24 octobre 1776, une voiture le renversa dans la côte de Ménilmontant. Une fois remis, il commença d'écrire son dernier livre : *Rêveries du promeneur solitaire* (*). Il se demandait s'il avait eu raison de choisir pour devise : « Vitam impendere vero », et consacra sa « Quatrième Promenade » à examiner les mensonges qu'il avait pu commettre et à s'absoudre. Ses forces déclinant, il cherchait un asile qui lui coutât peu. Il accepta brusquement l'invitation du marquis de Girardin à venir habiter un pavillon devant le château d'Ermenonville, en attendant la chaumière qu'on lui construirait dans le verger. Il partit le 20 mai 1778. Le marquis, disciple de Jean-Jacques, avait ordonné le jardin comme son maître l'eût aimé et lui avait déjà élevé « un petit monument philosophique ». Le 2 juillet, Jean-Jacques Rousseau mourut d'apoplexie et fut enterré le surlendemain, dans la nuit, à l'extrémité du lac, dans l'île des Peupliers. Voltaire était mort un mois auparavant.

JEAN GRENIER.

XVIIIe siècle. ♦ *« Cet homme est un forcené... je tâche en vain de faire de la poésie, mais cet homme me revient tout à travers mon travail ; il me trouble, et je suis comme si j'avais à côté de moi un damné : il est damné, cela est sûr... »* Diderot, lettre à Grimm, 1757. ♦ *« ... ce sombre énergumène, / Cet ennemi de la nature humaine. »* Voltaire, 1767. ♦ *« La philosophie de Voltaire est celle des gens heureux* [...] *Rousseau est le philosophe des malheureux : il plaide leur cause, et pleure avec eux* [...] *Cependant, après avoir lu leurs ouvrages, nous éprouvons souvent que la gaieté de l'un nous attriste, et que la tristesse de l'autre nous console. »* Bernardin de Saint Pierre ♦ *« Chez Rousseau, tout doit prendre la tournure d'un paradoxe* [...] *Rien, chez lui, n'est simple affirmation ; tout est neuf, frappant, étonnant ; ce qui est beau en soi-même y est exagéré ; ce qui est vrai est trop généralisé et cesse d'être la vérité... »* Herder.

XIXe siècle. ♦ *« Avec Voltaire, c'est le monde ancien qui finit, avec Rousseau c'est un monde nouveau qui commence. »* Goethe. ♦ *« Et, par miracle, comme si, dès l'origine, / Ton esprit connaissait d'avance les voies du Devenir, / L'action et les antiques errements de la vie, / Tu discernes au premier signe ce qui va s'accomplir, / Et tu prends l'essor, esprit hardi, / Comme les aigles qui précèdent la tempête, / Volant à l'avant-garde des dieux qui vont venir... »* Hölderlin, *Ode à Rousseau.* ♦ *« Jean-Jacques Rousseau n'a rien découvert, mais il a tout enflammé. »* Mme de Staël. ♦ *« L'écrivain le plus éloquent qu'ait produit l'Europe du* XVIIIe *siècle* [...] *Il avait trop de sensibilité et trop peu de raison. »* Stendhal. ♦ *« Pour nous, quoi que la raison nous dise, pour tous ceux qui, à quelque degré, sont de sa postérité poétiquement, il nous sera toujours impossible de ne pas aimer Jean-Jacques, de ne pas lui pardonner beaucoup pour ses tableaux de jeunesse, pour son sentiment passionné de la nature, pour la rêverie dont il a apporté le génie parmi nous, et dont le premier il a créé l'expression dans notre langue. »* Sainte-Beuve. ♦ *« Nous devons à Jean-Jacques Rousseau l'éloquence de nos tribunes ; il était le maître de diction des orateurs qui allaient naître et parler après sa mort. Sa mission littéraire était de façonner la littérature civile de la France à l'usage de la révolution et des discussions politiques. »* A. de Lamartine. ♦ *« Il n'est pas ce que j'appelle un homme fort. Homme morbide excitable, spasmodique ; au mieux, intense plutôt que fort... »* Carlyle. ♦ *« Cet homme me déplaît, je crois qu'il a eu une influence funeste. C'est le générateur de la démocratie envieuse et tyrannique. Les brumes de sa mélancolie ont obscurci dans les cerveaux français l'idée du droit. »* Gustave Flaubert. ♦ *« Préoccupé de soi-même jusqu'à la manie et ne voyant dans le monde que lui-même, il imagine l'homme d'après lui-même et le décrit tel qu'il le sent. »* Taine. ♦ *« Rousseau, ce premier homme moderne, idéaliste et canaille en une seule personne, qui avait besoin de la « dignité morale » pour supporter son propre aspect, malade d'un dégoût effréné, d'un mépris effréné de lui-même. Cet avorton qui s'est campé au seuil des temps nouveaux... »* Nietzsche.

XXe siècle. ♦ *« C'est surtout en lisant Voltaire qu'on comprend l'importance de Rousseau... Sa fameuse lettre à Rousseau demeure une merveille d'affectueux enjouement, de bonne grâce et d'aménité dans la critique la plus juste. Il a raison ; mais Rousseau a bien autre chose, et de plus important que la raison, et que Voltaire ne saisit pas* [1923]... *Ce que je n'aime surtout pas, dans Rousseau, c'est son estime de l'ignorance. Le mésusage que l'homme a fait des découvertes de la science ne suffit pas à incriminer celle-ci, mais l'homme même qui en mésuse* [1937 ?] *»* André Gide. ♦ *« Jean-Jacques n'a pas détruit la conscience, il l'a corrompue. Il l'a adressée au mensonge et à la falsification... aucun homme n'a peut-être poussé plus loin la corruption du sens intérieur...* [mais] *après tous les crimes qu'il avoue, cet homme n'en demeure pas moins, dans le siècle de Voltaire, l'avocat misérable de Dieu. »* François Mauriac. ♦ *« Rousseau : je me dis même que c'est sur cette branche — pour moi la première jetée à hauteur d'homme — que la poésie a pu fleurir. »* André Breton. ♦ *« L'humanisme de Rousseau signifiait une attaque qui bouleversait jusque dans ses fondements ce qui avait passé pour humanisme et avait été cultivé comme tel depuis la Renaissance. »* Karl Barth. ♦ *« Tous les hommes de souche populaire peuvent se retrouver en lui... Il nous remet en esprit une haute idée de nous-mêmes qu'en le regrettant nous ne cessions de trahir. »* Jean Guéhenno. ♦ *« Rousseau a commis la pire des imprudences. Il a rendu publique sa vie entière, et il a engagé son œuvre sur sa vie... La grande tâche de la deuxième moitié de sa vie fut de se disculper. C'est pourquoi furent écrits les* Confessions, *les* Dialogues, *les* Rêveries. *Il faut admirer davantage leur hauteur, leur absolu désintéressement, sachant que ces livres furent avant tout des plaidoyers. »* Jean Cocteau.

RÉF. : Mme de Staël, *Lettres sur le caractère et les ouvrages de J.-J. Rousseau,* Paris, 1788. — Pierre-Maurice Masson, *La Religion de J.-J. Rousseau,* 3 vol., Paris, 1916. — Ernest Seillière, *Jean-Jacques Rousseau,* Paris, 1921. — Jacques Maritain, *Trois Réformateurs,* Paris, 1926. — R. Derathé, *Le Rationalisme de Rousseau,* Paris, 1948. — Jean Guéhenno, *Jean-Jacques,* 3 vol., Paris, 1948-52. — Bernard Groethuysen, *Jean-Jacques Rousseau,* Paris, 1949. — Daniel Mornet, *Rousseau, l'homme et l'œuvre,* Paris, 1950. — Pierre Burgelin, *La Philosophie de l'existence de J.-J. Rousseau,* Paris, 1952. — R. Raymond, *Rousseau, la quête de soi et la rêverie,* Paris, 1962. — J.-L. Lecercle, *Rousseau et l'art du roman,* Paris, 1969. — J. Starobinski, *J.-J. Rousseau, la transparence et l'obstacle,* Paris, 1971. — M. Launay, *Rousseau écrivain politique,* Grenoble, 1971. — R. Polin, *La politique de la solitude,* Paris, 1971. — R. Trousson, *Rousseau et sa fortune littéraire,* Bordeaux, 1971. — J. Roussel, *J.-J. Rousseau en France,* (1795-1830), Paris, 1972. — B. Baczko, *Solitude et communauté,* Paris, La Haye, 1974. — B. Munteano, *Solitude et contradiction de J.-J. Rousseau,* Paris, 1975. — A. Philonenko, *J.-J. Rousseau et la pensée de malheur,* Paris, 1984.

– R. Barny, *Préludes idéologiques... le rousseauisme avant 1789,* Paris, 1985. – R. Trousson, *J.-J. Rousseau,* (biographie, 2 vol.), Paris, 1988-1989.

ROUSSEL Albert. Compositeur français. Né à Tourcoing (Nord), le 5 avril 1869, mort à Royan (Charente-Maritime), le 23 août 1937. Élevé chez l'un de ses oncles après la disparition de ses parents et de son grand-père, maire de Tourcoing, Roussel connut d'abord la musique sous l'angle de l'amateurisme ; il n'y consacrait que le temps laissé par ses études de lycée, puis, après 1884, à Paris, par la préparation du concours d'entrée à l'École navale. Reçu au Borda en 1887, c'est au cours des sept années passées dans la Marine nationale que Roussel sentira grandir en lui le goût passionné de la vraie musique avec laquelle Paris lui avait permis de prendre contact. Roussel songe de plus en plus à la musique ; profitant d'un congé, il sollicite quelques avis autorisés concernant ses possibilités et démissionne en 1894. À cette date commencent les véritables études musicales de Roussel, d'abord à Roubaix, puis à Paris où il est l'élève d'Eugène Gigout, avant de passer à la Schola Cantorum que vient de fonder Vincent d'Indy. Ses études terminées, Roussel deviendra lui-même professeur de contrepoint dans cette école où il formera, entre autres, Erik Satie, son aîné (1902-1914). En 1908, Roussel se marie et il se remet à voyager, à travers l'Europe et surtout en Orient, aux Indes, qui l'impressionnent profondément. Il tirera d'abord de son voyage les *Évocations* (1912), trois tableaux symphoniques qui le révèlent au grand public et l'imposent à la critique ; si d'aucuns lui reprochent son exotisme, tous s'accordent à louer son style absolument personnel et la puissance évocatrice de sa musique. Ce succès attire l'attention de Jacques Rouché, alors directeur du Théâtre des Arts, qui demande à Roussel un ballet, *Le Festin de l'araignée* (*) (1913).

Nommé directeur de l'Opéra en 1914, Jacques Rouché lui commande, cette fois, une œuvre lyrique, et Roussel fixe son choix sur le livret que Louis Laloy tire de la légende hindoue de *Padmâvatî* (*) ; l'ouvrage n'est pas terminé à la déclaration de guerre, et, en dépit de sa mauvaise santé, Roussel s'engage dans la Croix-Rouge. Il sera réformé en 1918 et devra s'installer provisoirement dans le Midi pour se soigner ; enfin, lors d'un séjour à Perros-Guirec, il termine cet opéra qui ne sera créé que le 1er juin 1923. Le succès accueille désormais chacune de ses œuvres, car aucune n'est indifférente ; Roussel avait détruit toutes ses premières compositions qu'il jugeait inférieures. Partageant son temps entre Varengeville et Paris, il travaillait inlassablement, et l'on put mesurer la grandeur de la tâche accomplie lors des grandes fêtes données en l'honneur de son soixantième anniversaire en 1929. Symphoniste, Roussel inscrit à son catalogue quatre *Symphonies* (*) (1904-1934), dont la troisième composée à la demande de Serge Koussevitzky pour le Boston Symphony Orchestra, la *Suite en fa* pour orchestre (*) ; au théâtre, il donne deux autres ballets, *Bacchus et Ariane* (*) (1931) et *Aeneas* (1935), un opéra-bouffe, *Le Testament de la tante Caroline,* composé sur un livret de Nino en 1932 et créé à l'Opéra-Comique le 11 mars 1937 ; sa musique de chambre compte des pièces comme la *Sérénade* (1925), le *Quatuor pour cordes en ré majeur* (*) (1932), la *Sinfonietta* (1934), deux *Sonates* pour violon et piano, et des *Mélodies* (*) qui sont parmi les plus belles du répertoire moderne, notamment *Le Bachelier de Salamanque* (1919) et *Jazz dans la nuit* (1928). Peu de musiciens ont réuni l'unanimité autour de leur nom de leur vivant comme Roussel réussit à le faire grâce à son talent sans cesse renouvelé ; certaines de ses œuvres sont considérées comme des sommets de la musique française, et chacune d'elles est d'un caractère différent, car, loin de se cristalliser, Roussel a toujours « cherché » ; n'écrivait-il pas lui-même, à propos de son *Psaume LXXX* (*) (1929) : « [il] témoigne du dernier état de mes recherches dans une forme qu'il m'a plu d'adopter ». Très malade dès 1936, Roussel composa jusqu'à sa mort – le *Concertino pour violoncelle* date de 1936 – survenue à Royan où il faisait une cure ; il repose dans le magnifique cimetière de Varengeville (Seine-Maritime), selon sa volonté.

CLAUDE BRACH.

♦ *« J'ai toujours poursuivi le dessein de la construction et du rythme, la recherche de la forme et du développement a été ma constante préoccupation. »* Albert Roussel. ♦ *« Le véritable, le meilleur Albert Roussel est musique toute pure. »* André Cœuroy. ♦ *« Albert Roussel, c'est l'esthétique de la pudeur. »* P. O. Ferroud.

RÉF. : Louis Vuillemin, *Albert Roussel et son œuvre,* Paris, 1924. – Arthur Hoérée, *Albert Roussel,* Paris, 1938. – Robert Bernard, *Albert Roussel,* Paris, 1948. – Dom Angelico Surchamp, *Roussel,* Paris, 1967. – Nicole Labelle, *Albert Roussel, lettres et écrits,* Paris, 1987. – *Albert Roussel, 1869-1937,* Arles, 1987. – « Albert Roussel, 1869-1937, cinquantenaire », *La Revue Musicale* nos 400-401, Paris, 1987.

ROUSSEL Raymond. Écrivain français. Né à Paris le 20 janvier 1877, mort à Palerme le 14 juillet 1933. Sa famille était immensément riche et cela contribua à lui assurer une enfance dont il conserva toujours un souvenir délicieux. À treize ans, il quitta le lycée pour le Conservatoire, et entra dans la classe de piano de Louis Diémer ; il y obtint un second, puis un premier accessit. Sa mère encouragea son goût pour la musique et, dès l'âge de seize ans, il s'essaya à composer des mélodies. À dix-sept ans, il renonça brusquement à la musique pour se consacrer tout entier à la poésie. Durant de longs mois, il travailla presque jour et nuit et c'est alors, qu'illuminé par « une sensation de gloire universelle », il eut comme la révélation de son génie. Son premier livre, *La*

Doublure, parut le 10 juin 1897 ; l'insuccès fut total et provoqua chez lui un choc terrible. Guéri, il se remit au travail mais cette fois systématiquement et en mettant minutieusement au point son style et sa technique. L'œuvre qui naquit de cette recherche, *La Vue,* parut en 1902 dans *Le Gaulois du Dimanche* (en librairie, en 1904), mais fut à peine remarquée. Cinq nouvelles années de travail au cours desquelles, racontera-t-il plus tard, « il m'est arrivé de me rouler par terre dans des crises de rage, en sentant que je ne pouvais parvenir à me donner les sensations d'art auxquelles j'aspirais », lui permirent de réaliser un ouvrage, *Impressions d'Afrique* (*) (1910), à partir duquel il eut la certitude d'avoir trouvé sa voie. Lorsque le livre parut, personne n'y prêta attention, sauf Edmond Rostand qui proclama partout qu'on en pourrait tirer une pièce extraordinaire. Roussel en fit jouer successivement trois versions, les deux premières au Théâtre Femina, la dernière au Théâtre Antoine. La critique s'acharna sur la pièce et l'insuccès fut complet. Entre-temps, Roussel avait commencé un nouveau livre qui parut sous le titre de *Locus Solus* (*) (1914) et ne fut pas mieux accueilli que les précédents. Il chargea Pierre Frondaie d'en faire une adaptation qu'il fit monter très luxueusement au Théâtre Antoine. Les représentations dégénérèrent en véritables batailles, mais un petit groupe commença à reconnaître le mérite des tentatives de Roussel tandis que lui venait une soudaine célébrité de scandale. Pensant que ses pièces échouaient parce qu'il ne s'agissait que d'adaptations, Roussel écrivit *L'Étoile au front* qui, le 5 mai 1924, fut représentée au Vaudeville. Il y eut de nouvelles bagarres mais les partisans étaient plus nombreux ; on les hua, on les traita de claque et c'est alors que Robert Desnos lança son mot célèbre : « Nous sommes la claque et vous êtes la joue. » Roussel donna une dernière pièce, *La Poussière de soleils* (*), qui fut montée au théâtre de la Porte-Saint-Martin le 2 février 1926 ; cette fois, les places s'arrachèrent et il n'y eut pas de bataille, mais la critique demeura tout aussi mauvaise. Le génie de Roussel atteint sa plénitude dans son dernier livre : *Nouvelles impressions d'Afrique* (*) (1932) et il nous a révélé un peu des secrets de son art dans : *Comment j'ai écrit certains de mes livres* (*) (1935).

Au premier abord déconcertante, l'œuvre de Roussel marque un moment capital non seulement dans l'évolution de la « littérature », mais dans les rapports de l'écrivain et de « l'écriture ». Comparable par bien des points à celle de Joyce, cette œuvre est destinée à prendre de plus en plus de place à mesure que l'expression écrite ne se contentera pas de distraire l'homme mais tendra à l'exprimer toujours de plus près. Hanté par le paradis perdu de sa gloire, Roussel a élaboré toute une mythologie qu'il nous reste à déchiffrer avec la même patience qu'il mit à la concevoir ; il en naîtra, peut-être, une nouvelle lumière.

BERNARD NOËL.

♦ *« ... L'art d'un Roussel, de couper non pas, comme on dit, les cheveux en quatre, mais en quatre cent quarante mille, pour commencer, m'apparaît comme un phénomène digne d'être signalé à ceux qui font leurs délices de l'analyse, de l'énumération et de la nomenclature. »* R. de Montesquiou. ♦ *« ... Les produits de l'imagination de Roussel sont, en quelque sorte, les* lieux communs quintessenciés : *aussi déconcertant et singulier qu'il soit pour le public, il puisait – en fait – aux mêmes sources que l'imagination populaire et que l'imagination enfantine et, de surcroît, sa culture était essentiellement populaire et enfantine* [...] *comme le sont ses procédés* [...] *Sans doute l'incompréhension presque unanime à laquelle Roussel s'est douloureusement heurté tient-elle moins à une incapacité d'atteindre l'universel qu'à cet alliage insolite du simple-comme-bonjour et de la quintessence. »* M. Leiris. ♦ *« Roussel est, avec Lautréamont, le plus grand magnétiseur des temps modernes. Chez lui, l'homme conscient extrêmement laborieux* [...] *ne cesse d'être aux prises avec l'homme inconscient extrêmement impérieux* [...] *La magnifique originalité de l'œuvre de Roussel oppose un démenti lourd de signification et de portée, inflige un affront définitif aux tenants d'un réalisme primaire attardé... »* A. Breton.

RÉF. : R. Vitrac, *Raymond Roussel,* in *N. R. F.,* fév. 1928. – J. Lévy, « *Raymond Roussel* », in *Documents,* 1934. – A. Breton, *Anthologie de l'humour noir,* Paris, 1940. – P. Schneider, *La Fenêtre ou piège à Roussel,* in *Cahiers du Sud,* nos 306-307, 1951. – J. Ferry, *Une étude sur Raymond Roussel,* Paris, 1953. – M. Carrouges, *Les Machines célibataires,* Paris, 1954. – S. Houppermans, *Raymond Roussel, écriture et désir,* Paris, 1985. – M. Leiris, *Roussel l'ingénu,* Montpellier, 1987.

ROUSSELOT Jean. Poète et romancier français. Né le 27 octobre 1913 à Poitiers, où il commence ses études primaires. Lorsque sa mère meurt, en 1929, Rousselot entre à la préfecture de la Vienne. Rédacteur à la mairie de Poitiers, il est affecté en 1931 à la police municipale. Il s'inscrit à la faculté de droit afin de préparer la capacité. En 1932, il écrit dans la revue d'extrême gauche, *Masses,* un article contre le colonialisme. Il collabore aussi à une feuille satirique locale. Rousselot lit énormément : Lautréamont, Joyce, les œuvres de Marx et de Lénine. Atteint de tuberculose, il doit faire un séjour dans un sanatorium. En 1934, Rousselot publie ses premières plaquettes : *Poèmes* et *Pour ne pas mourir.* Il adhère la même année à la Ligue communiste, dont il ne sera pas cependant un militant très actif. Il passe avec succès en 1936 le concours de commissaire de police. D'autres recueils paraissent (*Le Goût du pain,* 1937). Réformé en 1939 à cause de sa maladie pulmonaire, il prend contact dès 1941 avec la Résistance, il cache des prisonniers évadés. Il fait paraître sous l'Occupation *Instances* (1941), *Le Poète restitué* (1941), *Arguments* (1944). Il s'engage dans les Forces françaises libres en 1943 et participe au réseau Asturies. En août 1944, il combat pour libérer Orléans. Après la guerre,

Rousselot est nommé chef de cabinet du directeur adjoint de la Sûreté nationale. Il démissionne en 1946 pour se consacrer dès lors à son œuvre littéraire. Il continuera d'exprimer dans sa poésie l'humanisme profond de *L'Homme au milieu du monde* (1940) : *Les Moyens d'existence* (1950), *Il n'y a pas d'exil* (*) (1954), *Mots d'excuse* (1989). Rousselot a également écrit des romans : *La Proie et l'Ombre* (1945), *Pension de famille* (1984). Il a rendu hommage à son ami Max Jacob dans *Max Jacob, l'homme qui faisait penser à Dieu* (1946). Son œuvre comporte de nombreux essais critiques, des anthologies, des pièces radiophoniques et des traductions.

JACQUES-ÉMILE MIRIEL.

ROUSSET Jean. Critique et essayiste suisse. Né le 20 février 1910 à Genève. Ancien professeur à l'université de Genève, il est aussi l'une des personnalités les plus importantes et les plus originales du groupe de critiques et d'universitaires de l'École dite de Genève.

Le mérite revient à Jean Rousset d'avoir donné au concept de « baroque » un champ d'application clair et précis en littérature. Avec la publication de son essai *La Littérature de l'âge baroque en France* (*), en 1954, avec l'*Anthologie de la poésie baroque française* (1961), puis avec *L'Intérieur et l'Extérieur*, « essai sur la poésie et sur le théâtre au XVIIe siècle » (1968), il n'apparaissait pas seulement comme l'un des grands redécouvreurs des textes du XVIe et du XVIIe siècle ; prenant la suite d'une série d'études qui, depuis Eugenio d'Ors, avaient tenté d'appliquer à la littérature la notion de baroque en l'empruntant à l'histoire de l'art, il parvenait à une vision synthétique et de la notion et du siècle (de 1580 à 1670, de Montaigne au Bernin) qui l'illustre. La méthode, qui consistait à explorer les thèmes chers au baroque en littérature, aboutissait à reconnaître des « formes baroques » dont toute une partie de *La Littérature...* recherchait la signification.

Forme et Signification : tel est en effet le titre d'un essai de 1963, dans lequel Jean Rousset précisait le sens et la portée de son projet critique : « Saisir des significations à travers des formes, dégager [...] ces nœuds, ces figures, ces reliefs inédits qui signalent l'opération simultanée d'une expérience vécue et d'une mise en œuvre. » L'écrivain, en effet, « n'écrit pas pour dire quelque chose » mais « pour se dire » à travers une forme. Analyser cette forme reviendra donc à pénétrer une des structures de l'imagination créatrice, comme le fait Jean Rousset en étudiant, par exemple, le motif des fenêtres et des vues plongeantes dans *Madame Bovary* (*).

La forme, ce peut être le « topos » auquel sacrifie tout un genre littéraire. Il en va ainsi de « la scène de première vue dans le roman » à laquelle Jean Rousset consacre en 1981 son essai intitulé *Leurs yeux se rencontrèrent.* Elle peut être également comprise comme le statut même du narrateur, dont Jean Rousset envisage dans *Narcisse romancier, Essai sur la première personne dans le roman* (1973), un cas particulier mais dominant. Partant ici d'une suite d'analyses détaillées, il élabore une « typologie » du récit à la première personne. Avec *Le Lecteur intime, de Balzac au journal* (1986), Jean Rousset confirme la pertinence de ses méthodes appliquées à la problématique du roman.

CHRISTIAN DOUMET.

ROUSSIN André. Auteur dramatique français. Né à Marseille le 22 janvier 1911 et mort à Paris le 3 novembre 1987. Renonçant à ses études de droit, il fait ses premiers pas au théâtre comme comédien dans la Compagnie du Rideau gris, fondée par Louis Ducreux à Marseille en 1931. En 1938 et 39, il séjourne à New York dans la troupe d'André Barsacq. Sous l'Occupation, en zone libre, il monte pour le Rideau gris sa première pièce, *Am-stram-gram* (1941). Ses pièces, dès le début de sa carrière, montrent qu'il sait utiliser toutes les recettes du théâtre de boulevard, dont le moteur principal est l'adultère : *Am-stram-gram* (reprise à Paris en 1944), *Nina* (1949), *Lorsque l'enfant paraît...* (*) rencontrent un large succès public. C'est un théâtre de divertissement, aux dialogues brillants, mais qui n'exclut pas une certaine cruauté dans l'observation précise de la société petite-bourgeoise de l'époque (*La Petite Hutte,* 1947 ; *Le Tombeau d'Achille,* 1960). Si André Roussin s'en tient généralement à des trames conventionnelles (*Une femme qui dit la vérité,* 1960 ; *La Claque,* 1972), sa dextérité lui permet d'aborder des sujets moins ordinaires : l'homosexualité dans *Les Œufs de l'autruche* (1948), l'impuissance dans *La Mamma* (1957). *Les Glorieuses* (1960) sont une parodie racinienne, et *Un amour qui n'en finit pas* (1962) une comédie psychologique. Très éloigné des auteurs d'avant-garde de son temps – Roussin reste fidèle au théâtre de comédie à la Guitry –, il fut en butte aux attaques de la critique. Mais il s'explique sur ses conceptions dramatiques dans sa *Lettre sur le théâtre d'aujourd'hui* (1965) où il déplore pour sa part la trop grande influence de Brecht sur les metteurs en scène contemporains. Il a publié des livres de mémoires, légers et savoureux comme ses pièces : *La Boîte à couleurs* (1974), *Rideau gris et habit vert* (1983). André Roussin a été élu en 1973 à l'Académie française.

JACQUES-ÉMILE MIRIEL.

ROUSTAVELI Chota (plus exactement Šotá Rustaveli). Poète géorgien. Né à Roustavi en 1172 (?), mort à Jérusalem en 1216 (?). Nous ne savons rien de sûr concernant la personne et la vie du poète, en dehors des quelques données que l'on peut déduire avec certitude de son célèbre poème épique *Le*

Chevalier à la peau de tigre (*), dédié à la fameuse reine Tamara (1184-1213). On n'est pas sûr de son nom : dans le prologue de son poème, il se nomme lui-même par deux fois Roustaveli, tandis que le prénom Chota n'a été fourni que par des documents postérieurs. Roustaveli signifie seulement « natif du village de Roustavi » et cela n'aide guère à trouver son lieu de naissance, car plusieurs localités de Géorgie portent ce nom. L'opinion courante est que Roustaveli appartenait à la dynastie féodale des Roustavi de la Géorgie du Sud, près de Mzkhet. La légende le fait orphelin en bas âge, élevé chez un oncle, puis éduqué à Athènes ; nommé ensuite conseiller et trésorier de la reine Tamara, il tomba si désespérément amoureux d'elle qu'il se serait retiré de la vie publique, aurait pris l'habit et, moine, serait mort à Jérusalem. Il est difficile de dissocier la légende de l'histoire ; il est vrai que son amour pour la reine est chanté dans le prologue du poème, mais il ne s'agit peut-être que de l'hommage d'un poète courtisan. D'après ce qu'il dit de lui-même dans son œuvre, Roustaveli semble un homme et un poète de cour, choisi parmi d'autres pour chanter les louanges de la reine et, pour cette raison, déjà célèbre. Cependant, de sa production poétique rien d'autre ne nous est parvenu. Le long poème épique et romantique auquel est due sa réputation est digne de figurer aux côtés des chefs-d'œuvre de la littérature mondiale ; dans la littérature géorgienne, son œuvre occupe une position équivalente à celle des poèmes homériques dans la littérature grecque. Beaucoup de Géorgiens se font un point d'honneur d'en avoir toujours un exemplaire sur eux, beaucoup aussi en savent de longs passages par cœur, ou même, malgré sa longueur, le savent en entier. Du point de vue linguistique également, ce poème est capital ; Roustaveli introduit dans la langue géorgienne, très riche en flexions, des racines latines, grecques, arabes, indiennes, perses, arméniennes, turques, créant ou adaptant des mots nouveaux et fixant la tradition, à tel point qu'il est considéré comme le créateur de la langue géorgienne moderne.

ROUX Dominique de. Écrivain et éditeur français. Né à Boulogne-Billancourt le 17 septembre 1935 et mort à Paris le 29 mars 1977. Il arrête ses études à dix-sept ans pour se doter d'une culture et d'une expérience du monde qui lui soient propres : « Je n'étais pas fait pour suivre le mouvement. Mon seul désir : écrire et éditer. » Toute sa vie ce sera là pour lui « une seule et même action ». Son premier roman, *Mademoiselle Anicet*, paraît en 1960, et en 1961 il fonde les *Cahiers de l'Herne* (*) qu'il dirigera jusqu'en 1974, de même que les Éditions de l'Herne qui en sont nées en 1963. Le but ? Briser l'esprit de chapelle du milieu littéraire, instaurer comme phares les « impardonnables, ceux qui, n'ayant pas été des “ gens de lettres ” à la mode, furent de grands écrivains solitaires ». Il assume la responsabilité de certains de ces Cahiers, comme ceux sur Céline, Borges, Pound, Gombrowicz, consacrant ces deux derniers écrivains auprès du public français. En 1966 il devient directeur littéraire des éditions Julliard et Plon ; avec Christian Bourgois il crée les éditions Bourgois et dirige la collection de poche 10/18, fonctions qu'il exercera jusqu'en 1972. En 1966 encore il publie *La Mort de L.-F. Céline*, qui succède à un roman d'un lyrisme contrôlé sur l'Allemagne apocalyptique, *Harmonika Zug*, et qui représente un tournant dans son œuvre. L'écriture devient pour lui une arme au service d'une entreprise de subversion. Céline n'est d'ailleurs qu'un appui ou même qu'un prétexte. Dominique de Roux règle en fait ses comptes avec la littérature du moment, dénonçant au vitriol aussi bien l'imposture des écrivains installés que celle des avant-gardes. Dans l'étude de philosophie politique qu'est *L'Écriture de Charles de Gaulle* (1967) il ne peut être plus explicite : « Le style concerne la lettre. L'écriture est indéfiniment concernée par l'esprit. » En littérature comme en politique il ne s'agit pas de s'abstraire mais de se compromettre et de subvertir toute forme. Une même inspiration anime les pamphlets, politiques ou littéraires (*L'Ouverture de la chasse*, 1968 ; *Contre Servan-Schreiber*, 1970 ; *Immédiatement*, 1971 ; *La France de Jean Yanne*, 1974), les deux livres sur Gombrowicz (*Testament*, 1968 ; *Gombrowicz*, 1971) et *Maison jaune* (*) (1969), ce livre dans lequel Dominique de Roux réussit l'alliance, si rare dans la littérature française, du romanesque et de l'essai inspiré, dont son œuvre posthume, *La Jeune Fille au ballon rouge* (1978), donnera un autre exemple. Mais c'est dans *Le Cinquième Empire* (*) (1977) qu'il parvient à transcender le roman et l'histoire pour atteindre la dimension prophétique. « Porté par la secousse sismique de la révolution portugaise », ce roman, paru quelques jours seulement avant sa mort, donne une résonance particulière à son dernier engagement, du Portugal à l'Afrique australe, qui l'aura conduit à devenir le conseiller politique de Jonas Savimbi, président de l'U.N.I.T.A. (Mouvement pour la libération totale de l'Angola). La réédition de la plupart de ses ouvrages montre que l'intérêt suscité, de son vivant, par l'éditeur s'est pleinement reporté sur l'écrivain.

JEAN-LUC MOREAU.

ROVANI Giuseppe. Écrivain italien. Né à Milan le 12 janvier 1818, mort dans cette même ville le 27 janvier 1874. Il fut l'un des précurseurs de la « scapigliatura » milanaise et l'un des plus importants représentants de la critique artistique du milieu du XIXe siècle. Il mena une vie fort misérable. D'abord précepteur dans une famille de l'aristocratie milanaise, il travailla ensuite à la bibliothèque de la Brera, mais perdit cet emploi pour avoir pris part aux mouvements de 1848 et avoir compté parmi les volontaires qui défendirent en 1849 la République romaine. Exilé, il dut précipitamment se réfugier dans le canton du Tessin. En Suisse, il rencontra Mazzini, Pisacane, Giuseppe Ferrari, ainsi que Carlo Cattaneo qui l'amena à s'intéresser à l'histoire politique. Il se reprit ensuite à écrire des articles d'actualité, des essais critiques, et revint au roman historique, genre par lequel il avait débuté. Après les succès de *Lamberto Malatesta* (1843), de *Valenzia Candiano* (1844) et de *Manfredo Pallavicino* (1845-46), il écrivit *Cent ans* (*), roman cyclique dépeignant la vie milanaise de 1750 à 1850, d'abord publié par épisodes dans la *Gazzetta di Milano* (1856-64). En 1857, il accepta d'écrire l'histoire officielle du voyage de l'empereur François-Joseph en Lombardie, ce qui lui valut un grand discrédit, surtout auprès des libéraux. Devaient suivre, en dépit de l'appui des Habsbourg, des années tourmentées, où il ne parvint pas à échapper aux dettes et à la misère. Il publia en 1868 la *Libye d'or* [*Libia d'oro*], en 1874 *Les Trois Arts* [*Le tre arti*], son meilleur essai critique, et un nouveau roman, *La Jeunesse de Jules César* [*La giovinezza di Giulio Cesare*] en 1873.

ROWE Nicholas. Écrivain anglais. Né à Little-Barford (Bedfordshire) le 30 juin 1674, mort à Westminster le 6 décembre 1718. Il fit ses études à la Westminster School et fut successivement secrétaire d'État du duc de Queensberry et clerc appointé au conseil du Prince de Galles. Ami d'Addison et de Pope, il donna sa première pièce *La Belle-Mère ambitieuse* [*The Ambitious Stepmother*] en 1700, au théâtre de Lincoln's Inns Field, puis *Tamerlan* (+) (1702), *La Belle Pénitente* qui inspira à Samuel Richardson le personnage de Clarisse, *Ulysse* (+) (1706), *The Royal Convert* (1707), *Jane Shore* (1714) et *Lady Jane Grey* (1715). Sa traduction en vers du poète latin Lucain connut huit éditions de 1718 à 1807 et fut considérée comme « une des plus grandes productions de la poésie anglaise ». Il donna une version anglaise des *Caractères* (*) de La Bruyère et du *Lutrin* (*) de Boileau. Mais il fut surtout le premier éditeur moderne de Shakespeare dont il fit paraître l'œuvre complète en six volumes, en 1709.

RÉF. : B. Dobrée, *Restauration Tragedy*, Oxford, 1927. — J. R. Sutherland, *Nicholas Rowe, Works and Biography*, 1947. — F. S. Boas, *An Introduction to 18th Century Drama*, Oxford, 1953.

ROWLEY William. Acteur et dramaturge anglais. Né vers 1585 et mort vers 1642. Il fut le premier acteur de la compagnie du Prince de Galles et appartint ensuite à la compagnie de la reine Elizabeth. Il abandonna la scène en 1627. On lui attribue deux comédies : *Un mariage de minuit* [*A Match at Midnight*, 1623], *Une nouvelle merveille : une femme jamais en colère* [*A New Wonder : A Woman never Vexed*] et une tragédie *Tout est perdu par la luxure* [*All's Lost by Lust*]. Longbaine prétend qu'il fut apprécié de Shakespeare, Fletcher et Jonson, mais c'est à tort que son nom a été associé à celui de Shakespeare à propos de *La Naissance de Merlin* [*The Birth of Merlin of the Childe Hath Found his Father*]. Il est certain toutefois qu'il collabora avec de nombreux dramaturges élisabéthains, en particulier avec Thomas Middleton. À leur collaboration sont dus : *Une juste querelle* (*) (1616) et *L'Enfant échangé* (*) (1623). Outre ses pièces, il a laissé un pamphlet sur Londres intitulé : *À la recherche de l'argent* [*A Search for Money*, 1609].

ROWSE Alfred Leslie. Essayiste et critique anglais. Né à St. Austell, en Cornouailles, le 4 décembre 1903. Il termine ses études à Oxford où il deviendra « fellow » du collège de All Souls. C'est un essayiste prolifique et multiforme. Son premier ouvrage concerne l'économiste Keynes et le parti travailliste. Il est de 1936. Son dernier, de 1977, est une étude sur l'homosexualité : *Les Homosexuels dans l'Histoire. L'ambivalence dans la société, la littérature et les arts* [*Homosexuals in History. Ambivalence in Society, Literature and the Arts*]. Entre-temps, ce fut une autobiographie : *Une enfance en Cornouailles* (+) (1942), puis un autre fragment autobiographique : *Un Cornouaillais à Oxford* (*) (1965), des biographies élisabéthaines : *Shakespeare* (+) (1963), *Marlowe* (+) (1964), des études critiques où il a célébré Swift, « prophète majeur » et Matthew Arnold, « poète et prophète », un livre sur les usages de l'Histoire, deux autres sur les Churchill. Il est surtout connu comme spécialiste de la période élisabéthaine. Son ouvrage le plus apprécié et le plus discuté est sa biographie de Shakespeare. Il a encore écrit plusieurs recueils de poèmes, dont l'un est en dialecte cornique.

ROY Claude. Écrivain français. Né à Paris le 28 août 1915. Poète, romancier, essayiste, critique, voyageur, curieux de tout. « Si je cherchais un mot pour me définir, je crois que ce serait le mot "étonnement" », a-t-il déclaré. Il avoue volontiers que son modèle est Diderot. À son propos, François Mauriac cite le vers de Henri Franck : « Garçons français, les plus intelligents de tous ! » La famille Roy vient des Charentes. Le père est un peintre qui cherche en vain à sauver une « certaine lumière ». L'enfance à Jarnac, les études à Angoulême valent un ami à Claude : François Mitterrand. Étudiant en droit à Paris, séduit un moment par Maurras et les brillants paradoxes de *L'Action française,* il publie à vingt ans des essais dans *L'Étudiant français, La Nouvelle Revue française* (*), la *Revue du* *siècle.* Il est soldat depuis deux ans quand éclate la guerre. En juin 1940, il saute de son char en flammes. Pierre Seghers vient de publier le premier poème de Claude Roy dans sa revue *P.C. 40* (Poètes Casqués 40). Prisonnier évadé, il adhère en 1941 à une organisation de Résistance, « Les Étoiles », rencontre Aragon et Elsa Triolet, Gide et Giraudoux, Paul Éluard. À la recherche d'une « Église qui tienne chaud », il entre au parti communiste en 1943. Il en sort, exclu pour un an, en 1956, et n'y retourne pas. Dès la Libération, il est un des intellectuels les plus connus : poète, correspondant de guerre, découvrant l'Italie, les U.S.A., l'U.R.S.S. et la Chine, publiant ses premiers romans (quatre jusqu'à *Léone et les siens* (*), 1963), comme *La nuit est le manteau des pauvres* (1948) (+), et aussi ses *Descriptions critiques* (sept volumes, 1949-1974) dans lesquelles il essaie toujours de faire partager le bonheur que lui donne une œuvre littéraire, théâtrale ou picturale. « On ne peut pas être critique littéraire, écrit-il. Mais on peut être amoureux de quelques livres. Il y a de quoi remplir une vie, dans la mesure où on n'oublie pas que la vie est précisément ce que rien ne remplira jamais. » Il pense aussi qu'avec l'amour et l'amitié « l'art est le plus court chemin d'un homme à un autre ».

Son œuvre prend une nouvelle dimension, en 1969, quand il commence à livrer son autobiographie. *Moi je* (*), bientôt suivie de *Nous* (+) et de *Somme toute* (+). Parce qu'il a tout vu, tout lu, qu'il ne tient pas en place, que son esprit est vif, on le juge parfois léger. Jean-Jacques Mayoux lui fait justice : « Zao Wou-ki et le Tao lui ont enseigné à dissimuler le secret d'un recueillement au milieu de l'animation de sa pensée. » Après cette trilogie, il a publié un poème cosmogonique : *Sais-tu si nous sommes encore loin de la mer,* un roman : *La Traversée du pont des Arts* (*), un essai-pamphlet : *Les Chercheurs de dieux,* quand sa vie et son œuvre prennent brusquement un tour nouveau. En juin 1982, il est atteint d'un cancer du poumon. L'opération, la longue lutte contre le mal, la guérison qui paraît miraculeuse, sont à l'origine de *Permis de séjour* (+), journal intime d'un genre unique. « La mort n'a jamais pour moi calomnié la vie », écrit Claude Roy. S'il tient au jour le jour la chronique de son mal et sait que peu de chose le sépare peut-être de sa fin, il continue à noter ce qui le touche de par le monde. Aussi bien les convulsions de la Chine que les heurs ou malheurs d'un ami, l'amour de Loleh Bellon, l'actrice et auteur dramatique, sa femme, ou le chant d'un oiseau (Claude Roy est un expert en ornithologie aussi, un « bird watcher »), une lecture de quelques sages grecs, un *Mémento des bonnes choses de la vie.* Et puis des poèmes. C'est l'époque où le poème devient le complément du journal, mais aussi un exercice quotidien, une ascèse. Le pli est pris. *La Fleur du temps* (+) en 1988, et *L'Étonnement du voyageur* (+) en 1990, *Le Rivage des jours* en 1992, continuent *Permis de séjour.* La création littéraire, qui avait toujours été chez Claude Roy un témoignage de la passion du bonheur, ce qui explique son goût pour Stendhal, prend un nouveau sens. Il n'a jamais été de ceux pour qui la littérature est une évasion, une consolation, une revanche contre la vie. Depuis *Permis de séjour,* elle est devenue pour lui non plus seulement une raison de vivre, mais un moyen de survivre. Homme et artiste du XXe siècle, il lui a fallu s'arracher à des partis politiques possessifs, frôler la mort à la guerre et dans la maladie, perdre la foi à deux ou trois reprises, vivre plus de défaites que de victoires et apprendre que les victoires sont toujours trahies, pour que ses livres trouvent une douceur un peu triste, un ton de confidence, entre le silence et le chant cristallin d'un oiseau quand vient l'automne.

ROGER GRENIER.

ROY Jules. Écrivain français. Né le 22 octobre 1907 à Rovigo (Algérie). Fils de colons, il fait ses études au séminaire à Alger pour ensuite embrasser la carrière militaire de 1938 à 1942 comme officier d'infanterie. En 1942 il s'engage dans les bombardiers lourds de la R.A.F. Expérience capitale pour lui que ces années de lutte pour la justice et la vérité, qui lui inspireront, après quelques articles remarqués avant la guerre, ses premiers textes littéraires : *Chants et prières pour les pilotes* en 1943, *Ciel et Terre,* au titre inspiré par Saint-Exupéry, que Jules Roy admire, puis son premier succès : *La Vallée heureuse* (*), tout d'abord publié en feuilleton dans *Le Monde*, qui obtient le prix Renaudot en 1946. Colonel en Indochine, il démissionne de l'armée en 1953. En 1960, tout en se remémorant son enfance en Algérie et son expérience importante de la guerre, il participe à la campagne anti-colonialiste de *L'Express* et publie un pamphlet, *La Guerre d'Algérie,* qui fit quelque bruit à l'époque. Il entreprend alors la rédaction d'un vaste cycle romanesque, *Les Chevaux du soleil,* qui tente de retracer l'histoire de la présence française en Algérie et d'éclairer le visage réel des colons français, souvent mal compris. Jules Roy obtint le grand prix littéraire de Monaco en 1957, le grand prix de la littérature de l'Académie française en 1958, puis le grand prix national des lettres en 1969.

ÉRIC WALBECQ.

ROYCE Josiah. Philosophe américain. Né à Grass Valley en Californie le 10 novembre 1855, mort à Cambridge dans le Massachusetts le 14 septembre 1916. Il se destinait d'abord à une carrière d'ingénieur, mais l'influence de son professeur, E. R. Still, le fit se tourner vers la philosophie. Une thèse sur *Le Prométhée enchaîné* (*) d'Eschyle lui valut d'être remarqué et de se voir fournir les moyens d'aller compléter ses études en Allemagne. Il y suivit les cours de philosophie des universités de Leipzig et de Göttingen, en particulier ceux de Lotze à cette dernière université et, à son retour (1876), s'inscrivit à la John Hopkins University de Baltimore où il fit la connaissance de William James et de Charles Peirce. Sa thèse, *Sur l'interdépendance des principes de la connaissance* [*On the Interdependence of the Principles of Knowledge*, 1878], fit parler de lui dans les milieux philosophiques, et il débuta dans l'enseignement par un cours sur la littérature anglaise à l'université de Californie. Il fut nommé, en 1885, professeur assistant de philosophie à l'université Harvard et professeur titulaire en 1892. Il lui arriva de remplacer William James à la chaire de psychologie, et c'est en 1914 qu'il fut nommé à la chaire de morale précédemment occupée par George Herbert Palmer. Son premier livre : *L'Aspect religieux de la philosophie* [*The Religious Aspect of Philosophy*] jette les bases de sa théorie de l'absolu. Il entendait par absolu ce fameux principe de vérité dont chacun de nous admet l'existence, ne serait-ce qu'en reconnaissant la présence de l'erreur, laquelle appelle forcément son contraire puisqu'il nous serait autrement impossible d'en prendre conscience. *L'Esprit de la philosophie moderne* (*) (1892) fait l'histoire de l'idéalisme et tente de démontrer que cette doctrine est capable de résoudre tous les problèmes posés par la science, ce qui démontrerait sa supériorité sur toutes les positions matérialistes. Ses œuvres suivantes développent ces idées et s'élèvent peu à peu vers une conception du monde qui l'amène à considérer celui-ci comme une sorte de gigantesque organisme dont le « moi » serait constitué par l'universel faisceau de toutes les pensées humaines. *La Conception de Dieu* [*The Conception of God*, 1895], *Études sur la bonne volonté et le mal* [*Studies of Good Will and Evil*, 1898], *La Conception de l'immortalité* [*The Conception of Immortality*, 1900] et *Le Monde et l'Individu* (*) (1900-1904) jalonnent les étapes de cette évolution. Sa philosophie prendra ensuite un tour plus expérimental et se préoccupera de problèmes religieux, moraux et sociaux avec : *Éléments de psychologie* [*Outlines of Psychology*, 1908], *La Philosophie de la loyauté* (+) (1908) et *Les Sources de l'intuition religieuse* [*The Sources of Religious Insight*, 1912]. Il a été pendant vingt-deux ans le maître de l'idéalisme américain et il exerce encore une assez grande influence.

♦ *« Son œuvre est une des tentatives les plus hardies qu'on ait faites, depuis un demi-siècle, pour donner des problèmes métaphysiques fondamentaux une solution qui dépasse les limites trop étroites de l'intellectualisme, du pragmatisme ou de la philosophie de l'intuition. »* Gabriel Marcel.

RÉF. : Aronson, *La Philosophie morale de Josiah Royce*, Paris, 1927. – M. Sosset, *Le Rôle des théories psychologiques dans l'œuvre de Royce*, Bruxelles, 1932. – G. Marcel, *La Métaphysique de Royce*, Paris, 1945. – J. H. Cotton. *Royce on the Human Self*, Harvard, 1954.

ROYER-COLLARD Pierre Paul. Homme politique et philosophe français. Né le 21 juin 1763 à Sompuis, près de Vitry-le-François (Marne), mort à Châteauvieux, près de Saint-Aignan (Loir-et-Cher), le 4 septembre 1845. Fils d'un riche propriétaire, il fit d'excellentes études au collège de Saint-Omer et venait de s'inscrire au barreau de Paris lorsque commença la Révolution. Secrétaire-greffier du maire de Paris, il démissionna de ces fonctions après le 10 août 1792 et s'éloigna de la capitale pour échapper à la Terreur. Élu député de la Marne au Conseil des Cinq-Cents en 1797, il devint rapidement suspect à cause de ses opinions royalistes, et après le 18 Fructidor son élection fut annulée. Il se retira alors de la politique et se consacra à l'étude de la philosophie, en disciple de Thomas Reid. Appelé en décembre 1809 à une chaire de philosophie de l'université de Paris, il exerça une influence profonde sur la première génération romantique en combattant le sensualisme de Condillac, et en proposant un rationalisme spiritualiste inspiré par la philosophie écossaise : Cousin et Jouffroy furent parmi ses élèves. Rentré dans la carrière politique avec le retour des Bourbons, il fut directeur général de la Librairie (1814), puis président de la commission supérieure de l'Instruction publique (1815-19). Membre de la Chambre depuis 1815, il y devint rapidement une personnalité dominante. Il fut l'animateur de ce groupe des « doctrinaires » illustré plus tard par Guizot, et dans lequel s'exprimait l'idéal politique de la grande bourgeoisie légitimiste – v. *Discours* (*) et *Discours sur la presse* (*). Aussi Royer-Collard fut-il naturellement amené à s'opposer à la réaction ultraroyaliste consécutive à l'assassinat du duc de Berry : sa lutte contre le ministère Villèle lui valut une grande popularité, et, en 1827, c'est par sept collèges électoraux qu'il fut envoyé à la nouvelle Chambre dont il devint le président. En cette qualité, il fut chargé de remettre à Charles X la fameuse adresse des 221. Mais la chute des Bourbons le bouleversa, et sous la monarchie de Juillet il ne joua plus qu'un rôle effacé. Il avait été élu membre de l'Académie française en 1827.

RÉF. : P. Thureau-Dangin, *Le Parti libéral sous la Restauration*, Paris, 1876. – De Barante, *La Vie politique de Royer-Collard*, 2 vol., Paris, 1878. – G. Poitevin, *La Liberté de la presse depuis la Révolution (1789-1815)*, Paris, 1901.

ROZANOV Vassili Vassiliévitch [Vasilij Vasil'jevič Rozanov]. Écrivain, critique et philosophe russe. Né à Vetlouga (gouvernement de Kostroma) le 20 avril 1856, mort à Sergiev Posad, aux environs de Moscou, le 23 janvier 1919. Il perd très jeune son père, puis sa mère, et connaît une « enfance douloureuse et humiliée ». Il étudie au lycée de Kostroma, puis à Simbirsk. En 1877, il entre à la faculté d'histoire et de philologie de Moscou, où il ne trouve que « nihilisme, négation et dérision de la Russie ». En 1880, il épouse Apollinaria Souslova, une « vraie Catherine de Médicis », une « Russe sortie tout droit des sectes, une sorte de vierge des flagellants ». Âgée de quarante ans au moment de ce mariage, Souslova avait été la maîtresse de Dostoïevski, l'écrivain que Rozanov admirait entre tous. Rozanov, nommé professeur de lycée, enseigne successivement à Briansk, à Elets, à Biély. Apollinaria Souslova le quitte en 1886, mais refusera toujours de divorcer. À Elets, Rozanov fait la connaissance de la veuve d'un diacre, Varvara Dimitriévna Roudnéva ; il l'épouse (sans avoir divorcé de Souslova) en 1891 ; ils auront cinq enfants. « S'il n'y avait eu l'amour de l'" amie ", écrira Rozanov, [...] que ma vie et ma personnalité se seraient trouvées appauvries ! Tout se serait limité à une idéologie vide d'intellectuel ! » En 1886, il publie un gros traité philosophique : *De la compréhension* [*O ponimanii*]. Il fait paraître dans *Le Messager russe* [*Russkij Vestnik*], en 1890, un essai : *La Place du christianisme dans l'histoire* [*Mesto hristjanstva v istorii*], et, en 1891, *La légende de F.M. Dostoïevski sur le grand inquisiteur* [*Legenda o Velikom Inkvizitore F.M. Dostoevskogo*]. Il s'installe à Saint-Pétersbourg en 1893 : il a obtenu un emploi de fonctionnaire à la Cour des comptes. Il noue des amitiés, écrit de nombreux articles. En 1899, il accepte une place de collaborateur régulier au quotidien conservateur *Temps nouveau* [*Novoe Vremja*]. *Dans le monde de l'obscur et de l'indécis* [*V mire nejasnogo i nerešennogo*], publié en 1901, le fait qualifier d'« horrible pornographe ». Il fait un voyage en Occident. Il participe très activement à des « Réunions de philosophie religieuse », dont les débats auront un grand retentissement. Il publie en 1903 *Le Problème familial en Russie* [*Semejnyj vopros v Rossii*]. Après les événements de 1905, Rozanov écrit, dans le quotidien libéral *La Parole russe* [*Russkaja Reč*], des articles favorables au mouvement révolutionnaire. En 1906, *Près des murs de l'Église* [*Okolo cerkovnyh sten*], confrontant l'Ancien Testament avec le Nouveau, soulève la question du « Fils » et du « Père », à laquelle Rozanov reviendra jusqu'à la fin, et d'une sorte de conflit entre deux religions. *La Face sombre* [*Tёmnyj lik*] et *Hommes de la clarté lunaire* [*Ljudi lunnogo sveta*], en 1911, réitèrent la mise en cause du christianisme. En 1910, Varvara Dimitriévna a présenté les premiers signes d'une paralysie qui ne va cesser de s'aggraver : « Je n'ai pas su préserver Maman des atteintes de la terrible maladie », se reproche Rozanov. Ses amis Florenski et Tsvetkov cherchent à le rapprocher de l'Église et du christianisme. En 1912, avec *Esseulement* (*), il adopte un mode d'écriture qu'il déploie davantage encore en 1913 avec *Mortellement* [*Smertnoe*] et le premier recueil de *Feuilles tombées* (*), puis, en 1915, dans la suite de *Feuilles tombées*. Ce sont des notes que le temps semble à mesure balayer : « Le vent bruit au cœur de la nuit et emporte les feuilles [...] Ainsi la vie fugitive arrache à notre âme des exclamations, des soupirs, mi-pensées, mi-sentiments... » Rozanov a découvert en lui une puissance musicale qu'il laisse passionnément s'imposer dans ses phrases : « J'ai toujours aimé, je ne sais pas pourquoi, ces "exclamations inattendues". À vrai dire elles coulent en nous continuellement, mais on n'a pas le temps de les noter (pas de papier sous la main), et elles meurent. Impossible ensuite de s'en souvenir. J'ai quand même réussi à en fixer quelques-unes sur le papier. Tout cela s'accumulait. J'ai alors décidé de rassembler ces feuilles tombées. » En 1911 a éclaté « l'affaire Béilis ». Mendel Béilis, un artisan juif, a été accusé de « meurtre rituel », et c'est l'occasion d'un déchaînement d'antisémitisme. Rozanov écrit alors des articles paradoxaux, que *Temps nouveau* refuse, et qui sont publiés dans un journal d'extrême droite. Cette inspiration inquiétante se retrouve dans *Les Origines d'Israël* [*Istoki Izrailja*], *L'Europe et les Juifs* [*Evropa i evrei*] et *Le Rapport olfactif et tactile des Juifs avec le sang* [*Obonjatel'noe i osjazatel'noe Evreev k krovi*]. En 1913, Rozanov publie *Les Exilés de la littérature* [*Literaturnye izgnanniki*]. Lors du déclenchement de la guerre de 1914, il manifeste son enthousiasme patriotique dans *La Guerre de 1914 et la renaissance russe* [*Vojna 1914 goda i russkoe vozroždenie*]. Dans *Motifs orientaux* [*Iz vostočnyh motivov*], en 1916-1917, Rozanov rassemble des réflexions sur les religions orientales, sur l'Égypte en particulier. Après la révolution de 1917, toute la famille quitte Saint-Pétersbourg, et se trouve dans un grand dénuement. « Je suis affamé [...], se plaint Rozanov, actuellement je ne pense qu'à la nourriture. » Il publie *L'Apocalypse de notre temps* [*Apokalipsis našego vremeni*] en 1917-18. « Ils ont subrepticement changé la Russie, écrit-il, ils ont mis à sa place une autre bougie. Elle brûle maintenant d'une flamme étrangère, d'un feu étranger, elle brille d'une lumière qui n'a rien de russe et réchauffe bien mal les pièces. » Rozanov meurt le 23 janvier 1919.

Comment caractériser cet auteur si controversé et si déchiré ? Dans une lettre écrite à Paris en avril 1908, le jeune Mandelstam déclare qu'il le lit avec passion — tout en faisant des réserves sur sa « dévotion biblique ». En 1924, Victor Chlovski lui consacre une étude. De nombreux auteurs russes le lisent (Tsvétaïéva par exemple) et leurs écrits — en prose particulièrement — en portent la trace. Akhmatova et Tchoukovskaïa l'évoquent dans leur conversation du 29 mai 1939 : « Et Rozanov, demandai-je. Je l'aime tellement, mis à part... — Mis à part son antisémitisme et son problème sexuel », achève Anna Andreevna. Dans *C'est moi qui souligne,* Nina Berberova ébauche une comparaison entre Léon Bloy et certains écrivains russes : « De Rozanov, il a le style, la religiosité envahissante, le conservatisme, l'intérêt pour les Juifs, la haine des radicaux, l'étalage de ses difficultés matérielles et de ses malheurs sentimentaux. » Et Nabokov mentionne Rozanov dans son étude sur Dostoïevski comme un « extraordinaire écrivain combinant des moments de génie exceptionnel avec les manifestations d'une ahurissante naïveté ».

Politiquement, où le situer ? Il lui arrive d'écrire dans des journaux de tendances opposées. Il trouve un « centième de vérité » dans les positions les plus incompatibles. Ce qu'il veut alors, c'est, dit-il, « casser les œufs de différentes poules » et les verser « dans une même poêle » pour qu'on ne puisse plus reconnaître l'œuf « gauche » du « droit », le « noir » du « blanc ». Maintes situations politiques semblent le passionner, et pourtant il se sent souvent séparé du présent historique de l'événement : « Au moment où je le vois, je n'en pense strictement rien. »

Son rapport au christianisme n'est qu'orage et douleur, avec de brusques éclaircies : « Toi seul es beau, Seigneur Jésus, écrit-il dans *L'Apocalypse de notre temps.* Et tu as outragé le monde par Ta beauté [...] Pourquoi donc as-tu dit : Moi et mon Père ne sommes qu'un ? Non seulement vous n'êtes pas un, mais tu marches contre Lui. Tu as agi comme Saturne avec Uranus. Tu L'as mutilé. Et tu es venu uniquement pour Le mutiler. Voilà ! voilà l'énigme de la secte des eunuques enfin déchiffrée. » Rozanov libère, dès qu'il parle de religion, toute une fantasmagorie sexuelle, une véritable adoration phallique. « Le lien du sexe avec Dieu, affirme-t-il dans *Esseulement,* plus grand que le lien de l'intelligence, ou même de la conscience avec Dieu, découle du fait que tous les a-sexualistes se révèlent être des a-théistes. » Cependant, quelle que soit l'importance qu'il accorde à la religion, il peut brusquement s'en déprendre, et noter : « Les religions passent, tandis qu'être assis sur une chaise et regarder l'horizon, cela restera. »

Fut-il, comme le dit Akhmatova, antisémite ? Georges Nivat parle d'une « extraordinaire phobie philosémite » (dans « L'arbre Rozanov », préface à *Feuilles tombées*). Ici encore, les propos de Rozanov se tordent en paradoxes douloureux. Il se passionne violemment pour le judaïsme, jusqu'à une identification vertigineuse. « Allons, Juif, écrit-il dans *L'Apocalypse de notre temps,* sois ardent. Comme Rozanov, et ne t'endors pas, ne te refroidis jamais. Si tu t'assoupis, le monde mourra. »

Rozanov, enfin, peut se révéler un lecteur extraordinaire ; il n'en garde pas moins quelque chose de brut dans son rapport à la culture. Mandelstam, dans *De la nature du verbe,* voit en lui un « philologue ». Rozanov, affirme le poète, fait l'épreuve du « flétrissement », du « racornissement des lettres », et en même temps, il mène une « lutte acharnée pour la vie qui couve sous ces embryons de conversation [...], ces petits mots, parenthèses et allusions ». « La philologie, dit encore Mandelstam, est un "phénomène domestique", un "travail de cabinet" ; elle est comparable à la famille, parce que toute famille s'appuie sur des intonations communes, des allusions à mots couverts. » « Voilà pourquoi, conclut-il, il me paraît que l'attirance de Rozanov pour les choses de la maison, qui a si fortement marqué l'ensemble de son activité littéraire, découle de sa nature philologique, laquelle, à tenter inlassablement d'atteindre le cerneau, brisait et décortiquait mots et petits mots, en nous abandonnant les coques. »

Bien des pages de Rozanov suscitent la perplexité, ou peuvent même provoquer de la répulsion. On ne peut cependant oublier, quand bien même on le souhaiterait, au-delà de ses thèmes inlassablement repris et de ses renversements violents, le souffle haletant de ses notes. Elles nous sont si proches : soudain on croirait y sentir l'odeur même des pensées. Leur étrange mode de datation nous fait accéder aux minutes où Rozanov les écrit : « Dans l'omnibus », « Sur une carte de visite qu'on vient de m'apporter », « En réponse à un "va donc faire un tour, respirer l'air frais" », « Sur une quittance postale », « En prenant les mégots du cendrier et en secouant les restes de tabac intact ». Mais une lecture attentive révèle que Rozanov maintient, entre les notes et leur date, une disjonction : « Le lieu et l'atmosphère des pensées qui me viennent à l'esprit, explique Rozanov, sont partout indiqués avec exactitude pour réfuter cette idée fondamentale du sensualisme, à savoir : *nihil est in intellectu, quod non fuerat in sensu.* Toute ma vie, au contraire, j'ai observé que ce qui advenait *in intellectu* se trouvait en désaccord complet avec le *quod fuerat in sensu.* » Ainsi la « vie de l'âme » a-t-elle une « autre source » que les simples instants, « elle est poussée par autre chose ». Et voici que, pour le lecteur, toute promesse d'immédiateté se défait : la prise sur le quotidien ne se referme que sur une fuite inarrêtable.

CLAUDE MOUCHARD.

RÉF. : B. Zenkovsky, *Histoire de la philosophie russe,* Paris, 1953. – A. Siniavski, *Les « Feuilles tombées » de V. V. Rozanov* (en russe), Paris, 1982. – G. Nivat, « V. Rozanov », in *Histoire de la littérature russe. Le XXe siècle. L'Âge d'argent,* Paris, 1987.

RÓŻEWICZ Tadeusz. Poète, dramaturge et prosateur polonais. Né le 9 octobre 1921 à Radomsko. Sa carrière littéraire débute par un volume de poésie satirique, *Les Échos de la forêt* [*Echa leśne*, 1944], paru sous pseudonyme, et il étudie l'histoire de l'art à Cracovie. Ses premiers recueils de poèmes, *Inquiétude* (*) (1947) et *Le Gant rouge* (+) (1948), attirèrent aussitôt l'attention des critiques par leur ton de dérision désespéré qui exprimait la réaction de toute une génération touchée par la guerre. Hésitant longtemps entre l'obsession de l'apocalypse et la nostalgie de l'enfance, il aboutit à la négation de la littérature et chercha à détruire toutes les conventions littéraires en maniant une ironie corrosive. Il refusa toute versification, pour exprimer l'immense solitude de l'homme, et simplifia à l'extrême le discours lyrique, faisant constamment appel à l'allusion. *Cinq poèmes* [*Pięć poematów*, 1950], *Le Temps qui va* [*Czas który idzie*, 1951], *Poèmes et Images* [*Wiersze i obrazy*, 1952], *La Plaine* [*Równina*, 1954], *L'Épi d'argent* [*Srebrny kłos*, 1955], *Sourires* [*Uśmiechy*, 1955], *Poème ouvert* [*Poemat otwarty*, 1956] respirent tous le « catastrophisme ». Ces poèmes, bien que peu orthodoxes aux yeux du réalisme socialiste, purent être imprimés en raison du pacifisme de l'écrivain découlant de sa haine de la guerre et qui le faisait s'identifier à la cause communiste.

À partir du volume *Les Formes* [*Formy*, 1958], il présente une vision de plus en plus sombre du monde contemporain sur lequel il porte des jugements philosophiques et moraux : *Voix anonyme* [*Głos anonima*, 1961], *Regio* (1969), *Petite âme* [*Duszyczka*, 1977]. Il analyse sévèrement la situation de l'individu dominé par la technique, privé de son identité : *Le Troisième Visage* [*Twarz trzecia*, 1968].

Dans les années 60, il s'intéresse au théâtre et l'on retrouve dans ses pièces les visions pessimistes de sa poésie. Il devient le principal représentant du théâtre de l'absurde polonais. Il pratique l'anti-théâtre comme il pratique l'anti-poésie. Ses pièces ne comportent pas véritablement d'action ; ses personnages sont des gens comme les autres. Proche de Beckett par son ton incisif, dans *Le Fichier* (*) (1960), il montre le désarroi de toute une génération. Dans *Les Témoins ou Notre petite stabilisation* [*Świadkowie czyli nasza mała stabilizacja*, 1962], il dénonce l'impossibilité dans laquelle sont les gens de communiquer entre eux, puis l'approche de la fin dans *La vieille femme couve* [*Stara kobieta wysiaduje*, 1968]. Il développe ses idées sur le théâtre dans le traité-essai *Acte interrompu* [*Akt przerwany*, 1966] et *Le Théâtre de l'inconséquence* [*Teatr niekonsekwencji*, 1970]. *Mariage blanc* [*Białe małżeństwo*, 1975] aborde le thème de l'obsession érotique sous forme de jeu littéraire. Hors son théâtre, sa prose, relativement peu importante, reprend l'essentiel de ses idées dans *Examen interrompu* [*Przerwany egzamin*, 1960], *Ma petite fille* [*Moja córeczka*, 1960].

« C'est un poète du chaos habité par une nostalgie de l'ordre. En contradiction permanente avec lui-même, anti-poète écrivant de la poésie, prenant la défense de l'homme à qui il refuse la dignité, on pourrait voir en lui un nihiliste consommé si l'existence "normale" n'était niée au nom d'un postulat d'existence "pleine et authentique" », dit de lui Miłosz. Różewicz exerça une très grande influence, car il sut exprimer à travers toute son œuvre le désespoir de la génération qui avait perdu confiance à la fois en la littérature et en l'histoire.

LAURENCE DYÈVRE.

RUBINSTEIN Anton. Compositeur russe. Né à Wechwotinez (Volhynie) le 28 novembre 1829, mort le 20 novembre 1894 à Peterhof (près de Saint-Pétersbourg). Sa mère lui enseigna les premières notions de musique, puis il se perfectionna dans le domaine du piano auprès de Villoing, à Moscou. Il y donna son premier concert public à neuf ans. Il commença bientôt de longues tournées de concerts à travers l'Europe, et profita d'un arrêt à Paris en 1841 pour apprendre encore auprès de Liszt. Protégé par la grande-duchesse Helena Pavlovna, mais non encore satisfait de lui-même, il entreprit une nouvelle période d'études plus longues et plus raffinées qui se prolongea environ huit années. Il se présenta de nouveau devant le public sous le double aspect de compositeur et de pianiste et reprit ses tournées qui obtinrent un succès toujours plus triomphal. De retour à Saint-Pétersbourg en 1858, il fut nommé pianiste de la cour et directeur des concerts, puis fonda, en 1862, le Conservatoire de la ville qu'il dirigea jusqu'en 1867, et, par la suite, de 1887 à 1890. Parmi ses œuvres, citons l'opéra *Le Démon* (*) (1875), la *Symphonie n° 2* en ut majeur *L'Océan*, les cinq *Concertos* pour piano et orchestre, le *Quintette* en fa majeur pour piano et instruments à vent, les douze *Mélodies persanes* pour chant et piano, un autre opéra, *Néron* (+) (1879). Citons encore *Le Paradis perdu* (1858), *Féramors* [*Lalla Rookh*] (1863), *Les Macchabées* (+) (1875), *Le Marchand de Moscou* (+) (1880), *Sulamite* (+) (1883), *Faust-Symphonie*, op. 48 (+), *Don Quichotte*, op. 87 (+), *Antoine et Cléopâtre*, ouverture op. 116.

RUCELLAI Giovanni. Humaniste italien. Né à Florence le 20 octobre 1475, mort à Rome le 3 avril 1525. Il était le fils de Bernardo, dans la demeure duquel se rencontrait le groupe que l'on désigne comme celui des Orti Oricellari, et de Nannina dei Medici, sœur de Laurent le Magnifique. La vie de Giovanni fut d'ailleurs liée à la fortune de la maison de Médicis. Ses études terminées, après avoir voyagé à travers toute l'Italie, il fait rapidement carrière dans la curie romaine. Il devient pronotaire apostolique, nonce à la cour de François Ier et enfin commandant au château Saint-Ange, charge qu'il assuma jusqu'à sa mort, survenue brusquement alors qu'il allait être nommé cardinal. Humaniste extrêmement cultivé et grand lettré, il défendit fermement la validité artistique d'une production en italien qui ne fût pas oublieuse des modèles classiques. Ces œuvres attestent cette tendance à intégrer l'expérience classique dans la littérature de langue romane. Sa tragédie *Rosmunda* (1516) prend pour modèle l'*Antigone* (*) (1516-20) de Sophocle, son *Oreste* l'*Iphigénie en Tauride* (*) d'Euripide et *Les Abeilles* [*Le api,* 1524], sont une sorte de traduction-recomposition du livre IV des *Géorgiques* (*) de Virgile.

RÜCKERT Friedrich Johann Michael. Poète et orientaliste allemand. Né à Schweinfurt (Bavière) le 16 mai 1788, mort à Neuses, près de Cobourg (Bavière), le 31 janvier 1866. Ce sont les vives émotions de son enfance passée tout entière dans la campagne franconienne – *Souvenirs des années d'enfance d'un fils de fonctionnaire de village* [*Errinerungen aus den Kinderjahren eines Dorfamtmannssohns,* 1829] – qui éveillèrent la vocation poétique de Rückert. Après avoir fait de solides études classiques à l'école latine de Schweinfurt, il se rendit à l'université de Wurzbourg où il acheva en 1809 ses études. Répugnant à suivre son père dans la carrière administrative, il accepta une place de précepteur et composa alors ses premiers vers, des sonnets idylliques tels que *Amaryllis* et les *Funérailles d'Agnès* [*Agnes' Totenfeier*, écrit en 1812, publié en 1817]. La guerre de libération contre Napoléon l'enthousiasma ; il songea un instant à s'engager, mais, sa nature indolente se prêtant mal à l'aventure militaire, il se contenta de chanter les combats de sa patrie dans ses *Sonnets cuirassés* (+) et dans ses *Chants de dérision et d'honneur* [*Spott- und Ehrenlieder*] qui furent recueillis dans les *Poésies allemandes* (+) (1814) – v. *Poésies* (*) – sous le pseudonyme de Freimund Reimar. S'étant rendu à Weimar, il tint pendant l'année 1816 la direction poétique de la revue *Morgenblatt* publiée par l'éditeur Cotta, fit paraître *Guirlande du temps* [*Kranz der Zeit*, 1817], *Napoléon* (1816-18), comédie politique, et écrivit ses *Ghazels* (1818). Au retour d'un voyage en Italie (1817-18), Rückert séjourna à Vienne : c'est là qu'il fit la connaissance de l'orientaliste von Hammer-Purgstall. L'orientalisme, auquel le *Divan occidental-oriental* (*) de Goethe venait de donner une grande impulsion, était d'ailleurs à cette époque le mouvement poétique à la mode. Cependant, à la différence de Goethe, il allait s'efforcer de prendre à l'Orient non seulement un décor et un état d'âme mais encore ses formes poétiques, en particulier dans ses *Roses d'Orient* (+) (1822) et surtout dans *La Sagesse du brahmane* (+) (1836-39). Marié en 1821 avec la fille d'un archiviste pour laquelle il composa son meilleur recueil poétique, *Le Printemps de l'amour* (+) (1822-34), Rückert s'installa à Cobourg mais exerça également des fonctions universitaires à Erlangen (1826-41), puis à Berlin, comme professeur de langues et de littératures orientales. La vie berlinoise parut insupportable à cet amoureux des champs et des fleurs ; au cours de son séjour dans la capitale prussienne il composa cependant deux nouveaux recueils poétiques, les *Chants de l'année et de la maison* [*Haus- und Jahreslieder*] et les *Chants des enfants morts* [*Kindertotenlieder*, 1872) qui furent mis en musique en 1902 par Gustav Mahler. Rückert publia encore différentes traductions du persan et du chinois et de grands drames historiques : *Saül et David* [*Saul und David*, 1843], *Hérode le Grand* [*Herodes der Grosse*, 1844], *L'Empereur Henri IV* [*Kaiser Heinrich IV.*, 1844], *Christophe Colomb* [*Christofero Colombo*, 1845], etc., tombés dans l'oubli.

MICHEL MOURRE.

RÉF. : Fortiage, *Rückert und sein Werk*, Francfort, 1867. – Agnes Willms-Wildermuth, *Friedrich Rückert, der Dichter des deutschen Volkes und der deutschen Familie*, Stuttgart, 1907. – Leopold Magon, *Der junge Rückert, sein Leben und Schaffen*, Halle, 1914. – C. Franz, *Friedrich Rückert und die Antike, Bibel und Wirkung*, Schmeinfurt, 1965. – A. Schimmel, *Weltpoesie ist Weltversöhnung*, Schweinfurt, 1967. – M. R. Uhrig, *Rückert-Bibliographie*, Schweinfurt, 1979.

RUDBECK Olof. Écrivain suédois. Né le 12 décembre 1630 à Västerås, mort le 17 septembre 1702 à Uppsala. Génie universel et éclectique, Olof Rudbeck embrasse d'abord une brillante carrière de scientifique. Dès 1653, il publie sa découverte du système lymphatique, ce qui lui vaut d'être nommé à trente ans professeur de médecine à l'université d'Uppsala. Ce savant à l'esprit fécond et volontiers provocant enseigne des matières variées : l'anatomie, mais aussi la musique, la mécanique, les mathématiques et la botanique. Également architecte et ingénieur, il enrichit la ville d'Uppsala de nombreux bâtiments. À partir des années 1670, il se passionne pour l'archéologie et la mythologie des anciens Scandinaves, et voue le reste de son existence aux recherches dans ce domaine. Reprenant les théories du göticisme, il succombe au rêve de grandeur patriotique de son époque et élabore une œuvre monumentale et étrange, *L'Atlantide* (*), où il entend démontrer que le berceau de la civilisation se situe dans le Nord en identifiant l'Atlantide de Platon à la Suède et les Hyperboréens avec le peuple primitif de son pays. Ce travail audacieux, qui mélange dans une abondante documentation *La Bible* (*), les auteurs grecs et les *Eddas* (*) scandinaves, repose sur une méthode stupéfiante de fantaisie et déroutante par son manque absolu de sens critique, en particulier par les déductions que Rudbeck tire d'étymologies extravagantes. Malgré ses défauts, cette entreprise a eu un immense retentissement non seulement en Suède mais dans le monde savant de toute l'époque au XVIIIe siècle. L'ouvrage d'Olof Rudbeck, rédigé en suédois, a contribué à imposer la langue écrite vernaculaire et a renforcé l'intérêt pour les antiquités et les mythes nordiques, inspirant diverses écoles littéraires jusqu'au romantisme de Geijer ou de Tegnér au début du XIXe siècle.

MAY-BRIGITTE LEHMAN.

RÉF. : Sten Lindroth, « Les Chemins du savoir en Suède », *Archives internationales d'histoire des idées*, n° 126, Dordrecht, 1988.

RUDIGOZ Roger. Romancier français. Né le 26 août 1922 à Romans-sur-Isère. Il fit ses études au collège de Grasse où ses parents s'étaient établis, mais il les interrompit pour occuper divers emplois : imprimeur, maçon, ferrailleur, voyageur de commerce, fichiste, avant de s'installer à Marseille où il survivra difficilement. Appelé dans les Chantiers de jeunesse en 1942, il déserta quatre mois plus tard et fut alors requis pour le Service du travail obligatoire en Allemagne. À la fin de la guerre, il se retrouva photographe à La Napoule, marié et père d'une fille, et commença à écrire dans des revues, ce qui le fit remarquer par l'éditeur René Julliard. Roger Rudigoz partit pour Paris en 1955 et reprit son métier d'imprimeur. En 1957, Julliard publia son premier roman, *Le Dragon Solassier*, suivi de *Solassier l'Anar* (1958) et de *Claire Solassier* (*) (en deux volumes : *L'Opéra-Bouffe*, 1961 ; *Le Rendez-vous des Lilas*, 1962). Il avait entre-temps publié un pamphlet sur la guerre d'Algérie, *Chien méchant* (1959). Auteur d'un journal qu'il tenait régulièrement, il en fit connaître deux extraits ; *Saute le temps* (1962) et *À tout prix* (1963). En rupture avec le milieu parisien, il décida de revenir dans le Midi. Il écrivit une pièce de théâtre, *La Mort d'un autre* (1968), et retrouva le genre romanesque avec *Armande ou le Roman* (1969). Il s'installa ensuite dans un silence de plus de quinze ans. Retiré dans l'Aude, puis dans les Cévennes, il vit aujourd'hui au Pouget, près de Montpellier. Il est revenu à la littérature en 1982 avec des contes pour enfants et un roman, *Les Infirmières d'Orange* (1985), suivi de *Le Fauteuil vert* (1986) qui a obtenu le prix Antigone. Remarié, il est père d'une autre fille.

FRÉDÉRIC JACQUES TEMPLE.

RUDNICKI Adolf. Écrivain polonais. Né et mort à Varsovie (19 février 1912-14 novembre 1990). Avant la guerre, il est l'un des prosateurs les plus prometteurs et écrit des romans relevant de la « littérature documentaire », dont *Les Rats* [*Szczury*, 1932], remarquable évocation de l'amour et de la haine qui lient un père et son fils ; *Les Soldats* [*Żołnierze*, 1933], dans lequel il dépeint l'armée sous des couleurs très sombres ; *La Mal-Aimée* [*Niekochana*, 1937], qui représente l'amour non partagé, ainsi qu'une longue nouvelle, *L'Été* [*Lato*, 1938], décrivant des scènes de la vie juive dans un lieu de villégiature polonais de l'entre-deux-guerres. L'acuité de son regard, sa pénétration psychologique, l'économie des moyens laissent attendre un romancier psychologique.

La guerre, qu'il passe en partie à Varsovie, échappant au ghetto (il est juif), est pour lui un véritable choc et il lui consacrera désormais la quasi-totalité de son œuvre, abandonnant le roman pour de longues nouvelles sur ce thème. Son cycle de nouvelles *L'Époque des crématoires* (*), composé de *Shakespeare* (+) (1948) et de *La Fuite de Iasnaïa Poliana* (+) (1949), est l'un des témoignages les plus marquants de cette époque. Il est repris dans un gros recueil, *La Mer morte et vivante* (+) (1952), complété en 1956 par la nouvelle *Les Fenêtres d'or* (+) (1955). Essentiellement préoccupé de la destinée de son peuple, qui lutte pour survivre et pour préserver les valeurs morales, l'auteur y introduit fort peu d'éléments autobiographiques. Toutes les nouvelles de ce recueil ne traitent pas directement du sort des Juifs. Certaines sont plutôt des polémiques politiques dans l'esprit du marxisme de l'époque ; d'autres sont des règlements de comptes avec lui-même et avec l'intelligentsia. Il reviendra plus tard au drame des Juifs avec *Le Fiancé de Beata* [*Narzeczony Beaty*, 1961], *Le Tableau au chat et au chien* [*Obraz z kotem i psem*, 1962], *Le Marchand de Łódź* [*Kupiec łódzki*, 1963], *Photo de groupe* [*Wspólne zdjęcie*, 1967].

Après 1956, il publie des chroniques très personnelles, authentiquement artistiques, mais non dénuées de partialité, consacrées à des faits d'actualité, à ses voyages, à ses lectures et aux spectacles, qui ont été rassemblées dans *Les Feuillets bleus*. Son écriture évolue alors, passant du réalisme descriptif au symbolisme. Toute son œuvre, dont l'unité est assurée par l'attention qu'il porte à la souffrance, quelle qu'elle soit, est parcourue par trois thèmes qui s'entrecroisent : l'holocauste hitlérien et la pérennité du martyre juif ; l'amour et la passion ; l'affrontement Est-Ouest vécu au quotidien. En témoignent *La nuit sera fraîche et le ciel pourpre* [*Noc będzie chłodna, niebo purpurowe*, 1977] et *Divertissement populaire* [*Zabawa ludowa*, 1979].

Ses écrits postérieurs à 1980 se rapprochent de l'essai : *Au théâtre toujours joué* [*W teatrze zawsze granym*, 1987] est consacré à l'histoire des relations polono-juives et à une analyse de l'apparition de l'antisémitisme en Pologne. Écrivain longtemps controversé, Rudnicki semble enfin trouver la place qu'il mérite dans la littérature polonaise.

LAURENCE DYÈVRE.

RUDOLF von Ems. Poète suisse d'expression allemande. Né vers 1200 à Hohenems (Autriche) et mort vers 1254 en Italie. Sa vie nous est à peu près totalement inconnue, mais on sait qu'il fut le disciple de Gottfried von Strassburg. Son œuvre, qui se compose de trois volumes, est très importante pour l'étude des origines et de la formation de la langue allemande. *Alexandre* (*) est un long poème qu'il composa entre 1230 et 1235 et qui, dans un style très sec, s'efforce de faire du conquérant antique un modèle de toutes les vertus chevaleresques. Le poème courtois *Guillaume d'Orlens* (*) (vers 1240) connut un immense succès durant tout le Moyen Âge, mais moins encore que la *Chronique universelle* (*) que Rudolf von Ems composa à la demande de Conrad IV.

RÉF. : X. v. Entgdorff, *Rudolf von Ems*, Munich, 1967. – I. v. Tippelskirch, *Die Weltchronick des Rudolf von Ems*, Göppingen, 1979.

RUEDA Lope de. Auteur dramatique espagnol. Né à Séville, sans doute dans les premières années du XVIe siècle (1505 ?), mort à Cordoue, croit-on, en 1565. Nous ne savons pas à quelle époque il abandonna son métier de batteur d'or pour devenir comédien. En 1554, il joua à Benavente devant le futur roi Philippe II qui était sur le point de faire voile vers l'Angleterre. Rueda était déjà « auteur », à cette époque, c'est-à-dire directeur d'une troupe, et marié avec Mariana, une séduisante cantatrice et danseuse qui avait été au service du duc de Medinaceli et le suivait sous l'habit de page. En 1558, Rueda alla à Ségovie jouer à l'occasion des fêtes données pour la consécration de la cathédrale. L'an d'après, il travailla à Séville. En 1561, il était à Tolède et à Madrid où le vit Cervantès qui en garda un excellent souvenir. À cette époque, il était remarié avec une Valencienne, Rafaela Angela ; les époux firent un long séjour à Valence. Cervantès dit que Rueda fut inhumé dans le chœur de la cathédrale de Cordoue en considération de ses mérites. En 1567, Juan de Timoneda publia à Valence un volume comprenant quatre comédies, deux colloques pastoraux, une églogue en vers de Lope de Rueda, plus un volume de « pasos » ou intermèdes – v. *Théâtre* (*). En 1570 il publia le répertoire de la troupe avec trois autres « pasos » et un colloque. Lope de Rueda, à qui l'on attribue nombre d'autres ouvrages, fut l'auteur dramatique et l'acteur espagnol le plus célèbre de son temps, celui qui fournit la plus large contribution à la diffusion du théâtre profane, qui jusqu'alors était resté uniquement du domaine de la cour ou des châteaux.

RÉF. : A. Pellicer, *Origeneres de la comedia y del histrionismo en España*, Madrid, 1804. – L. F. de Moratín, *Orígenes del Teatro Español*, Madrid, 1830. – Canete, *Lope de Rueda y el Teatro del Siglo XVI*, Madrid, 1884. – Ferrer e Izquierdo, *Lope de Ruedo*, Madrid, 1899. – Ramírez de Arellano, *Lope de Rueda y su testamento*, Madrid, 1901. – Salazar, *Lope de Rueda y su Teatro*, Santiago de Cuba, 1911.

RUEDA SANTOS Salvador. Prosateur et poète espagnol. Né à Benaque (Malaga) le 3 décembre 1857, mort à Malaga en 1933. De famille pauvre, il savait à peine écrire son nom à dix-huit ans. Il exerça divers métiers à Malaga, jusqu'au jour où Núñez de Arce l'emmena à Madrid, où il lui procura un emploi à la *Gaceta.* Rueda entra comme auxiliaire aux Archives, puis fut affecté à la bibliothèque de l'université. Dans divers journaux *(El Globo, El Imparcial)*, il écrivit des articles hauts en couleur sur l'Andalousie ; réunis en volume, ils furent traduits en français, en italien et en allemand. En 1883, Núñez de Arce préfaça son volume de vers intitulé *Noventa estrofas.* Ses *Cuadros de Andalucía* connurent un grand succès, grâce à leur valeur descriptive. Mais son livre capital de poésies fut *En foule* [*En tropel*, 1892] avec une introduction de Rubén Darío. Citons parmi ses autres recueils de poèmes : *Cantos de Norte, Chants de Castille* [*Cantos de Castilla*], *La procesión de la Naturaleza, Cantando por ambos mundos.* En 1911 parut la première édition de ses *Poésies* (*). Rueda écrivit des ouvrages en prose afin, comme il le dit lui-même, « de voir jusqu'à quel point il pouvait exprimer avec la seule prose les couleurs et les lumières » : *Grenade et Séville* [*Granada y Sevilla*, 1890]. De 1900 à 1906, devant l'invasion des tendances modernistes, il se tut comme poète. C'est seulement en 1902 que fut représentée à la Corogne, à Madrid et ailleurs, une des comédies en vers, *La Muse* [*La musa*], jouée précédemment à Buenos Aires. Elle plut par son mouvement et son naturel. En 1906, il publia son meilleur roman, celui qui suscita le plus de commentaires : *La cópula, novela de amor.* Rueda fit de nombreux voyages, jusqu'aux Philippines et en Amérique du Sud. Partout il reçut un accueil enthousiaste. Mais il vécut pauvrement et mourut de même. Sa veine poétique abondante, touchant à une infinité de sujets, révèle la richesse d'une inspiration à laquelle a manqué le sens critique. Ses vers sont riches d'images, d'un éclatant coloris, extrêmement musicaux. Maître de sa versification, Rueda rivalisa avec Rubén Darío ; il est considéré, à juste titre, comme l'annonciateur de ce modernisme qu'il ne voulut pas admettre en théorie.

RÉF. : G. Ruiz de Almodóvar, *Salvador Rueda y sus obras*, 1901. – A. González Blanco, *Los grandes maestros : Salvador Rueda y Ruben Darío. Estudio crítico de la poesía española en los últimos tiempos*, Madrid, 1908. – Martínez Olmedilla, *Salvador Rueda ; su significación, su vida, sus obras*, Madrid, 1908. – M. Prados, *Salvador Rueda, el poeta de la Raza. Su vida y su obra*, Malaga, 1941. – Salvador González Anaya, *Discours de réception à l'Académie royale espagnole*, 1948.

RUFIN d'Aquilée (Tyrannius Rufinus). Écrivain latin. Né vers 345 à Julia Concordia près d'Aquilée, mort en Sicile en 410. Il a lié son nom à celui de saint Jérôme en démontrant de quelle manière, pour une divergence d'opinion, l'amitié la plus intime et la plus solide, peut se transformer en inimitié vive et agressive. Rufin fit ses études à Rome où il connut Jérôme et entra dans le cercle de ses amis. De retour à Aquilée, il se retira dans un couvent où, suivant les indications qu'il fournit lui-même dans ses *Apologies* (*), il reçut le baptême et se consacra ensuite à l'étude des Saintes Écritures et des auteurs chrétiens latins, car à l'époque il ne connaissait presque pas le grec. À Aquilée, il approfondit ses relations amicales avec Jérôme, autour de qui gravitait un cercle de jeunes gens qui aspiraient à la perfection par la pratique de la solitude et de la pauvreté. Vers 373, Rufin partit avec Mélanie l'Ancienne pour l'Orient. Il se rendit tout d'abord en Égypte et s'arrêta à Alexandrie, se séparant de Mélanie qui allait à Jérusalem pour suivre l'enseignement de Didyme l'aveugle. C'est alors que son esprit se prit d'enthousiasme pour Origène et qu'il devint l'ami de Théophile et de Jean, qui furent sacrés respectivement évêques d'Alexandrie et de Jérusalem. Vers 380, Rufin rejoignit Mélanie à Jérusalem, fonda un monastère sur le mont des Oliviers, et renoua avec Jérôme arrivé en 386 à Bethléem. La controverse au sujet d'Origène fut la cause de leur rupture. En effet, en 393, invités à se prononcer sur la condamnation de l'origénisme contre lequel partait en guerre Épiphane de Salamine, tandis que Jérôme approuvait immédiatement, Rufin cherchait à éviter une déclaration, et se rangeait ensuite aux côtés de l'évêque Jean qui, pour se venger de la position assumée à son égard par Jérôme, interdisait à celui-ci et à ses moines l'entrée de l'église de la Nativité à Bethléem. La situation était au maximum de la tension lorsque intervint Théophile d'Alexandrie, qui réussit à concilier les partis de telle sorte qu'en 397 les deux anciens amis purent de nouveau se serrer la main dans l'église de la Résurrection. Cette même année, Rufin retourna en Occident et y commença son œuvre de diffusion des écrivains orientaux en général et d'Origène en particulier. Pour ce faire, il en traduisit lui-même les ouvrages, en 398 publia *Sur les principes* (*), se proclamant, au cours de ce travail, le continuateur de Jérôme qui, le premier, avait traduit des œuvres d'Origène, et de sa méthode qui consistait à adapter le texte afin qu'il n'y subsistât rien de contraire à la foi. Jérôme en eut connaissance par des informations inexactes fournies par ses amis romains. Une telle hostilité se dressa contre Rufin qu'il dut quitter Rome et s'en retourna à Aquilée. C'est là, au moment où la polémique atteignit son ton le plus âpre et le plus grave que, sur l'intervention du pape Anastase, il écrivit l'*Apologie que le prêtre Rufin envoya pour sa défense à l'évêque de Rome Anastase* (+) — v. *Apologies* (*) — qui fut suivie par l'*Apologie contre Jérôme en deux livres* (+) que l'on considère comme le véritable responsable de la campagne déchaînée contre Rufin. Les réponses de Jérôme furent d'une violence et d'une agressivité inimaginables, et sur le conseil de Chromace, évêque d'Aquilée, Rufin ne répliqua point. Il continua son œuvre de traducteur, donna l'*Histoire ecclésiastique* (*) d'Eusèbe de Césarée en y ajoutant deux livres de son cru comprenant la période de 314 à 395. À l'invasion d'Alaric (410), il se réfugia en Sicile et y mourut, souffrant de l'exil et d'une grave maladie des yeux. Rappelons encore de lui *Sur les bénédictions des patriarches* (*) et le *Commentaire sur le Symbole des Apôtres* (*).

GIUSEPPE LAZZATI.

RÉF. : E. de Faye, *Origène,* Paris, 1925. — M. Villain, *Rufin d'Aquilée : l'homme et le moine,* in *Nouvelle Revue théologique,* janvier-février 1937. — F. X. Murphy, *Rufinus of Aquileia, his Life and Works,* Washington, 1945. — Sr Monica, *Rufinus the Translator,* Washington, 1945. — V. Buchheit, *Tyrannii Rufini librorum Adanantii... interpretatio,* 1966.

RUFO Y GUTIÉRREZ Juan. Écrivain espagnol. Né à Cordoue en 1547, mort à Madrid ou à Tolède entre 1598 et 1620. Fils du teinturier Luis Rofos, il eut une jeunesse dissolue, vola son père, alla trois fois en prison à la suite d'aventures galantes. À Salamanque où il étudia il mena joyeuse vie, s'adonna au jeu et fit des dettes. Après le désistement de son père, il assuma la charge de juré de sa ville, mais au cours des années qui suivirent il y renonça à neuf reprises, et en 1580 définitivement. Des irrégularités dans sa gestion l'obligèrent à fuir au Portugal. Ensuite, il se distingua au cours de la guerre contre les Maures révoltés (1568). Plus tard, il fit partie de la délégation des Cordouans qui alla rendre hommage à don Juan d'Autriche ; ce dernier le nomma historiographe, et c'est ainsi que Rufo le suivit dans ses voyages et se trouva à Lépante. Il dédia à son protecteur le poème intitulé *L'Austriade* (*) (1584). Déçu dans ses ambitions littéraires, il revint à Cordoue et se consacra aux affaires en reprenant son ancien nom. Le poème *L'Austriade*, en vingt-quatre chants et plus de vingt mille vers, connut trois éditions en trois ans : Madrid, 1584 ; Tolède, 1585 ; Alcala, 1586. Les contemporains de Rufo (Cervantès, Góngora) l'appelèrent « le nouvel Homère », mais son œuvre, si l'on excepte certaines descriptions brillantes, est d'une lecture pénible. Il publia à Tolède, en 1596, *Les Six Cents Apophtegmes* [*Los seiscientos apotegmas*], recueil d'anecdotes et de bons mots qui ne manque ni de vivacité ni d'esprit. C'est le premier ouvrage de ce genre paru en Espagne. La Société des bibliophiles espagnols en a donné une édition moderne.

RUFUS d'Éphèse. Médecin grec du début du Ier siècle (?). Les détails de sa vie nous sont fort peu connus, et ceux qui nous sont parvenus sont souvent contradictoires. Il est certain toutefois qu'il vécut longtemps en Égypte, probablement à Alexandrie. Son nom, qui signifie « roux-blond » et qui est typique de la période républicaine romaine, indique qu'il eut un lien avec Rome, sans que l'on puisse préciser s'il y séjourna. On ignore également s'il fit partie d'une secte médicale. Il se tint toutefois à l'écart du scepticisme et de la secte empirique. Son importance est attestée à travers les nombreuses louanges décernées par les auteurs plus tardifs. Galien affirme par exemple qu'il est le médecin ayant dit les meilleures choses sur la question difficile de la mélancolie. Il est de plus abondamment cité dans les encyclopédies byzantines. Presque cent traités lui sont attribués ; nous possédons les fragments ou la totalité d'une douzaine de ceux-ci environ – v. *Œuvres* de Rufus (*).

ANNE-FRANCE MORAND et VINCENT BARRAS.

RÉF. : Ch. Daremberg et Ch. E. Ruelle, *Œuvres de Rufus d'Éphèse*, Paris 1879.

RUIZ Juan, archiprêtre de Hita. Ce fut le plus grand poète espagnol de son époque et l'un des plus éminents de la littérature européenne médiévale. Né vers la fin du XIIIe siècle à Alcalá de Henares selon les uns, et selon les autres à Hita (Guadalajara), où il mourut au milieu du XIVe siècle. C'est de son poème *Le Livre du bon amour* (*) qu'on a tiré les quelques indications biographiques le concernant : son nom, son lieu de naissance supposé, Alcalá de Henares, et la ville où il étudia : Tolède, point de rencontre des civilisations musulmane et chrétienne. Son œuvre, souvent qualifiée de « mudejar », reflète en effet ce caractère en plus d'un point – son attitude équivoque entre morale et sensualité, son idéal en matière de beauté féminine. L'unique manuscrit conservé de l'ouvrage précise que l'archiprêtre composa son poème en prison, où l'avait envoyé le cardinal de Tolède. La nouvelle coïncide en effet avec les placets que notre auteur écrivit pour protester de son innocence et demander le châtiment de ses calomniateurs. On se demande si *Le Livre du bon amour* est réellement autobiographique, car l'auteur déclare y avoir rapporté certains faits pour l'édification du lecteur en prenant soin de dire qu'il ne s'agit pas de fruits de son expérience personnelle. On ignore la date de sa mort, on sait seulement qu'en 1351 le poste d'archiprêtre de Hita possédait déjà un autre titulaire.

RÉF. : Humphrey Ward, *A Mediaeval Spanish Writer*, in *Fornightly Review*, t. XV, 1876. – Puyol y Alonso, *El Arcipreste de Hita, estudio crítico*, Madrid, 1906. – O. Tacke, *Die Fabeln des Erzpriesters von Hita im Rahmen der mittelalterlichen Fabelliteratur*, Breslau, 1911. – F. Lecoy, *Recherches sur « Le Livre du bon amour »*, Paris, 1938.

RUIZ DE ALARCÓN Y MENDOZA Juan. Écrivain espagnol. Né à Mexico selon les uns, à Tasco selon les autres, vers 1581, mort à Madrid le 4 août 1639. Il était le plus jeune des enfants de Pedro Ruiz de Alarcón et de Leonor de Mendoza, tous deux descendants de nobles familles espagnoles venues en Nouvelle-Espagne. On sait peu de choses de la jeunesse de Juan. Le futur dramaturge et poète fréquenta les cours de droit canon à l'université de Mexico de 1596 à 1598 ; puis, désireux de perfectionner sa culture, il se rendit à l'université de Salamanque. En 1600 il obtint le titre de bachelier en droit canon, et en 1602 celui de bachelier en jurisprudence ; il poursuivit ensuite ses études de droit en vue d'un doctorat qu'il n'obtint pas. Difforme, affligé d'une bosse qui lui attira les railleries inhumaines des plus grandes intelligences du temps, il se sentait isolé et malheureux dans son nouvel entourage, et ceci ne fit qu'augmenter son désir de parvenir à une renommée littéraire qui ferait oublier sa disgrâce physique. Ses années de séjour dans la péninsule furent pénibles tant financièrement que moralement. Citons parmi ses ennemis les plus virulents Lope de Vega, Góngora, Quevedo : ils se moquaient tous de son art, tournaient en dérision sa difformité et la légère vanité qui le faisait se vanter de la noblesse de ses origines. Cette solitude, cette incompréhension lui donnèrent un sentiment amer de la vie, qui lui fit considérer toutes choses sous un angle moral qui parut étrange aux lettrés du temps, particulièrement dans : *Se faire des amis* (*), *L'Examen des maris* (*), *Les Seins privilégiés* (*), *Les murs ont des oreilles* (*), *La Vérité suspecte* (*), *L'Épreuve des promesses* [*La prueba de las promesas*], *Les Faveurs du monde* [*Los favores del mundo*]. Pour subvenir à ses besoins il exerça la profession d'avocat à Séville. Le 12 juin 1607 il retourna à Mexico, où le 21 février 1609 il obtenait son doctorat en droit. En 1613 il repartait pour l'Espagne où il se consacra presque entièrement à la création littéraire jusqu'en 1625. Nommé en 1633 rapporteur au Conseil des Indes, il se trouva à l'abri de tout souci financier et il semble qu'il se consacra dès lors entièrement à sa charge, laissant de côté une activité littéraire qui ne lui avait procuré aucune satisfaction et ne lui avait apporté que de nombreux ennemis et une grande amertume. Il réunit lui-même et fit publier vingt-trois de ses comédies en deux volumes : *Première partie des comédies de don Juan Ruiz de Alarcón y Mendoza* [*Parte primera de las comedias de don Juan Ruiz de Alarcón y Mendoza,* Madrid, 1628], et *Seconde partie des comédies du licencié don Juan Ruiz de Alarcón y Mendoza* [*Parte segunda de las comedias del licenciado don Juan Ruiz de Alarcón y Mendoza,* Barcelone, 1634]. Outre de nombreuses comédies qu'il écrivit en collaboration avec d'autres auteurs, on lui en attribue un grand nombre ; citons parmi ces dernières la première partie du *Tisserand de Ségovie* (*), *Le Damné par manque de foi* (*), *La Cruauté pour l'honneur* (*) ; on a même pensé qu'il pourrait être l'auteur du *Deuxième volume de l'ingénieux hidalgo don Quichotte de la Manche* (*), attribué à Avellaneda. Il a en outre composé plusieurs poèmes.

RÉF. : Luis Fernández Guerra, *Don Juan Ruiz de Alarcón y Mendoza.* – Juan Eugenio Hartzenbusch. *Comedias de Don Juan Ruiz de Alarcón,* Madrid, 1852. – J. Núñez de Arenas, *Comedias escogidas de don Juan Ruiz de Alarcón,* Madrid, 1860. – N. Díaz de Escovan y Lasso de la Vega, *Historia del teatro español,* Barcelone, 1924. – R. L. Kennedy, *Contemporary Satire against Ruiz de Alarcon as Lover,* in *Hisp. Review,* XIII, 1945. – Ashcom, *Three*

Notes on Alarcon's « Las Paredes oyen » in *Hisp. Review*, XV, 1947.

RULFO Juan. Romancier mexicain. Né le 16 mai 1917 à Sayula (État de Jalisco), mort à Mexico le 7 janvier 1986. Il passa toute son enfance dans la petite ville de San Gabriel, une région rurale à la population très métissée, laconique et ayant le culte des morts, qu'il évoque dans son œuvre. Son grand-père paternel était avocat, et son autre grand-père, propriétaire terrien. Rulfo avait huit ans quand son père fut assassiné durant la révolte des Cristeros contre l'État fédéral. Lorsque sa mère mourut, six ans plus tard, il fut recueilli par un collège de religieuses françaises de Guadalajara. Arrivé à Mexico en 1933, il y étudie la comptabilité et commence des études de droit qu'il abandonne pour différents emplois bureaucratiques. De 1935 à 1945, il travaille aux archives du service de l'Immigration et écrit un roman sur la capitale mexicaine, mais le détruit, insatisfait. En 1942, il publie dans la revue *Pan* de Guadalajara sa première nouvelle, *La vie n'est pas très sérieuse dans ce qu'elle fait* [*La vida no es muy seria con sus cosas*]. Marié en 1948, il entre comme publicitaire dans la société Goodrich. En 1953, son recueil de nouvelles *Le Llano en flammes* (*) le place d'emblée à la tête des lettres mexicaines, succès que confirme, en 1955, son bref mais prodigieux roman *Pedro Páramo* (*). À la même époque, une nouvelle fonction à l'Institut national indigéniste le conduit durant quelques mois parmi les communautés indigènes isolées dans les forêts et les montagnes. Annonçant la publication d'un roman qu'il ne publiera pas, *La Cordillère*, Rulfo, à partir de 1960, semble en fait renoncer à la littérature pour rédiger des scénarios assez souvent tirés de son œuvre romanesque. Quelques-uns ont été réunis sous le titre *Le Coq d'or* [*El gallo de oro*, 1980]. Les dernières années de Rulfo, qui firent aussi de lui un photographe, ont consacré universellement sa notoriété.

CLAUDE COUFFON.

♦ *« Ce qui m'attire dans l'œuvre de Rulfo c'est le passage du mystérieux à la réalité, presque sans transition ; ce mélange de réalité et d'imagination me plaît énormément. »* Luis Buñuel.

RÉF. : *Recopilación de textos sobre Juan Rulfo*, La Havane, 1969. — Milagros Esquerro, *Juan Rulfo*, Paris, 1987.

RUNEBERG Johan Ludvig. Écrivain finlandais d'expression suédoise. Né le 5 février 1804 à Jacobstad (sur la côte finlandaise du golfe de Bothnie), mort le 6 mai 1877 à Borgå (Porvoo). Imprégné de la culture suédoise du XVIIIe siècle, ayant lu avec ardeur les classiques anciens, surtout Homère, il composa dans un style néo-classique des œuvres épiques et dramatiques : *Poésies* [*Dikter*, 1830-32], traduction de l'allemand de chants populaires serbes, *Les Chasseurs d'élans* (*) (1832), *Hanna* (*) (1836). Il fut quelques années précepteur à Saarijärvi et à Ruovesi, et après avoir terminé ses études (1822-27) à l'université d'Åbo (Turku), il poursuivit ses études académiques à Helsinki où il s'installa en 1830. De 1831 à 1837, pour subvenir aux besoins de sa famille, Runeberg, jeune marié, cumule les postes de maître de conférences à l'université de Helsinki, de professeur au lycée de Helsinki et de rédacteur en chef du journal *Helsingfors Morgonblad*, créé par la Société de samedi [Lördagssällskapet], une association d'intellectuels dont il était un des instigateurs et qui œuvrait pour l'indépendance de la Finlande. En 1837 il accepte un poste de professeur de latin et grec à Borgå. Dans le calme de sa province il retrouva son inspiration la plus pure, mélange d'humanisme classique et d'idéalisme chrétien — v. *Le Roi Fialar* — et donna jour ainsi à son chef-d'œuvre : le cycle épique des *Récits de l'enseigne Staal* (*) (1848-60), sur l'héroïsme du peuple finlandais pendant la guerre malheureuse de 1808-09 contre la Russie. La poésie patriotique de Runeberg a un accent dur et âpre, viril et dépouillé, qui lui donne une étonnante vigueur. La renommée de Runeberg, qui avait dès 1839 franchi les frontières nationales — Marmier l'avait fait connaître dans une série d'articles publiés par *La Revue des Deux Mondes* (*) — grandit encore avec la publication de *Notre patrie* (*), devenu hymne national finlandais, et la parution de ses *Psaumes* en 1850. En 1863, le poète, qui jouit dès lors d'une grande popularité aussi bien en Suède qu'en Finlande, est frappé de paraplégie et demeure alité jusqu'à sa mort en 1877.

RUSHDIE Salman. Romancier anglais d'origine indienne. Né à Bombay le 19 juin 1947. Rushdie incarne, mieux que tout autre, le nouveau visage de l'intellectuel britannique, engagé, en lutte d'abord contre le pouvoir politique de Margaret Thatcher, en butte surtout à la persécution du pouvoir religieux iranien qui juge ses *Versets sataniques* (*) blasphématoires pour l'islam. Le 14 février 1989, l'imam Khomeyni donne l'ordre aux musulmans du monde entier d'exécuter Salman Rushdie ainsi que ses éditeurs. Assortie d'une rançon, la promesse d'élever son futur assassin à la condition de martyre le contraint à vivre sous la protection de la police, dans un isolement quasi total, dont il souffre. Poursuivant ses activités de critique littéraire à l'*Observer* — paru en 1991, *Imaginary Homelands* reprend l'essentiel de ses articles —, il publie en 1990, à l'intention des enfants, un récit, *Haroun et la mer d'histoires* [*Haroun and the Sea of Stories*], relatant les malheurs de Rashid, conteur professionnel gagné par la tristesse, qui perd son talent et sa femme, mais que son fils, Haroun, arrache au silence en le reconduisant sur les chemins qui mènent à la source des récits, la Mer du titre, au nez et à la barbe des ennemis jurés de la libre expression. Derrière l'allusion fort transparente à sa propre condition transparaît peut-être la volonté d'un retour aux sources : c'est avec un conte d'un baroquisme échevelé, *Grimus,* que Rushdie était entré dans la carrière littéraire en 1975. Né en Inde, qu'il quitte en 1961 pour l'Angleterre où il fait de brillantes études de religion musulmane, Rushdie était mieux placé que quiconque pour dénoncer les pièges d'une vision ethnocentrique d'un pays, l'Inde, censément inventée par l'Angleterre, et que vient alimenter la toujours vivace nostalgie du « Raj ». Il s'y emploie, par tous les moyens à sa disposition, la littérature, le cinéma, mais aussi par des prises de position ouvertement tiers-mondistes. En 1981, l'attribution du prix Booker (équivalent du Goncourt) aux *Enfants de minuit* (*) fait l'effet d'une bombe : pour la première fois, la fiction de l'ancien Empire britannique se trouve propulsée à sa vraie place, la première, avec un sentiment de revanche dont Rushdie a souvent rendu compte dans la presse. Véritable émigré intérieur, son territoire à lui, ce sont les pays-palimpsestes : l'Inde des *Enfants de minuit,* le Pakistan de *La Honte* [*Shame,* 1983], pays mi-fictifs, mi-réels, où la fable flamboyante et magique se marie, pour le meilleur et pour le pire, au bruit et à la fureur de l'Histoire en son noir cortège d'assassinats et de trahisons en tous genres. Revenu de l'Orient complexe avec des intrigues souvent labyrinthiques, il redessine les contours d'un sous-continent de légendes et de mythes, et distille l'essence subjective d'une Inde de mots et de sang, de rêve et d'humeurs, dont toute sa création romanesque trahit, plutôt qu'elle ne traduit, l'invincible attrait qu'elle exerce sur lui, par-delà le choix de la rupture. De même qu'il s'efforce en vain d'exorciser par ses fictions acides le pouvoir de cet irrésistible attachement, semblable en cela au personnage de Saleem des *Enfants de minuit,* relié à sa mère patrie par la hanche, de même Rushdie ne peut-il s'arracher à ce retour fataliste quoique hargneux sur le fiasco que fut la décolonisation, au Pakistan surtout. Sa charge satirique pourrait être qualifiée de nucléaire, tant les explosions, annoncées ou effectives, abondent dans ses romans. À moins qu'on ne retrouve dans ses brûlots comme un rappel du ton apocalyptique adopté naguère en littérature. Ce qui nous vaudrait un Rushdie tiraillé entre les jongleries ludiques (et parfois artificielles) d'une esthétique postmoderne et la tentation d'une régression vers des schèmes mentaux sinon primitifs, du moins archaïques. Du choc entre les deux naît alors le comique, souvent noir. D'où aussi la fortune du mode analogique dans son œuvre, avec l'usage qui est fait de l'image du corps, du « body politic » élisabéthain, comme des corps monstrueux à la Rabelais. De l'éléphantesque nez de Saleem à la chevelure schizophrène d'Indira Gandhi se confirme l'intuition de Roland Barthes : « L'histoire, c'est en fin de compte l'histoire du lieu fantasmatique par excellence, à savoir le corps humain. » Rushdie a souvent été rapproché des écrivains latino-américains, de Gabriel García Márquez en particulier, en raison de son choix du « réalisme magique » ; à dire vrai, il semble plus proche de Günter Grass ou de Kundera. C'est que son inspiration reste celle d'un Occidental, confronté, comme l'écrivain tchèque, à la faillite d'un rêve collectif, le socialisme pour l'un, la naissance d'une entité nationale indivisible pour l'autre. Le fardeau de l'homme blanc est devenu le complexe colonial que la littérature n'en finit pas de ressasser ; à défaut de guérison, elle en propose sous la plume de Rushdie une magistrale radiographie.

MARC PORÉE.

RUSKIN John. Écrivain anglais. Né à Londres le 18 février 1819, mort à Brantwood (Cumberland) le 20 janvier 1900. Ses parents l'élevèrent si sévèrement qu'il ne lui était pas permis d'avoir des jouets et qu'il était surveillé nuit et jour, mais son père commença de lui faire visiter dès l'âge de quatre ans les cathédrales, les châteaux, les musées et les plus beaux sites naturels et l'entraîna à la musique, au dessin et à la déclamation. En même temps qu'à lire, il apprit à composer en prose et en vers, et reçut ainsi une éducation esthétique absolument unique. Sa mère lui faisait lire *La Bible* (*) chapitre par chapitre, et son père Shakespeare, Pope, Cervantès et les plus grands classiques. Sa scolarité fut très irrégulière : il ne suivit guère avec quelque assiduité que les cours de littérature du King's College de Londres. En 1837 il entra au Christ Church d'Oxford mais, tombé amoureux d'une jeune femme de quinze ans, fille de l'associé espagnol de son père, il se prit pour elle d'une telle passion que son indifférence le fit tomber malade, l'obligea d'interrompre ses études et l'amena, pour se soigner, à voyager en Europe pendant deux ans. Retourné à Oxford en 1839, il y remporta le Newdigate Prize avec son poème *Salsette et Elephanta* [*Salsette and Elephanta*]. Il obtint ses diplômes en 1842 et se remit aussitôt à son véritable travail : l'étude de l'art et de la nature. Son premier livre, qui contenait une véhémente défense de Turner, parut en 1843 sous le titre de *Les Peintres modernes* (*). La critique l'attaqua, les peintres le reçurent froidement, et Turner en demeura déconcerté. Ruskin visita les Alpes, puis l'Italie, et donna en 1846 le deuxième volume des *Peintres modernes.* Le 10 avril 1848, il épousa à Perth Euphemia Chalmers Gray, remarquable pour sa très grande beauté. Le mariage avait été arrangé par les familles, mais le couple était trop mal assorti pour trouver le bonheur. La femme de Ruskin, qui aimait la vie mondaine, se lassa vite de la passion de son mari pour l'étude et obtint en 1854 l'annulation du mariage. Il ne semble d'ailleurs pas que Ruskin ait été très affecté par cet échec. Il avait obtenu un grand succès en 1849 avec *Les Sept Lampes de l'architecture* (*), et mettait au point sa théorie selon laquelle l'architecture et l'art d'un peuple sont l'expression de sa religion, de sa morale, de ses aspirations nationales et de ses habitudes sociales.

Il surveillait en outre très attentivement la fabrication de ses ouvrages qui furent illustrés par les meilleurs artistes de son temps. Il publia de 1851 à 1853 *Les Pierres de Venise* (*) ; en 1853, *Lettres* [*Letters*] et *Notes*, suites de réflexions sur la peinture et l'architecture ; en 1856, *Ports d'Angleterre* [*Harbours of England*] ; en 1857, *Éléments de dessin* [*Elements of Drawing*] ; en 1859, *Éléments de perspective* [*Elements of Perspective*] ; et en 1860 le cinquième et dernier volume des *Peintres modernes.* Ce livre marque la fin d'une époque de sa vie, car ses quarante dernières années seront consacrées non plus à l'art mais à l'exposition de sa doctrine sur les problèmes sociaux, l'éducation, la morale et la religion. Cet enseignement s'exprime à travers une énorme masse de conférences, de lettres, d'essais, d'articles et de pamphlets qui ne représentent pas moins de trente volumes sur les cinquante que comportent ses œuvres complètes. Les principaux ouvrages de cette série sont : *Unto This Last* (*) (1862), *Sésame et les Lys* (*) (1865), *La Reine de l'air* [*The Queen of the Air*, 1869], *Fors clavigera* (*) (1871-1884), *Munera pulveris* (*) (1872), *Flux et Reflux* (*) (1872), *Matinées florentines* (*) (1875-1877), *La Bible d'Amiens* (1885) et *Dilecta* (1889). Il fut professeur à Oxford de 1869 à 1884, et donna en 1870 une série de conférences qui attirèrent tant de monde qu'il était souvent obligé de les répéter. Il avait hérité à la mort de son père, en 1864, une énorme fortune qu'il dépensa généreusement en dons, dotations ou œuvres diverses, fondant des musées et des associations culturelles. Après 1885, les crises de folie dont il souffrait depuis son effondrement de 1878 se firent plus fréquentes, lui laissant toutefois des intervalles de lucidité qui lui permirent d'écrire une remarquable autobiographie, *Praeterita* (1885-89). Peu à peu, cependant, il perdit conscience de l'existence du monde extérieur et vécut les onze dernières années de sa vie dans une hébétude presque complète, silencieux, incapable d'écrire, à Coniston Lake près de Brantwood, où il avait acheté une propriété. Il mourut entouré de la vénération d'un public qui s'étendait à toute l'Europe.

BERNARD NOËL.

♦ *« Je ne connais personne auquel je ressemble plus entièrement que Jean-Jacques Rousseau. »* John Ruskin. ♦ *« Je l'aime parce qu'il admire de si bon cœur. »* Charlotte Brontë. ♦ *« Il était si bon – meilleur que ses livres qui sont les meilleurs qui soient. »* Burne Jones. ♦ *« Calme, précis, clair, vous vous élevez à la sphère de Platon... Pas une de vos doctrines que je n'admette comme extrêmement salutaire. »* Carlyle. ♦ *« J'ai rencontré dans ma vie quelques vrais révolutionnaires et la plupart d'entre eux quand je leur ai demandé : " Qui vous a mis sur cette voie ? Est-ce Karl Marx ? " m'ont répondu que c'était Ruskin. »* G.-B. Shaw. ♦ *« Directeur de conscience de son temps, certes Ruskin le fut, mais il fut aussi son professeur de goût, son initiateur à cette beauté que Tolstoï réprouve au nom de la morale et dont Ruskin avait tout poétisé, jusqu'à la morale même. »* Proust. ♦ *« J'ai toujours été frappé de l'incomparable richesse de l'œuvre de Ruskin et de tout ce que son génie eut de bienfaisant. »* Bergson.

RÉF. : Robert de la Sizeranne, *Ruskin et la religion de la beauté*, Paris, 1897. – W. G. Collingwood, *Life of John Ruskin*, 2 vol., 1900. – Floris Delattre, *Ruskin et Bergson*, Oxford, 1947. – Jean Autret, *L'Influence de Ruskin sur la vie, les idées et l'œuvre de Marcel Proust*, Genève, 1955. – O. Bell, *Ruskin*, Londres, 1963. – P. Jaudel, *La Pensée sociale de J. Ruskin*, Paris, 1973. – R. Hewison, *John Ruskin : the Argument of the Eye*, Princeton, 1976. – E. K. Helsinger, *Ruskin and the Art of the Beholder*, Harward U.P., 1982. – Paul L. Sawyer, *Ruskin's Poetic Argument : the Design of the Major Works*, Ithaca, N. Y., 1985. – G. Wihl, *Ruskin and the Rhetoric of Infallibility*, Yale, 1985.

RUSLI Marah. Écrivain indonésien (1889-1968). Comme la plupart de ses contemporains, Marah Rusli est originaire de Sumatra Ouest (Padang). Il eut la chance de poursuivre ses études à l'école hollandaise, par suite de l'opposition maternelle. Il suivit les cours de l'école vétérinaire à Java et devint fonctionnaire de l'administration des Indes néerlandaises. C'est à ce titre qu'il connut diverses affectations, à Sumbawa (1915), Bima (1916), puis à Java où il termina sa carrière (Bogor, 1958).

Marah Rusli est devenu célèbre grâce à son premier roman *Sitti Nurbaya* (*) (du nom de l'héroïne), publié par « Balai Pustaka » en 1922, constamment réédité jusqu'à nos jours, et même traduit en russe et en chinois. Ce roman posait le problème de la condition féminine et du mariage forcé dans la société minangkabau (Sumatra) en un temps d'occidentalisation. Les nationalistes de l'époque y virent l'affirmation d'une nouvelle littérature indonésienne et le grand public fut sensible aux malheurs et aux souffrances de l'héroïne. Le succès de ce roman, qui méritait une nouvelle lecture – car il est devenu le poncif des écoles primaires – a fait passer au second plan les deux autres romans de l'auteur : *La Hami* (1924) et *Enfant et Cousin* [*Anak dan Kemanakan,* 1926].

RUSSELL Bertrand Arthur William. Philosophe anglais. Né à Ravenscroft, Monmouthshire (Grande-Bretagne), le 18 mai 1872, mort à Pendhyndreuraeth, dans le nord du Pays de Galles, le 2 février 1970. Son père, le vicomte Amberley, était un homme de tradition libérale et d'esprit irréligieux, sa mère une militante du féminisme. Bertrand Russell montra de bonne heure des dispositions pour les mathématiques, étudia la philosophie (subissant alors l'influence de Hegel) et s'initia à Cambridge aux formes les plus hautes de la logique et de la théorie de la science. Sa dissertation pour l'examen d'agrégation à Trinity College (en 1895) est un *Essai sur les fondements de la géométrie* [*Essay on the Foundations of Geometry*], publié en volume en 1897 (traduction française dès 1900). Russell vient ensuite à Paris comme attaché d'ambassade. Il épouse alors une jeune Américaine, de famille quaker, avec laquelle il fait en 1896 son premier voyage aux États-Unis. Il s'établit à son retour en Angleterre dans le Sussex, résolu à se consacrer à la philosophie et aux mathématiques. De l'itinéraire qui est dès lors le sien, l'*Histoire de mes idées philosophiques* [*My Philosophical Development*] permet à coup sûr de se faire une idée, tout en donnant une image fidèle des différents tournants qui en font partie. On ne dira cependant jamais assez l'importance, dans ce développement, des travaux qui conduisirent Russell à s'engager dans la voie d'une rénovation de la logique et d'une solution à la question des fondements des mathématiques. Les premières étapes en furent les *Principes des mathématiques* [*Principles of Mathematics,* 1903] et, en collaboration avec A. N. Whitehead, les *Principia mathematica,* en 1910-1912. Pour l'essentiel, le projet qui sous-tend toute l'entreprise consiste à fournir des mathématiques une interprétation strictement logique. Les exigences dont Russell prit alors conscience contribuèrent largement à le détourner de penseurs qui, comme Hegel, exercèrent sur lui une influence. Mais le programme des *Principia mathematica* eut également, à la fois sur Russell et sur l'histoire ultérieure de la philosophie, deux effets. Tout d'abord, l'exécution du programme comme tel rencontra des difficultés que la définition du nombre dans les termes de la logique des classes ne permettait pas, à première vue, de soupçonner. Ces difficultés furent à l'origine de la théorie des types et d'importants enrichissements qui ont engagé la logique dans des voies résolument nouvelles et fécondes. D'autre part, les travaux qui datent de cette époque doivent également être considérés comme ayant exercé un influence décisive sur la philosophie analytique et la possibilité de mobiliser les instruments de la logique dans l'analyse du langage et des problèmes de la philosophie. Le livre que Russell consacre à Leibniz en 1900 [*The Philosophy of Leibniz*] en porte déjà témoignage.

Mais l'influence qui fut celle de Russell trouve l'une de ses sources dans des contributions certainement moins imposantes que le programme des *Principia mathematica.* Le court article qu'il consacre en 1905 au problème de la dénotation [*On Denoting*] en est le plus bel exemple. On y a vu, à juste titre, un texte décisif au regard de tout ce qui s'est fait, par la suite, au titre des « théories de la référence ». La théorie des descriptions qu'il y propose, tout en étant présente dans les travaux consacrés aux mathématiques, s'ouvre sur une conception des objets physiques qui les rend constructibles à partir des données de l'expérience immédiate. Les conceptions qui sont alors celles de Russell s'articulent à la position qu'il définira sous le nom d'atomisme logique. De nombreux ouvrages jalonnent cet itinéraire à la fois vigoureux et contrasté : *Les Problèmes de philosophie* [*Problems of Philosophy,* 1912], *La Méthode scientifique en philosophie* (*) (1914), *L'Analyse de l'esprit* [*The Analysis of Mind,* 1920], *Analyse de la matière* [*Analysis of Matter,* 1927], *Science et Religion* [*Science and Religion,* 1935], *Recherche sur la signification et la vérité* [*An Iquiry into Meaning and Truth,* 1940].

Russell a donné en 1967 une *Autobiographie* [*Autobiography*] qui permet tout particulièrement de situer ces œuvres dans une vie riche en événements de toutes sortes. Une vie proprement surprenante et littéralement débordante d'énergie. On y voit notamment se détacher quelques-uns des personnages avec qui Russell a eu des relations privilégiées, ou qui ont joué un rôle important dans ses choix intellectuels : Whitehead, Moore, bien sûr, mais aussi Wittgenstein, dont la place est d'autant plus significative qu'ils représentent tous deux, y compris dans leurs différences les plus profondes, l'une des composantes essentielles du devenir ultérieur de la philosophie dans les pays anglo-saxons. Mais la philosophie de Russell, l'importante contribution intellectuelle qui fut donc la sienne ne représentent qu'une face de sa vie et de ses engagements. Parallèlement à ses travaux scientifiques, l'auteur des *Principia mathematica* s'est toujours investi dans des choix éthiques et politiques dont le « Tribunal Russell » constitue, à la fin de sa vie, une fidèle expression. C'est ainsi qu'en 1910 il milite aux côtés de sa femme pour l'obtention du vote des femmes et cherche même à se présenter au Parlement : toutefois le parti libéral le repousse, pour athéisme. Pacifiste en 1914, refusant les mythes de guerre de tous les belligérants, il lutte pour faire établir les droits des objecteurs de conscience. Cette activité anticonformiste lui vaut, en 1918, six mois de prison. Il les emploie à écrire son *Introduction à la philosophie mathématique* [*Introduction to Mathematical Philosophy,* 1919]. En 1920, il visite l'U.R.S.S. et rencontre Lénine, mais il se déclare bientôt un adversaire du communisme. En 1921, il divorce et épouse Dora Winifred Black, qui fut sa collaboratrice pour *Perspectives de la civilisation industrielle* [*The Prospects of Industrial Civilization*]. Leurs enfants et les soucis d'éducation marquent l'époque suivante de sa pensée. Russell décide d'ouvrir, sur des principes modernes, une école à Beacon Hill. En 1926, il publie *On Education.* Mais l'école est un échec, surtout financier. *Marriage and Morals,* en 1929, fait scandale.

En 1936, Russell, une seconde fois divorcé, épouse Helen Patricia Spence. Revenu, en 1934, avec *Liberté et Dirigisme de 1814-1914* [*Freedom and Organization 1814-1914*] à l'étude générale du monde actuel, il combat le déterminisme économique, l'historicisme, le marxisme, et souligne l'importance de l'idée de nationalité. En 1938, *Power, a new social analysis* est un examen de l'État. De 1938 à 1944, Russell sera professeur aux États-Unis. Mais ce séjour n'ira pas sans difficultés. Révoqué de son premier poste à New York pour « immoralité » sous la pression catholique, il ne peut rester ensuite que deux ans (sur cinq qui étaient convenus) à la fondation Barnes de Merion (Pennsylvanie). Des cours sur l'histoire de la philosophie qu'il professe il tirera sa grande *Histoire de la philosophie occidentale* [*A History of Western Philosophy,* 1946], où chaque philosophe est défini comme le produit de son milieu. En 1940, Russell a cessé d'être pacifiste. Déjà antifasciste, il décide, en 1948, d'être violemment anticommuniste. Bertrand Russell est revenu après guerre en Angleterre. Il obtint le prix Nobel de littérature en 1950, et continua ses recherches sur la philosophie de la connaissance – *Étendue et limites de la connaissance* [*Human Knowledge, its Scope and Limits*]. Très soucieux d'éviter l'utilisation de l'énergie nucléaire dans une éventuelle guerre entre grandes puissances, Bertrand Russell attacha son nom à une « Fondation Russell pour la paix » et à la création du « Tribunal Russell », qui condamna l'intervention militaire américaine au Viêt-nam. Lutteur infatigable, il sut allier jusqu'à la fin de sa vie la réflexion du logicien et l'« action dans le siècle ».

JEAN DUVAL.

RÉF. : G. Behrens, *Die Prinzipien der mathematischen Logik bei Schröder, Russell and König,* Hambourg, 1918. — A. Darbon, *La Philosophie des mathématiques, étude sur la logistique de Russell,* Paris, 1949. — H. W. Legett, *Bertrand Russell,* Londres, 1950. — A. Dorward, *Bertrand Russell,* Londres, 1951. — E. Götlind, *Bertrand Russell's Theories of Causation,* Upsal, 1952. — L. Linsky, *Le Problème de la référence* [*Referring,* 1967], trad. 1974. — J. Vuillemin, *Leçons sur la première philosophie de Russell,* Paris, 1968.

RUSSELL George William (AE). Poète et essayiste irlandais. Né le 10 avril 1867 à Lurgan (comté d'Armagh), mort le 17 juillet 1935 à Bornemouth. Fils d'un libraire dublinois (mais originaire du nord de l'Irlande), George William Russell, qui signera ses livres AE, sera saisi un beau jour par la fascination des collines qui entourent la ville, et lui révèlent la terre irlandaise en même temps que sa propre puissance visionnaire. À ce moment, sont fixés les traits d'une vocation. Il s'inscrit en 1880 à l'École d'art de Dublin, où il rencontrera Yeats. En 1888, il se rapproche de la Société théosophique, qui l'admet en 1890. Il restera sa vie entière fidèle à l'idéal théosophique et à ses enseignements. Recruté en 1897 par le mouvement coopératif agricole, il se consacre avec ardeur à cette tâche jusqu'en 1905, date à laquelle il devient le directeur de *La Ferme irlandaise* [*Irish Homestead*]. Plusieurs recueils de poèmes paraissent : *Vers la demeure* [*Homeward*, 1894], *Le Souffle de la terre* [*The Earth Breath*, 1897], et *La Vision divine* [*The Divine Vision,* 1904]. Ses *Collected poems,* réunis en 1913 ne seront cependant publiés qu'en 1923. Dans la période qui s'ouvre alors, marquée par la violence et les espoirs de l'indépendance irlandaise AE, aussi bien comme économiste et journaliste que comme poète et prophète, cherche à faire prévaloir la sagesse. En 1923, il devient rédacteur en chef de *L'Homme d'État irlandais* [*Irish Statesman*]. Son grand âge sera marqué par des voyages (aux États-Unis notamment). À côté de nombreux articles et d'ouvrages comme *L'Être de la Nation* [*The National Being,* 1916], *Économie de l'Irlande* [*The Economics of Ireland,* 1920], il publie plusieurs œuvres consacrées à sa vocation de poète et de visionnaire, entre autres *Le Flambeau de la Vision* (*), 1918, essai de biographie spirituelle, *Les Interprètes* [*The Interpreters,* 1922] ; enfin *Les Fontaines de l'inspiration* (*) (1932) où il revient sur le sens de ses visions dans leur lien avec l'inspiration poétique.

FRANÇOIS LALLIER.

RUSTICIEN de Pise, dit Rustichello. Troubadour d'origine italienne du XIIIe siècle. Il rédigea vers 1270 *Méliadus* (+), longue compilation des romans du cycle breton qui se rattachent à la légende de la Table ronde. Ce vaste ouvrage en langue d'oïl n'a guère qu'un intérêt documentaire. Incarcéré à Gênes en 1298, il se lia en prison avec Marco Polo et rédigea sous sa dictée une relation de ses voyages. Ce texte, également en langue d'oïl, s'intitulait : *Le Divisement dou monde de messer March Pol de Venece* — v. *Le Livre de Marco Polo* (*).

RUTEBEUF. Poète et auteur dramatique français du XIIIe siècle, d'environ 1230 à 1285, sans aucune certitude. L'âme immortelle de Rutebeuf ne peut pas trop se plaindre de l'oubli : au XIXe siècle, une édition en trois volumes de ses *Œuvres complètes* par Jubinal et une étude en un volume de mon maître de Lyon, Léon Clédat. Cependant, il a fallu le second quart du XXe siècle pour que fût mise en valeur l'œuvre dramatique, en des représentations, par mes étudiants de Sorbonne, ainsi que ses poésies personnelles et politiques, en leurs récitations. Sa biographie, toutefois, est incertaine, quant aux origines, aux événements, aux dates, et doit être déduite des termes d'une poésie méritant vraiment le nom de lyrique, de ses dédicaces, de ses sujets et de ses aveux qui touchent le tréfonds de la vie et de l'être, premier cas de ce genre et qui ne se retrouvera plus, avec la même sincérité émouvante, que deux siècles plus tard, au XVe siècle, chez un François Villon, dont il semble la préfigure. Le nom, d'abord, est difficile, Rustebuef, qu'il traduit lui-même par rude bœuf, traçant son sillon avec patience. Les origines ? douteuses aussi, champenoises probablement, d'après le *Dit de l'Herberie* (*), et certains traits dialectaux, mais il est parisien par son habitat, ses relations, son activité, ses études peut-être, dans l'« Universitas magistrorum et scholarium », alors en pleine poussée, avec ses quelque cinquante collèges, rien que pour la faculté des arts (Lettres). Il sait du latin, au moins celui de l'Église. Mais il n'a pas la vocation de l'enseignement et n'aspire pas à la « licentia docendi », pas même au baccalauréat, qui en est le premier grade. Il a des notions de la rhétorique, telle que l'enseignent les Arts poétiques, qu'a étudiés Edmond Faral.

La profession qu'il a choisie est celle, aventureuse et vagabonde, de jongleur, dont il a pu s'instruire dans l'une des écoles qui les forment, où, mieux que dans les collèges qui ne dégoisent que la « verbocination latiale », il peut apprendre, sans grammaire ni dictionnaire, en lisant seulement et écoutant les poèmes récités par cœur, le vocabulaire, la syntaxe et la prosodie, dont il sent les mètres, les rythmes et les rimes au point d'en créer un qui est bien à lui : le tercet, suivi d'un demi-vers qui impose sa rime aux suivants. Il a dû apprendre aussi la musique, sans laquelle la poésie des trouvères ne se conçoit pas, mais pour laquelle il est moins doué que son successeur, à un siècle de distance, Guillaume de Machaut, champenois aussi, fondateur de l'Ars nova ou « nouvelle forge ». La vielle en sautoir, il se présente dans les salles des châteaux et des hôtels seigneuriaux de Paris, pour y chanter de geste (les *Chansons de geste*), mais bientôt il n'aura plus pour répertoire que ses propres œuvres, où il raconte sa vie et blasonne ses confrères ménestrels, comme Charlot le Juif, et lui-même. On peut le croire quand il clame aux échos et, surtout, aux oreilles du roi Louis IX et de ses frères, comme Alphonse de Poitiers, sa misère, car ses récitations ne lui procurent pas d'argent, mais parfois un manteau, une robe, à l'occasion un cheval. La cause de cette misère ? La dureté des temps, la vie chère et *Le Mariage Rutebeuf*, une lamentable union de deux misères, avec une femme qui « n'est ni gente ni belle / Cinquante ans a en l'écuelle / Est maigre et sèche ». Pas si vieille qu'elle ne puisse être « blessée d'enfants », comme on dit encore en certaines campagnes, et l'enfant vient braire dans l'aître, ou « veut de l'argent la nourrice ». *La Complainte Rutebeuf* dit encore qu'il a perdu l'œil droit, que son cheval s'est brisé les jambes : au temps d'hiver, le malheur est pire : « Et froid au cul quand bise vente. » Du feu, il n'y en a point dans l'âtre, mais on va chercher la chaleur au cabaret où l'on joue aux dés. Mais à tant de malheurs, il y a des consolations suprêmes, d'abord celle de l'artiste : la poésie, son vrai métier : « Je ne suis ouvrier des mains... / L'espérance du lendemain, / Ce sont mes fêtes. » Et puis, il y a la gloire, dont bien avant Ronsard, il a eu la prescience et l'orgueil, avec une pointe de malice : « L'on penserait que je suis prêtre / Car je fais plus signer de têtes / Que si je chantais l'Évangile / On se signe parmi la ville / De mes merveilles. » Ainsi donc, il existait, dans les rues tortueuses du vieux Paris, ce geste du passant désignant admirativement le poète, comme Dante dans les rues de Florence. La poésie, la gloire, la foi. C'est le troisième terme qui domine, réduisant, parfois exaltant les deux autres. Il y vient surtout en pensant à *La Mort Rutebeuf* — v. *Poésies* (*).

Mais c'est surtout sur la scène qu'il l'exprime, car on doit à Rutebeuf le premier *Miracle de Notre Dame* de notre littérature : le *Miracle de Théophile* (*) que ma troupe d'étudiants de Sorbonne, qui en tirent leur beau nom de théophiliens, a rendu célèbre, en le représentant à la salle Louis Liard, le 7 mai 1933, et, depuis, en maints pays du monde, jusqu'au Brésil. J'avais fait suivre celui-ci du *Dit de l'Herberie,* monologue comique, ou parfois, de l'éloquent *Débat du croisé et du décroisé,* par lequel, s'appropriant un autre genre de théâtre profane, notre Rutebeuf, transformé de poète vagabond en poète national, favorisait la propagande du roi Louis IX, pour la croisade d'Orient. Rutebeuf, dont il faudrait rappeler encore les pièces satiriques contre les frères mendiants, où il fit preuve d'une rare indépendance, appuyant ainsi l'action du recteur de l'université de Paris, Guillaume de Saint-Amour, apparaît en pleine lumière comme la figure la plus représentative de la poésie française au grand siècle, le XIIIe.

GUSTAVE COHEN.

♦ *« Pour la première fois, nous rencontrons dans l'Histoire de notre littérature une individualité fortement caractérisée. »* G. Lanson. ♦ *« ... la poésie parisienne de Rutebeuf (mort vers 1280) à moitié populaire de forme, et plus intéressante que toute autre par le sujet et l'inspiration. Le plus souvent, il expose, dans des vers d'un relief parfois admirable, et dont les pointes, trop prodiguées, n'empêchent pas toujours de goûter l'esprit réel, sa misérable situation de clerc déclassé, marié, vivant de la protection des grands ou des libéralités du public, vrai bohème comme le fut plus tard Villon, comme le furent tant d'autres poètes, à toutes époques, sur le pavé de Paris. »* G. Paris.

RÉF. : Léon Clédat, *Rutebeuf,* 2e éd., Paris, 1909. — Gustave Cohen, *La Poésie en France au Moyen Âge,* Paris, 1952 ; *Rutebeuf, l'ancêtre des Poètes Maudits,* extrait de la revue *Les Études classiques,* t. XXI, Namur, 1953. — E. Faral et J. Bastin, *Œuvres complètes de Rutebeuf,* 2 vol., Paris, 1959-1960. — A. Serper, *Rutebeuf poète satirique,* Paris, 1969. — N. Regalado, *Poetic Patterns in Rutebeuf,* Newhaven-Londres, 1970. — J. Dufournet, *Rutebeuf, Poèmes de l'infortune à poèmes de la croisade,* Paris, 1979 et *Poésies de l'infortune et autres poèmes,* Paris, 1986.

RUTHERFORD Ernest. Physicien britannique. Né à Nelson (Nouvelle-Zélande) le 30 août 1871, mort à Cambridge le 20 novembre 1937. C'est l'une des figures les plus importantes du début du siècle, instigateur et réalisateur de nouvelles recherches, défenseur de nouvelles conceptions fondamentales dans le domaine de la physique. Il devint docteur en cette discipline dans son île natale, ensuite il se rendit en Angleterre, au Trinity College de Cambridge, où il fut l'élève de J. J. Thomson. Il devint successivement professeur à Montréal (à partir de 1898) et à Manchester (à partir de 1907) ; puis à Cambridge et, enfin, à Londres. Au moment où il avait commencé à étudier avec Thomson, celui-ci s'occupait de recherches relatives au passage de l'électricité à travers les gaz, et le phénomène de l'ionisation gazeuse, c'est-à-dire la présence de particules chargées d'électricité (les ions) dans les gaz, était en voie de s'affirmer expérimentalement. La conséquence de cette orientation des études de Rutherford fut qu'il se sentit attiré surtout par les manifestations caractéristiques que présentait un phénomène alors découvert : celui de la radioactivité qui, justement, accordait conductibilité, donc ionisation, à l'air. Donnant immédiatement la preuve de ses capacités d'expérimentateur, Rutherford réussit, avec Soddy, à deviner de manière définitive que le processus radioactif consistait essentiellement dans l'émanation, à partir des atomes qui jouissent de cette propriété, de particules ionisantes. C'est ainsi que naquit l'une des conceptions fondamentales de la physique expérimentale moderne. Rutherford parvint à démontrer que le processus radioactif coïncide, en dernière analyse, avec un processus de transformation de l'atome, c'est-à-dire que tout processus d'ionisation produit a partir d'une substance radioactive provient de particules ou de radiations émises à partir de cet atome. Arrivé à ce résultat très important, à savoir que la manifestation produite par un atome radioactif représente sa transformation, il définit la nature différente des radiations émises par les corps radioactifs (rayons alpha, bêta et gamma), puis il poursuivit ses recherches minutieuses sur la structure complète de l'atome, se préoccupant de proposer une structure atomique qui pût satisfaire les données expérimentales. En opposition avec une conception atomique avancée par Thomson, il eut l'intuition que l'atome devait avoir une structure de type planétaire, donc qu'il devait être constitué par un noyau central dans lequel se trouvait condensée en un espace extrêmement réduit toute la charge positive et, pratiquement, toute la masse de l'atome, et qu'autour de ce noyau central devaient graviter des électrons négatifs. Il réussit à donner une démonstration expérimentale de sa conception en employant les particules émises par des atomes radioactifs, créant précisément cette théorie de l'atome planétaire qui devait avoir une importance décisive pour le progrès de la science. La dernière partie de sa vie fut consacrée à une série d'expériences qui devaient confirmer sa théorie de la structure de l'atome, et qui ouvrirent ensuite de nouveaux domaines à la recherche. Il réussit, en utilisant des particules de forte puissance et en bombardant opportunément les atomes, à obtenir la désintégration de ces derniers, réalisant ainsi, le premier, ce qui avait été le rêve des alchimistes, la transformation de la matière. Toujours à l'avant-garde des recherches expérimentales, à la fin de sa vie, il s'occupa de ses élèves et les poussa à s'intéresser, eux aussi, aux problèmes connexes de l'accélération des ions pour obtenir, précisément, la transformation de la matière. Il consigna les résultats de ses recherches dans *Radioactivité* (*) (1904), *Transformations radioactives* (+) (1906), *Histoires des rayons alpha des substances radioactives* (1912), *Radiations émises par les substances radioactives* (*) (1930), *La Plus Neuve Alchimie* [*The Newer Alchemy,* 1937]. Son œuvre de savant lui valut de très hautes distinctions, il reçut le titre de lord, et le prix Nobel lui fut décerné en 1908. Ses cendres sont conservées à Westminster Abbey à côté des dépouilles mortelles des autres grands physiciens anglais.

♦ *« Rutherford est actuellement le seul homme qui puisse, grâce à la découverte du radium, rendre à l'humanité des services inappréciables. »* Marie Curie. ♦ *« Les découvertes de Rutherford lui assurent une place parmi les plus grands savants que l'humanité ait produits. »* Niels Bohr. ♦ *« Ce fut un savant d'un type original, doué d'une rare intuition, d'une persévérance infatigable et d'une vision si nette du but qu'il poursuivait qu'il a semblé l'atteindre par la seule progression logique de ses travaux et de ceux qu'il inspira à ses élèves. »* De Broglie. ♦ *« Lord Rutherford a réalisé le rêve millénaire des alchimistes en provoquant la transmutation de l'azote et de l'aluminium. Sa théorie nucléaire de l'atome et des transmutations constitue une des contributions essentielles à la conquête de l'énergie atomique grâce à laquelle l'humanité se trouve à l'aube d'une ère nouvelle. »* F. Joliot-Curie. ♦ *« Ce fut un très grand homme et le véritable initiateur à la recherche atomique. »* J. R. Oppenheimer.

RÉF. : A. S. Eve, *Lord Rutherford,* Cambridge, 1939. – *Cérémonies du Xe anniversaire de la mort de Lord Rutherford,* Paris, 1947. – J. G. Crowther, *British Scientists of the 20th Century,* Londres, 1952. – H. Hartmann, *Schöpfer des neuen Weltbildes,* Munich, 1952. – E. Larsen, *12 Hommes qui ont changé notre vie,* Paris, 1956. – D. Wilson, *Rutherford, Simple Genius,* Londres, 1983.

RUTHERFORD Mark (pseud. de William Hale White). Écrivain anglais né à Bedford le 22 décembre 1831 et mort à Groombridge, dans le Sussex, le 14 mars 1913. De famille aisée, il fit ses études à Cheshunt, puis à New College avec l'intention d'entrer dans le clergé, mais, ses idées s'étant modifiées, ce fut dans une tout autre voie qu'il décida de s'engager en devenant clerc de l'Amirauté.

Il s'était toujours passionné pour la presse et avait collaboré à de nombreux journaux sans réussir toutefois à s'imposer, ni à en subsister. C'est comme romancier qu'il commença à se faire un nom en publiant l'*Autobiographie de Mark Rutherford* (*) en 1881. Il donna ensuite une traduction de l'*Éthique* (*) de Spinoza (1883), puis deux autres romans, *La Délivrance de Mark Rutherford* (*) (1885) et *La Révolution à Tanner's Lane* [*The Revolution in Tanner's Lane*, 1887]. Ces premiers ouvrages furent peu appréciés du public, mais ils permirent à Rutherford de faire son apprentissage de romancier et de se forger peu à peu un style et un univers absolument personnels, qui lui vaudront toujours une place dans l'histoire de la littérature de son temps. Ses œuvres majeures sont : *L'Éducation de Myriam* [*Miriam's Schooling and Other Papers*, 1890], *Catherine Furze* (2 vol., 1893) et *Clara Hopgood* (1896). Il a fait paraître, en outre, *Pages de Journal* [*Pages from a Journal, with Other Papers*, 1900], une étude sur *John Bunyan* (1905) et *Nouvelles pages de Journal* [*Mores Pages from a Journal*, 1910]. En hommage posthume, sa femme réunit ses dernières compositions et les édita sous le titre de *Dernières pages* [*Last Pages*, 1915].

RÉF. : A. E. Taylor, *The Novels of Mark Rutherford*, in *Essays and Studies*, V, 1914. – L. Cazamian, *Le Roman et les Idées en Angleterre*, Strasbourg, 1923. – W. R. Nicoll, *Memories of Mark Rutherford*, Londres, 1924. – D. V. White, *The Groombridge Diary*, Londres, 1924. – Catherine Macdonald Maclean, *Mark Rutherford*, Londres, 1955. – I. Stock, *W. H. White (Mark Rutherford), in Critical Study*, Londres, 1956.

RUTILIUS NAMATIANUS Claudius. Poète latin. Né en Gaule, il vécut au Ve siècle. Tout ce que l'on possède, en fait de renseignements biographiques, est tiré de son poème *Sur son retour* (*). Alors qu'Honorius se trouvait au pouvoir, Rutilius obtint la charge de « magister officiorum » en 412, et celle de « praefectus urbi » en 414. Mais, en septembre 416, il dut quitter Rome où il résidait, car la Gaule était menacée par les Barbares. L'œuvre de Rutilius, qui n'est point à dédaigner, occupe une place toute particulière dans l'histoire de la culture ; l'auteur a étudié les meilleurs écrivains classiques et il en a fait son profit. D'autre part, il est considéré, à juste titre, comme le dernier poète romain.

RÉF. : R. Pichon, *Les Derniers Écrivains profanes*, Paris, 1906. – P. Courcelle, *Histoire littéraire des grandes invasions germaniques*, 1964 (3e éd.).

RUYSBROEK ou RUUSBROEC Jan van, dit l'Admirable. Mystique et théologien flamand. Né en 1293 au village de Ruysbroek, dans le Brabant, mort à l'ermitage de Groenendaal, dans la forêt de Soignies, non loin de Bruxelles, le 2 décembre 1381. On connaît peu de chose concernant les premières années de sa vie ; même son véritable nom patronymique est tombé dans l'oubli. À l'âge de onze ans, il quitta sa mère pour rejoindre un de ses oncles, Jan Hinckaert, chanoine régulier de Sainte-Gudule à Bruxelles. Ce dernier l'accueillit chez lui et lui donna une instruction qui lui permit d'être, en 1317, ordonné prêtre et nanti d'une prébende à Sainte-Gudule. Pendant les vingt-six années que Ruysbroek passa à Bruxelles, il s'employa surtout à combattre l'hérésie dite des Frères du Libre-Esprit, dont les adeptes – qui avaient à leur tête une femme du nom de Bloemardène – faisaient une propagande très active au moyen de courts pamphlets. Ruysbroek répondait par d'autres pamphlets, qu'il écrivait en langue vulgaire afin qu'ils pussent être compris par les gens du peuple. Cette activité de polémiste est peu connue, car ces écrits – vraisemblablement non signés – ne parvinrent pas jusqu'à nous.

Trouvant que l'existence à Bruxelles était peu favorable à la méditation, Ruysbroek, accompagné de son oncle et d'un autre chanoine, François van Coudenberg, se rendit, en 1343, à l'ermitage de Groenendaal, fondé en 1304 par un prince de la maison de Brabant devenu anachorète, Jean de Busco. Les trois compagnons y formèrent une communauté, dont Ruysbroek devint le prieur. C'est là qu'il écrivit ses œuvres mystiques : *De l'ornement des noces spirituelles* (*), *Le Royaume des amants de Dieu* [*Van den Rike der Ghelieven*], *Le Livre de la plus haute vérité de Samuel* [*Het Boec der hoeschster Waerheit of Samuel*], *Le Livre des sept clôtures* [*Het Boec van seven sloten*], *Les Sept Degrés de l'échelle d'amour spirituel* [*Van seven trappen*], *Le Tabernacle de l'âme* [*Het Boec van den gheesteleken Tabernacule*] et quelques écrits de moindre importance. La renommée de Ruysbroek s'étendit rapidement à toute la Flandre et aux pays avoisinants ; des personnalités telles que Tauler et Gérard Groot lui rendirent visite. La majeure partie de ses œuvres, écrites en flamand ou, plus exactement, en dialecte brabançon, furent, encore du vivant de leur auteur, traduites en latin par Guillaume Jordaens et, deux siècles plus tard, par Surius (Cologne, 1552) ; toutefois, certaines de ses œuvres mineures n'existent encore qu'en manuscrits. Après la suppression du prieuré de Groenendaal en 1783, le corps de Ruysbroek fut transporté à Bruxelles et enseveli à Sainte-Gudule. Au début du XVIIe siècle, l'archevêque de Malines demanda à Rome la béatification du mystique, mais, certains censeurs ecclésiastiques ayant trouvé des traces de panthéisme dans ses écrits, l'affaire traîna en longueur. La cause étant réintroduite en 1883 par le cardinal Goosens, le décret papal du 1er décembre 1908 lui reconnut enfin le titre de « bienheureux ».

ALEXANDRE LABZINE.

♦ *« C'était un homme ignorant, qui ne savait seulement pas le latin. Mais la science surnaturelle lui fut donnée en partage. Il écrivit dans un idiome vulgaire les plus délicates et les plus profondes vérités, avec une sublimité telle que les plus excellents professeurs de la sacrée théologie, avouant leur immense infériorité, restent éperdus d'admiration en sa présence... »* Denys le Chartreux (XVe siècle).

RÉF. : Pomerius [pseud. d'Henri Uten Bogaerde], *De Origine monasterii Viridis Vallis et de gestis patrum et fratrum in primordiali fervore ibidem degentium*, 1420. – A. Le Mire, *Elogia et testimonia variorum de Venerabili Joanne Rusbrochio*, Bruxelles, 1622. – Schmidt, *Étude sur Jean Ruysbroek, le docteur extatique et divin, théologien mystique du XIVe siècle, sa vie, ses écrits et sa doctrine*, Strasbourg, 1859. – Auger, *Études sur les mystiques des Pays-Bas*, Bruxelles, 1892. – M. Maeterlinck, *Introduction à la traduction de « L'Ornement des noces spirituelles »*, Bruxelles, 1908. – Bourguignon, *Le Bienheureux J. Rusbrok*, Liège, 1910. – Wautier d'Aygalliers, *Ruysbroek l'Admirable*, Paris, 1923. – M. d'Asbeck, *La Mystique de Ruysbroek l'admirable*, 1930. – A. Ampe, *Kernproblemen uit de leer van Ruysbroek*, 3 tomes, Amsterdam, 1950-1952, et « Jean Ruusbroec » in *Dictionnaire de spiritualité ascétique et mystique*, t. VIII, Paris, 1972. – J. Alaerts, *La Terminologie « essentielle » dans l'œuvre de Jan van Ruysbroek (1293-1381)*, thèse, Lille, 1973. – A. Ampe, en collab., *Jan van Ruysbroek 1293-1381*, Bruxelles, 1981. – P. Mommaers et N. de Paepe, *Jan van Ruysbroec : The Sources, Content and Sequels of His Mysticism*, Louvain, 1984.

RYDBERG Abraham Viktor. Écrivain suédois. Né à Jönköping le 18 décembre 1828, mort à Stockholm le 21 septembre 1895. Orphelin de bonne heure, il eut une enfance très dure, et ne put qu'à grand-peine entreprendre des études que la pauvreté le contraignit bientôt à abandonner. Tout en gagnant sa vie il continua néanmoins à s'instruire et put collaborer, à partir de 1855, au plus grand journal de Göteborg, où il donna des articles de politique étrangère et de critique littéraire. Son premier roman, *Le Corsaire de la Baltique* [*Fribytaren på Östersjön*] parut en 1857, et Rydberg obtint le succès et la célébrité avec *Le Dernier Athénien* (*) (1859), roman qui décrit la lutte qui opposa l'Antiquité mourante au christianisme triomphant. À partir de 1860 il se passionna pour les problèmes religieux auxquels il consacra plusieurs ouvrages : *Doctrine de la Bible sur Jésus* [*Bibelns lära om Kristus,* 1862] et *La Magie au Moyen Âge* [*Medeltidens magi,* 1865]. Il fut élu député de Göteborg à la seconde Chambre du Riksdag (1870-72), puis voyagea en France et en Italie. Ses romans, ses essais et ses poèmes (*) lui avaient assuré une grande notoriété. Il faut encore citer parmi ses œuvres son roman *Singoalla* (1865), *L'Armurier* [*Vapensmeden,* 1891], ses *Recherches sur la mythologie germanique* [*Undersökningar i germansk Mytologi,* 2 vol., 1886-1889] et surtout sa traduction du *Faust* (*) de Goethe, qui passe pour la meilleure adaptation en langue étrangère qu'ait connue cette œuvre célèbre.

RÉF. : C. Warburg, *Viktor Rydberg, hans levnad och diktning,* Göteborg, 1913. – L. Lundh, *Viktor Rydberg,* Stockholm, 1918. – V. Svanberg, *Rydbergs Singoalla,* Uppsala, 1923. – Olle Holmberg, *Viktor Rydbergs lyrik,* Stockholm, 1935. – Hans Granlid, *Nya grepp i Rydbergs lyrik,* Stockholm, 1973.

RYLÉEV Kondrati Fedorovitch [Kondratij Fedorovič Ryleev]. Poète russe. Né le 18 septembre 1795 dans la propriété paternelle de Batovo (gouvernement de Saint-Pétersbourg), mort le 13 juillet 1826 à Saint-Pétersbourg. Après avoir fait ses études, de 1801 à 1814, dans le corps des cadets, il prit part à la campagne russe contre Napoléon. Ce fut pour lui l'occasion de connaître des régions différentes, et de mener pendant quelques mois une vie insouciante. Rentré en Russie, Ryléev ne resta dans l'armée que pendant trois ans : il démissionna (1818), se maria (1820) et se fixa à Saint-Pétersbourg où il fut assesseur au tribunal pénal. Il s'intéressa, entre autres, au mouvement maçonnique et entra dans une loge. En 1823, il devint membre de la Société nordique, l'une des sociétés secrètes qui préparèrent l'insurrection du 14 décembre 1825. Entre-temps, Ryléev s'était révélé poète : l'une de ses *Poésies* et la satire *Au favori* [*K favoritu*] retinrent l'attention des cercles littéraires, et politiques également : car il n'était pas difficile de reconnaître dans le « favori » la figure du ministre d'Alexandre Ier, Araktchéev, le créateur et l'organisateur des fameuses colonies militaires. Ryléev, en collaboration avec son ami, poète et nouvelliste Alexandre Bestužev, comme lui conspirateur, commença de publier, en 1823, un almanach intitulé *L'Étoile polaire* [*Poljarnaja zvezda*] et, en même temps, les *Pensées*, imitation des chants folkloriques ukrainiens ainsi appelés [*Doumy*], mais aussi des *Chants historiques* du poète polonais Niemcewicz. Sur le modèle des *Pensées*, mais infiniment supérieur du point de vue artistique, est le poème *Voïnarovski*, écrit sous l'influence du poème de Pouchkine, *Poltava* (*). Publié en 1825, *Voïnarovski* précéda de peu la mort tragique du poète qui, arrêté à la suite de l'insurrection du 14 décembre à laquelle il avait pris part, fut pendu.

RÉF. : Schnitzler, *L'Histoire intime de la Russie*, 1854. – N. Kotljarevskij, *Ryléev*, Saint-Pétersbourg, 1908.

RYÛTEI TANEHIKO (dans le siècle : Minamoto Tomohisa). Écrivain japonais. Né en 1783 à Edo (aujourd'hui Tôkyô) où il mourut le 13 juillet 1842. Sa famille relevait directement, depuis des générations, des « shôguns » de la famille Tokugawa. Il manifesta dès son enfance un caractère ombrageux et son père l'admonestait, désirant qu'il devînt docile et souple comme les branches des saules. Devenu plus sage, Tanehiko se mit à écrire sous le pseudonyme de Ryûtei (littéralement : « le pavillon des saules »), en mémoire du souhait paternel. Il étudia le « haïkaï » (petit poème très court de dix-sept syllabes), la poésie satirique, la peinture, et se passionna pour les spectacles de « kabuki » [théâtre populaire].

Âgé de vingt-quatre ans environ, il se mit à écrire sans grand succès des nouvelles et des romans d'inspiration variée (romans d'amour, historiques, etc.) et néanmoins ne se laissa pas décourager : c'était pour lui une sorte de passe-temps. Ce fut seulement la publication, en 1821, de l'*Ukiyogata Roku-mai Byôbu* (*) qui le fit connaître, mais la célébrité lui vint de son roman *Une fausse Murasaki et un Genji rustique* (*), à tel point que le shôgun Tokugawa Lenari (1773-1841) voulut le lire. L'œuvre n'en fut pas moins censurée par ordre de Mizuno Tadakuni (1794-1851), et Tanehiko n'échappa que de justesse à un châtiment corporel. Atterré par cette mesure, l'écrivain qui était malade, déclina gravement et mourut. Tanehiko n'est pas un grand écrivain. Du moins écrit-il dans une langue fluide et n'est-il pas tributaire de l'influence chinoise, si évidente dans les écrits de Bakin et de Kyôden qu'il tenait en grande estime. Précurseur du roman populaire, son style s'apparente à celui des drames du « kabuki » et du « jôruri » [théâtre de marionnettes], dont il adapta et transposa les thèmes d'inspiration en les remaniant d'une façon très adroite.

S

SAADI Mosleh al-Dîn. Poète persan. Né et mort à Chiraz (1209 ?-1292), capitale de la province de Fârs, alors principauté indépendante aux mains de l'atabeg Mozaffar al-Dîn Toukla, troisième prince de la lignée des Salghourides, à l'origine vassale des sultans seldjoukides. La carte politique de l'Iran et de tout le Proche-Orient était alors en passe de subir de profondes modifications : tandis que des potentats locaux se disputaient l'héritage de l'Empire seldjoukide qui avait un moment réuni presque toute l'Asie musulmane, et tandis que les Croisés résistaient dans le royaume de Jérusalem aux assauts de Saladin, la puissance des sultans du Khwarezm s'édifiait à l'est de l'Iran, pour tomber plus tard à son tour, après un éphémère éclat, sous les coups des Mongols. Une alternance de guerres confuses, au cours desquelles cités et provinces changeaient à chaque instant de maîtres, et de brèves périodes de paix forme ainsi la toile de fond de l'existence aventureuse de Saadi. L'écrivain vécut son enfance à Chiraz. Son père Abdollâh était au service de l'atabeg Saad ibn Zangi, monté sur le trône en 1197, et c'est, selon la tradition, en raison de la protection dont il bénéficia de la part du prince que le poète choisit pour nom de plume celui de Saadi. Le jeune Saadi reçut une excellente éducation morale et littéraire ; les souvenirs qu'il rapporte dans ses œuvres sur sa première jeunesse le montrent entouré des soins attentifs d'un père fort cultivé et, en tout cas, toujours prêt à tirer quelque édifiante maxime des événements de la vie quotidienne. Est-ce à cette formation que l'auteur du *Boustân* (*) fut redevable de ce tour d'esprit qui fait de lui le plus grand moraliste de cet Iran pourtant si fécond en maîtres du genre ? Orphelin dès son adolescence, il put néanmoins, grâce à la munificence de l'atabeg Saad, aller continuer ses études à Baghdâd à l'université Nizâmiyyé, une des plus illustres de l'Orient d'alors. Il séjourna pendant au moins une dizaine d'années dans la luxueuse capitale des califes abbassides qui, bien qu'en pleine décadence politique, conservait encore un incomparable éclat intellectuel. Le poète suivit l'enseignement d'Abol Faraj ibn Jowzi et de Sohrav ardi, deux des mystiques les plus en renom de l'époque. Tout jeune encore, il fut bientôt lui-même chargé de répétitions de cours sur les traditions prophétiques (hadith). Ces studieuses occupations ne l'empêchaient pourtant pas de jouir des plaisirs que la capitale offrait à un éphèbe libre de toute autorité familiale. Il rapporte dans son *Golestân* (*) que ses maîtres lui reprochaient de trop apprécier la musique, art tenu pour mondain par le rigorisme islamique. Il nous dit aussi avoir « connu les voies et l'étiquette de l'amour aussi bien que l'on sait l'arabe à Baghdâd » (*Golestân*) ; or les nombreux poèmes arabes dont il est l'auteur nous donnent la mesure de la connaissance qu'il acquit de cette langue durant son séjour en Iraq. De cette époque date vraisemblablement son premier recueil de poèmes en persan, les *Odes anciennes* [*Ghazakiyât-é-qadîm*], où sont chantées la fuite du temps et la joie de vivre.

Selon Dowlatchâh, un de ses biographes, Saadi aurait consacré trente années de sa vie à l'étude, trente aux voyages et trente à méditer et à écrire. En 1235 (?) nous trouvons notre poète, d'après son propre témoignage, à Kachgar, en pleine Asie centrale. Sa jeune renommée littéraire (il avait alors vingt-six ans seulement) avait déjà atteint cette ville lointaine. À en croire certains auteurs, il serait ensuite rentré à Baghdâd pour y séjourner, mais une autre indication, tirée du *Golestân,* nous le montre à la même époque parcourant la Syrie où, après un séjour à Damas, il fit une retraite au désert et tomba prisonnier aux mains des Francs. Réduit à la condition d'esclave, il travaillait aux remparts de Tripoli lorsque le hasard mit sur son chemin un riche Alépin de ses amis. Racheté pour dix pièces d'or, le poète suivit à Alep son libérateur qui lui donna en mariage sa propre fille, avec une dot de cent pièces d'or. Union vite rendue insupportable par le caractère de la dame et que Saadi déplore avec esprit dans son *Golestân* ; tout permet de croire qu'il se délivra bientôt de cet esclavage pire que le premier.

Saadi paraît s'être rendu en pèlerinage à La Mecque un peu avant 1230, date à laquelle on le retrouve à Ispahan pour une brève visite à un ami. La guerre faisait alors rage dans tout l'Orient. La marée mongole submergeait l'Iran oriental tandis que, sur les confins occidentaux, les princes locaux, aveugles au danger commun, se livraient des batailles acharnées. Saadi nous confie que « l'oppression des Turcs » et « le trouble, la confusion et l'inquiétude » qui régnaient par le monde furent au nombre des raisons qui l'éloignèrent de son pays. Ce ne furent sans doute pas les seules, car, impénitent vagabond, on croise sa trace sur toutes les pistes de l'Asie. Quelquefois dans l'aisance, le plus souvent nu-pieds, affamé, souffrant de la soif, endurant la brutalité de ces caravaniers qu'il nous montre réveillant à coups de fouet, à l'aube, les voyageurs exténués, il visita toute l'Arabie, l'Inde et même l'Éthiopie. Selon ses biographes, il aurait effectué treize fois le pèlerinage de La Mecque. Si les voyages de Saadi sont attestés par les renseignements contenus dans son œuvre, rien de permet d'en reconstituer sûrement la chronologie. Le plus lointain de ces déplacements le conduisit en Inde, vraisemblablement par la route de l'Afghanistan où, attaqué par des bandits, le poète ne dut son salut qu'à la fuite. Est-ce afin de faire oublier cette lâcheté que, dans le *Boustân,* il embouche la trompette héroïque pour rapporter une aventure dont il aurait été le héros dans la ville de Soumenath, au Goujérat ? À l'en croire, indigné par les pratiques idolâtres des brahmines, il aurait feint de vouloir se convertir à leur religion pour obtenir de loger dans leur temple. Là, il aurait découvert le subterfuge par lequel, chaque matin, la statue la plus révérée élevait ses bras vers le soleil. Surpris par un prêtre, il aurait jeté ce malheureux dans un puits et l'aurait achevé à coups de pierres. « ... Car je savais que si ce brahmine demeurait / Vivant, il s'efforcerait de faire couler mon sang / Qu'il se réjouirait de me détruire / De crainte que je ne révélasse son secret / ... Je l'achevai à coups de pierres, ce misérable, / Pour cette bonne raison que les morts ne parlent plus. »

Après cette aventure, Saadi poursuivit son voyage en Inde, puis gagna le Yémen, vraisemblablement à la voile, par la route des moussons. Certains passages de son œuvre font aussi allusion à une escale sur les côtes de l'Éthiopie. Fortune de mer ou visite délibérée ? Saadi semble avoir été tenté de se fixer à Sanaa, capitale du Yémen, dont un climat d'éternel printemps et le commerce des lettrés faisaient un séjour plein de charme. Il y prit femme. Par malheur, le fils qui naquit de cette union mourut bientôt ; le poète reprit alors son chemin vers le nord, pour un nouveau pèlerinage à La Mecque. On le rencontre ensuite en Égypte, puis au Maghreb et de nouveau en Orient. Il y a tout lieu de croire qu'il s'arrêta quelque temps à Damas. Le désir de rencontrer un saint homme de grand renom établi aux « confins du pays de Roum », c'est-à-dire en Asie Mineure, le conduisit jusque dans la région de Diarbékir. Certains auteurs veulent qu'à l'occasion de ce voyage (vers 1250) Saadi ait rencontré Jalâl al-Dîn Roumi, qui vivait à l'époque à Konya. Rien n'interdit en tout cas de supposer une entrevue entre les deux grands poètes. Mais la vieillesse était déjà là. Riche de souvenirs et d'expérience, « chaque moisson lui ayant livré quelques gerbes », Saadi se décida enfin à regagner sa ville natale, Chiraz, mais non sans faire un long détour par les confins arméniens et l'Azerbaïdjan. Le poète retrouva le Fârs sous un règne tranquille, celui du fils de son premier patron, Saad, le prince salghouride Abu Bakr (1226-1260), loyal vassal de cet Empire mongol dont la paix s'étendait alors sur tout l'Iran. Ami des sciences et des lettres, le prince fit bon accueil à Saadi et lui donna pour résidence une dervicherie voisine de la ville, agrémentée d'un jardin baigné par le Roknabâd, rivière souvent chantée par les poètes de Chiraz et par notre auteur lui-même. Dans cette délicieuse retraite, celui-ci consacra le temps que lui laissaient ses amis et ses dévotions à la mise au net des œuvres composées ou ébauchées au cours de ses voyages. Ses vers attestent aussi que sa félicité ne fut pas sans nuages et qu'il dut à plusieurs reprises se défendre contre des détracteurs jaloux de sa fortune. Son premier soin fut de publier ses deux compositions principales, le *Boustân* [*Le Verger,* 1257] et le *Golestân* [*Jardin des roses,* 1258]. Ce livre « aux feuilles duquel le vent de l'automne ne portera jamais atteinte et dont la ronde du temps ne changera jamais le charme printanier en aigreur automnale ». Les deux ouvrages sont dédiés au prince Abu Bakr.

Comme tous les auteurs de son époque, Saadi devait cultiver la faveur des grands par ses flatteries rimées. De nombreuses épîtres en persan et en arabe attestent cette tardive vocation de poète de cour qui l'obligea d'ailleurs à d'assez difficiles acrobaties. En effet, le grand événement du siècle survint en 1258, avec le sac de Baghdâd et l'anéantissement du califat abbasside par l'empereur mongol Houlagou, drame aussi retentissant dans l'histoire de l'Orient que la prise de Constantinople par les Turcs ottomans, deux siècles plus tard. Des contingents du Fârs avaient participé à l'expédition dans les rangs mongols et Saadi ne se dispensa pas de célébrer la chute de Baghdâd et l'exécution du calife. Deux ans après la ruine de Baghdâd, l'atabeg Abou Bakr mourait. Pour l'histoire, la lignée directe des Salghourides s'éteignait avec lui, puisque ni son fils ni son petit-fils, emportés l'un et l'autre peu de temps après, ne devaient monter sur le trône. Une ère de troubles s'ouvrit pour le Fârs qui, au bout de quelques années de guerre civile, passa sous l'administration directe de l'État mongol. Durant toute cette période, Saadi semble avoir, de sa retraite, assisté avec impassibilité aux convulsions de son malheureux pays. À tous les potentats éphémères et à tous les gouverneurs qui se succédaient à Chiraz, il dédiait ses épîtres, tempérant toutefois ses éloges de conseils. Son œuvre prenait de plus en plus l'accent de celle d'un poète de cour. Pendant les dernières années de sa vie, il jouit de la protection particulière des frères Alâ al-Dîn et Chams al-Dîn Joveïni, tout-puissants vizirs de l'empereur mongol Abaqa, et dont le nom revient souvent dans ses poèmes. Sa renommée était alors universelle, et, s'il faut en croire un historien indien, le gouverneur de Moultan l'aurait invité à venir s'installer à sa cour dans un couvent spécialement construit pour lui. Le poète, âgé de plus de quatre-vingt-dix ans, aurait décliné cette offre. Il s'éteignit le 9 décembre 1292, bien que ses biographes persans le fassent vivre jusqu'à cent sept ou cent huit ans (linaires). Saadi repose aux portes de Chiraz dans le riant jardin de cyprès où il vécut ses dernières années, non loin du mausolée de Hâfez. Au pied du tombeau du « cheikh », un bassin limpide où nagent des poissons que la croyance populaire considère comme sacrés. Un derviche assure la garde de ces lieux que les habitants de Chiraz aiment à visiter.

Saadi a laissé une œuvre vaste et diverse qui n'a été rassemblée qu'un demi-siècle environ après sa mort, en 1325, par un certain Ali-ibn Mohammad Abou Bakr de Bisotoun. Deux recueils dans lesquels les souvenirs autobiographiques alternent avec des apologues parfois peu édifiants, mais toujours destinés à illustrer des préceptes moraux ou pratiques, le *Golestân* en prose mêlée de vers et le *Boustân* en vers, sont ses ouvrages les plus connus. Un *Sâhib namé* (*), de même veine mais de qualité inférieure, s'inscrit dans la même ligne. Quelques épîtres en prose (risâlé) s'y ajoutent. Le *Divân* proprement dit comporte des épîtres [*Qasidé*] en vers arabes et persans, des *Étincelles* [*Molamma'ãt*], pièces où alternent vers arabes et persans, et quatre recueils de *Ghasals.* Ce sont *Les Suaves* [*Tayyibât*] et *Les Merveilles* [*Badâye*], *Les Bagues* [*Khawâtim*], sans doute les meilleurs, et *Les Ghazals anciens* [*Ghazaliyât-é-Qadîm*], œuvres de jeunesse. Il faut encore citer des *Fragments* [*Moqatta'ãt*] et des *Quatrains* [*Ruba'iyyat*]. On ne saurait oublier non plus *Les Turpitudes* [*Khâbithât*], composition grivoise qui constitue l'enfer de l'œuvre de Saadi. Au total, environ onze mille vers ; près de dix-huit mille avec le *Boustân.*

Des poètes persans, Saadi est un des plus populaires en Iran et des plus connus dans le reste du monde. Il est aussi un des plus variés et surtout un des plus humains. Moraliste, soit, mais moraliste indulgent et même souvent un peu cynique. Plutôt qu'une morale au sens étroit de ce terme, ce qu'il prêche est une règle de conduite propre à faciliter l'épreuve de l'existence. S'il recommande dans tous les cas le détachement et, lorsque l'on ne saurait s'en dispenser, l'humilité, il se garde bien de conseiller le pardon des injures. Il engage plutôt à frapper le premier quand on le peut sans risque. Si osés que soient certains de ses conseils, il reste toujours homme de bonne compagnie, et l'on sent à chaque page que, s'il se montre aussi accommodant, c'est qu'il connaît bien les faiblesses de la nature humaine. Il s'exprime enfin avec tant de bonhomie et dans une langue si pure et si harmonieuse qu'il est bien difficile de résister à ses séductions. Les souvenirs personnels dont il émaille ses ouvrages ne sont pas un des moindres charmes de Saadi. On imagine les récits dont il devait, sur ses vieux jours, régaler ses amis de Chiraz, et l'on regrette que la rédaction de Mémoires n'ait jamais été en faveur en Orient. Le poète prend prétexte des enseignements qu'il en tire pour évoquer quelques-unes de ses aventures dans le *Boustân* et le *Golestân,* et ses accents laissent souvent percer le regret d'une jeunesse si intensément vécue. Maints passages de l'œuvre lyrique portent témoignage de l'ardeur avec laquelle Saadi savoura les joies et les peines de son existence vagabonde, et, si bien de ses odes pèchent par ce maniérisme littéraire et par ce mysticisme factice de tout temps à la mode en Iran, la plupart frappent par la profondeur de l'émotion qui les anime ; certaines même par une sensualité rarement exprimée en Orient. L'influence de Saadi sur les littératures orientales a été considérable. En Iran, il a suscité de nombreux émules, dont le plus notable reste Djâmi, auteur du *Baharistân* – v. *Jardin du printemps* (*) –, imitation du *Golestân.* Il en est allé de même en Turquie et en Inde où son œuvre a, en outre, fait l'objet de maints commentaires et traductions. En Europe, c'est avec Saadi que la littérature persane a commencé à être connue. Dès 1634, sous le titre de *Gulistan ou l'Empire des roses,* A. du Ryer donnait une première traduction du *Golestân.* Elle fut suivie de traductions latine de Gentius, *Rosarium politicum* (Amsterdam, 1651), et allemande, d'Olearius, *Persianischer Rosenthal* (Schleswig, 1654) ; cette dernière offrit à Goethe une des sources de son *Divan occidental-oriental* (*). Au cours du XVIIIe et du XIXe siècle, de nombreuses autres versions du *Golestân* en langues européennes virent le jour. Une des meilleures est celle de Defrémy (Paris, 1858). Le *Boustân,* plus difficile, a moins tenté les traducteurs ; toutefois, un texte hollandais en fut publié à Amsterdam en 1688, par D. Havard. Au XIXe siècle, les orientalistes J. B. Nicolas et Barbier de Reynard firent connaître l'œuvre en français (Paris, 1869 et 1880), tandis que le poète F. Rückert la donnait à son tour en allemand (Leipzig, 1882). Du *Divân,* il n'existe pas de traduction complète et l'on doit avoir recours aux anthologies.

ROGER LESCOT.

RÉF. : Louis Mathieu Langlès, *Notice sur la vie et les ouvrages de Saady,* Paris, s. d. (vers 1820). – Ouseley, *Biographical Notices of Persan Poets,* Londres, 1846. – Graf, *Die Moral des Saadi in Beiträgen zu den theologischen Wissenschaften,* t. III, Iéna, 1851. – E. G. Browne, *A Literary History of Persia,* t. II, Cambridge, 1906. – H. Massé, *Essai sur le poète Saadi,* Paris, 1919. – C. H. de Fouchécour, *Moralia,* Paris, 1986.

SAADIA Ben Josef Fayyūmī, dit le Gaon. Écrivain juif, écrivant principalement en arabe. Né à Fayoum (Moyenne-Égypte) au printemps de l'an 882 de notre ère, mort à Surah (Babylone) en octobre 942. En 915 il s'établit en Palestine d'où il passa ensuite en Syrie et, finalement, à Babylone. Riche de toute la culture du temps, aussi bien hébraïque qu'arabe, il composa, à peine âgé de vingt ans, un lexique de la langue sainte et un traité de grammaire, de stylistique et de poésie [*Séfer ha-agron*]. À trente-six ans, il fut élevé à la dignité de « gaon », c'est-à-dire de chef des écoles ou académies hébraïques de Babylone, dans lesquelles on poursuivait l'étude et l'interprétation des saintes Écritures et des traditions rabbiniques, et où l'on présidait au gouvernement religieux et social des Juifs de la diaspora. Sa renommée est due principalement à sa traduction en arabe de *La Bible* (*), qu'il voulut rendre populaire en la présentant dans la langue dont se servaient alors les Israélites des territoires sous domination arabe, et en l'agrémentant d'une sorte de commentaire, ainsi qu'à son traité apologétique et théologique intitulé *Séfer Emunoth we-de'oty* (*), achevé vers 934. Saadia passa les dernières années de sa vie à Bagdad, où il avait été contraint de se retirer à la suite d'un conflit aigu avec l'exilarque alors en charge. Après sa mort, la renommée et l'autorité religieuse de l'école de Surah devaient décliner. Le commentaire du *Livre de la Création* [*Séfer Jetzirah*], publié sous son nom, est un vulgaire apocryphe composé par un disciple d'Éléazar de Worms.

RÉF. : Jakob Guttmann, *Die Religionsphilosophie des Saadia,* Göttingen, 1882. – H. Malter, *Life and Works of Saadia Gaon,* Philadelphie, 1921. – Isaak Husik, *History of Medieval Jewish Philosophy,* New York, 1930. – Moïse Ventura, *La Philosophie de Saadia Gaon,* Paris, 1934. – Samuel Rosenblatt, *Saadia Gaon, The Book of Beliefs and Opinions,* New Haven, U.S.A., 1948.

SAAR Ferdinand von. Écrivain autrichien. Né le 30 septembre 1833 à Vienne, mort le 24 juillet 1906 dans cette ville. Issu de la petite noblesse, et ayant très tôt perdu son père, Saar dut interrompre ses études à l'âge de seize ans pour s'engager dans l'armée impériale. En 1860, il décida de mettre fin à sa médiocre carrière militaire et de se consacrer à sa vocation artistique. Cette décision faillit pourtant le précipiter de la pauvreté dans l'indigence. En 1866, après avoir vainement tenté d'écrire pour la scène, il attira sur lui l'attention par sa nouvelle « Innocens ». Il y traitait du célibat des prêtres, sujet d'actualité au moment même où le Concordat était aboli en Autriche. Au lieu de persévérer dans la voie qu'il semblait avoir trouvée, il s'obstina à écrire pour le théâtre. Or même le drame *Henri IV* [*Heinrich IV*], qui connut un succès de librairie, ne fut jamais représenté. C'est grâce au soutien moral et matériel que lui prodiguèrent des admiratrices de haute extraction que l'artiste put aller de l'avant et réussir enfin dans le domaine qui était le sien, celui du nouvelliste, observateur de son temps. En effet, les nouvelles de Saar sont toujours inspirées du temps présent ou d'un passé très récent et apportent ainsi un témoignage précieux sur une époque restée quelque peu dans l'ombre : celle du néo-absolutisme autrichien et de l'avènement de l'ère libérale et constitutionnelle. Saar allie à une psychologie subtile, à un art dépouillé de la narration, le sens aigu du tragique de la condition humaine. De 1877 à 1906, il publiera huit recueils de nouvelles dont : *Nouvelles autrichiennes* [*Novellen aus Österreich,* 1877], *Destinées* [*Schicksale,* 1889], *Ronde d'automne* [*Herbstreigen,* 1897], *La Tragédie de la vie* [*Tragik des Lebens,* 1906] – v. *Nouvelles* (*). Le poème *Elégies viennoises* [*Wiener Elegien,* 1893], hommage à sa ville natale chérie, lui gagna l'estime et la sympathie des Viennois. Miné par une maladie incurable, il mit fin à ses jours en 1906.

EVA PHILIPPOFF.

SAAVEDRA FAJARDO Diego de. Écrivain et diplomate espagnol. Né le 6 mai 1584 à Algezares (Murcie), mort le 24 août 1648 à l'hôpital de Saint-Antoine des Portugais à Madrid. Issu d'une famille noble et riche, il fut orienté vers l'état ecclésiastique ; il suivit d'abord des cours au séminaire de Murcie, puis fit son droit et ses études religieuses à Salamanque où il conquit ses titres universitaires. Entré de très bonne heure dans la carrière diplomatique, à vingt-deux ans il était le secrétaire particulier du cardinal Gaspard Borgia, ambassadeur d'Espagne auprès du Vatican. À partir de ce moment-là, il séjourna longuement à Rome ; il s'y trouvait encore certainement en 1621. Pendant quelque temps, il assuma certaines charges à la curie ecclésiastique de Naples, où il fut aussi procurateur de Philippe IV ; en récompense de cette activité, il reçut un canonicat à Saint-Jacques-de-Compostelle, bien qu'il ne fût pas encore (et il ne le fut jamais par la suite) ordonné prêtre et qu'il n'ait jamais occupé son siège. Après cette première période romaine, il se rendit en mission diplomatique auprès d'autres cours et dans d'autres villes européennes et participa à d'importantes négociations. Il a noté lui-même nombre d'informations sur sa carrière dans le prologue de son œuvre la plus célèbre, *Le Prince chrétien et politique* (*) (1640) ; sa *République littéraire* est également importante. Sa vie mouvementée se termina au milieu des plus hautes distinctions et des honneurs.

RÉF. : Conde de Roche et J. P. Tejera, *Saavedra Fajardo,* Madrid, 1884. — F. Cortínes y Murube, *Ideas jurídicas de Saavedra Fajardo,* Séville, 1907. — Azorín, *De Granada a Castelar,* Madrid, 1922. — F. Alemán Sainz, *Saavedra Fajardo y otras vidas de Murcia,* Murcie, 1949.

SABA Umberto (pseud. de Umberto Poli). Poète italien. Né à Trieste le 9 mars 1883, mort à Gorizia le 25 août 1957. Sa mère est israélite (abandonnée par son mari : c'est pourquoi le poète répudiera le patronyme paternel, pour adopter un pseudonyme inspiré du nom de sa nourrice bien-aimée Peppa Sabbaz, une Slovène, et qui est par ailleurs un mot hébreu voulant dire « pain »). Il fait dans ses jeunes années des études surtout commerciales, tient des emplois temporaires (notamment, à seize ans, dans une meunerie, ainsi qu'il le racontera dans son *Ernesto*), pour quitter, à dix-neuf ans, toute occupation et se consacrer entièrement aux lettres, collaborant par intermittence à des journaux et à des revues. Vivant dans sa ville natale, encore frappée d'irrédentisme, grand port de l'empire austro-hongrois — et c'est le temps où, il l'a rappelé, il pratique avec ferveur la lecture à la fois de Nietzsche et de Freud —, il émigre en Italie en 1905, s'installe notamment à Pise et à Florence, fait son service militaire en qualité d'engagé volontaire à Salerne (1908), puis retourne à Trieste. Il participe à la guerre de 1915-1918, puis, sa ville étant devenue italienne, il y ouvre sa célèbre « Librairie antique et moderne » de la Via San Niccolo, qu'il tiendra jusqu'à sa mort. Nouvelle et dernière fuite en 1943, à la suite des persécutions raciales mussoliniennes, séjours à Florence, puis à Rome et à Milan, et retour définitif à Trieste en 1947 et à son « désespoir tranquille », qui forme le tissu d'une existence apparemment calme et stable, et dont les événements majeurs furent son mariage en 1911 et la naissance d'une fille — Lina et Linuccia seront toujours ses bien-aimées. Mais cette quotidienneté de la vie est aussi le matériau d'une œuvre poétique, qui va s'édifier lentement et longuement et qui ne s'imposera définitivement qu'au moment où elle approche de son terme — prix de l'Accademia dei Lincei en 1951, doctorat « honoris causa » de l'université de Rome en 1953. Dès le début du second après-guerre, dans les bilans que l'on fait alors des lettres italiennes contemporaines, s'impose la prééminence du grand quatuor des poètes Ungaretti, Montale, Quasimodo et Saba. Depuis, il est permis de se demander si Saba le pur, Saba l'étranger aux modes et aux écoles, n'en est pas le « primus inter pares ».

Avant de chercher à cerner les caractères et valeurs de cette œuvre — qui constitue en quelque sorte la musique d'une vie —, il sied d'insister sur sa formation et sa stratification presque géologiques, car elle ne prend tout son sens que dans sa constance et sa continuité. Elle est tout axée sur le *Canzoniere* (*) progressivement accru, qui réunit toute la production poétique de Saba. Sa première édition est de 1921 mais il n'assume sa forme majeure qu'à partir des éditions de 1945 (il faut tenir compte du retard provenant de l'antisémitisme régnant à la fin du fascisme), de 1948, de 1951 et celle, définitive, de 1961. Le *Canzoniere* atteste la précocité de l'inspiration du poète, aussi bien que l'origine toute naturelle du projet d'un homme pour qui le langage poétique est l'expression immédiate et nécessaire, avec une effusion primesautière, mais qui atteint d'emblée au niveau de la grandeur.

L'histoire détaillée du *Canzoniere* — et l'énumération longue de ses titres et chapitres — permet de retracer l'itinéraire difficultueux par lequel le poète s'affirme, tardivement. Ce sont, d'abord, *Poèmes de l'adolescence et de la jeunesse* (*) (1900-1907), *Poésies d'un soldat* (+) (1908), *Maison et Campagne* (*) (1909-1910), *Trieste et une femme* (+) (1910-1912), tous ces titres datant de l'époque où Trieste, encore cité austro-hongroise convoitée par la « mère patrie », demeure pourtant terre étrangère pour l'intelligentsia italienne. Les recueils que Saba y publie à compte d'auteur, *Poésies* en 1911, *Mon second livre de vers* [*Il mio secondo libro di versi*] en 1912, seront plus ou moins ignorés dans la Péninsule. Il faut toutefois relever qu'une première appréciation positive se manifeste dès 1912, par le groupe florentin important de la Voce, qui publie, sous le titre *Avec mes yeux* [*Con i miei occhi*], quelques poèmes de *Trieste et une femme*, le chant nuptial de Saba. Saba continue cependant à être vaguement dédaigné malgré le nombre de ses publications : *Sereine désespérance* (+) (1913-1915, publié en 1920), *Poésies écrites durant la guerre* [*Poesie scritte durante la guerra*], *L'Amoureuse Épine* (+) (1920), *Choses légères et vagabondes* (+) (1920), *Prélude et Chansonnettes* (+) (1922-1923), *Les Prisonniers et Autobiographie* (+) (1924), *Jeunes filles* (+) (1925), *L'Homme* (*) (1928), *Cœur qui va mourir* (*) (1925-1930). Pourtant, ces divers chapitres du *Canzoniere*, partiellement distribués dans les plaquettes que Saba fait paraître à l'enseigne de sa « Libreria » — *Figures et chants* [*Figure e canti*, 1928], *Prélude et Fugue* (*) (1928-1929) et les si poignants *Trois poèmes à ma nourrice* [*Tre poesie alla mia balia*, 1929] —, vont motiver le premier hommage rendu au poète : le numéro spécial de la revue florentine *Solaria* (1928), dont l'un des artisans principaux est un autre grand poète, son rival et ami Eugenio Montale. C'est à partir de là que Saba commence véritablement à exister pour le public italien...

Suit la troisième phase de la trajectoire, de plus en plus marquée par l'analyse intérieure, avec d'abord *Le Petit Berto* (+) (1929-1931), dédié au psychanalyste triestin Edoardo Weiss, traducteur de Freud et ami de Svevo, qui a recommandé au poète d'explorer son enfance pour trouver l'origine de son angoisse ; puis *Paroles* (+) (1933-1934), *Ultimes* (*) (1935-1943) et, après la vague antisémite et l'exil dans la Péninsule (d'où, curieusement, une aversion latente à l'égard de la patrie triestine), le lent apaisement de *Méditerranée* (+) (1947), *Oiseaux-Épigraphe* (+) (1948). *Presque un récit* (+) (1951), *Six poèmes de la vieillesse* (+) (1953-1954). Notons que Saba, dont l'importance est enfin reconnue par ses compatriotes, publie en 1948, sous le titre *Histoire et petite histoire du Canzoniere* [*Storia e cronistoria del Canzoniere*], un commentaire de son œuvre où son projet, progressivement par lui-même reconnu, prend forme et ampleur.

L'énumération des œuvres en prose est très succincte, l'idiome poétique ayant été, on l'a dit, l'expression naturelle de Saba : un volume de *Souvenirs-Récits, 1910-1947* [*Ricordi-Racconti*] paru en 1956, peu avant sa mort, un inédit de 1911, *Ce qu'il reste à faire aux poètes* [*Quello che resta da fare ai poeti*, 1959], un recueil de *Proses* [*Prose*, posthume, 1964], et surtout un texte essentiel, inachevé mais qui éclaire fortement certains aspects de sa vie : *Ernesto*, entrepris en 1953 et paru en 1976.

À la lenteur avec laquelle sera reconnue la valeur unique de l'œuvre de Saba, on peut trouver des circonstances atténuantes dans le fait que cette œuvre ne prend son relief que dans la constance avec laquelle le projet est poursuivi et va jusqu'à son terme. « Les plus beaux vers de Saba ont un défaut terrible : ils ne se voient pas... », ces paroles sont de Saba lui-même et aident à comprendre l'indifférence qui a longtemps accompagné une production abondante. Saba échappe complètement aux catégories et aux modes ordinaires : « À côté de la mode, sans la mode et contre la mode », le définit pertinemment Georges Mounin, qui le décrit aussi (pour l'en louer) comme un autodidacte et un « illettré », hors de toutes les écoles. Et c'est bien là que, dans son aspect dépouillé et primesautier, il atteint à la pureté essentielle de la parole et du rythme, qui fait de lui un classique. Bien sûr, il est l'homme de l'effusion lyrique constante – effusion qu'il sied de tenir pour une variante inférieure de la poésie, simple manifestation d'une certaine inflation sentimentale –, mais il suffit de lire le moindre de ses poèmes, coulant de source et pourtant jaillissant d'une rigoureuse vérité intérieure, pour s'aviser que le tissu de cette effusion, cette tendance à la confession autobiographique que les Italiens lui ont longtemps reprochée, a dans sa familiarité même une sonorité presque mozartienne...

Cette poésie reste indissolublement liée au contexte triestin : la quotidienneté dans la ville, les rues et les passants, sa demeure de Montebello, Lina et Linuccia, voire l'exaltation que l'on peut trouver à un match de football, et c'est en vérité la musique d'une vie. Saba a noté quelque part : « Je ne sais pas si, du point de vue de l'hygiène de l'âme, cela fut pour moi un bien que de naître avec un tempérament classique dans une ville romantique, et avec un caractère idyllique (comme tous les faibles) dans une ville dramatique... » N'empêche que le Trieste de Saba existe désormais, et nullement inspiré par le « pessimisme sémite » qu'on a pu lui reprocher. Probablement bien davantage marqué par une certaine ambivalence sentimentale, telle qu'il la révèle dans son *Ernesto* : l'histoire de ses premières expériences sexuelles non orthodoxes de l'adolescence explique peut-être la place que la psychanalyse tient dans la vie de Saba, même dans sa quête intérieure.

NINO FRANK.

♦ *« Le plus grand poète contemporain depuis Leopardi. »* Carlo Levi. ♦ *« Il est, devient et demeure Saba : il ose être Saba tout court. »* Georges Mounin. ♦ *« Poète d'instinct, dont les certitudes tiennent moins d'un tourment critique que d'un approfondissement psychologique. »* G. de Robertis. ♦ *« À partir de 1945, Umberto Saba est au centre du langage poétique que la nouvelle génération commence à se forger. »* M. Forti. ♦ *« Une vérité poétique absolue. »* L. Anceschi.

RÉF. : – R. Serra, *Le lettere,* Rome, 1914. – G. Debenedetti, *Saggi critici,* Florence, 1929. – A. Gargiulo, *Letteratura italiana del Novecento,* Florence, 1940. – H. R. Brutsch, *Der Canzoniere von U. Saba,* Zurich, 1951. – E. Williamson, *Contemporary italian poetry,* Chicago, 1952. – E. Caccia, *Letteratura e storia di Saba,* Milan, 1967. – B. Maier, *Saba,* Florence, 1969. – G. Mounin et Odette Kaan, *Umberto Saba, Trieste et un poète,* Paris, 1978. – E. Favretti, *La prosa di Umberto Saba – Dai racconti giovaniti a « Ernesto »,* Rome, 1982. – E. Guagnini (ac. di), *Il punto su : Jaba,* Rome-Bari, 1987. – O. Cecchi, *L'aspro vino di Jaba,* Rome, 1988.

SABATIER Robert. Romancier et poète français. Né le 17 août 1923 à Paris. Orphelin de bonne heure, il travaille dans l'atelier typographique de son oncle qui est aussi son tuteur, à 13 ans. Il y imprimera en 1939 ses premiers poèmes. Il gagne le maquis de Saugues, en Haute-Loire, en 1944. Puis il exerce différents métiers en province et crée une revue poétique, *La Cassette* (1947-50). Il revient à Paris et se consacre à l'édition tout en collaborant à de nombreux journaux (*Arts, Le Figaro littéraire, Les Nouvelles littéraires,* etc.). La quête de l'enfance est le thème central de l'œuvre de Sabatier : *Alain et le nègre* (1953), histoire d'un petit garçon qui se lie d'amitié avec un « nègre », le musicien Vincent, amant de sa mère, *Boulevard* (1956), *Canard au sang* (1958). Un cycle autobiographique lui est consacré, *Le Roman d'Olivier*, en cinq volumes (1969-86) dont le volume le plus célèbre est *Les Allumettes suédoises* (*) (1969), et qui comprend en outre *Trois* *sucettes à la menthe* (1972), *Les Noisettes sauvages* (1974), *Les Fillettes chantantes* (1980), *David et Olivier* (1986). On doit à Robert Sabatier d'autres romans : *Le Marchand de sable* (1954), *Le Goût de la cendre* (1955), *La Sainte Farce* (1960), *La Mort du figuier* (1962), *Dessin sur un trottoir* (1964), *Le Chinois d'Afrique* (1966), *Les Enfants de l'été* (1977), *La Planète des hommes-fruits* (1980), *Les Années secrètes de la vie d'un homme* (1984), qui est un voyage symbolique, *La Souris verte* (1990). Il compose des poèmes où s'allient sensibilité et délicatesse : *Les Fêtes solaires* (1951, prix Antonin Artaud et prix Guillaume Apollinaire), *Dédicace d'un navire* (1959), *Les Poisons délectables* (1965), *Les Châteaux de millions d'années* (1969, grand prix de poésie de l'Académie française), *Icare et autres poèmes* (1976), *L'Oiseau de demain* (*) (1981), *Lecture* (1987). Il écrit aussi des essais variés : deux sur *Saint Vincent de Paul* (1962 et 1964), une gigantesque *Histoire de la poésie française* en six tomes, du Moyen Âge jusqu'à nos jours (1976-1988), *L'État princier* (1961), sur la création poétique, un *Dictionnaire de la mort* (1967), *Le Livre de la déraison souriante* (1991) : textes « miroirs ou réflecteurs », extraits de carnets. Il est membre de l'académie Goncourt (depuis 1971).

CHRISTINE DE CLINCHAMPS.

SÁBATO Ernesto. Écrivain argentin. Fils d'immigrants italiens, né à Rojas (province de Buenos Aires), le 24 juin 1911. Bachelier en 1928, il entre comme étudiant en sciences physiques et mathématiques à l'université de La Plata. D'abord attiré par l'anarchisme, il adhère, en 1930, au parti communiste, après avoir lu *Misère de la philosophie* (*) de Marx. Militant actif, il abandonne ses études et sa famille pour se consacrer entièrement au mouvement, devenant secrétaire des Jeunesses communistes. Une action dangereuse, car l'Argentine subit alors la sanglante dictature du général Uriburu. En 1934, il se marie avec une étudiante, Mathilde Kuminsky-Richter. Délégué au congrès antifasciste de Bruxelles en 1935, il traverse une grave crise intellectuelle, rompt avec le Parti et part pour Paris où il est hébergé clandestinement à l'École normale supérieure de la rue d'Ulm par le concierge trotskiste. De retour en Argentine durant l'hiver 1935, il y est reçu docteur en sciences physiques et mathématiques (1937). En 1938, boursier à Paris pour étudier les radiations atomiques, il travaille dans le laboratoire de Marie Curie avec Irène Joliot-Curie et fréquente, le soir, au Dôme, les surréalistes Tzara, André Breton, Wifredo Lam, Matta, et surtout le peintre canarien Oscar Domínguez avec lequel il élabore alors la théorie du « lithocronisme », étudiée par A. Breton dans *Le Minotaure* (*). Il commence un roman, *La Fontaine muette* [*La fuente muda*], au titre emprunté à un poème d'Antonio Machado, et qu'il laissera inachevé, n'en publiant que quelques chapitres dans la revue *Sur* (*) de Buenos Aires, en 1947. En 1940, il enseigne à l'Institut de physique de La Plata, mais opte bientôt définitivement pour la littérature et se révèle par un essai dressant le bilan de sa vie spirituelle : *L'Un et l'Univers* [*Uno y el universo*, 1945]. Nommé assistant à l'U.N.E.S.C.O. à Paris en 1947, il démissionne au bout de deux mois et publie son premier roman, *Le Tunnel* (*) (1948), suivi de deux essais sur l'aliénation et le désespoir de l'homme moderne : *Hommes et Engrenages* [*Hombres y engrenajes*, 1951] et *Hétérodoxie* [*Heterodoxia*, 1953]. Après la chute de Perón (1955), qu'il a toujours combattu et dont il dénonce la censure et l'usage de la torture, *L'Autre Visage du péronisme* [*El otro rostro del peronismo*, 1956], il devient durant un an directeur de l'hebdomadaire *Mundo argentino*. En 1961, il publie *Alejandra* (*). Des voyages de conférences le conduisent en 1962 et 1963 en Europe, aux États-Unis et en Amérique latine, tandis que durant une décennie il se consacre à des essais sur le tango, *Tango : discussion et clef* [*Tango : discusión y clave*, 1963], l'écrivain et l'homme en crise, *L'Écrivain et ses fantasmes* [*El escritor y sus fantasmas*, 1963], Robbe-Grillet, Borges et Sartre, *Trois approches de la réalité de notre temps* [*Tres aproximaciones a la literatura de nuestro tiempo*, 1968]. En 1974 paraît son troisième et dernier roman : *L'Ange des ténèbres* [*Abaddón el exterminador*], avant un nouveau cycle d'études esthétiques, philosophiques ou politiques : *Apologies et Refus* [*Apologías y rechazos*, 1979], *Clefs politiques* [*Claves políticas*, 1974]. Quelques-uns de ces essais ont été traduits en français sous le titre *L'Écrivain et la Catastrophe* (1986). En 1984, il est président de la C.O.N.A.D.E.P., organisme chargé d'enquêter sur les disparus argentins durant la dictature militaire. Depuis 1979, alors que des hommages lui sont rendus dans les universités nord-américaines, à la Sorbonne et au Mexique, il se consacre à la peinture, revenant ainsi à l'une des passions de son enfance et de son adolescence.

CLAUDE COUFFON.

♦ *« Mon esprit semble être régi par une alternance de la lumière et des ténèbres, de l'ordre et du désordre. »* Ernesto Sábato. ♦ *« J'ai passé en Argentine vingt-quatre ans de ma vie. Je ne connais aucun livre* [*Alejandra*], *qui introduise mieux aux secrets de la sensibilité sud-américaine, à ses mythes, phobies et fascinations* [...] *Chez Sábato, il y a comme une fusion d'antinomies. Il est à la fois pénétré du savoir philosophique et psychologique de notre temps, et doué d'une grande fraîcheur ; il accède à l'universalité tout en restant l'image même de son pays ; il est complexe et accessible. »* Witold Gombrowicz.

SABINA Karel. Poète et prosateur tchèque. Né et mort à Prague (29 décembre 1813-9 novembre 1877). Enfant bâtard, il eut une enfance très pénible ; ses origines prolétariennes et les luttes qu'il eut à soutenir firent de lui le champion des idées démocratiques et républicaines. Orateur passionné et journaliste infatigable, affichant ostensiblement son goût pour la bizarrerie et les aventures, il fut, en 1848, à la tête du parti radical : son activité révolutionnaire, menée de concert avec l'anarchiste russe Bakounine, lui valut huit ans de prison. Plus tard, il évoqua les souffrances des condamnés politiques dans *Les Tombeaux animés* [*Oživené hroby*, 1870], considérés généralement comme sa meilleure prose. Une fois sorti de prison, il reprit ses travaux littéraires et ses menées politiques, organisa les mouvements ouvriers, diffusa les idées socialistes. Mais, probablement poussé par la misère, il devint collaborateur de la police autrichienne : démasqué en 1872 et honni publiquement, il mourut dans la misère et en butte au mépris général. Dans le domaine littéraire, l'apport de Sabina consiste essentiellement dans son activité critique et théorique ; ami intime de K. H. Mácha, il fut par ailleurs le seul contemporain à évaluer son œuvre et ses conséquences à leur juste valeur. Hormis ses essais littéraires et politiques (*La Littérature démocratique, Le Communisme de l'esprit...*), Sabina est l'auteur de plusieurs livrets d'opéras, dont *Les Brandebourgeois en Bohême* [*Braniboři v Čechách*] et *La Fiancée vendue* (*), mis en musique par Smetana, ainsi que de nombreuses nouvelles, de deux recueils de poésie et de plusieurs romans, dont *Les Fils de la lumière* [*Synové světla*] et *Dans le désert* [*Na poušti*].

RÉF. : W. E. Harkins et K. Šimončič, *Czech and Slovak Literature*, New York, 1950. – Julius Fučík, *Tři studie : Božena Němcová, Karel Sabina, Julius Zeyer*, Prague, 1951.

SÁ-CARNEIRO Mário de. Poète portugais. Né à Lisbonne le 19 mai 1890, mort à Paris le 26 avril 1916. Issu d'une famille aisée, il perd sa mère à l'âge de trois ans. Très jeune, il s'intéresse à la littérature et après des études secondaires médiocres, il quitte Lisbonne en 1912 et s'installe à Paris où il se consacre entièrement à la littérature grâce à l'argent que lui envoie son père. C'est avec lui que Fernando Pessoa fonde la revue *Orpheu*, tournant important dans les lettres portugaises, première manifestation du modernisme au Portugal. En fait, Sá-Carneiro marquera la littérature portugaise surtout grâce à sa rencontre avec Pessoa. Une amitié exaltée lie en effet les deux hommes et une correspondance s'engage entre eux, qui ne s'arrêtera qu'avec la mort du jeune Sá-Carneiro qui se suicide en 1916. Il aura essayé de retrouver, sa courte vie durant, une unité, un équilibre affectif. Terriblement seul dans cette entreprise, il essaiera de « vivre » réellement cette fusion entre l'art et la vie, cet « intersectionnisme » dont ses amis, Pessoa et Almada-Negreiros, parlent tant. Son œuvre poétique révèle cette recherche d'unité en mettant en évidence la déchirure profonde dont il souffrait. Elle manifeste le déséquilibre entre le poète fin et sensible et l'homme gauche et balourd qu'il était. Les *Poésies complètes* seront traduites et paraîtront en France en 1987. Dans *La Confession de Lúcio* (*), parue en 1914, ses peurs, ses exaltations et son homosexualité apparaissent clairement à travers le récit fantastique. Son œuvre, prose et poésie, ressasse le thème de la crise de la personnalité, l'impossible réconciliation avec lui-même. Ces thèmes sont également présents dans le recueil de nouvelles paru en 1915, *Ciel en feu* [*Céu em fogo*]. Si, à Paris, le futurisme, le cubisme, le simultanéisme le passionnent, il n'en reste pas moins un poète essentiellement influencé par le symbolisme. Sans doute fut-il un être trop souffrant pour avoir pu développer pleinement l'œuvre que laissent imaginer certains de ses plus beaux poèmes.

FRANÇOISE BEAUCAMP.

RÉF. : S. de Mello Breyner, *Quatre poètes portugais. Camoens, Cesário Verde, Mário de Sá-Carneiro, Fernando Pessoa, Sélection, traduction et présentation*, Paris, 1970. – *Mário Sá-Carneiro, 1890-1990. Centenaire de la naissance*, Porto, 1990. – F. J. B. Martinho, *Mário de Sá-Carneiro e o(s) ontro(s)*, Lisbonne, 1990.

SACCHETTI Franco. Conteur italien. Né probablement à Raguse (aujourd'hui Doubrovnik, Yougoslavie) autour des années 1332-1334, mort à San Miniato (Toscane) en 1400 (15 août ?). Comme son père, Benci di Uguccione, il s'occupa très tôt de commerce et s'inscrivit dès 1361 au registre de l'Arte del Cambio, et avec Antonio Sacchetti et Bernardo Corradi forma une société. Entre 1352 et 1354, il composa sa première œuvre poétique : *La Bataille des vieilles et des jeunes* [*La Battaglia di vecchie e di giovani*]. Il voyagea beaucoup en Italie et à l'étranger. En 1363, il commença son *Livre de vers* [*Libro delle rime*], où il réunit, au fur et à mesure, toute sa production lyrique. À partir de 1363, après s'être établi à Florence, il reçut divers offices et charges de la Commune. Au cours des années 1377-1379, deux malheurs le frappèrent : il perdit sa femme, et son frère Gianozzo Sacchetti fut exécuté comme conspirateur contre la République. En 1381, après une profonde crise morale, il écrivit les *Sermons évangéliques* [*Sposizioni di Vangeli*]. C'est alors qu'il était podestat de Bibbiena qu'il mûrit sans doute sa première idée des *Trois Cents Nouvelles* (*). En 1392, il fut podestat de San Miniato. C'est pendant qu'il occupait cette charge qu'il réunit et classa ses *Trois Cents Nouvelles.* Sa vieillesse fut assombrie par des douleurs physiques, des deuils et de graves soucis financiers. Il termina sa vie comme « vicario » à San Miniato.

RÉF. : L. di Francia, *Franco Sacchetti, novelliere*, Pise, 1902. – Benedetto Croce, *Poesia popolare e poesia d'arte*, Bari, 1933. – E. L. Gotti et N. Pirotto, *Il Sacchetti e la tecnica musicale del Trecento italiano,*

Florence, 1935. — C. Segre, *Lingua, stile e società*, Milan, 1963. — M. Plaisance, *Les Rapports ville-campagne dans les nouvelles de Sacchetti, Sercambi et Sermiani*, Paris, 1985.

SACHER-MASOCH Leopold von (Sacher-Masoch publia certains de ses ouvrages sous les pseudonymes de Charlotte Arand et Zoé von Rodenbach). Écrivain autrichien. Né le 27 janvier 1836 à Lemberg, mort le 9 mars 1895 à Lindheim dans la Hesse. Son père occupait un poste assez important dans la police de Galicie. Ses ascendances étaient slaves, espagnoles et bohémiennes. (Toute son œuvre restera influencée par la question des minorités dans l'empire, et en particulier ses *Contes*.) Pendant son enfance, Sacher-Masoch fut très mêlé à la vie du petit peuple et des paysans ukrainiens et, à partir de 1848, il reçut une éducation allemande à Prague. Il commença ses études dans cette même ville, puis à Graz où il fut reçu docteur en droit, fut « habilité » en histoire après avoir présenté une étude sur *La Révolte de Gand* [*Der Aufstand in Gent,* 1857], se battit en Italie en 1859, puis revint s'installer comme professeur à Lemberg. Cependant, il résilia bientôt ses fonctions, préférant se consacrer exclusivement à son activité d'écrivain qui fut du reste considérable. Il commence sa carrière d'écrivain par des romans historiques, puis écrit des romans de genre : *La Femme séparée* [*Die geschiedene Frau,* 1870] connaît un grand retentissement. En 1880 il est rédacteur des *Cahiers des belles-lettres* [*Belletristische Blätter*] qui paraissent à Budapest et, de 1881 à 1891, rédacteur du feuilleton de la *Neue Badische Landeszeitung* à Mannheim. Parallèlement il dirige et édite à Leipzig la revue *Sur les hauteurs* [*Auf der Höche,* 1881-84]. En 1873 il s'était marié avec Aurora von Rümelin qu'il poussa à écrire et qui signa ses romans et nouvelles du pseudonyme de Wanda von Dunajew. Elle le quitta et partit pour Paris où ils divorcèrent en 1886. Elle a publié des mémoires, *Confession de ma vie* [*Lebensbeichte,* 1906]. En 1887 Sacher-Masoch épouse la gouvernante de ses enfants. Il fut un écrivain extraordinairement fécond et on lui doit plus de cent romans ou recueils de nouvelles. Il conçoit toute son œuvre comme une série de cycles dont le principal s'intitule *Le Legs de Caïn* [*Das Vermächtnis Kains*], qui devait traiter six thèmes : l'amour, la propriété, l'argent, l'État, la guerre, la mort. Les contes folkloriques ou nationaux constituaient des cycles secondaires. La plupart de ses œuvres ont pour fond les divers milieux qu'il a connus depuis son enfance jusqu'à sa vie de publiciste et d'homme de théâtre. Ses meilleurs « récits du monde du théâtre » constituent le recueil de vingt-quatre nouvelles, *La Fausse Hermine* [*Falscher Hermelin,* 1873 et 1879], dont l'une a pour titre : « Ô quelle volupté d'être battu ». Cependant le talent de Sacher-Masoch atteint à une plus grande force dans ses *Contes juifs polonais* [*Polnische Judengeschichten,* 1886] et surtout dans ses *Contes galiciens* (*) (1876) pleins d'un réalisme piquant et coloré. Le pessimisme profond qui baigne tout l'ouvrage et qui sera poussé jusque dans ses conséquences extrêmes dans les romans suivants — dont *La Vénus à la fourrure* (*) et *L'Amour de Platon* (*) — donnera naissance à cette forme de sensualité morbide et de particularité caractériologique que le psychiatre Krafft-Ebing qualifia de « masochisme ».

FRANÇOIS SÉGURET.

RÉF. : K. F. von Schlichtegroll, *Sacher-Masoch und der Masochismus*, Berlin, 1901. — W. Sacher-Masoch, *Meine Leibensbeichte,* Berlin, 1906 (tr. fr. *Confession de ma vie,* Paris, 1989). — P. Quignard, *L'Être du balbutiement, essai sur Sacher-Masoch,* Paris, 1969. — A. Koschocke, *Leopold von Sacher Masoch,* Munich, 1788. — B. Michel, *Sacher-Masoch,* Paris, 1989.

SACHS Hans. Poète allemand. Né le 5 novembre 1494 à Nuremberg (Bavière) où il mourut le 19 janvier 1576. Il était le fils d'un tailleur, et sa vie d'homme et d'artiste est profondément enracinée dans l'artisanat, qui occupa une place si importante dans la vie allemande de son temps. Après avoir fréquenté jusqu'en 1508 l'école latine de sa ville natale, il fut placé chez un cordonnier pour y apprendre le métier. Selon la coutume encore vivante aujourd'hui, après avoir terminé son apprentissage, il entreprit de faire son « tour », allant de ville en ville au service de maîtres différents pour se perfectionner dans son art et acquérir le titre de « maître ». En même temps, le maître tisserand Lienhard Nunnenbeck lui apprit l'art du chant et de la poésie. Il se rendit à la cour de Maximilien Ier ; on le vit aussi maître chanteur à Francfort-sur-le-Main ; il poussa jusqu'à Lübeck et rentra chez lui en 1516, où il resta jusqu'à sa mort, partageant son activité et son enseignement entre le métier de cordonnier et l'école des maîtres chanteurs ; là, son labeur infatigable, le prestige du talent qu'on lui reconnut bientôt et de son œuvre littéraire, lui valurent un modeste bien-être et une grande autorité. Après quarante ans de mariage, ayant perdu sa femme Kunigunde Kreutzer et les sept enfants qu'il en avait eus, il épousa en 1561 une veuve, Barbara Herscher, chantée par lui dans quelques-unes de ses poésies. Il fut en outre lié d'amitié avec A. Dürer, P. Fischer et W. Pirckheimer, dont il reçut des suggestions et des conseils. Toutefois, il connaissait ses limites et ne les dépassa pas ; il resta dans l'atmosphère de sa chère ville natale, dans le milieu petit-bourgeois où il était né.

Humanisme et Réforme exercèrent leur influence sur le cordonnier-poète. Il salua dans la Réforme le réveil de l'esprit allemand et, en 1523, il composa un hymne à Luther, *Le Rossignol de Wittemberg* (*). Il composa des chants dans le ton populaire et bourgeois du *Meistergesang* (*), la poésie mise en musique qu'enseignaient au xve siècle les écoles de chant des corporations d'artisans, où la fraîcheur naturelle et la spontanéité de sa veine poétique le distinguèrent des autres maîtres chanteurs ; il écrivit des fables, des farces [Schwänke] — v. *Les Farces de carnaval* (*) (1517-1563) —, des comédies et des drames. Dans toute cette énorme production, il se conforma aux traditions du Moyen Âge, mais puisa les arguments un peu partout, jusque dans *Le Décaméron* (*) et à travers toute la littérature narrative italienne. Parmi ses œuvres dramatiques, celles qui ont un caractère sérieux, comédies ou tragédies, n'eurent pas de succès. Son domaine véritable fut celui de la farce, où les situations découlent logiquement et clairement des personnages et réciproquement, où il n'y a pas de paroles superflues mais un dialogue brillant et spontané, où chaque geste correspond à un type de personnage, toutes qualités dont l'efficacité apparaît plus à la scène qu'à la lecture. Des scènes réalistes de la vie quotidienne, présentées dans toute leur vivacité, avec un sain bon sens et un humour débonnaire, révèlent l'acuité de l'observation et une profonde connaissance de l'âme populaire. Bien que d'un auteur protestant, elles n'offensent jamais les traditions catholiques et témoignent de l'esprit de modération de ce sage savetier, dont la souriante bonhomie fut étrangère à l'âpreté de la polémique. Beaucoup de ces plaisantes narrations poétiques en distiques rimés (les fameux « Knittelverse ») devinrent très populaires, telles *L'Écolier vagabond* (*) (1550), *Le Rêve du pays de cocagne* [*Der Traum des Schlaraffenlandes*], etc. Si l'on compare ces œuvres avec le reste de la production de ce genre théâtral à cette époque, la nette supériorité poétique de Hans Sachs apparaît clairement ; s'il fut déprécié par les lettrés de l'époque des Lumières, Sachs reçut l'hommage de deux grands génies : Goethe le magnifia dans une poésie lyrique célèbre, *Mission poétique de Hans Sachs* [*Hans Sachsens poetische Sendung*, 1776], tandis que Wagner, qui en fit le personnage principal de son œuvre musicale *Les Maîtres chanteurs de Nuremberg* (*), lui assura l'immortalité. Rappelons encore, de Hans Sachs : *Sentences dramatiques* (*), *La Cour royale de Vénus* (+) (1517), *Lucrèce* (+) (1527), *Virginie* (+) (1530), *Tobie* (+) (1533), *La Décollation de Jean-Baptiste* (1550), *Judith, tragédie du Jugement dernier* (+) (1551), *Olivier et Artus* (1556), *Saint Pierre et la chèvre* (*) (1557), *Saint Pierre et les paysans* (*) (1557), *Siegfried à la peau cornée* (*) (1557), *Tragédie du grand Alexandre* (+) (1558).

EMMY ROSENFELD.

♦ *« Tandis qu'il passa sa vie dans un bonheur secret, là-haut se balance dans les nues une couronne de chêne aux feuilles toujours vertes, que la postérité posera sur sa tête... »* Goethe. ♦ *« Il n'est si petit sujet qu'il dédaigne ; mais il est parfois profond à force d'être naïf, et il arrive à la grandeur par la simplicité. »* A. Bossert.

RÉF. : Ch. Schweitzer, *Un poète allemand au XVIe siècle, études sur la vie et les œuvres de Hans Sachs*, Nancy, 1887. — H. Cattanès, *Les Fastnachtspiele de Hans Sachs*, Strasbourg, 1923. — H. U. Wendler, *Hans Sachs*, Halle, 1953. — M. E. Müller, *Der Poet der Moralität. Untersuchungen Zu Hans Sachs*, 1985.

SACHS Maurice (pseud. de Maurice Ettinghausen). Écrivain français né à Paris le 16 septembre 1906, mort en Allemagne en avril 1945. Ce chroniqueur brillant et amoral de l'entre-deux-guerres naît dans une famille de la bourgeoisie israélite libérale, socialement déclassée. Il ne connaît rien de son père (dont il reniera le nom), qui quitte très tôt le domicile conjugal. Sa mère, Andrée Sachs, ne semble pas s'en être beaucoup souciée : elle le confie à une prestigieuse et snob institution, d'où Maurice, avant le baccalauréat, se fait exclure pour pratiques homosexuelles. Jeté dans la vie parisienne à seize ans, Sachs rencontre Jean Cocteau qu'il va idolâtrer. À son exemple, il se convertit au catholicisme et, allant plus loin, sous l'influence de Jacques Maritain, entre au séminaire des Carmes, qu'il quitte avant d'endosser le sacerdoce à la suite du scandale dont il est l'objet, s'étant affiché avec un très jeune Américain à Juan-les-Pins (1926). Cocteau l'envoie alors à Max Jacob qui le recueille à Saint-Benoît dans le Loiret. L'amitié qui le lie à cet autre poète ne s'achèvera qu'en 1935, lors de la publication d'*Alias*, où Sachs l'a outrageusement caricaturé. L'attrait du vol que Sachs a découvert en lui dès l'enfance et différentes compulsions qui le rendent aussi odieux que malheureux lui font rencontrer la psychanalyse. Il entreprend une cure rapide avec le docteur René Allendy, à l'issue de laquelle il retombe dans ses errements : débauche, frivolité, snobisme, vol. Il fuit ses créanciers (et se fuit lui-même) en partant pour New York. Il écrit là son premier livre, en anglais, *The Decade of Illusion* (version française publiée en 1950), chronique nostalgique du Paris de 1925, désormais englouti dans la crise. Il se marie en juin 1932 avec la fille d'un pasteur presbytérien après s'être converti... au protestantisme. Mais il abandonne cette jeune Glwadys Matthews au profit d'un Californien qu'il ramène à Paris où il connaît une vie misérable jusqu'à ce que Gide lui procure un emploi aux éditions de la *N.R.F.* Sachs écrit alors ses mémoires, *Le Sabbat* (*), qui paraîtront après la guerre. Durant l'Occupation, Sachs vit d'expédients, de divers trafics, connaît de nombreuses aventures sexuelles, intellectuelles (rencontre avec les philosophes Ferdinand Alquié et Yvon Belaval), voire affectives : il cohabite quelques mois en Normandie avec la future romancière Violette Leduc — qui en parlera de façon émouvante dans *La Bâtarde* (*). Aux abois et bien que juif, Sachs s'engage comme travailleur volontaire en Allemagne (novembre 1942). Mais, tolérant mal cette vie de labeur sans gratification, Sachs parvient à prendre contact avec la Gestapo de Hambourg dont il devient l'agent : pur et simple opportunisme d'un personnage qui considère que « tout est permis » plutôt que convictions idéologiques réelles. D'ailleurs, suspecté, il est incarcéré à la prison de Fülsbuttel où il restera jusqu'en avril 1945. Les prisonniers seront évacués à l'arrivée de l'armée britannique et soumis à une marche forcée en direction de Kiel. Trop affaibli pour poursuivre, Sachs est abattu par les SS. À la Libération, une dizaine de livres posthumes paraîtront (*Derrière cinq barreaux*, 1952, *Tableau des mœurs de ce temps*, 1954, *Histoire de John Cooper d'Albany*, 1955...), dont *Le Sabbat* (1946) et *La Chasse à courre* (*) (1949) nous paraissent les meilleurs. Maurice Sachs, mort à trente-neuf ans, aura mené une vie tout à la fois picaresque et tragique, où le sordide le dispute au désir constant chez lui de devenir un grand écrivain.

HENRI RACZYMOW.

SACHS Nelly. Un des grands noms de la poésie allemande contemporaine. Née le 10 décembre 1891 à Berlin, morte le 12 mai 1970 à Stockholm. Issue de la bourgeoisie israélite berlinoise, Nelly Sachs a une enfance facile : elle écrit ses premiers poèmes à dix-sept ans et rêve de devenir danseuse : « La danse fut pour moi le premier mode d'expression, avant le verbe. » Mais en 1933 commence pour elle et sa famille « sept années de terreur hitlérienne » : « Vivre sous la menace : croupir dans une tombe ouverte sans trouver la mort [...] Un ciel qui se reflète dans une boucle de ceinturon rutilante... » C'est à Selma Lagerlöf et à ses relations dans les milieux officiels suédois qu'elle doit de pouvoir quitter l'Allemagne nazie en 1940. Elle et sa mère trouvent alors refuge à Stockholm. Du propre aveu de Nelly Sachs, ce sont « ces années de souffrance tournées vers la mort » qui ont fait d'elle un poète authentique.

C'est à Berlin, au plus fort des persécutions nazies, que sont nés les poèmes qui composeront le premier recueil de Nelly Sachs, *Dans les demeures de la mort* (*) (1946) : quarante-huit textes, comme « des épitaphes gravées dans le vide » [Grabschriften in die Luft geschrieben], qui parlent au pluriel des orphelins, des bourreaux, des martyrs, dans un langage biblique où tout est symbole de l'éphémère : cendres, sables, ombres et poussière. La première personne grammaticale n'apparaît qu'une seule fois, dans la *Prière pour le fiancé défunt :* « Si seulement je savais / Sur quoi s'est posé ton dernier regard. / Était-ce une pierre, déjà gorgée / De tant d'ultimes regards, qui aveuglément / Tombèrent sur l'aveugle ? »

De la même époque que ce premier recueil date le « poème scénique » intitulé *Eli, Mystère des souffrances d'Israël* (1951) – v. *Signes sur le sable* (*). Nourrie de mystique juive à travers les livres de Martin Buber et Gerschom Scholem, Nelly Sachs situe l'histoire dans un petit village de Pologne, au lendemain de la guerre, dans une région où sont restées vivantes les traditions hassidiques. Les événements tragiques – les atrocités commises par les nazis, comme l'assassinat d'Eli, un garçon de huit ans – ne sont pas représentés, mais rapportés sur le mode épique par des témoins, des survivants. Le personnage principal est Michaël, le cordonnier, dont on dit, selon la légende hassidique, qu'il est peut-être l'un des « Justes », et qui veut retrouver le meurtrier d'Eli. Cette recherche, qui est en même temps quête intérieure, constitue le seul ressort dramatique d'un récit qui, dans sa forme, rappelle à maints égards le drame sacré de la littérature chrétienne.

Le titre suivant, *L'Obscurcissement des étoiles* (*) (1949), fait encore écho aux horreurs de l'hitlérisme. La fumée qui s'échappait des fours crématoires jour et nuit voilait aux yeux des martyrs le soleil et les étoiles. Hymnes amples et solennels articulés autour des mêmes vers répétés : « Quand le sommeil, telle la fumée, s'insinue / dans le corps... » *Et personne ne sait comment continuer* (*) (1957) : ce premier recueil de Nelly Sachs paru en République fédérale est né peu après la mort de la mère de la poétesse : « Je ne peux pas dire que j'ai éprouvé dans ma jeunesse à l'égard de mon père de sentiments plus personnels qu'une admiration sans bornes... Il était donc naturel que ma mère fût l'étoile chérie de mon enfance et qu'elle le restât jusqu'aux derniers instants de son séjour terrestre. » Des métaphores hardies disent le deuil : « De mes lèvres, à la pierre de la prière, / Je passe mes jours à embrasser la mort. »

Fuite et Transformation (*) (1959) marque une évolution dans le lyrisme de Nelly Sachs : l'exil, la fuite, l'éphémère constituent une exigence à laquelle il nous appartient de satisfaire : « Un étranger porte toujours / son pays dans ses bras / comme un orphelin / pour lequel peut-être il ne cherche / rien d'autre qu'une tombe. »

Les derniers recueils, *Fuite vers le pur* (*) (1961) ou *Nuit, écarte-toi* [*Teile dich Nacht*, 1970], laissent place à une certaine forme d'espoir : « Qui / venant de la terre pour / toucher la lune / ou / un antre minéral céleste épanoui / allumée / par le souvenir / la mèche de la nostalgie / le fera bondir haut dans les airs. »

Sous le titre *Signes sur le sable* (*) (1962) sont réunis des « poèmes scéniques » écrits entre 1955 et 1962 : *Le Danseur magique* (+) (1955), *En vain sur le bûcher* (+) (1958), *Le Muet et la Mouette* (+) (1962), etc. Les indications scéniques tendent à métamorphoser le décor en un espace symbolique. Ainsi, pour *Le Danseur magique* : « La scène se transforme peu à peu en un globe aux parois cristallines transparentes, à mesure que David exécute sa danse somnambulique... » La voix, la musique et le geste doivent contribuer à une « spiritualisation » de la scène.

Nelly Sachs resta longtemps méconnue. Ce n'est que presque dix ans après la parution de son premier recueil lyrique que son œuvre commença de toucher le grand public. Signe de sa renommée naissante : la diffusion radiophonique d'*Eli* en 1958, à l'initiative d'Andersch. Enzensberger, comme lecteur des éditions Suhrkamp, contribua de manière non négligeable à répandre les textes de la poétesse. Elle atteignit le sommet de la renommée en 1966, en recevant, avec Agnon, le prix Nobel de littérature.

Toute la poésie de Nelly Sachs est liée au calvaire du peuple juif qu'elle a partagé. Mais ce lien est de nature particulière, d'essence beaucoup plus profonde que la simple relation autobiographique : il ne s'agit pas seulement, pour Nelly Sachs, de se raconter, ni même de raconter le destin de ses frères de souffrance. L'histoire l'a placée dans la même situation que Paul Celan, l'autre grand poète juif d'expression allemande de l'après-guerre, de l'après-Auschwitz : écrire dans la langue de « ceux par qui la mort est venue ». Situation historique qui ne se dénoue pas par la haine ou la vengeance, mais qui fait que la mort est inscrite irrémédiablement au cœur du langage : « martyre des mots dans l'urne funéraire des bouches ». La poésie devient ainsi prière. Prière pour que l'exil, l'errance puissent être enfin saisis comme conditions d'une métamorphose : « À la place du sol natal / Je pose les métamorphoses du monde. » Ces deux vers pourraient servir d'exergue à l'ensemble de l'œuvre. Vivre la condition juive comme condition de la parole poétique : telle est la force de Nelly Sachs.

JEAN-JACQUES POLLET.

♦ *« Les poèmes de Nelly Sachs représentent un des plus hauts degrés d'écriture métaphysique. »* Helmut Geissner. ♦ *« Une poésie qui, comme celle de Paul Celan, vient d'ailleurs. »* Karl Krolow. ♦ *« N. Sachs n'a jamais écrit une seule ligne qui ne fût vécue avec passion, de toute son âme. Raison pour laquelle sa poésie reste en dehors de tous les courants de la littérature contemporaine... Si elle emprunte des idées, des représentations, des expressions – en particulier à la tradition religieuse et éthique du judaïsme – elle les transfigure par l'incandescence de son propre langage* [...] *comme s'il lui fallait écrire pour se libérer du poids étouffant de son expérience vécue. »* W. A. Berendsohn.

RÉF. : *Nelly Sachs zu Ehren*, Francfort-sur-le-Main, 1961 et 1966. – W. A. Berendsohn, *Nelly Sachs. Einführung in das Werk der Dichterin jüdischen Schisksals*, Darmstadt, 1974. – O. Lagercrantz, *Versuch über die Lyrik der Nelly Sachs*, Francfort-sur-le-Main, 1967. – E. Bahr, *Nelly Sachs*, Munich, 1980. – H. Falkenstein, *Nelly Sachs*, Berlin, 1984.

SACHSENHEIM Hermann von. Poète allemand. Né vers 1365 ; mort le 29 mai 1458 à Constance. Il était originaire d'une famille noble de la Souabe et fit des études de droit et de médecine. Se livrant à la satire de l'amour courtois trop longtemps ressassé, il écrivit une épopée burlesque *Die Möhrin* [*La Mauresque*]. Il est l'auteur de divers poèmes religieux, *Le Temple doré* [*Der goldene Tempel*] [de la Vierge] inspiré de l'ouvrage de Konrad von Wurzbourg et *Jésus médecin* [*Jesus der Arzt*], de *L'Aventure du miroir* (*), du *Petit Voile* [*Das Schleiertüchlein*], délicate histoire d'amour, et *De la courtisane aux herbes* [*Von der Grasmetzen*], autre poème parodique qui narre, dans un style volontairement vulgaire, l'histoire d'un noble chevalier épris d'une fille de joie. La langue de Sachsenheim est un savoureux mélange d'expressions empruntées au langage courant et du style fleuri et recherché qui sévissait dans la littérature du temps.

SACKVILLE Thomas, premier comte de Dorset et lord Buckhurst. Écrivain et homme politique anglais né à Buckhurst (Sussex) en 1536, mort à Whitehall (Londres) le 19 avril 1608. Il était le fils de sir Richard Sackville, chancelier de l'Échiquier, et de Winifrede, fille de sir John Bruges ou Bridges, lord-maire de Londres. Il semble certain qu'il fréquenta l'Inner Temple de Londres et fut reçu avocat. En 1554, il épousa Cicely, fille de sir John Baker. Il conçut en 1557 un long poème historique imité de Virgile et de Dante qui devait avoir pour thème une descente aux enfers, mais il n'en écrivit que l'introduction. Ses amis Richard Baldwin et George Ferrers, s'inspirant de son plan, composèrent l'ouvrage qui parut sous le titre *Le Miroir des magistrats* [*Myrroure for Magistrates*, deux éd. : 1559 et 1563]. Le succès et le retentissement de ce livre furent immenses et il connut à l'époque d'innombrables rééditions. Sackville donna ensuite, en collaboration avec Thomas Norton (1532-1584), la première tragédie anglaise en vers blancs, *Gorboduc, ou Ferrex et Porrex* (*), qui fut représentée pour la première fois en 1562 et qui annonce *Le Roi Lear* (*). Sackville abandonna bientôt la littérature pour la politique. Depuis 1558, il était membre du Parlement où il représenta successivement le comté de Westmoreland (1558), celui de Sussex (1559), de Buckinghamshire (1563). La faveur de la reine lui valut d'être élevé à la pairie en 1567 avec le titre de lord Buckhurst. De 1567 à 1570, il fut chargé d'importantes négociations diplomatiques en France et reçut en 1568 le cardinal Odet de Coligny, devenu calviniste, puis il joua à partir de 1572 un rôle de premier plan, en tant que membre du Conseil privé, dans les procès politiques qui devaient décider de la condamnation à mort de Marie Stuart. C'est lui qui fut chargé, en 1586, d'annoncer à cette reine sa condamnation à mort. En 1589, il négocia aux Pays-Bas, en 1591 en France, en 1598 en Espagne. En 1599, il succéda à Bughley dans la charge de grand trésorier et devint grand intendant en 1601. Jacques Ier le fit comte de Dorset et lui confia le soin de négocier la paix avec l'Espagne en 1604. Le titre de lord Lieutenant de Sussex vint couronner sa carrière. Il était depuis 1591 chancelier de l'université d'Oxford.

RÉF. : J. Swart, *Thomas Sackville, a Study in Sixteenth-Century*, Groningen, 1949. – P. Bacquet, *Thomas Sackville, l'homme et l'œuvre*, Paris, 1963. – N. Berlin, *Thomas Sackville*, New York, 1974.

SACKVILLE-WEST Victoria Mary. Romancière et poétesse anglaise. Née au château de Sissinghurst, dans le Kent, en mars 1892, morte le 12 juin 1962. Elle épousa Harold Nicolson dont elle eut deux fils. Leurs voyages faits ensemble lui inspirèrent plusieurs livres : *Séducteurs en Équateur* [*Seducers in Ecuador*, 1924], *Passagère pour Téhéran* [*Passenger to Teheran*, 1926], *Douze jours* [*Twelve Days*, 1928]. Bien auparavant, elle avait publié un recueil de poésies : *Poèmes d'Occident et d'Orient* [*Poems of West and East*, 1917] et un premier roman, *Héritage* [*Heritage*, 1918]. Écrivain prolifique, on lui doit notamment un livre sur la demeure de ses ascendants, des biographies (de Jeanne d'Arc, des deux saintes Thérèse), d'autres romans, parmi lesquels : *Au temps du roi Édouard* (*) (1930) et *Toute passion épuisée* [*All Passion Spent*, 1931]. Elle a consacré plusieurs livres à la nature. Ses *Poésies complètes* [*Complete Poems*] parurent en 1933. Elle fut l'amie intime de Virginia Woolf et, dit-on, serait l'inspiratrice d'*Orlando* (*), roman où le personnage éponyme change de sexe au long des âges. Le journal intime de Victoria Sackville-West fut publié après sa mort par les soins de son fils Nigel Nicolson, sous le titre *Portrait d'un mariage*.

SADE Donatien Alphonse François, marquis de, seigneur de La Coste et de Saumane, coseigneur de Mazan. Lieutenant général aux provinces de Bresse, Bugey, Valmorey et Gex, mestre de camp de cavalerie et écrivain français. Né à Paris, en l'hôtel de Condé, le 2 juin 1740, et mort le 2 décembre 1814 à Charenton-Saint-Maurice. De 1744 à 1750, le jeune marquis est à Saumane où son oncle paternel, l'abbé de Sade d'Ebreuil, historien élégant et solide, s'est chargé de sa première éducation. En 1750, il revient à Paris pour entrer au collège d'Harcourt, chez les jésuites. En 1755, après un an d'exercices à l'école des chevau-légers, il est nommé sous-lieutenant au régiment d'infanterie du roi. Cornette de carabiniers en 1757, puis capitaine de cavalerie, Sade prend part à la guerre de Sept Ans. Le 17 mai 1763, il épouse, avec l'agrément de la famille royale, Renée-Pélagie Cordier de Launay de Montreuil, dont il aura deux fils et une fille, et qui se signalera par un dévouement conjugal sans réserve. Cinq mois après son mariage, Sade est incarcéré pendant quinze jours au donjon de Vincennes, pour excès commis dans une petite maison. Le 3 avril 1768, place des Victoires, il s'adresse à une femme qui demande l'aumône, Rose Keller ; elle accepte de l'accompagner à sa petite maison d'Arcueil. Il l'y fait se déshabiller, la flagelle à plusieurs reprises, puis l'enferme dans une chambre. Elle s'évade, porte plainte et obtient une indemnité énorme. Incarcéré à Saumur, puis à Pierre-Encise, mais admis à faire valoir ses lettres d'abolition, Sade n'est condamné qu'à une amende par la Grand-Chambre du parlement ; cependant, il reste détenu sur l'ordre du roi jusqu'en novembre 1768. Le 27 juin 1772, de passage à Marseille, il se rend le matin avec son domestique Latour dans une chambre où quatre filles sont réunies. Flagellation reçue et infligée, futution, pédication homo et hétérosexuelle ; l'une des filles goûte aux anis cantharidés que lui offre le marquis. Le soir, visite de Sade à une autre prostituée qui absorbe tout le contenu de la bonbonnière de son client. Elle se trouve bientôt dans un tel état qu'on la croit empoisonnée. Le lieutenant-général criminel recueille sa plainte. Sade, qui a pris la fuite en Italie avec sa belle-sœur, Anne-Prospère de Launay, chanoinesse, qu'il fait passer pour sa femme, est condamné par le parlement de Provence à la peine capitale pour crimes d'empoisonnement et de sodomie ; le 12 septembre, il est exécuté en effigie sur la place des Prêcheurs, à Aix. Réfugié à Chambéry en octobre 1772, il est arrêté le 8 décembre sur l'ordre du roi de Sardaigne agissant à la requête de sa belle-mère, la présidente de Montreuil, et conduit à la forteresse de Miolans. Il s'en évade le 1er mai 1773. Son séjour à La Coste, entre 1774 et 1777, est marqué par plusieurs scandales, dont le plus grave est celui des « petites filles ». De passage à Paris, en février 1777, Sade, contre lequel la présidente de Montreuil a obtenu une lettre de cachet, est incarcéré au donjon de Vincennes. En juin 1778, il est transféré à Aix, où l'arrêt du parlement de Provence est cassé, par défaut absolu du crime présupposé d'empoisonnement. Cependant, toujours justiciable de la lettre de cachet, il quitte la ville d'Aix sous escorte policière. À l'étape de Valence, il réussit à s'échapper et se réfugie à La Coste, où il est arrêté de nouveau le 26 août. Reconduit à Vincennes, il y demeurera captif du 8 septembre 1778 au 29 février 1784, date à laquelle il est transféré à la Bastille. Quelques jours avant le 14 juillet 1789, pour avoir tenté d'ameuter le peuple en criant par la fenêtre de sa chambre qu'on voulait égorger les prisonniers, il est extrait de la forteresse et transporté chez les religieux de Charenton-Saint-Maurice. Libéré le 2 avril 1790, à la suite du décret sur les lettres de cachet, Sade, deux ans après, participe comme secrétaire aux travaux de la section des Piques. En août 1793, président de cette section, il refuse de mettre aux voix une motion inhumaine. Accusé de modérantisme, le ci-devant marquis est arrêté le 5 décembre. Enfermé aux Madelonnettes, puis aux Carmes, à Saint-Lazare et à Picpus, son nom figure dans le réquisitoire collectif de Fouquier-Tinville du 8 Thermidor. Mais l'huissier du tribunal révolutionnaire le recherche en vain dans les différentes prisons, et Sade échappe ainsi providentiellement à la guillotine. Rendu à la liberté le 13 octobre 1794, il est arrêté sept ans après, le 6 mars 1801, par la police du Consulat, comme auteur des romans scandaleux de *Justine* (*) et de *Juliette* (*) (1797). Après un séjour de deux ans à Sainte-Pélagie et à Bicêtre, il est interné administrativement à l'hospice de Charenton, où Marie-Constance Quesnet, sa maîtresse, obtint de se fixer auprès de lui. Grâce à la bienveillance du directeur, M. de Coulmier, Sade est admis à organiser jusqu'en 1808 des représentations théâtrales auxquelles viennent assister les personnes les plus élégantes de Paris. Il meurt le 2 décembre 1814, ayant consumé en prison trente années de son existence. Aucun nom ne fut gravé sur sa pierre tombale.

Si, en tant qu'écrivain publié, Sade appartient tout entier à l'époque révolutionnaire, il faut noter qu'en octobre 1788, après dix ans de captivité ininterrompue, plusieurs chefs-d'œuvre se détachent déjà de la masse imposante de ses manuscrits : le *Dialogue entre un prêtre et un moribond, Les Cent Vingt Journées de Sodome* (*), *Aline et Valcour*, la première *Justine*, ainsi que les meilleurs d'entre ses contes et nouvelles. Le *Dialogue* ne devait être publié qu'en 1926 et le roman *Les Cent Vingt Journées* qu'en 1931-1935 (l'édition parue à Berlin en 1904 est pratiquement inutilisable, en raison des milliers de fautes qui la dénaturent). Si *Les Cent Vingt Journées*, cent ans avant Krafft-Ebing et Freud, nous fournissent une description systématique des anomalies sexuelles et justifient de ce fait « le lustre que le monde savant a donné au nom de leur auteur en imposant celui de " sadisme " à la plus grave de ces psychopathies » (M. Heine), elles contiennent également les pages les plus neuves et les plus spontanées que le marquis ait jamais écrites : ainsi le portrait de Blangis, qui brille d'un si noir éclat parmi la nudité splendide des épouses, l'infernale beauté de son sermon aux « êtres faibles et enchaînés », et cette galerie de proxénètes et de duègnes, de « bardaches » et de fillettes qui ne le cèdent nullement à l'album des *Caprices* de Francisco Goya. Quant au *Dialogue entre un prêtre et un moribond*, d'une éloquence harmonieuse et noble qui rappelle souvent le divin Platon, il constitue la première manifestation de cet athéisme irréductible dont les ouvrages ultérieurs de Sade ne cesseront de nous offrir les développements les plus hardis. – Des cinquante récits composés par le marquis à la Bastille, et dont une douzaine sont perdus, onze seulement devaient figurer en l'an VIII dans le recueil des *Crimes de l'amour* ; les éléments inédits de son œuvre de conteur ont été publiés en 1926 sous le titre d'*Historiettes, contes et fabliaux*. Un choix où l'on ferait entrer, avec *Florville et Courval ou le Fatalisme* et *Eugénie de Franval*, qui appartiennent aux *Crimes de l'amour, Le Président mystifié, Augustine de Villeblanche* et *Émilie de Tourville*, détachés du recueil posthume, constituerait, dans son admirable variété, un livre de nouvelles sans égal dans la littérature française. – Ce qui frappe avant tout, dans les lettres de Sade écrites à Vincennes et publiées entre 1948 et 1953 sous les titres de : *L'Aigle, Mademoiselle..., Le Carillon de Vincennes* et *Monsieur le 6*, c'est la leçon de fermeté qu'elles nous offrent constamment, tant par le maintien intégral des idées, qui ont valu à leur auteur le supplice de la réclusion, que par la mise en œuvre d'un humour transcendé, relevant de la poésie, et où s'affirme victorieusement l'invulnérabilité du « moi » aux agressions de la réalité extérieure. Parmi les ouvrages posthumes de Sade, il faut encore mentionner l'*Histoire secrète d'Isabelle de Bavière*, parue en 1952. Par la richesse de ses matériaux et l'ampleur de sa vision, par la profondeur de ses réflexions touchant à la psychologie tant individuelle que collective, par les teintes noires et inquiétantes dont il a soutenu le tableau des crimes de la reine, l'auteur d'*Isabelle de Bavière* mérite de prendre place au nombre des meilleurs historiens qui ont précédé l'ère romantique. – Nous en viendrons maintenant aux principaux ouvrages publiés du vivant de Sade. La *Justine* de 1791, grâce à son appareil de précautions verbales et à la diction toute classique de ses personnages raisonneurs, constitue certainement dans l'œuvre du marquis la plus « insidieuse infraction au caractère divin de la nature humaine » (M. Heine). Dans les dix volumes orgiaques de *La Nouvelle Justine* (+) suivie de *L'Histoire de Juliette, sa sœur* (*) (1797), les longues dissertations morales et métaphysiques, d'un mouvement admirable, placées par Sade dans la bouche de ses héros, reprennent en les enrichissant, mais non sans les majorer parfois jusqu'au délire, les thèmes de la première *Justine* de 1791 ; mais l'épopée philosophique du marquis perdrait sa plus riche signification si l'on négligeait de la considérer également sous le triple aspect de la psychopathologie descriptive, de l'humour noir et de la poésie. – De tous les ouvrages clandestins de Sade, *La Philosophie dans le boudoir* (*) (1795) est de beaucoup le moins cruel ; les phrases d'une rayonnante obscénité qu'y prononcent Mme de Saint-Ange et Eugénie de Mistival ne transforment jamais en effroi l'émotion érotique éprouvée par le lecteur. – Tableau de mœurs et de caractères dans lequel la luxure d'un père incestueux est tracée avec une singulière énergie, récit d'aventures héroï-comiques parmi toutes les classes et dans tous les climats, le roman d'*Aline et Valcour* (*) (1795), où la sociologie d'un précurseur s'entrelace à des folklores imaginaires, ne laisse pas de préfigurer un aspect de la sensibilité moderne en maintes pages toutes rutilantes de royaumes inconnus. Si les syllabes maudites du nom de son auteur n'eussent détourné d'un tel ouvrage la critique universitaire, le roman d'*Aline et Valcour* – d'une langue toujours décente en dépit de la hardiesse des passions – serait inscrit depuis longtemps au nombre de ces fictions universelles qui, pareilles au *Décaméron* (*), à *Don Quichotte* (*) et aux *Voyages de Gulliver* (*), ont ouvert de nouvelles demeures à l'imagination des hommes. – D'une fécondité peu commune, Sade a composé une douzaine de romans, la plupart de vaste dimension, une soixantaine de contes, une vingtaine de pièces de théâtre, et maints opuscules divers. Un quart environ de ses manuscrits a été détruit par la police du Consulat et de l'Empire. Après avoir été considérés du vivant de leur auteur, et pendant plus d'un siècle après sa mort, comme de monstrueuses parodies issues de l'imagination d'un criminel délirant, les ouvrages du marquis de Sade, grâce aux travaux historiques et critiques de Maurice Heine et de Gilbert Lely, ainsi qu'aux essais métaphysiques de Pierre Klossowski et de Maurice Blanchot, ont pris place de nos jours au rang des chefs-d'œuvre de la littérature française, tant du point de vue de l'éloquence et de la vivacité du style qu'en raison de la hardiesse et de la profondeur de la pensée.

RÉPERTOIRE DES ÉDITIONS ORIGINALES. *Justine ou les Malheurs de la vertu*, 2 volumes, 1791. – *Opuscules politiques*, huit brochures, 1791-1793. – *La Philosophie dans le boudoir*, 2 vol., 1795. – *Aline et Valcour ou le Roman philosophique*, 4 vol., 1795. – *La Nouvelle Justine ou les Malheurs de la vertu, suivie de l'Histoire de Juliette, sa sœur*, 10 vol., 1797. – *Oxtiern ou les Malheurs du libertinage*, an VIII. – *Les Crimes de l'amour, nouvelles héroïques et tragiques, précédées d'une Idée sur les romans*, 4 vol., an VIII. – *L'Auteur des crimes de l'amour à Villeterque, folliculaire*, an IX. – *La Marquise de Gange*, 2 vol., 1813. – *Dorci ou la Bizarrerie du sort* (éd. A. France), 1881. – *Historiettes, contes et fabliaux* (éd. M. Heine), 1926. – *Dialogue entre un prêtre et un moribond* (id.), 1926. – *Correspondance* (éd. P. Bourdin), 1929. – *Les Infortunes de la vertu* (éd. M. Heine), 1930. – *Les Cent Vingt Journées de Sodome ou l'École du libertinage* (id.), 3 vol., 1931-1935. – *L'Aigle, Mademoiselle...* (éd. G. Lely), 1949. – *Histoire secrète d'Isabelle de Bavière, reine de France* (id.), 1953. – *Le Carillon de Vincennes* (id.), 1953. – *Cahiers personnels* (id.), 1953. – *Monsieur le 6* (éd. G. Daumas et G. Lely), 1954. – *Cent Onze notes pour la Nouvelle Justine*, 1956. – (Le pamphlet anonyme de *Zoloé et ses deux acolytes*, attribué à Sade, n'est pas de cet auteur.)

♦ *« Tout ce qui est possible à l'imagination la plus déréglée d'inventer d'indécent, de sophistique, de dégoûtant même, se trouve amoncelé dans ce roman bizarre* [Justine ou les Malheurs de la vertu], *dont le titre pourrait intéresser et tromper les âmes sensibles et honnêtes. » Journal Général de France* du 27 septembre 1792. ♦ *« Personne n'a été plus indigné que moi des ouvrages de l'infâme de Sade. Ce scélérat ne présente les délices de l'amour, pour les hommes, qu'accompagnés de tourments, de la mort même pour les femmes. »* Restif de la Bretonne, 1798. ♦ *« Le nom seul de cet infâme écrivain exhale une odeur cadavéreuse qui tue la vertu et inspire de l'horreur. » L'Ami des Lois* du 29 août 1799. ♦ *« Il est un trait commun à tous ses actes et dont la spontanéité n'est pas douteuse : le parti pris de répudier et de braver tout conformisme moral. Cette attitude, qui ne s'embarrasse pas même d'un certain degré de mystification, paraît gouverner le comportement physiologique et social de Sade, en s'alliant aux hautes activités comme aux audacieuses spéculations de son esprit. »* Maurice Heine, 1933. ♦ *« Les excès de l'imagination à quoi l'entraîne son génie naturel et le disposent ses longues années de captivité, le parti pris follement orgueilleux qui le fait, dans le plaisir comme dans le crime, mettre à l'abri de la satiété ses héros, le souci qu'il montre à varier à l'infini, ne serait-ce qu'en les compliquant toujours davantage, les circonstances propices au maintien de leur égarement, ont toute chance de faire surgir de son récit quelque passage d'une outrance manifeste, qui détend le lecteur en lui donnant à penser que l'auteur n'est pas dupe. »* André Breton, 1940. ♦ *« Nous devons attribuer à Sade* une fonction dénonciatrice des forces obscures camouflées en valeurs sociales *par les mécanismes de défense de la collectivité ; ainsi camouflées, ces formes obscures peuvent mener dans le vide leur ronde infernale. Sade n'a pas craint de se mêler à ces forces, mais il n'est entré dans la danse que pour arracher les masques que la Révolution avait placés sur elles afin de les rendre acceptables et d'en permettre la pratique innocente aux enfants de la patrie. »* Pierre Klossowski, 1947. ♦ *« Sade a eu la hardiesse d'affirmer qu'en acceptant intrépidement les goûts singuliers qu'il avait, et en les prenant pour le point de départ et le principe de toute raison, il donnait à la philosophie le fondement le plus solide qu'il pût trouver et se mettait en mesure d'interpréter d'une manière profonde le sort humain dans son ensemble* [...] *Or, il se trouve que cette pensée n'est pas négligeable et qu'au milieu des contradictions où elle se meut* [...] *elle nous montre qu'entre l'homme normal qui enferme l'homme sadique dans une impasse et le sadique qui fait de cette impasse une issue, c'est celui-ci qui en sait le plus long sur la vérité et la logique de sa situation et qui en a l'intelligence la plus profonde, au point de pouvoir aider l'homme normal à se comprendre lui-même, en l'aidant à modifier les conditions de toute compréhension. »* Maurice Blanchot, 1949. ♦ *« Si le prisonnier Sade ne plaît pas, aussi n'a-t-il point voulu plaire. Le seul glaive dont il dispose, dans sa ténébreuse solitude, pour se venger d'un monde qui le retient captif : la subversion des valeurs morales et des normes sensitives, pourquoi son désespoir se refuserait-il à le plonger trop avant dans le cœur de l'homme ? Mais la prédication esthétique du mal exclut l'accomplissement de celui-ci. C'est le vertueux Robespierre qui tue : bourreau imaginaire de mille jeunes femmes, ce n'est pas Sade à la belle voix* [...] *Or, sur les proies délicieuses, ressuscitées à l'aube de la cent vingt et unième journée, le langage étendra sa merci. »* Gilbert Lely, 1957.

RÉF. : P. Klossowski, *Sade, mon prochain*, Paris, 1947. – M. Blanchot, *Lautréamont et Sade*, Paris, 1949, rééd. 1967. – M. Heine, *Le Marquis de Sade*, Paris, 1950. – G. Lely, *Vie du marquis de Sade avec un examen de ses ouvrages*, 2 vol., Paris, 1952-1957. – G. Bataille, *La Littérature et le Mal*, Paris, 1954. – S. de Beauvoir, *Faut-il brûler Sade ?*, Paris, 1955, rééd. 1972. – G. Lély, *Sade, Études sur sa vie et son œuvre*, Paris, 1967. – Ph. Sollers, *Le Marquis de Sade*, Paris, 1968. – R. Barthes, *Sade, Fourier, Loyola*, Paris, 1971. – *Revue Europe*, octobre 1972, n° 522. – P. Royer, *Sade, la philosophie dans le pressoir*, Paris, 1976. – B. Didier, *Sade, Essai*, Paris,

1976. – Revue *Obliques*, n° 12/13, 1977. – C. Thomas, *Sade, l'œil de la lettre,* Paris, 1978. – M. Hénaff, *Sade. L'invention du corps libertin*, Paris, 1978. – *Sade. Écrire la crise*, sous la direction de M. Camus et P. Roger, Paris, 1983, Colloque de Cérisy. – A. Le Brun, *Soudain un bloc d'abîme, Sade. Introduction aux Œuvres complètes*, Paris, 1986. – J. J. Pauvert, *Sade vivant*, Paris, 1986-1989. – J. Paulhan, *Le Marquis de Sade et sa complice ou les Revanches de la pudeur*, Bruxelles, 1987. – R. Jean, *Un portrait de Sade*, Arles, 1989. – C. V. Michael, *Sade, his Ethics and Rhetoric*, New York, 1989.

SÁ DE MIRANDA Francisco de. Écrivain portugais. Né probablement à Coïmbre entre 1481 et 1485, mort dans sa propriété de Tapada après mai 1558. Il était de famille noble ; après de premières études à Coïmbre, il fut envoyé pour y apprendre le droit à l'université de Lisbonne. Son talent poétique lui valut son entrée à la cour de Manuel Ier où il devint l'ami du prince João, et il se mit à écrire, dans la tradition portugaise, des « vilancetes » et des « cantigas » qui sont réunis à ceux des autres poètes de son temps dans le *Cancioneiro* (+) de Resende (1516). En 1521, il entreprit un long voyage en Italie. De retour dans sa patrie en 1526 ou 27, il s'établit à Coïmbre, où il devint un familier de João III monté entre-temps sur le trône, et où il fit représenter la comédie classique intitulée *Les Étrangers* (*), composée sur le modèle italien. Avant les Espagnols Boscán et Garcilaso, il importa aussi d'Italie de nouveaux mètres. Ses premiers essais dans la « medida nova » et les plus réussis sont certainement ceux écrits en espagnol (*Fábula do Mondego,* l'églogue *Alezo,* etc.). Parallèlement au poète il y avait en Sá de Miranda un humaniste fidèle à la tradition religieuse et à l'ordre politique de son pays. Mais, en 1534, la corruption de la cour le contraignit à se retirer dans son domaine du Minho appelé Commenda das Duas Igrejas, puis dans la Quinta de Tapada. Il n'en cessa pas pour autant de s'intéresser au bien général, dénonçant les abus et la corruption des mœurs et prévoyant la ruine de sa patrie. Sa droiture morale et sa profonde connaissance des problèmes nationaux se manifestent surtout dans les sept *Épîtres* horaciennes [*Cartas*], assez lues aujourd'hui encore malgré leur style dur, concis, riche en ellipses et en aphorismes. Dans l'églogue *Basto,* se tournant ves la mère Nature, il célèbre le culte de la liberté intérieure, tandis que son meilleur sonnet, *Os sol he grande,* déplore la fugacité de la vie terrestre. En 1536, il épousa la sœur de son grand ami Briolanja de Azevedo et il en eut deux fils, dont l'aîné périt en 1553 lors du siège de Cueta. En 1555 sa femme mourut et il la suivit de peu dans la tombe. Sá de Miranda est un représentant accompli de la culture portugaise du XVIe siècle dans la mesure où, malgré son esprit d'homme de la Renaissance, il ne se départit pas de l'inspiration traditionnelle qui fut la sienne dès sa jeunesse. Outre les œuvres déjà citées, il faut mentionner la comédie *Les Vilhalpando* [*Os Vilhalpandos,* 1538 ?], le poème *À sainte Marie l'Égyptienne* [*A Egipciaca Santa Maria,* publié en 1913] composé sur le thème traditionnel des *Vies* de sainte Marie l'Égyptienne, et enfin une tragédie aujourd'hui perdue, *Cléopâtre* [*Cleopatra*].

JACINTO PRADO COELHO.

RÉF. : T. Braga, *Vida de Sá de Miranda e sua eschola,* Porto, 1871. – A.J. Saraiva, *História da cultura em Portugal,* 2 tomes, Lisbonne, 1953. – D. Mourão-Ferreira, *Sá de Miranda : Inovacão e polemimo,* in *As grandes polemicas portugueses,* t. 1, Lisbonne, 1964. – A. Rocha, *Raíz e utopia em Sá de Miranda,* in *Temas de literatura portuguesa,* Coïmbre, 1986.

SADOVEANU Ion Marin. Auteur dramatique, poète et romancier roumain. Né et mort à Bucarest : 15 juin 1893-2 février 1964. Après des études de droit à Bucarest et un séjour à Paris, il devient directeur général des théâtres et plus tard directeur du Théâtre national de Bucarest. Chroniqueur dramatique pendant presque trente ans, il publiera un choix de ses chroniques. Ses drames comme ses poèmes sont de véritables recherches psychologiques et métaphysiques. Ses romans projettent l'analyse psychologique sur le conflit social entre une nouvelle bourgeoisie sans scrupules et la vieille noblesse déchue. Il convient de citer ses pièces de théâtre : *Métamorphoses* [*Metamorfoze,* 1927], *Anno Domini* (1927), *L'Épidémie* [*Molima,* 1930] ; son recueil de poèmes, *Chants d'esclave* [*Cântece de rob,* 1930] ; ses romans : *Fin de siècle à Bucarest* (*) (1935) et *Ion Sântu* (+) (1957).

SADOVEANU Mihail. Écrivain roumain. Né à Paşcani (Moldavie) le 5 novembre 1880, mort à Bucarest le 19 octobre 1961. Parti étudier le droit à Bucarest, il s'inscrit à la faculté des lettres, mais il y renonce et revient dans sa province où il sera directeur du Théâtre national de Iaşi. Dans ses récits et romans, il est d'abord réaliste : au village, les paysans sont superstitieux, malades ou alcooliques ; dans les villes de province, il y a des gens médiocres et corrompus ; dans la capitale, des paysans déracinés mènent une vie pénible. Puis son réalisme tourne au romanesque : paysages et phénomènes de la nature entourent des héros passionnés. Enfin, il se fait évocateur de l'Histoire : luttes intestines du passé moldave ou invasion du pays par ses voisins mettent en relief de grandes figures dans le bruit des batailles. Il faut détacher de son œuvre immense *L'Auberge d'Ancoutza* (*) (1928), où des gens se réunissent la nuit autour du feu pour raconter des histoires d'amour ou de chasse, des événements sanglants ou des anecdotes, ainsi que *La Cognée* (*) (1930), roman d'une paysanne, réincarnation d'une héroïne antique, qui s'acharne à découvrir et à punir les assassins de son mari. À ces deux œuvres maîtresses, il convient d'ajouter : *Les Faucons* [*Şoimii,* 1904], *Le Cabaret de père*

Precu [*Crâşma lui Moş Precu,* 1905], *La Lignée des Şoimaru* [*Neamul Şoimăreştilor,* 1913], *Le Bocage enchanté* [*Dumbrava minunată,* 1922], *Le Pays d'au-delà de la brume* [*Tara de dincolo de negură,* 1925], *Le Royaume des eaux* [*Impărăţia apelor,* 1928], *Sous le signe du Cancer* [*Zodia cancerului,* 1929], *Les Frères Jderi* [*Fraţii Jderi,* 3 vol., 1935-1942].

NICOLAS GHEORGHIU.

SÂ'EDI Gholâm-Hoseyn. Nouvelliste, dramaturge et essayiste iranien. Né en 1936 à Tabriz (Iran occidental), mort le 23 novembre 1985 à Paris. Sâ'edi s'inscrit dans la deuxième génération des écrivains contemporains d'Iran, après celle de Hedâyat. Issu d'un milieu peu fortuné, après une scolarité primaire et secondaire à Tabriz, de 1953 à 1959, il poursuit ses études à l'université de Téhéran, d'abord en médecine puis, de 1959 à 1967, en psychanalyse, qu'il exerce dans les hôpitaux de 1968 à 1973. Parallèlement, dans les années 60, il ouvre un cabinet médical dans le sud de Téhéran où il donne des consultations gratuites ou presque. Dans les années 70, il fonde une clinique avec son frère, le docteur Akbar Sâ'edi. À cette époque, la S.A.V.A.K. le harcèle continuellement, l'arrête sans motif pour l'interroger ou le maltraiter. En 1974, il est emprisonné pendant un an jusqu'à ce que des protestations qui prennent une ampleur internationale obligent la police à le relâcher. À partir des années 70, il se consacre presque exclusivement à l'écriture. Sâ'edi a commencé très tôt à écrire. La richesse et l'étendue de son talent ne se laissent pas aisément circonscrire. Il a surtout écrit dans deux genres principaux : la nouvelle et le théâtre, mais il s'est aussi intéressé au cinéma. À l'époque de sa naissance, son père — originaire d'une famille autrefois illustre sous les Ghâdjâr, les Sâedolmamâlek — n'est qu'un modeste fonctionnaire. Il lui enseigne les premiers rudiments du savoir. Comme il le raconte dans sa première autobiographie, très jeune, il est marqué par le mystère de la mort. Pendant la période troublée de la Seconde Guerre mondiale, réfugié dans un village, Sâ'edi s'ouvre au monde des livres ; il se met à écrire, puis à publier et à éditer des journaux. Il avoue lui-même lire plus de littérature que de médecine. À vingt ans, à l'issue d'une crise morale grave, il tente de se suicider. À cette même époque, il publie son premier récit dans la revue *Sokhan* (1955). À quarante ans, dans sa première autobiographie, il juge sévèrement son œuvre littéraire, « écrite en hâte et publiée en hâte ». Pourtant, Sâ'edi a laissé plus d'une trentaine de titres. Ses nouvelles réalistes, dont celles recueillies dans *Le Deuil à Bayal* (*) (1964) et dans *La Peur* (*) (1968), et ses œuvres dramatiques comptent parmi les meilleures des années 60. Quatre, au moins, de ses œuvres ont été transposées au cinéma, dont *La Vache* [*gâv*] et *La Poubelle* [*âshghâldouni*] (sous le titre de *Cercle rouge* [*Dâyere-ye minâ*]). Sâ'edi a fondé et édité la revue *Alefbâ* (1975/76 puis 1982/85) et collaboré à un grand nombre de périodiques. En 1982, après plusieurs années de clandestinité et de vie errante pour échapper à la censure du nouveau régime, Sâ'edi s'est exilé à Paris où il est mort désespéré par les événements d'Iran. Dans sa dernière autobiographie, parue dans *Alefbâ* n° 7, 1986, Sâ'edi exprime douloureusement son angoisse et son désarroi d'écrivain en exil.

CHRISTOPHE BALAŸ.

SAER Juan José. Écrivain argentin. Né dans la province de Santa Fe, au nord de l'Argentine, le 28 juin 1938. Après des études de droit et de philosophie, il donne des cours de critique et d'esthétique cinématographiques à l'université de sa province natale. Venu à Paris en 1968 pour un voyage d'études, Juan José Saer n'en repartira pas. Il enseigne actuellement la littérature latino-américaine à l'université de Rennes. Son œuvre littéraire, qui ne comporte pas moins de seize titres actuellement, comprend indifféremment des romans, des nouvelles, des poèmes et des essais que l'auteur lui-même a choisi de regrouper sous le titre générique de *Narrations.* « Je me suis toujours efforcé d'effacer les frontières qui séparent roman et poésie, dit-il. Mon objectif est de combiner la rigueur formelle de la narration moderne avec l'intensité de la perception du monde poétique. »

Récompensé par différents prix dont le Femina étranger et le Premio Nadal (Espagne), Juan José Saer est considéré comme un des grands écrivains de l'Amérique latine. L'essentiel de son œuvre, publiée à Buenos Aires, a été traduite en français : ce sont notamment les romans *Le Mai argentin* [*Cicatrices,* 1969] ; *Les Grands Paradis* [*El limonero real,* 1974], *Nadie, nunca, nada* (1980), *L'Ancêtre* (*) (1983), *L'Anniversaire* [*Glosa,* 1986], *L'Occasion* [*La ocasión,* 1988] ainsi que le recueil de nouvelles *Unité de lieu* [*Unidad de lugar,* 1967] et *La Mayor* (1976).

JEAN-CLAUDE VILLEGAS.

RÉF. : *Historia de la literatura argentina,* tome V, Los contemporáneos, Buenos Aires, 1982.

SAFA Peyamî (pseud. de Server Bedi). Romancier et chroniqueur turc. Né et mort à Istanbul (1899-15 juin 1961). Le père de l'écrivain, Ismail Safa, poète célèbre par son œuvre élégiaque, meurt en exil politique alors que Peyamî est âgé de deux ans. Obligé de travailler très tôt, le futur romancier se donne une formation d'autodidacte. Dès la fin de la Première Guerre mondiale, Peyamî Safa entame sa carrière de chroniqueur en écrivant, pour *Vingtième siècle* [*Yirminci asïr*] et d'autres journaux d'Istanbul, des histoires pour le public populaire. Il est admiré pour ses talents de polémiste. Encouragé par les plus grands écrivains turcs, il commence à publier des nouvelles en 1922 — tout en poursuivant, jusqu'à sa mort, son activité de journaliste indépendant. Les romans psycho-sociaux de Safa font suite à ses premiers pamphlets (il en écrivit près de cent quarante). *Le Jugement dernier* [*Mahsher,* 1924] et *Histoire d'une hésitation* [*Bir tereddüdün romanï,* 1933] évoquent les bouleversements survenus dans les mœurs en Turquie après le triomphe de l'idéologie kémaliste, et comportent de nombreux traits autobiographiques. *Le Neuvième Pavillon* (*) offre la description du monde intérieur d'un jeune invalide. Après la Seconde Guerre mondiale, Peyamî Safa exploite la veine mystique anti-rationnelle qui fait alors fureur. Il traite des secrets du cosmos et de l'existence dans *Le Fauteuil de mademoiselle Noralie* (*) (1949), qui est également un manifeste philosophique antimatérialiste. Dans ce récit métaphorique, la recherche par les personnages d'une unité de la conscience illustre le trouble de la petite bourgeoisie face à l'ébranlement de ses valeurs mises à mal par les mutations brutales de la société turque. Par sa grande subtilité d'analyse psychologique, servie par une écriture sans artifice, Peyamî Safa se fait le témoin privilégié d'un désarroi collectif. Cependant, l'échafaudage scientifico-philosophique par lequel il tente de repousser le désordre de sa propre conscience était condamné à ne rencontrer qu'un faible écho dans la société turque.

STÉPHANE A. DUDOIGNON.

SAGAN Françoise (pseud. de Françoise Quoirez). Romancière et auteur dramatique française. Née à Carjac (Lot) le 21 juin 1935. Fille d'un industriel, elle passe son enfance et son adolescence à Paris, sauf la parenthèse de la guerre où elle suit sa famille à Lyon et à Saint-Marcellin dans le Vercors. Elle est renvoyée du couvent des Oiseaux pour « manque de spiritualité » ; au cours Hattemer, elle se lie d'amitié avec Florence Malraux. Adolescente, elle lit Gide, Camus, Sartre, Rimbaud, Proust ; en 1951, bachelière, elle commence à la Sorbonne des études de lettres qu'elle ne poursuivra pas. Elle découvre alors les *Illuminations* (*) : « Quelqu'un avait écrit cela, quelqu'un avait eu le génie, le bonheur d'écrire cela, cela qui était la beauté sur la terre, qui était la preuve par 9, la démonstration finale de ce que je soupçonnais depuis mon premier livre non illustré, à savoir que la littérature était tout. » En 1954, elle envoie à l'éditeur René Julliard le manuscrit d'un roman, *Bonjour tristesse* (*), qu'elle signe d'un nom proustien, Françoise Sagan (« J'appris tout, d'ailleurs, par Proust »). Ce fut un succès considérable, couronné par le prix des Critiques. (« La gloire [...] je l'ai rencontrée à 18 ans en cent quatre-vingt-huit pages, c'était comme un coup de grisou. ») Mauriac salua non sans réticence le « charmant monstre de dix-huit ans » : le « phénomène Sagan » était lancé. « Je suis devenue une denrée, une chose : le phénomène Sagan, le mythe Sagan — et j'avais honte de moi-même. J'étais la prisonnière d'un personnage. Condamnée à vie aux mornes petites coucheries sans pittoresque de personnages imbibés d'alcool, balbutiant des locutions anglaises, lançant de grands aphorismes, et tout aussi privés d'encéphale qu'un poulet de laboratoire » (*Réponses*). En 1955, elle se rend à New York où son livre est traduit ; elle rencontre Truman Capote, puis à Key West Carson McCullers et Tennessee Williams, avec qui elle se lie d'amitié : elle fera adapter à Paris sa pièce *Sweet Birds of Youth*. En 1956, elle publie *Un certain sourire* (*), écrit des chansons sur des musiques de Michel Magne : une valse, *En dormant*, pour Juliette Greco ; *Ciel et Terre, Va vivre ta vie*, qu'interprète Mouloudji. Elle fait la connaissance de Bernard Frank, qui restera l'un de ses amis les plus fidèles. Lors d'un nouveau voyage aux États-Unis, elle rencontre Billie Holiday. En 1957, un grave accident de la route lui vaut plusieurs semaines d'immobilisation, dont elle publiera en 1964 le journal, *Toxiques*. Elle publie la même année son troisième roman, *Dans un mois dans un an*, et délaisse la Côte d'Azur et Saint-Tropez qu'elle a mis à la mode pour la Normandie, acquérant au-dessus d'Honfleur, à Ecquemauville, « une grande maison poussiéreuse et dégingandée ». En janvier 1958, le théâtre de Monte-Carlo donne le ballet dont elle a écrit l'argument : *Le Rendez-vous manqué*, dans une mise en scène de Roger Vadim, sur une musique de Michel Magne, avec des décors de Bernard Buffet. Elle s'essaie au reportage judiciaire pour *France-Soir* ; en 1959, elle publie *Aimez-vous Brahms..* (*) et, l'année suivante, elle fait monter sa première pièce, *Château en Suède* (*), au théâtre de l'Atelier. Dès lors Françoise Sagan fera alterner romans et pièces de théâtre. En 1961, elle publie un roman, *Les Merveilleux Nuages* (*), et écrit *Les Violons parfois* pour Marie Bell ; en 1963, Danièle Darrieux triomphe aux Ambassadeurs dans *La Robe mauve de Valentine*, mise en scène par Yves Robert. Françoise Sagan tourne la même année pour la télévision *Landru*, avec Claude Chabrol ; en 1964, elle met en scène elle-même sa pièce *Bonheur, impair et passe* avec Alice Cocéa, Michel de Ré, Daniel Gélin, Juliette Gréco et Jean-Louis Trintignant. En 1965, elle se rend en Suède et publie *La Chamade*, dont Alain Cavalier tirera un film (avec Catherine Deneuve et Michel Piccoli). Elle donnera encore au théâtre *Le Cheval évanoui* (1966, mis en scène par Jacques Charon) ; *L'Écharde ; Un piano dans l'herbe* (1970) ; *Il fait beau jour et nuit* (1978) ; *Le Chien couchant* (1980) ; *L'Excès contraire* (1987) ; mais les romans vont prendre peu à peu dans son œuvre une place prépondérante : *Le Garde du cœur* (1968) ; *Un peu de soleil dans l'eau froide* (1969) ; *Des bleus à l'âme* (*) (1972) ; *Un profil perdu* (1974). En 1974, son film *Encore un livre* obtient le grand prix du court métrage du festival de New York. Françoise Sagan a toujours montré beaucoup d'intérêt pour le cinéma, où nombre de ses romans ont été adaptés ; elle-même adapte en 1976 sa nouvelle *Les Fougères bleues*. En 1979, elle préside le jury du festival de Cannes ; la même année, son cheval Hasty Flag gagne le grand prix d'Auteuil. En 1980, elle se rend au Japon pour une conférence ; elle se lie d'amitié avec Jean-Paul Sartre, et parlera avec beaucoup de force et de pudeur des derniers mois du philosophe tel qu'elle l'a connu dans *Avec mon meilleur souvenir*, un recueil de portraits (1984). Outre des romans (*Le Lit défait*, 1977 ; *La Femme fardée*, 1981 ; *Un orage immobile*, 1983 ; *De guerre lasse*, 1985 ; *Un sang d'aquarelle*, 1987 ; *La Laisse*, 1989 ; *Les Faux-Fuyants*, 1991), des recueils de nouvelles (*Des yeux de soie*, 1976 ; *Musiques de scène*, 1981), Françoise Sagan a publié *Réponses* (1975), *Brigitte Bardot* (avec des photographies de Ghislain Dussart, 1975), *La Maison de Raquel Vega* (1985), *Sarah Bernhardt ou le Rire incassable* (1987). Elle a écrit en 1977 pour la télévision *Le Sang doré des Borgia*. Elle a reçu en 1985 le prix de la fondation Prince Pierre de Monaco pour l'ensemble de son œuvre.

PHILIPPE BARTHELET.

♦ *« Ce je-ne-sais-quoi qui me touche toujours chez cette jeune femme, même dans le moins bon et même dans le pire de ce qu'elle écrit, (c'est) le discernement du mal. »* François Mauriac. ♦ *« Le respect humble et passionné qu'elle voue à la littérature, sa vocation lyrique. »* Antoine Blondin.

SAHLINS Marshall. Anthropologue américain. Né à Chicago en 1930, Marshall Sahlins poursuit sa formation d'ethnologue à l'université de Michigan (Ann Arbor). Sa première expérience de terrain le conduit en Turquie. En 1954 il soutient sa thèse sur la stratification sociale en Polynésie à l'université Columbia de New York. De 1956 à 1974, il enseigne à Ann Arbor, puis est nommé en 1974 à l'université de Chicago. Les recherches qu'il effectue parallèlement se situent toutes en Océanie.

On doit principalement à Sahlins de s'être attaché à la révision des modèles dominants de l'anthropologie durant les années 60, d'en avoir bousculé les modes intellectuelles et d'être revenu sur des querelles d'école en soulignant leurs excès avec un humour souvent provoquant. S'attaquant au fonctionnalisme de Malinowski et de Firth, il combat les théories formelles de l'économie et entend démontrer la présence récurrente d'un « mode de production domestique » auquel, selon lui, toute communauté primitive aspire : elle atteint alors, du point de vue de sa production de consommation, à l'autonomie complète, ses membres produisant un minimum suffisant pour satisfaire à tous les besoins. L'idéal d'autarcie économique est en fait un idéal d'indépendance politique, celle-ci étant assurée tant qu'on n'est pas tenu d'avoir recours aux autres.

La réflexion sur l'économie des sociétés primitives, qualifiées par lui de « sociétés d'abondance » – *Âge de pierre, âge d'abondance* (*) (1972) –, conduit Sahlins à s'interroger sur la validité du matérialisme historique et sur sa capacité à rendre compte d'autres univers socio-culturels que ceux où il a pris naissance. Sociétés capitalistes et sociétés primitives tiendraient chacune leurs différences des significations qu'elles accordent aux activités pratiques – *Au cœur des sociétés : raison utilitaire et raison culturelle* [*Culture & Practical Reason*, 1976]. Logique structurale et continuité culturelle opèrent ainsi en dehors de tout déterminisme.

Les plus récents travaux de Sahlins – *Des îles dans l'histoire* [*Island of History*, 1985] – réexaminent les problèmes relatifs à l'opposition entre la structure et l'événement : l'événement ne fait sens qu'une fois replacé dans son contexte, et son intrusion même dans cet ordre le modifie profondément. Sahlins prend pour exemple et développe brillamment les conditions tragiques de la mise à mort rituelle du capitaine Cook après des échanges de femmes et d'objets entre indigènes des îles Sandwich et marins anglais, échanges qui n'avaient évidemment pas la même signification pour les deux parties. Structure et histoire ne sont pas seulement des dimensions complémentaires dans notre approche du social et du culturel, mais bien des dimensions conjointes qui s'éclairent mutuellement. Toute la démarche de Sahlins s'efforce ainsi de jeter les bases d'une nouvelle anthropologie historique en associant l'anthropologie de l'histoire à l'histoire de l'anthropologie.

DENISE PAULME.

SAINT-AMANT Marc-Antoine de Girard, sieur de. Poète français. Né à Quevilly, près de Rouen, en septembre 1594, mort à Paris le 29 décembre 1661. Issu d'une famille de marchands protestants, les Girard, il s'anoblit lui-même. Il fit ses études au collège de La Marche, son œuvre atteste de bonnes connaissances classiques : ce n'est que plus tard qu'il dut apprendre l'italien, l'espagnol, l'anglais et l'allemand. Il étudia aussi la musique et la peinture. Sans doute était-il déjà bon aventurier, car il semble bien qu'au sortir du collège il fit de longs voyages et se rendit, peut-être, en Amérique. En 1617, il faisait partie de la suite du duc de Retz qui venait de se retirer à Belle-Isle-en-Mer pour échapper aux intrigues de Charles de Luynes. C'est là qu'il composa sa première œuvre connue, sa fameuse *Ode à la solitude*. Durant plusieurs années, il vécut ainsi tantôt à Paris, tantôt en Bretagne, mais toujours sous la protection du duc de Retz qui, en 1619, le fit nommer commissaire à l'artillerie. Sa réputation de joyeux viveur était déjà établie, il était l'ami de Boisrobert et du comte d'Harcourt, participait à leurs orgies et à leurs beuveries. En 1627, il se convertit au catholicisme, affichant sa foi et menant une vie sans contrainte, comme il était de coutume en ce temps. Il fréquentait l'Hôtel de Rambouillet et les cabarets. Il était, selon les circonstances, précieux, cynique ou débauché, recueillant partout succès et amitié. De cette époque datent « Les Goinfres » et « Le Melon » qui sont parmi les plus célèbres de ses poèmes et qui, à l'image de Rabelais, font entrer dans la littérature le goût et l'odeur des choses. Repris ensuite par le désir de voyager, il se rendit au siège de La Rochelle, puis parcourut le Dauphiné et l'Angleterre mais sans doute pas l'Espagne. En 1633, il fit partie de la mission à Rome dirigée par le maréchal de Créqui et écrivit sa *Rome ridicule* (+) ; à son retour, il fut élu parmi les premiers membres de l'Académie française. Le comte d'Harcourt l'emmena en expédition en 1636-1637 ; c'est ainsi qu'il participa à la prise des îles de Lérins et écrivit son *Caprice héroïque* et son *Passage de Gibraltar.* 1639, Italie ; 1643, Rome ; 1644, Angleterre. Quand Marie de Gonzague épousa Ladislas VII, roi de Pologne (1645), elle nomma Saint-Amant gentilhomme de sa chambre et lui alloua trois mille livres de pension. En 1647, d'Harcourt le fit participer à son expédition en Catalogne ; en 1649, il prit du service dans l'armée des Flandres et, un moment, fut prisonnier des Espagnols. Le 1er février 1650, il s'embarqua à Amsterdam afin d'aller présenter son *Moïse sauvé* (*), auquel il travaillait depuis des années, à la reine de Pologne. Il arriva en mars, séjourna quelques mois à la Cour et revint par la Suède où il passa l'hiver dans l'entourage de la reine Christine. Il rentra en France au printemps 1651 et mena dès lors une vie retirée à Paris et à Rouen tandis que peu à peu l'oubli tombait sur lui. Indépendant de Malherbe, de ses règles et de ses limites, Saint-Amant continue la tradition de Rabelais et de Marot. Auteur burlesque, il a été victime de la grande floraison classique qui l'a fait longtemps oublier, mais il demeure l'un des esprits les plus curieux de son temps et mérite le renouveau d'intérêt qu'il suscite depuis le siècle dernier — v. *Poésies* (*).

♦ « *Il a du génie, mais point de jugement ; il ne sait rien et n'a jamais étudié ; au reste, fier à un point étrange, qui se loue jusqu'à faire mal au cœur.* » Tallemant des Réaux. ♦ « *Ce poète avait assez de génie pour les ouvrages de débauche et de satire outrée, et il a même quelquesfois des boutades assez heureuses dans le sérieux ; mais il gâte tout par les basses circonstances qu'il y mêle.* » Boileau. ♦ « *Un très grand et très original poète, digne d'être cité entre les meilleurs dont la France puisse s'honorer* » Th. Gautier.

RÉF. : Th. Gautier, *Les Grotesques,* 1844. — J. Lagny, *Le Poète Saint-Amant,* Paris, 1964. — J. D. Lyons, *The Listening Voice,* 1984.

SAINT-CYRAN Jean Duvergier de Hauranne, abbé de. Théologien français. Né à Bayonne, dans une famille noble, en 1581, mort le 11 octobre 1643 à Paris. Ancien élève des jésuites, il poursuit ses études à Louvain, puis à Paris ; il y rencontre en 1608 Jansénius, avec qui il se retire de 1611 à 1616 à Camp de Prats, près de Bayonne, dans une propriété familiale : les deux hommes multiplient les lectures patristiques et étudient ensemble l'œuvre de saint Augustin. Leurs relations intellectuelles se poursuivront dans une correspondance qui prend parfois l'apparence d'un complot (les théologiens vont même jusqu'à employer une écriture chiffrée, dans leurs échanges sur saint Augustin). En 1620, en récompense de ses services, l'évêque de Poitiers, M. de La Rocheposai, attribue à Duvergier l'abbaye de Saint-Cyran en Poitou, sous le nom de laquelle l'ecclésiastique se fait désormais connaître. Vers la même époque, la rencontre de Bérulle transforme la vocation de Saint-Cyran : il renonce à la carrière de brillant clerc mondain qu'il avait entamée. Au cours de l'année 1622, Saint-Cyran fréquente très assidûment Bérulle et s'imprègne de son augustinisme plus pratique que théorique. Son amitié avec Robert Arnauld d'Andilly, l'aîné de la famille Arnauld, lui donne l'occasion de mettre en œuvre sa conception de la direction d'âmes — v. ses *Lettres chrétiennes et spirituelles* (*). Il introduit le jeune Antoine Arnauld, le futur théologien, à la pensée et à l'œuvre de saint Augustin. En 1636, Saint-Cyran reçoit la direction spirituelle de l'abbaye de Port-Royal, dont il restera l'inspirateur et le guide principal.

Considéré à la mort de Bérulle comme son successeur à la tête du parti dévot, Saint-Cyran recueille à ce titre les inimitiés que Bérulle s'était attirées : celle de la Compagnie de Jésus, et surtout celle de Richelieu, qui reporte sur lui la haine qu'il avait vouée à Bérulle. Les attaques de Saint-Cyran contre les jésuites et notamment le père Garasse (*Somme des fautes et faussetés contenues dans la somme théologique du père Garasse*, 1626) marquent le début du grand conflit entre Port-Royal et les jésuites, qui occupera tout le siècle. De 1632 à 1635, Saint-Cyran, sous le pseudonyme de Petrus Aurelius, mène une offensive remarquée (et victorieuse) contre les théories antiépiscopales des jésuites anglais. En 1637, son influence amène la « conversion » d'Antoine Le Maistre, neveu de la mère Angélique, qui abandonne une brillante carrière de juriste pour devenir, dans la retraite, le premier solitaire de Port-Royal. Cette conversion retentissante est considérée comme une « désertion », dont Saint-Cyran est tenu responsable. Enfermé à Vincennes en 1638 sur l'ordre de Richelieu, il est maintenu en détention arbitraire (devant l'impossibilité de mettre en cause son orthodoxie religieuse), et doit attendre la disparition du cardinal ministre pour être enfin libéré (février 1643), mais dans un tel état d'épuisement qu'il meurt en octobre de la même année, quelques mois à peine après être sorti de prison.

La théologie de Saint-Cyran repose sur la différence entre la grâce d'Adam et celle de Jésus-Christ. Mais la grande œuvre de Jansénius – l'*Augustinus* (*) –, dont il partage les thèses, le déçoit par sa technicité et sa brutalité idéologique. C'est essentiellement à sa spiritualité et à ses principes de directeur de conscience que tient l'influence unique de Saint-Cyran : il invite au « renouvellement » (conversion véritable après une privation temporaire des sacrements) et préconise la retraite, convaincu que la vie chrétienne n'est pas compatible avec les exigences du monde. « Son augustinisme est en réalité celui de Bérulle, et non celui de Jansénius » (L. Cognet) : imprégné d'une dévotion christologique (qui caractérisera la spiritualité de Port-Royal) et peu orienté vers les questions de la grâce.

LAURENT THIROUIN.

RÉF. : Sainte-Beuve, *Port-Royal*, t. I et II. – J. Laporte, *La Doctrine de Port-Royal : Saint-Cyran*, Paris, 1923. – J. Orcibal, *Jean Duvergier de Hauranne, abbé de Saint-Cyran, et son temps*, Paris, 1947-48. – L. Cognet, *Le Jansénisme*, Paris, 1961.

SAINT-DENYS-GARNEAU Hector de. Poète canadien d'expression française. Né le 13 juin 1912 à Montréal et décédé subitement le 24 octobre 1943 à Sainte-Catherine de Portneuf, au nord de Québec. Issu d'une grande famille bourgeoise, Saint-Denys-Garneau est initié très jeune, par sa mère, aux beautés des arts, des lettres, de la nature. Parallèlement à ses études classiques chez les jésuites de Montréal, il fréquente les cours du soir de l'École des beaux-arts. Une lésion au cœur l'oblige en 1934 à abandonner ses études de philosophie. Il se consacre alors entièrement à la peinture et à l'écriture, fonde avec quelques amis *La Relève*, revue littéraire à laquelle il donnera des poèmes, des notes et des essais critiques. Les années 1930 à 1938 sont celles de sa plus grande activité créatrice. À partir de 1934 cependant, le poète qui vit quasi reclus dans son manoir de Sainte-Catherine de Portneuf va de dépression en dépression. Idéaliste épris de pureté, d'absolu, Saint-Denys-Garneau s'engage dans une aventure spirituelle qui ne pouvait aboutir qu'au silence. Là où son compatriote Émile Nelligan sombre dans la folie, Saint-Denys-Garneau s'enfonce dans la solitude et la nuit de l'âme. « Une expérience intérieure de délaissement, d'humiliation, de solitude », écrit-il dans le *Journal* qu'il tient de 1935 à 1939 (?), journal intime, instrument de travail et bulletin de santé spirituelle tout à la fois, qui sera publié à titre posthume, en 1954, de même que *Les Solitudes*, poèmes retrouvés et publiés dans les *Poésies complètes* (1949), ainsi que les *Lettres à ses amis* (1967). Le seul livre qu'il ait fait paraître de son vivant, *Regards et jeux dans l'espace* (1937) (*), annonce par son lyrisme et sa liberté prosodique le renouveau de la poésie québécoise et sa modernité.

GUY GOFFETTE.

RÉF. : Gilles Marcotte, *Le Poète Saint-Denys-Garneau*, Montréal, 1952. – Eva Kushner, *Saint-Denys-Garneau*, Paris, 1967.

SAINTE-BEUVE Charles Augustin. Critique, poète et romancier français. Né à Boulogne-sur-Mer (Pas-de-Calais) le 23 décembre 1804, mort à Paris le 13 octobre 1869. Issu d'une famille de bourgeoisie picarde et normande qui, ayant eu droit à la particule nobiliaire, l'avait abandonnée lors de la Révolution et n'avait pas songé à la reprendre au retour des Bourbons, Charles-Augustin ne connut pas son père, mort quelques mois avant sa naissance, mais le souvenir du défunt, vivement entretenu par sa mère et sa tante, étendit une ombre de tristesse sur sa première enfance. Arrivé à Paris en 1818, il fut élève au lycée Charlemagne, puis au collège Bourbon, futur lycée Condorcet. Bien que plus tard, après qu'il eut évolué vers un anticléricalisme militant, il ait prétendu que sa vie intellectuelle avait commencé « par le XVIIIe le plus avancé », il est certain que Sainte-Beuve adolescent fut profondément marqué par la piété de sa famille et par l'atmosphère de réaction catholique qui était celle des collèges pendant la période de la Restauration. À seize ans, lisant *René* (*), il découvrit Chateaubriand, se reconnut tout entier dans le héros romantique, et lut avec la même passion les *Méditations* (*) de Lamartine. Cependant, cet élève studieux, remarquablement précoce et passionné par ses études classiques, allait aussi découvrir les mémorialistes du siècle précédent et les idéologues, Destutt de Tracy, Daunou, Lamarck, qui l'orientèrent vers l'empirisme psychologique et vers les recherches physiologiques. L'âme remplie d'ardeurs confuses et contradictoires, encore incertain de sa voie, il suit vers 1823 les cours de l'École de médecine mais, à la même époque, donne ses premiers articles de critique au *Globe*, organe de combat du jeune romantisme, puis il rencontre Victor Hugo, à la suite d'un article sur les *Odes et Ballades* (*), et fréquente le Cénacle. Déjà, on pouvait percevoir deux traits essentiels de sa personnalité : d'une part une vive sensibilité des choses de l'âme ; d'autre part une confiance dans les méthodes scientifiques, une curiosité des influences de la vie physique sur la vie morale qu'il mettra plus tard au service de sa critique littéraire. Un « Werther carabin », c'est ainsi qu'on put le définir à cette époque et qu'il nous apparaît dans ses premiers recueils poétiques, *Vie, poésies et pensées de Joseph Delorme* (*) (1829) et *Les Consolations* (*) (1830) où un certain mélange d'intimité tendre et de morbidité annonce déjà Baudelaire. Au même moment, Sainte-Beuve se faisait dans ses articles le « héraut d'armes » du romantisme littéraire dont il préparait l'explosion par son *Tableau historique et critique de la poésie française et du théâtre français au XVIe siècle* (*) (1828) où, l'un des premiers (avec le jeune Nerval), il rendait sa place à Ronsard, discrédité depuis deux cents ans : dans cette retentissante redécouverte s'affirmaient déjà l'esprit de conciliation caractéristique de Sainte-Beuve et son souci d'insérer le jeune mouvement littéraire dans la tradition nationale en faisant du romantisme le continuateur de la Renaissance. Toutefois, avec une curiosité inlassable, l'ami de Victor Hugo, et bientôt de Mme Adèle Hugo — v. *Le Livre d'amour* (+) (1843) — s'intéressait également au saint-simonisme de Leroux, puis à Armand Carrel, chef du parti républicain, et il ne demandait qu'à se laisser séduire par le christianisme libéral de Lamennais, dont la condamnation et l'apostasie lui laisseront une vive déception : c'est en particulier sous cette dernière influence qu'il écrivit son unique roman, *Volupté* (*) (1834), et qu'il collabora à la rédaction d'*Arthur,* d'Ulrich Guttinger. En 1836, sous le double coup de la ruine de ses espérances d'un renouveau catholique et d'une rupture brutale de sa liaison avec Mme Hugo (il s'était fâché avec Victor Hugo dès avril 1834), il éprouva le besoin de se recueillir et partit faire un séjour à Lausanne où d'octobre 1837 à juin 1838 il donna un cours sur l'histoire de Port-Royal, ébauche de la grande synthèse religieuse, littéraire, psychologique et historique — v. *Port-Royal* (*) — dont les volumes allaient paraître de 1840 à 1859. Personne mieux que Sainte-Beuve n'a compris Pascal et le jansénisme ; mais, précisément parce qu'il avait une sorte de grâce fatale pour voir le christianisme dans son exigence totale, il découvrit qu'il était lui-même incapable d'un tel effort intérieur et sortit de ce travail complètement incroyant.

En 1848, cet homme de bibliothèque fort peu fait pour les révolutions donna sa démission du poste de conservateur de la bibliothèque Mazarine qu'il occupait depuis 1840 (il avait été élu à l'Académie française en 1843) et s'exila volontairement à Liège, en Belgique ; le cours qu'il y fit en 1848-1849 sur Chateaubriand parut en volume sous le titre : *Chateaubriand et son groupe littéraire sous l'Empire* (*) (1860), et marquait de la part du critique une réaction très nette et par moments violente contre les mirages romantiques de sa jeunesse. À son retour en France, Sainte-Beuve allait commencer en 1849 la série de ses fameuses *Causeries du lundi* (*) parues dans le *Constitutionnel,* puis dans *Le Moniteur* et recueillies ensuite en volumes (1851-1862). Alors qu'aux environs de 1830 — v. *Critiques et portraits littéraires* (+) (6 vol., 1832-1839) — il s'était montré combatif et souvent partisan, puis, dans *La Revue des Deux Mondes* (*), plus impartial, mais avec le défaut, reconnaissait-il, de ne pas conclure — v. *Portraits de femmes* (*) (1844), *Portraits littéraires* (*) (1844), *Portraits contemporains* (*) (1846) —, désormais, journaliste officiel, rallié à l'Empire, heureux de vivre sous un pouvoir autoritaire, Sainte-Beuve prétendit pendant quelque temps juger les livres et les hommes selon des principes moraux et politiques. Mais sa passion de la pure chose littéraire ne tardant pas à regimber contre cette contrainte, l'auteur des *Lundis,* fidèle à son empirisme profond, revint à une critique libérée de tout esprit de système et s'attachant exclusivement, avec quelle merveilleuse souplesse ! à circonscrire et à définir un esprit, une âme. Vers 1860, cependant, peut-être sous l'influence du dogmatisme de Taine, Sainte-Beuve allait se laisser aller dans ses *Nouveaux lundis* (*) (1863-1870) à donner à sa critique des prétentions scientifiques ; il se posera alors en « botaniste moral », il voudra faire l'« histoire naturelle des esprits », donner « un long cours de physiologie morale ». À la vérité, ce ne furent guère plus que des velléités théoriques, car Sainte-Beuve avait trop le vrai amour des lettres et la passion de l'individu pour sacrifier à la rigide orthodoxie déterministe.

Il demeure le maître incontesté de la critique française, bien qu'il soit loin d'avoir été sans défauts : il avait beau en effet se répéter que le vrai rôle du critique est de juger et de conseiller les écrivains contemporains, il a commis dans ce domaine une série de bévues parfois méchantes, égalant Béranger aux génies et le comparant tout simplement à Racine, mais ravalant le génie d'un Balzac, méconnaissant Stendhal, ignorant Nerval, etc. Lorsqu'il juge les maîtres de son temps, on sent toujours chez Sainte-Beuve, poète et romancier lui-même, mais de second rang, des relents d'envie. En revanche, dès qu'il retrouve les auteurs du passé, le voilà à son aise : en véritable souverain de la république des lettres, il dresse le bilan, dit ce qu'il est beau de conserver, convenable d'oublier, édicte en petits traits décisifs le verdict du bon goût. Plus encore que les livres ce sont les hommes qui l'intéressent, dont il suit la biographie avec une minutie passionnée, mais qu'il s'attache toujours aussi à situer dans leur temps, à relier à un grand mouvement de civilisation. Aussi, très souvent, la critique de Sainte-Beuve déborde le domaine proprement littéraire. Ce professeur pouvait avoir des côtés assez laids — v. *Mes poisons* (*) (1926) et, sur l'homme en général, la *Correspondance* (*) —, il avait un sens du beau inséparable du sens de la vie et, dans la mise en question radicale des valeurs accomplies par le siècle romantique, il a sauvé la grande réalité de la tradition littéraire.

MICHEL MOURRE.

♦ *« Vous avez fait la psychologie morale de notre époque. »* Michelet, à Sainte-Beuve. ♦ *« Il aime surtout les* curiosités, *et, dans un moment où son cœur et son esprit seraient échauffés par la recherche, je ne voudrais pas lui donner le choix entre le sacrifice du plus bel ouvrage de Corneille ou d'un joli vers de Desportes. Il pourrait y avoir danger ! »* Gobineau. ♦ *« Avant le grand poète Charles Baudelaire, et comme lui, Sainte-Beuve, rompant avec la psychologie de convention, regarda en nous et en lui-même, et traduisit en vers durables une souffrance nouvelle, un héroïsme nouveau : il connut et peignit poétiquement l'homme du* XIXe *siècle. »* Th. de Banville. ♦ *« M. Sainte-Beuve a été un inventeur. Il a importé dans l'histoire morale les procédés de l'histoire naturelle. »* Taine, 1869. ♦ *« À considérer longuement Sainte-Beuve, je vois que son extrême politesse et sa compréhension ne sont accompagnées d'aucune sympathie pour ceux mêmes qu'il pénètre le plus intimement. »* Maurice Barrès ♦ *« Pour ne pas avoir vu l'abîme qui sépare l'écrivain de l'homme du monde, pour n'avoir pas compris que le moi de l'écrivain ne se montre que dans ses livres* [...] *il inaugurera cette fameuse méthode, qui, selon Taine, Bourget, tant d'autres, est sa gloire, et qui consiste à interroger avidement pour comprendre un poète, un écrivain, ceux qui l'ont connu, qui le fréquentaient, qui pourront dire comment il se comportait sur l'article femmes, etc., etc., c'est-à-dire précisément sur tous les points où le moi véritable du poète n'est pas en jeu. »* Marcel Proust. ♦ *« Sainte-Beuve est le seul critique qui ait eu le sentiment profond et détaillé de ce qu'on appelait autrefois les mœurs, l'ethos littéraire. Il sait ce que c'est qu'un homme de lettres manqué, un homme de lettres réussi, et les grandeurs et les misères de la littérature, et la société générale des lettres, et leurs sociétés particulières. Il a été le Montesquieu de leur République. »* Albert Thibaudet.

RÉF. : Maxime Leroy, *La Pensée de Sainte-Beuve,* Paris, 1940 ; *La Politique de Sainte-Beuve,* Paris, 1941 , *Vie de Sainte-Beuve,* Paris, 1947. – André Billy, *Sainte-Beuve, sa vie et son temps,* 2 vol., Paris, 1952. – M. Regard, *Sainte-Beuve,* 1959. – P. Moreau, *La Critique selon Sainte-Beuve,* 1964.– R. Fayolle, *Sainte-Beuve et le* XVIIIe *siècle,* 1972. – R. Molho, *L'Ordre et les ténèbres. Essai sur la formation d'une image du* XVIIe *siècle dans l'œuvre de Sainte-Beuve,* 1972. – J. Cabanis, *Pour Sainte-Beuve,* 1987.

SAINT-ÉVREMOND Charles de Marguetel de Saint-Denis, seigneur de. Écrivain français. Né à Saint-Denis-le-Guast près de Coutances, probablement en janvier 1616 ; mort à Londres le 20 septembre 1703. Cadet de famille noble, il était destiné à la magistrature, mais y renonça pour entrer dans l'armée. Il se conduisit fort honorablement au cours de plusieurs campagnes et fut de 1640 à 1648 au service du prince de Condé. Il connut à l'armée plusieurs des hommes les plus remarquables de ce temps dont le maréchal duc de Gramont qui fut toute sa vie son ami. Dès 1643, Saint-Évremond avait composé la *Comédie des académistes pour la réformation de la langue française* qui ne vit le jour que sous le couvert de l'anonymat en 1650 ; en 1649, il laisse circuler la *Retraite de M. le duc de Longueville en son gouvernement de Normandie* (*) qui lui vaut les faveurs de la Cour. En 1652, il est nommé maréchal de camp. Mais sa carrière s'arrête là. Lors de l'arrestation de Fouquet (1661), on découvrit une lettre de Saint-Évremond, *La Lettre au marquis de Créqui sur la paix des Pyrénées* où la politique de Mazarin était vivement critiquée. Louis XIV ordonna l'incarcération à la Bastille du pamphlétaire. Mais celui-ci était déjà passé en Hollande, puis en Angleterre. Fort connu comme un esprit distingué en France, Saint-Évremond fut reçu à la cour de Charles II et fort bien accueilli de la société londonienne. En 1664, il séjourna en Hollande et y connut Spinoza, Heinsius et Vossius. Cependant, il aurait voulu retourner en France ; les démarches entreprises furent vaines, et lorsqu'en 1689 Louis XIV l'autorisa à reparaître dans son pays, il n'était plus temps, Saint-Évremond refusa. Depuis 1675, il s'était en effet attaché à une femme fort curieuse, Hortense Mancini, duchesse de Mazarin et nièce du cardinal, qui fuyait un mari jaloux et s'établit à Londres à cette date. Désormais, Saint-Évremond ne quitta plus cette femme belle et spirituelle qu'entouraient les meilleurs esprits. De plus, le nouveau roi d'Angleterre, Guillaume d'Orange, traitait fort bien l'écrivain.

Car, qu'il le voulût ou non, Saint-Évremond était devenu un écrivain. Il ne se contenta pas des œuvres de circonstance qu'il avait déjà écrites, dont la plus justement fameuse est la *Conversation du maréchal d'Hocquincourt avec le père Canaye* que Sainte-Beuve a surnommée la « dix-neuvième Provinciale ». Il accumulait de petites œuvres morales, *Conversation avec M. d'Aubigny, avec le duc de Candale,* des comédies satiriques, *Comédie à la manière des Anglais, Sir Politick would be* (1662), pleines d'observations amusantes sur la société cosmopolite, les *Opéras* (1677) où il se moque de l'engouement pour ce genre. Parallèlement Saint-Évremond s'intéressait de plus en plus à l'histoire et surtout à la manière de l'écrire. De sa lecture assidue des historiens latins, il tire ses *Réflexions sur les divers génies du peuple romain dans les différents temps de la République* (1662) qui annoncent les *Considérations* (*) de Montesquieu. L'histoire contemporaine lui donne l'occasion de tracer un *Parallèle de M. le Prince et de M. de Turenne* qui fait pendant à un *Jugement sur César et Alexandre* et qui est complété par un très noble *Éloge de M. de Turenne*. Plus importants encore sont peut-être ses jugements littéraires, parmi lesquels il faut citer une dissertation sur l'*Alexandre le Grand* (*) de Racine, qui semble n'avoir pas été sans marquer l'évolution du jeune auteur tragique, et de nombreux petits écrits presque tous consacrés au théâtre : *Sur les caractères des tragédies* (1674), *Sur les tragédies* (1677), *Sur nos comédies, excepté celles de Molière où l'on trouve le vrai esprit de la comédie, et sur* *la comédie espagnole* (1677), *De la comédie italienne* (1677), *De la comédie anglaise* (1677), *Défense de quelques pièces de M. Corneille* – dont toutes les pièces, même les dernières de sa longue carrière, trouvaient grâce à ses yeux –, *Jugement sur quelques auteurs français* (1692). Encore ces petits traités ne sont-ils que des bribes du talent de critique de Saint-Évremond. Le meilleur souvent se trouve dans son intéressante et volumineuse correspondance échangée avec le comte de Gramont, de Lionne, la duchesse de Mazarin, Ninon de Lenclos et quelques autres personnages en vue de ce temps.

Esprit indépendant, homme de goût, peu métaphysicien, il a exercé une influence considérable sur les meilleurs esprits de son époque. Plein de sel et de finesse, volontiers railleur, ne prenant pas au sérieux ce qui ne lui semble pas en valoir la peine, il se lit encore avec plaisir aujourd'hui. Préoccupé de bien vivre avant tout, il est un des types les plus sympathiques de libertin du XVIIe siècle ; il est encore de ce siècle par la modération de ses jugements, sa culture qui s'alimente aux sources antiques, mais par son étonnante liberté d'esprit, par l'absence chez lui de tout scrupule religieux, par son indifférence aussi, il annonce déjà le XVIIIe siècle. En 1699, la duchesse de Mazarin mourut et Saint-Évremond fut fort affligé de cette perte. Il ne devait lui survivre que quatre ans. Il est un des très rares étrangers qui soient enterrés dans la cathédrale de Westminster.

JACQUES BROSSE.

♦ « *C'est un philosophe également éloigné du superstitieux et de l'impie ; un voluptueux qui n'a pas moins d'aversion pour la débauche que d'inclination pour les plaisirs ; un homme qui n'a jamais senti la nécessité, qui n'a jamais connu l'abondance ; il vit dans une condition méprisée de ceux qui ont tout, enviée de ceux qui n'ont rien, goûtée de ceux qui font consister leur bonheur dans leur raison.* » Saint-Évremond, portrait par lui-même, 1696. ♦ « *Tout le monde vous propose / Pour modèle aux bons auteurs ; / Vos beaux ouvrages sont cause / Que j'ai su plaire aux neuf sœurs...* » La Fontaine, 1687. ♦ « *Je ne saurais mieux le définir qu'une sorte de Montaigne adouci. Son esprit se distingue à la fois par la fermeté et par la finesse ; son âme ne sort jamais d'elle-même ni de son assiette, comme il dit. Il a éprouvé les passions, il les a laissées naître et les a, jusqu'à un certain point, cultivées en lui, mais sans s'y livrer aveuglément ; et même lorsqu'il y cédait, il y apportait le discernement et la mesure.* » Sainte-Beuve. ♦ « *Avec un esprit hardi qui n'est jamais dupe, Saint-Évremond est la mesure même. Sa modération est plus accomplie qu'en aucun des Anciens... Les Anciens enseignent communément ce qu'il faut qu'on soit. Saint-Évremond se contente d'être comme il est. À la mesure antique, il ajoute l'aisance parfaite ; il a les manières de ses sentiments ; il a l'exquise politesse.* » André Suarès.

RÉF. : Des Maizeaux, *Vie de Saint-Évremond,* 1711. – G. Cohen, *Le Séjour de Saint-Évremond en Hollande et l'Entrée de Spinoza dans le champ de la pensée française,* Paris, 1926. – A.-M. Schmidt, *Saint-Évremond ou l'Humanisme impur,* Paris, 1932. – K. Spalatin, *Saint-Évremond,* thèse, Zagreb, 1934. – H. T. Barnwell, *Les Idées morales et critiques de Saint-Évremond,* Paris, 1957. – P. Bouysse, *Essai sur la jeunesse d'un moraliste : Saint-Évremond,* Paris, 1987.

SAINT-EXUPÉRY Antoine de. Écrivain français. Né à Lyon le 29 juin 1900. Abattu en mission aérienne au large de la Corse (?) le 31 juillet 1944. Rien ne prédisposait Saint-Exupéry à devenir aviateur. En effet, après avoir échoué aux concours d'entrée à Navale et à Centrale en 1919, il s'inscrit l'année suivante aux Beaux-Arts. C'est en 1921 qu'il passe son brevet de pilote. Toutefois il quitte l'armée et ne revient à l'aviation qu'en 1926 où il est pilote à la Compagnie aérienne française, puis chez Latécoère que dirige Didier Daurat. Il est responsable des premiers longs courriers. Nommé à Cap Juby au Maroc espagnol, il parvient à écrire *Courrier Sud* (*) qui sera publié en 1928. L'année suivante, on lui confie la direction de l'« Aeroposta Argentina » à Buenos Aires afin de développer les liaisons aériennes. Il démissionne de son poste en 1931 et devient pilote d'essai à la compagnie Latécoère. Il semble avoir dit adieu à l'aviation puisque en 1934 et en 1935 il travaille en qualité de grand reporter pour *Paris Soir* : il est envoyé en Russie et en Espagne en 1936 pour le compte de *L'Intransigeant.* Cet éloignement d'un métier auquel il est tant attaché n'est que provisoire. Il revient en effet à l'aviation en 1937 et assure la liaison Casablanca-Tombouctou. À la déclaration de la guerre, en 1939, il reprend du service, malgré son état de santé, et est affecté au groupe 2/33 à Orconte, puis à Orly, enfin à Alger, où il est démobilisé en 1940, atteint par la limite d'âge. Il part pour New York où il élabore son œuvre la plus ambitieuse, *Citadelle* (*). En 1943, au plus sombre de la guerre, Saint-Exupéry quitte les États-Unis pour Alger et s'engage dans les forces aériennes françaises où il est admis comme pilote avec le grade de commandant au groupe 2/33. Il ne reviendra pas de la neuvième mission de reconnaissance qu'il effectue en direction de la vallée du Rhône.

On ne saurait dissocier la vie du pilote Saint-Exupéry de l'œuvre de l'écrivain qu'il est dès 1926, avec la publication en revue d'une nouvelle « L'Aviateur ». De même, dans la plupart de ses livres, des figures marquantes de l'aviation seront placées au premier rang. Ainsi, dans *Vol de nuit* (*) (1931), le personnage essentiel est Rivière, sous les traits duquel on reconnaît Didier Daurat. Image du chef, tourné vers l'action, Rivière incarne l'homme épris d'idéal qui, par sa sévérité, son intransigeance, son sens du devoir, témoigne des vertus auxquelles Saint-Exupéry est attaché et qu'il développera tout au long de son œuvre. À côté de Rivière s'inscrit la figure du pilote Fabien qui, lui aussi, connaît le goût du sacrifice : il saura affronter la mort en plein ciel avec une sérénité admirable.

D'autres héros de l'aviation, ceux-là même qu'a côtoyés Saint-Exupéry, apparaissent dans *Terre des hommes* (*) (1939), livre dont le contenu est fondé sur le récit d'expériences personnelles. La figure légendaire de Mermoz y est évoquée dans toute sa splendeur. Il est de ceux qui, par leur métier, ont contribué à « unir les hommes ». Mais le véritable héros est le pilote Guillaumet, compagnon de l'écrivain, à qui est dédié cet ouvage. Guillaumet incarne l'homme qui est parvenu par son courage, son énergie à vaincre les pires dangers. On connaît les propos que lui prête Saint-Exupéry : « Ce que j'ai fait, je le jure, jamais aucune bête ne l'aurait fait » (paroles qui font allusion à l'accident du pilote dans les Andes). L'autre héros de ce livre, c'est l'auteur lui-même, l'aviateur qu'il est et qui apparaît également dans *Pilote de guerre* (*) (1942).

La morale qui se dégage de l'œuvre de Saint-Exupéry est tirée de son expérience de pilote, de ses exploits accomplis, autant que de sa vision de l'humanité. Aussi est-ce une pensée généreuse, aristocratique qui est exprimée dans son œuvre entière. Homme d'action par vocation, Saint-Exupéry s'intéresse à ses semblables avec une attention passionnée. La matière sur laquelle il travaille est avant tout l'homme dont il voudrait qu'il soit sans cesse tourné vers un idéal. Celui-ci est défini par le sens de la vie sans lequel nul ne trouve son accomplissement. C'est tout d'abord l'exercice du métier qui vivifie les vertus essentielles de tout individu : son courage, son héroïsme. Même s'il ne prend pour exemple que le cas du pilote, on comprend que Saint-Exupéry voie dans l'exercice d'un métier le moyen qui permet à chacun de réaliser ses aspirations les plus nobles. Cela s'accompagne du refus d'un asservissement de l'homme à la technique, au profit de la quête des richesses intérieures, des biens spirituels, véritable but. C'est aussi sur le sens de ses actes que chacun est appelé à réfléchir. De là la théorie de la responsabilité qui est développée tant dans *Pilote de guerre* que dans *Le Petit Prince* (*) (1945). De même apparaît l'idée de la communauté humaine qui permet à chaque être de se porter au service des autres. On sait que dans l'exercice de cette tâche tout pilote de l'Aérospostale excellait, d'où l'importance de la « camaraderie » qui est magnifiée avec la figure de Guillaumet. Certes, pareille morale se heurte à une réalité, celle d'une société tournée vers l'égoïsme, le profit. Aussi peut-on reprocher à Saint-Exupéry de vouloir peut-être trop exiger de l'homme. Pareille pensée semble réservée à une élite idéaliste ou seulement le propre d'une spéculation intransigeante. La générosité de l'écrivain se heurte à une réalité humaine et sociale qui consacre sa difficulté à être appliquée. Pourtant, il faut reconnaître que Saint-Exupéry est un de ceux qui ont voulu donner à l'homme le sens de la beauté, de la vertu et de la grandeur.

Le style est pour l'écrivain Saint-Exupéry un instrument qu'il s'attache à parfaire et qui fortifie sa pensée. On est frappé par le sens de la formule qui jaillit fréquemment. Certaines d'entre elles, par leur densité, révèlent une pensée abrupte. Ainsi : « Quand on habite le navire, on ne voit plus la mer » (*Citadelle*), ou : « L'avion n'est pas un but : c'est un outil comme la charrue » (*Terre des hommes*). Saint-Exupéry s'est attaché à manier une langue harmonieuse, claire, propre à servir sa démarche. Le lyrisme éclate bien souvent, et les images foisonnent, disant le goût de l'auteur pour la beauté ; il a aussi recours au symbole qui occupe l'essentiel de *Citadelle* (1948). On doit reconnaître que l'utilisation de ce procédé, dans ce livre, son abus, autant que l'usage de la parabole, en alourdit quelque peu la lecture. Désirant élever au plus haut l'homme et son âme, Saint-Exupéry finit par s'enfermer dans une rhétorique qui, à la longue, rebute. On préfère le ton plus léger du *Petit Prince* dont les intentions ne sont pas très éloignées de celles contenues dans *Citadelle*.

MAX ALHAU.

♦ *« La grandeur humaine d'un Saint-Exupéry est d'avoir ses entrées dans la tragédie. »* Henri Clouard.
♦ *« Antoine de Saint-Exupéry (1900-1944) a tiré de l'expérience d'un métier dangereux et exaltant une morale héroïque et une philosophie tonique, fondées sur la responsabilité et la solidarité. »* Jean Hytier.

RÉF. : R.-M. Albérès, *Saint-Exupéry*, Paris, 1946. — M. de Crisenoy, *Antoine de Saint-Exupéry, poète et aviateur*, Paris, 1948. — G. Pélissier, *Antoine de Saint-Exupéry*, Paris, 1951. — L. Estang, *Saint-Exupéry par lui-même*, Paris, 1956. — C. François, *L'Esthétique de Saint-Exupéry*, Paris, 1957. — P. Pagé, *Saint-Exupéry et le monde de l'enfance*, Montreal/Paris, 1963. — M. Quesnel, *Saint-Exupéry ou la Vérité de la poésie*, Paris, 1964. — J. Smetana, *La Philosophie d'action chez Hemingway et Saint-Exupéry*, Paris, 1965. — J. Ancy, *Saint-Exupéry, l'homme et son œuvre*, Paris, 1966. — J.-L. Major, *Saint-Exupéry, l'écriture et la pensée*, Ottawa, 1968. — P. Chevrier, M. Quesnel, *Saint-Exupéry*, Paris, 1971. — R. Quellet, *Les Relations humaines dans l'œuvre de Saint-Exupéry*, Paris, 1971. — É. Deschodt, *Saint-Exupéry*, Paris, 1980. — C.-L. Van den Berge, *La Pensée de Saint-Exupéry*, New York, 1985. — L. Estang, *Saint-Exupéry*, Paris, 1989.

SAINT-GELAIS Mellin de. Écrivain français. Né le 3 novembre 1491 à Angoulême, mort à Paris en octobre 1558. Fils naturel ou neveu de l'évêque mondain et poète Octavien de Saint-Gelais, il fait de bonnes études de droit en Italie, dont il rapporte un goût très vif pour l'astrologie. Bien accueilli par François Ier, comblé de faveurs, nommé aumônier du dauphin et « gardien des livres » du roi, ce directeur de conscience des plus indulgents devient le poète, l'amuseur attitré de la cour et jouit d'une renommée supérieure à celle de Clément Marot. Son étoile commença de pâlir avec le succès de Ronsard – que Saint-Gelais s'efforça vainement de déconsidérer ; Du Bellay le prit cruellement à partie. En 1556, Saint-Gelais fit représenter devant la jeune reine Catherine de Médicis une traduction en prose avec « intermèdes » de la *Sophonisbe* (*) de Trissino, mais, de son vivant, on n'imprima de lui qu'un mince recueil. En 1574 furent publiées ses *Œuvres* (*), qui, représentant la poésie des années 1530, parurent démodées. Homme indispensable des fêtes, des tournois et des mascarades, type du bel esprit, capable de faire valoir ses vers par ses talents de luthiste et de chanteur, Saint-Gelais était pourtant de grande force dans les pièces de forme concise, au point de se faire craindre de Ronsard lui-même, qui multiplia les efforts pour se réconcilier avec lui et lui dédia même une ode.

RÉF. : E. Castaigne, *Notice historique sur les Saint-Gelais*, Angoulême, 1836. – E. W. Wagner, *Mellin de Saint-Gelais, eine literatur und sprachgeschichtliche Untersuchung*, Ludwigshafen, 1893. – H.-J. Molinier, *Mellin de Saint-Gelais*, Rodez, 1919. – Ph. A. Becker, *Mellin de Saint-Gelais, eine kritische Studie*, Vienne et Leipzig, 1924. – D. Stone, « Mellin de Saint-Gelais and Literary History », dans *French Forum*, 47, 1983. – L. Zilli, introduction à Saint-Gelais, *Sonnets*, Genève, 1990.

SAINT-GEORGES DE BOUHÉLIER (Stéphane Georges de Bouhélier-Lepelletier, dit). Poète et dramaturge français. Né à Rueil le 19 mai 1876, mort à Paris le 20 décembre 1947. Fils d'Edmond de Bouhélier-Lepelletier, journaliste lié jadis avec Floquet, Ferry et Clemenceau dans l'opposition au second Empire, il débuta dans les lettres en 1895 avec de petits essais dont le meilleur s'intitule *La Vie héroïque des aventuriers, des poètes, des rois et des artisans.* Deux ans après, il publiait un recueil de vers, *Églé ou les Concerts champêtres* (1897). Puis trois romans assez médiocres : *La Route noire* (1900), *Histoire de Lucie, fille perdue et criminelle* (1902), *Julia ou les Relations amoureuses* (1903). Après quelques autres écrits, dont *Les Chants de la vie ardente* (1902), il résolut de se vouer exclusivement au théâtre. Ayant d'abord fait jouer *Le Roi sans couronne,* en 1906, et *La Tragédie royale,* en 1909, il obtint un réel succès avec le drame qui demeura son œuvre la meilleure : *Le Carnaval des enfants* (*) (1910). Outre *La Vie d'une femme* (1919), *Les Flambeaux de la noce* (1927) et *Le Sang de Danton* (1931), Bouhélier a laissé trois tragédies en vers : *Œdipe, roi de Thèbes* (1919), où il veut plier Sophocle à la formule shakespearienne, *La Tragédie de Tristan et Iseult* (1923), dans le goût de nos anciens mistères, et *L'Impératrice aux rochers* (1928). Fondateur du « naturisme » avec l'essai *Les Éléments d'une renaissance française* (1899), il s'est toujours inscrit en faux contre le style noble. Son intention fondamentale fut de combiner le réalisme et le symbolisme. Cela réclamait un génie qu'hélas il ne possédait pas.

RÉF. : P. Blanchart, *Saint-Georges de Bouhélier,* Paris, 1929. – G. Lanson, *L'œuvre dramatique de Saint-Georges de Bouhélier,* Paris, 1934. – L. Lemonnier, *Saint-Georges de Bouhélier,* Paris, 1938. – R. Wilson Allen, *Saint-Georges de Bouhélier,* thèse, Paris, 1952.

SAINT-HÉLIER Monique (pseud. de Berthe Monique Briod-Eimann). Romancière suisse d'expression française. Née le 2 septembre 1895 à La Chaux-de-Fonds, morte le 9 mars 1955 à Chambines (Eure). Au terme de ses études secondaires, Berthe Eimann quitte sa ville natale pour n'y jamais revenir. Elle se marie, vit quelques années à Berne où elle noue une amitié fervente avec Rilke (il faut lire son très beau « Souvenir de Rilke » réédité en 1985 dans *Souvenirs et portraits littéraires*). En 1926 le couple s'installe à Paris. Mais dès 1927 toutes sortes de maux vont faire de Monique Saint-Hélier une grabataire. Vie recluse (malgré les amis : Paulhan, Dubuffet, Charles Du Bos) entièrement vouée à l'écriture. Après avoir publié un roman très autobiographique (*La Cage aux rêves,* 1932), elle entreprend la vaste « chronique des Alérac » : quatre romans parus entre 1934 et 1955, *Bois-Mort* (*), *Le Cavalier de paille* (*), *Le Martin-Pêcheur* (*), *L'Arrosoir rouge* (*), sans compter des milliers de pages inédites qui en auraient constitué la suite.

Tout se passe comme si la maladie avait mis entre parenthèses la vie de l'adulte. De ce qu'elle a vécu à Berne puis à Paris, et de l'histoire d'un demi-siècle, rien n'a passé dans son œuvre. En revanche, celle-ci est l'évocation fervente des lieux de sa jeunesse : une ville horlogère, les longs hivers, les paysages, la lumière du Jura. C'est dans ce pays « fictif » mais aisément reconnaissable qu'elle va faire vivre ses héros : les Alérac, aristocrates terriens dont les ancêtres ont fait fortune sur les mers et dans les îles, les Balagny industriels horlogers, les Graew paysans enrichis. Qu'elle dessine moins comme les représentants typiques d'une réalité sociale datée que comme les victimes d'un même destin : « Toujours aimer, toujours souffrir, toujours mourir » (ce trimètre cornélien est l'épigraphe du dernier roman publié).

Cette malédiction de l'amour non partagé et du désir frustré qui fait de tous les personnages (vivants ou morts) des « frères d'armes dans la défaite », le sentiment que « quelque chose manquait » et manquera toujours et que nous sommes tous des « orphelins de l'éternité », sont soulignés par la texture même du récit. Jamais linéaire, celui-ci entrelace de brèves séquences du passé et du présent des personnages, et multiplie entre eux les parallélismes et les ressemblances. Voué au fragmentaire, le récit l'est aussi au suspense narratif. L'évocation du passé (même les vivants ont beaucoup plus un passé qu'un avenir) commence souvent par une simple allusion. Et le lecteur devra parfois attendre longtemps avant que ces remémorations partielles et disséminées finissent par constituer une histoire et que le puzzle soit sans trous. Ce mode de croissance du texte, sous le signe de la vérité différée, et la lecture active qu'il exige du lecteur entrent pour beaucoup dans le bonheur que nous réserve la « chronique des Alérac », une des créations majeures des lettres romandes au XXe siècle.

JEAN-LUC SEYLAZ.

SAINT-JOHN PERSE (pseud. d'Alexis Léger). Poète français. Né le 31 mai 1887 à la Guadeloupe, mort le 20 septembre 1975 dans la presqu'île de Giens (Var). Saint-John Perse, doublure littéraire d'un haut fonctionnaire de la troisième République, se présente à nous comme un personnage énigmatique, avare de confidences, soucieux à tous égards d'une attitude dégagée vis-à-vis de ses contemporains. Ce comportement se traduit dans son œuvre poétique par un ton unique dans les lettres françaises contemporaines.

Les années de création poétique encadrent approximativement, chez cet être singulier dans tous les sens du terme, celles de la carrière diplomatique (de 1926 à 1940), pendant lesquelles il s'est refusé à toute publication. Mais les événements, personnels ou sociaux, ne semblent pas avoir eu plus de prise sur le poète que sur l'homme, et il est étrange de constater à quel point chez lui les œuvres de l'âge mûr ne diffèrent guère essentiellement de celles de la jeunesse. Cette constance apparaît également dans sa passion du mouvement et des grands espaces par les nombreux voyages qu'il fit sur mer à tous les âges de sa vie.

On peut reconnaître dans cette mobilité une vocation due à son origine insulaire ; né à la Guadeloupe, Alexis Saint-Léger Léger passe toute son enfance sur cette île et sur un îlot tout proche de celle-ci appartenant à sa famille, Saint-Léger-les-Feuilles. Les paysages et les atmosphères exotiques auxquels l'enfant s'est ouvert nourriront de nombreuses pages de ses œuvres, jusqu'aux plus tardives. Léger quittera cependant son pays natal en 1899 pour s'installer à Pau, qu'il quittera également en 1904 pour faire ses études de droit à Bordeaux ; années de formation riches et fécondes pendant lesquelles s'affirment chez lui un grand nombre de passions aussi multiples que variées : alpinisme, escrime, équitation, herborisation (ce qui lui permet de connaître le poète Francis Jammes) et également la musique, la philosophie. Après une année de service militaire à Pau, Léger fait la connaissance de nombreuses personnalités du monde des lettres, telles que Jacques Rivière, André Gide et Paul Claudel, qui l'encouragent dans la voie littéraire. Son premier livre, *Éloges* (*), paraît en 1911 chez Gallimard, pour connaître immédiatement un succès extraordinaire : dans ce recueil initial, Léger sait s'emparer avec autorité des souvenirs de son enfance antillaise pour les soumettre à un ordre personnel, les présentant comme les fragments d'une geste individuelle traduite dans une forme poétique proche du verset claudélien.

Après avoir longuement hésité, Léger finit par s'engager ensuite dans la voie diplomatique. Après sa réussite au concours des Affaires étrangères en 1914, il est envoyé en 1916 à Pékin, où il demeurera cinq ans, exerçant les fonctions de troisième, puis de second secrétaire à la légation de France. Au cours de ce séjour mouvementé, le poète aura le temps de voyager en Chine et en Mongolie et de faire la connaissance des esprits français les plus distingués de son temps tels que le sinologue Granet et les thibétologues Bacot et Toussaint. Il découvrira également le Japon, l'Océanie et l'Amérique grâce à un long voyage de retour en France en 1921. Pressé par ses amis de publier, il y fait paraître en 1924 *Anabase* (*), poème au ton épique censé être prononcé par un conquérant soucieux de plier les formes innombrables de la vie à un principe d'organisation séculaire dont il se porte garant. C'est la première œuvre que le poète signera de son pseudonyme, Saint-John Perse.

Cette même année, Léger devient directeur du cabinet diplomatique d'Aristide Briand ; il le demeurera jusqu'à la mort de celui-ci en 1932. Cette haute fonction lui donnera une importance politique de premier ordre sur la scène internationale (il participera ainsi à toutes les sessions de la S.D.N.). En 1933, il sera nommé ambassadeur, puis secrétaire général du ministère des Affaires étrangères, jusqu'en 1940. À cette date, il semble avoir été victime d'intrigues politiques et se voit retirer son poste par Paul Reynaud. Partisan alors de la guerre à tout prix contre l'Allemagne, Léger, au moment de la remise du pouvoir au parti de l'armistice, quitte le sol français et part pour les États-Unis, qui deviendront sa seconde patrie jusqu'à sa mort en 1975. C'est là qu'il écrit *Exil* (*) (1942), agrémenté de trois autres poèmes, « Pluies » (1943), « Neiges » (1944) et « Poème à l'étrangère » (1943), dans un recueil qu'il fait paraître en 1944 en Argentine avant d'en confier l'édition définitive à Gallimard en 1946.

Inspiré par la situation de son auteur dans ces années de guerre, *Exil,* bien loin de se présenter comme une œuvre de circonstance, se veut l'expression de la condition métaphysique de l'homme, condition qui ne se révèle jamais avec autant de force, pour le poète, que lorsque l'individu affronte les manifestations élémentaires de l'univers, la pluie, la neige, l'orage. Cette inspiration « élémentaire » s'affirme également dans le poème *Vents* (*) (1946).

Après la guerre, la renommée littéraire de Saint-John Perse s'accroît cependant rapidement. Elle s'impose surtout avec la publication de son poème *Amers* (*) en 1957. Dans cette œuvre, de très loin la plus importante par le nombre de pages, le poète retrouve avec bonheur le même éclat que celui qui irradie les images d'*Éloges*. Après cette œuvre majeure, Saint-John Perse publie encore de courts poèmes : *Chronique* (*) (1960) ; *Oiseaux* (*) (1963), inspirés par des peintures de Georges Braque ; *Chant pour un équinoxe* (1971).

En 1957, le poète était revenu en France pour la première fois depuis dix-sept ans. En 1958, il s'était marié avec une Américaine, Dorothy Russell, avec laquelle il passera discrètement quatre à six mois par an dans sa propriété de Giens, près d'Hyères. C'est là qu'il s'éteindra en 1975, plus couvert d'honneurs que ne le fut peut-être aucun autre poète français de son vivant (il avait reçu en 1960 le prix Nobel de littérature).

L'œuvre de Saint-John Perse se présente à nous comme l'exposition d'une chronique immémoriale où l'anecdote se trouve hissée au niveau du mythe. Elle semble prononcée d'un seul souffle, constituant ainsi une immense période oratoire qui consacre l'unité élémentaire de l'univers. Le poète y sacralise le monde dans la plénitude infaillible de sa lumière, en excluant toute ombre, tout envers et tout revers susceptibles de donner naissance à une histoire, comportant pleins et déliés, aspérités et creux. Les différents poèmes appartenant à cette œuvre réalisent ainsi une fresque horizontale, un bas-relief sans profondeur et sans perspective qui veut signifier que les événements, substituables les uns aux autres, n'importent que dans l'exacte mesure où ils témoignent d'une pérennité indestructible, grâce à une identité fondamentale de tous les existants les uns avec les autres. Saint-John Perse dévalue a priori, comme relevant d'une vision superficielle, tout désaccord, toute dissonance, les contrariétés se neutralisant pour lui dans une présence qui s'équilibre perpétuellement elle-même.

Ainsi, si l'objet de ses narrations poétiques semble relever du passé, c'est qu'il veut implicitement sensibiliser le lecteur à la vanité de tout avenir, en fait jamais advenu, l'actuel lui-même ne comportant d'autre réalité que celle par laquelle il s'accorde à l'antique. Il use pour ce faire d'un procédé assez fréquent dans son œuvre qui consiste à prendre des mots français usités de nos jours dans leur acception d'origine en en faisant ainsi résonner la racine latine, forçant l'intelligence du lecteur à reconnaître que le sens véridique des choses, révélé par l'acte de nomination, ne peut subir aucune variation causée par le temps. Les nombreux autres termes empruntés à des disciplines diverses telles que la botanique, la zoologie, le droit, etc., dont le poète parsème ses textes, ont également avant tout pour mission, par le respect qu'ils inspirent, de nous hausser au plan supérieur de la réalité, obscurcie par la vulgarité née d'un emploi peu rigoureux du langage. Mais le souci de précision dont leur présence témoigne a aussi pour fonction de nous rendre sensibles à notre ancrage à la terre, destituant ainsi toute prétention de l'individu à se considérer comme autre chose qu'une de ses manifestations innombrables. L'homme ne se voit ainsi investi que du rôle de témoin d'un univers auquel il s'accorde par des rituels éprouvés, en particulier celui du langage, qui annulent le séculier par l'imposition d'une règle transparaissant dans les juridictions établies et les litanies sacrées.

Cette appartenance totale de l'homme à la terre, Saint-John Perse la formule en recourant fréquemment à l'évocation de la femme, dont il nous révèle la présence omnipotente grâce à des instantanés fulgurants où elle apparaît résumer en son corps et sa grâce la richesse profonde de la terre tout entière. L'homme décèle celle-ci par l'approche du contact sensuel qui le force à s'ouvrir à l'étrangeté du monde irréductible à la raison et qui le violente par sa saveur corrosive. Cette violence représente pour le poète l'attribut premier du principe qui régit l'univers, dont les expressions emblématiques, outre ses manifestations les plus élémentaires telles que le vent, la mer, la pluie et la neige, apparaissent se condenser dans les minéraux : loin de nous faire sentir leur poids et leur inertie, le poète nous les évoque comme relevant d'une accélération des processus naturels que les sens, irrationnellement, perçoivent obscurément. Aussi le cosmos ne sera-t-il jamais tant magnifié que lorsqu'il participe de la parure féminine, révélant ainsi la beauté de la femme, médiatrice entre l'homme et le monde. Cette expérience illuminatrice pour l'homme est traduite le plus intensément dans une page d'*Amers* par l'évocation de la sensation acide de la langue au contact du cuivre, symbolisant une sorte de transmutation alchimique qui réalise la conjonction de deux réalités apparemment hétérogènes dont l'accord révèle elliptiquement l'unité cosmique. En appréhendant poétiquement la métamorphose universelle qui informe et déforme constamment toutes choses, Saint-John Perse n'a poursuivi d'autre but que de mettre au jour la circulation de la vie, d'une vie qui incessamment fait cercle sur elle-même.

PHILIPPE FAUCHER.

♦ *« ... de surprenants rapprochements sensuels, mais toujours fondés dans la sensation même ; des descriptions allusives, faites d'un assemblage de détails énigmatiques à force d'être concrets, mais toujours attestés par l'expérience ou la tradition ; enfin de vastes catalogues où l'hétéroclite paraît à son comble et qui ne supposent rien moins qu'une sorte de science encyclopédique. »* Roger Caillois. ♦ *« Du primitif éloge du pays luxuriant de l'enfance, des richesses palpables, sensuelles à la nouvelle et amère louange des signes du vide, de l'absence et de la solitude ; de ce flux chaleureux à ce reflux hivernal demeure la constante d'un langage, non pas reflet du monde réel, mais créateur d'un monde mythique...* » Georges-Emmanuel Clancier.

RÉF. : Roger Caillois, *Poétique de Saint-John Perse,* Paris, 1954. – Jean Paulhan, *Énigmes de Perse, NRF,* Paris, 1962-64. – *Honneur à Saint-John Perse,* numéro d'hommage de *La Nouvelle Revue française,* Paris, 1965. – Yves Alain Fane, *Le Langage et le sacré,* Paris, 1977. – Roger Little, *Études sur Saint-John Perse,* Paris, 1984. – Guy Féquant, *Saint-John Perse,* Lyon, 1987.

SAINT-JUST Louis Antoine Léon. Homme politique et écrivain français. Né à Decize (Nièvre) le 25 août 1767, guillotiné à Paris le 10 thermidor an II (28 juillet 1794). Il fit ses études au collège des Oratoriens de Soissons, puis au collège Louis-le-Grand à Paris. En 1786, il aurait été interné six mois à Picpus sur la requête de sa mère pour avoir fui le domicile familial. C'est à cette époque qu'il commença sa longue épopée satirique : *Organt,* qui parut en mai 1789. En 1790, il prêta serment de fidélité, fut nommé lieutenant-colonel de la garde nationale de Blérancourt et désigné comme délégué à l'assemblée des électeurs de Chauny. Son premier ouvrage politique, *L'Esprit de la Révolution et de la Constitution de la France* (*), parut à Paris en juin 1791 et fut épuisé en quelques jours. Candidat à la Législative, son âge l'empêcha d'être éligible, mais il fut élu à la Convention l'année suivante, le 2 septembre 1792. Ses premiers discours au club des Jacobins le 22 octobre et à la Convention le 13 novembre firent sensation – v. *Discours* (*). Dès lors, ses interventions se succédèrent à propos de chaque décision et de chaque événement important. Son discours sur le jugement de Louis XVI, au cours duquel il prononça son fameux : « On ne peut régner innocemment », le rendit célèbre en un jour. Il ne cessa alors d'occuper des postes importants : adjoint au Comité de salut public, chargé de mission à l'armée du Rhin, président de la Convention, chargé de mission à l'armée du Nord, où sa venue prépara la victoire de Fleurus. Il avait rédigé un discours pour la défense de Robespierre qu'il devait prononcer le 9 thermidor an II, mais on ne le laissa pas parler. Arrêté à la tribune de l'Assemblée, il ne jeta pas un seul mot à ses bourreaux et mourut le lendemain sans être sorti de son hautain silence. L'œuvre et la vie de Saint-Just sont un cas unique dans l'histoire de la pensée occidentale parce qu'il n'a jamais existé pareille coïncidence entre la parole et l'action. L'idéal d'intransigeance et de pureté qui fondait ses interventions à la tribune se retrouve dans ses notes et réflexions rassemblées et publiées à titre posthume, les *Institutions républicaines* (*).

♦ *« Tu portes la tête comme un Saint-Sacrement... »* Camille Desmoulins à Saint-Just. ♦ *« Il voulait vivre dans l'histoire comme les saints vivent dans la foi, se confondre avec la République comme les saints se perdent en Dieu ; si l'on ressuscitait les républiques mortes, quelle voix prendrait celle de l'an II, Danton exécuté, sinon la sienne ? [...] En son temps qui fut une des plus grandes époques de l'espoir, nul n'a si passionnément espéré changer l'homme, en le contraignant à une épopée transfiguratrice. »* André Malraux.

RÉF. : Roger Garaudy, *Les Orateurs de la Révolution française,* Paris, 1939. – Albert Ollivier, *Saint-Just ou la Force des choses,* Paris, 1955. – André Malraux, *Le Triangle noir,* Paris, 1970. – Maurice Dommanget, *Saint-Just,* Paris, 1971. – F. Kermina, *Saint-Just,* Paris, 1982.

SAINT-LAMBERT Jean François, marquis de. Poète français. Né à Nancy le 26 décembre 1716, mort à Paris le 9 février 1803. Malgré le titre usurpé de marquis, il était de petite noblesse et pauvre. Il fut élevé chez les jésuites de Pont-à-Mousson, puis entra au service du roi de Pologne Stanislas. Protégé par Mme de Boufflers, maîtresse du roi, il fut bien accueilli à la petite cour de Lunéville, où d'ailleurs sa première œuvre, *Épître à Chloé,* avait été très remarquée. C'est à Lunéville qu'il fit la connaissance de Mme du Châtelet et de Voltaire, qui louait exagérément ses vers. La personne de l'auteur sut, toutefois, plaire encore plus que ses œuvres à la marquise du Châtelet, et quand Voltaire revint de Paris où il était allé assister à la représentation de *Sémiramis* (*), il trouva sa place prise dans le cœur de sa belle amie qui devait mourir en mettant au monde un enfant, fruit de sa nouvelle liaison. Saint-Lambert reçut à Paris un accueil bienveillant auprès des encyclopédistes, il participa à leur entreprise par plusieurs articles (« Génie », « Intérêt de l'argent », « Législateurs », « Manières »). Mme d'Houdedot lui procura un brevet de colonel, et il servit en Allemagne pendant les terribles années 1756 et 1757. Mais une maladie le contraignit à quitter l'armée et le rejeta vers la littérature. L'immense succès de son poème *Les Saisons* (*) lui ouvrit les portes de l'Académie française en 1770. Il avait travaillé durant quarante-cinq ans à l'élaboration d'un système philosophique capable de servir de règle de conduite à ses contemporains. Cette œuvre parut en 1798 sous le titre : *Les Principes des mœurs chez toutes les nations ou Catéchisme universel ;* il y développait en réalité les idées de d'Holbach et d'Helvétius. On peut encore citer parmi ses œuvres : *Recueil de poésies fugitives* (1759), *Le Matin et le Soir* (1764), *Les Fêtes de l'amour et de l'hymen, Deux amis, conte iroquois* (+) (1770) et surtout son *Essai sur le luxe,* qui parut en 1764 dans l'*Encyclopédie* (*). Saint-Lambert vécut à l'écart pendant la Révolution. Il venait d'être désigné pour faire partie de l'Académie reconstituée lorsqu'il mourut en 1803.

RÉF. : Grimm, *Correspondances.* – Mme Du Deffand, *Lettres.* – Th. de Puymaigre, *Poètes et Romanciers de la Lorraine,* Metz, 1848. – L. de Nardis, *Saint-Lambert, scienza e paesaggio nella poesia del Settecento,* Rome, 1961. – Éd. Guitton, *Delille et le Poème de la nature,* Paris, 1974. – *Cahiers Roucher-Chénier,* n° 7, Rennes, 1987.

SAINT-MARC GIRARDIN (François Auguste Marc Girardin, dit). Critique français. Né à Paris le 22 février 1801, mort à Morsang-sur-Seine (Seine-et-Oise) le 1er avril 1873. Il devint en 1826 professeur de rhétorique au lycée Louis-le-Grand et, la même année, entra à la rédaction du *Journal des Débats* (*). D'opinions libérales, il bénéficia de la révolution de Juillet, au lendemain de laquelle il fut nommé maître des requêtes au Conseil d'État. En 1834, il était élu à la Chambre des députés. Désirant compléter sa formation intellectuelle, il avait accompli en 1830-1831 des voyages en Italie et en Allemagne, au cours desquels il porta principalement son attention sur les problèmes pédagogiques – v. son *Rapport sur l'instruction intermédiaire en Allemagne*, deux volumes (1835-1838) et ses *Souvenirs de voyages et d'études*, deux volumes (1852-1853)... Dès 1831, Saint-Marc Girardin était devenu professeur suppléant à la Sorbonne, en remplacement de Guizot, qui venait d'entrer au ministère ; en 1833, il recevait la chaire de poésie française. Il fut un des plus célèbres professeurs de l'époque de la monarchie de Juillet et du second Empire ; pourvu de dons agréables de conférencier, il s'imposa aux élèves en dépit de sa très nette opposition à la mode littéraire du siècle. De ses cours de Sorbonne sont sortis la plupart de ses livres : *De la vie et des ouvrages de J.-J. Rousseau* (deux volumes, 1862), *La Fontaine et les fabulistes* (deux volumes, 1867) et son œuvre principale, le *Cours de littérature dramatique ou De l'usage des passions dans le drame* (1843). Reçu en 1844 à l'Académie française, membre du Conseil de l'Instruction publique, Saint-Marc Girardin était resté, en dépit de ses fonctions universitaires, un journaliste très actif ; mais il abandonna la politique à la suite de la révolution de 1848. Il fut cependant élu député à l'Assemblée nationale de Bordeaux en 1871, y devint un des chefs du Centre et soutint la politique de Thiers. Parmi ses ouvrages, citons encore : *Tableau de la littérature française au* XVIIIe *siècle* (1828), *Notices politiques et littéraires* (1834), *Essais de littérature et de morale* (deux volumes, 1845), et *Souvenirs et réflexions d'un journaliste* (1859).

RÉF. : Sainte-Beuve, *Causeries du lundi*, tome Ier, Paris, 1849.

SAINT-MARTIN Louis Claude de (dit le Philosophe inconnu). Écrivain et philosophe français. Né à Amboise le 18 janvier 1743, mort à Aunay le 13 octobre 1803. Issu d'une famille noble, il reçoit une éducation très religieuse ; bien que destiné au barreau, il se décide à embrasser la carrière militaire. En 1765, il fait partie du régiment de Foix qui tient garnison à Bordeaux, et c'est dans les cercles maçonniques de cette ville qu'il rencontre le juif portugais Martinez de Pasquali, converti au christianisme, mais professant une doctrine ésotérique qui prétendait mettre un petit groupe d'individus élus en communication directe avec le monde spirituel. De Martinez, Saint-Martin ne semble avoir gardé cependant que le principe de la pérennité de l'homme et une symbolique trinitaire ; ses vrais maîtres en spiritualisme furent plutôt Jacob Böhme et Swedenborg. Ayant quitté le service en 1771, il fait paraître quatre ans plus tard son premier livre, une réfutation du matérialisme qui envahissait l'époque, *Des erreurs et de la vérité ou les Hommes « rappelés » au principe universel de la science* (*). En 1780, il arrive à Paris et fait bientôt figure de théosophe égaré dans le grand monde, favori des plus grands personnages et des dames de l'aristocratie : le duc d'Orléans, la duchesse de Bourbon, le maréchal de Richelieu. Après plusieurs voyages à travers la France, en Angleterre, en Italie, au cours desquels il fait quelques disciples, il va, en 1788, s'établir à Strasbourg et y apprend l'allemand pour lire le mystique hétérodoxe Jacob Böhme, qu'il traduira et qui dominera désormais sa pensée – v. *Ecce Homo* (+), *L'Homme de désir* (*), *Le Nouvel Homme* (*) – alors que, jusqu'à ce moment, Saint-Martin avait professé à peu près le christianisme traditionnel, mais hors de toute Église et en plaçant l'essentiel du fait religieux dans des grâces mystiques exceptionnelles réservées aux initiés. Malgré son titre nobiliaire, Saint-Martin traverse indemne la tourmente révolutionnaire : il continue à traduire Jacob Böhme, se voit chargé de faire le catalogue de la bibliothèque d'un couvent supprimé, et son nom est même avancé en 1795 pour une chaire de professeur à l'École normale. Il porte cependant aux événements en cours un intérêt passionné et donne à la Révolution une interprétation providentialiste qui aura une influence décisive sur la pensée de Joseph de Maistre : comme ce dernier, Saint-Martin voit en effet, dans le bouleversement politique, un châtiment nécessaire de la monarchie et du christianisme déchus, châtiment d'où naîtra l'Église véritable, la « sublimité de la théocratie divine, naturelle et spirituelle ». On retrouvera ce thème à travers toute la pensée catholique de la Restauration, et particulièrement chez Ballanche et Lamennais. La hauteur de ces vues n'a pas empêché, pourtant, l'Inquisition espagnole de condamner, en 1798, le livre *Des erreurs et de la vérité* comme « attentatoire à la Divinité et au repos des gouvernements ». En 1802, un an avant sa mort, Saint-Martin faisait paraître un dernier livre : *Le Ministère de l'homme-esprit* (*). *Des nombres* (*) est un texte posthume, publié seulement en 1842. Le thème essentiel de Saint-Martin, qu'on retrouve dans tous ses livres, c'est le retour de la nature et de l'humanité à l'unité de Dieu. Cet étrange personnage eut incontestablement un sens spontané et puissant des choses divines, et exerça une très grande influence, surtout dans les milieux maçonniques. Témoin le plus marquant du mouvement de réaction mystique des dernières années de l'Ancien Régime, il eut à travers tout le romantisme une influence diffuse, secondaire mais importante, dont on trouverait des traces dans la religion d'un Balzac par exemple.

JACQUES PATRY.

♦ *« M. de Saint-Martin était un homme de grand mérite, d'un caractère noble et indépendant. Quand ses idées étaient explicables, elles étaient élevées et d'une nature supérieure. »* Chateaubriand. ♦ *« Le plus instruit, le plus sage, le plus élégant des théosophes modernes. »* Joseph de Maistre.

RÉF. : Caro, *Essai sur la vie et la doctrine de Saint-Martin*, 1852. — Sainte-Beuve, *Causeries du lundi*, tome X. — Matter, *Saint-Martin, le Philosophe inconnu*, Paris, 1864. — Papus, *L'Illuminisme en France, Louis-Claude de Saint-Martin*, Paris, 1902. — André Tanner, *Gnostiques de la Révolution*, t. I, Fribourg, 1946. — R. Amadou, *L. Cl. de Saint-Martin et le martinisme*, Paris, 1946. — M. Sekrecka, *L. Cl. de Saint-Martin, le philosophe inconnu*, Wroclaw, 1968.

SAINT-PIERRE Charles Irénée Castel, abbé de. Écrivain français. Né le 18 février 1658 au château de Saint-Pierre-Église, près de Barfleur (Manche), mort à Paris le 29 avril 1743. Il étudia à Caen les sciences physiques et naturelles, la philosophie, la théologie, et manifesta de bonne heure un goût marqué pour les questions économiques, politiques et sociales. Mais la hardiesse de sa pensée le rendit suspect à ses contemporains, qui le considéraient tout au plus comme un utopiste. Vers 1686, Saint-Pierre vint à Paris où il ne tarda pas à se lier avec le mathématicien Pierre Varignon et avec Fontenelle. Élu membre de l'Académie française (1695), il vécut d'un petit emploi à la Cour. Plénipotentiaire au congrès d'Utrecht avec le cardinal Melchior de Polignac, il publia en 1712 son premier grand ouvrage : *Mémoire pour rendre la paix perpétuelle en Europe*, suivi un an plus tard du *Projet de paix perpétuelle* (*), profession de foi d'un grand courage face aux sanglantes rivalités des monarchies européennes. Saint-Pierre, dans son mémoire, appelle de tous ses vœux ce que nous nommons aujourd'hui une fédération européenne, organisme dont le but suprême eût été de préserver la paix à tout prix. Une telle œuvre, par certains aspects, s'apparentait à la pensée de Leibniz, et elle inspira au philosophe des *Observations* qui ont été publiées au tome IV de l'édition de ses œuvres faite, en 1862, par Foucher de Careil. Saint-Pierre mit toute l'ardeur de sa foi au service de cet idéal d'une paix générale et durable, et publia en 1717 un *Projet de paix perpétuelle entre les souverains chrétiens* dans lequel l'examen des problèmes européens ne lui fait pas négliger pour autant la situation intérieure de chaque État. Après la mort de Louis XIV, il fut des premiers à entreprendre le procès de l'absolutisme. Son *Discours sur la polysynodie* (1718), où sont âprement critiqués quelques-uns des actes fondamentaux du roi défunt, fit tout d'abord scandale et lui valut d'être radié de l'Académie française par décision du 5 mai 1718, votée par vingt-trois voix contre une (celle de Fontenelle), sans qu'il ait été permis au « coupable » de présenter sa défense. L'abbé se rangeait ainsi aux côtés de Fontenelle, de Montesquieu, de Vauban, etc., c'est-à-dire parmi ceux qui souhaitaient l'avènement de la justice sociale et d'une véritable pacification. Au « Club de l'Entresol » composé principalement d'économistes et dont les débats nous sont connus par le journal de l'abbé de Choisy, aussi bien que dans son *Mémoire pour augmenter le revenu des bénéfices et pour faire valoir davantage, au profit de l'État, les terres et autres fonds des bénéfices* (1725), Saint-Pierre proclamait l'importance de l'agriculture dans l'économie de la France, et affirmait que le travail doit être l'unique source de la richesse. Le trait distinctif de son œuvre, c'est sa croyance dans le progrès et dans la raison, et une pensée qui, loin d'être utopique, cadre parfaitement avec la confiance que mettra plus tard un Condorcet dans les progrès de l'esprit humain. On doit également à l'abbé de Saint-Pierre un *Mémoire pour diminuer le nombre des procès* (1725), un *Projet pour perfectionner l'éducation* (1728), ainsi qu'un *Projet pour perfectionner l'orthographe des langues de l'Europe* (1730). D'Alembert lui attribue la création de deux mots français : « bienfaisance » et « gloriole ».

GLAUCO NATOLI.

RÉF. : J. Drouet, *L'Abbé de Saint-Pierre, l'homme et l'œuvre*, Paris, 1912. — M. J. Perkins, *The Moral and Politicial Philosophy of the Abbé de Saint-Pierre*, Genève, 1959. — A. Annoni, *Problemi e miti dell'età moderna : Il Progetto di pace perpetua dell'abbé de Saint-Pierre,* Milan, 1971.

SAINT-POL-ROUX (pseud. de Paul Roux). Poète français. Né à Saint-Henri (Bouches-du-Rhône) le 15 janvier 1861, mort à Brest le 18 octobre 1940. C'est en 1886 qu'il fait ses débuts littéraires, dans le groupe des écrivains de la Pléiade, en publiant une petite plaquette de vers, *Lazare,* suivie trois ans plus tard d'un nouveau recueil, *Le Bouc émissaire.* Accueilli par Remy de Gourmont dans le mouvement symboliste, il collabore à toutes les revues de l'école, en particulier à *L'Ermitage* et au *Mercure de France* (*). Ses accoutrements splendides et la sonorité de ses discours lui font alors, au témoignage de Francis de Miomandre, donner le surnom de Saint-Pol-Roux le Magnifique. En 1893 paraît *La Rose et les épines du chemin,* premier volume de son œuvre principale, *Les Reposoirs de la procession* (*), complété en 1904 par *De la colombe au corbeau par le paon* et en 1907 par *Les Féeries intérieures,* où il apparaît bien que Saint-Pol-Roux a pris ses libertés avec l'orthodoxie symboliste et conquis sa pleine originalité. Au cours des années 1895-1897, pendant un séjour dans la forêt des Ardennes, en Luxembourg, le poète écrit sa fresque dramatique, *La Dame à la faulx* (*), qui parut en 1899. Son plus grand, et l'on peut dire son seul succès d'argent, Saint-Pol-Roux l'obtiendra en composant le livre du célèbre opéra de Gustave Charpentier, *Louise* (*), en 1900. Mais dès cette époque il se détache des cénacles parisiens, va chercher en Bretagne un contact avec la nature la plus sauvage, passe quelques années à Roscaven où il écrit deux drames, *La Dame en or* et *Les Pêcheurs de sardines*, avant d'aller se fixer à Camaret où il fait bâtir un manoir. De 1903 datent les *Anciennetés* (*). Au lendemain de la guerre de 1914-18, Saint-Pol-Roux, qui avait été éprouvé durement par la mort d'un de ses fils, semblait oublié lorsqu'il fut fêté par les jeunes surréalistes qui le proclamèrent un de leurs maîtres. Il n'abandonna pourtant pas sa solitude bretonne, où la nouvelle guerre vint le surprendre, dans la nuit du 23 au 24 juin 1940 : un soldat allemand ivre força la porte de sa demeure, tua la servante du poète, blessa grièvement une de ses filles. Quelques mois après le manoir était brûlé, plusieurs manuscrits perdus, et Saint-Pol-Roux mourait à l'hôpital de Brest. Longtemps ce ne fut qu'un personnage pittoresque, presque légendaire des milieux littéraires, et l'on commence aujourd'hui seulement à le reconnaître comme un des plus grands poètes de la génération symboliste. Un prestigieux imagier, dit-on. Mais l'image, pour Saint-Pol-Roux, a une sorte de valeur mystique. Affilié aux rosicruciens, Saint-Pol-Roux cherche la clef magique du monde, il pense qu'« un cœur bat dans tout, même dans les pierres du chemin ». Sa doctrine, l'« idéoréalisme », formulée dans le liminaire des *Reposoirs,* est une date importante de l'histoire de la poésie contemporaine : recherche de l'Idée à travers la Nature, non pas à grand renfort de réminiscences livresques comme chez trop de poètes de l'école, non par l'intercession d'une métaphysique et d'une théologie comme chez Claudel. L'imagination seule, pour Saint-Pol-Roux, peut nous rendre la vraie réalité déformée par l'usage quotidien qui a réduit le monde des choses à n'être plus que « l'enseigne inadéquate du monde des idées » ; l'imagination effrénée et exaltée fait du poète un découvreur du monde, un « continuateur » de Dieu.

JACQUES PATRY.

♦ *« Un des plus féconds et des plus étonnants inventeurs d'images et de métaphores... »* Remy de Gourmont. ♦ *« Saint-Pol-Roux – c'est à qui sur ce point fera le plus honteux silence – a droit entre les vivants à la première place... le seul authentique précurseur du mouvement dit moderne. »* André Breton.

RÉF. : Remy de Gourmont, *Le Livre des masques,* Paris, 1896. – Van Bever et Paul Léautaud, *Poètes d'aujourd'hui,* t. III, Paris, 1930. – A. Bergot, *Le Tombeau de Saint-Pol-Roux,* Brest, 1941 ; *Le Solitaire de Camaret,* Paris, 1947. – P. Th. Pelleau, *Saint-Pol-Roux le Crucifié,* Nantes, 1946. – Th. Briant, *Saint-Pol-Roux,* Paris, 1951. – J. Burgos, *Pour une poétique de l'imaginaire,* 1982.

SAINT-RÉAL César Vichard de. Historien français. Né et mort à Chambéry (9 avril 1643 - 13 septembre 1692). Fils d'un haut magistrat de Savoie, il fit ses études à Paris chez les jésuites. Il prit l'habit d'ecclésiastique, mais resta simple clerc. Il se consacra, sous la direction de l'érudit Varillas, à des recherches historiques et publia en 1671 une dissertation intitulée *De l'usage de l'histoire,* où il dénonce la pédagogie traditionnelle qui privilégie le seul exercice de la mémoire. Pour lui, l'utilité de l'histoire est d'éclairer la connaissance du cœur humain, les ressorts cachés des événements coïncidant avec le jeu complexe des passions, de la folie, de la malignité, de l'ignorance. Cette vision pessimiste imprègne l'œuvre romanesque de Saint-Réal, qui mêle une chronique historique des plus fidèle à une trame passionnelle machiavélique. *Don Carlos* (*) parut en 1672, suivi deux ans plus tard de *La Conjuration des Espagnols contre la République de Venise.* N'ayant pu obtenir de charge de précepteur à la cour de France, Saint-Réal rentra à Chambéry où il devint le lecteur et l'ami de la duchesse de Mazarin. Il la suivit en Angleterre. Par la suite, il se mit au service de Madame Royale. Possédé par le démon de l'intrigue, Saint-Réal a rencontré les plus grands personnages de son temps et a été mêlé aux événements relatés par les mémorialistes. On lui doit aussi des ouvrages religieux et dans son ultime texte, *De la critique* (1671), il stigmatise les mauvais compilateurs, traducteurs et auteurs de cabales. Stendhal admirait beaucoup cet écrivain que son contemporain Guéret présente comme le maître de Racine.

DOMINIQUE BERTRAND.

RÉF. : Andrée Mansau, *Saint-Réal ou l'Humanisme cosmopolite,* université de Lille III, 1979.

SAINT-SAËNS Charles Camille. Compositeur français. Né à Paris le 9 octobre 1835, mort à Alger le 16 décembre 1921. Issu d'une famille d'origine normande, orphelin de père à l'âge de deux mois, enfant débile et toute sa vie menacé de phtisie (il n'en mourut pas moins à plus de quatre-vingts ans), il fut élevé par sa mère et sa grand-tante, excellentes musiciennes. Sa précocité ne peut être comparée qu'à celle de Mozart : à trois ans et demi, il savait déjà écrire des notes sur une portée ; à cinq ans il se produisait dans un salon et *Le Moniteur* lui consacrait un petit article ; à dix ans, il donnait à la salle Pleyel son premier récital public et jouait aux Tuileries pour Louis-Philippe et la famille royale. Mais, au Conservatoire, où il entra en 1848 et où il suivit les cours de Benoist (orgue), d'Halévy et de Reyer (composition), il n'obtint pas tous les succès qu'on pouvait attendre de lui ; monté en loge pour le prix de Rome en 1852, il subit un échec. Il n'avait alors que seize ans, mais se vexa et laissa passer plus de douze ans avant de se risquer à un nouvel essai, aussi infructueux. Sans attendre les lauriers des beaux-arts pour se livrer à la composition, dès 1851, avec une *Ode à Sainte-Cécile,* il remporte le prix décerné par la société de ce nom. Un an plus tard, il donne sa première symphonie, en mi bémol — v. *Symphonies* (*) — qui suscite un vif intérêt de la part de Gounod. Bien qu'assuré de solides rentes familiales, il décide de gagner sa vie avec son art et, après un stage de quelques mois à Saint-Séverin, obtient en 1853 le poste d'organiste à Saint-Merri, puis, en 1857, s'installe au grand orgue de la Madeleine, qu'il tiendra pendant vingt ans. D'esprit fort peu religieux, il voit avant tout dans l'orgue un excellent terrain d'exercice musical, et devient rapidement un virtuose du clavier.

Ses œuvres de jeunesse, une *Symphonie en fa* (1856), éditée plus d'un siècle plus tard, un *Quintette en la mineur* (1855), une *Symphonie en la mineur* (1858), le *Trio en fa majeur* (1863), passèrent à peu près inaperçues. Compositeur purement instrumental, en une époque où le théâtre donnait encore le ton à toute la vie musicale parisienne, dénoncé par quelques critiques comme un « wagnérien », Saint-Saëns resta inconnu du public jusqu'à la création, en 1871, de la fameuse Société nationale, dont il avait été un des promoteurs. À partir de ce moment, il passe au premier plan et s'affirme comme un des principaux artisans du renouveau symphonique français, en particulier avec sa troisième *Symphonie en ut mineur* avec orgue (1886). Les années 1875-1885 allaient d'ailleurs être les plus fécondes de sa carrière, dans tous les domaines. Un héritage lui ayant permis d'abandonner son poste de la Madeleine, il peut se consacrer presque exclusivement à la composition. Dans le domaine de la musique de chambre, il donne sa *Sonate pour violoncelle et piano* op. 32, et son *Septuor en mi bémol* (1880) ; dans le domaine symphonique il s'impose avec ses *poèmes symphoniques* (*) : *Le Rouet d'Omphale* (+) (1872), *Phaéton* (+) (1873), *La Danse macabre* (*) (1875) et *La Jeunesse d'Hercule* (+) (1877) ; il compose également cinq *Concertos pour piano* (*) (1858-95) ; au théâtre, ses débuts devaient être plus difficiles, puisque *Samson et Dalila* (*), créé en 1877 à Weimar, attendra quinze ans avant d'être accueilli à l'Opéra de Paris. Cette œuvre n'en contribua pas moins à établir la célébrité universelle de Saint-Saëns, considéré à l'étranger comme le musicien français le plus typique. En 1881, il est élu membre de l'Institut. Aucun honneur ne lui sera désormais refusé et, en dépit des sarcasmes de la nouvelle génération, Saint-Saëns fera figure jusqu'à sa mort de compositeur officiel. Si ses autres œuvres théâtrales : *Étienne Marcel* (*) (1879), *Henry VIII* (*) (1883), *Ascanio* (+) (1890), *Déjanire* (+) (1898), etc., et ses musiques de scène pour *Antigone* (+) (1893) et pour *Andromaque* (+) (1909) semblent définitivement tombées dans l'oubli, des œuvres comme *Le Carnaval des animaux* (*) (1886) et *La Havanaise* (*) (1887) restent chères au public des concerts. Dans le domaine de la musique vocale : *Les Noces de Prométhée* (+) (1867), *Le Déluge* (*) (1875), *La Lyre et la Harpe* (1879) et de musique sacrée : l'*Oratorio de Noël* (1860), le *Requiem* (1878), etc.

Avec une assez belle indifférence pour le goût du grand public, Saint-Saëns a servi, à l'exclusion de tout autre, le culte un peu tyrannique et un peu froid de la forme. On peut trouver le résumé de son « credo » esthétique dans une de ses formules : « Même quand on va au fond des choses on s'aperçoit que l'émotion apporte à l'art un élément dangereux qui le mène à sa perte. » De là l'incompréhension qu'il a manifestée pour les premières œuvres de Debussy ; de là surtout la hargne avec laquelle il a poursuivi le génie wagnérien, allant jusqu'à exploiter l'exaltation patriotique de la guerre de 1914-1918 pour essayer de faire interdire l'exécution des œuvres du maître de Bayreuth. Cependant, après les débauches sonores de l'italianisme dominant en France pendant toute la première moitié du XIXe siècle, Saint-Saëns a œuvré pour un retour à la rigueur et à la précision de l'écriture qui n'a pas été inutile. Professeur de piano à l'école Niedermeyer, il a formé des musiciens tels que Messager et Fauré. On lui doit en partie la découverte de l'œuvre de Jean-Sébastien Bach en France. Quant à son rôle d'animateur dans la résurrection de l'école française après 1870, il a été capital.

LOUIS GAUDRAN.

♦ *« M. Saint-Saëns est l'homme du monde entier qui sait le mieux la musique. »* Debussy. ♦ *« Saint-Saëns, dans un temps où il est de mode de mettre la musique au service d'une philosophie, d'une idée morale, d'une foi religieuse, dans le temps même de Richard Wagner et de César Franck, n'hésite pas à proclamer sa doctrine de l'art pour l'art. Il y fallait un certain courage. »* Paul Landormy.

RÉF. : Numéro spécial de *La Revue d'histoire musicale,* octobre 1901 ; du *Monde musical,* octobre 1901 ; du *Guide du concert,* 1922. — Émile Baumann, *Les Grandes Formes de la musique : C. Saint-Saëns,* Paris, 1905. — Augé de Lassus, *Camille Saint-Saëns,* Paris, 1914. — Jean Bonnerot, *Camille Saint-Saëns, sa vie et son œuvre,* Paris, 1922. — Georges Servières, *Saint-Saëns,* Paris, 1923. — Arthur Dandelot, *La Vie et l'œuvre de Saint-Saëns,* Paris, 1930. — Jean Chantavoine, *Camille Saint-Saëns,* Paris, 1947. — Camille Saint-Saëns, *Regards sur mes contemporains* (éd. Yves Gérard), Arles, 1990.

SAINT-SIMON Claude Henri de Rouvroy, comte de. Économiste français. Né et mort à Paris (17 octobre 1760-19 mai 1825). Saint-Simon faisait partie de la famille du célèbre auteur des *Mémoires* (*). D'abord officier, combattant de la guerre d'indépendance américaine, il révèle dès cette époque son génie turbulent, sa passion de tout connaître et de tout entreprendre, ses dons parfois étranges et fumeux d'inventeur et de précurseur en adressant au vice-roi du Mexique un projet de canal dans l'isthme de Panama. Ayant abandonné le service avec le grade de colonel, en 1783, il voyage en Hollande et en Espagne, encore occupé par ses projets de construction de canaux, revient en France au moment de la Révolution, s'enthousiasme pour les idées nouvelles et refuse d'émigrer. De 1790 à 1797, il se lance hardiment dans la spéculation sur les biens nationaux et fait des bénéfices considérables qui lui permettent, au sortir de la Terreur, de mener la vie fastueuse d'un roi du Directoire.

Saint-Simon, frustré par son associé et ayant liquidé ses affaires, commence bientôt son apostolat social : il avait vu, disait-il, son ancêtre Charlemagne lui apparaître en songe et lui prédire qu'il serait son égal comme philosophe. En 1802, ses *Lettres d'un habitant de Genève à ses contemporains* (*) donnent l'esquisse d'une religion nouvelle fondée sur la science et vouée au culte de Newton. Son *Introduction aux travaux scientifiques du* XIX*e siècle* définit, cinq ans plus tard, les grands thèmes de sa doctrine et est suivie, en 1814, par un mémoire : *De la réorganisation de la société européenne, ou de la nécessité et des moyens de rassembler les peuples de l'Europe en un seul corps politique, en conservant à chacun son indépendance nationale* (*), ouvrage auquel collabora également Augustin Thierry. Après quelques voyages en Angleterre, en Allemagne et en Italie, Saint-Simon fonde en 1816 *L'Industrie* (*), publication destinée à mettre en rapport les banquiers, les producteurs et les savants, et en 1819 *L'Organisateur* (*), qui publie la fameuse « Parabole » où Saint-Simon montre que la France perdrait moins à la disparition de la famille royale et de toute la noblesse qu'à celle de ses savants, de ses industriels et de ses agriculteurs. Ayant dissipé sa fortune dans ces diverses tentatives, réduit à la misère, recueilli par un ancien domestique et contraint à un obscur travail de copiste, Saint-Simon tente de se suicider le 9 mars 1823 ; il n'y perd qu'un œil. Secouru par quelques disciples de valeur comme Augustin Thierry, Auguste Comte, Enfantin, il fait paraître, en 1823-1824, les cahiers de son *Catéchisme des industriels* (*). À sa mort, un an plus tard, ses idées n'étaient guère répandues, mais l'école formée par ses élèves donne des conférences et lance bientôt un journal, *Le Producteur*, où collaborent Enfantin, Comte, Blanqui, Armand Carrel. D'abord strictement scientifique, le groupe se laisse bientôt prendre à des rêves de religion nouvelle et se transforme en Église, dont le grand prêtre sera le père Enfantin. 1830 marque son apogée : des hommes éminents fort divers, financiers comme Pereire, historiens comme Thierry, musiciens comme Félicien David, littérateurs comme George Sand et Sainte-Beuve, se rallient au saint-simonisme qui avait le prestige d'unir les deux grands mouvements du siècle : mysticisme et culte de la science. Mais les extravagances de l'Église saint-simonienne lui attirèrent rapidement un procès intenté par l'État qui, en août 1832, termina l'histoire du saint-simonisme comme secte.

On a pu dire de Saint-Simon qu'il semblait sortir d'un roman de Balzac, en cousin, par exemple, du héros de *La Recherche de l'absolu* (*). C'était un visionnaire, un peu fou sans doute, mais « la folie, disait-il, n'est pas autre chose qu'une extrême exaltation, et cette exaltation extrême est nécessaire pour faire de grandes choses ». Toute sa pensée est mue par l'ambition de mettre fin à la crise révolutionnaire grâce à l'organisation scientifique d'un monde meilleur ; son thème favori est l'exaltation de l'industrie. Dans sa « Parabole », il montre l'inutilité des actuelles classes dirigeantes ; l'élite de l'avenir, ce sont les travailleurs (terme qui, pour Saint-Simon, désigne les savants, fabricants, industriels, banquiers aussi bien que les ouvriers), « classe fondamentale, classe nourricière de la nation ». La société est en effet essentiellement économique et semblable à une manufacture, à un grand atelier. Le désordre présent, selon Saint-Simon, tient à ce que la classe des travailleurs, celle de l'avenir, est encore opprimée par les anciennes classes, d'origine militaire. Il faut donc, dans l'immédiat, promouvoir un renouvellement des élites dirigeantes. Mais Saint-Simon, si grande soit sa confiance dans les merveilles de l'industrie, sent bien que la solidité du nouveau régime exige une philosophie capable de rallier tous les esprits. Au fur et à mesure de son évolution, l'économiste fait place en lui au fondateur de religion, qui va un instant se rapprocher des théocrates de l'époque, Lamennais en particulier. Comme ces derniers, Saint-Simon vitupère la philosophie du XVIIIe siècle, toute négative ; et dans son dernier ouvrage, *Le Nouveau Christianisme*, il trace les grandes lignes d'une religion assez vague, sans surnaturel, mais possédant, comme le catholicisme, son dogme, son culte et son Église, fondés principalement sur le mythe de la fraternité humaine.

Dans le domaine de l'action, le saint-simonisme fut une des forces du XIXe siècle : ses disciples poussèrent à la construction des chemins de fer, ils proposèrent des plans d'urbanisme, ils tentèrent les premiers la percée du canal de Suez. Saint-Simon eut aussi un grand héritier, Auguste Comte, qui comme lui s'attacha à fonder la politique comme science. Plus loin encore, Saint-Simon peut faire figure d'ancêtre de la technocratie contemporaine.

MICHEL MOURRE.

RÉF. : C. Fourier, *Pièges et charlatanisme des deux sectes de Saint-Simon et Owen, qui promettent l'association et le progrès*, Paris, 1831. – L. Reybaud, *Études sur les réformateurs ou socialistes modernes*, Paris, 1841. – G.-L. Michaud et Villenave, *Histoire du saint-simonisme et de la famille de Rothschild...*,

Paris, 1847. – G. Weill, *L'École saint-simonienne...*, Paris, 1896. – E. de Witt, *Saint-Simon et le système industriel*, thèse, Paris, 1902. – J. E. Fidao, *Le Droit des humbles*, Paris, 1904. – G. Dumas, *Psychologie de deux messies positivistes : Saint-Simon et A. Comte*, Paris, 1905. – A. Pereire, *Autour de Saint-Simon, documents originaux*, Paris, 1912. – H. Louvancour, *De Saint-Simon à Ch. Fourier...*, thèse, Chartres, 1913. – C. Bouglé, *Chez les prophètes socialistes*, Paris, 1918. – G. Brunet, *Le Mysticisme social de Saint-Simon*, Paris, 1925. – M. Leroy, *Le Socialisme des producteurs : Henri de Saint-Simon*, Paris, 1924, et *La Vie véritable du comte de Saint-Simon*, Paris, 1927. – S. Charléty, *Histoire du saint-simonisme*, Paris, 1932 ; rééd. 1965. – H. Gouhier, *La Jeunesse d'A. Comte et la formation du positivisme*, t. III, Paris, 1941. – G. Gurvitch, *Les Fondateurs français de la sociologie contemporaine : Saint-Simon et Proudhon*, Paris, 1955. – P. Ansart, *Saint-Simon*, Paris, 1969. – V. Martino, *Saint-Simon*, Bari, 1978.

SAINT-SIMON Louis, duc de. Mémorialiste et historien français. Né et mort à Paris : 15-16 janvier 1675-2 mars 1755. Peintre sévère de Louis XIV, Saint-Simon est en fait un homme du plein XVIIIe siècle. Il n'a que 25 ans en 1700, achève les *Mémoires* (*) quand s'élabore l'*Encyclopédie* (*), et sa mort suit de quelques semaines celle de Montesquieu, qu'il a fréquenté. Par son père, né vers 1608, il se rattache pourtant à Louis XIII, dont la faveur a fait d'un page, de filiation chevaleresque dès le XIVe siècle mais moins sûrement carolingienne, un premier écuyer, gouverneur de Blaye, chevalier du Saint-Esprit, duc et pair. De sa mère, il hérite la science et la rigueur chrétienne de la haute noblesse de robe, et la familiarité des dynasties ministérielles. Fils unique de parents âgés, il reçoit une éducation originale, aux tensions fécondes : élevé pour la Cour mais à Paris et au château de La Ferté-Vidame (orée du Perche) par un précepteur oratorien, mais un confesseur jésuite et un gouverneur d'origine réformée ; filleul de Louis XIV, mais dressé au culte de Louis XIII et à mépriser la servitude versaillaise de la noblesse, quoique haïssant toute Fronde ou Ligue ; formé aux lettres, mais requis par l'histoire la plus récente, celle des XVIe et XVIIe siècles.

Camarade de J. de Pontchartrain, futur secrétaire d'État, et surtout du duc de Chartres, Philippe d'Orléans, futur Régent de France, dont il reste l'intime jusqu'à la mort, et préparé au monde par la princesse des Ursins, il se nourrit des récits familiaux sur Louis XIII, la Fronde ou les années galantes de Louis XIV, à quoi le relie aussi sa parenté avec les princes de Condé (il rencontre chez eux La Bruyère) et avec Mme de Montespan. Débutant, il croise le Racine d'*Athalie* (*) ; jeune, il emploie Rigaud et Antoine Coypel, et danse aux fêtes décorées par Bérain ; à la force de l'âge, croisant Vauban et Bolingbroke, lié avec Boisguillebert et Boulainvilliers, il est le rival de Fénelon auprès du duc de Bourgogne, de Fontenelle et de l'abbé de Saint-Pierre auprès du futur Régent ; au pouvoir sous la Régence, il reçoit Law, observe Pierre le Grand, se confie à Duguet et protège les érudits gallicans ; retiré sous Louis XV et adonné à la composition historique, il lit Voltaire, Bayle, Montesquieu (qu'il reçoit à La Ferté), Locke, les voyageurs et journalistes des premières Lumières, autant que les chroniqueurs du XVIe siècle ou de la Fronde qu'on édite alors : sous son allure monolithique, Saint-Simon change au fil d'années longues et agitées, tenu en éveil par son avidité de tout ce qui touche à l'histoire.

Sa vie est d'un très grand seigneur que ni l'armée, ni la Cour, ni le ministère, ni la diplomatie ne satisfont et qui, écrivain dès l'adolescence, élague lentement tout ce qui concurrence une vocation révélée à la fois tôt et tard. Tôt, car sa première œuvre connue date de ses quinze ans, et à dix-neuf il entreprend déjà des Mémoires (ou un aide-mémoire) fort différents du texte actuel. Tard, car la masse énorme de l'œuvre, dont les *Mémoires* ne sont guère que la moitié, se concentre dans les décennies 1730 et 1740, de cinquante-cinq à soixante-quinze ans.

Élevé, dit-il, sous l'œil de Malebranche même, il joint à sa vocation historique une formation latine, rhétorique et religieuse solide et durable. Le vieil abbé de Rancé le prend en affection, et la Trappe sera le pôle spirituel de sa vie. Encore à l'« académie » d'équitation, armes, blason et langues des jeunes aristocrates, il assiste aux obsèques de la Dauphine et compose de ces *Cérémonies observées* [...] *à Saint-Denis* une relation cinglante (1690) ; présenté au Roi, il entre aux Mousquetaires (1691) et se bat sur le terrible front du Nord (Namur, 1692 ; Neerwinden, 1693, capitaine de cavalerie).

Pair de France à dix-huit ans (1693) à la mort de son père – l'étude et la défense de sa dignité passionneront toute sa vie –, il succède aux gouvernements de Blaye et Senlis, aux fiefs en Blayais, à La Rochelle, La Ferté-Vidame et Saint-Simon (Aisne), mais hérite des dettes, qu'il grossira des siennes, énormes. Son accès à la pairie l'engage dans un dur procès de préséance des ducs contre son propre général, le maréchal de Luxembourg : occasion d'écrire une *Relation du procès intenté pour la préséance...* (1694 ?-1699) qui, avec celle du combat de Neerwinden, est le seul morceau retrouvé des *Mémoires* primitifs.

En effet, transféré comme colonel à l'armée du Rhin, il y a commencé (1694) à « écrire ce qu'(il) verrait arriver de (son) temps », des « espèces de mémoires » gardés secrets, qui, croit-il, l'aideront à « être de quelque chose ». Il mérite l'amitié de son général, le maréchal de Lorge, dont en 1695 il épouse la fille. Beauté bien dotée, caractère harmonieux et fin, Mme de Saint-Simon fera son « bonheur essentiel » leur vie durant, dans une fidélité et une tendresse qui détonneront à la Cour, et soutiendra son travail ; alliance flatteuse, qui le fait cousin de feu Turenne et du roi d'Angleterre. Une fille et deux fils naîtront, maladifs ou difformes, dont l'établissement sera douloureux.

Quand ses amis optent plutôt, en cette fin de siècle, pour le quiétisme fénelonien ou le libertinage, il est, lui, tenté par le jansénisme, dont Rancé le détourne un temps (1697). Autre question à Rancé, la compatibilité entre l'âpreté des *Mémoires,* qui vont « grossissant tous les jours », et les exigences de la charité (1699). On ignore la réponse du religieux, mais jamais Saint-Simon ne cessera d'écrire, et toujours une histoire militante et dénonciatrice.

Tournant en 1702 : il quitte l'armée, après une promotion d'officiers généraux jugée inique, et devient simple courtisan. De nouvelles affaires de rang, où il a défendu les ducs contre les princes lorrains, ont éveillé le soupçon du roi (1699) ; il récidive en 1704 (affaire de la quête), et procédure contre le duc de La Rochefoucauld, ami personnel de Louis XIV. Il perd Rancé (1700), et compose des textes historico-politiques : un vaste *Portrait au naturel de la cour d'Espagne* après l'accès des Bourbons au trône madrilène (1701-1702), un éloge de Louis XIII pour le recueil des *Médailles (...) du règne de Louis le Grand* (1702, refusé), un *Mémoire* et des *Remarques* pour les ducs contre le marquis de Richelieu (1704), des *Mémoires* sur les *Registres des grands maîtres des cérémonies* (1705)... Il s'est lié avec l'oratorien janséniste Duguet, son directeur spirituel peut-être après Rancé, avec Louville, agent français en Espagne, avec le nonce Gualterio, avec le diplomate et moraliste Callières qui lui demande un plan de partage de l'Empire espagnol, et il a été pressenti pour l'ambassade de France à Rome (1706) : période mondaine, dispersée, mais où il amasse connaissances et sujets d'indignation, donc de rédaction.

La maturité est plus sombre, les tensions politiques à la Cour s'aiguisant des revers de la guerre de Succession d'Espagne. Triplement compromis, par ses combats de rang, par sa fidélité au duc d'Orléans que Mme de Maintenon veut abattre, et par ses options réformatrices aux côtés du duc de Bourgogne et de ses amis féneloniens les ducs de Chevreuse et de Beauvillier (il discute avec eux les futures *Tables de Chaulnes*), il est en 1708-1709 exclu de Marly, sans logement à Versailles et notoirement suspect. Une manœuvre hardie (audience du Roi, 1710) le remet en selle : il rapproche Louis XIV et Orléans, et mène à bien le mariage de la fille de celui-ci avec le duc de Berry. Il y gagne la charge de dame d'honneur de la nouvelle duchesse pour sa femme et un bel appartement à Versailles, sûr d'assister au premier rang à tous les événements.

Les cinq dernières années du règne sont haletantes. Les morts imprévues du Grand Dauphin (1711) puis de son fils le duc de Bourgogne qui cristallisait l'espoir d'une opinion excédée par les échecs et la sclérose du vieux roi (1712) bouleversent l'échiquier politique. Comblé par la première, Saint-Simon multiplie les plans politiques pour le nouveau Dauphin ; atterré par la seconde, il cède à l'horreur sacrée et rédige une effrayante lettre anonyme *Au roi,* avertissement lucide et visionnaire qui atteint à l'éloquence prophétique (1712). Se ressaisissant, il prépare la Régence désormais inévitable, le roi déclinant et le futur Louis XV n'étant né qu'en 1710 : le duc d'Orléans y jouera le premier rôle, et Saint-Simon tente de convertir son ami à ses vues de rééquilibrage anti-absolutiste par un retour aux affaires de l'aristocratie. Sa plume court : *Discours sur Mgr le duc de Bourgogne, Mémoire instructif pour profiter de l'évasion de M. le cardinal de Bouillon* (1710) ; *Brouillons des projets sur lesquels il faudrait travailler petit à petit sans relâche..., État des changements arrivés à la dignité de duc et pair..., Réflexions sur le bruit* (...) *du mariage du fils de M. le duc de Rohan...* (1711) ; *Projets de rétablissement du royaume de France, Collections sur feu Mgr le Dauphin, Mémoire succinct sur* (...) *la renonciation du roi d'Espagne...* (1712) ; *Mémoire des articles prétendus...* et *Réplique...* contre le maréchal de Montrevel (1713) ; *État des prélats fortuitement assemblés* (...) *sur la Constitution, Projets de gouvernement résolus par Mgr le duc de Bourgogne, Choses concernant le voyage du cardinal del Giudice... Mémoire abrégé de quelques usurpations du Parlement sur les Pairs...* (1714).

Ces textes, souvent très amples, traduisent certes l'effervescence générale de l'opinion, mais aussi une grande fécondité d'idées, et une vocation d'écrivain politique, à forte armature historique, qui devrait effacer pour nous l'aspect dérisoire des querelles où il s'engage (garde-côte de Blaye, contre Pontchartrain ; préséance entre gouverneur et commandant, contre Montrevel ; « bonnet » des présidents à mortier, contre le duc du Maine et le Parlement). Ces années semblent voir son virage jansénisant, ou du moins vers le rigorisme gallican : révolté, là encore avec l'opinion, par la destruction de Port-Royal et la bulle *Unigenitus* (« bec-à-bec » avec le père Tellier, 1713).

1715 trouve Saint-Simon prêt aux responsabilités du pouvoir, muni d'un réseau de relations d'une rare variété, mais déjà rongé de dégoût ; le futur Régent lui impose d'entrer au Conseil de Régence : il sera ministre d'État, et rival du futur cardinal Dubois auprès d'Orléans. Quittant à la mort du roi Versailles pour Paris avec la Cour, il est la cible des satires de la « vieille Cour » (parti des jésuites, de l'absolutisme, de l'Espagne et du duc du Maine) et reçoit à flots projets et requêtes ; mais il doit renoncer à la plupart des réformes qu'il avait préconisées : réunion des états généraux, impôt proportionnel, récusation de la dette envers les financiers, extinction des gabelles et de la vénalité des charges... Les grandes options du Régent (alliance anglaise, banque de Law) suscitent sa méfiance, les conseils spécialisés qui, selon ses vœux, ont remplacé les ministres de Louis XIV s'enlisent en trois ans, et l'alliance russe qu'il réclame (visite de Pierre le Grand, 1717) ne se fait pas. Tout au plus obtient-il quelques nominations d'hommes qu'il estime, la fermeté gallicane face à Rome, et la réduction (temporaire) du Parlement et du duc du Maine (lit de justice, 1718). Mais il vit dans une stimulation permanente. Sa production ralentit devant le travail de gestion, mais riches d'avenir sont les récits ardents et savoureux du *Conseil d'État tenu au Louvre le 25 octobre 1716* ou du lit de justice de 1718 : matériaux à nos yeux pour les *Mémoires,* mais dont on ignore à quoi il les destinait alors.

L'ascension de Dubois, l'abandon du gallicanisme et des Conseils, l'effondrement du système de Law le mènent en 1721 à un malaise, dont la brève guerre contre l'Espagne le tire soudain : la paix devant se sceller par le mariage de Louis XV avec l'infante, il obtient la mission d'ambassadeur extraordinaire pour aller le conclure. Il passe en Espagne six mois intenses (1721-1722) où le loisir forcé d'une variole lui dicte un *Tableau de la cour d'Espagne* qui entrera dans les *Mémoires ;* il en rapporte la grandesse, beaucoup d'amitiés, et le souvenir de Loyola, Tolède, l'Escorial, Ségovie et la Granja, la sierra enneigée et les Pyrénées aux « échappées de vues [...] charmantes » : les *Mémoires* offriront un de nos meilleurs « voyages tra los montes ».

Situation pénible encore au retour : le chancelier Daguesseau est exilé, Dubois Premier ministre, le sacre de Louis XV bafoue le rang des ducs, la Cour revient à Versailles et ses protégés gallicans sont à nouveau traqués. Un terme brutal y est mis par la mort foudroyante du Régent (décembre 1723) : Saint-Simon quitte la Cour, où il ne viendra plus qu'en de brefs séjours de convenance ou d'affaires.

Retraite relative : il aura des amis ministres jusqu'en 1750, on cite son nom lors des remaniements, il reçoit l'ordre du Saint-Esprit en 1728 ; retraite sans quitter la société : jusqu'à la mort de Mme de Saint-Simon, correspondance, relations, lectures disent sa curiosité aiguë et sa vitalité, entre les belles saisons à La Ferté et les hivers à Paris. Mais jusque vers 1730, ce « long loisir qui succède à des occupations continuelles » est malaisé, avec l'amère rupture du mariage espagnol, et l'autocratie pateline du ministère Fleury ; Saint-Simon ne trouve pas l'abondance qui avait été, et sera la sienne. Il remanie son *Tableau de la cour d'Espagne* (1726-28), risque un *Abrégé très court de l'Histoire de France* (1725 ?), un *Abrégé de tous les ducs (...) existant en 1725* (id.), des *Changements arrivés depuis 1722 (...) parmi les Grands* (1728) : ce qu'il appellera « peloter », faire des balles avant la partie.

C'est en 1729 qu'elle s'engage, par un apparent hasard. Le duc de Luynes lui prête l'autographe du minutieux et fade *Journal* de Cour tenu de 1684 à 1720 par le timide marquis de Dangeau. Amusé, écœuré, indigné, Saint-Simon jette d'abord quelques notes vengeresses, puis fait copier, en 36 in-folio, le *Journal* entier, et y compose de monumentales ou brèves *Additions* qui sont reportées face au texte. Ce travail gigantesque et modeste va l'occuper dix ans, et sera le réservoir où puiser pour en recomposer les *Mémoires,* dont il présage l'énormité. Commentaire toutefois et non texte indépendant, même si tel développement immense (promotion de 1688, tableau du règne de Louis XIV) oublie la page de Dangeau qui le suscite ; œuvre par fragments, accrochés au rythme lui-même fragmentaire du *Journal,* sans début ni fin, et dont on ne sait si Saint-Simon crut l'achever : héritée des éditions annotées de chroniqueurs médiévaux et renaissants, abondantes alors, et surtout des *Additions* de Le Laboureur aux *Mémoires* de Castelnau (1659-60, rééd. 1731). Mais le travail sur Dangeau, de style plus libre et pittoresque encore que les *Mémoires,* dénoue son esprit et sa plume, ouvre les vannes de l'écriture.

Dès la fin de 1729 (?), il entame parallèlement une autre œuvre démesurée : les *Notes sur les duchés* où, dans l'ordre d'ancienneté des maisons ducales françaises, il trace la biographie précise et colorée de leurs membres. S'il remonte sans peine au Moyen Âge, c'est aux XVe-XVIIe siècles qu'il s'ébroue avec une trépidante vivacité. Divisé en catégories de duchés, traité en même temps que Dangeau, ce travail le mène, comme les *Additions,* jusqu'à 1739 où il l'abandonne après avoir donné sur sa propre maison et sa vie même une longue notice, ultime répétition avant les *Mémoires.*

Il y a plus : les *Notes sur les duchés* génèrent à leur tour, en même temps, une série d'œuvres sur les *Grandes charges,* où il traite chronologiquement des titulaires d'offices, charges et ordres de la Couronne : *État détaillé de tout l'ordre du Saint-Esprit* (1733) ; *Alliances directes..., Grands aumôniers de France* (1737) ; *Maisons d'Albret, d'Armagnac et de Châtillon, Pairs ecclésiastiques* (1737-38), *Grandes charges de la Couronne* (1738), *Légères notions des chevaliers de l'Ordre..., Cardinaux français...* (1739), *Capitaines des gardes, Maréchaux de France...* (1740). Travail prosopographique, tributaire des méthodes de l'érudition historique, mais aussi de haute couleur et d'âpre parti pris : peut-être, avec les *Notes sur les duchés,* « continuation » toute personnelle de l'*Histoire généalogique* du père Anselme (rééd. 1727-33 ; projet de Saint-Simon dès 1731). Or les sections tardives se concentrent sur le règne de Louis XIV (*Cardinaux français, Maréchaux de France, Ducs-Pairs de Louis XIV* (1738), *Table de simples dates des principales fortunes du règne*) : avec l'annotation de Dangeau et la *Note* autobiographique sur le duché de Saint-Simon, ce sont des prolégomènes directs aux *Mémoires*.

Reste que jusqu'à 1739 la forme de ceux-ci n'est pas trouvée. Le commentaire de Dangeau et l'étude des dignités en tenaient-ils lieu, ou furent-ils pensés comme des préparations ? On ne sait. Mais fin 1739, après la *Note* Saint-Simon, l'œuvre se met en route et en quelques mois élimine les autres travaux. L'immense texte est composé, recopié en dix portefeuilles jusqu'en 1749, doté de sa conclusion, de ses titres courants et de son index en 1749-50 : Saint-Simon a 75 ans quand il referme le onzième portefeuille. Si sa vie intellectuelle se confond avec son œuvre en ces années d'une incroyable fécondité (encore est-ce le temps de son amitié avec Montesquieu ou le père Foucquet, savant missionnaire de Chine), il aura pourtant traversé de dures épreuves. Outre le scandale, pour lui constant, du ministère Fleury et des persécutions antigallicanes, il subit la mort de son fils aîné sans héritier mâle, et l'affreux coup de celle de sa femme (1743), qui le jette dans un long désarroi. Il en jaillit le futur préambule aux *Mémoires, Savoir s'il est permis d'écrire et de lire l'histoire, singulièrement celle de son temps* (1743), interrogation de fond sur la légitimité théologique, morale et sociale de la connaissance historique : le plus grand malheur de sa vie aboutit aux pages les plus profondes qu'il ait écrites, et l'agonie de son fils coïncide avec un grandiose *Parallèle des trois premiers rois Bourbons,* contemporain du tableau du règne dans les *Mémoires* (1746) ; on ignore quel rapport il lui donne avec ces derniers.

L'achèvement des *Mémoires* relâche la production, et laisse à Saint-Simon le loisir de traiter avec ses créanciers (1748) et de pourvoir à sa succession nobiliaire, spirituelle et littéraire : tâche urgente, car en 1754, son second fils succombe à son tour. Il règle le sort de sa grandesse (1751), de sa sépulture, de ses tableaux, du peu de biens qui lui restent, et de ses manuscrits (1754). Il choisit, en une déclaration d'amour posthume, de reposer à La Ferté, son cercueil rivé à celui de sa femme, et confie ses papiers, pour publication différée sans doute, à son cousin l'évêque de Metz. Au lendemain de sa mort, ses créanciers, au fait de leur valeur en librairie, en réclament la dispersion en vente ; pour les sauver, l'évêque obtient de Choiseul une saisie au nom du roi, sous prétexte des postes ministériels et diplomatiques occupés par l'auteur : le fonds entier est déposé aux Archives du ministère des Affaires étrangères (1760), d'accès longtemps difficile, qui en ont préservé l'essentiel.

HÉLÈNE HIMELFARB.

♦ *« Saint-Simon écrivait à la diable pour l'immortalité. »* Chateaubriand. ♦ *« Saint-Simon, historien par hasard, moraliste par explosion, philosophe par colère, satirique par humeur, vertueux par dégoût. Tacite et Juvénal dans la même page, il crée une langue à la vigueur de ses aversions et de ses amours. »* A. de Lamartine. ♦ *« Il a été vrai, on l'appelle méchant. »* Stendhal. ♦ *« Son esprit pénétrant, subtil, amer est comme l'instrument naturel pour fouiller dans la corruption et il y porte l'âpre investigation du confesseur, avec la liberté philosophique de l'historien. »* Nisard. ♦ *« Le plus prodigieux des peintres de portraits et le roi de toute galerie historique. »* Sainte-Beuve. ♦ *« Il était historien autant par nature que par fortune* [...] *trop passionné pour être homme d'action* [...] *La sensibilité violente est la moitié du génie... »* Taine. ♦ *« Il faut vivre Saint-Simon* [...] *Personne, sauf Montaigne, n'a eu cette lame en pointe, cette encre noire. La plume de notre duc trouait la feuille. Il « assenait » (le terme est de lui) ses regards... »* Jean Cocteau.

RÉF. : Biographie : G. Poisson, *Monsieur de Saint-Simon,* Paris, 1987 ; *Album Saint-Simon,* Paris, 1969.

Bibliographie : Y. Coirault et Fr. Formel, *Bibliographie de Saint-Simon,* Vendôme, 1988.
Histoire des papiers : A. Baschet, *Le Duc de Saint-Simon, son cabinet et l'historique des manuscrits,* Paris, 1874. — Y. Coirault, *Les Manuscrits du duc de Saint-Simon,* Paris, 1970.
Initiation : F.-R. Bastide, *Saint-Simon par lui-même,* Paris, 1954. — R. Judrin, *Saint-Simon,* Paris, 1970. — J. Cabanis, *Saint-Simon l'admirable,* Paris, 1975.
Études de fond : C. Fatta, *Esprit de Saint-Simon,* Paris, 1954. — Y. Coirault, *L'Optique de Saint-Simon,* Paris, 1965 ; *Les Additions de Saint-Simon au Journal de Dangeau* (ibid., id.). — J.-P. Brancourt, *Le Duc de Saint-Simon et la monarchie,* Paris, 1971. — D. Van der Cruysse, *Le Portrait dans les Mémoires de Saint-Simon,* Paris, 1971 ; *La Mort dans les Mémoires de Saint-Simon,* Paris, 1981. — Fr. Formel, *Alliances et généalogie à la cour du Grand Roi : le souci généalogique chez Saint-Simon,* 4 vol., Vendôme, 1983-1984.
Il paraît depuis 1973 des *Cahiers Saint-Simon* annuels par les soins de la Société Saint-Simon.

SAKAGUCHI Ango (pseud. de Sakaguchi Heigo). Essayiste et romancier japonais. Né dans le département de Niigata le 20 octobre 1906, mort à Tôkyô le 17 février 1955. Diplômé de philosophie indienne, il collabore dès le début des années trente à diverses revues littéraires, obtenant notamment un succès d'estime avec une nouvelle en forme de farce grinçante, *Le Docteur courant d'air* [*Kaze hakase,* 1931]. La notoriété ne devait toutefois venir qu'après la guerre, lorsque la marginalité prônée dans deux essais, *Sur la décadence* [*Darakuron,* 1946 ; *Zokudarakuron,* id.], et dans sa nouvelle, *L'Idiote* (*) (1946), fit soudain de Sakaguchi, à l'instar notamment d'un Dazai, l'un des héros littéraires d'une période de désarroi. Publiant par la suite, dans un peu tous les genres, une œuvre marquée du sentiment de l'irrémédiable solitude de l'être, il devait continuer à manifester le mépris le plus profond de toute morale et de toute institution, jusqu'à ce que la mort vienne l'arracher, encore jeune, à la misère dans laquelle il avait librement accepté de vivre.

SAKHAROV Andreï Dmitrievitch. Physicien russe et militant des droits de l'homme. Né à Moscou le 21 mai 1921, mort dans cette ville le 14 décembre 1989. Issu d'une famille d'intellectuels libéraux, Andreï Sakharov manifeste très tôt des dons scientifiques qui lui valent d'être remarqué par Igor Tamm, et d'entrer, après de brillantes études supérieures, à l'Institut de physique de l'Académie des sciences. Dès 1948, il fait partie d'un groupe chargé de préparer l'arme thermonucléaire, tout en poursuivant des recherches, notamment sur la réaction thermonucléaire contrôlée et la théorie du plasma. En 1950, il accepte de diriger des travaux sur la bombe H dans un lieu secret. Sa réussite en 1953 le couvre d'une multitude de distinctions et d'honneurs, ainsi que d'être élu à l'Académie des sciences. Ses fonctions clés dans le « complexe militaro-industriel » soviétique, qui ne cesseront qu'en 1968, le font accéder aux hautes sphères de la hiérarchie soviétique et à l'establishment scientifique, tout en l'isolant grandement du monde extérieur.

Arraché par la force des choses à la recherche fondamentale à laquelle il ne peut consacrer que peu de temps, Sakharov éprouve sur son activité des doutes croissants, dont l'origine est à la fois scientifique et éthique. En juillet 1961, il se heurte à Khrouchtchev en se prononçant contre la poursuite des essais nucléaires dont il souhaite l'interdiction. Il n'est du reste pas étranger à la conclusion du traité de 1963 qui les limite aux expériences souterraines. En 1964, il s'oppose publiquement à l'élection d'un partisan de Lyssenko à l'Académie des sciences, ce qui lui vaut d'intéresser les milieux dissidents. Dès lors, Sakharov se pose des questions de plus en plus politiques à partir d'une réflexion globale sur l'avenir du monde, très comparable à la pensée des scientifiques américains.

Cette quête débouche, en 1968, sur les *Réflexions sur le progrès, la coexistence pacifique et la liberté intellectuelle* [*Rozmyšlenija o progresse, mirnom sosuščestvovanii i intellektual'noj svobode*], très empreintes de l'idée d'une convergence entre capitalisme et socialisme, et dont la publication à l'étranger entraîne la mise à l'écart de Sakharov pour tout ce qui concerne les activités militaires. Son second essai politique *Mon pays et le monde* [*O strane i mire*, 1975] est plus radical dans la mise en cause du régime soviétique : la question des droits de l'homme et des libertés fondamentales y prend le pas sur toutes les autres. Grâce à son prestige et à son autorité morale, qui ne font que croître au cours des années 70, il devient la principale figure de l'opposition. En 1975, il se voit attribuer le prix Nobel de la paix. Sa condamnation de l'invasion soviétique de l'Afghanistan est probablement à l'origine de son exil à Gorki, où il rédige ses *Mémoires* (*) tout en résistant aux persécutions du K.G.B. par plusieurs grèves de la faim, de concert avec sa femme Elena Bonner. De retour à Moscou en 1986, il joue un rôle politique croissant, notamment en devenant député, et sa mort est pleurée comme celle d'un martyr.

WLADIMIR BERELOWITCH.

SAKKĀKI (al-) Abū Yaʿqūb Yūsuf. Rhétoricien d'expression arabe. Né en 1160 et mort en 1228 à Khowārizm (dans l'actuel Turkménistan). Issu d'une famille qui pratiquait depuis plusieurs générations les métiers de la ferronnerie, d'où leur nom, il aurait lui-même pratiqué ce noble art jusqu'à trente ans, âge auquel il décide de se consacrer à la science. Il se jette alors avec avidité sur tous les enseignements qu'il peut trouver en philosophie, logique, théologie, grammaire et rhétorique. Il suit l'enseignement de maîtres hanéfites et semble particulièrement intéressé par ceux de rhétorique alors fondés sur *Les Preuves de l'inimitabilité* (*) de ʿAbd al-Qāhir al-Ǧurǧāni. Il laissera de nombreux ouvrages dont le plus célèbre est *La Clé des sciences* (*).

DJAMEL-EDDINE KOULOUGHLI.

SALABREUIL Jean-Philippe (pseud. de Jean-Pierre Steinbach). Poète français. Né le 25 mai 1940 à Neuilly-sur-Seine, mort à Paris le 27 février 1970. Après une licence en droit, il prépare une thèse sur les « coutumes africaines » et travaille pour le C.N.R.S. Il fait des séjours en Afrique noire – il sera conseiller du ministre de l'Éducation congolais. Dans son premier recueil, *La Liberté des feuilles* (*) (1964), Salabreuil évoquait le bonheur d'être capable de percevoir les « prières d'étoiles dans la pluie », car le poète est peut-être d'abord celui dont le « cœur remue / Dans les plis de [sa] peau comme une bête nue ». Mais ce bonheur s'accompagnait d'une détresse non moins présente : car vivre est douloureux. Se peignant sous les traits les plus humbles (« C'est ce chien de Salabreuil / Avec sa pelisse en deuil »), le poète entreprend de chercher sa vérité dans l'amour de la jeune femme ou dans les sources qui le parcourent. Témoignant d'une hantise de la mort (« Je ne suis pas vivant / Je suis mort et transi »), le recueil s'achevait par un poème au titre significatif : « Je t'apprends à mourir. » Salabreuil évoque, à propos de *Juste retour d'abîme* (1965), son second recueil, la recherche d'un « langage étonné par le destin » : les poèmes, nés d'expériences « communes mais violentes », auraient en commun une « approche de la mort ». À travers des poèmes en vers, plus denses, dénués de la fraîcheur souriante de ceux du précédent livre, le poète évoque son « cœur en loques » : « Apprendrons-nous enfin ce nom de vivants / Que sans savoir nous portions au long d'un songe. » Mais il y a là des textes en prose d'une extraordinaire beauté. Salabreuil invente une langue pour tenter d'exprimer son expérience spirituelle : « Écrire ici pour moi n'est plus ouvrage de lumière. » Parviendra-t-il à renaître ? à enfreindre les limites de l'exister ? « Je ne suis déjà plus d'ici-bas. J'ai suivi mon étoile et comme elle me suis enfoncé dans la rude hauteur... » Car un mot « peut tout sauver ». Mais quel mot est susceptible de faire éclater l'aurore, d'ouvrir la fenêtre pour permettre au visage de recouvrer la vie ! *L'Inespéré* (ultime recueil, 1969) « c'est l'étrange équivoque du don sans le mérite et de la faute sans vouloir », une réponse de la grâce au destin, parce que « le Maître de la vie existe » : l'auteur affirme la possibilité du salut par le moyen du livre et de la femme – l'écriture et l'Éros. Le poème est alors le lieu de la révélation. Mais peut-être n'était-ce déjà plus « vivre ici ». Le poète peut écrire alors, de manière prémonitoire : « Je me retranche de ce monde vieux par les degrés d'une terrasse aux confins de brouillards. »

PHILIPPE DELAVEAU.

SALACROU Armand. Auteur dramatique français. Né à Rouen le 9 août 1899, mort au Havre le 23 novembre 1989. Études au lycée du Havre avec Georges Limbour et Jean Dubuffet. Fervent lecteur du « catéchisme républicain », il refuse de faire sa première communion. À 15 ans, déjà amateur de tableaux, il achète son premier Dufy pour 1,25 franc ; quelques années plus tard, il achètera son premier Modigliani pour 20 francs.

En 1916, *L'Humanité* publie *L'Éternelle Chanson du gueux*, un conte suggéré par la vision misérable des émigrants en gare du Havre. L'année suivante, il fonde « Les Jeunesses socialistes » du Havre. Devenu externe des hôpitaux de Paris, il entre à *L'Humanité* et lance le concours « Quel est le plus mauvais patron de Paris ? » (réponse : Louis Renault). Il abandonne définitivement la médecine pour passer une licence de philosophie, suivie d'un diplôme d'études supérieures avec un mémoire sur Benedetto Croce (juillet 1921), puis il prépare une licence en droit. En 1925, il entre aux « Ciné-Romans » dans l'espoir de devenir assistant de cinéma. En mai 1929, il lance sa première campagne publicitaire : il imagine de faire passer la publicité, qui se trouvait alors en dernière page des journaux, en troisième page, au milieu des informations et sous la forme de faux faits divers qui sont ainsi lus de tout le monde. Le succès est fulgurant. Auteur dramatique célèbre, il est élu à l'académie Goncourt le 6 janvier 1949.

Une inquiétude qui semble témoigner d'une prise de conscience de la difficulté d'être tourmente Salacrou et accompagne toute son œuvre. « Il n'y a qu'un scandale, un seul. La vie, l'existence » (*L'Archipel Lenoir* (*), 1947). Spirituellement en avance sur son époque, le théâtre de Salacrou annonce les grandes intuitions d'un Queneau, d'un Sartre ou d'un Camus. *Tour à terre*, sa première pièce, est créée à « L'Œuvre » : échec monumental la veille de Noël (1924) ; il en est de même avec *Atlas-Hôtel* (1931), *Patchouli* (1930), *Les Frénétiques* (+) (1935), mais Dullin a pris l'engagement de jouer les cinq pièces suivantes de son auteur. Il lui faut attendre *Une femme libre* (*) (1934) pour connaître enfin le succès – que confirma l'année suivante *L'Inconnue d'Arras* (*) puis *Un homme comme les autres* (*), *Histoire de rire* (*), *Boulevard Durand* (*). Son théâtre repose sur une extrême liberté. Tantôt il se joue des surprises du temps et de l'espace, quitte à risquer le succès de la pièce sur un malentendu : *La Terre est ronde* (*), 1938, *Les Nuits de la colère* (*), tantôt il effectue des ballets psychologiques (*Le Pont de l'Europe*, 1927). Une contradiction domine presque toute l'œuvre de Salacrou : le besoin de Dieu et l'impossibilité d'y croire. Il le rend responsable du destin indigne de l'homme, car Dieu, dit-il, n'est que l'« autre nom du silence terrible dans lequel nous vivons ». Les personnages recherchent alors les certitudes enfantines et l'amour : *Dieu le savait* (*). Mais pourront-ils donner un sens à l'existence ? *La Rue noire*, publiée en 1967, qui paraît être le testament spirituel de Salacrou, réunit en elle tous les thèmes de l'auteur. C'est la fin de la quête. Elle débouche sur le néant que le jeune homme du *Casseur d'assiettes* (*) (1925) entrevoyait vaguement au terme de la vie. Pourtant, malgré leur mal de vivre, il y a chez les personnages de Salacrou une volonté positive, une acceptation de la vie malgré tout. Cette attitude naît probablement de la foi de l'auteur dans un déterminisme mécaniste qui, selon lui, peut donner le calme nécessaire et permettant de vivre. Ce n'est pas une solution mais un abri où l'on peut se réfugier pour supporter la naissance, la vie, la mort : un jugement amer sur l'humanité.

DANIÈLE BOONE.

RÉF. : J. Van Esch, *Armand Salacrou*, Paris, 1947. – I. Chiesa, *Théâtre de Salacrou*, Milan, 1949. – P.-H. Simon, *Théâtre et Destin, L'Athéisme anxieux d'Armand Salacrou*, Paris, 1959. – P.- L. Mignon, *Salacrou*, Paris, 1960. – C. R. Campbelle, *Salacrou et l'Existentialisme*, Paris, 1960. – A. Ubersfeld, *Salacrou*, Paris, 1969. – F. di Franco, *Le Théâtre de Salacrou*, Paris, 1970. – P. Bébon, *Salacrou*, Paris, 1971. – A. J. Fuggle, *Time and Its Manipulation. Themes and Dramatic Forms in the Works of Salacrou*, Thèse, Bristol, 1983. – D. Looseley, *A Search for Commitment. The Theatre of Salacrou*, Exeter, 1985.

SALAVERRÍA José María. Écrivain basque d'expression espagnole. Né à Vinaroz (Castellón de la Plana) le 8 mai 1873, mort à Madrid le 28 mars 1940. Son père était gardien du phare de Vinaroz et, en 1877, il s'installa avec sa famille à Saint-Sébastien. C'est là que Salaverría passa son enfance et sa jeunesse. Bien qu'il n'eût fait que des études primaires, à quinze ans il commença d'écrire et, consacrant toutes ses heures de liberté aux études et aux lettres, il se forma une solide et vaste culture, qu'il enrichit ensuite par de longs voyages en Europe et en Amérique. Pour gagner sa vie, entre-temps, il fit plusieurs métiers, dont ceux de télégraphiste et de dessinateur. Sa timidité et son désir de posséder une bonne culture l'empêchèrent pendant quelque temps d'offrir sa collaboration aux journaux, au point qu'il disait de lui-même qu'il s'était fait connaître au moment où d'autres sont déjà fatigués de la littérature. Il fut tout ensemble chroniqueur, essayiste, journaliste, romancier et historien. On se souvient du romancier en particulier grâce à la nouvelle *Le Roi Nicéphore « le Bon »* (*) (1919) ; toutefois, son activité la plus importante est celle d'essayiste, genre dans lequel il était passé maître. De l'abondante liste de ses œuvres se détachent : *Vieille Espagne* [*Vieja España*, 1907], préfacée par Benito Pérez Galdós ; *Terre argentine* [*Tierra argentina*, 1910], et *Tableaux européens* [*Cuadros europeos*, 1916], récits de voyage ; *Les Fantômes de musée* [*Los fantasmas del Museo*, 1919], essai sur l'art ; *Âme basque* [*Alma vasca*, 1920], essai de psychologie ; *Portraits* [*Retratos*, 1926], essai de critique littéraire ; *Instants* (*) (1927) ; *Bolivar le Libérateur* [*Bolívar el Libertador*, 1930], *Iñigo de Loyola* (1935).

RÉF. : F. C. Sáinz de Robles, *La Novela corta española*, Madrid, 1952.

SALAZAR BONDY Sebastián. Écrivain et critique péruvien. Né et mort à Lima : 4 février 1924 - 4 juillet 1965. Fils naturel d'un commerçant aisé, il connaît une enfance privilégiée jusqu'à l'âge de neuf ans, puis la pauvreté après la mort de son père. Il réussit à faire ses études tout en exerçant une série de petits métiers, puis s'oriente vers le journalisme. Collaborateur du quotidien *La Prensa*, il devient en outre rédacteur en chef de *La Nación*. En 1947, il reçoit le prix national de Théâtre pour sa pièce *Amor, gran laberinto* et le reçoit une deuxième fois en 1952 pour sa pièce *Rodil*. En 1955, il fonde avec son frère Augusto le Mouvement social progressiste qui regroupe des intellectuels liméniens de gauche. À partir de 1959, il élargit sa collaboration au quotidien *El Comercio* et à l'hebdomadaire *Caretas*. Très connu pour ses activités de critique et d'homme de théâtre, il voyage beaucoup : Chili, Chine, Argentine, Japon, Cuba (en 1962, il est juré du prix Casa de las Américas). En 1964, il publie au Mexique (aux éditions Era) son œuvre la plus célèbre, un essai consacré à la ville où il a vécu toute sa vie, *Lima l'horrible* (*).

L'œuvre de Sebastián Salazar Bondy est très abondante. Outre des centaines de chroniques et d'articles critiques, il laisse une vingtaine de préfaces et d'anthologies de textes, une dizaine de recueils de poèmes, une dizaine de pièces, trois recueils de contes et deux essais. Il apparaît à son époque comme la figure majeure de la diffusion culturelle au Pérou.

ÈVE-MARIE FELL.

ŠALDA František Xaver. Critique tchèque. Né le 22 décembre 1867 à Liberec, mort le 4 avril 1937 à Prague. Fils d'employé des postes, il n'achève pas ses études de droit mais s'oriente vers la littérature et la critique ; après une très grave maladie, il soutient sa thèse de doctorat et il est nommé maître de conférences (1916) et professeur de littératures romanes (1919) à l'université Charles de Prague. Il débute en poète. Son premier récit « symbolique », *Analyse* [*Analysa*, 1890], vivement pris à partie par la critique, provoque sa réplique : ainsi naît un critique qui fait preuve d'une vaste culture, notamment française (Sainte-Beuve, Taine, Hennequin, Morice, etc.) et qui affirme sa maîtrise également dans le domaine des arts. Cependant, il écrit toujours des poèmes, édités dans les recueils *L'Arbre de la souffrance* [*Strom bolesti*, 1920], *Nova et vetera* (1938), des nouvelles, réunies dans les volumes de *La Vie ironique* [*Život ironický*, 1912], *Gravures anciennes et nouvelles* [*Drevoryty staré i nové*, 1935], un roman *Pantins et ouvriers de Dieu* [*Loutky i dělníci boží*, 1917], et trois pièces de théâtre, notamment *Les Foules* [*Zástupové*, 1921]. Ses études et essais critiques paraissent rarement en volumes : *Luttes pour demain* [*Boje o zítřek*, 1905], contenant son credo de critique, et ses essais sur Rodin, Munch, Neruda..., *L'Âme et l'Œuvre* [*Duše a dílo*, 1913] avec des analyses de Rousseau, Ibsen, Zola, Flaubert, Huysmans, Mácha, Němcová, Vrchlický, Sova, Březina, Svobodová..., des études générales sur la littérature tchèque, l'art et la religion, l'immortalité poétique, et des monographies (Shakespeare, Dante). La plus grande partie de son œuvre critique, dispersée dans diverses revues, est réunie après 1945 dans les treize volumes de ses *Écrits critiques* [*Kritické projevy*] couvrant – à quelques « omissions » forcées près – les années 1892-1928. De 1928 à 1937, il édite *Le Carnet de Šalda* (*), fait uniquement de ses études, notes, récits – par exemple *La Tentation de Pascal* [*Pokušení Pascalovo*] –, de ses poèmes aussi. De culture universelle – sa « famille spirituelle » comprend Dante, Shakespeare, Pascal, Kierkegaard, Dostoïevski – ce sont néanmoins les lettres et les arts français qui lui sont les plus proches et auxquels il consacre, après le domaine tchèque, le plus d'attention (Rabelais, Chénier, Stendhal, Rimbaud, Verlaine, Mallarmé, Claudel, Valéry, etc.). Parfaitement indépendant des théories, des idéologies, des forces extérieures, il considère la critique comme un acte créateur et héroïque, essentiellement éthique. Acte individuel, une œuvre d'art vraiment créatrice est cependant au service de la vie qu'elle « valorise » sans lui être soumise d'aucune façon. Ainsi, Šalda transcende les générations, les mouvements, les écoles. Les lettres tchèques n'ont connu de juge plus sévère, plus exigeant, de polémiste plus mordant, plus ironique, de plus intransigeant pourfendeur de la médiocrité de fond et de forme. Pendant plusieurs générations et même après sa mort, son action s'est exercée en profondeur, non seulement sur le plan littéraire mais sur l'ensemble du domaine culturel : il est – comme Masaryk sur le plan politique – une figure de proue, un homme du destin de sa nation.

VLADIMIR PESKA.

SALEL Hugues. Poète français. Né à Cazals en 1503 et mort à Saint-Chéron en 1553. Après des études à Cahors puis à Toulouse, Salel est secrétaire particulier du juriste Jean Bertrandi et employé à des missions diplomatiques entre 1536 et 1538, date à laquelle il devient valet de chambre ordinaire du roi, avant d'être nommé maître d'hôtel en 1547. Il reçoit en commande, entre autres bénéfices, l'abbaye de Saint-Chéron près de Chartres (1540). Il publie ses *Œuvres* en 1539 qui réunissent nombre de pièces de circonstance. Il donne encore quelques poèmes avant de mourir dans son abbaye. Honoré par Henri II et par Catherine de Médicis, il eut pour secrétaire, de 1547 à sa mort, le poète Olivier de Magny.

Salel a été défini, au début de ce siècle, comme un « précurseur de la Pléiade » (Bergounioux). C'est une façon de situer cet humaniste, traducteur en décasyllabes des dix premiers chants de l'*Iliade* (*) (1545) – v. *Épître de Dame Poésie* (*) –, ce poète officiel célébrant le « trépas de François de Valois » (1536) ou la « nativité de Mgr le Duc, fils premier de Mgr le Dauphin » (1543), cet ami de Marot, Du Bellay, Jodelle et Ronsard. Auteur d'églogues, de chants royaux, d'épîtres, d'épigrammes, de poèmes allégoriques (« Chasse royale contenant la prise du sanglier Discord par très hauts et très puissants princes, l'empereur Charles cinquième et le roi François premier de ce nom ») qui le situent dans la lignée de Marot, Salel sait chercher son inspiration chez des Italiens comme Boccace, Pétrarque, Sannazar (qui est la source de son *Églogue marine*) ou Pontano, ou bien chez des Anciens tels que Lucien, Ovide ou Apulée. Il prouve son habileté à changer de registre, à varier les tons, et apparaît comme un poète extrêmement libre que n'entravent les liens d'aucune école : il salue les débuts poétiques de Ronsard et de Du Bellay dans les vers liminaires aux *Amours* (1553) d'Olivier de Magny. Ronsard lui écrira une longue épitaphe insérée dans le *Bocage* (*) de 1554.

FRANÇOIS ROUDAUT.

RÉF. : Hugues Salel, *Œuvres poétiques complètes*, édition critique avec introduction, notes et glossaire par Howard H. Kalwies, Genève, 1987.

SALIERI Antonio. Compositeur italien. Né le 18 août 1750 à Legnano, près de Vérone, mort le 7 mai 1825 à Vienne. Il fit tout d'abord ses études à Legnano, puis il se rendit à Venise avec Pescetti, Ferdinando Pacini et Gassmann. Outre l'influence que ce dernier exerça sur le style de Salieri, il l'emmena à Vienne, le mit en rapport avec Gluck, Scarlatti, Métastase, Calzabigi, et l'introduisit à la cour de Joseph II. C'est à Vienne que Salieri résolut de s'établir. Il écrivit, en premier lieu, des opéras-comiques pour le théâtre de la Cour, et en 1771 donna dans le genre sérieux avec *Armide* (+). De 1771 date *Don Quichotte* (+). Par la suite, il composa des œuvres qui appartenaient à l'un et l'autre genre, et l'on en possède en tout trente-six. En 1772, *La Foire de Venise* [*La Fiera di Venezia*], opéra-comique, eut une fortune considérable. De la même année date *Le Seau enlevé* (+). En 1774, à la mort de Gassmann, Salieri fut nommé compositeur officiel de la Cour et maître de chant à l'Opéra italien. De 1778 à 1780, il fit une tournée en Italie, et donna des représentations à Milan – *L'Europe reconnue* [*L'Europa riconosciuta*] –, à Venise, à Rome. Après avoir regagné Vienne, il remporta un de ses plus grands succès avec une œuvre écrite en allemand, *Le Ramoneur* [*Der Rauchfangkehrer*]. De 1782 date *Sémiramis* (+). En 1784, il se rendit à Paris et donna à l'Opéra son œuvre dramatique la plus importante : *Les Danaïdes* (*). Puis il fit représenter à Vienne des opéras-comiques : *La Grotte de Trofonio* [*La Grotta di Trofonio*], *La Musique d'abord, les paroles ensuite* [*Prima la musica e poi le parole*], et de nouveau à Paris *Les Horaces*, qui n'eurent point de succès, alors que *Tarare*, tragi-comédie, fut un triomphe. De 1788 à 1824, il fut, à Vienne, maître de chapelle de la Cour, et écrivit à cette époque différentes œuvres – *Pastor fido* (+), *Catilina* (+), *Axur, Le Maure* [*Il Moro*], *Falstaff* (+). Enfin, il eut de nombreux élèves, dont Beethoven, Schubert, Liszt, fit des voyages à Prague, Francfort, etc., et fut l'ami de Haydn, Herold, Spontini, Meyerbeer. On a souvent reproché à Salieri d'avoir été la cause indirecte de la mort de Mozart ; cette accusation ne repose – on le sait maintenant – sur aucun élément sérieux. Le grand poète russe Pouchkine, s'emparant de la légende selon laquelle Mozart aurait été empoisonné par Salieri, écrivit une scène dramatique en vers, d'une grande beauté : *Mozart et Salieri* [*Mocart i Sal'jeri*].

RÉF. : I. von Mosel, *Über das Leben und die Werke des Anton Salieri*, Vienne, 1827. – Ad. Jullien, *La Cour et l'Opéra sous Louis XIV*, Paris, 1878. – G. Magnani, *Antonio Salieri, musicista legnanese*, Legnano, 1934. – V. Braunbehrens, *Salieri. Ein Musiker im Schatten Mozarts*, Munich, 1989, trad. française, *Salieri dans l'ombre de Mozart*, Paris, 1990.

ṢĀLIḤ al-Ṭayyib. Écrivain soudanais. Né en 1929 à Dubba (Nord-Soudan). Fils de ruraux, il reçoit une éducation coranique, puis commence des études scientifiques. Il devient ensuite employé du service arabe de la B.B.C., qui le transfère à Londres, où il continue ses études. Après avoir dirigé les services d'Information du Qatar, il entre à l'Unesco. La confrontation entre la civilisation nilotique et l'Occident a engendré chez Ṣāliḥ une œuvre actualisant les problèmes du mal et de la désagrégation de l'individu traditionnel ou s'interrogeant sur la genèse des légendes, le surnaturel et la gémellité dans le contexte d'une société rurale qui n'est plus négligée, idéalisée ou schématisée : *La Saison de la migration vers le Nord* (*) (1966) ; *Bandarshāh* (*) (1969-1970) et *Les Noces de Zayn* [*ʿUrs al-Zayn*]. Maniant tous les registres de langue, Ṣāliḥ a su proposer une écriture subtile, alliant la tendresse d'un observateur nostalgique à la sensibilité d'un professionnel de la communication. Chant du cygne d'un monde peu à peu englouti, son œuvre est aussi le champ opératoire d'un langage romanesque nouveau, sensible à l'alchimie des contes populaires et aux déchirures des damnés de la parole.

BERNARD MOUSSALI.

SALINAS Pedro. Écrivain espagnol. Né à Madrid le 27 novembre 1892, mort à Boston (U.S.A.) le 20 décembre 1951. Il passa son doctorat en 1917 et fut professeur à l'université de Séville (1918), lecteur à la Sorbonne (1914-1917) et à Cambridge (1922-1923), puis professeur à l'université de Murcie et, pendant quelques années, à Madrid. Quand éclata la guerre civile de 1936, il alla vivre en Amérique, comme professeur au Wellesley College, ensuite à l'université de Porto-Rico, et enfin à l'université John Hopkins de Baltimore. Il fut un fidèle ami de Jorge Guillén, et leurs productions poétiques respectives, en dépit de leur diversité, sont unies par un niveau commun. La poésie de Salinas : *Présages* (+) (1923) ; *Sûr hasard* (+) (1929) ; *Fable et Signe* (1931) ; *La Voix qui t'est due* (+) (1933) ; *Raison d'aimer* (+) (1936) ; *Le Contemplé* (+) ; *Tout devient plus clair* [*Todo más claro*] – v. *Poésies complètes* (*) présente une extraordinaire unité. L'art de Salinas constitue la forme la plus originale de la poésie d'amour en Espagne au XXe siècle, et c'est la plus typique. Cette poésie, qui se sert d'instruments métriques très subtils et légers, a son sommet dans *La Voix qui t'est due*, qui a eu une infuence profonde sur la poésie et le sentiment d'une large minorité espagnole. Salinas est aussi l'auteur de délicieuses nouvelles en prose – *Vêpres de la joie* (+) (1926), *La Bombe incroyable* [*La bomba increíble*], *Le Nu impeccable* [*El desnudo impecable*, 1951] – dans lesquelles se manifestent, de façon de plus en plus accentuée, une préoccupation morale de la faute et de la responsabilité, et une secrète émotion religieuse. Traducteur espagnol de Marcel Proust, il a également donné d'admirables études critiques sur Rubén Dario, Jorge Manrique, et d'autres écrivains, réunies dans sa *Littérature espagnole du XXe siècle* [*La literatura española del siglo XX*, 1941] ; en anglais, il publia *La Réalité et le poète dans la poésie espagnole* [*Reality and the Poet in Spanish Poetry*, 1940]. Au cours de ses dernières années, il a écrit pour le théâtre des œuvres restées en grande partie inédites. Le poète a été inhumé, selon son désir, à Porto-Rico, auprès de la mer qu'il a tant contemplée.

JULIAN MARÍAS.

RÉF. : E. M. Rivers, *El amor en la poesía de P. Salinas*, thèse, Río Pedras (Porto-Rico), 1948. – Alma de Zubizarreta, *Pedro Salinas : el diálogo creador*, Madrid, 1969. – José Vila Selma, *Pedro Salinas*, Madrid, 1972. – Ramón Almena Pérez, *Hacia un análisis linguistico-cuantitativo de la poesía de Pedro Salinas*, Murcie, 1982.

SALINGER Jerome David. Écrivain. Né le 1er janvier 1919 à New York. En 1936, à la fin de ses études secondaires, le jeune Salinger sait qu'il veut devenir écrivain et dramaturge. Mais son père, importateur de produits alimentaires de luxe, ne l'entend pas de cette oreille et l'expédie en Europe afin qu'il y pratique les langues étrangères et s'initie au métier de la charcuterie. C'est pendant ce séjour de quelques mois que Salinger se met à écrire des nouvelles et des pièces de théâtre. Ses premières nouvelles paraissent dans des revues en 1940.

Le jeune homme s'engage dans l'armée en 1942, après Pearl Harbor. Il sera affecté dans les services du Renseignement et c'est à cette époque qu'il rédige les premiers chapitres du « roman de Holden Caulfield », qui deviendra *L'Attrape-Cœurs* (*). Le 6 juin 1944, Salinger participe au débarquement de Normandie, à Utah Beach, puis à la libération de Paris, en août. Il y rencontre Hemingway. Ce sera ensuite la marche vers l'Allemagne, les terribles batailles de Hürtgen et du Luxembourg, avant que Salinger ne soit réformé en novembre 1945. Deux mois avant, il avait épousé une Française dont on ne sait à peu près rien. Le mariage durera huit mois

Rentré au bercail, l'ancien combattant de 28 ans continue à publier, cette fois dans des magazines plus importants, et Hollywood tire de l'une de ses nouvelles un « mélo » qui eut en 1950 un grand succès à l'écran, *My Foolish Heart*. Une autre nouvelle, « Un jour rêvé pour le poisson-banane », crée une petite sensation dans les milieux littéraires new-yorkais. Salinger travaille d'arrache-pied pour terminer *L'Attrape-Cœurs*, qui paraît enfin en 1951. Le succès du livre est instantané, et, par ses traductions, s'élargira au monde entier.

Le 1er janvier 1953, à l'âge de 34 ans, Salinger se retire dans une petite maison qu'il a achetée dans le village de Cornish, New Hampshire ; il va pouvoir s'y consacrer aux questions de spiritualité, la spiritualité orientale en particulier, qui l'ont toujours préoccupé. Mais l'heure n'est pas encore venue de ne s'adonner qu'à la méditation. Il lui faut encore écrire et, la même année, paraît un recueil de nouvelles intitulé *Un jour rêvé pour le poisson-banane* [*Nine Stories*]. C'est également à la fin de 1953 que, à la suite d'une interview donnée à un petit journal local, Salinger entreprend un retrait du monde qui deviendra progressivement total, refusant les visites, les contacts, les photos. Il a entre-temps fait la connaissance d'une jeune fille qu'il épousera en 1955, Claire Douglas, dont il aura deux filles et un garçon, et dont la famille lui inspirera en partie une famille imaginaire, les Glass, qui sera dorénavant la clé de voûte de tout ce qu'il écrira : *Franny et Zooey* (*) en 1961, *Dressez haut la poutre maîtresse, charpentiers*, suivi de *Seymour, une introduction* (1963), et un dernier texte paru en 1965 dans le *New Yorker*, « Hapworth 16, 1924 ».

À partir de 1965, Salinger cesse de se manifester publiquement, n'autorise plus aucune publication de son œuvre, et s'isole définitivement dans l'anonymat et l'ombre. On ne peut pourtant pas dire qu'il se cache : il lui est arrivé de se montrer dans des lieux publics à New York. Mais, en 1986, il s'efforce d'entraver la publication d'un ouvrage de Ian Hamilton intitulé *A Writing Life – In Search of J. D. Salinger*. L'affaire ira jusqu'à la Cour suprême des États-Unis, et le livre de Hamilton paraîtra finalement après avoir été amputé et remanié afin de protéger ce que Salinger considère comme ses intérêts.

PHILIPPE MIKRIAMMOS.

RÉF. : I. Hamilton, *L'Écriture et le reste – À la recherche de J. D. Salinger*, Paris, 1988.

SALLENAVE Danièle. Romancière, essayiste, dramaturge, traductrice française, née le 28 octobre 1940 à Angers. C'est après le bac qu'elle quitta sa ville natale pour Paris, dont elle avait rêvé au cours d'une enfance assez solitaire, afin de préparer le concours d'entrée à l'École normale supérieure de Sèvres. Elle le passa brillamment, ainsi que l'agrégation de lettres, en 1964, ce qui la conduira à enseigner à l'université de Paris X les formes de la fiction (roman, cinéma, théâtre). En même temps, elle s'engagea politiquement, ce qu'elle ne cessa jamais de faire par la suite, même si son engagement et sa prise sur le monde ne pouvaient désormais s'incarner dans un parti. En témoignent son statut de rédactrice en chef du *Messager européen* avec Alain Finkelkraut, et ses divers articles dans *Le Monde* et *Les Temps modernes* (*). Mais sa volonté d'arrimer son travail de romancière à une réflexion plus théorique et réciproquement date de loin : en 1974, alors qu'elle crée avec Jean Ristat la revue *Digraphe* et participe au mouvement engendré par *Tel quel* (*), elle élabore son premier roman, *Paysage de ruines avec personnages*, qu'elle fera paraître en 1975. D'un abord assez ardu, il est à la jonction d'une interrogation sur les liens entre la théorie littéraire et la fiction. Viendront, deux ans plus tard, *Le Voyage d'Amsterdam ou les Règles de la conversation*, un roman pratiquement sans ponctuation, puis *Les Portes de Gubbio* qui sera couronné par le prix Renaudot 1980. Avec cette œuvre, elle change de façon d'écrire et se rapproche de l'univers de Thomas Mann. Elle publie un recueil de nouvelles sous le titre *Un printemps froid* (1983), puis *La Vie fantôme* (*) (1986) dont le style et la thématique sont un hommage moderne au roman classique. Pourquoi cet hommage ? Parce que Danièle Sallenave, lasse de la complaisance ou des leurres que propose la littérature intransitive, selon le mot de Barthes, veut prouver que la forme romanesque avec narrateur invisible ou non, omniscient ou non, n'est pas périmée, et ne peut l'être sans mettre un point final à l'histoire du roman. Dans ce texte aussi, l'écriture est solidaire d'une pensée sur le roman. Après *La Vie fantôme*, elle publiera *Conversations conjugales* (1987), *Adieu* (1988) et un plaidoyer en faveur du roman, qui comprend des éléments autobiographiques et romanesques : *Le Don des morts* (1991).

ANNE DIATKINE.

SALLUSTE (Caius Sallustius Crispus). Historien latin. Né à Amiternum, ville de Sabine, en 86 av. J.-C., mort en 35. Sa famille plébéienne aisée lui fit donner une bonne éducation littéraire dans la capitale. Partisan de César et ami de Clodius, après la questure il assuma la charge de tribun de la plèbe, en 52, année de guerres civiles. Salluste fut des premiers à vouloir venger l'assassinat de Clodius ; il fut parmi les accusateurs les plus opiniâtres de Milon, qu'il avait, dit-on, toutes les raisons de haïr pour des motifs personnels. En 50, deux années plus tard, les censeurs Appius Claudius Pulcher et Lucius Calpurnius Pison expulsèrent Salluste du Sénat, l'accusant de débauche, mais c'était en réalité pour éloigner l'un des amis les plus résolus de César. Salluste rejoignit César en Gaule au moment où éclatait la guerre civile ; il se trouva au passage du Rubicon. En 49, César le fit réélire questeur, lui ouvrant ainsi de nouveau les portes du Sénat ; il lui confiait en outre la responsabilité d'une campagne contre les pompéiens Octavius et Libon qui assiégeaient Antoine ; l'entreprise échoua. À la suite des victoires de César en Orient, en 47, Salluste fut désigné comme préteur pour l'année suivante, et c'est avec ce titre qu'il fit la campagne d'Afrique ; à la tête d'une partie de la flotte, il réussit à accomplir un heureux coup de main contre la garnison pompéienne de l'île de Cernine et à s'emparer de grosses provisions de froment. La guerre d'Afrique s'étant terminée en 46 par la victoire de Thapsus, César lui donna, avec le titre de proconsul, le gouvernement de la nouvelle province, la Numidie. Nous ne savons pas si, dans l'administration de cette province récemment soumise, il fit preuve de la rapacité dont on l'accusa, mais il est certain qu'après son proconsulat en Numidie il rentra à Rome avec trop de richesses pour qu'il ne soit pas légitime de penser qu'il ait, sinon dépassé, tout au moins égalé l'avidité habituelle de tant de propréteurs et proconsuls. De retour à Rome, il trouva bon, après l'assassinat de César, de se tenir à l'écart de la vie publique. Il se fit construire dans le vallon situé entre le Quirinal et le Pincio un magnifique palais agrémenté de vastes et splendides jardins demeurés célèbres sous le nom de Horti Sallustiani, et dans sa somptueuse retraite, à l'âge de quarante-deux ans, il se consacra à la nouvelle occupation de son existence, écrire l'histoire : « À peine mon esprit – dit-il – eut-il retrouvé un peu de calme, après tant de douleurs et de dangers, que je décidai de passer le restant de ma vie loin des affaires publiques ; je ne me proposais pas de consumer mon temps précieux dans l'oisiveté ou dans des travaux serviles d'agriculture, ou à la chasse, mais de reprendre mes études que cette maudite ambition politique m'avait fait quitter et de faire le récit complet de certains épisodes, les plus mémorables, de l'histoire romaine puisque, désormais, mon esprit était libéré de toute espérance, de toute crainte et de toute passion politiques. » C'est dans l'étude et en compagnie de quelques savants que s'écoula le restant de son assez courte existence : c'est en neuf ans seulement de « bonum otium » qu'il s'acquit cette véritable gloire d'écrivain qu'il ambitionnait légitimement. Suivant une indication de saint Jérôme, il mourut quatre ans avant la bataille d'Actium qui eut lieu en septembre 31.

Il choisit comme premier sujet *La Conjuration de Catilina* (*), « un événement parmi les plus mémorables par la nouveauté du délit et du danger » ; il se proposait de le raconter avec le plus de vérité possible (« quam verissime potero »). On remarque que cette monographie contient de graves inexactitudes chronologiques quant à la succession des événements, que certains faits sont mal expliqués et même pas expliqués du tout : défaut attribué à la préparation encore imparfaite de l'historien. On a critiqué également la sincérité de l'écrivain : on pense qu'il a noirci la figure de Catilina par amitié pour César, afin de détourner de la mémoire du dictateur disparu le soupçon de complicité dans cette conjuration ; on lui reproche en outre d'avoir mis dans l'ombre la personnalité de Cicéron consul afin de ne pas diminuer celle de César. Que ces critiques soient fondées ou non, il est certain que Salluste, pour commencer à dire la vérité, a eu la fâcheuse idée de choisir un sujet sur lequel il était impossible de le faire, alors et ensuite, à cause des jugements passionnés et des témoignages partisans et peu sûrs qui accompagnent toujours le récit et le souvenir de toute entreprise révolutionnaire qui tend, sans réussir, à renverser un ordre politique et social établi. Salluste présente une république pervertie, tombée aux mains d'une oligarchie corrompue ; c'est contre elle que se fit la révolte de Catilina qui, sous cet angle, doit être considérée comme un produit de l'immoralité et de la violence qui dominaient la société romaine. Salluste a écrit son *Catilina* après la dictature et l'assassinat de César, après avoir vu la république restaurée, puis de nouveau en proie aux luttes sanglantes des guerres civiles. Il l'a écrit pour réaffirmer, encore qu'il ne le déclare pas expressément, la grandeur de César : de celui qui, ayant abattu par les armes l'oligarchie aristocratique, est rentré à Rome, non comme l'avait fait Sylla ou comme l'aurait peut-être fait Catilina, pour se venger de ses adversaires, mais comme « rector » pour rassembler tous les citoyens, sans distinction de parti, dans une république moralement assainie et pacifiée. Voilà ce qu'avait été la constante préoccupation politique de Salluste exprimée dans les deux *Epistolae ad Caesarem,* qui datent, la première de 50 environ, la seconde peut-être de 46, et dont l'authenticité n'est plus contestée par personne.

Quand il composa *La Guerre de Jugurtha* (*), c'est encore un point de vue moral qui l'incita à écrire ; il l'affirme lorsqu'il souligne le sens civique de son activité littéraire. Le sujet de ce second ouvrage est également obscur. L'exorde de Salluste semble annoncer son intention de s'attaquer à la noblesse romaine ; le fait qu'il prend en considération, c'est la mauvaise administration de l'État par la noblesse sénatoriale devenue, après les Gracques, l'arbitre malhonnête de l'État ; de là l'inévitable poussée de l'opposition démocratique et l'apparition de son nouveau champion, Marius, dont le triomphe clôt *La Guerre de Jugurtha.* Cependant, Salluste parvient à se maintenir au-dessus des partis. Il est sévère pour la noblesse, mais il reconnaît les tendances factieuses de la plèbe, il apprécie l'intégrité et le bon sens du patricien Metellus et ne ménage pas les louanges à Sylla ni les critiques à Marius. Cet ouvrage a plus d'ampleur que le *Catilina,* parce que la suite des événements y est plus longue, plus vaste le champ d'action (l'Afrique et Rome) et plus nombreux les personnages. La structure de l'œuvre est mieux équilibrée, les digressions réduites, le récit plus rapide, la précision chronologique plus soignée. Les cinq livres des *Histoires* (*) sont perdus ; Salluste s'y faisait le continuateur de Cornélius Sisenna dont les *Historiae* finissent en 78 ; ils allaient en effet de l'année 78 à l'année 67, couvrant douze ans, de la mort de Sylla à la fin de la guerre des pirates. On a conservé quelques fragments dont le noyau principal est formé par quatre discours et deux lettres. Le style de Salluste, même s'il paraît modelé sur celui de Thucydide, est cependant bien loin, par sa vigueur et sa noblesse, d'être un produit d'imitation. Il a une éloquence énergique, serrée, sentencieuse, vibrante, fort admirée du jeune Nietzsche.

CONCETTO MARCHESI.

♦ *« Bien que le principal mérite de Thucydide consiste dans la brièveté, Salluste le surpasse encore sur ce point, et l'a vaincu en quelque sorte sur son propre terrain. Quelque précise que soit la phrase de l'auteur grec, on peut, sans altérer le sens, en ôter quelque chose. Mais dans Salluste, supprimez un mot, et le sens est détruit.* » Sénèque le Rhéteur. ♦ « *Ce Crispus* [Sallustius], *à en croire les savants, sera le premier des historiens de Rome.* » Martial. ♦ « *Sa manière de vivre n'avait rien d'un ancien Romain ; les recherches de sa parure, le luxe de sa maison le rendaient plus semblable à un riche voluptueux. Toutefois, ces dehors cachaient une vigueur d'esprit capable des plus grandes affaires et une âme d'autant plus active qu'il affectait davantage le sommeil et l'indolence* [...] *l'écrivain le plus important qui ait traité de Rome.* » Tacite. ♦ « *Chez lui, le vrai s'embellit sans jamais s'altérer.* » Saint Augustin. ♦ « *Salluste est un grand écrivain...* [il] *continue d'agir comme il écrit : à en faire l'histoire, il se rend maître des événements, et ne l'est jamais plus que s'il se revanche d'une défaite. Partout, il frappe fort et vite. Il est d'une concision qui déchire. Il a le trait aigu, hardi, dur et souple. Peu de styles plus que le sien méritent qu'on en dise : il a l'ongle et la griffe. Salluste écrit en grand félin. Salluste grave, Tacite peint.* » André Suarès.

RÉF. : L. S. Fighiera, *La Lingua e la grammatica di Sallustio,* Savone, 1900. – G. Boissier, *La Conjuration de Catilina,* Paris, 1905. – S. Gsell, *Histoire ancienne de l'Afrique du Nord,* t. VII, Paris, 1928. – E. Perrochat, *Les Modèles grecs de Salluste,* Paris, 1949. – M. Chonet, *Les Lettres de Salluste à César,* Paris, 1950. – Ronald Syme, *Sallust,* éd. amér. 1964, trad. all., Darmstadt, 1975. – V. Pöschl et alii, *Sallust,* Wege der Forschung, Darmstadt, 1981.

SALMINEN Sally. Femme de lettres finlandaise, de langue suédoise. Né le 25 avril 1906 à Vaasa, morte le 18 juillet 1976 à Copenhague. Après avoir terminé l'école primaire, cette fille d'un modeste fermier des îles Åaland s'engagea tour à tour comme vendeuse dans son village natal, comme caissière à Mariehamn, la capitale de l'île, et comme bonne à tout faire aux États-Unis, dans le Massachusetts, chez le « roi du savon ». C'est là que la nostalgie du pays natal la poussa à écrire ses souvenirs d'enfance, *Katrina* (*) (1936), livre qui obtint, dès sa parution, le premier prix dans un concours littéraire suédo-finlandais. En 1940, elle épousa un peintre danois, Johannes Duhrkop, et s'installa définitivement dans sa nouvelle patrie. *Katrina* fut traduit en plusieurs langues : le succès de ce beau livre sur la vie des pêcheurs d'Åaland s'est révélé aussi durable qu'il avait été immédiat. Les autres romans de Salminen, notamment *Le Prince Efflam* [*Kalastajakylän prinssi*], histoire d'un illuminé, ange ou homme, trouvé un jour de tempête, lorsqu'il errait au bord de la mer, en Bretagne, sont injustement restés dans l'ombre de sa première et grande réussite.

SALMON André. Écrivain français. Né à Paris le 4 octobre 1881, mort à Sanary (Var) le 12 mars 1969. Fils d'un aquafortiste, il fut dès sa jeunesse, après de simples études primaires, attiré par la révolution qui s'opérait dans le domaine des arts et des lettres et il devint notamment l'ami des peintres cubistes et de poètes, tels Apollinaire, Max Jacob et Blaise Cendrars. Il collabora à diverses revues d'avant-garde et devint un critique renommé de la peinture moderne. Mais il se fit aussi connaître au début du XXe siècle par un certain nombre de recueils de poèmes où se remarquent à la fois une inspiration populaire et une grande sensibilité, à tel point qu'on a pu le comparer à Paul-Jean Toulet. Dès 1905, il publie *Les Clefs ardentes* (+), puis *Féeries* (+) (1907), *Le Calumet* (+) (1910) – regroupés en 1926 dans *Créances* (*) –, *Le Livre et la Bouteille* (*) (1919). Dans ce dernier recueil, il demeure le disciple des symbolistes de sa jeunesse, mais il introduit une verve et un humour personnel et sait être avec réalisme et sensibilité le poète du quotidien. À l'après-guerre appartiennent d'autres livres de poèmes : *Peindre* (+) (1920), *L'Âge de l'humanité* (+) (1922), *Prikaz* (+) (1923), qui formeront avec *Le Livre et la Bouteille* le recueil *Carreaux* (*) (1928). Salmon ne reviendra ensuite que tardivement à la poésie avec *Les Étoiles dans l'encrier* en 1952. Parmi ses romans on peut citer : *Tendres canailles* (*) (1921), *Le Manuscrit trouvé dans un chapeau* (*) (1919), *Bob et Bobette en ménage* (1919), *La Négresse du Sacré-Cœur* (1920), *L'Entrepreneur d'illuminations* (*) (1921), *Une orgie à Saint-Pétersbourg* (1925). Dans les dernières années de sa vie, André Salmon ne ralentit pas ses activités littéraires et il écrit une *Vie passionnée de Modigliani* (1957), *La Terreur noire* (1959), *Le Monocle à deux coups* (1968). Cependant, il aimait revenir à ce qui avait été toute sa vie, la peinture, non seulement à travers son poème *Peindre,* mais aussi dans d'autres ouvrages comme *L'Art vivant* (1921), *Propos d'atelier* (1922), ou évoquant des souvenirs relatifs à des peintres et aux lieux que ceux-ci avaient hantés, tels *L'Air de la butte* (1948), *Montparnasse* (1950), où il contait ses souvenirs de jeunesse et décrivait la vie misérable et exaltante des artistes au début du XXe siècle. De sa carrière de poète, de critique d'art, de romancier et surtout de témoin de premier plan, il fera une grande synthèse en devenant mémorialiste avec les trois tomes de ses *Souvenirs sans fin* (*) (1955-1956-1961). André Salmon reçut en 1958 le grand prix de la Société des gens de lettres, et en 1964 le grand prix de poésie de l'Académie française.

JOËL SCHMIDT.

SALOMON. Roi d'Israël (980 ?-930 ? av. J.-C.). Fils de David et de Bethsabée – l'humble épouse du soldat Urie, devenue grâce à son charme la femme préférée du roi israélite –, il réussit, soutenu par des intrigues de cour que favorisaient sa mère et le prophète Nathan, à être brusquement élu comme successeur de son vieux père, celui-ci étant encore en vie, quelques heures avant que ne fût mise à exécution la conjuration destinée à couronner son demi-frère aîné Adonias. D'intelligence supérieure, et habile à prévoir (on disait qu'il avait provoqué le désespoir d'une mère, épouvantée à l'idée de perdre son enfant, pour la distinguer d'une simulatrice), Salomon acquit une grande renommée dans tout l'Orient. De la lointaine Saba (Arabie) vint à lui une reine, sous le prétexte d'éprouver son intuition perspicace, mais en réalité pour un accord dont elle tirerait sa part de profits économiques réciproques. Certains des *Proverbes* (*) qui lui sont attribués sont rassemblés dans un des livres de *La Bible* (*) ; quant à des œuvres telles que le *Cantique des cantiques* (*), l'*Ecclésiaste* (*) et la *Sagesse* (*), elles lui ont été prêtées par une attribution purement légendaire. Prudent et avisé, il chercha en premier lieu à faire mettre à mort, en des conditions telles cependant que la responsabilité semblât en retomber sur les victimes elles-mêmes, ceux qui pouvaient de quelque manière lui créer des obstacles. Ainsi périrent l'un après l'autre son demi-frère Adonias, le chef militaire Joab, Séméï, de la tribu de Benjamin, hostile à la dynastie de David ; de son côté, le pontife Abiatar fut déchu de ses fonctions. Salomon essaya d'unifier son royaume en remplaçant les anciennes divisions par tribus, souvent rivales entre elles, par une division en provinces, avec Jérusalem comme capitale. Pour assurer la paix avec l'Égypte, il épousa une fille du Pharaon (peut-être Siamon, de la XXIe dynastie) qui lui apporta en dot la forteresse de Gézer. En une quarantaine d'années, il édifia le temple, le palais royal, un palais pour la reine qui lui était venue d'Égypte, une série de demeures pour ses multiples femmes et concubines (on parlait, respectivement, de sept cents et de trois cents), des écuries pour les chevaux devant tirer les chars de guerre, arme nouvelle qui lui devait son essor en Israël. Une somme de dépenses aussi énorme le conduisit à user de prestation forcée de main-d'œuvre, fournie par les Chananéens subsistant encore dans ses États et aussi par des Juifs ; à la tentative, que les exigences d'Hiram, roi de Tyr, firent échouer misérablement, de remettre à celui-ci une portion du territoire galiléen nord-occidental ; à la construction d'installations portuaires, à Aziongaber sur la mer Rouge, à l'est de la péninsule du Sinaï, pour le commerce de l'or et des pierres précieuses en provenance des lointaines régions de l'Indus. Mais ce fut en vain, car le mécontentement de ses sujets s'accrut, si bien qu'après quelques essais avortés au cours de son règne les tribus septentrionales se détachèrent, à sa mort, de la domination juive. La religion ancestrale elle-même connut, vers la fin du règne de Salomon, un déclin passager, du fait de la liberté de culte accordée à ses épouses étrangères idolâtres. La renommée posthume le transforma en un magicien. Devin au cours de sa vie, il avait laissé des pierres et des amulettes, au nombre desquelles figure ce qu'on a appelé le « sceau de Salomon », capables de dissiper les embûches magiques et démoniaques. Au Moyen Âge, on le représentait d'habitude à cheval, armé d'une lance, transperçant le démon sous l'apparence d'une femme. À ses rapports avec la reine de Saba, la légende attribue l'origine de la dynastie éthiopienne.

FAUSTO SALVONI.

RÉF. : J. Briend, « Salomon », in *Supplément au Dictionnaire de La Bible,* t. XI, Paris, 1987.

SALOMON Ernst von. Romancier allemand. Né le 25 septembre 1902 à Kiel, mort le 9 août 1972 à Stöckte. Son œuvre, miroir des événements politiques qui ébranlèrent l'Allemagne contemporaine, est inséparable de son militantisme au sein des mouvements extrémistes « de droite ». Issu d'une famille huguenote, il s'engage à sa sortie de l'École militaire (à Karlsruhe et Berlin-Lichterfelde) dans les « Corps francs » qui combattent en Haute-Silésie et dans les pays baltes pour écraser la révolution rouge de 1918. En 1922, il est condamné à cinq années de forteresse pour sa participation à l'assassinat de Walter Rathenau. Il est également mêlé au putsch de Kapp et à la révolte paysanne en Schleswig-Holstein. Au temps du national-socialisme, il adopte une attitude prétendument « neutre », ignorant à la fois le N.S.D.A.P. et les mouvements de résistance : engagé par le puissant consortium cinématographique de l'U.F.A., il travaille à la réalisation de films. Cette « neutralité » affichée ne lui épargne pas, en 1945-46, de passer une année dans un camp d'internement de l'armée américaine. Il occupera ensuite un poste de lecteur aux Éditions Rowohlt. L'œuvre d'Ernst von Salomon est exclusivement autobiographique. L'écrivain se raconte, avec faconde, insolence et cynisme. Son premier livre, *Les Réprouvés* (*) (1930), décrit la période troublée de la fin de la guerre et de la révolution, les combats des Corps francs, le complot contre Rathenau, les années d'incarcération. Une génération d'idéalistes déçus, selon le romancier : « Nous étions condamnés à disparaître... Le monde voulait avoir la paix, le loisir de se décomposer. » Avec *La Ville* [*Die Stadt*, 1932], E. von Salomon raconte la révolte paysanne de Claus Heim, dans laquelle il avait joué un rôle d'agitateur. *Les Cadets* (*) (1933) sont nourris des souvenirs de l'École militaire et constituent une sorte de pendant aux *Désarrois de l'élève Törless* (*), de R. Musil. Vient enfin *Le Questionnaire* (*) (1951), considéré unanimement comme l'ouvrage le plus achevé de l'écrivain : feignant de répondre aux cent trente et une questions du formulaire imposé aux suspects par les autorités d'occupation américaines dans leur entreprise de « dénazification », E. von Salomon raconte une fois de plus sa vie, prenant ses distances à l'égard de ses propres engagements politiques. L'humour, l'insolence voilent une conception nihiliste de l'histoire : l'incarcération au nom de la démocratie ne vaut-elle pas, pour l'individu, les violences fascistes ? – v. *Le Destin de A. D.* (*). Un cynisme désabusé qui est peut-être une réhabilitation indirecte de ses propres égarements.

JEAN-JACQUES POLLET.

RÉF. : R. Stéphane, *Portrait de l'Aventurier*, 1950. – P. P. Sagave, *E. von Salomon, son milieu, ses idées, ses récits*, in *Études Germaniques 9*, 1954, *10*, 1955.

SALTEN Felix (pseud. de Sigmund Salzmann). Écrivain autrichien. Né à Budapest le 6 septembre 1868, mort à Zurich le 8 octobre 1945. Après avoir fait ses études à Vienne, Salten débuta jeune dans la carrière littéraire et, après un séjour à Berlin, s'installa définitivement à Vienne, où il vécut principalement de son activité de critique théâtral à la *Wiener Allgemeine Zeitung*, puis à la *Neuen Freien Presse* ; il suivait avec une attention particulière les activités du Burgtheater. Ayant émigré en 1938, lors de l'occupation de l'Autriche par les troupes hitlériennes, il séjourna en Amérique (à Hollywood), puis à Zurich. Salten écrivit plusieurs pièces de théâtre, telles que *De l'autre rive* [*Vom andern Ufer*, 1908] et *Enfants de la joie* [*Kinder der Freude*, 1916], et de nombreux romans : *Olga Frohgemuth* (1910), *La Sonnette* [*Die klingende Schelle*, 1914], *Le Prince Eugène* [*Prinz Eugen*, 1915], *Le Chien de Florence* [*Der Hund von Florenz*, 1921], *Burgtheater* (1922), *Martin Overbeck* (1927), etc. Mais sa renommée est due avant tout à ses histoires de bêtes : *Histoire de Bambi ou Une vie dans la forêt* (*) (1928), suivie des *Fils de Bambi* (+) (1940), *Quinze destinées de levrauts* (+) (1929) et *Perri ou la Jeunesse d'un écureuil* (+) (1938). Les aventures de Bambi ont inspiré un film à Walt Disney (1942).

SALTYKOV-CHTCHÉDRINE [Mikhaïl Evgrafovič Saltykov, ayant écrit également sous le pseudonyme de Nicolas Ščedrin]. Écrivain russe. Né le 15 (27) janvier 1826 au village de Spas-Ugol, dans le gouvernement de Tver', mort le 28 avril (10 mai) 1889 à Saint-Pétersbourg. Celui qui devait devenir un des plus grands satiristes russes étudia au lycée de Tsarskoïé-Sélo, où Pouchkine avait été élève, puis fut employé, de 1844 à 1848, au ministère de la Guerre. Dès cette époque, il fréquenta les cercles libéraux et collabora à des revues de tendance occidentale. Pour avoir publié dans le numéro de mars 1848 de la revue *Annales de la patrie* [*Otečestvennyja zapiski*] un récit intitulé *Une affaire embrouillée* [*Zaputannoe delo*], il dut quitter la capitale et fut déporté à Vjatka, où il prit du service dans les bureaux du gouvernement et resta huit ans. Appelé à Saint-Pétersbourg en 1856, il y occupa un poste au ministère de l'Intérieur. En 1856 paraissait dans la revue *Le Messager russe* [*Russkij vestnik*] son premier recueil de nouvelles, les *Esquisses provinciales* (*), dans lequel se révélait un grand don pour la satire. Nommé vice-gouverneur de Rjazan' (1858), puis de Tver' (1860), Saltykov acquit des milieux administratifs une expérience qui devait abondamment inspirer son œuvre. En 1862, Saltykov, dont le talent avait fait ses preuves, obtint un congé de deux ans et devint un des collaborateurs réguliers de la revue *Le Contemporain* [*Sovremennik*]. Dans ce périodique, et dans celui des frères Dostoïevski, *Le Temps*, parurent les *Récits innocents* [*Nevinnye razskazy*] et les *Satires en prose* [*Satiry v proze*], dans lesquels l'auteur affichait une indépendance d'esprit et un amour de la justice qui entraînèrent peut-être son rappel en 1864. Après avoir occupé divers postes à Penza, Tula et Rjazan', il démissionna en 1868 pour se consacrer entièrement à la littérature et accepta, à la demande du poète Nekrassov, la direction des *Annales de la patrie*. De 1868 à 1888, Saltykov déploya une activité prodigieuse, publiant successivement *L'Année entière* [*Kruglyj god*], *Lettres sur la province* [*Pis'ma o provincii*, 1868-70], *Histoire d'une ville* (*) (1869-70), *Les Messieurs de Tachkent* (*) (1869-72), *Journal d'un provincial à Saint-Pétersbourg* [*Zapiski provinciala v S.P.B.*, 1872], *Discours bien intentionnés* [*Blagonamerennyja reči*, 1876-77] et *Les « Pompadours », messieurs et dames* (1873), ouvrage où sont dénoncés avec vigueur les vices et les abus dont souffrait alors la Russie. Saltykov, dès lors, n'eut guère d'autre occupation que de diriger la revue ou d'écrire pour elle, manifestant toujours des opinions d'extrême gauche, qui lui valaient des démêlés continuels avec la censure. Après divers écrits de circonstance qui, le plus souvent, appellent un commentaire, Saltykov donna un roman, *Les Golovlev* (*) (1873-74), sombre tableau de mœurs qui, avec *La Mort de Pazuhine* [*Smert' Pazuhina*], qu'il avait publiée en 1851 sans se rendre compte de sa valeur, constitue un chef-d'œuvre d'intensité dramatique. Parmi les œuvres qui suivirent ce roman d'une grandeur parfois shakespearienne, citons les livres suivants, de genre et d'inspiration très divers : les admirables *Fables* [*Skazki*], *Pochekhonie d'autrefois* (*), documents précieux du point de vue historique et biographique.

ETTORE LO GATTO.

♦ *« Dans chaque honnête homme de la terre russe, Chtchédrine possède un admirateur profond. »* Tchernychevski.

RÉF. : Louis Martinez, préface à *Œuvres de Nicolas Leskov et de M. E. Saltykov – Chtchédrine*, Paris, « Bibliothèque de la Pléiade », 1967.

SALUTATI Lino Coluccio di Piero. Écrivain italien. Né le 16 février 1331 à Stignano en Valdinievole, mort le 4 mai 1406 à Florence. Il fut le principal représentant de cette génération qui, après la disparition en moins d'une année de Pétrarque et de Boccace, recueillit leur héritage spirituel, constituant l'étape entre l'humanisme naissant et le grand humanisme du xve siècle. Salutati fit ses études à Bologne et passa son notariat. Entre 1351 et 1366 il exerça sa profession en Valdinievole, puis, pendant plus d'une année, assuma les fonctions de chancelier à Todi (1367). Après un séjour à Rome, il retourna en Toscane et accepta le poste de chancelier des Anciens à Lucques (1370-1371). Au cours de l'hiver 1374, il fut nommé au Palazzo Vecchio de Florence et, à partir du 19 avril 1375, il assuma les fonctions de chancelier de la Commune, à la place de Niccolo Monaci. Il occupa la chancellerie pendant plus de trente ans, jusqu'à sa mort, et se servit de son habileté littéraire comme d'un instrument puissant de la politique florentine. Lettres officielles et lettres privées justifient en fait la vaste renommée qui fit de lui le plus grand épistolier de son temps – v. *Correspondance* (*). Sa production littéraire est vaste et importante ; il montra un grand intérêt pour la philologie et exerça une forte influence sur la culture littéraire de son temps ; citons des *Églogues* en latin ; les traités *Du siècle et de la religion* [*De saeculo et religione,* 1381], *Du destin et de la fortune* [*Del fato et della fortuna,* 1396], *De la tyrannie* (*) (1392-1400), *De la noblesse des lois et de la médecine* [*De nobilitate legum et medicinae,* 1399], *Des travaux d'Hercule* [*De laboribus Herculis*], dans lesquels il illustra et défendit, comme dans tant de ses lettres, cette vision humaniste de la vie qui recueillait les meilleurs fruits de la tradition en lui donnant plus de vigueur. Admirateur de Pétrarque, Salutati publia l'*Afrique* [*Africa*] et fut également le premier éditeur des épîtres *Aux familiers* [*Ad familiares*] de Cicéron.

♦ *« Je crains davantage la plume de Salutati qu'une troupe de dix mille cavaliers florentins. »* Jean Galéas Visconti, duc de Milan.

RÉF. : F. Villani, *Vita ed excellenza di Coluccio Salutati,* Venise, 1747. – Lenfant, *Lettre au sujet de Coluce,* in *Bibliothèque germanique,* t. I, Amsterdam, 1720. – Voigt, *Die Weiderbelebung des classischen Altertums,* Berlin, 1880-81. – B. L. Ulmann, *Studies in the Italian Renaissance,* Rome, 1955 ; *The Humanism of Coluccio Salutati,* Padoue, 1963. – A. Petrucci, *Coluccio Salutati,* Rome, 1972. – D. de Rosa, *Coluccio Salutati : Il cancelliere e il pensatore politico,* Florence, 1980.

SALVIEN de Marseille. Écrivain latin. Né à Trèves ou Cologne vers 400, mort à Marseille vers 470. Il reçut une excellente éducation et, vers la trentaine, se convertit au christianisme en même temps que sa femme et ses beaux-parents. S'étant réfugié dans le Midi à la suite des invasions, il se décida à entrer en religion et devint prêtre à Marseille où il se fixa vers 426. Ses talents, ses vertus et sa sagesse firent de lui l'un des personnages les plus admirés de son temps et lui valurent le surnom de « maître des évêques », car il rédigeait conseils et instructions pour tous les prélats de la Gaule. Ses deux ouvrages : *Contre l'avarice* [*Adversus avaritiam*] et *Traité de la providence de Dieu* (*), furent composés, disait-il, non pour plaire à ses contemporains mais pour les corriger.

RÉF. : L. Rochus, *La Latinité de Salvien,* Bruxelles, 1934. – M. Pellegrino, *Salviano di Massiglia,* Rome, 1940.

SAMAIN Albert Victor. Poète français. Né le 3 avril 1858 à Lille, mort à Magny-les-Hameaux (Yvelines) le 18 août 1900. Fils d'un négociant en vins, il perd son père à quatorze ans, et doit, pour contribuer à la subsistance de sa mère et de quatre frères et sœurs, quitter le lycée avant le baccalauréat et exercer dans la banque et le courtage de très modestes emplois. Muté à Paris en 1880, il entre l'année suivante, après d'infructueux essais de journalisme, à la préfecture en qualité d'expéditionnaire, et s'installe avec les siens dans un petit logis de la rue Saint-Martin.

Ses débuts poétiques furent longtemps et, disons-le, justement obscurs ; ses premiers vers paraissent au *Scapin* et au *Chat noir*, car il vient d'adhérer, avec Louis le Cardonnel, au groupe de « Nous autres », surtout formé de petits plumitifs du genre léger. Ses premiers poèmes valables ne remontent guère en deçà de la trentaine. À la fin de 1890, il compte, aux côtés d'Alfred Vallette, Ernest Raynaud, Jules Renard, Édouard Dubus et Louis Dumur, parmi les fondateurs du *Mercure de France* (*). Ce n'est que trois ans plus tard, à l'instigation du musicien Raymond Bonheur, qu'il se décide à recueillir ses vers sous le titre : *Au jardin de l'infante* (*). Il doit, comme Pierre Louÿs pour *Aphrodite* (*), à un généreux article de François Coppée dans *Le Journal* une brusque célébrité. Couronné en 1897 par l'Académie (prix Archon-Despérouses, partagé avec Gabriel Vicaire pour ses *Émaux bressans*) lors d'une réédition augmentée du même ouvrage, Samain n'en continue pas moins de mener une existence modeste et précaire, ne faisant aucun geste, aucune démarche pour exploiter un succès que l'on pouvait alors considérer comme une consécration. Bien qu'ayant adhéré sans réserve aux doctrines du symbolisme, et portant une grande admiration aux initiateurs de ce mouvement (Mallarmé, Moréas, Verlaine, Régnier), il se range tout de suite au nombre des disciples fervents et sans doute trop fidèles des maîtres des *Fleurs du mal* (*) et des *Fêtes galantes* (*). Il ne tente point d'élargir la prosodie ; il est peut-être le seul des poètes de son temps à ne pas s'aventurer dans les sentiers du vers libre. Mais il demeure, en dépit des jugements dont une renommée longtemps démesurée sera certes responsable, l'un des plus mélodieux artistes du mètre assoupli. La caressante allure de son rythme, la distinction de son style, l'émotion un peu superficielle mais sincère de ses thèmes, sont indiscutables. Son art s'est rénové et coloré davantage avec les pièces simples et gracieuses, presque exemptes, cette fois, de mièvrerie et de préciosité, de son second volume, *Aux flancs du vase* (*), qu'il publie en 1898 sous le vocable d'un distique emprunté à Nikias, élégiaque de l'*Anthologie palatine* (*). Il s'est mis au grec sans professeur ; et dans cette œuvre très différente du ton féerique et langoureux d'abord adopté, il appartient à la plus authentique descendance d'André Chénier. Mais soudain sa santé lui donne de vives inquiétudes qui l'obligent à cesser toute activité urbaine et à accepter l'hospitalité de Bonheur à Magny-les-Hameaux. C'est là que, peu avant sa mort, il achève le drame lyrique de *Polyphème*, dont son hôte compose les chœurs. Ces deux actes (qui seront représentés à l'Œuvre en 1904 et figurent au répertoire de la Comédie-Française) sont le chef-d'œuvre de Samain : outre leur caractère vraisemblablement autobiographique (la déception de l'amour et la hantise de la force chez un faible), ils se rapprochent souvent des harmonies raciniennes. On trouve enfin, aux pages posthumes du *Chariot d'or* (*) (1901), les plus solides vers de ce poète inégal mais authentique, où il se prouvait déjà supérieur à sa réputation d'élégiaque dans le sillage des romantiques : plus d'une strophe puissante de *Symphonie héroïque* atteste qu'il serait devenu avec l'âge un poète de premier ordre. On lui doit enfin quatre *Contes* (*) (1903), d'une prose fluide et vigoureuse.

Notons qu'une part de sa correspondance et de ses notes intimes met, de plus, en lumière une intelligence aiguë, un sens très délié des valeurs esthétiques, sans omettre une haute conception de son rôle de poète et une grande noblesse d'âme.

YVES-GÉRARD LE DANTEC.

RÉF. : L. Bocquet, *Albert Samain, sa vie, son œuvre*, Paris, 1905 ; *Autour d'Albert Samain*, 1933. – A. Jarry, *Albert Samain (Souvenirs)*, Paris, 1907. – G. Bonneau, *Albert Samain, poète symboliste*, Paris, 1925. – A. de Bersaucourt, *Albert Samain, son œuvre*, Paris, 1930. – M. R. Camille, *Albert Samain et son temps*, thèse de City University, New York, 1981.

SAMANIEGO Félix María. Écrivain espagnol. Né à La Guardia (Rioja) le 12 octobre 1745, mort dans cette même ville le 11 août 1801. Aîné d'une famille aisée, d'origine basque, il hérita le majorat. Il reçut d'abord une instruction privée, et ensuite fit son droit à Valladolid. Sa vie et son œuvre reflètent les idéologies, les coutumes et les goûts du XVIIIe siècle espagnol. La première manifestation en fut son voyage en France pour y étudier ; il était tout acquis à la culture encyclopédique, avec quelques pointes d'irréligiosité et, assimilant l'esprit critique du siècle des Lumières et l'aiguisant à sa manière, il se composa un personnage tout ironie et satire d'où sortirent fables, parodies et polémiques. À son retour de France, à Vergara, Samaniego s'était associé aux « amigos del País », et il fut intime avec les fondateurs, le comte de Pañaflorida et le marquis de Narros, ses parents, et fidèle aux réunions même à Vitoria et à Bilbao. Devenu président de l'association, il commença d'écrire pour les enfants des *Fables morales* (*) (1781-1784). Samaniego publia, anonymes, les *Observations sur les fables littéraires d'Iriarte* [*Observaciones sobres las « Fábulas literarias » de don Tomás Iriarte*], dans lesquelles il réfutait âprement la prétendue priorité de ce dernier en matière de fables, la revendiquant, au contraire, pour lui-même. Dans ses *Couplets pour être joués sur un violon* [*Coplas para tocar al violín*], il s'en prit au poème d'Iriarte *La Musique* [*La musica*], et à la famille de celui-ci dans sa satire en prose : *Lettre littéraire à Monsieur Masson* [*Carta literaria al señor Masson*]. Il ne partageait pas les idées de V. G. de la Huerta sur le théâtre espagnol, et il écrivit les *Mémoires critiques pour Cosme Damian* [*Memorias Críticas para Cosme Damián*]. Il fit une parodie de la tragédie *Guzman le bon* [*Guzmán el bueno*] de N. Moratín, en y intercalant des passages personnels et, dans *Les Œufs mollets* [*Los huevos moles*], contrefit *La Chauve-souris traîtresse* [*El murciélago alevoso*] de D. González. La satire était innée chez lui : à cause des récits où il ridiculisa les prêtres et les religieuses et, plus encore, des saillies scandaleuses de sa conversation, il s'en fallut de peu que l'Inquisition ne l'incarcérât en 1793. E. Llaguno, ministre des Grâces et de la Justice, parvint toutefois à un compromis avec le grand inquisiteur Abad y la Sierra, janséniste notoire et grand ami de Llorente, en contraignant Samaniego à se retirer dans un couvent de carmes aux environs de Bilbao, El Desierto. Samaniego trouva encore moyen d'y écrire une audacieuse satire sur les moines qui l'hébergeaient. Avant de mourir chrétiennement, il ordonna qu'on brûlât ses œuvres incriminables ; cependant, la collection licencieuse subsista presque entièrement.

RÉF. : M. Menéndez y Pelayo, *Historia de los heterodoxos españoles*, t. III. Madrid, 1883. – F. C. Sáinz de Robles, *El epigrama español, Estudios y notas*, Madrid, 1946.

SAMMARTINI Giovanni-Battista. Organiste et compositeur italien. Né et mort à Milan (vers 1698-15 janvier 1775). Fils d'un hautboïste français fixé en Italie, il est dit « le Milanais » par opposition à son frère aîné Giuseppe « le Londonien », qui fit carrière comme musicien en Angleterre. Maître de chapelle du couvent des carmélites de Saint-Ambroise à partir de 1725, puis des sœurs de Sainte-Marie-Madeleine et de nombreuses autres églises, il compose des messes, des psaumes, des motets, des cantates, la plupart destinées à être chantées par les chœurs de religieuses. Il écrit aussi des opéras et des oratorios. Sa production abondante atteint près de trois mille œuvres. Mais c'est comme compositeur de musique instrumentale que son influence va dépasser les limites de Milan. Il va donner sa forme à la symphonie moderne – v. *Symphonies* (*). Vivaldi, Scarlatti, Telemann étaient restés liés à la structure en trois mouvements de la « sinfonia », ouverture d'opéra. En 1734, Sammartini est le premier à écrire une symphonie en quatre mouvements qui fut très remarquée. Le développement de cette formule et les possibilités qu'elle ouvre assurent sa réputation. Gluck sera son élève de 1737 à 1741. De nombreux voyageurs étrangers, de passage à Milan, viennent l'entendre. Son influence s'étend à Vienne, où il est joué et admiré, puis en Allemagne et en France. Bien que Haydn se soit défendu de l'avoir pris comme modèle, il n'en a pas moins été marqué par la vivacité de son style instrumental. La série des quatuors, écrits par Mozart à Milan en 1772-73, lui doit beaucoup. Son rôle dans l'évolution du quatuor et de la symphonie donne à Sammartini une place importante dans le passage de la musique du style baroque à celui des grands maîtres viennois.

JEAN-FRANÇOIS LABIE.

SAMOZWANIEC Magdalena. Écrivain polonais. Née à Cracovie le 26 juillet 1899, morte à Varsovie le 20 octobre 1972. Fille et petite-fille de peintres célèbres, Wojciech et Juliusz Kossak, sœur de la poétesse Maria Pawlikowska-Jasnorzewska, cousine de la romancière Zofia Kossak, elle débute en 1922 en publiant *Sur les lèvres du péché* [*Na ustach grzechu*], parodie d'un roman à succès de Mniszkowna, et *La Lépreuse* [*Trędowata*]. Elle prend dès lors le pseudonyme de Samozwaniec [L'Imposteur] et commence une brillante carrière d'humoriste et de romancière satirique, égratignant avec verve les ridicules d'une époque qui n'en manque pas. Magdanela Samozwaniec excelle dans le billet spirituel ou le bref tableau de mœurs, dont elle a publié des centaines, et qui ont été réunis en volumes : *Maris et mâles* [*Meżowie i mezsczyźni*, 1926], *Pour femmes seulement* [*Tylko dla kobiet*, 1946], etc. Son recueil le plus spirituel, *Ma guerre de Trente Ans* [*Moja wojna 30-letnia*], a été publié en 1954. On lui doit également une autobiographie romancée, *Marie et Madeleine* (*) (1956), éblouissante de malice et de pénétration, dans laquelle, en marge du récit de sa jeunesse et de celle de sa sœur, elle brosse un tableau savoureux de la haute société et des milieux d'artistes varsoviens d'entre les deux guerres.

SAN-ANTONIO : v. **Dard** Frédéric.

SÁNCHEZ FERLOSIO Rafael. Romancier espagnol. Né à Rome le 4 décembre 1927, d'un père espagnol (l'écrivain Rafael Sánchez Mazas) et d'une mère italienne. Il passe son enfance et les années de la guerre civile dans la capitale italienne. Son père étant nommé ministre en 1939, il vit dès lors à Madrid, où il se marie en 1950 avec la romancière Carmen Martín Gaite. En 1951, il publie une fiction dont la fantaisie et la richesse imaginative tranchent sur le courant réaliste alors à la mode : *Industries et pérégrinations d'Alfanhui* [*Industrias y andanzas de Alfanhuí*]. Alfanhui est un enfant qui plonge dans le monde merveilleux de l'imaginaire pour offrir au lecteur mille aventures magiques dignes d'*Alice au pays des merveilles* (*) et de *Pinocchio* (*) : renvoyé de l'école parce qu'il écrit avec des lettres d'un alphabet inconnu, Alfanhui rencontre un jour le coq en fer d'une girouette descendu de son clocher pour chasser des lézards et, un autre jour, une marionnette de guignol échappée de son théâtre... En 1955, Sánchez Ferlosio obtient le prix Nadal pour l'un des romans les plus significatifs de sa génération : *Les Eaux du Jarama* (*) (1956). Une écriture inventive, en évolution constante, caractérise ses œuvres postérieures, *Champ de Mars* [*Campo de Marte*] et *Tant que les dieux ne changeront pas, rien n'aura changé* [*Mientras no cambien los dioses nada ha cambiado*]. Dans *Le Témoignage de Yarfoz* [*El testimonio de Yarfoz*, 1986], Sánchez Ferlosio, qui fut un opposant actif au franquisme, propose à travers une intrigue romanesque une réflexion sur les fondements du pouvoir et l'aberration de certaines structures sociales traditionnelles. Parce qu'il désapprouve la violence à laquelle le condamne l'exercice du pouvoir, le prince Nebride s'exile avec un savant hydraulicien, Yarfoz. Les deux hommes épris d'humanisme effectuent un véritable voyage initiatique en découvrant des pays imaginaires et des cités fabuleuses ayant des mœurs et des lois différentes des leurs.

CLAUDE COUFFON.

SANCHO IV don. Roi de Castille et de León, appelé le Brave. Né le 13 mai 1258, et mort le 25 avril 1295 à Tolède. Monté sur le trône à la mort de son père Alphonse X en 1284, il entra aussitôt en guerre avec le sultan du Maroc, et s'empara du royaume de Séville. Les Musulmans ne purent lui résister et demandèrent la paix. Une puissante rébellion faillit renverser Sancho IV, lequel se vengea en rasant la ville de son ennemi Haro, n'y laissant aucun survivant. En 1290 eut lieu une entrevue entre le roi de France Philippe IV le Bel et Sancho IV, à Bayonne. Le roi de Castille reprit bientôt la guerre contre les Maures qui se trouvaient en Andalousie et il obligea Mahomet II à se réfugier à Grenade. Sancho IV mourut à Tolède avec le profond remords d'avoir pris les armes contre sa famille pour garder la couronne. Mais Sancho IV ne fut pas seulement un guerrier : il avait hérité de son père l'amour des lettres. Il écrivit *El Lucidario*, recueil de fables, et *Le Livre des* *châtiments* [*El Libro de los castigos*] – v. *Documents et châtiments* (+) –, œuvre politique et morale destinée à l'éducation de son fils don Fernand. C'est à Sancho IV que l'on doit la création des Études générales de Alcalá de Hénarès qui donnèrent plus tard naissance à une célèbre université. Enfin il fit traduire en espagnol *Li Livres dou Trésor* (*) de Brunetto Latini.

RÉF. : Miguel de Herrera, *Crónica del rey Fernando III, Alfonso X et Sabio e del rey D. Sancho IV el Bravo*, Valladolid, 1554. – Paul Groussac, *Le Livre des « Castigos e documentos » attribué au roi D. Sanche IV*, étude in *Revue hispanique*, t. XV, 1906. – M. Gaibrois de Ballesteras, *Historia del reinado de Sancho IV de Castilla*, Madrid, 1922.

SAND George (pseud. d'Amandine Lucie Aurore Dupin, baronne Dudevant). Écrivain français. Née à Paris le 1er juillet 1804, morte le 8 juin 1876 à Nohant (Indre). Fille d'un officier de l'armée impériale mort accidentellement en 1808, la petite Aurore, âgée de quatre ans, fut recueillie par sa grand-mère, Mme Dupin, fille naturelle du maréchal de Saxe et veuve d'un riche financier. La future romancière passa toute son enfance à la campagne, dans le domaine familial de Nohant : années riches de solitude et de rêverie, mais également de distractions passionnantes, au premier rang desquelles ces histoires racontées à la veillée dans les maisons paysannes, et dont l'écrivain devait tirer plus tard la matière d'une grande partie de son œuvre. À treize ans cependant, Aurore fut mise en pension dans un couvent parisien : ce furent d'abord plusieurs mois de désespoir et de révolte, suivis d'une crise juvénile de mysticisme et même de vagues aspirations à la vie religieuse cloîtrée. Revenue à Nohant en 1820, la jeune fille fut mariée deux ans plus tard (à dix-huit ans) à un baron Dudevant dont elle ne tarda pas à se séparer. En 1831, elle quitta Nohant, emmenant sa fille et son fils, et commença à mener à Paris une existence de bohème, scandalisant les bourgeois par la crânerie avec laquelle elle acceptait sa condition de « déclassée », par ses accoutrements masculins, par ses façons de fumer la pipe ou le cigare, et surtout par ses aventures sentimentales avec Jules Sandeau d'abord (qui lui donna son pseudonyme de Sand et l'aida à écrire son premier roman, *Rose et Blanche*), puis avec Alfred de Musset, qu'elle entraîna en 1834 en Italie et dont elle se sépara à Venise à cause du médecin Pagello – célèbre amour romantique que George Sand raconta à sa manière dans *Elle et Lui* (*) (1859), ce qui lui valut une réplique du frère du poète, Paul de Musset, lequel publia la même année *Lui et Elle* (*).

Dès 1832, la baronne Dudevant, devenue George Sand, s'était fait connaître par son roman *Indiana* (*) qu'allaient suivre *Valentine* (*) (1832), *Lélia* (*) (1833), *Jacques* (1834), *Mauprat* (*) (1837) ; ces œuvres reflètent la vie passionnée qui était alors celle de l'auteur ; elles ressemblent à des confessions, tout en lyrisme, souvent proches du poème en prose, et elles célèbrent intarissablement la passion sensuelle et idéaliste à la fois, mais toujours éperdue et excessive, l'amour en lutte avec les préjugés et la société. Car l'amour, pour George Sand, est synonyme de la vie : ce n'est pas seulement le bonheur, c'est un droit supérieur de la personne humaine, c'est une sorte de devoir et même un culte divin – si bien que tout devient permis, et légitime, et sacré à la passion pourvu qu'elle soit sincère. Doctrine bien romantique et qu'illustre parfaitement l'histoire tumultueuse du grand cœur de George, si rapide à aller de Sandeau à Musset, de Pagello à Michel de Bourges, de Pierre Leroux à Chopin... C'est en compagnie du grand musicien polonais qu'elle partit en 1837 faire un séjour d'hiver aux îles Baléares ; mais à partir de cette époque, sa vie privée s'assagit. Son ménage avec Chopin durera presque dix ans. Et c'est à la politique que George commence à demander un renouveau d'émotions. Vers 1836, par l'intermédiaire de Michel de Bourges, elle s'était liée avec des démocrates et des utopistes sociaux tels que Barbès et Arago, et elle s'était mise à considérer le prêtre défroqué Lamennais comme un prophète et le chef de la nouvelle religion de l'humanité dont elle allait se faire bientôt une des prêtresses. Fille spirituelle de Rousseau, influencée aussi bien par *Le Contrat social* (*) que par *La Nouvelle Héloïse* (*), elle entreprit, dans des livres comme *Le Compagnon du tour de France* (*) (1840), de dresser de pathétiques actes d'accusation de la société, rendue responsable de tous les maux humains, et que l'amour seul, selon George Sand, est capable de transfigurer en nivelant les hiérarchies, en abattant les cloisons entre classes et en rétablissant la fraternité universelle. Exaltation de l'homme du peuple dans *Horace* (1841) et *Le Meunier d'Angibault* (*) (1845), religiosité panthéiste et ésotérique dans *Consuelo* (*) (1842), tels sont les deux traits complémentaires de son œuvre au cours de cette période. George Sand se trouvait donc parfaitement préparée en 1848 pour saluer avec enthousiasme « sa » révolution : dès la chute de Louis-Philippe elle entreprit des démarches pour lancer un journal, écrivit des *Lettres au Peuple*, et rédigea même les bulletins officiels de Ledru-Rollin, ministre de l'Intérieur. Mais, épouvantée par l'insurrection de juin, elle se hâta de « donner sa démission politique » et se réfugia à Nohant. En 1849, dans la préface de *La Petite Fadette* (*), elle annonça qu'elle se désintéresserait désormais des événements et qu'elle voulait « se distraire l'imagination en se reportant vers un idéal de calme, d'innocence et de rêverie ». Mais cet idéal emplissait dès 1846 une œuvre comme *La Mare au diable* (*), tout autant que la fameuse série des romans champêtres : *François le Champi* (*) (1848), *Les Maîtres sonneurs* (*) (1853), etc, dans lesquels les personnages paysans sont malheureusement idéalisés à l'extrême et, en somme, assez artificiels, mais qui renferment cependant de fort belles évocations du pays berrichon.

Sous le second Empire, la scandaleuse romantique allait devenir la « bonne dame de Nohant », châtelaine généreuse et amie hospitalière d'écrivains comme Sainte-Beuve, Michelet, Théophile Gautier. Elle conseillait, dirigeait les meilleurs représentants de la nouvelle génération, Fromentin, About, Dumas fils, Flaubert. Elle cultivait son jardin, amusait ses petits-enfants avec son théâtre de marionnettes, se mêlait à la vie de ses laboureurs, apprenait à lire à leurs enfants, présidait les fêtes villageoises, répandait les aumônes — toutefois sans cesser d'écrire ! En 1854, elle fit paraître une fort longue (et fort complaisante) autobiographie intitulée *Histoire de ma vie* (*). De 1850 à sa mort, en 1876, c'est presque chaque année qu'elle livra à ses éditeurs ou à *La Revue des Deux Mondes* (*), dont elle était une des plus fidèles collaboratrices, quelque roman ou pièce de théâtre, œuvres moins connues que celles des premières périodes, mais où il reste à sauver de belles pages, particulièrement dans *Les Beaux Messieurs de Bois-Doré* (1858), dans *Jean de la Roche* (1860), dans *Le Marquis de Villemer* (*) (1861), dans *Mademoiselle de la Quintinie* (1862) où, sous le mépris du catholicisme, transparaît une amère inquiétude religieuse. Puis vint la guerre de 1870 qui désespéra George Sand, la Commune qui la rangea définitivement dans le « parti de l'ordre » et lui fit attacher plus de prix encore à son « enracinement » paysan : mais l'écrivain ne faisait plus que se survivre à lui-même.

L'auteur de *Lélia* serait incompréhensible sans Rousseau, dont elle a dit qu'il s'était « emparé de sa jeunesse par la beauté de sa langue et la puissance de sa logique ». Le thème unique de George Sand, son idée-force : l'amour sincère considéré comme principe unique et suffisant de la vie privée, de la morale, de la politique, n'est-ce pas en effet, mais dépouillé de toutes les nuances délicates que lui avait données la sensibilité raffinée de Jean-Jacques, l'évangile de Saint-Preux et de Julie ? Dans son œuvre et plus encore dans sa vie, George Sand a été la personnification extrême des débordements du cœur romantique : elle n'a pas seulement évoqué, elle a été elle-même la passion souveraine, dressée contre toutes les institutions et toutes les disciplines intérieures. Elle n'avait rien pourtant d'une « intellectuelle », ne construisit nulle philosophie originale et ne cessa de subir l'influence des nombreux et divers personnages que successivement elle aima et délaissa. La générosité de son tempérament faisait d'elle un écrivain solide et abondant. Sa facilité régulière, physique en quelque sorte, détermine son style dont le défaut principal est de manquer de mordant, de surprise. Mais George Sand savait charpenter un roman. Elle fut surtout la première femme à nourrir toute sa production littéraire de son expérience féminine, annonçant ainsi une George Eliot et une Colette, et la puissance de son imagination peut emporter encore aujourd'hui les lecteurs de *Consuelo*. Elle demeure par ailleurs une très vivante épistolière et mémorialiste — v. *Lettres d'un voyageur* (+) (1834) et *Correspondance* (*) (6 vol., 1882-1894).

MICHEL MOURRE.

♦ *« L'insulte à la rectitude de la vie ne saurait aller plus loin... »* Chateaubriand. ♦ *« Le plus grand poète de prose que possèdent les Français. »* Heinrich Heine, 1854. ♦ *« Ce style coulant, cher au bourgeois... »* Baudelaire. ♦ *« Il fallait la connaître comme je l'ai connue pour savoir tout ce qu'il y avait de féminin dans le cœur de ce grand homme, l'immensité de tendresse qui se trouvait dans ce génie... Elle restera une des illustrations de la France et une gloire unique. »* Gustave Flaubert. ♦ *« Je trouve beaucoup plus vraie George Sand que Balzac... La plus grande artiste de ce temps-ci et le talent le plus vrai... Ses livres ont les promesses de l'immortalité. »* Ernest Renan. ♦ *« Une eau limpide courant sur un lit fangeux. »* Louis Veuillot. ♦ *« L'une des plus sublimes et des plus belles représentantes de la femme, une femme presque unique par la vigueur de son esprit et de son talent, un nom devenu désormais historique... Vers 1845... nous attendions d'elle quelque chose de beaucoup plus grand encore, une parole non entendue jusque-là et même je ne sais quoi de décisif et de définitif. »* Dostoïevski. ♦ *« La vache bretonne de la littérature. »* Jules Renard. ♦ *« Tout compte fait, son cœur valait mieux que sa vie, qui valait mieux que sa philosophie. »* Charles Maurras. ♦ *« J'attends toujours de voir, aux vitrines des libraires, les cinq volumes de* Consuelo *enfin dans leur gloire. Alors, j'en suis assuré, même les plus aigres feront justice à une grande âme. »* Alain.

RÉF. : P. de Musset, *Lui et Elle*, Paris, 1860. — E. Caro, *George Sand*, 1887. — W. Karénine, *George Sand, sa vie et ses œuvres*, 4 vol., Paris, 1899-1926. — C. Maurras, *Les Amants de Venise*, Paris, 1903. — John Charpentier, *George Sand*, 1936. — M.-L. Pailleron, *George Sand*, 2 vol., Paris, 1938-1942. — J. Galzy, *George Sand*, Paris, 1950. — A. Maurois, *Lelia ou la vie de George Sand*, Paris, 1952. — G. Schaeffer, *Espace et temps chez George Sand*, 1981. — M. Bossis, *À la recherche de George Sand*, thèse, Paris, 1987.

SANDBURG Carl. Poète américain. Né à Galsesburg (Illinois) le 6 janvier 1878, de parents suédois immigrés, mort à Flat Rock (North Carolina) en 1967. Adolescent, Sandburg fait toutes sortes de métiers : garçon laitier, camionneur, peintre en bâtiment, cuisinier, ouvrier agricole, etc. À vingt ans, après huit mois dans l'armée lors de la campagne de Puerto Rico, il s'inscrit à Lombard College où il poursuit des études de 1898 à 1902. Plus tard, il est « organisateur » pour le parti social-démocrate à Milwaukee et secrétaire du maire. Nous le trouvons ensuite journaliste à Chicago, où il finit éditorialiste du *Chicago Daily News*. Sa réputation de poète est liée au nom de cette ville. C'est à Chicago, en 1914, qu'il envoie quelques poèmes à la nouvelle revue *Poetry* (*), poèmes qui paraissent sous forme de livre en 1916 — v. *Poèmes de*

Chicago (*) – et font de Sandburg un des représentants les plus vigoureux de la « Renaissance de Chicago », la voix même du Middle West, le chantre énergique et brutal (mais non sans des touches de beauté imagiste et tendre) des boucheries, des aciéries et des trottoirs. Les *Poèmes de Chicago* sont bientôt suivis de *Égreneurs de maïs* (*) (1918), et de *Fumée et Acier* (*) (1920). La rhétorique, assaisonnée d'humour, bat son plein, et le vers très libre, mais puissant, rappelle Whitman. Sandburg était parti pour devenir un des poètes les plus populaires et populistes des États-Unis : *Le Peuple, oui* (*) est le titre d'un livre de 1936. Non content d'ailleurs d'être un homme de lettres et de composer une œuvre personnelle, Sandburg se donne pour tâche de collectionner des ballades populaires qu'il recueille dans le *Sac à chansons* [*The American Songbag*] de 1927. Conférencier et chanteur ambulant, il se déplace volontiers de ville en ville pour parler et chanter ses ballades favorites en s'accompagnant à la guitare (c'est un musicien de talent). Il consacre aussi une grande part de ses énergies, trente ans de travail, à la composition d'une énorme biographie de *Lincoln* (6 volumes, 1940). « Énorme » est peut-être le mot qui convient le mieux à l'entreprise de Sandburg, qui voulait canaliser sinon incorporer, à la manière de Whitman encore une fois, tout l'esprit démocratique des États-Unis.

KENNETH WHITE.

RÉF. : H. Monroe, *A Poet's Life,* New York, 1938. – W. C. Williams, « Carl Sandburg's Complete Poems » in *Selected Essays,* New York, 1954. – N. Callahan, *Carl Sandburg : His Life and Work,* University Park (Pennsylvanie), 1987.

SANDEAU Léonard Sylvain Julien, dit **Jules.** Écrivain français. Né à Aubusson (Creuse) le 19 février 1811, mort à Paris le 24 avril 1883. Sa famille le destinant au barreau, il vint étudier le droit à Paris et fit vers 1830 la connaissance des Dudevant au Coudray et les revit souvent. On dansait, parlait littérature et faisait de la lecture à haute voix. Aurore avait fait sur lui une profonde impression et elle-même n'avait pas été insensible à son adoration. C'est chez lui qu'elle se réfugia lorsqu'elle vint à Paris en 1831. Ils se mirent à écrire pour gagner leur vie et Henri de Latouche favorisa leurs débuts en insérant leurs articles dans *Le Figaro.* Il leur conseilla ensuite d'écrire des romans. C'est ainsi que sous le pseudonyme de Jules Sand, ils publièrent *Rose et Blanche* en 1831. Ils s'étaient juré une passion éternelle et menaient une joyeuse vie de bohème ; Aurore, vêtue en garçon, faisait scandale dans les cafés. Ils se séparèrent pourtant au bout de deux ans, en 1833. George Sand devait écrire l'oraison funèbre de cet amour dans ses *Lettres d'un voyageur* (+) (1834), tandis que Sandeau fuyait en Italie pour essayer de se consoler d'une rupture qui le marqua toute sa vie. Très modeste, il mena dès lors une existence mélancolique et effacée que la mort de son fils unique, en 1870, assombrit encore davantage. Il commença par collaborer à divers recueils collectifs : *Le Salmigondis, Le Livre des conteurs,* le *Dictionnaire de la conversation,* et publia en 1834 son premier roman, *Madame de Sommerville.* Son art tout de charme et de simplicité s'efforce de décrire la vie au sein des paysages familiers de la Marche et du Berry. Son style est malheureusement très apprêté et rempli de fleurs de rhétorique qui le font dater. Ce défaut, qui fut sans doute un charme pour ses contemporains, confère à ses livres un ton désuet qui devient rapidement insupportable. Parmi ses nombreux romans, nous citerons : *Marianna* (1839), où il fait le portrait de George Sand, *Milla* (1843), *Valcreuse* (1846), *Mademoiselle de la Seiglière* (*) (1848), *La Chasse au roman* (1849), *Le Jour sans lendemain* (1853), *La Roche aux mouettes* (1872). C'est avec *Mademoiselle de la Seiglière* qu'il connut son plus grand succès, un succès qui dura plus d'un demi-siècle, mais le livre nous paraît aujourd'hui celle de toutes les œuvres romantiques qui a le plus vieilli. Dans *Sacs et Parchemins* (1851), il a réussi par contre une peinture de son époque qui, si l'intrigue et les personnages ne présentent plus guère d'intérêt, nous attache par l'aspect social qu'il y a dépeint sans doute involontairement. Il donna au Théâtre-Français, en 1851, une adaptation de *Mademoiselle de la Seiglière.* Le reste de son œuvre théâtrale fut composé en collaboration avec Augier : *La Pierre de touche* (1853), *Ceinture dorée,* et surtout *Le Gendre de monsieur Poirier* (*), représenté au Gymnase en 1854. Sandeau entra à l'Académie française en 1858.

RÉF. : Barbey d'Aurevilly, *Les Œuvres et les Hommes,* Paris, 1865. – J. Claretie, *Jules Sandeau,* Paris, 1883. – E. Breuillac, *Jules Sandeau,* Niort, 1909. – M. Silver, *Jules Sandeau, l'homme et sa vie,* Paris, 1936.

SANDEL Cora (pseud. de Sara Fabricius). Romancière et nouvelliste norvégienne. Née le 20 décembre 1880 à Christiania (Oslo), morte le 9 avril 1974 à Stockholm. Alors qu'attentifs au monde extérieur, bon nombre d'écrivains norvégiens de l'entre-deux-guerres laissent transparaître l'inquiétude que suscite la montée des périls, Cora Sandel s'intéresse avant tout à la destinée féminine, au sort de la femme qui, autant face à elle-même qu'à son environnement, est en quête de son identité. Appartenant à la même génération que Sigrid Undset, elle commence tardivement sa carrière à l'âge de 46 ans, en publiant le roman *Alberte et Jacob* (*) (1926), qui révèle une artiste en pleine possession de ses moyens. Avec *Alberte et la liberté* (*) (1931) et *Seule Alberte* (*) (1939), ce premier roman forme une trilogie qui, retraçant le difficile itinéraire d'une femme dont s'affirme lentement la vocation artistique, est assurément une des œuvres les plus attachantes que la littérature norvégienne ait consacrées à la femme. Entre deux volumes de la trilogie, l'auteur publie aussi des recueils de nouvelles, tels *Un sofa bleu* [*En blå sofa,* 1927] et *Merci beaucoup, docteur* [*Mange takk, doktor,* 1935] où, avec beaucoup de pénétration psychologique, ainsi qu'une tendre et ironique commisération, mais sans aucune recherche d'effets, elle se penche volontiers sur le sort de ceux qui n'ont pas réussi à se dégager du carcan du milieu social ou de leurs propres inhibitions. C'est également ce thème qu'elle aborde magistralement dans *Le Café Krane* (*) (1945).

ÉRIC EYDOUX.

SANDEMOSE Aksel. Romancier norvégien. Né le 19 mars 1899 à Nyköbing-sur-Mors au Danemark, mort le 6 août 1965 à Copenhague. Fils d'un forgeron, il fut d'abord marin, puis exerça divers métiers avant de publier son premier livre en danois, en 1923. En 1930, il se fixa en Norvège, la patrie de sa mère, et acquit la nationalité norvégienne. Il y publia en 1929 le roman *Un matelot de Norvège* (*), suivi d'*Un fuyard croise sa trace* (*) (1933) et complété par *Il y avait un banc dans le jardin* [*Der stod en benk i haven,* 1937] : ils ont tous pour personnage principal le marin Espen Arnakke. Les deux romans *Klabautermanden* (1932), qui reprend et combine deux de ses livres danois, et *Nous nous ornons de cornes* [*Vi pynter oss med horn,* 1936] décrivent aussi la vie des marins, avec une liberté de langage qui provoqua quelque scandale. En 1941, Sandemose dut s'enfuir en Suède, où il écrivit *Le passé est un songe* [*Det svundne er en drøm,* 1944] sur l'Occupation. Dans *Le Loup-Garou* (*) (1958), suivi de *Le Mariage de Felicia* [*Felicia,* 1961], on retrouve l'analyse impitoyable de la petite ville, connue sous le nom de Jante dans *Un fuyard,* l'examen de conscience de Hoel dans *Rencontre près de la borne,* et une analyse de la jalousie mobilisant les profondeurs psychologiques dont Sandemose est familier. Une discussion continue de l'œuvre elle-même s'instaure, l'auteur intervenant pour commenter ce qu'il écrit. Il a d'ailleurs rédigé et publié deux revues, *Fesjå* dans les années 30, *Les Saisons* [*Arstidene*] dans les années 50, n'hésitant pas à se porter au premier rang et à débattre de ses opinions.

CARL GUSTAF BJURSTRÖM.

RÉF. : George Ueberschlag, dans *Europe,* n° 695, *Littérature de Norvège,* éd. R. Boyer, 1987.

SANGUINETI Edoardo. Poète, romancier et essayiste italien. Né à Gênes en 1930. En 1933, sa famille s'installe à Turin. En 1956, il présente à la faculté des lettres une maîtrise sur Dante. Il entreprend une carrière universitaire qui le conduit, en 1968, à Salerne. Il enseigne actuellement la littérature italienne moderne et contemporaine à l'université de Gênes. En 1979, il a été élu au parlement italien (indépendant présenté sur les listes du parti communiste). Théoricien et animateur de la néo-avant-garde, officiellement fondée par le « Gruppo 63 » (Balestrini, Giuliani, Pagliarani, Porta, Sanguineti), Sanguineti, dès *Laborintus* (1956), refuse le système de la communication littéraire, considérant la poésie comme une marchandise, produite en fonction des exigences du marché. En 1961, il collabore à l'anthologie *Les tout derniers* [*I novissimi*], berceau de la néo-avant-garde, sur fond apocalyptique, le titre désignant aussi « les fins dernières ». Le chemin le plus sûr pour dénoncer les mécanismes de la société bourgeoise est le labyrinthe. La fragmentation du langage, la coexistence de différents registres lexicaux et stylistiques, reflètent la crise des valeurs traditionnelles. Au fil des recueils — les titres les plus importants sont *Catamerone* (1951-1971), *Postkarten* (1972-1977), *Brouillon* [*Stracciafoglio,* 1977-1979], *Cahier de brouillon* [*Scartabello,* 1980], *Civière* [*Cataletto,* 1981], *Hors catalogue* [*Fuori catalogo,* 1977-1979] — se précise une tendance à un journal en vers, parodique et ironique, relatant les vicissitudes quotidiennes et l'engagement politique de l'auteur. L'avant-garde poétique sanguinetienne, son utopie, très littéraire, de voir coïncider révolution littéraire et révolution politique (marxiste) ont été fortement contestées, dès 1957, par Pasolini. En 1982, Sanguineti a réuni dans *Signet. Poèmes 1951-1981* (*) les six recueils précités. Il en résulte la spectrographie fidèle de quelque trente années de poésie. Ses romans, *Capriccio italiano* (*) (1963), *Le Noble Jeu de l'oie* (1967), sont également marqués par des recherches formelles : démontage des formes romanesques traditionnelles ; mise en abîme de plusieurs « topoi » littéraires. L'activité de Sanguineti ne se borne pas à la poésie et au roman ; il a écrit des pièces de théâtre : *Théâtre* [*Teatro,* 1969], *Histoires naturelles* [*Storie naturali,* 1971], des livrets d'opéra, des thèmes de ballets ; il a collaboré avec le musicien Luciano Berio ; avec Luca Ronconi pour la mise en scène du *Roland furieux* (*) de l'Arioste. Parmi ses nombreux volumes de critique littéraire, rappelons *Idéologie et Langage* [*Ideologia e linguaggio,* 1965], ses recherches sur Dante et ses nombreux travaux sur la poésie de la fin du XIXe et du début du XXe siècle (Pascoli, Gozzano, Lucini, etc.). Sa conception et sa pratique d'une poésie d'avant-garde, fortement contestataire au plan formel et idéologique, orientent *Poésie du XXe siècle* [*Poesia del Novecento,* 1969], anthologie fort originale.

FRANÇOIS LIVI.

ŚAṄKARA. Le « maître » [Ācārya] Śaṅkara est un personnage clé dans l'histoire de l'hindouisme, à la fois propagateur d'un « dharma », d'une « doctrine » rigoureusement orthodoxe mais débarrassée de ses superstitions, organisateur d'un monachisme brahmanique jusque-là purement individuel, auteur enfin d'une synthèse définitive au plan théologique et philosophique : le « Non-Dualisme » [Advaita], la forme la plus connue du « Vedānta » — v. *Vedānta-Sūtra* (*).

Né sur la côte sud-ouest de l'Inde (Malabar/Travancore) au village de Kalad/ti, en 788 (?), Śaṅkara mourut jeune vers 820, soit à Kedarnātha dans l'Himalaya, soit à Kañci dans l'Inde du Sud. Il eut pour « guru » Govinda, disciple de Gaudapāda, c'est-à-dire de l'auteur bien connu d'un commentaire sur la *Māṇḍūkya-Upaniṣad* — v. *Upaniṣad* (*) —, les *Māṇḍukya-Kārikās.* La vie de Śaṅkara (« le Bienfaisant », épiclèse de Śiva) est un tissu de données incertaines. Il semble avoir parcouru l'Inde entière, menant une lutte idéologique sans merci contre le bouddhisme, alors même que certains le qualifiaient de « crypto-bouddhiste » pour avoir introduit dans son œuvre des thèmes étrangers à la pensée des *Upaniṣad* qu'il prétendait commenter. Il mourut après avoir résidé longtemps à Sṛṅgeri (Maisur), où il avait fondé un temple et un monastère.

Nombre d'ouvrages ont été attribués à Śaṅkara. Il a certainement écrit le commentaire (bhāṣya] aux *Vedānta-* (ou *Brahma-*) *Sūtra* ; très probablement ceux sur la *Bhagavadgītā* (*) et neuf *Upaniṣad.* Sont sans doute de lui l'*Upadeśasāhasrī* (*), l'*Ātmabodha*, ainsi que — mais avec quelques doutes — le *Vivekacūḍamaṇi* et le *Yogasūtrabhāṣyavivaraṇa.* Sont sûrement apocryphes des poèmes religieux de type tantrique comme la *Saundaryalaharī.*

Du point de vue de l'idéologie non dualiste celle-ci représente un monument à la fois multiple dans ses aspects et simple dans ses objectifs. Elle correspond si bien à l'esprit du peuple indien qu'on en est venu abusivement à la considérer comme la seule expression philosophique dont il soit capable. Elle a été popularisée dans l'Inde et au-delà sous une forme certes correcte mais parfois simplifiée à outrance. En voici quelques traits. Invoquant les *Upaniṣad* comme la « conclusion du Veda » [Vedānta], Śaṅkara choisit l'absolu ou le « Brahman » comme premier thème de réflexion. Le Brahman est infini, inconditionné. Quant à son omniscience, *Vedānta-Sūtra* I, 3 en donne la cause suivante : « (L'omniscience du Brahman résulte) de ce qu'il est la source des enseignements. » Et Śaṅkara de gloser : « Ce vaste enseignement (appelé) *Rig-Veda* (*) et autres *Veda* (*), que renforcent des états multiples du savoir, illuminant toutes choses à la façon d'une lampe — omniscient lui-même pour ainsi dire — a pour source, c'est-à-dire pour cause, le Brahman. » Mais plus encore que tout cela, le Brahman est un et sans second [advaita]. C'est à contrecœur que Śaṅkara fait place à la dualité ou à la pluralité, et il est porté à n'y voir que des faux-semblants.

L'autre pôle de l'idéologie śaṅkarienne est le « Soi » individuel [Ātman], en réalité l'étincelle d'absolu logée dans l'être vivant [jīvātman], lequel cherche passionnément à rejoindre sa source, mais en est provisoirement empêché par l'ignorance de sa vraie nature. Le troisième élément du débat est « l'autre », c'est-à-dire le monde, à la fois trop réel pour être une simple émanation de la pensée (comme le prétendent certains bouddhistes), mais trop peu pour être le support d'une réflexion fructueuse. Il forme donc un mystère « indicible » [anirvacanīya], né de la puissance d'illusion [māyā] ou du jeu cosmique [līlā] du Brahman, à moins que ce ne soit de son amour pour les hommes. En tout cas, le monde ne se voit doté de réalité qu'au niveau du sens commun, de la « vérité pragmatique » [vyavahārika satya], car au degré supérieur ou suprême [paramārthika satya] il n'est qu'un mirage qui se dissout dans la majesté de l'Absolu.

Cette double vérité, inconnue des *Upaniṣad*, requiert du discernement [viveka], première qualité de l'adepte de l'« Advaita ». Lui est recommandé aussi le renoncement qui l'aide à se fondre au Brahman. Si le processus commence dès ici-bas, nous avons affaire à un « délivré-vivant » [jīvanmukta]. Cette synthèse théologique est ce qu'on retient en général de l'Advaita śaṅkarien. On n'aura garde d'oublier néanmoins qu'elle s'appuie sur une stricte méthode exégétique qui, quoique moins visible, est fort importante. Dans l'interprétation des textes de la « Révélation védique » sont privilégiés non plus les textes injonctifs chers à la *Mīmāṃsā* (*), par exemple « celui qui veut aller au ciel doit sacrifier », mais les textes déclaratifs, singulièrement, les « Grandes déclarations » [mahāvākya] comme « Le Brahman est réalité, connaissance, infini » ou « Au-delà du Soi, il n'y a rien ». En outre Śaṅkara distingue nettement le sens fondamental et obvie [mukhyārtha] du sens analogique [lalkṣaṇā].

JEAN-MARIE VERPOORTEN.

RÉF. : G. Dandoy, *L'Ontologie du Vedānta*, Paris, 1932. — O. Lacombe, *L'Absolu selon le Vedānta*, Paris, 1937. — L. Renou, *Prolégomènes au Vedānta*, Paris, 1951. — P. Johanns, *La Pensée religieuse de l'Inde,* Namur, 1952. — A. Abston, *A Śaṅkara Source-Book*, 3 vol., Londres, 1980-81. — W. Halbfass, *Tradition and Reflection : Explorations in Indian Thought*, Albany, 1990.

SANNAZAR (Jacopo Sannazaro). Poète italien. Né à Naples le 28 juillet 1455 ou 56, mort dans cette même ville le 24 avril 1530. De famille noble mais ruinée, il passa son enfance à Naples d'où sa mère, Masella di Santomango, de Salerne, devenue veuve, l'emmena en même temps qu'un autre de ses enfants, pour s'établir dans son fief de Saint-Cyprien, dans la région de Salerne. Il retourna à Naples en 1475. Les Aragon encourageaient l'humanisme, et Sannazar trouva dans la ville l'atmosphère culturelle la plus favorable. À la cour des princes d'Aragon, il fit rapidement valoir son habileté à organiser fêtes et divertissements ; en 1480, il écrivit une farce de cour qui a été perdue. Ses premières poésies en latin datent de cette époque. Satisfait des représentations de Sannazar, en 1481, Alphonse, duc de Calabre, que notre auteur avait suivi dans ses entreprises guerrières, le reçut parmi ses « officiers de maison » peut-être à la demande de Pontano, dans l'Académie duquel Sannazar était entré sous le nom d'Actius Sincerus.

Sannazar prit également part à la guerre contre Innocent VIII en faveur de son prince, et il seconda Pontano dans les négociations de paix qui suivirent. Pendant ce temps, il fit suivre son premier recueil de *Rimes* en langue vulgaire, avec l'approbation de Frédéric, le très jeune frère d'Alphonse, des *Pelotes* [*I Gliommeri*], poésies bizarres en hendécasyllabes à rimes médianes, écrites vers 1486. La composition de *L'Arcadie* (*), à laquelle se rattache principalement la notoriété de Sannazar, peut être située durant la période qui couvre les années 1481-1486. *L'Arcadie* circulait manuscrite parmi les lettrés italiens, à la fin du XVe siècle, en dix épisodes en prose et dix églogues. En 1492, sur l'ordre d'Alphonse, on représenta, au Castel Capuano, la farce intitulée *Il trionfo della Fama ;* l'année suivante, le souverain fit don à Sannazar d'une villa à Mergellina. Lorsque la France et l'Espagne alliées enlevèrent son royaume à Frédéric d'Aragon en septembre 1501, le poète suivit son maître dans son exil volontaire en France. En 1501, *L'Arcadie* fut mise sous presse par Bernardino da Vercelli à l'insu de l'auteur. Celui-ci revint en Italie (1504) après qu'il eut, sur les bords de la Loire, fermé les yeux à Frédéric qu'il avait sans cesse aidé dans la mauvaise fortune, donnant l'exemple d'une foi solide et d'un caractère ferme à une époque de faiblesse morale. Dans sa villa de Mergellina, il se consacra à la publication des œuvres de Pontano ; à la mort de ce dernier, survenue en 1503, Sannazar s'était occupé plus activement de l'Académie dont il était arrivé à devenir président. Avec ses *Églogues des pêcheurs,* l'une de ses principales œuvres en latin, Sannazar parut avoir créé un nouveau genre littéraire. On peut présumer que c'est en 1506 qu'il commença d'écrire *L'Enfantement de la Vierge,* la seconde de ses œuvres maîtresses en latin. Vers 1517, Sannazar écrivit en latin *Les Saules* [*Salices*], et en 1518 donna un recueil complet de ses poésies latines ; enfin, en 1526, au terme d'un travail irrégulier qui avait duré vingt ans, il publia *L'Enfantement de la Vierge* en trois livres.

À partir de ce moment-là, Sannazar vécut attristé par le spectacle de la domination espagnole, cependant réconforté, en dehors de ses travaux, par la tendre affection de Cassandra Marchese, que le comte Scanderberg avait répudiée en 1499 pour épouser une Gonzague. Sannazar s'employa en vain, par des lettres pleines de noble indignation, auprès d'Alexandre VI et de Léon X, pour empêcher cette séparation et éviter une telle douleur à cette femme respectable. Il passa ses dernières années auprès d'elle, qu'il aimait avec une pureté chevaleresque. Il faut encore rappeler, de Sannazar, trois volumes d'*Élégies* (*) qui rassemblent ses poésies de jeunesse en latin, et trois volumes d'*Épigrammes* (*), qui montrent ses talents de polémiste en face de Politien, des Borgia, de Léon X. En 1529, on édita à Venise les *Sannazari odae ; ejusdem elegiae de malo punico.* Après sa mort, on imprima à Rome, en 1530, ses ouvrages en langue vulgaire — *Sonnets et Chansons* [*Sonetti e canzoni di M. Jacopo Sannazaro*] ; en 1535, Alde Manuce, à Venise, groupa en un volume toutes ses œuvres latines [*Actii Synceri Sannazarii opera omnia latine scripta*]. La prose et la poésie italiennes de Sannazar, riches de tous les éléments culturels de la Renaissance, par leur élégance et leur fluidité, par la limpidité de leur veine formelle, scellent le caractère italien de la langue, désormais fixé.

GAETANO RICHI.

♦ *« Sannazar surprend tant par le flot majestueux et toujours égal de ses vers, dans lesquels s'entrelace un monde de choses chrétiennes et païennes, que par la valeur plastique de ses descriptions et l'exquise perfection de son œuvre. »* Buckhardt.

RÉF. : E. Pèrcopo, *Vita di Jacopo Sannazaro,* Naples, 1894, réédité en 1931. — A. Sainati, *J. Sannazaro e Joachim du Bellay,* Pise, 1915. — E. Carrara, *Jacopo Sannazaro...,* Rome, 1930. — G. Folena, *La crisi linguistica del Quattrocento el « Arcadia » del Sannazaro,* Florence, 1952. — *Le Genre pastoral en Europe du XVe au XVIe siècle,* Saint-Étienne, 1980.

SAN PEDRO Diego Fernández de. Écrivain espagnol du XVe siècle. On croit qu'il était d'origine juive. Il fut maire de Peñafiel. Le livre qui l'a rendu célèbre est le roman intitulé *La Prison des amours* (*), qui a dû être écrit vers 1466 mais qui ne fut publié qu'en 1492. Il écrivit aussi un autre roman intitulé *Des amours d'Arnalte et Lucenda* [*De los amores de Arnalte y Lucenda*].

SANTAYANA George. Philosophe américain d'origine espagnole. Né à Madrid le 16 décembre 1863, mort à Rome le 26 septembre 1952. Santayana appartenait à une famille d'antique souche espagnole. À neuf ans, il fut conduit à Boston où sa mère, avec les trois enfants d'un précédent mariage, s'était déjà fixée, en marge de l'aristocratie marchande américaine à laquelle avait appartenu son premier mari. Santayana grandit dans cette ville, apprit l'anglais et fréquenta les écoles, mais ne s'intégra jamais dans ce monde nouveau. Son détachement à l'égard du puritanisme survivant et l'ironique pénétration de la morale du monde où il vécut sont sous-jacents à toute son œuvre et apparaissent explicitement dans les trois volumes d'analyse psychologique intitulés : *Caractères et opinions aux États-Unis* [*Characters and Opinions in the United States*, 1920], *La Tradition élégante le dos au mur* [*The Genteel Tradition at Bay*, 1931] et *Le Dernier Puritain* (*) (1937). Diplômé de Harvard College, Santayana continua pendant deux ans ses études philosophiques à Berlin. Mais son enthousiasme juvénile pour la pensée allemande (en particulier pour Schopenhauer) ne tarda pas à se refroidir. Les années passant, il se changea en une hostilité active et exaspérée qui, en 1916, s'exprima dans *L'Égotisme dans la philosophie germanique* [*Egotism in German Philosophy*], la seule des nombreuses œuvres de Santayana dans laquelle son habituelle et olympienne égalité d'âme l'avait abandonné.

Revenu en Amérique, il devint, en 1889, professeur de philosophie à Harvard. Il y demeura jusqu'en 1912 et, au milieu de collègues de tempérament foncièrement différent comme William James, l'isolement personnel et l'ironie détachée devinrent pour lui une règle de vie. Malgré sa carrière universitaire, ce n'est pas en philosophe qu'il écrivit ses premières œuvres mais en poète, amoureux de certaines formes de beauté et de sagesse. Le premier livre qu'il publia, *Sonnets et autres vers* [*Sonnets and Other Verses*, 1894], fut suivi d'un volume en prose sur l'esthétique, *Le Sens de la beauté* (*). Avant que se terminât son séjour à Harvard, il avait écrit en outre, parmi d'autres volumes de poésie et de prose, les *Interprétations de poésie et de religion*, une somme en cinq volumes de sa philosophie personnelle, telle qu'il la concevait alors, intitulée *La Vie de la raison* (*), et des études sur *Trois poètes philosophes* [*Three Philosophical Poets*]. Au cours de ces années d'Harvard, il passa en Europe la majeure partie de son temps libre. Quand, en 1912, le legs d'un oncle lui apporta l'indépendance financière, il donna sa démission à Harvard et, avec un sentiment de libération, il quitta pour toujours l'Amérique.

Pendant la Première Guerre mondiale, c'est en Angleterre que Santayana choisit de séjourner. Il demeura à Oxford pendant plusieurs années. Il y était à nouveau un hôte étranger, mais cette fois dans un monde où la maturité et la densité culturelles répondaient à son génie. De ce séjour naquirent, en 1922, les méditations en prose intitulées *Soliloques en Angleterre* [*Soliloquies in England*]. La guerre finie, Santayana commença sur le continent la vie qu'il devait mener jusqu'à sa mort, une vie de cosmopolite sage, de vagabond semi-légendaire et studieux « aux dispositions sacerdotales ». Partout à son aise et partout étranger, il habita tantôt à Paris, tantôt à Londres, tantôt à Rome. C'est cette vie parfois pénible de vagabond solitaire qu'illustre une longue série d'œuvres dont la rigueur intellectuelle est alternativement obscure et lumineuse suivant que sa prose est saccadée et baroque ou dotée d'un rythme pétillant et fascinant. La plus importante de ces œuvres fut la somme en quatre volumes qui expose les derniers développements de sa pensée, *Les Royaumes de l'être* [*Realms of Being*, 1927-1940] ; la plus surprenante fut un roman, *Le Dernier Puritain*, publié alors qu'il avait soixante-seize ans et qui fut pour un temps un grand succès d'édition. Ses dernières années, passées dans un couvent romain (où il mourut du cancer), furent consacrées à une étude de la religion, *L'Idée du Christ dans les Évangiles* [*The Idea of Christ in the Gospels*, 1946], à une étude des institutions politiques, *Puissances et Dominations* [*Powers and Dominations*, 1951] et à une autobiographie, *Personnes et Lieux* [*Persons and Places*]. Les lecteurs de l'œuvre de Santayana (à l'exception du roman) n'ont jamais été nombreux, et il s'agit le plus fréquemment d'hommes de tempérament littéraire (habitués, comme Santayana, à considérer les œuvres philosophiques comme autant de « poèmes » conceptuels qui donnent une vision unique de l'univers), plutôt que de philosophes systématiques, qui le trouvent trop élusif, trop poétique, trop olympien, trop à l'écart, soit des problèmes contemporains, soit des concepts traditionnels de la pensée.

STANLEY GEIST.

♦ *« Personne de mieux doué pour la littérature n'est apparu sur la scène américaine, personne n'a mieux écrit sur le sol américain. Dans sa génération comme dans celle qui la suit, aucun écrivain en prose n'est comparable à Santayana. Il faut, pour l'égaler, remonter jusqu'aux plus grands stylistes vivants, jusqu'à Thomas Mann, qui le surpasse bien entendu en richesse créatrice et en diversité, jusqu'à Paul Valéry à qui il est égal en précision et supérieur pour la beauté sensuelle et la profondeur du ton. »* Ludwig Lewisohn. ♦ *« Santayana est remarquable par l'admirable clarté de sa pensée et il ne partage cette caractéristique qu'avec les hommes de génie des XVIIe et XVIIIe siècles. »* Whitehead.

RÉF. : G. W. Howgate, *George Santayana*, Philadelphie, 1938. – M. K. Munitz, *The Moral Philosophy of Santayana*, New York, 1939. – Jacques Duron, *La Pensée de George Santayana*, Paris, 1950. – J. Ashmore, *Santayana : Art and Aesthetics*, Cleveland, 1966. – J. Mc Cormick, *George Santayana*, New York, 1987. – J. Lachs, *George Santayana*, Boston, 1988.

ŚĀNTIDEVA. Écrivain bouddhiste de la fin du VIIe siècle né au Gujarat. Fils d'un souverain local, il aurait fui la royauté dans son pays, été ministre dans l'est de l'Inde et moine au Madhyadeśa. Il se serait retiré au Kaliṅga (côte nord-est). Plusieurs miracles lui sont attribués. Apôtre du bouddhisme du « Grand Véhicule » [Mahāyāna], il écrivit un traité de dogmatique, le *Śikṣāsamuccaya* ou « Compendium des enseignements » en vingt-sept versets commentés par lui-même. Pour établir la validité de ses thèses, il accumule les citations empruntées à la littérature mahayanique. Ce qui révèle sa grande érudition, et, en même temps, fait de son œuvre une source précieuse d'information sur ses prédécesseurs. Parmi les points les plus originaux de sa doctrine, citons l'insistance sur la « pensée de l'éveil » [bodhicitta]. Ce thème reparaît dans le fameux poème de cet écrivain : le *Bodhicaryāvatāra* (*).

JEAN-MARIE VERPOORTEN.

RÉF. : A. Pezzali, *Śāntideva e il Bodhicaryāvatāra*, Bologne, 1982.

SANTILLANA Iñigo López de Mendoza, marquis de. Homme de lettres espagnol, né à Carrión de los Condes (León) le 19 août 1398, mort à Guadalajara (Nouvelle-Castille) le 25 mars 1458. Il fut la personnalité la plus influente dans les lettres castillanes au XVe siècle. Resté orphelin de son père, don Diego Hurtado de Mendoza, à l'âge de sept ans, il passa plusieurs années de sa jeunesse à la cour d'Aragon (1412-1418). De retour en Castille, il prit une part très active aux troubles civils qui agitèrent le règne de Jean II. Il combattit contre les Aragonais, en 1429, à la frontière du Moncayo, et prit aux Maures de Grenade la forteresse de Helma (1438). Il fut aux côtés de Jean II à la bataille d'Olmedo (19 mai 1445), ce qui lui valut les titres de marquis de Santillana et de comte del Real de Manzanares. Il fut l'un des principaux conjurés qui causèrent la chute de don Alvaro de Luna (1453), contre lequel il écrivit l'*École de favoris* [*Doctrinal de privados*] (où il imagine que le favori du roi se confesse), et d'autres ouvrages de controverse. Il sut joindre l'activité et les conditions de vie d'un chevalier à celles d'un homme de lettres, consacrant à la lecture une grande partie de ses loisirs, rassemblant une bibliothèque très riche pour l'époque, et s'entourant de savants à qui il recommandait de faire des traductions – directes ou indirectes – d'œuvres classiques. Il connaissait bien la poésie courtoise et savante des différentes littératures romanes et le démontra dans sa *Préface et lettre au connétable du Portugal*, qu'il envoya à don Pedro de Portugal comme prologue à ses œuvres personnelles. L'œuvre de Santillana comprend des ouvrages qui recueillent et stylisent des motifs castillans traditionnels, comme les *Serranillas* (*), prodigieuses de grâce et de suave ironie, ou le *Villancico* – attribution douteuse de nos jours – qui renferme des interpolations populaires dans un décor typiquement noble ; des chansons et des maximes en vers complètent ses œuvres mineures. Développant et dépassant les intentions de Francisco Imperial, il cultiva abondamment l'allégorie dans ses poèmes d'amour et de circonstance, fréquemment lié à une attitude doctrinale ; on trouve en eux l'influence de Dante, celle des *Triomphes* (*) de Pétrarque, de Boccace et de la tradition savante française, à partir du *Roman de la Rose* (*).

On compte, dans ce groupe de poésies, entre autres, *Le Couronnement de messire Jordi de Sant Jordi* [*La coronación de Mosén Jordi de Sant Jordi*], *La Mort de don Enrique de Villena*, [*La defunción de don Enrique de Villena*], *Le Petit Triomphe de l'amour* [*Triunfete de amor*], *Le Songe* [*Sueño*], *L'Enfer des amoureux* [*El infierno de los enamorados*] et la *Petite comédie de Ponça* [*Comedieta de Ponça*, 1436]. Se trouvant auprès de son cousin le comte d'Albe, Santillana lui dédia le *Dialogue de Bias contre la fortune*, belle démonstration de doctrine stoïque. Dans ses poèmes longs, il s'efforça de créer un style pompeux, riche en latinismes et en érudition ostentatoire, correspondant au caractère des allégories dans lequelles des personnages vêtus de riches ornements prennent des attitudes poétiques et cérémonieuses. Il composa quarante-deux *Sonnets à la manière italienne*, mais cette tentative prématurée n'eut pas de continuateurs immédiats. Ses *Proverbes* connurent une grande diffusion (1437) ; ils étaient destinés à l'éducation du prince don Enrique. On lui attribue en outre un recueil de *Proverbes que les vieilles disent auprès du feu* [*Refranes que dicen las viejas tras el fuego*], le premier de ce genre en Castille. Sans abandonner la tradition de la poésie castillane antérieure et sans repousser l'influence française, Santillana dirigea l'intérêt de ses contemporains vers les grands auteurs italiens du XVIe siècle et donna une impulsion décisive au puissant désir de connaître l'antiquité grécolatine.

RAFAEL LAPESA.

♦ *« Santillana survit dans des poèmes de sa jeunesse, dans le genre léger : la grâce, la gaieté et la finesse de ses* dezires, serranillas *et* vaqueiras *n'ont pas été surpassées, même par Lope de Vega. S'il emprunte aux poètes de Provence, il se défait de leurs artifices, et, par son naturel et son tact artistique, il rend vivantes des émotions simples que des maladroits devaient alourdir et gâter à jamais dans les romans pastoraux... Quand il cesse d'imiter, il devient inimitable. »* J. Fitzmaurice-Kelly.

RÉF. : E. de Ochoa, *Rimas del Marqués de Santillana*, Paris, 1844. – M. Menéndez y Pelayo, *Antología de poetas líricos*, t. V, Madrid, 1894. – B. Sanvitensi, *I primi influssi di Dante, del Petrarca e del Boccaccio sulla Letteratura Spagnuola*, Milan, 1902. – M. Schiff, *La Bibliothèque du marquis de Santillana*, Paris, 1905. – C. R. Post, *Mediaeval Spanish Allegory*, Harvard, 1915.

SANTÔ KYÔDEN (Iwase Denzô). Romancier et poète japonais. Né en 1761 à Edo (aujourd'hui Tôkyô), où il mourut en 1816. Dès son plus jeune âge l'enfant montre une intelligence précoce. Installé à douze ans au centre de la ville, dans le quartier de Ginza, où son père était fonctionnaire de la police, il fréquentait, à dix-sept ans, les quartiers des courtisanes. Très doué pour la peinture que lui avait enseignée son père, il savait jouer du « shamisen » (sorte de guitare à trois cordes) et chantait à ravir. Kyôden, en outre, était lié avec les écrivains les plus représentatifs de son temps, notamment avec Shoku Sanjin (1749-1823). Son activité littéraire peut se diviser en deux périodes que sépare l'année 1791. Dans la première, il suivit la mode de l'époque en décrivant la vie des quartiers de plaisir. Dès sa vingtième année il connut la célébrité en publiant *Cette marchandise que vous savez* [*Go zon jino shôbaimono,* 1782]. Encouragé par ce brillant début, il continua d'écrire, poussé par son éditeur Tsutaya Jûzaburô. Mais, en 1791, le gouvernement fit arrêter l'éditeur et l'écrivain, condamnant ce dernier à cinquante jours de fers. Le poète, d'une nature assez sensible, en fut profondément affecté et resta plusieurs années sans produire. Entre-temps, il perdit sa première femme, une ancienne prostituée (1792). Il devait en épouser une autre en 1800, et toutes deux furent de fidèles compagnes. En 1793, Kyôden, se révélant commerçant avisé, ouvrait au Ginza une boutique de tabacs, sucreries et articles divers qui lui procura l'aisance. À la demande de son éditeur, il se décida enfin à reprendre la plume et inaugura la seconde période de sa production littéraire, consacrée cette fois à des œuvres irréprochables du point de vue moral. Dans le genre « yomihon » [littéralement : livres de lecture ou récits] il publia le *Mukashi-gatari Inazuma-byôshi* (*) (1805). Mais l'astre de Kyokutei Bakin, son élève, s'était levé à l'horizon et Kyôden ne retrouva pas le succès de ses débuts. Ce genre nouveau n'était guère celui qui lui convenait. C'est par son style uni, brillant et concis que Kyôden a influencé la littérature japonaise. Il excelle en outre à tenir le lecteur en haleine jusqu'à la fin du récit. En tant que peintre, il a illustré lui-même un grand nombre de ses œuvres. Parvenu à un âge plus avancé, il entreprit des travaux d'érudition tels que *Recueil de curiosité* [*Kottô-shû,* 1815]. Citons encore de lui, *Honchô Suibodai Zenden* (+) (1806).

SANUDO Marin, dit le Jeune. Historien italien. Né le 22 juin 1466 à Venise, où il mourut le 4 avril 1536. Il appartenait à la branche de San Giacomo dell'Orio de la grande famille vénitienne dont faisait aussi partie Marin Sanudo l'Ancien. Il fit ses études à Sanguineto Veronese, puis entra dans la vie publique de la République sérénissime (1498) où il assuma des charges importantes. Ami d'Alde Manuce, il fut membre de l'Académie Aldine. Homme pourvu d'intérêts multiples, lecteur infatigable, Sanudo fut aussi un observateur attentif des événements de son époque en même temps qu'un historiographe de sa ville. Ses principaux ouvrages sont : le compte rendu d'un *Itinéraire de la terre ferme vénitienne* [*Itinerario per la terraferma veneta,* 1843], voyage qu'il accomplit avec la suite de son cousin Marci ; les *Commentaires de la guerre de Ferrare* [*Commentarii della guerra di Ferrara*] (1484, édit. 1829), remaniés et inclus par la suite dans les *Vies des doges* [*Vite de duchi di Venezia*] depuis les origines de la ville jusqu'en 1494 ; cet ouvrage fut écrit entre 1490 et 1494, mais lui aussi remanié et augmenté dans la décennie suivante ; *De l'origine de la situation et des magistrats de la ville de Venise* [*De origine situ et magistratibus urbis Venetae,* 1493] ; un compte rendu sur l'*Expédition de Charles VIII en Italie* [*Spedizione di Carlo VIII in Italia,* 1495, édit. 1883], dédié au doge Barbarigo, ouvrage qui constitue une véritable mine de renseignements bien que sa construction laisse à désirer. Le *Journal* (*) de Sanudo, qui répond davantage à son goût et à son attitude d'observateur aigu, toujours prêt à saisir les événements, est une source historique et documentaire de premier ordre. Rappelons enfin son *Résumé de l'histoire vénitienne de 746 à 1494* [*Sommario di storia veneziana dal 746 al 1494*].

RÉF. : Rawdon Brown, *Ragguagli sulla vita e sulle opere di M. Sanudo,* Venise, 1880.

SANUKI TENJI. Ce nom, qui signifie « la dame de Sanuki », désigne une Japonaise, dame d'honneur à la cour impériale au XIIe siècle (Sanuki était une ancienne province du Japon : « Tenji » veut dire « dame de la Cour »). L'ancienne tradition selon laquelle Sanuki Tenji serait une fille de Minamoto no Yorimasa (1106-1186) est abondonnée, car il s'agirait plus vraisemblablement de Fujiwara Nagako, ou de sa sœur aînée Fujiwara Kaneko (1050-1133). En tout état de cause, elle fut « tenji » de l'empereur Horikawa (1087-1107) et de son successeur Toba (1108-1123). On ne sait rien d'autre à son sujet, sinon que, vers 1118, ses facultés mentales se seraient obscurcies. Sanuki est connue non seulement pour avoir tenu le *Journal de Sanuki Tenji* (*), mais aussi pour ses nombreuses poésies, dispersées dans divers recueils.

SAPPHO. Poétesse grecque. Née à Lesbos entre 617 et 612 et morte vers 570-560 avant J.-C. Hormis la mention d'Alcée, poète de Lesbos et son contemporain, les seules informations sur sa vie se trouvent dans ses poèmes, où il est difficile de distinguer le « je » autobiographique du « je » poétique. On apprend toutefois qu'elle avait une fille, Kléis, qu'elle aimait beaucoup et un frère, Charaxos, qui lui avait causé des soucis. Le reste des informations, notamment son amour pour le jeune Phaon et son propre suicide (elle se serait précipitée depuis les rochers de l'île Leucade), semblent être des inventions tardives. Elle faisait sans doute partie de la couche aristocratique que le coup d'État du tyran Pittacos avait poussée à l'exil. De Sicile, où elle vécut pendant quelques années, elle rentre entre 590-585 à Lesbos, terre à double titre favorable pour elle : grâce à la tradition poétique établie par Terpandre et à la haute civilisation de la proche Lydie qui donnait à la femme une place particulière. À Lesbos, Sappho réunit autour d'elle un cercle de jeunes filles et écrit des poèmes dans son dialecte natal. De son œuvre, réunie par les critiques alexandrins en neuf livres, ne nous sont parvenus que quelques poèmes en entier et plusieurs fragments dont un retrouvé sur un tesson. Ils ont affaire autant avec des situations officielles, fêtes religieuses, mariages, qu'avec la vie et les relations à l'intérieur de son cercle.

La lecture de ces poèmes permet de considérer que la vie, dans ce cercle, avait un aspect pédagogique : les jeunes filles de l'aristocratie, de différentes classes d'âge, restent auprès de Sappho un certain temps, peut-être jusqu'à leur mariage. Répandus dans le monde archaïque aristocratique, les cercles de jeunes filles suivent un schéma initiatique, analogue à celui des adolescents, d'après lequel la maîtresse initie les jeunes à un système de valeurs — dont l'homosexualité — qui avec l'accès au monde des adultes sera en partie abandonné. L'entraînement à la musique, la danse, l'élégance dans les habits et la manière de se tenir, la sensibilisation au monde des fleurs et des parfums visent certainement à une efficacité propre à leur classe, mais sont également ancrés dans un cadre cultuel inextricablement lié à l'éducation archaïque. Le savoir-faire et le savoir-paraître se cristallisent alors à l'occasion des fêtes publiques religieuses — dans le cas de Sappho, en l'honneur d'Héra et d'Aphrodite —, se rattachant ainsi à des prototypes divins. Omniprésente dans les fêtes, Aphrodite l'est aussi dans sa poésie ; évoquée et invoquée, elle lui sert d'alliée dans sa « stratégie » de conquête de l'aimée qui fuit, de rempart pour la valeur qu'elle défend et qu'elle oppose aux valeurs des hommes : « Les uns disent que c'est une armée de cavaliers, d'autres que c'est une armée de fantassins, d'autres enfin que c'est une flotte, la plus belle chose sur la terre sombre. Moi, je dis que c'est celui qu'on aime... »

À côté d'un niveau explicite ou public, tout un réseau d'informations met en relief un climat émotionnel nuancé, intime, tissé d'un ensemble de sentiments et de comportements au sein du cercle. Aussi fragmentaire soit-elle, l'œuvre de Sappho révèle l'importance accordée au toucher, à l'éclat et à la douceur de l'aspect, préliminaires à des sentiments qui naissent dans le corps et qui se déploient en tendresse, désir ou nostalgie, bien-être sensuel ; mais aussi en colère, jalousie ou désespoir passionnel. Ayant ailleurs qualifié l'amour de « monstre invincible doux et amer », Sappho dépeint dans le fragment 31 — v. *Odes* (*) — le délire amoureux : en décrivant tout d'abord de façon précise et poignante les symptômes somatiques qui dissolvent le corps en ses diverses parties et visent à sa consomption, elle choisit et lie ensemble ce qu'il y a de plus aigu et de plus tendu dans ses affections, puis, au dernier vers, elle ramasse d'un mouvement rapide ses organes touchés, comme autant de fragments d'elle et fixe ainsi l'essence paradoxale de l'amour comme maladie tout en se posant comme modèle poétique. Catulle, Horace, Racine ont repris ses accents pour parler de l'amour. Partie intégrante de la sensibilité sapphienne, la nature rend à ce monde le calme et l'harmonie : présente dans l'évocation d'Aphrodite, elle participe à la vie avec ses compagnes et s'introduit dans la perception même de leur personne, telle la jeune mariée comparée à la pomme qui rougit au bout de la branche, ou Arignota qui, en Lydie, « brille comme la lune aux rayons roses, parmi les étoiles qu'elle efface ».

Qualifiant son cercle de « maison où l'on célèbre les Muses », Sappho a voulu se placer sous l'invocation de celles qui protègent la poésie et la mémoire, médiatrices entre l'humain et le divin. Si d'autres cercles ont existé en Grèce archaïque, celui de Sappho a certainement le plus justifié le rôle des Muses comme filles de la mémoire. Sappho en était consciente lorsque, au moment de la séparation, elle invite sa compagne à se rappeler « tant d'heures douces et belles que nous vécûmes ensemble » ou bien lorsque, en sens inverse, elle installe la nostalgie chez la jeune femme mariée en Lydie : « Le désir oppresse son âme délicate, le chagrin alourdit son cœur : d'une voix perçante elle nous crie de venir la rejoindre... »

Uniques par la finesse, la simplicité, le mélange de sensualité, d'audace verbale et d'exploration des limites de valeurs ou de sentiments, les poèmes de Sappho lui ont valu le titre de dixième muse ou de la « poétesse » placée à côté d'Homère.

TERPSICHORE ARGYROU.

RÉF. : Th. Reinach et A. Puech, *Alcée et Sappho,* Paris, 1937-89. — A. Bonnard, *La Poésie de Sappho,* Lausanne, 1948. — E.-M. Voigt, *Sappho et Alcaeus Fragmenta,* Amsterdam, 1971. — Cl. Calame, *Les Chœurs des jeunes filles en Grèce archaïque,* Rome, 1977. — B. Gentili, « La veneranda Sappho », *QUCC,* 2, 1966. — G. Lanata, « Sul linguaggio amoroso di Sappho », *QUCC,* 2, 1966. — D. Page, *Sappho and Alcaeus,* Oxford 1955-1975. — J. Winckler, « Garden of nymphs » in *Reflexions of Women in Antiquity,* New York, 1981.

SARAFIAN Nigoghos. Écrivain arménien. Né en 1902 à Varna (Bulgarie), mort le 16 décembre 1972 à Paris. L'œuvre de Sarafian, essentiellement poétique, a su intégrer l'étranger en elle, et se faire écriture de l'exil. En 1915, Sarafian passe de Bulgarie en Crimée, alors que ses parents disparaissent dans la tourmente. De 1919 à 1922, il est à Constantinople, élève en particulier de Hagop Ochagan (avec lequel il conservera des liens passionnés de fils révolté). L'avancée des troupes kémalistes le pousse à Paris, avec une bonne partie de sa génération. Pendant un demi-siècle, il vit dans la capitale française, où il est ouvrier typographe, publiant quatre volumes de poésie entre 1927 et 1946, dont le plus important est *Flux et Reflux* (*) en 1939. Il écrit aussi au début des années 30 des romans, dont un seul a paru en volume. En 1948, il publie dans la revue *Naïri* d'Alep « Le Bois de Vincennes », prose poétique, où est condensée toute l'expérience de sa génération, et qui appartient aux plus belles pages écrites en langue arménienne. Suit une longue période de silence, due en partie au fait que le centre de la vie culturelle en diaspora s'est déplacé au Moyen-Orient. Il publie le recueil *Méditerranée* en 1971 à Beyrouth. Une reconnaissance tardive a fait de lui le plus grand poète de la diaspora.

MARC NICHANIAN.

SARAMAGO José. Écrivain portugais. Né le 18 novembre 1922 en Alentejo, dans le sud du pays. Issu d'une famille modeste il doit abandonner ses études secondaires, commencées à Lisbonne, et entrer dans une école professionnelle. C'est dans cette école, dont il sortira avec un diplôme de serrurier, que son intérêt pour la langue française et la littérature se révélera. Il exerce son métier dans les hôpitaux de la capitale avant d'accéder progressivement à des postes administratifs dans diverses entreprises. C'est en 1947 que paraît son premier roman *Terre du péché* [*Terra do pecado*]. Mais il lui faudra attendre encore près de vingt ans pour entrer véritablement dans la carrière des lettres et obtenir des collaborations régulières à d'importants journaux portugais. Il publie là de nombreuses chroniques et des poèmes. Son second roman, *L'Année 1993* [*O ano de 1993*], ne paraît qu'en 1975. Saramago expliquera cette lente gestation et ses débuts tardifs par le manque de confiance en lui-même. Mais, dès lors, sa production sera ininterrompue. Elle le conduira rapidement à une renommée internationale.

L'œuvre de José Saramago a un seul et unique héros : le Portugal. De son propre aveu « c'est une préoccupation presque obsessionnelle ». L'histoire de son pays lui permet de faire du « passé déclaré mort, un passé vivant », de modifier les rapports de l'homme au temps, d'unifier passé, présent, futur. L'histoire est aussi un moyen de connaissance. Si elle a laissé des lacunes que la rigueur scientifique ne peut combler, l'écrivain est là pour remplacer « ce qui fut par ce qui aurait pu être » et introduire ainsi la fiction dans l'histoire. Son roman *Le Dieu manchot* (*), par exemple, paru en 1982, joue constamment sur la réalité historique et la fiction. Des deux, quelle est la plus vraie ? Pour illustrer cette question, Saramago opte pour un style hautement baroque ; les détours, les métaphores, les anachronismes mettent en relief les jeux de miroir où vérité et mensonge s'échangent et se réfléchissent. Dans *L'Année de la mort de Ricardo Reis* (*) [*O ano da morte de Ricardo Reis*], publié en 1984, l'auteur s'éloigne des sujets historiques mais n'en recourt pas pour autant à la pure invention : il choisit en effet pour héros l'un des hétéronymes du poète Fernando Pessoa ; une manière d'exercer, à nouveau, son penchant ludique, de faire se rencontrer l'illusion et la réalité.

Si la lecture des historiens français, Georges Duby, Fernand Braudel, Jacques Le Goff, l'ont aidé dans la compréhension de leur discipline, Saramago se défend d'écrire des romans historiques. Le fantastique ou la parabole sont, pour l'écrivain, autant de manières d'évoquer le Portugal d'aujourd'hui et surtout de donner son opinion sur l'époque contemporaine. Ainsi dans son roman *Le Radeau de pierre* [*A jangada de pedra,* 1986] la presqu'île ibérique se détache-t-elle du continent pour devenir une île entre Afrique et Amérique du Sud. Plusieurs interprétations de cette œuvre sont possibles : c'est peut-être un conte évoquant le retour des Portugais et des Espagnols à leur vocation de navigateurs, de découvreurs ; mais la parabole anti-européenne est également claire. Proche du parti communiste portugais, José Saramago ne cache pas ses réticences à l'égard de l'intégration européenne. Maintenir, un peu honteusement, ce parent pauvre qu'est son pays à l'écart du continent ou l'y engloutir : ce ne sont jamais que deux façons de méconnaître la vocation et l'apport du génie portugais. La renommée internationale dont jouit l'écrivain peut lui avoir donné l'espoir de divulguer son point de vue. Son dernier roman, *L'Évangile selon Jésus-Christ* [*O Evangelho segundo Jesus Cristo,* 1992], a fait l'objet d'une vive polémique.

FRANÇOISE BEAUCAMP.

SARASIN Jean-François. Écrivain français. Né en 1614 près de Caen, mort à Pézenas en 1654, il est représentatif du courant mondain « galant ». Son père avait été avocat, puis devint conseiller à la cour des aides de Caen ; il n'était pas riche. Sarasin fit des études à Caen, puis gagna Paris en 1635 pour y chercher fortune. Il eut le soutien de la « clientèle » du duc de Longueville, gouverneur de Normandie. En 1639, il devint secrétaire du diplomate Chavigny, chargé d'une mission en Italie. En 1643, il épousa une riche vieille, mais elle obtint vite une séparation par décision de justice (1645). En 1647, il entra dans le groupe de gens de lettres que protégeait Paul de Gondi, coadjuteur de l'archevêque de Paris, et futur cardinal de Retz. À son instigation, il fit une satire d'un opéra commandité par Mazarin, ce qui lui coûta une incarcération à la Bastille. La Fronde ayant éclaté, Gondi le plaça comme secrétaire du prince de Conti, son allié dans la rébellion, avec un rôle d'espion. Finalement, Sarasin resta chez Conti, devint son pamphlétaire attitré, y remplit des fonctions d'intendant, en l'escroquant. Conti devenu gouverneur du Languedoc, il l'y suivit. Il mourut à Pézenas, où se réunissaient les états de cette province, dans des circonstances troubles : une rumeur disait que son maître, excédé, l'avait frappé, une autre que c'était un mari jaloux... On ne sait rien de sûr.

Sa biographie donne à penser que Sarasin fut un aventurier, un viveur débauché et un libre-penseur. Pourtant, son œuvre littéraire se rattache au courant de la mondanité distinguée. Il avait eu, très jeune encore, ses entrées à l'Hôtel de Rambouillet, où on le jugeait comme un bel esprit et on le voyait en rival de Voiture, le bel esprit à la mode. Il se fit connaître par une préface à *L'Amour tyrannique* (*) de Georges de Scudéry (1649), où il théorise la tragédie, et il s'affirma dans la célébrité littéraire avec une *Histoire du siège de Dunkerque,* une satire, *Dulot vaincu ou la Défaite des bouts-rimés* (contre un poète et un jeu poétique mondain en vogue) et surtout par *La Pompe funèbre de Voiture* (1649). Il montre donc à la fois un vrai savoir d'historien chroniqueur, un talent satirique, et un art de l'éloge humoristique : la description des funérailles de celui qui avait été son concurrent allie les louanges et les pièges. La forme en mêle les vers et la prose. Elle contribua à lancer le style « galant », qui estompe la distinction des genres, occulte le savoir et privilégie l'élégance en imitant l'art de la conversation dans les salons mondains, et qui fut prépondérant dans les années 1650 et 1660. Polygraphe, Sarasin laissa aussi nombre d'œuvres non imprimées, qui furent éditées posthumes : *Histoire de la conspiration de Valstein, Histoire de Clovis, Vie d'Atticus, Apologie de la morale d'Épicure...* Il parcourait donc une gamme allant de la plaisanterie aux sujets sérieux et philosophiques. Pour cette variété, pour la souplesse de son style, le groupe réuni autour de Pellisson, Ménage et Mlle de Scudéry lui donna une place de premier plan en publiant ses *Œuvres* en 1656 (nombreuses rééditions ensuite) et en le présentant comme un nouveau modèle du bien-écrire et de l'esthétique galante qui marqua tant La Fontaine, le jeune Racine et le vieux Corneille.

ALAIN VIALA.

RÉF. : L. Stecher, *Jean-François Sarasin et ses rapports avec la préciosité,* thèse, Lille III, 1978. — Pour une bibliographie complémentaire détaillée, voir *L'Esthétique galante* (sous la dir. d'A. Viala, Toulouse, SLC, 1988).

SARCEY Francisque. Critique français. Né à Dourdan (Seine-et-Oise) le 8 octobre 1827, mort à Paris le 16 mai 1899. Il fit de brillantes études et entra en 1848 à l'École normale supérieure, dans la même promotion que Taine et About. Nommé professeur à Chaumont, ses opinions libérales le firent déplacer. Il donna sa démission en 1858 et vint à Paris, où sous divers pseudonymes il collabora à un grand nombre de revues et de journaux. Il donna ses premières critiques dans *L'Opinion nationale* en 1859. Entré au *Temps* en 1867, il y tint jusqu'à sa mort la chronique théâtrale. Chaque lundi il donnait une analyse et une appréciation des pièces de la semaine, ou parfois une étude générale sur l'art dramatique. Il devint ainsi l'« oracle » du public moyen et s'acquit une véritable célébrité. Ses façons débonnaires l'avaient fait surnommer « l'oncle », mais si ses jugements témoignaient toujours d'une grande honnêteté, ses goûts très conformistes le rendaient beaucoup plus sensible à l'habileté de la composition qu'à l'originalité. Les jeunes auteurs, s'ils enfreignaient les lois académiques, n'avaient donc aucune chance auprès de lui. Ses articles les plus importants furent réunis sous le titre : *Quarante ans de théâtre* (*), et parurent en 1900-02, après sa mort. Il avait remporté en outre de grands succès comme conférencier à Paris (à l'Athénée, aux matinées Ballandes, à l'Odéon et à la Bodinière), en Angleterre, en Belgique et en Hollande. Ses ouvrages les plus connus sont : *Le Mot et la Chose* (1862), sorte de récréation philologique, *Le Siège de Paris* (*) (1873), *Paul-Louis Courier, écrivain* (1876), *Comédiens et Comédiennes* (1876), *Gare à vos yeux* (1884).

RÉF. : Jules Lemaitre, *Les Contemporains,* T. II, Paris, 1886. — Anna de Luigi, *F. Sarcey professeur et journaliste,* Florence, 1919.

SARDOU Victorien. Auteur dramatique français. Né et mort à Paris (7 juillet 1831-8 novembre 1908). Il fut d'abord étudiant en médecine, puis répétiteur de philosophie, de mathématiques et d'histoire, et débuta dans les lettres en collaborant à des revues et à des encyclopédies. Sa première pièce, *La Taverne des étudiants*, fut représentée sans succès à l'Odéon, en 1854. Cet échec le dégoûta du théâtre, mais son mariage, en 1858, avec une actrice, Mlle de Brécourt, le poussa à y revenir. Les relations de sa femme avec la célèbre Déjazet lui ouvraient d'ailleurs toutes les portes. Il présenta en 1859 *Les Premières Armes de Figaro,* qui fut très bien accueilli, et obtint son premier vrai succès l'année suivante avec *Pattes de mouche.* Dès lors ses pièces se succédèrent de saison en saison. Les théâtres se les disputaient, le monde entier les applaudissait. Sardou écrivit des comédies, des drames et des pièces à grand spectacle, son extraordinaire fécondité ne se démentant pas un instant d'un bout à l'autre de sa carrière. Né pour le théâtre, il a le sens de la vie, du mouvement et de la situation dramatique. Ses dialogues sont toujours habiles, sinon spirituels et mordants. Il sut être le plus grand amuseur de son temps en jouant sur toutes les cordes du rire ou de l'émotion. Chaque époque, il est vrai, possède son ou ses auteurs adulés par le grand public et méprisés par ceux que la facilité ne suffit pas à satisfaire. Violemment attaqué pour les emprunts dont il lui arrivait d'émailler ses pièces, il se défendit dans un livre intitulé

Mes plagiats (1883) où il triomphe en se moquant. Parmi la quarantaine de pièces qu'il a écrites, les premières, au moins, portent de toute évidence la marque de l'influence de Scribe. Ses contemporains ont voulu voir en lui le plus grand caricaturiste de son temps ; ce jugement n'a pas perduré. Si le succès ne cessa jamais d'accompagner sa production, certaines de ses œuvres suscitèrent des réactions particulièrement vives : ce fut le cas de *Rabagas*, comédie en cinq actes, présentée le 1er février 1872 au Vaudeville. Cette pièce, bourrée d'allusions aux personnages politiques en vue et aux événements récents, provoqua de véritables tumultes dans la salle. *Daniel Rochat* (Théâtre-Français, 16 février 1880), comédie exposant les diverses théories pour et contre le mariage religieux, causa aussi un énorme scandale ; quant à *Thermidor* (*) (drame historique, 1891) qui s'attaquait à la Révolution française, il provoqua de telles manifestations que, interdit à la suite d'une intervention à l'Assemblée, il ne put être joué qu'à Bruxelles. Parmi les innombrables succès du dramaturge on peut signaler encore : *Patrie* (1869), *La Haine* (1874), le plus vigoureux sans doute de ses drames, *Divorçons* (1880), qui traite sur le mode léger le même sujet que *Daniel Rochat, Maison neuve* (*) (1867), *La Tosca* (*) (1887), *Madame Sans-Gêne* (*) (1893). Pour permettre à Sarah Bernhardt de jouer tous les registres de son talent, Sardou composa pour elle deux spectacles à grande mise en scène : *Fédora* (1882) et *Théodora* (1884).

Sardou a laissé aussi quelques romans dont *La Perle noire* (1862) et *La Maison de Robespierre* (1895). Il fut élu à l'Académie française en 1877.

BERNARD NOËL.

♦ *« Il était né homme de théâtre, et notre théâtre du* XIX*e siècle n'a pas eu de technicien qui lui fût comparable, non pas même Scribe. Habile, trop habile, trop ingénieux, trop à l'aise dans l'imbroglio pour ne pas en abuser, trop prestidigitateur... »* André Bellesort.

RÉF. : Doumic, *Portraits d'écrivains*, Paris, 1892. – J. A. Hart, *Victorien Sardou and the Sardou's Plays*, Philadelphie, 1913. – P. B. Ghensi, *Les Chefs*, Paris, 1913. – G. Mouly, *La Vie prodigieuse de V. Sardou*, Paris, 1931. – D. C. Walker, *La Technique des drames historiques de Victorien Sardou*, thèse, Paris, 1961.

SARMIENTO Faustino Domingo. Homme politique et écrivain argentin. Né au village de San Juan de Cuyo, le 14 février 1811, mort à Asunción (Paraguay) le 11 septembre 1888. Autodidacte notoire, mais dès sa jeunesse porté vers l'enseignement, enclin à éduquer le peuple, âgé de dix-sept ans seulement il fonda une école pour adultes. En 1831, comme opposant au régime du dictateur Rosas, il dut s'enfuir au Chili, où, pour gagner sa vie, il fut obligé de pratiquer les métiers les plus divers : instituteur, employé de magasin, mineur à Copiapó, tout en complétant sa formation intellectuelle. À vingt-cinq ans, il rentra dans son pays pour y diriger le collège des pensionnaires de Santa Rosa, consacré à l'enseignement des femmes, mais en 1840 il était de nouveau au Chili, exilé par Facundo Quiroga. Là, il obtint la protection du ministre Manuel Montt, et occupa le poste de directeur de l'École normale d'instituteurs. L'année suivante, il professa à la faculté de philosophie et des humanités. Au cours de cette période, il soutint une importante polémique contre l'éminent humaniste vénézuélien Andrés Bello, pour la défense du romantisme. En 1845, il partit pour l'Espagne où il résida jusqu'en 1848. Il regagna le Chili en 1849 ; rentré en 1851 dans son pays natal pour combattre dans les rangs du général Urquiza, qui devait renverser Rosas, il en repartit très vite après un désaccord avec le vainqueur et ne revint que trois ans après. Avant d'être nommé, en 1864, ministre d'Argentine aux États-Unis, il dirigea l'enseignement de son pays, et devint en 1862 sénateur et gouverneur de sa province natale. À son retour d'Europe, en 1868, il fut élu président de la République, charge qu'il conserva jusqu'en 1874. Cinq ans plus tard, il était de nouveau ministre. Tout au long de cette existence longue et agitée, Sarmiento accumula une vaste culture. Il est l'un des pères de la nation argentine et l'une de ses figures les plus illustres et les plus dignes de vénération. L'ensemble de son œuvre écrite, qui compte cinquante-trois volumes sur les sujets les plus divers, fut édité entre 1889 et 1909. Son ouvrage capital, *Facundo* (*), est la peinture typique, remplie d'ébauches sociologiques, d'un dictateur des « pampas », incarnation de la barbarie et de la tyrannie que Sarmiento combattit par tous les moyens. Citons parmi ses autres œuvres : *Souvenirs de province* (*) (1850), *Méthode progressive de lecture* [*Método gradual de lectura*, 1846], *Commentaires de la Constitution* [*Comentarios de la Constitución*, 1853], *La Vie de Dominguito* [*La vida de Dominguito*, 1866].

RÉF. : J. G. Guerra, *Sarmiento*, Santiago du Chili, 1901. – L. Lugones, *Historia de Sarmiento*, Buenos Aires, 1911. – Alberto Palcos, *Sarmiento*, Buenos Aires, 1929. – Anibal Ponce, *Sarmiento, constructor de la nueva Argentina*, Madrid, 1932. – Ezequiel Martínez Estrada, *Sarmiento*, Buenos Aires, 1946. – A. W. Bunkley, *The Life of Sarmiento*, Princeton, 1952.

SAROYAN William. Romancier et auteur dramatique américain d'origine arménienne. Né et mort à Fresno (Californie, 31 août 1908-18 mai 1981). À sa sortie de l'école, il est télégraphiste, garçon de bureau, travailleur agricole, puis il s'installe à San Francisco. Il attire l'attention dès son premier recueil de nouvelles, *L'Audacieux Jeune Homme au trapèze volant* (*) (1934). Sa première pièce, *Mon cœur est dans les Highlands* [*My Heart's in the Highlands*, 1939], est tout de suite suivie de

Le (Bon) Temps de votre vie [*The Time of Your Life*] – titre à jeu de mots – qui reçoit le prix Pulitzer. Il va de succès en succès (y compris pour ses chansons). Citons pour le théâtre : *L'Amour, toujours* [*Love's Old Sweet Song*, 1940], *Ils sont beaux* [*The Beautiful People*, 1941] – autre jeu de mots –, *Jim Dandy* (1947). Pour les romans et nouvelles : *Une comédie humaine* (*) (1942), *Dear Baby* (1944), *Les Aventures de W. Jackson* [*Adventures of Wesley Jackson*, 1946], *Le Tigre de Tracy* [*Tracy's Tiger*, 1951], *Rock Wagram* (1952), *De quoi rire* [*The Laughing Matter*, 1953] et *Le Cycliste de Beverley Hills* [*The Bicycle Rider in Beverley Hills*], son autobiographie publiée en 1952. Mais sa production d'après-guerre déçoit, même si elle reste abondante : *Voilà, voici, vous savez qui* [*Here Comes, There Goes, You know Who*, 1961], *Entre garçons et filles* [*Boys and Girls Together*, 1963]...

RÉF. : L. Lee et B. Gifford, *Saroyan, a Biography*, New York, 1984. – E. C. Foard, *William Saroyan, A. Reference Guide*, Boston, 1989.

SARRAUTE Nathalie. Écrivain français. Née le 18 juillet 1902 à Ivanovo Voznessensk en Russie, appartenant à une famille d'intellectuels juifs. Le père, docteur ès sciences, fonde une fabrique de matières colorantes. Il se sépare de sa femme. De deux à cinq ans, l'enfant réside avec sa mère, à Paris. De six à huit ans, c'est le va-et-vient entre la France et la Russie. Toutes les études seront faites en français, mais le russe sera parlé dans la famille. La mère, remariée, retourne en Russie, mais c'est alors le père qui s'établit à Paris, où la fillette poursuit ses études à l'école communale (certificat d'études), au lycée Fénelon ensuite, où elle découvre son amour de la littérature. Elle obtient une licence d'anglais à la Sorbonne, puis va étudier l'histoire à Oxford (1921). Elle entreprend des études de lettres et de sociologie à Berlin. De retour à Paris, elle s'inscrit à la faculté de droit où elle rencontre Raymond Sarraute, qu'elle épousera deux ans plus tard. Ensemble, les jeunes avocats s'inscrivent au barreau. Ils partagent un même goût pour la littérature et les arts plastiques. C'est encouragée par son mari et soutenue par son jugement que Nathalie Sarraute, renouant avec ses rêves d'enfance et d'adolescence, écrit entre 1932 et 1937 ses premiers *Tropismes* (*) qui contiennent en germe l'essentiel de son œuvre. Entre-temps, le couple a eu deux filles : Claude et Anne. Il en aura une troisième, Dominique. *Tropismes* paraît en 1939 et ne rencontre que peu d'écho. La guerre, l'occupation, obligent Nathalie Sarraute à se réfugier à la campagne, à prendre une fausse identité et à se faire passer pour l'institutrice de ses propres enfants. C'est alors qu'elle commence la rédaction de son premier chef-d'œuvre, *Portrait d'un inconnu* (*), où elle affirme sa poétique et sa vision, non tant des hommes et des choses que de leurs relations. Achevé en 1946, *Portrait d'un inconnu*, malgré une Préface de Sartre, devra attendre deux ans et essuyer plusieurs refus avant de voir le jour. Le livre passe inaperçu, mais, soutenue par l'admiration de ceux qu'elle estime, Nathalie Sarraute poursuit son œuvre : *Martereau* (*) (1953) et, en 1956, *L'Ère du soupçon* (*), essai où elle formule sa critique de la littérature conventionnelle, sa conception du personnage et de l'intrigue, expose le sens et la vocation qu'elle attribue à l'écriture et qui serviront de fondement à l'école du Nouveau Roman. Elle se trouvera associée à ce groupe : Robbe-Grillet, Michel Butor, Claude Simon. En 1959, *Le Planétarium* (*) consacre sa situation littéraire. En 1964, *Les Fruits d'or* (*) (1963) seront couronnés par le prix international de littérature. L'œuvre se développe : *Entre la vie et la mort* (1968), *Vous les entendez ?* (*) (1972), *Disent les imbéciles* (1976), *L'Usage de la parole* (1980), *Enfance* (*) (1983). Cependant Nathalie Sarraute développe les qualités dramatiques de sa vision dans des pièces radiodiffusées et qui seront ensuite portées à la scène : *Le Silence* (+) (1967), *Le Mensonge* (+) (1967), *Isma* (+) (1973), *C'est beau* (+) (1975), *Elle est là* (+) (1978) – v. *Théâtre* (*) de Sarraute. Elle fait des conférences dans le monde entier.

L'œuvre de Nathalie Sarraute a connu un destin paradoxal. L'une des plus aiguës, aventureuses, originales et, en conséquence, difficiles de notre temps, elle est aussi l'une des mieux connues et aimées de notre littérature, puisqu'elle circule dans le monde en vingt-deux langues et plus d'un million d'exemplaires. C'est que dans la « parcelle de réalité encore inconnue » qu'elle arrachait à la nuit se trouvaient les « levains d'émancipation et de progrès » que l'écrivain souhaitait apporter. Car la critique de Nathalie Sarraute est beaucoup plus radicale qu'il n'y paraît, et sa vision, loin de se fonder sur l'observation au microscope des menus incidents, prend sa source dans une conception aussi neuve qu'englobante du psychisme humain. À travers le personnage du roman classique, c'est une conception de l'homme, avec son caractère vérifié, son autonomie et ses valeurs institutionnalisées qu'elle entend attaquer ; à travers l'intrigue romanesque, une conception de la vie et du destin ; à travers la rhétorique, une forme de la communication entre les hommes qui fait l'économie de la vérité.

S'il est vrai qu'elle a trouvé une inspiration et un soutien dans les dialogues déracinés de Dostoïevski, les analyses de Proust ou le monologue de Joyce, c'est pour une autre fin : le psychisme humain et sa vérité ne se découvrent pas dans l'homme, mais entre les hommes. Dostoïevski a dit : « Je peins l'homme dans l'homme. » On pourrait dire de Sarraute qu'elle peint l'humanité avant qu'elle ne se diversifie et ne se constitue en hommes. Sa vision a pour secret moins sa situation dans l'espace que dans le temps : il ne s'agit pas de voir de plus près, mais bien avant... avant que tel mouvement psychique ne prenne forme et ne se fige dans l'inauthenticité d'un caractère ou d'un milieu, avant qu'il ne se transforme en une pulsion identifiable. C'est pourquoi le temps des récits et romans de cet écrivain est toujours le présent, l'instant même ou plutôt ce qui le précède et va le constituer. Leurs sujets seront des psychismes collectifs : la famille (*Martereau, Le Planétarium*), un milieu (*Les Fruits d'or*), des relations archétypales (*Portrait d'un inconnu*), le conflit des sensibilités (*Vous les entendez ?*), une culture (*Disent les imbéciles*), ou bien la généralité de l'espèce, ses craintes et angoisses fondamentales (*Entre la vie et la mort*). Le personnage ? Ce sera le mouvement psychique qui naît autour d'un conflit, d'une ambition, d'un livre, et dont les ondes atteignent père et fille, oncles et neveux, ou bien ces rôles dérisoires que sont critiques à la mode ou romancières à succès ; ils vont devenir le support ou l'antenne de cette onde psychique. L'intrigue ? Ce sera l'errance de cette onde et de ce mouvement, ses progrès, sa régression et ses métamorphoses, à travers lesquels on recherchera un même but : celui d'une fusion pure et intacte avec autrui et avec le monde ; une communication parfaite par laquelle serait réalisé l'absolu que cette œuvre recherche. Les objets qui jouent ici un rôle essentiel n'ont pourtant ni poids ni densité. Obsessionnels, ils révèlent seulement l'orientation du mouvement, signalent sa progression vers l'absolu et la transparence qui se dérobent. L'admirable souplesse de la langue de Nathalie Sarraute a été forgée afin d'exprimer et de mimer cet ondoiement et cette errance psychique de l'humanité en quête de son unité, le « bouillonnement confus où nos actes et nos pensées s'élaborent », de désigner et donner à sentir cette « substance anonyme dont serait faite l'humanité entière ». Par un retournement nécessaire, cette œuvre, attachée à décrire les lymphes permanentes et créatrices d'un monde perpétuellement naissant, a découvert son langage inouï : la prose à l'état naissant. Par son originalité, par tout ce qui, dans sa critique comme dans son affirmation, la rapproche et l'éloigne des principales tendances de notre temps, freudisme, structuralisme, marxisme, cette œuvre qui se poursuit doit figurer parmi celles qui auront donné à l'époque son visage particulier.

JEAN BLOT.

♦ *« Cet art, exercé maintenant par un métier infiniment poussé, est incomparable pour faire émerger tout l'inquiet et l'inquiétant d'une vie* [...] *Sur le chemin de l'inavoué au déclaré, les brûlots en marche ont mille bons endroits pour éclater en paroles, en silence, en demi-silence, en vociférations intérieures, dans cet échange de flammèches qui harcèle de petites vies aux abois. »* André Rousseaux. ♦ *« Ici, chacun est à chaque instant un autre, partageant l'anonyme, l'universelle indécision. Chaque conscience est un ciel vide où défilent des nuées adverses* [...] *Que la conscience soit ce qu'elle n'est pas, ne soit pas ce qu'elle est, nous le savions. Mais de cette métamorphose et de cette ambiguïté nous n'avions jamais eu un spectacle aussi précis et riche... »* Gaëtan Picon. ♦ *« ... Parole discontinue, brève et infinie, parole des pensées qui ne se développent pas, et pourtant plus propre qu'aucune autre à nous faire entrer, par l'interruption et en même temps par la répétition, dans ce mouvement de l'interminable qui se fait entendre au-dessous de toute littérature. »* Maurice Blanchot.

RÉF. : M. Cranacki et Y. Belaval, *Nathalie Sarraute*, Paris, 1965. — M. Tisou-Brann, *Nathalie Sarraute ou la Recherche de l'authenticité*, Paris, 1971. — J. Ricardou, *Le Nouveau Roman*, Paris, 1973. — *Nathalie Sarraute*, « L'Arc » nº 95, Aix-en-Provence, 1984. — Simone Benmussa, *Nathalie Sarraute*, Lyon, 1987. — S. Raffy, *Sarraute romancière. Espaces intimes*, New York, 1988. — A.-J. Clayton, *Sarraute ou le Tremblement de l'écriture*, Paris, 1989.

SARTRE Jean-Paul. Écrivain et philosophe français. Né et mort à Paris : 21 juin 1905-15 avril 1980. La présence de Sartre en son époque est paradoxale : il a voulu dès l'enfance devenir un grand homme et il l'est devenu alors même que, en tant qu'intellectuel, il s'efforçait de démystifier cette idée de grand homme, en laquelle il voyait la laïcisation républicaine de la figure du saint, qui marqua sa vocation. « On n'emprisonne pas Voltaire », aurait dit Charles de Gaulle au ministre qui lui demandait la permission d'inculper l'écrivain-philosophe Jean-Paul Sartre pour avoir incité les jeunes gens à l'insoumission, durant la guerre d'Algérie. Ainsi un mythe — celui qu'avait incarné Victor Hugo — a gouverné une enfance et s'est réalisé, peut-être une dernière fois, dans la France du plus illustre des Français, dont Sartre fut l'envers et le symétrique, l'opposant absolu.

Cette enfance, telle que Sartre l'a décrite dans *Les Mots* (*) (1964), fut conformiste. Un grand-père universitaire, Charles Schweitzer, oncle d'Albert Schweitzer, un père polytechnicien et officier de marine, mort en 1906, et que l'enfant, élevé par sa mère et ses grands-parents maternels, n'a donc pas connu. La famille, divisée du point de vue confessionnel, et cultivant l'ironie (grand-père « parpaillot », grand-mère « papiste »), lui fait donner, pour la forme, une instruction religieuse catholique. En grand besoin de croire, il trouve son aliment dans « la féroce religion de l'Art » des Flaubert, Maupassant et Goncourt qui fonde l'humanisme démocratique transmis par le grand-père, Alsacien d'origine, germaniste de profession. Mais c'est par la mère, la jeune et belle veuve, vite redevenue jeune fille, toute à la dévotion de son fils, que passe le rapport érotique à la langue maternelle sans lequel ne se fabrique pas d'écrivain. Le petit « Poulou » manifeste tôt sa vocation, la famille la reconnaît, l'encourage et donne à celle-ci une crédibilité aux yeux du docile candidat à la gloire : un avenir de professeur.

Sartre suit ses classes, au lycée Henri-IV,

puis, une fois sa mère remariée avec un ingénieur, au lycée de La Rochelle, où il fait l'expérience de la violence. Il se constitue des valeurs *contre* celles qu'incarne son beau-père, en qui il voit le bourgeois type. Rentré à Paris, il prépare au lycée Louis-le-Grand le concours d'entrée à l'École normale supérieure et entre dans la vie littéraire par une petite revue de jeunes, *La Revue sans titre,* où il publie ses premiers textes, en 1923. Les *Écrits de jeunesse* de Sartre, publiés après sa mort, montrent les influences conjuguées du réalisme (Flaubert, Maupassant), du postsymbolisme (Jules Laforgue), du néo-classicisme (Valéry), du psychologisme infinitésimal (Proust), de la littérature populaire et, sur le plan de la pensée, la marque de Schopenhauer et de Nietzsche. Avec une propension au grotesque et à l'agressivité contre son milieu, l'autodérision et l'inachèvement caractérisent ces débuts littéraires. Admis à Normale, il est rapidement reconnu comme un futur génie par ses condisciples (parmi lesquels Raymond Aron, Maurice Merleau-Ponty, Georges Canguilhem), et il est reçu premier à l'agrégation de philosophie en 1929. Il rencontre alors Simone de Beauvoir (reçue seconde), qui restera sa compagne toute sa vie, formant avec lui un couple étrange et libre qui a rejoint la légende du siècle. Ils se lient par un pacte de transparence, qu'elle transforme en un véritable pacte historiographique, au moyen de ses Mémoires.

L'originalité de Sartre s'affirme enfin grâce à sa découverte du roman américain (Hemingway, Faulkner, Dos Passos) et de la phénoménologie allemande (Husserl, le premier Heidegger). *La Nausée* (*) (1938), son premier roman et son chef-d'œuvre, réalise le programme que le normalien s'était fixé, unir littérature et philosophie, « être à la fois Stendhal et Spinoza ». Cette ambition consistera à occuper à la fois la place de Gide et celle de Bergson, en excellant dans les deux registres. Un tel cumul, exceptionnel, assure à Sartre une réussite éclatante en son époque : roman, théâtre, essai littéraire, traité philosophique, biographie, autobiographie, reportage, polémique politique, il couvre l'ensemble du champ culturel. Il devient, selon P. Bourdieu, « l'intellectuel total », phénomène qui ne saurait se reproduire, tant il est lié aux conditions de l'époque et, bien sûr, au génie propre de Sartre.

Une intuition elle aussi totale, ou synthétique, fonde son œuvre : l'homme est de trop, son existence est radicalement contingente, et Dieu, s'il existait, serait contingent aussi ; l'idée de Dieu est contradictoire, elle a été forgée par l'homme qui aspire à l'« être » de Dieu (être en-soi-pour-soi) et se perd dans cette « passion inutile » – *L'Être et le Néant* (*), 1943. Le cycle romanesque *Les Chemins de la liberté* (*) (1945-1949) met à l'épreuve du roman une conception de la liberté intriquée dans l'histoire en train de se faire, ce qui diffère à l'infini son achèvement : la liberté ne s'atteint pas, elle est toujours à l'horizon, elle est le chemin même de la libération, un risque permanent. Ainsi une morale existentielle ne peut-elle se proposer que comme recherche active, tendue de contradictions (*Cahiers pour une morale,* 1947-1948, publication posthume ; « Morale et Histoire », notes, 1964-1965, inédites), et cette morale débouche nécessairement sur une politique.

Devenu, après la Seconde Guerre mondiale et sous les réquisitions de la guerre froide et de la décolonisation, un maître à penser et un étincelant polygraphe (il quitte l'enseignement en 1944), Sartre donne le pas à la politique et à la philosophie sur la littérature. Il crée et anime la revue *Les Temps modernes* (*) (1945), dont il rédige le manifeste (« Écrire pour son époque », 1946). Creuset d'une anthropologie synthétique, d'une littérature engagée, et d'une politique intellectuelle de gauche, la revue exerce une influence hégémonique jusqu'au début des années 60.

Pour le public international, Sartre s'est affirmé par le théâtre. *Les Mains sales* (*) (1948), *Le Diable et le Bon Dieu* (*) (1951), *Nekrassov* (*) (1955) tentent de donner une figuration mythique aux débats du temps, liés à la politique des partis communistes. *Huis clos* (*) (1944) et *Les Séquestrés d'Altona* (*) (1959) sont peut-être ses deux pièces les plus durables. La première, d'une densité saisissante, met en scène le conflit de trois consciences de mauvaise foi, en développant cette formule devenue aussi célèbre que son auteur et aussi mal comprise : « L'enfer, c'est les autres. » La seconde, plus complexe et théâtralement moins efficace, reprend ce thème en l'élargissant à une méditation tragique sur le Mal et la responsabilité individuelle dans l'Histoire (Auschwitz et Goulag compris). Le pendant philosophique à cette pièce est constitué par la *Critique de la raison dialectique* (*) (1958-1960), vaste confrontation de l'existentialisme avec le marxisme. L'ouvrage vise explicitement à donner à ce dernier (« horizon philosophique indépassable de notre temps ») les fondations critiques faute desquelles il resterait un scientisme au lieu de devenir une philosophie de l'action.

Dans les dernières années de sa vie, Sartre s'est détourné du marxisme et a cherché une voie pour penser à nouveaux frais la question morale qui n'a cessé de l'occuper : à quelles conditions puis-je vouloir la liberté d'autrui autant que la mienne ? Empêché d'écrire par la cécité, il dut poursuivre cette réflexion dans des dialogues. Les derniers entretiens, publiés peu avant sa mort (« L'Espoir maintenant », 1980), ont provoqué des controverses sur le thème : Sartre a-t-il ou non renié son athéisme ?

Pour deux générations au moins, il a été le contemporain capital. Ayant voulu écrire pour son époque, il acceptait de disparaître avec elle. La part politique de son œuvre recule à mesure dans l'histoire. L'originalité du philosophe, souvent contestée par ceux qui ne veulent voir en lui qu'un vulgarisateur des trois grands H allemands (Hegel, Husserl, Heidegger), reste sujet à débats, mais aucune philosophie de la liberté ne saurait ignorer Sartre. De son œuvre littéraire, *La Nausée, Le Mur* (*) (1939), *Les Mots* et le volume IV des *Situations* (*) (« Portraits », 1964) ont atteint de son vivant le statut de classiques de la subversion, car le réalisme critique de Sartre met en jeu un carnaval d'écritures qui exercent leurs effets par une très grande lisibilité immédiate. Cependant, ses deux œuvres intellectuellement les plus inventives, *Saint Genet, comédien et martyr* (*) (1952) et *L'Idiot de la famille* (*) (1971, 1972), qui se présentent comme des biographies existentielles de Jean Genet et de Gustave Flaubert, restent réservées aux « happy few » qu'il contestait.

MICHEL CONTAT.

♦ *« Tâcheron énorme, veilleur de nuit présent sur tous les fronts de l'intelligence. »* Jacques Audiberti. ♦ *« Un entrepreneur d'idées. Un conquérant, et qui n'a qu'un secret :* son manque d'émotion ; *rien ne lui coûte d'affronter quoi que ce soit, puisqu'il n'y met aucun accent. »* E. M. Cioran. ♦ *« Une adhésion à* sa *vérité bien autrement qu'en paroles. Une générosité toujours prête. La passion d'être utile. »* Henri Guillemin. ♦ *« Sartre comme* phénomène *illustra l'effort d'une époque pour se doter d'une conscience. »* François George.

RÉF. : Francis Jeanson, *Sartre par lui-même,* Paris, 1955. — Frederic Jameson, *Sartre : The Origins of a Style,* New Haven, 1961. — Gérald Prince, *Métaphysique et technique dans l'œuvre romanesque de Sartre,* Genève, 1968. — Michel Contat et Michel Rybalka, *Les Écrits de Sartre,* Paris, 1970. — François George, *Deux études sur Sartre,* Paris, 1976. — Douglas Collins, *Sartre as Biographer,* Cambridge, Londres, 1980. — Josette Pacaly, *Sartre au miroir,* Paris, 1980. — Denis Hollier, *Politique de la prose : Sartre et l'an 40,* Paris, 1982. — Anna Boschetti, *Sartre et « Les Temps modernes »,* Paris, 1985. — Jeannette Colombel, *Jean-Paul Sartre, Textes et Débats* (2 vol.), Paris, 1986.

SARVIG Ole. Poète et romancier danois. Né le 27 novembre 1921 à Copenhague, où il meurt le 4 décembre 1982. Son œuvre débute en 1943 avec le recueil *Poèmes verts* [*Grønne digte*] qui, avec *La Maison du moi* (*) (1944), *Richesse* [*Mangfoldighed*, 1945], *Légende* [*Legende*, 1946], et *L'Homme* [*Menneske*, 1948], forme un cycle poétique cohérent : les anciennes institutions se sont effondrées, l'homme dort dans les ruines, étranger à lui-même. Il s'agit de se réveiller et de quitter ces lieux afin d'atteindre, à travers l'angoisse, celui où s'opérera la transformation. Les romans : *La Rose de pierre* [*Stenrosen*, 1955], *Les Dormeurs* [*De Sovende*, 1958], *La Mer sous ma fenêtre* [*Havet under mit vindue*, 1960] et *Limbo* [*Limbo*, 1963] reprennent dans un réalisme visionnaire le thème de l'aliénation et de la lutte pour retrouver l'identité et la réalité perdues. Ses livres sur l'art contemporain : *Les Images de la crise* [*Krisens billedbog*, 1950] et *À mi-chemin du vingtième siècle* [*Midtvejs i det tyvende aarhundrede*, 1950] constituent un commentaire à la thématique des poèmes. Ils racontent le déclin de la peinture qui commença par la rupture avec la vision du monde de la Renaissance. En 1978 parut le roman *Les Voyageurs* [*De Rejsende*], où la crise de l'identité devient européenne. Ainsi le retour, géographique et psychologique, vers l'enfance du héros Dan T. Larsen n'est pas seulement un voyage individuel ; avec l'*Enfer* de Dante comme référence, c'est l'Europe entière qui recherche ses racines. En 1981, Sarvig revint à la poésie avec *Psaumes et débuts pour les années 80* [*Salmer og begyndelser til 80ne*].

KARL E. POULSEN.

SASSINE Williams. Romancier guinéen. Né en 1944, à Kankan, berceau de la civilisation malinké, d'un père libanais, de confession chrétienne maronite, et d'une mère guinéenne, musulmane.

Le métissage est donc l'une des composantes essentielles de la destinée de cet écrivain qui, compte tenu de sa double origine, estime qu'il est un « homme en plusieurs versions ». Sa carrière est d'ailleurs à l'image de cette pluralité puisque après avoir fréquenté l'école primaire de sa ville natale, puis l'Institut polytechnique de Conakry, il quitte la Guinée à destination de Paris avec l'intention d'y préparer le concours d'entrée à Polytechnique. Un départ au demeurant opportun, car au même moment, en 1961, la première grande grève organisée par les élèves des lycées et collèges de Conakry fait l'objet d'une sévère répression, et marque le début d'une période de terreur qui ne prendra fin qu'avec la mort du président Sékou Touré, en 1984.

Sassine achèvera donc ses études supérieures en France, ingénieur en écologie tropicale, licencié de mathématiques, une discipline qu'il enseignera sans interruption au cours d'une carrière errante qui va le conduire successivement en Côte-d'Ivoire, au Niger, au Gabon et, pour finir, en Mauritanie. Toutefois, si l'enseignement des mathématiques a été pour Williams Sassine un précieux gagne-pain, sa véritable vocation demeure l'écriture : « C'est par une espèce de malentendu que j'ai fait des études de mathématiques, confie-t-il. Le monde mathématique est un monde construit à l'avance ; tant qu'on reste à l'intérieur, ça fonctionne, mais l'essentiel, la vie, un cri, un silence, on ne peut pas les mettre en équation. »

Écrivain de l'exil — il n'a regagné la Guinée qu'en 1988 —, Sassine se défend pourtant d'être un intellectuel, et il juge plus conforme à la réalité de son statut le terme de « conteur ». Un conteur au demeurant doué de talent puisqu'il est à ce jour l'auteur de quatre romans, *Saint Monsieur Baly* (1973), *Wirryamu* (1976), *Le Jeune Homme de sable* (*) (1979) et *Le Zéhéros n'est pas* *n'importe qui* (1985), dont les personnages, le plus souvent exclus ou marginalisés par une société impitoyable, apparaissent comme autant de figures rédemptrices annonçant une Afrique régénérée et enfin débarrassée de ses faux dieux.

Williams Sassine a également fait paraître un recueil de contes pour enfants, *L'Alphabête* (1982), et il est l'auteur de plusieurs nouvelles publiées notamment dans *L'Afrique littéraire*.

JACQUES CHEVRIER.

SASSOON Siegfried Lorraine. Poète anglais d'origine juive espagnole. Né à Brenchley, dans le Kent, le 8 septembre 1886, mort le 1er septembre 1967 à Heytesbury, dans le Wiltshire. Il fit ses études à la « public school » de Marlborough puis à Cambridge. Il fut officier sur le front français, puis en Palestine, puis de nouveau en France pendant la Première Guerre mondiale. Celle-ci n'était pas terminée qu'il publiait un recueil de poèmes, *Contre-Attaque* (*) (1918) où il exprimait son indignation devant les réalités d'une boucherie sans précédent. L'un des poèmes est intitulé de façon significative « Suicide dans les tranchées ». Un autre constitue une apostrophe à un général. Peu avant la parution du recueil, Sassoon avait été décoré de la « Military Cross ». Hospitalisé à la suite de ses blessures, il refusa de regagner le front, se déclarant pacifiste. Ses supérieurs ayant refusé de le faire passer en cour martiale, il reprit son grade d'officier, fut promu en grade et de nouveau blessé. Sassoon fut avec Graves, Rupert Brooke, Rosenberg, Edward Thomas et son admirateur et ami Wilfrid Owen, l'un des principaux poètes anglais de la guerre 1914-1918. D'eux tous, il fut celui qui contribua le plus à faire comprendre à l'opinion le vrai visage des combats. En 1919, il dirigea la rubrique littéraire du *Daily Herald*. Il avait publié des poèmes par intermittence à partir de 1911 et ne cessa guère d'écrire, à son propre rythme — v. *Le Chemin de la ruine* (*). Ses *Poésies complètes* [*Complete Poems*, 1908-56) parurent en 1961. Il serait absurde de prétendre voir en lui un grand poète : sa versification paraît anachronique (ou simplette) et la part d'une pure sentimentalité n'y est pas douteuse. Mais il demeura comme un cas : à première vue, celui du preux de la tribu qui se soumet à la loi commune puis rend témoignage, en toute honnêteté. Cet itinéraire d'aristocrate indépendant — où entre peut-être une part de mimétisme — s'éclaire mieux dans un récit semi-autobiographique en trois parties, *Les Mémoires complets de George Sherton* (*) (1937). On peut lire aussi *Le Voyage de Siegfried* (+) (1945). Sassoon est encore l'auteur d'une biographie du romancier George Meredith publiée en 1948. Ses *Journaux 1915-1925* [*Diaries 1915-1925*] ont été publiés à Londres de 1983 à 1985.

ROLAND DAILLY.

RÉF. : G. Keynes, *A Bibliography of Siegfried Sassoon*, Londres, 1962. — M. Thorpe, *Siegfried Sassoon*, Oxford, 1966. — D. Silk, *Siegfried Sassoon*, Compton Russell, 1975.

SATIE Érik (Alfred Éric Leslie Satie). Compositeur français. Né à Honfleur le 17 mai 1866, mort à Paris à l'hôpital Saint-Joseph le 1er juillet 1925. Il étudie la musique avec un élève de Niedermeyer, fixé à Honfleur, avant de venir à Paris où il travaille avec Guilmant, puis fréquente le Conservatoire et c'est l'époque où il compose d'originales pièces pour piano, trois *Sarabandes* (+) (1187) — v. *Pièces pour piano* (*) —, et surtout trois *Gymnopédies* (1888) ; Debussy et Ravel se souviendront, plus tard, de ces œuvres qu'ils appréciaient. Satie, brusquement, change de manière et se tourne vers l'humour musical, d'inspiration littéraire ; il donne alors *Morceaux en forme de poire,* pour piano à quatre mains (1903), *Airs à faire fuir, Pièces froides, Préludes flasques pour un chien* et d'autres pièces affublées de titres déconcertants. À quarante ans, Satie n'écrit plus rien ; il se remet à l'étude, à la Schola Cantorum, sous la direction d'Albert Roussel et de Vincent d'Indy ; son art subit à leur contact une nouvelle transformation et il compose son œuvre la plus significative, *Socrate* (*) (1918), sorte d'oratorio très diversement apprécié mais qui fait date dans l'histoire de la musique française. *Parade* (*) (1917), représenté ensuite par les ballets russes, *Musique d'ameublement,* pour une comédie de Max Jacob, *Mercure et Relâche,* ballets, appartiennent à la même période de retour à une simplicité et un dépouillement extrêmes. Satie fonde alors l'école d'Arcueil, où il eut pour disciples Sauguet, Désormière, Cliquet-Pleyel, pour faire pièce au Groupe des Six, dont il avait été l'un des parrains, mais dont les tendances lui semblaient trop agressives. En dépit de l'extravagance de l'homme, le musicien Satie a laissé une empreinte durable sur l'école contemporaine.

♦ *« Un précurseur maladroit et génial. »* Ravel. ♦ *«* [Ravel] *me certifie toutes les fois que je le rencontre qu'il me doit beaucoup. Moi je veux bien. »* Satie, lettre à son frère (1911). ♦ *« Satie trop simple pour les oreilles accoutumées aux épices sonores ne vêt pas son génie, ne l'affuble d'aucun costume, d'aucun bijou. Son génie va nu, et sans la moindre impudeur. Aller nue était pour la musique de Satie l'acte de pudeur par excellence. »* Jean Cocteau. ♦ *« Satie ne cessa d'être un précurseur, un libre, un farouchement libre franc-tireur, dont le caractère dominant fut de s'en aller vers d'autres pistes sitôt que la plus récente se trouvait déflorée par les confrères. »* Charles Kœchlin.

RÉF. : Pierre-Daniel Templier, *Érik Satie,* Paris, 1932. — « Érik Satie, son temps et ses amis », *La Revue musicale,* Paris, juin 1952. — Jean Cocteau, *Érik Satie,* Liège, 1957. — Rollo Myers, *Érik Satie,* Paris, 1959. — Anne Rey, *Satie,* Paris, 1974. — Roland Belicha, « Chronologie satiste », *La Revue musicale* n° 312, Paris, 1978. — Ornella Volta, *L'Ymagier d'Érik Satie,* Luynes, 1979. — Vincent Lajoinie, *Érik Satie,* Lausanne, 1985. — Jean-Joël

Barbier, *Au piano avec Érik Satie,* Paris, 1987. – A. M. Gillmor, *Érik Satie,* Boston, 1988. – Jean-Pierre Armengaud, *Les plus que brèves d'Érik Satie,* Paris, 1988.

SATÔ Haruo. Poète, essayiste et romancier japonais. Né le 9 avril 1892 dans le département de Wakayama, mort à Tôkyô le 6 mai 1964. Très tôt déterminé à entreprendre une carrière littéraire, il s'impose dès 1917 par la prose poétique du *Spleen des champs* (*) et connaît, au début des années vingt, une période particulièrement féconde, tant dans le domaine lyrique, *Poèmes sentimentaux* [*Junjô shishû*, 1921], que romanesque, *Le Spleen des villes* [*Tokai no yûutsu*, 1923] ou encore critique, *Le Livre de l'ennui* [*Taikutsu dokuhon*, 1926]. Par la suite, un temps préoccupé d'appliquer au roman policier les conceptions freudiennes mises à la mode par le « nouveau psychologisme » : *Soupçons de meurtre à Vienne* [*Uinna no satsufin yôgisha*, 1932], il s'orienta après la guerre vers la biographie romancée, consacrant notamment un ouvrage à son maître *Nagai Kafû* [*Shôsetsu Nagai Kafû den*, 1960].

SAUGUET Henri (pseud. d'Henri Poupard). Compositeur français. Né à Bordeaux le 18 mai 1901, mort à Paris le 22 juin 1989. Partiellement autodidacte, il reçut des leçons de Canteloube et de Koechlin. Dès son arrivée à Paris, il rencontre Milhaud qui lui prodigue les encouragements et le présente à Satie. En 1923, Sauguet et quelques amis fondent, autour de Satie, l'« École d'Arcueil ». Musicien au langage classique et plaisant, Sauguet a beaucoup écrit ; citons, dans des genres différents : son opéra *La Chartreuse de Parme* (*) (1939), un de ses ballets, *Les Forains* (*) (1945), sa symphonie-ballet, *Les Saisons* (1949), et surtout, dans une note romantique très sincère, le cycle de dix-neuf chants, *Chant d'amour et de mort du cornette Christophe Rilke* (1951). Il faut ajouter que Sauguet a beaucoup travaillé pour la scène et pour l'écran – v. *Concerto pour piano et orchestre* (*), *Ballets* (*), *Œuvres lyriques* (*) et *Quatuors à cordes* (*) de Sauguet.

JEAN-FRANÇOIS LABIE.

RÉF. : Denise Bourdet, *Pris sur le vif, dialogue avec Henri Sauguet*, Paris, 1957. – Marcel Schneider, *Henri Sauguet*, Paris, 1959. – France-Yvonne Bril, *Sauguet*, Paris, 1967. – Pierre Ancelin, « Henri Sauguet, l'homme et l'œuvre », in *La Revue musicale* nos 361-362-363, Paris, 1983. – Henri Sauguet, *La Musique, ma vie,* Paris, 1990.

SAURAT Denis. Critique français. Né à Toulouse le 21 mars 1890, mort à Nice le 7 juin 1958. Ancien étudiant des universités de Lille et de Paris, professeur de littérature anglaise à l'université de Bordeaux (1922), il fut nommé en 1924 directeur de l'Institut français de Londres et reçut en 1926 une chaire de littérature française à King's College (Londres). Il quitta l'enseignement en 1950 pour prendre la direction du Centre international d'études françaises, à Nice. Son œuvre est principalement consacrée aux aspects occultistes de la poésie française et anglaise : *La Pensée de Milton* (1920), *Milton et le matérialisme chrétien* (1928), *La Religion de Victor Hugo* (1929) – v. *La Littérature et l'Occultisme* (*). Il a beaucoup contribué à faire mieux connaître en France l'œuvre de William Blake. Son *Histoire des religions* (1934) est d'inspiration nettement agnostique.

SAUSSURE Ferdinand de. Linguiste suisse d'expression française. Né à Genève le 26 novembre 1857, mort à Vufflens-sur-Morges (Waadt) le 22 février 1913. Il fit ses études secondaires à Genève, puis fréquenta l'université de Leipzig. Sa précocité extraordinaire lui permit d'être reçu à la Société de linguistique dès l'âge de dix-neuf ans, et c'est en 1879 qu'il publia son grand ouvrage : *Mémoire sur le système primitif des voyelles dans les langues indo-européennes,* livre capital qui le classe parmi les maîtres de la linguistique moderne. Il présenta sa thèse de doctorat en 1881 : *De l'emploi du génitif absolu en sanscrit,* et vint se fixer à Paris où, jusqu'en 1891, il professa la grammaire comparée à l'École des hautes études. En 1891, il regagna Genève et occupa à l'université de cette ville la chaire de sanscrit et bientôt de linguistique générale. Extrêmement scrupuleux et soucieux de ne faire qu'œuvre définitive, il ne publia plus que de courtes communications telles que : *Sur le nominatif pluriel et le génitif singulier de la déclinaison consonantique lituanienne,* qui est un modèle de rigueur et de précision, tout en préparant un grand ouvrage sur le lituanien ; il mourut avant d'avoir terminé. Son enseignement, concrétisé grâce à ses étudiants par son *Cours de linguistique générale* (*) publié à titre posthume en 1916, est considéré comme l'œuvre fondatrice de la linguistique moderne. En effet, c'est dans ce cadre que Saussure définit pour la première fois les notions de langue comme système de signes, et de signes comme élément essentiel de l'expression du langage humain. Le signe unit selon Saussure (et à partir de lui) une idée (signifié) et une « image acoustique » (signifiant, la forme). C'est ce lien entre un concept et une forme expressive qui forge la possibilité de la communication linguistique ; ce signe est arbitraire car, pour être transmis à l'intérieur d'un groupe humain, il ne peut être que convention. Saussure, à partir du signe, définit également les unités constituant le système de la langue : phonème, morphème, syntagme, etc. De plus, il a dégagé l'étude du langage du romantisme historique de ses prédécesseurs. Ainsi que le précise Émile Benveniste : « La nouveauté du point de vue saussurien, un de ceux qui ont le plus profondément agi, a été de prendre conscience que le langage en lui-même ne comporte aucune dimension historique, qu'il est synchronie et structure, et qu'il ne fonctionne qu'en vertu de sa nature symbolique. »

RÉF. : A. Meillet, *Ferdinand de Saussure,* in *Annuaire de l'école pratique des Hautes-Études,* 1913-1914. – C. Bally, *Le Langage et la vie,* Genève, 1952. – G. Mounin, *Saussure ou le Structuraliste sans le savoir,* Paris, 1968. – J. Starobinski, *Les Mots sous les mots – Les anagrammes de Ferdinand de Saussure,* Paris, 1971. – R. Amacker, *Linguistique saussurienne,* Paris, 1972.

SAUSSURE Horace-Bénédict de. Physicien et naturaliste suisse. Né à Conches, près de Genève, le 17 février 1740, mort à Genève le 22 janvier 1799. Neveu du philosophe Charles Bonnet, enfant précoce et travailleur, il se fit tellement remarquer dans tout le cours de ses études qu'à l'âge de vingt-deux ans il se vit offrir la chaire de philosophie expérimentale, devenue vacante, de l'Académie de Genève (1762). Mais étant féru avant tout de géologie, de botanique et de météorologie, il se rendit à Paris en 1768 pour y suivre les cours de Jussieu. Il tint à visiter ensuite la Belgique, la Hollande et l'Angleterre – dans les rares moments de loisir que lui donnait son professorat. En 1772, il se rendit en Toscane pour y étudier la vie des mines de fer. Dans les années suivantes, il parcourut, outre le Jura et les Vosges, les montagnes de la Sicile et des îles environnantes. En 1783, il fit l'ascension de l'Etna dont il put fixer la hauteur au moyen du baromètre. En 1786, il se démit de sa chaire de philosophie à Genève – qu'il occupait depuis près de vingt-cinq ans. Il allait dès lors voyager sans relâche. Cuvier note qu'il traversa quatorze fois les Alpes par huit passages différents et fit une vingtaine d'autres excursions jusqu'au centre de cette chaîne pour en poursuivre les moindres ramifications. Pourtant, il n'avait pu encore faire l'ascension de ce Mont Blanc qu'il voyait depuis si longtemps de sa fenêtre de Genève. En 1788, il y parvint, accompagné de douze guides, dont Jacques Balmat qui, l'année précédente, avait été le premier à réussir l'ascension du Mont Blanc. C'est là même qu'il devait faire ces merveilleuses observations qu'on trouve consignées dans son *Voyage dans les Alpes* (*) (1779-96). Ayant atteint la cinquantaine, il fut frappé d'une attaque de paralysie (1794). Force lui fut bien alors de mener une vie sédentaire. En 1798, après la réunion de Genève à la France, il obtint du Directoire la charge de professeur d'histoire naturelle à l'École centrale de cette ville. Mais il mourut l'année suivante (1799). Saussure a rendu à la science de très grands services : non seulement par ses travaux proprement dits, mais encore par les divers instruments dont il fut l'inventeur : ayant beaucoup perfectionné le thermomètre, il construisit le meilleur hygromètre (ou hygroscope) ainsi que le cyanomètre, etc. Cuvier faisait grand cas de ses moindres travaux. Ses œuvres principales sont : *Observations sur l'écorce des feuilles et des pétales* (1763), *Exposition abrégée de l'utilité des conducteurs électriques* (1771) et *Essai sur l'hygrométrie* (1783).

RÉF. : A. de Doncourt, *Le Mont Blanc et ses explorations, précédé d'une notice historique sur H. B. de Saussure,* Lille, s. d. – C. Gos, *Voyages de Saussure hors des Alpes,* Paris, 1936. – E. de Marguerie, *Three Stages in the Evolution of Alpine Geology : De Saussure, Studer, Heim,* Londres, 1946.

SAVINIO Alberto (pseud. de Andrea, baron De Chirico). Écrivain, peintre et musicien italien. Né à Athènes le 25 août 1891, mort à Rome le 6 mai 1952. Pour la formation (et, disons, la mythologie) de cette personnalité multiforme et on ne peut plus séduisante, on peut se référer à celle de son frère aîné Giorgio, leurs deux jeunesses s'étant déroulées dans une osmose singulière : mêmes paradis enfantins inoubliables en Grèce, et, pour le puîné, après la mort du père bien-aimé en 1906, des études musicales à Munich auprès du grand compositeur Max Reger, puis à Paris, où il commence à écrire (en français) et provoque l'admiration de Guillaume Apollinaire (anticipant sur celle d'André Breton, qui classera Savinio parmi les précurseurs du surréalisme). Mobilisé en 1915-1918 dans les Balkans, Savinio réside par la suite d'abord à Milan, puis à Rome, fréquentant assidûment le groupe néo-classique de la « Ronda », non sans quelque esprit séditieux : mais, à cette phase de sa vie, ses aspirations sont surtout musicales. Déçu par la musique aussi bien que par les lettres, il s'installe en 1925 à Paris, pour s'adonner pendant huit ans à la peinture avec un certain succès. Nouvel avatar en 1933 : retournant à la littérature, il entreprend une œuvre très diverse de conteur et de chroniqueur, qui toutefois n'impose son génie qu'à l'attention d'une « intelligentsia » restreinte. Ce n'est qu'après sa mort (presque pauvre) que l'on s'avise, au cours des années 70, que Savinio pourrait bien être, ainsi que l'affirme Leonardo Sciascia, le plus grand écrivain italien de son temps... Si, du musicien, on peut dire qu'il est spectaculaire, à la lettre (il s'est montré aussi bon scénographe de ses ballets : *Persée*, 1924, *La Mort de Niobé*, 1925, *Ballade des saisons*, 1925, que de sa pièce *Capitaine Ulysse*, 1934, ou de son opéra *Orphée veuf*, 1950 (*)) et du peintre que sa propre « métaphysique » s'apparente à coup sûr à celle de son frère, la priorité dans leur communauté d'inspiration restant une énigme, c'est sans le moindre doute l'œuvre littéraire qui domine la carrière de Savinio. Œuvre où la recherche de l'insolite est constante, dans une phosphorescence et un éclat qui font penser aux origines siciliennes de la famille, et qui s'articule dans les formes de l'intimisme initial, d'abord surréel d'*Hermaphrodite* [*Hermaphrodito*, 1918], puis familier de *La Maison hantée* [*La casa ispirata*, 1925] et de *Angélique ou la nuit de mai* [*Angelica o la notte di maggio*,

1927], dans la confession autobiographique fortement poétisée de *Maison « La vie »* [*Casa « La vita »*, 1942] et *Toute la vie* (*) ; dans les « vies parallèles » et les reportages capricieux : *Hommes, racontez-vous* [*Narrate, uomini, la vostra storia*, 1942], *Ville, j'écoute ton cœur* [*Ascolto il tuo cuore, città*, 1943].

NINO FRANK.

SAVIOLI Ludovico (ou Ludovico Vittorio Savioli Fontana Castelli). Écrivain italien. Né en 1729, mort le 1er septembre 1804 à Bologne. Féru de droit civil, comte et sénateur à titre héréditaire, il participa activement à la vie de sa cité, Bologne. Après quelques sonnets et « canzoni », il donna le jour à une œuvre dans la veine de Sannazar, le *Monte Liceo* (1750), puis vint *Amours* (*). Pour ce qui est de la littérature, il ne devait plus écrire, par la suite, que quelques poèmes de circonstance, une fable nommée *Amour et Psyché* [*Amore e Psiche*] et une tragédie. Charges publiques et études historiques l'occupaient désormais tout entier. Il travailla, entre 1770 et 1796, aux *Annales bolonaises* [*Annali bolognesi*] qui lui valurent une chaire d'Histoire à l'université de Bologne. Il participa à l'administration municipale sous le gouvernement français et il devint, en 1802, membre de l'Institut national des sciences, lettres et arts fondé par Napoléon.

SAVONAROLE fra' Gerolamo. Orateur sacré italien. Né à Ferrare le 21 septembre 1452, mort à Florence le 23 mai 1498. Dans sa jeunesse, il étudia la littérature classique, la musique et la peinture, mais son esprit était de plus en plus attiré par les méditations religieuses. Abandonnant sa famille (1475) pour répondre à sa fervente vocation religieuse, il se rendit à Bologne, où il entra dans un couvent de dominicains. Ayant terminé ses études, qui ne lui valurent cependant pas le titre de docteur, il reçut la charge de maître des novices ; mais il se dédia bientôt à ce qui était sa vocation : la prédication. Il fut un orateur sacré hors pair, capable d'agiter et d'enflammer au plus haut degré d'une ardeur ascétique les âmes des fidèles. Sa vocation d'orateur le fit revenir à Ferrare, mais Florence fut le lieu où il devait recueillir la plus ample moisson de fervents, et après l'expulsion des Médicis il y exerça une très grande influence. Il préconisa une réforme des mœurs qui bientôt l'opposa au pape Alexandre VI, et il combattit pour un gouvernement civil et universel, déclarant le Christ roi de Florence. Cependant, très bientôt ses ennemis se multiplièrent. Jugé et condamné, il fut brûlé en 1498. En tant que poète – v. *Louanges* (*) – Savonarole n'oblige pas à une longue appréciation. L'éloge le plus mérité qui lui revienne est d'avoir réussi à faire en partie transparaître la profonde religiosité d'âme où se meut son inspiration, et d'avoir conservé cette simplicité rude et cette fière éloquence qui devaient être la source principale de l'efficacité de ses *Sermons* (*). Il est intéressant par contre de définir la position de Savonarole dans la conjoncture culturelle alors dominante. Il fut un adversaire implacable de l'humanisme et de la conception de la vie qui en constituait la base. Aussi fut-il noté maintes fois qu'en adoptant cette position il montrait qu'il méconnaissait son époque ; que c'était un songe vain que de désirer un renouveau de la religiosité médiévale alors que les consciences n'y adhéraient plus et s'orientaient vers d'autres formes plus complexes de l'expérience spirituelle et de la dévotion religieuse. Il y a beaucoup à reprendre dans ces jugements : en premier lieu que le propos de restaurer la ferveur religieuse des temps passés était le rêve utopique d'un esprit peu adapté à son temps ; l'on ne peut parler d'utopie là où il s'agit seulement d'une vision aiguë de l'esprit antichrétien de la culture humaniste et de la décrépitude toujours croissante des habitudes morales, encore qu'ils se réclamassent de la foi chrétienne. Le problème de l'antihumanisme de Savonarole est de fait étroitement lié avec la crise de l'Église de Rome. L'humanisme n'excluait pas la religion, il est vrai, et chez une même personne pouvaient coexister une foi sincère et un profond intérêt pour le monde classique, mais il est aussi vrai que l'humanisme recelait les germes d'une opposition radicale aux principes du catholicisme. De là la barrière, reconnue comme un devoir auquel il ne pouvait pas se soustraire, sans égards pour le résultat possible, que Savonarole opposa au flot impétueux et irrésistible de la nouvelle mentalité. Pour le reste, si Savonarole s'élevait contre une Église corrompue dans un monde corrompu, et partant contre tout ce qui pouvait provoquer et développer une telle corruption en même temps que l'affaiblissement de la dévotion – en premier lieu opposition à l'humanisme qui s'affirmait comme un esprit critique libre et d'idéal mondain –, il se trouvait en fait d'accord avec ces cercles néo-platoniciens de Florence qui s'abandonnaient au rêve de construire une ère de paix, de pureté, de profonde religiosité.

GIORGIO PETROCCHI.

♦ *« ... Il ne cherche plus qu'à animer le peuple contre le souverain pontife, pour qu'on se révolte contre lui et ses ministres, disant de lui ce qui se peut dire du dernier des hommes. À mon avis, il ne songe qu'à s'accommoder au temps et à colorer ses mensonges. »* Machiavel, lettre du 8 mars 1497. ♦ *« S'il fut bon, il nous a été donné de voir, à notre époque, un grand prophète, et, s'il fut mauvais, ce fut un bien grand homme, car, sans parler de son érudition, s'il a su simuler devant un tel public et pendant tant d'années une telle chose sans être jamais pris à mentir, il faut avouer qu'il avait bien du jugement, bien de l'intelligence et bien de l'invention. »* Guichardin. ♦ *« Qui dira la rapidité de sa parole, la sublimité de son éloquence, la majesté de son expression ? Sa voix était claire, son geste animé, son visage non pas ardent, mais en réalité plein de flammes. Par son œuvre la paix fut faite entre les citoyens ; les mœurs de chacun d'eux se transformèrent de telle sorte qu'on eût dit d'autres hommes. »* Leçon extraite de l'office de Savonarole, célébré dans les églises de Toscane jusqu'à la fin du XVIe siècle.

RÉF. : J. Burckhardt, *La Civilisation en Italie au temps de la Renaissance*, t. II, 3e édit., Paris, 1906. – J. Schnitzer, *H. Savonarole, ein Kulturbild aus der Zeit der Renaissance*, 2 vol., Munich, 1924. – J.-A. Gobineau, *La Renaissance*, Paris, 1929. – C. Calogero, *Gli avversari religiosi di Savonarola*, Rome, 1935. – M. M. Gorce, article in *Dictionnaire de théologie catholique*, de Vacant et Mangenot, t. XIV-I, Paris, 1939. – A. Salacrou, *La Terre est ronde*, Paris, 1945. – M. Brion, *Savonarole*, Paris, 1948. – M. Ferrari, *Savonarola*, 2 vol., Florence, 1952. – R. Ridolfi, *Vita di G. Savonarola*, 2 vol., Rome, 1952. – G. Mounin, *Savonarole*, Paris, 1960. – D. Weinstein, *Savonarola and Florence*, Princeton, 1970. – E. Gualazzi, *Savonarole : 1452-1498*, trad. de l'italien, Paris, 1985. – F. Cordero, *Savonarola*, 4 tomes, Bari, 1986-1988.

SAXO GRAMMATICUS. Écrivain danois d'expression latine. Né vers 1150, mort à Roeskilde vers 1220. D'origine noble, il vint vraisemblablement faire ses études à Paris, puis entra dans un monastère de Scanie, avant de devenir le secrétaire d'Absalon, évêque de Lund. C'est à la demande d'Absalon qu'il entreprit son *Histoire des Danois* (*), qui demeure la source la plus importante que nous possédions sur l'histoire primitive du Danemark.

RÉF. : Reiner, *De vita Saxonnis grammatici*, Helmstaedt, 1762. – S. Bolin, *Om Nordens äldsta historisforskning*, Lund, 1931. – V. Madsen, *Om de nye udgave af Saxos Danmarks Histoire*, Copenhague, 1936.

SAY Jean-Baptiste. Économiste français. Né à Lyon le 5 janvier 1767, mort à Paris le 15 novembre 1832. Après de bonnes études, il effectua à dix-neuf ans un voyage en Angleterre. Ce voyage lui révéla l'importance des questions économiques. Il était secrétaire du futur ministre Clavière quand lui tomba entre les mains l'ouvrage d'Adam Smith, *La Richesse des nations* (*), qui fut désormais son bréviaire. Say débuta en 1789 par une brochure anonyme intitulée *Liberté de la presse.* Mirabeau l'engagea comme rédacteur au *Courrier de Provence,* emploi qu'il abandonna pour s'engager comme volontaire en 1792. Il fonda en 1794 la *Décade philosophique politique et littéraire* qui fut l'organe des idéologues et dont il occupa pendant six ans le poste de rédacteur en chef. Nommé membre du Tribunat en 1799, il fut du nombre des tribuns éliminés par Bonaparte. C'est en 1803 qu'il fit paraître son *Traité d'économie politique* (*) où il exposait les idées de Smith et les complétait par quelques théories nouvelles en particulier celle des débouchés. Continuant ses travaux et ses recherches, il publia *De l'Angleterre et des Anglais* en 1815 et, la même année, un *Catéchisme d'économie politique.* Considéré non seulement comme le spécialiste mais comme le maître de la nouvelle science, il fut, en 1819, chargé de cours au Conservatoire des Arts et Métiers. Il réunit l'essentiel de son enseignement et le publia sous le titre de *Cours complet d'économie politique* (1828). Sa réputation désormais établie lui valut de se voir nommer, après la révolution de Juillet, professeur d'économie politique au Collège de France. C'était sa consécration en même temps que celle de ses idées et de son enseignement. Outre ses travaux, il avait publié en 1817 un ouvrage de réflexions morales : *Petit volume contenant quelques aperçus des hommes et de la société.*

RÉF. : A.J. Blanqui, *Notice sur la vie et les travaux de Jean-Baptiste Say,* Paris, 1841. – E. Teilhac, *L'Œuvre économique de J.-B. Say,* Paris, 1927. – A. Barrère, *Théorie économique et Impulsion keynésienne,* Paris, 1952. – P. Lambert, étude in *Revue d'économie politique,* tome LXII, Paris, 1952.

SAYAT-NOVA Harout'iun. Poète et troubadour arménien. Né en 1712 (ou peut-être 1721) à Tiflis, mort le 22 septembre 1795 dans la même ville. Fils d'artisans fraîchement émigrés, Sayat-Nova a appris et perfectionné son art dans les écoles de troubadours du Caucase, peut-être de Perse et de l'Empire ottoman. Il a commencé à écrire et à chanter en turc (variante d'Azerbaïdjan) selon la tradition, puis en géorgien et en arménien. Il est devenu troubadour officiel du roi de Géorgie Héracle II en 1742, pour ses compositions originales en géorgien, et a connu la disgrâce en 1759. Tous les poèmes et les chants connus de lui, son *Divan* (*), datent de cette période de dix-sept années. Après sa disgrâce, il a vécu comme kahanah (prêtre séculier) sous le nom de Ter-Stép'anos dans une bourgade isolée du Caucase, puis au couvent de Haghpat, d'où il est revenu à Tiflis en 1784. Il a été assassiné en 1795 lors d'une attaque de hordes tatares.

MARC NICHANIAN.

SAYYĀB (al-) Badr Shākir. Poète irakien. Né à Jaykūr, près de Basra, en 1926, mort à Kuwayt le 24 décembre 1964. Issu d'un milieu rural shi'ite traditionnel, il s'installe à Baghdad en 1943, entre à l'École normale supérieure, où il est, entre autres, initié à la littérature anglo-saxonne. Après une période intimiste et lyrique, marquée par Jubrān et le romantisme – *Fleurs et Légendes* [*Azhār wa asāṭīr*, 1947-1950] –, il devient marxiste (1945-1954) et s'oriente vers un réalisme influencé par T. S. Eliot. Exclu de l'enseignement, emprisonné, puis vivant dans la misère, la clandestinité ou l'exil, son désenchantement le mènera ensuite au nationalisme arabe et à une recherche poétique plutôt essentialiste, qu'une grave maladie exacerbe : *Le Cantique de la pluie* (*), *Le Temple englouti* [*al-Ma'bad al-gharīq*, 1962], *La Maison des serfs* [*Manzil al-aqnān*, 1963] et *Les Balcons de la fille du seigneur* [*Shanāshīl ibnat al-tshalabī*, 1964]. Ses poèmes témoignent d'un renouveau formel, dont il n'est pas l'initiateur, mais qu'il maîtrise avec excellence : la distribution de longs poèmes en strophes ou versets et l'adoption du vers libre par la multiplication des mètres et des rimes. Éloignée de l'afféterie abstraite et sous-tendue par une chatoyante éloquence, son inspiration visionnaire utilise tout lexique à sa convenance et glane, dans les mythes, les légendes, les éléments et la vie quotidienne, une provende d'amour et d'absolu, constamment altérée par la certitude du néant, de l'échec et de la mort : à cet égard, son œuvre constitue l'un des manifestes majeurs de la modernité poétique arabe et atteint, par sa profondeur existentielle, l'universel de la douleur.

BERNARD MOUSSALI.

SCALIGER Jules-César de Lescale (Della Scala). Humaniste italien naturalisé français, écrivant en latin. Né sans doute à Padoue (Italie) en 1484 ; mort à Agen (Lot-et-Garonne) en 1558. Fils du miniaturiste Benedetto Bordone, il passa certainement son enfance à Venise. Après un séjour probable dans un couvent vénitien, Scaliger prétend avoir suivi la carrière des armes, de 1509 à 1515 environ, et avoir participé notamment à la bataille de Ravenne. Il reprit ensuite ses études, s'inscrivant à l'université de Padoue, où il obtint, en 1519, le doctorat « in artibus », puis entreprit des études de médecine. Enfin, en 1521, il suivit en France Antoine de La Rovere, nommé évêque d'Agen, en qualité de médecin attaché à sa personne. C'est à Agen qu'il devait passer le reste de sa vie : il s'y maria en 1529 et y eut quinze enfants. Il y remplit des fonctions municipales de consul (1532-1533) et de jurat (1534-1535), avant d'être soumis, en 1538, à une enquête inquisitoriale, qui prouve à la fois ses liens multiples avec les novateurs religieux et sa constante orthodoxie, mais qui semble l'avoir déterminé à se retirer de la vie publique. Il obtint, le 16 janvier 1548, la charge de médecin ordinaire des roi et reine de Navarre. Durant tout ce temps, il ne cessa d'essayer de s'intégrer à la noblesse agenaise, en rappelant le prestige de la célèbre famille Della Scala de Vérone, dont il avait pris le nom. C'est en combattant que cet humaniste commence à se faire connaître dans la carrière des lettres. En 1528, Érasme s'attaque aux lettrés qui font de Cicéron leur modèle exclusif, tels Bembo et Sadolet ; il s'attire une rude réplique de Scaliger, l'*Oratorio pro M. Tullio Cicerone contra Des. Erasmum Roterodamum* (1531), lequel, plus tard, reprend ses accusations dans *Adversus Des. Erasmi dialogum ciceronianum oratio secunda* (1537). Mais, Érasme mort, Étienne Dolet entre dans la bataille ; Scaliger l'écrase de son mépris et le traite de « cancer et plaie des muses ». Mêmes gentillesses à l'égard de Rabelais peut-être (si c'est lui que visent, sous le pseudonyme de Baryaenus, de nombreuses épigrammes de Scaliger) et sûrement de Cardan, dont il critique le *De la subtilité* dans *Exotericarum exercitationum liber quintus decimus de subtilitate ad Hieronymum Cardanum* (1557).

À côté de ces œuvres de polémique, Scaliger accumule les recueils de poésies latines de circonstance, *In luctu filii oratio ; Prosopopeia Christianissimi Francorum Regis Francisci Valesii ; Epigrammatum liber unicus ; Hymni duo Joannii Baptistae clamanti in deserto, Rocho et Sebastiano ; Poematia ad illustrem Constantiam Rangoniam*, etc., les éditions savantes et les commentaires, en particulier des ouvrages d'histoire naturelle d'Aristote et de Théophraste : *In libros duos qui inscribuntur de plantis, Aristotele auctore libri duo ; Aristotelis de animalibus historiae libri decem ; Animadversiones in historias Theophrasti ; Commentarii et animadversiones in sex libros de causis plantarum Theophrasti*, et les ouvrages de critique : *De causis linguae latinae libri tredecim ; De comicis dimensionibus ; De analogia sermonis latini disputatio.* Outre son commentaire sur Hippocrate [*Hippocratis liber de Somniis cum I.C.S. commentariis*, 1539] et sa réplique à Cardan, la critique moderne s'intéresse particulièrement au *De causiis*, puissante analyse philosophique du langage et de la langue, et à ses *Poetices libri septem* – v. *La Poétique* (*) ; toute la première moitié du XVIIe siècle les a lus et commentés ; l'enseignement des jésuites y a abondamment puisé.

RÉF. : A. Magen, *Documents sur J.-C. Scaliger et sa famille*, Agen, 1873. – *Acta Scaligeriana*, Agen, 1986. – *Prosateurs latins en France au XVIe siècle*, Paris, 1987, p. 259-305.

SCARLATTI Alessandro. Compositeur italien. Né le 2 mai 1660 à Palerme, mort le 24 octobre 1725 à Naples. On ignore quels furent ses maîtres de musique, mais lorsqu'il arriva à Rome avec sa famille (1679), il devait avoir déjà poussé très avant ses études, car il fit jouer peu après, au Théâtre Capranica, *Les Équivoques dues à l'apparence* [*Gli equivoci del sembiante*, 1700]. On dit qu'il fut à Rome l'élève de Pasquini, dont l'influence se serait fait sentir dans les premières œuvres qu'Alessandro Scarlatti écrivit pour le théâtre. De 1683 date sa *Psyché* (+), de 1685 son *Phaéton* (+). Il quitta Rome en 1685 pour prendre à Naples la charge de « maestro » au théâtre du palais royal. Composant avec une abondance et une facilité extrêmes, il écrivit rapidement un grand nombre d'œuvres pour le théâtre royal et pour le S. Bartolomeo de Naples, ainsi que pour les théâtres de Rome – *Rosaura* (1690) ; d'autre part, il donna des *Sérénades* [*Serenate*], et force musiques de chambre – v. *Cantates* (*). Mais il n'était point satisfait des avantages qu'il tirait de son travail, de sorte qu'il résolut de quitter Naples, et de se rendre à Florence près de Ferdinand de

Médicis pour lequel il écrivit quelques œuvres. En 1702, il se trouvait à Rome d'où, en mai 1705, il écrivait une lettre empreinte de découragement au grand-duc Ferdinand pour lui recommander son fils Domenico, lequel débutait alors dans la carrière artistique. Il n'est pas certain qu'Alessandro ait exercé à Rome l'office de maître de chapelle. De 1703 date son *Arminius* (+), de 1707 son *Mithridate Eupator* (+). En 1708, il retourna à Naples où il recommença de travailler pour le Théâtre S. Bartolomeo. Pendant cette période, il écrit *L'Amour volubile et tyran* [*L'Amor volubile e tiranno*, 1709], *La Princesse fidèle* [*La Principessa fedele*, 1710], *Tigrane* (1715) et quelques intermèdes pleins d'une verve comique. Mais ses mélodrames sont pour la plupart assez inégaux ; à côté de morceaux vigoureusement expressifs, ils présentent des pages trop faciles, superficielles, où l'auteur a fait visiblement des concessions au goût du public. En 1717, Alessandro Scarlatti s'éloigna à nouveau de Naples et demeura pendant quatre ans à Rome, où il écrivit des opéras d'un grand intérêt pour le théâtre Capranica, *Télémaque* (1718) et *Le Triomphe de l'honneur* (*) (1719). En 1722, il se rendit à Lorette, et l'année suivante à Naples, qu'il habita jusqu'à sa mort. Ses derniers opéras, *Cambise, Attilius Regulus* (+), *Griselda*, montrent qu'il faisait des recherches dans le domaine de l'expression, recherches qui le conduisirent à des procédés trop intellectuels. Il présente plus de spontanéité et de chaleur dans ses œuvres comiques et dans ses pages de musique instrumentale et religieuse, d'une fluidité admirable. En plus des œuvres déjà citées d'Alessandro Scarlatti, mentionnons pour terminer son *Endymion*, sa *Judith* et son *Sacrifice d'Abraham*.

VINCENZO TERENZIO.

♦ *« Il a le sens du drame. Ses airs ont une réelle beauté plastique et atteignent à la puissance dramatique. Son harmonie est neuve. Il freine la décadence de l'opéra en donnant l'exemple de l'équilibre et du goût. »* Norbert Dufourcq.

RÉF. : E. Dent, *Alessandro Scarlatti*, Londres, 1905. – J. Gregor, *Kulturgeschichte der Oper*, Vienne, 1941. – R. Pitrou, *L'Opéra italien au XVIIIe siècle*, Paris, 1950. – Roland-Manuel, *Plaisir de la musique*, tome IV, Paris, 1955. – R. Pagano, *Scarlatti, Alessandro e Domenico, due vite in una*, Milan, 1981.

SCARLATTI Domenico. Compositeur italien. Né le 26 octobre 1685 à Naples, mort le 23 juillet 1757 à Madrid. Fils d'Alessandro Scarlatti, il fit montre très rapidement de dispositions extraordinaires pour la musique, de sorte qu'on lui fit suivre la même voie que son père. À seize ans, il était déjà organiste et compositeur de la chapelle royale ; en 1703, il écrivit sa première œuvre, *Octavie rendue au trône* [*Ottavia restituita al trono*]. Après avoir rejoint son père à Rome, il gagna Venise où Alessandro Scarlatti devait confier son fils à Gasperini, « maestro » de l'hôpital de la Pitié, espérant que le jeune homme trouverait à Venise des occasions de se faire connaître. Là, Scarlatti rencontra Haendel, avec lequel il se rendit probablement à Rome. En 1708 eut lieu, dit-on, dans le palais du cardinal Ottoboni, la fameuse joute au cours de laquelle Haendel, à l'orgue, l'emporta sur Scarlatti au clavecin. Les relations entre ces deux musiciens furent extrêmement amicales et, douze ans plus tard, ils se retrouvèrent à Londres. En 1709, Scarlatti entra au service de la reine Marie-Casimire de Pologne et composa de nombreuses œuvres pour le théâtre du palais Zuccari. À cette époque, il écrivit différentes musiques de circonstance. En 1715, il fut nommé maître de chapelle à Saint-Pierre, et dut composer de la musique sacrée. Au cours de l'été de 1719, il quitta Rome pour Londres, et de là se rendit à Lisbonne. On ne possède guère d'indications sur son séjour au Portugal. Il est probable qu'en 1725 il se trouvait à Naples. Invité à suivre l'infante de Portugal qui avait épousé le prince des Asturies, il gagna Madrid en 1729, écrivant de la musique pour clavecin. Vers 1730, il publia un recueil de trente-deux *Sonates pour clavecin* (*) qu'il dédia au prince et à la princesse des Asturies. Il laissa sous forme de manuscrits le reste de sa production, plus de cinq cents sonates où se font jour une surprenante richesse d'invention, une vivacité et une limpidité, grâce auxquelles Scarlatti semble imiter la vie dans son jaillissement même. Citons encore *Iphigénie en Tauride* (+) (1713), *Iphigénie en Aulide* (+) (1714), *Hamlet* (*) (1715), *Didon abandonnée* (+) (1724) et *La Fugue du chat* (*) (1729).

♦ *« Ses nombreuses compositions sont à tous égards dignes d'être conservées soit pour leur originalité propre qui les met au-dessus de toutes les œuvres de ce temps, soit pour leur fraîcheur et leur vitalité qui sont la marque d'un art en plein épanouissement. »* C. Czerny.
♦ *« La vigueur, l'ardeur, l'élégance, l'allégresse, la fraîcheur, la volubilité et la volupté de cette musique ont opéré en moi un miracle en rafraîchissant mon sens de la vie. »* G. D'Annunzio.

RÉF. : Ch. Burney, *The Present State of Music in France and Italy*, Londres, 1771. – G. F. Malipiero, *Domenico Scarlatti*, Milan, 1927. – W. Gerstenberg, *Die Klavierkompositionen Domenico Scarlattis*, Ratisbonne, 1933. – R. Pagano, *Scarlatti, Alessandro e Domenico, due vite in una*, Milan, 1981. – R. Kirkpatrick, *Domenico Scarlatti*, Paris, 1982. – R. Boulanger, *Les Innovations de D. Scarlatti dans la technique du clavier*, Béziers, 1988.

SCARRON Paul. Écrivain français. Né et mort à Paris (14 juillet 1610 - 7 octobre 1660). Fils d'un conseiller au parlement de Paris, d'origine piémontaise, Scarron eut une jeunesse rendue fort pénible par la présence au foyer paternel d'une belle-mère autoritaire que l'enfant n'accepta jamais. Il n'avait que sept ans lors du remariage de son père et à treize dut aller habiter chez un de ses parents à Charleville. Afin de se débarrasser de lui, son père voulut lui faire embrasser l'état ecclésiastique, ce que le jeune homme, épris des plaisirs du monde, n'accepta qu'après une longue résistance ; encore ne prit-il que le petit collet et n'entra-t-il jamais dans les ordres. Ce geste lui permettait cependant de recevoir des bénéfices ecclésiastiques et Scarron fut attaché à la personne de Charles II de Beaumanoir, évêque du Mans, ce qui ne l'empêchait pas de fréquenter la société galante du temps, dont la fameuse Marion Delorme. En 1633, Scarron dut suivre l'évêque du Mans. Deux ans plus tard, il l'accompagna à Rome et, au retour, fut nommé chanoine de sa cathédrale. Il semble que cette vie provinciale n'ait pas déplu à Scarron ; il fréquentait les comédiens de passage, telle la troupe qu'il devait illustrer dans *Le Roman comique* (*), la société de la ville aux divertissements de laquelle il participait. Ce serait à la suite d'un bal costumé donné pour le carnaval de 1638 qu'il aurait contracté la paralysie qui devait le rendre impotent. Toujours est-il qu'à partir de 1638 Scarron n'est plus qu'un pauvre corps, tordu et perclus, immobilisé dans un fauteuil, tel qu'il s'est dépeint lui-même avec une féroce et ironique minutie. Fort heureusement, ce paralytique avait le meilleur caractère du monde, il prit le parti de rire de lui-même et d'en faire rire les autres. Il en vint à rire de tout et fit école. Lorsqu'il revint à Paris en 1640, ce fut cependant pour y trouver d'autres soucis. Les outrances de langage de son père lui avaient valu l'animosité de Richelieu et la perte de sa charge. Scarron s'employait à la lui faire rendre lorsque le conseiller mourut. Son fils ne put recueillir l'héritage capté par la belle-mère malgré un procès qui dura de nombreuses années et à propos duquel Scarron écrivit, en 1652, un *Factum ou Requête ou tout ce qu'il vous plaira pour Paul Scarron, doyen des malades de France.* De sa maladie, en effet, il s'était fait un titre de gloire, s'intitulant « malade de la reine », qui lui versait une pension, son esprit fit le reste. Bien reçu partout, il tint un salon où vint ce que la Cour et la ville comptaient de beaux esprits.

Dès ses premières œuvres, Scarron mit à la mode le burlesque. Venu d'Italie, ce ton avait déjà été illustré par certaines *Satires* (*) de Mathurin Régnier, mais il n'avait guère suscité que des œuvres isolées. Après Scarron, et surtout après la parution du *Virgile travesti* (*) (1648-1653), le procédé entraîna chez les poètes un engouement qui dura jusque vers 1660 et se prolongea après cette date avec les œuvres de D'Assoucy, par exemple. Scarron donna d'abord de courts poèmes réunis dans le *Recueil de quelques vers burlesques* (1643), la *Suite de la première partie des Œuvres burlesques* (1647), la *Suite des Œuvres burlesques, 2e partie* (1647), la *3e partie des Œuvres burlesques* (1651) ; en 1644 paraissait un grand poème mythologique, *Le Typhon ou la Gigantomachie,* dédié à Mazarin qui l'apprécia peu, où la guerre des géants et des dieux ressemble fort à une échauffourée de portefaix sur la place de Grève ; en 1643, Scarron portait le burlesque au théâtre avec *Jodelet ou le Maître-Valet* – v. *Théâtre* (*) de Scarron –, écrit pour l'acteur de ce nom et imité d'une pièce de Francisco de Rojas : *Où il y a injure, il n'y a pas jalousie.* Cette comédie connut un très grand succès : l'année suivante, utilisant encore les personnages traditionnels du répertoire de la farce, il donnait *Les Boutades du capitaine Matamore,* puis en 1647 *Les Trois Dorothées ou Jodelet duelliste* (+). C'est en 1648 que commença de paraître le début du *Virgile travesti,* qui suscita un véritable enthousiasme, sans doute parce qu'ici le burlesque s'appuyait sur la parodie d'une épopée sacrosainte et que cette profanation apportait une impression de soulagement à ceux qui avaient été élevés dans le respect religieux de l'Antiquité classique. La parution s'en échelonna sur cinq ans. Scarron ne poursuivit pas au-delà du chant VII ; il est vrai qu'il ne manqua ni de continuateurs ni d'imitateurs. Au théâtre, son succès ne se démentait pas. Cependant *L'Héritier ridicule ou la France intéressée* (+) (1649) dut être retiré de l'affiche, par suite des troubles de la Fronde. Scarron, d'ailleurs, participa alors à la vie politique, en composant des libelles contre son ancien protecteur, Mazarin. En 1652, il revint à la scène avec son chef-d'œuvre *Dom Japhet d'Arménie* inspiré également d'une œuvre espagnole, *Entre fous va le feu* (*) de F. de Rojas – v. *Théâtre* (*) de Scarron.

La même année, Paul Scarron, âgé de quarante-deux ans, qui avait eu un instant l'idée d'émigrer en Amérique, épousait par charité une jeune protestante convertie, sans fortune et presque sans famille, Françoise d'Aubigné. Par contrat, il reconnut solennellement qu'elle lui apportait : « deux grands yeux fort mutins, un très beau corsage, une paire de belles mains et beaucoup d'esprit ». Et le notaire lui ayant demandé quel douaire il lui constituait : « L'immortalité, répondit-il, le nom des femmes des rois meurt avec elles, celui de la femme de Scarron vivra éternellement. » Ce n'est pourtant pas sous le nom de Scarron que cette jeune fille devait devenir célèbre, mais sous celui de Mme de Maintenon. Au théâtre, Scarron donna encore, en 1654, *L'Écolier de Salamanque ;* en 1655, *Le Gardien de soi-même* (+) et *Le Marquis ridicule ou la Comtesse faite à la hâte* (+). Entre-temps, Scarron avait abordé un genre nouveau qui, mieux que ses vers et même que ses pièces, devait lui assurer de passer à la postérité. En 1651, il avait donné la première partie du *Roman comique*, dédiée au coadjuteur (Retz) ; la seconde partie, présentée à Mme la Surintendante (Mme Fouquet), vit le jour en 1657. *Le Roman comique* était l'histoire d'une troupe de comédiens et c'est encore au théâtre que, sans le vouloir, Scarron revint avec les *Nouvelles tragi-comiques* (1655-57) puisque l'une d'elles, *La Précaution inutile*, fournit à Molière le sujet de *L'École des femmes* (*), une autre *Les Hypocrites*, l'idée de *Tartuffe* (*). Toutefois l'influence de Scarron sur le théâtre comique ne se limita pas à ses emprunts ; la vivacité, le naturel de ses dialogues ouvrirent la voie à Molière. Bien que déjà la vogue du burlesque commençât à passer, Scarron vivait honoré de l'estime de tous et fort entouré. C'est au milieu des siens et de ses amis en larmes qu'il s'éteignit, ayant prononcé ces dernières paroles : « Je ne vous ferai jamais autant pleurer que je vous ai fait rire. »

JACQUES BROSSE.

♦ « *Pour faire entendre ses pensées il emploie une espèce d'idiome, qui force tout le monde à s'étonner comment les vingt-quatre lettres de l'alphabet se peuvent assembler en tant de façons sans rien dire.* » Cyrano de Bergerac. ♦ « *On ne vit plus en vers que pointes triviales ; Le Parnasse parla le langage des halles.* » Boileau. ♦ « *Ses farces remplies d'inepties et d'ordures n'ont de comique que leur extravagance et leur imbécillité.* » Grimm. ♦ « *Paul Scarron est en quelque sorte l'Homère de l'école bouffonne, celui qui résume et personnifie le genre* [...] *Sa langue charmante, colorée, naïve, forte, libre, fantasque, élégante, grotesque, se prête à tous les besoins, à tous les caprices de l'écrivain, elle est aussi propre à rendre les allures hautaines du* Cid *qu'à charbonner les murs des cabarets de chauds refrains de goinfrerie.* » Th. Gautier.

RÉF. : P. Morillot, *Scarron, étude biographique*, Paris, 1888. – G. Michaut, *Scarron, Le Roman comique*, 1941. – L. S. Koritz, *Scarron satirique*, Paris, 1977. – *Burlesque et formes parodiques*, Actes du Mans, éd. I., Landy-Houillon, M. Ménard, 1987.

ŠĆEPANOVIĆ Branimir. Écrivain serbe et monténégrin. Né à Titograd le 19 avril 1937. Connu pour ses nouvelles et ses romans courts, il est également l'auteur de pièces dramatiques et de scénarios de films. Il commence à publier des nouvelles dès l'âge de dix-sept ans et fait bientôt figure de révélation dans les principales revues littéraires serbes. Les critiques soulignent son art du dialogue bref, tendu, dramatique. Il était donc tout naturel qu'il soit attiré par l'art cinématographique et il s'y consacra si bien qu'il devint en 1974, vingt ans après sa première publication, directeur artistique d'Avala Film, la plus grande maison de production cinématographique serbe. Le premier recueil de nouvelles, *Avant la vérité* [*Pre istine*, 1961], marque pour Šćepanović le début d'une brillante décennie. Il opère une percée dans la littérature avec un groupe de jeunes prosateurs serbes de talent, parmi lesquels il faut citer Danilo Kiš, Borislav Pekić et Mirko Kovač. Ce groupe s'affirmera comme le plus important de la littérature serbe dans les années 70. Tous se détachent du réalisme primaire, des thèmes suggérés par l'idéologie socialiste, du bavardage officiel, auxquels ils substituent une sorte de genre fantastique s'accompagnant d'une grande maîtrise de la langue. Dès les années 60, Šćepanović opte pour une forme située à mi-chemin entre la nouvelle et le roman. Tel est le cas de *L'Été de la honte* [*Sramno leto*, 1965]. Ce genre trouve son épanouissement plus tard, avec *La Bouche pleine de terre* (*) (1974) et *La Mort de monsieur Golouja* [*Smrt gospodina Goluža*, 1977]. Deux thèmes restent constants dans cette littérature : le thème du pays natal, et celui de la mort violente, notamment en temps de guerre. Les protagonistes de ces drames sont toujours à l'extrême limite de la vie et de la mort, persécutés par des forces invisibles, au comble de l'angoisse, et contraints de chercher la paix du côté de leurs ancêtres et des contrées lointaines qui les ont vus naître, au terme de récits d'une structure complexe caractérisée notamment par de constantes variations de l'aspect narratif. L'engouement du public serbe pour Šćepanović a passé les frontières et fait de lui à une certaine époque l'un des auteurs serbes les plus traduits à l'étranger. Plusieurs prix littéraires lui ont été attribués dans les républiques de l'ex-Yougoslavie, et ses scénarios de films sont toujours très appréciés. *La Mort de monsieur Golouja* figure dans l'anthologie des meilleurs textes en prose du monde publiée aux États-Unis par Charles Angoff.

JANINE MATILLON.

SCERBANENCO Giorgio. Auteur de romans policiers italien. Né le 28 juillet 1911 à Kiev, il est mort le 27 octobre 1969 à Milan, où il habitait. Son père, professeur de latin-grec à l'Université, était ukrainien. Sa mère était romaine ; quand son mari est fusillé pendant la révolution russe, elle regagne Rome avec le petit Giorgio. Ils s'installent à Milan quand Giorgio a 16 ans. C'est au cours d'un séjour dans un sanatorium que celui-ci découvre sa vocation d'écrivain. En trente ans, il va publier une centaine de romans et près d'un millier de nouvelles. Mais c'est la parution de *Vénus privée* [*Venere privata*] en 1966 qui va le faire connaître à l'étranger. C'est dans ce roman qu'apparaît pour la première fois le détective Duca Lamberti, un ancien médecin radié de l'ordre pour euthanasie ; on le retrouve dans *À tous les râteliers* [*Traditori di Tutti*, 1966], *Les Enfants du massacre* (*) (1968) et *Les Milanais tuent le samedi* [*I Milanesi amazzano il sabato*, 1970]. Cette saga, qui dessine le portrait d'un homme déchiré très attachant et de Milan, ville tentaculaire, est remarquable.

DENIS BOUTET DE MONVEL.

SCÈVE Maurice (ou Sève). Poète français. Né vers 1500, à Lyon. Mort dans cette même ville sans doute en 1562. Maurice Scève appartenait à une famille fortunée de Lyon qui tirait son origine du bourg de Chasselay, dans les Monts-d'Or lyonnais. Son père occupa à Lyon les importantes charges de juge-mage et plusieurs fois de conseiller de la ville et eut quatre enfants, le poète et trois filles – qui épousèrent des notables lyonnais. Seul fils d'un père riche et cultivé, Maurice Scève dut faire de solides études, mais nous ne possédons aucun renseignement sur cette période de sa vie. Entre 1530 et 1533, Scève, qui est sans doute déjà docteur en droit, suit des cours à l'université d'Avignon, puis il participe en 1533 aux recherches entreprises pour retrouver le tombeau de la Laure de Pétrarque, et découvre sous une pierre tombale un parchemin contenant un sonnet italien qu'il attribue à Pétrarque : les savants du temps émirent des doutes et certains d'entre eux accusèrent Scève d'être l'auteur du poème. En 1535, Scève, qui a fait la connaissance d'Étienne Dolet, fait imprimer son premier ouvrage, une traduction d'un roman de Juan de Flores composé d'après la *Fiammetta* (*) de Boccace. Marot, de Ferrare, où il était en exil, avait lancé avec son épigramme du *Beau Tétin* une mode dont s'engouèrent les poètes lyonnais. Ce fut Maurice Scève, qui avait écrit deux *Blasons*, qui remporta la palme décernée par Renée de France. La cour de François Ier séjourna à Lyon en 1536 ; aussitôt après, le roi perdit son fils préféré, le dauphin François. Les poètes publièrent un *Recueil de vers latins et vulgaires de plusieurs poètes françois* sur cet événement ; la contribution de Scève fut *Arion. Églogue sur le trespas de monseigneur le daulphin* – v. *Poèmes* (*) – plus une élégie et quatre épigrammes latines et deux huitains français. C'est au cours de la même année que Scève rencontra pour la première fois Marot, de passage à Lyon, lequel avait déjà une vive estime pour le poète lyonnais. Dans la vie de sa cité natale, Scève jouait à cette date un rôle important. C'est lui qu'on trouve comme principal responsable des fêtes de la ville au cours des années 1539 et 1540.

Il semble que ce soit en 1536 que Maurice Scève rencontra la jeune poétesse Pernette du Guillet, pour qui il s'éprit d'une passion malheureuse qui dura jusqu'à la mort de la jeune femme en 1545. C'est elle qui lui inspira les dizains de *Délie, objet de plus haute vertu* (*), dont le poète lut des fragments à ses amis dès 1536, mais qu'il ne publia que sur leur requête expresse en 1544. Dès 1543, on voit Scève se retirer plusieurs fois à la campagne et vivre dans la solitude, peut-être dans une maison de l'Île-Barbe. De ses méditations douloureuses naquit un long poème, *La Saulsaye. Églogue de la vie solitaire* (1547) – v. *Poèmes* (*). En 1548, l'entrée solennelle d'Henri II amena ses concitoyens à faire de nouveau appel à lui, et ce fut Scève qui fut l'organisateur principal de ces glorieuses journées. Désormais, il n'est plus seulement une gloire locale, il a rang de poète officiel, et Sebillet, comme les membres de la Pléiade, alors à ses débuts, lui rendent hommage. On voit, jusqu'en 1555, Scève participer à la vie des cercles lyonnais ; il prend part, en 1555, à l'hommage poétique rendu à Louise Labé. Après cette date, l'on perd la trace de Scève. Certains érudits pensent qu'il s'éloigna de sa ville natale, l'un d'eux le fait se rendre en Allemagne où il serait devenu protestant ; mais ce sont là pures hypothèses qu'aucun indice ne vient étayer. En fait, on ne sait rien de Scève jusqu'à la publication du *Microcosme* (1562) – v. *Poèmes* (*) – et il est probable qu'il mourut en 1562. Cette disparition ne fut pas seulement physique : l'œuvre de Scève, envers qui Ronsard et Du Bellay reconnaissaient leur dette, tomba dans l'oubli pour plusieurs siècles. Elle ne resurgira vraiment qu'au XXe siècle qui lui rendra sa véritable place : celle d'un poète mélodieux et mâle, profond et secret, d'un poète sans modèle et sans disciples, parce qu'inimitable.

JACQUES BROSSE.

♦ *« Gentil esprit, ornement de la France, / Qui d'Apollon sainctement inspiré. / T'es le premier du peuple retiré / Loin du chemin tracé par l'ignorance. »* Du Bellay. ♦ *« Scève marche en lui-même avec des pas calmes et purs* [...] *La terre que foule Scève ne porte pas le masque des fleurs et des forêts, des villes, des hommes ; elle garde nu au contact libre de l'espace son véritable épiderme d'astre* [...] *Aucun poète ne s'est avancé dans un tel silence. »* Thierry Maulnier.

RÉF. : A.-M. Schmidt, *La Poésie scientifique en France au XVIe siècle*, Paris, 1939. – V. L. Saulnier, *Le Prince de la Renaissance lyonnaise, Maurice Scève*, Paris, 1948. – E. Giudici, *M. Scève poeta della « Délie »*, 2 vol., Rome et Naples, 1965-1969. – *Dix Études sur la Délie de M. Scève*, Paris, 1987. – Hans Staub, *Le Curieux Désir*, Genève, 1967. – Jacqueline Risset, *L'Anagramme du Désir*, Rome, 1971. – Dorrane Fenoaltea, *The Design of Scève's Délie*, Lexington, 1982.

SCHADE Jens August. Poète et romancier danois. Né le 20 janvier 1903 à Skive et mort à Copenhague le 20 janvier 1982. Son premier recueil, mélancolique, *Le Violon vivant* [*Den levende violin*], parut en 1926 ; on y trouve un sens cosmique et cette conviction d'être le centre du monde, qu'on retrouvera dans toute son œuvre. *Sjov au Danemark* [*Sjov in Danmark*, 1928] est à la fois une sorte d'autobiographie humoristique et poétique, et un tableau moitié naïf, moitié satirique du Danemark. Le titre de son roman farfelu, *L'Amour céleste sur terre* [*Den Himmelske Elskov på jorden*, 1931] est significatif : Schade prêche une sorte d'érotisme cosmique, de sensualité angélique, de libération des forces de l'inconscient et d'extase sexuelle qui font vibrer ses poèmes – dans *Le Livre du cœur* [*Hjertebogen*, 1930], *Le Visage de la terre* [*Jordens ansigt*, 1932], *Amour et eau de source* [*Kaerlighed og kildevand*, 1936], etc. – ainsi que ses petits romans aux titres bizarres : *Une étrange soirée dans l'histoire du monde* [*En maerkelig aften i verdens historie*, 1933], *Le Voleur de commode ou Amour immortel* [*Kommode-tyven eller Udødeling Kaerlighed*, 1939], le sommet de ces envolées surréalistes ou plutôt chagalliennes étant *Des êtres se rencontrent et une douce musique s'élève dans leurs cœurs* (*) (1944), adapté au cinéma par H. Carlsen en 1967.

SCHAEFFER Pierre. Compositeur et théoricien de la musique français. Né à Nancy le 14 août 1910. À sa sortie de l'École polytechnique, Schaeffer entre à la R.T.F. comme technicien du son. Il y fonde un studio d'essai qui deviendra plus tard le « Groupe de recherches musicales de l'O.R.T.F. ». C'est dans ce cadre qu'il se livre à des recherches dont le but primitif est l'utilisation des bruits de la vie quotidienne pour leur donner une structure musicale organisée ; cette démarche devait aboutir à de véritables « symphonies de bruits ».

Le travail de Pierre Schaeffer ne put aboutir que grâce à la création intermédiaire de « sons abstraits » : son d'une cloche séparé de l'attaque de son battant, accords de piano passés à l'envers, bruit naturel monté en écho ; ces opérations demandaient, bien entendu, le support d'enregistrements. C'est en procédant au mixage de sons abstraits et de bruits à l'état brut sur un schéma rigoureux que Schaeffer va devenir le premier musicien concret, ouvrant ainsi un univers sonore entièrement nouveau. À partir de 1948, il va faire connaître ses premières réalisations : *Étude aux tourniquets, Étude aux chemins de fer, Étude pathétique, Étude pour piano* ; en 1949, ce seront des tentatives d'utilisation des mêmes méthodes sur les sons produits par des instruments traditionnels : *Suite pour 14 instruments, Variations pour une flûte mexicaine* ; l'indicatif de la Radio italienne servira de base au morceau *L'Oiseau R.A.I.* Les deux œuvres majeures de Schaeffer à cette époque sont écrites en collaboration avec Pierre Henry, déjà coauteur du *Bidule en ut*. Ce sont la *Symphonie pour un homme seul* (*) (1949-50) d'un expressionnisme presque baroque, et le premier opéra concret, *Orphée* (+) (1953), où le chant humain « accompagnait une musique relativement inhumaine, du moins dans sa nouveauté ».

Ces premiers résultats atteints, Pierre Schaeffer se remet à la recherche d'un art qu'il voudrait plus dépouillé encore. Il donnera en 1958-1959 une *Étude aux allures*, une *Étude aux sons animés* et une *Étude aux objets*. Schaeffer est essentiellement un théoricien. Il a décrit son itinéraire et son propos musical dans une série de volumes : *À la recherche d'une musique concrète* (1952), *Traité des objets musicaux* (1966), *Machines à communiquer* (2 vol., 1970-72). Il faut y ajouter des livres à caractère autobiographique : *Clotaire Nicole* et *Les Enfants de chœur* où il raconte sa jeunesse sous forme romanesque, et *Les Antennes de Jéricho* (1978), récit de ses années passées à l'O.R.T.F., et un roman, *Prélude, choral et fugue* (1983).

Depuis 1968, Pierre Schaeffer est professeur au Conservatoire.

JEAN-FRANÇOIS LABIE.

RÉF. : S. Brunet, *Pierre Schaeffer*, Paris, 1969. – M. Pierret, *Entretiens avec Pierre Schaeffer*, Paris, 1970. – M. Chion et G. Reibel, *Les Musiques électroacoustiques*, Aix-en-Provence, 1976.

SCHAEFFNER André. Musicologue français. Né le 7 février 1895 à Paris, d'un père chimiste, mort le 11 août 1980 dans la même ville. André Schaeffner se consacre dès le début des années 20 à l'histoire de la musique et à la musicologie comparée. Élève de Salomon Reinach à l'École du Louvre et de Vincent d'Indy à la Schola Cantorum, grand ami de Wanda Landowska, ses premiers travaux importants portent sur la facture du clavecin et sur les origines africaines du jazz (*Le Jazz*, 1926). En 1929, Rivet l'appelle à participer avec Georges Rivière, Michel Leiris, Alfred Métraux, Marcel Griaule, à la réorganisation du musée d'Ethnographie du Trocadéro. En y réunissant les instruments de musique venus de toutes les parties du monde auxquels il joint une discothèque, il fonde le premier département d'ethnomusicologie en France ; il le dirigera jusqu'à sa retraite en 1965. Entretemps, il écrit également un ouvrage sur *Stravinski* en 1931. Homme de bibliothèques et de musées, le goût d'André Schaeffner pour la musique vivante l'a néanmoins amené en Afrique noire à plusieurs reprises. Le contact avec les musiques encore dites primitives a eu pour premier résultat l'*Origine des instruments de musique* (*) (1936). Au cours de ces missions, outre des observations purement musicologiques, ce passionné de spectacles assiste à de grandes cérémonies, il procède à des enquêtes sur des rites funéraires ou marquant la sortie de retraites initiatiques : « L'étude des phénomènes esthétiques n'est pas détachable de l'étude des sociétés où ils se manifestent, l'une et l'autre s'éclairent mutuellement, à tous les niveaux de l'art et de la civilisation. » Tous les écrits d'André Schaeffner se situent aux frontières de l'art et de l'érudition. Grand admirateur de Debussy, cet ami de Stravinski a « doté l'ethnologie française d'un nouveau chapitre musical, lui insufflant une sensibilité qui sans lui lui aurait manqué » (Cl. Lévi-Strauss). Il laissa en outre, l'année de sa mort, ses *Essais de musicologie et autres fantaisies*.

DENISE PAULME.

SCHAPIRO Meyer. Médiéviste et historien d'art américain. Né en Lituanie en 1904. Schapiro fit ses études à l'université Columbia de New York, où il enseigna ensuite durant toute sa carrière. Foncièrement éclectique, il se partagea toujours entre ses deux domaines de prédilection : le Moyen Âge et l'art moderne, appliquant la rigueur de ses méthodes de médiéviste à des œuvres aussi inattendues que celles de Seurat ou de Van Gogh. Archéologue de l'art médiéval, il est, entre autres, l'auteur d'un ouvrage sur *La Sculpture de Moissac* [*Moissac*, 1985]. Mais d'une manière générale, ses études médiévales ont volontiers un caractère purement esthétique : témoin son analyse de « L'Attitude esthétique dans l'art roman » (1947). À l'opposé, ses travaux sur l'art moderne accordent toujours une place de choix à la dialectique du milieu social et de la tradition dans la genèse de l'œuvre d'art. Son classique « Matisse et l'impressionnisme » (1932) s'attachera ainsi à dégager les liens qui existent entre abstraction et impressionnisme, opposant l'irréalisme de la couleur au réalisme du rendu. À partir de 1937 et jusqu'à la fin des années 40, Schapiro collaborera à *The Marxist Quarterly* qui lui inspira divers essais, dont une analyse des « bases sociales de l'art », où il s'emploie à démontrer que l'art abstrait n'est pas un phénomène isolé. Dans les années 50, cependant, s'amorce dans son œuvre une nouvelle inflexion liée à son recours à l'approche psychanalytique, dont il tentera de cerner la portée et la limite, quitte, le cas échéant, à dénoncer ce qu'il appelle les « erreurs » de Freud (1955, 1956). Dans un même esprit d'éclectisme, et sans craindre de faire appel à la sémiotique et au structuralisme, il s'en prendra à Heidegger et à son interprétation des « souliers » de Van Gogh dans « L'Objet personnel, sujet de nature morte » (1968) – tous ces essais sont repris dans *Style, artiste et société* (*).

S'efforçant d'associer deux disciplines souvent mal assorties – histoire de l'art et critique d'art – pour étudier d'un même mouvement les dimensions esthétiques, historiques et sociales d'une œuvre (qu'il s'agisse du retable de Mérode ou de « La Tour Eiffel » de Seurat), Schapiro a défini son éthique dans un bref essai sur « La Notion de style » (1962), qui demeure la meilleure introduction à sa démarche. Analysant et écartant tour à tour les systèmes d'interprétation attachés aux noms de Wölfflin, Focillon, Riegl, Panofsky et Hauser, il récuse l'idée même d'une géographie ou d'une grammaire des styles. Car c'est par son ouverture même à l'art contemporain que le médiéviste perçoit des caractéristiques de styles demeurées inaperçues. On conçoit, dès lors, que cet éclectisme ait valu à Meyer Schapiro l'amitié d'artistes contemporains aussi éloignés, en apparence, de l'art roman que Newman ou De Kooning.

PIERRE-EMMANUEL DAUZAT.

SCHEFFEL Joseph Viktor von. Poète et romancier allemand. Né le 16 février 1826 à Karlsruhe, mort dans cette même ville le 9 avril 1886. Il aurait souhaité se consacrer à la peinture, mais son père, ingénieur militaire, entendit faire de lui un juriste. De 1844 à 1846 il étudia le droit à Munich où il fréquenta les milieux artistiques, à Berlin et à Heidelberg, où il composa ses premiers chants sans penser encore se vouer aux lettres. Entré dans la carrière juridique, il passa deux ans à Saekkingen, sur le haut Rhin. En 1852, son père lui ayant enfin permis de s'adonner à la peinture, il laissa le droit et se rendit à Rome pour y étudier, mais se rendit compte qu'il était trop âgé pour apprendre le métier. Ses amis peintres l'engagèrent à se tourner vers la poésie, et c'est ainsi qu'entre Rome et Capri fut écrit son premier poème, *Le Trompette de Saekkingen* (*) (1854). Paul Heyse, qui se trouvait à cette époque à Sorrente où il écrivait *L'Enragée*, vint à Capri et vécut des jours heureux avec Scheffel dans une auberge fréquentée par les artistes allemands de l'époque. Revenu en Allemagne l'année suivante, Scheffel se remit à l'étude dans l'intention de tenter une carrière universitaire. Ses études historiques lui inspirèrent un roman, *Ekkehard, une histoire du Xe siècle* (*) (1855), qui assura sa renommée. Mais les années 1856 et 1857 furent malheureuses : d'abord une longue maladie, ensuite une dépression nerveuse provoquée par l'impossibilité de mener à bonne fin un nouveau roman sur Titien, enfin la mort d'une sœur cadette que Scheffel chérissait. Scheffel fut ensuite pendant deux ans bibliothécaire du prince de Fürstenberg à Donaueschingen, qui possédait une collection de manuscrits antiques ; il s'absorba dans des recherches érudites mais ne put ranimer son inspiration désormais épuisée. Scheffel se maria le 22 août 1864 avec Caroline von Malzen, mais cette union fut malheureuse. La neurasthénie le mena aux confins de la folie. Des voyages qu'il entreprit alors, il rapporta diverses poésies. Il avait acquis une petite maison de campagne sur les bords du lac de Constance, y résidant en alternance avec Karlsruhe. Bien que sa veine poétique fût éteinte, il demeura l'auteur le plus lu en Allemagne aux environs de 1870 (ses œuvres principales ont eu plus de trois cents éditions) et, à l'occasion de son cinquantenaire, il fut anobli. Toutefois, ses infortunes furent aggravées par la maladie, qui l'accabla dans ses dix dernières années. Scheffel fut le représentant d'un courant littéraire imité de l'antique à la suite de Walter Scott. La renommée dont il jouit de son temps nous paraît excessive aujourd'hui eu égard à la qualité de son art. Outre les œuvres déjà citées, mentionnons pour terminer *Dame Aventure* [*Frau Aventure : Lieder aus Heinrich von Ofterdingens Zeit*, 1863].

RÉF. : J. G. Sprengel, *Scheffel und wir* in *Wartburg-Jahrbuch*, 1936. – H. Burte, *Hebel, Scheffel und die Gegenwart*, Bühl, 1942. – R. Selbmann, *Dichterberuf im bürgerlichen Zeitalter. Joseph Victor von Scheffel und seine Literatur*, Heidelberg, 1982. – G. Mahal, *Joseph Victor von Scheffel*, Karlsruhe, 1986.

SCHÉHADÉ Georges. Écrivain libanais d'expression française. Né à Alexandrie le 2 novembre 1910, mort à Paris le 18 janvier 1989. Un des plus grands représentants de la culture libanaise, Georges Schéhadé est l'auteur d'une œuvre poétique et théâtrale, écrite en français, qui témoigne d'une sensibilité spécifiquement orientale que l'influence surréaliste lui a paradoxalement permis de développer et d'épanouir. Ce Libanais passera toute sa jeunesse à Beyrouth, où il fera ses études de droit avant d'occuper un poste aux services culturels du haut-commissariat de France, puis d'exercer les fonctions de secrétaire général de l'École supérieure des lettres. Son œuvre poétique paraît d'abord dans de minces recueils, *Poésie I* (1938), *Poésie II* (1948), *Poésie III* (1949), *L'Écolier sultan* (+) (1950) ; un volume de *Poésies* est réuni en 1952 ; *Ródogune Sinne* (+) avait paru en 1947. Si la richesse profonde des images et la libre fantaisie du ton y dénotent une nette parenté d'esprit avec les surréalistes, le parfum qui émane de ces pièces, leur style aéré et jamais heurté, manifestent une appartenance tout aussi réelle de leur auteur à la tradition orientale. Ces qualités se retrouvent dans son œuvre dramatique, longtemps servie par les mises en scène et l'interprétation de la compagnie Madeleine Renaud - Jean-Louis Barrault qui créa, entre autres, en 1951, la première de ces pièces dégagées de toutes les conventions habituelles du théâtre, *Monsieur Bob'le* (*). Un climat proche de celui des *Mamelles de Tirésias* (*), premier drame « surréaliste », selon le mot de son auteur, Guillaume Apollinaire, baigne cette œuvre autant que les suivantes : *La Soirée des proverbes* (*) (1954), *Histoire de Vasco* (*) (1956), *Le Voyage* (*) (1961), *L'Émigré de Brisbane* (*) (1965). Tragique et humour se concilient dans ces drames sans effort apparent. Schéhadé cherche à y appréhender la réalité humaine dans toute son ampleur. Mais il ne voit en fait dans l'Homme qu'une marionnette, un santon, que le verbiage et l'incessante agitation rendent cocasse face à l'infini du monde qui l'éclaire de poésie tout en démentant sa prétention à être. *Le Nageur d'un seul amour* (1985) a confirmé, à la fin de la vie de Schéhadé, la pureté et la force de son inspiration poétique.

PHILIPPE FAUCHER.

SCHEIDT Samuel. Organiste et compositeur allemand. Baptisé le 3 novembre 1587 à Halle, mort le 24 mars 1654 en cette même ville. D'abord organiste de la Moritzkirche à Halle, Scheidt se rend à Amsterdam vers 1608 pour y poursuivre ses études musicales avec le grand maître néerlandais, Sweelinck (1562-1621), qui aura sur lui une influence déterminante. Il y acquiert une grande maîtrise du clavier et prend connaissance de la musique de ses contemporains anglais, italiens et espagnols. De retour à Halle, Scheidt est nommé maître de chapelle du margrave de Brandebourg et directeur de musique de l'archevêché de Magdebourg. En 1618, avec la collaboration de Schütz (1585-1672), élève de Gabrieli, et de Praetorius (1571-1621), il introduit en Allemagne le nouveau style « concertato » italien dans les œuvres vocales liturgiques. Scheidt acquit une grande renommée grâce à ses *Cantiones sacrae,* publiées en 1620, motets sans continuo à double chœur. Les *Concertus sacri* (1622) et les *Geistliche Concerte* (1631-40), d'une écriture plus moderne et contrastée, annoncent la structure de la cantate chorale à venir. La publication, en 1624, du monumental recueil de pièces pour orgue, *Tablatura nova* (*), est d'une importance considérable et marquera en Allemagne toute la musique à venir pour cet instrument.

DOMINIQUE JACCOTTET.

SCHÉLANDRE Jean de (sous le pseud. de Daniel d'Anchères). Poète et auteur dramatique français. Né près de Verdun en 1584, mort au château de Saumazènes en 1635. La vie de cet intéressant représentant de la tragédie française avant Corneille est à peu près inconnue. On sait seulement que Schélandre, de famille protestante, suivit d'abord la carrière militaire, fit ses premières armes en Hollande et mourut vers la cinquantaine des suites de ses blessures. Après ses premières poésies, ses *Tableaux de pénitence* (1609) lui avaient valu la protection de Jacques Ier d'Angleterre ; il publia ensuite les deux premiers titres d'une épopée, *La Stuartide* (1611), où il fait remonter à Astrée la généalogie de ses héros. C'est à sa tragédie *Tyr et Sidon ou les Funestes Amours de Belcar et de Méliane* (*) (1608), refondue en 1628 en une tragi-comédie en deux journées de cinq actes chacune, *Tyr et Sidon* (*), que Schélandre doit de n'être pas tout à fait oublié. Il semble (si on lui attribue les idées de la fameuse préface donnée en 1628 à *Tyr et Sidon* par François Ogier, ami de Guez de Balzac) avoir rêvé d'un théâtre émancipé des Anciens et, au nom de l'imitation fidèle de la vie réelle, mêlant le comique et le burlesque au tragique. La puissance de l'influence italienne et surtout de la tradition antique devait faire avorter en France cette tentative de drame shakespearien.

RÉF. : Ch. Asselineau, *Notice sur Jean de Schélandre, poète verdunois,* Alençon, 1856. – Gustave Cohen, *Écrivains français en Hollande dans la première moitié du XVIIe siècle,* Paris, 1920-1921. – J. W. Barker, éd. de *Tyr et Sidon*, Paris, 1975.

SCHELER Max. Philosophe allemand. Né à Munich le 22 août 1874, mort à Francfort-sur-le-Main le 19 mai 1928. Scheler peut être considéré comme un des plus grands philosophes de l'Allemagne contemporaine, et sa mort a mis fin prématurément à une activité extrêmement féconde. Juif de naissance, il grandit sans éducation religieuse. Au gymnasium de Munich, il subit fortement l'ascendant du prêtre chargé de l'instruction religieuse, et il est baptisé dans la religion catholique à l'âge de quatorze ans. Ses humanités terminées, il commence ses études de philosophie à l'université de Berlin, puis de Heidelberg. Il subit alors l'influence de Dilthey, de Stumpf, de Simmel. Puis à Iéna il rencontre R. Eucken dont il devient le disciple, et dont ses thèses : *Sur le rapport entre les principes logiques et les principes moraux* (1899), *La Méthode transcendantale et la méthode psychologique* (1900), reflètent les idées, en réagissant à la fois contre le kantisme et l'empirisme, par l'affirmation de la vitalité de l'esprit.

Chargé de cours comme privatdozent à Iéna, il passe ensuite, après son habilitation, à l'université de Munich (1907) où il entre en contact avec la phénoménologie de Husserl qui le marque profondément, et également avec la pensée de F. Brentano. Période d'intense activité intellectuelle et de conversion religieuse. Les circonstances de son premier mariage l'avaient éloigné de l'Église catholique. Il y revient, fréquente l'abbaye de Beuron, fait un effort, qui ne sera jamais vraiment couronné de succès, pour comprendre la vie sacramentelle et liturgique de l'Église. Scheler réfléchit sur les philosophes de la vie, Dilthey, Nietzsche, Bergson, en même temps que sur la tradition augustinienne. Fruit de ces méditations : en 1913 paraît *De la phénoménologie et théorie des sentiments sympathiques et de l'amour et de la haine* [*Zur Phänomenologie und Theorie der Sympathiegefühle und von Liebe und Hass*], devenue, dans la seconde édition remaniée de 1923 : *Nature et formes de la sympathie* (*). En même temps, il compose diverses études : *L'Idole de la connaissance de soi-même* [*Die Idole der Selbsterkenntnis*], *Le Ressentiment comme fondement des conceptions morales* [*Das Ressentiment im Aufbau der Moralem*] qui prendront place définitivement dans un recueil réédité en 1919 sous le titre *Le Renversement des valeurs* (*). La guerre de 1914-1918 provoque également sa réflexion philosophique : *Le Génie de la guerre et la guerre allemande* [*Der Genius des Krieges und der deutsche Krieg,* 1915], *La Guerre et la Reconstruction* [*Krieg und Aufbau,* 1916], *Sur les causes de la haine contre les Allemands* [*Die Ursachen des Deutschenhasses,* 1917]. En 1919, il devient professeur à l'université de Cologne ; il est considéré comme le maître de la pensée catholique allemande ; sa philosophie des valeurs, dont le meilleur exposé est son ouvrage : *Le Formalisme dans l'éthique et l'éthique matérielle des valeurs* (*), est un personnalisme qui voit dans la rencontre avec la personnalité vivante qu'est Dieu un accomplissement dernier et indispensable de la personne humaine, qui doit se découvrir comme image de Dieu. Cette philosophie de l'acte religieux sera exposée comme phénoménologie de la religion dans son livre : *De l'éternel dans l'homme* (*) (1921).

Mais nouveau renversement des valeurs dans la vie de Scheler : une nouvelle crise morale l'éloigne de l'Église catholique. À vrai dire, elle est liée à l'évolution même de sa pensée, probablement à une prise de conscience des conséquences logiques de ses principes. Cette crise a pour résultat son départ de Cologne : il enseigne désormais la sociologie à Francfort. Son activité littéraire est extrêmement féconde : *Les Problèmes d'une sociologie de la connaissance* [*Zur Soziologie des Wissens,* 1923], *Sociologie et science des conceptions du monde* [*Schriften zur Soziologie und Weltanschauungslehre,* 4 vol., 1923], *Les Formes du savoir et la Société* [*Die Wissenformen und die Gesellschaft,* 1926], *La Situation de l'homme dans le monde* (*) (1928). La pensée de Scheler, en seconde partie de son évolution philosophique, s'oriente vers l'anthropologie, insiste sur la complémentarité de la vie et de l'esprit, c'est-à-dire de la poussée vitale aveugle mais puissante, et de la liberté spirituelle, lumineuse, mais précaire ; la divinité est alors liée au devenir de l'homme lui-même, à la spiritualisation des forces obscures, à la « pénétration réciproque » de la poussée vitale et de l'esprit. Le 19 mai 1928, il meurt d'une attaque d'apoplexie, sans qu'apparemment il se soit réconcilié avec l'Église.

PIERRE HADOT.

♦ *« Les thèmes de base de sa métaphysique étaient les certitudes de son cœur avant d'être les vérités de son esprit. Ce qu'il démontrait comme philosophe, l'homme en lui le vivait et lui appliquant sa propre méthode, nous pouvons dire que ce qu'il y a de plus profond et de plus authentique dans sa nature ne se découvre dans sa pureté et sa totalité que sous le regard de l'amour. Il estimait que la vie la plus haute et la meilleure était celle où tous les efforts conjugués sont appliqués aux tâches humaines, mais qui n'est pas cependant totalement absorbée par ces tâches, et demeure intérieurement dans le silence de la contemplation de Dieu. Pour ceux qui l'ont entendu à ce moment et pour qui cette conversation fut la dernière impression qu'ils aient reçue de sa vie terrestre, ces mots demeureront son testament. »* Ernst Curtius.
♦ *« On peut dire que Scheler fut l'esprit dont les idées ont trouvé le plus grand retentissement dans l'Allemagne intellectuelle pendant ces quinze dernières années. »* G. Gurvitch.

RÉF. : G. Gurvitch, *Les Tendances actuelles de la philosophie allemande, E. Husserl, M. Scheler, F. Lask, M. Heidegger,* 2e édition, Paris, 1949, pp. 67-152. – Nicolaï Hartmann, *Max Scheler,* dans *Kant Studien,* XXXIII, 1928. – Ph. Müller, *De la psychologie à l'anthropologie à travers l'œuvre de Max Scheler,* Neuchâtel, 1946. – M. Dupuy, *La Philosophie de Max Scheler, son évolution et son unité,* Paris, 1959. – J. R. Straude, *Max Scheler, An Intellectual Portrait,* New York, 1967. – A. Métreaux, *Max Scheler ou la Philosophie des valeurs,* Paris, 1973.

SCHELLING Caroline. Femme de lettres allemande. Née à Göttingen (Hanovre) le 2 septembre 1763, morte au cours d'un voyage à Maulbronn (Wurtemberg) le 7 septembre 1809. Fille de l'orientaliste J. D. Michaelis, elle fut mariée en 1784 à un médecin du service des Mines qui mourut quatre ans plus tard. Elle retourna alors à Göttingen, fit la connaissance de Schlegel et de Bürger, puis en 1791 se rendit à Mayence, chez Forster, dont elle devint probablement l'amie. Enthousiasmée par la Révolution, elle milita pendant l'occupation française pour une République rhénane et, lorsque les Prussiens reprirent Mayence, ils incarcérèrent la jeune femme. Ils lui rendirent cependant bientôt la liberté, car elle attendait un enfant issu d'une de ses liaisons avec un officier français. Caroline fut alors recueillie par les frères Schlegel, qui tombèrent l'un et l'autre amoureux d'elle ; c'est August Wilhelm qu'elle épousa en 1796. Elle eut une grande part dans de nombreux travaux de son mari. En 1803, séparée à l'amiable d'avec Schlegel, Caroline se remaria avec le philosophe Schelling, de douze ans plus jeune qu'elle, et le ménage alla s'installer à Würzburg. La correspondance de Caroline Schelling, publiée en 1871 sous le titre de : *Lettres du premier romantisme* (*), est d'un très grand intérêt.

RÉF. : Waitz, *Caroline und ihre Freunde*, Leipzig, 1882. – Sidgwick, *Caroline Schelling and her Friends*, Londres, 1889. – R. Allason, *Carolina Schelling*, Bari, 1920. – A. Apt, *Caroline und die frühromantische Gesellschaft*, thèse, Königsberg, 1936. – R. Huch, *Les Romantiques allemands*, Paris, 1933. – G. Bianquis, « Femmes romantiques », article in *Le Romantisme allemand*, rec. coll. des *Cahiers du Sud*, 1949.

SCHELLING Friedrich Wilhelm Joseph von. Philosophe allemand. Né à Leonberg (Wurtemberg) le 27 janvier 1775, mort à Ragaz (Suisse) le 20 août 1854. Issu d'une famille protestante, il se destina d'abord au pastorat, comme tant d'autres penseurs allemands du XIXe siècle, et, à partir de 1790, vint faire ses études au séminaire de Tübingen, où il eut pour condisciples et amis Hegel et Hölderlin. C'est l'étude de Fichte qui décida de sa vocation philosophique, et, comme toute sa génération, il subit d'abord l'emprise de l'idéalisme kantien, auquel se rattachent sans beaucoup d'originalité ses premiers essais : *De la possibilité d'une forme de la philosophie en général* [*Über die Möglichkeit einer Form der Philosophie überhaupt,* 1795], *Du Moi comme principe de la philosophie* [*Vim Ich als Prinzip der Philosophie,* 1795] et *Lettres philosophiques sur le dogmatisme et le criticisme* [*Philosophische Briefe über Dogmatismus und Kriticismus,* 1796]. Déjà cependant y apparaissent des tendances panthéistes et, à l'influence de Kant et de Fichte, se mêle celle de Spinoza. Ayant passé son examen de théologie en 1795, Schelling va s'orienter de plus en plus vers les recherches de physique, de chimie et de sciences naturelles, tout en gagnant sa vie comme précepteur chez le baron de Riedesel, à Leipzig. Son effort principal tend alors à échapper au subjectivisme de l'école idéaliste et à établir fortement la réalité du monde extérieur. Appelé à Iéna comme « professeur extraordinaire » en 1798, il y met au point, dans des ouvrages tels que *Idées pour une philosophie de la nature* (*) (1797) et *De l'âme du monde* (*) (1798), une « Naturphilosophie », qui, conciliant le panthéisme spinoziste et la dialectique fichtéenne, considère l'univers comme un organisme incessamment productif par le jeu d'oppositions successivement surmontées.

Toutefois, s'il veut rendre ses droits à la réalité extérieure, Schelling entend bien ne pas la séparer de l'esprit. À côté de la philosophie de la nature s'ébauche donc, dans le *Système de l'idéalisme transcendant* (*) (1800), une philosophie de l'esprit, dans laquelle les tendances esthétiques vont devenir rapidement prédominantes sous l'influence des cénacles romantiques, avec lesquels Schelling est alors en relations suivies (il épouse en 1803 l'ancienne femme divorcée de Schlegel, Caroline). Au-delà de l'opposition du moi et du non-moi, de l'esprit et de la nature, Schelling prétend atteindre un principe supérieur, ou plutôt antérieur. Qu'un tel principe existe réellement, n'en trouve-t-il pas une garantie dans l'œuvre d'art, qui unit les forces spirituelles et inconscientes ? Le philosophe, autant que l'artiste, est donc tenu de renoncer à la sèche réflexion, qui isole le monde extérieur, et de se confier à l'intuition par laquelle se manifestera l'unité des contraintes dans la dialectique divine. Sujet et objet, esprit et nature ne sont pas en effet des réalités en soi et indépendantes, mais des points de vue abstraits, deux faces inséparables et correspondantes de la totalité seule vraiment existante.

Cette « doctrine de l'identité » (« Einheitslehre ») telle qu'on peut la trouver exprimée dans *L'Exposition de mon système* (*) (1800-02) et dans l'*Exposition de l'empirisme philosophique* (*) (posthume, 1861), posait à Schelling un grave problème : comment en effet expliquer cette contradiction, cette sorte de tragédie à l'intérieur de l'absolu se séparant en un monde spirituel et en un monde corporel ? À cette question, seule une réponse religieuse pouvait être donnée et, à partir de 1804, année où Schelling quitte le milieu rationaliste de Iéna pour occuper une chaire à l'université catholique de Würzburg, on constate que le philosophe, laissant désormais au second plan les sciences naturelles, subit l'influence des mystiques de la grande tradition germanique, en particulier de Jakob Böhme, celle aussi de l'hétérodoxe italien Giordano Bruno, auquel il avait déjà consacré l'étude intitulée : *Bruno ou Du principe naturel et divin des choses* (+) (1802). Deux ans plus tard, il donnait une première réponse au problème qu'on vient d'évoquer dans *Philosophie et Religion* (*). L'existence de l'être fini, affirme Schelling, ne peut s'expliquer naturellement mais moralement : il s'agit d'une sorte de défection, de chute hors de l'absolu, due à un désir mauvais d'être pour soi, en un mot à l'orgueil et à l'égoïsme. Avec cette chute commence l'histoire du monde, dont les malheurs viennent uniquement de ce qu'il a voulu se poser comme indépendant. Le salut, et la fin de l'histoire, ne peut donc consister qu'en un retour progressif dans le sein de l'absolu primordial. Ici Schelling se distingue nettement de Hegel ; l'histoire n'a pas pour lui un contenu pouvant être déduit, elle est foncièrement histoire de la liberté, sujette à des erreurs et à des retards, somme des efforts douloureux de l'humanité pour abolir la faute primitive et retrouver accès à la plénitude de l'être. Cette théogonie sera exposée dans les *Recherches philosophiques sur l'essence de la liberté humaine* (*) (1809) et dans *Les Âges du monde* [*Die Weltalter*, 1815]. Mais Schelling, qui par tempérament fut toujours très sensible à la réalité des formes vivantes, ne pouvait manquer d'être arrêté par le fait que le devenir qui apparaît dans le monde objectif, devenir cyclique passant par les étapes de la génération, de la croissance et de la mort à une génération nouvelle, est non seulement différent du devenir historique de la liberté, s'élevant peu à peu de l'existence inférieure à l'existence supérieure, mais semble bien invinciblement contradictoire avec l'aspiration à une vie transcendante. Le devenir cyclique, constate Schelling, est du « temps arrêté ». Entre ce temps et le temps de la liberté, aucun passage naturel n'est possible. Il faut au contraire que soit brutalement rompu le « triste cercle des phénomènes », et comment pourra-t-il l'être, sinon par une intervention supérieure ? Le Christ, la personne du Christ, par laquelle l'histoire accède à l'intériorité, entre ainsi dans les horizons de cette doctrine et va y prendre une place croissante.

En 1806, Schelling s'est installé à Munich où il a été nommé secrétaire général de l'Académie des beaux-arts et membre de l'Académie des sciences. Il a été anobli. Après avoir fait un cours à l'université d'Erlangen de 1820 à 1826, il atteint en 1827 le sommet de sa carrière en recevant la chaire de philosophie de la nouvelle université de Munich. Dès lors, il va se poser de plus en plus en réformateur religieux. Dès 1828, le bruit courait que le philosophe s'était converti au catholicisme. Il n'en était rien, mais, comme le prouvent ses cours publiés bien plus tard, en 1856-1857, sur la *Philosophie de la révélation* (*) et la *Philosophie de la mythologie* (*), le rôle du christianisme dans l'évolution de l'humanité devenait pour lui le problème essentiel. Renonçant à son ambition passée de construire la nature a priori à partir de l'absolu, il partait maintenant du donné historique, dont la révélation chrétienne lui apparaissait un des principaux éléments. Mais le christianisme, pour Schelling, préexistait en quelque sorte au Christ, et, comme Lamennais dans son *Essai sur l'indifférence* (*), le philosophe allemand en retrouvait des traces dans toutes les traditions païennes. Il n'allait pas ainsi sans prendre de grandes libertés avec le dogme, mais les milieux catholiques de Munich espéraient fermement que de ces recherches allait naître une gigantesque synthèse chrétienne, dont l'importance pour le siècle romantique aurait été comparable à celle de la *Somme théologique* (*) de saint Thomas pour le Moyen Âge. Ces milieux en venaient à tenir Schelling pour un des leurs : quoique protestant, le philosophe n'affirmait-il point que, sans le Magistère romain, le Christ historique aurait été depuis longtemps perdu ?

Toute l'Allemagne traditionaliste se tournait d'ailleurs à cette époque vers Schelling comme vers le seul esprit capable de balancer le radicalisme révolutionnaire des jeunes hégéliens. Aussi, en 1841, le roi de Prusse Frédéric-Guillaume IV nomma-t-il Schelling membre de l'Académie des sciences de Berlin en l'invitant à venir donner une série de cours à l'université de cette ville. Schelling se révéla cependant incapable de fixer sa position religieuse : il proclamait, non sans quelque emphase, son intention de révéler une philosophie entièrement nouvelle ; les quelques fragments qu'il en laissa paraître n'allaient nullement dans le sens espéré par ses admirateurs catholiques. À la fin de sa vie, le philosophe semblait plutôt vouloir revenir à ses conceptions de jeunesse. Sans doute Schelling était-il trop passionné d'idées nouvelles et de recherches diverses pour parvenir à constituer enfin une doctrine achevée. À vrai dire, il n'a pas laissé une, mais plusieurs philosophies, et ses adversaires, un Jacobi par exemple, avaient beau jeu pour dénoncer ses contradictions — v. *Monument élevé à l'auteur des « Choses divines », Monsieur Jacobi* (*) (1812). Poète autant que philosophe, Schelling, comme Hegel, a fait une prodigieuse tentative pour réaliser l'unité de la philosophie et de la religion, mais, à la différence de Hegel, il a laissé de plus en plus prévaloir l'élément religieux dans sa pensée. Son sentiment de l'importance du mythe pour la compréhension du développement historique lui a permis en tout cas d'atteindre à des intuitions restées très fécondes pour la philosophie et la critique allemandes jusqu'à nos jours.

MICHEL MOURRE.

♦ *« J'ai passé avec Schelling une excellente soirée. Il y a toujours grand plaisir à trouver l'extrême clarté unie à l'extrême profondeur... »* Goethe, 1802. ♦ *« C'est un ragoût panthéiste avec une sauce chrétienne. »* Franz von Baader. ♦ *« Il a trahi la philosophie et l'a livrée à la religion... »* Heinrich Heine. ♦ *« Le premier, Schelling introduisait dans la philosophie, avec une audace effrénée, le drame de l'univers, cette discorde dans l'unité, cette recherche de soi-même à l'infini, cette réunion et cette fuite réciproques des pôles opposés, la désharmonie qui se résolvait au sein d'un grand accord harmonieux. »* Ricarda Huch. ♦ *« Il peut nous paraître aujourd'hui que* [Schelling] *était le début d'un tournant ; en fait, il ne s'agit rien de moins que d'un effort pour réconcilier la philosophie et la Révélation, pour ramener au temple de Dieu — et non à un temple fait de main d'homme — l'esprit solitaire réduit à s'entretenir avec soi-même et à prétendre en vain par son effort démesuré atteindre par ses propres forces à une vérité qui lui suffise... »* Reinhold Schneider. ♦ *« Schelling a conçu un type de spéculation extrêmement neuf, une métaphysique qui reconnaîtrait l'être à la façon d'un dramaturge qui explore en tâtonnant une situation donnée. »* Gabriel Marcel.

RÉF. : Émile-Alfred Weber, *Examen critique de la philosophie religieuse de Schelling,* Paris, 1860. – Ed. von Hartmann, *Schelling philosophisches System,* Leipzig, 1897. – Émile Bréhier, *Schelling,* Paris, 1912. – Nicolaï Hartmann, *Die Philosophie des deutschen Idealismus,* Berlin, 1923. – E. de Ferri, *La Filosofia dell'identità di Schelling,* Turin, 1925. – Tilliette, *Schelling, une philosophie en devenir,* Paris, 1970 ; *L'Absolu et la philosophie : essais sur Schelling,* P.U.F., 1987. – G. Marcel, *Coleridge et Schelling,* Paris, 1971. – J.-F. Marguet, *Liberté et existence, étude sur la formation de la philosophie de Schelling,* Paris, 1973. – *Actualité de Schelling,* éd. par G. Planty-Bonjour, Paris, 1979. – J.F. Courtine, *Extases de la raison,* 1990.

SCHERFIG Hans. Romancier danois. Né le 8 avril 1905 à Copenhague et mort le 8 janvier 1979 dans la même ville. D'origine fort bourgeoise, il rompt avec sa famille et devient peintre, exposant à partir de 1928. Il fit ses débuts d'écrivain satirique (avec des convictions marxistes) en 1937, avec *L'Homme mort* [*Den Døde Man*], histoire d'un crime qui n'a pas eu lieu, et attaque, derrière le monde des artistes, la société bourgeoise. Son roman le plus connu est l'histoire du *Chef de bureau disparu* [*Den forsvundne fuldmaegtig,* 1938], qui découvre que l'endroit idéal pour mener la vie régulière, ordonnée, dont il a besoin, est la prison. En juin 1941, Scherfig fut arrêté par les Allemands, et son roman, *Des idéalistes* (*) (1944), fut publié en Suède, où le manuscrit était parvenu clandestinement. Après la guerre, il a publié *Le Scorpion* [*Skorpionen,* 1953], inspiré comme plusieurs autres de ses romans d'un fait divers que l'écrivain exploite de façon satirique. Scherfig a aussi écrit des livres pour les enfants et des récits de ses voyages en U.R.S.S. et en Roumanie.

SCHILDT Runar. Prosateur finlandais d'expression suédoise. Né et mort à Helsinki : 26 octobre 1888 - 29 septembre 1925. Le suicide de Runar Schildt a pu être vu comme le « symbole de l'ennui de l'homme civilisé, du manque de force vitale chez l'intellectuel, voire de la situation de la classe cultivée d'expression suédoise en Finlande ». Si la vénération qui entoure en Finlande le nom de Runar Schildt s'explique en partie par la symbolique de sa mort, il apparaît aujourd'hui, alors que s'estompent ces associations, comme un des auteurs finlandais qui méritent une renommée internationale. L'acuité de l'analyse psychologique et la maîtrise du style sont les traits caractéristiques de sa production littéraire. Brillant représentant de la génération des « désœuvrés », influencée par le Suédois Hjalmar Söderberg et par le Français Anatole France, Runar Schildt est marqué par sa double origine : noble par son père, il descend du côté maternel d'une famille d'artisans établie à la campagne. Son œuvre oscille entre ces deux milieux qui l'attirent et le repoussent tour à tour. Après une enfance solitaire et morne, il vit quelques années brillantes et joyeuses entouré d'amis insouciants et aisés qu'il décrit dans son premier recueil de nouvelles, *L'Éros victorieux* [*Den segrande Eros,* 1912]. Déjà cependant, un pessimisme désillusionné et une distanciation esthétisante percent sous la gaîté. *L'Asmodée et les treize âmes* [*Asmodeus och de Tretton Själarna,* 1915], moins bien accueilli par les critiques, est par la suite renié par l'auteur, qui se tourne dès lors vers son autre pôle d'inspiration. Dans *L'Arc-en-ciel* [*Regnbågen,* 1916], la description quasi ethnographique du milieu paysan autour de la petite ville de Lovisa est fondée sur ses souvenirs d'enfance même si l'intrigue se situe en été 1855, lors de la destruction de la ville par la flotte franco-britannique. Dans *La Mariée du sorbier et le Jour de la tribulation* [*Rönnbruden och Prövningens dag,* 1917] s'exprime l'autre dichotomie de l'œuvre de Runar Schildt, le face à face du faible, avec lequel s'identifie l'auteur, et du fort, égoïste et apte à la vie, thème poursuivi dans *Perdita* (1918). La guerre civile finlandaise de 1917 est le sujet de trois des quatre nouvelles de *Le Retour* [*Hemkomsten,* 1919]. *Armas Fager* (1920) décrit un faible, un alter ego qui serait privé du sens de l'observation et de l'autocritique que possède l'auteur. *La Forêt ensorcelée* (*) (1920) signe l'aboutissement du thème du faible, de l'exclu, de la distanciation dévastatrice et stérile. Après le succès de ses pièces de théâtre *Bois de potence* [*Galgmannen,* 1922], *Le Grand Rôle* [*Den stora rollen,* 1922], et, dans une moindre mesure, celui du *Chevalier du bonheur* [*Lyckoryttaren,* 1923], Runar Schildt quitte la maison d'édition de son cousin Holger Schildt, où il travaillait depuis 1914, pour se consacrer entièrement à l'écriture. Le manque d'argent et un état dépressif de plus en plus alarmant ne lui permettent cependant pas de réaliser ce rêve. À trente-sept ans, il prépare calmement et méthodiquement son suicide, règle ses dettes et rédige ses lettres d'adieu.

KERSTIN DEDYE.

RÉF. : G. Castrén, *Runar Schildt,* Helsinki, 1927. – H. Cederlöf, *Stilstudier i Runar Schildts novellistik,* Svenska Literatursällskapet i Finland, Helsinki 1967. – V. Zuck, *Runar Schildt and His Tradition. An Approach Through Genre,* Helsinki, 1983.

SCHILLER Johann Christoph Friedrich von. Poète et dramaturge allemand. Né le 10 novembre 1759 à Marbach (Wurtemberg), mort le 9 mai 1805 à Weimar. Fils de Johann Kaspar Schiller et d'Elisabeth Dorothea Kodweiss. 1773-1780, élève à la Karlschule ; étudie la médecine. 1780, médecin militaire à Stuttgart. 1782, s'enfuit de Stuttgart. 1783, vit à Bauerbach, hôte de Mme von Wolzogen, puis à Mannheim, Leipzig, Dresde (chez Körner), Weimar (1787). 1789, nommé professeur d'histoire à l'université d'Iéna. 1790, épouse Charlotte von Lengefeld. 1791, dangereusement malade. 1794, début de la correspondance suivie avec Goethe. 1799, s'installe à Weimar. 1802, anobli. Depuis longtemps d'une santé chancelante (tuberculose), il meurt à Weimar le 9 mai 1805.

Plus jeune que Goethe de dix ans, Schiller débuta comme son aîné par un coup d'éclat : *Les Brigands* (*), qui le rendirent célèbre à vingt-deux ans (1781). Une partie du drame avait été composée à l'école et jouée dans les bois au cours des promenades, quand les surveillants s'éloignaient. Mais Schiller n'appartenait pas, comme Goethe, à la haute bourgeoisie d'une grande ville. Son père était fonctionnaire du duc de Wurtemberg (d'abord militaire, ensuite inspecteur des jardins) et lui-même distingué par Charles-Eugène qui venait de fonder une école qu'il voulait exemplaire, fut élève boursier, ensuite chirurgien militaire. Mis aux arrêts parce qu'il s'était éloigné de sa garnison afin d'assister à une répétition de sa pièce, déjà parue en librairie et mise en scène à Mannheim (qui n'était pas dans les limites de Wurtemberg), il se vit signifier l'ordre de ne plus écrire d'ouvrages aussi dangereux pour l'ordre social. Alors, il s'enfuit sous un déguisement et commença une vie errante et malheureuse, aidé ou recueilli par quelques personnes compatissantes. Un admirateur inconnu, Körner, l'hébergea chez lui aux environs de Dresde, où il termina *Don Carlos* (*), et devint l'un de ses plus fidèles amis avec qui il entretint une correspondance abondante.

Les Brigands (thème du brigand vertueux qui n'est poussé que par la haine de l'injustice et l'horreur que lui inspire une société corrompue) de même que *Intrigue et Amour* (*) (1784) où un ministre retors et scélérat – qui cette fois n'est pas, comme dans *Emilia Galotti* (*) de Lessing, en Italie au XVIIe siècle, mais bel et bien dans l'Allemagne contemporaine, et peut-être en Wurtemberg même ! – ajoute des raisons politiques au drame de la mésalliance et montre combien les grands peuvent être inhumains, alors que toutes les vertus fleurissent chez les humbles et les artisans. Ces deux pièces, séparées par *La Conjuration de Fiesque* (*) (1782) qui n'eut que peu de succès et n'est pas de la même veine, peuvent déconcerter les lecteurs d'aujourd'hui. Les défauts sautent aux yeux et paraissent inexcusables : caractères outrés, langage hyperbolique, comparaisons ridicules, situations simplifiées à l'extrême et peu vraisemblables. Mais Schiller, dès ses débuts, a incarné, ce qui ne fut jamais le fait de Goethe, le génie du théâtre. Confiés à des acteurs qui sont capables de les bien « composer », ces rôles ont un relief, une grandeur qui les transfigurent : malgré soi, on est pris et entraîné par le drame. On se dit : ces hommes sont des fantoches, cela n'existe pas, c'est combiné à plaisir pour nous montrer des monstres ou des anges. Pourtant, on ne peut s'empêcher de sentir qu'il y a là de la passion et de la douleur, peut-être sous une forme brute, mais vraie, comme à l'état primitif. Le grossissement, la simplification et l'outrance que nous admettons, voire recommandons, dans la comédie, sont ici dans le drame. Pourquoi le déplorer si nous sommes émus ? Schiller d'ailleurs ne cherche pas visiblement l'effet ou l'antithèse comme le fera Hugo : on sent une âme généreuse et pathétique.

Après ces trois œuvres dont deux furent représentées avec éclat, Schiller, recueilli par Körner, acheva *Don Carlos*. Si l'on partage sa carrière littéraire, comme celle de Goethe, en une première période révolutionnaire de « Sturm und Drang » (dont il fut le dernier et le plus puissant représentant) et un « classicisme » dont il n'eut pas le temps de s'évader, car il mourut à quarante-six ans, *Don Carlos* marque bien la frontière et le passage. La pièce est écrite en vers, le rythme est plus calme, la frénésie en est absente. Deux intrigues s'y entrecroisent et s'y superposent, car ce drame, conçu d'abord comme un drame de famille (le fils amoureux de la seconde femme de son père), tourne au drame politique (le marquis Posa s'efforçant de convertir Philippe II à son idéal de liberté républicaine !). Mais les caractères ont du relief, de la vérité ; ils sont moins simplifiés que dans les pièces précédentes et la langue est souvent magnifique de fermeté et d'élévation. Ce qu'on appelle le « classicisme » de Schiller ne doit pas induire en erreur : rien de commun entre ce classicisme-là et le nôtre, si ce n'est un certain souci d'ordre, de dignité, de grandeur. Mais Schiller est plus près de Shakespeare que des Anciens. Beaucoup plus résolument partisan des Modernes que Goethe, et avant tout champion de la liberté dans tous les domaines, il façonne le drame à sa guise. Dans *La Fiancée de Messine* (*) (1803), il cherche à incorporer le chœur de la tragédie grecque et le motif du destin ; dans *La Pucelle d'Orléans* (*) (1801), il traite l'histoire, et même la légende, avec une désinvolture incroyable. *Wallenstein* (*) (1798-1799) et *Marie Stuart* (*) (1801) caractérisent bien ce moyen terme entre le classicisme français et le désordre génial de Shakespeare. Mais, chez Schiller, il y a toujours un souci de moraliste : pour lui, le théâtre doit être une école de vertu, c'est-à-dire qu'il doit enseigner à respecter en soi et chez autrui la liberté et la dignité humaines.

Wallenstein passe pour sa pièce la plus classique : c'est le drame, hélas ! toujours renouvelé, de l'homme fort qui se laisse entraîner par un destin hors série qu'il croit seul à sa mesure. La pièce contient de grandes beautés. Le prologue *Le Camp de Wallenstein* (*) est haut en couleur, grouillant et pittoresque : il expliquera la trahison du chef par le culte que lui vouent ses soldats. La partie intermédiaire *Les Piccolomini* (*), en cinq actes, est languissante. *La Mort de Wallenstein* (*), également en cinq actes, pourrait se suffire à elle-même et montre Schiller dans toute sa maîtrise. Est-ce la plus belle et la plus forte de ses pièces ? On peut hésiter entre

Wallenstein, Marie Stuart et *Guillaume Tell* (*) car on trouve dans ces trois œuvres toutes les qualités de Schiller et aucun de ses défauts. *Marie Stuart*, jouée à Paris, récemment, a fait sur la critique et le public une impression profonde. Dans *Guillaume Tell,* le paysage, l'atmosphère tour à tour champêtre, alpestre, paisible, tourmentée et tragique, les caractères, les sentiments, les péripéties dramatiques, les scènes populaires, de beaux monologues et un souffle d'idéal concourent à exprimer cet amour et cette glorification de la liberté qui furent, a dit Goethe, le ressort principal de tout ce que Schiller écrivit. L'année suivante, Schiller mourait. Il avait déjà avancé la rédaction d'un *Démétrius* (*) qui aurait marqué un renouvellement de sa manière. Que ne pouvait-on attendre de cet homme qui avait, avec ce qu'il a de violent, de vulgaire, de pathétique et de sublime, le génie du théâtre, s'il avait vécu, ne disons pas aussi longtemps que Goethe, mais seulement dix ou quinze ans de plus ?

Schiller a écrit des essais d'esthétique et de morale qui restent d'un grand intérêt : *De la grâce et de la dignité* (*), *De la poésie naïve et sentimentale* (*), *Lettres sur l'éducation esthétique de l'homme* (*). Dans les deux premiers, il cherche à analyser différents aspects du génie (en réalité le sien et celui de Goethe qu'il sentait tout différent). Les termes ne sont pas heureusement choisis, mais ils sont restés usuels : par « sentimental » Schiller entend l'esprit où la réflexion domine et, avec elle, l'inquiétude, les repentirs, l'angoisse, tandis que le génie « naïf » crée comme la nature, pour ainsi dire sans efforts et par une expansion spontanée. Ainsi simplifiée, l'opposition paraît artificielle, mais Schiller a su lui donner une valeur exemplaire et en tirer des conséquences très suggestives. Dans les *Lettres,* il expose une théorie qui revient à dire (c'était au moment où la Révolution française commençait à décevoir ou à indigner même ses admirateurs) que toutes les réformes de l'État ne serviront de rien si l'homme intérieur n'a pas changé. Or, la culture désintéressée du beau paraît à Schiller le seul moyen de régénérer l'organisme social, tandis que les rouages de l'État, comme il est nécessaire, ne cessent pas de tourner. Expression la plus nette de cet « humanisme esthétique » qui est l'un des plus nobles aspects du classicisme allemand.

Les œuvres historiques de Schiller, *Histoire de la guerre de Trente Ans* (*) et *Histoire de la révolte qui détacha les Pays-Bas de la domination espagnole* (*), ne sont pas sans mérites, mais furent des travaux soit alimentaires, soit préparatoires à ses drames. Il nous faut dire un mot de ses poésies. Elles sont apprises dans toutes les écoles allemandes, comme chez nous les fables de La Fontaine. On les retrouve dans toutes les anthologies. Il y a, d'une part, les Ballades — v. *Contes et Ballades* (*), *Le Plongeur* (*), *Le Gant* (*), *L'Anneau de Polycrate* (*), *Les Grues d'Ibycos* (*), *Le Combat contre le dragon* (*), *La Caution* (*), *Le Comte de Habsbourg* (*) — justement célèbres, qui sont de la poésie « épique », dramatique, dont le fond et même la forme prêtent à sourire, mais qui ont du mouvement, sont d'une langue admirablement ferme et indiquent une leçon morale sans ambiguïté. D'autre part, il y a les « poèmes philosophiques » — v. *Poésies* (*) — qui parent des idées abstraites avec les atours de la mythologie. Les thèses que Schiller développe dans ses traités sont mises en vers et s'expriment dans des formules, il faut le reconnaître, admirablement frappées et bien faites pour se graver dans la mémoire. Entre ces deux groupes, on peut situer le très populaire *Chant de la cloche* (*) qui retrace en plusieurs épisodes les péripéties de l'existence humaine et, comme l'*Ode à la Joie*, reprise par Beethoven dans la *IX*^e^ *Symphonie* (+), exprime un généreux et imperturbable idéalisme. Cette cloche symbole s'appelle Concordia.

On connaît l'amitié légendaire de Goethe et de Schiller. Elle ne fut pourtant pas subite. Schiller, dix ans après Goethe, portait sur la scène, en les grossissant encore, tous les excès de « Sturm und Drang », au moment où Goethe cherchait l'apaisement et la simplicité. Tout semblait les séparer. On avait tenté plusieurs fois de les mettre en présence. L'étincelle n'avait pas jailli. Ce fut à la suite d'une conférence sur un sujet d'histoire naturelle, faite à Iéna en 1794 et à laquelle les deux poètes avaient assisté, qu'ils se parlèrent à la sortie et échangèrent leurs idées. Comme il arrive parfois lorsque nous hésitons à livrer à nos proches les idées qui nous tiennent le plus à cœur, alors que nous en discuterions volontiers avec des étrangers, parce que ceux-ci nous paraissent moins prévenus et plus aptes à nous comprendre, Goethe confia à Schiller ses conceptions de la « plante symbolique », de la « forme originelle » et de la métamorphose. Dès le lendemain commençait cette correspondance qui ne devait cesser qu'à la mort de Schiller. Tous les sujets qui intéressaient les deux poètes y sont traités et les hommes devinrent eux-mêmes le type de ces amis légendaires qui semblaient n'avoir existé que dans l'Antiquité. Selon les mœurs les plus répandues (non seulement chez les écrivains !) il eût été naturel qu'ils fussent hostiles l'un à l'autre, chacun cherchant à faire valoir ce qui le distinguait. Schiller avait, peu de temps avant cette rencontre, émis des critiques dont Goethe avait été blessé. Goethe de son côté n'aurait trouvé que trop de prétextes pour blâmer ou railler certaines faiblesses ou des travers, voire des ridicules, dans les œuvres de Schiller. Ils se seraient déchirés mutuellement que cela n'aurait pas pu nous surprendre. C'eût été au contraire conforme à la coutume. Ils furent amis. Ils en ont été plus grands.

MAURICE BOUCHER.

♦ *« Je me vois créer et modeler ; j'observe le jeu de mon enthousiasme et ma force d'imagination s'exerce avec une moindre liberté depuis qu'elle se sait observée, mais une fois atteint le point où ma technique artistique sera devenue pour moi une seconde nature, comme l'éducation pour un homme bien élevé, ma fantaisie recouvrera sa liberté éternelle et ne s'imposera plus d'autres limitations volontaires »... « Je ne me mesure pas avec Goethe lorsqu'il met en œuvre tout son génie. Il en a bien plus que moi et aussi des connaissances infiniment plus nombreuses, des sens plus parfaits, et, en outre, un sens artistique plus fin et plus pur, grâce à tout ce qu'il sait de l'art dans tous ses genres, choses qui me font défaut à un degré qui confine à l'ignorance. Si je n'avais quelques autres talents et assez de finesse pour déployer ces talents et ces qualités dans le domaine du drame, je serais passé inaperçu à côté de lui. »* Schiller. ♦ *« À présent, il est vrai, on dit du bon Schiller qu'il n'est pas poète mais nous avons là-dessus notre opinion... Je prends la liberté de tenir Schiller pour un poète, un très grand poète* [...] *Les Allemands se chamaillent pour savoir qui est le plus grand de Schiller ou de moi. Ils devraient se réjouir d'avoir des gaillards comme nous sur lesquels ils puissent discuter. »* Goethe. ♦ *« ... le premier, fonda notre art dramatique, et le premier, aida à la détruire. »* L. Tieck. ♦ *« Je nommerais Schiller parmi les plus grands Allemands... s'il y avait en lui autant d'harmonieuse unité que de force combative et d'imagination... »* F. Schlegel. ♦ *« Schiller était un homme d'un génie rare et d'une bonne foi parfaite, ces deux qualités qui devraient être inséparables, au moins dans un homme de lettres* [...] *C'est une belle chose que l'innocence dans le génie et la candeur dans la force. »* Mme de Staël. ♦ *« Il saisissait dans sa vie même l'esprit de son temps, il luttait avec lui, il était dominé par lui, il portait son drapeau, le même drapeau* [...] *pour lequel nous sommes toujours prêts à verser notre sang. Il travaillait à l'érection du Temple de la Liberté... »* H. Heine. ♦ *« Goethe peut être un plus grand poète et je crois qu'il l'est en effet ; mais Schiller est pour notre nation allemande un plus grand trésor. »* F. Grillparzer. ♦ *« L'enthousiasme sublime, éclairé, qui imprègne l'œuvre de Schiller, toucherait davantage notre cœur, s'il se limitait à un champ plus étroit. »* Carlyle. ♦ *« Ses œuvres semblent des monceaux de grandes idées entrevues : on souhaiterait un plus grand artiste pour leur donner forme. »* Nietzsche. ♦ *« Dans la personnalité de Schiller, malgré toute sa gravité saine, appliquée et son infinie acuité d'esprit, qui donc méconnaîtrait l'élément puéril, la noble naïveté qui parfois fait monter aux lèvres un sourire respectueux ?... Ce caractère de grand enfant, d'éternel adolescent, ne se manifeste-t-il pas encore bien au-delà de ce premier stade de sa production... Ne le trouve-t-on pas dans sa rhétorique souvent exagérément exaltée, dans ses effets de théâtre calculés où l'imagination et la nature doivent conspirer ensemble ? »* Th. Mann.

RÉF. : Karl Berger, *Schiller,* 2 vol., Munich, 1918. – Robert d'Harcourt, *La Jeunesse de Schiller,* Paris, 1928. – Melitta Gerhard, *Schiller,* Berne, 1950. – Friedrich Burschell, *Friedrich Schiller in Selbstzeugnissen und Bilddokumenten,* Reinbek bei Hamburg, 1958. – Benno von Wiese, *Schiller, Bilddokumenten,* Reinbek bei Hamburg, 1958 ; *Schiller,* Stuttgart, 1959. – René Cannac, *Théâtre et révolte. Essai sur la jeunesse de Schiller,* Paris, 1966. – Walter Hinderer (éd.), *Schillers Dramen / Neue Interpretationen,* Stuttgart, 1979. – H. Koopmann, *Schiller. Eine Einführung,* Munich/Zurich, 1988.

SCHLAF Johannes. Écrivain et dramaturge allemand. Né le 21 juin 1862 à Querfurt (Saxe) où il mourut le 2 février 1941. Fils de commerçant, il étudia la philologie à Halle et à Berlin, s'installa à Weimar en 1904, fut d'abord un théoricien du naturalisme, et donna lui-même des œuvres modèles du nouveau mouvement littéraire ; ce sont principalement son livre d'esquisses *Papa Hamlet* (1889) et son drame social *La Famille Selicke* (*) (1890), qu'il écrivit tous deux avec son ami Arno Holz. Son deuxième drame naturaliste, *Meister Oelze* (1892), le rapprocha de l'impressionnisme, et Schlaf se dirigea progressivement vers un mysticisme cosmologique.

SCHLEGEL August Wilhelm von. Écrivain allemand. Neveu du dramaturge Johann Elias Schlegel et fils du poète et théologien Johann Adolf, il naquit à Hanovre le 5 septembre 1767 et mourut à Bonn le 12 mai 1845. Il étudia à l'université de Göttingen la théologie, la philologie et l'esthétique, dont la chaire était occupée par Gottfried August Bürger. Ce dernier, bien qu'il eût introduit en Allemagne le genre populaire de la ballade mélancolique, inculqua à Schlegel une exigence de perfection dans la forme qui se reflète dans ses *Sonnets,* œuvre de jeunesse d'une élégance un peu affectée, bientôt suivie de romans, d'épigrammes et d'élégies. Après un séjour de trois ans (1792-1795) comme précepteur à Amsterdam, Schlegel fut nommé en 1796 professeur à l'université d'Iéna. C'est dans cette ville qu'il se maria avec Caroline Böhmer, née Michaelis (qui devait, en 1803, épouser Schelling). Sa maison ne tarda pas à devenir le centre d'un des mouvements les plus importants de la vie littéraire allemande, celui que l'on a appelé le « premier romantisme » [« Ä tere Romantik », 1799-1800]. Avec son frère Friedrich et des poètes, des philosophes tels que Tieck, Novalis, Fichte, Schelling, il jeta, en effet, les fondements d'une nouvelle école poétique. Si le drame de *Ion* (*) (1803), inspiré d'Euripide, n'est qu'une faible imitation de l'*Iphigénie en Tauride* (*) de Goethe, en revanche il s'affirme, dans ses traductions, comme le parfait continuateur de Herder. On lui doit la monumentale et géniale traduction du théâtre de Shakespeare (dix-sept drames : 1797-1810) – terminée sous la direction de Tieck –, la publication en deux volumes de cinq drames de Calderón (1806-1809) sous le titre *Théâtre espagnol* [*Spanisches Theater*], le *Florilège de la poésie italienne, espagnole et portugaise* [*Blumensträusse italienischer, spanischer und portugiesischer Poesie,* 1804], destiné dans l'esprit de l'auteur à fournir des modèles aux *Leçons sur l'histoire et la théorie des beaux-arts* (*) que Wilhelm Schlegel avait données à Berlin où il s'était installé en 1801. Son frère Friedrich l'avait précédé dans cette ville, et ils y fondèrent la revue *Athenaeum* (*) ; Schlegel, dans ces leçons, définit ainsi la poésie romantique : une poésie médiévale, préservée de toute influence classique. À la différence de son frère et des autres romantiques, il n'oppose pas le Moyen Âge, mais simplement le juxtapose à l'époque classique, et l'idée qu'il s'en fait s'étend aussi bien à des chants héroïques de Germanie comme les *Nibelungen* (*), expression de la pure fantaisie populaire, qu'à la poésie moderne. Quant à l'essence même du romantisme, elle réside, pour Schlegel, dans l'idée de beau comme représentation symbolique de l'infini et serait une création des peuples de civilisation latine, et singulièrement de poètes tels que Dante, Pétrarque, Boccace, l'Arioste, Le Tasse, Guarini, Montemayor, Cervantès, Camoens, etc.

Cette conception large et universelle au point d'ignorer systématiquement les frontières chronologiques et ethnographiques se situe à la base même de l'œuvre de Schlegel la plus significative du point de vue de la théorie et de l'histoire : *Cours de littérature dramatique* (*) donnés à Vienne en 1809. Cette largeur d'horizon dans les idées n'était certainement pas sans rapports avec l'amitié que Mme de Staël vouait à l'écrivain. Schlegel, qui avait été son hôte au château de Coppet sur le Léman, fit avec elle de longs séjours en Italie, en France, au Danemark, en Suède et en Angleterre. Il avait, entre-temps, rempli les fonctions de conseiller de la légation de Suède et de secrétaire du prince héritier de ce royaume, et occupa en 1819, avec un incontestable prestige, la chaire de littérature allemande à l'université de Bonn. Outre les œuvres déjà citées, mentionnons pour terminer : *Tristan* (+) (1800), *Essais caractéristiques et critiques* (*) (en collab., 1801), *Comparaison entre la « Phèdre » de Racine et celle d'Euripide* (1807), écrite en français, et *Histoire de la langue et de la poésie allemande* (+) (1818-1819).

SERGIO LUPI.

♦ *« Schlegel a trouvé l'art de traiter les chefs-d'œuvre de la poésie comme des merveilles de la nature et de les peindre avec des couleurs vives qui ne nuisent point à la fidélité du dessin. »* Mme de Staël, 1813. ♦ *« C'est un pauvre et triste pédant. »* Stendhal, 1813. ♦ *« Schlegel est un de ces hommes qui, n'ayant jamais rien eu à faire avec la vie réelle, croient qu'on fait tout par des ordonnances et des lois. »* Benjamin Constant. ♦ *« Ce poète qui crée toujours des chefs-d'œuvre, qu'il soit tranquille ou qu'il marche, qu'il soit éveillé ou qu'il dorme, en voyage ou chez lui, vainqueur et modèle de tous les poètes, maître dans le sonnet, est à la fois le créateur et l'image de la règle. Ce que la postérité en dira, on n'en sait rien, mais notre génération l'appelle August Wilhelm Schlegel. »* H. Heine.

RÉF. : Mme de Staël, *De l'Allemagne*, Londres, 1813. – G. Schnöckelborg, *A. W. Schlegels Einfluss auf William Hazlitt als Shakespeare-Kritiker*, Münster, 1930. – R. Huch, *Les Romantiques allemands*, Paris, 1933. – J. Körner, *Krisenjahre der Frühromantik (Briefe aus dem Schlegelkreis)*, 1937. – P. de Pange, *A. W. von Schlegel und Frau von Staël*, 1940. – B. v. Brentano, *A. W. Schlegel (Geschichte eines romant. Geistes)*, 1943. – W. Richter, *Wanderer zwischen Weltpoesie und altdeutscher Dichtung (Rektoratsrede)*, Bonn, 1954. – M. Paulini, *August Wilhelm Schlegel und die Vergleichende Literaturwissenschaft*, Francfort, 1985. – R. Schirmer, *A. W. S. und seine Zeit. Ein Bonner Leben*, Bonn, 1986.

SCHLEGEL Friedrich von. Frère d'August Wilhelm. Poète et savant allemand. Né à Hanovre le 10 mars 1772, mort à Dresde le 12 janvier 1829. Il étudia d'abord le commerce à Leipzig, puis le droit, les langues et les arts à Göttingen et de nouveau à Leipzig. Dans cette dernière ville, de 1793 à 1794, il se consacra à l'étude des littératures classiques, suivant une nouvelle méthode féconde, à base de philologie et de philosophie. Ses travaux vont de son ouvrage *Des écoles de la poésie grecque* [*Von den Schulen der griechischen Poesie*, 1794] à l'*Histoire de la poésie des Grecs et des Romains* [*Geschichte der Poesie der Griechen und Römer*, 1798], demeurée inachevée. Schlegel étudia les Anciens pour accéder à la connaissance des Modernes et de lui-même ; contrairement à son frère August, il tenta d'actualiser l'opposition entre Anciens et Modernes. Mais bientôt d'autres études le portèrent à un point de vue opposé. En 1796, Schlegel s'était fixé à Iéna où vivait son frère ; les milieux littéraires que ce dernier fréquentait le mirent en relation avec Fichte, Schelling, Novalis, Tieck, c'est-à-dire les cercles romantiques. L'année suivante, il se rendit à Berlin où il se lia d'amitié avec Schleiermacher et fréquenta les cénacles littéraires d'avant-garde, dont celui de Dorothea Veit, fille de Moses Mendelssohn, qui devint son amie, puis sa femme. Le fruit de ces expériences fut son roman *Lucinde* (*) (1799), véritable manifeste de l'amour romantique, sensuel et parfois mystique, révolte ouverte contre les conventions sociales. Schlegel avait rallié le romantisme à Iéna, où Fichte avait entièrement supplanté Kant. En 1797, il avait publié dans la revue *Lycée des beaux-arts* [*Lyceum der schönen Künste*] les *Idées* [*Ideen*] sur la religion et l'art, qui se ressentent fortement de l'influence de Novalis et de Schleiermacher ; puis, dans la revue *Athenaeum* (*), fondée en 1798 à Berlin avec son frère, il publia les célèbres *Fragments* [*Fragmente*], contribution décisive au romantisme : universalité et progressivité de la poésie, concept de l'ironie comme dépassement de soi, théorie de l'extase, du dualisme, etc. Dans l'*Athenaeum* parut également le *Dialogue sur la poésie* (*) (1800), nettement inférieur aux *Fragments ;* seule la *Lettre sur le roman* [*Brief über den Roman*] renferme des aperçus intéressants sur l'art romantique (mais elle se base abusivement sur l'histoire, à savoir sur la manière de l'art du Moyen Âge), sur le symbolisme, sur l'imagination, etc. Schlegel enseigna à Iéna en 1801, écrivit un drame, *Alarcos*, que Goethe porta à la scène en 1802, sans succès. Puis il se rendit à Paris où il se voua à l'étude du persan et du sanskrit, ainsi qu'en témoigne son ouvrage essentiel pour la connaissance des langues indo-européennes et orientales en général, *Essai sur la langue et la philosophie des In-*

diens (*) (1808). Cette même année, la crise religieuse qu'il traversait, engendrée par le mouvement d'esprit dû au romantisme, trouva son épilogue dans sa conversion au catholicisme à la cathédrale de Cologne. Nommé à Vienne à la fonction de secrétaire de la Chancellerie d'État, Schlegel donna en 1812, à l'université, ses leçons célèbres sur l'*Histoire de la littérature ancienne et moderne* (*), vaste panorama de la littérature mondiale, considérant arts et sciences comme un reflet de la littérature universelle, comme un miroir du verbe divin. Après un séjour à Francfort-sur-le-Main (1815-1818) en qualité de conseiller à la légation d'Autriche près le Parlement fédéral allemand, il passa ses dernières années à Vienne ou à Dresde. Outre les œuvres déjà mentionnées, citons pour terminer : *Diotima* (*) (1795), *Histoire de la poésie épique grecque* (+) (1794-1802), *Essais caractéristiques et critiques* (*) (1801), en collaboration, la revue *Europe* (*) (1803-1805), et *Philosophie de l'histoire* (*) (1829).

SERGIO LUPI.

♦ *« L'idée qui juge en toi est en désaccord avec l'idée qui veut jouir. »* Novalis à Friedrich Schlegel.
♦ *« Le frère de* [A. W.] *Schlegel vient d'arriver ; c'est un petit homme rond, gras outre mesure, avec un nez pointu qui sort de deux joues luisantes, et sous ce nez pointu une bouche qui sourit assez mielleusement, de beaux yeux, un air subalterne, surtout quand il ne parle pas, et un air de glace quand il écoute. Ses principes sont aussi absurdes que ceux de son frère. »* Benjamin Constant.

RÉF. : R. Feifel, *Die Lebensphilosophie F. Schlegels und ihr verborgener Sinn,* Würzburg, 1938. – B. Minssen, *Der ältere F. Schlegel,* Breslau, 1939. – P. Busch, *F. Schlegel und das Judentum,* Munich, 1939. – H. Kalthoff, *Glauben und Wissen bei Schlegel,* 1939. – J.-J. Anstett, *La Pensée religieuse de F. Schlegel,* Paris, 1941. – H. Grunicke, *Das Goethebild F. Schlegels,* Hambourg, 1948. – K. A. Horst, *Ich und Gnade (F. Schlegels Bekehrung),* Fribourg, 1951. – B. Bräutigam, *Leben wie ein Roman. Untersuchungen zum ästhetischen Imperativ in Frühwerk Friedrich Schlegels,* Paderborn, 1986. – M. Finlay, *The Romantic Irony of Semiotics, F. S. and the Crisis of Representation,* Berlin/Amsterdam, 1988.

SCHLEGEL Johann Elias. Écrivain allemand. Né le 17 janvier 1719 à Meissen (Saxe), mort le 13 janvier 1749 à Soröe (Danemark). Fils d'un conseiller de cour d'appel, il fréquenta l'école de Schulpforta où il fut le condisciple de Klopstock, puis étudia le droit à Leipzig. Il se fit connaître par sa collaboration à la *La Scène allemande* [*Deutsche Schaubühne*] de Gottsched. Il traduisit les *Géorgiques* (*) de Virgile, les *Épîtres* (*) d'Horace, écrivit des œuvres dramatiques d'inspiration antique comme *Oreste et Pylade, Didon*, ou nationale germanique comme *Canut* (1746), *Hermann* – v. *Arminius* (*). En 1743 il fut envoyé au Danemark comme secrétaire particulier auprès de l'ambassade de Saxe à Copenhague, où il publia en 1745-1746 la revue *L'Étranger* [*Der Fremde*], et d'où il collabora aux *Écrits de Brême* [*Bremische Beiträge*]. En 1742, il accepta une place de professeur à l'Académie noble de Soröe, où il finit ses jours. Schlegel est un critique estimable et son rôle de dramaturge est important, même si ses pièces ne sont pas de véritables chefs-d'œuvre. Pénétré de la grandeur de l'œuvre de Shakespeare (*Étude comparée de Shakespeare et d'Andreas Gryphs* [*Vergleichung Shakespears und Andreas Gryphs*, 1741]), c'est à lui que les générations de « l'Aufklärung » comme du « Sturm und Drang » devront de la connaître. Il est ainsi le précurseur direct du théâtre et des conceptions critiques de Lessing. De ses œuvres critiques, la plus marquante est l'*Essai sur l'imitation* [*Abhandlung von der Nachahmung*] dans lequel, s'opposant à Gottsched et allant plus loin que Bodmer et Breitinger, Schlegel libère la poésie de sa mission utilitaire et pédagogique et lui reconnaît une valeur propre. Ses *Œuvres* parurent en cinq volumes de 1761 à 1770.

RÉF. : H. Bünemann, *Schlegel und Wieland als Bearbeiter antiker Tragödien,* Leipzig, 1928. – E. M. Wilkinson, *Schlegel, a German Pioneer in Aesthetics,* Oxford, 1945. – Waltraud Geissler, *Der Beitrag J. E. Schlegels zur Theorie und Praxis des Dramas in der deutschen Aufklärung,* thèse, Iéna, 1968. – Georg-Michael Schulz, *Die Überwindung der Barbarei. J. E. Schlegels Trauerspiele,* Tübingen, 1980.

SCHLEIERMACHER Friedrich Daniel Ernst. Théologien et philosophe allemand. Né à Breslau (Silésie) le 21 novembre 1768, mort à Berlin le 12 février 1834. Fils et petit-fils de pasteurs, il entra en 1785 au séminaire des frères moraves de Barby. Sa sensibilité ardente fut blessée par la discipline de l'établissement mais le rationalisme que Schleiermacher trouva ensuite à l'université de Halle, où il étudia de 1787 à 1789, lui fut plus insupportable encore. Le jeune théologien traversa alors une crise religieuse au terme de laquelle il prit le parti de rejeter tous les dogmes, tenant pour perverse toute intrusion de la raison dans le domaine de la foi. Sa culture sacrée et profane n'en était pas moins vaste et solide et, bien qu'il ne cachât point dès cette époque qu'il se moquait « des subtilités théologiques », il fut reçu à l'examen théologique de fin d'études qu'il passa à Berlin en 1790, et fut consacré pasteur. Après avoir occupé pendant quelque temps un emploi de précepteur dans la famille Dohna, il fut nommé prédicateur adjoint à Lansberg-sur-la-Warthe (1794), puis aumônier de l'hôpital de la Charité à Berlin (1796). C'est dans la capitale prussienne qu'il allait se révéler par ses *Discours sur la religion* (*) (1799), dont les thèses suscitèrent de vives controverses auxquelles Schleiermacher répondit un an plus tard dans ses *Monologues* (*) (1800). Il était d'autre part entré en relations avec les cercles romantiques dans lesquels il avait été introduit par Henriette Herz et par les frères Schlegel ; c'est sa vive amitié pour Friedrich von Schlegel qui lui inspira ses *Lettres confidentielles sur la « Lucinde » de Friedrich Schlegel* (*) (1800). En collaboration avec Schlegel, Schleiermacher entreprit une traduction des œuvres de Platon, qu'il continua seul (cinq volumes, 1804-1810) et dont l'introduction eut une grande importance philosophique. De cette époque date également la *Critique de l'éthique précédente* (+) (1803). Prédicateur de la cour de Prusse à Stolpe en 1802, Schleiermacher fut nommé l'année suivante « professeur extraordinaire » de théologie à l'université de Halle, où son enseignement passionné et parlant au cœur obtint une grande audience ; mais l'université dut interrompre ses cours après le désastre d'Iéna, et Schleiermacher retourna à Berlin. Devenu prédicateur de la Trinitatskirche, il seconda activement l'œuvre de réforme intellectuelle et morale de Steim et de Humboldt, et participa à la fondation de la nouvelle université dont il fut, en 1810, le premier professeur de théologie. Élu membre de l'Académie des sciences de Prusse en 1811, Schleiermacher ne cessa de prêcher et d'enseigner jusqu'à sa mort, maintenant son influence spirituelle grâce aux importants ouvrages qu'il composa ou mit au point dans la dernière période de sa vie, tels que *La Foi chrétienne, selon les principes de l'Église évangélique* (*) (1821-22), la *Dialectique* (*) (1836), *Éthique philosophique* (1836) et les *Leçons d'esthétique* (*) (1842). On a également publié sa *Correspondance* [*Aus Schleiermachers Leben, in Briefen,* quatre volumes, Berlin, 1860-63]. C'est au cours de son premier semestre d'enseignement à Halle que Schleiermacher avait formé le projet d'un cours d'« herméneutique sacrée » [hermeneutica sacra]. Il commença alors à prendre des notes qu'il poursuivra à l'occasion d'un second cours à Berlin en 1809-10. Cette *Herméneutique* [*Hermeneutik*], que Schleiermacher ne publia pas de son vivant, est aujourd'hui accessible grâce à plusieurs éditions posthumes successives (1838, 1959, 1968, 1974) intégrant manuscrits originaux et notes d'auditeurs. On y trouve une première théorie du discours individuel et une définition des méthodes de compréhension qui lui sont appropriées. Schleiermacher, décrivant avec minutie les mécanismes du langage, analyse leurs répercussions sur la formation de la conscience subjective, ce qui fait de lui un extraordinaire précurseur des sciences de l'homme, qui inaugure le « tournant linguistique » de la pensée contemporaine.

Sa pensée est une des formes extrêmes de la tendance irrationaliste inséparable de la tradition luthérienne ; mais, chez Schleiermacher, l'irrationalisme n'est cependant en rien un héritage d'école ; ce fut plutôt dès la jeunesse du théologien l'expression spontanée d'une nature mystique et tendre, mais indépendante et curieusement impuissante à traduire dans des mots une vie émotive trop intense. Avant même l'âge de vingt ans, Schleiermacher, sans éclats extérieurs, sans crise pathétique, avait accompli la réforme spirituelle qu'il ne cessa plus de développer dans toute son œuvre et qui consiste en une libération radicale du sentiment religieux. Entre la religion et la raison, il existe selon lui une incompatibilité absolue. La raison domine la vie pratique, l'ordre du fini ; la religion, au contraire, s'épanouit dans l'Infini, elle est le pur royaume du cœur dégagé de toute perspective terrestre. Elle est « simplement sens et goût de l'infini », c'est-à-dire une sorte de contemplation indéfinie et indéfiniment identique, une plongée dans un sentiment absolu de l'existence qui serait le vrai fond de la personnalité et d'ailleurs antérieur à toute vie personnelle. Expérience inexprimable de l'universel et de l'indéterminé, la religion, pour Schleiermacher, est encore « une musique intérieure qui accompagne l'homme dans toutes les manifestations de sa vie ». Dans ces conditions quel rôle sera-t-il laissé aux Églises ? Aucun. Pour le prédicateur de la Trinitatskirche, elles sont inutiles et même néfastes, puisqu'elles prétendent exprimer Dieu dans des formes humaines. Même la morale doit être rejetée ; il ne peut y avoir, comme l'avait cru Kant, un Devoir s'imposant universellement ; chaque homme doit s'abandonner à l'impératif de sa propre conscience. Schleiermacher est ainsi invinciblement conduit à un anarchisme religieux total, qui ruine l'édifice des religions positives aussi radicalement que, d'un point de vue tout inverse, le faisait Hegel à la même époque en absorbant la religion dans la philosophie. Après Schleiermacher, théologien extrême du romantisme, le terrain était prêt pour la critique radicale de Strauss et de Feuerbach.

MICHEL MOURRE.

♦ *« L'influence des idées de Schleiermacher a été immense. On peut dire, sans exagération, que son nom domine entièrement la théologie protestante du* XIX*e siècle et que le* XX*e siècle demeure sous le même influx. »* L. Cristiani. ♦ *« Le nom de Schleiermacher appartient au faîte de l'édifice de l'histoire de la théologie moderne et restera unique à cette place pour tous les temps à venir. »* Karl Barth.

RÉF. : W. Dilthey, *Leben Schleiermachers,* 2 vol., Berlin, 1870. — E. Cramaussel, *La Philosophie religieuse de Schleiermacher,* Montpellier, 1908. — H. Scholz, *Schleiermacher und Goethe,* Leipzig, 1913. — L. Cristiani, article « Schleiermacher » in t. XIV du *Dictionnaire de théologie catholique* de Vacant et Mangenot, Paris, 1939. — K. Barth, *Die protestantische Theologie im 19. Jahrhundert,* Zurich, 1947. — M. Redeker, *F. Schleiermacher Leben und Werk 1768-1834,* Berlin, 1968. — G. Vattimo, *Schleiermacher, filosofo dell'interpretazione,* Mailand, 1968. — M. Simon, *La Philosophie de la religion dans l'œuvre de Schleiermacher,* Paris, 1974. — W.H. Pleger, *Schleiermachers Philosophie,* Berlin, 1988.

SCHLOEZER Boris de. Écrivain et musicologue français d'origine russe. Né le 8 décembre 1881 à Vitebsk (Biélorussie), mort à Paris le 7 octobre 1969. Boris de Schloezer doit son goût et sa connaissance de la musique à sa mère. Mais c'est pour étudier la sociologie qu'il se rend, l'âge venu, à Bruxelles, d'où il revient docteur en 1901. Il publie alors des articles d'esthétique ; l'un d'eux en 1916 sur Scriabine, source d'un livre publié en 1923 chez un éditeur russe, mais à Berlin. C'est qu'entre-temps la révolution soviétique l'a séparé de son pays, qu'il quitte en 1921 pour s'installer à Paris. Introduit aussitôt à *La Revue musicale*, et à *La Nouvelle Revue française* (*), il écrit des articles et des chroniques où il part à la recherche de la « réalité musicale », tout en suivant de près l'évolution de la musique de son temps, celle en particulier de Stravinski. Ce sont aussi les années du « retour à Bach », et une philosophie esthétique s'élabore autour de ces deux pôles. Il publie en 1929 un *Stravinski* ; mais son admiration s'accompagne d'une inquiétude touchant la manière dont ce dernier résout la contradiction moderne entre langage individuel et langage collectif, par un recours aux styles du passé. Un autre moment de sa réflexion est l'échange d'arguments qui l'oppose dans la *N.R.F.* à René Daumal en 1932 à propos de la musique indienne, occasion de mettre en lumière le lien entre la perception sensible et la structure, supposant la distance d'un moi en rapport d'intellection avec l'œuvre. Parallèlement, il traduit les grands auteurs russes, Dostoïevski, Tolstoï, Gogol (sur lequel il publie en 1932 un essai qui souligne l'opposition de l'homme et de l'écrivain), enfin Léon Chestov, dont il sera le principal introducteur en France de 1923 à 1938. La pensée de Boris de Schloezer trouve son accomplissement dans le grand livre de philosophie esthétique, écrit pendant la guerre, et publié en 1947, *Introduction à Jean Sébastien Bach (essai d'esthétique musicale)* (*). Il y précise les notions d'une sémantique et d'une poétique spécifiquement musicales, établissant la compréhension et la connaissance de l'œuvre à travers ses aspects formels, en tant que structure en formation, orientée par un sens spirituel qui culmine dans l'idée du « moi mythique », par laquelle il dépasse (en l'incluant) toute appréhension psychologique ou affective de l'œuvre, et dégage l'essence du langage musical : ensemble de signes sonores se signifiant eux-mêmes à l'intérieur d'une durée où leur système se construit. *L'Introduction à Jean Sébastien Bach*, lue avec attention par des critiques aussi divers que Georges Poulet ou Gaëtan Picon, inaugure ainsi toute une époque de la pensée critique en France – autour des problèmes du « sujet » et de la « structure » – et exerce une influence sur les jeunes musiciens de l'après-guerre (A. Boucourechliev, P. Boulez) auxquels est offerte l'occasion d'un débat, dans un langage qui respecte la réalité musicale qui est la leur. Des controverses et des échanges de cette époque (dans la *N.R.F.*, aux colloques de Royaumont) naîtra le livre de 1957, en collaboration avec Marina Scriabine, *Problèmes de la musique moderne*. Boris de Schloezer avait cessé de collaborer à la *N.R.F.* en 1957. Durant les dernières années de sa vie, malgré sa vue affaiblie et sans cesser d'être pour ses amis musiciens et écrivains la présence la plus stimulante, il se tourne vers la fiction et publie en 1964 un récit, *Rapport secret*, où se fait jour son inquiétude de l'immortalité, puis en 1969, l'année de sa mort, un roman, *Mon nom est personne*, où il imagine, selon une insaisissable construction circulaire, la possibilité qu'un écrivain – est-ce lui-même en sa vieillesse ? – soit inventé par ses personnages, eux-mêmes créés afin de résoudre pour lui, à travers le langage de l'œuvre, la question du désir et de l'amour : une des clés de sa quête esthétique, « cherchant », dira Gaëtan Picon, « ce qui est autre que soi, plus vrai que soi ».

FRANÇOIS LALLIER.

SCHLUMBERGER Jean. Écrivain français. Né à Guebwiller (Haut-Rhin) le 26 mai 1877, mort à Paris le 26 octobre 1968. Côté paternel, il appartenait à une famille d'industriels austèrement travailleurs, établie en Alsace depuis la Réforme. Côté maternel, c'est également la grande bourgeoisie, mais « écrivante et lisante », dominée par la figure de l'aïeul Guizot, le ministre de Louis-Philippe. Les descendants de Guizot se retrouvaient aux vacances dans la magnifique propriété du Val-Richer, dans le Calvados.

Appartenance à deux provinces très dissemblables, protestantisme, vieille bourgeoisie, voilà les trois premières clés pour comprendre la personnalité de Jean Schlumberger. En 1892, âgé de quinze ans, il dut choisir entre la France et l'Allemagne : il quitta l'Alsace pour devenir citoyen français. Tout retour à sa terre natale lui serait interdit jusqu'en 1918. Sous l'influence d'une mère pieuse, il pensa un moment devenir pasteur, mais il s'installa vite dans un tranquille agnosticisme. Il termina ses classes au lycée Condorcet à Paris, puis passa une licence de lettres. Il commença des études d'histoire des religions avant de se consacrer à la littérature. Cependant, son second acte civique (après le départ d'Alsace), alors qu'il était à peine majeur, fut de signer la pétition pour la révision du procès de Dreyfus. Étudiant, il participa au mouvement des Universités populaires. Il posséda toujours à un haut degré le sens de la communauté et le goût du travail d'équipe. Il ne cherchait pas à se mettre en avant et ne reculait pas devant les tâches ingrates. Ainsi assura-t-il le secrétariat et l'administration de *La Nouvelle Revue française* (*) à ses débuts. Ainsi fut-il le plus efficace soutien de Copeau lors de la fondation du Vieux-Colombier. La guerre de 14-18 allait l'amener à accorder une importance de plus en plus grande à la politique française et internationale, ainsi qu'aux problèmes sociaux.

Dans ses souvenirs, *Éveils* (*) (1950), Jean

Schlumberger note qu'à vingt-cinq ans il restait « beaucoup plus intéressé par l'esprit des œuvres que par leur facture ». Il devait apprendre que les deux choses sont inséparables. Mais sa conception de l'art devait être nécessairement marquée par un certain puritanisme : recherche, dans la littérature comme dans la morale, d'un « milieu juste » (à ne pas confondre, disait-il, avec le juste milieu).

Jean Schlumberger se défendait d'écrire de la littérature édifiante et, bien entendu, il n'entendait rien prouver dans ses récits et dans ses dialogues. Il ne craignait pas non plus de heurter la morale courante en présentant des caractères hors du commun, en mettant en doute la réalité de certains sentiments (et même de certains instincts : l'instinct paternel, par exemple), ou, au contraire, en reconnaissant l'honorabilité d'autres sentiments jugés parfois condamnables, ainsi l'amitié particulière de deux garçons dans *L'Histoire de quatre potiers* (1935). Toutefois, il a parlé sévèrement d'une certaine littérature complaisante aux abandons de tous ordres, une littérature qui s'attache à la peinture de personnages qui se défont.

On pourrait prétendre que deux de ses meilleurs livres nous montrent des déchéances : *Le Lion devenu vieux* (*) (1924) et *Saint-Saturnin* (*) (1931). Mais *Le Lion* est plutôt le récit du dernier combat d'un grand homme et *Saint-Saturnin* nous montre le courage des fils autant que les folies séniles du père. Ce qui intéresse Schlumberger et lui paraît digne d'être conté, ce sont les combats que l'on est amené à livrer contre soi-même ou le destin contraire, des conflits où s'affirment des caractères. Les monologues dramatiques des *Yeux de dix-huit ans* (*) (1928) sont particulièrement représentatifs de sa disposition d'esprit. Et puis il y a toute son œuvre d'essayiste où il affirme ses convictions et propose des règles de vie : *Essais et dialogues* (*) (1937). Pour être nuancées, les positions de Schlumberger n'en sont pas moins tout à fait nettes. Au demeurant, de tous ses amis, il se révéla le plus assuré et le plus courageux pendant les années de l'Occupation : il maintint ferme ses positions d'humaniste (*Jalons*, 1942, et *Nouveaux Jalons*, 1943) et, après la Libération, ne se laissa pas porter par la haine ou le ressentiment (ses articles sur les procès politiques sont un modèle de probité). Jean Schlumberger est assurément une des plus nobles figures de toute la littérature française. Il semble que Marguerite Yourcenar et Albert Camus s'inscrivent dans sa descendance. Yourcenar lui a rendu un bel hommage. Quant à Camus, qui le connaissait bien, il a repris la forme du monologue dramatique que Schlumberger avait utilisée avec maîtrise.

JACQUES BRENNER.

RÉF. : Marie Delcourt, *Jean Schlumberger, Essais critiques,* Paris, 1945. – Jean-Pierre Cap, *Techniques et thèmes dans l'œuvre romanesque de Jean Schlumberger,* Genève, 1971.

SCHMIDT Arno. Nouvelliste et romancier allemand. Né à Hambourg le 18 janvier 1914, mort à Celle (Basse-Saxe) le 3 juin 1979. Études secondaires à Görlitz en Silésie. Curieusement ce jeune homme brillant, avide de savoir, ne fréquentera jamais l'université. Entré dans le service comptable d'une entreprise de textile, Arno Schmidt, qui se désigne lui-même comme « l'autodidacte-né », travaille avec acharnement à la confection d'une table de logarithmes, se nourrit d'astronomie et de mathématiques, et compose ses premiers récits. Mobilisé en 1940, il passe la guerre en Alsace puis en Norvège. Rentré en Allemagne en 1945, il y vit les derniers mois de la débâcle. Le vieux Rowohlt, qui se disait « terrorisé par le génie de ce jeune inconnu », publie son premier recueil de nouvelles, *Léviathan,* en 1949, puis successivement *Brand's Haide, Miroirs noirs* [*Schwarze Spiegel*] (en un volume, 1951) et *Scènes de la vie d'un faune* (*) (1953), trois « romans brefs » qu'il réunira plus tard sous le titre *Les Enfants de Nobodaddy* [*Nobodaddy's Kinder*]. Bien que salués avec enthousiasme par E. Jünger et A. Döblin, ces livres trouveront peu d'écho auprès du public. En effet, leur prose extrêmement novatrice, aux concentrés verbaux ravageurs et aux multiples allusions littéraires, pouvait dérouter. De plus, les héros de cet écrivain « qui attend beaucoup d'un lecteur auquel il donne aussi beaucoup » (Pierre Pachet) sont des solitaires, fondamentalement pessimistes, animés d'une rage froide contre Dieu et l'État. Mais ne nous y trompons pas, aucun autre écrivain n'a mieux décrit la réalité de l'après-guerre et du « miracle économique ». Des récits comme *Les Émigrants* [*Die Umsiedler,* 1953], *Paysage lacustre avec Pocahontas* [*Seelandschaft mit Pocahontas,* 1955] et *Cœur de pierre* (*) (1956) témoignent de l'efficacité de ses techniques d'écriture, qu'il définit rétrospectivement dans *Calculs* [*Berechnungen* 1959] : paragraphes brefs pour rendre « le discontinu d'une existence en mosaïque », « instantanés », récits conçus comme des albums de photos souvenirs. D'aucuns crurent voir en Arno Schmidt l'écrivain qui produirait « le grand roman social et urbain de la seconde moitié du XXe siècle ». Bernique ! Au même moment Arno Schmidt découvre Freud et Joyce, se retire à la campagne et brûle ses vaisseaux. Le roman *Bled itou Mare Crisium* [*Kaff auch Mare Crisium,* 1960] et les nouvelles *Vaches en demi-deuil* [*Kühe in Halbtrauer,* 1964] marquent un tournant dans son œuvre et annoncent déjà sa recherche « des mots sous les mots » qui culminera (échouera ?) dans sa théorie des « étyms » exposée dans le gigantesque *Zettels Traum* (*) (1 334 pages ; 1970). Cette « psychographie » en forme de dialogues, qui convoque toutes les littératures dans une étonnante « mascarade », s'appuie sur l'œuvre de Poe pour dépiauter et désarticuler la langue. Pour parvenir à ses fins – sans doute une auto-analyse – Arno Schmidt s'inventa (en solipsiste génial et forcené) des nouveaux modes de narration. Et de fait, on retiendra qu'il en sortit une forme considérablement enrichie du « roman dialogique », que l'auteur utilisera de façon souveraine dans ses deux derniers « tapuscrits » (publiés en fac-similé), *L'École des Athées* [*Die Schule der Atheisten*, 1972] et *Soir bordé d'or* (*) (1975).

CLAUDE RIEHL.

RÉF. : Michael Schardt/Hartmut Vollmer, *Arno Schmidt*, Reinbeck, 1990.

SCHMITT Florent. Compositeur français. Né à Blâmont (Meurthe-et-Moselle) le 28 septembre 1870, mort à Neuilly-sur-Seine le 17 août 1958. Élève, au Conservatoire de Paris, de Lavignac, de Massenet et de Fauré, il obtint en 1900 le premier grand prix de Rome. En 1904, son *Psaume XLVII* (*) place ce contemporain de Debussy, de Dukas et de Ravel parmi les grands musiciens de sa génération – le succès populaire du *Psaume* ne s'est jamais démenti depuis. Mais Schmitt se soucie peu des suffrages publics ou des chapelles. Farouchement indépendant, il aime voyager et s'adonne à la composition, en ne participant que très peu à la vie musicale officielle : qu'il ait été dès 1909 membre du comité de la Société musicale indépendante est significatif à cet égard. On le voit cependant reconnu par un fauteuil à l'Institut (1936) et la présidence de la Société nationale de musique (1938). Son œuvre, considérable (138 numéros d'opus), embrasse tous les genres : ballet, *La Tragédie de Salomé* (*) (1910), *Le petit elfe ferme l'œil* (1923) ; mélodies, chœurs, musique de chambre – v. *Quatuor* (*) (1947) ; piano, musique symphonique. Elle se caractérise toujours par une très grande rigueur d'écriture, une sorte de classicisme formel, dans lequel se coule une inspiration fort variée et originale. Musicien d'avant-garde à ses débuts, il n'a pas évolué dans le sens d'un modernisme progressif ; mais chacune de ses œuvres apporte sa moisson de nouveautés expressives. Il aime avant tout les fortes articulations rythmiques dans un langage concis, visant juste, éloquent, sans bavardage. Ses audaces ne sont jamais gratuites, mais répondent à une nécessité poétique, comme chez un Dukas ou un Debussy. Quant à son orchestre, puissant et rutilant, il témoigne de la science de l'écriture et du tempérament fougueux de ce musicien beaucoup trop négligé de nos jours.

GILLES CANTAGREL.

RÉF. : Yves Hucher, *Florent Schmitt*, Paris, 1953 ; *L'Œuvre de Florent Schmitt*, Paris, 1960. – Madeleine Merceron, *Florent Schmitt*, Paris, 1959.

SCHNACK Friedrich. Écrivain allemand. Né le 5 mars 1888 à Rieneck (Franconie), mort le 6 mars 1977 à Munich. Fils d'huissier, il est d'abord employé de banque (à Würzburg), puis travaille dans l'industrie et le commerce avant de s'orienter vers le journalisme, en 1923 : il exerce ce métier durant trois ans, à Dresde et Mannheim. En 1926, il abandonne sa « situation bourgeoise » pour vivre de sa plume d'écrivain. Il fait peu de temps après (en 1930) un long voyage à Madagascar, « son pays de cocagne », pour mener des recherches de botanique. S'il change souvent de lieu de résidence (Nüremberg, Breslau, Hellerau, etc.), il reste fidèle à la Suisse et à l'Allemagne méridionale. Il s'installe enfin à Munich. F. Schnack est à la fois poète et romancier. La trilogie *L'Amour ardent* (*) (1935) – qui réunit les volumes *Sébastien dans la forêt* (+) (1926), *Béatus et Sabine* (+) (1927), *L'Orgue du ciel* (+) (1927) – constitue la pièce maîtresse de son œuvre romanesque. Les principaux « acteurs » sont ici les campagnes, les forêts, les vallées du Neckar et du Main, où les personnages goûtent la vérité d'une vie rustique.

De Friedrich Schnack, on retiendra surtout le lyrisme, les *Poèmes choisis* [*Gesammelte Gedichte*, 1938], recueil augmenté et réédité sous le titre *Les Années d'existence* [*Die Lebensjahre*, 1951]. F. Schnack appartient aux « paysagistes » du lyrisme allemand contemporain, avec Billinger, Britting, Bischoff, Von der Vring, etc. Il ne s'agit pas d'une véritable école – chaque poète défendant sa vision originale –, mais d'un courant diffus qui parcourt la littérature allemande depuis Eichendorff et qui, de manière caractéristique, revient au goût du jour. Friedrich Schnack est au fond un botaniste qui recherche la transcendance, le merveilleux dans le spectacle de la nature, une nature qui, selon son vœu, doit être « intellectualisée, et non pas sensibilisée, par le poète ». Schnack métamorphose le décor (souvent le paysage franconien) en fantasmagorie : « Tombe le soir bleu iris, s'éteint le chemin en rouge et pavot / et les lis s'épanouissent merveilleusement / Un cri d'oiseau effréné adoucit l'air et la ciguë / où se tient le moissonneur / qui tard encore fauche dans la plaine, / qui tard encore, à l'heure de la mort et de l'appel de l'oiseau / fauche les étoiles, / et fauche avec elles la mauvaise herbe des démons. »

JEAN-JACQUES POLLET.

RÉF. : W. Jantzen (Hrsg.), *F. Schnack, Festgabe des Arbeitskreises f. Dt. Dichtung zu seinen 70. Geburtstage*, Göttingen, 1958.

SCHNEIDER Marcel. Écrivain français issu d'une famille d'origine alsacienne. Né à Paris le 11 août 1913. Après ses études secondaires au lycée Louis-le-Grand, Marcel Schneider entreprend des études de lettres. Il sera professeur agrégé à Rouen de 1937 à 1942, puis à Paris de 1942 à 1960. Il abandonne alors cette fonction pour se consacrer entièrement à l'écriture. Dans les premiers romans qu'il a publiés, *Cueillir le romarin* (1948), *La Première Île* (1951), l'influence de la littérature fantastique est déterminante. Par ailleurs, dans son essai intitulé *La Littérature fantastique en France* (1964), il s'attache à démontrer l'importance de ce genre chez les romanciers français ; il exprimera des idées similaires dans son *Discours du fantastique* (préface à *Déjà la neige,* 1974). Sa prédilection pour certains artistes nous donne une clef de son univers : Hoffmann (à qui il consacra un livre, *E.T.A. Hoffmann,* 1979), Nodier, Nerval, Novalis ; et pour la musique (dont il est grand amateur) Schubert et Wagner, sur lesquels il écrivit deux monographies, respectivement en 1955 et 1959. Selon Marcel Schneider, le fantastique est la découverte, au cœur même de la réalité, de phénomènes mystérieux et suprasensibles. « L'écrivain, dit-il, doit se mettre à l'écoute de la nuit et du rêve s'il veut capter les signes de l'inconscient et garantir le caractère d'intuition et de spontanéité nécessaires à ses fictions. » Cet effort d'imagination, comme il l'écrit, « c'est la faculté de retrouver en nous-même les images, les symboles et les mythes ». Ses romans (*Le Guerrier de pierre,* 1969 ; *Mère Merveille,* 1983), ses nouvelles (*Opéra massacre,* 1965 ; *Histoires à mourir debout,* 1985) illustrent ces conceptions. Ce sont des « récits poétiques » que traversent le mythe de l'androgyne, le sentiment du paradis perdu, la prédominance du rêve (*Le Sang léger,* 1952). Marcel Schneider a prolongé cette quête de la connaissance de soi dans des livres de Mémoires intimes : *Sur une étoile* (1976), et les quatre volumes de « L'Éternité fragile » ; *L'Éternité fragile* (1990), *Innocence et Vérité* (*), *Le Palais des mirages* (1992), *Le Goût de l'absolu* (1993). Il a reçu en 1980 le prix prince Pierre de Monaco pour l'ensemble de son œuvre.

JACQUES-ÉMILE MIRIEL.

SCHNITTKE Alfred Garrievitch. Compositeur russe. Né le 24 novembre 1934 à Engels sur la Volga (district de Saratov). Schnittke a commencé ses études musicales à Vienne où son père travaillait pour un journal soviétique. En 1948, il s'installe à Moscou. Il y étudie l'écriture et la composition de 1953 à 1958, et trouve le soutien d'un disciple de Webern, Philipp Herschkowitz. Schnittke va enseigner l'orchestration au Conservatoire de Moscou de 1962 à 1972. Il est membre de l'Union des compositeurs et des cinéastes. Il faut signaler son abondante production musicale pour le cinéma. Il a aussi fait partie du Studio de musique électronique de Moscou. Depuis 1967, ses œuvres sont fréquemment données en Europe de l'Ouest. Schnittke a enseigné à la Hochschule für Musik und darstellende Kunst de Vienne. Ayant suivi l'évolution du langage musical des dernières décennies, il se situe dans une vague de renouveau de la musique en Russie, aux côtés de Denisov et Goubaïdoulina. Schnittke pratique ce qu'il appelle une « technique des styles multiples ». Pour lui toute musique, qu'elle soit passée ou présente, savante, populaire ou commerciale, devient contemporaine. Sa *Symphonie n° 1* (1972) témoigne de cet éclectisme ainsi que d'un lyrisme intense et pathétique qui caractérise nombre de ses œuvres. Schnittke a beaucoup sollicité la forme concertante, particulièrement dans quatre concertos pour violon et orchestre : *Concerto n° 4* (*) (1984). Dans sa musique de chambre il faut retenir, parmi ses trois quatuors à cordes, le *Quatuor n° 3* (*) (1983).

MICHEL RIGONI.

SCHNITZLER Arthur. Écrivain autrichien. Né à Vienne le 15 mai 1862, mort dans cette même ville le 21 octobre 1931. Son père était un médecin juif connu, qui enseignait à l'université ; dans sa maison, fréquentée par des artistes et des personnes cultivées, l'enfant grandit dans le culte de la poésie, si bien qu'avec des camarades d'école il fonda un petit cénacle littéraire. Il étudia cependant la médecine et obtint le titre de docteur en 1885 ; pendant trois ans, il fut l'assistant d'un célèbre chirurgien qui avait été ami de Wagner, puis il exerça librement, continuant à étudier, s'intéressant aux découvertes de la médecine, spécialement à la psychiatrie ; il fit des voyages d'études à Berlin, Londres et Paris, et particip a à de nombreux congrès scientifiques. Quelque temps médecin militaire, il dut quitter son poste à la suite de la publication d'une satire mordante sur la vie de garnison. Étudiant, il avait déjà publié dans des revues de brèves nouvelles et des poèmes sous le pseudonyme d'Anatole, qui deviendra le titre d'une de ses pièces de théâtre. Il fut rapidement considéré comme le chef de la « jeune Vienne », ce groupe d'écrivains d'où se détachèrent plus tard Stefan Zweig et Hofmannsthal. Ses premières pièces de théâtre, *Anatole* (1892), *Amourette* (*) (1895), reflètent l'atmosphère viennoise typique, mélange de mélancolie et de grâce heureuse, de scepticisme et d'ironie mondaine, de sentimentalité et de passion. Schnitzler a un sens très particulier des mouvements de l'âme et des choses qu'il traite avec une élégance brillante et un art tout impressionniste. Dans ses drames, l'action est subordonnée à la mobilité d'un dialogue complexe ; aussi aime-t-il particulièrement les pièces en un acte ou les récits. Son métier de médecin et les exemples du « vérisme » européen marquèrent aussi son œuvre. C'est sur le plan de l'érotisme qu'il traite du problème de l'amour, avec un scepticisme qui masque mal une très humaine tendresse, et qu'il aborde le thème de la mort. Au demeurant, il s'efforce de créer une atmosphère plutôt que de présenter un conflit. Sa connaissance de la psychanalyse freudienne le mène aussi à explorer la couche du subconscient comme dans *Récit de rêve* [*Traumerzählung*]. Songe et réalité, sérieux et jeu vont de pair dans le grotesque de *Au perroquet vert* [*Zum grünen Kakadu,* 1899], dans les dix dialogues de *La Ronde* (*) et dans les pièces plus importantes comme *Le Voile de Béatrice* [*Der Schleier der Beatrice,* 1901] et *Le Chemin solitaire* [*Der einsame Weg,* 1903]. Les drames de Schnitzler sont des nouvelles dialoguées, et c'est dans le récit qu'il exprime le mieux ce qu'il a de plus personnel. Dans *Le Lieutenant Gustl* (*), avec un minimum d'action extérieure, Schnitzler montre son art de la description précise des âmes. La même année paraît *Madame Berta Garlan* [*Frau Berta Garlan*]. Puis viennent en 1902 la comédie intitulée *Le Conte,* en 1908 un roman, *Vienne au crépuscule* (*), en 1910 un drame historique, *Le Jeune Médard* (*). En 1912, il donne une nouvelle, *Géronimo l'aveugle et son frère* (*), qui lui conquiert dans sa patrie un vaste public. En 1913, c'est *Le Professeur Bernhardi* (*), une pièce de « circonstance », l'histoire d'un médecin juif qui au chevet d'un malade mourant entre en conflit avec un prêtre. Citons encore : *Mourir* (*) (1895), *L'Appel de la vie* [*Der Ruf des Lebens,* 1905], *Dame Beate et son fils* [*Frau Beate und ihr Sohn,* 1913]. Schnitzler développa une nouvelle technique du monologue épique et expressif dans *Mademoiselle Else* (*). Cependant, la génération d'après la guerre se détacha de son naturalisme délicat ; il se senti isolé. Le suicide de sa fille et la mort tragique de son ami Hofmannsthal le rejetèrent dans un pessimisme amer et désespéré. Après *Thérèse, chronique de la vie d'une femme* (*), sa dernière œuvre, *Fuite dans les ténèbres* [*Flucht in die Finsternis,* 1931], est le message ultime d'un psychologue génial, obsédé par la mort et la folie. Il a éprouvé et exprimé ce « vertige » qui, comme le note Hofmannsthal, agite « l'être de notre époque » plongé dans « la multiplicité et l'indécision ».

VINCENZO MARIA VILLA.

♦ *« Des thèmes modernes, il a fait un pot-pourri propre à caresser l'oreille des délicats dans n'importe quelle capitale d'Europe. Dès ses débuts et tout au long d'une production où s'accumulent sans arrêt menus drames et menus romans, il a été l'écrivain du naturalisme qui sent bon. »* Félix Berteaux.

RÉF. : S. Liptzin, *Arthur Schnitzler,* New York, 1932. – R. Plaut, *Arthur Schnitzler als Erzähler,* Bâle, 1936. – H. Singer, *Zeit und Gesellschaft im Werke Arthur Schnitzlers,* Vienne, 1948. – Derré, *Arthur Schnitzler. Imageries viennoises et problèmes humains,* Paris, 1966. – Lindken, *Arthur Schnitzler. Aspekte und Akzente,* Bonn, 1984.

SCHOECK Othmar. Compositeur suisse. Né à Brunnen le 1er septembre 1886, mort à Zurich le 10 mars 1957. Il fait ses études au Conservatoire de Zurich puis avec Max Reger à Leipzig (1907-08). Il consacre l'essentiel de sa carrière à diriger l'Orchestre de Saint-Gall (1917-1944). Il a surtout composé de la musique vocale, des centaines de lieder qui s'inscrivent dans le prolongement de Hugo Wolf et Richard Strauss, et cinq opéras dont *Vénus* (+) (1922) – v. *La Vénus d'Ille* (*) – et *Penthésilée* (*) (1924-25), le plus connu. Il est aussi l'auteur de divers concertos pour violoncelle, harpe et violon, et d'œuvres de musique de chambre.

ALAIN PÂRIS.

RÉF. : H. Corrodi, *Othmar Schoeck*, Frauenfeld, 1956.

SCHOENBERG Arnold. Compositeur autrichien. Né à Vienne le 13 septembre 1874, mort à Los Angeles le 13 juillet 1951. Il était le fils d'un modeste commerçant. Sa mère lui donna le goût de la musique ; il apprit presque seul à jouer du violon et du violoncelle, et commença de bonne heure à composer de la musique de chambre. À dix-huit ans, il rencontra Alexandre Zemlinsky, qui lui inculqua quelques notions de contrepoint. Une étroite amitié lia les deux artistes (en 1901 Schoenberg épousera la sœur de Zemlinsky, Mathilde). En 1907, il fit exécuter à Vienne son *Quatuor en ré majeur* qui fut perdu. Vinrent ensuite douze compositions pour chant et piano (op. 1, 2 et 3, 1898). Sa première œuvre marquante fut son sextuor à cordes *Nuit transfigurée* (*) (1899) d'après un poème de Richard Dehmel, œuvre d'inspiration postwagnérienne mais présentant déjà d'audacieuses nouveautés tonales et harmoniques. En 1901, il se rendit à Berlin où, au « Buntes Theater », il fut chargé des opérettes et des revues, mais où surtout il fut l'animateur de la partie musicale au fameux cabaret artistique et littéraire « Überbrettl », dirigé par Ernst von Wolzogen. Il fut en outre professeur au conservatoire Stern. C'est à Berlin qu'il écrivit son poème symphonique : *Pelléas et Mélisande* (*) (1902-1903), où l'on sent non seulement l'influence de Wagner, mais aussi celle de Richard Strauss ; de plus il achève la conception d'une œuvre monumentale, ses futurs *Gurrelieder* (*), pour soli, chœurs et orchestre, œuvre qui ne verra le jour dans sa version définitive qu'en 1911. Rentré à Vienne, Schoenberg fait la connaissance de Gustav Mahler qui lui donne d'emblée son amitié et son appui. C'est grâce à lui que Schoenberg put faire exécuter ses œuvres.

De cette époque datent ses huit *Lieder*, op. 6, le premier *Quatuor à cordes* (*), op. 7 et les six *Lieder* avec orchestre (op. 8).

La *Kammersymphonie*, op. 9 (1906) marque une date importante dans la carrière artistique de Schoenberg. En 1907, Mahler quitte l'Opéra de Vienne. Schoenberg, qui s'était de plus en plus rapproché des groupes révolutionnaires de l'avant-garde allemande, s'adonne alors à la peinture et se lie avec Vassily Kandinsky ; 1908 est l'année du *Quatuor en fa dièse mineur*, op. 10, avec voix de soprano, des trois *Klavierstücke*, op. 11, des quinze

Poèmes pour voix et piano op. 15 tirés du *Livre des jardins suspendus* de Stefan George, et des *Cinq Pièces pour orchestre* (*), op. 16. C'est une année décisive pour Schoenberg. Il a déjà dans l'opus 10 abandonné la tonalité, et cette tendance se précise dans l'opus 11. Plutôt que d'« atonalité », il conviendrait de parler de « pantonalité », ainsi qu'il le dit lui-même dans son *Traité d'harmonie* [*Harmonielehre*, 1912]. Avec l'opus 16, Schoenberg en arrive à l'affirmation de la « Klangfarbenmelodie » (mélodie de timbre), construite non sur la base de sons de différentes hauteurs comme la mélodie traditionnelle, mais sur la base de timbres purs, réduits à leur squelette essentiel et perçus cependant, non comme « atmosphère », mais plutôt en tant qu'« émotion » (en parallèle avec l'« Ur-Schrei » des expressionnistes). À cette conception se rattache son monodrame *Erwartung* (*) (1909) pour soprano et orchestre ; ici la parole n'est pas musicalisée ; elle devient son et timbre comme si elle était recréée par la musique. De là à la « Sprechstimme » la distance n'est pas grande ; elle est franchie avec *Die glückliche Hand* (1909-1914) et plus encore avec *Pierrot lunaire* (*) (1912). Entre-temps, cependant, Schoenberg a écrit les *Kleine Klavierstücke*, op. 19 (1911), qui sont encore teintés de romantisme, mais où l'émotion réduite et concentrée dans une phrase, un cri, apparaît comme à son stade originel. La comparaison avec l'art abstrait de Kandinsky s'impose. *Pierrot lunaire* est de la même année que *Der Blaue Reiter* qui donna son nom au mouvement artistique le plus important de l'expressionnisme allemand, mouvement auquel évidemment Schoenberg adhérait. La « Sprechstimme » n'est pas un « langage chanté », c'est un véritable « ton » de la voix, à laquelle un rythme est imposé. *Pierrot lunaire* est construit avec une rigueur toute particulière qui annonce déjà le futur système « dodécaphonique », mais c'est surtout une œuvre d'art, d'une intense vitalité, qui exprime tragiquement et amèrement la désespérante solitude humaine.

Le nom de Schoenberg est désormais célèbre ; il a de brillants élèves (parmi lesquels Berg et Webern) ; sa musique et ses idées sont diffusées dans le monde entier. Après la guerre, il se voue exclusivement à l'enseignement et aux concerts. Il reprend la composition avec les cinq *Klavierstücke*, op. 23 (1923), lesquels seront suivis par la *Sérénade*, op. 24, pour sept instruments et voix de baryton (1923) et par la *Suite pour piano*, op. 25 (1924). Comme il l'a écrit lui-même, c'est par l'élaboration de ses œuvres qu'il arrive à l'énonciation théorique du « système dodécaphonique », qu'il préfère appeler « méthode pour composer au moyen de douze sons qui ne sont en relation qu'entre eux ». Cette méthode naquit en lui à la suite d'une crise intérieure qui lui donna l'impression d'avoir épuisé le système tonal, d'en avoir atteint les limites extrêmes. Mais une méthode n'est pas un système, aussi Schoenberg ne se pliera-t-il jamais à aucun dogmatisme, quel qu'il soit. Le secret de sa grandeur réside dans cette liberté, dans cette sérieuse et consciencieuse obéissance à la loi fondamentale de l'art. Après la *Suite*, il compose un *Quintette pour instruments à vent* (1924), quelques *Chorals* (1925-1926), une *Suite pour petit orchestre* (1927), le troisième *Quatuor* à cordes, op. 30 (1930). *Les Variations pour orchestre* (*), op. 31 sont en réalité antérieures au quatuor op. 30 ; elles datent de 1927-1928 ; on les considère comme une œuvre maîtresse dans laquelle le système dodécaphonique est appliqué de façon totale. *Von Heute auf Morgen*, op. 32 (1929) est la première œuvre théâtrale écrite selon la nouvelle méthode ; mais cette légère satire de la bourgeoisie contemporaine n'est pas une œuvre marquante. Schoenberg travaillait à cette époque à une œuvre théâtrale d'une tout autre envergure : *Moïse et Aaron* (*), qui ne fut jamais achevée. Les deux *Klavierstücke*, op. 33 (1932-1933) sont les dernières de ses œuvres écrites en Europe.

L'établissement de la dictature nazie l'obligea à émigrer aux États-Unis. Il enseigna d'abord à New York, puis à Hollywood, enfin à l'université de Los Angeles (à partir de 1936). Son premier travail « américain » est une étude sur le système tonal, la *Suite en sol majeur* (1934) pour orchestre à cordes, où il orchestre d'après sa méthode des œuvres de Haendel, en particulier. Puis viennent des œuvres dodécaphoniques : le *Concerto pour violon et orchestre*, op. 36 (1936), intensément dramatique, et le quatrième *Quatuor*, op. 37 (1937) d'une écriture extraordinairement puissante et d'une composition solide et logique. Schoenberg, cependant, dira à ce moment : « Il y a encore une quantité de bonne musique à écrire en *do* majeur », et tout en concevant des œuvres musicales de forme « mixte », il prendra résolument position, quoique silencieusement, dans les polémiques suscitées par les « rigoristes ». C'est ainsi qu'il fit exécuter son *Kol Nidre*, op. 39 (1938), ses *Variations sur un récitatif* pour orgue, op. 40 (1940) et surtout l'*Ode à Napoléon* sur un texte de Byron, op. 41 (1942-1944) pour récitant, quatuor à cordes et piano, auquel on ne peut attacher l'épithète de « pantonal » ou de « dodécaphonique », mais où les deux méthodes sont utilisées pour obtenir une croissante puissance dramatique. Le brillant *Concerto pour piano et orchestre*, op. 42 (1943), plein de virtuosité, fut suivi du *Prélude à la Genèse*, op. 44 (1945), imaginatif et suggestif, du *Trio*, op. 45 (1945), pour violon, alto et violoncelle, d'un seul mouvement, très ample, d'une grande richesse et d'une grande variété, et du dramatique *Survivant de Varsovie* pour récitant, chœur et orchestre, op. 46 (1947), véritable chant de la liberté où l'on sent l'angoisse de la foi, la lumière de l'espérance mêlées à la souffrance et au mépris. La *Fantaisie pour violon et piano*, op. 47 (1949) vient ensuite avec trois œuvres pour chœur, op. 50 (1950-1951). Ce sont les dernières œuvres de Schoenberg, qui s'éteignit dans la maison des environs de Los Angeles où il s'était retiré quand il eut quitté le professorat en 1944.

CARLO MARINELLI.

♦ *« Schoenberg est l'un des plus grands maîtres de tous les temps, l'un de ceux qui ne sauraient être surpassés, parce qu'en eux s'incorporent de façon égale la sensibilité et le savoir musical d'une époque ; un maître qui doit sa signification particulière et sa grandeur sans pareilles au fait que les genres de style de deux ères différentes fleurissent simultanément en lui, de sorte qu'il s'érige entre les deux comme une borne puissante, participant de deux mondes de façon gigantesque. Il appartient au même titre à l'antérieure période du style harmonique et à celle qui recommence avec lui de la musique polyphonique, du style contrapuntique et « imitatif » et aussi à ce système qui, à présent et pour la première fois complètement constitué, remplace les tonalités majeures et mineures par la série des douze sons. »* Alban Berg. ♦ *« Schoenberg, aussi grand que Bach, marque la fin et le commencement d'un monde. Son œuvre saisissante, où la nouveauté s'appuie sur la plus stricte des disciplines, porte en elle tout l'avenir. »* Anton Webern. ♦ *« L'œuvre de Schoenberg, dans le stade actuel de la polyphonie, a donné naissance et fondement à tous les problèmes polyphoniques contemporains. »* R. Leibowitz.

RÉF. : A. Schoenberg, *Harmonielehre*, Vienne, 1911 (trad. française, *Traité d'harmonie*, Paris, 1983) ; *Style and Idea*, New York, 1950 (trad. française, *Le Style et l'Idée*, Paris, 1977) ; *Functions of Harmony*, New York, 1954 ; *Fundamentals of Musical Composition*, Londres, 1967 (trad. française, *Fondements de la composition musicale*, Paris, 1987) ; *Correspondance, 1910-1951*, Paris, 1983 ; *Journal de Berlin*, trad. française Paris, 1990. — R. Leibowitz, *Schoenberg et son école*, Paris, 1947 ; *Schoenberg*, Paris, 1969. — H. H. Stuckenschmidt, *A. Schoenberg*, Zurich, 1951 (trad. française, Monaco, 1956). — A. Whittall, *Schoenberg's Chamber Music*, Londres, 1972 (trad. française, *La Musique de chambre de Schoenberg*, Arles, 1987). — « Arnold Schoenberg et l'École de Vienne », *La Revue musicale* n°s 416-417, Paris, 1989. — E. Haimo, *Schoenberg's Serial Odyssey*, Oxford, 1989. — A. Ringer, *Arnold Schoenberg. The Composer as Jew*, Oxford, 1990.

SCHOPENHAUER Arthur. Philosophe allemand. Né à Dantzig le 22 février 1788 ; mort à Francfort-sur-le-Main le 4 septembre 1860. Le trait caractéristique de la vie de Schopenhauer, c'est la force et la rapidité avec laquelle sa vocation de philosophe, puis son système philosophique tout entier, se sont imposés à lui. Il écrira lui-même : « Il est remarquable que dès 1814 (ma vingt-septième année) tous les dogmes de mon système, même les secondaires, s'établissent. » La vie de Schopenhauer se divise donc en deux périodes : la flambée impatiente de la jeunesse (1788-1818), qui aboutit à la production de l'œuvre de sa vie, *Le Monde comme volonté et comme représentation* (*), ensuite l'effort long, ingrat, mais finalement couronné de succès, pour vaincre l'incompréhension totale de son époque vis-à-vis de sa pensée (1818-1860) ; deux périodes que résument assez bien deux portraits ; le premier, peint par Rühl, vers 1818, nous révèle un jeune héros romantique, ardent et noble, le second, un daguerréotype de 1853, nous montre un vieillard presque voltairien, les lèvres minces, le regard et toute la physionomie spirituels et sarcastiques, deux visages de Schopenhauer et aussi bien deux aspects de son œuvre. Son père, commerçant aux idées républicaines, qui avait choisi pour son fils le prénom d'Arthur parce qu'il est le même dans toutes les langues, voulait faire de lui un citoyen du monde, mais aussi un commerçant. Jusqu'à sa seizième année, Schopenhauer fait un véritable tour d'Europe : France, Angleterre, Suisse, Autriche, sud de l'Allemagne, notant ses impressions dans un *Journal de voyage* qui a été conservé. À la mort de son père (1805), il s'efforce de tenir la promesse qu'il lui a faite naguère, d'embrasser la carrière commerciale. Mais il ne réussit vraiment pas à y prendre goût. Sa mère, Johanna, l'avait laissé à Hambourg, et était partie à Weimar, emmenant sa fille Adèle. La mort de son mari lui donnait l'occasion de réaliser son rêve : tenir un salon littéraire, se lancer elle-même dans la littérature. Elle réussira : Goethe fréquentera son salon ; ses romans connaîtront le succès. Sur les conseils de Fernow, un familier de Goethe, Johanna permet à son fils d'entreprendre les études qu'il désire. Après une année au gymnase de Gotha, il s'inscrit donc en octobre 1809 à la faculté de médecine de Göttingen. Il cherche encore sa voie, mais à partir de 1810 il s'oriente résolument vers la philosophie, sans jamais abandonner d'ailleurs les études d'histoire naturelle.

L'Allemagne est alors dans un état de fermentation intense ; en philosophie triomphent les grands systèmes postkantiens de Fichte, Hegel, Schelling ; Beethoven vient de composer les *VII*^{e} et *VIII*^{e} *Symphonies* (*) ; Fichte a prononcé en 1807 et 1808 dans Berlin encore occupé par les Français ses célèbres *Discours à la nation allemande* (*). Dans cette ferveur collective, le génie de Schopenhauer s'épanouit rapidement. Son premier maître de philosophie, à Göttingen, Schulze, critique de Kant, lui faire lire Kant et Platon. En 1811, il écoute Fichte et Schleiermacher à Berlin. En 1813 éclate à Berlin l'insurrection nationale contre Napoléon. Schopenhauer, avec ce mélange de prudence pratique et d'égoïsme transcendant que l'on rencontre souvent chez les génies, s'enfuit à Rudolfstadt. C'est là qu'il achève sa thèse de doctorat, *De la quadruple racine du principe de raison suffisante* (*), qu'il adresse à l'université d'Iéna, ouvrage qui annonce la grande œuvre qui va suivre, par la transformation qu'elle fait subir à la doctrine kantienne de la causalité. Ainsi promu docteur, Schopenhauer vient rejoindre sa mère à Weimar en novembre 1813. Mais dès le mois de mai 1814, il quitte Weimar pour Dresde, définitivement brouillé avec celle dont il ne peut supporter le genre de vie. Ces quelques mois à Weimar l'ont mis en contact avec Goethe, avec lequel il entame une discussion suivie sur la théorie des couleurs. Chez Goethe, il rencontre Friedrich Maier, qui lui révèle la pensée hindoue : l'*Oupnekhat* (traduction latine d'après une version persane de cinquante *Oupanichads*, faite par Anquetil-Duperron, Strasbourg, 1801-1802) va devenir son livre de chevet et lui fournira le thème fondamental de sa pensée : « Dès l'avènement de la connaissance, l'amour s'éloigne », c'est-à-dire la volonté s'anéantit en se réfléchissant. « Les feuilles écrites à Dresde, durant les années 1814-1818, témoignent de la fermentation de ma pensée. Toute ma philosophie en est sortie alors, en se dégageant peu à peu, comme un beau paysage sort des brouillards du matin. » Ces années de Dresde (1814-1818) sont en effet les années les plus fécondes de toute sa vie. D'abord, mettant en pratique le conseil de Goethe, il approfondit la théorie des couleurs et publie (Leipzig, mai 1816) un livre intitulé : *De la vision et des couleurs* [*Uber das Sehen und die Farben*]. Puis du printemps 1817 au printemps 1818, c'est la rédaction de l'œuvre de sa vie, *Le Monde comme volonté et comme représentation*, qui paraîtra chez Brokhaus à Leipzig au commencement de l'année 1819. « Ce que ce livre expose est une pensée unique », écrit-il dans la préface. Nul mieux que lui n'a réalisé la parole de Bergson : « Un grand philosophe n'a jamais dit qu'une seule chose. » Sous son regard d'artiste et de pessimiste le monde se transformait en une gigantesque illusion produite par un vouloir aveugle et absurde. Mais s'apercevoir que ce monde n'était que « notre » représentation, c'était délivrer l'humanité du cauchemar, c'était anéantir le vouloir-vivre, gagner la paix du nirvana. Ainsi, à trente ans, Schopenhauer a livré définitivement au monde ce qu'il considère comme son message de salut et de délivrance. Le monde va lui répondre par l'incompréhension la plus complète, le laissera dans une solitude qui évoque irrésistiblement celle de Nietzsche. Le succès viendra pourtant vers 1850 pour deux raisons, d'abord parce que Schopenhauer aura trouvé le langage capable d'atteindre le grand public, ensuite parce que le temps lui-même aura mieux disposé les esprits à comprendre son message.

Épuisé par la production de son livre, il part en septembre 1818 pour l'Italie : Rome, Naples, Venise (où il aima une jeune fille « riche et de bonne famille »). À Milan, il apprend que la maison Bühl, dans laquelle sa fortune personnelle héritée de son père est engagée, est en faillite. Le philosophe redevient alors, comme souvent dans sa vie, homme d'affaires. Rentré à Dresde, il sauvera sa fortune. Toujours prudent, il essaie d'assurer son avenir dans l'enseignement. Il ouvre un cours à Berlin en 1820 avec le titre de maître de conférences. Échec total : il renonce au bout de dix mois, repart en 1822 pour l'Italie, séjourne à Florence, mais dès 1823 rentre en Allemagne, tombe assez gravement malade à Munich, et se retrouve à Berlin en mai 1825. Années tristes de solitude et de stérilité. L'éditeur met au pilon une grande partie des exemplaires du *Monde comme volonté*, qui décidément ne se vend pas. Schopenhauer essaie de faire des traductions d'œuvres étrangères, ne réussit guère qu'à publier une traduction latine de son propre ouvrage, *De la vision et des couleurs* (1830). En 1831, notre prudent pessimiste fuit de nouveau Berlin, cette fois devant l'épidémie de choléra. Après quelques hésitations, il se fixe définitivement en juin 1833 à Francfort-sur-le-Main. Il a quarante-cinq ans : sa vie de célibataire et de rentier va se dérouler monotone et calme jusqu'à sa mort, à soixante-douze ans. Mais son activité intellectuelle va reprendre. Confrontant son intuition avec les progrès de la science biologique et médicale, il écrit un essai intitulé : *De la volonté dans la nature* (*), qui paraît à Francfort en 1836. Il collabore à l'édition des œuvres complètes de Kant. En 1839, il obtient un prix de la Société norvégienne des sciences de Drontheim qui avait mis au concours un mémoire sur la liberté de la volonté. En 1840, s'il n'obtient pas le prix de la Société danoise des sciences, du moins a-t-il eu l'occasion de composer pour elle un mémoire sur les fondements de la morale. Les deux mémoires paraissent en 1841 sous le titre : *Les Deux Problèmes fondamentaux de l'éthique* (*). En 1844, il procède à une seconde édition du *Monde comme volonté et comme représentation* accompagnée de *Compléments* ; en 1847, une seconde édition de la *Quadruple racine du principe de raison suffisante*, augmentée elle aussi. Toutes ces productions et rééditions, de 1836 à 1847, connaissent toujours le même insuccès.

Et voilà que brusquement le cours de sa destinée va se renverser. C'est que Schopenhauer a eu enfin l'idée de présenter sa pensée non plus sous forme d'un lourd traité didactique, mais sous l'aspect d'aphorismes, de pensées détachées, d'essais brillants et courts. Ce genre littéraire convient mieux d'ailleurs au caractère de cet homme de soixante ans, devenu impitoyable et sarcastique. Lorsque les *Parerga et Paralipomena* (*) parurent en novembre 1850, ils connurent presque immédiatement le succès, non seulement en Allemagne, mais à l'étranger, par exemple en France, grâce à l'article de Saint-René-Taillandier dans *La Revue des Deux Mondes* (*) du 1er août 1856. Ce succès se traduit par la réédition de toutes ses œuvres. En 1856, la faculté de philosophie de Leipzig met au concours un mémoire sur la philosophie de Schopenhauer. On vient le visiter avec vénération, dans son cabinet de travail où l'on peut voir notamment un portrait de Goethe, un buste de Kant, un bouddha tibétain qui règne sur cet antre sacré. Son chien s'appelle Atma (âme du monde). Challemel-Lacour le visitant en 1859 sentira en présence de Schopenhauer « un souffle glacé à travers la porte entrouverte du néant ». Mais la plupart des visiteurs admirent sa verve, son entrain, l'heureuse harmonie de son existence. Au début de septembre 1860, il est atteint d'une congestion pulmonaire. Il meurt le 4 septembre sur son canapé sous le portrait de Goethe. Nietzsche et Wagner forment la postérité spirituelle de Schopenhauer. C'est de son intuition grandiose d'une volonté absurde produisant la fantasmagorie de la nature et de l'existence que procéderont le fascinant nihilisme de *Tristan* (*) et la volonté héroïque que Nietzsche opposera au destin. Grâce à eux, l'expérience de Schopenhauer fait partie intégrante de la conscience moderne.

PIERRE HADOT.

♦ *« Je ne crois pas que ma doctrine aurait pu se constituer avant que les Oupanichads, Platon et Kant aient pu jeter ensemble leurs rayons dans l'esprit d'un homme... S'il n'y avait pas de chiens, je n'aimerais pas à vivre. »* Schopenhauer. ♦ *« Le jeune Schopenhauer s'est présenté à moi comme un homme curieux et intéressant. Il s'occupe, avec une certaine originalité ingénieuse, à lancer un paroli et un banco dans la partie de cartes de notre philosophie moderne. Il faut attendre de savoir si ces Messieurs du métier l'admettent dans leur corporation ; je le trouve intelligent et ne m'occupe pas du reste. »* Goethe, à Knebel, 24 novembre 1813. ♦ *« Arthur Schopenhauer, le plus grand philosophe depuis Kant dont il a été le premier à penser complètement les idées jusqu'au bout... Quels charlatans sont à côté de lui tous les Hegel, etc. ! »* Wagner. ♦ *« Le solitaire désespéré ne saurait se choisir de meilleur symbole que le Chevalier flanqué de la mort et du Diable, tel que Dürer l'a gravé, le Chevalier cuirassé au dur regard d'airain qui suit sa route d'épouvante, indifférent à ses affreux compagnons, mais sans espérance, seul entre son cheval et son chien. Notre Schopenhauer était ce Chevalier de Dürer : il n'avait aucune espérance, mais il voulait la vérité. Aucun autre ne l'égale. »* Nietzsche. ♦ *« Son principal défaut, c'est la sécheresse complète, l'égoïsme entier et altier, l'adoration du génie et l'indifférence universelle, tout en enseignant la résignation, l'abnégation, etc. Ce qui lui manque, c'est la sympathie, c'est l'humanité, c'est l'amour... »* Amiel, août 1869. ♦ *« Sa clarté dont il était fier risque à tout instant le danger de se révéler comme une trivialité... Son système était un darwinisme avant la lettre, auquel la langue de Kant et les concepts des Indous ne servaient que de manteau. »* Oswald Spengler. ♦ *« Schopenhauer est un artiste du langage ; c'est de là que naît sa pensée. »* Kafka.

RÉF. : Foucher de Careil, *Hegel et Schopenhauer*, Paris, 1862. – Gwinner, *Schopenhauers Leben*, Leipzig, 1878. – Caro, *Le Pessimisme au XIXe siècle*, Paris, 1878. – Ribot, *La Philosophie de Schopenhauer*, Paris, 1893. – Th. Ruyssen, *Schopenhauer*, trad. franç., Paris, 1911. – Walter Schneider, *Schopenhauer*, Vienne, 1937. – Thomas Mann, *Essai sur Schopenhauer*, Paris, 1940. – Fernand Rossignol, *La Pensée de A. Schopenhauer*, Grenoble, 1945. – André Cresson, *Schopenhauer, sa vie, son œuvre*, Paris, 1946. – Alexis Philonenko, *Schopenhauer, une philosophie de la tragédie*, Paris, 1980. – *Schopenhauer et la force du pessimisme* (Cahiers du Rocher), Monaco, 1988. – Clément Rosset, *Schopenhauer, philosophe de l'absurde*, Paris, 1989.

SCHREINER Olive. Romancière et essayiste de langue anglaise. Née le 24 mars 1855 à Wittebergen, colonie du Cap (Afrique du Sud), morte au Cap le 10 décembre 1920. Elle est très connue dans le monde anglophone, surtout pour son grand roman, *La Nuit africaine* (*), archétype de l'imaginaire rural colonial qui sert encore de référence à des écrivains aussi divers que Karen Blixen, *La Ferme africaine* (*) ou J. M. Coetzee, *Au cœur de ce pays* (*). Mais sa célébrité est aussi liée à sa vie singulière, au cours de laquelle écriture et action ne furent jamais que des manifestations de la même énergie. Née dans une famille de missionnaires de la colonie du Cap, elle choisit la fidélité à l'anglais, langue de sa mère. Autodidacte enthousiaste, elle se forme en théologie, philosophie, pensée politique avant d'être placée comme gouvernante dans une ferme isolée à l'âge de dix-sept ans. De cette expérience naît son premier livre publié, *La Nuit africaine*, écrit en 1881, et rédigé à la suite de deux romans moins achevés qui ne seront publiés qu'après sa mort. L'héroïne Lyndall (qui se rebelle contre le milieu clos et pieux des Boers et contre l'avenir de soumission promis à leurs épouses) est proche de son auteur. Mais le roman crée un univers authentiquement neuf, avec ses passages lyriques ou comiques et surtout le regard direct qu'elle pose sur la complexité, en Afrique du Sud, des rapports entre les hommes, les divers groupes, leur terre et leur passé, regard qui sera un modèle pour des écrivains comme Nadine Gordimer.

Avec le succès immédiat de ce best-seller, sa vie change. En Angleterre entre 1883, année où le roman est publié, et 1889, elle tient une place importante dans la vie littéraire et politique, en particulier dans le mouvement féministe, où elle prend la défense des ouvrières exploitées. Amie d'Havelock Ellis, elle poursuit à ses côtés une réflexion sur la sexualité et rédige des pamphlets dont un reste très célèbre, *La Femme et le Travail* [*Woman and Labour*, 1911].

De retour à la colonie, comme, plus tard, beaucoup d'autres écrivains africains pris par l'urgence de l'action, elle abandonne la fiction. Auteur de textes polémiques et d'essais, conseillère écoutée des gouvernants, elle prend aussi la défense de toutes les causes minoritaires : les Boers, les Juifs, les métis du Cap, les femmes au travail. En 1898, elle publie un pamphlet contre les brutalités anglaises dans la guerre des Boers, et un autre où elle milite en faveur de l'égalité raciale dans la nouvelle colonie. Après un dernier séjour en Angleterre entre 1913 et 1920, elle revient mourir au pays en 1920.

Sa vie même a les excès et les qualités de son célèbre roman : compassion, honnêteté du regard sur le pays, intelligence de sa réflexion théorique et de sa vision politique à long terme. Sa seule œuvre accomplie laisse l'image contradictoire d'une énergie intellectuelle très grande, d'une passion pour la vie et la beauté alliée à un sentiment de résignation devant la souffrance inévitable et la stérilité d'une société fermée. Certains traits de son style, en particulier ses passages de prédication et son goût pour l'allégorie nous semblent aujourd'hui démodés, mais sa fermeté, son courage à décrire et à s'indigner, sa force poétique, la rendent par moments très proche des lecteurs contemporains.

JACQUELINE BARDOLPH.

SCHRÖDER Rudolf Alexander. Poète allemand. Né le 26 janvier 1878 à Brême, mort le 22 août 1962 à Wiessee (Bavière). Après ses études secondaires, il est attiré, comme beaucoup d'artistes originaires de l'Allemagne du Nord, par Munich qui est au début du siècle une véritable capitale culturelle. Il fonde en 1899 avec A. W. Heymel et O. J. Bierbaum la revue *Die Insel* (qui donnera naissance, en 1902, aux Éditions Insel). En collaboration avec Hugo von Hofmannsthal et Rudolf Borchardt, il préside également aux débuts de *Bremer Presse.* Il exerce la profession de peintre, décorateur, architecte, successivement à Berlin et Brême. À partir de 1935, il vit en solitaire dans la région de Chiemgau, « se retirant, loin des débats politiques, dans la sphère privée du peintre paysagiste ». Schröder, de son propre aveu, n'a jamais prétendu « faire œuvre de novateur, de pionnier », mais seulement — et plus modestement — « prolonger un héritage ». Il représente un lyrisme délibérément conservateur, soucieux « de s'intégrer dans la tradition » (il défend cette esthétique humaniste non seulement dans son œuvre propre, mais aussi dans ses réflexions critiques sur les « grands auteurs ») — v. *Conférences et Essais* (*) (1939).

Les premiers recueils de Schröder se placent sous le signe d'un maniérisme rilkéen, comme les *Sonnets à la mémoire d'une défunte* [*Sonette zum Andenken an eine Verstornene*, 1904]. Il évolue ensuite vers un lyrisme plus solennel, plus grave — plus pontifiant aussi —, aux accents d'hymne religieux : *Audax omnia perpeti* (1910). Il atteint sa pleine maturité après 1945, avec les recueils *Sur le chemin du retour* [*Auf dem Heimweg*, 1946], *L'Été de l'âge* [*Alten Mannes Sommer*, 1947], *Plénitude de l'existence* (+) (1958). Traducteur de Virgile, d'Horace, Schröder maîtrise la métrique antique, use d'archaïsmes, se joue en virtuose des contraintes du vers. Une poésie qui paraît peut-être aujourd'hui aux yeux de certains trop formelle, mais que des esprits avertis, comme Borchardt et Hofmannsthal, tinrent en estime.

JEAN-JACQUES POLLET.

RÉF. : K. Berger, *Die Dichtung Rudolf Alexander Schröder*, Marburg, 1954.

SCHRÖDINGER Erwin. Physicien autrichien, philosophe, prix Nobel en 1933 avec Dirac. Né et mort à Vienne : 12 août 1887-4 janvier 1961. Brillant élève, Schrödinger est à l'université de 1906 à 1910. Mobilisé comme officier d'artillerie, il entre après la guerre dans l'enseignement supérieur à Iéna. Il est ensuite le successeur de Max von Laue et d'Einstein à Zurich et, en 1927, celui de Planck à Berlin. Fuyant le nazisme, il s'exile en Angleterre (1933-1936) mais, après un bref retour en Autriche, il accepte en 1938 la direction d'un Institut de recherche à Dublin, où il demeure jusqu'en 1956. Il regagne alors Vienne, après vingt ans d'exil.

La production scientifique la plus féconde de Schrödinger se situe dans les années 20, moment exceptionnel dans l'histoire de la physique. Alors qu'on considérait à la fin du XIXe siècle le monde physique comme presque décrypté, l'hypothèse des quanta de Planck ouvre une ère de profond bouleversement. La théorie de la relativité restreinte développée par Einstein exerce en outre une pression sur l'ensemble des concepts de la dynamique classique. Le modèle atomique de Bohr (1912) confirme à la fois la fécondité du concept de quanta de Planck et l'incapacité de la physique classique à rendre compte de l'évolution des particules atomiques. L'apport spécifique de Schrödinger est connu sous le nom d'« équation de Schrödinger », dont l'inconnue est la fonction d'onde Ψ qui décrit complètement une particule ou un système de particules quantiques. La signification de la fonction d'onde a fait l'objet de nombreux débats, l'interprétation la plus représentative étant celle de Born (1927) qui l'assimile à la probabilité de présence de la particule en un point donné. Cette interprétation probabiliste, jointe au « principe d'incertitude » d'Heisenberg, a ouvert à son tour une discussion sur la signification de la description quantique : formalisme mathématique ou réalité ultime du monde ? Schrödinger a tenté de répondre à cette question dans divers ouvrages comme : *L'Indéterminisme en physique* [*Uber Indeterminismus in der Physik,* 1932], *Qu'est-ce que la vie ?* (*) (1944), *L'Esprit et la Matière* [*Mind and Matter,* 1958], sa pensée directrice étant que « la forme remplace aujourd'hui la substance comme concept fondamental ». Les ouvrages de Schrödinger, uniques en leur temps par la synthèse qu'ils présentaient, constituent sans doute une des tentatives les plus poussées de comprendre, d'expliquer, de discuter des problèmes comme le déterminisme ou la perception à partir des concepts de la physique moderne.

MICHEL VANOOSTHUYSE.

RÉF. : *Schrödinger : Centenary Celebration of Polymath,* Cambridge, 1982. — J. Gribbin, *Le Chat de Schrödinger : physique quantique et réalité,* Paris, 1988. — W. Moore, *Schrödinger, Life and Thought,* Cambridge, 1989.

SCHUBART Christian Friedrich Daniel. Écrivain allemand. Né à Obersontheim, dans le Wurtemberg, le 24 mars 1739, mort à Stuttgart le 10 octobre 1791. Après avoir connu plusieurs années de misère – il avait étudié la théologie à l'université d'Erlangen – comme précepteur et organiste à Geislingen, il fut nommé organiste à Ludwigsburg, capitale du grand-duché. Cette nouvelle activité déchaîna la violence de son tempérament. Il s'abandonna au vice de boire et à de faciles aventures amoureuses avec ses élèves. Sa conduite provoqua de la part du grand-duc, soucieux de préserver les bonnes mœurs, son licenciement et son bannissement hors du territoire (1773). Après avoir mené une vie errante à travers la Bavière et le Palatinat, il fonda la *Deutsche Chronik* (1774), journal qu'il dirigea dans un esprit extrêmement libéral. La poésie de Schubart, bien qu'elle ait aujourd'hui perdu la valeur polémique qui lui venait de son actualité – *Le Tombeau des princes* (*), *Le Juif errant* (+) –, garde intacte sa violence, sa musicalité et son naturel qui en firent la popularité. Incarcéré de 1777 à 1787 pour des raisons politiques, Schubart écrivit d'intéressantes pages autobiographiques : *Vie et opinions de l'auteur, écrites en prison* [*Leben und Gesinnungen von ihm selbst im Kerker aufgesetzt*].

RÉF. : W. Brüstle, *Klopstock und Schubart*, Munich, 1917. – H. Adamietz, *Schubarts Volksblatt : Deutsche Chronik*, Berlin, 1943. – K. Honolka, *Schubart Dichter und Musiker, Journalist und Rebell, Seinen Leben, sein Werk*, Stuttgart, 1985.

SCHUBERT Franz Peter. Compositeur autrichien. Né et mort à Vienne (31 janvier 1797-19 novembre 1828). Fils d'un modeste maître d'école du faubourg populaire de Lichtenthal, il montra dès son enfance des dons musicaux extraordinaires ; son père sut reconnaître sa vocation et lui enseigna les rudiments. Ayant obtenu par concours une place de soprano dans le chœur de la Chapelle impériale, Schubert, en octobre 1808, fut admis comme élève au Stadtkonvikt (collège musical municipal), où sa précocité continua d'étonner ses maîtres, parmi lesquels le fameux Antonio Salieri, directeur du collège, qui donna à Franz des leçons d'orgue et de contrepoint. C'est à l'âge de quatorze ans, le 30 mars 1811, que le jeune homme composa son premier lied. En 1813, sa voix ayant mué, Schubert dut renoncer à faire une carrière de chanteur à la Chapelle impériale et il quitta le Stadtkonvikt. Sans argent, et menacé par la conscription de partir prochainement pour le service militaire (qui durait alors quatorze ans !), Franz, suivant les conseils de son père, consentit à passer l'examen d'aide-instituteur (à cette charge était attaché le privilège d'une exemption militaire). Il fut reçu et, trois années durant, avec le plus vif dégoût, rétribué par un dérisoire salaire, il s'exténua à enseigner l'alphabet et le calcul élémentaire aux écoliers de Lichtenthal qui, selon la légende, étaient de véritables garnements et firent beaucoup souffrir le petit aide-instituteur.

Celui-ci ne trouvait de consolation que dans la musique. Il se mit à composer, dans tous les genres, avec une véritable frénésie, et aucune autre année de sa vie n'égalera en fécondité la fameuse année 1815, qui vit naître quatre opéras-comiques, deux *Symphonies* (*), deux messes, dont la *Messe en sol majeur* (*), deux *Sonates pour piano* (*), un des *quatuors* (*), de multiples pièces pour piano et surtout cent quarante-quatre *Lieder* (*), parmi lesquels quelques-uns des plus célèbres, tels que « Marguerite au rouet » (+), composé en octobre 1814, et « Le Roi des aulnes » (*). En 1817, Schubert abandonna son poste à l'école de Lichtenthal et quitta la maison familiale. Un de ses amis, Franz von Schober, lui trouva une petite chambre et lui apporta son aide pécuniaire. Désormais, jusqu'à sa mort, Schubert traîna dans la capitale une vie de bohème assez médiocre, égayée seulement par quelques fidèles amitiés avec les poètes Mayrhofer et Grillparzer, avec le dramaturge Bauernfeld, avec le baron von Schoenstein, Schwind, Franz Lachner, etc., par des soirées de beuverie dans les tavernes, des parties de campagne dans la banlieue viennoise et, l'été, plusieurs séjours dans la province hongroise à Zelesz, dans les domaines de la famille Esterhazy, auprès de laquelle Franz remplissait un emploi de maître de musique. Au cours de l'été de 1819, en compagnie d'un des plus célèbres chanteurs de l'époque, le ténor Michael Volg, il fit aussi une brève tournée en Autriche du Nord et dans le Tyrol.

Jamais de son vivant Schubert ne parvint à se faire vraiment apprécier du grand public de la capitale danubienne ni même des musiciens professionnels, pour la plupart complètement italianisés. Ses lieder étaient chantés dans des soirées musicales privées, mais ils ne trouvaient pas d'éditeurs, et Schubert ne cessa jamais, en dépit de son étonnante fécondité, de se débattre dans de grandes difficultés matérielles. Il est vrai que ce n'était point de ses lieder qu'il attendait gloire et profit, mais du théâtre, pour lequel il se croyait une vocation. Grâce à l'influence de son ami Vogel, il parvint, en 1820, à faire représenter, le 14 juin, *Les Jumeaux* [*Die Zwillingsbrüder*] au Kärtnertor-Theater et, le 19 août, *La Harpe enchantée* [*Die Zauberharfe*] au Théâtre An der Wien. En 1854, Liszt donnera à Weimar l'opéra de Schubert *Alfonso et Estrella* [*Alfonso und Estrell*], composé en 1821-1822. Mais, en dépit de ces quelques représentations, aucun de ses vingt-deux ouvrages scéniques n'a survécu, à l'exception de sa musique de scène, *Rosemonde, princesse de Chypre* (*), qui fut représentée à Vienne le 20 décembre 1823.

Plus malheureux encore, mais beaucoup plus injuste, fut le sort des *Symphonies* de Schubert. Les deux plus célèbres ne furent jamais exécutées de son vivant : la dernière la *Grande Symphonie en ut majeur,* que Schubert écrivit en 1828, quelques mois seulement avant sa mort, fut conservée par son frère Ferdinand chez lequel Schumann devait la retrouver, dix ans plus tard : elle fut exécutée, le 21 mars 1839, sous la direction de Mendelssohn, lors d'un des concerts du Gewandhaus de Leipzig. Quant à la *Symphonie nº 8 en si mineur,* l'admirable « inachevée », elle fut révélée au public beaucoup plus tard encore : écrite en 1822 et envoyée par Schubert à la société musicale de Styrie en guise de remerciement pour sa récente élection de membre honoraire de cette société, elle fut jugée « emphatique » par les amateurs de Graz, qui renoncèrent à l'exécuter. Un double de la partition avait été heureusement conservé par un ami de Schubert qui, en 1865 seulement, soit quarante-trois ans après sa composition, remit l'œuvre au chef d'orchestre viennois Herbeck. Les six premières symphonies restent entièrement sous l'influence des maîtres du XVIIIe siècle. Très curieuse est l'absence complète d'influences beethoviennes qui révèle non pas une ignorance inimaginable de Schubert, mais plutôt le sentiment d'écrasement qu'il a toujours éprouvé, comme symphoniste, devant l'ombre colossale, toute proche de lui (il habitait à quelques centaines de mètres de la maison de Beethoven, mais n'osa jamais aller rendre visite à ce dernier ; et il n'est pas sûr que Beethoven ait jamais entendu une œuvre de son jeune compatriote). « Parfois je me crois capable de faire quelque chose, écrivait un jour Schubert ; mais qui peut prétendre à cela après Beethoven ? »

Les qualités d'instinct et de spontanéité qui font son génie comme auteur de lieder trouvent également leur expression dans les œuvres de musique de chambre. Celle-ci, au temps de Schubert, était à Vienne une véritable passion populaire. Il s'était formé dans la capitale autrichienne de nombreux petits ensembles d'amateurs : la famille Schubert avait le sien, dans lequel Franz tenait sa partie (le violon) avec ses frères et son père. C'est pour cet ensemble que Schubert écrivit de nombreux chefs-d'œuvre, en particulier son *Quatuor en mi bémol*, op. 125 (1813). Toutefois, dans le domaine de la musique de chambre comme dans celui de la symphonie, on constate chez Schubert un progrès continuel : les plus beaux des quinze *Quatuors* à cordes datent des dernières années de la vie du musicien, en particulier le *Quatuor en la mineur,* composé en 1824 pendant un séjour chez le comte Esterhazy, à Zelesz, ce qui pourrait expliquer les nombreuses allusions à des airs populaires hongrois dans le finale ; le *Quatuor en ré mineur,* dit *La Jeune Fille et la Mort* (+) de 1824, créé en 1826 ; enfin l'ample et fiévreux *Quatuor en sol majeur,* composé en 1826. Dans le vaste inventaire de la musique de chambre schubertienne, il faut au moins citer encore : les *Trios* (*) – en particulier les trios avec piano nº 1 en si bémol op. 99 et nº 2 en mi bémol op. 100 (1827) –, le *Quintette de la truite* ou *Quintette en la majeur* (*) (1819), le *Quintette à cordes en ut majeur* (1828), le magnifique *Octuor en fa,* composé en 1824, mais qui ne fut connu qu'en 1853, les *Sonatines pour piano et violon* (*) (1825), etc. Quant à la musique de piano, elle comprend d'abord les deux recueils d'*Impromptus* (*) (1826-1828) – genre encore tout nouveau à l'époque de Schubert qui, libéré de toute formule stricte, peut se livrer ici en toute insouciance à son génie d'improvisateur –, des *Moments musicaux* (*) (1828), des *Valses,* des *Marches* (dont les célèbres « Marches militaires ») et les *Sonates pour piano* (*).

Quel que soit l'agrément de ces œuvres pour piano, il ne saurait pourtant être question de les égaler à la *Symphonie « inachevée »,* ni même aux lieder. Mais c'est par elles que les Viennois connaissaient Schubert, en qui ils ne voulaient voir qu'un improvisateur de talent. Quelques mois seulement avant sa mort, Franz put enfin donner, avec un certain succès, son premier concert public. Il commença alors à recevoir des offres d'éditeurs. Mais dès 1823 sa santé était profondément ébranlée, et c'est à l'hôpital qu'il écrivit plusieurs des tendres et transparents lieder du cycle intitulé *La Belle Meunière* (*). Son état parut cependant s'améliorer, quoique d'inquiétants symptômes nerveux subsistassent, aggravés au mois de mars 1827 par la mort de Beethoven, qui bouleversa Schubert ; celui-ci vécut désormais hanté par des pressentiments funèbres dont on retrouve les échos poignants dans un nouveau cycle de lieder, *Le Voyage d'hiver* [*Winterreise*]. Il ne put profiter de la faveur que lui avait value son concert. Au mois de septembre 1828, alors qu'il venait de s'installer chez son frère Ferdinand, il tomba malade et mourut deux mois plus tard, emporté par le typhus. Selon son désir, il fut enterré non loin du tombeau de Beethoven, et son ami le poète Grillparzer prononça au cimetière son oraison funèbre.

Schubert n'a pas eu les prestiges de l'amour comme un Liszt, de l'exil comme un Chopin, de la folie comme un Schumann. Malheureux, sans cesse traqué par le besoin d'argent, il n'a pas su – il n'a même pas songé – comme Berlioz, à tirer de ses échecs une biographie légendaire. Il n'a même pas été détesté. Il a été obscur, et ne semble pas avoir fait beaucoup d'efforts pour sortir de son obscurité. Même pas misérable, mais commun, banal, englué dans une médiocrité petite-bourgeoise que peut-être il ne trouvait pas tout à fait désagréable. Un raté ? C'est ce que pouvaient croire, de son vivant, ses meilleurs amis ; c'est peut-être ce que lui-même a cru parfois. Seulement ce « raté » a écrit, à la diable, et comme sans s'en rendre compte, une œuvre immense. Et d'abord par la quantité : quand Schubert meurt, à trente et un ans, il laisse neuf symphonies, quinze quatuors, douze opéras, six messes, un oratorio, de somptueuses œuvres chorales, parmi lesquelles *Le*

Chant de victoire de Myriam [*Mirjams Siegesgesang,* 1828], *Le Chant des esprits sur les eaux* [*Der Gesang der Geister über den Wassern,* 1821], *Hymne au Saint-Esprit* [*Hymnus an den Heiligen Geist*], etc., une masse d'œuvres pour le piano et plus de six cents lieder... Ce petit personnage gras et mou, qui semble se laisser porter par la vie, de tous les grands romantiques le plus dépourvu assurément de « volonté de puissance », c'est pourtant lui qui a laissé des exemples de fécondité inégalés dans toute l'histoire de la musique, composant couramment cinq lieder par jour — il lui est arrivé d'aller jusqu'à dix, le 19 septembre 1815. C'est lui encore, ne sachant à peu près rien hors la musique, d'une inculture littéraire étonnante, faisant par exemple du *Dernier des Mohicans* (*) son livre de prédilection, qui a su comprendre et restituer profondément les plus hauts chefs-d'œuvre du lyrisme allemand et qui a donné leur vraie immortalité à tant de poèmes de Goethe, de Schiller, de Heine. Schubert présente ainsi, en quelque sorte, le cas extrême du risque couru par tout grand créateur : une vie mangée par l'œuvre, par tous les philtres et les démons du rêve. Et cependant peu de musiciens romantiques ont été aussi « enracinés ». Cette très grande part d'attitude et de littérature qu'il y a dans le nationalisme musical d'un Chopin ou d'un Liszt, on n'en trouve nulle trace chez Schubert. Il est né paysan (son grand-père travaillait encore la terre). Il est paysan dans sa lourde corpulence, dans sa manière de se vêtir, dans cette gaucherie qui l'accable lorsqu'il va dans le monde et qui lui a fait tant de tort.

Pourquoi cependant, dans l'œuvre de cet artiste dont la vie timide est restée circonscrite par les coteaux du vignoble viennois, voit-on si souvent revenir le thème du voyage ? Ainsi dans tant de titres des lieder : *Le Voyageur* [*Der Wanderer*], *En Voyage* [*Wandern*], *Chant nocturne du voyageur* [*Wanderers Nachtlied*], *Le Voyageur à la lune* [*Wanderer an den Mond*], etc., et non pas exactement voyage, non pas *reisen*, mais *Wandern,* c'est-à-dire aller on ne sait où et on ne sait pourquoi : le voyage sans but, l'errance — cette sorte d'irrésistible et mystérieuse poussée nomade qui se réveille si facilement dans le cœur germanique, un voyage qui ressemble assez à la fuite intérieure d'une âme harcelée par une obsédante présence. On est alors frappé de l'allure involontaire, dictée, et comme médiumnique, de tant de pages de la musique de Schubert. Celui-ci, dans tous les genres qui demandent réflexion, construction, effort conscient et de longue durée, la symphonie et l'opéra en particulier, est imparfait et parfois même franchement médiocre. Où il excelle, c'est dans le lied, courte pièce qui vaut d'abord par la pureté de l'inspiration, la fraîcheur de l'impression, c'est-à-dire par les qualités réceptives, passives, de l'artiste. Dans l'histoire de la musique, Schubert est le premier compositeur (mais chez lui, était-ce audace ? n'était-ce pas plutôt abdication, renoncement ?) qui ait osé se vouer entièrement au monde trouble des « dieux d'en bas », des forces inconnaissables et obscures. Il ne serait pas suffisant de dire que, dans le cas de Schubert, l'œuvre reste en marge de la vie ; c'est de l'échec même de la vie, du renoncement de l'artiste à la vie que l'œuvre, ici, n'a cessé de se nourrir. Aussi, dès le début, par son mouvement essentiel, se trouve-t-elle orientée vers la mort ; les instants de bonheur, chez Franz Schubert, ne sont que des distractions toujours rapidement recouvertes d'ailleurs par la nostalgie et la mélancolie qui tissent la toile de fond des lieder et de la musique de chambre. N'est-ce pas Schubert lui-même qui nous en avertit ? « Mes créations musicales sont filles de l'intelligence de ma douleur, écrit-il ; et celles que ma douleur a engendrées sont aussi celles qui semblent apporter le plus de plaisir à qui les écoute. » Le musicologue Otto-Erich Deutsch a réalisé un important travail de classement dans l'œuvre de Schubert, souvent éparpillée en d'innombrables sources. On lui doit un catalogue complet dans lequel le numéro des œuvres est précédé de la lettre D (Deutsch).

LOUIS GAUDRAN.

♦ *« Dans la vie privée, il s'exprimait avec tant de difficulté qu'il était pratiquement impossible de soutenir avec lui une conversation. »* Seyfried. ♦ *« ... ces compositions vraiment divines, ces témoignages de seconde vue musicale... »* Vogl, premier interprète des lieder de Schubert. ♦ *« Il avait des accents pour les plus fines sensations et il a rendu sa musique aussi multiple que peuvent être les pensées et les volontés multiples de l'homme. »* Schumann. ♦ *« Il fut le musicien le plus poète qu'il y eût jamais. »* Liszt. ♦ *« Les apparentes maladresses, la désinvolture dans les changements de ton que les savants critiques du* XIXe *siècle lui reprochaient et qu'ils taxaient d'ignorance, les hardiesses harmoniques si savoureuses, si personnelles, que Ravel admirait tant, cette habitude qu'il possède en commun avec Mozart de créer une atmosphère grâce à une note altérée, inattendue et pourtant pressentie, enfin une grande économie de moyens, donnent aux lieder de Schubert leur pouvoir d'expression et leur singulière beauté. »* Marcel Schneider.

RÉF. : H. Barbedette, *F. Schubert, sa vie et ses œuvres,* Paris, 1866. — H. de Curzon, *Les Lieder de F. Schubert,* Paris, 1899. — Otto-Erich Deutsch, *Franz Schubert, Die Dokumente seines Lebens und Schaffens,* Leipzig, 1913-1914. — J.-B. Prodhomme, *Schubert raconté par ceux qui l'ont vu,* Paris, 1928. — Paul Landormy, *Schubert,* Paris, 1928. — Emmanuel Buenzod, *Franz Schubert,* nouv. édit., Paris, 1946. — André Cœuroy, *Les Lieder de Schubert,* Paris, 1948. — Werner Jaspert, *Fr. Schubert : Zeugnisse seines irdischen Daseins,* Berlin, 1948. — Robert Pitrou, *Franz Schubert, sa vie intime,* Paris, 1949. — Annette Kolb, *Schubert,* Paris, 1952. — Marcel Schneider, *Schubert,* Paris, 1957. — Alfred Einstein, *Schubert,* Paris, 1958. — Brigitte Massin, *Franz Schubert,* Paris, 1977. — Frieder Reininghaus, *Schubert,* Paris, 1982. — Paul-Gilbert Langevin, « Franz Schubert et la symphonie », *La Revue musicale* n°s 355-356-357, Paris, 1982. — Maurice J. E. Brown, *Schubert,* Monaco, 1986. — Jacques Drillon, *Schubert et l'infini,* Arles, 1988.

SCHULZ Bruno. Écrivain polonais. Né et mort à Drohobicz (Galicie orientale) (12 juillet 1892-19 novembre 1942). Fils d'un drapier juif, dont la boutique et ses environs forment le théâtre mythique de ses nouvelles, il fait des études d'architecture et de peinture à Lwow puis à Vienne. Il revient à Drohobicz en 1924, pour occuper un poste de professeur de dessin et travaux manuels au lycée. Il ne quittera plus la ville où il passe une existence, que décrivent ses lettres, anxieuse et souffrante. Dessinateur et graveur, il connaît l'insuccès d'une exposition à Varsovie en 1933, et dès lors se voue à écrire, d'abord à travers une longue correspondance – perdue pour l'essentiel durant la Seconde Guerre mondiale, patiemment retrouvée et publiée en 1975 par Jerzy Ficowski – et quelques articles de critique. Il fait paraître deux cycles de nouvelles : *Les Boutiques de cannelle* (*) (1934), et *Le Sanatorium au croque-mort* (*) (1937). Entre-temps, il traduit en polonais *Le Procès* (*) de Franz Kafka. Dès la publication de son premier livre, il est remarqué par des auteurs comme Witkiewicz, Gombrowicz, et Zofia Nalkowska ; plusieurs revues publient des essais critiques où il développe une vue originale de la littérature en Pologne et en Europe, au tournant de l'entre-deux-guerres : la création littéraire y prend une allure messianique, orientée par une confrontation de la personne et de l'Histoire, là où s'exprime conjointement, de façon mystérieuse, leur loi profonde. Il écrivait un roman au titre significatif, *Le Messie,* dont on n'a rien retrouvé, quand la conquête allemande l'enferma dans le ghetto juif de sa ville, où il fut assassiné par un S.S., d'une balle dans la nuque, en 1942. Son œuvre mêle à des hantises autobiographiques, déjà présentes dans la correspondance, des thèmes essentiels comme la « mythification de la réalité », la lutte démiurgique et quelque peu perverse contre le désenchantement du monde, mais aussi l'énigme de l'objet saisi dans une extase masochiste aux prises avec la Loi. Schulz les traduit en une écriture marquée par le lyrisme et l'ironie, le fantastique et le réalisme, avec une force poétique dont l'impression sur le lecteur est d'autant plus durable qu'il y consume, clairement, sa personne même.

FRANÇOIS LALLIER.

SCHUMAN William (Howard). Compositeur américain. Né et mort à New York : 4 août 1910-15 février 1992. Élève de Bernard Wagenaar et de Roy Harris (1936-38), il est révélé par Serge Koussevitzky qui dirige son *American Festival Overture* à Boston en 1939. Il enseigne à Sarah Lawrence College (1935-45) puis est nommé président de la Juilliard School of Music de New York (1945-62) à laquelle il donne un essor considérable. Il est également directeur des éditions Schirmer (1945-52) et devient l'une des figures dominantes de la vie musicale américaine comme président du Lincoln Center for Performing Arts de New York (1962-69). Schuman a essentiellement composé pour l'orchestre : dix symphonies, qui s'échelonnent de 1935 à 1975, des concertos pour piano (1938-42) et pour violon (1947-59), *New England Triptych* (1956), *Un chant d'Orphée* (+) pour violoncelle et orchestre (1961). Il est aussi l'auteur d'un « baseball opera », *The Mighty Casey* (1951-53) et de plusieurs ballets (*Night Journey*, 1947 ; *Judith*, 1949). Son langage, très solidement structuré, intègre des éléments de folk music, de jazz ou d'autres sources, exemple parfait du melting pot à l'américaine, de tendance néoclassique.

ALAIN PÂRIS.

SCHUMANN Robert Alexander. Musicien allemand. Né à Zwickau (Saxe) le 8 juin 1810, mort à Bonn (Rhénanie) le 28 juillet 1856. Le début de ses études musicales rencontra une très vive opposition chez sa mère et son tuteur qui auraient préféré pour lui le droit. Obligé de s'inscrire à l'université de Leipzig pour obéir aux injonctions maternelles, il surmonta à grand-peine une première période de dépression morale qui l'enferma dans une solitude douloureuse. Déjà, à cette époque, il était menacé par le mal qui devait l'emporter prématurément. Dès ses premières années, il hésita entre la musique et la littérature, aimant également l'une et l'autre. Il était poussé vers les lettres par une tendance presque atavique, puisque son père en avait fait profession. Ayant triomphé, après de dramatiques et douloureuses luttes, de la résistance obstinée de sa mère, Schumann trouva en Friedrich Wieck, à Leipzig, un guide compétent et un maître qui jouissait d'une renommée méritée. C'est aux années 1830-1832 que remontent ses premières compositions significatives : les *Papillons* (*), op. 2, la *Toccata* (*), op. 7, les *Variations sur le nom ABEGG* [*Variationen über ABEGG*]. L'année précédente, poussé par ses fréquents changements d'humeur, Schumann avait passé quelque temps à Heidelberg et en Italie où les exécutions vocales de la Pasta et la connaissance directe d'œuvres d'art vénitiennes lui avaient laissé de profondes impressions. En 1830, au cours de ses études pianistiques à l'école de Wieck, il eut un grave accident ; ancré dans la volonté de devenir un virtuose du piano, il avait soumis sa main droite à un entraînement technique excessif, dont le résultat fut néfaste, car l'un de ses doigts fut frappé de paralysie, et subitement tout espoir fut brisé pour Schumann.

La carrière de pianiste lui était définitivement fermée ; Schumann reporta alors tous ses efforts sur la composition musicale. Il approfondit l'étude de l'harmonie et du contrepoint et composa ses deux cahiers d'*Études d'après les caprices de Paganini,* op. 3, et différentes *Pages d'album* [*Albumsblätter*]. Dans le même temps, en mars 1833, il pense à la fondation d'une revue musicale de combat. Mais la terrible maladie, demeurée aux aguets, qui avait toujours menacé à l'état latent son équilibre intérieur, l'attaqua insidieusement. Une nuit, il est saisi par le sentiment hallucinant et atroce de la naissance de la folie. Cette idée s'empare de lui avec une telle force que, pendant un temps, rien ne peut vaincre le terrible accès de dépression mentale, « aucun réconfort, aucune prière, aucune plaisanterie ». La crise passée, Schumann reprend sa lutte pour l'art ; entouré par un groupe d'ardents camarades, il devient le centre d'un cénacle artistique qui sera extrêmement fécond en œuvres et en idées. La revue, *Neue Zeitschrift für Musik,* est fondée. Pendant la même période, entre 1834 et 1838, il compose la *Sonate en fa dièse mineur,* op. 11, celle en *sol mineur,* op. 22, et le *Carnaval* (*), op. 9, dans lequel il manifeste dans toute son originalité et tout son génie sa propre veine pianistique. L'amour, également, illuminera le jeune Robert ; c'est Ernestine von Ericken, la jeune fille qu'à cette époque il croit faire sienne pour la vie. Mais, dès 1835, c'est de Clara Wieck, le fille de son maître, pianiste déjà célèbre en dépit de son très jeune âge, qu'il s'éprend. C'est un roman d'amour aux phases tourmentées qui troublera la vie de Schumann jusqu'au jour où, après avoir enfin triomphé de l'opposition du vieux Wieck, il réussira à épouser Clara, le 12 septembre 1840. Cependant, au cours de cette anxieuse attente, beaucoup d'autres œuvres ont vu le jour : les *Études symphoniques* (*), op. 13 (1834-1835), la *Fantaisie,* op. 17 (1836) – v. *Fantaisies* (*) –, les *Davidsbündlertänze* (*), op. 6 (1837), les *Fantasiestücke,* op. 12 (1837), les premiers *Lieder* (*), etc. Et cette activité créatrice ne fera qu'augmenter au cours des seize années qui restent encore à vivre à Schumann ; ainsi qu'en font foi, entre autres, les trois *Quatuors à cordes* (*), op. 41 (1842), le *Quintette avec piano,* op. 44 (1844), la première *Symphonie* en si bémol majeur, op. 38 (1841) – v. *Symphonies* (*) –, l'oratorio *Le Paradis et la Péri* (*), op. 50 (1843), le *Concerto pour piano et orchestre* (*) en la mineur, op. 54 (1841-1845), les trois *Symphonies* en ut majeur, op. 61 (1845-1846), en mi bémol majeur, op. 97 (1850), en ré mineur, op. 120 (1841-1851), son opéra *Genoveva* (1847) – v. *Geneviève de Brabant* (*) –, les *Scènes pour le Faust de Goethe* (+) (1844-1853), *Manfred* (*), op. 115 (1848-1851), et de très nombreux *Lieder.* En 1843, Mendelssohn invite Schumann à occuper le poste de professeur de piano au conservatoire de Leipzig. Après un séjour à Dresde, en 1847, Schumann est nommé directeur des concerts et de la société chorale de Düsseldorf, mais, au milieu des joies que lui procure l'amour de Clara et de ses enfants, le mal qui le mine réapparaît avec une tragique intermittence. Vers 1853, il est saisi par la terreur de la mort, il la sent partout et cherche désespérément à la fuir ; les signes de déséquilibre mental se montrent à nouveau. C'est alors qu'il s'adonne au spiritisme, demandant aux tables tournantes des thèmes musicaux et des réponses à des questions angoissées. Les ombres de Beethoven et de Schubert le poursuivent sans cesse ; et, pendant la nuit du 6 février 1854, sous la déchirante obsession d'un son qui ne le quitte plus, son esprit sombre dans la folie ; il s'enfuit de chez lui et se jette dans le Rhin où, à grand-peine, deux mariniers le repêchent. Pendant deux ans, dans une clinique de Bonn, le musicien oscille encore entre la lumière et le brouillard, au milieu de lueurs qui éclairent par instants les tempêtes cérébrales de sa folie, puis c'est la mort.

Représentant indéniable du romantisme musical, Schumann eut une personnalité singulière et complexe. Insensible à toute sollicitation extérieure, il se défendit énergiquement contre toute influence si elle ne rencontrait pas en lui une profonde résonance personnelle. Partisan passionné de la prédominance absolue de l'imagination, il soumet tout à cette dernière, et en elle seulement découvre la source créatrice de l'art. Sa personnalité artistique se révèle à travers un dualisme représenté par les deux symboles opposés de Florestan et Eusèbbius – v. *Davidsbündlertänze* –, deux mouvements spirituels qui, par leur antithèse, constituent le miroir inaltérable de son âme et de ses fluctuations les plus secrètes. Florestan et Eusèbbius sont l'essence même de la mélodie schumanienne, le premier par son exaltante et impétueuse vitalité, le second par ses rêves et sa nostalgie de poète tourmenté. La mélodie, si fortement marquée, court dant les œuvres de Schumann en suivant une ligne inquiète où alternent, dans sa sinuosité lyrique, les brisures et les élans fébriles. À côté d'elle, le rythme présente aussi des aspects caractéristiques dans sa changeante variété grâce à laquelle les mille souffles de la vie intérieure du musicien trouvent leur expression immédiate. La personnalité de Schumann se manifeste aussi dans le domaine littéraire musical, trouvant dans la critique son meilleur point d'application. Guidé par une faculté de jugement pénétrante et rayonnante, Schumann eut le mérite notoire de reconnaître le premier la grandeur de Chopin et de Brahms, ses contemporains. Avec ses *Écrits sur la musique et sur les musiciens* [*Schriften über Musik und Musiker*], il mena plus d'une fois un courageux combat contre tout ce qui dressait des embûches à l'art ou le contaminait, l'ignorance vaniteuse et vulgaire, le dilettantisme incompétent, les musiciens sans valeur. Son langage critique est le plus souvent servi par un style caustique, condensé dans des pages brillantes et redoutables.

CESARE VALABREGA.

♦ *« Il n'avait pas l'habitude de concevoir ses compositions en entendant l'orchestre mentalement, comme s'il exécutait réellement ; condition indispensable pour la production d'une bonne sonorité. De là les défauts qui, sous ce rapport, se font remarquer dans les symphonies et dans les ouvertures de Schumann.* » F. J. Fétis. ♦ « *L'on peut tenir Schumann pour un musicien admirable ; j'avoue pourtant que mon admiration pour lui a beaucoup décru ; il se contente facilement ; son indéniable inspiration est sans mystère et se livre toute aussitôt ; il ne sait en tirer parti que par les procédés les plus sommaires ; sitôt qu'il cherche à développer une idée, il la fatigue, et l'exténue ; ses harmonies sont d'une banalité navrante, ses modulations d'une écœurante vulgarité.* » André Gide. ♦ « *La personnalité de Schumann... incarne l'image parfaite de l'artiste romantique, puisque c'est en lui que tous les grands courants passionnels et esthétiques de cette époques se rencontrent et s'entrecroisent.* » Marcel Brion.

RÉF. : F. J. Fétis, article *sub nomine* in t. VII de la *Biographie universelle des musiciens,* Paris, 1864. – H. Erler, *Robert Schumann : aus seinen Briefen* (2 vol.), Berlin, 1887. – Camille Mauclair, *Schumann,* Paris, 1906. – Robert Schumann, *Lettres choisies* (1827-1840), Paris, 1909. – Robert Pitrou, *La Vie intérieure de Schumann,* Paris, 1925. – Victor Basch, *Schumann,* Paris, 1926. – Alfred Colling, *La Vie de Robert Schumann,* Paris, 1931. – R. Schumann (fils), *Ein Lebensbild meines Vaters,* Leipzig, 1931. – Marcel Beaufils, *Schumann,* Paris, 1932. – Eugénie Schumann, *Robert Schumann,* Paris, 1937. – H. F. Peyser, *R. Schumann : Tone Poet, Prophet and Critic,* New York, 1948. – K. H. Wörner, *R. Schumann,* Zurich, 1949. – Alban Berg, *La « Rêverie » de Schumann,* trad. in *Contrepoint nº 6,* Paris, 1949. – André Cœuroy, *Schumann,* Paris, 1950. – Marcel Beaufils, *La Musique de piano de Schumann,* Paris, 1951. – Marcel Brion, *Schumann et l'âme romantique,* Paris, 1954. – André Boucourechliev, *Schumann,* Paris, 1956. – Alfred Einstein, *Schumann,* Paris, 1958. – Robert et Clara Schumann, *Journal intime,* Paris, 1967. – Yvonne Thiénot, *Schumann, l'homme à travers ses écrits,* Paris, 1969. – Robert Schumann, *Sur les musiciens,* Paris, 1979. – Dietrich Fischer-Dieskau, *Robert Schumann, le verbe et la musique,* Paris, 1984. – Rémy Stricker, *Schumann, le musicien et la folie,* Paris, 1984. – J. Chissell, *La Musique pour piano de Schumann,* Arles, 1987. – Michel Schneider, *La Tombée du jour,* Paris, 1989. – U. Rauchfleisch, *Robert Schumann. Leben und Werk,* Stuttgart, 1990.

SCHUMPETER Joseph Alois. Économiste autrichien. Né le 3 février 1883 en Moravie, à Triesch, dans un milieu d'industriels du textile, mort le 8 juin 1950 à Taconie (Connecticut). Il étudie le droit à l'université de Vienne. Il obtient en 1909 une chaire à l'université de la petite ville de Czernowitz (actuellement russe). C'est une sorte d'exil pour un « jeune turc » peu conformiste : il se bat en duel avec le bibliothécaire pour obtenir le libre accès des livres pour les étudiants. Puis il est nommé professeur à Graz de 1911 à 1919. Il fréquente des socialistes comme Bauer et Hilferding, sans partager leurs idées et, en 1919, il accepte d'être ministre des Finances d'un gouvernement socialiste de la jeune république autrichienne. Le contexte est difficile et les résultats sont peu concluants. Il devient président d'une petite banque à Vienne jusqu'à sa faillite en 1925, dans la vague des faillites de la plupart des banques d'Europe centrale. Il revient alors à la vie académique, professeur de finances publiques à l'université de Bonn. Il y reste jusqu'en 1932.

Après un séjour d'un an au Japon, il s'installe définitivement à Harvard, où il forme de nombreux économistes comme Samuelson ou Sweezy par exemple. Schumpeter est un théoricien de la dynamique des temps longs et des cycles économiques. Il est convaincu que l'économique n'est qu'une part du réel social et il attache une importance fondamentale à l'innovation (invention et diffusion des inventions, nouveaux procédés, nouvelle combinaison des facteurs de production, nouveaux marchés). Sans innovation, l'économie est stationnaire, elle répète les circuits de production à l'identique. En longue durée, elle progresse par cycles, grâce au rôle des entrepreneurs et à leurs capacités de susciter et de généraliser l'innovation dans les circuits de production.

Schumpeter est aussi un important historien de la pensée économique : l'*History of Economic Analysis* paraît après sa mort, en 1954. Il est enfin sociologue quand il réfléchit sur la crise de l'État ou sur la sociologie de l'impérialisme. Il meurt en 1950, mais sa popularité mondiale s'étend à partir de 1974, quand l'évolution de l'économie mondiale remet à l'ordre du jour la nécessité de réfléchir sur les cycles et la dynamique. Son œuvre la plus importante est *Théorie du développement économique* (*), plusieurs fois rééditée.

LUCETTE LE VAN-LEMESLE.

SCHUON Fritjhof. Essayiste français d'origine suédoise. Né en Alsace en 1907. Converti à l'islam, il est initié dans une confrérie soufie à Mostaganem, en 1933. De retour en France, après avoir été reçu « mogaddem », il fonde une branche européenne de la confrérie de Mostaganem (qui se transportera ensuite à Lausanne) et collabore à la revue *Études traditionnelles.* Très lié à René Guénon, qui le considérait comme un pont entre l'Orient et l'Occident et qui admirait sa connaissance intime du christianisme, il entrera en conflit avec lui en 1948, année de la publication de *De l'unité transcendante des religions* (*).

JEAN-PIE LAPIERRE.

SCHURÉ Édouard. Écrivain français. Né à Strasbourg le 21 janvier 1841, mort à Paris le 7 avril 1929. Il fit des études de droit et obtint le titre d'avocat, mais, ayant peu de goût pour la jurisprudence, il n'exerça jamais et se consacra à la littérature. Ses premiers travaux eurent pour objet l'histoire de la musique, et il fut un défenseur acharné des théories wagnériennes. Les ouvrages qui illustrèrent cette activité sont : *Histoire du « lied »* (1868), *Le Drame musical* (1875), *Les Chants de la* *montagne* (1877). Il se tourna ensuite vers un autre domaine sous l'influence de son amie italienne Marguerite Albana-Mignaty, et s'attacha désormais à l'étude des philosophies de l'au-delà et des divers systèmes religieux. En l'absence de documents, il faisait confiance à ce que lui dictait son inspiration. C'est le cas de son ouvrage *Les Grands Initiés* (*) (1889) qui n'a cessé d'être réédité. Au même cycle se rattachent : *Sanctuaires d'Orient* (1898), *Femmes inspiratrices et poètes annonciateurs* (1908) et *L'Évolution divine* (1912). Schuré a essayé d'animer ses idées dans des romans parmi lesquels : *Mélidora* (1880), *Le Double* (1893), *L'Ange et la Sphinge* (1897). À cette œuvre déjà énorme s'ajoutent des poésies : *La Vie mystique* (1893) ; des pièces de théâtre : *Vercingétorix* (1887), *Les Enfants de Lucifer* (1900), *Léonard de Vinci* (1905) ; des livres de critique : *Prophètes de la Renaissance* (1920), *Précurseurs et Révoltés* (1904) et des souvenirs : *Le Rêve d'une vie* (1928).

RÉF. : J. Mainor, *É. Schuré,* Angers, 1905. – Romeuf, *É. Schuré,* Paris, 1908. – A. Roux, *É. Schuré, son œuvre et sa pensée,* Paris, 1914. – G. Jean-Claude, *Édouard Schuré, sa vie, son œuvre,* 1968. – A. Mercier, *É. Schuré et le renouveau idéaliste en Europe,* thèse, Paris, 1971.

SCHÜTZ Heinrich (en latin Sagittarius). Compositeur allemand. Né à Köstritz (Saxe) le 8 octobre 1585, mort à Dresde le 6 novembre 1672. Très jeune encore, il fut choriste à la chapelle du landgrave Maurice de Hesse-Cassel, qui devint son protecteur et l'envoya à l'université de Marbourg où il fit des études de droit, puis à Venise (1609-1616) étudier la musique avec Giovanni Gabrieli. C'est à Venise qu'il composa, à la mode du jour, ses *Madrigaux* dédiés à son protecteur. De retour en Allemagne, incertain encore de sa vocation musicale, il reprit ses études de droit à Leipzig, mais fut nommé organiste du landgrave, et il s'adonna désormais uniquement à son art. Chargé de composer la musique pour le baptême du fils de l'électeur de Saxe, il se rendit à Dresde et s'y établit en 1615, d'abord provisoirement, puis, sans quitter ses fonctions à Kassel, définitivement. Un second voyage en Italie lui fit connaître Monteverdi qui exerça sur lui une grande influence. En 1631, la guerre qui sévit en Saxe mit la musique à l'arrière-plan des soucis de l'électeur ; Schütz eut le loisir de se rendre à Copenhague où l'appelait le roi Charles IV. Revenu à Dresde, il eut des difficultés avec ses musiciens et ses choristes, démissionna une première fois en 1651, mais ne se retira définitivement qu'en 1657, et acheva ses jours auprès d'une sœur, dans la piété et la méditation des Écritures. Schütz a joué un rôle important dans l'évolution de la musique allemande ; c'est certainement le plus grand musicien de son pays avant J.-S. Bach. Ses oratorios, qui sont très nombreux : *Oratorio de Pâques* (1623), *Les Sept Paroles de Jésus-Christ en croix* (vers 1645), *Oratorio de Noël* (1654), etc., et qui expriment les plus vibrants accents de la douleur et de la foi, ont pour la première fois une forme dramatique, puisée sans doute à l'école de Monteverdi. Ses *Psaumes de David* (1919), inspirés par l'école de Venise, n'ont pas encore cette facture. Ses *Symphoniae sacrae* (*), dont la première partie date de 1629 et la seconde de 1647, sont dédiées à Christian V de Danemark. Schütz est l'auteur de deux opéras : *Daphné* (+) (1627) et *Orphée et Eurydice* (+) (1638) ; malheureusement la musique en a été perdue. Citons enfin ses fameuses *Passions* (*) (1653-1656).

RÉF. : Ph. Spitta, *Heinrich Schütz' Leben und Werke,* étude in *Musikgeschichtliche Aüfsätze,* 1894. – André Pirro, *Heinrich Schütz,* Paris, 1913. – Martin Gregor-Dellin, *Heinrich Schütz,* Paris, 1986.

SCHWAB Gustav Benjamin. Écrivain allemand. Né et mort à Stuttgart (1792-1850). Cet ami de Uhland fut un des membres éminents de l'école poétique de Souabe. À travers ses légendes, il a fixé pour plus d'un siècle dans l'esprit du peuple, aussi bien que de la bourgeoisie allemande, l'image du monde médiéval. Son *Livre des plus belles histoires et légendes* (*) tint en effet une grande place dans la culture germanique, et alimenta l'imagination de plusieurs générations. Schwab fut également l'auteur de romances, de poésies légères et de ballades *(Le Cavalier et le lac de Constance, L'Orage)* très prisées par le public populaire. On lui doit aussi la traduction allemande de quelques poèmes de Lamartine.

SCHWARZ Euguéni Lvovitch. Dramaturge russe. Né le 21 octobre 1896 à Kazan, mort à Leningrad le 15 janvier 1958. Fils de médecin, il a fait ses études de droit à l'université de Moscou (1914-1916). Pendant les années de la guerre civile, il s'est passionné pour le théâtre, interprétant des rôles à Rostov sous la direction de Weisbrème (1917-1921). Après 1921, il s'est fixé à Petrograd, où il s'est lié d'amitié avec le groupe littéraire des « Frères de Sérapion » puis avec celui des « Oberiout » (Kharms, Vvedenski, Oleïnikov, Zabolotski), et devint le collaborateur des revues pour enfants, publiées sous la direction de Marchak *Le Hérisson* [Ëž] et *Le Serin* [Čiž]. Le premier livre de Schwarz était destiné aux petits : *Conte d'une vieille balalaïka* [*Rasskaz staroj balalajki,* 1924]. Ses autres livres pour enfants connurent un grand succès, le plus populaire étant encore *La Petite Élève de première* [*Pervoklasnica,* 1949]. Les pièces de théâtre de Schwarz sont fréquemment des adaptations modernes d'anciens contes de fées qui deviennent des allégories contemporaines : *Le Roi nu* [*Golyj Korol,* 1934], *Le Petit Chaperon rouge* [*Krasnaja Šapočka,* 1937], *La Reine des neiges* (1938), *L'Ombre* (*) (1940), *Cendrillon* [*Zoluška,* 1947]. Les meilleures œuvres de Schwarz sont des pièces satiriques antitotalitaires qui, en raison de leur ambiguïté, ont été interdites par la censure stalinienne pendant des décennies. Son chef-d'œuvre, *Le Dragon* (*), (1943-1944), qui, apparemment, dévoile la tyrannie nazie, n'a pu être joué que dix-huit ans après sa création, en 1962 ! Le premier recueil des pièces de Schwarz a pu paraître après le XXe Congrès, en 1956 ; sa première pièce satirique, *Le Roi nu* (d'après Andersen) ne fut autorisée par la censure qu'en 1960, soit après vingt-six ans d'interdiction. De nos jours, les pièces de Schwarz sont jouées partout dans le monde.

EFIM ETKIND.

SCHWARZ-BART André. Écrivain français d'origine polonaise. Né à Metz en 1928. Son père a fait des études rabbiniques en Pologne puis s'est installé à Metz. Une partie de sa famille périt dans les camps nazis. Dès 1943, il entre dans la Résistance. Il est arrêté mais parvient à s'évader. À la Libération, il exerce son métier d'ajusteur aux environs de Paris, puis passe son baccalauréat en 1948. Tout en étant manœuvre à mi-temps, il décide d'écrire. *Le Dernier des justes* (*) paraît en 1959 et obtient le prix Goncourt. Inspiré par le génocide du peuple juif, ce roman retrace le martyre d'Ernie Levy, « mort six millions de fois ». En 1967, il publie un roman écrit en collaboration avec son épouse guadeloupéenne Simone Schwarz-Bart, *Un plat de porc aux bananes vertes. La Mûlatresse Solitude*, parue en 1972, est un chant de révolte suscité par la condition antillaise.

CHRISTINE DE CLINCHAMPS.

SCHWARZ-BART Simone. Écrivain français d'origine guadeloupéenne. Née aux Saintes le 8 janvier 1938. Épouse du romancier André Schwarz-Bart (qu'elle a rencontré en 1959 et avec qui elle a séjourné en Afrique, en France, aux Antilles), elle entreprend d'écrire en commun avec lui un vaste cycle romanesque inspiré de l'histoire antillaise. Mais seul le premier volume, *Un plat de porc aux bananes vertes* (1967), a été publié sous leur double signature. Les deux époux reprennent leur autonomie littéraire et André Schwarz-Bart signe seul en 1972 *La Mulâtresse Solitude*, poignante évocation romanesque d'une héroïne qui, née vers 1772, a été pendue en 1802 pour avoir participé à la résistance de Delgrès contre le rétablissement de l'esclavage. De son côté, Simone Schwarz-Bart obtient en 1973 le prix des lectrices de l'hebdomadaire *Elle* pour *Pluie et vent sur Télumée Miracle* (*), chronique romanesque d'une lignée de femmes guadeloupéennes (les Lougandor). Centré sur la figure de Télumée, superbe de dignité et de courage, le roman propose un tableau quasi encyclopédique de la vie et de l'imaginaire antillais. *Ti-Jean l'Horizon* emprunte à l'univers du conte traditionnel antillais le personnage de Ti Jean, dont Simone Schwarz-Bart fait le héros d'une épopée onirique. Parti à la recherche du soleil, avalé par un monstre venu d'ailleurs, Ti-Jean erre jusqu'en Afrique (où il découvre qu'on le considère comme un étranger) et il descend au Séjour des Morts. Après un passage à travers les paysages glacés d'une métropole livrée à la guerre, il rentre au pays pour affronter et tuer la Bête. Ce conte philosophique, au demeurant très fidèle aux implications anthropologiques des contes oraux, se lit comme une quête de l'identité antillaise. Après un assez long silence, Simone Schwarz-Bart a donné en 1987 une pièce brève, *Ton beau capitaine* (représentée aux rencontres caribéennes du théâtre de la même année), méditation sur la mémoire et l'exil : un ouvrier agricole haïtien travaillant en Guadeloupe écoute la cassette enregistrée que lui a adressée sa femme.

JEAN-LOUIS JOUBERT.

SCHWEITZER Albert. Écrivain, théologien et médecin français d'expression allemande. Né le 11 janvier 1875 à Kaysersberg (Haut-Rhin), mort le 4 septembre 1965 à Lambaréné (Gabon). Après des études au collège de Mulhouse et aux universités de Strasbourg, de Paris et de Berlin, il obtient les grades de docteur en philosophie, en théologie et en médecine et devient pasteur de la paroisse Saint-Nicolas de Strasbourg entre 1899 et 1912. Dans le même temps, il est chargé de cours à la faculté de théologie protestante de Strasbourg. Musicologue averti, il est organiste de la Société Jean-Sébastien-Bach à Paris de 1903 à 1911. Sur ce compositeur, il écrit un ouvrage : *J.-S. Bach, le musicien poète* (*) (1905). Avant la guerre de 1914-1918, né alsacien, il est de nationalité et d'expression allemandes, et il publie en cette langue *De Reimarus à Wrede* (1906) : le premier est l'auteur d'un *Traité des principes de la religion naturelle* (1754), le second, feld-maréchal bavarois, a représenté son pays au congrès de Vienne en 1815. Sa prédication inspire à Albert Schweitzer une *Histoire des études sur la vie de Jésus* (+) (1913). À cette date, il est déjà parti pour le Gabon afin d'y fonder un hôpital pour les lépreux et les malades, à Lambaréné, où il s'installe et où il demeurera jusqu'à la fin de sa vie. Cet homme, dont certains ont voulu faire un modèle de l'humanisme au XXe siècle, poursuit ses méditations philosophiques avec *La Philosophie de la civilisation* [1923]. Après avoir étudié *Les Grands Penseurs de l'Inde* (*) (1935), il commence à entreprendre le récit de ses souvenirs, *À l'orée de la forêt vierge, récits et réflexions d'un médecin en Afrique équatoriale française* (1923), *Souvenirs de mon enfance* (*) (1923), qu'il terminera en 1931 avec *Ma vie et ma pensée*. Les activités d'Albert Schweitzer, à la fois pasteur et organiste, n'ont jamais fait l'objet de critique. On a reconnu à cet homme une culture européenne de vaste dimension ; par contre, la manière très particulière dont il exerçait la médecine à Lambaréné ne lui a pas valu que des louanges. Certes, on lui a su gré de n'avoir pas voulu heurter les traditions, les rites et les coutumes des indigènes et d'avoir fait de son hôpital un centre d'accueil autant que de soins. Le prix Nobel de la paix qu'Albert Schweitzer reçut en 1952 consacrait son inlassable mais épuisante activité pour apporter aux indigènes du Gabon les bienfaits de l'assistance médicale. Mais on lui a fait grief d'avoir refusé la modernisation de son hôpital, fort vétuste, et d'avoir souvent agi avec autoritarisme et paternalisme. Au-delà de ces polémiques qui étaient souvent, au moment de la décolonisation, le reflet d'un contexte politique, Albert Schweitzer apparaît comme une des grandes figures de la première moitié du XXe siècle, parce qu'il ne s'est pas contenté d'être un penseur, mais qu'il a mis en pratique ses idéaux philosophiques et religieux dans un pays sous-développé, l'un des plus pauvres du continent africain.

JOËL SCHMIDT.

SCHWOB Marcel. Conteur, essayiste, traducteur et érudit français. Né à Chaville (Hauts-de-Seine), le 23 août 1867, mort à Paris le 26 février 1905. Issu d'un milieu lettré (son père, Georges Schwob, avait collaboré au *Corsaire-Satan* et cosigné une pièce avec Jules Verne), il manifeste un goût précoce pour la littérature et les langues. En 1882, il quitte Nantes pour Paris et s'installe à la bibliothèque Mazarine où son oncle maternel, Léon Cahun, était conservateur. Ce savant orientaliste, auteur de romans d'aventures, fut son premier maître. À Louis-Le-Grand, il a pour condisciples Paul Claudel, Léon Daudet et Joseph Bédier. Il révèle bientôt une sérieuse aptitude à la philologie, assiste aux conférences de Jacob à l'École des hautes études, avant de suivre les cours de sanscrit de Ferdinand de Saussure et, au Collège de France, les cours de linguistique de Michel Bréal, qui exerce sur lui une influence formatrice déterminante. Il laisse au tiroir ses premières ébauches littéraires (un *Faust*, un *Prométhée*) et publie d'abord des études sur l'argot français (1889), envisagé non comme un langage spontané, mais comme un code rivalisant d'artifices avec l'expression littéraire la plus élaborée, et sur le jargon des coquillards (1890), comparé à la langue de Villon. Ces travaux d'érudit se doublent d'une intense activité journalistique et littéraire. Depuis 1887, il collaborait régulièrement au *Phare de la Loire*, de Georges Schwob ; à partir de 1889, ses chroniques et ses contes paraissent à *L'Écho de Paris* (dont il dirigera deux ans plus tard le supplément littéraire illustré), puis à *L'Événement*, au *Gil-Blas*, et au *Journal*. Son premier recueil de contes, *Cœur double* (1891), lui attire les éloges d'Anatole France et le rend célèbre à 24 ans. L'année suivante, dans la même veine fantastique et symboliste, inspirée de Poe, de Gautier, de Baudelaire et de Flaubert, il publie *Le Roi au masque d'or*. Figure marquante du Paris littéraire, il est en relation avec Remy de Gourmont, Léautaud, Courteline, Edmond de Goncourt, Willy et Colette, Marguerite Moreno qu'il épousera en 1900 ; à *L'Écho de Paris*, il publie les premiers textes de Jarry, qui lui dédie *Ubu roi* (*) ; Valéry lui rendra le même hommage en tête de son *Introduction à la Méthode de Léonard de Vinci*. En politique, ses sympathies iront aux anarchistes et, bientôt, aux dreyfusards. Fin connaisseur du domaine anglo-saxon, Schwob familiarise les milieux lettrés avec les œuvres de Stevenson, de Meredith et de Marion Crawford. Il attire aussi l'attention sur les dramaturges élisabéthains et laisse de précieuses traductions de Shakespeare, Defoe et De Quincey. Ses œuvres les plus significatives restent *Le Livre de Monelle* (*) (1894), bréviaire du nihilisme et de la compassion, et surtout *Les Vies imaginaires* (*) (1896), son chef-d'œuvre, création borgésienne avant la lettre, où l'érudition se mêle à la fiction pour composer un artifice esthétique achevé qui rivalise avec le réel. Malade, diminué, ses dernières années sont vouées à la détresse et à l'errance : Londres, Jersey, puis, sur les traces de Stevenson, un long périple jusqu'à Samoa, dont il consigne le récit en d'admirables lettres (octobre 1901-mars 1902). Il consent encore à épingler en des pages ironiques les ridicules du Boulevard (*Mœurs des diurnales*, 1903 ; « Lettres à Valmont », publiées la même année dans *L'Écho de Paris*), mais, pour ses ultimes travaux, il revient à ses premières amours : en 1904, il inaugure un cours sur le *Grand Testament* à l'École des hautes études sociales, prépare un livre sur Villon, publie dans *Romania* et dans la *Revue des études rabelaisiennes*. Ses dernières pages, des méditations sur l'art de la lecture, paraissent dans *Vers et Prose* en mars 1905. Marcel Schwob meurt à l'âge de trente-sept ans ; il repose au cimetière Montparnasse.

JEAN PIETRI.

RÉF. : W. G. C. Byvanck, *Un Hollandais à Paris en 1891*, Paris, 1892. – Léon Daudet, *Fantômes et Vivants ; Au Temps de Judas*, Paris, 1914 et 1920. – Jules Renard, *Journal*, Paris, 1925. – Pierre Champion, *Marcel Schwob et son temps*, Paris, 1927. – Colette, *Mes apprentissages*, Paris, 1936. – Georges Trembley, *Marcel Schwob, faussaire de la nature*, Paris, 1969.

SCIASCIA Leonardo. Écrivain italien. Né à Racalmuto, dans la province d'Agrigente, le 8 janvier 1921, mort à Palerme le 20 novembre 1989. Sciascia vient de la Sicile du soufre, son grand-père paternel avait travaillé à la mine encore enfant, son père y était employé. Au commerce et à la production du soufre avait également appartenu la famille de Pirandello. Avec l'auteur des *Six personnages* (*),

Sciascia a, en commun, une même terre. Et il a parlé de lui comme d'un « père ». Effectivement, il est devenu son héritier puisqu'il n'existe pas un seul texte écrit par Sciascia qui ne soit, consciemment, une façon de se situer par rapport à Pirandello. C'est ainsi que l'instituteur de Racalmuto échappe au statut d'épigone, en même temps qu'il s'approprie une œuvre qu'il identifie avec sa propre expérience de l'existence à l'intérieur du monde sicilien.

La vocation à l'écriture a été précoce chez l'enfant Sciascia. Il confessera plus tard avoir vécu, à l'école primaire, un fétichisme des objets servant à écrire. En 1935, sa famille s'étant transférée à Caltanissetta, il peut entreprendre des études secondaires qui s'achèvent en 1941 avec l'obtention d'un diplôme d'instituteur. (Par la suite, il s'inscrira à l'université de Messine qu'il cessera rapidement de fréquenter.)

De ses parents, Sciascia a peu parlé. Son père est mort en 1957. Sa mère a vécu jusqu'en 1979. En revanche, il évoquait volontiers ses tantes et son grand-père. En 1944, il se marie avec une institutrice venue de la province de Catane. De cette union naîtront deux filles. En 1984, il dédiera à ses quatre petits-enfants *Œil de chèvre* [*Occhio di capra*], un recueil d'expressions siciliennes en usage à Racalmuto.

En 1956, Sciascia publie *Les Paroisses de Regalpetra* (*). Il y décrit la vie d'un bourg de Sicile. C'est aussi une façon de se situer lui-même. Le livre est nourri d'une expérience acquise directement au contact des gens à Racalmuto, où il est alors instituteur (depuis 1949) et où, de 1941 à 1948, il a également travaillé à l'office local du blé, apprenant à y connaître le monde paysan. *Les Paroisses de Regalpetra*, qui renvoient aussi à un certain nombre de lectures (Paul-Louis Courier, le pamphlétaire, a servi de modèle) constitueront, aux yeux de leur auteur, le texte fondateur de toute son œuvre.

À Caltanissetta, où il s'est transféré, et où il restera jusqu'en 1967 (à cette date il s'établit à Palerme), Sciascia est un employé à la vie scolaire. C'est un homme culturellement actif. Pour le compte de l'éditeur Salvatore Sciascia, il publie la revue *Galleria* et la collection *I quaderni di Galleria*. Il écrit. Einaudi publie en 1958 la première édition des *Oncles de Sicile* (*) dans la collection « I Gettoni » que dirige Vittorini. Ces trois longues nouvelles constituent une véritable entrée dans le monde de la fiction, bien que chacune d'entre elles soit une façon de revivre un moment de l'histoire à partir de la Sicile : guerre et immédiat après-guerre, stalinisme, Risorgimento. La quatrième nouvelle qui figurera dans l'édition de 1960 est consacrée à la guerre d'Espagne.

En 1961 sort *Le Jour de la chouette* (*), un récit du genre policier. Ce sera le roman le plus populaire de Sciascia. Il s'agit de la meilleure œuvre narrative qu'on ait, à ce jour, sur la mafia. En 1963 paraît *Le Conseil d'Égypte* (*), un roman historique (la Sicile de la fin du XVIIIe siècle) qui a pu être défini comme un anti-*Guépard* (*). 1965 : *Le Député* [*L'onorevole*], une pièce de théâtre qui transforme le pirandellisme en satire politique. 1966 : retour au genre policier avec *À chacun son dû* [*A ciascuno il suo*], où la pourriture de la société sicilienne est vue de l'intérieur. 1969 : une autre pièce de théâtre : *L'Évêque et les pois chiches* [*La recitazione della controversia liparitana dedicata ad A. D.*], où l'écrivain sicilien, tout en attaquant le catholicisme politique, décoche des flèches au communisme brejnévien.

Sciascia, à la fin des années 60, peut être considéré comme un auteur progressiste classique, encore que, pour des raisons que la critique ne semble pas apparemment curieuse d'approfondir, on reconnaisse en lui un auteur véritable. C'est alors qu'il publie *Le Contexte* [*Il contesto*, 1971] et que son œuvre, sa vie, vont entrer en résonance avec les turbulences de la crise italienne des années 70, jusqu'à *L'Affaire Moro* en 1978. Sciascia devient vraiment un homme public, écrivant dans les journaux, y polémiquant, interviewé de toutes parts.

Le Contexte était une estocade portée au parti communiste. *Todo modo* (1974) est un nouveau coup de maître contre le catholicisme politique. *Candido* (1977) est une liquidation de l'emprise de l'idéologie communiste. Pour Sciascia lui-même c'est aussi un livre libérateur qui va assurément au-delà de l'anticommunisme. Cependant, bien qu'opposé à la politique du compromis historique de Berlinguer, en 1975, il avait été élu au conseil municipal de Palerme sur la liste du parti communiste. Moins de deux ans après, il démissionne. Aux élections de 1979 où il s'est présenté sur les listes du parti radical (libertaire), il est élu à la Chambre des députés. Pendant son mandat, il se consacrera essentiellement aux travaux de la Commission d'enquête sur l'assassinat d'Aldo Moro.

Le texte de *L'Affaire Moro*, malgré sa brûlante actualité, rentrait dans la série de faits divers récrits par Sciascia à partir de documents. Les plus beaux sont *Mort de l'inquisiteur* (*) de 1964, *Actes relatifs à la mort de Raymond Roussel* [*Atti relativi alla morte di Raymond Roussel*] de 1971 et *La Disparition de Majorana* [*La scomparsa di Majorana*], le livre préféré de son auteur. Romancier rigoureux, critique original (on renverra au *Cliquet de la folie* (*) et à *Mots croisés* [*Cruciverba*]), polémiste, c'est peut-être dans ces faits divers pourtant que Sciascia a montré un maximum d'originalité.

Les dix dernières années de sa vie sont marquées par la maladie. La qualité de sa production littéraire demeure : il suffit de penser au *Chevalier et la Mort* de 1988. Il écrit jusqu'au bout : *Una storia semplice* est en librairie le jour de sa mort. Il ne se tient pas à l'écart de la vie publique, croisant le fer (ce n'est qu'un exemple) avec les « professionnels » de l'antimafia. La peine de mort est un thème qui le hante : en 1987, il publie *Portes ouvertes* [*Porte aperte*] dont Gianni Amelio tirera un film qui est le tombeau de Leonardo Sciascia, tel qu'en lui-même, enfin, le cinéma, qui fut une de ses grandes passions, le change.

CLAUDE AMBROISE.

SCORZA Manuel. Écrivain péruvien. Né le 9 septembre 1928 à Lima, d'une mère indienne et d'un père métis, boulanger ; mort dans un accident d'avion près de Madrid, le 27 novembre 1983. Étudiant passionné de justice sociale, il adhère à l'A.P.R.A. (Alliance populaire révolutionnaire américaine, fondée en 1923 par Haya de la Torre). En 1948, une révolution manquée, qui amène la dictature du général Odría, l'oblige à s'exiler au Chili, en Argentine puis au Mexique, où il publie son premier recueil de poèmes, *Les Imprécations* [*Las imprecaciones*, 1955]. Rompant avec l'A.P.R.A., jugée traître à la cause ouvrière et fustigée dans un texte (« Good bye, Mr. Haya »), il rentre en 1956 à Lima après la chute d'Odría et fonde Populibros, une maison d'édition de livres populaires à bon marché qu'il vend dans les rues. De 1960 à 1965, il participe aux luttes paysannes andines, en particulier dans la région de Cerro de Pasco, où les Indiens cherchent à récupérer les terres d'où ils ont été expropriés par les grands propriétaires et une société minière nord-américaine. Cette dramatique expérience, vécue dans des villages isolés, auprès des comuneros, à près de cinq mille mètres d'altitude, constituera la matière d'un cycle romanesque intitulé « La Guerre silencieuse » et comprenant *Roulements de tambours pour Rancas* (*) (1970), *Garabombo l'Invisible* (+) (1972), *Le Cavalier insomniaque* (+) (1977), *Le Chant d'Agapito Roblès* (+) (1978), *Le Tombeau de l'éclair* (+) (1979). Poursuivi, jugé et condamné, il s'exile à nouveau et s'installe en 1968 à Paris, sans renoncer au militantisme politique qui le ramène pour de brefs mais nombreux séjours au Pérou. En 1976, il réunit à Mexico son œuvre poétique sous le titre *Poesía incompleta*. Ayant rejoint le F.O.C.E.P. (Front ouvrier des paysans et étudiants du Pérou), il contribue au succès de ce parti durant la campagne électorale de 1978 et sera candidat à la vice-présidence en 1980. Quelques mois avant sa mort tragique, il publie un roman sur les milieux de la guérilla en forêt vierge péruvienne et à Paris : *La Danse immobile* [*La danza inmóvil*].

CLAUDE COUFFON.

♦ *« Par sa bouche ont parlé les muets, ceux qui souffrent de persécutions parce qu'ils sont pauvres, ceux qui ont été mis derrière des barreaux de mépris et de rapine intronisée. »* Rubén Bonifaz Nuño.

SCOT ÉRIGÈNE Jean. Philosophe et théologien irlandais d'expression latine. Né vers 810, mort vers 878. Il s'instruisit sans doute dans un des monastères d'Irlande où l'on cultivait le grec et où l'on étudiait les textes classiques et les Pères de l'Église. Il émigra sur le continent pour fuir l'invasion danoise qui détruisait tous les centres intellectuels. Il était à Paris entre 850 et 852, à la cour de Charles le Chauve qui l'estimait pour sa science. Il enseigna les arts libéraux et la théologie, et se trouva selon toute probabilité à la tête de l'École palatine. L'œuvre la plus notoire qui lui est attribuée est la traduction en latin des œuvres du pseudo-Denys l'Aréopagite et de Maxime le Confesseur, traductions qui eurent une large diffusion et exercèrent une grande influence sur la philosophie scolastique. La forte personnalité de Scot Érigène s'imposa aux hommes de son temps ainsi que l'ampleur de son savoir (la connaissance du grec entre autres était exceptionnelle à l'époque) et son comportement philosophique. C'était un isolé austère, qui se livrait à de longues méditations ; la légende s'empara de cette figure étrange. Ce qui paraît certain, c'est qu'il fut appelé par l'évêque de Reims Hincmar pour prendre part à la controverse sur la prédestination que le moine Gotschalk avait suscitée, et qu'à son tour il provoqua de vives réactions par sa dialectique sur la foi : il fut accusé d'être trop attaché à la science du monde, trop maléfiquement adroit. Sa doctrine fut en effet condamnée par le concile de Valence (858) et par celui de Langres (859). L'œuvre incriminée était *De la prédestination* (*), qui fut suivie du traité *De la division de la nature* (*), écrit entre 860 et 865. Vers les années 860 et 870, il travaillait encore abondamment, dans le calme, après quelques disputes, aux *Commentaires sur la « Hiérarchie céleste » de saint Denys l'Aréopagite* [*Expositiones super Hierarchiam Caelestem S. Dionysii*] et aux *Commentaires sur la « Hiérarchie ecclésiastique » de saint Denys l'Aréopagite* [*Expositiones super Hirarchiam Ecclesiasticam S. Dionysii*]. De ce dernier ouvrage, il ne reste que le prologue et le livre II. On lui attribue encore d'autres œuvres, dont nous ne possédons que les titres transmis par de vieux auteurs : *Des offices divins* [*De Officiis divinis*], *Des mystères immaculés* [*De immaculatis mysteriis*], *Homélies* [*Homeliae*], etc. Enfin, il a aussi écrit des poésies, dont il était fier, et qui furent goûtées par ses contemporains, mais qui en fait sont dénuées de toute qualité artistique, et n'ont même pas de contenu philosophique.

RÉF. : Saint-René Taillandier, *Scot Érigène et la philosophie scolastique*, Strasbourg, 1843. – Briliantoff, *L'Influence de la théologie orientale sur la théologie occidentale dans les œuvres de Jean Scot Érigène*, St-Pétersbourg, 1898 (en russe). – É. Gilson, *La Philosophie au Moyen Âge*, t. 1, Paris, 1922. – O. Cappuyns, *J. Scot Érigène. Sa vie, son œuvre*, 1933. – S. Taillandier, *Scot Erigène et la philosophie scholastique*, Paris, 1933. – J. O'Meara et L. Bieler, *The Mind of Eriugena*, 1973. – *Internationaler*

Eriugena Colloquium, Heidelberg, 1900. – *Colloque International Jean Scot,* Paris, 1986.

SCOTT Gabriel. Romancier norvégien. Né le 8 mars 1874 à Leith en Écosse, mort le 9 juillet 1958 à Arendal. Son père était pasteur et, à partir de l'âge de sept ans, Scott grandit dans la province méridionale de la Norvège, dont il allait se faire le peintre, par des poèmes dès 1894, ensuite par des nouvelles et des romans. Son premier roman important est un roman historique, *Le Fardeau de fer* (*) – ou plus exactement *L'Ordalie* – (1915), le sommet de son œuvre étant peut-être *La Source* [*Kilden*, 1918], sorte de poème en prose autour du pêcheur Markus, prêchant l'humilité et la renonciation. À partir de *Le Sentier ou Christophe avec la branche* [*Stien eller Kristofer med kisten*, 1925], il a publié une série de romans sur tous ceux qui, dans la société, sont sans défense : infirmes, enfants et orphelins, *Les Sans-Défense* [*De vergelöse*, 1938], etc. Il a aussi publié des livres pour les enfants, très appréciés, des recueils de poésie et trois pièces de théâtre.

SCOTT Robert Falcon. Explorateur anglais. Né à Devonport (Plymouth) le 6 juin 1868, mort en revenant du pôle Sud à la fin de mars 1912. Élevé à Stoke Damerel et Stubbington House de Fareham, il entra à l'âge de douze ans dans la marine britannique. Nommé tout d'abord lieutenant en 1897, il reçut le commandement d'une expédition (1901-1904) destinée à explorer la terre Victoria et la barrière de Ross ; au cours de cette même expédition, il atteignit pour la première fois avec ses compagnons Wilson et Shackleton 82° 16' 32" de latitude sud (le 30 décembre 1902). Il en fit la relation dans *Le Voyage de la « Discovery »* [*The Voyage of the « Discovery »*, 1905]. Promu au grade de capitaine dès son retour, il continua de servir dans la marine. En 1908, il épousa Kathleen Lloyd Bruce dont il eut un fils. En juin 1910, comme il avait obtenu les fonds nécessaires, il s'embarqua sur le « Terre-Neuve » pour une nouvelle expédition antarctique, avec l'intention de gagner le Pôle. En dépit des conditions atmosphériques défavorables, il toucha au but après des efforts surhumains, le 18 janvier 1912 ; il eut alors une pénible déconvenue en voyant le drapeau norvégien que Roald Amundsen venait de planter un mois auparavant. C'est alors que commença pour Scott et ses quatre compagnons un tragique voyage de retour, à travers les continuelles tourmentes de neige et dans un froid intense. Deux des explorateurs étant morts, les trois autres restèrent bloqués, sans vivres et sans combustible, par une tourmente qui les immobilisa à dix-sept kilomètres seulement des secours ; ils moururent de faim et de froid. Une expédition envoyée à leur recherche trouva, près de leurs cadavres, avec les renseignements d'ordre scientifique recueillis, le journal que Scott voulut tenir jusqu'à la fin, sorte de testament spirituel du héros, qui fut publié en 1913 sous le titre de *La Dernière Expédition du capitaine Scott* (*).

RÉF. : G. C. Simpson, *Scott's polar journey and the weather,* Oxford, 1926. – S. Gwynn, *Scott et la conquête du Pôle Sud,* tr. fr., Paris, 1932. – M. Emmanuel, *Scott, le héros du Pôle Sud,* Paris, 1946. – J. Feuga, *L'Aventure sans retour,* Paris, 1952. – Bertrand Imbert, *Le Grand Défi des pôles,* Paris, 1987.

SCOTT sir Walter. Écrivain écossais. Né à Édimbourg le 15 août 1771, mort à Abbotsford, dans le Roxburghshire, le 21 septembre 1832. Il contracta, dans l'enfance, une maladie qui le rendit légèrement boiteux pour le restant de ses jours. C'est à Édimbourg qu'il fit ses études. Fils d'un attorney général descendant lui-même d'une très vieille famille écossaise, il s'orienta vers la carrière paternelle et fut admis à exercer près des tribunaux écossais en 1792. En 1797, il épousa Charlotte Margaret Charpentier, avec qui il s'établit dans sa ville natale tout en se retirant souvent dans une petite maison sise à Lasswade, petit village des environs. Depuis l'enfance, Walter Scott avait été un lecteur avide d'ouvrages historiques et poétiques, de livres de voyages et de récits fantastiques ; les visites qu'il rendait à sa famille dans la zone frontière entre l'Angleterre et l'Écosse développèrent en lui le goût des paysages romantiques et des lieux liés aux grands événements de l'histoire écossaise. En 1792, il se mit à apprendre l'allemand, étude qui fit naître les premières œuvres qu'il publia, la traduction de deux ballades de Bürger (1796), ainsi que celle du *Goetz de Berlichingen* (*) de Goethe. En 1792 également, il entreprit la première de ses sept excursions annuelles (ou « raids » comme il les appelait) dans les régions les plus éloignées de la frontière occidentale anglo-écossaise, au cours desquelles il recueillit les ballades récitées par les paysans ; telle fut l'origine de son recueil de *Poésies écossaises* (*) (1802-1803). Il devint ainsi le « chef » d'une longue tradition d'auteurs qui avaient recueilli et publié des ballades populaires. Scott donna ensuite l'édition de *Sir Tristrem* (1804), ancien récit versifié (la première des nombreuses éditions dont il s'occupa, parmi lesquelles figurent l'édition des œuvres de Dryden en 1808 et celle des œuvres de Swift en 1814) et sa première œuvre originale importante, *Le Lai du dernier des ménestrels* (1805), le premier de plusieurs courts poèmes narratifs qui eurent une grande popularité à l'époque et dont les plus importants sont : *Marmion ou la Bataille de Flodden-Field* (1808), et *La Dame du lac* (*) (1810). Beaucoup de critiques considèrent ce dernier comme le meilleur ; Scott y a abandonné l'histoire et les coutumes de la région de la frontière écossaise pour les mœurs des régions montagneuses ; *La Vision de don Roderick* [*The Vision of Don Roderick*, 1811],

Rokeby (1813), *Le Mariage de Triermain* [*The Bridal of Triermain*, 1813], *Le Lord des îles* (*) (1815), *Harold l'Intrépide* [*Harold the Dauntless*, 1817], procèdent de la même inspiration.

Cette activité littéraire se montra incompatible avec l'exercice de la profession d'avocat pour laquelle, du reste, il n'avait jamais eu beaucoup de goût, mais elle ne l'empêcha pas d'occuper l'emploi de shériff du Selkirkshire (1799), charge peu absorbante et médiocrement rétribuée, en plus de celui de chancelier de la Cour suprême d'Édimbourg, obtenu en 1806 grâce à ses relations avec le parti « tory ». En 1804, il était secrètement devenu le co-propriétaire, avec les frères Ballantyne, d'une société typographique qui ne tarda pas à devenir une société d'édition. Toutefois, à l'exception des poésies de Scott lui-même, l'entreprise d'édition finit par absorber les bénéfices de la typographie. Ainsi, en 1811, Walter Scott quitta-t-il Ashestiel, près de Selkirk, où il résidait depuis 1804, pour Abbotsford, près de Melrose où, avec des capitaux insuffisants, il commença à acheter des terres, à développer sa propriété et à construire la fameuse maison où il devait passer le restant de ses jours. La faillite de la société d'édition en 1813 contraignit Walter Scott à chercher d'autres sources de revenus. Le succès du *Chevalier Harold* (*) de Byron faisait subir une éclipse à sa popularité de poète et c'est alors qu'il termina un roman commencé en 1805, puis mis de côté, qu'il publia, anonyme, sous le titre de *Waverley* (*) (1814). Le succès immédiat de l'ouvrage lui donna l'idée d'écrire toute une série de romans d'ambiance écossaise, *Guy Mannering* (*) (1815), *L'Antiquaire* (*) (1816), les trois premières séries des *Contes de mon hôte* (*) : I. 1816, contenant *Le Nain noir* (*), *Les Puritains d'Écosse* (*) ; II. 1818, contenant *La Prison d'Édimbourg* ; III. 1819, contenant *La Fiancée de Lammermoor* (*), *Une légende de Montrose* (*) et *Rob Roy* (*) (1818). Avec *Ivanhoe* (*) (1819), il abandonna l'Écosse pour une autre époque et une autre région, l'Angleterre de Richard Ier ; cependant, en choisissant cette période d'histoire, il demeura fidèle au principe qu'il avait choisi dans la plupart de ses premiers romans, celui de prendre une époque qui offre de profonds contrastes entre les classes qui divisent la population du pays, dans ce cas précis, les Saxons et leurs maîtres normands. Bien que le résultat n'ait pas été très heureux, il se sentit poussé à accomplir d'autres explorations hors de son Écosse natale, par exemple dans *Kenilworth* (*) (1821) qui décrit l'époque de la reine Elisabeth, dans *Quentin Durward* (*) (1823) qui se situe dans la France du XVe siècle et dans *Le Talisman* (*) (1825), dont l'histoire se déroule au temps des croisades.

Avec *Ivanhoe*, Walter Scott avait déjà atteint l'apogée de la popularité auprès de ses contemporains ; cependant la variété et la fraîcheur de ces dernières œuvres plurent également beaucoup. Pourtant les lecteurs modernes préfèrent encore ses évocations de la vie des régions de la frontière écossaise auxquelles Scott revint avec *Redgauntlet* (1824), le seul roman de cette période qui puisse soutenir la comparaison avec ses premiers ouvrages. La conséquence des succès littéraires de Walter Scott fut un titre de « baronet » reçu en 1820. Malgré tout, sa situation financière était loin d'être brillante. Il avait eu des rentrées princières, mais il avait dépensé princièrement aussi, et, pour faire face à ses engagements, il devait toujours attendre la publication d'un nouveau roman. Ses économies étaient insuffisantes, et il semble bien qu'il ne se soit pas rendu compte à quel point il était mêlé aux affaires financières de ses éditeurs, Constable et Cadell. Ceux-ci firent faillite en 1826 et Walter Scott fut entraîné dans le désastre. Bien que sa santé commençât à décliner, il se mit au travail pour payer des dettes qui, en grande partie, n'étaient pas les siennes. En plus d'un roman déjà annoncé, *Woodstock* (1826) et de la *Vie de Napoléon* [*The Life of Napoleon*, 1827], à laquelle il travaillait, il écrivit d'autres récits pour régler les créanciers, deux séries des *Chroniques de la Canongate* (*) (1827 et 1828), qui comprennent *Les Deux Marchands de bestiaux*, un de ses meilleurs contes, *Anne de Geierstein ou la Fille des brumes* (*) (1829) et la dernière série des *Contes de mon hôte*, en dehors d'articles pour la *Quarterly Review* — qu'il avait contribué à fonder en 1809 — et de nouvelles éditions de ses œuvres diverses en prose et de ses romans.

Le meilleur témoignage sur le caractère de Walter Scott, sur son courage et sur ses sentiments au cours de ces années exténuantes est son *Journal* qui demeura manuscrit jusqu'en 1890. En 1830, il fut frappé par la première d'une série d'attaques d'apoplexie, mais il réussit à poursuivre son travail et à payer toutes ses dettes. Il chercha à améliorer sa santé en faisant un voyage sur le continent mais il n'en retira aucun bénéfice et il mourut peu de temps après son retour dans son pays. On l'enterra dans l'abbaye de Dryburgh.

Une négligence sensible dans son style et dans la structure de ses romans, sa fréquente grandiloquence et la composition sommaire du caractère de beaucoup de ses héros et de ses héroïnes lui ont aliéné la sympathie de nombreux lecteurs ; toutefois, selon certains autres, ces défauts sont amplement compensés par une magnifique maîtrise de l'art de conter, par la vigueur de ses dialogues et surtout par la profondeur de sa compréhension humaine. En dépit de ses tendances aristocratiques, il savait doter les plus humbles des personnages de ses récits de sentiments chauds, généreux et même sublimes. Ceci était une nouveauté et les historiens du XIXe siècle, tels Carlyle et Macaulay — sur qui son influence est bien plus sensible que sur les romanciers — en tirèrent leçon. Ils apprirent de lui que l'histoire, non seulement peut être dramatiquement vivante,

des humbles est matière
iistorien, au même titre
ouverains.

JOHN BUTT.

ient l'écrivain le plus étonnant
ınais pas de lecture où je me
laisir que dans une œuvre de
sa douceur de caractère, pour
aisant de sa conversation, et
personnelle à mon égard. »
rouvera toujours dans Walter
et une grande profondeur dans
nnent à la vaste connaissance
e il était parvenu en ne cessant
et de s'entretenir des problèmes
:. ♦ « Le vrai délice des romans
t de ce que nous y prenons
s passé, non à travers le style
françaises, ni dans la dignité
omme s'il s'agissait de la vie
chkine. ♦ « Quel est donc le
sir Walter Scott pour nous tenir
de ses romans, comme l'avare
sor qu'il craint de voir diminuer ?
t consiste dans l'art d'exciter la
tous les débats de ses histoires
e soutenir l'attention par des
d'alimenter l'intérêt par des
ivent sans cesse l'embarras des
ine teinte mystérieuse qui semble
ion des êtres surnaturels, mais qui
jamais jusqu'au merveilleux. »
.'illustre peintre de l'Écosse me
un genre faux ; il a, selon moi,
t l'histoire : le romancier s'est mis
ns historiques, et l'historien des
ues... » Chateaubriand.

ockhart, *Memoirs of the Life of Sir*
ol., Édimbourg, 1837-38. — Louis
an historique à l'époque romantique,
ice de Walter Scott, Paris, 1898 ;
ris, 1920. — W. H. Hudson, *Sir*
ondres, 1901. — R. W. Hartland,
le roman frénétique, Paris, 1928.
irson, *Walter Scott, his Life and*
dres, 1954. — A. N. Jeffares, *Scott's*
dimbourg, 1969. — A. M. Clark, *Sir*
Formative Years, Édimbourg, 1969.
Sir Walter Scott, the Great Unknown,
— C. Oman, *The Wizard of the North,*
Sir Walter Scott, Londres, 1973.
, Walter Scott and the Historical
ondres, 1979. — T. Crawford, *Walter*
, 1982.

INE Alexandre [Aleksandr
Skrjabin]. Compositeur et pianiste
et mort à Moscou (6 janvier
ril 1915). Après avoir terminé ses
ndaires au corps des Cadets de sa
e, il entra au Conservatoire de
i il remporta, en 1892, une médaille
npense suprême. Après une tournée
r, où il fit admirer sa virtuosité de
il accepta, en 1898, le poste de
: au Conservatoire de Moscou (classe
, poste qu'il conserva jusqu'en 1904.
ère œuvre importante fut la série de
tudes pour piano (*) (op. 8) où on
nfluence de Chopin. C'est à partir de l'opus 11, qui comporte ses vingt-quatre premiers *Préludes* (*), que l'on voit se développer son système harmonique personnel qui s'épanouit dans ses *Sonates*, dans sa *Troisième Symphonie* (op. 43, 1903), surtout dans son *Poème de l'extase* (*) (op. 54, 1908) et dans *Prométhée : le poème du feu* (op. 60, 1909-1910). Scriabine ne composait rien selon l'inspiration du moment ; il avait le sentiment d'accomplir une mission quasi mystique, dont le but final serait de donner au monde une synthèse de tous les arts. Cette idée prend déjà corps dans sa *Première symphonie* (op. 26, 1895), qui est un hymne à l'art en tant que religion, et trouve son point culminant dans ses derniers *Poèmes*. Dans les dernières années de sa vie, il écrivit même le texte pour le « Mystère » que devait représenter la suite logique de ses œuvres.

RÉF. : C. Gray, *A. N. Scriabine*, Oxford, 1924. — W. Évrard, *Scriabine*, Paris, 1972. — B. de Schloezer, *Alexandre Scriabine*, Paris, 1975. — M. Kelkel, *Alexandre Scriabine, sa vie, l'ésotérisme et le langage musical dans son œuvre*, Paris, 1978. — J. M. Baker, *The Music of Alexander Scriabin*, New Haven, 1986.

SCRIBE Augustin Eugène. Auteur dramatique français. Né et mort à Paris (24 décembre 1791-20 février 1861). Fils d'un drapier de la rue Saint-Denis, Eugène Scribe fit de brillantes études au collège Sainte-Barbe et se destinait au barreau, lorsque la mort de ses parents qui lui laissaient une certaine aisance le rendit libre de sa destinée. Il quitta immédiatement le droit pour le théâtre et commença très tôt (1811) à faire jouer ses pièces, mais ne connut tout d'abord que des insuccès. En 1815, *Une nuit de la garde nationale*, représentée au Vaudeville, reçut un accueil enthousiaste. Scribe était lancé, il ne devait plus s'arrêter. Pendant plus de quarante ans, il connut une faveur que ne vint interrompre aucun échec, aucune éclipse. Il avait trouvé son public, la nouvelle bourgeoisie, et celle-ci avait trouvé avec son œuvre le théâtre qui lui convenait. Au Vaudeville, il donne coup sur coup une série de petites pièces : *Le Nouveau Pourceaugnac, Le Solliciteur, Les Deux Précepteurs, Une visite à Bedlam, L'Ours et le Pacha, Le Mariage enfantin, Le Secrétaire et le Cuisinier*. En 1820 s'ouvre un nouveau théâtre, le Gymnase (alors théâtre de Madame), Scribe en devient le pourvoyeur attitré. Cette scène ne présentant que des pièces en un acte, il donne chaque année plusieurs petits vaudevilles qui sont de véritables mécaniques de précision : *Michel et Christine* (1820), *Avant, pendant et après, Le Vieux Garçon, Rodolphe, Le Plus Beau Jour de la vie, La Haine d'une femme, Le Mariage d'inclination, Le Mariage de raison* (1826), *Le Diplomate, Le Colonel, Une faute, La Demoiselle à marier, Le Charlatanisme, Geneviève*. Parallèlement, la Comédie-Française l'accueillait en 1822 avec *Valérie*. L'occasion était offerte à Scribe d'aborder la grande comédie et les pièces en plusieurs actes. Bien qu'il travaillât très vite et qu'il se fût adjoint un certain nombre de collaborateurs, il lui arriva souvent, pour satisfaire à des commandes, de reprendre, pour en faire des comédies, les thèmes de quelques-uns de ses vaudevilles.

Sans cesser de travailler pour le Gymnase dont il fit la fortune tout en édifiant la sienne, Scribe devait donner à la Comédie-Française *Le Mariage d'argent* (1827), *Bertrand et Raton ou l'Art de conspirer* (1833), comédie historique qui fut l'un de ses plus grands succès, *La Camaraderie* (1837), satire de l'arrivisme, *Une chaîne* (1841), où il réussissait à traiter un sujet brûlant sans se compromettre, et qui est considéré généralement comme le chef-d'œuvre du genre, *Le Verre d'eau* (1842), autre comédie historique, enfin, en collaboration avec Legouvé, *Adrienne Lecouvreur* (*) (1849), *Les Contes de la reine de Navarre, Bataille de dames* (1851), *Les Doigts de fée* (1858). À partir de 1823, Scribe avait commencé une nouvelle carrière, celle d'auteur de livrets d'opéras et d'opéras-comiques qui furent mis en musique par Auber, Adam, Meyerbeer et Halévy. À l'Opéra, il donna *La Muette de Portici* (*), en collaboration avec Casimir Delavigne (1828), *Le Comte Ory* (1828), *Le Dieu et la Bayadère* (1830), *Le Philtre* (1830), *Robert le Diable* (*) ; en collaboration avec Delavigne encore : *Gustave III* (1833), *La Juive* (*) (1835), *Les Huguenots* (1836), *Le Prophète* (*) (1849) ; et à l'Opéra-Comique, *La Dame blanche* (*) (1825), *Fra Diavolo* (*) (1830), *Le Chalet* (1834), *L'Ambassadrice* (1837), *Le Domino noir* (1841), *La Sirène* (1844), *L'Étoile du Nord* (*) (1845).

Au total, Scribe a écrit près de trois cent cinquante vaudevilles, comédies et livrets, il n'y a donc pas lieu de s'étonner si sur cette immense production il y a du déchet. La rapidité avec laquelle Scribe écrivait ses pièces le condamnait presque toujours à se servir des procédés les plus usés du théâtre ; quiproquos et travestis abondent dans son œuvre. Si, bien souvent, ses personnages ne sont que des pantins, on ne peut refuser à leur auteur un sens certain de l'observation et une tendance louable à la satire. Scribe est toujours la prudence même : il s'est conquis un public, entend ne pas le lâcher, et pour cela lui donne ce qui lui plaît. Or le public qu'a eu Scribe ne brillait pas précisément par l'esprit ni par la tolérance. Toute audace l'eût froissé. Scribe était décidé à prendre le chemin le plus court pour parvenir à la gloire et peu lui importait, dans le fond, que cette gloire ne lui survive pas. Il fit fortune, il fut reçu à l'Académie française, jamais le succès ne lui manqua. L'édition définitive de ses *Œuvres*, publiée en 1874-1885, compte soixante-seize volumes.

JACQUES BROSSE.

♦ *« Il avait heureusement saisi l'esprit de son siècle et fait le genre de comédie dont il s'accommodait le mieux et qui lui ressemblait le plus. »* V
♦ *« Lisez Scribe ! Étudiez Scribe ! C'est ch vous apprendrez le théâtre... »* Victorien S

RÉF. : Sainte-Beuve, *Portraits conte* t. III, Paris, 1846. – V. Moulin, *Scribe et so* Paris, 1866. – E. Legouvé, *E. Scribe*, Pa – Brunetière, *Les Époques du théâtre*, Pa – F. Sarcey, *Quarante ans de théâtre*, t. I 1900. – Lecigne, *Scribe et son théâtre*, Arr – N. C. Arvin, *E. Scribe and the French* Harvard, 2e éd. 1967.

SCUDÉRY Georges de. Écrivai çais. Né au Havre en 1601, mort à 14 mai 1667. Ce gentilhomme sans f orphelin très jeune et recueilli avec s Madeleine par un oncle riche, semble engagé très tôt (peut-être dès 1615) da carrière militaire qu'il abandonne en après avoir participé aux guerres du P et s'y être illustré. Il ne cessera, sa vie de rappeler ses faits d'armes, se disant par plaisir et soldat avant tout, comme qu'il admire. Il part donc à la conqu Paris, désireux d'obtenir une plus haute des ressources plus abondantes, et s dramaturge. Il fréquente très vite les m littéraires et mondains, devient un habit cercles galants, en particulier du sal Mme de Rambouillet où il peut côtoyer C mais aussi Ménage, Chapelain, Mairet, neille, Scarron, Godeau. Il est de tout querelles littéraires et devient une figu monde des lettres. S'il écrit quelques po il se consacre surtout au théâtre : de 1 1642, il compose seize pièces (douze comédies, deux tragédies et deux com dont *La Comédie des comédiens* (+) en 1 qui s'imposent au cours des années 16 qui affichent à partir de 1635 un respec règles dont il se départira pourtant par la s C'est un homme qui cherche à s'adapter modes. Il joue en effet un rôle de premier dans la querelle du *Cid* (*) et se fa champion de la nouvelle esthétique théâ avec ses *Observations* (1637). Son interven est d'importance : elle permet d'élever débat qui avait tendance à s'embourber des attaques personnelles et à se limite l'échange de mots crus. Ainsi, reprenant idées des théoriciens de l'époque, il exp l'essentiel de ce qui sera la doctrine classi et oblige Corneille à le suivre sur ce terr Il acquiert alors un statut particulier puisq n'est pas un docte mais avant tout mondain ; complétant ses *Observations* *L'Apologie du théâtre* (1639) et la Préface roman *Ibrahim* (1641), (roman publié sous s nom et écrit en collaboration avec sa sœu il s'impose donc comme un dramaturge sait se hisser jusqu'à la théorie : il devient u « autorité » avec laquelle il faut comp Victorieux dans le domaine théorique, il re pourtant les armes sur la scène et renonce théâtre en 1642, l'année même de la mort Richelieu, ce qui n'est sans doute pas hasard. Le cardinal l'avait remarqué dès 1631, ayant apprécié l'une de ses tragi-comédies, *Le Trompeur puni*. Scudéry admirait le grand ministre : il le répétera dans de multiples poèmes, écrits jusqu'après la mort du cardinal. Assez proche de ses idées politiques, il participe à leur diffusion, indirectement avec sa première tragédie, *La Mort de César* (*) (1636), qu'il lui dédie, plus directement avec ses *Discours politiques des rois* (1647). Richelieu, partisan des règles, ne peut qu'encourager son évolution de dramaturge et, s'il n'en fait pas l'un des « Cinq auteurs » – auxquels, passionné de théâtre, il demande d'écrire des pièces d'après ses propres canevas, éminemment politiques –, il est probable qu'il voit en lui un soutien ; il sait l'utiliser et aussi, parfois, le défendre. L'utiliser, car c'est sans doute sous son impulsion, ou au moins avec son accord bienveillant, que Scudéry se lance dans la bataille du *Cid* donnant à la toute jeune Académie française, œuvre du cardinal, l'occasion de prouver son existence et d'asseoir son autorité ; et l'on a toutes les raisons de croire que Richelieu le pousse à écrire *L'Amour tyrannique* (*) (1639), une tragi-comédie qui devait se plier aux principes exposés dans les *Observations sur « Le Cid »* et reléguer au second plan *Le Cid* d'un Corneille qui, décidément, se montre bien rétif et refuse d'accepter réellement le dirigisme du ministre en matière littéraire. Le défendre, car Richelieu prend ouvertement position pour *L'Amour tyrannique*. Dès 1640, on le voit se consacrer à la traduction des *Harangues ou Discours académiques* (1642) de Manzini, qui lui inspireront ensuite *Les Femmes illustres ou les Harangues héroïques* (1642), recueil de harangues fictives attribuées à des « femmes fortes », chaque harangue étant précédée d'un argument et d'un médaillon représentant l'héroïne. Puis il a la joie d'obtenir ce qu'il réclamait depuis longtemps : un poste dans lequel il pourrait servir le roi et le royaume. En juin 1642, il est donc nommé par Louis XIII gouverneur de Notre-Dame-de-la-Garde, une forteresse censée défendre Marseille. Il prend ses fonctions en décembre 1644 et, passé l'enthousiasme initial, il se décrète « exilé » durant trois ans, puisqu'il rejoint Paris en 1647, reprend la plume, collabore à l'*Artamène ou le Grand Cyrus* –v. *Le Grand Cyrus* (*) –, que préparait sa sœur – sans doute en donnant son avis sur la manière de conduire l'intrigue ou encore en servant de « conseiller militaire » pour certaines pages –, compose une grande partie des textes publiés en 1649 dans le recueil des *Poésies diverses*, qui comprend des textes galants mais aussi un nombre important de poèmes de circonstance, travaille également à ses *Discours politiques des rois*, qu'il dédiera à Mazarin, enfin, se consacre au *Cabinet de monsieur de Scudéry* (*) (1646), cabinet de peinture comme on les faisait alors (« ekphrasis » ou commentaire en vers des tableaux). En 1650, il entre à l'Académie française et se marie en 1654. Georges de Scudéry a toujours déclaré vouloir servir l'État. Par la plume et par l'épée, soldat et homme de lettres, il s'inscrit dans le monde de la ville, dans le salon de Mme de Rambouillet puis, plus tard, dans celui de Mme de Clermont et, évidemment, dans celui de sa sœur, Mlle de Scudéry, en pleine période « précieuse » ; au service de la monarchie, et plus particulièrement de son ministre Richelieu, il ne cède jamais sur son admiration pour le grand homme, même après la mort du cardinal et, quitte à en pâtir, multipliant les œuvres de théâtre, les odes et les poèmes de toute sorte consacrés à sa gloire. *Le Temple, Poème à la gloire du roi, et de monseigneur le cardinal duc de Richelieu* (1633), repris dans *Le Sacrifice des muses, au grand cardinal de Richelieu* (1635), le *Discours de la France*, les *Discours politiques des rois* et les odes adressées aux arrière-petits-neveux de Richelieu sont l'image même de l'idée du service public et de l'écriture politique qu'il défend. *Ibrahim* soutient la politique ottomane de la couronne, le *Cabinet de monsieur de Scudéry* défend sa politique artistique et ses tragédies politiques (*La Mort de César*, par exemple) mettent en scène la question du pouvoir. Homme de lettres soucieux de faire œuvre de didactisme et d'information esthétique, il introduit, diffuse et défend les comportements politiques, esthétiques et moraux qu'il veut promouvoir dans *Les Femmes illustres* dédiées « aux dames » où il donne la parole à des héroïnes nobles et tragiques, et dans son *Cabinet* de peinture où, lui-même collectionneur de tableaux, il défend la primauté de la poésie sur la peinture tout en faisant l'éloge des peintres les plus connus des XVIe et XVIIe siècles. Homme de l'ancienne politique qui a fait ses adieux à la poésie (*Poésies diverses*) en 1649, Scudéry hésite pendant la Fronde et choisit de se lier au duc d'Orléans et à Condé au point qu'il se compromet suffisamment pour devoir s'exiler, après les événements et jusqu'en 1661, en Normandie. *Alaric ou Rome vaincue*, en 1654, « poème héroïque » de onze mille vers, reflète, par ses préoccupations pour les intrigues politiques, un désarroi certain. Il finit par obtenir du roi une pension de quatre cents écus, voit naître un fils en 1662, se fait, dit-on, dévot et meurt d'apoplexie en 1667, à l'âge de soixante-six ans.

CHRISTIAN BIET.

SCUDÉRY Madeleine de. Écrivain français. Née au Havre en 1607, morte à Paris le 2 juin 1701. D'une famille de petite noblesse, elle avait reçu une éducation fort complète, appris les langues et fait beaucoup de lectures, quand elle rejoignit son frère, qui s'était acquis un grand renom à Paris, en 1639. Dès cette date, elle fréquenta l'hôtel de Rambouillet qu'elle connut au moment de son plus grand éclat et où elle se fit une réputation qui lui attira l'amitié de ce que la société comptait de plus distingué. En 1641, elle commençait une carrière de romancière avec *Ibrahim ou l'Illustre Bassa* signé d'ailleurs par son frère. Puis vinrent *Artamène ou le Grand Cyrus* – v. *Le Grand Cyrus* (*) – également signé par Georges de Scudéry, vaste roman en dix tomes (au total treize mille quatre-vingt-quinze pages) qui parut de 1649 à 1653 et fut un triomphe, suivi de *Clélie, histoire romaine* (*) (1654-1660), dix tomes (plus de sept mille pages) qu'elle écrivit seule, *Almahida ou l'Esclave reine* (+) (1660-1663) (plus de six mille pages) en huit volumes – ouvrage qui parut encore sous le nom de Georges de Scudéry –, *Célinte* (1661), *Mathilde* (1667), *La Promenade de Versailles* (1669). La plupart de ces romans qui connurent plusieurs éditions étaient des romans à clés (Victor Cousin a retrouvé celle du *Grand Cyrus* et l'a publiée), ce qui explique en partie l'engouement des contemporains. Il y a aussi la vogue dont jouissait tout ce qui touchait à la galanterie, et à la préciosité auxquelles Mlle de Scudéry, avec la *Carte du Tendre* dans *Clélie* devait donner un élan décisif. Lorsqu'une nouvelle génération avec Boileau et Molière parvint à imposer ses goûts, Mlle de Scudéry abandonna la carrière de romancière pour devenir une théoricienne et une moraliste. Les *Conversations sur divers sujets* (1680) suivies des *Conversations nouvelles sur divers sujets* (1684) eurent l'audience du public. Elle y traitait notamment de la politesse, de l'air galant, de la raillerie, mais aussi de la jalousie, du discernement. Mme de Maintenon demanda à Mlle de Scudéry d'en écrire de nouvelles qui devaient fournir des thèmes aux maîtresses de Saint-Cyr, ce sont les *Conversations morales* (1686) et les *Nouvelles conversations morales* (1688). Elle avait déjà pratiqué plus tôt un genre théorique spécifiquement masculin, publiant en 1644 sous le nom de son frère deux volumes de *Harangues* : la neuvième, intitulée *Les Femmes illustres*, offrait une galerie de tableaux féminins. Les romans de Mlle de Scudéry connurent un très grand succès à l'étranger et furent traduits en allemand, en anglais, en italien, en espagnol et en arabe.

Lorsque vint le déclin de l'Hôtel de Rambouillet, Mlle de Scudéry avait ouvert un salon littéraire que fréquentèrent La Rochefoucauld, Mme de La Fayette, Mme de Sévigné et Mme Scarron, devenue plus tard Mme de Maintenon, toutes trois très amies de Mlle de Scudéry. Il y avait aussi les réunions du samedi où se retrouvaient Conrart, Chapelain et Pellisson, jeune homme auquel Madeleine vouait une « tendre amitié ». Si sa réputation de laideur fut accréditée par Chapelain, elle choisit le célibat par goût de l'indépendance et de la liberté : elle concevait l'amour platonique, non comme une mutilation, mais comme une liberté. Longtemps le salon de Mlle Scudéry donna le ton de la casuistique amoureuse. On y organisait des tournois poétiques, des jeux, on se donnait des surnoms (Madeleine était Sapho), on rimait aussi des épitaphes ou des épithalames en l'honneur des animaux familiers de la maîtresse de maison. Lorsque la vogue des romans précieux fut passée, Mlle de Scudéry demeura très entourée. Sans préjugés, elle resta liée aux Condé tout en condamnant la « Fronderie », fut l'amie des Modernes comme des Anciens, de Ninon de Lenclos comme de Mme de Maintenon. Sa célébrité gagna l'Europe des lettres. Elle fut lauréate d'un prix d'éloquence de l'Académie française, et Louis XIV fit frapper, en 1695, une médaille à son effigie. Elle mourut à quatre-vingt-quatorze ans.

Après un long purgatoire, Madeleine de Scudéry apparaît désormais comme un écrivain important et représentatif de la littérature mondaine de son siècle.

♦ « *Elle avait une imagination prodigieuse, une mémoire excellente, un jugement exquis, une humeur vive et naturellement portée à savoir tout ce qu'elle voyait faire de curieux et tout ce qu'elle entendait dire de louable...* » Conrart.

RÉF. : A. Niderst, *Madeleine de Scudéry,* Paris, 1976. – J. M. Pelous, *Amour précieux, amour galant,* Paris, 1980. – Nicole Aronson, *Mademoiselle de Scudéry ou le Voyage au pays du Tendre,* Paris, 1986.

SCUTENAIRE Louis. Écrivain belge d'expression française. Né à Ollignies le 29 juin 1905, mort à Bruxelles en 1987. Docteur en droit, avocat, puis fonctionnaire, ses lectures l'ont amené très tôt à écrire dans une disposition d'esprit telle qu'il s'est lié avec les groupes surréalistes belges et français. Son œuvre, abondante, est dispersée en une infinité de plaquettes et de publications en revue. Il a toutefois publié en 1945 *Les Degrés* et surtout un premier volume de *Mes inscriptions* (*), recueil comportant des poèmes, des aphorismes, des notes de lectures et de courts récits notés au jour le jour. L'ensemble de *Mes inscriptions* devait comprendre finalement cinq volumes. Scutenaire est aussi l'auteur des *Vacances d'un enfant* (1947) et de *Les Jours dangereux les nuits noires* (1972). Ami du peintre René Magritte, il a réuni en volume les textes qu'il lui a consacrés tout au long de leur commune activité dans *Avec Magritte* (1977). Citons encore de lui *Le Bâton de Jean de Milan (1918-1924)* (1970), *Tantra de Juan Bellarmin* (1965) et *Le Fusil du boucher* (1974).

SEARLE John Roger. Philosophe américain. Né le 31 juillet 1932 à Denver. Il fait ses études à l'université du Wisconsin puis à Oxford auprès de Strawson et d'Austin. En 1959, il soutient à Oxford une thèse *Sur le sens et la référence* [*On Sense and Reference*]. De retour aux États-Unis, il devient professeur de philosophie du langage à l'université de Berkeley et s'engage, dès 1964, au côté des étudiants dans le mouvement des droits civiques. En 1970, il deviendra conseiller de l'administration Nixon pour les problèmes de contestation étudiante – il publiera *La Guerre des Campus* [*The Campus War*, 1972]. En 1969 paraît son premier livre *Les Actes de langage* (*) qui, prolongeant les travaux d'Austin, ouvre une perspective sur la langue qui englobe l'énonciation et centre l'analyse du langage sur la communication. En 1979, dans *Expression et Signification* [*Expression and Meaning*], il propose une classification des actes illocutoires et s'attaque aux trois problèmes, des actes de langage indirects, de la fiction, et des usages métaphorique et ironique du langage. Il réfute deux théories alors prédominantes, celle de l'« élision du performatif » et celle des « postulats de la conversation » pour s'appuyer sur le « principe de coopération » de Grice, la théorie des *Actes de langage* et la rationalité présumée des auditeurs. Enfin, l'ouvrage propose une nouvelle théorie du sens littéral prenant en compte les « présuppositions d'arrière-plan » et débouche sur le rejet de la distinction entre usage attributif et référentiel des descriptions définies. À qui exigerait une sorte de « déduction transcendantale » des catégories d'actes illocutoires, Searle répond en 1983 par *L'Intentionnalité, essai de philosophie des états mentaux* [*Intentionality, an Essay in the Philosophy of Mind*, traduit en 1985], qui tente d'apporter un fondement aux précédents ouvrages à partir de l'hypothèse que la philosophie du langage est une branche de la philosophie de l'esprit. L'esprit a les capacités biologiques de mettre l'organisme en rapport avec le monde au moyen d'états mentaux « intentionnels », c'est-à-dire remplissant une fonction de « renvoi », tels que croyance, désir, action, perception, etc. Cette intentionnalité des états mentaux leur est intrinsèque. Ces thèses débouchent sur une sorte de « spéculation neurophysiologique » et diffèrent de celles de l'intelligence artificielle et du cognitivisme que Searle critique dans les Conférences Reith de 1984 sous le titre *Du cerveau au savoir* [*Minds, Brains and Science*, traduit en 1985] en cherchant à réconcilier la conception de nous-même propre au sens commun et la conception scientifique de l'univers. En 1985, avec *Les Fondements de la logique illocutoire* [*The Foundation of Illocutionary Logic*], Searle s'efforce de produire les instruments formels d'un développement de sa théorie.

MICHAEL A. SOUBBOTNIK.

SEBILLET Thomas. Humaniste et traducteur français. Né en 1512, mort en 1589. Ses études de droit achevées, Sebillet devint avocat au parlement de Paris. Il se fit connaître par son *Art poétique françois, pour l'instruction des jeunes studieus, et encore peu avancez en la poésie françoise* (*), paru d'abord sous le couvert de l'anonymat, en 1548, soit un an avant la parution de la *Défense et Illustration de la langue française* (*) de Du Bellay. Sebillet y tirait les leçons de la première renaissance poétique qui s'était faite dans la première moitié du siècle autour de Marot, il y recommandait déjà l'étude et l'imitation des Anciens. Cependant, pris à partie par Joachim du Bellay dans la *Défense*, Sebillet lui répliqua assez vivement dans l'épître au lecteur qui précède la traduction de l'*Iphigénie d'Euripide, tournée du grec au françois*, parue en 1549. Il faut ajouter que Du Bellay loua fort l'*Iphigénie* et dédia à Sebillet l'un des sonnets des *Regrets* (*). Bien en cour, Sebillet participa à l'organisation de l'Entrée royale de juin 1549. Il fut surtout un traducteur, comme en témoigne le reste de son œuvre : traductions de l'*Antéros* de Fulgose et du *Dialogue contre les folles amours* de Fregoso sous le titre de *Contramours* (1581) ; des *Advis civils* de Francesco Lottini (1584) ; de la *Vie d'Apollonius de Tyane* de Philostrate. Toutefois le grand succès de Sebillet fut son *Art poétique,* qui connut sept éditions dans le cours du XVIe siècle.

RÉF. : F. Gaiffe, introduction à l'édition de l'*Art poétique françois*, Paris, 1910 (rééd. mise à jour, Paris, 1988). – Hendrik de Noo, *Thomas Sebillet et son Art poétique françois rapproché de la Deffence et Illustration* [...] *de Du Bellay*, Utrecht, 1927. – V. L. Saulnier, « Sebillet, Du Bellay, Ronsard : L'Entrée de Henri II à Paris et la révolution poétique de 1550 », dans *Les Fêtes de la Renaissance*, Paris, 1956, p. 31-59.

SEBONDE Raimond de (Raimundo ou Ramón Sibiuda). Théologien catalan d'expression latine. Né à Barcelone dans la seconde moitié du XIVe siècle, mort à Toulouse en 1436. Sa vie est à peu près inconnue : on sait seulement qu'il était, vers 1430, professeur de médecine et de théologie à Toulouse, et il est probable que son nom même serait aujourd'hui oublié si Montaigne, au IIe livre, chapitre XII, de ses *Essais* (*), ne lui avait consacré une *Apologie* célèbre. La *Théologie naturelle* (*) de Raimond de Sebonde, éditée pour la première fois à Deventer (Hollande) en 1487, connut d'ailleurs un grand succès jusqu'à la fin du XVIIe siècle. L'originalité de Sebonde est de prétendre démontrer tous les dogmes. La philosophie, pense-t-il, peut élucider le mystère de la religion, mais les arguments qu'il donne, assez faibles, soulevèrent de nombreuses contestations.

RÉF. : Compayré, *Raimond de Sebonde*, 1874.

SEBRI Osman. Écrivain kurde. Né à Narinje, près de Malatia, au sud-est de la Turquie, le 7 janvier 1905. Sa famille régnait sur la tribu des Mirdès qui nomadisait sur les monts Belli (aujourd'hui Nemrut Dagh). Lors de l'impitoyable répression qui suivit la révolte des nationalistes kurdes en 1925, les chefs de la tribu furent pendus et le jeune Sebri fut jeté en prison où il fit son apprentissage politique. Libéré en 1929, il se réfugie en Syrie où il rejoint les rangs de l'organisation kurde « Indépendance » [Khoybun]. Il devient très vite l'auteur le plus fécond du groupe d'intellectuels regroupés autour des revues *L'Appel* [*Hâwâr*] (1932-1945) et *La Clarté* [*Ronahî*] (1942-1945) et animé par les émirs Bedir Khan. Le combat d'Osman Sebri pour la reconnaissance des droits des Kurdes s'oppose au nationalisme arabe du jeune État syrien devenu indépendant en 1945. Il se retrouvera quinze fois en prison et sera banni de Damas à trois reprises... L'œuvre littéraire de Sebri est importante dans plusieurs domaines : il a publié des études sur les coutumes religieuses des Kurdes, en particulier celles de la secte des Yézidis, appelés inexactement « adorateurs du diable ». Il a écrit l'histoire du sultan kurde Saladin, héros de la lutte contre les croisés. Il a aussi publié clandestinement en 1956, en Syrie, un recueil de poèmes : *La Tempête* (*), qui expriment les sentiments tumultueux éprouvés par les patriotes kurdes : il appelle les militants à se regrouper dans la lutte. C'est un cri de souffrance dont les échos ne sont pas près de s'éteindre dans le cœur de ses lecteurs. Dans son recueil de poèmes *En souvenir des jours anciens* [*Ji bîrên rojên kevin*], il utilise des mètres classiques divers pour exprimer sa tristesse dans son exil loin de sa patrie. Il met en vers de multiples fables dont les protagonistes sont des animaux et qui concluent toujours à la nécessité de l'union et de la bonne entente. Il puise une importante partie de son inspiration dans le folklore qu'il a largement contribué à recueillir. Mais c'est surtout comme prosateur qu'Osman Sebri mérite d'être mentionné. Il est particulièrement à l'aise lorsqu'il parle dans ses récits des coutumes de ses compatriotes et il écrit dans un style simple, direct, une langue d'une grande pureté. Il est probablement l'un des plus grands auteurs écrivant en kurde septentrional.

JOYCE BLAU.

SÉCHÉ Alphonse. Écrivain français. Né le 29 janvier 1876 à Nantes (Loire-Atlantique), mort le 29 janvier 1964 à Paris. Il est le fils de Léon Séché, l'historien du romantisme. Critique, conteur, essayiste, il a rassemblé également de nombreuses anthologies. Très actif, il a dirigé des théâtres, des maisons d'édition, créé des associations. Fondateur au début du siècle de la revue *La Critique indépendante*, directeur de *La Revue d'art dramatique*, il fut durant plus de vingt-cinq ans, de 1919 à 1945, lecteur de la Comédie-Française après en avoir été le secrétaire général. On lui doit aussi plusieurs histoires anecdotiques de grands écrivains. Il s'est toujours intéressé aux problèmes sociaux, comme en témoignent *Les Guerres d'enfer* (*) (1915), œuvre qui prédit les guerres modernes d'extermination et qui valut à son auteur la notoriété. Rien d'étonnant donc si l'érudit auteur de *La Vie des « Fleurs du Mal »* (1928) est aussi le philosophe de la *Morale de la machine* (1929). La gravité de l'œuvre est relevée parfois d'une pointe d'humour, qui apparaît notamment dans les poèmes sous le titre *Un petit tour d'éternité* (1934).

SECOND Jean (Jan Everaerts). Écrivain flamand d'expression latine. Né à La Haye le 14 novembre 1511, mort le 24 septembre 1536 à Tournai. Ayant étudié le droit à Malines et à Bourges, il suivit en Espagne le cardinal Tavera, archevêque de Tolède, dont il était le secrétaire. Il obtint les faveurs de Charles Quint, qui l'emmena lors de l'expédition menée contre Tunis, mais il tomba malade en route et retourna dans son pays où il devint le secrétaire de l'évêque d'Utrecht, Georges d'Egmont. Ayant suivi celui-ci à Tournai, il mourut dans cette ville quatre jours après son arrivée. Il a laissé de nombreux volumes : *Élégies* [*Elegiae*], *Épigrammes* [*Epigrammata*], *Odes* [*Odae*], *Lettres* [*Epistolae*]. *Itinéraire* [*Itineraria*] est le récit de son voyage des Pays-Bas en Espagne (1518). Son œuvre maîtresse, *Baisers* (*), chante l'amour de Neaera, courtisane espagnole.

SECRÉTAN Charles. Philosophe suisse d'expression française. Né à Lausanne le 19 janvier 1815, mort dans cette même ville le 22 janvier 1895. D'origine protestante, il fit ses études dans sa ville natale, puis à Munich où il approfondit la doctrine de Kant et suivit les cours de Schelling. Devenu professeur de philosophie, il enseigna à l'université de Lausanne de 1838 à 1846, à Neuchâtel de 1850 à 1866, puis de nouveau à Lausanne, où il prit sa retraite. Illustrant le courant de renouveau spiritualiste du XIXe siècle, Secrétan a repris avec hardiesse les thèses cartésiennes sur la liberté divine, et fait du libre arbitre le centre de sa pensée. C'est dans la *Philosophie de la liberté* (*) (1879) qu'il a donné l'exposé le plus complet de sa pensée. Parmi ses autres œuvres, citons : *Recherches de la méthode* (1857), *Littérature suisse du XVIIIe siècle* (+) (1861), *Galerie suisse. Biographies nationales* (+) (1873-80), *Le Principe de la morale* (1884), *La Civilisation et la Croyance* (1887), *Les Droits de l'humanité* (1890) et, posthumes, les *Essais de philosophie et de littérature* (1896).

RÉF. : L. Mayer, *La Christologie de Secrétan*, Montauban, 1891. – E. Boutroux, *La Philosophie de Secrétan*, in *Revue de métaphysique et de morale*, mars 1895. – Duproix, *Charles Secrétan et la philosophie kantienne*, Paris, 1900. – L. Secrétan, *Charles Secrétan*, Lausanne, 1912. – E. Grin, *Charles Secrétan*, Lausanne, 1930 ; *L'Influence de Secrétan sur la philosophie moderne*, Lausanne, 1942. – A. Barnier, *La Pensée de Charles Secrétan et le problème du fondement métaphysique des jugements de valeur moraux*, Neuchâtel, 1944.

SEDAINE Michel Jean. Auteur dramatique français. Né et mort à Paris (4 juillet 1719-17 mai 1797). Fils d'un architecte peu fortuné, Sedaine eut une jeunesse des plus difficile ; ayant perdu son père alors qu'il était encore tout jeune, il dut se faire tailleur de pierre pour assurer l'existence de sa mère et de ses trois frères. Un architecte, ayant remarqué qu'il occupait ses maigres loisirs à acquérir des bribes d'instruction, s'intéressa à lui et, mieux payé, mais toujours autodidacte, il put commencer à rêver d'une carrière littéraire. Une *Épître à mon habit*, publiée en 1745, attire l'attention sur lui, et il donne au cours des années suivantes diverses petites œuvres, des fables, des pastorales, des chansons, recueillies en 1752 sous le titre de *Pièces fugitives*. Quatre ans plus tard paraît un poème didactique en quatre chants, *Le Vaudeville*, qui prouve combien Sedaine était déjà préoccupé par le théâtre. Le premier il sut reconnaître, en s'inspirant des tentatives précédentes de la comédie italienne et de la foire, toutes les riches possibilités dramatiques de la comédie en musique, et on peut le considérer comme le véritable fondateur de l'opéra-comique. Il fit ses débuts dans ce genre, le 19 août 1756, au Théâtre de la foire Saint-Laurent, avec une œuvre adaptée de l'anglais, *Le Diable à quatre ou la Double Métamorphose*, agrémentée d'ariettes de Philidor. Dans *Blaise le savetier*, donné en 1759 au Théâtre de la foire Saint-Germain, la partie musicale, due également à Philidor, est beaucoup plus importante : le genre est désormais fixé. En collaboration avec Philidor, Sedaine fera encore représenter *L'Huître et les Plaideurs* (1759), *Le Jardinier et son seigneur* (1761), *Ernelinde, princesse de Norvège* (*) (1767) – le chef-d'œuvre du musicien – et *Les Femmes vengées* (1775) ; avec Monsigny, *On ne s'avise jamais de tout* (1761), *Le Roi et le Fermier* (1762), *Rose et Colas* (1763), *Le Déserteur* (*) (1769), *Félix ou l'Enfant trouvé* (*) (1777) et un véritable « opéra-ballet héroïque » joué à l'Académie royale de musique, *Aline, reine de Golconde* (*) (1766) ; avec Grétry, ce furent *Le Magnifique* (1773), *Aucassin et Nicolette* (1779), *Richard Cœur de Lion* (*) (1784), *Amphytrion* (*) (1788), qui n'eut aucun succès, et *Guillaume Tell* (1791), qui fut au contraire triomphal. Entre-temps, Sedaine avait donné au Théâtre-Français son *Philosophe sans le savoir* (*) (1765), œuvre typique du genre de la « comédie sérieuse » mis à la mode par La Chaussée et Marivaux, et qui reste un intéressant tableau de mœurs du XVIIIe siècle, et *La Gageure imprévue* (+) (1768). Mais c'est avant tout à ses succès comme librettiste d'opéras-comiques que Sedaine dut d'être accueilli à l'Académie française en 1768. En 1796, lors de la création de l'Institut, il fut oublié, ce qui plongea les derniers mois de sa vie dans une grande amertume.

Un recueil de ses *Œuvres choisies* a été publié en 1813.

JACQUES PATRY.

♦ *« Je ne connais personne qui entende le théâtre mieux que vous et qui fasse parler ses acteurs avec plus de naturel. »* Voltaire, lettre à Sedaine, 1769.

RÉF. : M. Gisi, *Sedaine, sein Leben und seine Werke*, Berlin, 1883. – L. Günther, *L'Œuvre dramatique de Sedaine*, Paris, 1908. – F. Gaiffe, *Le Drame en France au XVIIIe siècle*, Paris, 1910. – L. P. Arnoldson, *Sedaine et les musiciens de son temps*, thèse, Paris, 1934.

SEEBERG Peter. Romancier danois. Né le 22 juin 1925 à Skrydstrup. Les deux premiers romans de Seeberg, *Les Figurants* (*) (1956) et *Minimum vital* [*Fugls føde*, 1957], mettent en scène deux protagonistes non seulement absurdes parce que leur vie n'a plus de sens et s'effrite entre leurs mains, mais aussi tragiquement orgueilleux car ils exigent que tout leur vienne du dehors, du monde, sans rien faire d'autre que de se mettre en position d'accueil. Dans l'incapacité de voir le sens de leur vie, ils en deviennent logiquement les esclaves. La lecture de Wittgenstein permet à Seeberg d'aborder librement le problème du nihilisme. La libération définitive se manifeste par un humour exubérant qui caractérise non seulement *L'Enquête* [*Eftersøgningen*, 1962] mais également le reste de l'œuvre : signe irréfutable qu'il est désormais capable d'aimer la vie justement parce qu'il n'est plus condamné à tout exiger d'elle. Le roman *Bergers* [*Hyrder*, 1970] est une réplique inversée des *Figurants* dont il reprend la construction ; il n'existe pas de héros proprement dit. Leo Gray (Leo Gris : la couleur qui pour Cézanne contient toutes les autres. Elle est encore, traditionnellement, celle de la vie de tous les jours, celle-là même que fuyait si désespérément le héros des *Figurants* et qui apparaît ici comme fondement d'une « éthique » où nous sommes tous des figurants dans notre propre vie et protagonistes dans celle des autres ; non pas condamnés, mais renvoyés aux autres), totalement paralysé après un grave accident de la route, n'existe réellement que dans la conscience de ceux qui l'entourent. Il finit par se laisser mourir, rendant ainsi les autres à eux-mêmes. Loin d'être une faiblesse, cette condition est, pour qui ose l'assumer, la source même de la vie collective, si calomniée mais pourtant riche des événements de tous les jours. Cette constatation est développée dans *Au bord de la mer* [*Ved havet*, 1978] qui raconte minute par minute un dimanche au bord de la mer vécu par quarante personnes. Ainsi le roman reprend le thème de la temporalité, déjà important dans deux recueils de nouvelles, *L'Après-Midi du dinosaure* [*Dinosaurusens sene eftermiddag*, 1974] et *Arguments pour une amnistie* (*) (1976) : comment être présent dans le temps qui passe alors que l'identité et la réalité prennent forme dans l'abandon au ici et maintenant ?

KARL E. POULSEN.

SÉFÉRIS Georges (pseud. de Georges Sévériadis). Poète grec. Né à Smyrne (Asie Mineure) le 29 février 1900, mort à Athènes le 20 septembre 1971. En 1963, en couronnant à travers lui pour la première fois la Grèce, les jurés du prix Nobel ne firent que désigner le plus éminent de tous les écrivains de la « génération de 1930 ». Son existence même fut d'ailleurs placée sous le signe de l'exceptionnel, depuis sa naissance avec le siècle, un 29 février, jusqu'à ses obsèques, suivies par une foule immense, qui se muèrent en la première manifestation contre « la dictature du 21 avril ». Il connut une enfance très heureuse dans l'Asie Mineure d'avant la « catastrophe » et tout le destinait, semble-t-il, à suivre les traces de son père, juriste d'envergure internationale, lorsque la guerre contraignit toute la famille à s'expatrier à Athènes. C'était le premier départ dans une vie qui allait en compter beaucoup, éclairant avant l'heure cette phrase dont ses compatriotes firent un refrain : « Où que je me transporte, la Grèce est ma blessure. » Il acheva dans la capitale de brillantes études secondaires puis vint, âgé de 18 ans, suivre des cours de droit à Paris. Katsimbalis, « le colosse de Maroussi » du récit d'Henry Miller, nous le dépeint à cette époque, enfermé dans une chambre d'étudiant, récitant des poèmes durant des heures entières. Et cette profonde connaissance qu'il acquiert de la poésie moderne sera sensible dans son œuvre au point qu'on parlera souvent à son propos de « poésie pure » et qu'on comparera ses premiers textes avec ceux d'un Valéry ou d'un Laforgue. Il était encore à Paris lorsqu'il apprit l'incendie de sa ville natale et le sort des réfugiés, et cela, déclara-t-il plus tard, le marqua plus que tout autre événement. Après l'obtention de son diplôme en 1924, il fit un séjour d'un an en Angleterre avant d'embrasser la carrière diplomatique. Celle-ci, que viendra couronner le poste d'ambassadeur à Londres vers la fin de sa vie, tient en une longue énumération de capitales méditerranéennes : Alexandrie, Le Caire, Ankara, Constantinople, Beyrouth... Mais ces obligations multiples, si elles ont longtemps encombré l'emploi du temps du poète, lui ont cependant permis de se sentir plus qu'un autre Grec, en faisant de lui un témoin lucide et nostalgique des épreuves endurées par son pays. Tout comme il resta, politiquement, à l'écart des manifestations et des proclamations hâtives, il fallut attendre 1931 pour qu'il se décide à publier son premier recueil, *Strophe* (+) (le titre en grec signifie également « tournant »), qui marque une date dans la littérature grecque si l'on pense au climat de l'époque, où la poésie semblait se cantonner dans de pâles imitations romantiques de Karyotakis ou de Cavafy. Ces premiers vers, très remarqués à leur parution, innovaient par une langue sobre et musicale, de caractère franchement démotique, aux rimes parfaites. Ils se divisaient en une suite de poèmes brefs, symboliques, d'une matière très dense — l'un d'eux, « Refus », mis en musique par Théodorakis, allait être populaire auprès de plusieurs générations — et un long *Discours amoureux* ['Ερωτικός λόγος], rêverie sur une passion ancienne, et le désespoir du temps disparu. Cette plaquette révélait d'emblée chez Séféris le refus de tout débordement lyrique, une facture très lente de chaque poème, dominée par un souci constant de l'expression ; ainsi s'explique l'influence de son œuvre peu volumineuse, mais d'une forme irréprochable, sur ses contemporains. Celle-ci fut d'autre part toujours soutenue par ses activités de critique, de traducteur, et il introduisit en Grèce des œuvres aussi importantes que celles de Valéry, Eliot (découvert en 1931, et qu'il s'attacha à traduire presque intégralement), Pound, Yeats, Michaux, Éluard, etc. Il consacra également d'importants travaux aux grandes figures de l'hellénisme (Kalvos, Cavafy, Palamas et surtout Makryannis, héros illettré de la Résistance qui resta pour lui un modèle) sans cesser d'expérimenter cette dimension théorique sur les grands textes de l'Antiquité qu'il connaissait parfaitement : « Je lirai chaque matin une centaine de vers de l'*Iliade* », note-t-il d'une façon qui rappelle un peu le Baudelaire des « Carnets », dans son *Journal* (+). Tous ses articles et conférences sur le problème de la langue et de la création poétique furent réunis en 1944, dans un volume d'*Essais* (*), qui font toujours autorité et dont un ensemble significatif a été traduit en français sous le titre *Essais : Hellénisme et création* (*). En 1932, à compte d'auteur, il édita *La Citerne* (+), poème unique d'une centaine de vers dicté par une conception quasiment philosophique de la mort, et traversé d'images sombres telle cette citerne sonore, à l'eau dormante, et qui résonne vainement. Il avait ainsi atteint, en deux livres, une perfection difficilement surpassable et il s'ensuit un silence de trois ans jusqu'à la parution de *Mythologie* (1935) — v. *Poèmes* (*) — qui marquait une nouvelle orientation et consacrait la « Nouvelle Poésie » en Grèce. (De la même année date sa participation à la revue *Les Lettres nouvelles* qui en réunissait les principaux représentants.) Désormais délivré des obligations de la rime, il inaugurait un lyrisme proprement hellénique, émaillé de citations empruntées aux Anciens, sans jamais se détacher des horizons de la Grèce moderne. Il avait concentré dans ces vingt-quatre poèmes, parfois à la façon des chansons populaires, les éléments qui lui étaient les plus chers (la « lumière attique », la mer et les populations maritimes, l'amour et la douleur, l'attente) et dressé un bilan symbolique pour les Grecs de l'après-guerre, démunis, déracinés, nourris du « pain amer de l'exil ». En 1940, juste avant l'entrée en guerre, il publia son *Cahier d'études* (+) qui, sous la modestie du titre, livrait des poèmes importants, restés inédits depuis sa jeunesse — tels ceux construits autour du personnage fictif de « Stratis le Marin », porte-parole du poète — et souvent prophétiques puisqu'ils annonçaient déjà les « milliers de visages blêmes » qui allaient se multiplier sous l'Occupation dans la capitale. Il accompagna en 1941 le gouvernement grec en Égypte et les années noires, l'éloignement, le sentiment de la chute alimentèrent la plupart des poèmes de son *Journal de bord I*, puis *II* (1940-1945), reflets de l'impasse qu'il éprouvait lui-même (« le poète, un vide ») en même temps que ses concitoyens : « une forêt d'amis assassinés, notre cerveau ». Se tournant vers le passé, il bâtit un long poème sur un roi disparu, symbolique (*Le Roi d'Asiné*), dont il est à peine fait mention dans l'*Iliade*, précisant que s'il parle par paraboles, « c'est seulement qu'elles sont plus douces à entendre ». À la Libération, il fut témoin du « décembre rouge » d'Athènes qui devait déclencher la guerre civile dans le pays ; deux ans plus tard, on vit avec *La Grive* (+) (1947) que sa conscience « d'une amertume éternelle » lui inspira un long poème à la manière d'Eliot, où se mêlent des références anciennes et actuelles, où le passé et le présent se rejoignent dans un même élan d'éternité, et l'alternance de lumière et d'ombre dans l'élan essentiel de la vie. Vinrent les années itinérantes en Méditerranée (d'un séjour à Chypre, il rapporta le troisième tome de son *Journal de bord* (1955), inspiré par le drame que connaissait l'île) puis, nommé en 1957 ambassadeur à Londres (où il resta cinq ans en poste), il ne se manifesta plus que par des conférences, des traductions, tandis que son œuvre se propageait à l'étranger, suscitant de nombreuses études et plusieurs récompenses. Définitivement retiré du service diplomatique en 1962, il revint à Athènes qu'il ne quitta plus guère. Après les *Trois poèmes secrets* [Τριά κρυφά Ποιήματα, 1966], testament elliptique de toute sa vie de poète, il s'abstint de toute publication afin de ne pas cautionner la dictature instaurée en 1967, jusqu'à sa contribution au recueil collectif des *Dix-Huit Textes* [Δεκαοχτώ Κείμενα, 1970]. Sa disparition fut ressentie comme un deuil national par le peuple grec : sans voir venir la fin des épreuves en Grèce venait de mourir celui qui avait le mieux exprimé son « drame très ancien » et avait su, placé à la croisée de deux cultures, les réunir dans un statut universel. Il nous a légué un volumineux *Journal* (*) [Μέρες], miroir fidèle de sa vie et de sa pensée dont la probité et la sensibilité ne cessent d'éclairer et d'étayer l'œuvre.

GILLES ORTLIEB.

♦ *« Séféris n'est pas un poète facile et sa réputation a grandi lentement, avec peine. Mais il n'est pas obscur. La langue qu'il parle est difficile mais en cette langue, sa voix est claire et directe. On sent qu'il a hissé jusqu'à l'expression parfaite ce qui ne pouvait être dit autrement. »* Linos Politis. ♦ *« Être grec n'est sans doute une vraie souffrance que pour celui qui a pressenti la souffrance universelle d'être homme. Les poèmes de George Séféris, en tout cas, ne sont des poèmes grecs, attachés aux images et à l'histoire des Grecs, que parce qu'il a pu rejoindre dans ces vocables la structure de ce qui est. »* Yves Bonnefoy. ♦ *« Sa lucidité, la prédilection qu'il marque aux idées incarnées, la recomposition, au cours de sa démarche spirituelle, de la substance même du paysage grec suffisent largement pour assurer à son œuvre une place de choix au sein des productions les plus valables de la Grèce de toujours. »* Georges Spyridaki.

RÉF. : E. Keeley, *T. S. Eliot and the Poetry of G. Séféris*, Londres, 1956. – A. Mirambel, *Georges Séféris, Prix Nobel, 1963*, Paris, 1964. *Pour Séféris*, hommage collectif, Athènes, 1961. – J. Tsatsos, *Georges Séféris, mon frère*, Paris, 1978. – D. Kohler : *L'Aviron d'Ulysse, l'itinéraire poétique de Georges Séféris*, Paris, 1985 ; *Georges Séféris qui êtes-vous ?* Paris 1989.

SEGALEN Victor. Écrivain français. Né à Brest le 14 janvier 1878, mort au Huelgoat (Finistère) le 21 mai 1919. Après de solides études classiques chez les jésuites, il fit des études médicales à Brest, Rennes et Bordeaux, et devint médecin de la marine avec une thèse soutenue le 29 janvier 1902 et intitulée *Les Cliniciens ès lettres* dans laquelle il étudiait la documentation médicale de certains écrivains naturalistes. Il en détacha un chapitre : « Les Synesthésies et l'école symboliste », vigoureux plaidoyer en faveur des symbolistes publié dans le *Mercure de France* (*) d'avril 1902. La rencontre de Huysmans dès 1899 et plus tard de Remy de Gourmont lui donne accès au milieu du *Mercure de France*. Son premier poste sur l'aviso « La Durance » à Tahiti à partir de janvier 1903 le convainc d'emblée que la civilisation polynésienne est menacée de mort par l'influence européenne et par l'insouciance des populations. La vue des tableaux et la lecture des écrits de Gauguin mort à Hiva-Oa depuis peu lui font comprendre par l'intérieur ce qu'avait été autrefois la vie sensuelle et joyeuse des Polynésiens. Un article publié dans le *Mercure de France* en juin 1904 « Gauguin dans son dernier décor » et, beaucoup plus tard, un *Hommage à Gauguin* en 1918 témoignent de son admiration. De retour en France en février 1905, il publia en 1907 *Les Immémoriaux* (*) sous le pseudonyme de Max-Anély. Dans ce livre soigneusement documenté, sous une affabulation romanesque et poétique, Segalen montrait comment sous la pression politique et religieuse les Polynésiens, « les Immémoriaux », en étaient venus à oublier leurs paroles sacrées, leurs dieux, leur sensuelle recherche du bonheur. C'était pour Segalen le moyen de mettre en pratique ses idées sur l'exotisme en prêtant la parole à des récitants maoris, en feignant d'adopter leurs valeurs. Il se montrait en cela un précurseur des ethnologues modernes. Le livre, de plus, est l'expression de sa violente révolte contre sa rigoureuse éducation morale et religieuse. Elle avait commencé dès Bordeaux, mais les facilités tahitiennes, l'influence de Nietzsche et l'exemple de Gauguin rangé parmi les « hors-la-loi » avec Rimbaud, sur qui il publie une étude, « Le Double Rimbaud », l'avaient singulièrement renforcée.

Sa passion pour la musique, très cultivée dans sa famille, son admiration pour Debussy le conduisent à faire la connaissance du Maître à qui il propose en vain le livret de *Siddhartha* inspiré par le bouddhisme. Cependant Debussy lui suggère d'écrire un *Orphée*. Ils y travaillent en commun, mais *Orphée-Roi* paraîtra seulement en 1921, après la mort du musicien et du poète. C'est avec la Chine que Segalen, selon Jouve citant Rimbaud, « trouve le lieu et la formule ». Nommé élève interprète de la marine, il arrive à Pékin en juin 1909, rencontre à Tien-tsin Claudel, pour qui il éprouve plus d'admiration littéraire que de sympathie religieuse, et entreprend avec l'écrivain A. Gilbert de Voisins une grande expédition en Chine centrale et au Japon qui durera neuf mois. De ce séjour en Chine qui s'interrompra avec la guerre en août 1914 naîtront les grandes œuvres du poète. *Stèles* (*) (1912 et 1914), recueil de quarante-huit poèmes, de soixante-quatre dans la deuxième édition, se présente extérieurement et intérieurement à la chinoise. Mais l'exotisme, ici, ne sert que d'alibi. Ni traductions, ni adaptations, ces poèmes expriment en réalité l'univers secret du poète, ses opinions, ses sentiments, ses expériences du voyage. Par le détour de la Chine, par ce qu'il appelle l'allégorie, ils suggèrent des notions trop pures pour tomber sous la coupe des mots. L'indicible, l'invisible, l'inouï hantent en particulier les stèles du « Milieu ». Avec *Peintures* (*) (1916), quittant le style dense et concentré des inscriptions lapidaires, Segalen adopte le parti de décrire ou de recréer par le langage parlé des peintures taoïstes, un long rouleau de soie, des portraits d'empereurs décadents. Ce sont des poèmes en prose à mettre sur le même plan que les *Illuminations* (*) de Rimbaud et *Connaissance de l'Est* (*) de Claudel. Ce poète était aussi un sinologue et un archéologue. La mission archéologique officielle formée de Segalen, Voisins, Lartigue découvrit en 1914 la plus ancienne statue monumentale chinoise et identifia le site funéraire de l'empereur Ts'in Che-houang dont l'exploration devait être soixante ans plus tard la plus grande découverte du siècle. *Mission archéologique en Chine* (posthume, 1923-24) et *Chine. La grande statuaire* (posthume, 1972) donnent une idée de sa compétence dans ce domaine. Le beau livre d'*Équipée* (*) (posthume, 1929) est le complément poétique de ces explorations dans la terre de Chine. Dans une magnifique prose, le poète s'interroge sur les rapports entre le Réel et l'Imaginaire. Au terme du voyage dominé par l'exotisme, c'est-à-dire l'esthétique du Divers, le poète est contraint d'avouer que le conflit complémentaire entre le Réel et l'Imaginaire laisse de côté l'essentiel : « ... l'être en un mot reste fièrement inconnu. » Cependant, de son séjour à Pékin, grâce à la fréquentation d'un jeune Français qui lui servait de professeur de chinois et lui faisait des confidences rocambolesques, il tira un roman *René Leys* (*) (posthume, 1922), dont l'intrigue et les personnages restent hypothétiques. C'est le roman de la connaissance impossible. *Le Fils du Ciel* (*) (posthume, 1975) date également des premiers jours de l'arrivée en Chine. Œuvre difficilement classable, comme tous les livres de Segalen, elle tient du roman historique et de l'épopée. Le héros en est l'empereur Kouang-Siu, dont Segalen fait une sorte de Hamlet chinois prisonnier du glorieux passé et de son amour, et promis à la mort.

Malgré sa santé déjà fortement atteinte, après une période passée à l'hôpital de Rochefort, puis de Brest, Segalen obtient d'être envoyé chez les fusiliers marins aux environs de Dunkerque. En décembre 1916, il accepte de participer à une mission en Chine chargée de recruter des travailleurs. Il se trouve à Pékin en février-mars 1917, en même temps que Saint-John Perse alors en poste à la Légation de France. Il l'avait rencontré au cours d'un déjeuner à Bordeaux avec Claudel vers la fin d'octobre 1914, mais il semble que cette fois ils ne se virent pas. Il fait passer un examen médical à des travailleurs à Nankin et profite de ses loisirs pour procéder à des recherches archéologiques en étudiant les tombeaux des Leang. Un long poème intitulé *Thibet* (éd. M. Taylor, 1979), sa dernière œuvre est, comme les autres, le constat désespéré d'un échec : Po-Youl, nom dérisoire de l'innommable, symbolise le but vers lequel tend tout voyage, mais qui se dérobe à mesure qu'on monte à grand-peine vers lui. Pendant que s'achève la guerre, Segalen s'efforce de lutter contre un mal physique mystérieux sans symptômes définis et contre plusieurs dépressions nerveuses peut-être liées à son désir de renoncer à l'opium. Son désarroi spirituel est tel qu'il adresse à Claudel une lettre jugée déchirante par le destinataire, mais prise à tort pour un appel religieux. Ses sentiments à l'égard d'une grande amie, Hélène Hilpert, ont peut-être malgré tout adouci une issue inéluctable. On le retrouva mort un jour dans la forêt du Huelgoat, avec une blessure au talon. Un garrot de fortune prouve qu'il essaya d'arrêter l'hémorragie. Les hypothèses de suicide n'ont jamais été confirmées. Toute l'œuvre, prose et poèmes, si abondante en si peu d'années de ce contemporain d'Apollinaire est inspirée par une très haute idée de la littérature qui lui assure le plus bel avenir. Elle est marquée par une évolution de la conscience sensuelle et esthétique de sa jeunesse vers le mysticisme agnostique d'un esprit en quête des suprêmes secrets : « Il y a toujours le mystique orgueilleux qui sommeille en moi [...] moi si anticatholique pur, mais resté, d'essence amoureux des châteaux dans les âmes et des secrets corridors obscurs menant vers la lumière. »

HENRY BOUILLIER.

♦ *« C'est la voix d'une certaine résignation, il faut bien se contenter de cela* [...] *Traversant le mouvement du langage et des images, la recherche de l'absolu donne à l'œuvre cette résonance, cette gravité qui nous retient aussitôt. »* Gaëtan Picon. ♦ *« Tous ces poèmes marquent moins* [...] *le contrôle d'un point d'auto-possession psychique, de « connaissance au fond de soi », comme l'écrit Segalen, qu'ils ne tentent l'approche d'un lieu inconnaissable...* » Jean-Pierre Richard. ♦ « *... c'est dans son œuvre seule qu'il avait foi ; progressant en elle, s'éclairant par elle, vivant en elle les expériences que l'existence lui refusait, il l'a édifiée comme ce lieu sacré rêvé, où la mort ne serait plus un meurtre mais une mutation naturelle.* » Jean Roudaut.

RÉF. : Henry Bouillier, *Victor Segalen*, Paris, 1961 et 1986. – Kenneth White, *Segalen. Théorie et pratique du voyage*, Lausanne, 1979. – Michael Taylor, *Vent des royaumes ou les voyages de Victor Segalen*, Paris, 1983. – Claude Courtot, *Victor Segalen*, Paris, 1984. – Anne-Marie Grand, *Victor Segalen. Le moi et l'expérience du vide*, Paris, 1990. – Gilles Manceron, *Segalen*, Paris, 1991.

SEGEDIN Petar. Écrivain croate. Né à Korčula le 8 juillet 1909. Après des études de lettres à Zagreb, il se consacre entièrement à la littérature. Son premier roman, *Les Enfants de Dieu* (*) (1946), fait date dans l'histoire de la littérature en Yougoslavie. Il y prend résolument position contre le réalisme socialiste et construit l'œuvre tout entière sur le monologue intérieur et les jeux de la conscience. Dans son second roman, *Les Solitaires* [*Osamljenici*, 1947], les thèmes de l'enfance et des petites gens et les grands conflits intellectuels de l'époque ne sont montrés que vécus de l'intérieur et chargés d'affectivité. Les mêmes caractéristiques se retrouvent dans ses nouvelles, où son goût de la nuance et des atmosphères subconscientes se donne libre cours, comme dans *La Mer morte* [*Mrtvo more*, 1953], *Orphée au jardin* [*Orfej u maloj bašti*, 1964] et *Sourire noir* [*Crni smiješak*, 1969]. Il est en outre l'auteur de plusieurs récits de voyage, et d'essais dirigés contre le schématisme du réalisme socialiste.

SEGHERS Anna (pseud. de Netty Radvanyi). Romancière allemande. Née le 19 novembre 1900 à Mayence, morte le 1er juin 1983 à Berlin. Fille de la bourgeoisie – son père est antiquaire, expert en objets d'art –, elle suit des études de philologie, sinologie et histoire dans les universités de Cologne et Heidelberg. Après avoir soutenu sa thèse sur l'œuvre de Rembrandt (1924), elle entreprend de nombreux voyages à l'étranger. Tournant de son évolution : elle adhère en 1928 au parti communiste allemand, ce qui lui vaut d'être incarcérée en 1933 dans les prisons nazies. Elle réussit à s'enfuir en France, avant de gagner le Mexique (1941), où elle est présidente du « Heine-Club » qui réunit des écrivains antifascistes de l'émigration. Elle revient en Allemagne en 1947 où elle devient très vite une personnalité officielle de la vie culturelle de la République démocratique allemande : présidente de l'Union des écrivains, membre de l'Académie des arts, honorée par les plus hautes distinctions, dont le prix Lénine (1951).

La première nouvelle d'Anna Seghers, *La Révolte des pêcheurs de Sainte-Barbara* (*) (1928), donne le ton de l'ensemble de l'œuvre : elle y décrit la révolte des pêcheurs d'une île de la Manche contre les armateurs qui les exploitent, avant que les soldats ne les réduisent au silence. C'est durant l'exil et immédiatement après son retour en Allemagne qu'Anna Seghers acquiert son renom, grâce à deux romans qui remportent un succès considérable. D'abord *La Septième Croix* (*) (1942), qui dénonce l'hitlérisme : sept détenus s'évadent ensemble d'un camp de concentration ; tous sont repris et crucifiés, sauf un, dont la croix reste vide et qui symbolise l'espoir des autres prisonniers. Ensuite *Les morts restent jeunes* (*) (1949), qui retrace l'évolution de la société allemande de 1918 à 1945 à travers le destin d'une génération : le fils d'un spartakiste assassiné pendant la Révolution périt à son tour, trente ans plus tard, à cause de ses convictions communistes. Dans ces deux ouvrages, l'écrivain, bien évidemment, prend parti. Mais le récit n'est pas au service de l'idéologie. C'est l'époque où Anna Seghers affirme avec force que « le roman n'a rien à voir avec un éditorial politique ». Tolstoï, Balzac sont les modèles dont elle se réclame.

Les œuvres plus récentes d'Anna Seghers sont d'un style différent. Il ne s'agit plus de narrer le combat libérateur, mais de célébrer l'ordre socialiste nouveau. Le débat autour du roman *La Décision* [*Die Entscheidung*, 1959] est à cet égard exemplaire : récompensé en R.D.A. par le prix national de littérature, l'ouvrage n'est aux yeux de certains que propagande mal déguisée. L'intrigue y est désespérément simpliste : nous suivons le destin parallèle de deux aciéries qui formaient avant la guerre une seule entreprise et qui sont désormais l'une en R.F.A., l'autre en R.D.A., manichéisme facile qui permet d'opposer les bons et les méchants. La même polémique s'est installée autour du roman *La Confiance* [*Das Vertrauen*, 1968] et des recueils de nouvelles *La Ruche* [*Der Bienenstock*, 1953] et *La Force des faibles* [*Die Kraft der Schwachen*, 1965]. Toute la production d'Anna Seghers illustre en définitive l'ambiguïté du « réalisme socialiste » : esthétique féconde lorsque le socialisme, dans les conditions historiques où l'œuvre est écrite, est libérateur, mais dogme stérile lorsque le socialisme, au pouvoir, est institution bureaucratique.

JEAN-JACQUES POLLET.

RÉF. : P. Ross, F. Hassaun, *Anna Seghers, Materialienhich*, Darmstadt, 1977. – K. Sauer, *Anna Seghers*, Munich, 1978. – C. Dagermann, *A. Seghers in die west deutschen Literaturekritik*, Cologne, 1985.

SEGHERS Pierre. Poète et éditeur français. Né et mort à Paris : 5 janvier 1906-4 novembre 1987. Il fait ses études secondaires à Carpentras et, après son baccalauréat, se met tout de suite à exercer divers petits métiers. Au lycée, il a eu la révélation de la poésie avec

Hugo et Musset. Quand il vient à Paris, à l'âge de dix-neuf ans, il découvre Thomas De Quincey et Marcel Schwob. Il effectue son service militaire en Corse, puis retourne en haute Provence chez un oncle qui lui apprend le commerce. Cela ne l'empêche pas de s'intéresser de plus en plus à la poésie de son temps (Carco, Cendrars) et de composer lui-même des poèmes. En 1932, il fait la connaissance de Louis Jou, éditeur et graveur, ami de grands poètes comme Léon-Paul Fargue. Mettant à profit ses conseils sur l'édition, Seghers décide de publier, en 1938, un premier recueil de poèmes, *Bonne espérance* (1939), paru à Villeneuve-lès-Avignon. Pierre Seghers est mobilisé en septembre 1939. En rentrant à Villeneuve-lès-Avignon, il fonde la revue *Poètes casqués,* qui devient en 1940 *Poésie 40,* suivie en 1941 de *Poésie 41,* etc. Ces publications, aux sommaires très illustres, sont un lieu où s'exprime l'esprit de la Résistance. Seghers se lie par ailleurs d'amitié avec Aragon, Elsa Triolet, Paul Éluard et de jeunes poètes qu'il saura révéler. En 1944, il crée sa célèbre collection « Poètes d'aujourd'hui » dont le premier volume est consacré à Paul Éluard. Après la guerre, Pierre Seghers va se consacrer à la divulgation de la poésie, par son rôle d'éditeur, jusqu'en 1969 (il publie Pessoa, Neruda, Jabès), ses conférences à l'étranger, l'organisation de spectacles sur la poésie. Sa propre œuvre comporte maints recueils : *Racines* (*) (1956), *Pierres* (1958), *Piranèse* (1960), *Dialogue* (1966), *Dis-moi, ma vie* (1973). Poésie humaniste, généreuse, peu influencée par le surréalisme, elle s'adresse à un vaste public. Seghers a également écrit des chansons (« Merde à Vauban », pour Léo Ferré) et publié des anthologies (*Le Livre d'Or de la poésie française,* 2 vol., 1961 et 1969 ; *Poètes maudits d'aujourd'hui,* 1972).

JACQUES-ÉMILE MIRIEL.

SEGRAIS Jean Regnauld de. Écrivain français. Né et mort à Caen : 22 août 1624 - 25 mars 1701. De 1648 à 1672, il appartient à la maison de la Grande Mademoiselle (la cousine de Louis XIV, à qui il avait été présenté par le comte de Fiesque), où, sous le titre de secrétaire des commandements, il met sa plume au service de l'illustre exilée. Il se charge ainsi de la bonne réalisation du recueil de *Divers portraits* que fait publier Mlle de Montpensier en 1659 (et dans lequel figure la seule œuvre signée de Mme de La Fayette : le portrait de son amie Mme de Sévigné). Pour divertir Mlle de Montpensier et célébrer les spirituelles occupations qui se tenaient dans son cercle, il fait paraître en 1657 ses *Nouvelles françaises ou les Divertissements de la princesse Aurélie* (*). Cette suite de nouvelles, où le conteur rencontre le théoricien — Segrais y critique les romans épiques à la manière du *Grand Cyrus* (*) —, est son ouvrage le plus célèbre.

En 1672, pour avoir manifesté son hostilité aux relations de la Grande Mademoiselle avec Lauzun, il est chassé par celle-ci et recueilli par Mme de La Fayette, jusqu'en 1676 — date à laquelle il retourne en Normandie, y fait un riche mariage avec une cousine et y finit ses jours, entouré de l'admiration de ses concitoyens. Reçu à l'Académie française le 26 juin 1662, il y succéda au poète Boisrobert.

Connu à son époque comme poète, Segrais, qui a écrit principalement des idylles, est l'un des quatre poètes vivants que cite Boileau à la fin de l'*Art poétique* (*). Ses poésies, publiées en 1660, ne nous semblent pas aujourd'hui mériter beaucoup d'attention ; elles témoignent du courant de poésie bucolique, inspiré de *L'Astrée* (*), qui se développe tout au long du XVIIe siècle. Un autre de ses titres de gloire tient à ses traductions de Virgile, très admirées par ses contemporains : l'*Énéide* (*) paraît en 1668, les *Géorgiques* (*), de façon posthume en 1711. Ses activités de poète et de traducteur le firent considérer, de son vivant, comme le « Virgile français ». Mais c'est à son travail de romancier que Segrais doit d'avoir fait passer son nom à la postérité. « Segrais fait la transition entre le roman baroque et le roman classique » (H. Coulet). Il avait entrepris un roman dans le goût ancien — *Bérénice* — qu'il n'acheva jamais, et dont les premiers volumes parurent entre 1648 et 1651. Ensuite, outre les *Nouvelles françaises* — qui annoncent l'esthétique du « roman nouveau » —, il joua un rôle de premier plan dans les romans que l'on a pris l'habitude d'attribuer à Mme de La Fayette. En 1669, c'est sous son nom que paraît *Zaïde, histoire espagnole* (*) : le dessein général de l'ouvrage était de Mme de La Fayette qui, véritable « maître d'œuvre », l'avait fait écrire par Segrais (son voisin, logé au Luxembourg chez Mademoiselle) avant de le corriger elle-même et de le faire remanier à nouveau. Il s'agit donc là d'un travail d'équipe, auquel Huet et La Rochefoucauld participèrent aussi. En raison du succès, le deuxième tome est achevé à la hâte et paraît en 1671. La première partie de *Zaïde* était accompagnée d'un traité *De l'origine des romans*, sous forme d'une lettre rédigée par Huet et adressée à Segrais. C'est sans doute le même type de travail d'équipe qui donna naissance à *La Princesse de Clèves* (*). On peut présumer que Segrais a joué un rôle important dans la rédaction du chef-d'œuvre, malgré les nombreuses variations de sa position à ce sujet et les divers témoignages qui constituent ce dossier complexe. En 1721 parut un *Segraisiana* (anecdotes, souvenirs et bons mots, dont un certain nombre recueillis par Antoine Galland) qui donne de précieux renseignements sur la vie littéraire et intellectuelle de la deuxième moitié du XVIIe siècle.

Dans son *Discours de réception à l'Académie française*, La Bruyère a fait l'éloge de Segrais, à la fois comme traducteur de Virgile, connaisseur de la langue latine et auteur de romans : il « fait des romans qui ont une fin, en bannit le prolixe et l'incroyable, pour y substituer le vraisemblable et le naturel ». Écrivain mineur, et en même temps, par sa collaboration avec Mme de La Fayette, à la source d'une des œuvres capitales de son époque, Segrais appartient, selon l'heureuse formule de R. Duchêne, à « ces doctes ralliés à la littérature de salon », qui n'ont pas de leurs capacités intellectuelles et artistiques une opinion considérable, et préfèrent les mettre au service de personnes de la haute société. Plutôt que d'imposer à son époque une œuvre qu'elle n'attendait pas, Segrais aima toujours mieux accompagner le désir de ses contemporains : « Il semble qu'il soit incompatible d'écrire pour ce temps et pour ceux qui sont à venir. » « C'est folie de s'amuser à avoir raison devant des juges qui ne l'entendent pas. »

LAURENT THIROUIN.

SÉGUR Philippe Paul, comte de. Général et mémorialiste français. Né et mort à Paris (4 novembre 1780-28 février 1873). Encore jeune homme, il écrivit une comédie en vers et prose, *Boileau et Boursault,* puis s'engagea dans l'armée (1800). Ayant servi lors de la campagne des Grisons sous Macdonald, il accomplit ensuite plusieurs missions diplomatiques au Danemark (1803), en Calabre (1806), etc. Nommé maréchal des logis de la maison de l'empereur au début de la campagne de Prusse, il fut grièvement blessé et fait prisonnier par les Russes qui l'envoyèrent à Moscou, où il resta jusqu'à la conclusion de la paix de Tilsit. Général de brigade en 1812, il fut loin de pâtir de la Restauration, puisqu'il reçut la croix de Saint-Louis des mains de Louis XVIII. Mis en disponibilité après les Cent-Jours, Philippe de Ségur profita de ses loisirs pour écrire une *Histoire de Napoléon et de la Grande Armée en 1812* (*), qui vit le jour en 1824 et souleva d'assez violentes polémiques. Cette œuvre fut suivie d'une *Histoire de la Russie et de Pierre le Grand* (1825). Élu le 25 mars 1830 à l'Académie française, il y siégea pendant quelques mois auprès de son père, Louis-Philippe de Ségur (10 décembre 1753-27 août 1830), auteur d'une *Histoire de France* (+) (1824-1830), en neuf volumes. Nommé, le 27 février 1831, lieutenant général du Royaume et, le 19 novembre suivant, pair de France, son rôle politique fut très effacé ; à partir de 1840, il prit sa retraite et cessa même d'écrire. Ses *Mémoires,* comprenant également ses œuvres historiques, virent le jour en sept volumes, en 1873, sous le titre *Histoire et Mémoires.*

RÉF. : Barbey d'Aurevilly, *Les Quarante Médaillons de l'Académie,* Paris, 1864. – C. de la Jonquière, *L'Armée à l'Académie,* Paris, 1894.

SÉGUR Sophie, comtesse de (Sofija Rostopčina). Écrivain français. Née à Saint-Pétersbourg le 19 juillet 1799, morte à Paris le 31 janvier 1874. Fille du comte Rostopchine, ministre du tsar Paul Ier, gouverneur de Moscou lors de l'incendie de cette ville en 1812, elle appartenait à une famille d'origine tartare que la tradition faisait remonter à Gengis Khan. Son enfance se passa à Moscou et dans le vaste domaine de Voronovo. Elle se convertit vers 1814 au catholicisme sous l'influence d'un jésuite français. Puis, le comte Rostopchine étant tombé en disgrâce, la famille se rendit en France (1817) où Sophie, en dépit d'une éducation sévère, connut de nombreuses distractions. Sa famille, en étroit rapport avec Mme Swetchine, fit par cette dernière la connaissance des Ségur et, en 1819, Sophie épousa le trop séduisant comte Eugène de Ségur. Installée à Paris, Mme de Ségur, qui avait une prédilection pour la campagne, acheta dans l'Orne la terre des Nouettes, qui allait devenir le cadre essentiel de sa vie et servir de décor à plus d'un de ses livres. Négligée par son mari, ayant très à cœur ses devoirs maternels, elle se donna toute à ses fils et à ses filles, et c'est pour ses petits-enfants qu'elle écrira de charmants livres d'histoires qui connurent un énorme succès. Ces « compositions nigaudes » (ainsi qu'elle les appelait), ornées le plus souvent de vignettes, et dont la renommée fit le tour du monde, eurent pour origine le départ pour Londres, où leur père était nommé secrétaire d'ambassade, de ses petites-filles Camille et Madeleine de Malaret. Ce furent d'abord *Nouveaux Contes de fées* (1857), édités par Hachette sur l'insistance de Louis Veuillot, grand ami de la famille, et illustrés par Gustave Doré, puis ces petits chefs-d'œuvre que sont, dans le genre très particulier des récits pour l'enfance : *Les Mémoires d'un âne* (*) (1860), *Les Malheurs de Sophie* (*) (1864), premier volume d'une trilogie qui compte aussi *Les Petites Filles modèles* (+) (1858) et *Les Vacances* (+) (1859) ; *La Sœur de Gribouille* (1861), *Les Deux Nigauds* (1862), *Jean qui grogne et Jean qui rit* (1865), *Le Général Dourakine* (*) (1866), suite de *L'Auberge de l'Ange gardien* (+), etc.

RÉF. : Marquis A. de Ségur, *Biographie nouvelle de Mgr de Ségur et de la comtesse de Ségur, sa mère*, Paris, 1885. – Vicomtesse O. Simard de Pitray, *Ma chère maman*, Paris, 1891. – Mgr de Ségur, *Ma mère...*, Paris, 1893. – J. Chennevière, *La Comtesse de Ségur, née Rostopchine*, Paris, 1932. – M. de Hédouville, *La Comtesse de Ségur et les siens*, Paris, 1953. – M. L. Audiberti, *Sophie de Ségur, l'inoubliable comtesse*, Paris, 1981. – F. Bluche, *Le Petit Monde de la comtesse de Ségur*, Paris, 1988. – Cl. Beaussant, *La Comtesse de Ségur ou l'enfance de l'art*, Paris, 1988.

SEIDEL Ina. Romancière allemande. Née le 15 septembre 1885 à Halle, morte le 2 octobre 1974 à Ebenhausen (près de Munich). Mariée au pasteur et écrivain Heinrich Wolfgang Seidel, elle vécut longtemps à

Berlin puis, à partir de 1934, résida définitivement à Starnberg, en Bavière.

Ina Seidel connut la célébrité grâce à son roman *L'Enfant du destin* (*) (1930), qui remporta immédiatement, lors de sa parution, un succès considérable. C'est un récit édifiant sur le sentiment maternel et le sacrifice patriotique : sous l'occupation napoléonienne, une mère allemande qui a perdu son mari à la guerre voit son fils marcher vers le même destin. Avec le roman suivant, *Lennacker* (1938), Ina Seidel, qui prêche une éthique luthérienne, retraça le chemin de l'Église réformée à travers l'histoire d'une famille. À l'époque, la romancière adopta une attitude suspecte face au nazisme : la « mise au pas » générale lui fit taire ses convictions religieuses et même parfois, malheureusement, écarter ses principes moraux pour chanter la gloire du Führer. Dans un dernier roman paru après la guerre, *Michaela* (1959), elle tente de comprendre comment les Allemands ont pu se laisser abuser par l'hitlérisme.

SEIFERT Jaroslav. Poète tchèque. Né et mort à Prague : 23 septembre 1901-10 janvier 1986. Prix Nobel de littérature en 1984. Issu d'une famille ouvrière d'un quartier populaire de la capitale, il quitte le lycée et gagne sa vie comme journaliste dans la presse littéraire et artistique. Comme son ami Josef Hora ou Jiří Wolker, il écrit spontanément des poésies « prolétariennes », débordantes d'enthousiasme révolutionnaire : *La Ville en larmes* [*Město v slzách*, 1921]. Il entre au sanctuaire de l'avant-garde, le groupe « Pétasite » [Devětsil] et rédige avec Teige un manifeste sur le « nouvel art prolétarien ». Son recueil suivant, *Rien que l'amour* [*Samá láska*, 1923], s'élargit déjà d'un thème exaltant la beauté de la civilisation moderne. Par la suite, il est, avec Nezval, le héraut du « poétisme » plein de fantaisie débridée, joueuse : avec ses recueils *Sur les ondes de la T.S.F.* (*) (1925), *Le rossignol chante faux* [*Slavík zpívá špatně*, 1926], réunissant en partie ses impressions d'U.R.S.S., *Le Pigeon voyageur* [*Poštovní holub*, 1929]. À l'instar de Vančura, Majerová, Olbracht, il rompt en 1929 avec le parti communiste qui se « bolchevise ». Tandis que Nezval se dirige vers le surréalisme, Seifert s'engage sur la voie d'un lyrisme intimiste personnel exprimant avec une maîtrise croissante rapports de famille, d'amour, d'amitié entre les êtres, impressions du temps qui fuit sans retour, rêves, évocations de son pays et de sa ville natale (bouleversantes de tendresse aux temps de l'Occupation et de l'oppression), souvenirs d'enfance — thèmes qui ne le quitteront plus et qu'accompagne souvent une légère nostalgie. Citons les recueils *Une pomme tombée du giron* [*Jablko s klína*, 1933], *Les Mains de Vénus* [*Ruce Venušiny*, 1936], *Adieu, printemps* [*Jaro, sbohem*, 1937]. L'Histoire (Munich, l'Occupation) le blesse mais ne l'abat pas et, comme Hora, Halas ou Vančura..., il est le sismographe fidèle de son peuple, de son humiliation et de son désespoir, de sa révolte et de son espérance dans les volumes de poèmes *Huit jours* [*Osm dní*, 1937], *Éteignez les lumières* [*Zhasněte světla*, 1938], *L'Éventail de Božena Němcová* [*Vějíř Boženy Němcové*, 1940], *Habillée de lumière* [*Světlem oděná*, 1940] (Prague), *La Main et la Flamme* [*Ruka a plamen*, 1943], *Le Pont de pierre* [*Kamenný most*, 1944], *Le Casque d'argile* [*Přilba hlíny*, 1945], évoquant l'insurrection de Prague. Après la Libération, il dirige la revue littéraire *Le Bouquet* [*Kytice*] de 1945 à 1949 et poursuit son chant mélodique avec les recueils *Mozart à Prague* [*M. v Praze*, 1946], *Un pauvre peintre s'en alla dans le monde* [*Šel Malíř chudě do světa*, 1949], *La Chanson sur Viktorka* [*Píseň o Viktorce*, 1950]. Sa revue étant déjà suspendue, le régime communiste installé en 1948 accueille mal le dernier poème sur l'amour tragique d'un personnage pitoyable de *La Grand-Mère* (*) de Němcová : interdit de publication, le poète ne reparaît qu'au bout de l'ère stalinienne, sans que sa vision poétique ait changé en rien ; citons les recueils *Maman* [*Maminka*, 1954], *Le Garçon et les Étoiles* [*Chlapec a hvězdy*, 1956], *Prague* [*Praha*, 1958], choix de poèmes. Gravement malade pendant des années, il revient du seuil de la mort avec des poésies plus dépouillées, plus âpres, en quittant, une fois pour toutes, la « friperie poétique des rimes » : *Concert sur l'île* [*Koncert na ostrově*, 1965], *Le Moulage des cloches* [*Odlévání zvonů*, 1967], *La Comète de Haley* [*Haleyova kometa*, 1967], *La Bague pour la madone de Trebon* [*Prsten Třeboňské madoně*, 1967 ; écrit en 1946]. Comme en 1956, lors du Congrès des écrivains, où il demanda courageusement la libération des écrivains emprisonnés (Zahradniček, etc.) et l'honneur d'être la « conscience de la nation », il participe activement au dégel culturel qui aboutira au « printemps de Prague » (1968), préside la Commission des réhabilitations et devient président de l'Union des écrivains tchécoslovaques. Écarté durant la « normalisation », à nouveau interdit de publication, il signe le manifeste de l'opposition, la « Charte 77 », et confie aux éditions clandestines, puis à l'étranger, ses recueils « d'adieux », *La Colonne de peste* [*Morový sloup*, 1973, Prague, 1977, Cologne], *Le Parapluie de Piccadilly* [*Deštník z Piccadilly*, 1978] et *Être poète* [*Býti básníkem*, 1983]. De même que Holan pour la poésie spirituelle et métaphysique, Seifert est le continuateur majeur de la lignée du lyrisme typiquement tchèque qui, proche du peuple, chante mélodieusement la vie intime et le destin national, comme le firent Erben, Neruda, Toman, Sova.

RÉF. : F. X. Šalda, *Studie z české literatury*, Prague, 1961. — A. M. Píša, *Stopami poesie*, Prague, 1962 ; *Dvacátá léta*, Prague, 1969 ; *Třicátá léta*, Prague, 1971 ; *K vývoji české lyriky*, Prague, 1982. — J. Brabec, *Jaroslav Seifert*, in *Ročenka kritického borníku*, 1984. – K. Chvatík et J. Gruša, *Jaroslav Seiferts poetisches Werk*, in *L'80*, 1985.

SEIGNOLLE Claude. Écrivain français. Né le 25 juin 1917 à Périgueux (Dordogne). Renvoyé du lycée Lakanal de Bourg-la-Reine à l'âge de quatorze ans, rebelle au travail dans l'entreprise familiale de textiles, passionné d'archéologie, il fut reçu à la Société préhistorique française sous le parrainage de l'abbé Breuil. Arnold van Gennep incita le jeune homme à se pencher sur l'archéologie de ces « pierres vives » qu'étaient les paysans à la mémoire pleine encore d'une longue tradition orale promise à l'oubli si elle n'était pas immédiatement recueillie. En 1937, Claude Seignolle publia, en collaboration avec son frère Jacques, *Le Folklore du Hurepoix.* La recherche archéologique (*Les Fouilles de Robinson,* 1945) céda le pas à une ample enquête qui conduisit l'ethnologue à recueillir dans les campagnes françaises tous les témoignages des superstitions et des peurs populaires (*Les Évangiles du diable,* 1964). L'enquête scientifique du folkloriste infatigable aboutit à une fresque romancée du monde rural des années 1870-1914, livré aux croyances primitives dont Seignolle retrace toutes les situations, liées à l'effroi qui habite secrètement la mémoire collective. Unique en son genre, sa démarche le rapproche de celle suivie par le musicien hongrois Bela Bartók. Saluée très tôt par Blaise Cendrars, Pierre Mac Orlan, Lawrence Durrell, l'œuvre s'attache aux malédictions rurales de Sologne, du Berry, du Poitou – *Marie la Louve, Le Diable en sabots, La Malvenue* (*) – et à celles, citadines, du vieux Paris – *La Nuit des Halles, La brume ne se lèvera plus* –, romans et récits dont l'auteur a assuré lui-même l'édition définitive parue en 1987-88.

YANNICK PELLETIER.

SEI SHÔNAGON. Poétesse japonaise. Née vers 965 (?), morte on ne sait en quelle année. Elle était la fille, vraie ou adoptive, de Kiyowara no Motosuke (908-990), l'un des plus grands poètes de ce temps, mais on ne sait que très peu de chose sur sa vie. Elle dut recevoir une bonne éducation, et, comme elle tenait de la nature des dons exceptionnels, elle fit bientôt figure de personnalité dans son milieu. S'il faut en croire le *Nyobô sakushaburui,* ouvrage consacré aux femmes de lettres, à sept ans elle lisait très bien, à treize elle dissertait sur le *Ryô no gige,* un commentaire du code, et à vingt ans elle était considérée comme une poétesse. Tout ceci, même si ce n'est pas exact, atteste pour le moins l'existence d'une tradition qui lui attribuait des dons peu communs. Vers 991, elle entra à la Cour comme dame de compagnie de l'impératrice Sadako (976-1000) ; celle-ci étant morte en couches en l'an 1000, Sei resta probablement à la Cour durant un certain temps, car, entre 1007 et 1010, Murasaki Shikibu, qui porte des jugements sur les dames alors en service à la Cour, parle d'elle dans son journal. Ceci est le dernier témoignage sur Sei ; ensuite, la légende s'empare d'elle. Selon certaine tradition, elle se serait rasé la tête et faite religieuse bouddhiste ; selon une autre, elle serait allée mourir dans la province de Sanuki (île de Shikoku) et aurait été ensevelie dans le temple de Konpira ; une autre encore lui fait finir ses jours, pauvre et délaissée, dans un misérable taudis de la banlieue de la capitale d'alors, Kyôto.

Si nous ne possédons sur la vie de Sei que quelques maigres renseignements, par contre sa personnalité nous est révélée sous son vrai jour dans son ouvrage intitulé *Notes de chevet* (*) ; ce sont des mélanges de notes qui devaient lui servir d'aide-mémoire, des lignes tracées selon l'inspiration du moment, sans intention de diffusion, qui offrent de ce fait une garantie d'absolue sincérité, et qui constituent donc un précieux document psychologique. Sei y apparaît revêtue d'une personnalité nettement distincte de celles des autres femmes de lettres qui se trouvaient avec elle à la Cour, telles Murasaki Shikibu, Izumi Shikibu, Akazome Emon et d'autres. De tempérament indomptable, sans préjugés et opiniâtre, mais femme géniale et pleine d'un esprit pétillant, elle n'était pas tant désireuse d'occuper la première place et de se mettre en évidence que d'écraser les autres du poids de sa supériorité intellectuelle ou culturelle qu'elle cherchait à exhiber à la moindre occasion. Il ne semble pas non plus qu'elle ait eu beaucoup de regard pour les courtisans. Très versée dans les lettres chinoises et japonaises, Sei aime, par exemple, se rappeler à elle-même, avec un orgueil plein de complaisance, qu'elle a éclipsé dans la poésie chinoise et japonaise des personnages de l'autorité d'un Fujiwara no Yukinari (971-1027) ou d'un Fujiwara no Tadanobu (967-1035), ou qu'elle a exposé à la risée du public d'autres courtisans de moindre valeur. Ses observations sur les hommes ou les choses témoignent toujours de l'acuité de sa vision et de l'éclat de son esprit. Son don d'observation est servi par une réceptivité rapide et aiguë, qui donne à ses descriptions une fraîcheur vive et spontanée. La nature et l'homme sont pour Sei un spectacle d'une complexité merveilleuse, où elle se plaît à cueillir avec aisance et raffinement les aspects les plus piquants d'une situation qu'elle place dans la lumière la plus propre à en rendre l'aspect concret du moment. Ou bien elle se plaît à décrire les états de son âme devant la nature, dont elle sait découvrir et apprécier les aspects enchanteurs ou doucement mélancoliques, et le tout baigne dans le scintillement de son génie.

MARCELLO MUCCIOLI.

RÉF. : Katô Shuichi, *Histoire de la littérature japonaise*, Paris, 1986.

SELBY Hubert. Romancier et nouvelliste américain. Né le 23 juillet 1928 à New York. Fils unique d'un alcoolique, Hubert Selby Jr. grandit dans le quartier populaire de Brooklyn, s'enfuit de chez ses parents à quinze ans, puis séjourna en Europe en 1945 et 1946. Il travailla ensuite dans la marine marchande, voyageant en Italie, en Grèce, en Belgique, en Russie et en Allemagne. Atteint de tuberculose, il passa plusieurs années dans divers hôpitaux new-yorkais. Son premier roman, commencé en 1957, est achevé en 1962, puis publié en 1964, sous le titre *Last Exit to Brooklyn* (*). Il publie ensuite *La Geôle* (+) (1971), *Le Démon* (+) (1976), *Retour à Brooklyn* (+) (1979) et un recueil de quinze nouvelles écrites entre 1957 et 1981, *Chanson de la neige silencieuse* [*Song of the Silent Snow*, 1986].

La violence urbaine et l'absence d'amour sont au cœur des fictions de Selby. La délinquance, la drogue, la prostitution, l'arrivisme sans scrupules caractérisent ses personnages aliénés qui rêvent de vengeance (*La Geôle*), d'ascension sociale (*Le Démon*), de drogue (*Retour à Brooklyn*). L'écriture de Selby, tout aussi crue que ses thèmes, s'attache à rendre les voix ou les monologues intérieurs de personnages frustes, laissés-pour-compte du rêve américain, mais au destin inéluctablement dramatique.

BRICE MATTHIEUSSENT.

SELIMOVIĆ Meša. Écrivain yougoslave d'expression serbo-croate. Né à Tuzla (Bosnie-Herzégovine) le 26 avril 1910, mort à Sarajevo le 11 juillet 1982. Meša Selimović passe sa petite enfance sous le régime de l'Empire austro-hongrois qui vient d'annexer la Bosnie, bientôt dans les affres de la Première Guerre mondiale : son adolescence coïncide avec la formation difficile du nouvel État qui réunit l'ensemble des Slaves du Sud sous l'appellation de royaume des Serbes, des Croates et des Slovènes, et deviendra par la Constitution de 1929, après le coup d'État d'Alexandre, le régime centralisateur et autoritaire dénommé royaume de Yougoslavie. D'une tyrannie politique, il passera, lors de la Seconde Guerre mondiale, à l'oppression militaire. Ainsi, il connaîtra la prison sous les Četniks, en 1942, du fait de ses opinions et de ses activités, et la Résistance dans l'armée de Libération nationale dès 1943.

Auparavant, il a fait ses études secondaires au lycée de Tuzla, obtenu ses diplômes de lettres à l'université de Belgrade. En 1935, il est nommé professeur de lettres au lycée de Tuzla. Après la guerre, il est membre de différentes commissions d'État, dont celle de la culture. En 1947, il revient à l'enseignement, tant à l'École normale qu'à l'université, se voit nommé directeur artistique de Bosna-Film et responsable littéraire des éditions Svijetlost.

Sa formation universitaire, son expérience, les épreuves traversées l'amènent à méditer sur son temps, sur les hommes, sur le pouvoir. Après quelques récits et nouvelles dont le thème est la guerre, il se tourne vers une réflexion plus abstraite. *Le Derviche et la Mort* (*) (1966) marque le point culminant de sa recherche sur le pouvoir et les relations réciproques que l'individu et la foule entretiennent avec lui. À n'en point douter, Selimović faisait dès 1966 le procès du pouvoir autoritaire, de la veulerie qu'il engendre et, singulièrement, sous un aspect turco-musulman, celui du pouvoir yougoslave ; mais le réduire à cette seule métaphore politique c'est irrémédiablement le mutiler.

La Forteresse (*) (1970) approfondit la réflexion. De la dénonciation nécessaire, mais sceptique et pessimiste, Selimović passe à une vision volontariste et résolument active. L'individu peut être le jouet du pouvoir, certes, mais il en est aussi le siège, la forteresse peut l'emprisonner, mais il peut lui opposer une autre forteresse, celle que constitue sa conscience. *La Forteresse* fut également lue comme une parabole et à ce titre elle renforça le dégel qui s'amorçait alors.

LAURAND KOVACS.

SELIŠKAR Tone. Écrivain slovène. Né et mort à Ljubljana (1er mai 1900 – 9 août 1969). Instituteur de 1925 à 1943, notamment dans la région des mines de Trbovlje — v. *Trbovlje* (*) (1923) —, il rejoint les partisans et collabore, après la guerre, à plusieurs revues. Il commence à écrire vers 1923 des poésies révolutionnaires d'inspiration expressionniste, réunies en un cycle intitulé *Humanité* [*Čovecanstvo*], qui sont un cri de révolte contre l'injustice sociale. Son deuxième recueil, *Espérance* [*Pričakovanja*, 1937], évolue vers une expression intimiste où s'exprime l'amour de l'humanité et la foi dans le progrès. Pour la forme, il se partage entre le sonnet et le petit poème en prose. Après la guerre, il se fera le chantre de l'édification du socialisme d'une part, et de l'autre le poète des émigrés slovènes en Amérique, de sorte que son œuvre poétique se présente comme un document sur l'époque, notamment avec les recueils *L'Ennemi* [*Sovraznik*, 1944] et *Dans le sein de la patrie* [*V Narocju domovine*, 1947]. On retrouve les mêmes tendances dans ses nouvelles et dans ses romans, parmi lesquels il faut citer *La Nuit et l'Aurore* [*Noć in svitanje*, 1964].

SE-MA KOUANG [Sima Guang] (appellation honorifique : Tsuen Che ; surnoms : Sou Chouei, Yu-So ou Wen-kong). Né à Hsia (Chan-si) en 1019, mort en 1086. Il vécut sous la dynastie des Song du Nord (960-1127) et descendrait de Se-ma Ts'ien, après qui il est le plus célèbre historien de la Chine. Ayant passé l'examen du doctorat (1039), il entra dans la carrière politique et devint ministre d'État sous les empereurs Jen Tsong (1022-1063) et Chen Tsong (1067-1085). D'esprit conservateur et traditionaliste, Se-ma Kouang s'opposa énergiquement aux « réformes sociales » de Wang An-Che auquel il dut céder la place en 1070, et se retira à Louoyang. En 1086, il reprit le pouvoir comme Premier ministre, mais succomba la même année aux fatigues causées par la lutte contre son adversaire dont il avait fait échouer les projets de réforme. Dans sa retraite forcée, Se-ma Kouang entreprit une histoire générale de la Chine, achevée en 1084 et publiée sous le titre *Miroir universel pour un bon gouvernement* (*). Disciple fervent de Confucius, il avait pour amis Ouyang Siu et les cinq philosophes précurseurs de Tchou Si : Tcho Touen-yi, Chao Yong, Tchang Tsai et les deux frères Tch'eng. Se-ma Kouang, en tant qu'écrivain, est remarquable pour la clarté des idées, la concision du style et la sûreté du jugement.

RÉF. : Wilh, Grube, *Geschichte der chinesischen Literatur,* Leipzig, 1909. – Ch. S. Gardner, *Chinese Traditional Historiography,* Hollywood (California), 1955.

SE-MA SIANG-JOU [Sima Xiangru] (prénom honorifique Tchang-ts'ing). Poète chinois si célèbre qu'il est devenu une figure emblématique du poète et du romantisme en Chine, Se-ma Siang-jou est né en 179 av. J.-C. à Tch'eng-tou (Se-tch'ouan), et mort en 117 av. J.-C. Son anticonformisme lui fit délaisser dans sa jeunesse les honneurs auxquels il pouvait prétendre, pour aller exercer ses talents littéraires auprès du roi de Liang qui jouait alors le rôle de mécène. Lorsque ce dernier mourut, Se-ma Siang-jou retourna dans sa province natale. Invité chez un riche personnage, il séduisit si bien, en jouant de la cithare, sa fille, jeune et jolie veuve, que celle-ci s'enfuit avec lui. Furieux d'un tel scandale, le père les bannit. Mais quand il vit sa fille tenir avec son amant un débit de boissons – car ils étaient sans ressources –, il supporta encore moins une telle honte, et se résolut à leur donner une part d'héritage. La tradition raconte encore que, bien plus tard, Se-ma voulut délaisser sa première compagne devenue vieille, mais que celle-ci le reconquit en composant une *Complainte des cheveux blancs.* Entre-temps, le poète avait été appelé à la Cour par l'empereur Wou-ti (régnant de 141 à 87 av. J.-C.), que l'un des « fou » écrits auprès du roi de Liang avait séduit. Il exerça alors plusieurs charges officielles, fut notamment envoyé en mission auprès des minorités de sa région natale, mais surtout composa en l'honneur de l'empereur les œuvres qui ont porté à son apogée le genre du « fou » descriptif – en prose rythmée sinon rimée, et qui l'ont lui-même rendu illustre – v. *Fou de Se-ma Siang-jou* (*). On connaît par ailleurs de Se-ma Siang-jou quatre textes en prose d'inspiration didactique et politique, invitant prince et sujets à servir l'empire. L'ensemble de l'œuvre qui a été transmis figure dans le chapitre 117 des *Mémoires historiques* (*) de Se-ma Ts'ien (v. 145-v. 87 av. J.-C.), qui a composé la biographie du poète peu de temps après la mort de celui-ci.

RÉF. : Y. Hervouet, *Un poète de cour sous les Han : Sseu-ma Siang-jou,* Paris, 1964 ; *Le Chapitre 117 du Che-ki (Biographie de Sseu-ma Siang-jou*), Paris, 1972.

SE-MA TS'IEN [Sima Qian] (appellation honorifique : Tse-tchang). Historien chinois. Né près de Han-tch'eng (Chaan-si) vers 135 ou 145, mort probablement en 87 av. J.-C., il vécut sous le règne de l'empereur Wou-ti (141-87 av. J.-C.), alors que la Chine était en plein essor. D'une grande précocité d'esprit, il entreprit à l'âge de vingt ans un voyage d'études à travers l'empire. À la mort de son père (110), Ts'ien lui succéda dans sa charge d'astrologue de l'empereur (charge concernant l'astronomie, la divination, les sacrifices, la chronique de la Cour et la garde des archives). Après avoir accompli une savante réforme du calendrier, il se tourna vers l'histoire, et, là, encore, continua l'œuvre paternelle en colligeant avec méthode des documents concernant toute l'histoire de la Chine depuis les temps mythologiques jusqu'à son époque. Ce furent les *Mémoires historiques* (*), histoire de la Chine depuis le XIIe siècle av. J.-C. Une grande épreuve attendait Se-ma Ts'ien en 98. Ayant pris la défense du général Li Ling qui avait imprudemment livré bataille aux Siong-nou et s'était fait battre, il tomba en disgrâce et fut condamné à la castration. L'historien aurait dû, pour son honneur, choisir la mort. Or, il eut le courage considérable de supporter non seulement le supplice monstrueux, mais aussi l'incompréhension et le mépris d'autrui. Il put ainsi terminer le chef-d'œuvre commencé par son père, et qui allait lui assurer une gloire éternelle. La rage et le sentiment exacerbé de l'injustice transparaissent sans doute, dans les *Mémoires historiques,* sous la forme de la subjectivité sensible et passionnante des *Biographies.* Le supplicié reprit ses fonctions à la Cour, et acheva l'œuvre vers 91. Se-ma Ts'ien a été surnommé l'« Hérodote de la Chine », et on le considère comme le père de l'histoire chinoise. Il fut, en effet, le premier à concevoir et à réaliser dans ce domaine un plan général et méthodique. Avant lui, le rôle de l'historien se bornait à rédiger des chroniques locales, et ce fut son mérite de les utiliser pour écrire un ouvrage – le premier – qui embrasse l'histoire de la Chine dans son ensemble. Chacune des histoires dynastiques qui seront rédigées ultérieurement imitera la composition des *Mémoires historiques.* En outre le style magnifique de Se-ma Ts'ien est resté tout au long de l'histoire littéraire chinoise un modèle incomparable. Quant à ses *Biographies,* elles ont influencé tant par la forme que par leur contenu, bien souvent adapté (y compris au théâtre).

RÉF. : B. Watson, *Ssu-ma Ch'ien, Grand Historian of China,* New York, 1958.

SEMBENE Ousmane. Romancier et cinéaste sénégalais. Né le 1er janvier 1923 à Ziguinchor, au Sénégal, dans une famille de pêcheurs Lébou, le jeune garçon marque toutefois peu d'aptitude pour le métier de son père, qui le confie bientôt à l'un de ses oncles, ancien instituteur établi à Dakar. C'est un nouvel échec dû au caractère trop turbulent du jeune Ousmane, devant lequel toutes les portes des écoles se ferment.

Après avoir occupé divers emplois manuels (apprenti mécanicien, maçon, etc.), Ousmane Sembene est mobilisé de 1942 à 1946, date à laquelle il rentre à Dakar pour participer à la grève des cheminots du Dakar-Niger, en 1947, une expérience dont il se souviendra lorsqu'il écrira sa première grande fresque romanesque, *Les Bouts de bois de Dieu*. Cette expérience du combat syndical est pour lui une prise de conscience politique dont toute son œuvre porte la trace, et qui va bientôt se concrétiser avec son départ pour la France.

D'abord ouvrier chez Citroën, à Paris, Sembene est ensuite embauché comme docker sur le port de Marseille, et il adhère alors au parti communiste français. Cette époque marque une étape importante dans sa formation, dans la mesure où elle est à la fois ouverture sur le monde occidental, irremplaçable expérience de la fraternité militante et découverte, grâce à la bibliothèque que le syndicat C.G.T. met à la disposition de ses adhérents, du monde, jusque-là inconnu, des livres.

Après la publication de son premier ouvrage, *Le Docker noir* (1950), directement inspiré par les années marseillaises, Ousmane Sembene décide de se consacrer à la littérature, une passion qui va bientôt être relayée par le cinéma, sans que l'une ait à souffrir de l'autre. Formé à Moscou par deux cinéastes prestigieux, Donskoï et Guerasimov, il rentre à Dakar en 1963 pour y tourner son premier court-métrage, *Borom Sarret*.

Depuis lors la double carrière de Ousmane Sembene s'est poursuivie sur le plan littéraire et cinématographique, avec pour les romans et nouvelles, *Ô pays, mon beau peuple* (1957), *Les Bouts de bois de Dieu* (1960), *Voltaïque* (1962), *L'Harmattan* (*) (1963), *Vehi-Ciosane* (1965), *Le Mandat* (*) (1966), *Xala* (1973), *Le Dernier de l'empire* (1981) et *Niiwam* (1987).

Quelques-uns de ces textes romanesques ont fait l'objet d'adaptations cinématographiques, *La Noire de*, 1966 (nouvelle extraite de *Voltaïque*), *Le Mandat*, 1968, *Xala*, 1974.

JACQUES CHEVRIER.

RÉF. : M. Bestman, *Sembene Ousmane et l'esthétique du roman africain*, Sherbrooke, 1981.

SÉMONIDE d'Amorgos. Poète grec. Seconde moitié du VIIe siècle av. J.-C. Parfois confondu avec Simonide (certains de ses poèmes ont pu être attribués à ce dernier), Sémonide est originaire de l'île de Samos, qu'il quitta pour aller fonder, avec des concitoyens, une colonie sur l'île d'Amorgos, où il vécut sans doute vers le milieu du VIIe siècle. Il fut célèbre comme auteur de poèmes iambiques – selon certaines traditions, il aurait été le premier à faire usage du mètre iambique, dont l'invention est en général attribuée à Archiloque. Il ne nous reste que quelques fragments de son œuvre. Le ton y est souvent pessimiste, l'attaque amère, en particulier dans le fragment le plus célèbre, le « iambe des femmes », poème dont les cent dix-huit vers conservés consistent en une violente diatribe contre les femmes, qui sont classées en différentes « races » ; ce thème misogyne, qui remonte à Hésiode, est assez répandu à l'époque : on en trouve une illustration chez Phocylide par exemple. Un autre fragment de vingt-quatre vers évoque le sort misérable de l'homme : sa vie consiste à attendre en vain un bonheur illusoire, que la mort devance. Les Alexandrins ont apprécié l'œuvre de Sémonide et l'ont mis au rang des meilleurs auteurs d'iambes, avec Archiloque et Hipponax.

MADELEINE ROUSSET.

RÉF. : C. M. Bowra, *Greek Lyric Poetry*, Oxford, 1961. – R. Laurenti, « Pessimismo e nonpessimismo nella poesia di Semonide l'Amorgino », in *Sofia* no 32, 1964. – M. L. West, *Iambi et elegi graeci*, II, Oxford, 1972.

SENA Jorge de. Écrivain portugais. Né le 2 novembre 1919 à Lisbonne, mort le 4 juin 1978 à Santa Barbara, en Californie. À 17 ans, il s'engage dans la marine de guerre comme cadet. Deux ans plus tard, il en sera renvoyé pour ses prises de position politiques, semble-t-il. Il entreprend alors des études d'ingénieur. Opposant au régime salazariste, il sera contraint de s'exiler en 1959, au Brésil, où il enseignera la théorie de la littérature. Mais, en 1965, la prise du pouvoir par les militaires brésiliens le pousse à quitter le pays. Il s'installe alors aux États-Unis. Il occupera jusqu'à sa mort la chaire de portugais et de littérature comparée à l'université de Santa Barbara où un centre de recherche porte aujourd'hui son nom.

La réputation que Jorge de Sena s'est acquise par ses travaux en fait l'une des figures les plus importantes du monde intellectuel portugais contemporain. Pourtant il fut, sa vie durant, tenu à l'écart des mouvements littéraires dans son pays d'origine. Son long et définitif exil ne peut expliquer à lui seul cet éloignement. En effet, son esprit profondément indépendant, l'expression véhémente de sa rigueur intellectuelle, son mépris absolu pour les préjugés et les compromis lui valurent nombre d'ennemis : « Je fus en toute chose, que cela plaise ou non, un pionnier, un agitateur d'idées et de préjugés. » Après le renversement de la dictature, le 25 avril 1974,

Jorge de Sena ne sera pas rappelé au Portugal. Il en gardera une secrète amertume et tristesse. Car, malgré son ironie, parfois féroce, à l'encontre des Portugais et du Portugal, il ne cessa de travailler pour divulguer aux États-Unis avec la plus grande efficacité la culture et la langue portugaises qu'il aimait et connaissait intimement : « J'ai toujours été contre l'idée confortable et commode, si portugaise, qu'une littérature se fait avec des génies. » En fait, peut-être malgré lui, Jorge de Sena participe-t-il pleinement d'un certain esprit, dominant chez les intellectuels portugais : esprit de dénigrement sarcastique frôlant le dédain à l'égard de leur propre pays et de sa culture.

Travailleur infatigable, d'une très vaste érudition, il est l'auteur d'une œuvre abondante et variée. En 1942 et 1950 paraissent ses premiers recueils de poésie *Persécution* [*Perseguição*] et *Pierre philosophale* [*Pedra filosofal*]. Les styles les plus extrêmes : Pétrarque, le réalisme, la satire, le surréalisme y sont tour à tour sollicités. Jorge de Sena, en fait, ne cesse de témoigner, de penser, de fondre l'expérience historique et individuelle dans un style volontairement impur où la rigueur la plus formelle alterne avec la rudesse de l'expression réaliste. Ses contes, *Anciennes et nouvelles fortunes du démon* [*Antigas e novas andaças do Demonio,* 1966], jouent avec le merveilleux et le fantastique. Railleries et « diableries » déroutent le lecteur, et l'auteur, qui passe librement du sarcasme au lyrisme, dévoile sa maîtrise de la langue portugaise. Au-delà du rire et de l'ironie se dessine la problématique du nom et du lieu – de l'identité – si cruciale pour l'exilé qu'il fut.

Considéré comme un des meilleurs spécialistes de Camoens et de Fernando Pessoa, de Sena laisse nombre d'études sur la littérature portugaise et anglaise. Il fut également l'excellent traducteur d'auteurs anglo-saxons, russes et français (dont Malraux). Son roman posthume *Signes de feu* (*), paru en 1981, devait être la première partie d'un cycle qui entendait couvrir, à travers les expériences du narrateur, la vie portugaise de 1936 à 1959. L'écrivain n'eut pas le temps de parachever ce premier volet. Tel qu'on peut le lire aujourd'hui, *Signes de feu* n'en reste pas moins une œuvre marquante, où l'expérience subjective rejoint la dimension historique. Quant au recueil de poèmes *Métamorphoses* (*) (1963), il compte parmi ses œuvres les plus originales.

FRANÇOISE BEAUCAMP.

SÉNAC Jean. Poète français. Né à Béni-Saf (Oranie) le 27 novembre 1926, mort assassiné durant la nuit du 30 août 1973 (probablement) à Alger. Jean Sénac, qui vécut son enfance dans les faubourgs d'Oran, après de brèves études, exerça divers métiers : après une année d'enseignement à Oran en 1943, il s'engagea dans l'armée de l'air près d'Alger, ce qui lui permit de fréquenter les milieux littéraires de la « Capitale ». En 1946, il rencontre Simone de Beauvoir et Emmanuel Roblès qui devient son ami ; entré à l'Association des écrivains algériens, il fonde le Cercle artistique et littéraire Lélian. Les deux années suivantes (1947-1948), Jean Sénac, atteint de pleurésie, séjourne au sanatorium de Rivet, près d'Alger ; il commence à correspondre avec Albert Camus. Aux côtés de Jean Cayrol et de Mohamed Dib, il participe en 1948 aux rencontres culturelles de Sidi-Madani près de Blida et se lie d'amitié avec Jean de Maisonseul (peintre et urbaniste). En 1949, metteur en ondes à Radio-Alger, il crée une émission pacifiste, vite contestée ; il édite une revue polycopiée (*M*) et publie des poèmes dans *Afrique.* Après la création de *Soleil* dont paraîtront plusieurs numéros jusqu'en 1952, et grâce à une bourse, Jean Sénac séjourne en France, rencontrant Camus à Paris et Char à L'Isle-sur-la-Sorgue. Il se fait le chantre de la révolution algérienne ; la revue *Consciences algériennes* publie le fameux *Matinale de mon peuple* (repris en 1961, chez Subervie). De retour à Alger en 1953, Jean Sénac crée la revue *Terrasses* : un seul numéro verra le jour mais de grande qualité (Camus, Dib, Ponge, Yacine, Feraoun, Cossery, etc.). Puis le poète démissionne de Radio-Alger en 1954, tandis que paraissent ses *Poèmes* chez Gallimard avec une préface de René Char et alors qu'il devient, plus que jamais, le défenseur du nationalisme algérien. Durant la guerre d'Algérie (1954-1962), Sénac demeure en France, rencontrant (en 1956) Jacques Miel (son futur fils adoptif) à Paris. De retour en Algérie en 1962, installé à Pointe-Pescade (près d'Alger), il publie *Le Torrent de Baïn, Aux héros purs* (sous le pseudonyme de Yahia El-Ouahrani) et *Jubilation,* alors qu'il est nommé conseiller du ministre de l'Éducation du gouvernement Ben Bella. En 1963, il lance une nouvelle émission radiophonique hebdomadaire, *Poésie sur tous les fronts,* en même temps que paraît *La Rose et l'Ortie.* Après la chute de Ben Bella en 1965 commence la période de disgrâce : le poète voyage en U.R.S.S. en 1966, puis démissionne de l'Union des écrivains algériens et s'installe en 1967 dans sa « cave-vigie » à Alger ; paraissent alors *Citoyens de beauté* (1967), *Lettrier du soleil* (1968) et *Avant-Corps* (*) (précédé de *Poèmes iliaques* et suivi du *Diwân du Noûn*) (1968). En 1972, la censure de son émission l'affecte beaucoup. Paraît alors le dernier ouvrage publié de son vivant, *Les Désordres* (1972), puisque le poète qui signait d'un soleil et pour qui le mot était une arme de justice et d'espérance meurt assassiné l'année suivante.

YVES LECLAIR.

SÉNAC DE MEILHAN Gabriel. Écrivain et publiciste français. Né à Paris en 1736, mort à Vienne (Autriche) le 16 août 1803. Il montra tout jeune de telles dispositions pour la poésie qu'il reçut de Voltaire l'épithète de « favori d'Apollon ». Il renonça pourtant bientôt aux muses pour entrer dans l'administration. Il fut intendant de la guerre (1776) et rivalisa avec Necker pour le contrôle général des Finances. Très ambitieux, il fit partie des courtisans assidus de Mme de Pompadour et de la duchesse de Gramont. Ses premiers ouvrages : *Considérations sur le luxe et les richesses* et *Mémoires d'Anne de Gonzague, princesse palatine* (1786), lui donnèrent l'espoir d'entrer à l'Académie, mais ce fut vainement qu'il posa sa candidature. Au début de la Révolution, il fut en relation, avec Mirabeau, mais, ses intrigues ayant échoué, il émigra à Aix-la-Chapelle d'abord, puis en Russie. Son œuvre fourmille de faits intéressants. Il a donné : *Considérations sur l'esprit et les mœurs* (1787), où il fait un tableau fort cru de la société corrompue dans laquelle il vivait ; *Mélanges de philosophie et d'histoire* (1789) ; *Des principes et des causes de la Révolution* (1790) ; *Lettres à Madame de...* (1792), où il rapporte sa première entrevue avec Catherine II et témoigne à son égard d'une admiration quasiment religieuse ; *L'Émigré* (*) (1797), roman historique, son chef-d'œuvre littéraire. On trouve d'intéressants renseignements sur son époque dans : *Du gouvernement, des mœurs et des conditions en France avant la Révolution, avec le caractère des principaux personnages du règne de Louis XVI* (1795).

RÉF. : Duc de Lévis, notice sur Sénac de Meilhan in *Portraits et caractères du XVIII*e *siècle*, 1813. – Sainte-Beuve, *Causeries du lundi*, tome X, Paris, 1857. – De Lescure, notice in *Œuvres choisies de Sénac de Meilhan*, Paris, 1862. – L. Legrand, *Sénac de Meilhan et l'intendance du Hainault*, 1868. – M. Laveau, *Le Luxe et la richesse des nations d'après Sénac de Meilhan*, thèse, Ligugé, 1922. – H. Stavan, *Sénac de Meilhan moraliste, romancier, homme de lettres*, Paris, 1968. – G. de Monsembernard, *Sénac de Meilhan (1736-1803)*, 1969. – A. Vielwahr, *La Vie et l'œuvre de Sénac de Meilhan*, Paris, 1970. – P. Escoube, *Sénac de Meilhan. De la France de Louis XV à l'Europe des émigrés*, Paris, 1984.

SENANCOUR Étienne Pivert de. Écrivain français. Né à Paris le 5 ou 6 novembre 1770, mort à Saint-Cloud le 10 janvier 1846. Fils d'un contrôleur des rentes, il fut d'abord éduqué par sa mère. À douze ans, ses parents le mirent en pension près d'Ermenonville, chez un curé de campagne. Le souvenir de Rousseau était encore très vif dans le pays ; Senancour se prit d'une passion qui devait durer autant que sa vie pour les œuvres du philosophe qu'il méditait tout en errant à travers les bois et les prairies. Sa mélancolie et son besoin de solitude presque maladifs trouvèrent ainsi, dès l'adolescence, une justification esthétique que les années devaient approfondir. En 1785, ses parents le ramenèrent à Paris où il fréquenta le collège de La Marche ; il y termina ses études en quatre ans mais fut en butte aux persécutions de ses camarades, ce qui accentua encore son penchant pour la solitude. Son père, avec lequel il semble ne s'être jamais entendu, avait décidé qu'il entrerait dans les ordres. Pour échapper au séminaire Saint-Sulpice, Senancour, d'accord avec sa mère, prit la fuite le 14 août 1789 et, par Lyon, se rendit en Suisse, où il résida quelque temps au hameau de Charrière, dans le Valais, avant de s'installer à Fribourg. Il y fréquenta une jeune fille, Marie Françoise Daguet, qui le persuada bientôt qu'il l'avait compromise. Il l'épousa le 11 septembre 1790 et s'aperçut très vite que ce « sacrifice », loin de lui apporter le bonheur, menaçait de gâcher toute son existence. Il commençait, en outre, à souffrir d'infirmité précoce à la suite d'une chute dans un torrent glacé, un jour qu'il avait voulu gravir sans guide le col du Grand-Saint-Bernard. Déçu, amer et de plus en plus mélancolique, il se mit à écrire et composa un court récit : *Aldomen ou le Bonheur dans l'obscurité*, dont il vint surveiller l'impression à Paris, en 1795. Peu désireux de retrouver sa famille, il se fixa près de Senlis et y vécut d'autant plus retiré que, porté à tort sur la liste des émigrés, il risquait d'être emprisonné. Il publia, en 1799, *Rêveries sur la nature primitive de l'homme* (*), qui passa presque inaperçu. En 1802, sa femme attendant un enfant, il regagna la Suisse pour éviter le scandale, mais s'empressa d'obtenir la séparation et rentra à Paris.

Il est alors au comble de l'amertume et croit sa vie définitivement ratée, la conscience de sa petitesse devant l'immensité de la nature tourne au vertige. *Oberman* (*) (1804), que l'on considère comme son chef-d'œuvre, naquit de cette crise. Ce livre n'eut pas plus de succès que les précédents mais Nodier le signala, en 1806, dans *Les Tristes*. Il allait lentement faire son chemin en attendant d'être découvert et lancé par les romantiques. Désormais presque impotent, Senancour vécut de travaux de librairie, collaborant à quelques journaux et à la *Bibliographie universelle des contemporains* de Rabbe. En 1805, il publia *De l'amour*, qui est avant tout un plaidoyer pour le divorce ; en 1807, *Valombré*, pièce de théâtre ; en 1814, *Lettres d'un habitant des Vosges sur Buonaparte, Chateaubriand, etc.*, et *Simples observations soumises au Congrès de Vienne* ; en 1815, *De Napoléon* ; en 1819, *Simples méditations d'un solitaire inconnu* ; en 1825, *Résumé de l'histoire des traditions morales et religieuses chez tous les peuples*, où le fait d'avoir qualifié Jésus de « jeune sage » lui valut d'être déféré devant le tribunal correctionnel et d'être condamné à neuf mois de prison et trois cents francs d'amende, jugement qui fut cassé par la Cour royale. Après 1830, la gloire vint soudain grâce surtout à Sainte-Beuve qui préfaça la réédition d'*Oberman*, en 1833, et à George Sand qui préfaça celle de 1840. Senancour maintint cependant son isolement et refusa de se ranger aux côtés des romantiques qui venaient de lui apporter enfin le succès.

Disciple de Rousseau et de Bernardin de Saint-Pierre, Senancour mérite d'être considéré comme l'un des plus importants parmi les préromantiques. Écrivain grave et austère, son nom est un peu trop uniquement associé au seul *Oberman*, dont la confusion lui déplaisait fort ; son œuvre, reconsidérée, fait apparaître l'importance de ses *Rêveries* et de son *De l'amour* qui, s'ils ont par endroits beaucoup vieilli, n'en contiennent pas moins déjà la plupart des idées qui ont fait vivre toute la génération des grands romantiques.

BERNARD NOËL.

♦ *« Ses mots ont je ne sais quelle propriété intime [...] qui réalise la parole, qui la fait tomber sous les sens comme le chant d'un instrument, comme les couleurs d'un tableau. »* Ch. Nodier. ♦ *« Oberman n'est pas l'œuvre d'un homme de lettres mais d'un homme qui écrit seulement parce qu'il a quelque chose à dire. »* Delacroix. ♦ *« Pour peu qu'il consente à laisser déborder la poésie qui fermente au fond de son cœur, trop souvent glacé par le raisonnement, Senancour est un écrivain éternel. »* R. de Gourmont.

RÉF. : J. Levallois, *Un précurseur, Senancour*, Paris, 1867. – G. Michaut, *Senancour, ses amis, ses ennemis*, Paris, 1912. – A. Monglond, *Vies préromantiques*, Paris, 1925 ; *Le Mariage et la vieillesse de Senancour*, Paris, 1931 ; *Le Journal intime d'Oberman*, Paris, 1947. – Dr A. Finot, *Senancour ou le Myopathique*, Paris, 1947. – B. Le Gall-Didier, *L'Imaginaire chez Senancour*, Paris, 1965 ; *Senancour romancier*, Paris, 1985.

SENDER Ramón José. Romancier espagnol. Né à Chalamera de Cinca (Aragon) en 1902, mort à San Diego (Californie, États-Unis) le 16 janvier 1982. Autodidacte et avec des sympathies anarchisantes, il a été soldat au Maroc en 1922 et s'est opposé très vite à la dictature de Primo de Rivera, qui l'emprisonna, comme aux dirigeants républicains en 1933. Avec *Imán* (1930), il écrit son premier roman politique sur la guerre du Maroc. Avec sa trilogie *Le Temps du présage* [*El tiempo del presagio*], c'est-à-dire *L'Ordre public* [*Orden público*, 1931], roman de la prison, *Voyage au village du crime, Casas Viejas* [*Viaje a la aldea del crimen, Casas viejas*, 1933] et *La Nuit des cent têtes de mort* [*La noche de las cien cabezas*, 1934], il complète son itinéraire de romancier engagé, dont témoignent *Les Sept Dimanches rouges* [*Siete domingos rojos*, 1932]. En 1935, il obtient le prix national de littérature avec *Monsieur Witt, cantonaliste* [*Mr. Witt en el cantón*], rappelant le mouvement cantonaliste de 1873 à Cartagène. Il participe à la guerre civile en qualité de commissaire politique. En 1938, il publie *Contre-Attaque* [*Contraataque*], en prise directe sur les événements, avant de partir, vaincu, pour l'exil. Au Mexique, puis aux États-Unis, il mène une double carrière d'universitaire et de romancier prolixe. Revenu provisoirement au pays en 1974, il ne s'y installe pas. L'évolution politique et littéraire de Sender oblige à un double examen de son œuvre : avant 1939, et l'œuvre née en exil. Quoi qu'il en soit, c'est l'un des meilleurs, sinon le meilleur romancier espagnol de son temps. Son réalisme sobre a régénéré une forme romanesque héritée de Baroja et Valle Inclán. Son roman le plus représentatif est *Mosén Millán* (1953) réédité en 1960 sous le titre *Requiem pour un paysan espagnol* (*). Il revit mentalement la tragédie espagnole depuis sa petite paroisse aragonaise, à travers l'existence de Paco, assassiné par les hommes du cacique, peut-être à cause de lui. La cruauté de l'homme domine également dans *La Place d'un homme* [*El lugar de un hombre*, 1939] et l'*Epithalame du nègre Trinidad* [*Epitalamio del prieto Trinidad*, 1942], évocation cruelle, à la Goya, d'une sorte de roi Lear des Caraïbes, qui meurt dans une révolte du pénitencier dont il est le geôlier. *Le Bourreau affable* [*El verdugo afable*, 1952] retrace l'histoire de Ramino dans la veine picaresque de l'*Histoire de don Pablo* (*) de Quevedo. Après le *Requiem*, le thème de la guerre civile, préoccupation constante de Sender, a été repris dans *Le Roi et la Reine* (*) (1948), puis dans *Les Cinq Livres d'Ariane* [*Los cinco libros de Ariadna*, 1957], roman qui condamne la trahison révolutionnaire stalinienne. *L'Aventure équinoxiale de Lope de Aguirre* [*La aventura equinoccial de Lope de Aguirre*, 1964] prétend retracer la folle aventure de ce personnage historique, orgueilleux rebelle dans les terres amazoniennes, à la quête de l'Eldorado, et bravant la colère de Dieu. D'autres romans suivent : *Tanit* (1972), *Zu, l'ange amphibie* [*Zu, el ángel anfibio*, 1972], etc. La série la plus extraordinaire est celle intitulée *Chronique de l'aube* [*Crónica del alba*] entamée en 1942, retraçant la vie de Pepe Garcés. Parmi ces romans, *L'Hippogriffe violent* [*Hipógrifo violento*, 1954], *Villa Juliette* [*La Quinta Julieta*, 1957] forment une chronique proustienne de l'adolescence et du souvenir. Romancier témoin de la nostalgie et de la douleur de l'exil et de la défaite, en quête de l'homme de la liberté, Ramón Sender sait allier le fantastique et la chronique historique avec le « réalisme magique » dans *Byzance* [*Bizancio*, 1963] ou *La Vie d'Ignacio Morel* [*En la vida de Ignacio Morel*, 1969].

LOUIS URRUTIA.

SÉNÈQUE Annaeus Seneca, dit **le Père** ou **le Rhéteur.** Écrivain latin. Né à Cordoue, en Espagne, vers 58-55 avant J.-C., mort entre 37 et 41 après J.-C. Il se rendit à Rome pour y faire ses études dans des écoles de rhétorique, en revint et y retourna plus tard, après son mariage, pour s'y installer définitivement. De sa femme Helvia, il eut trois fils : Annaeus Novatus, qui fut gouverneur de l'Achaïe, Lucius Annaeus Sénèque, le philosophe, et Marcus Annaeus Mela, père du poète Lucain. Il amassa une fortune considérable, peut-être en faisant du commerce. L'ouvrage d'histoire qu'il écrivit, ouvrage qui commençait aux guerres civiles et qui allait jusqu'à l'époque de sa mort, a été perdu. Il ne nous reste que l'*Oratorum et rhetorum sententiae, divisiones, colores* ; ce sont des fragments de déclamations qu'il avait jadis entendu prononcer par des rhéteurs fameux, et qu'il avait retenus mot à mot ; il les mit par écrit pour ses fils ; l'ouvrage comprend les *Controverses* (cinq livres sur dix nous en sont parvenus) et les *Déclamations* (*) ou *Suasoires,* dont nous ne possédons qu'un volume alors qu'il y en avait au moins deux. Un abrégé destiné aux écoles, et qui remonte peut-être au IVe siècle, nous a permis de connaître le contenu des *Controverses* perdues. Pleins d'observations justes et de souvenirs personnels, qui témoignent d'une mémoire extraordinaire, les livres de Sénèque l'Ancien sont d'une importance primordiale pour qui veut connaître le monde littéraire romain des débuts de l'Empire.

SÉNÈQUE le philosophe (Lucius Annaeus Seneca). Philosophe latin. Né sans doute en 1 av. J.-C., mort en 65 ap. J.-C. Il naquit à Cordoue, en Espagne Bétique, d'une famille où les travaux intellectuels étaient fort à l'honneur. Il vint, jeune, à Rome, où il s'adonna aux études de rhétorique et de philosophie. Il révéla ses qualités d'orateur. Pour raison de santé, il passa six ans en Égypte (25-31). À son retour, il obtint la charge de questeur, entra au Sénat, où son éloquence, pendant le règne de Caligula, lui valut un regain d'honneurs, de réputation mais aussi de périls. En 41, la disgrâce tomba sur Julia Livilla, sœur de Caligula, accusée par la jalouse Messaline, épouse du nouvel empereur, Claude. Sénèque fut compromis, on ne sait sous quel prétexte, et relégué dans la dure solitude de la Corse – v. *Consolations* (*) –, ce n'est qu'en 49, après huit années d'exil, qu'il put, grâce à l'intercession d'Agrippine, la nouvelle impératrice, revenir à Rome, en tant que précepteur du jeune Néron, devenu par l'adoption de Claude, son successeur désigné à l'Empire. En octobre 54, Claude mourait empoisonné – selon l'opinion commune, par Agrippine – et Néron montait sur le trône que les menées maternelles avaient enlevé à Britannicus, le fils unique de Claude. Au cours des honneurs exceptionnels, décernés et exagérés à dessein par Agrippine, qui accompagnèrent, avec une pompe extraordinaire, les funérailles et la déification de Claude, Sénèque composa une satire excessivement mordante, qui fut peut-être publiée aussitôt après l'imposante cérémonie de l'apothéose. Elle porte, dans les manuscrits, le titre de *Ludus de morte Claudii* ou *Divi Claudii Apotheosis per saturam.* Le titre de *Apocoloquintose* (*) (cucurbitification) lui a été donné par Dion Cassius (60, 35). Après la mort de Claude, Sénèque demeura le conseiller le plus autorisé et le plus écouté du prince et, bien qu'il n'assumât pas de charges publiques, il fut, en réalité, le véritable régulateur de la politique impériale : bien des actes du principat néronien font manifestement sentir, pendant environ sept ans, la noble et bienfaisante influence de cet homme au talent remarquable. Mais, contre ses projets, il trouvait des obstacles tenaces dans l'esprit du Sénat, et surtout chez le prince lui-même, qui ne tarda pas à manifester sa triste nature. En 62, Burrhus, le préfet du prétoire qui, pour Sénèque, avait été un ami et collaborateur précieux, mourait, peut-être par le poison ; et peu après, Sénèque, haï de l'empereur qui avait désormais un tout autre conseiller en la personne de Sofenius Tigellinus, le nouveau préfet du prétoire, se consacrait à ses études dans la retraite totale de la vie privée. En 65 fut découverte une conjuration contre Néron dirigée par un haut personnage romain, Calpurnius Pison, vaste complot qui comprenait des noms notoires du monde civil et militaire, parmi lesquels se trouvaient des officiers des milices prétoriennes. Nous ne savons pas jusqu'à quel point pouvait être fondée l'accusation de complicité portée contre Sénèque ; toujours est-il que Néron saisit aussitôt avec joie l'occasion de se débarrasser de son vieux conseiller, qui lui était devenu désormais odieux. Sénèque, ayant reçu l'ordre de s'ouvrir les veines, montra en fait, à son dernier jour, qu'il savait accepter avec sérénité cette mort attendue, selon le témoignage de son œuvre, tous les jours de sa vie.

Il reste de lui un recueil d'écrits moraux intitulé *Dialogorum libri XII* et comprenant : le traité *De la providence* (*) dédié à Lucilius, sur la providence divine, laquelle, au moyen de l'adversité, éprouve la vertu et affermit la dignité, donc également la félicité de l'esprit humain ; *De la constance du sage* (*), dédié au jeune Annaeus Serenus, sur la fermeté du sage, dont la vertu ne peut être ébranlée d'aucune manière ; les trois livres du *De la colère* (*), dédiés à Novatus, frère de Sénèque, devenu Gallion par l'adoption, qui constituent un traité des passions humaines ; *De la vie heureuse* (*), au même, sur le véritable bonheur qui est fondé sur la vertu et non sur le plaisir ; *De l'oisiveté* (*), à Serenus, sur les bienfaits de la retraite et de la méditation comparés aux maux qu'engendre la vie active occupée par les affaires publiques ; *De la tranquillité de l'âme* (*), à Serenus également ; *De la brièveté de la vie* (*) à Paulinus, préfet de l'Annone, qui s'efforce de montrer que la vie est longue si nous ne la gâchons pas en pertes de temps funestes ou stériles ; trois *Consolations* (*) à Marcia, qui pleurait désespérément un fils qu'elle avait perdu (c'est le premier ouvrage de Sénèque) ; à Helvia, où un fils exilé cherche à réconforter sa mère affligée et lointaine ; la troisième à Polybe, un affranchi de Claude, dont le frère était mort (ces deux dernières écrites de Corse). En dehors de ce recueil de dialogues, qui sont surtout des confidences et des explications longues et animées de l'écrivain au personnage à qui chacune de ces œuvres est dédiée, il nous reste : une moitié du *De la clémence* (*), en trois livres à l'origine, dédié à Néron au début de son règne, et où sont exposés les principes fondamentaux de Sénèque sur l'administration de la justice et le gouvernement de l'État ; les sept livres : *Des bienfaits* (*), à Aebutius ; les sept livres des *Questions naturelles* (*), à Lucilius, qui contiennent l'étude des phénomènes météoriques, météorologiques, sismiques ; et les cent vingt-quatre *Lettres à Lucilius* (*), en vingt livres, écrites dans les quatre dernières années de la vie de Sénèque, sortes de dissertations morales sous forme épistolaire, où il rassemble sa philosophie et son expérience. Sénèque est aussi l'auteur de neuf tragédies : *Hercule Furieux* (*), *Les Troyennes* (*) *Les Phéniciennes* (*), *Médée* (*), *Phèdre* (*), *Œdipe* (*), *Agamemnon* (*), *Thyeste* (*), *Hercule sur l'Œta* (*). Quant à une « praetexta », *Octavie* (*), à l'attribution de laquelle on a consacré de vaines discussions, il s'agit de l'œuvre d'un admirateur et imitateur de Sénèque. Ces tragédies, dépourvues de véritable mouvement scénique, ont le caractère d'une lamentation sur le malheur. Elles ont exercé la plus grande influence sur la naissance de la tragédie européenne aux XVIe et XVIIe siècles.

Des jugements disparates ont été formulés par la postérité sur Sénèque, à qui on s'accorde à reprocher l'écart entre certaines faiblesses de sa vie et la rigidité vertueuse de sa doctrine morale. Ces manquements, Sénèque se les reprochait à lui-même, et ce n'était pas là ostentation d'humilité, mais aveu sincère de ce qu'il sentait être. À l'objection que les philosophes ne font pas ce qu'ils disent, Sénèque répondait qu'« ils font beaucoup du seul fait qu'ils conçoivent et disent des choses honnêtes » (*De vita beata*, XX, 1), et son œuvre est une magnifique confirmation de la justesse de ces paroles. Dans ses écrits, en effet, il a su manifester la liberté et la richesse d'un esprit allant au-delà de son époque et qui, semblant annoncer des sentiments et des pensées d'âges à venir, devait toujours rester moderne en dépit de ses attaches avec les écoles de l'Antiquité.

Avant tout, il recherche la sagesse et non l'érudition : la sagesse enseigne à l'homme à tirer parti du temps, l'érudition à le perdre ; la première, à vivre bien et avec fruit ; la seconde, mal et d'une existence vaine. La culture peut et doit être un acheminement vers la sagesse, non une fin. Le but de la vie humaine n'est pas de posséder un grand nombre de notions qui ne servent à rien, mais d'avoir la force de résister au mal, de surmonter les coups du sort, d'accepter la douleur. La félicité la plus grande, c'est de n'avoir pas besoin de félicité, de trouver en soi-même son bien absolu, sans dépendre aucunement du hasard et des injures de la fortune et des hommes ; ainsi, seulement, le sage, dans l'immobilité de sa conscience, intangible parce que intérieure, incorruptible parce que isolée, domine tous les rapports de forces extérieures qui agissent autour de lui et sur lui, devenant et demeurant l'unique véritable maître et libérateur de lui-même. La doctrine de Sénèque s'adresse non à la foule mais à l'individu, non à la masse avilie et corrompue mais à celui qui, obligé de vivre parmi les hommes, sent le besoin et la force de vivre par lui-même et de trouver en lui le point de contact avec l'univers. Dire que Sénèque est tout proche du christianisme, c'est le juger à travers quelques formules vagues de sentiment religieux et d'humanité. Entre son enseignement et la prédication de saint Paul – son contemporain – il y a un abîme : pour Sénèque, l'homme se rachète lui-même grâce à la raison ; pour saint Paul, il se laisse racheter par Dieu dans l'abandon causé par la foi ; dans le christianisme, Dieu est le sauveur des hommes ; dans la doctrine de Sénèque, l'homme est son propre sauveur ; là, le miracle descend du ciel vers l'humanité, ici il monte de l'âme humaine vers le ciel. La base de cette philosophie est le stoïcisme, mais l'horizon de Sénèque n'est pas borné par une philosophie particulière ; il passe explorateur dans les divers domaines et, bien des fois, trouve dans l'épicurisme la formule de sa pensée ou de son aspiration. Chez lui, on remarque la persistance de certaines incohérences, qui ne sont pas, à proprement parler, des contradictions, mais des incertitudes, des essais temporaires d'un esprit inquiet qui se sent enveloppé par le mystère des choses, qui cherche assidûment, dans la fermeté de l'âme, le soutien de sa vie, et qui, à l'inconnu du monde naturel, voudrait opposer la certitude de son propre monde moral. L'œuvre de Sénèque est parmi les plus vivantes de la littérature latine, et c'est elle qui, malgré toute son habileté rhétorique, nous fait sentir que des forces idéales neuves avaient vraiment trouvé leur nouvelle expression littéraire.

CONCETTO MARCHESI.

♦ *« La force de Sénèque était dans ses préceptes de l'éloquence... du reste, cet homme eut en partage un esprit charmeur et qui s'accommodait aux oreilles de ses contemporains. »* Tacite. ♦ *« Il y a chez lui de nombreuses et belles sentences ; il y a même beaucoup à y lire au point de vue de la morale ; mais cela est exprimé la plupart du temps dans un style corrompu et le fait est d'autant plus pernicieux que les défauts qui abondent sont pleins de charmes. »* Quintilien. ♦ *« Sénèque est plein de pointes et saillies, Plutarque de choses. Celui-là vous eschauffe plus, et vous esmeut. Celuy-ci vous contente davantage. »* Montaigne. ♦ *« J'estime le précepteur de Néron, l'amant d'Agrippine, l'ambitieux qui prétendait à l'Empire ; du philosophe et de l'écrivain, je ne fais pas grand cas : je ne suis touché ni de son style ni de ses sentiments. »* Saint-Évremond. ♦ *Lorsqu'il arrive malheur à un Européen, il n'a d'autre ressource que la lecture d'un philosophe qu'on appelle Sénèque... »* Montesquieu. ♦ *« Le précepteur du genre humain... »* Diderot. ♦ *« Toréador de la vertu... »* Nietzsche.

RÉF. : Diderot, *Essai sur la vie de Sénèque*, 1779 (in *Essai sur les règnes de Claude et de Néron*, 1782).

– Auberque et André, *Sénèque*, 1964. – J. Jacquot et al., *Les Tragédies de Sénèque et le Théâtre de la Renaissance*, Paris, 1964. – Montherlant, « Lecture de Sénèque » in *Le Treizième César*, 1970. – Maurach et al., *Seneca als Philosoph*, Wege der Forschung, Darmstadt, 1975. – P. Grimal, *Sénèque, ou la Conscience de l'Empire*, Paris, 1978 ; *Sénèque*, Que sais-je ? 1981.

SENGHOR Léopold Sédar. Homme d'État et poète sénégalais. Né à Joal (Sénégal) le 9 octobre 1906. Après des études à l'internat de N'Gasobil et à Dakar, il se rend à Paris en 1928 où il sera élève de l'« hypokhâgne » puis de la « khâgne » du lycée Louis-le-Grand. Il a notamment parmi ses condisciples Georges Pompidou. Il passe avec succès l'agrégation de lettres, devenant ainsi le premier agrégé africain de l'université française (1933). Il rencontre Aimé Césaire qui arrive de la Martinique et se lie d'amitié avec lui. En 1934, ils fondent ensemble une petite revue, *L'Étudiant noir*, où apparaît pour la première fois le terme de « négritude », qui connaîtra par la suite la fortune que l'on sait. Décidés à retrouver le sens de leurs traditions originelles, les deux jeunes gens se font des adversaires et des partisans passionnés. En 1937, nommé professeur au lycée Descartes à Tours, Senghor donne le soir des cours gratuits de français, cours organisés à la Maison de la culture par la C.G.T. à l'intention des ouvriers. En 1938, il est nommé à Saint-Maur-des-Fossés, au lycée Marcelin-Berthelot. Mobilisé en 1939, il est fait prisonnier en 1940 et connaît divers stalags. Malade, il est réformé et, en 1942, reprend ses cours au lycée de Saint-Maur tout en participant à la Résistance. En 1944, on lui confie une chaire à l'École nationale de la France d'outre-mer, civilisations et langues africaines. En 1945, il fait tout à la fois son entrée dans la littérature et dans la carrière politique : son premier recueil de poèmes, *Chants d'ombre* (+), voit le jour et il est élu en novembre député du Sénégal à l'Assemblée constituante. Parlementaire, il fut constamment réélu après son premier mandat. En 1955-56, il fait partie, en qualité de secrétaire d'État à la présidence du Conseil, du cabinet Edgar Faure. En août 1960, il est élu à l'unanimité premier président de la République de Sénégal. À côté de cette carrière politique, Léopold Sédar Senghor n'a jamais cessé d'être un poète. Il résume en sa personne un « métissage culturel » dont il a lui-même élaboré la théorie. Son savoir d'universitaire français n'altère pas la spontanéité de son inspiration africaine. Son œuvre s'efforce d'inscrire dans la langue française la charge d'images que les Noirs attachent à chaque mot et à retrouver le caractère symphonique de leurs compositions. Son style, parfois hermétique, est l'expression d'un lyrisme d'une rare authenticité. On lui doit de nombreux recueils de poèmes : *Les Hosties noires* (*) (1948), *Les Éthiopiques* (*) (1956), *Nocturnes* (*) (1961), *Lettres d'hivernage* (1973) ; une *Anthologie de la nouvelle poésie nègre et malgache de langue française* (1948) préfacée par Jean-Paul Sartre, et plusieurs essais littéraires et politiques : *Langage et poésie négro-africaine* (*) (1954), *Liberté I* (+) et *II*, *Nation et voie africaine du socialisme* (+) (1961). Senghor est depuis 1983 membre de l'Académie française.

DANIÈLE BOONE.

♦ *« En lui le poète ne peut être dissocié de l'homme : déférer un pays, lui donner le goût de l'œuvre à accomplir, en faire une des capitales de l'amitié, former des élites, jeter des ponts entre deux univers et deux modes de pensée, c'est encore de la poésie, une poésie faite chair, vivante et vécue, inspirante autant qu'inspirée – la poésie d'une transmutation et d'une renaissance. »* Armand Guibert.

RÉF. : A. Guibert, *Léopold Sédar Senghor*, Paris, 1961, rééd. 1979. – Hubert de Leusse, *Léopold Sédar Senghor, l'Africain*, 1967. – J. Rous, *Léopold Sédar Senghor, un président de l'Afrique nouvelle*, 1967. – S. O. Mezu, *Léopold Sédar Senghor et la défense et illustration de la civilisation noire*, Paris, 1968. – D. Garrot, *Léopold Sédar Senghor critique littéraire*, Dakar/Abidjan, 1978. – M. M. Marquet, *Le Métissage dans la poésie de L.S.S.*, Dakar, Abidjan, 1979.

SEPEHRI Sohrâb. Poète et peintre iranien. Né le 6 octobre 1928 à Kachan (Iran central), mort le 1er mai 1980 à Téhéran. Sepehri est sans doute le plus inclassable des poètes de sa génération. Né dans une ville située à 250 km au sud-est de Téhéran, dans une région d'oasis, au bord du désert central, il en fut marqué toute sa vie dans son art, dans sa peinture comme dans sa poésie. Ce paysage de contraste violent entre l'étendue de la sécheresse et les taches de verdure qui représentent les points d'eau, les lignes de saules qui bordent les ruisseaux, ou encore les peupliers argentés qui serpentent dans les vallées caillouteuses, voilà ce qui habitera l'imagination du poète et fascinera son regard de peintre. Car Sepehri est d'abord peintre et c'est l'expérience de la peinture qui ouvre son regard au monde secret de la nature, qui le conduit vers ce jardin intérieur de l'âme. Pour lui tout est âme, c'est-à-dire inspiré, habité. Sepehri vécut en marge des courants politiques sociaux et même littéraires de l'Iran moderne. Sa vie fut marquée par la solitude. Une solitude tout intérieure dont il fait pas à pas l'expérience. Loin des modes et des foules, il entre en contact direct et intime avec la nature et l'âme humaine. L'esprit, pour Sepehri, est le seul guide à travers la matière. Sa conception de la nature, inscrite dans la tradition poétique persane – dans la voie soufie en particulier –, s'éloigne toutefois de celle-ci ; Sepehri refuse les conventions littéraires et les codes, les anciens comme les nouveaux. Son mysticisme imprègne profondément sa conception de l'art. Pour lui tout est art. Peintre des mots, poète de la couleur, il concentre son regard sur le mystère de l'art. Sepehri est aussi l'homme du voyage. Comme ses ancêtres, un nomade qui fait son « usage du monde ». L'expérience décisive, c'est pour lui le Japon, dont l'art et la philosophie imprégneront et sa peinture et ses poèmes, marqués tous deux par la recherche du dépouillement, de la stylisation, du vide intérieur. Toute son œuvre, rassemblée dans *Les Huit Livres* (*) (« La Mort de la lumière », « La Vie des rêves », « Soleil en ruine », « L'Orient de la tristesse », « Bruit des pas de l'eau », « Le Voyageur », « Masse verte », « Tout néant, tout regard ») est une quête inlassable de l'unité perdue, d'une partie de son moi profond qui gît quelque part dans la masse de l'univers, dans la terre et dans l'eau, dans l'air et dans le feu, et qui surgit au bout du chemin sous le visage lumineux de l'Ami. L'originalité de Sepehri, la puissance de sa vision poétique, la fulgurance de ses images en font un des poètes majeurs du XXe siècle en Iran. Un choix de poèmes a paru en langue française, un an après la mort du poète, dans la superbe traduction de Shâyegân, ami proche du poète et son interprète le plus subtil.

CHRISTOPHE BALAŸ.

RÉF. : S. Sepehri, *Sohrâb Sepehri, Shâer-Naghâsh,* Téhéran, 1982. – *Hasht ketâb,* Téhéran, 1984.

SEPPÄNEN Unto. Journaliste et écrivain finlandais. Né et mort à Helsinki (15 mai 1904 – 22 mars 1955). À part son travail de rédacteur dans un grand quotidien de Helsinki, il consacra tout son talent de conteur à la description de la vie en Carélie, sa province d'origine. Ses premiers romans sont un écho nostalgique de l'âge d'or, au début du siècle, des stations balnéaires situées sur les vastes plages qui jalonnent la Baltique entre Viborg et Saint-Pétersbourg. De leurs grandes villas, véritables bijoux baroques, vaste théâtre où se joue *La Fête au bord de la mer* [*Juhla meren rannalla,* 1927], il passe avec aisance dans les villages, dont il observe les habitants, tout en laissant libre cours à son imagination. De la même époque date *Paroisse tournante* [*Pyörivä seurakunta*], roman d'aventures dont le style personnel constitue un bel exemple de l'expressionnisme littéraire : chemin faisant, Joyeux et Prisonnier arrivent, avec leur pie apprivoisée, dans des villages bizarres qui symbolisent chacun, comme dans les allégories médiévales, un vice ou une vertu, aidant, à leur manière bien à eux, les habitants à trouver la voie de la modération en tout. *La Charbonnière du péché* (*) (1941), un roman d'inspiration patriotique, raconte la révolte des paysans finlandais contre un propriétaire tyrannique, ancien favori du tsar qui lui a donné leurs terres. L'œuvre de Seppänen se termine bien mélancoliquement avec *Évacués* (*) (1954), où il décrit le long chemin parcouru par les Caréliens, lorsqu'ils quittèrent leurs terres, cédées à l'Union soviétique en 1945, pour aller s'installer, avec l'aide de l'État, dans d'autres provinces finlandaises.

INKERI TUOMIKOSKI.

SERAO Matilda. Romancière italienne. Née le 7 mars 1856 à Patras (Grèce) de père napolitain et de mère grecque, morte à Naples le 25 juillet 1927. Elle fit ses études à Naples et entra à l'École normale. Elle fut employée pendant trois ans au télégraphe d'État et commença sa carrière littéraire par des nouvelles et des croquis, parus dans les journaux. Ses premiers livres, *Opale* (1878), *En vérité* [*Dal vero,* 1879], *Légendes napolitaines* [*Legende napoletane,* 1881], *Cœur blessé* [*Cuore infermo,* 1881], ayant été l'objet de critiques élogieuses, elle se décida à s'installer à Rome (1882) où elle collabora à de nombreuses revues. L'année suivante, elle publia *Fantaisie* (*), roman naturaliste qui se réclame de Flaubert et de Zola. Certains critiques crièrent au chef-d'œuvre. En 1884, elle épousa Eduardo Scarfoglio, et fonda avec lui d'abord *Le Courrier de Rome* [*Il Corriere di Roma*] dont l'existence fut brève, puis *Le Courrier de Naples* [*Il Corriere di Napoli*] et *Le Matin* [*Il Mattino*] ; elle fut codirectrice du dernier, et après sa séparation d'avec son mari elle fonda et dirigea seule *Le Jour* [*Il Giorno*]. Son œuvre comporte une quarantaine de volumes. Ses meilleurs romans furent publiés entre 1885 et 1900. Ce sont notamment : *Au pays de cocagne* (*), *Fleur de passion* [*Fior di passione*], *La Ballerine, La Vertu de Checchina* [*La virtù di Checchina*], *Le Roman de la petite fille* [*Il romanzo della fanciulla*], *Le Ventre de Naples* [*Il ventre di Napoli*] *Les Cheveux de Samson* [*I capelli di Sansone*], *Adieu, amour, petites âmes* [*Piccole anime*], *La Conquête de Rome.* Ils sont tous plus ou moins réalistes et psychologiques. Leur ambiance est celle de la petite bourgeoisie romaine ou napolitaine. Le style en est coloré, savoureux. Matilda Serao changea ensuite sa manière et s'attacha à un art plus composé et cosmopolite, et c'est à Paul Bourget qu'elle dédia *Sœur Jeanne de la Croix* [*Suor Giovanna della Croce*]. Les romans qui suivirent : *Vive la vie* [*Evviva la vita*], *Elle ne se remarie pas* [*Ella non rispose*] et le dernier, *La Mort pour toi, la vie pour moi* [*Mors tua vita mea*], ne semblent plus être d'elle, tant ils sont médiocres.

♦ *« Ce qui restera chez elle, ce sont les pages où elle s'inspire de l'angoisse des humbles et fait revivre avec passion les aspects multiples et changeants de la vie napolitaine. »* B. Croce.

RÉF. : R. Garzia, *Matilda Serao,* Rocca S. Casciano, 1916. – A. Consiglio, *Le più belle pagine di Matilda Serao,* Milan, 1934. – A. Banti, *Matilda Serao,* Milan, 1981. – G. Buzzi, *Inuito alla lettura di Matilda Serao,* Milan, 1981. – M. Jevland-Meynard, *Immagini, linguaggio e modelli del corpo nell' opera narrativa di Matilda Serao,* Rome, 1986. – W. Schilardi de Nunzio, *Matilda Serao giornalista, con antologia di scritti vari,* Lecce, 1986.

SERCAMBI Giovanni. Nouvelliste et chroniqueur italien. Né à Lucques le 18 février 1347, mort dans cette même ville le 27 mai 1424. Apothicaire de profession, il prit activement part à la vie politique de la cité sous la seigneurie de Lazzaro et Paolo Guinigi dont il fut un partisan déterminé. Il rédigea notamment pour Lazzaro Guinigi un *Avertissement* [*Monito*], programme de gouvernement où il prêche en faveur d'une seigneurie à large base démocratique. Le nom de Sercambi est lié aux *Chroniques* (*) qui retracent l'histoire de Lucques de 1164 à 1424 et à un recueil de nouvelles ayant pour cadre, selon le modèle fourni par Boccace dans son *Décaméron* (*), la peste de 1374 à Lucques. Quoique de piètre valeur artistique, ces nouvelles ne sont pas dépourvues d'intérêt, car Sercambi est l'un des premiers à largement puiser thèmes et suggestions dans le répertoire des récits et fables populaires.

SERENI Vittorio. Poète italien. Né le 27 juillet 1913 à Luino (Varese), mort le 10 février 1983 à Milan. Sereni appartient à cette « troisième génération » qui, pour la critique italienne, regroupe les poètes ayant succédé à la triade Saba-Ungaretti-Montale. Il y côtoie Luzi, Caproni, Bertolucci. Fils d'un fonctionnaire des douanes, il a vécu sur les rives du lac Majeur une adolescence protégée du fascisme par des lectures où se mêlent *La Nouvelle Revue française* (*) de Jacques Rivière, la phénoménologie et les poètes italiens d'avant-garde. De façon très personnelle, avec son premier recueil, *Frontière* [*Frontiera*] (1941), il semble se rapprocher de l'hermétisme qu'incarne à Florence Mario Luzi et que théorise Carlo Bo. Mais, derrière l'élégance internationale de ses vers (lacs, régates, courses automobiles...), seule façon pour lui de résister à la violence et à la vulgarité ambiantes, on devine déjà la réticence et le scepticisme qui seront sa marque la plus durable et l'éloigneront des Florentins, plus ouvertement spiritualistes. Dans sa vie, dans son œuvre, la guerre opère une fracture décisive : fait prisonnier par les Américains à Trapani en juillet 1943, il ne sera libéré qu'à la fin de la guerre. Sa captivité, il la vivra surtout en Afrique du Nord, près d'Oran, à la fois loin des combats et hors de tout choix possible à l'égard de la Résistance. Son œuvre n'aura de cesse de transformer cette exclusion en leçon de lucidité, notamment dans *Journal d'Algérie* [*Diario d'Algeria*] (1947), le plus beau recueil poétique suscité en Italie par la guerre. Dans les années qui suivent le conflit, il enseigne, puis rejoint le service publicitaire d'une grande firme lombarde avant d'assumer, chez Mondadori, la direction de la collection de poésie « Lo Specchio ».

En 1962, avec *Les Abords immédiats* [*Gli immediati dintorni*], il propose un volume sans équivalent, à la fois journal extrêmement contrôlé et laboratoire, où cohabitent poèmes en gestation et traductions en cours. *L'Option* [*L'opzione*] (1964) rend compte avec ironie et distance de sa visite annuelle à la foire du Livre de Francfort. Cette prose sera reprise en 1980 dans *Le Samedi allemand* [*Il sabato tedesco*]. Le troisième recueil poétique de Sereni, *Les Instruments humains* (*), paraît en 1965, soit dix-huit ans après le précédent, mais c'est un des textes majeurs de la poésie italienne contemporaine, bien qu'à sa parution (dominent alors les néo-avant-gardes) son importance ne fût pas clairement perçue. En 1970, un voyage sur les lieux de sa captivité suscite *Vingt-six* [*Ventisei*], prose d'une grande densité, qui réapparaîtra dans la plaquette *Sans l'honneur des armes* [*Senza l'onore delle armi*] (1980). Le dernier recueil poétique de Sereni, *Étoile variable* [*Stella variabile*], paraît en 1981, rendu transparent par une plus nette interrogation métaphysique, tandis que *Les Abords immédiats* connaissent une seconde édition, revue et augmentée, en 1983.

Sereni fut par ailleurs un traducteur raffiné : ses versions de René Char font autorité, et, à la demande d'Einaudi, il a réuni en 1981 ses plus belles traductions poétiques dans le volume *Le Musicien de Saint-Merry* [*Il musicante di Saint-Merry*].

BERNARD SIMEONE.

SERGE de Constantinople. Patriarche de Constantinople de 608 à 639 (année de sa mort). Avant de devenir patriarche, il avait été diacre et directeur de l'hospice des pauvres. En 622, l'empereur Héraclion, s'apprêtant à partir en expédition contre les Perses, lui confia la direction des affaires de l'État. À ce titre, Serge contribua considérablement et avec bonheur à la défense de la ville pendant le siège des Avares. Sous le patriarcat de Serge, Héraclion rapporta de sa campagne de Perse la croix du Christ. Certains lui attribuent l'*Hymne acathiste* (*), qu'il aurait composé pour remercier la Vierge pour sa victoire sur les Avares.

SERGE Victor (pseud, de Victor Lvovitch Kibaltchich). Révolutionnaire, essayiste, historien et romancier de langue française. Né le 30 décembre 1890 à Bruxelles, mort à Mexico, le 17 novembre 1947. D'origine russo-polonaise, il connaît une jeunesse miséreuse et cosmopolite qui le pousse à la révolte. Il collabore à de nombreuses publications libertaires, dont le journal *L'Anarchie* qu'il dirige en 1913, lorsque débute le procès de la « bande à Bonnot ». Accusé, sans preuve et contre toute logique, d'être l'inspirateur de ces « bandits anarchistes », il est condamné à cinq ans de prison. Libéré, il gagne Barcelone où il participe à une insurrection anarchiste. De retour en France, il est de nouveau incarcéré pour deux ans. Enthousiasmé par la Révolution bolchevique, il rejoint l'U.R.S.S. en 1919. La ferveur qui l'anime n'est pas aveugle, comme le montrent ses remarquables témoignages : *L'An I de la Révolution russe* (1928) et *La Ville en danger* (publiée en 1971). Membre de l'exécutif de la IIIe Internationale, il côtoie Lénine et Trotski, et vit de près l'échec de la Révolution allemande. Après la mort de Lénine (1924), il ne cache plus ses inquiétudes devant la politique choisie par le parti communiste, soutient Trotski contre Staline. Ceci lui vaut des persécutions incessantes qui aboutiront, en 1933, à sa déportation dans l'Oural. Cette sinistre expérience lui inspirera l'une des toutes premières et des plus frappantes critiques du Goulag. Élargi, à la suite d'une campagne menée par des intellectuels occidentaux de renom, il quitte la Russie en 1936. Dès son retour à Paris, il reprend le combat et condamne les « procès de Moscou » (*Seize fusillés,* 1936). L'extrême précarité de sa situation matérielle le contraint à exercer le métier de correcteur d'imprimerie. Toujours en butte à l'ostracisme des communistes orthodoxes, il ne cesse d'écrire et de lutter conjointement contre le fascisme et le stalinisme. À travers des essais (*Destin d'une Révolution,* 1937 ; *De Lénine à Staline,* 1937 ; *Portrait de Staline,* 1939), des romans (*S'il est minuit dans le siècle,* 1939), un recueil de poèmes (*Résistance,* 1938), il poursuit son combat pour une révolution libertaire. Admirateur, ami et traducteur de Trotski, il n'hésitera pas à s'opposer à lui, de 1936 à 1940, pour maintenir les exigences éthiques qui, selon lui, fondent l'idéal révolutionnaire. Fuyant l'invasion nazie, il s'installe à Mexico en 1941. Il y écrira des romans : *L'Affaire Toulaev, Les Années sans pardon* (1946) ; et surtout les *Mémoires d'un révolutionnaire* (*) (1951), (couvrant les années 1901-1941), témoignage d'une vie d'espoirs constamment déçus et d'une exigence jamais abandonnée : celle d'un monde plus humain. L'œuvre de Victor Serge peut être lue comme un document historique de première grandeur. On peut surtout y voir, dans le cauchemar de notre récente histoire, la marque d'une inflexible et lucide exigence morale et intellectuelle. Toujours dans le camp des vaincus, des « humiliés et offensés », Serge offre l'une des plus nobles figures de ce qu'après sa mort on appellera un « intellectuel de gauche ».

ALAIN QUESNEL.

SÉROUX D'AGINCOURT Jean-Baptiste Louis Georges. Historien français de l'art. Né à Beauvais le 5 avril 1730 et mort à Rome le 24 septembre 1814. Issu d'une famille noble de la région de Namur, il se dirigea vers la carrière militaire et devint officier de cavalerie ; il quitta l'armée pour se dévouer à l'éducation de neuf jeunes parents restés orphelins. Ce geste désintéressé lui valut d'être nommé fermier général par Louis XV. Fervent des lettres et des arts, il fut en rapport avec des célébrités françaises et italiennes de l'époque, telles que Voltaire, Mariette, Tiraboschi et, parmi les peintres, Boucher et Fragonard. Son goût artistique lui fit entreprendre, dès 1777, de nombreux voyages qui l'amenèrent quelques années plus tard, à s'installer à Rome. Admirateur de Winckelmann, Séroux d'Agincourt suivit sa méthode pour l'étude des monuments des époques postérieures à celles étudiées par ce savant. L'année de sa mort parut son *Recueil des fragments de sculptures antiques en terre cuite* (1814), et ce n'est qu'en 1823 que furent publiés les six volumes in-folio de son *Histoire de l'art par les monuments depuis sa décadence au IVe siècle jusqu'à son renouvellement au XVIe* (*). Fidèle aux idées de Winckelmann, il les approfondit encore du point de vue historique et culturel, et tenta une interprétation précise des monuments décrits.

SERRES Michel. Philosophe français. Né le 1er septembre 1930 à Agen (Lot-et-Garonne). Ses études le mènent de l'École navale (1949) à la rue d'Ulm (1952), d'une licence de mathématiques (1950) à celles de lettres (1952) et de philosophie (1953), puis à l'agrégation de philosophie (1955), au doctorat ès lettres (*Le Système de Leibniz et les modèles mathématiques*, 1968). Cette double formation aux sciences et aux lettres, son expérience maritime (1956-1958), celle du métier d'enseignant en France (titulaire à la Sorbonne de la chaire d'histoire des sciences depuis 1969) et à l'étranger (Serres est professeur à l'université Stanford depuis 1984) révèlent une volonté de ne s'enfermer jamais dans un système ou une école, fût-ce au risque de se voir mener « la vie dure » par les groupes de pression en place — v. son exergue à *Rome. Le livre des fondations* (+) (1983). L'une des originalités de Michel Serres tient à la place qu'il donne à l'expérience sensible, faisant de la joie d'être un corps offert aux richesses multiples du donné la condition d'un exercice heureux, gracieux et productif de la philosophie — v. *Les Cinq Sens* (*). Cet exercice est en soi création : les livres de Serres défient la rhétorique universitaire, imposent la nécessité de leur écriture toujours en train de s'inventer, donnent le sentiment que leur foisonnement impatient édifie une œuvre, plutôt qu'il n'élabore une critique. Leur force de conviction vient de ce que le « je » qui s'y incarne n'est pas seulement méthodique, mais qu'il est celui d'un homme dans le monde, et qui rattache sa vocation philosophique à quelques expériences décisives liées aux violences de l'Histoire, au traumatisme inaugural d'Hiroshima, à la terreur d'une humanité gouvernée depuis lors par la « thanatocratie » (*Hermès III*). Il y a donc chez Serres une fidélité à la terre, en particulier à ses origines familiales, aquitaines, paysannes et maritimes (*Détachement*, 1983), sans que jamais cette fidélité apparaisse comme une fin en soi ; tout au contraire, la vocation d'universalité de l'œuvre ne cesse de s'affirmer : *Le Contrat naturel* (1990) sonne le glas d'une appréciation « locale » des phénomènes, nécessairement frileuse et source de conflits, au profit de leur réévaluation par le nouveau concept de « terre globale », cette « Terre » devenue sujet, avec laquelle il nous faut passer le seul contrat susceptible de désamorcer conflits locaux et pollutions dont nous risquons de périr.

C'est l'image du voyage en tous ses périls, en sa quête des passages inconnus, en son allégresse à communiquer ses découvertes qui semble le mieux exprimer le travail de Serres. Le projet encyclopédique inauguré avec la série des *Hermès* (*) vise en effet à établir une synthèse des savoirs qui n'exclut aucun domaine du savoir, mais qui cherche, dans sa randonnée, à nommer les circulations, les flux, leurs associations fragiles et passagères en quoi se constitue librement un monde, contre les forces de division porteuses de mort – *Genèse*, (1982), *Statues* (*) (1987). La randonnée traverse tous les espaces de la connaissance, tous les domaines de communication, cherche les voies de passage, montrant par exemple comment un texte littéraire « traduit » des données scientifiques (*Feux et signaux de brume. Zola*, 1975) ou énonce les conditions de toute création (*L'Hermaphrodite. Sarrasine sculpteur*, 1987), lisant dans La Fontaine cette constante des sociétés selon laquelle la « valeur d'abus » préexiste à toute pratique d'échange (*Le Parasite*, 1980), interrogeant Jules Verne aussi bien que Carpaccio, Hergé que Lucrèce. Michel Serres construit bien une œuvre. Ses livres tracent la géographie d'une terre de sagesse où saveur et savoir sont réconciliés, hors des jeux de pouvoir, car il n'y a « d'objet de savoir que dans la mesure où il n'y a pas d'enjeu de puissance ». Michel Serres est entré à l'Académie française en 1990.

HANS FREIBACH.

RÉF. : Revue *Critique*, janvier 1979, n° 380.

SERRES Olivier de. Agronome et écrivain français. Né et mort à Villeneuve-de-Berg (Ardèche) (vers 1539-2 juillet 1619). Issu d'une famille protestante, frère de Jean de Serres, historien du XVIe siècle et traducteur latin de Platon, il milite dans les rangs calvinistes et jusqu'en 1595 il demeure en Vivarais un ferme tenant de la « Cause », siégeant aux assemblées du parti, toujours désigné pour les députations importantes. Mais ce gentilhomme paysan participe aussi à ce mouvement de retour à la terre qui caractérise le calvinisme. Il s'emploie continûment à mettre en valeur son domaine du Pradel. Il peut enfin s'y installer paisiblement à partir de 1573 et multiplie dès lors ses efforts pour en faire une exploitation modèle, pratiquant la culture du maïs et du mûrier, amenant l'eau par des canaux d'irrigation, implantant la pomme de terre dans le sol du Vivarais, utilisant même des prairies artificielles. Ses voyages à l'étranger, en Italie, en Allemagne, restent incertains, mais il est sûr qu'Olivier de Serres fut appelé à Paris par Henri IV. Pour encourager l'industrie de la soie, il publia en 1599, sur la demande du roi, un traité de *La Cueillette de la soie.* Un an plus tard, son *Théâtre d'agriculture et ménage des champs* (*), où il consigne avec une simplicité savoureuse les résultats de quarante ans de recherches et de pratique, lui apporta une gloire qui ne s'éclipsera qu'à la fin du XVIIe siècle, devant la vogue, alors, de *La Maison rustique* de Ch. Estienne et Liébault. Mais pas un instant Olivier de Serres ne cessa de veiller sur sa propriété du Pradel, tout en employant ses dernières années à propager dans la région la culture de la soie. Il vint à un moment décisif de l'économie française, alors que la vie rurale reprenait son essor, que les pillages et les dévastations, suites de la guerre, provoquaient un renouvellement des instruments et des méthodes de culture restés inchangés depuis le Moyen Âge. L'action d'Olivier de Serres, d'abord isolée, devint un symbole du relèvement économique qu'Henri IV s'efforça de susciter.

Il n'est pas besoin d'être un technicien de l'agronomie ni un historien pour trouver plaisir à lire Olivier de Serres : son livre, comme son action, marque bien le moment où la France retourne au calme, où elle retrouve un bon sens alerte, malicieux, la joie profonde d'être naturelle.

RÉF. : Reisner, *Olivier de Serres, sa vie, ses travaux, ses écrits*, 1858. – H. Vaschalde, *Olivier de Serres, seigneur du Pradel*, 1886. – A. Lavondès, *Olivier de Serres, seigneur du Pradel*, 1936. – F. Léquesne, *La Vie d'O. de Serres*, 1942.

SERVET Michel (Miguel Serveto y Reves). Écrivain espagnol d'expression latine. Né à Villanueva dans l'Aragon (Espagne), la date est incertaine, la plus probable est le 29 septembre (jour de la Saint-Michel) 1511 ; mort sur le bûcher le 27 octobre 1553 à Champel (Suisse). Après avoir fait ses études à Saragosse et à Toulouse, il devint secrétaire du confesseur de Charles Quint, Juan de Quintana, qu'il accompagna à la diète d'Augsbourg. Il s'en sépara ensuite, se rendit à Bâle et à Strasbourg, entra en relation avec les réformateurs Oecolampade et Capiton. En 1531, à Haguenau, il publia le *De Trinitatis erroribus Libri VII* peu après les *Dialogorum de Trinitate Libri II* et, peut-être pour en atténuer quelque peu l'effet, le *De justicia regni Christi, capitula IV.* La position ouvertement antitrinitaire de l'auteur souleva un grand scandale et la vente des livres fut interdite par les autorités à Strasbourg. Servet vint à Paris, où il étudia la médecine, et fut reçu docteur sous le nom de « Villanovanus », puis à Lyon, comme correcteur d'épreuves chez les frères Trechsel, pour lesquels il publia une édition de la *Géographie* de Ptolémée. En 1540, il est à Vienne, dans le Dauphiné, comme médecin de l'archevêque. Ce fut probablement à cette époque qu'il découvrit la double circulation du sang, tout au moins celle des poumons.

Entre-temps, il lit des œuvres néo-platoniciennes et travaille à sa grande œuvre : la *Restitution du christianisme* (*), dans laquelle il se propose de ramener le christianisme à ses origines plus radicalement encore que la Réforme.

Déjà durant la composition de la *Restitution,* il avait été en rapports polémiques avec Calvin dont l'une des œuvres fondamentales s'intitule *Institution de la religion chrétienne* (*), à quoi l'œuvre de Servet semble s'opposer jusque dans le titre. Dénoncé à l'Inquisition de Vienne par un réfugié français à Genève, qui communiqua au tribunal un paquet de lettres de Servet à Calvin qu'il tenait du réformateur lui-même, Servet fut arrêté ; mais il réussit à fuir, et on ne sait pourquoi, peut-être poussé par le téméraire désir d'intervenir dans le conflit entre Calvin et les libertins, il vint à Genève, où il fut aussitôt reconnu et arrêté. Calvin, qui ne fut pas étranger à son arrestation mais agit par l'intermédiaire de Nicolas de La Fontaine, assuma personnellement l'accusation tandis que la défense de Servet fut soutenue par Berthelier, membre influent du parti opposé à Calvin. Le déroulement du procès, d'abord favorable à Servet, tourna à sa défaveur, soit à cause de ses déclarations nettes dans un sens panthéiste, qui rendaient délicate, même pour les anticalvinistes, sa défense, soit surtout par suite de la réponse défavorable des églises de Bâle, Schaffhouse, Berne et Zurich, consultées peut-être avec le secret espoir qu'elles recommanderaient la modération. La victoire personnelle de Calvin contre Berthelier dans l'affaire de l'excommunication contribua à aggraver la position de Servet ; et en dernière analyse, sa condamnation fut prononcée par le parti anticalviniste qui refusa d'accéder à la demande de Calvin dans le sens d'une atténuation de la peine. Servet fut brûlé à Champel le 27 octobre 1553.

RÉF. : Amallo y Manget, *Historia critica de Miguel Servet*, Madrid, 1888. – Claude Bouvier, *La Question Michel Servet*, Paris, 1908. – Pompeyo Gener, *Miguel Servet*, Barcelone, 1911. – Eloy Bullón, *Miguel Servet*, Madrid, 1917. – J. Goyanes, *Miguel Serveto, su vida y sus obras*, Madrid, 1933. – Roland H. Bainton, *Michel Servet, hérétique et martyr*, Genève, 1953.

SÉVERAC Déodat de. Compositeur français. Né à Saint-Félix de Caraman (Haute-Garonne) le 20 juillet 1872, mort à Céret (Pyrénées-Orientales) le 24 mars 1921. Fils d'un peintre, il commence des études juridiques avant de venir à Paris où il est l'élève de d'Indy, Bordes, Magnard et Guilmant à la Schola Cantorum à partir de 1897. Mais sa véritable personnalité s'affirme dans un genre de musique très éloignée de celle de ses maîtres : des cycles de pièces pour piano et des mélodies évoquant la vie quotidienne de sa région natale avec une poésie, une sincérité et un sens des couleurs remarquables. Parmi ses pièces pour piano, *Le Chant de la terre* (1900), *En Languedoc* (1904), *Cerdaña* (*) (1910-11), *En vacances* (1912-21). Il a écrit un opéra-comique, *Le Cœur du moulin* (1903-08) et de nombreuses mélodies, notamment « Mignonne, allons voir si la rose » sur un poème de Ronsard.

ALAIN PÂRIS.

RÉF. : Blanche Selva, *Déodat de Séverac*, Paris, 1930. – Joseph Canteloube, *Déodat de Séverac*, Paris, 1950. – Vladimir Jankélévitch, *La Présence lointaine, Albéniz, Séverac, Mompou, essai sur le mystère du charme de la musique*, Paris, 1983.

SÉVIGNÉ Marie de Rabutin-Chantal, marquise de. Épistolière française. Née à Paris, le 5 février 1626, décédée au château de Grignan en Provence, le 17 avril 1696, elle est la plus célèbre auteur de *Lettres* en France. Celles-ci sont intimement liées à sa biographie, et dans sa biographie il y a matière sans doute pour un roman, à coup sûr pour une étude sociologique très complète, et, si on le peut, pour une analyse psychologique complexe.

Dans ses lettres, Mme de Sévigné exprime souvent combien elle est attachée à l'ancienneté et à la qualité de sa noblesse. La réalité est plus ambiguë. Du côté paternel elle appartient à une très vieille famille de gentilshommes de Bourgogne, les Rabutin. Les généalogistes en avaient trouvé trace dès le XIIe siècle. La tradition dans cette famille était d'afficher de la bravoure, du panache, et aux diverses générations les hommes semblent avoir eu soin d'entretenir cette image. Le père de l'épistolière lui-même, Celse de Rabutin-Chantal, eut plusieurs duels, dut s'éloigner de Paris pour éviter les poursuites, les duels étant réprimés par la loi. En 1627, il s'engagea comme volontaire, pour rentrer en grâce, dans les troupes qui défendaient l'île de Ré où les Anglais tentèrent de débarquer pour aider les assiégés de La Rochelle : il se montra plus que téméraire au combat, il y mourut. Les Rabutin avaient aussi la réputation d'avoir de l'esprit, vif et volontiers caustique ; et de mener grande vie. Aussi ces aristocrates étaient chroniquement démunis ; pour se renflouer, ils épousaient des filles riches de la bourgeoisie ou de la noblesse de robe. Ainsi la grand-mère paternelle de l'auteur était fille d'un président du parlement de Bourgogne. Devenue veuve, celle-ci se consacra à la religion, et sur les conseils de François de Sales fonda l'ordre de la Visitation ; elle fut canonisée sous le nom de sainte Jeanne de Chantal. Du côté paternel, Mme de Sévigné provient donc d'une famille à la fois très aristocratique et très célèbre dans la spiritualité.

Du côté maternel, elle descend d'une des plus riches familles bourgeoises de l'époque. Sa mère était Marie de Coulanges (en ce temps, particule ne signifie pas noblesse), fille d'un bourgeois qui s'est enrichi d'abord comme fournisseur des armées, puis comme fermier des gabelles pour la moitié de la

France. Orpheline de père à l'âge d'un an et demi, la future épistolière fut élevée dans la famille de sa mère. Celle-ci mourut en 1633, mais les Coulanges obtinrent que l'enfant demeurât chez eux. Elle subit peu l'influence dévote et austère de sa grand-mère paternelle, avec qui elle n'eut que des contacts rares et brefs. Et quoique orpheline, son enfance fut sans doute heureuse, dans une famille nombreuse, richissime, où on avait soin d'elle, et où on pratiquait une éducation souple et libérale. Elle restera toute sa vie très attachée aux Coulanges.

La famille habite de belles demeures, dans le quartier du Marais et, comme maison de campagne, à Sucy-en-Brie. L'abbé de Coulanges, oncle de l'enfant, veille sur son éducation. Pour être libérale, celle-ci n'en est pas moins remarquablement formatrice pour l'époque : une famille alliée, les de La Trousse, a pour précepteur un jeune homme de lettres qui commence à devenir célèbre, Jean Chapelain ; il sera le premier précepteur de la jeune fille. Lui succède, sur sa recommandation, un autre écrivain en passe de devenir influent en son temps, l'abbé Ménage. De sorte que se forge une instruction littéraire, en français et en italien, avec aussi de l'espagnol et du latin, exceptionnelle pour une jeune fille de l'époque. Au capital social de renommée (les Rabutin-Chantal) et au capital financier (les Coulanges) vient s'ajouter un capital intellectuel alors extraordinaire.

Mais la logique sociale d'une telle famille n'est pas de produire des écrivains, encore moins des « écrivaines »... En toute bonne logique, la jeune fille épousa un gentilhomme, le baron (qui depuis peu se faisait donner le titre de marquis) Henri de Sévigné : breton, de très vieille famille aristocratique comme les Rabutin, pas ruiné mais pas riche, viveur, noceur et duelliste acharné lui aussi. Il emmène sa femme dans sa propriété des Rochers, près de Vitré, et la vie se partage quelques années entre là et Paris, où le mari file, dès qu'il le peut, faire la grande vie, et de grosses dettes. Ils eurent une fille, le 10 octobre 1646, Françoise-Marguerite, et un fils Charles, le 12 mars 1648. La Fronde venue, les Sévigné sont du côté des princes rebelles, et la marquise fréquente les milieux mondains de ce parti. En 1651, le mari est tué en duel. Elle reste près d'un an aux Rochers, pour le deuil, et pour mettre en ordre ses affaires, que le mari viveur avait malmenées. Elle revient ensuite à Paris. Cette jeune veuve, assez bien lotie, très jolie et réputée spirituelle, est courtisée. Cela fait partie de la gazette mondaine du Tout-Paris, où elle brille. Elle incline à la vie gaie, mais elle reste sage, c'est-à-dire qu'elle ne prend pas d'amant. Un semblant d'intrigue se noue avec son cousin Bussy-Rabutin, futur académicien et auteur de la scandaleuse *Histoire amoureuse des Gaules* (*), mais à ce moment fringant aristocrate belliqueux et aventureux. Ce qui fournit aux commérages et alimentera leurs échanges épistolaires et leurs jeux d'esprit, qui sont essentiels dans leur relation. Ils se brouillent un moment, et Bussy fera d'elle un portrait satirique, qu'il insère dans son livre. Anecdotes mondaines autant que littéraires... Dans ces années-là, surtout, elle fréquente le monde et les gens d'esprit. La Rochefoucauld, Mme de La Fayette, la famille Arnauld, Ménage sont de ses amis. On rivalise d'esprit, on cultive l'art de la conversation, orale ou épistolaire, on est à la mode mais sans excès. Elle est brillante ; elle est assez « snob » aussi. Elle fréquente le milieu de Fouquet, le surintendant des Finances, alors en pleine ascension politique. Elle a, via Ménage, des contacts avec Pellisson, Scudéry, La Fontaine, le courant « galant ». Son style y est adapté. Fouquet lui fait même des avances. Il garde des lettres d'elle ; quand il est arrêté, on les trouve dans ses papiers privés. On jase ; il n'y avait rien. Elle soutiendra, discrètement, Fouquet dans son procès. Sans se mêler de politique, elle prend parti contre Colbert. Mais elle ménage ses contacts avec les gens de la Cour, avec la Grande Mademoiselle, cousine du roi, même si elle ne fréquente pas beaucoup la Cour proprement dite.

Elle élève ses enfants ; ses affaires se sont bien stabilisées et elle dispose d'une large aisance : le clan des Coulanges reste puissant dans les questions d'argent. Elle cherche un parti pour sa fille. C'est, finalement, le comte de Grignan. Il a quarante ans, est deux fois veuf, mais appartient à la meilleure aristocratie de Provence. Il vit alors à Paris. Le mariage se fait en 1669. Mais un an après, il est nommé lieutenant général de Provence et part dans le Midi remplir sa charge. Sa femme est enceinte, elle accouche à Paris puis, laissant sa fille en nourrice aux soins de Mme de Sévigné, elle part rejoindre son mari, en 1671.

Cette date est cruciale dans la biographie de Mme de Sévigné, et pour son œuvre. Sa fille était belle, cultivée (La Fontaine lui a dédié une de ses fables pour se faire valoir, profitant du renom qu'elle avait), mais elle était assez renfermée, peu expansive avec sa mère en tout cas. Seulement, une fois la séparation advenue, le ton entre elles va changer : la fille se montrera aimable, la mère, désespérée. Tout cela, par les courriers qu'elles échangeront.

C'est à ce moment que commence l'œuvre de Mme de Sévigné. Jusque-là, elle avait écrit des lettres, bien entendu, comme toute femme d'esprit et mondaine. Certaines ont été conservées : aux Coulanges, à Ménage qui était son soupirant, à M. de Pomponne à propos du procès Fouquet (avec qui il avait collaboré), à Bussy-Rabutin (qui très vite, les jugeant bien tournées, en garde copie, avec copie des siennes, et sera le premier à en publier). C'étaient des lettres brillantes, dans le registre « galant » alors en vogue, mais semblables à tant qui circulaient dans les salons, et pas si abondantes. Avec le départ de Mme de Grignan, le ton et le flux sont bouleversés :

elle écrit énormément, deux fois par semaine usuellement, parfois davantage, et des lettres longues, où tout passe, des anecdotes et commérages de Paris et de la Cour aux confidences intimes, aux conseils et aux plaintes, surtout aux plaintes, aux incessants gémissements de la douleur d'être séparée de sa fille.

Pendant un quart de siècle, la vie de Mme de Sévigné se structure selon deux pôles : Paris (avec des séjours dans sa propriété des Rochers, l'été) et Grignan. Elle fait le voyage de Provence, sa fille vient parfois à Paris. Ces retrouvailles ne les satisfont pas vraiment. Mais dès qu'elles sont éloignées, la pluie du courrier reprend. Au total, Mme de Sévigné a écrit plus d'un millier de lettres (toutes n'ont pas été conservées), dont les trois quarts environ à sa fille. Ce flot est sans équivalent.

Sa vie, durant ce temps, reste celle d'une aristocrate. Elle se montre à la Cour, elle voit régulièrement la meilleure société. L'âge avançant, elle est plus soucieuse de dévotion ; et puis c'était de plus en plus dans l'air du temps. Sa vie mondaine, moins brillante qu'avant 1671, est constante cependant ; en tout cas, elle voit presque chaque jour les mêmes amis intimes. À Paris, elle s'est installée à l'Hôtel Carnavalet, tout près du quartier de la place Royale (place des Vosges), au cœur du Marais, où elle avait passé son enfance et passa, en fin de compte, sa vie. Elle séjournait aussi parfois aux Rochers, veillant à ses fermages en même temps qu'elle s'aérait. Son fils Charles, le chevalier de Sévigné, vivait sur le mode de la noblesse d'épée, servant à l'armée et se donnant joyeuse existence le reste du temps. Il eut un moment pour maîtresse la libertine Ninon de Lenclos, qui l'avait été de son père... Il eut aussi, en partie en même temps, l'actrice Champmeslé, qui par ailleurs, outre son mari, avait alors Racine dans sa vie. Sa mère s'efforçait de lui éviter le discrédit et la ruine. Mais, tout en le blâmant, en lui faisant des remontrances de morale chrétienne, elle fit preuve à son égard de compréhension et de patience, comme elle avait fait avec le père, et même elle riait parfois avec lui de ses frasques, ou, à ses dépens, de ses déboires ; on est loin d'une mentalité de bigoterie austère. Plus tard, il se rangea et sa fin de vie fut assez sérieuse et même, enfin, très chrétienne.

Un autre grand souci de Mme de Sévigné était le sort de sa fille. Le comte de Grignan achevait de se ruiner : non pas en menant une vie de débauché, mais en engageant des dépenses somptuaires pour tenir le rang qu'impliquait sa fonction. Il y avait aussi des problèmes de santé, les grossesses et les couches de Mme de Grignan. Les enfants qui survécurent étaient de complexion faible : hérédité syphilitique du côté Grignan semble-t-il. Sur ses vieux jours, Mme de Sévigné finit (1694) par aller s'installer auprès de sa fille.

Elle trouva les Grignan tout à fait ruinés, et Mme de Grignan très affaiblie. Pour arranger les affaires, on maria le fils avec la fille d'un richissime fermier des impôts du Languedoc, mais roturier, ce qui choquait dans ce milieu entiché de titres nobiliaires (en dépit des origines de Mme de Sévigné elle-même). La ruine était parée. Restait la santé de la fille. Mme de Sévigné la soigna avec angoisse et dévouement durant l'hiver 1695-96. Mme de Grignan se remettait, Mme de Sévigné envisageait de la ramener avec elle à Paris ; mais elle tomba malade à son tour et mourut en deux semaines, au printemps 1696.

Elle fut inhumée dans la collégiale de Grignan. La tombe fut ouverte et ses restes dispersés à la Révolution... Ses lettres, conservées dans les greniers de Grignan, allaient connaître, de leur côté, une histoire compliquée. Bussy-Rabutin, publiant ses *Mémoires* (*) (1696) et ses *Lettres* (1697), y inclut celles qu'il avait reçues de sa cousine et copiées. C'était peu ; mais les descendants de la marquise prirent conscience de la valeur de cette correspondance. Une première édition, partielle, en sortit en 1726, et depuis elles furent rééditées, complétées, corrigées. Trente ans après sa mort, Mme de Sévigné commençait une destinée littéraire : elle lui valut d'accéder, très vite, dès le XVIIIe siècle, à une notoriété considérable, à une qualification d'écrivain qu'elle n'avait jamais eue de son vivant.

ALAIN VIALA.

RÉF. : B. Bray, « Le Système épistolaire de Mme de Sévigné », dans *RHLF*, mai-août 1961. – J. Cordelier, *Mme de Sévigné par elle-même*, Paris, 1967. – R. Duchêne, *Mme de Sévigné et la lettre d'amour*, Paris, 1970. – *Correspondance*, éd. par R. Duchêne, Paris, « La Pléiade », 1973-1978, 3 vol. – « La Lettre au XVIIe siècle », dans *RHLF*, décembre 1978. – R. Duchêne, *Mme de Sévigné ou la Chance d'être femme*, Paris, 1982 ; *Écrire au temps de Mme de Sévigné*, Paris, 1982.

SEXTUS EMPIRICUS. Philosophe et savant grec. Né peut-être à Mytilène vers l'an 150, mort à Athènes ou à Alexandrie vers 210. On le surnomma Empiricus à cause du nom de la secte de médecins à laquelle il appartenait. Nous savons qu'il jouit d'une grande célébrité dans l'Antiquité, mais nous ignorons tout de sa vie et même s'il tint école ou se contenta d'écrire. Des deux ouvrages de lui qui nous sont parvenus, le premier s'intitule *Institutions pyrrhoniennes* (*) et se divise en trois livres. La méthode de l'auteur y consiste à opposer les uns aux autres les divers dogmes philosophiques et à montrer que la reconnaissance d'une vérité conduit à la négation d'une autre vérité, c'est-à-dire finalement à l'annulation de toute vérité. Le second ouvrage que nous avons de lui s'intitule : *Contre les mathématiciens ou contre l'enseignement des sciences* (*) et se répartit en onze livres. L'ensemble constitue une négation de la science antique mais nous est fort utile parce qu'il nous renseigne en même temps sur l'état de cette science. Cet ouvrage était encore très lu à l'époque de Descartes, et c'est une véritable mine de critiques, d'analyses et de comparaisons. Si la lecture de l'œuvre de Sextus Empiricus, qui abonde en sophismes, est assez fastidieuse, son intérêt historique est des plus grands, car, tout en attaquant les diverses philosophies antiques, elle en retrace l'histoire et nous donne des renseignements sur les principaux philosophes grecs. Il s'agit donc non seulement d'une véritable encyclopédie du scepticisme mais d'une analyse extrêmement fidèle de toute la pensée de la Grèce antique.

♦ *« Le monument élevé par Sextus Empiricus impose le respect par son étendue et son sérieux, il ne commande pas l'admiration. »* Jean Grenier.

RÉF. : Poppenheim, *Lebensverhältnisse des Sextus Empiricus,* Berlin, 1875. — V. Brochard, *Les Sceptiques grecs,* Paris, 1887 (rééd. 1969). — W. Heintz, *Studien zu Sextus Empiricus,* Halle, 1932. — Sextus Empiricus, *Œuvres choisies,* traduites et préfacées par Jean Grenier, Paris, 1948. — K. Janáček, *Prolegomena to Sextus Empiricus,* Olomouc (Tchécoslovaquie), 1948. — J.-P. Dumont, *Les Sceptiques grecs,* Paris, 1966.

SHĀBBI (al-) Abū l-Qāsim. Poète tunisien. Né en 1909 près de Tozeur et mort en 1934 à Tunis. Il participe très tôt à des manifestations estudiantines et va rester dès lors très mêlé à tous les bouillonnements politiques et intellectuels nationalistes qui agitent la Tunisie alors sous protectorat français : il écrit des articles, donne des conférences, participe à la fondation d'associations littéraires et religieuses. Sa santé fragile (il souffre d'une faiblesse cardiaque congénitale) ne résiste pas à cette activité fébrile et aux deuils qui le frappent (perte de son père puis de la femme qu'il aimait). Il meurt à vingt-cinq ans avant d'avoir vu publier son recueil de poèmes *Les Chants de la vie* (*).

DJAMEL-EDDINE KOULOUGHLI.

SHĀFI'Ī (al-) Abū 'Abdallāh Muḥammad. Juriste et penseur musulman d'expression arabe. Né à Gaza en 767, mort au Caire en 820. Issu du clan mecquois des Muṭṭalibites, il était un parent éloigné du Prophète, ainsi que des califes abbassides qui régnaient alors. Il passa son enfance et sa jeunesse à La Mecque, puis à Médine, où il suivit l'enseignement de Mālik ibn Anas (mort en 796), alors la principale autorité en matière de droit islamique. Entré au service du gouverneur du Yémen, il fut accusé d'avoir participé à une révolte pro-shī'ite et conduit à Bagdad chargé de chaînes ; ayant pu se disculper, il fut gracié par le calife Hārūn al-Rashīd, qui l'invita à rester auprès de lui (803). Entretenant des rapports difficiles avec les juristes de l'école ḥanafite, qui bénéficiaient de la faveur du souverain, al-Shāfi'ī revint à La Mecque en 804, où il enseigna le droit. Après un nouveau séjour à Bagdad (810-814), il décida de se fixer à Fusṭāṭ (ancien nom du Caire), qui était alors une ville provinciale et reculée ; c'était une façon de prendre ses distances par rapport au pouvoir central. C'est là qu'il donna leur forme définitive à ses deux œuvres principales, son traité de droit pratique intitulé le *Kitāb al-'umm* et son *Épître sur les fondements du droit* (*). Il mourut des suites d'un lynchage par les disciples d'un rival ; son tombeau est aujourd'hui encore l'objet de la vénération des musulmans du Caire.

JEAN-PATRICK GUILLAUME.

SHAFTESBURY Anthony Ashley Cooper, troisième comte de. Philosophe et écrivain anglais. Né le 26 février 1671 à Londres, mort le 4 février 1713 à Naples. Petit-fils du célèbre homme d'État « whig » (l'« Achitophel » de Dryden) qui fut chancelier de Charles II et à qui il dut son éducation, Shaftesbury fut disciple du philosophe John Locke, dont il devait, plus tard, critiquer sévèrement la pensée, tout en conservant toute son affection pour l'homme. Il fit d'excellentes études et, selon la coutume des aristocrates anglais de son temps, se rendit sur le continent. De retour dans sa patrie, après la seconde révolution, sa santé fragile ne lui permit pas de se consacrer longtemps et activement à la carrière politique ; toutefois, il fut membre du Parlement. Il se rendit deux fois en Hollande (1698, 1704) où il fit partie des cercles littéraires et philosophiques de Rotterdam ; il y rencontra Le Clerc, Bayle et van Limborch, dont il partageait la liberté de pensée. Il publia tout d'abord une préface aux sermons de Benjamin Whichcote, un des chefs d'école parmi les platoniciens de Cambridge, qui, opposé à l'analogie que Hobbes trouvait entre l'univers et la machine, soutenait qu'il existe dans la nature un principe de croissance qui anime et modèle le monde et, toujours en opposition à l'empirisme de Hobbes, que l'esprit n'est pas un réceptacle passif de phénomènes sensoriels, mais, au contraire, l'artisan de sa propre connaissance. Shaftesbury reprit et développa ces principes dans son ouvrage *Les Moralistes : une rhapsodie philosophique* [*The Moralists, a Philosophical Rhapsody*, 1709], cosmologie qui, avec son « optimisme », devance les *Essais de théodicée* (*) de Leibniz ; puis il les appliqua à l'esthétique dans le *Soliloque, ou conseils à un auteur* [*Soliloquy or Advice to an Author*, 1710], œuvre dans laquelle il établit un rapport entre la « nature plastique » et le poète au travail. *La Recherche sur la vertu et le mérite* [*An Inquiry concerning Virtue and Merit*, 1699] est son principal traité d'éthique, il y soutient que l'ordre intérieur de l'homme vertueux est partie de l'ordre universel. L'obligation morale n'est pas pour lui, comme pour Hobbes, le résultat d'un contrat ou la conséquence de la peur de Dieu, mais elle existait antérieurement à la volonté divine ; les jugements moraux ne sont pas le fruit du raisonnement mais de l'intuition, du sens moral. Cette théorie constitue son principal apport à l'éthique. Ces trois œuvres, avec la *Lettre sur l'enthousiasme* [*A Letter concerning Enthusiasm*, 1708] et *La Philosophie du sens commun ; essai sur la liberté de l'esprit humoristique* [*Sensus communis : an Essay on the Freedom of Wit and Humour*, 1709], furent publiées en 1711, sous le titre : *Caractéristiques des hommes, des coutumes, des opinions et des temps* (*), l'année même où il quittait l'Angleterre pour chercher à retrouver un peu de santé sous des cieux plus cléments. Il passa les deux dernières années de sa vie à Naples, revoyant les *Caractéristiques*, et étudiant l'histoire de l'art, étude qui devait lui inspirer deux brefs essais d'esthétique : *Concept sur l'illustration historique, ou peinture du jugement d'Hercule* [*A Notion of the Historical Draught or Tablature of the Judgment of Hercules*] qui fut ajouté à la seconde édition des *Caractéristiques*, et *Lettre sur le dessin* [*A Letter concerning Design*], publiée dans la cinquième édition de la même œuvre (1732). Grâce à l'élégance, et à la clarté de son style, Shaftesbury parvint à réaliser son but, et celui d'Addison, c'est-à-dire à sortir la philosophie des écoles et des universités, et à la propager dans « les cercles et les réunions, autour des tables de thé, et dans les cafés ». En ce qui concerne la cosmologie et l'éthique, on peut retrouver son influence dans la poésie d'Akenside et dans celle de Thomson ; ses théories esthétiques contribuèrent à rendre populaire en Angleterre le style architectural de Palladio et son éloge de l'irrégularité de la nature entraîna un net changement de goût dans le domaine du jardinage artistique. Locke, Berkeley et Hume devaient un peu faire oublier son œuvre de philosophe ; elle fut, toutefois, appréciée par Diderot et Lessing, et servit de stimulant à Kant pour son étude de l'imagination créatrice.

JOHN BUTT

♦ *« Ses écrits sont plus estimables pour les vertus de son esprit que pour celles de son style. Il nous expose ses doctrines dans une diction extatique qui ressemble à la manière dont un mage exposerait ses visions à un auditoire oriental. »* Horace Walpole. ♦ *« Je l'ai lu et relu, je me suis rempli de son esprit, et j'ai, pour ainsi dire, fermé son livre lorsque j'ai pris la plume. »* Diderot.

RÉF. : A. O. Alridge, *Shaftesbury and the Deist Manifesto*, Philadelphie, 1951. – Jean-Paul Larthomas, *De Shaftesbury à Kant*, Paris, 1985.

SHAHAR David. Romancier et nouvelliste israélien. Né à Jérusalem le 17 juin 1926, d'une famille établie dans le pays depuis cinq générations. La famille de sa mère venait de Russie – elle était donc ashkénaze – tandis que la famille de son père venait de Hongrie mais était peut-être d'origine séfarade. Durant ses études primaires, il connut à nouveau cette dualité, car un concours de circonstances voulut qu'il se trouvât seul enfant ashkénaze dans une classe de séfarades. De plus, vivant à Méa Shéarim dans le milieu le plus religieux de Jérusalem, il n'en fréquentait pas moins une école laïque car son père, issu d'une famille très orthodoxe (il descendait du Hatam Sofer), avait rejeté la pratique religieuse. Cet affrontement à un très jeune âge entre ces appartenances différentes et de tendances souvent antagonistes, ajouté au contact journalier avec des communautés chrétiennes ou musulmanes, joua un rôle important dans ses années de formation et lui apprit très jeune, avec le sens de la relativité des choses, la valeur de la tolérance, dont toute son œuvre est imprégnée. Il ne quitte son pays pour la première fois qu'à l'âge de 37 ans pour un séjour de deux ans à Paris. Sa formation d'écrivain s'est donc faite, contrairement à la majeure partie des écrivains de sa génération, le plus souvent originaires d'Europe ou de pays musulmans, en dehors de toute influence extérieure directe. Sa langue maternelle est l'hébreu, et toute son éducation s'est faite en hébreu. Né sous le mandat britannique, sa seconde langue est l'anglais. Il n'apprit le français que tardivement lors de son séjour à Paris.

Il a écrit un certain nombre de nouvelles qui ont fourni la matière de deux recueils parus en français, l'un en 1971 : *La Colombe et la Lune*, l'autre en 1984 : *Trois contes de Jérusalem*. En 1959 paraît son premier roman : *Lune de miel et d'or* [*Yerah ha-devaš we ha-zahav*], histoire pleine de drôlerie et d'humour d'un jeune homme aux prises avec les idéologies et les réalités, les rêves et les tabous de la société israélienne en formation, et en 1979 *L'Agent de Sa Majesté* [*Soken Hod-Malkûto*], grande fresque épique qui, à travers les aventures d'un homme, retrace l'histoire d'Israël depuis la Seconde Guerre mondiale jusqu'à celle de Kippour. « Un livre splendide, étincelant, spirituel et important », selon le jugement du prix Nobel Saul Bellow. David Shahar poursuit actuellement la grande œuvre entreprise dans les années 60 et qui est une suite de romans (sept déjà parus) dont Jérusalem est la toile de fond : *Le Palais des vases brisés* (*).

Le monde de David Shahar s'enracine profondément dans sa ville, dans Jérusalem, ses ruelles, ses tours, ses montagnes où semble s'estomper le passage du temps et dont ses personnages recréent une image vivante, colorée et pleine de rêves ; ils en évoquent l'histoire intime, l'atmosphère morale, faite de contradictions, de tensions, mais aussi d'un certain art de vivre, mélange de nonchalance, de tolérance et d'humour. Tout un monde qui bascule dans le chaos, au milieu de l'été 1936, quand se déchaînent les émeutes arabes. C'est pourquoi, pour l'auteur, la politique est le « cancer du monde » ; et il hait tous les extrémistes, à commencer par ceux qu'il trouve chez lui parmi les ultra-orthodoxes. S'il éprouve un sentiment de respect, voire de parenté avec les Arabes, il n'en est pas moins vrai que, face à ceux qui lui disputent la terre ancestrale, il se sent, sans ambiguïté aucune, le premier et légitime héritier d'Abraham et de David. C'est sans doute le merveilleux humour de l'auteur, joint à la rencontre inattendue d'un remarquable talent de conteur oriental et d'une culture largement occidentale qui, transformant les événements les plus simples, les réalités les plus concrètes, parfois les plus cruelles, les charge d'une poésie et d'une nostalgie si intenses.

MADELEINE NEIGE.

♦ *« L'art ici fait tout comme dans* À la recherche du temps perdu. » Jacqueline Piatier. ♦ *« L'œuvre de Shahar tout entière est un merveilleux cadeau que nous font l'Orient et l'Occident pour une fois réunis. »* Clara Malraux. ♦ *Shahar, le plus grand écrivain d'Israël* [...] *Sans bruit, il est en train de bâtir un des monuments de notre époque. »* Dominique Fernandez.

SHAKESPEARE William. Poète dramatique anglais. Né à Stratford-on-Avon, en avril 1564 (il fut baptisé le 26, et l'on a coutume de célébrer l'anniversaire de sa naissance le 23, fête de saint Georges), mort le 23 avril 1616. Sa mère descendait d'une vieille famille de propriétaires terriens ; son père, dont les parents étaient cultivateurs, appartenait à la corporation des pelletiers et gantiers, et il fit tout d'abord d'excellentes affaires, de sorte qu'on l'avait élu maire de Stratford. Puis, accablé de procès et victime de son optimisme naturel, il courut à la ruine. William Shakespeare, qui était le troisième de huit enfants, fit ses études à la Grammar School de Stratford, d'excellente renommée, et selon certains, suivit même pendant un trimestre ou deux les cours de l'université d'Oxford. Mais, à l'âge de dix-huit ans, il se maria avec Anne Hathaway, fille de cultivateurs, de huit ans son aînée, et, au cours des trois années qui suivirent, eut d'elle trois enfants, si bien qu'il dut renoncer à poursuivre régulièrement ses études. Avant 1592, on ne possède guère d'indications sur sa vie ; on ignore comment et où il vécut. Une tradition qui remonte au XVIIe siècle rapporte qu'il fut maître d'école à la campagne, et on considère présentement que cette tradition est digne de crédit. Quant à l'autre tradition selon laquelle Shakespeare aurait dû quitter Stratford pour échapper à sir Thomas Lucy dans la chasse duquel il aurait volé un daim, elle est abandonnée de nos jours : sir Thomas Lucy ne possédait point de parc renfermant des daims, du temps où Shakespeare était jeune.

Il est possible que Shakespeare ait écrit ses premières pièces pour des compagnies de province ; en 1592, il se trouvait à Londres, et jouissait d'une certaine renommée en tant qu'acteur et dramaturge, comme le prouvent l'allusion dédaigneuse faite par Robert Greene dans *Deux liards d'esprit* (*) et l'appréciation favorable de Henry Chettle, datant de la même année, et où il est dit que Shakespeare était protégé par différentes « personnes de qualité ». Au vrai, il s'était lié, dès 1594, et l'on ignore de quelle façon, avec le jeune comte de Southampton, Henry Wriothesley, auquel il dédia deux poèmes, *Vénus et Adonis* (*) (1593) et *Le Viol de Lucrèce* (*) (1594), ainsi que la plus grande partie des *Sonnets* (*) (écrits peut-être entre 1593 et 1597). La première date marquante de sa carrière dramatique serait l'année 1591, s'il faut lui attribuer, comme on pense devoir le faire, la seconde et la troisième partie d'*Henri VI* (*) ; en effet, dans le remaniement qui a été fait de ce drame, on trouve des traits d'un caractère à la fois sentimental et comique qui semblent bien dans sa manière. Outre le drame historique alors en vogue, Shakespeare aurait abordé la comédie, qui en était encore à ses débuts, avec *La Comédie des erreurs* (*) et le drame sombre avec *Titus Andronicus* (*), première de ses pièces imprimée (sous l'anonymat, en 1594). *Titus Andronicus* et *Richard III* témoignent de l'influence de Marlowe, cependant que Marlowe se serait inspiré lui-même de l'*Henri VI* de Shakespeare pour son *Édouard II* (*). Le génie de Shakespeare transparaît à peine dans ce premier groupe de pièces. On suppose parfois que le jeune dramaturge séjourna un certain temps dans le nord de l'Italie entre 1592 et 1594 (peut-être en compagnie de Southampton), années qui coïncident d'ailleurs avec la désorganisation du théâtre londonien, à la suite de la peste. Mais au vrai, cette supposition ne repose que sur le fait que Shakespeare écrivit ensuite une série de drames qui se passaient en Italie et où abondaient des détails assez précis de topographie. En fait, il est bien possible que Shakespeare ait appris ces détails d'un Italien en résidence à Londres ; il connut certainement Giovanni Florio (auteur de manuels de conversation italienne, d'un dictionnaire italien-anglais, et traducteur de Montaigne) et le rencontra dans la maison de Southampton, son protecteur. Le comte se montra extrêmement munificent à l'égard de Shakespeare et il est possible que ce soit grâce à sa générosité que Shakespeare put acquérir une part d'actionnaire dans la compagnie du lord chambellan. La carrière de Shakespeare s'identifie à l'histoire de ces Chamberlain's Men qui, sous Jacques Ier, prirent le nom de King's Men (serviteurs du roi). La compagnie, en honneur à la Cour, se trouva dans une prospérité continuelle ; Shakespeare ne cessa point d'écrire des drames, ce qui ne fit point tort à sa production poétique, puisqu'il composa en tout au moins mille six cents sonnets. Le ton des sonnets, bien qu'ils fassent leur part aux conventions alors à la mode, atteint à un pathétique que l'on ne trouve généralement pas dans ce genre de poésie, et permet de découvrir un aspect de Shakespeare que l'on ne soupçonnait pas chez cet auteur de drames à succès tel que le montrent les documents biographiques qui nous sont parvenus. En 1596, les archives contiennent des indications d'après lesquelles Shakespeare serait revenu à sa famille et à son pays natal ; on trouve consignée la mort de son fils Hamnet, et une pétition adressée par lui au collège des hérauts pour que celui-ci accordât les armoiries à sa famille. En 1597 et au cours des années suivantes, Shakespeare acheta une propriété à Stratford, bien qu'il continuât de résider à Londres.

La période qui va de la moitié de 1599 à 1601, c'est-à-dire depuis le départ du comte d'Essex pour l'Irlande jusqu'à l'échec de sa conspiration, coïncide avec une période d'incertitude dans la production de Shakespeare. Conscient de sa force, il paraît hésiter à se lancer dans de grandes entreprises, et se contente de donner trois comédies : *Beaucoup de bruit pour rien* (*), *Comme il vous plaira* (*) et *La Nuit des rois* (*). Vers la fin du règne d'Élisabeth, Shakespeare avait donné toute sa mesure dans le drame historique, atteignant aux plus parfaites réussites avec *Richard II* (*) et *Henri IV* (*), *Henri V* (*) — et dans la comédie avec *Les Joyeuses Commères de Windsor* (*). Mais il n'était point encore parvenu à écrire des tragédies d'aussi belle venue, bien qu'il se soit essayé à la tragédie sanglante avec *Titus Andronicus*, car il se contentait encore, même s'il les transformait selon son génie propre, de se servir des anciennes méthodes ; c'est ce qu'il fait encore dans *Roméo et Juliette* (*) et dans *Jules César* (*). Mais une nouvelle tragédie, *Hamlet* (*), dont la version devait être conçue comme une imitation des premières tragédies de Sénèque, brise ce cadre. Ce que l'auteur a à faire entendre — ces protestations passionnées d'Hamlet devant les sophismes inévitables que produit la pensée — lui impose une forme neuve et plus libre. La terrible catastrophe qui suivit la révolte avortée d'Essex et eut lieu l'année (1601) où Shakespeare écrivit *Hamlet*, bouleversa pendant quelque temps la vie du protecteur du poète. D'ailleurs, Shakespeare prêta la main au complot, en ce sens qu'il accepta de réciter *Richard II* la veille du jour où éclata la révolte. Le parti qui s'opposait à la reine mit en circulation un parallèle entre Élisabeth et Richard ; la scène de la déposition de ce roi devait déclencher, de l'avis des conjurés, celle de la reine. Toutefois, la compagnie de Shakespeare ne fut point inquiétée lors de la découverte du complot. Mais les paroles d'adieu qu'Horatio adresse à Hamlet mourant : « Bonne nuit, doux prince, et que des vols d'anges te conduisent en chantant à ton repos », parurent, aux yeux du grand critique Malone, faire allusion à celles que prononça Essex lorsqu'il monta sur l'échafaud le 25 février 1601 : « Quand ma vie se séparera de mon corps, envoie tes anges bienheureux pour recevoir mon âme et la transporter jusqu'aux joies du Ciel. »

De toute évidence, les pièces que Shakespeare composa au début du règne de Jacques Ier, c'est-à-dire vers 1603, montrent qu'il était en proie à un grand trouble. L'ironie et le dégoût transparaissent à travers *Troïlus et Cressida* (*), *Tout est bien qui finit bien* (*), *Mesure pour mesure* (*). Mais il n'existe plus aucune de ces ambiguïtés dans les trois grandes tragédies, *Othello* (*), *Le Roi Lear* (*) et *Macbeth* (*), qui mettent en lumière le mystère d'un mal objectif et qui présentent un tableau de l'existence accommodé de telle sorte qu'on dirait « une fable racontée par un idiot, fable pleine de bruit et de colère, et qui ne signifie rien ». Dans ces trois tragédies, les passions sont étudiées à travers des caractères primitifs, ceux de Lear et Macbeth, barbares qui vécurent à une époque très lointaine, celui d'Othello, un Africain. L'influence qu'eut *Macbeth* sur *Antoine et Cléopâtre* (*) est indéniable ; c'est une tragédie presque romantique, où l'on voit deux amants, de caractère et de mentalité absolument opposés, s'entre-déchirer jusqu'à ce que l'un des deux réussisse à donner à l'autre une sorte de grandeur, mais au prix de sa perte. *Coriolan* (*) contient une autre étude de caractère primitif, tout d'une pièce et presque puéril dans la générosité de sa nature (avec laquelle contraste le caractère machiavélique de sa mère). Dans *Timon d'Athènes* (*), Shakespeare reprend le thème de l'ingratitude humaine qu'il avait déjà traité dans le *Roi Lear*.

Mais cette pièce ne fut qu'ébauchée, peut-être parce que Shakespeare se trouva atteint d'une maladie soudaine, sur laquelle on ne possède aucune précision, mais qui aurait profondément transformé le poète ; il semble qu'il ait traversé alors une crise religieuse, car l'inspiration de ses derniers drames, et spécialement de *La Tempête* (*), peut être considérée comme chrétienne. Richard Davies, un prêtre, déclara vers la fin du XVIIe siècle que Shakespeare était mort « papiste », c'est-à-dire catholique romain ; il semble en tout cas que son père était catholique, car il figure dans une liste de « recusants », c'est-à-dire de personnes, ordinairement catholiques, qui tentaient de s'opposer à l'influence croissante de l'église anglicane. En 1599, la compagne de Shakespeare avait ouvert un théâtre appelé « The Globe » (à cause du globe terrestre qu'Hercule portait sur son dos, et de cette phrase : « Totus mundus agit histrionem »). Au cours de l'automne de 1609, Shakespeare commença à occuper le théâtre couvert de Blackfriars, qui devint le siège de son activité. Shakespeare avait une part d'actionnaire dans la gestion de l'un de ces théâtres, ou même des deux ; il faisait partie, selon le terme alors en usage, des « housekeepers » de la compagnie ; on ne trouve pas son nom parmi ceux des acteurs après 1603, et il est possible que le fait d'écrire des drames et d'en faire régler la mise en scène, ait été considéré comme une participation suffisante aux activités de la compagnie.

C'est en 1610 que l'on peut placer de façon approximative son installation définitive à Stratford où il passa dans la paix les dernières années de sa vie. En 1613, il écrivit, en collaboration avec le jeune dramaturge John

Fletcher, son dernier drame, *Les Deux Nobles Cousins* [*The Two Noble Kinsmen*]. La tradition et le testament qu'il fit nous montrent Shakespeare en bons termes avec les paysans et les familles aristocratiques de l'endroit ; s'il eut du déplaisir, ce fut peut-être à cause de ses filles, Susan et Judith. D'aucuns prétendent que Shakespeare serait mort à la suite de trop grandes libations faites en compagnie de Ben Jonson et de Drayton ; mais, par ailleurs, la tempérance de Shakespeare est si nettement attestée qu'il faut tenir pour au moins très douteuse cette hypothèse. Il est probable que Shakespeare ne mourut pas subitement puisqu'il commença à faire son testament en janvier, l'acheva et le signa le 25 mars, un mois environ avant sa mort.

La publication des œuvres de Shakespeare fut faite sans aucune surveillance. Un groupe d'éditeurs, peu scrupuleux d'ordinaire, publia un certain nombre des drames dans le format in-quarto ; quelques-uns sont conformes aux textes primitifs, l'auteur étant plus ou moins consentant, alors que d'autres sont incomplets et remplis d'erreurs, le texte en ayant été établi sur des notes prises pendant les représentations, des reconstitutions faites de mémoire, et des copies non revues par l'auteur. En 1619, Thomas Pavier publia dix drames sans autorisation ; peu après, deux acteurs, des collègues de Shakespeare, S. John Heminge et Henry Condell, entreprirent une édition complète qui, en dépit des difficultés, fut rendue publique en 1623, par les soins de l'éditeur William Jaggard et qui est connue comme le premier in-folio (*First Folio*). Elle renferme l'unique version que l'on ait de dix-huit drames ; quant aux autres, si l'on excepte *Périclès* (*), elle en donne des textes qui, pour n'être pas toujours meilleurs que ceux des in-quarto, ont malgré tout une importance considérable. Les témoignages laissés par les contemporains ne donnent pas l'impression que Shakespeare polissait longuement son œuvre. Mais il était naturel que beaucoup de ses textes eussent à subir des réductions qui correspondaient aux nécessités de la mise en scène. Outre les critiques malveillants, qui ont prétendu que les drames de Shakespeare avaient été écrits par celui-ci en collaboration avec d'autres dramaturges, bon nombre de spécialistes se sont entêtés dans l'idée que Shakespeare n'était qu'un acteur ignorant, un prête-nom, et que son œuvre avait été écrite par un homme extrêmement cultivé, tel que le philosophe Francis Bacon, ou le comte d'Oxford. Mais si les dates de la vie de Shakespeare ne satisfont point notre désir de connaissances précises, il faut cependant reconnaître qu'elles sont abondantes au regard de celles que nous possédons sur d'autres écrivains de l'époque élisabéthaine, à l'exception peut-être de Ben Jonson ; on peut tout au plus s'étonner que dans son testament il ne soit fait aucune mention de ses œuvres.

MARIO PRAZ.

XVIe-XVIIe siècles. ♦ « *Certain geai paré de nos plumes, lequel* cachant son cœur de tigre en la peau d'un acteur, *s'imagine être aussi capable de faire ronfler les vers blancs que le meilleur d'entre nous. Ce n'est qu'un simple Johannes Factotum, mais dans sa pensée il se croit le seul* Shake-scene [ébranleur de la scène] *de tout le pays.* » R. Greene, 1592. ♦ « *Il avait une excellente imagination, de belles idées et de suaves expressions, mais elles coulaient de lui avec tant de facilité qu'il était quelquefois nécessaire de l'arrêter. Il fallait lui serrer son frein. Son esprit était en son pouvoir ; pourquoi faut-il que la règle de son esprit n'y fût pas également ?* » Ben Jonson. ♦ « *Il exprimait ses pensées avec une telle aisance que nous avons à peine trouvé une rature dans ses papiers.* » Les éditeurs du « folio » de 1623. ♦ « *Beaucoup de pièces de Shakespeare sont fondées sur des impossibilités, ou du moins si bassement écrites que la partie comique n'excite pas notre rire, ni la partie sérieuse notre intérêt. Dans Shakespeare beaucoup de mots et encore plus de phrases sont inintelligibles... et tout son style est tellement surchargé d'expressions figurées qu'il est aussi affecté qu'obscur.* » J. Dryden.

XVIIIe siècle. ♦ « *Qui ne préfère ses pièces, où les plus simples règles du théâtre sont négligées, à toutes les productions de nos critiques modernes, observateurs de ces mêmes règles ? Shakespeare naquit, tenant en main toutes les semences de la poésie.* » Addison, 1711. ♦ « *Il avait un génie plein de force et de fécondité, de naturel et de sublime, sans la moindre étincelle de bon goût et sans la moindre connaissance des règles. Je vais vous dire une chose hasardée, mais vraie : c'est que le mérite de cet auteur a perdu le théâtre anglais...* » Voltaire. ♦ « *Le sublime et le génie brillent dans Shakespeare comme des éclairs dans une longue nuit, et Racine est toujours beau.* » Diderot. ♦ « *Il faut étudier Shakespeare et non le piller. Si nous avons du génie, il sera pour nous ce qu'est la chambre obscure pour le peintre de paysage ; il faut y regarder pour apprendre comment la nature se projette sur une seule surface, mais il n'y faut rien prendre.* » Lessing. ♦ « *Si le destin voulait qu'un déluge emportât dans ses flots toute notre philosophie morale, l'histoire qui forme nos cerveaux et toutes les productions littéraires de l'humanité... et qu'il ne subsistât que Shakespeare, je trouverais qu'il me reste assez de morale et de philosophie, d'histoire et de poésie et d'aperçus du cœur humain et de passions et de récits ! C'est une quintessence de tout !* » Herder. ♦ « *... Ces convulsions barbares de Shakespeare... ces expressions monstrueuses et tirées on ne sait d'où... ces idées énormes et gigantesques qui... fatiguent et rembrunissent l'âme sans la toucher, sans l'intéresser le moins du monde.* » André Chénier. ♦ « *Shakespeare, pouvant à peine se soutenir à la lecture, n'a pu supporter la traduction* [...] *Si le langage de Shakespeare est presque toujours vicieux, le fond de ses pièces l'est bien davantage ; c'est un délire perpétuel ; mais c'est quelquefois le délire du génie...* » Rivarol.

XIXe siècle. ♦ « *Je l'ai lu ; il n'y a rien qui approche de Corneille ou de Racine ; il n'y a pas moyen de lire une de ses pièces, elles font pitié.* » Napoléon. ♦ « *Shakespeare est au nombre des cinq ou six écrivains qui ont suffi aux besoins et à l'aliment de la pensée.* » Chateaubriand. ♦ « *Le théâtre de Shakespeare est un cabinet de curiosités dans lequel l'histoire du monde passe devant nos yeux suspendue au fil invisible du temps* [...] *Ce n'est pas de la littérature, on croit se trouver devant les livres formidables du Destin, grands ouverts et dans lesquels souffle l'ouragan de la vie la plus folle... Nature ! Nature ! tout est nature dans les héros de Shakespeare ; il a créé des hommes comme Prométhée, mais de stature colossale.* » Goethe. ♦ « *J'ai été très frappé* [...] *de voir avec quelle extraordinaire grandeur*

Shakespeare met en scène le peuple le plus ordinaire [... sa] poigne audacieuse saisit et extrait de la masse un petit nombre de figures dont il fait les représentants autorisés du peuple entier, et, ce qui prouve le bonheur de son choix, c'est qu'elles le représentent en effet. » Schiller. ♦ *« Aucun poète moderne n'a plus de rigueur que Shakespeare. Il est également plus systématique qu'aucun autre : tantôt, par des jeux d'antithèse, en cherchant des contrastes d'individus, de foules, et même de nations ; tantôt par la symétrie musicale de grands ensembles... »* Friedrich Schlegel. ♦ *« Ses drames sont des produits de la nature, aussi profonds que la Nature elle-même. »* Novalis. ♦ *« Le grand Anglais n'était pas seulement un poète, c'est aussi un historien ; il manie non seulement le poignard de Melpomène, mais encore le burin plus acéré de Clio. »* Heinrich Heine. ♦ *« Les romantiques ne conseillent à personne d'imiter directement les drames de Shakespeare. Ce qu'il faut imiter de ce grand homme, c'est la manière d'étudier le monde au milieu duquel nous vivons. »* Stendhal, 1823. ♦ *« Shakespeare [...], ne ment pas [...] il est tout le premier saisi par sa création. Il est son propre prisonnier. Il frissonne de son fantôme et il vous en fait frissonner [...] Shakespeare est frère de Dante. L'un complète l'autre. Dante incarne tout le surnaturalisme, Shakespeare incarne toute la nature [...] Dans l'un comme dans l'autre, il y a le possible, cette fenêtre du rêve ouverte sur le réel. Quant au réel, nous y insistons, Shakespeare en déborde ; partout la chair vive ; Shakespeare a l'émotion, l'instinct, le cri vrai, l'accent juste, toute la multitude humaine avec sa rumeur. Sa poésie, c'est lui, et en même temps, c'est vous. Comme Homère, Shakespeare est l'élément. »* Victor Hugo. ♦ *« Il ne suffit pas d'entendre l'anglais pour comprendre ce grand homme, il faut entendre le Shakespeare qui est une langue aussi. Le cœur de Shakespeare est un langage à part. »* Alfred de Vigny. ♦ *« Chaque fois que j'ai lu Shakespeare, il m'a semblé que je déchiquetais la cervelle d'un jaguar. »* Lautréamont. ♦ *« Aucun écrivain, non pas même Molière, n'a percé si avant par-dessus le simulacre de bon sens et de logique dont se revêt la machine humaine, pour démêler les puissances brutes qui composent sa substance et son ressort. »* Taine. ♦ *« Shakespeare est l'historien de l'éternité. »* Renan. ♦ *« Quiconque considère intelligemment ce Shakespeare peut reconnaître que lui aussi était un* Prophète, *à sa façon ; d'une intuition analogue à la prophétique, quoiqu'il s'y prît d'un autre ton. À cet homme aussi la Nature semblait divine,* ineffable, *profonde comme le Tophet, haute comme le Ciel... »* Carlyle. ♦ *« Mieux vaudrait pour le monde qu'il perdît tous ses livres que des drames de Shakespeare ! »* Swinburne.

XXe siècle. ♦ *« Je m'obstine à tenir le grand Will pour un Italien [...] Il abonda dans la nature. Il connut, il aima la vie, à la manière des païens. Nulle peur de la chair, nulle trace d'anglicanisme chez ce contemporain d'Élizabeth. Il ignore la loi comme l'ignorèrent les faunes. »* Charles Maurras. ♦ *« Le Moyen Âge n'est pas loin, et cependant la foi a aussi totalement disparu du théâtre de Shakespeare que si l'Évangile n'avait jamais été prêché aux hommes. Du temps de la Foi, la mort était l'essor de l'âme, quelque chose de préliminaire à l'ascension. Ici on nous montre pour finir un aveugle qui se jette en bas, la tête la première. »* Paul Claudel. ♦ *« Voyez Shakespeare. Dans ce théâtre du premier mouvement, ce sont les fureurs du corps qui mènent la danse. Elles expliquent tout. Sans elles tout s'écroulerait. »* Albert Camus.

RÉF. : *Traductions.* Parmi les traductions françaises de Shakespeare, après les adaptations de Ducis (1733-1816) et les premières versions en prose de Pierre Le Tourneur (1736-1788), publiées de 1776 à 1782, il faut mentionner le Shakespeare romantique de François-Victor Hugo (1828-1873). Cette traduction intégrale en prose fut publiée de 1859 à 1865 et a été constamment rééditée. Le *William Shakespeare* (1864) de son père, Victor Hugo, devait lui servir de préface. De 1954 à 1961, Pierre Leyris a dirigé au Club français du livre une remarquable édition complète dont les traductions étaient pour la plupart confiées à des écrivains (Yves Bonnefoy, Michel Butor, André du Bouchet, Jean Grosjean, Pierre-Jean Jouve, Armand Robin, Jules Supervielle, Henri Thomas...). C'est à cette édition que nous renvoyons le lecteur dans le *Dictionnaire des œuvres.* Depuis, Yves Bonnefoy a poursuivi son travail, traduisant *Roméo et Juliette, Le Roi Lear, Macbeth*, et donnant une version nouvelle de son *Hamlet* (1988).

Bibliographie : Stendhal, *Racine et Shakespeare*, Paris, 1823. – V. Hugo, *William Shakespeare*, Paris, 1864. – Taine, *Histoire de la littérature anglaise*, t. II, Paris, 1864. – E. K. Chambers, *William Shakespeare, a Study of Facts and Problems*, 2 vol., Oxford, 1930-33. – W. Ebisch et L. L. Schücking, *A Shakespearian Bibliography*, Oxford, 1931-37. – A. Nicoll ed., *Shakespeare Survey*, Cambridge, 1948 et suiv. – H. B. Charlton, *Shakespearian tragedy*, Cambridge, 1948. – H. Fluchère, *Shakespeare dramaturge élisabéthain*, Toulouse, 1948. – *Shakespeare Quarterly*, Washington D.C., trimestriel depuis 1950, avec une bibliographie annuelle complète. – G. Bulough, *Narrative and Dramatic Sources of Shakespeare*, 8 vol., Londres, 1957-1975. – J. Kott, *Shakespeare notre contemporain*, Paris, 1962. – N. Frye, *Fools of Time : Studies in Shakespearian Tragedy*, Toronto et Oxford, 1967. – L. Salingar, *Shakespeare and the Traditions of Comedy*, Cambridge, 1974. – R. Marienstras, *Le Proche et le lointain : Sur Shakespeare, le drame élisabéthain et l'idéologie anglaise aux XVIe et XVIIe siècles*, Paris 1981. – S. Wells, *The Cambridge Companion to Shakespeare Studies*, Cambridge, 1986. – M. Grivelet, M.-M. Martinet, D. Goy-Blanquet, *Shakespeare de A à Z... ou presque*, Paris, 1988. – F. Laroque, *Shakespeare et la fête*, Paris, 1988. – S. Wells, *Shakespeare, A Bibliographical Guide*, nouvelle édition, Oxford, 1990. – S. Shoenbaum, *Shakespeare's Lives*, édition revue, Oxford, 1991.

SHALOM Shin (pseud. de Joseph Shapira Shalom). Poète et écrivain israélien. Né à Parczew (Pologne) le 19 décembre 1904. Shalom immigra en Palestine en 1922 et s'installa à Jérusalem. De 1928 à 1930, il vécut à Rosh Pinah en Galilée et décrivit cette période dans son *Journal de Galilée* [*Yoman ba-Galil*, 1932]. Issu d'une grande famille hassidique, Shalom fut marqué par une véritable culture kabbalistique dont les traces sont nettes dans son œuvre poétique. Celle-ci se préoccupe tout particulièrement de la rédemption personnelle et nationale du Juif moderne. Parmi ses œuvres, il convient de citer : *Le Livre de poèmes et de sonnets* (*) (1940), *Face à face* [*Panim 'el panim*, 1941], *Tirs sur le Kibboutz* [*Yeriot ba kibboutz*, 1940], *La Terre* [*'Adamah*, 1942], *La bougie ne s'éteignit pas* [*Ha-Ner lo kavah*, 1952].

SHAMIR Moshé. Écrivain israélien. Né le 15 septembre 1921 à Safed (Israël). C'est un des auteurs les plus représentatifs de la génération de la guerre d'Indépendance (1948). Il est membre du kibboutz Mishmar Ha-Emek entre 1941 et 1947, et en 1944 rejoint les rangs du Palmach. Rédacteur en chef des rubriques littéraires de plusieurs journaux, il croit aux idées politiques de la gauche. Après la guerre des Six Jours, Shamir abandonne ses convictions, devient un adepte du Grand Israël et est élu en 1977 député du Likoud à la Knesset. Son premier roman, *Il s'en est allé par les champs* (*), publié en 1947, ainsi que *De ses propres mains* [*Bemo Yadav,* 1951], œuvres épiques et réalistes, ont pour héros des « sabras » qui incarnent les valeurs du mouvement ouvrier où l'individu doit s'effacer devant les valeurs de la collectivité et où le « moi » n'accède à sa véritable dimension que par son appartenance au « nous ». Toutes ces valeurs seront vivement remises en question dans *Car tu es nu* [*Ki 'erom 'ata,* 1959]. *Roi de chair et de sang* (*) (1954) et *La Brebis du pauvre* [*Kivsat Ha-rash,* 1956] représentent un nouveau tournant dans son œuvre, tout en lui conférant une notoriété certaine. Shamir revient, dans ces romans historiques, à l'époque du second Temple et du roi David. Alors qu'il admirait auparavant la puissance du chef glorieux, il se livre à une critique acerbe à l'égard de celui qui est devenu un tyran et pour qui la fin justifie les moyens. En 1974 paraît le roman *Une colombe venue d'ailleurs* [*Yona Mehatzer Zara*] puis *Le Voile de la mariée* [*Hinoumat HaKala,* 1984] et *Les Playboys* [*Yaldé Ha-sha'ashou'im,* 1986]. Shamir est également un auteur de théâtre connu dont nombre de pièces ont été portées à la scène : *Il s'en est allé par les champs,* roman adapté au théâtre et présenté au festival international de théâtre à Paris en 1956, *Le Kilomètre 56* [*Kilometer 56*, 1949], *La Guerre des fils de lumière* [*Milhemet Beney'or*, 1956].

LILY PERLEMUTER.

SHÂMLOU Ahmad. Poète iranien. Né en 1924 à Téhéran. Après Nimâ Youshidj, Shâmlou (Bâmdâd de son nom de plume) devient le chef de file de la nouvelle génération des poètes iraniens. Son initiation à la poésie s'est faite pour une large part de façon autodidacte dans les journaux et les revues. Shâmlou s'est fait connaître dans de nombreux domaines : traduction, contes pour enfants, édition, recherches sur le folklore. Il est surtout devenu le poète le plus populaire d'Iran, dont la voix s'est fait entendre contre vents et marées de la vie politique, dans une langue d'une exceptionnelle richesse. *Airs oubliés* [*Ahanghâ-ye farâmoush shodeh,* 1947], son premier recueil, contient ses premiers essais en poésie, à l'imitation des romantiques français. La découverte de Nimâ pousse le poète vers la poésie nouvelle et l'affranchit des formes traditionnelles : *Fers et Sentiments* [*Ahan-hâ va ehsâs,* 1951], tout en lui permettant de trouver sa propre maturité et son originalité, *Résolution* [*Ghat-nâmeh*], *Vingt-trois* [*bist-o seh,* 1953]. *Air nouveau* (*) (1957), fruit de dix ans de poésie, donne la vraie mesure de son talent, de l'ampleur de son univers poétique et de la puissance de son art au sein de la poésie nouvelle. Le poète s'engage avec enthousiasme aux côtés du peuple. Montrant que la vraie poésie ne s'enferme pas dans un moule formel, il revendique la liberté, unique garantie d'une expérience poétique authentique. Dans *Le Jardin des glaces* [*Bâgh-e âyeneh,* 1960], Shâmlou n'a pas perdu espoir dans l'aube lumineuse ; la citadelle des hommes l'enthousiasme toujours. Il se sent encore le cœur chaud même s'il le sait fragile. Sur l'ombre qui gagne du terrain la lumière résiste. Mais bientôt l'espoir se mue en tristesse et angoisse. Le poète sent bien que, malgré tout son amour pour les gens, nul ne vient le secourir ni le réconforter. Il perd courage et se sent abandonné des hommes. Il souffre de leur ingratitude. Son impuissance l'accable et son amour de l'humanité se mue en fureur et en haine. Il reporte ses espoirs déçus dans les bras d'Aïda sa bien-aimée. Dans *Aïda dans le miroir* [*Aydâ dar âyeneh,* 1964], et dans *Aïda, l'arbre, le poignard et le souvenir* [*Aydâ, derakht va khandjar va khâtereh,* 1965], la rupture entre le poète et son peuple est consommée. Dans les derniers recueils, la poésie de Shâmlou, de réaliste, épique et sociale devient lyrique, philosophique, allégorique : *Le Phénix sous la pluie* [*Ghoghnous dar bârân,* 1966], *Élégies de la terre* [*Marsiyeh-hâ-ye khâk,* 1969], *Éclosion dans la brume* [*Shekoftan dar meh,* 1970], *Ebrahim dans le feu* [*Ebrâhim dar âtesh,* 1973], *Le Poignard sur le plat* [*Deshneh dar dis,* 1977]. La pensée du poète, croisant les voix du lyrisme et du combat social, atteint l'apogée de sa maturité.

CHRISTOPHE BALAŸ.

RÉF. : *Anthologie des œuvres,* 3e éd., Téhéran, 1984. – *Dictionnaire du folklore,* 5 vol., Téhéran, 1978-1982.

SHAPIRO Lamed (pseud. de Lévy Joshué Shapiro). Romancier et nouvelliste américain d'expression yiddish. Né le 10 mars 1878 à Kiev (Ukraine), mort en 1948 à Los Angeles (États-Unis). L'auteur est né dans une bourgade juive de la province de Kiev, d'une famille de commerçants. Il reçoit une solide éducation traditionnelle. À l'âge de 13 ans, il perd la foi et étudie seul les matières profanes, le russe en particulier, lisant Dostoïevski avec passion. Sa vocation d'écrivain remonte à l'enfance, mais il commence par écrire des poèmes en russe, en hébreu et en yiddish, publiant son premier texte en russe dans un journal d'Odessa. Ce n'est qu'à Varsovie, à partir de 1903 et après une rencontre décisive avec Peretz, le « père » de toute une génération d'écrivains, qu'il opte pour le yiddish comme langue d'écriture. En 1905, il part pour les États-Unis, et fait paraître à Londres, où il s'est arrêté en chemin, son poème « Autodéfense » [Zelbstshutz], inspiré par les pogroms qui ont lieu au même moment en Russie. Installé aux États-Unis en 1906, il publie un récit autobiographique, *La Famille Gerer* [*mishpokhe Gerer*] dans la revue *Tsufunft*, et entre 1907 et 1910 les quatre nouvelles qui le rendent célèbre, centrées sur la thématique des pogroms : « Le Baiser » [Der Kush, 1907], « Déverse ta colère » [Shvokh ha moskho, 1908], « La Croix » [Der Tseylom, 1909] et « Dans la ville morte » [In der toyter Shtot, 1910]. Il les regroupe dans son premier recueil *Nouvelles* [*Novellen*, 1910] et les reprendra dans son second recueil publié en 1919 à la suite des pogroms d'Ukraine : *Le Royaume juif*, qui comprend sur le même thème deux nouvelles de plus grande envergure : « La Khalla blanche » [Vaysse Khalle] et la nouvelle éponyme.

En 1931, Shapiro publie son troisième et dernier recueil de nouvelles, se détachant volontairement de cette thématique des pogroms qui a fait sa célébrité mais qui l'accable et inhibe désormais son inspiration : *New-Yorkaises* [*Niu-Yorkish*] témoigne d'un renouvellement thématique et formel, lors même qu'il échoue à terminer son roman consacré en partie aux mêmes préoccupations et marqué par ses sympathies communistes : *Le Démon américain* [*Der amerikaner Shed*], dont seuls quelques chapitres sont publiés dans sa revue *Studio* (trois numéros de 1933 à 1935). En 1945 paraîtra un recueil d'essais et de critique littéraire, *L'écrivain va au kheder* [*Der Shrayber geyt in Kheyder*].

Pendant toutes ces années, la vie matérielle de Shapiro est erratique, partagée entre New York et la Californie, l'Amérique et l'Europe (Pologne et Suisse), consacrée à de multiples « affaires » dont aucune ne se révèle rentable : restaurants, commerce de livres, magasin d'articles coloniaux, journalisme, et recherches extravagantes pour trouver un procédé de cinéma en couleurs. Il passe surtout de longues périodes sans écrire et, miné par l'alcool et les doutes, après avoir vu le retour de ses pires obsessions, démultipliées par la réalité et la Seconde Guerre mondiale, il meurt solitaire à Los Angeles, en 1948.

CAROLE KSIAZENICER.

SHAW George Bernard. Écrivain irlandais. Né à Dublin le 26 juillet 1856, mort le 2 novembre 1950 à Ayot St. Lawrence. Son père, George Carr Shaw, fils cadet d'une famille protestante de moyenne bourgeoisie, était employé au Palais de justice. Quand cette charge fut supprimée, il entreprit le commerce du blé. Sa mère, Lucinda Elizabeth Gurly, était la fille d'un propriétaire terrien. Il avait deux sœurs aînées. Les affaires paternelles étant mauvaises, sa mère, très musicienne, cultiva sa voix et s'associa à un professeur de musique pour accroître les ressources de la famille. Bernard Shaw fut un mauvais élève à l'école, mais acquit, dans sa famille, une solide instruction musicale. Il n'avait pas quinze ans qu'il connaissait déjà, à fond, au moins l'une des œuvres des plus grands musiciens. Il étudia, en outre, la peinture au musée de Dublin. À quinze ans, il devint l'employé d'un agent d'affaires. Dès 1876, ne pouvant plus supporter son travail qui l'ennuyait, il quitta l'Irlande pour Londres, afin de rejoindre sa mère, partie avec ses sœurs, quatre ans plus tôt. Les neuf premières années de sa vie londonienne furent vécues dans la pauvreté. Il tenta de gagner sa vie comme employé, mais y renonça pour suivre son inclination et s'instruire en cherchant sa voie. Entre 1879 et 1883, il écrivit cinq romans pour lesquels il ne trouva pas d'éditeur ; ils furent publiés par la suite dans des périodiques socialistes. En 1882, il se mit à étudier l'économie politique après avoir entendu Henry George parler de la nationalisation de la terre. Après la lecture du *Capital* (*) de Karl Marx, en français, il devint socialiste et, perdant toute illusion sur la civilisation capitaliste, réclama la nationalisation de toutes les formes du capital. Au cours de cette campagne de propagande socialiste, Shaw lia des amitiés durables. Il rejoignit la Fabian Society, groupement socialiste, peu après sa fondation en 1884, et y joua un rôle politique important pendant plus de vingt-cinq ans. Son activité politique était inlassable et, entre 1883 et 1895, il prit la parole en d'innombrables réunions (une ou deux fois chaque dimanche et souvent en semaine).

En 1885, la situation de Shaw s'améliora quand il assuma la critique des arts et des lettres dans divers périodiques et, plus tard, la critique dramatique dans *The Saturday Review*. Son talent s'orienta pendant ces années au contact de toutes les manifestations artistiques de son temps. Il commença sa carrière dramatique en écrivant *Les Maisons des veufs* (*) en 1892, pour un théâtre d'avant-garde. C'est la première période de son théâtre qui comprend ses *Pièces plaisantes et déplaisantes* (*) (1898-1912) et ses *Trois pièces pour puritains* (+) (1912). Le début de sa notoriété mondiale date de 1894, après la production d'une de ses « pièces plaisantes », *Le Héros et le Soldat* (*) aux États-Unis ; son ascension vers la célébrité fut dès lors très rapide et constante. Bernard Shaw ralentit son activité politique en 1898, à la suite de surmenage et de maladie. Il épousa la même année Charlotte Payne-Townshend, Irlandaise comme lui, union entre personnes mûres, restée sans enfant. Ce mariage mit fin à la vie de bohème de Shaw. Son existence plus calme, dans un confort apporté par la fortune, fut consacrée à son art, sans qu'il cessât de s'intéresser aux questions politiques et sociales, et à tous les problèmes soulevés au cours de ce demi-siècle prodigieux que furent les années 1900 à 1950. Il connut toutes les sommités du théâtre, des lettres, des arts et de la science, sans oublier le sport, de Georges Carpentier à Einstein en passant, entre autres, par Oscar Wilde, Rudyard Kipling et Rodin. Il voyagea en Europe (souvent au bord de la Méditerranée). En 1905, il vint à Paris poser pour son buste par Rodin. Entre les deux guerres, il visita l'Afrique du Sud, la Nouvelle-Zélande, l'U.R.S.S. (où il fut reçu par Staline). Il fit en 1932-33 une croisière autour du monde, visitant en particulier l'Amérique et le Japon. G. B. Shaw reçut le prix Nobel de littérature en 1925. Il fut honoré à juste titre, dans les dernières années de sa vie, comme une gloire nationale par les Anglais, qu'il avait tellement choqués au début du siècle. La guerre, la mort de sa femme et de ses vieux amis assombrirent la fin de sa vie, mais il continua à travailler et à demeurer curieux de tout ce qui était nouveau.

Il ne se remit pas d'une fracture du fémur et mourut dans sa maison d'Ayot St. Lawrence, à l'âge de quatre-vingt-quatorze ans.

L'œuvre de G. B. Shaw est considérable. Elle comprend cinquante-sept pièces de théâtre, dont une trentaine d'au moins trois actes (les autres, en un acte, sont très inégales comme longueur et comme valeur) ; de nombreux essais ; des articles et un traité sur l'économie politique et la politique contemporaine ; des critiques musicales et dramatiques. Les pièces sont toutes des comédies ; à côté du sérieux ou du tragique de certaines, il y entre des éléments comiques. Les dix premières sont des peintures de caractères et des critiques de la société dénonçant son hypocrisie et ses tares sordides ou ridicules. Shaw reprend et développe les idées déjà exposées en de longs discours dans ses romans de jeunesse : *Immaturité* (*), *Le Nœud irrationnel* [*The Irrational Knot*], *L'Amour chez les artistes* [*Love Among the Artists*], *La Profession de Cashel Byron* [*Cashel Byron's Profession*], *Le Socialisme asocial* [*The Unsocial Socialist,* 1879-1883]. Il dénonce le capitalisme (*Les Maisons des veufs,* écrites en 1892) ; la prostitution : *La Profession de Mrs. Warren* (*) (1898) ; le conformisme bourgeois, l'amour romanesque, la famille, l'éducation : *Un bourreau des cœurs* (*) (1893) ; *On ne peut jamais dire* (*) (1899) ; l'héroïsme, le militarisme : *Le Héros et le Soldat* (1894). Il traite de l'amour et du mariage dans *Candida* (*) (1894) ; des ressorts du génie militaire dans *L'Homme du destin* (*) (1896) ; du puritanisme étroit, dénonçant l'hypocrisie des conventions de la religion, en opposition avec la noblesse et la sincérité dans la nature humaine — *Le Disciple du diable* [*Devil's Disciple,* 1896]. *César et Cléopâtre* (*) (1901) démontre la suprématie de l'intelligence et de la volonté sur la sentimentalité et l'esprit de vengeance en matière de gouvernement. L'auteur flétrit encore la justice des hommes et l'impérialisme dans *La Conversion du capitaine Brassbound* [*Captain Brassbound's Conversion,* 1899]. Bernard Shaw atteint la pleine maturité de son talent d'auteur dramatique entre 1901 et 1912. Il expose alors, dans certaines de ses pièces, les moyens de réformer la société en se fondant sur l'action raisonnée et sincère. Il met en scène des hommes et des femmes qui, se libérant plus complètement des conventions et des préjugés sociaux, développent ainsi à fond ses idées — *L'Homme et le Surhomme* (*) (1903) ; *La Seconde Île de John Bull* (*) (1904) ; *La Commandante Barbara* (*) (1905). *Le Dilemme du docteur* [*The Doctor's Dilemma,* 1906] démontre l'illusion de la morale et constitue une critique virulente de la profession médicale. Dans *L'Homme et le Surhomme,* l'auteur développe la philosophie de l'évolution créatrice, empruntée à Bergson, et montre le rôle de la femme animée par l'élan vital, cherchant à perpétuer la vie. Cette force de vie, bien dirigée, doit conduire à la création du surhomme. *Mariage* [*Getting Married,* 1908], *Mésalliance* [*Misalliance,* 1909] et *Trop dirigé* [*Overruled,* 1912], reprennent l'étude plus approfondie du mariage, de l'infidélité conjugale et des rapports entre les parents et les enfants. Shaw dénonce à nouveau l'hypocrisie de la religion dans *Dieu et Blanco Posnet* [*The Shewing-Up of Blanco Posnet*] et souligne la pureté du christianisme à ses débuts dans *Androclès et le Lion* (*) (1913). *La Première Pièce de Fanny* [*Fanny's first Play,* 1911] ridiculise les critiques dramatiques et met en scène la petite bourgeoisie anglaise dont les traditions sont secouées par l'agitation à propos du suffrage des femmes. *Pygmalion* (*) (1912) étudie l'influence du langage et du milieu pour transformer l'être humain. *La Grande Catherine* [*Great Catherine*] est une pièce bouffonne, plaçant un Anglais typique dans l'intimité de l'impératrice Catherine de Russie. Pendant la guerre de 1914-18, G. B. Shaw écrivit de petites pièces inspirées par les événements. C'est entre soixante-trois et soixante-sept ans que Bernard Shaw produisit ses trois œuvres maîtresses : *La Maison des cœurs brisés* (*) (1919). *En remontant à Mathusalem* (*) (1920) et *Sainte Jeanne* (*) (1923). *Sainte Jeanne* est considérée en général comme le chef-d'œuvre de G. B. Shaw, et, par beaucoup, comme la plus grande pièce du siècle. Jeanne d'Arc, inspirée par sa mission, est présentée comme la première martyre du protestantisme et la première apôtre du nationalisme. Dans ses pièces suivantes, écrites après l'âge de soixante-dix ans, Bernard Shaw revient, sous d'autres formes, aux idées qui lui sont chères ; ces pièces sont de valeur inégale. Celles qui émergent sont *La Charrette de pommes* [*The Apple Cart,* 1929], alerte comédie sur la politique, où l'auteur introduit beaucoup de bouffonnerie ; elle eut un grand succès. *Trop vrai pour être beau* [*Too True to Be Good,* 1931], *Sur les rochers* [*On the Rocks,* 1933], *La Millionnaire* [*The Millionairess,* 1935], *Geneva* (1938), sont des commentaires très shawiens suggérés par l'histoire contemporaine. *Aux jours heureux du bon roi Charles* [*In Good King*

Charles's Golden Days, 1939], « de l'histoire qui n'eut jamais lieu », est une brillante conversation où Shaw évoque les mystères de l'univers. Le succès du théâtre shawien débuta aux États-Unis et en Allemagne en 1898, et ne cessa de s'étendre et de se développer dans tous les pays. En Angleterre, l'auteur dramatique ne toucha d'abord que les intellectuels et n'atteignit le grand public qu'après 1904. Les premières pièces jouées en France (1908-12) désorientèrent le public parisien. L'œuvre de Shaw connut un essor en France entre les deux guerres, dans le théâtre d'avant-garde, notamment avec *Sainte Jeanne* jouée par Ludmilla Pitoëff. Le succès fut confirmé dans les années qui suivirent la mort de l'auteur et lors de son centenaire, célébré dans le monde entier.

Depuis 1924, le théâtre de Shaw est radiodiffusé dans tous les pays. Plusieurs films ont été tirés de ses pièces, dont quatre supervisés par l'auteur : *Le Héros et le Soldat, Pygmalion, La Commandante Barbara* et *César et Cléopâtre,* puis *Sainte Jeanne* (1957). Deux de ses pièces forment le thème de comédies musicales : *Le Soldat de chocolat* [*The Chocolate Soldier*], *My Fair Lady,* tirée de *Pygmalion.* Les autres écrits de Shaw ne sont pas moins importants. Il a approfondi sa pensée dans de longues préfaces jointes à ses pièces, et suggéré des solutions constructives pour remédier aux maux qu'il dénonçait. À cet égard, son traité intitulé *Guide de la femme intelligente en présence du socialisme et du capitalisme* (*) (1928), qui montre la nécessité pour l'humanité d'évoluer vers le socialisme et le communisme, indique de façon détaillée la voie à suivre pour améliorer la condition humaine en Angleterre. En fait, l'œuvre entière de Shaw a été celle d'un révolutionnaire et d'un réformateur, cherchant à détruire l'ordre capitaliste pour lui substituer un ordre socialiste éclairé, plus élevé. Aussi a-t-il salué et défendu la révolution soviétique comme un pas en avant dans cette évolution. Il a publié ses critiques musicales, d'un grand intérêt, dans *Le Parfait Wagnérien* [*The Perfect Wagnerite,* 1898] et *Musique à Londres* [*Music in London,* 1932], ses critiques dramatiques dans *La Quintessence de l'ibsénisme* [*The Quintessence of Ibsenism,* 1891] et *Opinions et essais dramatiques* [*Dramatic Opinions and Essays,* 1906], et ses conseils pour la mise en scène dans *L'Art des répétitions* [*The Art of Rehearsal,* 1932]. Il réunit en 1931 ses critiques sur l'exercice de la médecine, la criminologie, l'éducation, en un volume, *Les Tromperies du docteur* [*Doctor's Delusions*]. Il écrivit un joli conte, *Les Aventures d'une jeune Négresse à la recherche de Dieu* (*), après son voyage en Afrique du Sud (1932). Vers la fin de sa vie, il rassembla des études politiques, sociologiques, religieuses, biologiques, sous le titre *L'Annuaire politique de tous* [*Everybody's Political What's What,* 1943] et des notes autobiographiques dans *Seize auto-esquisses* [*Sixteen Self Sketches,* 1949]. Enfin, il a entretenu une très volumineuse correspondance avec des personnalités nombreuses et diverses du théâtre, de la littérature et de la critique ; une partie en a été publiée de son vivant (*Ellen Terry and Bernard Shaw : a Correspondence,* 1931) et, après sa mort : *Bernard Shaw and Mrs. Patrick Campbell, their Correspondence* (1952) ; *Avis à un jeune critique et autres lettres* [*Advice to a Young Critic and Other Letters,* 1955].

Le style de Shaw est direct, attaquant son sujet de front, en termes précis, puissants, avec un vocabulaire d'une grande richesse. Ses dialogues sont simples, du ton de la conversation ou du discours de réunion publique, plus souvent que littéraire. Ses pièces s'apparentent, par leur structure comique, aux comédies grecques, à celles de Molière et des autres auteurs des XVIIe et XVIIIe siècles. Comme dans ces comédies l'exposé des idées prend le pas sur l'intrigue et l'action. Sauf quelques exceptions, Shaw ne s'étend pas sur les événements ni sur les sentiments, mais plutôt sur l'action intellectuelle. Il met en scène des moments détachés de la vie, ou des réunions animées de discussions, qui se terminent sans dénouement véritable, parfois de façon inattendue, comme *La Commandante Barbara* ou *La Maison des cœurs brisés.* Son théâtre est réaliste dans la mesure où il peint des êtres vivants, avec leur logique propre ; dans chaque pièce il fait exprimer ses idées par un ou plusieurs personnages, ce qui l'a souvent entraîné à représenter des caractères à son image, plus intellectuels que le commun des mortels, leur faisant ainsi perdre de leur réalité objective. Ses pièces deviennent alors un jeu intellectuel où les idées s'affrontent en un dialogue brillant, rempli d'humour, d'ironie et de sarcasmes, mais souvent aussi empreint de poésie. Shaw a été le penseur le plus décrié et le plus critiqué de son époque, mais, doué d'un talent de repartie cinglante, il répondit à ses adversaires en se laissant parfois emporter par l'invective. Les apparentes contradictions dans son œuvre, qu'on lui a reprochées, viennent de ce qu'il a eu l'esprit assez profond et assez fort pour faire le tour des problèmes et pour vouloir en présenter les divers aspects. Shaw a exposé sa philosophie et ses croyances dans certaines pièces et plusieurs préfaces. Il a appelé Dieu l'ensemble des forces, encore mystérieuses, agissant dans l'univers, et plus particulièrement la Force de la Vie, puissance très imparfaite qui cherche à atteindre la perfection. Mais il s'opposa violemment à toute personnification de la divinité. Cette conception religieuse a contribué à le faire saluer comme un grand homme par les Anglo-Saxons. Par son génie, Bernard Shaw a été un « homme du siècle », comme l'a appelé son biographe, A. Henderson. À une intelligence supérieure et une connaissance encyclopédique, acquise grâce à un travail acharné et méthodique, il joignait une grande originalité et une profonde intuition de la nature humaine, ainsi que le don de saisir la contrepartie comique des idées, des situations et des faits. C'est ce comique qui donne à son théâtre l'attrait d'une détente dans la rigueur logique des idées exposées. Ce sont sa verve et son humour légendaire qui ont ouvert l'accès, auprès d'un vaste public, aux dures vérités qu'il assène.

Avec le « tempérament de maître d'école » qu'il se reconnaissait, G. B. Shaw voulait éduquer le public en l'amenant à réfléchir et à penser par lui-même.

Il mit personnellement en pratique son enseignement, durant toute une vie dévouée à la mission qu'il s'assignait. Il ne fit rien qui ne fût pas utile au développement de sa personnalité et de son œuvre. Pour se maintenir en forme mentalement, il fut végétarien, abstème et pratiqua un peu le sport. Il s'obligea à vaincre sa nature timide et la cacha souvent sous un dehors arrogant. Sa conviction de voir juste fut à l'origine de la publicité qu'il se fit au début de sa carrière de dramaturge. D'une grande sensibilité, il aima toutes les formes de la beauté, mais eut toujours la pudeur de ses sentiments. Bon et généreux, il eut la haine de la pauvreté et de la cruauté (d'où ses attaques contre la vivisection). Il fut sensible au charme féminin, mais les femmes ne tinrent jamais une place prépondérante dans sa vie, car il ne fut passionné que par son travail, la recherche de la vérité et le perfectionnement de l'humanité.

H. HAMON.

♦ *« Je crois avoir toujours été un puritain dans mon attitude envers l'art. J'aime la bonne musique et la belle architecture autant que Milton ou Cromwell, ou Bunyan, mais si je trouvais qu'elles deviennent les instruments d'une idolâtrie systématique, je considérerais comme l'essence de la bonne politique de faire sauter toute cathédrale au monde, y compris les orgues, sans donner la moindre attention aux cris des critiques d'art et des voluptueux cultivés. »* B. Shaw. ♦ *« Je n'ai jamais lu une réplique de Shaw sans me trouver de meilleure humeur. »* G. K. Chesterton. ♦ *« Je préfère lui rendre visite que de lire n'importe quel livre ou d'écouter n'importe quelle musique. »* T. E. Lawrence. ♦ *« George Bernard Shaw a réussi à gagner l'affection et l'admiration de l'humanité par une voie qui aurait conduit tout autre que lui au martyre. Il a même osé se moquer de ce qui paraît aux autres intouchable. Ce que Shaw a fait ne pouvait être fait que par un artiste-né. Il a sorti de sa boîte à malices une foule de marionnettes qui, tout en ressemblant aux hommes, ne sont pas de chair et de sang, mais entièrement faites d'esprit et d'humour. En nous tendant son miroir, Shaw a été capable, plus qu'aucun autre contemporain, de nous libérer et de nous retirer un peu du poids de la vie. »* Einstein. ♦ *« Mr. Shaw nous donne l'illusion qu'il est seul dans son bon sens et que le reste du monde extravague. »* F. Mauriac.

RÉF. : G. K. Chesterton, *George Bernard Shaw,* Londres, 1909. — L. N. Chase, *Bernard Shaw in France,* Bordeaux, 1910. — A. Henderson, *George Bernard Shaw,* New York, 1911 ; *Table Talk of G. B. S.,* New York, 1925 ; *G. B. Shaw, his Life and Works,* Londres, 1931 ; *G. B. Shaw, Playboy and Prophet,* New York, 1932 ; *Georges Bernard Shaw : Man of the Century,* New York, 1956. — A. Hamon, *Le Molière du XXe siècle,* Paris, 1913. — E. Shanks, *B. Shaw,* Londres, 1924. — L. et V. M. Broad, *Dictionary of the Plays and Novels of G. B. Shaw,* Londres, 1929. — M. Moore, *Bernard Shaw et la France,* Paris, 1933. — C. B. Purdom, *A Guide to the Plays of Bernard Shaw,* Londres, 1961. — R.-J. Kaufmann (éd.), *G. B. Shaw : A Collection of Critical Essays,* Londres, 1965. — M. Valency, *The Cart and the Trumpet : The Play of G. B. Shaw,* Londres, 1973. — R. F. Whitman, *Shaw and the Play of Ideas,* Oxford, 1977. — J. C. Amabric, *B. Shaw. Du réformateur victorien au prophète édouardien,* Paris, 1978. — A. Ganz, *George Bernard Shaw,* New York, 1983. — N. Grene, *Bernard Shaw : a Critical View,* Londres, 1987. — M. Hobroyd, *Bernard Shaw,* vol. 1. *The Search for Love,* Londres, 1988 ; vol. 2. *The Pursuit of Power,* Londres, 1989.

SHAWQĪ Aḥmad. Poète égyptien. Né et mort au Caire (1868-1932). Issu de la bourgeoisie aisée, il étudia le droit à Montpellier avant de se consacrer à la poésie. D'inspiration néo-classique, son œuvre se caractérise par la volonté de redonner vie aux formes et aux canons de la poésie ancienne en les mettant au service de thèmes modernes. Chantre du mouvement patriotique égyptien, Shawqī connut de son vivant une immense popularité, et reçut en 1927 le titre de « prince des poètes » ; bien qu'un peu oublié aujourd'hui, il garde de chauds partisans. Outre les *Shawqiyyāt* (*), son recueil principal, son œuvre comprend plusieurs pièces de théâtre en vers.

JEAN-PATRICK GUILLAUME.

SHELLEY Percy Bysshe. Poète anglais. Né le 4 août 1792 à Field Place, Horsham, dans le comté de Sussex ; mort en mer, au large de Viareggio (Italie) le 18 juillet 1822. Lorsque naquit celui qui allait se nommer Percy Bysshe Selley, rien n'eût permis de prévoir le destin hors série qui l'attendait. La « gens » dans laquelle il venait de faire son apparition était d'excellente noblesse terrienne, riche et bien établie. Le père, en particulier, sir Timothy, membre du parlement, s'appliquait à faire régner autour de lui ces maximes d'or qui non seulement sont destinées à résoudre les problèmes moraux des individus mais aussi leurs hésitations politiques et leurs incertitudes religieuses. Pour l'enfant, donc, tout paraissait tracé d'avance. Sa fortune, son rang social, étaient de nature à lui assurer un avenir digne et aisé, important même avec un peu de chance, respectable en tout cas. La voie était droite : Eton d'abord, puis Oxford. Malheureusement pour sir Timothy et sa famille, il manquait à ce plan l'essentiel, c'est-à-dire l'adhésion de l'intéressé. Dès le début, le jeune Shelley refusa de se conformer aux routines de la tradition. À Eton, celui que ses condisciples surnommaient le « fou » ou, en raison de la vivacité de ses mouvements, le « serpent », se passionna pour la chimie et l'électricité — il ne craignait pas d'expérimenter, fût-ce dangereusement — et alla jusqu'à préférer aux sports la lecture et l'écriture. À Oxford, où il entra en 1810, il continua de s'adonner aux sciences, à la littérature et à la philosophie sans plus se soucier du programme que de l'opinion d'autrui. Un an plus tard, Shelley payait de son expulsion de l'université son beau mépris pour les normes. Il était chassé d'Oxford non point tellement (le détail a sa valeur) pour avoir rédigé *La Nécessité de l'athéisme* [*The Necessity of Atheisen*] que pour n'avoir point consenti à en nier la paternité. Ainsi déjà s'affirmait l'inébranlable intransigeance de Shelley en matière d'idéologie. D'où peut-être cette hostilité qui, de son vivant, lui fit si souvent escorte. À aucun moment Shelley n'accepta de dissimuler sa pensée ou de modifier son attitude. Intégrité de caractère qu'on lui fit expier durement tant par le silence qui s'organisa autour de son œuvre que par la décision de justice qui lui retira la garde des enfants de son premier mariage, l'incitant à quitter définitivement l'Angleterre, par crainte de se voir enlever aussi les enfants de sa seconde femme.

Au mois d'août de l'année 1811, Shelley avait en effet déçu une nouvelle fois sa famille en ajoutant à la honte de l'expulsion le scandale de ses noces avec la jeune Harriet Westbrook (seize ans), épousée en Écosse pour la « soustraire à la tyrannie » paternelle. Impulsion tragique, qui ne devait cesser de peser sur la vie, puis sur la réputation de Shelley et qui, de toute manière, a fait aussitôt de lui un errant. Plus de maison, plus d'attaches. Les époux juvéniles se transportent d'Irlande dans le Pays de Galles, de Londres dans la région des Lacs. Shelley n'est pas né pour l'immobilité. Ses affinités avec l'oiseau, avec le vent, avec l'eau, qu'il exprimera plus tard avec une telle perfection musicale, modèlent son existence. L'œuvre aussi prend forme. En 1813, il achève *La Reine Mab* (*), long poème « philosophique » et « furieusement anticlérical », où il reprend ses diatribes contre la monarchie, les lois et le pharisaïsme. La naissance d'une fille, Ianthe, son remariage avec Harriet (il l'épouse cette fois selon le rite anglican) ne l'empêchent pas en 1814 de s'éprendre de la fille de l'écrivain William Godwin, Mary, et de fuir avec elle sur le continent. Harriet attend un second enfant, Charles, qui naîtra en novembre, mais il n'est pas dans le tempérament de Shelley de se considérer comme lié par ses engagements. Les prétextes ne lui manquent point : son mariage a été une erreur, l'attrait physique d'Harriet (si jamais elle en a eu) s'est évanoui, sa vertu est sans doute fragile, sa compagnie insupportable. Shelley n'est d'ailleurs point, si l'on peut dire, sans tolérance puisque, de Suisse, il écrit à Harriet pour lui offrir de venir les rejoindre, Mary et lui ; proposition que l'infortunée déclinera, optant pour une solution infiniment plus radicale : elle se noie en novembre 1816 – suicide qui va permettre à Shelley de convoler avec Mary. Jusqu'en 1818, date du départ sans retour de Shelley pour l'Italie, le poète et sa nouvelle famille, en proie aux difficultés d'argent, se déplacent sans cesse à travers l'Angleterre et font, sur le continent, deux voyages en compagnie de Claire Clairmont, la demi-sœur de Mary. Deux enfants : William (janvier 1816) et Clara (septembre 1818) sont nés. L'œuvre a vraiment pris le départ avec *Alastor* (*) et *La Révolte de l'Islam* (*). L'intelligence libératrice de Shelley, profondément nourrie des idées de la Révolution française et, de surcroît, marquée par le système doctrinal de William Godwin, a abouti à un credo composite où l'idéalisme social, énoncé avec une sorte de rigueur mathématique, se mêle à un rêve fervent de panthéisme et d'espoir. Shelley est convaincu de sa mission de réformateur et de mage. Ses doutes, combien fréquents, combien cruels, demeurent d'ordre affectif. Sur le plan de l'entendement, il n'évolue que dans les détails. Le message, dans son essence, reste intact, fait de platonisme, de christianisme décanté, et d'amour cosmique. Le poète se veut penseur, comme Byron se voudra, jusqu'à la mort, le champion d'une cause noble. Ce n'est pas par accident que les deux hommes se lieront, dès 1816. Leurs destins sont en fait associés. Une même révolte les anime, les soulève contre le conformisme et le philistinisme, les oriente vers un subjectivisme ostentatoire et par instants candide. À quoi il faut ajouter le triste épisode de la petite Allegra, fille de Byron et de Claire Clairmont, née en 1817 et qui mourra en 1822.

1818 est l'année où Shelley, pour toujours, va quitter l'Angleterre. Outre les craintes que nous avons indiquées, consécutives à la décision prise en justice de lui retirer la garde des enfants de son premier mariage en raison de « ses écrits séditieux et de sa conduite immorale » le coût moins élevé de la vie en Italie a été déterminant. Shelley ne dispose que d'un revenu de mille livres par an, sur lesquelles il lui faut pourvoir aux besoins des siens, et prélever de quoi faire face aux emprunts obstinés de son beau-père, William Godwin. Shelley part donc, et les quatre années italiennes qui lui restent à vivre vont être merveilleusement fécondes. Elles vont parfaire une œuvre qui, méconnue pour ne pas dire inconnue avant 1822, sera appelée à lui donner, après un bref purgatoire, une éternité de gloire mondiale. Quelque dénigrement que l'on puisse encore tenter, de-ci et de-là, vis-à-vis de l'homme privé et de l'iconoclaste, l'éloge est à peu près unanime aujourd'hui dès qu'il s'agit du musicien en vers. Il est tenu par l'immense majorité des critiques pour le plus doué des romantiques anglais, le parangon des lyriques, le « roseau à travers lequel tout se mue en mélodie ».

Ces quatre années, cependant, ne laissent à Shelley aucune tranquillité d'esprit. Sa famille et lui sont ballottés d'une ville à l'autre : de Pise à Rome, de Rome à Naples, de Naples à Livourne, puis de Lucques à Florence, de Ravenne à La Spezia, et enfin à Lerici le point final. Les tourments sentimentaux accompagnent les ennuis matériels. L'amitié avec Byron connaît des nuages ; l'union avec Mary n'est pas non plus toujours heureuse. La réputation de Mary, à vrai dire, n'est pas au-dessus de tout soupçon, et les flammes (pures, mais brûlantes) de Shelley pour telle ou telle Muse — celle en particulier qui l'embrase en faveur d'Émilia Viviani — ne contribuent guère à assurer la bonne entente du ménage. Les calomnies s'accumulent, noircissant des existences déjà lourdement assombries, et l'œuvre n'échappe pas plus que l'homme à la malveillance des contemporains. La santé de Shelley est loin d'être bonne. On l'a cru, comme Keats, poitrinaire (une raison de plus à son exil) et la chaleur des étés italiens ne réussit ni à Mary ni à lui. Ni, encore moins, aux enfants : Clara meurt en septembre 1818 ; William en juin 1819. Le seul survivant est Percy, né en novembre 1819. Finalement, Shelley lui-même, regagnant le 8 juillet 1822 Lerici à bord de son petit bateau — baptisé le « Don Juan » par Byron — fait naufrage au large de Viareggio. Son corps sera retrouvé sur la plage le 18 juillet, et y sera brûlé le 10 août en présence de Byron. Les cendres, après une assez longue attente, seront confiées au cimetière protestant de Rome.

C'est ainsi que l'eau et le feu, deux éléments entre tous chantés par le poète, auront anéanti et volatilisé les signes terrestres d'une courte vie, si peu en accord avec ce que le milieu et l'hérédité semblaient devoir promettre au fils du baronnet sir Timothy. Mais, avec la fin prématurée de l'homme, l'œuvre va connaître un essor plus puissant parce que sans doute fondé sur le pathétique. Les poèmes et les drames des dernières années — v. *Julien et Maddalo* (+), *Les Cenci* (*), *Prométhée délivré* (*), *Adonaïs* (*), *Epipsychidion* (*), *Ode au vent d'ouest* (*), *Le Nuage* (*), *À une alouette* (*), *La Sensitive* (*), *Le Triomphe de la vie* (*), *Hellas* (*) — sont le fruit d'une synthèse où la méditation personnelle fait siennes les influences de la Révolution, de Godwin et de Rousseau, de Dante, des Grecs et des élisabéthains pour en tirer des accents nouveaux, d'un rythme, d'un pouvoir d'incantation incomparables. Ce n'est point que les idées atteignent facilement à la vigueur ou surtout à la clarté. Elles se perdent au contraire souvent dans un halo semi-transparent, une brume d'éloquence, une espèce de pentecôte extatique et une défaillance de tout l'être, qu'attirent d'ineffables vertiges. Mais si le monde de symboles où se meut spontanément Shelley reste inintelligible à ceux qui n'entendent point, comme lui, le murmure antiphonal des espaces interstellaires et pour qui la masse de la planète Terre ne saurait, en aucune circonstance, être « une goutte de rosée qui se meurt », le magicien du vers anglais s'affirme inégalé. Matthew Arnold, il est vrai, a pu dire, dans une formule demeurée célèbre, que Shelley était « un ange inefficace battant de ses ailes lumineuses le vide ». Il n'en reste pas moins que, par sa croisade contre les monstres et son inlassable tentative de délivrance du mal par le pouvoir de la musique, l'auteur de l'*Ode au vent d'Ouest* survit de nos jours sous les traits d'un Orphée de la littérature anglaise.

RAYMOND LAS VERGNAS.

♦ *« Shelley était le meilleur d'entre nous et il possédait en lui bien plus de poésie qu'aucun homme vivant. S'il n'avait été si mystique, s'il n'avait écrit des Utopies et s'il ne s'était pas voulu Réformateur, personne ne lui refuserait une place au premier rang. »* Byron. ♦ *« Shelley confond toujours la violence et la force [...] On dirait que ses livres ont été écrits par un fantôme qui, proférant d'infinies lamentations dans la nuit, est aussi incapable de se venir en aide à soi-même qu'aux autres. »* Carlyle. ♦ *« Ce fut un ange victime de la folie humaine. »* De Quincey. ♦ *« Shelley et l'un des meilleurs artistes de notre temps par sa maîtrise du style. »* Wordsworth. ♦ *« Il est indéniable que Shakespeare occupe, chez nous, la première place dans la dramatique et Shelley la première dans la lyrique, place dont nul ne pourra le chasser. »* Swinburne. ♦ *« Les idées de Shelley me semblent appartenir à l'adolescence — et il y a toutes les raisons pour qu'il en soit ainsi. Se prendre d'enthousiasme pour Shelley est aussi une affaire d'adolescence : pour la majorité d'entre nous Shelley a marqué une période intense avant la maturité, mais combien a-t-il pu accompagner l'âge venant ? Je trouve ses idées repoussantes. »* T. S. Eliot. ♦ *« Métaphysicien autant que poète... »* P. Emmanuel.

RÉF. : André Maurois, *Ariel ou la Vie de Shelley*, Paris, 1927. — H. Peyre, *Shelley et la France*, Le Caire, 1935. — H. E. Read, *In Defence of Shelley*, Londres, 1936. — Léon Lemonnier, *Les Poètes romantiques anglais*, Paris, 1943. — E. Blunden, *Shelley, a Life Story*, Londres, 1946. — H. Brailsford, *Shelley, Godwin and their Circle*, Londres, 1951. — S. Spender, *Shelley*, Londres, 1952 (Trad., Paris, 1964). — S. Norman, *Flight of the Skylark, the Development of Shelley's Reputation*, University of Oklahoma, 1954. — J. Fuller, *Shelley, a Biography*, Londres 1968. — G. McNiece, *Shelley and the Revolutionary Idea*, Cambridge (USA), 1969. — C. Lacassagnère, *La Mystique du « Prometheus Unbound » de Shelley*, Paris, 1970. — E. R. Wasserman, *Shelley, a Critical Reading*, Londres, 1971. — J. Chernaik, *The Lyrics of Shelley*, Cleveland, 1972. — K. N. Cameron, *Shelley, the Golden Years*, Cambridge (USA), 1974. — R. Holmes, *Shelley*, Paris, 1990. — D. Bonnecase, *Shelley ou le Complexe d'Icare*, Paris, 1990.

SHELLEY - WOLLSTONECRAFT Mary. Écrivain anglais. Née à Somers Town le 30 août 1797, morte à Londres le 1er février 1851. Sa mère, Mary Wollstonecraft, étant morte à sa naissance, elle fut élevée par son père, l'écrivain politique William Godwin, qui lui donna peu de soins. Elle passa son enfance et sa jeunesse chez divers amis de sa famille et, sevrée d'affection, s'éprit, dès qu'elle le vit, de Percy Bysshe Shelley qui l'enleva le 28 juillet 1814. Shelley l'épousa en 1816 après la mort de sa première femme. Douée d'une intelligence exceptionnelle, elle apprit le grec, le latin, le français et l'italien et fut toujours tenue en grande estime par les amis de son mari, en particulier Byron. C'est de conversations dernier et de la lecture de romans ...ands que naquit son premier livre *Fran-*...*stein* (*) (1817). Après la mort de Shelley, elle donna *Le Dernier Homme* [*The Last Man*, 1826], roman d'anticipation qui contient une description frappante de la destruction de la race humaine, *Perkin Warbec* (1830) et *Falkwer* (1837). Tout en poursuivant une œuvre abondante dont l'essentiel parut dans les nombreuses revues auxquelles elle collaborait, elle s'attacha à la publication générale des écrits de son mari. Elle écrivit en outre des biographies de Pétrarque, Boccace et Machiavel. Parmi ses succès, on peut citer sa passionnante autobiographie parue en 1835 sous le titre de *Lodore*.

RÉF. : G. Marshall, *The Life and Letters of Mary W. Shelley*, Londres, 1889. – E. Bigland, *Mary Shelley*, Londres, 1959. – J. de Palacio, *Mary Shelley dans son œuvre*, Paris, 1965. – C. Small, *Ariel like a Harpy : Shelley, Mary and Frankenstein*, Londres, 1972. – W. H. Lyles, *Mary Shelley, an Annotated Bibliography*, New York, 1973. – R. Florescu, *In Search of Frankenstein*, Boston, 1973. – J. Dunn, *Moon in Eclipse, a Life of Mary Shelley*, Londres, 1982.

SHEMO Ereb (Shemilov). Romancier kurde. Né le 23 janvier 1897, à Sousuzi, dans une tribu kurde yézidie, les Sourmali, qui nomadisait dans le Caucase aux confins de l'actuelle République d'Arménie, mort à Erevan le 21 juin 1978. Il fait ses études primaires dans une école russe, et en 1912 il est embauché dans une usine de pierre ponce à Kars. Lorsque les Russes occupent Erzerum, Shemo, qui parlait le russe, l'arménien, le turc, le grec et le kurde, est engagé par la 6e drujina (bataillon) du Caucase comme interprète. C'est en 1918 à Stavropol qu'il s'engage dans l'armée Rouge ; en 1924 il a été nommé à la sous-section des Minorités nationales en République d'Arménie. À partir de cette époque, il publie en russe, dans la revue *L'Aurore d'Orient* [*Zariya Vostoka*] qui paraissait à Tiflis, des articles sur la religion des Yézidis, les derviches kurdes, la vie des bergers, etc. Il élabore, en collaboration avec le linguiste assyrien Marogulov, un alphabet latin pour la transcription du kurde. Shemo est l'auteur du premier roman de la littérature kurde, *Le Berger kurde* [*Shivane kurd*, 1935], qui décrit avec un réalisme saisissant la vie misérable d'un jeune berger. C'est avec beaucoup de naturel, de simplicité, de poésie que Shemo dépeint, dans les détails de tous les jours, la vie d'une tribu yézidie dont la religion syncrétiste, superficiellement musulmane, et les coutumes disparaissent rapidement. À partir de 1958, il publie trois nouveaux romans : *L'Aube* (*) qui est une version considérablement transformée et augmentée du *Berger kurde* ; *La Vie Heureuse* [*Jina Bextawar*, 1959], qui dépeint la vie des Kurdes au début du siècle en Turquie et ensuite leur vie heureuse dans la R.S.S. d'Arménie ; *Dim Dim* (1966) est la description de la résistance héroïque des Kurdes dans la forteresse de Dim-Dim en 1609 contre les assauts des troupes persanes de Shah Abbas.

JOYCE BLAU.

SHERIDAN Richard Brinsley Butler. Écrivain irlandais. Né à Dublin le 30 octobre 1751, mort à Westminster (Londres) le 7 juillet 1816. De onze à dix-sept ans, il fit ses études à Harrow School, où il se lia avec N. B. Halhed qui collabora à ses premiers essais littéraires : ils publièrent pour débuter la correspondance qu'ils avaient échangée pendant que Halhed se trouvait à Oxford, mais se virent refuser leur première farce : *Jupiter*. Cette œuvre demeura manuscrite, mais on y rencontre déjà des scènes et des répliques qui témoignent de la précocité du talent de Sheridan. En 1770, celui-ci accompagna sa famille à Bath et y fit la connaissance d'Elizabeth Ann, fille aînée du compositeur Thomas Lenley. Elle avait seize ans, et son extraordinaire beauté lui valait une très nombreuse cour de soupirants. Il l'enleva en mars 1772, et l'épousa secrètement dans un village près de Calais, mais Thomas Lenley fit rentrer sa fille, tandis que sa famille envoyait Sheridan poursuivre ses études à Waltham Abbey. Il put néanmoins se marier officiellement en avril 1773 et, n'ayant ni charge ni rentes, dut vivre sur la dot de sa femme, dont il engloutit d'ailleurs la majeure partie dans l'achat d'une maison qu'il meubla luxueusement à la dernière mode. Sa première comédie, *Les Rivaux* (*), fut représentée à Covent Garden le 17 janvier 1775. Elle n'eut pas grand succès ce soir-là, mais à partir de la deuxième représentation, qui eut lieu le 28 suivant, elle déchaîna un tel enthousiasme que son auteur devint en quelques jours l'un des plus célèbres d'Angleterre. Dès le 2 mai 1775, il faisait jouer une nouvelle pièce : *Le Jour de la Saint-Patrick ou le Lieutenant intrigant* [*St. Patrick's Day, or The Scheming Lieutenant*], et donnait encore, en novembre de la même année, *La Duègne* [*The Duenna*], opéra-comique composé en collaboration avec son beau-père. L'argent était venu avec le succès, et Sheridan acheta, en participation avec Thomas Lenley et le Dr. Ford, la moitié des parts du Drury Lane. Deux ans plus tard, ce théâtre appartenait en totalité à sa société, et il en assumait la direction. Il y présenta, le 8 mai 1777, *L'École de la médisance* (*), qui est universellement considérée comme son chef-d'œuvre, et qui remporta un aussi considérable succès que sa première pièce.

Il donna ensuite *Le Critique* (*), joué à partir du 29 octobre 1779, et ne présenta que vingt ans plus tard, en 1799, sa dernière pièce, *Pizarro.* C'est qu'il s'était pris de passion pour la vie politique et ambitionnait de se faire un nom dans cette nouvelle voie. Il entra au Parlement en 1780 comme député de Strafford, et occupa un poste dans le ministère

Fox (1782-83). Il fut sous-secrétaire aux Affaires étrangères dans le cabinet Lockingham, puis secrétaire au Trésor dans le ministère dit de Coalition. L'affaire Warren Hastings lui donna l'occasion de prononcer une série de discours qui le mirent au premier rang des orateurs de son époque, mais leur texte a malheureusement été perdu. Nommé trésorier de la Marine, puis membre du Conseil privé, il poursuivit une brillante carrière jusqu'en 1812, mais battu cette année-là aux élections générales, il ne connut plus jusqu'à la fin de sa vie que soucis et désillusions. Il était accablé de dettes et ses créanciers le poursuivirent sans trêve jusque sur son lit de mort.

BERNARD NOËL.

♦ *« Il a beaucoup d'esprit et de bonnes situations mais il traîne trop et manque de vérité et de naturel dans la peinture des caractères. »* Horace Walpole.
♦ *« L'humour et la plaisanterie semblent l'atmosphère naturelle de cet homme extraordinaire, dont la vie fut à la fois si brillante et si mélancolique. »* Walter Scott.
♦ *« Tout ce que Sheridan a fait ou choisi de faire a été,* par excellence, *de la meilleure espèce ! Il a écrit la meilleure comédie, le meilleur drame, la meilleure farce et, pour couronner le tout, a prononcé le meilleur discours qui ait jamais été entendu dans ce pays. »* Lord Byron.

RÉF. : W. F. Fraser, *Sheridan, a Biography,* 2 vol., Londres, 1896. – E. Sayous, *Les Discours de Sheridan au temps du Directoire et de Napoléon*, Paris, 1897. – Walter Sichel, *The Life of Sheridan*, 2 vol., Londres, 1909. – J. M. Milne, *Molière and Sheridan*, Glasgow, 1912. – G. H. Nettleton, *Sheridan et la comédie de mœurs*, Paris, 1931. – R. C. Rhodes, *Harlequin Sheridan*, Londres, 1933. – W. A. Darlington, *Sheridan*, Londres, 1951. – J. Dulek, *Les comédies de Sheridan*, Paris, 1962. – J. Loftis, *Sheridan and the Drama of Georgian England*, Oxford, 1977.

SHERWOOD Robert Emmet. Dramaturge américain. Né le 4 avril 1896 à New Rochelle (New York), mort le 14 novembre 1955 à New York City. Sherwood, moins connu que certains de ses représentants, surtout en Europe, fit partie de la génération qui devint « perdue » après la Première Guerre mondiale (qu'il fit en France avec les Canadiens). À son retour, sans reprendre ses études à Harvard, il devint « editor » de *Life*, un magazine d'humour, jusqu'en 1927, date à laquelle il trouva un succès immédiat sur la scène avec *La Route de Rome*, dramatisation amusante et désabusée de la marche d'Hannibal sur Rome ; il reprendra plus sérieusement le thème pacifiste dans *Waterloo Bridge* (1929). Comme d'autres, cependant, il trouva bientôt creuse cette affectation de détachement désabusé qui caractérise l'après-guerre : ainsi, *La Forêt pétrifiée* (*) (1935) et *Idiot's Delight* (prix Pulitzer, 1936) mettent en scène des personnages qui retrouvent le sens des valeurs. Deux pièces, *Abraham Lincoln en Illinois* (1938) et *Il n'y aura pas de nuit* [*There Shall be no Night*, 1940], recevront encore le prix Pulitzer du théâtre, respectivement en 1939 et 1941. Pendant la Seconde Guerre mondiale, Sherwood travailla pour le gouvernement fédéral, notamment en écrivant certains des discours de Roosevelt. Puis il obtint encore un prix Pulitzer avec sa biographie *Roosevelt and Hopkins* (1949). Il avait aussi écrit le scénario d'un film, *Les Meilleures Années de notre vie* [*The Best Years of Our Lives*], qui fut couronné en 1946.

MICHEL GRESSET.

SHIDYĀQ (al-) Aḥmad Fāris, dit al-Fāryāq. Écrivain arabe. Né à 'Ashqūt (Mont-Liban) en 1804 et mort le 20 septembre 1887 à Istanbul. Issu d'une famille maronite ruinée, il commence à gagner sa vie très tôt, en tant que copiste. L'un de ses frères, converti au protestantisme, est martyrisé par le patriarcat maronite. En réaction, Shidyāq rompt avec sa communauté et s'exile en Égypte, où il travaille, entre autres, au *Journal officiel,* avant de se rendre à Malte, où il vit de 1834 à 1848, enseignant ou traduisant des ouvrages édités par des missions évangéliques. Il part ensuite pour la Grande-Bretagne, où il collabore à une version arabe de *La Bible* (*), puis pérégrine entre Londres, Paris et Tunis. Publiée en 1855, *La Jambe sur la jambe* (*) narre son odyssée rabelaisienne dans un feu d'artifice verbal ébahissant. Récits de voyage à Malte ou en Europe et ouvrage de lexicographie, *L'Espion du dictionnaire* [*al-Jāsūs 'alā l-Qāmūs*] illustre à loisir sa quête presque obsessionnelle de l'étonnant, de l'étrange et du vrai. Ses poèmes sont souvent de circonstance, mais toujours en quête de l'élégance classique. Converti à l'islam, il se fixe enfin à Istanbul, où il édite un journal, *Les Nouvelles* [*Al-Jawā'ib*], entre 1860 et 1884. Polygraphe polyglotte au talent protéiforme, Shidyāq a abordé presque tous les domaines : son œuvre, dont l'édition reste inachevée, ne craint ni les redites, ni la digression, ni la contradiction, car elle reflète l'existence elle-même. Son importance réside d'abord dans un témoignage irremplaçable sur les mutations de l'Empire ottoman, ensuite dans une contribution originale à la résurrection de l'arabe classique et à la création d'un langage de presse : à ce titre, Shidyāq peut être considéré comme l'un des fondateurs de la langue et de la littérature arabes modernes.

BERNARD MOUSSALI.

SHIGA Naoya. Romancier japonais. Né le 20 février 1883 dans le département de Miyagi, mort dans le département de Shisuoka le 21 octobre 1971. Il entre en 1906 à la section de littérature anglaise de l'université de Tôkyô, et se détermine vers cette époque, malgré l'opposition formelle de son père, à entreprendre une carrière littéraire. Délaissant ses études, il se joint alors à quelques camarades issus comme lui de l'École des nobles, parmi lesquels Mushanokôji Saneatsu, pour fonder en 1910 une revue d'inspiration idéaliste, *Le Bouleau* [*Shirakaba*] ; il y publiera ses premières nouvelles importantes, *Le Rasoir* [*Kamisori*, 1910], *Seibei et les calebasses* [*Seibei to hyôtan*, 1913], et *Le Crime de Han* [*Han no hanzai*, 1913], déjà empreintes de cette simplicité travaillée qui devait devenir sa marque distinctive. Toutefois, tandis que l'hostilité au père le conduit à rompre brutalement avec le milieu familial (1912), il éprouve de vives difficultés à épouser les visées humanitaires qui gagnent ses camarades, et qui amèneront notamment Mushanokôji à fonder une communauté modèle dans l'île méridionale de Kyûshû. Suivent alors plusieurs années d'errance et de silence au cours desquelles, sous l'influence en particulier de la pensée de Maeterlinck, il va progressivement se dépouiller de son attitude juvénile de révolte pour manifester avec le monde un accord qui se concrétisera notamment (1917) par la résolution brusque du conflit familial. Rédigeant alors d'une traite, dans l'exaltation de ce moment décisif, le roman *Réconciliation* (*), il publie en 1922 la première partie de son grand chef-d'œuvre, *La Route dans les ténèbres* (*), autobiographie déguisée au terme de laquelle un héros immature finit par s'assumer et vivre en harmonie avec le milieu qui l'entoure. La genèse passablement compliquée de ce long roman qui, des premières esquisses (1912) jusqu'à la version définitive (1937), devait occuper Shiga durant un quart de siècle, marqua en fait le point d'aboutissement d'une carrière à laquelle l'émergence de la littérature prolétarienne devait porter un coup à peu près irrémédiable. On notera toutefois, à compter de la quarantième année de l'écrivain, un intérêt pour les arts et la littérature du Japon ancien, dont témoignèrent notamment *Le Jardin du Ryôanji* [*Ryôanji no niwa*, 1924], ainsi qu'une traduction en langue moderne d'œuvres du prosateur Ihara Saikaku (1932). Admis en 1941 à l'Académie des arts, Shiga Naoya fut un écrivain profondément, intensément, personnel, dont les « non-romans » [hishôsetsu], qui ne présentent souvent en fait d'intrigue qu'une succession d'états d'âme rigoureusement analysés, manifestent un effort de concision et de clarté qui permirent à leur auteur de porter le genre de la nouvelle, particulièrement florissant au Japon du fait de la multiplication des revues littéraires, jusqu' à un niveau très élevé de perfection formelle. On retiendra notamment, à cet égard, *Un matin* [*Aru asa*, 1908], *Le Journal de Claudius* [*Kurodyasu no nikki*, 1912], *À Kinosaki* (*) (1917), *Le Samourai* (*) (1917), *Le Cas Sasaki* [*Sasaki no baai*, 1917], *Le Dieu de petit commis* [*Kozô no kamisama*, 1918], *Les Feux* [*Takibi*, 1920], *Kuniko* (1927), et *Lune grise* [*Haiiro no tsuki*, 1946].

MICHEL WASSERMAN.

SHIKITEI SANBA (dans le siècle Kikuchi Taisuke). Écrivain humoristique japonais. Né en 1776 à Edo, mort le 6 janvier 1822 également à Edo. Fils d'un graveur sur bois qui fournissait notamment les librairies, il débuta comme commis à la Gengetsudô, librairie de Edo (aujourd'hui Tôkyô), et acquit une culture en lisant les livres de la boutique. Il passa ensuite à la librairie Rankôdô et épousa la fille de son employeur, mais, sa femme étant morte peu après, Sanba s'installa à Yokkaichi et fit le commerce des livres d'occasion. À dix-sept ans, il était déjà l'auteur de récits populaires au goût du jour, et ne tarda pas à devenir un écrivain des plus féconds. Homme d'affaires, il sut joindre à ses occupations littéraires la vente, plus rémunératrice, de cosmétiques et de produits médicinaux. Il a écrit cent trente-six ouvrages de longue ou de courte haleine, publiés par son frère avec lequel il partageait les bénéfices. Ses deux chefs-d'œuvre sont *Le Monde aux bains publics* (*) et *Ukiyo-doko*.

SHIMONI David (pseud. de David Shimonovitz). Poète israélien. Né à Bobruisk (Russie) le 22 août 1886, mort à Tel-Aviv le 10 décembre 1956. Encouragé par Bialik, Shimoni fit ses véritables débuts littéraires avec *Entre chien et loup* [*Bein Ha Shemashot*, 1902]. En 1911 parut son premier recueil de poèmes : *Désert* [*Yeshimon*] et en 1912 : *Tempête et Silence* [*Sa'ar u-demana*], puis il publia ses premières idylles, poèmes dramatiques qui chantent les peines et les joies des pionniers de la deuxième Aliyah. Suivent divers poèmes, réflexions et œuvres en prose rassemblés sous le titre de *En secret* [*Ba Hashai*]... ainsi que des satires et des fables. Pendant la Première Guerre mondiale parurent ses traductions de Tolstoï, Lermontov, Pouchkine et Heine. Il convient de citer également : *Idylles* (*) (1944) et *Poèmes* (*) (1956).

SHINRAN. Penseur japonais. Né et mort à Kyôto (1173-1262). Moine bouddhiste au mont Hiei (entre 1181 et 1201), près de Kyôto au Japon, il s'efforça d'y vivre parfaitement l'idéal bouddhique. Mais, finalement accablé par un sentiment d'échec, il quitta le mont Hiei et devint un disciple privilégié de Hônen (1133-1212), fondateur de l'école de la Terre pure, qui lui montra une tout autre voie de salut – celle de la confiance en la miséricorde d'Amida, le Bouddha du Paradis de l'Ouest où renaîtront et atteindront l'Illumination tous ceux qui croiront en lui. Banni de Kyôto en 1207 à cause de son attachement à cette nouvelle voie, Shinran passa plus de vingt-cinq ans de sa vie à prêcher aux gens du peuple et dans toutes les provinces la compassion d'Amida. Lui-même marié et père de famille, Shinran sut redonner l'espérance aux pires « pécheurs », lesquels étaient, selon lui, les plus aptes à recevoir cet enseignement qui ne demande qu'un abandon total à Amida. À l'âge de 60 ans, Shinran revint à Kyôto où, pour exposer son enseignement, il écrivit son œuvre principale, *L'Enseignement, la pratique, la foi et l'illumination* (*). Là il poussa à l'extrême sa réflexion sur la dynamique du salut dans la tradition amidiste. Selon Shinran, l'homme ne peut rien faire pour son salut. L'enseignement, la pratique et la foi sont tous reçus d'Amida. La répétition du nom d'Amida qui auparavant était considérée comme la condition de la renaissance dans la Terre pure, devient un simple acte de gratitude pour ce qu'Amida a fait dans le cœur du croyant. L'école qui se réclame de Shinran et le considère comme son fondateur s'appelle la « Véritable école de la Terre pure ».

DENNIS GIRA.

SHIRLEY James. Auteur dramatique anglais. Né à Londres le 18 septembre 1596, mort à St. Giles (Londres) vers la fin d'octobre 1666. Après s'être d'abord consacré à l'enseignement, il entra dans les ordres. Un peu plus tard, il se convertit au catholicisme et se maria. C'est en 1625 qu'il vint à Londres et, séduit par le théâtre, écrivit ses premiers essais. Le succès lui vint très rapidement grâce à la protection de Jacques Ier. Mais la chute de la royauté lui valut de retomber dans la misère et il dut, pour subsister, reprendre ses anciennes fonctions de maître d'école. La Restauration permit la reprise de quelques-uns de ses succès, et lui valut la possibilité de travailler de nouveau à son œuvre dramatique, mais le grand incendie de Londres, en septembre 1666, le ruina complètement. Réfugié à St. Giles, il y mourut de chagrin, de misère et de froid le même jour que sa femme. Son œuvre longtemps oubliée a connu un renouveau d'intérêt à partir du XIXe siècle, mais on ne peut ignorer que, si son habileté à conduire une action est fort grande, ses pièces sont pleines de réminiscences de Shakespeare, et se ressentent de l'influence des grands dramaturges élisabéthains dont il est l'héritier le plus direct. Il a laissé une quarantaine de pièces dont les plus souvent citées sont : *La Revanche de la servante* [*The Maid's Revenge*, 1626], tragédie ; *Le Serviteur reconnaissant* [*The Grateful Servant*, 1629], comédie ; *Le Traître* (1631) ; *Hyde Park* (*) (1632), l'une des meilleures, et son plus grand succès ; *La Mondaine* [*The Lady of Pleasure*, 1635], comédie ; *Le Maître royal* [*The Royal Master*, 1638], tragédie ; *Le Cardinal* (1641), tragédie que l'on considère comme son chef-d'œuvre ; *La Querelle d'Ajax et Ulysse* [*The Contention of Ajax and Ulysses*, 1659].

RÉF. : A. H. Nason, *James Shirley Dramatist, a Biographical and Critical Study*, New York, 1915. – R. L. Armstrong, *The Poems of James Shirley*, New York, 1941. – R. S. Forsyth, *The Relations of Shirley's Plays to the Elizabethan Drama*, New York, 1965. – G. Bas, *J. Shirley, dramaturge caroléen*, Lille, 1973.

SHLONSKY Avraham. Poète et traducteur israélien. Né à Karyokov (Ukraine) le 6 mars 1900, mort à Tel-Aviv le 18 mai 1973. Shlonsky immigra en 1921 en Palestine ; il publia de très nombreux recueils de poèmes et devint un des chefs de file de la poésie israélienne. Parmi ses œuvres, il convient de citer : *Souffrance* [*Devaï*, 1924], *En ces jours* [*Be-'Elleh ha-yamin*, 1930], *Poèmes de ruine et d'apaisement* [*Shireï hamapolet veha-piyus*, 1938], *Pierres brutes* [*'Ávnei Gevil*, 1960] – v. *Poésies* (*). Son œuvre marqua le passage d'une poésie rhétorique, didactique, à une poésie moderniste et symboliste. Il créa un nouveau langage poétique dominé par les métaphores, les symboles, des images originales. Il fut parmi les premiers à employer la prononciation séfarade et créa de nombreux néologismes. Shlonsky publia plusieurs livres pour enfants et fut le remarquable traducteur de nombreux chefs-d'œuvre des littératures russe, anglaise, française et yiddish.

SHNÉOUR Zalman. Écrivain israélien de langues hébraïque et yiddish. Né à Shklov (Biélorussie) en janvier 1887, mort à New York le 20 février 1959. Il quitta la Russie en 1906 et vécut en Suisse et en France, puis aux États-Unis. Il immigra en Israël en 1951. Shnéour est considéré, au même titre que Bialik et Tchernikhovsky, comme l'un des plus grands poètes de sa génération. Il remet en question les valeurs admises de la religion et de la morale sans toutefois se détacher du judaïsme puisqu'il incite son peuple à rester fidèle à lui-même et à sauvegarder ainsi les valeurs spirituelles de l'humanité. Parmi ses œuvres, il convient de citer : *Au coucher du soleil* [*'Im Shesi'at ha-hama*, 1906-1907], *À la montagne* [*Be-Harim*, 1908], *Au son de la mandoline* [*'Im Zelileï ha-mandolina*, 1912], *Le Retour du Moyen Âge* [*Yemeï ha-Beïnaïm mitqurvim*, 1913], publié au moment du procès Beïlis, *Le Chant du Dnieper* (*) et *Les Tablettes enfouies* [*Luhot genuzim*, 1948].

SHOFMAN Guershom. Écrivain israélien. Né le 15 (28) février 1880 à Orcha (Biélorussie), mort le 12 juin 1972 à Gdérah. Il reçut une éducation traditionnelle religieuse. Très tôt, il fut attiré par les littératures hébraïque et russe. Son premier recueil de nouvelles *Histoires et Dessins* (*) parut dès 1902 à Varsovie. Il servit durant trois ans dans l'armée russe mais s'enfuit pendant la guerre russo-japonaise et se réfugia en Galicie où il demeura dix ans environ. Il s'installa en Autriche en 1913, et, en 1938, immigra en Palestine. Après avoir vécu quelque temps à Tel-Aviv, il s'établit définitivement à Haïfa. Shofman déploya une intense activité dans le domaine de la presse, de l'édition et de la critique littéraire. Un grand pessimisme se dégage de son œuvre, écrite dans un style d'une extrême concision. Ses nouvelles, récits, essais et notes, tous très brefs, évoquent la vie juive au XXe siècle. Face à la montée de l'antisémitisme au cours de la période de l'entre-deux-guerres, il prévoit l'avènement du nazisme. Il traite également de l'installation juive en Palestine. Rejetant le monde traditionnel, déçus par la révolution socialiste, ses personnages apparaissent comme des victimes passives de leur propre destin, souffrant d'une misère à la fois spirituelle et matérielle. Les œuvres complètes de Shofman en quatre volumes parues pour la première fois en 1927-1935 ont été rééditées en 1946-1952 et complétées par un cinquième volume en 1960.

LETITIA LAMBERT.

SHOLEM Gershom. Écrivain israélien. Né à Berlin le 5 décembre 1897, mort à Jérusalem le 20 février 1982. Il est considéré comme une autorité en kabbale et mystique juive. Issu d'une famille juive assimilée, il rejoignit le mouvement sioniste alors qu'il était jeune étudiant et acquit une grande connaissance de l'hébreu et des sources juives. Sholem enseigna la mystique juive et la kabbale à l'université hébraïque de Jérusalem à partir de 1925. Parmi ses principaux ouvrages, tous consacrés à l'histoire et à la philosophie religieuse du judaïsme, il convient de citer : *Shabbataï Zvi et le mouvement du shabbatianisme* (*) (1957), *Les Grands Courants de la mystique juive* [*Major Trends of Jewish Mysticism*, 1941, 1954, 1965] et *Les Origines de la kabbale* [*Ursprung und Anfaenge der Kabbala*, 1962]. Plus de cinq cents écrits de Sholem ont été recensés dans une bibliographie publiée à l'occasion de ses soixante-dix ans.

SHOLEM ALEYKHEM (ou Shalom Aleichem, pseud. de Sholem Rabinovitch). Écrivain russe d'expression yiddish né le 2 mars 1859 à Pereyaslav en Ukraine, mort le 13 mai 1916 à New York. Fils d'un commerçant éclairé, il poursuit des études juives traditionnelles jusqu'à l'âge de 14 ans, puis fréquente le lycée russe. Il fait ses débuts en 1883 dans l'hebdomadaire yiddish de Saint-Pétersbourg, *Dos yidishe folksblat*, avec un feuilleton satirique fustigeant l'oligarchie corrompue d'une petite communauté juive qui tente d'empêcher la réélection d'un jeune rabbin populaire auprès des classes défavorisées. Il décrit en fait sa propre expérience de rabbin moderne dans la ville de Lubny et, pour se protéger, signe du pseudonyme de Sholem Aleykhem, qui deviendra son nom de plume. La plupart des écrivains yiddish de l'époque se cachent en effet sous des noms d'emprunt, et ne publient sous leur nom véritable qu'en russe ou en hébreu. Mais ce nom amusant, qui signifie « la paix soit sur vous » ou tout simplement « bonjour », est aussi le début de l'hymne saluant les anges du Chabbat, et Sholem Aleykhem deviendra en effet l'invité hebdomadaire attendu dans chaque foyer, où il arrivera sous la forme du supplément littéraire du vendredi. Le personnage de Sholem Aleykhem devient immensément populaire, occultant entièrement la personnalité réelle de l'écrivain Rabinovitch. Éternel voyageur, humoriste espiègle et sans attaches, pourvoyeur de correspondances perdues, il décrit ainsi le monde juif de l'époque, assaisonnant ses digressions et ses commentaires désopilants de jeux de mots mêlant la tradition à l'absurde.

Rabinovitch fonde en 1889 la revue annuelle *La Bibliothèque populaire yiddish* [*Di yidishe folksbibliotek*] qui deviendra le berceau et la tribune d'écrivains de qualité. Il s'efforce de rehausser le niveau de la littérature yiddish en luttant contre les genres populaires de bas étage en vogue à l'époque, dont les œuvres de Shoymer. De 1884 à 1890, il publie six romans, dont les plus connus sont *Stempenyu* (1889) et *Yosele Solovey* (1890). Ces premières tentatives, souvent romantiques et mélodramatiques, céderont le pas à ses feuilletons, genre qu'il mènera à la perfection, en particulier sous la forme du monologue et de l'échange épistolaire.

En 1890, Rabinovitch fait faillite, doit interrompre la publication de sa revue et s'installer à Odessa, puis à Kiev, où il s'essaye successivement à la Bourse, puis au commerce du sucre en gros. C'est dans cette décennie qu'il consolide sa position de plus grand auteur comique juif, et qu'il conçoit les personnages de ses romans-feuilletons les plus célèbres, *Menakhem Mendel* (*) et *Tevye le laitier* (*).

De 1899 à 1905, il parvient à vivre de sa plume grâce à des contrats qui lui assurent des contributions régulières dans des journaux. Mais à la suite des pogromes de 1905, il fuit la Russie, et après une tournée européenne, il se rend à New York fin 1906, pensant faire fortune dans le théâtre yiddish américain. Il écrit deux pièces pour les théâtres yiddish de Second Avenue, qui se révèlent des fiascos. Il continue donc de sillonner l'Europe en tournée, lisant ses œuvres devant des foules en liesse.

Il termine la publication de *Motl le fils du chantre Peysi* [*Motl Peysi dem Khazns*], où ses contes pour enfants culminent dans un roman à épisodes de la désintégration de la vie juive en Europe de l'Est et de l'immigration aux États-Unis, vue du regard naïf de l'enfant, et son roman *Étoiles errantes* [*Blondzhende shtern*, 1909-1911], roman picaresque de l'artiste juif. Il rédige à Berlin sa meilleure comédie, *Les Chercheurs d'or*, [*Di goldgreber*, 1908], qui décrit le conflit des générations entre un vieux marchand juif traditionnel qui croit aux trésors, et son futur beau-fils, orphelin qui a fait fortune dans l'agriculture aux États-Unis.

À l'occasion de son cinquantième anniversaire, ses droits littéraires sont enfin constitués. Son beau-fils, l'auteur hébraïque Berkowitz, entreprend la traduction de ses œuvres en hébreu. Il publie enfin en 1913 *De retour du marché* [*Funem Yarid*], roman autobiographique inachevé.

Il meurt en 1916. Ses funérailles à New York sont suivies par des centaines de milliers de personnes.

DELPHINE BECHTEL.

SIAO T'ONG [Xiao Tong] (autrement appelé prince héritier Tchao-ming, Tchao-ming t'ai-tse). Lettré chinois. Né en 501, mort en 531, il était le fils aîné de l'empereur Siao Yen (Wou ti), fondateur de la dynastie Liang (502-557). Ses dons intellectuels et sa valeur morale, joints à un physique agréable, ont fait de lui une figure très populaire chez les Chinois. Il est célèbre pour sa piété filiale, pour les soins, notamment, qu'il donna à sa mère malade, et la mort de cette dernière acheva de miner sa fragile santé. Bien qu'il fût bouddhiste comme son père, Siao T'ong n'en acquit pas moins une grande réputation par son savoir dans les milieux littéraires du confucianisme. Entré dès l'âge de quinze ans dans les conseils du gouvernement, il fut toujours un modèle de perspicacité, de sagesse et de patience. Poète et prosateur distingué, il attira autour de lui les écrivains de son temps et prit grand soin de sa vaste bibliothèque. Il aimait la nature et passait de longues heures en compagnie d'amis lettrés dans le parc impérial. Généreux envers tous, il lutta d'une manière efficace contre la misère et la famine causées par la guerre contre l'État Wei en 526, et s'opposa à toutes violences dont le peuple ferait les frais, en particulier aux excès du travail obligatoire. Il sut enfin, dans ses rapports avec son père, concilier la franchise et le respect. Sa mort à trente ans aurait été pleurée par tout le peuple. Siao T'ong est surtout célèbre comme auteur de l'*Anthologie* (*) littéraire en trente livres, de grande valeur, mais on lui doit aussi deux autres recueils de pièces élégantes, *Fleurs sublimes* [*Wen-tchang ying-houa*] et *Exemples de modèles littéraires anciens et modernes* [*Kou-tsin tien-kao wen yen*].

RÉF. : J. R. Hightower, « The Wen Hsuan and Genre Theory », in *Harvard Journal of Asiatic Studies*, vol. XX, 1957.

SĪBAWAYHI 'Amr ibn Qanbar, dit. Grammairien arabe d'origine persane. Né vers 750 en Iran occidental, mort vers 795 à Ahwāz ou à Shirāz (Iran). Ayant émigré à Bassora (Bas-Iraq), l'un des principaux centres de culture arabe et islamique de l'époque, il commença par étudier le droit et le *Ḥadīth* (*) avant de se tourner vers les sciences du langage, qui commençaient alors tout juste à se constituer. Il suivit notamment l'enseignement d'al-Khalīl ibn Aḥmad (mort vers 791), à qui l'on attribue l'invention de la métrique et de la lexicographie classiques. Tout en étant tributaire des efforts de ses prédécesseurs, Sībawayhi n'en élargit pas moins le cadre et la perspective, proposant dans son *Kitāb* (*) une description générale et systématique de la langue arabe, notamment dans le domaine de la syntaxe et de la sémantique grammaticale, où il développe des vues remarquablement originales et pénétrantes. Sa carrière ne semble pas pour autant avoir été aussi brillante qu'il aurait pu le souhaiter : s'étant rendu à Bagdad, il y subit une amère déconvenue lors d'une « disputation » qui l'opposa à son rival al-Kisā'ī (mort vers 805), chef de file des grammairiens de Kūfa, rivaux traditionnels de ceux de Bassora. Le chagrin que lui causa cet échec fut, selon la tradition, la cause de sa mort prématurée ; ce n'est en fait qu'un siècle environ après sa mort que son œuvre fut célébrée comme le texte fondateur de la tradition grammaticale arabe.

JEAN-PATRICK GUILLAUME.

SIBELIUS Jean. Compositeur finlandais. Né à Tavastehus le 8 décembre 1865, mort dans sa propriété de Jaervenpaa, près d'Helsinki, le 20 septembre 1957. Après avoir commencé des études de droit, il s'inscrivit au Conservatoire d'Helsinki où, de 1886 à 1889, il eut pour professeur de composition Martin Wegelius. En 1889-90, il fut l'élève, à Berlin, de Bargiel et de Becker, et l'année suivante, à Vienne, suivit les cours de Goldmark. En 1893, il regagna la Finlande et fut nommé professeur au Conservatoire d'Helsinki. En 1897, il obtint de l'État une rente qui lui permit de se consacrer entièrement à la composition. Dès lors, il se retira à la campagne, à Jaervenpaa, et composa abondamment, faisant alterner les périodes de travail avec de longues tournées de concerts à travers le monde. Toutes ses œuvres ont un caractère proprement finlandais, et Sibelius a su redonner une vie neuve, un tour personnel aux thèmes du folklore, cependant qu'il s'abandonnait aux séductions du romantisme allemand. Parmi les œuvres symphoniques, rappelons *Le Cygne de Tuonela* (+), *Finlandia* (*) (1899-1900), *La Valse triste* (*), *Les Océanides, Pelléas et Mélisande* (+), un *Concerto pour violon* (*) et sept *Symphonies* (*). Pour la musique de chambre, il convient de citer quatre quatuors, un quintette, des morceaux destinés au piano et au chant ; et, pour la musique de théâtre, *La Jeune Fille dans la tour*.

À sa mort, la Finlande lui fit des obsèques nationales.

RÉF. : Rose Newmarch, *J. Sibelius, a Finnish Composer*, Leipzig, 1906. – W. Neimann, *J. Sibelius*, Leipzig, 1917. – Georges Migot, *Jean Sibelius* in *La Revue musicale*, n° 5, Paris, mars 1922. – C. Gray, *Sibelius*, Londres, 1931. – N. E. Ringbom, *J. Sibelius*, Olten, 1950. – Marc Vignal, *Sibelius*, Paris, 1965.

SIDNEY sir Philip. Écrivain anglais. Né à Penshurst, dans le comté de Kent, le 29 novembre 1554, mort à Arnheim, dans les Pays-Bas, le 17 octobre 1586. Il était le fils de sir Henry et de Mary Dudley, fille du duc de

Northumberland, et donc neveu du célèbre comte de Leicester, favori d'Elisabeth. Il fit ses études au Christ Church College d'Oxford, où il eut pour compagnons Richard Hakluyt, William Camden et Fulke Greville qui fut son premier biographe. En 1572, il entreprit un voyage sur le continent au cours duquel il visita Paris (où il se trouvait lors du massacre de la Saint-Barthélemy), Strasbourg, Vienne, Venise, Padoue, Florence et Gênes. De retour dans sa patrie en 1575, il y connut Pénélope Devereux qu'il célébra sous le nom de Stella dans *Astrophel et Stella* (*). En 1576, il suivit son père en Irlande et, en 1577, fut envoyé comme ambassadeur à la cour de Rodolphe de Habsbourg. Résolument opposé, comme son oncle le comte de Leicester, au projet de mariage d'Elisabeth avec le duc d'Anjou, frère d'Henri III, roi de France, il présenta au début de 1580 un mémoire à la reine pour la dissuader d'accomplir ce projet. Ce fut la cause de sa disgrâce, aussi se retira-t-il de la Cour pour s'installer pendant plusieurs mois à Wilton, près de sa sœur, Mary, comtesse de Pembroke, où il passa son temps en écrivant le roman *L'Arcadie* (*). Avant la fin de l'été de la même année, il se trouvait à nouveau à Londres avec son oncle. En 1583, il épousa Frances Walsingham, fille du célèbre ministre d'Elisabeth. Son plan d'une expédition aux Indes occidentales ayant échoué, le 16 novembre 1585, il leva l'ancre pour les Pays-Bas afin d'y occuper la charge de gouverneur de Flessingue. Lors de l'attaque de la place forte de Zutphen, le 22 septembre 1586, il fut blessé à la cuisse et, conduit à Arnheim, il y mourut vingt-cinq jours plus tard. Outre les œuvres citées, Sidney écrivit encore *La Défense de la poésie* (+) en réponse à *Une apologie pour l'école de la licence* (+) de Stephen Gosson et *The Lady of May*.

RÉF. : F. Greville, Lord Brooke, *Life of sir Philip Sidney*, 1652. – R. W. Zandvoort, *Sidney's Arcadia*, Amsterdam, 1929. – A. W. Osborn, *Sir Philip Sidney en France*, Paris, 1932. – K. O. Myrick, *Sir Philip Sidney*, Cambridge, Mass., 1935. – M. Poirier, *Sir Philip Sidney, le chevalier poète élisabéthain*, Lille, 1950. – F. S. Boas, *Sir Philip Sidney, Representative Elizabethan*, Londres, 1955. – D. Kalstone, *Sidney's Poetry : Contexts and Interpretations*, Cambridge (U.S.A.) 1965. – R. Howell, *Sir Philip Sidney, the Shepherd Knight*, Boston, 1968. – M. Osborn, *Young Philip Sidney, 1572-77*, New Haven, 1972. – A. C. Hamilton, *Sir Philip Sidney, a Study of his Life and Works*, Cambridge, 1977. – D. Connell, *Sir Philip Sidney, the Maker's Mind*, Oxford, 1977.

SIDOINE APOLLINAIRE saint (Caius Modestus Sidonius Apollinaris). Évêque de Clermont. Né à Lyon entre 430 et 433, mort à Clermont-Ferrand probablement en 487. Il appartenait à une famille noble de magistrats, et fut un personnage de premier plan dans la Gaule du ve siècle. C'est à Lyon et à Arles, la « Rome des Gaules », qu'il fut élevé et reçut son instruction universitaire. Vers 452, il épousa Papianilla, fille d'Avitus, préfet des Gaules en 439, qui s'était replacé au premier plan en 451 en poussant Théodoric à joindre ses forces à celles des Francs et des Romains contre Attila. Après son mariage, le sort de Sidoine fut étroitement lié à celui de son beau-père Avitus. Ce dernier fut proclamé empereur à Arles, le 5 août 455 ; Sidoine le suivit à Rome et, là, récita pour lui le panégyrique de la fête d'inauguration consulaire de janvier 456, obtenant un retentissant succès chez les Romains et l'érection de sa statue au Forum de Trajan. Mais, la fortune d'Avitus ayant rapidement décliné, Sidoine se trouva de nouveau à Lyon, où il travailla tout d'abord à faire élire empereur un prince gaulois, puis à résister à Majoranus, élu ; contraint de réduire par les armes la Gaule à l'obéissance, Lyon en particulier, et finalement à obtenir la clémence de l'empereur pour Lyon, dans le panégyrique récité en avril 459, il donna des preuves de son habileté politique et littéraire plus que de cohérence dans ses opinions. En retour, il reçut le titre de comte. Toutefois, Majoranus tomba à son tour en 461, victime de la jalousie de Ricimer, et Sidoine se retira dans ses propriétés près de Clermont-Ferrand, s'occupant de l'éducation de ses enfants, de l'administration de ses biens, jouissant des plaisirs de l'amitié et de la poésie. On le tira de sa douce retraite en 467 pour l'envoyer, en qualité d'ambassadeur de l'Auvergne, auprès de l'empereur Anthémius. Il retourna ainsi à Rome, et, une fois encore, de favorables circonstances firent qu'il gagna la confiance par son panégyrique de l'empereur ; il fut nommé préfet du Sénat, et ensuite préfet de Rome. Son année de préfecture terminée, il retourna en Gaule et se fixa à Clermont. Là, avec son beau-frère Excidius, il se consacra à relever les misérables conditions dans lesquelles était tombée la province par suite d'une mauvaise administration, et il s'y gagna tant de sympathie et de confiance que, l'évêque de Clermont étant mort entre 470 et 472, Sidoine fut appelé à lui succéder. Ce ne fut certainement pas sa réputation de sainteté qui le porta au siège épiscopal, car, s'il était homme de foi, il s'était distingué par d'autres qualités : la sagesse de son gouvernement et son talent poétique. Durant son ministère, dont il se sentait indigne et dont le poids l'accablait, même physiquement, il fut à la fois évêque et gouverneur, défendant de toutes ses forces la liberté politique et religieuse de la province et de la ville, subissant pour cette cause jusqu'à l'exil, et s'employant par tous les moyens à adoucir les conditions de la défaite. Il endura aussi l'humiliation et la persécution des ariens en face desquels il défendit, intacte, la foi de sa ville, où il mourut, en laissant dans ses *Poèmes* (*) et surtout dans ses neuf volumes de *Lettres* (*) (470-480), le plus vivant et le plus direct des témoignages sur son existence.

GIUSEPPE LAZZATI.

RÉF. : M. Butherford, *Sidonius Apollinaris, l'homme politique, l'écrivain*, Clermont-Ferrand, 1938. — Jean Champomier, *Esquisse pour un portrait de Sidoine Apollinaire*, Niort, 1938. — André Loyen, *Recherches historiques sur les panégyriques de Sidoine Apollinaire*, Paris, 1942 ; *Sidoine Apollinaire et l'esprit précieux en Gaule aux derniers jours de l'Empire*, thèse, Paris, 1943.

SIEBURG Friedrich. Écrivain allemand. Né le 18 mai 1893 à Altena (Westphalie), mort le 19 juillet 1964 à Gärtringen (Würtemberg). Après avoir passé son doctorat à l'issue d'études supérieures classiques (il fut étudiant sous la direction de Gundolf et de Max Weber), il devint correspondant, à partir de 1923, du *Frankfurter Zeitung*, d'abord dans diverses capitales européennes (Copenhague, Paris, Londres), puis en Afrique et en Extrême-Orient. Comme éditeur de la revue *Gegenwart* (de 1948 à 1955), puis, à partir de 1956, comme directeur du supplément littéraire du journal *Frankfurter Allgemeine Zeitung* pour lequel il ne cessa de rédiger, suivant l'actualité, des comptes rendus critiques sur les nouvelles publications, il exerça sans conteste une profonde influence sur la vie littéraire en Allemagne.

De sa propre production, il faut surtout retenir les essais et les biographies ayant trait à l'histoire de France : *Dieu est-il français ?* (*) (1929), qui présente le personnage de Jeanne d'Arc comme symbole d'un nationalisme mystique, *Robespierre* (1935), *Napoléon, Les Cent Jours* (*) (1956), *Chateaubriand. Romantisme et politique* [*Chateaubriand. Romantik und Politik*, 1959]. Œuvre importante donc dans le dialogue entre l'Allemagne et la France, même si l'idée européenne pour laquelle Friedrich Sieburg milite sincèrement lui fit commettre des erreurs, comme par exemple de venir plaider à Paris, en 1941, la cause de la collaboration au nom du ministère des Affaires étrangères du Troisième Reich.

JEAN-JACQUES POLLET.

SIEGFRIED André. Historien et géographe français. Né le 21 avril 1875 au Havre, mort le 28 mars 1959 à Paris. Il est issu d'une famille protestante de Normandie. Son père, Jules Siegfried (1837-1922) — dont il écrira une biographie en 1942 —, fut ministre du Commerce et membre de la Chambre des députés sous la IIIe République. Après des études au lycée Condorcet, puis à la Sorbonne, André Siegfried passe en 1904 une thèse de doctorat d'État sur *La Démocratie en Nouvelle-Zélande* et sur *Edward Gibbon Wakefield et sa doctrine de colonisation systématique*. Professeur à l'École libre des sciences politiques de Paris dès 1911, il publie, peu après, un ouvrage de géographie électorale qui reste un modèle du genre : *Tableau politique de la France de l'Ouest sous la Troisième République* (*) (1913). Intéressé par les pays anglo-saxons, il y fait de nombreux voyages (États-Unis, Canada, Angleterre), et il écrira sur ces pays différentes études : *Les États-Unis d'aujourd'hui* (*) (1927), *Le Canada puissance internationale* (1937), *L'Angleterre d'aujourd'hui, son évolution politique et économique* (1924), *La Crise britannique du XXe siècle* (1929) qui sera suivie de *La Crise de l'Europe* (1935). Élu membre de l'Académie française en 1944, il publie de nouveaux ouvrages, tels *La Suisse, démocratie témoin* (1948), *Notes de voyages* (1949), *Aspects du XXe siècle* (1955) et surtout deux ouvrages de sciences politiques d'une perspicacité d'analyse très remarquable, écrits avec la clarté qui avait fait sa réputation d'essayiste et de professeur : *De la IIIe à la IVe République* (1957), *De la IVe à la Ve République, au jour le jour* (1958). Ce professeur (qui fut aussi un brillant conférencier) a formé une génération d'historiens et d'hommes politiques grâce à la rigueur de sa culture et à la chaleureuse valeur de son enseignement.

JOËL SCHMIDT.

SIE LING-YUN [Xie Lingyun]. Poète chinois. Né en 385 à T'ai-K'ang (province du Heu-nan) et mort en 433 à Canton. Il vécut à une époque troublée quand, dans la Chine méridionale, la dynastie Tsin fut remplacée par celle des Song. Appartenant à une famille éminente, il occupa des postes importants et fut même nommé duc de K'ang-he ; mais il fut aussi victime des luttes politiques et de son caractère emporté. Accusé de vouloir fomenter une rébellion, il fut exilé près de Canton et finalement mis à mort. Sa carrière officielle ne l'empêcha pas de se laisser aller à sa passion pour les excursions en montagne. Outre ses poèmes en vers, il écrivit un poème en prose *Vivre dans la montagne* [*Chan tsiu fou*] où il décrit sa grande propriété à Che-ming et ses idées sur la vie retirée. À son époque, il était aussi apprécié comme calligraphe. Son œuvre figure dans l'anthologie *Poésies des Ts'in, Han, Wei, Tsin et des dynasties du Nord et du Sud* (*).

JACQUES PIMPANEAU.

RÉF. : Frodsham J.D., *The Murmuring Stream : the Life and Works of the Chinese Nature Poet Hsieh Ling-yün (385-433), Duke of K'ang-ho*, 2 vol., Kuala Lumpur, 1967.

SIENKIEWICZ Henryk. Romancier polonais. Né à Wola Okrzejska (en Pologne russe) le 5 mai 1846, mort à Vevey (Suisse) le 15 novembre 1916. Il appartenait à une famille de noblesse terrienne, et grandit à la campagne dans un milieu où les traditions polonaises étaient très vivantes. Il fit de brillantes études universitaires à Varsovie et se consacra ensuite au journalisme. Actif collaborateur de la *Gazette polonaise* [*Gazeta Polska*], critique littéraire avisé, fin et intelligent, possédant de surcroît une large connaissance des littératures étrangères, familier des questions sociales, il conquit bientôt les premières places dans la presse polonaise. Il aborde alors le roman et la nouvelle. Ses premières œuvres, *En vain* [*Na Marne*, 1870], *Le Vieux Serviteur* [*Stary sluga*], *Annette* [*Hania*], *Selim Mirza, Pièces humoristiques* [*Humoreski*], se ressentent encore de l'influence des grands écrivains polonais du milieu du siècle : Kraszewski et Czajkowski. De 1876 à 1879 il fit des voyages en Californie, en France et en Italie ; plus tard ce furent l'Espagne, la Grèce, la Turquie et l'Amérique. Ce fut seulement pendant son séjour aux États-Unis que s'opéra l'éclosion de son individualité. Il y écrivit une quinzaine de *Lettres d'Amérique* [*Listy z podróży : Lettres de voyage*], – le plus beau livre de voyages de la littérature polonaise – et des nouvelles, parmi lesquelles *Le Gardien du phare* (*). Un premier roman, *Esquisses au fusain* [*Szkice Welglem*], satire sanglante de l'ignorance et de la grossièreté des paysans polonais, avait mis le jeune journaliste en vedette. Dans ce livre, l'auteur faisait une peinture vigoureuse de la vie du peuple, et montrait un sens rare de la satire et de l'envolée poétique ; cependant le livre est surtout resté vivant grâce à l'évocation d'une figure de simple paysanne polonaise. En Californie, au bord du Pacifique, l'écrivain sent monter en lui une inspiration riche et nouvelle, comme le révèlent ses pages autobiographiques. *À la recherche du pain* [*Za chlebem*] est un livre inspiré par l'existence des premiers colons polonais. *À travers les steppes* [*Przez stepy*] est une délicate idylle américano-polonaise. Il décrivit la vie des cirques américains dans *Orso*, celle des colons avec leurs conflits tragiques et comiques dans *La Comédie des erreurs* [*Komedya z pomylek*], où Sienkiewicz, comme le fit Mérimée, sut, au milieu de la complexité de ses personnages, caractériser chacun d'eux par les traits particuliers à son origine et à sa race. Le voyage en Amérique eut pour lui la même importance que celui de Chateaubriand au bord du Meschacébé et celui de Goethe en Italie. De retour en Pologne, Henryk Sienkiewicz reprit son activité de journaliste et de conteur. Parurent alors *Yanko, le musicien* [*Janko muzykant*], *L'Organiste de Ponikla* [*Organista z Ponikly*], *Bartek le vainqueur* [*Bartek Zwycielzca*] et *Extraits du journal d'un maître d'école de Poznań* [*Z pamietnika poznańskiego nauczyciela*]. Un roman en quatre volumes, *Par le fer et le feu* (*) (1884), inaugura une série d'œuvres nées de la même préoccupation ; l'écrivain s'y montra aussi grand maître que dans la nouvelle. Ce dernier livre, qui met en scène une foule de personnages avec chacun son caractère et son activité personnelle, illustre la lutte de la Pologne du XVIIe siècle contre les cosaques zaporogues ; il remporta un succès immense et devint, avec *Messire Thaddée* (*) d'Adam Mickiewicz, l'évangile de la nation polonaise. Sienkiewicz abandonna dès lors le journalisme et se consacra à la littérature. Deux autres romans suivirent, puisés dans l'histoire des guerres du XVIIe siècle, l'un dans celle de la guerre contre les Suédois : *Le Déluge* (*) (1886), l'autre dans celle de la lutte contre les Turcs : *Messire Wolodyjowski* (*) (1888). Les trois romans furent réunis sous le titre de *Trilogie* [*Trylogja*]. Ensuite parut *Sans dogme* [*Bez dogmatu*, 1891], roman psychologique sur l'« improductivité slave » et sur le dilettantisme, puis *La Famille Polaniecki* [*Rodzina Polanieckich*, 1894], où l'auteur préconise un retour à la simple religion d'autrefois. Sienkiewicz se tourna ensuite vers l'âme de l'ancienne Rome, le conflit entre le christianisme naissant et l'État romain le captiva ; il le décrivit dans *Quo Vadis ?* (*) (1894), qui, traduit dans toutes les langues, fut tiré à plusieurs millions d'exemplaires. L'œuvre fut qualifiée de tendancieuse envers le christianisme. Elle ne fut pourtant pas écrite dans une intention de propagande, et elle est infiniment supérieure à la *Fabiola* (*) du cardinal Wiseman. Sienkiewicz revint au passé douloureux de la Pologne avec *Les Chevaliers teutoniques* (*) (1897-1900).

L'automne littéraire de Sienkiewicz se caractérise par une activité vigoureuse. Il publia une série de contes philosophiques, un roman pour la jeunesse, *Au Désert et dans la brousse* [*W pustyni i puszczy*], traduit en français, en 1934, sous le titre *Le Gouffre noir*, souvenir d'un voyage en Afrique effectué en 1891, et une œuvre sur la période de la participation de la Pologne à la Révolution française et aux guerres de la première République : *Les Légions* [*Legiony*]. En 1905, il reçut le prix Nobel de littérature pour l'ensemble de son œuvre. Sienkiewicz fut aussi un homme qui se mit au service de la chose publique. Devenu célèbre, il défendit la cause de son pays devant l'Europe ; il adressa une lettre ouverte à Guillaume II, protestant contre l'oppression prussienne ; en 1905, il fut élu à la présidence de la « Mère des écoles », société qui réunit des millions pour la fondation de nouvelles écoles polonaises, et qui fut dissoute par le gouvernement tsariste. À la déclaration de guerre, Sienkiewicz était en Suisse. De Lausanne, il vint en aide à ses compatriotes éprouvés par la guerre, et c'est en pleine activité qu'il mourut emporté par l'artériosclérose. Ses restes furent solennellement transférés à Varsovie en octobre 1924. Une édition critique de ses œuvres, publiée entre 1948 et 1955 sous la direction de Krzyżanowski, comporte soixante volumes.

MARINA BERSANO BEGEY.

♦ *« Esprit très cultivé, doué d'une fine intuition morale, il s'intéresse moins au décor de la vie qu'à l'âme des personnages et peint la femme polonaise avec un bonheur particulier. »* P. Van Tieghem. ♦ *« Nouvelliste de grande classe, styliste incomparable qui longtemps encore fera école, romancier historique doué d'un rare talent d'évoquer le passé, le meilleur écrivain de batailles qu'ait eu la Pologne, Sienkiewicz vaut assurément mieux que la renommée de* Quo Vadis ?, *l'œuvre qui lui a valu le prix Nobel. »* Z. Markiewicz.

RÉF. : C. Looten, *Henry Sienkiewicz avant « Quo Vadis ? »*, Arras, 1903. – Albert Reggio, *Au seuil de leur âme*, Paris, 1904. – C. D. af Wirsen, *Discours prononcé lors de la remise du prix Nobel à H. Sienkiewicz*, Stockholm, 1907. – William Lyon Phelps, *Essays on Modern Novelists*, New York, 1910. – Monica M. Gardner, *The Patriot Novelist of Poland, H. Sienkiewicz*, New York, 1926. – Marja Kosko, *La Fortune de « Quo Vadis ? » de Sienkiewicz en France*, Paris, 1935. – M. Kosko, *Un best-seller 1900 : « Quo Vadis ? »*, 1960.

SIEROSZEWSKI Waclaw. Écrivain polonais. Né à Wólka-Kozłowska, près de Varsovie, le 21 septembre 1860, mort à Piaseczno, également près de Varsovie, le 20 avril 1945. Il fut élevé et fit ses études dans son pays, mais, à dix-huit ans, ayant participé aux mouvements ouvriers de 1878, il fut traduit en justice et exilé en Sibérie, où il vécut de 1880 à 1891, au milieu de populations primitives ; il les approcha avec sympathie et les décrivit dans des nouvelles belles et vivantes : *Automne* [*Jesieniaq*], *Chajlach*, et les étudia en ethnographe dans *Douze ans au pays des Jakuts* [*Dwanaście lat w Kraju Jakutów*]. Son travail, primé par l'Académie de géographie de Saint-Pétersbourg, lui valut la remise de sa peine. De retour dans sa patrie, un nouveau procès lui fut intenté et une nouvelle condamnation à l'exil s'ensuivit, qu'une intervention de cette même Académie fit commuer en une mission géographique en Chine, en Corée et au Japon. Ce voyage fut fécond en sources d'inspiration pour le romancier, qui écrivit *Récits chinois* [*Powieści Chińskie*, 1903], son magnifique roman *Le Diable étranger* (*), *Sur les volcans du Japon* [*Na wulkanach Japonii*], *L'Amour du Samouraï* [*Miłość Samuraja*]. En rentrant par les Indes, il donna *Dalaï Lama* [*Dalaj Lama*] et *Ceylan* [*Ceylon*]. Arrivé en Pologne, il ne tarda pas à être l'objet d'un troisième procès, mais il esquiva la condamnation en passant la frontière de la Galicie autrichienne. Au cours de la Première Guerre mondiale, il se battit au sein de la Légion de Piłsudski ; c'est de cette guerre que naquirent *Récits de soldats* [*Wskazania żołnierskie*]. La Pologne redevenue indépendante, il se mêla activement à la vie politique et culturelle, et le conflit polono-soviétique qui suivit la guerre mondiale est retracé dans l'un de ses drames, *Les Bolcheviks* [*Bolszewicy*]. L'ensemble de l'œuvre de Sieroszewski échappe aux travers de la littérature dite exotique par un sens très fort de l'observation et de la fraternité.

RÉF. : Roman Dyboski, *Modern Polish literature*, Oxford, 1924. – Br. Chlebowski, *La Littérature polonaise au XIXᵉ siècle*, Paris, 1933.

SIE T'IAO [Xie tiao] (ou Sie Suan-tch'eng). Poète chinois. Né en 464 à Yang-sia dans l'actuelle province du Heu-nan, et mort en 499. Il appartenait au même clan que le célèbre poète Sie Ling-yun (385-433). Sie T'iao servit militairement plusieurs seigneurs de son temps, avant de se consacrer entièrement aux belles-lettres et de s'établir à Tsing-tcho en 491, à la suite du prince de Souei. Après être retourné à la capitale, il fut nommé gouverneur de la ville de Suan-tch'eng (d'ou lui vient son surnom) en 495, et enfin vice-ministre de la fonction publique. Pour avoir été incriminé injustement dans un complot visant à détrôner Tong-houen Ho (régnant de 498 à 501) auquel il n'avait pourtant pas pris part, il mourut emprisonné à l'âge de 35 ans. Malgré cette mort précoce, Sie T'iao fut célèbre parmi ses contemporains, et notamment parce qu'il fut l'un des chefs de file du cercle littéraire des « huit compagnons de Tsing-ling ». Poète paysagiste, il est considéré comme un continuateur de Sie Ling-yun – v. *Recueil des œuvres de Sie Suan-tch'eng* (*).

VALÉRIE LAVOIX.

SIEYÈS ou SIEYS Emmanuel Joseph. Homme d'État et publiciste français. Né à Fréjus le 3 mai 1748, mort dans cette même ville le 20 juin 1836. Après avoir fait ses études chez les jésuites de Fréjus, puis chez les doctrinaires de Draguignan, enfin au séminaire de Saint-Sulpice, Sieyès est ordonné prêtre. En 1775, il est chanoine de Tréguier, dont il suit l'évêque, Mgr de Subersac, lorsque celui-ci, en 1780, est nommé évêque de Chartres, et devient son vicaire général. Les loisirs de sa charge, il les met à profit pour se consacrer à un travail assidu. Il étudie la philosophie, l'histoire, l'économie politique, les langues et même la musique. Ses lectures le poussent à envisager une réforme générale de la société, laquelle devra commencer, selon lui, par celle du langage. « Nos langues, écrit-il à cette époque, sont plus savantes que nos idées, c'est-à-dire annoncent des idées, des connaissances qui n'existent pas. » De cette longue méditation, Sieyès sort armé pour la lutte idéologique et, en peu de temps, cet inconnu devient l'un des hommes les plus populaires du royaume. Dans les quelques mois qui séparent la réunion de l'Assemblée des notables et celle des états généraux, l'abbé Sieyès fait paraître trois minces ouvrages qui donneront à la Révolution commençante son orientation. C'est d'abord l'*Essai sur les privilèges* (1788), puis les *Vues sur les moyens d'exécution dont les représentants de la France pourront disposer* et, en janvier 1789, une brochure de cent vingt-sept pages dont les trente mille exemplaires furent épuisés en quelques jours, *Qu'est-ce que le tiers état ?* (*).

Nommé député du tiers de Paris aux états généraux, Sieyès joue aussitôt un rôle de tout premier plan. Dans le conflit des trois ordres, sa position est aussitôt prise – elle lui était d'ailleurs dictée par ses écrits ; il engage le tiers à délibérer seul et décide de l'adoption du titre d'Assemblée nationale constituante. Sieyès avait participé à la rédaction du serment du Jeu de paume. À la Constituante, il fut une des personnalités les plus marquantes ; ses interventions dans l'élaboration de la Constitution de 1791, dans l'affaire des biens du clergé, dans le vote des lois sur la presse, sont bien connues. Mais, plus que par la parole — Sieyès était un orateur sec et obscur — c'est par les libelles publiés au cours de ces années qu'il exerça une influence profonde sur les débats de l'Assemblée. En 1789, il publiait les *Préliminaires de la Constitution, reconnaissance et exposition raisonnée des droits de l'homme et du citoyen* ; en 1790, l'*Aperçu d'une nouvelle organisation de la justice et de la police en France* et le *Projet de loi contre les délits qui peuvent se commettre par la publication des écrits et des gravures.* Enfin, Sieyès avait été un des fondateurs du Club breton, devenu le Club des jacobins.

Élu député à la Convention simultanément par trois départements, Sieyès y vota la mort du roi, mais, pendant la Terreur, il se tint à l'écart. Plus tard, évoquant cette période de sa vie, il dira à ceux qui lui demandaient ce qu'il faisait alors : « J'ai vécu. » Pendant le Directoire, Sieyès fut chargé avec Rewbell de négocier la paix de La Haye, il fit partie du Conseil des Cinq-Cents et appuya le coup d'État du 18 Fructidor. Après une ambassade à Berlin, il fut nommé directeur à la place de Rewbell. Lors du 18 Brumaire, Sieyès joua de nouveau un rôle de premier plan et crut qu'il serait appelé à mettre enfin à exécution ses idées constitutionnelles ; c'était compter sans Bonaparte, qui rédigea seul la Constitution de l'an VIII. Aux côtés du jeune général, Sieyès fut consul mais, bien que sénateur, comte d'Empire et grand-croix de la Légion d'honneur, il ne joua plus qu'un rôle effacé.

En 1815, Sieyès, qui avait été élu membre de l'Institut, puis de l'Académie française, se vit radié comme régicide. Pendant la Restauration, il vécut en exil et ne rentra en France qu'après la Révolution de 1830, pour être reçu à l'Académie des sciences. Sieyès avait également publié *Quelques idées de constitution applicables à la ville de Paris* (1789), *Observations sur les biens ecclésiastiques* (1790) ; pour la Convention, il avait rédigé un *Nouvel état d'instruction publique,* qui fut présenté à cette assemblée par Lakanal. Une *Notice sur la vie de Sieyès,* parue en tête du recueil de ses œuvres, peut bien avoir été rédigée par lui.

JACQUES BROSSE.

RÉF. : Sainte-Beuve, *Causeries du lundi*, tome V, Paris, 1857. — A. Bigeon, *Sieyès, l'homme, le constituant*, Paris, 1893. — Spuller, *Hommes et choses de la Révolution*, Paris, 1895. — A. Neton, *Sieyès*, Paris, 1900. — G. G. Van Diesen, *Sieyès, his Life and Nationalism*, New York, 1932. — P. Bastid, *Sieyès et sa pensée*, Paris, 1939 (rééd. 1978). — J.-M. Bredin, *Sieyès, la clé de la Révolution*, Paris, 1988.

SIGEBERT de Gembloux. Écrivain latin d'origine belge. Né dans le Brabant vers 1030, mort le 5 octobre 1112 à Gembloux (Namur). Il se fit moine à l'abbaye bénédictine de Gembloux, puis se rendit ensuite comme lecteur de théologie dans celle de Saint-Vincent de Metz ; vers 1070, il revint à l'abbaye de Gembloux où il passa le reste de sa vie. Vivant au temps de la querelle des investitures et dans une région où la controverse entre les papes et les empereurs avait eu un grand retentissement, il prit plutôt parti pour ces derniers, tout en œuvrant avec zèle dans les maisons religieuses et en espérant voir le clergé mener une vie conforme à ses devoirs. Sigebert fut un homme d'une assez grande culture : il avait des connaissances en grec et aussi en musique, était versé dans la littérature latine et les Pères de l'Église. Écrivain fécond, il composa un recueil de cent soixante et onze vies d'hommes illustres dans les lettres du Moyen Âge — v. *Des hommes illustres* (*) ; il écrivit encore un poème sur les martyrs de la légion thébaine, une vie de saint Guibert, fondateur du monastère de Gembloux, une vie de Théodoric, évêque de Metz de 965 à 984, et d'autres vies de saints, etc. Sigebert continua également une *Chronique* (*) d'Eusèbe de Césarée depuis 381 jusqu'à son époque. Dans un premier temps, il rédigea toute la partie concernant la période de 956 à 1099 qu'il fit connaître avant 1105 ; puis il corrigea, compléta et continua l'ensemble jusqu'en 1111. Sigebert est enfin l'auteur d'une *Lettre apologétique* rédigée au nom du clergé de Liège qui, en 1107, avait été excommunié par Pascal II ; il y déclare que le clergé était respectueux du Saint-Siège mais qu'il ne voulait pas pour autant se dégager du serment de fidélité prêté à l'empereur.

RÉF. : J. Beumann, *Sigebert von Gembloux und der Traktat « De investitura episcoporum »*, Sigmaringen, 1976. — A. Vernet, « Langue et littérature latine du Moyen Âge », in *Annuaire de l'École pratique des hautes études. IVe section,* 1978-1979.

SIGER de Brabant. Théologien et philosophe belge d'expression latine. Né entre 1235 et 1240, peut-être à Liège, mort à Orvieto, en Italie, dans les États du pape, entre 1281 et 1284. Siger de Brabant est le représentant le plus en vue de ce mouvement philosophique connu sous le nom d'averroïsme latin et qui, par sa théorie de la double vérité (l'une fondée sur la Révélation, l'autre, scientifique, sur l'autorité d'Aristote et de son commentateur Averroès), a commencé de ruiner l'édifice de la scolastique qui venait de recevoir de saint Thomas d'Aquin son expression la plus totale. La première trace que nous possédions de Siger de Brabant date de 1266 ; il est alors maître ès arts à l'université de Paris, et ses doctrines jouissent déjà d'une grande faveur parmi les étudiants. Pendant dix ans, en dépit de la violente polémique menée contre lui par Thomas d'Aquin et d'une première condamnation par l'évêque de Paris (1270), l'influence de Siger ne cesse de croître. Condamné une nouvelle fois à Paris le 7 mars 1277 (deux cent dix-neuf propositions en partie extraites de ses œuvres — v. *De l'âme intellective* (*) (1270) — se trouvaient visées), le théologien fit appel à Rome, qui confirma la condamnation : Siger de Brabant accepta de se rétracter, mais il fut cependant condamné à la réclusion perpétuelle, sous la forme atténuée d'une sorte de résidence surveillée à la Curie romaine.

RÉF. : Mandonnet, *Siger de Brabant et l'Averroïsme latin au XIIIe siècle,* Louvain, 1911. — F. van Steenberghen, *Siger de Brabant d'après ses œuvres inédites,* 2 vol., Louvain, 1931-42 ; *Les Œuvres et la doctrine de Siger de Brabant,* Bruxelles, 1938. — B. Nardi, *Sigieri di B. nel pensiero del Rinascimento italiano,* Rome, 1945. — G. da Palma, *La dottrina sull'unita dell'intelletto di Sigieri di B.*, Padoue, 1955. — C. Tresmontant, *La Métaphysique du christianisme et la crise du* XIIIe *siècle,* Paris, 1964. — F. van Steenberghen, *Maître Siger de Brabant,* Louvain/Paris, 1977 ; « Thomas d'Aquin et Siger de Brabant en quête d'arguments pour le monothéisme », in *Graceful Reason. Essays in Ancient and Medieval Philosophy Presented to James Owens,* Toronto, 1983. — A. Maurer, « Siger of Brabant and Theology », in *Medieval Studies,* 1988.

SIGOGNE Charles-Timoléon de Beauxoncles, sieur de. Poète satirique français. Il naquit vers 1560, et mourut à Dieppe le 16 avril 1611. Soldat, il se battit dans les guerres civiles et succéda à son père comme gouverneur de Dieppe. Accueilli à la cour d'Henri IV, il favorisa les amours du roi et de Mme de Verneuil. S'il était apprécié pour ses bons mots, sa verve caustique lui attira néanmoins des inimitiés et nombre de soufflets et bastonnades. Accusé d'avoir courtisé pour son compte la marquise de Verneuil, il fut contraint de se retirer à Dieppe. Rentré en grâce auprès d'Henri IV, il ne demeura guère à la Cour, ayant pris goût à la vie facile qu'il menait à Dieppe. Objet de scandale pour ses mœurs homosexuelles, il exaspéra la population par ses prélèvements abusifs d'impôts. Aux abois après la mort d'Henri IV, il fut terrassé par une fièvre qui lui permit d'échapper à la vengeance de ses ennemis. Son rival, le satirique Motin, avait écrit contre lui de véritables invectives.

Les *Œuvres satyriques complètes* (*) de Sigogne ont été rassemblées à partir de publications éparses dans les recueils collectifs, tels les *Muses gaillardes* (1609), les *Bigarrures* (1614), le *Cabinet satyrique* (1617), le *Parnasse des poètes satyriques* (1622). De tous les poètes satiriques de son temps, il fut le plus lu et exerça une influence prépondérante, au même titre que Mathurin Régnier. Pierre Louÿs le considérait comme le créateur en France de cette « poésie burlesque » qu'on retrouve notamment dans les *Lettres satyriques* de Cyrano de Bergerac. — v. *Lettres* (*) de Cyrano de Bergerac.

DOMINIQUE BERTRAND.

SI K'ANG [Xi Kang]. Poète chinois. Né à Son-sien (dans l'An-houei) en 223, mort dans un lieu inconnu en 263. Sa mort est restée célèbre : condamné à la peine capitale, il alla au terrain d'exécution en jouant de la musique et en regrettant que cet air meure avec lui. Marié à une princesse de la famille régnante précédente, il refusa de servir la nouvelle dynastie Tsin et se retira dans sa propriété. Il y devint l'âme du groupe des Sept Sages de la Forêt de Bambous. Il vécut à une époque où le néo-taoïsme était la pensée prédominante, et celle-ci le marqua profondément. Il fut un adepte des « conversations pures », rapportées dans *Nouvelles conversations dans les propos du monde* (*). Outre ses poèmes, il écrivit des essais, notamment sur la musique. Son œuvre a été réunie sous le titre *Œuvres de Si K'ang* (*) (1938) par le célèbre écrivain du XXe siècle Lou Siun.

JACQUES PIMPANEAU.

RÉF. : R. G. Henricks, *Philosophy and Argumentation in Third Century China : The Essays of Hsi K'ang*, Princeton, 1983. — D. Holzman, *La Vie et la pensée de Hsi K'ang*, Leiden, 1957. — R. H. van Gulik, *Hsi K'ang and His Poetrical Essay on the Lute*, Tokyo, 1941.

SIKÉLIANOS Anghélos. Poète grec. Né à Leucade le 15 mars 1884, mort à Athènes le 19 juin 1951. Poète, penseur, mystique : ainsi se désignait lui-même Sikélianos dont la démarche illuminée s'inscrit, en Grèce, dans une longue tradition. Successeur de Palamas et annonciateur d'Elytis, en ce qu'il réussit à synthétiser plusieurs époques de l'hellénisme, mais également à réconcilier Orient et Occident, l'écrivain incarne, par son verbe magique, analogique (son « logos spermatikos » venu des profondeurs), une liberté indomptable, un désir intarissable, une volonté inébranlable. En lui s'unissent Dionysos et Apollon, le dieu de l'ivresse et le dieu de l'harmonie delphique, Homère, Pindare, Eschyle, Dante, Nietzsche, D'Annunzio et Walt Whitman, le paganisme et le christianisme. La jeunesse ardente, avide de communier avec la nature et de célébrer le peuple, inspire sa première composition poétique, « Le Visionnaire » ['Αλαφροΐσκιωτος, 1909], qui ouvre *La Vie lyrique* (*). Elle sera suivie de beaucoup d'autres témoignages — péans, hymnes, dithyrambes, distiques crétois — d'une vocation missionnaire, qui trouve particulièrement à s'exprimer lorsque la nation lutte pour la reconquête de son territoire (durant les guerres balkaniques) ou de son indépendance (occupation nazie). Au fil des années, Sikélianos impose à la Grèce l'image du lutteur fidèle à son exigence d'éternité et du prophète purificateur qui veut rendre au mythe une place centrale, pédagogique, dans nos civilisations techniciennes marquées par une dissociation excessive entre l'âme et le corps, une exaltation unilatérale du matérialisme. Caractéristique, à cet égard, est son « effort delphique », né du désir de fonder un foyer spirituel où toutes les nations réapprendraient le sens du rythme et de la fraternité. Secondé financièrement par sa première femme, l'Américaine Eva Palmer, Sikélianos organise à Delphes, « nombril du monde », une double série de manifestations artistiques et sportives (en 1927 et en 1930), dont une représentation du *Prométhée enchaîné* (*) et des *Suppliantes* (*) d'Eschyle. L'effort delphique donnera lieu, de sa part, à une abondante littérature en grec et en français. Mais il débouchera finalement sur un échec. Le souci de faire rayonner à nouveau, sur la terre où il germa, l'antique esprit de l'Unité suprême sera également au fondement de l'œuvre théâtrale de Sikélianos. Regroupées sous le titre emblématique de *Thyméli* (qui désigne l'autel de Dionysos placé dans l'orchestre du théâtre ancien), les tragédies sikélianiennes prolongent le style et le message des poèmes. Qu'il s'agisse du *Dithyrambe de la rose* ['Ο Διθύραμβος τοῦ Ρόδου, 1932], de *Sibylle* [Σιβυλλα, 1940], de *Dédale en Crète* ['Ο Δαίδαλος σιὴν Κρήτη, 1942], du *Christ à Rome* ['Ο Χριστὸς στη Ρώμη, 1946], de *La Mort de Digénis* ['Ο Θάνατος τοῦ Διγενῆ, 1947] ou d'*Asclépios* ['Ασκληπιός, 1955, demeuré inachevé], elles valent par leurs hautes qualités mystiques et prophétiques. On y voit Sikélianos célébrer le pouvoir de la « Rose-Verbe », principe orphique de la Symétrie, prendre parti contre la tyrannie ou glorifier l'artiste libérateur.

MICHEL GRODENT.

SILIUS ITALICUS (Tiberius Caius Asconius). Poète latin. Il naquit, peut-être à Padoue, en 25 après J.-C. et mourut en 101. Il fit une carrière politique (sous le règne de Néron, on le tint pour un délateur). Il fut élevé au consulat en 68 et soutint le futur empereur Vitellius. Vers 77, il fut comblé d'honneurs et accepta la charge de proconsul de l'Asie. Puis il se retira de la vie politique et vécut dans une grande magnificence, en Campanie, où il possédait de nombreuses maisons. À partir de ce moment, il s'entoura de livres et d'objets d'art, d'amis soigneusement choisis et avec lesquels il s'entretenait longuement. En 101, pour abréger les souffrances que lui causait une tumeur incurable, il se laissa mourir de faim. Tout ce que l'on sait de lui a été rapporté dans une lettre de Pline le Jeune, qui écrit également que les poèmes de Silius Italicus sont composés « avec plus de soin que de génie », et ce jugement n'est point mal fondé : le grand poème des *Puniques* (*) manque d'originalité véritable ; chaque épisode, chaque détail d'érudition, chaque trait de style peut être rapproché d'un modèle. Contrairement à ce que l'on avait cru tout d'abord, Silius Italicus n'est point l'auteur de l'*Iliade latine* (*), version poétique de l'*Iliade* (*) qui date de la seconde moitié du Ier siècle après J.-C., et qui mérite d'être mentionnée, parce que, grâce à elle, ceux qui ignoraient le grec au Moyen Âge purent prendre connaissance du poème d'Homère.

RÉF. : Michaël von Albrecht, *Silius Italicus* (en allem.), 1964.

SILLANPÄÄ Frans Eemil. Écrivain finlandais d'expression finnoise. Né à Hämeenkyrö, au nord-ouest d'Helsinki, le 16 septembre 1888, mort en 1964. Issu d'une famille de très pauvres paysans, il parvient cependant à suivre les cours du lycée de Tampere, puis, à partir de 1908, de l'université d'Helsinki. Il commence des études de sciences naturelles, mais les abandonne bientôt, la lecture de quelques grands écrivains contemporains — Strindberg, Knut Hamsun, Maeterlinck, dont il traduira plus tard *Le Trésor des humbles* (*) — lui ayant révélé sa vocation littéraire. À Helsinki, il rencontre Sibelius et écrit ses premiers poèmes ; c'est cependant du continuel contact avec la nature qu'il a besoin pour faire son œuvre, et il rentre à la ferme paternelle en 1913. Quelques nouvelles parues dans des journaux attirent l'attention d'un éditeur, qui conseille à Sillanpää de s'essayer à un vrai roman. Ce sera *Vie et soleil* [*Elämä ja aurinko*], découverte de la campagne et de l'amour par un citadin, paru en 1916, le premier d'une vingtaine de volumes parmi lesquels il faut citer *Sainte Misère* (*), *Ma chère terre natale* (1919), *Près du sol* [*Maan tasalta*, 1923] — recueil de nouvelles traduit en français —, *Silja ou Une brève destinée* (*) (1931), *La Voie de l'homme* [*Miehen tie*, 1932], histoire d'un jeune paysan pris par la passion d'une femme mûre et sensuelle. Le prix Nobel en 1939 est venu consacrer cette œuvre d'un homme de la terre, passionnément attaché à son milieu familial et provincial : c'est dans ce milieu qu'il a pris tous ses personnages de domestiques et de paysans, êtres tout instinctifs, en communion avec la Nature, partout présente dans l'œuvre de Sillanpää, comme une personnalisation de l'inconscient collectif.

SILLITOE Alan. Écrivain anglais. Né le 4 mars 1928 dans une maisonnette des faubourgs de Nottingham d'un père ouvrier tanneur et analphabète et d'une mère sans profession. De 1932 à 1938, la crise contraignit le père au chômage. La famille (cinq enfants), accablée par les difficultés financières, dut déménager plusieurs fois de taudis en taudis. Les aides sociales garantissaient aux enfants deux repas par jour mais n'occultaient ni les querelles, ni les souffrances de parents incapables de peser sur leur destinée. La compassion du jeune Alan pour ces victimes de la société lui épargna les révoltes propres à l'adolescence. À l'enfant rêveur, l'école, havre de stabilité, apparut comme un autre monde. *La Bible,* les livres libérèrent son imagination, lui communiquant l'envie et la passion des voyages. Grâce à la bibliothèque municipale, aux feuilletons de la B.B.C., il s'évadait de son environnement. Tous les soirs, dans le lit unique où ils étaient blottis, il inventait des histoires pour ses frères et sœurs. Vers douze ans, il se mit à écrire des vers de mirliton, mais oublia la poésie quand il entra avec son père à l'usine Raleigh (1942), puis dans une fabrique de contre-plaqué avant de devenir à seize ans tourneur dans un atelier de mécanique. Parallèlement, cadet du Training Air Corps, il acquit des principes de mathématique, de navigation, de météorologie et d'aéronautique pour devenir contrôleur aérien. Il s'offrit avec son salaire un vélo d'occasion sur lequel il entreprit de sillonner la campagne environnante. En avril 1945, il s'engagea dans la Navy, passa des tests pour suivre des études de pilote, mais la fin de la guerre mit un terme à ses espérances. Un an plus tard, il devint aide-contrôleur aérien de la R.A.F., fut titularisé en 1947 (une affectation de deux ans en Malaisie comblant ses rêves d'enfant). La visite médicale de démobilisation lui porta un coup terrible en décelant un point de tuberculose. Le jeune homme, un instant abattu, se ressaisit bientôt et mit à profit les seize mois suivants pour dévorer des centaines de livres (depuis les classiques grecs et latins jusqu'aux grands contemporains), combler les lacunes d'une scolarité trop brève, écrire poèmes, nouvelles et un roman de quatre cents pages jamais publié. Il quitta l'hôpital (déc. 1949) guéri et doté d'une pension hebdomadaire. N'ayant ni plans ni ambition, il rentra à Nottingham. Sa première nouvelle venait d'être publiée quand il rencontra une jeune Américaine, poète, Ruth Fainlight, qu'il ne quitta plus. En 1952, ils partirent vivre à Menton.

Le Midi leur apporta soleil et ciel bleu. Une des pièces de leur maison, enfouie dans une olivaie, avait l'électricité, il fallait tirer l'eau à la fontaine. Les jeunes gens vivaient frugalement, écrivaient dans « l'isolement, la complicité, la certitude d'avoir pris la bonne décision ». Un an plus tard, ils s'installèrent à Majorque, où ils travaillèrent paisiblement pendant cinq années cruciales pour la formation de l'écrivain. Sillitoe y composa six romans non publiés, l'isolement affina son sens de la langue, son écriture s'épura (il se relisait à haute voix pour fortifier rythme et cadence de sa phrase). Il lisait le français, parlait l'espagnol, rencontrait nombre d'Américains qui lui firent connaître Mailer, Salinger, Styron, etc. À Majorque, Sillitoe écrivit des nouvelles qui gravitaient autour d'un ouvrier de Nottingham, Arthur Seaton, vingt et un ans, anarchiste, cynique, complexe, qui devint le héros de *Samedi soir, dimanche matin* (*) (entamé à l'automne 1956, terminé au printemps 1957, révisé jusqu'en août). Coïncidence miraculeuse, le manuscrit, rejeté à maintes reprises, fut accepté une semaine après le retour en Angleterre (avril 1958). Sillitoe avait trente ans ; le temps des vaches maigres touchait à sa fin. Il épousa Ruth à la publication de *La Solitude du coureur de fond* (*) (nov. 1959) ; un fils, David, naquit en 1962. Dès lors, la biographie de Sillitoe se confond avec la parution de ses livres et les distinctions qu'il reçoit : 1958 l'Author's Award pour le meilleur premier roman, 1959 le prix Hawthornden pour *La Solitude du coureur de fond*... À ce jour, Sillitoe a publié dix-neuf romans, cinq recueils de nouvelles, six de poésie, etc. Parmi ses romans, *Une clé pour la porte* [*A Key to the Door*] illustre la réalité sociale des années 60 et l'accession du romancier à la maturité technique, dans les années 70 *Le Fils de la veuve* [*The Widower's Son*] déborde du cadre prolétaire habituel ; quant à *Les Aventuriers de l'Aldébaran* [*The Lost Flying Boat,* 1983], c'est la première œuvre de pure imagination. Quoi qu'il en soit, de tous les « Jeunes Gens en colère » [Angry Young Men], Alan Sillitoe apparaît comme le plus authentiquement engagé, le seul véritable révolté, le seul aussi à être issu d'un milieu purement ouvrier. À ce titre, son œuvre a valeur de témoignage : il a vécu les milieux qu'il décrit avec ses tripes et mérite le titre de chef de file du mouvement. Aujourd'hui, il partage son temps entre Londres et le Languedoc, entre l'écriture et les voyages. Écrivain de gauche, croyant au changement par le conflit, il se veut « à l'avant-garde de l'art qui est l'âme de la société ». C'est son honneur suprême d'être resté dans le succès fidèle à ses idées et à ses racines.

ALAIN BLAYAC.

SILONE Ignazio (pseud. de Secondo Tranquilli). Romancier et essayiste italien. Né à Pescina dei Marsi (Abruzzes) le 1er mai 1900, mort à Genève le 22 août 1978. D'une famille modeste, il fait ses études au petit séminaire et, à quinze ans, à la suite du tremblement de terre d'Avezzano, perd son père ainsi que cinq frères et sœurs : ce drame est sans doute à l'origine de la précocité avec laquelle il entre dans l'action politique, devenant rapidement le chef des Jeunesses socialistes italiennes. Lors de la scission consacrée au congrès de Livourne (1921), il exerce une action déterminante en adhérant avec les J. S. au parti communiste italien nouvellement créé dont il va devenir l'un des trois responsables bientôt clandestins : il dirigera à ce titre l'*Unità.* Diverses missions en U.R.S.S. auprès du Komintern l'obligeront à quitter définitivement l'Italie en 1928. Tuberculeux, il s'établit en Suisse en 1930 (à Davos, puis à Zurich) où, à partir de cette même année, se produisent les deux événements déterminants de sa vie : son opposition à Staline, pour la défense de Trotski et de Zinoviev, lui vaut d'être expulsé du parti communiste ; par ailleurs, il publie son premier roman (d'abord dans sa traduction allemande), *Fontamara* (*). Il poursuit en Suisse son œuvre d'écrivain et rentre définitivement en Italie en 1945 : inscrit au parti socialiste, il est député à la Constituante, dirige temporairement l'*Avanti*, puis préside l'« Association pour la liberté de la culture » et, renonçant à toute action politique directe, ne se veut plus que « socialiste sans parti et chrétien sans Église ». De décennie en décennie, son autorité morale s'étend, grâce au prestige international que lui ont valu ses livres et à l'indépendance absolue dont il a constamment fait preuve : prix Marzotto en 1965, prix Campiello en 1968, il crée avec Nicola Chiaromonte la revue *Tempo presente*, puis la maladie l'oblige à renoncer à toute activité.

Son œuvre d'écrivain, presque tout entière consacrée, pour la fiction, à sa région natale, le Fucin, dans les Abruzzes, terre déshéritée de ses « cafoni » (pedzouilles) bien-aimés, et, pour l'essai, à son action et à sa pensée politiques, peut être partagée, grosso modo, en trois périodes distinctes : l'émigration – *Fontamara* (1930), *Le Fascisme* [*Il Fascismo*, essai, 1934], *Un voyage à Paris* [*Un viaggio a Parigi*, 1934] : recueil de nouvelles répudié par la suite, *Le Pain et le Vin* (*), paru d'abord en traduction anglaise (1936-1937), *Le Grain sous la neige* (*) (1940), *L'École des dictateurs* (*), parue d'abord en traduction allemande (1938), *Et il se cacha* [*Ed egli si nascose*, pièce, 1944] ; vient ensuite ce que son biographe Luce d'Eramo a fort justement nommé l'« exil dans sa patrie », période pendant laquelle Silone voit sa personnalité littéraire contestée en Italie, bien qu'il y produise quelques-uns de ses meilleurs livres : *Une poignée de mûres* (*) (1952), *Le Secret de Luc* (*) (1956), *Le Renard et les Camélias* [*La volpe e le camelie*, 1960], seul roman de Silone qui n'ait pas pour décor les Abruzzes) ; enfin la dernière période qui voit son autorité littéraire et morale enfin reconnue et honorée par ses propres compatriotes et la parution de ses deux ouvrages en quelque sorte testamentaires, *Sortie de secours* (*) (1965), qui est un bilan politique général relatant notamment ses démêlés avec Togliatti, et *L'Aventure d'un pauvre chrétien* [*L'Avventura di un povero cristiano*, 1968], celle de Célestin V, le seul pape qui ait démissionné, au Moyen Âge.

Pourquoi évoquer l'« exil dans sa patrie » ? Si, à partir de 1930 et de la sortie de *Fontamara*, Silone est énormément lu dans le monde entier, il ne l'est guère en Italie, pour des raisons faciles à deviner ! Quand, après 1945, ses livres peuvent enfin circuler dans la Péninsule, l'« establishment » littéraire commence (et continuera longtemps encore) à leur faire un méchant accueil, leur reprochant une écriture trop proche du dialogue parlé, son incorrection quasi patoisante, son caractère primesautier et de trop nombreuses tirades polémiques... reproches auxquels Silone sera au reste sensible, en revoyant ses livres par la suite. En fait, ces critiques étaient aussi injustes que l'étaient celles que l'on adressait, pendant les années vingt, à Italo Svevo trop « triestin », ou, en France, vers la même époque, à Ramuz, trop « vaudois » : en d'autres termes, l'on contestait l'authenticité foncière de Silone, romancier des pauvres de sa terre et d'une condition humaine malheureuse. Ainsi qu'il l'a écrit lui-même : « Tous les paysans pauvres sont égaux dans tous les pays : qu'on les appelle fellahs, coolies, moujiks, péones, campesinos ou cafoni, ils forment une nation à eux... »

NINO FRANK.

♦ *« Silone est le plus grand écrivain vivant. »* William Faulkner. ♦ *« Dans* Fontamara, *la passion s'élève à une hauteur telle qu'elle en fait une œuvre d'art authentique... C'est un livre qui mérite d'être diffusé à des millions d'exemplaires. »* Léon Trotski. ♦ *« Il y a, dans* Fontamara, *une simplicité et une grandeur dignes d'Homère. »* Jakob Wassermann. ♦ *« Les* « cafoni » *représentent pour lui un modèle d'humanité à partir duquel pourrait se forger, dans le monde moderne, un nouveau type d'homme, désaliéné et souverain. »* Maurice Nadeau.

RÉF. : Irving Howe, *Politics and the Novel*, Cleveland, 1961. – Richard B. Lewis, *The picaresque Saint*, New York, 1962. – F. Virdia, *Silone*, Florence, 1967. – Luce d'Eramo, *L'Opera d'Ignazio Silone*, Milan, 1972. – P. Aragno, *Il romanzo di Silone*, Ravenne, 1975. – V. Esposito, *Lettura di Ignazio Silone*, Rome, 1985.

SILVA José Asunción. Poète colombien. Né à Bogotá le 27 novembre 1865, il se suicida dans cette même ville le 24 mai 1896. Bien qu'issu d'une famille où la vie intellectuelle tenait une grande place, il fut un autodidacte. En 1883, Silva partit pour Paris sur l'invitation d'un parent. Un an après, il rentrait à Bogotá chargé de livres et imprégné du charme que la capitale avait exercé sur lui. Son arrivée dans son pays coïncida presque avec la mort de son père ; Silva se vit alors dans l'obligation d'abandonner les lettres pour diriger la maison de commerce familiale qui se trouvait à l'époque en mauvaise posture, au point que survint bientôt la faillite. À ce nouveau coup du sort, il faut ajouter la mort de sa sœur Elvira (1891), sur laquelle il avait reporté toute son affection. Quelques amis fidèles voulurent l'aider en lui procurant un poste à la légation de Colombie au Venezuela. À Caracas, Silva vécut dans une ambiance intellectuelle, raffinée, mais son séjour dans cette ville fut de courte durée. En 1895, reparti pour Bogotá sur « l'Amérique », il fit naufrage à l'embouchure du Magdalena. Après trois jours d'une angoissante incertitude, le poète réussit à sauver sa vie, mais les manuscrits de la plus grande partie de ses poésies et des meilleures, furent perdus. Arrivé à Bogotá, il tenta de rétablir ses finances ébranlées en mettant sur pied une industrie qui réussit, mais une fois de plus la faillite lui barra la route. Alors Silva n'eut plus le courage ni la foi pour continuer à vivre et il se suicida. Malgré cet enchaînement de douloureux événements et l'irréparable perte de sa meilleure production, Silva laissa une poésie peu abondante mais exquise, pleine de musicalité et de résonances, d'images plastiques et de couleurs délicates, rythmique et sensuelle, qui suffit à le placer parmi les grands poètes et le désigne comme le précurseur immédiat du mouvement moderniste – v. *Poésies* (*) (1908). Les poèmes qui nous sont parvenus ont été publiés à plusieurs reprises. Mentionnons aussi son *Nocturne* (+) (1895), sa *Parisiana* (1898) et *Le Voyage au Nicaragua* [*El viaje a Nicaragua*, 1909].

RÉF. : Menéndez y Pelayo, *Historia de la poesía hispanoamericana*, Madrid, 1913. – Guillermo Valencia, *J. A. Silva*, Madrid, 1916. – Emilio Cuervo-Márquez, *José Asunción Silva...*, Amsterdam, 1935. – Alberto Miramón, *José Asunción Silva*, Bogotá, 1937. – Restrepo, *Historia de la literatura colombiana*, Bogotá, 1938. – M. de Unamuno, préface de l'édition Aguilar des *Œuvres complètes*, Madrid, 1951.

SILVERBERG Robert. Romancier et nouvelliste américain. Né à New York le 15 janvier 1935. Épris de science-fiction, il se montre d'abord plus soucieux de quantité que de qualité. Mais dès 1963 son ambition littéraire s'affine. L'incendie en 1966 de sa demeure new-yorkaise et de sa bibliothèque l'affecte et l'amène à Oakland sur la côte ouest en 1971. Sa première œuvre remarquable est sans doute *Les Ailes de la nuit* [*Nightwings,* 1969]. Elle est suivie notamment de *Les Profondeurs de la Terre* [*Downward to the Earth,* 1970], hommage au *Cœur des ténèbres* (*) de Joseph Conrad. Son chef-d'œuvre de l'époque demeure *Les Monades urbaines* (*) (1971), où il décrit un monde totalement urbanisé de l'avenir. Dans son œuvre préférée, *Le Fils de l'homme* [*Son of Man,* 1971], il évoque un lointain futur, tourbillonnant et surréel. Mais c'est dans *L'Oreille interne* [*Dying Inside,* 1972], histoire d'un télépathe qui perd son pouvoir, qu'il manifeste tout son sens psychologique. En 1977, déçu par la critique qui le met en porte à faux entre littérature et science-fiction, il cesse d'écrire avant d'entamer une nouvelle période de son œuvre avec la série populaire des *Majipoor*, commencée avec *Le Château de lord Valentin* [*Lord Valentine's Castle,* 1980]. Prolifique et varié, il est aussi l'auteur d'admirables nouvelles, d'essais sur l'histoire et la mythologie, et d'un roman historique, *Le Seigneur des ténèbres* [*Lord of Darkness,* 1983] qui se déroule au cœur de l'Afrique, à la fin du XVIe siècle.

GÉRARD KLEIN.

SIMAK Clifford D(onald). Écrivain américain. Né à Milville (Wisconsin) le 3 août 1904, mort à Minneapolis le 25 avril 1988. Fils d'un immigrant tchèque, ouvrier agricole qui avait épousé la fille d'un fermier, il passe sa jeunesse à la campagne, fait de brèves études à l'université du Wisconsin et enseigne pendant trois ans avant de se tourner vers le journalisme. Il épouse Agnès Kay Kuchenberg en 1929 et travaille pour différents journaux du Middle West jusqu'en 1940, où il entre au *Minneapolis Star* où il fera l'essentiel de sa carrière comme rédacteur en chef. Il y tient aussi la rubrique scientifique. Ayant commencé à lire de la science-fiction en 1927, il se met à en écrire, publie sa première nouvelle en 1931 dans *Wonder Stories,* mais pratique aussi d'autres genres comme le western et les aventures aéronautiques jusqu'en 1945, où il décide de se consacrer exclusivement à la science-fiction. Il publie en 1944 dans *Astounding Science-Fiction* une nouvelle, *City,* la première d'une série qui deviendra *Demain les chiens* (*) (1952), considéré comme son chef-d'œuvre et pour lequel il reçut l'International Fantasy Award. Parmi ses très nombreux romans et recueils de nouvelles, exprimant souvent son goût des valeurs simples et rustiques sur fond d'aventures spatio-temporelles et cédant parfois à la sentimentalité, on retiendra *Dans le torrent des siècles* [*Time and again,* 1951] et *Au carrefour des étoiles* [*Way Station,* 1963] pour lequel il reçut le prix Hugo en 1964.

GÉRARD KLEIN.

SIMENON Georges. Écrivain belge de langue française. Né à Liège le 13 février 1903, mort le 4 septembre 1989 à Lausanne. Fils de Désiré Simenon, employé dans une compagnie d'assurances, et d'Henriette Brüll, ménagère. À la fin de la Première Guerre mondiale, il interrompt ses études secondaires en raison de la grave maladie de son père, exerce durant quelques semaines les métiers d'apprenti pâtissier et de commis de librairie, avant d'entrer, à 15 ans, à *La Gazette de Liège*, où il commence par tenir la rubrique des « chiens écrasés » avant de composer des billets d'humeur quotidiens sur des sujets variés (784 articles répertoriés). Une excellente école pour le jeune Simenon dont le premier roman, *Au Pont des Arches*, paraît en septembre 1921.

Un an plus tard, il part à la conquête de Paris. Engagé comme garçon de courses pour une ligue d'Anciens Combattants dirigée par le romancier Binet-Valmer, puis comme secrétaire du marquis de Tracy, il produit, entre 1923, date de son mariage avec Régine Renchon, et 1936, de mille à onze cents contes écrits sous pseudonymes, destinés au *Matin*, où l'introduit Colette, ainsi qu'aux feuilles galantes qui font fureur à l'époque. Autre preuve de ses appétits de polygraphe, ses romans populaires, écrits sous les pseudonymes de Georges Sim, Christian Brulls ou Jean du Perry entre 1924 et 1934, tiennent en trois catégories différentes coulées dans le moule des collections populaires des éditeurs Prima, Tallandier ou Ferenczi : le roman sentimental, avec ses personnages typés, ses intrigues à l'eau de rose où l'amour finit toujours par triompher d'obstacles divers ; le roman léger, teinté de grivoiserie et d'un humour plutôt leste ; et enfin, le roman d'aventures aux épisodes débridés et dont certains titres participent parfois d'une idéologie de type raciste.

Il reste que Simenon n'a jamais renié cette

abondante production (quelque 190 romans) aux titres de pacotille comme *Un viol aux Quat'z' Arts, Les Larmes avant le bonheur* ou *Se Ma Tsien le sacrificateur*, car elle lui a permis de faire ses gammes et d'acquérir le sens de la composition, la maîtrise des dialogues, l'efficacité narrative et le goût de l'évocation concrète. C'est d'ailleurs à cette époque que le personnage de Maigret prend peu à peu forme, jusqu'à sa mise au monde définitive dans *La Maison de l'inquiétude* (1929).

Ce succès de feuilletoniste lui permet de fréquenter le Tout-Paris des années folles, de passer ses loisirs en ripailles, voire en orgies, avec ses amis, peintres notamment, et à produire à un rythme effréné. Notons que le pouvoir de mystifier de celui que le caricaturiste Ralph Soupault appelle le « Citroën de la littérature » est étonnant, que ce soit dans les interviews ou dans le fameux épisode au cours duquel Simenon devait écrire un roman en vingt-quatre heures et en public, enfermé dans une cage de verre : en fait l'événement n'a pas eu lieu, mais quelques journalistes n'ont pas hésité à le relater. Quoi qu'il en soit, Simenon commence à bâtir lui-même son propre mythe.

Au-delà de cet aspect, Simenon possède un terrible appétit de la vie sous toutes ses formes, le besoin de mener mille existences jusqu'à l'épuisement afin de tout connaître « horizontalement, en prenant contact avec les pays et les races, avec le climat et les mœurs », mais aussi « verticalement, en ayant accès aux différentes couches sociales afin d'être à l'aise aussi bien dans un bistrot de pêcheurs que dans une foire aux bestiaux ou dans les salons d'un banquier ».

Après un tour de France par les canaux et les rivières et pendant un voyage maritime vers le nord de l'Europe, Simenon délaisse ses pseudonymes et aborde, en 1929, ce qu'il appelle la « semi-littérature », avec son policier fétiche, Jules Maigret, dont les enquêtes policières, publiées chez Fayard sous couverture photographique et lancées en février 1931 par une opération publicitaire tapageuse, un « bal anthropométrique » à la Boule blanche (Montparnasse), rencontrent un succès immédiat. Succès nourri par le rythme des parutions, par les traductions en une dizaine de langues et par les adaptations cinématographiques de Jean Renoir (*La Nuit du carrefour*), d'Abel Tarride (*Le Chien jaune*) et de Jean Duvivier (*La Tête d'un homme*). Dix-neuf enquêtes verront le jour durant la période « Fayard », considérée par certains comme l'âge d'or de Maigret.

Dans la foulée, toujours chez le même éditeur, paraissent *Le Relais d'Alsace, Les Fiançailles de Monsieur Hire* (*), *La Maison du canal*..., ses premiers romans « durs », appelés aussi « romans de la destinée » par Maurice Piron. Parallèlement à cette activité littéraire, les voyages en Afrique (1932), en Europe de l'Est (1933), autour du monde (1935), financés par les reportages qu'il donne à *Voilà*, au *Courrier Royal* ou à *France-Soir*, lui inspirent des romans exotiques comme *Le Coup de lune* (*) (1933), *Les Gens d'en face* (1933), *Le Blanc à lunettes* (1937) ou *Touriste de bananes* (1938).

Dès 1933, Simenon entre chez Gallimard, auquel il donnera nombre de chefs-d'œuvre psychologiques comme *Le Locataire* (1934), *Les Pitard* (1935), *Les Sœurs Lacroix* (*) (1938), *Le Bourgmestre de Furnes* (1939), *Les Inconnus dans la maison* (1940), *Le Voyageur de la Toussaint* (*) (1941), *La Veuve Couderc* (1942) ou *La Vérité sur Bébé Donge* (1942). 1938 le verra s'installer en Vendée, où il restera durant toute la Seconde Guerre mondiale. Guerre dont on ne trouvera que peu de traces dans l'œuvre. À cette époque, André Gide lui conseille de réécrire *Je me souviens* (1945) sous une forme romanesque, ce qui donnera *Pedigree* (*) (1948), l'œuvre matricielle de Simenon.

En 1945, il rompt avec Gallimard au profit des jeunes Presses de la Cité, fondées par Sven Nielsen, auxquelles il donnera cinquante-deux Maigret et quatre-vingt-douze romans « durs » parmi lesquels les inoubliables *Lettre à mon juge* (1947) (*), *La neige était sale* (*) (1948), *Le Temps d'Anaïs* (*), *Les Anneaux de Bicêtre* (*) (1963), *Le Petit Saint* (*) (1965)... De 1945 à 1955, Simenon séjourne aux États-Unis, où il épousera Denyse Ouimet, qui serviront de cadre à plusieurs romans tels *Trois chambres à Manhattan* (1946), *Feux Rouges* (1953) ou *L'Horloger d'Everton* (*) (1954). Ensuite, il regagne l'Europe et s'installe définitivement en Suisse. En 1972, soit une année après la mort de sa mère (avec laquelle il aura toujours entretenu des rapports conflictuels), Simenon cesse d'écrire des fictions, quitte sa vaste demeure d'Épalinges et s'installe à Lausanne avec Térésa, sa dernière compagne. Muni d'un enregistreur, il entame ses 21 *Dictées*, puis, après le suicide de sa fille Marie Jo, rédige ses *Mémoires intimes* (1981) dans lesquels il livre tout de ses trajectoires conjugale, familiale et littéraire.

Largement adaptée au cinéma et à la télévision, traduite en cinquante-cinq langues, vendue à quelque cinq cent cinquante millions d'exemplaires, cette œuvre majeure n'en pose pas moins un problème à l'institution littéraire, en dépit des louanges adressées à Simenon par Henry Miller, Max Jacob ou André Gide, dont chacun connaît la sentence fameuse : « Simenon est le plus grand romancier de tous, le plus vraiment romancier que nous ayons en littérature. » Sa rapidité d'écriture, l'immensité de sa production, son succès mondial et son parcours de romancier populaire ayant investi la grande littérature ne correspondent pas à l'image traditionnelle de l'écrivain français telle que nous la présentent les instances de reconnaissance critiques, lesquelles ont toujours établi des distinctions entre les sphères de grande production et les publications destinées à un public choisi. Il n'empêche : en dépit de ces préjugés, liés aussi à l'image de marque qu'il a construite lui-même, Simenon a bâti un univers d'une extraordinaire authenticité, en prise directe sur la condition humaine. En effet, il apparaît clairement que l'enjeu majeur de cette œuvre réside dans la conquête d'une identité et dans la réintégration des personnages dans les champs familial, social ou géographique. En somme, dans la nécessité de retrouver sa « place » dans l'univers, le personnage simenonien n'est que rarement maître de sa destinée. Tout au plus s'empresse-t-il, avec les moyens du bord, d'accomplir le rôle social que la société lui a attribué.

Chez Simenon, l'espace psychosocial se trouve souvent cadenassé par les conventions et défendu par les figures castratrices de la mère et de l'épouse. Envahissantes et dominatrices, elles visent essentiellement au maintien de leur souveraineté et à la conquête illusoire de nouveaux champs sociaux. La mère, le plus souvent, est donc incapable d'envisager sérieusement l'existence d'autrui détaché d'elle-même. En somme, cette gardienne de la tyrannie domestique, image même de la propre mère de Simenon, fait en sorte de soumettre son entourage à sa vision du monde, ce qui entraîne des relations aliénantes avec le mari ou le fils. Certes, d'aucuns comme Hans Kupérus (*L'Assassin*, 1937) ou Kees Popinga, *L'Homme qui regardait passer les trains* (*) (1938), accèdent parfois à un type de vie différente, à une existence pleine, à une évasion émancipatrice. Mais, les moments d'euphorie passés, la situation se dégrade rapidement, de telle sorte qu'à leur retour dans la norme, ils retrouvent leurs aliénations initiales encore renforcées. Jacques Dubois (spécialiste du roman policier et sociologue de la littérature) l'a démontré : souvent la déviance s'accompagne d'une rentrée dans le rang. C'est donc que la tentative de marginalisation, au cours de laquelle le personnage devient l'acteur de sa propre vie au lieu d'en être le spectateur, peut aboutir à un retournement illusoire et non à une authentique libération : à prendre le contre-pied des valeurs en place pour exprimer son malaise existentiel, le rebelle simenonien demeure tributaire de son clan et se montre incapable d'échapper vraiment à l'autorité qui gouverne son destin.

Cette impuissance à exister s'exprime par des thèmes aussi variés que l'incommunicabilité (*Le Chat*, 1967), la solitude (*L'Homme au petit chien*, 1964), la marginalité (*Au bout du rouleau*, 1947), l'étrangeté face au réel (*Les Anneaux de Bicêtre* (*), 1963), l'abjection (*La neige était sale*, 1948), l'alcoolisme (*Le Fond de la bouteille*, 1949), le déclassement (*Touriste de bananes*, 1938), l'évasion (*L'Enterrement de monsieur Bouvet*, 1950), la culpabilité (*Les Volets verts*, 1950), la sexualité débridée et maintenant la femme dans un statut d'infériorité (*Lettre à mon juge*, 1947), la fuite initiatique (*La Fuite de monsieur Monde* (*), 1945), l'assassinat (*La Vérité sur Bébé Donge*, 1942)...

Ajoutons que la quête de « l'homme nu », dont l'écrivain a si souvent parlé, correspond souvent à la description de l'homme moderne en rupture avec lui-même, avec son milieu, avec l'univers, un homme hanté par le vide et ballotté par le monde sans savoir où il le mène. Car personne mieux que Simenon n'a senti la France profonde de l'entre-deux-guerres. Personne n'a mieux traduit les bouleversements provoqués par l'essor de la société marchande : l'émergence de la classe moyenne sur l'échiquier socioculturel, la destruction des espaces de référence traditionnels, l'éclosion de la culture de masse, la déshumanisation des rapports sociaux, le déracinement du citadin victime de l'exode rural. Toute son œuvre pose les jalons d'une représentation minutieuse des effets de cette situation sur des êtres en rupture, des bouleversements d'un monde qui a sacrifié sa véritable nature au profit des utopies modernistes.

Cette modernité a morcelé l'identité du sujet, creusé ses propres précipices, faisant surgir cet Autre en lui-même qu'il ne reconnaît pas. D'où cette impression de dissolution, voire même de ramollissement de la conscience, que seule peut combattre une incurable nostalgie de l'unité perdue.

D'un côté, Simenon chérit l'univers des origines « où chacun trouve sa place », la convivialité des « petites gens » et l'innocence enfantine ; de l'autre, il pourfend le progrès, les artifices, la bourgeoisie. La philosophie de son personnage fétiche, Maigret, repose d'ailleurs tout entière sur cette vision de l'existence où la nature s'oppose à la culture, ses faveurs se portant invariablement vers la première. Dès lors, ses enquêtes peuvent se lire comme des allégories qui mettraient en scène la lutte éternelle entre la tradition et le progrès, et plus largement entre le bien et le mal.

On le voit, Simenon s'est moins attaché aux faits historiques qu'à la représentation des effets de l'histoire sur les hommes. Il n'est pas le romancier du pourquoi, mais bien du comment. Ce qu'il reflète à l'intérieur de ses livres, c'est précisément le malaise historique qui atteint la classe moyenne – la sienne, donc – et par conséquent cette frange assez large de nouveaux lecteurs surgis avec l'école obligatoire.

Le climat poétique des œuvres de Simenon – mot qu'il préfère à celui d'atmosphère – ne dépend pas seulement des conditions météorologiques, comme il ne dépend pas non plus du décor, fût-il pittoresque ou sordide. En réalité, il tient surtout à la manière dont l'écriture rend compte d'une certaine liquidité inscrite dans la description. À la manière dont elle happe le lecteur jusqu'à l'immersion dans la matière rassurante des phrases. En somme, cet effet poétique ininterrompu provoque un glissement vers les vérités élémentaires, un ramollissement familier qui imprègne les sens et hèle l'inconscient. Cette mise sous hypnose en appelle, comme le notait Gide dans son *Journal* (*), à une sensation, celle de la plongée. Tout est en quelque sorte prévu pour se retrouver en terrain familier : au fur et à mesure de la descente dans l'abîme consolateur, le livre, par on ne sait quel miracle, éveille les sensations jusqu'à faire partager une impression d'intimité émotionnelle.

Cette capacité de produire de l'intimité compte sans nul doute parmi les raisons de son succès, au même titre que sa connaissance intime de l'homme du XXe siècle, qui lui a permis de mettre en scène et d'exorciser ses frustrations et ses désirs les plus élémentaires au moyen d'une langue dénuée d'effets spectaculaires, première garante de son authenticité.

ALAIN BERTRAND.

♦ *« Un Balzac sans les longueurs. »* Marcel Aymé. ♦ *« Ce qui me plaît en vous, c'est "l'homme dans la foule", cette manière unique de voir l'être dans la fourmilière humaine, qui ne peut venir que d'un très grand esprit... »* Max Jacob. ♦ *« Il reste le peintre souvent admirable de cette masse ballottée, indécise, indessinée, tiraillée d'aspirations inconciliables, oscillant d'un embourgeoisement désiré à une prolétarisation redoutée. »* Claude Roy. ♦ *« Toujours, j'ai considéré Georges Simenon comme un véritable écrivain. Quand Simenon décrit, peint un paysage, il a la sûreté d'un peintre japonais. C'est un psychologue, un policier de l'âme. »* Robert Kemp.

RÉF. : T. Narcejac, *Le Cas Simenon*, Paris, 1950. – B. de Fallois, *Georges Simenon*, Paris, 1961. – F. Lacassin et G. Sigaux, *Simenon*, Paris, 1973. – Cl. Gothot-Mersch, J. Dubois, J.-M. Klinkenberg, D. Racelle-Latin, Ch. Delcourt, *Lire Simenon*, Paris-Bruxelles, 1980. – J. Fabre, *Enquête sur un enquêteur Maigret. Un essai de sociocritique*, Montpellier, 1981. – *L'Univers de Simenon. Guide des romans et nouvelles (1931-1972)*, sous la dir. de M. Piron, Paris, 1983. – F. Bresler, *L'Énigme Georges Simenon*, Paris, 1985 (éd. anglaise, 1983). – A. Bertrand, *Georges Simenon*, Lyon, 1988. – M.-P. Boutry, *Les 300 vies de Simenon*, Paris, 1990. – M. Lemoine, *L'Autre Univers de Simenon. Guide complet des 20 romans populaires publiés sous pseudonymes*, Chaudfontaine, 1992. – P. Assouline, *Simenon*, Paris, 1992. – F. Lacassin, *La Vraie Naissance de Maigret*, Paris, 1992.

ŠIMIĆ Antun Branko. Écrivain croate. Né à Drinovci (Herzégovine) le 18 novembre 1898, mort à Zagreb le 2 mai 1925. Ce fut une vie brève mais très mouvementée que connut ce poète né dans un petit village d'Herzégovine et qui se voua très jeune à la littérature, après avoir fréquenté différents lycées catholiques sans jamais terminer ses études. Ses œuvres d'extrême jeunesse sont d'une facture assez simpliste, mais il évolue rapidement vers l'expressionnisme le plus sophistiqué. Il s'installe à Zagreb et participe activement à toutes les manifestations de la vie littéraire. Il se joint tout d'abord aux poètes de la tendance catholique, puis aux héritiers de la poétique de Matoš, pour devenir dès 1917 un individu tout à fait à part, fortement marqué par sa connaissance de l'expressionnisme allemand sans jamais tomber dans l'imitation ni dans la reproduction. Les titres des revues lancées et dirigées par lui à l'époque témoignent de cette volonté de changement radical en littérature qui ne cessa d'être la sienne : *Tourbillon* [*Vijavica*, 1917], *L'Assaut* [*Juriš*, 1919]. Un seul recueil de poésies est publié de son vivant, *Métamorphoses* (*) (1920), mais il écrit dans toutes les revues importantes de l'époque en Croatie et lance un an avant sa mort la meilleure de ses propres revues, *L'Écrivain* [*Književnik*, 1924]. Le mal qui le rongeait dès sa prime jeunesse, la tuberculose, laisse des traces visibles dans tous ses poèmes. Šimić a très fortement marqué les lettres croates dans le domaine de la poésie, mais aussi dans celui de la critique littéraire et artistique, où il massacre les valeurs et clame son angoisse devant la disparition de Dieu.

JANINE MATILLON.

SIMMEL Georg. Philosophe et sociologue allemand. Né à Breslau le 1er mars 1858, mort à Strasbourg le 26 septembre 1918. D'origine israélite, il fit ses études à Berlin où il fut l'élève de Mommsen, passa en 1885 son agrégation d'enseignement et fut ensuite professeur à Berlin (1900-1914) et à Strasbourg où il termina sa carrière. Parmi ses ouvrages, citons : *Le Problème de la philosophie de l'histoire* [*Die Probleme der Geschichtsphilosophie*, 1892], *La Philosophie de l'argent* (*) (1900), *La Religion* [*Die Religion*, 1906], *Problèmes fondamentaux de la philosophie* [*Hauptprobleme der Philosophie*, 1910], *L'Intuition de la vie* (*) (1918), et diverses études esthétiques : *Goethe* (1913), *Rembrandt* (1916), etc. C'est à partir de la critique kantienne, mais en donnant à celle-ci une extension nouvelle, que Simmel a développé sa pensée : Kant, reconnaît-il, a libéré le moi en face de la nature ; cependant, en détruisant la notion traditionnelle de choses fixes, Kant a maintenu un absolu, celui des formes de la pensée, des catégories, et c'est cet absolu que Simmel met en question. Pour lui, il n'y a pas « l'esprit », mais des esprits, des individus ayant chacun une vue individuelle du monde. Ainsi les diverses philosophies sont dépourvues de valeur scientifique ; mais elles ont en revanche une grande valeur historique : elles sont autant de témoignages de types particuliers d'humanité. Ce sont en effet les circonstances individuelles et collectives qui seules donnent un contenu à la pensée. Il demeure cependant possible d'étudier les formes indépendamment de leur contenu : c'est ce que fait le géomètre, et c'est ce que Simmel lui-même a tenté de faire dans l'ordre de la société avec sa *Sociologie* (*) (1908). Proche de Dilthey, Simmel semble tributaire, bien plus encore que Kant, de Nietzsche qui le premier ruina radicalement la prétention scientifique de la philosophie et donna au philosophe de l'avenir la mission d'être un créateur de valeurs, qui ne saurait « créer le monde que d'après sa propre image ». On peut noter également une parenté étroite entre la pensée de Simmel et celle d'Oswald Spengler, l'auteur du *Déclin de l'Occident* (*).

MICHEL MOURRE.

RÉF. : Hersch-Leib Woyslowski, *Georg Simmels Philosophie des kapitalistischen Geistes,* Berlin, 1931. – Kurt H. Wolff, *The Sociology of Georg Simmel,* Glencoe (Illinois), 1950. – Margarete Susman, *Die geistige Gestalt Georg Simmels,* Tübingen, 1959. – François Léger, *La Pensée de Georg Simmel,* thèse, Paris, 1979. – Sakiko Kitagawa, *Die Geschichtsphilosophie Georg Simmels,* Berlin, 1982. *Georg Simmel und die Moderne,* Francfort-sur-le-Main, 1984. – Patrick Watier (éd.), *Georg Simmel, la sociologie et l'expérience du monde moderne,* Paris, 1986. – Numéro spécial de la revue *Sociétés* (nº 11) année 1986. – Yoshio Atoji, *Introduction to the Sociology of Georg Simmel,* Tokyo, 1987.

SIMON Claude. Écrivain français. Né le 10 octobre 1913 à Tananarive (Madagascar). Après ses études secondaires à Perpignan et au collège Stanislas, il suit les cours de l'académie de peinture André Lhote. Il est à Barcelone en juillet 1936 ; il visite ensuite l'Angleterre, l'Allemagne et l'U.R.S.S. Mobilisé en 1939, prisonnier en mai 40, évadé le même automne, il publie son premier roman en 1945. Le prix Nobel de littérature lui est attribué en 1985.

Les quatorze romans de Claude Simon donnent le sentiment d'une profonde unité. Celle d'un vécu dans lequel l'auteur a beaucoup puisé et dont certains épisodes (Barcelone en 36, la guerre 39-40) nourrissent plusieurs fictions successives. Avec des figures récurrentes : la mère tôt perdue, la grand-mère et l'oncle qui l'ont élevé, les deux tantes qui s'étaient sacrifiées pour permettre au père de faire des études. À quoi il faut ajouter les « archives » simoniennes : les papiers d'un ancêtre conventionnel, les cartes postales que le père, en poste aux colonies, écrivit à la mère durant leurs longues fiançailles. L'unité de l'œuvre, c'est aussi celle de thèmes récurrents : l'érotisme, la vieillesse, la mort ; la guerre et l'Histoire éprouvées comme un éternel recommencement ; le temps comme une espèce de piétinement immobile. C'est enfin la fréquence de certaines pratiques : la priorité accordée à la simple perception, les descriptions narratives, la tendance à figer le mouvement (« Achille immobile à grands pas ») mais aussi à animer des images immobiles (photos, cartes postales, tableaux, timbres-poste, etc.) pour produire ainsi des amorces de récits.

S'il y a un monde simonien, l'œuvre manifeste aussi une évolution sensible. À l'époque d'un scripturalisme volontiers terroriste, on opposait, comme exclusifs l'un de l'autre, le roman traditionnel (l'écriture d'une aventure) et le nouveau roman (l'aventure d'une écriture). Mais la langue, dit Claude Simon, « est toujours, à la fois et qu'on le veuille ou non, véhicule et structure. Seul le dosage varie ». C'est ce dosage variable qui caractérise les périodes successives de la création simonienne.

Dans *Le Tricheur* (1945), *Gulliver* (1952), *Le Sacre du printemps* (*) (1954), *Le Vent* (*) (1957), la part faite à l'intrigue et le souci de raconter une histoire sont encore prédominants. Romans pré-simoniens, mais dans lesquels apparaissent les germes de nouveaux modes romanesques. Ainsi le rapport du récit au « réel » dans *Le Vent.* Tout autant qu'il relate ce qu'il a appris sur Antoine Montès, le narrateur imagine, il invente le vécu du héros (« il me semblait le voir », « je cherchais à l'imaginer »). Et le roman propose moins un enchaînement d'événements qu'une succession de visions : *Tentative de restitution d'un retable baroque* (sous-titre du livre). *L'Herbe* (*) (1958), *La Route des Flandres* (*) (1960), *Le Palace* (1962), *Histoire* (1967), constituent le premier grand massif simonien. Au niveau des emprunts au vécu : la vieille tante et ses carnets de comptes (*L'Herbe*), la débâcle de mai 40 (*La Route des Flandres*), Barcelone en juillet 36 (*Le Palace*), les cartes postales du père (*Histoire*). Mais surtout au niveau de la nature de la fiction et de nouvelles pratiques d'écriture. Dans le vécu des personnages le « réel » n'est que ce que la mémoire en a fait. Comment distinguer, chez eux, entre les souvenirs véritables et les souvenirs imaginaires ? Comment isoler ce qui a réellement eu lieu de leurs rêveries sur ce qui fut peut-être ? Et ces rêveries produisent de singuliers phénomènes de contamination. C'est dire que le « réel » produit par l'écriture est problématique. Le statut du narrateur devient ambigu : qui parle ? Où se situe le narrateur par rapport à ce qu'il raconte ? À quelle espèce de narration avons-nous affaire ? Le moindre motif (un visage, un vêtement, un objet) déclenche une prolifération associative et métaphorique que l'écriture produit et contrôle (parenthèses emboîtées, retours au motif initial). Dans notre perception du monde et dans le surgissement du souvenir, tout est simultané, mais fragmentaire et chaotique. Pour surmonter son handicap, l'écriture substitue à la linéarité à la fois chronologique et événementielle une composition en marqueterie dans laquelle les articulations ou les sutures – d'une époque à l'autre, d'un personnage ou d'un motif à l'autre – s'opèrent par analogie, association ou bifurcation sur un mot. Contamination du réel par l'imaginaire, prolifération contrôlée, fragmentation des motifs et continuité scripturale, telles sont les caractéristiques de ces romans qui proposent deux lectures et deux plaisirs : celui qui naît des aventures même hypothétiques des personnages, et celui de voir au travail l'écriture simonienne.

Avec *La Bataille de Pharsale* (1969) commence la période formaliste de Claude Simon qui nous vaut *Les Corps conducteurs*

(1971), *Triptyque* (1973) et *Leçon de choses* (*) (1975). Les événements évoqués n'offrent guère d'intérêt en eux-mêmes. Seuls comptent leur aptitude à jouer l'un avec l'autre et le spectacle de l'écriture qui travaille ces motifs.

Les Géorgiques (*) (1981) et *L'Acacia* (*) (1989) marquent le retour magistral et bienvenu de Claude Simon à ce qui caractérisait sa seconde période : un équilibre entre la représentation de destins attachants et les aventures d'une écriture, c'est-à-dire le bonheur d'une double lecture. Ce sont deux sommes complémentaires qui réécrivent, désormais sans apport fictionnel, ce que les romans précédents avaient mis en fiction. *Les Géorgiques,* c'est le monde de la mère, l'évocation fascinante de l'ancêtre conventionnel, son destin historique monté en parallèle avec les souvenirs de l'écrivain vieilli : ceux de la guerre d'Espagne, ceux du combattant de 39-40. *L'Acacia,* c'est le monde du père, fils de paysan, élevé grâce aux sacrifices des deux sœurs ; ses longues fiançailles avec une jeune fille de la bonne société, leur brève vie commune, sa mort au front en août 1914, la longue recherche de sa tombe, en 1919, par la mère et l'enfant. Ces deux amples romans couronnent l'œuvre de Claude Simon qui s'impose comme l'une des créations majeures dans le roman d'après-guerre.

JEAN-LUC SEYLAZ.

♦ *« Les mots possèdent par contre ce prodigieux pouvoir de rapprocher et de confronter ce qui, sans eux, resteraient épars. »* Claude Simon. ♦ *« Être lecteur, c'est être le double déchiffreur ; jamais entièrement fasciné par la fiction, jamais, non plus, entièrement fasciné par l'écriture. »* Gérard Roubichou. ♦ *« Après* Histoire, *le narrateur fictif [...] disparaît. Reste celui qui tient la plume et qui, à partir de son désir d'écrire et d'une relation avec un ou plusieurs objets hétéroclites, juxtaposés, inaugure un « texte », un tissage de mots qui se développe à la surface de la page par de complexes jeux d'associations, phoniques, sémantiques et métaphoriques. »* Germaine Brée. ♦ *« Ce roman* (Les Géorgiques) *totalise non seulement l'œuvre simonienne en son entier et les diverses virtualités du genre romanesque, mais aussi celles du littéraire comme tel. »* Lucien Dällenbach.

RÉF. : L. Janvier, *Une parole exigeante,* Paris, 1964. – *Claude Simon,* Colloque de Cerisy, Paris, 1975. – J. Starobinski et alii, *Sur Claude Simon,* Paris, 1987. – L. Dällenbach, *Claude Simon,* Paris, 1988. – *Entretiens,* n° 31, Rodez, 1972. – *Critique,* n° 414, Paris, 1981.

SIMON Richard. Théologien et exégète français. Né et mort à Dieppe (13 mai 1638-11 avril 1712). Il était d'humble origine et fit ses études chez les oratoriens de sa ville natale, puis à Rouen. En 1659, il est reçu à l'Oratoire et fera partie trois ans plus tard de la congrégation. Il s'était particulièrement adonné à la philosophie, à la théologie, à la critique scripturaire. Ce sont ces matières qu'il enseigna au collège de Juilly, puis à Paris. Chargé par son ordre d'établir le catalogue des manuscrits orientaux qui lui appartenaient, Simon rassembla une ample documentation sur le judaïsme et les églises orientales, qui lui permit de concevoir des vues nouvelles sur la genèse et la composition des différents livres de *La Bible* (*). Il exposa le résultat de ses travaux dans l'*Histoire critique du Vieux Testament* (*) (1678), ouvrage qui fait époque dans l'élaboration de la méthode philologique, mais qui souleva des protestations aussi bien chez les protestants que chez les catholiques. Les jansénistes Nicole et Arnauld furent sévères. Quant à Bossuet, il fut à l'origine de la décision qui ordonna la destruction de toute l'édition, dont quelques exemplaires seulement furent sauvés, permettant une nouvelle publication plus complète de l'*Histoire critique* à Amsterdam en 1685. Le supérieur de l'Oratoire, le père de Sainte-Marthe, demanda en vain à Simon de corriger son texte et dut, après son refus, l'exclure de l'Oratoire (1679). Enfin l'*Histoire* fut mise à l'Index en 1683.

Ces condamnations amenèrent Simon à se retirer à Bolleville, près de Fécamp, dont il était prieur, puis à Dieppe. Il y poursuivit ses travaux en entretenant des polémiques avec plusieurs théologiens protestants et publia, en 1684, sous le pseudonyme de Moni, l'*Histoire critique de la créance et des coutumes des nations du Levant*, suivie, en 1687, de *La Créance de l'Église orientale sur la transubstantation* (sic), où il défend l'orthodoxie de ces peuples, et, la même année, une *Histoire de l'origine et des progrès des revenus ecclésiastiques* qui contient des attaques contre la politique du roi d'Espagne. En 1689 vit le jour à Amsterdam l'*Histoire critique du texte du Nouveau Testament*, où Simon limite singulièrement la portée de l'inspiration des textes sacrés, et qui eut quelque retentissement ; aussi, lorsque Simon publia à la suite, en 1690, l'*Histoire critique des versions du Nouveau Testament,* puis, en 1693, l'*Histoire critique des principaux commentateurs du Nouveau Testament* (+), qui s'attaquait à la transmission des textes évangéliques, Bossuet crut-il nécessaire de répondre à ses objections par la *Défense de la tradition et des saints Pères* (*). À la suite du bombardement de Dieppe en 1694, Richard Simon vint habiter à Paris. Il continua de publier une série d'ouvrages complémentaires des précédents dont les *Nouvelles observations sur le texte et les versions du Nouveau Testament* (1695) et une traduction annotée du Nouveau Testament, *Le Nouveau Testament traduit sur l'ancienne édition latine* (1702). Ces différents ouvrages furent, eux aussi, mis à l'Index. Des *Lettres* de Simon, publiées par ses amis, provoquèrent l'hostilité accrue des milieux que ses ouvrages avaient émus. Il est certain que Simon avait parfois péché par imprudence et qu'il avait manifesté souvent une obstination qui justifiait les critiques qu'il subit. Mais c'était là le défaut d'un novateur, et son principal tort fut d'être venu trop tôt dans un monde qui n'était pas mûr pour l'entendre.

JACQUES BROSSE.

RÉF. : K.-H. Graf, *Richard Simon*, Iéna, 1847 (en allemand). – A. Bernus, *Richard Simon et son « Histoire critique du Vieux Testament »*, thèse, Lausanne, 1869. – J. Denis, *Critique et controverse, ou Bossuet et R. Simon*, Caen, 1870. – H. Margival, *R. Simon et la critique biblique au XVIIe siècle*, Paris, 1900. – F. Stummer, *Die Bedeutung Richard Simons für die Pentateuchkritik*, Münster, 1912. – A. Molien, article *sub nomine* in t. XIV-2 du *Dictionnaire de théologie catholique* de Vacant et Mangenot, Paris, 1941. – J. Steinmann, *Richard Simon et les origines de l'exégèse biblique*, Paris, 1960. – P. Auvray, *Richard Simon*, Paris, 1974.

SIMONIDE de Céos. Poète grec. Né en 557/6 av. J.-C. dans l'île ionienne de Céos, mort en Sicile vers 467/6 av. J.-C. Une des figures intellectuelles majeures de la fin de l'époque archaïque, Simonide nous donne un écho, par sa pratique poétique, des grands événements qui marquèrent cette époque. En effet, nous savons qu'il fut en bons rapports avec les Pisistratides (il écrivit une épitaphe pour la fille d'Hippias) durant les dernières années du VIe siècle. En 490, il est à Athènes, et il est chargé, preuve de la haute réputation où l'on devait le tenir, de composer l'épitaphe pour les morts de Marathon. Dix ans plus tard, c'est encore lui qui écrit la fameuse épitaphe – celle-ci nous est conservée – des morts aux Thermopyles. Il fut ami de Thémistocle, avant de partir en 476 (il a alors quatre-vingts ans) pour la Sicile, à la cour des tyrans Hiéron de Syracuse et Théron d'Agrigente, où le suivra son neveu Bacchylide. On voit par là comment la lyrique chorale amène le poète à s'insérer au cœur de la cité, porte-parole aussi bien du tyran que de la nouvelle voix de la démocratie naissante. De l'œuvre importante de Simonide – qui comprenait des *Élégies* (*), des épinicies, des péans, des dithyrambes, des poèmes encomiastiques et des thrènes, ainsi que des épigrammes –, il ne nous reste que quelques fragments transmis par la tradition indirecte et par de maigres trouvailles papyrologiques. Son succès comme poète épigrammatique a donné lieu à de nombreuses imitations, transmises sous son nom dans l'*Anthologie palatine* (*). Poète fécond, Simonide a parfois été considéré comme un habile courtisan ; les Anciens l'ont également taxé d'avarice et de « mesquinerie » [κίμβιξ] parce qu'il faisait chèrement payer ses poèmes. Mais, au-delà de ces jugements de valeur, il est intéressant de constater qu'il a institué la pratique de la rémunération de l'activité poétique ; ceci témoigne d'un important changement de mentalité quant à la conception de l'activité intellectuelle : sécularisée, conçue comme un métier, elle se rapproche de la conception que s'en feront les sophistes. Sur le plan du contenu, l'œuvre de Simonide reflète la thématique de son époque : réflexions sur le destin de l'homme, sur la brièveté de la vie, sur l'incertitude de la fortune ; définition de l'« homme noble » et des valeurs civiques – thématique qui nourrira toute la culture et la réflexion éthique du Ve siècle. Mais certains thèmes, comme la place centrale que Simonide attribue à l'homme à l'intérieur des relations politiques, sociales et psychologiques, ainsi que la question de la flatterie et de la louange, ou encore la définition du beau et du laid, annoncent déjà la réflexion des sophistes ; de même son intérêt attesté pour la mnémotechnique en fait un précurseur des sophistes. Selon certaines anecdotes, Simonide aurait aussi été l'un des artisans de l'alphabet grec et se serait occupé d'une mise au point du texte homérique importé d'Ionie par Hipparque : tout cela concourt à dessiner la figure d'un poète encore enraciné dans l'époque archaïque, mais s'interrogeant sur le statut de la poésie – précurseur par là de Bacchylide et de son neveu Pindare – en s'engageant dans les nouvelles pratiques intellectuelles qui seront celles du Ve siècle.

Toutefois c'est aussi comme poète capable d'émouvoir par la beauté de ses vers et en particulier de ses thrènes (chants de deuil, de lamentation) que Simonide fut apprécié de ses contemporains. En témoigne un des rares fragments conservés : la plainte de Danaé abandonnée sur la mer avec son enfant Persée. Denys d'Halicarnasse admirait la fluidité et l'unité rythmique de ce thrène, dont le passage conservé nous permet d'apprécier le contraste entre l'évocation de la mer menaçante et la tranquillité de l'enfant qui dort. On a là une page du lyrisme le plus pur.

MADELEINE ROUSSET.

RÉF. : D.L. Page, *Poetae melici graeci*, Oxford, 1962 ; *Lyrica graeca selecta*, Oxford, 1968. – C.M. Bowra, *Greek Lyric Poetry 2*, Oxford, 1961. – J. Svenbro, *La Parole et le Marbre*, Lund, 1976. – B. Gentili, *Poesia e pubblico nella Grecia antica*, Laterza, Roma-Bari, 1989.

SIMONIN Albert. Écrivain et scénariste français. Né et mort à Paris : 18 avril 1905-15 février 1980. Né dans le quartier de La Chapelle (XVIIIe arrondissement), il relate dans son autobiographie *Confessions d'un enfant de La Chapelle* (1977) sa jeunesse mouvementée dans le Paris populaire de l'après-guerre. Dès l'âge de douze ans, il se met à exercer divers petits métiers. Il travaille un temps à la Bourse, puis devient chauffeur de taxi. Cela lui donne l'idée d'un livre de souvenirs, écrit avec Jean Bazin en 1937, *Voilà taxi !* Il débute dans le journalisme et commence à écrire, sous des pseudonymes, quelques ouvrages. Mais c'est *Touchez pas au grisbi !* (*), publié en 1953 avec une préface de Mac Orlan dans la fameuse « Série noire » de Marcel Duhamel, qui le lance vraiment. Simonin continuera dans la même veine avec ses romans suivants : *Grisbi or not grisbi* (1955), *Du mouron pour les petits oiseaux* (1960), *L'Élégant* (1973). Simonin a ouvert là un genre nouveau. Il peint d'une façon très réaliste le monde de la pègre parisienne, qu'il a fréquenté dans l'entre-deux-guerres. Cependant ses personnages ne sont pas des « gangsters ». D'une psychologie plus humaine (malgré leur cynisme), plus complexe aussi, ce sont plutôt des antihéros, presque des petits-bourgeois du crime, devenus truands par nécessité, pour survivre : ils n'aspirent qu'à une vie paisible, nullement à accroître leur pouvoir. Leur seule motivation est l'argent, le « grisbi » (mot d'argot que Simonin remet à la mode). Dans cette œuvre l'emploi de l'argot joue un rôle décisif (*Le Petit Simonin illustré,* 1957) : la langue de Simonin est truculente, nerveuse, haute en couleur, elle prend même parfois le pas sur l'intrigue (*Le Cave se rebiffe,* 1954). Cette utilisation systématique des mots d'argot influencera durablement de nombreux auteurs contemporains. Les adaptations de ses livres au cinéma, auxquelles l'auteur a participé, ont amplifié son succès.

JACQUES-ÉMILE MIRIEL.

SINCLAIR Upton Beall. Écrivain américain. Né le 20 septembre 1878 à Baltimore (Maryland), mort le 25 novembre 1968 à Bound Brook (New Jersey). Enfant d'une famille virginienne d'origine aristocratique, mais ruinée par la guerre civile, le jeune Upton se met, tout en faisant ses études (City College de New York, puis Columbia University), à travailler pour aider les siens. À seize ans, il commence à écrire des histoires drôles et des nouvelles pour des journaux new-yorkais. Il entre au parti socialiste en 1902 et a déjà publié six romans quand, à vingt-sept ans, il acquiert une renommée internationale en publiant *La Jungle* (*), une dénonciation vigoureuse de l'ahurissante exploitation des ouvriers par les rois de la viande de Chicago. Le scandale est tel que l'auteur est reçu à la Maison Blanche par le président Theodore Roosevelt, lequel instituera une commission d'enquête, et que, dans les six mois, deux lois sur l'hygiène alimentaire sont adoptées (« Pure Food and Drug Act » ; « Beef Inspection Act »). Upton Sinclair investit les trente mille dollars que *La Jungle* lui avait rapportés dans une ferme-communauté utopique, la « Helicon Hall Colony », à Englewood (New Jersey), où devaient être mises en pratique les théories socialistes. Un incendie rasa la ferme quelques mois plus tard et Sinclair fut à nouveau ruiné. S'installant en 1915 en Californie et mettant à nouveau son énergie au service des idéaux exprimés dans ses livres, Sinclair tentera par quatre fois de conquérir un poste de représentant du peuple et réussira presque, en 1934, à se faire élire gouverneur démocrate avec le programme E.P.I.C., initiales de « End Poverty in California » (Fin de la pauvreté en Californie). Après la publication de *La Jungle*, Sinclair, persuadé de l'instauration à très brève échéance du socialisme aux États-Unis, avait poursuivi son travail de dénonciation des scandales et des corruptions, d'une part dans une série de pamphlets qui traitaient de la religion, du journalisme, de l'éducation, etc., d'autre part dans des romans dont la liste est longue et qui furent traduits dans plus de cinquante langues : *La Métropole* [*The Metropolis*, 1908], *Les Brasseurs d'argent* [*The Moneychangers*, 1908], *Sylvia* (1913) consacré à l'émancipation féminine, *Le Roi charbon* [*King Coal*, 1917], *Jimmy Higgins* [1919, pour le pacifisme], *L'Espion* [*The Spy*, 1920, contre « jaunes » et mouchards], *Le Pétrole* [*Oil !*, 1927], et ainsi de suite. Avec Frank Norris, Jack London et Theodore Dreiser, Upton Sinclair fut un des célèbres « muckrakers » (ou « racleurs de boue ». On désigne ainsi, aux États-Unis, un groupe de journalistes et d'écrivains qui, au début du siècle, s'attachèrent à dénoncer la corruption du monde des affaires et de la politique). De 1940 à 1953, l'écrivain publia un cycle de onze romans se déroulant de 1913 à 1950 et qui narrent les aventures de Lanny Budd. Le troisième de la série, *Les Griffes du dragon* [*Dragon's Teeth*, 1942], lui vaudra le prix Pulitzer. Sinclair écrivit jusque dans ses dernières années et sa bibliographie compte plus de quatre-vingts titres, dont une quinzaine de pièces de théâtre.

PHILIPPE MIKRIAMMOS.

RÉF. : L. Harris, *Upton Sinclair, American Rebel*, New York, 1975. – R. N. Mookergee, *Art for Social Justice : The Major Novels of Upton Sinclair*, Londres, 1988.

SINGER Israël Joshua. Romancier et nouvelliste américain d'expression yiddish. Né à Bilgoray (Pologne) le 30 novembre 1893, mort à New York le 10 février 1944. La famille de Singer s'enracine doublement dans la tradition juive, hassidique et mystique par son père, rationaliste par sa mère. Après une enfance villageoise et pieuse, nourrie par l'éducation traditionnelle, l'adolescent découvre Varsovie, où son père est rabbin et où sa famille vit difficilement les années de la Première Guerre mondiale. Le jeune Singer s'émancipe de la tradition religieuse, vit caché pour échapper à la conscription, fréquente les milieux artistes et s'initie seul aux cultures étrangères (allemande, polonaise et russe). Il part en U.R.S.S. après la Révolution de 1917 et participe au groupe de Kiev, dans la mouvance du symbolisme et de l'avant-garde (Der Nister, Bergelson). Il écrit alors en yiddish des nouvelles de facture moderniste, qu'il regroupera en volumes en Pologne : *Perles et autres nouvelles* [*Perl un andere dertseylungen,* Varsovie, 1922], et *En terre étrangère* [*Oyf fremder erd*, Wilno, 1925]. De retour à Varsovie, il prend une part active à l'effervescence littéraire des années 20, collabore à la revue expressionniste *La Bande, Khaliastra*, ainsi qu'à différentes publications, où il expose ses vues, en particulier à l'égard de la culture yiddish en Union soviétique. Depuis 1924, il vit de sa collaboration régulière au quotidien yiddish new-yorkais, le *Forverts*, et ses liens avec son directeur, Abe Cahan, l'incitent à émigrer aux États-Unis dès 1934. Il fera venir également son frère, l'écrivain Isaac Bashevis Singer, mais laissera en Pologne sa mère et son plus jeune frère, qui périront pendant la guerre.

Il meurt brutalement d'un arrêt cardiaque à New York, en 1944. Son œuvre évolue vers le classicisme et la peinture historique, en particulier dans ses romans, sortes de grandes fresques au souffle parfois épique, mais de plus en plus réalistes avec la montée des périls, qu'il anticipe souvent avec beaucoup d'acuité : *Yoshe le Fou* (*) (1932), *Les Frères Ashkénazi* (*) (1936), *Camarade Nakhman* [*Khaver Nakhman*, New York, 1938], *La Famille Karnovski* [*Mishpokhe Karnovski*, New York, 1943]. À partir des années 30, ses nouvelles connaissent la même évolution, et s'attachent à reconstituer les aspects de la vie juive en Pologne. Il dépeint avec prédilection le monde des Juifs campagnards, et évoque de plus en plus les exactions antisémites : *Printemps et autres nouvelles* [*Friling un andere dertseylungen*, Varsovie, 1937], *Nouvelles* [*Dertseylungen*, New York, 1949]. Son œuvre a pour thème central le conflit entre l'individu et la collectivité, symbolisant à travers l'image de la tradition une dimension générale de l'expérience humaine : le poids du passé, le rôle de l'enracinement culturel et familial, source d'un rapport ambivalent de l'individu à son origine. Le pessimisme de sa vision est renforcé par sa constatation amère de l'antisémitisme, qui lui semble sceller l'échec des courants émancipateurs, au sein même de la société juive. Ce retour aux valeurs culturelles du judaïsme, alimenté par la nostalgie de l'exil, trouve un écho ambigu dans son autobiographie, qu'il laisse inachevée : *Un monde disparu* [*Fun a velt vos iz nishto mer*, New York, 1944].

CAROLE KSIAZENICER.

RÉF. : C. Sinclair, *The Brothers Singer*, Londres, 1983.

SINIAVSKI Andreï Donatovitch [Andrej Donatovič Sinjavskij]. Écrivain russe. Né le 18 octobre 1925 à Moscou. Issu de parents cultivés, mais de condition modeste, Andreï Siniavski a été élevé dans l'esprit de l'ascétisme révolutionnaire par son père, intellectuel idéaliste d'origine noble engagé en 1917 aux côtés des « Rouges » : il verra celui-ci, déjà âgé, arrêté et exilé en province en 1951 pour son ancienne adhésion au parti de socialiste-révolutionnaire. Après un bref séjour à l'armée pendant les derniers mois de la guerre, il entre à la faculté des lettres de l'université de Moscou. Il se passionne pour Maïakovski, héraut de l'avant-garde révolutionnaire, et à travers lui pour l'art et la littérature du début du XXe siècle, officiellement dénoncés comme « bourgeois et décadents », avec lesquels il se familiarise sous le couvert d'une thèse sur l'œuvre de Gorki, soutenue en 1952. C'est le début d'une carrière de chercheur à l'Institut de littérature mondiale de l'Académie des sciences, d'enseignant et, après 1956, de critique « libéral » à la revue *Novy Mir*, la plus engagée dans la déstalinisation.

Dès 1953, la mort de Staline a marqué pour toute sa génération l'effondrement d'une foi quasi religieuse dans le communisme. Bien que déjà frondeur par ses goûts esthétiques, Siniavski vit cette rupture comme la fin d'un monde. Elle lui inspire en 1956 l'essai critique *Qu'est-ce que le réalisme socialiste ?* (*), pamphlet d'une ironie parfois amère et programme esthétique, auquel répond, depuis 1955, une série de *Nouvelles fantastiques* (*), ainsi qu'un court roman satirique, *L'audience est ouverte* (1959) (*). La réalité soviétique, présentée sous un jour grotesque, y sert de toile de fond aux jeux d'une imagination tenaillée par l'inquiétude métaphysique. Celle-ci s'exprime aussi dans un petit recueil de *Pensées impromptues* [*Mysli vrasploh*, 1966], où la pensée cherche à se saisir dans l'éblouissement de l'improvisation verbale. Écrites « pour le tiroir », ces œuvres passeront clandestinement en Occident et seront publiées à partir de 1959 par la revue polonaise de Paris *Kultura* sous le pseudonyme d'Abram (ou Abraham) Tertz, nom d'un voleur juif d'Odessa, héros légendaire d'une chanson du folklore des prisons, dont le choix est à lui seul une provocation.

Démasqué en même temps que son ami le poète et traducteur Iouli Daniel, auteur clandestin de nouvelles satiriques publiées en Occident sous le pseudonyme d'Arjak, Siniavski est arrêté le 8 septembre 1965, accusé de propagande antisoviétique et condamné le 14 février 1966 à sept ans de détention dans un camp de travail à régime sévère. Son procès, où il refuse de plaider coupable et revendique pour l'écrivain le droit à la liberté de l'imagination, suscite une vague de protestations jusque dans les milieux communistes de l'Occident, et provoque en U.R.S.S. même l'apparition d'une opposition ouverte aux décisions du pouvoir : ce sera le début du mouvement « dissident ».

Libéré à l'expiration de sa peine, en juillet 1972, Andreï Siniavski est encouragé à quitter l'U.R.S.S. Il s'installe à Paris, où il est nommé en 1974 professeur de littérature et de civilisation russes à la Sorbonne, et où paraissent les œuvres faites de fragments écrits en détention et transmis à sa femme à l'intérieur de ses lettres : *Une voix dans le chœur* (1973) (*), sorte de chronique polyphonique de ses années de camp, où la voix de l'auteur alterne avec celles, anonymes, de ses compagnons de détention, dont le chœur représente la Russie dans la nudité de son expression verbale spontanée ; *Promenades avec Pouchkine* (1975) (*), essai paradoxal où, sous les apparences d'une familiarité irrespectueuse et iconoclaste, l'écrivain incarcéré célèbre en la personne du plus grand poète russe le triomphe de l'art pur, irréductible à toute rationalisation ; et enfin *Dans l'ombre de Gogol* [*V teni Gogolja*] (1975), exploration minutieuse d'une prose dont la consistance et le relief quasi matériels sont un modèle pour l'écrivain Siniavski.

À Paris, Andreï Siniavski joue une rôle important dans la vie culturelle et politique de la troisième émigration à travers la revue de critique et de polémique *Syntaxis* [*Sintaksis*], fondée en 1978 par sa femme Maria Rozanova, et dont il est le principal collaborateur. Il polémique notamment, à partir de positions libérales et « occidentalistes », avec Vladimir Maksimov, fondateur et directeur de la revue *Continent* [*Kontinent*], et Alexandre Soljenitsyne, accusés de dérives autoritaires et nationalistes.

Ses cours à la Sorbonne lui ont fourni la matière de deux études littéraires : *« Les Feuilles tombées » de V. Rozanov* [*Opavšie list'ja V. V. Rozanova*], consacrées à l'œuvre majeure d'un écrivain de l'« âge d'argent » dont l'écriture « sauvage » lui est un modèle ; *Ivan le Simple* [*Ivan-Durak*], qui étudie les aspirations religieuses profondes du peuple russe à travers le conte populaire, les traces du paganisme et de la magie dans la vie quotidienne ainsi que les formes spécifiques du christianisme russe dans la religion officielle et dans les sectes dissidentes. Fondées sur une solide érudition, ce sont néanmoins des œuvres dont l'écriture même trahit une vision très personnelle.

Son originalité s'exprime cependant surtout dans deux œuvres d'inspiration autobiographique, où le réel et le fantastique se mêlent inextricablement dans une quête de soi-même à travers l'écriture : la fantaisie cocasse *André la Poisse* (1979) (en russe *Kroška Cores*, littéralement *« Le Petit Guignon »*), où l'auteur apparaît sous les traits d'un personnage de conte de fées grotesque parodiant le héros du conte d'Hoffmann *Le Petit Zachée* (*) [*Kroška Cahes*] ; le récit *Bonne nuit* (*) (1984), qui ressuscite sous un jour fantastique certains épisodes de sa biographie pour créer, par le mouvement d'une écriture à la fois savante et spontanée, un espace verbal touffu et foisonnant.

MICHEL AUCOUTURIER.

SIN TS'I-TSI [Xin Qiji] (surnommé « Le Sage de Tsia-siuan »). Poète et homme d'État chinois. Né en 1140 à Li-Tch'eng (Chantong), mort en 1207. Il vécut sous la dynastie des Song méridionaux (1127-1279), et doit sa célébrité à son talent comme prosateur et surtout comme auteur de poèmes chantés [ts'e]. Dans un de ces textes, Sin affirme qu'il y a seulement trois attitudes qui soient dignes de l'homme : boire jusqu'à l'ivresse, voyager et dormir. Néanmoins, dans le sonnet intitulé « La Mélancolie », Sin avoue avoir connu aussi la tristesse de vivre. Les écrits de Sin Ts'i-tsi ont été réunis sous le titre *Poèmes chantés de Tsia-siuan* (*).

SISMONDI Jean Charles Léonard Simonde de. Historien critique et économiste suisse d'expression française. Né à Genève le 9 mai 1773, mort à Chêne, près de Genève, le 25 juin 1842. Il s'appelait en fait Simonde, tout court, et descendait d'une famille dauphinoise réfugiée à Genève après la révocation de l'édit de Nantes. Par la suite, au cours de ses travaux sur l'histoire italienne, il s'aperçut qu'une branche de l'illustre famille des Sismondi, de Pise, s'était installée en France au XVIe siècle, et il prit le parti de rattacher sa famille à ce tronc originel. Fils d'un pasteur qui possédait une belle fortune, il fit d'excellentes études au collège de sa ville natale, puis fut placé par ses parents dans la maison Eynard, de Lyon, en qualité de commis, pour se familiariser avec la vie commerciale. La Révolution vint interrompre cet apprentissage. Sismondi, avec tous les siens, chercha refuge en Angleterre puis, vers 1794, à Val Chiusa, en Toscane ; là, tout en continuant ses études, il s'occupa d'une exploitation agricole. Son premier livre, un *Tableau de l'agriculture toscane* (1801), où s'exprimaient des opinions libérales, lui valut d'être arrêté pendant quelques mois par les Autrichiens. Relâché, Sismondi, qui se rattachait alors à Adam Smith et souhaitait une réforme progressive de la législation française dans le sens du libre-échange, publia un ouvrage plus important, *De la richesse commerciale ou principes d'économie politique appliqués à la législation du commerce* (1803). C'est vers la même époque qu'il entra en relations avec Necker et Mme de Staël puis, par l'intermédiaire de celle-ci, avec Benjamin Constant, Schlegel et tout le groupe de Coppet. Ses premiers livres avaient eu un retentissement véritablement européen : on avait même offert à l'auteur une chaire d'économie politique à l'université de Vilna, avec un traitement magnifique, mais, pour ne pas quitter ses amis, il préféra se contenter du poste de secrétaire de la Chambre de commerce du département du Léman. Cette charge lui laissait assez de loisirs pour entreprendre sa grande *Histoire des républiques italiennes du Moyen Âge* (seize volumes, 1807-18) et pour donner à Genève un cours public d'où il tira son essai *De la littérature du Midi de l'Europe* (*) (1813).

L'année où ce livre était publié, Sismondi visitait pour la première fois Paris et décidait de s'y installer : les salons lui avaient fait le meilleur accueil, non seulement ceux des amis de Mme de Staël et de Constant, mais aussi bien les cénacles légitimistes, où il eut ses libres entrées grâce à la protection de la comtesse d'Albany. Pendant les Cent-Jours, Sismondi, qui était resté jusque-là un peu éloigné de la politique active, se rallia à Napoléon dans son *Examen de la Constitution française* (1815) :

geste absolument désintéressé, puisque Sismondi poussa le scrupule jusqu'à refuser la Légion d'honneur que voulait lui décerner l'Empereur. La Restauration ne lui tint d'ailleurs pas rigueur de son attitude et lui offrit des chaires à la Sorbonne et au Collège de France. Il préféra rentrer à Genève. Tout en suivant avec un intérêt passionné le progrès des idées libérales en Europe, il poursuivait ses travaux. La publication des *Nouveaux principes d'économie politique ou De la richesse dans ses rapports avec la population* (1819) marque une date dans l'histoire des doctrines économiques : Sismondi, reniant son enthousiasme de jeunesse pour Adam Smith, se rangeait parmi les « économistes sociaux » : ému par la misère du prolétariat anglais, il partait en guerre contre la concurrence et contre les machines, responsables de la baisse des salaires. À la recherche du bon marché à tout prix, Sismondi oppose la nécessité d'une réglementation du travail. Son tort est de n'avoir pas su prévoir que la période douloureuse de transition du travail purement humain au travail mécanique ne pouvait manquer d'être suivie par une époque de plus grande prospérité pour tous. Il a eu cependant le mérite d'être un des premiers à rappeler les liens de la science économique, « science de la bienfaisance », avec la morale. Quant à son tableau de la misère prolétarienne, de la concentration des capitaux entre les mains d'un petit nombre, il était prophétique, et Marx n'a eu que peu à y ajouter. Les mêmes tendances interventionnistes se manifestent dans ses *Études des sciences sociales* (3 vol., 1836-38). Parmi ses autres ouvrages, on ne peut manquer de citer son interminable *Histoire des Français* (+) (1821-44) et ses *Études sur les Constitutions des peuples libres* (*) (1836). Après sa mort ont été publiés des *Fragments du journal de Sismondi et de sa correspondance avec Mlle de Saint-Aulaire* (1863) et des *Lettres inédites à Mme d'Albany* (1864).

MICHEL MOURRE.

RÉF. : A. Aftalion, *L'Œuvre économique de S. de Sismondi*, thèse, Paris, 1899. – R. Jeandeau, *Sismondi, précurseur de la législation sociale contemporaine*, thèse, Bordeaux, 1913. – J. R. de Salis, *Sismondi, 1773-1842*, Paris, 1932. – É. Halévy, *Sismondi*, Paris, 1933. – W. E. Rappard, *Sismondi et Genève*, 1943.

SITWELL Dame Edith. Poétesse anglaise. Née à Scarborough le 1er septembre 1887, morte le 9 décembre 1964 à Londres. Édith Sitwell, sœur aînée d'Osbert et de Sacheverell Sitwell, fut élevée dans une famille de la noblesse. Sa carrière poétique commence en 1916 quand elle publie un choix annuel de poèmes dans la revue *Wheels*. Cette entreprise durera jusqu'en 1921. Dans ces volumes anthologiques se retrouvent les trois Sitwell et divers invités, dont Aldous Huxley et Wilfred Owen. Il s'agissait de ridiculiser les conventions poétiques d'une société bourgeoise. Les premiers recueils d'Edith Sitwell étaient intitulés *La Mère et autres poèmes* [*The Mother and other Poems,* 1915], *Maisons des clowns* [*Clowns' Houses,* 1918], *Le Pégase de bois* [*The Wooden Pegasus,* 1920], *Façade* (*) (1922). Elle est alors à la recherche de motifs sonores, et pressent dans une certaine mesure les recherches du lettrisme. Ensuite, le ton s'assombrit, quelque compassion apparaît. Néanmoins, ses débuts – avec leur côté burlesque, volontaire ou involontaire, avec leur jonglerie verbale, et toute la vaticination autopublicitaire qui les accompagne – sont peut-être la part la plus durable de son œuvre. Ses *Poésies complètes* (+) furent éditées en 1954. Edith Sitwell écrivit beaucoup de volumes en prose, très inégaux, dont un, singulier et attachant : *Les Excentriques anglais* [*The English Essentrics,* 1933]. Elle fut anoblie en 1954 et, la même année, se convertit au catholicisme. L'année qui suivit sa mort fut publiée son autobiographie, *Prise en charge* (*) (1965). C'est un livre modeste où elle ne se ménage pas mais, par endroits, s'abandonne à ses partis pris : elle exécrait par exemple D. H. Lawrence mais se flattait d'avoir découvert Dylan Thomas. Avant de se raconter, elle avait évoqué différentes vies, celles de Shakespeare, de Swift, de Pope, d'Elisabeth Ire et de Victoria.

RÉF. : R. L. Mégroz, *The Three Sitwells,* Londres, 1927. – V. Glendinning, *Edith Sitwell,* Londres, 1981. – G. A. Cevasco, *The Sitwells, Edith, Osbert and Sacheverell,* Boston, 1987.

SITWELL sir Osbert. Poète, essayiste et romancier anglais. Né à Londres le 6 décembre 1892, mort à Florence le 4 mai 1969. Frère d'Edith et de Sacheverell Sitwell, lui-même fut fait « baronet » en 1943 à la mort de son père. Il accomplit ses études à Eton mais passa la plus grande partie de ses jeunes années dans le domaine familial, à Renishaw, près de Sheffield. Il servit pendant la Première Guerre mondiale mais fut réformé en 1916. Dans une parfaite indifférence au qu'en-dira-t-on, il distribua ses paradoxes, bénédictions et malédictions, prenant essentiellement pour cible le philistinisme de ses compatriotes (et aussi toutes les guerres...). Sa bibliographie seule tiendrait beaucoup de place. Le meilleur de son œuvre est certainement sa remarquable autobiographie en cinq volumes – les plus connus étant *Main gauche, main droite* [*Left Hand, Right Hand,* 1945], *L'Arbre écarlate* [*The Scarlet Tree,* 1946], *Essences nobles* [*Noble Essences,* 1950]. Le recueil *Satires et Poèmes* (*) (1931) résume assez bien ses points de vue d'homme tout à la fois humble devant lui-même, arrogant à l'égard de la société et détaché des contingences. Ses nouvelles furent recueillies en volume en 1953. Il est aussi l'auteur de deux romans : *Avant le bombardement* [*Before the Bombardment,* 1927] et *Miracle au Sinaï* [*Miracle on Sinai,* 1933].

SITWELL sir Sacheverell. Poète et critique d'art anglais. Né à Scarborough le 15 novembre 1897, mort en 1988. Il fit ses études à Eton et fut fait « baronet » en 1969, à la mort de son frère Osbert. Il a laissé quinze plaquettes de vers recueillis dans son *Choix de Poèmes* (+) (1948), mais surtout un ensemble, savant et séduisant, de ce qu'on aurait autrefois appelé des mélanges – livres de voyage (en Roumanie, Espagne, Mauritanie, au Portugal, au Danemark, à Malte, etc.) et impressions ou études d'art et d'architecture, lesquelles renvoient en partie aux poèmes de *Canons de l'art géant* (*) (1933). Trois titres aideront à comprendre sa quête : *L'Art baroque du Sud* (+) (1924), *Le Nord gothique* (+) (1929), *Architectes et Artisans britanniques* [*British Architects and Craftsmen,* 1945]. En 1982, il publie un recueil de poèmes, *Un été indien* [*An Indian Summer*]. Des trois Sitwell, c'est lui peut-être qui comblera le mieux, dans l'avenir, les esprits vraiment curieux.

SIUAN-TSANG (ou aussi Yuan Tchuang). Ces noms désignent le célèbre bonze bouddhiste chinois Tch'en Yi. Né dans le Heu-nan en 602, au début de la dynastie T'ang (618-906), mort en 664, alors qu'elle était à l'apogée de sa gloire militaire et politique. Sous l'influence du bouddhisme triomphant, l'élite morale de la Chine aspirait alors à une vie tranquille et retirée, à l'abri des fureurs guerrières, et loin des corruptions du monde. À vingt ans, Siuan entra en religion et, comme son prédécesseur Fa-sien, voulut se procurer aux Indes de nouveaux textes, de nouvelles images et reliques. En 629, Siuan entreprit un long pèlerinage demeuré célèbre, et qui dura seize ans, au cours duquel il visita plus d'une centaine de lieux saints chers à la piété bouddhiste. En 645, il revint à Tch'ang-an, la capitale, où l'empereur T'ai Tsong (627-650) lui réserva un accueil triomphal. Il reçut à cette occasion le titre de San-tsang, ou « Trois corbeilles ou collections » (allusion au Tripitaka bouddhiste). Il avait recueilli six cent trente-sept textes, des documents iconographiques et cent cinquante reliques se rapportant à Bouddha. Refusant le poste que l'empereur lui proposait, Siuan-tsang consacra la fin de sa vie à l'enseignement et à la traduction de très nombreux soûtras. On lui a attribué la rédaction du récit de son périple, qui fut en réalité composé en 646 par l'un de ses disciples : le *Récit du voyage vers l'Occident sous la grande dynastie des T'ang* (*). Le sujet inspira en partie la matière de l'un des plus célèbres romans chinois, *Le Voyage en Occident* (*) de Wou Tch'eng-en (1500-1582). Le récit des T'ang quant à lui apporte dans ses écrits une contribution non négligeable à la géographie et à l'ethnographie de régions immenses, exerçant ainsi une influence décisive sur la propagation du bouddhisme en Chine.

SIU CHEN [Xu Shen] (prénom public Chou Tchong). Lexicographe et philologue chinois. Né en l'an 30 de notre ère à Chao-ling (Heu-nan), mort vers 124. Grand spécialiste des « Cinq classiques ». – v. *Classiques chinois* (*) –, il fut l'un des premiers philologues critiques chinois, car il releva les incohérences entre les textes antiques. Par ailleurs, il se consacra aux recherches archéologiques et linguistiques concernant les idéogrammes chinois. À cette époque, l'écriture chinoise, qui existait déjà depuis quinze siècles, avait subi diverses évolutions, l'une concernant la composition des caractères, l'autre la technique calligraphique. Après la phase pictographique, dont on a trouvé des vestiges, au siècle dernier, à Anyang (Heu-nan), la composition était devenue idéographique et phonétique. Au début du premier millénaire avant notre ère, les variétés d'écritures étaient déjà nombreuses. Vers 800, un type uniforme fut imposé, le tatchouan ou « grande écriture sigillaire ». En 213 avant J.-C., le ministre Li-se publia un catalogue qui simplifiait encore les anciens caractères et remplaçait les plus complexes par de nouveaux caractères ; ce système fut appelé le siao-tchouan ou « petite écriture sigillaire ». Sous la dynastie Han (207 av. J.-C. - 220 ap. J.-C.), l'invention de l'encre, du papier et du pinceau occasionna une transformation dangereuse et arbitraire des caractères. Ainsi naquirent la sing-chou ou « écriture de la main courante », encore passablement intelligible, et la ts'ao chou ou « écriture herbiforme », cursive qui devenait souvent indéchiffrable, à cause de la fantaisie des scribes. Ce fut pour l'écriture chinoise une période chaotique. Un dictionnaire type s'imposait, qui pût la fixer pour toujours et empêcher des corruptions ultérieures. Siu Chen, avec une patience infinie et une rigueur toute scientifique, recueillit tous les caractères existants (près de dix mille), et les classa, avec de brèves explications étymologiques, selon cinq cent quarante clefs radicales. Ainsi fut composé *Définition des « wen » et explications des « tse »* (*). C'est le plus ancien répertoire linguistique, et il est encore aujourd'hui la base de toutes les recherches étymologiques. Ce travail acquit à son auteur la vénération des générations ultérieures, et sa stèle funéraire fut placée dans le temple de Confucius en 1875.

SIUN-TSE [Xunzi] (ou Siun K'ouang ou Siun Tsing). Juriste et homme politique chinois. Il vécut au IIIe siècle avant J.-C. et connut la notoriété entre 298 et 238, mais on ignore les dates de sa naissance et de sa mort. Originaire de l'ancien État de Tchao (situé au sud des actuelles provinces du Heu-pei et du Chan-si), il s'établit, déjà quinquagénaire, dans l'État de Ts'i (Chantong) pour se consacrer à l'enseignement. Devenu célèbre, il entra dans l'administration, mais, en butte aux calomnies, il fut contraint de se réfugier dans l'État de

Tch'ou et exerça les fonctions de magistrat à Lan-ling (Chan-tong méridional). En 228, ayant perdu son protecteur, il dut renoncer à son poste, sans abandonner pour autant l'État de Tch'ou où il reprit son activité de professeur et de philosophe. Il eut notamment pour disciples les célèbres Li Se et Han Fei-tse. Siun K'ouang a laissé, sous le titre *Siun tse* (*), une œuvre divisée en trente-deux parties, dont certaines semblent d'une authenticité douteuse. Cet ouvrage n'a pas été élevé au rang des classiques, mais son auteur a peut-être exercé plus d'influence sur le confucianisme naissant que Mencius (ou Meng Keu) lui-même dont il fut, bien que plus jeune, le contemporain. Moins estimé que ce philosophe, quant à la pureté doctrinale, il était, aussi, moins brillant, mais certainement plus profond. À le lire, on constate qu'il avait en horreur la corruption qui sévissait alors en Chine, vouant à l'exécration publique les princes malfaisants et incapables qui contrevenaient aux préceptes du Tao. Contrairement aux partisans de Confucius et de Mo Ti (Mo-Tse), il professait que la nature humaine est essentiellement mauvaise, tout en admettant qu'elle puisse s'amender grâce à l'éducation. Siun K'ouang est peut-être le seul penseur original du confucianisme.

RÉF. : H. Dubs, *The Works of Hsun-tze,* Londres, 1928.

SIU TCHE-MO [Xu Zhimo]. Poète chinois. Né en 1897 à Haïning (Tche tsiang), mort en 1931 au cours d'un accident d'aviation. Après avoir étudié à Changhaï et à l'université nationale de Pékin, il se rendit en Amérique et en Grande-Bretagne, où il obtint le diplôme de sciences politiques et économiques de Cambridge. De retour dans sa patrie, il fut nommé en 1922 professeur à l'université nationale de Pékin. Lorsque le grand poète hindou Tagore visita la Chine, en 1924, Siu Tche-mo l'accompagna comme interprète et le suivit en Italie. S'étant engagé dans le mouvement pour la réforme de la littérature et de la langue chinoises, il fonda avec Wen Yi-touo (1889-1946) et Hou Che (1891-1962) la « Société du croissant », ainsi que les revues *Croissant* et *Poésie* – la dernière détermina la forme du poème régulier moderne. Siu Tche-mo se fit vite connaître comme poète et comme spécialiste des littératures anglo-saxonnes, ce qui lui fit attribuer de nombreuses charges universitaires. Sa poésie, sentimentale, d'un romantisme un peu trop occidental, est différente de celle des autres poètes chinois modernes. Elle se répartit en quatre recueils : *Poèmes de Tche-mo* (*) (1925), *Une nuit à Florence* (1927), *Le Tigre* (1930), et *Promenade dans les nuages* (1931).

RÉF. : P. Guillermaz, *La Poésie chinoise contemporaine,* Paris, 1962.

SIU TCHONG-LIN [Xu Zhonglin]. Écrivain chinois. Probablement originaire de Nankin, et qui dut être actif entre 1567 et 1620. On ne sait rien de sa vie, mais on lui attribue la rédaction du roman *L'Investiture des dieux* (*). Si l'on en croit certaines sources qui ne mentionnent cependant aucun nom, l'auteur de cet ouvrage le destinait à former une trilogie avec les très célèbres romans *Au bord de l'eau* (*) et *Le Voyage en Occident* (*). Il aurait choisi le thème central de son livre – la chute de la dynastie des Chang, vaincue au XIe siècle avant notre ère par le roi Wou des Tcho – en lisant le *Classique des documents* [*Chou-tsing*] – v. *Classiques chinois* (*). Il se serait par ailleurs inspiré de traités militaires anciens, des *Mémoires historiques* (*) de Se-ma Ts'ien et des *Annales des T'ang* [*T'ang-chou*] pour élaborer son récit, profondément empreint de mythologie et de fantastique. Cet auteur sans nom, s'il a existé, ne peut être identifié absolument avec Siu Tchong-lin, qui est en tout cas généralement considéré comme le rédacteur le plus certain – ou le plus tardif – d'une œuvre largement inspirée par une tradition populaire ancienne.

VALÉRIE LAVOIX.

RÉF. : Liu Ts'un-yan, *Buddhist and Taoist Influences on Chinese Novels ; V.1 : The Autorship of the Feng-shen Yen-i*, Wiesbaden, 1962. – N. Koss, « The Relationship of *Hsi-yu chi* and *Feng-shen yen-i* », in *T'oung Pao* n° 65, 1979.

SIU TI-CHAN [Xu Dishan]. Écrivain chinois. Né en 1893 à Taiwan, et mort en 1941 à Hong Kong. Après avoir enseigné dans des collèges de la province du Fou-tsien et en Birmanie, il étudia à l'université Harvard-Yenching de Pékin, participa à la création de la Société de recherches littéraires en 1920, étudia la philosophie et l'histoire des religions à l'université de Columbia en Amérique, puis à Oxford. Après avoir enseigné quelques années dans différentes universités à Pékin, à partir de 1935, il occupa une chaire à l'université de Hong Kong. Grâce à sa connaissance du sanscrit, ses études les plus importantes portèrent sur l'influence de l'Inde sur la civilisation chinoise. Son principal recueil de nouvelles est *L'Araignée qui tisse sa toile* (*).

JACQUES PIMPANEAU.

ŚIVADĀSA. Poète indien. On n'a guère de renseignements sur ce personnage, auteur de la plus célèbre version de la *Vetālapanca vimśatikā* (*) ou les *Vingt-Cinq contes du vampire.* La tradition fait de lui l'une des gloires de la cour de Bhoja, qu'une inscription de 1040 célèbre comme roi de Ujjayinī, dans le Mālava (aujourd'hui Malwa). Il est effectivement probable que Śivadāsa, qui était śivaïte, ait vécu au XIe siècle dans le Mālava et y ait composé son œuvre géniale et vivante de conteur, en vers et en prose, sur un fond mäharastrique ou jaïnique ancien, provenant de la région du Madhyadeśa (qui correspond à peu près aux provinces actuelles de Delhi, Allahabad, Agra, etc.).

SIWERTZ Sigfrid. Romancier suédois. Né et mort à Stockholm (24 janvier 1882 - 26 novembre 1970). Après un examen universitaire à Uppsala en 1904, il publia en 1905 un recueil de poèmes dans le style pessimiste et blasé alors à la mode, mais abandonna ensuite le déterminisme sous l'influence de Bergson, qu'il entendit à Paris en 1907. Il fit sa « percée » avec un roman pour adolescents, *Les Pirates du lac Mélar* [*Mälarpirater,* 1911], mais son œuvre maîtresse demeure *Dieu nourrit l'épervier* (*) (1920). Souvent reporter habile plus que romancier, il observe le monde moderne sans s'engager et, prompt à saisir l'actualité, il frôle souvent le roman à clef, comme dans *Six billets de faveur* [*Sex fribiljetter,* 1943] — c'est peut-être le genre où, sans rechercher un vulgaire scandale, il réussit le mieux — peut-être par manque d'imagination. Membre de l'Académie suédoise en 1932, il fut un passionné de la voile, et l'eau, forte mais fuyante, sans cesse changeante, attirante et traîtresse, est dans son œuvre un symbole important.

SKÁCEL Jan. Poète tchèque. Né le 2 février 1922 à Vnorovy en Moravie, mort le 7 novembre 1989 à Brno. Après des études de philosophie à l'université Masaryk à Brno, de 1945 à 1948, il travaille comme rédacteur dans plusieurs périodiques littéraires, puis à la radio. En 1963, il devient rédacteur en chef de *L'Hôte chez soi* [*Host do domu*], l'une des revues de référence du « dégel culturel » des années 60, interdite par la censure après l'occupation du pays par le Pacte de Varsovie en 1968. Durant une quinzaine d'années, il reste interdit de publication (ses manuscrits seront diffusés en samizdat et repris par les maisons d'édition en langue tchèque à l'étranger). Il vit alors retiré dans son appartement à Brno. Ayant débuté relativement tard, Skácel est devenu, peu à peu, le poète le plus représentatif de sa génération, occultée dans une certaine mesure — sans parler de la situation culturelle anormale de l'époque —, par la cohabitation avec les grands poètes de l'avant-guerre (Holan, Halas, Nezval, Seifert...), et qui n'arrive à s'imposer véritablement qu'au début des années 60. La poésie de Skácel, dont l'enchaînement extrêmement dense de métaphores lyriques est la première caractéristique formelle, s'appuie avant tout sur les éléments traditionnels (authenticité, sobriété, innocence et faute, homme et nature, etc.), exploitant aussi bien l'héritage de la chanson populaire et de la poésie orale que la symbolique mystique du Moyen Âge : le pouvoir magique du mot dans son sens premier et la renaissance du symbole font ainsi face à la « mort de l'homme » et à l'incertitude du monde contemporain. Depuis son premier recueil, *Combien d'occasions a-t-elle la rose* [*Kolik příležitostí má růže*, 1957], en passant notamment par *Entre chien et loup* [*Hodina mezi psem a vlkem*, 1962], *Fleur de tristesse* [*Smuténka*, 1966] et *Vergettes* [*Metličky*, 1968], et jusqu'à *Moulage à la cire perdue* [*Odlévání do ztraceného vosku*, 1984] et *Qui dans le noir boit du vin* [*Kdo potmě pije víno*, 1988], la compacité et la limpidité des vers ne cessent de s'accroître, atteignant ainsi une dimension méditative dans les quatrains de *L'Espoir aux ailes de hêtre* (*) (1983).

PATRICK OUREDNIK.

SKARGA Piotr. Homme d'Église et polémiste polonais. Né à Grójec, en Mazovie, en février 1536, mort à Cracovie le 27 septembre 1612. Homme d'une grande culture, il fut d'abord précepteur, puis, poussé par la vocation religieuse, il s'en vint à Rome, au collège de Nazareth, où il entra dans les ordres. De retour dans sa patrie, il exerça son ministère religieux et, lorsque le collège jésuite de Vilna fut élevé au rang d'Académie, le roi Étienne Batory désira que Skarga en soit le premier recteur. En 1588, le roi Sigismond III le nomma prédicateur de cour. Il nous reste de lui plusieurs volumes de sermons ; le plus célèbre est celui des *Sermons à la Diète* (*) (1597). L'œuvre, d'une grande valeur par la passion patriotique qui l'anime, est un modèle de prose oratoire. Skarga écrivit d'autres ouvrages, mineurs, parmi lesquels *Sur l'unité de l'Église de Dieu* [*O jedności Kościoła Bożego*, 1590], qui le place dans les rangs des représentants de la Contre-Réforme.

RÉF. : A. Berga, *Un prédicateur de la cour de Pologne sous Sigismond III, Pierre Skarga*, Paris, 1916.

SKELTON John. Poète anglais. Né à Diss dans le Norfolk vers 1460, mort à Londres, à l'abbaye de Westminster, le 21 juin 1529. La tradition veut qu'il ait fait ses études à Oxford mais il est à peu près certain qu'il fréquenta également Cambridge, où il aurait été reçu « master of arts ». Sa première œuvre fut écrite pour la comtesse de Richmond, mère d'Henri VIII, et s'intitulait : *Of Mannes Lyfe the Peregrynacioun.* On sait qu'il s'agissait d'une adaptation du *Pèlerinage de la vie humaine* de Guillaume de Guilleville, mais le texte en a été perdu. Ses premiers poèmes connus sont deux élégies, l'une sur la mort d'Édouard IV, l'autre sur celle d'Henri Percy, comte de Northumberland. Vers 1495, Skelton fut choisi pour être précepteur du prince Henri, le futur Henri VIII, et c'est pour lui qu'il composa son *Speculum Principis* qui ne nous est pas parvenu. Il fut successivement ordonné sous-diacre, diacre et prêtre en 1498 mais demeura à la Cour jusqu'en 1504, date à laquelle on lui donna le rectorat de Diss qu'il conserva jusqu'à sa mort. Ses satires et ses sarcasmes lui valurent beaucoup d'ennemis, surtout parmi les dominicains, et il fut un moment suspendu de sa charge par l'évêque de son diocèse. Cette insoumission et ce non-conformisme lui ont valu pendant tout le XVIe siècle de faire figure de « joyeux farceur » dans l'imagination populaire, et c'est sans doute pour répondre à cette réputation que fut réuni le recueil : *The Merie Tales of Skelton*, dans lequel beaucoup de textes doivent être apocryphes. *The Bowge of Court*, satire contre les vices et les dangers de la vie à la Cour, est un poème allégorique qui utilise la stance créée par Chaucer. L'originalité de la composition du *Livre de Philippe le moineau* (*) a donné naissance à la versification dite « skeltonique ». Parmi ses autres œuvres importantes, il faut mentionner : *Colin Clout* (*) qui expose les opinions d'un homme moyen sur l'ignorance, la vanité et la simonie de l'Église que l'auteur feint de défendre et *The Tummynge of Elynoure Rummynge* qui a fait accuser l'auteur de grossièreté parce qu'il y décrit de façon très réaliste une assemblée de femmes ivres dans une auberge. On sait, en outre, qu'il avait écrit trois pièces mais une seule, *Magnificence,* nous est parvenue.

BERNARD NOËL.

♦ *« Son incomparable fertilité et l'extraordinaire mouvement de sa langue font qu'il est un des rares écrivains anglais approchant de Rabelais. »* Hallam.
♦ *« La puissance, l'étrangeté, la volubilité de son langage, l'audace de ses satires et la parfaite originalité de sa manière font de Skelton un des plus grands écrivains de tous les temps et de tous les pays. »* Southey.

RÉF. : H. L. R. Edwards, *Skelton, the Life and Times of an Early Tudor Poet*, Londres, 1949. – P. Green, *John Skelton*, Londres, 1960. – A. R. Heiserman, *Skelton and Satire*, Chicago, 1961. – H. Pollet, *John Skelton, Contribution à l'histoire de la Prérenaissance anglaise*, Paris, 1962.

SKINNER Burrhus Frederick. Psychologue et psycholinguiste américain. Né le 20 mars 1904 à Susquehanna (Pennsylvanie), mort le 18 août 1990 à Cambridge (Massachusetts). Dès sa thèse de doctorat qu'il soutient à Harvard (1931), Skinner expose ses idées sur le comportement des êtres organisés. Il s'agit de résultats de plusieurs années de recherche sur des rats observés dans un appareillage spécial : « boîte de Skinner », dans laquelle on conditionne l'animal affamé à obtenir de la nourriture en appuyant sur une pédale. Ce comportement est appelé « conditionnement opérant ». Cet appareil a été modifié pour étudier le comportement d'autres espèces animales comme le pigeon. Skinner, disciple de Watson, adopte une approche totalement objective pour l'étude des comportements et pense qu'il est inutile de se référer à une conscience des sujets qui n'a aucune valeur explicative. La psychologie doit se limiter à l'observation du comportement visible d'un organisme dans sa relation avec le milieu. Les comportements sont hautement déterminés et sélectionnés en fonction des renforcements positifs ou négatifs du milieu. La théorie behavioriste de Skinner a influencé profondément la psychologie pendant des décennies. Skinner étend à l'homme ses observations sur l'apprentissage et invente l'enseignement programmé. Le renforcement résulte de la satisfaction de découvrir que la réponse donnée au problème est la bonne. Il a également mené des recherches sur l'apprentissage du langage *Comportement verbal* [*Verbal Behavior*, 1957], très controversées notamment par le linguiste Noam Chomsky. D'autres polémiques ont été suscitées dès la publication de son ouvrage *Par-delà la liberté et la dignité* (*) (1957).

ARLETTE STRERI.

SKRAM Bertha Amalie. Femme de lettres norvégienne. Née à Bergen le 22 août 1847, morte à Copenhague le 15 mars 1905. Fille d'un commerçant qui se ruina alors qu'elle était une enfant, Amalie Alver épousa à dix-huit ans le capitaine de vaisseau Müller, avec qui elle fit le tour du monde. Elle divorça en 1878 et se remaria en 1884 avec l'écrivain danois Erik Skram. Belle et ardente, mais malheureuse, déçue par les hommes et par son pays, son nom reste attaché à des romans d'un naturalisme cru et amer : *Constance Ring,* fruit douloureux de son expérience du mariage, et *Gens de Hellemyr* (*). Ses autres œuvres sont le drame *Agnès* (1893), les romans *Trahi* [*Forradt,* 1893], *Professor Hieronimus* (1895) et *A. S. Jörgen* (1895).

ŠKVORECKÝ Josef. Écrivain tchèque. Né le 27 septembre 1924 à Náchod en Bohême du Nord. Fils de fonctionnaire, il fait ses études secondaires à Náchod, puis s'inscrit à l'université Charles à Prague (lettres anglaises et philosophie). Il enseigne dans un collège, puis travaille comme rédacteur dans l'édition ; il est également traducteur littéraire d'anglais. Sa première publication, en 1958, est celle d'un roman écrit dix ans auparavant, et qui fait aussitôt scandale, *Les Lâches* (*). Directement influencé par la prose américaine, l'ouvrage enfreint en effet les règles alors sacro-saintes du « réalisme socialiste ». En ce sens, *Les Lâches* anticipent sur le dégel culturel qui ne culminera que sept ou huit ans plus tard. Durant les années 60, Škvorecký publie une dizaine de romans et recueils de nouvelles, ainsi que des essais sur la littérature américaine, sur le roman policier et sur le jazz ; il sera également le co-auteur de plusieurs scénarios cinématographiques (collaboration avec Schorm et Forman). Après l'invasion du pays par le Pacte de Varsovie en 1968, il s'exile au Canada, où il fonde avec sa femme une maison d'édition tchèque, qui publiera pendant vingt ans les ouvrages d'auteurs interdits en Tchécoslovaquie.

Les Lâches évoquent les derniers jours de la guerre dans une ville de province, vue par un étudiant à la tenue « zazou », saxophoniste amateur et coureur de filles, Danny Smiřický, l'alter ego de l'écrivain, destiné à reparaître régulièrement dans son œuvre. Anti-héros, intrigue anti-idéologique et transgression du tabou concernant, dans la littérature de l'époque, l'emploi de la langue populaire et argotique, tous ces éléments feront des *Lâches* un ouvrage de référence pour les années à venir – et resteront caractéristiques de l'ensemble de l'œuvre de Škvorecký. Des autres titres, citons *La Légende Emöke* [*Legenda Emöke*, 1963], récit d'un amour brisé par la superficialité et l'indifférence ; *Le Chandelier à sept branches* [*Sedmiramenný svícen*, 1964], réunissant sept nouvelles ayant pour thème le sort des Juifs sous le nazisme ; *Sur la vie de la haute* [*Ze života lepší společnosti*, 1965] ; *L'Histoire de Babel et autres nouvelles* [*Babylonský příběh a jiné povídky*, 1967] ; *La Fin de l'âge de nylon* [*Konec nylonového věku*, 1968] et *Le Lionceau* [*Lvíče*, 1969], roman à intrigue policière. En exil, Škvorecký publiera notamment le récit satirique *L'Escadron blindé* [*Tankový prapor*, 1971] sur les tribulations de Danny dans l'armée populaire, le roman *Miracle en Bohême* (*) (1972), exploitant un fait divers réel (la mise en scène, par la police stalinienne, d'un « miracle » aussitôt dénoncé et aboutissant à l'inculpation d'un prêtre) et surtout le vaste roman introspectif *L'Histoire de l'ingénieur des âmes humaines* (*) (1977), reprenant les aventures de Danny depuis les années 40 jusqu'à l'exil canadien et au-delà (entre-temps Danny est devenu, à l'instar de son auteur, professeur de littérature à l'université de Toronto) ; roman qui représente sans doute, avec *Les Lâches*, le sommet de l'œuvre. Mis à part l'effet spectaculaire provoqué par la parution des *Lâches*, le principal apport de Škvorecký à la littérature tchèque contemporaine aura été l'introduction de procédés narratifs nouveaux, puisés pour la majeure partie dans la prose américaine des années 20 et 30. Tout en revendiquant le droit au divertissement et en usant très librement de l'humour et de l'ironie, il a ainsi rendu ses lettres de noblesse au réalisme moderne.

OLGA SPILAR.

SLAUERHOFF Jan Jacob. Poète et prosateur néerlandais. Né à Leeuwarden (Frise) le 15 septembre 1898, mort à Hilversum le 5 octobre 1936. Se trouvant à l'étroit dans son pays natal, trop calme à son gré, Slauerhoff, ses études de médecine terminées, exerça pendant quelque temps au Maroc, puis s'embarqua comme médecin de bord sur un long-courrier. Il visita ainsi la Chine, où Macao l'attira tout particulièrement, l'Inde et l'Amérique du Sud, multipliant les recueils de *Poésies* (*), qu'il dota, pour la plupart, de titres français : *Archipel* (1923), *Clair-Obscur* (1927), *Fleurs de marécage* (1928), *Asie orientale* [*Oost-Asië*, 1928], *Un honnête tombeau de marins* [*Een eerlijk zeemansgraf*, 1936], etc. Il écrivit également plusieurs recueils de nouvelles, parmi lesquels le meilleur est, sans contredit, *Écume et Cendre* (*) (1930), ainsi que deux romans : *Le Royaume interdit* [*Het verboden rijk*, 1932] et *La Vie sur terre* [*Het leven op aarde*, 1934]. Être tourmenté et jamais satisfait, aspirant à quitter le bateau lorsqu'il se trouvait à bord, et impatient d'y revenir aussitôt descendu à terre, Slauerhoff étonne par ses raccourcis narratifs et par des exigences dignes d'une autre époque. Il rêve de conquêtes, de vie intense ; capable de plaindre une femme obligée de par son métier de vivre dans une ambiance indigne d'elle, il se dit capable de vouloir exterminer tous ceux qui le choquent par leur mesquinerie, leur hypocrisie et leur médiocrité. Ses *Œuvres* [*Gesammelte Werke*] furent publiées à Rotterdam, en sept volumes, en 1940-1954.

RÉF. : C. van Wessen, *Slauerhoff. Een levensbeschrijving*, Rijswijk, 1941. – T. C. Terborgh, *Slauerhoff. Herinneringen en brieven*, La Haye, 1950. – C. J. Kelk, *Leven van Slauerhoff*, Amsterdam, 1959 ; 2e éd. 1981. – L. J. E. Fessard, *Jan Jacob Slauerhoff (1898-1936). L'Homme et l'Œuvre*, Paris, 1964. – M. Kageling, *Slauerhoff tussen mare en mythe*, La Haye, 1986.

SLAVEYKOV Pentcho. Poète, écrivain et critique littéraire bulgare. Né le 27 avril 1866 à Triavna, mort le 28 mai 1912 à Brunate, en Italie. Il fut entièrement formé dans l'esprit de l'esthétique idéaliste et des auteurs comme Goethe, Heine et Nietzsche. Éclectique dans ses goûts littéraires et poétiques, Slaveykov se trouve néanmoins, dans son pays, à l'origine d'une ouverture spectaculaire à la vie culturelle européenne. Enrichir la littérature nationale par l'expérience esthétique occidentale fut son ambition la plus noble. Il fut le premier, en Bulgarie, qui annonça les principes d'un art nouveau, hostile à la problématique sociale et politique, nourri essentiellement des émotions et des représentations intérieures de valeur universelle. Son humanisme et son néoromantisme constituent le fondement du modernisme bulgare, car il rentre dans la vie littéraire comme novateur. La beauté devient pour lui, non seulement un idéal de perfectionnement moral, mais également un bonheur, qui donne un sens à la vie humaine. Dans son recueil poétique *Rêve de bonheur* (*), d'une thématique et d'un style qui témoignent d'une empreinte européenne considérable, Slaveykov, comme un auteur moderne, met l'accent sur la problématique de la passion amoureuse, se transformant inexorablement en crime, sans renoncer pour autant à l'inspiration du folklore et à la mise en relief des traits typiquement nationaux. Même dans ses œuvres poétiques aux résonances philosophiques – *Chants épiques* [*Epitcheski pesni*, 1907] –, il reste fidèle à la recherche du génie national dans la transposition des valeurs humaines universelles et durables. Son admiration pour le romantisme allemand et son attachement au folklore bulgare sont à l'origine de plusieurs ballades de grande valeur esthétique.

Son œuvre *L'Île des bienheureux* [*Ostrovat na blajénité,* 1910] où les vers alternent avec des esquisses littéraires, est imprégnée des états d'âme d'un lyrisme émouvant. Les portraits des poètes allemands et russes ainsi que ses autoportraits témoignent d'une attitude critique et ironique. Ils représentent une tentative d'appréciation de l'existence sociale et spirituelle en Bulgarie dont l'avenir culturel préoccupa le poète jusqu'à la fin de ses jours.

Grâce au nouvel idéal esthétique et à l'œuvre poétique de Slaveykov, la poésie bulgare commence à perdre son caractère naïf et s'engage, avec succès, dans la voie du modernisme européen. Tout en restant fidèle au romantisme, le poète devient le père spirituel des symbolistes bulgares du premier quart du XXe siècle. Chef de file du courant des « modernes », groupés autour de la revue *Missal* (1892), ce fut lui qui exprima de la manière la plus forte et la plus convaincante l'aspiration des Bulgares à sortir de la situation d'« ethnie négligeable » en Europe. Mais il fut avant tout un poète lyrique, créateur de la petite chanson marquée par la mélancolie et la recherche évidente de musicalité.

ÉLÉNA FOULLIARON.

SLAVICI Ioan. Journaliste et écrivain roumain. Né le 18 janvier 1848 à Siria près d'Arad (Transylvanie), mort le 17 août 1925 à Bucarest. Il fit ses études de droit à Bucarest et grandit dans l'ambiance de l'empire austro-hongrois sans s'intéresser néanmoins ni à l'histoire politique, ni à la littérature de son peuple. Mais, en 1869, il rencontra Eminescu à Vienne, où il s'était rendu pour faire son service militaire, et par lui il découvrit le monde roumain. Attiré par l'idéal qui les unissait, celui de donner aux Roumains une unité culturelle, ils fondèrent l'association « La Jeune Roumanie » [România Jună]. Introduit par Eminescu dans la société cultivée de Iaşi « Junimea », Slavici y fit d'heureux débuts avec le roman *Tanda le Pope* (*) (1873). Puis il se rendit à Bucarest (1875) et s'occupa en qualité de secrétaire de la publication des documents de la collection Hurmuzachi, et fut professeur dans diverses institutions. Il fut ensuite rédacteur du journal *Le Temps* [*Timpul*] et, en 1884, prit la direction de *La Tribune* [*La Tribuna*]. Quelques années plus tard, de retour dans la capitale, il dirigea avec Caragiale et Cosbuc, de 1894 à 1896, la revue *Le Foyer* [*Vatra*]. Son amour pour l'Autriche le poussa à se faire, à partir de 1914, à la veille de la déclaration de guerre, le chef de la propagande en faveur d'une alliance de la Roumanie avec les puissances centrales ; même après la réunion de la Transylvanie, Slavici ne renonça pas à ses idées, qui finirent par lui faire perdre la faveur de ses concitoyens. Mais l'œuvre de Slavici, un des meilleurs conteurs modernes, fait revivre un monde riche en souvenirs des temps passés, dont la société paysanne transylvanienne, qui s'était développée dans un climat d'indépendance qui lui était propre, conservait intactes la beauté et la noblesse. Ce qui prédomine également dans son œuvre, c'est le souci éthique et éducatif. Citons de lui : *Nouvelles* [*Novele,* 1892-1896], *Manea* (1906), *Spiru Căliu* (1908), *Contes* [*Povesti,* 1908], *Mes prisons* [*Inchisorile mele,* 1921], *Souvenirs* [*Amintiri,* 1924].

SŁONIMSKI Antoni. Poète polonais. Né et mort à Varsovie (15 octobre 1895 – 4 juillet 1976). Une des figures les plus marquantes et les plus pittoresques de la vie littéraire varsovienne de son temps. Étudiant en peinture à Munich, auteur de *Sonnets* très parnassiens, il se fait connaître en fondant avec Tuwim le cabaret littéraire « Pikador » (octobre 1918), puis la revue *Skamander.* Il publie d'abord de spirituelles revues anarchisantes (*szopki*), mais aboutit rapidement à une poésie ouverte aux grands problèmes du monde moderne : la révolution, dans *Printemps noir* [*Czarna wiosna*, 1919] ; la guerre, dans *Les yeux dans les yeux* [*Oko w oko*, 1928] ; la montée du totalitarisme dans *Fenêtre sans barreaux* [*Okno bez krat*, 1936]. Son plus beau recueil, *L'Âge de la défaite* [*Wiek klelski*, 1945] contient d'admirables poèmes de guerre, comme « Alarm », sur le bombardement de Varsovie en 1939. Ses vers, d'une grande variété rythmique, écrits dans une langue populaire, valent surtout par les sentiments forts qu'ils expriment et par le message révolutionnaire dont ils sont porteurs. On trouve la même véhémence dans les chroniques publiées avant la guerre et réimprimées en 1934 dans *Un hérétique en chaire* [*Heretyk na ambonie*], ainsi que dans des comédies comme *Le Nègre de Varsovie* [*Murzyn warszawski*, 1928]. Réfugié en France, puis en Angleterre à partir de 1939, délégué à l'U.N.E.S.C.O. et directeur de l'Institut polonais de Londres après 1945, Słonimski ne s'est guère mêlé aux cercles de l'émigration, dont il condamnait la politique comme réactionnaire. Il revint à Varsovie en 1951, mais ne sembla pas avoir retrouvé en « Pologne populaire » sa verve mordante et son élan révolutionnaire d'avant 1939. Le recueil de *Poèmes* (*), publié en 1951, donne une bonne idée de son œuvre poétique.

JEAN LAJARRIGE.

SŁOWACKI Juliusz. Poète polonais. Né à Krzemieniec le 4 septembre 1809, mort à Paris le 3 avril 1849. Il était le fils d'un professeur de lettres au lycée de sa ville natale qui avait traduit *La Henriade* (*) et avait composé deux tragédies. Sa mère, née Salomeja Januszewska, était une femme d'esprit supérieur que son fils consulta toujours sur ses ouvrages. Słowacki fut un enfant précoce qui, dès l'âge de huit ans, demandait à Dieu « de le faire poète et de lui donner la gloire après sa mort ». À dix-huit ans, il vivait une grande passion ; à vingt, c'était un grand poète, et il n'avait pas quarante ans lorsqu'il mourut, laissant une œuvre qui devait lui survivre. Son destin fut rapide et fulgurant, ses passions intenses. À dix-sept ans, Słowacki publiait son *Élégie ukrainienne* [*Duma ukraińska*] d'inspiration byronienne. Sa jeunesse rêveuse et maladive fut marquée par l'affection d'une mère sensible, puis par son amitié pour un camarade qui se suicida – Słowacki évoquera ce temps dans *Heures de réflexion* (*), – enfin par son amour non partagé pour une jeune fille, Louiza Śnadiecka, fille d'un savant célèbre. Ces deux expériences douloureuses développèrent chez le jeune homme une réflexion précoce et profonde qui pour toujours le laissera insatisfait devant la vie et marquera ses poèmes d'un caractère âpre et désolé. À vingt ans cependant, après avoir achevé ses études de droit, il entre, grâce à la protection du prince Lubecki, au ministère des Finances ; il publie alors deux drames, *Mindowe*, et *Marie Stuart* (*). À peine est-il installé à Varsovie que la révolution y éclate. Słowacki y adhère avec enthousiasme et il est chargé par le gouvernement national d'une mission en Angleterre. Pendant son absence Varsovie est prise, et, apprenant que « l'ordre y règne », il restera désormais en exil comme Mickiewicz, Krasiński et d'autres. En 1832, il s'installe à Paris où il reprend son activité littéraire. Jusqu'à cette époque, les œuvres qu'il avait composées, *Le Serpent* [*żsmija*], *Jan Bielecki, Hugo* (*), *Le Moine* [*Mnich*], *Mindog*, étaient nettement influencées par la poésie de Byron et se rattachaient au mouvement romantique. Cependant, dans *Le Serpent* et dans *Le Roi de Ladava* perce déjà l'originalité du poète. Ces deux œuvres marquent le début de sa profonde inspiration nationale.

En 1832, il publie *Lambro* où, sous le couvert de la libération de la Grèce, c'est celle de son propre pays qu'il chante. Cependant, là encore, l'exemple de Byron est sensible, il disparaîtra des œuvres suivantes. En 1833, Słowacki fit un séjour à Genève, et en 1834 parut *Kordjan* (*), histoire d'une conjuration contre Nicolas Ier où, dégagé des influences précédentes, le génie du poète paraît dans sa véritable singularité. À Genève, il fréquentait des milieux intellectuels très variés où étaient représentés tous les courants d'idées de l'Europe. Il passa là quelques années tranquilles, et ramena le poème *En Suisse* [*W Szwajćarii*]. De 1836 à 1838, il effectua un long voyage en Orient (Grèce, Égypte, Palestine), et de passage à Rome il rencontra le poète Krasiński avec lequel il restera lié d'amitié jusqu'à sa mort ; à Florence, il connut et aima Angela Moszenka. En Italie parurent *Voyage en Terre sainte* [*Podróż na Ziemi Świętej*], *La Tombe d'Agamemnon* [*Grób Agamemnona*], *Je suis triste, ô Dieu* [*Smutno mi Boże*]. De retour à Paris il publie, en 1839, *Anhelli* (*), ainsi que *Béatrice Cenci* (*), *Mazeppa* (*), *Balladyna, Horsztyński*, poèmes où apparaît sa volonté de rattacher la situation présente de la Pologne aux grands événements de l'histoire nationale. En 1840 paraît le drame *Lilla Veneda* (*), en 1841, *Jan Beniowski* où, pour la première fois, s'expriment certaines préoccupations philosophiques de Słowacki. C'est en juillet 1842 qu'il rencontre Towiański, avocat de Wilno émigré à Paris. Celui-ci professait une sorte de messianisme néo-chrétien qui eut une influence sur l'orientation de Słowacki. Déjà marqué par ce courant paraît en 1843 *L'Abbé Marc* [*Ksiadz Marek*], œuvre patriotique et messianique. Par la suite Słowacki remontera jusqu'aux sources authentiques qui inspiraient cette doctrine, Plotin et saint Augustin. De cette période datent deux œuvres : *Genèse de l'esprit* [*Genezis z ducha*] et *Le Roi Esprit* (*) (1847), cette dernière restée inachevée, marquées par la philosophie platonicienne. En 1848, Słowacki, déjà malade, se rendit à Poznań où le Comité national projetait une insurrection, qui échoua. Il eut le temps de passer huit jours avec sa mère à Breslau avant d'être expulsé par la police allemande. Sa mère repartie pour la Galicie, il rentra à Paris où il mourut peu de temps après son retour. L'œuvre de Słowacki est marquée par une ironie poignante et une sensibilité douloureuse ; dans ses ultimes manifestations, elle dépasse le romantisme qui, d'abord, l'avait inspirée, pour rejoindre Edgar Poe, voire même Lautréamont, ainsi qu'en témoignent certains passages de *La Genèse spirituelle*, telle cette invocation : « Vieil océan, dis-moi comment se passèrent au fond des ondes les premiers mystères de l'organisme, les premiers développements de ces fleurs de nerfs d'où vint à s'épanouir l'âme. » Après sa mort parut un recueil de ses *Œuvres* (Leipzig, 1862, 4 vol.) suivi de ses *Écrits posthumes* [*Pisma pośmiertne*, Lwów, 1866, 3 vol.].

MARINA BERSANO BEGEY.

♦ *« Nous distinguons en Slowacki quelque chose qui l'apparente à la figure – passée comme un météore – du grand prédécesseur de Shakespeare, Christopher Marlowe. C'est un poète dramatique d'une force et d'une passion titanesques, mais trouvant en soi une source constante de mélodie lyrique, qui dispense ses flots de musicalité à travers toute sa production dramatique. »* R. Dyboski.

RÉF. : Ch.-Edm. Chojecki, *La Pologne captive et ses trois poètes : Mickiewicz, Krasiński, Slowacki*, Leipzig, 1864. – G. Sarrazin, *Les Grands Poètes romantiques de la Pologne*, Paris, 1906. – Juliusz Kleiner, *Juliusz Słowacki, dzieje twórczości*, 4 vol., Lwów, 1924-27. – V. Lednicki, « Jules Slowacki » in *Revue de l'université de Bruxelles*, t. I, Bruxelles, 1926-27. – S. L. Zaleski, « J. Słowacki, l'ouvrier de Dieu », in *Mercure de France*, Paris, 1927. – Ed. Krakowski, *Trois destins tragiques, Slowacki, Krasiński, Norwid*, Paris, 1931. – J. Bourrilly, *La Jeunesse de J. Slowacki*, Paris, 1960.

SMÆRUP SØRENSEN Jens. Romancier danois. Né le 30 mai 1946 à Staun. Ses thèmes fondamentaux sont ceux de l'aliénation de la conscience éclatée et du conflit entre le langage et la vie à l'ère de la technologie et des mass media. Plusieurs de ses romans racontent la perte des valeurs authentiques dans une réalité menaçante : *Constructions* [*Byggeri*, 1974] souligne, jusque dans l'écriture même, le caractère fictif de la vie devant lequel l'individu réagit en s'enfermant dans des univers fantastiques ; univers particulièrement explorés dans *Treize fragments d'un rêve* [*13 stykker af en drøm*, 1976] et *Finir comme ermite* [*At ende som eneboer*, 1972]. *La Forêt maintenant* [*Skoven nu*, 1977] décrit la société danoise des années 70 avec un réalisme qui pénètre jusqu'aux moindres détails la vie provinciale de deux couples. Le thème de *Ma chair danoise* [*Mit danske kød*, 1981] est également le Danemark des années 1970, tel que l'évoque un survivant de la guerre qui avant sa mort fixe pour l'éternité les lois absurdes qui régissaient cette farce — la société — qu'il cherchait à fuir mais qui revient maintenant terriblement dans sa mémoire. Les nouvelles du *Principe humain* (*) (1985) montrent comment chacun est maître de son destin : le malheur commence lorsque l'individu renonce à cette règle simple. *Catastrophe* [*Katastrofe*, 1989] reprend ce thème, vu sous l'angle du rêve de 1968 qui a tourné au cauchemar parce qu'on a omis de le soumettre à l'épreuve du quotidien.

KARL E. POULSEN.

SMETANA Bedřich. Compositeur tchèque. Né à Leitomischl le 2 mars 1824, mort le 12 mai 1884 à Prague. Il était le onzième d'une famille de dix-huit enfants dont dix seulement survécurent ; son père, amateur de musique, fut son premier maître. Smetana fut un enfant prodige. À l'âge de cinq ans, il jouait dans un quatuor, et à six il se produisit en public comme pianiste ; à huit ans, il écrivit ses premières compositions. Il fit des études à Plzen, puis à Prague, avec Proksch et Kittl, et les acheva en composant *Bagatelles et Impromptus* (1844). Pendant la révolution de 1848, Smetana prit parti pour les insurgés, ce qui lui coûta le poste de professeur de musique qu'il avait obtenu dans la famille Thun ; mais, avec l'aide de Liszt, devenu son ami, il put ouvrir une école de musique privée. En 1849, il épousa Katerina Kolar qu'il connaissait depuis 1831. Mais comme l'atmosphère dans laquelle il vivait n'était point en accord avec ses idées politiques, il accepta de se rendre à Göteborg, en Suède, pour diriger un orchestre philharmonique. Il garda cet emploi pendant cinq ans (1856-1861) et se consacra à l'étude de la littérature musicale romantique, surtout allemande. Ses trois poèmes symphoniques, *Richard III* (1858), *Le Camp de Wallenstein* (1858-59) et *Haakon Jail* (1860-61), lui ont été inspirés respectivement par Shakespeare, Schiller et le poète danois Oehlenschläger. La situation politique ayant changé en Bohême, Smetana put regagner son pays natal où il tenta de réaliser ses projets relatifs à un théâtre national. Un petit théâtre fut ouvert en 1862 et Smetana, qui en avait pris la direction, écrivit la première œuvre qu'on y représenta, *Les Brandebourgeois en Bohême*, sur un livret en langue tchèque de Karel Sabina (1862-63). La première représentation n'eut lieu qu'en janvier 1866, suivie presque aussitôt par celle de *La Fiancée vendue* (*) à laquelle Smetana avait travaillé entre 1863 et 1866. Pour Smetana, l'opéra national, nourri de thèmes populaires, devait acquérir en remaniant ceux-ci et en créant quelque chose de neuf, une valeur universelle. C'est à ce résultat qu'atteint *La Fiancée vendue*, mais jamais plus Smetana n'atteindra à une si parfaite maîtrise, ni dans la grave *Dalibor* (1865-67), ni dans la pittoresque *Libuše* (1869-72), ni dans *Le Baiser* [*Hubička*, 1876], œuvre écrite alors que la maladie avait déjà compromis son équilibre physique (1875-76). De 1874 à 1879, Smetana travailla surtout à un vaste cycle de poèmes symphoniques, *Ma patrie (Má Vlast)*, en six parties, dont la seconde, la plus célèbre, est intitulée *La Moldau* (*), et où l'on retrouve l'influence de Liszt, mais avec des sonorités plus discrètes. C'est de Beethoven que Smetana se réclame pour les dernières œuvres qu'il écrivit, deux *Quatuors en mi mineur* (1876) et *en ré mineur* (1882), mais alors que dans le premier l'expression semble un peu forcée, trop sentimentale, d'un pathétique un peu conventionnel, on ne peut que louer l'écriture sobre du second, fruit d'une tension intérieure qui ne connaît point de répit et qui trouve des accents pleins d'une calme lucidité. C'est le dernier message de Smetana qui, peu après, devait entrer dans une maison de santé pour y mourir.

CARLO MARINELLI.

♦ *« Il n'a jamais contrefait, comme il disait, l'art populaire. Ce n'était point aux procédés clinquants, mais à la pensée et à la substance d'une œuvre d'art qu'il en discernait le caractère national. »* N. Nejedly.

RÉF. : B. Wellek, *F. Smetana*, Prague, 1900. — W. Ritter, *B. Smetana*, Paris, 1907. — J. Tiersot, *Smetana*, Paris, 1926. — E. Swoboda-Funk, *Der musikalische Humor in Smetanas Opern*, Vienne, 1940.

SMITH Adam. Philosophe et économiste écossais. Né à Kirkaldy (Écosse) le 5 juin 1723, mort à Édimbourg le 17 juillet 1790. Après avoir fait ses premières études à Kirkaldy, de 1737 à 1740, il entra à l'université de Glasgow, où il devint un fervent disciple de Francis Hutcheson. Puis, pour répondre au désir de sa famille, il alla étudier la théologie à Oxford, mais il n'avait aucun goût pour cette discipline et ne se sentait pas la vocation ecclésiastique ; c'est pourquoi il ne termina pas ses études et revint en Écosse, où il fit avec succès des cours de rhétorique et de critique littéraire à l'université de Glasgow. En 1751, dans cette même université, il fut nommé titulaire de la chaire de logique qu'il échangea plus tard contre celle de philosophie morale qui convenait mieux à son tempérament. Dans ses cours, Smith faisait une part importante à l'éthique et à l'économie, et ne montrait que peu d'intérêt pour la théologie naturelle qui constituait cependant l'élément essentiel de son enseignement. Il publia en 1759 la *Théorie des sentiments moraux* (*), qui est, du point de vue philosophique, son chef-d'œuvre. Il avait observé depuis longtemps déjà l'intense activité commerciale du port de Glasgow et mené des recherches sur les questions économiques, mais ses connaissances en ces matières s'élargirent et s'approfondirent quand, en 1764, il se décida à quitter l'université pour accompagner le jeune duc de Buccleugh dans son voyage en Europe qui devait le conduire à Toulon, Genève et Paris et qui dura jusqu'en 1766. Il connut les plus illustres philosophes et économistes français qui avaient accueilli favorablement sa *Théorie des sentiments moraux*. À son retour, Smith se retira à Kirkaldy tout en maintenant le contact avec Glasgow et avec l'Angleterre, et travailla à l'ouvrage qui le rendit célèbre : *Recherches sur la nature et les causes de la richesse des nations* (*) et qui est considéré comme la première œuvre d'économie politique classique et libérale. L'ouvrage parut en 1776 et le fit rapidement connaître. Deux ans plus tard, il fut nommé commissaire des douanes à Édimbourg, emploi qu'il occupa jusqu'à sa mort. En 1787, Smith eut le grand honneur d'être élu recteur de l'université d'Édimbourg. Très frappé par la mort de sa mère, lui-même déjà malade depuis quelque temps, il mourut en 1790. Suivant son désir, tous ses écrits inédits furent brûlés. Seuls furent publiés ses *Essais sur des sujets philosophiques* [*Essays on Philosophical Subjects*, 1795], dans lesquels, il traite de question de logique et d'histoire de l'astronomie, et ce n'est qu'un siècle plus tard (1896) que parurent ses *Leçons sur la justice, la police, les revenus et l'armée* [*Lectures on Justice, Police, Revenue and Arms*], leçons qu'il avait professées à l'université de Glasgow.

RÉF. : J. Rae, *Life of Adam Smith*, Londres, 1895 (repris à New York, 1965). – C. et Ch. Turgeon, *La Valeur d'après les économistes anglais et français*, Paris, 1923. – P. Portalono, *Les Mouvements du salaire et du profit chez Adam Smith*, Paris, 1935. – J. W. Thompson, *A History of Historical Writing*, New York, 1942. – R. B. Fulton, *Adam Smith speaks to our Times*, Boston, 1963. – T. D. Campbell, *Adam Smith's Science of Morals*, Londres, 1971. – J. R. Lindgren, *The Social Philosophy of Adam Smith*, La Haye, 1973. – A. Skinner (Éd.), *Essay on Adam Smith*, Oxford, 1975.

SMITH Cordwainer (pseud. de Paul Myron Anthony Linebarger). Romancier et nouvelliste américain. Né à Milwaukee (Wisconsin) le 11 juillet 1913, mort à Washington le 6 août 1966. Ayant suivi son père, conseiller de Sun Yat-sen, en Chine, il apprend le chinois et le japonais et fait l'expérience de la guerre civile. Il perd un œil en 1919 dans un accident à Honolulu, et toute sa vie sera marquée de maladies et d'hospitalisations. Après des études en Chine, en Allemagne, en France et aux États-Unis, devenu un des spécialistes de l'Extrême-Orient, il est recruté par l'armée américaine pour son service d'action psychologique. Il découvre la science-fiction vers 1926 et commence à écrire mais ne développe son œuvre qu'après 1945 et surtout après 1960. Le cycle des *Seigneurs de l'instrumentalité* (*) compte trente-sept histoires et constitue un des monuments de la science-fiction. P.M.A. Linebarger publia aussi un manuel, *La Guerre psychologique* (1948). Bien qu'épiscopalien rigoureux, il épouse en premières noces Margaret Snow en 1936, dont il a deux filles, et divorce en 1949 pour se remarier en 1950 avec Geneviève Collins. Après avoir de nouveau servi en Malaisie et en Corée au début des années 50, il retrouve son poste de professeur à la John Hopkins University de Washington, où il forme des générations d'hommes politiques.

GÉRARD KLEIN.

RÉF. : Jacques Goimard, préfaces et bibliographies des six volumes de l'édition française définitive des *Seigneurs de l'Instrumentalité*, Paris, 1987.

SMITH John. Aventurier, explorateur et chroniqueur anglais. Né à Willoughby dans le Lincolnshire en janvier 1579 ou 1580, mort à Londres le 21 juin 1631. Très jeune, il alla combattre les Espagnols en Hollande et les Turcs en Hongrie. Cette dernière campagne lui valut le titre de capitaine et une pension de trois mille ducats offerte par le prince Bathory. De retour en Angleterre en 1604, il commença à s'intéresser aux colonies et partit pour l'Amérique en 1606. Il est considéré comme le fondateur de l'état de Virginie qu'il gouverna à partir de 1608. Il y mena une vie mouvementée d'explorations, de reconnaissances et de combats. La légende raconte que, prisonnier des Indiens, il fut, au dernier instant, sauvé par la fille d'un de leurs chefs. Il entreprit de relater ses aventures et publia neuf ouvrages dont les plus connus sont : *Récit véridique des événements ayant eu lieu en Virginie* (*), une *Carte de la Virginie* [*A Map of Virginia,* 1612], une *Description de la Nouvelle Angleterre* [*A Description of New England*, 1612], *Histoire générale de la Virginie, de la Nouvelle Angleterre et des îles Summer* [*General History of Virginia, New England and the Summer Isles*, 1624] et *Les Voyages, aventures et observations véridiques en Europe, Asie, Afrique et Amérique*.

RÉF. : E. Arber et A. G. Bradley, *Travels and Works of Captain John Smith*, Édimbourg, 1910.

ŠMITS Pēteris. Folkloriste letton. Né le 25 décembre 1869 dans le district de Rauna ; mort le 5 juin 1938 à Riga. Dès son plus jeune âge, Šmits s'attacha à l'étude du langage. Étudiant, à Moscou, puis à Saint-Pétersbourg, il avait déjà donné des preuves de ses aptitudes exceptionnelles pour les langues orientales. Après avoir obtenu, en 1896, ses diplômes en philologie, il se rendit à Pékin afin de s'y perfectionner dans la langue chinoise. Il séjourna trois ans en Chine, puis fut nommé professeur de chinois à l'Institut oriental de Vladivostok. Les ouvrages de linguistique et les grammaires de différents idiomes asiatiques qu'il composa sont innombrables ; toutefois, il ne perdit jamais contact avec son pays natal, et collabora sans discontinuer aux périodiques lettons les plus importants. En 1919, lorsqu'il rentra dans sa patrie devenue indépendante, on lui offrit immédiatement la chaire de linguistique de l'université de Riga. À partir de ce moment, cet orientaliste déjà célèbre se consacra spécialement au folklore national, en particulier à la mythologie et aux croyances populaires, matière qu'il traita dans plusieurs essais et dans laquelle sa compétence et son autorité sont toujours valables.

En tant que folkloriste, son œuvre principale demeure la collection monumentale des *Fables et légendes lettonnes* (*) (1925-1937).

SMOLLETT Tobias George. Romancier anglais, né à Dalquhurn dans le Dumbartonshire (Écosse), en mars 1721, mort à Pise le 17 septembre 1771. Il fit ses études à Dumbarton, puis à l'université de Glasgow et entra en apprentissage auprès d'un chirurgien de la ville, en 1736. À dix-huit ans, il quitta l'Écosse pour conquérir l'Angleterre avec une tragédie, *The Regicide*, ayant pour thème la mort de Jacques Ier. L'échec de cette pièce, qui fut partout refusée, le hantera durant de nombreuses années. Découragé et sans ressources, il finit par trouver une place d'assistant chirurgien à bord du « Cumberland » où il servit durant l'expédition contre Carthagène. La flotte se rendit ensuite à la Jamaïque et, tombé amoureux de la fille d'un planteur, Nancy Lascelles, Smollett l'épousa avant de rentrer en Angleterre. Il s'installa alors comme chirurgien à Downing Street, mais le peu de goût qu'il avait pour la profession et la mauvaise marche de ses affaires lui firent chercher un dérivatif dans la littérature. Son premier roman, *Les Aventures de Roderick Random* (*) (1748), est en grande partie autobiographique. Le livre parut anonymement et fut, dans la traduction française, attribué à Fielding. Furieux de cette méprise, Smollett vint à Paris pour se faire reconnaître comme le véritable auteur. À son retour, en 1751, il publia *Les Aventures de Peregrine Pickle*, qui connut aussitôt un énorme succès et fut immédiatement traduit en France, où il recueillit la même faveur. Son troisième roman, *Les Aventures de Ferdinand comte Fathom* (*) parut en 1753. Ce livre de mystère et de terreur est à l'origine du « roman noir » qui deviendra un véritable genre dans la littérature anglaise. La prodigalité de Smollett et sa fréquentation assidue des tavernes le laissaient perpétuellement à cours d'argent malgré le succès. C'est pour faire face à ses dépenses qu'il se lança dans d'énormes travaux de compilation et d'édition. Infatigable, il donna une version de *Don Quichotte* (*), fit paraître un périodique littéraire : *The Critical Review* (1756), entreprit une *Histoire d'Angleterre* [*The Compleat History of England*], réunit et rédigea en partie un recueil de récits de voyage en sept volumes, et composa *Une histoire universelle* [*An Universal Story*, 1768-1769]. En janvier 1760, il lança le *British Magazine*, où il publia en feuilleton son médiocre : *Les Aventures de sir Lancelot Greaves* [*The Adventures of Sir Lancelot Greaves*] ; en 1762, *The Briton*, qui disparut au bout de quelques mois. Il s'attaqua ensuite à une traduction en trente-huit volumes des œuvres de Voltaire. Ces énormes travaux qui lui rapportaient d'ailleurs beaucoup d'argent ruinèrent sa santé et il finit, sur l'avis de sa femme, par se décider à aller prendre du repos à l'étranger. Il résida surtout sur la Riviera et rapporta de ce séjour deux remarquables volumes de souvenirs et d'observations intitulés *Voyages* (1756) et *Voyages à travers la France et l'Italie* [*Travels through France and Italy*, 1766]. Il semblait guéri mais un ulcère mal soigné rongeait ses forces. Il alla se soigner à Bath en 1766, visita l'Écosse, puis revint se fixer à Londres en 1768. Une recrudescence d'énergie lui permit alors de composer son extraordinaire *L'Histoire et les aventures d'un atome* [*The History and Adventures of An Atom*], qui est une féroce satire rabelaisienne de la conduite des affaires publiques dans l'Angleterre de son temps. Il retourna en Italie en 1769, et s'établit à Antignano près de Livourne. Sa dernière œuvre, écrite en 1770, *L'Expédition de Humphrey Clinker* (*), par sa causticité, la verve et la vivacité de son style, se place au premier rang des ouvrages de langue anglaise.

BERNARD NOËL.

♦ *« Il écrit dans la manière et l'esprit de Cervantès et témoigne d'une grande connaissance de la nature humaine ainsi que d'une grande maîtrise dans chacune de ses sentences. »* Goldsmith. ♦ *« Il y a chez lui de l'humour et du mauvais goût, du génie qui dégénère en insanité... »* Coleridge.

RÉF. : P. Chasles, *Le XVIIIe siècle en Angleterre*, Paris, 1846. – L. Melville, *Life and Letters of Tobias Smollett*, Londres, 1926. – E. Joliat, *Smollet et la France*, Paris, 1935. – Fred W. Boege, *Smollett's Reputation as a Novelist*, Princeton, 1947. – L. M. Knapp, *Tobias Smollett, Doctor of Men and Manners*, Princeton, 1949. – L. Brander, *Tobias Smollett*, Londres, 1951. – E. Bache, *The Narrative Posture* in *Four Novels of Tobias Smollett*, Madison, 1964. – D. B. Radical, *Doctor Smollett*, Boston, 1965. – P. G. Boucé, *Les Romans de Smollett*, Paris, 1971.

SMREK Ján (pseud. de Ján Čietek). Poète slovaque (nommé « artiste national » en 1966). Né le 16 décembre 1898 à Zemanské Lieskovo, mort le 8 décembre 1982. Orphelin très jeune, il peut toutefois faire ses études à l'École normale d'instituteurs et à l'Université. Dès 1924, il travaille comme journaliste et dans l'édition, à Prague, où il dirige une collection de jeunes auteurs slovaques et la revue *Elan* [*Elán*, 1939-1947], transférée, après Munich, à Bratislava. On serait tenté de dire de sa poésie qu'elle est monothématique puisqu'elle ne chante que la joie de vivre, la volupté, la femme, l'érotisme juvénile, l'amour. Ce serait oublier l'approfondissement par le mûrissement et l'intervention de l'Histoire et de la politique (Munich, l'État slovaque fascisant qui le sépare de Prague, la guerre, l'avènement du régime communiste). Ses recueils en sont un reflet *sui generis* : *Condamné à la soif éternelle* (+) (1922), *Journées galopantes* (+) (1925), *Nœuds divins* (*) (1929), *Rien que les yeux* [*Iba oči,* 1933], *Le Poète et la Femme* [*Básnik a žena,* 1934] qui est un poème-dialogue, *Grains* (+) (1935), *Le Festin* [*Hostina*], *La Fontaine* [*Studňa,* 1945]. Après 1948, il vit de traductions et peut reprendre la publication de ses recueils, sans modifier toutefois sa vision de manière notable : *Tableau du monde* (+) (1958), *Les Cordes* [*Struny,* 1962], *Ne touchez pas à mes cercles* [*Nerušte moje kruhy*], etc. Son œuvre de traducteur, importante, va des Français (Villon, Corneille) aux Hongrois (Petöfi, Ady). Sous le titre significatif de *Poésie, mon amour* [*Poézia moja láska,* 1968], il fait paraître le premier volume de ses souvenirs. Avec son antipode, Lukac, il domine la poésie slovaque de son temps.

VLADIMIR PESKA.

SNORRI STURLUSON. Écrivain islandais. Né à Hvammr (Islande occidentale) en 1178 ou en 1179, mort à Reykjaholt le 22 septembre 1241. Fils de Sturla Thórdarson appelé aussi Sturla de Hvammr, chicaneur illustre, et de Gudhny Bodvarsdóttir qui comptait parmi ses ancêtres le fameux Egill Skallagrimsson – v. *Saga* (*) –, Snorri fut recueilli à l'âge de trois ans dans la maison d'un homme puissant, descendant du savant Saemundr, Jón Loptsson, à Oddi (dans la partie méridionale de l'île), où il resta jusqu'à la mort de Jón, survenue en 1197. À Oddi, Snorri apprit beaucoup de choses de ce qu'il y entendit et de ce qu'il put y lire ; c'est là que, probablement, il apprit aussi le latin. Tout jeune, il épousa une jeune fille très riche, Herdis de Borg ; après la mort de son beau-père, Bersí, il partit pour Borg, puis de là, vers 1206, dans la proche Reykjaholt, où il se fit construire une demeure luxueuse. Son esprit subtil et son ambition, servis par la richesse de sa femme, le haussèrent rapidement au premier plan de la vie publique agitée de l'Islande. De 1214 à 1218, il fut président de l'assemblée législative et cour suprême de l'île. En 1218, il se rendit en Norvège où il gagna la faveur du roi Hákon Hákonarson et de son tuteur, le futur et puissant comte Skúli, en l'honneur desquels, de retour dans sa patrie, il écrivit un hymne de louanges, le *Háttatal.* Snorri resta en Norvège jusqu'en 1220, parcourant le pays en long et en large, y recueillant aussi des documents, car il avait déjà conçu l'idée d'écrire une histoire des rois de Norvège – qui devint plus tard la *Saga des rois de Norvège* (*) (1220-30). À cette époque, les relations entre l'Islande et la Norvège étaient assez tendues, et Snorri crut éviter le pire en promettant de soumettre l'île au pouvoir du roi. Le bruit en courut et cela lui aliéna beaucoup les sympathies de ses compatriotes, mais non cependant au point d'empêcher sa réélection comme président de l'assemblée en 1222. D'autre part, il n'avait rien fait de sérieux pour traduire en actes la promesse faite au roi norvégien.

Dans les années qui suivirent, Snorri (devenu veuf entre-temps, en 1223) fut plongé dans de violents litiges avec son frère Sigvatr et surtout avec son neveu Sturla, fils de Sigvatr, qui, gagné à la cause du roi Hákon, se rendit en Norvège (1233-35). Un peu plus tard (1237), Snorri retourna encore en Norvège, où il rejoignit le parti du comte Skúli, alors devenu l'adversaire du roi Hákon, s'attirant ainsi l'inimitié de celui-ci, qui lui intima l'ordre de ne pas quitter le pays. Snorri n'en fit rien et, transgressant l'intimation royale, retourna dans sa patrie (1239), où entre-temps son frère et son neveu Sturla s'étaient brouillés avec le puissant Gizurr Thorvaldsson et avaient péri dans un combat à Ørlygsstadhir. Cependant le roi Hákon, qui n'avait rien oublié, se tourna (été de 1240) vers ce même Gizurr et lui dit que Snorri devait revenir en Norvège ou être tué. Gizurr s'en tint à ce deuxième parti, et c'est alors que Snorri fut férocement assassiné dans la cave de sa belle maison de Reykjaholt. Ainsi disparut le plus grand lettré qu'avait jamais connu l'Islande, victime de temps troublés et de luttes sournoises où il s'engagea par vanité, avarice et ambition, alors qu'il ne possédait pas assez de rude force pour les dominer. Mais la médiocrité de l'homme d'action ne saurait faire oublier le prince lettré du Moyen Âge nordique, l'auteur, outre le *Háttatal* déjà cité et, bien que ce ne soit pas prouvé, de l'excellente *Saga d'Egill,* de l'*Edda* (*) (1220) et de la *Saga de saint Olav* – v. *Sagas* (*) –, monuments de premier ordre dans la littérature du Moyen Âge nordique, aboutissement splendide d'une tradition et d'une civilisation littéraire.

RÉF. : Æ. Rosselet, *De Snorrone Sturlaeo,* thèse, Berlin, 1853. – S. Nordal, *Snorri Sturluson,* Reykjavik, 1920. – Fr. Paasche, *Snorre Sturlason og Sturlungerne,* Oslo, 1922. – W. Baetke, *Die Götterlehre der « Snorra-Edda »,* Berlin, 1950. – J. E. Boesen, *Snorri Sturluson,* Reykjavik, 1973. – M. Ciklamini, *Snorri Sturluson,* New York, 1978.

SNOW Charles Percy. Romancier anglais. Né à Leicester le 15 octobre 1905, mort à Londres, le 1er juillet 1980. Il est issu d'un milieu petit bourgeois – le père, employé aux écritures, était l'organiste de sa paroisse. Au terme d'études secondaires brillantes, le jeune homme obtient un poste rémunéré dans un laboratoire de la ville. Il y travaille de dix-sept à vingt ans, et obtient une bourse pour l'University College (aujourd'hui l'université de Leicester). Simultanément, il suit les cours par correspondance de l'université de Londres. Il lui sera accordé les meilleures mentions (chimie et physique). De là, une bourse de recherche à Christ's College, Cambridge (1928-30), le mène au doctorat. Il consacre sa thèse au spectre infra-rouge des molécules simples. En 1930, il est nommé « fellow » du même collège, continuant ses recherches et donnant des cours ; en 1935, il y est fait « tuteur ». En 1940 lui est confiée la tâche de recruter, dans un domaine étendu, les cadres du personnel scientifique de guerre. Mais dès 1933, et la durée des hostilités mise à part, sa principale activité fut d'écrire. Il commencera par des récits policiers dont le substrat scientifique fait penser à H. G. Wells, et publie en 1959 un livre sur *Les Deux Cultures et la révolution scientifique* [*The Two Cultures and the Scientific Revolution*] (la littéraire et la scientifique) qui deviendra le sujet de très longues polémiques. L'essentiel de son œuvre est un roman fleuve en onze volumes, *Étrangers et Frères* (*), dont le premier volume parut sous ce titre en 1940. Aussi lu et apprécié aux États-Unis qu'en Grande-Bretagne, Snow est un écrivain étranger aux disputes des avant-gardes mais qui explore des territoires neufs ou peu décrits – les scientifiques dans la guerre, les jalousies universitaires, la haute finance, les grands de ce monde – à la façon d'un Trollope ou d'un Balzac. Cependant, Snow fit parallèlement une carrière de haut fonctionnaire et d'homme politique. Il a appartenu à l'un des gouvernements de Harold Wilson et devint lord en 1964. Il avait épousé en 1950 l'excellente romancière Pamela Hansford-Johnson.

JEAN QUEVAL.

RÉF. : F. R. Leavis, *Two Cultures ? The Significance of C.P. Snow,* Londres, 1962. – S. Ramanathan, *The Novels of C.P. Snow*, Londres, 1978. – J. Halperin, *C.P. Snow : An Oral Biography,* Brighton, 1983.

SNYDER Gary. Poète américain. Né le 8 mai 1930 à San Francisco, Californie. Gary Snyder est unanimement reconnu aujourd'hui comme l'une des figures les plus originales de la poésie américaine contemporaine. Snyder est en effet le seul écrivain américain d'importance à avoir approfondi la connaissance des cultures extrême-orientales – tant dans leur aspect religieux que linguistique et littéraire – au point de donner à son œuvre et à sa vie une dimension authentiquement multiculturelle.

Issu d'un milieu modeste d'ascendance pionnière, Gary Snyder apprend très jeune la valeur des travaux manuels (il en exercera toutes sortes au long de sa vie) et le contact intime avec les forces vives de la nature, comme en témoignent tous ses écrits et surtout son premier recueil, *Riprap* (1959). Ses études de littérature, d'anthropologie, et de langues asiatiques le mènent de Reed College – où il rédige une thèse sur un mythe fondateur des Indiens (*Celui qui chassait les oiseaux dans le village de son père,* publiée en 1979) – à Berkeley. Là, il rencontre les écrivains de la Beat generation, et son intronisation en poésie a lieu le 13 octobre 1955 à la Six Gallery, alors qu'il participe à la séance où Allen Ginsberg lit son célèbre poème-révolte, *Howl.*

À la différence de celle de ses amis beatniks pourtant, l'écriture de Snyder apparaît alors très formaliste – il admire William Carlos Williams et Ezra Pound –, préférant les notations simples et les structures très serrées (à la manière des « haïkaï » japonais) aux vitupérations whitmanesques contre la société. Dans *Mythes et Textes* [*Myths & Texts,* 1960], il donne néanmoins un long poème épique, richement allusif à la manière de *La Terre vaine* (*) de T. S. Eliot (1922), où se conjuguent la perception physique de la nature (les « textes ») et l'interprétation symbolique qu'en fait l'esprit (les « mythes »).

Bien qu'il ait exercé une influence considérable sur l'activité littéraire de ce qu'on a nommé la « Renaissance de San Francisco » dans les années 50-60 – sous la plume de Jack Kerouac, il devient Japhy Ryder, le héros des *Clochards célestes* [*The Dharma Bums,* 1958] – Snyder vit de 1956 à 1968 au Japon où il est initié au bouddhisme zen. Il n'interrompt son séjour que pour voyager en Inde (1961-62), travailler sur un cargo, et surtout participer en 1967 au « Human Be-In » de San Francisco – un des événements cultes du mouvement hippie qu'il « préside » avec Allen Ginsberg. En 1975, il reçoit le prix Pulitzer pour son recueil *Amérique : île tortue* (*) (1974), qui apparaît comme l'aboutissement de ses recherches poétiques et de la réflexion socio-politique menée depuis la fin des années 60.

Cette continuité du contact avec l'« underground » américain des beats aux hippies – continuité souterraine et intimement nourrie de la conscience que l'homme « participe » de la nature, ainsi que d'une ascèse spirituelle héritée du confucianisme – illustre bien l'apport fondamental de Gary Snyder à la culture américaine : alors que l'œuvre d'un Ginsberg propose une alternative (auto-) destructrice à l'aliénation qu'entraîne l'allégeance à la technocratie, celle de Snyder offre une réflexion constructive mais qui n'en reste pas moins marginale, militant pour une vision écologique (au sens fort) de la société, telle qu'il la vit au quotidien et la défend dans son dernier volume d'essais, *Pratique du monde sauvage* [*The Practice of the Wild,* 1990].

ANTOINE CAZÉ.

SO Chŏngju (pseud. de Mitang). Poète coréen. Né le 18 mai 1915 à Puan, dans le Chŏlla, en Corée du Sud. Pendant ses études universitaires bouddhiques, il débute avec le poème « Le Mur » en 1936, dans le quotidien *Dong-A*, à un moment où l'occupation japonaise, déjà pesante, s'apprête à devenir complètement dictatoriale. Avec Kim Kwangkyun, Kim Tongni, il participe au *Village des poètes*, revue symboliste dans laquelle il publie « Le Lépreux » et « Le Serpent-Fleur ». En 1941, il se fait remarquer avec son recueil *Le Serpent-Fleur*, animé de pulsions primitives. La même année, il enseigne, avant de partir en Mandchourie d'où il ramènera l'image d'un poète errant. Le flou dans sa biographie tient essentiellement à sa tentative de faire oublier les poèmes collaborateurs qu'il offre aux Japonais. À la Libération, il publie *Le Rossignol* [*Kuichokto*], qui chante le retour aux pensées orientales, avec des variations sur la légende de l'empereur qui s'est transformé en rossignol. Par la suite, sa poésie évolue vers une réconciliation à travers le bouddhisme, et le chamanisme. Dans *Extraits de Shilla* [*Shillacho*, 1960], il renouvelle l'émotion zen dans une fusion ésotérique de l'être et de la nature. Il s'enorgueillit alors de ses relations avec le dictateur Yi Sŭngman. En 1960, il est professeur à l'université bouddhiste Tongguk de Séoul. Avec le recueil *Ciel d'hiver* [*Tongch'ŏn*, 1968], il poursuit son exploration, y ajoutant l'idée de la réalisation de l'être dans l'amour. Dans *Mythes de Chilmajae* (1975), il cherche à travers les traditions de son pays natal à construire une cosmogonie personnelle et fantasmagorique. Dernièrement, en 1991, ses *Poèmes de la montagne* [*Sanshi*] offrent une errance sur les montagnes du monde entier.

PATRICK MAURUS.

SOARES DE SOUSA Gabriel. Écrivain portugais. Né dans la province du Ribatejo vers 1540 et mort en mer vers 1591. Très jeune, il s'installa comme colon au Brésil, à Bahia. En 1584, il revint en Europe pour demander la concession des mines découvertes par son frère. Ayant obtenu satisfaction, il reprit la route de Bahia avec trois cent soixante colons et quatre religieux, mais son bateau fit naufrage et il périt avec la plupart de ses compagnons. Leurs restes furent transportés à Bahia et déposés au monastère de Saint-Benoît. Sousa est l'un des premiers historiens qui se soient intéressés à l'histoire du Brésil. Il décrivit les régions du Brésil que les Portugais avaient explorées dans un livre, dont l'écrivain brésilien Velloso, au XVIIIe siècle, commença la publication — qu'il ne put achever —, sous le titre *Description géographique de l'Amérique portugaise* [*Descripção geographica da América portuguesa*]. Le livre fut enfin publié, en 1825, par l'Académie des sciences de Lisbonne. En 1838, l'écrivain brésilien Varnhagen écrivit des *Réflexions critiques* à propos de cette œuvre, et publia le texte de Sousa avec quelques modifications — v. *Traité descriptif du Brésil en 1587* (*).

RÉF. : Article *sub nomine* in *Grande Enciclopedia Portuguesa e Brasileira*, t. XXIX, Lisbonne, s. d.

SOCINI Fausto (ou Sozzini). Philosophe et théologien italien. Né le 5 décembre 1539 à Sienne, mort à Racow en Pologne le 3 mars 1604. D'une célèbre famille de grands juristes, il suivit les traces de son oncle Lelio Sozzini en composant un système rationnel (à la fois humaniste et philologique) de la théologie chrétienne, dans le but de ramener parmi les chrétiens l'unité qu'avait rompue la Réforme protestante. On connaît fort peu de chose de sa vie en Italie. Pendant un temps assez bref (1559-1562), il demeura à Lyon et à Zurich, puis pendant une longue période (1562-1574) il vécut à la cour des Médicis en dissimulant ses idées si radicales qu'elles lui permettaient de se montrer indifférent à l'égard des actes extérieurs du culte protestant comme du culte catholique. Pour conserver ses biens, même lorsqu'il fut obligé de partir pour l'exil, il garda l'anonymat — il signait ses écrits d'un pseudonyme — jusqu'en 1594. À partir de 1574, après un court séjour en Suisse, Socini vivra presque toujours en Pologne (Cracovie, Racow). Il y fut considéré bientôt comme le chef d'un nouveau mouvement, bien qu'il n'ait cessé de se donner lui-même comme un chrétien à la recherche de la voie de la vérité. En effet, en accord avec les idées humanistes de Valla et d'Érasme qu'il appliqua radicalement aux textes sacrés, dans sa doctrine le message évangélique est considéré exclusivement comme une voie, une règle de vie selon la volonté de Dieu. La substance de la religion se réduit pour lui à la norme de vie ou morale évangélique, c'est-à-dire à l'élément commun à tous les chrétiens, catholiques comme anabaptistes, et aux antitrinitaires mêmes qui, rejetant le dogme de la Trinité, niaient la divinité du Christ. Mais, au lieu de servir à la réunion de tous les chrétiens, la doctrine fut combattue, moins par les catholiques que par les luthériens et surtout les calvinistes. Les étudiants catholiques de Cracovie furent sur le point de jeter Socini dans la Vistule, après l'avoir traîné à travers les rues et malmené. En Pologne et en Lituanie, les doctrines qui ensuite, contre son gré, prendront le nom de socinianisme, entre autres le pacifisme absolu, l'égalité évangélique des vrais chrétiens, se répandirent même parmi la population paysanne ; dans le reste de l'Europe, elle toucha surtout les ecclésiastiques et les humanistes, dont le célèbre Grotius. Socini chercha toujours à maintenir l'unité, du moins entre les mouvements radicaux qui existaient en marge du protestantisme (antitrinitaires et anabaptistes de diverses tendances, etc.), et à atténuer, au nom d'une tolérance réciproque, les disputes dogmatiques sans cesse renaissantes, tandis qu'il demandait aux autorités civiles de ne persécuter personne pour ses croyances, ce qu'il réussit à obtenir pendant un certain temps. Ses multiples œuvres de controverse et d'analyse exégétique furent rassemblées dans les deux premiers volumes de la *Bibliotheca Fratrum Polonorum Unitariorum* (Irenopoli, Amsterdam, 1656).

DELIO CANTIMORI.

RÉF. : Joshua Toulmin, *Memoirs of the Life, Character, Sentiments and Uritings of Faustus Saucinus,* Londres, 1777. – N. Mengazzi, *Reliquie Sozziniane,* in *Bolletino senese di storia patria,* IV, 1897. – C. W. Wendte, *Faustio e Lelio Socino,* Florence, 1910. – P. Misciatelli, *La tomba di Faustio Socino,* in *La Diana,* VII, 1931. – D.M. Cory, *Faustus Socinus,* Boston, 1932. – E.M. Wilbur, *Faustus Saucinus : an Estimate of his Life and Influence,* Varsovie, 1933.

SOCRATE l'Historien (ou le Scolastique). Écrivain grec. Né à Constantinople vers 379, mort entre 440 et 445. Il reçut une éducation très soignée dans sa ville natale, entreprit des études de droit et se fit rapidement remarquer par son intelligence et la diversité de ses dons. Sa carrière d'avocat lui valut très vite la célébrité, ce qui lui permit d'entrer en rapport avec les plus grands personnages de son temps. Tout le monde admirait son esprit modéré, sa sagesse et sa bonté qui le faisaient choisir pour jouer le rôle d'arbitre dans les procès particulièrement difficiles. Ce fut durant la deuxième moitié de sa vie qu'il se consacra à un travail d'historien et se donna pour tâche d'écrire la suite de l'*Histoire ecclésiastique* (*) qu'avait commencée Eusèbe. Il rédigea donc l'histoire des événements survenus depuis l'abdication de Dioclétien en 305 jusqu'en 439, à la veille du concile de Chalcédoine.

SÖDERBERG Hjalmar. Écrivain suédois. Né à Stockholm le 2 juillet 1869, mort à Copenhague le 14 octobre 1941. Sa vie de café et de bohème, ses errances nocturnes avec son ami Bo Bergman l'ont entraîné à l'observation des mœurs de Stockholm que sa verve satirique nous dépeint peuplé de singuliers fantoches. On a d'ailleurs qualifié ses ouvrages de « littérature de flâneur ». C'est en 1895 qu'il publia son premier roman, *Égarements* [*Förvillelser*], qui fut signalé comme l'un des moins chastes qui eussent paru en Suède, mais dont l'audace nous semble aussi anodine, aujourd'hui, que le ton agressif et immoraliste de son récit autobiographique, *La Jeunesse de Martin Birck* [*Martin Bircks ungdom,* 1901], où se reflète l'état d'esprit de la jeunesse au lendemain de 1890. L'œuvre maîtresse de Söderberg, le roman *Docteur Glas* (*) (1905), décrit un drame d'amour étonnant dans lequel on ne sut voir que la déliquescence des valeurs morales, alors qu'il s'agit avant tout d'une réflexion philosophique radicale qui aborde le problème du déterminisme de l'existence, thème récurrent dans les lettres scandinaves. Dans la même veine, *Jeu sérieux* [*Den allvarsamma leken,* 1912] s'attache à illustrer les caprices de la passion qui se joue tragiquement de la vie des hommes. Virtuose de la nouvelle, Söderberg a laissé des recueils, *Historiettes* (*) (1898), qui comptent parmi les chefs-d'œuvre de la littérature suédoise. Le théâtre a également fasciné cet auteur. *Gertrude* (*) (1906) et *L'Étoile du soir* [*Aftonstjärnan,* 1912], pièces encore appréciées actuellement, brillent par la densité du dialogue et l'acuité amère des convictions. Par suite de la Première Guerre mondiale, Söderberg interrompit son activité et se retira au Danemark, où il fit paraître des essais de critique religieuse : *Jésus Barabbas* (1928), *Le voyage à Rome* [*Resan till Rom,* 1929]. Il finit ses jours à demi oublié.

MAY-BRIGITTE LEHMAN.

RÉF. : Bure Holmbäck, *Hjalmar Söderberg. Ett författarliv,* Stockholm, 1988.

SÖDERGRAN Edith. Poétesse finlandaise d'expression suédoise. Née à Saint-Pétersbourg le 4 avril 1892, morte à Raivola, Finlande, le 25 juin 1923. Edith n'a que trois mois lorsque la famille retourne en Finlande, où le père, technicien suédo-finlandais, achète une scierie à Raivola, lieu de villégiature cosmopolite sur l'isthme carélien. La famille passe les hivers à Saint-Pétersbourg où Edith fréquente une école allemande. En 1908, son père meurt de tuberculose et, l'année d'après, la maladie s'empare de la jeune fille. Interrompant ses études, elle part, accompagnée de sa mère, se faire soigner en Suisse. Si l'ambiance y est plus mondaine qu'intellectuelle, le cosmopolitisme de Davos facilite néanmoins le contact de la jeune femme avec l'avant-garde littéraire européenne. Ce premier séjour suisse est pour Edith une « année joyeuse ». L'attirance qu'elle éprouve pour le docteur von Murault, son médecin traitant, nourrira son imagination et sa poésie. La jeune femme, en symbiose étroite avec la nature, s'imprègne aussi des paysages alpestres, restitués ensuite dans sa poésie de manière étonnamment concrète. Mais Raivola lui manque. Au printemps 1914, Edith Södergran, remise sinon guérie, retourne définitivement en Finlande. À l'exception d'excursions de courte durée à Saint-Pétersbourg et à Helsinki, elle passera les neuf années qui lui restent à vivre dans cette petite ville coupée du monde, ravagée par la révolution soviétique et par les luttes pour l'indépendance de la Finlande. Elle noue des contacts avec les milieux intellectuels de Helsinki en vue de trouver un éditeur pour *Poèmes* [*Dikter*, 1916]. La hardiesse des images, la liberté formelle et l'omniprésence de la mort déconcertent les critiques, qui lui réservent un accueil hostile. Lorsque, en 1918, paraît *La Lyre de septembre* [*Septemberlyran*], la révolution russe a ruiné la famille Södergran. L'extrême dénuement dans lequel vivent maintenant les deux femmes, en aggravant l'état de santé d'Edith, galvanise ses forces. L'éruption créative qui s'ensuit est tout entière vouée à l'idéal nietzschéen. Le ton est prophétique, exalté, voire guerrier. À quelques exceptions près, la critique est cruellement ironique. S'ouvre alors une longue polémique, portant sur la santé mentale de l'auteur. Parmi les voix qui s'élèvent pour défendre le recueil, il y a celle de Hagar Olsson, écrivain et critique littéraire, qui deviendra l'unique amie et confidente d'Edith Södergran. C'est à son soutien artistique et amical que l'on doit la publication, dès 1919, de *L'Autel de roses* [*Rosenaltaret*]. La concordance stylistique et thématique des deux recueils est frappante. La critique, cette fois, passe le livre sous silence. En 1920 paraît *L'Ombre de l'avenir* [*Framtidens skugga*], un des recueils les plus singuliers de la littérature suédophone : un contenu « furieux » s'y exprime avec une force calme, comme « suspendue ». La même année, Edith Södergran, influencée par le philosophe Rudolf Steiner, « abandonne ses préjugés » contre la religion ainsi que la poésie, impure, pour chercher Dieu. Les jeunes poètes de la revue *Ultra* (1922), dont Edith Södergran était le porte-drapeau, rendent hommage au plus grand des modernistes de langue suédoise en éditant, en 1925, de manière posthume, *Le Pays qui n'existe pas* (*), qui réunit sa dernière poésie ainsi que des poèmes antérieurs non publiés.

KERSTIN DEDYE.

RÉF. : Tideström Gunnar, *Edith Södergran*, Bonniers, 1949, Aldus, 1960. – Ernst Brunner, *Edith Södergrans Expressionism*, Bonniers, 1992.

SOHRAVARDI (Chihâb al-Dîn Yahyâ). Philosophe et mystique persan. Né en 1155 à Sohravard, mort à Alep le 29 juillet 1191. Né au nord de l'Iran, en une région longtemps pénétrée par des influences manichéennes, Sohravardi passa sa jeunesse non loin de Tabrîz. Il se rendit ensuite à Ispahan, où il reçut un enseignement de philosophie avicennienne. Il adopta plusieurs modes de vie des soufis, se pliant aux exercices de l'ascèse. Il conquit ainsi, dans la solitude spirituelle, une autonomie souveraine et, par la retraite et la méditation, obtint de toucher au terme des stations mystiques et des dévoilements visionnaires. Cachant son élection sous une grande indifférence à l'égard des soins du corps, il acquit la réputation d'un sage, qui unissait la maîtrise conceptuelle de la philosophie à l'aptitude spirituelle. Il voyagea, et reçut un bon accueil chez les princes seldjoukides de Roum. Il se rendit en Syrie et malgré l'intolérance des Docteurs de la Loi, il voulut vivre à Alep auprès du fils de Saladin, Malik al-Zâhir. Déclaré « infidèle » par les théologiens littéralistes qui refusaient sa « philosophie orientale », il fut mis à mort. Il reste dans la mémoire des musulmans le « maître mis à mort » [shaykh maqtûl] ou, mieux, le « maître de l'illumination » [shaykh al-ishrâq]. Son influence fut décisive : elle permit la métamorphose de l'avicennisme, la naissance d'une gnose islamique néo-platonicienne, fortement influencée par le mazdéisme, et à plus long terme, elle s'étendit sur les écoles de philosophie en Iran, du XVIIe siècle jusqu'à nos jours.

L'œuvre de Sohravardi comprend trois types de textes : des sommes de métaphysique, de physique et de logique (*Le Livre des élucidations inspirées de la table et du trône, Le Livre des résistances, Le Livre des carrefours et entretiens*), des traités mystiques et l'exposé métaphysique de sa philosophie illuminative, *Le Livre de la sagesse orientale* (*). L'intuition fondamentale de Sohravardi consiste à percevoir dans le principe de toute réalité une expression lumineuse de la lumière des lumières. Empruntant le schème ontologique du néo-platonisme, il hiérarchise les intelligences, ou lumières archangéliques victoriales, et les âmes, ou lumières advenantes. Il existe un « ordre longitudinal » des lumières intelligibles, d'où procède un « ordre latitudinal » qui compose l'ensemble des archétypes éternels des espèces vivantes. À leur tour ces lumières engendrent les âmes régentes des individus. À la différence des péripatéticiens, Sohravardi ne conçoit pas les substances animées comme le résultat de l'union de la matière et de la forme. La forme advient à une matière foncièrement ténébreuse et mortelle, et le corps résiste, tel un mode du non-être positif, à l'essence qui lui advient. C'est que le monde des corps, selon une perspective dualiste, est marqué par la corruption et par la mort. Au-dessus de cet écran physique et opaque où se réfléchissent les lumières, il existe d'autres corps, subtils et immatériels, tissant le réseau d'un espace visionnaire. C'est le monde de l'imagination active, où les anges produisent les formes visibles de toutes les réalités naturelles. La contemplation métaphysique doit s'achever par l'union de l'âme à ces formes imaginables.

CHRISTIAN JAMBET.

RÉF. : Henry Corbin, *En Islam iranien*, t. II. *Sohravardî et les platoniciens de Perse*, Paris, 1971 ; *Sohravardî. L'Archange empourpré*, Paris, 1976.

SOLDATI Mario. Écrivain et cinéaste italien. Né à Turin le 17 novembre 1906. Études de lettres à l'université de Turin, puis, à Rome, fréquentation de l'Institut supérieur des beaux-arts : cette double formation, où s'intercalent des séjours à Paris, par suite d'attaches familiales, est à l'origine d'une carrière dès l'abord bivalente, littéraire – deux romans : *Salmace* (1929) et, la même année, *L'Ami jésuite* [*L'amico gesuita*], où demeurent les souvenirs de premières expériences scolaires dans un collège religieux – et cinématographique (collaboration, en 1929, au scénario du film *Les Hommes, quels mufles*). À ces prémices, il faut ajouter par la suite les influences que laissera un voyage en Amérique et que résumera brillamment un autre livre, *Amérique premier amour* [*America primo amore,* 1935]. Et, dans les années 30, c'est bien l'option cinématographique qui semble prévaloir : passant du scénario (notamment *Monsieur Max,* 1936) à la réalisation, Soldati ne tarde pas à s'imposer comme l'un des cinéastes les plus originaux de son temps, dans des films tels que *Petit monde ancien* (1940), *Malombra* (1945), *Misères de M. Travet* (1945), *Daniel Cortis* (1947), inspirés, généralement, par les romans de Fogazzaro, le Mauriac italien, et évoquant magistralement l'ambiance et les personnages du XIXe siècle. Mais ces succès cinématographiques ne seront, eux aussi, qu'une introduction à l'œuvre littéraire qui va s'amorcer, dès 1945, par un singulier reportage sentimental sur l'Italie de l'après-guerre, *Fuite en Italie* [*Fuga in Italia*], puis par une série de livres où s'épanouit le talent d'un conteur captivant, attiré par l'analyse de cas de conscience insolites : *Le Festin du commandeur* (*) (1950), *Les Lettres de Capri* (*) (1954), *Le Vrai Silvestre* [*Il vero Silvestri,* 1957], *La Messe des vacanciers* [*La messa dei villeggianti,* 1959], *Les Deux Villes* (*) (1965). Ce psychologue subtil et volontiers narquois ne néglige pas pour autant les nourritures terrestres et, par des causeries charmantes à la télévision, s'est révélé comme l'un des maîtres de la gastronomie italienne.

NINO FRANK.

RÉF. : P. de Tommaso, *Mario Soldati,* in *Letteratura italiana. I contemporanei*, Milan, 1969.

SOLGER Karl Wilhelm Ferdinand. Philosophe allemand. Né le 28 novembre 1780 à Schwedt, mort le 25 octobre 1819 à Berlin. Il étudia le droit et la philosophie à Halle et à Iéna où il suivit les cours de Schelling (1801). De 1803 à 1806, il fut attaché à la chambre des Domaines à Berlin où il se fit d'abord connaître par une traduction de l'*Œdipe roi* (*) de Sophocle (1804). En 1809, il fut nommé professeur à Francfort-sur-l'Oder, puis à Breslau, et en 1811 il fut rappelé à Berlin. Son *Erwin, Quatre dialogues sur le beau et sur l'art* (*) (1815), pose comme principe que l'art, la philosophie et la religion ont une même racine. Cet évangile esthétique fut la voie que suivirent les romantiques jusqu'à Stifter et même au-delà. Solger enseigna aux côtés de Fichte et, après la mort prématurée de celui-ci, fut chargé de son cours jusque quelque temps après l'entrée en fonctions de Hegel. On lui doit aussi des *Dialogues philosophiques* (*). Ses *Écrits posthumes et correspondance* furent édités par Tieck et Raumer (1826) et furent bientôt suivis de ses *Leçons sur l'esthétique* (1829).

RÉF. : J. E. Josef Heller, *Solgers Philosophie der ironischen Dialektik*, Berlin, 1928. – M. Boucher, *K. W. F. Solger, esthétique et philosophie de la présence*, thèse, Paris, 1934. – H. Fricke, *K. W. F. Solger. Eine Brandenburgisch - Berlinisches Gelehrtenleben an der Wende vom 18, Zum 19. Jahrundert*, Berlin, 1972.

SOLIER René de. Écrivain français. Né le 20 novembre 1914 à Orléans, mort à Bruxelles le 9 novembre 1974. Enfance marquée par un contact étroit avec la vie paysanne et une éducation religieuse stricte. Études supérieures en trois directions : philosophique (docteur avec une thèse sur Dun Scot), scientifique (histoire naturelle) et esthétique (sculpture romane et contemporaine). Professeur de lettres, il débutera en littérature sous les auspices de Paulhan et Groethuysen, avec de courts textes en prose à l'écriture admirablement précieuse, *La Larderie* (1945), *Naturelles* (1946), *Contre terre* (*) (1949), qui, sous la description naturaliste, révèlent, du furtif et du caché, les arcanes magiques. Il collaborera à de très nombreuses revues (*Cahiers de la Pléiade, N.R.F., Disque vert* qu'il codirigera avec F. Hellens) et publiera trois étonnants romans : *La Corde à puits* (1948), *La Meffraie* (1951), *Les Gardes* (*) (1952), et un récit érotique *Les Trigynes* (1969, sous le nom de Phyllis Louvres). Tous exaltent la langue comme cérémonie et ordonnance en même temps qu'ils illustrent la passion de l'auteur pour l'ambivalent, l'hybride et les rituels des Mystères [cf. *L'Art fantastique* (1961) et *Curandera* (1965)], véritable triade fondatrice – expérience / initiation / langage – d'où naissent une écriture et un art de voir qu'éclairent de très nombreux écrits esthétiques (de Dubuffet à Kijno et Ljuba en passant par Germaine Richier, qu'il épousa). Œuvre aux connexions multiples dont l'ambiguïté de la délectation visuelle et le « mixte » unique de maniérisme et d'érudition subjuguent et emportent.

RICHARD BLIN.

SOLÍS Y RIVADENEYRA Antonio de. Poète et auteur dramatique espagnol, né à Alcalá de Henares en 1610, mort à Madrid en 1686. Il étudia les droits canon et civil à Salamanque. Très jeune il écrivit quelques comédies (la première à dix-sept ans) et fut mêlé à la politique en qualité de secrétaire du comte de Oropesa et de Philippe IV. Il fut nommé chroniqueur en chef des Indes en 1661. C'était un homme d'études et de méditations, grave et recueilli, qui s'écarta rapidement du théâtre et de la poésie. Sa meilleure pièce, *El amor al uso,* a été traduite par Scarron sous le titre *L'Amour à la mode.* Son œuvre principale est l'*Histoire de la conquête du Mexique* (*), d'un très beau style, au perfectionnement de laquelle il employa une vingtaine d'années. Solís s'intéressa également de fort près aux questions économiques. En 1667, à l'âge de cinquante-sept ans, il se fit prêtre et passa le restant de son existence dans la retraite, s'adonnant presque uniquement à ses travaux d'historien.

SOLJENITSYNE Alexandre Issaievitch. Écrivain russe. Né le 11 décembre 1918 à Kislovodsk au Caucase, six mois après la mort de son père dans un accident de chasse. Sa famille paternelle est une famille paysanne aisée de la région de Stavropol, sa famille maternelle est une riche famille du Kouban, son grand-père gérait de façon très moderne un vaste domaine. Dans son roman historique *Août 14* – v. *La Roue rouge* (*) – on retrouve sous un déguisement léger son grand-père maternel sous le nom de Tomtchak, son père et de nombreux personnages tirés de la chronique familiale. Orphelin, il fut éduqué par sa mère, dans la ville de Rostov ; éducation religieuse dans son enfance, mais lorsque ferma la dernière église de Rostov il adhéra aux Jeunesses communistes. Admis en mathématiques à l'université de Rostov, il étudia également par correspondance à l'Institut de littérature, philosophie et histoire de Moscou. Il se marie en 1940 avec Natalie Rechetovskaïa, dont il est aujourd'hui divorcé, et qui a publié sur lui un livre de mémoires assez déplaisant. Ses premières randonnées à vélo, son premier engouement pour l'histoire de la Révolution en Russie, ses premiers essais littéraires datent de cet immédiat avant-guerre. Hitler envahit le pays le 22 juin 1941, le jeune homme part pour une école d'officiers, devient lieutenant en 1942, puis commande au front une batterie de repérage par le son. Le 9 février 1945, il est arrêté par le contre-espionnage qui a surpris dans sa correspondance des expressions critiques à l'égard de Staline, l'arrestation a lieu dans le bureau même du général qui est son chef.

Commence alors ce qui fut l'expérience capitale dans la vie de l'écrivain : la découverte du monde policier, carcéral et concentrationnaire soviétique dont il parcourt plusieurs îles dans ce qu'il baptisera plus tard l'« Archipel du goulag », goulag étant un acronyme soviétique pour désigner l'administration des camps de travail et de redressement. Il est condamné en vertu de l'article 58, paragraphes 1 et 11, du code pénal, « le grand, le puissant, l'abondant, le ramifié, l'omniraflant article 58 qui englobe tout le monde », comme il dira avec son ironie sarcastique dans *L'Archipel du goulag* (*). Les années de camp ont véritablement été ses secondes « universités », pour parler comme Gorki. En particulier il est affecté à une prison-laboratoire, une « charachka », comme il y en a beaucoup de par le pays, des savants éminents de toutes disciplines y travaillant avec l'habit du bagnard : Tupolev, le constructeur d'avions, Kapitsa, le père de la bombe atomique, les innombrables généticiens dénoncés par Lyssenko, etc. La charachka de Marfino où Soljenitsyne est envoyé, officiellement « prison spéciale n° 16 », se trouve dans la banlieue nord de Moscou, les captifs savent leurs parents tout proches, mais vivent dans un isolement total ; avec le germaniste Kopelev et l'ingénieur Panine, il fait équipe dans un laboratoire d'acoustique qui étudie de nouveaux « modèles articulatoires ». En 1949 il est envoyé dans un camp de « travaux généraux », au Kazakhstan, il découvre alors le monde des truands, la mafia interne au camp, les « crevards », les mouchards et toute l'humanité perverse de la prison. Mais il rencontre aussi des hommes remarquables, anciens socialistes qui ont connu le bagne tsariste avant le bagne communiste, anciens émigrés qui lui parlent d'une autre Russie, brillante et amère, qui campe à l'étranger, des Estoniens, qui lui font admirer ce petit peuple travailleur et tenace, de jeunes poètes qui s'épuisent aux durs travaux de terrassement sous les ordres d'une caporale sadique... En janvier 1952 ce monde concentrationnaire est secoué de révoltes auxquelles il prend part avec ivresse, puis il est libéré en février 1953, et relégué dans un petit village kazakh, en lisière du désert. On lui découvre une tumeur cancéreuse et il arrive quasi mourant à l'hôpital de Tachkent, qu'il décrira avec un relief si violent dans *Le Pavillon des cancéreux* (*) et dans une nouvelle intitulée « La Main droite ». C'est en relégation dans le petit « aoul » de Kok-Terek, où il a loué une humble maison de pisé et commence son métier d'enseignant de mathématiques, que l'écrivain couche sur le papier ses premières œuvres ; au camp il composait en vers et mémorisait à l'aide d'un chapelet, ici il couvre des feuillets d'une écriture minuscule et les enterre dans des bouteilles.

C'est une trilogie dramatique qui met en scène l'avancée en Prusse de l'armée soviétique, l'ivresse de la victoire, le mépris pour les planqués du contre-espionnage, et la rencontre avec les Russes de l'autre bord, ceux qui ont combattu le communisme sous l'uniforme allemand, les « vlassoviens ». Écrite en vers blancs à la manière de Griboïedov, la pièce a du panache. Dans *Les Captifs* [*Plenniki*], on voit un lot tout à fait disparate de prisonniers liés les uns aux autres par le très vif sentiment de l'étiquette de la prison et la poésie de l'honneur, que l'on trouve dans les citations du poète Goumilev, fusillé en 1921. Le titre premier de l'œuvre était « Décembristes dans décembre », allusion aux conjurés de 1825 qui tentèrent d'inoculer la liberté à une Russie qui ne les comprenait pas. Enfin, dans « La République du travail », c'est l'apprentissage des rudes lois du bagne soviétique.

Réhabilité en 1956, Soljenitsyne se rend à Moscou, retrouve sa femme, qui avait divorcé, s'installe à Riazan chez une paysanne nommée Matriona, l'héroïne d'un de ses chefs-d'œuvre. Il travaille à un récit fondé sur son expérience à la « charachka », puis s'interrompt et, en trois semaines, rédige une nouvelle, *Une journée d'Ivan Denissovitch,* (*) sur un petit maçon bagnard qui est un condensé de plusieurs de ses anciens compagnons du camp du Kazakhstan. En décembre 1962, le récit est publié dans la revue *Novy Mir* que dirige le poète Tvardovski, avec l'aval de Khrouchtchev, le chef du pays. Elle fait instantanément la une des journaux du monde entier et lui vaut une célébrité mondiale.

De 1963 à 1973, pendant une décennie, Soljenitsyne mène une carrière d'écrivain soviétique hors modèle. D'abord favorisé par le pouvoir dont il est le principal champion de l'antistalinisme, puis sourdement accusé par les milieux conservateurs et le K.G.B., il voit interdire en 1967 la publication de son roman en deux parties, *Le Pavillon des cancéreux,* n'ose même pas proposer *Le Premier Cercle* (*), et engage la lutte politique contre le pouvoir par une « Lettre ouverte au IVe Congrès des écrivains de l'U.R.S.S. », en mai 1967. Il écrit clandestinement *L'Archipel du goulag*, le fait passer secrètement à l'Occident. Cependant il se sépare de sa femme et commence une nouvelle vie avec la mathématicienne Natalie Svetlov, dont il a un premier fils en 1970, année où il est couronné par le prix Nobel. En 1972 paraît à Paris son premier roman historique sur les prodromes de la Révolution, *Août 14.* Contre lui la presse soviétique redouble ses attaques. Arrêtée par le K.G.B., sa dactylo se pend, il réagit en faisant publier à Paris *L'Archipel.* Arrêté le 1er février 1974 et proscrit une semaine plus tard, il débarque en Allemagne, où l'accueille Heinrich Böll, et fait paraître la *Lettre aux dirigeants de l'Union soviétique* [*Pis' mo voždjam Sovetskogo Sojuza*], adjurant les chefs communistes de l'U.R.S.S. de mettre fin au monopole idéologique, sans quoi le pays étouffera et mourra.

D'abord installé en Suisse, à Zurich, puis à partir de 1976 aux États-Unis, dans l'État du Vermont dont les hivers rudes lui rappellent son pays, Soljenitsyne découvre l'Occident, et l'Occident le découvre dans des émissions télévisées où sa verve et son énergie font merveille. Il reprend le travail sur son roman historique, qu'il a baptisé *La Roue rouge*, et pour lequel il prévoit une douzaine de « nœuds », un « nœud » étant l'intersection des forces en un espace et temps bref qui restituent l'intensité du drame historique. À Zurich, il visite les lieux qu'a fréquentés Lénine en exil, et s'en inspire pour *Lénine à Zurich* [*Lenin v Cjurihe*]. Jusqu'en 1983 il intervient souvent dans la vie publique de l'Occident, en 1975 il est reçu par le Sénat américain, en 1978 il est l'invité d'honneur de l'université Harvard et prononce un discours sévère pour l'Occident, qu'il soupçonne d'être devenu un « bazar commercial » ; en 1979 il vient à Paris pour la sortie de ses mémoires de combat littéraire, intitulés *Le Chêne et le Veau* (*), en 1983 il publie le pamphlet *Nos pluralistes* [*Naši pljuralisty*] polémiquant avec ceux des émigrés qui ne voient d'autre avenir pour la Russie qu'un alignement sur l'Occident, et il accorde une interview au journaliste Bernard Pivot. Il fonde des archives historiques sur la Russie au XXe siècle dans sa propre maison, fait publier à Paris une série d'études historiques qu'il patronne. Mais après 1983, ses interventions se font rares et même s'arrêtent ; *Octobre 16*, puis les quatre tomes de *Mars 17* — v. *La Roue rouge* (*) — paraissent en russe, mais les pays occidentaux prennent un grand retard dans la traduction et la publication de cet énorme roman : un certain isolement se fait sentir. Le maître sort une fois de son silence pour dire à un journaliste allemand : « On ment à mon sujet comme si j'étais déjà mort. »

Cependant en janvier 1988 une petite publication soviétique publie son célèbre manifeste de 1973, extrait de la *Lettre aux dirigeants :* « Ne pas vivre selon le mensonge. » La revue semi-clandestine *Le Choix* publie la Lettre tout entière. En juillet est annoncée la parution de *L'Archipel* en U.R.S.S., mais cette publication est interdite par le Comité central en octobre 1988, et l'opinion publique naissante réagit en organisant des soirées en l'honneur de l'écrivain absent en décembre 1988 (pour ses soixante-dix ans) et dans l'hiver qui suit. À partir de l'été 1989 le tabou tombe, *L'Archipel* commence à paraître dans la revue *Novy Mir*, puis ce sont toutes ses œuvres que se partagent les grandes revues, avant les parutions en volumes. L'écrivain est cité partout. 1990, « l'année Soljenitsyne » selon l'écrivain Zalyguine, marque un retour massif de ses écrits dans la patrie qui l'avait chassé et calomnié à l'envi. Le dissident a triomphé, il devient, contre le désir du pouvoir, le fer de lance de la « glasnost », un mot qu'il avait lui-même lancé en 1987 dans sa *Lettre au congrès des écrivains*. En septembre 1990 paraît à Moscou, à vingt-huit millions d'exemplaires, dans la *Komsomolskaïa Pravda* un programme de l'écrivain pour son pays : *Comment devons-nous réorganiser notre Russie ?* [*Kak nam obustroit' našu Rossiju ?*]. Il y préconise le renoncement à l'empire et l'introduction d'une démocratie très décentralisée, une sorte de Russie « helvétisée ». Mais, lorsqu'on lui décerne le prix d'État pour *L'Archipel du goulag*, il le refuse.

Comme Voltaire, comme Tolstoï, Soljenitsyne a incarné non seulement son temps, mais la résistance à son temps, en l'occurrence au totalitarisme. Sa formidable force ironique et poétique a su faire vaciller un pouvoir vieillissant qui ne savait comment se défaire de lui, et l'a proscrit comme jadis furent proscrits Dante ou Victor Hugo. Depuis ses petits

Poèmes en prose, imités de Tourgueniev, jusqu'à son immense fresque historique de *La Roue rouge*, il est animé par un souffle lyrique qui se fait sentir tout au long de l'œuvre. La réforme de la langue, qu'il veut arracher à l'influence mortelle de la « langue de bois », marque tout ce qu'il écrit : pamphlets comme romans sont écrits dans une langue inimitable, à la syntaxe anacoluthique, aux saisissants raccourcis venus des proverbes, aux mobilisations de toutes les potentialités étymologiques des vieilles racines russes, réforme qui ne peut se comparer qu'à celle de deux autres créateurs du XXe siècle, le prosateur Alexis Remizov et la poétesse Marina Tsvetaïeva. Au centre de l'œuvre de Soljenitsyne il y a un noyau mystique, qui est la nation russe. Des slavophiles russes il a hérité une notion religieuse de la nation, du repentir pour les péchés de la nation, et, comme Essenine, le petit poète bagarreur et visionnaire qu'il lisait à la charachka, et dont il ne se séparait jamais, il contemple une beauté russe que « depuis mille ans on foule aux pieds ». Contre l'avidité des hommes et l'asservissement totalitaire il nous a laissé un splendide message, sarcastique et visionnaire. Prophète biblique et poète des « miniatures » de l'existence, tout Soljenitsyne est dans un retour à la pureté baptismale du monde, à l'unité, si effroyablement torturée en ce siècle.

GEORGES NIVAT.

SOLLERS Philippe (pseud. de Philippe Joyaux). Romancier et essayiste français. Né le 28 novembre 1936 à Bordeaux. Son père et son oncle possèdent en commun une usine d'émaillerie et de galvanisation. Les deux frères ont épousé deux sœurs d'une famille aisée de Paris et construit deux maisons identiques l'une à côté de l'autre près de l'usine. C'est dans ce monde à la symétrie fantasmagorique que Sollers passe les premières années de son enfance. Ordre parfait et désordre extrême : « L'un de mes plus anciens souvenirs, c'est celui de l'exode, c'est-à-dire non seulement l'entrée des Allemands, mais l'arrivée des flux de populations sur Bordeaux [...] c'est, dans les trois, quatre, cinq premières années, ce que je retrouve comme souvenirs, celui d'un très grand mélange de populations, de langues et de situations extrêmement perturbées... » (*Vision à New York,* 1981). Il y a aussi les chuchotements de ses deux sœurs aînées enfermées dans leur chambre, l'intimité quotidienne des deux familles, les travailleurs étrangers de l'usine, les domestiques, les premières lectures — à quatorze ans, Baudelaire, Poe, Montaigne, Montesquieu. Il y a encore ces maladies infantiles qui le gardent longtemps au lit et qui n'en finissent pas : « C'est à travers la maladie que je retrouve mes points d'ancrage de mémoire les plus nets par rapport à la réalité ambiante » (ibid.) L'adolescent est envoyé chez les jésuites à Versailles pour y préparer les grandes écoles, « d'où j'ai d'ailleurs été renvoyé pour indiscipline chronique et lecture de livres surréalistes » ; c'est l'époque où Sollers lit passionnément Lautréamont. Ses tentatives sérieuses d'écrire commencent en imitant et parodiant Proust en 1955 ; encouragé par Ponge, Sollers publie son premier roman, *Une curieuse solitude* (*), en 1958. Salué chaleureusement par Mauriac et Aragon, le livre connaît un succès immédiat et son auteur est d'emblée promu comme un chef de file de sa génération. Position embarrassante mais qui n'empêche nullement Sollers de poursuivre son travail à sa manière. D'ailleurs, dès son premier roman, il traçait sa vie solitaire : debout au milieu d'une cour, il essaie de capter le bruit des conversations multiples qui s'échappent des fenêtres de l'immeuble de six étages et s'entremêlent. « Et, brusquement, je sentis que c'était là ce qu'il me faudrait tâcher d'exprimer toute ma vie, ce sentiment d'inattendu vis-à-vis du monde et des corps, cette brusque assurance d'une harmonie et d'un bonheur incommunicables, certes, mais qui, pour moi-même, ne seraient parfaits que dans mon effort pour les redire. » « Les redire », voilà un vaste projet — l'écrivain au milieu de toutes les voix du monde —, qui le mènera à des expérimentations poussées, à des réalisations surprenantes. C'est donc le Sollers théoricien qui prend le relais et établit les principes de base de ses écrits. 1960 : en pleine guerre d'Algérie (1958-1962), la France se replie sur elle-même. Les tendances à l'académisme, la sclérose ne sont que trop visibles. Sollers et ses amis, s'insurgeant contre le somnambulisme général, fondent la revue *Tel quel.* Lieu de ralliement des exclus ou des oubliés — Bataille leur donne ses manuscrits — centre de protestation, base des anticonformistes mais aussi cellule secouée en permanence par les conflits internes et par son propre dynamisme, *Tel quel* continuera sa route pendant vingt-trois ans. C'est dans cette fébrilité, dans cette hyper-activité théorique des débuts que naîtront les romans suivants de Sollers. *Le Parc* (1961) garde la marque des années de solitude. La vraie danse commence avec *Drame* (1965). Auscultation du « sujet » qui écrit : est-il capable de capter les « bruits » du monde ou la nécrose « littéraire » l'a-t-elle rendu sourd ? Il faut l'assouplir, desserrer les mailles, lui faire oublier sa tradition monolithique. Le « sujet » est le seul sujet de ce roman ; la mise en scène du « sujet » est le seul drame. Deux autres romans, *Nombres* (1968) et *Lois* (1972), vont prolonger cette problématique. À l'intérieur du langage ou, mieux encore, à l'inter-croisement de tous les langages, le « sujet qui écrit » devient un « je » écrit — « je » ouvert à la souplesse et la légèreté des techniques algorithmiques (*Nombres*), « je » conglomérat momentanément formé de tous les tourbillons spéculatifs du passé et du présent (*Lois*). Sollers explique bien ses intentions, ses préoccupations, son « engagement » complet dans l'aventure de l'écriture dans une série d'articles et d'essais : *Logiques* (1968), *L'Écriture et l'expérience des limites* (1971), *Sur le matérialisme* (1974). Matérialiste pur, profondément anti-essentialiste, l'écrivain, qui se voit constitué par le produit de son travail, rencontre inévitablement le marxisme au bout de sa plume. Rencontre sans complaisance, cependant. Sollers entre dans le sérail marxiste à la façon d'un Saint-Simon : il en fait la radiographie. Cette posture « saint-simonienne » continuera à être la sienne par la suite, et tous les grands courants de cette fin de siècle auront droit à leur place dans la chronique sollersienne. Vers la fin des années 60 Sollers se met à étudier la Chine, au travers de sa langue tout d'abord. C'est l'époque des gardes rouges. Mais, plus que le maoïsme des stagiaires de la politique, plus que l'exotisme, c'est le mouvement des masses qui l'attire : humaines, graphiques, chromatiques. C'est aussi l'époque de l'approfondissement de ses grandes références ; Céline, Joyce, Sade. Auteurs de masses eux aussi : sonores, temporelles, érotiques. Toujours la même recherche fondamentale chez Sollers : transposer ces mouvements sur le papier et inventer le « je » qui doit y faire face. D'où *H* (1973), roman d'une seule phrase serpentine sans signes de ponctuation, derniers boulons gardant le « je » immobile. Laisser flotter les ensembles, laisser les vagues jouer. Ce n'est pas un hasard si c'est ici que d'autres voix s'intègrent au récit et que l'humour éclate au jour. Ce n'est pas un hasard non plus si ce roman tend à réaliser explicitement le rêve de « plurilogue » de Giordano Bruno, ce penseur de masses cosmiques, ce grand oublié de l'Europe.

Au milieu des années 70 commence la marée basse des idéologies. On s'attend à voir Sollers à sec sur le sable. Mais il est déjà ailleurs avec *Paradis* (*) (1981) et *Femmes* (*) (1983). Dans *Paradis* qui prolonge l'expérience de *H,* les voix deviennent personnages, l'humour fait place à la bouffonnerie. Clown-espion au milieu du cirque animé, clown-espion qui aura pourtant besoin d'une pause : *Paradis II* (*) (1986). Parallèlement aux *Paradis,* Sollers publie un trio de romans « classiques », *Femmes, Portrait du joueur* (*) (1985), *Le Cœur absolu* (1987), romans en habit célinien et au cœur rabelaisien. Cibles explicites : la procréation artificielle, la féminisation et l'a-sexualisation du monde actuel, le retour fracassant de la déesse Mère. L'attaque générale sera soutenue d'un côté par un ensemble d'écrits théoriques et de souvenirs : *Théorie des exceptions* (1986) ; *Sade : contre l'Être suprême* (1989) ; *Carnet de nuit* (1989) ; *Improvisations* (1991). Et de l'autre côté par ses choix esthétiques et poétiques : *Rodin : dessins érotiques* (1987) ; *Les Surprises de Fragonard* (1987) ; *Photos licencieuses de la Belle Époque* (1987) ; *De Kooning, vite* (1988). C'est surtout ainsi que Sollers réconcilie dans ses trois derniers romans *Les Folies françaises* (1988), *Le Lys d'or* (*) (1989) et *La Fête à Venise* (*) (1991), le bouffon et le poète, les deux « daimons » qui le revendiquent depuis toujours. En 1983, année de *Femmes,* de son départ des éditions du Seuil pour joindre Gallimard, de la fin de *Tel quel,* Sollers fonde une nouvelle revue, *L'Infini,* et prend la direction d'une collection du même nom. Fouilles dans l'infini. Redécouverte des auteurs scandaleux et dissection du présent. Sur le blason de Sollers, un mot en exergue : diagonale. Ni sur les hauteurs ; ni sur le sol ; mais dans les couloirs obliques de l'art.

LAKIS PROGUIDIS.

RÉF. : Jacques Derrida, *La Dissémination,* Paris, 1972. — Marcelin Pleynet, « Dés, Tambours », in *Art et Littérature,* Paris, 1977. — Julia Kristeva, *Polylogue,* Paris, 1977. — Roland Barthes, *Sollers écrivain,* Paris, 1979. — Katherine C. Kurk, « Philippe Sollers. Le Défi, » in *South Atlantic Review,* novembre 1982.

SOLOGOUB Fedor Kouzmitch (pseud. de Fédor Kuzmič Teternikov). Écrivain russe. Né le 17 février 1863 à Saint-Pétersbourg, mort dans cette même ville, devenue Leningrad, le 5 décembre 1927. Issu d'une famille d'ouvriers (son père était tailleur, sa mère paysanne), sa première éducation fut fort hétéroclite. En effet, après la mort de son père, sa mère, entrée en condition, put l'emmener chez ses patrons, les Agapov, où l'enfant entendit parler des temps anciens, écouta de la musique et des chants de compositeurs célèbres, apprit à aimer le théâtre et les arts, lut quantité d'ouvrages, parmi lesquels *Robinson Crusoé* (*), *Don Quichotte* (*), *Le Roi Lear* (*). Plus tard, il put étudier à l'Institut pédagogique. Il en sortit instituteur et commença d'écrire des poèmes et son premier roman *Cauchemars* [*Tjaželye sny,* 1895], puis *Le Démon mesquin* (*) (1905) qui est en partie autobiographique. Après avoir enseigné dans diverses écoles de province, Sologoub se fixa à Saint-Pétersbourg en 1892, y connut Merejkovski et Zinaïda Hippius et fut encouragé à poursuivre sa carrière littéraire, ce qu'il fit sans abandonner pour autant ses fonctions de professeur puisqu'on le trouve, en 1899, inspecteur d'un important collège de la capitale. Au sein des groupes symbolistes, sa renommée ne fit que croître grâce à ses recueils de poèmes qui, plus que ses œuvres en prose, révèlent l'originalité d'une évolution spirituelle qui le conduisit peu à peu jusqu'au sentiment du divin, évolution qui se manifeste par sa ferveur, la beauté, la clarté classique de sa langue qui le rapproche par bien des points des Parnassiens français. Ses poèmes se succédèrent dans l'ordre suivant : *Poésies* (1896 et 1904) ; *Le Cercle de feu* [*Plamennyj krug,* 1908]. En prose, après *Cauchemars, Plus doux que le venin* (*) (1904), et *Le Démon mesquin* (1905), vinrent *La*

Légende créée [*Tvorimaja legenda,* 1912] et enfin *La Charmeuse de serpents* [*Zaklinatel'nica Zmej,* 1920]. Les deux révolutions russes n'eurent que peu d'influence sur sa vie privée : pendant celle de 1905, il se contenta de collaborer à des revues révolutionnaires satiriques. 1917 le laissa quasi indifférent. Le suicide de sa femme, l'écrivain Anastasija Tchebotarevskaja, survenu dans des circonstances mystérieuses en 1921, fut un coup dont il ne se releva pas. Sa production de 1921 à sa mort fut à peu près nulle. Sous un abord simple, Sologoub fut un être très complexe. Tel le révèlent ses poèmes, ses romans et ses divers essais au théâtre, avec une tragédie, *Le Don des sages abeilles* [*Dar mudrykh pcël*] et *Les Otages de la vie* (*), où se mêlent intimement éléments fantastiques et réalisme. On doit également à Sologoub la traduction en russe des poésies de Verlaine et de Rimbaud. Ses *Œuvres complètes,* éditées en 1913-14, comportent vingt volumes.

RÉF : N. Denisoff, *Fédor Sologoub,* Paris, 1981. – *Histoire de la littérature russe,* t. 1, Paris, 1990.

SOLOMÓS Dionysios. Poète grec. Né à Zante le 8 avril 1798, mort à Corfou le 9 novembre 1857. Il vit le jour quelques mois après la chute de la domination vénitienne et la fin de l'occupation française. Héritier d'une belle fortune, il était, ainsi que son frère Démétrios, le fils du comte Nicolas Solomós, veuf depuis longtemps, et d'Angélique Nikli, femme d'humble condition que le comte, vieux et paralysé, n'épousa légalement qu'en 1807, à la veille de sa mort. En 1808, le jeune Solomós, accompagné de son précepteur, l'abbé italien Santo Rossi, fut envoyé par son tuteur en Italie pour y faire ses études. La vocation du petit Dionysios pour les lettres et la poésie étonna ses maîtres italiens qui en tirèrent les plus heureux présages. Néanmoins, il s'inscrivit à l'université de Pavie pour y faire son droit. Si, après un séjour de dix ans en Italie consacré à compléter sa formation intellectuelle, il n'était pas docteur « in utroque jure », quand il retourna dans sa patrie en 1818, il avait une parfaite connaissance de la vie littéraire italienne et écrivait alors des poésies en cette langue ; toutefois, le combat pour la liberté qui, peu de temps après, s'alluma dans les territoires grecs soumis à la domination turque, ne pouvait pas ne pas avoir d'écho dans un cœur juvénile et généreux. Nous savons en effet que Solomós tentait parfois d'écrire des vers grecs, se mettant à l'épreuve au milieu des difficultés d'une langue non encore fixée par un usage littéraire universellement reconnu. Ce fut un homme politique grec, Trikoupis, qui, lui ayant rendu visite à Zante, vers la fin de 1822, le persuada d'abandonner définitivement la langue italienne pour devenir le chantre national de la Grèce renaissante. Au printemps de 1823, il écrivit d'un seul jet les cent cinquante-huit strophes du fameux « Hymne à la liberté » – v. *Poésies* (*) – dont quelques-unes, mises en musique par Manzanaros, sont devenues l'hymne national grec. En 1824, les chants populaires grecs publiés à Paris par Fauriel – v. *Chants populaires de la Grèce moderne* (+) – et salués avec enthousiasme en Europe lui indiquèrent la voie qu'il devait suivre pour enrichir et augmenter son propre patrimoine d'expression. De la même année est son *Dialogue sur la langue* (entre le poète, un ami et un pédant) dans lequel il a condamné l'effort des puristes qui voulaient imposer au peuple le joug d'une langue noble et glorieuse, mais morte. En 1826, tout Zante récitait l'« Empoisonnée », ce chant qui déborda de son cœur, inspiré par un événement tragique de la chronique de la ville. En 1828, il s'établit à Corfou, où il fut reçu avec égards et où un cercle d'amis fidèles se rassembla autour de lui, qui forma ensuite son école. Sous la direction de Capodistria, en Grèce, la liberté reconquise s'organisait pendant ce temps-là, mais le poète n'avait pas encore le courage d'en fouler le sol, et il ne l'eut pas non plus lorsque les puristes détestés dominèrent à Athènes. En 1834, il publia quelques strophes du *Lambros,* sorte de nouvelle romantique à la Byron, à la composition de laquelle il travaillait depuis des années et restée inachevée. Un événement, en 1833, était venu troubler sa sérénité contemplative : le procès que lui-même, d'accord avec son frère Démétrios, intenta à leur demi-frère et à leur mère, qui s'était remariée après la mort du comte Nicolas. Cette pénible affaire familiale dut aigrir le poète qui, au cours de ces années-là, s'était mis à écrire son poème *Les Assiégés libres* (*), par lequel il voulait exalter, mises sous forme de symbole, la résistance héroïque, la sortie et la mort des assiégés de Missolonghi. Cette vaste conception est également restée au stade de l'ébauche, comme le « Porfiras », poème inspiré au poète par la mort d'un jeune Anglais attaqué par un squale tandis qu'il nageait dans les eaux du golfe de Corfou. On a donné maintes explications de l'incapacité de Solomós à réaliser sa première inspiration poétique. La plus vraisemblable est à chercher dans l'excès de son sens critique qu'il s'appliquait à lui-même. Toujours est-il que Solomós, dans la plénitude et la maturité de son génie, n'a pas produit les fruits que l'on attendait de lui. La déception de ses amis et leur surprise furent grandes lorsqu'à sa mort, en novembre 1857, on ne trouva dans ses papiers que des fragments et des ébauches (rassemblés dans l'édition posthume de 1859), dont l'épineux manuscrit de *La Femme de Zante* (*). Toujours solitaire et revêche jusqu'à paraître misanthrope, le poète s'était replié, pendant ses dernières années, dans une forme de neurasthénie dépressive à laquelle il cherchait un remède et un soulagement par l'excitation de l'alcool.

Il eut une première congestion cérébrale en 1856, puis mourut à la fin de 1857.

BRUNO LAVAGNINI.

RÉF. : P. Lascaris, *Solomós*, Chartres, 1946. – L. Contelle, *Formation poétique de Solomós 1815-1833*, Athènes, 1977.

SOLON. Homme d'État, législateur et poète élégiaque grec. Né vers 640 av. J.-C., mort aux environs de 560. Solon, fils d'Exékestidès, appartenait à une des plus illustres familles d'Athènes, celle des Codrides, mais, bien que les siens fissent partie du clan royal des Médontides, il semble qu'ils aient été peu fortunés. Aussi le jeune Solon fut-il amené à faire du commerce ; il parcourut dans ce but une bonne partie de la Méditerranée orientale et séjourna très probablement en Ionie où florissait une civilisation plus raffinée qu'en Grèce proprement dite. Lorsqu'il revint à Athènes, avant 612, Solon avait certainement beaucoup appris, il se trouvait également à la tête d'une certaine fortune. C'est alors que commença sa carrière poétique, son génie s'étant probablement éveillé au contact des poètes ioniens. Mais esprit juste, généreux, profondément affecté de l'état de crise que traversait sa patrie, Solon fit de ses vers l'instrument propre à rendre courage à ses concitoyens, à leur montrer l'absurdité de la situation où ils se trouvaient, et à leur faire détester l'injustice qui régnait parmi eux. En effet, l'arbitraire des puissants, l'oppression des faibles n'avaient cessé d'empirer depuis le temps où Hésiode dans *Les Travaux et les Jours* (*) s'en était plaint amèrement. Les chefs des grandes familles, les Eupatrides, classe sociale à laquelle Solon d'ailleurs appartenait, avaient accaparé tout pouvoir politique et judiciaire ; tenant les sièges des archontes, dominant la « Boulé », composée de magistrats sortis de charge, ils se considéraient comme les seuls dépositaires de la « thémis » et de la « Dikê ». Ils avaient en main, grâce aux naucraties, l'administration financière, politique et militaire. Peu à peu, ils devenaient les seuls détenteurs de la terre, les coutumes du génos empêchant le morcellement de leurs domaines, alors que, dans la classe inférieure des Zeugites, la propriété s'amenuisait de génération en génération. La vie du paysan libre était d'autant plus pénible que sa misère l'obligeait de recourir à l'emprunt qu'il ne parvenait pas à rembourser. Il en était alors réduit à aller louer ses services ailleurs comme thète quand il ne devenait pas la propriété de son créancier. Le développement même du commerce ne profitait qu'aux grands qui, seuls, disposaient des capitaux indispensables. Lorsque Solon revint dans sa patrie, les Athéniens avaient renoncé à reconquérir Salamine, perdue lors de la guerre contre Mégare. C'est alors que Solon composa l'élégie où il fait honte à ses concitoyens de leur lâcheté. La tradition veut qu'il se soit rendu sur l'Agora en costume de voyage, coiffé du chapeau de feutre des hérauts et simulant la possession divine pour la déclamer devant le peuple assemblé. L'apostrophe produisit l'effet escompté. On forma un corps de débarquement que peut-être commanda Solon lui-même, et l'île fut reprise vers 612. C'est encore sous son instigation qu'Athènes participa aux côtés de Delphes à la Guerre sacrée. Ces premiers exploits avaient mis Solon en vue. On était tout disposé à écouter cet homme capable de secouer les énergies. Il profita de cette audience pour entamer la lutte contre les privilèges abusifs. Il chanta la justice divine qui, tôt ou tard, punit l'iniquité et par ses élégies prépara la voie aux nécessaires réformes. Le remède aux maux dont souffraient ses compatriotes, il le leur met sous les yeux : il faut faire triompher la Dikê, la solidarité entre tous, le respect des droits de chacun ; il faut réprimer l'insolence des puissants, assurer aux petits un sort convenable. Enfin, ses conseils furent écoutés et on le mit à même d'appliquer ses préceptes. Il fut nommé archonte en 594-593. Il eût pu, alors, les deux partis opposés le priant de prendre leur direction, devenir le tyran qu'au fond tout le monde attendait. Il se contenta d'être l'arbitre des querelles, n'ayant en vue que le salut de la cité. Si, dans ses *Élégies* (*), il gourmande rudement les puissants insatiables, il stigmatise aussi les pactes répréhensibles des agités qui ne pensent qu'à la revanche. C'est qu'en effet les actes de l'archonte mécontentaient également les partis extrêmes ; fort heureusement, il trouva à s'appuyer sur la bourgeoisie moyenne et modérée, constituée de commerçants, d'armateurs et d'industriels qui désiraient la fin des grandes injustices mais entendaient que l'ordre nécessaire à la prospérité fût respecté.

La première tâche était de susciter la fin de la division des citoyens en deux moitiés qui tentaient de s'exclure l'une l'autre. Solon rappela d'exil tous ceux qui avaient été condamnés pour des raisons autres que le meurtre ou des menées visant à instaurer la tyrannie. Il les rétablit dans leurs droits civiques. Ces droits, encore fallait-il qu'un nombre plus grand d'Athéniens fût en mesure de les exercer. Aussi les classes censitaires furent-elles l'objet d'une révision générale. La contrainte par corps fut définitivement abolie. Avec une juste fierté, le législateur pouvait affirmer : « Au peuple, puisqu'il lui faut une rude franchise, je dirai que les biens qu'il possède aujourd'hui, jamais il ne les aurait vus de ses yeux même en rêve. » Grâce à l'énergique administration de Solon, un nouvel essor économique, une nouvelle prospérité prenaient naissance, mais surtout se formait la démocratie athénienne qui, au siècle suivant, devait devenir un exemple pour la Grèce entière. Solon, cependant, rencontra bien des oppositions et dut faire face à d'infinies récriminations. Et ce n'est pas sans une amertume compréhensible qu'il s'écrie : « Quand on fait de grandes choses, il est difficile de plaire à tous. » Cette pratique de la non-violence à laquelle il s'était tenu avait exaspéré les passions. Sortant de charge, l'ancien archonte fit jurer à ses successeurs et au peuple de respecter ses lois, puis il s'éloigna. Il voyagea. On sait par les *Élégies* qu'il se rendit à Chypre et en Égypte, mais la fameuse entrevue qu'il aurait eue avec Crésus et qui est rapportée par Hérodote semble appartenir à la légende. Lorsque Solon revint à Athènes, ce fut pour y constater la faillite de son œuvre. Un nouveau venu, Pisistrate, après s'être acquis dans la guerre contre Mégare une grande réputation, s'était emparé de l'esprit du public et rassemblait les mécontents. Avec courage, Solon dénonça les aspirations de Pisistrate à la tyrannie. Ses craintes n'étaient que trop fondées. Après plusieurs tentatives infructueuses, Pisistrate se rendit maître d'Athènes. Toutefois son gouvernement fut si sage qu'il se peut, comme le prétend Plutarque, qu'il parvint à rallier à sa cause même Solon qu'il avait comblé d'honneurs. Toujours d'après Plutarque, sur la fin de sa vie le grand démocrate tint le rôle de conseiller politique auprès du tyran. Il semble certain, en tout cas, que Solon ne participa pas directement à la vie publique mais vécut dans la retraite « apprenant toujours et beaucoup ». Il mourut après avoir vu son œuvre ruinée mais ce n'était que pour un temps ; l'esprit démocratique qu'il avait fortifié ne subissait qu'une provisoire éclipse. Mis au rang des sept sages, Solon a connu la vénération des générations successives. Son œuvre poétique, outre ses résonances politiques et la conception de l'homme nouveau qui s'y reflète, présente en soi un intérêt d'autant plus grand que Solon est le premier poète athénien ; Tyrtée, qui lui est antérieur, était né à Athènes mais vécut à Sparte. On trouve déjà dans les *Élégies* ce qui fera l'originalité de cette forme attique qui donnera au siècle suivant de si grandes œuvres, l'harmonie, la justesse de la pensée et du ton, la finesse avisée.

JACQUES BROSSE.

♦ *« Un homme qui, sans égard aux biens présents, voulait qu'en tout on envisageât la fin. »* Hérodote. ♦ *« C'était une belle et excellente disposition chez Solon de respecter la nature humaine, de ne jamais sacrifier l'homme à l'État, le but au moyen, mais de faire servir l'État à l'homme. Ses lois étaient de flottantes attaches, au bout desquelles le citoyen pouvait se mouvoir avec aisance et liberté dans toutes les directions, sans jamais sentir qu'elles le guidassent. »* Schiller. ♦ *« Aucun ne pouvait personnifier plus justement que* [Solon] *l'équilibre de l'âme, l'alliance du bien-faire et du bien-dire dans la sérénité d'une nature aussi heureusement douée pour l'activité politique que pour les œuvres pacifiques et exquises de la poésie. »* A. Croiset.

RÉF. : Janas, *De Solone Atheniensi*, Münster, 1884. – M. Coiset, *La Morale dans la cité dans les poésies de Solon*, Acad. inscrip., 1903. – Ch. Gilliard, *Quelques réformes de Solon*, Lausanne, 1907. – Lehman-Haupt, *Solon of Athens*, Liverpool, 1912. – Sondhaus, *De Soloni legibus*, Iéna, 1909. – K. Freemann, *The Work and Life of Solon*, Londres, 1926. – T. Fathener, *Ehre und Gerechtigkeit : Studien zur Gesellschaftlichen Ordnung im fruhen Griechenland*, Munster, 1988. – P. Oliva, *Solon, Legende und Wirklichkeit*, Constance, 1988.

SOLOVIEV Vladimir Serguéevitch [Vladimir Sergeevič Solov'ev]. Théologien et philosophe russe. Né à Moscou le 29 janvier 1853, mort dans la propriété des princes Troubetzkoï à Uzkoé, près de Moscou, le 12 août 1900. Fils de Serguei Mikhaïlovitch Soloviev, un des premiers historiens de la Russie, petit-fils d'un prêtre orthodoxe, Vladimir Serguéevitch passa son enfance dans un milieu fort pieux et ardemment « slavophile » ; mais au gymnase de Moscou, où il fit ses études à partir de 1864, il découvrit bientôt, avec le même enthousiasme que tous ses camarades, le positivisme occidental et les travaux d'exégèse critique de David Strauss et de Renan. Dès sa quinzième année, il avait donc perdu la foi, se refusait farouchement à tout devoir religieux et se proclamait matérialiste. Pourtant, le panthéisme de Spinoza allait assez rapidement ramener le jeune homme à une sorte de foi mystique dans l'amour de Dieu et des âmes. Avant d'avoir atteint sa vingtième année, Soloviev avait ainsi surmonté sa crise religieuse d'adolescence. Il allait se vouer désormais à la philosophie comme à un apostolat, avec la magnifique ambition de réveiller les énergies religieuses du peuple russe. Le 24 novembre 1874, Soloviev présenta devant le jury universitaire de Saint-Pétersbourg une thèse sur *La Crise de la philosophie occidentale* [*Krizis zapadnoj filosofii*], qui constitue une mise en accusation de l'athéisme et du positivisme du XIXe siècle européen. Nommé un mois plus tard « docent » de philosophie à l'université de Moscou, il consacre ses cours à la prédication d'une « théocratie libre », qui suscite un enthousiasme immense chez ses jeunes auditeurs, mais aussi la fureur des milieux rationalistes qui réussissent bientôt à faire éloigner Soloviev sous prétexte d'une mission scientifique à Londres. Il reste absent de sa patrie pendant quinze mois. Sur le chemin du retour, il visite la France, l'Italie et l'Égypte. Les étudiants moscovites ne l'avaient pas oublié et, dès la reprise des cours, une cabale se forme : en février 1877, à l'âge de vingt-quatre ans, Soloviev est mis « provisoirement » à la retraite. En compensation, il est appelé à siéger au Conseil de l'Instruction publique, mais sa liberté de parole reste surveillée. Après avoir passé en 1880 une nouvelle thèse sur *La Critique des principes abstraits* [*Kritika otvlečennykh načal*], il obtient sa nomination comme maître de conférences à l'université de Saint-Pétersbourg et y commence un cours sur la critique des principes révolutionnaires. Un tel sujet aurait dû être considéré favorablement par le pouvoir tsariste ; mais Soloviev ne manquait pas de souligner la cruelle inutilité de la répression policière du terrorisme, alors virulent, et appelait les élites de son pays à se consacrer entièrement à une rechristianisation des classes populaires. La censure répondit en empêchant la publication de ce cours et Soloviev se vit interdire désormais tout enseignement universitaire (1881).

Déjà célèbre, il était regardé par beaucoup d'intellectuels comme un prophète : Dostoïevski ne l'avait-il pas mis en scène dans le personnage d'Aliocha des *Frères Karamazov* (*) ? Empêché d'enseigner, Soloviev reprit son apostolat par la plume, donnant de nombreux articles aux revues, tout en poursuivant des travaux d'érudition philosophique. Par dégoût d'un Occident qui lui paraissait voué au culte de l'argent, il s'était d'abord rangé dans le camp des « slavophiles », reprenant le rêve de Dostoïevski : la Russie conçue comme la « troisième Rome » et investie d'une mission de régénération religieuse de toute l'humanité. Mais, dès 1877, dans une série de *Conférences sur l'humanité théandrique* [*Cténija o bogočelovéčestvé*], le jeune théologien se voyait contraint de constater que l'Orient n'avait pas su créer une véritable civilisation chrétienne. Il était frappé, d'autre part, par l'impuissance de l'Église orthodoxe, Église d'État, à réduire le shisme du « raskol ». À partir de 1881, avec l'étude sur le *Pouvoir spirituel en Russie* [*O dukhovnoj vlasti v Rossii*], Soloviev a non seulement rompu avec les slavophiles, mais s'oppose ouvertement à eux. Il dénonce la confusion entre christianisme et nationalisme russe, et la Russie cesse de lui apparaître comme le seul royaume chrétien, toutes les nations ayant également leur mission dans le plan divin. Dès le troisième *Discours en mémoire de Dostoïevski* [*Réči v pamjat' Dostoevskago,* 1883], la pensée de Soloviev se concentre vers la définition d'un véritable universalisme religieux et la recherche d'un terrain de rencontre et d'entente entre l'Église orthodoxe russe et l'Église romaine. Vladimir Serguéevitch entre bientôt en relation avec Mgr Strossmayer, évêque d'Agram (Zagreb), auprès duquel il passe plusieurs semaines en 1893. L'évolution de sa pensée religieuse, résumée dans son grand livre sur *La Russie et l'Église universelle* (*), paru en français en 1889, a-t-elle atteint son terme avec l'acte individuel d'adhésion à Rome qu'il fit en 1896 ? On peut en douter. Il semble plutôt que Soloviev, vers la fin de sa vie, se soit efforcé de se tenir au-delà de toutes distinctions d'Églises et de rites, ce qui explique qu'au moment de mourir il ait accepté l'extrême-onction d'un prêtre orthodoxe. La préoccupation de l'unité chrétienne n'a pas cessé d'être le centre de toute sa pensée et de toute sa vie ; c'est à elle qu'il convient de rattacher les méditations de Soloviev sur la vocation mystique d'Israël — *Le Judaïsme et la Question chrétienne* [*Evreistvo i khristianskij vopros,* 1884] — et sur le problème eschatologique de l'Antéchrist — v. *Trois entretiens sur la guerre, la morale et la religion* (*) (1899). Quant à ses idées philosophiques et morales, on en trouvera l'expression la plus accomplie dans le gros traité intitulé : *La Justification du bien* (*) (1898).

MICHEL MOURRE.

♦ *« Toute sa vie était ordonnée pour témoigner en acte de sa foi au Christ-Dieu, et en même temps il est difficile de se représenter un homme du monde plus accompli que Soloviev. On pouvait le rencontrer partout où est la vie ; il s'intéressait à tout ce qui intéresse la vie, à l'art, à la politique, voire à l'irrigation des steppes. Il n'était étranger à rien de terrestre... »* N. A. Kotliarevsky. ♦ *« Soloviev enthousiasmait le peuple russe par son enseignement moral ; il aurait pu le pousser à la révolution... Hélas ! quelle faute inexcusable ! Il a préféré devenir le Jean-Baptiste de la Russie et prêcher au milieu du désert des devoirs surannés. »* Mérejkovski.

RÉF. : Séverac, introduction aux textes choisis de Soloviev, Paris, 1910. — Mgr d'Herbigny, *Un Newmann russe, Vladimir Soloviev,* Paris, 1911. — Eugène Tavernier, préface à la traduction française des *Trois entretiens...* Paris, 1916. — M. Stremooukhov, *Vladimir Soloviev et son œuvre messianique,* thèse, Paris, 1935, 1975. — K. Motchoulski, *Vladimir Soloviev, sa vie et sa doctrine,* Paris, 1936. — Jean Gauvain, introduction à *Conscience de la Russie,* textes choisis de Soloviev, Paris, 1950. — S. Soloview, *Vie de Vladimir Soloviev par son neveu,* Paris, 1982. — A. Besançon, *La Falsification du bien, Soloviev et Orwell,* Paris, 1985.

SOLSTAD Dag. Romancier norvégien. Né le 16 juillet 1941 à Sandefjord. Il est la figure la plus marquante de ces jeunes écrivains norvégiens qu'une volonté de renouveau groupa à partir de 1966 autour de la revue *Profil.* Affirmant leur volonté de régénérer la littérature norvégienne en trouvant des formes d'expression nouvelles adaptées au déracinement et à l'isolement de l'homme moderne, ils prônèrent ensuite un engagement littéraire et personnel qui devait leur permettre de mieux « servir le peuple » aux côtés des militants révolutionnaires marxistes-léninistes. Pour la plupart d'entre eux, le début des années 80 marqua cependant une rupture avec ces thèses et le début d'un retour critique, souvent pimenté d'humour, sur ces temps d'illusions. Si le premier roman de Solstad, *Vert-de-gris, vert* [*Irr ! Grønt,* 1969], se contente de dénoncer l'aliénation des contemporains confinés dans des « rôles », le deuxième, *Arild Asnes* (1970), montre la voie à suivre. Intellectuel petit-bourgeois qui sympathise avec la social-démocratie, l'écrivain Arild Asnes saura se libérer du carcan social pour s'engager aux côtés des révolutionnaires dans la réalisation d'une société digne d'être vécue. À la fin du livre, on le verra ainsi faire du porte-à-porte pour vendre le journal *La Lutte des classes.* Au roman d'apprentissage succède, plus ample dans son propos, *La Place du 25 septembre* (*) (1974), une tranche d'histoire norvégienne d'après-guerre qui permet de dénoncer la trahison du parti travailliste accusé de pactiser avec l'ennemi capitaliste. Cependant, cette trahison était déjà patente antérieurement, et c'est ce que s'applique ensuite à nous démontrer l'auteur dans sa trilogie romanesque consacrée à la Norvège sous l'occupation : *Trahison. Année d'avant-guerre* [*Svik. Førkrigsår*, 1977], *Guerre 1940* [*Krig 1940*, 1978] et *Du pain et des armes* [*Brød og våpen*, 1981]. Voyant avec les yeux de représentant de la classe ouvrière, l'auteur aborde différents aspects de cette période, les combats, la résistance, la vie quotidienne ou la collaboration avec l'ennemi et, au-delà du message politique – qui n'épargne pas non plus les communistes orthodoxes –, il brosse un magistral tableau de l'époque. Si une certaine évolution est déjà perceptible dans cette œuvre, c'est en 1982 que Solstad tourne véritablement la page avec la publication du *Rapport du professeur Pedersen sur le grand réveil politique qui a ravagé notre pays* [*Gymnasielærer Pedersens beretning om den store politiske vekkelsen som har hjemsøkt vårt land*]. Ce roman, dont le long titre souligne assez l'intention ironique, semble nous donner rendez-vous avec Arild Asnes une décennie plus tard. C'est la très honnête et très drolatique confession de l'intellectuel qui a rompu le charme d'un engagement impossible. Mais le suicide de l'héroïne nous rappelle le drame que dut être pour beaucoup l'effondrement des idéaux. Depuis, avec *Tentative pour décrire l'impénétrable* (*) (1984), et l'autobiographique *Roman 1987*, Dag Solstad, l'ancien chantre de la lutte des classes revenu à lui-même, poursuit sa marche de « loup solitaire ».

ÉRIC EYDOUX.

SOMADEVA. Écrivain indien. L'auteur du *Kathāsaritsāgara* (*) naquit dans le Cachemire. Il était le fils d'un brahmane nommé Rāma et il déploya son activité poétique sous la protection du roi Ananta (1029-1064), qu'il rappelle dans la « prasasti » ou bénédiction qui sert de conclusion à son œuvre. Il y mentionne également le roi Samgrāmarāja, la reine Sūryamatī, épouse d'Ananta et mère de Kalasa, et le fils de ce dernier, Harsa.

RÉF. : Renou et Filliozat, *L'Inde classique*, t. II, Paris et Hanoi, 1953.

SOMBART Werner. Économiste allemand. Né à Ermsleben-am-Harz le 19 janvier 1863, mort à Berlin le 19 mai 1941. Dans sa jeunesse, il subit d'abord l'influence de son père, propriétaire terrien et industriel, qui était un libéral de gauche, puis celle, décisive, des ouvrages de Marx et de Lassalle. Il étudia le droit et l'économie politique à l'université de Pise et termina ses études à Berlin en 1888, puis fut successivement syndic de la Chambre de commerce de Brême et, en 1890, professeur d'économie politique à l'université de Breslau ; il passa à Berlin en 1908, et enseigna d'abord à l'école supérieure de commerce, puis à l'université. Il se détourna des positions marxistes et lassalliennes qu'il avait tout d'abord adoptées pour incliner vers un radicalisme scientifique personnel, un « positivisme idéalisant » (Bruguier), qui ne lui valut tout d'abord qu'incompréhension et ostracisme et des accusations de « fantaisie débridée » ainsi que des obstacles pour l'obtention de sa chaire. Son œuvre reste liée à l'histoire du capitalisme et du socialisme qu'il a exposée d'une manière rigoureuse mais colorée, vivante et tout à la fois classique et moderne. Parmi ses ouvrages principaux, ceux qui connurent le plus de succès furent : *Le Socialisme et le mouvement social au XIX*e *siècle* [*Sozialismus und soziale Bewegung im 19. Jahrhundert*, 1896], *Le Capitalisme moderne* (*) (1902), dans lequel il fit preuve de grandes qualités de sociologue, d'économiste et d'historien, et *Le Socialisme allemand* [*Deutscher Sozialismus*, 1934], où, tout en soutenant contre le libéralisme la nécessité d'une réglementation, il affirme, contre le marxisme en tant que système valable pour tous les pays et tous les temps pour atteindre des buts purement économiques, la nécessité de tenir compte des buts et des forces spirituelles.

RÉF. : L. von Mises, *Kritik des Interventionismus*, Iéna, 1929. – M. J. Plotnik, *Werner Sombart and his type of economics*, s. l., 1937. – F. Perroux, *Des mythes hitlériens à l'Europe allemande*, Paris, 1940. – F. Braudel, *Civilisation moderne et capitalisme* (XVe-XVIIIe s.), Paris, 1967.

SØNDERBY Knud. Romancier danois. Né le 10 juillet 1909 à Esbjerg, mort le 8 août 1966 à Thy. Son premier roman porte un titre significatif : *Au milieu d'une époque de jazz* [*Midt i en jazz-tid*, 1931]. Il est en effet le peintre de la jeunesse entre les deux guerres, et ce roman sera suivi de *Deux jeunes gens se rencontrent* (*) (1932). Dans *Une femme de trop* [*En kvinde er overflødig*, 1936], il analyse finement, mais sans pitié, le conflit des générations. *Flammes froides* (*) (1940) se déroule au Groenland, qui a aussi fourni la matière d'un livre d'esquisses, *Été au Groenland* [*Grønlandsk sommer*, 1941]. *Étés disparus* [*Forsvundne somre*, 1946] et *L'Aubépine* [*Hvidtjørnen*, 1950] sont d'autres recueils d'esquisses, qui confirment ses dons de prosateur, mais il ne revient pas au roman. Par contre, il a écrit quelques pièces, généralement courtes.

SONG YU. Poète chinois qui vécut probablement entre 298 et 265 avant notre ère, dans le royaume méridional de Tch'ou. Sa vie nous est totalement inconnue ; dans les *Mémoires historiques* (*) de Se-ma Ts'ien, la biographie de Ts'u Yuan (340 ?-278 ? av. J.-C.) se contente de citer Song Yu parmi les successeurs du principal auteur des *Élégies de Tch'ou* (*), qui « excellaient à composer et s'illustrèrent par leurs fou » (genre de récitatif en prose rythmée sinon rimée, dérivant des mêmes *Élégies*).

Selon certaines sources, il aurait servi sans gloire le roi Siang de Tch'ou, à moins que ce ne fût le grand-père de celui-ci. Song Yu compte parmi les plus célèbres poètes chinois pour avoir composé *Les Neuf Discussions* [*Tsio-pien*] appartenant au recueil des *Élégies de Tch'ou* (*), et dont la description mélancolique de l'automne installe durablement la métaphore automnale en poésie, et des « fou » à thème érotique tels que le *Fou de la terrasse Kao-t'ang* [*Kao-t'ang-fou*], le *Fou de la déesse* [*Chen-nu-fou*], le *Fou sur le désir des femmes* – v. *Les Fou d'amour de Song Yu* (*). Seule l'attribution des *Neuf Discussions* semble absolument certaine, et l'on a contesté que de nombreux autres « fou » répertoriés sous son nom dans une anthologie compilée sous les T'ang ou les Song, le *Jardin de l'antique littérature* [*Kou-wen-yuan*], tels *La Pêche* [*Tiao-fou*], *La Danse* [*Wou-fou*], *La Flûte* [*Ti-fou*], aient bien été composés par Song Yu. De même, le poème d'inspiration chamanistique le *Rappel de l'âme* [*Tchao-houen*], inclus lui aussi dans les *Élégies de Tch'ou*, lui a été attribué, alors que la tradition, après Se-ma Ts'ien, préfère y voir l'une des œuvres de Ts'u Yuan. Aussi bien, Song Yu reste dans l'histoire de la littérature au moins autant comme un représentant du genre des « élégies » que comme l'un des premiers créateurs individuels du sujet érotique en poésie.

VALÉRIE LAVOIX.

RÉF. : D. Hawkes, *Ch'u Tz'u, The Songs of the South*, Oxford, 1959. – J. Pimpaneau, *Histoire de la littérature chinoise*, Paris, 1989.

SONTAG Susan. Essayiste et romancière américaine. Née en 1933 à New York. Auteur de quatre romans, *Le Bienfaiteur* [*The Benefactor,* 1963], *Dernier Recours* [*Death Kit,* 1970], *Moi etcetera* [*I, etc.,* 1978], et *L'Amoureux du Vésuve* [*The Volcano Lover,* 1992], Susan Sontag se considère avant tout comme une romancière ; néanmoins, ses essais retiennent davantage l'attention, tant par la finesse de leurs analyses que par l'originalité de leur propos. Selon l'écrivain Carlos Fuentes, ce sont « des interprétations de haut niveau, réussies, sur tout ce qui est vraiment en train de se passer aujourd'hui, sous nos yeux ».

Ainsi, dans *La Photographie* [*On Photography,* 1973], elle développe les thèses de Lazlo Moholy-Nagy et de Walter Benjamin pour décrire le phénomène lui-même, les caractéristiques de son expression et sa fonction dans la société contemporaine. Ce livre très brillant et d'une grande rigueur mêle analyses philosophiques, études de photographes comme Robert Frank ou Walker Evans, réflexions historiques et digressions sur le statut des images picturale, photographique et cinématographique.

Comme dans ses autres essais, Susan Sontag s'inspire ici largement de l'avant-garde française : non seulement le cinéaste Jean-Luc Godard pousse Susan Sontag à réaliser elle-même des films, mais elle écrit un livre sur Antonin Artaud – *À la recherche d'Artaud* (1975) –, et Roland Barthes lui inspire un bref et magnifique essai, *L'Écriture même : à propos de Barthes* (*) (1982). De manière plus générale, le structuralisme et la « nouvelle critique » lui fournissent les outils d'analyse de maints phénomènes contemporains. On pourrait presque dire que, comme Roland Barthes, elle s'emploie à démasquer les mythologies de notre temps. Dans *L'œuvre parle* [*Against Interpretation,* 1966], elle élabore une théorie du récit qui, contre toute interprétation réductrice, se veut avant tout une « érotique de l'art ».

Une démarche similaire préside à l'écriture de *La Maladie comme métaphore* (*) (1977). De l'expérience de son propre cancer, Susan Sontag tire un essai remarquable où elle s'attache à démythifier toutes les métaphores identifiant cette maladie à la mort. Elle oppose les mythes du cancer à ceux de la tuberculose et de la syphilis, maladies métaphorisées par l'imaginaire populaire, la science-fiction et jusque dans les textes scientifiques et littéraires.

Susan Sontag reprend ce type d'analyse dans *Le Sida et ses métaphores* [*Aids and its Metaphors,* 1989], où elle oppose cette fois le sida au cancer pour analyser nos hantises contemporaines et dénoncer le spectre de l'épidémie brandi par certains pour justifier la stigmatisation des malades, le renforcement du contrôle de l'État et la condamnation morale des groupes « déviants ».

BRICE MATTHIEUSSENT.

SOPHOCLE. Poète tragique grec. Le plus célèbre des tragiques grecs naquit à Colone, bourgade située à quelque dix stades au nord-ouest d'Athènes, que le poète, presque nonagénaire, devait célébrer dans sa dernière pièce, *Œdipe à Colone* (*). Il était né sans doute en 496 av. J.-C., peut-être en 495 ; mort en 406 av. J.-C. à Athènes. La légende veut qu'au lendemain de la bataille de Salamine (480), où Eschyle avait combattu en héros, le jeune Sophocle, âgé de seize ans, ait été chargé de conduire le chœur qui devait célébrer l'hymne de la victoire. Euripide serait né, lui, le jour de la bataille navale, dans l'île même de Salamine. Rapprochements ingénieux et symboliques. Notons que Sophocle survécut à son cadet Euripide. La biographie du grand tragique nous est connue par une *Vie de Sophocle*, due à un auteur de la basse Antiquité et qui, au milieu de renseignements controuvés et quasi légendaires, relate des faits consignés par des sources assez anciennes. Le père de Sophocle, Sophillos, riche bourgeois d'Athènes, que l'industrie des métaux avait enrichi, appartenait à cette population moitié rurale, moitié urbaine qui fit pendant longtemps la prospérité de la cité. Le jeune Sophocle reçut une éducation distinguée : les exercices du corps développèrent sa grâce naturelle, la lecture des poètes forma son esprit ; le fameux musicien Lampros lui apprit l'art compliqué des rythmes grecs. Sophocle dut entrer, jeune encore, dans la carrière littéraire. Plutarque, dans la *Vie de Cimon* – v. *Vies des hommes illustres* (*) –, raconte qu'il aurait débuté en 468, avec une pièce appelée *Triptolème*, qui lui aurait permis de l'emporter sur Eschyle, jusqu'alors prince incontesté de la tragédie. Le théâtre devint alors la principale occupation de Sophocle. Au cours de sa longue carrière, il écrivit cent trente-trois pièces, remportant vingt-quatre fois le premier prix, ne descendant jamais au troisième rang dans le concours tragique. En bon citoyen, Sophocle prenait part à l'activité politique de son pays. En deux circonstances, cette participation à la vie publique de la cité fut particulièrement notable. En 440, le succès récent d'*Antigone* (*), jouée vers 442, valut au poète d'être désigné comme un des dix stratèges de l'année ; Périclès était du lot. Cela permit au poète de participer à la reprise de Samos, alliée qui avait fait précédemment défection. De même, vers la fin de la carrière du poète, le pays fit de nouveau appel à lui. La guerre du Péloponnèse était en train de ruiner définitivement l'impérialisme athénien. Au lendemain du désastre subi par le corps expéditionnaire de Nicias en Sicile (413), Sophocle fut un des six commissaires du peuple [probouloi] qui formèrent une sorte de Comité de salut public qui contribua à sauver la cité.

Bien qu'assombrie vers la fin par les malheurs du pays, la longue vie de Sophocle ne connut guère que le bonheur. De son épouse, Nicostraté, il avait eu cinq fils, dont l'aîné, Iophon, fut lui-même un poète tragique distingué. Une concubine, Théoris, lui avait donné un fils illégitime, Ariston, lui-même père d'un autre Sophocle, petit-fils préféré du vieux poète, et comme lui illustre dans le genre tragique. La veine poétique de Sophocle ne s'affaiblit jamais. Il était presque nonagénaire lorsqu'il écrivit *Œdipe à Colone*, où l'on trouve les plus beaux morceaux de son génie. Il faut tenir pour légendaires les récits des accusations qu'aurait portées contre lui son fils Iophon, accusant son père d'être atteint de démence sénile et de se trouver partant incapable de gérer ses biens. Le seul reproche que Sophocle pouvait faire à la vieillesse est de lui avoir permis de voir les malheurs de son pays. Encore le poète disparut-il avant la prise d'Athènes. Sophocle mourut vers la fin de l'année 405, quelque temps après Euripide, dont une tradition rapporte qu'il aurait pris le deuil. Sophocle passa aux yeux des anciens comme le type de l'« homme heureux ». Sa vie fut une parfaite réussite humaine, menée avec une rare harmonie. Le poète avait maintes fois répété qu'on ne peut reconnaître la valeur de la vie d'un homme avant qu'il fût mort. Du moins sut-il, dans sa vie comme dans ses derniers vers, trouver le ton d'une apaisante grandeur. La légende intervient jusqu'à la fin. Les Spartiates qui assiégeaient Athènes auraient permis au cortège funèbre qui emmenait le corps de Sophocle de sortir de la ville, afin qu'on pût l'ensevelir à Décélie, dans le tombeau de famille. Les Athéniens vénérèrent le tombeau de Sophocle, sur lequel, en souvenir des si beaux chants du poète, ils sculptèrent une Sirène. Ils rendirent un culte au poète mort, comme on faisait pour les « héros ». « Heureux Sophocle, écrivait à son sujet le poète comique Phrynichos, il est mort après une longue vie. Il a eu et chance et talent. Il a fait jouer de nombreuses et belles tragédies ; il mourut heureusement sans avoir connu le malheur. »

Sophocle avait écrit cent trente-trois drames. La plupart de ces pièces sont des tragédies. Une quinzaine de pièces étaient qualifiées par les anciens de drames satyriques. De cette production importante, nous n'avons conservé que sept pièces complètes. Ces sept pièces sont celles-là mêmes qui furent choisies en vue du programme universitaire qui se constitua au milieu du IIe siècle de notre ère. Il fait un pendant exact au « choix » d'Eschyle de même date, et fut sans doute composé par le même grammairien. Il est à noter que ni d'un poète ni de l'autre on ne garda de tragédie de jeunesse. Dans le cas de Sophocle, on trouve même une proportion notable de drames remontant à la vieillesse, et même à l'extrême vieillesse. Voici, suivant l'ordre chronologique présumé, la liste des sept tragédies de Sophocle constituant le choix : *Les Trachiniennes* (*), *Antigone* (441), *Ajax* (*) (vers 450), *Œdipe Roi* (*) (425 ?), *Électre* (*) (avant 413), *Philoctète* (*) (409), *Œdipe à Colone* enfin, représenté en 402/401 par les soins de Sophocle le Jeune. Le Moyen Âge byzantin ramena à trois le nombre de pièces de Sophocle qu'on lisait alors dans les classes : ce furent *Ajax, Œdipe Roi* et *Électre*. Les tirades de cette dernière tragédie, les plus froides au point de vue dramatique, firent les délices des professeurs de rhétorique. Sophocle avait en outre composé des poésies variées, élégies, péans, etc. Il aurait aussi, dit-on, composé un écrit sur le « chœur ». La chose n'est pas invraisemblable. De cet ensemble, rien ne nous est resté d'entier, en dehors des sept pièces du « choix ». Pourtant, nous possédons un ensemble de fragments, d'ordinaire assez courts, recueillis au cours de l'Antiquité par les lexicographes, les grammairiens ou les compilateurs de citations. De récentes découvertes papyrologiques ont accru cet apport d'éléments nouveaux. Une de ces découvertes a un caractère insigne. Un papyrus trouvé à Oxyrrhynchos, en Égypte, et publié en 1912, nous a restitué, souvent en très mauvais état de conservation, quelque quatre cents vers, soit la première moitié d'un drame satyrique, intitulé *Les Limiers* (*) (ou les *Pisteurs*). La seconde moitié de la pièce manque entièrement. Ces sept pièces et les divers morceaux conservés permettent d'avoir une idée d'ensemble sur une œuvre poétique qui fut considérable. On y voit une œuvre d'une seule venue ; héritée des mains d'Eschyle et docilement conservée, la tragédie classique ne change pas pendant un siècle. Les innovations que nous aurons à signaler seront purement techniques, mais on peut dire que, pendant tout un siècle, les grands tragiques ne diffèrent guère les uns des autres que par le talent et l'esprit.

Parlons d'abord des particularités extérieures. Sophocle dut rapidement renoncer à l'usage qui voulait que l'auteur fût lui-même son protagoniste. Dans une de ses premières pièces, il dut incarner Nausicaa jouant à la balle, comme le veut le récit homérique. Mais si Sophocle se montra habile à la balle, il s'avéra déficient dans l'art vocal, et la faiblesse de sa voix dut lui faire renoncer à jouer lui-même ses rôles. On dira plus loin l'importance que Sophocle attacha au luxe de la mise en scène. La tradition veut que, pour donner de l'importance à ses personnages, il les ait pourvus de sortes de hautes chaussures appelées *crépides*, munies d'épaisses semelles (notons en passant que le mot cothurne ne se rencontre qu'à l'époque romaine avec le sens spécial de chaussure d'acteur tragique). Le fonds de théâtre ne comportait pas, du temps de Sophocle, de construction permanente. Si l'on en croit Aristote, l'usage d'un décor peint, réduit peut-être à une toile de fond, serait dû à une initiative de Sophocle lui-même. Ces décors ne comportaient aucune perspective. Mais voici les innovations importantes apportées par Sophocle. La plus notable consiste à ne plus présenter au concours de *trilogie liée*. Ce n'est pas, comme on l'a dit parfois, parce que la volonté divine, ayant chez Sophocle moins d'importance que chez Eschyle, ne peut plus suffire à maintenir l'unité dans trois pièces successives. La vraie raison est le développement organique du drame : dans la trilogie, il était nécessaire que l'action fût très simple. Or, avec Sophocle, le drame devient plus complexe et la connaissance du métier avait fait de tels progrès que le poète tendait naturellement à la complication. On en était arrivé à mieux comprendre la nature du drame qui est, non de représenter une succession d'événements, mais de choisir une crise. En même temps, Sophocle simplifie la mise en scène et réduit l'élément spectaculaire : l'intérêt du drame psychologique y supplée. Du fait même, l'élément purement lyrique du drame, si caractéristique chez Eschyle, tend à prendre moins d'importance. Sophocle, en conséquence, est amené à augmenter le nombre des acteurs, de façon à varier et à assouplir le jeu des sentiments. Il y aura désormais trois acteurs sur la scène et il arrivera qu'un même vers de dialogue soit coupé entre trois personnages. Sophocle introduit aussi au théâtre un grand nombre de personnages de second plan. Il excelle dans l'art de s'en servir. Les adversaires du protagoniste le mettent en relief, le font ressortir. Les personnages du second plan expriment une sagesse moyenne, en face de l'idéal. Le poète augmente parallèlement le nombre des choreutes, les portant de douze à quinze et cherchant à obtenir des effets chorégraphiques et musicaux d'autant plus sensibles que l'importance dramatique du chœur va en diminuant. Acteurs et choreutes sont magnifiquement habillés. Toutes ces modifications extérieures se ramènent à une modification intérieure fondamentale, l'enrichissement psychologique du drame. Dans Eschyle, il y a toujours une volonté très forte qui mène l'action. Il en va de même chez Sophocle, mais avec des différences : les personnages discutent et avec eux-mêmes et avec les autres. Pourtant, ils ne sont pas toujours tendus au même degré de volonté, et surtout ils n'ont pas un sentiment unique. Par cette variété sentimentale, les personnages ont plus d'humanité et de sensibilité. Aussi Sophocle excelle-t-il à rendre les sentiments féminins. Pour ce qui est de la conduite de l'action, Sophocle est encore résolument disciple d'Eschyle. Il veut une action simple. Mais chez Eschyle, ainsi dans les *Perses* (*), l'action existait en dehors des caractères ; chez Sophocle, au contraire, l'action n'échappe jamais aux personnages. Le protagoniste est tout dans la tragédie : Ajax, Électre, Philoctète. De là la nécessité de créer des péripéties. Sophocle, à côté des péripéties religieuses, réservées aux dénouements, invente des péripéties psychologiques. Tout tend au même but : l'enrichissement psychologique du drame. Tout l'art de Sophocle est là.

Il est impossible qu'un homme comme Sophocle n'ait pas été sensible aux progrès de la pensée et de la réflexion, qu'il n'ait pas participé à l'extraordinaire effervescence de vie de son époque. Toutes ces influences ont dû pénétrer, en l'enveloppant, une nature aussi ouverte que la sienne. Mais sa personnalité même devait lui permettre de réagir à ces influences. Un des traits qui frappent d'abord quand on observe son caractère est une bienveillance instinctive. Cette bienveillance naturelle résulte d'un heureux équilibre de toutes les facultés. Cet équilibre lui-même paraissait dans la personne physique du poète, et il est permis, encore de nos jours, d'en voir un reflet dans l'image de Sophocle qui est conservée au Musée du Latran. C'est cet homme qui a connu toutes les passions nobles, celui que Platon, au commencement de *La République* (*), représentera comme débarrassé de toutes les faiblesses de la nature. Sous ce mondain, il y avait un esprit singulièrement réfléchi, bien que moins porté à la philosophie que son rival Euripide. En matière de religion, Sophocle n'a pas de doutes ; il n'a pas pratiqué la spéculation et est resté attaché aux croyances religieuses de son temps. Le poète suit la tradition par habitude. C'est un croyant que n'absorbe pas sa croyance, plus porté vers l'étude de la vie humaine que vers celle de la théologie. Sophocle, d'autre part, n'est pas un observateur : c'est un intuitif, dont le regard droit et clair voit juste, tout en amplifiant et en idéalisant tout ce qu'il a vu. Mais le poète recherche les racines des sentiments qui lui apparaissent : il aime la logique de l'être moral et il se plaît à reconstituer en son ensemble l'âme des personnages qu'il crée.

Enfin et surtout, c'est un artiste. Sophocle est tout nourri de vieille poésie, et surtout d'Homère, qui a exercé sur lui une influence profonde. Le biographe anonyme confirme ce témoignage. Ion disait de Sophocle qu'il était le seul tragique qui fût vraiment disciple d'Homère. Notre poète a en effet plus qu'Eschyle, et aussi plus qu'Euripide, « la grâce homérique ». Une des premières tragédies de Sophocle fut une pièce intitulée *Nausicaa*, où le poète avait su reproduire la fraîcheur virginale que le vieil aède avait donnée à ce personnage. Au goût de la grandeur, à l'effet dramatique puissant et large qu'il devait à Homère, Sophocle avait su ajouter la naïveté, le laisser-aller du langage parlé, le charme de la vie qui s'exhale de la jeunesse. Seules *Les Trachiniennes* ont gardé quelque reflet de la manière dont Sophocle avait pu peindre les passions de l'amour. Sophocle a surtout été un grand artiste en vers. Contrairement aux deux autres tragiques, il n'a pas cherché à agir sur l'opinion, à jouer le rôle de « prophète ». Ce qui l'a intéressé, c'est sa façon personnelle de concevoir les choses et de les dire. Il n'a pas cherché les problèmes compliqués, il n'a pas révolutionné le genre. Ce qu'il a révolutionné, c'est l'art d'écrire, et dans ce domaine il a progressé jusqu'à la fin de sa vie. Il n'écrit ni suivant une convention, ni contre une convention : il écrit selon lui-même avec un mélange de haute poésie, de langage courant et de formules familières, presque populaires, qu'on ne rencontre guère ailleurs. Tout cela ne se rend pas facilement en français. Il faut aller jusqu'au grec pour le sentir. Mais plus on le pénètre, plus il plaît.

A. DAIN.

♦ *« Si on critique un manque de vérité, peut-être peut-on répondre que le poète a dépeint les choses comme elles devraient être, comme Sophocle aussi disait qu'il représentait, lui, les hommes tels qu'ils devraient être tandis qu'Euripide les représentait tels qu'ils sont. »* Aristote. ♦ *« Si les chants de Sophocle n'offrent pas, comme ceux d'Euripide, une abondance de pensées pratiques, une exhortation constante à la vertu, ils ont en revanche une suavité enchanteresse qui s'allie à la grandeur. »* Dion Chrysostome. ♦ *« Ce fut un poète. Quoi d'étonnant s'il se montra quelque peu susceptible lorsqu'il s'agissait de beauté ! »* Lessing. ♦ *« Pourquoi la poésie de Sophocle est-elle si réellement athénienne ? N'est-ce pas parce qu'il y a dans les expressions une mesure et un tact exquis, une simplicité puissante, une élégance naturelle, parce qu'elles sont, pour ainsi dire, malgré la hardiesse et la concision du style, éclairées par une lumière limpide et pénétrante. »* Jules Girard. ♦ *« Presque toutes ses expressions sont pleines de sens : non seulement elles frappent à l'audition, mais elles invitent à réfléchir. Ce qu'il emprunte, soit à la langue homérique, qu'il connaît à fond, soit à l'usage de ses contemporains, il se l'approprie et il le rajeunit, s'il y a lieu, par une justesse naturelle et une sorte d'adresse suggestive, qui double la valeur des mots. »* M. Croiset. ♦ *« Nous sommes portés à croire que les deux sentiments les plus profonds de Sophocle, c'était à la fois celui de la fragilité du bonheur humain et celui de la dignité de la personne humaine. »* P. Mazon.

RÉF. : B. Knox, *Œdipus at Thebes*, Londres, 1957. – G. Meautis, *Sophocle, Essai sur le héros tragique*, Paris, 1957. – J. Lacarrière, *Sophocle*, Paris, 1960. – B. Knox, *The Heroic Temper. Studies in Sophoclean Tragedies*, Berkeley, 1964. – G. Ronnet, *Sophocle, Poète tragique*, Paris, 1969. – K. Reinhardt, *Sophocle*, Paris, 1971. – A. Machin, *Cohérence et continuité dans le théâtre de Sophocle*, thèse, Québec, 1975. – C. Segal, *Tragedy and Civilisation. An Interpretation of Sophocles*, Cambridge, Massachusetts, 1981. – J. Bollack, *L'Œdipe Roi de Sophocle*, I-III, Lille, 1990.

SOPHONIE (forme grecque de Sephanya, qui signifie « celui que Dieu abrite » ou « cache »). Prophète hébreu du VIIe siècle av. J.-C. Son texte assez bref – v. *Sophonie (Livre de)* (*) – le classe au neuvième rang des petits prophètes. Il semble issu de la tribu de Juda et de lignée royale. Contemporain de Jérémie et de Nahum, Sophonie décrit la corruption de l'époque, la malignité des riches, le scepticisme des chefs. Zélé serviteur de Yahvé, qui voit tout sous l'angle de la foi religieuse, il stigmatise impitoyablement la tyrannie des puissants, la vénalité des prêtres qui profanent la religion en la faisant servir à des fins indignes. Le péché inspire à Sophonie une indicible aversion ; il sait, en son cœur, qu'il engendrera le châtiment divin inéluctable. Sa voix se fit entendre avant la réforme religieuse qu'entreprit Josias en 621. Mais cette voix pressante avait préparé les esprits, car ils se rallièrent promptement aux pieuses directives du jeune souverain.

SORANOS d'Éphèse. Médecin grec du IIe siècle. Soranos est une figure marquante et originale de l'école médicale méthodique fondée par Thémison sur la base de la théorie corpusculaire asclépiadienne. Il étudie la médecine à Alexandrie, centre d'enseignement alors très réputé, où il acquiert notamment des connaissances anatomiques complètes. Il exerce à Rome sous Trajan et Hadrien. Le peu d'informations supplémentaires sur le personnage tient de la légende : on prétend même qu'il se serait occupé d'embellir le visage de Cléopâtre. Sa théorie s'appuie sur les deux grands principes du méthodisme : le relâchement et le resserrement, à l'origine de tout état pathologique. Toutefois, du fait de l'importance qu'il accorde à l'anatomie et à la chirurgie, il se démarque des méthodistes stricts, qui jugeaient ces matières superflues pour l'art médical. Ses écrits médicaux portent sur les sujets les plus divers ; nous en avons une bonne connaissance, grâce à Caelius

Aurelianus – qui au ve siècle traduit et adapte en latin une partie de son œuvre, dont un important traité sur les maladies aiguës et chroniques –, et surtout grâce à son traité *Maladies des femmes* (*), qui nous est parvenu dans le texte original et qui fait de lui le gynécologue le plus célèbre de l'Antiquité. Il est également l'auteur d'écrits de grammaire, de philosophie, ainsi que de vies de médecins.

ANNE-FRANCE MORAND et VINCENT BARRAS.

RÉF. : I. E. Drabkin : « Soranus and his System of Medicine », *Bulletin of the History of Medicine* 25 (1951). – O. Temkin, *Soranus' Gynecology*, Baltimore, 1956. – P. Bruguière, D. Gourevitch, Y. Malinas, *Soranos d'Éphèse. Maladies des femmes*, Paris, 1988.

SORBUL Mihail (pseud. de Mihail Smolski). Auteur dramatique roumain. Né à Botoşani (Moldavie) en 1885, mort à Bucarest en 1966. Il a fait carrière de fonctionnaire et il est l'auteur de la comédie tragique *La Passion rouge* (*) (1916), dont le rôle principal fut interprété par une jeune actrice qui devait devenir célèbre en France : Elvire Popesco. Parmi les autres pièces de théâtre de Mihail Sorbul, il convient de citer notamment : *Chroniques* (+) (1914), *Le Déserteur* [*Dezertorut,* 1919], *La Deuxième Jeunesse* [*A doua tinerete,* 1922].

SORDELLO. Né à Goïto, dans la province de Mantoue, vers 1200, mort après 1269. Il est le plus célèbre sinon le meilleur des troubadours italiens qui rimèrent en langue provençale. La première partie de sa vie paraît la plus obscure, il semble qu'il ait mené une existence désordonnée de jongleur. Il dut séjourner d'abord à Vérone, à la cour de Azzo VII d'Este, puis, d'après ce que racontent les anciennes biographies, à la cour du marquis de San Bonifacio dont il aurait enlevé la femme, Cunizza da Romano, sur l'ordre de Alberto et Ezzelino da Romano, frères de cette dernière. Ayant quitté Trévise où il s'était réfugié, Sordello se rendit à Ceneda, où, toujours d'après les anciens biographes, il aurait secrètement épousé une certaine Otta. La chose découverte, il fut contraint de s'éloigner. Toujours persécuté par le marquis de San Bonifacio, il s'en vint en Provence où il jouit de l'appui et des faveurs de Raimon Bérenger IV. De là, il semble qu'il se soit rendu en Espagne, à la cour de León, peut-être auprès d'Alphonse IX, de Ferdinand III de Castille et de Jaime Ier d'Aragon ; d'aucuns estiment qu'il a séjourné également au Portugal auprès de don Sanche II. D'Espagne, il revint en Provence, et plus précisément à la cour de Savaric de Mauléon, jusqu'au moment où on le trouve de nouveau à la cour de Bérenger à laquelle, sans doute, il occupa une place assez importante si l'on tient compte de la liberté relative avec laquelle il traite les princes et les rois dans un célèbre sirvente : la *Complainte sur la mort du sire de Blacas, seigneur d'Aups* (*) (1237). Il suivit le nouveau comte de Provence, Charles d'Anjou, pendant sa campagne d'Italie (1265-1266), et paraît avoir fait figure, à ses côtés, de personnage important. Emprisonné par les ennemis de ce prince, Sordello fut ensuite récompensé de ses services par la donation de châteaux dans les Abruzzes, en 1269. Après cette date on perd toute trace de lui.

CARLA CREMONESI.

RÉF. : V. Spinazzola, *La leggenda di Sordello*, in *Strenna della libreria Piero*, Naples, 1891. – C. de Lollis, *Vita e poesia di Sordello*, Halle, 1896. – A. Jeanroy, *La Poésie lyrique des troubadours*, Paris, Toulouse, 1934.

SOREL Albert. Historien français. Né à Honfleur (Calvados) en 1842, mort à Paris en 1906. Professeur à l'École libre des sciences politiques, secrétaire général du Sénat en 1870, il s'est particulièrement attaché à l'histoire diplomatique. Son ouvrage majeur est *L'Europe et la Révolution française* (*), en huit volumes (1885-1904). Il était membre de l'Académie française depuis 1893.

SOREL Charles, sieur de Souvigny. Né et mort à Paris (1599 ou 1602-7 mars 1674). Ni son siècle ni même la postérité n'ont mis en sa vraie place ce romancier, critique, érudit, historien français. Et ce pour plusieurs raisons dont la plus évidente est que Sorel n'a jamais signé ses œuvres, une autre qui n'est pas moins valable est qu'il écrivait sans soin et que presque toujours les réalisations n'étaient pas à la hauteur de ses desseins. Sorel, bourgeois de Paris, entre très tôt dans la carrière des lettres ; il n'a peut-être que quatorze ans quand il publie l'*Épithalame sur l'heureux mariage du très chrétien roi de France Louis XIIIe du nom...* (1616) ; dix-neuf, quand il donne son premier roman, l'*Histoire amoureuse de Cléagénor et de Doristée...* (1621) ; une vingtaine, lors de la parution de la première version du roman qui est considéré comme son chef-d'œuvre, l'*Histoire comique de Francion* (*). Il tente de faire carrière à la Cour ; on le voit tout jeune secrétaire du comte de Cramail, mais bien vite Sorel ne se trouve point fait pour ces manœuvres et il se contente du titre de premier historiographe de France qu'il a acheté à son oncle, Charles Bernard, charge dont la pension cessera de lui être payée en 1663. Aussi Sorel écrit-il pour vivre et pour vivre péniblement. Sa seule consolation, outre son labeur solitaire, sera l'amitié du fameux médecin Guy Patin, l'auteur des *Lettres* (*), qui lui demeurera toute sa vie fidèle. En littérature, il tente sa chance dans toutes les directions, le roman d'abord où il s'essaie à la peinture des histoires amoureuses avec l'*Histoire amoureuse de Cléagénor et de Doristée* et *Le Palais d'Angélie* (1622), puis aborde le roman réaliste avec *Francion*, avant d'écrire un antiroman, *Le Berger extravagant...* (1627), véritable parodie qui anticipe sur *Le Roman bourgeois* (*) de Furetière, sans pour autant négliger le roman pastoral à la mode du temps qu'il vient de critiquer dans *Le Berger extravagant* (*) et l'*Anti-Roman ou l'Histoire du berger Lysis* (1633-1634), témoin l'*Ophryse de Chrysante, histoire cyprienne.* Finalement, c'est à un genre mixte qu'il s'arrête, mi-satirique mi-romanesque, mi-précieux mi-anti-précieux, genre qui englobe le roman et sa critique comme dans la *Vraie suite des aventures de la Polixène* (1634), *La Maison des jeux* (1642), *Le Parasite mormon, histoire comique* (1650). Parallèlement, Sorel faisait carrière d'historien et de penseur. En histoire, il est surtout un critique de ses prédécesseurs et contemporains ; ses recherches portent sur la manière de rassembler les documents et d'écrire l'histoire. À cet égard, des œuvres telles que l'*Avertissement sur l'histoire de la monarchie française depuis Pharamond* (1629), plus tard complété et publié en 1647 sous le titre *Histoire de France, la Science de l'histoire* (1665), ont une importance certaine. En revanche, les ouvrages qu'il écrivit en tant qu'historiographe n'ont que peu d'intérêt. Ses œuvres philosophiques, *La Science des choses corporelles* (1634), *La Science des choses spirituelles* (1637), réunies sous le titre de *La Science universelle* (1641) et complétées par la suite, s'attachent à définir la véritable science fondée sur la raison et sur l'expérience et par nature encyclopédique. Les hardiesses rationalistes de Sorel ne vont d'ailleurs pas sans contrepartie, il croit à l'existence de Dieu et à l'immortalité de l'âme. En 1637, Sorel avait publié *Le Jugement sur le Cid composé par un bourgeois de Paris ;* il y avait le mérite, dans un climat très polémique d'apprécier à sa valeur la pièce de Corneille. C'est par la perspicacité, la justesse de jugement, que se recommande également la *Bibliothèque françoise* (1664), recension exacte et précise, qui constitue une excellente introduction à l'étude des écrivains français du XVIIe siècle, jusqu'aux environs de 1660. Son dernier ouvrage, *De la connaissance des bons livres* (1672), constitue en quelque sorte « l'art poétique » de Sorel : ouvrage particulièrement intéressant car, en établissant la supériorité de la narration historique sur la fiction poétique, Sorel s'oppose à toute la tradition critique, d'inspiration aristotélicienne, qui dominait en Europe depuis un siècle et qui a fourni les principes de l'esthétique classique.

S'il existe dans l'œuvre de Charles Sorel une fâcheuse dispersion, une hâte d'écrire qui souvent fatigue, on y peut pêcher bien des passages intéressants et originaux, et ses réflexions en marge sont d'une grande importance pour qui veut connaître la vie intellectuelle de la première moitié du siècle.

JACQUES BROSSE.

♦ « *Jamais il n'y eut un homme plus médisant ni plus envieux ; il ne trouvait rien de bien fait à sa fantaisie. S'il eût été du conseil de la création, nous n'aurions rien vu de tout ce que nous voyons à présent.* » Furetière. ♦ « *Celui qui, vingt ans d'avance, a résumé les théories de la* Critique de l'École des femmes *et de* L'Impromptu de Versailles, *celui qui a touché à presque tous les sujets repris plus tard par Molière et qui lui a fourni des mots, des situations, des scènes, non pas une ou deux fois et par hasard, mais sans interruption, pour presque toutes ses pièces* [...] *celui-là n'était pas un auteur méprisable, et n'est point, aujourd'hui même, une simple curiosité littéraire.* » Émile Roy.

RÉF. : É. Roy, *La Vie et les Œuvres de Charles Sorel,* Paris, 1891 ; *Histoire comique de Francion,* éd. É. Roy, Paris, 1924-1931. – F. E. Sutcliffe, *Le Réalisme de Charles Sorel,* Paris, 1965 ; *Histoire comique de Francion* (1623), éd. Y Giraud, 1979. – H. Béchade, *Les Romans comiques de Charles Sorel,* Paris, 1981. – J. Serroy, *Romans et Réalités : Les Histoires comiques au XVIIe siècle,* Paris, 1981. – G. Verdier, *Charles Sorel,* Paris, 1984.

SOREL Georges. Écrivain et publiciste français. Né à Cherbourg le 2 novembre 1847, mort à Boulogne (Hauts-de-Seine) le 27 août 1922. Ingénieur des Ponts et Chaussées à vingt-cinq ans, son travail le mit en contact avec la classe ouvrière, à l'égard de laquelle il acquit une profonde admiration. De ces contacts il gagna la certitude que sa valeur humaine et sociale représentait la seule force capable de régénérer notre humanité. Dégoûté par la décadence de la civilisation bourgeoise à laquelle il était rattaché par ses fonctions, il donna sa démission en 1892 et se mit à collaborer aux revues et journaux d'inspiration marxiste. Son œuvre, tout entière de combat, s'acharnera dès lors à fonder une morale sociale intransigeante et implacable. Il a foi dans un nouveau mode de vie, il cherche les voies qui le feront triompher et les lois qui lui permettront de le construire. Ensuite vient le combat. Il publie : *L'Avenir socialiste des syndicats* et *La Revue du monde antique* en 1898. Il a déjà pris conscience du fait que le meilleur moyen non seulement d'organiser le monde ouvrier mais de l'éduquer est le syndicat. Toute son activité va être dirigée dans ce sens, car il est désormais persuadé que les syndicats sont les « bâtisseurs de la civilisation nouvelle ». Ses prochains ouvrages continuent son travail de clarification et de construction. Ce sont : *Essai sur l'Église et l'État* (1902), *Introduction à l'économie moderne* (1903), *Le Système historique de Renan* (1906). En 1908, il publie dans *Le Matin* un article retentissant : *Apologie pour la violence* et la même année son livre le plus connu : *Réflexions sur la violence* (*). Un moment déçu par les dirigeants du mouvement socialiste, il fait paraître, toujours en 1908, *La Décomposition du marxisme.* Mais il ne change pas de camp, et c'est en termes dithyrambiques qu'il saluera l'avènement des bolchevistes. S'il accueille avec réserve les « moyens » de la révolution russe, la cinquième édition de ses *Réflexions sur la violence* sera augmentée d'un *Plaidoyer* *pour Lénine*, qu'il considère comme le « géant » qui sauvera la cause de la classe ouvrière. Moraliste autant qu'économiste, anti-intellectualiste acharné, syndicaliste et anti-parlementaire, tel il apparaît et ne cessera d'apparaître tout au long de ses œuvres où se durcit son système basé sur la « primauté de la violence » et le « mythe de la grève générale ». Ses derniers livres : *Matériaux pour une théorie du prolétariat* (1919) et *De l'utilité du pragmatisme* (1921), représentent la somme de ses travaux et de sa pensée dont l'influence aura été considérable tant en France qu'à l'étranger. Il a marqué des hommes aussi éloignés l'un de l'autre que Lénine et Mussolini.

BERNARD NOËL.

♦ *« Notre maître, M. Sorel... »* Charles Péguy. ♦ *« Certaines gens ne peuvent penser que le non-sens, Georges Sorel, brouillon bien connu, est de ce nombre... »* Lénine. ♦ *« Ce que je suis, je le dois à Sorel. C'est ce maître du syndicalisme qui, par ses rudes théories sur la tactique révolutionnaire, a contribué le plus à former la discipline, l'énergie et la puissance des cohortes fascistes. »* Mussolini, 1922.

RÉF. : M. Ascoli, *G. Sorel*, Paris, 1921. – G. Pirou, *Georges Sorel*, Poitiers, 1924. – P. Perrin, *Les Idées sociales de G. Sorel*, Paris, 1927. – P. Lasserre, *G. Sorel, théoricien de l'impérialisme*, Paris, 1929. – P. Angel, *Essais sur Georges Sorel*, Paris, 1936. – J. Wanner, *G. Sorel et la décadence*, Lausanne, 1943. – F. Rossignol, *La Pensée de G. Sorel*, Paris, 1948. – P. Andreu, *Notre maître M. Sorel*, Paris, 1953. – M. Charzat, *Georges Sorel et la révolution au XXe siècle*, Paris, 1977.

SØRENSEN Villy. Nouvelliste et philosophe danois. Né le 13 janvier 1929 à Copenhague. Membre de l'Académie danoise, 1965. Après Karen Blixen, Sørensen renouvelle le récit fantastique en y introduisant l'absurde. La référence fréquente aux légendes et aux ballades médiévales, aux contes populaires, aux mythes et à *La Bible* (*) fait de ses textes une véritable archéologie littéraire à la recherche des origines de la crise culturelle moderne. Si l'homme ne reconnaît qu'une partie de lui-même et la société qu'une partie de l'homme, celle-ci se retourne contre celle-là sous une forme démoniaque. Nombreux sont les couples de jumeaux ou de jumelles dans ses premiers livres. *Récits étranges* (*) (1953), *Histoires anodines* [*Ufarlige historier*, 1955] qui se focalisent, surtout au moment de la chute, sur le passage d'une étape stable et sécurisante de la vie – l'enfance, l'ancienne vision du monde – à une autre étape où la stabilité est à créer. Pourquoi l'homme, qui a tout pour être libre, ne peut-il (pour l'assisté) ou ne veut-il (pour le démoniaque) pas l'être ? Pourquoi, demande Sørensen dans *Récits du tuteur* (*) (1964), préfère-t-il la tutelle à la liberté (mot qui est plutôt pris dans le sens psychologique : l'homme libre est celui qui n'est pas obligé de refouler une partie de sa vie émotive afin de pouvoir s'accepter tel qu'il est, mais qui par contre a libre accès à toutes les étapes de sa vie) ? Pour le philosophe Sørensen, l'interprétation devient le mot clé : après l'effondrement général des valeurs, que faut-il exiger de l'interprétation pour qu'elle soit cohérente, c'est-à-dire englobe le tout, au lieu d'ériger un fragment de l'ancienne totalité éclatée : le social, le sexuel, l'inconscient... en tout, ce qui immanquablement conduit à l'émergence d'idéologies totalitaires ? Si le récit est essentiellement du domaine de l'imaginaire, se complétant par la rigueur intellectuelle de la construction, la philosophie est du domaine de l'intellect, faisant appel à l'imaginaire du récit pour se compléter. Sørensen se réfère, dans *Écrivains et Démons* [*Digtere og Dæmoner*, 1963], aux grands écrivains de l'effondrement : Harald Kidde, Herman Broch, Thomas Mann, ainsi qu'aux ballades médiévales. Dans les années 70 et 80, il renoue fermement avec la tradition humaniste du juste milieu : Sénèque, Érasme, et défend sa propre position : un « humanisme romantique éclairé », qui croit en la possibilité de la liberté, mais qui sait également que l'irrationnel, facteur impossible à nier, participe activement de l'humain.

KARL E. POULSEN.

SORESCU Marin. Poète, dramaturge, essayiste, romancier roumain. Né le 19 février 1936 à Bulzeşti, département de Dolj. De famille paysanne. Après des études primaires et secondaires dans son village et à Craiova, il est admis au lycée militaire de Prédéal d'où il s'enfuira pour ne pas être incorporé dans l'armée. Il entre à l'université de Iaşi où il est étudiant en lettres et en langues étrangères. Il apprend le russe, d'ailleurs obligatoire dans cette période, et traduira plus tard des poèmes de Pasternak, notamment. Il commence à publier des vers dans deux revues, *Flacàra Iaşului* puis dans *Viaţa Studenţeascà* dont il deviendra rédacteur en chef (1960-1962), pour exercer une fonction identique dans la revue bucarestoise *Luceafàrul* (1962-1965). Il sera ensuite et reste encore rédacteur en chef de la revue *Ramuri* de Craiova dont il avait réussi à faire, dans les ultimes années de l'ancien régime, l'un des derniers grands organes de presse littéraire capables de résister avec habileté au totalitarisme. Écrivain polyvalent, capable de réussir avec autant de talent et le même succès populaire dans le théâtre, la poésie ou la satire, Marin Sorescu est l'enfant prodige de la littérature roumaine contemporaine. Toute son œuvre, poétique d'abord, inaugurée, dès 1964, par un volume de pastiches en hommage aux plus grands poètes roumains et notamment ceux qui venaient à peine d'être réhabilités, et riche aujourd'hui de plus de quinze recueils, dramatique ensuite, et qui fait de lui l'auteur de théâtre le plus subtil et le plus joué, en Roumanie et à l'étranger, de l'après-guerre roumain, romanesque aussi – son roman, *La Vision de la tanière* (*), en forme de fable satirique, est un chef-d'œuvre d'humour –, d'essayiste pénétrant enfin, au regard critique indéfectiblement neuf, au langage pur de toute phraséologie creuse, toute son œuvre, donc, peut se définir par cette éternelle jeunesse d'esprit qui donne au poète la faculté de s'étonner toujours. Elle se double, chez Marin Sorescu, du génie d'étonner le lecteur, de lui communiquer, par le biais d'un humour omniprésent qui leste chaque mot de tout son poids de sens, l'intuition et la conviction de la transcendance de l'esprit sur les différentes forces, brutales ou insidieuses, qui s'efforcent de l'asservir. Bornons-nous, pour donner une idée de la prodigieuse fécondité de l'écrivain et du souffle vivifiant qu'il a fait passer sur la littérature roumaine des années 60 aux années 70, à traduire les titres, éloquents à eux seuls, de ses principaux volumes de poésie : *Poèmes* [*Poeme,* 1965], *La Mort de l'horloge* [*Moartea ceasului,* 1966], *La Jeunesse de Don Quichotte* [*Tinereţea lui Don Quijote,*1968], *Toussez* [*Tuşiţi,* 1970], *Âme, toi la bonne à tout faire* [*Suflete, bun la toate,* 1972], *L'Exorcismothèque* [*Descîntoteca,* 1976], *Fêtes itinérantes* [*Sărbători itinerante,* 1978], *Paysans du Danube* (*) (1973-1989) ; pièces de théâtre : *Jonas* [*Iona* 1968], *Les nerfs, ça existe* [*Existà nervi,* 1968], *Le Bedeau* [*Paracliserul,* 1968], *Le Troisième Pal* (*) (1971), *Le Radeau de la Méduse* [*Pluta Meduzei,* 1974], *Refroidissement* [*Ràceala,* 1976] ; romans : *Trois Dents de devant* [*Trei dinţi din faţà,* 1977], *La Vision de la tanière* (1981) ; essais : *Théorie des sphères d'influence* [*Theoria sferelor de influenţà,* 1969], *Traité d'inspiration* [*Tratat de inspiraţije,* 1985].

JEAN-LOUIS COURRIOL.

SÔSEKI Natsumé (pseud. de Natsume Kinnosuke). Écrivain japonais. Né le 9 février 1867, à Edo (maintenant Tôkyô) où il mourut le 9 décembre 1916. Ayant fait des études de lettres, il se spécialisa dans la littérature anglaise, et pendant une dizaine d'années fut professeur dans différents établissements. En 1900, il fut envoyé à Londres pour s'y perfectionner dans la connaissance de la langue et y resta deux ans ; et pour réconforter son ami, le lettré Masaoka Shiki (1867-1902) devenu infirme, il écrivit les *Nouvelles de Londres* [*Rondon shôsoku*], qui furent publiées dans la revue littéraire *Le Coucou* [*Hototogisu*]. Après avoir regagné son pays, il obtint une classe dans un lycée puis un poste de lecteur à l'université de Tôkyô ; mais, en 1904, il abandonna l'enseignement pour devenir critique littéraire du *Journal du matin de Tôkyô* [*Tôkyô asahi shimbun*], le quotidien le plus important de la capitale. Il garda cet emploi jusqu'à sa mort. Le roman qui marqua le début de sa carrière d'écrivain fut *La Tour de Londres* [*Rondon-tô,* 1905], auquel succédèrent *Je suis un chat* (*) (1905-1906), qui eut une fortune extraordinaire, *Botchan* (*) (1906), *Oreiller d'herbes* (*) (1907), *Les Coquelicots* [*Gubijinsô,* 1907], *Les Mineurs* [*Kôfu,* 1908], *Sanshirô* (1909-1910), *Ensuite* [*Sorekara,* 1909]. À une époque où seul le naturalisme était de bon ton dans les lettres, Sôseki Natsume demeura l'unique représentant du romantisme. Toutefois, lorsqu'il connut mieux par la suite les ressorts des actions humaines, il dut convenir que les hommes étaient surtout menés par leur égoïsme ; et dès lors il se retira du monde. Mais les sentiments généreux finirent par l'emporter, et il n'éprouva plus qu'une compassion grandissante pour les souffrances de ses semblables. Ses derniers romans furent *La Porte* (*) (1910), *Le Voyageur* [*Kgin,* 1913], *La Pauvre Cœur des hommes* (*) (1914), *Herbes sur la route* [*Michikusa,* 1915] et, inachevé, *Clair-obscur* (*). Si le fait d'écrire des romans lui causait beaucoup de fatigue, il éprouvait toujours un grand réconfort à écrire des poèmes. Ses « haiku » sont très admirés, et Natsume Sôseki est considéré comme un spécialiste en la matière. Il fut aussi un bon peintre.

SOU CHE [Su Shi] ou Sou Tong-p'o [Su Dongpo]. Écrivain chinois. De son vrai nom Sou Che, Tong-p'o n'étant qu'une appellation littéraire qui lui est restée dans la mémoire de la postérité. Il naquit, en 1036, à l'extrémité occidentale de la Chine, à l'ouest du Setch'ouan, marche chinoise aux confins du Tibet qui vit naître plusieurs grands poètes chinois, et mourut en 1101 dans la vallée du Yang-tse. Ses parents étaient des propriétaires terriens assez fortunés. Au moment de sa naissance, son père, Sou Siun, venait, à vingt-sept ans, de se découvrir une vocation de lettré. Des études commencées pourtant tard allaient, malgré un échec aux examens impériaux, faire de lui un des premiers écrivains de son temps. De trois ans plus jeune que Tong-p'o, son frère Sou Tch'eu fut son émule parmi les lettrés de l'époque, et les trois Sou sont le plus brillant trio des belles-lettres chinoises. Mais le plus grand des trois est sans contexte Sou Che ou Sou Tong-p'o. Après des études sérieuses à l'école de leur petite ville natale, les deux frères partent pour la capitale, où ils sont reçus tous les deux aux examens impériaux. La carrière de l'Administration leur est ouverte. Après être retourné au pays natal pour y porter pendant plus de deux ans le deuil de sa mère, selon la coutume chinoise, Tong-p'o est nommé assistant magistrat dans la province du Chaansi. Il est alors âgé de vingt-six ans et le poste ne correspond pas à son besoin d'activité. Le plus clair de son travail consiste à adresser des prières aux dieux pour obtenir la pluie ou composer des inscriptions commémoratives destinées à être gravées sur la pierre. Le reste de son temps est consacré à la poésie. Il revient bientôt à la capitale pour remplir un petit poste de lettré au département d'histoire. C'était alors l'époque où les hauts fonctionnaires se partageaient en deux groupes hostiles : l'un mené par Wang An-che, réformiste qui désirait assurer à la fois le bien du peuple et la richesse de l'État, mais dont le mauvais entourage, semble-t-il, empêchera des réformes audacieuses d'avoir un autre résultat qu'une misère générale. L'autre groupe, le parti des conservateurs, est conduit par l'historien Se-ma Kouang et réunit en fait la plupart des lettrés. À ce dernier groupe, par ses relations et aussi par un réalisme auquel trop d'intransigeance doctrinaire fait peur, se rattache Sou Tong-p'o. Malgré son poste secondaire, il intervient énergiquement dans la lutte en s'opposant, dans les lettres personnelles à l'empereur, aux prêts sur récoltes institués par Wang, qui vont en fait endetter le peuple. Mais ses lettres n'ont pas plus de résultats que les remontrances de Se-ma Kouang. Tous ses amis et presque tous les fonctionnaires importants à la Cour sont envoyés en province ou partent d'eux-mêmes. Wang An-che se débarrasse aussi de Sou Tong-p'o, en l'accusant de malversations. Bien que l'accusation soit reconnue sans fondement, il est finalement écarté de la Cour et nommé magistrat à Hang-tcho.

Pour Tong-p'o va commencer une période de grande activité poétique. Il a la joie de vivre dans cette ville admirable où de sa maison il peut contempler le magnifique paysage de l'Ouest. Promenades sur le lac, parties de plaisir agrémentées de la présence de courtisanes qui viennent chanter et revoir de leur beauté les yeux du poète, conversations avec des moines qui sont avant tout des gens d'esprit et aussi, bien entendu, des séances au tribunal, tel est son emploi du temps. Tout cela est matière à compositions poétiques, même le tribunal, où il s'amuse parfois à rendre sa sentence en un quatrain. Pour les moines comme pour les courtisanes, en un style différent il est vrai, il écrit des poèmes. Poèmes encore que les lettres à ses amis, et sous cette forme il peut se permettre, quand il fait allusion aux événements du jour, de s'exprimer aussi librement qu'il le fait de vive voix. Souvent apparaît son souci de la misère du peuple : son métier de juge lui pèse, car il ne se sent pas différent des gens qu'il doit condamner. Aussi est-il très aimé du peuple qui chérit en lui autant le poète que le magistrat compatissant. Cependant ses poèmes, que l'on se transmet de bouche à oreille, parviennent à la Cour et sont retenus contre lui. Ses ennemis ne peuvent toutefois obtenir autre chose que son déplacement de poste en poste. Il approche alors de plus près la grande misère du peuple chinois et ne craint pas de payer de sa personne dans la lutte contre les inondations. C'est une période de tristesse, pour un homme mûr — il a alors quarante ans — écrasé par des événements contre lesquels il ne peut rien. Les très beaux poèmes qu'il écrit alors reflètent son élan mystique vers une liberté complète, comme celle des nuages dont l'univers est la demeure. Nombreux sont les disciples qui viennent se mettre à son école, car tous reconnaissent qu'il est le premier lettré de l'empire. Cependant la haine ne désarme pas parmi la clique de Wang An-che, qui se maintient encore au pouvoir, bien que son chef en ait été écarté. Elle réussit finalement à obtenir de l'empereur que Tong-p'o soit arrêté, conduit sous escorte à la capitale et emprisonné. Son procès est un grand procès littéraire : pendant de longues audiences le poète doit expliquer, mot par mot, les sous-entendus de ses poésies. La peine de mort est requise contre lui, mais, grâce à l'intervention de l'impératrice, on se contente de le condamner à un exil adouci, dans une petite ville du centre de la Chine. Le jour même de sa sortie de prison, Tong-p'o ne peut se retenir d'écrire deux poèmes où l'on pouvait encore trouver un manque de respect à l'égard de ministres.

Son exil n'est pas sans charmes. La vie est fort tranquille, coupée d'invitations chez les fonctionnaires de la région. Il a tout le temps de réfléchir aux grands problèmes de l'existence et de s'exercer aux pratiques taoïstes, respiration, concentration de l'esprit à l'instar des yogis, dont le but est de prolonger la vie. Dans les poèmes, les lettres, les essais de cette époque, apparaît une philosophie sereine, pleine d'humour. Son argent s'épuise : qu'à cela ne tienne, le lettré devient fermier, et cela le rapproche encore des gens du peuple qui sont ses amis. Et ce n'est pas une bonne nouvelle pour lui que de se voir invité à séjourner dans une autre ville, plus agréable et plus proche de la capitale, car, âgé maintenant de cinquante ans, il n'aspire plus qu'à se retirer. Au moment où il croit en avoir la permission, c'est une nouvelle carrière qui commence pour lui. L'empereur est mort, et avec lui disparaît le parti de Wang An-che. L'impératrice devenue régente rappelle Sou Tong-p'o à la capitale, et, de poste en poste, le voilà bientôt promu aux plus hautes charges. Académicien chargé de la rédaction des édits impériaux, il ne lui manque plus que d'être Premier ministre. La rédaction des édits impériaux — il en écrivit ainsi huit cents — le met en relations très étroites avec l'impératrice et le jeune empereur. La vie qu'il mène alors à la capitale est très agréable, avec ses amis et son frère parvenus aux postes les plus importants. Car le poète est aussi un bon vivant : il aime les bonnes histoires que l'on raconte quand le vin porte à la gaieté. Celui-ci est aussi pour lui une source d'inspiration : c'est quand Tong-p'o est à moitié ivre qu'il trace d'une main ferme avec une virtuosité impressionnante les caractères les plus parfaits ou les bambous les plus évocateurs. Et ces calligraphies ou ces peintures sont aussi recherchées que sa poésie est appréciée. Les arts littéraires ou plastiques sont un repos pour l'homme au pouvoir, car les attaques se font à nouveau jour contre lui, et sa lutte contre la corruption et pour que l'opinion publique soit écoutée à la Cour n'obtient pas tout le succès escompté. Il préfère s'écarter et obtient d'être nommé, loin de la capitale, gouverneur militaire du Tcheu-tsiang. C'est une occasion pour lui de travailler de toutes ses forces au bien du peuple en laissant de côté ses préoccupations littéraires et artistiques. Mais la misère est grande, la famine s'étend : la moitié des gens meurent de faim dans certains districts. Les paysans craignent d'ailleurs presque autant les bonnes années que les mauvaises, car les fonctionnaires exigent alors le payement des dettes, et la prison attend ceux qui ne peuvent s'acquitter. Après bien des efforts, Sou Tong-p'o obtient finalement la suppression de ces dettes. Pendant quatre ou cinq ans, il occupe divers postes importants, tantôt à la capitale, tantôt dans les provinces, mais, en 1093, l'impératrice meurt et son petit-fils, un jeune homme aux instincts dépravés, prend le contre-pied de la politique de sa grand-mère. Tous les hommes au pouvoir sont envoyés en exil aux confins de l'empire : huit cent trente fonctionnaires seront ainsi punis et, en tête, Sou Tong-p'o, le premier à être exilé au Sud, dans le climat semi-tropical de Canton. Mais sa nature heureuse a vite fait de reprendre le dessus et il ne se déplaît pas dans ces régions nouvelles pour lui : il n'a aucun souci, la nature est belle et les relations amicales ne lui manquent pas. La concubine qui fut toujours l'inspiratrice de sa poésie est près de lui, et il écrit pour elle de très beaux poèmes, où s'exprime en même temps que son amour sa piété bouddhique. Sou Tong-p'o s'installe dans l'exil, il vient même de se bâtir une maison, quand un nouvel ordre l'envoie hors de Chine, dans l'île de Haïnan. La mort lui semble alors proche et sa rencontre avec son frère exilé aussi aux confins de la Chine est empreinte de tristesse. Le climat de Haïnan est très pénible, humide en toute saison, et tout manque au malheureux exilé. Malgré la sollicitude de quelques derniers amis, il ne mange pas toujours à sa faim. Mais il ne se laisse pas aller au désespoir. Sans bibliothèque à sa disposition, il trouve le moyen de composer un commentaire aux *Classiques* (*) et la poésie est toujours son réconfort. Trois années se passent ainsi, puis l'empereur meurt et l'impératrice rappelle Sou Tong-p'o. Son retour est presque un triomphe. Tous se pressent autour de l'homme le plus célèbre de l'époque, pour lui demander des calligraphies. Parvenu au centre de la Chine, dans la vallée du Yang-tse, il meurt, en 1101, après quelques semaines de maladie.

Telle fut la vie de cet homme extraordinaire à qui nulle activité ne fut étrangère. Peintre et calligraphe – et il le fut avec un très grand talent –, homme politique, magistrat, ingénieur et général, philosophe et alchimiste, Sou Tong-p'o fut avant tout un homme de littérature. Prosateur remarquable, dont la manière est caractérisée par une très grande aisance, il disait lui-même : « Dans votre style soyez libre comme le nuage qui vole ou l'eau qui coule, et cependant sachez à temps vous avancer et à temps vous arrêter, et que vous riiez ou que vous pleuriez, récitez-vous à haute voix ce que vous écrivez. » Quelques pages, écrites justement dans ce style à la fois précis et riche d'imagination et de liberté poétique, sont restées justement célèbres. À cette époque, le poème de forme classique des T'ang était devenu un genre décadent. Il avait été remplacé par une poésie chantée, d'une forme plus libre. Mais cette nouvelle poésie, avant Sou Tong-p'o, n'avait servi qu'à exprimer, et souvent de façon assez mièvre et sentimentale, les espoirs ou déceptions des amoureux. Sou Tong-p'o en fit un genre plus énergique, plus personnel et plus indépendant de la musique. Avec cette grande spontanéité qui était dans sa nature elle-même, il est capable de chanter aussi bien les spectacles de la nature que les mouvements variés de son cœur ou ses réflexions philosophiques. Ce qui est important pour lui, c'est le ton, l'atmosphère : c'est un impressionniste, en poésie comme en peinture. Et son génie est de créer cette atmosphère avec une aisance déconcertante. Pour lui, écrire une page de prose ou une poésie, c'est s'exprimer et rien ne peut lui être plus agréable. La joie qu'il eut d'écrire, cette joie qui le fit passer parfois pour bavard ou pour frivole, le lecteur la retrouve dans son style. Il y rencontre aussi une grande tendresse pour les hommes, ou mieux, une tendresse pour la vie, car cet homme complet savait ce qu'il y a de richesse dans toute vie – v. *Recueil des œuvres* (*) de Sou Tong-p'o.

YVES HERVOUET.

RÉF. : C. D. Le Gros Clark, *The Prose Poetry of Su Tungpo,* Shanghai, 1935. – Lin Yutang, *The Gay Genius, the Life and Times of Su Tungpo,* Londres, 1948. – Cheng Wing Fung et H. Collet, *Su Dong po, l'hôte de la pente de l'est,* Paris, 1986.

SOUČKOVÁ Milada. Écrivain tchèque. Née le 24 janvier 1898 à Prague, morte en 1985 à Chicago. Médecin, elle s'intéresse à la psychologie. En littérature, elle tente d'éclairer et de saisir ses personnages d'une manière indirecte, inhabituelle dans le récit ou le roman classiques ; elle pense obtenir ainsi le tableau d'une génération, d'une société. Pour dissoudre les formes traditionnelles, elle prend ses moyens dans l'arsenal du « poétisme » et du surréalisme. Outre plusieurs « proses », elle publie des « romans » : *Premières lettres* [*Prvnípísmena*, 1934], *Amour et Psyché* (+) [*Amor a Psyché*, 1937], *L'Héritage* [*Odkaz*, 1940], *Les Fondateurs* [*Zakladatelé*], *Bel canto* (*) (1944), *La Tête de l'artiste* [*Hlava umělce*, 1942], *Un homme inconnu* [*Neznámý člověk*, 1962, écrit en 1943]. Nommée attaché culturel aux États-Unis, elle choisit l'exil en 1948, et travaille comme bibliothécaire ou professeur de littérature tchèque et slovaque (à laquelle elle a consacré plusieurs études). Parallèlement, elle publie des poésies, un peu dans le même esprit que ses proses : *Gradus ad Parnassum* (1957), *La Suite pastorale*

[*Pastorálni suita*, 1962], *Alla Romana* (1966), etc.

SOUEN-TSE [Sunzi] (VIe-Ve siècle avant notre ère). Peu de choses sont connues sur l'auteur du plus célèbre ouvrage militaire dans la tradition chinoise. Son vrai nom était-il Souen Wou ou Souen Pin, le terme « Souen-tse » voulant dire maître Souen ? Selon l'annaliste Se-ma Ts'ien, Souen Wou était natif du royaume de Ts'i (actuel Chantong). Dans les dernières années du VIe siècle av. J.-C., il partit proposer ses services à Heu-lu, prince de Wou, qui préparait une offensive contre son ennemi mortel, Tch'ou. Le prince avait déjà lu son ouvrage en treize chapitres, mais souhaitait voir le stratège à l'œuvre ; « Ne pourriez-vous pas l'essayer sur mes concubines ? » « Certes », répondit Souen Wou. Cent quatre-vingts concubines furent donc organisées en deux compagnies. Souen mit à la tête de chacune d'elles l'une des deux favorites du prince. Il expliqua la manœuvre, battit du tambour ; et les dames éclatèrent de rire. « Peut-être mes ordres ne sont-ils pas clairs », dit Souen, qui les répéta donc méthodiquement. Un nouvel éclat de rire répondit au coup de tambour suivant. « Si les ordres ne sont pas clairs, c'est de la faute du général ; mais, s'ils ne sont pas appliqués, c'est de la faute des officiers », et Souen Wou se prépara à décapiter les deux favorites. Le prince Heu-lu, terrifié, le pria de suspendre l'exécution, car ces dames lui étaient très chères. Souen lui rappela que, selon le code militaire, le général à la tête de son armée n'est plus contraint d'obéir aux ordres de son prince, et il décapita les favorites. Reprenant son tambour, il fit exécuter la manœuvre dans un ordre impeccable. « Vos troupes sont prêtes, Majesté », annonça-t-il. Le prince ayant répondu qu'il n'était plus en état d'assister à la suite de l'exercice, Souen lui fit remarquer : « Votre Majesté semble donc préférer les discours aux actes. » Selon la tradition, Souen Wou prit la tête de l'armée de Wou, et participa à l'assaut final contre Tch'ou.

Plus d'une centaine d'années plus tard, son descendant Souen Pin eut pour condisciple dans ses études stratégiques un nommé P'ang Tsuan. Celui-ci entra au service du royaume de Wei comme général. Craignant la concurrence de Souen Pin, il le fit appeler à la cour de Wei, et par des intrigues le livra à la justice. Souen Pin fut condamné à avoir les jambes brisées, et à porter sur le front la marque des condamnés. Il en conçut une vive amertume, et, entré au service du royaume de Ts'i – qui était en guerre contre Wei, il dirigea les opérations des batailles successives, couché dans un fourgon ; il n'eut de cesse que d'avoir anéanti les troupes de Wei et tué P'ang Tsuan (bataille de Ma-ling ; 343 av. J.-C.).

Souen Wou et Souen Pin peuvent tous deux être désignés par le terme « Souen-tse ». Des plaquettes de bambou, découvertes à Lin-yi dans le Chan-tong en 1972, portent la mention de la « méthode des Souen, que la guerre de Wou rendit célèbre, et qui fut exposée au royaume de Ts'i ». Telle est sans doute l'origine de *L'Art de la guerre* (*) du ou des Souen-tse.

FRANÇOIS KIRCHER.

RÉF. : P. Amiot, *L'Art militaire des Chinois,* Paris, 1772.

SOUKHOVO-KOBYLINE Alexandre Vassiliévitch [Aleksandr Vasil'jevič Sukhovo-Kobylin]. Écrivain russe. Né dans le domaine de Voskresenskoïe le 29 septembre 1817, mort à Beaulieu (Alpes-Maritimes) le 24 mai 1903. Appartenant à une famille de propriétaires terriens, il suivit les cours de physique et de mathématiques à l'université de Saint-Pétersbourg, bien qu'il eût des dispositions très marquées pour la philosophie, à laquelle il retourna plus tard avec passion. Sa vie fut tout d'abord celle que menait un homme du monde fortuné dans la Russie de la première moitié du XIXe siècle : vie de salon, avec de fréquents voyages et des séjours à l'étranger, spécialement à Paris. Mais l'uniformité d'une pareille existence fut tout à coup bouleversée par l'assassinat d'une Française, Louise Simon-Demanche, qui vivait chez Soukhovo-Kobyline. La police le soupçonna et il fut arrêté à deux reprises et soumis à de pénibles interrogatoires ; mais bien qu'on eût été près de trouver des preuves suffisantes, les résultats de l'enquête, qui dura sept ans, ne furent pas concluants, et l'affaire fut close en 1857. Ce fut pendant sa première détention, en 1854, que Soukhovo-Kobyline acheva une comédie à laquelle il avait pensé depuis longtemps, *Les Noces de Kretchinsky* (+). Il réussit à la faire jouer, en 1855, au « Petit Théâtre » et obtint un grand succès ; en 1856, cette même comédie fut publiée dans la revue *Le Contemporain.* Les deux détentions qu'il dut subir et les fréquents contacts qu'il eut avec la police et le monde de la justice fournirent à Soukhovo-Kobyline les matériaux nécessaires pour deux autres comédies qui faisaient suite à la première, *L'Affaire* (+) et *La Mort de Tarelkine* (+), publiées avec *Les Noces de Kretchinsky* sous le titre de *Tableaux du passé* (*), qu'imposèrent les autorités, mais sous lequel l'auteur ajouta : « peints au naturel par S. K. ». Lorsqu'il eut été acquitté, Soukhovo-Kobyline mena une vie très retirée, vouée tout entière à des lectures et à des méditations, vie qui ne laissait pas d'être amère comme le prouvent les deux comédies écrites après le procès et dont la première, de l'aveu de l'auteur, lui fut dictée par la haine et le désir de se venger.

RÉF. : I. L. Grossmann, *Prestuplénié Sukhovo-Kobylina,* Leningrad, 1928.

SOULIÉ Frédéric. Romancier et auteur dramatique français. Né à Foix (Ariège) le 24 décembre 1800, mort à Bièvres (Seine-et-

Oise) le 23 septembre 1847. Entré dans l'Enregistrement à Laval, il démissionna en 1924 et vint s'installer à Paris, où il publia la même année ses premiers essais poétiques : *Amours françaises,* qui passèrent complètement inaperçus. Il fit successivement représenter à l'Odéon : *Roméo et Juliette* (1828) qui fut assez bien accueilli, puis *Christine à Fontainebleau* (1829), *Nobles et Bourgeois* (1830) et *Clotilde* (1832), qui n'eurent aucun succès. Toujours en 1832, il publia un roman noir, *Les Deux Cadavres.* Sa réputation continua à s'établir avec une série de romans sur l'histoire du Languedoc : *Le Vicomte de Béziers* (2 vol., 1834) et *Le Comte de Toulouse* (2 vol., 1835). Il obtint un prodigieux succès en 1837-1838 avec *Les Mémoires du diable* (*) (8 vol.) et ne connut plus dès lors que réussites sur réussites jusqu'au triomphe éclatant de sa pièce *La Closerie des genêts* (1846) qui fut qualifiée de chef-d'œuvre du drame. Soulié a laissé vingt et un autres romans parmi lesquels : *Confession générale* (6 vol., 1840), *Euladie Pontois* (2 vol., 1842), *La Comtesse de Mourion* (4 vol., 1846), *Saturnin Fichet* (6 vol., 1847). Ses grands succès au théâtre furent : *Diane de Chivry* (1839), *Le Fils de la folle* (1839), *Les Étudiants* (1845) et *La Closerie des genêts* (1846). Il mourut prématurément d'une maladie de cœur accrue par un travail sans répit et des chagrins intimes.

RÉF. : Champion, *Frédéric Soulié, sa vie, ses ouvrages,* Paris, 1847. — H. March, *Frédéric Soulié, Novelist and Dramatist of the Romantic Period,* 1931.

SOU MAN-CHOU [Su Manshu]. Auteur chinois. Né en 1894 à Yokohama (Japon), et mort en 1918 à Shanghai. Il est le fils d'un marchand chinois qui faisait du commerce au Japon et d'une Japonaise. Dès sa jeunesse, il se fit bonze. Il étudia ensuite au Japon, et à son retour en Chine, en 1903, il enseigna à Sou-tcho, puis devint journaliste à Shanghai, projeta avec Lou Siun la création d'une revue qui ne vit jamais le jour, partit enseigner en Asie du Sud-Est en 1909 et retourna en Chine après la Révolution de 1911. Personnalité complexe et originale, il passait de la vigueur exaltée à l'abattement, de la sérénité à l'angoisse. Il écrivit une centaine de poèmes, pour la plupart des poèmes d'amour, mais aussi sur la situation et les paysages de Chine. L'on y retrouve, comme dans la peinture à laquelle il s'adonnait, un langage direct ne s'exprimant que par des formes. Entre 1912 et 1917, il publia six romans, dont *Le Cygne solitaire* (*), écrits dans une langue proche du chinois classique. Il a également traduit Hugo et Byron, mais ses traductions sont plutôt des adaptations.

JACQUES PIMPANEAU.

SOUMAROKOV Alexandre Petrovitch [Aleksandr Petrovič Sumarokov]. Écrivain russe. Né en 1718 dans une propriété des environs de Wilmanstrand (Finlande) ; mort à Moscou le 21 octobre 1777. Issu d'une famille appartenant à la noblesse terrienne, il fut le premier Russe à se consacrer uniquement à la littérature ; il fut également le premier à fonder une revue à titre privé (c'est-à-dire une revue qui ne fût pas, en même temps, l'organe d'une Académie ou d'une association culturelle). Celle-ci, intitulée *L'Abeille travailleuse* [*Trudoljubivaja pčela,* 1759], fut d'ailleurs très vite supprimée pour publication d'idées « subversives ». Soumarokov fut également le premier directeur d'un théâtre russe, pour lequel il composa neuf tragédies — v. *Tragédies* (*) de Soumarokov —, pour la plupart à sujet historique, dont : *Khorev* (1747), *Sinav et Truvor* (1750), *Le Faux Dimitri* [*Dimitrij Samozvanec,* 1771] ; et douze comédies, parmi lesquelles il convient de nommer : *Trissotinius* (1750), *Le Tuteur* [*Opékun,* 1765], *Le Cocu imaginaire* [*Rogonosec po voobraženiju,* 1772]. Dans toutes ses œuvres, Soumarokov s'élevait contre la vénalité des juges et du pouvoir administratif du pays, ainsi que contre le niveau incroyablement bas de la culture chez la noblesse terrienne. Ayant débuté dans les lettres comme disciple de Lomonossov, Soumarokov prit, par la suite, parti pour Trediakovski et fut l'un des principaux tenants du mouvement néo-classique dans la poésie russe. Ses *Œuvres complètes* [*Polnoé sobranié sočinénij*] furent éditées par Novikov en 1781-82.

RÉF. : Novikov, *Essai de biographie des écrivains russes,* Moscou, 1772. — Article anonyme dans *La Revue française* du 1er février 1857. — Fr. Otto, *Lehrbuch der russischen Literatur,* Riga, 1857.

SOUPAULT Philippe. Écrivain français. Né à Chaville (Yvelines) le 2 août 1897, mort à Paris le 12 mars 1990. C'est grâce à Guillaume Apollinaire qu'il entre en relation avec André Breton dont il devient rapidement l'ami. Il publie en 1917 son premier recueil de poèmes, *Aquarium* (+), puis fonde en 1919, avec Breton et Aragon, la revue *Littérature* (*), titre ironique car, déclare Soupault, « la littérature existe mais dans le cœur des imbéciles ». Cette revue va jouer un rôle important dans la diffusion en France du mouvement Dada. Mais dès 1919 aussi, Philippe Soupault se livre avec André Breton aux premiers essais d'écriture automatique, exploration de la pensée et du langage au niveau de l'inconscient. Les textes ainsi obtenus seront groupés dans *Les Champs magnétiques* (*) (1920). Philippe Soupault participe à toutes les manifestations dadaïstes, écrit dans la revue *Proverbe* de Paul Éluard. Mais dès 1921, Breton, Aragon, Éluard rompent avec le dadaïsme. De 1921 à 1923, il y eut selon Aragon une sorte d'interrègne « où l'on ne savait trop quel nom nous donner ». La presse les appelle surréalistes. Philippe Soupault fait partie de ce groupe et appartient même en 1924 au « Bureau des recherches surréalistes ».

Mais, au moment où Aragon, Breton, Éluard, Benjamin Péret adhèrent au parti communiste, en 1927, Artaud, Soupault et Vitrac sont exclus du mouvement surréaliste en raison de leur tiédeur politique et parce qu'ils reconnaissent une valeur à l'activité littéraire – Soupault assurait notamment la direction de *La Revue européenne* (*). Philippe Soupault se met à voyager à travers l'Europe et donne des reportages sur les États-Unis, la Russie, l'Allemagne, l'Italie. Ce qui ne l'empêche pas de publier deux courts récits, *Le Nègre* (*) (1927) et *Les Dernières Nuits de Paris* (*) (1928), où le surréalisme est toujours présent. De 1938 à 1940, il crée Radio-Tunis où il s'élève contre le fascisme et le nazisme, ce qui lui vaut d'être interdit d'antenne en 1940. Arrêté, il fait six mois de prison, s'évade et rallie Alger. Il parcourt les deux Amériques avant de regagner la France à la Libération. Chargé de mission par l'U.N.E.S.C.O. en 1948, il parcourt le monde. Puis il se consacre à faire mieux connaître la jeune poésie par des émissions radiophoniques.

Il convient d'insister sur l'activité surréaliste de Philippe Soupault. D'abord, parce que trop souvent il semble vivre dans l'ombre d'André Breton alors qu'il possède un talent autonome. Ensuite, parce que le surréalisme a marqué toute son œuvre de son empreinte. Entre 1920 et 1930, il connaît une époque créatrice particulièrement faste. Sur la jeunesse d'après guerre, sur sa sensibilité, ses romans à la fois lyriques et incisifs – *Le Bon Apôtre* (*) (1923), *Les Frères Durandeau* (1924), *Histoire d'un Blanc* (*) (1927) – mais aussi ses nombreux essais – *William Blake* (1928), *Guillaume Apollinaire* (1928), *Lautréamont* (1929), *Charlot* (1930), *Baudelaire* (1931), *Eugène Labiche* (1944) – et ses *Écrits sur la peinture* (rassemblés en 1980) apportent un précieux témoignage. Son goût pour les voyages, teinté d'ironie, se retrouve dans *À la dérive* (1923) et *Le Voyage d'Horace Pirouelle* (*) (1925) où se manifeste l'influence de Lautréamont. Mais c'est par la poésie que Philippe Soupault s'est exprimé le plus souvent. Après *Aquarium* où se perçoit l'influence d'Apollinaire, de Reverdy, de Cendrars, il conquiert sa voix propre dans *Rose des vents* (+) (1920) et surtout avec *Georgia* (+) (1936). Si dans *Westwego* (1922) il pouvait encore dire : « Je suis allé à Barbizon et j'ai relu les voyages du Capitaine Cook », il doit bientôt faire la dure expérience de la vie comme reporter. Expérience dont portent la trace les poèmes qu'il écrit vers 1930. Veine douloureuse qui transparaît dans *Il y a un océan* (1936), un an avant la publication de ses *Poésies complètes* (*). La poésie de Philippe Soupault va coller encore plus à l'événement quand il écrit en 1942 son *Ode à Londres bombarbée* « pour saluer ceux de mes amis de la B.B.C. qui nous avaient aidés à ne jamais désespérer ». De retour en France, marqué par les bouleversements de la Seconde Guerre mondiale, il publie *Le Temps des assassins* (1945), *Journal d'un fantôme* (1946), *Profils perdus* (1963) ; viendront ensuite *Mémoires de l'oubli 1914-1980* publiés en 1981 et 1986. La guerre finie, il s'est mis à écrire des poèmes qu'il appelle des *Chansons* (1949) parce qu'ils empruntaient leur naïveté à une veine populaire mélancolique. Il déclare : « Pour en revenir à l'insolite, il ne faut tout de même pas oublier qu'il y a des gens qui aiment les bulles de savon, d'autres qui les adorent. Je partage leur admiration, leur affection, leur adoration. Les bulles de savon sont *merveilleuses*. » La plaquette *Sans phrases* (1953) est suivie d'un long silence. Mais en 1973 paraît un recueil collectif de ses poèmes où se trouve l'équivalent d'une plaquette, *Crépuscules*, écrite entre 1960 et 1971 où déjà, poignant, apparaît le visage de la mort : « Elle regarde au loin / mais de plus en plus près / comme si elle connaissait celui qui l'attend. » Philippe Soupault prétend n'avoir jamais pris la littérature au sérieux et se moquer de la postérité. On peut supposer cependant que la littérature lui doit beaucoup et que la postérité ne se moquera pas de lui.

GUY LE CLEC'H.

RÉF. : H.-J. Dupuy, *Philippe Soupault*, Paris, 1957. – *Action poétique* n° 76 « Philippe Soupault », *Vingt mille et un jours*, entretiens de Philippe Soupault avec Serge Fauchereau. – B. Morlino, *Soupault*, Lyon, 1987. – *Le Surréalisme et ses insoumis. Philippe Soupault*, in *La Nouvelle Revue de Paris* n° 14, 1988. – S. Fauchereau, *Philippe Soupault, voyageur magnétique*, Paris, 1989.

SOUSA frei Luís de (Manuel de Sousa Coutinho). Écrivain portugais. Né à Santarém vers 1555, mort au couvent de Benfica en 1632. Sa famille était noble et il fut chevalier de Malte. Au cours d'un voyage en Orient, il tomba aux mains des Maures qui le menèrent à Alger, où il eut Cervantès pour compagnon de captivité. Racheté en 1577, il retourna dans son pays et, en 1585, épousa Magdalena de Vilhena, la veuve de don João de Portugal. Il vécut quelque temps en Amérique centrale avec l'un de ses frères qui y faisait du commerce. En 1613, les époux décidèrent de se séparer pour prononcer leurs vœux, le mari au couvent de Saint-Dominique de Benfica et la femme à celui du Saint-Sacrement. Cet événement inhabituel fut à l'origine de la légende reprise par Almeida Garrett dans son drame *Frei Luís de Sousa*. Dans le calme de son couvent, Frei Luís, en se servant de notes laissées par le frère Luís de Cácegas, composa la *Vida do Arcebispo D. Frei Bartolomeu dos Mártires* (1619) et la *Vie de Saint Dominique* (+) (1re partie publiée en 1623, 2e partie en 1662, 3e partie en 1678). Sur l'ordre de Philippe III, il écrivit également les *Annales de dom João III* (*), qui ne furent publiées qu'en 1844 par Herculano. Le style des deux premiers ouvrages, attachant par sa simplicité et sa pureté, fait de leur auteur l'un des grands classiques de la prose portugaise.

RÉF. : Article *sub nomine* in *Grande Enciclopedia Portuguesa e Brasileira*, t. XXX, Lisbonne, s. d.

SOUTHEY Robert. Poète anglais. Né à Bristol le 12 août 1774, mort à Greta Hall dans le Keswick le 21 mars 1843. Sa collaboration à la revue estudiandine *The Flagelant* lui valut d'être renvoyé à quatorze ans de la Westminster School. Il s'enthousiasma pour la Révolution française qui lui inspira un drame, *Wat Tyler*, et un long poème épique, *Jeanne d'Arc* (*), écrit en 1793 et publié en 1795. Il rencontra Coleridge – dont il devait épouser une parente, Edith Fricker, en 1795 – à Oxford en 1794 et tous deux firent le projet d'émigrer en Amérique pour y rejoindre une colonie d'utopistes, la « pantisocracy ». Ils firent équipe avec Robert Lovell pour gagner de l'argent et rédigèrent ensemble de nombreux articles et le drame *La Chute de Robespierre* [*The Fall of Robespierre*]. Le projet de voyage en Susquehanna ayant échoué, Southey publia, en collaboration avec Lovell, des *Poèmes* [*Poems*], et fit, en 1795, un court voyage au Portugal, dont il rapporta des *Lettres écrites pendant un court séjour en Espagne et au Portugal* [*Letters written during a Short Residence in Spain and Portugal*], des *Petits Poèmes* [*Minor Poems*] en 1799, et retourna au Portugal en 1800 pour y réunir les matériaux d'une grande *Histoire du Portugal* [*History of Portugal*] qu'il ne termina jamais. Devenu pendant quelque temps secrétaire du ministre pour l'Irlande, Southey écrivit alors un long poème épique, *Thalaba the Destroyer* (1801). Retiré avec sa famille à Greta Hall en 1807, il y réunit une bibliothèque qui comptait plus de quatorze mille volumes et y vécut dans le calme et le travail. Son œuvre poétique comprend une dizaine de recueils, son œuvre en prose occupe quarante volumes. Le plus remarquable de cette production tient dans ses biographies qu'on a qualifiées de chefs-d'œuvres du genre et dont les plus célèbres sont *La Vie d'Horace Nelson* (*) (1813), *La Vie de Wesley* [*Life of Wesley ; and the Rise and Progress of Methodism*, 2 vol., 1821] et *La Vie de William Cowper* [*Life of William Cowper*]. Il faut encore mentionner des poèmes narratifs, d'ailleurs assez médiocres, mais qui annoncent ceux de Byron, *Madoc* (1806), *The Curse of Kehama* (1810), *Rodrigue, le dernier des Goths* [*Roderick, the last of the Goths*, 1814] ; des œuvres politiques, *Une vision du jugement, Essais moraux et politiques* [*Essays Moral and Political*, 1832] ; des écrits religieux, *Le Livre de l'Église* [*The Book of the Church*, 1824] ; une *Histoire du Brésil* [*History of Brazil*, 1810-1819], et *Vies des amiraux anglais* [*Lives of British Admirals*, 1833-1834]. À côté de ces grands ouvrages qui lui valurent le succès, on doit faire une place à part à des poèmes d'inspiration légère et comique, fort originale, tels *La Chaire de saint Michel* [*St. Michael's Chair*], *Le Puits de saint Keyne* [*The Well of St. Keyne*], *Les Pensées du diable* [*The Devil's Thoughts*]. La correspondance de Southey avec les principaux personnages de son temps est également très appréciée.

♦ *« Ce n'est pas une grande intelligence mais c'est pourtant un grand homme et il possède tout ce qui caractérise un poète... »* Shelley. ♦ *« ... Sa prose a de rares et grands mérites. »* Wordsworth.

RÉF. : J. Simmons, *Southey*, Londres, 1945. – M. Elwin, *The First Romantics*, Londres, 1947. – G. Carnall, *Robert Southey*, Londres, 1964. – J. Raimond, *Robert Southey, l'homme et son temps*, Paris, 1968. – K. Curry, *Robert Southey*, Londres, 1964. – L. Madden (éd.), *R. Southey, the Critical Heritage*, Londres, 1972.

SOUTHWELL Robert. Poète anglais. Né à Horsham St. Faith, près de Norwick en 1561, pendu à Tyburn le 21 février 1595. Descendant par son père d'une illustre famille, il fut élevé à Douai, puis à Paris, à Tournai et, enfin, à Rome où il entra dans la Compagnie de Jésus et fut ordonné prêtre en 1584. La même année, la reine Elizabeth promulgua un édit interdisant à tous ses sujets nés anglais et ayant été reçus dans les ordres de l'Église catholique romaine depuis son accession au trône de séjourner en Angleterre plus de quarante jours. La peine de mort sanctionnerait toute désobéissance à cet édit. Southwell demanda à être envoyé en Angleterre comme missionnaire et il y débarqua en 1586. Il visitait, l'une après l'autre, les familles demeurées catholiques, célébrait la messe et administrait les sacrements. En 1589, il devint le chapelain de Ann Howard dont le mari, premier comte d'Arundel, était emprisonné sous l'inculpation de trahison. C'est à lui qu'il dédia sa première œuvre connue, *Épître de réconfort* [*Epistle of Comfort*]. C'était une sorte de tract religieux qui fut suivi de nombreux autres tels que : *La Règle de bonne vie* [*A Short Rule of Good Life*], *Victoire sur la mort* [*Triumphs over Death*] et *Humble supplique à la reine Elizabeth* [*Humble Supplication to Queen Elizabeth*]. Ces tracts, recopiés à la main, circulaient de maison en maison et trouvèrent audience même chez les non-catholiques. Southwell fut arrêté en 1592, après six ans d'apostolat, et emprisonné à Richard Topcliffe's House où on le tortura en vain pour lui faire révéler la résidence d'autres prêtres. Il fut ensuite transféré à Westminster, puis à la Tour de Londres. On ne le jugea que le 20 février 1595. Accusé de trahison, il fut condamné à mort et exécuté dès le lendemain. Ses poèmes furent imprimés anonymement en 1595 sous le titre de *La Complainte de saint Pierre et autres poèmes* [*Saint Peter's Complaynt with other Poems*]. Quelques années plus tard parurent un autre recueil : *Maeoniae*, puis *L'Enfant ardent* (*), et un texte en prose : *A Foure Fould Meditation of the Foure Last Things* (1606). Ce n'est qu'en 1873 que l'on découvrit et imprima le manuscrit de *Cent méditations sur l'amour divin* [*A Hundred Meditations of the Love of God*]. Les œuvres complètes de Southwell ont été réunies et publiées en 1895. Il a été béatifié en 1929. Ses sermons, ses poèmes font de lui un précurseur des poètes métaphysiques du siècle suivant.

RÉF. : A. Possoz, *Vie du père Robert Southwell*, Paris, 1866. – I. H. Taylor, *Robert Southwell, S. J., Priest and Poet*, Édimbourg, 1906. – P. Janelle, *Robert Southwell, a Study in Religious Inspiration*, Clermont-Ferrand, 1935. – C. Devlin, *The Life of Robert Southwell, Poet and Martyr*, Londres, 1956.

SOUZA Adélaïde Filleul, comtesse de Flahaut, puis marquise de. Femme de lettres française. Née et morte à Paris : 14 mai 1761-19 avril 1836. De famille bourgeoise proche de milieux influents grâce à sa sœur Mme de Marigny, après quelques années au couvent, Adélaïde Filleul épouse Alexandre de Flahaut bien plus âgé qu'elle. Dans leur logement du Louvre, elle mène une vie brillante, tient salon, intrigue. On lui connaît quelques liaisons : avec Talleyrand dont elle a un fils, Charles de Flahaut, futur aide de camp de Napoléon ; avec Gouverneur Morris, l'envoyé américain, comme on le lit dans son *Journal* ; avec lord Wycombe. En 1794, son mari est guillotiné. Elle s'était enfuie en 1792 avec son fils en Angleterre où des rivalités amoureuses et littéraires l'opposent à Mme de Staël ; puis de Suisse elle gagne l'Allemagne en compagnie du futur Louis-Philippe. Elle se fixe près de Hambourg, fabrique des chapeaux et écrit pour vivre. Elle rencontre M. de Souza, ambassadeur du Portugal, fin lettré, qu'elle retrouve après son retour d'émigration et épouse en 1802. Elle élève le fils que Charles de Flahaut a eu de la reine Hortense, le futur duc de Morny, tient de nouveau salon, et veuve, passe ses dernières années entourée d'un petit cercle d'amis.

Son œuvre la plus célèbre, *Adèle de Sénange* (*) (Londres, 1794) connut un immense succès. Adèle, élevée au couvent, décrit ici comme un lieu idyllique, est mariée toute jeune à un homme très âgé, sensible et bon. Devenue veuve, elle épouse après beaucoup d'obstacles le jeune lord anglais dont les lettres forment le roman. *Émilie et Alphonse* (1799) se passe en partie dans un vieux château des Pyrénées. Les héros qui ont souffert trouvent le bonheur dans la bienfaisance. *Charles et Marie* (1802), petite idylle anglaise d'amour contrarié, est suivi d'*Eugène de Rothelin* (1808). Ce très bon roman, sur le même thème, avec un dénouement un peu forcé, traite aussi des relations père-fils. *Eugénie et Mathilde* (1811), remarquable récit de la difficile adaptation en émigration de la famille du comte de Revel, contient de belles descriptions, déjà romantiques, de paysages de la Baltique.

Mme de Souza écrivait avec grâce et distinction. On peut lui reprocher dans ses romans quelques coïncidences conventionnelles, mais ses personnages fins, nuancés, vivants, sont ceux des milieux qu'elle a connus. Sainte-Beuve la considérait comme « un esprit, un talent qui se rattachait tout à fait au XVIIIe siècle ». Barbey d'Aurevilly trouvait ses lettres « empreintes çà et là de cette exquise personnalité qu'on avait entrevue à travers les livres délicats qu'elle a publiés ».

ALIX DEGUISE.

SOYA Carl Erik. Romancier danois. Né le 30 octobre 1896 à Copenhague, mort le 20 novembre 1983 à Rudkøbing (île de Langeland). Fils d'un peintre connu, il publia d'abord un recueil de contes en 1923, puis une pièce, *Les Parasites* [*Parasitterne*, 1929], description naturaliste – et horrible, avec un zeste d'absurde – d'un milieu petit-bourgeois. Suivirent des pièces expérimentales comme *Qui suis-je ?* (*) (1932), freudiennes et grotesques comme *Lord Nelson enlève la feuille de vigne* [*Lord Nelson laegger figenbladet*, 1934], ou satiriques comme *Umbabumba* (1935) contre le nazisme, ou *Chas* (1938) contre le vedettariat sportif. *Fragments d'un dessin* (*) (1940), *La Chaîne et la Trame* (*) (1941), *Trente ans de sursis* [*30 aars henstand*, 1944] et *Libre choix* [*Frit valg*, 1948] forment une suite que l'auteur appelle néo-réaliste, et qui est une sorte de réalisme constructif, traitant de divers problèmes comme le hasard, la justice, la conscience. Il faut ajouter à cette production deux grands romans plus ou moins autobiographiques, le roman de l'enfance, *La Maison de ma grand-mère* [*Min farmors Hus*, 1943], et celui de la puberté, *Dix-sept ans* [*Sytten*, 1953-1954] qui fit scandale par la liberté savoureuse avec laquelle était raconté l'éveil sexuel du héros. Soya a également publié des nouvelles et des aphorismes.

SOYINKA Wole. Écrivain nigérian. Né à Abeokuta le 13 juillet 1934. Après des études supérieures aux universités d'Ibadan et de Leeds, Soyinka a travaillé au Royal Court Theatre de Londres, puis a fondé plusieurs troupes théâtrales au Nigéria où il a occupé de nombreux postes universitaires, notamment à Ibadan, Ife et Lagos. Lors de la guerre du Biafra, il a été incarcéré, la plupart du temps au secret, pendant vingt-sept mois. Après sa libération, tout en restant basé au Nigéria et, en particulier, aux départements d'art dramatique d'Ife et d'Ibadan, il a voyagé de par le monde pour mettre en scène ses pièces, donner des conférences et éditer des magazines littéraires, en particulier *Transition*. Il a obtenu en 1986 le prix Nobel de littérature. Soyinka a publié quatre recueils de poèmes : *Idanre* [*Idanre and Other Poems*, 1967], *Poems from Prison* (1969), *A Shuttle in the Crypt* (1972), *Ogun Alibi Man* (1976), *La Terre de Mandela* [*Mandela's Earth and Other Poems*, 1988] ; deux romans : *Les Interprètes* (*) (1965), *Saison d'anomie* [*Season of Anomy*, 1973] ; deux essais : *Mythe, littérature et le monde africain* [*Myth, Literature and the African World*, 1976],

Que ce passé parle à ce présent [*This Past must Address this Present,* 1986] ; un journal de prison : *Cet homme est mort* [*This Man Died,* 1952] ; deux récits autobiographiques : *Ake* (*) (1981) et *Isara* (1989) ; douze pièces : *La Danse de la forêt* (*) (1963), *Les Gens du marais* [*The Swamp-Dwellers,* 1963], *Le Lion et le Bijou* [*The Lion and the Jewel,* 1963], *Les Tribulations de frère Jero* [*The Trial of Brother Jero,* 1963], *Un sang fort* [*The Strong Breed,* 1963], *La Récolte de Kongi* [*Kongi's Harvest,* 1967], *La Route* (*) (1965), *Fous et spécialistes* [*Madmen and Specialists,* 1971], *La Métamorphose de frère Jero* [*Jero's Metamorphosis,* 1973], *Les Bacchantes d'Euripide* [*The Bacchae of Euripides,* 1973], *L'Écuyer et la mort du roi* (*) (1975), *Une pièce de géants* [*A Play of Giants,* 1984].

Lorsque le prix Nobel de littérature fut, en 1986, attribué à Wole Soyinka — premier auteur africain à recevoir cet honneur —, l'académie suédoise justifia son choix en le décrivant comme un « écrivain qui met en scène, dans une vaste perspective culturelle enrichie de résonances poétiques, une représentation dramatique de l'existence ». La complexité de la formule montre à quel point il est difficile de rendre hommage à un homme qui, volontairement, s'est attaqué à tous les genres comme pour prouver la capacité du continent noir à s'exprimer de façons multiples, tout en restant fondamentalement fidèle à ses richesses culturelles. Chaque écrit de Soyinka est, en effet, un hommage au folklore yoruba dont il est issu et qui dit le commerce millénaire des hommes, des esprits et des dieux. L'écrivain utilise cependant cet héritage non dans une intention purement passéiste mais pour projeter sur cette « matrice esthétique ancestrale » ses interrogations actuelles. Celles-ci, toutes mues par un pessimisme historique profond, tournent essentiellement autour du thème de la liberté bafouée et bâillonnée. Mais, si cette œuvre sombre et brutale décrit plus souvent le « viol des nations » que leur naissance, elle se présente également comme une célébration vibrante des cycles éternels de la vie, que ce soient ceux de la semence et de la récolte ou de la souffrance et de la rébellion.

La poésie de Soyinka est, en particulier, un guide précieux pour suivre l'évolution d'une sensibilité à la fois inquiète et dynamique. Hanté par l'idée du voyage, le poète évoque les sacrifices de ceux qui, au petit matin, se font tuer par la « route affamée » ou de ceux qui, dans les aubes blêmes, partent mourir lors des combats fratricides qui ont ensanglanté le Nigéria. La plupart de ses poèmes décrivent la mutilation des corps et des esprits et proposent des paysages de carnage où les pains qui se multiplient sont « en plomb » et le vin n'est que la « lie des pertes et profits ». Mais, au sein de cette désolation, se dressent quelques figures qui sont autant de levains d'espoir : la femme, le fou, le prophète ou le militant sont, pour le poète, des êtres de « restitution » qui parviennent à entrevoir l'espoir, cette « pâle incision dans la peau de la nuit ».

Lorsqu'il rédige en prose, Soyinka reprend la même thématique de l'affrontement douloureux mais rédempteur avec la vie et avec l'histoire. Ses héros sont des « interprètes », des prisonniers ou même des enfants qui, au sein de leurs impuissances, de leurs souffrances ou de leurs naïvetés, s'élèvent contre l'arbitraire et vivent pour prouver que « l'homme meurt chaque fois que l'un d'entre eux se tait devant la tyrannie ».

Tout le théâtre de Soyinka est bâti sur ce schéma de lutte. Ses premières pièces mettent en scène des confrontations aimables et drôles (entre, par exemple, un vieillard rusé et une jeune fille émancipée ou entre un faux prophète et des adeptes naïfs) mais les dernières décrivent des combats de plus en plus inégaux et donc de plus en plus inquiétants. Les victimes en sont des boucs émissaires innocents, des malades sans défense ou des voyageurs égarés et les bourreaux, eux, sont des intellectuels pervers, des « spécialistes » sadiques ou des tyrans sanguinaires. L'œuvre de Soyinka est donc, selon ses propres termes, une « danse macabre » qui, tout en donnant libre cours aux pulsions de mort des temps actuels, parvient à exalter l'aspect ludique de la vie. Chaque texte devient ainsi une danse de possession, une épiphanie tragique au cours de laquelle l'Afrique tente d'assumer ses paradoxes et, en particulier, celui de son « héritage fait d'avenirs flétris ».

DENISE COUSSY.

♦ *« Un homme qui crée en nous une inquiétude aiguë en inondant de lumière notre conscience collective. »* Abiola Irele. ♦ *« La poésie de Wole Soyinka saisit dans l'événement la force profonde qui l'a fait naître au monde des énergies cachées et la met au service des hommes. »* Étienne Galle. ♦ *« Son imagination est impérieuse, puissante et fertile. Son style prend d'instinct le grain et le phrasé d'un anglais triomphant. »* William Walsh.

RÉF. : Eldred Durosimi Jones : *The Writing of Wole Soyinka,* Londres, 1973. — James Gibbs, éd, *Critical Perspectives on Wole Soyinka,* Londres, 1980. — Étienne Galle, *L'Homme vivant de Soyinka,* Paris, 1987.

SOZOMÈNE Hermias. Historien grec originaire de Palestine. Né près de Gaza dans une famille chrétienne, il fut avocat à Constantinople sous Théodose II (401-450) auquel, après avoir compilé un résumé aujourd'hui perdu de l'*Histoire ecclésiastique* (*) d'Eusèbe, il dédia son œuvre principale, également une *Histoire ecclésiastique* (*) en neuf livres, qui va de 325 à 439. Mais le récit s'interrompt en 421, à la mort de Constance II, et l'on ignore si la fin a été perdue ou supprimée par ordre de l'empereur. Sozomène traite donc de la même période que Socrate le Scolastique, avec lequel il est clair qu'il veut rivaliser, composant une œuvre d'un souffle plus ample et plus séduisante littérairement. Sozomène se distingue également de son rival par son intérêt pour les mouvements ascétiques et pour la diffusion du christianisme hors de l'Empire (Perse, etc.). Mais si sur ce plan son ouvrage est supérieur à celui de Socrate, il lui demeure tout à fait inférieur pour ce qui est de l'esprit critique.

SPACKMAN William Mode. Écrivain américain. Né le 20 mai 1905 à Coatesville, Pennsylvanie, mort le 3 août 1990 à Princeton, New Jersey. Issu d'une famille quaker fortunée et dont la souche américaine remonte au tout début du XVIIIe siècle, William Spackman, sorti diplômé de Princeton en 1927, étudia à Oxford les humanités gréco-latines, puis les enseigna dans diverses universités, dont celle de Boulder, Colorado (1938-1953) et celle de Princeton. Parlant le français et l'italien, il s'est très tôt nourri de culture européenne et a, dès 1923, fait un premier séjour en France, où il achètera même une maison à Perros-Guirec au début des années 1960. Il y fera de longs séjours jusqu'en 1983. Il commence à écrire dans les années 1920, et le *New Yorker* publie en 1925 quelques poèmes de lui. Mais son œuvre ne correspond pas du tout au goût littéraire des années 1930, et ce n'est qu'en 1953 que paraît son premier livre, *Beaux jours* [*Heyday*], écrit en 1939 lors d'une année sabbatique en France. Le manuscrit suivant, *L'Embrassée* (+), terminé en 1955, ne paraîtra, lui aussi, qu'en 1978. Ce styliste impeccable offrira encore au cercle de ses admirateurs *L'Ombre d'une présence* (*), *Une différence dans le dessin* [*A difference of Design,* 1983] et *Un peu de décorum pour une fois* [*A Little Decorum for Once,* 1985]. En 1967, Spackman avait publié un recueil d'essais, *Du déclin de l'humanisme* [*On the Decay of Humanism*] et une plaquette de poèmes imprimée à Lannion, *En vingt-cinq ans* [*Twenty-Five Years of It*]. L'American Academy of Arts and Letters a couronné William Spackman en 1984 pour l'ensemble de son œuvre.

PHILIPPE MIKRIAMMOS.

RÉF. : *Le Promeneur,* LVI, octobre 1987, et LX, mai-juin 1988.

SPALLANZANI Lazzaro. Anatomiste italien. Né à Scandiano le 12 janvier 1729 ; mort à Pavie le 12 février 1799. Il fut envoyé au collège des jésuites de Reggio (1744), puis à Bologne afin d'y faire son droit. Mais il embrassa la carrière ecclésiastique (il porta toute sa vie le titre d'abbé) et, à partir de 1755, entra au collège de Reggio comme professeur de logique, de métaphysique et de grec. Fait curieux, le premier ouvrage que publia ce grand anatomiste fut un essai littéraire et philologique, les *Réflexions sur la traduction de l'Iliade de Salvini* [*Riflessioni intorno alla traduzione dell'Iliade del Salvini,* Parme, 1760]. Étant ensuite passé à l'enseignement de la physique et des mathématiques, toujours à Reggio, on lui offrit à partir de 1760 différentes chaires : à Parme, à Coïmbre, plus tard à Saint-Pétersbourg, auxquelles il préféra (1763-1769) la chaire de grec et de mathématiques au collège de San Carlo et de philosophie et physique à l'université de Modène. C'est à cette époque que débute sa polémique avec Buffon et Needham, qui devait lui valoir sa célébrité. En effet, dans *Observations et expériences faites sur les animalcules des infusions* (*) de 1765, et peu après avec *Introduction à des travaux* [...] *sur la reproduction des animaux* [*Prodromo di un'opera* [...] *sopra la riproduzioni animali,* 1768], il prend résolument parti contre la théorie de la génération spontanée, même en ce qui concerne les infusoires, et apporte un grand nombre d'observations expérimentales à l'appui de sa thèse. Puis il tourne son attention vers l'étude d'anatomie comparée de la circulation du sang et publie sur ce sujet deux écrits remarquables : *De l'action du cœur dans les vaisseaux sanguins* [*Dell' azione del cuore ne' vasi sanguini,* 1768], et *Des phénomènes de la circulation dans le mouvement des vaisseaux* [*Dei fenomeni della circolazione osservata nel giro universale dei vasi,* 1773]. Entre-temps, l'impératrice Marie-Thérèse, après avoir réorganisé et développé l'université de Pavie, y avait appelé Spallanzani pour y occuper la chaire de sciences naturelles, où il enseignera jusqu'à sa mort. À Pavie, après avoir complété ses études sur la circulation, il dirige ses investigations sur la respiration, et compose ses *Opuscules de physique animale et végétale* [*Opusculi di fisica animale e vegetabile,* 1776] et ses *Mémoires sur la respiration* [*Memorie sulla respirazione*], ouvrage qui paraîtra après sa mort. En 1780, il publiera les *Dissertations de physique animale et végétale* [*Dissertazioni di fisica animale e vegetabile*], où il mettra en relief l'action du suc gastrique sur la digestion. En 1785, il est appelé à l'université de Padoue avec un traitement très élevé. Pour le retenir, le gouvernement autrichien double son traitement et l'autorise à accompagner en Turquie l'ambassadeur vénitien Zuliani. Ce voyage dura deux ans (1785-1787) ; Spallanzani parcourut longuement l'Asie Mineure. Un recueil de mémoires et de notes : *Voyage en Orient* [*Viaggio di Oriente*] fut édité après sa mort (1888). Il publia par contre ses notes de *Voyages dans les deux Siciles* [*Viaggi alle due Sicilie*] qu'il fit pendant ses vacances de l'été 1788. La Révolution française trouva en lui un disciple assez tiède ; il fut cependant traité avec beaucoup d'honneurs ; en 1796, une chaire à Paris lui fut même offerte, qu'il refusa. Il était d'ailleurs âgé et malade. Quelques années plus tard, une attaque d'apoplexie allait le conduire à la tombe.

GIULIO PRETI.

RÉF. : P. Pozetti, *Elogio di Lazzaro Spallanzani,* Parme, 1800. — A. Jona, *Nel primo centenario della morte di Lazzaro Spallanzani,* Reggio, 1900.

– G. Montalenti, *Lazzaro Spallanzani,* Milan, 1928. – P. de Kruif, *Chasseurs de microbes,* trad., Bruxelles, 1948. – J. Rostand, *Les Origines de la biologie expérimentale et l'abbé Spallanzani,* Paris, 1951.

SPARK Muriel. Écrivain anglais. Née à Édimbourg le 1er février 1918. À moitié juive par son père, élevée dans l'Édimbourg calviniste du *Bel Âge de miss Brodie* (*) (1961), elle épouse à dix-neuf ans en Rhodésie S. O. Spark dont elle a un fils, puis divorce. L'Afrique lui inspirera des nouvelles. De retour à Londres en 1944, elle travaille dans les services secrets britanniques puis dans le journalisme. Vivant dans le foyer des *Demoiselles de petite fortune* (*) (1963), elle se taille une place dans le monde des lettres comme biographe et éditeur de correspondances (Mary Shelley, le cardinal Newman). Poète par vocation, publiée dès 1952 : *La Fanfarlo et autre poèmes* [*The Fanfarlo and Other Poems*] puis en 1968 *Poèmes complets* [*Collected Poems I*] et en 1982 *En allant chez Sotheby* [*Going up to Sotheby's*], elle fait de sa conversion au catholicisme après sa dépression nerveuse la matière de son premier roman, *Les Consolateurs* [*The Comforters,* 1957] : « Je n'ai pu travailler et écrire qu'en devenant catholique. » Depuis, célèbre et retirée, elle n'a cessé de publier : des pièces radiophoniques et de théâtre, *Docteurs en philosophie* [*Doctors of Philosophy,* 1963], des nouvelles dont *Pan ! Pan ! Tu es morte* [*The Stories of Muriel Spark,* 1985], « transfigurant la banalité » du quotidien en fictions romanesques : un voyage en Israël dans la *Porte Mandelbaum* (*) (1965), New York où elle vécut trois ans à l'invitation du *New Yorker* dans *Une serre sur l'East River* [*The Hothouse by the East River,* 1973], l'Italie moderne où, depuis 1966, elle vit (à Rome), dans l'*Image publique* [*The Public Image,* 1968], *L'Appropriation* [*The Takeover,* 1976] et un autre roman, *Droits territoriaux* [*Territorial Rights,* 1979].

Le paradoxe est dans l'aisance avec laquelle son art, réaliste par bien des côtés, se meut entre réel et imaginaire, naturel et surnaturel. Disant peu et suggérant beaucoup par la justesse du dialogue et du détail bien choisi, elle crée des personnages à l'intériorité volontairement réduite, fortement typés, inséparables d'un contexte social. Leurs rapports de domination, de manipulation réciproque et de chantage s'exacerbent jusqu'à la violence ambiante. L'abbesse de Crewe emploie pour se faire élire les méthodes révélées par le scandale du Watergate, *L'Abbesse de Crewe* [*The Abbess of Crewe,* 1974]. Souvent groupés en cercles fermés – ainsi dans *Memento Mori* (*) (1959) du fait de leur âge et du lancinant rappel qu'ils doivent mourir –, ces personnages se prêtent aux intrigues romanesques comme à la satire. En général, Satan mène le bal et le jeu, tel Dougal Douglas dans *L'Ingénieur culturel* [*The Ballad of Peckham Rye,* 1960], tandis qu'indépendant et lucide, un alter ego de l'écrivain – dont le dernier avatar est à ce jour Mrs. Hawkins dans *Le Pisseur de copie* [*A Far Cry from Kensington,* 1988], dévoile ou déjoue les manigances. L'équivalence métaphorique entre la romancière manipulatrice d'intrigues romanesques et le satanique meneur de jeu permet les paradoxes intervertissant réalité et fiction, qui apparaissent dans *La Place du conducteur* [*The Driver's Seat,* 1970], *Ne pas déranger* [*Not to disturb,* 1971], *Intentions suspectes* (*). Si la mimesis est fiction, la réalité ne prend sens qu'en se construisant comme mythe, comme fable. C'est après son deuxième roman, *Robinson* [*Robinson,* 1958], à l'allégorie trop appuyée, que Spark en a pris conscience. Elle mène alors brillamment le jeu : des voix narratives qu'elle juxtapose à des fins ironiques ; des intrigues, brouillant apparence et réalité, vrai et faux, maniant la prolepse, ce récit anticipé d'événements futurs, pour mieux ménager ensuite suspense et retournement ; des formes et des genres littéraires, qu'elle cite, pastiche, ou parodie ; de toutes les ressources du rire : esprit, humour, farce. « Composant un livre comme un morceau de musique », elle orchestre tous ces jeux en une poétique du contrepoint qui peut aussi, dans les dernières lignes, transfigurer une réalité sordide par la grâce soudaine d'un lyrisme contenu, « comme s'il y avait un autre monde que celui-ci ». L'épigraphe de son roman *Le Banquet* [*Symposium,* 1990] refuse de distinguer le comique du tragique et, sous le jeu, transparaît la vision morale et religieuse d'une humanité incapable d'affronter seule, sans secours spirituel, *L'Unique Problème* [*The Only Problem,* 1984], celui de Job, c'est-à-dire du mal, que tout artiste véritable doit un jour ou l'autre regarder en face. Les charlatanismes en tout genre, les travestissements de la foi ne servent qu'à mieux manipuler qui s'y laisse prendre, ainsi dans *Les Célibataires* [*The Bachelors,* 1960]. À l'inverse, l'intelligence critique, la lucidité courageuse sont chez Spark érigées en vertus. Si les catholiques excitent souvent sa verve satirique, sa religion lui fournit une espérance métaphysique. L'homologie entre Dieu maître des destins et la romancière/meneuse de jeu montre que nous sommes loin de l'implacable prédestination calviniste : rien n'est jamais irrémédiable. Un monde déchu peut à tout moment être racheté. Voilà pourquoi, dans les romans, l'introduction du surnaturel défie le déterminisme des lois physiques. Il y a toutefois dans cet art de la pointe sèche un vide, celui des sentiments, souvent murés comme chez Lise, dans *La Place du conducteur,* derrière l'obsession de la maîtrise, pour mieux se garder de « la peur et la pitié, la pitié et la peur ».

THÉRÈSE VICHY.

♦ *« Mrs. Spark* [...] *la plus douée, la plus novatrice des romanciers de sa génération. »* David Lodge.
♦ *« Dans un roman de Spark nous ne perdons jamais*

contact avec le bonheur de la création... » John Updike.

RÉF. : Ruth Whittaker, *The Faith and Fiction of Muriel Spark,* Londres, 1982. – Allan Bold, ed., *Muriel Spark : An Odd Capacity for Vision,* Londres, 1984 ; *Muriel Spark,* Londres, 1986. – Norman Page, *Muriel Spark,* Londres, 1990.

SPAVENTA Bertrando. Philosophe italien. Né à Bomba, dans la province de Chieti, le 26 juin 1817, mort à Naples le 20 septembre 1883, il est le frère de l'homme politique italien Silvio Spaventa. Ordonné prêtre, il s'installe à Naples en 1840 et s'initie à la philosophie allemande. Après l'échec du mouvement révolutionnaire du printemps 1848, il s'exile à Florence puis à Turin, où, après avoir quitté les ordres, il vivra jusqu'en 1860. Publiant de façon le plus souvent anonyme dans des périodiques et des quotidiens politiques de tendance libérale, ses thèmes de réflexion se cristallisent essentiellement autour des concepts de nation et de nationalité contre un nationalisme étroit et fermé à l'esprit du temps. Nommé à la chaire d'histoire de la philosophie de l'université de Bologne, il passe en 1861 à la chaire de philosophie de l'université de Naples. Il sera élu député sous trois législatures mais, à la différence de son frère Silvio, il ne participera pas de manière très active à la vie politique. Contre-figure de l'hégélien napolitain « dogmatique » Augusto Vera, Spaventa fera graviter son œuvre autour d'une théorie de la « circulation des idées européennes » – v. « De la nationalité en philosophie », leçon inaugurale d'une série de cours donnés à l'université de Naples en 1862, et réunis sous le titre *La Philosophie italienne dans ses rapports à la philosophie européenne* (*) – et d'une « Réforme de la dialectique hégélienne » – *Les Premières Catégories de la logique de Hegel* [texte de 1864] et *Logique & Métaphysique* [*Logica e Metafisica* de 1867]. Le texte fondamental des *Premières catégories* sera repris dans un *Fragment inédit* (*) remontant aux années 1880-81 qui sera publié en 1912 par Giovanni Gentile en appendice à sa propre *Réforme de la dialectique hégélienne.* Après cette phase essentielle où l'intérêt de Spaventa est centré tant sur les études hégéliennes – avant tout sur la *Phénoménologie de l'esprit* (*) – que sur les philosophes italiens de la Renaissance, la dernière période de sa production sera consacrée en particulier au positivisme qui l'intéressa dès sa recension en 1854 de l'ouvrage de Victor Cousin, *Philosophie sensualiste au XVIIIe siècle.* Douze ans plus tard, dans une lettre à De Meis rééditée par Gentile sous le titre *Paolitisme, positivisme, rationalisme* (*), son opposition d'alors se transforme radicalement. Ce rapprochement se révélera encore plus puissamment dans son introduction aux *Principes de philosophie* [*Principi di Filosofia*] de 1867 [texte intégral publié par Gentile sous le titre *Logique & Métaphysique*] et dans *Expérience et Métaphysique* (*), cours napolitains de 1880-81 sur lesquels il tentera de fonder une nouvelle « anthropologie philosophique ». Représentant insigne de ce que nous avons pu appeler ailleurs l'« Italie comme tiers exclu des annales franco-allemandes », Spaventa est le fondateur de l'« École néo-hégélienne napolitaine » dont la descendance directe ira de Croce et Gentile à Gramsci, en passant par Labriola, tous restant fondamentalement marqués de son empreinte.

CHARLES ALUNNI.

RÉF. : Italo Cubeddu, *Bertrando Spaventa,* 1964. – Guido Oldrini, *Il primo hegelismo italiano,* 1969. – Eugenio Garin, *Filosofia e politica in Bertrando Spaventa,* 1983. – *Bertrando Spaventa,* éd. de Raffaello Franchini, 1986. – Vincenzo Vitiello, *B. Spaventa e il problema del cominciamento,* 1990.

SPEE VON LANGENFELD Friedrich von. Poète allemand. Né à Kaiserwerth, en Rhénanie, le 25 février 1591, mort à Trèves le 17 août 1635. Entré en 1620 dans l'ordre des Jésuites, il enseigna pendant plusieurs années au collège de Cologne. Nommé ensuite prédicateur du chapitre à Paderborn, il se voit désigné en 1627 comme aumônier des malheureux condamnés au bûcher pour sorcellerie par le tribunal de Würzburg. Indigné par les exécutions auxquelles ses fonctions l'obligeaient à assister, Friedrich von Spee dénonça les excès du fanatisme religieux dans son *Advis aux criminalistes* (*), paru anonymement en 1631 et qui eut un certain retentissement : après l'avoir lu, l'électeur Philippe de Schönborn fit interdire les procès de sorcellerie dans la ville de Mayence. Poète religieux, Spee a laissé d'autre part des illustrations typiques du goût baroque allemand dans ses deux recueils : *Le Livre d'or de la vertu* (*) (1643) et *Le Rossignol combatif ou le Bosquet poétique et religieux* (*) (1649). Spee, lors de la prise de Trèves par les Impériaux en 1635, se prodigua au service des blessés, et mourut victime d'une épidémie qui venait de se déclarer.

RÉF. : Diel, *Friedrich von Spee*, Fribourg-en-Brisgau, 1872. – André Moret, *Le Lyrisme allemand au XVIIe siècle*, Paris, 1935. – I. Rüttanauer, *F. Spee v. Langenfeld*, Fribourg, 1950. – E. Rosenfeld, *Neue Studien zun Lyrik v. Spee v. Langenfeld*, Milan, 1963. – H. H. Bosshard, *Naturprinzipien und Dichtung*, Bonn, 1979. – J. F. Ritter, *Friedrich von Spee. Ein Edelmann, Mahner und Dichter*, Trèves, 1977.

SPENCER Herbert. Philosophe anglais. Né à Derby le 27 avril 1820, mort à Brighton le 8 décembre 1903. Premier-né et unique survivant des six enfants de William George et de Harriet Holms, il eut toujours une santé précaire, mais sa volonté extrêmement tenace et son esprit lucide l'empêchèrent de jamais se laisser assujettir. Il dut sa formation intellectuelle à son père et à son oncle, tous deux maîtres d'école, mais surtout sut se faire lui-même une opinion à travers ses expériences personnelles et ses lectures. Au temps de sa jeunesse, il refusa de se rendre à l'université et, une fois devenu vieux et célèbre, il ne voulut jamais accepter les titres honorifiques et les nominations que l'université et les académies lui offraient à l'envi. Bien que sa mère fût méthodiste et que son père eût de la sympathie pour les quakers, il fit profession d'indépendance. Il resta libre de toute attache politique et professionnelle, et ne voulut pas même se lier par les liens du mariage. Il allait jusqu'à considérer la culture comme un danger possible pour la liberté, aussi décida-t-il de restreindre ses lectures et de s'écarter de la philosophie (il semble avoir assez peu lu Kant).

Le premier ouvrage qu'il écrivit et qui présente un intérêt général est une série de lettres pour le *Non-Conformist* sur le problème des limites de l'autorité de l'État, *Lettres sur le domaine propre au gouvernement* [*Letters on the Proper Sphere of Government,* 1842]. En 1844, il travailla pendant un mois à la rédaction du *Pilot* de Manchester et s'occupa, pour la première fois sérieusement, de métaphysique et de psychologie, en livrant le *Système de logique* (*) de Mill et les *Observations sur le sentiment du beau* (*) de Kant. De 1844 à 1846, il fut employé, de façon discontinue, comme ingénieur des chemins de fer. En 1848, il devint rédacteur de l'*Economist* et à partir de ce moment sa carrière d'ingénieur fut définitivement interrompue. Une vie nouvelle commença pour lui, consacrée tout entière aux activités de l'écrivain et du philosophe. En 1853, il abandonna l'*Economist* et renonça à ce qui pouvait le détourner de sa tâche : il se sentait chargé d'une mission et voulait donner une interprétation du monde qui s'appuyât sur la science et sur la raison. Sa première tentative dans ce sens, intitulée *Principes de psychologie* (*), parut en 1855, sans susciter aucun intérêt particulier, et il esquissa l'ensemble de son système en 1859. Ayant des desseins bien arrêtés, Spencer passa environ trente-six années de son existence à les mener à bien, quoiqu'il eût à lutter contre des difficultés financières et qu'il se portât fort mal. Sa santé l'empêchait de travailler régulièrement et il ne pouvait guère soutenir un effort plus de trois heures par jour ; il lui arrivait même de ne rien pouvoir faire pendant des mois et pendant des années, comme cela se produisit entre 1886 et 1889. Pour faire face aux dépenses qu'exigeait la parution de son œuvre, il tenta d'obtenir des souscriptions. La première partie de ses *Premiers principes* (*) fut publiée en 1860 et les autres tous les trois mois, de sorte qu'en juin 1862, l'ouvrage avait paru en entier. Il fut aidé dans ces moments difficiles par un héritage modeste qui lui vint de son père, et surtout par les encouragements et la contribution financière d'un de ses admirateurs américains, Livingstone Youmans, avec lequel il se lia et pour lequel il éprouva une très grande amitié. Grâce à Youmans, les œuvres de Spencer furent tout à coup révélées aux États-Unis, et Spencer devint célèbre en Amérique avant de l'être dans son pays. Jusqu'en 1870, la parution des œuvres de Spencer fut une charge financière pour Youmans, mais la situation changea complètement par la suite. Les livres furent toujours plus demandés, et on commença à en faire des traductions, lesquelles s'étendirent peu à peu jusqu'au sanscrit et au chinois. En 1867, l'ensemble des œuvres publiées comprenait les *Principes de biologie* (*), et Youmans fit paraître successivement la seconde édition des *Principes de psychologie* (1872), les *Principes de sociologie* (*) (1877) et les *Données de l'éthique* [*Data of Ethics,* 1879], première partie d'un traité sur l'éthique, auquel Spencer attachait tant d'importance qu'il le compléta par six autres parties, tout comme il compléta par sept autres parties le traité de sociologie.

Jusqu'en 1898, Herbert Spencer vécut à Londres, qu'il ne quitta que pour faire deux longs voyages en Europe méridionale et aux États-Unis. En 1894, il eut cette fameuse controverse avec le célèbre biologiste allemand Weismann, qui s'était résolument élevé contre l'hérédité des caractères acquis, hérédité qui constituait le fondement indispensable de la théorie évolutionniste de Spencer. Lorsqu'en 1896 parut le dernier volume des *Principes de sociologie,* qui formait la conclusion du système et l'aboutissement de trente-six années de travail, Spencer fut enfin célébré comme il le méritait. Il pouvait se considérer comme le plus célèbre philosophe de son époque, le maître du positivisme ; l'Angleterre s'en glorifiait et le donnait pour un génie national, et l'Europe voyait en lui un des plus grands hommes du siècle. Au cours des années qui suivirent, Spencer ne s'accorda aucun repos ; il continua à corriger et à publier les nombreux ouvrages où il avait exposé son système, et il écrivit des articles et des essais. Mais l'engouement qu'on avait montré pour le positivisme déclinait et les nouvelles philosophies idéalistes commençaient à l'emporter. De sorte que Spencer voyait déjà pâlir sa gloire lorsqu'il mourut le 8 décembre 1903, à Brighton, où il s'était installé après avoir abandonné Londres en 1898. Ses œuvres majeures sont celles qui ont déjà été nommées ; elles constituent les onze volumes du *Système de philosophie synthétique* [*System of Synthetic Philosophy*]. Il commença en 1886 une *Autobiographie* [*Autobiography*] qui fut achevée en 1894 et dont il voulut qu'on ne la publiât qu'après sa mort. Les deux volumes de cette dernière œuvre parurent en 1904. Ses très nombreux essais furent rassemblés sous le titre de *Essais scientifiques, politiques et spéculatifs* [*Scientific, Political and Speculative Essays*], publiés en trois volumes (1891).

FRANCO AMERIO.

♦ *« Il fait partie du petit nombre des créateurs et des maîtres. Personne n'a sans doute entrepris, en ce temps, projet aussi vaste, mais c'est qu'il était le seul à pouvoir penser une aussi immense construction qui demeurera comme le témoignage suprême des connaissances acquises par notre siècle.* » Stuart Mill.

RÉF. : W. H. Hudson, *An Introduction to the Philosophy of Herbert Spencer,* New York, 1894. – E. de Roberty, *Auguste Comte et Herbert Spencer,* Paris, 1894. – H. Macpherson, *Herbert Spencer,* Londres, 1900. – E. Thouverez, *Herbert Spencer,* Paris, 1905. – G. Papini, *Le Crépuscule des philosophes,* trad. franç., Paris, 1922. – E. Diaconide, *Étude critique sur la sociologie de Herbert Spencer,* Paris, 1938. – M. Absi, *La Théorie de la religion chez Spencer et ses sources,* Beyrouth, 1952. – J. Rumney, *Herbert Spencer's Sociology,* New York, 1966. – D. Wiltshire, *The Social and Political Thought of Herbert Spencer,* Oxford, 1978. – J. H. Turner, *Herbert Spencer, A Renewed Appreciation,* Beverly Hill, 1985.

SPENDER Stephen Harold. Poète anglais. Né à Londres le 28 février 1909. Ayant fait des études à Oxford (University College), il voyagea beaucoup dans sa jeunesse sur le continent, séjournant parfois en Allemagne (sa mère était d'origine allemande – son père un journaliste libéral influent). Il se joignit au groupe des poètes engagés des années 30 – fréquentant surtout Wystan Hugh Auden, Louis MacNeice, Cecil Day Lewis. Il avait dirigé la revue *Oxford Poetry* en compagnie de MacNeice en 1929, puis de Bernard Spencer l'année suivante. Propagandiste, il fit la guerre d'Espagne du côté républicain. La Seconde Guerre mondiale venue, il est incorporé dans la « défense civile » et contribue à éteindre les incendies pendant le « Blitz ». Il travaille pour le Foreign Office, à Londres même, se regardant comme un humble rouage, et codirige avec Cyril Connolly la revue *Horizon.* Tous deux se retrouveront à *Encounter* (1953-67). L'itinéraire de Spender le mène du marxisme au « retour sur soi » du poète. À cet égard, *Au-delà du libéralisme* (+) (1937) et *La Vie et le Poète* (+) (1942) sont des ouvrages révélateurs. Un volume de ses *Poésies complètes* [*Complete Poems*] parut en 1954 – dans ce domaine son meilleur recueil est sans doute *Centre immobile* (*) (1939). Spender a écrit des essais de critique littéraire, stimulants et inégaux, notamment *L'Élément destructeur* (+) (1935), une pièce en vers sur le nazisme, *Procès d'un juge* [*Trial of a Judge*, 1938], des nouvelles et un roman. Dans son *Autobiographie 1909-1950* (*), il contribue à éclairer l'époque tout en s'y définissant. Au cours des dernières années, Spender a beaucoup enseigné, notamment à l'université de Londres (à partir de 1970) et aux États-Unis. En 1947, il était devenu conseiller à l'U.N.E.S.C.O. (section lettres). Citons encore parmi ses œuvres *Ruines et Visions* (+) (1942) et *Poésies de vocation* (+) (1947).

Stephen Spender est l'auteur de nombreuses traductions, notamment de Garcia Lorca, Rilke, Schiller ou Toller. Il a publié, en 1985, une anthologie de ses poèmes et ses *Journaux 1939-83* [*Journals 1939-83*]. L'auteur y révèle une conscience politique toujours en éveil et y célèbre ses amis. Un roman écrit en 1929 et redécouvert par Spender en 1985, *Le Temple* (*), est paru en Angleterre en 1988.

RÉF. : A. Weatherhead, *Stephen Spender and the 30 s.*, Lewisburg, 1975. – H. B. Kulkarni, *Stephen Spender Works and Criticism*, New York, 1976.

SPENER Philip Jacob. Théologien allemand. Né en 1635 à Ribeauvillé, dans le nord de l'Alsace, mort à Berlin le 5 février 1705. Il fit des études de théologie protestante à Strasbourg, puis à Bâle, Genève, Tübingen et retourna à Strasbourg comme prédicateur libre à la cathédrale de St-Thomas. Il épousa en 1664 Susanna Ehrhardt et fut nommé, en 1666, pasteur à Francfort-sur-le-Main, où il commença de déployer une certaine activité en tant que rénovateur de la piété luthérienne, ce qui lui valut, de la part de ses adversaires, le qualificatif de « piétiste ». Spener prôna une réforme des mœurs, en particulier dans *Pia desideria* (1675) et dans *Collegia pietatis* (*). Sa nomination au poste de prédicateur à la cour de Dresde (1685), puis à Berlin (1691), lui permit de donner plus d'ampleur au mouvement. Toute sa vie alors ne fut plus occupée que par les succès qu'il remporta en Allemagne et par l'opposition qu'il suscita.

RÉF. : Grünberg, *Philipp Jakob Spener*, 3 vol., Göttingen, 1893-1906. – R. Frische, *Theologie unter der Herrschaft Gottes. P. J. Speners Plädoyer für eine Ernenerung des theologischen Denkens*, Bâle, 1979.

SPENGLER Oswald. Philosophe et sociologue allemand. Né à Blankenburg, dans le Harz, le 28 mai 1880, mort à Munich le 8 mai 1936. Il fit ses études au lycée de Halle, puis aux universités de Munich, Berlin et Halle. De 1908 à 1911, il fut professeur de mathématiques au lycée de Hambourg, puis donna sa démission de l'enseignement et alla s'établir à Munich pour se consacrer à la préparation de son grand ouvrage, *Le Déclin de l'Occident* (*). La première édition parut en 1918 et connut aussitôt un immense succès. La pensée d'Oswald Spengler se présente comme une « philosophie de la décadence » ; mais ce dernier mot est ici radicalement dépouillé de toute suggestion doloriste. Spengler entend seulement démontrer que le premier courage viril est d'accepter la loi de l'existence impliquant la fatalité de la mort pour les cultures comme pour toutes les autres formes vivantes : il s'agit en somme d'une traduction dans l'ordre historique et collectif de la doctrine de l'« amor fati » de Nietzsche. La décadence consiste dans le passage de la « culture » à la « civilisation ». Spengler y voit l'occasion de nouvelles audaces ; il appelle les jeunes générations à abandonner toute rêverie romantique sur le passé, à prendre leur parti de l'impossibilité absolue de l'apparition future d'une grande peinture ou d'une grande musique, et à se vouer joyeusement à l'avenir technique, militaire et césarien qui est désormais celui de l'Occident. Par l'évolution naturelle de sa pensée, Spengler se trouvait ainsi amené aux limites de l'action politique. Dans des ouvrages comme *Prussianisme et socialisme* [*Preussentum und Sozialismus*, 1920] – soixante-dix mille exemplaires en dix ans ! –, comme *Reconstruction de l'Allemagne* [*Neubau des deutschen Reiches*, 1924], *Années décisives* [*Jahre der Entscheidung*, 1933], *L'Homme et la technique* (1931), etc., il fit campagne pour une nouvelle forme de socialisme, issu de la tradition prussienne. Ces livres eurent un retentissement considérable sur la jeune génération allemande et on en trouvera des échos dans le grand ouvrage d'Ernst Jünger, *Le Travailleur* [*Der Arbeiter*, 1932]. Ils coïncidaient avec la montée au pouvoir du mouvement national-socialiste. Mais les doctrinaires hitlériens ne cessèrent de tenir à distance Oswald Spengler, dont la conception de la culture était absolument non raciste. Quant à l'influence de Spengler hors d'Allemagne, elle a été également très grande et on la retrouvera, par exemple, à la source de la philosophie historique d'un Arnold Toynbee comme de la philosophie de l'art d'André Malraux.

MICHEL MOURRE.

♦ *« Toute philosophie de la culture doit aujourd'hui passer par Spengler – quitte à le dépasser. »* Emm. Berl. ♦ *« ... Lorsque je m'aperçus que ce diable d'homme, implacable comme une loi naturelle, montrait le poing à la volonté et aux aspirations humaines, je me détournai de tant de malveillance, et j'écartai son livre de mes yeux, pour ne pas être contraint d'admirer ce qui fait mal et ce qui tue. »* Thomas Mann.

RÉF. : August Messer, *Oswald Spengler als Philosoph*, Stuttgart, 1922. – A. Fauconnet, *Un philosophe allemand contemporain, Oswald Spengler*, Paris, 1925. – Edmond Vermeil, *Doctrinaires de la révolution allemande*, Paris, 1939. – Emmanuel Berl, *La Culture en péril*, Paris, 1948. – Manfred Schröter, *Metaphysik des Untergangs*, Munich, 1949. – Armin Mohler, *Die konservative Revolution in Deutschland*, Zurich, 1950. – H. Stuart Hugues, *Oswald Spengler, a Critical Estimate*, New York, 1952. – Marie-Elizabeth Parent, *Recherches sur les éléments d'une conception esthétique dans l'œuvre d'Oswald Spengler*, Francfort-sur-le-Main, 1981.

SPENSER Edmund. Poète anglais. Né à Londres en 1552, mort dans cette même ville le 16 janvier 1599. Malgré son humble origine, il put faire de solides études. Ses premiers essais littéraires d'étudiant furent des traductions de Marot et de Du Bellay. En 1569, il entra comme boursier au Pembroke Hall de Cambridge et y demeura sept ans. On le retrouve en 1578 secrétaire de John Young, évêque de Rochester, et l'on sait qu'il fut ensuite attaché à Leicester. Sa première œuvre importante parut le 5 décembre 1579 sous le titre de *Le Calendrier des bergers* (*). Le succès de cette première publication fut assez vif et Spenser mit alors sur pied de nombreux projets mais *L'Histoire de la mère Hubbard* [*Mother Hubbard's Tale*], satire dirigée contre la reine Elizabeth et son entourage, qu'il fit circuler en manuscrit, lui valut de nombreuses inimitiés qui l'obligèrent à accepter le secrétariat de lord Grey of Wilton et à quitter l'Angleterre pour l'Irlande où il participa à la terrible répression de la rébellion de Desmonds. Il perdit son emploi en 1582 mais demeura en Irlande. La lecture de la *Jérusalem délivrée* (*) du Tasse l'incita à se remettre à composer et il se mit à élaborer *La Reine des fées* (*). Lord Ralegh, lui ayant rendu visite en 1589, comprit aussitôt l'importance de cette œuvre et l'emmena à Londres pour qu'il puisse y présenter son poème à la reine. Les deux premiers livres de *Fairie Queene* parurent en 1590, et Spenser fut fêté comme le grand poète épique attendu depuis toujours par l'Angleterre. Le temps n'avait cependant pas effacé les inimitiés suscitées par son ancien pamphlet et il n'obtint, malgré son succès, qu'une pension de cinquante livres par an. Déçu, il rentra en Irlande après avoir pris ses dispositions pour la publication de ses *Complaintes* (*), qui parurent en 1591, et dès son retour se mit à la composition de : *Le Retour de Colin Clout* (*) qu'il dédia à Ralegh. Vers la fin de 1592, il tomba amoureux de Elizabeth Boyle et l'épousa le 11 juin 1594. Il célébra ses fiançailles dans de gracieux sonnets imités de Desportes et du Tasse et les réunit sous le titre de *Amoretti* (*) ; son mariage lui inspira les stances de son *Épithalame*, où sa poésie atteint réellement la perfection. Les deux volumes parurent ensemble en 1595. À la fin de cette même année, il vint à Londres pour surveiller la publication de trois nouveaux livres de *La Reine des fées* et en profita pour donner aussi son *Prothalamion*, composé à l'occasion du mariage des deux filles du comte de Worcester. En 1596, il écrivit ses *Hymnes* [*Hymns*] et son fameux *Aperçu de l'état présent de l'Irlande* (*), où il expose les causes des troubles en Irlande et le moyen d'y remédier. En septembre 1598, la rébellion de Tyrone entraîna la ruine de ses propriétés et l'obligea à se réfugier à l'intérieur de Cork, d'où on l'envoya à Londres porter une dépêche datée du 9 décembre 1598. Il mourut d'épuisement peu après son arrivée et fut enterré à l'abbaye de Westminster. Une foule de nobles suivit son convoi funèbre et tous les poètes en renom écrivirent chacun une élégie à sa mémoire. Ces élégies furent déposées dans son cercueil ainsi que les plumes qui avaient servi à les rédiger.

BERNARD NOËL.

♦ *« Lui obéir est toute mon orgueilleuse ambition. »* Fletcher. ♦ *« Sa profonde suffisance est ainsi faite que, passant toute suffisance, elle n'a pas besoin d'être défendue. »* Shakespeare. ♦ *« Notre sage et profond Spencer dont j'ose penser qu'il est un meilleur maître que Scot et d'Aquin. »* Milton. ♦ *« Spenser fut le plus grand poète de son temps. Il a de grandes beautés, une versification harmonieuse, une élocution facile et une vive imagination, mais la lecture de son œuvre devient si rapidement ennuyeuse que personne ne la termine jamais pour son plaisir. »* David Hume.

♦ *« Spenser est le grand maître de la versification anglaise et c'est, incomparablement, le plus grand maître de notre langue. Sans être insensible aux défauts de son épopée, ils ne m'ont jamais rebuté. »* Robert Southey.

RÉF. : C. S. Lewis, *The Allegory of Love,* Oxford, 1936. – I. E. Rathbone, *The Meanings of Spenser's Fairyland,* New York, 1937. – F. C. Thornton, *The French Element in Spenser's Poetical Works,* Toulouse, 1938. – A. C. Judson, *The Life of Edmund Spenser,* Baltimore, 1945. – V. K. Whitaker, *The Religious Basis of Spenser's Thought,* Stanford, 1950. – W. B. Watkins, *Shakespeare and Spenser,* Princeton, 1950. – W. R. Mueller et D. C. Allen, *That Souveraine Light, essays in honor of Edmund Spenser,* Baltimore, 1952. – E. Legouis, *Edmund Spenser,* Paris, 1956. – R. Ellrodt, *Neoplatonism in the Poetry of Spenser,* Genève, 1960. – C. Wilson Knight, *Poets of Action,* Londres, 1967. – E. Watson, *Edmond Spenser,* Londres, 1967. – H. Berger (Éd.), Spenser, *A Collection of Critical Essays,* New Jersey, 1968. – F. Kermode, *Shakespeare, Spenser, Donne,* Londres, 1971. – H. Shire, *A Preface to Spenser,* Harlow, 1978.

SPERBER Manès. Écrivain français originaire d'Europe centrale. Né à Zablotow, ville juive de la Galicie, le 12 décembre 1905, mort à Paris le 5 février 1984. Toute la vie de la communauté est régie par la règle judaïque et marquée par le mysticisme hassidique. Élevé dans ce milieu de piété, apprenant à lire dans *La Bible,* profondément attaché à sa famille, croyante et pratiquante, l'enfant n'en va pas moins s'écarter de la foi. Cette première rupture secrète sera bientôt suivie par l'effondrement du monde traditionnel, consécutif à la déclaration de la Première Guerre mondiale. Zablotow se trouve située dans la zone des combats. L'enfant sera le témoin des atrocités de la guerre et il en restera profondément marqué. La famille doit s'enfuir et gagner Vienne. C'est la fin de l'enfance en même temps que la fin du monde qui lui avait servi de cadre, moral autant que matériel. À Vienne, l'adolescent découvre la misère et la solitude. Pour la première fois, il est un pauvre parmi les riches, un Juif parmi les gentils. Avec une extraordinaire précocité, il comprend et accepte sa situation, et choisit de rester fidèle aux deux communautés auxquelles il se trouve appartenir. Elles vont bientôt entrer en conflit, parce que les mouvements de jeunesse juifs où l'adolescent s'engage sont mobilisés et orientés par l'idéal sioniste. Celui-ci s'oppose à l'idéal révolutionnaire et marxiste que Sperber découvre et qui lui paraît répondre aux maux dont souffre une société corrompue par les inégalités sociales et ravagée par la guerre. De toute l'ardeur de ses douze ans, il salue en la révolution d'Octobre l'aube de temps nouveaux et voit en Lénine et Trotski les porteurs de l'espoir de l'humanité. Cependant, il découvre la littérature et, en particulier, Dostoïevski, qui va exercer sur lui une influence durable et le conduire vers la forme romanesque qu'il adoptera vingt ans plus tard. Ces lectures permettent aussi à l'adolescent de mieux comprendre le chemin qui le conduit vers le socialisme et qui n'est pas tant celui de l'analyse politique ou économique que celui d'une compréhension des hommes, de leurs besoins et de leurs aspirations. Cet intérêt primordial trouve son épanouissement dans la psychologie que Sperber étudie auprès d'Alfred Adler. Remarqué par le maître, il devient, dès l'âge de seize ans, son disciple favori. Les premiers textes de Sperber seront consacrés à la psychologie individuelle ; il dirige l'une des revues adlériennes. Par des conférences, à Vienne d'abord, à Berlin ensuite (1927), il fait connaître la doctrine du maître qu'il pratique en thérapeute. En 1928, Sperber épouse Miriam Riter dont il aura un fils, Vladimir. Les activités politiques de plus en plus contraignantes de Sperber font craindre à Adler que l'engagement du disciple ne compromette l'enseignement du maître. Bientôt, c'est la rupture. Cependant, la montée du nazisme contraint Sperber à assumer des responsabilités plus grandes au sein du parti communiste. Quand Hitler prend le pouvoir, il est jeté en prison. Libéré, il se réfugie en Yougoslavie. En 1934, il est appelé à Paris pour y devenir le chef idéologique de l'Institut pour l'étude du fascisme (I.F.A.). Mais l'évolution stalinienne le conduit à rompre avec le parti (1937).

Convaincu des erreurs et des crimes du communisme, il va désormais le combattre avec une ardeur égale à celle qu'il a mise dans son combat contre les nazis. C'est à cette époque que Sperber revient à l'œuvre entreprise. Elle sera d'abord consacrée à un bilan de son activité de psychologue, une *Caractérologie sociale,* rédigée en 1933-34, manuscrit perdu, retrouvé, et qui paraîtra en 1978 ; à un bilan de son activité politique ensuite, l'*Analyse de la tyrannie,* publiée à Paris, en langue allemande, en 1938, détruite par la Gestapo, lors de l'Occupation. Cet essai est le premier à procéder à un exposé systématique du totalitarisme moderne. Sperber s'engage dans l'armée française. Après la défaite, réfugié dans le Midi de la France, il entreprend sa grande œuvre littéraire, la trilogie dont Arthur Koestler a écrit qu'elle était « le roman saga du komintern ». Après la guerre, Sperber est appelé par André Malraux au ministère de l'Information. En 1946, il entre chez Calmann-Lévy, où il dirige la collection des livres étrangers. En 1950, il épouse en secondes noces Jenka Zivgors. Ils auront un fils, Dan André. Les livres se succèdent : la trilogie paraît, *Et le buisson devint cendre* (*) (1949), *Plus profond que l'abîme* (*) (1950), *La Baie perdue* (*) (1953) – dernier volume dont une partie fut publiée en 1952 sous le titre *Qu'une larme dans l'océan* (*). Il collabore à de nombreux journaux et revues en Allemagne, en France et aux États-Unis, fait paraître nombre d'essais et d'études dont *Le Talon d'Achille* (1957), *Alfred Adler* (1972). Enfin, à partir de 1974, commence de paraître une nouvelle trilogie qui constitue à la fois une autobiographie et le couronnement de cette œuvre, et qui a connu un retentissement mondial : *Porteurs d'eau* (1974), *Le Pont inachevé* (1975), *Au-delà de l'oubli* (1977) – volumes regroupés sous le titre *Ces temps-là* (*).

Traduite et publiée dans de nombreux pays, l'Amérique, le Japon, les pays scandinaves, Israël, etc., l'œuvre de Manès Sperber a été couronnée par de nombreux prix, parmi lesquels le prix Goethe, le prix Buchner et le grand prix d'État autrichien.

Parce que les trois engagements majeurs de Sperber, en politique, psychologie et littérature, ont été totaux, un résumé de sa vie donne une idée exacte de la direction et des aspirations de l'œuvre, engagée dans tous les combats intellectuels autant que sociaux de l'époque. On pourrait définir la poétique de Sperber en la rapprochant de la tragédie antique, à laquelle elle a emprunté sa conception du héros. Les personnages de la trilogie, comme ceux de Sophocle ou d'Achille, ont pour vocation de se mesurer avec les dieux et pour destin d'être écrasés par leur pouvoir, Seulement, les dieux de Sperber se nomment l'Histoire, la guerre et la révolution. D'une part, il n'est pas de synthèse personnelle valable, ni d'harmonie intérieure possible, de destin humain, en un mot, hors de cet affrontement avec les monstres de l'injustice et de la cruauté, mais d'autre part, de cet affrontement l'homme doit sortir vaincu. Seulement, la lutte aura donné un sens à sa vie et, par sa défaite, il aura accédé à une humanité plénière. La passion qui domine le personnage et l'œuvre, c'est l'idée, une idée vécue comme une passion. La trilogie romanesque suit d'assez près celle qui formera l'autobiographie. Ce sont les mêmes événements : l'espoir communiste, la lutte antifasciste, le drame de la rupture avec le parti, la guerre. Chacun des événements constitue une sorte de rendez-vous pour l'un des personnages qui découvre là le moyen et le moment de réaliser son destin. La rupture avec la loi partisane est un moteur essentiel de l'action, car c'est à la suite d'une telle rupture que Sperber est devenu écrivain. Guerre, émeutes, luttes politiques constituent bien des aventures que le narrateur excelle à conter et pour lesquelles il a un goût aussi évident que contagieux. Mais, comme le lui a enseigné *La Bible,* toute narration exprime des significations qui la dépassent. Les aventures romanesques sont celles mêmes de l'histoire, non pas rêvées, mais, comme l'autobiographie va le démontrer, vécues. Leur but n'est pas de distraire, mais de représenter et, par ce détour, d'opérer une rencontre des consciences nécessaire à leur développement. L'œuvre, portée par une passion lucide, relate l'histoire des certitudes détruites, mais elle représente et conserve la gloire d'un incendie qui a illuminé la conscience des meilleurs hommes du temps. Une foi messianique l'emporte qui démontre la fidélité profonde de Sperber au judaïsme de son enfance. S'il a perdu la foi, il n'a jamais renié la morale qui l'a formé et qui a orienté ses recherches de psychologue, attaché à ménager l'avenir de l'individu et à le libérer du passéisme freudien, aussi bien que son engagement et ses essais politiques tendus vers un avenir riche de promesses et d'espoir.

Par un noble paradoxe, son autobiographie est portée par ce même mouvement qui fait que le passé n'est ressaisi que dans et pour la richesse d'avenir qui s'y trouve dissimulée. Son talent de romancier, autant que son acuité d'essayiste, ses vertus personnelles, autant que l'étendue de son savoir ou que les péripéties d'une vie fidèle aux mouvements de l'histoire font de Sperber un témoin exceptionnel de notre temps.

JEAN BLOT.

♦ « *C'est le roman-saga du komintern, et le premier. Donc, un événement capital* [...] *C'est une œuvre d'une profondeur et d'une ampleur exceptionnelles. Comme dans l'image qui apparaît quand on se penche sur un fleuve, on y retrouve le reflet aux concours fluides, tremblants, de l'aventure la plus extraordinaire de l'esprit humain depuis l'Église médiévale.* » Arthur Koestler. ♦ « *Livre de vérités meurtrières* [...] *Vérités devenues passions et fatalités. Leurs ravages appellent ce qui, dans l'esprit de l'auteur, doit se substituer à elles et qui n'est ni scepticisme, ni religion, mais peut-être l'expérience humaine devenue lucidité.* » André Malraux (préface à *Comme une larme dans l'Océan*). ♦ « *Une œuvre qui vient à son heure et qui est de tous les temps...* » Upton Sinclair.

SPINOZA Baruch ou **Benedictus.** Philosophe hollandais. Né à Amsterdam le 24 novembre 1632 ; mort à La Haye le 20 février 1677. Peu d'événements dans cette vie, toute de méditation et de labeur. Spinoza descend d'une famille de Juifs portugais. Fuyant les persécutions religieuses, le grand-père et le père du philosophe (Abraham et Michaël) arrivèrent à Amsterdam en 1593 : dès 1579, en effet, l'Union d'Utrecht avait décrété que « chaque citoyen sera libre de demeurer dans sa religion ». C'est à Amsterdam que naquit Baruch (« béni » en hébreu : d'où Benedictus) Spinoza, le 24 novembre 1632. Dès 1628, Abraham Spinoza était considéré en cette ville comme le chef de la communauté juive ; Michaël s'occupait des œuvres, de la synagogue. Il n'était pas question, dans les milieux où grandissait Baruch, d'émancipation ou d'assimilation. À l'école hébraïque, l'enseignement portait d'abord sur l'*Ancien Testament* et le *Talmud* (*) ; plus tard, on étudiait les philosophes juifs, Ibn Ezra, Maimonide, Crescas. Cependant, la bibliothèque de l'école était bien pourvue en ouvrages hébreux traitant des mathématiques et de la physique, et un érudit allemand, Jérémie Felbinger, apprit à Baruch le latin, qu'il perfectionna plus tard avec un jésuite défroqué, Van den Enden. Spinoza parlait espagnol dans sa famille et hollandais avec ses concitoyens chrétiens. Son père l'initia à la pratique des affaires. En mars 1654, Michaël Spinoza mourut. Les documents publiés par Van der Tak attestent que, jusqu'en 1656, Baruch dut se livrer au négoce (sans doute d'épices) ; plus tard, il polit des verres de lunettes, de microscopes, de télescopes : métier dur, à cause de la poussière de verre qui finit par avoir raison des poumons du philosophe, mais où il acquit vite une certaine virtuosité. Dès avant la mort de son père, le jeune Spinoza hante les milieux chrétiens ; il connaît, outre Van den Enden (déjà mentionné), de Vries, commerçant notable ; Rieuwertsz le libraire ; Pieter Balling ; le médecin Lodewick Meyer ; les uns sont cartésiens, les autres libres penseurs, la plupart appartiennent à la secte réformée des Collégiants. Très vite, Spinoza s'impose par son érudition et son talent ; autour de lui, un groupe de fidèles se forme, avide de recueillir de la bouche du jeune maître une philosophie et peut-être une religion nouvelle. À cette époque, Spinoza a déjà lu Descartes. Mais sa pensée s'est surtout nourrie, semble-t-il, de textes hébraïques, de Gersonide, qui critiquait miracles et prophéties, donnait d'avance raison à l'intelligence contre la révélation ; d'Ibn Ezra, qui croyait à la pérennité de la matière et niait la création « ex nihilo » ; des mystiques juifs, qui avaient enseigné que la matière était animée ; de Crescas, qui attribuait l'extension à Dieu, et bannissait de l'univers les causes finales. Cet enseignement clandestin, ainsi que les fréquentations, jugées dangereuses, du philosophe sont vus d'un mauvais œil par les chefs de la communauté israélite. Spinoza est épié, admonesté ; enfin, le 27 juillet 1656, on prend à son égard la mesure la plus sévère, l'excommunication (*herem*) : « Qu'il soit maudit dans le ciel et sur la terre, de la bouche même du Dieu tout-puissant. » Un coreligionnaire fanatisé tentera d'assassiner le mécréant maudit : mais Spinoza « évita le coup, qui porta seulement dans ses habits ». Il gardera toute sa vie cet habit troué. Après l'excommunication solennelle, Spinoza passe quelque temps à Ouwerkerk, au sud d'Amsterdam ; puis, rentrant dans sa ville natale, il y séjourne jusqu'en 1660. Désormais séparé de la communauté juive, Spinoza se tourne résolument vers les Gentils ; excellent connaisseur de *La Bible* et de l'hébreu, ses talents seront appréciés dans des milieux qui tirent de l'étude des Écritures l'essentiel de leur foi.

À partir de 1660, Spinoza habite Rijnsburg, village aux environs de Leyde, qui servait de quartier général à la secte des Collégiants. Il y vit chez un chirurgien, Homan ; il enseigne, écrit : de cette période datent les *Principia philosophiae cartesianae more geometrico demonstrata*, les *Cogitata metaphysica* (ce dernier ouvrage sera publié en 1663, sous le nom de Spinoza), le *Court traité sur Dieu, l'homme et sa félicité* (*) (notes prises aux leçons de Spinoza par un auditeur et révisées par le philosophe), le *De emendatione intellectus* (inachevé). En 1662, Spinoza commence puis abandonne sa *Philosophia*, première ébauche de l'*Éthique* (*). Enfin, le livre I de l'*Éthique* – « démontrée selon la manière des géomètres » – sera composé au début de 1663. C'est en juin de cette même année que Spinoza émigre à nouveau et va s'établir à Voorburg, non loin de La Haye ; sans doute commence-t-on déjà à le mettre à l'Index, cette fois non plus parmi les rabbins, mais parmi les pasteurs calvinistes. Spinoza continue l'*Éthique*, polit les verres. Il est devenu une sorte de célébrité philosophique ainsi qu'en témoigne sa *Correspondance* (*) : il échange des lettres avec le fameux philologue Vossius, avec Huygens, inventeur de l'horloge à pendule et de la théorie ondulatoire de la lumière, avec Oldenbourg, l'un des deux premiers secrétaires de la Société royale de Londres. Vers 1665, Spinoza est près d'achever l'*Éthique*. Mais la rédaction est brusquement interrompue, et le philosophe commence à écrire un *Traité théologico-politique* (*). Peut-être, du reste, ce nouveau *Traité* n'a-t-il pour mission que de préparer à la fois le public et les autorités à la parution prochaine de l'*Éthique* : il établit, en effet, sur des textes tirés de l'*Ancien Testament*, l'indépendance du pouvoir public à l'égard des prêtres, ce qui justifie la « liberté de philosopher ». Ayant ainsi repris le fil interrompu de ses études hébraïques, il n'est pas étonnant que Spinoza commence également, vers cette époque, une *Grammaire de l'hébreu* que, d'ailleurs, il n'achèvera pas.

En 1670, Spinoza change une dernière fois de résidence, quittant Voorburg pour La Haye, où il demeurera jusqu'à sa mort, d'abord chez une veuve Van de Werwe, ensuite chez le peintre et prêteur sur gages Van der Spyck, dont la maison est devenue depuis « Domus Spinozana ». Il remet l'*Éthique* sur le métier tout en sachant qu'il aura peu de chances de la voir imprimée de son vivant : la publication du *Traité théologico-politique* a été accueillie par une véritable levée de boucliers, faisant scandale à l'échelle de l'Europe. Mais, à nouveau, il est obligé d'interrompre son travail. Les troupes de Louis XIV viennent d'envahir la Hollande (1672), et la populace met à mort les frères de Witt, qu'elle accuse des maux qui se sont abattus sur le pays. Chefs du parti libéral, les frères de Witt ont été depuis longtemps parmi les protecteurs de Spinoza. Aussi l'assassinat remplit-il de douleur et d'indignation le philosophe ; lui si calme d'ordinaire, on l'empêche à grand-peine d'aller placarder une proclamation qui commence par les mots *Ultimi barbarorum*. L'année suivante, l'armée française toujours à Utrecht, Spinoza reçoit la mission de se rendre auprès du prince de Condé, qui souhaite prendre contact avec les libéraux hollandais. Spinoza gagne, à travers un pays peu sûr, le quartier général de Condé ; mais il ne réussit pas à voir le prince, alors absent et, lorsqu'il rentre à La Haye, la foule tente de le lapider. Un peu plus tôt, en cette même année 1673, Spinoza avait reçu l'invitation, qu'il déclina poliment, d'enseigner la philosophie à l'université de Heidelberg.

Après 1673, Spinoza, ayant définitivement renoncé à toute activité publique, ne vit plus que pour achever l'*Éthique*, tâche qu'il mènera à bonne fin en 1675. Des amis, des admirateurs viennent le voir à La Haye : un Tschirnhaus, un Leibniz, des libéraux, des philosophes, des savants. Spinoza est alors considéré à la fois comme un réformateur de la philosophie nouvelle, de la religion traditionnelle, et comme un politique audacieux. Le dernier ouvrage auquel il ait songé, et qu'il a commencé à rédiger, est un *Traité politique* (*), qui renouvelle les attaques contre le fanatisme et l'intolérance. Spinoza est mort à l'âge de quarante-quatre ans, le 20 février 1677, vers trois heures de l'après-midi.

MARTIAL GUEROULT.

♦ *« Il était fort affable et d'un commerce aisé; parlait souvent à son hôtesse, particulièrement dans le temps de ses couches, et à ceux du logis, lorsqu'il leur survenait quelque affliction ou maladie. »* Colerus. ♦ *« Mauvaise doctrine propre tout au plus à éblouir le vulgaire, insoutenable et même extravagante. »* Leibniz. ♦ *« Un homme enivré de Dieu. »* Novalis. ♦ *« Spinoza est un point crucial dans la philosophie moderne. L'alternative est : Spinoza ou pas de philosophie... Quand on commence à philosopher, on doit tout d'abord être spinoziste. L'âme doit se baigner dans cet éther d'une substance unique dans laquelle tout ce qu'on a cru vrai a disparu. Chaque philosophie doit arriver à cette négation de tout le particulier ; c'est la libération de l'esprit de son fondement absolu. »* Hegel. ♦ *« La lecture de Spinoza nous saisit comme l'aspect de la plus grande nature dans son calme vivant ; c'est une forêt de pensées hautes comme le ciel, dont les cimes fleuries s'agitent en mouvements onduleux, tandis que les troncs inébranlables prolongent leurs racines dans la terre éternelle. »* Heinrich Heine. ♦ *« Malheur à qui, en passant, enverrait l'injure à cette figure douce et pensive. Lui, de son piédestal de granit, enseignera à tous la voie du bonheur qu'il a trouvé et, dans les siècles, l'homme cultivé dira en lui-même : "C'est d'ici peut-être que Dieu a été vu de plus près." »* Ernest Renan. ♦ *« On pourrait dire que tout philosophe a deux philosophies, la sienne et celle de Spinoza. »* Henri Bergson.

RÉF. : Victor Delbos, *Le Problème moral dans la philosophie de Spinoza*, Paris, 1893. – Pollock, *Spinoza, his Life and Philosophy*, Londres, 1899. – P. Couchoud, *B. de Spinoza*, Paris, 1902. – J. Freudenthal, *Spinoza, sein Leben un seine Lehre*, Stuttgart, 1904. – Ch. Bellangé, *Spinoza et la philosophie moderne*, Paris, 1912. – G. Huan, *Le Dieu de Spinoza*, Arras, 1913. – V. Delbos, *Le Spinozisme*, Paris, 1916. – Léon Brunschvicg, *Spinoza et ses contemporains*, Paris, 1923. – Ch. Appuha, *Spinoza*, Paris, 1927. – C. Gebhardt, *Spinoza*, Heidelberg, 1927. – J. Segond, *La Vie de Spinoza*, Paris, 1932. – C. Brunner, *Spinoza contre Kant*, Paris, 1933. – Henri Sérouya, *Spinoza, sa vie et sa philosophie*, Paris, 1947. – S. Zac, *La Morale de Spinoza*, Paris, 1959. – G. Deleuze, *Spinoza et le problème de l'expression*, Paris, 1968. – M. Guérault, *Spinoza, Éthique I et II*, Paris, 1968. – A. Matheron, *Individu et communauté chez Spinoza*, Paris, 1969. – R. Misrahi, *Le Désir et la réflexion dans la philosophie de Spinoza*, Paris, 1972 ; *Éthique philosophique et théorie de l'État*, Paris, 1978.

SPINRAD Norman. Romancier et nouvelliste américain. Né à New York le 15 septembre 1940. Il choisit d'écrire en 1963 et fait vite figure d'enfant terrible de la science-fiction par sa capacité à traiter de thèmes forts, voire violents, et sexuels, en relation avec les problèmes de la société américaine. Dans *Jack Barron et l'éternité* (*) (1969), il évoque la puissance des médias opposée aux autres pouvoirs, et l'immortalité physique considérée comme la tentation ultime ; l'obscénité de la lutte pour le pouvoir dans *Le Chaos final* [*The Men in the Jungle,* 1967] ; le renversement total des perspectives dans *Rêve de fer* [*The Iron Dream,* 1972], où il écrit le roman d'un Adolf Hitler émigré devenu un auteur de science-fiction exprimant ses fantasmes racistes, et où il réussit le tour de force d'écrire un faux mauvais livre pour dénoncer le discours fasciste ; le rôle des médias encore dans *La Grande Guerre des bleus et des roses* [*A World Between,* 1979], où ils pèsent de façon ambiguë sur une démocratie directe électronique ; la subversion de l'art par les multinationales dans *Rock Machine* [*Little Heroes,* 1987], où il met en scène des vedettes entièrement synthétiques. Spinrad est aussi un nouvelliste impressionnant, ainsi dans *Les Années fléaux* [*Over Americas,* 1988]. Il est l'auteur américain de science-fiction le plus politiquement engagé de sa génération, bien que sa réflexion sur la violence, la liberté individuelle et la responsabilité politique ne se laisse pas aisément réduire.

GÉRARD KLEIN.

SPIRE André. Poète français. Né à Nancy le 28 juillet 1868, mort à Paris le 29 juillet 1966. Le boulangisme, le scandale de Panama, les attentats anarchistes, la création du journal *La France juive* lui font prendre conscience de sa judéité. En 1902, il fait paraître son premier recueil de vers, *La Cité présente*, et rencontre Péguy qui publie dans ses *Cahiers de la quinzaine* (*) le second ouvrage d'André Spire, *Et vous riez*, qui est en vers libres. En 1908 paraissent les *Poèmes juifs*. Date importante car, pour la première fois en France, un poète juif s'adressait directement à la fois aux Juifs et aux autres citoyens. Les recueils qui suivent sont parallèles à une action menée en faveur du sionisme. André Spire désire écrire « une poésie accessible à tous ». Son inspiration s'élargit avec les *Poèmes de la Loire* (1929), où le fleuve invite les hommes à se fondre « dans le chœur immense de la mer ». L'inquiétude et la souffrance, marques du séculaire destin juif, ce sont aussi les « antiques protecteurs » que le poète invoque contre la banalisation de l'humanité. Amour universel qu'André Spire chantera encore dans *Poèmes d'hier et d'aujourd'hui* (1953), après avoir publié son essai, *Plaisir poétique et plaisir musculaire* (*) (1949). En 1959 paraît l'édition définitive de son anthologie poétique *Poésies* (*).

GUY LE CLEC'H.

RÉF. : P. Jamati, *André Spire*, Paris, 1962. – J. Cassou, « La Parole de Spire », dans *Cahiers de l'Amitié Charles Péguy*, 29 juillet 1967. – P. Moldaver, *Spire, théoricien et poète*, thèse, Strasbourg, 1967. – Revue *Europe*, mars 1968. – H. Meschonnic, « La Poésie de Spire », dans *Pour la poétique*, III, Paris, 1973. – J. Cannoni, *Culture française et hébraïque dans l'œuvre de Spire et plus particulièrement dans les « Poèmes juifs »*, thèse, Paris, 1975.

SPIRÓ György. Écrivain hongrois. Né à Budapest le 4 avril 1946. Familiarisé dès sa petite enfance avec le monde du théâtre par l'intermédiaire de sa mère, une ancienne comédienne, György Spiró a fait entre 1965 et 1970 des études de lettres, russes et serbo-croates, à Budapest. Il s'est très tôt intéressé à l'écriture, notamment théâtrale, qui reste son genre favori. Remarquable polyglotte, maîtrisant toutes les langues slaves et connaissant fort bien l'Europe centrale, il a utilisé ses connaissances dans plusieurs métiers : le journalisme (à la radio hongroise en 1971), le travail dans l'édition (1971), le travail scientifique en tant que collaborateur de l'Académie des sciences et de la faculté des lettres, où il enseigne les littératures slaves. Depuis 1986, il est dramaturge-adaptateur pour le très remarquable théâtre de Kaposvar.

L'œuvre de György Spiró s'est développée à travers des genres divers. Il a écrit des poèmes, publiés en 1977 en recueil, *Histoire* [*Historia*], et depuis dans diverses revues. Mais son nom s'est affirmé dans la littérature hongroise contemporaine par la publication de ses romans : *Le Déambulatoire* [*Kerengő*] en 1974 et surtout son deuxième roman *Les Anonymes* (*) (1981), qui a remporté un succès foudroyant. Il faudra attendre 1990 pour que paraisse son troisième roman, *Le Nouveau Venu* (*). Entre-temps, il a pratiqué surtout l'écriture dramatique, avec deux recueils de drames – *L'Empereur de la paix* [*A Békecsaszar*, 1982] et *Tête de poulet* (*) (1985) – ainsi qu'une comédie musicale, *Comme nous le faisons* [*Ahogy tesszük*, 1989]. Mais on lui doit également un essai sur l'écrivain yougoslave Miroslav Krleza et une thèse de doctorat, consacrée au drame en Europe centrale et orientale. Il a publié, en 1987, un recueil de nouvelles à dominante autobiographique : *J'ai rêvé pour toi* [*Almodtam neked*]. Traducteur de renom, il a notamment fait connaître aux Hongrois l'œuvre de Wyspiański, qui a joué un rôle important dans sa formation intellectuelle.

C'est cette ouverture sur le monde qui fait de György Spiró un écrivain relativement isolé dans un pays où il est de tradition que l'homme de plume soit directement impliqué dans la vie politique. Comme en témoignent ses thèmes, Spiró tient à poser des problèmes universels même quand il dépeint une réalité bien hongroise (ainsi la thématique de « bas-fonds » de *Tête de poulet*, ou les problèmes de logement dans sa comédie musicale). Ce n'est pas un hasard si ses principaux romans dépeignent les vicissitudes de l'histoire polonaise, et si le troisième se déroule entre Paris, Rome, Londres, Jérusalem, Istanbul, dans un milieu d'émigrés polonais. Universalité également de l'axe qui traverse toute une part de son œuvre, le théâtre : par sa pratique d'adaptateur, d'auteur, par son travail de chercheur et de critique, par le choix des sujets, ainsi que par l'influence du théâtre sur son style. Homme de scène, Spiró est particulièrement attiré par le drame philosophique, comme en témoigne celle de ses pièces qu'il juge la plus significative et qui n'a jamais été jouée, *L'Empereur de la paix*. En revanche, *Tête de poulet*, qui s'est imposée sur la scène hongroise, a eu le mérite de donner ses lettres de noblesse au langage des bas-fonds. La langue théâtrale de Spiró sonne juste : que ses personnages soient des êtres psychologiquement complexes ou des types, des symboles, qu'ils parlent en vers ou en prose, leur expression reste d'une parfaite oralité. Écritures dramatique et romanesque finissent d'ailleurs à l'occasion par s'imbriquer : *Les Anonymes* a pour héros Boguslawski, le Molière polonais, dans les dernières années de sa vie. Le théâtre devient sujet, et aussitôt retourne à la scène : inspiré des *Anonymes*, *L'Imposteur* [*Az imposztor*], joué en 1983, est un moment de théâtre dans le théâtre.

La prose de Spiró, très travaillée, est incisive, articulée, d'une simplicité qui parfois frise délibérément la banalité. Sa phrase recouvre une pensée implacablement rationnelle : grâce à l'ellipse, la linéarité débouche souvent sur le paradoxe, jamais sur l'ésotérisme. Une évolution cependant est perceptible : le premier roman de Spiró est fait d'une succession de miniatures pertinentes, qui ne forment pas encore un ensemble homogène. Dans *Les Anonymes*, la technique est maîtrisée. Dans *Le Nouveau Venu*, Spiró la développe intentionnellement, la pousse jusqu'à la création verbale et au néologisme.

Écrivain très européen, Spiró a été traduit dans différentes langues d'Europe centrale, et en français ; ses pièces ont été jouées ou lues en Pologne, en Tchécoslovaquie, en Russie, en Estonie, en Finlande, en Yougoslavie, en Allemagne, en France.

EVA TOULOUZE.

SPITTELER Carl. Écrivain suisse d'expression allemande. Né à Liestal, près de Bâle, le 24 avril 1845, mort à Lucerne le 29 décembre 1924. Issu d'une famille de petite bourgeoisie, il fit ses études au gymnase de Bâle, puis à Zurich et à l'université de Heidelberg et se consacra d'abord à l'enseignement. Pendant huit ans, de 1871 à 1879, il séjourna en Russie, comme précepteur. Rentré en Suisse en 1880, il fut professeur à Berne et à Neuveville. Il fit également du journalisme à la *Grenzpost* de Bâle de 1885 à 1890 et à l'importante *Neue Zürcher Zeitung* de 1890 à 1892. Un bel héritage lui permit ensuite de mener une carrière d'écrivain indépendant.

Son inspiration et sa formation intellectuelle présentent de frappantes analogies avec celles de Nietzsche. Il est probable que les deux hommes étaient justement trop proches pour se comprendre, comme il apparaît dans le volume de Spitteler intitulé *Mes rapports avec Nietzsche* [*Meine Beziehungen zu Niezsche,* 1908]. L'œuvre de Spitteler, écrite dans un style romantique qui peut sembler aujourd'hui un peu vieilli, n'en continue pas moins à dégager dans son ensemble une grande impression de puissance et de noblesse héroïque. Comme Nietzsche, Spitteler voulut être un libérateur de l'esprit, et sa doctrine se rapproche fort de celle de l'« amor fati ». La prose rythmique de *Prométhée et Épiméthée* (*) (1881) ne peut manquer d'évoquer immédiatement celle de *Ainsi parlait Zarathoustra* (*), mais Spitteler a ici une incontestable priorité, puisque son œuvre sortait en librairie au moment où Nietzsche commençait seulement la sienne. À la même veine appartiennent *Extramundana* (1883), mythes néo-platoniciens de la chute et de la rédemption cosmiques, et surtout le vaste poème allégorique intitulé *Printemps olympien* (*) (1900-06). Spitteler voulait être avant tout l'homme des grandes épopées et considérait comme des aspects secondaires de son œuvre les recueils lyriques pourtant charmants que sont *Papillons* [*Schmetterlinge,* 1889], *Ballades* [*Balladen,* 1896] et *Chants de la cloche* (*) (1906). Dans son œuvre romanesque, il reste curieusement fidèle à l'esthétique naturaliste avec une nouvelle comme *Le Lieutenant Conrad* (*) (1898), mais fait vraiment œuvre novatrice avec *Imago* (*) (1906), violente attaque, à fond autobiographique, contre la société et les traditions bourgeoises, et d'une grande importance pour la recherche psychanalytique par la part qu'elle accordait au domaine du rêve, ce qui était assez peu commun à l'époque. Parmi les essais littéraires, enfin, on ne peut manquer de citer *Riantes vérités* (+) (1898). Il est assez curieux de noter qu'en dépit de son inspiration romantique et de ses affinités nietzschéennes Spitteler a éprouvé fort peu de sympathies pour l'Allemagne, comme il le montra au cours de la Première Guerre mondiale dans son retentissant discours sur *Notre point de vue suisse.* À la fin de sa vie, il reprit sa première œuvre poétique, lui fit subir une refonte complète et la republia sous le titre *Prométhée le Patient* (*) (1924). En 1919, Spitteler avait reçu le prix Nobel de littérature et il est le seul écrivain suisse avec Hermann Hesse (mais celui-ci est d'origine allemande) à avoir été honoré de cette distinction.

MICHEL MOURRE.

RÉF. : A. Steiger, *Spittelers Sprachkunst*, Zurich, 1915. – S. Streicher, *Spitteler und Böcklin*, Zurich, 1926. – R. Faesi, *Spittelers Weg und Werk*, Zurich, 1933. – W. Stauffacher, *Karl Spittelers Lyrick*, Zurich, 1950 ; *Biographie*, Zurich, 1973. – L. Quattrocchi, *Spitteler narratore*, Rome, 1968. – J. H. Wetzel, *Carl Spitteler. Ein Lebens- und Schaffensbericht*, Berne-Munich, 1973.

SPITZER Léo. Romaniste et critique allemand. Né à Vienne le 7 février 1887, mort à Forte dei Marmi le 16 septembre 1960. Après des études à Berlin et à Halle, il enseigne dans les universités de Marburg et de Cologne. Contraint de s'exiler d'Allemagne en 1933, il part pour Istanbul, puis s'installe en 1936 à l'université John Hopkins de Baltimore.

Contemporain de Curtius et d'Auerbach, il contribue, comme eux, au renouvellement de la critique littéraire. L'étendue de ses connaissances philologiques, son inventivité méthodologique, la variété et la richesse de son œuvre (pas moins de trente-trois volumes et de quatre-vingt-huit articles en allemand, en français, en anglais, en espagnol et en italien) désignent Léo Spitzer comme le fondateur de la stylistique moderne.

La réflexion sur la littérature découle chez lui de l'intuition philologique. Formé à l'école du linguiste allemand Meyer-Lübke, il est d'abord sensible à l'évolution des formes de la langue. Toutefois, dépassant rapidement le point de vue linguistique jugé trop mécaniste, il s'attache rapidement à repérer dans les œuvres les écarts stylistiques. Cette recherche l'amène à comprendre l'originalité d'un écrivain, et parallèlement à reconnaître l'état de la langue à un moment donné de son histoire. Dans sa première publication, une thèse de 1910 intitulée *La Formation du mot comme moyen stylistique* [*Die Wortbildung als stilistiches Mittel*], il s'intéressait ainsi aux formations verbales comiques chez Rabelais. Désormais, il s'efforcera de percevoir dans toute manifestation de langage l'expression d'une vie. Aux phénomènes linguistiques, il appliquera de préférence le regard de la « sémantique historique », intermédiaire entre la lexicographie et l'histoire des idées, qui le porte à étudier, par exemple, dans *Essais de sémantique historique* [*Essays in Historical Semantics,* 1948] le sens et les résonances mentales du mot « milieu », ou dans *Les Conceptions de l'harmonie du monde chez les auteurs classiques et dans le christianisme* [*Classical and Christian Ideas of World Harmony,* 1945] les retentissements du mot « Stimmung ». Mais c'est face aux œuvres elles-mêmes que Léo Spitzer donne toute la mesure de son intuition. Les *Études de style* (*) (1928) traduites en français en 1970 rassemblent neuf exemples magistraux d'une approche des textes que Léo Spitzer qualifie lui-même de « cercle philologique » : il s'agit de dialectiser, par un mouvement incessant de va-et-vient, la lecture du détail et celle de l'ensemble pour atteindre finalement la signification profonde de l'œuvre. Méthode qu'il illustre également dans les articles rassemblés en 1962 sous le titre *Essais sur les littératures anglaise et américaine* [*Essays on English and American Literature*].

En fait, la technique varie selon les textes

envisagés. Elle dépend d'un « déclic » initial qui révélera, dit Léo Spitzer, l'aptitude du critique à la synthèse et qui lui permettra de saisir, dans une vision non seulement intellectuelle, mais aussi morale, qu'« il y a une relation entre le poème et nous ».

CHRISTIAN DOUMET.

SPONDE Jean de. Poète français. Né à Mauléon (Basses-Pyrénées) en 1557, d'une famille d'origine espagnole convertie au protestantisme ; mort à Bordeaux le 18 mars 1595. Son éducation fut confiée à Jeanne d'Albret, dont son père était secrétaire (il devait être assassiné plus tard par les Ligueurs). Serviteur fidèle d'Henri IV, Sponde se convertit au catholicisme en même temps que le prince, au scandale de d'Aubigné. Nommé en 1592 lieutenant général de la sénéchaussée de La Rochelle, il ne put se maintenir longtemps dans ce poste, aux prises avec l'animosité de la population locale, qui le considérait comme un renégat. C'est de d'Aubigné que Sponde se rapproche le plus au point de vue littéraire ; humaniste comme lui, éditeur et traducteur en latin d'Homère (1583), d'Hésiode (1592), de la *Logique* (*) d'Aristote (1591), et surtout comme lui âme tourmentée, dévorée par la double passion de l'amour et de la religion. Ce poète – le meilleur représentant en France de l'époque baroque – qui semble avoir mené une vie orageuse et dissipée, nous le voyons dans ses *Sonnets* (*), tour à tour, et avec la même émotion vraie, galant, enchanté par le corps de la femme, par les séductions du monde et obsédé par la mort. De là, dans sa forme, cet usage constant de l'antithèse, qui n'est nullement un procédé de style, mais traduit parfaitement les hésitations, les retours de son âme hypersensible qui ne peut goûter aucune jouissance sans songer à sa fragilité, et sans la transfigurer en sa réalité négative, le péché. À partir du XVIIe siècle, le poète tomba dans un oubli total jusqu'à sa découverte, de nos jours, par un érudit anglais, Alan Boase, puis par Thierry Maulnier et Marcel Arland.

JACQUES PATRY.

RÉF. : Marcel Arland, *L'Œuvre poétique de Jean de Sponde,* Paris, 1943. – F. Ruchon et Alan Boase, *La Vie et l'œuvre de Jean de Sponde,* Genève, 1949. – A. Boase, *Vie de Jean de Sponde,* Genève, 1977 ; *Œuvres littéraires,* Genève, 1978. – J. Rieu, *Jean de Sponde,* 1987.

SPONTINI Gaspare Luigi Pacifico. Compositeur italien. Né le 14 novembre 1774 à Maiolati, près de Jesi, où il mourut le 24 janvier 1851. Spontini occupe une place de tout premier plan dans l'histoire de l'opéra italien. En 1793, il entra au Conservatoire de la Pietà dei Turchini, à Naples. S'étant échappé, il gagna Rome en 1795 et y fit représenter une farce, *Les Picoteries des femmes* [*I puntigli delle donne*]. Au cours des années suivantes, il composa une grande quantité de farces et d'opéras, représentés à Rome, à Florence, à Venise. En 1803, il se rendit à Paris. Il y fit alors représenter, en 1804, *La Fausse Philosophe* [*La finta filosofa*], *La Petite Maison* et *Milton.* L'impératrice Joséphine l'avait pris sous sa protection et fit en sorte qu'on représentât, en 1807, au théâtre de l'Académie impériale de musique, *La Vestale* (*). Avec la création de ce chef-d'œuvre, Spontini donna un élan nouveau à l'opéra. En 1809 fut représenté *Fernand Cortez* (*). Après la chute de Napoléon, Spontini fit sa cour à Louis XVIII pour lequel il écrivit des œuvres de circonstance, et obtint une pension. En 1819, il composa un nouvel opéra, *Olimpia.* Invité à Berlin par Frédéric Guillaume III, roi de Prusse, il dut, le 28 mai 1820, diriger le théâtre royal. Le temps qu'il passa à Berlin – et il y resta vingt-deux ans – ne laissa pas de lui apporter des épreuves, car il s'y était fait des ennemis. Néanmoins, Spontini sut se conserver la protection du roi de Prusse et la faveur d'une partie du public. Il écrivit quelques autres opéras, dont *Lalla Roockh* (+) et *Agnes von Hohenstaufen.* En 1842, il fut contraint de se retirer définitivement. Il passa les dernières années de sa vie à voyager et à s'adonner aux œuvres de bienfaisance. En 1850, Spontini retourna à Maiolati pour s'y établir, et il y mourut un an plus tard.

RÉF. : Scudo, *L'Art ancien et moderne,* Paris, 1854. – A. Jullien, *Paris dilettante au début du XIXe siècle,* Paris, 1884. – R. Dumesnil, *La Musique romantique française,* Paris, 1944.

STACE (Publius Papinius Statius). Poète latin. Né à Naples vers 45, mort vers 100. Il avait pour père un maître d'école qui était poète. Par la suite, il se rendit à Rome où il se fit très vite une réputation en récitant ses œuvres. Propriétaire d'un domaine à Albe, il y obtint un prix de poésie dans les concours annuels institués par Domitien. Mais il n'eut aucun succès dans les joutes qui avaient lieu au Capitole. Doué d'un excellent naturel, il mena une existence tranquille. Les dernières années de sa vie se passèrent à Naples où il mourut. Parmi ses œuvres perdues, citons l'*Agave,* un livret de pantomime, célèbre seulement pour le gain que l'auteur en aurait tiré. *La Thébaïde* (*) fut écrite en douze ans, et publiée vers 90-91. En 95, il commença d'écrire *L'Achilléide* (*), œuvre que sa mort laissa inachevée. À partir de 92, on publia les cinq livres des *Silves* (*) dont le dernier parut à titre posthume. Au Moyen Âge, on ne connaissait de Stace que *La Thébaïde* et *L'Achilléide,* et la réputation du poète était extrêmement grande, comme en témoigne la place qu'occupait Stace dans le purgatoire de Dante. Le texte des *Silves,* autrefois perdu, fut retrouvé par Poggio Bracciolini en 1417.

RÉF. : G. Lafaye, *Quelques notes sur les « Silvae » de Stace,* Paris, 1896. – P. Thomas, *Le Poète Stace,*

Gand, 1904. – Léon Legras, *Étude sur la Thébaïde de Stace,* Paris, 1905. – W. Schetter, *Untersuchungen zur epischen Kunst des Statius,* 1960. – H. Cancik, *Die lyrische Kunst des Statius,* 1965.

STAËL Nicolas de. Peintre, sculpteur, graveur russe naturalisé français. Né en 1914 à Saint-Pétersbourg, mort à Antibes le 16 mars 1955. Sa famille doit quitter la Russie en 1919. Nicolas de Staël passe son enfance et reçoit les premiers rudiments de son art à Bruxelles, où il est recueilli par des amis après la mort de ses parents en 1921 et 1922. À partir de 1933 il commence à voyager pour nourrir son œil des spectacles de la nature et des chefs-d'œuvre des musées : la Hollande d'abord, puis Paris, le sud de la France et l'Espagne. De 1936 à 1938 il séjourne au Maroc où il découvre l'abrupt de la lumière et le choc des contrastes qui reviendront à intervalles réguliers dans son œuvre. Mais ce n'est qu'en 1943, après un séjour à Nice auprès de Magnelli et des Delaunay, que Staël se jette dans l'aventure de la peinture abstraite. Après la guerre les premières expositions effacent quelque peu des années de misère et de solitude. Avec les premiers amateurs, les contacts avec d'autres peintres, Braque, Lanskoy, se multiplient, de même que les publications avec des poètes comme René Char ou Pierre Lecuire ; sa *Correspondance* (*) conserve la trace des discussions et des projets que cet homme passionné et exigeant entreprend sous le sceau de l'amitié. Les expositions nombreuses alors confirment une œuvre authentique, rigoureuse, indépendante des modes. Aux toiles noires, fortement structurées, succèdent dès 1949 des compositions plus aérées dans lesquelles les rapports chromatiques d'une extrême subtilité semblent calmer la violence des matières posées épaisses et au couteau. Peu à peu, et à rebours de l'abstraction qui fait alors fureur à Paris, les figures du réel refont surface. Sans renoncer aux principes de composition de la toile affrontée comme un mur, des figures de *Footballeurs,* les objets de l'atelier, des paysages organisent l'espace pictural en masses colorées de plus en plus simples, respirant avec une absolue liberté. Le succès aidant, Staël se remet à voyager : vers le sud, principalement, en Espagne à nouveau, en Sicile, à Ménerbes où il achète le château du Castellet, puis à Antibes, face à la mer. C'est là, dans la poursuite acharnée d'une expression renouvelée et toujours plus proche de son émotion devant la lumière et son rayonnement spatial, que le peintre, épuisé par l'effort, inquiet, seul, se donne la mort.

FLORIAN RODARI.

STAËL-HOLSTEIN Anne-Louise Germaine Necker, baronne de. Écrivain français. Née et morte à Paris (22 avril 1766-13 juillet 1817). Fille du banquier Necker, ministre de Louis XVI, elle passe son enfance dans un milieu intelligent, modéré, grave par le fond mais singulièrement mondain et ambitieux. Elle brille dans le salon de sa mère où fréquentent Buffon, Marmontel, Grimm, Gibbon. Elle écrit des nouvelles et un drame, *Sophie ou les Sentiments secrets* (1786), dont la vive imagination compense les maladresses. À vingt ans, elle épouse l'ambassadeur de Suède à la cour de France, le baron de Staël-Holstein, de dix-sept ans son aîné. On a dit de la vie de Mme de Staël qu'elle constituait le meilleur de ses romans. De fait le rôle qu'elle joue, toute jeune mariée, dans son salon de la rue du Bac, le rayonnement qu'elle exerce à Coppet, l'exil auquel elle est contrainte, ses voyages en Allemagne, en Italie et en Russie, sa liaison mouvementée avec Benjamin Constant, sa fréquentation des plus beaux esprits de l'époque, lui donnent un prestige qui dépasse de beaucoup son œuvre même. Elle est attachée aux préoccupations politiques de son temps. J.-J. Rousseau a été son maître ; il reste son inspirateur et elle lui consacre son premier ouvrage important. Aussi accueille-t-elle avec joie la Révolution. Espère-t-elle y jouer un rôle ? C'est vraisemblable, puisqu'elle proposera à Montmorin un plan d'évasion du roi et qu'elle aura suffisamment d'influence pour faire donner le portefeuille des Relations extérieurs à Talleyrand. Il le paya d'ailleurs de la plus totale ingratitude, et elle se vengea plaisamment en le peignant sous les traits d'une vieille dame sèche, coquette et égoïste dans *Delphine* (*) (1802). Pourtant, la situation de Mme de Staël à Paris devient intenable : repoussée par les républicains, elle se pose en égérie de la monarchie constitutionnelle et s'attire les sarcasmes de la noblesse ; effrayée par les massacres de septembre 1792, elle fuit, avec son mari, Paris pour la Suède, puis rejoint son père à Coppet. Le gouvernement modéré de 1794 la rassure ; elle revient à Paris et un grand changement s'opère en elle : sa générosité, son sens élevé de la justice et sa commisération profonde s'épanouissent. Son mariage n'a pas été heureux mais, considérant la réalité qui l'entoure, elle dépasse son propre personnage. Du reste, elle vise à la gloire ; elle ne s'en cache pas et, usant de toute son influence, elle exalte de plus en plus le libéralisme, au moment où le 18 Brumaire (novembre 1799) va mettre fin à son crédit : la nouvelle scène politique ne réserve pas de place aux femmes. Son salon devient le rendez-vous des mécontents ; le pouvoir s'inquiète ; Bonaparte se méfie ; Fouché prévient Mme de Staël qui n'en tient aucun compte ; elle est préoccupée par son livre : *De la littérature considérée dans ses rapports avec les institutions sociales* (*) (1800), qui est unanimement critiqué. Seul Chateaubriand prend sa défense. De là date leur amitié. Opposés par le talent, les deux écrivains se retrouvent sur tous les autres plans.

1802 est une date importante pour Mme de Staël. C'est l'année où meurt son mari et celle où paraît *Delphine.* Le libéralisme foncier et tenace du livre augmente l'inquiétude du pouvoir. L'ouvrage de Necker : *Dernières vues de politique et de finance*, auquel on présumait qu'elle avait collaboré, est une occasion pour le gouvernement d'imposer à Mme de Staël, en 1803, une résidence à quarante lieues de Paris. C'est ainsi qu'elle devient grande voyageuse. L'hostilité de Napoléon lui vaut une notoriété certaine et lui attire des sympathies nouvelles. Benjamin Constant l'accompagnera en Allemagne et en Italie. Elle s'enthousiasme pour Goethe et pour Schiller, séduits eux-mêmes par cet esprit avide de tout comprendre. Après avoir reçu un accueil empressé à la cour de Prusse en 1804, elle est rappelée en Suisse par la mort de son père. Dès lors, elle y tient une espèce de cour qui a une grande célébrité sous l'Empire. Les habitués y sont Benjamin Constant, August Wilhelm von Schlegel, Sabran, Sismondi, Bonstetten, les barons de Voigt, de Balk, etc. Chaque année y reviennent Mathieu de Montmorency, Prosper de Barante, le prince Auguste de Prusse, Mme Récamier, une foule de gens du monde, de connaissances d'Allemagne et de Genève. On imagine l'ombrage que Napoléon pouvait prendre de ce succès et qu'il ait composé ou, plus vraisemblablement, fait composer une critique sévère de *Corinne ou l'Italie* (*) (1807), qui devint le livre par excellence de l'idéal et de l'amour pour toute une génération romantique. Ne se sentant plus en sécurité à Coppet, Mme de Staël retourne en Allemagne en 1808. De Vienne, elle demande à Talleyrand d'intervenir pour que lui soient remboursés deux millions prêtés par Necker à Louis XVI. Napoléon fait la sourde oreille. La première partie du traité *De l'Allemagne* (*) étant achevée, Mme de Staël vient incognito à Paris pour la publication. Fouché a vent de l'affaire, fait saisir l'édition entière et détruire les deux mille exemplaires prêts à figurer dans le commerce. L'œuvre la plus célèbre de Mme de Staël paraîtra à Londres trois ans plus tard (1813). En attendant, on assigne à l'auteur la résidence forcée de Coppet avec interdiction de s'en écarter de plus de deux lieues et, preuve du sérieux de cette mesure coercitive, on écrit à Schlegel en lui interdisant de revoir Mme de Staël ; on exile Mme Récamier et Mathieu de Montmorency pour avoir été ses hôtes. Mme de Staël traverse alors une période cruelle. Affectée des mesures prises par Fouché, l'âge l'assombrit. Elle a horreur de vieillir et tout lui devient âpre. Pourtant, en 1811, elle épouse un jeune officier suisse, M. de Rocca. L'année suivante, elle réussit à s'enfuir à Saint-Pétersbourg, puis en Suède et en Angleterre. Partout, elle tente de stimuler l'ardeur des ennemis de Napoléon. À Londres, elle rencontre le futur Louis XVIII, en qui elle veut voir l'homme capable de réaliser la monarchie constitutionnelle dont elle rêve. Mais elle pressent la désastreuse influence que vont avoir sur le roi les émigrés arrogants et butés : « Ils perdront les Bourbon », dit-elle. À la Restauration, elle se fixe définitivement en France. Devant les exigences contradictoires des partis, elle prône les ménagements et la prudence. Les divergences d'opinion se déclarent dans son entourage ; les amitiés se relâchent autour d'elle et elle éprouve un profond découragement. Elle court à Pise en 1816 soigner M. de Rocca malade, mais, atteinte elle-même d'un « mal incurable », elle regagne Paris et y meurt. Son corps est enterré à Coppet. Son œuvre comporte, outre les titres déjà cités : des essais de morale : *De l'influence des passions sur le bonheur des individus* (+) (1796) ; *Réflexions sur le suicide* (1812) ; des romans ; des écrits politiques : *Réflexions sur le procès de la reine* (1793) ; *Du caractère de M. Necker et de sa vie privée* (1804) ; *Dix années d'exil* (+) (1821) ; *Considérations sur les principaux événements de la Révolution française* (+) (1817) ; des critiques littéraires : *Lettres sur le caractère et les écrits de Jean-Jacques Rousseau* (1788) ; *Essai sur les fictions* (1795).

DOMINIQUE RENARDET.

♦ *« C'est un être à part, un être supérieur tel qu'il s'en rencontre peut-être un par siècle, et tel que ceux qui l'approchent, le connaissent et sont ses amis, doivent ne pas exiger d'autre bonheur. »* Benjamin Constant. ♦ *« Son naturel et son sentiment valent mieux que sa métaphysique et sa belle intelligence touche à la puissance du génie. »* Schiller, 1803. ♦ *« Il faut reconnaître, après tout, que c'est une femme d'un très grand talent, fort distinguée, et de beaucoup d'esprit ; elle restera. »* Napoléon. ♦ *« Je ne connais pas de tête aussi complètement pervertie ; c'est l'opération infaillible de la philosophie moderne sur toute femme quelconque ; mais le cœur n'est pas mauvais du tout ; à cet égard, on lui a fait tort. Quant à l'esprit, elle en a prodigieusement, surtout lorsqu'elle ne cherche pas à en avoir. »* Joseph de Maistre. ♦ *« ... la femme la plus extraordinaire qu'on vît jamais, elle qui mena la conversation française et porta au plus haut degré de perfection l'art brillant de l'*improvisation *sur quelque sujet que ce fût... »* Stendhal, 1824. ♦ *« Elle s'était échauffée en France et vint apaiser en Allemagne son cœur bouillant et embrasé. Le chaste souffle des poètes la calma, la fraîcheur de la métaphysique lui fit du bien, l'Allemagne lui apparut comme un nébuleux pays d'esprits où des hommes sans corps et toute vertu se promènent sur des champs de neige. »* Heinrich Heine.

RÉF. : Sainte-Beuve, *Nouveaux lundis*, t. II, Paris, 1866. — Lady Blennerhassett, *Mme de Staël et son temps*, trad., 3 vol., Paris, 1890. — A. Sorel, *Mme de Staël*, Paris, 1890. — Dejob, *Mme de Staël et l'Italie*, Paris, 1890. — É. Faguet, *Politiques et Moralistes du* XIXe *siècle*, 1re série, Paris, 1891. — F. Œlion, *Les Idées philosophiques et religieuses de Mme de Staël*, Mâcon, 1911. — M. L. Pailleron, *Mme de Staël*, Paris, 1931. — Mme de Pange, *Mme de Staël et la découverte de l'Allemagne*, Malfère, 1929 ; *A.-G. Schlegel et Mme de Staël*, Paris, 1938. — P. de Lacretelle, *Mme de Staël et les hommes*, Paris, 1939. — M. Levaillant, *Une amitié littéraire : Mme de Staël et Mme Récamier*, Paris, 1956. — J. Balayé, *Les Carnets de Mme de Staël, contribution à la genèse de ses œuvres*, Genève, 1971 ; *Mme de Staël. Lumières et Liberté*, Paris, 1979. — G. de Diesbach, *Mme de Staël*, Paris, 1983. — *Actes* des colloques de Coppet, *Cahiers staëliens*, Lausanne, Institut B. Constant, Paris, 1988.

STAFF Leopold. Poète polonais. Né à Lwów le 15 novembre 1878, mort le 31 mai 1957 à Skarżysko - Kamienna. Sa carrière, d'une exceptionnelle longueur, commence en 1901. Il est alors le benjamin du brillant groupe de poètes de la « Jeune Pologne » rassemblés à Lwów autour de Jan Kasprowicz. Mais ses premiers recueils, *Rêves de puissance* [*Sny o potędze*, 1901], *Le Jour de l'âme* [*Dzień duszy*, 1903] ou *Aux oiseaux du ciel* [*Ptakom niebieskim*, 1905], qui chantent tantôt la volonté de puissance, tantôt la pitié pour les faibles, échappent au ton « décadent » de l'époque aussi bien qu'au formalisme de l'art. Nous découvrons dans ses vers un poète hanté par les souffrances de la guerre : *Un arc-en-ciel de larmes et de sang* [*Tęcza łez i krwi*, 1918]. Il goûte intensément les joies de la nature : *Sentiers champêtres* [*Ścieżki polne*, 1919]. Un de ses plus beaux recueils, *Le Chas de l'aiguille* (+) (1928), aboutit même à une poésie chrétienne, toute franciscaine d'inspiration. Reconnu comme un maître et un inspirateur par les poètes de la revue *Skamander*, Staff a été pareillement vénéré par la génération de 1945 comme poète de la Résistance et chantre de l'homme nouveau. On lui doit quelques drames « modernistes », *Le Trésor* [*Skarb*, 1904], et plus de cinquante volumes de très belles traductions du français — *Le Neveu de Rameau* (*), *Jean-Christophe* (*) ; de l'allemand (Nietzsche, Hauptmann, Th. Mann) ; de l'italien (les *Fioretti*, D'Annunzio, Goldoni) et des langues scandinaves (J.-P. Jacobsen, Strindberg, Hamsun). Plusieurs anthologies de Leopold Staff ont paru après 1945, dont ses *Poèmes choisis* (*) qui furent publiés en 1946.

JEAN LAJARRIGE.

STAGNELIUS Erik Johan. Poète suédois. Né au presbytère de Gärdslösa (Öland) le 14 octobre 1793, mort à Stockholm le 3 avril 1823. Fils d'un pasteur devenu par la suite évêque de Kalmar, il étudia la théologie à Lund et à Uppsala, puis occupa un emploi à la Direction des affaires ecclésiastiques. L'éducation classique de sa jeunesse (Ovide, Horace, Properce) ne l'empêcha pas d'occuper avec *L'Anneau de Sigurd* [*Sigurd Ring*, 1817] le premier rang dans le « gothicisme », variante suédoise (médiévalisante, populiste et rétrograde) du romantisme d'importation allemande. *L'Élégie 1815*, où il célèbre la Sainte-Alliance, vint préciser le sens de ses drames d'inspiration nordique ancienne. L'influence du romantisme allemand tardif (Schelling, Werner), ainsi que l'empreinte essentielle de Chateaubriand apparaissent dans ses poèmes lyriques, musicaux, dans *Lys de Saron* [*Liljor i Saron*, 1821] et dans *Les Martyrs* [*Martyrerna*]. *Les Bacchantes* (*) (1822) sont une confirmation d'un fait maintenant démontré : l'interchangeabilité des termes néoclassicisme et gothicisme. Stagnelius sacrifia aussi au goût allemand de la tragédie de l'horrible, entre autres avec *La Fille de joie de Rome* [*Glädjeflickan i Rom*]. Après sa mort parut *Blenda* (*) (1824). De tempérament introverti, solitaire et bourru, maladif, bohème, adonné à l'alcool et à l'opium, mort à trente ans, Stagnelius incarne en Suède la figure du « poète romantique ».

RÉF. : S. Cederblad, *Studier i Stagnelii romantik*, Uppsala, 1923. — F. Böök, *Stagnelius. Liv och dikt*, Stockholm, 1954.

STALINE Joseph (pseud. de Joseph Vissarionovitch Djougachvili). Homme d'État soviétique. Né à Gori (Géorgie) le 21 décembre 1879, mort à Moscou le 5 mars 1953. Fils d'un ouvrier cordonnier de Tiflis, Staline entre au séminaire en 1893 et lit Marx en secret. En 1898, il adhère au parti social-démocrate russe. Expulsé du séminaire, il fait de l'agitation politique et est déporté en 1903 en Sibérie. Tel est le début d'une carrière politique qui, après la révolution de 1917, mène le jeune séminariste au sommet de la hiérarchie révolutionnaire russe et en fait, dès les années 30, le maître absolu de l'U.R.S.S. Figure adulée, puis controversée, puis finalement rejetée, Staline n'en reste pas moins l'un des hommes qui ont marqué le destin du communisme au XXe siècle.

Comme Lénine, comme Trotski, Staline était — ou voulait être — un théoricien. Homme d'action, il a également écrit. On a rassemblé dans des *Œuvres complètes* tous les textes — articles et conférences — qu'il a consacrés au marxisme, à « l'édification du socialisme » ou à la pratique révolutionnaire, notamment *Des principes du léninisme* (*) (1924), *À propos du marxisme en linguistique* (*) (1950). Il est toujours difficile de juger des textes rédigés presque toujours dans le feu de l'action. Staline, dans ses écrits, reprend et systématise le léninisme, avec une vision souvent manichéenne et mécaniste de la lutte des classes, de la dialectique, de l'État et du prolétariat. Il s'oppose tout particulièrement aux thèses trotskistes sur la révolution permanente. Ses textes ont la fougue de l'orateur et la concision brutale de l'homme politique ; ils se montrent plus soucieux d'affirmer que de démontrer, comme en témoigne le célèbre texte sur la linguistique, où Staline avance de manière tranchante que le langage, loin d'être une superstructure (comme le droit ou la religion), est de nature « neutre », comme les machines et les outils techniques. On peut considérer les œuvres du « petit père des peuples » comme un moment — historiquement essentiel — de la pensée marxiste, moment où elle devient, sans doute à l'encontre des intuitions de Marx, un instrument idéologique puissant, mais entaché de dogmatisme.

RÉF. : Henri Barbusse, *Staline*, Paris, 1935. — Boris Souvarine, *Staline*, Paris, 1935, 1977. — Isaac Deutscher, *Staline*, Paris, 1948. — Léon Trotski, *Staline*, Paris, 1948. — Jean-Jacques Marie, *Staline*, Paris, 1966. — Svetlana Allilouïeva, *Vingt lettres à un ami,* Paris, 1967. – Roy Medvedev, *Le Stalinisme,* Paris, 1972. – Robert C. Tucker, *Staline révolutionnaire, 1879-1929,* Paris, 1975. – Adam B. Ulam, *Staline. L'Homme et son temps,* 2 vol., Paris, 1977. – Boris Bajanov, *Bajanov révèle Staline,* Paris, 1979. – Hélène Carrère d'Encausse, *Staline. L'Ordre par la terreur,* Paris, 1979. – Lilly Marcou, *Les Staline vus par les hôtes du Kremlin,* Paris, 1979. – Dimitri Volkogonov, *Staline, Triomphe et Tragédie,* Paris, 1991.

STAMITZ Johann Wenzel Anton. Compositeur allemand. Né à Nemecky Brod, en Bohême (aujourd'hui Havličkuv Brod, Tchécoslovaquie), le 17 (ou 19) juin 1717 ; mort à Mannheim (Bade) le 27 mars 1757. Appartenant à une famille de musiciens, il apprit de son père, organiste et professeur, les premiers éléments de la musique dont il continua et perfectionna l'étude sous la direction des jésuites. Il atteignit un haut degré de maîtrise du violon, et sa carrière de virtuose, commencée à Mannheim en 1741, le porta très rapidement au succès : il obtint des honoraires fort élevés et le poste convoité de musicien de chambre de l'Électeur palatin, puis celui de soliste à l'orchestre de Mannheim. Sa biographie n'est pas très riche d'événements. Il se maria en 1744 et eut quatre enfants, dont deux, Karl et Anton, furent également compositeurs ; un séjour qu'il fit à Paris, de septembre 1754 à septembre 1755, confirma sa valeur et sa renommée. Ses compositions dépassent la centaine : symphonies (environ soixante-quinze), concertos pour clavecin, flûte, hautbois, clarinette ; sonates, musique de chambre, une messe et d'autre musique vocale religieuse. Sa figure a été au centre de polémiques entre des écoles nationales de tendances diverses. Indépendamment de ces discussions, demeure l'importance historique de Stamitz comme anticipateur génial du processus de synthèse qui sera accompli, un peu plus tard, par Haydn et Mozart. Dans la forme de sa composition, Stamitz applique sciemment le plan qui constituera un élément essentiel de l'écriture symphonique allemande ultérieure ; il donne à la symphonie une figure bien définie, l'établissement sur le prototype des quatre mouvements ajoutant un menuet à l'ancien schéma traditionnel italien – v. *Symphonies* (*) de Stamitz.

RÉF. : C. Cucuel, *La Pouplinière et la musique de chambre au* XVIII*e siècle*, Paris, 1913. – P. Gradenwitz, *Johann Stamitz : sein Leben*, Brno, 1936. – P. Nettl, *Der kleine Prophet de Bœmisch-Broda*, Esslingen, 1951.

STAMPA Gaspara. Poétesse italienne. Née à Padoue vers 1523, morte à Venise en 1554. Issue d'une bonne famille milanaise, elle perdit très jeune son père et s'installa, avec les siens, à Venise en 1531. Là, elle pratiqua la musique et le chant, mais ne fut certainement pas la courtisane qu'une légende a voulu faire d'elle. Entre 1548 et 1551, elle eut avec le comte Collaltino di Collalto une relation passionnée. Le comte, qui avait fréquemment quitté Venise, séjournant en France et sur ses terres, finit par épouser une femme de sa condition. Gasparina passa à d'autres amours, mais cette passion lui avait inspiré nombre de ses vers, rassemblés dans les *Rimes* (*).

STANEV Emilijan (pseud. de Nikola Stojanov Stanev). Écrivain bulgare. Né à Tirnovo le 28 février 1907, mort à Sofia le 15 mars 1979. Après des études à l'école des beaux-arts et à la faculté des sciences économiques de l'université de Sofia, Stanev travaille quelques années comme fonctionnaire. À partir de 1931, il publie ses premiers récits. Pénétrés d'une grande finesse psychologique, ils évoquent le drame de petites gens étouffant dans le morne ennui de la ville provinciale. Dans un autre groupe de récits, Stanev dépeint avec art le monde de la forêt et la vie des animaux. Ces œuvres lui réservent la réputation d'un des meilleurs stylistes bulgares : *Les Lueurs séduisantes* [*Primamlivi bliassatzi,* 1938], *À travers bois et marais* [*Prez gori i vodi,* 1943], *Histoire d'une forêt* [*Povest za edna gora,* 1948] – recueils de récits. Une des nouvelles les plus connues de Stanev, *Le Voleur de pêches* (*) (1948), conte l'amour tragique d'un prisonnier de la guerre de 1914-1918 et d'une femme d'officier bulgare. En 1964, Emilijan Stanev publie son premier roman, *Ivan Kondarev* [*Ivan Kondarev*], dans lequel il évoque la progression des idées modernes au sein de l'intelligentsia bulgare au lendemain de la Première Guerre mondiale. Dans ses derniers romans, *La Légende de Sibine, prince de Preslav* [*Legenda za Sibin, preslavski ja knjaz,* 1968], Stanev remonte plus loin dans le temps, jusqu'aux XIIIe et XIVe siècles, pour se pencher sur des problèmes historiques et philosophiques. Bien que situés à l'époque des persécutions des Bogomiles (adeptes d'un courant religieux proche de celui des cathares) et à l'époque de la résistance contre l'invasion turque, ces romans ont une résonance contemporaine et posent la question du caractère national bulgare et du destin historique de la Bulgarie.

ANTONIA PÉEVA.

STANISLAVSKI Constantin (pseud. de Konstantine Alexeïev). Acteur, metteur en scène et pédagogue russe. Né en 1863 et mort en 1938 à Moscou. Le nom de Stanislavski évoque immédiatement un « système » de jeu basé sur la psychologie, érigé en dogme (avec le concours de l'Actor's Studio aux États-Unis), véritable carcan qui fait apparaître son créateur comme un monolithe du théâtre. Or Stanislavski est d'une tout autre envergure. Acteur amateur pendant quinze ans, il ne débute sa carrière professionnelle qu'en 1898, en formant avec Nemirovitch-Dantchenko le Théâtre d'Art de Moscou, financé par le mécène Morozov. C'est dans un style naturaliste qu'il va consacrer ses premières réalisations à des pièces de Gogol, Gorki, et surtout Tchekhov dont il créera *La Mouette* (*), *Oncle Vania* (*), *Trois sœurs* (*) et *La Cerisaie* (*). Mais Stanislavski ne cesse de mettre ses idées à l'épreuve : il ouvre, en 1905, le Théâtre-Studio qu'il confie à Meyerhold ; propose à Gordon Craig de venir monter *Hamlet* (*) à Moscou (1911) ; prend des notes ; s'intéresse à l'opéra ; crée d'autres « studios » ; écrit une autobiographie de 1923 à 1925 (*Ma vie dans l'art,* publiée en France en 1934) ; et a le projet de rédiger une somme en huit volumes qui rende compte de l'ensemble des théories qu'il préconise. Seul un volume est complètement préparé par Stanislavski, celui de *Travail de l'acteur sur lui-même* (1938), traduit en français en 1958 sous le titre *La Formation de l'acteur* (*) pour sa première partie et en 1966 sous le titre *La Construction du personnage* pour sa deuxième partie. Il nous manque *Le Travail de l'acteur sur le rôle,* qui est resté en fragments (non traduits). Les autres volumes n'ont pas été écrits. Mais les notes, cours, conférences de Stanislavski forment cinq volumes dans l'édition russe. Déjà en 1966, Bernard Dort soulignait : « Avec Stanislavski, un tel inachèvement compromet le sens même des textes accessibles aujourd'hui. » Stanislavski consacrera la fin de sa vie, à partir de 1928, aux recherches pédagogiques qu'il mettra en pratique avec de jeunes acteurs. Et il écrira : « Le système est un compagnon qui marche avec nous sur le chemin menant à l'œuvre créatrice. Il n'est pas un but en soi. »

ALAIN LECUCQ.

RÉF. : N. Gourfinkel, *Constantin Stanislavski,* Paris, 1955. — « Repenser Stanislavski » in *Revue d'histoire du théâtre,* Paris, décembre 1971. – C. Amlard-Chevrel, *Le Théâtre artistique de Moscou (1898-1917),* Paris, 1980.

STANLEY sir Henry Morton (John Rowland). Explorateur et écrivain anglais. Né le 29 juin 1841 à Denbigh dans le Pays de Galles, mort à Londres le 10 mai 1904. Il fut baptisé sous le nom de John Rowland (il était sans doute un enfant illégitime). Sa vie est un véritable roman. Son père mourut quand il avait deux ans. Sa mère, fille d'un boucher, va se placer à Londres, se marie et se désintéresse de lui ; le grand-père refuse de l'accueillir ; un oncle le place dans un asile où il restera jusqu'à sa quinzième année. Son maître, qui est une sorte de bourreau sauvage, à demi fou, lui donne cependant une instruction élémentaire. Stanley s'enfuit de l'école après l'avoir roué de coups. Un de ses cousins consent à l'employer à l'école de Brynford. En dehors des heures de classe, il étudie les mathématiques et les langues vivantes. Au bout de trois ans, il part, erre de ville en ville, toujours mal reçu par différents membres de sa famille. En 1859, il s'embarque, en qualité de garçon de cabine pour La Nouvelle-Orléans. Il y rencontre Henry Stanley, courtier en coton qui le recueille mourant de faim, l'adopte et lui donne son nom. Au moment de la guerre de Sécession, il s'engage chez les confédérés et est fait prisonnier à Shilah. Libéré, il est réformé pour raison de santé et retourne au Pays de Galles, où il est encore mal accueilli par les siens. Il s'engage alors dans la marine américaine (1864). Ses dons d'observation et d'écrivain sont appréciés, et la presse américaine publie ses articles. Il gagne un peu d'argent et l'économise pour entreprendre un voyage en Asie Mineure (1866). En 1867, il est chargé par le *Missouri Democrat* de Saint Louis d'un reportage sur l'expédition du général Hancock aux Indes ; en 1869, il est correspondant de guerre en Abyssinie pour le *New York Herald.* Désormais, il se voue à l'Afrique pour le reste de sa vie ; il sentait qu'il avait une mission à remplir dans ce continent alors si peu connu. C'est de 1869 à 1872 qu'il part à la recherche de Livingstone, missionnaire et explorateur écossais dont on est sans nouvelles depuis trois ans. L'expédition est organisée et financée par Gordon Bennett, propriétaire du *New York Herald,* ce qui produit une réaction défavorable chez les Anglais dont l'amour-propre est froissé. Stanley a relaté dans son livre *Comment j'ai retrouvé Livingstone* (*) (1872) les péripéties de ce voyage et notamment son arrivée à Ujiji ; apercevant un homme blanc d'aspect misérable, il tire son chapeau et dit : « Vous êtes bien le docteur Livingstone, je suppose ? » Il explore avec Livingstone la région du lac Tanganyika et rentre à Londres chargé des lettres et du journal du missionnaire. Il est traité d'imposteur. L'année suivante, toujours pour le *New York Herald,* il suit la guerre des Achanti. Il fait ensuite plusieurs explorations en Afrique équatoriale et particulièrement au Congo où l'a envoyé Léopold II (1878-84). Il explore le Soudan de 1885 à 1888. En quinze ans, sans armée, presque seul, il dota l'Empire britannique de territoires représentant plus d'un million de kilomètres carrés. La querelle au sujet de Livingstone s'apaisait ; un fils du missionnaire avait formellement reconnu l'écrivain de son père. La reine Victoria envoie à Stanley une tabatière d'or et l'anoblira en 1899 (Stanley, quelque temps citoyen américain, avait repris la nationalité anglaise). En 1890, il fait une tournée de conférences avec sa femme, Dorothy Tennant. De 1895 à 1900, il siège au Parlement. Son dernier voyage fut accompli en Afrique du Sud, au moment de la guerre des Boers. Les ouvrages qu'il a laissés sont intéressants et écrits d'une façon vivante et alerte. En dehors de celui consacré à son expédition à la recherche de Livingstone, il faut citer *À travers un mystérieux continent, l'Afrique* [*Through the Dark Continent,* 1878], *Cinq Années au Congo, 1879-1884* (*) (1885), *Dans les ténèbres de l'Afrique* (*) (1890), *Mes premiers voyages et aventures en Amérique et Australasie* [*My Early Travels and Adventures in America and Australasia,* 1895], *À travers* *l'Afrique du Sud* [*Through South Africa,* 1898]. Son *Autobiographie* a été publiée par sa femme (1909).

RÉF. : D. Stanley, *The Autobiography of sir Henry Morton Stanley,* Londres, 1909. – J. Wasserman, *La Vie de Stanley,* Paris, 1933. – R. Hall, *Stanley, an Adventurer Explored,* Londres, 1974.

STAPLEDON (William) Olaf. Romancier et philosophe anglais. Né à Wallasey le 10 mai 1886, mort à West Kirby (Cheshire) le 6 septembre 1950. Il étudie au Balliol College d'Oxford, et à l'université de Liverpool, alterne l'enseignement et des fonctions dans une entreprise à Liverpool et Port-Saïd, sert dans une unité d'ambulanciers de 1916 à 1919, ce qui confirme son pacifisme. Il épouse en 1919 Agnes Zena Miller, reçoit un doctorat en 1925, et enseigne la philosophie et la psychologie à l'université de Liverpool sans obtenir de poste régulier. À partir de 1932, il se consacre surtout à la littérature. Sa première œuvre importante, entre l'essai et le roman, *Les Derniers et les Premiers* (*) (1930), exprime une philosophie cosmique d'une envergure sans équivalent et décrit l'histoire de dix-huit espèces humaines successives jusqu'à la mort du dernier homme dans deux milliards d'années. Ses œuvres principales s'inscrivent dans ce cadre. *Rien qu'un surhomme* [*Odd John,* 1935] traite de l'espèce qui viendra après l'homme actuel. *Créateur d'étoiles* [*Star Maker,* 1937] englobe l'histoire de l'univers entier. *Sirius* [1944] met en scène un chien rendu intelligent. Visionnaire empreint d'une religiosité agnostique, doué d'une imagination prodigieuse, il a exercé une grande influence sur la science-fiction même si son style n'est pas toujours à la dimension de ses concepts.

GÉRARD KLEIN.

RÉF. : *Far Future Calling,* avec une biographie par Sam Moskowitz, Philadelphie, 1979. – *Science-Fiction Studies* nº 28, Montréal, 1982.

STAROBINSKI Jean. Critique et écrivain suisse. Né à Genève le 17 novembre 1920. Jean Starobinski a suivi une double formation, de lettres et de médecine, puis a été professeur à l'université de Genève. À part un séjour aux États-Unis de 1953 à 1956, il a toujours vécu à Genève. Président des Rencontres internationales de Genève depuis 1964, figure marquante de la vie intellectuelle de cette ville, il est le représentant le plus éminent de ces critiques qu'on désigne parfois du nom d'« École de Genève » (Marcel Raymond, Jean Rousset, Albert Béguin, Georges Poulet), quoique eux-mêmes ne se soient jamais réclamés d'aucune « école », mais plutôt d'une même exigence intellectuelle et d'une affinité spirituelle et esthétique. Proche des écrivains et des artistes – Pierre Jean Jouve, Yves Bonnefoy, Michel Butor, Alberto Giacometti, Claude Garache –, il a su leur accorder son attention, leur ouvrant notamment les collections de l'éditeur d'art Albert Skira, avec lequel il a collaboré à plusieurs reprises. Son œuvre, consacrée par la reconnaissance universitaire et par de nombreux prix internationaux, est organisée par quelques grands axes. La critique littéraire d'abord, marquée par deux ouvrages : *Jean-Jacques Rousseau. La transparence et l'obstacle* (*) (1957), et *Montaigne en mouvement* (1982). Bien d'autres écrivains ont été l'objet d'analyses brillantes : Montesquieu, Diderot, Stendhal, Baudelaire... Le critique affectionne également les longues perspectives historiques à partir d'un thème ou d'un problème : ainsi du discours flatteur ou du masque, du « téléphisme » (*Le Remède dans le mal,* 1989), de la folie, à l'occasion de laquelle sont rapprochés un texte biblique, un passage de l'*Iliade* (*) et un tableau de Füssli (*Trois fureurs,* 1974), ou encore de la journée qui donne lieu à une vaste enquête littéraire, historique et anthropologique. L'histoire des idées, qui devient une histoire de la culture, des formes et des mentalités, constitue le deuxième axe de l'œuvre. Le travail de Starobinski prend appui sur les représentations concrètes – textuelles, plastiques, architecturales ; les « idées », les « sensibilités », les « mentalités » ne se séparent jamais, pour lui, des œuvres où elles se sont réalisées, ni des contextes où elles prennent sens. Les livres importants sont ici *L'Invention de la liberté* (*) (1964) ; *1789 : les emblèmes de la Raison* (1973) ; et *Portrait de l'artiste en saltimbanque* (1970). Des études nombreuses montrent un intérêt persistant pour l'histoire de la mélancolie. Enfin, troisième perspective, la réflexion sur l'interprétation tient une place centrale dans deux ouvrages : *La Relation critique* (*) (1970) et *Les Mots sous les mots* (1971), où Starobinski publie les recherches inédites menées par Ferdinand de Saussure sur les anagrammes, exemplaire échec de l'interprétation érudite. D'autres ouvertures sont présentes dans son œuvre (l'histoire de la médecine, la réflexion sur les sciences humaines, la stylistique...), qui s'affirme comme une vaste entreprise de savant et d'écrivain.

La pensée à la fois ferme et subtile de Starobinski est toujours historienne et philologique à son départ : soucieuse de construire un objet dans sa différence, comme trace d'une altérité qui s'est exprimée dans un temps donné et selon des formes analysables, qui a répondu aux questions posées à son époque et s'est réalisée en prenant possession de configurations esthétiques existantes pour les confirmer ou les bouleverser. S'il prend soin de ne jamais s'enfermer dans le solipsisme, Starobinski n'esquive pas le « pour moi » de l'interprète, et conçoit son travail comme une interrogation adressée à partir d'un souci qui lui est propre. L'enquête et le savoir sont ainsi doublement incarnés : parce qu'ils éclairent une altérité rendue opaque par le temps et parce qu'ils se représentent eux-mêmes comme acte d'un sujet historique. L'écriture de ce savoir, qui définit chez Starobinski l'art de l'essai, est toujours, selon une notion qu'il privilégie, relation. Il peut ainsi s'approprier sans allégeance plusieurs approches, venues de la phénoménologie de la psychanalyse ou de la psychologie, de la critique existentielle, de la thématique de l'imaginaire ou de la rhétorique. Mais le but ultime de ses recherches est toujours, dans une acception large du terme, anthropologique. S'il a trouvé dans les textes littéraires son domaine de prédilection, il a su aussi inscrire la littérature dans la mouvance plus large des représentations symboliques. Attentive à contrôler la validité de ses démarches, à éviter de durcir la pensée en système, cette œuvre est aimantée par une double universalité : une compréhension ouverte, toujours plus englobante, et une exigence d'approfondissement de ses motivations et de ses buts.

CLAUDE REICHLER.

STASINOS de Chypre. Poète grec (VIIe siècle av. J.-C.). Dans l'Antiquité, on racontait que Stasinos avait épousé une fille d'Homère et qu'il aurait reçu de lui, comme cadeau de mariage, les *Chants cypriens*. Il serait ainsi plus le dépositaire que l'auteur du poème que la tradition lui attribue. L'anecdote est une pure invention mais, à sa façon, elle rappelle que les premiers poètes épiques grecs ne firent, sans doute, qu'hériter des chants des aèdes. La *Chrestomathie* (*) de Proclus nous renseigne sur le contenu des *Chants cypriens* – v. *Cycle épique grec* (*). Ils couvraient les événements relatifs à la guerre de Troie depuis les noces de Pélée et la querelle des trois déesses jusqu'à la colère d'Achille chantée dans l'*Iliade*. Il ne reste plus qu'une cinquantaine de vers de ce poème, mais Pausanias semble l'avoir connu dans son intégralité au IIe siècle de notre ère.

DAVID BOUVIER.

STEELE sir Richard. Critique et auteur dramatique irlandais. Né en mars 1672 à Dublin, mort à Caermarthen dans le pays de Galles le 8 septembre 1729. Il était le fils d'un homme de loi qui le laissa orphelin à cinq ans. Sa mère se remaria et se désintéressa de lui. Il fit ses études d'abord au collège de Charterhouse où il noua avec Joseph Addison une amitié qui devait durer de longues années, puis à Oxford. Dès 1691, il écrivit une comédie qu'il brûla, mécontent de lui. Il quitta l'Université pour s'engager dans les Life Guards, ce qui lui valut l'approbation familiale et un héritage. En 1694, il écrivit une *Élégie sur la mort de la reine Mary*, qui lui valut la faveur de ses chefs. En 1700, étant capitaine, Steele blessa grièvement dans un duel son adversaire et en conçut une violente horreur du duel. Il devait même écrire plus tard un livre sur cette question. C'est de cette époque que date *Le Héros chrétien* (*). Il écrit, sur le même thème, des pièces pour le théâtre de Drury Lane, qui sont assez ennuyeuses. En 1705, ayant quitté l'armée, il épouse en premières noces une riche veuve, assez âgée, dit-on, qui meurt au bout d'un an ; il épousera bientôt après « sa chère Prue » (Mary Scurlok), qu'il avait connue chez sa première femme. Il en eut quatre enfants. En 1706, il avait été nommé gentilhomme attaché au prince George de Danemark, époux de la reine Anne ; il fut même gazetier de la cour, mais des intrigues le privèrent de ces emplois. En 1709, il avait fondé avec Addison la fameuse gazette *The Tatler* (*), qui paraissait trois fois par semaine. Steele avait trouvé sa voie, car il excellait dans de courts articles. Après *The Tatler* parut *The Spectator* (*) (1711-12), le plus connu de ces magazines, puis *The Guardian* (1713-15) et l'*English Man* (1713-15) auxquels s'ajoutèrent d'éphémères feuilles de moindre importance *(Town Talk, Tea Table, Chit-Chat, Plebeian, Theatre)*. C'est Steele qui créa le fameux personnage de « Sir Roger de Coverly », mais c'est Addison, toujours dans la coulisse, et qui ne signait jamais, qui est l'auteur des articles concernant le vieux chevalier. Il eût été étonnant qu'un remuant personnage comme Richard Steele, auteur de nombreux pamphlets contre la Cour, ne se mêlât pas à la vie politique. Il était « whig » et fut élu membre du Parlement à plusieurs reprises, en premier lieu pour Stockbridge (Hampshire). À l'avènement de George Ier, il gagna la faveur du souverain qui lui accorda plusieurs emplois lucratifs, notamment celui de directeur de Drury Lane, et qui l'anoblit. En 1719, il se brouilla avec Addison qui mourut peu après, et perdit sa seconde femme. Bientôt criblé de dettes, il se retira dans le pays de Galles, où il mourut des suites d'une attaque d'apoplexie. Parmi ses pièces de théâtre, on peut citer : *The Funeral, or Grief-à-la-mode* dont le sujet est celui du *Héros chrétien, L'Amant menteur* [*The Lying Lover*] d'après *Le Menteur* (*) de Corneille (1704), *Le Tendre Époux* [*The Tender Husband*] d'après Molière, *Les Amants réservés* (*). C'était un esprit léger et fin, très bon essayiste ; certains de ses essais ont conservé leur fraîcheur et sont demeurés classiques.

RÉF. : D. Drake, *Essays*, Londres, 1805. – Hazlitt, *English Comic Writers*, Londres, 1819. – Aitken, *Life of Richard Steele*, Londres, 1889. – J. Heinrich, *Die Frauenfrage bei Steele und Addison*, Leipzig, 1929. – R. Blanchard, *The Songs in Steele's Plays*, Oxford, 1949. – J. Loftis, *Steele in Drury Lane*, Berkeley, 1952. – A. R. Humphreys, *Steele, Addison, and their Periodical Essays*, Londres, 1959. – C. Winton, *Robert Steele*, Baltimore, 1970. – E. A. Bloom, *Addison and Steele, the Critical Heritage*, Londres, 1980.

STÉFAN Jude. Écrivain français. Né le 1er juillet 1930 à Pont-Audemer (Eure). Il voyage, fait des études de lettres, de philosophie et de droit avant de devenir, en 1959, professeur de lettres classiques, en lycée. Il se consacre à l'écriture, avant tout poésie et nouvelles, depuis 1965. Il mène une vie retirée dans une petite ville de Normandie. À la fin d'une lettre imaginaire adressée « au lecteur », Jude Stéfan écrit : « Regretter d'être né n'est pas regretté d'avoir "écrit", c'est-à-dire d'avoir incisé de mes doigts fiévreux un monde illusoire de papier comme on chavire de baisers un masque de beauté inspirante. Avec rage et calme. » (*Lettres tombales,* 1983, édition augmentée 1987). Écrire est un acte en lutte contre la mort et le désespoir, une feinte pour animer un corps de parole, sinon plus vrai, du moins plus exaltant que celui que nous avons revêtu en naissant. La parole, la chair et la mort seront les trois principaux éléments explorés par cette œuvre intempestive, véhémente et lyrique qui plonge ses racines dans la poésie des anciens (voir le court essai sur Catulle : *De Catulle,* 1990), ou la poésie préclassique et baroque (Chassignet, Scève, Louise Labé...) mais aussi chez les modernes (Mallarmé, Reverdy). En 1967 paraît le premier recueil de poèmes, *Cyprès,* bientôt suivi de *Libères* (1970) puis de *Idylles* et *Cippes* (1973). « La nuit enceinte du jour chaque aube ac- / couche d'un enfant mort. » En 1973 et 1976, l'auteur donne deux recueils de nouvelles : *Vie de mon frère* (*) et *La Crevaison,* qui tournent toutes autour de la mort et de la sexualité traitées avec sarcasme, insolence et humour morbide. En 1979 paraît un volume de poésie : *Aux chiens du soir* (*), bientôt suivi de *Suites slaves* (1983), *Laures* (1984), *Alme Diane* (1986), *À la vieille Parque* (1989), *Stances* (1991) et *Xénies* (1992). Le travail de nouvelliste n'est cependant pas laissé à l'abandon et un triptyque (*Les Accidents, Les États du corps, La Fête de la patronne*) paraît en 1984, 1986 et 1991. À cette œuvre déjà abondante, il faut ajouter un certain nombre de textes où les talents du moraliste iconoclaste et libertaire se donnent libre cours : *Gnomiques* (commencé en 1954, le manuscrit sera « égaré dans un taxi » par Jean Paulhan en 1964, et, totalement réécrite, cette œuvre de jeunesse ne paraîtra qu'en 1985), *Faux journal* (1986), *Dialogues avec la sœur* (1987), *Dialogue des figures, Litanies du scribe* (1988) et *Scholies* (1992). La voix dissonante de Jude Stéfan, à l'écart des mièvreries consensuelles de l'époque, apporte un vent de violence lyrique et salutaire dans les lettres de notre temps.

FRANCIS WYBRANDS.

STEHR Hermann. Romancier allemand. Né à Habelschwerdt (Silésie) le 16 février 1864, mort à Oberscheiberhau, dans les Reisengebirge, le 11 novembre 1940. Fils d'un pauvre artisan sellier, Hermann Stehr, grâce aux privations de ses parents, put cependant faire ses études d'instituteur ; mais les idées révolutionnaires qu'il professait dans sa jeunesse le rendirent suspect à l'Administration qui le reléguа à Pohlsdorf, petite ville des marches polonaises (alors territoire allemand), où Stehr resta de 1885 à 1911, assumant la tâche accablante de faire la classe à cent trente-cinq élèves. Très tôt cependant il avait rêvé d'écrire, et dès 1869 il publiait son premier livre. Fortement enraciné dans son pays silésien, il a dit un jour qu'il devait tout « à la forêt et à la solitude ». Son œuvre, où les sentiments humains les plus forcenés se mêlent à l'évangile romantique et panthéiste d'abandon à une nature animée par les forces surnaturelles, est une exaltation du paysan allemand. Parmi ses nombreux romans, citons : *Trois nuits* (+) (1909), *La Maison des saints* (*) (1918) et la trilogie intitulée : *La famille Maechler* [*Das Geschlecht der Maechler*, 1929-44]. À la fin de sa vie, Stehr donna son adhésion au national-socialisme, dont l'aspect irrationaliste le séduisait, mais, déjà très âgé, il resta en dehors de la politique active.

RÉF. : Wocke, *Hermann Stehr und sein Werk,* 1922 ; *Hermann Stehr, sein Werk und seine Welt,* 1924.

STEIN Edith. Philosophe allemande. Née à Breslau (Silésie) le 12 octobre 1891, morte en août 1942 en déportation à Auschwitz. Elle appartenait à une famille israélite pratiquante, et fut élevée dans les traditions de sa religion ; cependant, elle perdit bientôt la foi de ses ancêtres tout en conservant un profond idéal moral. Assoiffée de vérité, elle s'adonna toute jeune encore aux études philosophiques ; elle fréquenta l'université de sa ville natale, puis celles de Göttingen et de Fribourg-en-Brisgau. Dans cette dernière, elle fut l'élève du philosophe Edmund Husserl et, après avoir passé son doctorat en philosophie (1916), elle devint son assistante pour une courte période. La connaissance de Max Scheler et enfin la lecture de la *Vie* (*) de sainte Thérèse d'Avila la convainquirent de la vérité du catholicisme. Le 1er de l'an 1922, elle reçut, avec le baptême, les noms de Teresia Hedwig. De 1923 à 1931, elle enseigna à Spire, dans le collège Santa-Magdalena, tenu par des dominicaines, vivant avec les religieuses comme l'une d'entre elles. En 1932, elle fut appelée à l'Institut germanique de pédagogie scientifique de Münster ; mais son activité publique cessa brusquement lorsque commença la persécution antisémite, et c'est alors qu'elle vit s'ouvrir la possibilité de réaliser le rêve qu'elle caressait depuis longtemps, de s'offrir à Dieu pour sauver sa race : elle demanda, avec une émouvante humilité, à être admise au couvent des carmélites de Cologne-Lidenthal. Lors de sa prise d'habit, en avril 1934, on lui donna le nom de Teresia Benedicta a Cruce.

Entre 1930 et 1933, elle avait traité divers thèmes de pédagogie et d'éducation féminine qui, joints à un bref essai sur sainte Élisabeth de Hongrie, furent rassemblés dans l'ouvrage intitulé *La Femme et sa destinée* (*). Pendant sa première année au Carmel, elle écrivit *La*

Prière de l'Église [*Das Gebet der Kirche*] et *Le Mystère de Noël* [*Das Weihnachtsgeheimniss*], deux opuscules importants empreints d'un profond sentiment religieux et dénués de toute concession au sentimentalisme dévotionnel. Ensuite, sur le conseil de ses supérieurs, elle mena à bien son œuvre monumentale : *Être fini et Être éternel* [*Endliches und ewiges Sein*], où elle fait un examen général de l'être créé et incréé pour tenter la synthèse entre saint Thomas d'Aquin et la philosophie moderne, plus particulièrement la pensée de l'école phénoménologique de Husserl. Ayant prévu l'acharnement de la persécution contre les juifs et compris le danger que sa présence représentait pour le couvent, elle demanda à être envoyée à l'étranger, et, dans la nuit de la Saint-Sylvestre 1938, un médecin ami l'accompagna à la frontière de Hollande où elle fut recueillie dans un couvent d'Echt. C'est là qu'elle écrivit son deuxième et dernier grand ouvrage *Science de la Croix* [*Kreuzwissenschaft*], interprétation de la mystique de saint Jean de la Croix à la lumière de la méthode phénoménologique ; mais, avant d'avoir pu terminer le manuscrit, le 2 août 1942 elle fut prise comme otage par la police allemande (la Hollande avait été envahie et occupée). Emmenée d'abord au camp de concentration d'Amersfoort, puis dans celui de Westerbork, elle fut enfin aperçue par l'une de ses élèves dans un wagon plombé en gare de Schifferstadt : « Saluez bien les sœurs de Spire et dites-leur que je suis en voyage vers l'est... » L'Est, ce fut le camp d'Auschwitz et la chambre à gaz. En 1950, les éditeurs Herder en Allemagne et Nauwelaerts en Belgique commencèrent ensemble la publication en cinq volumes des ouvrages principaux d'Edith Stein. Une anthologie de qualité en fut publiée dans une traduction anglaise à Londres par les soins de H. Graef (éd. P. Owen, 1956).

DESIDERIO GATTI.

RÉF. : H. Bordeaux, *La Vie pathétique d'Edith Stein*, Paris, 1955. – A. Devaux, *L'Idée de vocation dans la vie et dans la pensée d'Edith Stein*, Paris, 1956. – H. Graef, *Le Philosophe et la Croix, Edith Stein*, Paris, 1956.

STEIN Gertrude. Écrivain américain. Née le 3 février 1874 à Allegheny (Pennsylvanie), morte à Neuilly le 27 juillet 1946. Peinte par Bérard, Berman, Laurencin, Picabia, Picasso, Tal Coat, Tchelitchew, Rose, Valloton, sculptée par Davidson, Lipschitz, photographiée par Cecil Beaton, Van Vechten, Man Ray... habillée par Balmain et Alice Toklas (sa compagne)... mise en musique par Leonard Bernstein, Paul Bowles, Al Carmine, Ned Rorem, Virgil Thomson... citée par tout le monde et lue par peu de gens, tel est le sort de Gertrude Stein qui vécut toute sa vie (à partir de 1903) à Paris. Plusieurs générations de poètes lui ont rendu un hommage enthousiaste, recueilli, dubitatif ou les trois à la fois. Depuis les années 50, les gens des « performing arts » (le Living Theatre, le Judson Church Dance Theatre, Richard Foreman, Bob Wilson, Andy De Groat...) la choisissent comme source d'inspiration et force de désordre. Comme un de ses supporters des années 20, le grand poète William Carlos Williams, ils pensent : « Go to it, old girl ! » (Vas-y, ma vieille !).

On a pris l'habitude de citer – de travers – son « Rose is a rose is a rose is a rose » – qui a inspiré un beau chapitre à Maurice Blanchot dans *L'Entretien infini* (*) – pour éviter de préciser en quoi elle a bouleversé les conceptions de la prose, de la poésie et du théâtre au XXe siècle. On a longtemps préféré lire son *Autobiographie d'Alice B. Toklas* (*) (1933), pour le plaisir des anecdotes qu'elle raconte sur la vie des peintres et des écrivains qui fréquentaient sa maison, 27, rue de Fleurus à Paris, plutôt que pour les intéressants effets de distorsions narratives (c'est Gertrude qui écrit mais elle prétend être Alice, etc.). Encouragée par le fabuleux succès du livre, Stein publia en 1937 *L'Autobiographie de tout le monde* (+).

Aujourd'hui, l'intérêt se porte sur ses œuvres les plus difficiles, celles auxquelles elle tenait le plus. En effet, après un recueil de trois nouvelles *Trois vies* (*) (1909), Stein s'était lancée dans un très long et très répétitif roman, *Américains d'Amérique* [*The Making of Americans,* 1925]. Se tournant ensuite vers la poésie (quoiqu'il soit difficile de distinguer chez elle ce qui est prose, poésie ou texte théâtral), elle avait publié un petit opuscule, très étrange, *Tendres boutons* (*) (1914), qui eut une influence majeure sur la poésie du début du siècle (Cocteau en parle dans *Potomac*). Ce recueil, *Géographie et Pièces* [*Geography and Plays,* 1922], *Comment écrire* [*How to Write,* 1931], *Opéras et Pièces* [*Operas and Plays,* 1932], *Lectures en Amérique* (*) (1935) et les écrits qui après sa mort ont été publiés en huit volumes par l'université de Yale dans les années 50 sous le titre *Les Textes inédits de Gertrude Stein* [*The Unpublished Writings of Gertrude Stein*] qui contiennent les très intéressantes « Stanzas in Meditations » – en fait les textes « hermétiques » ou de rêverie théorique – sont maintenant ceux que curieux de littérature et spécialistes lisent le plus attentivement. La technique d'écriture steinienne intrigue aussi aujourd'hui les lecteurs : pour Stein, les « brouillons » avaient autant de signification que l'œuvre, elle ne faisait d'ailleurs aucune différence entre les deux, écrivant elle-même sans raturer ni jeter, sans retour ni remords, désacralisant l'art par la surabondance, produisant tous les jours des pages d'écriture que sa compagne Alice Toklas retranscrivait à la machine.

Outre les œuvres ci-dessus mentionnées, on peut citer également : *Lucy Church Amiably* (1930), *Dix Portraits* (+) (1930), *Matisse, Picasso et Gertrude Stein* [*Matisse, Picasso and

Gertrude Stein, 1933], *Picasso* (1938), *Paris France* (1940), *Les Guerres que j'ai vues* [*Wars I have Seen,* 1945], *Brewsie et Willie* [*Brewsie and Willie,* 1946].

CLAUDE GRIMAL.

RÉF. : Richard Bridgman, *Gertrude Stein in Pieces,* New York, 1970. – James R. Mellow, *Charmed Circle : Gertrude Stein and Company,* New York, 1974.

STEINBECK John. Romancier américain. Né le 27 février 1902 à Salinas (Californie), dans une famille d'origine allemande, mort le 20 décembre 1968 à New York. Son père s'occupe de politique au niveau local, sa mère a enseigné sur la côte, à Big Sur. Encore écolier, John Steinbeck, comme beaucoup de ses condisciples, aide aux soins du bétail et conduit les machines agricoles du voisinage. En 1919, il s'inscrit à l'université de Stanford, en précisant qu'il n'étudiera que ce qui l'intéresse et ne passera pas d'examens. Il revient d'ailleurs souvent travailler dans la vallée de Salinas. C'est aussi une période de grandes lectures, qui le décident à devenir écrivain. En 1925, il part pour New York, via Panama où il séjourne quelque temps. À New York, il tente de devenir reporter, échoue et survit en exerçant divers métiers – apprenti peintre, maçon, ouvrier, chimiste – et finit par rentrer en Californie. Il écrit son premier roman, *La Coupe d'or* (*) (1929), histoire du pirate Morgan, tout en gardant une propriété dans la Sierra. Il se marie et s'installe à « Pacific Grove » où il compose *Les Pâturages du ciel* (*) (1932) et *À un Dieu inconnu* [*To an Unknown God*] (1933), qui laissent le public indifférent. Cette période de vaches maigres, où il ne sait pas d'où viendra le repas du lendemain, est aussi celle où il passe de longues soirées avec des pêcheurs, des vagabonds et toutes sortes de personnages hauts en couleur autour d'une cruche de vin (malgré la prohibition). *Tortilla Flat* (*) (1935) en est directement issu et connaît un succès immédiat. Tout à fait différent, *En un combat douteux* (*) (1936) traite d'une grève des ramasseurs de fruits. Le livre est reçu de façon mitigée et l'auteur traité de « rouge » qui en sait et en dit trop. En 1937, il publie *Des souris et des hommes* (*), roman court et construit comme une pièce de théâtre, où il met en scène un géant arriéré qui tue tout ce qu'il aime. Mais c'est en 1939, après un voyage en Scandinavie, que paraît son plus célèbre roman, *Les Raisins de la colère* (*), qui obtient le prix Pulitzer. C'est l'odyssée tragique de « migrants » de l'Oklahoma, petits fermiers dépossédés, partis vers l'Ouest se louer comme ouvriers agricoles, vers la fausse « Terre promise » qu'est la Californie. Groupe social en marche, la famille Joad symbolise la mutation de l'agriculture ancestrale en industrie agricole, la mainmise du grand capital sur la petite propriété, l'agonie des fermiers expropriés par les banques et victimes des promesses fallacieuses des grands propriétaires californiens. Steinbeck écrit par ailleurs pour le *San Francisco News* des reportages sur les camps de transit où s'entassent les travailleurs migrants. Installé à Palo Alto, et refusant d'aller travailler à Hollywood, Steinbeck continue à écrire. *La lune se couche* [*The Moon is down*] sort en 1942 et *Rue de la Sardine* (*) en 1945. En 1947 paraissent *Les Naufragés de l'autocar* (*), variation sur le thème du groupe isolé de son contexte habituel et des diverses réactions psychologiques de ses membres. Il faut attendre 1952 pour la publication d'*À l'est d'Eden* (*) qui, comme la plupart des romans de Steinbeck, est porté à l'écran (avec James Dean dans le rôle principal). Enfin, en 1955, paraît *Le Beau Jeudi* [*Sweet Thursday*]. Citons encore des recueils de nouvelles postérieurs au premier *(Les Pâturages du ciel)* : *Le Poney rouge* [*The Red Pony*, 1937], *La Grande Vallée* (*) (1938), qui inclut le précédent. *Journal russe* [*Russian Journey*] raconte un séjour en U.R.S.S. (1948). John Steinbeck reçoit en 1962 le prix Nobel de littérature. Écrivain en marge, détestant les mondanités, les conférences et les photographes, il est le peintre d'un sous-prolétariat agricole dont il montre l'exploitation. Romancier soucieux du détail réaliste, il est aussi le peintre de la psychologie sociale et de l'impersonnel collectif. « En cessant d'avoir pour matière des individus », écrit Claude-Edmonde Magny, « le roman cesse d'être un art de narration pour devenir un art de description. Comme les grands films russes (il tend) de plus en plus à être un documentaire qui se borne à "montrer" statiquement la réalité impersonnelle dont il parle, sans plus la "conter". »

Pas plus que celle de Dos Passos, la stature de Steinbeck, qui était (en France au lendemain de la guerre) l'égale de celles de Faulkner et de Hemingway, n'a survécu telle quelle : nombreux sont ceux qui, quant à son importance dans l'histoire de la littérature, le considèrent maintenant comme un écrivain mineur. C'est un peu sévère, mais il est vrai que sa notoriété est en partie la conséquence du fait que c'est un écrivain relativement facile, et que ses meilleures œuvres datent des cinq années de l'avant-guerre. Cela n'empêche pas celles-ci de rester très populaires, particulièrement en Asie.

JEANINE PAROT.

RÉF. : Bibliographie : Tetsumaro Hayashi, *A New Steinbeck Bibliography (1929-1971)* et *A New Steinbeck Bibliography, 1971-1981,* Metuchen (New Jersey), 1973 et 1983.

Biographie : Jackson Benson, *The True Adventures of John Steinbeck, Writer*, New York, 1984.

Critique : Georges-Albert Astre, *Steinbeck ou le Rêve contesté*, Lyon, 1963. – Tetsumaro Hayashi, *A Student Guide to Steinbeck : A Handbook to His Major Works*, Metuchen (New Jersey), 1974 et 1979. – Warren French, *John Steinbeck*, Boston, 1975. – Roy Simmonds, ed., *Steinbeck's Literary Achievement*, Muncie (Indiana), 1976. – Louise

Owens, *John Steinbeck's Re-vision of America*, Athens (Georgia), 1985.

STEINER George. Critique littéraire anglais, professeur de littérature comparée à Genève et extraordinary fellow du Churchill College à Cambridge. Né à Paris de parents juifs viennois le 23 avril 1929, il commence ses études au lycée Janson-de-Sailly. Il quitte in extremis Paris et la France en 1940 pour New York où il poursuivra ses études au lycée français. Diplômé en sciences physiques et mathématiques, George Steiner revient à ses premières amours, à la philosophie et à la littérature, et complète son curriculum universitaire à Chicago, Harvard et au Balliol College d'Oxford. Journaliste à *The Economist* de 1952 à 1956, fellow du fameux Institute for Advanced Studies de Princeton (de 1956 à 1958), Steiner est nommé Director of English Studies au Churchill College en 1961. Professeur de littérature comparée et anglaise à Genève depuis 1974, il connaît un succès notoire avec son cours sur Shakespeare ; son enseignement genevois se double d'une incessante activité de conférencier auprès des instituts universitaires les plus prestigieux du monde. George Steiner ne se définit lui-même ni en tant que critique, ni en tant qu'écrivain ou universitaire, mais bien plutôt comme « maître à lire ». Ses lectures infinies se sont cristallisées aussi bien dans ses articles publiés dans le *New Yorker,* dont il est le principal critique littéraire, que dans d'innombrables publications. Il est notamment l'auteur de *La Mort de la tragédie* [*The Death of Tragedy,* 1961], *Langage et Silence* [*Language and Silence,* 1967], *La Culture contre l'homme* [*In Blue-Beard's Castle : Some Notes Towards the Re-Definition of Culture,* 1971], *Après Babel* [*After Babel,* 1975], *Le Transport de A.H.* [*The Portage to San Cristobal of A.H.,* 1979], *Les Antigones* [*Antigones,* 1984], *Réelles Présences* (*) (1989).

MICHAEL JAKOB.

STEINER Rudolf. Philosophe et pédagogue autrichien. Né le 27 février 1861 à Kraljevicz (Croatie), mort le 30 mars 1925 à Dornach, près de Bâle (Suisse). Fils d'un petit fonctionnaire des chemins de fer austro-hongrois, il fit ses études dans une école technique proche de sa ville natale, puis à l'école technique supérieure de Vienne. Ayant reçu son diplôme, Steiner passe six années (1884-1890) comme précepteur d'un garçon arriéré ; il fait tant et si bien que, lorsqu'il quittera cette famille, le garçon sera considéré comme guéri et pourra même, par la suite, entreprendre des études de médecine. Lors de ce séjour, Steiner écrira son premier livre : *Bases d'une théorie de la connaissance chez Goethe* [*Grundlinien einer Erkenntnistheorie der Goetheschen Weltanschauung,* 1886]. Appelé, en 1890, à Weimar, il se voit confier le soin de préparer la première édition des *Œuvres scientifiques* de Goethe, pour laquelle il écrira une introduction très rémarquée. Parallèlement, il prépare sa thèse de doctorat (1891), thèse qui, élargie, formera son second livre *La Vérité et la Science* [*Wahrheit und Wissenschaft,* 1892]. Aussitôt après, il s'attelle à l'un de ses livres les plus importants, car il contient les bases méthodiques de son enseignement futur ; c'est *La Philosophie de la liberté* [*Die Philosophie der Freiheit. Grundzüge einer modernen Weltanschauung,* 1894]. Après avoir publié un livre sur Nietzsche : *Nietzsche, adversaire de son époque* [*Nietzsche, als Gegner seiner Zeit,* 1895], et son second livre sur Goethe : *Goethe et sa conception de l'univers* [*Goethes Weltanschauung,* 1896, traduit en français sous le titre *Esprit de Goethe*], Steiner quitte Weimar en 1897 pour Berlin, où il accepte le poste de rédacteur en chef d'une revue importante, *Magazin für Literatur,* poste qu'il occupera jusqu'en 1900. Ayant été souvent invité à faire des conférences dans un cercle de théosophes, il est, en 1902, nommé secrétaire général de la section allemande de la Société théosophique. Il accepte cette charge, mais impose comme condition de pouvoir y donner son enseignement personnel, espérant arriver à créer une synthèse entre les mystiques chrétienne et orientale. Ce sera d'ailleurs le point de départ de deux livres, qui contiendront les idées principales du futur enseignement anthroposophique : *L'Initiation, ou la Connaissance des mondes supérieurs* [*Theosophie, Einführung in übersinnliche Welterkenntnis und Menschenbestimmung,* 1904] et *La Science de l'occulte* (*). Constamment en déplacement, visitant tous les pays européens, Steiner prononce conférence sur conférence, dont une importante partie sera, par la suite, publiée par ses disciples. En 1907, Steiner se sépare définitivement de la Société théosophique et, en 1913, il fonde une nouvelle association, qui prend le nom d'Anthroposophie. Le siège central de l'organisation sera le paisible village de Dornach, près de Bâle, où se dérouleront toutes les activités du groupe, dont l'une des plus importantes sera l'éducation des enfants suivant des principes psychologiques nouveaux. Steiner écrira même un livre spécialement consacré à ce problème : *Éducation de l'enfant à la lumière de la science spirituelle* (*). Il est impossible de rendre compte ici de tous les écrits de Rudolf Steiner, qui s'intéressa aux branches les plus variées de l'activité humaine : l'agriculture, la danse et l'éducation physique (eurythmie), la philosophie, la religion, la sociologie, etc., traitant de toutes ces questions du point de vue de son enseignement personnel. Une *Autobiographie* [*Mein Lebensgang*] vit le jour en 1925.

ALEXANDRE LABZINE.

RÉF. : André Bély, *R. Steiner i Gëte u mirovozzrenii sovrémennosti,* Moscou, 1917. — F. Rittelmayer, *Meine Lebensbegegnung mit R. Steiner,* Stuttgart, 1928. — A. Strakosch, *Lebenswege mit R. Steiner,* Zurich, 1947. — S. Rihouët-Coroze, *Rudolf Steiner, Une épopée de l'esprit au XXe siècle,* Paris, 1950. —

Henriette Bideau, *L'Enseignement en France et le plan scolaire d'une école R. Steiner,* Paris, 1951. – A. C. Harwood, *Le Mystère de l'enfance ; introd. à la pédagogie de R. Steiner,* Paris, 1952. – F. Rittelmeyer, *J'ai rencontré R. Steiner,* Paris, 1981.

STEMPOWSKI Jerzy (connu aussi sous le nom de Hostowiec Paweł). Essayiste polonais. Né le 10 mars 1894 à Szebutyńce, mort à Berne le 4 octobre 1969. Après des études littéraires à Cracovie, Munich et Zurich, il débute en 1928 dans le journalisme littéraire. Ses premiers livres sont des essais non conformistes aux titres faussement humoristiques : *Messire Jowialski et ses héritiers* [*Pan Jowialski i jego spadkobiercy*, 1931], qu'il dit être un « essai sur l'évolution du rire dans la noblesse polonaise », ou *La Chimère, animal de trait* [*Chimera jako zwierzę pociągowe*, 1933], tentative d'interprétation économique du futurisme et du marxisme. Réfugié en Suisse en 1940, Stempowski a vécu à Berne jusqu'à sa mort, y publiant *Images du temps de la crise agraire* (+) (1954) et *Essais pour Cassandre* (*) (1961), qui montrent à quel point ce « passant non pressé » a su, tout en restant fidèle au ton traditionnel de la « gaweda » polonaise (récit, essai et causerie tout ensemble), nous forcer à la réflexion sur les grands problèmes de notre temps.

STENDHAL (pseud. de Marie-Henri Beyle). Écrivain français. Né à Grenoble le 23 janvier 1783, mort à Paris le 23 mars 1842. Sa famille appartient à la bourgeoisie aisée : son grand-père maternel, Henri Gagnon, est médecin – et les Beyle ont la charge de procureur au parlement de Grenoble. Le petit Henri n'a pas sept ans lorsque disparaît sa mère, Henriette Gagnon, pour laquelle il éprouve une tendresse passionnée. Il ne pardonnera pas à son père, Chérubin Beyle, et à sa tante Séraphie d'être, à sa place, les témoins et les protecteurs de son enfance : il ressent à leur égard une antipathie violente, qu'il étend aux idées respectables qu'ils représentent, dans l'ordre politique et religieux, ainsi qu'au décor provincial de son enfance : Grenoble. Mais cette animosité est le fait d'une âme sensible, privée de la présence maternelle : et on le voit bien à l'affection qu'il voue à son grand-père Henri Gagnon et à sa sœur Pauline. La *Vie de Henry Brulard* (*), son autobiographie, retrace cette enfance, partagée entre le besoin de la tendresse et une haine cyniquement avouée, entre l'opposition systématique à tout ce que lui propose le milieu familial et, déjà, l'ambition tenace d'un avenir différent. Prenant le contre-pied des sentiments royalistes de son père, Henri se sent républicain, patriote, applaudit en secret à l'exécution du roi, et se réjouit même de l'arrestation (de brève durée) de son propre père. Un précepteur détesté, l'abbé Raillane, fait de lui un adversaire résolu de l'Église et de la religion.

En 1796, le jeune Beyle suit les cours de l'École centrale de Grenoble. En même temps, il s'éveille à l'amour qui sera, nous dit-il, la principale affaire de sa vie : l'arrivée au théâtre de la ville de l'actrice Virginie Kubly lui inspire ses premiers émois. À l'issue de sa troisième année d'études, en 1799, il obtient brillamment un premier prix de mathématiques, et il s'aperçoit que les mathématiques – qui répondent d'ailleurs à son goût instinctif d'analyse et de logique – peuvent lui donner le moyen de fuir Grenoble et de monter à Paris, seule ville à la hauteur de ses ambitions. Le 10 novembre, il arrive dans la capitale avec l'intention de se présenter au concours de l'École polytechnique. Mais, pris de mélancolie – il trouve désolant un paysage sans montagnes –, il tombe malade et renonce au concours. Pierre Daru, son parent et son protecteur, le fait travailler sous ses ordres au ministère de la Guerre. Le 7 mai 1800, Beyle quitte Paris pour l'Italie, où il sera nommé sous-lieutenant de cavalerie. Il reconnaît d'emblée dans l'Italie sa patrie d'élection. *Le Mariage secret* (*) de Cimarosa, entendu dès les premiers jours, sera pour lui la révélation de la musique. Milan, surtout, l'enchante – dont il se considère désormais comme le citoyen, "milanese". Mais la carrière militaire qui le promène à travers la péninsule, comme aide de camp du général Michaud, l'ennuie fort. En décembre 1801, il obtient un congé de convalescence, part pour Grenoble, qu'il quitte bientôt pour Paris, à la suite de Victorine Mounier dont il est devenu amoureux. Il donne sa démission de sous-lieutenant – et il mène à Paris cette vie de liberté, de loisirs, d'intrigues amoureuses, de soirées dans les salons et dans les théâtres qui fera toujours son bonheur. Après Victorine Mounier, Adèle Rebuffet, Mme Rebuffet, l'actrice Mlle Duchesnois fixent son cœur momentanément. Il a des ambitions sociales : il veut faire fortune par le commerce et par la banque. Il a surtout des goûts et des ambitions littéraires : il lit Destutt de Tracy et les idéologues, il entreprend de se mieux connaître en tenant son journal, il veut enfin écrire « des comédies comme Molière ».

Il rencontre Mélanie Guilbert, une jeune actrice, dont il devient amoureux. Il la suit à Marseille où elle vient d'obtenir un engagement. De juillet à fin décembre 1805, c'est – à Marseille – une lune de miel, cependant que Beyle travaille chez un épicier exportateur. En 1806, Mélanie quitte Marseille, et c'est la rupture. De retour à Paris, Beyle fait sa cour à ses cousins Daru. Grâce à leur protection, il trouve du service dans l'Intendance, et suit l'armée, en Allemagne. Alors commence cette vie errante qui lui permettra de vivre dans le sillage de son héros, Napoléon, et surtout d'acquérir une incomparable expérience humaine : expérience de soi au contact des autres, épreuve de soi dans l'action. La petite ville allemande de Stendal lui fournit celui de ses nombreux pseudonymes auquel il finira par attacher sa gloire. Comme adjoint aux commissaires des guerres, il voit la bataille d'Iéna et l'« entrée triomphale » de l'empereur à Berlin. À Brunswick, de 1806 à 1808, il étudie la langue et la philosophie allemandes : il en conçoit « assez de mépris pour Kant, Fichte, etc., hommes supérieurs qui n'ont fait que de savants châteaux de cartes », et son goût pour la clarté des idéologues en est renforcé. En même temps, il fait une cour infructueuse, mais pleine d'agrément, à Wilhelmine de Griesheim. En novembre 1808, il est rappelé à Paris. L'année 1809 le voit, sous les ordres du comte Daru, à Strasbourg, à Vienne, à Linz. En 1810, il est à Paris, vivant l'une des années les plus brillantes de son existence. Il est nommé auditeur au conseil d'État, inspecteur du mobilier et des bâtiments de la Couronne ; il a une réputation de dandy et de brillant causeur, il fréquente les salons et les théâtres à la mode. Son attachement pour la comtesse Daru a pris peu à peu la forme de la tendresse amoureuse : mais leurs rapports resteront toujours ceux de l'amitié. En revanche, Beyle obtient les faveurs d'Angeline Bereyter, qui restera sa maîtresse jusqu'à la chute de l'Empire, et d'Angela Pietragrua, dont il rêvait depuis longtemps, et qu'il retrouve à Milan. Après un bref voyage en Italie (Bologne, Florence, Rome, Naples), Beyle se retrouve à Paris en 1812 et suit les armées napoléoniennes en Russie (23 juillet). Il rejoint le quartier général de l'empereur, séjourne à Moscou (14 septembre-16 octobre), traverse, pour regagner Paris, Dantzig, Berlin et Brunswick. Bien qu'il se flatte d'avoir « donné à l'armée, au retour, entre Orcha et Borizow, le seul morceau de pain qu'elle ait reçu », il ne reçoit d'autre récompense que sa nomination comme intendant de la province de Sagan en Silésie. Il est envoyé en mission dans le Dauphiné, pendant la campagne de France. Il ne revient à Paris que pour assister à la bataille de Montmartre et à la chute de Napoléon.

Dans un article nécrologique rédigé en 1837, Stendhal écrit de lui-même : « Le jour où les Bourbons rentrèrent à Paris, B. eut l'esprit de comprendre qu'il n'y avait plus en France que de l'humiliation pour qui avait été à Moscou. Il alla s'établir à Milan. » En effet, le 20 juillet 1814, Beyle quitte Paris pour Milan où il va vivre pendant sept ans sans autre interruption que trois brefs voyages : en 1817, à Paris « qui lui fit horreur » et à Londres, en 1819, à Grenoble où son père venait de mourir. Ce fut sans doute la période la plus heureuse de sa vie. Certes, sa vie sentimentale connaît des crises et des déboires. À la fin de 1815, il rompt avec Angela Pietragrua et son orageux amour. En 1818 et en 1819, sa vie est dominée par l'amour douloureux qu'il éprouve pour Métilde Dembowski : il quitte Milan à sa poursuite, il la cherche à Volterra, à Florence, et ne parvient pas à vaincre sa résistance. Mais l'exaltation de la « chasse au bonheur » l'emporte sur la mélancolie de l'amour déçu, et cette vie italienne l'enchante, qui lui permet d'unir son romantisme et son culte de l'énergie, son enthousiasme pour Cimarosa et sa sympathie pour les carbonari. Et c'est alors que commence sa carrière littéraire – bien qu'il n'eût guère cessé d'écrire depuis sa dix-huitième année. En 1814, il publie, sous le pseudonyme de L. A. C. Bombet, les *Vies de Haydn, de Mozart et de Métastase* (*), en 1817 l'*Histoire de la peinture en Italie* (*), par M. B. A. A. – et, la même année, *Rome, Naples et Florence* (*) par M. de Stendhal – son premier essai personnel, les deux autres ouvrages n'étant guère que des compilations. Enfin, sa passion malheureuse pour Métilde lui inspire son premier ouvrage important. Après avoir songé à lui dépeindre sa passion par l'intermédiaire d'un roman, il décide d'en faire la théorie. Ce sera *De l'amour* (*), auquel il travaille à Milan pendant toute l'année 1820, cependant que Métilde se fait de plus en plus sévère. L'ouvrage paraît en 1822, et se présente comme « une description détaillée et minutieuse de tous les sentiments qui composent la passion nommée amour ». On y trouve la célèbre théorie de la « cristallisation » : processus par lequel l'esprit, modelant la réalité sur ses désirs, couvre de perfections l'objet aimé (ainsi, lorsqu'on jette un rameau d'arbre dans les mines de sel de Salzbourg et qu'on l'en retire quelques semaines plus tard, les plus petites branches sont couvertes d'une infinité de brillants cristaux). Puis Stendhal distingue différentes espèces d'amour selon les tempéraments, les régimes politiques, l'état des mœurs...

L'année précédente, Beyle a quitté Milan à la fois parce que le gouvernement autrichien le soupçonne de carbonarisme et parce qu'il a perdu l'espoir de vaincre la résistance de Métilde. Après un séjour à Londres, il a repris à Paris sa vie de dandy, fréquentant le grenier de Delécluze et collaborant, pour vivre, aux revues anglaises. En 1823, il publie la première partie de *Racine et Shakespeare* (*), véritable manifeste du « romanticisme » dont il propose une définition célèbre (« Le romanticisme est l'art de présenter aux peuples les œuvres littéraires qui, dans l'état actuel de leurs habitudes et de leurs croyances, sont susceptibles de leur donner le plus de plaisir possible »), mais qui passe presque inaperçu. Après avoir publié encore une *Vie de Rossini* (*), Beyle regagne l'Italie, séjourne quelque temps à Rome, où il retrouve des amis (J. J. Ampère, Delécluze), puis revient à Paris où il devient l'amant de la comtesse Curial. Il publie dans le *Journal de Paris* des articles sur le Salon de peinture et sur les représentations de l'Opéra italien. En mars 1825, il publie la seconde partie de *Racine et Shakespeare.* En mai, il apprend la mort de Métilde Dembowski. En 1826, il rompt avec la comtesse Curial, séjourne en Angleterre et, peut-être pour se consoler de cette rupture, écrit son premier roman *Armance* (*), qui paraît en 1827 – récit d'un amour arrêté par l'impuissance sexuelle, analyse dont l'ambiguïté atténue la hardiesse, et qui demeure, après tout, ouverte à d'autres interprétations ; l'ouvrage passe complètement inaperçu. Après la publication d'*Armance,* Beyle reprend la route d'Italie, il rencontre Lamartine à Florence, séjourne à Bologne, Ferrare, Venise. Quand il arrive à Milan, la police le refoule vers la France. À Paris, où il est en janvier 1828, il s'inquiète de sa situation matérielle. Sa collaboration aux journaux anglais ne lui permet plus de vivre et il sollicite vainement un poste de bibliothécaire adjoint à la Bibliothèque royale. En septembre 1829 paraissent les *Promenades dans Rome* (*) ; la même année meurt le comte Daru. Beyle voyage dans le midi de la France (Bordeaux, Toulouse, Montpellier, Marseille). Dans la nuit du 25 au 26 octobre, il a « l'idée de Julien », et il se met à écrire *Le Rouge et le Noir* (*). Des nouvelles – *Vanina Vanini* (*), *Le Coffre et le Revenant, Le Philtre* – paraissent dans *La Revue de Paris* (*). Il devient l'amant de Giulia Rinieri, dont il demandera la main. Le 25 septembre 1830, par ordonnance royale, Beyle est nommé consul à Trieste – puis à Civitavecchia (le 31 mars). *Le Rouge et le Noir,* son premier chef-d'œuvre, paraît le 13 novembre 1830. C'est la chronique et la critique de la société française sous la Restauration, le roman de l'ambition, de l'énergie personnelles, et, déjà, de la lutte des classes. Le livre s'appelait d'abord *Julien,* et il est en effet dominé par l'inoubliable figure du jeune précepteur plébéien qui, après avoir séduit deux femmes de l'aristocratie, meurt sur l'échafaud pour avoir tenté de tuer sa première maîtresse. Le titre choisi est généralement considéré comme symbolisant les deux couleurs de l'ambition vers 1830 : l'habit militaire et la soutane. Remarqué par quelques esprits lucides, ce roman si neuf, aigu, impitoyable, noir et fougueux à la fois, se heurte à l'incompréhension générale.

À Civitavecchia, Beyle s'ennuie. Au cours des années 1831 et 1832, il est le plus souvent à Rome – où il copie les vieux manuscrits qui lui fourniront les *Chroniques italiennes* (*) –, à Naples, à Florence, à Sienne (où il retrouve Giulia Rinieri). Il commence à écrire les *Souvenirs d'égotisme* (*). Il prend autant de congés qu'il le peut, le bonheur de sa vie étant, dit-il, d'écrire des romans dans un grenier, non de porter l'habit brodé des consuls. Mais il lui faut bien regagner son poste. En 1834, 1835, 1836, à Civitavecchia (et à Rome), son métier ne l'occupant guère, il écrit : il interrompt *Lucien Leuwen* (*), roman plus ironique, moins âpre que *Le Rouge,* d'une richesse et d'une nouveauté psychologiques admirables, pour commencer *La Vie de Henry Brulard* – incomparable autobiographie.

De 1837 à 1838, il retrouve Paris où il reprend sa vie mondaine, et les chères soirées au théâtre. Mais il s'occupe surtout de son œuvre : il entreprend *Le Rose et le Vert* – v. *Nouvelles inédites* (*) –, publie dans *La Revue des Deux Mondes* (*) quelques-unes de ses *Chroniques italiennes : Vittoria Accoramboni, Les Cenci, La Duchesse de Palliano.* Il parcourt la province française en vue d'écrire une relation de voyage : *Les Mémoires d'un touriste* (*), qui paraissent en juin 1838. C'est alors qu'il songe à tirer de la jeunesse d'Alexandre Farnèse une chronique italienne. Mais il a, très peu de temps après, l'idée de la transposer en une chronique contemporaine et de lui donner les dimensions d'un roman. Ce sera *La Chartreuse de Parme* (*), son second chef-d'œuvre, qu'il rédigera en deux mois, en une sorte d'improvisation passionnée. *La Chartreuse* paraît le 6 avril 1839, peu après *L'Abbesse de Castro* (*) qu'il donne à *La Revue des Deux Mondes.* On peut préférer le dramatique serré du *Rouge* au romanesque abandonné de *La Chartreuse.* Mais il est évident que *La Chartreuse* nous livre Stendhal tout entier : tout ce qu'un homme a pensé et aimé se rassemble ici en une vision définitive où se dessinent toutes les pentes de la rêverie, tous les sillages du cœur. *La Chartreuse,* plus encore qu'un roman, est une confession poétique : livre inspiré (d'où la rapidité de sa composition) moins parce que l'auteur est ici au sommet de ses dons d'écrivain que parce qu'il a enfin ouvert la porte par où peuvent s'engouffrer tous ses souvenirs et ses rêves – Napoléon, l'énergie, l'aventure, l'amour, l'Italie... *La Chartreuse de Parme* n'obtient que peu de succès, mais inspire à Balzac un étonnant éloge (« M. Beyle a fait un livre où le sublime éclate de chapitre en chapitre »). L'étude parue dans *La Revue parisienne* contenant quelques reproches concernant le style, Stendhal s'emploie sans succès à le corriger. En août, il a regagné Civitavecchia, où il travaille à *Lamiel* (*). S'ennuyant de plus en plus, privé d'affections, le travail littéraire piétinant, il se distrait en fouillant la campagne. Une jeune Romaine, qu'il nomme Earline, sera son dernier amour. Sa santé faiblit : le 15 mars 1841, il a une attaque d'apoplexie (« Je me suis colleté avec le néant »). Le 8 novembre 1841, il arrive à Paris très fatigué. Au début de 1842, sentant ses forces revenir, il se remet au travail ; mais, le 22 mars, il est frappé d'apoplexie dans la rue et meurt le lendemain sans avoir repris connaissance. Le 24, après un service en l'église de l'Assomption, il est inhumé au cimetière Montmartre.

Nombreux sont les ouvrages de Stendhal qui furent publiés après sa mort : notamment *Lucien Leuwen, Lamiel, La Vie de Henry Brulard, Souvenirs d'égotisme* (inachevés), le *Journal* (*) (qui couvre la période allant de 1801 à 1823), la *Correspondance* (*). L'érudition contemporaine a pieusement recueilli ses moindres écrits. C'est que Stendhal est l'exemple le plus éclatant des réhabilitations posthumes. Depuis la fin du XIXe siècle s'est instaurée à son profit une religion véritable qui n'eut jamais plus de fidèles que de nos jours. Le mot « beylisme » définit, au-delà d'une admiration littéraire, une attitude d'esprit et un mode de vie : « égotisme » (culte du moi), volonté de bonheur et culte de l'énergie, sincérité envers soi-même, alliance de lucidité sèche et de tendresse passionnée. Méconnu de ses contemporains, il a donné à la postérité un rendez-vous auquel elle n'a pas manqué : « Je mets un billet à la loterie dont le gros lot se réduit à ceci : être lu en 1935. » On conçoit cette incompréhension, et cette revanche. C'est que nul écrivain ne fut plus indépendant de son époque — n'acceptant aucun des cadres proposés. Romantique par la passion et le sens de l'actualité, il a eu horreur de l'éloquence, de l'outrance, de l'idéalisation ; il a prétendu écrire comme le *Code civil* (*) ; sa seule règle fut d'être simple et clair. Par son souci du « petit fait vrai » et son goût de l'analyse, il annonce le réalisme — qui le découvrira ; mais la vérité qui l'intéresse est purement intérieure (« Je ne retiens que ce qui est peinture du cœur humain »). Son œuvre aussi bien possède le privilège d'une sorte d'inaltérable jeunesse. Stendhal a donné à la littérature française deux de ses plus grands romans. Mais le plus précieux en lui est peut-être ce style qui est avant tout un ton, l'accent d'une conversation — le style des romans ne diffère guère de celui des autobiographies ; celui des autobiographies, du *Journal* et de la *Correspondance* — où se livre une personnalité passionnée et lucide, énergique et rêveuse — avec un amical abandon qui commande l'amitié.

GAËTAN PICON.

♦ *« Je crois que la rêverie a été ce que j'ai préféré à tout. »* Stendhal. ♦ *« M. Beyle a fait un livre* [La Chartreuse de Parme] *où le sublime éclate de chapitre en chapitre... M. Beyle est un des hommes supérieurs de notre temps ; il est difficile d'expliquer comment cet observateur de premier ordre, ce profond diplomate qui, soit par ses écrits, soit pas sa parole, a donné tant de preuves de l'élévation de ses idées et de l'étendue de ses connaissances pratiques, se trouve seulement consul à Civita-Vecchia. »* Balzac, 1839. ♦ *« B[eyle], original en toutes choses, ce qui est un vrai mérite à cette époque de monnaies effacées, se piquait de libéralisme, et était au fond de l'âme un aristocrate achevé. Il ne pouvait souffrir les sots ; il avait pour les gens qui l'ennuyaient une haine furieuse ; et de sa vie il n'a pas su bien nettement distinguer un méchant d'un fâcheux... Toute sa vie, il fut dominé par son imagination, et ne fit rien que brusquement et d'enthousiasme. Cependant il se piquait de n'agir jamais que conformément à la raison. »* Mérimée. ♦ *« Le défaut de Beyle comme romancier est de n'être venu à ce genre de composition que par la critique, et d'après certaines idées antérieures et préconçues ; il n'a point reçu de la nature ce talent large et fécond d'un récit dans lequel entrent à l'aise et se meuvent ensuite, selon le cours des choses, les personnages tels qu'on les a créés ; il forme ces personnages avec deux ou trois idées qu'il croit justes et surtout piquantes et qu'il est occupé à tout moment à rappeler. Ce ne sont pas des êtres vivants, mais des automates ingénieusement construits ; on y voit, presque à chaque mouvement, les ressorts que le mécanicien introduit et touche par le dehors. »* Sainte-Beuve, 1854. ♦ *« Stendhal ouvre la série des romans naturalistes, qui suppriment l'intervention du sens moral et se moquent de la liberté prétendue...* [Il] *est le peintre fidèle qui ne s'émeut ni ne s'indigne et que tout amuse, le coquin et la coquine, comme le brave homme et l'honnête femme, mais qui n'a ni croyance, ni préférence, ni idéal. La littérature ici est subordonnée à l'histoire naturelle, à la science... »* Amiel, 1880. ♦ *« Personne n'a possédé à un degré pareil la mécanique de l'âme... Stendhal pour moi n'est pas un observateur qui part de l'observation pour arriver à la vérité grâce à la logique ; c'est un logicien qui part de la logique et qui arrive souvent à la vérité, en passant par-dessus l'observation. »* Émile Zola, 1881. ♦ *« Il présente ce très étrange phénomène de l'analyse dans l'action et dans la passion... et si nous aimons, nous, ses personnages, c'est qu'ils sont nos frères par ce mélange, presque impossible avant notre* XIX*e siècle, de naturel et de raffinement, de réflexion et de sincérité, d'enthousiasme et d'ironie. »* Paul Bourget, 1882. ♦ *« Le plus grand psychologue du siècle. »* Taine. ♦ *« Henry Beyle, ce singulier précurseur qui, à une allure vraiment napoléonienne, parcourut son Europe, et, avec plusieurs siècles d'avance, sut démêler et découvrir l'âme européenne. Il fallut deux générations pour parvenir à le rejoindre, pour deviner quelques-unes des énigmes qui tourmentaient et exaltaient ce curieux épicurien, cet interrogateur qui fut le dernier des grands psychologues français. »* Nietzsche. ♦ *« Stendhal, l'immortel Stendhal se range dès maintenant parmi les classiques de la moralité que nous devons maintenir. Classique, vous entendez bien, je ne dis pas par le style, mais classique d'âme... »* Maurice Barrès. ♦ *« Quand Stendhal aura son rang, qui est le premier de tous en son siècle, et l'un des premiers non seulement en France mais dans l'Europe de tous les temps, les hommes auront enfin compris la puissance et les séductions de l'intelligence au service du sentiment... Plus on admire Stendhal et plus on est intelligent. »* André Suarès. ♦ *« Ce qui frappe le plus dans une page de Stendhal, ce qui sur-le-champ le dénonce, attache ou irrite l'esprit, c'est le ton... Et de quoi ce ton est-il fait ? Je l'ai peut-être déjà dit : être vif à tous risques ; écrire comme on parle quand on est homme d'esprit, avec des allusions même obscures, des coupures brusques, des bonds et des parenthèses ; écrire presque comme on se parle ; tenir l'allure d'une conversation libre et gaie ; pousser parfois jusqu'au monologue tout nu ; toujours et partout fuir le style poétique, et faire sentir qu'on le fuit... Mais c'est une loi de la nature qu'on ne se défende d'une affectation que par une autre... »* Paul Valéry. ♦ *« Stendhal est... un don Quichotte qui « entreprend de se raconter », il cherche toujours le sublime ou l'extraordinaire, mais il ne le trouve jamais et tombe dans le grotesque, ce qui lui importe peu... C'est en cela que résident la force et la beauté de l'art de Stendhal, en cette faculté de se représenter lui-même avec ses aspirations vaines et l'ironie auxquelles elles donnent naissance, avec ses illusions et ses désillusions, sa cohérence et son incohérence. Il réussit ainsi à ne pas se donner pour plus qu'il n'était en réalité, un malade des nerfs : un malade qui se guérissait en se racontant, car ce qu'il dit est toujours infiniment limpide. »* B. Croce. ♦ *« Vanité, sottise, épaisseur, bruit ne le choquent pas moins dans un palefrenier que dans un duc. Lui-même était ingénument délicat et grossier selon l'occasion, d'après ce que l'on raconte ; manière d'être franc avec soi. Un tel homme plaît ; car nul n'estime en soi son costume de cour ; et chacun sait bien ce qu'il cherche dans un livre. Mais un tel homme déplaît, car on veut rester vêtu et fermé, que l'on soit seigneur ou paysan. On craint cette présence ; on craint ce juge ; on ne l'aime que mort, et dans le* *secret de la lecture. C'est pourquoi le critique bat les buissons.* » Alain. ♦ « *Le grand secret de Stendhal, sa grande malice, c'est d'écrire tout de suite... De là, quelque chose d'alerte, et de primesautier, de disconvenu, de subit et de nu qui nous ravit toujours à neuf dans son style. On dirait que sa pensée ne prend même pas la peine de se chausser pour courir...* » Gide. ♦ « *De froids simulateurs dans le genre de Stendhal... des œuvres dépourvues de toute valeur comme les romans de Stendhal.* » Paul Claudel.

RÉF. : L. Blum, *Stendhal et le beylisme,* 1914. – A. Thibaudet, *Stendhal,* 1924. – Alain, *Stendhal,* 1935. – J. Prévost, *La Création chez Stendhal,* 1942. – M. Bardèche, *Stendhal romancier,* 1947. – Cl. Roy, *Stendhal par lui-même,* 1952. – G. Blin, *Stendhal et les problèmes du roman,* 1954 ; *Stendhal et les problèmes de la personnalité,* 1958. – V. Del Litto, *La Vie intellectuelle de Stendhal,* 1962. – H. F. Imbert, *Les Métamorphoses de la liberté ou Stendhal devant la Restauration et le Risorgimento,* 1967. – A. Caraccio, *Stendhal,* 1970. – Ph. Berthier, *Stendhal et ses peintres italiens,* 1977. – Fr. Claudon, *L'Idée et l'influence de la musique chez quelques romantiques français,* 1979. – M. Crouzet, *La Poétique de Stendhal,* 1983-1986.

STERLING Charles. Historien d'art français d'origine polonaise. Né à Varsovie le 5 septembre 1901 et mort à Paris en 1991. Élève de Focillon, il fut attaché puis conservateur au département des peintures du musée du Louvre de 1929 à 1942, puis de 1945 à 1961 : démis de ses fonctions par Vichy, il travailla alors au Metropolitan Museum de New York en qualité de « senior fellow ». Il enseigna ensuite à l'université Columbia de New York (1961-1972). Ses contributions touchent à tous les domaines de la peinture française, même s'il s'est surtout intéressé au XVIIe siècle et à la peinture médiévale. En 1934, il fut le maître d'œuvre de l'exposition de l'Orangerie, « Les Peintres de la réalité en France au XVIIe siècle », qui fit découvrir au grand public comme aux historiens d'art l'œuvre de La Tour. L'exposition qu'il organisa en 1952 et qu'il fit suivre en 1959 d'une synthèse magistrale, *La Nature morte* (*), ressuscita un genre jusqu'alors décrié. Inventeur des « primitifs français », il publia la première analyse des vestiges de la peinture médiévale, parue en 1941 sous le pseudonyme de Charles Jacques. Ses travaux en ce domaine aboutiront près d'un demi-siècle plus tard aux deux volumes de sa somme, *La Peinture médiévale à Paris.* On lui doit aussi de très nombreux articles sur des tableaux méconnus (Fouquet, Quarton, le Maître de Moulins). Ses analyses permirent la résurrection de peintres comme Beaumetz, Grymbault, Lieferynxe, Dipre, Perréal, sans oublier l'identification de Quarton (1983) comme peintre de la *Pieta d'Avignon.* Mais Sterling s'intéressa également aux primitifs flamands (Van Eyck, Christus), allemands (Moser, Multscher) et portugais (Gonçalves).

PIERRE-EMMANUEL DAUZAT.

STERN Anatol. Poète polonais. Né et mort à Varsovie (24 octobre 1899-18 octobre 1968). Avec son ami de lycée Wat, il lance en 1918 la seconde vague du futurisme polonais, suivant à un an d'intervalle le mouvement fondé à Cracovie par Jasieński. Contemporain des débuts du groupe « Skamander », le futurisme de Stern va plus loin et réclame la liberté de la création poétique, la suppression des règles de l'orthographe et de la grammaire, et le droit à l'absurde. Deux poèmes-manifestes, *Futurités* [*Futuryzje*] et *Nagi czlowiek w śródmieścu,* publiés en 1919, font scandale ; Stern, qui aime choquer et se complaît dans les polissonneries, est condamné en 1920 à un an de forteresse pour avoir lu en public un poème « blasphématoire ». En 1924, *Le Rustre angélique* [*Anielski cham*] marque pour l'auteur la fin du futurisme. C'est en effet un nouveau ton apaisé que révèlent les recueils suivants, comme *Conversation avec Apollon* [*Rozmowa z Apollinem,* 1938]. Réfugié à Lwów en 1939, arrêté par la police soviétique, Stern passe neuf mois en prison, puis arrive en Palestine en 1942 et ne rentre à Varsovie qu'en 1948. Ses vers d'après-guerre, *Poèmes anciens et nouveaux* (*), publiés en 1957, nous le montrent inquiet de l'avenir de l'Europe et cherchant sans illusion des remèdes impossibles, dans une quête incessante qu'il appelle, du nom d'un de ses poèmes, *La Marche au Pôle* [*Bieg do bieguna,* 1927].

STERNE Laurence. Écrivain anglais. Né à Clonmel en Irlande du Sud, le 24 novembre 1713, mort à Londres le 18 mars 1768. Son père était officier subalterne dans l'armée anglaise ; aussi les dix premières années de sa vie s'écoulèrent-elles de ville en ville et d'un coin de l'Irlande à l'autre au gré des changements de garnison. De dix à dix-huit ans, Sterne suivit les cours d'une école d'Halifax, puis fut envoyé au Jesus College de Cambridge. Il entra alors dans les ordres et se vit attribuer, grâce à l'influence de son oncle qui était chanoine d'York, la cure, proche de cette ville, de Sutton-in-the-Forest. Il épousa en 1741 Elizabeth Lumley et reçut deux ans plus tard la cure de Stillington qu'il administra en même temps que la première. Il était aussi prébendier de la cathédrale d'York mais avait fait de Sutton sa résidence habituelle. Il y vécut durant vingt ans une vie exempte d'événements importants. Sterne fut loin d'être un pasteur zélé, il lui arrivait d'oublier les offices pour chasser la perdrix ; surtout, il rendit de fréquentes visites à l'un de ses anciens condisciples de Cambridge avec lequel il menait joyeuse vie en compagnie d'un cercle de bons vivants qui s'étaient surnommés « les démoniaques ». Cet ami, John Hall-Stevenson, a laissé quelques œuvres, qui, tout en leur étant très inférieures, rappellent celles de Sterne et nous renseignent sur les circonstances de leur inspiration. La première publication de Sterne fut, en 1747, celle d'un sermon prêché à York sous le titre de *The Case of Elijah.* Il donna ensuite, en 1750, *The Abuses of Conscience* qu'il reprit plus tard dans *Tristram Shandy.* En 1749, il écrivit, à propos d'une querelle survenue au sein du chapitre de la cathédrale d'York, un sketch comique qui témoigne de toutes les possibilités de son talent d'humoriste. Ce texte ne parut qu'après sa mort et fut alors intitulé : *A Political Romance,* puis réédité sous le titre de *History of a Warm Watch-Coat* (1769). Entre-temps, il s'était brouillé avec son oncle et protecteur. Sterne avait alors quarante-six ans et rien ne semblait devoir venir l'arracher à sa petite vie de province lorsque la publication à la fin de 1759 des deux premiers volumes de *Vie et Opinions de Tristram Shandy* (*), son roman, le rendit brusquement et immédiatement célèbre. Les lecteurs d'York furent scandalisés par l'indécence de leur clergyman, ceux de Londres furent charmés par son audace et son esprit. Il vint à Londres en mars 1760 et découvrit qu'il était devenu une figure du monde, qu'il était partout invité à dîner et que même les princes se faisaient un honneur de le recevoir. Une réédition des deux premiers tomes de son roman étant déjà devenue nécessaire, il fit paraître en même temps deux volumes de sermons, sous le titre de *Sermons de M. Yorick* [*Sermons of Mr. Yorick*], qui devinrent eux aussi très populaires bien que son talent de prédicateur soit très inférieur à son talent d'humoriste. Lord Fauconberg lui fit alors obtenir l'importante cure de Coxwold, et il alla s'y installer avec la ferme décision d'écrire activement afin de pouvoir 'donner deux volumes de son roman par an. Il se tint parole et publia les volumes III et IV en 1761, les volumes V et VI en 1762, mais l'état de sa santé ne lui permit plus ensuite de travailler à ce rythme.

Son médecin lui recommanda d'aller se reposer dans le sud de la France et il partit. À son passage à Paris, les cercles littéraires le reçurent avec enthousiasme et il connut partout un accueil au moins aussi chaleureux que celui dont il avait bénéficié à Londres, ce qui lui permit d'acquérir une profonde connaissance de la « bonne » société française. Malgré les fêtes dont on l'entourait et la faiblesse de sa santé, il continuait à bâtir l'histoire de sa famille Shandy mais ce n'est qu'en 1765 qu'il put faire paraître les volumes VII et VIII. Il venait de rentrer en Angleterre après une absence de deux ans et demi et racontait, dans une longue digression qui occupe pratiquement son volume VII, ses voyages à travers la France à la recherche de la santé. Il donna en même temps deux nouveaux recueils de sermons mais la maladie l'obligea à quitter de nouveau l'Angleterre et il partit pour l'Italie qu'il visita jusqu'à Naples. À son retour, il publia le neuvième et dernier volume de *Tristram Shandy* et se tourna vers un nouveau projet qu'il entendait traiter très longuement. Ce fut son fameux *Voyage sentimental en France et en Italie* (*), dont les deux premiers tomes parurent au début de 1768. Il ne put malheureusement mener plus loin son projet car une attaque d'influenza qui dégénéra en pleurésie l'emporta trois semaines après cette publication. Sa mort solitaire a été diversement commentée. Il ne s'entendait pas avec sa femme qui était méchante et acariâtre et ses nombreux succès féminins avaient fait scandale tout au long de sa carrière d'homme célèbre. C'est d'ailleurs à ses lettres que nous devons le meilleur de ce que nous savons sur son caractère et en particulier à celles qu'il adressa à une jeune Française, Catherine de Fourmantelle, qui habitait York avec sa mère, ainsi qu'à son dernier amour, Elizabeth Draper, lettres qui furent publiées en 1775 sous le titre de : *Letters From Yorick to Eliza* (1766-1767). Sterne avait également tenu un *Journal to Eliza* (1767) sur ses rapports avec Elizabeth Draper, journal qui va d'avril à août 1767, jusqu'au départ d'Eliza pour les Indes avec son mari. En fait le talent de Sterne défie tous les commentaires et toutes les analyses, comme s'il n'avait jamais existé d'homme si libre et si anticonventionnel. Il faut lire et relire ses œuvres pour découvrir, derrière le jeu amusant des descriptions, des dialogues et des caractères, sa véritable profondeur qui est faite d'une incomparable connaissance de la condition humaine et d'une telle science de la langue qu'on commence à découvrir en lui le lointain précurseur de James Joyce. Célèbre dans un siècle qui abondait en hommes célèbres, il s'impose maintenant comme l'un des premiers écrivains de langue anglaise.

BERNARD NOËL.

♦ *« Cet original qui attroupa toute l'Angleterre avec sa plume avait pourtant de la philosophie dans la tête et tout autant que de la bouffonnerie. Il y a chez lui des éclairs d'une raison supérieure, comme on en voit chez Shakespeare. »* Voltaire. ♦ *« Son style est le plus rapide, le plus heureux, le plus idiomatique qui se puisse trouver. C'est l'essence même du style de la conversation anglaise. Son œuvre n'est faite que de* morceaux, *de brillants passages. »* Hazlitt. ♦ *« C'est un grand bouffon, ce n'est pas un grand humoriste. Il va au travail systématiquement et de sang-froid, farde son visage, enfile sa défroque de clown, étend son tapis et y fait ses culbutes. »* Thackeray. ♦ *« ... N'étant que sensations vives, Sterne est le premier romancier de la conscience... et l'humour est ici le sel de la découverte de soi-même, comme il sera parfois chez Proust. »* J.-J. Mayoux.

RÉF. : F. Barton, *Étude sur l'influence de Laurence Sterne en France au XVIIIe siècle,* Paris, 1911. — W. B. Watkins, *Perillous Balance, the Tragic Genius of Swift, Johnson and Sterne,* Princeton, 1939. — E. N. Dilworthe, *The Unsentimental Journey of Laurence Sterne,* New York, 1948. — A. Fredman, *Diderot and Sterne,* New York, 1955. — W. Connely, *Laurence Sterne as Yorick,* 1958. — H. Fluchère, *Laurence Sterne,* 1961. — D. Thomson, *Wild Excursions or the Life and Fiction of Laurence Sterne,* 1972. — A. Cash, *Laurence Sterne, the Early and Middle Years,* 1975. — J.-Cl. Dupas, *Sterne ou le Vis-à-vis,* Lille, 1984.

STERNHEIM Carl. Écrivain allemand. Né le 1er avril 1878 à Leipzig, mort le 3 novembre 1942 à Bruxelles. Il était le fils d'un banquier, et l'héritier spirituel du judaïsme allemand cultivé. Son père était propriétaire du quotidien *Journal de Hanovre* [*Hannoversches Tageblatt*], son oncle paternel directeur du théâtre « Belle-Alliance » de Berlin. À quinze ans, il écrivit sa première œuvre dramatique, *La Croix de fer* [*Das eiserne Kreuz*], qui ne fut pas jouée ; en 1902, il présenta sur la scène, au théâtre de la cour de Dresde, son drame en trois actes *Au Krugdorf* [*Auf Krugdorf*], qui attira à son auteur un blâme sévère du roi de Saxe. Les pièces suivantes, le poème dramatique *Ulrich und Brigitte* (1904) et la tragédie mystique *Don Juan* (*) (1910), sont encore dans la ligne de tradition classique-romantique. Ce n'est qu'aux environs de l'année 1908, après son second mariage et son installation à Munich, que Sternheim atteignit sa vision définitive de la vie et commença un cycle dramatique comprenant huit pièces, qui ne fut mené à terme qu'en 1922. Les représentations étaient alors toujours menacées du veto de la censure. Il considérait sa tâche comme celle d'un « médecin de son temps », et il soumit, en effet, les bases idéologiques et politiques du règne des Hohenzollern à une critique serrée et implacable. Sa méthode thérapeutique avait quelque chose de psychanalytique : porter les complexes les plus cachés du bourgeois allemand à la lumière de la conscience, et tenter de les guérir par la raillerie. En soi, l'intrigue de ses drames est souvent banale ; leur vraie substance la plus solide, c'est la mise à nu de la morale bourgeoise, son analyse, et le fait de démasquer la rhétorique de la classe dirigeante à l'époque impériale, dans un langage réduit au squelette du rôle fonctionnel. La production narrative de Sternheim, la nouvelle *Busekow* (+) (1913), son *Napoléon* (+) (1915) et la *Chronique du début du XXe siècle*, continue l'analyse critique de son temps, sans atteindre cependant la grandeur spontanée de satires dramatiques telles que *La Culotte* (*) (1911), *La Cassette* (*) (1912). De celles-ci, il publia encore, en 1924, *Oscar Wilde*, inférieure aux précédentes sous le rapport de l'art, importante toutefois en tant que défense de l'homme rejeté et proscrit. Les attaques odieuses dirigées contre lui-même et son œuvre, le boycottage opposé de plus en plus, sous la république de Weimar, à ce critique mordant des erreurs de la nation allemande, minèrent sa santé. Après avoir donné les deux volumes d'*Europe* [*Europa*, 1920], *Libussa* (1922), mémoires du cheval de Guillaume II et *Berlin ou le Juste Milieu* [*Berlin oder Juste milieu*, 1920], il émigra en 1930 en Belgique ; en 1936, il publia son dernier ouvrage, *L'Europe d'avant-guerre dans le symbole de ma vie* [*Vorkriegseuropa im Gleichnis meines Lebens*] ; la même année, il fut abandonné par sa troisième femme, Pamela, fille du poète Frank Wedekind. Seul et gravement malade, il vécut à Bruxelles ses dernières années, menacé dans sa personne même par l'occupation national-socialiste.

RÉF. : F. Blei, *Über Wedekind, Sternheim und das Theater*, Leipzig, 1915. – M. Georg, *Carl Sternheim*, Leipzig, 1923. – W. Freund, *Die Bürgerkomödien Carl Sternheims*, Munich, 1976. – R. W. Williams, *Carl Sternheim. A Critical Study*, Berne, 1982.

STÉSICHORE. Poète grec du VIIe-VIe siècle av. J.-C. Né à Matauros (ou à Himéra) en Sicile. Il est le fils d'Euclide, l'un des fondateurs de la colonie d'Himéra en Sicile. Il mourut à Catane, probablement vers la moitié du VIe siècle av. J.-C. Son vrai nom était Tisias ; Stésichore, son surnom qui signifie « organisateur de chœurs », lui avait été donné en raison de sa réputation d'« Homère de la poésie chorale ». Stésichore a transmis sous la forme épique un grand nombre de mythes, comme ceux de la Prise de Troie, des Retours, de Géryon, d'Oreste, d'Ériphyle, de Cerbère, du combat d'Héraclès contre Cycnos, etc. que nous connaissons uniquement à travers des fragments ou parce qu'ils sont mentionnés chez les auteurs ultérieurs. Une légende, rapportée par Platon, raconte que, pour avoir chanté les amours illégitimes de Pâris et d'Hélène, Stésichore aurait été privé de la vue par cette dernière, et ne l'aurait recouvrée qu'après avoir écrit une « Palinodie » (ou « rétractation ») dans laquelle il démentait la fuite à Troie et l'adultère de la belle.

L'œuvre de Stésichore – ses *Odes* (*) – devait être considérable puisqu'elle ne comprenait pas moins de vingt-six livres qui contenaient des péans, des chants d'amour, des poèmes dits « bucoliques » et surtout des hymnes qui constituaient la part la plus importante de sa production. Ces hymnes furent probablement récités lors de cérémonies solennelles. Il se peut qu'à ce genre aient appartenu l'*Orestie* (en deux livres), la *Géryonéide, La Chasse au sanglier, Les Jeux pour Pélias, Kyknos, Hélène* et *Palinodie, Europie, Ériphyle* et *Retours*.

En conformité avec le genre nouveau qu'il introduisait, Stésichore renouvela le rythme et le mètre en créant la longue strophe et la triade, composée de strophe, antistrophe et épode, qui devait s'imposer à ses successeurs. Stésichore écrivait en dorien littéraire dont l'emploi allait se généraliser.

NADINA RADEVA.

RÉF. : O. F. Kleine, *De Stesichori vita et poesia*, Berlin, 1828. – Bergk, *Poetae lyrici graeci*, Leipzig, 1882. – J. Würtheim, *Stesichores' Fragmente und Biographie*, Leyde, 1919. – L. Woodsbury, « Helen and the Palinode », *Phœnix* 21, 1967. – T. B. L. Webster, « Stesichorus : Geryoneis », *Agon* 2, 1968. – J. Bollack-P. de Judet de la Combe-H. Wismann, « La Réplique de Jocaste », *Cahiers de Philologie*, II, avec supp., Lille, 1977.

STEVENS Wallace. Poète américain. Né à Reading (Pennsylvanie) le 2 octobre 1879, mort à Hartford (Connecticut) le 2 août 1955. Sorti de Harvard, Stevens continue ses études à l'École du droit de New York. Exerçant à New York à partir de 1904, il entre en 1916 dans une compagnie d'assurances en qualité de conseiller juridique. Ses poèmes paraissent dans la revue *Poetry* (*) (Chicago) dès 1914, mais son premier livre, *Harmonium* (+), ne sort qu'en 1923. Si la production de Stevens va devenir par la suite très régulière, jusqu'à la publication de son dernier livre, *Les Aurores de l'automne* (+) (1950), suivies de ses *Poésies complètes* (*) en 1954, cette lenteur à publier trouve un parallèle dans la lenteur avec laquelle son œuvre a été reconnue. Dans une civilisation pressée, une œuvre comme la sienne, fondée sur l'idée que la contemplation est la plus haute activité humaine, ne pouvait paraître que le fruit exotique d'une oisiveté de luxe. Stevens est l'esthète par excellence (« l'ordre esthétique inclut tous les autres ordres, sans se limiter à eux »). Le travail esthétique selon Stevens consiste non pas à s'abstraire totalement de la réalité, pas plus qu'à se perdre dans la mêlée de la réalité, mais à se dégager *assez* pour avoir la possibilité de tirer de la « guitare bleue » qui est l'art – v. *L'Homme à la guitare bleue* (+) (1937) –, une harmonie entre l'imagination et la réalité, harmonie qui rehausse la vision de la vie, qui lui donne densité et lumière. L'esthétique a donc une fonction vitale. L'imagination, ici, est robuste, et elle crée non pas un arrière-monde anémique ou une prolifération d'images fantastiques, mais une intensité réelle. La poésie est la « fiction suprême » : *Notes pour une fiction suprême* (+) (1951) et *L'Ange nécessaire* [*The Necessary Angel,* 1951]. Le langage de « l'ange » est scrupuleux et exact, visant à une clarté absolue. Il y a quelque chose de « français » chez Stevens. Il dira même que pour lui les langues française et anglaise ne font qu'une. Les mots français abondent dans ses textes et se trouvent même dans ses titres : *Esthétique du mal* (+) (1945). Il faut ajouter que l'ange de Stevens n'a rien de solennel. Pour lui, la poésie est la gaieté du langage. Cette joie est une forme de connaissance, sans doute la plus haute forme de connaissance. Elle se réalise dans « le poème de l'idée qui est à l'intérieur du poème des mots ». L'*Opus posthume* [*Opus Posthumous*], publié une première fois en 1957 (édition augmentée et corrigée en 1990), réunit de nombreux inédits : pièces de théâtre, poèmes de jeunesse ou d'après la publication des *Poésies complètes,* essais et *Adagia,* notes aphoristiques sur la poésie qui éclairent toute son œuvre.

KENNETH WHITE.

RÉF. : F. Kermode, *Wallace Stevens,* Londres, 1960 (nouv. éd. 1989). – J. Hillis Miller, *Poets of Reality,* Cambridge (Mass.), 1965. – S. F. Morse, *Wallace Stevens : Poetry as Life,* New York, 1970. – J. Richardson, *Wallace Stevens : The Early Years 1879-1923,* New York, 1986.

STEVENSON Robert Louis Balfour. Écrivain écossais. Né à Édimbourg le 13 novembre 1850, mort le 3 décembre 1894 dans l'île d'Upolu, dans l'archipel des Samoa. Fils et petit-fils des Stevenson bâtisseurs de phares, il est marqué par son ascendance calviniste du côté de sa mère qui est fille de pasteur. Enfant chétif, il mène une vie passablement recluse jusqu'à son entrée à l'université d'Édimbourg où son père entend qu'il fasse des études d'ingénieur. Il montre peu d'application dans ses études scientifiques, se compromet avec une prostituée, puis choisit au bout de quatre ans d'étudier le droit. Il se propose dans le même temps de faire une carrière littéraire. On le verra inscrit au barreau, mais jamais il n'exercera le métier d'avocat. Le jeune Stevenson est en rébellion contre les principes moraux stricts de sa famille. Son père, en particulier, lui reproche son agnosticisme ; mais en dépit de sa désobéissance, de ses incartades, de son indiscipline, de ses inconséquences, Stevenson ne se privera jamais d'accepter les secours financiers de sa famille restée généreuse envers lui. Elle l'abrite en effet jusqu'à sa vingt-cinquième année et continue de l'entretenir bien au-delà. La santé de Stevenson est médiocre. Il est atteint d'une maladie pulmonaire sérieuse qui fait s'alterner chez lui des périodes de bonne santé et de sérénité relative et des moments pénibles de souffrance physique. Ces alternances expliquent dans une certaine mesure les oppositions marquées qui caractérisent la personnalité de l'auteur : comme le Dr. Jekyll et Mr. Hyde, Stevenson est susceptible d'avoir deux comportements. Il doit avoir, en premier lieu, deux résidences. L'une est au soleil qui lui fait oublier les pluies d'Écosse ou de Londres. Ainsi les séjours de Stevenson sur le continent lui apportent-ils un regain de santé, avec la chaleur, et partant lui donnent le goût d'écrire. Mais son inspiration est largement écossaise, remontant sans doute aux contes et légendes calédoniens que l'enfant a entendus de la bouche de sa nourrice Alison Cunningham. Stevenson a bien une personnalité double, qui se reconnaît encore chez les frères Durisdeer du *Maître de Ballantrae* (*) : il reste, valétudinaire prisonnier récalcitrant de la vieille morale et de son lit, empreint de puritanisme et de froideur réfléchie, et il aspire pourtant à l'exubérance et à la passion de l'art. Sa vie amoureuse le montre tout aussi partagé. Il s'éprend d'abord, sans grand espoir, à l'âge de vingt-trois ans, de Fanny Sitwell (qui en a trente-trois), épouse de son ami le professeur Sidney Colvin. Puis il découvre dans la femme qu'il épousera en 1880, l'Américaine Fanny Osbourne, un pendant étonnant de la première Fanny. La deuxième est mal mariée, comme la première à qui elle ressemble physiquement, et depuis le même nombre d'années. Elles ont le même âge. Chacune a eu deux fils et chacune a perdu le second de ses fils : voilà assez de motifs nouveaux de déchirements, propres à déranger l'affectivité divisée du jeune homme fragile. Dérouté, Stevenson peut l'être encore par les dédoublements, voire par la multiplication de ses lieux de résidence. Habitué à des voyages hors du Royaume-Uni pour sa santé, en compagnie de ses parents, Stevenson, une fois sorti de l'adolescence, est plus que jamais partagé entre l'Écosse, sa terre d'origine, et ses conforts matériels : Londres, où il entretient des amitiés importantes ; Paris ; et Barbizon où il voit Fanny Osbourne, qui habite une péniche sur le Loing. Après une randonnée en canoë d'Anvers jusqu'à Pontoise – racontée dans *Un voyage sur le continent* [*An Inland Voyage,* 1878] –, il traverse les Cévennes et conte son périple dans *Voyages avec un âne dans les Cévennes* [*Travels with a Donkey in the Cévennes,* 1879]. Puis il traverse l'Atlantique pour aller retrouver, en Californie, Fanny Osbourne, qui divorce afin de l'épouser (en mai 1880). Stevenson connaît alors un certain calme. Mais les déplacements se poursuivent. Il y a, après diverses vicissitudes américaines, le passage d'Amérique en Grande-Bretagne à l'automne de 1880, la santé défaillante à nouveau dans le climat froid de l'Écosse, le voyage à Davos en Suisse où il passe l'hiver. Ensuite, les Stevenson partent pour Hyères, où ils séjournent durant seize mois (mars 1883-juillet 1884) avant d'aller à Royat, à Nice, puis à Bournemouth où ils demeurent jusqu'en 1887. En 1881, Stevenson publie *Virginibus Puerisque,* volume d'essais – il faut noter que dans leur grande majorité les romans de Stevenson, dont les dates sont annoncées ci-dessous, ont en fait été publiés au préalable dans des revues diverses ; en 1882, il publie *Essais familiers sur des hommes et des livres* [*Familiar Studies of Men and Books*] et *Nouvelles mille et une nuits* (*), recueil de nouvelles. *L'Île au trésor* (*) est de 1883. La période anglaise, à Bournemouth, est la plus féconde. En effet, malgré une santé très chancelante et une vie cloîtrée dans des chambres à coucher, Stevenson travaille assidûment : en 1884 il fait paraître *Silverado Squatters,* et en 1885 *Recueils de vers pour enfants* [*A Child's Garden of Verses*], *Le Corbeau* [*The Body Snatcher*], *Le Roman du prince Othon* [*Prince Otto*], une suite des *Nouvelles mille et une nuits* [*More New Arabian Nights*]. *L'Étrange Cas du Dr. Jekyll et de Mr. Hyde* (*) est publié en 1886, de même que *Enlevé* (*). *Souvenirs et Portraits* [*Memories and Portraits*], volume d'essais, est de 1887, comme *Les Gais Lurons* [*The Merry Men*], volume de nouvelles, et *Sous-Bois* [*Underwoods*], recueil de poèmes ; *La Flèche noire* (*) est de 1888. C'est en 1887 que Stevenson se détermine à quitter de nouveau la Grande-Bretagne pour l'Amérique, où il se rend en compagnie de sa mère, de sa femme, et du fils de celle-ci, Samuel Lloyd Osbourne, son futur collaborateur littéraire. Ils débarquent à New York en août, et Stevenson se fixe dans les monts Adirondack au nord de l'État de New York : c'est là qu'il rédige, dans une sérénité remarquable, et dans l'isolement hivernal, *Le Maître de Ballantrae* (1889), où se retrouvent des scènes américaines particulièrement épouvantables. Dans sa retraite, Stevenson rédige encore plusieurs essais avant de partir pour l'Ouest. Arrivé à San Francisco, en juin 1888, il part à bord du « Casco » pour les mers du Sud. Il est aux Marquises en juillet et en août de cette année, puis aux Paumotus, en septembre, aux îles de la Société en octobre, aux Sandwich et à Honolulu en décembre. Il part pour les îles Gilbert en juin 1889 à bord de l'« Equator » ; il arrive dans l'archipel des Samoa en décembre 1889, où il décide de s'établir : il achète une propriété à Upolu pour faire construire sa grande et belle maison de Vailima. Le roman *Un mort encombrant* (*), comédie macabre qu'il a écrite en collaboration avec son beau-fils, est publié cette année. Il est en Australie en février 1890, publie cette année-là *Dans les mers du Sud* (*) ; il entreprend une croisière sur le « Janet Nicholl » d'avril à août 1890, qui le conduit aux îles Gilbert, et aux Marshall ; il fait un séjour bref à Nouméa, repasse par Sidney et rentre à Upolu. Il retourne en Australie pour chercher sa mère en janvier 1891, revient à Upolu. Il publie en 1892 *Le Trafiquant d'épaves* (*) et *À travers les grandes plaines* [*Across the Plains*], qui est la deuxième partie de son livre autobiographique *L'Émigrant amateur* [*The Amateur Emigrant*] – traduit en français sous le titre *La Route de Silverado* –, il s'intéresse à l'histoire locale, emménage dans sa maison de Vailima en janvier 1893 ; pendant la courte guerre civile aux îles Samoa, qui voit le départ du tyran Mataafa, il se passionne pour le sort des indigènes opprimés. *Veillées des îles* (*), recueil de nouvelles, paraît en avril, et *Catriona* (*), suite de *Enlevé,* en septembre-octobre à Honolulu. Avant de mourir le 3 décembre 1894 à Vailima d'une crise d'apoplexie, Stevenson publie *Hermiston, le juge pendeur* [*Weir of Hermiston*] et *Le Creux de la vague* (*), écrit en collaboration avec son beau-fils. Stevenson, Tusitala (« le conteur d'histoire » pour la population de son île), avait laissé dans son pays d'adoption des amitiés solides. Il était même devenu une légende vivante. Il avait été fêté à l'occasion de son quarante-quatrième anniversaire par toute la population. Au cours d'une grande cérémonie, il sera enterré au sommet du mont Vaea qui domine sa propriété et l'océan.

SERGE SOUPEL.

♦ *« Stevenson professe que l'idée est le véritable événement et que les inventions de notre imagination constituent nos aventures. Penser à une vache ailée, c'est en avoir rencontré une. »* G. K. Chesterton.
♦ *« Autant vaudrait écrire que le réalisme de Stevenson est parfaitement irréel, et c'est pour cela qu'il est tout-puissant. Stevenson n'a jamais regardé les*

choses qu'avec les yeux de son imagination [...] *Nous avions trouvé chez bien des écrivains le pouvoir de hausser la réalité par la couleur des mots ; je ne sais pas si on trouverait ailleurs des images qui, sans l'aide des mots, sont plus violentes que les images réelles* [...] *ce sont des images irréelles, puisque aucun œil humain ne saurait les voir dans le monde que nous connaissons. Et cependant, elles sont, à proprement parler, la quintessence de la réalité.* » M. Schwob.

RÉF. : W. Raleigh, *Robert Louis Stevenson*, Londres, 1895. — G. Balfour, *The Life of Robert Louis Stevenson*, 2 vol., Londres, 1901. — F. A. Swimmerton, *Robert Louis Stevenson : a Critical Study*, Londres, 1914. — J. A. Stewart, *Robert Louis Stevenson, Man and Writer*, 2 vol., Londres, 1924. — G. K. Chesterton, *R. L. Stevenson*, Londres, 1927. — R. Legroux, *Essai sur Robert Louis Stevenson*, thèse, Paris, 1936. — D. Daiches, *Robert Louis Stevenson*, Glasgow, 1948 ; *Robert Louis Stevenson and his World*, Londres, 1973. — R. Aldington, *Portrait of a Rebel*, Londres, 1957. — R. Kiely, *Robert Louis Stevenson and the Fiction of Adventure*, Cambridge, 1964. — M. Eigner, *Robert Louis Stevenson and the Romantic Tradition*, Princeton, 1966. — M. Mrantz, *R. L. Stevenson : Poet in Paradise*, Honolulu, 1977. — J. Calder, *R. L. Stevenson : A Life Study*, Londres, 1980. — A. Knight, *The Robert Louis Stevenson Treasury*, Londres, 1985. — J.-P. Naugrette, *Robert Louis Stevenson, l'aventure et son double*, Paris, 1987.

STEVENSON William. Écrivain anglais. Né à Hunwick (Durham) vers 1520-1525, mort à Durham en 1575. Il est l'auteur probable de la comédie *L'Aiguille de commère Gurton* (*), qui fut représentée pour la première fois au Christ's College de Cambridge vers 1550. Certains pensent au contraire que cette comédie a pu être l'œuvre du Dr. John Bridges, auteur d'une *Défense du gouvernement de l'Église d'Angleterre* [*A Defence of the Government of the Church of England*].

STEVIN Simon (Simon de Bruges). Mathématicien et ingénieur flamand. Né à Bruges au printemps de 1548, mort à La Haye (ou à Leyde ?) en 1620. Il fut tout d'abord employé dans une firme commerciale à Anvers et sembla vouloir s'engager réellement dans cette voie. Mais ses sentiments hostiles à l'égard du gouvernement espagnol (sentiments qui donnent à penser qu'il pouvait être protestant) furent peut-être la cause de son départ et expliquent pourquoi il vécut longtemps à l'étranger. Ayant regagné plus tard sa patrie, il se réfugia en Hollande, où il fut protégé par les princes Albert et Maurice de Nassau. Il fit des cours à l'université de Leyde et reçut la charge d'ingénieur des digues, en premier lieu, puis celle (1617) de quartier-maître général. Ce fut un mathématicien et un physicien hors de pair ; il écrivit bon nombre d'ouvrages, presque tous en flamand, que l'on traduisit en latin et que publia Snellius sous le titre de *Mémoires mathématiques* (*). Rappelons : *L'Arithmétique* (en français, 1585), dans laquelle Stevin introduisit la *Disme* (+), les *Principes de statique et d'hydrostatique* (1586) exposés dans trois petits volumes séparés : *De Beghinselen der Weeghconst* et *De Weeghdaet* (consacrés à la statique), *De Beghinselen des Waterwichts* (consacré à l'hydrostatique), et dans lesquels il énonce son célèbre théorème du triangle des forces et le « paradoxe hydrostatique ». Ses travaux d'ingénieur sont rassemblés dans le *Nouveau système de fortification* [*De Stercktenbouwing*, 1594] et dans un *Traité de navigation* [*De Havenvinding*, 1599] qui fut traduit en latin par Grotius. Il suscita une immense curiosité en construisant un char à voile qui se déplaçait très rapidement. En dépit de tout cela, il mourut dans l'obscurité et dans un oubli presque total. En 1634 cependant, Girard traduisit ses œuvres en français.

STIERNHIELM Georg. Poète suédois. Né le 7 août 1598 à Vika, près de Falun en Dalécarlie, mort le 22 avril 1672 à Stockholm. Surnommé le « père de la poésie suédoise », Georg Stiernhielm est connu pour avoir introduit en Suède l'esprit de la Renaissance. Pendant plus d'une décennie, il vécut une existence mouvementée d'étudiant dans plusieurs villes d'Europe (Allemagne, Hollande). Devenu fonctionnaire, il séjourna ensuite pendant vingt-six ans en Livonie, à Dorpat (actuel Tartu en Estonie). Il fut ainsi témoin et acteur de la grandeur suédoise au faîte de sa puissance. Héraut des succès de son pays pendant la guerre de Trente Ans, Stiernhielm reprend à son compte les idéaux du götiscisme qui glorifie le passé de la Suède. Il cherche à faire revivre son patrimoine linguistique en publiant *Le Trésor des anciennes langues suédoise et gotique* [*Gamla Swea och Götha måles fatebur*, 1643], première partie d'un dictionnaire inachevé. Poète avant tout, Stiernhielm entend épurer et embellir son idiome maternel ; il proscrit les emprunts étrangers et rompt avec l'habitude d'écrire en latin. Il s'attire les faveurs de la Cour en chantant les louanges de la reine Christine : *Chant de joie héroïque* [*Heroisch Jubel-Sång*, 1644]. Si cette œuvre ne fait pas preuve d'une grande originalité, elle assure à son auteur une position sociale enviable. Anobli, Stiernhielm continue de célébrer la politique éclairée de sa souveraine en composant des arguments de ballets, le plus souvent allégoriques. Écrits après les traités de Westphalie, *Les Gains de la paix* [*Freds-Alf*, 1649] expriment cependant une compassion sincère vis-à-vis des victimes de la guerre. La campagne éclair de Charles X au Danemark donne prétexte à la rédaction d'un poème macaronique, encore fort apprécié de nos jours pour sa drôlerie, *Discursus Astro-Poeticus* (1658), où Stiernhielm se moque de l'astrologie et jongle avec les mots et les langues. Mais c'est avec un grand poème patriotique, *Hercules* (*), considéré comme son chef-d'œuvre, que Stiernhielm atteint la pleine maîtrise de son art. Dans cette épopée où il adapte l'hexamètre à la versification suédoise, il replace les conflits contemporains dans un univers mythologique et exalte l'orgueil scandinave. Son style déjà baroque multiplie les métaphores, et le recours aux allitérations et aux assonances. Stiernhielm est encore vivant lorsque paraissent ses œuvres poétiques complètes (*Musae suethizantes,* 1668), faveur peu commune qui révèle l'ampleur de la renommée de cet esprit encyclopédique et érudit, féru aussi de philosophie et de mathématiques.

MAY-BRIGITTE LEHMAN.

RÉF. : Bernt Olsson, *Den svenska skaldekonstens fader och andra Stiernhielmsstudier,* Lund, 1974.

STIFTER Adalbert. Romancier et nouvelliste autrichien. Né à Oberplan (aujourd'hui Horni Plana, Tchécoslovaquie) le 23 octobre 1805, mort à Linz le 28 janvier 1868. Fils d'une famille modeste de paysans, il passe son enfance dans cette Bohême méridionale qui réapparaîtra au fil de ses œuvres. Ses études secondaires à l'abbaye bénédictine de Kremsmünster lui permettent de partir en 1826 étudier à Vienne. Après des études inachevées de droit, il mène une existence précaire, qui lui ôte tout espoir d'épouser un jour son amour de jeunesse, Fanny Greipl. Il tire alors ses revenus de cours particuliers – il enseignera d'ailleurs un temps au fils de Metternich. La parution en 1840 du *Condor* (*), sa première nouvelle, le décide à opter pour la littérature plutôt que pour la peinture, vers laquelle il se sentait également attiré. Le succès ne se fait pas attendre, et entre 1840 et 1848 il publie dans différentes revues et almanachs ses plus remarquables récits. De ces nouvelles, plusieurs fois remaniées selon une habitude chère à l'auteur, naîtra le recueil des *Études* (*) publié en six volumes entre 1844 et 1850.

La révolution de mars 1848 marque vraisemblablement la plus profonde coupure chez ce libéral modéré qui, comme beaucoup, applaudit d'abord aux premiers espoirs de libertés individuelles et de progrès social pour reculer ensuite, épouvanté, face aux violences et aux excès des révolutionnaires qu'il voit menacer de chaos l'ordre même de la société. Il prend alors part au débat public dans de très nombreux articles politiques publiés entre 1848 et 1850, où il entreprend d'éclairer les lecteurs sur la véritable nature de la liberté – et de ses « ennemis » –, sur celle du droit, sur les conditions à respecter pour l'introduction de réformes politiques, sur la nécessité de la morale. Celui dont on a trop vite fait le poète « des coccinelles et des boutons d'or » (Hebbel) s'émeut du soulèvement hongrois qui menace la cohésion de l'Empire et accueille avec soulagement la constitution octroyée par François-Joseph, s'engageant ainsi ouvertement en faveur du rétablissement de l'ordre. Les troubles passés, cet engagement prendra à partir de 1850 la forme d'un service assidu de l'État comme inspecteur des écoles de Haute-Autriche, tâche pour laquelle il s'enthousiasmera tout d'abord, pensant pouvoir mettre en application ses hautes conceptions de l'éducation, garante du progrès selon lui, mais qui le laissera finalement déçu et aigri, en butte à une administration rigide qui refuse même son *Livre de lecture pour le développement de la culture humaniste* [*Lesebuch zur Förderung humaner Bildung*]. Le recueil de nouvelles qui paraît en 1852, les *Pierres multicolores* [*Bunte Steine*], a comme personnages principaux des enfants. La préface de ce recueil, qui proclame l'existence d'une « douce loi » de l'histoire assurant au travers des événements apparemment insignifiants de la vie la continuité d'un ordre divin et moral, s'inscrit en faux contre l'actualité violente et bouleversée du milieu du siècle et a fortement contribué à donner de Stifter l'image d'un écrivain figé, accroché à la défense d'un ordre social et politique obsolète, représentant de la littérature « Biedermeier ». C'est cependant, plutôt que la défense d'un tel ordre, une recherche inquiète, angoissée, de la cohérence du monde et de la vie humaine à laquelle se livre Stifter. Au moins dans la première partie de son œuvre, l'homme se trouve confronté à une nature hostile (« Le Condor »), ou faussement rassurante (« Les Grands Bois »), qui le rend conscient de ses faiblesses, de la vanité de son existence. La fatalité ou la loi divine, inaccessible, semblent se jouer de lui, soumis qu'il est à ses passions, amour ou égoïsme, aveuglement ou violence (Abdias). Inlassablement, ses héros tentent alors de définir leur place dans le groupe familial tout d'abord et dans son histoire – *Le Château des fous* (*) –, dans le village (« Le Village sur la lande »), dans une collectivité humaine de plus en plus large : « Deux sœurs », « Brigitta », *Les Cartons de mon arrière-grand-père* (*). Après le refus momentané du monde et de son inquiétante agitation, qui apparaît dans les *Pierres multicolores* où les enfants incarnent une innocence aseptisée et sans imagination, Stifter conquiert peu à peu et affirme avec acharnement la possibilité d'un monde humain. Ses deux dernières œuvres les plus importantes, *L'Été de la Saint-Martin* (*) et *Witiko* (*), témoignent d'abord d'un changement de forme : quittant les courtes nouvelles, où un narrateur exposait des situations de crise, Stifter se donne avec la forme longue du roman les moyens de développer pleinement sa vision du monde. Dans le sillage du roman d'éducation, *L'Été de la Saint-Martin* décrit un monde encore privilégié, fait d'êtres d'exception, où l'homme pourra être éduqué à la compréhension de la beauté et à une vie d'harmonie, reflet des idéaux humanistes ; dans *Witiko,* long roman historique, il montre l'édification, à l'échelle familiale, mais aussi nationale et même mondiale, d'une société basée sur la raison, la justice et le respect mutuel, sur des notions profondément humaines. À un monde violent du centre duquel l'homme a été chassé, aux mouvements et aux sursauts désordonnés et terrifiants d'un Empire en voie de désagrégation, pris dans les guerres, Stifter répond par ces constructions de rêve, présentées comme réalité possible. Gravement malade (d'un cancer du foie, semble-t-il, qui le poussera au suicide), il obtient en 1856 une mise à la retraite anticipée. Il met alors toute son énergie et toute sa volonté dans ces dernières productions, polissant, épurant toujours davantage son style — qu'il voudrait goethéen — de tout subjectivisme, jusqu'à le rendre quasiment autonome, étonnamment moderne. Le public cependant ne le suit plus depuis bien longtemps. Sa mort laissera inachevée la troisième version des *Cartons de mon arrière-grand-père,* à laquelle il travaillait encore.

VÉRONIQUE CROZ.

♦ *« (Une des rares œuvres de la littérature allemande) qui mérite d'être lue et relue. »* F. Nietzsche. ♦ *« Il cherche, par-delà les problèmes de son temps ou du nôtre, l'essence de la véritable humanité. »* Hermann Hesse. ♦ *« La limpidité d'Adalbert Stifter est comparable à celle de l'auteur de* Zadig *et de* Candide. *»* Peter Handke.

RÉF. : O. Pouzar, *Ideen und Probleme in Adalbert Stifters Dichtung,* Reichenberg, 1928. — E. Lunding, *Adalbert Stifter,* Copenhague, 1946. — E. Blackall, *Adalbert Stifter, a critical study,* Cambridge, University Press, 1948. — K. Steffen, *Adalbert Stifter. Deutungen,* Bâle et Stuttgart, Birkhäuser, 1955. — K. G. Fischer, *Die Pädagogik des Menschenmöglichen. Adalbert Stifter,* Linz, 1962. — U. Roedl, *Stifter* (rororo bildmonographie), Rowohlt, 1965. — P. H. Zoldester, *Adalbert Stifters Weltanschauung,* Berne, 1970. — J. L. Bandet, *Adalbert Stifter ; introduction à la lecture de ses nouvelles,* Paris, Klincksieck, 1974. — R. Wildbolz, *Adalbert Stifter, Langeweile und Faszination,* Stuttgart, Berlin, Köln, Mainz, Kohlhammer, 1976. — P. A. Schoenborn, *Adalbert Stifter, sein Leben und Werk,* Berne, 1992.

STIRNER Max (pseud. de Johann Kaspar Schmidt). Philosophe allemand. Né à Bayreuth le 25 octobre 1806, mort à Berlin le 26 juin 1856. Il ne fit pas des études universitaires complètes mais suivit quelque temps les cours de philosophie de Hegel à Berlin. Sans fortune, il travailla ensuite comme professeur dans une école supérieure de jeunes filles. Il fit aussi un peu de journalisme. Entré vers 1840 en relation avec un des cercles d'agitation révolutionnaire allemands, le groupe des « Affranchis », où fréquentèrent également Bruno Bauer, Engels et Karl Marx, il s'y fit remarquer à la fois par la grande réserve de ses manières et le radicalisme de sa pensée, résumée dans l'ouvrage intitulé *L'Unique et sa propriété* (*) (1844), véritable bréviaire de l'anarchisme individualiste. Dans les années suivantes, il fit également paraître des traductions de Jean-Baptiste Say et d'Adam Smith et une *Histoire de la réaction* [*Geschichte der Reaktion*, 2 vol., 1852]. Dans ses dernières années, il mena une vie extrêmement misérable, solitaire, fuyant ses anciens amis, errant de logis en logis, mis à deux reprises en prison pour dettes et ne subsistant que grâce à de petites besognes de garçon de courses. Sa disparition passa à peu près inaperçue et Stirner resta complètement inconnu jusqu'à la biographie que lui consacra en 1897 John-Henry Mackay.

RÉF. : John-Henry Mackay, *Max Stirner, sein Leben und sein Werk*, 1897. — Paul Elzbacher, *L'Anarchisme*, Paris, 1902. — Victor Basch, *L'Individualisme anarchiste, Max Stirner*, Paris, 1904. — Manuel Devaldès, *Réflexions sur l'individualisme*, Paris, 1910. — Max Nettlau, *Der Vorfrühling der Anarchie*, Berlin, 1925. — E. Armand, préface à la traduction française de *L'Unique et sa propriété*, Paris, 1948. — Henri Arvon, *Aux sources de l'existentialisme, Max Stirner*, Paris, 1954. — Diederick Dittmeyer (éd.), *Max Stirner ou la Première Confrontation entre Karl Marx et la pensée antiautoritaire*, Lausanne, 1979.

STOCKHAUSEN Karlheinz. Compositeur allemand. Né à Mödrath près de Cologne le 22 août 1928. Après une jeunesse marquée par la Seconde Guerre mondiale et des études de pédagogie musicale au Conservatoire de Cologne (1947-51), Stockhausen découvre les tendances les plus récentes de la musique lors du cours d'été de Darmstadt en 1951. Les contacts enrichissants avec Karel Goeyvaerts, Olivier Messiaen et Pierre Boulez lui permettent de trouver son orientation esthétique et les moyens techniques pour la mettre en œuvre assez rapidement. Même si dans le détail ces moyens se modifient régulièrement, voire d'œuvre en œuvre, l'objectif d'une adéquation de la matière acoustique brute à la forme reste déterminante pour l'ensemble de sa création. Après des œuvres instrumentales comme *Kreuzspiel* (1951) et *Kontra-Punkte* (1953), son approche radicale du problème le pousse vers les moyens de production mécanique : il réalise une première étude concrète au studio de Pierre Schaeffer à Paris (1952) et compose à Cologne, pour ses *Études électroniques*, les premiers spectres synthétiques dont les proportions internes répondent aux mêmes lois que toutes les autres dimensions de la composition. L'expérience du studio montre cependant aussi les limites de la musique sur bande magnétique et, dès 1954, Stockhausen compose parallèlement des œuvres électroniques et une musique instrumentale conçue en fonction des particularités de l'interprète humain. Cette redécouverte de l'instrumentiste s'accompagne, dans l'esthétique, du passage du quantitatif au qualitatif : priment les figures, les gestes et les courbes d'évolution dans tous les paramètres. La *Pièce pour piano XI* (premier mobile européen), *Zeitmaße* et *Le Chant des adolescents* (*) qui datent de 1956, puis *Gruppen* pour trois orchestres (1955-57), toutes ces œuvres livrent une solution différente à la question d'un nouveau temps musical. Dans *Kontakte* (1958-60), les sons de la partie électronique sont obtenus par accélération de suites d'impulsions aux proportions identiques à celles qui règlent la forme, une forme déterminée par la juxtaposition de séquences selon des critères de ressemblance et d'opposition — la « Momentform ». Une telle conception permet le contrôle qualitatif du détail et du processus général que décrit une œuvre, même si la partition définitive est en partie due aux choix des interprètes : *Momente* (*), *Mixtur* et *Mikrophonie I* (1964) où Stockhausen utilise le microphone de manière productive dans la transformation en direct des sons produits par les instruments. Dans les musiques électroniques *Telemusik* (1966) et *Hymnen* (1966-67), le compositeur a voulu intégrer la fraîcheur de musiques géographiquement éloignées. À côté de toutes ces œuvres relativement fixées, Stockhausen se met à la recherche d'une musique intuitive : partant des principes du modèle de composition *Plus-Minus* (1963), il ne fixera que l'évolution globale du parcours de chaque interprète. Le matériau est d'origine variable et peut même provenir au hasard d'un émetteur à ondes courtes – *Kurzwellen, Spiral* (1968), etc. Après l'expérience d'exécutions régulières de ces musiques intuitives à l'exposition d'Osaka (1970), Stockhausen revient à des textes musicaux fixés, prévoyant dorénavant aussi les gestes et les déplacements des musiciens. Dans *Inori* (1974) pour orchestre et danseurs exécutant des gestes de prière, la musique redevient rituelle. Dans *Harlekin* (1975), le clarinettiste danse un contrepoint rythmique à sa mélodie et décrit des figures dans l'espace. Depuis 1978, Stockhausen se consacre exclusivement à son projet théâtral *Licht* [Lumière] conçu sur le modèle des sept jours de la semaine. Poursuivant ses recherches de composition formelle [Formelkomposition], tout dans cet opéra est projection d'une triple formule mélodique et rythmique réunissant les personnages principaux Michael, Eva et Luzifer. Travaillant en étroite collaboration avec un petit noyau de musiciens, c'est surtout au raffinement du jeu instrumental que Stockhausen s'est voué depuis lors : échelles à micro-intervalles comme dans *Sirius* (*) et élargissement de la palette des timbres instrumentaux par l'intégration de bruits (chuchotements, bruits de clés, etc.).

PASCAL DECROUPET.

RÉF. : « Karlheinz Stockhausen », six volumes de *Texte*, Cologne, 1962-1989. – Jonathan Cott, *Conversations avec Stockhausen*, Paris, 1979. – Robin Maconie, *Stockhausen*, Londres, 1976, 1990.

STODOLA Ivan. Auteur dramatique slovaque (promu « artiste national » en 1967). Né le 10 mars 1888 à Liptovský Svätý Mikuláš, mort le 26 mars 1977. La Slovaquie, libérée en 1918, possède enfin son « Théâtre national », mais il lui faut de nouvelles pièces. Stodola, médecin et véritable homme de théâtre, les lui fournit. Sa gamme est étendue, son esprit d'observation bien aiguisé, son imagination débordante. Il excelle dans la comédie satirique des mœurs de son temps : *Monsieur notre Ministre* [*Náš pán minister,* 1927], *Un thé chez monsieur le sénateur* [*Caj u pána senátora,* 1929], *Quand le héros de la fête pleure* [*Ked jubilant plače,* 1941], etc. Sa tragi-comédie *La Carrière de Jožko Púčik* (*) (1931) peut être considérée comme son chef-d'œuvre. Elle a été adaptée à l'écran avec un grand succès, comme d'ailleurs plusieurs de ses pièces. Ses tragédies sont moins nombreuses : outre le drame d'amour *La Femme du berger* [*Bačova žena,* 1928], elles s'inspirent volontiers du passé : *Le roi Svätopluk* [*Král' S.*, 1931] évoquant la Grande-Moravie, *Marína Havranová* (1943), la période révolutionnaire de 1848, *Le Poète et la Mort* [*Básnik a smrť,* 1947]... En 1948, la carrière de Stodola semble terminée ; mais en 1958 on joue sa comédie *La Paille et la Poutre* [*Malso na hlave*].

STOPPARD Tom. Écrivain anglais. Né à Zlin (Tchécoslovaquie) le 3 juillet 1937. Tom Stoppard a une place singulière dans le théâtre anglais contemporain, du fait de ses origines, et du succès relativement tardif dans l'histoire des Jeunes gens en colère de sa pièce la plus célèbre, *Rosencrantz et Guildenstern sont morts* (*) (1967).

La vie de Tom Stoppard est, jusqu'à son arrivée en Angleterre, romanesque et nomade, dès le début profondément marquée par l'histoire. En 1939, à la veille de l'invasion nazie en Tchécoslovaquie, la famille émigre à Singapour. En 1942, elle trouve refuge en Inde ; le père, resté à Singapour, trouve vraisemblablement la mort lors de l'invasion japonaise. Après la guerre, la famille s'établit en Angleterre : la mère s'est remariée avec un commandant de l'armée britannique, dont Tom, né Straussler, choisit de porter le nom. Tom Stoppard est donc un écrivain émigré originaire d'un pays de l'Est : statut original parmi les auteurs dramatiques anglais des années 60, presque tous très critiques à l'égard de l'« Establishment » britannique. Stoppard, lui, voue une sincère et inaltérable reconnaissance au système occidental qui a pu l'accueillir. D'abord délibérément à l'écart des engagements de rigueur chez les intellectuels de sa génération, Tom Stoppard, qui fut journaliste dès l'âge de dix-sept ans, affirmera franchement ses positions contre le totalitarisme soviétique, jusqu'à militer avec Amnesty International. Il interviendra notamment en faveur de Vaclav Havel, qu'il rencontre à Prague en 1977.

Stoppard est venu au théâtre par la critique dramatique, mais aussi à la suite du choc que produisit sur lui Peter O'Toole, interprète d'Hamlet et du Jimmy Porter d'Osborne dans *Jeune homme en colère* (*). C'est comme auteur de pièces radiophoniques et télévisées qu'il commence sa carrière dramatique. Ses premières pièces relèvent encore d'une esthétique réaliste. La célébrité lui vient en 1967 avec *Rosencrantz et Guildenstern sont morts.* De même que le succès de la pièce s'élabora dans une certaine marginalité – des étudiants d'Oxford la présentent en marge du Festival d'Édimbourg –, de même Stoppard a choisi ses deux héros parce qu'ils sont des caractères secondaires d'*Hamlet :* leur itinéraire devient une « dérive », incompréhensible pour eux, fondamentalement humaine pour nous. Sans doute est-ce ce nouvel éclairage, en même temps que le refus de la psychologie traditionnelle et la virtuosité pleine d'humour avec laquelle Stoppard manipule le texte de *Hamlet* qui explique le succès, à l'origine un peu intellectuel, de la pièce.

Les pièces ultérieures de Stoppard relèvent, sinon du théâtre engagé, du moins du théâtre d'idées. Après *Parodies* [*Travesties,* 1974], *Tout bon garçon mérite une faveur* [*Every Good Boy Deserves Favour,* 1977] met en scène des dissidents soviétiques incarcérés dans un asile psychiatrique. *Night and Day* (1978) traite du problème de la liberté de la presse face à un pouvoir totalitaire.

On a beaucoup accusé Tom Stoppard d'intellectualisme, mais aussi de conservatisme. Son ironie, son goût de la parodie et de la citation en font pourtant un des auteurs dramatiques les plus brillants et les plus critiques de sa génération.

ANOUCHKA VASAK.

RÉF. : J. Russell Taylor, *Anger and After* et *The Second Wave,* Londres, 1969 et 1971. – « Le Roman et le théâtre en Grande-Bretagne, 1970-1980 », n° spécial d'*Études anglaises.* – M. C Pasquier, N. Rougier et B. Brugière, *Le Nouveau Théâtre anglais,* Paris, 1969.

STORM Theodor Woldsen. Écrivain allemand. Né le 14 septembre 1817 à Husum, dans le Schleswig-Holstein, mort à Hademarschen le 4 juillet 1888. Il était le fils d'un avocat de famille noble et son enfance s'écoula dans sa petite ville natale. Les grandes inondations de 1825 laissèrent chez lui une forte et terrible impression, et même dans son dernier récit il est encore question de cette catastrophe. Son paradis d'enfant fut un moulin à eau situé dans la propriété de ses grands-parents, non loin de la ville, et les impressions que lui suggérèrent alors ces paysages reviennent souvent dans ses œuvres. Après avoir fait ses humanités à Lubeck, où il fréquenta le poète réputé Geibel, il partit à vingt ans pour étudier le droit à Kiel, puis à Berlin. Étudiant, il publia avec les frères Mommsen – Theodor, le futur historien de Rome, et Tycho – le *Livre de chants des trois amis* [*Liederbuch dreier Freunde*, 1843]. La même année, il s'installa comme avocat dans sa ville natale ; il était passionné de musique et fonda une société chorale qu'il dirigea lui-même. Il s'éprit d'une cousine, Constance Woldsen, et l'épousa en 1846, mais son véritable grand amour fut une autre jeune fille, « la petite Do », une amie de sa sœur ; il avait pour elle une passion qu'il ne ressentait pas pour Constance, toutefois il lutta contre ce sentiment et parvint à l'étouffer ; mais les traces de cet amour et de ce combat sont visibles dans beaucoup de ses nouvelles. Dès les premiers temps de sa vie conjugale, il commença à écrire des contes inspirés des récits d'une vieille gouvernante, puis peu à peu il tira de sa propre substance les sujets de ses récits. Parmi ses premiers ouvrages se trouve l'un des plus accomplis, *Immensee* (*), qui le rendit immédiatement célèbre. En 1848, le Schleswig-Holstein se révolta contre le Danemark, mais celui-ci arrêta toute tentative ou tout mouvement d'indépendance. Storm, à qui l'on interdit l'exercice de la profession d'avocat, passa en Prusse où il obtint un modeste emploi dans la magistrature, à Potsdam, puis à Heiligenstadt. Au cours de ces années d'exil, dures à cause de la nostalgie de sa patrie, des difficultés matérielles et de son incapacité de s'adapter au milieu rude de la bureaucratie prussienne, il se lia avec Eichendorff, Fontane et Heyse. En 1855, pendant un voyage, il fit la connaissance de Mörike. Il regagna Husum après la fin de la guerre austro-prusso-danoise de 1864 et y devint juge. Un an après, il perdit sa femme, Constance ; sa maison, l'existence de ses enfants, imposèrent au poète la décision de se remarier, alors, il repensa à « la petite Do », qu'il avait complètement perdue de vue. Ce second mariage créa une situation psychologique très délicate qu'il a reproduite dans sa très belle nouvelle *Viola tricolor.* Son art d'écrivain avait mûri et s'était enrichi, aussi ses plus beaux récits datent-ils de cette époque : *Aquis submersus* (+), *Les Fils du sénateur* (*) et son chef-d'œuvre, *L'Homme au cheval blanc* (*). À sa retraite, il s'établit dans une petite ville proche de Hademarsch et y mourut dans la sérénité. Il se trompa lui-même sur la valeur de son œuvre : jusqu'à la fin, il pensait être le plus grand poète lyrique vivant de la littérature allemande et il croyait que ses poésies seraient encore lues quand ses nouvelles seraient oubliées. Sa nature hypersensible d'artiste, apte aux finesses psychologiques et inspirée par les lignes du paysage nordique, a donné une tournure poétique particulière à ses nouvelles qui comptent parmi les plus belles de la littérature allemande du XIXe siècle.

VINCENZO MARIA VILLA.

♦ *« Personne, je crois, hors Dickens, n'a rendu comme Theodor Storm le côté fuligineux de la vie ; le silence des âmes qui ne peuvent pas s'exprimer... ; la lente fermentation des amours, des rêves ou des haines chez des êtres repliés sur eux-mêmes... ; l'incertitude sur l'identité réelle des êtres ; les terreurs secrètes ; l'ombre enfin. »* Edmond Jaloux.

RÉF. : Gertrud Storm, *Theodor Storm, ein Bild seines Lebens*, 2 vol., Berlin, 1912-13. – H. Jess, *Theodor Storm, sein Leben und Shaffen*, Westermünden, 1917. – Robert Pitrou, *Théodore Storm*, thèse, Paris, 1920. – Edmond Jaloux, *Du rêve à la réalité*, Paris, 1932. – Hans Heitmann, *Theodor Storm*,

Stuttgart, 1943. – Winfried Freund, *Theodor Storm*, Stuttgart, 1987.

STORNI Alfonsina. Poétesse argentine. Née à Sala Capriasca (Suisse italienne) le 29 mai 1892, morte à Mar del Plata (Argentine) le 25 octobre 1938. Son enfance est marquée par « la douce fragrance / de la douce San Juan ». En 1911, elle s'installera à Buenos Aires où elle enseignera dans plusieurs institutions publiques et privées. Son *Œuvre poétique* (*), essentiellement autobiographique, est fortement empreinte de ses sentiments, de ses pulsions, de son appréhension du monde. Une première époque (1916-1925), de facture essentiellement romantique et moderniste, mélancolique et sensorielle, exprime les émois de la jeune femme, ses amours exaltées, ses déceptions, et aussi une revendication de ses droits dans un univers permissif pour l'homme et exigeant pour la femme. Le choc entre le ressentiment éprouvé vis-à-vis du sexe masculin et le besoin d'amour physique et affectif donne un tour particulier à son inspiration et à son féminisme. La deuxième période (1934-1938), qui suit un silence de neuf ans, marque une évolution sensible vers les nouvelles formes poétiques apportées par les mouvements d'avant-garde. Sa poésie devient plus intellectuelle, plus abstraite, plus hermétique, mais aussi plus acide et plus angoissée. Mais, si le ton et la forme ont changé, les thèmes récurrents sont restés les mêmes : le cosmos, la femme, l'homme, l'amour, la mer, la mort... Toute sa vie, Alfonsina fut hantée par l'idée de la mort. Dans les derniers temps l'évocation en était devenue obsessionnelle. En octobre 1938, elle voyage à Mar del Plata. Là, elle compose un sonnet intitulé « Je vais dormir » [Voy a dormir] qui développe le thème du – de son – repos éternel. Le 25 du même mois, faisant confluer dans un dernier acte deux de ses hantises, elle met fin à ses jours en se jetant dans l'Océan. (Alfonsina Storni aborda – avec moins de bonheur – le théâtre en composant deux pièces, *Le Maître du monde* [*El amo del mundo,* 1927] et *Deux farces pyrotechniques* [*Dos farsas pirotécnicas,* 1931], ainsi que des saynètes pour enfants.)

CLAUDE CYMERMAN.

RÉF. : Conrado nalé Roxló et Mabel Mármol, *Genio y figura de Alfonsina Storni,* Buenos Aires, 1964. – L. Pérez Blanco, *La poesía de Alfonsina Storni,* Madrid, 1975. – R. Phillipps, *Alfonsina Storni, From Poetess to Poet,* Londres, 1975. – S. Jones, *Alfonsina Storni,* Boston, 1979.

STOYANOV Ludmil (pseud. de Georges Zlatarev). Écrivain bulgare. Né à Kovatchevitza le 6 février 1886, mort le 11 avril 1973 à Sofia. Ses débuts littéraires sont liés à l'école symboliste, avec ses recueils de poèmes, *Visions au carrefour* [*Vidénija na krastopat,* 1914] et *Le Choléra* [*Kholéra,* 1937]. Dans les années 30, il déploie une intense activité antifasciste et représente la Bulgarie aux « Congrès pour la défense de la culture » de Paris (1935) et de Madrid (1937). Ses rencontres avec André Malraux, Alexis Tolstoï, Heinrich Mann, etc., sont racontées dans le livre *Mes rencontres* [*Moité sreshti,* 1938]. En 1936, Stoyanov effectue un voyage en U.R.S.S. et devient un propagandiste convaincu de la littérature soviétique. Son œuvre d'écrivain, publiciste, traducteur s'étend sur une soixantaine d'années et est réunie en trente volumes – v. *Le jour se lève* (*) (1945).

STRABON. Historien et géographe grec. Tous les éléments connus de sa vie sont tirés de sa *Géographie* (*). Né à Amasée dans le Pont vers 64/63 av. J.-C., mort en Italie après 23 apr. J.-C. Il descendait d'une vieille famille grecque dont quelques membres avaient joué un rôle important auprès des rois du pays, en particulier auprès de Mithridate V Evergète et Mithridate VI Eupator. Sa fortune lui permit de voyager à son gré et de suivre les leçons des meilleurs maîtres de l'époque. Il fréquenta d'abord l'école de Nysa en Carie, où professait le célèbre rhéteur et grammairien Aristodème, puis se rendit à Rome avant l'an 44 av. J.-C. Il y fut disciple du savant philologue Tyrannion, originaire d'Amisos dans le Pont, auquel Cicéron confia l'éducation de ses fils. On sait qu'il fut aussi l'élève du philosophe péripatéticien Xénarque de Séleucie, mais l'on ignore quels furent ses autres maîtres, et, en particulier, qui l'initia au stoïcisme. Son goût pour l'histoire et la géographie lui fit visiter l'Asie Mineure jusqu'à l'Arménie, les îles grecques, la Grèce et l'Italie. À partir de 25/24 av. J.-C., il séjourna longtemps en Égypte, où il avait suivi le préfet Ælius Gallus ; il remonta le Nil et s'adonna à ses recherches dans la célèbre bibliothèque d'Alexandrie. Il retourna ensuite en Italie. Du temps de Strabon, Rome avait atteint l'apogée de sa grandeur et étendu sa domination sur la majeure partie du monde habité connu à l'époque. Cette situation était propre à susciter une grande œuvre qui ferait connaître l'ensemble des pays réunis sous l'égide de l'Urbs, et qui proposerait une synthèse des mœurs des divers peuples et leur histoire jusqu'à leur réunion dans un seul empire. Strabon prit sur lui de réaliser ce projet grandiose. Entre 27 et 25 av. J.-C., il acheva sa première œuvre, aujourd'hui perdue : ses *Études historiques* ['Ιστορικὰ ὑπομνήματα] en quarante-sept livres, conçus comme une suite du récit de Polybe. Il y narrait les événements allant de la destruction de Carthage en 146 à la fondation de l'Empire. Comme suite logique de son travail historique, il entreprit ensuite la composition de sa deuxième œuvre, qui nous est conservée intégralement hormis la fin du livre VII : *Géographie* ou *Études géographiques* en dix-sept livres. Il se peut que l'ouvrage ait paru une première fois en 7 av. J.-C. Quoi qu'il en soit, l'auteur y travailla encore jusqu'à la fin de sa vie, comme en témoignent les allusions à certains faits. La *Géographie* eut peu de succès lors de sa parution, mais valut à son auteur d'être considéré au cours des siècles suivants comme « le Géographe » par excellence.

ALESSANDRA LUKINOVICH.

RÉF. : M. Dubois, *Examen de la « Géographie » de Strabon,* Paris, 1891. – G. Aujac, F. Lasserre et al., *Strabon, Géographie,* Paris, 1966-1989 (vol. I-IX, à compléter). – G. Aujac, *Strabon et la science de son temps,* Paris, 1966. – P. Pédech, *La Géographie des Grecs,* Paris, 1976.

STRACHEY Giles Lytton. Écrivain anglais. Né à Londres le 1er mars 1880, mort à Inkpen dans le Berkshire le 21 janvier 1932. Son père était général et avait été administrateur des Indes ; sa mère était une essayiste de grand talent, qui avait réuni autour d'elle un petit cercle d'écrivains dont firent notamment partie Virginia Woolf, Arthur Waley et E. M. Forster. Il fut donc élevé dans une atmosphère particulièrement propre à développer ses goûts littéraires et à les enrichir. Strachey fit ses études au Trinity College de Cambridge et n'eut pas à se préoccuper d'exercer une profession puisque sa fortune lui donnait la possibilité de vivre à sa guise. Il débuta par quelques poèmes mais se découragea devant leur insuccès. Il garda le silence jusqu'à l'âge de trente-deux ans, occupant son temps en études et en recherches. Son premier livre *Étapes de la littérature française* [*Landmarks in French Literature,* 1912] reçut un excellent accueil et fut abondamment commenté. Son deuxième lui valut la renommée. C'était *Victoriens éminents* (*) (1918) qui groupait les biographies de quatre personnages typiques de l'époque victorienne. La concision, l'intelligence, le mordant et la vivacité de ses portraits l'imposèrent immédiatement comme un maître du genre. Il joignait à l'amour de la vérité une ironie subtile ou parfois féroce qui enchantait ses lecteurs et leur faisait trouver ces personnages du passé encore plus vivants que les gens d'aujourd'hui. Son succès fut à la mesure de cette nouveauté, et c'est pour échapper aux obligations de la célébrité et pouvoir travailler en paix qu'il se retira à Inkpen où il devait finir ses jours. Son œuvre la plus réussie, sans doute parce qu'elle a pour cadre une époque où il aurait aimé vivre, est son *Élizabeth et le comte d'Essex* (*) [*Elizabeth and Essex,* 1928], qui retrace les relations de la grande reine et de son jeune favori, qu'un moment de révolte conduit à l'échafaud. Ses autres livres sont : *La Reine Victoria* (*) [*Queen Victoria,* 1922], *Livres et Personnalités* [*Books and Characters,* 1922], *Pope* (1925), *Portraits en miniature* [*Portraits in Miniature,* 1931], et *Personnalités et Commentaires* [*Characters and Commentaries,* 1933].

RÉF. : M. Beerbohm, *Lytton Strachey,* Cambridge, 1943. – J. K. Johnstone, *The Bloomsbury Group,* New York, 1954. – A. A. Scott-James, *Lytton Strachey,* Londres, 1955. – C. R. Sanders, *Lytton Strachey, his Mind and Art,* New Haven, 1957. – M. Holroyd, *Lytton Strachey, a Critical Biography,* 2 vol., Londres, 1967-68 ; *Lytton Strachey and the Bloomsbury Group,* Londres, 1971. – G. Merle, *Lytton Strachey,* Paris, 1980.

STRACHWITZ Moritz Karl Wilhelm Anton, comte de. Poète allemand. Né le 13 mars 1822 à Peterwitz en Silésie, mort le 11 décembre 1847 à Vienne. Fils d'un capitaine de cavalerie autrichien qui devint plus tard conseiller à la cour de Prusse, il étudia le droit à Breslau et Berlin où il fut membre de sociétés patriotiques étudiantes nées de la guerre de libération en 1813 (Burschenschaften). Il fut un temps rapporteur au tribunal de Grottkau mais, de santé fragile, il se retira de toute activité publique pour s'adonner exclusivement à la poésie. Il vécut alors au château de Peterwitz, puis dans ses terres de Schebetau, en Moravie. De son vivant, il a publié deux recueils de poèmes lyriques et épiques. Dans ses *Chants d'un ressuscité* [*Lieder eines Erwachenden,* 1842], qui révèlent une inspiration puissante, l'on remarque encore de fortes influences de Platen, Uhland et Geibel. Ses *Poésies* (*) et *Nouvelles Poésies* [*Neue Gedichte,* 1847], parues dans une meilleure édition en 1912, sont composées selon une forme très rigoureuse et soignée, elles débordent d'une inspiration romantique, elles sont traversées par la passion brûlante et pénétrées d'un sentiment aristocratique et patriotique. Strachwitz, mort prématurément, n'a pas eu le temps de donner la mesure d'un talent qui affirma déjà pourtant sa grande maîtrise dans des ballades devenues célèbres, telle *Le Cœur de Douglas* (+) ou *Pharao* ; elles sont les meilleurs poèmes de ce disciple de Herder qui voulut ramener la poésie à ses origines.

STRADELLA Alessandro. Compositeur italien. Né probablement à Nepi, près de Viterbo, vers 1638, mort à Gênes le 28 février 1682. Il aurait fait ses études musicales à Bologne avant de se fixer à Rome au service de la reine Christine de Suède. Il est chassé de la ville en 1677 après avoir participé à une escroquerie. À Venise, il s'éprend d'une de ses élèves et doit à nouveau prendre la fuite devant les sbires de son mari. Il se fixera à Gênes en 1678. Il a composé plusieurs opéras, *Il Trespolo Tutore* (Rome, 1676), *La Force de l'amour paternel* (*) (Gênes, 1678), de nombreux oratorios, *Esther, Saint-Jean-Baptiste* (1675), et plus de vingt cantates qui en font l'un des compositeurs italiens les plus originaux de son siècle. Sa vie turbulente a donné lieu à plusieurs opéras, notamment celui de Flotow, *Alessandro Stradella* (1884).

ALAIN PÂRIS

STRAPAROLA Giovanni Francesco. Poète italien. Né à la fin du XVe siècle à

Caravaggio (Lombardie), mort vers 1557. Les informations sur sa vie sont incertaines. Il est l'auteur d'un recueil de nouvelles, *Les Facétieuses Nuits* (*) (1550-1553), inspirées de l'œuvre de Boccace, qui furent très célèbres en Italie et en France. Charles Perrault et Molière y puisèrent pour leur œuvre propre.

STRAUS Oscar. Compositeur autrichien. Né à Vienne le 6 mars 1870, mort à Ischl le 11 janvier 1954. Compositeur d'opérettes, qui rencontra ses plus grands succès en Angleterre et aux États-Unis. Ses œuvres les plus connues sont *Rêve de valse* [*Ein Walzetraum*, 1907], *Le Soldat de chocolat* [*Der tapfere Soldat*, 1908] d'après Bernard Shaw, *La Dernière Valse* [*The last Waltz*, 1922], et surtout *Trois Valses* (*) (1937) dont les deux premiers actes sont de Johann Strauss, père et fils, et qui connut un énorme succès à Londres et à Paris.

STRAUSS Botho. Romancier et dramaturge allemand. Né le 2 décembre 1944 à Naumburg. Après des études de germanistique, d'histoire du théâtre et de sociologie à Cologne et Munich, il devient critique auprès de la revue *Theater heute* (1967-1970), puis collabore comme dramaturge à la Schaubühne de Berlin, fondée par Peter Stein. C'est pour cette scène particulièrement ouverte et propice à l'innovation qu'après avoir adapté Labiche et surtout Gorki il écrit ses premières pièces.

« La mise à nu des sentiments » : telle est l'ambition avouée, ici, par le dramaturge. C'est dire que l'obsession de l'histoire, entretenue par la génération précédente et incarnée dans le théâtre dit documentaire, a vécu. La « sociabilité » de l'individu, son intégration consciente-inconsciente au sein d'un groupe, d'un couple ou d'une classe, n'est plus posée comme un a priori, mais constitue au contraire le point de départ de la dramaturgie. Non que cette « nouvelle subjectivité », comme on l'a appelée parfois en rapprochant Botho Strauss de Peter Handke – en particulier d'une pièce telle que *La Chevauchée sur le lac de Constance* (*) –, se conçoive comme apolitique ; mais, en matière de critique sociale, Botho Strauss se veut « davantage un auteur qui cherche qu'un auteur qui sait ». La mise à nu des sentiments, ainsi comprise, s'articule à travers une poétique de la discontinuité. L'écrivain relève des traces : « Nous sommes ici pour rassembler les restes, nous ne sommes pas les grands fondateurs. Ce qui compte, c'est d'être, pour une petite part, un transporteur. » Il ne s'agit pas pour autant d'un simple collage : dans cet exercice de la discontinuité, « il y a une façon de densifier les sauts ». Le sens (et le ressort dramatique) réside dans les coutures de l'habit d'arlequin de l'imaginaire, les arêtes entre les éléments qui relèvent de la mimésis ou du fantastique, qui ressortissent au registre mélodramatique ou comique, mythique ou trivial. La première pièce, *Les Hypochondres* [*Die Hypochonder*, 1972], démonte une histoire d'amour – entre Vladimir et Nelly – au miroir de la fiction policière et du roman gothique. *Visages connus, sentiments mêlés* [*Bekannte Gesichter, gemischte Gefühle*, 1974] réfléchit le désarroi et la nostalgie des clients d'un hôtel réunis pour participer à un tournoi de danse tant à travers le *Théâtre de marionnettes* de Kleist que l'histoire de Blanche-Neige. *La Trilogie du revoir* [*Trilogie des Widersehens*, 1976], qui valut à Botho Strauss d'accéder véritablement à la notoriété, investit et manipule le discours intellectuel sur l'art : les membres d'une « société des amis du musée » se retrouvent dans une galerie pour visiter ensemble une exposition de peinture ; ce sont eux qui, bientôt, en vérité, « s'exposent » ; les relations qu'ils entretiennent sont aussi précaires que les rapports qui unissent les tableaux accrochés sous leurs yeux. L'action de *Grand et petit* [*Gross und klein*, 1978] se focalise sur le personnage de Lotte, que l'on suit à travers différentes « stations » de sa vie dans quelques lieux clés de l'espace social (de l'hôtel de touristes, à Agadir, à une « communauté d'habitation »), où elle s'évertue, à chaque fois, à secouer les égoïsmes ; mais Lotte n'est pas Katharina Blum ; son discours altruiste est encore une pose et sonne aussi faux que celui des autres ; ses « stations » dessinent un chemin de croix ironique qui fait d'elle « un ange dégoûtant ». Elle échoue finalement dans la salle d'attente d'un cabinet médical où elle reste seule, après que tous les autres clients ont été successivement appelés ; au médecin qui lui demande si elle avait rendez-vous elle répond laconiquement : « Non, je suis venue comme cela, je n'ai besoin de rien. – Alors, partez. – Oui, c'est cela. » Sur le même thème de l'indifférence sociale, *Le Parc* (*) (joué en 1984) fait intervenir les personnages shakespeariens de Titania et Obéron, sortis du *Songe d'une nuit d'été* (*) et qui viennent se mêler aux humains pour tenter vainement de leur réapprendre le désir.

La prose de Botho Strauss obéit fondamentalement à la même poétique que sa dramaturgie : construction morcelée, faite de bribes, où se repère, se perd le Je. Richard, le héros-narrateur de la longue nouvelle *La Dédicace* [*Die Widmung*, 1977], recueille les fragments du discours amoureux ; quitté par la femme qu'il aime, il tient obstinément le « procès-verbal d'une absence », au point de ne plus reconnaître, lorsqu'elle donne enfin signe de vie, celle qui représente la dédicace de son soliloque. Enfin *Le Jeune Homme* (*) (1984), le roman jusqu'à ce jour le plus ambitieux de Botho Strauss, charrie les vestiges épars de la forme narrative du roman dit d'éducation.

Toute la singularité de Botho Strauss tient à ce que, selon ses propres termes, « être d'avant-garde » n'est au fond qu'une manière d'être « traditionnel ». Une prise de conscience qui inscrit l'écriture à la fois dans la résignation et la nostalgie : « Le poète est la faible voix qui s'élève dans la caverne, sous le bruit [...] au cœur de la communication, il reste la seule personne compétente pour le contact interrompu, coupé, suspendu » (Discours de réception du prix Georg Büchner, 1989).

JEAN-JACQUES POLLET.

RÉF. : H. L. Arnold, *Botho Strauss. Text und Kritik,* Munich, 1984.

STRAUSS David Friedrich. Théologien et exégète allemand. Né et mort à Ludwigsburg (Wurtemberg) (27 janvier 1808-8 février 1874). Entré en septembre 1825 au séminaire protestant de Tübingen, il fut d'abord vicaire dans un village près de Ludwigsburg, puis professeur suppléant au séminaire de Maulbronn. Disciple de Hegel, Strauss était répétiteur au séminaire de Tübingen lorsqu'en 1835 il fit paraître sa *Vie de Jésus* (*), qui causa un scandale immense dans tous les milieux religieux d'Allemagne. Dénoncé par les journaux, frappé d'une sanction disciplinaire, Strauss fut alors muté au lycée de Ludwigsburg, mais peu après dut se résigner à abandonner l'enseignement et se retira à Stuttgart (1836). En 1839, on lui offrit cependant un poste de professeur à Zurich, mais la violente opposition des fidèles l'empêcha d'en prendre possession. Douloureusement affecté par l'obligation de renoncer définitivement à sa vocation pédagogique, Strauss, lors des événements de 1848, se présenta aux élections de la Diète de Wurtemberg et fut désigné comme représentant par sa ville natale ; mais, à la stupéfaction générale, il décida de siéger dans les rangs réactionnaires et la colère de ses électeurs le contraignit à démissionner de son mandat. Rentré à Ludwigsburg, il se consacra à son œuvre critique et historique. Il publia notamment la *Dogmatique chrétienne* [*Die christliche Glaubenslehre,* 1840], *Le Romantique sur le trône des Césars* [*Der Romantiker auf dem Thron der Cäsaren,* 1847] – pamphlet dirigé contre le roi de Prusse Frédéric-Guillaume IV, accusé par Strauss de vouloir ressusciter un cléricalisme médiéval ; *L'Ancienne et la Nouvelle Foi* (*) (1872), et diverses biographies consacrées à des héros de l'affranchissement de la pensée : *Ulrich von Hutten* (1858-60), *Voltaire* (1870), etc.

L'œuvre de David Strauss domine toute la critique religieuse du XIXe siècle et l'on peut reconnaître son influence dans trois œuvres essentielles : celle de Marx, par l'intermédiaire de Feuerbach ; de Renan et enfin dans le matérialisme de Haeckel. Mais cette œuvre était d'autre part préparée par la contradiction fondamentale introduite par Hegel dans le protestantisme allemand : contre les rationalistes hégéliens, qui prétendaient sauver le christianisme en le vidant de tout contenu surnaturel et en fondant la religion sur la seule rationalité de l'idée chrétienne, Strauss montrait que le christianisme ne peut avoir d'autre fondement que la véracité du témoignage. Seulement, se retournant alors contre les « surnaturalistes », il ajoutait que le témoignage évangélique ne saurait jouir d'un traitement privilégié, et doit être soumis aux mêmes exigences de critique historique que les autres religions antiques. Pour Strauss, le christianisme n'est explicable que par un « mythe de Jésus », forgé par la mentalité juive du temps apostolique et qui ne peut être compris sans un effort du critique moderne pour se replacer dans les perspectives de cette mentalité – méthode que reprendra Renan dans sa *Vie de Jésus* (*). Bien que Strauss se soit opposé à Hegel, on retrouve donc bien chez lui ce mouvement de « dépersonnalisation » de la religion, caractéristique de la pensée allemande du XIXe siècle, et qui avait trouvé chez Hegel son expression la plus radicale. Loin de revenir par la suite sur les thèses de son retentissant ouvrage de 1835, Strauss n'a cessé d'évoluer vers un matérialisme de plus en plus rigoureux : à la fin de sa vie, il niait toute religion fondée sur un Dieu personnel, considérait la science comme une explication suffisante de l'univers et, apologiste de l'industrialisme, concevait une morale nouvelle trouvant sa justification suffisante dans les nécessités de la vie sociale.

MICHEL MOURRE.

RÉF. : E. Quinet, *La Vie de Jésus par le Dr Strauss,* article in *Revue des Deux Mondes,* 1838. – F. Lichtenberger, *Histoire des idées religieuses en Allemagne,* Paris, 1873. – Cherbulliez, *Études de littérature et d'art,* Paris, 1873. – Nietzsche, *Considérations inactuelles,* Ire partie, 1873. – Ed. Zeller, *F. Strauss in seinem Leben und seinen Schriften,* Bonn, 1874. – Hausrath, *Strauss und die Theologie seiner Zeit,* 2 vol., 1876-78. – H. Harris, *D.F.S. and his Theology,* Cambridge, 1973. – R. S. Cromwell, *D.F.S. and his Place in Modern Thought,* Fair Lawn, 1974.

STRAUSS Emil. Écrivain allemand. Né le 31 janvier 1866 à Pforzheim, mort à Fribourg-en-Brisgau le 10 août 1960. Il fit ses études à Fribourg-en-Brisgau, y suivit les cours des philosophes Weismann et Riehl, puis à Berlin, enfin à Lausanne. Après de longues pérégrinations – il séjourna dix ans au Brésil où il fut d'abord colon, puis directeur d'une école de garçons ; ce sont ses souvenirs brésiliens qu'il mit en œuvre dans *Le Miroir des géants* [*Das Riesenspiegel,* 1934]. Strauss vécut principalement à la campagne, surtout en Bade. Il résida à Fribourg et il était docteur « honoris causa » en philosophie de l'université de cette ville. Strauss est un romancier et un dramaturge aux racines essentiellement terriennes. Le premier ouvrage qui consacra son succès fut *Le Cabaretier de l'ange* (*) (1901). Il publia ensuite *L'Ami Hein* (*) (1902) et *Croisements* (*) (1904). Strauss a donné par la suite nombre de romans ou de nouvelles, mais aucun n'atteignit le succès de ses trois premiers ouvrages, bien qu'ils aient eu de nombreux lecteurs. Ce sont *Hans et Grete* (+) (1909), recueil de nouvelles, *L'Homme nu* [*Der nackte*

Mann, 1912], roman historique, *Le Voile* (*) (1913), *Le Miroir* (*) (1919), *Danse de vie* (*) (1940). Les essais dramatiques de Strauss lui réussirent moins et ses deux pièces, *Don Pedro* (1899) et *Patrie* [*Vaterland,* 1923], ne connurent pas un grand succès. Dans une langue sonore, colorée de provincialismes alémaniques, Strauss a donné une œuvre qui se rattache très étroitement à la réalité allemande contemporaine. L'ensemble de son œuvre témoigne d'une faculté puissante de concevoir et d'une grande ouverture sur le monde, en même temps que de l'intériorité d'une perception, qui parvient à s'exprimer sous une forme sévère et claire qui reflète une grande maîtrise.

FRANÇOIS SÉGURET.

RÉF. : O. Stoessl, *Emil Strauss,* étude in *Das Literarische Echo,* 1905-06. – A. von Grolman, *Emil Strauss,* étude in *Die schöne Literatur,* 1926. – Études sur les romans in *Der Romanführer,* édité par Johannes Beer, t. V, Stuttgart, 1954. – A. Abele, *Emil Strauss. Wesen und Werk,* Munich, 1955.

STRAUSS Johann (fils). Compositeur autrichien. Né à Vienne le 25 octobre 1825, mort dans cette ville le 3 juin 1899. Fils du suivant, il fut surnommé « le roi de la valse ». Ses valses et polkas connurent en effet un immense et durable succès, surtout *Le Beau Danube bleu* (*) et *Pizzicato polka* (*). En 1844, il forma un orchestre, auquel il ajouta par la suite des éléments de l'orchestre de son père. Il le dirigea avec un grand succès dans les principales villes de France, d'Allemagne, d'Angleterre, de Russie et même des États-Unis. Comme son père, il fut directeur des Bals de la cour de Vienne. Après son mariage avec la célèbre cantatrice Jetty Treffe, il laissa la direction de son orchestre à ses frères Eduard et Josef. Il fut non seulement compositeur de danses, mais aussi de plusieurs opérettes comme *Le Carnaval de Rome, Cagliostro, Une nuit à Venise, Le Baron tzigane, La Chauve-Souris* (*), *Le Mouchoir de la reine.*

♦ *« Le cerveau le plus musical qui fût jamais... »* Richard Wagner.

RÉF. : Ludwig Eisenberg, *Johann Strauss,* Leipzig, 1894. – Rudolf Procházka, *Johann Strauss,* Berlin, 1900. – Erik Schenk, *Johann Strauss,* Potsdam, 1940. – Gaston Knosp, *Johann Strauss. La vie d'une valse,* Bruxelles, 1941. – Ernest Decsey, *Johann Strauss,* Vienne, 1948. – Jacob, *Les Strauss et l'histoire de la valse,* Heinrich-Eduard, Paris, 1955. – Hans Fantel, *Les Strauss, rois de la valse,* Paris, 1973.

STRAUSS Johann (père). Compositeur autrichien. Né à Vienne le 14 mars 1804, mort dans cette ville le 25 septembre 1849. Fils d'un aubergiste de Leopoldstadt, il apprit seul le violon à cinq ans, et à quinze entra comme altiste dans le Quatuor Lanner. Sous cet aspect d'autodidacte amateur, Strauss symbolise le caractère même de sa musique, si spontanée et insouciante dans son expression, si légère et simple dans sa forme, d'un style mondain facile. La vogue de ses danses l'amena à former son propre orchestre ; il dirigeait avec une fougue et une élégance admirables, et son ensemble devint rapidement célèbre, au point de rivaliser avec celui de Lanner et de le dépasser. Le succès obtenu en Autriche se répéta au cours des nombreuses tournées qu'il effectua avec son orchestre en France, où il revint plus souvent qu'ailleurs, en Belgique et en Angleterre. En 1835, il fut nommé directeur des Bals à la cour de Vienne. Il écrivit un grand nombre de danses (environ deux cent cinquante), dont certaines valses qui jouirent près du public d'une faveur durable – v. *Marche de Radetzky* (*).

♦ *« Strauss se promène dans un univers dont Beethoven et Weber nous ont ouvert les portes – l'univers merveilleux du rythme, terre infiniment féconde où ceux qui la cultiveront verront lever de belles moissons. »* Berlioz.

RÉF. : H. E. Jacob, *Les Strauss et l'histoire de la valse,* Paris, 1955. – H. Fantel, *Les Strauss, rois de la valse,* Paris, 1973.

STRAUSS Richard. Compositeur et chef d'orchestre allemand. Né le 11 juin 1864 à Munich, mort le 9 septembre 1949 à Garmisch. Fils d'un corniste de l'orchestre de la cour de Munich, Richard reçoit précocement une éducation musicale toute classique. À 18 ans, il a déjà composé plusieurs œuvres qui sont jouées à Munich grâce aux relations de sa famille. Sa réputation de jeune compositeur lui procure l'appui de Hans von Bülow, qui l'engage comme chef d'orchestre assistant à Meiningen. Richard Strauss découvre alors les œuvres de Liszt et de Wagner, qui allaient le marquer profondément. Sa carrière de chef d'orchestre fut brillamment menée, dirigeant successivement les opéras de Munich (1886), Weimar (1889), Berlin (1894) où il est nommé en 1908 directeur général de la musique, puis professeur de composition de l'École supérieure de musique (1917-1920). Il fonde en 1921 le Festival de Salzbourg, en collaboration avec son librettiste, Hugo von Hofmannsthal, et dirige jusqu'en 1924 l'Opéra de Vienne. Après de nombreuses tournées dans le monde, il succède en 1933 à Bruno Walter au Gewandhaus de Leipzig, et termine ses jours dans sa villa de Garmisch, en Bavière. Très marqué dans sa jeunesse par les œuvres de Brahms, Schumann et Mendelssohn, puis par celles de Liszt et de Wagner, Richard Strauss peut être considéré comme le dernier des grands compositeurs romantiques. Ses premiers poèmes symphoniques – *Don Juan* (*) (1887), *Mort et Transfiguration* (*), *Macbeth* (*) (1890), *Till Eulenspiegel* (*) (1894-95), *Ainsi parlait Zarathoustra* (*) (1896), *Don Quichotte* (*) (1898), *Une vie de héros* (*) (1899) – développent une écriture instrumentale très expressive et d'une grande richesse mélodique et rythmique. De 1905 à 1942, Richard Strauss s'adonne à l'art lyrique. Si ces premiers opéras sont écrits dans la lignée wagnérienne

– *Salomé* (*) (1905), *Elektra* (*) (1909) –, *Le Chevalier à la rose* (*) (1911) marque un retour au classicisme viennois, ce qui contribue à grandir la popularité du compositeur. Cette tendance s'affirme avec les opéras suivants : *Ariane à Naxos* (*) (1912), *La Femme sans ombre* (*), *Arabella* (*), *Hélène d'Égypte* (*), *La Femme silencieuse* (1935), *Daphné* (*), *L'Amour de Danaé* et enfin, plus mozartien que les autres, *Capriccio* (1942). Les *Métamorphoses* (*), poème symphonique composé à partir du thème de la Marche funèbre de l'*Héroïque* de Beethoven – v. *Symphonies* (*) –, et les *Quatre derniers lieder* (*) (1948) ont souvent été considérés comme le testament spirituel et l'adieu à la vie du grand compositeur allemand.

DOMINIQUE JACCOTTET.

♦ « [On est] *subjugué par la prodigieuse variété orchestrale de la* Vie d'un héros, *par ce mouvement frénétique qui vous emporte là et aussi longtemps qu'il veut. Il faut dire que l'homme qui construisit une telle œuvre est bien près d'avoir du génie... Je vous répète qu'il n'y a pas moyen de résister à la domination conquérante d'un tel homme... Il y a du soleil dans sa musique.* » Claude Debussy.

RÉF. : Claude Rostand, *Richard Strauss*, Paris, 1949. – Romain Rolland, *Correspondance avec Richard Strauss*, Paris, 1951. – Richard Strauss, *Anecdotes et Souvenirs*, Lausanne, 1951.– Antoine Goléa, *Richard Strauss*, Paris, 1965. – Dominique Jameux, *Richard Strauss*, Paris, 1971. – André Tubeuf, *Richard Strauss*, Paris, 1980. – E. Krause, *R. Strauss. Gestalt und Werk*, Munich, 1988. – Michael Kennedy, *R. Strauss*, Londres, 1988. – Herta Blaukopf, *Mahler-Strauss, correspondance 1988-1911*, Arles, 1989. – R. Strauss/Hoffmansthal, *Correspondance*, Paris, 1992.

STRAVINSKI Igor. L'un des plus illustres compositeurs du XXe siècle. Né à Oranienbaum le 18 juin 1882, mort à New York le 6 avril 1971. Russe d'origine, Stravinski vivra en France, puis aux États-Unis. C'est en autodidacte que le jeune Igor aborda les problèmes techniques de la composition, donnant la marque de sa curiosité et de son goût de résoudre ses problèmes « sans avoir recours à des procédés établis qui facilitent, il est vrai, la besogne mais qu'il faut d'abord étudier et ensuite retenir ». Rimski-Korsakov fut ensuite son professeur au Conservatoire. Les premières œuvres de Stravinski ne témoignent pas d'une grande originalité. La mort de son maître, en 1908, coïncidera pour lui avec le commencement de sa vraie vie de musicien. C'est en effet à cette date que Serge de Diaghilev crée les Ballets russes et commande à Stravinski un ballet pour la saison 1910. Le musicien se met à l'ouvrage, délaissant un opéra, *Le Rossignol* (+), qui n'en est encore qu'au premier acte. Et ce sera l'extraordinaire succès de *L'Oiseau de feu* (*). Du jour au lendemain, Stravinski est célèbre. Sa musique tranche sur tout ce qu'on a l'habitude d'entendre, par son mélange de barbarie contrôlée et de hiératisme oriental. Diaghilev, enchanté, passe de nouvelles commandes ; ce seront *Petrouchka* (*) en 1911 et *Le Sacre du printemps* (*) en 1913. *Petrouchka* fut bien accueilli du public, ce qui ne fut pas le cas pour *Le Sacre.* Ces « tableaux de la Russie païenne » choquèrent tout ce que Paris comptait de musiciens académiques, et la première représentation déclencha une véritable bataille. La brutalité de l'orchestration, la brusquerie des changements rythmiques, une certaine utilisation de la polytonalité, tout fut ressenti par beaucoup comme une révolution, alors que ce n'était que le choix d'un matériau, traditionnel dans son origine, mais manié avec une volonté de choquer. L'œuvre ne fut donnée, cette année-là, que trois fois à Paris. À la reprise, le scandale s'était éteint. Les grands ballets ne furent pas les seules productions du Stravinski des années 1910. Deux *Poèmes de Verlaine* (1910) aux tons délicats, trois *Poèmes de la lyrique japonaise* (1913), trois pièces pour quatuor à cordes et une cantate, *Le Roi des étoiles* (1914), dans lesquelles Stravinski se rapproche de l'esthétique de Schoenberg, montrent sa capacité de s'exprimer, sans rien perdre de lui-même, dans des langages très différents. 1914 voit aussi la sortie de l'opéra *Le Rossignol*, commencé sous l'influence de Rimski-Korsakov, et qui porte maintenant la trace de cinq ans d'aventures musicales. C'est en France que la guerre va saisir Stravinski. Réformé, il choisit de se fixer en Suisse ; Ansermet le met en contact avec l'écrivain vaudois Ramuz, provoquant ainsi ce qui sera une fructueuse collaboration. Leur première œuvre commune sera une version française des *Pribaoutki,* ces « chansons plaisantes » russes, presque dépourvues de sens. La tâche n'est pas facile pour le traducteur, car Stravinski veut garder au texte toute sa saveur originale, sans concessions sur les problèmes de métrique et d'intonation. Puis ce sera *Les Noces* (*), dont la composition les occupera pendant quatre ans. Ici encore, le problème est de donner un accent français au parler et aux chansons de paysans russes un soir de noces. *Renard* (+), entrepris à la même époque, a un aspect de franche gaieté ; version russo-vaudoise du *Roman de Renard* (*), c'est l'occasion pour le musicien d'expérimenter l'effet d'un ensemble instrumental réduit. 1917 est pour Stravinski une année terrible. Coupé de son pays en plein bouleversement, frappé de plusieurs deuils familiaux, sa réaction est de se jeter à corps perdu dans le travail : *Trois chansons pour enfants, Cinq pièces faciles pour piano à quatre mains, Quatre chœurs a cappella pour voix de femmes,* un poème symphonique, *Le Chant du rossignol ;* tout ceci pendant qu'il continue *Renard* et *Les Noces.* 1918 sera la dernière année suisse, marquée de deux productions importantes : le *Rag-Time* pour onze instruments, premier contact avec le jazz, et l'*Histoire du soldat* (*). Stravinski et Ramuz ont rêvé de créer un petit théâtre ambulant qui irait de ville en ville donner des spectacles sur des tréteaux. Ramuz nous a raconté comment les choses commencèrent : « J'étais russe : le sujet serait russe ; Stravinski était vaudois (en ce temps-là) : la musique serait vaudoise. Nous n'avons eu qu'à feuilleter ensemble un tome d'un illustre folkloriste russe dont j'ai oublié le nom [...] Stravinski, de son côté, avait fait une large place dans son petit ensemble au trombone et au cornet à pistons, chers à toutes nos fanfares ; une plus large encore à la grosse caisse, la caisse claire, aux tambours, aux cymbales qu'elles n'affectionnent pas moins. » La pièce fut créée en 1918 sous la direction d'Ansermet. La guerre finie, l'intermède vaudois terminé, Stravinski s'installe en France, il y retrouve Diaghilev qui lui demande un ballet sur des thèmes de Pergolèse. Ce sera *Pulcinella* (+) (1920). La même année, il publie les *Trois pièces pour clarinette,* et la *Piano Rag Music* dédiée à Rubinstein. Puis se succèdent : la *Symphonie d'instruments à vent* (+) (1920), la transcription pour piano de trois mouvements de *Pétrouchka* (1921). *Mavra,* opéra-bouffe d'après Pouchkine, constitue en 1922 ses adieux à son passé russe. Commence alors ce que l'on a appelé, à plus ou moins juste titre, la période néo-classique, que caractérisent une écriture orchestrale moins chargée, l'abandon de toute polytonalité, l'utilisation fréquente de formes anciennes. C'est une période d'intense activité, dans laquelle on peut signaler l'*Octuor* (1923), le *Concerto pour piano et orchestre d'harmonie* (*) et la *Sonate pour piano* (*) (1924), la *Sérénade* (1925), *Œdipus Rex* (*), oratorio sur un texte latin (1927), écrit en collaboration avec Cocteau. En 1929, deux ballets, *Le Baiser de la fée,* très « tchaïkovskien », et *Apollon Musagète* (+), écrit pour les seules cordes. En 1930, c'est la *Symphonie de psaumes* (*), œuvre religieuse, austère, où apparaît la grandeur du texte sacré. Les œuvres se succèdent : *Concerto pour violon et orchestre* (*) (1931), *Duo concertant pour violon et piano* (+) (1932), *Perséphone* (+) sur un texte de Gide (1933) ; en 1935, le *Concerto pour deux pianos* (*), suivi, en 1936, de *Jeu de cartes,* ballet où se retrouvent des citations de Beethoven et de Rossini. C'est l'année où Stravinski obtient la nationalité française et se présente sans succès à l'Académie des beaux-arts. En 1937, c'est le *Concerto Dumbarton Oaks* (*) ; Stravinski fait des séjours aux États-Unis où il se fixera de façon permanente à partir de 1939. C'est là qu'il terminera la *Symphonie en ut* (*), commencée dès 1938. Il publie en 1941 les *Danses concertantes,* en 1942, les *Impressions norvégiennes* et l'ineffable *Circus Polka,* en 1943 la sonate pour deux pianos et l'*Ode élégiaque.* En 1945, Stravinski acquiert la nationalité américaine ; il publie la *Symphonie en trois mouvements* (*) et l'*Ebony Concerto* (*), suivi du *Concerto pour cordes en ré* en 1946 – v. *Concertos* (*). Comme si cette masse de travail ne lui suffisait pas, il réorchestre, pour des raisons financières autant que musicales, certaines de ses premières partitions européennes. En 1947, un ballet, *Orphée* (+), où se sent l'influence de Monteverdi, précède la *Messe* (1948), partition austère dont l'écriture est proche des polyphonies médiévales. Cette même année, il demande au poète Auden un livret pour un opéra de forme classique. Ce sera *La Carrière du libertin* (*), inspirée de Hogarth. La première aura lieu à Venise en septembre 1951. De ce séjour européen, il rapporte un *Septuor* (*) et une *Cantate* (*) sur des textes anglais (1952), qui offre des points de parenté avec la *Messe* de 1948. Un nouveau tournant s'esquisse dans la carrière de ce musicien de 75 ans. Sous l'influence du chef d'orchestre Robert Craft, il s'ouvre à la musique sérielle, jusqu'alors récusée. Le ballet *Agon* (*) (1957) est la première manifestation de ce nouveau style. Désormais, presque toutes ses œuvres seront consacrées à la mémoire d'amis disparus ou à la célébration d'épisodes bibliques. Fait exception, en 1956, le *Cantique pour saint Marc de Venise.* Ses autres œuvres commémorent le souvenir de Dylan Thomas (1954), Raoul Dufy (1959), Aldous Huxley et J. F. Kennedy, la même année (1963), T. S. Éliot (1965). Par ailleurs, ce sont les *Threni* (*), « Lamentations de Jérémie » (1958), *Le Déluge* [*The Flood*] et *Abraham et Isaac* (1962). Sa dernière œuvre importante, *Requiem Canticles,* est de 1966.

Il est habituel d'opposer chez Stavinski le musicien dionysiaque, déchaînant des sons, des rythmes, des images nouvelles, et l'auteur apollinien, maître de ses moindres mouvements, contrôlant les pas de deux d'un ballet automatique. Ramuz a opposé les deux figures dans ses *Souvenirs sur Stravinski.* Il semble qu'il y ait là un malentendu, dont l'auteur lui-même s'est expliqué dans sa *Poétique musicale* (*) (1939). « Ce qui compte pour la claire ordonnance de l'œuvre – pour sa cristallisation – c'est que tous les éléments dionysiaques qui ébranlent l'imagination du créateur et font monter la sève nourricière soient domptés à propos, avant de nous donner la fièvre, et finalement soumis à la loi : c'est Apollon qui l'ordonne. » Contrairement à certaines apparences, l'œuvre tout entière de Stravinski, sous ses formes si variées, appartient à ce domaine apollinien. Nulle part, pas même dans le *Sacre,* il ne se laisse saisir par le délire sacré ; il reste à tout moment le maître incontesté des mélodies et des rythmes qu'il a déchaînés.

JEAN-FRANÇOIS LABIE.

♦ *« Ce que je percevais en vous, c'était le goût et le sens de la vie, l'amour de tout ce qui est vivant ; et que tout ce qui est vivant était pour vous, comme d'avance et en puissance de la musique. »* C. F. Ramuz. ♦ *« Pour moi, la musique est une fonction quotidienne que je me sens appelé à remplir. Je compose parce que je suis fait pour cela et que je ne saurais m'en passer. »* Igor Stravinski. ♦ *« Assurer la fonction de la musique par une référence historique, c'est là une solution qui ne va pas sans équivoque. Stravinski l'a recherchée avec un succès tout parti-*

culier. » K. Stockhausen. ♦ *« Une espèce d'avidité à se saisir de la musique déjà existante pour la transmuter en un objet agressivement personnel. »* Pierre Boulez.

RÉF. : C. F. Ramuz, *Souvenirs sur Igor Stravinski,* Paris, 1929. – Paul Collaer, *Igor Stravinski,* Bruxelles, 1938. – Igor Stravinski, *Chroniques de ma vie,* Paris, 1938, rééd. 1971 ; *Poétique musicale,* Paris, 1945. – Alexandre Tansman, *Igor Stravinski,* Paris, 1948. – Igor Stravinski et Robert Craft, *Souvenirs et commentaires,* Paris, 1953. – Robert Siohan, *Stravinski,* Paris, 1959. – Michel Philippot, *Stravinski,* Paris, 1965. – Henri Sauguet, *Portrait d'Igor Stravinski,* Paris, 1968. – Théodore Stravinski, *Le Message d'Igor Stravinski,* Lausanne, 1980. – André Boucourechliev, *Igor Stravinski,* Paris, 1982. – Igor Stravinski, *Études et témoignages,* Paris, 1982. – Eric Walter White, *Stravinski,* Paris, 1984. – Claude Tappolet, *Correspondance Ansermet-Stravinski 1914-1967,* Genève, 1990.

STREUVELS Stijn (pseud. de Frank Lateur). Poète flamand. Né et mort à Heule, près de Courtrai (Belgique) : 3 octobre 1871-15 août 1969. Neveu du prêtre-poète flamand Guido Gezelle, Streuvels ne fit d'abord que de simples études à l'école communale. Placé dès son adolescence comme garçon pâtissier à Avelghem, il y reste jusqu'en 1905, mais déjà commence à publier dans des revues quelques nouvelles qui attirent l'attention sur lui. Ayant abandonné son premier métier, il s'installe dans un petit bourg des Flandres orientales, à Ingoyhem, où il vivra en étroite communion avec une pauvre population d'ouvriers et de paysans. Resté lui-même homme de la terre, Streuvels n'en est pas moins un artiste cultivé fort soucieux de son art ; il n'a pas échappé, à ses débuts, à des influences d'époque, celle de Maupassant et du naturalisme en particulier, manifeste dans son premier livre paru en 1899, *La Vie au printemps* [*Lenteleven*]. Mais c'est l'expérience vécue, le contact de tous les instants avec la terre et les hommes simples qui restent ses seuls véritables maîtres : misères et victoires du paysan, qu'il dépeint dans *L'Août* [*De Oogust,* 1900] ; du Flamand des classes pauvres, décrit dans *L'Ouvrier* [*De Werkman,* 1913] ; tels sont les deux grands thèmes de l'œuvre de Streuvels qu'on retrouve encore dans *L'Automne* (*), dans *Le Lin* (*) (1907), son meilleur livre, ou dans des études de la vie rurale comme *Le Long des chemins* [*Langs de wegen,* 1902] et *Commerce d'amour* [*Minnehandel,* 1903]. Thèmes limités, certes, mais qui ne réduisent pourtant pas Streuvels au rang d'écrivain régionaliste. C'est pourquoi sans doute l'œuvre de Streuvels, qui reçut en 1926 le grand prix triennal de littérature flamande, a rayonné au-delà de sa province, qu'elle a connu une grande popularité en Hollande et même en Allemagne, et a valu à son auteur le titre de docteur « honoris causa » des universités de Louvain et de Munster en Westphalie.

RÉF. : A. Ridder, *Stijn Streuvels, zijn leven en zijn werk,* Anvers, 1907. – L. Sourie, *S. Streuvels,* Courtrai, 1946. – A. Demeds, *S. Streuvels,* Bruxelles, 1956. – J. Florquin, *Sijn Streuvels-boek,* Bruges, 1971.

STRINDBERG Johan August. Écrivain suédois. Né et mort à Stockholm (22 janvier 1849 - 14 mai 1912). Il est né dans une vieille maison de Riddarholmen, dans la partie la plus ancienne de Stockholm. Son père, Oskar Strindberg, était de bonne souche bourgeoise. Sa mère avait été fille d'auberge, avant de devenir la gouvernante, puis la maîtresse d'Oskar Strindberg qu'elle avait finalement épousé – d'où le titre que Strindberg donnera plus tard à son grand récit autobiographique *Le Fils de la servante* (*). Peu de temps après ce mariage, Oskar Strindberg avait fait faillite. Si l'on fait confiance à ses confessions (que démentent assez souvent les témoignages laissés par les sœurs de Strindberg), l'enfance du futur écrivain fut sombre.

Il prit rapidement conscience du contraste entre les classes supérieures (överklass) et les classes inférieures (underklass). Timide, gauche, il développa au sein de sa famille son esprit d'opposition. Son père se remaria après la mort de sa première femme. Le jeune Strindberg ne réussit pas à s'entendre avec sa belle-mère, il supporta malaisément l'autorité de son père. L'adolescence de Strindberg, moins sombre peut-être, elle aussi, qu'il n'a voulu la représenter, fut marquée par plusieurs crises morales et religieuses. Strindberg fut quelque temps piétiste, puis il lut avec passion les brochures du prédicant unitarien Parker ; la confirmation de l'Église luthérienne d'État le déçut, ne lui apportant pas les élans mystiques sur lesquels il avait compté. Face à son professeur de religion, il fit encore figure de révolté.

En 1867, il commence ses études supérieures à Uppsala. Mais il s'adapte mal au milieu universitaire ; de plus, les ressources financières lui manquent pour mener normalement ses études. Ici s'ouvre une période de tâtonnements : Strindberg ne sait vers quelle profession il doit se tourner ; il s'essaie à l'enseignement, il fait de très modestes débuts comme acteur au Théâtre royal dramatique, il songe à se faire médecin. Une seule vocation s'affirme chez lui, celle d'auteur dramatique. Dès la fin de 1869, il compose une tragédie en vers, *La Fin de l'Hellade,* que couronne l'Académie suédoise. En 1869, ayant fait un petit héritage, il reprend ses études à Uppsala. Il y fonde l'association Runa, vouée au culte du passé et de l'idéal nordiques. Il lit avec passion *Les Brigands* (*) de Schiller, le *Manfred* (*) de Byron. Il cherche à se pénétrer de la pensée de Kierkegaard. Si, littérairement, le séjour à Uppsala est fécond – Strindberg y écrit trois drames, *Le Libre Penseur* [*Fritänkaren*], *À Rome* et *Le Banni* –, le jeune Strindberg reste psychologiquement instable. Il entre en conflit avec sa famille. Il ne mène pas à bonne fin ses études, il quitte même

Uppsala sans avoir obtenu le moindre diplôme universitaire. Il devient journaliste et s'installe à Stockholm en 1872, bien décidé à y gagner sa vie. Mais il fréquente surtout les artistes et partage leur existence irrégulière. Il manifeste d'ailleurs lui-même, comme peintre de paysages, un talent vigoureux et original. Et ses premiers chefs-d'œuvre commencent à mûrir, *Maître Olof* (+) et *La Chambre rouge* (*) — ou mieux *Le Cabinet rouge* [*Röda rummet*]. En 1874, il entre, en qualité d'« ammanuens » (secrétaire ou attaché) à la Bibliothèque royale, où il se livre à des recherches érudites, ce qui ne ralentit d'ailleurs pas son activité de publiciste et d'écrivain. *Maître Olof* ou *L'Apostat* est d'abord livré dans la version en prose (1872) que devait suivre, quatre ans plus tard, une seconde version en vers.

En 1876, Strindberg fait connaissance de la baronne Wrangel, née Siri von Essen, et de son mari, un officier de carrière. La baronne admire Strindberg, car il est auteur dramatique, alors qu'elle-même rêve de monter sur les planches. Strindberg s'éprend de la baronne. Celle-ci finira par divorcer, pour épouser Strindberg le 30 décembre 1877, après une longue série d'épisodes étranges ou semi-tragiques, dont les récits autobiographiques de Strindberg et surtout *Le Plaidoyer d'un fou* (*) nous ont conservé plus ou moins fidèlement le souvenir. Les premières années du mariage furent heureuses, semble-t-il. Vers 1880, l'horizon commence à s'assombrir quelque peu, des dissentiments se font jour entre les époux ; nous en trouvons les échos dès le drame *La Femme de Sire Bengt* [*Her Bengts hustru*, 1882]. Déjà Strindberg prend position contre les thèses d'Ibsen, très favorable à la cause féministe. Strindberg commence à cette époque la publication de récits historiques évoquant le passé national du peuple suédois : *Le Peuple suédois* [*Svenska öden och äventyr*]. Pour lui, l'histoire de la Suède se confond avec celle des petites gens, dont les souffrances et les sacrifices ne doivent jamais être oubliés. Strindberg met bien vite en péril la popularité que lui valent ces excellents récits. Il publie en effet *Le Nouveau Royaume* [*Det nya riket*], roman satirique qui ridiculise la société suédoise et les institutions parlementaires récemment instaurées, mais qui contient aussi de désobligeantes (et transparentes) allusions personnelles.

L'équilibre nerveux du poète paraît compromis dès 1883. Sa susceptibilité maladive l'oblige à quitter la Suède et il emmène avec lui sa famille. Il réside d'abord à Grez, près de Fontainebleau, au milieu d'une petite colonie d'artistes scandinaves, puis à Passy, enfin à Neuilly. Il fait de sérieux efforts pour comprendre la vie spirituelle en France et pour apprendre le français de façon plus courante. Il écrit dans diverses revues parisiennes. Nous retrouvons ensuite Strindberg en Suisse romande, à Ouchy, puis à Chexbres. Il publie en 1884 un recueil de nouvelles, *Mariés* (*), qui devait soulever des tempêtes ; en effet, dans un de ces récits, Strindberg parle irrévérencieusement de la Cène luthérienne. Cité devant un tribunal à Stockholm, Strindberg accepte de comparaître, il se défend fort bien, il est acquitté (17 novembre 1884). Cependant son attitude antiféministe, plus accusée encore dans un second recueil de nouvelles (*Mariés II*, 1886), inquiète aussi bien son éditeur Bonnier que les écrivains de tendance radicale ou naturaliste de la « Jeune Suède ». Jusqu'à ce moment penseur de tendance humanitaire, respectueux du Christ et de son enseignement, en dépit de certaines incartades, croyant en Dieu, Strindberg évolue ensuite rapidement et de façon déconcertante pendant ces années d'épreuves ; nous le trouvons d'abord radical, se rapprochant des frères Brandès (les pontifes du radicalisme danois et scandinave), affichant son athéisme, proclamant sa foi en la science, désireux de faire œuvre positive plutôt que de briller par son imagination (assez rapidement, aux approches des années quatre-vingt-dix, il tendra vers un aristocratisme intellectuel, s'éloignant alors du socialisme). Pour manifester sa ferveur positiviste, il se met à rédiger ses confessions (car on ne connaît vraiment qu'un être humain, soi-même ; de plus Strindberg admire profondément Rousseau) ; c'est l'année 1886 qui voit paraître *Le Fils de la servante* et *Fermentation,* suivis de *La Chambre rouge* et de *L'Écrivain* [*Författaren*] (rédigés en cette même année, mais publiés respectivement en 1887 et en 1909) ; il entreprend en 1886 également un voyage d'études en France, pour approcher de plus près les travailleurs de nos campagnes (*Au milieu des paysans français,* 1889). De plus en plus instable, le poète change perpétuellement de résidence ; c'est sur les bords du lac de Constance que, pris de nostalgie pour l'archipel stockholmien, il écrit un de ses meilleurs romans, *Les Gens de Hemsö* (*), c'est là aussi qu'il compose *Père* (*), et il oblige sa femme et ses enfants à partager sa vie errante et incertaine. L'harmonie a cessé progressivement de régner au sein d'une famille qui semble avoir connu environ sept années de bonheur. L'athéisme et l'antiféminisme agressifs de Strindberg choquent Siri. Elle regrette que son mari ne l'ait pas laissée poursuivre une carrière d'actrice, sur laquelle elle fondait les plus grands espoirs. Strindberg, qui, en ce temps, selon les dires de certains psychiatres, traversait une crise de type paranoïaque, détestait plusieurs personnes dans l'entourage de sa femme, notamment cette Marie David qui, d'après lui, incarnait le féminisme dans ce qu'il a de plus funeste, et qui servit de modèle au personnage d'Abel dans *Les Camarades* [*Kamraterna*] ; il suspectait Siri, persuadé qu'elle le trompait. C'est dans cette atmosphère de suspicion et de combat que furent conçus et créés les chefs-d'œuvre dramatiques de l'époque naturaliste, *Père, Mademoiselle Julie* (*), *Créanciers* (*), et toute une série de pièces en un acte, en particulier *Le Lien* [*Bandet*] et *La Plus Forte.*

La lecture de *Père* avait suscité chez Émile Zola plus d'inquiétude que de sincère admiration (lettre à Strindberg du 14 décembre 1887). En revanche, Nietzsche, avec qui Strindberg était entré en relations grâce à Georg Brandès, appréciait beaucoup ce drame, et les deux hommes entamèrent une correspondance que devait interrompre un accès de folie du philosophe (1888). Strindberg découvrait dans les théories de Nietzsche (spécialement dans la notion du « surhomme ») une justification de sa propre philosophie, qui s'inspirait d'ailleurs des résultats acquis par la psychologie et la psychiatrie contemporaines. Strindberg fonde sa conception des rapports humains sur la notion de l'inégalité psychique entre les individus et sur l'importance de la suggestion dans la vie sociale ; toute vie sociale est combat selon lui, et, dans le « combat des cerveaux », c'est toujours l'être psychiquement le plus fort qui l'emporte ; la lutte, très âpre, peut s'achever en un « meurtre psychique » (v. le recueil d'essais et de nouvelles intitulé *Vivisections*). Mais Strindberg, hanté par ces idées hautaines, rendu d'autre part craintif et soupçonneux par la maladie mentale, faisait mener aux siens une vie de plus en plus pénible. Il fallut souvent changer de domicile. De l'automne 1887 au printemps 1889, Strindberg habita Copenhague ou sa banlieue ; il y revint encore pour tenter de créer un théâtre scandinave d'essai dans la capitale danoise, puis retourna s'installer en Suède, dans l'archipel de Stockholm, où il changea d'île à plusieurs reprises. Siri essaya de préserver le plus longtemps possible l'existence du foyer, mais Strindberg devint de plus en plus soupçonneux et blessant ; la misère s'accroissait, car les éditeurs et les directeurs de théâtre suédois ne manifestaient aucun empressement pour accepter les ouvrages de ce poète à la réputation inquiétante. Finalement, Strindberg se sépara de sa femme et quitta non sans un terrible déchirement ses enfants, auxquels il demeura très attaché. Le divorce fut prononcé en 1891. Strindberg vécut alors à Brevik, se consolant de ses misères par la lecture de Balzac qu'il admira, et qui lui révéla, avec *Séraphita* (*), la grandeur de Swedenborg. Mais l'isolement lui pesait — on retrouve cette atmosphère pénible dans son roman *Au bord de la vaste mer* (*) (1890) dont la première traduction française s'intitule *Axel Borg.* N'attendant plus rien de ses compatriotes ni des Danois, Strindberg avait l'impression qu'il était de nouveau condamné à quitter la Scandinavie. Il souhaitait se rendre en France, mais Antoine, qui devait monter *Mademoiselle Julie*, se faisait attendre. Strindberg écouta donc l'appel de son ami, le poète scanien Ola Hansson, qui lui chantait l'éloge du public allemand, et partit, un peu à contrecœur, pour Berlin (septembre 1892).

À Berlin, Strindberg aurait dû mettre à profit les succès qu'il ne tarda pas à remporter (les *Créanciers* furent représentés soixante-dix fois au Residenz-Theater). Mais ses nerfs détraqués lui jouaient sans cesse de mauvais tours ; il se brouilla avec tous ceux qui lui voulaient du bien. Sa vie privée était agitée. Il affectait de mépriser le naturalisme (encore en honneur en Allemagne, le naturalisme semblait déjà dépassé en Suède, où Verner von Heidenstam avait donné à la littérature une nouvelle orientation). Strindberg se considérait alors plutôt comme un savant voulant consacrer le meilleur de son temps à l'« hyperchimie ». Il courtisa une journaliste autrichienne de vingt et un ans, Frida Uhl, qu'il épousa à Heligoland, pendant l'été 1893. Le nouveau couple ne tarda pas à connaître diverses difficultés. Strindberg s'emporta parce que sa femme, malgré ses interdictions, eut l'audace de lire *Le Plaidoyer d'un fou.* Il rendit visite à ses beaux-parents en Autriche, mais eut tôt fait de se brouiller avec le père de Frida Uhl ; il saisit la première occasion pour quitter la maison de famille. D'ailleurs les embarras d'argent empoisonnaient une fois de plus son existence. On trouve dans le drame *Le Chemin de Damas* (*) l'écho de ces nombreuses tribulations. En août 1894, Strindberg vint s'installer à Paris. Sa femme le rejoignit en septembre, mais le quitta définitivement en novembre. L'union de Strindberg et de Frida Uhl ne devait être dissoute par le divorce qu'en 1897.

Pendant son séjour, Strindberg multiplia les efforts pour « conquérir Paris ». Afin de punir sa patrie qui le méconnaissait, il souhaitait devenir écrivain français ; c'était en français qu'il avait déjà rédigé naguère plusieurs mémoires scientifiques, puis l'ébauche du *Plaidoyer d'un fou* (plus tard mise au point par Georges Loiseau) ; il avait traduit lui-même *Père* et *Créanciers* en français ; de même il écrira en français *Inferno* (*). Au théâtre de l'Œuvre, Lugné Poe fit triompher *Créanciers,* qui frappa la critique française plus que ne l'avaient fait *Père* ou même *Mademoiselle Julie.* Strindberg fit surtout sensation quand il publia de bruyants articles antiféministes, et il se trouva bientôt au centre de vives polémiques, auxquelles prit part Georges Clemenceau lui-même. Strindberg continua à s'occuper d'hyperchimie et même d'occultisme. Cependant il ne réussit pas à s'imposer, et sa notoriété s'estompa d'autant plus rapidement qu'il fut bientôt trahi par son état de santé. Il fut admis à l'hôpital Saint-Louis, souffrant d'une maladie de peau qui l'inquiétait (peut-être un psoriasis). En tout cas, Strindberg, dont l'existence avait déjà été troublée par une grave crise mentale au temps du procès de *Mariés,* traversa bientôt une série de redoutables malaises psychiques que l'on a désignés sous le nom de crise d'*Inferno,* car il en a consigné les épisodes les plus marquants dans son magnifique et terrible récit autobiographique. Ces crises, qui durèrent de juillet 1894 à novembre 1896, se présentent toutes à peu près de la même manière : le poète est d'abord saisi d'une vive agitation, le délire de la persécution l'habite, il menace de se suicider ; puis c'est la rupture violente avec le milieu ; Strindberg s'enfuit alors dans une nouvelle résidence, dont il ne communique pas l'adresse à ses proches. Enfin, ce fut le retour au calme. Mais la guérison plus complète ne survint qu'à Lund, petite ville universitaire du sud de la Suède, où des amis sûrs entouraient l'écrivain, qui trouva dans la lecture du mystique Swedenborg le réconfort, comme aussi l'explication de ses misères. Volontiers il s'identifiait avec ce penseur, comme naguère il s'était identifié avec Kierkegaard, au temps où mûrissait *Maître Olof*.

La crise d'*Inferno* amena une profonde transformation dans la vie spirituelle de Strindberg. Le poète rompit complètement avec le positivisme ; en matière d'art, il chercha des voies nouvelles. Partout il crut découvrir des correspondances mystérieuses entre certains signes apparents et les événements qui suivent. Il se crut victime de forces occultes, les « Puissances » [makterna]. Il lut avec passion *La Bible* (*), les écrits bouddhiques, fut impressionné par l'évolution de Huysmans et de Johannes Jörgensen. Toutefois il ne se convertit pas au catholicisme. En matière de religion, il resta, jusqu'à la fin de sa vie, partisan d'un syncrétisme hardi. Ce syncrétisme, très favorable à ses combinaisons poétiques, risque de dérouter tout exégète qui chercherait à cerner de plus près les opinions et la foi de Strindberg.

Après sa guérison — à l'exception de quelques mois passés à Paris, de l'automne 1897 au printemps 1898 — l'écrivain demeura à Lund jusqu'à l'été 1899 : il s'installa alors, dès la Saint-Jean, à Furusund, dans l'archipel de Stockholm. Puis il s'établit à Stockholm, ville qu'il ne quitta plus jusqu'à sa mort, si l'on néglige un bref voyage au Danemark et une visite à Berlin en 1901, ainsi que quelques villégiatures d'été à Furusund. La crise d'*Inferno* avait donné un coup de fouet à Strindberg, qui produisit beaucoup pendant le séjour à Lund et les premières années qui suivirent son retour à Stockholm. Il consigna ses douloureuses expériences dans les récits *Inferno, Légendes* [*Legender,* 1898] et le *Combat de Jacob* [*Jakob brottas,* 1898] ; elles lui fournirent aussi une matière à la trilogie du *Chemin de Damas* (I-II, 1898 ; III, 1904). On retrouve l'écho de ses déceptions anciennes ou récentes dans *L'Avent* (*) (1899) — le premier des « mystères » que devait bientôt suivre *Pâques* [*Påsk,* 1901] — et *La Danse de mort* (*) (1900), drame qui semble se relier à l'inspiration naturaliste tout autant qu'au courant « mystique ». Strindberg se tourna de nouveau vers le passé national qu'il avait quelque temps négligé, avec une série de drames historiques, la *Saga des Folkung* [*Folkungasaga*], *Éric XIV* (*), *Gustave Vasa* (*) et *Gustave-Adolphe* (*) (1899), et plus tard *Charles XII* (1901), *Christine* (*) et *Gustave III* (1903).

Strindberg menait à Stockholm la vie d'un misanthrope solitaire. Cependant, séduit par la grâce d'une jeune actrice norvégienne, Harriet Bosse, qui interprétait le rôle de la Dame dans *Le Chemin de Damas,* il demanda sa main et l'épousa le 6 mai 1901. Assez rapidement, la présence d'une femme auprès de lui sembla au poète une limitation intolérable de sa liberté individuelle, et les époux se séparèrent, peu après la naissance d'une petite fille (1902) ; le divorce ne devait cependant être prononcé qu'en 1904. Toutefois, avec le début de ce troisième mariage coïncide un regain dans l'activité et l'inspiration du dramaturge — *Svanevit, La Mariée à la couronne* [*Kronbruden*], et le plus fascinant peut-être de ses chefs-d'œuvre, *Le Songe* (*) (1902). Strindberg ne négligeait pas non plus la littérature narrative ; il revint, dans un esprit nouveau, à des thèmes anciens dans *Baie de beauté, détroit de honte* [*Fagervik och skamsund,* 1903]. Il alla s'installer dans un immeuble de Karlavägen qu'il baptisa « la tour bleue » ; c'est l'époque des méditations philosophiques qu'il consigna dans les *Livres bleus* [*En blå bok,* I et II, 1907-08 et 1912] ; il était retombé dans la solitude qui avait suivi le séjour à Lund et qu'il évoque dans son récit autobiographique intitulé *Seul* [*Ensam,* 1903]. Cependant, il voulait faire jouer les vingt-cinq drames qu'il avait écrits et qui n'avaient pas encore vu les feux de la rampe. Il ouvrit un petit théâtre d'essai à Stockholm, le Théâtre intime, aidé par un jeune metteur en scène, Auguste Falck. Ce théâtre fonctionna de 1907 à 1910. Strindberg créa ses pièces intimes [Kammarspel] : *Orage* [*Oväder*], *Maison incendiée* [*Brända tomten*], *Sonate des spectres* (*), *Le Pélican* [*Pelikanen,* 1907]. À l'usage du personnel et des spectateurs, il dessina les grandes lignes de sa dramaturgie (*Lettre ouverte aux membres du Théâtre intime,* 1908). Cependant, comme ses drames historiques n'avaient pas rencontré l'accueil qu'il souhaitait, son humeur satirique se réveilla ; il écrivit deux romans assez violents qui nous ramènent aux outrances de *La Chambre rouge* et du *Plaidoyer d'un fou ;* ce sont les *Chambres gothiques* [*Götiska rummen*] et les *Drapeaux noirs* [*Svarta fanor*] (écrits tous deux en 1904, le dernier publié seulement en 1907). Il reste un maître dans l'art de la nouvelle avec *La Fête du couronnement de la maison* [*Toklagsöl,* 1906] et *Le Bouc émissaire* [*Syndabocken,* 1907]. Pendant ses dernières années, Strindberg fit œuvre de journaliste — ses articles furent recueillis en un volume : *Discours à la nation suédoise* (1910). Il attaquait la société bourgeoise de son temps dans des formes qui le rendirent sympathique à la jeunesse social-démocrate. Mais il ne se lia pas au destin du socialisme, dont le matérialisme lui répugnait. L'Académie suédoise ne le jugea pas digne du prix Nobel, dont elle fit bénéficier Selma Lagerlöf. Cependant, l'écrivain prématurément vieilli eut encore la joie de recevoir l'hommage affectueux du peuple suédois et de cette ville de Stockholm qu'il avait tant aimée et si bien chantée. Une somme de quarante-cinq mille couronnes, fruit d'une collecte populaire, lui fut remise le 2 mars 1912, et il disposa immédiatement de ce don pour soutenir à son tour des institutions charitables. Une terrible maladie (le cancer) l'avait durement éprouvé. Il se montra courageux. Le 13 mai 1912, sentant la mort venir, il serra sur son cœur *La Bible* en murmurant : « Tout est expié. » Le lendemain, il rendait le dernier soupir.

On peut difficilement porter un jugement d'ensemble sur une œuvre aussi vaste, aussi variée, et, à certains égards, aussi hétéroclite que celle de Strindberg : l'auteur suédois n'a pas écrit moins de cinquante-huit pièces de théâtre, sept ou huit grands romans, quelque douze recueils de nouvelles et, de plus, des études historiques, des essais scientifiques ou parascientifiques, des considérations fort aventureuses sur la linguistique historique, pour ne pas parler de ses articles de journaux et de revues, qui se comptent par dizaines. Malgré ces manifestations multiples et parfois quelque peu désordonnées du génie strindbergien, en dépit même de la coupure que forme la crise d'*Inferno*, l'œuvre de Strindberg tout entière porte indiscutablement la marque de l'unité. Comme tous les écrivains vraiment grands, Strindberg se distingue de la masse parce qu'il possède l'art de dessiner des variations infinies sur quelques thèmes centraux, élémentaires, toujours les mêmes et toujours renouvelés, auxquels il ne cesse de s'intéresser et de nous intéresser. D'ailleurs toutes les œuvres majeures de Strindberg sont des confidences ; on ne peut guère établir une distinction entre les œuvres autobiographiques et les œuvres de fiction. En effet, dans les premières, Strindberg, bien souvent, mêle la fiction à la réalité ; dans les secondes, nous retrouvons sans peine, derrière la fiction, les personnages, les événements, les amours et les ressentiments qui ont animé la conscience de Strindberg à une date plus ou moins récente. Il n'est pas jusqu'aux drames historiques qui ne doivent se soumettre à cette étrange obligation : Strindberg projette plus ou moins consciemment ses problèmes personnels sur les situations fournies par l'histoire de la Suède.

Au centre de chaque œuvre nous retrouvons donc immanquablement le moi de Strindberg, victime de grandes ou de minuscules tribulations, à tout moment persécuté, en éternel procès avec lui-même, avec la femme, avec les puissances, proie magnifique pour les psychiatres qui se piquent de littérature. Les « pathographies » de Strindberg ne manquent pas ; cependant, on ne peut pas dire qu'elles apportent à l'historien des lettres une aide appréciable. En effet, on aimerait que les psychiatres nous expliquent comment la tension nerveuse de Strindberg a pu se traduire dans le jeu des images, dans le chatoiement du vocabulaire, dans le rythme des répliques dramatiques, dans le mouvement du style. Mais, sur ce point, ils demeurent muets et ils étudient le « cas » Strindberg exactement comme ils feraient pour tel ou tel pensionnaire d'un de leurs asiles. De plus, ils prennent au pied de la lettre les récits que nous a laissés Strindberg : sous sa plume, les mots de « délire », « hallucination », « suggestion », « tension psychique » reviennent bien souvent ; il ne faut pas oublier que Strindberg a lu de très près les traités de psychologie et les ouvrages de psychiatrie qui lui sont tombés sous la main. Mais doit-on attribuer à ces mots, dans le texte de Strindberg, exactement la même valeur que leur donnent les médecins ? Faut-il faire confiance au diagnostic que formule un poète dont la science a été acquise bien hâtivement et qui était sans cesse obsédé par la crainte d'être enfermé dans un asile ? On constate en tout cas que la plupart des maladies mentales qu'on a pu lui attribuer (car les médecins n'ont pas pu se mettre d'accord sur le « cas » Strindberg) mènent normalement à la désagrégation de la personnalité. Or la personnalité de Strindberg, quelque insolite et inquiétante qu'elle puisse quelquefois paraître, ne semble jamais menacée de désagrégation ; elle nous surprend même par sa cohérence et la constance de ses thèmes dominants. On s'est parfois demandé ce qu'il fallait placer au centre de l'œuvre : les romans ou bien les drames, ou encore les récits autobiographiques, et s'il fallait préférer la structure solide, la vigueur, la concentration des drames naturalistes aux assemblages plus lâches et aux spéculations plus hardies des drames oniriques [Traumspiele, Drömspel] qui apparaissent après la crise d'*Inferno*, ou des pièces intimes [Kammarspel] que joue le Théâtre intime, à la fin de la carrière de l'auteur. En fait, on doit bien admettre, semble-t-il, que par don naturel Strindberg a été, avant tout, un maître du dialogue. Même dans son *Journal occulte,* qui n'était pas destiné au public et qui reste impubliable, on découvre des dialogues. Ainsi s'explique que le drame constitue, comme l'a fort justement fait remarquer A. Jolivet, le noyau central de l'œuvre et que, dans les romans, les lecteurs sont tout particulièrement fascinés par la vigueur et le relief des dialogues. C'est d'ailleurs surtout le théâtre de Strindberg qui a rayonné sur l'Allemagne, puis sur toute l'Europe, et qui a fait naître l'expressionnisme dramatique de 1920, prolongement, écho affaibli du *Chemin de Damas* et du *Songe* — n'oublions pas cependant que Franz Kafka admirait beaucoup les romans de Strindberg et surtout *Au bord de la vaste mer ;* on s'en apercevra si l'on compare ce récit angoissé au *Château* (*) de Kafka. Strindberg, avec ses drames naturalistes ou paranaturalistes (nous songeons à *La Danse de mort,* qui fit en France une si forte impression), a fait surgir tout un théâtre cruel, tandis que ses « drames de rêve » qui paraissent anticiper sur les théories de Freud ont hanté poètes et dramaturges un peu partout dans le monde, en Allemagne au temps de Werfel, en France avec Lenormand, J. V. Pellerin et Gantillon ; en Italie, Pirandello se situe, lui aussi, dans le prolongement de Strindberg ; enfin il ne faut pas oublier les États-Unis où O'Neill se proclamait ouvertement le disciple du grand Suédois. Alors que, avec son « théâtre d'idées », Ibsen représente, dans l'art dramatique, l'équilibre, le mécanisme, la psychologie classique qui explique chaque personnage par ses antécédents et qui motive chaque acte de façon à nous satisfaire autant qu'il est possible, Strindberg inaugure un théâtre grinçant et désarticulé qui nous fait découvrir, par de brusques éclairs, des profondeurs abyssales : le théâtre de Strindberg, c'est peut-être déjà le théâtre d'aujourd'hui et de demain, image inquiétante d'un monde qui croit frôler à chaque instant la catastrophe et qui cherche péniblement à retrouver l'équilibre perdu.

MAURICE GRAVIER.

♦ *« ... J'ai été surpris par la découverte de cette œuvre qui exprime de façon grandiose ma propre conception de l'amour : dans ses moyens, la guerre, dans son essence, la haine mortelle des sexes. »* Nietzsche. ♦ *« Je me sens mieux parce que j'ai lu Strindberg. Je ne le lis pas pour le lire, mais pour me blottir contre sa poitrine... L'énorme Strindberg. Cette rage, ces pages gagnées à la force du poing... »* Kafka. ♦ *« C'est par ses faiblesses qu'une œuvre s'accroche et s'imite, et moins elle en comporte, plus elle augmente cet air de caillou tombé d'un astre qu'elle a. Strindberg nous émerveille parce qu'il ne saurait se monnayer de main en main. Il tombe de la lune. Il est entouré de vide, hérissé de pointes, hérissé de lumière dure. Ne le ramasse pas qui veut. À son contact, on ne peut prendre. On peut apprendre tout juste. Aucun secret ne s'y voit. »* J. Cocteau. ♦ *« C'est vraiment le littérateur-né, qui veut par sa parole agiter le public, non en vue d'une action vraiment réformatrice, mais pour le plaisir du mouvement, pour l'effet produit et sans s'y engager. »* K. Jaspers. ♦ *« L'univers de Strindberg n'est pas celui de la solitude, il est au contraire celui d'un échange perpétuel où le plus fort oblige le plus faible à paraître tel qu'il voudrait le voir. L'univers de Strindberg, c'est l'univers de l'usurpateur, et la victime de l'usurpation devient à son tour l'usurpateur ; le regard que celui-ci lance sur elle, et qui la change, elle le lance sur une autre victime et ainsi de suite. L'enfer est l'emprise permanente de tous sur tous, parce que personne, pas même le héros, n'a atteint le point de différenciation qui met à l'abri. C'est l'osmose contre laquelle on ne peut se défendre. »* A. Adamov.

RÉF. : A. Liebert, *August Strindberg, seine Weltanschauung und seine Kunst,* Berlin, 1920. – M. Lamm. *Strindbergs dramer,* 2 vol., Stockholm, 1924-26 ; *Strindberg och makterna,* Stockholm, 1936 ; *August Strindberg,* 2 vol., 1940-42. – V. J. MacGill, *August Strindberg, the Bedeviled Viking,* Londres, 1930. – A. Jolivet, *Le Théâtre de Strindberg,* Paris, 1931. – V. Borge, *Strindbergs mystiske Teater,* Copenhague, 1942. – B. Mortensen et B. Downs, *Strindberg. An Introduction to his Life and Works,* Cambridge, 1949. – E. Sprigge, *The Strange Life of August Strindberg,* New York, 1949. – M. Gravier, *Strindberg et le Théâtre moderne,* Lyon, 1949. – G. Brandell, *Strindbergs Infernokrisis,* Stockholm, 1950. – K. Jaspers, *Strindberg et Van Gogh,* Paris, 1953, réimp. 1990. – A. Adamov, *August Strindberg,* Paris, 1955. – E. Poulenard, *August Strindberg, romancier et nouvelliste,* Paris, 1962. – M. Gravier, *Théâtre cruel et théâtre mystique,* Gallimard, 1964. – I. Holm, *Strindberg et l'expressionisme,* Paris, 1971. – T. M. Schmidt, *Strindberg måleri,* Malmö, 1972. – E. Törnkvist, *Bergman och Strindberg,* Lund, 1973. – G. Vogelweith, *Le Psychothéâtre de Strindberg,* Paris, 1973. – S. Stolpe, *August Strindberg,* Borås, 1978. – O. Lagercrantz, *August Strindberg,* Stockholm, 1979. – R. de Muralt, *Un regard si étrange : traversées d'August Strindberg,* Vevey, 1981. – G. Ollén, *Strindberg dramatik,* Stockholm, 1982. – B. Steene, *August Strindberg. An Introduction to His Major Works,* New York, 1982. – E. Törnkvist, *Strindbergian drama,* Uppsala, 1982. – G. Brandell, *Strindberg, ett författarliv,* 4 vol., Stockholm, 1983-1989. – M. Meyer, *Strindberg. A biografi,* London, 1985. – P. O. Enquist, *Strindberg, une vie*, Paris, 1985.

STRONG Leonard Alfred George. Romancier et poète irlandais. Né en 1896 près de Plymouth, mort le 17 août 1958 à Guilford. Son père était anglo-irlandais, sa mère irlandaise. Il fit ses études à Brighton puis à Oxford et devint enseignant. À partir de 1930, il se consacra à sa carrière d'écrivain. Strong a laissé une œuvre abondante : de nombreuses fictions, plusieurs recueils de poèmes, des livres pour enfants, une étude sur James Joyce et divers autres ouvrages critiques. *Le Metteur en scène* (*) (1944) est un récit touchant et drôle. L'auteur sait communiquer sa sympathie pour les gens ordinaires et la pauvreté de leur cadre de vie. Ce don était apparu dès le roman qui fit son succès, *La Chevauchée de Dewer* (+) (1929).

STROUPEŽNICKÝ Ladislav. Écrivain tchèque. Né le 6 janvier 1850 au village de Cerhovice, près de Písek ; mort le 11 août 1892 à Prague. Le 11 août 1867, tandis qu'il posait des pièges à gibier, il tira sur une ombre humaine qui s'enfuyait et, croyant qu'il avait tué quelqu'un, il tourna son fusil contre son propre visage pour se tuer. Il survécut, au contraire, mais si complètement défiguré qu'il fut contraint de porter jusqu'à sa mort un faux nez de cire accroché à ses lunettes. À partir de ce moment-là, Stroupežnický, craignant les moqueries des hommes, se renferma dans une solitude amère. De sa rancune contre le destin sortit une série d'« humoresques » âpres et acérées, rassemblées plus tard sous le titre *Gens ridicules et mesquins* [*Lidé směšní a ubozí*, 1884]. S'étant rendu à Prague, il fut d'abord un modeste employé de la ville, puis, à la suite du succès de quelques-unes de ses comédies, le dramaturge du Théâtre national. La production théâtrale de Stroupežnický s'est développée en deux temps ; vinrent d'abord des pièces en un acte comme *Le Petit Diable de Zvíkov* [*Zvíkovský rarášek*, 1883] et *La Femme du directeur de la monnaie* [*Paní mincmistrová*, 1885], où il évoque un monde archaïque haut en couleur qu'il avait connu dans des documents des archives de Cerhovice ; puis, en 1880, il rallia ce vérisme rustique à décor ethnographique qui devait inspirer les drames de Gabriela Preissová, des frères Mrštík, de František Adolf Šubert et quelques pièces de Alois Jirásek. Dans *Nos fanfarons* (*) (1887), Stroupežnický peignit un tableau extrêmement vivant de l'ambiance rurale de Cerhovice en faisant se mouvoir, en marge d'une intrigue assez mince, toute une armée de figurines patoisantes. Les drames suivants, *Václav Hrobčický z Hrobčic* (1888), violente représentation de l'opposition irréductible entre noblesse et paysans, et *Dans la mine de Valdstein* [*Na Valdštejnské šachtě*, 1893, posthume], histoire sombre d'un idéaliste déçu, sont beaucoup moins significatifs. En 1892, Stroupežnický tomba malade du typhus qui devait l'emporter.

RÉF. : F. X. Šalda, *Mladé Zápasy*, Prague, 1934.

STRYJKOWSKI Julian. Romancier, critique littéraire et traducteur polonais. Né le 27 avril 1905 à Stryj (Ukraine polonaise). Membre du parti communiste polonais avant la guerre, il est emprisonné par le régime des colonels pendant les années 1935-36. Collaborateur du *Drapeau rouge* [*Czerwony Sztandai*] à Lwów en 1939, et de *La Pologne libre* [*Wolna Polska*] à Moscou, de 1943 à 1946, il séjourne, après la guerre, quatre ans en Italie comme correspondant de l'agence de presse polonaise et publie en 1951 son premier roman, *La Course à Fragalia* [*Bieg do Fragalà*], qui décrit les luttes des paysans italiens, soutenus par le parti communiste, pour le partage des terres, et qui lui vaut d'être expulsé d'Italie. Il collabore, à partir de 1954, à la revue littéraire *La Création* [*Twórczość*].

Ses romans, qui ne sont pas sans rappeler I. B. Singer, décrivent la vie de la diaspora juive en Pologne et en Galicie. Les héros de sa trilogie, dont l'action se passe dans les milieux hassidiques des petites villes de Galicie orientale avant la Première Guerre mondiale, douloureusement déchirés, oscillent entre la foi et le doute : *Le Rêve d'Azril* [*Sen Azrila,* 1957] traite de la fidélité à la tradition ; *Les Voix dans les ténèbres* [*Glosy w ciemności,* 1956] soulèvent le dilemme tragique entre la tradition et les exigences de la civilisation et de la culture modernes ; *L'Auberge du vieux Tag* (*) (1966) évoque les problèmes de la faute et du péché. Cette trilogie est suivie d'un roman historique traitant de l'Inquisition dans l'Espagne du XVe siècle, *L'Étranger de Narbonne* [*Przybysz z Narbony,* 1978], et posant le problème suivant : comment conserver sa pureté morale « si rien n'est totalement pur » ?

Stryjkowski est également l'auteur d'un roman bâti sur des souvenirs, *La Rose noire* [*Czarna róża,* 1962], et de récits, *Nom propre* [*Imię własne,* 1961], *Sur les saules... nos violons* [*Na wierzbach... nasze skrzypce,* 1974].

Un recueil d'entretiens avec Piotr Szewc (*Le salut était à l'Est*) éclaire cette personnalité riche et complexe.

LAURENCE DYÈVRE.

STUART Francis. Romancier et poète irlandais. Né le 18 avril 1902 dans le Queensland en Australie. Il fait ses études en Angleterre (à la « public school » de Rugby), mais prend part à la guerre civile d'Irlande en 1922, aux côtés des républicains, après avoir épousé en 1920 la fille de Maud Gonne, l'égérie de Yeats. Son premier recueil de poèmes, *Nous avons gardé la foi* [*We have kept the Faith,* 1924], est deux fois couronné : par la « Royal Irish Academy » et aux États-Unis. On doit sans doute voir en lui d'abord le romancier qui publia pendant les années 30 une dizaine d'ouvrages, dont *Le Pigeon irlandais* [*Pigeon Irish,* 1932]. Anarchiste de droite, il choisit de passer la Seconde Guerre mondiale dans l'Allemagne nazie. Il publie ensuite *La Colonne de feu* (*) (1948), qui montre les désastres de la guerre à Mannheim, où seuls l'amour et la foi éclairent ce paysage d'enfer. Les thèmes sous-jacents de *La Fille du vendredi saint* (*) (1952) sont analogues, mais c'est en Irlande que se tisse ce récit, tout comme celui de *Rédemption* (*) (1949). Viennent ensuite *La Porte d'espérance* [*The Chariot,* 1956] et *Vainqueurs et Vaincus* [*Victors and Vanquished,* 1960]. On a pu dire que l'œuvre de Francis Stuart, visionnaire et tourmentée, faisait penser parfois à celle de Dostoïevski.

STURGEON Theodore. Romancier et nouvelliste américain. Né le 26 février 1918 à Staten Island (New York), sous le nom de Edward Hamilton Waldo dont il change en 1929 à la suite d'une adoption, mort le 8 mai 1985 à Eugene (Oregon). Ayant fait peu d'études, il exerce nombre de métiers, voyageur de commerce, marin, gérant d'hôtel, conducteur de bulldozer, et commence à écrire au début des années 40. Cinq fois marié, il eut sept enfants. Bien qu'il ait d'abord publié dans *Astounding Science-Fiction,* revue qui se spécialisait sous la direction de John Campbell dans la science-fiction technologique, il occupe une place à part dans le genre dont il a repoussé les limites par son sens de l'étrangeté psychologique et poétique et par son écriture lyrique et tourmentée, qui exerça une profonde influence sur ses contemporains. L'essentiel de son œuvre fut écrit entre 1940 et 1962. Il se tourne ensuite vers le journalisme. De ses quelques romans, on retiendra *Cristal qui songe* [*The Dreaming Jewels,* 1950] et *Les Plus qu'humains* (*) (1953) qui obtinrent l'International Fantasy Award. Mais la plus grande partie de son œuvre est composée d'environ cent cinquante nouvelles parmi lesquelles *Killdozer* (1944), *Les Mains de Bianca* [*Bianca's Hands,* 1947], *La Soucoupe de solitude* [*A Saucer of Loneliness,* 1953] et *Sculpture lente* [*Slow Sculpture,* 1971]. L'œuvre de Theodore Sturgeon a malheureusement été interrompue par des accès de dépression qui ont empêché cet auteur de donner toute sa mesure.

GÉRARD KLEIN.

STYRON William. Écrivain américain. Né à Newport News, en Virginie, le 11 juin 1925. Comme Robert Penn Warren, Eudora Welty et Thomas Wolfe, Styron puise l'essentiel de sa matière romanesque dans le Sud et se situe dans la tradition littéraire inaugurée par William Faulkner. Mais la Virginie n'est pas le « Deep South ». Ce que les deux hommes ont en commun, c'est moins une ressemblance d'écriture qu'une certaine vision du Sud – un Sud traumatisé par son passé – et surtout une conception calviniste du destin tragique de l'homme.

Styron a commencé ses études supérieures au Davidson College, université presbytérienne en Caroline du Nord ; de là, en 1943, il passe à Duke University où il suit des cours de « création littéraire » avec le professeur William Blackburn qui l'encourage à publier sa première nouvelle, « La Longue route sombre ». Cette histoire – le lynchage d'un Noir par un Blanc – introduit un des thèmes majeurs de l'œuvre de Styron : la méditation sur le mal et son enracinement dans la mémoire sudiste.

Le premier roman de Styron, *Un lit de ténèbres* (*) (1951), reprend le sujet faulknérien de la décadence d'une famille sudiste et rappelle, par certains de ses thèmes et sa stratégie narrative, *Le Bruit et la Fureur* (*) et *Tandis que j'agonise* (*). Quand le roman s'ouvre, tout est déjà révolu : Peyton Loftis s'est suicidée. Le récit n'est que l'émergence dans la conscience des personnages de scènes passées qui ont conduit inéluctablement à la tragédie finale, tragédie dominée par la passion incestueuse d'un père pour sa fille sur un arrière-plan d'affrontement conjugal, d'adultère et de haine maternelle.

Quatre ans après *Un lit de ténèbres,* dont le succès fut immédiat, paraît un court roman, *La Longue Marche* (1962), qui se situe dans un camp d'entraînement en Caroline du Nord pendant la guerre de Corée. Comme dans le roman de Mailer *Les Nus et les Morts* (*), Styron met en scène la confrontation de deux hommes, Mannix, l'officier de réserve, et Templeton, son supérieur. C'est l'occasion pour Styron d'exprimer des positions antimilitaristes et de s'interroger sur l'absurdité de la vie militaire.

Bien que *La Proie des flammes* (*) (1961) se situe, pour l'essentiel, dans une petite ville en Italie, c'est, à travers l'enquête que mène l'avocat Peter Everett sur le meurtre de Francesca, une réflexion sur la nature du mal dans la société américaine que le roman nous propose. Francesca, jeune servante italienne, a été violée et assassinée dans des conditions mystérieuses. On soupçonne d'abord Flagg Mason, un millionnaire dépravé, lequel avait déjà violé une fillette noire en Virginie, et qui se serait suicidé pour échapper à la justice italienne. La réalité est tout autre. Everett découvre que l'assassin de Francesca est l'idiot du village et que Mason lui-même a été tué par Cass Kinsolving. Celui-ci, peintre raté et alcoolique, était tombé sous l'emprise maléfique de Mason, véritable incarnation du mal. Par cet acte rédempteur, Cass à la fois vengeait la mort de Francesca et se lavait des péchés qu'il avait commis pour satisfaire les caprices du millionnaire.

Les Confessions de Nat Turner (*) (1967), roman pour lequel il reçoit le prix Pulitzer, repose sur un fait historique : la révolte menée par un esclave noir en Virginie. En 1931, dans le comté de Southampton, un groupe d'esclaves se révolte et massacre une cinquantaine de Blancs. Le soulèvement s'achève par la tuerie de plus de cent trente Noirs et la pendaison de Nat Turner. Les intellectuels noirs reprocheront à Styron d'avoir présenté Nat Turner non pas comme un révolutionnaire mais comme un fanatique, un illuminé, obsédé par ses fantasmes sexuels.

Douze ans plus tard, Styron s'attaque à une autre tragédie de l'histoire : l'Holocauste. *Le Choix de Sophie* (*) (1979) raconte d'abord l'éducation sentimentale d'un jeune écrivain sudiste, Stingo, qui, venu à New York pour achever un roman, s'installe à Brooklyn dans une petite pension de famille où il se lie d'amitié avec Nathan, un jeune intellectuel juif, et Sophie, une Polonaise rescapée d'Auschwitz. Sophie et Nathan s'aiment d'un amour passionné mais s'entre-déchirent. Stingo devient le confident de Sophie qui lui révèle son passé : internée par erreur dans un camp de concentration, elle a été contrainte par un médecin S.S. de faire le « choix » tragique : désigner lequel de ses deux enfants irait à la mort. Dans ce roman, Styron poursuit son interrogation sur le mal dans une de ses formes les plus perverses, le nazisme ; il découvre la banalisation du meurtre et l'absence de tout sentiment de culpabilité chez les bourreaux, ce qui ferme la voie à toute rédemption possible.

Face aux ténèbres [*Darkness Visible*, 1990] est, comme son sous-titre l'indique, la chronique d'une folie, ou plus exactement d'une dépression nerveuse, dont fut atteint Styron en 1985. L'écrivain, qui avait toujours travaillé grâce à l'alcool, a dû cesser de boire ; cet arrêt a bouleversé sa vie : il est devenu angoissé, apathique, incapable de créer. Désespéré, il a des idées suicidaires. Sur les conseils de sa femme Rose, il finit par admettre la gravité de sa maladie et se laisse hospitaliser. Ce texte autobiographique permet de mesurer la distance, pas toujours très grande, qui sépare les personnages romanesques de leur auteur.

CLAUDE LÉVY.

RÉF. : Cyrille Arnavon, « Les romans de William Styron », in *Europe*, sept. 1963, Paris. – M. J. Friedman, « Configuration critique de William Styron », in *Revue des lettres modernes,* Paris, 1967. — John Crane, *The Root of All Evil : The Novels of William Styron,* South Carolina, 1984 ; « William Styron », in *Delta,* n° 23, oct. 1986.

SUARÈS André. Écrivain français. Né le 12 juin 1868 à Marseille, mort le 7 septembre 1948 à Saint-Maur (Seine). Issu d'une famille israélite aisée, il était d'ascendance catholique et bretonne par sa grand-mère maternelle, Alexandrine Favre, et Suarès attribuait à cette ascendance son grand amour de la Bretagne et son mysticisme chrétien. Ayant fait ses premières études en sa ville natale, il vint les poursuivre à Paris. Pensionnaire au collège Sainte-Barbe, il suivait les cours du lycée Louis-le-Grand. À dix-huit ans, il obtint le prix d'honneur de discours français au Concours général, avec pour sujet : *Éloge d'Homère par Ronsard.* Anatole France, ayant lu sa composition, la signala dans *Le Temps.* C'est à Sainte-Barbe que Suarès se lia avec Maurice Pottecher — le futur fondateur du Théâtre du Peuple de Bussang — d'une amitié qui ne se démentit jamais. Entré à l'École normale en 1886, Suarès y rencontra Romain Rolland, et leur commun amour de la musique les rapprocha dès les premiers jours. Suarès passa sa licence, mais, refusé à l'agrégation en 1889, il revint auprès de son père à Marseille. Il avait perdu sa mère à l'âge de sept ans, il vit mourir son père en 1892 et connut alors des heures difficiles. Il put les surmonter avec l'aide de son frère, officier de marine. La carrière littéraire de Suarès commence en 1893, avec *Les Pèlerins d'Emmaüs.* Parmi ses premiers écrits, on trouve les *Lettres d'un solitaire sur les maux du Temps,* publiées sous le pseudonyme d'André de Séipse. En 1901 parut son premier grand livre, *Images de la Grandeur. Le Livre de l'émeraude* (*), qui parut l'année suivante, retint l'attention de Brunetière et valut à Suarès le prix Montyon, en 1903. Installé définitivement à Paris, il poursuit sans relâche, dans la solitude, l'élaboration d'une œuvre considérable. *Sur la mort de mon frère,* paru en 1904, est un cri de douleur. Suarès connaît Péguy et donne aux *Cahiers de la Quinzaine* une suite d'œuvres dont la première est, en 1905, *La Tragédie d'Elektre et Oreste.* Il publie successivement : *Voici l'homme* (1906), *Le Bouclier du zodiaque* (*) (1907), *Sur la Vie* (1909), essais qui formeront plus tard trois volumes. Attiré par l'Italie, Suarès s'y était rendu une première fois en 1892, sans ressources et faisant la route à pied. Dès cette époque, il avait conçu *Le Voyage du condottiere* (*), dont le premier volume *Vers Venise* paraît en 1910. Puis viennent *De Napoléon* (1912) ; *Cressida* (1913) ; *Idées et Visions* (1913) ; *Trois Hommes (Pascal, Ibsen, Dostoïevski)* (*) (1913) ; *Portraits* (1914) (+) ; *Amour* (1917) : *Les bourdons sont en fleur* (1917) ; *Remarques* (1917-18) ; *Poète tragique* (1921) ; *Debussy* (1922) ; *Puissance de Pascal* (1923) ; *Xénies* (1923) ; *Polyxène* (1925) ; *Présences* (1925) ; *Musique et poésie* (1928) ; *Poème du temps qui meurt* (avec vingt dessins originaux d'Antoine Bourdelle, 1929) ; *Variables* (1929) ; *Marsiho* (1931) ; *Musiciens* (1931) ; *Goethe le Grand Européen* (1932) ; *Vues sur Napoléon* (1933) ; *Cité, nef de Paris* (1933) ; *Portraits sans modèles* (1935). En 1935, Suarès reçoit coup sur coup le grand prix de littérature de l'Académie française et le grand prix de la Société des gens de lettres. Il publie encore *Valeurs* (*) (1936), *Vues sur l'Europe* (+) (1936) — dont la première édition fut presque entièrement passée au pilon —, *Trois grands vivants (Cervantès, Tolstoï, Baudelaire)* (1938), *Passion* — vaste poème illustré par Georges Rouault. Adversaire déclaré du nazisme, Suarès dut quitter Paris en 1940. Il se réfugia dans la Creuse, d'abord, puis à Antibes, et enfin à Pontcharra-sur-Turdine, aux environs de Lyon, chez Pierre de Massot qui, pour le soustraire aux recherches et aux représailles, lui offrit sa maison. Revenu à Paris après la Libération, Suarès trouva son appartement bouleversé, ses papiers mis au pillage, il vint alors habiter avec sa femme à La Varenne chez une amie. C'est là qu'il reçut, en 1948, le grand prix de littérature de la Ville de Paris. C'est là qu'il mourut, quelques mois plus tard, après une cruelle agonie. Il laissait plusieurs ouvrages qui furent publiés à titre posthume : *Hélène chez Archimède* (1949) *Paris* (1949) ; *Rosalinde sur l'Eau* (1950) ; *Présentation de la France* (1950) ; *Minos et Pasiphaé* (1950) , *Portraits de Léautaud* (1951) ; *Correspondance André Suarès-Paul Claudel* (+) (1951) ; *Cette âme ardente, lettres de jeunesse de Suarès à Romain Rolland* (+) (1954) ; *Ignorées du destinataire* (+), curieux recueil de lettres non envoyées (1955), plusieurs autres recueils de *Correspondances* (*), *Âmes et visages* (1989). Suarès eut, toute sa vie, autant de détracteurs que d'admirateurs fanatiques. Féru de grandeur humaine, mais sans illusion sur les hommes et peu soucieux de leur plaire, il fut contraint de tourner le dos à son siècle pour rester fidèle à lui-même. Cette attitude lui valut la pire représaille dont puisse souffrir un écrivain : la conspiration du silence. Il s'est fié à son étoile et a vécu dans un soliloque passionné dont l'accent est admirable. Pur de toute concession, il laisse une œuvre de penseur et de poète, vaste, profonde, variée, qui mérite de survivre, et qui survivra.

RÉF. : K. Haedens, *André Suarès dans la littérature,* Paris, 1943. — J. Benda, *La France byzantine ou le triomphe de la littérature pure,* Paris, 1945. — Yves-Alain Favre, *Rêverie et grandeur dans la poésie de Suarès,* Paris, 1973 ; *La Recherche de la grandeur dans l'œuvre de Suarès,* 1978. — Robert Parentié, *André Suarès l'insurgé,* Paris, 1990.

SUÁREZ père Francisco. Jésuite et théologien espagnol d'expression latine. Né à Grenade le 5 janvier 1548, mort à Lisbonne le 25 septembre 1617. Après avoir étudié à l'université de Salamanque, il fut admis comme novice dans la Compagnie de Jésus le 16 juin 1564 ; considéré tout d'abord comme un étudiant peu doué, il s'y distingua ensuite par son érudition, et poursuivit ses études de théologie à Salamanque. En 1571, il prit l'habit et commença à enseigner la philosophie à Ségovie. À partir de 1575, il fut nommé professeur de théologie et fut bientôt considéré, en Espagne, comme un maître en la matière ; il obtint même, en 1580, une chaire au collège romain, qu'il conserva pendant cinq ans. De 1585 à 1593, il professa à Alcalá, puis à Salamanque. Son activité littéraire débuta en 1595, avec la publication du premier volume du traité *De Sacramentis* ; vinrent ensuite, en 1597, les *Disputations métaphysiques* (*), qui comptent au nombre de ses plus puissants ouvrages ; la même année, il devint professeur à la faculté de théologie de Coïmbre, poste qu'il occupa jusqu'à sa mort. Il avait donné, en 1599, *Divers opuscules de théologie* [*Varia Opuscula Theologica*] ; en 1608, il publia *De la religion* [*De Religione*], et en 1612 un traité *De la pénitence* [*De Poenitentia*] et le traité monumental *Des lois* [*De Legibus*], qui est à l'origine de la philosophie du droit. Le pape Paul V ayant prié Suárez de réfuter le livre que Jacques Ier d'Angleterre avait écrit contre les thèses de Bellarmin – v. *Controverses du christianisme au sujet des hérétiques de ce temps* (*) –, Suárez publia, en 1614, la *Défense de la foi catholique contre les erreurs des sectes anglicanes*. L'ouvrage eut un retentissement considérable, car Suárez y défendait la doctrine de la suprématie du pouvoir spirituel. Jacques Ier condamna l'œuvre de Suárez à être brûlée, et il demanda au roi d'Espagne d'en poursuivre l'auteur. Approuvé par les théologiens espagnols, l'ouvrage fut néanmoins condamné par le parlement de Paris (1614). Suárez fut le père du système philosophique connu sous le nom de « congruisme » et qui tentait de concilier le libre arbitre de l'homme avec la doctrine de la prescience divine. À partir de 1619 parurent de nombreuses œuvres posthumes de Suárez, parmi lesquelles : *De la grâce* [*De Gratia*, 1619], *De l'âme* [*De Anima*], *De la fin ultime de l'homme* [*De ultimo fine hominis*]. Il existe deux éditions de ses œuvres complètes : celle de Venise (1740-1751) et celle de Paris (1856-1878) ; cette dernière comporte vingt-huit volumes. Suárez occupe une place de premier plan dans la théologie catholique. On ne peut étudier cette discipline sans être amené à recourir constamment à ses écrits. Il occupe également une place importante parmi les théoriciens du droit.

Enfin, au XVIIIe siècle, on créa à Salamanque une chaire qui porte son nom. Les protestants eux-mêmes ont tenu en haute estime l'œuvre de Suárez. La raison en est que sa portée est universelle, car il est à la fois théologien dogmatique, philosophe, moraliste et canoniste.

JORGE RODRIGUEZ.

♦ *« En Suárez on entend toute l'École. »* Bossuet.

RÉF. : K. Werner, *F. Suárez und die Scholastik der letzten Jahrhunderte*, 2 vol., Ratisbonne, 1860. – A. de Vasconcelloz, *Francisco Suárez, Doctor eximius*, Coïmbre, 1897. – R. de Scorraille, *François Suárez, de la Cie de Jésus*, 2 vol., Paris, 1911. – L. Mahieu, *Fr. Suárez, sa philosophie et les rapports qu'elle a avec sa théologie*, Paris, 1921. – E. Conze, *Der Begriff der Metaphysik bei Suárez*, Leipzig, 1928. – R. Brouillard, article *Suárez* in t. XIV-2 du *Dictionnaire de théologie catholique* de Vacant et Mangenot, Paris, 1941. – Numéro spécial des *Archives de philosophie* (vol. XVIII, cahier 1), Paris, 1948. – C. Larrainzar, *Una introducción a Francisco Suárez*, Pamplune, 1977. – S. Castellote Cubells, *Die Anthropologie des Suárez Beiträge zur spanischen Anthropologie des 16 und 17 Jh. s.*, Fribourg, 2e éd., 1982. – J.-F. Courtine, *La Métaphysique désaccordée, les premières discussions dans la Compagnie de Jésus*, in *Études philosophiques*, 1986.

SUBERCASEAUX Benjamín. Écrivain chilien d'origine française. Né à Santiago le 20 novembre 1902, mort en 1973. Il appartient à un milieu aristocratique et fait des études de philosophie à Paris.

L'œuvre de Benjamín Subercaseaux est abondante, variée et inégale. Connu surtout pour son roman *Jemmy Button* (*) (1950), qui retrace les navigations de l'Anglais Fitzroy, il a publié des récits de voyage comme *Le Chili, une folle géographie* [*Chile, una geografía loca*, 1942], *Terre d'océan* [*Tierra de oceano*, 1946], *Chants du Brésil* [*Cantos del Brasil*, 1946], des essais, *Reportage à moi-même* [*Reportage a mí mismo*, 1937], *Contribution à la réalité* [*Contribución a la realidad*, 1939], *Sainte Matière* [*Santa Materia*, 1954], des poèmes, *Quinze poèmes directs* [*Quince poemas directos*, 1944]. Le public chilien – Subercaseaux n'étant guère lu hors de son pays – apprécie surtout les belles descriptions des côtes du Pacifique qui figurent dans *Le Voyage sans but et sans fin* (titre en français, 1929) et le roman *L'Enfant de pluie* [*El niño de lluvia*, 1942], qui évoque son enfance dans le port de Valparaiso.

SUBRAMANIA BHĀRATI. Poète indien de langue tamoule. Né le 11 décembre 1882 à Eṭṭayapuram, mort le 12 septembre 1921 à Madras. Poète national, chantre de l'indépendance de l'Inde et de l'unité nationale, Subramania Bhārati reste le grand poète tamoul moderne. Il a réussi à transformer la langue tamoule en un idiome moderne, en la libérant du formalisme et du classicisme qui dominaient à son époque et fut l'un des premiers à composer des poèmes sur des thèmes sociaux et politiques. Après des débuts tout à fait classiques, durant lesquels il s'est essayé aux formes poétiques traditionnelles, il a ensuite été fortement inspiré par le mouvement nationaliste auquel il a participé entre 1905 et 1908. Poursuivi par les Anglais en raison de ses écrits patriotiques, il passa une dizaine d'années en exil à Pondichéry, en territoire français. L'œuvre de Subramania

Bhārati est importante et variée. En dehors de ses poèmes patriotiques – v. *Œuvre poétique* (*) –, Bhārati a composé aussi de nombreux poèmes philosophiques inspirés du vedanta, du śaktisme, des poèmes sur Krișņa inspirés des Āḷvārs, etc. Il a laissé également une importante œuvre en prose.

ÉLISABETH SETHUPATHY.

SUDERMANN Hermann. Écrivain allemand. Né à Matziken (Prusse-Orientale) le 30 septembre 1857, mort à Berlin le 21 novembre 1928. Il est une des personnalités les plus représentatives du théâtre allemand sous le règne de Guillaume II. Après avoir travaillé comme apprenti dans une pharmacie, Sudermann étudia l'histoire et la philosophie à l'université de Königsberg, puis tenta sans succès, à Berlin, de devenir acteur. Il se voua à l'enseignement privé et au journalisme jusqu'au jour où sa réputation comme auteur dramatique fut devenue européenne, en particulier pour sa pièce *Honneur* (*) (1889) qui devint un morceau de bravoure apprécié des grands acteurs et connut au théâtre Lessing de Berlin un tel succès qu'on proclama l'auteur « héritier de Schiller ». Certains aspects piquants de la vie bourgeoise d'alors sont rendus avec finesse dans cette pièce, ainsi que dans *La Fin de Sodome* (1891), *Feux de la Saint-Jean* (1900) et *Parmi les pierres* (*) (1905). Mais ce théâtre passa de mode après la Première Guerre mondiale. Aujourd'hui, cependant, on rend justice aux éminentes qualités théâtrales de Sudermann, ainsi qu'à l'aisance dont témoignent certaines de ses nouvelles, comme les *Récits lituaniens* (*) (1917), notamment *Le Voyage à Tilsitt*.

Romancier de talent, il est aussi l'auteur de *La Femme en gris* (1886), de *Le Chemin-des-Chats* (*) (1889), qui contient de nombreuses allusions autobiographiques. Ses souvenirs ne sont pas non plus sans intérêt.

RÉF. : Landsberg, *H. Sudermann*, Berlin, 1901. – H. Schoen, *H. Sudermann, poète dramatique et romancier*, Paris, 1905. – K. Busse, *H. Sudermann, sein Werk und sein Wesen*, Stuttgart, 1927. – *Hermann Sudermann Wirkunf*, éd. par W. Rix, Würzburg, 1980.

ŚŪDRAKA. Les nombreuses traditions biographiques concernant cet auteur dramatique indien, qui vécut entre le IVe et le Ve siècle de notre ère, forment un ensemble confus et discordant. D'après l'étymologie de son nom, certains pensent qu'il appartenait à la caste la plus basse de la société indienne. En revanche, selon une légende, Śūdraka serait le nom d'un roi qui, après avoir célébré l'« aśvamedha » (sacrifice du cheval) et placé sur le trône son fils, se jeta sur un bûcher sacré et y mourut à l'âge de cent ans et dix jours, âge que lui avait permis d'atteindre un brahmane en sacrifiant sa propre vie. Une autre tradition, rapportée par le *Harșacarita* (*), mentionne les luttes qu'il soutint contre Śandraketu, prince de Śakora, de qui il se serait défait par un expédient machiavélique. D'autres sources, enfin, font de lui un ministre du roi Satavahana (ou Salivahana), fondateur de la dynastie des Andhabhrtya au début du IIIe siècle de notre ère. Son nom est lié à l'un des meilleurs drames de la littérature sanskrite : *Le Chariot de terre cuite* (*). Malgré une stylisation alors inévitable, l'œuvre est très vivante et hautement dramatique, surtout à cause du réalisme avec lequel sont présentées les coutumes du temps et les luttes opposant la basse tyrannie des dominateurs et la très pure supériorité intellectuelle des classes soumises. On lui attribue également un « bhana » intitulé *Padmaprabhārtaka*.

SUE Marie Joseph, dit **Eugène.** Écrivain français. Né à Paris le 10 décembre 1804 ; mort à Annecy le 3 août 1857. Descendant d'une famille de chirurgiens, et filleul de l'impératrice Joséphine et d'Eugène de Beauharnais, Eugène Sue fit ses études au lycée Bonaparte (actuellement lycée Condorcet) ; il s'engagea à vingt et un ans comme chirurgien sur un vaisseau de l'État et assista à la bataille de Navarin en 1828. Mais, à la mort de son père (1829), possesseur d'une belle fortune, il donna sa démission pour se consacrer au métier d'écrivain. Ses premières œuvres furent des romans d'aventures inspirés par les gens de la mer. Il donna successivement dans cette veine : *Kernock le pirate* (+) (1830), *Plick et Plock* (1831), *Atar-Gull* (1831), puis en deux volumes, *La Salamandre* (*) (1832), et en quatre, *La Cucaratcha* (1832-1834) et *La Vigie de Koatven* (1832) qui connurent un certain succès et valurent à leur auteur d'être comparé à Fenimore Cooper. À ces œuvres d'imagination s'ajoutèrent bientôt une *Histoire de la marine française* en cinq volumes (1835-37) restée inachevée, et une *Histoire de la marine militaire de tous les peuples* (1841), qui ne valent pas ses œuvres romanesques. Avec *Cécile* (1835), Sue change de genre et commence une nouvelle carrière, celle de romancier des mœurs mondaines, et compose également des romans sur des sujets historiques dans lesquels il s'efforce de faire revivre figures pittoresques oubliées et atmosphères du passé, tels *Latréaumont* (*) (1837), *Arthur et Deleytar* (1838), *Le Marquis de Létorières* (1839), *Jean Cavalier ou les Fanatiques des Cévennes,* où, en quatre volumes, il narre les singulières aventures du chef des Camisards qui résista longtemps aux armées de Louis XIV, *Mathilde ou Mémoires d'une jeune femme* (1841), roman qui fut considéré comme son chef-d'œuvre mais dont les indiscrétions lui aliénèrent la clientèle du faubourg Saint-Germain. Dans le même genre, Sue devait encore donner en 1842 *Thérèse Dunoyer, Paula Monti* et *Le Morne au diable.*

Mais déjà, sans doute par réaction, il s'engageait alors dans une voie toute nouvelle, celle du roman-feuilleton populaire, dont il fut l'un des créateurs et qui convenait parfaitement à ses dons. Dans le *Journal des Débats* (*) qui, en 1841, venait de donner, par épisodes, *Les Mémoires du diable* (*) de Frédéric Soulié, furent publiés en 1842-43 *Les Mystères de Paris* (*). Depuis la Cour jusqu'au menu peuple, la France entière se passionna pour les aventures de Fleur-de-Marie, tout le monde lisait le feuilleton et demeurait en haleine jusqu'au suivant. On faisait queue aux *Débats* pour s'arracher les feuilles à peine sorties de presse, et l'auteur recevait des lettres implorantes le suppliant de mettre un terme au calvaire de son héroïne et de dévoiler les turpitudes de l'infâme Chouette. On raconte que Sue, ayant été condamné à l'emprisonnement pour avoir manqué son tour de garde – il servait dans la Garde nationale –, vit sa punition levée par le maréchal Soult, ministre de la Guerre, lecteur assidu des *Mystères,* pour avoir menacé d'interrompre son feuilleton. Cet immense succès, Sue le dut incontestablement à son habileté extraordinaire à ménager ses effets et à renouveler sans cesse l'intérêt de ses lecteurs, mais aussi à ce qu'il dénonçait, avec un réalisme sans précédent, les dessous honteux d'une société pourrissante, et au ton socialisant de l'œuvre, inspiré par une idéologie humanitaire qui devait triompher un temps, avec les Révolutions de 1848. À peine *Les Mystères de Paris* publiés, en dix volumes, commençait dans *Le Constitutionnel* la parution du *Juif errant* (*) (1844-45), dont le retentissement dépassa encore celui qui avait accueilli les *Mystères.* Les journaux *Les Débats, Le Constitutionnel, La Presse* se disputaient à des prix incroyables les feuilletons de Sue. Sa production fut à peu près ininterrompue : *Martin l'enfant trouvé,* publié ensuite en douze volumes en 1847 ; *Les Sept Péchés capitaux* (1847-49), seize volumes qui mettaient en scène quelques-uns des principes des théories de Fourier ; *Les Mystères du peuple ou Histoire d'une famille de prolétaires à travers les âges* (1849-56), seize volumes, œuvre qui fut condamnée par la cour d'assises de Paris comme immorale et séditieuse mais réimprimée à Bruxelles en 1865, en douze volumes ; *Les Misères des enfants trouvés* (1851), quatorze volumes ; *La Famille Jouffroy* (1854), sept volumes ; *Le Diable médecin* (1855-57), sept volumes ; *Les Secrets de l'oreiller* (1858), sept volumes. La plupart de ces romans furent traduits en plusieurs langues étrangères. Certains d'entre eux furent portés à la scène par Sue lui-même, parfois assisté de collaborateurs, sous la forme de drames à grand spectacle qui attirèrent des foules ; tel fut le cas, entre autres, pour *Latréaumont* (1842), *Les Mystères de Paris* (1843), *Mathilde* (1843), *Le Morne au diable* (1848), *Le Juif errant* (1849). La popularité extrême de Sue le fit se présenter aux élections ; en 1848, il fut élu à l'Assemblée législative où il siégea sur les bancs de la Montagne. Mais, après le coup d'État du 2 décembre 1851, il quitta la France pour s'installer en Savoie, alors italienne, où il mourut.

L'itinéraire de Sue est des plus singuliers : du dandy désabusé qui s'affiche comme membre du très sélect Jockey-Club à l'ardent défenseur du peuple s'épuisant au travail du fond de son exil, on assiste à une véritable conversion dont on peut retracer l'itinéraire fidèle au fil de ses publications. En fait, l'on pourrait presque dire que c'est l'œuvre qui fait l'homme ; il n'est pas dit que le succès des *Mystères de Paris* n'ait pas joué un rôle déterminant dans la nouvelle image que Sue avait (ou souhaitait donner) de lui-même. En revanche, l'on ne saurait douter de la sincérité de ses dernières œuvres, si bien qu'il est possible après coup de comprendre, sinon d'expliquer, cette étrange évolution : du cynisme mondain au scepticisme métaphysique (voir par exemple la préface de *Latréaumont*) ; puis d'un relativisme socialisant au socialisme humanitaire, dont Jean-Louis Bory a pu dire qu'il était comme la transfiguration des théories de jeunesse. Entre la « comédie maritime » évoquée en tête de *La Salamandre* et l'« odyssée du prolétariat » tentée par *Les Mystères du peuple,* il n'y a en ce sens que l'espace d'un engagement. Cet engagement, Sue le vivra pleinement, moulant son écriture aux nouveaux impératifs de sa mission. Il ne reste guère de la frénésie des premiers récits dans le didactisme vaguement moralisateur de l'ultime épopée, et l'on se surprend parfois – y compris dans *Les Mystères de Paris* ou dans *Le Juif errant* – à regretter l'ironique insouciance de *Kernok* ou d'*Atar-Gull.* Qu'il se préoccupe de plaire ou de convaincre, Sue reste néanmoins un conteur attachant, avec les qualités de ses défauts : une imagination intarissable, un sens particulier de la composition, une grande générosité de cœur.

RÉF. : J. Boulenger, *Sous Louis-Philippe. Les Dandys,* Paris, 1907. – A. Zévaes, *Les Procès littéraires au* XIX*e siècle,* Paris, 1924. – P. Ginisty, *Eugène Sue,* Paris, 1929. – E. Edler, *Eugène Sue und die deutsche Mysterienliteratur,* thèse, Berlin, 1932. – J. Moody, *Les Idées sociales d'Eugène Sue,* thèse, Paris, 1938. – P. Chaunu, *Eugène Sue et la Seconde République,* Paris, 1948. – J.-L. Bory, *Eugène Sue, le roi du roman populaire,* 1962.

SUE T'AO [Xue Tao]. Poétesse chinoise. Née à une date inconnue, elle vécut à Tch'eng-tou, la capitale de la province du Se-tch'ouan où elle mourut entre 832 et 835. Courtisane, elle fut la favorite des gouverneurs qui se succédèrent à son époque. Outre pour ses poèmes, elle est célèbre pour avoir fabriqué du papier à lettres décoré, que l'on reproduit encore aujourd'hui. Son œuvre, incluse dans la *Poésie complète des T'ang,* est à présent publiée en ouvrage séparé, *Poèmes de Sue T'ao* (*).

JACQUES PIMPANEAU.

SUÉTONE (Caius Silentius Tranquillus). Historien latin (75 ?-150 ?). Nous ignorons le lieu et la date de sa naissance. Toutefois une indication contenue dans la *Vie de Néron,* selon laquelle, vingt ans après la mort de cet empereur, Suétone aurait été adolescent, permet de supposer qu'il naquit pendant le règne de Vespasien, c'est-à-dire entre 69 et 79 apr. J.-C., et probablement vers 75. Son père, il nous l'apprend lui-même (*Vie d'Othon,* 10), fut tribun angusticlave dans la treizième légion, il était donc de rang équestre. Suétone est jeune encore lorsque nous le trouvons en relations très amicales avec Pline le Jeune qui jouait alors un rôle considérable. Pline recommanda Suétone à l'empereur Trajan et obtint pour lui la charge de tribun militaire vers 101, mais Suétone la céda à un parent, Cesannius Silvanus. Ayant renoncé à servir dans l'armée, Suétone exerça la profession d'avocat et peut-être également de rhéteur (« grammaticus »). Nous savons qu'il l'exerça avec conscience et modestie ; un billet qu'il adressa à Pline nous le montre angoissé par un songe défavorable qu'il venait d'avoir relativement à un procès qu'il plaidait et demandant à son ami de faire remettre le jugement. Ce trait de superstition explique l'importance attachée par le biographe aux présages qui annonçaient de grands événements dans la vie de ses héros. Suétone s'était déjà fait connaître et apprécier par des travaux littéraires variés et s'intéressait de très près à l'histoire. L'empereur Hadrien, historien lui-même et fort lettré, désira se l'attacher et le nomma en 119 secrétaire de son cabinet « ab epistulis ». Ces fonctions donnaient à Suétone accès aux archives impériales et lui permirent d'utiliser, dans *La Vie des douze Césars* (*), quantité de documents inédits, comme les lettres d'Auguste et les textes relatifs à l'enfance de Caligula. Il semble probable qu'il fut aidé dans sa tâche par un personnage important qui fut son protecteur, le préfet du prétoire Septicius Clarus. Cependant, la présence de Suétone à la cour fut de peu de durée puisque, dès 121, il fut disgracié ainsi que son protecteur. Le motif invoqué fut certain manquement à l'étiquette commis envers l'impératrice Sabine.

Si nous ignorons combien de temps Suétone vécut ensuite dans la retraite, le nombre et l'importance de ses écrits, sa prudence dans le rassemblement de la documentation nécessaire, sa lenteur à écrire ont fait supposer qu'il ne mourut guère avant 150. Alors que les *Lettres* (*) de Pline le Jeune nous renseignent sur les débuts de la carrière de Suétone, et que Spartanius, dans sa *Vie d'Hadrien,* nous donne quelques renseignements sur son bref séjour à la cour, nous ne possédons sur la dernière période de sa vie que la mention des plaintes de ses amis qui lui reprochaient de mettre si longtemps à publier les œuvres projetées. C'est qu'en effet Suétone était un écrivain fort scrupuleux, soucieux de vérifier ses informations ; nous savons par Pline qu'il était « probissimus, honestissimus, eruditissimus » (*Lettres,* X et 94/95).

Travailleur probe et austère, Suétone a traité toutes sortes de sujets. Le *Lexique* (*) de la Souda mentionne un livre sur *Les Jeux des Grecs,* deux sur les *Jeux et spectacles des Romains* [*Historia ludicra*], un ouvrage sur les paroles de mauvais augure, un autre sur l'année romaine, un traité *Des divers vêtements,* un *Examen des signes employés dans ses livres,* une *Dissertation sur l'année romaine,* un recueil *Des poètes,* un traité sur *De la République* (*) de Cicéron. Certaines de ces œuvres étaient écrites en grec. Carisius cite des *Œuvres mêlées* [*De rebus variis*] ; Priscien son travail *Sur l'institution des magistratures* [*De institutione officiorum*] ; Servius, dans son commentaire sur *Les Bucoliques* (*), son ouvrage *Sur les défauts du corps* [*De vitiis corporalibus*]. Saint Jérôme fait allusion non seulement aux vies *Des hommes illustres* (*), mais à une étude sur les mœurs et la constitution de la Rome ancienne, ouvrage qu'il convient de rapprocher des trois livres *Sur les rois* [*De regibus*], mentionnés par Ausone. De toutes ses œuvres, nous ne possédons que les titres, et il est impossible de préciser dans quelle mesure ils étaient indépendants du vaste recueil intitulé *Les Prés* (*), où Suétone recueillit une collection de faits sur les phénomènes naturels et la vie humaine. Mais il nous reste de Suétone deux œuvres d'une extrême importance, des fragments de ses *Hommes illustres,* comprenant les vies de grammairiens et de rhéteurs au nombre desquels Térence, Horace, Lucain et Perse, et surtout sa *Vie des douze Césars.* Cette dernière œuvre suffirait à sa gloire : elle est d'un novateur et introduit dans l'histoire biographique une nouvelle méthode, pittoresque mais exacte, servie par un style précis, clair et tranquille.

Cependant, quel que soit le jugement qu'on puisse porter sur ce grand historien, il importe de rappeler qu'il a fait école. Vopiscus, le premier des écrivains de l'*Histoire auguste* (*), le reconnaît pour modèle. Au Moyen Âge, Suétone fut lu et apprécié. Dès le IXe siècle, Eginhard imite assez servilement sa manière de procéder et même son style, dans sa *Vie de Charlemagne* (*). Les humanistes Érasme, Scaliger, Juste-Lipse le louent, Montesquieu considère comme un chef-d'œuvre son récit de la mort de Néron.

En fait, très peu d'historiens ont connu un succès aussi continu.

JACQUES BROSSE.

♦ *« Suétone est le plus intègre, le plus honorable et le plus savant de nos Romains ; j'aime en lui ses mœurs, son érudition, et plus je l'ai vu de près, plus je me suis attaché à lui. »* Pline le Jeune. ♦ *« Suétone, écrivain très savant et très sage..., fut un modèle de concision... »* Vopiscus. ♦ *« Suétone est exact jusqu'au scrupule ; il n'omet rien de ce qui concerne l'homme dont il écrit la vie : il rapporte tout... Il n'aime ni ne hait personnellement aucun des hommes dont il parle :*

il laisse au lecteur à les juger. » La Harpe. ♦ « *Suétone est graveur de portraits. Il a créé le genre où pas un historien ne l'a encore égalé. Par là il est à l'histoire ancienne ce que Sainte-Beuve est à la littérature. Je donnerais les trois quarts des livres antiques pour Plutarque et Suétone.* » André Suarès.

RÉF. : A. Macé, *Essai sur Suétone,* Paris, 1900. – H. R. Graf, *Suetons Bild des Kaisers Vespasian,* Stuttgart, 1937. – J. A. Maurer, *A Commentary on C. Suetonii Tranquilli « Vita C. Caligulae Caesaris »,* Philadelphie, 1949. – W. Steidle, *Sueton und die antike Biographie,* Munich, 1951, 2ᵉ éd., 1963. – Fr. della Corte, *Suetonius Eques Romanus,* 1967. – G. Brugnoli, *Studi suetoniani,* 1968.

SUGER. Historien français écrivant en latin. Né probablement à Saint-Denis ou à Argenteuil, en 1081 ; mort le 13 janvier 1151. Suger était, il le déclare lui-même, de très humble origine. Dès 1091, il est placé par son père, Hélinand, à l'abbaye de Saint-Denis, puis fréquente pendant dix ans, peut-être de 1094 à 1104, l'école du prieuré de l'Estrée. C'est là, semble-t-il, qu'il fit la connaissance du prince Louis, fils de Philippe Iᵉʳ roi de France, né la même année que Suger et qui devait être associé dès 1098 au trône avec le titre de défenseur du royaume. En 1104, Suger se trouve déjà au côté du prince Louis venu prendre possession du château de Montlhéry. Cependant Suger poursuivait ses études probablement au monastère de Marmoutier, assistait au concile de Poitiers (1106) et devant le pape Pascal II défendait les privilèges de l'abbaye de Saint-Denis. Attaché à cette abbaye, en qualité d'adjoint de l'abbé Adam (1107), Suger s'initia au maniement des affaires. Louis, devenu roi sous le nom de Louis VI, utilisa bientôt les talents de son ami. Chargé d'affaires du roi au concile de Latran (mars 1122), il fut envoyé pour saluer le pape Gélase II à Maguelonne en 1118, puis à Rome auprès de Calixte II, et participa au concile général de Latran (1123), enfin à la diète de Mayence qui élut comme empereur Lothaire. Suger n'était point encore prêtre, il fut cependant choisi en mars 1122 par les moines de Saint-Denis à la place de l'abbé Adam qui venait de mourir. Cette élection n'alla pas sans difficultés, Louis VI n'ayant pas été consulté. Il n'en voulut naturellement pas à son ami et vint en personne l'accueillir à Saint-Denis lors de son retour de Rome. Le 11 mars 1122, Suger est ordonné prêtre et le lendemain intronisé comme abbé. D'abord tout occupé des affaires de l'État, Suger négligea quelque peu cette abbaye, qui était alors en pleine décadence, matérielle et morale, au point de s'attirer de véhéments reproches de la part de saint Bernard. Néanmoins, dès 1127, Suger commença à entreprendre les réformes nécessaires et ne parut plus à la Cour qu'à l'occasion des grands événements qui se produisaient dans la famille royale.

Son influence fut vive dans les débuts du règne de Louis VII, pendant lesquels il s'opposa au parti groupé autour de la reine mère Adélaïde et de Raoul de Vermandois, mais, ce dernier étant rentré en grâce, Suger se tint à l'écart et s'occupa activement de la réorganisation de son abbaye : c'est à cette époque qu'il fit entreprendre les travaux qui devaient faire de la basilique de Saint-Denis une des plus belles églises de France dans le nouveau style ogival. Quand Louis VII partit en croisade, on se tourna tout naturellement vers l'abbé de Saint-Denis pour lui confier la régence ; il fallut cependant l'intervention du pape pour le forcer à accepter cette charge périlleuse qu'il exerça pendant deux ans, de 1147 à 1149. Nommé, par Louis VII, Père de la patrie, Suger, malgré une campagne de calomnies, se maintint au premier plan ; il réussit à réconcilier Louis VII et Geoffroy Plantagenêt, et dissuada le roi de rompre avec Éléonore d'Aquitaine. Suger n'avait pas été partisan de la croisade menée par Louis VII et dont les résultats furent d'ailleurs si infructueux mais, ému par la situation des chrétiens en Orient et par le siège d'Antioche, il leva des troupes à ses frais et allait conduire cette expédition en Terre sainte lorsqu'il mourut.

Outre la *Vie du roi Louis VI* (*), document irremplaçable sur la personnalité et le règne de ce roi qu'il connut de si près, Suger laissait les premières pages d'une *Vie de Louis VII* (+), un mémoire sur la consécration de l'église abbatiale de Saint-Denis, un autre sur son administration *(De administratione sua),* des leçons tirées de la *Vie de Louis VI,* une importante correspondance politique dont il ne nous reste que des fragments, enfin son testament, daté de juin 1137. « Maigre et chétif, mais d'un esprit ferme et d'une âme ardente », Suger fut un homme d'action, l'un des plus remarquables de son temps. Très érudit, mais médiocre styliste, il rédigeait vite et sans soin. Outre la renaissance de Saint-Denis, on lui doit d'avoir créé là un véritable foyer de l'histoire de France. Il fit choisir dans les bibliothèques conventuelles des textes historiques et des documents appartenant à toutes les époques de la monarchie française, et les fit transcrire sur des cahiers de parchemin. C'est ce recueil, le premier en date, qui fut à l'origine des *Chroniques royales,* dites de *Saint-Denis,* en latin, elles-mêmes origine des *Grandes chroniques de France* (*), écrites plus tard en français. Nous possédons une *Vie de Suger,* écrite peu après sa mort par son collègue, le moine Guillaume, et une encyclopédie sur le même sujet, qui fut envoyée de Saint-Denis pour notifier la mort de l'abbé.

JACQUES BROSSE.

RÉF. : O. Cartellieri, *Abt Suger von Saint-Denis,* Berlin, 1898. – H. Waquet, introduction à l'édit. de *La Vie de Louis VI le Gros,* Paris, 1929. – E. Panofsky, *Abbot Suger,* Princeton, 1946. – J. Gimpel, *Les Bâtisseurs de cathédrales,* Paris, 1958.

SUIDAS. Auteur présumé d'une encyclopédie grecque compilée à la fin du Xᵉ siècle après J.-C. On s'accorde aujourd'hui à considérer que la dénomination transmise par les manuscrits ne désigne pas l'auteur, mais indique le titre de l'encyclopédie, la *Souda* (*).

SUK Josef. Compositeur tchèque. Né le 4 janvier 1874 à Křečovice, mort le 29 mai 1935 à Benešov. Ses parents, qui appartiennent à une vieille famille de musiciens, lui lèguent leur amour de la musique (qui se perpétuera d'ailleurs). Au Conservatoire de Prague, il est particulièrement influencé par Dvořák (dont il épousera la fille). La première période de sa création est portée par un lyrisme intimiste, joyeux et mélodique : *La Sérénade pour cordes* [*Smyčcová serenáda*, 1892], *Chanson d'amour* [*Píseň lásky*, 1892], le *Premier Quatuor pour cordes* [*Smyčcové kvarteto*, 1896], musique pour un conte dramatique de son ami Zeyer, *Radúz et Mahulena* (1897), *Fantaisie pour violon et orchestre* [*Fantasie pro housle a orchestr*, 1902], le *Scherzo fantastique* [*Fantastické scherzo*, 1903], cycles pour piano, compositions vocales, poème symphonique à la gloire de la capitale de la Bohême, *Praga* (1904), qui hante son esprit lors des déplacements à l'étranger du célèbre « Quatuor tchèque » (dont il fait partie, comme second violon, depuis sa fondation en 1892). Si jusqu'alors, l'influence de Dvořák et de Brahms diminue peu à peu, les coups du destin le font évoluer rapidement vers un style personnel, fondamentalement différent, monumental, à la structure complexe, à l'expression intense, finalement visionnaire et quasi mystique : la tétralogie symphonique, *Asraël* (*) (1905), en cinq parties, dédiée « au souvenir lumineux de Dvořák et d'Otilie », enlevés brutalement en 1904 et 1905, *Le Conte de l'Été* [*Pohádka léta*, 1908], évocation de la nature de son pays natal, *Maturation* [*Zrání*, 1917], autobiographie qui fait entrevoir la victoire sur la douleur et le désespoir, *Épilogue* [*Epilog*, 1929], apogée de sa création, véritable chant de libération, de rédemption et d'amour. Parallèlement à ce cycle, on lui doit également : *À travers la vie et le rêve* [*Zivotem a snem*, 1909], cycle pour piano, des *Berceuses* [*Ukolébavky*], *Méditation sur le choral vieux-tchèque de saint Venceslas* [*Meditace na staročeský chorál svatý Václave*], *Vers la vie nouvelle* [*V novy zivot*, 1919], marche solennelle, dédiée aux gymnastes « Sokol », *Légende des héros morts* [*Legenda o mrtvých vítezích*], apothéose des combattants pour la liberté de la nation, etc. À noter aussi son activité de professeur de composition à l'École de maîtrise du Conservatoire de Prague où Martinů fut l'un de ses élèves. Après la génération des fondateurs de la musique tchèque moderne (Smetana, Dvořák, Fibich), Josef Suk appartient, aux côtés de Léos Janáček, Vitězslav Novák (1870-1949), à la seconde génération des classiques. Il reste un chaînon important dans la marche vers les tendances musicales contemporaines.

VLADIMIR PESKA.

SULLY Maurice de. Évêque français. Né à Sully-sur-Loire vers le début du XIIe siècle, mort à Paris en 1196. Il était fils de pauvres paysans et ce furent sans doute les moines de la célèbre abbaye qui lui donnèrent le goût des lettres. Il vint poursuivre ses études à Paris et, faute de ressources, vécut en demandant l'aumône en attendant de trouver un protecteur. Ses rapides progrès lui permirent d'obtenir, tout jeune encore, une chaire de lettres et de philosophie. La célébrité venant peu à peu, on lui accorda un canonicat à Bourges et bientôt les titres de chanoine et d'archidiacre de l'église de Paris. À la mort de Pierre Lombard, en 1160, il fut choisi pour le remplacer et devint évêque de Paris. C'est lui qui fit jeter les fondations de Notre-Dame. Il a laissé tout un ensemble de *Sermons* (*) qui furent sans doute composés pour pallier l'incapacité oratoire des prêtres du diocèse qui n'eurent plus qu'à s'en inspirer. Le nombre de manuscrits qui nous en est parvenu témoigne de leur succès, succès durable puisqu'ils étaient encore en vogue au XVe siècle et furent imprimés en 1484.

RÉF. : C. Hippeau, *Sermons ou prônes de Maurice de Sully précédés de quelques considérations,* Caen, 1856. – Mgr Baunard, *Reliques d'histoire,* Paris, 1899. – C. A. Robson, *Maurice de Sully and the Medieval Vernacular Homily*, Oxford, 1952.

SULLY Maximilien de Béthune, baron de Rosny, duc de. Homme d'État français. Né à Rosny-sur-Seine le 13 décembre 1559 ; mort le 21 décembre 1641 à Villebon (Eure-et-Loir). Son père, gentilhomme calviniste, le présenta au jeune Henri de Navarre qui l'emmena à sa suite à Paris, où le jeune homme fit ses études au collège de Bourgogne, puis, ayant survécu à la Saint-Barthélemy, servit dans les troupes du roi de Navarre et s'y distingua par son intrépidité. En outre, Béthune se révéla très tôt homme d'affaires avisé ; ayant fait un riche mariage, il se lança dans les spéculations financières et y amassa une fortune. Henri de Navarre, qui avait déjà beaucoup d'amitié pour lui et l'avait nommé son chambellan et conseiller d'État de Navarre, en vint bientôt à confier ses propres affaires à cet homme qui avait si bien réussi les siennes. Sully joua un rôle important dans la conversion d'Henri devenu roi de France, mais resta lui-même fidèle au calvinisme. Appelé à Paris auprès du roi, il se vit octroyer successivement les charges de secrétaire d'État (1594), de conseiller au conseil des Finances (1596), de grand voyer de France (1597), de surintendant des Finances et de grand maître de l'artillerie et des fortifications (1599), de gouverneur de la Bastille (1602), de gouverneur du Poitou (1603). À ces titres, Béthune joignait encore ceux de surintendant des bâtiments et de capitaine héréditaire des eaux et des rivières. La retraite de Pomponne de Bellièvre (1605) accrut encore son pouvoir :

par ses mains passaient presque toutes les affaires du royaume. Bien que très honnête, Sully était rien moins que désintéressé et se constitua une énorme fortune. En 1602, il acquit la terre et le château de Sully-sur-Loire ; en 1606 cette terre fut érigée en duché-pairie dont Maximilien de Béthune fut le premier titulaire. L'œuvre immense de Sully dépasse le cadre de cette notice. Ami, confident et conseiller très écouté du roi, Sully fut parfois pour Henri IV un censeur sévère, il s'opposa à ses prodigalités et lui reprocha ses égarements, au point de l'empêcher d'épouser Gabrielle d'Estrées. C'est lui de plus qui se chargea des négociations qui devaient amener le mariage du roi avec Marie de Médicis. Très attaqué à la mort du souverain – on lui reprochait son immense fortune –, Sully resta pourtant en place en 1610, mais, dès 1611, les intrigues persistantes l'amenèrent à donner sa démission de surintendant des Finances et de gouverneur de la Bastille ; il négocia d'ailleurs habilement cet abandon de pouvoir et obtint une grosse somme d'argent ainsi qu'une pension ; il conservait le gouvernement du Poitou, les grandes maîtrises de l'artillerie et des forêts. Vivant retiré de la Cour, Sully fut sollicité de rejoindre le camp des protestants, lors de la reprise des guerres ; il refusa et se vit chargé des négociations de la paix de Loudun (1616). Après la régence de Marie de Médicis, Sully fut fait maréchal de France en 1634. Il avait acquis à Paris l'hôtel dit depuis de Sully. C'est en son château de Sully que, vers 1611-1617, Sully, alors au début de sa disgrâce, dicta ses *Sages et royales œconomies d'Estat, domestiques, politiques et militaires de Henry le Grand* (*), version qui fut fortement remaniée en 1638 et imprimée clandestinement par un imprimeur d'Angers au château de Sully.

♦ *« ... Homme fort laborieux et diligent* [...] *qui écrit et parle assez bien, d'un style qui me plaît, pour ce qu'il sent son soldat et son homme d'État... »* Henri IV.

RÉF. : Sainte-Beuve, *Causeries du lundi*, t. VIII, Paris, 1857. – Ernest Legouvé, *Sully*, Paris, 1873. – Charles Rupin, *Les Idées économiques de Sully*, thèse, Rennes, 1907. – Jean Gauthereau, *Un précurseur financier, Sully*, thèse, Toulouse, 1912. – Henri Carré, *Sully*, Paris, 1932. – Hanotaux, Duc de la Force, Charles Rist, Jacques Pannier et André Paul, *Sully*, Paris, 1941. – Henri Pourrat, *Sully et sa grande passion*, Paris, 1942. – Anne Albert, *Sully à Rosny, sa naissance, ses demeures*, Bonnières (78), 1975. – Henri Carré, *Sully*, Paris, 1980.

SULLY PRUDHOMME (pseud. de René François Armand Prudhomme). Écrivain français. Né à Paris le 16 mars 1839, mort à Châtenay-Malabry (Hauts-de-Seine) le 6 septembre 1907. Fils de commerçants très aisés, il fit ses études secondaires au lycée Bonaparte puis à la faculté des sciences. Il entra en qualité d'ingénieur aux établissements Schneider au Creusot. Bientôt déçu par le travail, il retourna à Paris pour y faire son droit. C'est à cette époque qu'il commença à écrire, puis, un stage chez un notaire l'ayant également rebuté, il renonça à se faire une situation, et se consacra exclusivement à la poésie. Il avait vingt-six ans lorsqu'il publia son premier recueil : *Stances et Poèmes* (1865). Ce livre, favorablement accueilli par Sainte-Beuve, eut un succès immédiat. *Le Vase brisé* était récité partout. Ce succès permit à Sully Prudhomme de collaborer au *Parnasse* fondé par Leconte de Lisle, collaboration qui accentua encore son souci de la perfection formelle. Avec *Les Solitudes* (1869), sa poésie, essayant de traduire les émotions de la pensée plutôt que celles du sentiment, commença à prendre un caractère philosophique. Cette préoccupation s'affirma par la publication d'une traduction en vers (1869) *De la nature des choses* (*) de Lucrèce, précédée d'une ample préface où, tout en étudiant la pensée de l'auteur latin, il exposait l'orientation qu'il entendait donner à son œuvre poétique. Durant le siège de Paris, Sully Prudhomme s'enrôla dans la garde mobile, et le froid, les fatigues et les privations lui valurent une attaque de paralysie dont il ressentit les suites toute sa vie. Cette expérience et ses réflexions sur la guerre sont le thème d'un livre paru sous le titre : *Impressions de guerre*. Son œuvre de « poésie philosophique » se poursuivit avec *Les Destins* (*) (1872), mais il revint un moment à une poésie plus intime et plus sentimentale avec *Les Vaines Tendresses* (1875). Il entreprit ensuite deux très longs poèmes qui devaient représenter sa somme philosophique. Le premier, qui s'intitule *La Justice* (+) et fut publié en 1878, est une sorte d'enquête morale et sociale ; le second : *Le Bonheur* (+) (1888), est une vaste épopée symbolique. Il avait eu l'ambition d'écrire le pendant de l'œuvre de Lucrèce, mais la préciosité de sa forme et de ses développements jurent à tel point avec sa pensée qu'on a l'impression que cette dernière s'efface au profit d'une virtuosité purement gratuite et dénuée de toute profondeur. Cette préciosité et ce verbalisme marquent pareillement ses deux autres recueils : *Le Prisme* et *La Révolte des fleurs* (1886). Son œuvre en prose est tout entière composée d'essais destinés, soit à préciser sa pensée, soit à l'illustrer. Elle comprend : *De l'expression dans les beaux-arts* (1884) ; un *Testament poétique* dont la réédition en 1902 parut augmentée de trois études sociologiques ; *Le Problème des causes finales* en collaboration avec Charles Richet (1902) ; *La Vraie Religion selon Pascal* (1905) qui est peut-être son meilleur ouvrage, et *Psychologie du libre arbitre* (in *Revue de métaphysique et de morale*, 1906). Sully Prudhomme fut élu à l'Académie française le 8 décembre 1881 et reçut, le 10 décembre 1901, le premier prix Nobel de littérature, dont il consacra le montant à la fondation d'un prix de poésie décerné sous l'égide de la Société des gens de lettres.

BERNARD NOËL.

♦ *« Sa Muse n'attire le regard ni par des joyaux d'or et de pierreries, ni par des guenilles, mais elle s'empare de vous et vous possède avant qu'on ait eu le temps de se défendre de son regard, attirant comme une eau limpide et céleste. »* Th. de Banville. ♦ *« On chercherait en vain un confident plus noble et plus doux des fautes du cœur et de l'esprit, un consolateur plus austère et plus tendre, un meilleur ami. »* Anatole France.

RÉF. : C. Hémon, *La Philosophie de Sully Prudhomme*, Paris, 1907. – E. Zyromski, *Sully Prudhomme*, Paris, 1908. – P. Flottes, *Sully Prudhomme et sa pensée*, Paris, 1913. – H. Morice, *L'Esthétique de Sully Prudhomme*, Vannes, 1920. – E. Estève, *Sully Prudhomme*, Paris, 1925. – H. de Régnier, *Nos rencontres*, Paris, 1932. – É. Henriot, *Poètes français*, t. II, Paris, 1946.

SULPICE SÉVÈRE. Historien latin. Né en Aquitaine, probablement aux environs de Toulouse, vers 363, mort à Marseille entre 420 et 425. Il reçut la meilleure éducation possible à cette époque et se fit une grande réputation comme avocat et comme juriste. Il semblait promis aux plus hautes charges de l'empire lorsque la mort de sa jeune femme, en 392, le fit brusquement renoncer au monde et se retirer dans un ermitage près de Béziers. On ignore si c'est à ce moment-là ou un peu auparavant qu'il fit la connaissance de saint Martin de Tours dont il devint le disciple. L'invasion des Vandales l'obligea à se réfugier, sur la fin de ses jours, dans un monastère de Marseille et c'est là qu'il mourut. Son ouvrage le plus important est sa *Chronique* (*). Sa *Vie de saint Martin* (*) fut très répandue durant le Moyen Âge et servit longtemps de modèle du genre. C'est ainsi qu'elle a influencé Paulin de Nole et Grégoire de Tours. Nous avons également de lui trois lettres : *Ad Eusebium, Ad Aurelium diaconum, Ad Bassulum,* qui relatent la mort de saint Martin, et deux *Dialogues* (*). Les œuvres de Sulpice Sévère, très lues à la fin de l'Antiquité, ne furent pas seulement connues en Gaule et en Italie, mais jusqu'en Égypte et en Asie Mineure.

RÉF. : Gœlzer, *Grammaticae in Sulpicium Severum observationes,* thèse, Paris, 1884. – Boissier, *La Fin du paganisme,* t. II, Paris, 1891. – J. Brochet, *La Correspondance de saint Paulin de Nole et de Sulpice Sévère,* Paris, 1906. – Abbé L. Ricaud, *Sulpice Sévère,* Tarbes, 1913. – Per Hylsen, *Studien zu Sulpicius Severus,* thèse, Lund, 1940. – *Studia Anselmiana,* 46, 1961 (art. de J. Gribomont et de J. Fontaine).

SULPICIA. Poétesse latine de la seconde moitié du Iᵉʳ siècle av. J.-C. Auteur des *Tablettes d'une amoureuse* (*), conservées dans le « corpus » contenant l'œuvre de Tibulle, nous n'avons aucun renseignement de source directe sur elle ; elle était certainement de famille noble, et on suppose qu'elle était la nièce du jurisconsulte Servius Sulpicius, la fille de Sulpicius Rufus et de Valérie, sœur de Valère Messala Corvinus. Après la mort de son père, elle aurait été placée sous l'autorité de son oncle Messala, animateur du célèbre groupe littéraire qui porte son nom. Les petites épigrammes élégiaques de Sulpicia, qui comprennent en tout quarante vers, sont la seule œuvre féminine qui nous soit parvenue de toute la littérature latine.

SULTÂN VALAD. Poète persan de Turquie, chef spirituel de la confrérie soufie des Mevlevî. Né à Lâranda en 1226, mort à Konya le 13 novembre 1312. Fils aîné du grand poète et mystique Mowlânâ Jalâl el-Dîn Rûmî, Sultân Valad fut aussi son second successeur à la tête de la confrérie, au sein de laquelle il poursuivit son œuvre de prosélytisme et d'enseignement religieux. Sultân Valad avait été élevé dans l'entourage de soufis dont Mowlâna était le centre, et reçut l'enseignement de Shams ul-Dîn Tabrîzî, maître spirituel de son père. Mystique contemplatif dont l'activité à la tête de la Mevlevîye semble avoir été assez réduite, il doit sa postérité à son grand « masnavî », *Le Livre de Valad* (*), à un *Dîvân* volumineux, et à un ouvrage en prose intitulé *Les Connaissances* [*Ma 'ârif*]. Bien qu'écrits en persan, certains comportent des vers turcs (une centaine) : c'est notamment le cas du *Dîvân.* Le turc ne paraît d'ailleurs pas avoir été très familier à Sultân Valad. Sa versification de la langue vernaculaire de l'Anatolie, parlée au XIIIᵉ siècle par le peuple mais absente de la création littéraire, n'était pas pour Sultân Valad une contribution à sa langue maternelle, mais un moyen de faire comprendre son message à ses disciples. C'est pourquoi il adopte un langage simple, et cherche par ses images à frapper l'imagination. C'est à ce souci de prosélytisme du guide religieux qu'était Sultân Valad que nous devons la conservation d'un des tout premiers monuments littéraires du turc anatolien. Aux vers turcs contenus dans les œuvres persanes de Sultân Valad correspondent d'ailleurs des vers grecs en caractères arabes, qui répondent à la même finalité.

STÉPHANE A. DUDOIGNON.

SUNDMAN Per Olof. Romancier et nouvelliste suédois. Né le 4 septembre 1922 à Vaxholm (Suède). Sundman, qui siège à l'Académie suédoise, est le chef de file du courant documentaire qui fleurit dans la littérature suédoise des années 60. Parallèlement à son activité littéraire, il mène de front un engagement politique comme député centriste. Ses œuvres, souvent néo-régionalistes, sont consacrées à de petites communautés de Laponie ou à la vie des membres d'une expédition. L'étude de ces sociétés miniatures lui permet de cerner et de décrire les multiples facettes des relations entre les individus. En fervent behavioriste, Sundman se veut observateur et emploie un style sobre et objectif, mais il propose aussi une réflexion éthique sur des questions telles que le pouvoir, l'équité ou la responsabilité. Dans *Les Chasseurs* [*Jägarna,* 1957], un recueil de nouvelles, il illustre une série de situations conflictuelles dans les milieux rudes et hostiles de la Suède septentrionale. Sur le thème notamment d'une mystérieuse chasse à l'homme, il noue une énigme qu'il laisse sans réponse. Fasciné par la problématique de l'enquête, il met ensuite en scène des représentants officiels confrontés à des événements insolites : *L'Enquête* [*Undersökningen,* 1958], *Les Chercheurs* [*Sökarna,* 1963]. Ainsi dans *L'Enquête,* le président d'une commission est chargé de mener des investigations : à force d'interviews, il rassemble des informations, mais si contradictoires qu'elles rendent en réalité sa mission impossible. L'intérêt est à la fois sociologique et moral. Sundman souligne le danger des experts tout-puissants et s'interroge sur le droit de l'État à intervenir dans la vie d'un citoyen, même s'il croit agir pour le bien de la collectivité. *L'Expédition* [*Expeditionen,* 1962] et *Le Voyage de l'ingénieur Andrée* (*) (1967) retracent les périples de deux grands explorateurs au XIXe siècle. Le premier ouvrage est inspiré de l'expédition montée par John Stanley pour secourir Emin Pacha en Afrique de l'Est (1888-1889). Avec ce roman, Sundman abandonne les espaces froids et silencieux, pour lesquels il a une prédilection, au profit de la forêt équatoriale grouillante de vie et de bruits. Derrière un exposé volontairement scientifique alternent deux discours, l'un tenu par un lieutenant européen, l'autre par son interprète oriental. Leur vision du monde se complète et s'oppose, reflet des ambiguïtés de Sundman qui, séduit par l'énergie de Stanley, critique en même temps son esprit de conquête si typiquement occidental. Si *L'Expédition* valut à Sundman une renommée internationale, *Le Voyage de l'ingénieur Andrée* est incontestablement son chef-d'œuvre. Mêlant réalité et fiction, il y décrit le destin tragique de l'ingénieur Andrée qui, en 1897, échoua dans sa tentative de survoler le pôle Nord en ballon. Ici encore Sundman est partagé entre l'admiration qu'il éprouve pour les gens hors du commun et la réprobation des exploits grandioses mais déraisonnables et inutiles. Dans son dernier grand roman, *Ce pays est une grande île* [*Berättelsen om Såm,* 1977], Sundman demeure hanté par les rapports de force et le concept de justice. Transposant à l'époque moderne une saga islandaise (*Hrafnkels saga Freygoda*), il fait de Saum, personnage secondaire à l'origine, le héros de son livre. Cet homme généreux et indécis est poussé à la révolte contre un être puissant et sans scrupules. Victorieux dans ce combat, Saum laisse la vie sauve à son ennemi, mais sa mansuétude est une faiblesse qui provoquera sa perte. Cette allégorie dénonce le caractère souvent inhumain de la société et rappelle que la seule justification du pouvoir reste en dernier lieu la violence. Influencé par le nouveau roman, Sundman se montre résolument moderniste quant à la forme, mais derrière la simplicité apparente de son expression se révèle un art remarquable de la concision et de la litote, héritage de son admiration prononcée pour le laconisme tranchant des sagas islandaises.

MAY-BRIGITTE LEHMAN.

SUPERVIELLE Jules. Poète, romancier et dramaturge français. Né le 16 janvier 1884 à Montevideo (Uruguay). Mort à Paris le 16 mai 1960. La vie de Supervielle a été marquée par un double écart, temporel et géographique. Ayant perdu ses parents à l'âge de huit mois, il fut élevé par son oncle et sa tante, et n'apprit qu'à neuf ans qu'il était orphelin. Sa mémoire porte la marque d'un oubli irréversible, et le poids d'une mort présente dès l'origine. Élevé à moitié en Uruguay, à moitié en France, il a longtemps partagé son existence entre ces deux pays, et s'est parfois senti flotter entre deux espaces et deux cultures. À ces facteurs de dispersion, dont il a intimement ressenti le contrecoup aussi bien dans son esprit (guetté par la folie) que dans son corps (tôt menacé par la maladie), Supervielle n'a cessé d'opposer un profond désir d'unité et de stabilité, dont témoigne sa vie familiale, sociale, et littéraire. Il a eu six enfants de Pilar Saavedra, épousée en 1904, et fut toujours parfaitement intégré à la bonne société. Il a choisi résolument le français, mais il a su se faire l'ambassadeur de la littérature latino-américaine en France, et de la littérature française à Montevideo. Refusant de s'enfermer dans son trouble intérieur, il a su conquérir un public toujours plus large, en recourant aux formes d'expression les plus diverses.

Supervielle ne s'est révélé qu'assez tard, à lui-même et aux autres. Ses premiers essais poétiques (*Brumes du passé,* 1900 ; *Comme des voiliers,* 1910) restent fort académiques et empruntent beaucoup à la poésie parnassienne et postsymboliste. Le ton y est sincère, et la maîtrise du vers, réelle, mais Supervielle reste en deçà de sa vérité poétique, faute de moyens pour l'exprimer (« vivant à l'écart des milieux littéraires », il ne découvrira « Rimbaud, Mallarmé, Nerval, Whitman que vers trente-cinq, quarante ans »), et de la force nécessaire pour l'affronter : « la peur de la folie » lui fait « fuir les impressions étranges qui l'habitent ».

Supervielle trouvera dans l'humour un premier moyen d'exprimer ses hantises, tout en les tenant à distance : les *Poèmes de l'humour triste* (+) (1919) témoignent de l'influence décapante de Laforgue. Plus personnelle apparaît, dans les *Poèmes* publiés la même année (avec une préface élogieuse de Paul Fort), la section consacrée aux « Paysages » : comme si l'évocation des espaces illimités de la mer ou de la pampa aidait la poésie de Supervielle à s'évader du carcan des formes traditionnelles et à prendre sa véritable dimension, cosmique.

Encouragée par un contexte littéraire favorable, aussi bien en Amérique latine qu'en France, grâce à l'influence de V. Larbaud, cette évolution aboutira à *Débarcadères* (*) (1922), recueil dominé par le thème du voyage, où Supervielle s'essaie pour la première fois au vers libre et crée des images déroutantes, puis à *L'Homme de la pampa* (*) (1923), roman fantastique et fantaisiste, dont le héros excessif incarne le nouveau tempérament littéraire de Supervielle.

Cette libération spectaculaire, qui s'autorise de Lautréamont, et vaut à Supervielle la sympathie de Michaux et de Max Jacob, laissait place à quelques facilités dans l'exotisme et dans l'hyperbole. Supervielle va s'efforcer d'intérioriser son propos et sa manière. *Gravitations* (*) (1925) unit macrocosme et microcosme en un mythe personnel où Supervielle parvient enfin à exprimer ses obsessions les plus intimes, notamment son angoisse de la mort. Et ce sont des tentations secrètes qu'il exorcise, sur un ton apparemment détaché, dans deux récits de facture désinvolte mais sobre, où l'humour côtoie le tragique : *Le Voleur d'enfants* (*) (1926) et *Le Survivant* (*) (1928).

À mesure qu'il approche ainsi des zones les plus étranges de sa personnalité, il éprouve le besoin de donner à ses interrogations une forme plus aisément accessible, en se tournant vers le conte, *L'Enfant de la haute mer* (*), (1931), le récit autobiographique, *Boire à la source* (*) (1933), et le théâtre, *La Belle au bois* (1932) – v. *Théâtre* (*) de Supervielle. Il atteint cependant sa pleine maturité poétique, avec *Le Forçat innocent* (*) (1930), et *Les Amis inconnus* (*) (1934), où il réussit à donner au plus personnel valeur universelle, et à couler l'irrationnel dans un langage d'une rigueur et d'une densité presque classiques. Cette exigence de clarté confine parfois au didactisme dans *La Fable du monde* (*) (1938), ambitieuse allégorie de la Création.

Retenu en Uruguay par la maladie, Supervielle vit la guerre comme un drame personnel et collectif, source d'une « double angoisse », qui lui inspire certains de ses poèmes les plus violents, *1939-1945* (*) ou les plus mystiques, *À la nuit* (+) (1947). Ne pouvant se maintenir à ces sommets d'intensité douloureuse ou extatique, et comme pour supporter l'épreuve de l'exil, il cultive des formes plus aimables : contes mythologiques, *Le Petit Bois* (1942) ; *Orphée* (1946), *Premiers pas de l'univers* (1950) et comédies, *Robinson, Schéhérazade* – v. *Théâtre*.

Après guerre, ces œuvres plus faciles d'accès attirent à Supervielle une audience croissante, cependant que ses poèmes, dont il fait paraître en 1947 un *Choix*, lui valent des consécrations officielles (le prix des Critiques en 1949, pour *Oublieuse mémoire* (*) ; celui de l'Académie française en 1955 pour l'ensemble de son œuvre). Trop sollicité, éprouvant du mal à se renouveler, Supervielle donne alors des œuvres inégales, où la fulguration côtoie une certaine facilité, et l'invention, la répétition, *Naissances* (*) (1951) ; *L'Escalier* (*) (1956). Il se rafraîchit en évoquant les débuts sentimentaux et poétiques du *Jeune Homme du dimanche* (*) (1952-55), mais il se prépare à la mort avec une inquiétude spirituelle qui lui arrache certains de ses poèmes les plus beaux et les plus modernes – *Le Corps tragique* (*) (1959).

Unanimement respecté par ses pairs, qui le sacrèrent Prince des poètes peu de temps avant sa mort, mais toujours en marge des modes littéraires, Supervielle occupe au XXe siècle une place originale : il s'est voulu « un conciliateur, un réconciliateur des poésies anciennes et modernes ». Dominée par les thèmes de l'oubli, de la mort, de la métamorphose et du dédoublement, son œuvre illustre la crise d'identité qui affecte le sujet contemporain. Mais ce vertige, Supervielle cherche à le « fixer » par une forme rigoureuse.

Il s'allie les puissances du « rêve », mais il en contrôle la « dérive », en « ordonnant » les « images » pour les « faire chanter juste », en les pliant parfois à « la logique » d'un récit : il espère ainsi éclairer le message de l'inconscient « sans lui faire perdre de sa force ». Pour le rendre plus communicable, il recourt au mythe, à l'humour, à la féerie théâtrale. Mais pour suggérer l'indicible, son instrument privilégié reste le vers, « libre » ou « libéré », dont la musicalité subtile et l'apparente simplicité cachent souvent des ambiguïtés et des dissonances, exprimant sans le découvrir un mystère toujours latent.

MICHEL COLLOT.

♦ *« C'est très beau, cela crée une continuité par-dessus des abîmes, je sens que cela ne s'arrête nulle part : vous êtes grand constructeur de ponts dans l'espace. »* R.-M. Rilke. ♦ *« L'accent de cette voix est un accent de mémoire, toujours retenu et parfois étouffé, réponse simple à ce qui fut vécu sous la pression de l'étrangeté. »* M. Blanchot. ♦ *« Peu de mots, et les plus simples, les plus familiers. Peu de variété dans les tons et les formes syntaxiques : presque toujours, c'est une plainte murmurée qui s'exhale, une interrogation timide qui va rejoindre le silence. »* Cl. Roy.

RÉF. : Tatiana W. Greene, *J. Supervielle,* Paris-Genève, 1958. – Etiemble, *Supervielle,* Paris, 1960. – James A. Hiddleston, *L'Univers de J. Supervielle,* Paris, 1965. – Robert Vivier, *Lire Supervielle,* Paris, 1971. – Ricardo Paseyro, *J. Supervielle, Le Forçat volontaire,* Monaco-Paris, 1987.

SUPPÉ Franz von. Compositeur autrichien. Né à Split, en Dalmatie, le 18 avril 1820, mort à Vienne le 21 mai 1895. Sa famille était d'origine belge bien que fixée depuis longtemps à Crémone. Dès son jeune âge, Suppé fit preuve de dons musicaux exceptionnels ; en 1834, à Zara (aujourd'hui Zadar), on donna une *Messe* de lui. Pour suivre la volonté familiale, il entreprend des études universitaires à Padoue ; il les abandonne à la mort de son père et part s'installer à Vienne où la musique l'emporte bientôt sur ses autres aspirations. Chef d'orchestre, il dirige dans différents théâtres allemands et autrichiens, puis, à partir de 1865 jusqu'à sa mort, il demeurera attaché à Vienne, au Théâtre Léopold. Sa renommée commença à se répandre vers 1844 ; toutefois, son premier grand succès ne vint qu'en 1847 avec *Das Mädchen vom Lande* qui fut suivi de *Paragraph* (1856), *Dix filles et pas d'homme* [*Zehn Mädchen und kein Mann*, 1862], *Flotte Brusche* (1863), *La Dame de pique* [*Pique-Dame*, 1864], *La Belle Galatée* [*Die schöne Galatea*, 1865], *Dona Juanita* (1880). Suppé fut un auteur si fécond que les musicologues ne sont pas d'accord sur le nombre exact des pièces brèves, des vaudevilles et des farces qu'il a écrits ; en outre, il a composé des ballets, de la musique de chambre, des ouvertures. Sa musique légère, très brillante, fut extrêmement appréciée à son époque ; il ne semble pas, pourtant, qu'elle ait eu beaucoup de rayonnement à l'étranger. Il faut citer quand même *Fatinitza* (1876), joué à Londres et à Paris, *Boccace* (*), représenté à Vienne en 1879. De nos jours, les ouvertures de *Poète et Paysan* (*) (1846) et *Cavalerie légère* (1866) figurent encore aux programmes des orchestres de musique légère. Suppé a même écrit de la musique religieuse, entre autres une *Messe dalmate* (1877) et un *Requiem*.

RÉF. : O. Keller, *Franz von Suppé, der Schöpfer der deutschen Operette*, Leipzig, 1905.

SURREY Henry Howard, comte de. Homme politique et poète anglais. Né vers 1516 ou 1517, décapité à Londres le 21 janvier 1547. Surrey fit sa première apparition dans la vie politique lors du procès d'Anne Boleyn en 1536, et sa familiarité avec Henri VIII lui valut par la suite d'être mêlé à tous les drames sanglants de sa vie conjugale. Mais quelques paroles indiscrètes ayant excité les soupçons d'Henri VIII, il fut disgracié, traduit devant un tribunal sous l'inculpation de crime de haute trahison et exécuté. Ses poèmes, dont le plus célèbre est la « Complainte pour l'absence du bien-aimé » [Complaint of the Absence of her Lover], ont été réunis par l'éditeur Tottel, avec ceux de Thomas Wyatt, dans les *Mélanges de Tottel* (*). Surrey est considéré comme l'un des fondateurs de la poésie nationale anglaise ; c'est à lui qu'on doit la forme anglaise du sonnet, trois quatrains et un distique final, qui connut un si grand succès au temps de Shakespeare.

RÉF. : Edmond Bapst, *Deux gentilshommes poètes de la cour de Henri VIII*, Paris, 1891. – J.W. Lever, *The Elizabethan Love Sonnet*, Londres, 1956. – E. Casady, *Henry Howard, Earl of Surrey*, New York, 1966.

SUSO Heinrich (Seuse). Écrivain mystique allemand. Né soit à Constance, soit plutôt à Überlingen, le 21 mars 1295 (?), mort à Ulm le 25 janvier 1366. Sa famille paternelle, von Berg, joua un certain rôle dans l'histoire de Constance. Son père était un « enfant du monde ». Par vénération pour sa mère, douce et pieuse, « remplie de Dieu », il choisit de porter son nom, la forme Suse, Seuse, ayant été très tôt latinisée en Suso. Il n'a pas quinze ans quand il entre chez les dominicains de Constance. Après ses premières études au couvent, et peut-être à Strasbourg, il est envoyé vers 1320 au Studium generale de Cologne où enseigne maître Eckhart. Revenu à Constance, il rédige vers 1327 *Le Livre de la vérité* (+), pour présenter sans déformation la doctrine du maître qu'il vénère et que l'on attaque. On le suspecte à son tour et il doit renoncer à sa charge de lecteur. Alors commence sa vie d'apostolat. Il prêche en Suisse, en Alsace, dans la vallée du Rhin. L'époque est extrêmement troublée : calamités naturelles, tremblements de terre, inondations, famines et peste ; difficultés politiques, lutte entre le pape et Louis le Bavarois, excommunications, interdit sur les villes restées fidèles à l'empereur. Les âmes pieuses, religieux, clercs et laïcs, se rapprochent et se soutiennent spirituellement, échangent lettres et livres. Suso est en relation avec la plupart de ces « amis de Dieu ». Constance est resté son port d'attache jusqu'en 1338, mais le Conseil de la ville, voulant forcer les prêtres à transgresser l'interdit, ceux qui obéissent au pape doivent s'exiler. Suso devient prieur de la communauté réfugiée non loin de Constance près de monastères amis. Il s'est astreint dans sa jeunesse à de grandes austérités. Maintenant d'autres souffrances l'accablent qu'il n'a pas cherchées : épreuves familiales et surtout calomnies. Sans doute pour mettre fin à ces rumeurs, ses supérieurs l'envoient à Ulm. On ignore l'histoire de ses dernières années. On sait seulement qu'il mourut à Ulm le 25 janvier 1366 et fut inhumé dans l'église des frères Prêcheurs.

Les œuvres allemandes de Suso forment un recueil intitulé *L'Exemplaire* (*). Le premier des livres qui le composent, la *Vie*, a été longtemps tenu, sur la foi du prologue, pour une autobiographie. Cette opinion ne résiste pas à la critique interne. Les invraisemblances psychologiques y foisonnent. On a voulu voir dans les mortifications extravagantes auxquelles Suso se serait livré une aberration du sentiment religieux. Or l'exposé que la *Vie* en donne porte en lui-même sa réfutation. L'intention hagiographique est flagrante. Nous savons de façon sûre que l'une des filles spirituelles de Suso, Elsbeth Stagel, dominicaine à Toess, près de Winterthur, recueillit les lettres de son directeur et nota ses entretiens avec lui. Plus tard une autre main, sans doute aussi féminine et dominicaine, retoucha encore le texte en s'inspirant des œuvres de Suso. Le livre, assez disparate, contient beaucoup d'anecdotes, d'historiettes charmantes, d'aventures reposant sur des données authentiques plus ou moins romancées. Il renferme aussi des chapitres importants de mystique spéculative. Ces mêmes chapitres et *Le Livre de la vérité* reprennent les questions les plus hautes de la théologie et de la mystique – nature de Dieu, unité et Trinité divine, filiation du Christ, union de Dieu et de l'âme – mais, alors qu'Eckhart se plaisait aux expressions paradoxales, Suso expose sa pensée avec beaucoup de nuances. Ainsi le « Disciple » réfute-t-il le « Sauvage » qui prétend justifier l'hérésie panthéiste des Béghards et des frères du Libre Esprit par l'enseignement du « grand maître ». Suso résume sa doctrine en une formule frappante : « Un homme qui s'est renoncé doit être détaché des formes créées, formé avec le Christ et transformé dans la divinité. » Rendu disponible par la *Gelassenheit*, l'abandon total à Dieu, l'homme naît à une vie nouvelle. Le « fond », l'« étincelle de l'âme » – expressions reprises du maître Eckhart et chères aux mystiques –, cette empreinte de lui-même que Dieu a laissée dans l'âme reflue dans l'abîme de l'essence divine. Elle correspond désormais à son exemplaire éternel, une avec l'Un. Toujours différente de lui sans en avoir conscience, elle est devenue par la grâce de l'union mystique ce qu'il est par nature.

Les lettres contenues dans *Le Petit Livre des lettres* (+) et *Le Grand Livre des lettres*, qui se recouvrent en partie, ont été recueillies par Elsbeth Stagel. Elles s'adressent aux filles spirituelles du Serviteur. La direction de Suso sait s'adapter à tous les besoins. Il blâme parfois avec vigueur, mais sans amertume. Plus souvent, il exhorte, il presse, il entraîne. Père affectueux, il se rend tout proche de celle qui souffre ou va mourir pour la mieux consoler. Faible avec les faibles, il conduit aussi les plus avancées vers la contemplation mystique. Parfois même il se laisse aller aux confidences. C'est dans ces lettres qu'il est le plus près de nous. On trouve là toute vivante sa doctrine spirituelle, simple et pratique.

Suso, métaphysicien du *Livre de la vérité*, a été éclipsé par la gloire d'Eckhart quand celui-ci fut remis en lumière au XIXe siècle. Il n'en est pas moins original et grand. Dans l'*Horologium* et surtout dans *Le Livret de l'éternelle sagesse* (*) et les lettres, sa pensée n'a pas vieilli. Par la tendresse de son amour, il a rénové la grande image de la sagesse. En mettant l'accent sur l'intimité entre le Christ et l'âme, il a repris la tradition de Bernard de Clairvaux et de François d'Assise préparant ainsi directement la « devotio moderna » dont *L'Imitation de Jésus-Christ* (*) est l'expression la plus parfaite. Poète et artiste, extrêmement sensible au charme de la création, « saint François de Souabe », il a parlé aussi de la souffrance aux âmes affligées en termes que nul n'a dépassés, et sa haute spiritualité n'a jamais étouffé chez lui le cri de la misère humaine. Suso fut un des auteurs spirituels les plus goûtés de la fin du Moyen Âge. Les manuscrits connus de ses œuvres sont très nombreux, à plus forte raison ceux qui demeurèrent ignorés ou furent anéantis par les vicissitudes de six siècles. Dès le XIVe siècle, on connaît en France *L'Horloge de sapience* (+) et les traductions des autres livres. La Bibliothèque nationale en possède quelques très beaux exemplaires ornés de miniatures. En 1482 et 1512, les œuvres de Suso sont imprimées à Augsbourg. De nouvelles éditions, en particulier de l'*Horologium* dont le latin vieillissait moins vite que l'allemand des autres œuvres, furent publiées à Venise, Cologne, Nuremberg, Paris, au cours des XVe et XVIe siècles. Quand le romantisme découvrit le Moyen Âge, Diepenbrock, futur cardinal, publia une traduction de Suso en allemand moderne, avec une préface de Joseph Görres. En 1880, le P. Denifle donna une autre édition beaucoup plus sûre, également en allemand moderne, puis, en 1907, parut une excellente édition critique des textes originaux allemands (Heinrich Seuse, *Deutsche Schriften*, hgg. von Karl Bihlmeyer, Stuttgart, 1907). Depuis lors se sont multipliées éditions d'œuvres séparées, études, publications de morceaux choisis, traductions en allemand moderne (Lehmann, von Scholz, W. Oehl, Heller, Gabele, Schellenberg, etc.). La plus récente édition de l'*Horologium* est celle de G. Richstaetter, Turin, 1929. En 1831, Grégoire XVI, approuvant le culte populaire, a inscrit Suso au catalogue des bienheureux et fixé sa fête au 2 mars.

JEANNE ANCELET-HUSTACHE.

♦ *« L'injure et le mépris, le chagrin sous toutes les formes, la calomnie, la haine, l'envie et des blessures cruelles atteignirent la partie la plus sensible de son cœur. Il n'y vit plus de fin, mais en souffrant il apprit à souffrir encore davantage. »* Herder.

RÉF. . F. Vetter, *Ein Mystikerpaar des vierzehnten Jahrhunderts, Schwester Elsbeth Stagel in Toess und Vater Amandus (Suso) in Konstanz*, Bâle, 1882. – H. Delacroix, *Les Grands Mystiques chrétiens*, Paris, 1908. – H. Lichtenberger, *Le Mysticisme allemand, Suso*, in *Revue des cours et conférences*, Paris, 1910. – A. Niklas, *Die Terminologie des Mystikers Heinrich Seuse*, Königsberg, 1914. – X. de Hornstein, *Les Grands Mystiques allemands du XIVe siècle*, Fribourg, 1922. – R. Zeller, *Le Bienheureux Henri Suso*, Paris, 1922. – C. Groeber, *Der Mystiker Heinrich Seuse*, Fribourg-en-Brisgau, 1941. – F. W. Wentzlaff-Englebert, *Heinrich Seuse, Sein Leben und seine Mystik*, Lindau, 1947. – J.-A. Bizet, *Le Mystique allemand Henri Suso et le déclin de la scolastique*, Paris, 1947 ; *Suso et le Minnesang*, Paris, 1947 ; *Mystiques allemands du XIVe siècle*, Paris, 1957. – Traductions françaises modernes : P. Thiriot, *Œuvres mystiques du bienheureux Henri Suso*, Paris, 1899. – Jeanne Ancelet-Hustache, *Le Bienheureux Henri Suso* (introduction et traduction), Paris, 1943. – P. Benoît Lavaud, *L'Œuvre mystique de Henri Suso*, Paris, 1946. – E. Filthaut (ed), *Heinrich Seuse, Studien zum 600. Todestag*, 1966.

SUŚRUTA. Illustre médecin indien, et le premier chirurgien connu en Inde. On lui attribue le plus fameux traité de médecine hindoue ancienne : la *Suśrutasamhitā* (*). Suśruta vivait, croit-on, entre le IIIe et le VIe siècle de notre ère, mais la *Saṃhitā* (*), dans sa rédaction actuelle, est sûrement plus récente. Fils de Viśvamitra, Suśurta aurait eu pour maître le médecin Divodāsa auquel il se réfère.

Célèbre dans l'Inde entière, l'influence de Suśruta pénétra dès les IXe et Xe siècles en Orient et en Occident.

SUTZKEVER Avrom. Poète yiddish. Né le 15 juillet 1913 à Smorgon (Lituanie). Le destin de Sutzkever est comme un raccourci de l'histoire du peuple juif d'Europe orientale au cours du XXe siècle. Pendant la Première Guerre mondiale, il se trouve déplacé par le régime tsariste, comme nombre de Juifs de la zone frontalière, vers l'intérieur du pays. Il gardera dans son imaginaire l'empreinte de son enfance sibérienne (*Sibérie,* 1953). En 1922, la famille se fixe à Vilno. Désormais sa vie et son œuvre sont liées à cette ville, la « Jérusalem de Lituanie ». Sutzkever devient une des figures de proue du groupe moderniste « Jeune Vilno » [Yung Vilnè] qui apparaît dans les années 30.

Quand éclate la Seconde Guerre mondiale, Sutzkever, avec l'ensemble de la population juive, est enfermé dans le ghetto où il est affecté à la « brigade de papier », chargée de trier les fonds de la bibliothèque Strachun en vue de la constitution par les Allemands du « musée d'un peuple disparu ». Il participe au mouvement clandestin de Résistance. Lors de la liquidation du ghetto, il parvient à s'évader avec sa femme par les égouts pour rejoindre les partisans dans les forêts environnantes. En mars 1944, évacué par avion sur Moscou, il participe aux activités du « comité antifasciste juif ». Conscient de la menace qui pèse sur les intellectuels et les artistes juifs d'U.R.S.S., il quitte Moscou et, après un bref séjour en Pologne et une année d'errance en Europe de l'Ouest, notamment à Paris, il se fixe en 1947 dans le futur État d'Israël. Il témoignera au procès de Nuremberg et publiera ses premiers volumes d'après-guerre : un témoignage, *Ghetto de Vilno* [*Vilner ghetto,* 1946] ; des poèmes épiques et narratifs, *La Forteresse* [*Di Festung,* 1945], *Rue juive* [*Yidishè gas,* 1948], *Ville secrète* [*Gueheïmshtot,* 1948] ; et des recueils, *Poèmes du ghetto* [*Lider fun ghetto,* 1946]. Depuis, Sutzkever vit à Tel-Aviv, où il a créé en 1949 et dirige à ce jour la plus importante revue littéraire du monde yiddishophone *La Chaîne d'or* [*Di Goldenè Keyt*].

Entre 1937, année où parut son premier recueil *Lider (Poèmes)* et 1992, date du plus récent, l'activité créatrice de Sutzkever n'a jamais cessé. Les quelque vingt-cinq volumes publiés présentent dans leur diversité, leurs ruptures thématiques, formelles, métriques, prosodiques, une étonnante continuité, un cheminement solitaire et néanmoins emblématique.

Les débuts poétiques de Sutzkever coïncident avec l'éclosion de l'avant-gardisme dans la littérature yiddish. Son esthétique s'y inscrit dans un rapport non pas de similitude mais de rupture. À la rhétorique apocalyptique de l'époque, Sutzkever oppose son culte païen des sens et du beau, la communion panthéiste avec la nature, l'obsession de la fuite du temps, la luminosité de la palette, la subtilité musicale des rythmes et des rimes, le foisonnement des images et des métaphores : *Chants sylvestres* [*Valdiks,* 1940] ; *Dans le char de feu* [*In faïer vogn,* 1955] ; *Ode à la colombe* [*Ode tzu der toïb,* 1955] ; *Dans le désert du Sinaï* [*In midbor Sinaï,* 1957] ; *Oasis* [*Oasis,* 1960] ; *La Rose-Violon* [*Di fidlroïz,* 1974].

Au cœur de son processus créateur se trouve dès le début une démarche oxymorique. Elle lui permettra de transcender les contradictions, les déchirements que la violence de l'Histoire du XXe siècle a imposés à la poésie. Son œuvre, habitée par l'horreur de l'anéantissement et par ce qu'il vit comme une résurrection sur la *Terre spirituelle* [*Gaïstikè erd,* 1961], a su opérer une symbiose qui intègre l'ensemble de l'expérience individuelle du poète et l'ensemble de l'expérience collective du peuple dans une écriture pour laquelle la perfection formelle reste la visée primordiale : *Poèmes de la mer Morte* [*Lider fun yam hamoves,* 1968] ; *Lettres carrées et prodiges* [*Firkantike oïsiyes un moïfsim,* 1968] ; *Visages du temps* [*Tzaïtikè penimer,* 1970] ; *Poèmes du journal* [*Lider fun tog-bukh,* 1977) ; *Frère Jumeau* [*Tzviling-bruder,* 1986].

Devant les assauts répétés de la mémoire et la hantise du passé qui cherche à s'incarner dans le présent, Sutzkever développa de nouveaux réseaux symboliques et métriques à l'intérieur de formes prosodiques classiques, mais il se trouva aussi contraint de faire éclater les catégories scripturaires tout comme les catégories temporelles pour créer un genre hybride entre prose et poésie : *Aquarium Vert* [*Griner akvarium,* 1975] ; *Où gîtent les étoiles* (*) ; *Manuscrits vieux et jeunes* [*Fun altè un yunguè ksav-yadn,* 1982]. De la poésie ces textes tirent leur vision et leur production métaphorique, à la prose ils empruntent son caractère narratif, le recours à l'ironie, au macabre, à la dérision, au grotesque, une certaine démarche réflexive, un questionnement tantôt métapoétique (sur la possibilité et les modalités de la création, sur les courts-circuits de l'imaginaire) tantôt ontologique (sur le rapport entre l'anéantissement et la survie).

Pour le peuple juif et pour sa culture, qui ont été l'objet d'une tentative de génocide, la démarche de Sutzkever est à la fois de l'ordre du scandale et de l'ordre du salut. De l'ordre du scandale, car elle oppose, dans le déchirement et le tourment, au monde du chaos introduit par cet événement sans précédent l'harmonie apollinienne ; de l'ordre du salut, car elle s'efforce de recoller l'avant et l'après, comme les fragments d'un vase brisé.

RACHEL ERTEL.

SUYŪṬĪ (al-) Jalāl al-Dīn ʿAbd al-Rahmān. Écrivain et érudit arabe. Né et mort au Caire (1455 ?-1505). Issu d'une famille de notables originaires d'Asyūṭ (Moyenne-Égypte), son père, qu'il perdit très jeune, fut le premier de sa lignée à s'orienter vers une carrière de lettré. La formation d'al-Suyūṭī, qu'il détaille dans l'une de ses œuvres, est assez caractéristique de l'atmosphère intellectuelle qui domine dans l'Égypte des mamelouks, sous lesquels la vieille culture littéraire et religieuse arabe jette ses derniers feux. Exégèse du *Coran* (*), sciences du *Ḥadīth* (*), droit musulman, grammaire, rhétorique et belles-lettres en forment le noyau dur ; en revanche, la théologie spéculative n'y figure pas, non plus que la mystique. Quant aux sciences liées à l'héritage philosophique hellénique, notamment la logique, al-Suyūṭī avoue les avoir toujours trouvées rébarbatives. À l'intérieur de ces limites, il s'attacha avec succès à accumuler des connaissances aussi exhaustives que possible, fréquentant assidûment tous les maîtres en renom à cette époque et voyageant « en quête de science », en Syrie, en Arabie, au Maghreb et jusqu'aux Indes. Son œuvre comporte plus de cinq cents titres ; à côté de brefs opuscules, on y trouve un commentaire du *Coran* en six volumes, un compendium des sciences coraniques, un précis d'épistémologie de la grammaire, une somme de philologie arabe, divers dictionnaires biographiques, ainsi que plusieurs ouvrages à visée littéraire, notamment un texte humoristico-érotique, les *Nuits de noces* (*). La plupart de ces œuvres sont avant tout des compilations, où l'apport personnel de l'auteur se limite à organiser et à présenter un ensemble de connaissances préexistant ; tâche dans laquelle il manifeste un esprit clair et méthodique, et une capacité remarquable à mettre en évidence les points importants des théories qu'il expose et discute. Son projet, au reste, n'était pas de faire œuvre originale : profondément marqué, comme la plupart des intellectuels de son époque, par la série de catastrophes qui, depuis le sac de Bagdad par les Mongols en 1258, s'abattait régulièrement sur le monde musulman, détruisant maintes bibliothèques et provoquant la mort prématurée de nombreux savants, il s'était donné pour objectif de sauver ce qui pouvait l'être de l'héritage culturel de la grande période classique, dont son œuvre représente l'ultime et tardive floraison avant le grand hiver ottoman.

JEAN-PATRICK GUILLAUME.

SVEVO Italo (pseud. de Ettore Schmitz). Écrivain italien. Né à Trieste le 19 décembre 1861 de Francesco et Allegra Moravia, mort le 13 septembre 1928 des suites d'un accident d'automobile, à Motta de Livenza (Trévise). Il fit ses études primaires dans sa ville natale et, à douze ans, fut envoyé par son père au collège de Segnitz (près de Wurtzbourg, en Bavière). Il y demeura cinq ans et se passionna pour la littérature allemande. À Trieste, il dut entrer comme employé (1880) à la succursale de la banque Union de Vienne, où il demeura dix-huit ans. Ce fait est important, car le premier roman de Svevo, *Une vie* (*), paru en 1892 et abondant de même que les deux suivants en anecdotes et renseignements autobiographiques, se déroule précisément en grande partie dans une banque. L'éducation qu'il reçut en Allemagne pendant sa jeunesse explique sa connaissance imparfaite de la langue italienne, qui ne l'empêcha d'ailleurs pas de se créer un langage artistique personnel, ainsi que l'influence profonde qu'exercèrent sur lui des écrivains et des penseurs allemands, tels que Jean-Paul Richter et Schopenhauer, à côté des classiques italiens et des romanciers français et russes du XIXe siècle. Durant sa jeunesse, Svevo fut lié par une profonde intimité spirituelle à son frère cadet Elio (1863-1886), lequel consigna dans un journal, encore inédit, tous les travaux que son aîné avait entrepris, achevés ou abandonnés. L'année même où il fit ses débuts à la banque, Svevo commença à publier de nombreux articles de critique littéraire, dramatique et musicale (sous le pseud. de E. Samigli) dans le quotidien de Trieste *L'Indipendente,* de tendance nettement irrédentiste. À cette époque il travailla aussi pendant la nuit, à la rédaction du *Piccolo* (l'autre journal triestin) où il était chargé du dépouillement de la presse étrangère. Il fréquentait la société littéraire et artistique de sa ville. Le 30 juillet 1896, il épousa Livia Veneziani qui fut la compagne de toute sa vie.

En 1898 parut *Sénilité* (*), déjà publié par fragments dans *L'Indipendente* et qui, comme son précédent roman, ne recueillit que de très faibles échos dans la critique. Ulcéré par cette conjuration du silence qui semblait peser sur lui avec obstination, Svevo écrivit peu pendant de longues années et résolut de ne rien publier. En 1899, il abandonna son emploi à la banque pour entrer dans une firme qui fabriquait des peintures pour coques de navire. Cette nouvelle situation l'amena à faire de nombreux voyages à l'étranger et, en particulier, en Autriche, en France et en Angleterre. C'est en 1903, à Trieste, que Svevo rencontra James Joyce qui enseignait l'anglais à l'école Berlitz. Ayant pris quelques leçons avec lui, il se trouva bientôt lié à Joyce par une amitié cordiale renforcée par l'estime que l'écrivain irlandais portait aux ouvrages déjà publiés de Svevo. Au cours de la Première Guerre mondiale, Svevo lut les œuvres de Freud, dont il traduisit *La Science des rêves* (*), et s'intéressa de très près à la psychanalyse et à ses problèmes. Cette influence apparaît nettement dans son troisième roman, *La Conscience de Zeno* (*), paru en 1923, qui ne connut également qu'un succès très limité. Mais désormais le climat dans lequel se développait la littérature européenne s'était profondément modifié ; on s'orientait résolument vers un art analytique, introspectif et intimiste ; l'heure de Svevo était arrivée. Aussi la « découverte » de l'écrivain, son apparition soudaine, source de maintes polémiques, sur la scène littéraire internationale, furent un fait accompli lorsque à la fin de 1925 et au début de 1926, Eugenio Montale en Italie et des italianisants distingués, tels que Benjamin Crémieux et Valery Larbaud en France, conseillés tous deux par Joyce, parlèrent en termes hautement élogieux de l'œuvre de Svevo, proclamant avec autorité sa réelle valeur humaine et artistique, décelant dans le romancier triestin un précurseur de Proust et aussi de Joyce, un des représentants les plus significatifs et les plus profonds de la littérature et, davantage encore, de la conscience contemporaine. Ainsi naquit ce que l'on appela le « cas Svevo », lequel donna lieu à une ample activité critique qui dure encore. Éditions et traductions en plusieurs langues étrangères se multipliaient et l'on produisit ses inédits. Svevo, cependant, profita peu de cette gloire si longtemps attendue. Il mourut trois ans après sa « découverte ».

BRUNO MAIER.

♦ *« La grandeur de Svevo se mesure au climat de ses livres qui ne peuvent se comparer à aucun autre. Il existe une Trieste de Svevo, comme il existe un Paris de Balzac ; il existe un monde svevien, avec ses démons et ses dieux, comme il existe un monde proustien* [...] *C'est par l'accumulation des détails qu'il vaut, par l'abondance et le naturel qu'il apporte à traiter les thèmes les plus divers : l'amour, le mariage, la mort, la maladie, les affaires et seule une absorption de Svevo à dose massive peut donner la vraie mesure de sa richesse, de sa force, de son charme. »* Benjamin Crémieux. ♦ *« Ses livres stupéfient par leur modernité. Ils semblent anticiper sur les préoccupations les plus exigeantes de l'art européen contemporain* [...] *Ce méconnu est un second Proust. »* Eugenio Montale. ♦ *« Ce qui est fascinant chez Svevo, c'est l'infatigable enquête sur eux-mêmes que poursuivent ses héros et l'éternel monologue intérieur auquel ils se livrent sans jamais cesser d'observer autour d'eux, sans jamais cesser d'agir. »* Valery Larbaud.

RÉF. : Norbert Jonard, *Italo Svevo et la crise de la bourgeoisie européenne,* Paris, 1969. — Mario Fusco, *Italo Svevo. Conscience et réalité,* Paris, 1973. — *Italo Svevo et Trieste,* Paris, 1987.

SWEDENBORG Emmanuel. Savant et penseur mystique suédois d'expression latine. Né le 29 janvier 1688 à Stockholm, mort à Londres le 29 mars 1772. Son nom évoque immédiatement les étranges spéculations dont *Séraphita* (*) de Balzac est un échantillon. Mais il ne faut pas oublier que Swedenborg fut un des plus grands ingénieurs de son temps. Après une pieuse enfance dirigée par son père, Jesper Swedberg, évêque luthérien de Skara, il commence en 1699 ses études à l'université d'Uppsala. Sa vocation scientifique se décide rapidement. En 1709, il sollicite l'aide d'Eric Benzelius, un des derniers grands humanistes, pour partir à l'étranger, afin d'y parfaire ses connaissances scientifiques. Avant son départ, il habitera quelque temps chez le savant suédois Polhem, surnommé l'Archimède du Nord. Une idylle s'ébauche avec la seconde fille de Polhem. Mais, ne se sentant pas suffisamment aimé, Swedenborg renonce. Il restera toute sa vie célibataire. En 1710, il est à Londres. La pensée de Newton domine alors les esprits : sa mécanique céleste triomphe du cartésianisme. Sans le connaître personnellement, semble-t-il, Swedenborg l'étudie. En philosophie, on assiste, en ce début du XVIIIe siècle, à la diffusion des idées de Locke. Après ce séjour en Angleterre, Swedenborg voyage dans toute l'Europe : Hollande, Belgique, France, Allemagne, et rentre finalement en Suède. Il fait rapidement figure d'inventeur et de savant célèbre. Il fonde la première revue scientifique suédoise, le *Daedalus hyperboreus.* Il obtient le poste d'assesseur au Collège royal des mines. Toute la première partie de sa vie va être ainsi consacrée à la technique et à la recherche scientifique. Son génie inventif est vraiment extraordinaire. Il imagine les sous-marins, un nouveau système d'écluses, une ébauche de la future machine à vapeur, un appareil volant, une pompe à mercure. Son influence sur le développement des arts et de l'industrie en Suède va être considérable. En 1718, au siège de Frederikshall où Charles XII devait trouver la mort, Swedenborg conçoit un système de chariots roulants pour transporter sur la terre ferme toute une flottille qui devait permettre au roi de tourner l'ennemi. Peu de domaines de la science restent en dehors de ses préoccupations. En 1719, il compose un ouvrage sur le mouvement de la Terre et des planètes. Il s'intéresse à la géologie, au niveau des marées dans les temps préhistoriques. Signe d'une certaine évolution dans sa pensée, il soumet, en 1719, un mémoire au Collège royal de médecine dans lequel il présente une théorie vibratoire de la force vitale. Peu à peu les préoccupations biologiques prendront le pas sur toutes les autres. En 1721, il visite les mines de la Saxe et du Harz. La même année, il publie à Amsterdam son *Prodomus principiorum rerum naturalium* consacré aux principes de la chimie et de la physique. En 1729, il est admis à l'académie d'Uppsala. Nouveau congé en 1733 : Swedenborg s'en va à Leipzig publier les trois volumes des *Opera philosophica et mineralia* (*) qui paraîtront en 1734 : cette publication est financée par le duc de Brunswick. La même année paraît également à Leipzig le *Prodromus de infinito et causa finali creationis deque mechanismo animae et corporis*, consacré plus spécialement à la biologie. On peut considérer les années 1736-1744 comme les « années tournantes » dans la vie de Swedenborg. Au moment même où son génie de philosophe de la nature parvient à son plein épanouissement avec son livre

Oeconomia Regni animalis publié à Amsterdam en 1740-1741, où il est élu membre de l'Académie royale de Stockholm, où de nouveaux voyages lui font parcourir successivement la Hollande, la Belgique, la France, l'Italie, des phénomènes curieux envahissent son psychisme.

À partir de 1736, étonné de ces manifestations extraordinaires, il note ses états d'âme, ses rêves. Il passe par des états qu'il appelle de « deliquium » : vertiges, vision de lumière, sommeil suivi d'impression de renouvellement. De tout temps, d'ailleurs, il semble bien que Swedenborg ait pratiqué des exercices de méditation intense, par suspension respiratoire. Mais désormais ces états étranges s'imposent à lui. Du point de vue clinique, il s'agirait du stade initial de la schizophrénie, la crise aiguë se manifestant en 1743-1745, pour faire place à un nouvel équilibre qui se prolongera jusqu'à sa mort. En tout cas, en pleine crise, il publiera son *Regnum animale* à Amsterdam (1744-1745) et il continuera d'exercer ses fonctions d'assesseur des mines jusqu'en 1747. Mais la transformation s'opère : Swedenborg considère comme sa mission particulière la communication avec les esprits et les anges. Cet homme qui a passé sa vie (il a maintenant cinquante-cinq ans) à l'exploration du monde terrestre va pendant trente ans explorer le monde supra-sensible, en donner la topographie, en décrire les mœurs et les habitants. Dans une auberge de Londres, en 1745, une vision du Christ le confirme définitivement dans sa mission. C'est en 1745 qu'il écrit un extraordinaire commentaire des premiers chapitres de la Genèse : *De cultu et amore Dei,* ouvrage mi-scientifique, mi-religieux, qui rappelle parfois certaines pages de Milton. Il commence d'ailleurs à noter ses réflexions sur *La Bible* (*) ; les *Adversaria in libros veteris testamenti* ne paraîtront qu'après sa mort. En 1747, il démissionne de sa charge d'assesseur pour se consacrer entièrement à sa mission : dévoiler les mystères du monde céleste. De 1749 à 1756 paraissent les huit volumes des *Arcanes célestes* (*), en 1758, la *Nouvelle Jérusalem* (*). Le 19 juillet 1759, il voit de Göteborg un incendie à Stockholm. Ce phénomène de vision à distance, ses entretiens avec les esprits, la tranquille assurance avec laquelle il se meut dans le merveilleux le rendent bientôt célèbre dans toute l'Europe. Cette renommée lui vaudra notamment de faire l'objet du livre de Kant : *Les Songes d'un visionnaire expliqués par les songes de la métaphysique* (1766). Ce visionnaire reste d'ailleurs parfait homme du monde, bon citoyen, qui en janvier 1761 intervient à la Diète suédoise et discute de problèmes financiers. Sa propagande personnelle est très bien organisée. Ses livres sont envoyés aux personnages importants de tous les pays d'Europe. Sa réputation de savant n'est pas oubliée, bien qu'il ait abandonné tout travail scientifique. En 1762, l'Académie des sciences de Paris fera traduire son traité sur le fer, tiré des *Opera philosophica et mineralia,* pour faire partie de sa *Description des arts et métiers.* En 1768, il publie le *De amore conjugiali,* qui ouvre à l'amour la durée et l'espace sans fin du monde céleste, affirmant la permanence de la vie conjugale dans l'au-delà. Swedenborg pense qu'il aura lui-même pour épouse céleste la comtesse de Gyllenborg. L'Église officielle suédoise commence à s'inquiéter : n'a-t-il pas annoncé le Jugement dernier, c'est-à-dire la fin de l'Église actuelle et l'avènement d'une Église nouvelle fondée sur ses révélations. Le 22 mars 1769, il est déclaré hérétique. La même année il publie encore un ouvrage sur le rapport entre l'âme et le corps (son éternel problème), et l'année suivante, sur *La Vraie Religion chrétienne.* Il part en voyage pour Paris, puis Londres, et c'est à Londres qu'il meurt, après avoir été assisté d'un pasteur, lui-même, semble-t-il, déjà swedenborgien. Car rapidement une église swedenborgienne se constitue, sa pensée influence fortement la seconde moitié du XVIIIe siècle et tout le début du XIXe siècle ; ce rayonnement n'est pas étranger à la constitution de l'esprit romantique. Il est difficile d'apprécier exactement la signification historique de Swedenborg. Faut-il voir en lui, avec Dumas, un des pères de la cristallographie moderne, un précurseur génial dans le domaine biologique ? Faut-il plutôt considérer l'influence très grande qu'il a exercée sur les débuts de la littérature moderne ? On ne peut en tout cas rester insensible au mystère de cette personnalité.

PIERRE HADOT.

♦ *« La paix et la joie dans l'âme, il apparut à tous ceux qui le connurent de près comme un homme qui vit dans la société des anges, c'est-à-dire comme un type de sincère piété, de bonté, de véracité. »* Herder. ♦ *« Il conversait avec les anges qui sont tous religieux ; mais il ne conversait pas avec les démons qui tous haïssent la religion ; car il en était incapable à cause de sa fatuité intellectuelle. »* W. Blake. ♦ *« Swedenborg reprend au magisme, au brahmanisme, au bouddhisme et au mysticisme chrétien ce que ces quatre grandes religions ont de commun, de réel, de divin, et rend à leur doctrine une raison, pour ainsi dire, mathématique. Sa religion est la seule que puisse admettre un esprit supérieur. »* Balzac. ♦ *« Swedenborg m'a indiqué la seule voie pour le salut : chercher les démons dans leur repaire, en moi-même, et les tuer par le repentir. »* Strindberg. ♦ *« Tout bien considéré, on peut dire que Swedenborg fut le premier Européen qui sut atteindre ce but : l'accès à la révélation intégrale. »* Keyserling.

RÉF. : J. Matter, *Swedenborg,* Paris, 1863. – F. Baldensperger, *Orientations étrangères chez Honoré de Balzac,* Paris, 1927. – M. Lamm, *Swedenborg* (avec une préface de Paul Valéry), Paris, 1936. – Henry de Geymüller, *Notice sommaire sur la vie et les écrits d'Emmanuel Swedenborg,* Lausanne, Genève, Paris, 1938. – M. Richard, *Swedenborg ou l'Introduction au mystère,* Paris, 1947. – E. Benz, *Emmanuel Swedenborg, Naturforscher und Seher,* Munich, 1948. – K. Jaspers, *Strindberg et Van Gogh, étude psychiatrique,* Paris, 1953. – C. E. Sjödén, *Cent ans de swedenborgisme français,* Meudon, 1974, et *Swedenborg en France,* Stockholm, 1985.

SWEELINCK Jan Pieterzoon. Organiste et compositeur néerlandais. Né à Deventer en mai 1562, mort à Amsterdam le 16 octobre 1621. Son père, qui fut son premier maître, était organiste de la Vieille Église, « Oude Kerk » d'Amsterdam ; il mourut en 1573. L'enfant continua ses études musicales avec Willem Lossy à Haarlem. En 1580, il est mentionné comme organiste de la « Oude Kerk ». Il le restera toute sa vie, ne quittant jamais les Pays-Bas. Ses fonctions officielles impliquaient des concerts quotidiens en dehors des offices. Son œuvre vocale est importante : des *Livres de Chansons françaises* à quatre ou cinq voix, publiés de 1592 à 1594, les *Quatre livres des Psaumes de David,* harmonisation à quatre et huit voix du psautier huguenot, de 1604 à 1621, les *Rimes françaises et italiennes* en 1612, et en 1619 les *Cantiones sacrae,* textes religieux en latin, qui laisseraient supposer son adhésion au catholicisme. Mais, surtout, Sweelinck est l'un des plus grands organistes de son temps. Sa musique instrumentale pour clavier, orgue ou clavecin, comprend des fantaisies, dont cinq en forme d'écho, un capriccio, des toccatas, un prélude, des variations sur des chorals – v. *Toccatas et œuvres pour orgue* (*). Le trait le plus remarquable et le plus nouveau de ses compositions est l'unité gardée au sein d'un morceau jusqu'à la limite du développement possible ; la structure de chaque pièce est construite sur un seul thème. L'influence de Sweelinck fut très grande. Il fut un maître renommé ; citons parmi ses élèves Scheidt et Praetorius. On peut dire qu'il forma une génération d'organistes qui tiendra les principales orgues, en particulier en Allemagne du Nord, et qu'ainsi son influence s'étendra jusqu'à Bach et Haendel. Bien que son œuvre instrumentale n'ait pas été publiée, que lui-même n'ait jamais quitté Amsterdam, ses manuscrits se sont répandus à travers l'Europe, témoignant de l'étendue de son influence. On retrouve en Angleterre, dans l'œuvre de John Bull, une *Fantaisie sur un thème de Sweelinck,* datée du 15 décembre 1621, quelques semaines après sa mort.

JEAN-FRANÇOIS LABIE.

RÉF. : F. Noske, *Sweelinck,* Oxford, 1989.

SWIFT Graham. Romancier anglais. Né à Londres le 4 mai 1949. Après des études à Cambridge et à York, Swift se consacre très tôt à la littérature : quand on a le prénom de Greene, et le patronyme de Jonathan, on ne peut qu'être promis à un bel avenir dans les lettres ! Son premier recueil de nouvelles, *Apprendre à nager* [*Learning to Swim*], paru en 1976, contient déjà en germe les thèmes de son œuvre future. Ses productions ultérieures lui valent de nombreux prix littéraires, un par roman, quasiment. En 1980, il publie *Le Marchand de bonbons* [*The Sweet Shop-Owner*], l'année suivante, *L'Affaire Shuttlecock* [*Shuttlecock*], puis en 1983, *Le Pays des eaux* (*) qui lui vaut d'être retenu dans la sélection pour le Booker Prize. En 1988 paraît *Hors de ce monde* [*Out of This World*], son œuvre la plus ambitieuse à ce jour, à défaut d'être la plus achevée. Ordonnant son roman comme une série de clichés photographiques où se seraient impressionnés les traumatismes de chaque personnage, Swift y embrasse la multiplicité éclatée des détresses de l'histoire moderne, vues à travers le prisme familial. En 1992, *À tout jamais* [*Ever After*] reprend certains des thèmes favoris de Swift : la crise de vocation (autant religieuse qu'essentiellement professionnelle) qui ouvre une faille dans le psychisme du sujet historique (ici victorien) lui-même en crise ; l'énonciation quasi posthume (le narrateur parle d'entre les morts, ou presque) ; le dédoublement, exprimé par le dialogue exclusif avec un document écrit (journal intime le plus souvent) d'origine familiale, et enfin la perception du monde comme représentation. Moraliste intensément sérieux, quoique non dépourvu d'humour, Swift travaille sa langue comme il travaille la matière de ses romans. Matière d'Angleterre, de sa terre, de ses eaux, de ses airs, ainsi qu'en témoigne notamment l'anthologie de textes littéraires consacrés à la pêche, qu'il édite conjointement avec David Profumo, *La Roue magique* [*The Magic Wheel,* 1985], où se fait jour une fine intuition de la dimension intertextuelle de la littérature (rappel d'Izaac Walton et de son *Parfait Pêcheur à la ligne* (*) (1963). Le corps, la famille et l'histoire sont les trois territoires que Swift s'est appropriés, avec rigueur et obstination, et dans lesquels il trace un profond sillon. Un corps souvent mutilé, celui des soldats s'en revenant du front, trépanés, gazés, amputés d'un bras (Robert Beech, la figure omniprésente du père dans *Hors de ce monde,* qui meurt pulvérisé dans un attentat terroriste), et qui ont donc subi dans leur chair le traumatisme de l'histoire. Mais le traumatisme est surtout psychique (comme l'attestent les nombreux personnages d'aliénés, de quasi-autistes, de demeurés aussi) et à ce titre incurable : pas de guérison en vue pour Mary Crick, la femme du narrateur du *Pays des eaux,* qu'un désir d'enfant non assouvi a poussée vers la folie. À elle seule, la famille constitue un univers à deux dimensions : domestique, presque microcosmique dans son enracinement souvent provincial (les Fens du *Pays des eaux ;* le village du Wiltshire où Harry Beech s'est retiré), figure d'enfermement, de circularité, dans laquelle le romancier sait pourtant ménager des ouvertures, à la faveur des fonctions qu'il assigne à ses personnages : Tom Crick est professeur d'histoire, Harry Beech est photographe-correspondant de guerre, Prentis travaille sur l'affaire Shuttlecock au département des archives criminelles de la police. Dans ces failles s'engouffre l'histoire mondiale, cataclysmique, convulsive, et toujours chaotiquement rebelle à toute interprétation de type hégélien ; se faufile l'histoire naturelle (celle de l'anguille du *Pays des eaux*), répétitive, immuable et indifférente à l'homme. Ce décor plus large, Swift le déroule de manière panoramique – défile alors la saga contrapuntique des brasseurs de bière et des pêcheurs des Fens –, puis, alternant le lointain et le proche, il revient, selon la technique du gros plan cette fois, à la famille, nœud gordien de pulsions involutives, d'atavismes pesants, d'attachements souvent incestueux. La guerre, présente dans les œuvres antérieures de manière seulement oblique, par l'intermédiaire de télégrammes, de mémoires, de souvenirs du front, envahit le paysage de *Hors de ce monde,* à la faveur des photographies aériennes de villes bombardées, rapportées par Harry Beech : gros plans de soldats mutilés, scènes de massacres sur tous les champs de bataille planétaires, sans oublier le départ de la flotte anglaise pour les Falklands, ainsi que les références à la guerre de Troie (rappel de la méthode mythique de Joyce ?). La famille y apparaît brisée, clivée spatialement et affectivement, compliquant davantage encore les réconciliations. Recoller les morceaux, tel paraît être en effet la vocation de l'écriture selon Swift, attentive à tisser de précieux mais fragiles liens entre un réel en creux et une parole « chronique », chargée de renouer avec le sens. En phase avec les procédés littéraires du postmodernisme, l'humanisme de Swift, sauvé par l'ironie romantique dans sa valorisation du sentiment, touche au classicisme, en ce qu'il fait du rapport à la mémoire l'enjeu d'une responsabilité autant individuelle que collective. Parce qu'elle menace de s'effacer, de s'enliser (*Waterland*), il appartient d'arracher la mémoire au néant, comme on reconquiert, de haute lutte, la terre sur la mer. Tom Crick s'y emploie, figure transparente du romancier, pathétique diseur d'histoires, qui ne cesse de mêler, jusqu'à les confondre, histoire privée et histoire publique. L'exploration à rebours du temps, dans un univers où règne une culpabilité diffuse, s'avère inséparable d'une quête d'indices élusifs, souvent compromettants, mais seuls capables de mettre sur la voie d'un secret caché au cœur de ces détections fictives que sont les romans swiftiens.

MARC PORÉE.

SWIFT Jonathan. Écrivain irlandais. Né et mort à Dublin (1667-1745). À sa naissance, il était orphelin de père. Deux oncles, Godwin et Dryden William Swift, pourvurent à son entretien. Il étudia à l'école de Kilkenny, de 1673 à 1681, puis entra à l'université de Dublin, Trinity College, où il resta sept ans. En 1688, il quitta l'Irlande et alla rejoindre sa mère, établie dans le comté de Leicester. Mrs. Swift étant pauvre, il entra par relations au service de sir William Temple, qui l'employa comme secrétaire. Sir William Temple était un homme d'État important, membre du Parlement et diplomate très en vue. Retiré des affaires publiques depuis 1680, il vivait à Moor Park, dans le Surrey, consacrant ses loisirs à la rédaction de ses *Mémoires* et de différents essais [*Miscellanea*]. Swift vécut dix ans – avec deux interruptions – chez ce protecteur qui, tout en l'employant, lui laissait poursuivre ses études de théologie. Celles-ci s'achevèrent en 1692 par un doctorat. Swift fut nommé pasteur à Kilroot, diocèse de Connor, près de Belfast, en 1694. Il ne demeura là que quelques mois et regagna Moor Park pour y rester jusqu'à la mort de sir William (1699). À Moor Park, il composa ses deux premières œuvres. Sir William ayant pris parti dans la querelle des Anciens et des Modernes, Swift le défendit en écrivant *La Bataille des livres* (*) composée en 1697, qui circula d'abord en manuscrit et ne fut imprimée qu'en 1704. C'est cette même année 1704 que Swift publia *Le Conte du tonneau* (*), écrit vraisemblablement entre 1696 et 1703. À Moor Park, il fut le précepteur d'Esther Johnson, fille légale d'un intendant et probablement fille naturelle de sir William lui-même. Esther, c'est la mystérieuse *Stella* qui inspira à Swift une longue et profonde passion. En 1699, lorsque sir William mourut, il laissait un petit legs à Swift, avec la mission de publier ses écrits. Celui qui avait été un secrétaire fidèle s'acquitta au mieux de sa tâche et adressa au roi les œuvres posthumes de son maître.

En 1700, Swift arrive en Irlande. D'abord secrétaire et chapelain de lord Berkeley, il obtient bientôt, grâce à celui-ci, le bénéfice de Laracor dans le comté de Meath et une prébende à la cathédrale de St. Patrick à Dublin. Après être resté quelques mois dans son vicariat de Meath, Swift, sur les conseils de lord Berkeley, regagne Dublin. Jusque-là il avait étudié l'histoire et observé les grands courants politiques de l'époque, sans prendre parti. En 1701, il publie son premier pamphlet politique, *Discours sur les luttes et les dissensions entre nobles et gens du commun à Athènes et à Rome* [*Discourse of the Contests and Dissensions Between the Nobles and The Commons in Athens and Rome*], où il prend nettement position pour les whigs. En 1704 paraissent *Le Conte du tonneau* et *La Bataille des livres.* La politique l'attire de plus en plus. En 1705 et 1707 notamment, il fait de longs séjours à Londres et entre en rapports avec certains chefs politiques whigs et avec Addison, Steele, Congreve, Halifax. Mais, ayant pris la défense des droits du clergé irlandais, il se trouve amené à quitter les whigs pour les tories, peu avant l'arrivée au pouvoir de ces derniers (1710). En 1708, il avait publié l'*Argument sur l'abolition du christianisme* (+) et le *Projet pour l'avancement de la religion et la réforme des mœurs* (+). En 1709, les *Papiers de Bickerstaff* [*Part of the last Will and Testament of Isaac Bickerstaff*]. En 1710, avec plusieurs autres petits écrits, la célèbre *Méditation sur un balai* (*).

De 1711 à 1714, Swift fait des séjours à Londres de plus en plus longs. Il est pour le gouvernement tory un conseiller écouté, collabore à l'*Examiner*, publie la *Proposition pour corriger, améliorer et fixer la langue anglaise* [*Proposal for correcting the English Tongue*], écrit le *Journal à Stella* (*) et s'occupe activement de politique étrangère, notamment en préparant l'opinion à la paix avec la France : *La Conduite des Alliés ; Conseils aux membres du club Octobre* [*The Conduct of the Allies ; Some Advice humbly offer'd to the Members of The October Club*]. C'est pour lui le temps de la célébrité. Il a mérité celle-ci – et que l'on suive ses conseils – par sa compétence, son esprit d'indépendance, son audace avec les puissants du jour ou du lendemain. En 1713, il est nommé doyen de la cathédrale de St. Patrick à Dublin. L'année suivante, qui est celle de la mort de la reine Anne, de la fuite de Bolingbroke et de la chute des tories, son exil est définitif. Il publie l'*Esprit public des Whigs* [*The Publick Spirit of the Whigs*]. À partir de cet instant, sa vie est surtout marquée par la publication de ses œuvres, quelques voyages en Angleterre, ses occupations de doyen et ses soucis intimes. Il publie à cette époque : *Proposition pour l'usage universel des produits d'Irlande* [*Proposal for the Universal Use of Irish Manufacture*, 1720] ; *Lettre de conseils à un jeune poète* (+) ; *Lettres du drapier* (*) (1724-1725) ; *Cadenus et Vanessa* (*) ; *Les Voyages de Gulliver* (*) (1726) ; *Vue sommaire sur l'État de l'Irlande* [*A Short View of the State of Ireland*, 1727], *Journal d'une femme moderne* [*The Journal of a Modern Lady*] et *Modeste proposition pour empêcher les enfants des pauvres en Irlande d'être à la charge de leurs parents ou de leur pays* (*) (1729) ; *Sur la poésie* (+) (1733) ; *Ouvrages poétiques* (1736) ; *La Conversation polie* (*) (1738) ; *Vers sur la mort du Doyen Swift, écrits par lui-même* (+) (1739) ; *Pensées libres sur l'état présent des affaires* (+) (1741) ; *Sermons* [*Sermons*, 1744]. Après la mort de Swift, on publia le *Sermon sur la difficulté de se connaître* (1745), les *Instructions aux domestiques* (*) (1745) et l'*Histoire des quatre dernières années de la reine Anne* [*The History of the Four Last Years of the Queen Ann*, 1758]. Au cours de ses voyages en Angleterre, il voyait ses amis Pope, Gay, Walpole. Le dernier de ses séjours eut lieu en 1727. Après cette date, Swift ne quitta plus l'Irlande.

Swift, né de parents anglais, n'aima peut-être pas dès l'abord l'Irlande. Mais, le temps de l'exil étant venu, non seulement il se résigna, mais encore fit de son mieux pour ne pas décevoir ceux qui dépendaient de lui. Il avait besoin de travailler, d'agir, de commander. Le poste qu'il occupait à Dublin le mit à même de jouer un rôle important et il eut vite conquis l'estime, puis l'admiration des Irlandais. Non seulement il sut administrer St. Patrick avec intelligence et énergie, mais aussi – il avait des droits et des devoirs de magistrat sur toute une partie de la population qui logeait aux abords de la cathédrale – s'attirer la reconnaissance de beaucoup d'humbles familles. Avec celles-ci, il eut sous les yeux la misère irlandaise ; il tenta de la comprendre, d'en trouver les causes, pour la soulager. La *Proposition pour l'usage universel des produits d'Irlande* et les *Lettres du drapier* sont de véritables actes politiques qui contribuèrent à donner aux Irlandais confiance en eux-mêmes, et ne furent pas sans influence sur le gouvernement anglais. On comprend alors qu'en 1726, revenant d'Angleterre, il ait reçu un accueil triomphal, qu'en 1735 toute l'Irlande ait célébré son anniversaire et qu'un de ses biographes écrive : « Quand il mourut, le 19 octobre 1745, tout Dublin se porta à sa maison, menant un deuil comme seuls les Irlandais pouvaient le faire. Dans la chambre du mort, on s'arracha les mèches de ses cheveux. Et tous se montraient si désireux d'emporter des reliques, à quelque prix que ce fût, qu'en moins d'une heure sa vénérable tête fut dégarnie entièrement de sa chevelure argentée et qu'il ne lui restait plus un cheveu » (Sheridan).

Swift et l'amour : à qui connaît le *Journal à Stella* et quelques lettres du Doyen à Stella et à Vanessa, il apparaît que le plus grand tourment de Swift (et le seul) fut d'ordre sentimental. Premier personnage du drame : Stella. En 1689, chez sir William Temple, il avait été chargé d'apprendre à lire et à écrire à Esther Johnson. Quand Stella devient une jeune fille, Swift l'aime. Longue et constante correspondance. En 1702, Stella le rejoint en Irlande, où pendant les voyages de l'écrivain en Angleterre, elle s'occupera de son intérieur, logeant, lorsqu'il est là, dans une autre maison. En 1708, elle fit pour la première fois un voyage à Londres où elle revit Swift. C'est après le retour de la jeune fille en Irlande qu'il écrivit les lettres qui composent le célèbre *Journal à Stella.* Ces lettres constituent à elles seules un des chefs-d'œuvre de la littérature amoureuse. En 1716, deux ans après son exil, Swift épouse secrètement Stella (le fait est contesté par quelques historiens). En janvier 1728, Stella meurt. Swift refuse jusqu'au dernier moment de reconnaître le lien qui l'attache à elle. Deuxième personnage : Vanessa. Son vrai nom est Esther Vanhomrigh. Swift fait sa connaissance à Londres en 1710. Il dirige ses études. Elle l'aime, lui fait une déclaration d'amour, à laquelle il répond par un poème *(Cadenus et Vanessa)* sans dire clairement qu'il accepte cet amour qui s'offre à lui. Vanessa, en 1714, devient orpheline et s'installe à Dublin. Intimité, échange de lettres. Celles de Vanessa sont passionnées, celles de Swift seulement amicales, familières, plaisantes. Mais il n'y a guère de doute à avoir quand on a lu certains de ces textes : Swift et Vanessa étaient amants. En 1722, Vanessa apprit le mariage secret avec Stella (ou, du moins, si le mariage n'a pas eu lieu, les liens amoureux de cette dernière avec Swift). En juin 1723, elle mourut, après une rupture précédée par des scènes violentes. Morte de chagrin ? Presque tous ceux qui ont parlé de ce drame l'ont écrit. En 1738, Swift avait eu des symptômes de graves troubles mentaux. Ceux-ci cessèrent, puis s'aggravèrent. En 1742, ils devinrent terribles : Swift tomba dans une apathie à peu près totale et jusqu'à sa mort (octobre 1745) n'eut plus que de très brefs éclairs de lucidité.

L'âge classique anglais – la première moitié du XVIIIe siècle – a de grands écrivains. Aucun ne fut plus grand que Swift. Il a donné à la polémique et à la satire la force du génie, il a témoigné dans quelques grandes querelles et quelques grands moments de la politique anglaise ; il a parlé pour l'Irlande et il a parlé pour lui-même, dans le *Journal à Stella*. Comment, au travers des œuvres, définir son génie ? Par la lucidité, d'abord. Une lucidité à base d'amertume, de sévérité pour soi-même et pour l'homme, d'ambition déçue aussi : il avait soif de puissance et aurait voulu recevoir plus qu'il n'a reçu. Cette lucidité, ce sens critique dont la racine se découvre dans le sursaut d'un esprit blessé, insatisfait, servent à la dénonciation des fausses valeurs : tout ce qui n'est pas honnête, rationnel, vrai, juste, dans la politique, la morale, la littérature, la religion, les rapports humains. Il n'aime pas la logique, artificielle ; ni la science, trompeuse, il refuse toute convention, frappe de la même main (que l'intérêt peut parfois conduire bien sûr) à sa droite et à sa gauche. Partial souvent mais rarement, sinon jamais, homme d'un parti, il garde avec les puissances la liberté d'un homme qui se veut mené par la seule raison. Sa sensibilité, son instinct, cette impitoyable raison ne les étouffe pas. Grâce à l'une et à l'autre, ses écrits dépassent en signification les simples écrits de combat. Il reste humain. C'est aussi que Swift n'oublie rien : pas plus le corps que l'âme. Réaliste, il l'est jusqu'à la scatologie. Âpre, sobre, amer, passionné, pathétique ; tout cela ensemble. Une œuvre corrige l'autre, le *Journal à Stella* humanise la géométrie sévère de *Gulliver*. Toujours, il a refusé l'illusion. Table rase mentale, comme Descartes, d'abord. Mais aussi après les plus grands élans, scepticisme et froide simplicité devant la mort des femmes qu'il a aimées. Swift, ou le besoin de la vérité à tout prix. Homme de religion et de foi, il est allé dans l'examen critique de l'homme et des raisons de vivre jusqu'à l'extrême limite, jusqu'au moment où un coup de pouce imperceptible suffirait pour balancer la foi même et faire tomber l'homme dans le scepticisme absolu, le pessimisme total. Dans sa vie, il semble avoir refusé les extrêmes, gardé le milieu entre le danger de la sincérité totale et la honte du conformisme. Son humour est à base de misanthropie, d'amertume, de fureur froide. La parodie est son moyen le plus fréquent, qu'il s'agisse de l'ironie railleuse des *Instructions aux domestiques* ou de la démonstration logique, imperturbable – implacable – de la *Modeste proposition*. Une verve rageuse, un irrespect total, une moquerie universelle, la voix même de l'intelligence se dressant contre la sottise et la lâcheté, voilà le fond. L'humour est parfois dépassé, qui suppose le détachement. Et l'humanisme de Swift se découvre, dans les petites œuvres comme dans les grandes. Encore une fois, il s'agit d'un homme, plus sans doute que d'un auteur. Toujours contradictoire et sans système s'il n'est pas sans rigueur, c'est un grand vivant. Il ne révèle pas dans ses écrits une vérité unique – et sa vérité personnelle, intime, ne se définit pas par une seule formule. Peut-on dessiner de lui un portrait cohérent ? Sans doute pas. Comme tous les grands vivants il reste, pour toujours, équivoque.

GILBERT SIGAUX.

♦ *« Son humeur, que je voudrais qualifier d'un mot plus doux, est vraiment insupportable. Il vous prend plus des airs d'un patron que d'un ami. Au lieu de vous conseiller, il affecte de vous commander. »* Orrery.
♦ *« Pamphlétaire contre l'opposition et le gouvernement, il a déchiré ou écrasé ses adversaires par son ironie ou ses sentences, avec un ton de juge, de souverain et de bourreau. Homme du monde et poète, il a inventé la plaisanterie atroce, le rire funèbre, la gaieté convulsive des contrastes amers, et tout en traînant comme une guenille obligée le harnais mythologique, il s'est fait une poésie personnelle par la peinture des détails crus de la vie triviale, par l'énergie du grotesque douloureux, par la révélation implacable des ordures que nous cachons. »* Taine.
♦ *«* [Il avait] *un vaste génie, un génie magnifique, un génie étonnant de clarté, éblouissant de lumière et fort – il saisissait, connaissait et voyait les pensées les plus secrètes, décelait le mensonge et l'hypocrisie, comprenait les motifs les plus cachés et exposait les pensées les plus noires des hommes – bref un esprit terrible et mauvais. »* Thackeray.

RÉF. : H. Cordelet, *Swift*, Paris, 1907. – E. Pons, *Swift, les années de jeunesse et le Conte du tonneau*, Strasbourg, 1925. – C. Van Doren, *Swift*, New York, 1930. – C. Looten, *La Pensée religieuse de Swift et ses antinomies*, Lille, 1935. – A. M. Petitjean, *Présentation de Swift*, Paris, 1939. – J. F. Ross, *Swift and Defoe*, Berkeley, 1941. – H. Davis, *The Satire of Jonathan Swift*, New York, 1947. – E. Hardy, *The Conjured Spirit Swift*, Londres, 1949. – M. Bullit, *Jonathan Swift and the Anatomy of Satire*, Harvard, 1953. – L. A. Landa, *Swift and the Church of Ireland*, Oxford, 1954. – J. M. Murry, *Jonathan Swift, a Critical Biography*, Londres, 1954. – P. Greenacre, *Swift and Carroll, a psychoanalyticae Study*, Londres, 1958. – I. Ehrenpreis, *Swift, the Man, his Works and the Age*, 3 vol. Londres, 1962-83. – P. Frederix, *Swift, le véritable Gulliver*, Paris, 1964. – D. Donoghue, *Jonathan Swift a Critical Introduction*, Cambridge, 1969. – K. Williams, *Jonathan Swift*, Londres, 1969. – W. A. Speck, *Swift*, New York, 1970. – J. C. Rawson, *Gulliver and his Gentle Reader, Studies on Swift and on Time*, Londres, 1973. – J. L. Fischer, *On Swift's Poetry*, Gainesville, 1978. – F. P. Lock, *The Politics of Gulliver's Travels*, Oxford, 1980.

SWINBURNE Algernon Charles. Poète anglais. Né à Londres le 5 avril 1837, mort dans cette ville le 10 avril 1909. Sa mère, fille du comte de Ashburnham, avait été élevée en partie en France et en Italie, et aimait la littérature de ces deux pays, amour qu'elle devait transmettre à son fils dès son enfance. Swinburne passa ses premières années à Bonchurch (île de Wight), où il conçut cet amour de la mer qui devait rester un des thèmes fondamentaux du poète. Il commença ses études à Eton (de 1849 à 1853), où il donna les premières preuves de ses dons pour les langues étrangères en remportant, en 1852, le prix du Prince Consort pour les langues modernes. Il étudia ensuite par lui-même, et en janvier 1856 entra au Balliol College, à Oxford. Il y fit partie d'une société d'étudiants, « Old Mortality », dont l'animateur était John Nichol ; républicain, ce dernier avait suivi avec ferveur les événements des révolutions italienne et hongroise de 1848, et il avait rencontré Mazzini et Kossuth ; c'est lui qui devait transmettre à Swinburne un enthousiasme qui allait durer toute sa vie. La première manifestation de cet enthousiasme fut l'*Ode à Mazzini* [*Ode to Mazzini,* 1856-57]. Il collabora ensuite à la revue *Undergraduate Papers,* qui était celle de cette société d'étudiants, en donnant un poème, *Queen Iseult,* et un essai sur *Les Premiers Écrivains dramatiques anglais* [*The Early English Dramatists*], qui reflétait une influence bien différente, celle des préraphaélites, avec qui il était entré en contact entre-temps. En 1859, il quittait l'Université sans obtenir sa licence. En 1861, Richard Monckton-Milnes révélait à Swinburne l'œuvre du marquis de Sade, en qui il put voir réfléchie sa propre sensibilité. En 1860 sortait le premier livre de Swinburne contenant deux tragédies : *La Reine Mère* (*) et *Rosemonde, reine des Lombards* (+) ; en 1861, le poète visitait la Riviera et l'Italie du Nord ; à son retour, il s'installait à Londres où il vécut en étroit contact avec les préraphaélites. Dans les premiers mois de 1864, il voyageait de nouveau sur le continent et, à Florence, il eut un mémorable entretien avec Landor, que Swinburne admirait pour ses idéaux païens et républicains. Sa tragédie *Atalante en Calydon* (*), publiée en 1865, obtint un grand succès. Au triomphe du jeune poète s'ajoutait, la même année, une note piquante avec la publication de la tragédie *Chastelard* (*), où le délire érotique du protagoniste, brûlant de s'immoler pour la fatale Marie Stuart, permettait à la sensibilité de l'auteur de s'exprimer parfaitement. Ce triomphe fut suivi d'un succès de scandale lorsque furent publiées les *Poésies et Ballades* (*) — v. également *Anactoria* (*), *Dolorès* (*), *Laus Veneris* (*), *Phèdre* (*) — qui sonnaient comme un défi à la pudeur de la société victorienne. Il se forma une légende autour du satanisme du poète, mais la théorie admise autrefois, selon laquelle Swinburne ne faisait entrer dans ses poésies aucune expérience personnelle, n'est plus soutenable après ce que l'on a appris sur sa vie privée. Cependant, Swinburne avait réussi à détourner son inspiration des thèmes morbides en retrouvant comme dans sa jeunesse un intérêt pour la cause républicaine et la révolution, et en se tournant vers l'Italie et Mazzini. Karl Blind prépara la rencontre de Swinburne et de Mazzini, le 30 mars 1867. Le jeune poète, si solennellement investi de la mission d'« aède de la liberté », publia en 1871, et dédia à Mazzini, les *Chants d'avant l'aube* (*). Pendant la période de treize années qui sépare l'*Atalante* de la seconde série de *Poésies et Ballades,* Swinburne vécut toujours à Londres. La grande tension que lui demandait son travail littéraire, mais aussi ses excès, surtout alcooliques, provoquèrent des crises de dépression nerveuse qui prirent une forme aiguë en 1879. Cependant, les premiers symptômes de la surdité qui allait affliger le poète à partir de 1880 faisaient leur apparition. C'est à l'intervention de Théodore Watts-Dunton que Swinburne dut de retrouver la santé : les deux amis allèrent vivre dans une villa à Putney (Londres), « The Pines ». Dans ce calme ermitage, le poète, libre de toute préoccupation grâce à la jalouse assistance de Watts, continua de publier poèmes, tragédies et critiques — v. *Tristan de Léonois* (*) — au milieu de l'indifférence croissante du public, jusqu'à sa mort survenue à la suite d'une pneumonie. Le cercle d'inspiration de Swinburne est très limité et coïncide avec sa sensibilité érotique particulière dans ses aspects immédiats ou sublimés. C'est dans la sensibilité de Swinburne qu'est la clé de l'énigme de sa nature complexe, tiraillée entre une tendance à la soumission (culte idolâtre pour Mazzini, Hugo et Landor), et une tendance à la révolte, mélange de qualités puériles, de perversions inquiétantes, et de dignité et d'équilibre virils.

MARIO PRAZ.

♦ *« Il fut le plus grand de nos lyriques — des lyriques du monde entier, devrais-je dire, en considérant la langue qu'il avait à manier. »* Meredith. ♦ *« Dans le domaine de l'imagination et de la compréhension, il me balaie littéralement devant lui, comme un torrent balaie un caillou. »* Ruskin. ♦ *« Le mors aux dents est sa méthode à lui. Ce qui résulte est une impression de puissance en tonnerre et éclairs, un éblouissement en coups de vent d'un génie nouveau. »* Verhaeren.

RÉF. : E. Thomas, *Swinburne,* Londres 1912. — Sir E. Gosse, *The Life of A. C. Swinburne,* Londres, 1917. — H. Nocolson, *Swinburne,* Londres, 1926. — H. Hale, *Swinburne, A Biographical Approach,* Londres, 1948. — C. K. Hyder, *Swinburne's Literary Career and Fame,* New York, 1963. — T. E. Connolly, *Swinburne's Theory of Poetry,* New York, 1964. — J. O. Fuller, *Swinburne, A Critical Biography,* Londres, 1968. — J. Mc Gann, *Swinburne, an Experiment in Criticism,* Chicago, 1972. — P. Henderson, *Swinburne, Portrait of a Poet,* New York, 1974.

SYLVA Carmen (pseud. d'Élisabeth-Pauline-Ottilie-Louise, princesse de Wierd, reine de Roumanie). Née le 29 décembre 1843, à Monrepos, sur le Rhin, morte à Bucarest le 2 mars 1916. Elle reçut une éducation littéraire et artistique fort raffinée et épousa, en 1869, le prince Carol Ier de Roumanie, qui devait être élu roi en 1881. Excellente musicienne, miniaturiste et poète de talent, elle se dépensa avec ardeur, dans la paix et dans la guerre, en activités littéraires ou sociales, s'efforçant d'oublier l'inconsolable chagrin que lui avait causé la mort de sa fille unique, Maria. Chérissant la Roumanie comme si elle y était née, Carmen Sylva se passionna pour les récits et les légendes de guerre ou d'amour de sa nouvelle patrie, les rassembla et les traduisit en français et en allemand. Parmi ses œuvres, citons les *Contes de la Péleche* (*) ; *On frappe* [*Es klopft,* 1887] ; *Une prière* [*Ein Gebet,* 1882] ; *Astra* (1886) ; *Vengeance* [*Rache*] ; *Pensées d'une reine* (1882), ainsi que de nombreuses poésies lyriques, drames, etc.

RÉF. : Mite Kremnitz, *Carmen Sylva,* Leipzig, 1882. – Nathalie von Stackelberg, *Aus Carmen Sylvas Leben,* Heidelberg, 1885. – Benno Diederich, *Königin Elisabeth von Rumänien (Carmen Sylva),* Leipzig, 1898. – Georges Bengesco, *Carmen Sylva,* Bruxelles, 1904 ; *Carmen Sylva intime,* Paris, 1905. – Elisabeth Burgoyne, *Carmen Sylva, Queen and Woman,* Londres, 1940.

SYME, sir Ronald. Humaniste et historien néo-zélandais né à Eltham (Nouvelle-Zélande) le 11 mars 1903, mort à Oxford le 4 septembre 1989. Après des études à Wellington et à Auckland (University College), il s'établit en 1925 à Oxford, où il devient fellow du Trinity College en 1929. Grand voyageur (il avouait à la fin de sa vie faire au moins une fois le tour du monde chaque année), polyglotte et bon connaisseur des pays danubiens, il est nommé attaché de presse à Belgrade en 1940. S'échappant peu avant la chute de la ville, il occupe ensuite les mêmes fonctions à Ankara. De 1942 à 1945, il enseigne la philologie classique à Istanbul. Après la guerre, il retourne à Trinity College, avant d'être nommé en 1949 « Camden Professor » d'histoire ancienne. En 1970, il abandonne sa chaire et se retire au Wolfson College, où il est élu fellow. De 1976 à sa mort, il est professeur d'histoire ancienne à la Royal Academy of Arts. Outre son enseignement, R. Syme a participé aux activités d'organismes internationaux, comme président de la Fédération internationale d'études classiques, de 1951 à 1954, et comme secrétaire général du Conseil international pour la philosophie et les sciences humaines de l'U.N.E.S.C.O. de 1952 à 1971. Fellow of the British Academy en 1944, anobli en 1959, il est décoré de l'ordre du Mérite en 1976 et cumule de nombreux doctorats « honoris causa » dans le monde entier.

L'histoire romaine et la littérature latine sont inséparables dans l'œuvre de R. Syme, qui maîtrisait parfaitement l'une et l'autre, comme le montre une imposante bibliographie comprenant près de 350 titres de livres, articles et recensions, écrits de 1928 à sa mort. La célébrité lui vint dès 1939, avec la publication de *La Révolution romaine* (*), un ouvrage consacré au passage de la République à l'Empire dans la Rome ancienne. Constamment réédité depuis, traduit dans le monde entier, ce livre reste, un demi-siècle après sa publication, une référence incontournable. Passionné de littérature R. Syme a réalisé un livre agréable à lire, vif et mordant, imprégné d'humour. Mais surtout, il n'hésite pas à prendre position et, parfois à laisser son imagination pallier les lacunes de la documentation. *La Révolution romaine* est cependant un ouvrage de grande érudition : les sources sont passées au crible et la biographie de tous les acteurs importants de cette époque est reconstruite. Cet intérêt porté par R. Syme aux classes dirigeantes, à leur formation et à leur fonctionnement, se retrouve dans un ouvrage diachronique, *Les Élites coloniales* [*Colonial Elites*, 1958, réédité en 1970] – comparaison des aristocraties du monde romain occidental avec celles de l'empire espagnol et celles de la Nouvelle-Angleterre et de la Virginie – et surtout dans son dernier livre, paru en 1986, *L'Aristocratie augustéenne* [*The Augustan Aristocracy*]. Parmi les autres sujets auxquels R. Syme a consacré plusieurs travaux, on relèvera l'historien Tacite, *Dix études sur Tacite* [*Ten Studies in Tacitus*, 1970], l'armée romaine, l'Europe danubienne, dans un recueil d'articles sur les provinces danubiennes [*Danubian papers,* 1971] et l'« Histoire Auguste », qui fut au centre de son activité dès la fin des années 60 : *Ammien et l'histoire Auguste* [*Ammianus and the Historia Augusta*, 1968], *Empereurs et biographie* [*Emperors and Biography*, 1971], composé d'articles publiés et d'inédits, et un recueil de quinze articles sur l'« Histoire Auguste » publiés précédemment [*Historia Augusta Papers*, 1983].

MICHEL TARPIN.

SYMÉON Métaphraste. C'est le plus illustre et le plus important des hagiographes byzantins. Il vécut dans la seconde moitié du Xe siècle, sous le règne des empereurs Constantin Porphyrogénète, Romain II, Nicéphore II, Phocas et Jean Ier Tzimiskès. Après avoir rempli d'importantes charges publiques – il fut magistros (maître des offices) et logothète (trésorier) – il prit l'habit monastique et se mit en mesure de recueillir tous les renseignements existant sur les vies des saints ; comme il était prodigieusement riche, il put acquérir un grand nombre de manuscrits. Il avait organisé également un collège de traducteurs de latin, d'arabe, d'arménien, de syriaque, etc. C'est ainsi que naquit le *Synaxarion*, ou grand recueil de vies de saints – v. *Ménologe* (*) –, qui l'emporte de loin sur les œuvres précédentes. Psellos écrivit en l'honneur de Syméon un panégyrique et une séquence.

RÉF. : J. Grouillard, *Syméon Logothète et Magistros, surnommé le Métaphraste*, dans le *Dictionnaire de théologie catholique*, Paris, 1939.

SYMMAQUE Quintus Aurelius. Orateur et homme d'État latin. Né et mort à Rome (fin du IVe siècle). Fils de Lucius Aurelius Araunius, qui avait occupé de hautes charges officielles, il en avait hérité, outre la grosse fortune et la situation politique, l'esprit de sagesse et de mesure. Son ascension du gouvernement de la Lucanie (365) au proconsulat d'Afrique (373), à la préfecture de Rome (384-385), puis au consulat (391) fut sûre et irrésistible. Au sommet de la gloire, devenu le porte-parole officiel de la noblesse et l'âme du Sénat, il voulut réunir en sa personne, à l'exemple des anciens patriciens, les honneurs religieux et civils. Sa renommée d'administrateur parfaitement intègre et de politicien habile fut cependant égalée par son autorité littéraire ; poète, il avait chanté les plages de Baïa, terre de volcans, couronnée de pampres ; orateur, on louait ses panégyriques extrêmement adroits (l'un pour Gratien, deux pour Valentinien Ier) et ses *Discours.* Prosateur élégant, ses *Lettres* (*) (403-408) ravissaient les hommes de goût qui auraient souhaité les écrire sur des rouleaux de soie. Le prestige dont Symmaque jouit auprès de ses contemporains ne correspond pas à la valeur réelle de son œuvre. Les *Lettres,* par exemple, ne sont pas dépourvues d'artifices et de froideur. Les *Panégyriques* et les *Discours* sont redondants et emphatiques, tandis que les *Relationes,* rédigées dans un style plus simple, sont davantage appréciées. L'unique œuvre dans laquelle Symmaque revive de nos jours dans son humanité caractéristique de Romain de la décadence est la *Relation à Valentinien II* [*Relatio ad Valentinianum II*], de 384, destinée à obtenir la révocation d'un décret de Gratien, datant de 382, en matière de culte. Là, Symmaque donne libre cours, dans des pages vibrantes d'authentique poésie, à son rêve de restauration païenne et à son mélancolique sentiment, résigné, de l'inéluctable décadence de l'Empire.

RÉF. : E. Morin, *Étude sur la vie et les écrits de Symmaque...,* Paris, 1847. – W. Ensslin, *Des Symmachus « Historia romana » als Quelle für Jordanes,* Munich, 1949.

SYMONDS John Addington. Écrivain anglais. Né à Bristol le 5 octobre 1840, mort à Rome le 19 avril 1893. Fils d'un médecin célèbre, éduqué à Harrow et Balliol College (Oxford) où il subit l'ascendant de Conington et celui de l'helléniste Jowett. Tuberculeux, il devait séjourner fréquemment en Suisse, à Davos, et en Italie. Bien qu'oublié aujourd'hui, Symonds fut l'un des hommes de lettres les plus prolifiques et respectés de l'Angleterre victorienne, lié à tous les intellectuels notables de l'époque, en particulier à Stevenson. Son œuvre majeure est son étude de la Renaissance italienne, *La Renaissance en Italie* [*Renaissance in Italy*], en sept volumes, qui supporte d'être comparée au chef-d'œuvre de Burckhardt.

Il fit aussi œuvre de poète, de critique littéraire, de biographe (Ben Jonson, Sidney, Shelley, W. Whitman et Michel-Ange) et fut un remarquable traducteur des autobiographies de Cellini et de Gozzi.

Sa prose esthétique reflète l'hellénisme de toute l'intelligentsia victorienne, accru dans son cas par un amour prononcé de la beauté masculine. Bien que marié dès 1864 et père de famille, Symonds devait beaucoup souffrir de son homosexualité, qu'il analyse remarquablement dans ses *Mémoires* (*), parus pour la première fois en 1984. Symonds inspira notamment à Havelock Ellis la première étude « scientifique » de l'homosexualité, d'après les méthodes de Krafft-Ebing : *L'Inversion sexuelle* parut en Allemagne en 1896.

GUILLAUME VILLENEUVE.

SYMONS Arthur. Écrivain anglais. Né à Milford Haven (Pays de Galles) le 28 février 1865, mort à Wittersham le 22 janvier 1945. Il est le fils d'un ministre méthodiste cornouaillais et se montra toujours fier de son ascendance celtique. Mais étranger à la religion de son père, il y substitua une religion esthétique. Il commence à écrire très tôt. À Oxford, il rencontre Walter Pater et cette rencontre devait exercer sur lui une influence durable. À peine ses études achevées, Arthur Symons fut élu « fellow » de Brasenose, ce qui lui valut le privilège de partager quelque temps la vie quotidienne de son maître, qui fut le guide de ses premières tentatives littéraires. Il est probable que Walter Pater l'encouragea à s'intéresser aux écrivains français. Dès 1899, Arthur Symons s'installe à Londres et publie la même année un recueil de vers, *Jour et Nuits* [*Days and Nights*] qui fait sa réputation. C'est alors l'homme du *Club des rimeurs*, de *The Art Review*, de *The Savoy*, qu'il fonde avec Beardsley, du *Yellow Book.* Apologiste de la décadence, Symons allait bientôt placer l'inspiration générale du siècle sous les auspices de son maître. Tout à la fin du siècle, en effet, il se détache du mouvement décadent mais non de Walter Pater. Il voyage beaucoup en France où il collabore au *Mercure de France* (*) et à *L'Ermitage.* Il s'intéresse particulièrement à l'école symboliste française qu'il fait connaître en Angleterre avec *Le Mouvement symboliste en littérature* [*The Symbolist Movement in Literature*, 1899]. Il rencontre Verlaine et Mallarmé. Dès 1906, il tente de faire publier *Dubliners* (*) de James Joyce. En 1908, en voyage à Venise, il donne des signes avant-coureurs de dérangement mental, mal qui ne fera que s'aggraver. Les principaux recueils de vers d'Arthur Symons sont outre *Days and Nighs, Silhouettes* (1892), *Un livre de vingt chansons* [*A Book of Twenty Songs*, 1905], *Cruauté de l'amour* [*Love's Cruelty*, 1923]. Citons parmi ses ouvrages en prose les plus importants : *Études de deux littératures* (*) (1897), *Études de prose et poésie* (*) (1904),

Aventures spirituelles (*) (1905), *Cités, côtes et îles* (*) (1918), *Pochades parisiennes* (1919), *Pièces, acteur et musique* (1925), *Confessions* (*) (1930).

GUY LE CLEC'H.

RÉF. : A. Sklare, *Arthur Symons, critique et poète*, Paris, 1949. – R. Temple, *A Study of The Introduction of French Symbolism into England*, New York, 1953. – R. Lhombreaud, *Arthur Symons, a Critical Biography*, Londres, 1963.

SYNÉSIOS de Cyrène. Philosophe néoplatonicien, hymnographe et épistolographe grec. Né à Cyrène (dans la province de Libye supérieure) vers 370, mort vraisemblablement à Ptolémaïs, capitale de la province, vers 413. Issu de l'une des meilleures familles de la Pentapole cyrénaïque, qui se faisait remonter à la colonisation de la cité au VIIe siècle avant notre ère, il est élevé, selon ses propres paroles (lettre 67), « hors de l'Église ». La première éducation profane reçue dans son milieu familial sera complétée dès 390 environ par des études supérieures à Alexandrie, durant trois ou quatre ans ; il y suivra les cours de la mathématicienne Hypatie, qui continuait la tradition de l'enseignement philosophique néoplatonicien et avec qui il correspondra jusqu'à sa mort. Sa formation désormais achevée, après une visite à Athènes, il commence à écrire, pendant les loisirs de son activité de grand propriétaire parfois obligé de défendre son domaine contre les pillards venus du désert. Chargé en 399 d'une ambassade de sa patrie à la cour de Constantinople, il y restera trois ans, parmi les intrigues et les troubles de la cour du faible Arcadius. Après son retour à Cyrène en 402, il épouse à Alexandrie une chrétienne et mène pendant quelques années une existence de notable lettré. À la mort du métropolite de Ptolémaïs, en 410, Synésios est acclamé évêque par les fidèles. Après avoir fait part de ses réserves au patriarche d'Alexandrie (il est marié, certaines de ses convictions philosophiques diffèrent de la doctrine chrétienne), Synésios est consacré. Il passera le peu d'années qui lui restent à vivre (ses dernières lettres sont de l'hiver 412-413) à gérer et défendre son diocèse.

Ses œuvres témoignent de son attachement à la culture classique et à la rhétorique, mais révèlent aussi une personnalité généreuse et sincère. Sa correspondance, cent cinquante-six *Lettres* (*) à partir de 395 environ, fourmille de faits et d'opinions et constitue une mine de renseignements de première main sur son époque. Œuvre de jeunesse sans doute, l'*Éloge de la calvitie* (*) joue à réfuter l'*Éloge de la chevelure* de Dion de Pruse. C'est à Constantinople que Synésios prononce, devant Arcadius, le discours *De la royauté* (*), que complètent *Les Égyptiens ou De la Providence,* fiction allégorique qui retrace en réalité les intrigues de la cour. Deux ouvrages philosophiques appartiennent aux années qui précèdent l'épiscopat : le petit traité *Des songes* (*) et le *Dion ou Du mode de vie selon son modèle* (*), œuvre significative et personnelle où Synésios nous donne son idéal de l'honnête homme et d'une philosophie « moyenne » qui puisse assurer la transition entre la vie naturelle et la sagesse suprême. Deux *Discours* (*) et les fragments de deux *Homélies,* avec bien sûr les dernières lettres dont certaines sont des lettres ouvertes ou sont destinées à son clergé, illustrent enfin l'activité épiscopale de ses dernières années. La composition de ses chefs-d'œuvre poétiques, les neuf *Hymnes,* traverse les diverses périodes de sa vie, dont ils résument les méditations à la fois philosophiques, chrétiennes et mystiques.

ANDRÉ-LOUIS REY.

RÉF. : Christian Lacombrade, *Synésios de Cyrène hellène et chrétien,* Paris, 1951. – Jay Bregman, *Synesius of Cyrene, Philosopher-Bishop,* Berkeley 1982. – Antonio Garzya, *Opere di Sinesio di Cirene,* Turin, 1989.

SYNGE John Millington. Écrivain irlandais. Né à Rathfarnham près de Dublin le 16 avril 1871, mort à Dublin le 24 mars 1909. Les mots le fascinèrent dès son enfance et il inventait de longs discours dont le rythme et la musique avaient quelque chose d'incomparable. Il fit ses études supérieures au Trinity College de Dublin, puis alla en Allemagne avec la vague intention de poursuivre des études musicales. En fait, il voyagea à travers l'Europe et fit de longs séjours à Paris. Ce fut là que W. B. Yeats le découvrit et lui conseilla de regagner l'Irlande afin que son œuvre s'y nourrisse aux sources mêmes de sa véritable inspiration. Il se fixa aux îles d'Aran en 1898, y vécut très simplement et se mêla à la vie du peuple. Il était à la recherche de « ce bel anglais qui s'est développé dans les districts parlant irlandais et qui tire son vocabulaire de l'époque de Malory et des traducteurs de *La Bible*, mais doit ses images à l'irlandais ». Tout à ce travail, il écrivait des scènes de la vie populaire et se forgeait peu à peu cette langue si particulière, toute vibrante de sensations et d'images anciennes, qui lui est propre. C'est à partir de ses observations et d'anecdotes du folklore qu'il composa ses deux premières pièces en un acte : *L'Ombre de la vallée* (*) (1903) et *Cavaliers à la mer* (*) (1904). Ces pièces, jouées à Dublin, furent âprement critiquées parce qu'on ne supportait pas de voir la vie provinciale décrite en d'autres termes que sentimentaux, mais elles confirmèrent l'admiration de Yeats qui l'appela à la co-direction de l'Abbey Theatre, *La Fontaine aux saints* (*) (1905) suscita de nouvelles cabales mais *Le Baladin du monde occidental* (*) (1907) provoqua de si grands désordres, à la suite des chahuts systématiques organisés à chaque représentation que la police dut garder le théâtre. Le même genre d'incidents marqua les premières représentations à

Londres et aux États-Unis où les patriotes irlandais accusaient Synge d'avoir bafoué leur pays. La pièce finit cependant par s'imposer et devint rapidement l'une des œuvres le plus souvent reprises de tout le théâtre contemporain. Synge venait de se fiancer à l'actrice Marie O'Neill et travaillait à *Deirdre des douleurs* (*) quand, atteint d'une tumeur interne probablement cancéreuse, il dut entrer en clinique. Malgré la douleur, il y mit au point les textes qui composent *Poèmes et traductions* [*Poems and Translations*] mais il mourut après une tentative d'opération. Tout juste âgé de trente-huit ans, il laissait une œuvre que beaucoup considèrent comme une des plus importantes qui aient paru en anglais depuis Shakespeare. Son génie s'est rapidement imposé au monde entier à mesure que se sont multipliées les traductions, et sa gloire ne cesse de grandir. Son théâtre comprend une sixième pièce, *Les Noces du rétameur* [*The Tinker's Wedding*] qui, écrite en 1907, ne fut représenté qu'en 1910. Ses scènes de la vie populaire ont été réunies en deux volumes : *Les Îles d'Aran* (*) (1906) et *In Wicklow and West Kerry* (1910).

BERNARD NOËL.

♦ *« C'était un vagabond silencieux, plein d'une passion cachée. »* Yeats.

RÉF. : W. B. Yeats, *John Millington Synge and the Ireland of his Time*, Dundrum, 1911. – Francis Bickley, *J. M. Synge and the Irish Dramatic Movement*, Londres, 1912. – Daniel Corkery, *Synge and Anglo-Irish Literature,* Cork, 1931. – P. Arnold, *Espoirs de J. M. Synge*, Paris, 1945. – D. H. Greene et E. M. Stephens, *J. M. Synge, 1871-1909*, New York, 1959. – D. Johnston, *J. M. Synge*, New York, 1965. – R. Skelton, *The Writings of J. M. Synge*, Londres, 1971, et *J. M. Synge and his World*, Londres, 1971. – N. Grene, *Synge, a Critical Study of the Plays*, Londres, 1975. – E. Mikhail, *J. M. Synge, a Bibliography of Criticism*, Londres, 1975.

SZABÓ Deszö [Désiré]. Écrivain hongrois. Né le 6 juillet 1879, d'une vieille famille calviniste, à Kolozsvár (Transylvanie), mort à Budapest en mars 1945. Tout jeune encore, il s'enthousiasme pour les œuvres de Petöfi et de Jókai. Après avoir commencé des études de droit, il entre au collège Eötvös, à Budapest ; il y étudie les langues romanes et ouralo-altaïques et se passionne pour les littératures européennes, tout en préparant un ouvrage d'érudition sur la syntaxe des langues finno-ougriennes. Une bourse d'études lui permet de se rendre à Paris où il délaisse quelque peu les travaux linguistiques pour se mêler à la vie intellectuelle de la capitale. Ses études une fois terminées, il devra quitter sa première chaire, à Székesfehérvár, pour avoir prôné l'union nécessaire des chrétiens contre les non-chrétiens. Mais il changera bientôt ses convictions pour adopter celles du radicalisme et du philosémitisme. Sa carrière universitaire est alors assez mouvementée, jusqu'en 1919, où il pourra enfin vivre de sa plume. Après des ouvrages linguistiques : *Étude sur les dialectes* [*Nyelvjárási Tanulmányok,* 1903] et *La Formation des mots voguls* [*A vogul szóképzés,* 1904], il avait publié ses premiers essais politiques, religieux et littéraires dans la revue d'avant-garde *Nyugat* [*Occident*], se révélant farouchement anti-individualiste, mais aussi parfait connaisseur des mouvements poétiques contemporains. Ses premières nouvelles, *Journal et Récits* [*Napló és elbeszélések,* 1918], *Contes de l'homme qui rit* [*Mesék a kacagó emberröl,* 1919], influencées par Ady, s'inspiraient de ses vicissitudes personnelles, restituées sous forme d'un lyrisme expressionniste et visionnaire. Dans un bref roman, *Impossible de fuir* [*Nincs menekvés,* 1917], le héros, après avoir aspiré en vain à une communion avec ses semblables, ne trouvait de solution que dans le suicide. Mais la guerre va dissiper en lui les brumes romantiques. Il trouve dans le nationalisme le moyen de concilier ses contradictions. Son grand roman *Le Village bouleversé* (*), publié en 1919, est une véritable somme où il tente de mettre la vie entière de son pays. Cette œuvre le classe au rang des grands écrivains contemporains. Szabó devient dès lors, pour la jeunesse, un directeur de conscience. Réformiste, il s'élève néanmoins contre les abus du régime communiste de Béla Kun et se lance dans l'action politique, appelant de ses vœux une démocratie paysanne et chrétienne. En 1920 paraissent ses essais sur la littérature hongroise, *Le Droit Chemin* [*Egyenes úton*] et la littérature française, *Études et notes* [*Tanulmányok és jegyzetek*]. En 1921, il publie *La Vie miraculeuse* [*Csodálatos élet*], roman naturaliste et symboliste qui exalte sur le ton épique l'indépendance et la pureté d'esprit des paysans montagnards. La même année paraît un recueil de nouvelles, *Tue !,* suivi en 1923, d'un nouveau recueil, *Hélas !* [*Jaj !*] et d'un volume d'essais, *Plaintes* [*Panasz*]. Avec *Au secours* [*Segitség,* 1925], Szabó flétrit les abus de l'après-guerre, exalte jusqu'au paroxysme le nationalisme hongrois et va jusqu'à répudier le christianisme : le pamphlet l'emporte ici sur le roman. Malgré ses outrances, il continue à susciter l'admiration de ses compatriotes. Après la publication, en 1926, d'un livre d'essais, *Problèmes du protestantisme hongrois* [*A magyar protestantizmus problémái*] et d'un dernier recueil de nouvelles, *Océan et Cimetière* [*Tenger és temeto*], il se consacre à la rédaction de trois volumes d'essais, *L'Horizon entier,* où il précise et définit ses dernières positions en matière de politique, d'économie, de religion et de littérature. Cette œuvre paraîtra en 1939. Et c'est la Deuxième Guerre mondiale. Szabó, éternel opposant, s'attire, par ses articles, l'hostilité du régime et des occupants ; puis, réconcilié avec ceux-ci, entre en conflit avec l'élite intellectuelle de son pays. Il trouvera la mort en mars 1945 pendant la libération de Budapest, dans des circonstances demeurées jusqu'ici assez obscures.

SZABÓ Lörinc. Poète hongrois. Né le 31 mars 1900 à Miskolc, mort le 3 octobre 1957 à Budapest. Il poursuit, sans les terminer, des études de lettres et d'ingénieur-mécanicien et publie, en 1922, son premier recueil de poèmes : *Terre, Forêt, Dieu* [*Föld, Erdö, Isten*], – v. *Poésies* (*) –, d'inspiration panthéiste, souvent bucolique. Devenu collaborateur du grand quotidien hongrois *Az Est (Le Soir),* Szabó adopte de plus en plus une attitude de révolté dont ses recueils suivants *Caliban* [*Kalibán,* 1923] et *Les Chefs-d'œuvre de Satan* [*Sátán müremekei,* 1926] sont l'écho. Le recueil *Toi et le monde* [*Te meg a világ,* 1932] est l'expression de l'individualisme et de la philosophie matérialiste de son auteur, tandis que *Paix séparée* (+) (1936) est celle de la résignation. Attiré par l'idéologie nazie et notamment par le culte du héros, Szabó doit répondre de certains de ses écrits devant une commission d'enquête constituée en 1945. En 1947, il publie sa grande biographie en vers : *Musique de cigale* (+) et en 1957 un recueil de cent vingt sonnets intitulé *La Vingt-Sixième Année* (+) et dédié à la mémoire de celle qui fut sa compagne pendant vingt-cinq ans. Virtuose de la forme poétique, Szabó est un traducteur exceptionnel de Verlaine, de Rilke, etc.

SZÉCHÉNYI comte István. Homme d'État et écrivain hongrois. Né à Vienne le 21 septembre 1791, mort le 8 avril 1860 à Döbling. Étudiant médiocre, il embrassa à dix-sept ans la carrière des armes. En 1813, il fut promu capitaine, pour avoir, par une action personnelle hardie, contribué à la victoire de Leipzig. Au congrès de Vienne, le jeune aristocrate parade et remporte des succès mondains ; mais il commence à se rendre compte des lacunes de son instruction. Pour y remédier, il se met à étudier et fait, à diverses reprises, de longs voyages en Angleterre, en France et au Proche-Orient. Malgré son intérêt pour les arts et les lettres, c'est la découverte du niveau de développement économique et politique de la France et de l'Angleterre qui sera particulièrement fructueuse pour sa réflexion sur la Hongrie. En 1824, il s'éprit de la comtesse Crescenzia Zichy, qui allait devenir sa femme. Siégeant à la Diète de 1825, au cours du débat relatif à la fondation d'une Académie des sciences, il offrit, si besoin en était, ses revenus d'une année. C'est ainsi que débuta sa magnifique carrière de mécène : il fonda de nombreuses institutions et finança des travaux destinés à impulser le renouveau et la modernisation de l'économie hongroise.

Des questions économiques, sociales et constitutionnelles de nature pratique forment le sujet des volumes *Crédit* (*), *Lumière* (*), *Stade* [*Stádium*]. Ce faisant, Széchényi avait notamment en vue la rénovation spirituelle de la nation. Sa popularité croissante ne fut ébranlée que lorsque les éléments les plus radicaux trouvèrent un guide en Louis Kossuth. L'orientation politique de ce dernier l'emporta et conduisit au programme de l'indépendance politique. Széchényi avait prédit avec horreur la catastrophe de 1848-1849. « Le plus grand des Hongrois », comme Kossuth appela son adversaire, s'en tenait pour responsable. En septembre 1848, il sombra dans la folie. Il vécut à partir de ce moment à l'asile d'aliénés de Döbling, qu'il ne quitta pas, même une fois guéri. En 1856, il put reprendre son travail, et pendant les trois dernières années de sa vie, il écrivit encore, outre de nombreux articles, l'émouvant : *Connaissance de soi-même,* la *Grande satire hongroise,* l'anonyme *Blick* (publié en 1859 à Londres) et *Disharmonie und Blindheit,* se consumant en autocritiques et critiques amères contre son propre peuple et le gouvernement policier de Vienne. À la fin de 1860, il soupçonna les autorités autrichiennes de le surveiller et ceci ne fit qu'aggraver son état de santé ; dans une crise de désespoir, le 8 avril, il se suicidait. Le rôle de Széchényi dans la vie sociale et intellectuelle hongroise du XIXe siècle est central. Il a enrichi la littérature hongroise d'une prose incisive, très efficace même lorsqu'il traite des sujets que personne n'avait affrontés avant lui en langue magyare.

EMERICO VARADY.

SZENTKUTHY Miklos. Écrivain hongrois. Né et mort à Budapest 1908-18 juillet 1988. Miklos Szentkuthy est dans la littérature hongroise un phénomène unique. Il ne provient d'aucune école, n'a pas eu de disciples. Lauréat l'année même de sa mort du principal prix littéraire hongrois, il a laissé l'image d'un écrivain érudit et ésotérique. Mais s'il aura été toute sa vie un solitaire, son œuvre n'en occupe pas moins une place indiscutée.

Les grandes lignes de la biographie de ce professeur d'anglais ne sont pas compliquées : il aura passé sa vie à lire, à écrire et également à traduire (Swift, Dickens, surtout Joyce à qui on a pu l'apparenter). Ses premières œuvres, dans lesquelles on trouve déjà l'ensemble de ses axes constitutifs, ne passent pas inaperçues : un roman *Prae* (1934) et son journal spirituel, *Vers l'unique métaphore* (*) (1935). Il continue par une œuvre gigantesque *Le Bréviaire de saint Orphée,* dont les quatre premiers gros volumes paraissent entre 1939 et 1942. Il ne cesse de s'y révéler et de révéler sa perception du monde, des « choses », par le truchement de portraits de papes, de rois, d'évêques, d'artistes, de courtisans, de saints et d'hérétiques. Le monde du mythe fascine Szentkuthy autant que le plaisir des corps. Dans une débauche d'imagination visionnaire, ce savant profondément enraciné dans la culture européenne résume l'Europe, lui rend hommage, lui dit adieu. Après des années où la vie politique du pays le contraint à un silence relatif, il reprend *Le Bréviaire de saint Orphée,* dont de nouveaux tomes paraîtront en 1974, 1976 et 1984. Il n'aura pas eu le temps de terminer le dernier. Il s'était entre-temps livré à un genre un peu différent, plus populaire : en 1957, il entreprend une série de romans historiques et de biographies : *Divertimento* (sur Mozart), *Le Docteur Haydn* [*Doktor Haydn,* 1959], *Fils de Saturne* (sur Dürer) [*Saturnus fia,* 1966], etc. Il intitulera à très juste titre cette série *Autoportrait en masques* [*Önarckép àlarcokban*]. Enfin paraît en 1988 un ouvrage d'entretiens autobiographiques *Frivolités et Confessions* [*Frivolitàsok és hitvallàsok,* mis en forme par Maria Tompa] qui révèle avec verve et sincérité Szentkuthy vu par lui-même et qui est un document précieux sur la culture et la vie culturelle hongroises du XXe siècle. Document monumental, son *Journal* [*Naplo*] couvre plusieurs décennies, il est déposé au musée littéraire de Budapest.

Szentkuthy est un esprit universel : intéressé par l'esprit comme par la matière, par la nature comme par les êtres humains, déchiré entre une esthétique riche, foisonnante, baroque, spectaculaire, et la linéarité de l'ascétisme et des mathématiques, il ne fait que chercher des associations dans le monde des choses. L'abstraction, le passage de l'analyse macroscopique à la synthèse généralisatrice, une écriture prolixe, impétueuse, fantaisiste font de Szentkuthy un écrivain peu accessible mais d'une richesse inépuisable.

EVA TOULOUZE.

SZULSZTEJN Moïshe. Poète, nouvelliste et essayiste yiddish. Né le 15 septembre 1911 à Kurow (Pologne), mort à Paris le 15 octobre 1981. Après une éducation juive traditionnelle, il devient tailleur à Varsovie, puis exerce différents métiers à Paris, où il a émigré en 1937. Pendant l'Occupation, il s'engage dans la Résistance, et restera proche du communisme jusque dans les années 50. Il évoluera ensuite vers une orientation plus nationaliste. C'est en 1927 qu'il publia ses premiers poèmes, qu'on peut rattacher à un courant de lyrisme socialisant : *Du pain et du plomb* [*Broyt un blay,* 1934] ; après la Seconde Guerre mondiale, le thème de la Shoah devient prédominant, comme dans *Sur la cendre de mon foyer* (*) (1945), ainsi que celui de l'espoir d'une renaissance en Israël : *Un arbre parmi les ruines* [*A boym tsvishn khurves,* 1947]. Outre ses nombreux recueils de poèmes, il laisse des volumes de prose et d'intéressants souvenirs d'enfance : *Là où se dressait mon berceau* [*Dort vu mayn vig iz geshtanen,* 1982].

NADIA DÉHAN.

SZYMANOWSKI Karol. Compositeur polonais. Né au village de Timošovka (gouvernement de Kiev, actuellement en Ukraine) le 24 septembre (6 octobre) 1882, mort à Lausanne le 29 mars 1937. Ayant eu, à l'âge de quatre ans, un grave accident qui le priva de l'usage d'une jambe pendant plusieurs années, il fit ses études à la maison, études complétées par une solide instruction musicale. À l'âge de dix-neuf ans, il avait déjà composé ses trois premières œuvres : *Neuf préludes* (1900), *Variations en si bémol mineur* (1901) et *Six chansons* sur les paroles du poète Tetmajer (1901). À Varsovie, où il se rendit pour terminer ses études musicales, Szymanowski se lia d'amitié avec Arthur Rubinstein et avec le chef d'orchestre Grzegorz Fitelberg, qui fit connaître le compositeur au public polonais en faisant jouer son *Ouverture de concert* (1905) et deux autres œuvres. Après un séjour de deux années à Berlin, Szymanowski se rendit en Italie, où il composa sa *Penthésilée* sur un livret pris dans l'*Achilléide* de Wyspianski. Les années suivantes, jusqu'à la Première Guerre mondiale, furent consacrées aux voyages ; de cette époque, il faut signaler ses onze *Chants d'amour de Hafiz* (1910-1914), *La Fontaine d'Aréthuse* (*) et le *Concerto pour violon nº 1.* Ayant quitté l'Ukraine en 1919, Szymanowski composa un petit ballet grotesque, *La Mandragore* (1920), pour servir d'intermède lors d'une représentation du *Bourgeois gentilhomme* (*) de Molière et créa à Varsovie un opéra, *Le Roi Roger* (*) (19 juin 1926). Influencée d'abord par Scriabine, puis par Richard Strauss et, enfin, par les impressionnistes français, la musique de Szymanowski, très appréciée en Europe occidentale, n'éveilla aucun écho parmi ses concitoyens. Rien d'étonnant alors que, nommé en 1926 au poste de directeur du Conservatoire de Varsovie, il ait dû donner sa démission en 1929. Son état de santé, toujours délicat, s'aggrava brusquement et, miné par la tuberculose, Szymanowski mourut dans un sanatorium de Lausanne. Reconnaissance posthume de son talent : le gouvernement polonais fit embaumer et transporter à Cracovie le corps du compositeur, tandis que l'urne contenant son cœur fut envoyée à Varsovie, où elle disparut lors du soulèvement de 1944.

RÉF. : A. Tansman, *Karol Szymanowski* in *La Revue musicale* de mai 1922, Paris. — G. Pannain, *Karol Szymanowski*, in *Rassegna Musicale* de septembre, 1929, Rome. — C. Palmer, *Szymanowski, un compositeur à la croisée des chemins*, Arles, 1987.

SZYMONOWIC Szymon (Simon Simonidès, comme il aimait se faire appeler). Poète polonais. Né à Lwów le 24 décembre 1557, mort à Czarnięcin le 5 mai 1629. D'origine et d'éducation bourgeoises, il devint, par ses poésies latines, un des plus illustres représentants de l'humanisme polonais, et le roi Sigismond lui conféra le titre de poète royal. Mais Szymonowic, épris de solitude, ne resta que quelques années à la cour du prince Zamoyski, son protecteur, et se retira à la campagne. Il y mena une vie simple, s'inspirant de ce qui l'entourait, excella dans la poésie idyllique, genre qui n'avait pas encore été traité dans la littérature polonaise. Les *Idylles* [*Sielanki*] sont une série d'excellents petits tableaux de la vie des nobles et des paysans et de scènes qui, parfois, furent prises sur le vif. Les plus célèbres sont *Les Galettes* (*) (1614) et *Les Moissonneurs*, dignes de ce siècle d'or qui devait prendre fin avec Szymonowic.

T

ṬABARĪ (al-) Muḥammad ibn Jarīr. Historien, exégète et juriste musulman d'expression arabe. Né à Amol au Tabaristan (sud de la Caspienne) vers 838, mort à Bagdad en 923. Il passa plusieurs années à voyager « en quête de science », visitant l'Iran et le Croissant fertile, avant de se fixer à Bagdad où il fut d'abord précepteur avant de se consacrer à l'enseignement du droit musulman. Ses deux œuvres les plus célèbres sont le monumental *Commentaire du Coran* (*) et la non moins monumentale *Chronique des prophètes et des rois* (*). L'une et l'autre reposent sur la même méthode, empruntée à la transmission du *Ḥadīth* (*), et qui consiste à donner, pour un même verset ou un même événement, l'ensemble des interprétations ou des versions fournies par la tradition, assorties de leurs chaînes de transmetteurs, sans sembler se soucier de leurs contradictions ou de leurs divergences. Toutefois, sous cette apparente neutralité, un jeu subtil de marques textuelles tend souvent à orienter l'adhésion du lecteur vers certaines positions plutôt que d'autres, sans pour autant que l'auteur puisse être taxé de partialité ou se voir reprocher d'omettre telle ou telle position minoritaire. De ce fait, al-Ṭabarī a puissamment contribué à la fixation d'un savoir canonique, qui servira de référence aux développements ultérieurs de l'exégèse et de l'historiographie musulmanes.

JEAN-PATRICK GUILLAUME.

TABIB Mordekhaï. Écrivain israélien. Né et mort à Rishon-le-Zion (Palestine) : 14 décembre 1910-1979. Membre du Mapaï, chargé des affaires publiques de sa ville natale, Tabib occupa diverses fonctions dans la section arabe de la « Histadrut ». Issu de la communauté yéménite, il lui consacra la majeure partie de son œuvre, dont il convient de citer : *Comme l'herbe des champs* (*) (1948), *Le Sentier* [*Derekh shel'afar*, 1953], recueil de nouvelles où l'auteur dépeint sa communauté avec ses joies et surtout ses peines. L'originalité même des sources de Tabib confère à son hébreu une couleur et une vigueur particulière. Il publia également *Rencontre* [*Mifgash*, 1968], une anthologie d'essais sur les littératures, les arts et les philosophies hébraïque et arabe.

TABUCCHI Antonio. Romancier et nouvelliste italien. Né le 23 septembre 1943 à Pise. Professeur de littérature portugaise à l'université de Gênes, Antonio Tabucchi fut directeur de l'Institut italien de Lisbonne de 1986 à 1988. Il est notamment à l'origine de la traduction de nombreux textes de Fernando Antonio Pessoa, et de leur diffusion en Italie, au cours des années 80. La vie et les poésies de Pessoa exercèrent d'ailleurs une grande influence sur son œuvre littéraire. Cette œuvre commença en 1975 par la publication de *Piazza d'Italia,* où l'auteur raconte l'histoire de l'Italie du *Risorgimento* jusqu'à la fin de la Seconde Guerre mondiale, en prenant comme référence un village et une famille, les Garibaldo. Mais le roman qui le fit connaître du grand public est *Nocturne indien* (*) (1984), étrange course-poursuite à travers l'Inde où le narrateur, censé rechercher un ami disparu, en vient lui-même à se perdre dans un dédale inextricable de rencontres singulières (le roman obtint le prix Médicis étranger en 1988). À propos de cette œuvre, certains ont pu parler d'« Inde hors du temps », citant pêle-mêle des auteurs comme Rudyard Kipling, Joseph Conrad, Louis Bromfield et Somerset Maugham.

Parmi les autres œuvres de l'auteur pisan, on doit encore citer *Le Jeu de l'envers* [*Il gioco del rovescio,* 1981], *Femme de Porto Pim et autres histoires* [*Donna di Porto Pim,* 1983], *Petits malentendus sans importance* (*) (1985), *Le Fil de l'horizon* [*Il filo dell'orizzonte,* 1986].

Antonio Tabucchi fait partie de cette génération des écrivains italiens des années 80 dont on a pu dire, à juste titre, qu'elle s'éloignait des schémas traditionnels de la littérature transalpine pour trouver ses sources d'inspiration en dehors de la péninsule (bien qu'on retrouve en filigrane, dans beaucoup de textes de Tabucchi, l'influence de Pirandello).

L'homme est secret, avare de déclarations. Lors d'une enquête auprès des romanciers italiens publiée en 1989 (*Perche scrivete ?*), sa réponse à la question de savoir ce qui le poussait à écrire fut : « Au début, parce que cela me plaisait, puis, petit à petit, parce que cela constituait une compagnie avec moi-même dont je ne pouvais plus me passer. »

ALAIN SARRABAYROUSE.

TACHIBANA NO NARISUE. Écrivain japonais qui vivait sous le règne de l'empereur Fukakusa (1246-1260). Il a écrit le *Kokon Chomon-jû* (*), collection de nouvelles japonaises et chinoises. De lui on sait seulement, d'après la préface de l'ouvrage, qu'il appartenait à l'illustre famille des Tachibana, qu'il étudia le « biwa » (sorte de luth) et qu'il avait de grandes dispositions pour le dessin et la peinture.

TACITE (Publius Cornelius Tacitus). Historien romain. Né entre 55 et 57, mort après 117. Les travaux de M. Gordon, E. Paratore et R. Syme permettent d'affirmer qu'il appartenait à une famille de rang équestre originaire de Gaule méridionale, sans doute de Vaison-la-Romaine. Son père fut peut-être fonctionnaire impérial en Gaule Belgique. Quoi qu'il en soit de ses origines précises, Tacite vint probablement jeune à Rome — il y était en 74 si l'on suit le *Dialogue des orateurs* (*) —, où il fréquenta une ou plusieurs écoles de rhéteur, afin d'apprendre l'éloquence, et s'attacha à deux orateurs gaulois célèbres, Aper et Secundus. En 77 ou au début de 78, il épousa la fille de Julius Agricola — v. *Vie d'Agricola* (*) —, lui-même originaire de Fréjus. Peu après, celui-ci dut quitter Rome pour aller gouverner la Bretagne (Grande-Bretagne), récemment conquise et encore insoumise. Pendant son absence, qui dura jusqu'en 84, date à laquelle il fut rappelé par Domitien, Tacite poursuivit son ascension politique et, en 81, reçut la questure de Titus — v. *Histoires* (*). En 88, sous Domitien, il était préteur, ainsi que quindecemvir (prêtres réunis en collège et chargés de veiller à certains cultes traditionnels de la cité), et à ce double titre participa aux jeux Séculaires célébrés par l'empereur — v. *Les Annales* (*). À la préture succédait, dans la carrière des honneurs, un commandement militaire ou le gouvernement d'une province : peut-être fut-ce dans l'une des deux Germanies. En tout cas, à la mort de son beau-père en août 93, Tacite était absent de Rome depuis quatre ans — v. *Vie d'Agricola*. Il y revint bientôt, et siégea dès lors au Sénat, subissant docile et résigné la tyrannie de Domitien. Il obtint le consulat en 97, après l'assassinat de ce prince (18 septembre 96) mais sans doute par sa volonté, car les hautes magistratures étaient attribuées longtemps à l'avance. Ce consulat suffect, c'est-à-dire qui n'était effectif qu'une partie de l'année, se déroula donc sous l'empereur Nerva. Il fut essentiellement marqué par l'éloge funèbre que prononça Tacite de Verginius Rufus (Pline, II, 1), un général loyal qui à la fin du règne de Néron avait réprimé la révolte de Vindex en Gaule. En 99, le sénat le désigna, concurremment avec son ami Pline le Jeune, pour soutenir l'accusation dans un procès intenté à Marius Priscus, un ancien gouverneur d'Afrique attaqué par ses administrés (Pline, II, 11 et 12). Sa réputation d'éloquence est désormais établie, et il domine avec Pline la vie littéraire (Pline, IX, 23). Surtout il écrit (Pline, VII, 20 et 33 ; VIII, 7), sans beaucoup s'éloigner de Rome (l'absence dont parle Pline dans la lettre IV, 13, datée de 103-104, semble n'être qu'un séjour à la campagne). Enfin, il est nommé proconsul d'Asie, la plus haute fonction que pût revêtir un sénateur, en 112 ou 113, tandis que Pline gouvernait la province voisine de Bithynie. Les dernières années de son existence se perdent dans l'obscurité, si ce n'est qu'un passage des *Annales* (II, 61) prouve qu'il était encore vivant en 116 quand Trajan se distingua en Orient. Est-ce la mort qui l'a empêché de raconter les règnes de Nerva et Trajan, comme il se le proposait au premier chapitre des *Histoires,* ou la crainte de déplaire à leur successeur Hadrien ? Quoique la seconde hypothèse soit la plus vraisemblable, il faut se résoudre à tout ignorer de la fin de sa vie.

L'œuvre de Tacite, telle qu'elle nous est parvenue, comprend une biographie, la *Vie d'Agricola,* un traité d'ethnologie, *La Germanie* (*), un livre sur l'éloquence, le *Dialogue des orateurs,* et deux grands ouvrages historiques, les *Histoires* et *Les Annales.* La *Vie d'Agricola* fut publiée en 98, après l'avènement de Trajan (27 janvier ; *Agricola,* 3) et donc cinq ans après la mort de l'intéressé. On conçoit que Tacite n'ait pas voulu glorifier son beau-père sous Domitien si, comme il l'affirme, celui-ci encourut sa jalousie. Mais on s'explique mal pourquoi il lui a fallu attendre plus de seize mois après la mort de ce prince pour faire paraître un opuscule de dimension modeste. L'œuvre a du reste un statut littéraire ambigu : c'est un éloge funèbre, embelli selon les exigences du genre, tel qu'on en prononçait généralement aux obsèques de personnages illustres ; mais elle traite aussi, dans ses nombreuses digressions, d'histoire et d'ethnographie ; enfin, en exaltant un homme persécuté, voire empoisonné par Domitien, elle ne pouvait que plaire à la nouvelle dynastie dont elle appuyait les prétentions libérales (*Agricola,* 3).

La *Germanie* fut écrite en 98 ou 99 (*Germanie,* 37). C'est un ouvrage à la fois ethnographique et géographique. Les sources de Tacite sont livresques (César, Pline l'Ancien, Posidonius, Tite-Live), mais on a supposé une connaissance du terrain acquise par l'auteur comme tribun militaire ou commandant d'une des deux légions de Germanie, et qui justifierait la place que prennent les Germains dans l'ensemble de son œuvre. Cependant la Germanie était alors d'actualité, puisque Trajan s'y trouvait depuis 96 ou 97 – et cela jusqu'à son retour à Rome en 99 –, mais curieusement ses entreprises militaires ne sont jamais mentionnées. Le livre reprend une thématique déjà présente dans la *Vie d'Agricola,* celle de la pureté des Barbares plus proches que les Romains de l'état de nature et donc meilleurs ; cela n'implique nullement, contrairement à ce qu'on a soutenu, qu'ils aient la sympathie de Tacite. Le texte, qui étudie les peuples d'ouest en est, dérive à la fin dans le fantastique.

Le *Dialogue des orateurs* nous est parvenu incomplet ; de plus on a longtemps hésité à l'attribuer à Tacite, tant son style diffère de celui qu'a ailleurs l'écrivain ; enfin sa datation reste difficile. Autrefois considéré comme une œuvre de jeunesse, il doit plutôt être imputé à la maturité de l'auteur, ayant probablement été écrit et publié entre 101 et 106. Fictivement placé sous le règne de Vespasien (*Dialogue,* 17), et reposant peut-être sur un entretien réel, le *Dialogue des orateurs,* qui rappelle volontairement la manière de Cicéron, traite de la décadence de l'art oratoire à Rome et expliquerait pourquoi Tacite a renoncé à l'éloquence au profit de l'histoire.

Des quatorze livres des *Histoires,* qui conduisaient de la mort de Néron (68) à celle de Domitien (96), il ne nous reste que les livres I-IV et une partie du V. Tacite en commença la rédaction avant 106, puisque vers cette date, où il a sans doute déjà raconté dix années, il demande des informations à Pline sur l'éruption du Vésuve de 79 (Pline, VI, 16 et 20) ; en 107, il semble être parvenu à l'année 93 (Pline, VII, 33). L'ouvrage fut finalement publié vers 108-110. Tacite y a choisi de développer les années 68-69, où les événements avaient été particulièrement denses : elles couvrent plus de quatre livres, tandis que les vingt-sept années restantes en occupaient moins de dix. Bien qu'il soit contemporain des faits qu'il rapporte, les souvenirs personnels de l'auteur semblent n'avoir ici que peu de place. En revanche, il doit avoir interrogé les acteurs de cette époque dramatique qui étaient encore vivants, ou à défaut lu leurs Mémoires. Ses *Histoires* ont-elles déplu à certains d'entre eux, qui auraient jugé, non sans raison, qu'elles prenaient trop souvent parti ? Une curieuse lettre de Pline (IX, 27) peut le faire penser. Ce dernier nous apprend en effet qu'un de ses amis, dont il tait prudemment le nom, a interrompu la lecture publique d'un ouvrage historique « très fidèle à la vérité », sur la requête de plusieurs de ses auditeurs, qui rougissaient d'entendre lire ce qu'ils avaient fait. En tout cas, et malgré son intention proclamée (*Histoires,* I, 1), Tacite prit ensuite pour sujet des époques plus éloignées.

Les *Annales,* qui exposaient l'histoire des empereurs de la mort d'Auguste (14) à la chute de Néron (68), comptaient vraisemblablement dix-huit livres, mais nous n'avons plus que les livres I-IV, VI, et XII-XV, ainsi que des fragments des livres V, XI et XVI. Elles ont dû être commencées vers 110 et achevées vers 116-117, avec peut-être des remaniements après la mort de Trajan. Tacite y a adopté la forme annalistique des anciens historiens romains. Or le récit, année par année, qui convenait à l'époque républicaine marquée par l'annualité du consulat, n'est guère approprié à l'Empire. L'auteur a-t-il voulu par là souligner la continuité de Rome, ou a-t-il fait ce choix paradoxal simplement parce que la période considérée est plus lointaine que celle des *Histoires ?* Quoi qu'il en soit de ce point, c'est dans cette œuvre majeure qu'on distingue le mieux les conceptions historiques de Tacite : écrire « sans colère ni faveur » (*Annales,* I, 1 ; cf. *Histoires,* I, 1) ; « faire que les qualités morales ne sombrent pas dans l'oubli et que ce qu'il y a de mauvais, en paroles ou en actes, craigne que la postérité ne le juge infâme » (*Annales,* III, 65) ; en conséquence, ne retenir que les faits « vraiment remarquables » (XIII, 31), tâche d'ailleurs difficile quand on traite d'événements « sans gloire » (IV, 32). Scrupuleux dans son information et honnête – il énonce rarement une opinion sans citer la thèse adverse –, Tacite a cependant tendance, quand il analyse les sentiments des hommes et les mobiles de leurs actions, à infléchir la réalité dans le sens du mal. Peut-être son sujet l'y poussait-il, les quatre empereurs des *Annales* étant des tyrans ou des malades. Néanmoins le résultat de ce qu'on appelle habituellement son pessimisme est de laisser incrédule devant cette fresque grandiose et tragique où des princes cruels, dissimulateurs et débauchés, préparent et commettent, dans une atmosphère de terreur et avec l'aide de courtisans veules et cupides, adultères, procès truqués et assassinats. On admirera particulièrement la description des mouvements de foule. La langue de Tacite est difficile (participes remplaçant des subordonnées, ellipses), son style expressif et concis ; il aime les tournures poétiques, l'asyndète et la dissymétrie.

ÉTIENNE WOLFF

♦ *« (L'œuvre de Tacite) est plutôt jugement que déduction d'histoire ; il y a plus de préceptes que de contes. Ce n'est pas un livre à lire, c'est un livre à étudier et à apprendre ; il est si plein de sentences qu'il y en a à tort et à droit ; c'est une pépinière de discours éthiques et politiques. »* Montaigne, Essais, III, 8. ♦ *« Le plus grand peintre de l'Antiquité. »* Racine, Seconde préface de Britannicus. ♦ *« Tacite est le livre des vieillards ; les jeunes gens ne sont point faits pour l'entendre. »* Rousseau, *Émile,* livre IV. ♦ *« Tacite, qui est un grand esprit, n'est pas du tout le modèle de l'histoire et des historiens (...). C'est l'historien d'un parti et le peuple romain n'était pas du même parti que Tacite. Il aimait ses empereurs dont Tacite veut toujours faire peur, et on n'aime pas les monstres. Les monstruosités de l'Empire naissaient des factieux (...). Et son style ? Après l'avoir lu, on cherche ce qu'il pense. Moi, je veux qu'on soit clair.* » Napoléon, *Maximes et Pensées.* ♦ « *Lorsque, dans le silence de l'abjection, l'on n'entend plus retentir que la chaîne de l'esclave ou la voix du délateur ; lorsque tout tremble devant le tyran, et qu'il est aussi dangereux d'encourir sa faveur que de mériter sa disgrâce, l'historien paraît, chargé de la vengeance des peuples. C'est en vain que Néron prospère. Tacite est déjà né dans l'Empire.* » Chateaubriand, Article du *Mercure.*

RÉF. : G. Boissier, *Tacite,* Paris, 1903. – P. Fabia et P. Wuilleumier, *Tacite, l'homme et l'œuvre,* Paris, 1949. – E. Paratore, *Tacito,* Milan, 1951, rééd., Rome, 1962. – R. Syme, *Tacitus,* Oxford, 1958. – A. Michel, *Tacite et le destin de l'Empire,* Paris, 1966. – P. Grimal, *Tacite,* Paris, 1990.

TADIJANOVIĆ Dragutin. Poète croate. Né à Rastušije le 4 novembre 1905. Pendant et après ses études de lettres et de philosophie à Zagreb, il se consacre entièrement à la poésie. Il publie ses premiers textes dès 1922 et collabore activement à diverses revues littéraires à partir de 1928. Sa grande érudition lui permet de diriger l'édition critique de plusieurs écrivains croates. À partir de 1953, il occupe le poste de directeur de l'Institut de littérature de l'Académie yougoslave des sciences et des arts de Zagreb. Comme poète, il se distingue surtout par une expression simple et pure, parfois naïve, où les thèmes de l'enfance, du souvenir et du pays natal se mêlent et s'opposent aux thèmes de la vie moderne et de son absurdité. Il est l'auteur de très nombreux poèmes réunis en des recueils dont les principaux sont *Poésie* [*Lirika,* 1931], *Le Soleil sur les sillons* (*) (1933), *Les Jours de l'enfance* (+) (1937), *Exposition intime des dessins de Rab* [*Intimna izložba crteža iz Raba,* 1954] et *La Bague* [*Prsten,* 1963].

TAGORE Rabindranath [Ṭhākura Rabīndranāth]. Poète et philosophe indien d'expression bengali. Né à Calcutta le 6 mai 1861, mort à Calcutta le 7 août 1941. Le nom Tagore est la forme anglicisée du mot bengali Ṭhākura (du sanskrit « homme noble », « seigneur »). Ses premières années s'écoulent dans un milieu familial empreint d'une profonde religiosité, essentiellement nourrie des antiques conceptions panthéistes des *Upaniṣhad* (*). Il se rend une première fois en Angleterre en 1877 pour y poursuivre des études juridiques. Le séjour ne fut pas long et, de retour en Inde, Tagore se consacre, selon le vœu de son père, à l'administration de la propriété familiale. Il s'était marié à l'âge de vingt-trois ans, mais il venait d'atteindre la quarantaine lorsque la mort lui ravit, à des intervalles rapprochés, sa femme, une fille et un fils. Il effectue alors un second voyage en Occident au cours duquel il visite la France et l'Italie. De retour dans son pays natal, dans la même localité où son père Debendranath avait fondé « Asile de paix » [Sāntiniketan], il fonde en 1901 une école, dont il fait une université en 1918, qu'il appelle la « Voix universelle » [Viśva-Bhāratī] : noble et féconde initiative par laquelle Tagore, cruellement atteint dans ses affections familiales, cherche à combler un vide douloureux ; il se consacre dès lors à guider ses jeunes élèves et à leur communiquer les idéaux de vie qui étaient les siens. Lumière, air, contact immédiat avec la nature, progrès intellectuel et moral qui ne soient pas séparés d'un sain développement physique : tels sont les principes de base de son institution philanthropique.

En 1913, alors qu'il a à peine dépassé la cinquantaine, on lui décerne le prix Nobel de littérature. En effet, son recueil de poèmes intitulé *L'Offrande lyrique* (*) avait été une révélation pour le monde entier. Tagore voulait connaître directement les us et coutumes des différents peuples, et faire passer le message de l'Inde ; aussi accomplit-il des voyages nombreux et fréquents, dirigeant ses pas non seulement vers le Japon et d'autres pays de l'Asie orientale, mais encore vers les États-Unis d'Amérique et l'Amérique latine. C'est lors de son séjour au Japon qu'il prononce, le 18 juin 1916, son fameux discours condamnant la guerre et le nationalisme, discours qui, pour Romain Rolland, « marquait un tournant dans l'histoire du monde ». En 1930, il fait à Oxford une série de conférences qui sont publiées l'année suivante. La production littéraire de Tagore est abondante et variée, et outre les recueils de chants, les ouvrages de philosophie et de religion, elle comprend des romans et des nouvelles, des œuvres dramatiques, des ouvrages de critique et de politique. Tagore a utilisé sa langue natale, le bengali ; il a aussi traduit une partie de son œuvre en anglais, langue qu'il possédait parfaitement et dont il se servait avec une âme de poète et une perfection d'artiste. Outre *L'Offrande lyrique* déjà citée, les œuvres poétiques les plus remarquables sont *Le Bateau d'or* [*Sonār Tarī,* 1984], *Cygne* (*) (1916), *Puravī* (1925), *Post-scriptum* [*Punaśca,* 1932], *Patraput* (1936), *À la lisière* [*Prāntik,* 1938], *La Guérison* [*Ārogya,* 1941], et le recueil posthume *Śeṣ Lekhā,* (1941). En traduction française, il faut mentionner *Le Jardinier d'amour* (1919), traduit de l'anglais [*The Gardener*] et *La Jeune Lune* [*Śiśu*] ainsi que *La Fugitive et poèmes de Kabir,* 1922. Ces ouvrages empruntent des poèmes à plusieurs recueils bengali et sont traduits de l'anglais. Les poèmes lyriques de Tagore atteignent aux plus hauts sommets, et ils lui gagnèrent une vaste et sincère popularité parmi les masses de son pays. Les conceptions de Tagore sur la vie et sur la position de l'homme par rapport à Dieu et à la nature sont exposées dans les huit chapitres qui composent la *Réalisation du but suprême* [*Sādhanā,* 1913] et qui reprennent des conférences faites par Tagore à Viśva-Bhāratī et à l'université Harvard.

De même, sous les apparences du symbole et avec une éclatante richesse dans les images, ses ouvrages dramatiques visent à illustrer sa foi en Dieu et dans le mystère de l'univers. *Le Roi* [*Rājā,* 1910] dont le titre en traduction anglaise est *The King of the Dark Chamber* et surtout *Amal et la lettre du roi* (*), une courte pièce écrite peu après la publication du *Gītāñjali* bengali, ont connu un retentissement international. Tagore a également écrit des romans parmi lesquels *Gorā* (1910), témoignage précieux sur la vie intellectuelle du Bengale dans la seconde moitié du XIXe siècle, et *La Maison et le Monde* (*) (1916), son œuvre de fiction la plus achevée. Ses nouvelles sont parmi les meilleures de la littérature mondiale. Bien que limité à une brève période de sa vie, son ouvrage autobiographique *Souvenirs* [*Jīvansmṛti,* 1912] présente un intérêt tout particulier.

La doctrine religieuse de Tagore se caractérise par l'universalité qui lui vient de la vision panthéiste de l'univers telle qu'elle est représentée dans les anciennes Upaniṣhad, et telle qu'elle fut élaborée ensuite par les grands maîtres du système philosophique du « Vedānta ». Dans la pratique, elle s'exprime par l'observance de la suprême loi d'amour dont on doit souhaiter le triomphe parmi les hommes. C'était là une belle et généreuse utopie à laquelle la personnalité et le regard fascinants de celui qui s'en était fait le propagandiste, la portée de sa parole inspirée, la lumière, la force et la noblesse de son style, l'ampleur des images et le ton toujours élevé qui le caractérisent dans ses écrits, conférèrent une portée et une consistance qui créèrent autour de Tagore de puissants courants d'admiration et de sympathie. Sa religiosité et ses colloques mystiques avec Dieu, c'est-à-dire le « Brahman » ou « Âme universelle » des *Upaniṣhad,* rattachent Tagore à la tradition séculaire du « Vedānta », qui est aujourd'hui la philosophie prédominante dans la classe indienne cultivée, ainsi qu'au viṣhṇuisme, dont le fidèle est uni par un amour mystique à la providence et à la bonté divines. Les conceptions religieuses de Tagore sont de toute évidence fort éloignées des conditions réelles de la civilisation contemporaine, qui ne représentent pour lui qu'une aberration due à l'incompréhension de la vraie nature du monde. L'unique réalité est le « Brahman » auquel, en mourant, l'homme s'identifie pleinement, lorsque pour lui cesse le songe qu'est sa vie terrestre. Une délicate pénétration de la nature dans l'infini de ses aspects et une faculté rare à les représenter dans la forme d'une poésie inspirée, une modestie sereine et de vibrants accents de foi renouvelés par des deuils qu'il éprouve, sa douceur et sa compassion envers les faibles et les affligés, sa sensibilité attentive, toutes ses qualités assignent à l'œuvre poétique et philosophique de Tagore une place éminente dans la littérature mondiale de la première moitié du XXe siècle. Favorablement disposé envers les Anglais, qui pourtant dominaient son pays, il accepta en 1915 le titre de « Sir » ; mais il n'hésita pas à y renoncer en 1919 lorsque les troubles du Penjab furent brutalement interrompus par la violente répression d'Amritsar. Tagore avait le culte du bon et du beau, il s'adonnait avec ferveur aussi à la musique et à la peinture, la première comme expression de l'âme, la deuxième comme une forme de rapprochement avec la Nature divine. L'amour, dans sa valeur universelle, était pour lui le principe d'où découle tout bien, et si l'on voulait inclure dans une expression unique la vie entière de Tagore, on pourrait dire qu'elle fut un cantique d'amour.

MARIO VALLAURI.

♦ *« Il irradie une harmonie qui est belle et bienfaisante. Aucun des artistes vivants ne m'a fait une impression aussi pure et presque religieuse. »* R. Rolland.

RÉF. : S. Radhakrishnan, *The Philosophy of R. Tagore,* Londres, 1918 ; *Great Indians,* Bombay, 1949. – E. T. Thompson, *Rabindranath Tagore : his life and work,* Londres, 1921. – J. Davé, *La Poésie de R. Tagore,* thèse, Montpellier, 1927. – J. J. Cornelius, *R. Tagore, India's Schoolmaster,* thèse, New York, 1928. – A. Y. Ali, *The Religion of R. Tagore,* Londres, 1930. – Sushil C. Mitter, *La Pensée de R. Tagore,* thèse, Paris, 1930. – W. Graefe, *Die Weltanschauung R. Tagores,* thèse, Leipzig, 1930. – M.-L. Balsé, *R. Rolland et Tagore,* thèse, Paris, 1952. – O. Aslan, *Rabindranath Tagore*, Paris, 1961.

TAHUREAU Jacques. Écrivain français à la date et au lieu de naissance incertains (Le Mans ?, 1528 - ?), mort en 1555. Fils cadet d'un lieutenant-général de la sénéchaussée du Maine, Jacques Tahureau, et de Marie Tiercelin, il appartient à la petite noblesse de robe provinciale. Bien que les documents fassent défaut, il semble plus que probable que Tahureau s'est vu obligé de se préparer pour une carrière administrative, et aussi qu'il a passé par l'université d'Angers, florissante à l'époque. L'absence de documents relatifs aux premières années de sa vie a contribué à la création de biographies plus ou moins fantaisistes, selon lesquelles il aurait passé quelques années en Italie ou encore participé aux guerres franco-impériales. En fait, on ne peut parler avec quelque certitude de sa vie que pour sa dernière période, c'est-à-dire pour sa période créatrice, qui englobe les années 1553-1555. Allié de Ronsard par le mariage du frère de celui-ci (Claude) avec une de ses cousines germaines (Anne Tiercelin), Tahureau a pu vite pénétrer dans l'intimité du grand poète. Divers morceaux en vers de sa main ou qui lui sont adressés en portent témoignage, et ce sont ces relations qu'il a mises en avant à Paris : pénétration à la Cour, choix de Louis de Lorraine, cardinal de Guise, comme patron, encouragements de Marguerite de France... C'est pourtant Poitiers, où il accompagne son ami Jean-Antoine de Baïf au printemps de 1554, et non Paris, qui a vu la publication de ses premiers exercices poétiques, les *Premières poésies* suivies des *Sonnets, odes, et mignardises amoureuses de l'Admirée* (mai 1554), double recueil mêlant les registres graves et amoureux – v. *Poésies* (*). Il semble maintenant acquis que l'« Admirée » ne soit autre que la femme nivernaise que Tahureau épousera en septembre 1555, Marie Grené (future femme en secondes noces du frère de Théodore de Bèze, Nicolas). Entre-temps, Tahureau se tourne vers la composition d'un petit recueil comportant une *Oraison* adressée à Henri II : « De l'excellence de la langue française », et des pièces de vers dédiées à Marguerite de France, où prime surtout une note morale, plaquette publiée en avril 1555. C'est plus tard, mais au cours de cette même année, qu'il dépose chez les éditeurs parisiens Ambroise et Maurice de La Porte le manuscrit de l'ouvrage par lequel il est surtout connu de nos jours, les *Dialogues* (*), publié seulement en 1565. Après son mariage, Tahureau n'a connu que quelques semaines de vie. Il a laissé derrière lui une œuvre restreinte et de qualité inégale mais qui laisse deviner un talent littéraire peu commun, méconnu en raison d'une disparition trop rapide.

TREVOR PEACH.

RÉF. : T. Peach, « Jacques Tahureau (1528-1555) : une synthèse biographique », in *Revue historique et archéologique du Maine,* troisième série, 6 (1986).

TAILHADE Laurent. Écrivain français. Né à Tarbes (Hautes-Pyrénées) le 16 avril 1854, mort à Combs-la-Ville (Seine-et-Marne) le 2 novembre 1919. Issu d'une vieille famille de magistrats et d'officiers ministériels, il fut d'abord élève au lycée de Pau, puis se rendit à Toulouse pour y faire son droit, mais un prix remporté aux jeux Floraux décida de sa vocation. Espérant le préserver ainsi de la bohème littéraire pour laquelle il ne se montrait déjà que trop de penchants, ses parents l'obligèrent à faire un mariage bourgeois, et, pour se distraire de l'ennui doré de la vie de province à laquelle il s'était condamné, Tailhade se mit à composer les pièces qui constituèrent le recueil poétique du *Jardin des rêves* (+) (1880). Libéré par la mort de sa femme, il vint aussitôt se fixer à Paris, où il ne tarda pas à gaspiller tout son bien en sorties mondaines. Lié avec Samain et surtout Verlaine et Moréas, il resta parnassien jusque dans la mêlée symboliste. *Au pays du mufle*, plaisante satire du bourgeois, avait quelque peu remué la critique, mais Tailhade arrivait pourtant à la quarantaine sans avoir connu plus qu'un succès de cénacle. C'est en décembre 1893 qu'il se révéla soudain au public en proclamant son admiration pour l'attentat anarchiste de Vaillant, qui plongeait alors dans une unanime horreur les bourgeois de Paris. Mais, quelques mois plus tard, par une curieuse ironie du sort, Tailhade lui-même fut grièvement blessé par l'éclatement d'une nouvelle bombe anarchiste lancée dans un restaurant parisien. Rescapé, il se hâta d'exploiter sa mésaventure pour faire carrière dans le journalisme, prenant part bruyamment à toutes les querelles littéraires et politiques du temps et affichant un anticléricalisme et un anarchisme virulents. (À la fin de sa vie, il reniera ces opinions.) Assez bon lettré, servi par une grande facilité, Tailhade écrivait avec une rhétorique surchargée, somptueuse, par instants savoureuse, mais qui a autant vieilli que ses divers recueils poétiques : *Épigrammes* (+), *Nocturnes* (+) (1907), *Poèmes élégiaques* (*) (1907), *Poèmes aristophanesques* (+) (1914).

RÉF. : Mme Laurent Tailhade, *Laurent Tailhade au pays du mufle*, Paris, 1928. – F. Kolney, préface aux *Plus belles pages de Laurent Tailhade*, Paris, 1928. – J.-P. Rioux, Préface à *Imbéciles et Gredins*, choix de textes, Paris, 1969.

TAILLEMONT Claude de. Poète français. Ses dates de naissance et de mort sont approximatives : 1526 ?-1560 ? Fils de notable famille lyonnaise, tôt orphelin de père, il est vivement marqué par le contact de l'Italie, et connaît à dix-huit ans l'éblouissement poétique quand paraît la *Délie* (*) de son voisin Maurice Scève (1544). Dès lors, ne concevant sa vie que dans la littérature et les arts, il cherche la protection des grands pour pouvoir mener vie de poète : il rencontre l'échec, l'incompréhension des siens et l'amertume. Assoiffé de réputation, il se fera le mystique champion des dames, au sein de cette « Querelle des femmes » qui divise alors les lettrés, et c'est dans cet esprit qu'il écrit les *Discours des Champs faëz* (*), œuvre insolite qui ne passe pas inaperçue mais est loin de lui apporter le succès espéré (1553). Trois ans après, il ne rencontre qu'indifférence avec *La Tricarite* (*), recueil pétrarquiste où il a mis tout l'effort de son génie. La dernière trace que nous ayons de lui est de 1559. Le mystère qui entoure sa disparition baigne en somme tout son destin. Car pourquoi cet écrivain superbement doué, au cœur du milieu lettré de la Renaissance lyonnaise (il participe à l'hommage poétique qui accompagne, en 1555, les *Œuvres* de Louise Labé), n'est-il jamais cité par ses pairs ni par son maître Scève ? Outre les audaces de sa poétique et sa hautaine obscurité, on peut imaginer des motifs idéologiques (religieux ?), voire psychologiques, à la solitude de ce poète dont le frontispice des *Champs faëz* montre le visage tourmenté, et qui ne retrouve que ces temps-ci sa place dans l'histoire (éditions critiques de ses deux ouvrages en 1989 et 1991).

GABRIEL-ANDRÉ PÉROUSE.

TAINE Hippolyte Adolphe. Philosophe, historien et critique littéraire français. Né le 21 avril 1828 à Vouziers, mort le 5 mars 1893 à Paris. Après avoir obtenu au concours général de 1847 le premier prix de composition française et poursuivi ses études à l'École normale supérieure, il se trouve, le coup d'État du 2 décembre étant survenu, en butte à l'hostilité de l'Empire autoritaire, qui persécute les intellectuels indépendants : lui-même, ses amis Edmond About, Sarcey, Challemel-Lacour, Prévost-Paradol. Nommé d'abord professeur de philosophie à Nevers, puis de rhétorique à Poitiers, il se voit relégué à une chaire de Besançon ; il abandonne alors l'enseignement. Il passe son doctorat ès lettres le 30 mai 1853, avec une thèse, non sur le sujet des « sensations », qui n'a pas eu l'agrément de l'Université, mais sur un sujet littéraire – *Essai sur les fables de La Fontaine* – auquel se joint une thèse latine intitulée *De personis platonicis.* Un voyage dans le sud-ouest de la France lui inspire le *Voyage aux Pyrénées* (*) (1855) ; l'année suivante, l'*Essai sur Tite-Live*, écrit pour un concours de l'Académie française, subit une vive critique de la part de certains académiciens. Néanmoins, à partir de 1857, Taine devient un collaborateur assidu de *La Revue des Deux-Mondes* (*), de *La Revue de l'Instruction publique*, du *Journal des débats* (*), et se lie d'amitié avec Ernest Renan. Les *Essais de critique et d'histoire* (*) témoignent, dès 1857, de la sûreté de son jugement ; mais il est attiré par la philosophie, et son ouvrage *Les Philosophes français du XIXe siècle* suscite, dans la même année, un intérêt considérable. En 1858, il séjourne en Angleterre ; il visite ensuite les Pays-Bas et l'Allemagne. Il soumet à une refonte complète l'*Essai sur les fables de La Fontaine*, le complétant par des articles parus dans le *Journal des débats* à l'occasion de la troisième édition de cette étude. En 1863, l'Empire évoluant vers un certain libéralisme, Taine est nommé examinateur d'histoire et de langue allemande à l'École militaire de Saint-Cyr, mais il est destitué en 1865. Toutefois, les protestations de l'opinion publique contraignent le gouvernement à le réintégrer dans ses fonctions. Viennent ensuite des années particulièrement fécondes. Son voyage en Angleterre l'a orienté définitivement vers la pensée, la littérature, les coutumes de ce pays dont le libéralisme l'attire. Il publie successivement *L'Idéalisme anglais. Étude sur Carlyle ; Le Positivisme anglais. Stuart Mill*, et une *Histoire de la littérature anglaise* (*) (1864). Mais voici qu'en cette même année 1864 un voyage en Italie lui fait découvrir un monde complètement différent ; de cette révélation proviennent divers essais. Dans le *Voyage en Italie* (*), il rapporte ses impressions sur Naples, Rome, Florence, Venise ; l'année suivante paraît une *Philosophie de l'art en Italie*, à laquelle succèdent, sur les mêmes thèmes, *De l'idéal de l'art dans les Pays-Bas* (1868), *Philosophie de l'art dans les Pays-Bas*, et *Philosophie de l'art en Grèce*, ensemble qui sera réédité en 1882 en complément de la *Philosophie de l'art* (*), publiée en 1865. *De l'idéal dans l'art* lui permet de résumer, avec la méthode, l'ordre, la précision qui lui sont habituels, ses idées sur ce sujet ; il en fait aussi le thème d'un cours – toujours en 1864 – à l'École des beaux-arts de Paris, ce qui ne l'empêche pas de continuer à s'occuper de critique littéraire, car en 1865 paraissent les *Nouveaux essais de critique et d'histoire* (+). Nommé chevalier de la Légion d'honneur en 1866, il épouse, en 1869, la fille d'un architecte, Mlle Denuelle. Désormais, il est presque célèbre ; il prend part aux dîners des Goncourt qui réunissent Sainte-Beuve, Renan, Berthelot et, peu après, Zola et Tourgueniev. Il s'essaie à des sujets plus mondains, plus légers, et donne à la « Vie Parisienne » : *Vie et opinions de Frédéric-Thomas Graindorge, docteur en philosophie de l'université d'Iéna, principal associé commanditaire de la maison Graindorge et Cie (huile, porc salé à Cincinnati, U.S.A.).* À la même époque, il travaille à un roman qui restera inachevé : *Étienne Mayrau.* Entre-temps, il reprend, sous une forme plus systématique, les conceptions chères au sensualisme et à l'associationnisme anglais dans les deux volumes *De l'intelligence* (*) (1870) ; il y défend la célèbre thèse sur « la race, le milieu, le moment », qui met en doute la liberté et n'accepte que la responsabilité sociale : thèse qui sera adoptée avec enthousiasme par Zola à partir du roman *Thérèse Raquin* (*). Les *Notes sur l'Angleterre* paraissent en 1872, faisant pressentir ce que sera son œuvre capitale, *Les Origines de la France contemporaine* (*), dont le premier volume (*L'Ancien Régime*) paraît en 1876, le second (*La Révolution*, subdivisé en trois tomes : *L'Anarchie, La Conquête jacobine, Le Gouvernement révolutionnaire*), de 1878 à 1884. La dernière partie de l'ouvrage demeurera inachevée (*Le Régime moderne*, tome I paru en 1891 ; tome II, *L'Empire*, publié en 1893 par Sorel). Après un échec en 1874, Taine avait été élu, le 4 novembre 1878, membre de l'Académie française.

Taine passe toute la fin de sa vie, à partir de 1870, à Paris, et dans sa retraite de Menthon-Saint-Bernard, sur le lac d'Annecy. En philosophie, son continuateur sera Théodule Ribot, tandis qu'en littérature Émile Zola et, en un premier temps, Paul Bourget s'inspireront de ses idées. Dans le domaine de l'histoire, il orientera Fustel de Coulanges, avant la rencontre de celui-ci avec l'œuvre de Vico.

J. CHAIX-RUY.

♦ *« L'élève le plus laborieux, le plus distingué que j'aie connu à l'École. Instruction prodigieuse pour son âge. Ardeur et avidité de connaissances dont je n'ai pas vu d'exemples. Esprit remarquable par la rapidité de conception, la finesse, la subtilité, la force de pensée. Seulement conçoit, juge et formule trop vite. Aime trop les formules et les définitions, auxquelles il sacrifie trop souvent la réalité, sans s'en douter, il est vrai, car il est d'une parfaite sincérité. »* Vacherot (1851). ♦ *« La difficulté pour moi dans une recherche est de trouver un trait caractéristique et dominant duquel tout peut se déduire géométriquement ; en un mot, d'avoir la formule de la chose.* » H. Taine (1853). ♦ « *Son art est de simplifier à la française en grandes masses éclatantes ; son défaut est le tendu, l'anguleux et le cassant. L'excellent est l'objectivité historique, le besoin de voir vrai. Du reste, vaste ouverture d'esprit, liberté de pensée et précision de langage.* » Amiel. ♦ « [Taine opère] *une constante anticipation métaphysique, une usurpation théologique ; sa méthode suppose que l'auteur a saisi le secret de fabriquer le génie, pénétré le sens de la nature et de l'homme, des pays et des peuples et des races, épuisé la création même* [...] *Renan n'avait guère anticipé que sur les attributions du Dieu tout connaissant ; Taine, plus têtu, plus docte, plus enfoncé, plus enfant aussi étant plus professeur, surtout plus entier, usurpe sur la création même, il entreprend sur Dieu créateur.* » Péguy.

RÉF. : P. Bourget, *Essais de psychologie contemporaine*, t. I, Paris, 1883. – V. Giraud, *Essai sur Taine, son œuvre et son influence*, Paris, 1901. – C. Evans, *Taine, essai de biographie intérieure*, Paris, 1975. – J. Th. Nordmann, *Taine*, 1992.

TAKAI RANZAN. Écrivain japonais. Né à Edo (aujourd'hui Tôkyô) en 1762, mort en 1838. Son père était un fonctionnaire de police (Yoriki) du quartier de Shiba. Très attiré par l'étude, Ranzan fut un spécialiste sérieux de l'histoire de son pays, principalement de l'époque de Kamakura (1186-1333), où par la suite il puisa une bonne partie des sujets de ses ouvrages à la valeur historique généralement incontestable. Son activité d'écrivain commença vers 1804. Son style, simple et coulant, fut très apprécié. Ranzan fut un grand admirateur de son contemporain Kyokutei Bakin. Après la mort de Bakin, Ranzan continua son roman *Le Nouveau « Au bord de l'eau »* [*Shinpen Suikoden*, 90 vol.] dont le défunt avait écrit seulement dix volumes et qui parut de 1805 à 1828. Le roman *L'Amour filial* (*) est un autre ouvrage célèbre de Ranzan.

TAKAMI Jun (pseud. de Takama Yoshio). Romancier japonais. Né le 19 février 1907 dans le département de Fukui, mort à Tôkyô le 17 août 1965. Après des études de littérature anglaise à l'université de Tôkyô, il milite au sein d'organisations d'extrême gauche et publie dans des revues liées au mouvement littéraire prolétarien. Contraint, à la suite de son arrestation (1933), de renoncer, au moins officiellement, à son idéologie, il sombre dans un désespoir dont *Ce n'est qu'un au revoir* (*), récit de la déchéance des « communistes reconvertis », portera en 1936 la trace manifeste. Révélé à l'attention du monde littéraire par ce premier roman, Takami persistera à dépeindre le désarroi des intellectuels et les souffrances du petit peuple dans une série d'études de mœurs : *Sous quelle étoile ?* [*Ikanaru hoshi no moto ni*, 1940], *Répulsion* [*Iyana kanji*, 1963], où il se refusera toutefois – *Je ne veux pas me réfugier derrière la description* [*Byôsha no ushiro ni neteirarenai*, 1936] – à céder aux facilités du réalisme.

TAKEBE AYATARI (il est aussi connu sous le pseudonyme de Ryôtai). Écrivain et poète japonais. Né à Hirosaki en 1718, mort à Edo (aujourd'hui Tôkyô) en 1774. Son père, Masakata, conseiller du « daimyô » (seigneur féodal) de Hirosaki, était très versé dans la philosophie chinoise et dans l'art militaire. Lorsqu'il mourut en 1729, la mère d'Ayatari entra au palais du « daimyô » comme dame de compagnie, laissant son fils à peine âgé de dix ans à la charge de son frère aîné. Cependant, en 1738, comme on avait découvert ses relations illicites avec sa cousine, Ayatari dut s'enfuir et se réfugier dans le Tôfukuki, temple bouddhiste de Kyôto. Mais il abandonna bientôt la vie religieuse et partit pour Ôsaka, où il étudia le « haikai » avec Shida Noha (1663-1740). En 1747, après s'être fixé à Edo, il se consacra d'abord à la poésie. Il écrivit un premier ouvrage sur le *haikai* intitulé *Nouveaux Discours faits en voyageant du nord au sud* [*Nanboku shinwa*] et il eut à son tour des élèves. Mais il était difficile de rivaliser avec l'envergure poétique d'un Bashô. Aussi son talent débordant se tourna-t-il vers le récit. Nous mentionnerons, entre autres, l'*Histoire du Nishiyama* (*) qui, en raison de son style, constitue un intéressant document philologique. Ayatari fut aussi un bon peintre.

TAKEDA IZUMO. Dramaturge japonais. Né à Edo (Tôkyô) en 1691, mort à Ôsaka en 1756. Il est l'un des plus célèbres auteurs de « jôruri » (drames pour le théâtre de marionnettes). Les Takeda étaient originaires de la province de Ômi (aujourd'hui préfecture de Shiga) et ils avaient acquis un renom de marionnettistes ; en 1662, ils avaient fondé un théâtre à Ôsaka. Le père d'Izumo, Kiyokazu, connu comme un impresario habile, se vit confier vers 1705 le Takemoto-za, théâtre fondé par Takemoto Gidayû (1651-1714), qui se trouvait alors en difficulté, et il fut aidé dans cette entreprise par le célèbre Chikamatsu Monzaemon. Isumo suivit son père et, à peine âgé de vingt ans, eut la chance d'être formé à l'école de Chikamatsu ; il contribua ensuite grandement à la prospérité du Takemoto-za, dont il devint directeur au début de l'ère Kyôhô (1716-1735). Maître génial de la scène, il débuta dans la carrière d'auteur en 1723 avec le drame *Le Prince Oto, soutien du soleil du matin* [*Oto no miya asahi no yoroi*], que suivirent trente et un autres drames. Les plus connus, écrits en collaboration avec Namiki Senryû (1695-1751), Miyoshi Shôraku, Matsuda Wakichi (Bunkôdô) et son fils Koizumi, sont : *Miroir de la calligraphie transmise par Sugawara* [*Sugawara denjû tenarai kagami*, 1746], *Les Mille Cerisiers de Yoshitsune* [*Yoshitsune senbon-zakura*, 1747], *Le Trésor des fidèles vassaux ou le Modèle des syllabaires* (*) (1748).

Takeda Izumo préféra les sujets historiques aux sujets sociaux ; du point de vue littéraire, son art est inférieur à celui de Chikamatsu,

mais il lui est nettement supérieur dans la technique de la scène. Le canevas de ses drames est toujours très harmonieusement organisé, le développement très serré et d'une efficacité certaine. Ses drames sont encore aujourd'hui représentés dans leur style original et ils sont très appréciés, alors que ceux de Chikamatsu sont désormais seulement lus.

TAKTSIS Còstas. Écrivain grec. Né le 8 octobre 1927 à Thessalonique, mort le 25 août 1988 à Athènes. Après une enfance difficile (il ne connaît pratiquement pas son père, la grand-mère qui l'élève est pauvre), Taktsis abandonne ses études de droit et mène une vie aventureuse et tourmentée. Il sera tour à tour, entre autres, marin en mer du Nord, assistant-régisseur de cinéma à Athènes, employé des chemins de fer à Sidney, travesti aux U.S.A., avant de s'installer pour de bon à Athènes. Il y meurt assassiné à 61 ans, laissant une œuvre brève : deux recueils de poèmes, publiés vers 1955 au début de sa carrière, un recueil d'articles, *Ma grand-mère Athènes* [*Ἡ γιαγιὰ μου ἡ Ἀθῆνα*, 1979], des traductions d'Aristophane, et surtout trois livres majeurs dont chacun éclaire les deux autres. Le premier, son livre de loin le plus connu, est un roman, *Le Troisième Anneau* (*) (1962), qui fait revivre avec une précision saisissante la Grèce petite-bourgeoise de 1910 à 1960. Mais c'est avec son recueil de nouvelles, *La Petite Monnaie* (*) (1973) qu'apparaît la face cachée du *Troisième Anneau* et la dimension essentielle de l'ensemble : l'autobiographie, et plus particulièrement l'aveu de l'homosexualité. L'œuvre de Taktsis est d'abord une longue et périlleuse confession. Dans *La Petite Monnaie*, le narrateur est comme un frère jumeau de l'auteur, mais certaines contradictions voulues d'une nouvelle à l'autre révèlent qu'il s'agit encore de fiction. Suit un long silence de plus de quinze ans, avant le stade ultime, *L'Acte terrible* [*Τό φοβερό βῆμα*, posthume, 1989], présenté cette fois comme une autobiographie en bonne et due forme. Vaste chantier interrompu par la mort de l'auteur, mêlant pages de récit et notes de journal, ce fourre-tout lacunaire et problématique s'avère cependant capital : il ajoute une dimension à la lecture des deux livres antérieurs, en montrant leurs coulisses ; il complète le portrait d'un personnage fascinant, parfois odieux, toujours attachant, et fondamentalement insaisissable. Il se peut même, dans un sens, qu'un tel inachèvement, avec les omissions qu'il entraîne, serve le dessein profond et contradictoire de Taktsis : dire « presque » toute la vérité, préserver des zones d'ombre, une ambiguïté, afin que le jeu des masques et de la mise à nu reste à jamais sans fin. Taktsis avouait d'ailleurs avoir menti çà et là – sans dire où. Mais l'essentiel est qu'à défaut de nous donner le fin mot de l'homme et de l'œuvre cette confession impossible nous fait retrouver (la plupart du temps) la magie de Taktsis écrivain, son brio de conteur, sa verve et sa vitalité, sa virtuosité dans le mélange des tons, cette maîtrise de tous les niveaux de la langue, et cette simplicité savamment gagnée, cet art de changer l'écriture en parole qui l'apparente aux autres grands écrivains grecs – dont par ailleurs il diffère tellement.

MICHEL VOLKOVITCH.

TALEV Dimităr. Romancier bulgare. Né à Prilep (Macédoine) le 14 septembre 1898, mort à Sofia le 20 octobre 1966. Au début des années 20, il poursuit des études à l'université de Sofia et écrit ses premiers récits. Entre 1935 et 1943, il publie plusieurs recueils de récits et son premier roman, *Les Années d'effort* [*Oussilni godini*]. Son grand talent de romancier va se confirmer avec *Le Candélabre de fer* (*) (1952), premier d'une série de cinq romans sur la vie nationale de la Macédoine.

Dans *Le Candélabre de fer*, commence la saga familiale de la lignée des Glaoushev, qui donnera naissance aux futurs combattants pour la liberté nationale. Le personnage de Sultana, âme et pilier de la famille, est un des plus remarquables portraits de femme bulgare. Dans *Les Cloches de Prespa* (*) (1954), Dimităr Talev décrit sa ville natale, Prilep. La deuxième génération des Glaoushev ranime la lumière du candélabre, symbole du sentiment patriarcal, en une flamme patriotique. *La Révolte de la Saint-Élie* (*) (1953) décrit l'insurrection de 1908 pour la libération de la Macédoine du joug turc. Dans le roman, figurent des personnages historiques comme Gotzé Deltchev et Damé Grouev. L'épopée s'achève par le roman *J'entends vos voix* [*Glassovété vi tchouvam*], qui se situe au début du siècle. Dimităr Talev est aussi l'auteur d'un roman inspiré par l'histoire du premier royaume bulgare, *Samuel* [*Samouil*], et de trois nouvelles.

ANTONIA PÉEVA.

TALLEMANT DES RÉAUX Gédéon. Mémorialiste français. Né à La Rochelle le 2 octobre 1619, mort à Paris le 10 novembre 1692. Issu d'une famille de richissimes banquiers protestants, il reçoit à Bordeaux une éducation de robin (latin, grec, histoire ancienne) en même temps qu'une éducation de type aristocratique (arts du corps, romans, littératures et langues européennes). Installé à Paris, il y devient vite un poète très répandu dans les salons de la haute finance protestante (Mme d'Harambure, Tallemant l'intendant, Puget de Montauron) ; il y rime de petites pièces de circonstance, le plus souvent pour une dame. En 1638, il part en Italie accomplir le traditionnel voyage d'humanités avec le futur cardinal de Retz ; il se lie d'amitié à Rome avec le libertin Claude Quillet et avec Voiture. Celui-ci l'introduit à l'Hôtel de

Rambouillet où il commence à recueillir des anecdotes, des chansons et des textes satiriques : de ces matériaux il tirera ses *Historiettes,* terminées vers 1659 mais qu'il retouchera pendant plus de vingt ans. Il restera jusqu'à la fin un ami fidèle de la marquise, qui lui fournira de nombreuses informations (sur Henri IV et son entourage) et l'encouragera fort dans son entreprise : il était en effet célèbre pour ses dons de conteur. Il fréquenta tous les cercles importants de son siècle, de la maison de Conrart à la ruelle de Ninon en passant par les Samedis de Sapho, le salon de Mme de La Sablière et les divers milieux épicuriens (autour de Lhuillier et Chapelle, de Mme Deshoulières, des ducs de Vivonne et de Nevers). Certains de ses écrits laissent penser, même s'il ne l'afficha jamais, qu'il était libertin, ce que confirment ses fréquentations : il se convertit d'ailleurs, sans éclat mais sans difficulté, au catholicisme, peu avant la révocation de l'Édit de Nantes. Après 1661, sa vie fut assombrie par la faillite de la banque Tallemant et de graves revers financiers ; sa femme demanda la séparation et sa famille fut déchirée par les questions religieuses. Son œuvre, « destinée à ses plus particuliers amis », resta totalement inédite jusqu'en 1834 où Monmerqué la donna au public, dans une version expurgée qui fit cependant scandale. On mit même en doute l'authenticité de ces *Historiettes* car leur réalisme satirique correspondait peu à l'idée que l'époque se faisait du Grand Siècle : pourtant le travail de Tallemant rend compte à la perfection de la circulation de l'information ainsi que de la conversation mondaine de l'époque. Littérature semi-clandestine destinée à des groupes restreints, ces historiettes décrivent avec férocité et exactitude, souvent vus par le petit côté, les milieux parisiens influents sous les règnes de Louis XIII et de Louis XIV. Par sa position sociale très particulière – richissime mais huguenot, fils de partisan mais honnête homme accompli, d'une grande culture sans être un pédant – Tallemant traverse tous les milieux sans s'inféoder à aucun, gardant toujours un grand recul, et recueillant partout un maximum d'informations dont la véracité est sans défaut. Sa fortune lui permet de rester un amateur, échappant à l'obligation d'une carrière comme à celle du clientélisme : il demeure ainsi totalement indépendant des goûts du public comme du contrôle des instances académiques ou de la censure d'un mécène. En revanche, l'absence de reconnaissance publique et officielle explique que son œuvre soit encore aujourd'hui relativement sous-estimée et qu'on la considère plutôt comme une source d'informations anecdotiques sur le siècle que comme une véritable œuvre littéraire. Pourtant Tallemant possède un art maîtrisé du discours presque oral avec toute sa vivacité, un sens de la scène dialoguée, une technique sûre du portrait en quelques lignes, une science parfaite du détail signifiant, et le jugement pertinent d'un observateur détaché. Ses contemporains voyaient en lui un homme qui « avait la mémoire admirable, écrivait bien en prose et en vers, et avec une merveilleuse facilité » et qui « parlait en bons termes et facilement, et aussi bien qu'homme de France » (Maucroix). Il a d'ailleurs constitué avec Maucroix, Patru et le traducteur Perrot d'Ablancourt un groupe très influent en matière de langue dont on retrouve l'empreinte dans le dictionnaire de Richelet. Personnage d'une grande discrétion, totalement effacé derrière son œuvre, Tallemant a pâti de son absence d'insertion dans un genre reconnu, ce qui le fait considérer souvent comme un auteur mineur. Cependant, narrateur, piquant comme Mme de Sévigné, moraliste sceptique comme La Rochefoucauld, critique averti comme Saint-Évremond, il possède à la perfection l'art de bien dire et le « naturel » qui caractérisent par excellence l'écrivain mondain, le galant homme de son siècle. Il préparait des *Mémoires de la Régence* qu'il ne put mener à bien, et une tragédie restée à l'état de brouillon, *Œdipe*. Sainte-Beuve estime que « ce qu'il raconte est fort à prendre en considération, parce qu'il est naturel et judicieux, véridique et fin, sans aucune fatuité, sans aucune prétention [...] Il parle une langue excellente, d'une grande propriété d'acception, pleine d'idiotismes, familière, parisienne et qui sent son fruit ».

VINCENETTE MAIGNE.

RÉF. : Vincenette Maigne, *Tallemant des Réaux : le cabinet d'un amateur,* Paris, Klincksieck 1992.

TALLEYRAND-PÉRIGORD Charles Maurice de. Homme d'État et mémorialiste français. Né à Paris le 13 février 1754, mort dans cette même ville le 17 mai 1838. Fils de Charles Daniel de Talleyrand-Périgord et d'Elisabeth de Damas d'Antigny, Charles Maurice appartenait à une famille ancienne et renommée. Un malencontreux accident d'enfance l'ayant rendu boiteux, il fut très tôt destiné à l'état ecclésiastique. Il étudia donc à Paris au collège d'Harcourt, puis à Saint-Sulpice, enfin à la Sorbonne ; un oncle, coadjuteur de l'archevêque de Reims, devait faire sa fortune. Abbé du riche monastère de Saint-Denis de Reims dès 1775, ordonné prêtre en 1779, Talleyrand mena à Paris une existence fort dissipée d'abbé de cour, au long des années qui précédèrent immédiatement la Révolution. Lorsque celle-ci survint, Talleyrand venait d'être nommé évêque d'Autun ; il ne résida dans son diocèse que pour y préparer son élection de député du clergé aux états généraux et fut l'un des premiers de son ordre à rallier le tiers. Le 14 juillet 1790, lors de la fête de la Fédération qui devait marquer la grande réconciliation nationale, l'évêque d'Autun, en présence d'une foule de trois cent mille personnes, officiait pontificalement au Champ-de-Mars. Talleyrand fut l'un des sept évêques à prêter serment à la Constitution

civile du clergé et le premier à consacrer les nouveaux évêques élus et assermentés, ce qui lui valut d'être excommunié par le pape. En 1792, envoyé à Londres, Talleyrand tenta d'obtenir de Pitt sinon une alliance, du moins la bienveillante neutralité de l'Angleterre et un emprunt. Mais en 1794, devenu indésirable pour la cour de St. James, Talleyrand dut s'éloigner. Il ne pouvait regagner la France où, à la suite de la découverte dans l'armoire de fer des Tuileries d'une correspondance compromettante avec Louis XVI, il avait été décrété d'accusation ; il gagna l'Amérique en mars 1794. Pendant son exil qui dura deux ans, Talleyrand fit des affaires, agiota et composa un *Mémoire sur les relations commerciales des États-Unis avec l'Angleterre.* Grâce à l'intervention de Mme de Staël et de M. J. Chénier, la Convention l'autorisa à rentrer en France. Arrivé à Paris en septembre 1796, il siégea à l'Institut qui l'avait élu en son absence et surtout prépara sa nouvelle carrière. Nommé ministre des Relations extérieures en 1797, il démissionna à la suite de ses difficultés perpétuelles avec le Directoire (1799). Son éloignement du pouvoir ne dura que quelques mois : Bonaparte, auprès de qui il s'était très tôt rendu indispensable, lui rendit son portefeuille de ministre, qu'il conserva huit ans (1799-1807). C'est à ce titre que Talleyrand négocia les traités de Lunéville, d'Amiens, de Presbourg et de Tilsit. Comblé par l'empereur, il fut nommé grand chambellan (dès 1804), grand cordon de la Légion d'honneur (1805), prince-duc de Bénévent (1806), et, lorsque Napoléon crut bon de le remplacer au ministère (1807), il ne manqua pas de le nommer aussitôt à une des plus hautes charges de sa Cour, celle de vice-grand-électeur qui valait à son titulaire le titre et le rang d'Altesse Sérénissime. Après Eylau (1807), Talleyrand commença à prévoir la chute de l'Empire ; à Erfurt (1808) il noua d'étroites relations personnelles avec le tsar Alexandre Ier, puis se rapprocha de Fouché. En 1814, Talleyrand reparaît au premier rang, il rallie Alexandre Ier à la cause des Bourbons ; en 1815, il est président du Conseil et ministre des Affaires étrangères et joue le rôle que l'on sait au Congrès de Vienne. Éloigné du pouvoir par la faveur croissante des ultra-royalistes à qui il était, à bon droit, suspect, il resurgit en 1830 et joue un rôle dans la Révolution. Louis-Philippe, aussitôt après son avènement, le nomma ambassadeur et ministre plénipotentiaire à Londres. En 1834, il signe la Quadruple Alliance. Après quoi, comblé d'honneurs et entouré par une petite cour, il se retire des affaires. Il lui en restait une à mener à bien avant de mourir, celle de sa réconciliation avec Rome. En 1836, il rédige un *Manifeste* où il explique et justifie sa conduite passée. L'instrument de cette réparation fut l'abbé Dupanloup qui a laissé un récit de ses relations avec M. de Talleyrand. C'est réconcilié avec le pape, quelques heures après avoir reçu la visite du roi des Français, que le 17 mai 1838 à 3 h 30 de l'après-midi expira dans son hôtel de la rue Saint-Florentin le prince de Talleyrand-Périgord. Il laissait des *Mémoires* (*) qui, rédigés à partir de 1811, ne furent publiés, conformément à ses dispositions testamentaires, qu'en 1891-1892. Ses *Lettres à la duchesse de Courlande* ont été publiées en 1891.

JACQUES BROSSE.

RÉF. : Ch. M. de Villemaret, *Monsieur de Talleyrand*, Paris, 1834-1835. — L. G. Michaud, *Histoire politique et privée de M. de Talleyrand*, Paris, 1853. — Duchesse de Dino, *Souvenirs*, Paris, 1908 ; *Chronique*, Paris, 1919. — B. de Lacombe, *Vie privée de M. de Talleyrand*, Paris, 1910. — G. Lacour-Gayet, *Talleyrand*, Paris, 1928-1930. — Comte de Saint-Aulaire, *Talleyrand*, Paris, 1936. — Duff Cooper, *Talleyrand*, trad., Paris, 1937. — J. Vivent, *La Vie privée de Talleyrand*, Paris, 1940. — A. Fabre-Luce, *Talleyrand*, Paris, 1969. — J. Orieux, *Talleyrand ou le Sphinx incompris*, Paris, 1970. — F. Blei, *Talleyrand, homme d'État*, Paris, 1980. — A. Castelot, *Talleyrand ou le Cynisme*, Paris, 1980. — L. Madelin, *Talleyrand*, Paris, 1983.

TALLIS Thomas. Compositeur anglais. Né vers 1505, mort le 23 novembre 1585 à Greenwich. Ayant vécu sous la dynastie des Tudors, il fut témoin des bouleversements qui devaient aboutir à la fondation de l'Église anglicane. Les réformes de la liturgie, substituant l'anglais au latin, nécessitèrent l'élaboration d'un style musical nouveau, d'une plus grande sobriété d'écriture. Tallis y participa largement, sans toutefois rompre totalement avec la grande tradition de la musique sacrée. Il était organiste à l'abbaye de Waltham lorsque celle-ci fut dissoute en 1540. Il devint alors chantre à la cathédrale de Cantorbéry, puis gentilhomme et principal organiste et compositeur de la Chapelle royale. Il obtint en 1575, pour lui et son disciple Byrd, une licence d'imprimer qui leur conférait le monopole de l'édition musicale en Angleterre. Ils publièrent ensemble une importante collection de motets et d'hymnes dédiés à la reine Élisabeth Ire : les *Cantiones sacrae* (+). L'œuvre de Tallis comporte, sur texte latin : deux Messes, deux Magnificat, un recueil de motets dont le célèbre « Spem in alium » à quarante voix, écrit à l'occasion du quarantième anniversaire de la reine Élisabeth, et *Les Lamentations de Jérémie le prophète* (*) ; sur texte anglais : vingt-neuf services et dix-huit anthems (à noter que ses anthems peuvent être considérés comme les équivalents des motets, qui gardent leur place dans la liturgie anglicane). Tallis a également composé de la musique instrumentale, particulièrement des pièces pour orgue (compositions liturgiques traditionnelles) et pour virginal (dont le *Felix namque* aux variations élaborées, de facture très moderne pour l'époque), et quelques pièces de musique vocale profane.

DOMINIQUE JACCOTTET.

TAMÀSI Aron. Écrivain hongrois. Né le 20 septembre 1897 à Farkaslaka (aujourd'hui en Roumanie), mort en 1966 à Budapest. Après des études de droit, il passe trois ans aux États-Unis puis s'établit à Cluj où il publie son premier recueil de nouvelles *Le Départ d'une âme* [*Lélekindulás,* 1925]. Il doit sa renommée surtout à trois romans ayant pour héros le même personnage : *Abel dans la forêt* (*) (1932), *Abel au pays* (*) (1933) et *Abel en Amérique* (*) (1934). Abel est un jeune Transylvanien qui triomphe de tous les obstacles que dresse devant lui une vie difficile. Tamàsi est un romantique d'inspiration vaguement panthéiste – comparable à celle de Giono – attiré par le mythe et l'irrationnel. En 1944, il s'établit à Budapest où il publie des œuvres réalistes : *Berceau et chouette* [*Bölcsö és bagoly,* 1953], *Le Miroir du pays* [*Hazai tükör,* 1953], *Des milans dans l'église* (*). Tamàsi est également l'auteur de plusieurs pièces de théâtre. Il est caractérisé par son style baroque et d'une grande richesse d'inspiration populaire.

TAMAYO Y BAUS Manuel. Écrivain espagnol. Né et mort à Madrid (15 septembre 1829-20 juin 1898). Fils d'acteurs – José Tamayo et Joaquina Baus –, il vécut dès l'enfance dans les milieux de théâtre. En 1841, ses parents jouèrent à Grenade une *Geneviève de Brabant* qui était une adaptation de la pièce française d'Anicet-Bourgeois, faite par Manuel Tamayo, alors enfant. En 1847, à Madrid, on représenta sous le titre de *Jeanne d'Arc* (+) une nouvelle adaptation du jeune Tamayo ; cette fois, il s'agissait de *La Pucelle d'Orléans* (*) de Schiller. Deux ans plus tard, Manuel Tamayo épousa Emilia Máiquez, nièce du grand tragédien Isidoro Máiquez. Il poursuivit son activité théâtrale par l'adaptation d'œuvres étrangères en collaboration avec d'autres auteurs – Canete, Fernández Guerra – et son frère Victorino. En 1853, il obtint un grand succès avec *Virginie*, tragédie classique qui fut suivie de son drame historique *Folie d'amour* [*Locura de amor*, 1855]. Il fut reçu, en 1858, à l'Académie royale d'Espagne avec un discours sur *La Vérité comme source de beauté* [*De la Verdad como fuente de belleza en la literatura*], dans lequel il exposa ses idées sur un théâtre réaliste semblable à celui qu'à la même époque pratiquait Abelardo López de Ayala. Il devint ensuite secrétaire de l'Académie d'Espagne, directeur de la Bibliothèque nationale (1884) et chef du corps des archivistes. Son œuvre la plus importante et la plus réussie est *Un drame nouveau* (*) (1867), création inattendue, tant par le sujet que par l'audacieuse technique utilisée. La dernière pièce écrite par Tamayo, *Les Hommes de bien* [*Los hombres de bien,* 1870], fut accueillie défavorablement et décida son auteur à abandonner définitivement le théâtre.

RÉF. : Tannemberg, *Un dramaturge espagnol, M. Tamayo y Baus*, Paris, 1898. – A. Pidal y Mon, *Discurso en elogio de Tamayo*, Madrid, 1899. – N. Sicars y Salvadó, *Don Manuel Tamayo y Baus*, Barcelone, 1906.

TĀMIR Zakariyyā. Nouvelliste syrien. Né à Damas en 1927. Issu d'un milieu modeste, il termine ses études primaires avant de devenir forgeron, puis serrurier. Il poursuit ensuite sa formation en autodidacte, entre au ministère de la Culture en 1959, fonde l'Union des écrivains syriens, puis dirige des revues littéraires ou culturelles. Il publie ses premières nouvelles, *Le Hennissement du cheval blanc* [*Ṣahīl al-jawād al-abyaḍ*] en 1960, suivies par *Printemps de cendre* [*Rabī' fī ramād*, 1963], *Le Tonnerre* [*al-Ra'd*, 1970], *Damas aux incendies* (*), *Le Dixième Jour des tigres* [*al-Numūr fī l-yawm al-'āshir*, 1978] et édite des contes pour enfants. Tāmir n'en finit pas d'étonner par une œuvre de sensibilité surréaliste où prédomine une écriture symbolique. Dissolvant toute une société dans l'acide d'un humour noir, contestataire et anarchiste, son œuvre apparaît inclassable, relevant tantôt de l'innocente littérature enfantine, tantôt des pires brûlots de la littérature engagée. Elle suffit en tout cas à le désigner comme l'un des témoins capitaux de la déréliction de l'individu arabe aux prises avec la modernité récalcitrante du XXe siècle.

BERNARD MOUSSALI.

TAMMSAARE Anton (pseud. de Anton Hansen). Romancier estonien. Né à Albu le 30 janvier 1878, mort à Tallinn le 1er mars 1940. Il est le plus grand romancier estonien et sa renommée a franchi les frontières de sa patrie. Son chemin fut âpre, car, fils de pauvres paysans, il dut lutter contre les pires difficultés. Il commença ses études de droit à Tartu, mais fut contraint de les interrompre lorsque se déclarèrent les premiers symptômes de la tuberculose provoquée par une vie de privation. Pendant un an, il suivit une cure dans le Caucase et, à son retour dans son pays, s'adonna au journalisme et à la littérature. Ses premières œuvres, dont la plus connue est *Le Maître de Korboj* [*Körboja peremees,* 1922], se déroulent dans l'atmosphère rustique qui le vit grandir. Mais bientôt Tammsaare se tourna vers la vie des étudiants ; fort heureusement, il se rendit compte qu'il faisait fausse route, et ce n'est que lorsqu'il retrouva son réalisme primordial qu'il put écrire son grand roman *Vérité et Justice* (*) (1926-1933), chef-d'œuvre qui lui valut une gloire méritée. Sceptique de nature, curieux des destins humains, Tammsaare mérite une place privilégiée parmi les penseurs du monde entier. Sa dernière œuvre, *Le Nouveau Vanapagan de Pyrgupykh* [*Pörgupöhja uus Vanapagan,* 1939], est une critique des fondements de la culture et de la société européennes.

TAN DÀ (pseud. de Nguyên Khac Hiêu). Écrivain vietnamien. Né le 8 mai 1888 à Khê Thuong (Son Tây), mort le 7 juin 1939 à Hanoi. De famille mandarinale, vivant à une époque charnière de l'histoire du pays, il a bénéficié de la culture traditionnelle, des idées occidentales alors véhiculées par des traductions chinoises, et de l'influence de sa mère poétesse et chanteuse. Déçu dans ses ambitions (échecs aux concours triennaux supprimés en 1918) et dans son amour, il se réfugie dans la littérature en en faisant son gagne-pain. Tout en dirigeant plusieurs revues – *La Voix de l'ami* [*Huu thanh*], *La Revue de l'Annam* [*Annam tâp chi*] –, il fonde la librairie de Tan Dà [*Tan Dà Thu diem*]. Il publie plusieurs romans et recueils de vers : *Le Petit Amour I et II* [*Khôi tinh con*], *Le Dieu Argent* [*Thân Tiên*], *Le Petit Rêve* (*), *Le Grand Rêve* [*Giâc mông lon*], *Le Serment des eaux et des monts* [*Thê non nuoc*], qui lui valent un renom mérité. Il écrit aussi des pièces de théâtre : *Tây Thi, La sirène* [*Nguòi ca*], *Paradis* [*Thiên thai*]. Constamment aux prises avec les difficultés de la vie, il tente d'oublier les soucis dans l'alcool et le rêve, et transforme son amertume en douce extravagance. Plusieurs de ses traductions et écrits reflètent son attachement à la culture traditionnelle – *Commentaires des classiques, Les Histoires fantastiques de Lieu trai* [*Lieu trai chi di*], *Commentaire du Kiêu*, traduction de poèmes Tang. Par son lyrisme naturaliste, par son réalisme satirique, il représente la continuité tout en amorçant les changements importants dans la pensée vietnamienne au XXe siècle.

THANH-TÂM LANGLET.

T'ANG SIEN-TSOU [Tang Xianzu] (surnommé Hai-jouo, Jouo-che ou Ts'ing-yuan Taojen). Écrivain chinois. Né à Lin-Tch'ouan (Tsiang-sou) en 1550, mort en 1616. Il entra dans l'Administration en 1583 et y occupa diverses fonctions, sans cependant parvenir à y faire une brillante carrière. En 1591, il soumit à l'empereur un mémoire dans lequel il accusait les hauts dignitaires d'usurpation de pouvoir ; l'empereur s'en montra si mécontent que T'ang, mis en disgrâce, fut ramené au rang le plus bas de la hiérarchie officielle. En 1598, il quitta la vie publique. Comme auteur dramatique, il est surtout connu pour son drame *Le Pavillon aux pivoines* (*), qui constitue avec d'autres pièces *Les Quatre Rêves du Yu-ming-t'ang. Le Pavillon aux pivoines* raconte l'une des plus célèbres histoires d'amour chinoises, après celle du *Pavillon de l'Ouest* (*) de Wang Che-fou (XIIIe siècle). T'ang Sien-tsou fut aussi un poète prolifique, dont les deux recueils rassemblent plus de deux mille titres, la majorité en poésie régulière « che ».

RÉF. : J. H. Hung, *Ming Drama*, Taipei, 1966.

TANIZAKI Jun-ichirô. Romancier japonais. Né à Tôkyô le 24 juillet 1886, mort le 30 juillet 1965. Peu d'écrivains ont, autant que Tanizaki, déconcerté la critique tout au long de leur carrière. Il n'est que de relever quelques-unes des épithètes que l'on a successivement accolées à son nom : on l'a dit diabolique, charlatan, pervers sexuel, masochiste, esthète décadent, entre autres gentillesses... Après sa mort, l'on a fini par s'accorder sur l'étiquette de « classique », qui est peut-être la seule qui lui convienne en fin de compte, celle qu'il conservera dans l'histoire littéraire de son pays, lorsque sera enfin décantée la lie des provocations qu'il multiplia, sciemment il faut bien l'avouer, jusque dans ses derniers jours, et qui choquèrent tant ses contemporains.

Né à Tôkyô, il vécut une enfance insouciante de fils de famille bourgeoise, avant d'entamer de brillantes études qui le mèneront en 1908 à la prestigieuse université impériale (aujourd'hui université de Tôkyô), études qu'il devra interrompre en septembre 1910, à la suite de la ruine de son père. Mais déjà la même année il fit une entrée fracassante dans le monde des lettres en publiant, dans une revue qu'il vient de fonder avec quelques condisciples, une nouvelle qui parut scandaleuse, *Le Tatouage* (*) : un maître tatoueur grave sur le dos d'une belle courtisane l'image d'une monstrueuse araignée dont l'esprit s'empare de la belle, tant et si bien que l'artiste finira par tomber dans ses rets. Le style nerveux, la concision, le cynisme cruel de ce conte où le fantastique n'est qu'un symbole, étaient aussi éloignés du néo-romantisme larmoyant que du naturalisme verbeux qui se partageaient les faveurs du public japonais au cours de la première décennie de ce siècle.

Ces débuts furent salués, paradoxalement, aussi bien par Nagai Kafū, le chef de file des naturalistes, que par l'illustre médecin-romancier Mori Ōgai, qui les pourfendait en qualifiant leur mouvement d'« impudentisme ». Ce coup d'essai fut bientôt suivi par une série d'autres nouvelles, réunies en 1913 sous le titre significatif de l'une d'elles : *Le Diable* [*Akuma*]. Quelques années encore s'écoulent, pendant lesquelles notre homme se fait la main en publiant des nouvelles toujours, et quelques pièces de théâtre aussi. Les unes ou les autres subiront les foudres de la censure, qui les juge « immorales ». Mais que ne ferait-on pour défrayer la chronique ? La critique, elle, s'interroge : est-il sincère, ou ne fait-il que jouer les dandies pour avoir trop lu Beaudelaire ? Une brève nouvelle lève un coin du voile : c'est *La Tristesse de l'hérétique* [*Itansha wo Kanashimi,* 1917], dont le héros est un jeune écrivain qui ressemble à l'auteur comme un frère. Mais peut-être n'est-ce de nouveau qu'un de ces masques dont excelle à s'affubler ce jongleur qui change de peau comme un acteur...

Et voilà qu'au beau milieu de son bric-à-brac démoniaque de dépravés, de sorciers, de sirènes, on découvre une œuvre singulière, qui laisse entrevoir un Tanizaki inattendu, imprévisible, improbable : c'est *Le Souvenir de ma mère* [*Haha wo Kohuruki*, 1919], récit poignant d'un rêve dans lequel lui apparut l'ombre fugace de sa mère morte. Mais la passion du théâtre, et bientôt du cinéma encore balbutiant, va l'emporter ; cela commence par la traduction de *L'Éventail de Lady Windermere* (*), d'Oscar Wilde (1919) ; drames, comédies, scénarios se suivent à un rythme accéléré (trois pièces pour la seule année 1922). Les sujets sont empruntés aussi bien à la vie contemporaine qu'aux thèmes classiques, dont certains le poursuivent jusqu'à l'obsession, celui de la perfidie féminine en particulier : c'est ainsi qu'il porte à l'écran (1921) *L'Impure Passion d'un serpent* (l'un des *Contes de pluie et de lune* (*) d'Uéda Akinari), cependant qu'une de ses meilleures pièces, *O. Kuni et Gohei* (1922), tourne en dérision le poncif héroïque par excellence du Japon féodal, à savoir la vendetta d'honneur, en le réduisant à une banale histoire de mari trompé et d'amant bafoué par une femme qui n'est pas même un monstre.

Tanizaki n'avait jusque-là guère quitté Tôkyô que pour de brefs séjours dans le Kansai (la région de Kyôto-Ôsaka) et un court voyage en Chine en 1918. En 1921, il s'était installé à Yokohama, où la fréquentation du milieu, pour lui fascinant, des résidents étrangers lui fit découvrir la femme occidentale, expérience dont on retrouvera l'écho dans la plupart de ses romans postérieurs. Le tremblement de terre et la destruction de Yokohama en 1923 marquent un tournant décisif dans sa vie, et son œuvre va s'en trouver profondément modifiée. Il s'installe en effet définitivement dans le Kansai qu'il ne quittera plus guère que pendant les derniers mois de la guerre, pour se réfugier à la campagne.

Son premier long roman, *L'Amour d'un idiot* (*), qui paraît en 1924, synthétise, en même temps qu'il la clôt, sa première période ; ce récit qui, par son sujet, fait penser à *La Femme et le Pantin* (*) de Pierre Louÿs, réalise contre lui l'unanimité de la critique, de l'extrême droite aux « prolétariens » : personne alors ne s'avise de la signification réelle de cette histoire, scandaleuse il est vrai dans l'optique du temps, qui montre une femme dévergondée (une serveuse de bar, japonais certes, mais qui ressemble à Mary Pickford), dominatrice, voire exhibitionniste, en face d'un homme veule, soumis à tous ses caprices, non pas même par amour, mais par une sorte d'envoûtement purement physique, qu'il cultive précieusement ; il faut bien convenir que l'extravagante scène d'amour dans la mousse de savon du bain constituait à elle seule une véritable provocation ! Pour la première fois apparaît dans la critique le terme de « masochisme » qui va rester accroché comme un grelot aux basques de Tanizaki, jusqu'à la fin de ses jours ; le roman étant par surcroît écrit à la première personne, la tentation était forte de l'appliquer à l'auteur lui-même.

Tanizaki, selon son habitude, ne fera rien pour dissiper l'équivoque. Il récidivera même, et les deux romans publiés en 1928, *Svastika* [*Manji*] et *Le Goût des orties* [*Tade kuu mushi*], confirmeront cette impression au point de masquer pour un temps le changement radical intervenu dans la manière du romancier à la suite d'une découverte essentielle qu'il venait de faire au contact du Kansai, à savoir que dans la région de l'ancienne capitale la vieille civilisation avait survécu, et que les femmes de Kyôto et d'Ôsaka en étaient les dépositaires. Là est la source du classicisme qui de plus en plus imprégnera ses œuvres de maturité et de vieillesse.

Svastika, en particulier, sera une révélation. Un écrivain né et formé dans le Tôkyô moderne découvre et renouvelle sous une forme littéraire la langue des femmes d'Ôsaka, cette langue que parlaient les héroïnes du célèbre dramaturge Chikamatsu, et que parlent encore ces bourgeoises, ces boutiquières, héritières de dix générations de ferventes spectatrices du théâtre de marionnettes, théâtre qui leur est si familier qu'elles truffent, sans y penser, leurs discours d'expressions empruntées aux chanteurs de *jôruri*.

Tade kuu mushi, dont le titre est un proverbe signifiant : « Tous les goûts sont dans la nature » – devenu *Le Goût des orties* (*) dans la version française, par une malencontreuse retraduction de l'américain –, montre un homme, qui est une fois encore le narrateur, partagé entre trois femmes, où plutôt trois types de femmes, que l'on trouve ici pour la première fois réunis dans un même récit : l'Eurasienne que préfigurait déjà Naomi, sosie d'une actrice américaine, dans *L'Amour d'un idiot* ; la petite-bourgeoise, terne et sans mystère, mais qui a su s'adapter à son temps et qui se trouve parfaitement à son aise dans le Japon moderne ; la beauté classique enfin, faite pour vivre dans l'ombre des maisons obscures, discrète et effacée en apparence, mais la plus redoutable de toutes. Cette dernière, le héros du roman la découvre peu à peu, comme l'auteur l'a fait sans doute lui-même, en s'initiant au théâtre de marionnettes.

Un roman historique et une série d'essais publiés d'abord sous forme d'articles traduisent la fascination qu'exerce cette révélation sur le romancier. *Le Récit d'un aveugle* (*) (1931) pourrait bien être le chef-d'œuvre de Tanizaki. Écrit entièrement dans une langue étrange qui se veut une restitution du langage des femmes du Kansai à la fin du XVIe siècle, c'est un récit, fait à la première personne, par un masseur aveugle attaché autrefois à la personne d'une sœur d'Oda Nobunaga, celui-là même qui fut l'interlocuteur des jésuites espagnols. La vie de cette dame, qui finit ses jours dans un donjon en flammes, avait été passablement tumultueuse, ses mariages successifs avec des ennemis provisoirement réconciliés de son frère ressemblant davantage à des prises d'otage qu'à des romans d'amour. Dans cette histoire de sang et de fureur, c'est l'aveugle qui, curieusement, introduit la note érotique, lui qui ne connaît cette femme dangereuse et ses filles, toutes jeunes encore, que par la voix et le toucher. C'est à des femmes comme celles-là, certainement, que pensait Tanizaki quand dans l'*Éloge de l'ombre* (*) (1933) il évoque les ténèbres qui « devaient parfois se dégager de leur corps même, de leur bouche aux dents peintes, de la pointe de leur noire chevelure, comme autant de fils d'araignée, de ces fils que crachait la maléfique Araignée-de-Terre ».

Dans l'*Éloge de l'ombre*, le romancier passe en revue, sur un ton plaisant et avec une apparente désinvolture, les multiples problèmes que pose aux Japonais l'adoption des sciences et des techniques occidentales. Loin de les récuser, il en accepte les conséquences, tout en regrettant cependant que l'Asie n'ait pas su inventer un développement qui lui fût propre, mieux adapté à son mode de vie et surtout à son esthétique. Ce sont, en effet, les dangers que la modernisation fait courir à l'esthétique classique qui l'inquiètent le plus : de ces périls, la brutale lumière électrique qui traque la moindre parcelle d'ombre jusque dans les derniers recoins est le plus évident, et de ce fait même prend une valeur symbolique. Jamais peut-être rien de plus fort ni de plus vrai n'a-t-il été écrit sur la conception du beau dans la tradition japonaise. Mais là n'est pas le seul intérêt de l'*Éloge de l'ombre* : ce petit livre est aussi une déclaration de principes, un « art poétique » qui éclaire l'œuvre tout entière de Tanizaki. Il montre que la critique tombe à faux, qui lui reproche de professer, sous des dehors excentriques, une morale des plus conventionnelle ; car ce n'est en aucun cas la « condition féminine » qui l'intéresse : la femme est pour lui la plus parfaite expression, le révélateur en quelque sorte, de la société et des mœurs, mieux encore, elle est la vivante incarnation de son esthétique. Qu'on relise ses romans à la lumière de cette observation, et l'on verra que ses personnages féminins représentent toute la gamme des attitudes japonaises face aux bouleversements de ce siècle. De cela, deux entreprises, capitales dans l'œuvre de Tanizaki, et qui occuperont dix années de sa vie, donnent la mesure et la clé. Il va mener de front, en effet, la transposition en langue moderne du *Dit du Genji* (*), ce roman d'une dame de la Cour de l'an mille, qui passe pour contenir les meilleurs portraits de femmes de toute la littérature japonaise, et aussi l'élaboration de son plus long roman, *Sasame yuki*, « Neige légère » — traduit en français sous le titre de *Quatre sœurs* (*) —, que d'aucuns ont qualifié de « *Genji* du XXe siècle ». Pour qui sait lire, il apparaît que si les modes de vie diffèrent du tout au tout, les modernes bourgeoises d'Ôsaka sont bien de la même race que les dames de Heian, et que leurs partenaires mâles, sous leur défroque d'hommes d'affaires à l'américaine, sont tout aussi faibles et désarmés devant leurs artifices que les princes ou ministres d'autrefois.

La publication de ce récit, en feuilleton, au début de la guerre, avait été interrompue « sur les conseils » de la censure militaire, laquelle flairait, non sans quelque raison, une manière de provocation dans cette histoire dont les personnages affichaient une parfaite indifférence à la « mobilisation des esprits » et aux mythes de l'heure, où les événements contemporains n'étaient mentionnés que pour servir de repères chronologiques. Durant l'espace de quatre ans (et de quelles années : de 1937 à 1941 !), les sœurs Morioka ne songent, en effet, qu'à trouver un parti pour la blanche Yuki (« Neige »), une beauté classique sortie tout droit des « dits » du temps jadis ; après bien des refus, elle finit par agréer les hommages d'un aristocrate de vieille souche qui habite Kyôto, mais qui est en même temps un artiste ouvert aux innovations par un long séjour à Paris. Sans doute faut-il comprendre par là que, pour apprécier à sa juste valeur la vieille esthétique, il convient, de nos jours, d'être à la fois enraciné dans la culture nationale et rompu aux techniques étrangères, sous peine de tomber dans les travers de ces Occidentaux prétentieux et jobards qui s'en vont à la recherche des prétendus « mystères de l'Orient ».

Tanizaki va mettre à profit ses loisirs forcés pour parachever son œuvre majeure, qui paraîtra sous la forme définitive en trois volumes, de 1946 à 1948. En même temps, il révise et polit sa version du *Genji*, qui dès sa nouvelle édition, parue en 1951, deviendra le best-seller de l'année : grâce au romancier, des centaines de milliers de Japonais vont découvrir enfin le vieux roman que sa langue leur avait rendu inaccessible. Mais déjà le journal *Mainichi* commence la publication en feuilleton (achevée en mars 1950) d'un nouveau chef-d'œuvre, le plus accompli sans doute, avec le *Récit d'un aveugle*. C'est un roman « historique » encore, *La Mère du capitaine palatin Shigemoto* (*), dont le sujet est emprunté à la littérature anecdotique du Moyen Âge ; l'histoire est ancienne certes, mais le thème est éternel : un jeune et brillant ministre du IXe siècle, Fujiwara no Tokihira, enlève sa jeune femme à un vieux conseiller, son propre oncle, et cela sous les yeux et avec la complicité de Heichû, un précédent amant de la belle. Sur cette trame, on ne peut plus triviale, Tanizaki se livre à ces exercices de haute virtuosité dont il a puisé le secret dans une longue familiarité avec le *Genji* ; mais, l'âge venant, l'on sent que toute la sympathie de l'auteur va désormais au vieil homme bafoué. Le roman s'achève sur une note désabusée : après la mort du ministre et de Heichû, Shigemoto, le fils du conseiller et de la dame, surprend une nuit son père qui, dans un cimetière, médite devant le cadavre en décomposition d'une jeune femme. Bien plus tard, vers la quarantaine, il reconnaîtra en fait sa mère dans une nonne décrépite qui vit parmi les ruines du palais de son second époux.

La vieillesse, l'impuissance et la mort, tels seront encore les sujets des deux dernières œuvres importantes de Tanizaki Jun-ichirô, *La Confession impudique* (*) et *Le Journal d'un vieux fou* [*Fûten rôjin nikki*].

RENÉ SIEFFERT.

TANSILLO Luigi. Poète italien. Né en 1510 à Venise dans une famille patricienne originaire de Nola, mort à Teano le 1er décembre 1568. Orphelin, il dut subvenir tout seul à ses besoins ; il entra au service de Don Pedro de Tolède, vice-roi de Naples et eut une vie d'aventures, de voyages et d'expéditions militaires. Après avoir pendant quelque temps occupé un emploi à la douane de Naples, il fut nommé en 1562 capitaine de justice à Gaète. Sa première œuvre est une églogue dramatique, *Les Deux Pèlerins* [*I due pellegrini*], représentée à Messine en 1538. Viennent ensuite *Le Vendangeur* [*Il vendemmiatore,* 1532] ; les *Stances à Bernardin Martirano* [*Stanze a Bernardino Martirano,* vers 1540] ; le petit poème idyllico-mythologique *Stances au vice-roi Tolède ou Clorida* [*Stanze al viceré Toledo o Clorida,* 1547], et, déjà plus connus, les deux poèmes didactiques : *La Nourrice* [*La Bàlia*], composée aux alentours de 1552, et *Le Pouvoir* [*Il podere,* 1560]. La mise à l'index de ses œuvres en 1559, due principalement à la parution du *Vendangeur,* amena Tansillo à reprendre le projet d'un petit poème religieux, *Les Larmes de saint Pierre* (*).

T'AO YUAN-MING (pseud. : T'ao Ts'ien ; surnom : Wou-lin Sien-cheng). Poète chinois. Né en 365, mort en 427. Il aimait l'étude et la vie champêtre, mais la pauvreté le contraignit à accepter de modestes emplois dans l'Administration jusqu'à sa nomination au poste de magistrat de P'eng-tse dans la province du Tsiang-si. Après seulement quatre-vingt-trois jours de service, il donna sa démission, excédé de devoir rendre hommage à l'homme de peu d'envergure qui lui tenait lieu de supérieur hiérarchique. Il se retira alors dans sa petite maison de campagne entourée de cinq saules et d'un jardinet, où il cultivait des chrysanthèmes, qui devaient souvent servir d'argument à ses poésies et ont été, depuis lors, associés à son nom. Il chante les joies ou les travaux de la campagne, ses amitiés bucoliques, l'ivresse du vin et celle de l'imaginaire. Le plus célèbre des poètes chinois « partis (et restés) en retraite » manifeste pourtant une préoccupation jamais tout à fait éteinte quant à la question de son désengagement — ou de son engagement dans le monde. Parallèlement, son attachement à la fois libre, jubilatoire et un peu mélancolique aux plaisirs de la vie et de la nature, s'accompagne de conceptions et d'allusions traditionnellement associées à la morale dite « confucéenne ». Il reste quoi qu'il en soit l'un des poètes les plus influents et les plus séduisants de l'histoire chinoise, pour la liberté de sa pensée, et pour la vérité de son expression comme en témoigne la *Collection des œuvres de T'ao Yuan-ming* (*).

RÉF. : J. R. Hightower, *The Poetry of T'ao Yuan-ming,* Oxford, 1970. — A. R. Davis, *T'ao Yuan-ming, His Works and their Meaning,* Hong Kong, 1983.

TARCHETTI Ugo Igino. Narrateur italien. Né à San Salvatore di Monferrato (Alexandrie) le 29 juin 1841, mort à Milan le 25 mars 1869. L'admiration de Tarchetti pour Ugo Foscolo explique qu'il ait adopté, comme premier prénom, celui du grand poète. Engagé dans les révolutions politiques et littéraires, mort de phtisie à vingt-huit ans, Tarchetti, par ses idées, son action, sa vie de bohème, est l'une des figures de proue du romantisme et de la *Scapigliatura* milanaise. Très ouvert aux suggestions (qu'il affiche volontiers) des littératures étrangères, il s'essaie à plusieurs genres littéraires. En 1867, il publie *Une noble folie* [*Una nobile follia*], pamphlet contre l'armée et l'autorité, premier volet d'une série, *Drames de la vie militaire* [*Drammi della vita militare*], demeurée inachevée. En tout cas, Tarchetti doit quitter l'armée. Les œuvres littéraires se succèdent à un rythme frénétique : *Les Chants du cœur* [*I canti del cuore*], pièces inspirées par les poèmes en prose de Baudelaire ; *Histoire d'une jambe* [*Storia di una gamba,* 1867], *Récits humoristiques* [*Racconti umoristici,* 1869], *Récits fantastiques* (*) (1869). Beaucoup de ces livres sont publiés l'année même de sa mort, prématurée. Tarchetti laisse inachevé son meilleur roman, *Fosca* (1869), terminé et publié par son ami Salvatore Farina. Dans son œuvre attachante mais peu achevée, fébrile, qui a mal vieilli, il faut mentionner les poèmes posthumes *Disjecta* (1879), où l'influence de Heine se conjugue avec celle de Stecchetti.

FRANÇOIS LIVI.

TARDE Alfred de. Écrivain français. Né le 20 avril 1880 à Sarlat (Dordogne), mort le 3 avril 1925 à La Roque-Gageac (Dordogne). Il était le fils du sociologue français Gabriel de Tarde (1834-1904), membre de l'Institut et père de la psychologie sociale. Après des études à la faculté de droit de Paris, il publie des livres d'économie comme *L'Idée du juste prix* (1908) et un roman, *Hors de la vie* (1907), mais c'est surtout sous le pseudonyme d'Agathon qu'il devient célèbre en collaborant avec Henri Massis à deux ouvrages qui firent grand bruit à l'époque dans le monde des lettres et de l'université, *L'Esprit de la nouvelle Sorbonne* (*) (1911) où les deux écrivains analysaient sans indulgence, mais avec espérance, l'éthique qui présidait, selon eux, à l'enseignement supérieur, et *Les Jeunes Gens d'aujourd'hui* (1912) dans la même perspective morale. Plus tard, en collaboration avec Robert de Jouvenel, Alfred de Tarde fera paraître *Les Grands Courants politiques d'aujourd'hui* (1923).

TARDE Gabriel de. Sociologue français. Né à Sarlat (Dordogne) le 12 mars 1834, mort à Paris le 13 mai 1904. Magistrat, il travailla au ministère de la Justice, d'où son intérêt pour la criminalité. En 1886, il publie *Criminologie comparée.* Il élargit ensuite son domaine de recherche avec *Les Lois de l'imitation* (*) (1890) qui fait de lui un précurseur des approches psycho-sociologiques, en opposition à Durkheim. Tarde publiera encore *Études pénales et sociales* (1892), *Logique sociale* (1894), *Fragments d'histoire future* (1896), *Les Lois sociales* (1898). Il est nommé en 1900 professeur de philosophie moderne au Collège de France. On lui doit également *Les Transformations du pouvoir* (1899), *L'Opinion et la Foule* (1901).

TARDIEU Jean. Poète et dramaturge français. Né le 1er novembre 1903 à Saint-Germain-de-Joux (Ain). Après une enfance petite-bourgeoise, Tardieu va réaliser vers l'âge de dix-sept ans l'expérience capitale de sa vie : la rencontre de son « double » dans un miroir. Cet événement psychologique se traduit dans son œuvre par un imaginaire de la dépossession et de « l'inquiétante étrangeté ». « Je est un autre » : rarement la formule aura paru aussi décisive que dans le cas de Tardieu, poète du renversement et de la duplicité. Il a eu très tôt conscience d'une voix qui s'imposait à lui d'une façon tyrannique, tout en restant à jamais secrète. Cette voix fit naître les symptômes du repli sur soi, premiers signes d'une écriture liée au plus profond d'une exigence intérieure.

Il publie ses premiers poèmes en 1927, par l'intermédiaire de Jean Paulhan, avant d'effectuer un séjour en Indochine. Plus tard, il découvre Francis Ponge, et traduit *L'Archipel* (*) de Hölderlin. Son premier recueil important, *Accents* (+), paraît en 1939. En 1944, il entre à la Radiodiffusion française, où il deviendra successivement directeur du « Club d'essai », du « Centre d'études », puis du programme « France-Musique ». Son activité de poète se poursuit avec *Le Témoin invisible* (+) (1943), *Jours pétrifiés* (+) (1947), et surtout *Monsieur Monsieur* (+) (1951), où se côtoient le burlesque, le lyrique, et une certaine noirceur. *Monsieur Monsieur* introduit en littérature le même signe d'une évidence tragiquement absurde que le personnage créé par Michaux dans *Plume* (*). Monologue à plusieurs figurants, parodie philosophique et théâtrale, ce texte résume l'obsession majeure de Tardieu : la perte de l'identité. Dans ses deux principaux recueils, *Le Fleuve caché* (*) (« Poésies : 1938-1961 ») et *L'Accent grave et l'Accent aigu* (*) (« Poèmes : 1976-1983 »), il s'interroge sur la présence et l'absence des choses : « Tout ce que je touche a sa moitié de pierre et sa moitié d'écume. » Le monde de Tardieu oscille entre le réel et l'irréel ; tantôt cocasse, tantôt menaçant ou trouble, cet univers singulier se situe à la lisière de notre décor. Tout peut basculer à n'importe quel moment : il suffit d'ouvrir une porte pour se retrouver dans un couloir sans issue, ou d'imaginer, comme dans *La Première Personne du singulier* (1952), une nouvelle conception de l'espace aménagé, pour voir sa maison brusquement flotter dans le vide. Tardieu nous dévoile cette « part de l'ombre », d'où surgissent des visions insolites, voire cauchemardesques, restituant des paysages de plus en plus fantastiques (*La Part de l'ombre,* « Proses 1937-1967 »). Une vie grouillante, informe, parallèle, se manifeste dès que les mots soulèvent la croûte des apparences. Ce foisonnement de chimères donne naissance à des contrées prodigieuses, parfois tirées de certains tableaux (Hartung, Ernst, Magritte, Pisanello).

Jean Tardieu a surtout mené une recherche sur les possibilités offertes par le langage, lui aussi doté de pouvoirs mystérieux, susceptibles de faire craquer les cloisons : « Les mots visibles [...] sont comme des points de repère dans l'étendue. La signification de chacun d'eux est à la fois ponctuelle et tourbillonnante : le sens naît de leur rapprochement comme l'éclair du choc électrique des nuages. » *Obscurité du jour* (1974) nous conduit à travers les sentiers de cette subversion permanente, que Tardieu nomme « la loi de l'anti-sens ».

Autre aspect de sa démarche, le théâtre expérimental de Tardieu progresse entre le drame métaphysique de l'homme moderne, en proie à l'impossibilité de communiquer, et la « comédie de la comédie », où une forme théâtrale vient en démolir une autre, où la mise en voix du texte se joue des contraintes scéniques. À l'instar de Ionesco, de Beckett, Tardieu nous amène à une réflexion sur le grand délire contemporain. Les pièces souvent très courtes du *Théâtre de chambre* (*) (1955) et de *Poèmes à jouer* (*) (1960) constituent en fait un répertoire complet des possibilités théâtrales, « une sorte de “Clavecin bien tempéré” du théâtre ». Le « rire inquiet » de Jean Tardieu n'a pas fini de nous surprendre, comme en témoigne un livre de souvenirs dédié à une enfance retrouvée : *On vient chercher monsieur Jean* (1990).

OLIVIER HOUBERT.

RÉF. : Émilie Noulet, *Jean Tardieu,* Paris, 1964. — Jean Onimus, *Jean Tardieu : un rire inquiet,* Seyssel, 1985. — Jean-Pierre Vallotton, *Causeries devant la fenêtre,* Lausanne, 1988. — *Cahier de l'Herne,* nº 59, Paris, 1991.

TARKINGTON Booth. Romancier américain. Né et mort à Indianapolis (État d'Indiana) (29 juillet 1869-19 mai 1946). Sa ville natale était, lors de sa naissance, une calme et charmante petite ville qu'il aima toujours malgré sa transformation, et bien qu'il eût habité New York, Paris, Rome et Capri. Il était le fils d'un avocat, et fut élève de l'université de Princeton. De bonne heure, il inventait des histoires qu'il dictait à sa sœur aînée. Ce fut cette sœur qui se chargea plus tard de porter à l'éditeur le manuscrit de *Monsieur Beaucaire,* un de ses premiers romans (1900) – *Un gentilhomme d'Indiana* datait de 1899. Tarkington voulait faire de la peinture, mais il comprit que sa vocation était d'écrire et ses romans se succédèrent à un rythme rapide. Il obtint deux prix Pulitzer (le Goncourt américain) ; l'un pour *La Splendeur des Ambersons* [*The Magnificent Ambersons,* 1918], l'autre pour *Alice Adams* (1921). En 1922, il fut tenté par la politique et siégea comme député pendant la durée d'une législature. Cette expérience figure dans son œuvre intitulée *Dans l'arène* [*In the Arena*]. Des pièces de théâtre furent tirées de ses livres ; *Monsieur Beaucaire* (*) fournit à Messager le livret d'une charmante opérette.

RÉF. : J. Woodress, *Booth Tarkington, Gentleman from Indiana,* Philadelphie, 1954. – K. J. Fennimore, *Booth Tarkington,* New York, 1974.

TARTAGLIA Niccolò (de son nom présumé : Niccolò Fontana). Mathématicien italien. Né à Brescia (Lombardie) vers 1499, mort à Venise le 13 décembre 1557. Lorsque, en 1512, les Français mirent à sac sa ville natale, la mère de Tartaglia, qui était veuve, se réfugia avec ses trois enfants dans la cathédrale, et le jeune Niccolò reçut un coup de sabre au visage. Il en guérit, mais demeura bègue pour toujours, d'où le surnom de « tartaglia ». Ses écrits nous donnent sur sa carrière les précisions suivantes : de 1521 à 1525, il professe à Vérone dans l'enseignement public ou privé, réside ensuite quelque temps à Mantoue, puis s'établit à Venise (1534) où il demeurera jusqu'à sa mort, à l'exception d'un bref séjour à Brescia en 1548. Son premier livre fut la *Nouvelle science inventée par Niccolò Tartaglia* [*Nova scientia inventa da Niccolò Tartaglia*, 1537], remarquable traité de balistique et le premier en date à notre connaissance. En 1530, on proposa à Tartaglia un problème impossible à résoudre sans connaître la solution, alors ignorée, des équations du troisième degré. Ayant appris que Tartaglia en était venu à bout, le médecin et mathématicien milanais Jérôme Cardan obtint de lui qu'il lui révélât le secret, en promettant qu'il ne publierait rien à ce sujet. La promesse fut tenue pendant quelques années, mais, en 1545, Cardan inséra la solution dans son *Grand art* (*). Tartaglia, en conséquence, se décida à rendre publics ses *Problèmes et inventions diverses* [*Quesiti ed invenzioni diverse*, 1546], plusieurs fois réédités depuis. Les quatre premiers livres de cet ouvrage ont trait à la balistique et à l'art militaire, le tome V à la topographie, les trois suivants aux fortifications et à la statique. Le tome IX, d'une portée considérable, est consacré à l'algèbre, et spécialement à la solution des équations du troisième degré et des problèmes s'y rapportant. Son ouvrage le plus considérable est le *Traité général des nombres et mesures* (*) (1556-1560), vaste encyclopédie où étaient reproduits les textes de ses cours au fur et à mesure qu'il les prononçait.

TARTINI Giuseppe. Violoniste et compositeur italien. Né le 8 avril 1692 à Piran (Isrie), mort à Padoue le 26 février 1770. Son père, négociant florentin établi en Istrie, le fit instruire dans les écoles religieuses de Capodistria. On ne sait rien de certain sur sa prime jeunesse, sinon qu'entre 1708 et 1710 il était à Padoue où il faisait son droit ; il y poursuivait aussi des études musicales malgré la désapprobation de sa famille. Tartini fut nommé en 1721 premier violon de l'orchestre de l'église Saint-Antoine à Padoue. En 1723, il fut l'invité du comte Kinsky à Prague. Il revint à Padoue en 1726 et y demeura pendant presque un demi-siècle consacré à une fervente activité musicale. Il fonda en 1727 une école de violon qui devint célèbre et lui valut le titre de « Maître des Nations » ; il composait, remplissait ses fonctions de maître de chapelle et s'adonnait à des recherches sur l'acoustique. Mais Tartini aspirait à une vie tranquille et refusa désormais toute invitation de l'étranger ; il se montra fort généreux pour ses amis dans le besoin. Son œuvre a une place importante dans l'évolution de la musique instrumentale – v. *Sonates* (*) et *Concertos* (*) de Tartini. Elle comprend environ cent quarante concertos, cinquante trios, cent cinquante sonates pour violon dont quelques-unes, comme *Le Trille du diable* (*), sont célèbres. Un grand nombre de ses compositions est encore inédit. Son *Traité de musique selon la vraie science de l'harmonie* [*Trattato di musica secondo la vera scienza dell'armonia*, 1757] eut un grand retentissement en France au XVIIIe siècle.

RÉF. : G. Benedetti, *Giuseppe Tartini*, Trieste, 1896. – A. Capri, *Giuseppe Tartini*, Milan, 1945.

TASSO Bernardo. Poète italien. Né à Bergame le 11 novembre 1493, mort à Ostiglia le 4 septembre 1569. Très tôt ses vers attirèrent sur lui l'attention des lettrés mais aussi celle des grands ; bientôt il entra au service du comte Rangone et servit de messager entre Rome (après le sac) et François Ier. Il séjourna ensuite dans différentes villes d'Italie, en particulier à Venise où il fit imprimer, en 1531, ses *Poésies* qui tombèrent sous les yeux du duc de Salerne, lequel l'attacha à sa personne en qualité de secrétaire. Désormais Tasso suivit son maître dans ses différentes expéditions militaires, Tunis, les Flandres, assista à la bataille de Cérisoles, et dans ses vicissitudes politiques – rebelles, ils passèrent aux Français en 1552. Il ne vécut que quelques années tranquilles à Sorrente, où, en 1544, naquit son fils, Torquato Tasso (appelé en France le Tasse). Vers la fin de sa vie mouvementée, en 1563, Tasso était passé au service du duc d'Urbin et y resta jusqu'à sa mort. Il n'avait cessé d'écrire pendant tous ses voyages : il donna ainsi le *Floridante*, un *Amadis* (*) dans lequel il ne reprit que certains épisodes du poème original (1560), de nombreuses poésies, un *Ragionamento della poesia* et d'autres ouvrages aujourd'hui perdus ; ses *Lettres* ont été également publiées. Les critiques s'accordent pour reconnaître que certains de ses vers égalent et même surpassent ceux de son illustre fils.

TASSO Torquato. Poète italien appelé en France le Tasse. Fils de l'écrivain Bernardo Tasso, et de Porzia de Rossi, né à Sorrente, le 11 mars 1544 ; mort à Rome le 25 avril 1595. Sa petite enfance s'écoula à Salerne et à Naples, auprès de sa mère et de sa sœur qu'il quitta vers 1554 pour rejoindre son père, alors exilé depuis deux ans à Rome. Après un bref séjour à Bergame au sein de sa famille paternelle, il rejoignit son père, à Pesaro puis Urbino où, à la cour raffinée de Guidobaldo II della Rovere, « accouraient poètes et musiciens, gens aimables de toute sorte, les meilleurs dans chaque discipline qu'on pût trouver en Italie », selon la mémorable apologie de Castiglione. C'est là que débute l'expérience littéraire du Tasse. Le jeune homme entrait ainsi en contact avec la Cour, image de la joie perpétuelle, société sereine où les hommes entretenaient un agréable commerce qui lui permettait d'échapper à la solitude, mais aussi à la mélancolie, source d'amères désillusions. C'est vraisemblablement en 1559, alors qu'il se trouvait à Venise avec son père, venu dans cette ville pour y surveiller l'impression de son *Amadis* (*), que Torquato entreprit le *Jérusalem*, première ébauche de sa *Jérusalem délivrée* (*). Il fit des études de droit à Padoue, en 1560-61, écrivit ses premiers vers d'amour inspirés par Lucrèce Bendidio et Laure Peperara, et composa son *Renaud* (*), poème en douze chants et en huitains qu'il publiera, en 1562, à Venise. À Padoue, sa formation littéraire s'enrichit grâce aux conversations et leçons de Sperone Speroni, Francesco Piccolomini, Carlo Sigonio, et grâce à l'Académie des Éthérés, dont Scipione Gonzaga, son fondateur, l'avait invité à faire partie. Avec la fréquentation de cette académie apparaît un autre élément fondamental de l'expérience du Tasse : celui d'une culture codifiée, d'une littérature régie par des lois obéissant aux schémas précis d'une convention sociale acceptée. Il publia son premier ensemble important de poésies lyriques, en 1567, dans les *Rimes des académiciens Éthérés* [*Rime degli Academici Eterei*]. Après avoir également fréquenté l'université de Bologne, qu'il dut quitter, pour avoir composé une satire contre les étudiants et les professeurs, le Tasse, entra vers la fin de 1565, au service du cardinal Luigi d'Este et se rendit à Ferrare.

Dans cette ville, le Tasse bénéficiait à la fois de la présence de la Cour et de celle d'une académie. C'est précisément à l'Académie de Ferrare qu'il lut, entre autres, ses *Discours sur l'art poétique* – v. *Discours sur le poème héroïque* (*) et *La Jérusalem délivrée* (*) – et ses cinquante *Conclusions d'amour* [*Conclusione d'amore*]. Il se rendit à Paris à la suite du cardinal d'Este en 1570-71 et y écrivit une lettre à Ercole de Contrari qui est un véritable traité sur les choses de France. Le Tasse est de nouveau à Ferrare, en 1572, au service désormais du duc Alphonse II. C'est à cette époque, que tout en continuant à composer des sonnets, chansons, madrigaux, poèmes d'amour et œuvres de circonstance, il écrit l'*Aminta* (*), pastorale en cinq actes, représentée le soir du 31 juillet 1573, dans le palais de la petite île du Belvédère. À l'automne de la même année, il entreprit *Galealto, roi de Norvège* [*Galealto re di Norvegia*], tragédie achevée en 1587, où elle prendra le titre de *Le Roi Torrismond* (*). Il termina en avril 1575, le « poème de Goffredo » (autrement dit *La Jérusalem délivrée*) auquel il travaillait depuis plusieurs années. Vers la fin de l'année 1575, à la suite de son fébrile travail créateur et de l'exténuante fatigue que fut pour lui la révision de son poème, apparaissent les premiers symptômes de déséquilibre ; le poète, angoissé par l'accueil réservé à son livre et déçu par les critiques qu'on fait de toutes parts de son chef-d'œuvre, voit ses hésitations d'artiste et ses scrupules religieux se muer peu à peu en manie de la persécution. Il nous reste de nombreuses lettres, témoignages douloureux et émouvants de cette période, ainsi que l'*Allégorie de la délivrée* [*Allegoria della Liberata*], dans laquelle le poète s'efforce de conférer à son poème une signification morale cachée. Les sentences d'absolution prononcées par les inquisiteurs de Bologne (1575) et de Ferrare (1577), spontanément consultés par le poète, ne réussiront pas à mettre un terme à son tourment et à son angoisse. Un soir de juin 1577, se croyant épié alors qu'il s'entretenait avec la princesse Lucrèce, il lança un couteau contre un serviteur. On l'enferma, il s'évada. Poète errant, il alla de ville en ville, séjournant à Sorrente, à Rome, de nouveau à Ferrare pour quelques mois puis à Mantoue, Vercelli et Turin. Il retournera une fois de plus à Ferrare en février 1579 alors que toute la Cour est occupée par les préparatifs du mariage du duc qui allait épouser en troisièmes noces Margherita Gonzaga. Se voyant négligé, le Tasse éclata, le soir du 11 mars, en violentes invectives contre son ancien protecteur. On l'enferma et on l'enchaîna comme fou furieux à l'hôpital de Sainte-Anne où il passa sept années, traité bien plus en prisonnier qu'en malade. De précieux renseignements sur cette période tragique de sa vie nous sont fournis par sa correspondance – v. *Lettres* (*) – qui restitue l'atmosphère d'angoisse ensorcelée et de mystère, d'hallucination et de magie dans laquelle vivait le poète. Parmi ces pages très suggestives, il suffira de citer la lettre à Mauricio Cataneo, du 30 décembre 1585.

Au cours de longues parenthèses de lucidité, le Tasse reprenait toutefois à Sainte-Anne son activité littéraire ; bon nombre de poèmes lyriques remontent à ces années ainsi que de nombreux *Dialogues* (*) et l'*Apologie* de *La Jérusalem délivrée.* C'est à cette même période que commence l'histoire éditoriale, fort embrouillée, de son chef-d'œuvre. Il parut pour la première fois en 1580, chez Celio Malespini à Venise, sous le titre de *Goffredo* mais à l'insu du poète et à ses dépens car l'édition était très incorrecte et incomplète. Il parut à nouveau, en 1581, à Padoue et à Casalmaggiore, par les soins d'Angelo Ingegneri sous le titre de *La Jérusalem délivrée* et dans sa version complète. Febo Bonnà le publia ensuite, à Ferrare avec l'assentiment de l'auteur qui devait pourtant se raviser bientôt. En juillet 1586, le duc permit enfin à Vincenzo Gonzaga d'emmener avec lui le Tasse à Mantoue ; il y terminera son *Roi Torrismond* et se remit à sa *Jérusalem délivrée* avec l'intention de la recomposer. Mais il fut repris en octobre 1587 par l'angoissant besoin de voyage. De Mantoue, il se rendit à Bergame, puis à Gênes, à Lorette, à Rome et à Naples où il avait l'intention de récupérer les biens de sa mère et où pour complaire à ses hôtes, les moines olivétains, il entreprit un petit poème, *Le Mont des Oliviers de Gonzague* [*Monte Oliveto*], qu'il laissa inachevé. Il retourna encore à Rome, vers la fin de 1588, auprès du cardinal Gonzaga, gagna Florence en 1590, et fut une nouvelle fois à Mantoue où il composa, en 1592, en l'honneur du duc, la *Généalogie de la Maison de Gonzague* [*Genealogia di casa Gonzaga*]. La même année 1592, il retourna une autre fois à Naples, d'abord chez le prince de Conca, puis chez le marquis. Manso qui devait être l'un de ses premiers biographes. Ce fut là qu'il entreprit *Les Sept Journées de la création du monde* [*Le sette giornate del mondo creato*], ample poème qu'il terminera à Rome deux ans plus tard et qui paraîtra en 1607, après sa mort. En 1593, il confie à l'impression *La Jérusalem conquise* (*), nouvelle version de son grand poème, qu'il dédie au cardinal Cinzio Aldobrandini, neveu du pape Clément VII, lequel se montra particulièrement hospitalier envers l'auteur durant ses dernières années. Il écrivit encore *Les Larmes de la Vierge* [*Lagrime di Maria Vergine*] et *Les Larmes de Jésus-Christ* [*Lagrime di Gesù Cristo*], brefs poèmes en « ottava rima ». C'est à Naples, en 1594, qu'il commença la *Vie de saint Benoît* [*Vita de san Benedetto*] dont il ne devait écrire que huit strophes.

Au début d'avril 1595, alors que le pape avait décrété que lui fut faite une pension et songeait à l'honorer du titre de poète lauréat, le Tasse, ayant un serein pressentiment de sa fin imminente, écrivit, du monastère de Sant'Onofrio sur le Janicule, la fameuse lettre à Antonio Constantini qui clôt sa correspondance : « Que dira sire Antonio quand il apprendra la mort de son Tasse ? Et à mon avis la nouvelle ne tardera guère, car je me sens sur la fin de ma vie puisqu'on n'a pu trouver de remède à cette pernicieuse indisposition s'ajoutant à toutes celles qui me sont déjà habituelles et par laquelle je me sens emporté comme par un torrent rapide sans pouvoir me raccrocher. Il n'est plus temps que je parle de mon destin têtu, pour ne rien dire de l'ingratitude du monde, de ce destin qui triomphe en me conduisant démuni de tout au tombeau, alors que je ne pensais point rester sans récompense aucune pour la gloire qu'en dépit du mauvais vouloir de certains ce siècle retirera de mes écrits. » Le sentiment de solitude que suggère la biographie est ici confirmé par le ton de lassitude tragique et solennelle qui ne manque pas de renvoyer à la poésie même du Tasse. Cette vie tourmentée a exercé une singulière fascination non seulement sur les érudits et les critiques, mais aussi sur les poètes et les lettrés. Aussi naît tout un mythe. La période romantique en particulier fera du Tasse le type même du génie victime de sa propre grandeur, ne manquant pas d'exploiter de façon romanesque le thème d'un amour passionné et désespéré pour Éleonore d'Este, et c'est ce destin que Leopardi semble faire revivre dans ses cadences les plus austères et les plus limpides, dans son mémorable *Dialogue.*

GIOVANNI GETTO.

♦ « *... L'un des plus judicieux, ingénieux, et plus formez à l'air de cette antique et pure poésie, qu'autre poète italien aye jamais été.* » Montaigne. ♦ « *Il n'est d'autre autorité que le Tasse en matière de poésie épique...* » A. Chénier. ♦ « *Son œil s'arrête à peine sur la terre ; son oreille n'entend que l'harmonie de la nature. Ce que présente l'histoire, ce que fournit la vie, il s'en saisit aussitôt ; son esprit rassemble ce qui se répand au loin dans l'espace et son cœur anime l'inanimé. Souvent il ennoblit ce qui nous semble vulgaire, et ce que nous admirons reste à ses yeux dans le néant. Cet homme prodigieux s'avance dans la région magique qu'il s'est créée...* » Goethe. ♦ « *Les chants du Tasse sont tendres et gracieux comme les idées d'un jeune homme aimant et déjà désabusé, qui se console dans les illusions d'un monde imaginaire des affligeantes réalités de la vie.* » C. Nodier. ♦ « *Il forme le passage entre la poésie qui dit en lui son dernier mot et la musique qui balbutie tout au long de ses poèmes ses premières mélodies. D'une main, il fait le salut d'adieu à la lignée de Dante et de L'Arioste ; de l'autre, il donne le salut de bienvenue, à travers des siècles, à la race des Pergolèse, des Cimarosa, des Rossini, des Bellini.* » Carducci.

RÉF. : P. Serassi, *La Vita di Torquato Tasso,* 2 vol., Florence, 1858. – A. Solerti, *Vita di Torquato Tasso,*

3 vol., Turin, 1895. – M. Puglisi-Pico, *Il Tasso nella critica francese,* Palerme, 1896. – W. Baulting, *Tasso and his Times,* Londres, 1907. – L. Tonelli, *Tasso,* Turin, 1935. – G. Firetto, *Torquato Tasso e la contrariforma,* Palerme, 1939. – A. Capasso, *Commento al « Rinaldo » del Tasso,* Gênes, 1939 ; *Studi sul Tasso minore,* Gênes, 1940. – C. B. Beall, *La Fortune du Tasse en France,* Oregon, 1942. – J. Cottaz, *Le Tasse et la Conception épique,* Paris, 1942 ; *L'Influence des théories du Tasse sur l'épopée en France,* Paris, 1942. – G. Getto, *Interpretazione del Tasso,* Naples, 1951. – V. Leo, *Torquato Tasso, Studien zur Vorgeschichte des Secentismo,* Berne, 1951. – E. Donadoni, *Torquato Tasso, saggio critico,* Florence, 1952. – B. T. Sozzi, *Studi sul Tasso,* Pise, 1954. – L. Caretti, *Ariosto e Tasso,* Turin, 1961. – G. Getto, *Nel mondo della « Gerusalemme »,* Florence, 1968. – G. Baldassarri, *Inferno e cielo,* Rome, 1977. – E. Raimondi, *Poesia come retorica,* Florence, 1980. – F. Chiapelli, *Il conoscitore del caos,* Rome, 1981. – S. Zatti, *L'uniforme cristiano e il multiforme pagano,* Milan, 1983. – A. Rochon, *Les pièges de l'érotisme dans la « Jérusalem délivrée »,* in *Au pays d'Éros* (1re série), Paris, 1986. – P. Larivaille, *Poesia e ideologia,* Naples, 1987.

TASSONI comte Alessandro. Poète italien. Né et mort à Modène (Émilie) (28 septembre 1565-25 avril 1635). Après avoir fait ses études dans les universités de sa province natale, il fut nommé, en 1589, membre de l'Académie de la Crusca, et, en 1597, poussé par l'ambition, se rendit à Rome où il devint en 1599 secrétaire du cardinal Ascanio Colonna, qu'il suivit en Espagne l'année suivante. En 1602, il écrivit les *Considérations sur les « Rimes » de Pétrarque* [*Considerazioni sopra le « Rime » del Petrarca*] et, en 1603, il revint définitivement en Italie, conservant un souvenir désagréable des Espagnols, où l'on peut voir le premier germe des *Philippiques* (*) (1614-15), discours anonymes mais qui sont presque certainement de lui. Un peu plus tard, rentré à Rome, il quitta la cour du cardinal et se consacra à la vie académique et à l'étude, menée avec indépendance d'esprit. De 1619 à 1621, on le trouve au Piémont au service de la maison de Savoie, mais bientôt, certainement à cause de son tempérament querelleur, il rompit aussi avec ses nouveaux maîtres. Il se retira quelque temps dans la vie privée, mais son ressentiment envers la maison de Savoie se traduisit en un *Manifeste* [*Manifesto*] qu'il écrivit en 1627. Il passa ses dernières années, à partir de 1632, à Modène, à la cour d'Este. Esprit fort indépendant, il peut être considéré comme l'un des fondateurs de la critique moderne en Italie, en particulier avec ses *Dix livres de pensées diverses* [*Dieci libri di pensieri diversi*]. Son œuvre principale est *Le Seau enlevé,* satire incisive et artistiquement vivante de la bourgeoisie qui s'élevait alors. Rappelons enfin, de Tassoni, *L'Océan* (+) (vers 1620).

RÉF. : J. G. Dubois-Fontanelle, *Vie de Pierre Arétin et de Tassoni,* Paris, 1768. – J. Cooper Walker, *Mémoirs of A. Tassoni,* Londres, 1815. – F. Nunziante, *Il conte A. Tassoni ed il Seicento,* Milan, 1885. – G. von Glasenapp, *A. Tassoni und sein « Geraubter Eimer »,* Dresde, 1911. – *Studi tassoniani,* Actes du séminaire national d'études pour le quatrième centenaire de la naissance d'Alessandro Tassoni, Modène, 1966. – P. Puliatti, *Bibliografia di Alessandro Tassoni,* Florence, 1960-1970.

TATARKIEWICZ Władysław. Philosophe et historien de l'art polonais. Né le 3 avril 1886 à Varsovie ; mort le 26 juin 1980. Formé surtout à l'étranger (Zurich, Paris, Berlin et Marburg) comme la plupart des intellectuels polonais de sa génération, il a eu une carrière universitaire particulièrement longue et brillante. Depuis 1915, professeur de philosophie aux universités de Varsovie, Wilno et Poznań, rédacteur en chef de plusieurs revues, membre de l'Académie polonaise des sciences, il a publié près de deux cents ouvrages ou articles : une *Histoire de la philosophie* [*Historia filozofii,* 1931], souvent rééditée des ouvrages de morale : *Le Bonheur* (*) (1947) ; d'esthétique : *Recueillement et Rêverie* [*Skupienie i marzenie,* 1951], etc. Tatarkiewicz est en outre le meilleur spécialiste de l'art et de l'architecture polonais du XVIIIe siècle : ses ouvrages sur *D. Merlini* (1955), sur *Le Palais des Lazienki à Varsovie* [*Łazienki warszawskie,* 1957] et sur *L'Art classique en Pologne* [*O sztuce polskiej XVII i XVIII wieku,* 1966] sont des modèles de documentation et de goût.

TATE Allen. Poète américain. Né à Winchester (Kentucky) le 19 novembre 1899, mort à Nashville (Tennessee) le 9 février 1979. Étudiant de John Crowe Ramsom à l'université Vanderbilt, Tate est invité à se joindre au groupe « Fugitif » [The Fugitive Group], qui réunit des écrivains sudistes voulant défendre une civilisation agraire et une culture traditionnelle contre l'envahissement d'un Nord « industrialiste », vulgaire et confus. Il collabore très activement à la revue *The Fugitive* (*) (fondée en 1922) et « prend parti » dans l'ouvrage collectif *Je prends mon parti* (*) (1930). Après une période d'activité « free-lance » entre Paterson (New Jersey), Greenwich Village (New York) et Paris, Tate occupe une série de postes d'enseignement : à Memphis (Tennessee), à Greensboro (North Carolina), Princeton (New Jersey), Sewanee (Tennessee) où il édite la *Sewanee Review* (+), New York, Chicago, pour finir titulaire de la chaire d'anglais à l'université du Minnesota, à Minneapolis. On peut déduire l'attitude générale de Tate du titre d'un de ses livres de critique : *Essais réactionnaires sur la poésie et les idées* (*) (1936). Il est rigoureusement « classiciste », du moins dans sa théorie. En poésie, il l'est moins, le vers étant souvent plus baroque que classique, et sous le calme olympien, il y a des courants de terreur gothique proche parfois d'Edgar Allan Poe. Critique, notamment avec *Les Limites de la poésie* (+) (1948), Tate est considéré comme un des représentants de la « Nouvelle Critique » [New Criticism], fondée sur une analyse formaliste minutieuse du texte. Mais il y a chez lui un souci éthique et religieux (il se convertit au catholicisme en 1950) qui n'est pas purement textuel. Des autres livres de Tate, il convient de citer : *Monsieur Pope et autres poèmes* (*) (1928), *Poèmes 1922-1931* (+), *Choix de poèmes* (+) (1937), *La Raison dans la folie* (*) (1941), *La Mer d'hiver* (*) (1946), *Poèmes 1922-1948* (+), *Le Démon sans espoir* (+) (1953).

RÉF. : L. Cowan, *The Fugitive Group : A Literary History*, Baton Rouge, 1959. — R. Squires, *Allen Tate : A Literary Biography*, New York, 1971.

TATICHTCHEV Vassili Nikititch [Vasilij Nikitič Tatiščev]. Historien russe. Né le 16 (26) avril 1686 dans les terres familiales près de Pskov ; mort le 15 (26) juillet 1750. Après avoir fait ses études à l'école d'artillerie et du génie, il combattit contre les Suédois ; puis, la paix revenue, il fut envoyé par deux fois en Allemagne, d'abord pour parfaire son instruction, puis pour accomplir une mission qui lui était confiée par Pierre le Grand. De ces deux voyages, Tatichtchev rapporta un grand nombre de livres et commença la composition de son *Histoire de la Russie depuis les temps les plus reculés* [*Istorija Rossijskaja s samyh drevnejših vrémen*], dont les quatre premiers volumes parurent à titre posthume en 1768-84 et le cinquième — dont le manuscrit s'était égaré — seulement en 1848. Après un séjour en Suède (1725-26), où il apprit la pratique de la métallurgie, il fut envoyé en Sibérie pour y créer des usines pour le compte du gouvernement, travaux qui l'occupèrent pendant dix ans. Déplacé et nommé chef d'une mission extraordinaire dans le district d'Orenbourg, il voulut supprimer certains privilèges, ce qui abouti, en 1739, à son arrestation, pendant laquelle il écrivit son fameux *Testament* (*), qui ne fut publié qu'en 1775. Libéré lors de la chute de Biron, il fut pendant quelque temps gouverneur du district d'Astrakan, puis, mis à la retraite en 1745, termina sa vie dans ses domaines, en se consacrant à des travaux historiques.

RÉF. : S. Blanc, *Un disciple de Pierre le Grand dans la Russie du XVIIIe siècle : V. N. Tatiščev (1686-1750)*, Paris, 1972.

TAULER Johannes. Prédicateur et écrivain mystique alsacien de langue allemande. Né et mort à Strasbourg (1300 ?-16 juin 1361). Issu d'une famille très aisée, vers l'âge de dix-huit ans il entra chez les dominicains de sa ville natale. Disciple de maître Eckhart, — qu'il défendra plus tard, lorsque certaines de ses propositions seront censurées par Rome —, Tauler s'écarte souvent de la doctrine thomiste, imposée aux frères Prêcheurs par décision de leur chapitre général de 1309. On trouve, par contre, dans les *Sermons* (*) de Tauler, des influences franchement néoplatoniciennes, qui témoignent d'une lecture assidue des œuvres du pseudo-Denys l'Aréopagite et de celles de Proclus. Dans ses *Sermons*, Tauler développe une doctrine mystique d'union avec Dieu ; pour atteindre à une telle union, les religieux et les laïques doivent s'astreindre à une triple préparation : mortification du corps, purification de l'âme — ce qui s'obtient en la dépouillant de tout désir — et, enfin, préparation intellectuelle, qui consiste à dépouiller l'esprit de toute image ou idée : « faire le vide » suivant son expression. (Il est intéressant de noter l'analogie des méthodes préconisées par Tauler avec celles des mystiques extrême-orientaux, telles que nous les connaissons à présent.)

Expulsé avec tous les dominicains de sa ville natale au début de 1339 à la suite de l'interdit lancé par le pape Jean XXII sur les terres soumises à Louis de Bavière, Tauler prêchera à Bâle et à Cologne, mais, dès 1348, il est de retour à Strasbourg, qu'il ne quittera plus jusqu'à sa mort. Les enseignements de Tauler, très appréciés au XIVe et au XVe siècle, connurent une certaine défaveur au XVIe siècle, car nombre de catholiques lui imputèrent en crime les éloges qui lui furent prodigués dans plusieurs écrits de Luther. Louis de Blois (1530-1566), dans son *Apologie de J. Tauler* [*Apologia pro D. Joanne Thaulero adversus D. Joanne Eckium*], tenta de défendre Tauler, mais ne semble pas y avoir réussi, du moins de son temps. Tauler n'a rien publié de son vivant ; la première édition de ses quatre-vingt-quatre *Sermons* ne parut à Leipzig qu'en 1498. Toutefois, comme sa renommée était grande, le nombre de ses *Sermons* atteignit cent vingt-six dans l'édition de Bâle (1521) et cent cinquante et un dans celle de Cologne (1543). Il est donc bien certain que plus d'un *Sermon* est apocryphe, comme le sont également les autres écrits qui lui furent attribués : *Les Institutions divines* [*Institutiones divinae*, 1548], ou encore : *Exercices très pieux sur la vie et passion de N.-S. Jésus-Christ* [*Exercitia piissima super vita et passione Salvatoris nostri Jesu Christi*, 1565].

♦ *« Comme théologien, Tauler est supérieur à tous les docteurs de toutes les Universités. »* Luther. ♦ *« Un des plus solides et des plus corrects des mystiques. »* Bossuet.

RÉF. : L. de Blois, *Apologie de J. Tauler*, 1568 ; trad. in *Œuvres choisies*, t. III, Paris, 1843. — R. P. Ant. Touron, *Histoire des hommes illustres de l'Ordre de Saint-Dominique*, t. II, Paris, 1743. — C. Schmidt, *J. Tauler von Strassburg. Beitrag zur Geschichte der Mystik und des religiösen Lebens im 14. Jahrh.*, Hambourg, 1841. — Comtesse de Villermont, *Un groupe mystique allemand. Étude sur la vie religieuse au Moyen Âge*, Bruxelles, 1906. — Siedel, *Die Mystik Taulers*, Leipzig, 1911. — X. de Hornstein, *Les Grands Mystiques allemands du XIVe siècle*, Lucerne, 1922. — J. M. Clark, *The Great German Mystics, Eckhart, Tauler and Suso*, Oxford, 1949. — Chr. Pleusen, *Die Bennenungen und der Begriff des Leides bei Johannes Tauler*, Berlin, 1967. — G. Wrede, *Unio Mystica. Problem der Erfahrung bei Johannes Tauler*, Uppsala, 1974.

TAVERNIER Jean-Baptiste. Voyageur français. Né à Paris en 1605 ; mort à Moscou en juillet 1689. Fils d'un marchand de cartes géographiques fort connu, Gabriel Tavernier, il manifesta de bonne heure d'étonnantes dispositions pour le voyage. C'est ainsi qu'à l'âge de quinze ans il quitta la maison paternelle et parcourut l'Europe, exerçant pour vivre et continuer sa route les métiers les plus divers. Il poussa jusqu'en Pologne, s'étant engagé pour combattre les Turcs. Ayant rencontré à Ratisbonne le père Joseph du Tremblay (l'« Éminence grise »), celui-ci le chargea de se rendre à Constantinople et en Palestine. Tavernier accepta aussitôt mais, sa mission accomplie, ne rentra pas en France et séjourna en Perse (1632). Lorsqu'il revint en France, Tavernier s'y fit une réputation de marchand international et y conquit une grande opulence. Néanmoins, la fièvre des voyages le poussant, il ne fut pas longtemps sans reprendre la route. En 1638, il gagna les Indes qu'il visita jusqu'au royaume de Golconde. De retour en 1642, il repartit l'année suivante dans le dessein de visiter l'Asie méridionale ; quatre voyages successifs en 1643-49, 1652-56, 1657-62 et 1663-68 le conduisirent au Siam, dans la péninsule malaise, en Insulinde et dans le sud de l'Afrique. En 1668, Tavernier fit retour fort riche dans sa patrie et décida de s'établir. La renommée qu'il s'était acquise, les richesses qu'il avait accumulées, les multiples relations d'affaires qu'il s'était faites facilitèrent grandement son projet. En 1669, Louis XIV l'anoblit. En 1670, il acheta la baronnie d'Aubonne, dans le canton de Vaud (Suisse). Il s'adjoignit deux écrivains : Samuel Chappuzeau et Chapelle, à qui il remit ses notes et dicta ses souvenirs, et publia trois ouvrages qui eurent un immense succès : *Nouvelle Relation de l'intérieur du sérail du Grand Seigneur* (1675), *Les Six Voyages de Jean-Baptiste... en Turquie, en Perse et aux Indes* (*) (1676) dont Montesquieu devait se servir lorsqu'il écrivit les *Lettres persanes* (*), et le *Recueil de plusieurs relations et traités singuliers et curieux* (1679). Tavernier repartit en 1682, traversa l'Allemagne, la Pologne et arriva en Moscovie. C'est à Moscou qu'il mourut, alors qu'il avait quatre-vingt-quatre-ans.

TAVTCHAR Ivan [Tavčar Ivan]. Écrivain slovène. Né à Poljane le 28 août 1851, mort à Ljubljana le 19 février 1923. Après des études de droit, il devient avocat indépendant et se lance à corps perdu dans l'action politique, ce qui fait de lui l'un des chefs du parti libéral de Slovénie et l'amène à occuper différents sièges de député aux parlements de Vienne et de la Yougoslavie royaliste. Il n'en a pas moins, tout au long de sa vie politique, dirigé plusieurs revues littéraires et culturelles où il se révèle un farouche adversaire des tendances cléricales catholiques. Une vie littéraire particulièrement bien remplie ne l'empêche pas d'exercer les fonctions de maire de Ljubljana de 1911 à 1921. Contrairement à la plupart des écrivains de sa génération, Tavtchar reste exclusivement un prosateur, auteur de deux romans et d'un nombre considérable de nouvelles et de petits récits.

Généralement, on distingue deux grandes périodes dans sa carrière littéraire : la première allant jusqu'en 1908, la seconde de 1916 à sa mort. D'abord d'un lyrisme fortement teinté de romantisme, l'écriture évolue vers un réalisme affirmé, encore que tempéré parfois par des réminiscences de visions poétiques. C'est la paysannerie slovène qui sert de prétexte aux nouvelles publiées entre 1876 et 1888 et rassemblées sous le titre de *Entre les montagnes* [*Med Gorami*]. Les thèmes du pays natal et du passé historique sont assombris par un pessimisme lancinant, qui ne trouve d'apaisement que dans une sorte de foi élémentaire dont sont bénéficiaires le village et la vie au village, considérés comme une thérapie. Aussi le héros de la nouvelle « L'amour douloureux », va-t-il se retirer dans son village natal, avec l'espoir d'y recouvrer la santé et son inspiration d'écrivain qu'il a perdues. Le recueil intitulé *A Zala* [*V Zali*, 1894] rassemble quatre nouvelles où l'écrivain mêle habilement le contemporain et les siècles passés, et donne libre cours à son amour de la nature. Publié entre 1905 et 1908, le premier des deux romans écrits par Tavtchar, *Pendant le congrès* [*Izza Kongresa*], est une passionnante chronique de la vie à Ljubljana au printemps 1821, après la rencontre des monarques de la Sainte-Alliance, doublée d'une diatribe anticléricale et antiféodale.

Les œuvres de cette première période sont loin d'être sans intérêt et sans valeur littéraire, mais le talent de Tavtchar ne s'épanouit qu'au lendemain de la Première Guerre mondiale, lorsqu'il ajoute à ses thèmes favoris celui de l'amour tragique et absurde. Là deux ouvrages au moins sont remarquables. Le premier, *Fleurs en automne* [*Cvetje v jeseni*, 1917], longue nouvelle poétique, reprend le thème de l'intellectuel cherchant le salut dans la vie aux champs, et dans les bras d'une innocente jeune paysanne. Le pessimisme naturel de l'auteur lui fait inventer une force inconnue qui brise l'harmonie espérée et entrevue : l'amour comme la nature est destructeur autant qu'il est créateur. L'autre ouvrage est cette fameuse *Chronique de Vissoko* (*) (1919) où tous les thèmes favoris de l'auteur sont mis en scène sur le théâtre des guerres de religion en Slovénie, après la Réforme. L'époque de Tavtchar a connu le développement parallèle et rapide du réalisme et du symbolisme, et les débuts de l'expressionnisme. S'il a lui-même opté pour le réalisme, une veine poétique naturelle l'a préservé des pièges du didactisme et de la prédication.

JANINE MATILLON.

TAWḤĪDĪ (al-) Abū Ḥayyān ʿAlī. Écrivain et essayiste arabe. Né à Chiraz ou Nishapur (milieu xe siècle), mort à Chiraz en 1010 ou 1018. Issu d'un milieu plus que modeste (son père était, dit-on, marchand de dattes), il accumula une culture vaste mais quelque peu hétéroclite, s'intéressant tout particulièrement à la mystique musulmane et à la philosophie d'héritage hellénique [falsafa] ; il s'attacha à répandre celle-ci dans les milieux lettrés de son temps, en la présentant sous une forme s'accordant aux critères de la culture littéraire dominante. Al-Tawḥīdī eut une carrière passablement tumultueuse ; ayant dû s'exiler de Bagdad sous le coup d'une accusation d'athéisme (un tel incident était monnaie courante à l'époque, et entraînait rarement des conséquences extrêmes), il fréquenta ensuite l'entourage de divers vizirs buwayhides d'Iran, notamment le Ṣāḥib ibn ʿAbbād, qui fut également protecteur d'al-Hamadhānī, l'auteur des *Maqāmāt* (*). Sa carrière, cependant, ne fut jamais à la hauteur de ses vastes ambitions. Doté d'un caractère difficile, tourmenté et volontiers agressif, avide de reconnaissance sociale mais manquant totalement de souplesse dans ses relations avec ses protecteurs, il ne put jamais trouver de situation stable et fut souvent réduit, pour survivre, à travailler comme copiste : ultime ressource, en ce temps-là, des lettrés nécessiteux. Ses rapports avec ses collègues ne furent en général guère meilleurs : imbu de ses compétences, supportant mal la critique, polémiste fougueux et d'une âcreté rarement égalée, il se fit plus d'un ennemi, les uns lui reprochant son amateurisme en matière de philosophie, les autres attaquant l'orthodoxie de ses positions religieuses. Définitivement aigri par l'insuccès, il sombra dans la misanthropie et le désespoir ; seules ses dernières années, qu'il consacra à l'enseignement dans sa ville natale de Chiraz, se déroulèrent dans une relative quiétude. Considéré comme l'un des plus grands prosateurs arabes avec al-Jāḥiẓ, al-Tawḥīdī a laissé une œuvre assez abondante, parmi laquelle se détachent tout particulièrement deux recueils d'essais, le *Livre de la délectation* (*) et les *Entretiens* [*Muqābasāt*], ainsi qu'un violent pamphlet contre le Ṣāḥib ibn ʿAbbād et son prédécesseur Ibn ʿAmīd, *Les Tares des deux vizirs* [*Mathālib al-wazirayn*].

JEAN-PATRICK GUILLAUME.

TAYMŪR Mahmud. Écrivain égyptien. Né et mort au Caire : 16 juin 1894-1973. Il a réalisé les ambitions de son frère aîné, Mūhammad Taymur (1892-1921), mort prématurément. Dans les œuvres de Mahmūd Taymūr, traduites dans de nombreuses langues, on trouve une partie théorique sur la rénovation du genre romanesque en arabe, une peinture de la société de transition que présentait l'Égypte de son époque, une illustration de la psychologie des différents groupes sociaux, une galerie de personnages de type universel, et enfin un esprit de bonhomie souriante qui se moque gentiment de toute prétention excessive, du fatras chaotique et grandiloquent de toute fausse intellectualité. La plus représentative de ses œuvres est celle qu'il a intitulée : *Le Cheikh Ğum'a et autres contes* (*) (1925). Ce recueil a été suivi de nombreux autres contes. Dans ses romans, Mahmūd Taymūr s'efforce encore de coller à la réalité sociale : *Cléopâtre dans le khân al-Khalīli* [*Kléopatra fī khān al-Khalīli*, 1946], *Le Joueur de flûte du quartier* [*Zāmir al-Hayy*, 1953]. Ses pièces de théâtre sont des tableaux pris sur le vif, axés soit sur l'analyse psychologique, soit sur les contradictions apparentes de l'individu. *L'Éternelle Ève* [*Hawwā' al-khālida*, 1945] est un drame historique en six actes. Le type du sketch amusant est : *Une séance de thé* (*) (1943), comédie en un acte. Par son style nerveux et souple, Taymūr domine les genres qu'il a traités.

RENÉ KHAWAM.

TĀYUMĀNAVAR. Poète-philosophe tamoul (1705 ?-1742 ? environ). Originaire de Vēdāraṇyam dans le district de Tanjore, Tāyumānavar était fils d'un ministre du souverain Nāyakkar qui régnait alors sur Tiruccirāppaḷḷi. Il reçut une bonne éducation, apprit le tamoul et le sanskrit, et devint disciple d'un maître en yoga. Il succéda à son père et connut quelque temps la vie d'un homme marié avant de devenir renonçant. Il est vénéré comme un saint et certains de ses poèmes sont extrêmement connus – v. *Poèmes* (*) de Tāyumānavar.

ÉLISABETH SETHUPATHY.

TCHAADAEV Pierre Iakovlevitch [Piotr Iakovlevič Čaadaev]. Penseur russe. Né le 27 mai 1794 à Moscou, mort le 14 avril 1856 à Moscou. Personnage clé de la pensée et de l'histoire russes : ses idées ont tellement marqué la conscience russe que c'est par rapport à lui que se sont définis les deux grands courants – occidentaliste et slavophile – qui commandent l'évolution de la pensée russe moderne, c'est par rapport à ses options que se comprend le développement historique de la Russie.

Officier de la Garde impériale, il prend part à la guerre contre Napoléon jusqu'à Paris (1812-1814). À la veille d'être nommé aide de camp de l'empereur Alexandre, il donne sa démission (1821). Voyage en Occident : Angleterre, France, Suisse, Italie, Allemagne (1823-1826). Influencée d'abord par les idées du libéralisme et de la maçonnerie, sa pensée s'est ouverte à tous les grands courants de l'époque : l'idéalisme allemand (Schelling en particulier) mais aussi le traditionalisme français et même le socialisme de Saint-Simon, bref, une attitude ouverte qui ressemble à celle de la bonne société catholique libérale qu'il a fréquentée à Paris et avec laquelle il reste en relation. Il fait le bilan de ses idées dans ses *Lettres philosophiques adressées à une dame* (*). Elles ont été rédigées en 1828-29. On y trouve une critique du rationalisme et de l'individualisme des Lumières mais surtout un programme social, politique et religieux qui a pour objectif de permettre à la Russie de combler son retard, afin qu'elle puisse jouer dans le monde de la culture de l'époque et de demain un rôle correspondant à sa force politique.

Trois traits majeurs caractérisent sa pensée. Le premier relève de l'ordre social : c'est une vigoureuse condamnation du servage, « cette plaie horrible qui nous ronge » et qui empêche la Russie de suivre la voie libérale. Le deuxième concerne l'ordre des principes théoriques, et c'est le souci permanent de l'universalisme, ce critère déterminant des options fondamentales de Tchaadaev. Le troisième est d'ordre proprement religieux, c'est le thème du royaume de Dieu sur terre, thème qui récapitule les deux premiers.

Ces lettres avaient été rédigées directement en français, et sous cette forme elles avaient circulé dans les salons, selon l'habitude du temps. Il y en avait huit, et l'auteur essaya plusieurs fois de les éditer, partiellement ou en totalité, en Russie ou à l'étranger. Seule la première lettre fut publiée, en russe, dans la revue *Télescope* (1836). Elle commençait par une vive critique de la Russie, de son passé et de son présent. Les formules de Tchaadaev provoquèrent un scandale : par ordre de l'empereur lui-même, l'auteur fut déclaré fou et il lui fut interdit de publier quoi que ce soit. Consigne qui resta en vigueur jusqu'à la fin de sa vie. Cependant, en privé, il rédigea une mise au point de ses idées, l'*Apologie d'un fou* (1837) où il corrigea ce qu'il y avait d'excessif dans ses anciennes positions (en particulier à l'égard de l'orthodoxie byzantine), mais où il resta fidèle pour l'essentiel à ses convictions majeures : la nécessité d'abolir le servage, et la nécessité de lier définitivement la Russie avec la culture européenne afin de préserver l'universalisme (les doctrines slavophiles sont condamnées comme de dangereuses utopies précisément parce qu'elles sacrifient l'universalisme au profit de ce qui est la spécificité russe).

Sa correspondance (spécialement avec Tourgueniev et Circourt), comme aussi ses *Notes et Fragments* retrouvés dans ses papiers personnels, confirment la permanence de ses idées et de ses convictions : « Du jour où nous avons prononcé le mot d'Occident par rapport à nous, nous étions perdus. »

Jusqu'à la fin de sa vie il resta une figure marquante de Moscou, et son salon un des centres de la vie intellectuelle. De son vivant comme après sa mort, son image hante la littérature russe : il apparaît dans la comédie *Le Malheur d'avoir trop d'esprit* (*) de Griboédov, dans *Eugène Onéguine* (*) de Pouchkine, dans les poésies de Lermontov, dans les romans de Dostoïevski *Les Possédés* (*), *L'Adolescent* (*), etc. Notons que ses écrits les plus importants sont rédigés en français, et en un français admirable.

FRANÇOIS ROULEAU.

RÉF. : Les œuvres de Tchaadaev ont été publiées tardivement : *Œuvres choisies de Pierre Tchadaïef, publiées pour la première fois par le P. Gagarine,* Paris, A. Frank, 1862. – *Œuvres et Lettres de P.Y. Tchaadaev* (en russe et français) éditées par Gerchenzon, 2 vol., Moscou, 1913-1914. – *Lettres philosophiques adressées à une dame,* éditées par François Rouleau, Paris, 1970. – *Œuvres inédites ou rares,* éditées par R. McNally, F. Rouleau, R. Tempest, Meudon, 1990. – *Philosophical Works of Peter Chaadaev,* edited by Raymond T. McNally and Richard Tempest, Dordrecht, Boston, London, 1991.

Études sur Tchaadaev : M. Gerchenzon, *P.Y. Tchaadaev, vie et pensée,* Saint-Pétersbourg, 1906 (en russe). – C. Quénet, *Tchaadaev et les Lettres philosophiques,* Paris, 1931. – B. Tarasov, *Tchaadaev,* Moscou, 1986 (en russe).

TCHAÏKOVSKI Piotr Ilitch [Petr Iljič Čajkovskij]. Compositeur russe. Né le 7 mai 1840 à Votkinsk, mort le 6 novembre 1893 à Saint-Pétersbourg. Ses premiers contacts avec la musique remontent au temps d'une enfance heureuse ; le *Don Giovanni* (*) de Mozart, par exemple, fit alors sur lui une impression ineffaçable. Il ne cessa jamais d'étudier la musique, même quand il s'inscrivit, pour complaire à son père, à la faculté de droit de Saint-Pétersbourg, et quand, après avoir passé ses examens, il entra au ministère de la Justice. Il n'y resta pas longtemps car, en 1863, il renonça à son emploi pour pouvoir suivre le cours de composition au Conservatoire. Une fois qu'il eut obtenu son diplôme, en 1865, il fut invité à donner des cours d'harmonie au Conservatoire de Moscou l'année suivante ; c'est là qu'il continua d'enseigner jusqu'en 1877. Au cours de ces années d'enseignement, il écrivit un grand nombre d'œuvres symphoniques et de compositions pour le piano et pour le chant. Il avait beaucoup de facilité, un lyrisme tout spontané et plein d'émotion, ce qui explique la fortune qu'eurent ses œuvres, tant en Russie qu'à l'étranger. Au mois de juillet 1877, il épousa une jeune femme dont il se sépara quelques mois après son mariage. Les inquiétudes et l'amertume que lui causa cette triste affaire provoquèrent en lui un tel bouleversement que sa santé en fut gravement affectée ; affligé de dépression nerveuse, il quitta la Russie et se rendit au bord du lac de Genève. Ce fut le commencement d'une période sereine pendant laquelle il put continuer son travail grâce aux généreux subsides d'une veuve fortunée, Mme von Meck. En 1877, il écrivit le *Concerto pour violon et orchestre* en ré majeur, op. 35 (*) ; *Eugène Onéguine* (*), drame lyrique d'après Pouchkine, fut commencé en 1876 et achevé en 1878. Puis ce furent, en 1879-80, *La Pucelle d'Orléans* (+) et, entre 1882 et 1883, *Mazeppa* (+). En 1885, Tchaïkovski se sentit guéri et regagna la Russie ; deux ans plus tard, il commença une grande tournée de concerts en Europe et en Amérique. C'est à la dernière phase de son activité créatrice que se rattachent *La Dame de pique* (+) (1890), d'après Pouchkine, et deux ballets : *La Belle au bois dormant* (*) et *Casse-noisette* (*), écrits en 1890 et 1892. Quelques jours avant de mourir, Tchaïkovski dirigea à Moscou sa *Sixième Symphonie* — v. *Symphonies* (*) — plus connue sous le nom de *Pathétique,* œuvre de grande envergure mais assez inégale. Plus que toute autre, la *Pathétique* met en relief les qualités et le style de Tchaïkovski, cette sorte de volubilité pleine de fantaisie qui le poussait à disperser ses propres thèmes plutôt qu'à les rassembler, et qui rendent certaines de ses œuvres déficientes sur le plan de la composition.

♦ *« La platitude des cantilènes de M. Tchaïkovski, leur émotion fausse, l'intrépidité avec laquelle il se baigne dans le trivial, sa complaisance à nous étaler son manque total de goût provoquent la commisération la plus profonde, à l'exception des instants où elles nous donnent la nausée. »* César Cui. ♦ *« Ça, c'est un maître selon mon cœur ! »* Grieg. ♦ *« Son pathétisme est en lui une nécessité de nature qu'on peut ne pas aimer, mais qui ne prend pas la prétention d'un idéal d'art et par conséquent n'altère pas la direction générale de son œuvre. »* Stravinski.

RÉF. : Edwin Evans, *Tchaïkovski,* Londres, 1906. — Rosa Newmarch et E. Evans, *Tchaïkovski, his life and works,* Londres, 1908. — N. van der Pals, *Peter Tcchaikowski,* Potsdam, 1940. — G. Abraham, *The music of Tchaïkovski,* New York, 1946. — H. Weinstock, *La Vie pathétique de Tchaïkovski,* Paris, 1947. — R. Hofmann, *Tchaïkovski,* Paris, 1947. — Nina Berberova, *Tchaïkovski, histoire d'une vie solitaire,* Paris, 1948. — A. Orlova (éd.), *Tchaïkovski. A Self-Portrait,* Oxford, 1990.

TCHANG TSAI [Zhang Zai] (appellation honorifique : Tse-ho ; surnom : Heng-Ts'iu, qui est le nom du pays dont Tchang Tsai était originaire). Philosophe chinois. Né dans le district de Ta-liang (Heu-nan) en 1020 et mort en 1077. C'est le troisième des cinq célèbres philosophes qui furent les précurseurs de Tchou Si, les quatre autres étant Tcho Touen-Yi, Chao Yong et les deux frères Tch'eng Ming-tao et Tch'eng Yi. Tchang Tsai perdit son père avant même d'avoir commencé ses études et dut s'initier seul aux difficultés de la vie et à la philosophie. Après s'être intéressé aux questions militaires, il se consacra à l'étude du *Tchong Yong* — v. *Classiques* (*) ; de là, il passa aux doctrines bouddhistes et enfin, cédant aux instances des deux frères Tch'eng avec lesquels il était très lié, il en revint aux *Classiques.* Ayant obtenu le titre de docteur, il remplit diverses charges officielles mais, malade, dut se retirer à la campagne. L'empereur le rappela un peu plus tard et lui confia de nouvelles tâches ; mais il eut lieu de se plaindre et donna à nouveau sa démission. Dans l'œuvre principale qu'il a laissée, *L'Inscription de l'Ouest* (*), il développe les théories sur la cosmologie que renfermaient les « appendices » du *Livre des mutations* [*Yitsing*] (*).

TCHAPEK Karel : v. **Čapek** Karel.

TCHAPEK-CHOD Karel Matěj : v. **Čapek-Chod** Karel Matěj.

TCHARENTS Yéghiché. Poète arménien. Né à Kars le 13 mars 1897, mort à Erevan le 29 novembre 1937. Tcharents est l'écrivain arménien le plus représentatif de la période révolutionnaire. Poète d'une incroyable facilité, il produit des dizaines de volumes de 1914 à 1934, avant d'être réduit au silence. Influencé au début par la poésie symboliste, dont il élargit la portée en y important des éléments mythologiques, il passe peu à peu aux poèmes de combat, traversés d'un souffle épique, en essayant tous les genres, rythmes, structures et formes de versification que lui offre la poésie orientale. De 1922 à 1924, sa poésie est influencée par Maïakovski et l'avant-garde russe. Pendant toute cette période, il participe activement à la vie publique : il fait partie des brigades de volontaires combattant contre la Turquie en 1916, il voit de près la révolution russe à Moscou en 1917, il se bat du côté communiste pendant la guerre civile de 1921 en Arménie. Après 1924, il se rallie pendant quelques années à l'esthétique du réalisme soviétique. Il publie en 1926 son unique roman, historique et satirique, *Pays de Naïri* [*Yerkir Naïri*]. À la fin des années 20, il revient peu à peu vers une poésie plus méditative, mais toujours engagée dans l'histoire, qui aboutit à deux de ses œuvres majeures : *Aurore épique* [*Epikakan Loussabats*] en 1930 et le *Livre du chemin* (*) en 1934. Sa vie est celle d'un responsable éditorial, marquée par les crises personnelles (la drogue, la prison en 1926) et une prise de conscience lente et terrible de la réalité soviétique. Il participe en 1934 au premier congrès des écrivains de l'Union soviétique. Au lendemain de ce congrès, il est interdit de publication et de parole. Il succombe en prison en 1937. Ses œuvres inédites des dernières années n'ont été publiées qu'en 1988.

MARC NICHANIAN.

TCHAVAÏN Sergei (pseud. de Sergeï Grigor'evic Grigor'ev). Écrivain mari né le 6 octobre 1888 et mort en 1942. Sergei Tchavaïn fait partie de ces intellectuels issus des peuples de la Volga et de l'Oural qui jouèrent un rôle important dans le développement de leur langue, de leur culture et de leur littérature durant la période précédant la révolution de 1917 et surtout les années qui la suivirent. Comme bien d'autres, Tchavaïn disparaîtra dans les camps staliniens, avant d'être réhabilité au lendemain du XXe Congrès du P.C.U.S. en 1956.

Il a fait ses études à l'école de Kazan

destinée aux peuples dits allogènes (de langue finno-ougrienne). C'est là qu'en 1905 il écrit le premier poème jamais rédigé dans sa langue maternelle, la langue mari, connue également sous le nom de tchérémisse (nom que les Russes avaient donné au peuple qui la parlait). Ses premières publications cependant datent de 1908 : un poème, paru dans *L'Almanach mari* [*Marla Kalendar*], et un recueil de contes populaires, *De la vie des anciens Mari* [*Marij Kalykyn tošto godso ilišyže*]. Ce sont les premières tentatives publiques pour imposer une langue littéraire et promouvoir une culture fondée sur les traditions du peuple mari. Premier poète, il sera également le fondateur du théâtre et de la prose mari. Son œuvre reflète un engagement politique constant en faveur des temps nouveaux et de son peuple ; elle est traversée par un souci didactique permanent : expliciter les racines, les traditions, les valeurs spécifiques de son peuple. Ainsi se trouve condensée dans ses œuvres toute une somme de connaissances sur la culture mari. Trois questions retiennent toute son attention : la langue, les traditions populaires, l'histoire de son peuple.

Son œuvre scénique avait commencé par une farce, écrite avant la révolution, *Le Canard sauvage* [*Kajyk ludo*]. Mais sa pièce la plus célèbre porte le nom d'un héros de la révolte de Pougatchev, *Akpatyr* (1935). Le compositeur Sapaïev a mis en musique dans le style populaire les poèmes que Tchavaïn avait écrits dans sa pièce.

Tchavaïn laisse également une œuvre en prose extrêmement riche : elle comporte des nouvelles, des études sur divers aspects de la culture matérielle et spirituelle mari, et surtout un roman, le classique de la littérature mari encore aujourd'hui, *Elnet* (*).

EVA TOULOUZE.

TCHAVTCHAVADZÉ Ilia Grigorievitch [Il'ja Grigorjevič Cavčavadze]. Patriote et écrivain géorgien. Né le 27 octobre 1837 au village de Kvaréli, tué le 30 août 1907 à Tsitsamuri. Tchavtchavadzé fut, avec Akaki Tzeretheli, le créateur de la langue littéraire moderne en Géorgie. Appartenant à une famille princière, il fut élevé d'abord dans une pension privée de Tiflis (1847-56), puis à Saint-Pétersbourg (1857-61) pour y terminer ses études, mais il dut quitter prématurément l'université, théâtre de graves désordres, et retourna en Géorgie. En 1863, il édita la revue *Le Messager de la Géorgie* [*Sakartvelos moambe*] ; puis, après avoir été pendant plusieurs années juge à Dusceti, il dirigea une banque à Tiflis, de 1874 à 1905. En 1906, Tchavtchavadzé fut élu membre du Conseil d'État, ce qui l'obligea à s'installer à Saint-Pétersbourg. Ses activités sociales et littéraires étaient fort nombreuses ; de 1877 à 1902, comme rédacteur en chef d'un journal important de tendance radicale : *Géorgie* [*Ivéria*], il défendit les droits de la langue géorgienne. En 1906, Tchavtchavadzé fut élu au Conseil d'État ; un an après, il fut tué par des inconnus sur la route de Tiflis à Saguramo. On suppose que la politique ne fut pas étrangère à cet assassinat. Tchavtchavadzé laissa des poésies, des romans, des drames où se reflètent ses convictions politiques et sociales : il voulait que fussent étroitement liées la littérature et la vie. Il s'en prend au système féodal encore vivant à cette époque, dans le poème intitulé *La Vision* [*Vdénié*, 1859], ou encore dans *Le Laboureur* (1858), dans *Le Récit du mendiant* [*Razskaz niščago*, 1859], et dans *Quelques scènes ou un incident de la vie d'un brigand* [*Néskol'ko kartin ili Slučaj iz žizni razbojnika*, 1860]. Les mêmes préoccupations se retrouvent dans ses romans : *Est-ce aussi un homme ?* [*I èto čelovek ?*, 1857-63] et *La Veuve des Otarov* [*Vdova iz doma Otarova*, 1887]. L'intérêt qu'il portait aux questions géorgiennes, à la littérature en particulier, se manifeste dans les *Notes d'un voyageur* [*Zapiski putešestvennika*, 1861], et son patriotisme toujours latent et ses convictions libérales dans des poèmes tels que *Le Jour où la Commune tomba* [*Den' padénija Kommuny*, 1871], et surtout, dans *L'Ermite* (*) qui date de 1883 et qui exalte le folklore national. À sa mort, le poète fut enseveli dans le « panthéon » géorgien (Mtazminda) de Tiflis.

RÉF. : G. Kikovdzé, *Les Classiques géorgiens* (en russe), Tiflis, 1942.

TCHEKHOV Anton Pavlovitch [Anton Pavlovič Čehov]. Écrivain russe. Né le 17 (30) janvier 1860 à Taganrog (Crimée), mort le 2 (15) juillet 1904 à Badenweiler. Tchekhov peut être considéré comme l'un des plus représentatifs parmi les grands écrivains russes du XIXe siècle, bien qu'il fût de tous le plus ouvert aux influences modernes les plus diverses. Élevé dans une famille peu fortunée et de mœurs fort simples dont le chef, Pavel, modeste marchand, était le petit-fils d'un paysan-serf, Tchekhov termina ses classes à Taganrog, où il était resté seul, après le départ de sa famille pour Moscou ; de 1879 à 1884 il fit sa médecine à l'université de cette ville ; toutefois, depuis plusieurs années déjà, il s'intéressait plus à la littérature qu'à ses études et finalement délaissa celles-ci, se faisant rapidement connaître par des contes humoristiques publiés dans différentes revues et, en volume, pour la première fois en 1886, sous le titre *Récits divers* (*). Encouragé par l'écrivain Grigorovitch et par Souvorine, le directeur du plus grand quotidien russe *Le Temps nouveau* [*Novoe Vremja*], avec qui il fut lié d'une cordiale amitié pendant de longues années, et s'étant libéré des formes un peu rigides du récit humoristique, Tchekhov trouva sa véritable voie, celle de romancier, qu'intéressent les plus brûlants problèmes de la personnalité et de la vie humaine. En 1888 parut un récit caractéristique : *La Steppe* (*), écrit en même temps que le drame *Ivanov* (*), la première de ses pièces qui connut le succès, après plusieurs tentatives malheureuses. L'existence de Tchekhov, à partir de ce moment-là, ne comporte plus d'événements saillants, à l'exception d'un voyage jusqu'à l'île Sakhaline, fait par la Sibérie à l'aller, et le long des côtes de l'Inde au retour. Il laissa des documents sur ce périple dans ses nouvelles *L'Ile Sakhaline* [*Ostrov Sahalin,* 1891] et *En déportation* [*V ssylke,* 1892]. Durant la famine qui, en 1892-93, dévasta la Russie méridionale, il prit part à l'œuvre de secours sanitaire. Ensuite, il passa de nombreuses années dans sa petite propriété de Mélikhovo, proche de Moscou, où il écrivit la plus grande partie de ses nouvelles et de ses pièces les plus célèbres. Atteint de tuberculose, il dut s'installer en Crimée, d'où, à plusieurs reprises, pour se soigner, il se rendit en France et en Allemagne.

Vers la fin du siècle, deux événements se produisirent dans sa vie qui semblèrent en modifier le cours : son orientation nouvelle vers la gauche qui l'éloigna de son ami Souvorine, conservateur, et le succès de sa pièce *La Mouette* (*), au théâtre d'art de Stanislavski et Némirovitch-Dantchenko. L'une des autres conséquences de ses nouvelles opinions fut le geste qu'il accomplit à l'exemple de Korolenko : il démissionna de l'Académie qui, après avoir nommé Gorki membre honoraire, annula cette nomination sur l'ordre du gouvernement. Le succès de *La Mouette* vint, à l'improviste, persuader Tchekhov de ses capacités d'auteur dramatique, alors qu'il en avait douté à la suite de la chute de cette même pièce au théâtre Alexandrinski de Saint-Pétersbourg. *La Mouette* fut suivie avec un égal succès de *L'Oncle Vania* (*) (1899), des *Trois Sœurs* (*) (1900, joué en 1901) et de *La Cerisaie* (*) (1904). En revanche, *Platonov* (*) ne fut jamais représenté de son vivant. Entre-temps, le nombre de ses récits auxquels il dut de gagner une popularité toujours croissante en tant qu'interprète des dispositions et des états d'âme de son temps s'était considérablement augmenté – v. *Ma vie* (*), *La Salle 6* (*), le *Récit d'un inconnu* (*), *Le Moine noir* (*), etc. Dans ses pièces comme dans ses nouvelles, on relève une atmosphère spéciale, que Korolenko a excellemment définie comme l'état d'âme d'un joyeux mélancolique. La pleine appréciation de la valeur artistique de l'œuvre de Tchekhov n'est venue que plus tard ; toutefois, il convient de rappeler l'admiration que professèrent pour lui Léon Tolstoï et Maxime Gorki, ainsi que l'influence qu'il exerça hors de Russie, sur Katherine Mansfield par exemple.

ETTORE LO GATTO.

♦ *« Il est un des rares dont on a envie de lire les nouvelles une seconde fois. »* Léon Tolstoï. ♦ *« Personne n'a mieux réussi que Tchekhov dans la représentation de la faillite de la nature humaine dans la civilisation actuelle, et plus particulièrement de la banqueroute de l'homme instruit, lorsqu'il est placé face à face avec la petitesse sordide de la vie de tous les jours. »* P. Kropotkin. ♦ *« Aucun des contes de Tchekhov n'est indifférent, et certains sont remarquables. »* A. Gide. ♦ *« Je n'ai jamais vu un homme qui, aussi profondément, aussi complètement qu'Anton Pavlovitch ait senti l'importance du travail comme fondement de la civilisation. »* Maxime Gorki.

RÉF. : Vicomte E.-M. de Vogüe, *Anton Tchekhof,* article dans le numéro du 1er janvier 1902 de *La Revue des Deux Mondes,* Paris. – Ossip-Lourié, *La Psychologie des romanciers russes du XIXe siècle,* Paris, 1905. – Maxime Gorki, *Trois Russes,* tr. fr., Paris, 1935. – Irène Nemirovski, *La Vie de Tchekhov,* Paris, 1946. – Elsa Triolet, *L'Histoire d'Anton Tchekhov,* Paris, 1954. – Numéro spécial de la revue *Europe,* août-septembre 1954, Paris. – Sophie Laffitte, *Tchekhov par lui-même,* Paris, 1955. – Ernest J. Simmons, *Tchekhov,* Paris, 1962. – Léon Chestov, *L'Homme pris au piège,* Paris, 1966. – Daniel Gillès, *Tchekhov, ou le Spectateur désenchanté,* Paris, 1967. – *Silex,* N° 16, 1980. – Jovan Hristić, *Le Théâtre de Tchekhov,* Lausanne, 1982. – Henri Troyat, *Tchekhov,* Paris, 1985. – Vladimir Nabokov, *Littératures II,* Paris, 1985. – Alexandre Zinoviev, *Mon Tchekhov,* Paris, 1989. – *Histoire de la littérature russe,* t. 1, Paris, 1990.

TCH'ENG HAO [Cheng Hao] (surnommé Ming-tao). Philosophe chinois. Né à Louo-yang (Heu-nan) en 1032 et mort en 1085. C'est l'aîné des deux célèbres fils de Tch'eng Siang. Il fut, avec son cadet Tch'eng Yi, disciple de Tcho Touen-yi. D'une intelligence précoce, il obtint le titre de docteur en 1057. Nommé magistrat à Hou, dans le Chaan-si, il sut acquérir en peu de temps une grande réputation, spécialement pour avoir détruit dans un temple bouddhiste une statue de pierre d'où la population prétendait voir sortir des rayons lumineux. Ce phénomène extraordinaire avait donné lieu à de singulières réunions d'hommes et de femmes. Adversaire déclaré du fameux réformateur Wang An-che, Tch'eng Hao préféra s'écarter du centre du gouvernement et accepter une charge en province. Il fut nommé dans le Chaan-si, puis dans le Heu-nan ; peu après, il se retira à Louo-yang, où il enseigna et travailla à la compilation du *Tong sin chou* et à son propre ouvrage de philosophie – v. *Œuvres complètes des deux Tch'eng* (*). Son disciple le plus célèbre fut le critique et philosophe Tchou Si. Après sa mort, Tch'eng fut élevé au rang de comte et, en 1241, on l'admit dans le temple de Confucius, insigne honneur réservé à quelques rares élus.

RÉF. : A. C. Graham, *Two Chinese Philosophers, Ch'eng Ming-tao and Ch'eng Yi-ch'uan,* Londres, 1958.

TCHENG KOUANG-TSOU [Zheng Guangzu]. Dramaturge chinois dont on ignore tout sauf qu'il vécut au milieu du XIVe siècle et fut incinéré à Hang-tcho. Il fut l'auteur de dix-huit pièces, dont il ne reste que huit, la plus célèbre étant *Ts'ien-niu quitte son âme* (*). Il fait partie des « quatre grands dramaturges de l'époque Yuan », et son œuvre est donc représentée dans *Choix de pièces Yuan* (*).

JACQUES PIMPANEAU.

TCHENG PAN-TS'IAO [Zheng Banqiao] (surnom de Tcheng Sie). Poète, peintre et calligraphe chinois. Né en 1693 à Sing-houa (dans la province du Tsiang-sou), et mort en 1765 probablement à Yang-tcho. Celui que l'on qualifiait de « trois fois hors pair » excellait en effet dans la peinture (de bambous notamment) comme en littérature et en calligraphie. Docteur en 1736, il fut nommé sous-préfet dans le Chan-tong, successivement à Fan-sien et à Wei-fang. À son arrivée dans cette dernière ville, la famine y sévissait, et l'on raconte que Tcheng Pan-ts'iao fit ouvrir les greniers afin de secourir la population. Son administration fut si bien appréciée que, lorsqu'il démissionna en 1753, les habitants voulurent l'empêcher de quitter la ville en lui barrant le chemin, et finirent par ériger un temple en son honneur. Anticonformiste sans doute, allant, dit-on, à rebours des mœurs établies par ses paroles comme par ses actes, il fut désigné comme l'un des « huit excentriques de Yang-tcho » — où il passa la fin de sa vie. Il aurait réuni lui-même le *Recueil des œuvres de Tcheng Pan-ts'iao* (*).

VALÉRIE LAVOIX.

TCHENG TCHEN-TOUO [Zheng Zhenduo]. Historien chinois. Né le 19 décembre 1898 à Wen-tcho (Tcheu-tsiang), et mort le 18 octobre 1958 dans un accident d'avion à l'étranger. Il fut le plus grand historien moderne de la littérature chinoise. Après le Mouvement du 4 mai 1919, il fut l'un des fondateurs de la Société des recherches littéraires et des revues *Littérature* [*Wen-siue*] et *Le Mensuel du roman* [*Siao-chouo yue-pao*], où parurent un grand nombre des œuvres importantes de la littérature moderne. Il créa le premier hebdomadaire pour enfants. Bibliophile, il édita toute une série de livres anciens ; et ceci l'amena en 1929 à venir à Paris examiner les ouvrages chinois de la Bibliothèque nationale. Il fut aussi essayiste, auteur de nouvelles et traducteur ; il introduisit en Chine la mythologie grecque, Tagore et différents auteurs russes et d'Europe centrale. Son *Histoire illustrée de la littérature chinoise* [*Tch'a-t'ou tchang-Kouo wen-siue che*] en quatre volumes (1932) et son *Histoire de la littérature populaire chinoise* (*) (1938), grâce à l'autorité d'un grand nombre de nouveaux documents, ont complètement renouvelé les points de vue existants et sont devenus des classiques.

JACQUES PIMPANEAU.

TCH'ENG YI [Cheng Yi] (surnommé Yi-tch'ouan). Philosophe chinois. Né à Louo-yang (Heu-nan) en 1033, mort en 1107. Il était le plus jeune, et devint le plus célèbre, des deux fils de Tch'eng Siang. Ces deux personnages formaient avec Tchang Tsai, Tcho Touen-Yi et Chao Yong le groupe des cinq philosophes qui permirent l'avènement du néo-confucianisme de Tchou Si. Tch'eng Yi acheva ses études à l'âge de vingt-quatre ans et obtint le titre de docteur. Il refusa le poste que lui offrait le gouvernement et vécut retiré dans sa maison, où il se consacra entièrement au commentaire du *Yi-tsing* (*). Grâce à la protection de Se-ma Kouang, il devint le tuteur du jeune empereur Tche-tsong (1085-1100). Tch'eng Yi se fit beaucoup d'ennemis à la Cour, dont le poète Sou Tong-po, et, en 1097, il fut envoyé au loin dans le Se-tchouan. Quelques années plus tard, on le rappela dans la capitale et il fit de nouveau partie de l'Académie impériale. Las des vicissitudes de la politique, il se retira définitivement en 1103, et partagea son temps entre l'étude et la rédaction de ses œuvres — v. *Œuvres complètes des deux Tch'eng* (*).

RÉF. : A. C. Graham, *Two Chinese Philosophers, Ch'eng Ming-tao and Ch'eng Yi-ch'uan,* Londres, 1958.

TCH'EN JO-SI [Chen Ruoxi] (ou Tch'en Sio-mei). Romancière chinoise. Née à T'ai-pei en 1938. Tch'en Jo-si fit ses études à l'université nationale de Taiwan, et y composa ses premières fictions. Elle participa à la revue *Littérature contemporaine* avec Pai Sien-yong (né en 1937). Profitant d'un séjour aux États-Unis, elle décide de « rentrer » en Chine populaire en 1966, afin d'y « servir le peuple ». Pendant les sept premières années de la « révolution culturelle » — qui lui vaudront tous les désenchantements, elle n'a plus écrit. En 1973, elle parvient à regagner Hong Kong, avant d'émigrer au Canada. Le souci formel, parfois maniériste, de ses premiers écrits a laissé place dans *Le Préfet Yin* (*) à un sentiment d'urgence et à la volonté de témoigner de ce qu'elle a vécu.

VALÉRIE LAVOIX.

TCH'EN MENG-LEI [Chen Menglei] (appellation honorifique : Cheng Tchai). Érudit chinois. Né à Hou-Kouan (Fou-tsien) en 1651, mort en exil en 1723. Après avoir achevé ses études, il obtint le titre de docteur en 1670 et fut invité à faire partie de l'Académie Han-lin, grâce à l'intervention de K'ang-Si (1662-1723) dont il était devenu l'ami intime. C'est en 1674 qu'éclatèrent trois révoltes dirigées contre la dynastie ; celle qui était dirigée par Keng Tsing-tchong dans la province de Tch'ên, le Fou-tsien, contraignit par la force tous ceux qu'elle pouvait atteindre à y adhérer, de sorte que Tch'en Meng-lei se trouva compromis malgré lui. Arrêté en 1680, il fut condamné à mort, mais cette peine fut commuée par la suite en exil. Tch'en Meng-lei dut gagner la Mandchourie. Il y apprit le mandchou, et, bien qu'il se trouvât là en qualité d'esclave, il n'en fut pas moins estimé et traité comme un grand personnage. Ayant obtenu son pardon, il fut appelé à Pékin en qualité de précepteur de Yin-Tche, le fils de l'empereur. C'est alors qu'il fut chargé de diriger la rédaction de la *Collection d'illustrations et de livres anciens et modernes* (*). Il y travailla jusqu'à ce qu'en 1723 le nouvel empereur Che-tsong (régnant de 1723 à 1736) l'envoie en exil. La *Collection* fut achevée sous la direction de Tsiang T'ing-si (1668-1732) en 1726.

TCH'EN TSE-ANG [Chen Ziang]. Poète chinois. Né vers 659 et mort en 700, à Chen-hong (province du Se-tch'ouan). Sa poésie marqua un tournant : elle rompit avec la poésie de Cour ornée et frivole de l'époque précédente. En effet, Tch'en Tse-ang, qui par deux fois participa à des expéditions aux frontières et qui prit part activement à l'administration, défendit une poésie inscrite dans la réalité. Dans ses mémoires au trône, il proposa des châtiments d'autant plus sévères que le coupable avait une position élevée, le recours aux hommes de talent, une éducation moins littéraire et plus imprégnée de l'esprit des rites pour servir le gouvernement et l'affermir. Son œuvre fut recueillie par l'un de ses amis sous le titre : *Œuvres de Tch'en Po-yu* (*), Po-yu étant l'autre prénom de Tch'en Tse-ang.

JACQUES PIMPANEAU.

TCH'EN YING-TCHEN [Chen Yingzhen]. Écrivain de Taiwan. Né le 19 novembre 1937 dans une famille de missionnaires, il passe sa petite enfance à Ying-keu et à Pan-ts'iao, petits villages dans le district de Taipei. Deux événements tragiques marquent sa prime jeunesse. À neuf ans, il perd son frère jumeau, et s'enfonce dans une crise d'identité. Puis il assiste au départ d'une jeune fille qu'il considérait comme une sœur : ses parents ont dû la vendre. Vers l'âge de dix ans, il découvre Lou Siun, plus tard Tchekhov, puis l'auteur de *Rashomon* (*), Akutagawa Ryunosuke. Il achève ses études d'anglais en 1961 et collabore à plusieurs revues littéraires dont *Sien-tai Wen-siue* et *Tsi-k'an*. En 1968, après avoir publié deux volumes de nouvelles, *L'Étoffe des généraux* (*) et *Ma première enquête* [*Ti-yi-tsien tch'a-che*], il est arrêté et condamné à dix ans de prison pour activités subversives. En fait, les raisons de son arrestation n'ont jamais été élucidées. Tch'en Ying-tchen est amnistié en août 1975, à la suite de la mort de Chang Kai Shek. Après avoir été professeur, puis cadre dans une entreprise multinationale, il dirige actuellement à Taipei sa propre imprimerie.

Auteur de nouvelles et de poèmes, critique littéraire et cinématographique, il est l'un des écrivains chinois les plus populaires à Taiwan et à Hong Kong, et il est tenu pour l'un des meilleurs théoriciens de la « littérature du terroir » [Siang-t'ou wen-siue].

Le point de vue et le ton de Tch'en Ying-tchen changent sensiblement entre ses débuts en 1959 et son arrestation, et bien plus encore après sa libération en 1975. Il renie alors ses écrits antérieurs comme des élucubrations de petit bourgeois naïf. Désormais, il présente les faits bruts, de manière objective. La relation entre l'individu et les forces oppressives devient explicite. La série inachevée *Washington Building, Un train dans la nuit* (1978), *Nuages* (1980) et *Le Roi des vendeurs* (1982) décrit le monde des multinationales avec un didactisme et un moralisme qui en font des œuvres de réflexion plutôt que des récits.

Tch'en Ying-tchen retrouve ses racines paysannes et peint le petit peuple dans la réalité d'aujourd'hui avec un souci de justice sociale qui constitue l'un des traits essentiels de la tradition littéraire taiwanaise.

ANNE GUERRAND.

TCHÉREPNINE Nicolas Nicolaïevitch [Nikolaj Nikolaevič Čerepnin]. Compositeur russe. Né à Saint-Pétersbourg le 2 (14) mai 1873, mort à Issy-les-Moulineaux (Yvelines) le 26 juin 1945. Après avoir fait des études de droit, il entra au Conservatoire de sa ville natale, où il étudia le piano et — sous la direction de Rimski-Korsakov — la composition. De 1908 à 1914, Nicolas Tchérepnine dirigea l'orchestre de l'Opéra russe créé en Occident par Serge de Diaghilev, avec lequel il fit la tournée de toutes les capitales. Rentré en Russie en 1914, il fut nommé, en 1918, directeur du Conservatoire de Tiflis. En 1921, il émigra et vint s'installer à Paris, qu'il ne quittera plus jusqu'à sa mort. Parmi ses premières œuvres, peu personnelles et qui reflètent l'influence de Rimski-Korsakov, il faut mentionner le ballet *Le Pavillon d'Armide* (1903). Pour la troupe de Diaghilev, Tchérepnine écrivit les ballets *Narcisse* et *Un conte russe*. On lui doit également un opéra, *Le Marieur* [*Svat*, 1920], écrit sur un livret tiré de la comédie d'Ostrovsky : *Pauvreté n'est pas vice* (*) ; un poème symphonique, *Macbeth* (1921), et l'orchestration de l'opéra de Moussorgski, *La Foire de Sorotchintzi* (*). Cet opéra, terminé par Tchérepnine, fut représenté à Monaco le 17 mars 1923. Son fils, Alexandre Nikolaïevitch Tchérepnine, né à Saint-Pétersbourg le 9 (21) janvier 1899, mort à Paris le 29 septembre 1977 et qui, comme son père, avait quitté sa patrie pour se fixer à Paris, est également un compositeur connu.

TCHERNIHOVSKI Shaül. Poète hébraïque. Né le 20 août 1875 à Mickaïlovsk (Crimée), mort le 14 septembre 1943 à Jérusalem. Grâce à un contexte familial cultivé et humaniste, Tchernihovski est élevé dans la tradition mais mêlé à son entourage non juif, pénétré dès l'enfance de l'héritage hébraïque des Lumières et des idées sionistes du mouvement Hivat-Tsion. Cinq périodes jalonnent son existence. La « période d'Odessa » (1890-

1899) : parti entreprendre des études commerciales sous l'injonction de ses parents, il se consacre surtout à l'apprentissage des langues étrangères (allemand, français, anglais, grec et latin) qui le prédispose déjà à son immense travail ultérieur de traduction. Il fréquente les mouvements sionistes et côtoie les cercles de la Nouvelle littérature hébraïque. En 1898 est publié le premier recueil de *Visions et Mélodies* (*). La « période d'Heidelberg et Lausanne » (1899-1906) : se rendant à Heidelberg pour étudier la médecine, il s'enthousiasme pour la philosophie de Nietzsche qui imprègne sa poésie de l'époque. Son exaltation de la beauté grecque ne contredit en rien son adhésion à un sionisme concret, héroïque, en opposition totale au sionisme spirituel d'Ahad Ha Am. Il est reçu docteur en médecine à Lausanne en 1906. La « période russe » (1906-1922). De retour en Russie, il connaît de nombreuses tribulations. Sa judéité l'empêche tout d'abord d'exercer la médecine, et il est emprisonné comme « criminel politique » en 1907. Témoin tour à tour de la Première Guerre mondiale et de la révolution bolchevique, il se réfugie dans l'évocation de l'enfance à travers une poésie éminemment paisible et bucolique.

Il traduit aussi *Le Banquet* (*) de Platon (publié en 1929) et s'attelle à la traduction de l'*Iliade* (*) d'Homère. La « période berlinoise » (1922-1931) : il parachève ses plus grandes traductions dont les plus remarquables sont *Le Malade imaginaire* (*), *Macbeth* (*), l'*Iliade* et l'*Odyssée* (*). Sa poésie se fait l'écho des événements antérieurs d'Odessa, où le tragique prend forme par l'utilisation prédominante du sonnet. La « période palestinienne » enfin (1931-1943) : arrivé à Jérusalem, il se lance dans l'écriture d'un *Dictionnaire des termes médicaux et des sciences humaines*, lesquels seront dès lors en usage dans la langue hébraïque. Le génocide des Juifs d'Europe le fait à nouveau se réfugier dans le folklore de l'enfance à travers une poésie épique. Considéré comme un des plus grands poètes de la renaissance de la littérature hébraïque, il brise les limites de celle-ci en la dotant de la richesse de la littérature mondiale pour la rendre plus universaliste. Son talent de traducteur est tout aussi indéniable. Deux tendances contradictoires marquent son œuvre : un regard idéaliste sur l'homme saisi dans son appartenance au monde, et un regard tragique appréhendant l'homme comme étranger à celui-ci. Cette ambivalence est concrétisée par sa prédilection pour deux formes classiques : l'idylle et la ballade. Mais elle traduit surtout un double sentiment d'exclusion et d'intégration à l'égard du monde juif, lui-même allant jusqu'à se définir comme « pousse étrangère ».

KATHERINE WERCHOWSKI.

TCHERNYCHEVSKI Nikolaï Gavrilovitch [Nikolaj Gavrilovič Černyševskij]. Écrivain russe. Né le 12 (24) juillet 1828 à Saratov, mort dans cette même ville le 17 (29) octobre 1889. Il fut le plus important des trois écrivains russes dont les œuvres critiques ont fortement influencé la vie intellectuelle de leur pays pendant toute la seconde moitié du XIXe siècle et éduquèrent plusieurs générations d'étudiants (les deux autres furent Dobrolioubov et Pissarev). Fils d'un prêtre orthodoxe, Tchernychevski fréquenta d'abord le séminaire de sa ville natale, puis, à partir de 1846, suivit les cours de la faculté de philologie à l'université de Saint-Pétersbourg où, tout en continuant ses études, il se passionna pour les problèmes politiques et sociaux de l'Europe de 1848, qui avaient un grand retentissement en Russie. Après deux années passées à Saratov comme maître d'école, il retourna, en 1852, dans la capitale. Entré à la rédaction de la revue *Le Contemporain* [*Sovremennik*], dirigée par le poète Nekrassov, il s'y affirma dès ses débuts comme le continuateur des idées de Belinski. La publication, en 1855, de sa thèse de doctorat (écrite en 1853) sur *Les Rapports esthétiques de l'art et de la réalité* le révéla au public russe comme un critique original soutenant que l'art, en tant qu'imitation de la réalité, ne peut être qu'inférieur à celle-ci. Les études littéraires qu'il fit paraître dans *Le Contemporain* (1855-56) furent plus tard réunies sous le titre *Essais sur l'époque de Gogol dans la littérature russe* [*Očerki gogolevskago perioda russkoj literatury*] ; c'est à ces études critiques que remonte le courant littéraire dit utilitariste.

De 1857 à 1862, Tchernychevski s'occupa de problèmes économiques, combattant les réformes d'Alexandre II, qu'il jugeait inadéquates et insuffisantes, malgré cet énorme pas en avant que représentait l'abolition du servage (1861). Il réclamait des réformes sociales encore plus radicales et prônait, au besoin, l'action révolutionnaire directe. De cette époque (1860) datent, entre autres, sa *Monarchie de Juillet* [*Ijul' skaja monarhija*] et *Capital et travail* [*Kapital i trud*]. En 1859, Tchernychevski se rendit à Londres où il dut s'entendre avec Herzen et son groupe sur les possibilités d'une action révolutionnaire directe. Auteur d'une proclamation adressée aux paysans russes en 1861, il fut arrêté en juillet 1862. Pendant sa détention préventive à la forteresse Saint-Pierre-et-Saint-Paul à Saint-Pétersbourg, il composa son roman le plus célèbre, *Que faire ?* (*), qui, passant, chapitre après chapitre, successivement par la commission d'enquête et la censure, parvint à la rédaction du *Contemporain* qui l'imprima dans ses colonnes (1862-1863). Ce roman est encore de nos jours considéré comme l'ouvrage de base de la littérature révolutionnaire russe. Condamné, en mai 1864, au bagne à vie, Tchernychevski fut autorisé, en 1883, après dix-neuf années passées d'abord dans les mines de Nertchinsk puis en déportation dans la petite ville de Viljuisk, à quitter la Sibérie.

Il fut transféré à Astrakhan et, six ans après, obtint l'autorisation de retourner dans sa ville natale, où il mourut la même année d'un transport au cerveau.

ALEXANDRE LABZINE.

♦ « *Même ceux de ses articles qui devaient passer par la censure furent des enseignements qui formèrent une pépinière de vrais révolutionnaires.* » Lénine.

RÉF. : F. Venturi, *Les Intellectuels, le peuple et la révolution,* Paris, 1972. – W. Bannour, *Les Nihilistes russes,* Paris, 1978. – Article de C.-S. Ingerflour dans *Dictionnaire des œuvres politiques,* Paris, 1986.

TCHICAYA U TAM'SI (nom de plume de Gérald Tchicaya). Écrivain congolais. Né le 25 août 1931 à Mpili (Congo), il s'est éteint brusquement le 22 avril 1988, dans sa retraite campagnarde de Bazancourt, dans l'Oise. Fils de Jean-Félix Tchicaya, député du Moyen Congo sous la IVe République, il passe son enfance à Pointe-Noire, avant de rejoindre le lycée d'Orléans, puis Paris qui est pour lui un enchantement plein d'énigmes. Il fréquente un temps le lycée Jeanson-de-Sailly, mais très vite cet enfant rebelle aux études abandonne livres et famille pour courir l'aventure.

Si ses premiers recueils, *Le Mauvais Sang* (*) (1955) et *Feu de brousse* (+) (1957), reflètent encore l'influence des poètes français (« Je m'avoue une certaine parenté de corps avec un certain Arthur », confie-t-il dans « Le Forçat »), Tchicaya n'en affirme pas moins, déjà, un ton très personnel.

À partir de 1957 il s'engage dans une carrière de journalisme radiophonique, mais dès l'annonce de l'indépendance du Congo belge, il se précipite à Léopoldville, aux côtés de son éphémère leader, Patrice Lumumba. *Épitomé* (+), le troisième recueil poétique, qui paraît en 1962, exprime toute la souffrance du poète au lendemain de la tragédie congolaise. Fasciné par la figure du Christ, avec laquelle il s'identifie en plus d'une page (« Épine pour épine / nous avons commune couronne d'épine »), Tchicaya atteint ici les sommets d'une poésie associant l'humour et la provocation à l'expression de la plus totale détresse.

De retour en France, après l'assassinat de Lumumba, Tchicaya travaillera pendant près de vingt ans à l'U.N.E.S.C.O., menant de front une action novatrice dans le domaine de l'enseignement et une carrière littéraire qui associe étroitement poésie, théâtre – *Le Zulu,* suivi de *Vwème le Fondateur* (1977), *Le Destin glorieux du maréchal Nnikon Nniku, Prince qu'on sort* (1979) –, prose romanesque enfin avec la trilogie constituée par *Les Cancrelats* (1980), *Les Méduses* (1982) et *Les Phalènes* (1984), un recueil de nouvelles, *La Main sèche* (1980) et un dernier roman, *Ces fruits si doux de l'arbre à pain* (1987).

Tchicaya avait également publié cinq autres recueils poétiques, *À triche-cœur* (1961), *L'Arc musical* (1970), *Le Ventre* (1964), *La Veste d'intérieur,* suivi de *Notes de veille* (1977) et *Le Pain ou la cendre* (1978).

Enfin, tiré d'une nouvelle qui avait déjà fait l'objet de plusieurs lectures scéniques, *Le Bal de N'Dinga* a été monté à titre posthume en octobre 1988, au théâtre de la Tempête, dans une mise en scène de Gabriel Garran.

JACQUES CHEVRIER.

RÉF. : R. Godard, *Trois poètes congolais : M. N'Debeka, J.-B. Tati Loutard, Tchicaya U'Tam'Si,* Paris, 1985.

TCHONG JONG [Tchong Rong] (ou Tchong Hong, prénom public Tchong-wei). Critique littéraire chinois, né vers 468 à Tch'ang-che, dans la province du Heu-nan, et mort vers 518. Tout comme lui, son frère aîné Wan et son frère cadet Siu ont acquis une vaste renommée grâce à leur culture. Tchong Jong devint bachelier en 488, et vice-président d'un des six ministères du temps. Après l'avènement de la dynastie Liang en 502, il fut élu officier de Cour, et servit si bien le gouvernement qu'il devint un peu plus tard secrétaire privé du roi An de Tsin. Il mourut alors qu'il occupait encore sa charge. Mettant à profit ses connaissances littéraires, il écrivit un ouvrage de critique sur la poésie chinoise ancienne, *Classification des poètes* (*), qui est considéré comme l'une des plus importantes œuvres de cette époque.

RÉF. : Siu-kit Wong, *Early Chinese Literary Criticism,* Hong Kong, 1983.

TCHO PANG-YEN [Zhou Bangyan] (prénom public Mei-tch'eng, appelé aussi « le reclus Pureté et Vérité »). Poète chinois. Né en 1057 à Ts'ien-t'ang dans la province du Tsiang-sou, mort en 1121. Auteur d'essais, de poèmes réguliers [che], de « récitatifs » [fou], Tcho Pang-yen est avant tout l'un des plus grands représentants du genre du « ts'e », poème « à chanter », composé selon la prosodie d'un air déterminé. Entré jeune dans la carrière mandarinale, il acquit son premier renom avec le *Fou de la capitale Pien-tsing* [*Pien-tou-fou*] (c'est-à-dire K'ai-feng), présenté en 1083 à l'empereur Chen-tsong (1067-1085). Imitant les « fou » en l'honneur des capitales des Han (206 av. J.-C. - 220 ap. J.-C.), il y faisait aussi l'éloge des nouvelles politiques prônées par Wang An-che (1021-1086), dont il était sympathisant. D'élève, il devint à cette époque directeur de l'université nationale, mais fut éloigné de la Cour en 1087 pour raisons politiques, et occupa des postes administratifs dans plusieurs préfectures et sous-préfectures provinciales. En 1105, l'empereur Houei-tsong (1100-1125) le nomma directeur du bureau de la Musique, dont le rôle était de recenser les airs anciens et d'en créer de nouveaux. On attribue d'ailleurs à Tcho Pang-yen d'excellentes connaissances musicales – à l'instar de Lou Yo (1125-1210) –

qui expliquent au moins en partie la richesse de sa contribution au genre du « ts'e », – v. *Recueil de poèmes Pureté et Vérité* (*).

VALÉRIE LAVOIX.

RÉF. : J. R. Hightower, « The Songs of Cho Pang-yen », in *Harvard Journal of Oriental Studies* 37, 1977.

TCHOSSITCH **Dobritsa** [Čosić Dobrica]. Écrivain serbe. Né le 29 décembre 1921 à Velika Drenova. Après des études secondaires dans un lycée agricole, il s'engage très jeune dans l'action politique, rejoint les partisans de Tito et devient commissaire politique du régiment de Rasine. L'après-guerre le retrouve haut fonctionnaire du parti communiste, puis membre du comité central jusqu'à la fin des années 60. Il se détache alors de la politique du parti, évoluant d'un communisme éclairé au libéralisme, puis vers une idéologie dominée par une seule préoccupation : le sort du peuple serbe. Désormais, c'est à titre d'individu et d'intellectuel libres qu'il va s'exprimer, devant une intelligentsia et une opinion publique de plus en plus attentives à sa parole. Membre de l'Académie serbe des arts et des sciences, il a joué un rôle primordial dans l'élaboration du plan de défense de l'identité serbe, qu'il estimait menacée par les autres nations de l'ex-Yougoslavie, et dans la propagation de l'idée de la grande Serbie, qui devait aboutir à la dislocation de la Yougoslavie et aux guerres qui suivirent. Tchossitch a développé ses prises de position tout au long de sa carrière politique, dans de nombreux essais, articles et études. Deux livres d'essais sont à retenir : *Sept jours à Budapest* [*Sedam dana u Budimpesti*, 1956], témoignage fondamental sur l'écrasement de l'insurrection de Budapest par les Soviétiques ; et *Pouvoir et Peurs* [*Moć i strepnje*, 1971], où est clairement exprimée l'idéologie grand-serbe. L'engagement politique de Tchossitch est également la source de son inspiration romanesque. Après *Loin est le soleil* [*Daleko je sunce*, 1951] qui jouera un rôle décisif dans le dégel des lettres serbes, il aborde la rédaction de sa grande œuvre, un immense roman-fleuve dont les différents livres n'ont pas – ou pas encore – de titre commun, et dont le but est de terminer ce que Crnjanski avait commencé : l'histoire du peuple serbe. Quatre générations de Serbes se succèdent dans cinq romans de plusieurs tomes, dont la date de publication ne correspond pas à la chronologie narrative. *Racines* [*Koreni*, 1954] rapporte les événements politiques de la fin du XIXe siècle. *Partages* [*Deobe*, 1961] décrit la réalité tragique de la Seconde Guerre mondiale. C'est un roman tourmenté où l'auteur pose des questions qui ne trouvent pas de réponses, et dont certains passages méritent bien la place qu'ils occupent dans la littérature serbe. Avec *Le Temps de la mort* [*Vreme smrti*, 1979] Tchossitch entre dans le roman à thèse et sa vision des malheurs du peuple serbe est toute pénétrée de grandeur épique, tandis que la volonté d'expliquer et de convaincre domine *Le Temps du mal* (*) (1985-1990).

JANINE MATILLON.

TCHO TOUEN-YI (appellation honorifique : Mao Chou ; surnom : Lien-Ts'io – torrent caché). Philosophe chinois. Né à Lien-Ts'i (Heu-nan) en 1017 et mort en 1073, il fut le contemporain de Tchang Tsai, de Chao Yong et le maître des frères Tch'eng Hao et Tch'eng Yi. Il vécut pendant la période où régnèrent les Song du Nord (960-1127) et, au point de vue intellectuel, il semble que ce dut être un homme singulier : il faisait une synthèse de la pensée de Confucius, de Lao-tse et du bouddhisme, y incorporant les idées cosmogoniques venues de l'Arabie et de l'Inde, et qui s'étaient répandues en Chine pendant le règne de la dynastie T'ang (618-907). Alors qu'il était encore très jeune, il obtint un poste dans l'armée à Nan-an (Tsiang-si), où il connut le père des frères Tch'eng. Il obtint un peu plus tard un emploi de magistrat dans le Kouang-tong, et s'acquitta avec tant de soin de ses fonctions qu'il en perdit la santé. Poète plein de sensibilité, les fleurs lui furent une source d'inspiration privilégiée. En tant que philosophe, il mêla dans son système du « Faîte suprême », ou T'ai-tsi, la doctrine de Confucius et *L'Inscription de l'Ouest* (*). Il écrivit abondamment, mais il ne nous est resté que deux de ses œuvres : le *Diagramme du faîte suprême* (*), et le *T'ong Chou,* ou *Traité général.* Ces dernières œuvres ainsi que les ouvrages que composèrent les contemporains de Tcho partisans de sa doctrine servirent à Tchou Si et lui permirent de mettre parfaitement au point le système du néo-confucianisme (XIIe siècle). À sa mort, Tcho fut canonisé sous le nom de Yuan Tsong ou « Première Source ».

RÉF. : Chow Yih-ching, *La Philosophie morale dans le néo-confucianisme* (*Tcheou Touen-yi*), Paris, 1954.

TCHOUANG TCHO [Zhuang Zhou] (Tchouang est son surnom, Tcho son nom ; appelé communément Tchouang Tse, ou maître Tchouang). Philosophe chinois originaire du pays de Meng dans l'actuelle province de K'ai-feng au sud-ouest du Chan-toeng. Il vécut dans la seconde moitié du IVe siècle av. J.-C. et, peut-être, le début du IIIe siècle. Nous savons qu'il se retira à Song, près de la montagne de Nan-Houa qui donna son nom à son œuvre. C'est là probablement qu'il mourut. Il fut donc contemporain de Meng Kéu (Mencius). Sa position par rapport à Lao Tse dans le taoïsme est comparable à celle qu'occupait Mencius par rapport à Confucius dans le confucianisme. Son influence sur le taoïsme rappelle également celle que peut avoir saint Paul sur les destinées de l'Église. Ce fut incontestablement le plus remarquable des écrivains de la période Tcho. Se faisant l'interprète des doctrines naturalistes, il lança les plus mordantes attaques à la fois contre Confucius et contre l'école que celui-ci avait fondée, et ceci dans un style où la vivacité du trait sarcastique ne le cédait en rien à la beauté de l'expression. Pareilles qualités lui valurent l'admiration de tous les lettrés chinois, et même de ceux qui n'entraient point dans ses idées. Ce qui chez Lao Tse se traduisait par des épigrammes se transforme chez lui en essais où abondent les anecdotes et les histoires fantastiques. On le désigne parfois comme « l'intendant des jardins des arbres de laque », parce qu'il remplit pendant quelque temps cette charge. Riche et indépendant, il ne se lia jamais avec les penseurs contemporains, comme Mencius, et aucun des deux ne mentionna jamais l'autre dans ses œuvres respectives. Le roi de Tcho lui offrit une fois d'entrer à son service, mais Tchouang Tcho se mit à rire, disant au messager royal qu'il préférait rester un goret crasseux, heureux dans sa fange, plutôt qu'un bœuf gras destiné au sacrifice. Comme il arriva pour Lao Tse, quelques lettrés auxquels rien ne permet d'accorder du crédit ont prétendu que seul le premier des sept essais écrits par le grand philosophe : *Tchouang Tse* (*) est authentique, alors que tout le reste serait faux.

LIN YUTANG.

RÉF. : H. A. Giles, *Chuang-Tsu, Mystic, Moralist and Social Reformer,* Londres, 1889. – L. Wiéger, *Les Pères du système taoïste,* t. II, Hotien fou, 1913. – L. Yutang, *The Wisdom of China,* Londres, 1944, rééd. 1948. – A. Waley, *Three Ways of Thought in Ancient China,* Londres 1939, trad. *Trois courants de la pensée chinoise antique,* Paris, 1949. – J. Zen, « Le Chapitre 33 du Tchoang-tse », in *Bulletin de l'université Aurore,* Shanghaï, 1949. – A. C. Graham, « Chuang-tzu's Essay on Seeing Things as Equal », in *History of Religions,* vol. IX, Chicago, 1969-1970.

TCHOUBAK Sâdegh. Romancier et nouvelliste iranien. Né en 1916 à Shiraz (dans le Sud de l'Iran). Sâdegh Tchoubak fait ses études à Shiraz et à Téhéran, puis entre dans la société nationale des pétroles. Ami de Hedâyat, le chef de file de la littérature persane moderne, il publie dans *Sokhan* ses premiers récits où l'influence de Hemingway, Faulkner et James est très évidente. Mais l'originalité de Tchoubak s'affirme d'emblée dans ses deux premiers recueils de nouvelles : *Les Marionnettes* (*) (1945) et *Le Singe qui avait perdu son clown* [*Antari-ke louti-ash mordeh boud,* 1949]. Tchoubak révèle aussitôt un art consommé dans la conduite du récit : clarté de l'intrigue, unité thématique, minutie de la description. L'auteur s'inscrit dans la tradition naturaliste, sous l'influence de Maupassant. On lui a souvent reproché sa description des bas-fonds, de la misère et du crime, une vision pessimiste et froide, une langue populaire frôlant la vulgarité. Reproches iniques et aveugles devant une œuvre puissante et originale. On peut lire le naturalisme de Tchoubak comme un message, un code, un symbole. L'auteur suit sa voie, sans égard pour les critiques. Il expérimente et mûrit sa vision du monde et son écriture. Deux romans, *Tangsir* (1963) et *La Pierre patiente* (*) (1966), apportent la preuve de sa maturité, confirmée par deux autres recueils de nouvelles : *Premier jour dans la tombe* [*Rouz-e avval-e ghabr,* 1965] et *La Dernière Lumière* [*Tcherâgh-e âkhar,* 1965], qui contiennent quelques-unes des nouvelles les plus subtiles de Tchoubak.

CHRISTOPHE BALAŸ.

TCHOU SI ou TCHOU TSE (appellation honorifique : Yuan Houei, Tchong Houei ; surnom Houei-an). Né à Yots'i (Fou-tsien) en 1130 et mort en 1200. C'est l'un des plus grands philosophes chinois et il vient immédiatement après les grands maîtres de l'ère préchrétienne. Il vécut à l'époque où régnait la dynastie des Song méridionaux (1127-1279), et naquit vingt ans après la mort du dernier de ses précurseurs, Tch'eng Yi. Les changements politiques survenus pendant ces mêmes vingt ans avaient été terribles. Sur le plan culturel, les écoles philosophiques septentrionales des frères Tch'eng avaient préparé le terrain aux théories de Tchou Si, lequel définit le néo-confucianisme rationaliste qui triompha après sa mort et survécut jusqu'en 1905. Tchou Si suivit les enseignements de l'« École de la règle » ou « Li Siue » qui prônait le monisme réaliste de Tch'eng Yi. Il devint l'ami de Lou Tsio Yuan (1139-1193) qui, plus tard, se détacha de lui et perfectionna l'« École de l'esprit » ou « Sin Siue » de Tch'eng Hao, monisme intuitionniste, en s'efforçant de donner la première place à l'illumination et à l'intuition.

Fils d'un employé, Tchou Si fut un enfant précoce, et il n'avait que dix-neuf ans lorsqu'il obtint le titre de docteur. Ayant acquis un poste officiel – il fut également gouverneur du Tsiang-si –, il étudia le bouddhisme et le taoïsme, et l'on dit que pendant quelque temps il fut bonze, mais qu'ensuite, sous la direction d'un philosophe, Li Tong (1093-1163), il se transforma en ardent partisan du confucianisme et s'appliqua à mettre en pratique les théories du Maître. Il avait coutume de se retirer souvent dans la « grotte du Cerf blanc », ou Pai lou tong, près des montages du Kouling, lieu qui devint le siège d'un cénacle d'étudiants. Mais ses doctrines ne furent pas acceptées ; et il eut en plus à se défendre contre les attaques. Il mourut en 1200, absolument découragé. Mais, vingt et un ans plus tard, sa stèle fut admise dans le temple de Confucius et il fut même canonisé sous le nom de Wen Li : « Raison littéraire ». Ce fut non seulement un novateur, mais un homme qui accommoda en système les doctrines précédentes, y apportant la contribution de sa pensée classique, de son argumentation subtile, de sa vaste culture. Sa production littéraire est grandiose – v.

Œuvres complètes du maître Tchou (*). Il est resté célèbre également grâce à la révision qu'il a faite de l'histoire de Se-ma Kouang, intitulée *Miroir universel pour un bon gouvernement* (*) et à ses *Commentaires au Se chou,* devenus obligatoires sous les Yuan (1113, empereur Jen Tsong) et dont l'importance fut à nouveau confirmée sous les Ming (1368-1643) et les Ts'ing (1644-1912), jusqu'à l'abolition des examens d'État en 1905 — v. *Classiques chinois* (*). Sous la dynastie Ts'ing, l'École des Han s'opposa à l'École des Song de Tchou Si. Ce fut une controverse historique de grande envergure, mais les circonstances donnèrent encore une fois raison à Tchou Si, et ceci jusqu'à ce que la philosophie occidentale ait été introduite en Chine.

RÉF. : J. Percy Bruce, *Chu Hsi and His Masters,* Londres, 1923. — G. E. Sargent, *Tchou Hi contre le bouddhisme,* Paris, 1955. — Th. De Bary, *Neo-confucianism Orthodoxy and the Learning of the Mind-and-Heart,* Columbia, 1981 ; *The Message of Mind in Neoconfucianism,* Columbia, 1989.

TEGNÉR Esaias. Écrivain suédois. Né à Kyrkerud (Värmland) le 13 novembre 1782, mort à Östrabo (Växjö) le 2 novembre 1846. Fils d'un pasteur, il travailla comme commis de magasin mais put par la suite étudier à l'université de Lund, où il subvint à ses besoins en devenant précepteur. En 1810 il obtint la chaire d'esthétique de cette même université ; en 1818 il entra à l'Académie de Suède, et en 1824 il fut fait évêque de Växjö. Il participa aussi à la vie publique, et ses dons exceptionnels d'orateur lui acquirent une grande popularité. C'est vers l'année 1812 que l'on doit placer l'épanouissement de ses dons lyriques. De toutes ses œuvres (dix volumes dans l'édition de 1918 à 1925), la plus populaire au cours du XIXe siècle romantique, et jusqu'en dehors de Suède, fut la *Saga de Fridhthjóf* (*). Cependant, parallèlement à un Tegnér « gothique » et romantique, il y a aussi (et il est peut-être le plus authentique) un Tegnér néoclassique. La clarté et le sens de la forme caractérisent la « rhétorique » de Tegnér avec laquelle, qu'ils la louent ou qu'ils la blâment, durent compter les écrivains suédois des générations postérieures, au moins jusqu'au naturalisme. Nature passionnée et pleine de contrastes (ses lettres sont uniques dans son pays), Tegnér, bien qu'occupant un haut rang ecclésiastique, eut une vie sentimentale agitée, voire tumultueuse. Son mariage avec Anna Myhrman ne l'empêcha pas en effet d'être violemment troublé par trois femmes qui vinrent compromettre la paix de son ménage. Frappé de paralysie en 1840, l'écrivain connut au cours de ses dernières années une fin pitoyable et douloureuse — v. *L'Hymne au soleil levant* (1813) et *Axel* (*) (1822).

RÉF. : X. Marmier, *Poètes et Romanciers du Nord,* III, in *Revue des Deux Mondes,* du 15 décembre 1837. — G. Brandès, *E. Tegnér* in *Moderne Geister,* Francfort s. l. M. 1897. — M. Gravier, *Tegnér et la France,* Paris, 1942. — F. Böök, Esaias Tegnér, 2 vol., Stockholm, 1946. — A. Werin, *Tegnér 1782-1825* et *Tegnér 1826-1846,* Lund & Stockholm, 1974-76.

TEIGE Karel. Théoricien littéraire tchèque. Né et mort à Prague (13 décembre 1900-1er octobre 1951). Ce fils de l'archiviste de la ville de Prague participe à la fondation et à l'organisation de tous les mouvements d'avant-garde tchèque d'entre les deux guerres. On le trouve à la naissance de l'« Association pour la culture moderne Devětsil », qu'il anime de 1920 à 1931. Partisan résolu de la révolution sociale (communiste) et artistique, il se lie d'amitié avec le poète Jiří Wolker (1900-1924) et publie avec Seifert, non sans certaines réserves, un « Manifeste de l'art prolétarien » (1922). Deux ans plus tard, il rédige un « Manifeste du poétisme », approfondi, avec Nezval, dans un second Manifeste (1928). Franchement opposé au courant « prolétarien », le poétisme est à mettre en parallèle avec le dadaïsme et le surréalisme en Occident : il met l'accent sur la liberté absolue du « moi » poétique, de ses sens, de sa fantaisie ludique. Il participe à la rédaction de la revue *Le Grand Jeu* (*). En 1934, Teige adhère tout naturellement au groupe surréaliste fondé par Nezval et prend part à toutes les discussions et polémiques, provoquées notamment par l'attitude à prendre vis-à-vis de l'U.R.S.S. (dont il s'éloigne irrémédiablement) : il codirige les recueils *Le Surréalisme en discussion* [*Surrealismus v diskusi*, 1934], *Le Réalisme socialiste* [*Socialistický realismus*, 1935], *Surréalisme* [*Surrealismus*, 1936] et publie son volume d'études *La Foire de l'art* [*Jarmark umění*, 1936] et son pamphlet *Le Surréalisme à contre courant* [*Surrealismus proti proudu*, 1938]. Il s'intéresse aux divers domaines artistiques, notamment aux arts plastiques (il débute, en fait, comme graphiste), au constructivisme, avec *Structure et Poème* [*Stavba a báseň*, 1927], au cubisme, au futurisme, aux artistes tels Archipenko, Zrzavý..., à l'architecture et à l'urbanisme : *L'Architecture moderne en Tchécoslovaquie* [*Moderni architektura v Československu*, 1930], *Architecture de gauche et de droite* [*Architektura levá a pravá*, 1934], au cinéma (étude sur *Le Film*, 1925, sur Chaplin, etc.), à l'art naïf, aux formes de divertissement populaire et à leurs rapports avec l'art moderne, au théâtre, avec les recueils *Le Monde qui rit* [*Svět, který se směje*, 1928], *Le Monde qui sent bon* [*Svět, který voní*, 1930]. Il faut citer encore ses études sur *Baudelaire* (1927), *Lautréamont* (1929), *Maïakovski* (1936). Longtemps partisan des rapports avec l'U.R.S.S., il est parallèlement en relations avec les groupes d'avant-garde français (premier voyage en 1923), allemands (il fait un cours au Bauhaus de Dessau). À la Libération de 1945, il reprend son activité, édite la revue *Kvart*, dirige la bibliothèque d'ouvrages de théorie de l'art... Le régime instauré en 1948 attaque brutalement le « teigisme, agence trotskiste dans la littérature tchèque », ce qui abrège la vie de l'écrivain. Teige étant « réhabilité » pour un temps en 1966, certaines de ses œuvres reparaîtront, tronquées.

VLADIMIR PESKA.

TEILHARD DE CHARDIN, père Pierre. Savant et philosophe français. Né à Orcines (Puy-de-Dôme) le 1er mai 1881, mort à New York le 10 avril 1955. Descendant d'une vieille famille aristocratique établie en Auvergne depuis des siècles, il passa toute son enfance à la campagne, dans la propriété de ses parents, se montrant déjà passionné par le spectacle de la nature. Aussitôt ses études secondaires terminées au collège des jésuites de Mongré, près de Lyon, il entra au noviciat des jésuites d'Aix-en-Provence. Les lois de Combes sur les congrégations ayant été promulguées, le jeune religieux, à partir de 1901, dut aller faire sa théologie à Jersey, et c'est en Angleterre, à Hastings, qu'il fut ordonné prêtre en 1905. À côté de sa vocation sacerdotale, mais liée à elle, la vocation scientifique de Teilhard de Chardin s'était éveillée dès l'adolescence. *Le Cœur de la matière*, texte encore inédit, écrit en 1950 (au cours d'un séjour en Égypte, de 1905 à 1908, Teilhard put se livrer à ses premières études de géologie sur les formations nummulitiques du Mokattan). Son intérêt essentiel allait cependant à la paléontologie : rentré en Angleterre, il participa à des recherches entreprises dans le Sussex qui devaient aboutir en 1912 à la découverte de l'« Eoanthropus Dawsoni » de Piltdown (il semble malheureusement que les savants aient été en cette occasion victimes d'une supercherie). Arrivé à Paris en 1912, Teilhard fut attaché au laboratoire de paléontologie du Museum, sous la direction de Marcellin Boule ; ses travaux jusqu'à la guerre porteront principalement sur les mammifères du tertiaire moyen et inférieur de l'Europe.

Mobilisé en 1914 comme caporal-brancardier dans un régiment nord-africain, Teilhard de Chardin fit une guerre magnifique (médaille militaire, Légion d'honneur). Jusque dans les tranchées de Champagne il continuait ses recherches, et ses découvertes sur la microfaune de Cernay lui fourniront le sujet de sa thèse en Sorbonne. Titulaire de la chaire de géologie de l'Institut catholique dès 1919, il passe son doctorat ès sciences en 1922. Un an plus tard il part pour la Chine, où il séjournera presque continuellement pendant plus de vingt ans. Après une première randonnée (1923-26) en Mongolie orientale, dans les Ordos et le désert de Gobi, Teilhard est nommé en 1929 conseiller du Service géographique national de la Chine. En 1930, il participe à l'expédition du Museum de New York dans le Centre-Asie et prendra une part importante dans la découverte du « Sinanthropus ». D'avril 1931 à février 1932, il accompagne la grande mission transasiatique Haardt-Citroën (la fameuse « Croisière jaune »). Directeur des fouilles de Choukoutien, près de Pékin, en 1932, il part en 1935 dans l'Inde septentrionale et centrale avec la Yale Cambridge Expedition, et fait en 1936, 1937, 1938 des incursions à Java (recherches sur les dépôts originaires du « Pithecanthropus »). Teilhard passera toute la période de la guerre à Pékin et ne reviendra en France qu'en 1945. En 1947, il est nommé directeur de recherches à la Recherche nationale scientifique et, en 1950, élu à l'Académie des sciences. Installé en Amérique, à partir de 1951, en qualité d'attaché à la Wenner-Gren Foundation, il réussit encore, âgé de plus de soixante-dix ans, à faire deux expéditions en Afrique du Sud (1951-53). Ayant publié pendant toute sa vie de nombreuses études techniques dans les périodiques spécialisés, le grand chrétien qu'était Teilhard de Chardin fut très tôt préoccupé d'intégrer ses découvertes dans une perspective générale du « problème humain » accordée à la fois au dogme chrétien et aux exigences de la science moderne. Il consigna ses méditations dans un grand nombre d'écrits qui restaient pour la plupart inédits au moment de sa mort. Dès 1955 commença la publication des *Œuvres complètes*, sous le patronage de diverses personnalités scientifiques et philosophiques. Les volumes parus jusqu'à présent : *Le Phénomène humain* (*) (1955), *Le Groupe zoologique humain* (*) (1956), *L'Apparition de l'homme* (*) (1956), *La Vision du passé* (*) (1957), *Le Milieu divin* (*) (1957), ont suscité l'inquiétude du Vatican et soulevé de vives oppositions dans certains milieux théologiques. Une trentaine de volumes restent encore à paraître. Signalons encore l'édition de ses *Lettres de voyage* (1956-57), de *L'Avenir de l'homme* (*) (1959), d'*Hymne de l'univers* (*) (1961) et de *Genèse d'une pensée (Lettres 1914-1915)* (*) (1964).

MICHEL MOURRE.

RÉF. : Anonyme, *L'Évolution rédemptrice du P. Teilhard de Chardin*, Paris, 1950. – Louis Cognet, *Le Père Teilhard de Chardin et la pensée contemporaine*, Paris, 1952. – François-Albert Viallet, *L'Univers personnel de Teilhard de Chardin*, Paris, 1955. – *La Table Ronde*, numéro spécial, juin 1955. – Claude Tresmontant, *Introduction à la pensée de Teilhard de Chardin*, Paris, 1956. – Henri de Lubac, *Teilhard posthume*, Paris, 1977. – Claude Cuenot, *Teilhard de Chardin*, Paris, 1978. – Mary et Ellen Lukas, *Teilhard : l'homme, le prêtre, le savant*, Paris, 1980. – *Teilhard de Chardin : les origines et le devenir humain* (Cahiers du Rocher, 4), Monaco, 1987.

TEIRLINCK Hermann. Romancier, poète et dramaturge belge d'expression néerlandaise. Né à Molenbeck le 24 février 1879, mort à Beersel le 4 février 1967. Il eut une carrière brillante et se vit attribuer de nombreux postes de confiance dans l'enseignement et la vie culturelle belge. Ses débuts son marqués par l'influence du naturalisme : *Les Histoires champêtres* [*De Landelijke historiën,* 1901], *Le Monde merveilleux* [*De Wonderbare Wereld,* 1902], *L'Astre tranquille* [*Het stille gesternte,* 1903] et *Le Marécage* [*De Dolage,* 1905] sont des nouvelles ou romans paysans. Son intérêt pour les problèmes artistiques le pousse à tenter une transposition, dans le domaine de la prose, de l'impressionnisme pictural – *Soleil* [*Zon,* 1906] –, un esthétisme dont il étudie les prolongements philosophiques et moraux, notamment le dilettantisme, dans deux romans : *Monsieur Serjanszoon* (+) (1908) et *Le Singe d'ivoire* [*Het ivoren aapje,* 1909]. Teirlinck rejettera cependant cette attitude décadente et s'attachera aux grands problèmes moraux. Le théâtre, auquel il se consacre exclusivement de 1922 à 1937, l'y amène. Il adapte des moralités médiévales, écrit des pièces à tendance expressionniste. Signalons *Le Film au ralenti* [*De vertraag de film,* 1922], *Je sers* [*Ik dien,* 1924], *L'Homme sans corps* [*De man zonder lijf,* 1925], *Ave* (1928) et *La Pie sur la potence* [*De ekster op de galg,* 1937]. L'expérience du théâtre a fait naître chez Teirlinck une écriture plus directe, plus synthétique, et davantage de concertation dans la construction de ses romans, ainsi qu'en témoignent *Maria Speermalic* (+) (1940), *Rolande-à-la-houppe* [*Rolande met de bles,* 1944], *Le Combat avec l'ange* (*) (1952) et *Autoportrait ou le Repas d'adieu* (+) (1956). Ceux-ci constituent le couronnement de sa carrière. Alors que le dernier est la confession d'un dilettante à la fin de sa vie, les trois premiers mettent en présence deux thèmes essentiels chez Teirlinck : d'une part un décadentisme poussé jusqu'à la perversité, d'autre part un vitalisme qui tente de renouer avec la nature. Le conflit entre ces deux forces atteint son paroxysme et prend des allures d'épopée dans *Le Combat avec l'ange,* où alternent la chronique d'un domaine, les scènes dramatiques et l'évocation lyrique. En ce qui concerne la technique, signalons que Teirlinck déploie ici avec virtuosité un système « multiperspectiviste » qui témoigne du goût que l'auteur n'a jamais cessé d'avoir pour l'expérimentation formelle. Son *Autoportrait* est un des rares romans à la deuxième personne du singulier.

MICHEL DUPUIS.

RÉF. : P. Bradrin, *L'Expressionnisme dans le théâtre de Hermann Teirlinck,* Paris, 1958. – H. Bousset, *Hermann Teirlinck,* Bruges, 1968.

TELEMANN Georg Philipp. Compositeur allemand. Né à Magdebourg le 14 mars 1681, mort à Hambourg le 25 juin 1767. Telemann étudia à peu près seul la musique et, à l'âge de douze ans, fit représenter dans sa ville natale un opéra dans le style de Lully. En 1701, alors qu'il suivait encore les cours de l'université de Leipzig – où il rencontra Haendel avec lequel il restera lié par une longue correspondance –, il fut nommé organiste de la Neuekirche, ce qui le contraignit à cesser d'écrire des opéras. Trois ans plus tard, Telemann devint maître de chapelle du comte de Prownitz, à Sorau, et trouva là, dans un milieu parfaitement accordé à son tempérament et sous la nette influence française, l'occasion d'étudier profondément les œuvres de Lully, de Campra et de composer de nombreuses ouvertures à la française pour la Cour. Son admiration pour les maîtres français s'augmenta encore à la suite de son voyage à Paris de 1707, au retour duquel il occupa des postes de maître de chapelle successivement à Eisenach, de 1708 à 1712, où il rencontra Johann Sebastian Bach, à Francfort-sur-le-Main et auprès du margrave de Bareuth. Son œuvre déjà très importante lui fit obtenir en 1721 la direction générale de la musique à Hambourg, ville où il devait mourir, après avoir refusé, en 1722, le cantorat de Saint-Thomas de Leipzig qui fut alors attribué à Bach. Comme la plupart de ses confrères de l'époque, Telemann a été un compositeur extrêmement fécond, à qui l'on doit des oratorios, quarante opéras italiens et allemands, environ six cents ouvertures et suites d'orchestre à la française, trente-neuf séries annuelles de cantates d'église et de motets, quarante-quatre passions, des compositions religieuses pour les fêtes, les mariages, les cérémonies funèbres, les installations de pasteurs, etc. À peu près oublié jusqu'à ces dernières années, mais plus célèbre en son temps que Bach, Telemann marque le moment où l'Allemagne musicale a été au plus près de la France de Lully et de Lalande – v. *Cantates* (*) et *Suites, ouvertures* (*) de Telemann.

RÉF. : R. Rolland, *Voyage musical au pays du passé,* Paris, 1919. – E. Valentin, *Telemann in seiner Zeit,* Hambourg, 1960. – J. Wenzel, *Georg Philipp Telemann : Leben-Werk-Wirkung,* Berlin, 1980. – W. Menke, *Georg Philipp Telemann : Leben, Werk und Umwelt in Bilddokumente,* Wilhelmshaven, 1987.

TELESIO Bernardino. Philosophe italien. Né et mort à Cosenza (1508 ou 1509-2 octobre 1588). Il fut élevé par son oncle Antonio Telesio et instruit par lui dans les lettres grecques et latines. Après s'être échappé de justesse de Rome, lors du sac de 1527, Bernardino gagna Padoue et, là-bas, se mit à étudier la physique et les mathématiques. L'acquisition de connaissances scientifiques était indispensable pour le travail qu'il voulait accomplir, son but étant de libérer les esprits de l'emprise que les théories aristotéliciennes avaient alors sur toute la culture et sur tout l'enseignement. Pour mener à bien ce combat ardu, il se retira à Cosenza ; il s'y maria en 1553, refusa d'en devenir archevêque – après son veuvage en 1561 – et, jusqu'à la fin de ses jours, travailla à l'ouvrage, malheureusement inachevé, qui contient toute sa doctrine : *De la nature des choses selon leurs propres* *principes* (*) (1565-1587). Rien ne vaut pour lui que les faits, les sens sont la source de la connaissance, sa physique est purement inductive et n'a plus rien de commun avec les abstractions précédentes. Malgré la mise à l'Index de son œuvre, l'influence de Telesio fut très grande, il a réellement contribué à libérer les esprits d'une autorité dépassée.

C'est à juste titre qu'il est considéré comme le restaurateur de la philosophie en Italie, au temps de la grande renaissance des lettres.

♦ *« Son esprit de liberté et sa hardiesse ouvrent un monde neuf à tous les hommes avides de savoir. »* Campanella. ♦ *« Ce fut le premier d'entre les hommes nouveaux. »* F. Bacon.

RÉF. : C. Bartholmess, *De Bernardino Telesio,* Paris, 1849. – K. Heiland, *Erlebnislehre und Ethik des Bernardino Telesio,* Leipzig, 1891. – G. Gentile, *Bernardino Telesio,* Bari, 1911. – E. Zavattari, *La visione della vita nel Risorgimento e Bernardino Telesio,* Turin, 1923. – M.P. Lerner, *Aristote « oublieux de lui-même » selon Bernardino Telesio,* in *Les Études philosophiques,* Paris, 1986. – L. de Franco, *Bernardino Telesio. La vita e l'opera,* Cosenza, 1989.

TELLIER Jules. Poète français. Né au Havre le 13 février 1863, mort à Toulouse le 20 mai 1889. Enfant singulièrement doué, il fit ses études au lycée de sa ville natale et, en rhétorique, fut élève de Jules Lemaitre. Entré à l'université en 1882, il fut professeur à Cherbourg, à Langres, à Moissac. En 1883, il fit paraître un recueil de vers, *Les Brumes*, lequel constitue peut-être le meilleur de son œuvre. Devenu l'ami de Barrès, de La Tailhède et de Le Goffic, il fonda avec eux la revue *Les Chroniques.* En 1888, il publia un volume de critiques : *Les Écrivains d'aujourd'hui : nos poètes.* Ayant fait peu après un voyage en Algérie, il fut au retour atteint de fièvre typhoïde et mourut à l'hôpital. Jules Tellier était un très noble esprit qu'obsédait l'idée de la mort. Ses *Reliques* (*) furent, peu après sa mort, publiées par La Tailhède (1890).

TENNYSON Alfred, premier lord du nom. Écrivain anglais. Né à Somersby (Lincolnshire) le 6 août 1809, mort le 6 octobre 1892 à Aldworth (Surrey). C'était le quatrième fils d'une famille de douze enfants et son père, pasteur anglican, exaspéré par les difficultés financières, avait un caractère mélancolique et irritable qui troublait souvent la vie familiale et dont héritèrent la plupart de ses fils. Tennyson dut beaucoup à l'éducation littéraire que lui donna son père et fut de bonne heure en possession d'une excellente technique de versificateur en même temps que d'un riche vocabulaire poétique. *La Femme et le Diable* [*The Devil and the Lady*], écrit en « vers blanc » aux environs de 1823, témoigne déjà de ces diverses connaissances et révèle une certaine aptitude à la réflexion philosophique. Les poèmes appartenant à cette période parurent dans son premier livre anonyme : *Poèmes composés par deux frères* [*Poems by Two Brothers,* 1827] auquel collaborèrent ses frères Frederick et Charles. Alfred Tennyson entra, en 1828, au Trinity College de Cambridge et y mûrit ses dons poétiques sous l'influence d'un groupe d'amis et d'admirateurs enthousiastes qui comprenait notamment W. E. Gladstone et A. H. Hallam. C'est avec leurs encouragements qu'il publia, en 1830, *Poésies, surtout lyriques* [*Poems, Chiefly Lyrical*], recueil qui contient : *Souvenirs des mille et une nuits* [*Recollections of the Arabian Nights*], *Mariana, La Ballade d'Oriane* [*The Ballad of Oriana*] et de nombreux autres poèmes qui, s'ils sont loin encore d'atteindre à la perfection dont Tennyson se montrera plus tard capable, révèlent toutefois, par leurs essais métriques, une liberté nouvelle d'expression. Le livre reçut un accueil discret, mais les revues critiques les plus influentes traitèrent avec mépris les *Poèmes* [*Poems*] qui parurent ensuite en 1833 et qui apportaient pourtant les preuves indiscutables d'une plus grande maturité, aussi bien dans le domaine fantastique que dans le domaine technique, avec des œuvres comme *Œnone, Les Mangeurs de lotus* (*), *Le Palais de l'art* [*The Palace of Art*] et *La Dame de Shalott* [*The Lady of Shalott*]. Cet insuccès fut pour lui un coup terrible parce qu'il n'était pas alors en état de le supporter. La mort de son père, survenue en 1831, avait entraîné la division de sa famille et l'avait obligé à quitter Cambridge sans avoir eu le temps d'obtenir son doctorat. Le pire fut encore la mort inattendue, en 1833, de son ami Hallam qui était devenu le fiancé de sa sœur. Ces diverses épreuves qui assombrirent toutes ces années s'accrurent par suite de la rupture de ses fiançailles avec Emily Shellwood, rupture occasionnée par la complète faillite de tous ses placements.

Sa renommée grandissait pourtant, et il trouva le courage de revoir ses poèmes de 1830 et de 1833 dont il publia un choix, en 1842, en même temps que paraissait un nouveau volume qui comprenait entre autres : *Locksley Hall* (*), *Ulysse* (*) et la première des *Idylles du roi* (*) : *La Mort d'Arthur.* Quelques amis lui firent obtenir, en 1845, une pension pour mérites civils, qui lui permit de faire face à ses besoins les plus pressants tandis que le lent mais encourageant succès de ses *Poèmes* de 1842 l'aidait à conduire à bonne fin la composition de *La Princesse* (*) (1847), petit poème qui traite de la situation de la femme dans le monde moderne. Tennyson n'avait cessé, au cours de toutes ces années, de méditer sur la mort d'Hallam, et avait noté de temps à autre ses réflexions sous forme élégiaque. Il rassembla ces élégies, les classa et les publia en 1850 sous le titre *In memoriam* (*). Peu avant cette publication, il avait renoué ses fiançailles avec Emily Shellwood et l'avait épousée, retrouvant ainsi un bonheur qui fut non seulement couronné par l'énorme succès de son livre, mais aussi par sa nomination à la charge de poète officiel, laissée vacante par la mort de Wordsworth. Ses ouvrages suivants ne furent pas toujours accueillis avec faveur et la critique attaqua en particulier sa grande *Ode pour la mort de Wellington* [*Ode on the Death of Wellington,* 1852], sa première œuvre de poète officiel, et *Maud* (*) (1855), mais sa renommée et la vente de ses livres ne cessèrent de croître. *Enoch Arden* (*) (1864) fut son plus grand tirage. Les petits poèmes en prose sur la mort du Roi Arthur, qui composent ses *Idylles du roi* auxquelles il travailla près de trente ans, connurent un succès presque égal. Il était désormais devenu une sorte d'institution nationale, position que vint confirmer, en 1884, sa nomination au titre de Lord. Il entreprit d'écrire pour le théâtre à partir de 1874, mais *La Reine Mary* [*Queen Mary,* 1874] n'eut aucun succès ; les deux drames *Harold* (1877) et *Becket* (1884) ne furent jamais représentés de son vivant. La composition de ces œuvres et celle de : *Le Faucon* [*The Falcon*], *La Promesse de mai* [*The Promise of May*] et *La Coupe* [*The Cup*] – représentés respectivement en 1879, 1882 et 1884 – occupèrent la majeure partie des dernières années de sa vie, mais n'épuisèrent pas toute son énergie créatrice puisque, quelques semaines avant sa mort, il était en train de corriger son dernier volume : *La Mort d'Œnone* [*The Death of Œnone,* 1892].

Doté de dons multiples, admirable tant par la variété que par la perfection de sa versification, Tennyson fut pour sa génération l'interprète des mythes classiques et des mythes médiévaux. Il fut le peintre sentimental des humbles scènes de la vie quotidienne et, versé dans les spéculations philosophiques et scientifiques du temps, sut donner une forme, spécialement dans son *In memoriam,* aux perplexités du laïque qui cherche à concilier les théories nouvelles et les antiques croyances. Il fut à ce point un homme de son temps que sa célébrité s'éteignit presque avec la montée de la génération suivante, mais son nom n'a cessé de s'imposer à nouveau au fur et à mesure que s'est fait jour une meilleure compréhension de l'époque victorienne.

JOHN BUTT.

♦ « *C'est un homme solitaire et triste qui transporte avec lui un morceau du Chaos qu'il est en train de transformer en Cosmos.* » Carlyle. ♦ « *Sincèrement, je considère Tennyson comme le plus grand poète qui ait jamais existé.* » E. A. Poe. ♦ « *C'est le grand patron.* » Walt Whitman. ♦ « *Tennyson nous donne des descriptions de la nature qui ne peuvent être facilement surclassées, mais il les choisissait comme un paysagiste, plutôt que comme un poète. Il montrait surtout un amour abstrait du beau qui n'était jamais aussi réussi que lorsqu'il décrivait non pas la nature mais l'art. Il était capable de décrire une statue comme Shelley pouvait décrire un nuage.* » G. K. Chesterton. ♦ « *Je le soupçonne d'être un adorateur exclusif de la beauté* » T. S. Eliot.

RÉF. : A. Lang, *Alfred Tennyson,* Londres, 1901. – A. Turnbull, *The Life and Writings of Alfred Lord Tennyson,* Londres, 1914. – H. Nicholson, Tennyson, *Aspects of his Life, Character and Poetry,* Londres, 1923. – T. S. Eliot, *Essays Ancient and Modern,* Londres, 1936. – Charles Tennyson, *Alfred Tennyson,* Londres et New York, 1949. – J. Buckley, *Tennyson, the Growth of a Poet,* Boston, 1965. – B. Brightwell, *A Concordance to the Entire Works of Tennyson,* New York, 1970. – C. Ricks, *Tennyson,* Londres, 1972. – P. Turner, *Tennyson,* Londres, 1976. – P. Henderson, *Tennyson, Poet and Prophet,* Londres, 1978. – R. Pattison, *Tennyson and Tradition,* Cambridge, U.S.A., 1979 – R. B. Martin, *Tennyson,* Oxford, 1980.

TÉRENCE (Publius Terentius Afer). Poète comique latin (185 ?-159 ? av. J.-C.). Le peu que nous savons de Térence nous est fourni par une *Vie* incluse dans l'œuvre de l'historien Suétone et transmise par le commentateur Donat. Son nom nous est donné sous la forme Publius Terentius Afer. Le qualificatif Afer est employé plusieurs fois par les Latins (Cicéron, Horace) pour distinguer ceux des Africains avec qui Rome a été particulièrement en contact : les Carthaginois, mais aussi (Tite-Live) pour désigner d'autres populations africaines. Né en Afrique, Térence n'était même pas nécessairement de race africaine, encore que la *Vie* le dise « brun de teint » (colore fusco) ; et ce n'est pas le pauvre portrait reproduit sur certains manuscrits qui peut nous fournir des indices raciaux. Ce que nous savons, c'est qu'il est né esclave ; comme tel, il pouvait appartenir à quelque population conquise par les Romains ou les Carthaginois. La date de sa naissance se place, d'après un renseignement fourni par la *Vie,* entre la fin de la seconde et le début de la troisième guerre punique, donc entre 201 et 149 av. J.-C. Un témoignage de Cornélius Népos, qui le déclare égal en âge à Scipion le deuxième Africain et à Laelius, incline à admettre l'année 185. Amené à Rome à peine adolescent, il s'y trouve au service du sénateur Terentius Lucanus qui, l'ayant distingué, dit la *Vie,* « pour son esprit et sa prestance », le fit instruire et l'affranchit en lui donnant selon l'usage son gentilice : Terentius. Après quoi nous le voyons accueilli dans le cercle aristocratique et littéraire qui gravite autour des Scipions. Milieu illustré d'abord par le premier Africain, vainqueur de Zama, prince du Sénat, qui meurt en 183, laissant un fils qui adoptera le fils de Paul-Émile connu dans l'histoire sous le nom de P. Cornelius Scipio Aemilius Africanus, dit par nous Scipion Émilien, lequel avait pour familier Laelius, fils d'un compagnon d'armes du premier Africain. C'était là un monde intellectuel et hellénisant : Scipion Émilien avait été gratifié par son père, après la victoire sur Persée, de la bibliothèque du roi et avait reçu comme précepteur un prisonnier grec de marque, l'historien Polybe ; Laelius avait mérité par son goût pour la philosophie grecque le surnom de Sapiens : le Sage ; un troisième membre de ce cercle, Furius, avait reçu le nom grec de Philus : l'Ami. À nous d'imaginer quel encouragement Térence put trouver dans ce milieu à aborder le métier d'écrire et à choisir le genre de la comédie. En tout cas, sa vocation a été précoce : on lui reprochait, dit-il lui-même dans un de ses prologues, « de s'être tout soudainement voué au culte des Muses » ; ses débuts datent en effet de sa dix-neuvième année, si l'on adopte pour sa naissance la date ci-dessus indiquée. Faut-il, sans plus, enregistrer cette précocité ? Une tradition veut que le jeune Térence ait servi de prête-nom à certain de ses protecteurs, soucieux de déguiser ainsi sa propre vocation littéraire. De cette insinuation, répandue déjà de son vivant, Térence se défend mal dans un de ses prologues, et le soupçon a été propagé par une tradition persistante à laquelle font écho C. Memmius, l'ami de Lucrèce, l'historien Cornélius Népos, Cicéron, Quintilien ; on cite même une anecdote suivant laquelle Laelius aurait un jour récité à sa femme des vers qu'il venait de composer et qui sont un passage authentique d'une comédie de Térence. Une objection, c'est que Térence, quand il parle de ceux qu'on lui donne pour collaborateurs, mentionne leurs hauts faits dans la guerre et dans la paix, ce qui ne convient guère à l'âge qu'ils avaient alors. Aussi a-t-on, dès l'Antiquité, envisagé un autre groupe de collaborateurs plus marqués par l'âge : C. Sulpicius Gallus, Q. Fabius, M. Popillius. Le problème reste posé.

D'heureuses circonstances ont fait que l'œuvre entière de Térence nous a été conservée : six pièces échelonnées de 166 à 160, représentées à l'occasion des Grands Jeux (Megalenses, en l'honneur de Cybèle la Grande Mère : Mégalê), et lors de cérémonies funèbres en l'honneur de Paul-Émile. La première, *L'Andrienne* (*) (La Fille d'Andros), fut jouée en 166, mais elle est précédée d'un prologue qui semble faire allusion à une présentation antérieure ; est-il possible de faire remonter les débuts de Térence jusqu'en 168, date de la mort de l'auteur comique Cæcilius, qui selon la tradition aurait accueilli et encouragé le jeune homme à ses débuts ? L'anecdote peut avoir été arrangée pour marquer la filiation entre deux générations. En 165 se place une tentative de représentation de *L'Hécyre* (*) (La Belle-Mère), qui échoue lamentablement, au point sans doute de décourager l'auteur, lequel ne reprend contact avec le public qu'en 163, avec la représentation de l'*Heautontimoroumenos* (*) [*L'Homme qui se châtie lui-même*]. En 161, *L'Eunuque* (*) obtient un grand succès, et vaut à l'auteur la plus forte rétribution qu'ait connue une comédie (8 000 sesterces). La même année est joué le *Phormion* (*), en 160 *Les Adelphes* (*) (Les Frères), et à la même date se placent deux nouvelles représentations de *L'Hécyre,* dont seule la seconde réussit. Après quoi, selon la *Vie,* Térence partit pour un voyage en Grèce, d'où il espérait sans doute rapporter de nouveaux sujets de comédie, mais il n'en revint jamais, ayant succombé, peut-être dans un naufrage, à l'âge de vingt-cinq ans, si, comme il a été dit plus haut, sa naissance se place en 185.

Cette brève carrière se situe dans la période de décadence de la comédie dite « palliata » qu'on a ainsi nommée d'après le « pallium » — vêtement grec — pour exprimer qu'elle n'est que l'adaptation latine d'originaux helléniques ; il s'agit en fait de la comédie grecque dite « nouvelle », représentée essentiellement par Ménandre, Philémon, Diphile, Apollodore. Les principaux représentants latins du genre : Naevius, Ennius, Plaute, sont morts ; Cæcilius est au terme de sa carrière ; Luscius de Lanuvium est âgé ; après ceux-là on cite encore Turpilius, Trabea, Aquilius ; leurs successeurs, Fundanius, Vergilius Romanus, n'écriront plus que pour la lecture. La condamnation du genre est prononcée par l'auteur d'un prologue écrit pour la reprise d'une pièce de Plaute dès avant les débuts de Térence : « Ceux qui furent la fleur de nos poètes s'en sont allés maintenant au commun séjour... ; les nouvelles pièces qui paraissent sont plus dévalorisées que les écus neufs. » Contemporain de la décadence du genre qu'il pratiquait, Térence n'eut pas une carrière exempte de traverses ; si la tradition veut que son aîné Cæcilius ait encouragé ses débuts, si son quasi-contemporain Afranius déclare « qu'on ne saurait trouver son pareil », en revanche il eut à se défendre contre les cabales d'un rival : Luscius de Lanuvium, « vieux poète malveillant », et aussi contre le goût du public, qui plusieurs fois déserta ses représentations pour aller voir des gladiateurs ou des acrobates ; *L'Andrienne* fut mal reçue à sa première représentation, et *L'Hécyre* à ses deux premières. Les sujets des pièces sont empruntés : quatre à Ménandre, deux à Apollodore de Caryste ; les titres sont grecs, même lorsqu'ils consistent dans une phrase entière (Heautontimoroumenos = Celui qui se châtie lui-même), exception faite pour le *Phormion* (nom d'un personnage, substitué à un mot grec d'interprétation difficile pour le public latin : Epidikazomenos = Celui qui se fait attribuer en mariage une parente orpheline). Grec est le lieu de la scène (d'ordinaire Athènes), grecs les noms des personnages, parfois approximativement latinisés, surtout dans leur flexion (Chremes a trois génitifs : en *i,* en *is,* en *etis*). Les sujets sont grecs, et le texte est adapté d'ordinaire de façon tellement littérale que les commentateurs anciens croient souvent devoir prévenir quand l'adaptateur s'écarte tant soit peu de son modèle. Il est pourtant une liberté que se permet Térence, et qu'il revendique avec insistance dans ses prologues ; c'est ce qu'on appelait la « contamination » : utilisation de plusieurs pièces pour en composer une seule, en soudant ou combinant les parties empruntées. Il en résulte parfois un enrichissement heureux pour l'intrigue, mais aussi quelque risque dans l'aménagement des raccords. La pratique de la transposition créait une difficulté : c'était que le public fût gêné par la représentation de coutumes, d'usages, de spectacles propres à des pays grecs ; il semble que Térence, sans se croire tenu à une attitude systématique, se borne à pratiquer les arrangements nécessaires, compte tenu du fait qu'un public latin, même de culture sommaire, n'était pas ignorant de particularités propres à la civilisation hellénique, telles que, par exemple, l'éphébie, l'initiation, le gynécée.

La matière dramatique est peu variée : intrigue nouée autour d'une aventure amoureuse, compliquée par des confusions, substitutions, oppositions, et dénouée d'ordinaire par une reconnaissance qui permet le mariage. Aux comédies dites « motoriae » qui comportent une action mouvementée, comme le *Phormion,* Térence préfère les « statariae » qui s'attachent à la peinture des caractères ; ainsi *L'Heautontimoroumenos,* dont Térence dit lui-même dans son prologue qu'elle est de « pura oratio ». Grande place est faite naturellement aux personnages traditionnels : père sentencieux, jeune homme dissipé, esclave roué, soldat fanfaron, courtisane, parasite, entremetteur ; mais maints portraits ont une réelle séduction et une valeur humaine : dans *Les Adelphes,* deux frères âgés, Déméa le bourru et Micion l'indulgent, et deux jeunes, Eschine le déluré et Ctésiphon le rustaud ; dans *L'Eunuque,* le sérieux aîné et le cadet pétulant ; dans *L'Hécyre,* les deux belles-mères, l'une riche et prétentieuse, l'autre humble et sacrifiée ; dans *L'Andrienne,* Byrria le valet campagnard et Sosie le loyal confident de son maître ; dans *L'Heautontimoroumenos,* la libre maîtresse et la jeune fille bien élevée ; dans *L'Eunuque,* le parasite aux allures de chef de secte et la courtisane au noble cœur. Il n'est pas étonnant que le conflit entre personnages de cette valeur conduise à poser des problèmes psychologiques, moraux, sociaux : celui de la famille dans *L'Hécyre,* de l'éducation dans *Les Adelphes,* de la responsabilité paternelle dans *L'Heautontimoroumenos* ; Varron dit de Térence qu'il est un maître pour la peinture de mœurs. Les attitudes prêtées à ses personnages se traduisent par des formules qui ont mérité d'être mises en exergue : « À l'épreuve, j'ai appris qu'il n'y a rien de meilleur chez l'homme que la douceur et l'indulgence. » « J'ai pensé que j'aurais moins de torts envers mon enfant si je me résignais à l'infortune. » « Je suis homme : rien de ce qui est humain ne m'est étranger. »

Pour apprécier justement chez Térence la forme littéraire, il faudrait naturellement faire la part de ce qui lui est personnel et de ce qu'il reproduit de ses modèles grecs. Faute de pouvoir réaliser cette discrimination, nous sommes réduits à présenter quelques appréciations générales, en faisant appel aux jugements portés par les Latins eux-mêmes, et en tirant parti de la confrontation avec l'œuvre de Plaute. Autant Plaute pratique les contrastes, par exemple entre langue noble et langue vulgaire, entre abondance et concision, entre laisser-aller et application, autant Térence demeure dans la ligne de ce que les Latins appelaient « mediocritas », qualité de juste milieu entre les extrêmes ; il évite à la fois, observe César, la grandiloquence (celsitudo) et la vulgarité (vilitas) ; il se comporte, dit encore César, selon une allure apaisée (sedatis motibus) ; ses écrits peuvent être qualifiés de « lenia » (empreints de douceur), mais ils sont dépourvus de la vigueur propre à la comédie (s'il faut entendre ainsi l'expression « vis comica ») et de ce qu'Horace de son côté appelle « gravitas ». S'il y a dans ces diverses qualifications l'apparence d'une critique, en revanche les Anciens louent sans réserve chez Térence ce qu'ils appellent « elegantia », non pas ce que nous entendons par élégance, mais le goût, l'art du choix, le sens de la propriété des termes : « scripta elegantissima », dit Quintilien, en reprenant l'idée qui est dans les qualificatifs de César (purus sermo) et de Cicéron (lectus sermo). À ces jugements, les modernes, soucieux de l'analyse philologique et stylistique, ont ajouté une appréciation qui vise une particularité très personnelle de l'auteur ; à savoir une certaine recherche qui confine parfois à la préciosité : pratique des jeux de sons et de formes, adnominations, répétitions, figures de mots, comme disait notre ancienne rhétorique ; tendance réprimée d'ordinaire par l'exigence du naturel qu'impose le dialogue familier et par le souci d'une traduction scrupuleuse, mais qui se donne libre cours dans la quasi-improvisation des prologues.

Avec ses qualités et ses défauts, Térence n'a pas rencontré le suffrage indiscuté de la postérité. Peu après sa mort, l'auteur d'un « canon » des auteurs de « palliata » lui donne le sixième rang sur une liste de dix noms ; Varron et Horace ne le mettent que sous réserve en parallèle avec Cæcilius ; César l'appelle de façon un peu désinvolte « un demi-Ménandre ». Néanmoins son œuvre demeure, comme on dit, au répertoire. Mieux : les pièces de Térence, composées pour le théâtre, prennent rang dans la littérature : Cicéron le cite plus de soixante fois ; il y a maints échos de ses comédies chez Horace, Ovide, Tite-Live, et jusque chez des auteurs tardifs : Apulée, Ausone, Symmaque, Lactance ; au IVe siècle, Sidonie Apollinaire se distrait avec son jeune fils aux mots d'esprit de *L'Hécyre.* Son œuvre est abondamment commentée. Le texte en a été souvent recopié, et de nombreux manuscrits aujourd'hui conservés s'échelonnent depuis le IVe siècle jusqu'à la Renaissance. L'intérêt littéraire qu'on porte à l'œuvre de Térence se marque par maintes citations, appréciations, imitations. Dès le Xe siècle, une nonne saxonne, Hrotswitha, écrit à la manière de Térence six pièces d'inspiration chrétienne ; à partir du XIVe siècle apparaissent maintes biographies et recueils d'extraits en France, Italie, Allemagne, Angleterre, Hollande ; au XVIe siècle Pierre de Larivey imite *Les Adelphes* dans sa comédie des *Esprits* (*) ; Michel Dolet compose une *Andrie ;* Montaigne cultive « le bon Térence, mignardise et grâces du langage latin » ; au XVIIIe siècle La Fontaine proclame : « Térence est dans mes mains », et s'essaye à une adaptation de *L'Eunuque ;* Molière s'inspire de Térence dans *L'École des maris* (*) et dans *Les Fourberies de Scapin* (*) ; un comédien de sa troupe, J. Baron, traduit *Les Adelphes* sous le titre de *L'École des pères,* et met à la scène une *Andrienne ;* Diderot trouvera dans *L'Hécyre* un modèle de son drame bourgeois ; Lessing en Allemagne commentera *Les Adelphes* dans sa *Dramaturgie de Hambourg* (*) ; l'Angleterre connaît des imitateurs de Térence : Richard Steele, Edward Moore...

De fort nombreuses traductions françaises, depuis la première, publiée en 1500, en passant par celle de Mme Dacier, plusieurs fois réimprimée, jusqu'à la dernière parue de 1942 à 1949 dans la collection « Guillaume Budé », ont permis à toutes les époques la lecture de Térence ; si l'on devait résumer d'un mot l'attrait qu'il a exercé sur tous ses lecteurs et commentateurs, on pourrait dire qu'il a représenté à leurs yeux ce que pouvait donner de plus universellement appréciable la finesse hellénique accommodée à la pondération de l'esprit latin.

J. MAROUZEAU.

♦ *« Les pièces de Térence... j'en conviens, sont, dans leur genre, d'une extrême élégance ; cependant, c'est à peine si nous avons là l'ombre de la comédie grecque... »* Quintilien. ♦ *« Les perfections et les beautés de sa façon de dire nous font perdre l'appétit de son subiect ; sa gentillesse et sa mignardise nous retiennent par tout ; il est partout si plaisant... et nous remplit tant l'âme de ses grâces que nous en oublions celles de sa fable. »* Montaigne. ♦ *« Il n'a manqué à Térence que d'être moins froid : quelle pureté, quelle exactitude, quelle politesse, quelle élégance, quels caractères ! »* La Bruyère. ♦ *« C'est Térence qui, chez les Romains, parla le premier avec une pureté toujours élégante... »* Voltaire. ♦ *« Je le compare à quelques-unes de ces précieuses statues qui nous restent des Grecs, une Vénus de Médicis, un Antinoüs. Elles ont peu de passion, peu de caractère, presque point de mouvement ; mais on y remarque tant de pureté, tant d'élégance et de vérité qu'on n'est jamais las de les considérer. »* Diderot. ♦ *« Il y a là une telle splendeur de vérité et de naturel, une vie si pleine et si intense, des caractères si vivement tranchés et dessinés d'un trait si aigu, et d'un bout à l'autre un esprit si gai et si charmant. »* Schiller, après une lecture des *Adelphes,* 1795.

RÉF. : Bulletins bibliographiques périodiques sur Térence, dans *Jahresberichte über die Fortschritte der Altertumswissenschaft,* t. I, 1873, p. 443 ; t. IV, 1874, p. 798 ; t. VI, 1876, p. 356 ; t. IX, 1881, p. 177 ; t. X, 1877, p. 314 ; t. XII, 1884, p. 74 ; t. XIX, 1891, p. 171 ; t. XXVII, 1909, p. 176. – F. Leo, *Die Uberlieferungsgeschichte der Terenzischen Komödien* in *Rheinisches Museum,* 1883. – R. Sabbadini, *Biografi e commentatori di Terenzio* in *Studi italiani di filologia classica,* t. V, 1897. – H. Bléry, *Études sur la langue et le style de Térence,* in *Revue de philologie,* 1910. – G. Jachmann, *Die Geschichte des Terenztextes* im *Altertum,* Bâle, 1924 ; *P. Terentius Afer,* in *Pauly-Wissowa-Kroll' Real-Encyclopädie,* 2e Reihe, 9er Halbband, 1934. – J. T. Allardyce, *Syntax of Terence,* in *Oxford University Press,* 1929. – E. Terzaghi, *Prolegomeni a Terenzio,* Turin, 1931. – E. B. Jenkins, *Index verborum Terentianus,* Univers of North Carolina Press, 1932. – W. A. Laidlaw, *The Prosody of Terence,* Londres, 1938. – J. Marouzeau, introduction à l'édition des « Belles Lettres », Paris, 1942-1949. – A. Ronconi, *Terenzio, le commedie,* Florence, 1960. – O. Bianco, *Terenzio,* Rome, 1962.

TERPANDRE. Poète grec. Première moitié du VIIe siècle av. J.-C. Ce poète lyrique n'est quasiment plus qu'un nom, la totalité de son œuvre ayant été perdue (deux fragments lui sont attribués, sans certitude absolue toutefois). L'existence même de Terpandre peut ainsi être mise en doute, son nom ne recouvrant peut-être qu'une figure légendaire d'« inventeur ». Il est en effet célèbre comme l'auteur de plusieurs inventions dans le domaine de la monodie lyrique. Originaire de Lesbos d'après la tradition, il passe pour le représentant le plus important de l'école citharodique qui y florissait alors. Parmi les développements qu'il aurait apportés à la monodie, on lui attribue l'invention de la lyre à sept cordes et parfois aussi celle du barbiton (autre instrument à cordes d'accompagnement). Il passe pour avoir également inventé – ou du moins perfectionné – une forme musicale fortement structurée, le nome (νόμος, « air fondamental »), qui s'accompagnait à la cithare (nome citharodique). Plutarque parle du « nome de Terpandre ». Terpandre se serait rendu à Sparte, l'un des centres les plus brillants de la culture au VIIe siècle, où il aurait fondé une école de musique et joué un rôle prépondérant dans la vie musicale. Il passe pour avoir été vainqueur au premier concours spartiate des Carnéennes (en 676-673) ; selon Plutarque, il aurait également été vainqueur quatre fois de suite aux Jeux pythiques. Il aurait composé surtout des *Odes* (*) et des chants symposiaques. Il aurait aussi introduit l'usage du mètre ïambique et trochaïque. Il est difficile de savoir si ce personnage eut une existence historique réelle ; ce qui est certain, c'est qu'il fut l'objet d'une longue renommée et que se rassemblent autour de son nom des inventions fondamentales dans l'évolution de la lyrique monodique.

MADELEINE ROUSSET.

RÉF. : C. M. Bowra, *Greek Lyric Poetry* 2, Oxford, 1961. – D. L. Page, *Poetae melici graeci,* Oxford, 1962.

TERSÁNSZKY Józsi Jenö. Écrivain hongrois. Né le 12 décembre 1888 à Nagybánya, mort en 1969 à Budapest. Il est l'auteur d'un roman picaresque intitulé *Martin Coucou* (*), paru en 1942, dont le héros rappelle à la fois Gil Blas et Till Eulenspiegel ; d'un roman épistolaire : *Au revoir chérie*

[*Viszontlátásra, drága,* 1917], qui est l'histoire de la déchéance d'une jeune fille de bonne famille ; de *La Garce et la Vierge* [*A céda és a szüz,* 1924] qui traite des problèmes de l'érotisme féminin. Tersánszky fut également excellent peintre et flûtiste.

TERSTEEGEN Gerhard (Ter Stegen). Poète et mystique allemand, né le 25 novembre 1697 à Mörs, mort le 3 avril 1769 à Mülheim dans la Ruhr. Il fut d'abord commerçant, puis il se fit tisserand en rubans de soie. Cependant, en 1728, il abandonne ce métier au profit d'une action publique vouée exclusivement au réveil et à l'édification des âmes. Poète religieux de grand talent, il exerça par ses prêches et ses lettres une grande influence principalement dans les régions rhénanes. Ses *Chants religieux* [*Geistliche Lieder*], en partie inspirés par Angelus Silesius, portent la trace d'une tranquillité douce et pacifique. Nombre d'entre eux devinrent d'ailleurs rapidement un bien commun de tous les livres de chants des églises évangéliques, tels « Dieu est présent » [Gott ist gegenwärtig] ou « Je prie la force de l'amour » [Ich bete an die Macht der Liebe]. En 1732, il publia son premier ouvrage d'édification religieuse, *La Loterie des hommes pieux* [*Der Frommen Lotterie*]. Ses ouvrages principaux sont *Descriptions choisies de la vie des saintes âmes* [*Auserlesene Lebensbeschreibungen heiliger Seelen*, 1733-53] et ses premiers recueils de chants et de formules pour la prière dont *Le Jardinet spirituel* (*). De 1769 à 1773 parurent les *Miettes spirituelles* [*Geistliche Brosamen*] qui contiennent ses prêches. Ses œuvres complètes furent publiées en 1844-46.

RÉF. : Gerhard Kerlen, étude in *Allgemeine Deutsche Biographie*, t. 37, 1894. — Rudolf Zwetz, *Die dichterische Persönlichkeit G. Tersteegens*, thèse, Iéna, 1915. — A. Löschkorn, *G. Tersteegen*, Zurich, 1946. — H. Ladewig, *Grebet und Gotteserfahrung bei G. Tersteegen*, Göttingen, 1986.

TERTULLIEN (Quintus Septimius Florens). Apologiste et théologien latin. Né vers 150 à Carthage, mort après 220. Il est un des plus célèbres écrivains chrétiens de l'Antiquité. Sa vie nous est moins connue que l'évolution de sa pensée, dont témoignent une quarantaine d'écrits doctrinaux, apologétiques, ascétiques ou moraux. Africain de famille païenne, il reçut à Carthage une formation tout ensemble littéraire et juridique. Et c'est la fusion, en lui, de ces deux éléments qui lui valut un tel renom dans l'exercice de l'apologétique, que ses prédécesseurs de langue grecque avaient portée, cependant, à un si haut point de perfection. Certains aveux contenus dans ses œuvres nous renseignent sur ses péchés de jeunesse. Il s'accuse, en effet, d'avoir commis l'adultère et fréquenté les lieux de perdition. Nous en savons, du reste, plus sur ses désordres que sur sa conversion au christianisme. Elle dut se produire vers 190, peut-être au cours d'un séjour à Rome. Ses allusions portent à croire qu'il fut alors très vivement ému par l'héroïsme des chrétiens se rendant au martyre, et leur prodigieux pouvoir de persuasion l'aurait alors convaincu qu'ils incarnaient l'irrésistible vérité. Tertullien était marié : nous possédons même de lui une lettre de son épouse – v. *À son épouse* (*) (199). Mais on sait également qu'il était prêtre, cela ne fait aucun doute, car trop de passages de son œuvre en sont garants. Ferveur et intelligence illuminent les écrits du docteur, du polémiste, du moraliste et, sous les ornements d'une rhétorique parfois un peu lourde, transparaît toujours sa puissante personnalité. Déjà dans *Aux nations* (*) (vers 200), ou encore dans son *Apologétique* (*) (197) se trahissent les deux aspects de sa nature. S'il est admirable par ses arguments juridiques, sa chaleur de conviction et la force de ses répliques enflammées, Tertullien ne renonce pas pour autant à cette partialité qu'engendre la passion, où l'ironie, le sarcasme, la rancœur prennent trop souvent le pas sur le culte de la vérité : attitude bien différente de celle des apologistes grecs Justin et Athénagore.

Le tempérament de Tertullien l'emporte même sur la spéculation pure dans les ouvrages tels que *De la prescription contre les hérétiques* (*) (vers 200), le traité *Contre Marcion* (*) (200) et *De l'origine de l'âme* (+) (vers 203) – v. *Contre Hermogène* (*) (202-203). Dans le *Contre les Valentiniens* (*), il recourt à l'arme du ridicule. Mais ceux de ses écrits où son caractère entier se révèle le plus sont les traités de morale : à les lire, on comprend comment, à force d'outrance, Tertullien rejoignit la secte de Montanus. Le même rigorisme, d'ailleurs, se fait jour dans ses écrits à tendance morale. C'est ainsi que, sans ses traités *Sur les spectacles* (*) (197-202), *De la pénitence* [*De pœnitentia,* 203-204] et *Ad Morem* (200-206), il n'hésite pas à émettre des opinions en contradiction flagrante avec la doctrine de l'Église. Par exemple, dans l'*Exhortation à la chasteté* (207), il condamne sans recours le remariage et l'assimile à un adultère. De même, dans l'ouvrage intitulé *De la couronne du soldat* (*) (211-212), il exclut le chrétien du service militaire. Enfin, dans son écrit traitant *De la fuite dans la persécution* [*De fuga in persecutione,* 212], se conformant à la doctrine montaniste, il ne lui reconnaît pas le droit de fuir la persécution, alors qu'il avait soutenu le contraire au nom de l'Évangile et de l'Église. Sans doute, la disparition de son ouvrage *De l'extase* ne permet-elle pas d'établir exactement dans quelles circonstances et pour quelles raisons Tertullien se rallia au montanisme. On peut affirmer cependant qu'il fut avant tout séduit par le rigorisme moral de la secte phrygienne. Ce rigorisme qui, vers 213, l'éloigna de l'Église, l'entraîna par la suite à fonder, à l'intérieur même de la secte, une hérésie nouvelle qui porte son nom, le tertullianisme, dont les derniers adeptes devaient être convertis par saint Augustin. Il est impossible d'admettre que Tertullien, ainsi qu'on l'a insinué, soit revenu au sein de l'Église. Il mourut, d'après saint Jérôme, vers 230, à un âge avancé, et demeura jusqu'à la fin un « exemple, mémorable dans l'Antiquité chrétienne, de ces chutes douloureuses auxquelles sont particulièrement exposées les intelligences d'élite ». Rappelons encore parmi ses œuvres : *Contre les juifs* (*) (197), *De la patience* (*) (200-203), *De l'âme* (*) (208-211), *Lettre à Scapula* (*) (212), *Contre Praxéas* (*) (217-222) et *De la monogamie* (217).

GIUSEPPE LAZZATI.

♦ *« Saint Cyprien fut un de ses plus fervents admirateurs ; il faisait de ses livres sa nourriture presque quotidienne. »* Saint Jérôme. ♦ *« Tertullien, ce bouillant Africain qui a plus d'idées que de mots. »* Diderot.

RÉF. : P. Monceaux, *Histoire littéraire de l'Afrique chrétienne,* t. I, Paris, 1901. – J. Steinmann, Tertullien, Lyon, 1967. – J. Turmel, *Tertullien,* Paris, 1905. – J.-Cl. Fredouille *Tertullien et la conversion de la culture antique,* Paris, 1972. – Cl. Rambaux, *Tertullien face aux morales des trois premiers siècles,* Paris, 1979. – J.-Cl. Fredouille introd. à *Contre les Valentiens,* trad., Sources chrétiennes, 2 vol., 1980-81. – A. G. Hamman, *La Prière en Afrique chrétienne* avec textes traduits de Tert. Cypr. Aug., Paris, 1983.

TETMAJER-PRZERWA Kazimierz. Poète polonais. Né à Nowy Targ le 12 février 1865, mort à Varsovie le 18 janvier 1940. Comme il était né et qu'il avait grandi dans les montagnes des Tatras, il tenta d'en traduire la beauté et la mélancolie. Poète épris des vers parfaits et harmonieux, il appartient au groupe de la « Jeune Pologne » dont il fut le représentant le plus éminent avec ses *Poésies* (*). Ses thèmes étaient ceux-là mêmes qu'avaient célébrés Rydel et Wyspiański : l'amour de la terre, l'amour de la population rurale chez qui il voyait une force capable de renouveler la vie nationale. Tetmajer épousa d'ailleurs une jeune villageoise. Surtout poète, il fut également un prosateur de talent, et ses nouvelles ne manquent point d'intérêt et de beauté. Citons : *Sur le Podhale rocheux* [*Na Skalnem Podhalu*] et *Légende des Tatras* [*Legenda Tatr*]. *L'Abbé Pierre* [*Ksiądz Piotr*] et *Fin d'une épopée* [*Koniec Epopei*], inspirés par l'épopée napoléonienne, sont d'une moins bonne venue. La production littéraire de Tetmajer comprend également deux drames : *Zawisza le noir* [*Zawisza Czarny*] et *Judas* [*Judasz*].

RÉF. : B. Chlebowski, *La Littérature polonaise au XIXe siècle*, Paris, 1933.

TEVFÎK Neyzen. Poète turc. Né le 24 mars 1879 à Bodrum (Halikarnas), mort le 28 janvier 1953 à Istanbul. De son vrai nom Kolayli, il prend pour écrire le pseudonyme de Neyzen, qui signifie joueur de l'instrument appelé en turc « néy », et qui est une sorte de flûte. Tevfîk est le plus grand poète satirique de la littérature turque contemporaine. Son œuvre, encore mal connue et mal éditée, s'abreuve directement aux sources de la tradition populaire orale et est fortement marquée par le chant. Tevfik était d'ailleurs lui-même un grand joueur de név. Ses poèmes ont été recueillis en deux volumes : *Néant* (1919), et *Souffrances sacrées* (*) (1924). Les prises de position politiques et satiriques de l'auteur lui ont valu, dans sa jeunesse, certaines difficultés, mais son œuvre est unanimement considérée à l'heure actuelle comme l'une des plus représentatives de la littérature de son pays.

THACKERAY William Makepeace. Romancier anglais. Né à Alipur (faubourg de Calcutta) le 18 juillet 1811, mort à Londres dans la nuit du 23 au 24 décembre 1863. Son père, selon une tradition familiale, était allé faire fortune dans la Compagnie des Indes orientales et mourut lorsque son fils n'avait que quatre ans. Envoyé en Angleterre, l'enfant fut élevé par des femmes, ce qui le prépara mal à la vie de collège. Il fut très malheureux en effet à Charleston où il fit ses classes de 1822 à 1829. Ce garçon doux et myope, inapte aux sports, était la victime désignée de camarades robustes et brutaux. Il eut le nez cassé dans une mêlée et fut défiguré pour le restant de ses jours, ce qui augmenta sa susceptibilité déjà excessive. Il s'imaginait avoir un physique ridicule et son ton sarcastique est sans doute dû à une réaction de défense. Sa mère avait épousé en 1818 un major du génie de Bengale, Henri Carmichael Smyth ; elle revint en Angleterre avec son mari en 1821 et s'installa d'abord à Addiscomb, puis à Ottery St. Mary où son fils la rejoignit. Il entra ensuite à Cambridge (Trinity College), où il collabora au *Snob*, journal de l'université, dans lequel il fit paraître des vers et des dessins humoristiques. Il se nourrit de Swift, Sterne, Addison, Steele, Pope et Goldsmith. Il passa les vacances de 1829 à Paris et celles de 1830 à Cologne et à Weimar où il rencontra Goethe et apprit à admirer Schiller. Thackeray avait pensé s'orienter vers la diplomatie, mais il se décida pour le barreau. Il commença son droit en 1831, mais en 1832, quand il entra en possession de l'héritage paternel, il acheta et dirigea le *National Standard and Journal of Literature*, auquel il collabora avec des lettres de Paris. Il s'essaya aussi à la peinture, mais sans succès. Son journal cessa de paraître en février 1834 ; Thackeray était ruiné, il fut obligé de vivre de ses talents de journaliste et de caricaturiste. En 1836, parut son premier volume *Flore et Zéphyr*, illustré de lithographies satiriques. Il devint ensuite le correspondant parisien du *Constitutional*, journal ultralibéral que son beau-père avait contribué à fonder. Comptant sur son traitement, il épousa Isabelle Getkin Creangh Shaw, mais le journal fit faillite un mois plus tard et Thackeray se mit en devoir de payer les dettes de cette désastreuse affaire. Il ne réussit à se libérer que grâce à *La Foire aux Vanités* (*), car ses premières œuvres : *Mémoires de Jaunepeluche* (+) et les *Cahiers de croquis de Paris* (*) (1840) ne se vendirent pas bien. Pour comble de malheur, sa femme devint folle après avoir donné le jour à une troisième fille. Il la conduisit à Paris, puis en Allemagne, mais elle ne guérit jamais et vécut jusqu'en 1894. Thackeray dut se séparer d'elle et confier ses filles à leurs grands-parents. Il vécut désormais de sa plume, en collaborant à des revues (dont le *Punch*) et à des journaux auxquels il donnait, sous divers pseudonymes, des articles de critiques et de variétés, des esquisses et des romans. Ses esquisses du *Punch* de 1846 eurent un grand succès et furent réimprimées en 1848 sous le titre, *The Snobs of England by one of Themselves* – v. *Livre des snobs* (*). Son humour est plus inoffensif dans d'autres œuvres burlesques, telles que *Une légende du Rhin* (*), *Rebecca et Rowena* (*), *La Rose et l'Anneau ; La Ballade de la Bouillabaisse* qui parut dans le *Punch* de 1849 est d'un ton plus amer ; on y trouve les meilleurs vers comiques qu'il ait écrits. Son premier roman, *Mémoires de Barry Lyndon du royaume d'Irlande* (*), constituait une réaction pleine d'humour contre les descriptions romantiques d'existences tarées dont abondaient les œuvres de romanciers qui, comme Bulwer-Lytton, se prétendaient les continuateurs de Byron ; mais cette œuvre préfigurait également ses propres romans. Après le succès de *La Foire aux vanités*, Thackeray renonça au barreau, limita sa collaboration au *Punch* et s'adonna au roman. *L'Histoire de Pendennis* (*) et *Les Newcomes* (*) (1855-56) sont des romans de mœurs contemporaines. *L'Histoire d'Henri Esmond* (*) et sa suite, *Les Virginiens*, sont des romans historiques. Le succès de ces livres lui fit gagner de l'argent. Comme Dickens, Thackeray entreprit des tournées de conférences en Angleterre et en Amérique (1852-53 et 1855-56) pour pouvoir doter ses filles – v. *Les Humoristes anglais* et *Les Quatre Georges*. À Rome, en 1853, il fut atteint de paludisme, ce qui compromit fortement sa santé déjà ébranlée par son mode de vie. Ses derniers romans, publiés dans le *Cornhil Magazine*, se ressentent de cet état de santé. Dans cette même revue, parurent quelques-uns de ses meilleurs essais, *The Roundabout Papers*. Thackeray mourut à la suite d'une attaque d'apoplexie.

MARIO PRAZ.

♦ *« Un homme énorme, sauvage, les yeux ruisselants de pleurs, pas un homme fort. »* Carlyle. ♦ *« Le premier régénérateur social d'aujourd'hui. »* Charlotte Brontë. ♦ *« La philosophie morale de Thackeray le rapproche des anciens moralistes plutôt que des pessimistes modernes. Il dit – comme ses auteurs favoris, Salomon et Horace – que la vie n'est, en un sens, que vanité. Il ne voudrait jamais admettre, comme les auteurs modernes, comme Zola ou Dreiser, qu'elle est aussi une chose vile. »* G. K. Chesterton. ♦ *« Son classicisme le préserve de chutes. Tant qu'il y aura une culture, tant qu'il y aura des hommes, pour goûter la délicatesse, le charme et la force satirique, le psychologue de* Vanity Fair *vivra au tout premier rang. »* R. Las Vergnas.

RÉF. : A. Trollope, *Thackeray*, Londres, 1879. – Mary Duclaux, *Grands écrivains d'outre-Manche*, Paris, 1901. – G. K. Chesterton et L. Melville, *Thackeray*, Londres, 1903. – G. Saintsbury, *A Consideration of Thackeray*, Londres, 1931. – R. Las Vergnas, *W. M. Thackeray, l'homme, le penseur, le romancier*, Paris, 1932. – J. W. Dodds, *Thackeray*, New York, 1941. – J. Y. Greig, *Thackeray, a Reconsideration*, Oxford, 1950. – G. Tillotson, *Thackeray, the Novelist*, Cambridge, 1954. – G. N. Ray, *Thackeray*, 2 vols., Londres, 1955-58. – G. Tillotson et D. Hawes, *Thackeray, the Critical Heritage*, Londres, 1968. – J. McMaster, *Thackeray, the Major Novels*, Manchester, 1971. – J. A. Sutherland, *Thackeray at Work*, Londres, 1974. – J. Carey, *Thackeray, a Prodigal Genius*, Londres, 1977. – K. C. Phillipps, *The Language of Thackeray*, Londres, 1978.

THAʿLABĪ (al-) Abū Isḥāq Aḥmad. Écrivain arabe, originaire de Nishapur (Iran oriental). Mort en 1035. Le détail de sa vie et de sa carrière ne nous est guère connu. Il était considéré en son temps comme l'un des meilleurs exégètes du *Coran* (*) ; curieusement, il est surtout passé à la postérité grâce à ses *Récits sur les prophètes* (*), ouvrage qui se rattache à un genre souvent critiqué par l'exégèse savante, qui lui reproche son goût excessif du merveilleux et sa tendance à s'appuyer sur des traditions mal authentifiées et d'origine non musulmane (notamment le *Midrash* judaïque).

JEAN-PATRICK GUILLAUME.

THARAUD Charles dit Jean. Écrivain français. Né à Saint-Junien (Haute-Vienne) le 9 mai 1877, mort à Paris le 8 avril 1952. Il fit ses études secondaires au lycée d'Angoulême et ses études supérieures à Paris. Doué d'une grande curiosité d'esprit, il lut beaucoup et sur les sujets les plus divers, se créant une vaste culture dont devait profiter son œuvre. Mis en relation avec Maurice Barrès, il devint son secrétaire, et, tout en développant ses connaissances à son contact, s'initia près de lui à la vie littéraire. Lorsque son frère rentra à Paris, ils composèrent ensemble leurs premiers écrits et ce fut ensemble que pendant plus d'un demi-siècle ils édifièrent leur œuvre. Jean Tharaud fut élu à l'Académie française en 1946.

THARAUD Ernest dit Jérôme. Écrivain français. Né à Saint-Junien (Haute-Vienne) le 18 mars 1874, mort à Varengeville-sur-Mer (Seine-Maritime) le 28 janvier 1953. Il commença ses études secondaires au lycée d'Angoulême et vint les terminer à Paris au collège Sainte-Barbe où il fut le condisciple de Péguy. Ils entrèrent ensemble à l'École normale supérieure, section lettres, en 1894. Jérôme Tharaud y demeura trois ans et fut, à sa sortie, nommé professeur de français à l'université de Budapest. Il démissionna et, après quelques voyages à l'étranger, rentra à Paris où il commença d'écrire, avec son frère Jean, des nouvelles sobres et solidement construites. Leurs premiers recueils : *La Lumière* (1900), *Les Contes de la vierge* (1902) et *Les Hobereaux* (1904), furent publiés par Péguy dans ses *Cahiers de la quinzaine* (*). Il est impossible de savoir ce qui revient en particulier à chacun des deux frères. Ce fut leur volonté de se confondre dans une œuvre unique ; aussi tous les jugements portés sur cette œuvre les concernent-ils tous deux sans discrimination. Leurs premiers livres ne connurent pas le succès. Ils commencèrent à recueillir une certaine audience grâce au prix Goncourt, qui vint couronner leur roman *Dingley, l'illustre écrivain* (*) (1902) publié dans la collection de Péguy. Dès lors leur public ne cessa de s'élargir au fur et à mesure de la publication d'une œuvre où l'abondance le dispute à la variété. Leur style, d'une simplicité tout académique, répond aux normes d'un classicisme traditionnel. Ils aiment les descriptions, les pages d'anthologie, le reportage soigneusement construit et mesuré. Ils se sont essayés dans tous les genres de roman : le roman campagnard, la peinture de mœurs, la reconstitution historique, les récits de guerre. Deux mondes principaux servent de cadre à cette œuvre romanesque qui exalte certaines valeurs liées au colonialisme, à l'assurance de la supériorité de la civilisation occidentale : le Maroc et Israël. Au premier se rattachent : *Rabat ou les Heures marocaines* (1918), *Marrakech ou les Seigneurs de l'Atlas* (1920), *Fès ou les Bourgeois de l'Islam* (1930), *La Nuit de Fès* (1930), et au second : *L'Ombre de la croix* (1917), *Un royaume de Dieu* (1920), *Quand Israël est roi* (1921), *L'An prochain à Jérusalem* (1924), *La Rose de Sâron* (1927), *Le Chemin d'Israël* (1948). Parallèles à ce double courant, il convient de citer : *La Maîtresse servante* (1911), *Une relève* (1919), *La Randonnée de Samba Diouf* (1922) et *Les Bien-Aimés* (1922). Les frères Tharaud ont publié en outre un nombre considérable d'articles dans les revues et les journaux les plus divers, des reportages, des études et des souvenirs littéraires. Leur œuvre ne compte pas moins d'une cinquantaine de volumes, parmi lesquels nous citerons : *La Tragédie de Ravaillac* (1912), *Notre cher Péguy* (1928), *Chroniques des frères ennemis* (1929), *Pour les fidèles de Barrès* (1944), *Vieille Perse et jeune Iran* (1947), *La Double Confidence* (1951). Ils avaient obtenu le grand prix de littérature de l'Académie française en 1920 pour l'ensemble de leur œuvre. Jérôme, élu à l'Académie en 1938, y fut reçu par Georges Duhamel en 1940.

RÉF. : R. Johannet, « La Vie et les progrès des frères Tharaud », in *Les Lettres*, 1919. – J. Bonnerot, *Jérôme et Jean Tharaud, leur œuvre*, Paris, 1928. – A. Mabille de Poncheville, « L'Œuvre de Jérôme et Jean Tharaud », in *Mercure de France*, t. 283, 1938. – Collectif, *Sur Jérôme et Jean Tharaud*, Limoges, 1984.

THÊ LU (pseud. de Nguyên Thu Lê). Poète et homme de théâtre vietnamien. Né le 6 octobre 1907 à Phu Dông (Bac Ninh), mort le 3 mars 1989 à Hô Chi Minh-ville. D'une famille de modestes fonctionnaires, après des études secondaires et une année à l'École des beaux-arts de Hanoi, il adhère en 1932 au Groupe littéraire indépendant [Tu luc van doan] et en devient vite le principal collaborateur, journaliste, chef de file de la « poésie nouvelle » avec la publication de *Quelques rimes* (*) en 1935. Très influencé par le romantisme français, il reste proche de Tan Dà par ses penchants pour un univers entre songe et réalité. Le premier à croire au pouvoir libérateur de l'art, adepte de l'art pour l'art, il renouvelle l'inspiration poétique liée à la sincérité des sentiments exprimés librement, en rejetant les règles rigides de l'ancienne versification. Romancier, il excelle dans les contes fantastiques où les traditions orientales du genre s'allient à l'influence de Poe et d'Hoffmann : *Le Campement de Pou Song Linh* [*Trai Bô tung linh*, 1941], *Sang et Or* [*Vàng và mau*, 1934]. Dès 1937, il participe régulièrement à des activités théâtrales, et à partir de 1945 s'y consacre presque exclusivement, apportant une contribution importante au théâtre contemporain vietnamien. Il a laissé plusieurs pièces (dont quelques-unes inédites) : *Misères* [*Tuc luy*], *Poète* [*Nguòi tho*], *Phan Dinh Phung recevant une ambassade* [*Phan Dinh Phung tiêp su*], *Attente* [*Doi cho*], *L'Instituteur Quan* [*Ông giao Quan*], *La Nouvelle de la victoire de Nghia Lô* [*Tin chiên thang NL*]...

THANH-TÂM LANGLET.

THÉOCRITE. Poète grec. Né vers 310, mort vers 260 av. J.-C. Nous ne savons presque rien de sa vie ; elle doit coïncider avec la grande période de la poésie alexandrine et son acmé se situe sous le règne de Ptolémée Philadelphe. Trois lieux de la Méditerranée hellénistique ont joué un rôle important dans sa vie : Syracuse, Cos, Alexandrie.

Théocrite est né à Syracuse de Praxagoras et Philina. La couleur sicilienne de certaines de ses *Idylles* (*) est indiscutable. D'autre part, des traits rappelant le « mime », genre pratiqué par le syracusain Sophron, sont perceptibles dans les meilleures poèmes de Théocrite. Enfin, dans le poème XVI que l'on date de 275/4, Théocrite s'adresse à Hiéron II de Syracuse pour solliciter sa protection ; on peut donc supposer qu'il se trouvait alors sur l'île natale.

Quant à Alexandrie, elle apparaît dans le poème XV qui nous montre la capitale du monde hellénistique à travers le regard émerveillé de deux syracusaines qui s'y promènent un jour de fête. Le poème XVII est un éloge de Ptolémée, et une allusion du poème VII (« Thalysies ») fait penser que ses vers avaient été remarqués par le souverain. C'est aussi à Alexandrie que Théocrite a fait la connaissance de Callimaque dont il adopte le programme poétique : il rejette avec lui les poèmes-fleuves dans lesquels on cherche vainement à s'égaler à Homère.

Des plus enrichissantes a dû être l'étape de Théocrite sur l'île de Cos où florissaient les cercles littéraires ; il en parle même dans l'« Éloge de Ptolémée ».

En dehors de ces lieux entrevus dans sa poésie, nous ne savons rien sur la biographie de Théocrite. Son œuvre n'est sûrement pas la plus volumineuse de son époque, mais c'est celle qui a eu le plus d'influence littéraire depuis l'antiquité gréco-latine jusqu'à nos jours. En effet, le nom de Théocrite est lié à la poésie bucolique (du grec « boukolos », bouvier, berger) et à l'idylle, du grec « eidyllion » : ce mot initialement signifiait petite pièce, petit poème, et c'est à partir de Théocrite qu'il prend le sens qui lui a été assigné depuis. Faut-il voir dans cette mutation sémantique le signe que c'est dans ces « petites pièces » que se cristallisa pour la première fois la nostalgie éprouvée par le citadin pour un âge pastoral révolu ? Certes Théocrite n'a pas fait surgir « ex nihilo » la poésie pastorale. L'origine s'en trouve dans des chants campagnards qui remontent à la nuit des temps. Mais c'est lui qui consacra son statut parmi les genres littéraires. Depuis, les bergers poètes se succèdent à travers les époques : Virgile, Sannazzaro, Le Tasse, Guarini, Sydney, Shakespeare, Montemayor, Belleau, Racan, d'Urfé, Gessner, etc. Jusqu'au XVIIIe siècle en tout cas, la pastorale occupe une place incontestée dans la poésie lyrique, le roman, le théâtre. Mais, si Théocrite avait seulement été l'initiateur d'un genre, il n'aurait sûrement pas la place qui est la sienne : de tous les poètes de son temps, poètes érudits, savants, livresques, pédants, seul Théocrite nous touche encore aussi directement. Comme le note J. de Romilly, « il unit le goût du familier à l'esthétisme... [dans] un mélange qui n'est qu'à lui de réalisme et de convention artistique, de comédie et de lyrisme »

FANI TRIPET-PEDIS.

RÉF. : Ph.-E. Legrand, *Bucoliques grecs,* t. I, Paris, 1925. – A.S.F. Gow, *Theocritus,* 1952. – P. Monteil, *Théocrite, Idylles II, V, VII, XI, XV,* Paris, 1968. – M. Chappaz et E. Genevay, *Théocrite, toute l'Idylle,* Paris, 1991.

THÉODORE bar Kōnī. Écrivain syriaque (VIIIe siècle ?). Ses ouvrages doctrinaux ou historiques ne sont pas parvenus jusqu'à nous, seul *Le Livre de scolies* (*) permet de mesurer l'importance de sa pensée.

THÉODORE le Studite. Mystique byzantin. Né à Constantinople en 756, mort dans l'île de Chalcis le 11 novembre 826. Il doit l'épithète de Studite au fait d'avoir été abbé du monastère de Studion à Constantinople auquel il donna une grande célébrité. Il réforma la vie monastique et perfectionna par de nouvelles prescriptions – qui, dictées pour son monastère, s'étendirent ensuite à tout l'empire – la règle de saint Basile, la *magna charta* du monachisme oriental. Il reçut les bases de son éducation chrétienne de sa mère Théoctiste et du frère de celle-ci, Platon, abbé du monastère de Saccudion. Dans ce monastère, il fut lui aussi moine, puis abbé, avant de lier son nom au monastère de Studion. Son action en vue de relever le niveau de la vie monastique fut cependant plusieurs fois interrompue et entravée par de houleux événements, provoqués par son intransigeante fermeté. Il connut à plusieurs reprises la persécution. Envoyé en exil pour la quatrième fois par Michel le Bègue, il y mourut en 826. À travers ses écrits apparaît bien son esprit batailleur. Ils se trouvent réunis dans le tome XCIX de la *Patrologie grecque* (*) conçue par l'abbé Jean Paul Migne. Parmi ses œuvres, mentionnons : les *Écrits ascétiques* (*) qui montrent aux moines les idéaux de la perfection chrétienne ; parmi ses *Discours*, les oraisons funèbres de sa mère et de son oncle Platon, et la réfutation des doctrines iconoclastes ; les *Épigrammes* enfin, qui décrivent et exaltent la vie monastique comme vie parfaitement chrétienne.

RÉF. : Migne, *Patrologie de l'Église grecque*, Paris, 1860. – Marin, *Saint Théodore*, Paris, 1906. – I. Hansherr, *Saint Théodore Studite. L'homme et l'ascète*, dans *Romania*, 1926. – V. Bozidar, *Saint Theodore the Studite*, Toronto, 1985.

THÉODORET de Cyr. Théologien et polémiste chrétien. Né à Antioche entre 386 et 393, mort à Cyr (?) entre 453 et 458. Fils d'une famille très riche, il reçut une brillante éducation. Il avait vingt-trois ans lorsque ses parents moururent en lui laissant un énorme héritage qu'il distribua aux pauvres avant de se retirer au monastère de Nicerte. Quelques années plus tard, il fut appelé au siège épiscopal d'Antioche, qu'il occupa durant sept ans, puis à celui de Cyr. Sa tolérance, bien rare à son époque, lui permit de faire régner la paix entre les diverses sectes hérétiques de son diocèse, et de mettre fin aux persécutions dont elles souffraient. Il prit parti pour Nestorius au fameux concile d'Éphèse de 431, et composa alors sa *Réfutation des anathèmes de Cyrille*. Cette attitude lui valut d'être déposé en 449 par le concile d'Éphèse, mais il fut réintégré dans ses fonctions par le concile de Chalcédoine en 451. Son œuvre énorme est surtout représentée par une *Histoire ecclésiastique* (*), qui va de 324 à 429 et continue celle d'Eusèbe, par de nombreux *Commentaires* des livres de l'Ancien Testament et des *Épîtres* (*) de saint Paul, et par des traités apologétiques et de controverse, tels la *Thérapeutique des maladies helléniques* (*), et l'*Éranistès ou le*

Polymorphe. Il a laissé, en outre, quantité de sermons, homélies, panégyriques, traités, et une très intéressante *Correspondance* dont il nous est parvenu cent quatre-vingts lettres. Ses œuvres complètes occupent cinq volumes de la *Patrologie grecque* (*) de Migne.

RÉF. : Y. Azéma, *Le Discours sur la Providence de Théodoret de Cyr*, Paris, 1951 ; *Correspondance de Théodoret de Cyr*, Paris, 1964-65. – P. Canivet, *Le Monachisme syrien selon Théodoret de Cyr*, Paris, 1977.

THÉOGNIS. Poète élégiaque grec. L'acmé de son œuvre peut être située au milieu du VIe siècle av. J.-C. La vie de Théognis ne nous est connue que par ce qui en apparaît dans son œuvre. Représentant de l'aristocratie de Mégare, Théognis est le témoin des troubles qui agitent sa cité au cours du VIe siècle. Cette époque charnière voit la montée économique et politique des classes inférieures et leur entrée dans la vie politique, avec l'appui des tyrans. C'est contre eux que s'élève Théognis, se battant avec acharnement pour les vieilles valeurs de l'aristocratie. Mais devant l'échec de son parti il doit s'exiler et il voyage, en Grèce et en Sicile sans doute – il dira néanmoins qu'il ne peut trouver le bonheur nulle part ailleurs que dans sa patrie.

Un des thèmes principaux de l'œuvre de Théognis – qui est, pour tout ce qui nous reste, composée de *Poèmes élégiaques* (*) – est l'irritation et la plainte de la noblesse qui voit ses privilèges lui échapper. Pour l'aristocrate nostalgique qu'est Théognis, les valeurs morales sont indissociablement liées à une naissance noble, comme en témoigne son vocabulaire qui oppose aux « ἀγαθοί » (nobles et de haute valeur morale) les « κακοί » ou « δειλοί » (mauvais et inférieurs socialement). Or ces « mauvais » deviennent riches, certains sont portés au pouvoir, et les valeurs auxquelles se référait l'aristocratie s'avèrent ne pas être immuables. Face à ce renversement du monde, le poète trouve un refuge – et un lieu de parole revendicatrice – dans le cadre aristocratique du banquet, où se vit encore la solidarité entre nobles compagnons et où peut se réaffirmer, en de brèves sentences propres à la poésie symposiaque, une éthique conservatrice que la forme littéraire fige à jamais, même si les événements la démentent désormais inexorablement. C'est en effet dans ce contexte social du banquet que s'enracine la poésie de Théognis ; il y exprime son inquiétude face aux changements et son refus du nouvel ordre, témoignant ainsi, par la résistance qu'il y manifeste, des profondes transformations sociales, politiques et éthiques de la fin de l'époque archaïque. Le style est concis, énergique, frappé au sceau d'une pensée âpre, souvent amère dans ses refus.

On trouve également chez Théognis des thèmes traditionnels de la poésie gnomique, telles la prudence, la soumission aux dieux, la piété, l'horreur de l'hybris et la recherche d'un bonheur fait de quiétude et d'aisance ; mais, à côté de ces éléments de sagesse traditionnelle, l'originalité de Théognis ressort dans des passages où est mise en question la justice divine, à la lumière d'un rationalisme qui annonce déjà l'émancipation religieuse de l'homme et la pensée du Ve siècle.

Théognis adresse ses sentences à un jeune homme nommé Kyrnos, utilisant ce nom comme un sceau [σφραγίς] pour attester qu'il en est l'auteur. Mais ce procédé d'authentification n'a pas empêché l'œuvre de Théognis d'être l'objet d'adjonctions et de remaniements, au point qu'il est extrêmement difficile de savoir, des quelque 1 400 vers qui nous restent, ce qui est effectivement de lui. Diverses thèses se sont développées parmi les philologues depuis le XIXe siècle, allant de la défense de l'authenticité totale (Harison, 1900) à l'idée de divers recueils (jusqu'à cinq selon Jacoby, 1931) superposés par la tradition, où ne sont en général considérés comme authentiques que les deux cent cinquante-quatre premiers vers (c'est encore la thèse de West, en 1974 ; d'autres vers sont considérés comme authentiques chez Carrière). Il est en tout cas certain que l'œuvre telle qu'elle nous est parvenue résulte de remaniements, opérés selon certains critiques dès le IIIe siècle av. J.-C., prolongés aux IIe et Ier siècles, ou même, selon d'autres, jusqu'à l'époque byzantine. Ce processus de formation du corpus théognidéen explique que les idées y soient parfois contradictoires. Néanmoins le style est relativement uniforme et ne constitue pas un critère de différenciation pertinent.

Les adjonctions apocryphes témoignent de la popularité de l'œuvre de Théognis. La fécondité de cette pensée gnomique est attestée par les fréquents rappels que, de Pindare à Euripide jusqu'aux premiers siècles chrétiens, y a fait la postérité. La Renaissance semble avoir apprécié son talent poétique, et la Réforme, à en juger par Mélanchton qui les commente, ne dédaigna pas ses préceptes.

MADELEINE ROUSSET.

RÉF. : J. Carrière, *Théognis de Mégare*, Paris, 1948 ; *Théognis, Poèmes élégiaques*, Paris, 1975. – B. A. van Groningen, *Théognis, le premier livre*, Amsterdam, 1966. – B. Gentili, *Poesia e pubblico nella Grecia antica*, Rome-Bari, 1989.

THÉOPHRASTE. Écrivain et philosophe grec. Né entre 372 et 370 avant J.-C. à Erésos, sur l'île de Lesbos, et mort entre 288 et 286 avant J.-C. Il se serait appelé tout d'abord Tyrtamos, et Aristote lui aurait donné son surnom sous lequel il est connu, par allusion à sa « divine éloquence ». Il semble avoir suivi l'enseignement d'Alcippe et de Platon, mais c'est surtout celui d'Aristote qui eut une influence déterminante. Lorsque ce dernier se retira à Chalcis, Théophraste reprit la tête du Lycée, vers 322 avant J.-C. Il eut, dit-on, deux mille élèves, dont Ménandre, Érasistrate, Démétrios de Phalère. Très sceptique vis-à-vis du mariage, il resta célibataire sa vie durant, et se consacra entièrement à ses recherches et à son enseignement. Ses intérêts sont plus larges encore que ceux de son maître : physique, métaphysique, théologie, mathématique, physiologie, sciences naturelles, botanique, éthique, politique, rhétorique, musique. Diogène Laërce lui attribue plus de deux cents traités, dont seuls trois survivent aujourd'hui, ainsi que quelques fragments – v. *Les Caractères* (*), *Histoire des plantes* (*), *Traité sur les causes des plantes* (*). Il hérita de la majeure partie des livres d'Aristote, dont certains pourraient avoir été revus par lui. C'est donc à la fois comme penseur original et comme relais de la pensée aristotélicienne que Théophraste doit être considéré aujourd'hui.

ANNE-FRANCE MORAND et VINCENT BARRAS.

RÉF. : O. Regenbogen, « Theophrastos », in *Realencyclopädie der classischen Altertumswissenschaft*, vol. suppl. VII, Munich, 1940. – J. Scarborough, « Theophrastus on Herbals and Herbal Remedies », in *Journal of the History of Biology* 11, 1978. – W. W. Fortenbaugh et al., *Theophrastus of Eresus : Sources for his Life, Writings, Thought and Influence* (2 vol.), Leyde, 1992.

THÉOPOMPE de Chios. Historien grec. Né à Chios en 378 ou 380 av. J.-C., mort en Égypte (?) en 320. Le fait que son père, quoique banni de Chios, alors allié d'Athènes, parce qu'il faisait partie de l'oligarchie prolacédémonienne, ait pu conserver sa fortune, lui permit de recevoir une éducation très soignée. On sait par exemple que, lorsque son père put rentrer à Athènes, Théopompe suivit en même temps qu'Éphore les leçons d'Isocrate, vers 360. Théopompe se voua d'abord à une carrière de sophiste et d'orateur et devint rapidement célèbre pour avoir, avec son éloge de Mausole, remporté le prix dans un concours organisé par la reine Artémise (352). Il se mit alors à parcourir le monde grec en donnant des séances oratoires. Sa gloire lui permit d'entrer en relations avec les principaux personnages politiques de son temps, et c'est ainsi qu'il devint l'ami des rois de Macédoine, surtout d'Alexandre. Ce dernier l'autorisa à rentrer à Chios dont il avait été banni et échangea avec lui une correspondance suivie. Dans ses fameuses *Lettres de Chios*, Théopompe mettait en garde le conquérant contre les conséquences des injustices survenues depuis son accession au trône. Sa mort fut un désastre pour Théopompe qui, à nouveau chassé de Chios, dut se réfugier à Éphèse, puis dans diverses villes avant de trouver asile en Égypte auprès du premier Ptolémée. On ignore comment se termina sa vie agitée. Son œuvre était énorme. Trois grands ouvrages historiques en composaient l'essentiel. Ce sont un *Abrégé d'Hérodote*, une *Histoire grecque* et les *Histoires philippiques* (*). Le premier est perdu, des autres il ne nous reste que des fragments. L'*Histoire grecque* continuait l'œuvre de Thucydide jusqu'à la bataille de Cnide. Les cinquante-huit livres des *Histoires philippiques* racontaient l'histoire de tous les États grecs depuis 362 jusqu'à la mort de Philippe en 336. Nous savons par ses successeurs que l'originalité principale de ces travaux résidait dans la place qu'y accordait l'auteur à la peinture des mœurs individuelles, car il voyait dans celles-ci la source même des événements historiques. Il est, en ce sens, le fondateur de l'histoire psychologique et il est possible que la perte de la majeure partie de son œuvre nous empêche de lui réserver la place de premier rang à laquelle il aurait droit.

BERNARD NOËL.

RÉF. : A. Momigliano, *Studi sulla storiografia gr. del IV sec. a. C., I : Teopompo* in *Rivua di filologia*, t. LIX, 1931. – C. Ferreto, *La Citta dissipatrice. Studi sull'excersus del libro decimo dei « Philippika » di Teopompo*, Gênes, 1984.

THÉOTOKAS Georges. Écrivain grec. Né le 27 août 1905 à Constantinople, mort le 30 octobre 1966 à Athènes. Après une jeunesse passée dans la capitale turque, il descendit en Grèce en 1922, pour y suivre des cours de droit. Diplômé quatre ans plus tard, il compléta sa formation intellectuelle par des voyages en Europe, avant de revenir se mêler activement à la vie spirituelle de son temps. Avec la publication de son manifeste *Esprit libre* [*Ελεύθερο Πνευμα*', 1929], il devient d'emblée l'un des théoriciens de l'imminente « génération de 1930 ». Des plaquettes de poésie, d'innombrables articles précédèrent la parution de son premier roman *Argo* (*) (1936) qui, au travers d'un groupe d'étudiants, témoignait du drame traversé par la Grèce de l'entre-deux-guerres. Mais ce fut surtout un penseur, un essayiste, attaché à délimiter le rôle de l'intellectuel envers son époque ou de la Grèce dans le monde, et ses romans lui servirent davantage à promouvoir des idées qu'à créer des personnages. Ainsi du *Démon* (*) (1938), de *Léonis* [*Λεωνής*, 1940], qui nous retrace sa jeunesse à Constantinople et surtout de *Errants et Invalides* ['*Οδοιποροι καί ἀσθενεῖς*, 1964], long roman de réflexion sur la guerre de 1939.

THÉRÈSE DE JÉSUS, sainte (Teresa Sánchez de Cepeda y Ahumada de Avila). Mystique espagnole. Sainte Thérèse naquit le 28 mars 1515, soit dans la ville même d'Avila, soit peut-être au petit village de Gotarrendura, où ses parents avaient coutume de passer l'hiver. Elle mourut à Alba de Tormes le 4 octobre 1582. La famille de son père était d'origine tolédane et ne s'était fixée à Avila qu'en 1493. Don Alonso Sánchez de Cepeda, après un premier veuvage, avait épousé en 1509, à Gotarrendura, une jeune fille de quatorze ans, doña Beatriz de Ahumada. Ce sont les parents de Thérèse. L'enfant grandit dans une chaude atmosphère de tendresse familiale, cinquième de onze enfants, issus des deux unions successives de don Alonso. Elle nous raconte elle-même comment, à l'âge de six ou sept ans, elle quitta la maison paternelle, en compagnie de son frère Rodrigo, dans le dessein bien arrêté d'aller chercher le martyre au pays des Maures. Frustrée de son désir, elle se dédommageait en édifiant de petits ermitages dans le jardin de ses parents. En 1528, doña Beatriz de Ahumada mourait à Gotarrendura. Thérèse avait alors treize ans. C'est la sœur aînée, doña María, qui remplaça quelque temps au foyer la mère absente ; elle se maria, en 1531. Thérèse commençait alors à faire quelques concessions aux vanités mondaines. Elle subissait à la maison même des influences fâcheuses. Ses rapports trop amicaux avec des cousins finirent par inquiéter l'austère don Alonso, qui la fit entrer comme pensionnaire chez les augustines d'Avila. Sous l'influence bienfaisante d'une religieuse éclairée, doña María Briceño, Thérèse rompit bientôt avec ses relations dangereuses et revint aux aspirations généreuses de son enfance. Elle était sans doute résolue à quitter le monde, lorsque sa mauvaise santé l'obligea, vers la fin de l'année 1532, à regagner la maison de son père. Convalescente, elle se rendit, en 1533, chez sa sœur, doña María, à Castellanos de la Cañada. Au passage, elle visita, à Hortigosa, un oncle paternel, don Pedro Sánchez de Cepeda. Ce simple fait devait exercer sur l'évolution spirituelle de Thérèse une influence considérable ; car la jeune fille qui s'était passionnée jadis, avec la complicité de sa mère, pour les romans de chevalerie, apprit alors à aimer les « bons livres », qu'elle lisait à don Pedro. Ce premier séjour à Castellanos fut de courte durée. Peu de temps après son retour à Avila, Thérèse demanda à son père, dont elle était la préférée, la permission d'entrer chez les carmélites du monastère de l'Incarnation, où elle avait une amie. Don Alonso ne put se résigner à lui permettre de partir. Thérèse dut s'enfuir, deux ans plus tard, de la maison paternelle, mettant don Alonso devant le fait accompli. Le père, grand chrétien, sut voir là le doigt de Dieu et donna enfin son accord. Après un an de postulat, Thérèse prit l'habit du Carmel, le 2 novembre 1536.

Le carmel de l'Incarnation, exagérément peuplé, était cependant, dans son ensemble, assez fervent, malgré certains abus, comme la trop grande facilité des sorties et les trop fréquents entretiens au parloir. Thérèse fit profession le 3 novembre 1537. Peu de temps après, elle commença à ressentir de graves ennuis de santé et dut quitter le monastère pour se faire soigner. Elle repassa à Hortigosa et, chez son oncle, découvrit le *Tercer Abecedario*, de Francisco de Osuna, qui devait exercer une telle influence sur sa propre conception de l'oraison de recueillement. Thérèse passa l'hiver chez sa sœur doña María, à Castellanos de la Cañada. Au printemps de 1539, elle atteignit le terme de son voyage, le village de Becedas, où le traitement que lui appliqua une célèbre guérisseuse faillit causer sa mort. On la ramena d'urgence chez son père, où pendant quatre jours on la crut morte. Rentrée au carmel de l'Incarnation, elle se remit très lentement. Après trois ans, grâce, pensait-elle, à l'intervention de saint Joseph, elle put enfin se lever, mais elle resta toute sa vie sujette à de graves infirmités. Ses talents naturels, le charme de sa personne et sa réputation de piété l'obligèrent bientôt à passer des heures nombreuses au parloir. Sentant qu'elle y perdait peu à peu son recueillement, elle abandonna quelque temps l'oraison, sous prétexte qu'elle était indigne de la faire. Alors mourut don Alonso de Cepeda (24 décembre 1543). Thérèse était sortie du monastère pour le soigner dans sa dernière maladie. Elle put, à cette occasion, s'ouvrir de ses propres difficultés au père Vicente Barron, dominicain d'Avila, confesseur de son père. Sur ses conseils, elle reprit l'oraison pour ne plus la quitter, bien que la pensée de ses infidélités lui rendît cet exercice extrêmement pénible. Une image du Christ à la colonne fut le moyen providentiel dont Dieu se servit pour lui faire rompre ses dernières attaches (1554). Elle commença dès lors à expérimenter fréquemment les oraisons passives de quiétude et d'union. Malgré tout, la peur, encouragée par ses premiers confidents, d'être victime d'illusions diaboliques, la maintenait dans l'inquiétude. Elle se mit alors sous la conduite des pères jésuites d'Avila, dont la direction peu à peu la rassura. Les faveurs extraordinaires allaient se multipliant : visions de toute sorte, ravissements, transverbération. En août 1560, saint Pierre d'Alcantara, le réformateur franciscain, de passage à Avila, rassure tout à fait sainte Thérèse à qui, peu de temps après, une horrible vision de l'enfer inspire le désir très vif de sauver des âmes. Elle fait alors le « vœu du plus parfait » et s'impose des pénitences très rigoureuses. Son zèle gagne bientôt ses amies, religieuses et séculières. En septembre 1560, plusieurs d'entre d'elles, réunies dans la cellule de Thérèse, parlent de fonder un couvent réformé. Ce projet suscite d'abord chez Thérèse peu d'enthousiasme, mais une parole intérieure lui donne à entendre que telle est bien la volonté de Dieu.

L'exécution du projet rencontra des difficultés de toute sorte, tant de la part des supérieurs de l'Ordre, que du côté des carmélites ou de la population d'Avila. Dans l'intervalle, Thérèse dut aller passer six mois à Tolède, chez doña Luisa de la Cerda, qui venait de perdre son mari. Pendant ce séjour, si fâcheux en apparence, Thérèse s'était mise sous la direction du père Garcia de Toledo. Ce dominicain lui ordonna d'écrire sa vie, afin de la faire examiner par le bienheureux Jean d'Avila, qui jouissait déjà d'une grande réputation de sainteté. Le précieux manuscrit était achevé en juin 1562 — v. *Vie* (*) de sainte

Thérèse. Le 24 août de la même année, en vertu d'un bref pontifical, Thérèse et quatre religieuses prenaient possession du petit couvent Saint-Joseph d'Avila, qui devenait ainsi le berceau de la réforme thérésienne. De nombreuses difficultés restaient à surmonter. Thérèse fut obligée de regagner le couvent de l'Incarnation et ne put rejoindre ses filles qu'à la fin de l'année. Thérèse passe alors à Avila cinq années paisibles. C'est à cette époque qu'elle écrit *Le Chemin de perfection* (*). En 1567, le général de l'ordre du Carmel, Jean-Baptiste Rossi, visite les provinces d'Espagne. Il autorise Thérèse à fonder de nombreux couvents en Castille. En quinze ans, elle implantera la réforme carmélitaine à Medina del Campo (1567), Malagón (1568), Valladolid (1568), Pastrana (1569, transféré à Ségovie en 1574), Salamanque (1570), Alba de Tormes (1571), Veas (1575), Séville (1575), Caravaca (1576), Vilanueva de la Jara (1580), Palencia (1580), Soria (1580) et Burgos (1582). À cette liste, il conviendrait d'ajouter la fondation de Grenade, réalisée, en 1582, par la mère Anne de Jésus.

Cette sèche énumération de lieux et de dates ne résume pas toute l'activité de Thérèse pendant les quinze dernières années de sa vie. Elle avait dû interrompre pendant trois ans le rythme de ses fondations, afin de diriger en qualité de prieure son ancien monastère de l'Incarnation (1571-1574). Mais surtout, en 1567, elle avait obtenu du père général la permission de fonder des couvents de pères, destinés à servir de confesseurs à ses carmélites. Saint Jean de la Croix, qu'elle avait rencontré pour la première fois à Salamanque, en août 1567, fut, avec le père Antoine de Jésus-Marie, son premier collaborateur. Les couvents des carmes déchaussés se multiplièrent. Il y en avait dix-sept en Espagne à la mort de Thérèse. Pendant cette même période, l'activité littéraire de Thérèse fut considérable. En 1569-1570, elle écrivit une deuxième rédaction du *Chemin de perfection*. À partir de 1573, sur l'ordre de son confesseur, elle commença à mettre par écrit le récit de ses *Fondations*. En 1577, elle entreprit au carmel de Tolède la rédaction du *Château intérieur* (*) ou *Livre des demeures*. Elle écrivit aussi plusieurs autres ouvrages de moindre étendue, sans compter des lettres nombreuses et des *Relations*, destinées à ses confesseurs.

Ses dernières années furent marquées de très dures épreuves. En 1575, le jeune père Jérôme Gratien de la Mère de Dieu, entré dans la réforme en 1572, avait été nommé visiteur des pères carmes non-réformés d'Andalousie. Ce fut le prélude de toute une série de graves difficultés où faillit sombrer l'œuvre de Thérèse. Le chapitre général de l'Ordre, réuni à Plaisance en mai 1575, porta de sévères mesures contre les carmes déchaux et interdit à Thérèse d'entreprendre de nouvelles fondations. Elle se retira donc à Tolède avec l'intention d'y finir ses jours (août 1576). En 1577, la mort du nonce Nicolas Hormaneto priva Thérèse d'un appui précieux, d'autant plus qu'il était remplacé par un homme prévenu contre elle, Philippe Sega. Les carmélites de l'Incarnation d'Avila, qui avaient réélu Thérèse prieure en octobre 1577, furent pour ce fait excommuniées par leur provincial. Saint Jean de la Croix, leur confesseur, fut arrêté et transféré à Tolède, où il subit une dure captivité de neuf mois. Il fallut une intervention personnelle du roi Philippe II pour sauver la réforme. Les couvents fondés par Thérèse furent constitués en province séparée. Cette décision du nonce fut confirmée et étendue par un bref pontifical en date du 27 juin 1580. Thérèse avait déjà repris ses fondations. En 1582, elle entreprit celle de Burgos. Ce devait être la plus difficile et aussi la dernière. Dans un état de grande fatigue, la sainte se hâtait vers Avila, car elle savait sa mort prochaine. La charité et l'obéissance lui imposèrent cependant de faire un détour par Alba de Tormes. C'est là qu'elle rendit son âme à Dieu, à neuf heures du soir, le 4 octobre 1582.

La réputation de sainteté dont elle jouissait déjà en Espagne de son vivant s'accrut d'autant plus que les miracles se multiplièrent sur sa tombe et que ses *Œuvres*, dont la première édition globale parut à Salamanque en 1588, faisaient connaître sa personne, sa doctrine et sa vie à un public toujours plus vaste. Sainte Thérèse a été béatifiée par Paul V le 24 avril 1614, et canonisée par Grégoire XV le 22 mars 1622. Sa fête se célèbre le 15 octobre.

P. PIERRE DE LA CROIX, O.C.D.

♦ *« Mays en fin, la bienheureuse Therese de Jesus a si bien escrit des mouvements sacrés de la dilection, en tous les livres qu'elle a laissés, qu'on est ravi de voir tant d'eloquence en une si grande humilité, tant de fermeté d'esprit en une si grande simplicité ; et sa tres sçavante ignorance fait paroistre tres ignorante la science de plusieurs gens de lettres. »* Saint François de Sales. ♦ *« Cette sainte que l'Église met presque au rang des docteurs en célébrant la sublimité de sa céleste doctrine... »* Bossuet. ♦ *« Quant à sainte Thérèse, vous avez raison d'en estimer les ouvrages. J'y trouvai un jour cette belle pensée, que l'âme doit concevoir les choses comme s'il n'y avoit que Dieu et elle dans le monde ; ce qui donne même une réflexion considérable en philosophie, que j'ai employée utilement dans une de mes hypothèses... »* Leibniz. ♦ *« Ce qu'on aime de sainte Thérèse, c'est la source jaillissante, l'âme d'où surgirent ces pensées brûlantes, charmantes, parfumées et vraies. Ce qui nous attire vers elle, fussions-nous de la plus morne incuriosité religieuse, c'est le respect émerveillé d'une telle fontaine de vie et une sorte de désir de vivre parmi les anges. Nous lui demandons un alibi, une heure de paradis... »* Maurice Barrès. ♦ *« Sans les mystiques* [...] *et surtout sans sainte Thérèse, notre grand art réaliste, cet art si opulent et si robuste* [...] *l'art de Cervantès et de Tirso, ne serait peut-être jamais né, ou tout au moins n'en pourrait-on expliquer avec rigueur l'évolution logique. »* Blancas de los Rios.

RÉF. : Sainte Thérèse, *Vie*, 1588 ; *Fondations*, Bruxelles, 1610. – Francisco de Ribera, S. J., *La vida de la Madre Teresa de Jesùs*, Salamanque, 1590.

– Diego de Yepes, *Vida, virtudes y milagros de la Bienaventurada virgen Teresa de Jesús*, Saragosse, 1606. – Mère Marie du Sacré-Cœur, *Histoire de sainte Thérèse d'après les Bollandistes, ses divers historiens et ses œuvres complètes*, Paris, 1882. – H. Joly, *Sainte Thérèse*, Paris, 1901. – L. Bertrand, *Sainte Thérèse*, Paris, 1927. – *Procesos de beatificación y canonización de Santa Teresa*, O. C. D., Burgos, 1935. – M. Auclair, *La Vie de sainte Thérèse d'Avila. La dame errante de Dieu*, Paris, 1950. – Efrén de Madre de Dios y Otger Steggink, *Tiempo y vida de Santa Teresa*, Madrid, B.A.C., 1977, 2e éd. – Marcel Lepee, *Sainte Thérèse d'Avila mystique*, Paris, 1979. – Pierre Lauzeral, *Une femme, un maître : Thérèse d'Avila*, Paris, 1980. – Tomas Alvarez, Fernando Domingo, *Sainte Thérèse d'Avila : La Grande Aventure des fondations*, Pernes-lès-Fontaine (Vaucluse), 1981. – Jacques Roi, *Sainte Thérèse d'Avila : Docteur de la joie*, Saint Céneré (Mayenne), 1986. – Pierre Lauzeral, *Une femme qui sut aimer : Thérèse d'Avila*, Paris, 1989. – Rosa Rossi, *Thérèse d'Avila*, Paris, 1989. – Isaure de Saint Pierre, *Thérèse d'Avila*, Paris, 1990. – Bernard Sesé, *Petite vie de sainte Thérèse d'Avila*, Paris, 1991.

THÉRÈSE DE L'ENFANT JÉSUS sainte. Carmélite française. Née à Alençon le 2 janvier 1873, morte à Lisieux le 30 septembre 1897. Elle s'appelle Thérèse Martin ; c'est la cadette d'une famille de neuf enfants. Mais elle ne connaîtra que quatre sœurs, qui toutes seront religieuses. Son père est horloger puis gère avec sa mère un commerce florissant de dentelles d'Alençon. À la mort de sa mère, qui l'avait élevée dans la rigueur, le sacrifice et l'austérité, Thérèse a quatre ans ; la famille s'installe à Lisieux où Thérèse vit une enfance gâtée, dans le caprice et selon ses humeurs. À la Noël 1886, un événement anodin provoque sa conversion. Dès lors, elle veut rejoindre deux de ses sœurs qui sont entrées au carmel de Lisieux, où elle voit moins un refuge qu'une aventure spirituelle. Il lui faut une dispense ; elle ira jusqu'au pape, à Rome, pour l'obtenir ; elle entre au carmel le 9 avril 1888. Dans une atmosphère moralisatrice, un peu rance, vécue parmi des compagnes qui pourraient – presque toutes – être sa mère, la nouvelle sœur Thérèse de l'Enfant-Jésus et de la Sainte-Face va mener une véritable aventure mystique, s'ouvrant pratiquement seule à la voie amoureuse d'un Dieu de tendresse et de liberté. À la fin de sa vie, minée par la tuberculose, elle connaîtra l'épreuve de la nuit, des ténèbres, de la façon la plus tragique qui soit – et qui fut longtemps occultée par ses biographes. Cette complète cécité, cette insensibilité de la foi qui ne peut, au mieux, s'exprimer que dans l'espérance, rend son aventure tout à fait moderne. Elle dura pratiquement de Pâques 1896 à sa mort, exception faite d'une retraite lumineuse en septembre 1896. Canonisée en 1925 par Pie XI qui l'a appelée « la plus grande sainte des temps modernes », c'est donc sur une sorte de malentendu qu'elle a connu son extraordinaire succès, puisque l'édition authentique de ses *Manuscrits autobiographiques* (*) n'a paru qu'en 1956.

JEAN-PIE LAPIERRE.

THÉROULDE de Bayeux (Turoldus). Religieux anglo-normand. Né entre 1057 et 1067. Devenu évêque de Bayeux, il se retira dans l'abbaye du Bec. On pense qu'il fut l'auteur de la *Chanson de Roland* (*), mais rien cependant ne le prouve. D'autres personnages du même nom permettent d'échafauder d'autres hypothèses ; Théroulde de Chartres, moine bénédictin, mort en 1131 ; et surtout Théroulde de Fécamp, qui, aussitôt après la victoire d'Hastings (1066), obtint de Guillaume le Conquérant l'abbaye de Malmesbury.

THEVET André. Grand voyageur et cosmographe des rois de France. Né à Angoulême en 1516, mort à Paris le 23 novembre 1592. Cadet d'une famille de chirurgiens-barbiers d'Angoulême, André Thevet est mis contre son gré au couvent des Cordeliers de cette ville à l'âge de dix ans. Il s'en échappe pour divers voyages, en Italie notamment et au Levant où il séjourne de 1549 à 1552. Le traditionnel pèlerinage à Jérusalem s'est, semble-t-il, accompagné dans son cas d'une mission diplomatique auprès de la Sublime Porte. De retour en France, il publie en 1554 à Lyon son premier ouvrage, une *Cosmographie de Levant*, qui prend prétexte de l'itinéraire oriental pour égrener, d'étape en étape, des lieux communs de morale et de bon gouvernement, et les singularités archéologiques, botaniques et zoologiques les plus disparates.

L'année suivante, il se joint à l'expédition de Nicolas Durand de Villegagnon, chevalier de Malte inclinant à la Réforme parti fonder au Brésil une éphémère « France Antarctique » (1555-1560). Thevet ne séjourne que dix semaines en terre d'Amérique, de la mi-novembre 1555 à la fin janvier 1556, et il ne quitte guère le minuscule îlot de l'entrée de la baie de Rio de Janeiro, où Villegagnon a établi sa forteresse, le « fort Coligny ». Malade et alité, il retourne en France sur le vaisseau qui l'a amené. L'extrême brièveté de son séjour austral ne l'empêche pas de publier dès la fin de 1557 ce qui constitue sans nul doute son œuvre la plus représentative, *Les Singularitez de la France Antarctique, autrement nommée Amerique* (*). Ouvrage de compilation à l'instar de la *Cosmographie de Levant, Les Singularitez*, écrites avec le concours et par la plume de l'helléniste Mathurin Héret, offrent toutefois le premier tableau ethnographique complet des Indiens Tupinamba qui peuplaient alors le littoral du Brésil. L'élégance des bois gravés qui ornent cette édition en élargit le succès auprès du public humaniste. Ronsard s'en fait l'écho dans la *Complainte contre Fortune* (1559), et Montaigne lui devra une part de son information dans le célèbre chapitre « Des cannibales » (1580).

Affranchi de son ordre à sa demande (1558) et courtisant avec une égale dévotion les princes protestants et les Guise, Thevet bénéficie du mécénat éclairé du chancelier Michel de L'Hospital. Résidant désormais à Paris, rue de Bièvre, il devient en 1560 cosmographe du roi et, début 1576 au plus tard, l'un des aumôniers de Catherine de Médicis. Ses hautes protections lui permettent de financer de coûteuses entreprises éditoriales, telles qu'en 1575 la *Cosmographie universelle*, ou géographie des quatre parties du monde, et en 1584 les *Vrais Pourtraits et Vies des hommes illustres*, ouvrage prosopographique à la manière de Plutarque, dont le principal mérite est de ranger aux côtés des grands capitaines de l'Antiquité les modernes découvreurs et les souverains de l'Amérique, de l'Inca Atahualpa au Mexicain Moctézuma, et du cannibale Quoniambec au Patagon Paracoussi.

Mais de plus en plus moqué pour sa science d'autodidacte et discrédité par ses tonitruantes prétentions à un monopole du savoir géographique, Thevet voit se former contre lui la cabale des doctes de l'Europe entière. Il lui est en outre reproché d'avoir embrassé le parti de l'Espagne, à une époque où les puissances protestantes du nord de l'Europe, Angleterre et Hollande, prétendent à l'empire des mers. Dans Paris dominé par la Ligue, à laquelle il a ouvertement adhéré, il meurt de vieillesse et de maladie, sans avoir pu mener à terme ses derniers projets, une ultime version de son voyage au Brésil et un *Grand insulaire et pilotage*, qui aurait dû renfermer la description et les cartes de toutes les îles du monde.

Il faut attendre la deuxième moitié du XXe siècle et les développements de l'anthropologie structurale pour que les mérites de Thevet soient pleinement reconnus. La part faite par Claude Lévi-Strauss dans *Histoire de lynx* (1991) aux mythes de la cosmogonie tupi recueillis par Thevet témoigne de l'étrange actualité d'une œuvre placée sous le signe de la variété et ouverte, dans sa démesure et son désordre, à toutes les curiosités intellectuelles de son siècle.

FRANK LESTRINGANT.

RÉF. : Jean Adhémar, *Frère André Thevet*, Paris, 1947. – Frank Lestringant, *André Thevet, cosmographe des derniers Valois*, Genève, 1991 ; *L'Atelier du cosmographe ou l'Image du monde à la Renaissance*, Paris, 1991. – Claude Lévi-Strauss, *Histoire de lynx*, ch. IV, Paris, 1991.

THIBAUDET Albert. Critique littéraire français. Né à Tournus (Saône-et-Loire) le 1er avril 1874, mort à Genève le 16 avril 1936. Il fit ses études secondaires au lycée de Lons-le-Saunier, puis à Louis-le-Grand, et sa philosophie à Henri-IV avec Bergson comme professeur. Licencié en philosophie en 1893, deux fois admissible à l'agrégation en 1895 et 1896, il enseigna dans divers collèges. En 1908, après avoir passé l'agrégation d'histoire et de géographie, il fut nommé professeur à Annecy, puis à Grenoble, Besançon et Clermont-Ferrand. Après la Grande Guerre, il fut attaché aux universités d'York, d'Upsal et enfin de Genève, où il occupa la chaire de littérature française jusqu'à sa mort. Il avait débuté dans les lettres par une gageure qui lui fit composer d'un trait un éloge de Ronsard pour le concours d'éloquence de l'Académie française, et lui valut de remporter le prix. Sa première œuvre, *Le Cygne rouge* (1897), est un mythe dramatique en prose mêlée d'alexandrins et de vers libres. Mais, c'est en 1908 que Thibaudet commença à tenir dans *La Phalange* une rubrique des livres : *Le Mois du littérateur.* Une note sur *La Porte étroite* (*) d'André Gide, en octobre 1909, appela sur lui l'attention de l'équipe de *La Nouvelle Revue française* (*). Le 1er mars 1911, il donna son premier article dans cette revue, et, le 1er mars 1912, sa première chronique régulière sous le titre « La Littérature ». Elle deviendra bientôt « Réflexions sur la littérature » et le nom de l'auteur sera désormais présent à tous les sommaires.

Le premier ouvrage critique de Thibaudet fut consacré à *La Poésie de Stéphane Mallarmé* (+) et parut en 1912. Il publia ensuite *Les Heures de l'Acropole* (1913). Toujours soucieux de l'autonomie de sa pensée, il ne s'embrigada jamais et dédaigna tous les honneurs. Il avait devant l'œuvre étudiée une attitude de biologiste ; il montrait les forces et les rythmes de son développement interne, faisait l'histoire de sa genèse et de son devenir. Il avait le goût des rapprochements imprévus, des parallèles et des analogies. Il aimait comprendre plutôt que juger. Mieux que personne d'autre en son temps, il a été celui qui fait la liaison entre la « littérature qui est faite et celle qui se fait », et cela avec un sens de la continuité qui lui permettait de vivre l'évolution du monde des idées, car il était « l'esprit qui à propos de chaque chose pense à tout ». Ses livres eurent un retentissement considérable.

Parmi les œuvres principales d'Albert Thibaudet, citons en premier lieu la fameuse trilogie intitulée *Trente ans de vie française* et qui comprend : *Les Idées de Charles Maurras* (+) (1920), *La Vie de Maurice Barrès* (1921) et *Le Bergsonisme* (*) (1923), puis de nombreux volumes de critique littéraire ou de psychologie tels que : *Gustave Flaubert* (1922), *La République des professeurs* (1927), *Amiel ou la Part du rêve* (1929), *Physiologie de la critique* (*) (1930), *Mistral ou la République du soleil* (1930), *Les Idées politiques de la France* (*) (1931), *Stendhal* (1931), etc. Thibaudet donna également de remarquables éditions critiques de Flaubert et de Montaigne. Après sa mort parurent plusieurs recueils de ses chroniques de *La Nouvelle Revue française : Réflexions sur le roman* (1938), *Réflexions sur la littérature* (1938), *Réflexions sur la critique*

(1939) et une *Histoire de la littérature française de 1789 à nos jours* (*) (1936).

BERNARD NOËL.

♦ *« Personne n'était mieux doué que lui pour l'art de créer des perspectives dans l'énorme forêt des lettres. »* Paul Valéry. ♦ *« Il voulait avant tout tenir compte, dans les œuvres et dans les hommes, de la spontanéité de la vie* [...] *Sa classification visait à faire passer d'un côté tout ce qui est classable, tout ce qui est réductible au déjà connu, tout ce qui se prête naturellement à une représentation conceptuelle, pour examiner alors de l'autre côté ce qui restait, je veux dire l'individuel et l'unique, qui est presque tout quand il s'agit d'une œuvre d'art. »* Henri Bergson.

RÉF. : *Hommage à Albert Thibaudet,* numéro spécial de *La Nouvelle Revue française,* t. 47, 1936. – Alfred Glauser, *Albert Thibaudet et la critique créatrice,* Paris, 1952. – John C. Davies, *L'œuvre critique d'Albert Thibaudet,* Genève, 1955.

THIBAUT IV de Champagne. Comte de Champagne, roi de Navarre. Né le 30 mai 1201 en Champagne, mort à Pampelune le 7 juillet 1253. Thibaut de Champagne n'était pas un jongleur vagabond comme ses contemporains Rutebeuf et Colin Muset, dont nous ne savons de la vie que les traces qu'ils en ont laissées dans leurs œuvres. Ici, il s'agit d'un comte de Champagne, devenu même roi de Navarre, dont parlent les chroniques, mais qui voulut, tant la poésie des trouvères avait conquis les cours, la pratiquer lui-même. Au reste, elle était en honneur à la cour de cette Champagne, riche de ses foires internationales. Henri Ier dit le Libéral (vertu vantée par les chansonniers faméliques) et sa femme Marie, fille d'Éléonore d'Aquitaine, avaient été, dans les années 60 à 80 du XIIe siècle, les protecteurs de Chrétien de Troyes, qui introduisit dans le nord de la France la poésie courtoise des troubadours et fut le fondateur du roman, si français que le genre a pris le nom de notre langue. Ils protégèrent aussi Gace Brulé, et présidèrent des cours d'amour où se discutaient des cas de casuistique amoureuse dont le chapelain, André, fera un traité en latin. Cet Henri Ier eut deux fils, dont l'aîné, Henri II, mourut au siège de Saint-Jean-d'Acre, en 1197. Il n'y avait donc pas seulement, dans la maison de Champagne, le goût de la poésie, mais l'appétit d'aventures de la croisade, pour la délivrance du Saint-Sépulcre. De son mariage avec Isabelle de Jérusalem, veuve de Conrad, marquis de Montferrat, naquirent trois filles qui auraient pu hériter de son comté. Mais, en partant pour la Terre sainte, en l'année 1190, il avait fait jurer à ses vassaux de reconnaître, pour son successeur, son frère Thibaut, qui, deux ans après son avènement, épousa, en 1199, Blanche, fille de Sanche VI, roi de Navarre. Il n'y avait plus de Pyrénées.

Ce Thibaut, sur le point de quitter la France comme chef de la quatrième croisade (qui fut détournée par Baudouin IX de Hainaut vers Constantinople, où il fonda son royaume latin), mourut subitement, le 24 mai 1201, laissant sa femme mère d'une petite fille, Marie, et enceinte d'un autre enfant qui naquit le 30 mai et fut notre Thibaut IV, pour cette raison dit le Posthume. Le 27 juillet 1214, ce garçon était présent à la bataille de Bouvines, sous Philippe Auguste, où il fit ses premières armes. Comme en 1226, son successeur, Louis VIII, assiégeait Avignon, Thibaut, en tant que son vassal, y fut « semons », mais se retira après quarante jours, au grand mécontentement du roi, qui mourut à Montpensier le 8 novembre 1226. Aussi accuse-t-on Thibaut de l'avoir empoisonné, ceci à cause de son amour pour la reine Blanche de Castille. Question bien controversée de l'histoire, mais qui intéresse aussi la poésie. L'objection qui s'impose à la pensée est que la reine avait alors quarante-huit ans, ce qui fait difficulté quand il parle de l'« enfance » de sa dame ; et que lui en avait vingt-six. Il la dit bien « belle et blonde et coronée », mais c'est peut-être une fantaisie de copiste pour « colorée ». Appelé à succéder à son oncle maternel, Sanche le Fort, roi de Navarre, mort le 7 avril 1234, Thibaut est couronné le 7 mai à Pampelune. Ceci ne l'empêche pas de prendre la croix rouge sur le bliaut blanc, selon la tradition de son lignage, et d'être le chef de la croisade qu'aurait dû diriger Frédéric II. Le 24 septembre 1240, il est à Jérusalem, ce qui le dispense d'accompagner son suzerain Louis IX, et Joinville le sénéchal, à la septième croisade, celle de 1248. Marié trois fois et laissant un fils qui fut Thibaut V, il mourut dans sa capitale navarraise de Pampelune, le 7 juillet 1253.

Malgré cette existence guerrière et politiquement mouvementée, il a laissé une œuvre poétique assez variée, comprenant : des chansons d'amour avec accompagnement musical, qui était de règle dans l'art des troubadours et, à leur imitation, des trouvères ; des « jeux-partis » ou débats entre des poètes, sur les sujets les plus variés et arbitrés par un troisième qu'ils choisissaient ; des « pastourelles », genre dont j'ai retrouvé des traces bien vivantes encore en Ardèche, où le chevalier poète fait la cour à une bergère, qui, la plupart du temps, lui résiste, préférant son Robin, ou parfois lui cède et le suit ; des chansons de croisade ; des poèmes religieux : serventois, lais ou chansons – v. *Œuvres poétiques* (*) de Thibaut de Champagne. Ses poésies ne sont pas sans charme et, très parfaites et étudiées, n'ont rien de la facture négligée d'un noble amateur. Un beau poète, en vérité, que celui qui, à ses heures de loisir et de rêverie, remplaçait la couronne comtale ou royale par celle de laurier de la poésie.

GUSTAVE COHEN.

♦ *« Je vois en Thibaut de Champagne le prince de nos trouvères. C'est le plus habile, le plus élégant et le plus nuancé, peut-être aussi le plus personnel. »* Marcel Arland.

RÉF. : Tarbé, *Recherches sur la vie littéraire et les œuvres de Thibaut de Champagne,* Reims, 1851. –

A. Wallensköld, introduction à l'édit. des *Chansons de Thibaut de Champagne, roi de Navarre,* Paris, 1925. – Germaine Maillet, *Les Jeux de l'amour et de la politique : Thibaut le chansonnier, comte de Champagne,* Paris, 1939. – G. Cohen, *Un roi chansonnier,* in *Revue des Deux Mondes,* 1955. – Cl. Taittinger, *Thibaut de Champagne,* Paris, 1986. – *Thibaut de Champagne, prince et poète au XIIIe siècle,* Lyon, 1987.

THIBON Gustave. Philosophe français. Né à Saint-Marcel-d'Ardèche le 2 septembre 1903. Cet « esprit tout de sagesse et d'harmonie », selon T. S. Eliot, s'est formé par la méditation et l'étude personnelle, le travail de la terre dans ses vignes de Saint-Marcel-d'Ardèche et les rencontres, en dehors de l'habituel circuit universitaire. Il publie à partir des années 30 divers essais de critiques dans la *Revue thomiste* et les *Études carmélitaines*, qui le font remarquer et encourager par Jacques Maritain puis Gabriel Marcel. En 1934, il fait paraître *La Science du caractère*, un essai critique sur la pensée du philosophe allemand Ludwig Klages, le fondateur de la caractérologie. Thibon applique son attention aux mécanismes qui régissent les sociétés humaines : *Diagnostics* réunit divers « essais de physiologie sociale » (1940). Il participe en 1942 à la fondation de la revue *Économie et Humanisme*, et publie en 1943 *Retour au réel, nouveaux diagnostics* (1943). En 1940, il avait publié aussi des *Poèmes*, que suivra *Offrande du soir* en 1946 : l'analyste aigu des passions de l'âme et des mécanismes sociaux est aussi un ami des poètes (Lanza del Vasto, Maurras, Marie Noël) et un parfait connaisseur de la poésie occidentale, dont il se nourrit quotidiennement. En 1941, il accueille chez lui en Ardèche Simone Weil. Cette rencontre capitale, qu'il a décrite (*Simone Weil telle que nous l'avons connue*, avec le père Perrin, 1952), fut le point de départ d'un dialogue intellectuel et spirituel que l'éloignement puis la mort de Simone Weil n'interrompirent pas. C'est Gustave Thibon qui la fit connaître en faisant paraître en 1947 *La Pesanteur et la Grâce*, anthologie tirée des cahiers qu'elle lui avait laissés. On a pu soutenir que l'influence réciproque des deux philosophes leur avait fait troquer leurs perspectives, Simone Weil aboutissant aux considérations politiques et sociales de *L'Enracinement* (*) tandis que Gustave Thibon orientait de plus en plus sa méditation sur l'invariant dans l'homme, méditation qu'il expose avec prédilection sous la forme aphoristique : *L'Échelle de Jacob* (1942), *Le Pain de chaque jour* (1945), *Notre regard qui manque à la lumière* (1955), *L'Ignorance étoilée* (*) (1975), *Le Voile et le Masque* (1985). Il a publié par ailleurs un essai sur *Nietzsche et le déclin de l'esprit* (1948), une anthologie de Chateaubriand (1948), des *Paysages du Vivarais* (sur des photographies de Jean-Marie Marcel, 1949), *L'Équilibre et l'Harmonie* (1976) et une pièce de théâtre, *Vous serez comme des dieux* (1959). Gustave Thibon a reçu en 1964 le grand prix de littérature de l'Académie française pour l'ensemble de son œuvre.

PHILIPPE BARTHELET.

THIERRY Jacques Nicolas Augustin. Historien français. Né à Blois (Loir-et-Cher) le 10 mai 1795 ; mort à Paris le 22 mai 1856. Enfant de famille pauvre, Augustin Thierry fit ses études au collège de Blois et entra en 1811 à l'École normale. Après avoir été pendant quelques mois (1813) professeur au collège de Compiègne, il quitta l'enseignement pour adhérer au mouvement saint-simonien, en tant que secrétaire de Saint-Simon. S'il ne tarda pas à se brouiller avec son maître, il défendit ses idées dans plusieurs journaux, le *Censeur européen*, où il publie les textes qui devaient être réunis en 1834 sous le titre *Dix ans d'études historiques*, et *Le Courrier français*, dans lequel il donna l'*Histoire véritable de Jacques Bonhomme* (1820). Sa collaboration à ces journaux dura quatre ans, après lesquels Thierry se consacra entièrement aux travaux historiques dont il avait ébauché les grandes lignes dans ces journaux. *L'Histoire de la conquête de l'Angleterre par les Normands, de ses causes, et de ses suites jusqu'à nos jours, en Angleterre, en Écosse, en Irlande et sur le continent* (*) (1825) marque les débuts de sa carrière d'historien. On y trouve déjà mis en œuvre le concept de race victorieuse et de race soumise que le sujet choisi par Thierry mettait particulièrement en valeur. Ayant publié, dans *Le Courrier français*, des *Lettres sur l'histoire de France* (*) (1827), où il préconisait et annonçait une transformation complète de l'histoire de France, fondée sur une meilleure connaissance des textes et des documents et surtout sur l'application d'une méthode vraiment scientifique et où il dénonçait l'insuffisance des historiens précédents, Thierry publia la même année ses *Lettres* en leur donnant la forme d'une *Introduction à l'étude de cette histoire*. Il ne sut pas ménager ses forces et devint très tôt aveugle. C'est de son lit, la plupart du temps, qu'il travailla désormais, se faisant lire les textes et dictant à un secrétaire. Il fut bientôt aidé dans cette tâche pénible par une veuve, Mme de Quérangel, qu'il devait épouser par la suite. Ces difficultés ne ralentirent nullement les activités de Thierry, il avait résolu de consacrer toute sa vie à l'Histoire et de ne se laisser arrêter par aucun obstacle. En 1838, il fut reçu à l'Académie des inscriptions et belles-lettres. À partir de 1830, Thierry eut la joie de voir ses idées et ceux qui les avaient adoptées jouer un rôle considérable. En 1835-1840, il atteignit un très vaste public, avec ses *Récits des temps mérovingiens* (*) qui étaient précédés des remarquables *Considérations sur l'histoire de France*, où il développait les principes exposés dans ses *Lettres sur l'histoire de France*. Chargé en 1840 par Guizot de réunir des documents sur le rôle joué sous l'Ancien Régime par le tiers état, il publia en 1853 les résultats de son enquête, avec l'*Essai sur l'histoire de la formation et des progrès du tiers état*, suivi des textes eux-mêmes : *Recueil des monuments inédits de l'histoire du tiers état*. Il y développait sa thèse de la lente ascension d'une classe sociale qui, unie à la monarchie, devait faire, contre la féodalité, l'unité française. Le retentissement de ces idées fut immense, et une bonne partie de l'école historique française en découle. En 1841, l'Académie française lui avait attribué le prix Montyon, elle devait le lui renouveler à plusieurs reprises, mais elle refusa toujours d'admettre Thierry parmi ses membres. En 1856, usé par toute une vie de labeur acharné, Thierry succombait à une crise de paralysie. Il demeurait pour les historiens un modèle, et l'on peut dire que la science historique française est née de lui. Si la vocation historique d'Augustin Thierry est née de la littérature – et, précisément, selon son propre aveu, de la lecture des *Martyrs* (*) de Chateaubriand –, son œuvre a exercé une influence très profonde sur les lettres françaises et étrangères.

JACQUES BROSSE.

♦ *« Historien dont l'érudition nourrit le bon sens, et dont le bon sens se relève quand il le faut jusqu'à la poésie. »* A. de Lamartine. ♦ *« L'Homère de l'Histoire de France. »* Chateaubriand, 1831. ♦ *« Thierry possédait, avec une lucidité qui tenait du prodige, la faculté essentielle à ce genre de restitution, je veux dire le sens intime qui, sous la lettre morte des chartes et des chroniques, sait découvrir l'esprit* [...] *Nul n'a ressenti aussi personnellement les joies et les douleurs des hommes d'autrefois. »* E. Renan.

RÉF. : Renan, *Essais de morale et de critique*, Paris, 1859. – F. Valentin, *Augustin Thierry*, Paris, 1895. – A. Augustin-Thierry, *Augustin Thierry d'après sa correspondance et des papiers inédits*, Paris, 1922. – F. Strowski, *Les Historiens français du XIXe siècle*, Paris, 1935. – A. Dupront, *Augustin Thierry*, Paris, 1935. – R. N. Smithson, *Augustin Thierry* (en anglais), 1975.

THIERS Louis Adolphe. Homme d'État et historien français. Né à Marseille le 15 avril 1797 ; mort à Saint-Germain-en-Laye le 3 septembre 1877. Après avoir fait ses études au lycée de Marseille, Thiers s'inscrivit au barreau de cette ville en 1819 et obtint un prix de l'académie d'Aix-en-Provence avec un *Éloge de Vauvenargues*. Venu à Paris avec son ami le futur historien Mignet, le jeune Thiers, qui ne manquait ni d'ambition ni d'habileté, sut se lier avec des personnages tels que Talleyrand et le banquier Laffitte. Faisant alors partie de l'opposition, il se fit connaître par des articles contre l'absolutisme monarchique et par son *Histoire de la Révolution française* (*), première tentative d'une histoire objective de la période révolutionnaire qui fut publiée de 1823 à 1827 en dix volumes. Dès le 1er janvier 1830, Thiers fonde un journal, *Le National*, qui est favorable au duc d'Orléans et compte parmi ses rédacteurs un grand nombre des hommes qui devaient jouer un rôle sous la monarchie de Juillet. Thiers lui-même fut un de ceux-ci. Successivement conseiller d'État, député d'Aix-en-Provence, sous-secrétaire d'État aux Finances, enfin ministre de l'Intérieur dans le cabinet formé par le maréchal Soult (1832-1834), il fit procéder, à ce titre, à l'arrestation de la trop remuante duchesse de Berry et réprima l'insurrection à Lyon comme à Paris (1834). Resté ministre de l'Intérieur à la chute du cabinet Soult, il le demeura pendant deux ans (1834-1836), puis forma un ministère dont il fut, en même temps que président du Conseil, ministre des Affaires étrangères, mais ce ministère ne dura que quelques mois. De nouveau au pouvoir en 1840, c'est sous son impulsion que fut décidé le retour des cendres de l'empereur de Sainte-Hélène. De 1840 à 1848, Thiers se retrouva dans l'opposition. Aussitôt après la révolution de février1848, il fut chargé de former le ministère mais ne put y parvenir. Nommé député à la Constituante en juin 1848, Thiers y fit bientôt figure de chef du parti de l'ordre, en prenant nettement position contre les socialistes – contre les théories desquels était dirigé son ouvrage paru en 1848, *De la propriété* –, et, afin de s'opposer à eux, en se montrant favorable au prince-président. Cependant il fut arrêté après le coup d'État du 2 décembre et banni hors de France. Il y rentra dès 1852 mais ne reparut à la tribune qu'en 1863. Thiers avait mis à profit ses loisirs en composant sa monumentale *Histoire du Consulat et de l'Empire* (*) qui vit le jour de 1845 à 1862. C'est de nouveau dans l'opposition qu'il siégea à la Chambre de 1863 à 1870. Il s'y opposa à la politique extérieure de l'empereur et, en 1870, mit en garde la Chambre contre le danger d'une guerre imminente. Après la défaite, on fit naturellement appel à celui qui avait été si bon prophète. Élu par vingt-six départements en février 1871 à l'Assemblée nationale, il fut nommé chef du pouvoir exécutif de la République. Désormais, ce petit homme représentait, pour la bourgeoisie modérée, la volonté de relèvement du pays. En même temps qu'il signait les préliminaires de la paix avec la Prusse, puis le traité de Francfort, Thiers entreprenait de rétablir l'unité en annihilant la Commune. L'œuvre essentielle était pour lui la libération du territoire qu'il sut mener à bien, grâce à de véritable prodiges financiers, sans pour autant compromettre le redressement économique et l'installation d'une république modérée. C'est devant un important mouvement antirépublicain qui se manifestait à la Chambre que Thiers démissionna au mois de mai 1873. Sénateur de Belfort et député de Paris, il employa ses dernières années à fortifier le parti républicain en qui il avait mis tous ses espoirs.

Historien, Thiers est aussi exact qu'on le pouvait être, si près encore des événements ; malheureusement, il se croit un stratège et pèche souvent par présomption. Il lui reste le mérite d'avoir composé deux *Histoires*, claires, bien écrites et qui ont connu une immense popularité pendant plusieurs générations. Après sa mort, on a publié les œuvres qui se rapportent directement à son activité politique, ses *Discours parlementaires*, en seize volumes (1880), et ses *Notes et souvenirs*, pour la période 1870-1873 (1901).

JACQUES BROSSE.

RÉF. : M. Reclus, *L'Avènement de la IIIe République*, Paris, 1930. – R. L. Dreyfus, *La République de M. Thiers*, Paris, 1930. – D. Halévy, *La Fin des notables*, Paris, 1929 ; *La République des ducs*, Paris, 1937. – A. Lajusan, *A. Thiers et la fondation de la IIIe République, 1871-1877*, in *Revue Critique d'histoire moderne*, 1932-1933. – Charles Pomaret, *Monsieur Thiers et son siècle*, Paris, 1948. – J. Lucas-Dubreton, *Aspects de monsieur Thiers*, Paris, 1948. – P. Descaves, *Monsieur Thiers*, Paris, 1961. – R. Christophe, *Le Siècle de monsieur Thiers*, Paris, 1967.

THIONG'O Ngugi wa : v. Ngugi wa Thiong'o.

THIRY Marcel. Écrivain belge d'expression française. Né à Charleroi le 13 mars 1897, mort à Fraiture le 5 septembre 1977. Une des figures les plus originales de sa génération, tant sur le plan de l'invention poétique que sur celui de l'art narratif. Ayant pris part à la Première Guerre mondiale sur le front russe, dans le corps belge des autos-canons, il revint, après la révolution de 1917, en faisant le tour du monde par la Sibérie et les États-Unis. Ce périple exotique a nourri sa nostalgie poétique jusqu'au moment où, avocat passé au monde des affaires, il a trouvé dans le commerce des bois, le négoce et l'automobile, de nouveaux thèmes pour sa poésie. Si *Toi qui pâlis au nom de Vancouver* (+) (1924), *Plongeantes proues* (+) (1925) et *L'Enfant prodigue* (+) (1927) appartiennent à la veine exotique, c'est avec *Statue de la fatigue* (+) (1934) et *La Mer de la tranquillité* (+) (1938) qu'apparaît dans cette poésie une vision du monde moderne qui ne cessera plus de suggérer au poète de nouvelles voies. L'ensemble, publié en 1975 sous le titre global *Toi qui pâlis au nom de Vancouver* – v. *Poésies* (*) –, réunit tous ces recueils et ceux qui les ont suivis : *Âges* (+) (1950), *Usine à penser des choses tristes* (1955), *Vie poésie* (1958), *Le Festin d'attente* (1963), *Saison cinq* (1969), etc. Conteur et romancier, Marcel Thiry s'est créé, dès *Marchands* (1936) et *Échec au temps* (1945), un fantastique très personnel, où le conjectural et la science apportent les données plausibles que l'écrivain gauchit ou exploite avec une imagination singulière. *Nouvelles du grand possible* (1960), *Voie lactée* (1961) ou *Simul et autres cas* (1963) se nourrissent ainsi d'une expérience qui, si fantasque qu'elle soit parfois, demeure toujours greffée sur le réel, cependant que *Comme si* (1959) s'inspire directement de données autobiographiques et que *Juste ou la Quête d'Hélène* (1953) renouvelle d'une manière suggestive le vieux mythe de Faust. Secrétaire perpétuel de l'Académie royale de langue et de littérature françaises, Marcel Thiry a déployé une action militante en faveur de la Wallonie, siégeant dans les assemblées parlementaires et jusqu'à l'O.N.U.

ANDRÉ GASCHT.

RÉF. : R. Bodart, *Marcel Thiry*, Paris, 1964. – *Thiry, l'homme et l'œuvre* (colloque de Liège), Liège, 1982.

THOM René. Mathématicien français. Né à Montbéliard le 2 septembre 1923. Agrégé de mathématiques en 1946, docteur ès sciences en 1951, René Thom travaille successivement à Princeton, Grenoble et Strasbourg. Il est depuis 1963 professeur émérite à l'Institut des hautes études scientifiques (IHES) de Bures-sur-Yvette.

Pour avoir fondé deux disciplines nouvelles, la topologie différentielle et l'étude des singularités, il reçoit en 1958 la médaille Fields, équivalent du prix Nobel pour les mathématiques. Il a été rendu célèbre par sa « théorie des catastrophes », théorie topologique d'une grande portée dont les applications – surtout qualitatives – ont fécondé de nombreux domaines scientifiques. Son intérêt pour la philosophie des sciences s'est traduit par divers articles et ouvrages, dont : *Stabilité structurelle et morphogenèse* (1972), *Paraboles et Catastrophes* (*) (1983), *Modèles mathématiques de la morphogenèse* (1974), *Esquisse d'une sémiophysique* (1989) et *Apologie du logos* (1990). Dans le texte introductif à ce dernier ouvrage, « Songeries ferroviaires », l'auteur explique sa fascination d'enfant pour les chemins de fer dont l'observation attentive (morphologie des voies, aiguillages, triage, butoirs, etc.) aurait été déterminante pour sa pensée mathématique.

NICOLAS WITKOWSKI.

THOMA Ludwig. Écrivain allemand. Né à Oberammergau en Bavière le 21 janvier 1867, mort à Rottach sur le Tegernsee le 26 août 1921. Fils d'un garde forestier, il fut très jeune orphelin de père et eut le mérite de s'élever et de réussir assez vite à se faire une position. Après avoir commencé à étudier à l'école forestière d'Aschaffenburg, il passa ensuite à l'étude du droit à Munich, puis à Erlangen. Devenu avocat, il exerça d'abord sa profession à Dachau (1894-99), puis à Munich. Il débuta dans la carrière littéraire avec des récits rustiques et des satires savoureuses publiés dans le *Simplizissimus*, sous le pseudonyme de Peter Schlemihl. À partir de 1899, il collabora régulièrement à ce journal. Parmi les œuvres qui lui valurent la célébrité, mentionnons la *Correspondance d'un député bavarois* [*Briefwechsel eines bayrischen Landtagsabgeordneten*, 2 vol., 1908-12], écrite en une langue pittoresque et incorrecte où, sous la personnalité d'emprunt d'un paysan élu député, Thoma critique librement les mœurs et les institutions. Citons aussi *L'Anniversaire de Charlotte* (*), *Le Chemin de fer local* (*), *Altaïch* (*). Mais son chef-d'œuvre d'humour est le récit de ses souvenirs d'enfance, publié en deux séries de contes : *Histoires d'un gamin* [*Lausbubengeschichten*, 1904] et *Tante Frida* (1906) : leur succès fut tel que ces livres connurent plus de cent éditions. Après la guerre, il se retrouva solitaire au milieu de l'écroulement d'un monde dont il avait fait la satire ; son naturalisme, l'emploi qu'il faisait du dialecte bavarois, rendaient ses œuvres démodées. Mais, de nos jours encore, le tableau qu'il a su tracer de la Bavière de son temps reste vivant.

RÉF. : Dehnow, *Ludwig Thoma*, Munich, 1925. – Zierch, *Ludwig Thoma, die Geschichte seiner Liebe und Ehe*, avec des lettres de Thoma à sa femme, Munich, 1928. – S. Sandroch, *The Art of Ludwig Thoma*, Ann Arbor, 1964. – H. Ahrens, *L. Thoma. Sein Leben, sein Werk, seine Zeit*, Pfoffenhofen, 1983.

THOMAS (Charles Louis) Ambroise. Compositeur français. Né à Metz le 5 août 1811, mort à Paris le 12 février 1896. Son père, qui était professeur de musique, lui donna ses premières leçons. Il entra en 1828 au Conservatoire de Paris, y obtint des prix de piano et d'harmonie avant de recevoir le premier grand prix de Rome en 1832 pour sa cantate *Herman et Ketty*. À son retour de la Villa Médicis, il publia un recueil de romances : *Souvenirs d'Italie*, et débuta par un double succès à l'Opéra-Comique avec *La Double Échelle* (1837), un acte, deux cents représentations, et *Le Perruquier de la Régence* (1838). Ses œuvres dès lors se succèdent très rapidement : *Gipsy*, ballet en collaboration, à l'Opéra en 1839, *Panier fleuri* (1839), *Carline* (1840), *Le Comte de Carmagnola* (1841), *Le Guerillero* (1842), *Mina ou le Ménage à trois* (1843). Ces dernières œuvres n'ayant pas été favorablement accueillies, le musicien garda le silence pendant cinq ans, mais revint à la scène en 1849 avec *Le Caïd* qui lui ouvrit une période de succès durables illustrée surtout par *Le Songe d'une nuit d'été* (1850). Mais *Psyché* (*) (1857) et *Le Roman d'Elvire* (1860) ayant suscité la froideur du public, Ambroise Thomas se retira de nouveau jusqu'en 1866, où la représentation de *Mignon* (*) lui valut un succès si considérable et si persistant qu'on en fêtait la millième représentation le 13 mai 1894. *Hamlet* (+), donné à l'Opéra en 1868, connut aussi un énorme succès qui éclipse celui de ses derniers ouvrages : *Gilles et Gillotin* (1874), *Françoise de Rimini* (+) (1882) et *La Tempête* (1889). Le compositeur laissa en outre un nombre considérable de cantates, romances, pièces pour piano, motets et chœurs. Il avait été reçu membre de l'Académie des beaux-arts en 1851. Nommé professeur d'harmonie au Conservatoire en 1856, il en devint directeur en 1871 à la mort d'Auber.

♦ *« De la grâce, du feu, une certaine finesse d'intentions dramatiques peu communes et beaucoup de tact dans l'emploi des masses instrumentales. »* Hector Berlioz, 1837. ♦ *« Il y a la mauvaise musique, il y a la bonne et il y a celle d'Ambroise Thomas. »* Claude Debussy.

RÉF. : Delabond, *Notes sur la vie et les œuvres d'A. Thomas*, Paris, s.d. – J. Simon, *Ambroise Thomas*, in *Revue de Paris*, mars et avril 1896. – P. Landormy, *La Musique française de la Marseillaise à la mort de Berlioz*, Paris, 1944.

THOMAS Dylan Marlais. Poète anglais. Né à Swansea le 27 octobre 1914, mort à New York le 9 novembre 1953. Il fit ses études (sans grand succès) dans le lycée où enseignait son père, professeur de littérature anglaise, et termina sa scolarité à l'âge de 17 ans pour devenir journaliste au *South Wales Evening Post*. Dès cette époque, il s'intéressa au théâtre. Une grande partie de son œuvre, sans doute la partie la plus novatrice, fut conçue ou rédigée à cette époque (1930-1934), alors qu'il avait entre seize et vingt ans. Après l'échec de sa carrière de journaliste et une période d'attente, il monte à Londres, où il est déjà publié dans les revues et acclamé par la critique. *Dix-huit poèmes* (+) paraît en 1934 et *Vingt-cinq poèmes* (+) en 1936. Il fait partie de la dernière génération « moderniste » (G. Barker, D. Gascoyne et Thomas débutent tous et simultanément à cette époque). En 1937, il épouse Caitlin MacNamara, jeune Irlandaise à la personnalité très forte, issue d'un milieu bohème. Les responsabilités familiales (ils auront trois enfants) aggraveront pour Thomas une situation financière précaire. En 1938, il s'installe une première fois à Laugharne, petit village du sud du pays de Galles, qui sera une des sources pour *Au bois lacté* (*). Dès lors, le pays de Galles et Londres joueront le rôle de deux pôles dans une dialectique complexe (innocence/péché ; paradis/enfer ; enfermement/liberté...).

Thomas est marqué par la culture protestante (« non conformiste ») de ses origines galloises, d'où de nombreuses ambivalences (devant, par exemple, le corps et la femme) et une présence prononcée d'éléments qui ont structuré théologiquement et émotionnellement cette culture aujourd'hui en voie de disparition : la conscience aiguë du péché, de la chute, et de la culpabilité ; le problème central d'un jugement (prédestiné ?) porté, sans recours, par une figure paternelle ; la nostalgie intense du paradis perdu. Par ailleurs, on retrouve dans son œuvre de multiples traces des arts du langage de cette culture : le sérieux avec lequel on aborde le Verbe, les réseaux métaphoriques des cantiques et de *La Bible* (*), la rhétorique des sermons (parallélismes...), le rythme incantatoire et quasi théâtral du « hwyl » gallois. Thomas fait partie de toute une génération d'écrivains et de poètes britanniques (D. H. Lawrence, T. F. Powys, etc.) qui se définissent largement par rapport à la culture religieuse, politique et même sociale de leur enfance. Ce qui distinguerait Thomas est la présence d'une autre tradition : un travail du détail minutieux qui est analogue à celui de l'art poétique gallois.

Il publie en 1939 un recueil de transition *La Carte du tendre* (+), mélange de prose et de poésie. Mais le tournant majeur, dans son œuvre, apparaît avec la publication (en 1940) d'un recueil de nouvelles : *Portrait de l'artiste en jeune chien* (*). Thomas tourne ici le dos à la prose d'inspiration surréaliste de sa jeunesse, pour évoquer sa vie d'enfance et d'adolescence dans un recueil dont le titre rappelle celui de l'œuvre de Joyce *Portrait de l'artiste en jeune homme* (*). On peut voir dans ce titre parodique la double marque de la dépendance de Thomas et de sa rupture avec le modernisme. En 1941, le poète vend ses carnets de jeunesse pour l'équivalent de 300 francs, espérant ainsi sortir de l'univers symbolique clos et de la rhétorique de plus en plus nouée de ses œuvres d'adolescence. On peut, par ailleurs, remarquer que dès cette époque — et donc dès l'âge de 26 ans — la nostalgie et la pastorale commencent à hanter son œuvre. En effet, la Seconde Guerre mondiale fut une époque difficile pour Thomas, écartelé comme il l'était entre le pays de Galles et Londres, mais gagnant suffisamment d'argent en tant que scénariste pour entretenir avec éclat, surtout dans la capitale, une légende de grand buveur. En 1944, il retourne au pays de Galles et écrit la dernière grande série de poèmes (notamment « Poème en octobre » et « La Colline aux fougères »). Au même moment, il écrit des émissions par la radio, genre où il excellait. En 1946, il publie *Morts et Accès* (+), recueil qui a un grand retentissement. À partir de cette époque, la vie personnelle de Thomas se complique de façon apparemment inexorable. Il se manifeste une fuite en avant sur tous les plans, fuite aggravée par l'interférence constante de trois types de problèmes : les problèmes financiers (liés en partie au non-paiement de ses impôts), ceux générés par ce qu'il percevait comme le tarissement de son talent lyrique et, finalement, les multiples problèmes (entre autres conjugaux) suscités par une vie personnelle relativement désordonnée. Ainsi, tout le pousse à consacrer un temps considérable à des scénarios pour le cinéma. Mais ceux-ci s'avèrent d'un intérêt extrêmement variable. En 1949, Thomas retourne à Laugharne, où une bienfaitrice lui achète une maison (devenue depuis musée), située sur l'estuaire de la rivière Towy. En 1950, il part aux États-Unis pour faire plusieurs séries de lectures de poèmes (1950, 1952 et 1953), censées lui assurer des revenus sûrs. Ces lectures ont un succès inouï, tant son style correspond aux attentes du public américain. Mais si elles rapportent beaucoup, elles n'arrivent pas à stabiliser sa vie. Il rentre au pays de Galles chaque fois aussi démuni pour faire face à des crises financières et maritales de plus en plus insurmontables. En 1952, il publie *In Country Sleep* (qui rassemble les six poèmes écrits depuis 1946) et son *Collected Poems 1934-1952* — v. *Poèmes* (*). Ce dernier recueil lui assure popularité et renom. Mais, cette même année, son père meurt et c'est très affecté que Thomas repart, en 1953, aux États-Unis : une première fois en avril pour une lecture publique d'*Au bois lacté* (*) et de nouveau en octobre. C'est au cours de cette dernière visite qu'il mourra le 9 novembre à l'hôpital Saint-Vincent de New York des effets conjugués d'un excès d'alcool et, semble-t-il, de soins mal adaptés. Il a trente-neuf ans.

Après sa mort paraissent plusieurs recueils, notamment des nouvelles : *Une vue de la mer* [*A Prospect of the Sea*, 1955] et *Premiers écrits en prose* [*Early Prose Writings*, 1971] ; un roman inachevé *Aventures dans le commerce des peaux* [*Adventures in the Skin Trade*, 1955] ; un recueil d'émissions pour radio *Très tôt un matin* [*Quite Early one Morning*, 1954] ; ses cahiers de jeunesse *Les Cahiers poétiques de jeunesse* [*Poet in the Making*, 1968] ; et la *Correspondance complète* [*Collected Letters*, 1985] qui contient, entre autres, la remarquable série de lettres à Pamela Hansford Johnson (1933-34), où il parle de sa conception de la poésie.

PAUL VOLSIK.

♦ *« La ferveur religieuse et la chaleur animale étaient toutes deux présentes dans sa poésie, et au plus haut point [...]. L'engendrement de ces poèmes était accompagné de cette grande chaleur qu'accompagnait, selon Aristote, l'engendrement des lions. Pour lui, sang et esprit furent un. »* E. Sitwell ♦ *« Dylan travaillait à partir d'un résumé symétrique ; à partir d'une motte de texture ou d'un emboîtement de phrases, il faisait surgir de la musique, éprouvant chaque élément corporellement, déployant toujours le poème à partir de l'image concrète. »* V. Watkins.

RÉF. : E. Olson, *The Poetry of Dylan Thomas*, Chicago, 1954. — A. R. Tellier, *La Poésie de Dylan Thomas*, Paris, 1963. — R. N. Maud, *Entrances to Dylan Thomas' Poetry*, Londres, 1963 ; *Thomas in Print*, Londres, 1973. — W. T. Moynihan, *The Craft and Art of Thomas*, Oxford, 1966. — P. Ferris, *Dylan Thomas*, Londres, 1977. — W. Davies, *Dylan Thomas*, Milton Keynes, 1986.

THOMAS Édith. Écrivain français. Née le 23 janvier 1909 à Montrouge (Hauts-de-Seine), morte à Paris le 7 décembre 1970. Chartiste, elle devint archiviste-paléographe et occupa les fonctions de conservateur aux Archives nationales en 1948. Sa formation d'historienne, son goût pour l'étude approfondie des textes et des sources, de même que ses engagements politiques (passage au parti communiste, fondatrice du « Comité national des écrivains », issu de la Résistance, collaboration aux journaux et revues engagés, comme *Ce soir, Europe, Les Lettres françaises*), l'incitèrent à publier des ouvrages originaux sur des femmes qui ont fait l'Histoire, plus spécialement sur celles qui ont participé à des mouvements sociaux et révolutionnaires :

Jeanne d'Arc (1947), *Pauline Roland* (1956), *Les Pétroleuses* (*) (1964) et un livre posthume sur *Louise Michel* (1970). On lui doit aussi une biographie du « communard » *Rossel* (1968). Dans son œuvre romanesque, Édith Thomas, avec *La Mort de Marie* (*) (1934), *Études de femmes* (1945), *Ève et les autres* (1951), entendit faire reconnaître les droits des femmes à travers l'évocation de certains drames personnels.

THOMAS Edward Philip. Poète et essayiste anglais. Né le 3 mars 1878 dans le quartier londonien de Lambeth, mort au front, près d'Arras, le 9 avril 1917. L'écrivain revendiquera toujours son origine galloise, bien qu'il ait passé sa vie en Angleterre. Philip Henry Thomas donna à ses six enfants une éducation très stricte, et l'aîné, Edward, gardera un souvenir pénible du rigorisme religieux de son père, qui lui fit souvent changer d'école. Grand, mais de faible constitution, l'adolescent fut assez solitaire. Très tôt, il eut le goût d'écrire et publia en revue. Un critique célèbre de l'époque, J. A. Noble, eut l'attention attirée par un texte du jeune homme (Edward épousera ultérieurement sa fille Helene), et l'aida. En 1897 paraît le premier livre de prose de Thomas *La Vie des bois* [*The Woodland Life*]. L'année suivante il entre au Lincoln College d'Oxford où il étudie l'histoire. En janvier 1900 naît un premier enfant, ce qui rend précaire l'existence de la petite famille ; en effet, Edward Thomas gagne très mal sa vie comme journaliste littéraire, bien qu'il puisse lire et critiquer jusqu'à quinze livres par semaine. Amoureux de la campagne, grand marcheur et connaisseur avisé de la nature, l'écrivain s'installera d'abord dans le Kent, changera à plusieurs reprises de logement et finira par se fixer à Ashford, dans le Hampshire. Il se lie avec le poète D. H. Davies, qui vit dans la misère. D'un naturel sombre, et nourri de l'*Anatomie de la mélancolie* (*) de Burton, Thomas est fréquemment déprimé (on l'a dit suicidaire) ; la vie de famille lui pèse, autant que le métier de pigiste ou d'auteur à gages (ce qu'il appelle « hack work »). Entre 1910 et 1912, il publie douze ouvrages de commande portant presque toujours sur des lieux d'Angleterre (*Oxford, Beauté du pays de Galles* [*Beautiful Wales*], *La Vie rurale anglaise au printemps et en été* [*British Country Life in Spring and Summer*]...). Il écrira aussi des biographies de Keats et de Walter Pater. En octobre 1913, il fait une rencontre décisive : celle du poète américain Robert Frost, qui lui fait prendre conscience de ses qualités de poète qu'il a entrevues dans les proses de Thomas. Une profonde amitié va unir les deux hommes. Sous l'influence de Frost, Thomas va se consacrer à la poésie : entre 1914 et sa mort, il écrira cent quarante-quatre poèmes. On le rapprochera des poètes georgiens, alors en vogue en Grande-Bretagne depuis la parution, en 1912, du premier volume de *Poésie georgienne* [*Georgian Poetry*] regroupant des vers inspirés pour la plupart de la campagne anglaise – thème cher à Edward Thomas. Ses *Poèmes complets* (*) seront publiés en 1920. Quoique ayant peu d'attrait pour la guerre, Thomas a le sens du devoir patriotique : il s'engage dans l'armée en juillet 1915. Versé dans l'artillerie, il sera caporal puis sous-lieutenant. Son bataillon est envoyé en France en janvier 1917. Un obus tue le poète le lundi de Pâques 1917. Depuis son arrivée sur le champ de bataille, Edward Thomas tenait un journal.

FRANÇOIS BODDAERT.

THOMAS Henri Joseph Marie. Romancier et poète français. Né à Anglemont (Vosges) le 7 décembre 1912, mort à Paris le 3 novembre 1993. Son père cultivateur est tué à la fin de la Première Guerre mondiale. Sa mère travaille en usine tout en préparant ses examens pour devenir institutrice. Boursier, Henri Thomas est pensionnaire au collège de Saint-Dié (son tout premier poème publié, « Nostalgie », paraît dans *La Gazette vosgienne* de 1928). Son professeur de philosophie, Jolas, frère du poète, le présente au concours général où il obtient le premier prix. Il poursuit ses études en hypokhâgne à Nancy, puis en khâgne à Paris, au lycée Henri-IV dans la classe d'Alain. Tout en préparant le concours de l'École normale supérieure, il fréquente la librairie d'Adrienne Monnier qui lui permet de lire tout ce qu'il souhaite. Grâce à Jean Paulhan, certains de ses poèmes paraissent en 1939 dans *Mesures* (*). Il rencontre André Gide, avec qui il gardera des relations d'amitié. Il renonce dès lors à l'idée de toute carrière universitaire. À Strasbourg, il prépare une licence d'allemand, étant en pension chez un de ses anciens professeurs de Nancy. Il apprend le russe, revient à Paris, où il est précepteur, quand, en 1940, il publie son premier roman *Le Seau à charbon,* dans une version seconde, la première ayant été perdue dans le métro. Ce roman constituera le premier volume des *Aventures de Paul Souvrault* dont le second s'intitule *La Vie ensemble* (1945) et le troisième *Le Porte-à-Faux* (1948). On verra réapparaître Paul Souvrault dans *Une saison volée* (1986). Il est la première figure des sosies qu'Henri Thomas fait circuler dans son œuvre.

En cette veille de guerre, Henri Thomas vagabonde. Il est en Corse, où il reviendra à plusieurs reprises pour de longs séjours – v. *Le Promontoire* (*) (1961) – avant d'être mobilisé dans un régiment de tirailleurs algériens (régiment qu'il avait choisi pour faire son service militaire dans l'espoir de « voir du pays »). Il est évacué de Dunkerque vers l'Angleterre, puis rapatrié. Pierre Herbart lui fournira de faux papiers le domiciliant à Nice, ce qui lui évite d'être considéré comme citoyen allemand, les provinces de l'Est ayant été annexées après la défaite de 1940. À La Messugière, il côtoie Gide, Martin du Gard, Malraux. Il revient à Paris mettre en sûreté la correspondance de Gide, ce qui lui permet de lire les lettres de Mallarmé (Maria Van Rysselberghe, *Les Cahiers de la Petite Dame*, relate ces retours de Thomas à Nice en mai 1941 : Gide « écoute beaucoup ce que dit Thomas, si mesuré dans tout ce qu'il dit... »). Cette période, et l'amitié de Thomas pour Pierre Herbart qu'il voit régulièrement à Calbris, est évoquée dans *Le Goût de l'éternel* (1990). Après la guerre, il sera secrétaire littéraire de l'hebdomadaire *Terre des hommes*, dirigé par Pierre Herbart. Il a publié son premier volume de poèmes, *Travaux d'aveugle* (*) (1941), a épousé Colette Gibert, qui fait du théâtre, dans la compagnie d'Artaud, et qui poursuit une licence de philosophie. Sous le nom de René, elle publiera *Le Testament de la fille morte* (1954). Jacques Brenner le rencontre vers cette époque et, dans *Les Lumières de Paris* (1983), se souvient d'un jeune homme « dont le visage reflétait la richesse intérieure. Je pensai à certains poètes romantiques allemands et à Nathaniel Hawthorne. Un front large, des yeux un peu rêveurs (derrière des lunettes de myope), le bas du nez quelque peu relevé, les lèvres bien dessinées, le menton volontaire ».

La revue de Pierre Herbart a été un échec ; Henri Thomas occupe un poste de bibliothécaire au ministère de la Marine. Malgré la chaleur de ses amitiés parisiennes pour Alfred Kern, Arthur Adamov, Pierre Leyris, il part à Londres où se propose à lui un travail de traducteur à la B.B.C. Il y demeure de 1946 à 1957, publiant *La Nuit de Londres* (*) (1956), et *La Cible* (*) (1955) qui obtient le prix Sainte-Beuve. Divorcé, il se remarie avec Jacqueline Le Béguec, dont il aura une fille, Nathalie. Claude Vigée lui offre un poste de professeur invité à l'université Brandeis, où il demeure deux ans (1958-1960), en profitant pour traverser les États-Unis de part en part (*John Perkins* publié en 1960 reçoit le prix Médicis). De retour en France, Brice Parain l'aide à devenir lecteur d'allemand chez Gallimard. Henri Thomas poursuit régulièrement son œuvre de romancier : *Le Promontoire* (1961) obtient le prix Femina ; *Le Parjure* paraît en 1964, *La Relique* en 1969 (prix Valery Larbaud en 1970). Il s'écoulera alors quinze ans avant qu'Henri Thomas ne revienne au roman, *Le Croc des chiffonniers* (1985), qui sera suivi par *Une saison volée* (*) (1986), *Un détour par la vie* (1988), *Le Gouvernement provisoire* (1989), *Le Goût de l'éternel* (1990), *Ai-je une patrie* (*) (1991), et *Le Cinéma dans la grange* (1992), roman écrit en 1935-1936, oublié et retrouvé. Il reçoit en 1986 le grand prix du roman de la Ville de Paris et, en 1992, le prix du roman décerné par la Société des gens de lettres.

Parallèlement à cette activité de romancier, Henri Thomas n'a cessé d'écrire des poèmes. Pour ses recueils : *Poésies* (1970, qui regroupe ses trois premiers titres), *À quoi tu penses* (1980), *Joueur surpris* (1982), *Trézeaux* (1989, d'après un mot vosgien servant à désigner l'assemblage de trois ou quatre gerbes), il recevra le grand prix de poésie de l'Académie française. Son œuvre considérable comprend également des recueils de nouvelles (*La Cible*, 1955 ; *Histoires de Pierrot et quelques autres*, 1960 ; *Les Tours de Notre-Dame*, 1979), des volumes de notes (*Le Migrateur* (*), 1983 ; *Le Tableau d'avancement*, 1983 ; *Compté, pesé, divisé*, 1989), des essais critiques (*La Chasse aux trésors*, 1961 ; *Tristan le Dépossédé*, 1972). Après avoir vécu plusieurs années à l'île d'Houat, il est revenu à Paris.

Son goût des langues et de la lecture l'a mené à se consacrer à la traduction : on lui doit les versions françaises d'œuvres de Goethe, Kleist, Brentano, Arnim, Jünger, et Adalbert Stifter, de Shakespeare, de Melville, et de Pouchkine. Il prête fréquemment à ses héros romanesques, socialement mal insérés, l'activité, imprécise, de « traducteur ».

La difficulté que l'on rencontre à définir son art littéraire tient à ce que son monde semble être constituée de seuils, de passages, de lieux de transition.

L'œuvre d'Henri Thomas constitue une sorte d'auto-portrait par la voie de la fiction. Il prête à ses personnages narrateurs, ou romanciers, une esthétique du « petit fait vrai », ce qui est moins un hommage lointain à Stendhal qu'une façon de privilégier l'expérience vécue au détriment de l'exposé d'idées et de prises de position (l'œuvre littéraire d'Henri Thomas commence au moment du succès de l'existentialisme). Les « petits faits précis » qui font la substance de ses ouvrages, ont une sorte d'effet inverse : au lieu de participer à l'illusion que le roman transpose une aventure réelle, les « petits faits », non liés les uns aux autres par une relation causale évidente, ne paraissent pas appartenir à une seule chaîne temporelle mais être des allusions à autre chose. Les personnages sont errants, déserteurs, migrateurs. Ils donnent l'impression de répéter une aventure antérieure à leur existence. Ils transmettent un message qui leur reste inconnu ; leur existence constitue *Un détour par la vie*. L'œuvre manifeste une constante attention sensible au monde ; les personnages savent s'entendre, s'ils doivent se combattre. Malgré la langue précise, et le récit admirablement scandé, tout demeure de sens incertain. Rien n'y est souligné. C'est ce qu'a saisi Claude Roy : « Ce Verlaine taoïste, distrait, discret, a toujours eu l'air d'être dans la lune. Il pense tout le temps à autre chose » (*Cahiers des saisons*, 1960). Le sentiment du lecteur est que la littérature nous parle du monde, simplement et justement, comme d'un autre monde. C'est bien le nôtre, mais présenté en énigme, et non en certitude.

La famille poétique d'Henri Thomas est celle que constituent Léon-Paul Fargue et

Jean Follain, Armand Robin et Armen Lubin (qu'évoque la figure de Serge Dordivian dans *Une saison volée*, tandis que Paul de Man, connu à Harvard, traverse *Le Parjure*). Indifférente aux modes, aux grandes odes de Saint-John Perse ou de Claudel, tout autant qu'à l'automatisme surréaliste, la poésie d'Henri Thomas fait la part belle à la simplicité quotidienne, à l'étonnement que cause la moindre attention envers ce que nous profanons par négligence. Elle murmure une sorte de chant nervalien, qui accepterait notre « inhabilité » naturelle, et s'en rirait. Son œuvre multiplie les images du dé-ajustement de l'homme dans un monde dont il est amoureux.

JEAN ROUDAUT.

THOMAS William Isaac. Sociologue américain. Né à Russel County en 1863 aux États-Unis, et mort le 5 décembre 1947 à Berkeley (Californie). Thomas joue avec Park un rôle décisif dans l'essor de la sociologie américaine dans l'entre-deux-guerres. Il suit dès leur ouverture, qui coïncide avec la fondation de l'université en 1892, les enseignements de Small à Chicago, dans le premier département de sociologie autonome lié à l'anthropologie. Là naîtra une tradition originale de la discipline : l'« École de Chicago ». Celle-ci mêle perspectives théoriques et préoccupations affirmées pour les questions sociales (habitat, criminalité, immigration), et Thomas en est un des importants initiateurs. À ce titre sa biographie est exemplaire. Après des études de lettres classiques et de sciences naturelles, il séjourne à l'université de Berlin et à Göttingen où il découvre l'ethnographie et la psychologie des peuples ; à son retour il est étudiant puis rapidement devient enseignant à Chicago en ethnographie et en anthropologie physique. Il va assez vite abandonner cependant ses approches biologisantes après le texte *Sexe et Société* [*Sex and Society*] paru en 1907 où il acceptait encore une certaine infériorité naturelle des femmes. Il présentera plus tard son arrivée à l'université comme celle d'un « paysan polonais de l'intérieur », car il a vécu dans un milieu de petits fermiers des Appalaches et se mêlait souvent aux mineurs de la région. Mais à Chicago, grâce à une grande capacité d'adaptation, il évoluait aussi bien dans les milieux populaires que dans la « gentry » locale. Sa méthode et ces centres d'intérêt ne sont pas sans rapport avec cet itinéraire qui se clôt sur son renvoi de l'université en 1929 à la suite d'un scandale public (adultère) et à cause de ses engagements politiques en matière de politique raciale ou de condition féminine : sa grande œuvre, *Le Paysan polonais en Europe et en Amérique* (*), écrite avec Florian Znaniecki (1881-1956), porte sur les immigrants polonais et illustre la problématique et la méthodologie de l'École de Chicago, l'écologie urbaine et les études de communauté. La première consiste à analyser les interactions des groupes humains dans un milieu géographique déterminé. La seconde propose un travail d'investigation complet qui va du dépouillement d'archives et de journaux aux enquêtes de terrain, alliant relevé détaillé des tâches quotidiennes, témoignages et autobiographies.

HÉLÈNE THOMAS.

THOMAS A KEMPIS. Écrivain mystique allemand qui écrivit en latin et en flamand. Né à Kempen dans le diocèse de Cologne vers 1379/80, mort au couvent du Mont-Sainte-Agnès près de Zwolle (Pays-Bas) le 26 juillet 1471. Il se joignit dès l'âge de treize ans à la communauté de Windesheim qui pourvut à son éducation. Il fut admis comme novice au monastère de Sainte-Agnès en 1400, y prononça ses vœux de chanoine en 1406 et y fut ordonné prêtre en 1412. Sa première œuvre consista en des biographies des principaux fondateurs de la congrégation de Windesheim. C'est à la suite de l'émotion provoquée par sa première messe qu'il aurait écrit *L'Imitation de Jésus-Christ* (*), mais l'attribution de cette œuvre est très contestée. Il fut élu sous-prieur en 1425 et composa alors ses *Sermons aux novices* [*Sermones ad novicios*] et son *Du mépris du monde* [*De Contemptu mundi*] qui le rendirent célèbre dans toute la chrétienté occidentale. Il aimait par-dessus tout à copier des manuscrits, à méditer, à prêcher et à rédiger l'histoire de son ordre. De 1456 à 1464, il écrivit ses *Sermons à ses frères* [*Sermones ad fratres*], *Harangues* [*Conciones*], *Méditations* [*Meditationes*], son traité en flamand *Des bons discours à écouter et dire* [*Van goeden woerden to horen, ende die to sprecken*] et la *Chronique des chanoines réguliers du Mont-Sainte-Agnès* [*Chronicon canonicorum regularium Montis Sanctae Agnetis*]. Il était en pleine activité lorsqu'il mourut des suites d'une hydropisie des jambes à l'âge de quatre-vingt-douze ans.

RÉF. : Malou, *Recherches historiques et critiques sur le véritable auteur de l'Imitation*, Tournai, 1848. – Mooren, *Nachrichten über Thomas a Kempis, nebst ungedrukten Urkunden*, Crefeld, 1855. – Hirsche, *Prolegomena zu einen neuen Ausgabe der Imitatio, nach dem Autograph des Thomas von Kempen*, Berlin, 1873. – Acquoy, *Het Klooster te Windesheim en zijn Invloed*, Utrecht, 1876. – Wolfsgruber, *Van der Navolginge Cristi Ses Boeks*, Vienne, 1879. – Spitzen, *Thomas a Kempis als Schrijver van der Navolginge Christi gehandhaafd*, Utrecht, 1881. – Kettlewell, *Thomas and the Brothers of Common Life*, Londres, 1881. – Cruize, *Thomas a Kempis*, Londres, 1887. – A. Klöckner, *Lebensbeschreibung des Thomas von Kempen*, Kempten, 1921. – T. Sudbrack, *Personale Meditation, Die vier Bücher von der « Nachfolge Christi » neu betrachtet*, Düsseldorf, 1973.

THOMAS D'AQUIN saint. Philosophe et théologien d'origine italienne, écrivant en latin. Né entre la fin de 1224 et le début de 1225 au château de Roccasecca, près d'Aquino (Italie du Sud) ; mort à Fossanova, près de Terracine, le 7 mars 1274. Il est dit

« docteur commun » de l'Église ou encore « docteur angélique ». Les événements qui composent sa biographie se réduisent à quelques déplacements au cours d'une vie religieuse dominicaine toute remplie par une carrière universitaire de professeur de théologie. Fils de Landolfo d'Aquino et de Theodora, d'origine lombarde, il fut offert comme oblat à l'abbaye du Mont-Cassin (1230), puis étudia aux écoles de Naples (1239). Thomas, malgré la violente opposition de sa famille, entre en 1244 dans l'ordre des Frères prêcheurs, nouvellement fondé par saint Dominique (1216). Après son noviciat (1245), il est envoyé à Paris, au couvent de Saint-Jacques, le plus grand centre intellectuel de l'Ordre, où il est l'élève d'un maître fameux, saint Albert le Grand. En 1248, il suit à Cologne son maître à qui l'Ordre vient de confier la fondation d'un nouveau centre d'études ; il y reste jusqu'à la fin de sa formation scolaire en 1252. À cette date, il rentre à Paris pour commencer à enseigner : il a vingt-sept ans. Il suit alors les étapes obligatoires de la vie universitaire de son temps ; d'abord bachelier biblique (1252-1254), puis bachelier sentenciaire (1254-1256), il est reçu maître en théologie en 1256 et titulaire officiel de l'une des deux chaires confiées aux Prêcheurs à l'université de Paris. Dès lors, il enseignera sans relâche jusqu'à la fin de sa vie. À Paris d'abord de 1256 à 1259, puis à la curie pontificale (Anagni, Orvieto, Viterbe) et au couvent d'études de Sainte-Sabine à Rome de 1259 à 1268, de nouveau à Paris de 1269 à 1272, enfin à Naples où il organisera le couvent d'études de la Province romaine de 1272 jusqu'à sa mort en 1274. Appelé par le pape Grégoire X à assister comme théologien au concile de Lyon, il mourra pendant le voyage, le 7 mars 1274, à l'abbaye cistercienne de Fossanova. Il avait quarante-neuf ans. Son corps fut transféré en 1369 dans l'église des Jacobins à Toulouse où il reposa jusqu'à la Révolution française.

On a pu dire avec raison que par son entrée dans l'ordre des Prêcheurs et sa vie de professeur au service de l'Université, Thomas d'Aquin était comme le signe de la rupture définitive entre deux mondes. Par sa naissance, il appartenait à la haute société féodale, et ses traditions familiales le destinaient à la plus puissante des abbayes bénédictines ; sa vocation religieuse dominicaine, puis la fonction d'enseignement à l'université qu'il tenait de l'autorité de ses supérieurs le menèrent dans une voie qui le plaçait en plein cœur de la société nouvelle, celle des Communes, et au milieu de la plus représentative et effervescente des écoles urbaines, l'université de Paris. Celle-ci consacra le génie intellectuel de frère Thomas, et en retour la longue présence du maître à Paris illustra considérablement son université et contribua grandement à sa célébrité mondiale. L'histoire de la vie de saint Thomas d'Aquin est donc tout entière l'histoire de son œuvre, qui est immense. Comme tous les maîtres universitaires de son temps, frère Thomas d'Aquin, maître régent en théologie, avait à assurer les devoirs de sa fonction. On sait que toute la pédagogie ancienne et médiévale était à base de lecture de textes, et la scolastique universitaire avait institutionnalisé et amplifié ce type d'enseignement. Le professeur était essentiellement un « lecteur » et son cours une « lecture » ou une « leçon ». Il était chargé de lire avec ses étudiants *La Bible* (*), et le *Livre des sentences* (*) de Pierre Lombard, le manuel de théologie de l'époque. (C'est par le Lombard que tout le XIIIe siècle a reçu l'enseignement de saint Augustin.) Il était aidé dans cette tâche par des assistants, des bacheliers bibliques et sentenciaires. De 1252 à 1256, frère Thomas remplit ses fonctions de bachelier avant d'être maître lui-même en 1256. Une fois maître, il restera scrupuleusement fidèle à ses obligations, et ses commentaires bibliques comme sa longue exposition des quatre livres des *Sentences* — v. *Commentaire sur les « Sentences » de Pierre Lombard* (*) — sont le fruit de son enseignement ordinaire. Ces « explications de textes » étaient de deux sortes. D'abord une lecture cursive pour les débutants ; mais bientôt, pour des étudiants formés, la lecture même du texte suscitant une foule de questions, un mot obscur, une pensée difficile, un conflit dans l'interprétation étaient l'occasion d'une élaboration plus poussée. La recherche doctrinale déborde ainsi l'exégèse. Il était dès lors naturel que la « question » se détachât peu à peu du texte qui l'avait fait naître et se constituât en un genre autonome. Ici encore l'institution universitaire joua son rôle. Elle fit se rencontrer les maîtres, et organisa la « dispute » par laquelle tel maître soumettait à la discussion de ses collègues, devant le public scolaire, une question à l'ordre du jour. On objectait, on réfutait, enfin le maître en charge déterminait, et devait fournir le procès-verbal complet de la dispute à l'université qui le publiait. Ainsi, parallèlement à ses leçons ordinaires, le maître devait tenir des « questions disputées », ou y participer. Ces questions jouaient donc le rôle des exercices pratiques ou des exercices de séminaire tels qu'on les conçoit dans l'université moderne. Les problèmes qui y étaient abordés étaient ceux de la recherche scientifique d'alors. Nous avons de saint Thomas plusieurs groupes de *Questions disputées* (*) qui, à côté de ses commentaires bibliques et sentenciaires, représentent sa contribution à la vie de l'université. En plus des « questions disputées », il y avait aussi des questions dites « quodlibétiques » — v. *Quodlibet* (*) — qui ressemblaient beaucoup aux « questions disputées », si ce n'est que le sujet de la dispute, au lieu d'être annoncé à l'avance, était laissé à l'initiative du public. Ces disputes-là se tenaient seulement deux fois par an, à Noël et à Pâques ; c'est là que les questions brûlantes de l'actualité quotidienne étaient évoquées ; les conflits de doctrines ou de personnes que l'on y relève reflètent les hostilités, les curiosités ou la malice du moment. C'était une épreuve redoutable pour le maître. Que saint Thomas, au cours de ses deux séjours parisiens, se soit régulièrement soumis à cet exercice témoigne assez éloquemment d'un trait de son caractère, l'ouverture d'esprit et la recherche toute franche de la vérité en dehors des concurrences idéologiques. Le succès qu'il rencontra prouve en retour l'estime en laquelle le tenait le monde si exigeant des étudiants et des professeurs. Une dernière tâche officielle du maître était de prêcher aux étudiants. Saint Thomas le fit sans nul doute dans l'église de son couvent de Saint-Jacques, qui s'élevait autrefois sur l'emplacement du pâté de maisons actuel entre la rue Soufflot et la rue Cujas, à mi-côte sur la montagne Sainte-Geneviève. Nous avons conservé quelques-uns de ses sermons, mais c'est la partie de son œuvre qui a le moins survécu.

Outre ces œuvres, fruit de son activité professionnelle à l'université, saint Thomas nous a laissé un certain nombre de petits traités occasionnels sur des points de doctrine à propos desquels son avis avait été sollicité ; petits traités occasionnels également les écrits de polémique pour la défense de la nouvelle forme de vie religieuse inaugurée par les ordres mendiants, et peut-être même l'office du Saint-Sacrement qu'on lui attribue. Enfin, il y a la série des grands ouvrages originaux que constituent les deux Sommes, la *Somme de la foi catholique contre les gentils* (*) et la *Somme théologique* (*), et les *Commentaires sur Aristote* (*), le pseudo-Denys et le *Livre des causes.* La chronologie des écrits de saint Thomas d'Aquin n'est que relative : il n'y a aucune œuvre pour laquelle on puisse indiquer avec certitude la date exacte de sa composition. Néanmoins, la critique interne et l'examen des sources utilisées permettent de déterminer avec une assez grande probabilité la succession des principaux ouvrages et de les répartir en quatre grandes périodes qui correspondent aux divers lieux de séjour de saint Thomas.

Première période : premier séjour parisien (1252-1259). À cette période appartiennent les deux leçons inaugurales de frère Thomas comme bachelier et comme maître. À son enseignement ordinaire de bachelier biblique, il faut probablement rattacher le commentaire sur le *Livre d'Isaïe* (*). *Le Commentaire sur les « Sentences »* date des débuts de l'enseignement magistral ainsi que la série des *Questions disputées, De la vérité* (+). Les *Quodlibets* VII à XI doivent se répartir entre Noël 1256 et Pâques 1259. Les petits traités *Des principes de la nature* [*De principiis nature*] et *L'Être et l'Essence* (*), qui donnent un exposé des principes de la philosophie scolastique, ont été écrits pour ses élèves par le jeune professeur. Le célèbre commentaire sur le *Traité de la Sainte-Trinité* – v. *Opuscules théologiques* (*) – de Boèce trace un exposé extrêmement pénétrant de la méthode en théologie et des divisions de la philosophie. On s'accorde maintenant pour le dater des environs de 1256 et l'on y admire la précoce maîtrise d'un théologien qui a su définir en des pages définitives les lois de sa science. L'opuscule *Contra impugnantes Dei cultum* est la réponse de saint Thomas aux attaques de Guillaume de Saint-Amour contre les ordres mendiants. Enfin, à la fin de cette première période appartient la mise en chantier du premier ouvrage original, la *Somme contre les gentils.* Commencée en 1258, la rédaction de cette *Somme* chevauche sur la première et la deuxième période. En juillet 1259, maître Thomas laisse sa chaire de Paris à Guillaume d'Antona et part pour l'Italie.

Deuxième période : séjour à la curie pontificale et à Rome (1259-1269). Saint Thomas y sera au service de trois papes successifs, Alexandre IV, Urbain IV, enfin Clément IV. À ce moment, il ne semble pas que maître Thomas d'Aquin ait à assurer un enseignement de type universitaire. Tout d'abord, il achève la *Somme contre les gentils.* Surtout il devient en quelque sorte le théologien du pape Urbain IV. Ancien patriarche de Jérusalem, non moins attentif aux problèmes théologiques qu'aux conflits militaires entre Orient et Occident, il avait demandé à Thomas à la fois une critique théologique d'un recueil de textes grecs récemment arrivés d'Orient et une « glose » de l'Évangile où entreraient, à côté des autorités latines, les témoignages des Pères grecs. Le premier de ces travaux est le célèbre opuscule *Contra errores Graecorum,* le second forme ce que l'on appelle la *Catena aurea.* Saint Thomas lui-même l'avait intitulé *Expositio continua,* c'est-à-dire commentaire perpétuel. Urbain reçut la dédicace de la partie concernant l'*Évangile* (*) de saint Matthieu (1262-1263), il mourut trop tôt pour voir l'achèvement de l'ouvrage dont la suite fut dédiée au cardinal Hannibald qui avait été un élève de maître Thomas. C'est à son séjour à la curie pontificale que Thomas dut de connaître et d'étudier nombre de documents importants, par exemple les actes des conciles d'Éphèse et de Chalcédoine, ceux du deuxième concile de Constantinople. Ce souci de la documentation scientifique caractérise l'un des traits du travail de saint Thomas. De cette époque datent aussi nombre de courts opuscules : *Du gouvernement royal* (*), *De articulis fidei, De emptione et venditione, De rationibus fidei, Responsio ad Fr. Joannem Vercellensem de articulis CVIII,* où il paraît que Thomas est alors le théologien officiellement consulté de la curie pontificale. En 1265, la faveur de Thomas est telle qu'on lui offre le siège archiépiscopal de Naples, qu'il refuse. Cette même année, le chapitre général de l'Ordre l'assigne au couvent de Sainte-Sabine à Rome où, de nouveau, le maître se trouve consacré à l'enseignement universitaire. Il commente alors le *Livre de Jérémie* (*) et les *Épîtres* (*) de saint Paul. Il soutient aussi la série des dix

Questions disputées, De la puissance divine (+). En 1267, saint Thomas retourne à la curie du pape à Viterbe. C'est alors, semble-t-il, qu'il compose son commentaire sur les *Noms divins* de Denys, qui doit précéder de très peu la mise en chantier de la *Somme théologique,* et le *Compendium theologiae* qui en est peut-être une première ébauche. En effet, toute la première partie de cette *Somme* est écrite en Italie entre 1266 et 1268. À la fin de cette année 1268, saint Thomas est brusquement rappelé à Paris où la controverse averroïste vient de mettre le feu à l'université.

Troisième période : deuxième séjour parisien (1269-1272). C'est le moment de la plus prodigieuse activité dans la vie de saint Thomas. Dans ses leçons ordinaires, il expose le *Livre de Job* (*) et l'*Évangile* (*) de saint Jean. Il reprend la série de ses grandes *Questions disputées.* La question disputée *De anima* (*) est tenue en 1269, suivie immédiatement de la série *Du mal* (+), *Des vertus* (+), qui traite en dix-sept questions le péché, les différents vices et les vertus. En même temps, la *Somme théologique* est poursuivie sans relâche. Mais surtout, c'est la controverse avec les averroïstes qui occupe la pensée de maître Thomas. Pour répondre aux difficultés soulevées par l'exégèse d'Aristote, il entreprend alors ses *Commentaires* approfondis du « philosophe ». En même temps, il compose à l'adresse de ses adversaires les petits traités dans lesquels il reprend en synthèse doctrinale son exégèse détaillée sur les problèmes brûlants de l'unité de l'intellect (1270), de l'éternité du monde (1271) et des substances séparées (1272). Ces trois opuscules sont à juste titre considérés comme des chefs-d'œuvre. Non content de mener à bien cette activité gigantesque, il trouve encore le temps de batailler contre Gérard d'Abbeville en faveur de la vie religieuse avec le *De perfectione vitae spiritualis* et de soutenir régulièrement de Pâques 1269 à Pâques 1272 des disputes quodlibétiques, celles qui portent les numéros I à VI de la série publiée des *Quodlibets.* Après les grandes vacances scolaires de l'année 1271, Thomas reprend en septembre son enseignement à Paris. À ce moment également, il entame la rédaction de la troisième partie de la *Somme théologique,* celle qui traite du mystère de l'incarnation du Christ. Mais le chapitre général de Florence en 1272 fournit à Thomas un autre champ d'action. L'Ordre veut fonder à Naples un nouveau centre d'études pour les dominicains de la Province romaine ; tout naturellement il est désigné pour cette tâche qui le ramène dans son pays natal.

Quatrième période : séjour à Naples (1272-1274). Après l'intense production des années qui précèdent, frère Thomas d'Aquin peut reprendre dans un climat plus serein son activité de professeur et la rédaction de ses grandes œuvres. Il commente le livre des *Psaumes* (*) et l'*Évangile* (*) de saint Matthieu. Il continue la troisième partie de la *Somme théologique,* qu'il laissera inachevée en quittant Naples pour Lyon. En même temps, il poursuit ses commentaires aristotéliciens. Il prêche aussi à Naples, et ses *Collationes in Credo, Pater, Ave* sont très probablement le fruit de ses homélies aux étudiants. Au moment où Thomas partait pour le concile de Lyon, où l'on devait discuter une question dont il était spécialiste : celle du schisme oriental et de la réunion avec les Grecs, il laissait à Naples, sur sa table de travail, sa *Somme* presque achevée et ses derniers commentaires plus qu'à moitié rédigés. Il comptait terminer ces travaux à son retour, mais il ne revint jamais !

On reste confondu devant la brièveté de cette vie, vingt-deux ans de production intensive, et l'immensité de l'œuvre accomplie : Aristote commenté et reçu en pensée chrétienne, du même coup les rapports exacts entre la philosophie et la théologie mieux définis, et surtout la théologie elle-même constituée comme science, tous les mystères de la foi manifestés dans leur cohérence à partir de quelques principes simples dans une sorte de cathédrale spirituelle, la *Somme théologique.* Cette œuvre puissante nous ramène à son auteur. On raconte que frère Thomas pleurait lorsque la liturgie du carême ramenait le chant du répons *Media vita...* « Au plein milieu de la vie, nous sommes livrés à la mort ; quel sera notre sauveur, sinon toi, Seigneur ! » La quête de l'être et la quête de Dieu ont été les deux ressorts de cette vie consacrée à la contemplation et à la communication de la vérité. La sainteté de frère Thomas devait être solennellement proclamée par le pape Jean XXII le 18 juillet 1323, et l'Église l'appela son docteur « commun » pour signifier que sa théologie exprimait au mieux la pensée de sa communauté. Son autorité n'a cessé dès lors d'être affirmée ; en 1567, Pie V le proclame docteur de l'Église ; en 1880, Léon XIII le déclare patron des universités catholiques ; en 1923, Pie XI salue en lui le chef des intellectuels. Mais le plus bel éloge qui ait jamais été prononcé de saint Thomas d'Aquin le fut quelques jours après sa mort par le recteur et les professeurs de la faculté des arts à l'université de Paris, dans une lettre qu'ils dépêchèrent au chapitre général des dominicains réuni à Lyon à la Pentecôte 1274, pour réclamer la dépouille mortelle de leur collègue défunt. Cette demande ne fut jamais satisfaite. Ils s'exprimaient ainsi : « Puisque, malgré nos instances pressantes, nous n'avions hélas ! pas pu obtenir frère Thomas d'Aquin de votre chapitre général tenu à Florence [en 1272], maintenant qu'il est mort, nous vous demandons humblement, comme une grande faveur, le corps de celui que nous n'avons pas pu revoir vivant, car loin d'oublier la mémoire d'un tel prêtre, d'un tel père, d'un tel docteur, nous lui gardons un sentiment de profond attachement. »

H. D. SAFFREY.

♦ « *Il n'a jamais compris un chapitre de l'Évangile ou d'Aristote.* » Luther. ♦ « *Saint Thomas d'Aquin est un génie tout à fait comparable aux plus rares génies philosophiques des temps anciens et modernes : il tient de Platon et de Malebranche pour la spiritualité, d'Aristote et de Descartes pour la clarté et la logique.* » Chateaubriand. ♦ « *Théologie qui n'est pas plus absurde qu'une autre, et qui exige, pour être apprise comme la savait un moine du* XIIIe *siècle, une force de tête, un degré d'attention, de sagacité et de mémoire qui n'est peut-être pas très commun parmi les philosophes qui s'en moquent, parce qu'il est de mode de s'en moquer.* » Stendhal. ♦ « *Rectitude, certitude, délivrance : l'humanité de saint Thomas est toute sous le signe de ces mots-là.* » G. K. Chesterton. ♦ « *Son mérite capital semble être dans un dosage exact du mystique et du positif, du métaphysique et du concret, du spirituel et du matériel, dans tous les sens divers de ces mots. Il voit l'homme à mi-chemin entre Dieu et la matière, et ne cède ni à l'illuminisme théologique ni à un empirisme myope et borné. Aussi a-t-il réconcilié sur son nom les mystiques et les positifs, les philosophes et les canonistes. Il est l'homme de la catholicité unanime, et c'est bien ce que signifie son titre de Docteur commun,* Doctor communis. » Sertillanges. ♦ « *Qu'il s'agisse de physique, de physiologie ou des météores, saint Thomas n'est que l'élève d'Aristote ; mais qu'il s'agisse de Dieu, de la genèse des choses et de leur retour vers le Créateur, saint Thomas est lui-même.* » Étienne Gilson. ♦ « *La sainteté de saint Thomas est la sainteté de l'intelligence.* » J. Maritain.

RÉF. : Thomas de Cantimpré, O. P., *Bonum universale,* Douai, 1597. — Guillaume de Tocco, Bernard Gui et Pierre Calo, *Vita...* in *Fontes vitae S. Thomae Aquinatis* du R.P. Dominique Prümmer, Toulouse, 1912-28. — J. Echard, *Scriptores Ordini Precatores,* t. I, Paris, 1719. — G. B. de Rubeis (de Rossi), *De gestis et scriptis ac doctrina S. Thomae Aquinatis,* Venise, 1750. — R. P. Sertillanges, *S. Thomas d'Aquin,* 2 vol., Paris, 1910. — Mgr Martin Grabmann, *S. Thomas d'Aquin,* Paris, 1920. — Ét. Gilson, *S. Thomas d'Aquin,* Paris, 1925. — J. Maritain, *Le Docteur angélique,* Paris, 1929. — G. K. Chesterton, *S. Thomas d'Aquin,* trad., Paris, 1935. — R. P. Chenu, *Introduction à l'étude de S. Thomas d'Aquin,* Montréal, 1950. — C. Fabro, *Participation et Causalité selon saint Thomas d'Aquin,* Louvain-Paris, 1961. — S. Breton, *Saint Thomas d'Aquin,* Paris, 1965. — M. Seckler, *Le Salut et l'Histoire, La pensée de saint Thomas d'Aquin sur la théologie de l'histoire,* trad., Paris, 1967. — J.A. Weisheipl, *Fr. Thomas d'Aquino, his Life, Thought and Works,* Oxford, 1974. — A. Wohlman, *Thomas d'Aquin et Maïmonide. Un dialogue exemplaire,* Paris, 1988. — Y. Cattin, *De l'homme humain. La question de l'homme dans la pensée de Thomas d'Aquin,* in « Revue de théologie et de philosophie », 1989. — E. Brito, *La volonté en Dieu. Thomas d'Aquin et Hegel,* Revue philosophique de Louvain, 1989.

THOMPSON Francis Joseph. Poète et essayiste anglais. Né le 18 décembre 1859 à Preston (Lancashire), mort le 13 novembre 1907 à St. John's Woods, près de Londres. Fils d'un médecin homéopathe, élevé dans la foi catholique, ses parents espéraient en faire un prêtre. Néanmoins, la santé précaire du jeune Thompson et son caractère rêveur obligèrent son directeur d'école à le dissuader d'entrer dans les ordres ; déçu, son père l'envoya à Manchester faire sa médecine. Ayant échoué par trois fois aux examens de sortie, Thompson abandonna la médecine et partit pour Londres. Son père, courroucé, cessa de lui payer sa pension et Thompson passa trois années sous les ponts de Londres. Atteint de tuberculose, il devint opiomane. En 1888, la revue catholique *Merry England* reçut un paquet de chiffons de papier : c'étaient les premiers vers de Thompson. Wilfrid Maynel, l'éditeur de la revue, et sa femme s'occupèrent du poète malade, l'envoyèrent à l'hôpital, puis lui donnèrent la possibilité de se reposer au monastère de Storrington, où il écrivit sa meilleure œuvre, *Le Lévrier du Ciel* (*), ainsi qu'un excellent *Essai sur Shelley* [*Essay on Shelley*, 1909]. Il écrivit encore, de temps à autre, pendant les années 1893-1897 ; puis il se contenta de faire de la critique littéraire pour *The Athenaeum* et *The Academy*. La maladie et la drogue finirent par avoir raison de lui : lorsqu'il fut, en automne 1907, transporté à l'hôpital de St. John's Woods, il ne pesait plus que vingt-huit kilos ! Outre trois volumes de *Poésies* [*Poems*, 1893, *Sister Songs*, 1895, et *New Poems*, 1897], il convient de signaler, parmi les œuvres en prose de Thompson : *Santé et Sainteté* [*Health and Holiness*, 1905] et *La Vie de saint Ignace de Loyola* [*The Life of St. Ignatius Loyola*, 1909].

RÉF. : V. Larbaud, *Note sur Francis Thompson*, Paris, 1936. — T. L. Connolly, *Literary Criticism of Francis Thompson*, Londres, 2 vol., 1948 et 1955. — P. Danchin, *Francis Thompson, la vie et l'œuvre d'un poète*, Paris, 1956. — J. Reid, *Francis Thompson, Man and Poet*, Londres, 1959. — J. Walsh, *Strange Harp, Strange Symphony*, Londres, 1969.

THOMPSON Jim (pseud. de James Myers Thompson). Écrivain américain. Né en 1906 à Anadarko dans l'Oklahoma, mort le 7 avril 1977 à Huntington Beach en Californie. Il suit des cours à l'Université, travaille dans les puits de pétrole, dans une usine d'aviation et comme liftier dans un hôtel. Son père, d'abord riche, dépense beaucoup et entraîne sa famille dans la misère au moment de la crise des années 30. Il vend sa première nouvelle à 15 ans et écrit dans divers journaux. En 1931, il épouse Alberta, une femme très catholique qui lui donne trois enfants. En 1942, il va vivre à New York et publie son premier roman, *Maintenant et sur la Terre* [*Now and on Earth*] dans lequel il évoque les raisons de sa rupture avec le parti communiste (cet engagement lui vaudra d'être sur la liste noire) et la mort de son père qui aurait avalé le rembourrage de son matelas dans un asile d'aliénés. Il écrira vingt-neuf romans, chacun servant à rembourser des dettes. Dans les années 50, il va vivre à Los Angeles et travaille sur le scénario d'*Ultime razzia* et sur *Les Sentiers de la gloire* que réalise Stanley Kubrick. Les héros de Thompson sont de « braves types » que la saloperie du monde (misère, racisme, enfer conjugal) transforme en « super-salauds » férocement individualistes ; ce sont souvent aussi des « zéros » alcooliques et impuissants qui dissimulent en eux un tueur. Il est mort lui-même dévoré par l'alcool et la maladie, dans la misère et l'anonymat. Aujourd'hui on réédite et on adapte au cinéma tous ses romans. Se détachent particulièrement : *Le Démon dans ma peau* [*The Killer inside Me*, 1952], *M. Zero* [*The Nothing Man*, 1954], *Rage noire* [*Child of Rage*, 1972] dont le premier titre était *Mère blanche fils noir* [*White Mother Black Son*] et qui est sans doute le roman le plus fort qu'ait écrit Thompson avec *1 275 âmes* (*) (1964), un des plus grands auteurs de romans policiers du XXe siècle.

DENIS BOUTET DE MONVEL.

THOMSON James. Écrivain écossais. Né à Ednam (comté de Roxburgh) le 11 septembre 1700, mort à Kew près de Londres le 17 août 1748. Il vint à Londres à l'âge de vingt-cinq ans, et fut précepteur chez sir Charles Talbot, l'avocat général, puis chancelier du Royaume, dont il accompagna le fils en France, en Suisse et en Italie. Une suite de poèmes publiée sous le titre *Les Saisons* (*) le fit rapidement connaître et lui valut, au titre de secrétaire des brefs de la chancellerie, une pension qui lui permit de se retirer à Kew dans une maison de campagne. Il mourut d'une fluxion de poitrine contractée durant une promenade sur la Tamise. Ses œuvres les plus connues sont un *Poème sur la mort d'Isaac Newton* [*Poem on the Death of Sir Isaac Newton*, 1727], un poème en cinq parties intitulé *Liberty* (1735-1736), *Le Château de l'indolence* (1748), et les tragédies : *Sophonisbe* (+) (1730), *Agamemnon* (+) (1738), *Edward and Eleonora* (1739), *Tancred and Sigismunda* (1745), *Coriolan* (+) (1749). En collaboration avec David Mallet, Thomson a en outre composé un « masque », *Alfred*, dans lequel se trouve l'hymne fameux, *Rule Britannia* (1740).

RÉF. : Samuel Johnson, *The Lives of the Poets*, Londres, 1781, rééd. Oxford, 1901. — Léon Morel, *James Thomson, sa vie et ses œuvres*, Paris, 1895. — Cameron, *L'influence des « Saisons » de Thomson sur la poésie descriptive en France, 1759-1810*, Paris, 1927. — P. M. Spacks, *The Varied God, a Critical Study of Thomson's « The Seasons »*, Berkeley, 1959. — R. Cohen, *The Art of Discrimination Thomson's « The Seasons » and the Language of Criticism*, Londres, 1964 ; *The Unfolding of « The Seasons »*, Londres, 1970.

THOMSON James. Écrivain écossais. Né à Port Glasgow le 23 novembre 1834, mort à Londres, au University College Hospital, le 3 juin 1882. Enfant, il fréquenta une école pour orphelins, puis il entra au Military Asylum de Chelsea. Alors qu'il enseignait à l'École militaire d'une petite ville irlandaise voisine de Cork, il rencontra la femme qui lui donna le seul, le très court moment de bonheur de sa vie, la fille d'un sergent de la garnison. Puis Thomson se consacra entièrement à la littérature et publia des vers qui, par la suite, furent recueillis en deux volumes. Dans *La Cité de la terrible nuit* (*), le « poète du désespoir », ainsi qu'on l'a appelé, atteint au sommet du pessimisme le plus pathétique. En 1881, il publia *Vane's Story and Other Poems* ; il collabora au *National Reformer* et à d'autres journaux avec des essais rassemblés en 1881 dans *Essays and Phantasies*. Alors que paraissaient ces deux derniers recueils, la vie de Thomson, malade et atteint d'insomnie, était devenue plus misérable que jamais. Un an plus tard, avec la mort, venait enfin sa délivrance.

RÉF. : C. Vachot, *James Thomson* (1834-1882), Paris, 1964. — K. H. Byron, *The Pessimism of James Thomson in Relation to his Times*, Londres, 1965. — W. Schaefer, *James Thomson beyond « the City »*, Berkeley, 1965.

THOMSON Virgil. Compositeur américain. Né à Kansas City le 25 novembre 1896, mort à New York le 30 septembre 1989. Il fait ses études à Harvard University (1919-21), à Paris avec Nadia Boulanger (1921-22) et à New York avec Rosario Scalero (1923-24). Entre 1925 et la fin des années 30, il vit principalement à Paris où il fréquente Erik Satie et les membres du Groupe des Six, Jean Cocteau et Pablo Picasso. Stravinski exerce une influence déterminante sur lui. Il travaille également avec Gertrude Stein qui écrit le livret de ses deux premiers opéras, *Quatre saints en trois actes* (*) (1928) et *Notre mère à tous* (*) (1947). Entre 1940 et 1954, il est critique musical au *New York Herald Tribune* : ses chroniques sont les plus respectées mais aussi les plus redoutées des États-Unis. Pour l'orchestre, il compose trois symphonies (1928, 1941, 1972) et plusieurs concertos ; pour la voix, *Stabat Mater* (1931, rév. 1981), *Missa pro defunctis*, son œuvre majeure (1960), et *The Feast of Love*, pour baryton et orchestre (1964). Son troisième opéra, *Lord Byron* (1961-68), n'a pas recueilli le succès des deux premiers. Thomson a toujours refusé d'adhérer systématiquement aux courants modernistes du moment. Il préférait s'attacher à la notion d'universalisme de la musique. La simplicité et la spontanéité de son écriture frisent parfois la naïveté ; il cultive aussi aisément la cocasserie parisienne que l'austérité, et puise aux sources de la musique traditionnelle américaine.

ALAIN PÂRIS.

THOMSON sir William, lord KELVIN. Physicien anglais. Né à Belfast (Irlande) le 26 juin 1824 ; mort à Netheralls près de Largs (Écosse) le 17 décembre 1907. William Thomson était le second fils de James Thomson, professeur de mathématiques à l'université de Glasgow. En 1841, il entra à Cambridge où il fut reçu docteur en 1845 et emporta le premier prix Smith. Il se rendit ensuite à Paris où il étudia un an dans le laboratoire de Regnault, qui à cette époque faisait ses recherches sur la vapeur. En 1846, à l'âge de vingt-deux ans, il obtint la chaire de philosophie naturelle à l'université de Glasgow. Les travaux et les cours de Thomson devinrent les modèles dont s'inspirèrent, pendant plus d'un demi-siècle, les savants britanniques. C'est en grande partie grâce à lui que la Grande-Bretagne joua un rôle de première importance dans le développement de la physique. Dans un de ses premiers travaux, Thomson chercha à déterminer l'âge de la terre ; il démontra, en s'appuyant sur la conduction de la chaleur, qu'il y a environ cent millions d'années les conditions physiques de la Terre devaient être fort différentes de celles qui règnent actuellement ; ceci fut le prélude de nombreuses controverses avec les géologues. En 1847, il fit la connaissance de Joule au cours d'une réunion scientifique, à Oxford. À cette époque, Joule accomplissait ses expériences et soutenait que la chaleur était une forme d'énergie, ce qui le conduisit à formuler le premier principe de la thermodynamique. Plusieurs années s'écoulèrent avant que les physiciens les plus éminents acceptassent la théorie de Joule. Thomson fut un des premiers à le faire, et Stockes l'en critiqua vivement. En fait, les idées de Joule sur la nature de la chaleur influencèrent profondément Thomson et l'amenèrent, en 1848, à introduire une échelle thermodynamique pour la température, échelle absolue et par là indépendante de l'appareil et de la substance employés. Cette échelle porte son nom, elle est couramment employée pour de nombreuses mesures thermométriques. Thomson continua ses études dans cette direction et, en 1851, il présenta à la Royal Society d'Edimbourg un mémoire sur la théorie dynamique de la chaleur *Thermodynamique* [*Dynamical Theory of Heat*]. Ce mémoire célèbre contient le principe de la dégradation de l'énergie ; ce principe, joint à l'énoncé équivalent de Clausius de l'année précédente, constituait la base du deuxième principe de la thermodynamique. Thomson démontra ainsi que les conclusions de Carnot ne s'opposaient pas aux travaux de Rumford, de Robert Mayer et de Joule ; la théorie dynamique de la chaleur, avec le principe de la conservation de l'énergie, fut universellement acceptée. Thomson accomplit d'autres recherches dans le domaine des systèmes d'unités de mesure ; en 1851, Weber avait proposé l'application du système absolu d'unité de Gauss à l'électromagnétisme, et Thomson reprit ces propositions jusqu'à ce qu'il fût parvenu, en 1861, à obtenir la constitution, au sein de la British Association, du fameux comité pour la détermination des unités électriques. Mais Thomson doit surtout sa renommée aux perfectionnements qu'il apporta aux transmissions par câbles sous-marins. En 1855, il discuta la théorie mathématique des communications au moyen de tels câbles et accomplit des recherches sur les facteurs qui faisaient obstacle aux transmissions — v. *Électrodynamique et contributions à l'étude de l'électricité destinées aux sociétés des ingénieurs* (*). Ses recherches atteignirent leur sommet avec l'invention du galvanomètre qui porte son nom et du « siphon recorder », c'est-à-dire d'un enregistreur à siphon qui fut breveté en 1861. En 1866, pour les services qu'il avait rendus à la télégraphie transatlantique sur câble, il reçut le titre de chevalier et, en 1892, il fut élevé à la dignité de pair avec le titre de « baron Kelvin of Largs ». Kelvin inventa également divers instruments et rendit de précieux services à la navigation. C'était un homme très modeste, et cette modestie le faisait paraître parfois lointain ; envers ses élèves il était simple et affable, et rien ne lui faisait plus de plaisir que d'aider et d'éclairer même les plus humbles chercheurs. Il reçut de nombreux honneurs ; en 1904, il fut élu recteur de l'université de Glasgow. Quand il abandonna sa chaire, il se consacra presque entièrement à classer les conférences tenues aux États-Unis sur la théorie ondulatoire de la lumière.

Lord Kelvin n'eut pas d'héritiers, et son titre s'éteignit avec lui.

RICCIOTTI FREDIANI.

RÉF. : A. Gray, *Lord Kelvin,* New York, 1908. – S. P. Thomson, *Life of Lord Kelvin,* Londres, 1910. – J. G. Growther, *W. Thomson,* Paris, 1948. – C. Smith, *Energy and Empire : a Biographical Study of Lord Kelvin,* Cambridge, 1989. – G. G. Stokes, *The Correspondance between Sir George Gabriel Stokes and Sir William Thomson,* Cambridge, 1990.

THÓRARENSEN Bjarni. Poète islandais. Né à Brautarholt, près de Reykjavik, le 30 décembre 1786, mort à Mödhruvellir (Islande septentrionale), près d'Eyja Fjord, le 24 août 1841. Il fit ses études de droit à Copenhague, au moment où la jeunesse intellectuelle danoise découvrait avec enthousiasme le romantisme allemand. Thórarensen, déjà passionné de littérature, ne pouvait manquer de se rattacher à la nouvelle école. Avec elle, il s'emploiera à faire revivre le glorieux passé scandinave, comme il apparaît déjà dans ses chants guerriers *Aux armes !* [*Herhvöt*] et *Marche de guerre* [*Herganga*], composés à la suite du bombardement de Copenhague par la flotte anglaise en septembre 1807. Ses *Souvenirs d'Islande* (*) (1808) tiendront dans la littérature islandaise une place analogue à celle des *Cornes d'or* (*) d'Oehlenschläger dans la littérature danoise.

THORÉ Théophile. Critique et historien d'art français. Né à La Flèche en 1807 et mort à Paris en 1869. Au contraire de Guizot et Thiers, critiques d'art au début de leur carrière, ce socialiste idéaliste et réfractaire délaissera la politique pour l'art. En 1842, il fonde « L'Alliance des arts », agence d'expertise et de négoce de tableaux. Il participe à la révolution de 1848, mais refuse le poste de directeur des Beaux-Arts. Condamné à mort par contumace, il renonce à la politique et, de 1849 aux années 1860, il sillonnera l'Europe et fera paraître ses critiques sous le pseudonyme de William Bürger. Il publiera les premiers catalogues des musées de Hollande (1858). Sa plus belle découverte fut Vermeer, absolument inconnu alors, qu'il baptisa « le sphinx » et auquel il consacra l'un de ses essais les plus subtils sous le titre *Van der Meer de Delft* (*). Il rassembla une collection, dont le trophée était *L'Astronome.* D'aucuns ont reconnu en lui un précurseur de Berenson et l'inventeur du personnage d'expert-conseiller. Avec Giovanni Morelli, il fut l'un des plus illustres « connaisseurs » du XIXe siècle.

PIERRE-EMMANUEL DAUZAT.

THOREAU Henry David. Écrivain américain. Né à Concord (Massachusetts) le 12 juillet 1817, mort dans la même ville le 6 mai 1862. Longtemps considéré comme un naturaliste, comme un apôtre de la désobéissance civile, ou tout simplement comme un excentrique, il est aujourd'hui compté parmi les plus grands auteurs américains du XIXe siècle. Fils d'un modeste fabricant de crayons, il fit des études classiques à Harvard (1833-37), puis revint à Concord, paisible bourgade dont Emerson allait faire un centre culturel important. Le jeune Thoreau devint très vite l'ami et le disciple du philosophe, qui l'incita, par exemple, à tenir un journal, et qui encouragea sa vocation littéraire. C'est ainsi qu'il put publier ses premiers essais dans l'organe du transcendantalisme, le *Dial*, de 1840 à 1844. Peu enclin à s'engager dans une profession, il se contenta, après avoir mené pendant trois ans (1838-41) une expérience pédagogique originale, dans une école qu'il avait créée avec son frère, d'être le factotum d'Emerson de 1841 à 1843, puis de se partager entre l'atelier de son père et une activité épisodique d'arpenteur-géomètre, tout en passant des journées entières à observer la nature. Ce choix, peu conforme à l'éthique protestante du travail, ne pouvait guère lui gagner l'estime de ses voisins, d'autant plus qu'il mit malencontreusement le feu à un bois en 1844.

Le 4 juillet 1845 – date symbolique –, Thoreau s'installa au bord du petit lac de Walden, non loin de Concord. Il y passa deux ans, dans une cabane qu'il avait construite lui-même, se consacrant aux promenades, à l'observation, à la lecture, et à l'écriture. Deux livres devaient naître, en effet, de cette retraite. Le premier, *Une semaine sur les rivières Concord et Merrimack* [*A Week on the Concord and Merrimack Rivers*], écrit à Walden et publié à compte d'auteur en 1849, fut un échec cuisant. C'est le récit d'un voyage en barque fait avec son frère John, mort tragiquement depuis, sur lequel se greffent diverses réflexions sur l'amitié, la religion, le conflit de la nature (incarnée par l'Indien) et de la technologie. Le second ouvrage, *Walden* (*), son chef-d'œuvre, fut commencé avant 1847 et publié, après de nombreuses révisions, en 1854. De retour à Concord, Thoreau s'installa dans la maison de ses parents, où il resta jusqu'à sa mort en 1862, et où il ne cessa d'écrire.

Cet anticonformiste notoire avait pour première stratégie de cultiver l'image de marginal qu'il s'était faite. Ainsi, pendant et après son séjour à Walden, il fit presque annuellement à Concord et dans la région des conférences dont les textes étaient ensuite repris, développés, et transformés soit en chapitres (par exemple le premier chapitre de *Walden*, « L'Économie »), soit en essais. Ce fut le cas de la conférence sur la désobéissance civile, qu'il avait faite après une nuit passée en prison, pour avoir refusé symboliquement de payer ses impôts : elle fut publiée en 1849 sous le titre « La Résistance au gouvernement civil » [Resistance to Civil Government], et rebaptisée ultérieurement « La Désobéissance civile » [Civil Disobedience] – v. *Essais politiques* (*). Dans ces textes, le « Diogène américain », comme l'appela un critique à la publication de *Walden*, attaquait avec un réel talent de pamphlétaire et de satiriste les travers de la société américaine.

Mais le polémiste se doublait d'un naturaliste. Ses promenades quotidiennes dans les bois de Concord nourrissaient son *Journal* (*), où il consignait ses observations sur la flore, la faune, le cycle des saisons, tantôt en poète, voire en mystique, tantôt avec la précision d'un entomologiste ou d'un ornithologue. Ces notes étaient alors remaniées et intégrées à des conférences ou essais, comme ceux qui furent réunis après sa mort sous le titre d'*Excursions* (*).

Enfin, Thoreau fit plusieurs escapades dans des parties plus sauvages de la Nouvelle-Angleterre, et tira de ces voyages des récits inégaux, mais qui contiennent certaines de ses plus belles pages : *Les Bois du Maine* (*) (1864), *Le Cap Cod* (*) [*Cape Cod*, 1864].

Lorsqu'il mourut à quarante-quatre ans, de tuberculose, Thoreau laissait une œuvre à son image, multiple et inclassable, dont la modernité ne cesse de s'imposer à notre temps.

YVES CARLET.

♦ *« Quant à prendre le bras de Thoreau, je prendrais plus volontiers celui d'un orme. »* Ralph Waldo Emerson. ♦ *« Il confirme la remarque aiguë de Sainte-Beuve : On touche encore à son temps et très-fort, même quand on le repousse. »* James Russell Lowell. ♦ *« Unir sans incongruité des choses ordinairement considérées comme incongrues : voilà le phénomène qui s'appelle Thoreau. »* Joseph Krutch. ♦ *« Méprise-t-il notre mode de vie, ou la vie humaine elle-même ? Rejette-t-il les gouvernements, ou l'aspiration et la capacité des hommes à créer une société ? »* Stanley Cavell.

RÉF. : Sherman Paul, *The Shores of America : Thoreau's Inward Exploration*, 1958 ; Urbana, 1972. – Léon Edel, *Henry D. Thoreau*, Minneapolis, 1970. – Stanley Cavell, *The Senses of Walden*, 1972 ; San Francisco, 1981. – Michel Granger, *Henry D. Thoreau : Narcisse à Walden*, Lyon, 1991.

THORGILSSON Ari, dit « inn Frödhi » [le savant]. Religieux islandais. Né au cours de l'hiver 1067-68, mort en 1148. Descendant de l'une des plus illustres familles islandaises, allié, entre autres, au savant Saemund, orphelin de très bonne heure, il passa plusieurs années – jusqu'en 1089 – à Hankadal, près de Hall Thorarinsson, qui avait été l'ami du roi de Norvège, Olaf Haraldsson. Ordonné prêtre, il entretint d'amicales relations avec ses contemporains les plus connus, tels que les évêques Ketill de Holar, Thorlak de Skàlholt, Gizur, sans compter le savant Saemund. Son nom est lié au *Livre des Islandais* (*), d'une importance fondamentale pour l'histoire mythique de l'Islande, de sorte que Thorgilsson est considéré comme le père de l'historiographie islandaise.

THOU Jacques Augustin de. Homme d'État et historien français. Né et mort à Paris (8 octobre 1553-7 mai 1617). Fils d'un des plus importants magistrats de la seconde moitié du XVIe siècle, il étudie le droit sous la direction de Cujas et fait à vingt ans un voyage en Italie. En 1576, il obtient une charge de conseiller au parlement de Paris, devient ensuite président à mortier, mais se voit chargé, à partir de 1581, de diverses négociations, à Bordeaux, avec les protestants (et c'est pour lui l'occasion de rencontrer Montaigne), puis avec Henri de Navarre qu'il s'efforce de rapprocher d'Henri III. Ce dernier, en 1589, envoie de Thou et Schomberg en Allemagne et en Italie pour y demander des subsides et des renforts. Sous le règne suivant, de Thou prépare l'édit de Nantes et devient un des inspirateurs du parti gallican. Dès 1591, cependant, il avait commencé à écrire sa célèbre *Histoire de mon temps* (*), allant de 1543 à 1607, sans doute le plus important monument historique laissé par le XVIe siècle. À la mort d'Henri IV, de Thou est nommé par Marie de Médicis l'un des trois directeurs des finances en remplacement de Sully, mais il ne se consola pas de n'avoir pu obtenir, en 1611, la présidence du parlement de Paris, en remplacement de son beau-père. La publication de son *Histoire*, de ton très modéré, l'avait rendu fort suspect aux anciens Ligueurs. Pour se justifier, il fit paraître en 1614 ses *Mémoires*, également en latin, allant de 1553 à 1601, et qui forment un complément de l'*Histoire*. Il a enfin laissé des *Poésies* latines.

RÉF. : Dupuy, *Thuana*, Genève, 1669. – S. Collinson, *Vie d'Augustin de Thou*, Paris, 1807. – B. de Ballainvillers, *Discours sur Jacques Auguste de Thou*, Paris, s. d. – P. Chasles, *Discours sur la vie et les œuvres de Jacques Auguste de Thou*, Paris, 1824. – H. Harisse, *Le Président de Thou et ses descendants*, Paris, 1905. – S. Kinser, *The Works of Jacques Auguste de Thou*, La Haye, 1966.

THUCYDIDE. Historien grec. Né à Athènes, dans le dème d'Halimunte, vers 460 av. J.-C., d'une des plus nobles familles de l'Attique, mort vers 400. Son père s'appelait Oloros, et il est démontré qu'il descendait de son homonyme, le prince thrace Oloros, dont Miltiade avait autrefois épousé la fille, Hegésipyle. Comme la mère de Thucydide portait le nom d'Hegésipyle, il est évident qu'à dessein les parents avaient repris les noms de leurs ancêtres royaux. Outre les liens qu'elle avait avec Miltiade, la famille de Thucydide était apparentée à Cimon, et peut-être à Pisistrate. La jeunesse de Thucydide coïncida avec l'époque de Périclès ; Athènes était alors à l'apogée de sa puissance dans le domaine de la politique, et de sa splendeur dans le domaine des arts. Il eut sans doute une éducation des plus raffinées, conforme à sa position sociale. La tradition rapporte qu'il fut le disciple de l'orateur Antiphon de Rhamnonte, et du philosophe Anaxagore de Clazomènes ; mais on n'a là-dessus aucune certitude. Lorsque, en 431 av. J.-C., éclata la guerre entre Sparte et Athènes, Thucydide avait probablement un peu plus de trente ans. Si l'on en croit la *Vie* de Thucydide écrite par Marcellinus, l'historien n'aurait pas participé au gouvernement de la cité avant 424. Au contraire, d'autres biographes, comme Denys d'Halicarnasse, affirment que Thucydide aurait été pourvu de nombreuses charges avant cette date. Cette année 424 marque, dans la vie de Thucydide, des changements très importants. Comme il le dit dans son œuvre (IV, 104), il fut alors nommé stratège et préposé au commandement de la flotte athénienne, dans le nord de la mer Égée ; il avait pour mission de protéger les côtes de la Thrace, et surtout la place forte d'Amphipolis, centre d'éventuelles attaques venues de Sparte. Néanmoins, lorsque le général spartiate Brasidas investit Amphipolis, pendant la campagne qu'il fit dans la péninsule de la Chalcide, Thucydide n'arriva pas à temps pour empêcher que les Spartiates ne s'introduisent dans la ville. Euklès, l'autre stratège athénien qui commandait les forces de terre préposées à la défense d'Amphipolis, lui envoya un message pour lui demander des secours ; mais Thucydide était en train de croiser avec sa flotte dans les eaux de Thasos, petite île de la mer Égée située en face du littoral thrace. Dès qu'il eut reçu le message, Thucydide se hâta de faire voile, avec sept navires, vers la place forte défendue par les Athéniens. Il était déjà trop tard, et Brasidas occupait Amphipolis. Thucydide dut se contenter d'occuper Eion, afin de pouvoir surveiller l'ennemi. Les Athéniens trouvèrent plus efficace d'accuser Thucydide de trahison plutôt que d'incapacité et, après l'avoir rappelé, le condamnèrent à mort par contumace (424-423). Fort heureusement pour lui, Thucydide ne regagna point Athènes et évita la condamnation formelle en choisissant l'exil.

Pendant les longues années de cet exil, il vécut à Skaptè-Hylè, en Thrace, où, comme il le rapporte lui-même (IV, 105), « il avait le droit d'exploiter les mines d'or de la région ».

C'est encore Thucydide qui nous renseigne avec exactitude sur la durée de cet exil ; dans le livre V (chap. 26) de son *Histoire,* il dit qu'il resta loin d'Athènes pendant vingt ans, exactement jusqu'en 404, lorsque Lysandre occupa les Longs Murs et le port du Pirée, et que Sparte, avec ses alliés, détruisit l'empire athénien après une lutte qui avait duré vingt-sept ans. Mais de 424 à 404, Thucydide ne resta pas continuellement à Skaptè-Hylè. Il s'en éloigna de temps à autre pour accomplir de longs voyages, au cours desquels il recueillit des informations précieuses pour son *Histoire,* s'adressant pour ce faire aux combattants de l'un et l'autre camp, mais surtout aux Spartiates, afin d'avoir des points de vue opposés. La manière scrupuleuse dont il procède, son désir d'être précis qui le distinguent de tous les historiens occidentaux, anciens et modernes, antérieurs au XVIe siècle, l'incitèrent souvent à se rendre sur le théâtre des combats, pour que les descriptions fussent plus exactes et pour que les informations lui vinssent de ceux qui avaient assisté aux événements. C'est certainement pour cela que Thucydide se rendit à plusieurs reprises dans le Péloponnèse, et il est presque certain, si l'on s'en remet à la tradition, qu'il a visité aussi la Sicile, et peut-être la Grande Grèce. Comme Thucydide le mande lui-même dans la préface de son *Histoire,* il commença à en préparer les matériaux alors que la guerre entre Sparte et Athènes venait à peine de commencer, c'est-à-dire vers 431 av. J.-C. Il se flatte d'en avoir immédiatement prévu l'importance, les développements et les conséquences. Mais il semble certain que Thucydide n'eut point une claire vision des choses avant 424. Au début, il fut porté à rédiger des notes, à faire des observations, parce que cela servait sa grande passion : la politique. L'amertume que provoqua son échec et sa condamnation l'aurait contraint, dans la solitude de l'exil, à se replier sur lui-même, et à voir les événements avec plus de recul. Thucydide resta toujours fidèle à son grand désir d'impartialité, c'est ainsi qu'il rappelle avec indifférence sa malchance et parle avec une admiration évidente de Brasidas, le général spartiate qui l'avait battu à Amphipolis. Mais il ne faudrait pas s'imaginer pour autant que Thucydide était un historien capable de froideur, que son détachement résultait d'une sécheresse naturelle, que la sévérité des jugements qu'il porte sur la majorité des hommes provenait de quelque rancœur provoquée par son exil. L'équilibre de Thucydide est fait de passion, et ne l'empêche nullement d'aimer avec intensité, même s'il en est loin, sa patrie qui l'avait condamné cependant, ou d'admirer ouvertement Périclès, ou encore de s'attaquer à Cléon.

Car Thucydide n'est pas le plus grand historien de l'Antiquité seulement parce qu'il a inventé la critique historique ou parce qu'il a découvert, vingt siècles avant Machiavel, l'indépendance absolue de la politique par rapport à la morale, ou enfin parce qu'il a proclamé, vingt-quatre siècles avant Nietzsche, que le véritable ressort de l'histoire et de la vie humaine est la volonté de puissance des individus et des États. Thucydide est le premier historien du monde occidental qui ait conçu une histoire vécue et faite entièrement par des hommes, le premier qui ait découvert ce qu'il y a d'enthousiasmant dans l'effort que l'homme accomplit journellement pour donner une unité à son existence, dans l'héroïsme et dans la foi dont l'homme fait preuve chaque jour en tentant d'atteindre à l'idéal le plus haut, en dépit de la cruauté de l'histoire qui ne respecte ni la vertu des individus ni la civilisation des États, mais qui conduit les uns et les autres à leur ruine, afin que cette mort soit la source de nouvelles formes vivantes, dans un afflux intarissable et incompréhensible. Par là, Thucydide est vraiment imprégné de l'enseignement des sophistes qu'il fréquenta dans sa jeunesse et son œuvre en apparaît comme le fruit le plus achevé. Car, s'il est vrai qu'elle marque le triomphe de la raison humaine sur l'absurdité des événements, elle ne laisse point cependant de célébrer les autres possibilités infinies et les ressources secrètes de l'esprit humain. Selon la tradition, Thucydide aurait été assassiné par ses ennemis politiques, et son corps aurait été enseveli ensuite à Athènes, près de la porte Mélitide, à l'endroit où se trouvent les tombeaux de la famille de Cimon.

GIUSEPPE MORELLI.

♦ *« Son style est si plein, si nourri, qu'on trouve chez lui presque autant de pensées que de mots ; et ses expressions sont si justes, son récit est si serré, qu'on ne sait si les choses sont embellies par le discours, ou si ce sont les pensées qui font valoir les paroles. »* Cicéron. ♦ *« Les couleurs de son style sont l'acerbe, l'amertume, la concision, la sévérité, la gravité, la véhémence, la terreur, et par-dessus tout le pathétique. »* Denys d'Halicarnasse. ♦ *« Au-dessus de Tacite peut-être est Thucydide, le plus étonnant des historiens. Aucun livre ne laisse une impression si accablante et si étrange ; on croit voir se dresser devant soi une statue d'airain. Son don particulier est l'amour absolu de la vérité pure. Parmi ce peuple de conteurs et de poètes, il a inventé la critique et la science. »* Taine. ♦ *« Il possède une plus grande justice pratique que Platon ; il ne calomnie et ne rapetisse pas les hommes qui ne lui plaisent pas ou bien qui lui ont fait du mal dans la vie. Au contraire : il ajoute et introduit quelque chose de grand, dans toutes les choses et dans toutes les personnes, en ne voyant partout que des types. »* Nietzsche. ♦ *« En cherchant à présenter chaque événement dans sa rigueur objective, mais aussi dans ce qu'il pouvait comporter d'humain, de général et d'instructif, il a réussi à façonner un miroir où tous ceux qui ont le désir de comprendre ont vu un peu de leur propre image. »* Jacqueline de Romilly.

RÉF. : J. Girard, *Essai sur Thucydide,* Paris, 1884. – A. Thibaudet, *La Campagne avec Thucydide,* Paris, 1922. – J. Finley, *Thucydide,* Harvard, 1942. – J. de Romilly, *Thucydide et l'impérialisme athénien,* Paris, 1947 ; *Histoire et raison chez Thucydide,* Paris, 1956 ; *La Construction de la vérité chez Thucydide,* Paris, 1990. – E. Delebecque, *Thucydide et Alcibiade,*

Aix-en-Provence, 1965. – W.R. Connor, *Thucydide,* Princeton, 1984.

THURBER James Grover. Humoriste américain. Né le 8 décembre 1894 à Columbus (Ohio), mort le 2 novembre 1961 dans le Connecticut. Après des études à l'université d'Ohio, il fait la Première Guerre mondiale au service du chiffre (ayant perdu un œil, étant enfant). Devenu journaliste, il travaille à Paris pour le *Chicago Tribune* jusqu'en 1921. De retour aux U.S.A., il collabore au *New Yorker* dont il est l'enfant terrible. Écrit en collaboration, *La Quadrature du sexe* (*) paraît en 1929. Suivent quantités de livres qu'il illustre lui-même. Citons *Le Phoque dans la chambre à coucher* [*The Seal in the Bedroom*, 1932], *L'Homme mûr au trapèze volant* (+) (1935), *Fables pour notre temps* (+) (1940), *The Thurber Album* (1952), et son autobiographie humoristique, parue en 1933 : *Ma vie et ses vicissitudes* (*). Ses goûts de l'absurdité, de l'ironie, d'une totale inconséquence, maniées de main de maître, ont fait et font encore les délices des lecteurs d'Amérique et d'ailleurs. James Thurber, devenu presque totalement aveugle vers la fin de sa vie, s'était retiré dans le Connecticut.

TIBULLE (Aulus Albius Tibullus). Poète latin. Né vers 48 av. J.-C., mort vers 18 av. J.-C. On sait peu de chose sur sa vie. Les allusions sont rares dans ses *Élégies* (*), et les deux poésies qu'Horace lui dédia ne nous en disent guère plus, ainsi que le fragment biographique (en partie corrompu) qui se trouve dans quelques manuscrits en fin du texte tibullien et que d'aucuns veulent faire remonter à Suétone. Il appartenait à une famille assez aisée de l'ordre équestre. Il faisait partie de l'entourage de Valerius Messalla Corvinus qu'il accompagna une première fois en 31 ou 30 av. J.-C. dans une expédition en Aquitaine, où il obtint des récompenses militaires, et une deuxième fois en Orient, en 29 av. J.-C. ; mais, au cours de ce voyage, il dut s'arrêter à Corcyre, étant malade. Il possédait une villa dans la région de Pedo, entre Tivoli et Palestrina. En dehors d'un jeune Marathus, chanté dans certaines poésies (4, 8 et 9) du premier livre, il aima particulièrement deux femmes : Délia et Némésis, à chacune desquelles il dédia un volume d'*Élégies.* On ne sait pas si la « Glycera » dont Horace essaie de lui faire oublier l'infidélité doit être identifiée à l'une d'entre elles ou non. Le premier volume, publié peu après 27 av. J.-C., est tout plein de la douce figure de Délia, dont le nom, comme nous l'apprend Apulée, était le pseudonyme de Plania. Mais sa figure, et celle de Némésis, est donnée comme irréelle par Tibulle. N'importe quel élément de la réalité peut le faire entrer dans ce monde de rêve. Tibulle mourut « adulescens » – v. *Les Tristes* * d'Ovide – dans les derniers mois de l'an 19 ou, au plus tard, au début de l'an 18 av. J.-C.

♦ *« Vénus elle-même n'est pas moins affligée de la mort de Tibulle qu'elle ne le fut le jour où un farouche sanglier déchira le flanc de son amant. »* Ovide. ♦ *« Dans l'élégie, nous le disputons aux Grecs ; et, dans ce genre, Tibulle me semble le plus pur et le plus élégant. »* Quintilien. ♦ *« Ce délicieux Tibulle qu'il faut lire, relire, savoir par cœur, et relire encore. »* Mirabeau.

RÉF. : Luigi Alfonsi, *Albio Tibullo e gli autori del « Corpus tibullianum »,* Milan, 1946. – B. Riposati, *Introduzione allo studio di Tibullo,* 3e éd., 1967. – P. Veyne, *L'Élégie érotique romaine,* Paris, 1983. – D. F. Bright, *« Haec mihi fingebam », Tibullus in his World,* Leyde, 1991.

TIECK Johann Ludwig. Écrivain allemand. Né et mort à Berlin (31 mai 1773-28 avril 1853). Fils d'un cordier épris de littérature, il fréquenta le lycée de Berlin où il fit la connaissance de Wackenroder qui devint son ami. S'étant consacré avec ardeur aux études littéraires, historiques, linguistiques, il visita les universités de Halle, Erlangen, Göttingen. Avec Wackenroder, il découvrit à Nuremberg et à Bamberg le Moyen Âge, et partagea l'enthousiasme de son ami pour l'art médiéval et celui de la Renaissance. En 1797, il publiera, avec des additions personnelles, l'ouvrage de Wackenroder, *Épanchements d'un moine ami des arts* (*). C'est en 1790 que débuta son activité aux multiples facettes d'écrivain inquiet, fantasque, ironique, fidèle reflet de son milieu. Ses premiers écrits furent des nouvelles satiriques et des remaniements de contes français dans le style du XVIIIe siècle, pour la revue *Plumes d'autruche* [*Straussfedern,* 1795-98] de Nicolai. Mais Tieck ne tarda pas à révéler son tempérament particulier, en passant de drames fatalistes tels que *Charles de Berneck* (*) (1793-95), à des drames médiévaux de « ton » purement romantique, comme *Vie et mort de sainte Geneviève* (*) (1799), ou à un nouveau genre illustré par *Le Chevalier Barbe-Bleue* [*Ritter Blaubart*], *Le Chat botté* (*), *Le Prince Zerbino* ou *Le Voyage vers le Bon Goût* (*), ou encore deux récits tirés des « livres populaires » du Moyen Âge : *Le Blond Eckbert* (*), *La Merveilleuse Histoire de la belle Maguelone et du comte Pierre de Provence* (*), *Le Fidèle Eckart et Tannhauser* (*), œuvres réunies ensuite avec d'autres récits dans *Phantasus* (1812-16), et enfin à ce typique exemple de poésie romantique universelle qu'est le drame de *L'Empereur Octavien* (*) (1801-03). En 1795-96, Tieck publia en trois volumes la perverse *Histoire de William Lovell* (*), roman épistolaire du même type que le *Werther* (*) de Goethe et s'inspirant du *Paysan perverti* (*) de Restif de La Bretonne. En 1798 parurent les *Aventures de Franz Sternbald* [*Franz Sternbalds Wanderungen*], conçues et commencées en collaboration avec Wackenroder, et continuées après sa mort mais que Tieck laissa inachevées. C'est le début d'une longue série d'histoires d'artistes vagabonds, les « Künstlerromane » du romantisme ; elle est déjà pourvue de toutes les qualités requises. S'étant établi en 1799 à Iéna, Tieck fit partie du cénacle romantique qui avait déjà accueilli avec faveur ses écrits. Une comédie comme *Le Monde renversé* [*Die verkehrte Welt,* 1798], qui débute par l'épilogue, se termine par le prologue et introduit le public sur la scène, répondait à toutes les exigences du « fertile chaos » qu'invoquaient les théories romantiques. C'est à cette époque que Tieck se lia d'amitié avec les frères Schlegel, Schelling, Fichte et surtout Novalis. Mais en comparaison de ceux-ci, Tieck demeure un virtuose, le maniériste de l'école, pourrait-on dire ; du romantisme, il ne garde que le côté obscur, nocturne des sens, et introduit le goût de l'horrible, du ténébreux, du magique, du grotesque, qui triomphera ensuite avec l'école d'Heidelberg, avant de se répandre en France et dans toute l'Europe. Pendant presque vingt ans, Tieck voyagea continuellement ; il se rendit à Berlin, Dresde, Vienne, Munich, Prague, en Italie, en France et en Angleterre, où il approfondit son étude du théâtre anglais (shakespearien et préshakespearien) et de la poésie allemande ancienne. S'étant définitivement fixé à Dresde (1819), et devenu conseiller du théâtre de cour de cette ville, il y tint ses célèbres leçons du soir, réunit dans les *Dramaturgische Blätter* (1825-26) ses critiques théâtrales, et donna le branle à la littérature des années 1822 à 1841 ; en Allemagne, il tracera même la voie, sous l'influence de Walter Scott et de Manzoni, au véritable roman historique dont *Vittoria Accarombona* (*) (1840) est un exemple. Invité en 1842 par Frédéric-Guillaume IV à Potsdam et à Berlin, il y demeura jusqu'à sa mort, jouissant sans interruption d'une grande popularité. L'activité de Tieck en tant qu'éditeur et traducteur mérite d'être mentionnée : outre la publication d'œuvres d'écrivains anciens et modernes, de Sachs à Lohenstein, de Wackenroder à Novalis, à Kleist, à Lenz, il fit des traductions de la poésie allemande médiévale, du théâtre anglais, et de la littérature espagnole – v. *Don Quichotte* (*) ; il s'employa enfin à compléter (1825-33) la traduction de Shakespeare par Schlegel, à laquelle travaillèrent aussi sa fille Dorothea et le comte Baudissin.

SERGIO LUPI.

♦ *« Tieck a de l'inspiration, de la délicatesse et de la grâce, mais il manque de vigueur et de profondeur, et il en manquera toujours. »* Schiller. ♦ *« Le plus grand acteur qui ne soit pas monté sur les planches. »* Brentano. ♦ *« Ses écrits sont des bouquets et des faisceaux de verges ; jamais il n'a apporté une gerbe avec des épis... »* Heinrich Heine.

RÉF. : J.-J. Ampère, article sur Tieck in *Le Globe,* 17 juin 1829. – A. Prévost, article sur Tieck, in *Revue de Paris,* n° 43, Paris, 1832. – X. Marmier, article in *Nouvelle revue germanique,* tome XIII, Paris, 1833. – Spazier, article in *Revue du Nord,* mars-avril 1835. – Koepke, *Ludwig Tieck,* 2 vol., Leipzig, 1855. – Friesen, *Ludwig Tieck,* 2 vol., Vienne, 1871. – Bischoff, *Tieck als Dramaturg,* Bruxelles, 1897. – J.-J.-A. Bertrand, *Tieck et le théâtre espagnol,* Paris, 1914. – R. Huch, *Les Romantiques allemands,* Paris, 1933. – R. Minder, *Ludwig Tieck, un poète romantique allemand,* Paris, 1936 ; étude in *Le Romantisme allemand,* nouv. édit., *Cahiers du Sud,* 1949. – A. Béguin, *L'Ame romantique et le rêve,* Paris, 1937. – J. Lambert, *Ludwig Tieck dans les lettres françaises. Aspects d'une résistance au romantisme allemand,* Louvain-Paris, 1976. – J. Benay, *Le Théâtre de L. T. Anticipation du théâtre épique de Bertolt Brecht,* Nancy, 1977. – A. Hölter, *L. T. Literaturgeschichte als Poesie,* Heidelberg, 1989.

T'IEN HAN [Tian Han] (surnom de T'ien Cho-tchang). Dramaturge chinois. Né le 12 mars 1898 à Tch'ang-cha dans la province du Hou-nan, mort en décembre 1968 en prison. Élève de l'École normale de Tch'ang-cha, T'ien Han écrivit ses premières pièces à l'âge de quatorze ans ; il partit étudier au Japon en 1916. À son retour à Shanghai six ans plus tard, il commença à traduire ou adapter les œuvres de Shakespeare, Tolstoï, Gorki, Mérimée et Wilde, en même temps qu'il composait lui-même dans le genre du théâtre « parlé » à l'occidentale [houa-tsiu] ; une dizaine de pièces furent créées ou publiées avec succès à cette époque, dont *Une nuit au café* [*K'a-fei-tien-teu yi-ye*]. Son élection à la direction de l'université des beaux-arts de Shanghai en 1927, la fondation de la « Société du Sud » (dont le rôle était de promouvoir la diffusion du « houa-tsiu ») en 1928, après avoir participé au groupe Création, firent de T'ien Han l'une des personnalités les plus en vue du monde des arts. Membre du parti communiste à partir de 1932, ses œuvres devinrent plus engagées politiquement, notamment avec le début de l'occupation japonaise – *Le Pont Marco-Polo* [*Lou-ko-ts'iao,* 1937] –, tandis qu'il exerçait des fonctions culturelles au sein du P.C. Après la fondation de la République populaire, les créations de T'ien Han furent plus rares encore ; il adapta de nombreuses pièces du répertoire de l'opéra traditionnel, dont *Le Serpent blanc* (*), et devint après 1957 l'un des principaux acteurs de la réforme du théâtre chinois. Critiqué au début de la « révolution culturelle », il mourut en prison et fut réhabilité après 1976 – v. *Kouan Han-ts'ing* (*).

VALÉRIE LAVOIX.

TIGERSTEDT Örnulf. Écrivain finlandais d'expression suédoise. Né et mort à Helsinki (29 septembre 1900 - 6 novembre 1962). Ses premiers poèmes, comme *Vagues* [*Vågor,* 1918], montrent un penchant pour la rhétorique, qui s'unit dans ses nouvelles et ses poèmes – comme *Bloc et Destin* [*Block och öde,* 1931] – à une exaltation de la volonté et des forces irrationnelles proche de certaines idéologies totalitaires. Il publie également un roman, *Sans aigles* (*) (1935). Ayant publié un ouvrage sur l'espionnage soviétique en 1942, il est obligé de se réfugier en Suède en 1944.

Il y a publié quelques recueils d'un ton résigné et humoristique, un roman et des récits de voyage.

TIKHONOV Nikolaï Semionovitch. Poète russe. Né à Saint-Pétersbourg le 4 décembre 1896, mort à Moscou en 1979. Fils d'un coiffeur et d'une couturière, il a fait des études dans une école commerciale (jusqu'en 1911) avant de s'enrôler dans l'armée ; il prit part à la Première Guerre mondiale en tant que hussard puis, de 1918 à 1922, à la guerre civile. Ses deux meilleurs recueils sortirent quand l'auteur portait encore la capote militaire : *Horde* [*Orda,* 1920-1921] et *Bière* [*Braga,* 1921-1922] ; la plupart des poésies formant ces recueils sont des ballades révolutionnaires dans la tradition d'un Kipling, glorifiant le courage et la volonté des combattants rouges ; les recueils qui suivirent manifestaient un déclin évident tout en restant encore à un certain niveau artistique : *Recherches d'un héros* [*Poïski geroja,* 1923-1926], *Poèmes sur la Kakhétie* [*Stihi o Kahetii,* 1935], *L'Ombre d'un ami* (*) (1936) ; le dernier comprend des poésies sur l'Occident et le pressentiment d'un cataclysme militaire. Tikhonov passa les années de la Seconde Guerre mondiale à Leningrad et y chanta l'héroïsme des défenseurs de la ville assiégée dans le grand poème *Kirov avec nous* [*Kirov s nami,* 1941, prix Staline 1949] et le recueil *L'Année de feu* [*Ognennyj god,* 1942]. Pendant l'après-guerre, Tikhonov devint un fonctionnaire politique et littéraire (président du Comité soviétique pour la paix, député du Soviet suprême, secrétaire de l'Union des écrivains, etc.), ce qui n'ajouta rien à son talent et, d'autre part, le força à trahir ses collègues d'autrefois, par exemple les membres du cercle « Les Frères de Sérapion ». Pendant les derniers trente-cinq ans, il n'écrivit rien de remarquable sauf un recueil de récits prosaïques, d'ailleurs assez ennuyeux, *Six colonnes* [*Šest' kolonn,* 1968], qui lui valut le prix Lénine de 1970.

EFIM ETKIND.

TIKKANEN Henrik. Romancier finlandais d'expression suédoise. Né et mort à Helsinki : 9 septembre 1924 - 19 mai 1984. L'étroite relation que Tikkanen, journaliste, pamphlétaire et dessinateur, entretient avec la presse nuit à sa réputation littéraire dans un pays qui accorde peu de poids au journalisme. Léger et ironique, son style aphoristique contraste avec la tradition épique finlandaise. En 1975, le prix Eino Leino vient cependant consacrer trois décennies de production littéraire aussi riche que variée. La même année marque sa percée en tant que romancier. Exhibitionniste candide et sans pitié, Tikkanen retrace, à l'aide de ses adresses successives : *8, route de Brändö, Brändö, Tél. 35* [*Brändövägen 8 Brändö Tel. 35,* 1975] ; *11, route des Castors, Hertonäs, Tél. 78 035* [*Bävervägen 11 Hertonäs Tel. 78 035,* 1976] ; *26, rue Marie, Kronohagen* [*Mariegatan 26 Kronohagen,* 1977], la décadence de la grande bourgeoisie intellectuelle et suédophone dont il est issu. En 1980, un quatrième tome, *La Rue Georges* [*Georgsgatan*], où le nihilisme caractéristique de l'auteur se trouve atténué par la maladie dont il souffre et qui en constitue le sujet, transforme la « trilogie des adresses » en « Quatuor de Helsinki ». Tikkanen, profondément traumatisé par la guerre qu'a connue la Finlande au cours de ses années d'adolescence, travaille constamment ce thème pour mieux en dénoncer l'absurdité. En 1977, *Le Héros oublié* (*) met à nu, sur le mode satirique, particulièrement efficace, l'incompatibilité existant entre les valeurs dictées par la guerre et celles en vigueur dans la société en temps de paix.

KERSTIN DEDYE.

TILLICH Paul. Philosophe et théologien américain d'origine allemande. Né à Starzeddel, près de Guben dans le Brandebourg, le 20 août 1886, mort à Chicago le 22 octobre 1965. De son père, pasteur luthérien assez traditionnel, il garda le sens du culte et de la communauté. Mais ses études de théologie et de philosophie le détachèrent de son confessionnalisme. Licencié de théologie à Halle et docteur en philosophie à Breslau en 1912, il reçoit les ordres la même année et passe la Première Guerre mondiale comme aumônier militaire. C'est alors que la lecture de Marx, de Nietzsche et de Kierkegaard lui montre la nécessité d'un nouveau langage théologique. La tension entre la tradition religieuse et la tradition humaniste, qui aboutissait alors à un refus global ou à un scepticisme généralisé, fit naître en lui la volonté de « dépasser le conflit de façon constructive : cette voie, celle de la synthèse, fut la mienne, dit-il, c'est elle qui a trouvé sa forme définitive dans ma *Théologie systématique* (*) ».

De 1919 à 1924, il enseigne la théologie à l'université de Berlin et étudie les rapports de la théologie avec l'art, la philosophie, la psychologie des profondeurs et la sociologie ; bref, avec la culture. Il rencontre Heidegger à Marbourg où il enseigne la théologie, en 1924 et 1925. Puis il est professeur de philosophie à Dresde, à Leipzig et, en 1929, à Francfort qui était alors l'université la plus moderne et la plus libérale d'Allemagne. Après l'arrivée d'Hitler au pouvoir, il prend la défense d'étudiants juifs et socialistes ; il est révoqué et contraint à l'exil. Aux États-Unis, où il arrive à 47 ans, il enseigne à l'Union Theological Seminary de New York, qui est alors un véritable carrefour international, puis à Harvard et à Chicago.

C'est aux États-Unis que Tillich rédigea l'essentiel de son œuvre, née de ses arrachements successifs qui furent autant de découvertes : citons *Le Courage d'être* [*The Courage* *to be*] en 1952, la *Théologie de la culture* [*Theology of Culture*] en 1964, la *Théologie systématique* (*) (1951-1964) surtout, et *Le Christianisme et les Religions* [*Christianity and the Encounter of World Religions*] en 1963, après sa découverte « bouleversante » du Japon.

JEAN-PIE LAPIERRE.

RÉF. : Carl J. Armbruster, *La Vision de Paul Tillich*, Paris, 1971.

TILLIER Claude. Écrivain français. Né le 11 avril 1801 à Clamecy (Nièvre), mort à Nevers le 12 octobre 1844. Fils d'un pauvre serrurier, il réussit à obtenir une bourse pour faire ses études au collège de Bourges, mais ne put aller jusqu'à l'université en dépit de ses dons brillants : dès l'âge de dix-huit ans, il devait gagner sa vie comme maître d'études à Soissons, puis à Paris. Par une nouvelle malchance, le sort tomba sur lui pour le service militaire en 1821 ; il servit pendant l'expédition d'Espagne et devint sous-officier. Rendu à la vie civile, il se maria et obtint un poste de maître d'école. À cette époque, l'éducation publique restait soumise à une forte influence cléricale, et Claude Tillier eut le loisir d'amasser de vives rancœurs qu'il devait épancher en 1831 dans une série d'articles publiés dans *L'Indépendant*, un journal d'opposition paraissant à Clamecy. Le retentissement de ces pamphlets fut assez grand, et les autorités essayèrent de briser l'audace du pauvre instituteur en le privant de son emploi, puis en le condamnant à quelques jours de prison. Mais Tillier pouvait entrer sans inquiétude dans la carrière littéraire : les journaux de l'époque ne saluaient-ils pas en lui un nouveau Jean-Paul Courier ? En 1840, il se vit confier la direction d'un journal de Nevers, *L'Association*. Après sa disparition en 1843, Tillier entreprit de nouvelles séries de pamphlets, mais mourut avant d'avoir pu les achever. Son œuvre polémique est aujourd'hui oubliée, mais Tillier survit discrètement grâce à son talent romanesque qui s'est particulièrement exprimé dans *Belle-Plante et Cornélius* (*) (1841) et dans *Mon oncle Benjamin* (*) (1843).

RÉF. : P. Cégrétin, *Étude sur Claude Tillier*, Paris, 1880. – M. Cornicelius, *Claude Tillier*, Halle, 1910. – L. Marx, *Claude Tillier als Romanschrifsteller*, thèse, Heidelberg, 1916. – Han Ryner, *Un grand humoriste, Claude Tillier*, Paris, 1922. – F. P. O'Hara, *Claude Tillier, sa vie et ses œuvres*, Paris, 1939. – M. B. Yolken, *Claude Tillier*, 1976.

TIMMERMANS Félix. Écrivain belge d'expression flamande. Né le 5 juillet 1886 à Lierre, mort dans cette ville le 24 janvier 1947. Issu du peuple, Timmermans n'a pas cessé de vivre dans sa bourgade natale de Flandre occidentale, quotidiennement mêlé à la population ouvrière. Son art s'est ainsi formé au contact continuel de la simple réalité. Il est inséparable du folklore flamand, dépouillé de toute intellectualité, indifférent à la mode. Avec *Pallieter* (*) (1916), Timmermans obtint cependant un succès considérable, non seulement auprès des Flamands, mais au-delà des frontières de la Belgique. Ce livre lui valut d'ailleurs le titre de « Prince des conteurs flamands ». Il fut suivi par une vingtaine de volumes, romans, nouvelles, biographies, parmi lesquels il faut citer : *Le Curé de la vigne en fleur* [*De Pastoor uit den Bloeyenden Wijngaerdt*], *La Famille Hernat* [*De familie Hernat*], *Psaume paysan* [*Boerenpsalm*], son chef-d'œuvre, semble-t-il, et, parmi les ouvrages traduits en français : *L'Enfant Jésus en Flandre* [*Het Kindeken Jezus in Vlaanderen*, 1926], *Les Très Belles Heures de Mademoiselle Symphorose, béguine* (*) (1918) et une monographie consacrée à *Pieter Brueghel* (1939). Partisan depuis toujours de l'autonomisme flamand, Timmermans, pendant la dernière guerre, apporta son appui à la politique allemande ; son attitude lui valut après 1944 divers démêlés qui hâtèrent la fin de sa vie.

RÉF. : Th. Rutten, *Félix Timmermans*, Groningue, 1928. – H. Lampo, *Félix Timmermans*, Bruxelles, 1961.

TIMOTHÉE de Milet. Poète lyrique et musicien grec (environ 450-360 av. J.-C.), auteur fécond de nomes (chants en principe monodiques sur un accompagnement de cithare), de dithyrambes (chants choraux, accompagnés en principe de l'aulos, mais aussi de la cithare) et d'hymnes, à contenu narratif, en général mythique ou héroïque. Son instrument était la cithare, à laquelle il apporta des perfectionnements techniques (il augmenta à onze le nombre de ses cordes). Musicien itinérant mais actif surtout à Athènes, où il se rendit dans sa jeunesse, il y fut le protagoniste d'une révolution musicale qui bouleversa la conception du chant lyrique : les genres traditionnellement séparés furent mélangés (notamment la monodie et le chant choral ; on imita avec la cithare le chromatisme de l'aulos), la musique prit le dessus sur la parole, et la structure strophique céda la place au vers libre au rythme très variable selon le choix du poète. Du point de vue verbal, l'innovation se manifesta dans un goût très baroque pour les mots rares, les inventions et les adjectifs composés, dans une syntaxe très relâchée, dans la recherche d'une expressivité pathétique, obscure et outrée. Platon fut scandalisé par ces nouveautés et les considéra comme une grave menace pour l'ordre moral de la cité. Aristophane et les autres poètes comiques ont persiflé les novateurs, tout spécialement Timothée et son ami Euripide qui a introduit le style moderne dans la tragédie. Sur invitation du roi Archélaos, l'ami des lettres et des arts, les deux poètes se rendirent à la cour de Macédoine et y finirent tous deux leurs jours. Nous pouvons nous faire une idée de la poésie de Timothée grâce à un papyrus (que l'on peut dater d'avant 331 av. J.-C. !) découvert en 1902, qui a conservé une grande partie (plus de deux cent cinquante vers) d'un nome « dithyrambisé » intitulé *Les Perses* (*), ayant pour sujet la bataille de Salamine.

ALESSANDRA LUKINOVICH.

RÉF. : U. von Wilamowitz, *Timotheos, Die Perser...*, Leipzig, 1903. – Th. Reinach, « "Les Perses" de Timothée », in *Revue des études grecques*, Paris, 1903. – G. A. Privitera, « Il ditirambo... », in *Rito e poesia corale in Grecia*, Bari, 1977. – T. H. Janssen, *Timotheus, « Persæ », A commentary*, Amsterdam, 1984.

TINAN Jean Le Barbier de. Écrivain français. Né et mort à Paris (19 janvier 1874-novembre 1898). Il fut l'un des personnages les plus en vue de la jeune école fin-de-siècle dont sa courte vie semble avoir résumé tout le dandysme et l'esthétisme. Ami de Pierre Louÿs, Debussy et Léautaud, il collabora assidûment au *Mercure de France* (*) et conquit une célébrité qui ne s'est pas encore tout à fait éteinte grâce à ses deux ouvrages : *Penses-tu réussir ? ou les Diverses Amours de mon ami Raoul de Vallonges* (1897) et *Aimienne ou le Détournement de mineure* (*) (1898).

RÉF. : A. Lebey, *Jean de Tinan, Souvenirs de correspondance*, Paris, 1922.

TIOUTTCHEV Fédor Ivanovitch [Fedor Ivanovič Tjutčev]. Poète russe. Né le 23 novembre (5 décembre) 1803, à Ovstoug, village près de Briansk dans le gouvernement d'Orel, mort le 15 (27) juillet 1873. Appartenant à la noblesse, il reçut une excellente éducation dans sa famille, puis il suivit les cours de l'université de Moscou et, en 1822, entra dans la carrière diplomatique qui devait, pendant plus de vingt ans, le tenir éloigné de la Russie, notamment en Allemagne, à Munich, où il se maria et eut l'occasion d'entrer en rapport avec Schelling et Heine. Nul autre poète ou penseur russe n'eut une connaissance et une compréhension aussi profondes du romantisme. Le premier hommage officiel à sa poésie lui vint de Pouchkine qui, en 1836, lui ouvrit les colonnes de sa revue *Le Contemporain* [*Sovrémennik*]. De 1836 à 1838 parurent une quarantaine de ses poèmes environ, sous les seules initiales F. T. Bien que la haute autorité de Pouchkine eût reconnu sa valeur, la critique du temps ne lui accorda aucune attention, et il se tut pendant de longues années. Si bien qu'en 1854, à la publication d'un premier recueil de ses vers en volume, il fut, dans l'école dite de « l'art pour l'art » qui régnait alors, plutôt que redécouvert, considéré comme un poète complètement nouveau. Entre-temps, des changements avaient eu lieu dans sa vie. Veuf de sa première femme, il s'était remarié avec une autre Bavaroise, la baronne von Pfeffel ; puis sa carrière l'avait mené à Turin et accrédité auprès de la cour sarde. Enfin, il s'établit à Munich et y resta jusqu'en 1844, date où il décida de retourner en Russie ; il y chercha une situation confortable, qu'il trouva comme fonctionnaire de la censure chargé des publications étrangères. Son excellente préparation philosophique, historique et politique, le poussa à s'occuper des événements européens et il prit, en 1848, une attitude résolument antirévolutionnaire, réactionnaire et panslaviste ; ses articles d'alors gardent leur importance, rétrospectivement, du point de vue historique. Mais, de tout cela, il fut distrait par son amour de la poésie et par une passion violente pour la gouvernante de sa fille, M. A. Denisova. La nouvelle édition des *Poésies* (*), de 1868, révéla que le poète n'avait pas perdu ses dons pendant ce long silence et que, chez lui, à côté des conceptions philosophiques, métaphysiques dans le sens du romantisme allemand, s'étaient développées aussi des notes d'une plus simple humanité. Il serait possible d'en voir une origine dans les souffrances que le sentiment qui l'unissait à M. A. Denisova apportèrent à l'un et à l'autre, causant peut-être la fin prématurée de la jeune femme, déjà malade, en 1865. Tiouttchev lui survécut fort longtemps. Poète d'exception déjà au début de son existence littéraire, il demeure tel, au fond, dans son « retour », et il nous apparaît tel, aujourd'hui encore, dans l'influence qu'il exerça sur la formation des conceptions philosophiques et poétiques russes les plus hardies du commencement de notre siècle.

♦ *« Les vers de F. T.* [Tiouttchev] *sont des événements aussi brillants que rares dans le domaine de la poésie russe. Il n'a pas écrit beaucoup, mais tout ce qu'il a écrit porte le sceau d'un vrai et très beau talent... »* N. A. Nekrassov.

RÉF. : D. Stremoükhov, *La Poésie et l'Idéologie de Tiouttchev*, Paris, 1937. – F. Cornillot, *Tiouttchev – poète philosophe*, Lille, 1974.

TIPPETT Michael. Compositeur anglais. Né le 2 janvier 1905 à Londres. Après des études au Royal College of Music, il ne vint que tard à la composition. Son premier *Quatuor à cordes* date de 1935 ; jusqu'à la guerre, sa production se limitera à une *Sonate pour piano* (1937), une *Cantate sur des poèmes de Blake*, et un *Concerto pour double orchestre à cordes* (1938), au contrepoint vigoureux. Les problèmes posés par la guerre devaient toucher le côté libéral et humanitaire de la nature de Tippett. En 1941, il écrit un oratorio antinazi, *Un enfant de notre temps* [*A Child of Our Time*], histoire d'un enfant broyé par l'absurdité de la guerre. À l'opposé, sa prise de position comme objecteur de conscience lui valut, en 1943, trois mois de prison. La comparaison entre ses trois premiers *Quatuors à cordes* (1935, 1942 et 1946) montre nettement l'évolution du style de Tippett vers une austérité croissante ; les libertés prises avec certaines règles traditionnelles, en matière rythmique, sont mises au service d'une volonté d'expression émotionnelle. La *Première Symphonie* (1954) porte les traces de la même recherche. De 1946 à 1952, Tippett travaillera à son premier opéra : *Le Mariage de la Saint-Jean* (*) dont il a composé lui-même le livret. À mi-chemin entre la comédie et le drame, cette œuvre se réfère à la fois à *La Flûte enchantée* (*) et aux anciennes légendes celtiques. Les pièces qui lui succéderont immédiatement sont marquées par une densité d'écriture de plus en plus grande : la *Fantaisie concertante sur un thème de Corelli* (1953), le *Concerto pour piano* (1953-1955), la *Sonate pour quatre cors* (1955), la *Deuxième symphonie* (1958). Un second opéra, *Le Roi Priam* (1962) (*), marque un nouveau tournant dans la façon d'écrire de Tippett. Il tente désormais de concilier la rigueur de ses dernières œuvres avec une approche ouverte tant de la musique populaire que de la musique classique. À partir de son *Concerto pour orchestre* (1963), toute sa production témoigne d'une volonté de créer une musique accessible à tous, sans faire pour autant de concessions à la facilité : *Symphonies n° 3* (1972) et *n° 4* (1977), *Sonates pour piano n° 4* (1979) et *n° 5* (1984), les oratorios, *The Mask of Time* (1984) et *Byzantium* (1990), et ses trois derniers opéras, *The Knot Garden* (1966-69), *The Ice Break* (1973-76) et *New Year* (1985-88). Tippett, qui a été anobli en 1966, est aussi attachant par sa personnalité que par sa musique, où il a su allier rigueur, audace et sens de la tradition.

JEAN-FRANÇOIS LABIE.

RÉF. : D. Matthews, *Michael Tippett : An Introductory Study*, Londres, 1980. – I. Kemp, *Michael Tippett, The Composer and His Music*, Londres, 1984. – G. Theil, *Michael Tippett : a Bio-Bibliography*, Westport, Connecticut, 1989.

TIRSO DE MOLINA (pseud. de fray Gabriel Téllez). Dramaturge et poète espagnol. Né à Madrid, vraisemblablement le 9 mars 1583, mort au couvent d'Almazán, près de Soria, le 12 mars 1648. Il fit ses premières études au collège de sa ville natale, à la cour, puis à Alcalá de Hénarès. Nous possédons peu de renseignements biographiques précis à son sujet ; seules quelques dates nous permettent de fixer des moments de sa vie et de ses activités. Le 14 novembre 1600, il est novice au couvent de la Merced à Guadalajara, où on le trouve comme professeur au 21 janvier de l'année suivante. En 1608, il est encore probablement à Guadalajara, ensuite il va à Madrid et, en 1613, il est à Tolède. En 1615 il s'embarque pour Saint-Domingue où il doit traiter des affaires concernant son ordre, et en revient en 1617 ou 1618. Par la suite on retrouve sa trace dans plusieurs villes d'Espagne, où il participe à des réunions et des élections au sein de son ordre. À Madrid, où il séjourne assez longtemps, il fréquente l'académie de Juan Francisco de Medrano et il y rencontre Lope de Vega, « el fénix de los ingenios » ; il participe à des polémiques littéraires, telle celle sur le « cultéranisme » qui passionnait les esprits, et il prend parti contre les adeptes du gongorisme. Cependant sa participation à la mêlée publique lui vaut quelques inimitiés tenaces, on trouve à redire au fait qu'un ecclésiastique s'occupe aussi intensément de littérature profane et, en mai 1626, Tirso est obligé de quitter la capitale pour Salamanque. À cette date, il a déjà écrit et fait représenter un grand nombre d'ouvrages dramatiques dont il va commencer la publication à partir de 1627 et jusqu'en 1635. Le 13 janvier de cette année-là, un bref du pape Urbain VIII nomme fray Gabriel Téllez chroniqueur général de l'ordre de la Merced, tâche où il succède à fray Alonso Remón dont il continue l'*Histoire générale de N.-D. de la Merci* [*Historia general de Nuestra Señora de la Merced*], terminée en 1639. En septembre 1645, Tirso est fait commandeur du couvent de Soria où il mourra quelques années plus tard.

Tirso de Molina écrivit trois cents comédies en quatorze ans, peut-être même davantage, dont la plupart sont perdues pour nous. Cette fécondité est seulement comparable à celle de Lope de Vega dont il est le continuateur direct dans la création d'un théâtre national espagnol. Comme Lope et comme plus tard Calderón, Tirso est un religieux. Si ces trois hommes choisirent le théâtre comme lieu de leur expression, c'est peut-être fondamentalement par un souci d'efficacité, car le spectacle connaissait un succès croissant et c'est à lui qu'allait la faveur populaire malgré les attaques du clergé qui se poursuivaient depuis Philippe II. Pour éduquer et convertir, il fallait que l'œuvre fût vivante, et cela, Tirso de Molina l'a réussi magnifiquement. Lope s'identifiait au génie d'un siècle passionné, poétique et chevaleresque, il créait la scène nationale ; Tirso, lui, l'élargit, l'aère par les moyens d'un esprit fertile et d'une liberté sans égale dans la langue ; ce sont là les deux qualités essentielles de la « vis comica » qui anime ses comédies. Celles-ci recèlent incontestablement la meilleure part du génie de Tirso. Les premières que l'on puisse dater remontent aux alentours de 1620. En 1621 paraissent *Les Jardins de Tolède* (*), œuvre originale qui, dans un but d'édification, réunit fables, récits, vers lyriques, vies de saints, et trois comédies : *Le Jaloux avisé, Comment doivent être les amis* et *Le Timide à la cour* (*). *La Paysanne de Vallecas* (*), comédie d'intrigue, très ingénieuse, est le triomphe de l'astuce féminine ; *Marthe la dévote* (*) nous dévoile encore les mille et une ressources de la femme amoureuse – ici la simulation mystique – à qui l'astuce ingénue réussit aussi bien que la ruse paysanne, du moins quand elle est aussi espagnole que Marthe. Avec *Don Gil de vert vêtu* (*), Tirso atteint à une virtuosité inégalable dans l'art de compliquer les intrigues.

Les comédies de Tirso sont les comédies de la femme. On a prétendu qu'il avait systématiquement déformé les caractères et les mœurs de ses contemporaines, mais il faut croire qu'il apprit beaucoup d'elles à travers la grille d'un confessionnal ; la réalité mondaine, cachée et déformée, qu'elles lui dévoilaient fut élevée par lui à l'esprit poétique du théâtre. Sans doute se contenta-t-il d'une affabulation assez réduite ; en effet on peut la ramener à deux schémas. Selon le premier, la femme est une grande dame éperdument amoureuse d'un galant, pauvre et chevaleresque ; pour lui elle dédaignera trois ou quatre princes, elle vaincra la timidité du chevalier auquel elle offre son cœur ou simplement un rendez-vous nocturne dans un jardin. Dans le deuxième, la femme est une paysanne à la poursuite du faux chevalier qui lui a ravi son honneur : elle finit par lui faire reconnaître sa faute et se faire épouser par lui. Il semble que les tragédies, mieux encore que les comédies, aient permis à Tirso de s'inspirer de sources plus générales, de mettre en scène des types plus profondément humains, pétris par une plus longue tradition ; les idées s'y présentent sous une forme presque abstraite ; les personnages y ont une autre puissance : ainsi *La Vengeance de Tamar* [*La venganza de Tamar*] est la tragédie de la grandeur morale ; *Les Amants de Teruel* (*) s'inscrivent dans la longue tradition réaliste des sentiments et des caractères ; par ailleurs le contexte historique, la dramaturgie passionnée de l'amour total, impossible, et qui se détruit lui-même, rapprochent cette œuvre de *Roméo et Juliette* (*). Mais, s'il est un moment où le nom de Shakespeare doive être évoqué, c'est bien devant la prodigieuse et tragique création du *Burlador, Le Séducteur de Séville et le Convive de pierre* (*). Le *Burlador*, don Juan Tenorio, est le premier qui cristallise au théâtre le vieux fonds de la tradition européenne du personnage. C'est le plus grand type dramatique original que la littérature espagnole ait répandu à travers le monde. La marque de l'humanisme du XVIe siècle, serait-ce pour en dévoiler l'immoralisme conséquent, apparaît encore dans les drames de Tirso de Molina : *La Sagesse d'une femme* (*), chef-d'œuvre du théâtre espagnol historique où le machiavélisme est très bien analysé et démasqué, par quoi le dramaturge expose le caractère moral et didactique de sa conception du genre ; *Le Chevalier de grâce* [*El caballero de gracia*], *La Comtesse hors-la-loi* [*La condesa bandolera*], drames légendaires ; *L'Amour et l'Amitié* [*El amor y la amistad*], drame romanesque. Ses préoccupations morales, philosophiques et théologiques ont inspiré à Tirso des drames religieux qui sont parmi ses œuvres les plus soignées et les plus originales, genre dans lequel seul Calderón de la Barca peut lui être comparé. *Le Damné par manque de foi* (*) qu'on a parfois, sans doute à tort, attribué à Ruiz de Alarcón, est une œuvre au relief dramatique puissant ; la question de la grâce et de la prédestination en est l'argument ; cependant la concrétisation radicale de l'action, l'équilibre scénique et la force des personnages en font un chef-d'œuvre toujours vivant. Nombre d'autres drames sont le lieu de débats de l'âme religieuse ; citons : *L'Arbre du meilleur fruit* [*El árbol del mejor fruto*], *Le Plus Grand Désabusement* [*El mayor desengaño*], *La Reine des rois* [*La reina de los reyes*].

Ces quelques aperçus sur l'œuvre de Tirso de Molina nous permettent d'évaluer tant soit peu la richesse de son génie. Comme Lope de Vega, il appartient à la période spontanée du théâtre national espagnol, mais à la création primordiale de Lope il ajoute la maîtrise du langage. Il n'y a pas de difficulté dont il ne se joue, pas de dialogue qui ne soit vif, rapide et très animé. Les qualités naturelles de son style le conduisirent à réclamer plus de liberté au théâtre et à s'élever, dans un discours critique des *Jardins de Tolède*, contre la trop rigide discipline des règles. Aussi utilise-t-il avec autant de bonheur le vers de cinq pieds (quintillas) ou le « romance » dans la tragédie, que l'octosyllabe et le sonnet dans la comédie dont chacune est faite de trois actes ou « journées » (jornadas) ; sa versification est harmonieuse et abondante, son expression déliée, gracieuse, son style puissant en même temps que simple et savoureux. Il faut voir dans cette facilité l'une des causes du caractère original de ses œuvres : l'opposition stylistique entre ses tragédies et ses comédies. On a reproché à Tirso d'avoir négligé ou forcé la peinture de ses caractères, mais, si en cela il n'a pas fait davantage que ses contemporains au théâtre, il ne faut pas oublier qu'il a créé des types humains de premier plan, tels le *Burlador, Le Damné par manque de foi* ou *Marthe la dévote* entre autres. Tirso de Molina, cet anti-classique, crée le théâtre de mœurs espagnol et, ce faisant, il institue un théâtre national dont, par ses tendances philosophiques et morales, il prépare la période réflexive qu'illustrera Calderón de la Barca. Comme chez Lope, l'action fourmille d'invraisemblances, pèche par désordre et irrégularité, mais ce sont là, il est vrai, autant de défauts que l'on crut devoir reprocher à Shakespeare. Aussi bien Tirso lui-même ne parlait de ses œuvres que comme « Tres cientos comedias que en catorce años han divertido melancolías y honestado ociosidades » (« trois cents comédies qui, en quatorze ans, ont diverti les mélancolies et rendu honorables les oisivetés »).

FRANÇOIS SÉGURET.

♦ *« Il n'est pas si habile que Calderón mais il a plus de vivacité que Lope ; il leur est supérieur à tous deux par la malice, l'esprit et la poésie de ses situations. »* D. F. Martínez de la Rosa. ♦ *« Il est inconcevable que la gloire de Tirso de Molina, qui, à présent, grandit chaque jour, ait pu subir une si longue éclipse que ses pièces étaient presque oubliées. Il a le droit de prendre place au premier rang entre Lope et Calderón.* » P. Mérimée. ♦ « *Ce qui caractérise le génie de Tirso, c'est son individualité. Il ne ressemble à personne et personne ne lui ressemble. C'est un inventeur, un philosophe, un ingénieux scrutateur du cœur humain... Après s'être élevé aux sommets du tragique et du lyrisme, il dépasse en verve comique et en esprit les meilleurs poètes, sans excepter le grand Lope lui-même. Son style est peut-être son plus beau titre de gloire, nerveux, enjoué, rapide, varié, selon les circonstances et toujours d'une irréprochable pureté.* » A. Royer.

RÉF. : A. Morel-Fatio, *Études sur le théâtre de Molina*, in *Bulletin hispanique*, avril-sept. 1900. – Blanca de Los Ríos de Lamperez, *Tirso de Molina*, Madrid, 1906. – A. H. Bushee, *Three Centuries of Tirso de Molina*, Philadelphie, 1939. – I. L Mac Clelland, *Tirso de Molina, Studies in Dramatic Realism*, Liverpool, 1948. – N. Abú Molham, *Al Kùmèdiya al-Klāsikīya al-isbàniya wa Tirso dī Mōlinā*, Tétouan, 1949. – Gabriel y Ramírez de Cartagena, *Alrededor de Tirso de Molina*, Madrid, 1950. – K. Vossler, *Drei Dramen aus dem Spanischen des Tirso de Molina*, Berlin, 1953. – W. Mettmann, *Studien zum religiösen Theater Tirso de Molina*, Cologne, 1954. – André Nougué, *L'Œuvre en prose de Tirso de Molina*, Paris, 1962.

TIRUÑANACAMPANTAR dit Campantar. Saint-poète śivaïte tamoul du VIIe siècle. Campantar est l'auteur des poèmes constituant la première partie du *Tēvāram* (*), recueil d'hymnes à la louange du dieu Śiva. Appartenant à une famille brāhmaṇe de Cīrkāḷi, il est dit avoir composé son premier hymne à l'âge de trois ans. Fin lettré, Campantar a parcouru en tous sens le pays tamoul chantant les louanges de Śiva, opérant conversions et miracles, et fustigeant jaïns et bouddhistes dans chacun de ses poèmes. En compagnie de toute la noble assemblée, il se serait fondu à la divinité le jour de son mariage.

ÉLISABETH SETHUPATHY.

TIRUNĀVUKKARACAR dit Appar. Saint-poète śivaïte tamoul du début du VIIe siècle (la tradition le dit plus âgé que Campantar). Il est l'auteur de la deuxième partie du *Tēvāram* (*), recueil d'hymnes à la louange du dieu Śiva. De famille veḷḷāḷa śivaïte mais converti au jaïnisme dans sa jeunesse, Appar s'est reconverti ensuite au śivaïsme et s'est attiré l'inimitié des jaïns, qui l'ont soumis à diverses tortures, mais sans succès autre que la conversion du souverain Pallava de l'époque au śivaïsme.

ÉLISABETH SETHUPATHY.

TIRUVAḶḶUVAR. Poète tamoul du Ve siècle. Il est l'auteur du *Tirukkuraḷ* (*), recueil extrêmement populaire de maximes gnomiques en tamoul. De Tiruvaḷḷuvar lui-même, on ne connaît rien de certain. Même si on a parfois cru reconnaître une influence chrétienne, son œuvre semblerait plutôt refléter une conception jaïn de la morale.

ÉLISABETH SETHUPATHY.

TIŠMA Aleksandar. Écrivain yougoslave d'expression serbo-croate. Né à Horgos (Vojvodine) le 16 janvier 1924. Après des études de germanistique à Belgrade, Tišma est revenu à Novi Sad où il vit et travaille jusqu'à maintenant. Il a mené longtemps une carrière de journaliste, d'éditeur et de traducteur. Ayant toujours eu au fond de lui-même le désir, constamment renforcé et refoulé, d'écrire, il passe à l'acte et publie en 1957 un recueil de poèmes *Monde habité* [*Naseljeni Svet*]. L'accueil qui lui est réservé est excellent puisqu'il obtient le prix Branko.

Mais Tišma n'est pas satisfait. Il porte en lui un énorme poids de souffrance dont, jusqu'à la maturité, il refuse l'évidence : sa « provenance binaire », un père serbe montagnard et une mère juive pannonienne. « Elle troublait mon intégrité et, dans les années du fascisme que j'ai vécues adolescent et jeune homme, ne m'apportait que des ennuis. Après la victoire des communistes, tous les contrastes nationaux furent repoussés, déclarés inexistants, mais en moi ils émergèrent avec toute la force dramatique de l'aventure fondamentale de ma vie. » À dix-huit ans, lors des massacres de Novi Sad en janvier 1942, il est sauvé in extremis d'une exécution sommaire grâce à l'intervention d'un voisin, un barbier hongrois, qui plaide en sa faveur. Ensuite, il sera le témoin innocent, hanté de remords sans fondements, du long calvaire des suppliciés. C'est de ce remords, sans cesse approfondi, transformé et réengendré, que surgira l'essentiel de son œuvre. « J'ai écrit des livres sur la guerre que j'ai vécue, sur les reflets de cette guerre dans la région de Vojvodine, une plaine au nord du Danube où vivaient ensemble des Serbes, des Hongrois, des Allemands, des Slovaques, des Juifs, des Roumains. Maintenant deux peuples y manquent : les Juifs et les Allemands. Les Juifs ont été exterminés par les Allemands, et les Allemands ont dû fuir après avoir fini leur travail d'extermination. J'ai tâché de montrer comment chaque groupe humain vit sa propre identité et comment celui dont les racines sont multiples vit dans ce partage d'identités. » Ainsi s'est construit son *Pentateuque* appelé aussi « les branches entrecroisées », et qui comprend *L'École d'impiété* (*) (1979), *Le Livre de Blam* (*) (1985), *L'Usage de l'homme* (*) (1977), *Croyances et Méfiances* [*Vere i zavere*, 1983] et *Le Kapo* (*) (1988).

L'œuvre poétique, théâtrale et romanesque d'Aleksandar Tišma est marquée par une aptitude étonnante à rechercher avec acuité et sévérité les causes et les effets des crimes historiques perpétrés par des individus pour lesquels il conserve malgré tout une profonde tendresse. Il ne se compromet jamais ni avec le crime, ni avec le juge établi, mais se tient attentif auprès des victimes et de leurs bourreaux. S'il y a pardon, il est circonscrit aux limites de l'individu, il est inscrit dans les impératifs physiologiques, dans le magma qui anime la conscience de l'homme, dans le besoin grégaire qui impose avec violence – souvent aussi sans violence – un comportement issu d'éléments aberrants ou logiques et qui prend sa cohérence dans l'équation impénétrable de l'être.

LAURAND KOVACS.

TITE-LIVE. Historien romain (59 ? av. J.-C.-17 apr. J.-C.). Né à Patavium (aujourd'hui Padoue), ville de Vénétie, comprise au nombre des « sanctissimae municipiae », d'une famille aisée, d'origine plébéienne. Il avait quinze ans lors de l'assassinat de César. À dix-sept ans, il dut apprendre la fin tragique du « dernier républicain », Brutus, et il en garda un souvenir ineffaçable. Il semble avoir vécu les années troubles de la guerre civile dans sa ville natale. Après quoi il vint s'établir à Rome, mais on ne sait pas à quelle époque, au juste. Il y passa toute sa vie. Peut-être, s'il faut en croire saint Jérôme, retourna-t-il à Patavium dans son extrême vieillesse. On lui donne six enfants. Il ne semble pas avoir exercé des fonctions publiques. De quelque cinq ans plus jeune qu'Auguste, il lui survécut trois ans à peine. C'est dire que son existence d'homme se situe entièrement dans les limites de ce règne. Il était connu personnellement de l'empereur et comptait parmi ses familiers. On sait également qu'il fréquentait la maison de Drusus : c'est lui qui avait orienté vers les études historiques le fils de celui-ci, Claude, futur empereur.

On ne connaît pas exactement l'étendue de son œuvre. Mais tout porte à croire qu'elle devait être extrêmement vaste. L'*Histoire romaine* (*), si l'on se réfère aux résumés *(Periochae),* œuvre d'un adaptateur inconnu du IVe siècle, comptait cent quarante-deux livres, groupés en décades, c'est-à-dire quelque dix mille pages. Le récit s'arrête à la mort de Drusus en 9 av. J.-C. On admet généralement que Tite-Live dut abandonner son œuvre avant de l'avoir terminée.

À quelle époque Tite-Live a-t-il commencé à écrire son *Histoire* ? Un passage du chapitre XIX du livre I où il est question de la première fermeture du temple de Janus par l'« empereur César Auguste » permet d'en situer approximativement la date. Le livre en question dut être écrit entre les années 27 et 25 av. J.-C., autrement dit à l'époque où Tite-Live venait d'atteindre la trentaine. L'ouvrage apparaissait en livres au fur et à mesure de son achèvement. La division en décades, admise de nos jours, n'est mentionnée qu'à partir de la fin du Ve siècle apr. J.-C. Comment l'a-t-il conçu et quelles ont été les raisons qui avaient incité Tite-Live à l'entreprendre ? Dans sa célèbre préface du livre I, il a pris soin de répondre d'avance à ces deux questions.

À l'en croire, il se réjouit surtout de pouvoir retirer de son travail l'avantage de « s'arracher au spectacle des maux » que lui offre son époque. Ce besoin d'évasion dans le passé, quel historien, que le destin ayant fait naître et écrire à une époque où triomphent le despotisme et la force brutale, ne l'a pas éprouvé ? Mais, dira-t-on, il s'agit du siècle d'Auguste qui a vu la grandeur romaine atteindre son apogée ! Tel n'est pas, en tout cas, l'avis de Tite-Live et il le dit sans ambages, ne se souciant guère de ce qu'en penseraient son auguste protecteur, ainsi que tous les illustres personnages dont il a fait sa société. Dégoûté de ses contemporains chez qui « la cupidité et l'abus des plaisirs ont fait naître le désir de se perdre et de tout perdre dans les excès du luxe et de la débauche », il se tourne vers les ombres glorieuses du passé romain. Ce passé, Tite-Live va le prendre tel qu'il se présente à lui, y compris fables et légendes dont il ne se propose nullement de défendre ou de contester la véracité. « J'y attache peu d'importance, dit-il. Ce qui doit surtout être étudié avec le plus grand soin selon moi, c'est la vie et les mœurs des premiers Romains, c'est l'œuvre des hommes qui, dans la paix et dans la guerre, ont forgé notre empire et l'ont agrandi. » C'est donc le peuple romain et non pas tel ou tel personnage illustre qui sera le héros de son histoire. C'est là une constatation dont on ne saurait trop souligner l'importance. Vu sous ce rapport, Tite-Live se présente à nous comme le plus « moderne » des historiens anciens. On notera aussi sa tendance constante à demeurer objectif dans la relation particulièrement longue et détaillée des conflits de classes qui avaient agité la république romaine. C'est que pour lui la concorde entre les divers ordres de la cité n'est jamais aussi visible que dans les moments de tension et de conflit, où l'unité est menacée, mais non brisée, du moins dans les temps heureux de la République où la concorde empêchait les luttes de dégénérer en guerres civiles. Ce qu'il condamne, c'est la violence, le désordre, l'anarchie.

La critique moderne a été sévère pour Tite-Live. « Il n'y a, dans l'œuvre de Tite-Live, pas même l'ombre d'une pensée, écrivait en 1907 l'éminent historien italien Gaetano de Sanctis, rien n'est plus vulgaire que ses considérations politiques, militaires et religieuses. » En France, au cours de ces dernières années, on put lire sous la signature de M. Jean Bayet : « Les procédés de narrateur épique et de romancier psychologique auxquels s'adonne Tite-Live choquent au plus haut point notre goût de véracité sans enjolivures. » Et encore : « Incapable de discuter les sources et d'interpréter les faits même légendaires... il ne s'inquiète ni des lacunes ni des “trous” chronologiques... il n'a pas su créer même le soupçon de vraisemblance. » Il faut prendre Tite-Live tel que son temps et son milieu l'ont formé, tel aussi qu'il voulait être et tel qu'il devint en effet par la grâce d'une œuvre prestigieuse, étendue sur l'espace d'un demi-siècle. Voyons en lui un éducateur passionné de ses contemporains. Ce que Tite-Live voulait donner à ses lecteurs, ce que ceux-ci attendaient de lui, ce qui pouvait leur être politiquement et moralement nécessaire, c'était une œuvre qui, par l'éclat de sa forme et la grandeur de son sujet, aurait fait revivre la dignité nationale après les épreuves et les humiliations d'une période de troubles et de guerres civiles.

Tite-Live est considéré comme le plus « littéraire » des historiens romains. Tous se souciaient du style. Seulement, chacun d'eux y veillait d'une façon différente, selon ses moyens, son goût, son tempérament. Sous ce rapport, Tite-Live, bien entendu, est à l'opposé de Tacite. L'un et l'autre visent à des effets littéraires d'un maximum d'intensité. Mais tandis que Tacite les cherche dans une condensation de l'expression poussée à l'extrême, Tite-Live a recours à l'amplification. Mais on aurait tort de n'y voir que de la « facilité » naturelle mise au service d'une inégalable virtuosité. Il y a lieu d'établir une distinction entre la partie « oratoire » et « narrative » de son œuvre. Tite-Live passe pour l'historien qui a particulièrement abusé des « discours » (ce mode de composition qui avait la plus grande faveur des lecteurs de son temps). Or, les travaux des érudits modernes (Kohl, Ullmann) ont montré que la proportion des discours est considérablement moindre chez lui que chez Thucydide ou Salluste. Ces morceaux d'éloquence témoignent de dons d'orateur, de « déclamateur » ; Tite-Live est le seul des grands historiens romains qui n'ait pas été homme d'action ; il ne s'est pas mêlé à la vie politique ni aux guerres. C'est un homme de lettres, un historien de cabinet. C'est peut-être ce que suggérait Quintilien quand il disait que Tite-Live pouvait être mis entre les mains des enfants tandis que Salluste était réservé aux hommes.

♦ *« Tite-Live, le plus éloquent et le plus fidèle des auteurs. »* Tacite (*Ann.* IV, 34). ♦ *« Je ne crois pas faire injure à Hérodote en lui comparant Tite-Live qui n'est pas moins admirable par la clarté, la grâce, la netteté de sa narration, que par l'éloquence de ses harangues, où il ne dit jamais rien qui ne soit parfaitement en harmonie avec les choses et les personnes. Pour ce qui est des passions, surtout de celles dont les mouvements sont plus doux, je crois m'exprimer avec la plus extrême réserve en disant qu'aucun historien n'a mieux réussi à les peindre. »* Quintilien. ♦ *« Tite-Live, qui ne se trompe jamais. »* Dante. ♦ *« Tacite m'amuse, et Tite-Live m'instruit. »*Voltaire. ♦ *« Tite-Live, à mon avis, n'est qu'un bel et majestueux écrivain ; Tacite est un homme de génie. »* Diderot. ♦ *« Tite-Live, obligé par son œuvre de resserrer ses raisons, ne tombe jamais dans des développements excessifs... Il a de la mesure, évitant à la fois l'abondance trop grande qui rassasie et la concision extrême qui fatigue. »* Taine.

RÉF. : H. Taine, *Essai sur Tite-Live,* Paris, 1856. – H. Bornecque, *Tite-Live,* Paris, 1933. – Léon Catin, *En lisant Tite-Live,* Paris, 1944. – P. G. Walsh, *Livy, his Historical Aims and Methods,* 1961. – E. Burck, *Die Erzählungskunst des T. Livius,* 2ᵉ éd., Berlin, 1964. – On trouvera de précieux renseignements dans les introductions des volumes de Tite-Live parus aux Belles Lettres.

G. W.

TOCQUEVILLE Alexis Charles Henri Clérel de. Historien et essayiste politique français. Né le 29 juillet 1805 à Paris, mort le 16 avril 1859 à Cannes. À cinq ans, au château de Verneuil-sur-Seine, Tocqueville pleurait en écoutant sa mère chanter des complaintes sur la mort de Louis XVI. Rien ne semblait prédestiner ce jeune aristocrate, issu d'un milieu fort conservateur de grande noblesse de robe par sa mère, de vieille noblesse d'épée par son père, à devenir le plus célèbre des ralliés à la démocratie et le plus grand des observateurs de l'Amérique. Arrière-petit-fils par sa mère de Malesherbes, le protecteur des philosophes, Tocqueville était le fils d'un préfet ultra de la Restauration, que la chute de Robespierre avait fait échapper de justesse à l'échafaud. De son milieu familial, Tocqueville hérita le sens du service public, le goût des lettres que Chateaubriand, parent par alliance, avait ravivé dans la famille, et surtout la certitude douloureuse que l'aristocratie était condamnée par l'histoire. L'expérience de la Restauration l'ancra dans cette certitude : nommé juge auditeur au tribunal de Versailles en 1827, Tocqueville put constater au fil des procès combien les haines contre les aristocrates restaient vivaces. En 1829-30, il alla en Sorbonne écouter Guizot qui brossait à grands traits le tableau des progrès corrélatifs de la liberté et de la bourgeoisie. La révolution de 1830, sanctionnant une monarchie qui croyait pouvoir renouer la chaîne des temps, ne le surprit donc pas. En 1830, comme en 1789, il fallait choisir entre l'Ancien Régime et la Révolution : la famille de Tocqueville choisit l'Ancien Régime et se resserra dans une retraite boudeuse. Tocqueville choisit le parti de la révolution et décida aussitôt de partir pour l'Amérique étudier la seule grande démocratie du temps. Le prétexte du voyage était une mission patronnée mais non financée par le gouvernement sur les prisons américaines ; Tocqueville en tirera un solide rapport, *Du système pénitentiaire aux États-Unis et de son application en France* (*) (1833), écrit avec son compagnon de voyage Gustave de Beaumont. Mais l'objet véritable était de comprendre comment une grande démocratie pouvait échapper aux révolutions récurrentes que connaissait la France. Parti du Havre le 2 avril 1831, Tocqueville ne séjourna aux États-Unis que neuf mois, jusqu'au 20 février 1832. Ce bref voyage, limité à la côte Est, à une incursion sur les grands lacs jusqu'au Canada et à un rapide périple au Sud jusqu'à La Nouvelle-Orléans, est pourtant resté la référence obligée de tous les voyageurs postérieurs. Non que Tocqueville ait fait de l'Amérique une peinture irréprochable : de l'Amérique industrielle, il n'a rien vu. En Amérique et surtout en Nouvelle-Angleterre,

Tocqueville s'intéressa principalement au sentiment de l'égalité et aux ressorts de la vie politique locale. La première partie de *De la démocratie en Amérique* (*), parue le 23 janvier 1835, est tout entière un hymne au civisme américain et une invitation à se rallier à la démocratie. Tocqueville y montre, en étudiant les institutions américaines à la manière de Montesquieu, comment dans une démocratie bien tempérée les passions s'épurent et l'intérêt public se dégage des égoïsmes particuliers.

Après ce tableau des lois américaines, devenu d'emblée classique aux États-Unis comme en France, Tocqueville entreprend de peindre les mœurs. Au cours de la rédaction, il élargit son projet : d'une analyse des mœurs aux États-Unis, il glisse à une étude des traits généraux de la culture moderne, des idées, des passions, des sentiments démocratiques. C'est à cette peinture de l'Homme démocratique qu'est vouée la seconde partie de *La Démocratie*, publiée en avril 1840, qui place Tocqueville dans la lignée des moralistes classiques. Plus vaste dans son objet que la première partie, ce nouvel ouvrage est aussi plus sombre. Le spectacle de la vie politique française a tiédi l'enthousiasme du jeune admirateur de la démocratie aux États-Unis. Candidat malheureux à la députation en 1837 dans le Cotentin, à Valognes, près du château de ses ancêtres puis élu en mars 1839, Tocqueville prend en effet conscience que le civisme n'est pas une vertu aussi naturelle qu'il l'avait cru en 1835. En France, le repli sur les intérêts privés que Tocqueville nomme « individualisme » et le recours à la tutelle de l'État se renforcent mutuellement. Le goût de l'indépendance se renverse en servitude volontaire. Imaginant au terme de son ouvrage sous quels traits nouveaux le despotisme se produira dans les démocraties, Tocqueville en vient à redouter « un pouvoir immense et tutélaire », « absolu, détaillé, régulier, prévoyant et doux » qui ne travaille au bonheur des hommes que pour les réduire éternellement en enfance.

À court terme, pourtant, Tocqueville ne désespère pas de voir la France suivre l'exemple de la paisible démocratie américaine. Député (gauche dynastique) puis ministre des Affaires étrangères du 2 juin au 31 octobre 1849, il met tous ses efforts à défendre le pluralisme des opinions et de la presse, à moraliser la vie publique et à ranimer le civisme. Sans succès : ses *Souvenirs* (*) de la seconde République, publiés à titre posthume en 1893, exhalent l'amertume d'un homme voué à la solitude. Le coup d'État de Louis Napoléon Bonaparte le 2 décembre 1851, en le rendant à la vie privée, le conduit à chercher dans l'histoire de France les raisons qui expliquent cet échec récurrent des tentatives libérales : les Français, comme tous les peuples démocratiques, ont un penchant corrélatif pour l'individualisme et le despotisme d'État. Mais chez eux, ce penchant est bien plus vif qu'ailleurs. De ce tempérament national, Tocqueville découvre vite l'unique responsable : c'est l'absolutisme, qui, depuis le XIVe siècle, a privé les Français de toute expérience de la gestion commune des affaires et les a dressés les uns contre les autres pour mieux les dominer. Par une enquête minutieuse et très moderne dans les documents administratifs de l'Ancien Régime, à Paris et à Tours, par une lecture étendue de brochures et de pamphlets, Tocqueville s'efforce alors de peindre les mentalités, les habitudes et les passions des Français à la veille de la Révolution. *L'Ancien Régime et la Révolution* (*), publié en juin 1856, donne les premiers résultats de cette enquête. Tocqueville, après avoir ainsi exposé les causes de la Révolution, voulait en suivre le déroulement. Une maladie des poumons, sans doute la tuberculose, l'emporta en 1859, alors qu'il avait à peine ébauché la suite de son ouvrage. Inachevé, *L'Ancien Régime et la Révolution* n'en est pas moins devenu le modèle de tous ceux qui s'efforcent de saisir la Révolution non comme un bloc isolé mais comme un événement inscrit dans la longue durée de l'histoire de France.

FRANÇOISE MELONIO.

♦ *« Tocqueville m'a tout l'air de s'attacher à la démocratie comme Pascal à la croix, en enrageant. »* Sainte-Beuve. ♦ *« Il a commencé à penser avant d'avoir rien appris, ce qui fait qu'il a quelquefois pensé creux. »* Sainte-Beuve. ♦ *« Il personnifie plus qu'aucun autre notre curiosité et nos doutes. »* Prévost-Paradol. ♦ *« Depuis la publication du* Contrat social, *le livre de Tocqueville est celui qui a exercé la plus funeste influence sur nos destinées. »* Le Play. ♦ *« Tocqueville est, comme Montesquieu, un esprit généralisateur et dogmatique : plus moraliste, au fond, que législateur, et surtout que politique. »* Albert Sorel.

RÉF. : Pierre Birnbaum, *Sociologie de Tocqueville*, Paris, 1970. – François Furet, *L'Atelier de l'Histoire*, Paris, 1982. – Pierre Manent, *Tocqueville et la nature de la démocratie*, Paris, 1982. – Jean-Claude Lamberti, *Tocqueville et les deux démocraties*, Paris, 1983. – André Jardin, *Alexis de Tocqueville*, Paris, 1984.

TODOROV Petko. Écrivain bulgare. Né à Elena, près de Tirnovo, le 26 septembre 1879, mort au château d'Œx (Suisse) le 1er février 1916. Après avoir achevé ses études en France, et après avoir voyagé en Hongrie, en Autriche, en Suisse et en Italie, il devint un de ces écrivains bulgares chez lesquels on retrouve l'influence de la pensée et de l'art européens, et en particulier de Schopenhauer, de Nietzsche, d'Ibsen, de Tolstoï, et des symbolistes français. Cette filiation est très sensible dans les drames de Todorov, tels *Les Maçons* [*Zidari*], qui reprennent des légendes chères à la tradition populaire bulgare. En dépit des emprunts visibles, l'œuvre de Todorov reste typiquement bulgare, et on y trouve tout à la fois les procédés du symbolisme français et le réalisme en vogue dans les pays slaves. Bien que Todorov ait beaucoup voyagé, il préféra vivre à l'écart, dans la solitude de la campagne, et c'est de là qu'il tira son inspiration pour les *Idylles* (*), son chef-d'œuvre, dans lesquelles la réalité devient songe, la prose poésie, et la pensée mélodie.

RÉF. : T. Atanassov, étude in *Bolgarski Pisateli* de M. Arnaudov, tome VI, Sofia, 1930. – S. Vilinskij, *Petko J. Todorov*, Brno, 1933. – E. Damiani, *Rievocazione di P. J. Todorov*, étude in *Rivista Italo-bulgara*, tome VI, 1936. – L. Georgiev, *Petko Todorov Monografija*, Sofia, 1963.

TODOROV Tzvetan. Écrivain, critique et linguiste français d'origine bulgare. Né à Sofia le 1er mars 1939. Arrivé en France en 1963, Tzvetan Todorov prend part immédiatement au mouvement qui marque la nouvelle orientation des études littéraires, dans la mouvance de la linguistique et du structuralisme. Dès 1965, il publie une compilation d'articles des critiques formalistes russes du début du siècle : *Théorie de la littérature* (*). Une thèse de troisième cycle, dirigée par Roland Barthes, deviendra *Littérature et Signification* (1967) : l'objet de cette étude consacrée aux *Liaisons dangereuses* (*), c'est en réalité « la poétique elle-même, ses concepts, ses méthodes, ses possibilités », la description de l'œuvre ayant « pour seule fin de permettre la discussion des problèmes théoriques de la poétique ». De ce dialogue entre les œuvres et la théorie littéraire – en quoi Todorov reconnaîtra l'originalité du critique Mikhaïl Bakhtine (*Mikhaïl Bakhtine, le principe dialogique*, 1981) –, et de la prééminence qu'il accorde à la poétique, Tzvetan Todorov s'explique dans le volume de la série *Qu'est-ce que le structuralisme ?* consacré à cette discipline (*Poétique*, 1968). Il en fournira un autre témoignage dans sa *Grammaire du Décaméron* (1969) qui étudie d'un point de vue structural la narration dans le chef-d'œuvre de Boccace. Dans l'*Introduction à la littérature fantastique* (+) (1970) – premier ouvrage de la collection « Poétique » qu'il codirige aux éditions du Seuil –, c'est à un genre entier que Todorov applique les méthodes de classification chères au structuralisme. *Poétique de la prose* (*) enfin (1971, puis 1978) impose Todorov comme le théoricien moderne du récit, reconnu pour sa double attention aux fins rouages des œuvres (et parfois d'œuvres fort peu étudiées en France, comme les nouvelles de Henry James qu'il contribue à faire mieux connaître), aussi bien qu'aux prémisses théoriques qui en commandent la lecture. Le *Dictionnaire encyclopédique des sciences du langage* (1972), en collaboration avec Oswald Ducrot, couronne une entreprise qui, structurale quant à son objet, ne pouvait moins faire que de s'achever dans l'ordre systématique d'une encyclopédie.

Avec *Théories du symbole* (1977) et *Symbolisme et Interprétation* (1978), l'œuvre de Todorov amorce un premier tournant. Se détachant de l'approche des structures synchroniques, sa démarche intègre maintenant la dimension de l'histoire des idées (les *Théories du symbole* rassemblent « des études consacrées à ceux qui ont réfléchi sur certains faits que, de nos jours, on appelle le plus souvent "symboliques" »).

Ce premier tournant prépare un revirement plus spectaculaire. Rompant cette fois avec l'analyse des problèmes strictement littéraires, Todorov s'oriente vers l'histoire de la culture et la réflexion morale. C'est ainsi que *Nous et les autres* (*) (1989) se propose d'étudier « la réflexion française sur la diversité humaine ». *Face à l'extrême* (1991) tente de fonder une morale sociale sur la méditation du totalitarisme et de ses excès. La même année, *Les Morales de l'histoire* proposent une synthèse des « formes que prend la connaissance de l'humain ». Dans une mise en pratique de la science morale et politique, Todorov tente de répondre à cette question actuelle et sans âge à la fois : « Comment vivre la liberté à l'intérieur d'une société ? » Le trajet qui va de la poétique à la liberté, chez Todorov, n'est pas simple. Il est pourtant inspiré constamment par une exigence de compréhension de l'autre selon toutes ses expressions, qui en fonde l'unité.

CHRISTIAN DOUMET.

TOER Pramoedya Ananta. Écrivain indonésien. Né à Blora (Java), le 6 février 1925. Né dans une famille pauvre de Java Central, Pram, comme tout le monde l'appelle dans son pays, est largement autodidacte. Il prit part à la guerre d'Indépendance (1945-1949) et fut incarcéré durant deux ans et demi par les Hollandais en 1947-1949. C'est en prison qu'il écrivit certains de ses romans les plus connus, comme *Famille de guérilleros* [*Keluarga gerilya*, 1950] et *La vie n'est pas une fête* [*Bukan pasar malam*, 1951]. Dans ses romans et recueils de nouvelles suivants également, *Le Fugitif* [*Perburuan*, 1991], *Sur les bords du Bekasi* [*Di tepi Kali Bekasi*], *Aube* [*Subuh*], *Fragments de la révolution* [*Percikan revolusi*], il décrit la vie précaire et violente de la guerre d'Indépendance. Il évoque aussi les problèmes sociaux de la jeune République dans le roman *Corruption* [*Korupsi*] et les *Histoires de Jakarta* [*Cerita dari Jakarta*]. Ces premières œuvres sont entièrement réalistes et en grande partie inspirées par son expérience personnelle. Déçu par un séjour aux Pays-Bas en 1953, séduit au contraire par une visite en Chine en 1956, il s'engage dans les activités de l'Institut pour la culture populaire (L.E.K.R.A.) d'obédience communiste. Il se détourne alors de la fiction et produit des études historiques : *Les Chinois d'Indonésie* [*Hoakiau di Indonesia*], *Appelez-moi juste Kartini* [*Panggil aku Kartini saja*], ainsi que des traductions d'auteurs russes. Arrêté comme communiste en 1965, lors de la répression du coup d'État, il est déporté dans l'île de Buru jusqu'en 1979, et vit aujourd'hui encore en résidence surveillée. Bien qu'il soit unanimement reconnu comme le plus grand écrivain indonésien actuel et qu'il soit traduit dans une dizaine de langues, toute son œuvre est interdite en Indonésie, notamment ses dernières publications : la quadrilogie *Terre des hommes* (*) (1980-1989) et l'essai biographique *Le Précurseur* [*Sang pemula,* 1985].

HENRI CHAMBERT-LOIR.

TOKUGAWA MITSUKUNI. Historien japonais. Né à Mito en 1628, mort à Nishiyama en 1700. Troisième fils de Tokugawa Yorifusa (1603-1662), il appartenait à la plus illustre et plus puissante famille de la noblesse militaire de son époque, les Tokugawa de Mito, l'une des trois branches (Kii, Owari et Mito) parmi lesquelles on choisissait les « shôgun » qui constituaient les dirigeants de fait du Japon. La nature l'avait doté d'une vive intelligence et d'une heureuse disposition à l'étude ; aussi fut-ce seulement pour obéir au désir de son père et du « shôgun » Iemitsu (1603-1651) qu'il accepta d'abord de prendre la succession à la direction du fief, à la place de son frère aîné Yorishige. Mitsukuni éprouvait une vive et irrésistible attraction vers les études historiques. À trente ans à peine, il projetait d'établir une histoire monumentale du Japon ; pour mener à bien cette tâche, il fonda à ses frais, en 1657, le Shôkôkan, institut de recherches historiques, qu'il nantit d'une riche bibliothèque et de documents d'archives se rapportant à l'histoire des familles féodales japonaises, que pour la plupart il fit transcrire tout exprès. L'institut accueillit bientôt des chercheurs de toutes les régions de l'empire et même, en 1665, un lettré chinois natif du Tchö-Kiang, Tchou Chouen-Chouei (1600-1682), qui fut l'un des plus précieux collaborateurs de l'institut. Mitsukuni consacra toutes ses ressources et le reste de sa vie à la réalisation de son projet, et l'*Histoire du Grand Japon* (*) fut publiée en partie de son vivant, en partie après sa mort. Afin de mieux se consacrer à son entreprise, il céda en 1690 le gouvernement de son fief à Tsunaeda et se retira à Nishiyama, localité proche d'Oda, au nord de Mito (aujourd'hui dans la préfecture de Ibaraki), où il passa le reste de ses jours en études et en méditation.

RÉF. : Karl Florenz, *Geschichte der japanischen Literatur*, Leipzig, 1906.

TOKUNAGA Sunao. Romancier japonais. Né le 20 janvier 1899 dans le département de Kumamoto, mort le 15 février 1958. Fils de paysans pauvres, il doit interrompre ses études primaires pour entrer en apprentissage, et c'est comme ouvrier imprimeur qu'il « monte » à Tôkyô à l'âge de vingt-trois ans. Ses premières nouvelles paraissent dans des revues syndicales, mais c'est le roman *Quartier sans soleil* (*) (1929) qui devait asseoir sa réputation littéraire. Romancier authentiquement « prolétarien » par ses origines et ses choix politiques, Tokunaga sut cependant échapper aux poncifs du réalisme socialiste en adaptant la technique typiquement japonaise du « roman à la première personne » [Watakushi shôsetsu] au récit de la misère et des luttes du peuple : de cette synthèse témoigne notamment le roman *Dors, ma femme* [*Tsumayo nemure*, 1946-48]. Devenu après la guerre membre du parti communiste, Tokunaga rapporte notamment d'un séjour qu'il fit en U.R.S.S. à l'occasion d'un congrès littéraire la matière d'un *Voyage en Union soviétique* [*Sobieto Kikô*, 1957].

TOKUTOMI ROKA (pseud. de Tokutomi Kenjirô). Écrivain japonais. Né à Mizumata (aujourd'hui département de Kumamoto) le 8 décembre 1868, mort le 18 septembre 1927 à Ikao (département de Gunma). Appartenant à une famille aisée, il fit ses études au collège Dôshisha de Kyôto. À dix-sept ans, il se convertit au christianisme, se consacrant même pendant une courte période à l'apostolat. À vingt-deux ans, il entra dans le cercle littéraire romantique « Les Amis du peuple » [Min-yûsha] fondé en 1887 par son frère, l'historien Sohô, et il collabora à la fois à son organe, *Les Amis de la nation* [*Kokumin no tomo*], et au quotidien *La Nation* [*Kokumin shinbun*]. Dans ce dernier, il fut rédacteur de la rubrique étrangère et publia ses premières œuvres qui mirent en vue son pseudonyme littéraire de « Roka » [fleur de ronce]. En outre, dans les mêmes colonnes, paraissait en feuilleton son roman le plus fameux, *Le Coucou* (*) (1898-99), qui fut traduit en vingt langues européennes. Homme taciturne, travailleur infatigable et caractère indépendant, Roka se sentait mal à l'aise sous la protection de son frère ; c'est la raison pour laquelle, parvenu à la notoriété, il quitta en 1902 le « Min-yûsha » et publia à ses frais le roman *La Marée noire* [*Kokuchô*]. En 1906 commença pour lui une nouvelle phase de la vie, lors d'un voyage à Jérusalem d'abord, puis à Iasnaïa-Poliana où il rendit visite à Tolstoï. Revenu dans sa patrie, il écrivit *Mon pèlerinage* [*Junrei Kikô*, 1906]. L'année suivante, il rentrait dans la vie privée, aux environs de Tôkyô, se consacrant à l'agriculture, à la lecture et à la méditation, sans toutefois abandonner la plume. Cette retraite ne fut interrompue que par un voyage autour du monde, entrepris en 1919 avec sa femme, Harada Aiko. À son retour, il écrivit *Du Japon au Japon* [*Nihon Kara Nihon he*, 1921]. Il mourut alors qu'il écrivait le troisième volume de son dernier roman autobiographique, *Le Mont Fuji* [*Fuji*], que sa femme compléta par un quatrième volume.

TOLKĀPPIYAR. Grammairien tamoul à qui est attribué le *Tolkāppiyam* (*), la plus ancienne grammaire tamoule connue, de datation incertaine mais probablement antérieure au Vᵉ siècle. On ne sait à peu près rien de l'auteur de ce texte fondamental pour la tradition grammaticale et littéraire tamoule. Son œuvre révèle une familiarité certaine avec la tradition grammaticale sanskrite et témoigne de grandes qualités d'analyse et d'expression. Certains indices laissent à penser que Tolkāppiyar était peut-être jaïn (religion qui implique notamment la non-violence envers tout ce qui vit).

ÉLISABETH SETHUPATHY.

TOLKIEN John Reginald Reuel. Écrivain anglais. Né le 3 janvier 1892 à Bloemfontein, en Afrique du Sud, mort à Oxford le 2 septembre 1973. Enfant, Tolkien rentre en Angleterre, berceau de sa famille, après la mort de son père en 1896. Après des études secondaires à Birmingham, il entre à Oxford où sa licence est interrompue par la guerre. En 1920, démobilisé et dûment bardé d'un M.A., il est immédiatement recruté par l'université de Leeds, pour y enseigner l'anglais, d'abord comme « maître de conférences » [reader] puis comme professeur, en 1924. En 1925, il migre vers Oxford où il collaborera notamment au grand *Oxford English Dictionary.* Jusqu'à sa retraite, en 1959, il y occupera successivement trois chaires de langue et littérature anglo-saxonnes. Spécialiste des textes médiévaux, il publie deux ouvrages de philologie classique : un *Vocabulaire du moyen anglais* [*A Middle English Vocabulary,* 1922] et *Gauvain et le chevalier vert* [*Sir Gawain And The Green Knight,* 1925] qui font encore autorité.

À partir de 1936, il consacre son temps libre à la mise en forme d'une mythologie médiévaliste plus personnelle, qui s'exprimera dès 1937 dans un premier roman : *Bilbo le Hobbit* (*). Illustré par l'auteur de fameuses cartes topographiques qui rappellent celles du pays de Brocéliande, c'était de toute évidence un conte à rebondissements, écrit pour la jeunesse. Ses ressorts étaient ceux que Tolkien considérait comme essentiels au conte : le fantastique, le redressement d'une destinée, la fuite, la consolation et la joie qui, parfois, transperce et transfigure celui qui l'entrevoit. Cette question des genres littéraires et de l'âge du lectorat n'est au reste pas, pour les Anglais, rédhibitoire et, comme *Alice au pays des merveilles* (*), *L'Île au trésor* (*) ou *Le Vent dans les saules* (*), *Bilbo le Hobbit* devint la propriété des initiés de tous âges et de tous pays ; et Tolkien lui-même a pu écrire que la mesure de l'excellence du conte est justement de savoir s'il est lu par des lecteurs de tous âges.

Dès lors, l'auteur est habité par son mythe : au cours des quatorze années qui suivent, il va accoucher laborieusement d'un univers dont il publie l'histoire définitive : *Le Seigneur des anneaux* (*), une odyssée en trois volumes (1954 et 1955). Au contraire de *Bilbo le Hobbit, Le Seigneur des anneaux* est écrit pour un public adulte, encore qu'il entre probablement dans la catégorie des « sept à soixante-dix-sept ans ». C'est l'histoire d'une quête, un peu particulière puisqu'il s'agit d'aller « détruire », aux forges d'où il est venu, un anneau aux pouvoirs maléfiques. Gandalf, l'animateur d'une coalition mondiale des forces du bien, affronte Sauron, monstre de noirceur dont les yeux luminosent et rougeoient. Cette confrontation est le cœur d'une vaste geste qui met en valeur l'inventivité du savant et du créateur, le talent du conteur. Ouvrage long, composite, un peu difficile, il lui faudra dix ans pour trouver sa place hors de son cercle d'initiés. Aujourd'hui vendu à plusieurs millions d'exemplaires, en dix langues, *Le Seigneur des anneaux* fait l'objet d'un culte. Cependant Tolkien, créateur d'univers, voudra pousser plus loin encore sa cosmogonie et reprendra aussitôt la plume pour une autre trilogie, *Le Silmarillon* (+), destinée à compléter une fois pour toutes l'histoire des Terres du Milieu. Ce dernier ouvrage fut publié en 1977, à titre posthume, par Christopher Tolkien, fils de l'auteur.

L'œuvre comporte également un essai : *Sur le conte de fées* [*On Fairy Tales,* 1938], des contes pour enfants : *Gilles de Ham, fermier* [*Farmer Giles of Ham,* 1949] et *Smith de Wootton Major* [*Smith of Wootton Major,* 1966], un récit pour adultes hobbitomanes : *Les Aventures de Tom Bombadil* [*The Aventures of Tom Bombadil,* 1962] où les vers le disputent à la prose, un volume de chansons mises en musique : *La Route sans fin* [*The Road Goes Ever on*] et une version sonore des *Poèmes et chansons de Tom Bombadil* [*Poems and Songs of Middle Earth*]

JACQUELINE COLOMBAT.

RÉF. : R. Evans, *J. R. R. Tolkien and his Critics,* New York, 1976 – H. Carpentier, *J. R. R. Tolkien, A Biography,* 1977 (trad. fr. Paris, 1980). – P. Kocher, *Les Clés de l'œuvre de Tolkien,* Paris, 1981.

TOLLER Ernst. Écrivain allemand. Né le 1er décembre 1893 à Sanotschin, près de Bomberg (Posnanie), mort le 22 mai 1939 à New York. Fils d'un commerçant juif, il suit les cours du gymnase de Bromberg, voyage au Danemark et en France, puis fait ses études à Grenoble, Heidelberg et Munich. Engagé volontaire lors de la Première Guerre mondiale, il est réformé après treize mois passés au front. Dès lors, il va lutter pour la paix ; il organise à Heidelberg la Ligue des étudiants pour la paix. Poursuivi, il se réfugie à Munich, où, avec son ami Kurt Esner, il prépare une grève des travailleurs d'usines d'armements. Socialiste convaincu, il participe très activement à la révolution de Munich en 1918 et est élu membre du comité central des conseils ouvriers, paysans et de soldats de Bavière, ce qui après la défaite du mouvement spartakiste lui vaut d'être condamné à mort. La peine est commuée en cinq années de forteresse et, malgré l'amnistie générale, il fera deux ans de réclusion à la prison de Niederschönenfeld

(1921-1923). Son activité d'écrivain est inséparable de son action révolutionnaire. En 1919, il donne *La Transformation* [*Die Wandlung*], son premier drame ; en 1921, *L'Homme-Masse* (*), représenté la même année à Berlin, au « Proletarisches Theater » d'Erwin Piscator. Cette œuvre, qui exerça une grande influence sur le théâtre russe, reste, malgré ses lourdeurs, l'une des meilleures du théâtre de combat de l'expressionnisme allemand. Avec *Hinkemann* (*) (1923), drame où se mêlent le désespoir et le lyrisme prophétique, Toller réalise une mise en scène poignante du climat spirituel de l'Allemagne après la défaite militaire et politique. Ce même désespoir et la conscience de la ruine politique et sociale conduiront Charles Thomas, le héros de *Hop là ! Nous vivons* (*) (1927) (œuvre montée elle aussi par Piscator), à se pendre dans sa cellule de prisonnier, préfiguration de la mort même de Toller qui se pendra dans sa chambre d'hôtel à New York. Jusqu'en 1933, Toller vécut surtout à Munich, entre de fréquents voyages et tournées de conférences en U.R.S.S. et en Amérique. Chassé par le nazisme, il part pour New York ; après son emprisonnement, il était devenu un apôtre du pacifisme, mais pour lutter contre le fascisme il retrouve son ardeur de révolutionnaire. En 1938, il est en Espagne et anime une campagne pour les enfants des réfugiés espagnols. Cependant, accablé par la victoire de Franco et le pacte de Munich autant que par les malheurs conjugaux, il met brusquement fin à ses jours en mai 1939. Toute son œuvre est traversée par le sens d'une existence tragique. Les *Poésies des prisonniers* (+) (1921), ainsi que le *Requiem pour les frères assassinés, Le Jour du prolétariat* (+) (1926), sont pénétrés par l'angoisse de la mort. Le recueil *Le Livre des hirondelles* (*) (1924), composé en prison, est écrit dans une langue plus claire et plus pure que les autres œuvres ; il est la seule trace de fraîcheur et de calme dans une œuvre et une existence vouées à la puissance tragique de la révolte.

FRANÇOIS SÉGURET.

RÉF. : R. Eichenlaub, *Ernst Toller et l'expressionnisme politique,* Paris, 1977.

TOLSTOÏ comte Alexis Konstantinovitch [Aleksej Konstantinovič Tolstoj]. Écrivain russe. Né le 24 août (5 septembre) 1817 à Saint-Pétersbourg, dans une famille qui appartenait à l'ancienne noblesse ukrainienne ; mort le 28 septembre (10 octobre) 1875 dans sa propriété de Krasny Rog (gouvernement de Tchernigov). Après avoir passé la première partie de son enfance en Ukraine, il revint dans la capitale russe et fut admis à la Cour avec d'autres jeunes garçons pour y être le compagnon de jeux du tsarévitch, le futur empereur Alexandre II. En 1827, il fut envoyé à l'étranger et séjourna, en particulier, en Allemagne. L'éducation qu'il reçut fut extrêmement soignée et tendait à faire de lui un homme cultivé. Après avoir terminé ses études universitaires à Moscou, il résolut de faire une carrière dans la diplomatie et fut envoyé à l'ambassade russe de Francfort-sur-le-Main. Il participa à la guerre de Crimée, comme son cousin éloigné Léon Tolstoï, qui écrivit sur cette même campagne les célèbres *Récits de Sébastopol* (*). Au point de vue esthétique, Tolstoï avait adopté la doctrine de « l'art pour l'art », de sorte qu'en plus d'une occasion il traita comme des sujets littéraires ce qui relevait de ses convictions politiques et sociales. Mais, en dépit de la culture occidentale qu'avait reçue le poète, celui-ci se montra slavophile comme en témoigne son admiration pour l'organisation sociale de la vieille Russie de Kiev, pour la poésie épique populaire, et, en particulier, pour le langage populaire, si imagé, qu'il s'efforça de reproduire et d'imiter dans ses œuvres. Il se plut à évoquer le passé, et spécialement le *XVIe siècle russe,* qui lui fournit la matière d'une trilogie écrite entre 1866 et 1870 : *La Mort d'Ivan le Terrible* (*), *Le Tsar Fédor Ivanovitch* (*) et *Le Tsar Boris* ; il s'en inspira également pour son roman *Le Prince Sérébriany* (1863) et pour différentes autres œuvres. De concert avec ses cousins Žemčužnikov, il créa un personnage de poète, Koz'ma Prutkov, qui lui permit de railler et de caricaturer la vie littéraire de son temps dans des poésies satiriques qui furent publiées dans la revue *Le Contemporain* [*Sovremennik*], en 1854. Parmi les poèmes qu'il composa, il faut mentionner : *Le Portrait* [*Portret*], d'inspiration byronienne mais qui rappelle aussi Lermontov, *Jean Damascène* [*Joann Damaskin*], *Don Juan* (+), deux fantaisies pleines d'humour : *Histoire de Russie en commençant par Gostomysl* [*Istorija gosudarstva Rossijskago ot Gostomysla,* 1878], parsemée de traits satiriques sur chacun des princes régnants de l'histoire russe et *Le Songe du conseiller Popov* [*Son sovetnika Popova,* 1882]. Les pages que Tolstoï écrivit pour la mise en scène de sa trilogie sont également dignes d'intérêt, et contiennent nombre d'idées neuves. Aucun événement grave ne troubla la vie de Tolstoï : une grande passion, l'unique, sembla près de la bouleverser, mais ce fut le commencement d'une sereine vie conjugale.

RÉF. : André Lirondelle, *Le Poète Alexis Tolstoï, l'homme et l'œuvre,* Paris, 1912.

TOLSTOÏ Alexis Nikolaïevitch [Aleksej Nikolaevič Tolstoj]. Écrivain russe. Né le 29 décembre 1882, ancien style (11 janvier 1883) à Nikolaevsk, dans le gouvernement de Samara, actuellement Pougačev, mort le 23 février 1945 à Moscou. Issu d'une famille aristocratique, tant du côté paternel que du côté maternel, il fit ses études à l'Institut de technologie de Saint-Pétersbourg. En 1907, il publia un premier volume de vers. Ce n'est qu'à la fin de 1911 qu'il opta résolument pour la prose, avec des nouvelles et des comédies qui le rendirent très vite populaire, comme *Le Monsieur boiteux* [*Hromoj barin,* 1912]. Parti au front, en 1914, comme correspondant de guerre, il dut renoncer à écrire. Pendant la révolution bolchevique d'octobre 1917, il prit parti pour les Russes blancs, et émigra. Une fois installé en France, il collabora à la plus grande revue de l'émigration, *Les Annales contemporaines* [*Sovremennyja zapiski*], et rédigea *L'Enfance de Nikita* (*) (qui est une autobiographie). Il adhéra au mouvement des « Smenovékhovtsy » (c'est-à-dire de ceux qui, au nom du nationalisme, cherchèrent à se réconcilier avec la Russie soviétique), demanda à être rapatrié et, après un bref séjour à Berlin, regagna en 1923 sa patrie, et s'établit à Moscou. Lorsqu'il était encore en émigration, il avait composé un grand roman épique, *Le Chemin des tourments* (*) ; il le remania un peu plus tard, corrigea ce qui avait été déjà publié pour le rendre plus orthodoxe et plus conforme à la position qu'il avait acquise en U.R.S.S., grâce aux nombreuses œuvres de tous genres écrites en France, tels les contes utopiques *Aelita* (1922), *L'Hyperboloïde de l'ingénieur Garin* [*Giperboloïd inženera Garina*], les contes réalistes : *Les Cités bleues* [*Golubyè gorodà*] et *Vasilij Sučkov,* le roman politique *L'Or noir* [*Černoè Zoloto*], écrit en 1931 et entièrement refondu, en 1938, sous le titre *Les Émigrés* [*Emigranty*], le roman humoristique *Les Aventures de Nevzorov ou Ibicus* [*Pohoždénija Nevzorova ili Ibikus*], enfin le récit historique qui fait l'apologie de Staline lorsqu'il organisa la défense de Tsaritzin (plus tard Stalingrad), *Le Pain* [*Hlèb,* 1935]. Le goût que Tolstoï avait pour l'histoire domina bientôt toute son œuvre, et on le voit assez dans un roman comme *Pierre Ier* (*) et dans un drame comme *Ivan le Terrible* [*Ivan Groznyj*], qui ne firent que renforcer la position de l'écrivain devenu une personnalité de premier plan en U.R.S.S., et lui permirent de participer à des congrès de propagande tenus en Europe. En 1937, il entra en qualité de député au Soviet suprême, et en 1938, reçut l'ordre de Lénine ; enfin, il fut nommé membre de l'Académie des sciences et reçut, en 1942, le prix Staline. Il continuait à travailler à son grand roman *Pierre Ier* et s'employait à faire une intense propagande en faveur de la guerre lorsque, en 1945, la mort le saisit.

♦ *« Écrivain de valeur, puissant, fort, qui peint avec une véracité féroce la décadence psychique et économique de la noblesse contemporaine. »* Maxime Gorki. ♦ *« Il était remarquable à plusieurs titres, mais ce qui en faisait une figure vraiment étonnante, c'était un manque de sens moral vraiment exceptionnel... combiné avec des dons naturels extraordinaires, dont un authentique talent littéraire. »* Ivan Bounine.

RÉF. : G. Struve, *Histoire de la littérature soviétique,* Paris, 1946. — G. Nivat, « A. N. Tolstoï », in *Histoire de la littérature russe — Le XXe siècle — La Révolution et les années vingt,* Paris, 1988.

TOLSTOÏ Lev Nikolaïévitch [Lev Nikolaevič Tolstoj]. Écrivain russe. Né à Iasnaïa-Poliana le 28 août 1828, dans une famille de riches et nobles propriétaires fonciers, mort le 7 novembre 1910 à Astapovo (gouvernement de Riazan). Il a fait des études médiocres à Moscou, s'est engagé dans l'armée, et a participé aux campagnes du Caucase et à la défense de Sébastopol. De cette période datent ses premières œuvres littéraires : *Enfance, Adolescence, Jeunesse* (*) (1852-1857), *Une tourmente de neige* (*) (1856). Les *Deux Hussards* (*) (1856), *Récits de Sébastopol* (*) (1868). Le succès remporté par ces récits l'encourage à se consacrer au métier d'écrivain. « Que Dieu donne seulement longue vie à Tolstoï, écrit Tourgueniev, et je crois qu'il nous étonnera tous. C'est un talent de premier ordre. » Peu de temps après cette prophétie, Tolstoï présente sa démission d'officier et entreprend un voyage circulaire en Europe. À son retour en Russie, il tombe en pleine effervescence sociale. Le tsar a décrété l'émancipation des serfs et tous les hommes de bonne volonté s'intéressent aux conséquences de cette innovation prodigieuse. Tolstoï, conscient de ses devoirs, s'installe dans son domaine héréditaire d'Iasnaïa-Poliana, joue le rôle d'arbitre territorial dans le district, et fonde une école pour les petits paysans illettrés de la région. Mais cette activité pédagogique n'absorbe pas toutes ses pensées. L'idée du mariage l'obsède. Amoureux d'une jeune fille, Sophie Andréïevna Bers, dont les parents sont ses voisins de campagne, il lui fait sa déclaration d'une manière inattendue en écrivant à la craie, sur une table de jeu, les premières lettres des mots qu'il a choisis pour exprimer son tourment. Sans hésiter. Sophie Andréïevna déchiffre le cryptogramme et Tolstoï se félicite du merveilleux accord spirituel qui leur permet de correspondre dans un langage secret. (Cette scène d'aveux, il la reproduira très exactement dans *Anna Karénine* (*), à l'occasion des fiançailles de Lévine et de Kitty.) Le mariage de Léon Tolstoï et de Sophie Andréïevna Bers est célébré le 23 septembre 1862. Les premiers temps de leur union sont illuminés par un bonheur exceptionnel ; « J'ai vécu jusqu'à trente-quatre ans sans savoir qu'on pouvait aimer autant et être aussi heureux », affirme Tolstoï. Il publie *Les Cosaques* (*) (1863) et, enfin, avec un immense espoir, *La Guerre et la Paix* (*) (1865-69). Fraîchement accueillie par la critique, l'œuvre, que son auteur a mûrie pendant cinq ans, soulève dans le public un enthousiasme tel que, bientôt, les juges les plus sévères n'osent plus discuter sa valeur.

C'est pourtant à cette époque de gloire que Léon Tolstoï perçoit les signes précurseurs d'une angoisse dont il ne pourra plus jamais se débarrasser : « J'aimais, j'étais aimé, écrit-il, j'avais de bons enfants, un grand domaine, la renommée, la santé, la vigueur physique et morale ; j'étais capable de faucher comme un paysan ; je travaillais dix heures de suite sans fatigue. Brusquement, ma vie s'arrêta... Je n'avais plus de désirs. Je savais qu'il n'y avait rien à désirer. La vérité est que la vie était absurde. J'étais arrivé à l'abîme et je voyais que, devant moi, il n'y avait rien que la mort. Moi, homme bien portant et heureux, je sentais que je ne pouvais plus vivre. » Tolstoï vient d'apercevoir le néant derrière les choses. Sous l'effet de ce choc, l'univers, autour de lui, se décolore. Sa sensualité, son attachement aux douceurs de l'existence lui font subitement horreur. Désormais, chaque note de son journal intime commencera par ces trois lettres : s. j. v. (si je vis). Il écrit : « Tout mon destin devient ainsi plus grave, plus important. » Toujours hanté par le problème du sens de la vie, il songe à être simple, à se rapprocher du peuple, et à découvrir Dieu à travers les interprétations officielles des différentes Églises. Quel que soit son prochain roman, il veut y exprimer cette pensée.

Le 5 janvier 1872, au centre de la Russie, dans la gare d'Iassenki (gouvernement de Toula), une jeune femme nommée Anna Stépanovna s'est jetée sous les roues d'un train de marchandises. L'enquête, menée par le procureur impérial, établit rapidement que la malheureuse s'est suicidée parce que son amant, riche propriétaire foncier, l'a répudiée pour prendre une autre maîtresse. Le jour même, une autopsie a lieu, par autorité de justice, dans un baraquement de la station. Dans la salle basse et enfumée, en plus du représentant de la police et du médecin, se trouve un personnage massif, trapu, aux gros sourcils, à la barbe épaisse. Cet homme n'est autre que le comte Léon Tolstoï. Il est venu en voisin, pour assister à l'opération. Debout dans un coin de la cabane, il observe avec intensité ce corps de femme, aux formes encore attrayantes, qui gît, sanglant, sur la table. Un enseignement terrible rayonne jusqu'à lui des yeux révulsés de la morte. Il tente d'évoquer la vie de la malheureuse vouée aux plaisirs des sens et qui se termine d'une manière si banale et si laide. Certes, seule la fin d'*Anna Karénine* offre quelque analogie avec cette histoire, puisque l'héroïne du roman, comme Anna Stépanovna, se précipite sous un train par désespoir d'amour. Pourtant, il est indéniable que l'imagination de Tolstoï a été secrètement excitée par ce fait divers. Il rentre chez lui, préoccupé, inquiet, l'esprit en alerte. Pendant plus d'un an, il rêve sur ce drame passionnel, sans toutefois se résoudre à l'utiliser dans un livre. À cette époque-là, en effet, un autre projet lui tient à cœur. Encouragé par l'immense succès de *La Guerre et la Paix,* il médite de composer un autre roman historique dont l'action se situerait sous le règne de Pierre le Grand. Mais des fantômes habillés de vêtements modernes se mêlent dans ses pensées aux figures des boyards et de Pierre le Grand. Il s'efforce de ressusciter des personnages du XVIIIe siècle, et ce sont des contemporains qui se présentent à lui, prêts à parler, à vivre : Anna Karénine, Lévine, Vronsky, Kitty, Oblonsky.

Dans *La Guerre et la Paix,* la fatalité qui réglait les phases de l'histoire avait une apparence militaire, meurtrière et sereine. Dans *Anna Karénine,* cette fatalité n'est autre que la folie sensuelle. C'est elle qui, dans la scène du bal, où la passion s'empare, à leur insu, d'Anna et de Vronsky, prête à la physionomie de la jeune femme « une séduction presque infernale » ; c'est elle qui oblige la malheureuse à mentir, à s'abaisser, à affronter le scandale, à se séparer de son mari, de son enfant, et, finalement, à se jeter sous les roues d'un train. Autour de cette tragédie, Tolstoï a disposé, comme dans *La Guerre et la Paix,* les péripéties d'autres existences. Cependant, il semble qu'ici les intrigues secondaires alternent d'une manière factice, sans atteindre à l'unité organique de *La Guerre et la Paix.* On peut regretter aussi certaines longueurs dans la description des cercles aristocratiques de Saint-Pétersbourg et surtout dans le récit de la vie de Lévine à la campagne, où interviennent des digressions sur le servage et l'affranchissement, la routine des paysans, la paresse des journaliers et les défauts des justices de paix cantonales. Enfin, plus encore que dans *La Guerre et la Paix,* Tolstoï a juxtaposé dans *Anna Karénine* les idées philosophiques et les événements romanesques. Il n'en demeure pas moins que l'œuvre est d'une vérité, d'une fraîcheur exceptionnelles. Cette magistrale simplicité, Tolstoï l'obtient par un travail ardu dont ses manuscrits raturés apportent le témoignage. Il accumule les notations colorées et les dispose en mosaïque avec un soin d'artisan. Une phrase inutile, une image trop marquée suffisent à le terrifier, au point qu'après avoir envoyé les épreuves à l'imprimeur, à Moscou, il lui télégraphie d'arrêter le tirage et d'attendre ses corrections.

Dépouillée de toute prétention esthétique, cette prose se situe au-delà des modes. Elle n'a pas d'âge, elle ne vieillit pas, elle ne bouge pas. En outre, elle n'est pas, à proprement parler, « inspirée ». Tolstoï n'a rien d'un visionnaire. Ses personnages ne tremblent pas d'une fièvre mystique, comme ceux de Dostoïevski, ne sont pas traversés de prophéties fulgurantes. Quand on lit Dostoïevski, on croit entendre l'auteur haleter, en proie à une passion insatiable. Quand on lit Tolstoï, on écoute le souffle régulier d'un marcheur, qui avance, sans se presser, sur la grande route, à la clarté du soleil de midi. Le graphique dostoïevskien est une ligne brisée, celui de Tolstoï une ligne droite. À aucun moment, son investigation ne dépasse la frontière de ce qui est directement perceptible au commun des mortels. Son champ d'expérience et de méditation est le nôtre. Mais il subit plus intensément que l'homme normal les sollicitations des êtres et des choses. Toute la dernière partie du roman nous renseigne, d'une façon autobiographique, sur la crise morale que Tolstoï traversait à l'époque. Pour

Lévine, comme pour Tolstoï, la pensée de la mort jette une lumière inattendue sur les conventions sociales. « Je ne puis vivre, s'écrie Lévine, sans savoir ce que je suis et pour quel but j'existe ! » Comme Tolstoï, il passe par des accès de prière et de négation, lit les philosophes et songe à se suicider. Soudain, la révélation lui est donnée par un simple paysan, qui lui dit : « Il faut vivre non pour soi, mais pour Dieu. » Désormais tout s'éclaire dans l'âme du personnage, comme dans l'âme de l'auteur. Lévine est sauvé, et Tolstoï croit l'être.

Il croit l'être. Il ne l'est pas. En effet, ayant terminé *Anna Karénine* sur cette affirmation de bonheur mystique, le voici qui retombe dans ses errements. Le calme triomphant qu'il a accordé à son héros, Tolstoï est incapable de l'éprouver par lui-même. Loin de le satisfaire, les éloges que provoque la publication de son roman l'irritent au plus haut point. « L'art, c'est le mensonge, dit-il, et je ne peux plus aimer un beau mensonge. » D'abord attiré par l'enseignement de l'Église, il reconnaît bientôt que les dogmes orthodoxes ne sont pas conformes à la pensée de l'Évangile. De toutes les forces de son âme, il essaye de se créer une religion personnelle. Le 19 juin 1881, il s'habille en moujik — caftan usé, chaussures de corde, besace sur l'épaule — et part, à pied, pour le monastère d'Optina-Poustine. Mais un domestique l'accompagne, portant des vêtements de rechange dans une valise. Jugeant ces pèlerins sur leur mine, les moines leur défendent l'entrée du réfectoire des voyageurs, et les conduisent au réfectoire des mendiants : Tolstoï exulte. Enfin, il descend au niveau de ses frères inférieurs et participe à leur dénuement. Toutefois, l'épreuve est de courte durée. Le lendemain matin, la nouvelle se répand dans la confrérie que l'illustre comte Tolstoï se trouve parmi les visiteurs les moins bien traités. Affolement des religieux. Murmures déférents. Courbettes profondes. Le soir, Léon Tolstoï, vêtu de linge fin, chaussé de bottes souples, la barbe soigneusement peignée et le teint rose, paraît à la table de l'archimandrite. Il rentrera à Iasnaïa-Poliana par le chemin de fer.

Cependant, il ne pourra se satisfaire longtemps de cette mascarade. Il a adopté le costume des paysans, il lui faut maintenant adopter leur âme. « Le pivot du mal c'est la propriété, écrit-il dans *Que devons-nous faire ?* La propriété n'est que le moyen de jouir du travail des autres. Il faut cesser d'être orgueilleux et travailler de ses mains, proscrire les plaisirs qui abêtissent : l'alcool, le tabac ; et ceux qui causent la mort : manger de la viande, chasser, guerroyer... » Il devient végétarien et parle de renoncer à sa fortune. Sophie Andréïevna refuse hautement de partager l'opinion de son mari. Face à cet homme qui se désintéresse des valeurs matérielles, elle défend âprement le patrimoine de ses enfants. Entre les deux époux, les scènes de ménage se succèdent, toujours plus violentes, plus douloureuses. Chaque partenaire note dans son journal intime les griefs qu'il nourrit à l'égard de l'autre. Leurs réconciliations mêmes sont inquiétantes. Léon Tolstoï voudrait arracher de lui cette sensualité irrésignée, « monstrueuse », qui, parfois, le rapproche encore de sa femme. Il se méprise pour les exigences de son sexe, qui est, dans sa chair, « comme un lourd défaut ». En écrivant *La Sonate à Kreutzer* (*), il prétend inciter le plus grand nombre possible de gens à vivre chastement dans le mariage. Mais, comme toujours, il pense d'une manière et il agit d'une autre. Alors qu'il prêche l'abstinence conjugale à ses adeptes, Sophie Andréïevna met au monde son treizième enfant. Bientôt, une idée exaltante l'obsède : il faut fuir cette maison trop confortable, cette femme qui l'attache par les liens de l'habitude et de la volupté, cette famille nombreuse, où chaque visage d'enfant lui rappelle le péché d'une nuit, et adopter, loin d'Iasnaïa-Poliana, une existence conforme à sa théorie du renoncement. Toutefois, avant de partir, il entend régler pour le mieux les intérêts matériels de ses proches. En 1891, les immeubles sont évalués et divisés entre la mère et les enfants. Pour ce qui est de ses œuvres littéraires, Tolstoï s'arrête à un compromis : les droits d'auteur afférents aux livres publiés avant 1881 reviendront à sa femme, les autres tomberont immédiatement dans le domaine public. Après le partage de la fortune mobilière et immobilière, de nouvelles difficultés surgissent. Restent de nombreux manuscrits, le *Journal intime* notamment, qui ne doit être publié qu'après la mort de Tolstoï. Qui en prendra soin ? Une lutte acharnée s'engage autour de ce document entre la comtesse et Tchertkov, ami et disciple du maître. Les manœuvres de captation se multiplient. Injures, supplications, sanglots. Entre deux disputes, Léon Tolstoï écrit encore. Il publie successivement : *La Mort d'Ivan Illitch* (*) (1886), *La Sonate à Kreutzer* (*) (1889), *Maître et Serviteur* (+) (1895), et enfin, *Résurrection* (*) (1899).

En 1901, le Saint-Synode, faisant état d'un passage du livre hostile à l'Église orthodoxe, prononce l'excommunication de l'auteur. « Je ne partage pas, il est vrai, la foi du Saint-Synode, répond Tolstoï, mais je crois en Dieu, qui est pour moi l'Esprit, l'Amour, le principe de toute chose. » Cette fière réplique soulève une vague d'enthousiasme dans toute la Russie : délégations d'admirateurs, manifestations d'étudiants sur la voie publique, télégrammes, fleurs et discours. Tolstoï, à soixante-treize ans, devient le représentant incontesté des aspirations de la jeunesse intellectuelle russe. Le nombre des tolstoïens croît d'année en année. De Russie et de l'étranger, des caravanes d'adeptes se rendent en pèlerinage à Iasnaïa-Poliana, refuge du vieux sage au regard d'acier, apôtre de la non-violence. Mille inconnus pénètrent dans sa vie, sollicitent son aide, implorent une photographie, un souvenir, un mot d'encouragement. À l'occasion de ses quatre-vingts ans, un opérateur de cinéma vient fixer ses traits sur un film, pour la postérité. Le soir même, fatigué par les chants, les bavardages et les allées et venues des invités, le maître avoue à sa fille : « J'ai l'âme lourde. » Et il note dans son journal : « J'ai une terrible envie de m'en aller. » Le 28 octobre 1910, en pleine nuit, il se lève, s'habille, fait ses paquets, réveille son médecin particulier et ordonne au cocher d'atteler une voiture pour les conduire tous deux à la gare. Sa résolution est prise : « Mon âme aspire de toutes ses forces au repos et à la solitude, pour vivre en harmonie avec ma conscience, ou, si ce n'est pas possible, pour échapper au désaccord criant qu'il y a entre ma vie actuelle et ma foi... » Après un court séjour à Chamardino, où une sœur de Tolstoï vit retirée sous l'habit de religieuse, le vieillard repart en direction de Novotcherkassk. Mais, en route, il prend froid, un malaise le saisit et le voici obligé de descendre à la station d'Astapovo. Bien qu'il voyage incognito, son identité est rapidement découverte. Le chef de gare lui cède son appartement. Tandis que Tolstoï, à bout de forces, grelotte de fièvre dans son lit, les gazettes du monde entier publient le récit de son évasion. Vers la petite gare affluent en hâte sa femme, ses filles, ses fils, ses disciples, Tchertkov en tête, des journalistes, des prêtres, des curieux, des opérateurs de cinéma et des gendarmes. Il a voulu se séparer de la foule, de la gloire, et la foule, la gloire le retrouvent. Dans la nuit du 4 novembre, il murmure : « Mais les paysans, comment donc meurent les paysans ? » Deux jours plus tard, il dit encore, d'une voix à peine perceptible : « Toujours moi... Toujours ces manifestations... Assez de manifestations, c'est tout... » Le lendemain, 7 novembre 1910, à six heures cinq minutes, son regard se détache de cette agitation fatigante. Un grand silence tombe sur le monde. Léon Tolstoï entre dans l'éternité.

Comme Gogol, il survit principalement grâce à la partie de son œuvre qu'il a condamnée sur la fin de ses jours. Ce sont ses romans, dont il se détournait furieusement, qui le désignent à l'admiration de la postérité, et ses ouvrages de philosophie, dont il était si fier, qui sont tombés dans l'oubli. Aussi longtemps qu'il se contente de décrire le monde qui l'entoure, ses sens prodigieusement développés lui permettent de saisir les plus chauds secrets de la vie. Dès qu'il se détache de la terre pour aborder les sphères métaphysiques, il manque de moyens pour dominer les problèmes, enfle son éloquence et proclame sur un ton solennel des pauvretés dont il eût été le premier à sourire, si un autre que lui les avait prononcées. Sa théorie de la non-violence et de l'abolition de la propriété conduit à la suprématie de l'État sur l'individu, chose que Tolstoï se refuse à admettre. Son dégoût de la chair est en contradiction avec son amour de l'humanité dans toutes ses faiblesses. Enfin, son mépris pour l'œuvre d'art se conçoit mal chez un écrivain qui prétend donner le pas au spirituel sur le temporel. Ne va-t-il pas jusqu'à déclarer que Beethoven est un « séducteur sensualiste », dont la *IXe symphonie* « désunit les hommes » ; que Shakespeare est « n'importe quoi sauf un artiste » et que, comme peintre de caractères, « il est nul » ; que les poésies de Pouchkine sont « tout juste bonnes pour fournir au peuple du papier à cigarettes » ? En vérité ce prédicateur furieux souffre de ne pouvoir accorder sa vie et sa pensée. Il voudrait être un ascète, mais un sang superbe, exigeant, lui interdit l'abstinence. Il voudrait découvrir les délices de la pauvreté, mais il n'ose pas dépouiller sa famille, et, même lorsqu'il a renoncé théoriquement à gagner de l'argent, il continue, grâce aux siens, à jouir d'une belle aisance. Il voudrait qu'Iasnaïa-Poliana fût un désert, mais, plus il prêche la nécessité de la solitude, plus il augmente autour de lui le nombre de ses adorateurs. Il voudrait être excommunié, mais quand l'Église le condamne, sa gloire grandit et s'étale jusqu'aux frontières du monde civilisé. Il voudrait être jugé, exilé, comme plusieurs de ses adeptes, mais le tsar refuse de le rendre responsable des mouvements d'insubordination qu'il a inspirés par ses livres. Ainsi, les tortures physiques, la misère, l'iniquité, la prison, le bagne, tout ce que Dostoïevski a connu sans l'avoir demandé, Tolstoï s'efforce en vain de l'obtenir pour se transformer ostensiblement en martyr. Si le drame de certains criminels est de n'être jamais châtiés, celui de Tolstoï est de ne pouvoir s'évader d'un bonheur matériel qu'il réprouve. Il a beau hurler, frapper des poings contre les murs, sa cellule est capitonnée, la nourriture est bonne, les gardiens ont reçu l'ordre de traiter ce seigneur avec politesse. Généreux dans ses intentions, indécis dans ses actes, Tolstoï est grand, non par la doctrine qu'il a laissée, mais par les souffrances qu'il a endurées pour la mettre en pratique, non par ses vaticinations sur le monde futur, mais par sa peinture du monde contemporain, non par ses élans vers le ciel, mais par sa connaissance de la terre.

HENRI TROYAT.

♦ *« Malgré son immense talent artistique, il appartient à ces esprits russes qui ne voient avec clarté que ce qui se trouve sous leurs yeux... Ils sont de toute évidence incapables de tourner la tête à droite ou à gauche pour voir ce qui se passe sur les côtés : il leur faut tourner tout le buste, tout le corps. Alors, ils se mettent à dire le contraire de ce qu'ils disaient auparavant, mais ils sont toujours rigoureusement sincères. »* Dostoïevski. ♦ *« La morale de Tolstoï ne m'émeut plus ; au fond du cœur je ne suis pas bien disposé envers elle. J'ai en moi du sang de paysan, et l'on ne m'en fait pas accroire sur les vertus paysannes. »* Tchekhov. ♦ *« Un génie unique, dont aucun pays ne possède l'équivalent. »* Lénine. ♦ *« Moraliste mystique, ennemi de la révolution, Léon Tolstoï... nourrit l'esprit révolutionnaire des croyants... Négateur de la culture capitaliste, il devint, à quatre-vingts ans, le symbole de la libération.* » L. Trotski. ♦ « *La faiblesse et l'erreur de Tolstoï consistent non point en ce qu'il a voulu être plus qu'un artiste, mais en ce que ses efforts l'ont parfois conduit à être moins qu'un artiste, non point en ce qu'il a voulu servir Dieu par son art, mais en ce qu'il a souvent servi un autre Dieu que le sien.* » Merejkovski. ♦ « *Tolstoï ne laisse pas d'irriter l'esprit par une perpétuelle confusion d'arguments. Il propose à la raison les mots pris dans leur sens mystique ; et il offre au cœur les mots crus de la raison.* » André Suarès. ♦ « *Chez Tolstoï, la prose et la poésie se fondent en un tout auquel convient une seule définition : celle d'une réalité sentie.* » Du Bos. ♦ « *Le tolstoïsme, au fond, est frère du nietzschéisme. Tous deux placent au sommet des valeurs morales l'exercice effréné de la vie ; l'Allemand sous forme d'orgueil, le Russe sous forme d'amour.* » Julien Benda.

RÉF. : D. Merejkovski, *Tolstoï et Dostoïevski. La Personne et l'Œuvre,* Paris, 1903. – R. Rolland, *Vie de Tolstoï,* Paris, 1921, 1978. – L. Chestov, *Les Révélations de la mort. Dostoïevski, Tolstoï,* Paris, 1923. – A. Tolstoï, *Ma vie avec mon père,* Paris, 1933. – M. Gorki, *Trois Russes. L. N. Tolstoï, A. Tchekhov, L. Andréev,* Paris, 1935. – F. Porché, *Portrait psychologique de Tolstoï,* Paris, 1935. – A. Suarès, *Trois grands vivants,* Paris, 1937. – S. Zweig, *Essai sur Tolstoï,* Paris, 1940. – M. Kuès, *Tolstoï vivant,* Genève, 1941, Lausanne, 1988. – S. Laffitte, *Tolstoï et ses contemporains,* Paris, 1960. – N. Weisbein, *L'Évolution religieuse de Tolstoï,* Paris, 1960. – H. Troyat, *Tolstoï,* Paris, 1965. – D. Maroger, *Les Idées pédagogiques de Tolstoï,* Lausanne, 1974. – T. Tolstoï, *Avec Léon Tolstoï,* Paris, 1976. – *Tolstoï aujourd'hui,* Paris, 1980. – M. de Courcel, *Tolstoï, l'impossible coïncidence,* Paris, 1980. – S. Tolstoï, *Journal intime,* 2 vol., Paris, 1980-1981. – S. Tolstoï, *Tolstoï et les Tolstoï,* Paris, 1981. – M. Sémon, *Les Femmes dans l'œuvre de Tolstoï,* Paris, 1984. – N. Tolstoï, *Les Tolstoï. Histoire d'une grande famille russe. 1353-1983,* Paris, 1984. – *Cahiers Léon Tolstoï,* Paris, 1984. – Léon Tolstoï, *Lettres,* 2 vol., Paris, 1986. – P. Citati, *Tolstoï,* Paris, 1987. – L. Smoluchowski, *Léon et Sophie Tolstoï. Portrait d'un mariage,* Paris, 1988.

TOMACHEVSKI Boris Viktorovitch. Critique russe. Né le 29 novembre 1890 à Saint-Pétersbourg, mort à Goursouf (Crimée) le 24 août 1957. Il a fait ses études d'ingénieur-électricien à l'université de Liège (1908-1912) et de lettres françaises à la Sorbonne à la même époque. Sa première publication a paru dans la revue *Apollon* : un article sur la poésie française du XVIIe siècle. Tomachevski est l'auteur d'ouvrages sur la poétique, *Théorie de la littérature* (*) (1925), sur la prosodie russe et comparée, *Du vers* [*O stihe,* 1929], sur les relations entre la langue et le système prosodique, *Le Vers et la Langue* [*Stijh i azyk,* 1959], sur l'œuvre de Pouchkine. En ce qui concerne ce grand poète national russe, Tomachevski a non seulement écrit une importante monographie sur l'homme et l'œuvre, *Pouchkine* (1956), mais encore un livre intitulé *Pouchkine et la France* [*Puškin i Francija,* 1960] démontrant tout ce que l'auteur d'*Eugène Onéguine* (*) devait à la patrie des grandes révolutions. Empêché de poursuivre ses travaux de recherches en raison de leur « formalisme », Tomachevski fut obligé de s'occuper pendant une vingtaine d'années de textologie et de la publication d'œuvres classiques des Lettres russes (Ostrovski, Tchekhov). Les lecteurs russes ont bénéficié (grâce à cette contrainte) d'éditions exemplaires des grands auteurs. Tomachevski est, dans ce domaine, l'auteur d'un traité théorique de grande valeur, *L'Écrivain et le Livre. Essai de textologie* [*Pisatel i Kniga. Očerk tekstologii,* 1928], où il argumentait la thèse contraignant l'éditeur à résoudre tous les problèmes du texte, non pas en partant de la notion parfois formelle de la « dernière volonté » de l'auteur, mais en respectant l'unité philologique du texte en tant que système sémantique, esthétique et psychologique.

EFIM ETKIND.

TOMASI Giuseppe, duc de Palma, prince de Lampedusa. Écrivain, ou, plus exactement, homme d'un livre, et « cas » célèbre des lettres italiennes. Né à Palerme le 23 décembre 1896, mort à Rome le 23 juillet 1957. Issu d'une famille sicilienne de vieille noblesse, il ne se manifeste, dans sa jeunesse, par aucune activité spécifiquement littéraire : officier d'artillerie pendant la guerre de 1914-1918, il demeure dans l'armée après la fin des hostilités, mais en démissionne en 1925, probablement par antifascisme, et mène par la suite la vie oisive des riches, coupée par des voyages et des séjours à l'étranger, rédigeant de temps à autre quelques récits ou souvenirs d'enfance, ainsi que des textes à propos de lectures françaises ces pages paraîtront, posthumes, en 1961, et seront traduites en français sous le titre *Le Professeur et la Sirène* (*). Il compose, probablement au cours de la dernière décennie de sa vie, son ouvrage majeur et, en somme, unique, *Le Guépard* (*), qui ne paraîtra qu'au lendemain de sa mort, en 1958, dans une version procurée par Giorgio Bassani, lui-même écrivain des plus distingué. Le livre, signalé par le prix Strega en 1959, obtiendra aussitôt, en Italie et à l'étranger, un succès important, qu'étendra et prolongera par la suite le très beau film qu'en tirera Luchino Visconti. *Le Guépard* retrace, vues du côté de l'aristocratie sicilienne, la fin du royaume des Deux-Siciles en 1859 et, au cours des décennies suivantes, la montée d'une classe nouvelle, la bourgeoisie. La fin mélancolique d'une époque donc, vue à travers un protagoniste pour lequel l'auteur s'est inspiré de la figure de son arrière-grand-père : en fait, ce protagoniste est plutôt le truchement direct des sentiments de l'auteur, qui se décrit, à table, au bal, à la chasse, etc. Le livre est d'une grande beauté, par l'ampleur de la vision romanesque ainsi que par la qualité du style. Il a suscité toutefois quelques objections : d'une part la similitude du thème et de l'inspiration avec l'un des grands livres de la littérature sicilienne, *Les Vice-Rois* de Federigo de Roberto (1894), malheureusement gâté par une écriture trop précieuse, d'autre part le rôle tenu dans la mise au point finale du manuscrit par son éditeur Giorgio Bassani, qui dans ses propres livres révélera ultérieurement une sensibilité fort proche de celle qui se manifeste dans *Le Guépard.*

NINO FRANK.

TOMEO Javier. Romancier espagnol. Né à Quicena (province de Huesca) le 9 septembre 1932. Visage taillé à hue et à dia, puissance de l'apparence, ampleur du geste, grâce de la parole : qui croirait, à rencontrer Javier Tomeo, qu'il écrit des livres petits, formats exigus, romans courts, si personnels qu'ils situent cet Aragonais, résidant à Barcelone, dans les marges les plus étroites des lettres espagnoles contemporaines. Pourtant, ce dont il est question dans ces textes – la solitude, l'angoisse du regard de l'autre, la mise à l'écart volontaire ou subie du flot social, la peur, l'héroïsme de la survie – fait qu'ils passent tout droit de l'à-côté à l'universel. En est témoignage l'accueil à l'étranger de son œuvre et l'adaptation de la plupart de ses textes à la scène. Javier Tomeo a étudié le droit et la criminologie. De là, peut-être, la recherche d'une expression exacte, d'une énonciation la plus simple possible, d'une pesée précise du mot, mais aussi le goût des êtres étranges, sans pareils, qui font de ses livres un goyesque dîner de têtes. Il a publié son premier texte en 1967, intitulé *El cazador.* En France ont paru en 1987 *Monstre aimé* (*), en 1989 *Le Château de la lettre codée* [*El castillo de la carta cifrada,* 1979], en 1990 *Le Chasseur de lion* [*El cazador de leones,* 1987], en 1991 *Préparatifs de voyage* [*Preparativos de viaje,* 1986, version modifiée de *Ceguera al azul,* paru en 1969] suivis de *La Ville des pigeons* [*La Ciudad de las palomas,* 1989], en 1992 *Histoires minimales* [*Historias minimas,* 1988], *Les Ennemis* [*Los enemigos,* 1974].

Non parus en français *El unicornio* (1971), *Dialogo en re mayor* (1976), *El mayordomo miope* (1989), *El discutido testamento de Gaston de Puyparlier* (1990), *El gallitigre* (1990), *Patio de butacas* (1991).

DENISE LAROUTIS.

TOMLINSON Charles. Poète anglais. Né à Stoke-on-Trent, Staffordshire, le 8 janvier 1927. Après des études à Cambridge et à Londres, il a été enseignant dans de nombreuses universités britanniques et américaines. La réputation du poète croît lentement, notamment grâce à la perspicacité de la critique américaine. Tomlinson lui-même, d'ailleurs, s'est beaucoup intéressé à la poésie américaine : à Wallace Stevens, dont l'œuvre lui a permis de réfléchir au problème de la perception, à Marianne Moore et à William Carlos Williams, qui partageaient son sens aigu de l'« importance » de la révélation offerte par les objets et donc par ce qui pourrait passer pour anecdotique. Par ailleurs, l'expérience que Tomlinson fit, dans les années 60, du désert américain devait marquer un tournant dans son œuvre.

Dans les poèmes inédits de ses débuts, cependant, en dépit d'une connaissance approfondie de la poésie française depuis Baudelaire, Tomlinson est surtout influencé par Blake et par Whitman, reflétant ainsi les priorités du courant néo-romantique qui a dominé la poésie britannique dans les années 30 et 40. Et si, dans sa poésie, la recherche du visionnaire a perduré, c'est par un travail sur la forme (notamment la rime) qu'il accède dans les années 50 à un espace poétique dont les frontières ne se sont guère modifiées depuis. Tomlinson publie un premier recueil *Relations et Contraires* (+) en 1951, suivi d'une série d'autres parmi lesquels *Voir c'est croire* (+) (1958) et *Un paysage habité* (+) (1963), dont certains poèmes se trouvent dans le premier recueil de *Poèmes choisis* [*Selected Poems*] de 1964. Un deuxième choix de poèmes apparaît en 1978 – ce recueil inclut des textes publiés tant aux États-Unis qu'en Angleterre : *Ainsi va le monde* (+) (1969), *Écrit sur les eaux* (+) (1972) et *L'Entrée et autres poèmes* (+) (1974). Tomlinson est aussi un traducteur – notamment de poètes de langue espagnole (Antonio Machado, César Vallejo et surtout Octavio Paz, avec qui il a beaucoup d'affinités). La traduction des poètes espagnols, d'ailleurs, semble lui permettre d'aborder le sujet de l'homme et de la société humaine – domaines qui ne figurent que marginalement dans son œuvre propre. Tomlinson a rassemblé toute son œuvre en un seul volume de *Poésies complètes* (*) une première fois en 1985, puis en 1987.

De son œuvre, Tomlinson dit : « Mon sujet, ce sont les relations. La dureté des cristaux, et les facettes du cristal taillé : mais aussi les fluctuations de la lumière, l'énergie que donne le temps lorsque se combinent le soleil et le givre – ce sont là les images d'un certain climat mental, ce qui compose le paysage moral de ma poésie. » C'est donc une poésie apparemment descriptive, quelque peu austère, centrée sur les relations possibles (voir, écouter...) avec les manifestations et modes de manifestation d'un monde en mouvement. Le rapport à l'être-donné de Tomlinson est, comme souvent dans la tradition anglaise, hanté par des préoccupations de type moral et peut-être religieux. Or, Tomlinson n'est pas seulement poète, il est aussi peintre. Son œuvre graphique plus que sa poésie trahit l'influence du courant néo-romantique, rappelant les collages de Paul Nash, influencés par le surréalisme mais profondément britanniques dans leur façon de travailler à partir d'objets biomorphes ou naturels trouvés (pierres façonnées par l'eau, crânes d'oiseaux...). Dans ces œuvres, l'on retrouve bien des aspects de l'univers poétique de Tomlinson : acuité du regard, scrupule devant l'objet donné, sens de l'altérité et de la particularité de celui-ci, acceptation du rôle de l'accidentel, fascination pour les configurations imprévisibles et mystérieuses créées par le travail inexorable de la métamorphose, et recherche d'un au-delà inconnu et essentiel, du surgissement intense du « surréel ».

PAUL VOLSIK.

RÉF. : Calvin Bedient, *Eight Contemporary Poets,* Oxford, 1974. – Michael Edwards, « Charles Tomlinson » in *Donald Davie, Charles Tomlinson, Geoffrey Hill,* Milton Keynes, 1976. – Eric Homberger, *The Art of the Real,* London, 1977.

TOMMASEO Niccolo. Écrivain et philologue italien. Né à Sebenico, en Dalmatie, le 9 octobre 1802, mort à Florence le 1er mai 1874. Après des études de droit à Padoue, il séjourne quelques années à Milan, prend position en faveur des romantiques, commence à collaborer à l'Antologia de Vieusseux et s'installe en 1827 à Florence. Au contact de Capponi, son intérêt pour la langue toscane et pour la poésie populaire s'accentue. Il adhère au mouvement catholique libéral. De 1833 à 1839, on le trouve en France, où il rencontre Chateaubriand, Lamennais, George Sand et Sainte-Beuve. De retour en Italie, il suit avec passion l'évolution de la situation politique, joue un rôle important dans l'insurrection vénitienne et la république (1848-49), puis reprend le chemin de l'exil. Après cinq années passées à Corfou, il regagne l'Italie, s'installe à Turin, puis à Florence où, presque aveugle, il poursuit son activité. À côté de textes littéraires. *Confessions* [*Confessioni,* 1836], *Duc d'Athènes* [*Duca d'Atene,* 1837], *Foi et Beauté* (*) (1840), son œuvre, fort vaste, comprend, outre un texte politique (*Dell'Italia,* publié à Paris sous le titre d'*Opuscules inédits de Frère Girolamo Savonarole*), des travaux philologiques et critiques (dont le *Nuovo dizionario dei sinonimi* et le grand *Dizionario della lingua italiana),* ainsi que le recueil des *Chants populaires toscans, corses, illyriens et grecs* [*Canti popolari toscani, corsi, illirici, greci,* 1841-42].

TOMMASO da Celano. Écrivain religieux italien. Né à Celano dans les dix dernières années du XIIe siècle, mort peu après 1260 au monastère de San Giovanni in Val di Varri, près de Tagliacozzo. Accueilli dans l'ordre des frères mineurs par saint François en personne, probablement vers 1215, à Santa Maria de la Porziuncola, il quitta l'Italie en 1221 pour se rendre, avec Césaire de Spire, en Allemagne, où il fut custode et vicaire de la province du Rhin (Mayence, Worms, Cologne, Spire), même lorsque Césaire vint à être remplacé là-bas, en qualité de ministre provincial, par Albert de Pise (1223). Le 16 juillet 1228, Tommaso est à Assise lors de la canonisation de saint François. On l'y retrouve de 1245 jusque vers l'époque de sa mort, qui survint au couvent de San Giovanni où il était directeur spirituel des clarisses. Son nom est lié, outre au *Dies irae, dies illa* (*), à la plus ancienne hagiographie franciscaine ; il écrivit en effet une *Vie de saint François,* la *Légende de sainte Claire d'Assise* (1255) et probablement aussi la plus ancienne biographie de saint Antoine de Padoue. Homme de grande culture et respectueux des traditions hagiographiques, Tommaso a écrit ses œuvres dans un style soigné qui n'ignore aucun artifice de rhétorique. Il fut le biographe officiel de François et de Claire selon les directives des papes et des généraux de son ordre.

RÉF. : W. Goetz, *Die Quellen zur Geschichte des hl. Franz von Assisi,* Gotha, 1904. – V. Facchinetti, *Tommaso da Celano,* Quarrachi, 1918. – G. da Caesaris, *Memorie francescane Pennesi,* Lanciano, 1927. – L. Celluci, *Le Legende francescane del secolo XIII nel loro aspetto artistico,* Rome, 1929.

TONERI. Chroniqueur japonais. Né en 675, mort en 735. Ce prince japonais, troisième fils de l'empereur Temmu, dirigea la commission chargée de rédiger une seconde version des traditions nationales. La première version – le *Kojiki* – est le premier texte important écrit en japonais. La seconde version, *Nihon Shoki* (*) ou *Annales du Japon* – écrite en chinois, langue administrative – terminée en 720, comporte trente livres. Les deux premiers traitent de l'histoire mythique. Les autres s'intéressent aux « empereurs humains ». En principe, un livre est consacré à chaque règne. Cette entreprise fut motivée par le manque de considération qu'accordaient les empereurs chinois à leurs voisins. Il fallait donc relever le prestige des « empereurs de l'Est » en leur conférant une ascendance solaire. Pour les faire bien voir, le prince Toneri introduit aussi dans les *Annales du Japon* des anecdotes chinoises un peu transformées, procédé avantageux pour entretenir avec les empereurs chinois des échanges commerciaux fructueux. *Kojiki* et *Nihon Shoki* ont servi, jusqu'à la Seconde Guerre mondiale, de base à l'histoire des origines du Japon.

TONG TCHONG-CHOU [Dong Zhongshu] (surnom honorifique : Kouei Yen). Homme d'État et écrivain chinois. Né à Canton, à l'extrême sud de la Chine, en 179, mort en 104 av. J.-C. Il consacra tous ses efforts à l'établissement de la doctrine officielle confucéenne, surtout grâce à ses *Printemps et automnes à l'usage de l'empereur* (*) et à l'activité qu'il déploya pour propager et vulgariser l'éthique du Sage. Tong Tchong-chou subit toutefois des influences taoïstes et traita dans ses écrits de certains phénomènes extraordinaires, aussi son ouvrage fut-il condamné par une commission de lettrés qui comptait un de ses disciples. Lui-même fut condamné à mort, mais gracié et réélu ministre du prince Tsiao-si. Sous l'empereur Tsing-ti, il fut nommé docteur de l'Académie du savoir et eut un grand nombre d'élèves. Sous Wou-ti, il fut nommé ministre du prince Yi, frère de l'empereur, dans la cité de Tsiang-tou (Yang-tcho) ; mais il conserva peu de temps cette charge. Outre l'ouvrage cité, son nom est lié aux *Annales* qu'il commenta du point de vue de l'école confucéenne ; il y consacra toute sa vie. En 1130, sous les Song, la stèle de Tong fut admise dans le temple de Confucius.

TONG-TSIE-YUAN [*Dongjieyuan*]. Écrivain chinois, auteur de ballade de la dynastie des Tsin (1115-1234), c'est-à-dire du nord de la Chine, et dont on ne sait rien sinon qu'il était vivant au cours de l'ère Tchang-tsong (1190-1208). Le titre honorifique sous lequel on le connaît — Tong-tsie-yuan ou maître Tong — indique seulement qu'il était un lettré. Il est l'auteur du seul exemple transmis intégralement de « ballade en plusieurs modes » [tchou-kong-tiao], genre très populaire à son époque. Il s'agit de *La Ballade du pavillon de l'ouest* (*), inspirée de la *Biographie de Ying-ying* (*) de Yuan Tchen (779-831), et qui sera très largement imitée par le grand dramaturge Wang Che-fou (XIIIe siècle) dans l'une des plus célèbres pièces du répertoire chinois : *Le Pavillon de l'ouest* (*).

VALÉRIE LAVOIX.

TÖNNIES Ferdinand. Philosophe et sociologue allemand. Né à Riep, près d'Oldenwort (Schleswig), le 26 juillet 1855, mort à Kiel le 11 avril 1936. Agrégé de philosophie de l'université de Kiel en 1881, professeur titulaire à Kiel en 1891, chargé de la chaire de sciences morales en 1909, de la chaire de sociologie à partir de 1920, il n'était âgé que de vingt-deux ans lorsqu'il fit paraître son ouvrage *Communauté et Société* (*) (1887). Parmi ses autres ouvrages, citons d'abord, dans l'ordre de la philosophie pure, une importante étude sur *La Vie et la doctrine de Hobbes* [*Hobbes' Leben und Lehre,* 1896], et des traités sociologiques tels que : *Développement de la question sociale* [*Entwicklung der Sozialen Frage,* 1907], *La Coutume* [*Die Sitte,* 1909], *Vie et doctrine de Marx* [*Marx' Leben und Lehre,* 1921], *Études et critiques sociologiques* [*Soziologische Studien und Kritiken,* 3 vol., 1925-29], *Introduction à la sociologie* [*Einführung in die Soziologie,* 1931]. Rappelons que Tönnies a raconté son itinéraire spirituel dans un volume intitulé : *La Philosophie contemporaine dans mes souvenirs personnels* [*Die Philosophie der Gegenwart in Selbstdarstellungen,* 1922].

RÉF. : A. Vierkandt, *F. Tönnies' Werk und seine Weiterbildung in der Gegenwart,* étude in *Kantstudien,* tome XXX, 1925. — F. Oppenheimer, *Die moderne Soziologie und F. Tönnies,* étude in *Weltwirtschaftliches Archiv,* tome XXIII, 1926. — J. T. Bergner, *The Origin of Formalism in Social Science,* Chicago, 1981.

TOOMER Jean. Écrivain américain. Né à Washington D.C. le 26 décembre 1894, mort le 30 mars 1967 à Bucks County (Pennsylvanie). Probablement le meilleur écrivain de ce qu'on a appelé la « Renaissance de Harlem », c'est-à-dire du renouveau de la littérature noire américaine pendant les dix années qui suivirent la Première Guerre mondiale ; les poètes Langston Hughes, Paul Laurence Dunbar, Claude McKay et Countee Cullen, en particulier, publièrent alors des œuvres de qualité. Quant au fait qu'il ne se sentait « ni Blanc ni Noir, mais simplement Américain », Jean Toomer écrit lui-même : « Il paraît que coulent en moi sept sangs différents : français, hollandais, gallois, noir, allemand, juif et indien. C'est pour cette raison que ma situation en Amérique est curieuse. J'ai vécu au milieu des deux groupes raciaux, tantôt chez les Blancs, tantôt chez les Noirs... Je me suis efforcé de réaliser une fusion spirituelle analogue à celle des races. » C'est en effet ce que rechercha l'auteur après la publication de *Canne* (*), en 1923. Œuvre unique à bien des égards, malgré ses thèmes spécifiques, inévitables et d'ailleurs plutôt ambigus (il est difficile de dire en fin de compte à quelle distance exactement se tenait l'auteur de l'expérience noire — pour lui essentiellement incarnée par les femmes — dans le sud des États-Unis), *Canne* se rattache, et pas seulement par les aspects formels, au courant de la modernité alors forgée par des poètes comme T. S. Eliot et Ezra Pound et, en France, par un Jules Romains et son « unanimisme ». Cette publication, écrit Arna Bontemps dans sa Préface à l'édition française du livre, ne laissait pas moins présager une « quête acharnée de lui-même qui devait être l'objectif de Toomer tout au long des années qui suivirent, et jusqu'à sa mort en 1967 ». Mais cette quête tourna au désavantage de la littérature, à laquelle Toomer paraît avoir finalement tourné le dos. Il fut d'abord adepte des préceptes de Gurdjiev. En 1932, il se maria une première fois, avec une Marjorie qui mourut bientôt en mettant au monde leur unique enfant. En 1934, il se remaria avec une autre Marjorie, qui l'emmena vivre chez les tolérants Quakers du comté de Bucks en Pennsylvanie. Cependant, il prenait des notes pour une autobiographie qui ne fut jamais écrite. Après *Canne,* Toomer publia un recueil d'aphorismes, sous le titre *Essentiels* [*Essentials*] (1931), *Potentiel de charge* [*Portage Potential*] en 1932, et un long poème intitulé « Méridien bleu » [Blue Meridian] en 1936. Mais il cessa bientôt d'écrire, et les dernières décennies de sa vie furent plus discrètes.

MICHEL GRESSET.

RÉF. : Nellie McKay, *Jean Toomer : Artist : A Study of His Literary Life and Work, 1894-1936,* Chapel Hill (Caroline du Nord), 1984.

TOPELIUS Zacharias. Écrivain finlandais de langue suédoise. Né à Kuddnäsi

(Uusikaarlepyy) en Finlande, le 14 janvier 1818, mort à Sipoo (Helsinki) le 12 mars 1898. Son enfance s'écoula au sein d'une famille heureuse qu'il a fait revivre dans ses écrits. Après la mort de son père (1831), médecin à Uusikaarlepyy, il habita Helsinki et vécut environ un an dans la maison du romancier Johan Ludvig Runeberg, qui l'orienta vers la littérature et les études historiques. Il soutint en 1840 une thèse de doctorat, prit, la même année, la direction du journal *Nouvelles d'Helsinki* [*Helsingfors Tidningar*], et ses brillants récits sur des sujets patriotiques lui valurent une grande popularité. Topelius a écrit quelques volumes de poésies qui comptent parmi les plus mélodieuses de la langue suédoise. On lui doit en outre deux vastes recueils d'émouvants récits historiques : *Les Récits du chirurgien militaire* (*) (1853-1867) et *La Soirée d'hiver* [*Vinterkvällar*, 1853], le livret d'opéra *La Chasse du roi Charles* [*Kung Carls jagt*, 1852], *Regina von Emmeritz* (1853) et *La Princesse de Chypre* [*Prinsessan av Cypern*, 1860]. Ses récits pour enfants : *Fables* [*Sagor*, 1847-52] et *Lectures pour les enfants* [*Läsning för barn*, 1865-96] jouissent encore d'une réputation méritée.

RÉF. : Eliel Best, *Zachris Topelius*, Helsinki, 1905. — Selma Lagerlöf, *Z. Topelius*, Stockholm, 1920. — Kaarina Laurent, *Topelius saturunoilijana*, Helsinki, 1947. — Birgit Lunelund-Grönroos, *Z. Topelius' tryckta skrifter*, Helsinki, 1954.

TÖPFFER Rodolphe. Écrivain suisse d'expression française. Né et mort à Genève (31 janvier 1799-8 juin 1846). Issu d'une famille d'origine allemande, il était le fils d'un peintre estimé et, tout jeune, voulut lui aussi se consacrer à la peinture. Son père l'en dissuada et l'obligea à faire des études régulières. Puis Töpffer fit un voyage à Paris, qu'il découvrit avec enthousiasme, sans pourtant songer à abandonner sa patrie genevoise où il se maria peu après et obtint une chaire d'esthétique à l'académie de Genève. Par la suite, reprenant sa liberté, il ouvrit un pensionnat de jeunes gens. Dans le siècle romantique, alors que les grands poètes allaient surtout chercher dans les montagnes un écho de leurs pompeuses déclamations, Töpffer est un des rares écrivains qui ait su voir la nature telle qu'elle est. Comme Rousseau, il aimait le voyage à pied, et, chaque année, entraînait ses élèves dans de longues randonnées à travers la Suisse et la Savoie, heureuses flâneries dont le souvenir imprègne les *Voyages en zigzag* (*) (1843). Dans ses autres volumes, la plupart illustrés par lui-même, *La Bibliothèque de mon oncle* (1832), *Le Presbytère* (*) (1834), les *Nouvelles genevoises* (*) (1829-41), *Rosa et Gertrude* (1845), on retrouve les mêmes qualités de naturel (non pourtant sans quelque préciosité de style), la même bonhomie nuancée de mélancolie, un dédain de l'enflure, et cette saveur d'intimité qui est la qualité essentielle de la littérature romande mais n'a nulle part plus de fraîcheur que chez Töpffer.

RÉF. : Sainte-Beuve, *Portraits littéraires*, tome III, Paris, 1844 ; *Portraits contemporains*, tome III, Paris, 1846 ; *Causeries du lundi*, tome VIII, Paris, 1855. — Abbé Relave, *La Vie et les œuvres de Töpffer*, Paris, 1886. — Blondel et Mirabaud, *Rodolphe Töpffer*, Paris, 1887. — H. Woltersdorff, *Essai sur la vie et les œuvres de Rodolphe Töpffer*, Magdebourg, 1895 (en français). — Paul Chaponnière, *Notre Töpffer*, Genève, 1930. — M. Gagnebin, *Rodolphe Töpffer*, Neuchâtel, 1948.

TORGA Miguel (pseud. d'Adolfo Correia Rocha). Écrivain portugais. Né le 12 août 1907 à São Martinho de Anta, dans la province de Trás-os-Montes, région montagneuse et aride au nord-est du Portugal. Ses parents, paysans pauvres, l'envoient au séminaire de Lamego pour qu'il puisse poursuivre ses études. Mais l'enfant, à douze ans, refuse le séminaire malgré les arguments de sa famille et la déception de son père, et fait montre d'une détermination telle que l'on doit le retirer de l'établissement. Cette obstination restera un des traits marquants de la personnalité de Miguel Torga. Ses parents décident alors de l'envoyer au Brésil travailler dans la « fazenda » de l'un de ses oncles. Décision qui n'a alors rien d'extraordinaire dans une région aussi pauvre que celle de Trás-os-Montes : le Brésil était encore à l'époque une terre d'espérance où beaucoup allaient chercher fortune. L'enfant y passera cinq ans. Le travail est pénible et la nostalgie de sa terre, de ses parents, assombrissent son séjour. Torga s'intéressera pourtant toute sa vie au Brésil, et il y retournera des années plus tard pour une courte visite. Il semble évident que ces années passées loin de sa terre natale donnent au futur poète la certitude, qui ne le quittera plus, de l'importance de ses propres racines. En 1925, il revient au Portugal et, grâce à l'argent gagné au Brésil, reprend ses études. Il a dix-huit ans et doit rattraper un retard de plusieurs années. En trois ans, il termine ses études secondaires et entre à l'université de médecine de Coïmbre. En 1933, il est médecin et commence à exercer dans son village natal, avant d'ouvrir, six ans plus tard, un cabinet d'oto-rhino-laryngologie à Coïmbre. L'écrivain est, lui aussi, déjà né. En 1928, il a publié, à compte d'auteur, son premier recueil de poèmes. La pratique de la médecine ne lui rapporte pas beaucoup d'argent, mais lui permet d'approfondir ses réflexions sur la condition de ses « frères paysans », sur la misère et la beauté de son pays, et de les étendre à toute la condition humaine. Si Miguel Torga explore de fond en comble sa région, scrutant ses moindres replis, cherchant dans ses pierres quelque écho ancestral, il n'est pas pour autant un incurable sédentaire. Son voyage à travers l'Europe en 1938, qu'il raconte avec virulence dans *La Création du monde* (*), lui permet de dépasser les limites de « sa terre » sans pour autant perdre le lien avec elle. L'Europe fasciste le révolte et les pages qu'il écrira sur ce voyage dans son *Journal* seront interdites pendant trente ans au Portugal. Le poète, qu'il ne peut cesser d'être, est inconditionnellement rebelle à toute forme de tyrannie, et il l'écrit inlassablement. L'argent qu'il gagne passe tout entier dans la publication, à compte d'auteur, de ses livres. Que ces derniers soient mis au pilon par la censure salazariste, peu importe : il continue d'écrire et de publier avec cette obstination, cette volonté de résistance qui lui ont fait choisir, en 1934, son pseudonyme. Torga est en effet le nom donné à une bruyère très rustique de Trás-os-Montes ; quant au choix de son prénom, il est dû à son admiration pour Cervantès et Unamuno. Cependant, l'opression que lui fait subir le régime de Salazar le décourage souvent et la solitude dans laquelle il a décidé de vivre lui pèse. C'est que l'écrivain, comme le citoyen, est un solitaire. Après avoir collaboré à la célèbre revue moderniste *Presença*, il s'en écarte. De plus, son obstination à s'éditer lui-même le met en marge des circuits littéraires et accroît ce sentiment de solitude que toute son œuvre, prose aussi bien que poésie, exalte ou déplore. Cette exigence démesurée d'indépendance (« Il y a des heures où la démesure est légitime », dit-il lors de la réception du prix Camões en 1989) lui impose une existence austère et retirée, où l'acte d'écrire s'accomplit comme un sacerdoce. Ses poèmes appellent à la rébellion autant qu'ils chantent ce Portugal qu'il aime et « cherche à comprendre de toutes les façons, en faisant inlassablement l'inventaire de son corps et de son âme ». Mais son chant, en particulier dans les *Poèmes ibériques* (*) (1965), ne s'élève pas à la gloire de la patrie. Il est adressé à la « terre » dont il est issu, aux héros qui ne sont héros que dans la mesure où ils ont accompli, du mieux qu'ils le pouvaient, le destin qui leur était échu. Il est « Orphée rebelle » (titre d'un livre de poèmes paru en 1958), artiste « esclave de sa vocation [...] armé de sa plume et de la fermeté de son propos (qui contribue) de quelque façon à la subversion de l'ordre établi et à l'édification d'une société meilleure ». Dans le *Journal* – dont Claire Cayron a fait paraître en France un choix de pages sous le titre *En franchise intérieure* (*) – ainsi que dans le roman autobiographique en cinq volumes *La Création du monde* (1937-1981), le thème de la résistance apparaît comme le moteur de l'œuvre et de la vie de l'écrivain. Résistance à toute tyrannie mais aussi à la médiocrité des tièdes et à ses « propres démons ».

L'écriture de Torga, limpide et énergique, allant à l'essentiel, met en lumière la vigueur avec laquelle le poète terrasse ses faiblesses : son découragement ou la tentation de se dérober à l'engagement qu'il a pris d'« être au monde comme un homme, un artiste et un révolutionnaire ». Et c'est pour cela, autant que pour sa lutte contre le régime (lutte qui le conduira en 1940 dans les prisons salazaristes), que beaucoup de critiques ont vu en lui un « haut exemple de rébellion constante ». Il ne désarme jamais en effet et son regard aigu observe sans complaisance l'homme contemporain, le juge et le fustige ; mais ce regard toujours neuf déjoue le piège des préjugés et c'est avec une infinie tendresse et surtout un infini respect qu'il se pose sur les véritables héros que sont les personnages de ses nouvelles – *Arche* (*) (1940), *Lapidaires* (*) (1951), *Contes de la montagne* (+) (1941) ou *Rua* (+) (1942). Modestes, humbles, ils donnent « leur maximum d'humanité ». Miguel Torga déploie ici son art de conteur dans de courts récits où l'homme et l'animal sont surpris dans leur vie intime, indispensables les uns aux autres sur cette terre de Trás-os-Montes qui est aussi la Terre. L'auteur s'ancre fermement dans le sol dont il est issu mais peu à peu, avec l'entêtement du paysan, il repousse les limites de cet espace et atteint l'universalité. Divisé entre sa condition d'intellectuel et de paysan, suivant son instinct autant que sa raison, il avance « contre tout et contre tous », y compris contre une « construction européenne » qu'il regarde avec une extrême réticence, méfiant comme un animal blessé envers toute idéologie, toute école, toute mode, mais ayant, au bout du compte et de la désespérance, un espoir fou en l'homme et en son devenir.

FRANÇOISE BEAUCAMP.

TORMAY Cécile. Écrivain hongrois. Née à Budapest le 8 octobre 1876, morte à Mátra-Háza le 12 avril 1937. En 1900, elle fit paraître un volume de nouvelles, et s'attira, pour les raffinements de son style, les louanges de D'Annunzio qui traduisit en italien quelques-uns de ses contes symbolistes. Mais on trouve une spontanéité plus grande et plus d'intensité dans *Au pays des pierres* (*) (1911), paru en français, en 1913, dans *La Revue de Paris*. Le problème des heurts qui se produisent entre deux civilisations et deux nations différentes, déjà exposé dans ce livre, trouve une solution satisfaisante dans le chef-d'œuvre de Cécile Tormay, *La Vieille Maison* (1914), où l'auteur écrit l'histoire de trois générations d'une famille allemande. Jusqu'alors entièrement absorbée par la littérature, Cécile Tormay modifia toute sa vie pendant la Première Guerre mondiale. Elle se mit au service de la Croix-Rouge ; persécutée en 1919 par les communistes, elle connut la clandestinité. Après la révolution bolchevique, elle dirigea l'Association nationale des femmes hongroises ; par ailleurs, elle fonda une revue de tendance confessionnelle qui eut une audience assez importante, *Napkelet*. En 1921-22, elle publia son *Livre proscrit* [*Bujdosó Könyve*] farouchement anticommuniste et antisémite. Elle composa enfin un dernier roman, de caractère historique, qui se passe à l'époque de l'invasion tartare, *Le Messager des aïeux* [*Az ösi Küldött*], dont le troisième volume est resté inachevé.

TORQUETO Accetto. Écrivain italien. Né à Naples, probablement vers la fin du XVIe siècle. On sait extrêmement peu de chose de sa vie. Proche du marquis de Villa Giambattista Manso et de l'Académie des oisifs créée par celui-ci, Accetto vécut au service de la noblesse, exerçant le métier de secrétaire auprès des Carafa, ducs d'Andria. Il est l'auteur d'un recueil de *Rimes* [*Rime*] dont la première édition, à Naples, date de 1621, l'édition définitive, remaniée, de 1638, ainsi que d'un petit traité *De l'honnête dissimulation* (*), paru à Naples en 1641 et redécouvert par Benedetto Croce en 1928.

TORRENTE BALLESTER Gonzalo. Romancier espagnol. Né à Serantes (El Ferrol) le 13 juin 1910. Il fait des études de philosophie et de droit, puis d'histoire. Il se lie à Madrid avec l'avant-garde littéraire. En 1937, il adhère à la Phalange, mais son premier roman, *Javier Mariño* (1943), est interdit par la censure franquiste. Il s'intéressera beaucoup au théâtre avant de revenir au roman avec sa trilogie *Les Délices et les Ombres* [*Los Gozos y las Sombras*], publiée entre 1957 et 1962. L'administration du régime censure l'ouvrage. En 1966, l'auteur occupera une chaire de littérature à l'université d'Albany (U.S.A.). Pendant son séjour américain, il préparera *La Saga/Fuga de J. B.* (+), son œuvre maîtresse publiée en 1972, qui obtient le prix de la Critique et le prix Ciudad de Barcelona. Il s'installe définitivement à Salamanque en 1975, est reçu à l'Académie royale d'Espagne en 1977 et publie la même année *Fragments d'apocalypse* [*Fragmentos de apocalipsis*], qui obtient le prix de la Critique. *L'Île des jacinthes coupées* (*) paraît en 1980. Il obtient en 1982 le prix Príncipe de Asturias de las letras, et le prix Miguel de Cervantès en 1985. En 1988, il remporte le prix Planeta pour *Filomène, ne vous déplaise* [*Filomeno, a mi pesar*]. Il écrit *Le Roi ébahi* [*Crónica del rey pasmado*] en 1989 et *Les Îles extraordinaires* [*Las islas extraordinarias*] en 1990. Pétri de fables et de légendes galiciennes, il mêle dans ses histoires réalisme et fantastique, comme s'il voulait réhabiliter la poésie du quotidien.

CLAUDE BLETON.

TORRICELLI Evangelista. Mathématicien et physicien italien écrivant en latin. Né le 15 octobre 1608, mort à Florence le 25 octobre 1647. Faenza, Modigliana et Piancaldoli se disputent l'honneur de l'avoir vu naître, sans qu'on puisse fixer avec certitude son lieu de naissance. Torricelli passa son enfance à Faenza où il étudia sous la direction d'un oncle paternel, Jacopo, moine de l'ordre des Camaldules, puis il se rendit à Rome où pendant deux ans il continua ses études à l'école des jésuites, et ensuite auprès du premier disciple de Galilée, le bénédictin Benedetto Castelli, qui était alors lecteur de mathématiques à l'université de Rome. Le 11 septembre 1632, alors qu'il est depuis six ans l'élève de Castelli, Torricelli écrit sa première lettre à Galilée. Son enthousiasme et sa vénération ne furent du reste diminués en rien par le malheureux procès de 1633. Torricelli eut même l'honneur d'assister Galilée dans les derniers jours de sa vie, et il fut son hôte du 10 octobre 1641 jusqu'à sa mort (8 janvier 1642) : c'est durant cette brève période que Torricelli put ajouter un complément aux *Discours sur les sciences nouvelles* (*), de Galilée, additif publié plus tard par Viviani. Par une heureuse inspiration, Ferdinand II de Médicis exprima le désir de voir Torricelli succéder à Galilée dans sa charge de philosophe et premier mathématicien du grand-duché de Toscane. Torricelli fut aussi lecteur de mathématiques à l'université de Florence. Durant sa vie, Torricelli ne publia qu'un seul de ses écrits : *Œuvre géométrique* (1644), qui comprend des travaux de géométrie et de mécanique. Il désirait que ses travaux manuscrits, incomplets pour la plupart, fussent revus et complétés par Bonaventura Cavalieri et Michelangelo Ricci ; mais la mort du premier, qui suivit de peu la sienne, et les fonctions ecclésiastiques du second empêchèrent la réalisation du désir que Torricelli avait exprimé sur son lit de mort. Lodovico Serenai, ami et exécuteur testamentaire de Torricelli, s'employa activement à faire revoir et compléter les notes de ce dernier par Vincenzo Viviani, lequel y joignit effectivement de nombreux additifs et commentaires jusqu'à présent inédits. Les notes de Torricelli qui nous restent, ainsi que les additifs et commentaires de Viviani, forment les volumes 131 à 154 de la collection galiléenne de la Bibliothèque nationale centrale de Florence. À partir de ces vingt-quatre volumes de manuscrits et de l'ouvrage de 1644 ont été composés entre 1919 et 1944, par les soins de G. Loria et G. Vassura et avec l'aide de la municipalité de Faenza, quatre volumes des *Œuvres de Torricelli* [*Opere di Torricelli,* Bologne, Zanichelli] — v. *Récit sur certains problèmes* (*) (1919). Les principaux apports des recherches de Torricelli dans le domaine de la physique et des mathématiques sont : l'invention du baromètre, son intuition des causes des vents, l'introduction audacieuse des courbes indivisibles, et l'extension du concept d'intégrale à des fonctions qui ont des points d'infini dans le champ d'intégration. Ce ne fut cependant pas là toute son œuvre, car, en vrai disciple de Galilée, Torricelli eut une grande prédilection pour la mécanique, qu'il enrichit par des apports neufs et importants : une nouvelle méthode pour la détermination du centre de gravité des figures géométriques, l'étude de la vitesse des corps sur un plan incliné — v. *Sur le mouvement des graves* (*)

(1641), la proposition relative à la parabole (enveloppe) de sécurité du mouvement des projectiles, et le théorème de l'écoulement d'un liquide par un trou pratiqué dans la paroi d'un récipient. Ces découvertes si importantes valurent à leur auteur d'être à juste titre appelé, déjà peu de temps après sa mort, un « alter Galilaeus ». L'activité de Torricelli ne se borna pas non plus au domaine des études théoriques ; encore fidèle en cela aux enseignements du grand maître, il construisit lui-même les instruments dont il avait besoin, et il se révéla entre autres un très habile constructeur de lentilles pour lunettes d'approche. Quelques-unes de ses lentilles qui nous sont parvenues et qui sont conservées à Florence, au Musée national de l'histoire des sciences, ont révélé, lorsqu'elles furent étudiées avec les moyens dont dispose l'optique moderne, une exécution parfaite et même insurclassable par la technique actuelle. Du point de vue scientifique, Torricelli fut le savant le plus grand et le plus génial de l'école galiléenne, qui pourtant compte parmi ses membres nombre de grands hommes de science italiens et européens du XVIIe siècle.

ALBERTO PIRONTI.

♦ *« Je ne puis refuser le commerce par lettre que le sieur Torricelli veut avoir avec moy. Je tiendray toujours à l'honneur d'avoir connoissance avec des personnes de son mérite et tascheray de me rendre digne de leur amitié... Ses découvertes et ses démonstrations sont fort belles et fort remarquables. »* Descartes. ♦ *« Les œuvres de Torricelli sont parmi les plus importantes productions de la géométrie qui surpassent toutes celles de l'Antiquité. Je ne crains pas d'être désavoué de cet éloge par aucun de ceux qui sont capables d'en juger. »* Pascal. ♦ *« Les travaux de Torricelli méritent une extrême attention par leur justesse et leur perfection. »* Huyghens.

RÉF. : T. Bonaventura, *Vita di Evangelista Torricelli,* in *Lezioni accademiche,* Florence, 1715. – A. Fabbroni, *Vitae Italorum...,* Pise, 1778. – F. Sacoli, *Evangelista Torricelli ed il metodo delle tangenti,* in *Boll. di Boncompagni,* mai 1875. – G. Ghinassi, *Lettere fin qui inedite di Evangelista Torricelli precedute da una vita di lui,* Faenza, 1884. – E. Bortolotti, *Studi e ricerche sulla storia della matematica in Italia,* Bologne, 1928. – *Evangelista Torricelli nel terzo centenario della morte,* Florence, 1951.

TORTEL Jean. Poète français. Né le 4 septembre 1904 à Saint-Saturnin-lès-Avignon, mort le 1er mars 1993 à Avignon. En 1926, Tortel fait la connaissance du poète Jean Royère, qui lui apprend que « la poésie ne doit jamais être envisagée dans son essence, mais toujours dans sa matière ». Nommé à Marseille en 1938, dans un emploi administratif, il entre aux *Cahiers du Sud* (*) et publie ses premiers recueils : *Parole du poème* (1946), *Naissances de l'objet* (*) (1955), qui seront suivis d'*Explications ou bien regard* (1960) et de *Élémentaires* (1961). L'influence de Ponge, rencontré dans un réseau de la Résistance, l'apparente au courant du matérialisme poétique, où l'on remarque également un intérêt commun pour les auteurs préclassiques (Scève, Tristan, Malherbe). Tortel se lie d'amitié avec Guillevic, auquel il consacre un essai en 1963. Lorsqu'il s'installe aux « Jardins neufs », à Avignon, il prend conscience de ce que doit être la poésie : une fonction organique de l'existence, par laquelle un univers quotidien se trouve soumis au travail du langage. Le corps, le regard et la parole animent conjointement un espace à moitié enfoui, et pétri de significations multiples. De cette époque datent les principaux textes écrits par Tortel : *Les Villes ouvertes* (*) (1965), *Relations* (*) (1968), *Limites du regard* (1971), *Instants qualifiés* (1973). Le poète assume ici l'héritage éluardien de l'image, tout en cherchant à constituer plutôt des « figures », qui se définissent comme des éléments du langage, et non pas seulement du réel. La poésie se conçoit à la manière d'une abstraction et d'une extraction, puisqu'elle fait sortir de sous la terre tout le pan obscurément tapi derrière les choses d'une agressivité permanente génératrice d'énergie : « ronce de colère », « écorchures du désir », « ecchymose de la couleur », autant de mots pour dire la dissection qui fait éclore de cette vie latente une haute teneur en alchimie verbale. Pour Jean Tortel, la pratique poétique est inséparable d'une approche critique, puisqu'un monde balisé dans tous les sens y reçoit sa part de renouveau. Poésie critique et critique de la poésie : deux dimensions inséparables d'une même expérience. La section intitulée « Explications de textes », dans *Relations,* donne un éclairage supplémentaire quant au projet de Tortel, dans la mesure où elle s'appuie sur une suite de travaux pratiques, guidés par l'ambition d'inventer un langage poétique à partir de proses « fatiguées », puisées dans un vieux manuel scolaire, afin d'accomplir cette démarche qui fait craquer les jointures de la syntaxe, et ricocher le vers sur un fond de texte en friche. D'où cette descente au cœur du langage : « Car nul ne peut au jour / Proposer un langage / Qui n'a pas renié / La nuit qui le forma. » Les titres des recueils les plus récents restent conformes à ce programme poétique : *Le Discours des yeux* (1982), *Les Solutions aléatoires* (1983), *Arbitraires espaces* (1986).

OLIVIER HOUBERT.

RÉF. : Philippe Jaccottet, *L'Entretien des muses,* Paris, 1968. – *Sud,* n° 17, Marseille, 1975. – *Action poétique,* n° 96/97, Paris, 1984. – Raymond Jean, *Jean Tortel,* Paris, 1984.

TOUCHARD-LAFOSSE G. Publiciste français. Né à La Châtre (Indre) en 1780, mort à Paris en 1847. Il fut commissaire aux vivres sous l'Empire, de 1809 à 1815. Mis à la retraite à la Restauration, il devint journaliste et fonda *Le Propagateur* à Bourges. En 1824, il devint rédacteur en chef de *L'Écho du soir* et travailla à l'*Album national* où il signait ses articles « Le Solitaire du Puy-de-Dôme ». Il professait des idées libérales et démocratiques. Sous le nom de Saint-Félix, il a publié plus de cent ouvrages. L'un d'eux, en huit volumes, par son seul titre dit tout du genre qu'il cultivait de préférence : *Chroniques de l'Œil-de-bœuf, des petits appartements de la cour et des salons de Paris sous les règnes de Louis XIV, Louis XV et Louis XVI* (*), recueil d'anecdotes scandaleuses publié sous le nom de la comtesse douairière de B****. Il semble bien que la plupart de ces anecdotes soient apocryphes. Mais l'ouvrage obtint malgré tout un durable succès. Touchard-Lafosse composa aussi une pièce de théâtre, *La Poule aux œufs d'or ou l'Amour de la Fortune*, comédie féerie (1823). Il a beaucoup collaboré au *Dictionnaire chronologique et raisonné des découvertes et inventions*.

TOU FOU [Du Fu]. Poète chinois. Né en 712, mort en 770. Il naquit au moment où l'une des plus grandes dynasties chinoises, la dynastie des T'ang, était à l'apogée de sa puissance. L'année même de sa naissance montait sur le trône l'empereur Siuan-tsong. Après avoir été l'un des plus brillants de l'histoire chinoise, son long règne de quarante-quatre ans allait se terminer en désastre : d'après les chiffres des historiens, la moitié peut-être des cinquante millions d'habitants de l'empire allaient y perdre leur vie, et les deux tiers des maisons furent détruites. Ce n'est donc pas une existence tranquille que connut Tou Fou. À part les années de son enfance, jamais il ne passa plus de deux ou trois ans dans le même lieu. Tou Fou naquit dans une famille importante de fonctionnaires, qui était même liée par une lointaine ascendance maternelle à la dynastie impériale. Un poste dans l'Administration, et encore mieux à la Cour, fut toujours son idéal, comme pour presque tous les Chinois formés dans la culture traditionnelle, car l'étude des classiques confucéens et de la littérature prépare directement au service du prince et de son peuple. Mais Tou Fou avait en même temps d'autres aspirations, qu'un horizon trop borné de bureaucrate ne pouvait satisfaire. Après des études à la capitale, Tch'ang-an, qui furent certainement excellentes, à peine âgé de quinze ans le voilà déjà parti seul sur les routes ou les rivières de Chine. Il voyage ainsi pendant plusieurs années, visite la vallée du Houang-heu et celle du Yang-tse, les côtes plus au sud, et se prépare même à une expédition vers les îles de l'est. Il n'en poursuit pas moins sa formation littéraire et commence lui-même à écrire. À vingt-quatre ans, il revient à la capitale pour passer les examens impériaux, concours très sévère qui ouvre l'accès aux postes importants. Malgré son érudition, cette immense érudition qui paraît à chaque ligne de son œuvre, malgré sa renommée déjà naissante, il échoue aux examens. Sans doute s'est-il montré trop fier et trop sûr de lui pour se plier aux modes du temps. Mais c'est pour lui une grosse déception. Il quitte à nouveau la capitale et repart en voyage. Ce sont des années agréables, l'argent ne lui manque pas, car son père a un poste bien rétribué. Il partage son temps entre de grandes chasses dans la vallée du Houang-heu — il est excellent cavalier et archer —, et la lecture des philosophes et des poètes. Mais son père meurt et, du jour au lendemain, le voilà chef de sa famille et d'une famille plus très riche. Par droit héréditaire, il pouvait demander un petit poste dans l'Administration impériale. Mais il semble bien qu'il ait laissé un frère plus jeune bénéficier de cette coutume. Il préfère la liberté du lettré, liberté souvent impécunieuse, mais où l'on arrive tout de même à vivre en cette Chine médiévale, grâce aux largesses des hauts fonctionnaires : il n'est que de savoir tourner un poème à quelque occasion que ce soit, ou d'accepter de rédiger, en lieu et place d'un gouverneur ou d'un ministre, un long mémorandum qui sera présenté à l'empereur. Ainsi se passera désormais la plus grande partie de son existence. Tou Fou, alors, a trente ans, et s'est fixé pour quelques années à Lo-yang, la capitale de l'Est, au nord de l'actuel Heunan. Ses journées se passent tantôt dans l'étude et la composition littéraire, tantôt dans des parties de plaisir, banquets et promenades avec des amis. Les deux occupations vont d'ailleurs souvent de pair, car ses amis sont tous des lettrés, et souvent des poètes. C'est alors qu'il noue avec Li Po une amitié qu'il gardera toujours au cœur, car Tou Fou est un homme qui place ce sentiment au premier plan de sa vie. Les deux hommes ne se reverront guère, mais Tou Fou de loin pensera souvent à son ami, et nombreux sont les poèmes où l'on retrouve son souvenir. Et Li Po n'est qu'un exemple entre beaucoup d'autres. Ce seront les amitiés créées alors qui assureront jusqu'à sa mort la vie matérielle de Tou Fou : elles tiennent aussi une place importante dans son œuvre poétique.

Cependant l'absence de relations puissantes à la Cour qui empêche que le lendemain soit vraiment assuré, l'attrait aussi d'un poste où il puisse mieux travailler pour son pays, le font retourner à la capitale. Lorsqu'il arrive à Tch'ang-an, âgé de trente-cinq ans, le règne brillant du grand empereur Siuan-tsong est à la veille de tourner au désastre. L'empereur est dominé par sa favorite, la trop célèbre Yang Kouei-fei, qu'entourent ses frères et ses neveux, promus aux plus hauts postes. Audessus de toute cette camarilla, un Premier ministre sans scrupules favorise les mauvais penchants de l'empereur et écarte tous ceux qui pourraient avoir quelque influence. Ainsi en est-il des fonctionnaires intègres qui pourraient aider notre poète. Un nouvel examen à la Cour est à nouveau un échec. Tou Fou, sans être dans la plus grande misère, doit vivre plus ou moins en mendiant, au hasard des générosités de quelques grands personnages. Il se retire plusieurs mois dans un ermitage, puis essaie à nouveau, à deux ou trois reprises, de se faire remarquer de l'empereur en lui présentant directement ses compositions littéraires, de longues odes d'apparat qui ne sont pas le meilleur de son œuvre. Au moment où il vient enfin d'obtenir un poste éclate la révolte d'An Lou-chan, révolte qui allait ensanglanter la Chine pendant de longues années. Tou Fou est séparé de sa femme, épousée quelques années auparavant alors qu'il avait environ quarante ans, et des bébés qui sont déjà nés. Pour cet homme tendre, la séparation est cruelle au milieu des affres de la guerre civile, et ses inquiétudes s'expriment en d'émouvants poèmes. Quand la révolte s'apaise, sans être encore complètement vaincue, le nouvel empereur, qu'il a réussi à rejoindre à travers les campagnes infestées de soldats et de pillards, le nomme censeur. Il lui est surtout demandé d'être auprès de l'empereur dans les grandes cérémonies, mais Tou Fou est trop soucieux de ses responsabilités pour s'en tenir là. À temps et à contretemps, il rappelle ses devoirs à l'empereur. C'est trop de franchise, et voici bientôt la disgrâce. Tou Fou doit repartir à travers un empire ruiné où les recruteurs pourchassent dans les campagnes les derniers hommes valides que n'a pas encore requis l'armée. Spectacle cruel qui l'émeut et fait le sujet de plusieurs très beaux poèmes. Dans la paix qui se rétablit peu à peu, on le retrouve à Tch'eng-tou, où des dons généreux de ses amis devenus maintenant gouverneurs de provinces lui ont permis de se bâtir une petite maison au toit de chaume. Il y passera deux ou trois ans, puis partira à nouveau avec sa famille auprès d'un autre grand personnage, qui lui assure, au prix de quelques poèmes ou dédicaces, l'abri d'un toit et le riz quotidien. Tantôt il se mêle à la société qui va de festin en festin – il sait boire lui aussi –, tantôt il vit retiré dans son jardin, cultivant les plantes médicinales qui soulageront son asthme ou élevant des volailles. Avec des alternatives plus ou moins brillantes, telles seront les dernières années de sa vie, dans l'ouest de la vallée du Yang-tse ; il mourra sans revoir ni la capitale ni la maison qu'il s'était bâtie au pays de ses aïeux.

Tou Fou n'est pas un novateur en poésie. Un excellent historien de la littérature chinoise a pu écrire tout un ouvrage sur les genres littéraires sans même mentionner son nom. Au moment où Tou Fou écrit, la poésie chinoise connaît son âge d'or. Les règles en ont été fixées depuis plus de deux siècles, règles très strictes d'ailleurs ; mètres de cinq ou sept pieds, rimes, alternances des tons à l'intérieur même du vers... Tou Fou n'est pas gêné par ce corselet très serré ; la forme est toujours parfaite et l'on ne sent pas l'effort. C'est qu'une vaste érudition met à sa disposition des ressources étendues d'expression. Cette érudition, tant admirée des générations postérieures, fait aussi la difficulté de sa poésie et nous apparaît plutôt comme un défaut. Tout est prétexte à l'évocation, en un seul mot parfois, d'un texte ancien ou d'un épisode de l'histoire chinoise. Et ceci rejoint une autre caractéristique de son œuvre : les poèmes chinois sont souvent très brefs et Tou Fou affectionne tout spécialement ces très courts poèmes de quatre vers dont le sujet peut être très vaste. C'est au lecteur de suppléer au contexte qui manque, au gré de son imagination. Cela laisse place évidemment à bien des erreurs d'interprétation, mais cette liberté du lecteur n'est pas sans charmes. La variété de son inspiration, qui nous rend le poète très proche, est plus importante encore pour nous lecteurs occidentaux. Toute son expérience humaine est reflétée dans son œuvre : ses amitiés avec les plus grands poètes et lettrés de son temps déjà évoquées, son affection pour les siens, sa compassion pour les misères du peuple, son souci de la grandeur de son pays, et sa fierté à l'égard de l'histoire nationale. On a pu dire de Tou Fou qu'il était un poète de la société et un poète historien. Cependant, peu de poètes chinois ont été aussi personnels, même dans des textes écrits sur commande ou dans ces joutes poétiques qui accompagnaient les randonnées entre amis. Chaque visite d'un monument, chaque promenade, après la description du paysage et l'évocation du passé, se termine par une note actuelle et humaine. D'un mot, qui prend toute sa valeur émotive dans la brièveté et l'inattendu, le poète se situe dans son temps et ses misères. Il condamne les guerres qui apportent tant de malheurs, et aussi l'opulence des palais qui ruine les sujets et pervertit les princes. Tou Fou est loin d'être un libertin : s'il a célébré, comme tant de poètes chinois, les joies qu'apporte le vin, la femme est à peine présente dans son œuvre. Il préfère chanter les beautés d'un clair de lune et les cris des oiseaux dans son jardin. Tou Fou est un sage : sa sagesse, dont le point de départ est une solide morale confucéenne, est faite de mesure, de droiture du cœur et aussi de sympathie envers les êtres et les choses. Ses œuvres ont été rassemblées dans *Recueil et commentaire des poésies de Tou Fou* (*).

YVES HERVOUET.

RÉF. : F. Ayscough, *Tu Fu : The Autobiography of a Chinese Poet, A. D. 712-759,* vol. I, Boston, 1929 ; *Travels of a Chinese Poet : Guest of Rivers and Lakes, A. D. 759-770,* vol. II, Boston, 1934. – E. von Zach, *Tu Fu's Gedichte,* Harvard-Yenching Institute Studies VIII, 1952. – W. Hung, *Tu Fu, China's Greatest Poet,* Harvard, 1952. – D. Hawks, *A Little Primer of Tu Fu,* Oxford, 1967.

TOUKARAM. Poète mystique indien. Né vers 1598 à Dehou dans le pays marathe (Inde), mort vers 1650, probablement sur la route de Pandharpour. Fils aîné d'un petit commerçant, orphelin à quinze ans et obligé de reprendre l'échoppe paternelle, il est marié de bonne heure, mais une famine lui enlève sa femme et son fils. Remarié, il délaisse volontiers le foyer conjugal pour méditer et prêcher. Analphabète et membre de la caste la plus humble, il composait des poèmes que transcrivaient ses disciples brahmanes dont on a conservé les cahiers. Mais sa vie et sa mort, embellies par les légendes, demeurent entourées de mystère.

Dans la lignée des grands poètes marathes (Jnandév, Namdév, qui vécurent deux siècles avant lui, et surtout Eknath, son immédiat prédécesseur, qui inventa un mysticisme à l'usage de tous), Toukaram est un chanteur et un pèlerin ; il fonda lui-même un ordre de pèlerins qui est toujours vivant. C'est pour eux qu'il composa des *Psaumes du pèlerin* (*) toujours chantés, notamment dans la ville sainte de Pandharpour.

JEAN-PIE LAPIERRE.

TOULET Paul-Jean. Écrivain français. Né à Pau le 5 juin 1867, mort à Guéthary (Pyrénées Atlantiques) le 6 septembre 1920. Ses parents, qui possédaient des terres à l'Île Maurice, rentrèrent en France pour qu'il y naquit. Sa mère mourut très vite après sa naissance et l'enfant fut confié aux soins de son grand-père et de l'un de ses oncles, qui habitaient non loin de Pau, à Bilhères. Il fit ses premières études chez les Dominicains, puis aux lycées de Pau, de Bayonne et de Saintes dans les Charentes, où il obtint son baccalauréat en 1885. À la fin de cette année, il partit pour l'île Maurice, où il mena une vie de dandy désœuvré, goûta à quelques drogues, dont la gandia et l'opium, et n'écrivit guère. Il y demeura jusqu'en septembre 1888, date à laquelle il se rendit à Alger, via Tamatave, Zanzibar, Alexandrie, Le Caire et Marseille. Il y séjournera un an, écrivant des articles, des chroniques, des sonnets et des pièces en un acte. Après un retour au Béarn, où il mène une vie aisée – Pau est, à cette époque, une ville très cosmopolite dans la saison d'hiver –, il se rend en 1892 à Paris, où il fit, entre autres, la connaissance de Toulouse-Lautrec et de Charles Maurras. Mais ce n'est qu'à partir de 1898 qu'il s'y installera pour plusieurs années. Sa fortune s'est peu à peu épuisée. En compagnie de Curnonsky, le « prince des gastronomes », dont il partage l'appartement rue de Villersexel, puis place de Laborde, il mène une existence de noctambule boulevardier impénitent, fréquentant surtout le Weber, rue Royale, le bar de l'Élysée-Palace sur les Champs-Élysées, qu'il surnommera « le bain de cuir », et le bar de la Paix. Léon Daudet nous l'a décrit, en ces années-là : « On l'apercevait chez Weber, mince et moqueur, penché sur un verre de whisky and soda, avec un étincelant œil de biais, observant l'existence, tripotant sa barbiche et crispant ses mains fines, comme s'il allait s'étirer. Nous l'aimions pour son horreur de la foule, des préjugés démocratiques, de la niaiserie diffuse et des gens importants. Il s'exprimait par phrases courtes, sèches, péremptoires, luisantes et qui coupent. Il a la réponse prompte et la dent dure. » Daudet ajoute : « Proust donnait sur les nerfs de Toulet, qui, de son côté, l'agaçait. » Ils se ressemblaient. Bien plus tard, Pierre-Olivier Walzer parlera de « bohème distinguée de la rive droite ». Toulet collabore alors régulièrement à *La Vie parisienne* et, en 1898, publie *Monsieur du Paur, homme public* (*), que suivront, en 1902, *Le Mariage de Don Quichotte,* en 1904 *Les Tendres Ménages* (*) et, en 1905, *Mon amie Nane* (*). Ses amis, ses compagnons de vie nocturne se nomment Jacques Boulenger, Edmond Jaloux, Jean-Louis Vaudoyer, Émile Henriot, Henri de Régnier, voire Claude Debussy qui jouera dans sa vie un rôle amical éminent. En 1899, un voyage à Londres lui permet de rencontrer Arthur Machen, dont il traduira un roman fantastique, *Le Grand Dieu Pan* (*) (1901). De novembre 1902 à août 1903, il effectue, en compagnie du fidèle Curnonsky, une mission en Extrême-Orient afin de « couvrir » l'exposition de Hanoï. Ils visiteront Singapour, Canton, Hué, Saïgon, Hong-Kong, Ceylan, Pondichéry. Toulet en rapportera d'amères notes de voyage : « À Colombo, un de ces hôtels anglais vastes, sinistres et coûteux où la salle de bains manque d'eau, la cave de vin, où la brise de mer est remplacée par des moustiques, et le savoir-vivre par de la mauvaise cuisine. » Quelques autres brefs voyages le mènent à Bruges, Aix-la-Chapelle, Avignon ou Dinard, mais toujours avec l'insistante nostalgie des Grands Boulevards, de leurs journalistes, de leurs turfistes et de leurs jolies demi-mondaines. En 1908, à court d'argent, il devient le collaborateur, le « nègre », d'Henry Gauthier-Villars, dit Willy, qui, deux ans auparavant, avait divorcé de Colette. Paraissent alors *La Tournée du petit duc* (1908), *Lélie, fumeuse d'opium* (1911), *L'Implacable Siska* (1914), entre autres. Cette collaboration qui dut être, pour Toulet, comme la confirmation d'un échec littéraire et financier (malgré les nombreux articles et chroniques qu'il donne au *Soleil,* au *Damier,* à *La Vie parisienne,* au *Matin,* aux *Marges,* aux *Guêpes* ou à *La Grande Revue*) fut-elle, ajoutée aux excès d'alcool et d'opium, la goutte d'eau qui ruina sa santé et hâta son départ de Paris ? Perspicace, Willy lui écrit : « Car si j'aime tant vos livres, ce n'est pas uniquement pour leur beauté formelle, mais parce que, souvent, quand tout dort, j'y entends l'affreux soupir d'une détresse de trop bonne compagnie pour qu'elle consente à se montrer. » La toute-vigilante amitié de Mme Bulteau, qui tient salon avenue de Wagram, n'y pourra rien. Il y a là quelque secret. Debussy, avec qui il avait eu le projet d'un opéra tiré de *Comme il vous plaira* (*) de Shakespeare, lui écrira bientôt : « Vous devez me croire si je ne suis pas encore habitué à ce départ de vous, qui ressemblait à une fuite de tout, et du reste ! Je ne vous ai jamais dit ce qu'il me paraissait cacher de sentiments froissés, de sensibilité meurtrie, car ce sont là des instants particuliers où les conseils aussi bien que les consolations ne servent pas à grand'chose. » En juillet 1912, Toulet quitta définitivement Paris et s'installa à Saint-Loubès, près de Libourne, chez sa sœur, puis à Guéthary, au pays basque. Sa gloire littéraire commençait à poindre. Quelques poètes, dont Francis Carco, le prirent pour maître et lui demandèrent de rassembler ses poèmes, *Les Contrerimes* (*). Ce mince recueil, unique dans l'histoire de la poésie française, devait paraître en 1913, puis en 1914 (mais la guerre l'en empêcha !) et ne sortit des presses que le 31 décembre 1920, quelques mois après la mort de Toulet. Il suffit à assurer sa gloire, avec les *Lettres à soi-même* et *Les Trois Impostures,* amères réflexions sur une vie de poète. Le 12 juin 1916, Toulet épousa la fille d'un restaurateur de Guéthary : « Ma famille, fatiguée de me soigner, m'a marié... Moi-même malgré mon horreur des cérémonies, je n'aurais trop rien dit, si je n'eusse pas été si directement en cause, et si on ne m'avait, sous ce prétexte, fait lever à une de ces heures dont on ne voudrait même pas pour mourir. » En 1920 paraît l'un de ses romans les plus célèbres, *La Jeune Fille verte* (*), dont le premier état datait de 1901. Toulet reçoit encore des visites d'amis : Debussy, Valéry. Il mourut le 6 septembre 1920, emporté par une hémorragie cérébrale, entouré de livres d'art et de catalogues de musées, laissant un ultime poème, inachevé : « Ce n'est pas drôle de mourir / Et d'aimer tant de choses / La nuit bleue et les matins roses / Le verger plein de glaïeuls roses / L'amour prompt / Les fruits lents à mûrir... / Enfance, cœur léger. »

BERNARD DELVAILLE.

♦ *« Toulet était avant tout poète. Il le fut toute la vie. Dans ses meilleurs romans, c'est par la courbe psychologique des personnages, l'atmosphère du milieu, l'élaboration, le choix, la particularité du sujet qu'il nous touche et finalement nous ramène – quoi qu'il traite – à lui-même. »* Francis Carco. ♦ *« On mène grand bruit autour de Toulet qui vient de mourir ; tous ses amis au reste affirment, je le crois volontiers, que c'était un être délicieux. Et les gentils vers de lui que j'ai entendus citer, souvent fort gracieux, s'élèvent parfois à une véritable éloquence. »* Marcel Proust. ♦ *« En dehors du temps et de la nature, Toulet, comme tous les lyriques, a abordé tous les grands thèmes de la poésie : l'amour et l'infidélité, l'ardeur des passions naissantes et la tristesse des passions qui s'achèvent. Il montre comment l'amour, s'infiltrant dans toutes les heures de la vie, les transfigure. »* Jean Mistler. ♦ *« Curieuse situation que celle de Paul-Jean Toulet poète. Ignoré de la plupart ou mis en marge, il est considéré par quelques-uns comme un des plus importants poètes français. »* Robert Sabatier. ♦ *« À mes yeux, Toulet – si pauvre fût-il dans sa vie – est un écrivain de luxe. »* Michel Déon.

RÉF. : Henri Martineau, *La Vie de Paul-Jean Toulet,* Paris, 1921. – Jacques Dyssord, *L'Aventure de Paul-Jean Toulet, gentilhomme de lettres,* Paris, 1928. – Pierre-Olivier Walzer, *Paul-Jean Toulet, l'œuvre, l'écrivain,* Paris, 1949. – Pierre-Olivier Walzer, *Paul-Jean Toulet,* Paris, 1954. – Daniel Aranjo, *Paul-Jean Toulet, la vie, l'œuvre,* 2 vol. Pau, 1980. – *Présence de Paul-Jean Toulet,* ouvrage collectif réalisé par Michel Bulteau, Paris, 1985.

TOU MOU [Du Mu]. Poète chinois. Né et mort à Si-an, dans la province du Chan-si (803-852). D'une personnalité complexe, il est présenté soit comme un confucianiste préoccupé avant tout par le sort de son pays, soit comme un libertin inconstant, son œuvre permettant d'étayer l'une et l'autre interprétation. Né dans une famille de lettrés éminents, à une époque où la dynastie T'ang était affaiblie et en proie à des luttes intestines, sa carrière de lettré-fonctionnaire fut assez chaotique et liée aux rivalités de personnes. Lui-même réunit la plus grande partie de son œuvre dans un ouvrage intitulé *Recueil de Fan-tch'ouan* (*), Fan-tch'ouan étant le nom du lieu à la campagne où il avait une résidence secondaire.

JACQUES PIMPANEAU.

TOURAINE Alain. Sociologue français. Né le 3 août 1925 à Paris. Intellectuel d'origine bourgeoise (son père était un médecin réputé du boulevard Raspail), normalien et agrégé d'histoire, il se distingue par la richesse des expériences personnelles qui ont fortement contribué à orienter son œuvre : dès 1947, un séjour en Hongrie puis en Yougoslavie lui permet d'assister aux derniers épisodes de la mise en place du rideau de fer. À son retour, il part travailler comme mineur dans la région de Valenciennes, nouvelle occasion de dépaysement extrême. En 1956, il découvre l'Amérique latine, envoyé par Friedmann au Chili où il se marie. Il maintient ensuite des contacts étroits et continus avec le Chili, le Brésil et le Pérou. Il a aussi enseigné aux États-Unis. Ces confrontations directes avec des réalités sociales marquantes expliquent l'originalité de son travail théorique, constamment sous-tendu par la volonté de préserver la diversité du social et des « mouvements sociaux », dont les rapports rendent compte de l'évolution de la société. Les mouvements sociaux sont des ensembles de conduites collectives, dont l'enjeu est la transformation de la société. Ils sont donc nécessairement multiples, la concurrence qui les oppose pour la définition de la réalité sociale étant le moteur du changement social. Avec François Dubet, Zsuzsa Hegedus et Michel Wieviorka, Touraine s'est successivement intéressé aux mouvements étudiant (*Lutte étudiante,* 1978), anti-nucléaire (*La Prophétie anti-nucléaire,* 1980), régionalistes (*Le Pays contre l'État, Luttes occitanes*, 1981) notamment. À partir de ces travaux empiriques, Touraine montre comment la modification des enjeux des luttes révèle que nous entrons dans une *Société post-industrielle* – titre d'un ouvrage publié en 1969 –, ou « programmée » : les conflits concernent de moins en moins l'organisation du travail dans l'entreprise et de plus en plus les domaines de la vie privée où peuvent s'opposer le technocrate et l'usager : la médecine, l'environnement, l'éducation, la sexualité. Les luttes sociales menées dans ces domaines permettent à Alain Touraine de distinguer deux projets transversaux : le projet technocratique et le projet auto-gestionnaire. Le sociologue, en étudiant les formes prises par ce dernier, révèle aux mouvements sociaux leur propre conception de la société, les aidant ainsi à clarifier leur entreprise de *Production de la société* (*), notamment par un travail de délimitation du possible. Directeur d'études à l'École des hautes études en sciences sociales, Alain Touraine dirige maintenant le Centre d'étude des mouvements sociaux. Il a en outre écrit : *L'Évolution du travail ouvrier aux usines Renault* (1955), *Sociologie de l'action* (1965), *Pour la sociologie* (1974), *Le Retour de l'acteur* (1984).

FLORENT CHAMPY.

TOURGUENIEV Ivan Sergueïevitch [Ivan Sergeevič Turgenev]. Écrivain russe. Né le 28 octobre 1818 à Orel ; mort le 22 août 1883 à Bougival. De trois ans l'aîné de Dostoïevski, de dix ans celui de Tolstoï, Tourgueniev est le plus occidental des trois grands romanciers qui firent la gloire de la littérature russe dans la seconde moitié du XIXe siècle.

Jusqu'à l'âge de sept ans, Tourgueniev vécut dans le domaine maternel de Spasskoïe, non loin d'Orel, sa ville natale. Il n'aimait guère parler de son père, officier des cuirassiers, personnage insignifiant et qui ne s'était marié avec la riche Lutovinova, sensiblement plus âgée que lui, que par intérêt. De sa mère, aigrie par une vie malheureuse depuis l'enfance, pervertie par la toute-puissance que lui offrait le servage, se laissant aller à des accès redoutables de colère ou d'excentricité, il a tracé un portrait impitoyable dans *Mumu* (1852). C'est à ce moment-là qu'il connut non seulement les rigueurs, mais aussi les monstruosités auxquelles donnait lieu l'institution du servage. Fouetté lui-même à tort ou à raison, impuissant devant les châtiments infligés aux paysans, Tourgueniev n'aurait gardé qu'un mauvais souvenir de son enfance, n'étaient les attraits de la nature, les parties de chasse, le contact vivant avec le peuple. Un serf, qu'il évoqua avec reconnaissance dans *Punin et Baburin* (1874), lui donna le goût de la lecture et de la littérature russe. C'est à Moscou que le jeune Tourgueniev suivit dans des pensions les cours préparatoires à l'Université, où il entra, selon les usages du temps, à l'âge de quinze ans. Il continua ses études à Saint-Pétersbourg. Par son professeur de littérature Pletnev, grand ami de Pouchkine, Tourgueniev, seul de sa génération, aura un lien vivant avec la tradition poétique de l'époque pouchkinienne. Il a même la chance de rencontrer par deux fois l'illustre poète. Pletnev juge sévèrement ses premiers essais poétiques mais ne décourage pas leur auteur et publie deux de ses poésies dans *Le Contemporain*. En 1838, pour parfaire ses études et son apprentissage de la vie, Tourgueniev part pour Berlin. Le voyage ne fut pas sans incident. Un grave incendie se déclara à bord du bateau, et Tourgueniev n'eut pas l'attitude courageuse qui seyait à son âge et à sa vigueur physique : plus tard, ses ennemis exploiteront sans pitié cette défaillance de caractère.

Les trois années passées à Berlin – à fréquenter la faculté de philosophie et une pléiade de jeunes philosophes russes, Granovskij, Stankevič, Bakounine... qu'unissait une dévotion commune à Hegel – déterminèrent l'orientation de la pensée politique et sociale de Tourgueniev : séduit par la civilisation avancée de l'Occident il se range résolument dans le camp des occidentalistes. Sceptique, il rejette le messianisme religieux cher aux slavophiles ; clairvoyant, il ne voit d'autre salut pour la Russie que de se mettre humblement à l'école de l'Occident. Ce fut aussi la seule période vraiment heureuse de son existence. Un voyage à Rome avec Stankevič affine son sens esthétique. La Russie le revoit en 1841, jeune, beau, élégant, remarquablement cultivé. Il songe au professorat, mais les parties de chasse l'empêchent d'écrire sa thèse. Il entre alors au service civil, où il travaille sous la houlette de Dahl, ethnographe et littérateur de talent. Une liaison avec une paysanne – comme en avait eu plus d'une fois son père – lui donne en 1842 une fille : la petite Pélagie. À l'âge de huit ans, Pélagie sera transplantée en France, et deviendra Pauline, la fille adoptive des Viardot. À la même époque, fréquentant le « nid de gentilshommes » qu'était la famille Bakounine, il brise, en passant et sans en souffrir lui-même, le cœur de Tatiana, sœur du futur révolutionnaire. Il versifie toujours ; son poème *Parasa* reçoit l'approbation, alors capitale, du critique Belinski. Le 28 octobre 1843, au cours d'une partie de chasse, Tourgueniev rencontre Louis Viardot. Quelques jours après, il est présenté à sa jeune femme, la célèbre cantatrice Pauline Garcia, comme « jeune propriétaire, adroit tireur, aimable causeur et... piètre poète ». Pauline tolère son amour, semble y répondre. L'année suivante, Tourgueniev trouve le moyen de la suivre à l'étranger, à Berlin, puis à Paris. Il est admis dans le domaine familial des Viardot, à Courtavenel, où par la suite il séjournera si souvent. Entre-temps, il abandonne définitivement la poésie pour la prose. *Andréi Kolosov* (*) (1844) se ressent encore de l'atmosphère romantique des œuvres de Lermontov, mais l'histoire lamentable de *Petuškov* (1847), homme faible, captivé et brisé par une femme de rien, mais volontaire, contient en germe tout l'univers romanesque de Tourgueniev.

La mère de Tourgueniev, dépitée de voir son fils quitter le service civil, s'éprendre d'une artiste, fréquenter un homme aussi dangereux que Belinski, lui coupe les vivres, le condamnant à une vie de bohème. En 1847, Tourgueniev décide de quitter la Russie, pour vivre auprès de Pauline Viardot sans doute, mais aussi pour écrire avec moins de passion, loin de sa patrie, ces récits tirés de la vie des paysans et des propriétaires terriens, qui, réunis cinq ans plus tard sous le titre *Mémoires d'un chasseur* (*), seront accueillis comme un réquisitoire implacable contre le servage. La vie de Tourgueniev à l'étranger ne manque pas d'agréments : il fréquente Belinski, Herzen, Annenkov ; Fet vient passer quelques jours à Courtavenel ; grâce aux Viardot, Tourgueniev fait connaissance avec George Sand, Mérimée, Musset, Chopin, Gounod... En 1850, il est rappelé en Russie par la maladie de sa mère qui refuse de le recevoir et ne se réconcilie avec lui que dans ses dernières minutes. Le voilà propriétaire d'une grande fortune, définitivement à l'abri des soucis financiers. La mort de Gogol (1852) l'impressionne vivement : l'article nécrologique qu'il lui consacre semble si enthousiaste à la censure qu'il lui vaut un mois d'arrêts et l'exil dans son domaine de Spasskoïe. Exil bénéfique à certains égards, mais redoutable pour ses relations avec Pauline Viardot. Tourgueniev travaille intensément, chasse éperdument (trois cent quatre pièces à son actif pour un seul automne), se permet une brève liaison avec une domestique, songe au mariage (avec sa cousine Asja Turgenev) sans s'y résigner... Son retour à Saint-Pétersbourg (novembre 1853) est triomphal : les *Mémoires d'un chasseur* qui furent un événement aussi bien social que littéraire lui avaient assuré d'emblée une des premières places, sinon la première, parmi les écrivains russes. À cette époque se place son amitié spirituelle avec la comtesse Lambert, qui tâche, en vain, de l'amener à la foi. En 1856, Tourgueniev reçoit enfin l'autorisation de quitter la Russie : il part aussitôt pour l'étranger. Entre Pauline Viardot et lui s'interposent une séparation de six ans et un rival, le peintre Ary Scheffer (mort en 1858). Pour tromper sa mélancolie, Tourgueniev voyage, puis décide de rentrer en Russie. Sa voie littéraire est définitivement tracée. Il peint la vie telle qu'elle est et choisit ses thèmes dans les problèmes d'actualité les plus brûlants. Son art répond aux exigences de chacun. Tourgueniev sait être civique sans être tendancieux, allier la vérité à la poésie et à la beauté. Ses nouvelles – citons, parmi les plus célèbres, *Deux amis* (1853), *Un coin tranquille* (1854), *Jacques Pasynkov* (1855), *Asja* (1857), *Premier amour* (*) (1860) – sont des chefs-d'œuvre de fraîcheur et de poésie. Dans son premier roman, *Roudine* (*) (1855), Tourgueniev rend hommage à l'idéalisme de la génération des années 1840, tout en montrant son impuissance dans l'action. Dans *Nid de gentilshommes* (*) (1859), il dit adieu à l'ancien ordre social de la Russie et exalte sa poésie, ses profondes assises religieuses : Lisa Kalitina, digne héritière de la Tatiana de *Eugène Onéguine* (*) de Pouchkine, sera considérée comme le modèle le plus achevé de la « jeune fille à la Tourgueniev », charmante, noble, pure et volontaire. Dans *À la veille* (*) (1859), il essaie de peindre le portrait héroïque d'une jeune fille de la nouvelle génération, à l'aube des grandes réformes. Tourgueniev fut sensible au vif succès remporté par ses romans et, particulièrement, aux louanges de la jeune génération, dont il était et voulait être le porte-parole. La critique remarqua cependant que, si Tourgueniev avait donné toute une pléiade d'héroïnes, il avait omis de peindre un héros russe. Le seul homme fort de ses romans, Insarov, dans *À la veille,* était, comme par hasard, un Bulgare. *Pères et Fils* (*) (1861), l'une des meilleures œuvres de Tourgueniev, devait être une réponse à cette accusation. Mais elle eut l'effet contraire. La critique radicale, alors toute-puissante, ne reconnut pas ses idéaux dans Bazarov, jeune étudiant nihiliste, sans croyance ni morale, et cria au scandale et à la trahison. Tourgueniev ressent douloureusement cet échec. Il décide de s'établir définitivement à l'étranger et de renoncer à la littérature. Dans un poème lyrique en prose, intitulé *Assez* (1864), il donne libre cours à son ressentiment. Puis il s'installe en Allemagne, à Baden, où avaient élu domicile les Viardot. Une société agréable, voire brillante, des soirées musicales et artistiques auxquelles Tourgueniev prenait une part très active, des relations paisibles et plus intimes que par le passé avec Pauline Viardot, font du séjour à Baden l'une des périodes les moins troublées, les moins mélancoliques de la vie de Tourgueniev. Il n'abandonne pas la littérature, et publie en 1867 un nouveau roman, *Fumée* (*), qui achève de couper les ponts entre la Russie et lui, en lui aliénant cette fois l'opinion de droite. Cette vie idyllique fut brisée par la guerre de 1870. Au même moment, un médecin allemand, comme jadis Scheffer, vint assombrir les relations de l'écrivain avec Pauline Viardot. Les pérégrinations reprennent : Londres d'abord, puis Paris. Courtavenel détruit et pillé, les Viardot s'installent au cœur de la capitale, puis à Bougival, où Tourgueniev se fait bâtir une maison. *Les Eaux printanières* (*) (1871) sont un retour en arrière, vers le romanesque pur, au-delà des préoccupations sociales et politiques. À Paris, Tourgueniev se lie d'amitié avec Flaubert, Zola, les Goncourt... Mais il repousse leur conception physiologique, « gastronomique » de l'amour, à laquelle il oppose sa vénération presque religieuse de l'Éros et de sa puissance. *Terres vierges* (*) (1876) fut le dernier grand roman de Tourgueniev et, malgré de beaux passages, un échec : il avait perdu contact avec la réalité russe et sa peinture de l'action révolutionnaire dans les masses ne satisfit personne. Jusqu'à la fin de ses jours, il ne cessera d'écrire, mais son œuvre prend une orientation nouvelle. Dans le *Chant de l'amour triomphant* (1881), *Clara Milič* (1882), Tourgueniev fait une large place au fantastique et aux forces occultes. Dans *Senilia* (1879-1882), réunis sous le titre *Poèmes en prose* (*), s'exprime son agnosticisme pessimiste fortement influencé par Schopenhauer.

Les dernières années de la vie de Tourgueniev, sans foyer, sans patrie, sans croyance, furent adoucies par les rayons de la gloire. En 1875, au Congrès international de littérature à Paris, il est élu vice-président et siège aux côtés de Victor Hugo. Son discours sur la littérature russe obtient un vif succès. Le déclin des passions politiques – l'époque des grandes réformes est révolue – et le renouveau de l'esthétique opèrent la réconciliation entre le vieil écrivain et sa patrie. Lorsqu'il revient en Russie, pour de courtes périodes toujours, réceptions et dîners en son honneur se succèdent. La jeune actrice Maria Savina fait de sa pièce *Un mois à la campagne* (*), écrite en 1850, un triomphe (1879). Il est acclamé aux solennités pouchkiniennes (1880). Oxford le nomme « doctor of common law » pour le rôle joué par les *Mémoires d'un chasseur* dans le mouvement d'émancipation des serfs. Si physiquement Tourgueniev a l'aspect d'un vieillard, son cœur est resté juvénile : il s'éprend de Maria Savina, à peine flattée par l'attention que lui porte l'écrivain, et souffre de ne pas voir sa passion partagée. En 1881, il ressent, sans y prêter trop d'attention, les premières atteintes du mal qui va l'emporter (cancer de la moelle épinière). Les deux dernières années sont une longue et douloureuse agonie. La mort qu'il avait tant redoutée vint en libératrice. Tourgueniev, veillé par Pauline Viardot, s'éteignit le 22 août 1883 dans sa demeure de Bougival.

Tourgueniev est le seul écrivain russe qui ait pu prétendre de son vivant à une large audience occidentale. Mais depuis, sa popularité en Occident a considérablement diminué. « Pour la jeune génération du début du XXe siècle, Tourgueniev paraissait petit à l'ombre d'un Tolstoï et d'un Dostoïevski » (Jacques Rivière). Actuellement, il faut bien reconnaître qu'il est l'un des moins lus parmi les grands écrivains russes. Si son œuvre a, dans une certaine mesure, vieilli, c'est qu'elle ne fait que refléter son époque sans la dominer. Gogol, Dostoïevski, Tolstoï ont été, chacun à leur manière, des prophètes. Tourgueniev n'a été qu'un grand artiste et, même en Russie, il n'a jamais été considéré comme un maître de vie. Mais, pour les Russes, il est à jamais un classique. L'enchantement de sa langue travaillée, mais nullement artificielle, la poésie de ses descriptions de la nature, la vérité et la finesse de sa peinture de l'amour – autant de qualités impérissables de l'œuvre de Tourgueniev.

NIKITA STRUVE.

♦ *« Le noble et mélancolique Tourgueniev. »* Walt Whitman. ♦ *« Tourgueniev ne fut jamais l'artiste pur, celui au regard duquel la belle phrase est la seule réalité... Plus que son art encore, il chérit d'une infinie tendresse cette vie russe, dont il a décrit, avec une complaisance émue, les songes obscurs, les rêveries inachevées, les décevantes ardeurs. »* Paul Bourget. ♦ *« Tourgueniev est l'artiste par excellence. Voilà où réside sa force, mais également le secret de son étroitesse relative. Les jouissances qu'il puise dans la Beauté le réconcilient trop facilement avec la Vie. Il a sondé l'âme de la Nature avec plus de profondeur et de pénétration qu'il n'a étudié le cœur de ses semblables. »* D. Mérejkovski. ♦ *« Tourgueniev est dépourvu des joies de l'âme, il est sans humour et sans sorcellerie. »* A. Rémizov. ♦ *« La part d'inspiration religieuse ne prend pas* [chez lui] *la forme de croyance positive, mais de croyance à la valeur de la croyance... Ainsi ce sceptique conclut en faveur des actions désintéressées et nous comprenons maintenant pourquoi il voulut un jour, dans une conférence publique, défendre le type de Don Quichotte contre celui de Hamlet, c'est-à-dire contre lui-même. »* André Maurois.

RÉF. : E. Dupuy, *Les Grands Maîtres de la littérature russe au XIXe siècle,* Paris, 1885. – Vte E.-M. de Vogüé, *I. Tourgueniev, sa vie et son œuvre,* Paris, 1885. – P. Bourget, *Nouveaux essais de psychologie contemporaine,* Paris, 1886. – I. Pavlovski, *Souvenirs sur Tourgueniev,* Paris, 1887. – É. Hennequin, *Études de critique scientifique. Écrivains francisés,* Paris, 1889. – T. de Wyzewa, *Écrivains étrangers,* Paris, 1896. – E. Halpérine-Kaminski, *Ivan Tourgueniev d'après sa correspondance avec ses amis français,* Paris, 1901. – Ossip-Lourié, *La Psychologie des romanciers russes du XIXe siècle,* Paris, 1905. – É. Haumant, *Yvan Tourgueniev, la vie et l'œuvre,* Paris, 1906. – E. Séménoff, *La Vie douloureuse d'Ivan Tourgueniev,* Paris, 1933. – A. Rémizov, *Tourgueniev, poète de rêve,* Paris, 1933. – B. Zaicev, *La Vie de Tourgueniev (en russe),* Paris, 1949. – A. Maurois, *Tourgueniev,* Paris, 1952. – M. Granjard, *Ivan Tourgueniev et les courants politiques et sociaux de son temps,* Paris, 1954. – Ivan Tourgueniev, *Correspondance,* 2 vol., Paris, 1971-1972. – Ivan Tourgueniev, *Lettres inédites à Pauline Viardot et à sa famille,* Lausanne, 1972. – *Cahiers Ivan Tourgueniev, Pauline Viardot, Marie Malibran,* Paris, 1977. – Henri Troyat, *Tourgueniev,* Paris, 1985.

TOURNEUR Cyril. Dramaturge anglais. Né vers 1575, mort à Kinsale, en Irlande, le 28 février 1626. On suppose qu'il était le fils ou le parent d'un certain capitaine Turner qui fut un temps gouverneur de Brill en Hollande. Seule la dernière année de sa vie est bien connue : attaché à sir Edward Cecil, il devint, en 1625, secrétaire au ministère de la Guerre et accompagna son protecteur dans l'expédition de Cadix. L'opération fut désastreuse. Blessé ou gravement malade, on dut le débarquer, au retour, à Kinsale, et il y mourut trois mois plus tard. Son nom n'apparaît qu'une seule fois sur la page de titre de *La Tragédie de l'athée* (*), imprimée en 1611, mais l'on a pu identifier toutes ses œuvres. La première est une allégorie intitulée *La Métamorphose transformée* [*The Transformed Metamorphosis*]. Elle parut en 1600 et fut dédiée à sir Christopher Heydon. C'est un ouvrage pesant et sans grand intérêt, mais il est probable que la totalité n'est pas de sa main. *Le Poème funéraire sur la mort de sir Francis*

Vere [*A Funeral Poem upon the Death of Sir Francis Vere*] date de 1605. *Trois élégies sur la mort du prince Henri* [*Three Elegies on the Most Lamented Death of Prince Henry*, 1609] réunit les signatures de Heywood, Webster et Tourneur, ce qui a l'avantage de nous démontrer les relations entretenues par ce dernier avec les écrivains de son époque. Toute la gloire de Tourneur ne repose cependant que sur ses deux tragédies, *La Tragédie du vengeur* (*), imprimée en 1607 mais sans doute jouée quelques années plus tôt, et *La Tragédie de l'athée*, probablement jouée en 1602 ou 1603. Ces pièces sont parmi les plus typiques et les plus sombres de ce qu'on pourrait appeler les « drames sanglants » de la période elisabéthaine. On y voit, par exemple, un personnage s'empoisonner en embrassant un crâne qu'il imagine être le visage de la belle dame qui lui a donné un rendez-vous. L'auteur fait preuve d'une telle maîtrise dans l'horreur que ces outrances, loin de déparer son œuvre, y ajoutent on ne sait quel relent de fatalité et de grandeur qui subjuguent le spectateur et l'introduisent dans un monde où la poésie tire de la mort une fascinante puissance.

BERNARD NOËL.

♦ « [Tourneur] *naquit de l'union d'un dieu inconnu avec une prostituée.* » Marcel Schwob. ♦ *« Les personnages de Tourneur peuvent être disgracieux, grotesques, et presque d'enfantines caricatures de l'humanité, mais tous sont d'une échelle démesurée. »* T. S. Eliot.

RÉF. : M. C. Bradbrook, *Themes and Conventions of Elizabethan Tragedy*, Cambridge, 1935. – U. M. Ellis Fermor, *The Jacobean Drama*, Londres, 1936. – P. B. Murray, *A Study of Cyril Tourneur*, Londres, 1964. – S. Schuman, *Cyril Tourneur*, Boston, 1977. – P. J. Ayres, *Tourneur, the Revenger's Tragedy*, Londres, 1977. – R. A. Foakes, *Marston and Tourneur*, Londres, 1978.

TOURNIER Michel. Écrivain français. Né le 19 décembre 1924 à Paris, dans une famille aisée, marquée par le catholicisme, le goût de la musique et de la culture allemande. De sa petite enfance, il retient deux événements majeurs : ablation des amygdales, ressentie comme une sanglante mutilation ; expérience du « premier exil » et du « sadisme enfantin » dans un home d'enfants. Sa vie agitée de lycéen s'achève avec un baccalauréat de philosophie. Enthousiasmé par cette matière, découverte à travers Bachelard, il se destine à l'enseigner. Durant les années de licence et de D.E.S., où il prépare parallèlement une licence en droit, il se lie avec Michel Butor, Gilles Deleuze et François Châtelet. Puis, pour approfondir ses connaissances, il se rend en Allemagne quatre années, entrecoupées de brefs séjours en France, où il prépare avec Claude Lévi-Strauss un certificat d'ethnographie. De retour en France, il se présente à l'agrégation... mais échoue. Très affecté, il renonce à l'enseignement.

Commencent alors une vingtaine d'« années d'apprentissage », où il vit de petits métiers : journalisme, traductions d'ouvrages allemands, émissions à la radio puis à la télévision sur la photographie – qui le mèneront à participer à la fondation des Rencontres internationales de photographie d'Arles –, enfin, charges diverses aux éditions Plon. L'expérience des médias, en particulier, lui fait découvrir sa propre voie : sans renoncer à sa vocation philosophique, s'adresser au grand public en opérant le « passage de la métaphysique au roman » par le biais du mythe. Celui de Robinson lui permet de mener à bien *Vendredi ou les Limbes du Pacifique* (*), en 1967, alors qu'il avait jusque-là abandonné de multiples tentatives romanesques. Sitôt publié, *Vendredi* est couronné par le grand prix du roman de l'Académie française, et ce succès est réitéré par celui du *Roi des aulnes* (*) qui obtient le prix Goncourt en 1970, deux ans avant que l'auteur lui-même ne soit coopté dans cette académie.

Désormais, Michel Tournier peut se consacrer entièrement au « métier d'écrivain », dans son presbytère de la région parisienne, tout en faisant partie du comité de lecture des éditions Gallimard, en intensifiant sa présence dans les médias, et en effectuant de nombreux voyages, dont il utilise des éléments pour ses œuvres, en particulier *Les Météores* (*), son troisième roman, paru en 1975. En 1977 est publié *Le Vent Paraclet* (*), « autobiographie intellectuelle », où il analyse, notamment, ses trois premiers romans. À partir de là, à côté d'œuvres romanesques comme *Gaspard, Melchior et Balthazar* (+) (1980), *Gilles et Jeanne* (+) (1983), et *La Goutte d'or* (1985), il publie des recueils de contes et récits : *Le Coq de bruyère* (*) (1978), *Le Médianoche amoureux* (*) (1989), ainsi que des essais ou recueils d'essais portant principalement sur la littérature et l'image : *Le Vol du vampire* (1981), *Le Vagabond immobile* (1984), les *Petites proses* (1986), *Le Tabor et le Sinaï* (1988). Enfin, la réécriture, destinée à un jeune public, de *Vendredi ou les Limbes du Pacifique* (*Vendredi ou la Vie sauvage*, 1971) et de *Gaspard, Melchior et Balthazar* (*Les Rois mages*, 1983) traduit sa volonté d'écrire avec toujours plus de simplicité.

Dans *Le Vent Paraclet*, Michel Tournier précise ses ambitions littéraires : « Mon propos n'est pas d'innover dans la forme, mais de faire passer dans une forme aussi traditionnelle, préservée et rassurante que possible une matière ne possédant aucune de ces qualités. » Cette forme « traditionnelle », liée au jeu de différents registres – réalisme, mythe, philosophie – contribue à faire lire Tournier d'un vaste public, en France comme à l'étranger, et il est déjà considéré comme un « classique », étudié de l'école primaire à l'université, tandis que théâtre et cinéma adaptent ses œuvres. Celles-ci cependant suscitent des réactions très divergentes, attisées par les commentaires de l'écrivain, qui, volontiers provocateur, y jette tour à tour le soufre et l'eau bénite. Mais l'univers romanesque lui-même se révèle ambigu, peuplé de marginaux partagés entre la tentation de la folie ou de la mort et le désir de « changer sans déchoir ». Écriture réaliste et rationalisations philosophiques semblent alors destinées à rendre sensible et à légitimer un monde fantasmatique, énigmatique et déroutant.

FRANÇOISE MERLLIÉ.

RÉF. : Françoise Merllié, *Michel Tournier*, Paris, 1988.

TOURSKY Alexandre. Poète français. Né à Cannes en 1917, mort le 23 mai 1970 à Marseille. Le souvenir de ce Cannois de naissance reste indissociable de sa ville d'élection, le Marseille des docks et des bars où ce noctambule impénitent ne cessa de déambuler, en quête d'aventures et de poésie, rejoignant périodiquement l'équipe des fameux *Cahiers du Sud* (*) à la rédaction desquels il participa pendant des années. Aussi la plupart de ses poèmes respirent-ils l'atmosphère de la ville de transit mal ancrée sur son port, jamais nommée cependant, où sont venues s'échouer tant de misères qui en sont désormais l'âme. Œil grand ouvert sur les débris d'une réalité qui pour lui en constituent l'essence, ce flâneur du Vieux-Port a composé une œuvre qui peut évoquer Apollinaire ou Francis Carco, mais où pittoresque et décor figurent ici au titre même de thème. D'*Enfances* (1937) à *Loin de l'étang* (posth. 1971), Toursky est ainsi resté fidèle à sa démarche originelle que l'évolution de sa prosodie n'a rendue que plus évidente. S'il a en effet adopté fréquemment dans ses premiers recueils un mètre assez ample, d'une qualité déclamatoire, le poète, à partir des *Armes prohibées* (1943) et dans ses recueils ultérieurs, *Connais ta liberté* (*) (1943), *Ici commence le désert* (1946), a procédé à un raccourcissement important du vers, suscitant un rythme épousant mieux son désir d'aller au plus près de la réalité intime et d'honorer l'objet le plus humble, davantage révélateur à ses yeux de l'univers qu'un paysage somptueux : « Un trousseau de clefs noires / ouvre sa main coupée : / des rendez-vous en tombent, / des chiffres, des prénoms. / On jettera sans doute / ce fer à la brocante, / jusqu'à ce qu'une porte / s'en puisse compléter ; / jusqu'à ce que ta bouche / se fasse à mes paroles, / que le Soleil s'endorme / dans le bras mort du lit. » Miroirs du monde et de l'homme, les poèmes de Toursky opposent au regard du lecteur une surface glacée qui se refuse à toute véritable pénétration, à tout commentaire et toute exégèse. Ils imposent simplement, de façon presque tyrannique, leur présence. C'est que, transparents totalement à la réalité, ils offrent à leur contemplateur d'occasion le reflet le plus pur de lui-même, celui de sa précarité et de sa solitude, que l'amour même est impuissant à combattre, révélant à ce nautonier de la vie qu'il ne flotte que sur du vide, en route vers nulle part : « C'était fini. Ses mains / redevenaient de cire ; / le ventre, faux témoin. / L'ennui se réveillait. / Un portrait de famille / s'éloignait dans le mur. / Au bouton de la porte / de longs bras jetaient l'ancre. / C'était fini. La joie / chômerait à jamais / dans ce port décevant / qui payait le voyage. »

PHILIPPE FAUCHER.

TOYNBEE Arnold Joseph. Historien anglais. Né à Londres le 14 avril 1889, mort à York le 22 octobre 1975. Neveu de l'économiste Arnold Toynbee (1852-1883). Après des études à la « public school » de Winchester, puis à Oxford, il travailla au Foreign Office (il participa notamment aux conférences de la paix après les deux guerres mondiales et fut durant trente ans directeur du « Royal Institute for International Affairs »). Parallèlement, il enseigna, à l'université de Londres, entre autres l'histoire et la littérature de Byzance, puis l'histoire générale.

Au cours de la Première Guerre mondiale, il eut l'idée d'un ouvrage historique monumental en douze volumes, dont les premiers tomes ne virent le jour qu'en 1933-34 : *L'Histoire. Un essai d'interprétation* (*) ; un abrégé en fut publié en 1946 par D. C. Somervel et cette version fut traduite en français en 1951.

Selon Toynbee, l'Histoire se comprend moins dans une perspective embrassant toute l'humanité ou toutes les unités nationales qu'elle ne s'attache à l'étude de ces groupements que nous nommons des sociétés. Retraçant la vie et la mort des civilisations, Toynbee a réalisé une œuvre de synthèse remarquable qui a souvent été comparée à celle de Spengler – encore que la philosophie de l'histoire du Britannique soit singulièrement moins pessimiste que celle de l'Allemand. Le militarisme et les suites de désastres qu'il engendre sont traités dans divers morceaux du maître ouvrage de Toynbee ; ces fragments ont été réunis et publiés par Fowler sous le titre *Guerre et Civilisation* (*) (1950). On doit encore à Arnold Toynbee, qui est sans contexte le plus grand historien anglais de son temps : *La Civilisation à l'épreuve* (*) (1948), *La Pensée historique des Grecs* [*Greek Historical Thought*, 1924], *Le Point de vue d'un historien sur la religion* [*An Historian Approach to Religion*, 1953-54), *D'Orient en Occident, un voyage autour du monde* [*East to West, A Journey Round the World*, 1958], etc.

RÉF. : Revue *Diogène* nº 13, janv. 1956, *L'Apport d'Arnold Toynbee.* – P. Geyl, *Toynbee's Answer*, Amsterdam, 1961. – K. Winetrout, *Arnold Toynbee, the Ecumenical Vision*, Boston, 1975.

TRACY Don. Auteur de romans policiers américain. Né le 20 août 1905 à New-Britain (Connecticut), mort le 10 mars 1976 à

Clearwater (Floride). Après avoir été journaliste pendant huit ans, il publie en 1934 son premier roman : *Tous des vendus* [*Criss Cross*]. Sous le nom de Roger Fuller, il signe des novelisations de films et des feuilletons télévisés ; il est aussi connu pour ses romans historiques. Mais il est surtout l'auteur de *La Bête qui sommeille* (*) (1937) et de *Un bloc de haine* [*The Hated One,* 1963], deux magnifiques romans policiers qui mêlent ses deux grands thèmes : le racisme et l'alcoolisme. Il avait déjà abordé le thème du racisme dans *Flash* [*Round Trip,* 1934] et écrit un bon roman sur le thème de l'alcoolisme *La Vape* [*The Big Blackout,* 1959]. On sent que ces deux problèmes l'ont affecté profondément et on garde de ces romans des images d'une force et d'une violence presque insoutenables.

DENIS BOUTET DE MONVEL.

TRAETTA Tommaso. Compositeur italien. Né à Bitonto (Bari) le 30 mars 1727, mort à Venise le 6 avril 1779. Disciple de Porpora et de Durante à Naples, il fait représenter ses premiers opéras au San Carlo : *Il Farnace* (1751). En 1758, il est nommé maître de chapelle du duc de Parme et voit plusieurs de ses opéras créés à Vienne, notamment *Armide* (1761) et *Iphigénie en Tauride* (*) (1763). Il s'installe à Venise en 1765 puis succède à Galuppi comme maître de chapelle de la Cour, à Saint-Pétersbourg (1768). Il y donne, entre autres, *Antigone* (*) (1772). Il occupe ce poste pendant dix ans puis voyage dans toute l'Europe où sa notoriété de compositeur d'opéra devient considérable. Il est ensuite tombé dans l'oubli.

ALAIN PÂRIS.

TRAKL Georg. Poète autrichien. Né le 3 février 1887 à Salzbourg, mort le 3 novembre 1914 à Cracovie. Le père de Georg Trakl était commerçant, et la famille Trakl une famille aisée habitant une demeure cossue du centre de Salzbourg. Salzbourg, où Trakl resta jusqu'à l'âge de dix-neuf ans puis revint ensuite à intervalles réguliers, est une image présente dans de nombreux poèmes, tant sous la forme d'éléments d'architecture que sous celle de paysages, de lieux, de personnages : « La Belle Ville » (titre d'un poème) mais aussi la « ville morte », dont le poète décèle, derrière les façades et l'atmosphère bourgeoise catholique, les dangers de sclérose et d'étroitesse. Les études secondaires de Trakl sont marquées par une forte crise d'adolescence entraînant à dix-huit ans un départ définitif pour résultats insuffisants. Il entre comme « apprenti » dans une pharmacie de Salzbourg. Entre-temps, il a déjà écrit quelques poèmes, nettement placés sous l'influence de la poésie symboliste et impressionniste, sinon décadente, de cette époque. Le refus affiché des conventions se manifeste dans une bohème à l'échelle de la petite ville, tandis que des lettres témoignent déjà du recours aux narcotiques et aux drogues. À partir de 1909, Trakl vit à Vienne où il poursuit ses études de pharmacie, et un premier recueil de poèmes est composé et remis à son ami Buschbeck, dans l'espoir de trouver un éditeur. Quelques poèmes isolés sont déjà publiés : ainsi, grâce à Hermann Bahr, le *Neues Wiener Journal* publie trois poèmes de Trakl. Désormais, Trakl exercera, non sans heurts et difficultés, son activité en tant que pharmacien dans le cadre des services de l'armée, après son année de service militaire. Parallèlement cependant, les périodes de dépression et d'angoisse se feront de plus en plus graves, de plus en plus fréquentes. En 1912, Trakl est à Innsbruck, à la pharmacie de l'hôpital militaire. Il entre en contact avec Ludwig von Ficker, éditeur de la revue poétique *Der Brenner*, qui publiera dès le mois de mai 1912 le poème « Vorstadt im Föhn » — et aussi, par l'intermédiaire du *Brenner*, avec Karl Kraus, l'éditeur et auteur du journal *Die Fackel.* Le *Brenner* publie plusieurs poèmes de Trakl, dont « Helian », en 1913. Les éditions Kurt Wolff prennent enfin, cette même année 1913, un recueil de 49 poèmes de Trakl sous le titre *Poèmes* (*). Un second recueil, *Sébastien en rêve* (+), est prêt, Trakl pourra en relire les épreuves avant sa mort. À Vienne, Trakl fréquente Karl Kraus, l'architecte Adolf Loos, O. Kokoschka. En cette fin 1913, son état psychique est fortement ébranlé, Trakl souffre de crises aiguës de dépression et de désespoir, il est hanté par l'idée de la mort, de la folie : « Mon cher ami, en quelques jours ma vie a été brisée à un point que je ne puis vous dire et il ne me reste qu'une douleur muette [...] Mon Dieu, quelle sentence s'est abattue sur moi. Dites-moi que je dois avoir encore la force de vivre et d'agir pour la vérité. Dites-moi que je ne suis pas fou ! Je suis entré dans des ténèbres de pierre » (lettre à Ludwig von Ficker). Sans doute ce désespoir, plus profond à cette date, est-il dû aux malheurs qui frappaient alors Grete Trakl, la sœur de Georg, à laquelle l'attachait un lien incestueux. Après la déclaration de guerre, Trakl part au front comme « assistant aux médicaments » et est affecté à un hôpital de campagne. En septembre 1914 il est en Galicie ; une tentative de suicide le fait envoyer en observation dans le service psychiatrique de l'hôpital de Cracovie. Trakl envoie à Ludwig von Ficker ses deux derniers poèmes, « Plainte » et « Grodek ». Il meurt le 3 novembre d'une overdose de cocaïne qu'il s'est, selon le rapport de l'hôpital, administrée lui-même.

Poète « maudit », Trakl a créé une œuvre poétique dans laquelle s'inscrivent les tourments et les angoisses d'une vie marquée par des déchirures ultimes, folie, inceste, drogue, suicide. Dès ses premiers poèmes, le déclin, la mort, la décrépitude sont des thèmes obsédants. Après une première période dans laquelle la poésie est de facture proche des impressionnistes autrichiens, la poésie de Trakl fait éclater le rythme et surtout l'image : l'audace des associations, les chocs métaphoriques frôlant parfois le surréalisme confèrent à ces poèmes une tonalité généralement qualifiée d'« expressionniste », fondée en fait sur un registre limité d'images et de thèmes soumis ensuite à une dislocation et à une recomposition dont la force suggestive efface l'apparent hermétisme.

GILBERT RAVY.

RÉF. : Robert Rovini, *Georg Trakl*, Paris, 1964. – *Erinnerungen an Georg Trakl*, Salzbourg, 1966. – Walther Killy, *Über Georg Trakl*, Göttingen, 1967. – H. S. Lindenberger, *Georg Trakl*, New York, 1971. – Jean-Michel Palmier, *Situation de Georg Trakl*, Paris, 1972. – Otto Basil, *Georg Trakl 1887-1914*, Vienne, 1987. – Rémy Colombat, *Rimbaud-Heym-Trakl*, Berne, 1987. – *Sud*, n° spécial 73, Marseille, 1987.

TRÂN Khâm (nom du roi Trân Nhân Tông). Roi et poète vietnamien. Né le 7 décembre 1258 à Tuc Mac (Nam Dinh), mort le 16 novembre 1308 à Yên Tu (Hai Duong). Monté sur le trône en 1278, il doit vivre une période très difficile avec l'invasion mongole à la porte de la capitale. Mobilisant les forces vives de la nation et aidé par des officiers talentueux, il gagne cette bataille, puis élargit cet élan national à d'autres domaines : désignation de la versification Tang par le nom vietnamien Hàn luât, composition de l'*Histoire générale du Dai Viêt* [*Dai Viêt su ky*] par Lê Van Huu, mandarinat élargi et non plus réservé prioritairement aux membres de la famille royale, remise en état des grands domaines. Mais le spectacle des grandes guerres a peut-être affecté sa sensibilité, il se réfugie bientôt dans la méditation et la poésie – v. *Poésies* (*) de Trân Khâm – et se retire en 1293. En 1299, il parcourt le pays pour prêcher l'enseignement du bouddha, et fonde la secte de la Forêt des Bambous [Thiên Tông Truc lâm] dont il est le premier patriarche. Nombre de ses écrits d'inspiration religieuse sont perdus à jamais.

THANH-TÂM LANGLET.

TŘANOVSKÝ Jiří. Écrivain religieux tchèque. Né à Těšin, en Silésie, le 27 mars 1592, mort à Liptovský Svätý Mikuláš le 29 mai 1637. Il fit ses études à Guben (Gubin, en Lusace), à Kolberg (Kolobrzeg, en Poméranie) et à Wittenberg. Il enseigna à l'école latine de Saint-Nicolas à Prague et à celle de Holešov en Moravie, puis il fut recteur et pasteur à Valašské Meziříčí. Après la bataille de la Montagne Blanche, et en raison de sa foi protestante, il dut quitter les terres de la couronne bohémienne et il se réfugia d'abord à Bielsko en Silésie, puis ensuite (1629) à Orava et à Liptovský Svätý Mikuláš. En 1629, il avait publié à Brzeg en Silésie un recueil d'odes latines : *Odarum sacrarum sive Hymnorum libri tres*, où les thèmes humanistes s'allient à la préciosité baroque. En 1635, il fit imprimer à Levoca, en Slovaquie, un livre de prières tchèques intitulé *Phiala odoramentorum* et l'année suivante la fameuse *Cithare des saints* (*), ouvrage plusieurs fois réédité au cours des siècles. Le nom de Třanovský est devenu l'emblème de l'Église évangélique en même temps que le symbole de l'unité linguistique et nationale tchèque-morave-silésienne et slovaque.

TRANSTRÖMER Tomas. Poète suédois. Né le 15 août 1931 à Stockholm. Psychologue de métier, Tomas Tranströmer est considéré comme le plus éminent poète suédois contemporain. Sa renommée a largement dépassé les frontières de la Suède car il a reçu de nombreux prix littéraires étrangers et ses œuvres ont été traduites dans une trentaine de langues. Avec Ezra Pound pour maître, il privilégie l'image visionnaire et s'impose très tôt comme un virtuose de la métaphore. Aux raisonnements abstraits il préfère les poèmes surgis d'observations précises et concrètes, fondement d'un art où le réel est ainsi transfiguré. À l'écoute des impulsions mystérieuses de son être, il fait confiance au pouvoir poétique pour les formuler et les rendre accessibles au lecteur. Représentant tardif du modernisme, il manie les comparaisons pour percer l'énigme du monde que recèle le quotidien. Par l'audace de ses associations d'idées qui ouvrent sur des perspectives significatives, il ne peut nier sa dette envers le surréalisme. Dans ses trois premiers recueils – *17 poèmes* [*17 dikter,* 1954], *Secrets en chemin* [*Hemligheter på vägen,* 1958], *Le Ciel à moitié achevé* [*Den halvfärdiga himlen,* 1962] –, son lyrisme s'exprime surtout à travers les impressions fugitives que lui inspirent la nature et plus particulièrement l'archipel de Stockholm. Par la suite, la société moderne, la ville, l'automobile jouent un rôle grandissant dans ses préoccupations ; l'intensité et la dynamique propre des images s'atténuent, mais la perception de la réalité tout entière devient allégorie. Par son symbolisme, Tranströmer s'inscrit bien dans la lignée des écrivains suédois de l'après-guerre. Plus jeune cependant, il n'éprouve pas la même angoisse et se montre davantage attiré par la religion. Il décrypte en véritable mystique les signes qui émanent des objets les plus divers pour révéler dans une langue objective et profane la force qui gouverne l'univers, l'« énergie de Dieu, lovée dans l'obscurité » : « Maisons suédoises isolées » [Svenska hus ensligt belägna], *Secrets en chemin.* Chrétien sans dogme, il rêve de l'harmonie perdue et lutte pour retrouver équilibre et repos. Les philosophies orientales le fascinent aussi, comme en témoigne le poème « Le Long du rayon » [Längs radien] dans *Sentiers* [*Stigar,* 1973], considérations allégoriques sur la place de l'homme dans la Création. La religiosité de Tranströmer subit toutefois une évolution : dans ses premières publications, il percevait les manifestations de l'éternité au cours de brefs éclairs de clairvoyance, alors que dans ses écrits les plus récents : *La Barrière de vérité* [*Sanningsbarriären,* 1978], *La Place sauvage* [*Det vilda torget,* 1983], *Pour les vivants et les morts* [*För levande och döda,* 1989], celle-ci imprègne toute sa conception du monde. Le sentiment religieux naît souvent chez Tranströmer dans des instants de joie procurés par la musique – *Accords et Traces* [*Klanger och spår,* 1966] – qui libère une énergie salvatrice (« Schubertiana », *La Barrière de vérité*). Tranströmer fut critiqué dans les années 60 pour l'orientation jugée trop esthétique de sa production. Pourtant son engagement politique, d'ordre humaniste avant tout, est devenu plus net. Il évoque déjà la misère dans « Le Delta du Nil » [Nildeltat] (*Le Ciel à moitié achevé*) et fait allusion à la dictature au Portugal (« Lisbonne » [Lissabon], *Accords et Traces*), en U.R.S.S. – v. *Baltiques* (*) – ou en Iran (« Mille neuf cent quatre-vingt » [Nittonhundraåttio], *La Place sauvage*). Conscient des problèmes de son époque, il se montre sans cesse plus préoccupé par la situation de l'individu dans la société (« Trafic » [Trafik], *Visions nocturnes* [*Mörkerseende,* 1970]). À partir de *Baltiques,* il affirme un intérêt croissant pour les différences qui séparent les hommes et les systèmes, et défend une idée de la démocratie basée sur la liberté et la dignité de chacun. D'inspiration mystique et métaphysique, la poésie de Tomas Tranströmer brille par la subtilité et la puissance évocatrice de ses vers, mariage harmonieux entre pureté classique et floraison d'images au laconisme magique.

MAY-BRIGITTE LEHMAN.

TRASSARD Jean-Loup. Écrivain français. Né le 11 août 1933 à Saint-Hilaire-du-Maine (Mayenne). Son enfance solitaire et campagnarde, proche de la vie agricole, aura une importance fondamentale sur sa sensibilité d'écrivain. Après des études secondaires au lycée de Laval, il poursuit des études de droit à Paris. C'est en juillet 1960 que, accueilli par Jean Paulhan, il publiera pour la première fois dans *La Nouvelle Revue française* (*). En 1961 paraît son premier recueil de récits : *L'Amitié des abeilles,* où la proximité de la terre fait partie intégrante du destin de personnages qui trouvent en elle le remède (parfois violent) à leur solitude. Avec *L'Érosion intérieure* (1965), *Paroles de laine* (1969), *L'Ancolie* (1975, prix des Critiques), *Des cours d'eau peu considérables* (*) (1981), l'auteur donne une suite de récits qui sont comme autant de cheminements à travers les racines de plus en plus cachées de l'existence. Les dimensions de l'espace où évoluent les personnages ne sont jamais séparées de leurs qualités matérielles, elles apportent avec elles leur charge de sensations et imposent le rythme et la qualité de leurs paroles. Même si souvent les choses sont données à voir comme en une description (par exemple dans l'*Inventaire des outils à main dans une ferme,* 1981), ce n'est jamais « à la vitrine » qu'elles apparaissent : en elles résonne une vie inextricable de qualités sensibles que seule une recréation verbale des plus attentives au secret de leur venue peut dire. Travail poétique proche du travail de la terre qui sait avec patience faire lever des images d'un passé seulement endormi sous les alluvions du temps. Ce travail sur l'image prendra une place de plus en plus grande dans la production de l'auteur. Avec *Tardifs instantanés* (1987), il donnera une suite de brèves proses qui sont comme autant de « portraits d'instants » découpés à vif dans l'étoffe de la mémoire, recomposant une sorte d'« autoportrait lacunaire ». Avec *Territoire* (1989), *Images de la terre russe* (1990) (qui fait suite aux souvenirs rassemblés dans *Campagnes de Russie,* 1989), *Caloge* (1991), *Ouailles* (1991), Jean-Loup Trassard mêlera photographies et textes (la photographie ne venant pas illustrer après coup les textes mais accompagnant en les démultipliant les harmoniques de la parole). L'auteur qui a donné plusieurs expositions de photos depuis 1983 a aussi écrit huit livres pour enfants. Il vit alternativement à Paris et en Mayenne, où il élève des bœufs.

FRANCIS WYBRANDS.

TRAVEN B. (pseud. de Hermann Albert Otto Max Feige, né Wienecke alias Hal Croves, Traven Torsvan, Ret Marut). Écrivain mexicain d'origine allemande. Né le 23 février 1882 à Schwiebus (aujourd'hui Swiebodzin, Pologne), mort le 26 mars 1969 à Mexico. Aîné de sept enfants, il est élevé par ses grands-parents maternels jusqu'en 1888, année où son grand-père tombe malade. Repris alors par ses parents, il est traumatisé par la séparation d'avec ceux qu'il considérait comme ses « vrais » parents ; le jeune garçon se renferme en lui-même et développe un goût pour la solitude qui ne le quittera jamais. Il fait des études primaires brillantes. Le peu de ressources de ses parents (son père est potier) l'amènent en apprentissage chez un serrurier (1896-97). Il fait son service militaire de 1902 à 1904, dont il revient en socialiste convaincu. Il rejoint sa famille que son agitation politique inquiète. Il la quitte. On le retrouve sous le nom de Ret Marut en 1907. Il est acteur au théâtre d'Essen et vit avec l'actrice Elfriede Zielke, de quatre ans sa cadette. Il lui naît une fille, Irene Zielke, qu'il connaîtra à peine, en 1912, à Danzig. En 1916, il publie son premier roman, signé Richard Maurhut, *À Mademoiselle von S.* [*An das Fräulein von S...*] (Irene Mermet en est l'éditrice). Il fait la demande d'un passeport américain, en prétendant être né à San Francisco. En février 1917, les relations diplomatiques entre l'Allemagne et les États-Unis sont rompues. En septembre, il édite le premier numéro d'une revue anarchiste, *Der Ziegelbrenner,* dont les cibles sont la guerre, les capitalistes qui en profitent et la presse. Il y affirme ce qui sera le credo de ses livres : ni races ni pays, seulement des individus. En novembre 1918, c'est la création de la « République bavaroise » et l'éphémère gouvernement Eisner à Munich. Le Kaiser est déposé. En février 1919, Eisner est assassiné ; en avril, naissance de la « République des Conseils », dirigée par les soldats et les ouvriers. Ret Marut y participe comme censeur de la presse capitaliste. En mai, c'est la fin de la République dans une répression sanglante ; il est arrêté, s'évade et fuit à Vienne. Le dernier numéro de *Der Ziegelbrenner* paraît en décembre 1921. Il quitte l'Allemagne en 1923, arrive au Canada en juillet ; il est refoulé, ses papiers n'étant pas en règle. Débarqué en août en Angleterre, il est arrêté à Londres fin novembre pour ne pas s'être présenté au « Registration Office » et emprisonné à Brixton, d'où il sort en février 1924. Expulsé comme « dangereux communiste allemand », il demande la citoyenneté américaine, qui lui est refusée. En avril 1924, il quitte Londres à bord d'un navire. Ret Marut disparaît.

Installé au Mexique de juin 1924 à sa mort (il obtient la citoyenneté mexicaine le 1er octobre 1951), il apparaît socialement sous les noms de Hal Croves et Torsvan, fait parvenir ses manuscrits signés B. Traven par la poste, et dissimule son anonymat derrière plusieurs boîtes postales et des femmes qui joueront le rôle d'agents littéraires. En 1925, il publie en feuilleton *Les Cueilleurs de coton* [*The Cotton-Pickers*] dans un journal allemand ; en 1926, publication du *Vaisseau des morts* (*) en Allemagne, suivie de celles du *Trésor de la Sierra Madre* (*) et *Le Pont dans la jungle* [*Die Brücke im Dschungel,* 1927], *Rosablanca* [*Die Weisse Rose,* 1929], *La Charrette* [*Der Karren*] et *Indios* [*Regierung,* 1930], *La Marche dans le royaume des Caoba* [*Der Marsch ins Reich der Caoba* (1933), *Die Troza* et *La Révolte des pendus* [*Die Rebellion der Gehenkten,* 1936], *Un général sort de la jungle* [*Ein General kommt aus dem Dschungel,* 1940], *Aslan Norval* (1960). Les premières traductions anglaises et américaines datent de 1934. Lorsqu'il quitte sa famille en 1904, Traven renie ses parents, son pays, son nom. Lorsqu'il arrive au Mexique en 1924, il est persona non grata aux U.S.A., il a été expulsé d'Angleterre et condamné pour traîtrise en Allemagne. C'est sans doute pourquoi ses personnages sont apatrides (*Le Vaisseau des morts*), n'ont pas de raison sociale et font partie des exploités (*Le Trésor de la Sierra Madre*). Au Mexique, Traven a trouvé une autre philosophie, qui ridiculise les valeurs capitalistes *(Indios).* Né bâtard, il s'est inventé des passés fictifs, s'est dissimulé derrière des noms d'emprunt et n'a cessé de mettre en scène les exclus du système capitaliste pour rappeler que l'appartenance à un pays, l'identité et la réussite sociales ne sont qu'illusions.

FRANÇOIS GUERIF.

RÉF. : W. Wyatt, *The Secret of the Sierra Madre, The Man Who Was B. Traven,* Londres, 1980. – *B. Traven Life and Works,* éd. par E. Schürer et Ph. Jenkins, Londres, 1987.

TRAZ Robert de. Écrivain suisse d'expression française. Né à Paris le 14 juin 1884, mort à Nice le 10 janvier 1951. Suisse par son père, Français par sa mère, il fait ses études à Paris, aux lycées Carnot et Condorcet, suit des cours de droit et semble d'abord, selon le désir de sa famille, s'orienter vers des activités commerciales et bancaires. Mais, après des séjours en Angleterre et en Italie, il se fait remarquer dès 1908 par des essais (*Au temps de la jeunesse*), suivis de romans comme *Vivre* (1910), où s'affirme déjà un art personnel, et *L'Homme dans le rang,* livre barrésien, typique de l'atmosphère de l'immédiat avant-guerre par son exaltation des vertus militaires, pendant suisse de *L'Appel des armes* (+) – v. *Le Voyage du centurion* (*) d'un Psichari. En 1920, Robert de Traz, qui avait déjà donné de nombreuses critiques littéraires aux journaux suisses, s'établit sur les bords du Léman et fonde la *Revue de Genève* dont il fait un des carrefours les mieux fréquentés de l'intelligence et de la sensibilité européennes. Dans ses romans suivants, Robert de Traz s'affirme comme un évocateur excellent de la société genevoise, soit dans *Fiançailles,* soit plus tard dans *L'Ombre et le Soleil ;* un subtil psychologue qui, dans *Complices* (1924), s'attache à découvrir les liens mystérieux qui peuvent exister entre des êtres en apparence très éloignés ; un moraliste qui montre le sens moral aux prises avec les débordements passionnels et parfois submergé par eux, comme dans *La Puritaine et l'Amour* (1928) ; un homme de cœur enfin, bouleversé par le monde des sanatoriums dans *Les Heures de silence* (1934). Mais l'auteur de *L'Écorché* (*) (1927) restera toujours un grand voyageur, un amateur de *Dépaysements* (1923), attiré aussi bien par le Nord que par l'Orient ; dans *À la poursuite du vent,* à propos d'une histoire d'amour d'un Anglais et d'une Levantine, il nous montrera la rencontre et le conflit de deux civilisations. Dans toutes ces œuvres d'imagination, la sobriété du style donne une acuité impitoyable aux conflits des sentiments. Mais on n'oubliera pas l'essayiste littéraire et les portraits qu'il a donnés de ses inspirateurs, Benjamin Constant, Vauvenargues, Amiel.

RÉF. : F. Gigon, *De tels hommes,* Genève, 1942. – *Le Souvenir de Robert de Traz,* Neuchâtel, 1953.

TREDIAKOVSKI Vassili Kirillovitch [Vasilij Kirillovič Trediakovskij, écrit aussi Tred'jakovskij]. Écrivain et théoricien russe. Né le 9 février 1703 à Astrakhan, mort le 6 août 1769 à Saint-Pétersbourg. La vie de Trediakovski ressemble à un roman : une succession rapide d'ascensions et de disgrâces, qui s'achève dans la misère et l'amertume. Fils de prêtre, il est l'élève des capucins italiens établis à Astrakhan. Arrivé à Moscou en 1723, il suit les cours de l'Académie slavo-gréco-latine. Après un séjour à Saint-Pétersbourg, probablement aidé par ses maîtres catholiques, il gagne la Hollande. En 1727, à Paris, protégé par l'ambassadeur Kourakine, il étudie en Sorbonne, se lie avec l'abbé Girard et découvre les jansénistes Rollin, Boursier, Jubé. Il regagne la Russie en 1730. Nommé secrétaire de l'Académie des sciences, il se voit déjà l'homologue de Fontenelle. Mais sa carrière rapide, ses relations (Prokopovitch, Smelić) excitent la jalousie. En 1740, roué de coups par le ministre Volynski, il est contraint de tenir un rôle de bouffon dans une « mascarade » officielle. Nommé plus tard professeur, il est finalement mis à pied de l'Académie en 1759. Catherine II, qui hait cet admirateur de Fénelon, contribuera efficacement à bâtir la caricature du rimailleur besogneux qui, aujourd'hui encore, altère la réception de son œuvre.

Une œuvre immense. Traducteur, poète, théoricien de la langue et du vers, Trediakovski est un expérimentateur inlassable qu'anime le feu sacré de nos poètes de la Pléiade. Ses traductions, dont il affirme hautement qu'elles sont des créations, introduisent en Russie la culture occidentale (une nouvelle philosophie de l'amour, les notions d'honneur et de citoyen, la philosophie politique, etc.). Véritables manifestes culturels et linguistiques, elles apportent, dans une langue qui a rompu avec le slavon, formulations et mots nouveaux qu'emprunteront les générations suivantes (*glasnost* est l'un d'eux) : le roman de l'abbé Paul Tallemant *Le Voyage de l'Isle d'Amour* [*Ezda v ostrov Ljubvi*], les dizaines de volumes des ouvrages historiques de Rollin et Crevier, l'*Argenis* (*) de J. Barclay, la superbe transposition en vers des Psaumes (publiée en 1989), et enfin l'étonnante adaptation versifiée du *Télémaque* de Fénelon, la *Télémachide* [*Telemahida*]. En dehors de la traduction, Trediakovski innove aussi, avec ses chansons galantes, la première ode et le premier opéra russes. Parmi ses nombreux travaux théoriques, la *Nouvelle et brève méthode pour la composition des vers russes, avec la définition des termes y afférents* (*) fonde la versification syllabo-tonique moderne, et la *Conversation entre un étranger et un Russe sur l'orthographe ancienne et nouvelle* [*Razgovor meždu čužestrannym čelovekom i rossijskim ob orfografii starinnoj i novoj*] pose des principes encore actuels.

Son sens de l'historicité de la langue, ses conceptions sur le mètre et le rythme, sa prescience étonnante de la catégorie moderne du « discours » et son va-et-vient incessant entre théorie et pratique assurent sa modernité.

JEAN BREUILLARD.

TREITSCHKE Heinrich von. Historien et publiciste politique allemand. Né à Dresde le 15 septembre 1834, mort à Berlin le 28 avril 1896. Saxon d'origine, Treitschke devient très vite un apôtre de la cause prussienne, car il voit dans la Prusse le seul État allemand capable de réaliser l'unité de la patrie. Il est violemment hostile aux intérêts des petites dynasties, y voyant les diviseurs de l'Allemagne. Menacé de surdité, Treitschke doit renoncer dès sa jeunesse à une carrière politique. Nommé professeur à l'université de Fribourg, il se prononce dès 1863 contre le fédéralisme et pour un État centralisé sous l'égide de la Prusse (cf. *État fédéral et État unitaire*). Lorsque le pays de Bade, dans le conflit de 1866, se rallie à l'Autriche, Treitschke démissionne de son poste. Il émigre à Berlin pour y diriger les *Annales prussiennes* [*Preussische Jahrbücher*], mettant sa plume au service de la politique d'hégémonie pratiquée par Bismarck. La victoire de 1870-1871 sur la France confirme aux yeux de Treitschke le bien-fondé de son combat. Il devient après 1871 le porte-parole le plus écouté du nationalisme allemand. Son œuvre principale est l'*Histoire de l'Allemagne au XIXe siècle* (*), qui s'arrête d'ailleurs à la Révolution de 1848. L'autre ouvrage de Treitschke dont l'influence a été la plus marquante s'intitule *Leçons sur la politique* (*) (1897). Chez Treitschke, l'historien de valeur, devenu professeur à l'université de Berlin, se double d'un propagandiste talentueux, qui a contribué de façon décisive à diffuser une idéologie semi-officielle à base de bellicisme et d'antisémitisme. Ayant grandi dans l'Allemagne du morcellement étatique et de la privation d'histoire, il est l'apologiste intransigeant de l'État guerrier et centralisateur.

PIERRE VAYDAT.

RÉF. : Erich Marcks, *Heinrich von Treitschke*, Heidelberg, 1906. – Ernst Leippbrand, *Heinrich von Treitschke im deutschen Geistesleben des Neunzehnten Jahrhunderts*, Stuttgart, 1935. – Hans Kohn, étude dans : *Prophets and Peoples – Studies in Nineteenth Century Nationalism*, New York, 1947. – Karl Kupisch, *Die Hieroglyphe Gottes. Grosse Historiker der bürgerlichen Epoche*, Munich, 1967.

TRIANA José. Dramaturge et poète cubain. Né le 4 janvier 1931 à Hatuey (prov. de Camagüey). Après des études à Santiago de Cuba, il part à Madrid en 1955 et se consacre au théâtre comme acteur, metteur en scène, écrivain. Dans sa première pièce (en un acte), *Le Généralissime* [*El mayor general hablará de teogonía*], se dessinent les conflits familiaux et existentiels de ses œuvres postérieures. En 1959, il revient à Cuba. Au cours des années 60, il déploie une intense activité aux Éditions nationales et collabore aux principaux périodiques culturels des débuts de la Révolution.

En 1960 est jouée *Médée dans le miroir* (*), qui sera publiée en 1962 dans *Le Parc de la* *fraternité* [*El parque de la fraternidad*]. *La Mort du malchanceux* [*La Muerte del ñeque*] paraît en 1964. Puis vient la gloire internationale avec *La Nuit des assassins* (+) (1965). En 1967, Triana se rend à Paris, la pièce étant jouée au Théâtre des Nations. En 1969, en collaboration avec son épouse Chantal Dumaine, il traduit *Les Paravents* de Jean Genet. Par la suite, accusé de subversion idéologique, il est victime de la censure : on cesse de le publier et ses pièces disparaissent des scènes cubaines. Cependant, il continue d'écrire pour le théâtre : *Turbulence au Champ-de-Mars* [*Revolico en el Campo de Marte*, 1971], *Cérémonial de guerre* [*Ceremonial de guerra*, 1973], et la première version de *Paroles communes* (*). Simultanément, il écrit des poèmes d'une grande puissance évocatrice, dont trois recueils seront publiés en Espagne. En 1980, Triana s'exile. Depuis 1981, il vit à Paris où il poursuit ses activités littéraires : théâtre, poésie, essais, auxquels s'ajoutent des scénarios. En 1991 paraît à Madrid *Théâtre* (*), qui recueille trois de ses meilleures pièces.

José Triana, à l'instar de Virgilio Piñera, a largement contribué à renouveler le répertoire cubain, voire hispano-américain, tant par ses thèmes que par sa structure et son langage, tout en s'insérant dans la tradition universelle.

LILIANE HASSON.

♦ *« Dans la réalité insulaire, Triana accorde une extrême importance aux religions afro-cubaines, riches en mythes et en rituels fréquemment mêlés aux croyances spirites. »* José A. Escarpanter.

RÉF. . Matías Montes Huidobro, *Persona, vida y máscara en el teatro cubano*, Miami, 1973. – Diana Taylor (ed), *Ensayos críticos sobre Griselda Gambaro y José Triana*, Ottawa, 1989.

TRIFONOV Iouri Valentinovitch [Jurij Valentinovič Trifonov]. Écrivain russe. Né et mort à Moscou : 28 août 1925 - 28 mars 1981. Trifonov est le fils d'un dirigeant important du parti bolchevik, fondateur de la Garde rouge qui, comme bien d'autres, victime de la terreur stalinienne, est arrêté puis exécuté en 1937. Après avoir vécu dans des conditions privilégiées (voiture, datcha, grand appartement dans la maison du gouvernement), le jeune Trifonov, s'il évite l'arrestation, connaît les difficultés inhérentes au statut de « fils d'un ennemi du peuple ». Après avoir achevé ses études secondaires à Tachkent, il revient à Moscou où il travaille dans une usine d'armement. En 1944, il entre à l'Institut de littérature. Il en sort en 1949, en écrivant comme travail de fin d'études un roman, *Les Étudiants* [*Studenty*, 1950], qui rencontre un accueil chaleureux du public et reçoit le prix Staline. Trifonov y raconte, selon les canons du réalisme socialiste, la lutte de bons étudiants contre le mauvais professeur de littérature « cosmopolite et servile à l'égard de l'Occident ». Ce succès stalinien provoquera une longue crise chez l'auteur, qui se tournera vers le journalisme sportif et écrira un roman (passé inaperçu) sur la construction d'un canal d'irrigation : *Vaincre la soif* [*Utolenie žaždy*, 1963]. Avec une biographie de son père fondée sur des archives familiales, où il évoque la répression par l'armée Rouge du soulèvement cosaque pendant la guerre civile, il aborde pour la première fois des thèmes qui deviendront dominants dans son œuvre : idéaux révolutionnaires et violence. Il reviendra notamment sur ce problème dans un roman historique *Le Temps de l'impatience* [*Neterpenie*, 1973], qui met en scène les terroristes russes des années 1880 et en particulier Jeliabov, le dirigeant de la « Volonté du peuple ».

C'est avec ses « nouvelles moscovites » *L'Échange* [*Obmen*, 1969], *Bilan préalable* [*Predvaritel'nye itogi*, 1970] et *De longs adieux* [*Dolgoe proščanie*, 1971] que Trifonov trouve vraiment sa manière et conquiert le lecteur soviétique. Ingénieur, traducteur, chercheur, c'est l'intellectuel moscovite moyen en butte aux difficultés quotidiennes qui constitue son héros, un héros sans grandeur. Mais Trifonov n'est en aucun cas un chroniqueur des mœurs soviétiques. À travers les générations de personnages, à travers le travail de la mémoire, souvent déformante, des protagonistes, il cherche l'évolution des valeurs, la transformation des élans révolutionnaires en cynisme pragmatique : mais il ne porte pas de condamnation car il évite, à la différence de nombre de ses confrères, un didactisme facile.

À partir de *La Maison du quai* (*) (1976) il scrutera, de différentes façons, les origines et les caractéristiques du système stalinien. Dans *La Maison*, il montre la place de la peur et des petites lâchetés qui préparent les trahisons du héros et lui permettront de devenir un écrivain soviétique prospère. Dans *Fumées et brouillards vers le soir* [*Starik*, 1979], il peint un héros de la guerre civile qui est confronté à une trahison qu'il a cherché toute sa vie à oublier. Dans *Le Temps et le Lieu* [*Vremja i mesto*, 1981], le dernier livre paru de son vivant, Trifonov suit plusieurs destinées, de 1937 à nos jours. Nous y retrouvons la disparition des pères en 1937, la guerre, le retour des déportés à la mort de Staline. Avec le héros (fortement autobiographique), Trifonov pose le problème des choix moraux de l'individu ; il ne fait pas œuvre d'historien, mais cherche dans le passé des réponses aux problèmes éthiques d'aujourd'hui car, dit-il, « le passé vit dans le présent ».

Dans *La Disparition* [*Isčšeznovenie*, 1987], œuvre quasi autobiographique restée inachevée et publiée à titre posthume, l'écrivain aborde de front le problème qui l'obsède et qui transparaît dans les romans précédents : quelle est la responsabilité personnelle des dirigeants bolcheviks, si sincères qu'ils fussent, dans l'avènement des monstruosités staliniennes ?

Écrivain de facture classique, utilisant avec

un art consommé le discours indirect libre, écrivain intègre ayant su, malgré la censure, poser les vrais problèmes de son temps, Trifonov a été un des grands écrivains russes des années 70.

ALEXIS BERELOWITCH.

TRIOLET Elsa. Romancière française d'origine russe. Née à Moscou le 25 septembre 1896, morte à Saint-Arnoult-en-Yvelines le 16 juin 1970. Belle-sœur de Maïakovski, dont elle traduira un volume de *Vers et Prose*, elle est encouragée dans la carrière littéraire par Maxime Gorki. Après un voyage à Tahiti, puis à Berlin avec son premier mari (André Triolet), elle rencontre Aragon (à Paris, en 1928), dont elle devient la compagne et l'inspiratrice : *Les Yeux d'Elsa* (*). Durant la Seconde Guerre mondiale, elle figure parmi les écrivains résistants et participe à la création du C.N.E., des *Lettres françaises*, etc... Après la Libération, elle combat pour les idéaux démocratiques. Depuis sa première œuvre en français *Bonsoir Thérèse* (1938), elle a composé de nombreux romans dont certains sont publiés en dialogue avec ceux d'Aragon *Œuvres romanesques croisées* (à partir de 1964). L'ensemble de son œuvre est une sorte de chronique romancée de notre temps tel que put le voir une jeune femme russe transplantée à Paris. *Le Rendez-Vous des étrangers* (1959) est un livre sur l'exil et le mal du pays mais aussi sur le patriotisme, le chauvinisme, l'internationalisme et le cosmopolitisme. Elsa Triolet s'attache à analyser le devenir de l'homme avec les problèmes politiques. *Le premier accroc coûte deux cents francs* (*) (1944) rassemble des nouvelles nées de la Résistance, dans lesquelles l'écrivain dénonce, avec lucidité, la tristesse du lendemain. En quête d'un bonheur insaisissable – *Le Cheval blanc* (*) (1943) –, elle combat l'idée que la consommation, la possession d'objets puissent être assimilables au vrai bonheur : *Roses à crédit* (*) (1959). C'est ici qu'elle apparaît comme écrivain réaliste-socialiste ; elle définit d'ailleurs elle-même cette tendance comme n'étant ni une méthode ni une théorie, mais comme un « angle de vue » sur le monde. Elle croit à l'évolution scientifique, *Luna-Park* (*) (1959) et à l'âme humaine, *L'Âme* (*) (1963). Le mystère de l'homme est évoqué dans *Le Grand Jamais* (*) (1965), réflexion sur la vérité historique, le temps et la mort, à laquelle fera écho *La Mise à mort* (*) d'Aragon (1965).

DANIÈLE BOONE.

RÉF. : J. Madaule, *Ce que dit Elsa*, Paris, 1960. – Revue *Europe*, n° 454/455, 1967. – T. Lukusa Menda, *Écriture thématique et cohérence scripturale. Approche thématique du « Grand Jamais »*, thèse, Besançon, 1976. – F. M. S. Sharratt, *L'Œuvre romanesque d'Elsa Triolet*, thèse, univ. Edinburgh, 1980. – D. Desanti, *Les Clés d'Elsa. Roman vrai*, Paris, 1983. – *Faites entrer l'infini*. Journal de la Société des amis de Louis Aragon et Elsa Triolet, Paris, 1986. – L. Mackinnon, *The Lives of Elsa Triolet*, Londres, 1988.

TRIPHIODORE. Poète et grammairien grec. D'après la *Souda* (*), il est né en Égypte et a écrit une *Paraphrase des comparaisons homériques*, une *Odyssée lipogrammatique* (jeu littéraire qui consiste à réécrire l'*Odyssée* (*) sans employer la lettre α dans le premier chant, la lettre β dans le deuxième, la lettre γ dans le troisième,...), une *Hippodamie* et une *Prise d'Ilion* (*). Seule cette dernière œuvre, courte épopée de 691 vers, nous est parvenue. Alors que ce poète a longtemps été considéré comme un imitateur de Nonnos et donc placé au ve ou au VIe siècle ap. J.-C., la découverte d'un papyrus (publié en 1972), contenant douze vers de *La Prise d'Ilion* et datable au plus tard du début du IVe siècle ap. J.-C., a permis d'établir qu'en réalité Triphiodore précède Nonnos d'au moins 150 ans. Bien loin d'imiter certaines innovations stylistiques de Nonnos, il les annonce donc avec plus d'un siècle d'avance. Grammairien érudit, Triphiodore compose un poème élégant et raffiné.

OLIVIA RODARI.

RÉF. : Bernard Gerlaud, *Triphiodore. La Prise d'Ilion*, Paris, 1982.

TRISSINO Gian Giorgio (Le Trissin). Écrivain italien. Né à Vicence le 8 juillet 1478, mort à Rome le 8 décembre 1550. En tant que poète et auteur dramatique, il prône le recours à une langue pluridialectale qui lui semble plus riche que le pur toscan. Il expose sa conception de l'expression poétique en référence à la poétique aristotélicienne dans son *Ars poetica* (1529-1565). Comme auteur dramatique il est surtout connu pour une *Sophonisbe* (*) (1524). Il est également l'auteur d'un poème épique en vingt-sept chants, *L'Italie libérée des Goths* [*La Italia liberata da Gotthi*, 1547-48].

RÉF. : A. Scarpa, *Gian Giorgio Trissino*, Vicence, 1950.

TRISTAN Frédérick (pseudonyme de Jean-Paul Baron). Écrivain français. Né le 11 juin 1931 à Sedan. Prix Goncourt 1983 pour son roman *Les Égarés* (*). Son travail est sous-tendu, bien avant la parution de son premier roman, *Le Dieu des mouches* (1959), par une analyse rigoureuse de la situation spirituelle de l'époque. En 1957, il écrit dans la revue qu'il dirige, *Structure* : « Ce n'est pas seulement l'anecdote qui ne nous agrée plus, mais aussi, et peut-être surtout, la manière dont aujourd'hui se trame l'anecdote vis-à-vis de systèmes de formes qui nous émeuvent. Il faut repenser le livre, et sa destination elle-même, avant de songer aux thèmes qui nous désignent. » La publication, en 1992, de *L'Obsédante*, rassemblant ses « écrits de jeunesse », a confirmé sur ce point la parfaite cohérence de son œuvre dans laquelle l'écriture, créatrice d'espaces singuliers, redonne sa place, éminente, à la fiction. « N'étant ni un philosophe ni un politique, je me sers de la fiction pour observer les événements et les hommes non au niveau de l'Histoire qui me paraît inapte à expliquer la profondeur, mais au niveau de cette inconscience qu'est devenu, en grande partie, notre imaginaire » (*Le Retournement du gant*, 1990). En quête du sens dans le dédale des significations multiples et contradictoires, cette œuvre se doit de subvertir le romanesque. Y concourent divers dispositifs qui ne déstabilisent le lecteur que pour l'atteindre en ses différents niveaux de conscience. Ainsi vaut-il mieux ne pas se fier aux apparences de l'anecdote. D'un livre à l'autre elle est mise en bascule par un simple changement de perspective. L'usage des hétéronymes en brise les limites étroites et permet de l'aborder de l'intérieur. Hétéronymes délégués à l'écriture des romans, ou dotés d'une vie autonome, telle Danièle Sarréra (*Œuvre, Journal*, 1976), mythification extrême du personnage écrivant. *Le Journal d'un autre*, 1975 ; *Les Tribulations héroïques de Balthasar Kober*, 1987 ; *L'Homme sans nom*, 1988 ; *L'Atelier des rêves perdus*, 1991), autant de titres montrant que le paradoxe est au cœur de l'œuvre. Double, miroir, mise en abyme, décalage, pastiche... Tristan pratique la perversion rusée, et critique, du langage, du récit et du personnage. Dans la fiction il introduit ainsi cette dimension de l'invisible traquée dans ses ouvrages d'iconologie (*Le Monde à l'envers*, 1980 ; *Les Tentations de Jérôme Bosch à Salvador Dali*, 1981, *L'Œil d'Hermès*, 1982). Invisible qui n'est jamais si manifeste que sous les espèces du merveilleux comme dans *La Geste serpentine* (1978) ou le « cycle chinois » (*Le Singe égal du ciel*, 1972 ; *La Cendre et la Foudre*, 1982 ; *La Chevauchée du vent*, 1991). Initiateur d'une « nouvelle fiction » redonnant à l'imaginaire son pouvoir de création, Tristan exalte une littérature « qui n'est plus récit ni discours, mais " poétique ", non plus construction mais croissance » (*Le Retournement du gant*), le théâtre possible de notre métamorphose.

JEAN-LUC MOREAU.

TRISTAN L'HERMITE (François L'Hermite, sieur de Soliers, dit). Poète, romancier et dramaturge français. Né en 1601 au château de Soliers (Creuse) ; mort le 7 septembre 1655 à Paris. Il était, dit-on, de la famille à laquelle appartint Pierre L'Hermite, qui prêcha la première croisade. Sa jeunesse fut aventureuse : vivant, en qualité de page, chez Henri de Bourbon, marquis de Verneuil, il eut à treize ans un duel où il tua son adversaire (1614). Contraint de prendre la fuite, il se réfugia en Angleterre, d'où il passa en Écosse et finalement en Norvège. Peu satisfait de ce climat, il eut l'idée d'aller vivre en Espagne. Incognito, il traversait la France, lorsque, à Loudun, il fut atteint par la maladie. Recueilli par Scévole de Sainte-Marthe, il vécut quelques mois en Poitou. C'est alors qu'il fut reconnu par un seigneur de la Cour (1620). Il en fut quitte pour la peur, car bientôt il obtint sa grâce. À partir de ces faits, racontés dans son roman, *Le Page disgracié* (*) (1643), on perd quelque peu sa trace. « Tout ce qu'on sait, dit Pellisson, c'est qu'étant poète, joueur de profession et gentilhomme de Gaston d'Orléans, aucun de ces trois métiers ne parvint à l'enrichir. » Abandonné par Gaston d'Orléans, il entre quelques mois au service de la duchesse de Chaulnes, puis à celui du duc de Guise en 1646. En 1649, il n'en devint pas moins membre de l'Académie française. Il avait débuté en 1633 par un recueil de vers qui obtint un vif succès : *Les Plaintes d'Acante*. D'autres recueils suivirent : *Les Amours de Tristan* (1638), où se trouve l'ode intitulée *Le Promenoir des deux amants* (*), *La Lyre du sieur Tristan* (1641), *Les Vers héroïques du sieur Tristan L'Hermite* (1648) ainsi qu'un *Office de la Sainte Vierge* (1646). Ses vers amoureux, marqués de pétrarquisme, s'inspirent surtout de Marino et de Théophile de Viau, et célèbrent la belle matineuse, la belle en deuil, la belle esclave more ou la belle gueuse. Mais son originalité s'exprime dans son sentiment de la nature qu'accompagnent son goût marqué pour la rêverie et sa mélancolie. Ce n'est point pourtant comme poète lyrique qu'il marqua le plus en son temps. Passionné de théâtre, il avait fait représenter, en 1636, une tragédie dont le succès fut considérable : *Mariamne* (*). Il devait en composer d'autres : *Penthée* (1637), *La Mort de Sénèque* (*) (1644), *La Mort de Chrispe* (1644) et *La Mort du grand Osman* (1647). Ajoutons-y une tragi-comédie, *La Folie du sage* (1644), une pastorale, *Amaryllis* (1652) et une comédie, *Le Parasite* (1653). Ce théâtre est loin d'être négligeable ; par certains aspects de son talent, Tristan L'Hermite peut être considéré comme un précurseur de Racine.

♦ *« Tristan me paraît la plus charmante et la plus personnelle expression de la société précieuse de son temps... »* Marcel Arland.

RÉF. : J. Madeleine, introduction et notes de l'édition des *Plaintes d'Acante*, Paris, 1909, et de *La Mort de Sénèque*, Paris, 1919. – A. Carriat, *Tristan ou l'Éloge d'un poète*, Limoges, 1955 ; *Bibliographie des œuvres de Tristan L'Hermite*, Limoges, 1955. – D. Dalla Valle, *Il Teatro di Tristan L'Hermite*, Turin, 1964. – Doris Guillumette, *La Libre Pensée dans l'œuvre de Tristan L'Hermite*, Paris, 1972. – C. Abraham, *Tristan L'Hermite*, Boston, 1980. – *Cahiers Tristan L'Hermite*, annuels depuis 1979.

TROGUE-POMPÉE (Trogus Pompeius). Historien latin du temps d'Auguste (Ier siècle), originaire de la Gaule Narbonnaise ; son père avait servi sous Jules César lors de la guerre des Gaules. Nous ignorons tout de son existence. Outre son œuvre principale, *Histoires philippiques* (*), on sait qu'il écrivit sur la zoologie et peut-être sur la botanique. Il nous est parvenu le titre d'un de ses ouvrages, *De animalibus,* qui se fonde surtout sur les travaux d'Aristote, et qui figure parmi les sources de Pline l'Ancien. À peu près ignorées des contemporains, les *Histoires philippiques* connurent le succès quelques siècles plus tard, grâce à l'abrégé de Justin.

TROLLOPE Anthony. Romancier anglais. Né à Londres le 24 avril 1815, il y mourut le 6 décembre 1882. Sa mère était la femme de lettres Frances Trollope, auteur de *Mœurs et coutumes des Américains* [*Domestic Manners of the Americans,* 1832] qui fit grand bruit aux États-Unis. Il fut dans sa jeunesse, ainsi qu'il le raconte dans son *Autobiographie* (1875-76), atteint d'un complexe d'infériorité qui, chez tout autre, eût pu engendrer une inspiration trouble. Un emploi dans l'administration des Postes et son mariage inaugurèrent une existence meilleure et l'amenèrent à s'imposer une méthode de travail littéraire qui, vue du dehors, peut surprendre par sa rigueur. De 1841 à 1859, Trollope fut envoyé en mission en Irlande où il conçut l'idée de son premier roman (1847) en visitant les ruines d'un vieux château. Mais ni cet ouvrage ni le suivant ne révèlent un talent particulier. Au cours d'une inspection en Angleterre occidentale, la cathédrale de Salisbury et la vie ecclésiastique ambiante, pressentie plutôt qu'observée réellement, lui inspirèrent *Le Pasteur* (+) (1855), suivi des *Tours de Barchester* (*) (1857), *Le Docteur Thorne* (*) (1858), *La Cure de Framley* (*) (1861) ; la suite des « romans de Barchester » s'achève en 1867 avec *La Dernière Chronique de Barset* (*). D'autres milieux apparaissent dans ses romans écrits à la suite des voyages qu'il fit en Italie, en Égypte, aux Indes, aux États-Unis, en Australie et en Afrique du Sud, où il avait été chargé de missions. Ils élargirent son horizon. Trollope résigna ses fonctions en 1867, et en 1868 se présenta aux élections comme candidat libéral. Il fut battu mais transposa ses nouvelles expériences dans des romans politiques tels que *Phineas Finn* (1869), *Le Premier ministre* [*The Prime Minister*], où la finesse de l'observation n'est pas moindre que dans ses œuvres inspirées par les milieux religieux. Il ne se proposait rien d'autre que de regarder objectivement le monde et de peindre les hommes tels qu'ils étaient afin que ses lecteurs puissent se reconnaître dans ses livres. Sa discrétion, sa bienveillance, son appréciation indulgente et réaliste des sentiments humains, toute faite de nuances, sont des qualités qui lui ont assuré l'intérêt et parfois même l'enthousiasme de la postérité. Dans *Comment nous vivons* (*) (1875), Trollope a donné une étude sociologique de la détérioration des mœurs due à l'infiltration des méthodes de la finance dans les classes supérieures, si bien que ce roman se distingue des autres de son auteur par sa franche dénonciation du capitalisme.

MARIO PRAZ.

♦ *« Dans ses limites, plus restreintes, Trollope était un réaliste plus intransigeant et plus magistral que Thackeray et ceux-là mêmes qui ne veulent voir dans ses personnages que des types sont prêts à convenir qu'ils n'en sont pas moins vigoureux. »* Chesterton.

RÉF. : A. J. Cockshut, *Anthony Trollope, a Critical Study,* Londres, 1955 – B. A. Booth, *Anthony Trollope, Aspects of his Life and Art,* Bloomington, 1958. – R. M. Polhemus, *The Changing World of Anthony Trollope,* Berkeley, 1968. – J. P. Hennessy, *Anthony Trollope,* Londres, 1971. – J. R. Kincaid, *The Novels of Anthony Trollope,* Oxford, 1978. – P. D. Edwards, *Anthony Trollope, his Art and Scope,* Sussex, 1978. – Tony Bareham, *Anthony Trollope,* Londres, 1980.

TRONCHET François Denis. Jurisconsulte français. Né et mort à Paris (23 mars 1726-10 mars 1806). Excellent juriste, il opta pour la profession d'avocat consultant, fut bâtonnier en 1789 et élu membre du tiers aux états généraux, où il fit partie de la droite constitutionnelle. C'est lui qui reçut la déclaration du roi au retour de Varennes et fut choisi par ce prince pour être l'un de ses trois conseils. Tronchet vécut caché pendant la Terreur. En 1795, il fut élu au Conseil des Anciens et, sous le Consulat, nommé président du tribunal de cassation puis sénateur (1801). Il fit partie de la commission chargée de préparer le *Code civil* (*).

TROTSKI Lev Davidovitch [Lev Davydovič Trockij ; pseud. de Leiba Bronštein]. Homme politique russe. Né le 26 octobre (7 novembre) 1879 au village de Janovka, près d'Elisavetgrad (gouvernement de Kherson), mort assassiné le 21 août 1940 à Coyoacan près de Mexico. Après avoir terminé ses études secondaires à Odessa, il fut, dès la première année de ses études universitaires, arrêté (1898) pour avoir entretenu des rapports avec des révolutionnaires, et déporté à Verkholensk, en Sibérie. Ayant réussi à s'échapper (1902), grâce à un faux passeport délivré au nom de Trotski, il se rendit à Londres, où il collabora avec Lénine et Plekhanov à la rédaction du journal russe clandestin *L'Étincelle* [*Iskra*]. Rentré en Russie, toujours grâce à un faux passeport, en 1905, il prit une part active à l'organisation de l'action révolutionnaire et fut élu président du soviet des députés ouvriers. Arrêté avec tout le comité exécutif du soviet en décembre 1905, il passa en jugement en octobre 1906 et fut condamné à la perte de ses droits civiques et à la déportation à vie. Envoyé avec ses cinquante coinculpés à Obdorsk, au-delà du cercle polaire, Trotski s'évada en cours de route et, après un bref séjour à Pétersbourg, vint se cacher en Finlande, où il écrivit le récit de sa déportation et de son évasion, récit qu'il publia sous le titre *Aller et Retour* [*Tuda i obratno,* 1907], ce qui lui permit d'amasser les fonds nécessaires pour se fixer en Autriche.

Avec un autre révolutionnaire russe, Adolphe Ioffé, il fonda à Vienne un journal clandestin, *La Vérité* [*Pravda*] ; en outre, il collabora périodiquement au journal viennois, *Le Journal des ouvriers* [*Die Arbeiter Zeitung*]. Envoyé, en 1912 – bien entendu sous un nom d'emprunt –, à Constantinople comme correspondant de guerre du journal russe *La Pensée de Kiev* [*Kievskaja Mysl'*], Trotski dénonce les atrocités commises par les Bulgares contre les Turcs. Plus tard, après la déclaration de la guerre de 1914-18, il continuera son rôle de correspondant du journal de Kiev, mais il devra quitter Vienne et se fixer d'abord à Zurich, puis à Paris. Dès janvier 1915, il collabora à un journal parisien de langue russe, *Notre parole* [*Naše slovo*]. Après avoir assisté au congrès des socialistes-internationalistes à Zimmerwald (Suisse), en septembre 1915, Trotski fut expulsé de France et, après un court séjour en Espagne, lui et sa famille débarquèrent, en janvier 1917, à New York. Le 8 mars, ayant appris l'abdication de l'empereur Nicolas II, il demanda – et obtint – un passeport bien en règle pour rentrer en Russie. Embarqué le 27 mars, il fut, avec cinq autres révolutionnaires, arrêté à l'escale de Halifax (Canada) par la police britannique et interné.

Libéré, en avril, sur la demande de Milioukov, Trotski rentra en Russie et se mit au travail. Lénine et Zinoviev étaient rentrés de Suisse en Russie quelques jours avant Trotski ; ils prirent ensemble la tête du Comité exécutif du soviet des ouvriers. Ce ne fut qu'à cette époque (juillet 1917) que Trotski adhéra enfin au parti bolchevik. Se heurtant continuellement au gouvernement de Kérenski, les soviets furent considérés par ce dernier comme des émissaires allemands, et leurs chefs furent arrêtés en juillet 1917 ou contraints à se réfugier en Finlande. Réunis néanmoins à nouveau à Petrograd pour le meeting des soviets du 20 octobre, les leaders des soviets décidèrent de prendre le pouvoir, ce qui fut accompli le 26 octobre (ancien style). Lénine fut alors élu président du Conseil, et Trotski nommé ministre de la Justice. Après avoir joué un rôle important dans les pourparlers qui aboutirent, le 3 mars 1918, à la paix séparée de Brest-Litovsk, Trotski employa toute son énergie à former la future armée Rouge, qui triomphera, en 1920, des efforts déployés par les « Russes Blancs » de Denikine, Koltchak, Youdénitch, etc., ainsi que, plus tard, des Polonais. De cette époque datent ses livres : *Terrorisme et Communisme* [*Terrorism i Kommunism,* 1920] – réponse à la brochure de Karl Kautsky parue, en 1919, sous le même titre – et *Les Questions essentielles de la révolution* [*Osnovnyé voprosy révoljucii,* 1923]. Jalousé, comme bolchevik de fraîche date, Trotski ne dut qu'à l'influence de Lénine, qui avait en lui une confiance absolue, de rester, jusqu'à la mort de Lénine, l'un des dirigeants principaux du parti, surtout après avoir écrit *Littérature et Révolution* [*Literatura i révoljucija,* 1922], livre dans lequel il démontrait l'impossibilité d'une littérature « dirigée » et même d'une culture spécifiquement prolétarienne. Après la mort de Lénine, Trotski ne se vit confier que des tâches de second plan ; puis, attaqué ouvertement par Staline et Kamenev, il fut, le 2 janvier 1925, relevé de ses fonctions, le 15 novembre 1927, rayé du parti et, le 17 janvier suivant, placé en résidence surveillée à Alma-Ata, dans les steppes de l'Asie centrale, où il restera pendant un an, avant d'être conduit de force en exil, à l'île de Prinkipo (Turquie) où il demeurera jusqu'en 1933. Pendant cette période de sa vie Trotski écrira un grand nombre d'articles et de brochures – parmi lesquelles il faut citer un *Jean Jaurès* (1921), ainsi que ses livres les plus importants : *Vie de Lénine* [*O Leninè,* 1924, trad. 1936] ; *Les Leçons d'Octobre* [*Uroki Oktjabrja,* 1924] ; *Où va l'Angleterre ?* [*Kuda idet Anglija ?,* 1925] ; *Ma vie* (*) (1930) ; *La Révolution permanente* [*Permanentnaja révoljucija,* 1930, trad. 1931] ; *L'École stalinienne de falsifications* [*Stalinskaja škola fal'sifikacij,* 1932] ; et sa volumineuse *Histoire de la révolution russe* (*) (1931-33).

Le 20 février 1932, le gouvernement de Staline promulgua la déchéance de Trotski et de tous les membres de la famille se trouvant à l'étranger, de la nationalité russe. L'année suivante, Trotski reçut, malgré les protestations furieuses tant de la presse française de droite que de *L'Humanité,* un visa lui accordant asile en France. Il s'installa, avec sa femme, d'abord à Saint-Palais, près de Royan, puis à Barbizon. Mais lorsque le permis de séjour expira en 1935, il ne fut pas renouvelé et Trotski dut reprendre la route. Après un bref séjour à Weksal, en Norvège, suivi de son internement, Trotski reçut enfin l'autorisation de s'installer au Mexique où il arriva le 9 janvier 1937. Ayant élu domicile à Coyoacan, à dix kilomètres de Mexico, Trotski y résida jusqu'à sa mort. C'est là qu'il écrivit sa *Révolution trahie* (*) (1937) et *Staline* (posth., 1948), qui ne furent jamais publiés en langue russe. L'activité antistalinienne de Trotski et, surtout, son essai *Devant la nouvelle guerre mondiale* (1937), où il prévoyait la collusion entre la dictature stalinienne et celle de Hitler, inquiétèrent fortement les dirigeants du Kremlin qui organisèrent, le 24 mai 1940, un attentat qui n'aboutit pas. Ils réussirent toutefois le 20 août 1940, lorsque leur « ennemi n° 1 » fut mortellement blessé à la tête à coups de piolet, par Ramón Mercader, un communiste espagnol qui est mort à Moscou en 1978 avec le titre de Héros de l'Union Soviétique.

ALEXANDRE LABZINE.

RÉF. : Roger Lévy, *Trotski,* Paris, 1920. – P. Fervaque, *La Vie orgueilleuse de Trotski,* Paris, 1929. – L. Trotski, *Ma vie ; essai autobiographique,* Paris, 1930, 1953. – B. D. Wolfe, *Three who made a Revolution,* Toronto, 1948. – Victor Serge, *Vie et mort de Trotski,* Paris, 1951. – I. Deutscher, *Trotski,* 3 vol., Paris, 1962-1975. – G. Rosenthal, *Avocat de Trotski,* Paris, 1975. – J. van Heijenoort, *Sept ans auprès de Trotski,* Paris, 1978. – P. Naville, *Trotski vivant,* Paris, 1979. – P. Broué, *Trotski,* Paris, 1988. – A. Dugrand, *Trotski, Mexico 1937-1940,* Paris, 1988.

TROTZIG Birgitta. Romancière et nouvelliste suédoise. Née le 11 septembre 1929 à Göteborg (Suède). Birgitta Trotzig fut, bien que suédoise, profondément affectée par la Seconde Guerre mondiale et par la guerre d'Algérie puisqu'elle séjourna en France de 1955 à 1972. Elle se démarqua également de ses compatriotes luthériens en se convertissant au catholicisme. Dans le contexte suédois, son œuvre apparaît ainsi foncièrement originale. Certes, dans les années 50, la littérature connaît en Suède un renouveau religieux notable, mais Birgitta Trotzig, qui s'attache à débattre de problèmes métaphysiques et moraux dans la perspective de l'existentialisme chrétien, s'inscrit davantage dans le courant d'idées international et notamment français. Birgitta Trotzig choisit de décrire le sort tragique d'individus plongés dans une misère spirituelle et physique insoutenable. Tantôt bourreaux, tantôt victimes, ces personnages meurtris par l'existence souffrent de leur avilissement. Pour nous faire prendre pleinement conscience de l'horreur de leur drame, Birgitta Trotzig les campe dans des paysages symboliques. Le plus souvent, elle situe l'action en Scanie, province de Suède méridionale, qu'elle perçoit comme une vaste étendue boueuse qui dégage une odeur écœurante de fange, une plaine froide et désolée, bordée par une mer au grondement accablant : ainsi en est-il dans *Le Destitué* (*) (1957). La ville, où règne la même grisaille, constitue une autre illustration du cauchemar que nous vivons sur terre. Comme un piège, son environnement inhumain se referme inexorablement sur nous et ne peut qu'engendrer désespoir, violence et mort : *La Ville et la Mer* [*En berättelse från kusten,* 1961]. Un point de vue aussi sombre porté sur notre condition révèle le pessimisme extrême de l'auteur. Birgitta Trotzig est convaincue que le mal est inhérent à la nature humaine. Ses créatures, par leurs penchants irrépressibles pour l'égoïsme et la veulerie, sont incapables aussi bien d'aimer que d'accepter l'amour d'autrui (*La Reine* [*Levande och döda,* 1964], recueil de nouvelles). Empêchée de s'épanouir librement, la passion devient alors destructrice et entraîne des ruptures sans retour : *La Maladie* [*Sjukdomen,* 1972], *L'Accusation* [*Sveket,* 1973]. En effet, les héros de Birgitta Trotzig ne maîtrisent pas les forces qui les gouvernent. Ils agissent instinctivement, vivent dans une crainte perpétuelle parce qu'ils ne comprennent pas la fatalité qui s'acharne sur leur frêle destin : *La Fille du roi crapaud* [*Dykungens dotter,* 1985]. Quelle que soit cependant la gravité de leur déchéance, ils gardent une parcelle de dignité, celle que la foi leur permet de préserver. L'espoir que malgré tout leurs prières seront entendues représente une lueur consolatrice qui illumine cet univers d'une noirceur bouleversante. Les terribles épreuves qu'ils traversent, guerre, famine, viol, lapidation, dans *Récits* [*Berättelser,* 1977], débouchent parfois sur une ultime rédemption : juste avant leur mort, Dieu se manifeste pour sauver leur âme. Écrivain mystique de l'apocalypse quotidienne, Birgitta Trotzig compose des histoires en puisant dans des images expressionnistes qui surgissent en elle. Sa démarche, qui est celle du poète, leur confère une atmosphère magique de légende malgré le souci constant d'un implacable réalisme dramatique. Birgitta Trotzig, dont les œuvres ont été souvent traduites en français, connaît une audience toute particulière dans notre pays.

MAY-BRIGITTE LEHMAN.

TROUBETZKOY Nicolas Sergueevitch. Linguiste russe, né le 16 avril 1890 à Moscou, mort le 25 juin 1938. Fils d'un professeur de philosophie, devenu recteur de l'université de Moscou, Troubetzkoy s'est très jeune intéressé à l'ethnologie avant d'entreprendre à l'université de Moscou des études de grammaire comparée et de soutenir sa thèse en 1916. Par l'intermédiaire d'un linguiste russe, Serge Karcewski, qui avait suivi à Genève l'enseignement de Saussure, il découvre alors le *Cours de linguistique générale* (*), qui influencera profondément sa pensée. À la révolution, Troubetzkoy quitte Moscou pour enseigner successivement à Rostov, Istanbul, Sofia, avant de prendre en 1922 la chaire de philologie slave de l'université de Vienne. Il en sera chassé par les nazis, juste avant sa mort, en 1938. À Vienne, Troubetzkoy rencontre Jakobson et entre avec lui en 1928 dans le Cercle linguistique de Prague. En 1928, au Ier Congrès international des linguistes, à La Haye, tous deux présentent avec Karcewski les thèses qui posent les fondements de la phonologie. Troubetzkoy développera ses thèses, en s'appuyant explicitement sur l'apport de Saussure, dans ses *Principes de phonologie* (*), ouvrage posthume, publié en 1939, qui a joué un rôle déterminant non seulement dans le développement de la phonologie, mais aussi dans l'extension du courant structuraliste dans les sciences humaines, en particulier en anthropologie (Lévi-Strauss).

EDDY ROULET.

TROYAT Henri (pseud. de Lev Tarassov). Romancier et biographe français, d'origine russe. Né le 1er novembre 1911 à Moscou où son père était négociant. Ses parents fuient la révolution de 1917 ; il arrive à Paris en 1920 et fait ses études au lycée Pasteur, à Neuilly. Après avoir obtenu sa licence en droit, il est rédacteur à la préfecture de la Seine de 1935 à 1941. Parallèlement, il aborde la littérature avec un roman : *Faux jour* en 1935 et obtient le prix populiste. Puis il publie *Vivier* (1935), *Grandeur nature* (1936). Deux autres prix lui sont attribués en 1938, le prix Goncourt avec *L'Araigne* et le prix Max Barthou de l'Académie française. L'année suivante, il publie des nouvelles d'inspiration fantastique, *La Fosse commune* (1939). Écrivain prolixe, il est un fervent admirateur des romanciers russes du XIXe siècle et écrit des biographies littéraires et historiques : *Dostoïevski* (1940), *Pouchkine* (1946), *L'Étrange Destin de Lermontov* (1952), *Tolstoï* (1965), *Gogol* (1971), *Catherine la Grande* (1978), *Pierre le Grand* (1979), *Alexandre I*[er] (1981), *Ivan le Terrible* (1982), *Tchekhov* (1984), *Tourgueniev* (1985), *Gorki* (1986), *Flaubert* (1988), *Maupassant* (1989), *Alexandre II* (1990). Attaché au réalisme du XIXe siècle, mais tempéré par l'influence de Tolstoï, il compose aussi de grands cycles romanesques. Certains sont consacrés à la peinture de la Russie avant et après la révolution de 1917 et aux Russes réfugiés en France : *Tant que la terre durera*, en trois volumes (1947-1950) : *La Lumière des justes* (*), en cinq volumes (1959-1963), *Les Héritiers de l'avenir*, en trois volumes (1968-1970) et *Le Moscovite*, qui est également une trilogie (1974-1975). D'autres suites romanesques décrivent la société moderne à travers l'histoire de deux familles françaises, *Les Semailles et les Moissons* (*) en cinq volumes (1953-1958), *Les Eygletières*, en trois volumes (1965-1967). On lui doit d'autres romans : *Grimboscq* (1976), *Le Front dans les nuages* (1976), *Le Pain de l'étranger* (1982), *Marie Karpovna* (1984), *Le Bruit solitaire du cœur* (1985), etc. Il a publié un nouveau cycle romanesque : *Viou* (1980), *À demain, Sylvie* (1986), *Le Troisième Bonheur* (1987), un recueil de souvenirs, *Un si long chemin* (1976), des essais, des œuvres dramatiques, des nouvelles. Henri Troyat, dont la production littéraire est très abondante, touche un large public. Fidèle à une technique narrative qui soigne la vraisemblance, habile à évoquer la vie quotidienne, il représente un heureux équilibre dans la rencontre de traditions diverses. Le grand prix littéraire du prince de Monaco lui est décerné pour l'ensemble de son œuvre en 1952. Il est membre de l'Académie française depuis 1959.

CHRISTINE DE CLINCHAMPS.

TRUNGPA Chögyam. Lama tibétain. Né à Geje dans le nord-est du Tibet en février 1939, mort à Halifax (Canada) en 1987. Né dans une famille de pauvres montagnards, il fut reconnu à l'âge de treize mois comme la réincarnation du dixième Trungpa Tulku, le supérieur des monastères de Surnang. Il a dix-neuf ans lorsque les Chinois s'emparent de ces monastères. Contraint à la clandestinité, puis à la fuite, il se réfugie vers l'Inde, où le Dalaï Lama le fait conseiller spirituel de l'école des jeunes lamas. En Inde, il rencontre des Occidentaux, apprend l'anglais et reçoit une bourse d'études pour Oxford en 1963. En Angleterre, où il veut enseigner le bouddhisme, il s'imprègne de l'esprit occidental, publie en 1966 ses Mémoires sous le titre *Né au Tibet* [*Born in Thibet*] et fonde en Écosse le Centre de méditation de Samyê-Ling. De retour d'un séjour au Bhoutan, où il était le tuteur du futur roi, il rompt ses vœux monastiques, épouse une Anglaise, part aux États-Unis où jusqu'à sa mort il se révélera l'organisateur avisé de centres de méditation bouddhiste dans le Colorado, le Vermont et au Canada. Ses enseignements occupent plusieurs volumes publiés par ses disciples, entre autres *Pratique de la voie tibétaine* (*) (1973).

JEAN-PIE LAPIERRE.

TSANG MAO-SIUN [Zang Maoxun]. Lettré chinois. Né et mort à Tch'ang-sing (Tchen-tsiang) (1550-1620). On sait très peu de chose sur sa vie. Il a surtout enseigné à l'école des Fils du Pays de Nanking, école officielle pour former les lettrés. Des calomnies lui ont fait perdre son poste et il s'est retiré sur une montagne. Il a compilé des recueils de poèmes et de pièces de théâtre, dont *Choix de pièces Yuan* (*), grâce auquel nous sont parvenus les chefs-d'œuvre du théâtre chinois.

JACQUES PIMPANEAU.

TS'AO P'I [Cao Pi] (ou Ts'ao P'ei, prénom social Tse-houan, empereur Wen des Wei). Poète, prosateur et homme d'État chinois. Né dans la province de l'An-houei en 187, et mort à Louo-yang en 226. Le fils aîné de Ts'ao Ts'ao – Premier ministre des Han orientaux (25-220) – et frère du poète Ts'ao Tche fut éduqué comme il se devait par l'étude approfondie des *Classiques* (*) et des écrits des penseurs, et maîtrisait aussi bien l'art de l'épée que celui du tir à l'arc. Il remplaça son père, lorsque celui-ci mourut en 220, comme Premier ministre d'un empereur depuis longtemps dépossédé du pouvoir réel, et fonda au bout de quelques mois la dynastie des Wei (220-265). Durant les six ans de son règne, il entreprit une œuvre de restauration du pouvoir impérial (en le défendant des ingérences des eunuques et de sa propre parenté), de l'étude des *Classiques* et de l'université impériale. Il instaura un système de recrutement des fonctionnaires plus « impartial », mais ne réussit pas à reconquérir le territoire divisé de l'empire précédent, et reste dans l'Histoire comme un dirigeant moins puissant que ne le fut son père. Ts'ao P'i est considéré comme l'initiateur du cercle des « Sept poètes de l'ère Tsien-an » (196-220), qu'il aurait rassemblés autour de lui en 211, lorsqu'il devint vice-Premier ministre. Or, le premier de ces sept poètes, K'ong Jong, mourut en 208, sur l'ordre de Ts'ao Ts'ao. Mais l'incertitude quant à la réalité historique du fait n'empêche pas celui-ci de symboliser l'existence d'une activité littéraire très importante à cette époque, et sous l'émulation des trois Ts'ao. Des « Sept poètes de Tsien-an », Ts'ao P'i fait l'éloge dans *De* *la littérature* (*), considéré comme le premier texte de critique littéraire en Chine – et qui fut seul conservé d'un traité plus général, le *Tien-louen.* De sa prose, il ne reste par ailleurs que deux lettres à Wou Tche (177-230), traitant et d'amitié et de littérature. On connaît enfin de la poésie de Ts'ao P'i moins de trente « récitatifs » [fou], et une quarantaine de poèmes très proches des « poèmes à chanter » [yue-fou] et des chansons populaires, sur le thème de sa propre vie, ou sur celui du voyageur nostalgique et de la belle esseulée. Parmi ceux-ci se trouve la *Chanson de Yen,* qui serait le plus ancien poème chinois en vers heptasyllabiques.

VALÉRIE LAVOIX.

RÉF. : P. Demiéville, *Anthologie de la poésie chinoise classique,* Paris, 1962.

TS'AO SIUE-TS'IN [Cao Xueqin] (ou Ts'ao Tchan). Romancier chinois. Né en 1715 à Nankin, mort en 1764 près de Pékin. Ts'ao Siue-ts'in vécut à l'époque la plus glorieuse, tant au point de vue social, politique et militaire qu'au point de vue littéraire, de la dynastie mandchoue. Dans sa jeunesse, il fut membre d'une des huit « bannières » mandchoues. Sa famille était chargée à Nankin de la surintendance des manufactures de textiles impériales et donc immensément riche. Jusqu'en 1728 le jeune homme travailla dans une de ces manufactures et vécut dans la facilité et le luxe. L'empereur Che-tsong confisqua les biens de sa famille sous prétexte, semble-t-il, que les Ts'ao avaient une grosse dette à régler au gouvernement. Sa famille réduite à une profonde misère, le jeune Ts'ao s'installa à Pékin, dans un humble quartier ; délicat et sensible, il devait souvent comparer sa triste situation aux temps heureux qu'il avait connus.

Après une éphémère réhabilitation au début du règne de Ts'ien-long (1736-1796), disgrâce et confiscations furent à nouveau – cette fois définitivement – infligées à la famille Ts'ao en 1745. Plus tard, Siue-ts'in dut même fuir la capitale et se réfugier dans un village de la région, où il vécut assez misérablement avec femme et enfant. Il survécut très peu de temps à son fils, victime en 1763 d'une épidémie, et laissa inachevé son chef-d'œuvre : *Le Rêve dans le pavillon rouge* (*), le plus grand roman classique chinois.

RÉF. : Lee Ghen-tong, *Études sur « Le Songe du pavillon rouge »,* Paris, 1934. – Kou Lin-ke, *Essai sur « Le Rêve dans le pavillon rouge »,* Lyon, 1935. – Lu Yueh-hua, *La Jeune Fille chinoise d'après Hong-leou-mong,* Paris, 1936. – Wu Shih-ch'ang, *On the Red Chamber Dream. A Critical Study of Two Annotated Manuscripts of the XVIIIth Century,* Oxford, 1961.

TS'AO TCHE [Cao Zhi] (appellation honorifique Tse-tsien). Poète chinois. Né en 192 et mort en 232. C'est le plus grand poète de cette époque si troublée qu'elle lui fit dire : « Je suis né au milieu des bouleversements, et grandis au milieu des armées. » Fils de Ts'ao Ts'ao (155-220), général au service des Han, qui était poète lui aussi, on rapporte qu'à l'âge de dix ans il excellait déjà en poésie, à tel point que son père le crut coupable d'un plagiat jusqu'au moment où l'enfant eut composé devant lui un poème sur un thème donné. Ts'ao Ts'ao renversa les Han, inaugura au Nord une petite dynastie, et hésita pour sa succession entre son fils aîné, Ts'ao P'i (187-226), et Ts'ao Tche, avant de préférer le premier (homme de lettres lui aussi). La rivalité des deux frères gagna leurs « clients » respectifs, et perdura après l'accession de l'aîné au pouvoir, dans la mesure où Tche subit tout le reste de sa vie suspicions, bannissements et dénonciations. Il a exhalé sa mélancolie dans la célèbre *Stance des sept pas* [*Pou che*] où les sentiments se dissimulent sous l'allégorie des pois et des haricots qui cuisent dans la marmite. Jusqu'à sa mort il tenta en vain d'améliorer son sort par de nombreuses protestations et suppliques. Sa gloire littéraire cependant fut au moins proportionnelle à l'échec de sa carrière. Ses poèmes (« che » réguliers, « fou » récitatifs et « yue-fou » à chanter) reflètent sans doute les deux périodes de sa vie, sa jeunesse heureuse et aristocratique, puis sa retraite forcée ; mais ils ont été trop souvent lus à la seule lumière de sa vie et de ses rancœurs. S'y mêlent à la fois une puissante imagination, la passion, mais aussi un sage idéal « confucéen » et patriotique – v. *Recueil critique complet de Ts'ao Tche* (*).

RÉF. : H. H. Frankel, « Fifteen Poems by Ts'ao Chih : An Attent at a New Approach », *Journal of American Oriental Society,* nº 84, 1964. – J.-P. Diény, *Ts'ao Chih wen-chi t'ung-chien (Concordance des œuvres complètes de Ts'ao Chih),* Paris, 1977. – « Les sept tristesses (*Qiai*). À propos de deux versions d'un "poème à chanter" de Cao Zhi », in *T'oung Pao,* nº 65, 1979. – « The Problem of Authenticity in the Works of Ts'ao Chih », in *Essays in Commemoration of the Golden Jubilee of the Fung Ping Shan Library,* Hong Kong, 1982.

TS'AO TS'AO [Cao Cao] (prénom social Meng-teu ; nom posthume empereur Wou des Wei). Homme d'État, guerrier et poète chinois. Né dans la province de l'An-houei en 155 et mort à Louo-yang en 220. Ts'ao Ts'ao était par adoption le petit-fils d'un eunuque impérial. Sa carrière militaire commença lorsqu'il avait 20 ans, et le mena à force de tactique et de succès jusqu'au pouvoir suprême, ce dans le contexte de déréliction où se trouvait la dynastie des Han postérieurs (25-220). Chargé comme d'autres chefs d'armée de réprimer la révolte des Turbans jaunes déclenchée en 184, il se constitua une armée très puissante et s'imposa après que Tong Tchouo (?-192) eut tenté un coup d'État, détruit la capitale, et fut assassiné. Pendant une trentaine d'années, Ts'ao Ts'ao guerroya contre ses rivaux, asseyant son pouvoir sur le royaume de Wei, dans la plaine centrale et les provinces du Nord. Sa progression fut arrêtée en 208, car il ne put reconquérir la totalité de l'Empire, qui resta divisé en « Trois royaumes ». Dès 196, il s'était imposé comme Premier ministre du dernier empereur Han, et selon l'expression consacrée, « le tenant sous sa coupe commandait en son nom aux feudataires » ; il établit avant l'heure la dynastie des Wei (220-265), fondée officiellement par son fils Ts'ao P'i (187-265).

Guerrier hors pair, qui sut rallier une partie des rebelles qu'il soumettait, et organiser des colonies militaires assurant l'approvisionnement de ses troupes, mais aussi stratège magnifique (outre ses ordonnances et ses poèmes, réunis dans les *Œuvres de l'empereur Wou des Wei* (*), il est également l'auteur d'un commentaire de l'*Art de la guerre* (*) de Souen-tse), Ts'ao Ts'ao fut une mine d'or pour les romanciers, conteurs et dramaturges du répertoire historique. Or, il fut très tôt, dans d'innombrables opéras, ballades et récits, et notamment dans le *Roman des trois royaumes*, identifié comme une caricature du mal : le « prince des traîtres ». Il n'est véritablement connu des Chinois que sous ce seul masque, à moins que la campagne lancée en 1957 par Kouo Mo-jouo en vue de réhabiliter l'homme de génie que fut Ts'ao Ts'ao n'ait porté quelques fruits. Il fut en tout cas un grand poète et prosateur, dont on rapporte les dons pour la musique et la calligraphie.

VALÉRIE LAVOIX.

RÉF. : *Les Trois Royaumes*, Flammarion, 1987.

TS'AO YU [Cao Yu] (pseudonyme de Wan Tsia-pao). Dramaturge chinois. Né le 24 septembre 1910 à T'ien-tsin. Diplômé de l'école Nan-k'ai et de l'université de Ts'ing-houa, Ts'ao Yu est l'un des auteurs les plus célèbres de l'histoire du théâtre moderne en Chine, s'agissant du « théâtre parlé » [houa-tsiu] sur le modèle du drame occidental. Le genre s'épanouit particulièrement au cours des années 30, période durant laquelle Ts'ao Yu composa ses pièces les mieux connues ; *Orage* (*) en 1934, *Le jour se lève* [*Je-tch'ou*] en 1936, et *L'Homme de Pékin* [*Pei-tsing-jen*] en 1941, qui veulent rendre compte sous diverses facettes de la décadence de la société chinoise. Outre celles de Tchekhov ou d'Ibsen, l'influence d'Eugene O'Neill se fait sentir dans cette œuvre dramatique, et notamment dans *La Plaine sauvage* [*Yuan-ye*, 1937], inspirée du *Prométhée enchaîné* (*) d'Eschyle, et dont le dernier acte est une adaptation de *The Emperor Jones* (*). Après la Seconde Guerre mondiale, Ts'ao Yu fait un bref séjour aux États-Unis, où il rencontre Bertolt Brecht. Il compose dès lors de moins en moins, exerce différentes fonctions officielles pour la République populaire, et devient communiste en 1956. Ses dernières pièces sont des commandes, telle *Wang Tchao-tsiun* créée en 1979, et qui reprend le personnage historique d'une concubine de l'empereur Yuan-ti de la dynastie Han, exilée chez les Barbares pour avoir été offerte en mariage au khan des Siong-nou en l'an 30 av. J.-C. Le thème traditionnel est interprété dans le sens de l'amitié entre le peuple chinois et ses « minorités nationales ».

VALÉRIE LAVOIX.

RÉF. : J. Y. H. Hu, *Ts'ao Yü*, New York, 1972.

TSCHUDI Gilles (Aegidius). Historien suisse d'expression allemande. Né à Glaris le 5 février 1505, mort à Einsiedeln le 28 février 1572. Il reçut ses premières leçons de Zwingli, alors prêtre à Glaris, puis il étudia à Bâle et Paris. De 1536 à 1544, il fut capitaine dans l'armée française, puis voyagea en Suisse et en Italie. Tschudi occupa le poste de bailli dans diverses villes suisses, puis à partir de 1558, élu vice-landamann du canton de Glaris, il combattit avec violence la doctrine réformée. Il ne fut pas réélu en 1560, et il se consacra alors à ses activités d'historien. Il rédigea deux grands ouvrages, le *Gallia comata*, qui étudie la préhistoire et l'Antiquité en Suisse, et la *Chronique suisse* (+) – v. *Guillaume Tell* (*) –, terminée à sa mort, éditée seulement en 1734-36 à Bâle, et qui comprend l'histoire de la Suisse de l'an 1000 à l'an 1470. En dehors de ses mérites littéraires, cette œuvre reste précieuse par les documents qu'elle mentionne ou reproduit.

RÉF. : Ildefons, Fuchs, *Æ. Tschudis Leben und Schriften*, 2 vol., St. Gall, 1805. – F. Gallati, article *Tschudi in* t. VI du *Dictionnaire historique et biographique de la Suisse*, Neuchâtel, 1932.

TSENG P'OU [Zeng Pu]. Romancier chinois. Né et mort à Tch'ang-chou dans la province du Tsiang-sou (1872-1935). Originaire d'une famille puissante, il obtint un poste à Pékin. Il y fréquenta les lettrés-fonctionnaires qui allaient devenir des modèles pour les personnages de son roman. Il y écrivit une étude bibliographique sur la littérature de l'époque Han, et à partir de 1895 y étudia le français à l'École des langues. En 1898, passé à Shanghai, il fréquenta les intellectuels favorables aux réformes, et, après la répression du mouvement, il se retira prudemment dans sa maison familiale du Tsiang-sou, où Tch'en Tsi-t'ong, ancien attaché militaire à Paris marié à une Française, lui fit poursuivre ses études de français. En 1904, il fonda une maison d'édition à Shanghai, publia une revue, *La Forêt des romans* [*Siao-chouo lin*], et la première version de *Fleur sur l'océan des péchés* (*), qu'il augmenta de quatre chapitres en 1907. En 1908 des difficultés financières l'obligèrent à fermer sa maison d'édition. Il se lança alors dans la politique et l'administration de sa province natale, dont il devint député après la chute de l'empire. En 1927 il créa à nouveau une maison d'édition à Shanghai avec son fils aîné, puis publia une version revue et augmentée de onze chapitres de son roman (1928), traduisit des œuvres de Victor Hugo, son écrivain français préféré, et écrivit un roman autobiographique sur son enfance, *Lou Nantse : amour* [*lien*]. En 1931, sa mauvaise santé l'amena à se retirer dans sa maison natale.

JACQUES PIMPANEAU.

T'SERSTEVENS Albert. Écrivain belge d'expression française. Né à Vecle, près de Bruxelles, le 20 septembre 1886, mort à Paris le 21 mai 1974. Ce grand voyageur commence par visiter l'Égypte dès 1910 et publie son premier livre à Paris en 1911, *Poèmes en prose.* En 1919, paraît son premier roman, *Les Sept parmi les hommes,* qui s'inspire des « sept dormants d'Éphèse » et montre que la folie des sages consiste à s'occuper du bonheur des hommes ordinaires pour leur proposer d'utopiques doctrines sociales. Il parcourt l'Italie à pied, ce qui lui donne l'idée de son roman *Le Vagabond sentimental* (1923). Il se laisse aller dans *Béni Ier, roi de Paris,* à une verve rabelaisienne, reprend dans *Taïa* (1929) les drames de Mayerling et de Sarajevo sous un jour neuf. *Les Corsaires du roi* (*) (1930) constituent un tableau de la flibuste sous Louis XIV. Thème qu'il transpose à l'époque moderne dans *L'Or du « Cristobal »* (+) (1936). Avec *Gens de la mer* (1937), il s'élève contre le stéréotype du marin cher au cinéma. Il voyage en Espagne, en Yougoslavie, au Portugal et en rapporte *Trois Itinéraires.* Il part ensuite pour New York, l'Équateur, le Chili. Mais c'est à Tahiti, au Mexique, à la Grèce, à Istanbul qu'il consacre ses derniers livres.

GUY LE CLEC'H.

TSIANG K'OUEI [Jiang Kui] (surnommé Pai-che). Poète chinois. Né à P'o-yang vers 1155, mort vers 1221, il vécut à une époque fertile pour les arts, les lettres et la spéculation philosophique, celle de la dynastie des Song du Sud (1127-1279), habitant modestement et discrètement à Wou-k'ang (Tcheu-tsiang). Il écrivit d'abord des études sur la musique, dont une sur la guitare. Maître de la poésie classique (surtout pour le « che », poème à forme fixe et vers réguliers ; ses descriptions de paysages sont un modèle du genre) et du « ts'e » (poème composé sur un air de musique), il enrichit ce dernier genre de mélodies nouvelles, se distinguant aussi par l'élégance de son style. Notons enfin qu'il exerça une influence notable sur les autres poètes de son temps, les exhortant à rechercher une originalité vraie. Ses écrits ont été réunis notamment sous le titre de *Chansons de Pai-che tao-jen* (*).

TSIANG T'ING SI [Jiang Tingxi]. Écrivain chinois. Né en 1668 à Tsiang-sou, mort en 1732. Après ses études, il obtint en 1703 le grade de tsin che. En 1717, il devint lecteur de l'empereur K'ang-si (1662-1721). Dès sa jeunesse, il s'était fait connaître comme peintre de fleurs et comme poète ; il publia notamment un recueil de poèmes et d'essais, intitulé *Ts'ing t'ong sien tchou tsi.* À l'avènement de l'empereur Che-tsong (1723-35), il fut nommé président de la commission chargée de publier la *Collection d'illustrations et de livres anciens et modernes* (*) (1726), commencée sur l'ordre de K'ang-si par Tch'en Meng-lei. Il avait aussi été vice-président de la commission chargée de rédiger (en mandchou) les *Institutes des Ts'ing* [*Ta Ts'ing houei tien*], sous le règne de K'ang-si.

TSIA YI [Jia Yi] (ou Tsia Tch'ang-cha). Poète et prosateur chinois. Originaire de Ming-yang (dans l'actuel Heu-nan), né en 201 et mort en 169 avant notre ère. Célèbre dès l'âge de dix-huit ans pour son style et sa connaissance des textes classiques, Tsia Yi fit à la Cour une carrière fulgurante ; remarqué par l'empereur Wen (régnant de 180 à 157), il était à vingt-deux ans membre de son conseil privé. Il ne craignait jamais de s'exprimer, et proposa de nombreuses réformes — concernant le calendrier, les noms des fonctionnaires, les rites et la musique, les règles vestimentaires — dont certaines seulement furent appliquées. Son succès à la Cour lui valut des calomnies que l'empereur écouta, et Tsia Yi fut envoyé en exil comme précepteur du fils du seigneur de Tch'ang-cha. Au moment de traverser la rivière Siang, il aurait évoqué le souvenir du poète Ts' u Yuan (339 ?-278 ? av. J.-C.), exilé dans la même région, et dont la légende veut qu'il se soit noyé dans la rivière Mi-louo (affluent de la Siang). Tsia Yi composa à cette époque la *Lamentation sur Ts'iu Yuan* et *Le Hibou* — v. les *Fou de Tsia Yi* (*). En 175, il fut rappelé à Tch'ang-an comme précepteur du fils cadet de l'empereur. Lorsque son élève succomba à une chute de cheval, Tsia Yi se laissa, dit-on, mourir de chagrin et de remords. Célèbre pour les poèmes cités ci-dessus, dont on considère qu'ils inaugurent la forme du « fou » (« récitatif » ou « prose rythmée ») des Han, Tsia Yi composa durant la première partie de sa vie des essais politiques, historiques et moraux, dont les dix fascicules ont été réunis sous le titre de *Nouveaux écrits* [*Sin-chou*]. La *Dissertation sur les fautes de Ts'in* [*Kouo-Ts'in-louen*] (221-206 av. J.-C.), qui explique la réussite de l'unification de l'Empire par Ts'in Che-houang (259-210 av. J.-C.) mais aussi la brièveté de sa dynastie, est le plus connu de ces essais, pour la beauté de son style, la pertinence de son raisonnement et de sa vision politique.

VALÉRIE LAVOIX.

RÉF. : G. M. Sites, *Chia I of Lo-yang (BC 201-168) ; the Political Thought of a Han Eclectic*, Université d'Indiana, 1975.

TSIRKAS Stratis (pseud. de Yannis Hatziandréas). Romancier grec. Né au Caire, le 10/23 juillet 1911, mort à Athènes, le 27 janvier 1980. Fils d'un coiffeur, Stratis Tsirkas grandit dans un quartier arabo-grec de la capitale égyptienne, passant ses vacances à Alexandrie, chez son grand-père jardinier. Dans sa trilogie romanesque, *Cités à la dérive* (*), il évoquera ses expériences d'enfant. À seize ans, il donne à des revues ses premières traductions et son premier texte en prose. Contraint, pour soutenir sa famille, de travailler en Haute-Égypte dans une usine d'égrenage de coton, il fréquente la population misérable des fellahs, objet de son premier recueil de poésie (1937). Sympathisant avec le mouvement communiste grec d'Égypte, il échappe, à l'époque, à l'influence du poète Constantin Cavafy qu'il rencontre à plusieurs reprises. En 1937, il est à Paris où il rédige, avec le poète noir américain Langston Hughes, le « serment » des poètes à Federico García Lorca. Fixé à Alexandrie à partir de 1939, il y dirige une tannerie, anime une revue antifasciste et collabore avec Georges Séféris, exilé de Grèce, à l'organisation d'une exposition célébrant la Résistance. Quand Rommel menace Alexandrie, il se réfugie un moment en Palestine, dans une pension de famille tenue par une aristocrate allemande, dont il se souviendra lorsqu'il composera la première partie de sa trilogie. Celle-ci met en scène des événements politiques auxquels Tsirkas participe en avril 1944 (écrasement par les Britanniques de la révolte, au sein des Brigades grecques d'Égypte, de ceux qui réclament une épuration de l'armée de ses éléments fascistes). Quinze ans de maturation seront nécessaires avant que l'écrivain ne puisse donner forme littéraire à cette période politiquement et psychologiquement trouble. Entre-temps, Tsirkas s'est fait la main en composant des nouvelles marquées au coin du réalisme, un réalisme engagé qui se colore parfois de nostalgie ou s'élargit à la dimension de l'épopée : *Noureddin Bomba* [Νουρεντίν Μπόμπα, 1957], repris en français dans le recueil *L'Homme du Nil* (1973). Mais il a consacré la majeure partie de ses forces à une étude fouillée des conditions historiques et sociales dans lesquelles Cavafy a embrassé la carrière des lettres. Le résultat est un impressionnant *Cavafy et son époque* [Ὁ Καβάφης *καὶ ἡ ἐποχή του*, 1958], violemment contesté par certains. De 1960 à 1965, Tsirkas publie son chef-d'œuvre couronné en France en 1972 par le prix du meilleur livre étranger : *Cités à la dérive*, dont le premier volume, *Le Cercle* [Ἡ Λέσχη], lui vaudra d'être exclu du parti communiste d'Alexandrie. Le réalisme chez lui s'est fait symphonique (pluralité de points de vue) et symbolique (pluralité de couches de sens). Après son installation en Grèce, le romancier s'attaque, pendant la dictature militaire, à l'élaboration d'une seconde trilogie historico-sentimentale, centrée sur des personnages exilés ou rentrant d'exil à Athènes : un seul volume verra le jour, *Printemps perdu* [Ἡ Χαμένη Ἄνοιξη, 1976], qui couvre l'année 1965, fertile en bouleversements politiques.

MICHEL GRODENT.

TS'I TENG-CHENG [Qi Dengsheng]. Écrivain chinois. Né à Taiwan en 1939, dans une famille très pauvre. Il fut jusqu'à ses dernières années instituteur dans un petit bourg de l'île, excepté lorsqu'il vécut de métiers d'expédient de 1965 à 1970, période pendant laquelle il connut les jeunes écrivains réunis autour de la revue *Le Trimestriel littéraire* [*Wen-siue tsi-k'an*]. Auteur de romans et nouvelles, il finit par être reconnu comme un écrivain important en 1985 avec *Lettres à T'an Lang* [*T'an Lang te chou-sin*], malgré les attaques dont il avait été l'objet pour l'originalité de son style et l'audace de sa pensée. C'est avant tout un individualiste que l'on ne peut classer ni dans le courant moderniste créé autour de la revue *Littérature moderne* ni dans le réalisme social de la « littérature du terroir ». Il approfondit la réalité par le rêve et l'imaginaire, et sa célèbre nouvelle *J'aime les yeux noirs* (*) montre qu'en fait il est surtout préoccupé par des problèmes métaphysiques sur l'existence.

JACQUES PIMPANEAU.

TSI TSIUN-SIANG [Ji Junxiang] (ou Tsi T'ien-siang). Auteur dramatique chinois, probablement originaire de Pékin et vivant durant l'ère Tche-yuan (1264-1295) de la dynastie Yuan (1279-1368). Sous son nom sont répertoriées six pièces en genre « tsa-tsiu » (opéra classique de la dynastie des Yuan) florissant à cette époque, dont il ne reste que *L'Orphelin de la famille Tchao* (*). Le thème historique de cette pièce est relaté dans le *Commentaire de Tsouo* (*), mais l'auteur a bien plutôt choisi de suivre la version moralisatrice que donne du même fait Se-ma Ts'ien dans ses *Mémoires historiques* (*). Voltaire s'en est inspiré pour écrire son *Orphelin de la Chine* (*).

TS'IU YUAN [Qu Yuan] ou Ts'iu P'ing. Le premier et le plus grand des poètes chinois était originaire du royaume de Tch'ou (Houpei). Il naquit vers 343 ou 339 et mourut entre 290 et 278 avant notre ère, dans la rivière Mi-louo. Antérieurement à lui, la littérature chinoise avait produit une anthologie de trois cent cinq chants anciens, le *Livre des vers* (*), recueillis, selon certains auteurs, par Confucius, qui en aurait en tout cas donné une interprétation allégorique et morale. Avec Ts'iu Yuan, au contraire, la poésie sort de l'anonymat, devient très belle et très personnelle, tout en continuant à s'appuyer sur la tradition et l'inspiration populaires. Ts'iu Yuan vécut à l'époque dite des Royaumes Combattants [Tchan kouo] qui va de la mort de Confucius (ve siècle av. J.-C.), période de guerres, d'intrigues courtisanes, d'ambitions et de jalousies féodales. C'est justement ce monde agité, divers et passionné que reflètent ses poèmes. Né dans une famille qui descendait du roi Wou (740-690), il fut plus tard un loyal ministre de la Cour à Tch'ou, et directeur de la « Multitude de Gauche », c'est-à-dire grand conseiller du roi Houai. À la suite d'une calomnie d'un grand officier de la Cour, le roi, pour se défaire de Ts'iu Yuan, l'envoya comme ambassadeur pour conclure une alliance contre les Ts'in de l'Ouest (leur territoire est l'actuel Chaan-si) avec le roi de Ts'i (Chan-tong d'aujourd'hui) ; ayant appris à Lint-tse la défaite que ce prince venait de subir à Lan-tien (292), Ts'iu Yuan revint à Tch'ou, où, en raison de sa naissance, il put continuer de vivre à la Cour, bien que n'y exerçant plus aucune charge. Il fut cependant chassé du palais vers 297 pour avoir écrit une satire contre le roi Houai et ses fils. Son exil semble avoir été dû autant aux calomnies portées contre lui qu'à son propre désaccord envers la politique extérieure de son roi. Houai étant mort, il fut donc exilé par l'héritier Ts'ing Siang au sud du Fleuve bleu, sur les rives de la Mi-louo. Il vécut là une dizaine d'années, plein de tristesse, écrivant des vers. On lui attribue plusieurs œuvres contenues dans le recueil poétique intitulé *Élégies de Tch'ou* (*), qui comprend aussi les œuvres de Song Yu, les *Neuf chants* [*Tsio-ke*], le *Li-sao*, le *Yuan yo*, les *Neuf dissertations* [*Tsio-tchang*] et d'autres œuvres mineures. Le *Li-sao*, écrit pendant son dernier exil, a immortalisé Ts'iu Yuan, qui s'y met en scène sous un autre nom et à une époque antérieure ; c'est là une innovation dans l'histoire de la poésie chinoise, une nouvelle source d'inspiration lyrique. La critique interne a montré que le chinois n'était pas la langue maternelle de Ts'iu Yuan, mais, justement, à l'imitation de la poésie nationale de Tch'ou, il a créé un nouveau genre poétique, comportant notamment de longues descriptions en vers libres, et qui est à l'origine du « ts'e-fou » (rhapsodie en prose rythmée). La fin tragique de ce poète, qui se serait suicidé par noyade dans la rivière Mi-louo, est si célèbre que la tradition y voit l'origine de la fête du 5ᵉ jour du 5ᵉ mois lunaire, où des bateaux-dragons font des régates, et où l'on mange des boulettes de riz glutineux. On voudrait par là apaiser l'esprit et la colère du poète, et commémorer le jour de sa mort, car l'on raconte que la population fut si affligée de sa disparition qu'elle jeta du riz aux poissons afin de les empêcher de se nourrir de la dépouille, qui fut recherchée en vain par les bateaux.

La mémoire de Ts'iu Yuan fut toujours célébrée par les poètes et penseurs politiques chinois, particulièrement lorsqu'ils partaient en exil. Ainsi, Tsia Yi jeta un exemplaire de sa *Lamentation sur Ts'iu Yuan* – v. *Fou de Tsia Yi* (*) – dans la rivière, et Yang Siong fit de même avec son *Contre-Li-sao* [*Fa-Li-sao*].

RÉF. : J. R. Hightower, *Ch'ü Yüan Studies*, in *Silver Jubilee Volume of the Zimbun-Kagaku-Kenkyusho*, Kyôto, 1954. – F. Tokei, *Naissance de l'élégie chinoise*, Paris, 1967. – Huang Shengfa, *Qu Yan et le Lisao*, Pékin, 1985.

TSI YUN [Ji Yun]. Lettré chinois. Né le 3 août 1724 à Sien-sien (Heu-pei), mort le 14 mars 1805 à Pékin. Il est surtout célèbre pour avoir été le principal éditeur de l'édition manuscrite commandée par l'empereur de tous les livres chinois connus. S'il était obligé de les expurger de toute attaque, même voilée, contre la dynastie régnante et de toute entorse à l'orthodoxie confucianiste, il réalisa là un travail gigantesque, et la bibliographie qui accompagne l'ensemble est encore un ouvrage de base dans son genre. Il écrivit aussi des préfaces, des poèmes, notamment sur les paysages qu'il traversa au retour d'un bref exil en Asie centrale ; mais c'est son recueil de courts récits en chinois classique, *Notes d'observations minutieuses à partir de ma chaumière* (*), qui lui vaut encore aujourd'hui une place importante dans l'histoire de la littérature chinoise.

JACQUES PIMPANEAU.

TSOUO SE [Zuo Si]. Poète chinois. Né vers 253 à Tse-po (Chan-tong), mort vers 307 dans le Heu-pei probablement. Il vécut une vie assez retirée, n'occupant que des postes subalternes, jusqu'à ce que sa sœur devienne concubine de l'empereur, ce qui lui donna accès aux milieux littéraires de la capitale et lui permit d'obtenir une place de bibliothécaire au palais. Son œuvre la plus célèbre est *Poèmes sur l'histoire* (*).

JACQUES PIMPANEAU.

TSOUO TS'IO-MING [Zuo Qiuming]. Historien chinois. Il aurait vécu dans la première moitié du vᵉ siècle av. J.-C. ; on a dit de lui qu'il fut le disciple de Confucius, mais on ignore presque tout de sa vie. On n'est même pas très sûr de son nom exact. Dans sa vieillesse, il serait devenu aveugle et aurait composé le célèbre *Commentaire de Tsouo* (*) aux *Annales des printemps et automnes* (*) – ce d'après les *Mémoires historiques* (*) de Se-ma Ts'ien. Mais si les *Entretiens de Confucius* (*) citent le nom de Tsouo Ts'io-ming, le *Commentaire de Tsouo* contient des informations que seuls des rédacteurs du ɪvᵉ et du ɪɪɪᵉ siècles av. J-C. pouvaient connaître. L'on s'accorde aujourd'hui pour réfuter son attribution à Ts'io-ming, ainsi que celle des *Discours des royaumes* (*), dont la tradition veut aussi qu'ils aient été rédigés par lui. Quoi qu'il en soit, sa stèle ancestrale fut admise dans le temple de Confucius en 647 apr. J.-C.

TSVETAEVA Marina Ivanovna [Tsvetajeva]. Poète russe. Née à Moscou le 26 septembre 1892, morte (suicidée) à Elabouga, Russie, le 31 août 1941. Marina Tsvetaeva est née, comme Boris Pasternak, dans une famille de la haute intelligentsia moscovite : son père, Ivan Tsvetaev, célèbre historien de l'art, était le fondateur du Musée des beaux-arts de Moscou (aujourd'hui, Musée Pouchkine).

Après des séjours en Italie et en Suisse (Tsvetaeva parlait aussi bien le français que l'allemand et n'a jamais considéré la littérature écrite dans ces langues comme une littérature étrangère) elle s'installe à Moscou, et commence à publier très jeune. Son premier livre, *L'Album du soir* [*Večerny albom*], paraît en 1910 – elle n'a pas même dix-neuf ans. Ce recueil est remarqué par des poètes comme Valeri Brioussov et Maximilian Volochine, auquel la lie une amitié indéfectible – voir son essai *De vie à vie* [*Živoje o živom,* 1932]. La même année 1910, passant des vacances en Crimée, chez Volochine, elle rencontre le jeune Sergueï Efron, qu'elle épouse, et dont elle a une fille, Adriadna, l'année suivante. Les recueils se succèdent ; citons *La Lanterne magique* [*Volšebnyj fonar',* 1912] ou, quelques années plus tard, *Les Verstes* [*Versty,* 1921] qui rassemblent des cycles déjà entièrement tsvétaeviens, comme les « Poèmes sur Moscou » [Stixi o Moskve], les « Poèmes à Akhmatova » [Stixi k Ahmatovoj], les « Poèmes à Blok » [Stixi k Bloku] et *Le Métier* [*Remeslo,* 1921-22] et ce long poème que sont *Les Petites Ruelles* [*Pereuločki,* 1922], une de ses grandes réussites.

Son mari, officier pendant la guerre mondiale, s'engage dans l'armée Blanche et se trouve contraint à l'émigration, tandis que Tsvetaeva, restée seule à Moscou, voit sa deuxième fille, Irina, mourir de faim (en 1920), avant de parvenir à émigrer, à son tour en 1922. Commence alors une vie de privations, mais aussi d'intense créativité en Tchécoslovaquie (jusqu'en 1925), puis en France (jusqu'en 1939). C'est alors qu'elle écrit ses cycles poétiques les plus célèbres : « La Sibylle » [Sivilla, 1922], « Les Arbres » [Derévia, 1922-23]. Elle publie à compte d'auteur, en France, son recueil majeur, *Après la Russie* (*), en 1928.

Tsvetaeva se sent de plus en plus isolée dans l'émigration russe, où personne, ou presque, ne peut réellement apprécier sa poésie. Faute de pouvoir atteindre son public par une poésie qu'elle a de plus en plus de mal à publier, elle compose une série d'essais lyriques sur la littérature : *Averse de lumière* (*) (sur Boris Pasternak, 1922), puis *Histoire d'une dédicace* [*Istoria posvjaščenja*] (sur Ossip Mandelstam, 1932), *De vie à vie* (déjà cité), ou ce chef-d'œuvre qu'est *Mon Pouchkine* (*) (1936). Elle traduit en français des poèmes de Pouchkine, écrit même directement en français un poème comme *Le Gars* (1925) sans parvenir à rien publier. Elle vit alors dans une misère totale. Son isolement est renforcé par la position de son mari, qui, après s'être rapproché des positions de l'U.R.S.S., devient un membre actif du N.K.V.D. En 1939, mêlé au meurtre d'un opposant au régime de Staline, il est obligé de s'enfuir en U.R.S.S., où Tsvetaeva le rejoint. « Je peux écrire – et je peux – ne pas », note-t-elle dans un de ses carnets. Après l'arrestation de son mari et de sa fille, privée du droit de publier, elle se pend en août 1941, dans la petite ville d'Elabouga, où elle vivait, sans travail (on lui avait même refusé un poste de laveuse de vaisselle dans une cantine), « évacuée » avec d'autres intellectuels de Moscou devant l'avance allemande.

« Ma poésie, disait Tsvetaeva en France, est conçue pour la foule – et la foule est *là-bas.* » Tsvetaeva est le poète du contraste, du choc. D'un côté, elle est un poète romantique, amoureuse de *L'Aiglon* (*), qui resta, tout au long de sa vie, l'une de ses pièces préférées (et l'Aiglon fut un de ses héros les plus proches). De l'autre, sa poétique fait d'elle un des poètes les plus novateurs de son époque.

Conservatrice, surtout par compassion pour les vaincus (voir son long poème *Le Camp des cygnes* [*Lebediny stan,* 1920], consacré à la débâcle de l'armée Blanche), elle est, par son esthétique, aussi révolutionnaire qu'un Maïakovski.

Dans ses poèmes, chaque élément est pris de saccades, de soubresauts, toutes les syllabes sont martelées, distendues. Tsvetaeva n'hésite pas à couper les mots avec des tirets. Des études ont été consacrées à sa façon de composer, à la multitude de plans, de séquences mentales qui s'entrechoquent, au moyen des tirets, des rejets, au prix d'une syntaxe elle-même bouleversée par le flot de conscience et le flot d'énergie qu'elle véhicule dans chacune de ses phrases – des phrases indifférentes aux divisions strophiques qu'elle-même impose à ses poèmes. De cette lutte entre la langue et le mètre naît une tension insupportable.

Tsvetaeva formule ainsi son origine (traduction mot à mot) : « L'un est créé de pierre, l'autre est créé d'argile / Moi je m'argente et je luis ! / Mon domaine est la trahison, mon nom est Marina, / Je suis la mortelle écume de la mer... M'éparpillant contre vos genoux de granit / Je ressuscite à chaque vague... » (« Sans titre », 1920).

Un des motifs majeurs de son œuvre (comme de toute sa vie – et Tsvetaeva écrit au plus près de sa vie) – est la recherche du double, ou plutôt de l'égal, un égal qu'elle a cru voir en vain chez tous ses interlocuteurs, chez Mandelstam, Pasternak (« Toi seul as même essence / Que moi », lui dit-elle dans son poème « Les Deux », 1924), ou Maïakovski, et qu'elle s'est forgée en Rilke (v. la *Correspondance à trois,* Rilke, Pasternak et Tsvetaeva). Sa poésie est traversée par l'opposition qu'elle énonce entre un « je » et un « tu » (dans ses poèmes lyriques), ou, plus généralement, un « je » et un « vous » – ainsi, dans son cycle « La Table » [Stol, 1933-35]. Des poèmes de la maturité comme « Le Buisson » [Kust, 1934] sont à la fois des cris de solitude et d'exaltation devant la beauté du monde. Sa voix – celle d'une femme, seule, aux cheveux gris – reste posée devant le silence « exigeant » du buisson, fidèle à l'hymne douloureux, rigide qu'elle lui voue. Elle est comme de l'écume devenue rocher.

ANDRÉ MARKOWICZ.

RÉF. : Simon Karlinsky, *Marina Tsvetaeva : Her Life and Art,* Berkeley, 1966. – Anna Saakiantz, *Marina Cvetaeva. Stranicy žizni i tvorčestva.* – Véronique Lossky, *Marina Tsvetaeva. Un itinéraire poétique,* Paris, 1987. – Victoria Schweitzer, *But i bytie Mariny Cvetaevoj,* Paris, 1988.

TUCHOLSKY Kurt. Polémiste et écrivain allemand. Né le 9 janvier 1890 à Berlin, mort le 21 décembre 1935 à Göteborg (Suède). Né dans une famille juive aisée, Tucholsky eut pourtant une jeunesse troublée par la mort de son père en 1905. Après une scolarité difficilement achevée, il s'engagea, selon le vœu de sa famille, dans des études de droit, tout en écrivant déjà dans divers journaux à Berlin, et notamment dans le magazine culturel *Schaubühne.* En 1912, son premier roman *Rheinsberg, livre d'images pour amoureux* (+), ravit ou scandalisa le public. C'est le récit d'une escapade estivale avec une amie, étudiante comme lui. Le ton très personnel de Tucholsky s'y affirma : un humour de langage et de reparties qui repose sur une puissante observation auditive. Juste avant sa mobilisation, en avril 1915, dans une force non combattante, il réussit à décrocher le titre de docteur en droit. Après la guerre, la *Schaubühne* devenue *Weltbühne,* en étendant son horizon sur les événements de la politique et de la vie publique, offrit à Tucholsky une véritable tribune où il put laisser libre cours à la colère accumulée pendant les années de silence forcé. Il s'attaqua notamment aux nostalgiques de la « grande époque », à ceux dont l'esprit de caste refusait de désarmer et qui empêchaient l'installation d'une république démocratique. Tucholsky collabora également à la presse progressiste, par exemple au *Welt am Montag* ou *Freiheit,* organe du parti social-démocrate indépendant (U.S.P.D.). C'est la grande période du polémiste. Adversaire implacable de la frénésie nationaliste et belliciste, amoureux inconditionnel d'une justice équitable, et ennemi farouche des profiteurs et exploiteurs des prolétaires, il met en garde ses lecteurs, dès 1919, contre une nouvelle guerre. En 1924, Tucholsky est correspondant de presse à Paris. À nouveau son souci majeur est de rapprocher les deux peuples. *Le Livre des Pyrénées* [*Ein Pyrenäenbuch,* 1927], récit de voyage, est caractéristique de son attitude d'ouverture et de sympathie pour la France, attitude qui n'est pas sans rappeler celle de Heinrich Heine, à qui il ressemble par plus d'un trait. La mort du directeur de la *Weltbühne* pressa Tucholsky de retourner en Allemagne. La radicalisation de la vie politique le poussa alors à s'engager auprès des forces proches du parti communiste. En 1929 parut, en collaboration avec le photographe John Heartfield, le livre-pamphlet *L'Allemagne, l'Allemagne par-dessus tout* (+). Tucholsky était au faîte de sa gloire, et en même temps l'ennemi désigné de la droite. Humoriste et poète, il était également très prisé des artistes de variétés. Dès 1919 parut le recueil de poèmes, *Chansons pieuses* (*), d'un art souverain et d'un style enlevé. Tucholsky publia trois fois un choix d'articles : en 1925, *En cinq-chevaux* (+) – allusion à ses cinq pseudonymes –, en 1929, *Le Sourire de la Joconde* [*Das Lächeln der Mona Lisa*], et en 1931, *Apprendre à rire sans pleurer* (*), trois volumes où brillent toutes les facettes de son talent. En 1929, Tucholsky choisit de s'installer en Suède. C'est aussi l'année d'une grande tournée de lectures et de discours lors de laquelle il put se rendre compte de la dégradation du climat politique en Allemagne. À partir de 1933, Tucholsky, conscient que l'ennemi a triomphé, s'enferma dans le silence. Pour lui l'« autre Allemagne », celle des émigrés, n'a pas de réalité. Son seul moyen de communiquer est sa correspondance, très abondante. Miné par une infection chronique des voies respiratoires, profondément déprimé, apatride – la Suède lui refusa la naturalisation –, Tucholsky se suicida. Il est inhumé à Mariefried, là où se situe le roman de 1931, *Un été en Suède* (*), qui fut son dernier sourire avant que l'amère réalité ne prît le dessus.

EVA PHILIPPOFF.

RÉF. : Klaus-Peter Schulz, *Kurt Tucholsky in Selbstzengnissen und Bilddokumenten,* Reinbeck bei Hamburg, 1959. – Fritz J. Raddatz, *Tucholsky. Eine Bildbiographie,* Munich, 1961. – Anton Austermann, *Kurt Tucholsky. Der Journalist und sein Publikum,* Munich/Zurich, 1985. – Helga Bemmann, *Kurt Tucholsky. Ein Lebensbild,* Berlin, 1990.

TUGENDHAT Ernst. Philosophe allemand. Né à Brno (Tchécoslovaquie) le 8 mars 1930. Issu d'une illustre famille juive mitteleuropéenne émigrée au Venezuela, Ernst Tugendhat découvre à l'âge de quinze ans *Être et Temps* (*) de Martin Heidegger et commence ses études de philosophie en autodidacte. Après des études de philologie classique à Stanford (Californie) auprès de Fränkel, on le retrouve à partir de 1949 à Fribourg en Brisgovie. Tout en évoluant philosophiquement dans un climat heideggerien, Tugendhat continue ses études classiques (Pindare). Après sa thèse de doctorat sur Aristote, il quitte Fribourg pour Münster (études philosophiques auprès de Ritter, travaux mathématiques) et débute dans l'enseignement comme assistant à Tübingen. Plus important que sa thèse d'État de Tübingen sur le concept de vérité chez Husserl et Heidegger s'avérera le semestre passé à l'université du Michigan (Ann Arbor) où Tugendhat découvrira la philosophie analytique du langage. C'est dans l'esprit de cette « initiation » américaine qu'il tiendra ses cours de Heidelberg (où il enseigne comme professeur ordinaire à partir de 1966) aboutissant aux deux ouvrages majeurs *Cours d'introduction à la philosophie analytique* [*Vorlesungen* *zur Einführung in die sprachanalytische Philosophie,* 1976] et *Conscience de soi et Autodétermination* (*) (1979). En 1974 Tugendhat démissionne de Heidelberg pour consacrer les années 1975-80 à des études approfondies en philosophie sociale et dans les sciences politiques à l'Institut Max-Planck (Starnberg). Durant cette période et dans son enseignement successif à l'université de Berlin (de 1980 jusqu'à sa retraite en 1992), Tugendhat s'occupe essentiellement de problèmes éthiques. Après son engagement dans la « Friedensbewegung » allemande des années 80 et dans la lutte contre la restriction du droit d'asile en RFA, il quitte en 1992 l'enseignement et son pays pour s'établir en Amérique latine.

MICHAEL JAKOB.

RÉF. : Ulrich Pothast, « In assertorischen Sätzen wahrnehmen und in praktischen Sätzen überlegen, wie zu agieren ist. Besprechung von Ernst Tugendhat, SUS », dans : *Philos. Rundschau* 28. – Manfred Frank, *Die Unhintergehbarkeit von Individualität,* Francfort-sur-le-Main, 1986.

TUGLAS Friedebert (pseud. de Friedebert Mihkelson). Écrivain estonien né à Ahja dans la région de Tartu, le 2 mars 1886, et mort à Tallinn, le 13 avril 1971. La figure de Friedebert Tuglas traverse toute la littérature estonienne du XXe siècle, dont elle incarne la continuité. La famille Mihkelson arrive en 1901 à Tartu ; Friedebert Tuglas se rapproche des étudiants progressistes et commence à publier des nouvelles. Il se lie d'une amitié durable avec Gustav Suits et fonde avec lui le mouvement *Noor Eesti* (*Jeune Estonie*), qui, à partir de 1905, manifeste la volonté d'innovation révolutionnaire des jeunes intellectuels, cherche à s'ouvrir sur l'extérieur et a comme idéal de libérer la littérature des chaînes du quotidien. Lors des événements révolutionnaires de 1905, Tuglas est arrêté. Son premier recueil de nouvelles, *Terre de l'esprit* [*Hingemaa,* 1906], d'inspiration révolutionnaire et contenant une critique sociale mordante et parfois pathétique, paraît juste avant son départ en exil, à Helsinki. Entre 1906 et 1917, il se rend en Finlande, clandestinement en Russie, et dans d'autres pays d'Europe. Ses horizons s'élargissent. Il continue à écrire, notamment des nouvelles : *Tête à tête* [*Kahekesi,* 1908], à tonalité intimiste et impressionniste, *Horloge de sable* [*Liivakell I-II,* 1913], qui couvre l'éventail des genres abordés par Tuglas, ainsi qu'un court roman, *Félix Ormusson* (*) (1915). Quand Tuglas rentre en Estonie après février 1917, il apparaît comme une personnalité de poids, et entreprend d'organiser la vie intellectuelle de la jeune République indépendante d'Estonie. Il anime divers groupes et diverses revues littéraires, dont *Looming* ; il a été à plusieurs reprises président de l'Union des écrivains entre 1922 et 1940. Dans son travail de critique, il se montre très exigeant, alors qu'il écrit des essais sur la littérature estonienne (*Juhan Liiv,* 1927). Avec les nouvelles *Destin* [*Saatus,* 1917] et *Esprit d'accablement* [*Raskuse vaim,* 1920], Tuglas inaugure sa période « symboliste » de créateur de mythes : « Créer des mythes : rien n'est plus élevé [...]. Un artiste ne saurait espérer plus grand bonheur. » Le recueil de nouvelles *L'Errance des esprits* [*Hingede rändamine,* 1925] est le dernier de cette période. Sa création littéraire s'interrompt ; elle reprendra, en 1937, avec le roman *Le Petit Illimar* [*Väike Illimar*], où il revient au réalisme en insérant ses héros dans l'espace et dans le temps (la vie au manoir est vue, non sans humour, par les yeux d'un petit garçon de cinq ans). Il affectionne des genres divers : les récits de voyage (Espagne 1918, Afrique du Nord 1928-1930, Norvège 1939), les Mémoires, et les traductions du finnois et du russe (Kivi, Tolstoï). Après la guerre, Tuglas écrit peu, des « miniatures », mais il continue à jouer un rôle central dans la vie littéraire de l'Estonie soviétique. Au début des années 50 cependant, accusé de nationalisme, il est exclu de l'Union des écrivains et interdit de publication jusqu'en 1955-1956. À partir de 1971, un prix Tuglas récompense, tous les ans, une nouvelle.

EVA TOULOUZE.

TULSĪ DĀS. Écrivain indien. Né le 11 août 1532 à Sōrōñ dans le district de Bāndā au sud de la Yamunā, mort à Bénarès le 30 juin 1623. Après la mort de leur fils unique, sa femme le quitta pour retourner dans la maison de ses parents et s'y consacrer totalement à l'adoration de Rāma. Tulsī Dās se rendit chez elle pour la supplier de revenir avec lui, mais en vain. Frappé par une si intense dévotion, il embrassa lui aussi avec enthousiasme la vie religieuse ; devenu un Vairāgī, il voyagea à travers toute l'Inde, prêchant la foi en Rāma dans le culte duquel il se proposait de galvaniser les forces vives de l'hindouisme et de sauvegarder les traditions. On lui attribue de nombreux ouvrages, parmi lesquels une *Gītāvali* ou « recueil de chants » en l'honneur de Rāma. Mais son œuvre la plus importante est le *Rāmcaritmānas* (*). Lui-même disait qu'en songe il avait reçu du héros mythique l'ordre de raconter en hindi ses exploits déjà relatés dans le *Rāmāyana* (*). Tulsī Dās commença son ouvrage en 1574 à Ayodhyā et le termina en 1584 à Asi Ghat (Bénarès), où il s'était alors installé et où sa maison et ses reliques sont encore aujourd'hui un objet de vénération. Ce poème constitue l'une des œuvres fondamentales de l'hindouisme moderne.

TURGOT Anne Robert Jacques, baron de l'Aulne. Homme d'État et écrivain français. Né et mort à Paris (10 mai 1727-20 mars 1781). Fils d'Étienne Turgot, prévôt des marchands, à qui Paris doit d'importants aménagements, il fit de bonnes études au collège Louis-le-Grand, puis au collège du

Plessis. Se destinant à l'Église, il entra à Saint-Sulpice ; devenu bachelier en théologie, il passa à la Sorbonne dont il fut élu prieur en 1749. Mais déjà Turgot éprouvait des doutes sur sa vocation et était attiré par les problèmes économiques. En 1751, il quittait définitivement la Sorbonne et l'état ecclésiastique ; en 1752, il fut nommé conseiller et, l'année suivante, maître des requêtes au Parlement. Turgot fréquenta les salons, en particulier celui de Mme de Graffigny à qui il adressa une série de *Lettres* sur l'éducation ; il y connut les encyclopédistes et des économistes, tels que Gournay et Quesnay dont il écrivit l'*Éloge* (1759). Divers écrits : les *Lettres sur la tolérance adressées à un grand vicaire* (1753) et *Le Conciliateur ou Lettre d'un ecclésiastique à un magistrat sur la tolérance civile* (1754), sa collaboration à l'*Encyclopédie* (*) où il rédigea plusieurs articles fort clairs sur l'économie politique, le commerce et les finances, permirent à ses idées de se répandre dans le public. En 1761, Turgot, en devenant intendant de la généralité de Limoges, eut l'occasion de les mettre en pratique. Il s'y rendit fort populaire en diminuant le poids des impôts, en réparant les routes, en établissant la libre circulation des grains et en organisant des bureaux de charité destinés à venir en aide aux indigents. La réussite de cette expérience administrative, ainsi que la publication de son grand ouvrage, *Réflexions sur la formation et la distribution des richesses* (*) (1766), imposa la renommée de Turgot à la Cour. Le 20 juillet 1774, Louis XVI lui confia le ministère de la Marine ; le 24 août suivant, il devenait contrôleur général des Finances. Aussitôt, il entreprit une campagne de réformes : libre circulation des grains à travers tout le royaume, abolition des corvées et des jurandes. Mais bien vite ces mesures suscitèrent une coalition des privilégiés, qui parvint à l'écarter du pouvoir le 12 mai 1776. Membre honoraire de l'Académie des inscriptions, Turgot consacra ses dernières années à ses travaux. On a de lui, outre l'*Édit du roi pour la suppression des corvées et pour la confection des grandes routes à prix d'argent* (*), de très nombreux écrits divers portant sur l'économie, la politique, la métaphysique, ainsi qu'un certain nombre d'ouvrages littéraires dont les vers latins et français, qui ne sont pas dénués de valeur. Les *Œuvres complètes* de Turgot ont été rassemblées par les soins de Dupont de Nemours et publiées en neuf volumes de 1808 à 1811 ; elles ont été rééditées par E. Daire, en 1844. Enfin sa *Correspondance avec Condorcet* (*) a vu le jour en 1882.

♦ *« Il n'y a que M. de Turgot et moi qui aimions le peuple. »* Louis XVI.

RÉF. : P. Dupont de Nemours, *Mémoires sur la vie et les œuvres de M. Turgot*, Philadelphie, 1782. – G. Schelle, *Turgot*, Paris, 1909. – P. B. Vigneux, *Le Fondement de la valeur de la monnaie d'après Turgot*, Paris, 1935. – Ch. A. Ellwood, *Turgot, une philosophie sociale méconnue du XVIIIe siècle*, s. l., 1935. – D. Dakin, *Turgot and the « Ancien Régime » in France*, Londres, 1939. – F. Allengry, *Turgot, homme privé, homme d'État*, Paris, 1942. – P. Solly, *Turgot*, Paris, 1944. – C. G. Gignoux, *Turgot*, Paris, 1945. – E. Faure, *La Disgrâce de Turgot*, Paris, 1961.

TURINA Joaquín. Compositeur espagnol. Né à Séville le 9 décembre 1882, mort à Madrid le 14 janvier 1949. L'œuvre, très étendue, de Turina résulte de trois courants d'influence conjugués. Ses racines andalouses d'abord, et son attachement pour la musique « flamenca » ; ses études à Séville et à Madrid, qui le rompirent à la grande technique pianistique d'un Albéniz ou d'un Granados ; les dix ans, enfin, qu'il passa à Paris, où il fut l'élève de Vincent d'Indy à la Schola Cantorum. C'est ainsi qu'il sut maîtriser par les moyens techniques acquis à la Schola tout ce que son inspiration par le chant profond andalou aurait pu avoir de sauvage et de désordonné. Cette discipline de l'écriture lui valut d'enseigner la composition à Madrid à partir de 1931, et de signer plusieurs volumes théoriques. Compositeur, il demeure avant tout rattaché à la musique andalouse, sans qu'on puisse le taxer de régionalisme : les *Danses fantastiques* pour piano (1920) ou *La Procesión del Rocío* (*) pour orchestre (1909) en témoignent davantage que les pages pour guitare qui sont aujourd'hui la part le plus souvent jouée de son œuvre.

GILLES CANTAGREL.

TURING Alan Mathison. Mathématicien et logicien anglais. Né à Londres le 23 juin 1912, mort à Wilmslow, Cheshire, le 7 juin 1954. Auteur d'une thèse très remarquée à l'issue de ses études à Cambridge, Alan Turing rejoint le logicien argentin Alonzo Church à Princeton et y développe l'idée d'une machine à calculer universelle (la machine de Turing) qui en fait un des pionniers de l'intelligence artificielle. De retour en Angleterre en 1939, il publie un des articles fondateurs de l'intelligence artificielle : « Des nombres calculables, avec une application au *Problème de la décidabilité* [*On Computable Numbers, with an Application to the Entscheidungsproblem*] (*Proceedings of the London Mathematical Society*), travaille pendant la Seconde Guerre mondiale au département des communications du ministère des Affaires étrangères, puis entre en 1945 au National Physical Laboratory où il participe à la conception d'un des premiers ordinateurs programmables, l'ACE (Automatic Computing Engine). Dans un célèbre article publié dans la revue *Mind* en 1959, *Les Machines à calculer et l'intelligence* (*), il se demande si les machines peuvent penser, propose un test (« dit de Turing ») qui montre que le problème n'a pas de solution simple, et conclut, d'une part que sa question initiale est mal posée, d'autre part qu'« à la fin de ce siècle [...] il sera possible de parler de machines pensantes sans risquer d'être contredit ». Alan Turing s'intéressa aussi à la morphogenèse en proposant une description chimique de la croissance des êtres vivants, « Les Fondements chimiques de la morphogenèse » [The Chemical Basis of Morphogenesis]. Bien que sa mort semble résulter d'une absorption accidentelle de produits chimiques, la thèse du suicide n'a jamais été exclue.

NICOLAS WITKOWSKI.

RÉF. : Audrew Hodges, *Alan Turing : the Enigma of Intelligence*, 1983 (tr. fr. : *Alan Turing ou l'Énigme de l'intelligence*, Paris, 1988).

TURNÈBE Adrien (pseud. tiré de la latinisation, Turnebus, de son nom Adrien Tournebous). Humaniste français. Né aux Andelys (Eure) en 1512 ; mort à Paris le 12 juin 1565. Professeur à l'université de Toulouse, puis lecteur de grec au Collège royal (1547), enfin de philosophie également au Collège royal (1561), il dirigea pendant quatre ans (1552-1556) la publication des livres grecs à l'Imprimerie royale et donna d'excellentes éditions de Philon d'Alexandrie et de Synesios de Cyrène. Professeur très estimé, sa renommée franchit les frontières et il fut universellement admiré. Il a laissé un vaste ouvrage de philosophie, les *Adversaria* (*) (1564-1565). Après sa mort, son fils a publié sous le titre *Opera varia* (1600) – v. *Œuvres* (*) – ses commentaires et ses études sur les écrivains de l'Antiquité.

RÉF. : A. Lefranc, *Histoire du Collège de France*, Paris, 1893. – L. Clément, *De Adriani Turnebi* [...] *praefationibus et poematis*, Paris, 1899. – Geneviève Demerson, *Polémiques autour de la mort de Turnèbe*, Clermont-Ferrand, 1975.

TURNER Victor Witter. Anthropologue britannique. Né à Glasgow en 1920, mort en 1983. Victor Turner suit l'enseignement des maîtres de l'ethnologie classique (Malinowski, Firth, Fortes) à Londres avant de rejoindre Max Gluckman à Manchester. De 1950 à 1954, il succède à ce dernier au Rhodes Livingstone Institute of Northern Rhodesia (Lusaka) et en profite pour mener des recherches de terrain approfondies chez les Ndembu, petite population bantoue de l'ancienne Rhodésie du Nord, aujourd'hui Zambie. L'essentiel de sa carrière se déroulera aux États-Unis, où il enseigne successivement à l'université Cornell à Chicago puis, à partir de 1977 et jusqu'à sa mort en 1983, à l'université de Virginie.

Le résultat des observations que Turner a poursuivies durant plusieurs années chez les Ndembu est une œuvre ethnographique majeure. Les Ndembu sont une société sans pouvoir politique centralisé, où coexistent deux principes d'organisation sociale contradictoires : la filiation y est matrilinéaire et la résidence patrilocale. Il s'ensuit des conflits ou des drames sociaux que Turner étudie longuement avant de se tourner vers l'activité rituelle des Ndembu, dont il démontre à la fois l'unité profonde et les propriétés sociales. Il se livre en même temps à une analyse systématique des catégories de la pensée symbolique au travers des rites. À partir du cas ndembu, Turner développe une étude comparée du rituel et propose un modèle d'analyse de l'efficacité symbolique. Partant de l'observation et de l'analyse minutieuse de certains rituels des femmes Ndembu, il reprend la notion de « rites de passage » avec les trois phases que Van Gennep a rendues classiques (séparation, marge ou « limen », agrégation) en accordant une importance particulière à la phase centrale durant laquelle les intéressés échappent à toutes les classifications et à tous les signes propres à la structure sociale. Turner appelle « communitas » ces relations sociales homogènes et dépouillées, par opposition au système très organisé de la structure où des signes extérieurs indiquent nettement le statut, la classe, le rang : « communitas » et structure correspondent à deux moments, ou deux pôles dialectiques, de la vie sociale. Comme il y a constamment des passages d'une position à une autre, chaque individu ou chaque groupe fait alternativement l'expérience de la « communitas » et de la structure. Mais les diverses propriétés fonctionnelles des symboles rituels n'en épuisent pas la signification. Celle-ci est tout autant à rechercher dans le sens explicite que les individus attribuent à chacun des symboles qu'ils manipulent : la cohérence de la pensée symbolique transparaît dans les relations que ces symboles entretiennent entre eux. En nuançant une conception qui serait par trop sociologique du processus symbolique, en gardant présent à l'esprit le contenu sémantique des catégories propres à chaque culture, c'est une véritable clé que Turner nous fournit pour comprendre ces différentes manifestations de la vie sociale universelle. Principaux ouvrages : *Rupture et continuité dans une société africaine* [*Schism and Continuity in an African Society. A Study of Ndembu Village*], *Les Tambours d'affliction* (*) (1968), *Le Phénomène rituel* [*The Ritual Process. Structure and Anti-Structure,* 1974].

DENISE PAULME.

TURPILIUS SEXTUS. Poète comique latin. Mort âgé en 103 avant J.-C. Alors même qu'il jouissait d'une popularité supérieure à celle de Térence, on ne sait pratiquement rien de lui, et son œuvre est entièrement perdue à l'exception de quelques fragments – v. *Comédies* (*). Sur les douze titres de comédies qui nous sont connus, tous d'inspiration grecque, six proviennent de Ménandre, qui fut son principal modèle.

RÉF. : Bardon, *La Littérature latine inconnue*, t. 1, Paris, 1952.

TUTUOLA Amos. Écrivain nigérian. Né à Abeokuta en juin 1920. Après des études primaires brèves, Tutuola a été forgeron dans la R.A.F. puis a occupé des postes modestes dans l'administration. Il a publié huit récits : *L'Ivrogne dans la brousse* (*) (1952), *Ma vie dans la brousse des fantômes* [*My Life in the Bush of Ghosts,* 1954], *La Vaillante chasseresse africaine* [*The Brave African Huntress,* 1958], *La Vieille Femme-oiseau de la brousse* [*Feather Woman of the Jungle,* 1962], *Comment Ajaiyi reçut la pauvreté en héritage* [*Ajaiyi and his Inherited Poverty,* 1967], *La Sorcière de la ville lointaine* [*The Witch Herbalist of the Remote Town,* 1981], *L'Indigent, le brailleur et le calomniateur* [*Pauper, Brawler and Slanderer,* 1987] et un recueil de nouvelles *La Sorcière du village et autres nouvelles* [*The Village Witch-Doctor and Other Stories,* 1990].

Tutuola, l'autodidacte, fait figure d'exception au sein d'une intelligentsia nigériane très lettrée : utilisant un anglais approximatif qu'il aligne sur les inflexions de sa langue maternelle, le yoruba, il produit un texte que les Africains ont récusé comme étant incorrect tandis que les Occidentaux l'ont encensé, en en soulignant son aspect halluciné, voire surréaliste. Tout, chez Tutuola, est, en fait, une réactualisation très personnelle des sources légendaires qu'il utilise. L'homme (ou la femme) de ses récits est, par exemple, un être traditionnel (un ivrogne, une chasseresse, un herbaliste ou un mendiant) doté, comme il se doit, de pouvoirs magiques mais aussi de ruse. Mais c'est aussi un personnage moderne qui peut, lorsqu'il est perdu, interroger un petit poste de télévision qui est installé au creux de sa main. À la fois mythique et contemporain, cet homme des deux mondes poursuit son périple en nous décrivant ses luttes fabuleuses et ses prouesses techniques. Depuis plus de trente ans, Tutuola reprend, à chacun de ses livres, le même schéma initiatique et ses récits en sont entachés d'une monotonie certaine. Mais cette œuvre hors mode et hors temps est une des rares qui ose, en ces temps de récrimination très factuelle, lancer régulièrement l'homme noir dans une série de voyages extraordinaires au bout de son imaginaire.

DENISE COUSSY.

TUWIM Julian. Poète et traducteur polonais. Né le 13 septembre 1894 à Łódź, mort le 27 décembre 1954 à Zakopane. Cofondateur du cabaret littéraire « Au Picador », il fut l'un des piliers du groupe poétique d'avant-garde Skamander. Son poème *Le Printemps* [*Wiosna,* 1918] fit scandale. Comme dans ses recueils postérieurs, *Guetter Dieu* [*Czyhanie na Boga,* 1918], *Socrate dansant* [*Sokrates tańczący,* 1920], *Les Paroles ensanglantées* [*Słowa we krwi,* 1926], il y exprimait une véritable fureur de vivre, teintée d'érotisme et d'insolite. Son optimisme, sa vitalité presque biologique fondée sur les théories d'Henri Bergson, la sensualité et les innovations linguistiques de ses poèmes — néologismes, barbarismes, argot —, sa virtuosité à manier la « matière poétique », toute cette « alchimie du mot », le placèrent d'emblée parmi les personnalités les plus marquantes de sa génération.

Mais son enthousiasme juvénile non sans rapport avec l'atmosphère générale régnant en Pologne, laquelle venait de recouvrer son indépendance après cent cinquante ans d'occupation, céda progressivement la place à une réflexion souvent amère et à une angoisse existentielle. Les recueils *La res de Czarnolas* [*Rzecz czarnoleska,* 1929], *La Bible tsigane* [*Biblia cygańska,* 1932], *Matière brûlante* [*Treść gorejąca,* 1936] furent un adieu aux « débordements de (s)a jeunesse » et marquèrent sa réconciliation avec la sagesse de la tradition. Apparurent des thèmes nouveaux ayant trait à la politique, à la misère de l'« homme simple » ; sa poésie exprima désormais, outre l'attachement aux racines mêmes de la polonité, sa révolte contre l'irrespect de la dignité humaine, contre la violence et les tendances nationalistes de la Pologne des années 30 (Tuwim fut victime de fréquentes attaques antisémites). Le poème satirique *Bal à l'Opéra* (*) confisqué par la censure, critique virulente de l'élite du pouvoir, donnait une vision grotesque et prémonitoire de la catastrophe imminente.

En 1939, le poète s'enfuit en Roumanie, puis au Brésil. Il composa le recueil *Fleurs polonaises* (*) (1949) aux États-Unis, où il s'était installé en 1941. Cette large fresque aux accents autobiographiques, qui renouait avec la tradition romantique polonaise du poème à digressions, caractérisée par le syncrétisme des formes littéraires utilisées, était un témoignage de son expérience de l'exil et de son itinéraire idéologique.

Il se rapprocha des milieux communistes et décida de rentrer en Pologne en 1946. Sa poésie eut alors un caractère nettement propagandiste, comme son poème *Au peuple soviétique* [*Do narodu radzieckiego*].

Tuwim fut également traducteur d'auteurs russes : Pouchkine, Gogol, Blok, Pasternak, Maïakovski ; anglais : Whitman ; français : Rimbaud. Il fut aussi l'auteur de poèmes très populaires pour enfants.

LAURENCE DYÈVRE.

TVARDOVSKI Alexandre Trifonovitch. Poète russe. Né le 21 juillet 1910 au village de Zagorié (gouvernement de Smolensk), mort à Krasnaïa Pakhra (près de Moscou) le 18 décembre 1970. Tvardovski a fait ses études à l'Institut pédagogique de Smolensk et à la faculté des lettres de Moscou (jusqu'en 1939). Son enfance a été tourmentée : son père, qui n'était qu'un simple paysan, forgeron de campagne, est passé pour un « richard » et un exploiteur, un « koulak », et a fini ses jours déporté en Sibérie. Tvardovski au contraire est devenu un chantre de la collectivisation du village. Ses grands poèmes, *Voie du socialisme* [*Put' k socializmo,* 1931] et *Le Pays Mouravia* (+) (1936), sont des témoignages naïfs du bon choix des paysans soviétiques qui ont, paraît-il, réussi à surmonter leurs instincts individualistes pour adhérer au système des kolkhozes. Les mêmes idées ont nourri des recueils comme *Le Chemin* [*Doroga,* 1938], *La Chronique paysanne* [*Selskaja hronika,* 1939] et *Zagorié* (1940). Tvardovski a pris part aux campagnes de Pologne et de Finlande en tant que correspondant de guerre. Pendant la guerre soviéto-allemande, il a composé son célèbre poème sur un simple soldat, le *Livre du combattant Vassili Terkin* (*) (1941-1945), publié en feuilleton dans les journaux quotidiens et lu avec enthousiasme sur le front. Les soldats se retrouvaient dans l'image de Terkin, ce poilu courageux et railleur qui est devenu le symbole même de la résistance populaire et du patriotisme russe. Ce livre « sans commencement ni fin », pullulant de proverbes, de chants populaires, de dictons, de saillies bouffonnes et d'anecdotes, fut appris par cœur par l'armée tout entière, depuis les simples troupiers jusqu'aux généraux. Après la guerre, le ton de la poésie de Tvardovski a brusquement changé : il est devenu poète tragique. Son poème *La Maison sur la route* (*) (1946) n'a rien de commun avec l'optimisme populaire de « Terkin » : c'est l'histoire douloureuse d'une famille paysanne déportée par les Allemands et du soldat Ivan Sintsov, déchiré par le drame de ses proches et de son pays. Un autre grand poème de l'après-guerre, *Au-delà des lointains* (*) (1950-1960, prix Lénine 1961), retrace un panorama de la vie soviétique avec ses réussites spectaculaires et ses abîmes monstrueux : Tvardovski fut l'un des premiers à parler du monde concentrationnaire en U.R.S.S., des méfaits de Staline et de son époque, et des causes psychologiques du phénomène stalinien. Le « dégel » a permis à Tvardovski la publication d'un poème satirique qui est la suite de « Terkin » : *Vassili Terkin dans l'autre monde* (*) (1954-1963) ; écrit au lendemain de la mort de Staline, il n'a pu être publié que dix ans plus tard. Ce poème montre avec amertume ce que le brave soldat a gagné par ses exploits militaires : le règne d'un bureaucratisme totalitaire, d'une misère universelle et d'une terreur sans pareille. Le dernier poème de Tvardovski, *Ce qui revient de droit à la mémoire* [*Po pravou pamiati,* 1967-1969], est la revanche que l'auteur prend sur ses premières œuvres conformistes : il dit enfin la cruelle vérité sur le sort de sa famille, et, à travers l'image de son père, il fait voir les souffrances de la paysannerie russe décimée et détruite par le collectivisme. Ce poème n'a jamais pu être publié en U.R.S.S. D'autre part, Tvardovski est devenu, durant l'après-guerre, une des personnalités centrales de la vie culturelle et littéraire de son pays ; il a dirigé pendant quinze ans la revue *Novy Mir* (1950-1954, 1958-1970), qui est devenue comme le pôle de la littérature honnête des années 60. Après la chute de Khrouchtchev, la revue a pu survivre pendant cinq ans, grâce à l'autorité de Tvardovski, membre suppléant du Comité central du P.C.U.S., député du Soviet suprême et, par-dessus tout, prix Lénine ! Mais, après 1970, le régime n'a pas voulu supporter ce foyer de contestation et de résistance : Tvardovski a été destitué de son poste, et toute son équipe avec lui. Un an plus tard, il succombait à un cancer.

EFIM ETKIND.

RÉF. : A. Soljenitsyne, *Le Chêne et le Veau,* Paris, 1975. – E. Etkind, G. Nivat, I. Serman, V. Strada, *Histoire de la littérature russe,* t. 3, Paris, 1990.

TWAIN Mark (pseud. de Samuel Langhorne Clemens). Écrivain américain. Né le 30 novembre 1835 à Florida (Missouri), mort le 21 avril 1910 à Redding (Connecticut). Sa naissance coïncide avec l'apparition de la comète de Halley, et sa mort, comme il l'avait prédit, avec la réapparition de cette même comète. Il avait la secrète impression d'être un « mystérieux et peut-être surnaturel visiteur venant d'autres lieux ». Ce rôle qu'il se donnait, en particulier dans son œuvre posthume, *Le Mystérieux Étranger* [*The Mysterious Stranger*], devait aggraver la désespérance de ses dernières années. Son père, originaire de la Virginie, était un instable et un agnostique, sa mère une fervente calviniste. Tous deux étaient des rêveurs, presque des visionnaires, et il hérita de leurs tendances. Le petit garçon grandit à Hannibal, village tranquille sur la rive gauche du Mississippi, qu'il décrira plus tard dans *Les Aventures de Tom Sawyer* (*) et *Les Aventures de Huckleberry Finn* (*). Il perdit son père à douze ans, abandonna ses études et devint apprenti typographe dans une entreprise d'édition. C'est là qu'il commença d'écrire des articles de journaux dans le style conventionnel de l'époque. À dix-huit ans, en quête d'aventures, il quitta la maison et circula dans la région en gagnant sa vie comme typographe ; puis, poussé par un désir chronique de faire fortune, il partit pour La Nouvelle-Orléans en direction des sources de l'Amazone. Mais, dès la première partie du voyage, alors qu'il descendait le Mississippi, il abandonna son projet et s'enrôla comme apprenti pilote. C'est à cette époque qu'il fit moisson des éléments essentiels qui lui servirent dans la suite. La guerre de 1861, qui bloquait le trafic fluvial, mit fin à sa carrière de pilote. Il ne put se décider à prendre parti dans le conflit : il était enfant du Sud, mais ne voulait pourtant pas se battre pour le maintien de l'esclavage. Il s'enfuit vers l'Ouest jusqu'aux montagnes du Nevada, où il vécut dans les primitifs camps de mineurs. Il se fit chercheur d'or, mais sans succès ; il accepta enfin un emploi de journaliste et acquit rapidement un style très personnel.

C'est à cette époque qu'il prit le pseudonyme de Mark Twain qui vient d'un vieux terme de navigation : Marque deux « fathoms » (soit quatre mètres), criait le sondeur au pilote, ce qui signifiait : sécurité de navigation. En 1865 parut dans un journal *La Célèbre Grenouille sauteuse de Calaveras* (*) qui eut du succès. Stimulé, Mark Twain rechercha dès lors, avidement, la faveur du public. Sa profession de journaliste l'amena à San Francisco où il connut l'écrivain Bret Harte, puis aux îles Hawaii. Il inaugurait ainsi sa carrière de voyageur mondial. Il se posa désormais en humoriste populaire, même en bouffon, en paillasse, au service de la jeune démocratie. Mais ce masque qu'il dressait entre le public et lui était un piège : car il se dressait aussi entre lui-même et ses instincts profonds, et souvent en s'exposant, laissait entrevoir de sombres abîmes. Après ses voyages et ses conférences en Amérique se place le voyage en Méditerranée décrit dans *Les Innocents en voyage* (*). Il se maria en 1870 et s'établit dans le Connecticut à mi-chemin entre Boston et New York. Il reprit la plume et écrivit *À la dure* (*) où il retrace ses aventures dans l'Ouest et qui est le second de ses livres de voyage. Avec *L'Âge doré* [*The Gilded Age*, 1873], écrit en collaboration, il s'essaye au roman. L'œuvre est assez médiocre dans son ensemble, mais on y trouve le personnage du colonel Beriah Sellers, sorte de don Quichotte visionnaire qui est resté un type populaire. *Tom Sawyer* (1876), souvenirs de sa vie sur le Mississippi, est une de ses œuvres capitales où apparaît son talent original. Moins autobiographique, *Huckleberry Finn*, qui parut huit ans plus tard, campe un nouveau personnage et est considéré à juste titre comme un des chefs-d'œuvre de la littérature américaine. C'en est, en tout cas et très certainement, le livre le plus populaire. Mark Twain, qui s'était ménagé l'appui de W. D. Howells, était alors à l'apogée de sa carrière ; il était riche, père de quatre enfants dont il était fier, et l'auteur favori du public. Or, dès 1893, une série de catastrophes s'abat sur lui ; désastre financier, perte de sa santé qui diminue ses facultés créatrices, mort d'une fille, folie de l'autre, maladie et mort de la femme qu'il adorait. Son intense souffrance, il la prit pour l'expiation de ses péchés et se sentit absous. C'est dans cet état d'âme que, mû par une soif de pureté, cet agnostique écrivit sa *Jeanne d'Arc* [*Joan of Arc*, 1896]. Sa conception de l'humanité et de son destin, assez obscure d'ailleurs, ne trouve pas d'équivalent dans la littérature américaine. On la retrouve dans certains fragments misanthropiques de *Pudd'nhead Wilson* (1894), roman sur la substitution d'un bébé réputé noir à un bébé blanc, où la bouffonnerie se mêle au tragique. Comparé à Melville, Twain ne trouve que rarement les moyens d'expression adaptés au sujet. Sa dernière œuvre est *Le Mystérieux Étranger* (1916). L'art et la pensée de Mark Twain font encore l'objet d'âpres discussions. Témoin la question, très débattue dans les années 60, de savoir si la structure (et notamment la fin) de *Huckleberry Finn* n'en ruine pas la signification. Mais personne ne doute plus que Mark Twain est le Dickens américain ni surtout que *Huckleberry Finn* est le plus grand livre d'humour américain, et le premier de la langue américaine.

STANLEY GEIST.

♦ *« Cet homme de grand talent eût pu devenir l'un des plus grands satiristes du monde s'il ne s'était laissé gagner par l'esprit américain. »* Upton Sinclair. ♦ *« Pour l'Amérique aussi bien que pour l'Angleterre, son style fut, durant une certaine période, une véritable innovation, une redécouverte de la langue anglaise. »* T. S. Eliot. ♦ *« Toute la littérature moderne américaine découle d'un livre de Mark Twain intitulé* Huckleberry Finn... *C'est le meilleur livre que nous ayons eu. Tout ce qui s'écrit en Amérique vient de là. Il n'y avait rien avant. Il n'y a rien eu d'aussi bon depuis. »* E. Hemingway.

RÉF. : H. Gauthier Villars, *Mark Twain*, Paris, 1884. – A. B. Paine, *Mark Twain, a Biography*, 3 vol., New York, 1912. – V. W. Brooks, *The Ordeal of Mark Twain*, New York, 1920. – Léon Lemonnier, *La Jeunesse aventureuse de Mark Twain*, Paris, 1936 ; *Mark Twain, l'homme et l'œuvre*, Paris, 1947. – Bernard de Voto, *Mark Twain at Work*, Haward, 1942. – G. C. Bellemy, *Mark Twain as a Literary Artist*, université d'Oklahoma, 1950. – S. Horstein, *Mark Twain, la faillite d'un idéal*, Paris, 1951. – R. Asselineau, *The Literary Reputation of Mark Twain*, Paris, 1954. – W. Blair, *Mark Twain and Huck Finn*, Berkeley, 1960. – K. Lynn, *Mark Twain and Southwestern Humor*, Boston, 1960. – Budd, *Mark Twain, Social Philosopher*, Indiana University Press, 1962. – H. Smith, *Mark Twain : the Development of a Writer*, Harvard University Press, 1962. – B. Poli, *Mark Twain, écrivain de l'Ouest*, Presses universitaires de France, 1965. – J. Cox, *Mark Twain : The Fate of Humor*, Princeton University Press, 1966. – J. Kaplan, *Mr. Clemens and Mark Twain*, Simon and Schuster, 1966. – R. Reagan, *Unpromising Heroes : Mark Twain and His Characters*, Universtity of California Press, 1966.

TYARD Pontus de. Poète et prosateur français. Né probablement en 1522, mort à Bragny le 23 septembre 1605. De bonne noblesse bourguignonne, après une enfance et des études dont nous ne savons presque rien, Pontus de Tyard fait son entrée dans le monde des lettres lyonnaises en 1549 avec la publication chez Jean de Tournes des *Erreurs amoureuses* (*) dédiées à la mystérieuse Pasithée, dans lesquelles l'influence de la *Délie* (*) de son ami Maurice Scève s'allie à un néoplatonisme authentique, fortement marqué par les *Dialogues d'amour* (*) de Léon L'Hébreu, dont Tyard donne une traduction en 1551. La *Continuation* de 1551 et le *Troisième livre* des *Erreurs* de 1555 témoignent cependant de l'intérêt croissant qu'il porte à la poésie de la jeune Brigade, ce qui lui vaut de figurer au nombre des « poètes sacrés » mentionnés par Ronsard en 1553 dans *L'Élégie à Jean de la Péruse*. Mais c'est avec Jacques Peletier, parmi les poètes de la future Pléiade, qu'il entretient les relations les plus étroites, en homme qui nourrit, comme lui, une double passion pour la poésie et pour les sciences. Dès 1552, dans le *Solitaire premier, ou Prose des Muses et de la fureur poétique* – le premier des dialogues qu'il rassemblera en 1587 sous le titre de *Discours philosophiques* (*) –, l'exposé de la conception ficinienne de la « fureur » poétique lui fournit l'occasion d'une réflexion sur la possibilité d'introduire de l'ordre dans l'ensemble diversifié des connaissances humaines. La même préoccupation se retrouve dans le *Solitaire second, ou Prose de la musique* (1555) puis dans le *Discours du temps* (1556) et dans *L'Univers* (1557), où il entreprend une synthèse encyclopédique des connaissances de son temps. L'ensemble se clôt en 1558 avec *Mantice*, un débat contradictoire sur la question de l'astrologie qui souligne les limites de toute systématisation du savoir qui ne se fonde pas sur l'évidence mathématique.

Après un long silence, on retrouve Tyard en 1569 au service de Charles IX puis de Henri III – une lettre d'Amyot nous apprend en 1577 que le roi écoute le poète « discourir de la constitution et mouvement du ciel ». Il réédite en 1573, 1575 et 1578 *Mantice*, le *Solitaire premier* et *L'Univers*, avec des additions qui témoignent de la permanence de ses préoccupations scientifiques, et en 1573 ses *Œuvres poétiques* avec de nouveaux sonnets amoureux inspirés par Claude-Catherine de Clermont, comtesse de Retz. Sa nomination comme évêque de Chalon-sur-Saône en 1578 ouvre dans son existence une période nouvelle, où les préoccupations religieuses passent au premier plan (sa pratique de l'oraison dominicale donnera lieu à la publication d'*Homilies* en 1585, 1586 et 1587). Peut-être publie-t-il alors l'ensemble des *Discours philosophiques* (Paris, Abel L'Angelier, 1587) pour témoigner d'un monde en train de finir dans un contexte de luttes religieuses bourguignonnes où il s'efforce de concilier catholicisme, esprit de modération et fidélité monarchique (son hostilité aux excès de la Ligue lui dicte en 1591 le *Fragmentum epistolae* contre les jésuites). Avec le *De recta nominum impositione* (1603), il revient peu avant sa mort à la tradition néoplatonicienne (Philon le Juif, Denys l'Aréopagite) qui avait été au principe de tous les développements ultérieurs de sa pensée.

SYLVIANE BOKDAM.

RÉF. : K. M. Hall, *Pontus de Tyard and his « Discours philosophiques »*, Oxford, 1963. – E. Kushner, « Qui est Päsithée ? », in *Il Rinascimento a Lione*, Rome, 1988.

TYLOR Edward Burnett. Anthropologue anglais (1832-1917). Avec l'Américain Lewis Henry Morgan, Tylor est l'un des deux grands fondateurs de l'anthropologie moderne. Auteur du premier traité d'anthropologie générale (1871), il est aussi le premier titulaire d'une chaire de ce nom en Grande-Bretagne (1896). Né dans une famille aisée de quakers à Camberwell, près de Londres, Tylor ne peut entrer à l'université dont l'accès est réservé aux membres de l'Église d'Angleterre. Un voyage au Mexique lui fait découvrir l'ethnographie ; à son retour en Angleterre il entreprend de vastes lectures qui seront à la base de ses deux grands ouvrages, *Researches into the Early History of Mankind* (1865) et *La Civilisation primitive* (*) (1871).

Tylor est le cadet de Darwin : marqué par son aîné, il élabore un schéma d'évolution en trois stades allant de l'animisme au polythéisme pour aboutir inévitablement au monothéisme occidental et chrétien. Il reconnaît s'être efforcé de retracer le développement théorique de la civilisation parmi l'humanité en admettant que la civilisation est une « plante plus souvent essaimée que développée ». Tylor définit la culture comme un « ensemble complexe qui inclut la connaissance, les croyances, l'art, la morale, le droit, les coutumes et n'importe lesquelles des autres productions et manières de vivre nées de l'homme vivant en société » (1871). On voit en lui l'inventeur de l'animisme, conception religieuse selon laquelle la nature est animée par des forces ou des êtres surnaturels que les hommes doivent se concilier par des prières et des offrandes appropriées. L'étude des sociétés implique leur comparaison, elle exige aussi la reconstruction de cultures disparues, à partir de l'inventaire des survivances encore observables, propres à nous en restituer la forme.

DENISE PAULME.

TYNIANOV Iouri Nikolaevitch. Écrivain russe. Né à Rejitsa (gouvernement de Vitebsk) le 18 octobre 1894, mort le 20 décembre 1943 à Moscou. Fils d'un médecin, il a fait ses études à la faculté des lettres de l'université de Petrograd (jusqu'en 1918), puis a travaillé comme interprète à la section française du Komintern (1918-1921), exerçant enfin les fonctions de professeur à l'Institut de l'histoire des arts de Leningrad (1921-1930), où il faisait des cours de littérature russe et de poétique. Son premier livre, *Gogol et Dostoïevski : pour une théorie de la parodie,* (1921) démontre le fait que le roman de Dostoïevski, *Stepantchikov et ses habitants* (*), était conçu par l'auteur comme une parodie des *Morceaux choisis de la correspondance avec ses amis* de Gogol. Parmi les autres ouvrages de Tynianov, historien des Lettres, on peut citer *Les Archaïsants et Pouchkine, Pouchkine et Tiouttchev* (1926), etc. Ces articles formèrent le recueil *Archaïsants et Novateurs* (1929). Parallèlement, Tynianov étudiait les problèmes de poétique ; dans cette direction, son œuvre fondamentale est *Le Problème du langage poétique* [*Problema stihotvornovo jazyka,* 1924], qui reste jusqu'à nos jours une des meilleures analyses de l'aspect verbal du vers et de la relation mot-rythme-intonation.

Empêché de travailler comme chercheur dans un domaine qui était flétri du terme de « formalisme », Tynianov s'est lancé dans le roman historique, domaine où non seulement il a excellé, mais est devenu le maître incontesté. Ses romans sont considérés comme des chefs-d'œuvre du genre : *Kioukhlia* (*) (1925), *La Mort de Vazir-Moukhtar* (1927-1928), *Pouchkine* (1935-1943). Les dernières recherches (par exemple celles d'Arkadi Belinkov) ont tendance à découvrir dans les romans historiques de Tynianov des œuvres traitant des problèmes politiques contemporains. De toute façon, la prose de Tynianov demeure dans ses romans très moderne, étroitement liée aux découvertes esthétiques de ses contemporains, tels que Zamiatine et les « Frères de Sérapion ».

EFIM ETKIND

RÉF. : *Histoire de la littérature russe*, t. 2, Paris, 1988.

TYRTÉE. Poète grec de la seconde moitié du VIIe siècle av. J.-C. La date de sa naissance et celle de sa mort tout comme les événements qui marquèrent sa vie nous sont inconnus, mais il existe une légende qui éclaire, peut-être, un moment de sa biographie. D'après cette légende, les Lacédémoniens, après avoir essuyé plusieurs échecs militaires, reçurent de l'oracle de Delphes l'ordre de demander un chef aux Athéniens. Ces derniers leur auraient envoyé par dérision un maître d'école boiteux qui n'était autre que Tyrtée. Tyrtée n'eut pas plutôt changé de camp que sa nouvelle situation lui inspira des chants de guerre qui ranimèrent le courage des Lacédémoniens et leur firent remporter la victoire. Il est probable que cette légende remonte à la période où la comédie grecque aimait à présenter de manière bouffonne les grands événements de l'histoire. Nous savons que Tyrtée fut durant plusieurs siècles l'un des poètes les plus étudiés dans les écoles de la Grèce et que Sparte n'était que son pays d'adoption. Les œuvres de Tyrtée comprenaient des chants de guerre que l'on chantait au moment de l'attaque et des élégies réunies sous le titre général d'*Exhortations* (*). Les chants de guerre [εμβατηρια] étaient composés en dialecte dorien, mais il ne nous en est parvenu que quelques vers dont le rythme plein de vigueur témoigne de l'orgueil de la race et des traditions militaires qui les inspirent. Les *Élégies* nous sont relativement mieux connues grâce aux citations de Lycurgue et de Stobée qui nous ont permis de reconstituer trois fragments de trente à quarante vers chacun. C'est le prototype même de la poésie patriotique mais libre encore de tout faux sentiment et nous sentons revivre à travers elle cette fierté belliqueuse qui dut faire la grandeur de Sparte.

RÉF. : A. Baron, *Poésies militaires de l'Antiquité, ou Callinus et Tyrtée*, Bruxelles, 1835 (réimprimé : Amsterdam, 1971). – K. Rockwell, « Tyrtaeus, Bits of a Possible Career », *Classical Bulletin*, 52, 1976.

TZARA Tristan (pseud. de Samuel Rosenstock). Poète français d'origine roumaine. Né le 16 avril 1896 à Moinesti (Roumanie) et mort le 24 décembre 1963 à Paris. Son nom est principalement lié au mouvement Dada, qu'il lance pendant la guerre à Zurich avec quelques amis. Sa trajectoire le met ensuite en relation avec les surréalistes (Aragon, Breton, Soupault, Éluard) et des peintres comme Modigliani, Picasso et Kandinsky. Périodiquement brouillé avec les surréalistes – et notamment avec Breton –, il défend peu à peu une poésie plus militante, et entre en 1937 au secrétariat du Comité pour la défense de la culture espagnole. Sa vie se confond dès lors avec son œuvre poétique et sociale, l'une des plus attachantes de ce siècle : *La Première Aventure céleste de monsieur Antipyrine* (+) (1916), *Vingt-cinq poèmes* (*) (1918), *Cinéma Calendrier du cœur abstrait Maisons* (*) (1920), *Le Cœur à gaz* (+) (1921), *Mouchoir de nuages* (+) (1924), *Monsieur Aa l'antiphilosophe* (+) (1916-1924), *Lampisteries* (*) (1917-1922), *Minuits pour géants* (+) (1924-1932), *Indicateur des chemins de cœur* (*) (1928), *L'Arbre des voyageurs* (*) (1930), *L'Homme approximatif* (*) (1931), *Où boivent les loups* (*) (1932), *Le Puisatier des regards* (+) (1932), *Le Désespéranto* (+) (1932-1933), *L'Antitête* (*) (1933), *Abrégé de la nuit* (+) (1934), *Les Mutations radieuses* (+) (1935-1936), *Midis gagnés* (*) (1945-1938), *La Deuxième Aventure céleste de Monsieur Antipyrine* (*) (1938), *Parler seul* (*) (1950), *Le Poids du monde* (1951), *La Face intérieure* (*) (1953), *À haute flamme* (1955), *Frère bois* (1957), *La Rose et le Chien* (1958), à quoi il faut ajouter divers recueils comme *Piège en herbe* (+) (1930), *La Fonte des ans* (+) (1931), *La Fuite* (+) (1947), *De mémoire d'homme* (*) (1950), une œuvre théâtrale importante – v. *Théâtre* (*) –, et des essais comme *Les Sept Manifestes Dada* (*) (1924), *La Dialectique de la poésie* (1947) et *Le Surréalisme et l'Après-guerre* (*) (1947). Œuvre abondante, donc, mais marquée, à travers ses changements successifs, par une profonde fidélité à l'élan qui a présidé, en 1917, à la création de la revue *Dada* (*). « Je détruis les tiroirs du cerveau et ceux de l'organisation sociale... », écrit Tzara dans le *Manifeste Dada* de 1918. Dada est ce qu'on appellerait aujourd'hui une entreprise de subversion et de contestation radicale de l'ordre existant : en ce sens, explique Tzara, ce n'est pas – et ce sera là l'origine des heurts avec les surréalistes – un nouveau mouvement littéraire. « Dada n'est pas moderne. » Épris de primitivité (ils organisent plusieurs récitals de musique noire), les dadaïstes ne contestent pas seulement la société, dont ils perçoivent parfaitement en pleine guerre l'inhumanité :

ils s'attaquent à son langage, dans la mesure où le langage est le ciment de l'ordre établi. « Liberté : Dada Dada Dada hurlement de couleurs crispées entrelacement des contraires et de toutes les contradictions, des grotesques, des inconséquences : la vie », proclame Tzara dans *Le Septième Manifeste Dada.* Dada (ce nom a été choisi par hasard dans un dictionnaire) est dérision, mais aussi affirmation de la vie. À ce titre, c'est sans doute l'un des mouvements de contestation les plus radicaux du XXe siècle.

Le poète Tzara se garde donc bien d'édifier une « œuvre littéraire » : tous ses recueils sont des jaillissements spontanés de mots et d'images, et Jean Cassou a pu qualifier *L'Homme approximatif* d'« extraordinaire poème primitif ». Parfaitement conforme à « l'esprit » surréaliste, la poésie de Tzara devient, à partir de 1936 (c'est-à-dire à partir de la guerre d'Espagne), de plus en plus engagée. Le fondateur de *Dada* déclarera en 1948 : « La poésie est action. » Mais Dada était aussi action... Bien qu'on puisse ranger Tzara aux côtés de Breton, d'Éluard, d'Aragon, et le classer — poétiquement parlant — dans la lignée des surréalistes, son œuvre se distingue jusqu'au bout par une fougue et une vitalité, par un déferlement d'images qui la rendent unique. Ce que le poète a su exprimer une fois dans un vers inoubliable : « Flamme seule je suis seul. »

ANTOINE BERMAN.

RÉF. : René Lacôte, *Tristan Tzara,* Paris, 1952. — Michel Sanouillet, *Dada à Paris,* Paris, 1965. — Micheline Tisou-Braun, *Tristan Tzara, inventeur de l'homme nouveau,* Paris, 1977.

U

UBERTI Fazio degli. Poète italien. Né à Pise au début du XIVe siècle (vers 1305), mort à Vérone vers 1367. Il appartenait à une grande famille florentine et fut successivement au service des Visconti, des Scaliger et des Carraresi ; c'est à peu près tout ce que l'on connaît de sa vie, mais l'on suppose qu'il voyagea beaucoup. Il a laissé des poésies, *Rimes* (*), et le *Dittamondo,* poème encyclopédique rédigé à partir de 1346 et laissé inachevé.

RÉF. : R. Renier, Introduction aux *Liriche di Fazio,* Florence, 1883. – N. Sapegno, *Il Trecento,* Milan, 1934.

UHLAND Ludwig. Poète lyrique allemand. Né à Tübingen (Wurtemberg-Hohenzollern) le 26 avril 1787, mort dans cette même ville le 13 novembre 1862. Son grand-père était professeur à la faculté de théologie et son père secrétaire de l'université. L'enfant grandit donc dans un milieu de bourgeoisie cultivée, qui laissa des traces dans son comportement, calme et rationnel. Il fut reçu docteur en droit en 1810 ; mais il s'occupait en même temps de poésie et d'études littéraires. À peine âgé de vingt ans, il avait déjà écrit quelques-uns de ses plus beaux poèmes. La première édition (1815) comprend deux bons tiers de toute sa production lyrique. Cependant, les années passées à Heidelberg – où entre autres il se lia d'amitié avec Justinus Kerner – l'avaient introduit dans le cercle des romantiques et lui avaient donné le goût de la poésie médiévale. Aussi le long séjour à Paris, qu'il fit aussitôt après sa licence, fut-il consacré à des études philologiques et à des recherches de bibliothèque. Le résultat en fut un essai sur l'ancienne poésie épique française et des traductions de poèmes français du Moyen Âge. Pendant une brève période, il fut fonctionnaire, de 1812 à 1814 ; puis il devint avocat ; mais cette dernière activité passa au second plan lorsque se présenta le problème politique de la constitution, qui devait passionner les intellectuels d'Allemagne de 1815 à 1849. D'abord par son activité de journaliste, puis comme député à partir de 1819, Uhland se rangea du côté des libéraux et combattit par ses écrits et ses discours, en conservant une position de centre gauche. En 1820, il épousa Émilie Vischer, qui pendant quarante-deux ans fut sa fidèle compagne et son intelligente collaboratrice (elle lui survécut dix-neuf ans et lui consacra une biographie). Cependant, en 1818, le meilleur de ses drames historiques, *Ernst de Souabe* (+), était publié, et en 1822 paraissait sa remarquable étude sur Walther von der Vogelweide, suivie d'une série d'études sur la langue et la littérature germaniques médiévales. En 1829, Uhland fut nommé à la chaire de littérature allemande de sa ville natale, où il fut pendant quatre ans un excellent maître (le recueil de ses cours en témoigne) ; mais, une fois encore, il préféra abandonner ses fonctions pour se consacrer plus librement à la lutte politique. Cependant, lorsqu'en 1849 les séances de l'Assemblée nationale furent empêchées par la force des baïonnettes, il se réfugia pour toujours dans la vie privée. Il consacra les dernières années de sa vie à ses chères études sur le Moyen Âge, et écrivit surtout des essais sur la mythologie nordique. Des trois activités où se déploya sa personnalité : poésie, politique et philologie, ce fut pourtant sûrement la première qui lui valut une place importante dans l'histoire du romantisme allemand – v. ses *Ballades* (*).

RÉF. : Saint-René-Taillandier, introduction à l'édition des *Poésies* de Uhland, Paris, 1866. – K. Mayer, *Ludwig Uhland, seine Freunde und Zeitgenossen,* 2 vol., Stuttgart, 1867. – Pottier de Cyprey, introduction aux *Poésies choisies* de Uhland, Paris, 1895. – A. Séché, notice *in* anthologie de *Louis Uhland,* Paris, 1908. – J. Méjasson, *Le Sentiment religieux dans les poésies de Uhland,* Paris, 1913. – H. Schneider, *Uhland, Leben, Dichtung, Forschung,* Berlin, 1920. – H. Froeschle, *Ludwig Uhland und die Romantik,* Cologne/Vienne, 1973. – W. Jens, *Ludwig Uhland Dichter, Politiker, Gelehrter,* Tübingen, 1988.

UHLMAN Fred. Écrivain anglais d'origine allemande. Né à Stuttgart le 19 janvier 1901 et mort à Londres en 1985. Issu de la bourgeoisie juive de Stuttgart, il fait des études de droit et devient avocat. Devant la montée du nazisme et de l'antisémitisme, il quitte l'Allemagne en 1933 et arrive à Paris où il fréquente les milieux artistiques. Cet homme de culture s'adonne alors à la peinture, tout en subsistant grâce à de petits travaux. Au cours d'un séjour en Espagne, en 1936, il rencontre une Anglaise qu'il épousera peu après. En 1938, il s'installe à Londres où il fonde la Ligue allemande libre pour la culture. Il aide nombre de réfugiés allemands qui ont fui le nazisme. En 1940, il est interné à l'île de Man comme prisonnier allemand. Il devient un peintre reconnu, et publie sur le tard son premier roman, *L'Ami retrouvé* (*) (1971). L'écriture fut pour cet homme discret un moyen d'exprimer sa nostalgie ainsi que l'ambiguïté des liens qui continuaient à le rattacher à la culture allemande, ce que ses derniers ouvrages confirment – notamment *La Lettre de Conrad* [*The Letter of Konradin*]. Il a également écrit son autobiographie, *Il fait beau à Paris aujourd'hui* [*The Making of an Englishman,* 1960].

JACQUES-ÉMILE MIRIEL.

UJEVIĆ Tin. Poète et essayiste croate. Né à Vrgorac le 5 juillet 1891, mort à Zagreb le 12 novembre 1955. Après des études de lettres à Zagreb, il collabore à plusieurs publications engagées dans la lutte contre le pouvoir austro-hongrois. Après avoir été emprisonné, il émigre et vit à Paris de 1913 à 1919. Rentré en Croatie, il abandonne la révolution pour la vie de bohème, refuse de reconnaître sa famille et passe le reste de sa vie à errer de ville en ville, menant une existence secrète dont on sait peu de chose, sinon qu'elle fut fort laborieuse. Ses œuvres complètes comportent dix-sept volumes de vers, d'articles critiques et d'essais, qui font de lui l'un des écrivains les plus féconds, mais aussi les plus écoutés de Yougoslavie. Dans son œuvre critique, il examine, à la lumière de la philosophie et de l'esthétique, la vie et l'œuvre des grands esprits, comme dans *Goethe sous les projecteurs chinois* [*Goethe pred kineskim reflektorima*], *La Malédiction de Baudelaire* [*Prokletstvo Baudelairea*] et *Arthur Rimbaud, la clé de l'amour* [*Ključ ljubavi, Arthur Rimbaud*]. D'autres études sont consacrées à l'analyse minutieuse de sa propre expérience, comme *Bohème et Art moderne* [*Boema i moderna umjetnost*]. On lui doit aussi d'excellentes traductions du français et de l'anglais, notamment de Stendhal, Rimbaud, Gide et Edgar Poe. Mais c'est comme poète qu'il occupe une place exceptionnelle dans la culture croate. Son premier livre de poèmes, *La Plainte du serf* (*) (1920), est un cri de révolte et de désespoir. Avec le second, *Le Collier* (*) (1926), s'affirme un art qui sera celui de l'œuvre tout entière : hors de tous les courants, à la fois expressionniste et surréaliste, lyrique et dramatique, s'inspirant parallèlement de la poésie croate de la Renaissance et des grands courants européens de l'époque. Parmi ses œuvres poétiques, il faut encore citer *L'Automobile sur le cours* (*) (1932), *Pierre altérée à la fontaine* [*Zedan kamen na studencu*, 1954] et *Proses en poèmes* [*Pjesničke proze*, 1964].

JANINE MATILLON.

RÉF. : A. Stamać, *Kasni Ujević*, in *Forum*, 22, 1971. – V. Pavletić, *Ujević u raju svoga pakla*, Zagreb, 1978. – *Opojnost uma : misli Tin Ujević*, Zagreb, 1986.

ULPHILAS (Wulfila = Wölflein, louveteau). Évêque et écrivain goth. Né en Cappadoce vers 311, mort en 383 à Constantinople. Issu d'une famille originaire de Cappadoce, alors occupée par les Wisigoths, il fut élevé dans la religion chrétienne arienne. À trente ans, il fut nommé évêque par le synode d'Antioche, qui confirma la déposition d'Athanase. Pour fuir les persécutions du prince Atanaric demeuré païen, il emmena une partie de son peuple au-delà du Danube et se fit concéder par l'empereur Constance de Constantinople des terres voisines de Nicopolis, en Mésie. Il y fonda une sorte d'État dans l'empire d'Occident, dont il fut le chef religieux et politique dans un sens patriarcal. Très cultivé, il connaissait le goth et la tradition des chants choraux de son peuple ; il savait également le latin et le grec ; il écrivit dans ces deux langues, mais il ne nous en est rien parvenu. Nous possédons par contre des fragments importants de sa traduction de la *Bible* (*) – v. *Bible d'Ulphilas* (*).

RÉF. : Waitz, *Über das Leben und die Lehre des Ulfilas,* Hanovre, 1840. – Bessel, *Über das Leben des Ulfilas,* Göttingen, 1860. – K. Müller, *Ulfilas' Ende,* étude in *Zeitschrift für deutsches Altertum,* t. 55, 1917. – H. Üçok, *Uber die Wortgruppen weltanschaulichen und religiösen Inhalts in der Bibelübersetzung Ulfilas,* thèse, Heidelberg, 1938.

ULPIEN Domitien. Jurisconsulte latin. Né à Tyr (Phénicie) à une date incertaine, peut-être vers 170, mort à Rome en 228. Il vécut à Rome et y fit une belle carrière de professeur et de fonctionnaire. D'abord « consilium » du prétoire, puis assesseur de Papinien « praefectus praetorio » de 205 à 211. Sous le règne de Caracalla (212-217), il s'adonna surtout à l'enseignement et fut banni par Héliogabale (222), mais fut rappelé la même année par le nouvel empereur Alexandre Sévère qui le nomma à des postes considérables. Il essaya de réduire l'importance qu'avait acquise la garde prétorienne, mais suscita une vive réaction contre lui malgré l'amitié que lui portait l'empereur. Ulpien fut le juriste préféré de l'école postclassique qui lui fit de larges emprunts. Parmi les œuvres d'Ulpien, il faut distinguer les commentaires d'ensemble (quatre-vingt-un livres de l'*Ad edictum*, cinquante livres de l'*Ad Sabinum* et les deux livres de l'*Ad edictum aedilium curulium*), qui traitent surtout de droit privé mais aussi de droit pénal et de droit administratif, et les ouvrages qui traitent des attributions et des pouvoirs des magistrats et fonctionnaires impériaux. Il a encore laissé les dix livres *De officio proconsulis* ; trois *De officio consulis* ; les *Libri singulares* : *De officio praefecti urbi* ; *De officio praefecti vigilum* ; *De officio curatoris rei publicae* ; *De officio quaestoris*. Son œuvre comporte aussi des recueils de discussions sur des cas jugés, genre cultivé par les juristes de l'époque ; deux livres de *Responsorum*, dix livres de *Disputationum*, et des commentaires sur des lois particulières (*Julia et Papia, Julia de adulteriis, Aelia sentia*, etc.). Il faut de plus citer les dix livres : *De omnibus tribunalibus* et les six *De appellationibus* qui ont trait aux procédures les plus récentes, des commentaires sur l'œuvre des juristes qui l'ont précédé (comme *Notae* et *Responsa* à Papinien), des traités d'études (deux livres : *Institutionum* ; sept livres : *Regularum*) et enfin des ouvrages de compilation qui, sous le titre de *Tituli ex corpore Ulpiani* ou *Ulpiani liber singularis regularum*, sont conservés à la bibliothèque vaticane et contiennent de nombreux passages empruntés aux *Institutes* (*) de Gaius – v. *Lois d'Ulpien* (*).

RÉF. : F. Girard, *Textes de droit romain*, Paris, 1890. – F. Schulz, *Geschichte der römischen Rechtswissenschaft*, 1961.

ULRICH von Lichtenstein. Poète allemand. Né vers 1200 à Lichtenstein, mort vers 1275. Maréchal de Styrie à la vie aventureuse, nous ne connaissons de son existence que les épisodes qu'il en a racontés dans son autobiographie, en partie fictive, intitulée *Au service de la belle dame* (*), écrite en rimes entremêlées de prose. Il est également l'auteur du *Livre de la dame* [*Frauenbuch*], composé en 1257, d'une couleur plus réaliste. Un chevalier et une dame y discutent en vers sur les causes de la décadence de la chevalerie courtoise. Un poème sur la bataille de Leitha (1246), à laquelle l'auteur prit part, ne nous est pas parvenu, mais ses soixante chansons ont été regroupées et annotées dès 1841 à Berlin. Son œuvre constitue un document important sur les mœurs du XIIIe siècle en Allemagne.

ULRICH von Zatzikhofen. Poète allemand ayant vécu entre le XIIe et le XIIIe siècle. Nous ignorons tout de sa vie excepté qu'il fut ecclésiastique en Thurgovie. Il reste célèbre car il composa vers 1200 la première version allemande de la légende de Lancelot (*), intitulée *Lanzelet* (*). Il tira son inspiration de documents auxquels il put avoir accès par sa fonction, et notamment du poème de Chrétien de Troyes. Son œuvre présente surtout de l'intérêt du point de vue de l'histoire de la poésie chevaleresque en Allemagne.

RÉF. : R. Perennec, *Recherches sur le roman arthurien en vers en Allemagne aux XIIe et XIIIe siècles*, Göppingen, 1984.

UMEZAKI Haruo. Romancier japonais. Né le 15 février 1915 à Fukuoka, mort à Tôkyô le 19 juillet 1965. Fils d'officier, il étudie la littérature japonaise à l'université de Tôkyô, puis il est mobilisé (1944) et affecté dans une base de la Marine. De cette expérience naîtra en 1946 un récit autobiographique à peine transposé, *Sakura-jima* (+), bientôt suivi (1947) d'un des chefs-d'œuvre du roman de guerre, *La Fin du jour* (*), où des soldats perdus de l'armée des Philippines s'entretuent dans les derniers moments du conflit. Umezaki est désormais l'un des chefs de file de cette littérature antibelliciste que fait naître la défaite. Sa haine de la guerre, il l'exprimera encore dans *Paysages de l'île B.* [*B tô fûbutsushi*, 1948] tandis qu'il évoque dans *La Saison de la faim* [*Ue no kisetsu*, 1948] le nihilisme qui s'est emparé des esprits au sein des ruines et des désordres qui ont suivi la catastrophe finale. Il évoluera ensuite vers un type de narration plus caustique, dénonçant avec humour certains aspects de la vie quotidienne, et obtient notamment le prix Aoki pour les *Chroniques d'une maison délabrée* [*Boroya no shunjû*, 1954]. Au sein d'une importante production romanesque, on retiendra notamment *Sous le ciel* [*Sora no shita*, 1951], *Le Dos de S.* [*S. no senaka*, 1952], *Le Sablier* [*Sunadokei*, 1955], et un dernier chef-d'œuvre, posthume, qui fut honoré, l'année même de la mort de l'auteur, de l'important prix Mainichi, *L'Hallucination* [*Genka*].

MICHEL WASSERMAN.

UNAMUNO Miguel de. Écrivain, poète et philosophe espagnol. Né à Bilbao le 27 septembre 1864 ; mort le 31 décembre 1936 à Salamanque. C'est dans sa ville natale que Unamuno fit ses premières études. Venu en 1880 à Madrid, il fréquenta à l'université les cours de philosophie et de lettres. De nombreuses oppositions que suscitèrent ses idées, son inaptitude à se plier à l'étude des programmes universitaires rendirent difficile sa carrière. En 1891, il obtint la chaire de grec à l'université de Salamanque et se maria avec Concepción Lizarraga, de Guernica. Père de neuf enfants, il dut lutter pour vivre, et la lutte lui fut rendue plus pénible par l'hostilité des hommes au pouvoir et de l'Église mais aussi par son caractère difficile, polémique, parfois âpre et égocentrique. Une maladie cardiaque qui le frappa en 1897 lui fit traverser une crise religieuse dont on trouve témoignage dans son *Journal intime* (trad. 1989) et qui marquera son œuvre. Nommé recteur de l'université de Salamanque en 1900, il fut destitué de sa charge en 1914 pour son hostilité à la monarchie espagnole et sa prise de position en faveur des Alliés durant la Première Guerre mondiale. En 1924, des articles virulents contre la dictature du général Primo de Rivera le firent exiler sur l'île de Fuerteventura, aux Canaries. Délivré par une goélette française, il séjourna à Paris, où il écrivit et publia *L'Agonie du christianisme* (*), traduit par Jean Cassou (1925). La nostalgie de l'Espagne le poussa à se rapprocher géographiquement et à s'installer à Hendaye (1925) qu'il quitta en février 1930, pour rentrer dans son pays, après la chute du dictateur. Retrouvant son poste de recteur, il fut aussi député. En 1936, lorsque les troupes franquistes occupent la ville, il hésite sur le choix politique devenu nécessaire. Au cours d'une cérémonie franquiste, on lui refuse la parole. Il griffonne à la hâte sur un papier ce cri qu'il lance aux militaires : « Il est des moments où se taire c'est mentir [...] Il ne suffit pas de vaincre, il faut convaincre. » Assigné à résidence, il meurt cette même année 1936, à Salamanque. Plus que tout autre parmi les écrivains espagnols de notre siècle, Unamuno eut une influence non seulement sur la culture, mais encore sur la vie sociale et politique de son pays. Pénétré d'idées réformatrices, opposé aux institutions vieillies, écrivain fragmentaire et paradoxal, génial mais inégal, âme inquiète et inquiétante, il souleva de nombreux problèmes sans en résoudre aucun. Son œuvre en fait le type même de « l'essayiste » espagnol, incapable de systématisation, tempérament philosophique plus que philosophe et, par-dessus tout, poète. Unamuno a touché à de nombreux genres de poésie, *Le Christ de Velázquez* ; au roman, *Brouillard* (*), *Tante Tula* (*) ; et à la nouvelle, *Trois nouvelles exemplaires et Un prologue* (*) ; mais son vrai domaine est l'essai proprement dit, tel que *L'Essence de l'Espagne* (*), les *Essais* (*) et surtout *Le Sentiment tragique de la vie* (*), son œuvre essentielle. La pensée de Unamuno repose tout entière sur le contraste radical qui, pour lui, sépare « vie » et « raison », « action » et « pensée » : la raison est l'ennemie déclarée et irréductible de la vie. La raison est identité, permanence, universalité, explication logique de tout, dissolvant de l'individu dans l'universel, négatrice de ses plus profondes aspirations morales et religieuses. La vie par contre est diversité et inégalité, flot continu, individualité, foi sans cause, sans logique, ascientifique, affirmant l'existence des idéaux de l'immortalité de l'âme et de Dieu. La raison affirme que tout cela est absurde ; mais la vie répond que précisément parce que absurde, cela est vrai, c'est vrai parce que folie pour la raison. « Toute tentative d'accord et d'harmonie persistante entre la raison et la vie, entre la philosophie et la religion est impossible. Et la tragique histoire de la pensée humaine n'est autre que la lutte entre la raison et la vie. Telle est l'histoire de la philosophie, inséparable de celle de la religion. » On remarque le caractère tout « latin » du pragmatisme de Unamuno, antithétique, de ce point de vue, du pragmatisme anglo-américain. Le sien est plutôt un pragmatisme à l'envers ; une vérité est d'autant plus vraie qu'elle est plus « matériellement » inutile. Et l'on comprend que Unamuno ait choisi pour illustrer sa position les figures de Don Quichotte et Sancho Pança – v. *La Vie de Don Quichotte et de Sancho Pança* (*).

M. F. SCIACCA ET C. COUFFON.

♦ *« Quoique sa méthode ne m'attire pas, je suis le premier à admirer l'étrange attrait de sa figure, silhouette démesurée de mystique énergumène qui se dresse sur le fond sinistre et stérile de l'abrutissement péninsulaire, martelant du tronc de chêne de son moi les têtes celtibères... »* Ortega y Gasset, 1908. ♦ *« Laissant de côté la pure littérature, c'est l'esprit le plus représentatif de l'Espagne de nos jours. Il est pour son pays quelque chose de semblable à ce que fut Carlyle pour l'Angleterre et Fichte pour l'Allemagne. »* Giovanni Papini. ♦ *« Avec Unamuno, nous touchons le fond du nihilisme espagnol. »* Jean Cassou.

RÉF. : Maurice Legendre, étude in *Revue des Deux Mondes*, 1er juin 1922. – Maurice Vellis, introduction et commentaire aux *Pages choisies* de M. de Unamuno, Paris, 1923. – M. Carayon, *Unamuno et l'esprit de l'Espagne*, étude in *Revue hebdomadaire*, 1923. – Salvador de Madariaga, étude in *Europe*, 15 août 1925. – Jacques Chevalier, *Miguel de Unamuno et la civilisation moderne*, étude in *Les Lettres*, juin 1925. – Maurice Martin du Gard, *Vérités du moment*, Paris, 1928 – M. Rovera-Navarro, *Miguel de Unamuno*, Madrid, 1928. – Jean Cassou, préface à *Avant et après la révolution* de Unamuno, Paris, 1933. – Lucien-Paul Thomas, *L'Attitude spiritualiste de Unamuno*, étude in *Terres latines*, Bruxelles, avril 1937. – Julián Mariás, *Miguel de Unamuno*, Madrid, 1943 ; *Philosophes espagnols de notre temps*, Paris, 1955. – M. F. Sciacca, *La Filosofia oggi*, Milan, 1945. – A. Esclasans, *Miguel de Unamuno*, Barcelone, 1948. – Carlos Clavería, *Temas de Unamuno*, Madrid, 1952. – J. M. de Azaola, *Miguel de Unamuno et l'existentialisme*, étude in *La Vie intellectuelle*, janvier 1953. – François Meyer, *L'Ontologie de Miguel de Unamuno*, Paris, 1955. – Pierre Emmanuel, *La Théologie quichottesque de Unamuno*, étude in *Esprit*, septembre 1956. – R. M. Albérès, *Miguel de Unamuno*, Paris, 1957. – Alain Guy, *Unamuno et la Soif d'éternité*, Paris, 1964.

UNDER Marie. Poétesse estonienne, née le 27 mars 1883, à Tallinn, morte à Stockholm, le 25 septembre 1980. Fille d'un instituteur originaire de l'île d'Hiiumaa, elle est attirée très jeune par la poésie ; mais son itinéraire commence tard : avant 1914, elle publie dans *Jeune Estonie* [*Noor Eesti*], mais ce n'est véritablement qu'à partir de 1917 qu'elle rend publique sa poésie avec trois recueils presque simultanés : *Sonnets* [*Sonetid*, 1917], *Avant la floraison* [*Eelõitseng*, 1918] qui contient des poèmes écrits entre 1904 et 1913 et *La Voile bleue* [*Sinine puri*, 1918]. Ils constituent sa première période de création. Les sonnets, non conventionnels avec la puissante joie de vivre et d'aimer qu'ils expriment, ont suscité la réprobation des milieux conservateurs et l'enthousiasme des jeunes intellectuels. Cette poésie, formellement maîtrisée, est dominée par les thèmes de l'amour et de la nature et par un esthétisme néo-romantique quelque peu précieux. Puis, sous l'influence des expressionnistes allemands, la dimension sociale fait son apparition dans l'œuvre de Marie Under. L'inquiétude domine les recueils *Sang déchaîné* [*Verivalla*, 1920] et *Part d'héritage* [*Pärisosa*, 1923] : a-t-on le droit d'être heureux quand le monde souffre ? Ainsi sa poésie s'enrichit-elle de préoccupations éthiques qui annoncent sa période de maturité. Après quatre ans d'interruption paraissent ses chefs-d'œuvre : *Une voix venue de l'ombre* [*Hääl varjust*, 1927] et *Joie d'une belle journée* [*Rõõm ühest ilusast päevast*, 1928] ; deux recueils qui présentent les deux versants de l'inspiration poétique de Marie Under : la nuit, avec ses images sombres et accablées, et le jour qui éclate en poèmes chantant tout ce qui est humain. *Ténèbres du bonheur* (*) (1929) est la seule œuvre intégrant des éléments épiques. Avec *Sous le ciel plat* [*Lageda taeva all*, 1930] et surtout *Une pierre depuis mon cœur* [*Kivi südamelt*, 1935], sa poésie devient plus philosophique. *D'une bouche affligée* [*Mureliku suuga*, 1942], paru pendant la guerre, en exprime le tragique. En 1944, elle émigre en Suède où elle publie encore deux recueils, *Des étincelles dans la cendre* [*Sädemet tuhas*, 1954] et *Aux lisières* [*Ääremail*, 1963]. Ils sont dominés par la nostalgie, exprimée ou muette, de son pays natal : « Une fois encore j'aimerais retourner / Sur le chemin de mon chez moi / Dormir dans la terre patrie / Loin des larmes de mes yeux. » La langue est plus simple, plus nucléaire. Marie Under est la plus traduite des poètes estoniens.

EVA TOULOUZE.

UNDSET Sigrid. Femme de lettres norvégienne. Née à Kallundborg (Danemark) le 20 mai 1882, morte à Lillehammer (Norvège centrale) le 10 juin 1949. Elle avait à peine seize ans lorsque la mort de son père l'obligea à renoncer à ses études et à ses ambitions artistiques. Le dur travail auquel elle dut s'astreindre dans un bureau ne la découragea pas et elle trouva toujours le temps de lire, puis, bien vite, d'écrire des œuvres originales dont elle puisait les sujets dans l'observation directe de son milieu et de la ville d'Oslo. Ses premiers succès littéraires lui permirent d'abandonner son emploi et de faire un long voyage en Italie. Son roman *Jenny* (*) (1911) nous donne un écho de ce voyage et, parce qu'il est autobiographique, nous intéresse plus que les œuvres précédentes : *Madame Marta Oulie* [*Fru Marta Oulie*, 1907], *L'Âge heureux* [*Den lykkelige alder*, 1908], *Histoires de Viga-Ljot et de Vigdis* [*Fortaellingen om Viga-Ljot og Vigdis*, 1909]. Dans *Jenny* elle peint aussi ses amours avec le peintre Svarstad qu'elle épousa en 1912 et dont elle divorça en 1925, quand elle eut enfin trouvé une certitude et une raison de vivre dans la foi catholique, et qu'elle décida de rompre un lien qui n'avait plus de raison d'être pour s'adonner exclusivement à son art et à l'éducation de ses enfants. Des œuvres qu'elle composa à cette époque rappelons : *Printemps* (*) (1914), *Pauvres destins* [*Fattige skjaebner*, 1912], *L'Éclat du miroir magique* [*Splinten av Troldspeilet*, 1917], *Les Vierges sages* [*De kloge jomfruer*, 1918], œuvres de valeurs artistiques diverses mais toutes également engagées dans l'étude des problèmes de l'existence. Nous trouvons une note plus personnelle en même temps qu'une transfiguration artistique plus approfondie de la propre expérience de l'auteur dans son grand roman *Kristin Lavransdatter* (*) (1920-1922), son chef-d'œuvre, magistralement situé dans le milieu catholique du Moyen Âge norvégien. Un bref récit, *Vie, mort et miracles de saint Halvard* [*Sankt Halvards liv, død og jertegn*, 1925], précéda de peu sa conversion officielle au catholicisme. Ce livre fut suivi d'un second grand roman, *Olav Audunssoen* (*) (1925-27), dont l'intrigue se déroule dans la Norvège du XIIIe siècle, et dont le succès valut à son auteur l'attribution du prix Nobel en 1928. Sa production ultérieure fut de plus en plus liée à une conception catholique du monde ; elle comprend des essais et des écrits polémiques : *Propagande catholique* [*Katholsk propaganda*, 1927], *Étapes* [*Etapper*, 1929-1933] ; des œuvres à fond autobiographique : *Onze Années* [*Elleve aar*, 1934], *Autoportraits et Paysages* [*Selvportretter og Landskapsbilleder*, 1938] ; des livres édifiants : *Saint Olaf* [*Hellig Olav*, 1930], *Saints norvégiens* [*Norske helgener*, 1937] ; et nombre de romans situés de nos jours : *Gymnadenia* (1929), *Le Buisson ardent* [*Den braendende busk*, 1930], *Ida Elisabeth* (1932), *La Femme fidèle* [*Den trofaste hustru*, 1936] et *Madame Dorothée* (1939), resté inachevé. Ses opinions politiques étant bien connues (ses premiers articles contre l'idéologie nationale-socialiste sont de 1931), l'occupation allemande l'obligea à quitter son pays et elle n'eut plus le temps d'écrire des œuvres de longue haleine. Réfugiée en Suède, puis en Amérique, elle anima par ses écrits la résistance norvégienne, qui compte parmi ses morts un de ses fils, en même temps qu'elle travaillait à faire connaître sa patrie aux Américains. Elle rentra en Norvège à la fin de la guerre et fut décorée, à l'occasion de son soixante-cinquième anniversaire, de la grand-croix de saint Olaf. L'étude sur sainte Catherine de Sienne, à laquelle elle consacra les derniers temps de sa vie, parut à titre posthume en 1951. Son recueil *Articles et discours du temps de guerre* [*Artikler og Taler fra krigstiden*, 1952] est également posthume.

ALDA MANGHI.

RÉF. : E. Kielland, *Fem essays om moderne norsk litteratur*, Stockholm, 1929. – N. Roll Anker, *Min venn Sigrid Undset*, 1946. – Karl Jaspers, *Die Antwort an Sigrid Undset*, Constance, 1947. – A. H. Winsnes, *Sigrid Undset, a Study in Christian Realism*, tr. angl.,

New York, 1953. – N. Deschamps, *Les Femmes dans les romans de S. Undset*, Paris, 1962. – M. Gravier, *D'Ibsen à Sigrid Undset. Le féminisme et l'amour dans la littérature norvégienne, 1850-1950*, Lettres modernes, 1968.

UNGAR Hermann. Écrivain tchèque de langue allemande. Né à Boskovice, une bourgade de Moravie, alors province de l'Empire austro-hongrois, le 20 avril 1893 dans une famille de Juifs libéraux ; mort le 28 octobre 1929 à Prague. Le père, Emil, qui, après avoir hésité à devenir rabbin, a étudié le sanskrit et lit Homère et Shakespeare dans le texte, dirige une petite affaire familiale de distillerie et se fait élire bourgmestre de la communauté juive de la ville. La mère, Jeannette, née Kohn, précocement frappée de cécité alors que Hermann était encore enfant, mourra en déportation avec son fils Félix et la famille de ce dernier. Une sœur, Gerta, émigrera en Palestine où elle travaillera comme pédiatre jusqu'à sa mort en 1946. En 1903, après une formation élémentaire qui lui est dispensée par un précepteur, futur sénateur communiste de Prague, Hermann entre au lycée allemand de Brünn (Brno) où il fait de brillantes études secondaires. Déjà passionné de théâtre, il suit par ailleurs des cours de danse, de piano, et pratique assidûment le football et la gymnastique. De 1911 à 1913, des études de philosophie, de droit et d'économie le conduisent successivement dans les universités de Munich, Berlin et Prague, où il se lie d'amitié avec ses compatriotes Gustav Krojanker et Ludwig Pinner, et participe activement aux mouvements étudiants juifs, en particulier dans l'association sioniste Barissia. Engagé volontaire en août 1914, il combat trois ans sur le front russe, avant d'être blessé, médaillé et rapatrié. Pendant cette période, il écrit, sous le pseudonyme de « Sum » (Je suis), de nombreux poèmes qu'il fait parvenir à Max Brod, qui refuse de les publier, et dont il ne reste aucune trace. Ayant obtenu le titre de « docteur des deux droits », il travaille quelques mois comme stagiaire dans un cabinet d'avocat pragois, puis aux archives du ministère des Affaires étrangères de la jeune République tchécoslovaque, où il se consacre en fait à des études littéraires d'ordre privé. Ses auteurs de prédilection sont Grabbe et Dostoïevski. C'est de cette période que date son premier texte connu, un drame expressionniste intitulé *Guerre* [*Krieg*]. En 1920, il travaille comme dramaturge et acteur au théâtre de la petite ville d'Eger (actuelle Cheb). La même année, il est employé pendant six mois dans une société d'escompte et publie, sous le titre de *Enfants et Meurtriers* (*), ses deux premiers récits, « Un homme et une servante » et « Histoire d'un meurtre ». Le livre, chaleureusement accueilli par la critique, lui vaut les éloges de Thomas Mann et ceux, plus nuancés, de Stefan Zweig. En 1921, sur la proposition d'un ami du président Masaryk, Ungar part travailler à Berlin comme attaché commercial puis secrétaire de légation à l'ambassade de Tchécoslovaquie, poste qu'il occupera jusqu'à deux semaines avant sa mort. Il se marie en 1922 avec Margarete Weiss, dont il aura deux fils, et commence à publier régulièrement des nouvelles dans diverses revues ; ainsi *Le Voyage de Colbert* [*Colberts Reise*, 1922] paru en août dans la *Neue Rundschau*, où il introduit pour la première fois le personnage de Modlizki, étonnante figure satanique de valet rebelle et destructeur, qui sera au centre de sa création romanesque des années suivantes. En 1923, les éditions Rowohlt publient *Les Mutilés* [*Die Verstümmelten*]. Ungar effectue plusieurs voyages à Rome et à Florence. À Berlin, il fréquente assidûment le célèbre Romanisches Café où il fait la connaissance d'écrivains tels Joseph Roth, Ernst Toller, Arnold Zweig, Leonhard Frank, Alfred Döblin. À Prague, il s'était déjà lié d'amitié avec Ernst Weiss, Franz Werfel et Jaroslav Hasek, auquel il doit sans doute le personnage de l'oncle Bobeck, gros bourgeois repu à la jovialité débordante, qui apparaît dans plusieurs de ses romans et récits. Ses amis le décrivent alors comme un éternel collégien, volontiers caustique, peu versé dans l'abstraction, sans rien en tout cas de la noirceur et du pessimisme foncier dans lesquels baignent ses œuvres narratives. En 1924, il publie son troisième livre, *L'Assassinat du capitaine Hanika* [*Die Ermordung des Hauptmanns Hanika*], reconstitution d'un procès d'assises qui avait fait grand bruit l'année précédente en Moravie. La même année, le *Neue Freie Presse* de Vienne le désigne comme l'« écrivain le plus important de la dernière décennie ». Il adhère à l'éphémère « Groupe 1925 », groupe d'artistes et intellectuels révolutionnaires dans lequel il côtoie Toller, Roth, Döblin, Kasack et Mehring. En février 1927, il est invité à Paris par le P.E.N.-Club français à l'occasion de la publication à *La Nouvelle Revue française* (*) d'*Enfants et Meurtriers*. Il en revient enthousiasmé par les mœurs éditoriales et la vie littéraire parisiennes. *La Classe* [*Die Klasse*], parue en décembre, lui vaut une nouvelle moisson d'éloges, les critiques soulignant qu'il a atteint là la pleine maturité de son talent. En 1928, Ungar écrit *Le Général rouge* [*Der rote General*], drame de la Révolution russe inspiré par le destin de Léon Trotski, qui est créé en septembre à Berlin et recueille des critiques positives d'Alfred Kerr et Carl von Ossietsky. Le 10 octobre 1929, Ungar, qui y songeait depuis longtemps déjà, démissionne de ses fonctions diplomatiques pour se consacrer entièrement à l'écriture. Il publie sa seconde pièce, *La Tonnelle* [*Die Gartenlaube*], adaptation du *Voyage de Colbert*, qui sera créée le 12 décembre au Theater am Schiffbauerdamm de Berlin dans une mise en scène de Erich Engel. Le 28 octobre, il meurt d'une crise d'appendicite aiguë trop tardivement opérée. Il est enterré au cimetière de Malvasinka à Prague. En 1930, Rowohlt publie un volume de dix nouvelles, dont certaines totalement inédites, préfacé par Thomas Mann. L'œuvre de Hermann Ungar, totalement occultée durant le nazisme, tant dans les pays de langue allemande qu'en France (les traductions figurent pendant l'Occupation sur la fameuse « liste Otto »), ne sera redécouverte que dans les années 80.

FRANÇOIS REY.

RÉF. : D. Sudhoff, *Hermann Ungar. Leben, Werk, Wirkung*, Würzburg, 1990.

UNGARETTI Giuseppe. Poète italien. Né à Alexandrie le 8 février 1888, mort à Milan dans la nuit du 1er au 2 juin 1970. Fondateur de la poésie « hermétique » italienne du XXe siècle, Ungaretti est confronté d'emblée aux grands thèmes de l'exil, de l'errance, de la nostalgie d'une patrie perdue. Mûrie au contact des avant-gardes françaises et italiennes, son œuvre, à bien des égards révolutionnaire, noue en même temps un dialogue fécond avec la grande tradition italienne : Pétrarque, plus que Dante, Leopardi. Né en Égypte de parents lucquois, Ungaretti suit les cours de l'école suisse Jacot, participe aux réunions anarchistes de la « Baraque rouge », tenue par son ami E. Pea, se rend au Mex, où Henri et Jean-Léon Thuile possèdent une très riche bibliothèque littéraire, fréquente Cavafis et le groupe de *Grammata.* Décisives pour la naissance d'une mythologie (le temps, le désert et la mer, la quête d'une terre promise), dont l'émergence poétique est toutefois postérieure, ces années égyptiennes (1888-1912) ne laissent guère présager l'œuvre à venir. Ungaretti collabore, par des chroniques littéraires, à quelques journaux italiens d'Alexandrie. En 1912, il quitte l'Égypte : les années 1912-1921 sont marquées par deux séjours décisifs à Paris. Après un bref passage par Florence, où il rend visite à Prezzolini, directeur de *La Voce*, Ungaretti s'installe à Paris (1912-1914). Il suit les cours de Bergson, fréquente la Closerie des lilas, fait la connaissance d'Apollinaire, de Max Jacob, de Picasso. En 1914, il rencontre les futuristes italiens : Papini, Palazzeschi, Soffici. C'est la revue futuriste *Lacerba* qui publie, en 1915, ses premiers poèmes. Revenu en Italie, il passe des examens pour enseigner le français, mais il milite surtout pour l'entrée en guerre de l'Italie. En 1915, il s'engage comme simple soldat, voulant se fondre à un peuple italien jusque-là inconnu. C'est au front, à Udine, que paraît sa première plaquette, tirée à quatre-vingts exemplaires, *Le Port enseveli* (+) (1916). Le titre évoque l'ancien port d'Alexandrie, contemplé depuis la maison des frères Thuile. Ces courts poèmes de guerre, traversés par les mirages de l'Égypte perdue, rompent avec la versification et la syntaxe traditionnelles. En avril 1918, Ungaretti retrouve, avec le IIe corps d'armée italien, le front français et Paris. Il renoue ses contacts avec Apollinaire, se charge de la rédaction de *Sempre avanti...*, un journal de tranchée de haute tenue littéraire. Le poème *La Guerre* (1919), publié à Paris et en français, est dédié à Apollinaire, l'ami disparu. Journaliste, correspondant du *Popolo d'Italia,* Ungaretti est mêlé aux aventures des avant-gardes. Il rencontre Breton et Soupault, collabore à *Littérature* (*), à *L'Esprit nouveau.* Il se lie d'une amitié fraternelle à Paulhan. En 1919, il épouse Jeanne Dupoix. Cette même année paraît à Florence *Allégresse de naufrages* [*Allegria de naufragi*], son deuxième recueil de poèmes. En 1922, il quitte Paris, pour s'installer près de Rome. Mais ses rapports avec les milieux parisiens demeurent privilégiés. Il collabore à *La Nouvelle Revue française* (*), à *Commerce* (*). Pendant ses années romaines (1922-1936), Ungaretti vit, de façon précaire, d'un modeste emploi au bureau de presse du ministère des Affaires étrangères. Son fascisme instinctif, aboutissement de son nationalisme d'émigré humilié, ne lui vaut aucune faveur officielle. Il collabore à de nombreux journaux et revues. Il visite plusieurs pays d'Europe, en tant qu'envoyé de la *Gazzetta del Popolo* ; en 1931, il retourne pour la première fois en Égypte. Au plan culturel, Ungaretti participe de ce « retour à l'ordre » qui caractérise la culture italienne des années vingt. Si la première étape de sa poésie, allant du *Port enseveli* à *L'Allégresse* (+) (1931), a pu être appelée « métaphysique », c'est une époque « baroque » qu'inaugure le livre *Sentiment du temps* (+) (1936). La découverte de Rome, la dialectique de l'amour et de la mort, de l'innocence et de la mémoire, vont de pair avec la découverte de la tradition poétique italienne, l'emploi de formes et de rythmes plus classiques. En 1928, le poème « La Pitié » publié dans la *N.R.F.* avait dit le retour d'Ungaretti à la foi catholique. En 1936, il accepte l'invitation de l'université de Sao Paulo à tenir la chaire de littérature italienne. Les années brésiliennes (1936-1942) sont assombries par la mort, en 1939, de son fils Antonietto, âgé de neuf ans. En 1942, l'entrée en guerre du Brésil l'oblige à rentrer en Italie. Ungaretti est nommé académicien d'Italie et professeur de littérature italienne à l'université de Rome. Malgré une procédure visant à le révoquer, il gardera cette charge universitaire après la guerre. En 1947, *La Douleur* (+) exprime la douleur du poète et l'angoisse engendrée par la guerre. En 1949, Ungaretti réunit pour la première fois quelques-unes de ses proses dans *Le Pauvre dans la ville* [*Il povero nella città*, 1949], qui annonce le volume *À partir du désert* (*), publié en 1961. Les fragments de *La Terre promise* (+) (1950) ouvrent la troisième étape de sa poésie, caractérisée par l'errance, par une quête de la transcendance qui se nourrit de culture classique. *Un cri et des paysages* (+) (1952), *Le Carnet du vieillard* (+) (1960) et quelques autres textes viennent enrichir cette admirable œuvre poétique qu'Ungaretti a voulu appeler *Vie d'un homme* (*). Ses remarquables traductions de Mallarmé, Góngora, Racine, Saint-John Perse, Blake, Shakespeare en sont le prolongement idéal. Ungaretti continue de sillonner le monde par d'incessants voyages. En 1962, il est élu président de la Communauté européenne des écrivains. Ses quatre-vingts ans sont fêtés par le gouvernement italien. Il meurt subitement à Milan, en 1970. Ungaretti a été aussi un grand critique de poésie, comme en témoignent *Innocence et Mémoire* (1969) et les études consacrées à Pétrarque, à Leopardi, à la poésie française.

FRANÇOIS LIVI.

♦ *« Ungaretti a vécu de la manière la plus ouverte et la plus profonde le problème de la parole poétique italienne de notre siècle. »* L. Anceschi. ♦ *« Poésie* in progress *et qui, seule de son temps, parvient à profiter de la liberté qui était déjà dans l'air. »* E. Montale. ♦ *« Les poèmes d'Ungaretti " travaillent " en nous : apparemment pauvres, ils s'enrichissent dans notre réflexion et nous enrichissent* [...] *Il dit et ne dit pas, mais avec d'autant plus de force que les autres écrivains. »* G. de Robertis. ♦ *« Cette poésie épaisse et fluide à la fois, généreuse et secrète. »* Jean Lescure.

RÉF. : F. Flora, *La Poesia ermetica*, Bari, 1936. – A. Gargiulo, *Scrittori italiani del Novecento*, Florence, 1940. – L. Rebay, *Le origini della poesia di Ungaretti*, Rome, 1962. – G. Poulet, *Ungaretti, le point de départ*, in « Études sur le temps humain », Paris, 1964. – Numéro spécial *Ungaretti*, L'Herne, Paris, 1969. – L. Piccioni, *Vita di un poeta. Giuseppe Ungaretti*, Milan, 1970, rééd. 1986. – J. Amrouche, *Propos improvisés*, Paris, 1972. – G. Genot, *Sémantique du discontinu dans* L'Allegria *d'Ungaretti*, Paris, 1972. – G. Cambon, *La poesia di Ungaretti*, Turin, 1976. – C. Ossola, *Giuseppe Ungaretti*, Milan, 1975, rééd. 1982. – M. Petrucciani, *Il condizionale di Didone. Studi su Giuseppe Ungaretti*, Naples, 1985. – E. Giachery, *Nostro Ungaretti*, Rome, 1988. – *Giuseppe Ungaretti à Paris* (études réunies par F. Livi), *Revue des Études italiennes*, t. XXV, juillet-déc. 1989.

UNO Kôji (pseud. d'Uno Kôjiro). Romancier japonais. Né le 26 juillet 1891 à Fukuoka, mort à Tôkyô le 21 septembre 1961. Ayant entrepris des études d'anglais à l'université Waseda à Tôkyô, il les interrompt pour se consacrer à la création littéraire, rassemblant en un premier recueil publié, *Seijirô. L'Enfant qui rêve* [*Seijirô. Yume miru no ko*, 1913], une série de poèmes en prose à la manière romantique. Suivent quelques années d'une existence difficile, au cours desquelles il s'efforce de vivre de traductions et de littérature enfantine, avant de s'imposer à l'attention générale avec *Dans la réserve* (*) (1919) et *Monde de douleur* [*Ku no sekai*, 1919], où la narration légère et l'humour révèlent en fait, alimenté par une introspection rigoureuse, le spectacle dérisoire de la tragi-comédie humaine. Sa plume est facile (« J'éprouve en écrivant le même plaisir que si je chantais »), le style un peu bavard et la production abondante, souvent marquée, en une charge joyeuse contre les naturalistes, par l'irruption saugrenue de la fantaisie la plus débridée au sein du réel. Vient pourtant, après *La Marche de la marine* [*Gunkô kôshinkyoku*, 1927], une période de silence au cours de laquelle Uno, se remettant d'une grave maladie, ne peut plus guère écrire que des contes pour la jeunesse. En 1933, *Paysage avec arbre mort* [*Kareki no aru fûkei*] marquera donc comme une résurrection, d'autant qu'entre-temps sa manière aura subi une métamorphose profonde : autrefois égocentrique et baroque, le voici désormais qui semble rechercher au contraire une sobriété tout objective. Fondant, la même année 1933, aux côtés notamment de Kawabata Yasunari et de Kobayashi Hideo, la revue *Le Monde littéraire* [*Bungakukai*], il inaugure une activité de critique qui ne connaîtra son épanouissement ultime qu'avec une remarquable biographie d'*Akutagawa Ryûnosuke* (1948). L'après-guerre sera, comme il se doit, le moment des récompenses littéraires (prix Yomiuri 1950 pour *Fleuve de tendresse* [*Omoigawa*]) et des distinctions honorifiques (admission à l'Académie des arts, 1950) pour un écrivain qui, préoccupé de l'influence néfaste des médias, ne cessera dès lors de défendre une conception très exigeante de la littérature. On retiendra encore : *Le Prêteur d'enfant* (*) (1923), *Rêve d'un champ désolé* [*Kareno no yume*, 1933], *Histoire d'un enfant* [*Ko no raireki*, 1933], *Les gens vont, les gens viennent* [*Ningen ôrai*, 1934], *La Route du rêve* [*Yume no kayoiji*, 1936], *Vicissitudes* [*Fuchin*, 1946], et cette *Très Étrange Histoire* [*Yo ni mo fushigina monogatari*] que lui inspira en 1953 une célèbre affaire de sabotage ferroviaire.

MICHEL WASSERMAN.

UNRUH Fritz von. Dramaturge et romancier allemand. Né le 10 mai 1885 à Coblence, mort le 28 novembre 1970 à Dietz. Fils de général prussien, élevé à la célèbre École militaire de Plön en compagnie des princes de Hohenzollern, il renonça à sa carrière d'officier pour protester contre l'interdiction d'une de ses pièces de théâtre, prononcée par l'empereur Guillaume II (en 1911). Les atrocités de la guerre, en particulier de la bataille de Verdun – décrite dans l'ouvrage paru sous le tire français *Verdun* (*) que l'on place souvent en parallèle avec *Le Feu* (*) de Barbusse –, font de lui un défenseur acharné des idées pacifistes. Candidat républicain au Reichstag lors des élections de 1924, il sera exclu par les nazis de l'Académie littéraire de Prusse. Il choisit la France comme terre d'accueil. À l'arrivée des troupes allemandes, en 1940, il fuit aux États-Unis, où l'on remarque son talent de peintre. Plusieurs années après la guerre, en 1952, il tente en vain de se réinsérer dans la société ouest-allemande.

Von Unruh fut salué, au début de sa carrière, comme un « Kleist moderne », avec ses pièces sur les grandeurs et servitudes militaires : *Officiers* [*Offiziere*, 1911], *Louis-Ferdinand* [*Louis Ferdinand Prinz von Preussen*, 1913]. Il conquit la notoriété grâce à une vaste trilogie dramatique – *Une race* (*) (1918), *Place* (*) (1920), *Dietrich* (+) (écrit en France en 1936, inédit) –, modèle de théâtre expressionniste où la violence verbale et l'allégorie classique se conjuguent en une prophétie de « l'homme nouveau ». Les pièces suivantes – *Bonaparte* (1927), *Phaea* (1930), etc. –, beaucoup plus tempérées, lui fournirent l'occasion d'exprimer ses convictions humanistes et son antimilitarisme.

De l'œuvre épique de F. von Unruh se détachent le roman conçu pendant l'exil américain *Ce n'est pas encore la fin* (*), paru d'abord en traduction anglaise [*The End is not yet*, 1947], puis en allemand sous le titre *Der nie Verlor* en 1949, où l'auteur règle ses comptes avec le nazisme, ainsi que le récit autobiographique *Le Fils du général* [*Der Sohn des Generals*, 1957]. On cherchera peut-être la meilleure part de la production littéraire de F. von Unruh dans ses discours, réunis dans le volume *Votre force n'est pas dans les armes* [*Mächtig seid ihr nicht in Waffen*, 1957], dédiés « à tous les pacifistes du monde » par celui que Romain Rolland qualifia de « personnalité extraordinaire, à la fois héros, apôtre et écrivain ».

JEAN-JACQUES POLLET.

RÉF. : R. K. Goldschmit, *Fritz von Unruh*, Augsbourg, 1921. – *Fritz von Unruh zum 100 Geburstag und 15 Todestag*, éd. W. Schreiber, Coblence, 1985.

UNT Mati. Romancier et dramaturge estonien, né le 1er janvier 1944 à Voore dans la région de Tartu. Mati Unt fait partie de cette nouvelle génération d'écrivains qui ont vécu toute leur vie dans une Estonie intégrée dans l'Union soviétique et qui animent le renouveau des lettres estoniennes au début des années 60. Il compte aujourd'hui parmi les valeurs incontestées de la littérature estonienne. Diplômé de journalisme à l'université de Tartu, il a consacré l'essentiel de sa vie professionnelle au théâtre : il a travaillé d'abord au théâtre Vanemuine de Tartu, puis au théâtre des jeunes de Tallinn, où il est metteur en scène et adaptateur depuis 1975. Son œuvre littéraire est très vaste : il a attiré l'attention dès ses débuts en 1963 par un « roman naïf », d'après ses propres mots, *Adieu, chat roux !* [*Hüvasti, kollane kass*] : à peine sorti lui-même de l'école, il y dépeint sa génération et ses aspirations à définir elle-même ses relations avec le monde extérieur. C'est ainsi le thème de la jeunesse – avec sa volonté d'indépendance et les contraintes qui pèsent sur elle – qui fait irruption dans les lettres estoniennes. Mati Unt continuera à le développer dans ses œuvres suivantes *La Dette* [*Volg*, 1964], dans *La vie dans le cosmos est-elle possible ?* [*Elu võimalikkusest kosmoses*, 1967] ou encore dans *Meurtre à l'hôtel* [*Mõrv hotellis*, 1969], où il dénonce avant tout l'indifférence et la bêtise. Ses personnages appartiennent à sa propre génération ; ils sont caractérisés par leur manque d'assurance, leur fragilité dans une quête qui les met dans des situations difficiles. Unt s'attache à étudier les relations, les atmosphères, les sentiments, faisant largement appel au genre du monologue intérieur. Vers le milieu des années 70 cependant, son style connaît une évolution considérable et il se montre de plus en plus distant à l'égard de son objet. Ses personnages sont de moins en moins des « alter ego », et il se montre de plus en plus intéressé par l'histoire et ses rapports avec le présent. *Bal d'automne* (*) (1979) révèle une écriture romanesque complexe et maîtrisée. Il a également écrit pour le théâtre *Phaéton, le fils du soleil* [*Phaeton, päikese poeg*], *Répétition générale* [*Peaproov*] ou encore *L'Heure des esprits* [*Vaimude tund*, 1985]. Le théâtre a également inspiré son œuvre en prose [*Via regia*, 1975]. Unt est aussi connu pour la qualité de ses nouvelles.

EVA TOULOUZE.

UPDIKE John. Romancier, nouvelliste, dramaturge et poète américain. Né le 18 mars 1932 à Shillington, en Pennsylvanie. Devenu célèbre avec *Cœur de lièvre* (*), publié en 1960, Updike, lauréat du Pulitzer, du National Book Award et, en France, du Meilleur livre étranger, est l'un des écrivains les plus talentueux de sa génération et peut déjà être considéré comme un auteur classique dans la grande tradition du roman américain.

Updike fait ses études à Harvard, puis il passe une année en Angleterre à Oxford (1954-1955), où il se consacre au dessin et à la peinture. À son retour, il abandonne la peinture pour se dédier à la littérature. Ses premières nouvelles, réunies plus tard dans *La Même Porte* [*The Same Door*, 1959] et dans *Les Plumes du pigeon* [*Pigeon Feathers*, 1962], paraissent dans le *New Yorker*. Peu après, il quitte New York pour s'installer avec sa famille dans le Massachusetts.

Updike est le romancier des banlieues et de la petite ville américaine, ses personnages sont pris dans la grisaille de la vie quotidienne, piégés dans l'ennui de mariages routiniers, lancés à corps perdu dans des relations adultères. Updike est un observateur extrêmement lucide et précis des mœurs de la classe moyenne américaine. Mais son objectif n'est pas tant la critique sociale que la satire sociale, celle-ci n'étant elle-même que le prétexte à une prédication, à une méditation sur le mal dans la société américaine. Mais, paradoxalement, pour prêcher, Udpike se fait l'apôtre de la sexualité : la fornication, les amours adultères sont au centre de l'univers updikien, et forment l'obsession lancinante de ses personnages. La tension entre les préoccupations religieuses d'Updike et l'omniprésence du sexe – ce qui n'exclut pas une misogynie à peine voilée – constitue une des constantes de l'œuvre.

Son premier roman, *La Fête à l'asile* [*The Poorhouse Fair*, 1959], oppose Conner, le directeur de l'hospice, rationaliste et laïque, à Hook, un des pensionnaires, figure christique, qui défend les valeurs morales et religieuses traditionnelles. Le problème de la foi est encore à l'arrière-plan du second roman, *Cœur de lièvre*. Rabbit, fuyant l'ennui et la monotonie d'une vie conjugale, hanté par la mort de son bébé, ne trouve pas auprès de son pasteur le réconfort de la religion. Néanmoins Rabbit reste un idéaliste, un beatnik qui n'assume ni ses rêves ni la réalité, il garde la nostalgie de son adolescence et de vagues aspirations à l'absolu. *Le Centaure* (*) est peut-être l'œuvre la plus ambitieuse d'Updike. Par une transposition dans l'Amérique moderne du mythe de Chiron est abordé le problème de la rédemption au travers de la souffrance. Méditation d'Updike sur l'image du père, le roman raconte trois jours dans la vie d'un professeur de lycée, harcelé par ses élèves et tourmenté par son directeur, qui offre sa vie pour le salut de son fils. Dans *La Ferme* [*Of the Farm*, 1965], nouveau roman familial, Joey va présenter sa nouvelle épouse à sa mère. Cette rencontre, d'abord conflictuelle, se termine par une réconciliation entre la mère et le fils.

Avec *Couples* (1968), Updike change de perspective et se fait le chroniqueur de la petite ville américaine. C'est l'ère de la liberté sexuelle et du « libre-échange ». Si le narrateur semble, tel un prédicateur puritain, condamner le péché de la chair, pour Piet, le héros, cette sexualité débridée, bien loin d'être en contradiction avec le christianisme, en est son accomplissement. La quête du salut, la grâce, passe par l'accouplement. *Bech voyage* [*Bech : A Book*, 1970] offre un autre registre du talent de Updike. C'est, à travers le récit des aventures d'un romancier juif américain en Europe, un livre sur la condition de l'écrivain. Ce sujet sera repris dans *Bech est de retour* [*Bech is Back*, 1983].

Avec *Rabbit rattrapé* [*Rabbit Redux*, 1971], on retrouve le héros de *Cœur de lièvre*. Il est revenu au foyer mais, abandonné par sa femme, il découvre auprès de Jill, une hippie à la sexualité libérée, et de Skeeter, le Noir vendeur de drogue, l'autre face de l'Amérique. Dans *Un mois de dimanches* (*) (1975), le pasteur Marshfield, qui prône et pratique allègrement l'adultère, se voit contraint par ses supérieurs de raconter ses expériences. *Épouse-moi* (1976), autre roman sur l'adultère, est le portrait d'un homme marié qui ne veut renoncer ni à sa femme ni à sa maîtresse.

Quant au *Putsch* [*The Coup*, 1979], c'est une œuvre très particulière, à la fois roman politique sur l'Afrique et récit parodique d'une quête. Updike décrit admirablement l'enjeu que représentent les pays africains, pris entre l'idéologie marxiste, l'islam et le rêve américain.

Rabbit est riche [*Rabbit is rich*, 1982] marque l'accession de Rabbit à l'honorabilité. Il est installé dans une petite ville de Pennsylvanie, enlisé dans le confort et la respectabilité, mais troublé parfois par de vagues aspirations. C'est encore dans une petite ville que se situe l'action des *Sorcières d'Eastwick* (*) (1984), roman qui met en scène trois jeunes femmes divorcées, dont les amants connaissent une fin tragique, et qui se partagent les faveurs d'un personnage mystérieux, incarnation du diable. C'est une œuvre dans la tradition du roman gothique où Updike cligne de l'œil vers Lovecraft et poursuit sa méditation sur le mal. Avec *Ce que pensait Roger* [*Roger's Version*, 1986], nous restons dans l'univers updikien de l'assouvissement des désirs charnels et des interrogations sur le profane et le sacré. *Rabbit au repos* [*Rabbit at Rest*, 1990], le dernier roman d'une tétralogie, met un point final à la carrière de Rabbit. Ce personnage banal, apeuré, misogyne, tiraillé par sa sexualité, accroché à la pureté et à l'innocence de l'enfance, est peut-être la plus grande contribution d'Updike à la littérature américaine : il a sa place, avec Huckleberry Finn et William Holden Caulfield, dans l'imaginaire américain.

CLAUDE LÉVY.

RÉF. : Cyrille Arnavon, *Les romans de John Updike*, in *Europe*, n° 446, 1966. – André Le Vot, « Le petit monde de John Updike », in *Les Langues Modernes*, janvier 1968. – Philip Vaughan, *John Updike's Images of America*, Reseda, 1981. – Elizabeth Tallent, *John Updike's Erotic Heroes*, Creative Arts, 1982. – Robert Detweiler, *John Updike*, Twayne, 1984.

UPPDAL Kristofer. Poète et romancier norvégien. Né le 19 février 1878 à Beitstad, mort le 16 décembre 1961 à Oppdal. Son père, d'origine paysanne, s'était installé comme roulier dans la petite ville de Steinkjaer ; on retrouvera dans l'œuvre d'Uppdal le conflit entre le sédentaire et le nomade, entre la sécurité et la liberté. À part une ou deux saisons dans une « Haute école populaire », il mena pendant douze ans la vie vagabonde du poseur de rails, puis il fut mineur et ouvrier jusqu'en 1910. Deux recueils de poèmes, *Jeune Chagrin* [*Ung sorg*] et *Poème* [*Kvaede*], parurent en 1905, mais il fallut attendre *Oiseaux sauvages* [*Villfuglar*, 1909] pour que son originalité se manifeste avec l'entrée en scène du poseur de rails, personnage qui occupera le centre de son grand cycle romanesque, *La Danse à travers les demeures des ombres* (*) (1910-1924), dont les volumes sont d'ailleurs sans cesse remaniés. Il n'abandonne pas pour autant la poésie. Les poèmes de jeunesse sont rassemblés dans *Amour* [*Elsklug*, 1919] et *Le Feu de l'autel* [*Altarelden*, 1920], ceux de la vieillesse dans la trilogie *Le Culte* [*Kulten*, 1947], sorte de grand sermon poético-philosophique. Kristofer Uppdal écrit avec un sens natif de sa langue, qui est largement influencée par le dialecte de sa province natale, le « tröndelag ».

URFÉ Honoré d'. Écrivain français. Né à Marseille le 10 février 1567 ; mort à Villefranche-sur-Mer près de Nice le 1er juin 1625. Issu d'une excellente famille du Forez par son père, apparenté par sa mère à la maison ducale de Savoie, neveu du gouverneur de la Provence, Honoré d'Urfé fut élevé au château de La Bastie en Forez, puis à Paris au collège de jésuites de Tournon, et fait profession dans l'ordre de Malte en 1581. C'est à La Bastie, semble-t-il, et dès 1584, qu'il commença à écrire le roman qui devait faire sa gloire, *L'Astrée où par plusieurs histoires et sous personnages de bergers et autres sont déduits les divers effets d'une honnête amitié* (*). Cette longue épopée amoureuse, nous en avons la confidence de l'auteur, « n'est véritablement que l'histoire de sa jeunesse ». Le jeune Honoré s'était en effet épris de sa belle-sœur, Diane de Châteaumorand, la femme de son frère aîné, Anne d'Urfé, qu'il devait épouser en 1600 — cette union ne fut d'ailleurs pas heureuse et les époux se séparèrent en 1614. Mais d'Urfé fut aussi un homme d'action et même un homme de guerre. Ayant pris très tôt parti pour la Ligue, il demeura fidèle, même lorsque celle-ci fut vaincue, au duc de Nemours. Arrêté deux fois, d'Urfé dut quitter le sol français et se réfugia en Savoie en 1595. C'est là qu'il écrivit *Siréine*, poème pastoral publié en 1604, allégorie de son unique amour, et des *Épîtres morales* (1598-1608) où, une fois de plus, avec beaucoup d'érudition mais dans un style assez embarrassé, il défend la théorie platonicienne de l'amour. Entré au service de son parent le duc de Savoie, d'Urfé participa à plusieurs campagnes militaires et vécut tantôt en Savoie, tantôt dans son pays natal, en Forez. En Savoie, il fréquentait saint François de Sales et Jean-Pierre Camus, ses amis. Il compose vers 1606 une épopée à la gloire de la maison de Savoie, *La Savoysiade*, qui restera inachevée. Il périt au cours d'une attaque des troupes du duc de Savoie contre l'armée de la république de Gênes, à Villefranche-sur-Mer. Outre qu'il est le premier de nos romanciers classiques, d'Urfé a exercé une influence profonde sur les mœurs fort rudes encore de son temps, il les a polies en exaltant une délicatesse de sentiments toute nouvelle alors. *L'Astrée*, dont la première partie avait vu le jour en 1607, ne fut complète qu'en 1627, année où paraît sa pastorale, *La Sylvanire*, après la mort de l'auteur.

RÉF. : O.-C. Reure, *La Vie et les œuvres d'Honoré d'Urfé*, Paris, 1910. — M. Magendie, *Du nouveau sur L'Astrée*, Paris, 1927 ; *L'Astrée d'Honoré d'Urfé*, Paris, 1929 ; *Le Roman français au XVIIe s., de L'Astrée au Grand Cyrus*, 1932. — J. Ehrmann, *Un paradis désespéré*, Paris, 1963. — *Colloque commémoratif du quatrième centenaire de la naissance d'Honoré d'Urfé, Bulletin de la Diana*, 1970. — M. Gaume, *Les Inspirations et les sources de l'œuvre d'Honoré d'Urfé*, Univ. Saint-Étienne, 1977. — L. K. Horowitz, *Urfé*, 1984. — M. Cuénin, *L'Idéologie amoureuse en France (1540-1627)*, Paris, 1987.

USĀMA IBN MUNQIDH. Homme de guerre, lettré et mémorialiste arabe. Né au château de Shayzar (Syrie centrale) le 4 juillet 1095, mort à Damas en 1188. Son enfance et sa jeunesse se déroulèrent au château familial, où il reçut une bonne formation littéraire tout en s'initiant au métier des armes dans d'innombrables batailles et escarmouches contre les principautés voisines, tant croisées que musulmanes. En 1130, ses relations difficiles avec son oncle paternel, Sulṭān ibn Munqidh, le chef du clan, l'obligèrent à s'exiler et à mener une vie de soldat de fortune. Il servit plusieurs princes indépendants de la région, effectuant notamment une longue mission diplomatique à Jérusalem auprès de Foulques V d'Anjou (1140-43) ; il eut ainsi l'occasion d'observer de plus près les coutumes des « Francs », et de se lier avec plusieurs d'entre eux, notamment les Templiers, dont il souligne la tolérance et la courtoisie. Étant passé en Égypte en 1144, il se trouva ruiné lors d'une révolution de palais et dut s'enfuir, laissant derrière lui tous ses biens, et remettant, selon l'usage, sa famille à la protection du chef de la faction adverse. Ayant regagné la Syrie en 1154, il participa, en dépit de son âge avancé (il avait dépassé la soixantaine), à plusieurs campagnes militaires au côté de Nūr al-Dīn, le nouvel « homme fort » de la région. En 1164, il se retira à Ḥiṣn Kayfā, en Haute-Mésopotamie, auprès du prince turc Qarā Arslān ; dans cette petite cour de province, sa réputation de bravoure, son expérience du monde et son goût des belles-lettres lui valurent d'importants succès. Rappelé en 1174 à Damas par Salāḥ al-Dīn (Saladin), qui venait de se rendre maître de l'Égypte et de la Syrie, il y passa ses dernières années. Traité avec déférence par le nouveau souverain, qui sollicitait volontiers ses conseils, Usāma fréquenta les milieux lettrés de la ville jusqu'à ce que les infirmités de la vieillesse l'obligent à se retirer du monde. Il s'éteignit à l'âge de quatre-vingt-treize ans, peu après la victoire de Ḥaṭṭīn (1187), qui marqua la reconquête de Jérusalem par les musulmans. Outre son recueil de souvenirs, intitulé *Des enseignements de la vie* (*), qui restitue avec une vivacité remarquable l'atmosphère et les mentalités de l'époque des croisades, il a composé plusieurs ouvrages d'une facture plus académique, parmi lesquels on peut citer un traité de rhétorique, le *Traité des ornements du discours* [*Kitāb al-Badī'*], ainsi qu'un recueil de poèmes.

JEAN-PATRICK GUILLAUME.

USLAR PIETRI Arturo. Essayiste et romancier vénézuélien. Né le 16 mai 1906 à Caracas. Sa trajectoire — outre son travail littéraire — est essentiellement politique. Docteur en sciences politiques en 1929, il est ministre de l'Éducation en 1939, secrétaire du président de la République de 1941 à 1943 et de 1944 à 1945, et même candidat à la présidence en 1963. Il est directeur du journal *El Nacional* et délégué du Venezuela à l'Unesco. Uslar Pietri est avant tout un romancier historique. Après *Barrabas et Autres récits* [*Barrabás y otros relatos*, 1928], il publie *Les Lances rouges* (*) (1931), qui retracent l'épopée des guerres d'indépendance. En 1949 paraissent *Trente hommes et leurs ombres* [*Treinta hombres y sus sombras*]. L'auteur avait auparavant publié l'une de ses œuvres majeures, *Le Chemin d'El Dorado* (*) (1947) qui raconte l'histoire du conquistador dément, Lope de Aguirre. Après *La Saison des masques* [*Estación de máscaras*, 1964], Uslar Pietri a publié en 1976 *Métier de défunts* [*Oficio de Difuntos*], qui s'inscrit dans la lignée des romans latino-américains consacrés aux dictateurs : l'auteur évoque ici un caudillo local, comme le Venezuela en a connu de nombreux depuis l'indépendance. Il faut enfin mentionner l'œuvre critique de cet écrivain, qui en fait l'un des essayistes les plus renommés du Continent : *Lettres et hommes du Venezuela* [*Letras y hombres de Venezuela*, 1948], *Petite histoire du roman hispano-américain* [*Brave historia de la novela hispanoamericana*, 1954], *À la recherche du Nouveau-Monde* [*En busca del Nuevo Mundo*, 1969]. Il créa le terme « réalisme magique » pour caractériser une des tendances modernes du roman latino-américain.

V

VACHÉ Jacques. « Pohète » français. Né le 7 septembre 1895 à Lorient (Morbihan), mort le 6 janvier 1919 à Nantes. Blessé de guerre, il entre à l'hôpital de Nantes où André Breton est mobilisé. Jacques Vaché le subjugue très vite par un comportement qu'André Breton définit comme « un parti pris d'indifférence totale, au souci près de ne servir à rien ou plus exactement de *desservir* avec application » et par sa conception de l'umour « selon l'orthographe inspirée à laquelle il recourt, l'umour qui va prendre avec lui un caractère initiatique et dogmatique ». Fortement marqué par Jarry, Jacques Vaché définit l'umour – v. ses *Lettres de guerre* (*) (1919) – comme une sensation [...] de l'« inutilité théâtrale (et sans joie) de tout », ce qui implique une condamnation générale de la littérature et de l'art. Position dadaïsante avant la lettre car, à en croire André Breton, Jacques Vaché ignora Dada. Le doute subsiste à cet égard car un texte poétique, *Blanche Acétylène,* et un début de nouvelle, *Le Sanglant Symbole,* laissent percer une influence dadaïste. Doute encore sur la cause de sa mort : suicide ou accident consécutif à une trop forte absorption d'opium ?

RÉF. : A. et O. Virmaux, *Cravan, Vaché, Rigaut,* Mézière-sur-Issoire (Haute-Vienne), 1983. – M. Carassou, *Jacques Vaché et le groupe de Nantes,* Paris, 1986.

VACULÍK Ludvík. Écrivain et journaliste tchèque. Né le 23 juillet 1926 à Brumov, en Moravie. Apprenti puis ouvrier dans les usines Bata, il poursuit ses études à l'Académie du commerce ; en 1946, il entre au parti communiste et s'inscrit aux Hautes études politiques et sociales. Journaliste indépendant, il rédige, en 1968, peu de temps avant l'invasion de la Tchécoslovaquie, le manifeste « Deux mille mots » qui déclenchera une vaste mobilisation en faveur d'une démocratisation de la vie sociale et politique. Exclu du parti et interdit de publication, il devient l'un des principaux animateurs de l'opposition politique et culturelle durant la « normalisation » ; il lance, entre autres, la première collection de samizdats en Tchécoslovaquie. C'est son second livre, *La Hache* (*) (1966), d'inspiration autobiographique, qui assura à Vaculík la notoriété littéraire. À partir des souvenirs du narrateur, le récit combine des descriptions minutieuses et des gros plans de la Tchécoslovaquie des années 60 – où les lendemains ne chantent toujours pas – avec des passages lyriques, le tout entrecoupé par les lettres du père, mort quelques années plus tôt. Dans *Les Cobayes* (*), publiés en 1970, en samizdat, le plus romanesque des textes de Vaculík, le héros, petit employé de banque, s'adonne à des réflexions à la fois habiles et perverses, qu'il note soigneusement dans son journal secret ; le caractère morbide des pensées de ce monsieur Tout-le-monde s'affirmant, le récit devient de plus en plus ambigu, pour finalement basculer dans le surnaturel. Dans *La Clef des songes* (*), publiée en 1980 en samizdat, Vaculík revient au procédé technique employé dans *La Hache,* entremêlant fiction et documentaire. À mi-chemin entre chronique et roman, *La Clef des songes,* qui se présente comme un « journal », réunit les notes de l'auteur relatives au milieu de l'opposition à la fin des années 70. L'ouvrage fait état du côté non spectaculaire de la dissidence, évoluant en vase clos, de l'organisation (presque de routine) d'une pétition à l'interrogatoire (presque banal) dans les locaux de la police. À travers l'accumulation inlassable de détails, Vaculík cherche à donner une image globale de la vie sous l'oppression, telle qu'elle se révèle chaque jour. La caractéristique essentielle de l'œuvre de Vaculík (et son originalité par rapport à ses contemporains) réside dans l'individualisme avec lequel le romancier aborde les thèmes « collectifs », et dans son point de vue essentiellement traditionaliste, accompagné d'une contestation souvent acerbe de l'autorité, qu'elle soit morale ou politique.

OLGA SPILAR.

VAILLAND Roger. Écrivain français. Né à Acy-en-Multien (Oise) le 16 octobre 1907, mort à Meillonnas (Ain) le 12 mai 1965. On peut reprendre, pour définir les moments essentiels de son existence, ce qu'il en dit lui-même : « En vérité, la vie ne m'apparaissait digne d'être vécue que dans la mesure où je parviendrais à la constituer en une succession de saisons si bien enchaînées qu'il ne resterait plus la moindre place pour la "vie quotidienne". »

Son enfance et son adolescence forment, en ce sens, une avant-saison. Il commence ses études primaires à Paris puis entre au lycée Henri-IV. Son père, architecte, s'installe à Reims. Roger Vailland s'y sent seul. Il cherche à tremper son caractère, apprend la géométrie pour se défaire de sa croyance en Dieu (alors qu'il était chrétien et scrupuleux), goûte à la boxe, à la poésie, à la drogue, le tout pour échapper à une société avec laquelle il est en désaccord. Au lycée de Reims, il se lie avec René Daumal, Roger Gilbert-Lecomte et Pierre Minet. En 1925, il prépare l'École normale supérieure mais ne se présente pas au concours. Il passe une licence de philosophie.

La première saison véritable dans l'existence de Roger Vailland commence avec la création en 1928 de la revue *Le Grand Jeu* (*) qui groupe ses amis du lycée de Reims. Voici ce que dit de cette époque Claude Roy qui fut l'ami de Roger Vailland : « Petite secte hérétique ou marginale du mouvement surréaliste, société initiatique... *Le Grand Jeu,* en lui-même, sera une très brève aventure, mais extrêmement typique du mouvement central des idées de l'intelligentsia d'Europe occidentale au lendemain de la Première Guerre mondiale... Trois grandes voies utopiques de l'esprit humain convergent dans leur groupe, s'y nouent, s'y contredisent ou s'y déchirent. *Le Grand Jeu* est un creuset en fusion, où la poésie, les religions, les "paradis artificiels" et l'esprit révolutionnaire se fondent, se brouillent, se mêlent... » L'expérience du *Grand Jeu* durera un an. Quand il en sort, Roger Vailland fait le serment de « ne jamais abdiquer au profit d'aucune foi ». Il cherche refuge, pour combler le vide de l'entre-deux-guerres, dans l'opium puis dans l'amour fou. Exclu du groupe surréaliste pour avoir rédigé dans *Paris Soir,* où il est journaliste, un entrefilet élogieux pour le préfet de police Chiappe, il partage son temps entre les grands reportages (Balkans, Proche-Orient, Abyssinie) et la vie nocturne de Montparnasse.

Nouvelle saison avec son engagement dans la Résistance à la fin de 1942. Il se fait encore une trop haute idée de l'œuvre écrite pour oser s'y risquer. Au printemps 1944, il perd le contact avec son réseau et s'enferme à la campagne, à Chavannes (Ain), où il écrit *Drôle de jeu* (*) qui obtient le prix Interallié en 1945. Il rêve d'être à la fois Saint-Just et Valmont, de concilier les personnages les plus contradictoires.

Troisième saison : la passion politique. Il s'inscrit au parti communiste en 1952. Auparavant et jusqu'en 1956, il va écrire ses meilleurs romans : *Les Mauvais Coups* (*) (1948), *Bon pied bon œil* (*) (1950), *Un jeune homme seul* (*) (1951), *Beau masque* (*) (1954), *325 000 francs* (*) (1955) et un essai, *Laclos par lui-même* (1953). Après le XXe Congrès du parti communiste soviétique et le soulèvement de Budapest, Roger Vailland reprend sa liberté. Il écrit *La Loi* (*) qui obtient le prix Goncourt en 1957. Il rencontre celle qui va devenir sa femme. Il travaille beaucoup à Meillonnas où il s'est retiré. Il fait paraître un roman, *La Fête* (*) (1960), un recueil d'études et d'articles, *Le Regard froid* (*) (1963), qui contient notamment son « Éloge du cardinal de Bernis », puis un dernier roman, *La Truite* (*) (1964).

L'œuvre proprement romanesque de Roger Vailland semble s'estomper derrière ses écrits intimes qui permettent de cerner les traits d'une sorte de héros de son temps. On le voit soucieux de mieux se connaître, de se former. « Je me crée peu à peu », écrit-il à sa sœur en 1944. « ... Je suis convaincu qu'un certain équilibre dans le développement des facultés mentales et physiques apporte le plus grand bonheur possible, tant pour l'individu que pour la collectivité. » C'est dans *Un jeune homme seul* que se font jour son enfance et son adolescence avec sa révolte contre une famille contraignante et déjà son goût avoué pour le bonheur. *Drôle de jeu* apporte la réponse à la question que se posait Roger Vailland adolescent : il est possible de sortir des idées reçues à sa naissance, d'accepter les plaisirs avec naturel, de transformer en éthique la désinvolture et l'insolence.

Adversaire décidé de la notion de « sacré » à quoi il rattache l'amour fou, cher à André Breton, il se veut libertin, c'est-à-dire esprit libre *(Les Mauvais Coups),* capable à l'occasion d'obéir à un impératif politique *(Bon pied bon œil)* et d'exalter un type d'homme nouveau, le militant communiste. *Beau masque,* considéré comme le chef-d'œuvre du roman « syndical », et *325 000 francs*, qui porte sur la condition ouvrière, témoignent de son ouverture sur le monde des travailleurs. La révélation des crimes staliniens provoque chez lui une crise qui se reflète dans *La Fête.* Il en sortira en écrivant *La Loi.* Désormais, Roger Vailland a éliminé tous les tabous. La chasse au bonheur est son seul espoir. L'amour est un plaisir temporaire mais soumis à la volonté des partenaires. Par là, il intéresse le fond même de l'homme.

GUY LE CLEC'H.

♦ *« Par l'allure du style, l'aigu de la démarche analytique, l'allégresse de l'imagination fortement contrôlée par la mémoire, et par l'œil, Roger Vailland est l'écrivain le plus clair qui soit. »* Claude Roy. ♦ *« Vailland ne cesse d'expliquer le texte de sa vie, le texte de notre époque. »* François Bott. ♦ *« Il est curieux de voir que l'un des très rares écrivains marxistes français oppose à la conception communiste de l'écrivain engagé... l'idéal, complexe et difficile, d'un jeu supérieur, où l'ardeur de l'action est constamment tempérée par le plaisir de se regarder agir. »* Dominique Fernandez.

RÉF. : F. Bott, *Les Saisons de Roger Vailland,* Paris, 1969. – J.-J. Brochier, *Roger Vailland,* Paris 1969. – J. Recanati, *Vailland, esquisse pour la psychanalyse d'un libertin,* Paris, 1971. – M. Picard, *Libertinage et tragique dans l'œuvre de Roger Vailland,* Paris, 1972. – R. Ballet et E. Vailland, *Roger Vailland,* Paris, 1973. – J. E. Flower, *Vailland, the Man and his Masters,* Londres, 1975. – J.-P. Tusseau, *Vailland,* Paris, 1976. – E. Vailland et Ph. Garbit, *Drôle de vie,* Paris, 1984. – J.-A. Mac Natt, *The Novels of Vailland,* New York, 1986. – Ch. Petr, *Le Devenir écrivain de Vailland, 1944-1955,* Paris/Lille, 1988.

VAJDA János. Journaliste et poète hongrois. Né et mort à Pest (7 mai 1827-17 janvier 1897). Sa famille le destinait à une carrière ecclésiastique lorsque, quittant prématurément l'école, il préféra courir les routes avec une troupe de comédiens ambulants. Éprouvé par une année de vagabondage et de misère, il occupera pendant quelque temps un emploi de fonctionnaire, sans parvenir à se satisfaire d'une vie rangée. Sa jeunesse, son physique vigoureux et séduisant lui valent d'être adopté par le cercle des amis de Petöfi, à Budapest. Avec eux, il fréquente le café Pilvax, s'enthousiasme pour les Français, Napoléon, les idées et le lyrisme de Petöfi. En 1855, il publie *Le Prince Bela* [*Béla királyfi*], et un recueil de vers, *Poèmes* [*Költemények*]. En 1857, il fonde un journal féminin : *Le Monde des femmes* [*Nővilág*]. En 1860, il donne un nouveau recueil de poèmes, *Cris d'alarme* [*Vészhangok*], et coup sur coup, en 1862, deux pamphlets politiques : *Critique de soi-même* [*Önbirálat*], et *Civilisation* [*Polgárosodás*]. Cependant, Vajda n'atteint pas à la notoriété et connaît des années difficiles. C'est pourtant au cours de cette période qu'il mûrit les traits caractéristiques de sa personnalité. Échappant au cadre poétique de la « chanson populaire », hérité de Petöfi, il se forge un idéal féminin qui devient le thème central de son œuvre : ce type de femme fatale, il le trouve en Gina, petite-bourgeoise ambitieuse et coquette, qui préfère de riches amants à un poète encore obscur. Cette passion inspire à Vajda des accents baudelairiens.

Mais ce lyrisme où la soif de grandeur le dispute au goût de la mort rebute le grand public. Déjà enclin au pessimisme, Vajda, sous les coups du sort, glisse vers la misanthropie : l'isolement que lui avaient valu ses pamphlets politiques de 1862, la perte de son poste de rédacteur, la mort accidentelle de ses parents, sa passion malheureuse pour Gina, une maladie ophtalmique, tout concourt à le confirmer dans son désespoir et son mépris d'un monde qu'il estime « raté ». Cette destinée éminemment « romantique » renforce le caractère subjectif de son lyrisme. L'inspiration autobiographique des *Nouvelles poésies* [*Ujabb Költemények,* 1867] devient une confession à peine voilée dans *Le Roman d'Alfred* [*Alfred regenye,* 1875], roman en vers dans le goût de Byron, où il relate, sous forme de rêve, ses amours avec Gina. De même, un second roman en vers, *Les Rencontres* [*Talalkozasok,* 1875], dépeint les amours malheureuses d'Andor et Leona. En 1880, Vajda, quinquagénaire, épouse une jeune fille dont le type lui rappelle celui de Gina. Au cours de cette union qui ne durera que quinze mois, le poète, jaloux, en arrive à menacer sa femme d'un revolver. Cependant, sur le plan littéraire, l'audience de Vajda s'élargit ; devant l'admiration que lui portent les jeunes poètes, la critique se fait moins dure. Il publie des nouvelles en vers, à thèmes populaires : *Récits* [*Elbeszélések,* 1881] et, la même année, ses *Poésies complètes* [*Összes Költeményei*] en deux volumes, suivies, en 1895, d'une dernière édition, *Poésies* (*). Pauvre, aigri, il meurt alors que l'État s'apprêtait à lui verser une pension. La vie de Vajda, comme son œuvre, reflètent les contradictions qui furent celles de tous les romantiques. Si, par la forme, son œuvre peut sembler attardée, elle a néanmoins, dans ses thèses et son esprit, frayé la voie au symbolisme magyar, à telle enseigne que Vajda apparaît aujourd'hui comme le précurseur d'Ady. Rappelons encore de lui : *Ildikó* (1857), *Le Fils du roi* [*Bela kiralyfi,* 1860] et *Les Chansons de Gina* [*Gina dalok,* 1860].

RÉF. : G. Kerekes, *Vajda János élete és munkásja,* Budapest, 1901. – M. Bródy, *Vajda J.,* Budapest, 1904. – Kont, *La Poésie hongroise de 1850 à 1900* in *L'Europe politique et littéraire,* Paris, 1906. – M. Rubinyi, *Vajda J.,* Budapest, 1922. – L. Kély, *Vajda J.,* Budapest, 1927. – J. Hankiss et G. Juhász, *Panorama de la littérature hongroise contemporaine,* Paris, 1930. – L. Boka, *Vajda,* Budapest, 1941. – A. Komlós, *János Vajda,* Budapest, 1954, 2e éd., 1984. – K. Széles, *János Vajda,* Budapest, 1982.

VALAORITIS Aristotelès. Poète grec. Né à Leucade, alors sous protectorat anglais, le 2 août 1824, mort à Maduri, le 24 juillet 1879. Il fit ses premières études à l'Académie ionienne de Corfou, fut envoyé ensuite en Italie et en Suisse, il acheva ses études secondaires à Genève et obtint son doctorat à Pise en 1848. Puis il se plut à faire de longs voyages à pied tandis que son humeur batailleuse l'entraînait dans maintes aventures. La révolte des peuples qui aspiraient à la liberté l'enthousiasmant, Valaoritis vint en Hongrie offrir son aide aux Magyars soulevés. En 1854, on le trouve fomentant une insurrection en Épire, malgré la menace que fait peser le protectorat anglais, ce qui l'obligea à s'éloigner des îles Ioniennes. Valaoritis fut élu membre du parlement des Sept-Îles en 1857 et adhéra au parti radical (pour la réunion à la Grèce). C'est alors qu'il publia un volume de souvenirs qui fonda immédiatement sa renommée. Consacré poète national, il publia en 1859 *Madame Frosine* [*Kyrá Phrosyne*]. Mais l'action politique interrompit l'œuvre poétique. Élu député de Leucade au parlement grec (1864), il prit la parole au nom de tous les habitants des îles Ioniennes pour marquer le grand événement qu'était la réunion à la Grèce. Il publia en 1867 *Athanase Diakos* (*). En 1868, son état de santé l'obligea à renoncer à toute activité politique et il se retira dans la petite île de Maduri, près des côtes de Leucade, où il possédait un bien de famille. C'est là qu'il mourut, laissant inachevé son *Photinos*, que les critiques considèrent comme la meilleure expression de son art.

RÉF. : E. Roïdis, *A. Valaoritis*, Athènes, 1879. – P. A. Sakellarios, Introduction aux *Œuvres* de Valaoritis, Athènes, 1907. – P. Nirvanas, *A. Valaoritis*, Athènes, 1916. – L. Roussem, *A. Valaoritis considéré comme traducteur*, Paris, 1922. – K. Palamas, *A. Valaoritis*, Athènes, 1925. – Aristos Kambanis, *Historia tès néas hellénikes logoteknias*, Athènes, 1948. – P. Kavvadias, étude in *È Ekotoï Ionioï*, 1949.

VALDÉS Alfonso de. Écrivain espagnol. Né vraisemblablement à Cuenca (Nouvelle-Castille) en 1490, mort à Vienne le 3 octobre 1532. Disciple d'Érasme, frère de Juan de Valdés, auteur du fameux *Dialogue sur le langage* (*), érasmien lui aussi. Comme cadet de famille noble, il suivit la cour d'Espagne dans tous ses déplacements, fut à divers moments à Plaisance, Bologne, Mantoue, Innsbruck et Augsbourg. Attaché à la personne de Charles Quint dont il devint, en 1526, latiniste officiel, dirigeant le bureau des relations avec Rome et le reste de l'Italie, c'est-à-dire, en fait, secrétaire de l'empereur. Dès 1527, son influence à la Cour était déjà grande ; cependant, depuis 1525, il s'était lié avec Érasme de Rotterdam ; leur amitié, uniquement épistolaire, n'en fut pas moins très étroite. C'est chez Érasme qu'Alfonso de Valdés trouva les éléments spirituels qui lui permirent de fixer sa position en confrontant sa doctrine avec la Réforme, l'Église catholique, et, en conséquence, avec la politique impériale. Ses propositions nettement érasmiennes furent dénoncées à la Sainte-Inquisition en 1527, mais, en 1529, le pape Clément VII l'absolvait entièrement. Valdés mourut de la peste à Vienne. Il a écrit deux ouvrages importants : *Dialogue sur les événements de Rome* (*) et *Dialogue de Mercure et Charon* [*Diálogo de Mercurio y Carón*], apologie de Charles Quint et satire des mœurs de l'époque à la manière de Lucien.

RÉF. : E. Bœhmer, *Spanish Reformers*, Strasbourg-Londres, 1874. – F. Caballero, *Alfonso y Juan de Valdés*, Madrid, 1875. – M. Bataillon, *Érasme et l'Espagne*, Paris, 1937.

VALDÉS Juan de. Écrivain espagnol. Né à Cuenca (Nouvelle-Castille) vers la fin du XVe siècle ou au début du XVIe, mort à Naples au cours de l'été de 1541. Frère d'Alfonso de Valdés, il entra au service du marquis de Villena, puis se rendit à l'université d'Alcalá de Hénarès pour étudier le grec. En 1529, il publiait le *Dialogue de la doctrine chrétienne* [*Doctrina cristiana*], d'inspiration érasmienne, qui, déféré à l'Inquisition, ne fut pas condamné par celle-ci. Juan de Valdés alla plus tard en Italie ; en 1531, il est à Rome en qualité de gentilhomme de Clément VII, l'année suivante à Mantoue et Bologne, à la cour de Charles Quint qui le nomme archiviste du royaume de Naples, poste qu'il n'occupa jamais. Nous le trouvons à Naples en 1535 comme observateur politique du gouvernement impérial. De 1537 à 1541, année où il mourut à Naples, nous ne savons que peu de chose de lui. Valdés écrivit à Naples le précieux *Dialogue sur le langage* (*) (1535), l'une des œuvres capitales concernant l'histoire de la langue espagnole. La plupart de ses écrits théologiques sont aujourd'hui perdus. *L'Alphabet chrétien* (*) (1545) et la plus grande partie des *Cent dix considérations* [*Ciento diez consideraciones divines*, 1550] ne nous sont parvenus que dans la traduction italienne.

RÉF. : B. Witten, *Life and Writing of Juan de Valdés*, Londres, 1865. – E. Bœhmer, *Spanish Reformers*, Strasbourg-Londres, 1874. – F. Caballero, *Alfonso y Juan de Valdés*, Madrid, 1875. – H. Heep, *Juan de Valdés*, Leipzig, 1909. – P. Miguélez, *Sobre el verdadero autor del « Diálogo de la lengua »*, Madrid, 1918. – E. Cione, *Juan de Valdés, la sua vita e il suo pensiero*, Bari, 1938.

VALENTE José Angel. Poète espagnol. Né à Orense (Galice) le 26 avril 1929 (époque d'éclosion d'un certain nombre d'œuvres importantes de la génération de 1927), il appartient, par son âge, à ce qu'il est convenu d'appeler la « génération de l'après-guerre civile » (la troisième, pour être plus précis) ; autrement dit, cette génération de poètes qui publient leurs premiers livres dans les années 50, au moment où naissent, approximativement, les « novísimos » qui arrivent à maturité aujourd'hui. C'est dire sa position charnière dans le panorama de la poésie espagnole de ce siècle. Après des études faites dans les universités de Saint-Jacques-de-Compostelle et de Madrid où il obtient la licence de philologie romane, il publie *En guise d'espérance* [*A modo de esperanza*] qui obtient le prix Adonaïs en 1955. Ce sera son seul livre écrit en Espagne puisqu'il part pour l'Angleterre où, de 1955 à 1958, il enseigne à l'université d'Oxford qui lui décerne le titre de Master of Arts. De 1958 à 1980, il travaille à Genève comme traducteur à l'Organisation mondiale de la santé. C'est là qu'il écrit et publie la majeure partie de son œuvre qu'il réunit en 1972 puis en 1980 sous le titre général de *Point Zéro* [*Punto cero*] et qui fait de lui sans doute le poète le plus important de sa génération, comme en témoignent le prix de la Critique, qui lui est décerné pour la seconde fois en 1980, et deux des plus importantes distinctions littéraires d'Espagne, pour l'ensemble de son œuvre, le prix de la Fondation Pablo Iglesias en 1984 et, en 1988, le prix Prince des Asturies. Depuis 1980, José Angel Valente partage son temps entre sa maison d'Almería, Genève et Paris où il dirige un service à l'Unesco.

JACQUES ANCET.

RÉF. : J. M. Ullán, *José Angel Valente, Noventa y nueve poemas*, El libro de bolsillo, Alianza Editorial, 1981. – M. Polo, *José Angel Valente, Poesia y poemas*, Bitácora, Biblioteca del Estudiante, Narcea, S.A. de Ediciones, 1983. – J. Ancet, *José Angel Valente, Entrada en materia*, Cátedra, Letras Hispánicas, 1985.

VALENTIN Basile. Écrivain grec. Né vers la fin du Iᵉʳ siècle et mort vers 161. Originaire d'Égypte, il fit ses études à Alexandrie. Un périple autour de la Méditerranée l'amena d'abord à Chypre, où il enseigna sans doute vers la fin du règne d'Adrien. Son arrivée à Rome dut approximativement coïncider avec l'accession au trône d'Antonin le Pieux. Il se mit à l'étude du christianisme et se convertit, mais l'originalité de ses conceptions lui valut d'être excommunié par trois fois. Cela n'empêcha pas ses idées de se répandre et de toucher de nombreux disciples qui, après sa mort, se scindèrent en deux groupes : l'école anatolienne et l'école italique. Sa doctrine, exposée dans la *Pistis Sophia* (*), développe les spéculations de la tradition gnostique dont il s'efforce, à sa manière, de faire la synthese.

RÉF. : E. de Faye, *Introduction à l'étude du gnosticisme*, Paris, 1903 ; *Gnostiques et gnosticisme, étude critique des documents du gnosticisme chrétien aux IIᵉ et IIIᵉ siècles*, Paris, 1925. – W. Voelker, *Quellen zur Geschichte der christlichen Gnosis*, Tübingen, 1932. – F. C. Burkitt, *Church and Gnosis*, Cambridge, 1932.

VALÈRE MAXIME. Historien latin. Né vers 15 av. J.-C., mort vers 35 apr. J.-C. On croit qu'il fut pauvre ; Sextus Pompée, consul en 14 apr. J.-C., lui accorda sa protection et l'emmena en Asie en 27, lorsqu'il fut nommé gouverneur. C'est après son retour à Rome que Valère Maxime écrivit les neuf livres des *Faits et dits mémorables* (*) qu'il dédia à Tibère. L'ouvrage dut être achevé après 31, année de la mort de Séjan, le trop célèbre préfet du prétoire que Valère invective dans son dernier livre. Il connut une grande vogue au Moyen Âge et encore au XVIᵉ siècle.

RÉF. : Cl. Bosch, *Die Quellen des Valerius Maximus*, Stuttgart, 1929.

VALERIUS FLACCUS Gaius (G. Valerius Flaccus Setinus Balbus). On ne sait rien de ce poète latin, hormis ce qui peut être déduit de son œuvre. Il vécut sous le règne des Flaviens (Iᵉʳ siècle), écrivit les *Argonautiques* (*), son seul ouvrage, qu'il commença peut-être en 80 ap. J.-C., et où il est fait mention de l'éruption du Vésuve de 79. Il mourut prématurément vers 90, laissant son poème interrompu au huitième livre. Valerius descendait d'une famille de haute condition et, en qualité de « quindecemvir sacris faciundis », il remplit à Rome des fonctions sacerdotales.

VALÉRY Paul Ambroise Toussaint Jules. Écrivain français. Né à Sète le 30 octobre 1871, mort à Paris le 20 juillet 1945. D'origine italienne par sa mère, née Grassi, corse par son père, Barthélemy Valéry, qui occupait un poste à l'administration des douanes. Premières années ensoleillées, riches d'espace maritime, distraites par le trafic alors abondant du port de Sète. Il passe ses vacances à Gênes. On signale un voyage à Londres. À treize ans, il entre au collège de Montpellier. Travaille assez mal, s'y ennuie. Prend en horreur les mathématiques. Lit beaucoup : les romans de Victor Hugo (*Notre-Dame de Paris* (*) le jette dans une « extase gothique »), Zola, Gautier, Baudelaire, Edgar Poe. S'intéresse aux ouvrages de Viollet-le-Duc. Enfin, découvre *À rebours* (*) de J.-K. Huysmans. Et, par suite, Stéphane Mallarmé, dont il pressentait l'œuvre, sans peut-être la souhaiter aussi parfaite : « J'ai connu Mallarmé, après avoir subi son extrême influence et au moment même où je guillotinais intérieurement la littérature. J'ai adoré cet homme extraordinaire dans le temps même que j'y voyais la seule tête – hors de prix – à couper, pour décapiter toute Rome. Vous sentez la passion qui peut exister dans un jeune monsieur de vingt-deux ans, fou de désirs contradictoires, incapable de les amuser ; jaloux intellectuellement de toute idée qui lui semble comporter puissance et rigueur ; amoureux non d'"âmes", mais d'esprits, et des plus divers, comme d'autres le sont des corps... » Il fait ses études de droit. Fréquente Albert Coste, Gustave Fourment et Pierre Féline, qui nous a rapporté ceci : « De ma fenêtre, je le dominais et mon regard arrivait juste à sa table. Tous les jours, de grand matin, je voyais Paul s'y diriger en robe de chambre, le buste et la tête inclinés vers le sol, tel le jeune prêtre allant se recueillir devant son autel... » Son premier poème, *Rêve*, est publié – par son frère – dans *La Petite Revue maritime* de Marseille. Le 15 octobre de la même année 1889 paraît dans *Le Courrier libre* : *Élévation de la lune*. Période d'une grande chasteté, toute vouée au délire mental – l'amour peut en être un – ce dont témoigne avec éclat la correspondance qui va s'établir entre Valéry et Pierre Louÿs, qui ont fait connaissance à l'occasion d'un banquet. Les deux nouveaux amis, auxquels viendra bientôt s'adjoindre André Gide, se livrent à une débauche d'échanges épistolaires, qui vont permettre à Valéry, jeune « provincial », de se libérer sauvagement d'on ne sait quelle

« féminité » d'esprit, propre au climat régnant. Le pur-sang qu'il se sent être brise tous les obstacles à grands coups de fouet dialectiques, et son intelligence éclaire alors, très violemment, un des plus beaux champs de sensibilité concevables.

Passons, quoiqu'il en fasse mention avec dégoût, sur l'époque militaire. En 1890, il écrit à Mallarmé, lui envoyant deux poèmes : *Le Jeune Prêtre* et *La Suave Agonie* : « Cher Maître, Un jeune homme perdu au fond de sa province, à qui de rares fragments par hasard découverts en des revues ont permis de deviner et d'aimer la splendeur secrète de vos œuvres, ose se présenter à vous... Pour se faire en quelques mots connaître, il doit affirmer qu'il préfère les poèmes courts, concentrés pour un éclat final, où les rythmes sont comme les marches marmoréennes de l'autel que couronne le dernier vers ! Non qu'il puisse se vanter d'avoir réalisé cet idéal ! Mais c'est qu'il est profondément pénétré des doctrines savantes du grand E. A. Poe, peut-être le plus subtil artiste de ce siècle... » Mallarmé répond presque aussitôt très attentivement. Valéry publie alors des poèmes dans *La Conque* – *Narcisse parle* – empruntant parfois le pseudonyme de Doris. En 1891 paraît le *Paradoxe sur l'architecte*. Puis, lors d'un séjour à Paris, un samedi d'octobre de la même année : « À 9 heures, chez Mallarmé. Il ouvre lui-même. Petit. L'impression d'un bourgeois tranquille et fatigué de quarante-six ans. Sous la lampe très faible, la mère et la fille brodent. Roses sur le ton brun d'une minuscule salle à manger. Des blancs Monet sur le mur. À l'angle un haut poêle en faïence. La pipe. Lui, un fauteuil à bascule. C'est d'abord calme (la fille est antique, charmante, un peu étrange, tête grecque-empire). Puis la mise en train se perçoit. D'abord province, félibres. Yeux mi-clos, parole morte, très basse, puis soudain grands yeux et haute phrase avec des aspirations. Cet homme devient savant sans une hésitation, puis épique, puis tragique. » En 1892, à Montpellier, il fait une conférence sur Villiers de L'Isle-Adam, la première d'une longue série. Les lettres qu'il continue d'envoyer à Louÿs et à Gide trahissent alors, pris au piège d'une lucidité galopante, les premiers signes d'un désarroi qui éclatera dans ce qu'on a appelé la « Nuit de Gênes » (4-5 octobre 1892). Une note, comme d'un marin en perdition mais très près de « sa » terre, dit la crise : « Gênes, Chambre blanche. À la chaux. Ancienne cellule, sans doute... Orage effroyable cette nuit. Je l'ai passé assis dans mon lit ; la chambre éblouissante par chaque éclair. Tout mon sort se jouait dans ma tête. Je suis entre moi et moi. Souffert énormément. Mais je veux. Je veux mépriser tout ce qui passe entre mes tempes... » On a pu écrire qu'il avait ce jour-là renoncé à la littérature. Il est probable que ce fut beaucoup plus simple et beaucoup plus complexe. Simple parce que les mutiples réseaux de sa sensibilité ne pouvaient pas ne pas faire sauter le trafic d'aiguillages élaboré dans la hâte d'une « première » vie. Complexe parce que cette décision qu'il prend là, il n'aura pas assez de toute sa vie pour en déterminer organiquement l'importance. En fait, il décide de « résister ». Dans l'anecdote, à toute sollicitation dépourvue de « mécanique », c'est-à-dire impossible à comprendre. Mentalement, il accepte le principe d'un système – les niant tous – qui permettrait à la spontanéité d'être tout entière la proie du hasard, système de préservation du moteur même qui meut les idées, dès lors indifféremment traitées. Il jure, avec toute la sublime ingénuité qui le caractérise alors, il jure de penser « tout seul », ce qui, en quelque sorte, revient à ne penser que ce qui se laisse penser. Fort ou faible de ce serment, il « monte » définitivement à Paris, pour l'essayer, ce serment, au contact des hommes d'esprit.

Rue Gay-Lussac, dans une petite chambre, il se livre aux mathématiques, pour durcir son sable. Mais il ne semble pas que l'élément panique disparaisse aussitôt. Il y a Mallarmé, tous les mardis. Mais pour le reste, à part quelques incursions dans les salons alors littéraires, où il se fait remarquer par sa timidité et ses soudains emballements, ses éclairs, pour le reste, c'est la solitude. Le problème de la femme commence à se poser, impérieusement. Aucun angélisme de sa part, dans ce domaine. Pour le reste, c'est l'ennui. Ses préférences amicales vont à Schwob, Fontainas, André Lebey. La « liaison » avec Pierre Louÿs est traversée d'orages. Celle avec Gide languit. Puis décidément, Gide est un « écrivain ». Valéry cherche une politique de pensée. À ce point de vue, ses rapports avec un certain Kolbassine, professeur d'origine russe qu'il a connu à Montpellier, peuvent avoir été déterminants. En 1894, premier séjour mystérieux à Londres. Il y retourne en 1896, aux services de presse de la Chartered Company. Entre-temps, il publie l'*Introduction à la méthode de Léonard de Vinci* (*), qui lui est commandée par Juliette Adam, directrice de *La Nouvelle Revue*. Texte capital, clé de voûte de toute l'œuvre, dans laquelle il donne l'impression de jeter tout son matériel – de se finir. Le personnage idéal de cette « fin » sera *Monsieur Teste* (*) ; *La Soirée avec M. Teste* paraît en 1896, dans *Le Centaure*. Elle est dédiée à Kolbassine. Elle fait quelque bruit. Gide écrit : « Je cherche un mot pour M. Teste, je trouve “incomparable”. Suffit. Ce qui m'étonne le plus, c'est que ce soit intéressant ; je veux dire qu'on s'y prenne et que ça ait un goût à en donner faim. On ne peut le lire que tout entier. Mais cela est si satisfaisant que je n'imagine ensuite rien d'autre, et je comprendrais qu'avec l'article sur Vinci et quatre ou cinq lettres de toi en façon de préface se closent tes “ œuvres complètes ”. » Curieuse réflexion, qui marque parfaitement l'absolue différence des deux

esprits. Car il s'agissait bien de ne plus écrire pour Valéry. Mais pas le moins du monde comme Gide l'entendait. Au reste on n'arrête pas à volonté le goût d'être, et ce goût, chez Valéry, était intimement lié aux prestiges du langage.

En 1896, publication de *La Conquête allemande* — plus tard *Une conquête méthodique* (*) — dans la *New Review*. Ce sera tout. À vingt-sept ans, Valéry a jeté la gourme première. Il ne va plus s'agir pour lui que d'en récupérer la matière essentielle, celle qui donne des pouvoirs, qui s'avère bonne conductrice de l'homme qui est dans l'homme, de l'esprit qui est inclus dans le langage ; que d'en dégager les vertus actives, on dirait concrètes, si l'ordre ici supposé ne contenait pas que de la pensée. Physiquement, on en parle comme d'un hyper-nerveux, on fait état de ses yeux saillants, comme de bourrache éblouie, dira la comtesse de Noailles ; de sa diction chantante, légèrement zézayante, et de son extraordinaire faculté de découdre n'importe quel problème. Ses meilleurs amis s'inquiètent de sa révolution, de son vœu de silence. Gide, on l'a vu, l'encourage plutôt. Mais la plupart, soudain oublieux des grands textes parus, y vont de leurs jugements. Nul doute que Valéry n'ait beaucoup souffert de ce renoncement à rebours. Et bien plus souffert encore d'en souffrir. Un raté, à peu de chose près, c'est un raté. Il a donné, mais c'est déjà fini. Votre Valéry n'était qu'un feu de paille... Et de piétiner les dernières étincelles. Nul doute que les façons de ces individus ne fassent que renforcer la décision de Valéry de s'installer une fois pour toutes à sa table de bord, sans autre but que celui de noter, dans l'ordre le moins prémédité qui soit, les oscillations, les habitudes, les constantes, les fantaisies, du bâtiment : « Je ne me suis jamais référé qu'à mon MOI PUR, par quoi j'entends l'absolu de la conscience, qui est l'opération unique et uniforme de se dégager automatiquement de “tout”, et dans ce tout figure notre personne même, avec son histoire, ses singularités, ses puissances diverses et ses complaisances propres. » En 1897, il entre au ministère de la Guerre. Il y restera trois ans, évidemment sans plaisir. En 1898, Mallarmé meurt. Le Témoin. Peut-être existe-t-il en toute vie une mort plus sensible que toute autre. Une mort qui laisse l'ami plus seul, à jamais. Des paroles n'ont pas été échangées, que ce mort aurait été seul à prononcer, à provoquer. Valéry ressent très profondément cet événement, qui est comme le signe d'un nouveau « mur ». Cependant, ce qu'il ne consentira jamais à appeler son œuvre — ses poèmes, l'*Introduction, Teste* — va son chemin, travaille la nouvelle génération. Et Valéry le silencieux devient personnage de légende. Valery Larbaud écrit : « Des adolescents, des lycéens, des étudiants qui étaient nés dix ans après lui et qui découvraient à leur tour, dix ans après lui, la littérature contemporaine — et je peux bien ici revendiquer l'honneur d'avoir été de leur nombre — se récitaient, en pâlissant d'enthousiasme, des strophes et des poèmes de ce qui devait être un jour l'*Album des vers anciens* (*), alors copiés sur les petites revues où ils avaient paru. Ils prononçaient le nom de Paul Valéry d'un air de vénération et de mystère. »

Le 31 mai 1900, ce fantôme se marie avec Jeannie Gobillard, nièce de Berthe Morisot. Il change de rive, devient secrétaire particulier d'Édouard Lebey, directeur de l'agence Havas. Range sa vie. A-t-il cessé d'écrire ? Non. C'est, chaque matin, deux ou trois heures de « sport ». Il fait de l'exercice intellectuel comme d'autres de la culture physique. Il se « laisse faire par sa tête » : « Un cheval de course entraîné tous les matins, poussé à fond, retenu à temps, pesé, nourri savamment, est une bien belle chose. » Oui. Cette « habitude » le tiendra jusqu'au bout. Les années passent. Les enfants naissent. Aucun signe de renoncement. Puis c'est l'hiver 1912-1913. André Gide et Gallimard reviennent à la charge. Il s'agit de réunir les anciens poèmes, et d'en publier l'ensemble. Valéry rechigne, puis accepte. Une nouvelle « biographie » commence, presque une nouvelle vie. Il ne se doute pas du piège qu'il se tend. Ou fait comme si. Sous prétexte d'adieu à la poésie, il se propose de composer une vingtaine de vers. La guerre éclate. Il n'est pas mobilisable. Alors, ces vers, il les nourrit, les laisse pénétrer dans ses chambres noires. Il les développe. Après quatre ans et demi de labeur, il montre *La Jeune Parque* (*), étrange exercice. Étrange adieu. La sortie du monstre ne passa pas inaperçue. Ni son auteur, qui ne répugna pas à reprendre le chemin des salons, perdant du même coup l'audience passionnée des surréalistes, qui l'avaient considéré comme un corps glorieux. Et mort. Le vice délicieux de la conversation le reprend. Ce sont plutôt monologues, éblouissants, dit-on, que chauds échanges. Il n'est plus temps. Puis le charme opère si totalement ! Comment se refuser de plaire, quand il n'est plus d'autres obstacles que les siens, au secret de l'aube. Si je est un autre, prouvons-le gracieusement. À partir de ce moment crucial, il ne cessera plus d'affirmer que si l'on n'était pas venu le chercher, le déranger, il serait resté dans sa chambre. Propos ambigu, qu'on lui a souvent reproché, propos évidemment paradoxal chez un être aussi sûr de sa volonté majeure. Mais propos qu'on peut prendre à la lettre, avec le poinçon de coquetterie qu'il suppose. Et c'est le régime de la commande qui s'institue, si toutefois l'on excepte la très belle suite de poèmes — v. *Poésies* (*) — qui profitent de cette mine de thèmes qu'est *La Jeune Parque*. Du *Cimetière marin* (*), Valéry dira qu'il est « ma pièce personnelle. Je n'y ai mis que ce que je suis. Ses obscurités sont les miennes. La lumière qu'il peut contenir est celle même que j'ai vue en naissant ». Et sans jeu de mots, Valéry nous apparaît dès lors comme un don Juan de l'esprit, avec la grave insouciance de l'emploi,

mais don Juan sans commandeur concevable. Il parlera de tout et de rien : du suffrage des femmes, de l'acier, des parfums, du cinéma, etc. Il voudra bien tout ce qu'on voudra. Cette « moquerie » n'ira pas sans déportation, si légère soit-elle. Le langage a ses facilités. Toutefois, cette indifférence regrettable ne va pas jusqu'à lui faire trahir son ambition la plus haute, la plus absurde. Il entre même dans le principe de la commande comme un pacte de préservation quant à la lutte engagée contre tous les mythes concevables. (Mais l'homme en est un.) Et Valéry se fût-il interdit ses trop nombreuses déclarations au sujet de l'œuvre qu'on lui « trouve » — quelle vexation ! — et de ce qui l'intéresse au premier chef et ne regarde personne, nul n'aurait réagi. Après tout, il peut aussi écrire *Le Cimetière marin,* ce n'est pas incompatible mais, pour ainsi dire, logique. La littérature devenant le second métier, il est évident que ce métier doit être traité avec rigueur, froidement, délibérément. Et que, ce faisant, il « rapporte ».

En 1919 paraît *Note et digression*, texte important qui « juge » l'*Introduction à la méthode*. On y sent comme une nostalgie de l'ancien anarchisme, un sourd « j'ai osé penser ces choses ». Puis *Charmes* (*) (1922). En 1923, *Eupalinos ou l'Architecte* (*) (on lui avait commandé 115 800 lettres sur l'architecture), *L'Âme et la danse* (*), dont l'idée centrale doit tout à Mallarmé — Valéry ne s'en est pas caché —, en 1924, le premier recueil de *Variété* (*). En 1928, les intéressants *Entretiens* avec Frédéric Lefèvre, une réédition augmentée de *La Soirée avec M. Teste*. Valéry est maintenant un personnage officiel et très « européen ». En 1927, il est élu à l'Académie française. Dans son discours de réception, il omet volontairement de prononcer le nom de son prédécesseur, Anatole France. Léger acte de représailles, ce dernier ayant un jour prononcé des paroles sottement malheureuses sur Mallarmé. En 1929, *Léonard et les philosophes.* En 1931, *Amphion, Regards sur le monde actuel* (*), *Pièces sur l'art* (*) ; *L'Idée fixe* (*) en 1932 ; *Sémiramis* — v. *Poésies* — en 1934. En 1936, il est nommé président de la Coopération intellectuelle de la S.D.N. et professeur de poétique au Collège de France. En 1937, il publie *Degas, danse, dessin* (*). En 1941, *Mélange* (*), *Tel quel* (*) et *Mon Faust* (*), œuvre très inégale, qui laisse deviner une grande fatigue. En 1942, *Mauvaises pensées et autres* (*). En 1945, *L'Ange*, très beau poème d'inspiration sans doute ancienne. Le 20 juillet 1945, il meurt à Paris, rue de Villejust. Funérailles nationales. Son corps repose à Sète, dans la terre du cimetière marin. Après sa mort sont publiés les recueils : *Vues* (1948) et *Histoires brisées*, variations sur le thème de Robinson (1950), *Lettres à quelques-uns* (+) (1952), ainsi que la correspondance qu'il échangea avec Gide (1955) et Gustave Fourment (1957). Les *Cahiers* (*), qu'il a rédigés tous les matins de sa vie, dès qu'il se connut cherchant, ont été publiés une première fois de 1957 à 1961. Ils témoignent en faveur d'une des plus jalouses, des plus nerveuses intelligences possibles, d'une de celles qui ont fait dire à leur homme : « J'ai essayé de penser ce que je pensais et je l'ai fait avec une naïveté obstinée. On me dit "subtil" et c'est absurde. Je suis plutôt brutal, mais j'ai, ou j'ai eu, la folie de la précision. Une part immense de mon travail — à demi perdue, à demi utile — fut de me faire des définitions. Penser au moyen de mes propres définitions, ce fut pour moi une espèce de but. »

GEORGES PERROS.

♦ *« Ce qu'a fait Valéry devait être tenté. »* Bergson. ♦ *« Je le compare à un lion de pierre. Cet homme, petit, porte une tête redoutable par l'attention et le mépris, aussi par une gaieté de bon aloi remarquable, par une puissance de tragique incomparable. Je ne connais pas de masque qui saisisse à ce point... Les gros yeux, brillants comme des diamants, refusent le petit objet et s'égalent à l'univers auquel ils sont tangents par leur courbure ; ils voient au loin et ils voient des rapports. Les sourcils menacent les naïfs. Il y a presque de l'indignation dans ce visage et la fixation d'un mètre et d'une rime au-devant de soi. »* Alain. ♦ *« ... Et le plus bel éloge que ses admirateurs puissent faire de ce disciple intellectualiste de Mallarmé est justement que, parfois, il nous fait songer à la sensualité épurée de Racine. Les cent vers de Valéry que conservera l'avenir vaudront pour cela. »* R. Brasillach. ♦ *« Yeats, Rilke et Eliot ont écrit des vers plus dignes de mémoire que ceux de Valéry ; Joyce et Stefan George ont accompli des changements plus profonds dans leur instrument... ; mais derrière l'œuvre de ces éminents artistes ne se trouve pas une personnalité comparable à celle de Valéry. Que cette personnalité soit, en quelque façon, une projection de l'œuvre, cette circonstance ne change rien au fait. Proposer aux hommes la lucidité dans une ère bassement romantique... telle est la mission méritoire qu'a accomplie (et accomplit encore) Valéry. »* J. L. Borges.

RÉF. : A. Thibaudet, *Paul Valéry*, in *Cahiers verts,* Paris, 1923. — Alain, commentaires de *Charmes*, Paris, 1929, et de *La Jeune Parque*, Paris, 1936. — H. Bremond, *Racine et Valéry*, Paris, 1930. — J. Wahl, *Sur la pensée de Paul Valéry*, in *N. R. F.*, 1er sept. 1933. — J. Benda, *La France byzantine ou le Triomphe de la littérature pure. Essai d'une psychologie originelle du littérateur*, Paris, 1945. — L.-P. Fargue, *Rue de Villejust*, Paris, 1946. — Divers auteurs, *Paul Valéry vivant*, numéro spécial des *Cahiers du Sud*, Paris, 1946. — H. Mondor, nombreux inédits de Valéry dans *Les Premiers Temps d'une amitié : Valéry et Gide*, Monaco, 1947 ; *L'Heureuse Rencontre : Mallarmé et Valéry,* Lausanne, 1948 ; *Précocité de Valéry,* Paris, 1957 ; et *Propos familiers de Paul Valéry*, Paris, 1957. — J.-P. Monod, *Regard sur Paul Valéry*, Paris, 1949. — É. Noulet, *Paul Valéry*, Bruxelles, 1950. — Agathe Rouart-Valéry, introduction biographique en tête des *Œuvres* de Paul Valéry, édition établie par Jean Hytier, Paris, 1957. — Marcel Raymond, *Paul Valéry et la tentation de l'esprit*, Neuchâtel, 1964. — Jean Bellarmin-Noël, *Les Critiques de notre temps et Valéry*, Paris, 1971. — Daniel Oster, *Monsieur Valéry*, Paris, 1981. — Jacques Charpier, *Paul Valéry*, Paris, 1989.

VALET Paul (pseud. de Georges Schwartz). Poète français d'origine russe. Né

à Moscou en 1905, mort à Vitry le 8 février 1987. Dès l'enfance, il parle deux langues : celle de sa mère polonaise et celle de son père russe. Il apprendra ensuite la langue de sa gouvernante allemande avant de bénéficier de l'enseignement de deux professeurs de français. La révolution d'Octobre le voit quitter la Russie pour la Pologne d'où son père l'envoie en France pour continuer ses études. Il a quinze ans et tombe amoureux de notre pays et de sa langue. Il étudie la médecine et la philosophie tout en commençant à écrire en polonais. À 22 ans, il choisit la nationalité française. Devenu médecin, il s'installe en banlieue ouvrière. Durant l'Occupation, il s'engagera dans la Résistance et dirigera les mouvements de libération de la Haute-Loire. Après la guerre, il recommence à écrire. Il se découvre alors poète français. Se succéderont plusieurs recueils réunis dans *Les Poings sur les i* (*) (1955). Hommage émouvant à « tous les suppliciés de notre grand siècle de progrès », poésie combattante et fraternelle, tendre et désespérée, qu'éclaire souvent un humour férocement noir : « Le vieux mourut dans la boue de Champagne / Le fils mourut dans la crasse d'Espagne / Le petit s'obstinait à rester propre / Les Allemands en firent du savon. » Solitaire, vivant loin du milieu littéraire (proche seulement de Dubuffet et de Cioran), persuadé que l'humanité est malade, il peint tout en continuant à clamer l'inavouable. Avec *Lacunes* (1960), *Table rase* (1963), *La Parole qui me porte* (1965), la poésie de Valet (pseudonyme choisi pour signifier qu'il ne se sent pas libre d'écrire ce qu'il écrit : valet de la parole...) évolue vers le fragment, l'aphorisme et le cri jusqu'à ces *Paroles d'assaut* (1968) qui marquent le début d'un silence de quinze ans. Souffrant de troubles nerveux et cérébraux, il connaîtra l'enfer des hôpitaux psychiatriques, expérience dont témoigne *Solstices terrassés* (1983), dont la parution marque le début d'une nouvelle et intense période créatrice. En trois ans, toujours la nuit et à l'écart du monde, il écrira une quinzaine de recueils dont *Mémoire seconde* (1984), *Vertiges* (1986) et *Paroxysmes* (1988).

RICHARD BLIN.

VALLA Lorenzo (Lorenzo della Valle, dit en latin Laurentius Valla ou Vallensis). Humaniste italien. Né vers 1407 à Rome où il mourut le 1er août 1457. Son père Luca, son grand-père maternel et l'un de ses oncles exerçaient de hautes charges à la cour pontificale. De tous les humanistes de la première moitié du XVe siècle, il fut certainement le plus grand. Profondément convaincu de la supériorité de la culture antique alors renaissante, dans laquelle il voyait un ferment incomparable de régénération, Valla, pour la défendre, n'hésita pas à courir le risque d'une condamnation devant le tribunal de l'Inquisition. Comme d'autres humanistes de ce temps, il se réclamait de l'antique morale rationaliste transmise dans les Livres de la sagesse, dont le Moyen Âge avait appauvri ou perdu la signification même. Telle est l'origine du culte ardent que Valla, en dépit de son esprit critique, parfois même sceptique, voua à la langue latine. Dans les *Élégances de la langue latine* (*) (1444) comme dans les *In novum Testamentum ex diversorum utriusque linguae codicum collatione adnotationes* (1449), Valla ne se proposait pas seulement de faire œuvre de grammairien ou de philologue mais — comme, après lui, le fera Érasme — de redonner à la foi chrétienne le poids de la sagesse antique, de rendre leur pureté aux livres bibliques corrompus par des copistes infidèles ou ignorants, d'indiquer aux savants les voies du christianisme véritable. Le premier écrit de Valla, aujourd'hui perdu, et qu'il composa à vingt ans, fut *De comparatione Ciceronis Quintilianique.* Son autre livre de jeunesse, *Du plaisir* (1431), modifié plus tard sous le titre *De voluptate ac de vero bono,* est indubitablement la profession de foi d'un spiritualiste chrétien. Comparant le christianisme au stoïcisme et à l'épicurisme, Valla pense que le vrai bien, tel que l'entend le christianisme, est loin d'avoir cette froideur abstraite et contre nature de la pensée stoïcienne et tient compte de l'humaine faiblesse, étant bien entendu qu'il s'agit de la nature, non plus au sens épicurien de ce mot, mais orientée vers la béatitude éternelle. Aussi, comme l'a remarqué Juan Luis Vivès, la pensée de Valla est-elle contenue tout entière dans le *De voluptate,* et non moins dans les *Disputations dialectiques* (*) (1439, publié en 1499). Dans cet écrit, en effet, l'auteur, après avoir attribué la décadence des études à la corruption du latin, réaffirme sa fidélité au christianisme et s'élève contre le naturalisme et le panthéisme d'Averroès. L'humaniste conclut que la nature nous conduit à Dieu et non contre Dieu, et que la vraie vertu est « charitas », qui consiste à aimer Dieu et à aimer l'homme par amour de Dieu.

Valla professa la rhétorique à l'université de Pavie. Il commença ses cours probablement en 1431 et se lia d'amitié avec des théologiens et des humanistes. En 1433, cependant, il dut quitter la ville pour avoir sévèrement réfuté le *De insigniis et armis* de Bartolo da Sassoferrato. Valla, qui avait espéré en vain devenir secrétaire apostolique à Rome, se rendit à Milan où, grâce aux encouragements de Cyriaque d'Ancône, il commença la collation du texte grec de *La Bible* (*) avec la *Vulgate* (+), puis à Florence, et enfin dans le royaume de Naples (1437). Il y demeura une dizaine d'années, jouissant de l'amicale protection du roi Alphonse d'Aragon, qui le nomma son secrétaire et prit efficacement sa défense au cours d'un procès. C'est au lendemain de ce procès, dont ses écrits avaient été l'origine, que Valla envoya au pape Eugène IV son *Apologie,* réponse à ceux qui l'avaient accusé « par envie ». Au cours de son séjour à Naples, il entreprit, outre des traductions des *Fables* (*) d'Ésope et de l'*Iliade* (*), plusieurs autres ouvrages importants : les *Emendationes sex librorum T. Livii de secundo bello punico,* les *Elegantiarum libri,* déjà mentionnés, au nombre desquels figurent les très belles *Introductions,* remarquables surtout par un vibrant appel en faveur de la culture et de la sagesse romano-chrétiennes, et *De la donation de Constantin* (1442, réédité avec une préface de Hutten en 1517), bref essai de polémique. De la même période date le *De confessione religiosorum* (1442, publié en 1869 par Vahlen). L'écrivain, dans ce livre, soutient que les arguments en faveur de la foi peuvent être soutenus par la sagesse profane et que les simples laïcs ne sont pas moins dignes de la grâce que les bons religieux. Valla eut également beaucoup d'ennuis à cause des *Historiarum Ferdinandi regis Aragoniae libri tres* (1445-46) qu'il avait écrits en qualité d'historien de la cour d'Aragon. À la même époque que les *Disputations dialectiques,* il composa aussi un traité *Du libre arbitre* (*) qui fut apprécié des contemporains.

Le 10 novembre 1448, Valla reçut enfin du nouveau pape, Nicolas V, la charge d'écrivain apostolique. Il s'installa à Rome, entouré de disciples et d'amis, tout en poursuivant des polémiques avec ses adversaires, et y demeura jusqu'à sa mort. C'est à Rome également qu'il termina les *Collationes.* Cet ouvrage, dédié au pape, lui valut beaucoup d'éloges. Érasme, qui devait suivre la méthode philologique de Valla dans son édition du *Nouveau Testament,* le retrouva et le publia à Paris en 1505. Valla ouvrit dans la Ville éternelle une école d'éloquence et eut notamment pour élèves Pomponio Leto et Platina. Il fut chargé par le pape de traduire la *Guerre du Péloponnèse* (*) de Thucydide, ainsi qu'Hérodote. Il composa des manuels pratiques tels que le *De conficiendis epistolis,* qui fut maintes fois imité, et le *De reciprocatione sui et suus.* Après la mort de Nicolas V, le nouveau pape, Calixte III, nomma Valla secrétaire apostolique et, de plus, chanoine de diverses églises romaines : c'est ainsi que l'humaniste fut amené à prononcer en chaire des sermons comme le *De mysterio Eucharistiae* et l'*Encomium S. Thomae Aquinatis.* Dans ce dernier sermon, prononcé à Santa Maria sopra Minerva (7 mars 1457), Valla, commémorant le « docteur angélique », fait allusion à sa propre intolérance pour les trop subtiles recherches aristotéliciennes, tout en rendant un magnifique hommage aux grands mérites du saint à qui il donne la seconde place, après saint Augustin. Un témoignage bien révélateur de l'humanisme de Valla nous est fourni enfin par l'*Oratio in principio sui studii* (1455), introduction à son cours d'éloquence de l'université de Rome : c'est un éloge de la langue latine débordant d'une intense gratitude pour la religion et l'Église qui, en adoptant le latin, sauvèrent l'héritage de la romanité au profit du savoir chrétien.

GIULIO VALLESE.

♦ *« Valla n'a cessé de donner des leçons de courage et d'intelligence en toute occasion. »* Érasme. ♦ *« Valla fut l'un des hommes les plus savants de son temps mais aussi l'un des plus virulents. Son style est trop libre. »* Jean de Sponde. ♦ *« Valla peut être considéré comme le plus ancien représentant de l'esprit critique ; il n'appliqua pas seulement cet esprit à la grammaire et à la reconstitution des textes, mais à la plupart des sciences, et à toutes il fait faire un pas décisif. »* A. Jeanroy.

RÉF. : V. Poggiali, *Memorie intorno alla vita ed agli scritti di Lorenzo Valla,* Plaisance, 1790. – Wildschut, *De Vita et Scriptis L. Vallae,* Leyde, 1830. – G. Vahlen, *Lorenzo Valla ein Vortrag,* Berlin, 1870. – G. Mancini, *Vita di Lorenzo Valla,* Florence, 1891. – M. V. Wolff, *Lorenzo Valla, sein Leben und seine Werke,* Leipzig, 1893. – Ph. Monnier, *Le Quattrocento,* Paris, 1900. – F. Gaeta, *Lorenzo Valla, filosofia e storia nell'umanesimo italiane,* Naples, 1955. – S. I. Camporeale, *Lorenjo Valla, umanesimo e teologia,* Florence, 1972.

VALLE-INCLÁN Ramón María del. Écrivain espagnol. Né le 28 octobre 1866 à Villanueva de Arosa (Pontevedra en Galice), mort le 5 janvier 1936 à Saint-Jacques-de-Compostelle. Il s'appelait en réalité Ramón del Valle y Pefia. Après des études secondaires à Pontevedra (1877-1885), il étudia le droit à l'université de Saint-Jacques-de-Compostelle où il débuta dans la carrière d'avocat, qu'il abandonna bientôt. En 1903, il publia dans *Alma española* une autobiographie plus ou moins fantaisiste qui fut le début de sa légende : « Ce que vous voyez ici, cette tête espagnole et à la Quevedo, au poil noir et à la longue barbe, c'est moi : don Ramón del Valle-Inclán. J'ai été moine convers dans un monastère de chartreux et soldat en terre de Nouvelle-Espagne [...] Une vie comme celle des cadets de famille noble qui s'enrôlaient dans les régiments d'Italie pour y chercher l'amour, les aventures et la fortune... » De fait, Valle-Inclán était allé au Mexique et cette expérience marqua son œuvre ; elle est la trame de son roman *Le Tyran Banderas* [*El tirano Banderas,* 1926], qui recrée à la fois le climat des révolutions américaines et une langue hispano-américaine pleine de saveur et de trouvailles.

En 1895, Valle-Inclán est à Madrid. Il porte une longue barbe, les cheveux jusqu'aux épaules et un lorgnon (« quevedos ») ; dès cette date, il devient la figure la plus éminente et la plus pittoresque de la vie littéraire et de la bohème espagnoles. En 1899, à la suite d'une rixe avec l'écrivain Manuel Bueno, il dut se faire amputer du bras gauche, ce qui lui valut d'être appelé « le second manchot de la littérature espagnole ». Il a donné d'innombrables versions de cette aventure qui ont été diligemment recueillies par son biographe Ramón Gómez de la Serna. Il était remarquable dans la conversation par son bégaiement et son intelligente malignité ; ses gestes étaient superbes, son indépendance farouche. En 1910, il partit pour l'Amérique du Sud avec la compagnie théâtrale Guerrero-Mendoza dont il était le directeur artistique. Il visita la France en 1916, et, l'année suivante, obtint la chaire d'esthétique à l'École des beaux-arts de San Fernando. Il retourna au Mexique en 1922, et à partir de 1924 résida à Madrid. Il avait épousé l'actrice Josefina Blanco ; il eut plusieurs enfants et presque toujours des embarras financiers. Il professait un carlisme littéraire et rhétorique, et manifesta une vive opposition à la dictature de Primo de Rivera, qui le fit arrêter en 1929. Pendant la République, il dirigea l'Académie espagnole des beaux-arts à Rome. En 1934, il se retira dans sa Galice natale, et mourut deux ans plus tard dans une clinique.

Valle-Inclán connut une longue évolution littéraire et sa puissance créatrice fut peu commune. Ses premiers ouvrages se ressentent fortement de l'influence du modernisme : d'abord ses productions érotiques secondaires – *Femeninas* (1894), *Cour d'amour* [*Corte de amor,* 1903] –, ses récits, recueillis en partie dans *Jardin ombreux* [*Jardín umbrio,* 1903], *Fleur de sainteté* (*) (1904) et aussi la forme parfaite de ses *Sonates* (+) *de printemps, d'été, d'automne et d'hiver* (1902-1905) ; ces œuvres furent réunies dans *Les Amours du marquis de Bradomín* (*), série de nouvelles où apparaît souvent ce personnage qui sera le protagoniste d'une de ses principales comédies, *Le Marquis de Bradomín* [*Marqués de Bradomín,* 1907], et que l'on retrouve dans la trilogie *La Guerre carliste* (*) : *Les Croisés du roi, La Lueur du brasier* et *Comme un vol de gerfauts...* (1908-1909). À travers des formes littéraires semi-théâtrales – *Comédies barbares* (*), « esperpentos » [épouvantails] – Valle-Inclán s'orienta vers un style plus direct et plus violent, recréation irréelle du langage populaire par des personnages grotesques, des marionnettes et des pantins. Il culmine dans ce genre avec la série d'ouvrages tel *Lumières de bohème* [*Luces de bohemia*] (1920) et pour les deux romans du cycle de *L'Arène ibérique* [*Ruedo ibérico*] : *La Cour des miracles* [*La corte de los milagros,* 1927] et *Vive mon maître* [*Viva mi dueño,* 1928], transposition fantastique des milieux madrilènes à la fin du règne d'Isabelle II. Il faut rapprocher de cette tendance quelques-unes de ses œuvres de théâtre en vers : *Farce et licence de la reine chaste* [*Farsa y licencia de la reina castiza,* 1920] et les esperpentos en prose, ainsi que les *Comédies barbares,* avec la trilogie *Aigle de blason* (+) (1907), *Nouvelle des loups* (+) (1908), *Visage d'argent* (+) (1922), évocation des paysages et des passions barbares et féroces de l'âme galicienne, dans un langage archaïque et sensuel. La poésie de Valle-Inclán témoigne d'une évolution analogue, depuis *Clefs lyriques* [*Claves líricas*] et *Voix de la geste* [*Voces de gesta*], jusqu'à *La Pipe de kif* (1919), au *Passager* [*Pasajero,* 1920] et aux *Divines paroles* (*) (1920). La profonde vision de la Galice – avec ses traditions, ses superstitions, ses sortilèges moyenâgeux, ses éléments linguistiques propres – est un élément essentiel de la création littéraire de Valle-Inclán, l'un des écrivains espagnols contemporains doué de la force d'invention la plus féconde.

JULIAN MARÍAS.

RÉF. : P. Salinas, *Valle-Inclán, hijo pródigo del 98,* in *Literatura española, siglo XX,* Mexico, 1941. – M. Fernándes Almagro, *Vida y literatura de Valle-Inclán,* Madrid, 1943. – R. Gómez de la Serna, *Don Ramón María del Valle-Inclán,* Buenos Aires, 1948. – A. Zamora Vicente, *Las « Sonatas » de Ramón del Valle-Inclán,* Madrid, 1955. – G. Diaz-Plaja, *Las estéticas de Valle-Inclán,* Madrid, 1965. – J. A. Marín Gómez, *La idea de sociedad en Valle-Inclán,* Madrid, 1967. – P. Salinas, *Significación del esperpento o Valle-Inclán,* Madrid, 1970. – A. Buero Vallejo, *Tres maestros ante el publico (Valle-Inclán, Velázquez, Lorca),* Madrid, 1973. – E. Lavaud, *Valle-Inclán, du Journal au roman 1888-1915,* Paris, 1981. – *R. del Valle-Inclán (1866-1936), Actes du colloque,* Tübingen, 1986.

VALLEJO César. Poète péruvien. Né le 16 mars 1892 à Santiago de Chuco et mort le 15 avril 1938 à Paris. Après des études de philologie à Trujillo, il se consacre à l'enseignement. Impliqué dans une tentative de soulèvement, il est arrêté, puis part pour l'Europe en 1923. En 1928, il visite la Russie. Expulsé de France un an plus tard, il va à Madrid, où il fait la connaissance de García Lorca, Machado et Alberti. La guerre civile, une fois de plus, le rejette sur les routes de l'exil. En 1938, épuisé par la misère et les luttes quotidiennes, il meurt dans un hospice parisien.

César Vallejo est sans doute l'un des plus grands poètes péruviens de ce siècle. Unanimement admiré en Amérique latine, il est encore peu connu en Europe. Son œuvre, très brève, se compose de recueils de poésie mais aussi de récits et de romans. En 1918, Vallejo publie *Les Hérauts noirs* (+), recueil encore influencé par le Nicaraguayen Rubén Darío et l'Argentin Lugones. Il s'agit d'une poésie antirhétorique, véhémente, où abondent les solécismes, les néologismes, ainsi que les mots du parler populaire quotidien. L'œuvre n'est également pas exempte d'un certain « localisme » fréquent dans la littérature péruvienne. Avec *Trilce* (+) (1922), Vallejo rompt définitivement avec la poétique traditionnelle et rejoint les tenants du modernisme. *Espagne, éloigne de moi ce calice* (+) est publié au moment de la guerre d'Espagne. Le poète, dans ce livre, a le pressentiment de sa mort prochaine ; il se rappelle avec nostalgie le Pérou, qu'il a laissé depuis tant d'années : « Que fait donc à cette heure mon andine et douce Rita / de jonc et de capuli ; / à présent que m'étouffe Byzance et qu'en moi / dort le sang, tel un cognac affaibli. / Où sont ses mains, qui d'un geste contrit / repassaient dans le soir des blancheurs à venir / maintenant, dans cette pluie / qui m'ôte le goût de vivre. » Vallejo a également publié des récits, *Fable sauvage* [*Fabla salvaje*, 1923], *Scènes mélographiées* [*Escalas melografiadas*, 1923], un roman, *Tungstène* [*Tungsteno*, 1931] et un essai, *Russie en 1931. Réflexions au pied du Kremlin* [*Rusia en 1931. Reflexiones al pie del Kremlin*, 1931]. On a publié en 1971 ses *Lettres à Pablo Abril.* Personnalité complexe, pessimiste, tourmentée, Vallejo a été l'ami des surréalistes, d'Artaud et des principaux écrivains européens de l'entre-deux-guerres. C'est à la fois le poète de la terre natale et de l'exil, le poète du désespoir subjectif et de l'engagement politique, de la lutte fraternelle des hommes contre leurs oppresseurs — v. *Poèmes humains* (*) (publication posthume, 1939).

ANTOINE BERMAN.

RÉF. : Luis Monguió, *César Vallejo, Vida y obra*, New York, 1952. — André Coyné, *César Vallejo y su obra poética*, Lima, 1957. — Americo Ferrari et Georgette Vallejo, *César Vallejo*, Paris, 1967.

VALLÈS Jules. Journaliste et écrivain français. Né au Puy (Haute-Loire) le 11 juin 1832, mort à Paris le 14 février 1885. Il fit ses études au collège de Saint-Étienne, puis à celui de Nantes. Son enfance fut malheureuse et pauvre entre une mère bornée et violente et un père sévère, professeur froid et intransigeant. Il l'a décrite avec une émouvante sensibilité dans *L'Enfant* (+) (1879), premier tome de sa célèbre trilogie *Jacques Vingtras* (*). Il vint à Paris en 1848 pour préparer l'École normale, mais son tempérament combatif ne pouvait se contenter d'une telle carrière. Le Paris qu'il trouve n'est pas encore calmé de la révolution de 1848. Cette atmosphère l'exalte. Il va même jusqu'à comploter l'enlèvement du prince-président, ce qui lui vaudra un bref séjour à la prison de Mazas. Tour à tour journaliste, professeur libre, chroniqueur de Bourse au *Figaro,* expéditionnaire à la mairie de Vaugirard, il connaît la vie de misère et d'aventures de la bohème littéraire. Il écrit des poèmes, amasse des ébauches de romans et de drames, mais il lui faut attendre 1860 pour donner sa mesure : son article fameux intitulé *Dimanche d'un jeune homme pauvre,* paru dans *Le Figaro,* lui ouvre plusieurs portes. Certes Vallès est un polémiste qui ne fait aucune concession, mais son talent l'impose et, de 1861 à 1865, il collaborera à *La Revue européenne, La Presse, La Liberté, L'Époque.* Ses principaux articles d'alors sont réunis dans *Les Réfractaires* (*) (1866). Ils révèlent une verve pleine de sensibilité, un réel amour des prolétaires et de ceux qui les défendent ; son enthousiasme épouse entièrement la cause du peuple ; ce n'est pas la pensée d'un théoricien politique, mais une générosité passionnée qui cherche à réveiller les somnolents.

Sa situation s'améliore par sa collaboration à *L'Événement ;* peut-être l'aisance matérielle adoucit-elle son caractère : ses récits ont moins d'âpreté, mais il demeure un observateur ému des humbles. Il rassemblera ces articles dans *La Rue* (1867). Cette même année 1867, il fonde l'hebdomadaire *La Rue* et s'y livre à son ardeur de polémiste. Puis la guerre survient et, lors des troubles consécutifs aux défaites de Forbach et Reichshoffen, les antécédents de Vallès le rendent suspect aux autorités, et on l'enferme à Mazas. Libéré par la révolution du 4 septembre, il s'affilie à l'Internationale et participe à chaque manifestation de cette époque agitée. Après la formidable insurrection du 18 mars 1871, l'immense activité qu'a déployée Vallès et sa popularité lui valent d'être nommé membre de la Commune. À l'Assemblée, il se borne à prôner la paix et l'entente entre les classes, mais il entrevoit l'issue du conflit et sa colère véhémente communique à son fameux journal *Le Cri du peuple* un esprit de résistance qui en fait un des chefs de file de l'insurrection. À la fin de la lutte, Vallès resta l'un des derniers combattants sur les barricades du XIe arrondissement. Condamné à mort, il réussit à échapper aux recherches et à gagner Londres. Il y devint correspondant de plusieurs journaux parisiens, dont *Le Siècle,* y termine *L'Enfant* et rédige le deuxième volume de sa trilogie : *Le Bachelier* (+) (1881), récit romancé de sa propre jeunesse, de ses luttes, de sa misère. Le troisième tome, *L'Insurgé* (+), permet de connaître le climat vibrant de la tragédie de la Commune. Après l'amnistie de 1880, Vallès regagne Paris. En 1883, il ressuscite *Le Cri du peuple* qui devient l'organe des revendications les plus violentes. Jusqu'à sa mort, Vallès reste le partisan passionné de la cause du peuple. Son œuvre, qui a été lue par des générations d'adolescents — v. encore *Le Tableau de Paris* (*) (1882-83) —, sa vie passionnée en font, malgré ses violences et sa complaisance à se raconter, un des auteurs les plus attachants. De sa vie personnelle, il a su tirer une œuvre spontanée qui touche au plus vif et au plus noble de la sensibilité.

DOMINIQUE RENARDET.

RÉF. : L. Séché, *Jules Vallès, sa vie, son œuvre,* Paris, 1886. — J. Richepin, *Les Étapes d'un réfractaire,* Paris, 1896. — P. Bourget, *Portraits d'écrivains,* Paris, 1905. — L. Daudet, *Flammes, Polémiques et polémistes... Jules Vallès,* Paris, 1930. — A. Zevaès, *Jules Vallès, son œuvre,* Paris, 1932. — F. Raynal, *Un Réfractaire, Jules Vallès,* Paris, 1938. — G. Gille, *Jules Vallès,* 2 vol., Paris, 1941. — No spécial d'*Europe,* décembre 1957, Paris. — M. Cl. Banquart, *Jules Vallès,* Paris, 1971. — R. Bellet, *Vallès journaliste,* Paris, 1975.

VĀLMĪKI. Poète indien, ayant vécu vers le ve siècle av. J.-C. Auteur du *Rāmāyana* (*), il était, d'après la tradition, le contemporain du héros qui a donné son nom à ce grand poème épique de l'Inde. Appartenant, dit la légende, à la caste des brahmanes, il fut abandonné par ses parents et recueilli par des montagnards qui l'initièrent à la triste existence des voleurs. Il vécut longtemps de rapines et de meurtres, jusqu'au jour où un « maharsi » qu'il venait de dévaliser lui suggéra de se rendre dans sa maison et de demander à sa femme et à ses fils s'ils approuvaient sa conduite. Vālmīki obéit et rejoignit presque immédiatement sa victime en lui confessant avec effroi qu'il était blâmé par les siens. Alors le sage l'exhorta à répéter un nombre infini de fois le mot « mara » (anagramme de Rāma), puis disparut. Pendant de longues années, Vālmīki suivit ce conseil et resta immobile, au point d'être entièrement couvert de fourmis (en sanskrit « valmīka », d'où son nom). Mais le vieux sage vint le délivrer et, ayant reconnu ses mérites, le jugea digne de porter le titre de maharsi. Un jour, procédant à ses ablutions rituelles, Vālmīki aperçut un chasseur en train de tuer un héron mâle qu'il avait surpris sur les rives d'un fleuve avec sa femelle. Et l'imprécation qu'il lança contre le meurtrier fut, sans qu'il s'en doutât, le premier exemple d'une forme métrique très particulière, le « śloka ». Au rythme de ces strophes, Vālmīki, suivant le conseil de Nārada, entreprit de chanter la geste de Rāma, puis, ayant terminé son poème, il en donna connaissance à Kuśa et à Lava, fils du héros, qui à leur tour le récitèrent à la Cour en présence de Rāma lui-même. La tradition littéraire indienne a fait de Vālmīki le « premier poète » par excellence, remarquable pour la noblesse de son style et sa puissance d'invention.

VALTON Arvo (pseud. d'Arvo Vallikivi). Écrivain estonien. Né à Märjamaa le 14 décembre 1935. Issu d'une famille modeste dont le père était natif d'Hiiumaa (une île au large des côtes estoniennes), le jeune Valton a été déporté en Sibérie avec sa mère et son frère à l'âge de treize ans. D'où la maîtrise du russe et surtout un roman, *Accablement et Espérance* [*Masendus ja Lootus*, 1988], qui raconte cette expérience en mêlant la fiction à la réalité.

Malgré un intérêt précoce pour l'écriture (« un rêve »), il s'oriente vers des études techniques et obtient un diplôme d'ingénieur à l'Institut polytechnique de Tallinn. Il travaillera neuf ans comme ingénieur. Entre-temps, il écrit des nouvelles qui sont publiées à partir de 1960 dans diverses revues. Il suivra pendant cinq ans et demi une formation par correspondance de scénariste à l'École de cinéma de Moscou. Entre 1968 et 1975, il a vécu de sa plume et a ensuite travaillé dans les Studios Tallinnfilm. Il joue depuis longtemps un rôle actif dans la vie culturelle du pays, et est devenu en 1988 président de l'Union des écrivains d'Estonie.

Valton est un auteur prolixe, dont l'œuvre est extrêmement hétérogène et se caractérise par une multitude de lignes. En prose, il a touché à plusieurs genres : il a publié des contes pour enfants, plusieurs volumes d'aphorismes, des scénarios, deux romans, mais l'essentiel de son œuvre se compose de nouvelles, dont un choix a été publié, en 1984, en deux volumes. Certaines d'entre elles, comme *L'Amour à la mode de Mustamäe* [*Mustamäe armastus*, 1978], sont d'ores et déjà des classiques de la littérature estonienne. Les nouvelles les plus célèbres d'Arvo Valton se caractérisent par le grotesque et l'absurde – caractères propres à l'auteur, ou à la réalité qu'il doit affronter ? Ses romans et récits montrent qu'il aborde tour à tour des modes d'écriture différents : *Les Voyages d'Arvid Silber* (*) (1984) sont un chapelet de dix récits fantastiques unis par un personnage commun. On y trouve, foisonnants, tous les symboles et les thèmes de l'univers valtonien. Un autre roman en revanche, *Voyage à l'autre bout de l'infini* [*Teekond lõpmatuse teise otsa*, 1978], est à thème historique. Il a comme personnages principaux Gengis Khan et ses proches : comment devenir immortel ? Cet ouvrage illustre bien la fascination exercée sur Valton par l'Extrême-Orient. Les six courts romans publiés dans les deux volumes intitulés *Seuls dans le temps* [*Üksildased ajas*, 1983-1985] appartiennent en revanche au registre réaliste. Les héros en sont des solitaires qui luttent pour ce qui les passionne, seuls contre tous. Dans cet ouvrage, les questions touchant à la préservation de l'environnement sont très directement sensibles. Il est donc difficile d'isoler un seul profil valtonien : il apparaît comme un expérimentateur, qui essaye d'ouvrir à la littérature estonienne des voies nouvelles. Pour l'instant, ce qui a conduit aux résultats les plus marquants, c'est la critique sociale sous l'angle du fantastique : « C'est bien la fantaisie qui permet le plus de choses », dit Valton.

VÁMOŠ Gejza. Romancier et nouvelliste slovaque. Né le 22 décembre 1901 à Piešťany, mort le 18 mars 1956 au Brésil. Il est marqué à jamais par son origine, une communauté juive de la Slovaquie du Sud, et par son métier de médecin dans la ville d'eaux de Piešťany. Nature foncièrement pessimiste à la Schopenhauer, il est sans illusions sur l'homme et sur l'humanité. Il ne se prive pas de le faire sentir dans ses récits et romans. Avec une méthode proche du naturalisme et de l'expressionnisme, il choisit des thèmes jusqu'alors ignorés et tacitement proscrits dans une littérature slovaque en voie d'épanouissement après des siècles d'oppression : érotisme, sexe, maladies vénériennes, antimilitarisme, hypocrisie, mesquinerie des hommes et de la société. Il déclenche une violente réaction de la critique et des lecteurs, surpris de sa cinglante ironie : après un recueil de récits, *L'Œil d'Edith* [*Editino očko,* 1925], il publie un roman, *Les Atomes de Dieu* (*) (1928), suivi de la nouvelle *Une légende cavalière* [*Jazdecká legenda,* 1932] et d'un roman de mœurs *La Branche cassée*

[*Odlomená haluz,* 1934]. Il essaie aussi d'écrire pour la scène. À l'avènement de l'État slovaque (1939), il s'expatrie en Chine, pour terminer sa vie au Brésil. Plusieurs rééditions, une étude, une traduction en tchèque annoncent, autour de 1968, un certain retour en faveur et une meilleure appréciation de ce singulier auteur, jadis marginalisé.

VANBRUGH ou VANBURGH, sir John. Auteur dramatique et architecte anglais. Né à Londres, où il fut baptisé le 24 janvier 1664 et où il mourut le 26 mars 1726. Fils d'un marchand d'origine flamande, il passa son enfance à Chester, et se rendit en France, probablement pour y faire ses études. Soupçonné d'espionnage, il y fut arrêté en 1690, et passa deux ans dans les prisons françaises (à la Bastille entre autres), où il commença à écrire des comédies. Après sa libération, il revint en Angleterre et, devenu officier dans l'armée, obtint en 1696 le grade de capitaine de vaisseau. Il débuta en même temps dans la carrière d'auteur dramatique avec sa comédie *La Rechute, ou la Vertu en danger* (*), qui remporta un très grand succès. Aussitôt après, il donna *La Femme provoquée* [*The Provok'd Wife,* 1697], pièce originale et spirituelle dont le caractère licencieux lui valut une attaque retentissante de la part du pasteur protestant Jeremy Collier, attaque à laquelle Vanbrugh riposta par sa *Brève défense contre les accusations d'immoralité et d'inconvenance encourues par la Rechute et la Femme provoquée* [*Short Vindication of the Relapse and The Provok'd Wife from Immorality and Prophaneness,* 1698]. L'année suivante, *Ésope* [*Aesop*], adaptation d'une comédie de Boursault, fut représenté par le Drury Lane Theatre. De même, *Le Pèlerin* [*The Pilgrim,* 1700], *Le Faux Ami* [*The False Friend,* 1702], *La Maison de campagne* [*The Country House,* 1702], *La Conspiration* [*The Confederacy,* 1705] ne sont que des adaptations remaniées d'œuvres de Dancourt. La dernière de ces comédies — qui est une adaptation des *Bourgeoises à la mode* (*) — fut jouée au théâtre de Haymarket, construit sur les plans de Vanbrugh lui-même. En effet, parallèlement à son activité théâtrale, Vanbrugh accomplit une brillante carrière d'architecte. En 1699, il dessina le projet du château de Howard, près d'York, demeure du comte de Carlisle et chef-d'œuvre du style de Palladio. En 1702, il fut nommé contrôleur des fabriques royales et, en 1705, fut choisi comme architecte pour la construction du magnifique palais de Blenheim Park, qui devait être le don de la nation au duc de Marlborough ; cependant, il ne put diriger les travaux jusqu'a leur achèvement. Vanbrugh construisit en outre de nombreuses demeures à la campagne ainsi que des hôtels particuliers. Il fut nommé chevalier en 1714, et en 1716 devint architecte de l'hôpital de Greenwich. Ses comédies comme son architecture témoignent d'un goût du grandiose ; mais, tandis que le baroque domine dans ses palais, ses drames sont écrits dans le style d'une conversation courante, pétillante d'esprit et de charme.

RÉF. : Theophilus Gibber, *The Lives of the Poets of Great Britain...,* Londres, 1753. — Isaac Disraeli, *Curiosities of Literature,* Londres, 1793. — G. H. Lovegrove, *The Life, Work and Influence of Sir John Vanbrugh,* Londres, 1902. — Laurence Whistler, *The Imagination of Vanbrugh and his Fellow Artists,* Londres, 1954. — B. Harris, *Sir John Vanbrugh,* Londres 1967. — K. Downes, *Vanbrugh,* Londres, 1977. — M. Fluchère, *L'Œuvre dramatique de sir John Vanbrugh,* Paris, 1980. — G. M. Berkowitz, *Sir John Vanbrugh and the End of Restoration Comedy,* Amsterdam, 1981.

VANČURA Vladislav. Romancier, nouvelliste et auteur dramatique tchèque (nommé « artiste national *in memoriam* » en 1947). Né le 26 juin 1891 à Háj près d'Opava, exécuté par les nazis le 1er juin 1942 à Prague. Il abandonne tôt l'exercice de la médecine pour se consacrer à la littérature où il édifie l'un des sommets de la prose tchèque de ce siècle. Au moment où Čapek parachève une évolution vers le style naturel parlé, il opère un retour radical vers le tchèque du Moyen Âge, de l'humanisme, de la Renaissance, réinventant la structure de périodes longues, exhumant des mots oubliés, livresques. Il crée ainsi un style majestueux, monumental, un discours lyrique d'une rare puissance. Il ne s'embarrasse pas de psychologie mais, aidé de son don d'observation visuelle et de son sens de l'humour dru, il grave des personnages robustes, virils, joyeux, entiers, qui aiment ou détestent sans complexe. Outre plusieurs nouvelles, notamment *Un été capricieux* (*) (1926) et le recueil *L'Arc de la reine Dorothée* [*Luk královny Dorotky*, 1932] où apparaît Maupassant, il compose une série de romans : *Jean Marhoul, le boulanger* (*) (1924), histoire d'un brave homme naïf, heureux, abusé par un monde méchant et finalement abattu, *Les Champs de labour et de guerre* [*Pole orná a válečná*, 1925], long monologue intérieur, protestation contre les horreurs de la guerre, *Markéta Lazarová* (*) (1931), des amours tragiques au temps des chevaliers-brigands, *La Fuite à Buda* [*Útěk do Budína*, 1932], le mariage raté d'une étudiante pragoise et d'un futile fermier slovaque, *La Fin des temps anciens* [*Konec starých časů*, 1934], montrant un émigré russe bon vivant dans une famille de nouveaux riches, *Trois rivières* [*Tři řeky*, 1936], ou la formation d'un jeune homme au contact de la révolution russe, *La Famille Horvat* [*Rodina Horvatova*, 1938], premier volume d'une trilogie inachevée. Sous l'Occupation, Vančura entreprend une œuvre toute différente, qui ambitionne de ressusciter les premiers siècles de l'histoire nationale, *Images de l'histoire de la nation tchèque* [*Obrazy z dějin národa českého*, 1939-40] (2 vol. inachevés). Parallèlement, on lui doit également des pièces de théâtre : *Maître et Disciple* [*Učitel a žák*,

1927], *La Jeune Fille malade* [*Nemocná dívka*, 1928], *L'Alchimiste* [*Alchymista*, 1932], *Le Lac Ukereve* [*Jezero Ukereve*, 1935], *Joséphine* [*Josefina*, 1947], et la mise en scène de plusieurs films d'avant-garde. Un choix de ses articles et essais, *La Conscience des corrélations* [*Vědomí souvislostí*, 1958], fait mieux comprendre le mécanisme complexe de sa création si singulière qui n'est pas d'abord accueillie sans réticence mais qui marque maint jeune écrivain au moment où, après 1948, le régime tente d'imposer le « réalisme socialiste ». C'est ainsi que Milan Kundera analysera le style de Vančura dans *L'Art du roman* [*Umění románu*, 1960]. Cet ancien président du groupe d'avant-garde « Devětsil », ce communiste qui refuse de soumettre son art à la ligne bolchevique (il est exclu en 1929), reste aussi un exemple de droiture et de courage sous l'Occupation : la Résistance (aux côtés de Halas, Olbracht, Černý, etc.) le mène à la mort.

VLADIMIR PESKA.

VAN DER MEERSCH Maxence. Écrivain français. Né à Roubaix le 4 mai 1907, mort au Touquet (Pas-de-Calais) le 14 janvier 1951. Il fit ses études secondaires aux lycées de Tourcoing et de Lille. Après avoir obtenu ses licences de droit et de lettres, il s'inscrivit au barreau de Lille et exerça pendant deux ans. Il avait débuté dans le journalisme comme rédacteur en chef de la revue *Lille universitaire*. Il commença par collaborer à divers journaux, et publia, en 1932, un roman, *La Maison dans la dune*, qui fut par la suite porté à l'écran. Le succès fut immédiat. En 1933, il arrivait au deuxième rang pour le prix Renaudot ; il obtenait en 1936 le prix Goncourt pour *L'Empreinte du Dieu* (*), et le grand prix de l'Académie française en 1943 pour *Corps et Âmes* (*). Parmi les autres romans de Van der Meersch, citons : *Car ils ne savent pas ce qu'ils font ; Quand les sirènes se taisent ; L'Élu ; Le Péché du monde ; Invasion 14*. Tous se déroulent dans les paysages du Nord et de la Flandre, et décrivent les formes sociales de la vie des paysans, des pêcheurs et des ouvriers de cette région.

RÉF. : É. Bordes, *Le Drame spirituel dans l'œuvre de M. Van der Meersch*, Tourcoing, 1944. – B. Leliaert, *M. Van der Meersch*, Lille, 1945. – A. Jans, *À la rencontre de M. Van der Meersch*, Liège, 1946.

VAN EEDEN Frederik. Écrivain hollandais. Né à Haarlem le 3 avril 1860, mort à Bussum le 16 juin 1932. Il fit ses études de médecine et collabora à la fondation de la revue *Le Nouveau Guide* [*De Nieuwe Gids*], autour de laquelle se rassembla le groupe « Quatre-Vingts » qui devait être à l'origine d'une véritable renaissance de la littérature hollandaise. Son œuvre, qui est écrite dans une langue solide pleine de détails savoureux, oppose au goût romantique de la nature la faim de savoir et de science qui fera une humanité plus heureuse. Van Eeden n'abandonna jamais la médecine et créa la colonie socialisante de Waldem dont l'échec ne le découragea pas. Il a laissé une œuvre vaste et variée où la religiosité n'est que la recherche d'un humanisme plus généreux. Cette recherche est présente dans ses romans comme : *Le Petit Jean* (*) (1885) et *Sirius et Sidérius* [*Sirius en Siderius*, 1912] ; dans ses poèmes : *Ellen* (1891), *Le Lys sans passion* [*Van de passielooze lelie*, 1901], et dans ses meilleurs drames : *Les Frères* [*De Broeders*, 1894] et *Ijsbrand* (1908).

RÉF. : G. Kalff, *Frederik Van Eeden ; psychologie van den tachtiger*, La Haye, 1927. – H. V. Van Tricht, *Frederik Van Eeden*, Amsterdam, 1934. – A. Verwey, *Frederik Van Eeden*, Santport, 1939. – W. J. Simons, *Frederik Van Eeden*, Amsterdam, 1960. – H. W. van Tricht, *Frederik Van Eeden, denker en strijder*, Utrecht, 1978.

VANEIGEM Raoul. Révolutionnaire et essayiste belge. Né en 1934 à Lessines (Belgique). Raoul Vaneigem a suivi des études de philologie romane qui l'ont amené à exercer très fugacement le professorat de lettres. Son non-conformisme affiché, un tempérament de rebelle, l'analyse qu'il a entamée de la société moderne le conduisent à abandonner cette position sociale. À partir de 1960, il vit d'expédients et son activité essentielle se confond avec celle de l'« Internationale situationniste », mouvement révolutionnaire artistique et politique d'une extrême radicalité. Il publie plusieurs articles dans la revue de la section française de l'I.S. et devient rapidement l'un des théoriciens les plus en vue de ce mouvement. Dans une série de textes intitulés *Banalités de base* (1962), il dissèque férocement le « Welfare State » et la « société de consommation ». Il approfondit sa critique dans son *Traité de savoir-vivre à l'usage des jeunes générations* (*) (1967). Cet ouvrage choque par ses formules hautaines, provocatrices et subversives. Il connaîtra un grand retentissement et imprimera au mouvement des étudiants français en mai 1968 sa marque la plus extrémiste et une grande partie de ses graffiti les plus sulfureux. Cependant, dans les années qui suivent le reflux du mouvement, l'I.S. connaît une crise qui aboutira à sa dissolution (1972). Considérant comme un échec les dix dernières années d'activité de l'Internationale, Vaneigem en avait démissionné en 1970. Jugeant l'ensemble des sociétés mondiales pareillement aliénantes, qu'elles se réclament du capitalisme ou du communisme, il poursuit son travail théorique. Il publie dans les « Classiques de la subversion » des textes introuvables de penseurs anarchistes (Darien, Zo d'Axa, Cœurderoy). Dans le *Livre des plaisirs* (1979), il revendique les droits de l'individu (et non de l'homme abstrait) face à un monde qui lui interdit d'être lui-même. *L'Adresse aux vivants* (1990) s'attaque au trop facile consensus actuel quant à l'idéal démocratique. Son dernier ouvrage, *Lettre de Staline à ses enfants enfin réconciliés de l'Est et de l'Ouest* (1992), met en scène, sur un mode grinçant, le sanglant dictateur soviétique qui se félicite de voir partout progresser le monde totalitaire qu'il prônait de son vivant. Si la pensée de Vaneigem est toujours tributaire des analyses situationnistes, il y appose son propre sceau : en un style vif et remarquablement soutenu, il se joue d'une culture vaste et diversifiée, ne dédaigne pas le lyrisme. Chez lui, la confidence personnelle peut constamment déboucher sur une affirmation théorique abstraite, le tout nimbé d'un humour noir jamais en défaut. Son œuvre propose moins un système philosophique nouveau qu'une constante et passionnée revendication des droits de la subjectivité poétique et de l'hédonisme sous toutes ses formes. Jusque dans un travail d'érudition : *Le Mouvement du libre esprit* (1986), on retrouve ces exigences à travers l'étude savante d'une secte hérétique médiévale, à la fois mystique et révolutionnaire.

ALAIN QUESNEL.

VAN GENNEP Arnold. Ethnographe et folkloriste français. Né à Ludwigsburg (Wurtemberg) en 1873, mort à Bourg-la-Reine en 1957. Van Gennep avait un père allemand descendant d'émigrés français et une mère hollandaise. Ses parents divorcent alors qu'il a six ans et sa mère s'installe en France avec l'enfant. Elle se remariera quelques années plus tard avec un médecin qui exerce durant les mois d'été à la station thermale de Challes-les-Eaux, en Savoie. C'est l'occasion pour le jeune garçon de longs séjours dans cette région à laquelle il restera attaché, et où il effectuera presque toutes ses enquêtes de terrain. Ses études achevées, Van Gennep passe quatre années en Pologne où il enseigne le français. Rentré en France, il obtient un poste de traducteur au ministère de l'Agriculture. Son don des langues, joint à une grande curiosité intellectuelle, l'amène à suivre l'enseignement donné à la 4e et à la 5e section de l'École pratique des hautes études où il poursuit l'étude des langues et des religions des peuples exotiques. En 1908, il reprend sa liberté, décidé à ne vivre que de ses écrits. Il accepte toutefois la chaire d'ethnologie à l'université de Neuchâtel entre 1912 et 1915 et remplit les fonctions de directeur adjoint au Musée d'ethnographie de la même ville. Son caractère ombrageux et son souci d'indépendance le tiennent à l'écart du monde universitaire ; il n'occupera jamais de poste d'enseignement ou de recherche en France où l'on reconnaît néanmoins ses grandes compétences. Il meurt en 1957 à Bourg-la-Reine où il résidait depuis 1907.

Ses recherches ont porté d'abord sur les problèmes ethnologiques de son temps : le totémisme, les tabous (*Tabou et totémisme à Madagascar*, 1904), les formes primitives de la religion (*Mythes et légendes d'Australie*, 1906). En 1909, il publie un livre important sur *Les Rites de passage* (*), notion dont l'utilité a été vite reconnue, avec quelques réserves, par tous ses collègues. Après 1920, Van Gennep se consacre plus spécialement à l'étude du folklore, refusant pour la France le terme d'ethnographie qu'il entend limiter à l'étude des peuples « sauvages ». Il publie plusieurs monographies, et de 1937 à 1958 un monumental *Manuel de folklore français* en neuf volumes qu'il laisse inachevé à sa mort.

Le grand mérite de cet auteur aura été de renouveler l'étude du folklore, qui n'est plus vu comme la collecte par les amateurs de curiosités ou de coutumes étranges, simples survivances correspondant à des croyances depuis longtemps disparues, mais comme l'objet d'une enquête méthodique où chaque fait est bien localisé et noté avec le maximum de précision. Les enquêtes menées après 1945 dans le cadre du nouveau Musée des arts et traditions populaires sous l'impulsion de son directeur, Georges-Henri Rivière, s'inspirent largement des directives de Van Gennep.

DENISE PAULME.

RÉF. : N. Belmont, *Arnold Van Gennep, créateur de l'ethnographie française*, Paris, 1974.

VAN GOGH Vincent. Peintre hollandais. Né le 30 mars 1853 à Groot-Zundert (Hollande), mort le 29 juillet 1890 à Auvers-sur-Oise (Val-d'Oise). Sa famille comptait des marchands de tableaux, des orfèvres et des pasteurs, dont son père. Il entra à seize ans comme employé dans une galerie d'art à La Haye et demeura dans cet emploi à Bruxelles, puis à Londres et à Paris. En 1877, il décida d'entreprendre des études supérieures de théologie. Au bout d'un an, il se rendit en Belgique comme missionnaire bénévole auprès des mineurs du Borinage. Peu doué pour la prédication, il ne fit point de prêches, mais sa vie était un exemple d'apostolat. Jeûnant, dormant sur la dure, il voulut être le plus pauvre de ces pauvres, et porta si haut la perfection que son Église lui défendit de continuer. Déçu, attristé, Van Gogh demeura quelque temps en Belgique, mais il se sentait une vocation : celle d'éclairer les hommes, de leur indiquer le chemin de la joie, de les aider à trouver Dieu. Sous quelle forme ? La peinture lui fit signe. Encouragé par son frère Théo, qui allait être jusqu'à la fin son unique ami et son seul soutien, il décida de s'y consacrer, se mit à dessiner, et à étudier assidûment. Toutefois, ce n'est qu'en 1884, dans la maison de ses parents, à Neuenen, qu'il peindra ses premières toiles importantes, « Les Tisserands », « Les Mangeurs de pommes de terre », ces figures de paysans dont l'ensemble constitue, ainsi que d'innombrables dessins, ce que l'on nomme aujourd'hui sa période sombre. Sa palette, en effet, ne devait s'éclaircir qu'à Paris où il s'installa. Van Gogh fréquenta les impressionnistes et les post-impressionnistes dans la boutique du « Père Tanguy » dont il a peint le portrait aujourd'hui célèbre. D'emblée, il se révéla leur égal. Bientôt, il mit fin à l'expérience – pourtant si féconde – de l'impressionnisme, et quitta Paris pour s'établir en Provence. C'est à Arles, dont le soleil lui plaisait et l'exaltait à la fois, qu'il peignit la plupart de ses meilleures toiles et qu'il écrivit ses plus belles pages. Possédé par une fureur de création qui ne devait plus le quitter, il travaillait jour et nuit, désespérément.

Épuisé par la fatigue, les jeûnes prolongés, la misère, et surtout par une solitude extrême, ses nerfs, à la fin, le trahirent et il fut la proie de crises terribles. C'est au cours de l'une d'elles qu'il se querella avec Gauguin, venu à Arles avant de partir pour Tahiti, et qu'il le poursuivit en le menaçant d'un rasoir. Après quoi, plein de remords, pour se punir, il se coupa une oreille. La crise était passée, mais les Arlésiens, pris de peur, l'obligèrent à quitter leur ville. Blessé au plus profond de sa nature affective, et désespéré à l'idée qu'il lui faudrait peut-être renoncer, sous un ciel moins clément, à cette sérénité solaire que sa peinture avait atteinte, il se résigna à demander son admission à l'asile Saint-Paul, à Saint-Rémy. Il y passa une année, douloureusement conscient de sa déchéance à laquelle s'ajoutaient des déboires sentimentaux. N'en pouvant plus, Van Gogh, malade et désespéré, supplia qu'on le délivrât. Avec l'aide de son frère, il remonta vers le nord, amoindri mais heureux à la pensée de pouvoir peindre encore, et reçut à Auvers-sur-Oise l'amicale hospitalité du docteur Gachet. Sa mélancolie, néanmoins, était irrémédiable. Désormais, il savait que, pour lui, « la misère n'aurait jamais de fin » : de son vivant, en effet, un seul de ses tableaux fut vendu. La déroute était totale de cet homme humilié qui ne se doutait pas qu'il était un des plus grands peintres modernes, et le 27 juillet 1890, dans le silence des champs ensoleillés, Van Gogh se tira un coup de revolver dont il mourut deux jours plus tard. Six mois après, son frère Théo, vaincu par la douleur, le suivait dans la tombe. Il repose à côté de Vincent dans le petit cimetière d'Auvers, et nous a laissé de sa fraternelle affection un témoignage incomparable : ces lettres dans lesquelles le peintre raconte au jour le jour sa vie perpétuellement à la recherche de Dieu – v. *Lettres à son frère Théo* (*). Mais Dieu, tel que le conçoit Van Gogh, ce n'est pas en s'écoutant soi-même qu'on le trouve : c'est un Dieu qui se manifeste dans la couleur des choses et se confond avec le feu du soleil et la violence de l'amour. Il est la vie sous toutes ses formes et dans son extrême intensité. Dieu, c'est, à ses yeux, le sentiment lorsqu'il se hausse jusqu'au paroxysme de la passion et de l'action, c'est l'inspirateur de son apostolat au milieu des mineurs et de sa ténacité aux heures où il refuse de se résigner. C'est son amour de Dieu qui le fit mettre au ban de la société puritaine hollandaise pour avoir recueilli une misérable prostituée et ses enfants. C'est à Dieu encore qu'il songeait lorsque, humblement, il prit le chemin de l'asile. Ceux-là même auxquels sa peinture ne suffirait pas en trouveront la preuve dans les lettres qu'il écrivit lors de son séjour à l'asile. Tendue comme un arc, son existence ne pouvait que se briser. En Van Gogh, l'homme s'impose avant que nous ayons admiré le peintre : c'est un homme qui se cherche, un homme lucide à sa manière, alors même qu'il semble s'enfoncer dans les ténèbres. « Les étoiles et une clarté infinies » sont toujours, comme il le souhaitait, au-dessus de sa tête. La misère de son existence ne saurait fausser le jugement que l'on porte sur son œuvre. Un homme a parlé, dont le langage se confondait avec la vie.

GIULIA VERONESI.

♦ *« Que les hommes disparaissent et que de leurs œuvres il ne reste que celles-ci* [les lettres de Van Gogh], *qui n'est pas une œuvre d'art, mais un monologue éperdu, une suite de cris et d'efforts, un long combat : une telle œuvre saurait témoigner de ce qui fit la misère et la grandeur de l'homme ; elle suffirait au jour du Jugement, pour sauver l'Espèce. »* M. Arland.

RÉF. : G. Coquiot, *Des peintres maudits*, Paris, 1924. – P. Collin, *Van Gogh*, Paris, 1925. – J. B. de La Faille, *L'Époque française de Van Gogh*, Paris, 1927 ; *L'Œuvre de Van Gogh, catalogue raisonné*, Paris, 1928. – F. Fels, *Vincent Van Gogh*, Paris, 1928. – Ch. Terrasse, *Van Gogh peintre*, Paris, 1935. – L. Pierard, *La Vie tragique de Vincent Van Gogh*, Paris, 1939. – L. Hautecœur, *Van Gogh*, Monaco-Genève, 1946. – A. Artaud, *Van Gogh, le suicidé de la société*, Paris, 1947. – W. Muensterberger, *Vincent Van Gogh*, Paris, 1948. – Van Gogh, *Lettres à son frère Théo*, Paris, 1953. – J. de Beucken, *Un portrait de Vincent Van Gogh*, Paris, 1953. – C. Estienne et C. Sibert, *Van Gogh*, Genève, 1953. – J. Leymarie, *Van Gogh*, Paris, 1953, rééd. 1990. – J. de Laprade, *Van Gogh*, 1954. – I. Stone, *La Vie passionnée de Vincent Van Gogh*, tr. fr., Paris, 1955. – H. Perruchot, *La Cie de Van Gogh*, Paris, 1955. – W. S. de Gruyter, *Le Monde de Van Gogh*, La Haye-Paris, 1955. – P. Secretan-Rollier, *Van Gogh chez les gueules noires : l'Homme de l'espoir*, Paris, 1977. – V. Forrester, *Van Gogh ou l'Enterrement dans les blés*, Paris, 1983. – B. Zurcher, *Van Gogh : Vie et Œuvre*, Paris, 1985. – Ch. Mauron, *Van Gogh : Études psychocritiques*, Paris, 2e éd., 1990. – E. Van Vitert, *L. van Tilborg, S. van Mercator, Van Gogh*, Paris, 1990.

VAN GULIK Robert. Écrivain néerlandais, de langue néerlandaise mais aussi anglaise, japonaise, voire latine. Né à Zutphen (Hollande) le 9 août 1910, mort à La Haye le 24 septembre 1967. Fils d'un médecin militaire, il séjourne dès sa tendre enfance à Java, où il apprend le malais, le javanais et des rudiments de chinois. Puis il étudie le latin, le grec, des langues modernes, mais aussi le chinois, et plus tard le russe. À Leyde et à Utrecht, il s'initie à la poésie et à la calligraphie chinoises, au droit oriental, aux langues et littératures chinoises et japonaises, au tibétain et au sanscrit, à la philosophie et aux doctrines secrètes du bouddhisme. Affecté à l'ambassade des Pays-Bas à Tokyo (1935-1942), il se livre à des travaux érudits, notamment sur la musique chinoise : il jouera plus tard du luth chinois à sept cordes, instrument auquel il consacrera un ouvrage. Nommé premier secrétaire de la légation hollandaise à Tchoung-King (Chongqing), il y épouse la fille d'un mandarin impérial ; livres, rouleaux, sceaux, imprimerie chinoise le captivent. Après un séjour non moins studieux à Washington, il retourne au Japon en 1948 : c'est alors qu'il traduit un roman policier chinois, le *Dee Gong An,* ou *Affaires résolues par le juge Dee* (Ti), fonctionnaire de l'époque T'ang (VIIe siècle de l'ère chrétienne). Puis, s'inspirant de vieux récits chinois, Van Gulik écrira dix-sept récits policiers fictifs, affaires mystérieuses débrouillées par son juge Ti. Ces romans font découvrir au lecteur occidental maints aspects de la vie sociale en Chine ancienne. Si la tonalité érotique y est sensible, c'est qu'il a trouvé en 1949 des bois gravés (dont il fait une publication très limitée : *Erotic Colour Prints of the Ming Period...,* 1951). Il développe et complète cette première étude dans un panorama de la vie amoureuse aux différentes époques de la Chine, *La Vie sexuelle dans la Chine ancienne* (*), publiée à Leyde en 1961.

Nommé conseiller à New Delhi, il s'adonne de nouveau au sanscrit (*Siddam,* 1956) ; à Beyrouth, il étudie l'arabe en plein tumulte guerrier (1953-1956). Ambassadeur à Kuala-Lumpur, il enseigne à l'université et se documente sur un animal fascinant, le gibbon, « symbole chinois du poète et du philosophe », auquel il consacrera son dernier livre. Il finit sa carrière comme ambassadeur auprès du Japon et de la Corée. En France, *La Vie sexuelle dans la Chine ancienne* est traduite dès 1971 et la série intégrale des *Enquêtes du juge Ti* (*) a été publiée à partir de 1983.

LOUIS ÉVRARD.

RÉF. : Janwillem Van de Wetering, *Van Gulik, sa vie, son œuvre,* Paris, 1990.

VAN HELMONT Jean-Baptiste. Médecin et chimiste flamand d'expression latine. Né à Bruxelles le 12 janvier 1577, mort à Vilvorde (Brabant) le 30 décembre 1644. De famille noble, il étudia la médecine et la chirurgie à Louvain, où il obtint ses diplômes en 1599. Il semble qu'à dix-sept ans il enseignait déjà la médecine, mais, par la suite, il abandonna cette science, vagabondant à travers l'Europe et s'occupant des études les plus disparates. Après avoir fait un riche mariage, il s'établit comme médecin à Vilvorde, près de Bruxelles, en 1609, mais les expériences de chimie demeurèrent toujours son occupation favorite. Van Helmont unissait à une nature mystique des dons d'observateur attentif et d'expérimentateur ; c'est sans doute là qu'il faut chercher la cause des curieuses contradictions qui distinguent son œuvre. Contemporain de Roger Bacon, Harvey et Galilée, l'œuvre de ces novateurs eut une grande influence sur lui. Il tira parfois de ses expériences et de ses observations des conclusions très fantaisistes. Van Helmont découvrit certaines substances aériformes, et c'est à lui que l'on doit la création du mot « gaz » qu'il fit dériver du « chaos » de Paracelse. Son fils, Franz Mercure, prit soin de l'édition de ses écrits qui parurent sous le titre *Ortus medicinae, id est initia phisicae inaudita* (*) (1648).

VAN LERBERGHE Charles. Poète belge d'expression française. Né à Gand le 21 octobre 1861, mort le 26 octobre 1907 à Bruxelles. Orphelin de père à sept ans, de mère à quatorze, il est confié par son tuteur (oncle de Maeterlinck) aux jésuites de Gand (Sainte-Barbe), où il a pour condisciples le futur auteur de *Pelléas* (*) et Grégoire Le Roy, qui composera plus tard *La Chanson du pauvre.* Ses premiers vers se lisent en 1886 dans *La Pléiade,* cahiers parisiens qui groupent, sous l'égide de Banville, Maeterlinck, Mikhaël, Quillard, Saint-Pol Roux, Ajalbert, Le Roy... Il contribue ensuite au *Parnasse de la Jeune Belgique,* publié à Paris l'année suivante chez Vanier mais imprimé à Bruxelles ; tous ces poèmes ne seront pas repris dans son premier volume, *Entrevisions* (*) (1898), en particulier la longue et admirable *Solyane,* qui fait le lien entre *L'Après-midi d'un faune* (*) de Mallarmé et le *Narcisse* (+) de Valéry. Il se lie avec Albert Mockel, et lui donne aussi des poèmes pour sa *Wallonie.* Un petit drame en prose, *Les Flaireurs* (+), paraît en 1889 à Liège, œuvre très proche parente de *L'Intruse* (*) de Maeterlinck et qui sera représentée au Théâtre d'Art (1891) puis à l'Œuvre (1896). Ayant quitté Gand pour Bruxelles, où il se fait recevoir docteur en philosophie, Van Lerberghe recueille ses *Entrevisions,* qu'édite Lacomblez en 1898. Au cours d'un voyage en Italie succédant à des séjours à Londres et en Allemagne est commencée *La Chanson d'Ève* (*), qui sera l'un des chefs-d'œuvre du lyrisme belge : « poésie de l'ineffable », dira Mockel, merveille sans rivale du vers libre symboliste, qui paraîtra au *Mercure* (*) en 1904. En même temps, Van Lerberghe compose l'étrange et truculent drame satyrique de *Pan,* qui annonce la verve de Crommelynck. Mais sa santé, déjà frêle, est brusquement anéantie par une congestion cérébrale (1906). Transporté à l'hôpital Saint-Jean-et-Élisabeth, où Baudelaire avait été en traitement, le poète s'y éteint doucement, au même âge que l'auteur des *Fleurs du mal* (*).

YVES-GÉRARD LE DANTEC.

RÉF. : *Lettres de Charles Van Lerberghe à Fernand Séverin,* Paris et Bruxelles, s. d. – Albert Mockel, *Charles Van Lerberghe,* 1904. – *La Roulotte,* nº spécial, Bruxelles, 1904. – Fernand Séverin, *Charles Van Lerberghe, esquisse d'une biographie,* 1922. – *Lettres de Charles Van Lerberghe à une jeune fille,* publiées par Gustave Charlier, Bruxelles, 1953. – Hubert Juin, *Charles Van Lerberghe,* Paris, 1970.

VAN MANDER Karel. Peintre et historien de l'art flamand. Né à Meulebeke (Flandres) en mai 1548, mort à Amsterdam le 2 septembre 1606. Van Mander est aujourd'hui connu non pour les quelques peintures dans le goût maniériste qu'il a laissées mais essentiellement pour un traité sur la peinture, *Le Livre de la peinture* (*), qui lui a valu le surnom de « Vasari du Nord ». Cette œuvre est le fruit le plus fécond des trois années que Van Mander passa à Rome et qui furent l'expérience la plus importante de sa vie. De famille noble, il avait reçu une éducation humaniste propre à lui donner la sérénité d'âme dont il allait avoir besoin durant son existence laborieuse dans l'Europe tourmentée de la seconde moitié du XVIe siècle. Les vicissitudes des guerres de religion, qui faisaient alors rage dans les Flandres, le contraignant à abandonner successivement sa ville natale, Courtrai, puis Bruges, et pendant lesquelles il fut spolié, volé et faillit être pendu, semblent ne pas avoir troublé la sérénité d'un esprit entièrement voué à l'idéal classique. Ses traductions de l'*Iliade* (*), des *Bucoliques* (*) et des *Géorgiques* (*) en témoignent. Lorsqu'il put finalement trouver un peu de paix à Haarlem, il y fonda une école de peinture qu'il dirigea avec bonheur jusqu'à sa mort.

VAN SCHENDEL Arthur. Écrivain hollandais. Né à Batavia le 5 mars 1874, mort à Amsterdam le 11 septembre 1946. Il quitta Java alors qu'il était encore enfant, enseigna quelque temps l'anglais dans un lycée de Hollande, puis se consacra entièrement à la littérature. Il se détacha du romantisme pour se tourner vers une forme de récit que l'on peut qualifier de néo-romantique, largement nourri de songes et sur une trame de type moyenâgeux. Il faut rattacher à cette période les deux courts romans : *Un vagabond amoureux* [*Een zwerver verliefd*, 1904] et *Un vagabond égaré* [*Een zwerver verdwaald*, 1907]. De même les deux biographies, *Shakespeare* (1910) et *L'Homme de Nazareth* [*De mensch van Nazareth*, 1916], appartiennent à cette période. Après la Première Guerre mondiale, Van Schendel se fixa en Italie où il resta aussi durant la Seconde Guerre, d'abord à Florence, puis à Sestri Levante. Il faut voir dans ce fait la raison de la disparition de ses sujets moyenâgeux et leur remplacement par l'adoption d'un arrière-plan de Renaissance et de villes italiennes. C'est à cette période qu'appartiennent le drame *Pandora*, le roman *Les Fleurs de l'amour* [*Der liefde bloesems*, 1921] et quelques nouvelles réussies, comme *Angiolino et le printemps* [*Angiolino en de lente*, 1923], et une nouvelle biographie : *Verlaine* (1927). Puis, vers 1930, Arthur Van Schendel se tourna vers des sujets d'inspiration hollandaise ; les romans *Le Dernier Voilier* (*) (1930), *L'Homme de l'eau* (*) (1933), *Une tragédie hollandaise* (*) (1935), *Le Richard* (*) (1936), *Les Oiseaux gris* (1937) et *Les Sept Jardins* [*De zeven Tuinen*, 1939] lui assurent la première place parmi les prosateurs de son pays : la mélancolie de ses thèmes, l'atmosphère étouffante où ils se développent, sont pris dans une écriture élaborée jusqu'à la transparence.

RÉF. : A. Pulinckx, *A. Van Schandel, zijn werk en zijn beteekenis*, thèse, Louvain, 1944. – G. H.' s-Gravesande, *A. Van Schendel. Zijn leven en werk*, Amsterdam, 1949, 2e éd. 1981. – F. W. Van Heerikhuizen, *Het werk van Arthur Van Schendel*, Amsterdam, 1961. – J. Noë, *Arthur Van Schendel*, Bruges, 1961, 2e éd. 1980. – C. Verger, *Arthur Van Schendel : van het werk tot het leven en omgekeerd*, La Haye, 1983, et *Arthur Van Schendel en zijn vrienden*, Amsterdam, 1983.

VAN VOGT A(lfred) E(lton). Romancier et nouvelliste américain. Né le 26 avril 1912 près de Winnipeg (Manitoba), Canada. Après des études à l'université d'Ottawa, il écrit dans des genres populaires variés puis se consacre à la science-fiction à partir de 1939. Il épouse la même année Edna Mayne Hull. De 1939 à 1947, il publie plus de trente-cinq nouvelles et romans dans la revue *Astounding Science-Fiction*, et devient l'un des créateurs de l'âge d'or de la science-fiction américaine dont *La Faune de l'espace* [*The Voyage of the Space Beagle,* 1950] est un exemple. Son roman, *À la poursuite des Slans* [*Slan*, 1946], qui traite des malheurs de mutants créés pour aider l'espèce humaine mais victimes de sa jalousie, connaît un grand succès. Il développe par la suite des intrigues compliquées dont la logique et la continuité ne sont pas le fort, mais qui se révèlent fascinantes par leurs déplacements de perspective, qui évoquent le travail du rêve auquel Van Vogt dit avoir beaucoup emprunté. Ses réussites restent *Les Armureries d'Isher* [*The Weapon Makers,* 1947] et sa suite *Les Fabricants d'armes* [*The Weapon Shops of Ischer,* 1951] et surtout le cycle du non-A, inauguré avec *Le Monde du non-A* (*) (1948). À partir de 1950, à la suite de son adhésion à la dianétique, pseudo-science de l'esprit due à L. Ron Hubbard, sa production s'amenuise. Il recommence à écrire en 1969, mais sans retrouver sa verve paradoxale.

GÉRARD KLEIN.

RÉF. : Jacques Goimard, *A. E. Van Vogt, Les Portes de l'Éternité,* Paris, 1990.

VARĀHAMIHIRA. Astronome et astrologue indien. Né à Ujjayinï au VIe siècle apr. J.-C., mort en 587. Fils d'Adityadāsa et père de Prithuyaśas. On lui attribue de nombreuses œuvres parmi lesquelles il faut citer la *Bṛhat-saṃhitā* (*), le *Brhajjātaka,* le *Brhadyātrā,* le *Yogayātrā,* le *Mayūracitraka,* le *Kālacakra,* la *Pancasiddhāntikā.* Cette dernière fut publiée vers l'an 550 ; elle se ressent de l'influence de Paul l'Alexandrin, et indirectement de Ptolémée. Varāhamihira fut un des neuf « joyaux » de la cour de Vikramāditya.

RÉF. : A. M. Shastri, *India as seen in the « Brhatsaṃhitā »*, Delhi, 1969.

VARÂVÎNI Sa'd al-Dîn. Écrivain persan de la première moitié du XIIIe siècle. Né à Varâvîn, près d'Ardabil en Azerbaïdjan, mort à Tabriz probablement. On ne possède quasiment aucun renseignement sur la vie de cet auteur, si ce n'est qu'il fut le secrétaire de Khwajé Abol-Qâsem, vizir de Mozaffar al-Dîn Özebek Ildeguez, Atabeg de la dynastie saldjoukide, qui domina l'Azerbaïdjan de 1210 à 1225. Le seul ouvrage de Varâvîni est intitulé *Marzbân-nâmé* (*), composé entre 1210 et 1225, et dédié au vizir d'Özebek. Il s'agit d'un « Miroir des princes », c'est-à-dire d'un livre de conseils adressés à ceux qui gouvernent.

MARIE-HÉLÈNE PONROY.

VARÈSE Edgard. Compositeur américain d'origine française. Né à Paris le 22 décembre 1885, mort à New York le 6 novembre 1965. L'enfance de Varèse fut difficile. En conflit ouvert avec un père, qui ne voyait d'autre possibilité pour lui que des études d'ingénieur, et allait jusqu'à mettre sous clef le piano familial, obligé de suivre sa famille à Turin alors que toute son affection allait à ses grands-parents qui vivaient à côté de Tournus, c'est en cachette qu'il reçoit des leçons d'harmonie et de contrepoint du directeur du Conservatoire de Turin. En 1903, après la mort de sa mère, il échappe à la maison familiale et vient chercher à Paris l'aventure musicale. À la Schola Cantorum, il sera l'élève de Roussel et de Bordes qui lui donneront le goût des musiciens médiévaux. Il fait souvent exécuter leurs œuvres par la « Chorale de l'université populaire du Faubourg-Saint-Antoine » qu'il a fondée. Puis il passe au Conservatoire dans la classe de Widor. Il se révèle un excellent élève, très doué pour le contrepoint, et reçoit en 1907 la première bourse artistique de la Ville de Paris, grâce à l'appui de Widor et de Massenet. Ses admirations vont à Debussy et surtout à Berlioz. Il lit beaucoup, de la philosophie et des livres sur l'acoustique, cherchant déjà de nouveaux fondements à la musique. Il fréquente les milieux de Montparnasse, écrivains et peintres, dont un grand nombre, devenus célèbres, resteront ses amis. Ne trouvant pas à s'employer à Paris, il part pour Berlin en 1908. Il vit en faisant des travaux de copiste, cherchant des chœurs à diriger, donnant quelques leçons. Première rencontre importante de sa carrière : il se présente chez Busoni, qui lui déclare : « Je suis à peu près convaincu que, dans la nouvelle musique authentique, les machines seront nécessaires, et qu'elles auront un rôle important. Peut-être même que l'industrie aura son rôle à jouer dans la démarche et la métamorphose de l'esthétique. » Il semble que ce soit la première apparition dans le système de pensée de Varèse d'une idée fondamentale : les conditions de la vie industrielle et les bruits qu'elle crée viennent modifier les capacités et la qualité de l'écoute humaine ; l'homme moderne a donc besoin d'une nouvelle musique. En 1909, il fait la connaissance de Romain Rolland, qui voit en lui le prototype de son Jean-Christophe, « admirablement beau ; grand, de beaux cheveux noirs, des yeux clairs, une figure intelligente et énergique, une sorte de jeune Beethoven italien peint par Giorgione... ». Romain Rolland se montre pour Varèse extrêmement amical, l'encourageant à persister dans ses travaux. Car Varèse, qui a fait la connaissance de Richard Strauss et beaucoup appris de lui sur le plan de la technique orchestrale, compose. Un poème symphonique, *Bourgogne*, a été joué en 1910, à Berlin, devant un public manifestant son hostilité. D'autres œuvres sont en chantier, un *Gargantua, Œdipe et le Sphinx*, opéra sur un livret de Hofmannsthal. Varèse, par la suite, récusera toutes les œuvres de cette période. Les manuscrits en avaient d'ailleurs été détruits par un incendie, à l'exception de *Bourgogne* qu'il détruira lui-même en 1962. Coïncidence : au cours de cette période, Varèse aura assisté à une avant-première du *Pierrot lunaire* (*), dirigée par Schönberg lui-même, et à la première, lors d'un passage à Paris, du *Sacre du printemps* (*). La guerre le ramène en France ; réformé en 1915, il va s'installer aux États-Unis. À partir de 1920, la vie de Varèse va se confondre avec celle de son œuvre. Toute l'esthétique varésienne repose sur le remplacement de la notion abstraite de note par la notion concrète de son, c'est-à-dire de bruit organisé, ce qui oblige à enrichir l'alphabet musical et à créer de « nouveaux instruments... pour ouvrir largement à la musique tout l'univers des sons ». Ces idées sont antérieures de beaucoup aux techniques électro-acoustiques, qui donnent aujourd'hui à tout musicien la possibilité de réaliser cette ouverture. La difficulté de Varèse a été de réaliser de la musique électro-acoustique avec les moyens d'un orchestre classique. La première œuvre a été *Amériques* (1920-21), puis *Offrandes* (1921), suivi de *Hyperprism* (1922-23) à l'occasion de laquelle Varèse a été amené à comparer sa technique d'écriture aux techniques classiques : « Vous avez comme point de départ les mêmes procédés que l'on trouve dans le contrepoint classique, avec cette différence que maintenant, au lieu de notes, des masses organisées de sons se meuvent l'une contre l'autre. » Puis vient *Octandre* (1923), suivi de *Intégrales* (1924), et *Arcana* (*) (1927). *Ionisation* (1931-33) a la particularité d'être la première œuvre importante n'utilisant que des instruments à percussion. C'est à cette occasion que Varèse s'est défendu d'être un « artiste précurseur ». L'artiste, a-t-il expliqué, ne devance pas son époque. C'est le public qui est en retard de cinquante ans. Les moyens d'expression ont changé et doivent changer. *Ecuatorial* (1934) est suivi de *Densité 21,5*. Pendant quelques années, Varèse ne produit plus. Il reprend une carrière de chef d'orchestre et va donner à Darmstadt des cours qui marqueront profondément les musiciens de la jeune génération. Avec *Déserts* (*), dont la composition s'étend de 1950 à 1955, Varèse a été enfin rejoint par l'instrument électro-acoustique qui lui a manqué si longtemps. L'exposition de Bruxelles en 1958 permet la réalisation, avec Le Corbusier et Xenakis, d'un volume où quatre cents sources sonores créent la musique spatiale qu'il a toujours désirée. La dernière œuvre, *Nocturnal*, sera interrompue par la mort.

JEAN-FRANÇOIS LABIE.

♦ *« Certains hommes, et Varèse est de ceux-là, sont comme de la dynamite. Ce fait seul, je pense, suffit à expliquer pourquoi on les traite avec une prudente timidité. »* Henry Miller. ♦ *« On a l'impression que Varèse réinvente vraiment la musique à chaque fois. »* A. Boucourechliev. ♦ *« Varèse a enfin été reconnu, mais il fait encore figure de solitaire, parce qu'il a préféré composer de la musique au lieu de jouer le rôle de "compositeur" comme tant d'autres. »* I. Stravinski.

RÉF. : Fernand Ouellette, *Edgard Varèse*, Paris, 1966. – Georges Charbonnier, *Entretiens avec Edgard Varèse, suivis d'une étude de son œuvre par Harry Halbreich*, Paris, 1970. – Odile Vivier, *Varèse*, Paris, 1973. – Hilda Jolivet, *Varèse*, Paris, 1973. – Edgard Varèse, *Écrits*, Paris, 1983. – Marc Bredel, *Varèse*, Paris, 1984. – « Varèse, vingt ans après... », dans *La Revue Musicale*, nos 383-385, Paris, 1986. – Hugues Dufourt, *Musique, Pouvoir, Écriture*, Paris, 1991.

VARGAS LLOSA Mario. Écrivain péruvien. Né à Arequipa, le 28 mars 1936. Élevé par ses grands-parents maternels, il passe son enfance à Cochabamba (Bolivie) où son grand-père est consul, puis à Piura (Pérou) dont il fera plus tard le cadre de certaines nouvelles du recueil *Les Caïds* (1959) et de plusieurs romans parmi lesquels *La Maison verte* (*) (1966), entrevue à l'époque. Adolescent repris par ses parents réconciliés, il entre comme interne au collège militaire Leoncio Prado de Lima (1950-1952), dont il décrira l'ambiance infernale dans *La Ville et les Chiens* (*) (1963), avant de retourner à Piura achever ses études secondaires dans un collège salésien. En 1954, il étudie le droit et les lettres à l'université San Marcos, fréquente des cercles d'études marxistes opposés à la dictature du général Odría, et se passionne pour Jean-Paul Sartre. En 1955, il épouse Julia Urquidi Illanes, la femme divorcée d'un de ses oncles, de dix ans son aînée, inspiratrice de la future *Tante Julia* (*) (1977). Vivant de petits métiers, il écrit ses premières nouvelles, collabore aux revues nationales et participe à la fondation de *Cuadernos de composición* (1956-1957) et de *Literatura* (1957-1958). Boursier à Madrid en 1958 pour y préparer une thèse de doctorat sur Rubén Darío, plus tard abandonnée, il obtient en 1959 le prix Leopoldo Alas pour *Les Caïds*, qui le révèlent. La même année, il s'installe à Paris où il écrit *Les Imposteurs*, premier titre de *La Ville et les Chiens*. Pour gagner sa vie, il donne des cours de langue espagnole à l'école Berlitz, fait des traductions pour l'Agence France-Presse et anime des émissions culturelles à l'O.R.T.F. Il découvre *Madame Bovary* (*) et lit toute l'œuvre de Flaubert qui lui inspirera *L'Orgie perpétuelle* (*) (1975). Divorcé en 1964, il épouse en 1965 sa cousine Patricia Llosa. Romancier reconnu, fasciné par la révolution cubaine, il devient membre du comité de rédaction de la revue *Casa de las Américas* à La Havane, de 1965 à 1971, renonçant à cette option politique après le procès du poète Heberto Padilla par le régime. Professeur au King's College de Londres en 1969, il publie *Conversation à la Cathédrale* (*) puis, en 1973, *Pantaléon et les Visiteuses* et son essai *Gabriel García Márquez : historia de un deicidio*. En 1977, année où paraît *La Tante Julia et le scribouillard*, il visite au Brésil la région de Bahia où vécut le « Prophète » Antonio Mendes Maciel, dit « le Conseiller », héros du livre de Euclides da Cunha : *Os Sertões*, et concrétise son rêve de fustiger le fanatisme à travers un roman dont cet illuminé serait le protagoniste : *La Guerre de la fin du monde* (1981). Au théâtre, *La Demoiselle de Tacna*, poétique histoire d'une famille péruvienne, est jouée à Buenos Aires, à Lima, à Madrid et beaucoup plus tard (1987) à Bordeaux, précédant *Kathie et l'Hippopotame* (1983) où Vargas Llosa porte à la scène sa théorie des « démons », fantasmes auxquels ne peuvent échapper les hommes et les femmes, et plus particulièrement les écrivains. La violence qui sévit au Pérou, les luttes aveugles, lui suggèrent *Histoire de Mayta* (1984) et un roman policier, *Qui a tué Palomino Molero ?* (1986). Depuis une décennie, Mario Vargas Llosa partage son temps entre la littérature et la politique. Partisan du libéralisme économique, il fonde au Pérou, en 1987, le mouvement *Libertad* et sera le candidat malheureux de la droite démocratique aux élections présidentielles de 1990. Il écrit deux romans : *L'Homme qui parle* (1987) et *Éloge de la marâtre* (1988), et une pièce de théâtre : *La Chunga* (1986).

CLAUDE COUFFON.

RÉF. : Mario Vargas Llosa, *Sur la vie et la politique*, entretiens avec Ricardo A. Setti, biographie et analyse des œuvres par Marie-Madeleine Gladieu, Paris, 1989. – José Miguel Oviedo, *Mario Vargas Llosa*, Madrid, 1982. – Marie-Madeleine Gladieu, *Mario Vargas Llosa*, Paris, 1989.

VARNALIS Kostas. Poète grec, né le 14 février 1884 à Pyrgos (Bulgarie), mort le 16 décembre 1974 à Athènes. Poète officiel d'un parti pour certains, précurseur de l'écrivain « engagé » pour d'autres, Varnalis est le seul, parmi ceux de sa génération littéraire en Grèce, à avoir embrassé sans réserve un marxisme qu'il n'a jamais renié. Après des études de lettres, il a enseigné dans des lycées d'Athènes et du Pirée jusqu'en 1919, date à laquelle il se rend dans le Paris de Barbusse et de Romain Rolland pour un séjour qui aura une influence décisive sur son orientation future. Après avoir publié un premier recueil d'inspiration romantique *Gâteaux de cire* [Κηρήθρες, 1905] et longtemps hésité entre divers registres, il décide de renier le « vers aristocratique » de ses débuts pour se lancer dans la composition de longs poèmes lyriques (*La Lumière qui brûle* [Το φώς που καίει], publié en 1922 sous le pseudonyme de Dimos Tanalias et qui lui valut d'être exclu de l'enseignement) où, mêlant la satire et l'élégie, la mythologie et la religion, il prône un engagement révolutionnaire et fraternel aux côtés des opprimés. Ignorant les hésitations idéologiques d'un compagnon d'armes comme Kazantzakis, Varnalis se veut le porte-parole de ceux à qui elle est refusée, et il recourt pour cela à une langue populaire et imagée, fidèle à l'exemple de Psichari. En dépit, parfois, d'une certaine emphase, la richesse de son inspiration et son enracinement dans la réalité grecque parviennent cependant à lui faire éviter les écueils de la poésie militante. En 1927, après avoir définitivement renoncé à l'enseignement pour se consacrer au journalisme, il publie *Les Esclaves assiégés* [Οι Σχλάβοι Πολιορχημένοι], référence à un poème célèbre de Dionysios Solomós — *Les Assiégés libres* (*) — et cri de révolte mêlé de références à l'Évangile. Dans ses essais critiques, il s'est également attaché à proposer une lecture marxiste de grandes œuvres du passé *Solomós sans métaphysique* [Ο Σολωμός χωρίς μεταφυσιχή, 1925], pas toujours exempte des faiblesses attachées à tout système. Son œuvre en prose, *La Véritable Apologie de Socrate* (*) (1931), *Le Journal de Pénélope* [Το Ημερολόγιο της Πηνελόπης, 1946] met en scène des grandes figures de l'Antiquité destinées à nous transmettre une vision peut-être moins idéale, mais d'autant plus véridique, de l'hellénisme et de ce qui fait la « grécité ». Paradoxalement, c'est sans doute dans ses écrits marginaux (*Hommes vivants* [Ζωντανοί Ἀνθρωποι, 1939]; *Mémoires littéraires* [Φιλολογιχά Απομνημονεύματα, 1980]) que Varnalis apparaît le plus convaincant et le plus fraternel. Il convient enfin de mentionner son œuvre de traducteur au service des grands écrivains de l'Antiquité (Euripide, Xénophon, Sophocle, etc.) ou de la littérature française (Flaubert, Molière, Rabelais, Racine). Plusieurs fois arrêté et condamné pour ses idées, Varnalis a été honoré dans de nombreux pays — à l'exception de la France où la quasi-totalité de son œuvre attend encore d'être traduite.

GILLES ORTLIEB.

VARNEY Louis. Compositeur français. Né à La Nouvelle-Orléans le 30 mai 1844, mort à Cauterets le 20 août 1908. Élève de son père, un chef d'orchestre d'opéra, il commence sa carrière comme chef d'orchestre au théâtre de l'Athénée à Paris. Il connaît d'emblée le succès avec sa première œuvre, l'opérette *Les Mousquetaires au couvent* (*) (1880), qui assurera sa célébrité. Il a composé une quarantaine d'autres opérettes sans parvenir à la même réussite : *Fanfan la Tulipe* (1882), *L'Amour mouillé* (1887), *La Femme de Narcisse* (1892), *Mademoiselle Georges* (1900).

ALAIN PÂRIS.

VAROUJAN Daniel. Poète arménien. Né le 20 avril 1884 dans la région de Sivas, mort assassiné le 26 août 1915, près de Tchanguere (Anatolie). Varoujan est l'un des écrivains qui ont porté l'arménien moderne occidental à sa perfection, quelques années avant l'extinction brutale des Arméniens de l'Empire ottoman. Élève des pères mekhitaristes à Venise (1902-1905), il a ensuite fait ses études supérieures à l'université de Gand (1905-1909). Revenu au pays, il a enseigné à Sivas, puis à Constantinople, tout en ayant une importante activité publique. Son second recueil, *Le Cœur de la race* [*Tseghin sirtə*], écrit en Belgique et publié en 1909 à Constantinople, l'a rendu célèbre. Ce sont des poèmes de combat, traitant de la patrie, mais aussi de la douleur, de la soumission, des vies brisées. Le troisième recueil, paru en 1912, *Chants païens* (*), est la meilleure expression du « paganisme littéraire » dans les lettres arméniennes des années 1908-1915. Varoujan a participé aux débuts de la revue *Mehyan* en 1914, avec Hagop Ochagan et Costant Zarian. Son quatrième volume, *Le Chant du pain*, a paru post mortem en 1921. Reprenant un vieux projet de ses maîtres mekhitaristes, Varoujan voulait écrire l'épopée qui manquait à son peuple dans la langue moderne. Le 24 avril 1915, il a été arrêté avec des centaines d'autres intellectuels arméniens, déporté en Anatolie, et assassiné par des mercenaires du parti Jeune-Turc.

MARC NICHANIAN.

VARRON (Marcus Terentius Reatinus Varro). Écrivain et homme politique latin. Né en 116 à Reate (l'actuelle Rieti, en Ombrie), mort en 27 av. J.-C. Il reçut une éducation littéraire et philosophique qui l'orienta vers de vastes études doctrinales ; l'ampleur et la diversité de ses intérêts le firent considérer comme le premier grand encyclopédiste latin. Il fréquenta l'école du grammairien L. Aelius Stilo, grand spécialiste des plus anciennes traditions de Rome et commentateur de *La Loi des douze tables* (*) ; puis, à Athènes, il fut à l'école d'Antiochos d'Ascalon, le célèbre philosophe platonicien devenu stoïcien. La vie de Varron fut avant tout celle d'un chercheur. Il débuta sans doute dans la carrière militaire vers 78 ou 77, lors de la guerre dalmate. Conservateur convaincu, il devint bientôt ami et partisan de Pompée ; c'est ainsi qu'il participa à la campagne contre Sertorius et contre les pirates. Ses qualités militaires remarquables sont sanctionnées par le fait qu'il obtint en 67 la couronne navale, honneur qui ne fut octroyé qu'une autre fois, à Agrippa. Il est possible aussi que Varron ait suivi Pompée lors de la troisième guerre contre Mithridate. Son amitié pour lui et pour Cicéron l'amena à adhérer au mouvement oligarchique, mais lorsque Pompée s'allia à César et à Crassus, qui cependant étaient aussi ses amis, il lança contre la coalition la satire *Trikaranos,* où il faisait la caricature du « monstre à trois têtes » qu'était le triumvirat. Il continua cependant à s'occuper de la chose publique en qualité de « quindecemvir ad agros dividendos ». Lorsqu'éclate la guerre civile, nous le trouvons légat de Pompée en Espagne (Détique) ; cependant il dut bientôt traiter avec César, lui céder sa propre armée désormais dissoute, et peu après se retirer de la vie publique. En 47, indice évident d'un rapprochement, il dédie la deuxième partie *(Rerum divinarum)* des *Antiquités* à César, souverain pontife. Celui-ci lui rendit l'hommage en lui confiant la charge très enviée d'organiser, sur le modèle de celle d'Alexandrie, la bibliothèque de Rome. Cependant, lors de la formation du second triumvirat, Varron fut proscrit par Antoine qui convoitait sa magnifique villa située sur les pentes du mont Cassin, mais, sauvé alors par Fusius Calenus, il fut ensuite gracié par Octave. Il put dès lors se consacrer entièrement à ses études préférées, jusqu'à sa mort qui survint l'année même où Octave devint Auguste. Varron jouissait d'une telle renommée qu'il assista de son vivant à l'installation de sa propre effigie dans la bibliothèque d'Asinius Pollion. Il demanda à être enseveli à la pythagoricienne, dans un sarcophage d'argile, parmi des feuilles de myrte, d'olivier et de peuplier noir.

Dans son énorme production, presque entièrement perdue pour nous (nous connaissons soixante-quatorze titres sur un ensemble de six cent vingt ouvrages), il faut distinguer : *a)* les ouvrages d'histoire ancienne, telles les *Antiquités* [*Antiquitatum rerum humanarum et divinarum libre XLI*], livre écrit en 47 ; à cet ouvrage, il faut joindre *De la vie du peuple romain* (*), outre différents ouvrages mineurs parmi lesquels nous mentionnerons les autobiographies : *De vita sua libri III* et *Legationum libri III*, plus les trois ouvrages *De Pompeio* ; *b)* les ouvrages d'histoire littéraire et de linguistique, dont les plus remarquables sont *Les Hebdomades* (*) et les vingt-cinq livres qui composaient *De la langue latine* (*) ; il faut aussi signaler des biographies des poètes anciens et des études sur le théâtre, sur Plaute en particulier : en effet, les *Questiones Plautinae* et le *De comoediis Plautinis* soumettent à un examen critique l'authenticité des nombreuses comédies que l'on attribuait alors à Plaute ; Varron lui en reconnaît seulement vingt et une, probablement celles qui justement sont parvenues jusqu'à nous ; *c)* les ouvrages didactiques qui font la somme de l'extraordinaire connaissance encyclopédique de Varron, et plus particulièrement les livres des *Disciplines* (*) ; mais, pour nous, puisque nous pouvons encore les lire, les trois livres *De l'agriculture* (*) sont de la plus haute importance ; *d*) les ouvrages à caractère plus personnel ou fantaisiste, tels les *Dialogues historiques* (*) ou les célèbres *Satires Ménippées* (*), où l'esprit encyclopédique le cédait à l'« Italicum acetum », à la verve sabine du vieux temps. Varron ne fut pas seulement un érudit mais il fut plongé directement dans l'expérience même de la vie, des hommes et des choses ; expérience dont il anima sans cesse ses écrits, désireux qu'il était de laisser à la postérité la grande richesse de son héritage spirituel.

MANFREDO MANFREDI.

♦ *« Le plus savant des Romains. »* Cicéron ♦ *« Il avait tant lu qu'on ne sait où il a pris le temps d'écrire, et il a tant écrit qu'il serait presque impossible de lire ses œuvres complètement. »* Saint Augustin.

RÉF. : G. Boissier, *La Vie et les ouvrages de M. T. Varron,* Paris, 1861. – Jean Collart, *Varron, grammairien latin,* Paris, 1954. – F. Della Corte, *Varrone, il terzo gran lume romano,* Florence, 3e éd., 1970.

VASARI Giorgio. Peintre et écrivain italien. Né le 30 juillet 1511 à Arezzo d'une famille dont le nom indique qu'elle avait exercé l'art de la poterie, mort à Florence en 1574. Comme il témoignait de profondes dispositions littéraires et artistiques, il fut envoyé à l'âge de treize ans à Florence où il côtoya Michel-Ange et Andrea del Sarto entre autres. Mais en 1527 la peste emporta son père Antonio. De retour à Arezzo, le jeune Giorgio dut assumer, en tant que fils aîné, la responsabilité de chef de famille. Il ne perdit pas courage et même il commença alors à écrire ses *Souvenirs* [*Ricordanze*], parus en 1938, où il indiquait son désir d'entreprendre une carrière de peintre, ce qu'il fera en effet et ce dont il rendra compte dans ces pages. Il se perfectionna comme peintre et comme orfèvre à Florence et à Rome, puis ses travaux le conduisirent à Bologne, Venise et Naples. Vers 1540, sa renommée d'artiste était déjà bien assise. En 1550, il publia la première rédaction, la plus synthétique, de l'œuvre qui devait le rendre aussitôt célèbre, les *Vies des meilleurs peintres, sculpteurs et architectes italiens* (*). Cependant il atteint à une place de tout premier rang dans le monde artistique : à partir de 1550 il travaille à Rome pour le nouveau pape Jules III, et vers la fin de 1554 il se fixe à Florence, où il est devenu « officier » du duc Cosme dont il est l'interprète dans le domaine artistique. Avec les « Offices », Vasari édifie son chef-d'œuvre architectural. Mais il prépare également la seconde édition des *Vies* (1568), augmentée et étendue aux artistes de son époque (on y trouve même son autobiographie). Ses autres ouvrages sont les *Raisonnements sur ses œuvres peintes dans le palais de Leurs Altesses Sérénissimes* [*Ragionamenti di G. Vasari sopra le invenzioni da lui dipinte in Firenze nel Palazzo di LL. Altezze Serenissime*, posth., 1588] et des *Mélanges* [*Zitaldone*], édités en 1938. En outre on a de lui une très abondante correspondance avec des papes, des princes, des hommes de lettres et des artistes, avec Michel-Ange entre autres, correspondance dont la plus grande partie n'est sortie de l'ombre qu'en ce siècle par les soins de Poggi et a été publiée par Frey (1923, 1930, 1940). Vasari fut trop souvent un peintre pressé et négligé, mais il était doté de réelles qualités de décorateur ; il fut un bien meilleur architecte, grandiose bien qu'essentiellement académique. Il est, par contre, un écrivain plein d'agrément quand il est naturel.

LUCIANO BERTI.

RÉF. : V. Sesti-Bertinelli, *Vasari pittore*, Milan, 1905. – V. Kallab, *Vasaristudien*, Vienne, 1908. – J. von Schlosser-Magnino, *Die Kunstliteratur*, Vienne, 1924. – V. Sesti-Bertinelli, *Studi Vasariani*, Florence, 1952. – J. Ronchette, *La Renaissance que nous a léguée Vasari*, Bordeaux, 1959. – P. Barocchi, *Vasari pittore*, Milan, 1964. – T.S.R. Boase, *Giorgio Vasari, the Man and the Book*, Princeton, 1979. – P. Barocchi, *Studi Vasariani*, Turin, 1984.

VASCONCELOS José. Homme politique, journaliste et écrivain mexicain. Né à Oaxaca le 27 février 1882, mort à Mexico le 30 juin 1959. Son enfance s'est écoulée à Piedras Negras, dans le nord du Mexique. Avec sa famille, il se déplace à travers le pays – son père était fonctionnaire des douanes –, en s'arrêtant à Campeche, où il commence sa formation secondaire. Il entre à l'École nationale préparatoire de Mexico, puis s'inscrit à la faculté de droit, d'où il sort avec le titre d'avocat en 1907. Il fait partie du groupe fondateur de l'Athénée de la jeunesse et il entame une carrière politique dans les rangs madéristes. Pendant la Révolution, il accède à d'importantes responsabilités, puis il doit s'exiler au Pérou et aux États-Unis. En 1920, il devient recteur de l'université de Mexico, et en 1921 le président Obregón le nomme ministre de l'Éducation nationale. Il développe, à ce poste, une action culturelle et éducative intense : il organise l'éducation populaire, crée des bibliothèques, offre aux muralistes leurs premières surfaces à peindre, s'entoure d'intellectuels latino-américains de premier plan. Pour des raisons politiques, il s'exile à nouveau, d'abord entre 1925 et 1929, puis, après son échec à l'élection présidentielle de 1929, jusqu'en 1939. Il parcourt l'Europe, l'Extrême-Orient, l'Amérique latine. En 1940, il revient au Mexique et partage son temps entre la direction d'organismes officiels et une carrière journalistique souvent violemment polémique. José Vasconcelos est l'auteur d'une autobiographie riche en émotion qui témoigne de son cheminement sans complaisance – v. *Ulysse créole* (*).

CLAUDE FELL.

VASSAF AL-HADRAT. Historien persan. Né à Chiraz en 1264, mort en 1334. Son véritable nom est Charaf al-Dîn Abdollâh, mais il est connu sous son titre honorifique, « Vassaf al-hadrat » [le panégyriste de Sa Majesté]. Employé à la perception des impôts sous le gouvernement des Mongols ilkhanides, il est le protégé du ministre et historien Rachid al-Dîn, qui le présente à Öljeitu en juin 1312, alors que l'ilkhân séjourne à Sultaniya. Son ouvrage *L'Histoire de Vassaf* (*) est l'histoire des souverains mongols d'Iran d'Houlagou à Abou Sâ'id, de 1257 à 1328. Malgré le grand intérêt des faits qu'elle relate, sa valeur est diminuée par le style exagérément emphatique de Vassaf.

MARIE-HÉLÈNE PONROY.

VASSIAN, surnommé Rylo [Vas'jan Rylo]. Archevêque de Rostov. Né à Volokolamsk (gouvernement de Moscou) au début du XVe siècle, mort à Rostov le 26 mars 1481. Encore jeune homme, il choisit l'état ecclésiastique ; grâce à son érudition et à sa grande piété, il fut élu, en 1465, hégoumène du plus grand monastère des environs de Moscou (Trinité Saint-Serge) ; il s'y fit remarquer par un don de la parole qui le fit surnommer « le nouveau Démosthène ». Ayant été élevé au rang d'évêque (et, plus tard, d'archevêque) de Rostov, Vassian accomplit pour le compte du grand-duc Jean III de nombreuses ambassades ; l'une d'elles lui permit d'écrire sa fameuse *Épître* (*) au prince, qui compte parmi les principaux monuments de la littérature russe du XVe siècle. L'Église orthodoxe compte Vassian parmi ses saints.

VASSILEV Orline (pseud. de Christo Vassilev). Écrivain bulgare. Né dans le village de Vranjak (région de Vratza) le 20 novembre 1904, mort à Sofia le 2 avril 1977. Ses romans, *Le Cercle de flammes* [*Ognenijat obratch*, 1923] et *Le Sentier blanc* [*Bjalata pateka*, 1929] s'inspirent de la réalité sociale de la Bulgarie des années 20. *Le brigand n'est pas fait pour nourrir une famille* (*) (1937) est un roman historique qui retrace avec brio la vie du héros légendaire Strakhil. À partir de 1948, Orline Vassilev s'oriente vers le théâtre. Ses pièces, *Alerte* (*) (1948), *Amour* (+) (1952) et *Bonheur* [*Shtastie*, 1954] traitent le problème de l'engagement et de la neutralité politiques ainsi que d'autres problèmes éthiques, auxquels est confrontée la génération de l'écrivain.

VASSILIKOS Vassilis. Romancier grec. Né à Kavalla le 18 novembre 1934. Salonique, où il a vécu une jeunesse « inadaptée », domine les premiers essais de cet écrivain engagé, reporter ironique de la Grèce contemporaine et surtout de lui-même, soucieux, par une écriture tendant au symbolisme, de ruiner les conventions littéraires. Protéiforme et déroutante, son œuvre ne compte pas moins d'une soixantaine de livres. Inlassable fileur d'images, Vassilikos publie à vingt ans son premier roman lyrique, *Le Récit de Jason* [Ἡ Διήγηση τοῦ Ἰάσονα, 1953]. Avec la trilogie *La Plante, Le Puits, L'Ange* [Τὸ Φύλλο, Τὸ Πηγάδι, Τ'Ἀγγέλιασμα, 1961], il s'impose comme un excellent conteur fantastique. Étude d'un personnage revenu du pays des morts pour errer dans la ville perfide, *Les Photographies* [Οἱ Φωτογραφίες, 1964] confirment l'orientation poético-autobiographique adoptée par l'écrivain. « Documentaire imaginaire d'un crime », *Z* (*) ne s'en écarte pas autant qu'on pourrait le croire. Sous la dictature militaire (1967-1974), Vassilikos décrit le milieu des exilés et des émigrés dans plusieurs recueils de nouvelles. Par la suite, sur un mode satirique, il joue avec ses propres masques — *Un poète est mort* [Γλαύκος Θασάκης, 1974-1975] — ou enquête sur des scandales typiquement grecs — *Alfatride* [Ὁ Ἰατροδικαστής, 1976]. La mort de sa femme lui inspire de beaux récits nostalgiques : *Le Dernier Adieu* [Τὸ τελευταῖο Ἀντίο, 1979] et *Foco d'amor* [Ἡ φλόγα της ἀγάπης, 1979].

MICHEL GRODENT.

VĀTSYĀYANA Mallanāga. Auteur indien. Il naquit peut-être dans les régions du sud-ouest ou de l'ouest de l'Inde. La date de sa naissance est incertaine ; il n'est jamais cité par des auteurs antérieurs au VIIe siècle. Il ne fit pas réellement œuvre originale, mais recueillit un vaste matériel de littérature érotique qui remontait certainement à plusieurs siècles av. J.-C. Son *Kāma-Sūtra* (*), qui s'adresse au « nāgaraka » [citoyen raffiné, opulent] et se présente sous un aspect réaliste et très détaillé, exerça une influence profonde sur la poétique indienne.

RÉF. : S.-K. De, *Ancient Indian Erotics and Erotic Literature,* Calcutta, 1959. — P. Thomas, *Kama Kalpa, or the Hindu Ritual of Love,* Bombay, 1963. — C. Cakravarti, *Sex Life in Ancient India,* Calcutta, 1963. — N.-N. Bhattacharyya, *History of Indian Erotic Literature,* Delhi, 1975. — R.-K. Rai, *Encyclopedia of Indian Erotics,* Varanasi, 1983.

VATTIMO Gianni. Philosophe italien. Né à Turin le 6 janvier 1936. Professeur à l'université de Turin, Gianni Vattimo est l'un des philosophes italiens actuels les plus connus en Italie comme à l'étranger. Cette notoriété, Vattimo la doit à son œuvre, mais aussi à ses positions dans divers débats de l'heure. Auteur d'une thèse sur Aristote : *Le Concept du « faire » chez Aristote* [*Il concetto di « fare » in Aristotele*, 1961], il a fait une partie de ses études en Allemagne où il a suivi les cours de Gadamer dont il a traduit *Vérité et Méthode* (*) (1972). Les principaux travaux de Vattimo, de même que son œuvre de traducteur, se situent au point de rencontre de l'herméneutique gadamérienne, de la pensée de Heidegger et de l'héritage nietzschéen. Il est l'un des meilleurs spécialistes de ces trois auteurs en Italie, comme en témoignent ses nombreux ouvrages : *Poésie et Ontologie* [*Poesia e ontologia*, 1967], *Être, histoire et langage chez Heidegger* [*Essere, storia e linguaggio in Heidegger*, 1963], *Le Sujet et le Masque* [*Il soggetto e la maschera*, 1974], *Les Aventures de la différence* (*) (1980), *Al di là del soggeto*, 1981, *La Fin de la modernité* [*La fine della modernità*, 1985], et plus récemment : *La Société transparente* [*La società trasparente*, 1989]. Mais l'intimité de Vattimo avec la philosophie allemande contemporaine, et plus particulièrement avec l'herméneutique, n'est pas celle d'un historien de la philosophie à proprement parler. On peut aisément s'en rendre compte, même à la lecture d'ouvrages comme son *Introduction à Heidegger* (1971), traduite en français en 1985. L'originalité de Vattimo réside dans la façon dont il articule à des problèmes et à des préoccupations spécifiques sa lecture de Gadamer, Heidegger ou Nietzsche. Un fait majeur réside à ses yeux dans la sécularisation de la pensée qui marque la modernité et, parallèlement, dans le processus de « défondation » qu'ont accompli l'herméneutique et la déconstruction heideggérienne de la métaphysique. Les options qui sont les siennes au regard de la fin de la métaphysique placent Vattimo dans le voisinage de penseurs comme Richard Rorty, aux États-Unis, ou Derrida en France. Mais ces rapprochements ne doivent pas occulter ce que la pensée de Vattimo possède en propre, ne fût-ce que par son ton. Il dit parfois, non sans humour, que s'il lui avait été donné de savoir qu'il deviendrait un jour « célèbre », il aurait certainement étudié davantage. Et il est vrai que ses livres ne présentent jamais cet aspect imposant qui appartient à d'autres. Mais cette légèreté qui est chez lui une qualité, l'aisance avec laquelle il s'exprime recouvrent une connaissance peu commune des textes dont sa pensée est nourrie. Au cours des dernières années, à l'occasion d'un ouvrage collectif publié sous le titre : *La Pensée faible* [*Il pensiero debole*], Vattimo a développé l'idée de ce qu'il nomme également un « nihilisme actif ». Il s'agit en fait pour lui de prendre congé des obsessions majeures qui ont guidé la philosophie au cours de son histoire, en particulier du besoin d'un fondement dont les effets s'expriment dans une alliance de la vérité et du pouvoir que la « pensée faible » tient pour urgent de dénouer. Non pas, à vrai dire, en se proposant de montrer qu'il n'y a pas de fondement ou que l'accès en est barré, mais plutôt, à la manière du pragmatisme que défend Rorty, en faisant apparaître le caractère parfaitement vain, superflu, d'une idée de ce genre. Une telle attitude, si elle rejoint quelques-unes des tendances qui se sont affirmées dans la philosophie italienne au cours des dernières années, n'en a pas moins suscité des résistances et des suspicions, au même titre que les attaques dirigées contre la rationalité forte, ici ou là. Le soupçon d'irrationalisme et de relativisme n'a pas manqué d'être porté à son endroit. Mais ce débat est loin d'être clos. De fait, sous le slogan de la « pensée faible », Gianni Vattimo défend une contribution originale dans une discussion sur la rationalité, la légitimité de nos pratiques et l'avenir des démocraties libérales qui place aujourd'hui en présence l'héritage herméneutique, la philosophie postanalytique et les théories communicationnelles de Jürgen Habermas et Karl-Otto Apel. Avec *La Société transparente*, Vattimo a étendu cette discussion aux enjeux de la communication médiatique dans laquelle il perçoit l'indice, la chance d'une société plus ouverte à la pluralité, à la tolérance, une société acquise à ce qui se dessine dans l'histoire de la pensée avec la fin de la métaphysique.

JEAN-PIERRE COMETTI.

RÉF. : « Les Philosophes italiens par eux-mêmes », *Critique*, nos 452-453, 1985. — G. Vattimo (dir.), *La Sécularisation de la pensée*, Paris, 1988 ; *Que peut faire la philosophie de son histoire*, Paris, 1989.

VAUBAN Sébastien Le Prestre, marquis de. Maréchal de France et ingénieur militaire. Né à Saint-Léger-de-Fougeret (Nièvre) le 1er mai 1633, mort à Paris le 30 mars 1707. De famille noble mais pauvre, il est orphelin à dix ans. Le curé de Saint-Léger lui donne les premiers éléments d'instruction. Il se destine à la carrière des armes et, dès dix-huit ans, rejoint l'armée de Condé. Mais, prisonnier des troupes royales en 1653, Mazarin le gagne à la cause du roi. À vingt-deux ans, Vauban est ingénieur du roi et, jusqu'en 1659, il participe à la guerre des Flandres. Après la paix des Pyrénées commence une carrière exceptionnelle. Vauban saura en effet concilier l'audace de ses innovations techniques et le sentiment d'humanité qui l'inspire : rechercher et mettre en œuvre « les voies les moins ensanglantées », dit-il. C'est lui qui dirigera presque tous les sièges entrepris par Louis XIV. Au total, il a pris cinquante-trois places. Son œuvre de bâtisseur est non moins capitale. Il obtient d'abord de Louvois la création du corps des Ingénieurs. Nommé Commissaire général aux fortifications, il va créer la fortification moderne. Il simplifie les plans, allège les murailles hautes, étend sur l'extérieur la défense et modifie la disposition des batteries. Selon ces méthodes nouvelles, il consolidera trois cents places fortes et en construira trente-sept, dotant la France d'une admirable ceinture de forteresses qui sauveront le pays des invasions du XVIIIe siècle. Cette œuvre considérable lui procure les plus grands honneurs : membre honoraire de l'Académie des sciences en 1699, maréchal de France en 1703, chevalier des Ordres du roi en 1705. Sa longue expérience du pays et ses contacts avec les Intendants lui avaient permis de rassembler la valeur de douze volumes in-folio de notes manuscrites traitant avec la plus grande précision de toutes les parties de l'art militaire, de la navigation, de l'administration civile, du clergé, des finances, de l'agriculture, du commerce, des colonies, etc. Mais c'est son livre *La Dixme royale* (*) (1707) qui révèle clairement les vues exceptionnellement nettes et pratiques de Vauban. Cette œuvre était capable de retenir l'audience du roi, avec qui Vauban avait toujours eu son franc-parler. Mais la Cour parvint à persuader Louis XIV que ce projet était le renversement de la monarchie. Et celui que Saint-Simon proclame « le plus honnête homme de son siècle », et pour qui il invente le nom de « patriote », est disgracié par Louis XIV. Affaibli dans sa santé depuis plusieurs années, Vauban ne supporta pas le coup et mourut quelques jours après. Ses principaux ouvrages, en plus de *La Dixme royale*, sont : *Traité de l'attaque et de la défense des places* (*) (1739), *Essai sur les fortifications* (1739), *Traité des sièges* (1747).

DOMINIQUE RENARDET.

RÉF. : Fontenelle, *Éloge de Vauban*, Paris, 1707. — P. Besant de Bois-Guilbert, *Testament politique de M. de Vauban*, 2 vol., Paris, 1707. — C. de Laclos, *Lettre à Messieurs de l'Académie Françoise sur l'éloge de M. le maréchal de Vauban, proposé pour sujet du prix d'éloquence de l'année 1787*, Amsterdam, 1786. — B. d'Antilly, *Éloge du maréchal de Vauban*, Paris, 1787. — D. Halévy, *Vauban*, Paris, 1923. — M. de Fels, *Vauban*, Paris, 1932. — P. Lozard, *Vauban*, Paris, 1934. — *Vauban réformateur*, Actes de Colloque, 1985.

VAUGELAS Claude Favre, baron de Pérouges, seigneur de Vaugelas, dit. Grammairien français. Né le 6 janvier 1585 à Meximieux en Bresse, mort en février 1650 à Paris. Ce sixième fils d'une famille de récente noblesse, attachée à la maison de Savoie, reçoit une éducation exceptionnelle : élevé sous la direction d'un père juriste, humaniste et poète à ses heures, il est suivi, à partir de 1597, par François de Sales ; à quatorze ans, il part continuer sa formation dans les deux centres culturels dont dépend la Savoie, Rome (trois ans), Paris (un an), et de retour à Annecy participe dès 1606 à l'Académie florimontane, fondée par son père et François de Sales pour l'« ornementation des langues ». À vingt-deux ans, devant s'établir, il entre au service d'un cadet de la maison de Savoie (clan des Orléans) qu'il suit à la cour de Turin puis à Paris, où il devient chambellan de Gaston d'Orléans. Cette fonction, jointe à sa connaissance de l'espagnol, lui permet de participer aux négociations du mariage de Louis XIII (1612) et de se faire apprécier comme traducteur des sermons de Fonseca à l'Hôtel de Rambouillet, où il fréquente Chapelain, Conrart, Guez de Balzac... puis introduit Marino. Ces activités, auxquelles s'ajoute à partir de 1615 une traduction de la *Vie d'Alexandre* de Quinte-Curce — v. *Histoires d'Alexandre le Grand* (*) de Quinte-Curce —, inachevée mais vite réputée pour être la première œuvre en prose française correcte, sont récompensées (1619) par un brevet de gentilhomme entretenu de la maison du roi (deux mille livres de pension). Mais Vaugelas, suivant Gaston d'Orléans dans sa rébellion, s'attire le ressentiment de Richelieu qui lui coupe les vivres (1629) et, même après l'avoir accepté à l'Académie française (1634), le laisse sans ressources (l'académicien vit de délation). Ce n'est qu'en 1639 que sa pension lui est rendue, après qu'il a écrit des *Observations* (1637), ébauche des *Remarques sur la langue française* (*) (1647), et accepté l'ingrate charge du *Dictionnaire* de l'Académie. Il s'attelle alors à cette tâche, tout en poursuivant ses *Remarques* et en soulignant le rôle de la fonction royale pour l'équilibre de la langue (*Préface* des *Remarques*, 1646). Cependant, toujours dans le besoin, il accepte d'éduquer les enfants sourds-muets du prince de Savoie-Carignan (1648) et meurt endetté à soixante-cinq ans.

FANNY NÉPOTE-DESMARRES.

VAUGHAN Henry. Poète et mystique anglais. Né à Newton Saint-Briget (Brecknockshire) le 17 avril 1622, mort à Scethrog le 23 avril 1695. Il étudia le droit, puis la médecine à l'université de Londres et se fixa à Brecon puis à Scethrog pour y pratiquer. C'est en 1646 que parut son premier ouvrage : *Poèmes, avec la dixième satire de Juvénal traduite en anglais* [*Poems with the Tenth Satyre of Juvenal Englished*]. Son deuxième livre, *Olor Iscanus* (*), fut imprimé en 1651 par les soins de l'un de ses amis, mais sans son autorisation. Vinrent ensuite *Silex Scintillans or Sacred Poems and Pious Ejaculations* (*) (1650-55) et *Le Mont des Oliviers ou dévotions solitaires* [*The Mount of Olives or Solitary Devotions*, 1652] qui est accompagné d'*Homme de gloire* [*Man in Glory*], traduction d'un ouvrage latin d'Anselme. *Flores solitudinis* (1654) et *Physique hermétique* [*Hermetical Physik*] sont aussi des traductions du latin, et démontrent son goût pour les sciences ésotériques. Son principal recueil : *Thalia Rediviva, the Pass Time of a Country Muse*, parut en 1678. Il y avait adjoint quelques poèmes de son frère. Citons enfin *Enfance* (vers 1666) et *Le Monde* (vers 1666). Disciple de Donne mais à travers l'œuvre de George Herbert, Vaughan appartient à l'école métaphysique du XVIIe siècle. Ses poèmes analysent avec beaucoup d'ingénuité ses expériences intérieures, et nous touchent à la fois par l'intensité de la sensation et l'observation très précise de la nature. C'est sans doute par ce dernier aspect qu'il exerça une grande influence sur Wordsworth.

RÉF. : Éd. Blunden, *On the Poems of Henry Vaughan*, 1927. — Elisabeth Holmes, *Henry Vaughan and the Hermetic Philosophy*, Oxford, 1932. — R. A. Durr, *On the Mystical Poetry of Henry Vaughan*, Cambridge, U.S.A., 1962. — L. Martz, *The Paradise Within, Studies in Traherne. Vaughan and Milton*, New Haven, 1964. — J. D. Simmonds, *Masques of God : Form and Theme in the Poetry of Henry Vaughan*, Pittsburgh, 1972. — K. Friedenreich, *Henry Vaughan*, Boston, 1978.

VAUGHAN WILLIAMS Ralph. Compositeur anglais. Né le 12 octobre 1872 à Down-Ampney, mort le 26 août 1958 à Londres. Une double formation, au Collège royal de musique et auprès de Ravel, explique le caractère ambigu de la carrière de Vaughan Williams. Il est d'une part un musicien dans la lignée du postromantisme, dont les neuf symphonies (de 1910 à 1957) se rattachent à la tradition du XIXe siècle. Mais une part importante de son activité est tournée vers la renaissance d'un art musical spécifiquement anglais. Ses travaux contribueront à remettre en honneur la musique de Purcell. Il harmonisera des chansons populaires. Il reviendra dans certaines de ses œuvres à la tradition élisabéthaine : *Fantaisie sur un thème de Thomas Tallis* (*) (1910), *sur Greensleeves* (1929). Son *Job* (1930) est qualifié de « Masque à danser ». Il redonnera vie au chant choral religieux, renouant par sa *Messe* avec une tradition antérieure à la Réforme. Enfin, son œuvre cherche à s'inspirer de l'Angleterre de tous les jours ; sa *Symphonie London* est animée des bruits de la ville dans la tradition des « Cris de la ville » des musiciens du XVIIe siècle. Un des grands musiciens de la renaissance d'une musique anglaise contemporaine.

JEAN-FRANÇOIS LABIE.

VAUQUELIN DE LA FRESNAYE Jean. Poète français. Né probablement à La Fresnaye-au-Sauvage, près de Falaise (Calvados), vers 1535 ; mort à Caen en 1607. Vauquelin commença ses études à Paris ; à Poitiers, en 1555, il publia les deux premiers livres de ses *Foresteries* (*), imités des Anciens mais surtout des poètes de la Pléiade, de Ronsard qu'il admirait et de Baïf qui fut son ami. Fort cultivé, Vauquelin, outre le droit dont il fit son étude principale, connaissait plusieurs langues étrangères. Avocat du roi en 1568, lieutenant général du bailli de Caen en 1571, président au siège présidial de Caen en 1591, il fit une belle carrière de magistrat, sans négliger ses domaines campagnards et la versification. Dès 1574, sur la demande expresse du roi Henri III, il commença à travailler à son *Art poétique françois, où l'on peut remarquer la perfection et le défaut des anciennes et des modernes poésies* (*), où il entérinait les réformes accomplies par Ronsard et ses suivants mais où il donnait une place, qu'on n'était point accoutumé à faire alors, à la poésie du Moyen Âge. Cet *Art poétique* ne vit le jour qu'en 1605 en tête des

Diverses poésies de Vauquelin de La Fresnaye et fut présenté à Henri IV. À côté des *Satires*, des *Idylles* et des autres poésies qui figurent dans ce recueil, Vauquelin avait publié quelques textes en prose, *Pour la monarchie de ce royaume contre la division* (1563) et l'*Oraison de ne pas croire légèrement la calomnie* (1587), qui sont les exhortations d'un bon citoyen, ému des troubles que traversait le royaume. En tant que poète, Vauquelin, inféodé à la Pléiade, est venu trop tard pour être original ; son ton cependant, par sa franchise et sa fraîcheur, par ses provincialismes mêmes qu'on lui a reprochés, est parfois personnel.

RÉF. : Julien Travers, introduction à Vauquelin de La Fresnaye, *Œuvres diverses*, Caen, 1872. – G. Mongrédien, « Quelques documents nouveaux sur Vauquelin de La Fresnaye », dans *Mélanges R. Lebègue*, Paris, 1969, p. 127-133.

VAUTHIER Jean. Auteur dramatique français. Né en Belgique, de parents français, le 20 septembre 1910, mort le 5 mai 1992. Dessinateur au journal *Sud-Ouest* jusqu'en 1949, il avait décidé de se consacrer au théâtre sur le seul encouragement de sa mère et de son frère. André Reybaz, jeune animateur, lui demande un impromptu pour le festival d'Arras (*L'Impromptu d'Arras*, 1951) et décide de monter *Le Capitaine Bada* (*) dans un minuscule théâtre : le Théâtre de Poche à Montparnasse (janvier 1952). Bada est taillé dans l'étoffe dont on fait les héros mystiques : c'est aussi et surtout un « être de discours », qui ne se maintient dans l'existence que pour autant qu'il parle. Son histoire prend vite les dimensions d'une épopée dont le héros serait le poète aux prises avec la vie qui le bafoue sans cesse. Ce n'est qu'en 1966 que Marcel Maréchal redécouvre *Bada* et l'impose à l'attention des nouvelles générations de spectateurs et incite Vauthier à écrire *Le Sang* (1970).

L'œuvre de ce dramaturge est l'une des plus contradictoires qui soient aujourd'hui. Elle tire son principe d'unité de postulats divergents et, malgré la cohérence des thèmes qu'elle propose, elle ne laisse pas apercevoir facilement sa logique interne. Vauthier observe l'homme de divers points de vue et garde une constante lucidité par rapport à lui. La bonté demeure cependant la vertu essentielle de son théâtre. Le poète bafoué et ridiculisé par la société, la femme infidèle à sa mission, l'abâtardissement et la dévaluation des énergies créatrices, la difficulté éprouvée à restaurer des vérités dégradées et à rétablir un contact direct avec les forces primordiales du monde, restent ses thèmes favoris. *Le Personnage combattant* (*) (1956) met un unique personnage en scène (à l'exception d'un garçon d'hôtel assez mystérieux et qui parle très peu), mais jamais le dramaturge ne tombe dans le monologue long et ennuyeux : bien au contraire la pièce est pleine de vie. On doit également à Jean Vauthier *La Nouvelle Mandragore* (+) (1952), *Le Tramway* (1954), *Les Miracles* (1957), *Le Rêveur* (1961), *Badadesques* (+) (1965), ainsi que le scénario et les dialogues d'un film : *Les Abysses* (1961).

DANIÈLE BOONE.

RÉF. : *Cahiers Renaud-Barrault*, nº 76 consacré à Jean Vauthier, 1971. – R. Abirached, *Jean Vauthier*, Paris, 1973. – Revue *Sud*, numéro hors série, 1988.

VAUTRIN Jean (pseud. de Jean Herman). Écrivain français. Né le 17 mai 1933 à Pagny-sur-Moselle. Il fait des études secondaires à Auxerre, commence une licence de lettres et rentre à l'I.D.H.E.C. En 1955, lecteur de français à Bombay, il travaille comme assistant pour un film de Rossellini. Rentré en France, il est l'assistant de Rivette, de Minnelli, et réalise un film d'animation sur l'œuvre du dessinateur Bosc : *Voyage en Boscavie.* En 1965, il adapte *Le Dimanche de la vie* (*) de Queneau et réalise *Adieu l'ami* en 1967. Il délaisse ensuite le cinéma pour habiter la campagne et publier des romans sous le pseudonyme de Jean Vautrin. *À bulletins rouges* (1973) et *Billy ze Kick* (*) (1974), parus dans la Série noire, décrivent l'univers des banlieues dortoirs, les « achélèmes » de Sarcelles. Lauréat du Goncourt de la nouvelle pour *Baby boom* en 1985, Vautrin remporte le prix Goncourt en 1989 pour : *Un grand pas vers le bon Dieu*, roman qui se déroule en Louisiane entre 1880 et 1920. Il avait publié en 1986 *La Vie ripolin*, consacrée à un enfant autiste. Il préfère parler de romans noirs plutôt que de polars et il a choisi de se révolter, de « rugir » plutôt que de céder au découragement quand la vie est décevante.

DENIS BOUTET DE MONVEL.

VAUVENARGUES Luc de Clapiers, marquis de. Moraliste français. Né à Aix-en-Provence le 5 août 1715, mort à Paris le 28 mai 1747. Pour présenter aujourd'hui Vauvenargues, on doit faire justice tant de la légende échafaudée à son sujet que des lectures réductrices de son œuvre. Sans nul doute, sa figure prêtait à l'affabulation. Une malchance persistante dans tous les domaines, affrontée néanmoins avec un courage hors du commun, une mort prématurée, voilà qui devait nourrir le mythe. Par ailleurs, l'imbroglio philologique des textes, la richesse d'une œuvre où les admirateurs du grand siècle mais aussi les défenseurs des Lumières trouvaient de quoi étayer leurs convictions, ont favorisé les interprétations partiales ou par trop marquées idéologiquement. Émergent à présent une figure moins héroïque, mais plus humaine, une pensée moins infaillible, mais plus complexe.

On ne sait rien de certain à propos de l'enfance, de l'adolescence et de l'éducation de Vauvenargues. Il est issu d'une famille de petite noblesse peu fortunée et aurait suivi des cours au collège d'Aix, sans véritable assiduité.

De son propre aveu, la lecture de quelques textes anciens, dont les *Vies* (*) de Plutarque, a encouragé son stoïcisme. En 1735, il choisit la carrière militaire et, lieutenant au régiment du roi, participe à la campagne d'Italie. L'année suivante, il rentre en France et connaît pendant cinq ans la vie ennuyeuse de garnison dans diverses villes de l'Est. Pendant ses congés, on le retrouve dans sa famille, à Aix et au château de Vauvenargues, mais l'autorité du père lui pèse. En 1737, il rédige un *Traité sur le libre arbitre*, ce qui semble indiquer que, loin d'avoir été choisies par dépit, comme le veut la tradition, les lettres ont été sa vocation première. Bientôt sa santé lui cause de sérieux ennuis. Il souffre des yeux au point qu'on doit lui faire la lecture. En 1742, il participe à la guerre de Bohême. Lors de la retraite de Prague, qui eut lieu en plein hiver dans des conditions épouvantables, Vauvenargues aurait eu les jambes gelées, mais le fait n'est pas prouvé.

En 1743, il envoie à Voltaire des observations à propos de Corneille et de Racine. Elles marquent le début d'un échange épistolaire avec son aîné. La même année, lassé des « emplois subalternes de la guerre », il entreprend des démarches en vue d'entrer dans la diplomatie. Celles-ci étant restées sans effet, il décide de démissionner de l'armée. La petite vérole, qui le laisse défiguré, achève d'enterrer ses projets diplomatiques. Encouragé par Voltaire, il monte à Paris où il vivra modestement, entouré de quelques amis fidèles. En 1746 paraît la première édition de l'*Introduction à la connaissance de l'esprit humain* (*), sans nom d'auteur. Sa santé ne cesse de se dégrader, mais il a le temps de préparer une seconde édition, après avoir bénéficié des remarques critiques de Voltaire. Elle paraîtra en 1747, quelques mois après sa mort.

Vauvenargues est attachant autant, sinon plus, par sa personnalité que par ses idées. Les témoignages et l'œuvre révèlent un individu d'un grand ascendant moral sur ses proches (vis-à-vis d'hommes plus jeunes que lui il jouera à plusieurs reprises le rôle de mentor) et d'une remarquable noblesse de cœur. Vauvenargues marie l'endurance et la tendresse, la force et la sensibilité. En ce sens, il incarne un stoïcisme à visage humain et laisse une œuvre à valeur de bréviaire. Un examen plus approfondi trahit un être mal à l'aise dans l'existence. Plutôt qu'un homme d'action qui n'a pu se réaliser en raison de sa mauvaise fortune, il apparaît comme un velléitaire, un introverti porté à la mélancolie et largement dépourvu de sens pratique. Mais cette complexité intérieure ne le rend que plus attachant aux yeux du lecteur moderne.

Vauvenargues est l'auteur d'une œuvre mince mais philosophiquement importante, qui participe aux débats d'idées de l'époque. Elle contribue au développement d'une critique littéraire fondée sur le sentiment et s'inscrit dans le courant de réhabilitation de la nature humaine propre aux Lumières, tout en révélant malgré elle les difficultés de l'entreprise. Celle-ci se développe par ailleurs à la faveur d'une polémique continuelle avec les moralistes pessimistes du XVIIe siècle, tels La Rochefoucauld, Pascal et La Bruyère, dont Vauvenargues adopte les moyens d'expression (maxime, réflexion, portrait...). Son style hésite entre la concision et l'ample développement oratoire, entre une netteté toute classique et l'effusion lyrique. À cheval sur deux époques, son œuvre marque de manière presque unique la continuité et la rupture entre le Grand Siècle et les Lumières.

DANIEL ACKE.

♦ *« Ce Vauvenargues ... / Un cœur stoïque et tendre et qui maître de lui / Insensible à ses maux sentoit tous ceux d'autrui. »* Marmontel. ♦ *« Vauvenargues* [...] *demeure pour nous un symbole du drame qui est au cœur de la destinée humaine : le conflit de l'action et de la pensée. »* Michel Mohrt. ♦ *« C'est peut-être la véritable importance de Vauvenargues que d'avoir pressenti, dans quelques "saillies" de génie, certaines des contradictions contre lesquelles butera, après 1760, le naturalisme des Lumières... »* Jean Ehrard. ♦ « [*Vauvenargues*] *arrive pour clore la recherche des moralistes en l'obligeant à se retourner sur elle-même. Moins successeur que juge ; une sorte de conscience seconde ; en somme le moraliste des moralistes. Et venu le dernier, il finirait par apparaître comme le premier, le plus pur.* » Jean Dagen.

RÉF. : Sainte-Beuve, *Causeries du lundi,* articles de 1850 (t. III) et 1857 (t. XIV). – Gustave Lanson, *Le Marquis de Vauvenargues,* Paris, 1930. – Fernand Vial, *Une philosophie et une morale du sentiment, Luc de Clapiers, marquis de Vauvenargues,* Genève, 1938. – Corrado Rosso, *Virtù e critica della virtù nei moralisti francesi,* Pise, 1964.

VAZOV Ivan Mincov. Écrivain bulgare le plus représentatif de la seconde moitié du XIXe siècle, Vazov naquit le 27 juin 1850 à Sopot (actuellement Vazovgrad), petite ville industrieuse et commerçante, située au pied du Balkan dans la Vallée des Roses, et mourut à Sofia le 22 septembre 1921. Étant l'aîné d'une famille nombreuse, unie et aisée, il devait prendre la succession du commerce paternel. Sa vocation littéraire, pourtant, lui réservait d'autres destinées. Sopot lui fournit la toile de fond de ses œuvres les plus attachantes et les gens qu'il y côtoya sont les prototypes de ses personnages les plus pittoresques. À l'âge de vingt ans, il quitta sa ville natale pour aller s'initier au négoce chez un de ses oncles, établi en Roumanie. Il vécut dans les milieux de l'émigration bulgare et respira l'air de révolte qui les animait. Il y reçut comme le baptême de la lutte nationale, mais ne s'engagea pas dans l'action : sa nature paisible et rêveuse le gardait encore à une certaine distance des événements. Il publiait cependant des vers qui reflétaient les aspirations de ses contemporains. Vazov eut pendant ces années (1870-1878) une existence mouvementée. Il fit alors la plus riche moisson d'observations de sa vie, mais c'est de quoi il ne se rendra compte qu'après coup, en mesurant plus tard la grandeur de cette époque, par comparaison avec une vie devenue plus terne et plus banale. Pendant deux années, il vécut dans diverses villes roumaines, fit un long séjour à Constantinople, enseigna dans une école à Svilengrad, fut employé dans une entreprise de chemins de fer à Pernik, s'essaya sans succès dans le commerce à Sofia et revint à Sopot quelques mois avant l'insurrection d'avril 1876. Mais Sopot n'était plus la ville paisible qu'il avait quittée cinq ans plus tôt. Hospitalière à la propagande révolutionnaire, elle se préparait fiévreusement à l'action. Quinze ans plus tard, Vazov évoquera de main de maître ces épisodes de la conspiration nationale dans son grand roman historique *Sous le joug* (*). L'insuccès du mouvement insurrectionnel l'obligea à regagner la Roumanie. L'année suivante, la Russie déclarait la guerre à la Turquie, et bientôt son pays retrouvait la liberté (mars 1878). Vazov vécut ces jours dans une attente angoissée comme le révèlent les trois recueils de vers qu'il publia successivement. Les poèmes groupés dans *Étendard et Guzla* [*Prjaporec i gusla,* 1876] permettent d'entrevoir l'espoir et la crainte qui se partagent l'âme du poète en face de l'avenir obscur. Une intuition sûre lui fait pressentir la gravité de l'événement dont il avait suivi la préparation. Dans les *Tristesses de la Bulgarie* [*Tăgité na Bălgarija,* 1877] s'expriment les plaintes et les désillusions du poète à la suite de l'échec sanglant. *Délivrance* [*Izbavlénié,* 1878] commence par faire entendre des notes plus confiantes pour aboutir à un optimisme de bon aloi. Ces trois recueils attestent déjà la maîtrise verbale du poète et offrent un avant-goût de la richesse de sa versification. Après la libération, l'écrivain est attiré par les nouveaux aspects que présente alors la société bulgare. Il a d'abord l'occasion de connaître la province (Roussé et Berkovitsa), puis d'occuper des postes importants à Plovdiv, métropole de la Bulgarie du Sud. Cette époque (1880-1885) est particulièrement propice à ses travaux. *Guzla* (1881) et *Champs et Forêts* [*Polja i gori,* 1884] retracent l'histoire de ses états d'âme pendant ces années. Sur le fond gris des désillusions personnelles et de la satire sociale brille une inspiration d'un frais éclat aux moments où le poète a brisé les liens qui l'attachent à la société pour se retrouver au sein de la nature. Mais ces deux recueils apportent quelque chose de plus : le cycle célèbre de *L'Épopée des oubliés* (*). Dans douze poèmes d'une vigueur singulière, consacrés à l'époque révolutionnaire, Vazov donnait aux événements et aux héros qu'il évoquait l'allure légendaire qu'ils devaient garder par la suite dans la tradition nationale. Ce retour au passé marque une des pentes naturelles de son esprit. Dans deux nouvelles charmantes, *Hadji Achille* [*Khadži Akhil,* 1882] et *Les Compères* [*Čičovci,* 1885], il devient le chroniqueur spirituel de sa ville natale telle qu'elle avait été au temps de son adolescence. Dans *Sans feu ni lieu* [*Nemili nedragi,* 1883] il évoque, en des pages remarquables, la vie des émigrés bulgares en Roumanie. *L'Amas* [*Gramada,* 1880], *Ma voisine Gmitra* [*Mojata săsedka Gmitra,* 1881] et *Mitrophane* [*Mitrofan,* 1881] exhalent un parfum de terroir et nous ramènent au séjour de l'écrivain à Berkovitsa. Les impressions d'un voyage en Italie inspirèrent le recueil *Italie* [*Italija,* 1884], qui renferme nombre de joyaux ciselés avec un art exquis. La guerre serbo-bulgare de 1885 fit naître le recueil *Slivnitsa* [*Slivnica,* 1886], dont le titre évoque une victoire bulgare, et dont quelques poèmes d'une mâle tristesse ont échappé à la rouille du temps. À la suite de l'union entre les deux provinces bulgares, la principauté de Bulgarie et la Roumélie orientale, des troubles politiques ayant éclaté, Vazov se crut obligé de prendre le chemin de l'exil en Russie. Les années d'exil tiennent une place exceptionnelle dans l'histoire de l'œuvre de l'écrivain ; elles ont préparé et rendu possible l'éclosion de son chef-d'œuvre : *Sous le joug* (1889-1890). Ce roman, imprégné de nostalgie pour la patrie lointaine, est une sorte de bilan de ses expériences vécues, de ses tentatives littéraires, de ses moyens d'artiste créateur. Dans le cadre de l'insurrection de 1876, Vazov fait entrer bien des aspects de la vie contemporaine qu'il a saisis sur le vif. Ce roman eut en Bulgarie et à l'étranger un succès qui ne s'est pas démenti depuis sa publication.

À l'exception de quelques années où il fut député et ministre (1894-1899), de 1890 jusqu'à sa mort Vazov mena une vie calme où l'homme de lettres, installé dans sa gloire, continuait sa tâche dans une retraite sûre et aisée. Huit volumes de nouvelles et de contes révèlent les curiosités et les observations de cet habile et spirituel conteur. Tantôt il puise dans ses souvenirs récents, tantôt il scrute avec une âpre curiosité la société où il vit dans ses *Nouvelles et Contes* (3 vol., 1891 et 1893) et dans ses *Ébauches et Croquis* [*Draski i šarki,* 2 vol., 1895]. Mais déjà une note d'apaisement se fait sentir et le récit se colore de plus en plus de bonhomie et d'humour dans *Choses vues et senties* [*Videno i čuto,* 1901], *Monde bariolé* [*Păstăr svèt,* 1902] et *Matinée à Banki* [*Utro v Banki,* 1905]. Deux longs carnets de voyage, *Le Grand Désert de Rila* [*Vélikata Rilska pustinja,* 1892] et *Au sein des Rhodopes* [*V nédrata na Rodopitè,* 1892], nous font mesurer la passion de Vazov pour la nature. Les romans *Terre nouvelle* [*Nova zemja,* 1896] et *La Reine de Kazalar* [*Kazalarskata carica,* 1903] se proposent de compléter le panorama de la vie bulgare au cours du dernier quart du XIXe siècle, dont *Sous le joug* n'apportait que le premier panneau. Après les efforts infructueux pour obtenir l'indépendance, c'était dans *Terre nouvelle* la conquête des richesses et des privilèges après l'affranchissement, et c'était dans *La Reine de Kazalar* la peinture des mœurs après les premiers moments de cette conquête. Cette prospection de l'époque contemporaine sera suivie par l'évocation de certains aspects du Moyen Âge bulgare. Le roman *Svetoslav Terter* (1907), la nouvelle *Ivan Alexandr* (1907), les pièces de théâtre *Borislav* (1909), *Ivaïlo* (1913) et le riche recueil de poèmes *Les Légendes de Tsarévets* [*Legendi pri Carevec,* 1910] témoignent de la variété des formes qu'épousent ces résurrections du passé bulgare. Cependant, le poète n'avait cessé de noter au jour le jour les remous de sa vie intérieure et les cris de sa sensibilité. Une fraîcheur printanière anime le recueil *Chants du vagabond* [*Skitniški pésni,* 1899], dont la plupart des poèmes exhalent un parfum agreste. *Sous notre ciel* [*Pod našeto nébé,* 1900] accorde une large place aux préoccupations sociales du poète. La guerre balkanique puis la Première Guerre mondiale tinrent en haleine ce patriote vigilant qui réunit successivement les poèmes consacrés aux épreuves que subit alors son pays : *Sous le fracas des victoires* [*Pod grăma na pobédité,* 1914], *Chansons pour la Macédoine* [*Pésni za Makedonija,* 1914], *Échos nouveaux* [*Novi ekové,* 1917] et *Elle ne mourra pas !* [*Nè štè zaginé !,* 1920]. Vazov publia vers la fin de sa vie quelques ouvrages d'inspiration personnelle : *Gerbe de juillet* [*Julska kitka,* 1917], et son célèbre recueil *J'ai senti le lilas* [*Ljuleka mi zamirisa,* 1920], qui occupe dans son œuvre une place privilégiée. Les poèmes de ce recueil, écrits à des époques différentes, baignent dans une même atmosphère de grâce et de douceur où s'assouplissent mollement les plus sombres tristesses et les plus implacables angoisses. Vazov vécut ses derniers jours entouré de la vénération de tout un peuple. Ce fut en 1920 qu'on célébra en grande pompe le cinquantième anniversaire de son activité littéraire. À ces marques d'honneur, il ne devait survivre qu'un an à peine. Il s'éteignit le 22 septembre 1921 à l'âge de soixante et onze ans.

Ceux qui approchaient Vazov découvraient sous l'attitude réservée de l'homme la bonté et la droiture de son caractère et l'élévation de son esprit. Il avait été formé avant la libération de son pays et avait gardé la nostalgie de cette époque. Il sortait d'un milieu où la hiérarchie sociale n'était pas un vain mot et où la place de chacun était marquée avec ses privilèges et ses obligations. Vazov était attaché à l'idée d'un ordre social dont l'évolution est déterminée par l'expérience concrète. Voilà pourquoi le courant de libéralisme qui soufflait de Russie et qui trouva un écho profond chez ses célèbres contemporains Cristo Botev et Ljùben Karavelov n'eut pas de prise sur son solide bon sens. Pourtant, il était passionnément épris, lui aussi, de liberté, de progrès et de justice. Idéaliste, il le fut à un degré supérieur, comme bon nombre d'hommes de sa génération. Patriote, il l'était d'instinct et son patriotisme acquiert parfois des accents garibaldiens. Cet écrivain est un observateur curieux et perspicace. Rien de ce qui dépasse le champ de notre expérience ne paraît l'intéresser. Au contraire, il met une ardeur juvénile à prospecter la vie, mais sa prospection se colore souvent de préoccupations de moraliste. Son existence d'homme de lettres non engagé mettait son idéalisme intransigeant à l'abri de toute atteinte. Mais en Vazov l'observateur se doublait d'un rêveur à l'âme sensible. Ainsi, ballotté entre ses rêves et la réalité, il eut à résoudre des conflits permanents jaillis de l'opposition entre ces deux mondes et ce mouvement pendulaire est un des traits les plus frappants de son œuvre. Au lendemain de la libération, il allait assister à un bouleversement spectaculaire qui atteignait la société bulgare tout entière. Les grands vaincus étaient non seulement l'ancien ordre politique, mais aussi la hiérarchie sociale qui s'était instaurée au cours des siècles. Dans la fièvre de la réorganisation qui s'imposait au pays, le reclassement intéressait toutes les couches de la société, mais par la force des choses il favorisait les milieux de condition modeste. Une nouvelle bourgeoisie, plus dynamique, surgissait ainsi entre la paysannerie confinée dans la pauvreté de ses villages et l'ancienne bourgeoisie qui, quand elle ne se déclassait pas, gardait avec moins d'assurance son équilibre d'autrefois. Or, c'est cette bourgeoisie novice, avec ses gaucheries et son inexpérience, qui suscite plus particulièrement la critique de l'écrivain. Dans un pays qui venait d'être promu à toutes les libertés, il fallait chercher un coupable pour rejeter sur lui la responsabilité des heurts et des insuccès. Pour Vazov, ce coupable fut cette bourgeoisie de fraîche date. Il la voulait parfaite. Ses défauts, pourtant, n'appartenaient qu'à des réalités simplement humaines. Il s'en aperçut puisqu'il écrivit dès 1895 : « Plus j'avance en âge, plus je deviens optimiste. Ces générations, je les vois pousser, s'approcher de moi, avec de nouvelles aspirations, peut-être, mais toujours avec la flamme de jadis. » Il n'abandonne pas toutefois l'habitude de juger son époque, mais il le fera sur un ton moins âpre qu'autrefois, tout en élargissant le champ de ses observations. Cette attitude critique est dictée à Vazov par l'importance du rôle social qu'il assigne à l'écrivain. Sous ce rapport, il s'apparente aux écrivains bulgares des années 1860-1880 et apparaît comme l'émule des romanciers et des publicistes russes de cette époque. Ce serait cependant appauvrir la pensée de Vazov que de la réduire à un parti pris de négation systématique. Au contraire, elle offre un aspect créateur et tonique. L'écrivain suit avec intérêt les événements qu'il saisit sur le vif et auxquels il réagit souvent avec vivacité, mais sans renoncer pour autant à proposer la solution dont il rêve.

Tel est le schéma de la pensée de Vazov. Son œuvre est singulièrement vivante. La prose de cet écrivain est celle d'un grand conteur. On est frappé par la légèreté, l'aisance, la simplicité prenante de sa phrase. Son art est fonction d'une certaine manière de percevoir, de sentir le monde extérieur plutôt que d'une technique de style plus ou moins riche. Le conteur est surtout préoccupé de narrer son histoire, car il pense à son lecteur dont il devine les impatiences. Ses contes sont d'une admirable facture, mais la construction des œuvres de longue haleine est souvent fragile : il raconte, il ne compose pas. On ne saurait cependant nier que son théâtre et quelques œuvres romanesques (*Svetoslav Terter* et *Ivan Alexandr*) laissent apparaître un plus grand souci de construction. L'intrigue est bien corsée, elle ne l'est que trop bien dans les romans. De la vie intérieure de ses personnages, il n'étudie que ce qui parvient à s'extérioriser. Il néglige cette nuée d'étincelles de pensées et de sentiments, et ces mobiles secrets qui inspirent l'action. Il en résulte que ses personnages sont d'une netteté de contour et de relief indéniable, mais d'une grande simplicité psychologique. Ils sont l'expression directe et presque exclusive d'une époque déterminée et il est nécessaire, pour les bien comprendre, de les replacer exactement dans le milieu et le temps auxquels ils appartiennent. Le poète possédait un don sûr de musicien. « Je chantais mes vers avant de les écrire », avouait-il dans l'intimité. Il a essayé des vers de tout mètre : depuis les vers sautillants de quatre syllabes jusqu'aux vers graves et majestueux de quatorze syllabes. Ils ont tous la même vertu : une mélodie nette et riche. Vazov excelle à enclore dans ses vers une phrase musicale qui correspond à une proposition. L'enjambement se trouve ainsi souvent réduit à un rôle secondaire. Il ne l'a employé d'une façon suivie qu'à deux ou trois reprises dans *L'Épopée des oubliés, Les Légendes de Tsarevets* et *J'ai senti le lilas.* La rime est riche sinon rare ; elle sert admirablement la musique des vers et forme un tout harmonieux avec l'ensemble. Pour ce qui est de l'expression verbale, le poète cherche moins la nouveauté de l'image que la reproduction fidèle de ses perceptions et de ses sentiments. Vazov eut un rôle très heureux dans l'évolution de la langue littéraire bulgare. Le vocabulaire dont il se sert est précis, étonnamment varié et capable d'exprimer la réalité dans ses aspects les plus divers malgré un certain vague dans le domaine des abstractions. Sobre dans l'emploi du néologisme, il a puisé constamment dans le trésor des parlers populaires. Par sa syntaxe simple, par son style pur, il a puissamment contribué à faire passer dans la langue écrite quelque chose de ce que le langage parlé a de plus franc et de plus direct.

Le rang que tient Vazov dans la littérature bulgare ne saurait être contesté. Après la disparition de Botev (1876) et de Karavelov (1879), pendant que Petko Slavéikov s'éclipsait de la vie littéraire, Vazov demeurait pour une bonne vingtaine d'années le seul grand écrivain de son pays. Entre-temps une nouvelle génération d'écrivains allait faire son entrée dans les lettres. Ces prosateurs, ces poètes et ces critiques de formation occidentale apportaient des valeurs nouvelles. Mais c'est en réalité Vazov qui continuait à jouir des faveurs du grand public, et il survécut d'une dizaine d'années à cette lignée d'écrivains, manifestant une fois de plus son influence jusque vers la fin de sa vie par les sujets que lui inspirait son sens du présent et de l'actualité. L'ombre de Vazov planait encore sur bien des œuvres qui parurent entre les deux guerres mondiales. Si l'art du poète a été surpassé par certains des poètes qui lui ont succédé, ses meilleurs poèmes n'ont pas pour cela perdu de leur charme et de leur saveur. Sa prose garde toujours son souffle, sa fougue, sa verve, son naturel : Vazov reste le grand conteur de la littérature bulgare. Quant aux sujets qui composent cette œuvre abondante, plus les lecteurs s'éloignent de l'époque où la Bulgarie a fait l'apprentissage de sa liberté, plus ils sont attirés par le tableau puissant que le grand écrivain a donné de ce temps. Rarement œuvre de poète et de romancier tint de si près à une période décisive de l'histoire de son pays. Commencée par l'écrivain lui-même, la publication des *Œuvres* de Vazov fut terminée en 1922, après sa mort, et comprend vingt-huit volumes. Entre 1926 et 1941, Boris Vazov, son frère, fit paraître une édition en cent vingt volumes des *Œuvres.* D'autres éditions furent entreprises en 1942-1950 par Mihail Arnaudov, puis à partir de 1955 par Dinekov, Zarev, Konstantinov, Stefanov et Canev.

P. CHRISTOPHOROV.

♦ « ... *Ivan Vazov n'est pas seulement l'une des plus vivantes figures de la littérature bulgare ; il en a été l'initiateur principal, et telle est l'ampleur de son œuvre de poète, de romancier, de conteur qu'elle suffit à remplir le premier demi-siècle de cette littérature.* » A. Mazon.

RÉF. : C. Minkov, *Ivan Vazov* dans *Bălgarski pisateli,* t. IV, Sofia, 1929 (en bulgare). — I. D. Šišmanov, *Ivan Vazov, souvenirs et documents,* Sofia, 1930 (en bulgare). — P. Christophorov, *Ivan Vazov : la formation d'un écrivain bulgare,* Paris, 1938. — M. Arnaudov, *Ivan Vazov, sa vie et son œuvre,* Sofia, 1939 (en bulgare). — E. Damiani, *Patria e umanita in Ivan Vazov,* Rome, 1942. — E. Mozejko, *Ivan Vazov,* Varsovie, 1967. — M. Caneva, *Ivan Vazov,* Sofia, 1973. — P. Pondev, *Ivan Vazov i negovata proza,* Sofia, 1980. — D. Tenev, *Životăt na Vazov,* Sofia, 1984.

VÁZQUEZ MONTALBÁN Manuel. Romancier espagnol. Né le 14 juin 1939, à Barcelone, dans un milieu modeste issu de l'immigration. Marié, père d'un enfant, licencié en philosophie et lettres (1960), diplômé de l'école de journalisme (1964). En cette fin de siècle, Vázquez Montalbán, intellectuel espagnol prestigieux, ne pouvait être qu'un opposant viscéral. Après les années du *Felipe, Frente de liberación Popular*, entre 1957 et 1961, viennent celles de la formation communiste *PSUC (Partido Socialista Unificado de Cataluña)*, dont il devient membre du comité central en 1978, et même du comité exécutif, pour un an, en 1980. Journaliste influent, ayant participé aux combats de presse les plus divers *(La Calle, Gimlet, Triunfo, Por favor, Interviú, Mundo Obrero)*, collaborateur attitré de *El País*, il multiplie les textes qui décortiquent les insuffisances et les contradictions de la société espagnole, et certains de ses essais sont devenus des textes de référence. Capable de s'intéresser à la chanson populaire comme à l'urbanisme, à la gastronomie autant qu'à la création littéraire, Manuel Vázquez Montalbán considère toutefois comme central son labeur poétique. *Mémoire et Désir* [*Memoria y deseo*, 1986] et *Mais le voyageur qui fuit* [*Pero el viajero que huye*, 1991] témoignent d'une œuvre qui exprime le vain espoir d'assister à la réconciliation de l'homme avec un monde fondé sur l'inégalité et l'injustice.

Paradoxe : alors même que, en réponse aux restrictions culturelles du franquisme, l'écrivain a longtemps pratiqué une écriture expérimentale, dite « subnormale », impliquant le rejet du genre romanesque, c'est comme romancier qu'il est désormais universellement reconnu. La saga du détective privé Pepe Carvalho, commencée dès 1974 avec *Tatouage* [*Tatuaje*], comprend à ce jour dix épisodes dont *Les Mers du Sud* (*) (1979) (Premio Planeta 1979 et grand prix de littérature policière 1981) constituent un jalon majeur. Le protagoniste, muni d'une solide « biographie imprésentable. Ex-rouge. Ex-agent international. Amant d'une putain plus sélective que sélecte », accède d'emblée à la catégorie du mythe. À chaque nouvelle aventure, le suspense vous tient, même si l'auteur prend soin de bousculer les canons du roman noir, pratiqué avec une savante irrévérence. L'apathie et le désenchantement du détective croissent à mesure que s'élabore une chronique du monde comme il va. Cette amère tonalité se retrouve dans les splendides ouvrages que l'écrivain compose en marge des sentiers codés du roman de genre : *Le Pianiste* [*El pianista*, 1985] peut se lire comme une étude de la compromission des élites intellectuelles sous le franquisme ; *La Joyeuse Bande d'Atzavara* [*Los alegres muchachos de Atzavara*, 1987] est une réflexion sur l'antifranquisme sociologique comme racine mythique de l'Espagne démocratique ; *Galíndez* (*) (1990), couronné par le Premio nacional de narrativa en 1991, reconstitue un épisode peu glorieux de l'histoire récente, l'assassinat par le régime trujilliste, en 1956, d'un représentant du gouvernement basque en exil. L'auteur annonce enfin, pour l'automne 1992, une *Autobiographie de Franco* qui devrait faire date.

GEORGES TYRAS.

VEBLEN Thorstein Bunde. Sociologue américain. Né à Valders (Manitowoc City) le 30 juillet 1857, mort à Palo Alto le 3 août 1929. Il est surtout connu pour son livre *Théorie de la classe de loisir* (*) (1899). Passant d'une critique de caractère abstrait à l'économie classique et s'inspirant de l'évolutionnisme spencerien, il considère le développement de la civilisation comme un continuel conflit entre les classes guerrières, condamnées à la décadence, et les classes industrielles, qui promeuvent le progrès. Ces dernières créent des valeurs matérielles et technologiques, à la différence des premières qui ne produisent que la pénurie ; le conflit peut conduire soit à une situation d'exploitation maximale imposée par la force militaire, soit à la prise du pouvoir des techniciens et des travailleurs. Parmi ses autres œuvres, *La Théorie de l'entreprise économique* [*The Theory of Business Enterprise*, 1904] et *Le Rôle de la science dans la civilisation moderne* [*The Place of Science in Modern Civilization*, 1919].

RÉF. : A. Vinokur, *Thorstein Veblen et la tradition dissidente dans la pensée économique américaine*, Paris, 1969. – L. A. Deute, *Veblen's Theory of Social Change*, New York, 1977.

VECCHI Orazio. Compositeur italien. Né et mort à Modène : 5 décembre 1550-19 février 1605. Maître de chapelle à Salò et Modène, il voyage à partir de 1583 dans toute l'Italie. Il participe à la révision du *Graduele romano* avec Gabrieli et Balbi en 1590 avant de reprendre ses fonctions à la cathédrale de Modène (1593). Un séjour à Florence lui permet d'entrer en contact avec les membres de la Camerata fiorentina. Il possédait une habileté contrapuntique rarement égalée, qu'il appliqua à la musique religieuse comme à la musique profane. Mais c'est surtout dans le domaine de la comédie madrigalesque qu'il a laissé ses chefs-d'œuvre, principalement *L'Amfiparnasso, comoedia harmonica* à cinq voix (*) (1597).

ALAIN PARIS.

VEDRÈS Nicole. Écrivain français. Née et morte à Paris : 4 septembre 1911 – 20 novembre 1965. Son père, Jules Rais, d'ascendance juive alsacienne, avait été le bibliothécaire de la Chambre des députés. Sa mère, née Ludmila Stravitski, avait traduit une partie de l'œuvre de Joyce. Mariée d'abord à un architecte italien dont elle eut un fils, Nicole Vedrès se remaria, vers la fin de sa vie, au cinéaste Marcel Cravenne. Elle-même réalisera en 1946-47 un film de montage considéré comme le modèle du genre : *Paris 1900*. Dans son second film, *La vie commence demain* (1949), elle donne la parole, entre autres, à Jean-Paul Sartre, à Picasso, à Jean Rostand – avec qui elle tournera *Aux frontières de l'homme* (1952-53). Son œuvre littéraire est plus affirmée, plus homogène. Son premier roman – qui est aussi le meilleur – *Le Labyrinthe ou le Jardin de sir Arthur* (*) (1946) semblait tracé dans le souvenir de Virginia Woolf. Ses chroniques du *Mercure de*

France (*) recueillies en cinq volumes – *Paris le...* (*) (1958), *Suite parisienne* (+) (1960), *Les Abonnés absents* (+) (1961), *L'Horloge parlante* (+) (1962), *Point de Paris* (+) (1963) – sont en fait de véritables mémoires de l'époque – écrits de biais, avec une douce et distante ironie, et l'indispensable ciment des humeurs. Nicole Vedrès avait la vertu de l'étonnement. Une pièce à multiples personnages, *Les Canaques* (*), fut éditée en 1966, après sa mort.

JEAN QUEVAL.

VEGA Garsilaso de la. Poète espagnol. Né à Tolède, d'une famille illustre, en 1503, mort à Nice le 13 ou 14 octobre 1536. Il entra en 1520 au service de Charles Quint. Après avoir pris part à l'expédition de Rhodes (1522), puis à la campagne de Navarre contre la France (1523), Garcilaso épousa, deux ans plus tard, doña Elena de Zuñiga dont il eut plusieurs fils, mais son grand amour fut doña Isabel Freyre, une Portugaise venue en Castille à la suite de l'impératrice, et mariée en 1529 à don Antonio de Fonseca. Les œuvres de Garcilaso datent en grande partie de cette passion malheureuse. L'introduction, grâce à Boscán, des rythmes italiens dans la poésie espagnole trouva en Garcilaso un partisan décidé et remporta le plus grand succès. Envoyé à Naples pour y servir le vice-roi don Pedro de Tolède, Garcilaso, devenu l'ami des poètes et des humanistes italiens, s'imprégna davantage encore de l'art et de l'esprit de la Renaissance. Ces années (1532-1536) furent pour son talent celles de la maturité, avec l'*Églogue II* où le souffle bucolique s'accompagne d'un éloge du duc d'Albe, vainqueur des Turcs (1533).

Blessé lors de l'expédition de Tunis (1535), Garcilaso, de retour à Trapani, composa deux élégies, respectivement dédiées à Boscán et au duc d'Albe qui venait de perdre son frère cadet Bernardin. C'est afin d'intercéder en faveur d'un soupirant malheureux de Violante Sanseverino que Garcilaso composa à la manière d'Horace l'ode fameuse « À la fleur de Gnide », où pour la première fois il avait recours à la « lira », combinaison métrique qui devait avoir une si grande vogue dans la poésie castillane. En septembre 1536, alors qu'il faisait la campagne de Provence contre les Français, Garcilaso fut grièvement blessé en montant, sans casque ni cuirasse, à l'assaut d'une tour du château du Muy, près de Fréjus. Transporté à Nice, il ne tarda pas à succomber. Dès qu'il apprit sa mort, Charles Quint, qui, malgré quelques mésententes passagères, avait pour lui beaucoup d'estime, le vengea en faisant passer au fil de l'épée les défenseurs de la tour qui venait de tomber aux mains des Espagnols. Presque toutes les œuvres qui nous restent du poète – v. *Poésies* (*) – furent publiées en 1543, en même temps que les *Poésies* de Boscán, par la veuve de ce dernier. Garcisalo de la Vega est un des plus grands et des plus exquis poètes espagnols de tous les temps, et l'idéale incarnation de l'homme de la Renaissance. Il a ajouté un accent nouveau – viril à la fois et délicat – à l'héritage de Virgile et de Pétrarque. Il a créé un monde, un langage poétiques très personnels dont l'influence, loin de s'être étendue seulement aux XVIe et XVIIe siècles espagnols, est encore sensible en maints aspects de la poésie actuelle.

RAFAEL LAPESA.

RÉF. : Keniston, *Garcilaso de la Vega*, New York, 1930. – Margot Arce Blanco, *Garcilaso de la Vega*, étude in *Revista Filologica Española*, Madrid, 1930. – M. Altolaguirre, *Garcilaso de la Vega*, Madrid, 1933. – Rafael Lapesa, *La Trajectoria poética de Garcilaso de la Vega*, Madrid, 1948.

VEGA Garcilaso de la, dit l'Inca. Historien espagnol. Né à Cuzco (Pérou) le 12 avril 1535, au moment de la conquête, mort à Cordoue le 22 avril 1616. Il était fils du capitaine Garcilaso de la Vega, Espagnol de famille noble, et d'une princesse inca de sang impérial, Chimpu Ocllo, cousine d'Atahualpa, sa concubine. Les années de sa première jeunesse se déroulèrent dans le fracas des armes et les pittoresques milieux indigènes ; il se familiarisa avec les militaires espagnols et les membres de la caste maternelle. De ces derniers, il connut les secrets touchant à l'origine des Incas, l'incomparable splendeur de leur empire qu'il devait exalter plus tard dans *Commentaire royal ou l'Histoire des Incas, rois du Pérou* (*). Vega fit ses études à Cuzco en compagnie des fils des conquistadores, et eut pour maître le chanoine Juan de Cuéllar. Il n'avait pas encore seize ans quand éclata à Cuzco et dans tout l'Empire péruvien la révolte de Gonzalo Pizarre et des « Encomenderos » contre le vice-roi Núñez Vela. Sa famille courut de grands périls, car son père avait fui avec les loyalistes, mais les choses s'arrangèrent lorsque le capitaine Garcilaso se réconcilia avec Pizarre après l'entrée de ce dernier à Lima. Vega fut profondément touché dans sa sensibilité quand son père répudia sa concubine pour épouser une noble Espagnole. S'il demeura avec son père qui l'aimait beaucoup, son âme resta attachée aux milieux que sa mère avait rejoints, ce qui ne laissa pas d'influer sur la formation définitive du caractère de l'écrivain. Vega devint secrétaire de son père nommé corregidor de Cuzco. La mort de ce dernier, survenue à une époque imprécise, et la dévolution de tout l'héritage à sa fille légitime décidèrent Vega à émigrer en Espagne. On le trouve à Séville en 1561. Puis il entra dans l'armée et combattit sous les ordres de don Juan d'Autriche en 1564, ce qui lui valut le grade de capitaine. La mort de sa mère, en 1571, orienta son esprit d'une manière définitive. Il quitta l'armée, se retira dans la vie privée, vécut à Séville, à Cordoue, à Grenade et enfin à Motilla, se consacrant à l'étude de ses auteurs de prédilection et à ses travaux littéraires. Il donna une traduction des *Dialogues d'amour* [*Diálogos de amor*, 1590] de Léon l'Hébreu, et plus tard *Histoire de la Floride ou relation de ce qui s'est passé au voyage de Ferdinand de Soto pour la conquête de ce pays* [*La Florida del Inca, o Historia del adelantado Hernando de Soto*], publiée à Lisbonne en 1605 et traduite à plusieurs reprises en français, puis le *Commentaire royal*, dont la seconde partie, *Histoire générale du Pérou*, retrace les luttes fratricides qui marquèrent la période consécutive à la conquête. Homme de la Renaissance, Vega a empreint ce dernier ouvrage de toute sa sensibilité. Dans ses dernières années, il avait reçu les ordres sacrés.

GIUSEPPE BELLINI.

RÉF. : Conde de las Navas, *Cosas de España*, Séville, 1891. – José de la Riva Agüero, *La historia en el Perú*, thèse, Lima, 1910. – Fitzmaurice-Kelly, *El Inca Garcilaso de la Vega*, Oxford, 1921. – Numéro spécial de la *Rev. Univ. Cuzco*, t. 28, numéro 76, 1939.

VEGA Ventura de la. Écrivain espagnol. Né à Buenos Aires le 14 juillet 1807, mort à Madrid le 29 novembre 1865. Il avait onze ans quand il laissa sa mère en Argentine pour venir à Madrid, et vécut toujours en Espagne, conservant la nationalité argentine, cultivant ses relations et se consacrant à l'étude. Ses maîtres furent surtout Juan Nicasio Gallego, et aussi Quintana et Lista. Il fréquenta les réunions du « Parnassiculet » auxquelles assistait en particulier Bretón de los Herreros (qui lui consacra la fameuse épître sur les mœurs du siècle) et Gil y Zárate. D'abord voltairien, Ventura recouvra la foi après son mariage avec la célèbre cantatrice Manuela Oreiro de Lema (1838). Outre ses fonctions au ministère, il fut précepteur et secrétaire d'Isabelle II, membre de l'Académie royale en 1842, directeur du Théâtre espagnol. Son œuvre pour le théâtre est vaste. La nécessité lui fit traduire ou adapter près de quatre-vingts œuvres de Scribe, de Ducange, etc. C'est seulement en 1845 qu'il révéla ses dons propres d'auteur dramatique avec *L'Homme du monde* (*), qui est considéré comme son chef-d'œuvre. Parmi les autres œuvres de Vega, il importe de citer le drame historique *Don Fernando de Antequera* (1847), la tragédie *La Mort de César* [*La muerte de César*]. Il traduit en vers libres le premier livre de l'*Énéide* (*). Vega fut également poète de cour ; il chanta le retour de Catalogne de Ferdinand VII (1828) et la reine Christine dans plusieurs odes, célébra les défenseurs de Séville contre Espartero (1843) et les succès dans la guerre d'Afrique. Il a écrit en outre de nombreuses « zarzuelas » dont la plus célèbre a pour titre *Jouer avec le feu* [*Jugar con fuego*, 1853].

RÉF. : Conde de Cheste, *Elogio de Ventura de la Vega* in *Memorias de la Academia española*, Madrid, 1870. – P. de la Escosura, *Discurso*, Madrid, 1870. – Julio Cejador, *Fe de bautismo de Ventura de la Vega*, étude in *Rev. Crítica Hispano-americana*, Madrid, 1916. – F. C. Saínz de Robles, *Historia y Antología del teatro español*, t. VII, Madrid, 1943.

VEGA CARPIO Lope de : v. **Lope de Vega.**

VÉGÈCE (Flavius Vegetius Renatus). Écrivain latin. Né vers la fin du IVe siècle et mort vers le milieu du Ve. Il appartenait, croit-on, à l'une des plus importantes familles de l'empire et habitait Constantinople. Parce que son époque lui offrait le spectacle de la décomposition générale des anciennes institutions romaines, il eut l'ambition de les rétablir dans toute leur première pureté, et pensa que le premier pas à faire dans cette voie était de rendre à l'armée son antique discipline. C'est pourquoi, réunissant tous les renseignements qu'il put recueillir sur la grande époque de Rome, il composa un traité *Sur la levée des recrues et l'instruction des jeunes soldats.* Il dédia ce court ouvrage à l'empereur, mais on ignore si ce fut à Valentinien II ou à Théodose le Grand. L'empereur le pria de compléter son travail, et ce traité devint le premier chapitre d'un ouvrage intitulé *Traité de l'art militaire* (*). Ce livre, qui fut tenu en grande estime durant tout notre Moyen Âge, fit de Végèce le plus célèbre des écrivains militaires romains.

RÉF. : J. K. Mayr, *Die Linzer Handschrift des deutschen Vegez*, Innsbruck, 1909. – F. L. Reyniers, *Végèce et l'instruction des cadres et de la troupe dans l'armée romaine*, Paris, 1938. – E. A. Andersson, *Studia Vegetiana, Commentatio academica*, Upsal, 1938.

VEIRAS Denis. Écrivain français. Né à Alais, en Languedoc, entre 1635 et 1638, mort probablement en Hollande vers 1700. Denis Veiras (souvent dénommé Denis Vairasse d'Alais dans les catalogues anciens), d'une famille protestante, aurait été amené à quitter sa région d'origine à la suite d'une rixe avec un catholique. Il s'engage dans l'armée royale, sert deux ans en Piémont, puis en Catalogne. De retour, à vingt ans, dans son pays natal, il recueille la succession de son père, entame des études de droit qui seront couronnées par un doctorat (obtenu vraisemblablement à Montpellier), et se fait inscrire comme avocat (dans la juridiction du parlement de Toulouse). Il abandonne rapidement la robe, peut-être eu égard aux difficultés que les Réformés rencontrent à l'époque pour s'élever dans les charges, peut-être pour des raisons personnelles, et, après avoir presque entièrement dilapidé l'héritage parental, il se rend à Paris, où il séjourne deux ans, puis franchit la Manche et se fixe à Londres, en 1665. Il a sans doute de réelles qualités de communication car il pénètre des milieux fort intéressants, devenant l'intime ami de Buckingham, se liant avec Samuel Pepys, et peut-être même avec John Locke, alors secrétaire du futur comte de Shaftesbury. Il semble avoir participé à une ambassade anglaise en Hollande, avec Buckingham et Arlington, lors des négociations de La Haye en 1672. De retour à Paris, où il s'est réfugié après la disgrâce de Buckingham, en 1674, il devient gouverneur des jeunes comtes de Liechtenstein, donne des leçons, fait des traductions et tient, selon certains témoignages, des conférences d'histoire et de géographie avec succès, sous le nom de Sieur d'Allais, ce qui peut révéler d'anciennes difficultés avec la police, peut-être liées aux intrigues anglaises du protestant méridional Marsilly qui sera exécuté à la Bastille.

Entre-temps, il est retourné à Londres pour la publication de la première partie de son roman *History of the Sevarites* (1675), puis revenu à Paris, il met sous presse sa traduction française, sous le titre d'*Histoire des Sévarambes* (*), avant de procurer une seconde partie en 1678 et une conclusion en 1679, toujours sous l'anonymat, mais en reconnaissant oralement la paternité de cette utopie. En 1681, il publie une *Grammaire française*, suivie, en 1683, d'un *Abrégé* anglais. A-t-il éprouvé des difficultés en 1685, au moment de la révocation de l'Édit de Nantes ? Un nom identique au sien figure en effet dans les archives de la Bastille. Il séjourne ensuite en Hollande, à partir de 1686, mais semble avoir parfois circulé en France, puisqu'on lui attribue un plan de canalisation présenté aux États de Languedoc, en 1696. Il meurt, sans doute en Hollande, vers 1700. Son roman utopique n'a pas seulement connu un grand succès dans le passé (dix éditions de 1679 à 1740), il est actuellement considéré comme une étape capitale dans le renouvellement du genre, par l'introduction de l'action du temps et de l'Histoire dans le devenir d'une société imaginaire.

PIERRE RONZEAUD.

RÉF. : F. Lachèvre, *Les Successeurs de Cyrano de Bergerac*, 1922. – E. Von der Mühll, *D. Veiras et son « Histoire des Sévarambes »*, Paris, 1938. – H. Hudde, P. Kuon éd., *De l'utopie à l'uchronie*, 1988. – L. Leibacher-Ouvrard, *Libertinage et Utopies sous le règne de Louis XIV*, Genève, 1989.

VELAN Yves. Romancier suisse. Né à Saint-Quentin (Aisne) le 29 août 1925, d'une mère française et d'un père suisse. Enfance à Nyon (Suisse), puis études supérieures en Suisse. Après divers séjours en Italie, il passe de nombreuses années aux États-Unis comme enseignant à l'université d'Illinois (1968-1982). De retour en Suisse, il enseigne jusqu'en 1991 au gymnase de La Chaux-de-Fonds.

Yves Velan n'a jamais séparé une réflexion esthétique et une critique politique. Dès 1950, autour de la revue *Rencontre* (+), il rompt avec l'esthétique ramuzienne de l'expressivité du monde ; marqué par la pensée marxiste et freudienne, il opte pour une littérature de la « transformation » des habitudes mentales et discursives. Son engagement politique réel et durable l'associe à la création du groupe d'Olten (1969-1970) réunissant des écrivains de gauche dont il s'éloignera lorsque le Groupe semblera trop aisément adhérer à un réalisme populaire prétendument efficace. Dans *Contre-pouvoir. Lettre au Groupe d'Olten* (+) (1978), Velan insiste sur la fonction critique de la littérature, sa nécessité de corroder les genres « par le seul littéraire ». Face aux phénomènes stérilisants d'uniformisation culturelle, plus que d'être accessible au grand nombre comme le laisse croire même l'idéologie la plus généreuse, la culture, c'est être homme debout.

Depuis plus de trente ans, l'œuvre romanesque d'Yves Velan construit un cycle aussi rare qu'exigeant. Remarqué dès sa parution par Roland Barthes, le premier roman *Je* (1959) reprend l'un des thèmes de la littérature de Suisse romande – la figure du pasteur –, pour en transformer l'expression : paradoxalement, le pseudo-journal intime du pasteur Friedrich apparaît comme le discours d'une conscience sans intimité, affolée sous le double regard extérieur du monde et de Dieu. De même, *La Statue de Condillac retouchée* (1973) propose une critique de la composition univoque du roman traditionnel, et du rapport sensualiste au monde qui postule la continuité ou la résolution immédiate des oppositions. Véritable « fabrique du roman », *La Statue...* exacerbe le paradoxe d'un sens qui se conteste aussitôt qu'il est proposé ; au lecteur d'agir, en tenant à l'esprit qu'un modèle littéraire ne doit pas être considéré comme un principe d'interprétation, mais comme devant lui-même être interprété. Troisième roman paru à ce jour, *Soft Goulag* (*) (1977) peut être considéré comme l'équivalent moderne des *Lettres persanes* (*), sa mise en scène ironique d'un univers régi par l'uniformisation des valeurs en fait une critique radicale de toutes les utopies où le consensus et la conformité ne sont que les marques sociales de l'aliénation individuelle.

Yves Velan a d'autre part publié un conte d'enfant pour adultes, *Le Chat Muche* (1986), dont le sens moral ne se déduirait pas du récit illustratif, mais fonde la production même du conte comme auto-illusion réconfortant une posture individuelle et sociale.

Critique des conformismes politiques, sociaux et littéraires, Yves Velan occupe une place inassimilable, extérieure au domaine de la pensée et de la littérature. Par bien des côtés irréductible, sa pensée tout à la fois exigeante et généreuse est un ferment nécessaire.

ADRIEN PASQUALI.

VÉLEZ DE GUEVARA Luis. Dramaturge espagnol de l'école de Lope de Vega. Né à Ecija (Andalousie) dans les derniers jours de juillet 1579, mort à Madrid le 9 novembre 1644. De famille noble mais peu fortunée, il fit ses études dans sa ville natale, puis à Osuna où il prit son doctorat. D'abord au service du cardinal-archevêque de Séville, Rodrigo de

Castro, il passe en Italie dans les rangs des troupes du comte de Fuentes, vers 1600. À partir de 1608, Vélez vécut à Madrid, se consacrant à la littérature dans les milieux de la Cour, suivant la filière de divers emplois, et subissant les caprices de la faveur royale. De nombreux emplois à la Cour lui furent confiés. Ses innombrables difficultés financières, auxquelles il tenta de remédier par quatre mariages, n'eurent aucun retentissement sur son humeur joyeuse – « insouciant » dit de lui Cervantès – ni sur son cynisme. En 1641, il publia *Le Diable boiteux* (*), satire de la société madrilène. Vélez de Guevara mourut après avoir cédé à l'un de ses fils son emploi à la Cour. Ses confrères écrivains ne lui ménagèrent pas leur estime. Son œuvre abondante rappelle la manière de Lope de Vega, tout en tendant plutôt vers Calderón. Guevara collabora en effet avec des hommes de lettres des deux écoles : Montalbán, Rojas Zorillas. D'autre part, nombreux sont ses ouvrages inspirés de Lope de Vega, bien que l'action soit traitée de façon différente. Tout comme Lope, il porte à la scène légendes et romances populaires, comme dans *La Montagnarde de la Vera* [*La serrana de la Vera*], histoire d'une jeune campagnarde qui se livre au brigandage, par honte de son déshonneur, sur les cols d'une montagne de l'Estrémadure ; elle est abattue par la gendarmerie. Dans *La Lune de la Sierra* [*La luna de la sierra*] paraît – à partir d'un chant populaire – le thème de la jeune fille du peuple dont l'honneur a été perdu par la faute d'un noble et le dénouement du drame est dû à la justice des Rois Catholiques. *Le diable est à Cantillana* [*El diablo está en Cantillana*] montre le roi Pierre le Cruel qui tente de séduire la fiancée d'un noble, et comment l'astuce d'un bouffon présente au fiancé l'aimée sous l'apparence d'un fantôme. Dans le domaine de la tragédie, Vélez a excellé avec *Régner après la mort* [*Reinar después de morir*] : la littérature espagnole a utilisé ce thème abondamment, mais Vélez sait lui conférer une intense vigueur, un lyrisme enflammé et une grande beauté. *La Fille de Gómez Arias* [*La niña de Gómez Arias*] développe sur le mode tragique un argument semblable à celui de *La Lune de la Sierra*. Vélez a donné également des comédies inspirées de sujets étrangers avec grand déploiement de mise en scène : *Le Grand Tamerlan de Perse*, des comédies de caractère comme *La Sotte Croyance* [*El disparate Creido*]. Dans d'autres comédies, il dramatise « romances » et chants en compliquant l'intrigue à la façon de Lope ; il en est ainsi dans *Le Prince Vinador* [*El Príncipe Vinador*]. De lui citons encore : *Attila, fléau de Dieu* (+), *Le roi l'emporte sur le sang* (*), *La Magdalena* et *La Reconquête de l'Espagne* [*La restauracion de España*].

MANUEL MUÑOZ CORTÉS.

RÉF. : F. Pérez y González, *El Diablo cojuelo, notas y comentarios*, Madrid, 1903. – E. Cotarelo Mori, *Vélez de Guevara y sus obras dramáticas*, étude in *Boletín de la Academia Española*, 1916-17. – A. Valbuena Prat, étude dans l'édition du *Teatro escogido* de Vélez de Guevara, Madrid, 1930. – Spencer et Schevill, *The Dramatic Works of L. Vélez de Guevara*, Berkeley, 1937.

VELI Orhan : v. **Kanïk Orhan Veli.**

VELLEIUS PATERCULUS Caius. Historien latin. Né vers l'an 19 av. J.-C., mort en 31 apr. J.-C. Sa famille, originaire de Campanie, comptait parmi ses ancêtres deux soldats illustres, Decius Magius et Minatius Magius. Son grand-père paternel avait été « praefectus fabrum » sous Pompée, et son père combattit comme cavalier en Germanie. Sous le règne d'Auguste, Velleius exerça longtemps en Orient les fonctions de tribun, puis il servit sous Tibère, pendant neuf ans, en Germanie et en Pannonie, comme préfet de la cavalerie, puis comme délégué impérial. Il fut nommé questeur en 6, et préteur en 15. Sur ses dernières années nous ne savons rien, mais sans doute furent-elles consacrées à la rédaction des *Histoires* (*), par lui dédiées à Vinicius, consul en l'année 30.

RÉF. : J. Hellegouarc'h, *Latomus* 23, 1964. – J.-M. André, Revue *Études latines* 43, 1965.

VENDRYES Joseph. Linguiste et philologue français. Né et mort à Paris (13 juin 1875-30 juin 1960). Disciple d'Antoine Meillet, il enseigne à Clermont-Ferrand et à Caen, avant d'être nommé professeur de grammaire comparée à la Sorbonne en 1907, puis directeur d'études à l'École pratique des hautes études. Parmi ses nombreuses œuvres il faut citer : *Recherches sur l'histoire et les effets de l'intensité initiale en latin* (1902), *La Poésie galloise du* XII*e et du* XIII*e siècle dans ses rapports avec la langue* (1907), *La Grammaire du vieil irlandais* (1908), *Traité de grammaire comparée des langues classiques* (*) (en collaboration avec Meillet) (1924), *Études celtiques* (1938), *La Religion des Celtes, des Germains et des anciens Slaves* (1948). Vendryes est unanimement considéré comme l'un des meilleurs spécialistes des langues celtiques au XXe siècle, et il représente en linguistique le courant dit « sociologique », ainsi que l'illustre fort bien l'ouvrage le plus célèbre qu'il ait publié : *Le Langage* (1921). Le courant sociologique de la linguistique considère que le langage est une expression du milieu social, et l'étudie dans ses manifestations littéraires. Vendryes, dans ses ouvrages sur les langues et les littératures celtiques, a brillamment défendu cette thèse souvent controversée.

ANTOINE BERMAN.

VÉNÉZIS Ilias (pseud. de Ilias Mellos). Romancier grec. Né en mars 1904 à Aïvali, mort le 3 août 1973 à Athènes. Alors qu'il est âgé de dix ans à peine, les guerres balkaniques obligent sa famille à quitter l'Anatolie pour s'installer à Mytilène. C'est là qu'il fait ses études, allant déjà offrir en 1921 ses premiers textes au journal local. Mais, prisonnier des Turcs l'année suivante, il est envoyé pour quatorze mois dans un camp de travail forcé, ce qui marquera durablement son œuvre. À son retour dans l'île, il collabore au journal fondé par Myrivilis et publie un premier recueil de nouvelles, *Manolis Lèkas* [Ο Μανόλις Λήκας, 1928]. C'est en 1931 qu'il faut situer ses débuts de romancier avec la parution de *La Grande Pitié* (*), récit tiré de son expérience de la captivité, et qui va établir sa renommée. Surtout composé de dialogues entre hommes simples que rien n'avait préparés à un monde de crainte, émouvant par sa sobriété même, c'est, bien avant la lettre, le premier témoignage sur la vie concentrationnaire. Dans son deuxième roman, *Sérénité* (*) (1939), il abandonne le réalisme de ses débuts pour une écriture plus déliée, souvent allusive : le drame des réfugiés, leur tentative d'adaptation à des terres nouvelles est ainsi évoquée à travers le voile d'une inguérissable nostalgie. Le même thème de la patrie perdue sera repris dans un troisième roman, *Terre éolienne* (*) (1943), placé cette fois sous l'éclairage de l'enfance en donnant des allures de conte aux épisodes racontés. Ainsi, en ne faisant que retracer trois époques de sa vie, il a composé, tout comme Myrivilis, un ensemble romanesque représentatif pour tous les rescapés de la « Grande Grèce ». Dans ses nouvelles – *Égée* [Αίγαῖο, 1941], *Vents* ['Ανεμοι, 1944] – il apparaît de la même façon poète plutôt que penseur, et l'on y retrouve son amour de la nature, son goût de la solitude, son refus de tout intellectualisme. Après la Seconde Guerre mondiale, il se retire pour composer *La Sortie* ['Η'έξοδος, 1950], chronique des années noires de l'Occupation et le seul de ses romans qui ne soit pas autobiographique. Nous possédons encore de lui, outre des récits de voyage en Amérique et en Italie, une pièce de théâtre jouée à la Libération, *Bloc C* [Πλοκ C, 1945], inspirée par les camps qu'une deuxième fois il avait connus.

GILLES ORTLIEB.

VERACINI Francesco Maria. Compositeur italien. Né et mort à Florence : 1er février 1690-31 octobre 1768. Disciple de son oncle, Antonio Veracini (1659-1733), il commence une carrière d'enfant prodige et se fait connaître dans toute l'Europe pour sa surprenante virtuosité de violoniste. Entre 1717 et 1722, il est konzertmeister de la cour de Saxe, à Dresde, où il tente de se suicider à la suite d'une querelle avec d'autres musiciens. (Il restera infirme jusqu'à la fin de sa vie.) Il dirige l'Opéra italien à Londres (1733-38) et, en 1755, il est nommé maître de chapelle à San Pancrazio de Florence. On le considère généralement comme l'un des violonistes-compositeurs les plus importants de son temps. Mais la postérité l'a rejeté dans l'ombre de Tartini et de Locatelli, ses contemporains. Ses *Sonates pour violon* (*) traduisent pourtant un heureux équilibre entre la fluidité mélodique et la virtuosité. Il a également composé des oratorios et des opéras : *Adriano in Siria* (1735), *La Clémence de Titus* (1737), *Roselinda* (1744).

ALAIN PÂRIS.

VERCEL Roger (pseud. de Roger Crétin). Écrivain français. Né au Mans (Sarthe) le 8 janvier 1894, mort à Dinan le 25 février 1957. Il commence ses études à la faculté de Caen avant d'être mobilisé. Il se bat en France puis est désigné pour l'armée d'Orient. Il participe à l'avance victorieuse des Alliés à travers l'Europe qu'il a décrite dans *Notre père Trajan, Capitaine Conan* (*) et *Léna*. Démobilisé, il est nommé professeur à Dinan. En 1934, il obtient le prix Goncourt avec *Capitaine Conan*, drame du demi-solde de la Grande Guerre. Par la suite, Roger Vercel tire son inspiration de la mer comme l'annonçaient déjà *En dérive, Au large de l'Eden* et *Remorques* (1935), roman des remorqueurs de sauvetage. *Sous le pied de l'archange* (1937) retrace la vie des pêcheurs de grève du Mont-Saint-Michel, *Jean Villemeur* (1939) évoque les modernes pêcheurs d'Islande, *La Hourie* (1942) est pleine d'images malouines, *Aurore boréale* (1947) a pour toile de fond les mers polaires, et *La Caravane de Pâques* (1948) parle des voiliers cinglant du port de Cancale. En même temps, dans des ouvrages historiques, Roger Vercel dessine la figure de personnages héroïques comme *Du Guesclin*, les explorateurs polaires dans *À l'assaut des pôles* (1938). Son dernier roman, *Été indien* (*) (1956), reste fidèle à l'inspiration maritime.

GUY LE CELC'H.

VERCORS (pseud. de Jean Bruller). Dessinateur et écrivain français. Né et mort à Paris : 26 février 1902-12 juin 1991. Il fait ses études secondaires à l'École alsacienne et il obtient par la suite un diplôme d'ingénieur électricien. Mais il se sent attiré par les arts, il entreprend une carrière de dessinateur satirico-philosophique et publie un recueil de dessins : *21 recettes de mort violente* (1926) qui sont suivies par d'autres albums, parmi lesquels *Un homme coupé en tranches* (1929), *Silences* (1932 ou 1937), *La Danse des vivants* (1938), suite de cent soixante estampes. Avec la Seconde Guerre mondiale et sa participation très active à la Résistance – qu'il racontera dans *La Bataille du silence* (1967) –, avec la fondation en 1941 (avec l'écrivain Pierre de Lescure) des Éditions de Minuit, avec la clandestinité enfin, Jean Bruller devient Vercors et passe du dessin à l'écriture, publiant sous le manteau son premier roman, *Le Silence de la mer* (*) (1942), dont le retentissement littéraire, politique et moral fut immense et qu'a traduit en images très fidèles au texte Jean-Pierre Melville dans un film bouleversant (1947). C'est une image de la Résistance par le silence obstiné qu'une fille et son père opposent à un officier allemand occupant qui vit dans leur maison, en province. Ce roman sera suivi de *La Marche à l'étoile* (*) (1943), *Le Sable du temps* (1945), *Les Armes de la nuit* (*) (1946), *Les Yeux et la Lumière* (1948), *Plus ou moins homme* (1950), *La Puissance du jour* (1951), où Vercors exprime avec une sobriété toute classique les tensions et les frémissements des conditions humaines déchirées par l'existence. Avec *Les Animaux dénaturés* (*) (1952), il aborde un des thèmes centraux de son œuvre, celui de l'homme dont il est parfois difficile de connaître en quoi il est enfin homme et en quoi il est encore animal ; comment l'instinct se dégrade ou se conserve à mesure que progresse l'espèce humaine, dégradation ou conservation qui sont peut-être des dangers parce qu'elles brisent l'équilibre de la nature. De cette réflexion est d'abord né le roman, puis, quelques années plus tard, a été conçue une pièce de théâtre, *Zoo ou l'Assassin philanthrope* (+) (1963), qui sera jouée par le Théâtre national populaire et reprise plus tard par le Théâtre de la Ville avec un succès qui montre bien que toutes les générations se retrouvent dans l'interrogation fondamentale que Vercors expose dans son drame. D'autres essais et réflexions suivront, *Questions sur la vie à Messieurs les biologistes* (1973), *Ce que je crois* (1975), œuvres dans lesquelles Vercors exprime à la fois sa lucidité et sa gravité, ainsi qu'un certain existentialisme qui fait de l'engagement et de l'action une nécessité qui permet à l'homme d'échapper aux morts et aux nuits de sa condition : la mort qui apparut fixée dans la fuite du temps à travers *Les Chevaux du temps* (1977), livre qui montre bien que l'œuvre de Vercors prend ses racines dans une réflexion de caractère tragique. Enfin, Vercors se tournera vers l'histoire : *Moi, Aristide Briand* (1981), premier tome de *Cent ans d'Histoire de France* qui comprend deux autres tomes : *Les Occasions perdues ou l'Étrange Destin* (1982), couvrant les années 1932-1942, *Les Nouveaux Jours. Esquisse d'une Europe,* sur les années 1942-1962. L'écrivain, grand voyageur, a fait une série de conférences en Grande-Bretagne, en Allemagne, en Amérique, en Chine, *Divagations d'un Français en Chine* (1956), en Union soviétique, en Afrique du Nord, en Italie, en Extrême-Orient, au Viêt-nam, etc. Il a acquis ainsi des expériences et des connaissances dont ses livres, ses essais, ses dessins, traduisent encore aujourd'hui la profondeur, la variété, et la richesse. Vercors est un écrivain chez lequel la force de la méditation, souvent dramatique, parfois baroque, se cache souvent derrière l'apparente sérénité des mots, et la sagesse du ton.

JOËL SCHMIDT.

RÉF. : R. Konstantinovič, *Vercors, écrivain et dessinateur,* Paris, 1969. — J. Bruller, *J. Bruller et Vercors,* in revue *Europe* N° 543/544, p. 573-590, juillet-août 1974.

VERDAGUER I SANTALÓ Mossen Jacinto. Poète catalan. Né le 17 mai 1845 à Folgorolas près de Vich, mort à Villa Joana de Vallvidrera le 10 juin 1902. Fils de très pauvres gens, il étudia comme externe au séminaire de Vich, tout en travaillant dans une ferme. Dès l'âge de quinze ans, il fonda avec des camarades une société littéraire, l'« Esbart de Vich », dont les réunions avaient lieu à la campagne. Ses premières poésies furent primées aux jeux Floraux de Barcelone (1865), puis, lorsque, cinq ans plus tard, il fut ordonné prêtre, sa muse, jusque-là inspirée par l'amour, s'abreuva, sans cesser d'être populaire, aux sources religieuses. Aux temps de la guerre civile, entre 1870 et 1873, Verdaguer fut nommé vicaire à Viñoles d'Orís, et acquit une grande expérience de la vie, non sans que s'aggrave beaucoup l'état d'une santé déjà précaire. Il put momentanément se détendre en passant deux années comme aumônier à bord d'un navire de la compagnie transatlantique du marquis de Comillas. Ce répit fut éminemment profitable à la poésie, puisqu'il permit l'éclosion du premier de ses deux chefs-d'œuvre, *L'Atlantide* (*), grand poème en dix chants couronné aux jeux Floraux de 1877. Devenu aumônier privé du marquis, il se montra d'une extrême générosité à l'égard des pauvres, mais ne tarda pas à susciter l'envie et même les soupçons des autorités ecclésiastiques. En désaccord avec son évêque, il fut privé de la permission de dire la messe. Profondément attristé par cette mesure, Verdaguer, dans son humilité, ne doutait pas d'être coupable devant Dieu, et la poésie fut son seul réconfort. En 1885, il publia cet autre chef-d'œuvre, *Le Canigou* (*), récit médiéval en vers à la gloire des Pyrénées catalanes. Au cours d'un voyage qu'il fit à Madrid, Verdaguer obtint, grâce à l'évêque de cette ville, la levée de la mesure dont il avait tant souffert, et un bénéfice à l'église de Bethléem de Barcelone. Mais il ne tarda pas à succomber au mal qui le minait depuis longtemps, dans un village où il avait cru refaire sa santé. On doit également à Verdaguer *Saint François*, recueil de quarante-huit poèmes lyriques (1895).

RÉF. : Ch. de Tourtoulon, *Mossen Jacinto Verdaguer*, Paris, 1888. — Maurice Gay, *Jacinto Verdaguer*, Toulouse, 1896. — M. Folch y Torres, *L'obra d'en Verdaguer*, Barcelone, 1904. — R. D. Pérez, *Verdaguer y la evolución poética catalana*, Barcelone, 1913. — V. Serra Boldú, *Mossen Jacinto Verdaguer*, Bellpuig, 1915. — Conde de Güell, *El poeta Verdaguer*, Barcelone, 1927. — M. de Montoliu, *Algunos aspectos de la lirica de Jacinto Verdaguer*, Barcelone, 1929. — Juan Sebastian Arbó, *Verdaguer*, Barcelone, 1952.

VERDE Cesário. Poète portugais. Né et mort à Lisbonne : 25 février 1855-19 juillet 1886. Sa courte vie se passa entre les voyages à Paris et à Londres, ses aventures nocturnes et les affaires de son père. Ses poèmes, publiés dans divers journaux et revues, seront réunis, en partie, par son ami Silva Pinto en 1887, en un seul volume *Le Livre de Cesário* (*), tiré à deux cents exemplaires pour les proches. Il est impossible de déterminer si Cesário Verde participa à l'élaboration de ce recueil de vingt-deux poèmes ; toujours est-il que, dès 1901, date de la seconde parution, l'influence du poète se fait sentir. En 1964, d'autres poèmes retrouvés sont ajoutés et, toujours sous le même titre, paraissent trente-neuf poèmes et trente et une lettres. Cesário Verde aime l'action utile. Positiviste, il a un regard froid sur les mensonges et l'exploitation de l'homme par l'homme. Il sera toujours solidaire des humbles. Ce n'est guère, cependant, un poète populiste car il s'abandonne volontiers à l'expression de la souffrance de façon raffinée et même décadente. L'opposition ville/campagne parcourt son œuvre, marquée néanmoins par une nette préférence pour les larges espaces, l'air pur, tout ce qui pour lui représente la vie, l'amour, la vérité et la santé. Cesário Verde meurt, tuberculeux, à trente et un ans. Il occupe une place à part dans la littérature portugaise, sa lucidité et son lyrisme ayant perturbé les canons poétiques de l'époque.

FRANÇOISE BEAUCAMP.

RÉF. : S. de Mello Breyner, *Quatre poètes portugais. Camoens, Cesário Verde, Mário Sá-Carneiro, Fernando Pessoa. Sélection, traduction, présentation,* Paris, 1970.

VERDI Giuseppe. Compositeur italien. Né le 10 octobre 1813 à Roncole, près de Parme, mort le 27 janvier 1901 à Milan. Fils de pauvres gens, il montra très tôt une inclination pour la musique ; grâce à la protection d'un commerçant de sa ville, Antonio Barezzi, amateur de musique et libéral, il commença ses études musicales avec Provesi, directeur de l'orchestre municipal, et obtint une bourse d'études qui, arrondie par son protecteur, lui permit d'aller se perfectionner à Milan. Refusé au Conservatoire, il étudia, sous la direction de Vincenzo Lavigna, l'harmonie, le contrepoint et la fugue. À vingt ans, il se fit remarquer en dirigeant une exécution de *La Création* (*) de Haydn. La mort de Provesi le contraignit à se rendre à Busseto pour prendre sa succession, ainsi que le voulait une des clauses de sa bourse d'études. Pris au milieu des petites intrigues provinciales, il composa pour se distraire une partition sur un livret d'opéra qu'il avait rapporté de Milan : *Oberto, comte de S. Bonifacio* [*Oberto, conte di S. Bonifacio*] de Temistocle Solera. Ce premier opéra fut représenté à la Scala de Milan (1839) et, devant son petit succès, l'imprésario Merelli offrit à Verdi un contrat pour deux opéras bouffes et un « opera seria ». Verdi qui, en 1836, avait épousé Margherita Barezzi, la fille de son protecteur, alla s'installer à Milan avec elle et leurs deux enfants. Mais la même année mourait un de ses enfants, et l'année suivante sa femme et son autre enfant. L'opéra-comique, *Un jour de règne ou le Faux Stanislas* [*Un giorno di regno, o Il finto Stanislao*], composé durant ces épreuves cruelles, n'eut aucun succès (1840). Merelli offrit encore au compositeur découragé un autre livret de Solera, *Nabuchodonosor* [*Nabucco*]. Représenté à la Scala (1842), l'opéra remporta un triomphe éclatant. Le chœur célèbre des Hébreux en exil marqua la première rencontre du génie de Verdi et des espérances nationales de l'Italie, qui devait faire de lui, dans les années qui suivirent, le « maestro » du Risorgimento italien. L'énergie brutale des rythmes, la concision sommaire, le sens tragique si viril de sa conception montraient qu'un musicien nouveau venait de naître, qui allait porter le mélodrame italien au-delà de l'enjouement serein de Rossini, du romantisme amoureux de Donizetti et de Bellini. Il se mit à rechercher avec énergie et réalisme le succès, voulut évincer Donizetti, et pour cela se fit présent partout. Il devait parler plus tard de cette période comme de ses « années de galère », et à cette époque ses préoccupations artistiques furent dominées par ses préoccupations commerciales. *Nabucco* fut suivi des *Lombards à la première croisade* [*I Lombardi alla prima Crociata*], sur un livret de Solera tiré d'un poème de Grossi — sujet répondant encore aux aspirations nationales ; au chœur de *Nabucco* correspondait le chœur des croisés lombards.

Puis, délaissant ce type d'opéra collectif trop coûteux et d'une réalisation difficile, Verdi revint à l'opéra à personnages, comportant une trame individualiste, où l'astuce des librettistes ou la passion des auditeurs trouvaient toujours des sous-entendus politiques : *Hernani* (*) (Venise, 1844), tiré du drame de Victor Hugo, *Jeanne d'Arc* (*) (Milan, 1845) et *Alzire* (*) (Naples, 1845), *Attila* (*) (Venise, 1846) ; ces quatre dernières œuvres marquent un relâchement croissant du sens de la responsabilité artistique. Dans *Macbeth* (*) (1847) néanmoins, on retrouve un goût artistique plus raffiné ; Verdi cherche à y approfondir l'efficacité dramatique de la déclamation mélodique et y travaille avec un soin inaccoutumé ; cet opéra reste une de ses meilleures œuvres. Puis il composa *Les Brigands* (*) (Londres, 1847), premier opéra destiné au public étranger et qui n'eut guère de succès, et *Le Corsaire* (+) (Trieste, 1848). *La Bataille de Legnano* (*), écrite pour la Rome républicaine (1849), montre un plus grand souci artistique joint à l'enthousiasme patriotique. Mais la fin des espoirs révolutionnaires marque celle du premier cycle de Verdi ; la nation lasse appelle un certain repliement vers des motifs psychologiques plus intérieurs et en outre Verdi a remporté sa victoire personnelle : il est pratiquement le maître incontesté du théâtre italien, situation que ne fait que renforcer la mort de Donizetti (1848). Verdi est sûr de son avenir et il est riche. Il s'installe dans sa villa de Santa Agata, près de Roncole, avec la cantatrice Giuseppina Strepponi qui, dès *Oberto,* avait compris le génie du jeune compositeur et qui, au cours de leur longue existence commune, devait exercer une influence excellente et discrète sur lui. Ils se marièrent en 1859 mais ne laissèrent pas d'enfant. Verdi composa alors : *Luisa Miller* (*) (Naples, 1849), *Stiffelio* (Trieste, 1850), puis les trois chefs-d'œuvre *Rigoletto* (*) (Venise, 1851), *Le Trouvère* (*) (Rome, 1853), *La Traviata* (*) (Venise, 1853) – qui, après être tombée lors de la première représentation, devait connaître un étonnant succès.

Dans ces trois dernières œuvres, Verdi a porté à sa perfection le style d'opéra qui s'était élaboré en Italie dans la première moitié du XIXe siècle et qu'il avait lui-même défendu. Inutile de se demander si ces œuvres sont supérieures ou inférieures à celles de la vieillesse de Verdi ; le fait prodigieux est la fraîcheur continue de la sensibilité, grâce à laquelle Verdi sentit la nécessité de se renouveler ; il trouve une forme originale, s'inspire des expériences artistiques des autres pays sans s'inféoder à aucune, sans non plus se laisser limiter par ses propres convictions conservatrices. D'un point de vue purement artistique, on ne peut nier qu'à ces trois opéras succède un déclin momentané : *Les Vêpres siciliennes* (*) (Paris, 1855) et *Simon Boccanegra* (Venise, 1857) sont certainement inférieurs à *Rigoletto* et à *La Traviata,* tout en représentant un stade plus avancé et plus complexe, et une aspiration vers des œuvres plus élevées. Vient ensuite un chef-d'œuvre, *Un bal masqué* (*) (Rome, 1859), suivi de *La Force du destin* (*) (Saint-Pétersbourg, 1862), où Verdi retombe dans ses erreurs passées. Désormais tout à fait à l'abri du besoin, il ralentit le rythme de sa production et soigne plus sa composition. Riche d'idées musicales savamment traitées, *Don Carlos* (*) (Paris, 1867) dut presque attendre notre époque pour être apprécié comme il le méritait. L'Italie devenue libre et unifiée couvrit d'honneurs le compositeur. Cavour l'appela à la première Chambre des députés, puis il fut nommé sénateur. Libéral de droite, conservateur, il voyait d'un mauvais œil les jeunes musiciens tendre vers le grand art instrumental du romantisme allemand. Selon Verdi, le chant était l'essence même et le domaine de la musique italienne. Son opposition à l'art wagnérien, son « retournons à l'antique et ce sera un progrès » pesèrent longtemps sur la vie musicale italienne. Mais son instinct artistique était plus sain que les opinions qu'il professait publiquement, ainsi qu'en témoigne son évolution au cours des dernières années. Alors même qu'il protestait contre les nombreuses sociétés « du quatuor », il écrivit un *Quatuor à cordes* (*) (Naples, 1873). En 1871, il avait écrit, sur une commande du Caire, *Aïda* (*), qui parut à tous devoir être la dernière et la plus parfaite de ses œuvres. Verdi approchait en effet de la soixantaine ; riche et glorieux, il s'éloigna désormais de cet attirant métier théâtral, passion et tourment de sa vie. Il se prit à éprouver un grand amour pour la vie et les travaux des champs, un désir de paix et de solitude. La mort de Manzoni qu'il vénérait lui offrit l'occasion de se lancer dans un genre musical totalement différent, et il composa sa *Messe de Requiem* (*) (1874). À soixante-dix ans, poussé par son amitié pour Arrigo Boito, il se laissa séduire par l'idée de mettre en musique un livret tiré par Boito d'*Othello* (*), et ce fut un triomphe (Milan, 1877). De nouveau, le public crut que c'était la dernière parole de l'artiste, mais le zèle de Boito et l'insistance de l'éditeur Ricordi vinrent à bout de la volonté de repos du vieillard, et ce fut *Falstaff* (*) qui, représenté le 9 février 1893, devait laisser les auditeurs de la Scala désorientés. Cette œuvre, avec *Othello,* ouvrait des voies nouvelles au drame musical et accomplissait le prodige d'une carrière musicale demi-séculaire qui, commencée sous l'égide de Rossini, se terminait parfaitement à l'aise dans le climat européen déterminé par les présences de Wagner et de Brahms. La solitude devait assombrir les dernières années du robuste et génial vieillard : un à un, il vit disparaître les amis de ses anciennes batailles artistiques, et en 1897, il perdit sa femme. Pour passer le temps dans les pièces solitaires de sa grande villa de Santa Agata, il se mit à composer *Quatre pièces sacrées* [*Quattro pezzi sacri*] pour chœur seul et pour chœur et orchestre, qui furent exécutées à l'Opéra de Paris en 1898 – v. *Stabat Mater* (+) et *Te Deum* (+). Ses funérailles donnèrent lieu à une grandiose manifestation de deuil national.

MASSIMO MILA.

♦ *« Quand un tempérament passionné, violent, brutal même, quand un Verdi dote l'art d'une œuvre vivante et forte, pétrie d'or, de boue, de fiel et de sang, n'allons pas lui dire froidement : "Mais, cher Monsieur, cela manque de goût, cela n'est pas distingué !" Est-ce que Michel-Ange, Homère, Dante, Shakespeare, Beethoven, Cervantès et Rabelais sont distingués ? »* Bizet.
♦ *« Des grossièretés de style innombrables... »* Vincent d'Indy, après la première parisienne d'*Aïda,* 1876.
♦ *« Je prétends qu'il y a plus de substance et plus d'invention véritable dans l'air de la* Donna è mobile, *par exemple, où cette élite* [de la fin du XIXe siècle] *ne voyait que déplorable facilité, que dans la rhétorique et les vociférations de la* Tétralogie. » Igor Stravinski.

RÉF. : A. Basevi, *Studio sulle opere di G. Verdi,* Florence, 1859. – Clément, *Verdi,* Paris, 1882. – De Valori, *Verdi et son œuvre,* Paris, 1894. – F. J. Crowest, *Verdi, Man and Musician,* Londres, 1897. – A. Bonaventura, *Verdi,* Paris, 1923. – Ferrucio Botti, *Giuseppe Verdi,* S. Paulo, 1941. – Carlo Gatti, *Verdi,* Milan, 1951. – Mario Rinaldi, *Verdi critico, i suoi giudizi, la sua estetica,* Rome, 1951. – Pierre-Petit, *Verdi,* Paris, 1958. – Carlo Gatti, *Verdi,* Paris, 1961. – Julian Budden, *The Operas of Verdi,* Londres,

3 vol., 1973-81. – Jacques Bourgeois, *Verdi,* Paris, 1978. – W. Weaver, *Verdi,* 1978. – Giuseppe Verdi, *Autobiographie à travers sa correspondance éditée par Aldo Oberdorfer,* Paris, 1984. – Julian Budden, *Verdi,* Londres, 1985. – Jean-François Labie, *Le Cas Verdi,* Paris, 1987. – Jean Cabourg, *Guide des opéras de Verdi,* Paris, 1990.

VERES Péter. Écrivain et homme politique hongrois. Né le 6 janvier 1897 à Balmazújvaros, mort à Budapest en 1970. D'une famille de paysans démunis, il travailla longtemps comme ouvrier agricole. Pendant la Commune de 1919, il fut membre du Directoire de son village. Interné en 1920, libéré, puis de nouveau emprisonné, il participe néanmoins à la réorganisation du syndicat des ouvriers agricoles et du parti social-démocrate hongrois. Autodidacte, il publie son premier livre *Bilan* (*) en 1936. Après 1945, il participe à l'exécution de la réforme agraire et devient ministre de la Défense nationale dans le gouvernement de coalition (1947-1948). Président du parti paysan, député au Parlement, il fut également, en 1956, président de l'Union des écrivains. Ses œuvres les plus importantes sont : *Au bout du village* [*Gyepsor,* 1940], *L'Épreuve* (*) (1949), le roman de la réforme agraire de 1945, *Les Travailleurs de la voie* [*Pályamunkások,* 1951], chronique de la vie difficile de ces ouvriers, mais aussi véritable hymne au travail, *Histoire de la famille Balogh* [*A Balogh család története,* 1961], vaste tableau de la vie de la paysannerie hongroise dans la première moitié du XXe siècle. Lecteur insatiable, Veres consigna ses réactions dans *Au fil de mes lectures* [*Olvasónaplóm*], publié dans diverses revues littéraires. Écrivain réaliste, Veres décrit avec minutie et compétence le monde du travail qui lui inspire des réflexions parfois lyriques.

VERGA Giovanni. Écrivain italien. Né et mort à Catane (Sicile) (31 août 1840-27 janvier 1922). Fils de G. Battista et de Caterina di Mauro. Sa famille prétendait être de noble origine et remonter à des chevaliers aragonais venus en Sicile. L'atmosphère libérale que l'enfant respirait déjà au sein de sa famille fut renforcée lorsqu'il fut confié, à l'âge de onze ans, à un parent éloigné, Antonio Abate, qui fut chargé de son instruction. Le jeune professeur, auteur d'un roman et d'un poème de tendances libérales, patriote ardent qui avait participé à la révolution de 1848, exerça une grande influence sur l'esprit du jeune garçon qui, bientôt, essaya de se lancer sur les traces de son maître en écrivant un roman, *Amour et Patrie* [*Amore e patria*], et quelques années plus tard (1861-62) *Les Carbonari de la montagne* [*I Carbonari della montagna*]. En 1858, Verga avait quitté l'école d'Abate pour s'inscrire à la faculté de droit de l'« Ateneo » de Catane. De 1860 à 1864, il déploya une intense activité patriotique et journalistique, au nom de l'unité de l'Italie. C'est pourquoi il fonda et dirigea avec Nicolò Niceforo l'hebdomadaire politique éphémère *Roma degli Italiani*, revue littéraire de l'« Italie contemporaine », puis *L'Indipendente*, qui parvint au dixième numéro.

Mais son activité de journaliste n'avait pas entravé sa production littéraire. En 1863, il publia, en supplément à la *Nuova Europa, Sur les lagunes* [*Sulle lagune*], son troisième roman d'inspiration patriotique, mais sous la fiction d'une ardente passion amoureuse qui fait pressentir le futur auteur d'*Une pécheresse* [*Una peccatrice*] et d'*Une fauvette à tête noire* (*), ouvrages qui marquèrent le début de sa renommée. Voulant pousser plus loin ses expériences sociales et littéraires, Verga quitta la Sicile pour la première fois en 1865 et se rendit à Florence ; il y resta jusqu'en 1871, faisant alterner son séjour florentin avec de fréquents retours à Catane et à Vizzini. Florence était alors le centre politique et culturel de l'Italie ; elle offrit à Verga la possibilité de développer ses connaissances en multipliant ses contacts avec les artistes, les écrivains italiens ou étrangers. À côté de la fréquentation des salons et des cénacles littéraires de Dall'Ongaro, Verga éprouvait le besoin de se rapprocher des humbles, des vaincus de la vie, pour se documenter à fond en vue des romans qu'il voulait écrire. Ce propos trouvait un climat favorable en l'esprit même de l'écrivain qui, précédemment, ne s'était jamais détaché de la terre à laquelle il revint par la suite en vertu des théories véristes qui ne furent pour lui qu'une poussée libératrice.

C'est ainsi qu'en 1872, quand Verga se rendit à Milan, il portait en lui les riches thèmes de la partie capitale de son œuvre. Après 1877, Capuana se fixa également à Milan et patronna fraternellement son ami, avec l'autorité que le monde littéraire italien lui reconnaissait comme chef d'école du naturalisme. Verga enrichit son expérience littéraire ; sa première rencontre avec Flaubert lui donna un choc violent. Son *Éva* (*) (1873) eut un succès éclatant, accru si possible par des polémistes qui l'accusaient d'avoir écrit un livre immoral. Verga publia successivement : *Tigre royal* [*Tigre reale*], *Éros, Printemps et autres contes* [*Primavera e altri racconti*]. En 1874 avait paru l'essai sicilien *Nedda*, où l'écrivain orchestrait les thèmes essentiels d'un nouveau mode poétique. Dès 1879, Verga commença *Les Malavoglia* (*), et en 1880 publia le recueil de nouvelles si surprenant intitulé *Vie des champs* (*). C'est sa période la plus féconde, celle où son génie créateur, son imagination atteignent les sommets. Pourtant, ces dernières œuvres ne remportèrent pas, sur le moment, le succès que le public avait fait à ses romans précédents. Son chef-d'œuvre *Les Malavoglia*, édité l'année même de *Malombra* de Fogazzaro, passa à peu près inaperçu, cependant que la renommée de l'écrivain commençait à franchir les frontières de l'Italie.

Vinrent ensuite : *Le Mari d'Hélène* (1882), qui par sa manière se rattache à la première période, *Par les chemins* [*Per le vie*, 1883], roman des milieux milanais, *Nouvelles paysannes* (*) [*Novelle rusticane,* 1883], *Vagabondage* [*Vagabondaggio*, 1887], *Maître don Gesualdo* (*) — publié en 1888 dans la *Nuova antologia*, puis en volume dans une version remaniée (1889) ; ce livre, accueilli favorablement par la critique, fut un beau succès de librairie ; c'était le second volume d'un vaste cycle, *Les Vaincus* [*I Vinti*], que l'auteur se proposait d'écrire et auquel auraient dû se rattacher *La Duchesse de Leyra* [*La Duchessa di Leyra*], *L'Honorable Scipioni* [*L'Onorevole Scipioni*], *L'Homme de luxe* [*L'Uomo di lusso*]. Il écrivit seulement un chapitre entier et le début du second de *La Duchesse de Leyra*. Dans cette période fertile en chefs-d'œuvre, une date est à retenir : le 14 janvier 1884 Verga fut acclamé au « Cariguano » de Turin lors de la représentation de *Cavalleria rusticana* (*), tirée de la plus célèbre nouvelle de la *Vie des champs*. Giacosa, qui le présenta au public, souligna l'originalité de l'œuvre et annonça qu'avec elle allait s'ouvrir une ère nouvelle pour le théâtre italien. Mais à ce triomphe succédèrent des désillusions provoquées par d'autres pièces écrites pour le théâtre. Verga en fut profondément affecté. L'année 1893 ouvre une nouvelle période dans la vie de notre auteur ; elle s'étend jusqu'à sa mort, entrecoupée de séjours à Rome où, en 1895, il fit la connaissance d'Émile Zola. Cette date marque sa retraite. En 1891, il avait donné un volume de nouvelles parues antérieurement en revue, *Les Souvenirs du capitaine d'Arce* [*I ricordi del Capitano d'Arce*], puis, en 1894, parut *Don Candeloro et Cie*, et en 1905 le roman *Du tien au mien*. Son dernier ouvrage est la nouvelle *Une chaumière et un cœur* [*Una capanna e il tuo cuore*], écrite en 1919 mais publiée dans *L'Illustration italienne* le 12 février 1922 seulement, en même temps que l'annonce de sa mort, survenue à Catane. Il s'éteignit dans un silence hautain, comme s'il avait eu « en grand mépris » la nouvelle génération qui, tout en reconnaissant en lui un maître, avait négligé ses leçons d'homme et d'écrivain. Il considéra la littérature comme la plus noble carrière, une mission, « le travail le plus sacré de l'homme » ; c'est pourquoi il parla peu de lui-même, dédaigna les honneurs et les applaudissements faciles. L'Italie fut assez lente à lui manifester sa reconnaissance nationale ; il fut nommé sénateur en 1920, l'année où les plus célèbres écrivains de la péninsule, Pirandello et Croce en tête, fêtaient le quatre-vingtième anniversaire de l'écrivain, qui était désormais reconnu comme le plus grand romancier du XIXe siècle italien après Manzoni.

GIORGIO SANTANGELO.

♦ *« Verga n'est pas un penseur, le plus important chez lui c'est la spontanéité... Ses romans jaillissent du plus intime de lui-même, et on pourrait dire qu'ils se composent bien plus réellement au moment de l'inspiration qu'à celui de l'exécution. »* Benedetto Croce. ♦ *« Dans son œuvre, la sincérité artistique et la sincérité morale coïncident profondément. C'est ce qui rend cette œuvre exemplaire au milieu de l'insincérité de la littérature et de la vie italiennes de son temps. »* Betteloni.

RÉF. : N. Scalia, *Giovanni Verga*, Ferrare, 1922. — R. Ferraris, *Das Naturgefühl bei Giovanni Verga*, Zurich, 1929. — N. Capellani, *Vita di Giovanni Verga*, Florence, 1940. — E. de Michelis, *L'arte del Verga*, Florence, 1941. — G. Santangelo, *Storia della critica Verghiana*, Florence, 1954. — A. Momigliano, *Dante, Manzoni, Verga*, Messine, 1955. — L. Russo, *Giovanni Verga*, Bari, 1955. — F. de Roberto, *Caso Verga et altri saggi verghiani*, Florence, 1964. — R. Luperini, *Pessimismo e verismo in Giovanni Verga*, Padoue, 1968. — A. Asor Rosa (aux soins de), *Il caso Verga*, Palerme, 1972. — G. Baldi, *L'artificio della regressione. Technica narrativa e ideologia nel Verga verista*, Naples, 1980. — N. Borsellino, *Storia di Verga*, Rome-Bari, 1982. — V. Masiello (aux soins de), *Il punto su : Verga*, Rome, 1987.

VERHAEREN Émile. Poète belge d'expression française. Né le 21 mai 1855 à Saint-Amand (Belgique), mort accidentellement à Rouen le 27 novembre 1916. Fils de bourgeois drapiers, il passe toute son enfance dans la campagne flamande, sur les bords de l'Escaut. Il fait ses études au collège des jésuites Sainte-Barbe de Gand, puis à l'université de Louvain. Dès lors, Verhaeren est voué aux lettres ; s'il s'installe comme avocat stagiaire à Bruxelles, il fréquente aussi Rodenbach, le peintre Théo van Rysselberghe, James Ensor, et débute déjà dans la critique d'art. C'est vers le naturalisme qu'il paraît s'orienter d'abord, dans ses premières poésies, *Les Flamandes* (*). Mais aussitôt après avoir ainsi restitué la Belgique sensuelle, Verhaeren se retourne vers la Belgique mystique, avec *Les Moines* (*), écrits en 1886 après un séjour à la trappe de Notre-Dame de Chimay. Cependant Verhaeren traverse bientôt une grave crise spirituelle, frôle le suicide et appelle même la folie comme une délivrance. Il a perdu sa foi naïve, et, augmentant encore sa souffrance par l'analyse psychologique, il est assailli par des visions d'épouvante et de désespoir ; dépassant le style mineur des « décadents » à la mode, il donne alors des recueils d'une morbidité exaspérée et fiévreuse, véritable « trilogie de la neurasthénie », *Les Soirs* (*) en 1887, *Les Débâcles* (*) en 1888, *Les Flambeaux noirs* (+) en 1889. Il a déjà rencontré Marthe Massin, puis voyagé en Espagne, en Allemagne, et séjourné à Londres. Il y a cependant encore beaucoup de pessimisme dans *Les Apparus dans mes chemins* (*) publiés en 1891, l'année de son mariage avec Marthe ; on y reconnaît aussi les premiers signes de la guérison. Verhaeren se tourne résolument vers les problèmes contemporains ; il va, vers 1893-95, chanter *Les Villes tentaculaires* (*), symboles du bouleversement moderne, de la désertion des campagnes et de la rupture des vieilles liturgies de la terre, du malaise social. Cependant Verhaeren découvre déjà les promesses d'un avenir meilleur. Il fréquente le leader ouvrier Vandervelde, collabore avec lui et, dans le socialisme, trouve une foi nouvelle, parfaitement adaptée à son insatiable soif de mouvement et de vie.

Sa renommée s'étend. *Le Mercure de France* (*) réédite ses premières œuvres. Il est devenu le poète des hauts fourneaux, des docks, du port et de la grande ville ; on peut dire qu'il a donné au monde moderne, sous son aspect le plus matériel et le plus brutal, droit de cité dans la littérature. Il célèbre le progrès qui délivrera les hommes des préjugés et fondera un jour l'universelle fraternité. Il est l'auteur des *Forces tumultueuses* (*) en 1902. Mais il écrit aussi *Les Heures claires* (*) qui, à trois époques de sa vie, diront le charme du foyer, l'amour pour Marthe Massin qui a rendu à Verhaeren le goût de vivre après la grande crise morale de sa jeunesse, sans que la mélancolie, à l'approche de la mort, puisse atteindre jamais cette joie profonde de la vie secrète. D'ailleurs, il n'est pas que le travail humain des grandes villes industrielles pour offrir des spectacles d'énergie ; dans les cinq recueils de *Toute la Flandre* (*), Verhaeren fait place aux éléments primitifs : le vent du nord balayant la plaine belge, les flots toujours sur le point de rompre les digues, mais il célèbre aussi le calme bourgeois des petites villes flamandes, avec leurs héros, leurs fêtes, la coquetterie saine de leurs intérieurs. Dans les dernières années de sa vie, le poète, ayant conquis une renommée européenne, fit de nombreuses conférences en Allemagne, en Suisse, en Russie même. La guerre le bouleversa, mais il refusa de se rendre aux appels de Romain Rolland qui l'engageait à se tenir, comme lui, « au-dessus de la mêlée ». Verhaeren voulait au contraire lier son destin à celui de sa patrie douloureuse. En 1916, venu à Rouen pour y faire une conférence, il allait connaître une mort tragique en roulant sous un train. Outre les œuvres déjà mentionnées, rappelons enfin, de Verhaeren : *Les Contes de minuit* (+) (1885), *Les Bords de la route* (+) (1895), *Les Visages de la vie* (*) (1899), *Petites légendes* (+) (1900), *Le Cloître* (*) (1909), *Les Blés mouvants* (*) (1912) et *Quelques chansons de village* (+) (posth., 1924).

JACQUES PATRY.

♦ *« La poésie de M. Verhaeren manque d'intimité. Elle est tout objective. On dirait qu'il a mis en vers, en beaux vers âpres et un peu fous, des traités de sociologie qu'il n'a pas osé écrire. »* Remy de Gourmont. ♦ *« Un irrésistible élan l'entraînait sans cesse hors de lui, qu'aucune considération n'arrêtait, d'intérêt personnel, de protection, ni de prudence. »* André Gide. ♦ *« Ce que* [Verhaeren] *préconise et annonce, c'est une refonte totale, un élargissement merveilleux de la conscience de l'homme – de l'homme quotidien, non du métaphysicien – sous l'influence d'un sentiment nouveau de l'univers, perçu comme un ensemble où tout est lié, où la plus infime parcelle de matière contient toute la divinité qu'on adorait autrefois en quelques manifestations isolées. »* Léon Balzagette.

RÉF. : L. Balzagette, *Émile Verhaeren,* Paris, 1907. – S. Zweig, *Émile Verhaeren,* Paris, 1910 ; *Souvenirs et rencontres,* Paris, 1953. – J. de Smet, *Émile Verhaeren,* 2 vol., Malines, 1920. – R. Golstein, *Émile Verhaeren, la vie et l'œuvre, l'évolution des idées,* Bruxelles, 1924. – P. Valéry, *Discours sur Verhaeren,* Bruxelles, 1928. – Mabille de Poncheville, *Promenades avec Verhaeren,* Paris, 1930 ; *Vie de Verhaeren,* Paris, 1953. – F. Hellens, *Émile Verhaeren,* Paris, 1952. – L. Christophe, *Émile Verhaeren,* Paris-Bruxelles, 1955. – R. Bodart, *Verhaeren hier et aujourd'hui,* Tournai, 1966. – Ch. Maingon, *Verhaeren, critique d'art,* Paris, 1984. – *Émile Verhaeren, poète dramaturge et critique,* éd. P.E. Knabe et R. Trousson, Bruxelles, 1984.

VERLAINE Paul Marie. Poète français. Né le 30 mars 1844 à Metz, mort à Paris le 8 janvier 1896. Son père, fils d'un notaire, était originaire (1798) de Bertrix, près de Paliseul, dans le Luxembourg belge, alors incorporé à la France. Sa mère, Élisa Dehée, était née aux environs d'Arras, à Fampoux, le 23 mars 1809. Après diverses garnisons – Metz, au 2e génie sous le colonel Niel, Montpellier, Nîmes, de nouveau Metz –, le capitaine Verlaine démissionne et installe son ménage à Paris, rue des Petites-Écuries, puis rue Saint-Louis (aujourd'hui rue Nollet). Paul apprend à lire à l'école de la rue Hélène ; il est ensuite pensionnaire à l'institution Landry, rue Chaptal, d'où il va suivre les cours du lycée Bonaparte – devenu lycée Condorcet – (1845-1853). Il a en seconde pour condisciple Edmond Lepelletier, son futur et dévoué biographe. Reçu en 1862 au baccalauréat, il passe des vacances à Fampoux et dans les Ardennes, et s'inscrit dès la rentrée à l'école de droit. C'est l'époque de ses premières lectures de poésie et de prose modernes (Hugo, Baudelaire, Gautier, Sainte-Beuve, Maistre, Al. Bertrand, Pétrus Borel, Glatigny...) et de son premier poème conservé, *Chanson d'automne,* où il est déjà tout entier. Il en donne bientôt d'autres à la *Revue du Progrès,* fondée par L.-X. de Ricard, de qui la mère, générale et marquise, tient un salon littéraire boulevard des Batignolles ; il y rencontre Banville, Villiers de L'Isle-Adam, Heredia, Coppée, Chabrier, Catulle Mendès. Un poste dans les assurances, un autre à l'Hôtel de Ville pourvoient successivement à sa subsistance. Il collabore au *Hanneton,* la feuille républicaine d'Eugène Vermersch, à *L'Art,* de Ricard, qui insère quelques-uns de ses vers et sa longue et remarquable étude sur Baudelaire, que l'intéressé n'approuve pas. Il participe au *Parnasse contemporain, recueil de vers nouveaux* (*), fondé par Catulle Mendès ; il y voisine avec nombre de médiocrités, mais aussi avec Baudelaire (*Nouvelles Fleurs du mal*), Mallarmé, Villiers, Heredia (1866). Lors d'un voyage à Bruxelles, il est généreusement accueilli et félicité par Hugo, qui a appris des vers du jeune poète. Les *Poèmes saturniens* (*) paraissent chez Alphonse Lemerre, éditeur des

« Parnassiens », grâce aux subsides de sa cousine Élisa Dehée, et en même temps que *Les Exilés* (*), dernier grand livre de Banville ; un élogieux article, des lettres flatteuses leur viennent d'Anatole France, Sainte-Beuve, Banville. Verlaine est présenté par le compositeur Charles de Sivry aux parents de sa future femme, Mathilde Mauté de Fleurville. Il retrouve ses confrères du *Parnasse* rue Chaptal, chez Nina de Villard, excellente musicienne et poète, amie et inspiratrice de Charles Cros. À Bruxelles encore (ville décidément pour lui fatidique, on le verra plus loin), sous le manteau et le pseudonyme de Pablo de Herlagnez, Poulet-Malassis, l'éditeur des *Fleurs du mal* (*), imprime à cinquante exemplaires *Les Amies, scènes d'amour saphique* (1868), sonnets qui ne reparaîtront (avec quelques modifications) que vingt ans plus tard, en tête de *Parallèlement* (*). Lemerre édite *Fêtes galantes* (*), dont plusieurs pièces ont passé à *L'Artiste* d'Arsène Houssaye. Fiancé à Mathilde Mauté, Verlaine compose les premières pièces de *La Bonne Chanson* (*) ; leur mariage est célébré le 11 août 1870, lendemain de la déclaration de guerre ; Verlaine est mobilisé dans la garde nationale.

Peu de jours après, Jean-Arthur Rimbaud prend connaissance des *Poèmes saturniens* et des *Fêtes galantes*, et communique son enthousiasme à Georges Izambard, son professeur à Charleville. Installé chez ses beaux-parents, rue Nicolet, Verlaine y reçoit le premier message de Rimbaud, accompagné de poèmes, et y répond par une invitation pressante à le joindre. L'arrivée du génial et sauvage adolescent (fin septembre 1871) ne contribue pas à l'entente du jeune ménage, déjà désuni et que ne raccommoderont ni la naissance du petit Georges (30 octobre), ni la mise en vente de *La Bonne Chanson*, que les événements ont contraint Lemerre à différer. En janvier 1872, après de violentes altercations auxquelles l'abus de l'alcool n'est point étranger, Verlaine quitte son foyer pour cohabiter avec Rimbaud, rue Campagne-Première, d'où celui-ci regagne Charleville, pour revenir à Paris au bout de quatre mois. Bien qu'ayant obtenu le pardon de Mathilde, Verlaine part en compagnie de son nouvel ami pour Arras, en est expulsé par la police, puis emmène Rimbaud vers les Ardennes et la Belgique. Ils séjournent deux mois à Bruxelles et à Charleroi avant de s'embarquer pour Londres. Une instance en séparation de corps est introduite. Pendant que Rimbaud est rentré à Paris et retourne à Charleville, Verlaine, tombé malade, appelle sa mère à son chevet. Les deux « compagnons d'enfer » reprennent à Londres leur vie commune et y vivent misérablement de leçons de français. Verlaine y laisse bientôt Rimbaud sans ressources, revient à Bruxelles, y fait venir sa mère et sa femme, puis Rimbaud. À la suite d'une querelle et de la menace d'abandon par ce dernier, il tire sur lui deux coups de revolver qui le blessent légèrement (10 juillet 1873). Arrêté sur déposition de la victime, Verlaine est écroué à la prison des Petits-Carmes et condamné à deux ans de détention par le tribunal correctionnel. Transféré à la prison de Mons, il y demeurera en cellule jusqu'au 16 janvier 1875. En octobre 1873, Rimbaud a fait imprimer à Bruxelles *Une saison en enfer* (*), transposition poétique de l'aventure. L'année suivante, les *Romances sans paroles* (*), d'abord intitulées *La Mauvaise Chanson*, sont tirées sur les presses d'un journal de Sens grâce à l'intervention de Lepelletier ; distribuées à la critique, elles sont tout à fait passées sous silence. En apprenant, fin avril 1874, la décision judiciaire de sa séparation d'avec Mathilde, Verlaine abjure ses erreurs dans le sein de l'aumônier de la prison, qui lui donne à lire le catéchisme et le fait communier. Il commence alors de composer sous l'exergue provisoire de *Cellulairement* les plus beaux vers alternativement mystiques et profanes qui figureront un jour dans *Sagesse* (*), *Jadis et Naguère* (*), *Parallèlement* (*). Sa peine purgée, il se retire à Fampoux et fait une retraite à la trappe de Chimay. Un essai de réconciliation avec Mathilde étant resté infructueux, il tente de renouer avec Rimbaud sous le prétexte de le convertir : une rencontre sans lendemain a lieu à Stuttgart (2 mars 1875). Il obtient ensuite un poste de professeur dans une école de Stickney (Lincolnshire) dirigée par Mr. Andrews ; il y exercera jusqu'à la fin de l'année scolaire 1875-76. Dans l'intervalle, des fragments de la future *Sagesse* sont écartés par le comité du *Parnasse contemporain*, que préside Anatole France, comme « mauvais vers » dus à un « auteur indigne » (on se demande de quoi...) ; Rimbaud demande en vain des subsides à Verlaine, qui lui écrit le 10 décembre 1875 pour la dernière fois.

Depuis la rentrée, Verlaine enseigne au St. Aloysius College de Bournemouth, tenu par Mr. Remington. Au bout d'un an, il remplace son ami Ernest Delahaye (autre futur biographe) comme professeur chez les jésuites de Rethel ; il occupera cette chaire sans incident jusqu'en juillet 1879. C'est durant cette période qu'il se prend d'un fort tendre attachement pour l'un de ses élèves, sans doute cérébralement peu doué, Lucien Létinois, fils de paysans ardennais. Il l'emmène par la suite outre-Manche, à Lymington, où il vient de trouver un nouvel emploi pédagogique chez Mr. Murdoch. Dès leur retour en France, à Coulommes, pays de Lucien, Verlaine, grâce aux subsides maternels, fait emplette de la ferme de Juniville et se lance dans une exploitation vouée à un rapide et désastreux échec. Rentré de Coulommes avec sa mère, le poète se met en rapport avec Victor Palmé, éditeur catholique de la rue des Saints-Pères, qui accepte d'imprimer *Sagesse* (toujours à compte d'auteur, soit cinq cents francs) ; malgré quelques articles élogieux (Lepelletier, Blémont — l'un de ses amis les plus dévoués — Claretie...) et une active propagande de Verlaine auprès de la petite presse confessionnelle, le volume n'a aucun succès ; presque tout le tirage, mis en cave, en sera racheté en 1888 par Léon Vanier, devenu l'éditeur attitré. Ayant en vain sollicité, par l'entremise de Lepelletier, sa réintégration dans les bureaux de la ville, Verlaine obtient par Delahaye un poste de professeur à l'institution Esnault de Boulogne-sur-Seine, tandis que Létinois est casé dans un modeste emploi industriel, sa famille ayant émigré à Ivry. *Paris moderne,* que vient de fonder Vanier, insère alors plusieurs poèmes, dont l'extraordinaire *Art poétique* (+), en vers de neuf syllabes, composé à Mons en avril 1874 et qui s'affirme soudain l'un des actes de foi du symbolisme naissant. Mais Lucien, atteint de typhoïde, meurt le 7 avril 1883 à l'hospice de la Pitié, entre les bras de son « pater dolorosus ». Ce cruel événement inspire à celui-ci, privé de son fils légitime, une suite d'élégies qui s'égalent, dans l'expression de la douleur, au thrène voué par Hugo à sa fille dans *Les Contemplations ;* elles seront le plus bel ornement du second recueil catholique de Verlaine : *Amour* (*).

Le nom du grand poète, jusque-là inconnu et bafoué, commence de se répandre, au-delà des milieux de la jeune poésie, jusque dans les salons littéraires et même parmi les universitaires. Le premier livre que Vanier consent à publier, et à ses frais, est un triptyque d'études en prose, *Les Poètes maudits* (*), consacrées à Tristan Corbière (que Verlaine vient de découvrir presque seul), à Mallarmé et à Rimbaud (1884) ; une réédition, accrue d'articles sur Marceline Desbordes-Valmore, Villiers de L'Isle-Adam et Pauvre Lelian (anagramme de Paul Verlaine), paraîtra quatre ans plus tard. Or le poète, à ce moment, mène une existence des plus troubles à Coulommes et à Attigny. Le divorce d'avec Mathilde, qui bientôt convolera pour devenir Mme Delporte, est prononcé en février 1885 et l'époux condamné à verser une pension alimentaire. Au printemps suivant, Verlaine, pris de boisson, a une violente querelle avec sa mère, tente de l'étrangler et, inculpé de coups et blessures, passe trois mois dans la prison de Vouziers ; il n'en continue pas moins aussitôt élargi ses « repues franches » (plutôt louches) dans la campagne avoisinante. Cependant, Vanier vient de donner *Jadis et Naguère* (*), l'avant-dernier beau livre, qui est formé d'éléments d'époques disparates, et qui apporte au moins le sonnet *Langueur,* autre credo des « Décadents », et *Crimen Amoris,* hymne à la gloire de Rimbaud, l'« époux infernal », et merveille du mètre de onze syllabes. Verlaine transporte ses pauvres pénates dans un galetas de la cour Saint-François, rue Moreau, étiqueté hôtel du Midi. Mais il fera par la suite de fréquents et longs séjours dans les hôpitaux, Broussais surtout, pour y soigner une vieille arthrite, favorisée par l'abus des alcools et les traces d'une affection vénérienne. La mort de sa mère, le 21 janvier 1886, accentue encore la précarité de son existence, secourue, il est vrai, par plusieurs amis, exploitée, en revanche, par deux pauvres créatures, plus misérables qu'intéressées, pas toujours insensibles au fait d'être les compagnes d'un grand homme déchu, mais déjà honoré : Eugénie Krantz et Philomène Boudin méritent, à ce titre, de passer à la postérité, plutôt que pour avoir inspiré les versiculets égrillards des *Chansons pour elle* (*), des *Odes en son honneur* (*), des *Élégies* (*). L'auteur des *Fêtes galantes,* des *Romances sans paroles* (*) et de *Sagesse* jouit en effet d'une renommée et d'un respect désormais incontestés parmi les adeptes batailleurs mais fervents des récentes écoles, symbolistes et décadents de la première heure, cinq ans avant que ne lui surgisse un rival en la personne remuante de Jean Moréas, quand celui-ci publiera, à grand fracas, *Le Pèlerin passionné* (*). De garni en garni, d'hôpital en hôpital, de café en café, il traîne la jambe et, en somme, s'accommode assez bien, non sans humour gentil, de cette vie de bohème, en proie à des alternances de mysticisme et de lubricité également sincères. En 1888 et 1889 paraissent *Amour* et *Parallèlement* (dont les épreuves sont corrigées pendant une cure à Aix-les-Bains), qui reflètent cette déconcertante dualité de nature. *Parallèlement* est en partie constitué du reliquat de *Cellulairement,* le manuscrit des prisons ; cet ouvrage brille encore de pages de premier ordre (dont *Læti et Errabundi,* suprême écho d'une passion révolue).

La célébrité du poète dépasse nos frontières ; elle lui procure des tournées de conférences qui, sans l'enrichir, aident quelques mois à sa subsistance. C'est ainsi que, de novembre 1892 à décembre 1893, il est invité en Hollande, en Belgique (Charleroi, Liège, Bruxelles), en Lorraine (Nancy et Lunéville), en Angleterre (Londres, Oxford, Manchester), où il est chaleureusement accueilli par l'élite des jeunes écrivains. Un important *Choix de poésies,* paru chez Charpentier, a répandu le meilleur de son œuvre. Un banquet triomphal lui a été offert par *La Plume,* vaillante revue qui draine toute la littérature significative du temps. Succès qui l'enhardit au point de se présenter à l'Académie (fauteuil de Taine). Une compensation au retrait de cette candidature lui est donnée par son élection, en août 1894, au principat des Poètes à la mort de son vieil ennemi Leconte de Lisle. Un comité de quinze admirateurs, dont Maurice Barrès et Robert de Montesquiou, se fonde sous la présidence de la duchesse de Rohan afin de lui assurer une rente mensuelle. Il a encore pu rassembler plusieurs recueils de vers et de prose, le plus souvent circonstanciels et fort plats, de *Bonheur* et *Liturgies intimes* (*), très pâles séquelles de *Sagesse* et d'*Amour,* aux *Dédicaces* et aux *Épigrammes* (*), sans compter les petits livrets amoureux dont nous avons parlé ni les priapées, parues sous le manteau, de *Femmes,* dont l'étonnante virtuosité voile à demi l'audace. Enfin, une autobiographie, restée inachevée mais pleine de précieux souvenirs et de charmante bonhomie, paraît sous le titre de *Confessions.* Mais sa santé, déjà fort ébranlée, rongée par la misère et l'alcoolisme, décline de jour en jour. Hébergé depuis quelques mois au 39 de la rue Descartes, par Eugénie (qu'il avait failli épouser), il y est trouvé mort, le 8 janvier 1896, sur le carreau de sa misérable chambrette. On lui fait de fort belles funérailles à Saint-Étienne-du-Mont, puis au cimetière des Batignolles dans son caveau de famille ; le cortège comporte l'élite des lettres et des arts et une foule considérable en grande partie composée d'étudiants. Le deuil est conduit par Vanier et le jeune F.-A. Cazals, l'inlassable iconographe du grand poète, qui l'appelait « ma plus belle amitié, ma meilleure... ». D'émouvants discours sont prononcés par Mallarmé, Moréas, Barrès, Coppée, Gustave Kahn.

Pour la partie durable, c'est-à-dire vraiment neuve, de sa longue production — on la peut évaluer à un quart environ, et sans égard pour des proses pratiquement négligeables et le plus souvent dépourvues de style —, Paul Verlaine occupe, dans la poésie française, et même, on peut l'affirmer, dans celle de tous les pays, une place éminente et sans équivalent. Il ne s'est pas borné, en effet, à une époque d'inquiétante déficience de notre lyrisme, soit aussitôt après la mort de Baudelaire et à l'heure où Hugo jetait ses derniers éclairs (les plus puissants, il est vrai), à vivifier, à réhabiliter notre poésie : il a créé une nouvelle sensibilité, une musique inouïe, tout un univers d'expression gratuite dans un art où la littérature, l'histoire, la morale ne devraient jamais s'immiscer sous peine de le dessécher ou de le corrompre. Il a été aussi peut-être, depuis Ronsard et après les conquêtes de Marceline Desbordes-Valmore, de Hugo, de Baudelaire et de Banville, notre plus étonnant et riche inventeur de rythmes, et a préparé, fût-ce à son corps défendant et même à regret, les voies de l'affranchissement de la prosodie, qui lui a succédé. Certes, il lui a manqué d'être aussi, comme le furent (pour ne mentionner que des artistes de son siècle) Vigny, Hugo, Musset, Baudelaire surtout, un grand écrivain. Mais, en vers, quand il se montre tout à fait original, nul d'entre ses aînés ou rivaux anciens et modernes, de son premier précurseur François Villon à ses égaux et contemporains Stéphane Mallarmé et Arthur Rimbaud, ne mérite de lui être préféré. S'il n'est pas niable que, des *Poèmes saturniens* à *Parallèlement,* il ait toujours subi, plus ou moins, l'emprise de ses maîtres (Baudelaire, Valmore, Banville et quelques autres), que *La Bonne Chanson* puisse être aisément confondue avec les meilleures pages des *Intimités* (*) de Coppée, que *Sagesse* et *Amour* soient pour une bonne part gâtés par trop de mesquine et fausse théologie, un génie entièrement personnel, de ton parfaitement reconnaissable et authentique, de plus, çà et là, autochtone jusqu'à l'ingénuité de la poésie populaire, se manifeste et luit d'un éclat sans second dans *Les Sanglots longs...,* les *Fêtes galantes* tout entières, la majorité des *Romances sans paroles,* les lieder de *Sagesse* et de *Parallèlement,* et à maintes pages de *Jadis et Naguère* et d'*Amour.* C'est sur ce mot-là qu'il conviendrait de clore tout examen fervent et lucide d'un homme et d'une œuvre auxquels il faut tout pardonner parce qu'ils furent un moment incomparable de l'âme et de la chair transposées en la plus ingénue, la plus subtile, la plus secrète des mélodies.

YVES-GÉRARD LE DANTEC.

♦ *« Un Baudelaire puritain, combinaison funèbrement drolatique, sans le talent net de M. Baudelaire, avec des reflets de M. Hugo et d'Alfred de Musset ici et là : tel est M. Paul Verlaine. Pas un zeste de plus. »* Barbey d'Aurevilly, 1866. ♦ *« Parfois peut-être vous côtoyez de si près le rivage de la poésie que vous risquez de tomber dans la musique. Il est possible que vous ayez raison. »* Banville, à Verlaine, 1885. ♦ *« L'effroyable Verlaine : un Socrate moderne et un Diogène sali ; du chien et de l'hyène. »* Jules Renard, 1892. ♦ *« Ce qui était en lui essentiel, c'était sa puissance de sentir, l'accent communicatif de ses douleurs, ses audaces très nues, à la française, et ces beautés tendres et déchirantes qui n'ont d'analogue que, dans un autre art, l'*Embarquement pour Cythère. *»* Maurice Barrès. ♦ *« La poésie de P. Verlaine, forme et pensée, est toute spontanée ; c'est fondu à la cire perdue ; elle est ou n'est pas. Rien n'y indique la retouche. La matière ne change pas, que l'inspiration soit religieuse ou libertine ; c'est la même fluidité pure... et c'est presque la même sensualité. »* Remy de Gourmont. ♦ *« S'il n'avait point péché, il ne se fût pas repenti ; s'il n'avait point été tant déchu, il n'eût point élevé si haut sa prière : c'était son destin de vivre dégradé, pour revivre dans le plus bel amour, qui est la sphère de poésie, et là même, où s'en confessant le plus loin, elle aspire le plus à la sainteté du pardon et de l'innocence. »* André Suarès. ♦ *« ...Il fut le publicain dans le coin le plus sale de l'Église et le pécheur en larmes qui avoue. Dans ses meilleurs poèmes qui, il faut le reconnaître, ne sont pas nombreux, on a l'impression rare, non pas d'un auteur qui parle, mais d'une âme que l'auteur ne réussit pas à empêcher de parler. »* Paul Claudel. ♦ *« Ce naïf est un primitif organisé, un primitif comme il n'y avait jamais eu de primitif et qui procède d'un artiste fort habile et fort conscient. »* Paul Valéry.

RÉF. : J. Tellier, *Nos poètes,* Paris, 1888. — Ch. Morice, *Paul Verlaine, l'homme et l'œuvre,* Paris, 1888. — J. Lemaître, *Les Contemporains,* 4e série, Paris, 1889. — A. France, *La Vie littéraire,* 3e série, Paris, 1891. — St. Mallarmé, *Divagations,* Paris, 1897. — G. Kahn, *Symbolistes et Décadents,* Paris, 1902. — E. Lepelletier, *Paul Verlaine, sa vie, son œuvre,* Paris, 1907. — A. Séché et J. Bertaut, *La Vie anecdotique et pittoresque des grands écrivains, Paul Verlaine,* Paris, 1909. — F.-A. Cazals et G. Le Rouge, *Les Derniers Jours de P. Verlaine,* Paris, 1911. — E. Delahaye, *Verlaine,* Paris, 1922 ; *Souvenirs familiers sur Rimbaud, Verlaine et Nouveau,* Paris, 1925. — L. Aressy, *La Dernière Bohème, Verlaine et son milieu,* Paris, 1922. — M. Coulon, *Au cœur de Verlaine et de Rimbaud,* Paris, 1925 ; *Verlaine, poète saturnien,* Paris, 1929. — A. Van Bever et M. Monda, *Bibliographie et iconographie de P. Verlaine,* Paris, 1925. — A. Fontainas, *Verlaine-Rimbaud, ce qu'on présume de leurs relations, ce qu'on en sait,* Paris,

1931. – F. Porché, *Verlaine tel qu'il fut*, 1933. – J. Mouquet, *Rimbaud raconté par Verlaine*, Paris, 1934. – A. Fontaine, *Verlaine, Homme de lettres*, Paris, 1937. – C. Cuénot, *État présent des études verlainiennes*, Paris, 1938 ; *Le Style de Paul Verlaine*, thèse, Paris, 1951 ; *Nouvel État présent des études verlainiennes* in *L'Information littéraire*, sept-oct. 1956 ; *Situation de P. Verlaine*, ibid., mai-juin 1957. – H. Mondor, *L'Amitié de Verlaine et de Mallarmé*, Paris, 1948. – L. Morice, *Sagesse*, édit. crit., Paris, 1948. – H. de Bouillane de Lacoste, *Bonheur*, édit. crit., Paris, 1949. – Jean-Marie Carré, *Du côté de Verlaine et de Rimbaud*, Paris, 1949. – A. Adam, *Verlaine*, 1953. – J.-H. Bornecque, *Lumières sur Fêtes galantes*, Paris, 1957. – J.-P. Richard, *Fadeur de Verlaine* in *Poésie et Profondeur*, Paris, 1955. – G. Zayed, Introduction et notes aux *Lettres inédites de Verlaine à Cazals*, Genève, 1957. – A. Fongaro, *Notes sur la genèse de « Cellulairement »* in *Revue des sciences humaines*, avril-juin 1957. – J. Richer, *Paul Verlaine*, Paris, 1957. – J.-H. Bornecque, *Verlaine par lui-même*, Paris, 1966. – O. Nadal, *Paul Verlaine*, Paris, 1961. – G. Zayed, *La Formation littéraire de Verlaine*, Genève, nlle. éd. 1970. – E. Noulet, *Le Ton poétique*, 1970. – P. Soulie-Lapeyre, *Le Vague et l'aigu dans la perception verlainienne*, 1975. – A. Vial, *Verlaine et les siens, heures retrouvées*, Paris, 1975. – P. Petitfils, *Verlaine*, Paris, 1981. – *La Petite Musique de Verlaine*, recueil collectif, Paris, 1982. – J. Robichez, *Verlaine entre Rimbaud et Dieu*, Paris, 1982. – *Verlaine*, Cahiers de l'Association internationale des études françaises, 1991.

VERMA Mahadevi. Poétesse indienne. Née le 24 mars 1902, morte le 11 septembre 1987. Elle naquit, première fille après sept générations de garçons, dans une famille d'Allahabad, centre d'activités dans les domaines politique et littéraire durant la période précédant l'Indépendance. Première femme à occuper une place importante dans la vie littéraire hindie moderne, Mahadevi, comme on l'appelait familièrement, fut l'un des poètes les plus connus du mouvement Chayavad qui a renouvelé la poésie hindie dans les années 1920 et 1930. Poétesse en hindi, traductrice de poésie sanskrite, auteur de nouvelles, théoricienne littéraire, elle fut tout cela, ainsi qu'auteur d'un recueil de réflexions sur la femme indienne qui devint un classique pour les féministes de son pays. En 1930 fut publié son premier recueil de poèmes, *Nīhār*, suivi d'un autre en 1932, *Rashmī* – v. *Le Lotus* (*). En 1933, elle prit la direction d'une institution destinée à l'éducation féminine, Mahila Vidyapith College. En 1935, elle devint rédacteur en chef d'un magazine, *Chând*. En 1945, elle fonda une coopérative d'écrivains, le Sahitya Samsad. Tous ses efforts tendirent vers l'amélioration du statut des femmes et la défense de la langue nationale de son pays, le hindi. Mahadevi fut à l'avant-garde des courants qui transformèrent la société indienne durant ce siècle.

FEDERICA BOSCHETTI.

RÉF. : Karine Schomer, *Mahadevi Varma and the Chayavad Age of Modern Hindi Poetry*, University of California Press, 1983.

VERNANT Jean-Pierre. Philosophe et historien des religions français. Né à Provins le 4 janvier 1914. Pupille de la nation, Vernant a fait ses études à Paris. Agrégé de philosophie en 1937, il est aussitôt pris par le service militaire puis la guerre. Démobilisé en septembre 1940, nommé au lycée de Toulouse, il est un des initiateurs de la Résistance en Haute-Garonne. Il devient, à la fin de la guerre, chef des F.F.I. de la région toulousaine et sera Compagnon de la Libération. Rendu à la vie civile, Vernant entame une importante carrière scientifique : attaché au C.N.R.S. (1948-1957), directeur d'études à l'École pratique des hautes études, VIe section (sciences sociales, de 1957 à 1968) puis Ve section (sciences religieuses, de 1968 à 1974), enfin professeur au Collège de France, où il occupe, de 1975 à 1984, la chaire d'études comparées des religions antiques. Il obtient en 1984 la médaille d'or du C.N.R.S. pour l'ensemble de son œuvre.

Cette œuvre, longuement mûrie, s'est construite par approfondissements successifs, sous la double influence du psychologue Ignace Meyerson et de l'helléniste Louis Gernet, tous deux étroitement liés à Marcel Mauss et à l'école sociologique de Durkheim. Au premier il doit son orientation vers la psychologie historique, qui s'attache à analyser les fonctions psychologiques (la mémoire, le temps, l'espace) sans en faire des catégories universelles, immuables, mais au contraire construites historiquement. Quant à Louis Gernet, il ouvre la voie vers l'étude de la légende grecque dans son rapport avec le monde de la cité.

Les travaux de Vernant ont profondément transformé le champ de l'hellénisme en France et à l'étranger, où ils ont souvent été mieux reçus qu'en son propre pays. Ils ont rendu familière l'idée d'une anthropologie de la Grèce ancienne qui choisit la Grèce non pas comme la référence absolue de tout humanisme, mais comme un point d'observation propice à l'étude de formes de pensée spécifiques à l'intérieur d'une société donnée, historiquement définie.

Ainsi le tout premier livre de Vernant, *Les Origines de la pensée grecque* (1962), commandé à l'auteur par G. Dumézil, se présente d'emblée comme une synthèse consacrée à l'étude du rapport entre les commencements de la « polis » grecque, de la cité démocratique et les formes de pensée rationnelle, de débat politique qui vont de pair avec ce type d'organisation sociale. Les autres livres de Vernant sont presque tous des recueils d'essais qui se complètent, s'enrichissent progressivement, couvrant divers secteurs particuliers des activités mentales : *Mythe et Pensée chez les Grecs* (*) (1965) ; *Mythe et Tragédie* (I : 1972, II : 1986, avec P. Vidal-Naquet) ; *Mythe et Société* (1974) ; *Les Ruses de l'intelligence ; la métis des Grecs* (1974, avec M. Detienne) ; *Religions, histoires, raisons* (1979) ; *La Cuisine du sacrifice en pays grec* (1979, avec M. Detienne et al.) ; *La Mort dans* *les yeux* (1985) ; *L'Individu, la mort, l'amour* (1989) ; *Mythe et religion* (1990) ; *Figures, idoles, images* (1990, résumé des cours au Collège de France). L'analyse se fonde fréquemment sur le mythe grec défini tantôt comme récit légendaire, tantôt comme forme de pensée religieuse. Ainsi certaines études, comme celles consacrées au mythe des races chez Hésiode ou au mythe de Prométhée, sont très proches, par la méthode, des analyses structurales de Lévi-Strauss ou Dumézil. D'autres, portant sur des figures divines et leur mode d'action, Hestia, Hermès, Artémis, Gorgô ou Dionysos, s'appuient davantage sur les données rituelles et les représentations figurées. C'est à ce dernier aspect qu'est actuellement consacrée la recherche de Vernant.

FRANÇOIS LISSARRAGUE.

VERNE Jules. Écrivain français. Né à Nantes le 8 février 1828, mort à Amiens le 24 mars 1905. Il fit ses études secondaires dans sa ville natale. Il se rendit à Paris au mois de novembre 1848 pour y faire son droit, mais la gloire et le théâtre l'intéressaient davantage. Il fréquenta quelques salons, se lia avec Alexandre Dumas qui était alors propriétaire du Théâtre historique, et se mit à composer les pièces les plus diverses. Dumas accepta de monter *Les Pailles rompues*, un acte en vers, et la première eut lieu le 12 juin 1850. La critique fut indulgente, le succès relatif, et un ami fortuné paya l'édition en volume. Verne passa tout de même sa thèse, fut reçu, mais refusa de succéder à son père, avoué, et se mit en quête d'une occupation. Entre-temps, au cours de nombreuses visites à la Bibliothèque nationale, il avait commencé à se passionner pour les multiples découvertes scientifiques qui, tout en lui montrant la possibilité proche d'un monde nouveau, se paraient encore de toute la poésie de l'inconnu. Dans le même moment, la fréquentation d'un explorateur devenu aveugle, Jacques Arago, chez qui il rencontrait de nombreux voyageurs et géographes, lui ouvrit la porte des pays lointains et des terres vierges. Il trouva néanmoins une situation comme secrétaire du Théâtre lyrique, et commença à publier des nouvelles dans *Le Musée des familles*, et un roman historique : *Martin Paz*. Il continuait aussi d'écrire pour le théâtre, et donna, le 20 avril 1853, une opérette, *Colin-Maillard*, qui bénéficia d'une presse extraordinaire et atteignit quarante représentations. Pendant ses loisirs il poursuivait des études systématiques de géographie, de mathématiques, de physique, et travaillait à acquérir un vocabulaire à la mesure du « roman de la science » qu'il commençait à rêver d'écrire. Il se maria le 10 janvier 1857 et, pour faire face à ses besoins d'argent, décida de devenir agent de change. Dès lors il se leva chaque matin à cinq heures, écrivit jusqu'à dix, et passa le reste de sa journée à la Bourse. Il y fit, dit-on, « plus de bons mots que de bonnes affaires ». Ce fut l'époque où il publia une étude sur Edgar Poe dans *Le Musée* et effectua un voyage en Écosse. Il fit représenter une opérette fantaisiste, *Monsieur de Chimpanzé*, aux Bouffes en 1860, et *Onze jours de siège* au Vaudeville en 1861.

En 1863 il apporta le manuscrit de *Cinq semaines en ballon* (*) à Hetzel et celui-ci, absolument enthousiasmé, lui signa un contrat qui l'attacha à sa maison. Verne s'engagea à fournir deux volumes par an pendant vingt ans, ou bien quarante volumes dans un temps plus court. Il recevrait dix mille francs par volume. Hetzel refit cinq fois ce contrat, avec des conditions toujours plus brillantes pour « son » auteur. Le succès vint immédiatement, et le roman fut traduit dans toutes les langues d'Europe. Au cours d'un travail de quarante années, Jules Verne allait désormais donner cette œuvre énorme qui est à l'origine du roman scientifique, et qui n'a jamais cessé de passionner ceux pour lesquels l'imagination recule sans cesse les frontières du monde. Ses titres sont présents à toutes les mémoires : *Aventures du capitaine Hatteras* (1864) – v. *Le Désert de glace* (*) –, *Voyage au centre de la Terre* (*) (1864), *De la Terre à la Lune* (*) (1865), *Les Enfants du capitaine Grant* (*) (1867-68), *Autour de la Lune* (*) (1870), *Vingt mille lieues sous les mers* (*) (1870). Le succès le plus universel accueillit *Le Tour du monde en quatre-vingts jours* (*) (1872). *Le Temps*, qui le publiait en feuilletons, vit son tirage monter comme par enchantement, les correspondants de presse américains télégraphiaient chaque jour les nouvelles péripéties à New York, les directeurs de compagnie maritime offraient à l'auteur des fortunes pour que son héros gagnât son pari grâce à l'un de leurs vaisseaux. Ce livre et son adaptation théâtrale, puis celle de *Michel Strogoff* (*) amenèrent une véritable pluie d'or qui lui permit l'achat du *Saint-Michel III*, son troisième yacht, avec lequel il fit de nombreuses croisières jusqu'en 1886 où un accident le blessa à la jambe. Fixé à Amiens, pays de sa femme, depuis 1872, il y écrivit, entre autres, *L'Île mystérieuse* (*) (1874), *Mathias Sandorf* (1885), *Robur le Conquérant* (1886), *L'Île à hélice* (1895), *Face au drapeau* (1896), *Le Sphinx des glaces* (1897).

Après le purgatoire obligé, Jules Verne connaît un renouveau et redevient ce qu'il n'a pas cessé d'être, un écrivain pour adultes. Il est l'auteur français le plus traduit. Son influence sur son époque, que d'aucuns nomment le siècle de Jules Verne, s'est exercée non seulement sur les hommes (Lyautey, Brazza, Charcot, Simon Lake, amiral Byrd), mais aussi sur les lettres. On sait le culte passionné que lui voua Raymond Roussel.

BERNARD NOËL.

RÉF. : M. Allotte de La Fuye, *Jules Verne, sa vie, son œuvre*, Paris, 1928 et 1955. – E. Marcucci, *Les Illustrateurs de Jules Verne*, Paris, 1956. – *Bulletin de la Société Jules Verne*, 1935-1938. – A. Jacobson et A. Antoni, *Des anticipations de Jules Verne aux réalisations d'aujourd'hui*, Paris, 1937. – B. Frank, *Jules Verne, d'après le livre de M. Allotte de La Fuye*, Paris, 1941. – R. Escaich, *Voyage à travers le monde de Jules Verne*, Paris, 1955. – J. Chesneaux, *Une lecture politique de J. Verne*, Paris, 1971. – M. Serres, *Jouvences sur Jules Verne*, Paris, 1974. – M. Soriano, *Le Cas Verne*, Paris, 1978. – S. Vierne, *Jules Verne*, Paris, 1986. – F. Raymond, *Jules Verne, émergence du fantastique*, Paris, 1987.

VERRI Alessandro. Écrivain italien. Né à Milan le 9 novembre 1741, mort à Rome le 23 septembre 1816. S'il étudie le droit, Alessandro Verri montre plus de prédilection pour les lettres et travaille très jeune à une histoire de l'Italie, restée inachevée. Inscrit à la « Société des Poings » [Società dei Pugni], il collabore au périodique *Le Café* [*Il Caffé*], où il publie des textes juridiques, littéraires et moraux, rassemblés par la suite sous le titre de *Discours divers* [*Discorsi vari*]. Subissant l'influence de son frère aîné, Pietro, et de l'*Encyclopédie,* il polémique alors contre les puristes. Il collabore avec son ami Beccaria, rassemblant informations et documents en vue de ce qui allait être l'œuvre majeure de ce dernier : *Des délits et des peines.* En 1766, il se rend avec le même Beccaria à Paris, puis poursuit seul jusqu'à Londres. De retour en Italie, il s'installe à Rome qu'il ne quittera plus que pour de brefs voyages à Milan. C'est alors que, reniant ses anciennes idées, il prend parti en faveur du classicisme – cf. sa lettre *Aux admirateurs de la littérature italienne* [*Agli ammiratori dell'italiana letteratura*]. Il se consacre au théâtre tragique, traduisant Shakespeare et publiant, sans succès, deux œuvres dramatiques. Ses romans historiques eurent davantage d'échos – v. *Malheurs de Sapho, poétesse de Mytilène* (*).

VERRI Pietro. Économiste et réformateur italien, représentant des Lumières. Né à Milan le 12 décembre 1728, mort dans cette même ville le 28 juin 1797. Ce fils de la noblesse milanaise se consacre, à partir de 1760, aux études d'économie et publie en 1762 un *Dialogue sur le désordre des monnaies dans l'État de Milan* [*Dialogo sul disordine delle monete nello Stato di Milano*]. Viennent ensuite, en 1763, les *Méditations sur le bonheur* (*). Dans l'hiver 1761-62, il fonde avec son frère Alessandro et quelques amis, dont Beccaria, la Società dei Pugni, qui aura pour organe le périodique *Il Caffé* (1764-1766). Entre 1766 et 1768, il assume des charges importantes et peut ainsi réaliser quelques-unes des réformes qu'il avait lui-même défendues dans ses écrits. Il publie, dans la période 1770-1780, des textes essentiels : *Méditations sur l'économie politique* [*Meditazioni sull'economia politica,* 1771], *Sur la nature du plaisir et de la douleur* [*Sull'indole del piacere e del dolore,* 1773] et *Observations sur la torture* [*Osservazioni sulla tortura,* 1777]. Après 1780, il se retire peu à peu de la vie politique ; il y reviendra pourtant après l'arrivée des Français à Milan et mourra en pleine activité, durant une séance du conseil municipal.

VERRIUS Flaccus. Grammairien latin. Né à Préneste (Latium) au milieu du Ier siècle avant J.-C., mort vers l'an 30 après J.-C. Appelé par Auguste qui le nomma précepteur de ses neveux Caïus et Lucius avec un traitement annuel de cent mille sesterces, il installa son école dans le palais impérial, « in atrio Catulinae domus ». La réputation de Verrius fut telle que les habitants de Préneste lui élevèrent une statue sur le forum. Ils y gravèrent dans le marbre ses *Fastes prénestins* [*Fasti Praenestini*] – calendrier religieux qu'il avait fini de rédiger dans les premières années de Tibère. En dehors de son œuvre la plus importante, *De la signification des mots* (*), il faut noter ses ouvrages de grammaire et de recherche ; aux premiers appartiennent le traité *Des passages obscurs de Caton* [*De obscuris Catonis*] et les deux livres *De l'orthographe* [*De orthographia*]. Nous savons en outre que Verrius usait de la forme épistolaire pour traiter les sujets philologiques. Le *Saturnus* (sur les fêtes saturnales) est un ouvrage de recherche sur l'Antiquité, les *Choses étrusques* [*Res Etruscae*], qui sont aujourd'hui perdues, devaient réunir une importante documentation historique sur la civilisation ancienne et la langue étrusques. Enfin le *Livre des choses qu'il faut savoir* [*Rerum memoria dignarum libri*] est conçu de manière encyclopédique ; il est composé de recueils de matériaux de culture générale.

RÉF. : Egger, *Œuvres de Verrius Flaccus,* Paris, 1838. – F. Bona, *Contributo allo studio della compositione del De verborum significatu,* 1964.

VESAAS Tarjei. Romancier norvégien. Né le 20 août 1897 à Vinjem, mort le 15 mars 1970 à Oslo. Fils de paysan, il hésita longuement avant d'abandonner la terre pour devenir écrivain, et racheta d'ailleurs une ferme dès le début des années 30. Ses premiers livres – le premier parut en 1923 – sont des romans populaires et sentimentaux. *Les Chevaux noirs* [*Dei svarte hestane*, 1928] est le premier et le seul qui soit vraiment réaliste. Les romans suivants sont expressionnistes (on parlera à leur propos de Kafka et de Lagerkvist) et se déroulent dans le milieu paysan d'où parvient la sève même de l'œuvre, mettant en scène de façon tout à la fois symbolique et réelle les grands drames du bien et du mal. Les deux romans consacrés à Per Bufast, *Le Grand Jeu* [*Det store spelet*, 1934] et *Des femmes appellent à la maison* [*Kvinnor ropar heim*, 1935], constituent un premier sommet de l'œuvre. Puis viennent les méditations sur la violence et la peur, que renferment les romans de guerre, *Le Germe* [*Kimen*, 1940], *La Maison dans la nuit* (*) (1945) et *La Place de* *blanchissage* [*Bleikeplassen*, 1946]. Parmi les grands romans de l'après-guerre, on compte *Les Oiseaux* (+) (1957) et *Le Palais de glace* (*) (1963). Des romans comme *L'Incendie* [*Brannen*, 1961] et *Le Bateau le soir* [*Båten om kvelden*, 1968] sont plutôt des rêves ou des méditations subjectives, si l'on peut se permettre ces distinctions en parlant d'un écrivain qui a su évoluer du réel au rêve, en passant par le symbole et l'allégorie, sans qu'il soit justement possible de séparer l'un de l'autre. Vesaas a également publié des nouvelles, des poèmes et des pièces radiophoniques. Il a exercé une grande influence sur la génération des années soixante.

CARL GUSTAF BJURSTRÖM.

RÉF. : R. Boyer, *T. Vesaas*, dans *Plein chant*, nº 25-26, 1985.

VÉSALE André. Anatomiste flamand écrivant en latin. Né à Bruxelles le 31 décembre 1514, mort dans l'île de Zante (Grèce) le 15 octobre 1564. Tous les membres de sa famille se consacraient à la médecine depuis des générations. Il fit ses études classiques à l'université de Louvain et, s'y distinguant par d'extraordinaires dons pour la physique, devint très vite supérieur à ses maîtres et aurait pu, à dix-huit ans, tenir tête aux plus grands physiciens de son temps. Il se rendit ensuite à Montpellier pour y entreprendre des études de médecine qu'il poursuivit à Paris et à Bâle où il obtint son titre de docteur, en 1537. Il fut nommé professeur à la chaire d'anatomie de Padoue en 1539, à celle de Bologne en 1543 et à celle de Bâle en 1546. Son premier ouvrage, un commentaire du neuvième livre de Rhazès, parut à Louvain en 1537. Pour illustrer son enseignement, il fit graver en 1538 six belles planches anatomiques — trois pour le squelette, trois pour les artères, les nerfs et les viscères — qui eurent un immense succès et contribuèrent à le faire connaître à travers l'Europe. La parution, en 1543, de sa *Fabrique du corps humain* (*), son œuvre capitale et l'un des ouvrages essentiels de l'histoire de la médecine, le rendit célèbre. Ce livre opérait une véritable révolution dans la science anatomique, et l'on peut affirmer qu'aucun autre ouvrage n'a, en soi-même, été à la source de pareils progrès. Les grands professeurs de l'époque accueillirent fort mal ce livre qui réduisait à presque rien la valeur de leur enseignement. Ils ne ménagèrent à Vésale ni les attaques ni les calomnies, mais elles ne firent qu'accélérer la diffusion de son œuvre. Entre-temps, Vésale fut nommé premier médecin de Charles Quint, et il continua d'occuper ce poste auprès de Philippe II. Il vivait en paix à la cour de Madrid lorsqu'on l'accusa d'avoir disséqué un homme vivant. Déféré devant l'Inquisition, il fut condamné à mort, et Philippe II eut beaucoup de mal à faire commuer cette peine en un pèlerinage à Jérusalem. Vésale se trouvait dans cette dernière ville lorsque l'atteignit l'offre du Sénat de Venise d'occuper la chaire d'anatomie. Il accepta, mais en cours de route une tempête jeta son bateau sur l'île de Zante et il y mourut d'extrême fatigue ou peut-être de faim.

RÉF. : Roth, *Andreas Vesalius, Bruxellensis*, Berlin, 1892. — M. H. Spielmann, *The Iconography of Andreas Vesalius*, Londres, 1925. — G. Chaigneau, *L'Illustration anatomique dans l'œuvre d'André Vésale*, Angers, 1935. — H. Cushing, *A Bio-bibliography of Andreas Vesalius*, New York, 1943. — G. Leboucq, *André Vésale*, Bruxelles, 1944. — H. Mondor, *Anatomistes et Chirurgiens*, Paris, 1949. — J. F. Fulton, *Vesalius, Four Centuries Later*, University of Kansas, 1950. — J. B. Saunders et C. O'Malley, *The Illustrations from the Works of Andreas Vesalius of Brussels*, Cleveland, 1950. — P. Huard, M.-J. Imbault-Huard, *André Vésale ; iconographie anatomique*, Paris, 1983.

VESTDIJK Simon. Romancier, essayiste et poète néerlandais. Né à Harlingen le 17 octobre 1898, mort à Utrecht le 23 mars 1971. Après des études de médecine à Amsterdam, il se consacre bientôt exclusivement à la littérature. Son œuvre se caractérise par une diversité et une abondance inégalées dans les lettres néerlandaises. Il y distingue lui-même plusieurs catégories. Tout d'abord les romans autobiographiques, appelés « romans d'Anton Wachter », du nom du personnage central : *Le Retour vers Ina Damman* [*Terug not Ina Damman*, 1934], *Saint Sébastien* [*Sint Sebastiaan*, 1939], *Substituts pour Murk Tuinstra* [*Surrogaten voor Murk Tuinstra*, 1940], *L'Autre École* [*De andere school*, 1948], *La Coupe de l'amour* [*De Beker van de liefde*, 1957], *L'Oiseau libre et ses cages* [*De vrije vogel en zijn kooien*, 1958], *Les Rides d'Esther Ornstein* [*De rimpels van Esther Ornstein*, 1959], *La Dernière Chance* [*De Laatste Kans*, 1960]. La peinture de caractères et l'évocation du monde contemporain se retrouvent dans une série de romans psychologiques, dont certains sont qualifiés par l'auteur de « semi-autobiographiques ». Viennent ensuite quelques romans « historiques » et enfin les romans « fantastiques », dont le plus célèbre est sans doute *L'Aubergiste et les vivants* [*De Kelner en de levenden*, 1949].

Citons encore, parmi une centaine de titres : *Else Böhler* (1935), *L'Ami brun* [*De bruine Vriend*, 1935], *Monsieur Visser descend aux enfers* [*Mijnheer Visser's hellevaart*, 1936], *Le Cinquième Sceau* [*Het Vijfde Zegel*, 1937], *Les Derniers Jours de Pilate* [*De nadagen van Pilatus*, 1938], *L'Île au rhum* (*) (1940), *Nuits irlandaises* [*Iersche nachten*, 1946], *Le Jardin de cuivre* [*De koperen tuin*, 1950], *Le Médecin et la fille légère* [*De Dokter en het lichte Meisje*, 1960], *Un Antoine moderne* [*Een moderne Antonius*, 1960], *Le Coup de grâce* [*Net Genadeschot*, 1964], *Message de l'au-delà* [*Bericht uit het hiernamaals*, 1964]. Vestdijk est aussi l'auteur de plusieurs recueils de poèmes, rassemblés en un volume en 1971, ainsi que de bon nombre d'écrits critiques. Signalons entre autres *Mutinerie contre le jour* [*Muiterij tegen het etmaal*, II vol., 1942, 1947], *Le Cavalier polonais* [*De Poolsche ruiter*, 1946], *La Cellule brillante* [*De glanzende kiemcel*, 1950], *Art et Rêve* [*Kunst en Droom*, 1958].

MICHEL DUPUIS.

VEUILLOT Louis François. Publiciste français. Né à Boynes (Loiret) le 11 octobre 1813, mort à Paris le 7 mars 1883. Son père était un ouvrier tonnelier qui vint s'installer à Paris en 1818. Enfant, Veuillot reçut une très faible instruction, puis il fut clerc chez l'avoué Delavigne, frère de Casimir, qui l'introduisit dans les milieux littéraires. À dix-sept ans il fut attaché à la rédaction de l'*Écho de la Seine-Inférieure*, journal ministériel de Rouen, où se manifestèrent déjà ses talents de virulent polémiste. Après un emploi à la rédaction politique du *Mémorial de la Dordogne*, il fut rappelé à Paris où il collabora à *La Charte de 1830* et à *La Paix*. Ce n'est pourtant qu'après un séjour à Rome que Veuillot s'affirma dans une voie bien définie. Après une entrevue avec le pape, il se déclara converti, devint dès lors un écrivain ultramontain intransigeant, et se fit peu à peu le publiciste de la théocratie. Diverses publications donnent le ton de sa nouvelle tendance mais, après un passage au ministère de l'Intérieur et au secrétariat du général Bugeaud, ce fut sa rentrée en 1843 à *L'Univers religieux* qui marqua le véritable début de sa carrière de grand polémiste. Après la révolution de Février 1848, il devint rédacteur en chef de *L'Univers*, contribuant autant qu'il le put au soutien de l'expédition de Rome et de la loi Falloux. Par la suite, il fit l'apologie du régime césarien de Napoléon III, réclamant une politique de force contre les libéraux, mais se retourna contre l'Empire lorsqu'il soutint la révolution italienne. *L'Univers* fut alors supprimé. Veuillot se consacra à la publication d'une série d'ouvrages sur la question pontificale : *Le Pape et la Diplomatie* (1861), *L'Illusion libérale* (1866), etc., et il écrivit deux pamphlets, ses deux plus importants peut-être, *Le Parfum de Rome* (*) (1861) et *Les Odeurs de Paris* (*) (1866). Dans le premier, il souligne le rôle prééminent de la religion dans tous les domaines, stigmatisant la Révolution française, préconisant un ordre social dominé par l'administration papale qu'il admire et honnissant toute la science moderne, d'ailleurs vouée à sa perte. Le second est la condamnation sévère de la vie intellectuelle à Paris, depuis la presse jusqu'à l'université, où germent tous les miasmes de la corruption. Ces pamphlets, pour outrés qu'ils soient, témoignent du grand talent de Veuillot qui use d'un style dur et passionné, d'un vocabulaire puissant et toujours précis. *L'Univers* ayant pu reparaître en 1867, l'activité de Veuillot redoubla lors du concile du Vatican. Après la chute de l'Empire, espérant une démocratie cléricale, il s'efforça, mais en vain, d'entraîner Thiers et Broglie dans une politique ultramontaine pour laquelle il obtint toujours la caution de Pie IX. À partir de 1878, sa santé s'affaiblit et son action s'atténua considérablement jusqu'à sa mort. Veuillot est encore l'auteur de romans, d'études historiques, politiques et littéraires, et il a laissé une correspondance volumineuse. Il est certainement le plus grand pamphlétaire du XIXe siècle. Niant toute valeur révolutionnaire et progressiste, exclusivement soumis à l'autorité pontificale, il se voulut résolument réactionnaire, et son intransigeance, qu'il paya souvent de la prison, ne manque pas de grandeur et d'honnêteté.

RÉF. : E. A.-Astruc, *Les Juifs et Louis Veuillot*, Paris, 1859. — *Hommages à Louis Veuillot*, Paris, 1884. — E. Cornut, *Louis Veuillot, étude morale et littéraire*, Paris, 1891. — E. Veuillot, *Louis Veuillot*, 4 vol., Paris, 1899. — E. Tavernier, *Louis Veuillot, l'homme, le lutteur, l'écrivain*, Paris, 1913. — M. Vallet, *Louis Veuillot, sa vie*, Paris, 1913. — H. Talvart, *Louis Veuillot et la monarchie*, Paris, 1927. — A. Billy, *Les Écrivains de Combat*, Nevers 1931. — M. Mac Devitt, *Louis Veuillot d'après sa correspondance*, Paris, 1935. — F. Veuillot, *Louis Veuillot, sa vie, son âme, son œuvre*, Colmar, 1937. — E. Gauthier, *Le Vrai Louis Veuillot*, Paris, 1938. — J. Morienval, *Louis Veuillot*, Paris, 1941. — Cl. Foucart, *L'Aspect méconnu d'un grand lutteur : Louis Veuillot devant les arts et les lettres*, 1978. — B. Le Roux, *Louis Veuillot, un homme, un combat*, Paris, 1984.

VIALATTE Alexandre. Romancier et chroniqueur français. Né le 22 avril 1901 à Magnac-Laval (Haute-Vienne), mort le 3 mai 1971 à Paris. Originaire d'Ambert où la famille était établie depuis plus d'un siècle, le père d'Alexandre Vialatte, officier démissionnaire pour des raisons de santé, vint s'y réinstaller peu avant la guerre de 1914 avec ses trois enfants. Alexandre avait commencé ses études primaires à Toulouse. Il entre alors au collège Blaise-Pascal d'Ambert et poursuit brillamment son cycle secondaire comme interne dans un établissement religieux du Jura. Il commence à écrire, entretient une correspondance avec Henri Pourrat dont il a fait la connaissance à Ambert et qui signalera ses premières publications (dans des revues régionales) à Jean Paulhan. Refusé au concours d'entrée à l'École navale à cause d'un œil déficient, Vialatte entreprend des études de lettres (langue allemande) à Clermont, occupe un poste de répétiteur à Thiers puis à Ambert, et c'est grâce à Paulhan qu'il part au début de 1922 pour l'Allemagne. Il y restera près de six ans, traducteur civil à Spire, interprète militaire à Berlin, rédacteur à *La Revue rhénane* éditée à Mayence. On y trouve ses premières traductions de Kafka, dont il est le véritable introducteur en France. *La Métamorphose* (*) paraît aux éditions Gallimard en 1928. Suivront — parmi d'autres traductions : Goethe, Nietzsche, Thomas Mann — les principaux ouvrages de l'auteur du *Château* (*). De retour en Auvergne, Vialatte y achève son premier roman, *Battling le Ténébreux,* qui sort en septembre de la même année, et où se dessinent déjà nettement les thèmes de son œuvre marquée par la poésie du cocasse, voire de l'absurde, et de l'univers de l'adolescence. Il se marie en 1929, bientôt en conflit permanent avec sa femme, hostile à son goût du tabac. Vivant à Clermont, il s'y consacre à la traduction et au journalisme (notamment pour *Le Petit Dauphinois*) et poursuit cette double activité à Paris de 1934 à 1937, date de son départ pour Alexandrie comme professeur. De retour d'Égypte peu avant la guerre, il est mobilisé, fait prisonnier en 1940, libéré au début de 41 : l'expérience, qu'il a rapportée dans un roman largement autobiographique (*Le Fidèle Berger*, 1942), a failli ébranler sa santé mentale. Il passe le temps de l'Occupation à Saint-Amant-Roche-Savine, travaillant à plusieurs romans qui ne paraîtront, plus ou moins inachevés, que longtemps après sa mort : *La Dame du job* (1987), *La Maison du joueur de flûte* (1986), le seul de ses récits évoquant, dans une tonalité d'ailleurs toute personnelle, un climat comparable à celui de Kafka. Vialatte retrouve l'Allemagne, comme correspondant de presse, au début de 1945. Revenu en France, il y termine son gros roman *Les Fruits du Congo* (*), qui obtient en Suisse en 1950 – sur manuscrit – le prix Charles Veillon, et paraît l'année suivante à Paris. Le succès est modeste. Sans renoncer à de vieux projets, l'écrivain désormais s'enfonce dans le journalisme, s'y épanouit, en dépit de la fréquente incompréhension que les patrons de la presse (*Opéra, Paris-Match, Marie-Claire*, etc.) manifestent pour ses chroniques, dont près de mille paraîtront dans le quotidien *La Montagne* – v. *Chroniques* (*) de Vialatte. Malgré les deuils de cette dernière période (mort de sa mère en 1961, de sa femme en 1962, de son père en 1964), jusqu'à sa propre disparition, Vialatte continuera de gagner ainsi un petit public fervent, qu'enchante son talent fait de bon sens et de paradoxe, de logique et d'extravagance, de poésie subtile ou nostalgique et d'humour pince-sans-rire ou hilarant. Au bout du compte : une œuvre, et des plus singulières de son époque.

JACQUES RÉDA.

RÉF. : Ferny Besson, *Alexandre Vialatte ou la Complainte d'un enfant frivole*, Paris, 1981.

VIAN Boris. Écrivain français. Né à Ville-d'Avray le 10 mars 1920, mort à Paris le 23 juin 1959. Après des études de philosophie, il obtient son diplôme d'ingénieur en 1942. Après la guerre, il fréquente les cercles existentialistes de Saint-Germain-des-Prés, écrit des chansons, joue de la musique de jazz (ses écrits sur le jazz seront rassemblés après sa mort et publiés en 1967, sous le titre *Chroniques de jazz*), fait diverses expériences cinématographiques. En 1946, il publie sous le pseudonyme de Vernon Sullivan un roman : *J'irai cracher sur vos tombes,* qui provoque un grand scandale. Cette œuvre qui traite de la sexualité, de la violence et du racisme est bien éloignée des récits à la fois poétiques et humoristiques, toujours teintés de tendresse, que Vian va publier dans les années suivantes : *Vercoquin et le plancton* (1946), *L'Automne à Pékin* (*) (1947), *L'Écume des jours* (*) (1947), *L'Herbe rouge* (*) (1950) et *L'Arrache-Cœur* (*) (1953). Vian publie également des nouvelles, comme *Les Fourmis* (1949), des recueils de poèmes, *Cantilènes en gelée* (1950), des pièces, *L'Équarrissage pour tous* (*) (1948), *Les Bâtisseurs d'empire* (*) (1959) et *Le Goûter des généraux* (*) (1951). Il écrit même un opéra pour Darius Milhaud, *Fiesta* (1958). Peu connu de son vivant, excepté par une minorité d'« élus » (Queneau et son Collège de pataphysique qui le nomme « Satrape transcendant »), Vian est devenu, après sa mort précoce, un véritable mythe, autant pour ses œuvres que pour sa vie passionnée et ses idées antimilitaristes. La diversité de ses talents aussi bien que son goût de vivre interdisent de le considérer purement et simplement comme un écrivain. C'est, au sens le plus noble du mot, un inventeur. Son plus beau roman, *L'Écume des jours,* témoigne d'ailleurs de cette inventivité. Raymond Queneau a pu dire qu'il s'agissait de l'« histoire d'amour la plus poignante de notre temps ». Mais *L'Écume des jours* est aussi le roman de la jeunesse et de la maladie. Grand vivant, Boris Vian connaissait bien la maladie, puisqu'il était malade du cœur et que cette maladie l'a emporté, lui aussi, trop tôt. Fort, peut-être, du pressentiment de cette mort qui couvait en lui, il a su créer un des récits les plus émouvants qui soient sur l'horreur de la mort et la beauté de la vie. Les chansons de Boris Vian, qui ont été interprétées notamment par Serge Reggiani, reprennent à leur manière les mêmes thèmes. Il faut considérer Boris Vian comme l'une des personnalités artistiques et littéraires les plus remarquables de l'après-guerre.

♦ *« Ce détachement, je ne me mêlerai pas de l'interpréter comme une protestation, comme l'expression d'un nihilisme fondamental ou d'une objection de conscience opposée à tout ce que la société prescrit, conseille ou sollicite. Je sais bien qu'il serait facile d'emprunter à ce qu'a publié Vian les éléments d'un traité de morale non conformiste, et peut-être même la matière d'un recueil d'anti-pensées. Mais ce serait tirer arbitrairement, dans une direction qu'il n'a pas préférée à d'autres, un personnage d'exception qui se faisait un plaisir de varier ses conclusions... »* Pascal Pia.

RÉF. : Jean Clouzet, *Boris Vian,* Paris, 1973. – *Boris Vian,* colloque de Cerisy, 1977. – N. Arnaud, *Les Vies parallèles de Boris Vian,* Paris, 1981. – *Dictionnaire Vian,* Paris, 1982. – J. Duchâteau, *Boris Vian ou les Facéties du destin,* Paris, 1982. – M. Rybalka, *Boris Vian : essai d'interprétation et de documentation,* Paris, 1984.

VIAU Théophile de. Poète français. Né entre mars et mai 1590, à Clairac-en-Agenais (Lot-et-Garonne), mort à Paris, le 24 septembre 1626. Une enfance bucolique à Boussères, au sein d'une famille protestante et de petite noblesse, des études au collège de Nérac, à l'académie de Montauban, au collège de médecine à Bordeaux, puis à Saumur, préludent à cette existence tragi-comique, digne des temps troublés qu'elle traverse. L'adolescent, au gré d'amitiés douteuses, s'initie à la débauche ; poète à gages, suit une troupe de comédiens errants ; « studiosus medicine », gagne en 1613 les Provinces-Unies avec Guez de Balzac. Une affaire obscure où Balzac reçoit du bâton et où son compagnon donne de l'épée provoque la rupture et le départ du couple. Retour de Leyde en 1615, Théophile entre au service du comte de Candale en qualité de secrétaire poétique. Dès lors, mêlé aux intrigues galantes et politiques des derniers féodaux, plus ingénument hardi et plus vulnérable que ses maîtres, il connaîtra les fortunes les plus diverses. Il a des façons impies et licencieuses qui flattent l'hostilité de l'aristocratie au despotisme croissant. Les applaudissements le poussent à la surenchère : il se damnerait pour un bon mot. Mais, dans le bonheur ou dans la disgrâce, l'inspiration jamais ne se dément. À travers les odes et les stances, les satires et les épigrammes du premier recueil de ses œuvres – publié en 1621 –, peu après son voyage en Angleterre, Théophile confesse son libertinage spirituel avec une telle candeur et un tel succès que la morale en vigueur s'en offense en la personne de deux zélés jésuites, les pères Garasse et Voisin, accoutumés à plus de discrétion dans le mal. Au reste, ce temps, qu'inquiète l'agitation protestante, n'est pas à la clémence. Théophile, au comble de la faveur, suivra son roi en Languedoc, assistera au siège de Clairac, sa ville natale, abjurera en 1622 la religion de son enfance. En vain. Il n'évitera ni le scandale qu'aggravent encore, en 1623, la publication du second recueil de ses œuvres et surtout celle du *Parnasse satyrique* (*), ni ses plus funestes conséquences : Théophile, en fuite, est jugé par contumace et condamné au bûcher. Le 19 août, l'effigie du poète et ses œuvres sont brûlées en place de Grève. Arrêté en septembre, conduit à la prison du Châtelet, il y vivra de 1623 à 1625 et y écrira quelques-unes de ses pièces les plus durables : la « Lettre de Théophile à son frère » et la « Maison de Sylvie », suite de dix odes commencée à Chantilly, chez son protecteur, Henri de Montmorency. Grâce à l'intervention de son ami bien-aimé, des Barreaux, et à la maladresse de ses adversaires, Théophile échappera au bûcher. Banni, puis gracié, il mourra des suites de sa captivité, un an après sa libération, à l'âge de trente-six ans.

Maintes fois rééditées, ses *Œuvres poétiques* (*) connaîtront au XVIIe siècle un succès tel que la gloire de Malherbe même en pâlira. Symbole d'un temps mal assuré, fort de ses hésitations, qui prépare l'avènement de l'ordre classique, mais n'y a encore rien sacrifié, l'art de Théophile a les vertus et les limites de sa préciosité. L'univers borne ses horizons, consent à plus de transparence, de netteté, de divine humanité, pour se reconnaître dans les miniatures cosmiques du « Matin » ou de « Solitude ». L'auteur de l'« Élégie à une dame » manque de peu le secret de Jean de La Fontaine ; celui d'une paresse qui est disponibilité, d'une flânerie qui est docilité aux dieux. Il arrive aussi qu'un songe, un pressentiment fissurent telle ode, en lézardent le surnaturel de convention (ainsi le rêve prophétique de la « Maison de Sylvie »). Le meilleur Théophile est-il dans la prose dépouillée des lettres, de l'*Apologie au roi,* de la nouvelle latine *Larissa,* des *Fragments d'une histoire comique,* ou bien dans le lyrisme flamboyant de ses tragédies, *Pasiphaé* et *Pyrame et Thisbé* (*) ? Plus musical que Racan, plus robuste que Tristan, l'oiseau Théophile traverse plus heureusement les siècles qu'il n'a fait son temps.

ANTOINE DUMINARET.

♦ « *À Malherbe, à Racan, préférer Théophile, / Et le clinquant du Tasse à tout l'or de Virgile.* » Boileau.
♦ « *Peut-être le seul esprit vraiment léger de son siècle, celui qui fait, par sa seule présence, que le mot* grâce *ne désigne pas uniquement telle opération de Dieu en l'homme, mais une qualité de cœur et de l'esprit, sensible dans le langage.* » Henri Thomas.

RÉF. : Théophile Gautier, *Les Grotesques,* Paris, 1844. – J. Andrieu, *Théophile de Viau, étude bio-bibliographique,* Bordeaux, 1887. – F. Lachèvre, *Le Libertinage au XVIIe siècle. Une seconde révision des œuvres du poète Théophile de Viau,* Paris, 1911. – A. Adam, *Théophile de Viau et la libre pensée française en 1620,* Paris, 1935. – M. Roques, *Autour du procès de Théophile de Viau,* Paris, 1951. – A. Adam, *Les Libertins au XVIIe siècle,* Paris, 1967. – *Théophile de Viau,* Colloque du quadricentenaire, Actes de Marseille, 1991.

VICENTE Gil. Poète portugais. Né à Lisbonne vers 1465 et mort à Evora (Alentejo) vers 1536. Surnommé le « Plaute portugais », il est considéré comme le plus grand poète de ce pays après Camoens. Il fit ses études de droit à l'université de Salamanque, puis se consacra entièrement à l'art dramatique. Marié en 1500 à Branca Becerra, il eut un fils, Luis, qui devint poète, et une fille, Paula, qui enseigna la musique. Il composa sa première œuvre en 1502 – le *Monologue d'un bouvier* – pour fêter la naissance du fils de la reine Marie, qui devait régner plus tard sous le nom de João III. Pendant le règne du roi Manuel, il écrivit de nombreuses pièces de théâtre pour toutes les fêtes de la Cour. C'était Vicente lui-même qui créait les ballets et la musique, aidé en cela par les connaissances musicales de sa fille. Parfois acteur et peut-être même orfèvre, il a écrit tantôt en portugais, tantôt en espagnol, allant jusqu'à mélanger les deux langues dans des œuvres pittoresques et comiques. Il écrivit la plupart de ses œuvres pour la reine Marie, qui était espagnole, de 1502 à 1536, ce qui explique que la plus grande partie en soit écrite en espagnol. C'est aussi la raison pour laquelle Vicente a sa place aussi bien dans la littérature espagnole que dans la littérature portugaise. Du fait qu'il ait vécu longtemps à la Cour, il ne faut pas l'imaginer comblé de faveurs par les rois : la réalité est tout autre ; il ne fut jamais riche et mourut presque pauvre. En protégeant les Juifs, il s'attira de nombreux ennemis, notamment dans le clergé. On l'accusa injustement de plagiat, alors que ce sont plutôt ses successeurs qui se sont inspirés de ses œuvres : ainsi Lope de Vega dans *Le Voyage de l'âme* (+) et Calderón dans *Le Lis et l'Iris* [*El lirio y la azucena*]. Il lui manqua sans doute l'art de décrire avec précision les personnages, mais il n'en est pas moins vrai que son apport au théâtre espagnol est essentiel grâce à son esprit satirique, à ses symboles et au lyrisme qui habite ses œuvres. La première édition portugaise complète de ses œuvres, dont ses enfants se chargèrent, date de 1562 – v. *Théâtre* (*). On y trouve les œuvres de Vicente classées en cinq catégories : les œuvres de piété, les comédies, les tragi-comédies, les farces et les « petites œuvres ». La seconde édition de ses œuvres est de 1587, mais elle fut mutilée par le Saint-Office. Une édition annotée fut réalisée par Barreto Feio et Gomes Monteiro, en 1834, à Hambourg. Il en existe aussi deux éditions de Lisbonne (1843 et 1852). On a souvent comparé Vicente à Aristophane pour sa verve et sa satire, mais il est bien probable que le dramaturge portugais n'avait jamais lu *Les Guêpes* (*). Ses principales œuvres sont : *Dom Duardos* (+), *Trilogie des barques* (*), *De l'âme* [*Da Alma*], *Amadis de Gaule* (+), *La Farce des gitanes* [*La Farsa de las gitanas*], *Auto de Mofina Mendes* [*El auto da Mofina Mendes*] et *La Comédie du veuf* [*La comedia del viuvo*], qui est une de ses œuvres les plus parfaites.

JORGE RODRIGUEZ.

♦ *« Sa production dramatique... est toute l'histoire du théâtre de son pays, qui, on peut le dire sans exagerer, est né et mort avec lui. »* Menéndez y Pelayo.

VICO Giambattista. Philosophe italien. Né à Naples le 23 juin 1668, mort le 23 janvier 1744 dans cette même ville. Il était le fils d'Antonio Vico et de Candida Masullo. À l'exception de brèves et intermittentes apparitions, lorsqu'il était enfant, au grand collège des jésuites et, adolescent, à l'étude privée de droit de monsignor Francesco Verde, il fit tout seul des études littéraires, philosophiques et juridiques désordonnées. Pendant quelque temps, il étudia même la médecine, surtout à partir de 1687, époque où il devint précepteur chez les Rocca, marquis de Vatolla. Il y demeura jusqu'en 1695, séjournant avec eux tour à tour à Naples, Portici et Vatolla. Vico inaugura sa vie littéraire en publiant, en 1693, *Les Passions d'un désespéré* [*Affetti di un disperato*]. C'est une « canzone » où se montre un pessimisme désolé d'ordre cosmique et fortement marqué par les doctrines de Lucrèce. Puis Vico écrivit des œuvres de circonstance, en prose et en vers, dont deux discours latins écrits, l'un (1696) à l'occasion du départ du vice-roi, le comte de Santo Stefano, l'autre (1697) pour la mort de la mère de l'autre vice-roi, le duc de Medinaceli. En 1699, Vico entrait à l'Accademia Palatina, et y prononçait un important discours inaugural, publié après sa mort, sur *Les Dîners somptueux des Romains* [*Cene sontuose de' Romani*]. Cette même année, presque au moment où il épousait une analphabète, Teresa Caterina Destito (de laquelle il devait avoir huit enfants), il était nommé, à la suite d'un concours et avec un traitement de seulement cent ducats par an, professeur de rhétorique à l'université de Naples. Les titulaires de cette chaire étant obligés de prononcer tous les ans un discours pour l'ouverture de l'année académique (18 octobre), il en composa six de 1699 à 1706 (publiés après sa mort). Bien qu'un souffle puissant et une conception plus aiguë de la réalité les animent, on sent encore dans cette œuvre, plus qu'autre chose, un écho des divers philosophes que l'auteur avait étudiés dans sa jeunesse, en particulier Descartes *(Discours inauguraux)*. D'une tout autre valeur sont un exposé historique (composé en 1703, mais publié lui aussi posthumement) de la conjuration napolitaine manquée tirant son nom du prince de Macchia (1701) et surtout un septième discours inaugural *(Analyse des études de notre temps)* prononcé en 1708 et publié par l'auteur lui-même, avec de nombreuses additions, en 1709. Dans cette œuvre, Vico, tandis qu'il projette sur chaque branche de la science une lumière pénétrante, entre dans le vif de la vieille querelle des Anciens et des Modernes, y assumant le rôle d'arbitre au nom d'une nouvelle philosophie.

Tout en continuant à estimer que, intellectuellement, la forme primordiale de connaissance est rationnelle ou philosophique, il atteint à des positions encore plus avancées aussi bien dans le *Livre métaphysique* [*Liber metaphysicus*, 1710], le seul publié des trois dont aurait dû être composé *De l'ancienne science des Italiques,* que dans les deux *Réponses* [*Riposte,* 1711 et 1712] à des critiques sur ce *Liber,* parues dans le *Giornale de letterati d'Italia.* Désormais, pour lui, le fondement de la connaissance n'est plus, comme l'affirmait Descartes, l'évidence, la perception ou l'idée claire et distincte, mais – génial signe précurseur de la philosophie de Kant et d'Hegel – la conversion du vrai en fait, en ce sens que la condition sine qua non pour connaître effectivement une chose est de la faire. Complément d'une gnoséologie conforme à ce principe, Vico établit un système parfait de métaphysique dont la partie neuve est la théorie de ce que l'on a nommé les « points métaphysiques » ; selon celle-ci, de même que du point géométrique, qui n'a pas d'étendue, naissent lignes et surfaces, de même il devrait être permis de poser des points métaphysiques qui, bien qu'ils ne présentent pas de surface, engendrent cependant l'étendue. À ce *Liber metaphysicus* aurait dû faire suite – outre un *Livre moral* [*Liber moralis*] qui ne fut jamais écrit – un *Livre physique* [*Liber physicus*], peut-être seulement ébauché. Ainsi qu'il ressort de l'*Autobiographie,* cet ouvrage aurait exposé un nouveau système de philosophie de la nature ou de cosmologie. De plus, une nouvelle doctrine physiologique, expliquant les maladies comme une conséquence d'un ralentissement de la circulation du sang [lasco] ou d'un rétrécissement des vaisseaux sanguins [stretto], faisait l'objet, vers 1713, d'un petit traité de médecine, *De l'équilibre du corps animé* [*De aequilibrio corporis animatis*], dont sont introuvables aujourd'hui et le manuscrit et le texte imprimé. Vico ayant dû, entre 1714 et 1716, s'occuper d'une biographie du feld-maréchal autrichien Antonio Carafa (1642-1693) – *Vie d'Antonio Carafa* –, ceci l'amena d'une part à considérer de plus près l'histoire et la politique, et d'autre part, pour se familiariser avec le sujet, à lire ou à relire les ouvrages de Grotius, de Selden et de Pufendorf et, au moins, à se renseigner sur les théories de Hobbes.

Et aussi bien dans la conception du droit naturel de Pufendorf que dans le système de Hobbes, il rencontrait – et faisait sienne – l'hypothèse, de provenance épicurienne ou libertine, selon laquelle les fondateurs de la civilisation étaient non des hommes pleins de « sagesse cachée », c'est-à-dire de philosophie, mais au contraire des hommes-bêtes, dénués de toute culture, de toute humanité, de toute religion, soutenus cependant par un obscur instinct de conservation qui les aurait amenés peu à peu à vivre en société. Mais loin de s'arrêter lui aussi au niveau d'observation trop limité des théoriciens du droit naturel et de Hobbes – qui sautent de l'homme des origines à l'homme déjà civilisé –, Vico sut donner la vie à une science vraiment nouvelle où la philologie (langage, poésie, éloquence, législation, us et coutumes des divers peuples, etc.), élevée à la condition de « science du certain » alogique, primordiale et autonome, serait « vérifiée » par la philosophie, et la philosophie à son tour (considérée comme une forme réfléchie, non primordiale et non autonome) serait confirmée par la philologie. Cette découverte, de caractère général, devait amener Vico, dans le domaine de la philosophie, de l'histoire éthico-politique, de la critique littéraire, à un nombre infini de « découvertes » particulières, comme la découverte de la philosophie de l'art et de la philosophie de l'utile, la révolution apportée dans l'historiographie de la Rome primitive et, à une époque hostile à Homère et à Dante, à saisir en quoi réside la souveraineté poétique d'un Dante et d'un Homère. Abstraction faite d'autres textes dispersés, Vico consacra peu à peu aux résultats qu'il obtenait *Le Droit universel* (*) (1720-22) et *La Science nouvelle* (*) (1725-44). D'autres ouvrages de cette même époque sont remarquables : une oraison funèbre d'Anna d'Aspermont (1724), l'*Autobiographie* avec des additions successives (1725, 1728 et 1731), une oraison funèbre de donna Angela Cimmino (1727), une petite étude sur Dante (1728), les *Vindiciae* (1729) et le traité *De l'esprit héroïque* [*De mente heroica,* 1732-33]. Déjà miné dans sa jeunesse par la phtisie et de santé toujours chancelante, le philosophe devait l'être par bien d'autres choses encore : une pauvreté dignement supportée, qui l'obligeait à accepter un trop grand nombre de leçons particulières et d'autres labeurs lucratifs plus ou moins épuisants, et aussi une série de malheurs et de douleurs, tel l'échec qu'il subit en 1723 lors d'un concours qu'il avait préparé pour obtenir une chaire mieux rétribuée, le mariage lamentable (1729) et la mort précoce de son fils aîné Ignazio, la presque totale incompréhension de ses contemporains, etc. En 1741, il renonçait à sa chaire en faveur de son autre fils Gennaro et, de plus en plus tourmenté par une sombre et silencieuse misanthropie, il mourait dans la nuit du 22 au 23 janvier 1744.

FAUSTO NICOLINI.

♦ *« Parmi les médiocres et les faux doctes, tels les uns et les autres à cause de leur méchanceté, qui m'entouraient, les uns, les plus vils, m'appelaient fou, et, en employant parfois des mots plus civils, parlaient de mon extravagance, de mes idées singulières ou de mon obscurité ; les plus fourbes, eux, pour m'abattre, avaient recours à des éloges. »* G. B. Vico. ♦ *« La méthode suivie par Vico est d'autant plus importante à observer qu'il n'est peut-être aucun inventeur dont on puisse moins indiquer les précédents. Avant lui, le premier mot n'était pas dit : après lui, la science était, sinon faite, au moins fondée ; le principe était donné, les grandes applications indiquées. »* Michelet. ♦ *« On se méprend aujourd'hui encore sur le compte de Vico. Il n'a pas seulement été un juriste, un philologue ; il a été avant tout un philosophe, car s'occupant de l'histoire éternelle, celle-ci justement parce qu'elle est éternelle n'est pas l'histoire mais la philosophie elle-même. »* B. Croce.

RÉF. : J. Michelet, *Œuvres choisies de Vico,* Paris, 1835. – Benedetto Croce, *La filosofia di G. B. Vico,* Bari, 1911. – F. Nicolini, édition critique des *Œuvres,* Bari, 1914-1941 ; *La Giovinezza di G. B. Vico,* Naples, 1932 ; *Commento alla secunda Scienza nuova,* Rome, 1949-50. – J. Chaix-Ruy, *Vie de J. B. Vico,* Gap, 1944 ; *La Formation de la pensée philosophique de J. B. Vico,* Gap, 1945. – M. Fubini, *Stile e umanità di Giambattista Vico,* Milan-Naples, 1946. – A. Corsano, *Giambattista Vico,* Bari, 1956. – N. Badaloni, *Introduzione a Giambattista Vico,* Milan, 1961. – L. Pompa, *Vico. A Study of the « New Science »*, Cambridge, 1975. – A. Battistini, *La degnita della retorica. Studi su Giambattista Vico,* Pise, 1975. – G. Tagliacozzo, *Vico, Past and Present,* Atlantic Highlands, 1976-79. – D. P. Verene, *Vico's Science of Imagination,* Londres, 1981. – M. Mooney, *Vico in the Tradition of Rhetoric,* Princeton, 1985.

VICTORIA Tomás Luis de (ou Vittoria). Compositeur espagnol. Né vers 1548 à Avila ou dans les environs, mort le 27 août 1611 au couvent des Descalzas Reales (Madrid). Il est le plus grand représentant de l'école polyphonique espagnole classique. Moins vaste et universel que Palestrina, il lui est comparable, cependant, par la profondeur de l'inspiration religieuse. Sa musique, circonscrite essentiellement au domaine sacré, est caractérisée par une tragique intensité d'expression qui l'apparente à son grand prédécesseur Morales et correspond au sentiment catholique de son pays. Après avoir suivi vraisemblablement les leçons d'Escobedo et de Segovia, il reçut en 1565 un subside de Philippe II et, la même année, se rendit à Rome où il fut engagé comme chanteur au « Collegium germanicum » fondé par saint Ignace de Loyola ; il étudia peut-être avec Palestrina. En 1572, il publia à Venise un premier recueil de compositions comprenant une bonne partie des *Motets* (*). En 1573, il fut nommé maître de chapelle du « Collegium germanicum » et composa en cette occasion un *Super flumina* pour double chœur et orgue. Il fut en outre (toujours à Rome) maître de chapelle et organiste de l'église Sainte-Marie-de-Montserrat-des-Aragonais. Ordonné prêtre en 1575, il publia l'année suivante le *Livre premier, comprenant des Messes, des Psaumes, Magnificat, salutations à la Vierge mère de Dieu, etc.* [*Liber primus, qui Missas, Psalmos, Magnificat, ad Virginem Dei Matrem Salutationes aliaque complectitum*]. En 1578, il donna sa démission de maître de chapelle et fut attaché à l'église Saint-Jérôme-de-la-Charité, entra dans la congrégation de l'Oratoire fondée par saint Philippe de Néri, et fit partie de la suite du prince d'Altemps. En 1581, il publia (à Rome) un livre de *Magnificat, Antiennes et Hymni totius anni secundum S. R. E. consuetudinem quatuor vocum, una cum quatuor Psalmis pro praecipuis festivitatibus octo vocibus.* En 1581 parut un recueil de *Motets*, puis, en 1583, un recueil de *Messes* (*) à quatre voix. Vers cette époque, Victoria, bien que hautement estimé à Rome, saisit l'occasion de revenir dans sa patrie en faisant partie de la suite de l'impératrice Marie, sœur de Philippe II, qui se rendait à Madrid pour entrer avec sa sœur au couvent des Descalzas Reales. En 1585 furent publiés à Rome ses recueils *Motecta festorum totius anni cum communi sanctorum* à cinq, six et huit voix, et *Officium hebdomadae sanctae.* En 1586, Victoria entra lui-même dans ce couvent et y demeura jusqu'à sa mort comme organiste et maître de chapelle. Il publia encore, dans cette dernière période de sa vie : *Chants sacrés* [*Cantiones sacrae*] à quatre et douze voix, le recueil *Missae, Magnificat, Motecta, Psalmi, et alia qua plurima. Quae partim octonis, alia nonis, dia duodenis vocibus concinuntur* (1600) et la messe funèbre à six voix intitulée *Office des morts* [*Officium mortuorum*, 1605].

♦ *« Palestrina s'impose à nous par sa suavité. Vittoria [...] domine l'auditeur par son langage direct, pathétique. Chacune de ses pièces est un drame, et sous chacune de ses harmonies on découvre une intention nouvelle. Palestrina vous captive, Vittoria vous prend. L'un chante la gloire d'un dieu consolateur, l'autre celle d'un dieu souffrant.* » Norbert Dufourcq.

RÉF. : H. Collet, *Le Mysticisme musical espagnol au* XVI*e siècle*, Paris, 1913 ; *Victoria*, Paris, 1914. – F. Pedrell, *T. L. de Vittoria Abulense. Biografia, bibliografia, significado estetico de todas sus obras*, Valence, 1918. – T. N. Rive, *An Investigation into Harmonic and Cadential Procedure in the Works of Tomás Luis de Victoria*, Auckland, 1963. – J. Soler, *Victoria*, Barcelone, 1983.

VICTORINUS Caius Marius. Rhéteur et théologien latin, originaire de l'Afrique du Nord (IVe siècle apr. J.-C.). Les quelques renseignements biographiques que l'on possède sur lui viennent de saint Augustin qui, au livre VIII de ses *Confessions* (*), raconte comment la conversion retentissante de Victorinus au christianisme fut un élément déterminant de sa propre conversion. On a, de Victorinus, un commentaire sur le *De l'invention* (*) de Cicéron, un traité *Des définitions* [*De definitionibus*], un traité de grammaire – *Ars grammatica* – et des œuvres de théologie et d'exégèse. Ces œuvres de théologie, notamment le *Contre Arius* (*) en quatre livres, témoignent d'une grande originalité de pensée. Elles ont été écrites entre 358 et 362. Quant aux œuvres exégétiques, ce sont des commentaires de trois épîtres de saint Paul. L'effort théologique de Victorinus annonce celui de saint Augustin.

RÉF. : E. Benz, *Marius Victorinus und die Entwicklung der abendländischen Willensmetaphysik*, Stuttgart, 1932. – P. Henry, *Plotin et l'Occident*, 1934.

VIDAL DE LA BLACHE Paul. Géographe français. Né à Pézenas (Hérault) le 22 janvier 1845, mort à Tamaris-sur-Mer (Var) le 5 avril 1918. Après des études de géographie et d'histoire à l'École normale supérieure de Paris, il séjourne successivement à Rome, en Grèce et dans la péninsule des Balkans. À partir de 1894, il commence à publier son *Atlas général*, où il s'efforce de déterminer le rapport de l'histoire humaine et de l'environnement physique. En 1892, il avait déjà fondé la très importante revue des *Annales de la géographie.* En 1903, il publie *Tableau de la géographie de la France*, et en 1917, un an avant sa mort, *La France de l'Est.* Vidal de La Blache est l'un des fondateurs de l'école moderne de géographie française. La postérité a surtout retenu la monumentale *Géographie universelle* (*) (dont il a été l'inspirateur, publiée entre 1927 et 1948), ses études sur la France, les migrations, sur l'influence du climat sur les peuples de la Méditerranée, études qui annoncent des recherches plus modernes, même quand leurs conclusions ont été controversées.

VIDAL-NAQUET Pierre. Historien français. Né à Paris le 23 juillet 1930. Il fait ses études à Paris et à Marseille ; agrégé d'histoire en 1955 ; assistant à l'université de Caen (1956-61), il est suspendu de ses fonctions pour avoir signé, pendant la guerre d'Algérie, la Déclaration des 121 (septembre 1960, sur le droit à l'insoumission), ce qui lui donne l'occasion de suivre les cours de Jean-Pierre Vernant. Il est ensuite nommé à Lille (1961-62), puis attaché au C.N.R.S. (1962-64). Enfin il enseigne à Lyon (1964-66) et depuis 1966 à l'École pratique des hautes études, VIe section (sciences sociales), devenue E.H.E.S.S. en 1975. L'œuvre abondante de Pierre Vidal-Naquet se développe sur deux registres qui peuvent à première vue paraître diamétralement opposés : l'histoire ancienne d'une part, l'histoire politique contemporaine de l'autre. Son premier livre d'histoire grecque, écrit avec Pierre Lévêque et consacré à *Clisthène l'Athénien* (1964), propose une réflexion sur les cadres spatiaux et temporels qui rendent possible le fonctionnement de la démocratie athénienne dont Clisthène passe pour avoir été le fondateur. De même, à travers une série d'études publiées en commun avec Vernant : *Mythe et Tragédie* (I : 1972, II : 1986), la tragédie grecque est envisagée comme un phénomène social, lié aux valeurs de la cité. Ce type de recherches, où sont confrontées formes de pensée et formes de société, s'épanouit dans *Le Chasseur noir* (*) (1981), que prolonge plus récemment *La Démocratie grecque vue d'ailleurs* (1991) ; ce recueil accentue l'élargissement, à partir de l'histoire grecque, de la réflexion sur le système démocratique qui est au centre de l'œuvre de Vidal-Naquet et dont elle constitue le point de départ. Son premier ouvrage, paru aux éditions de Minuit, *L'Affaire Audin* (1958, rééd. 1989), applique la méthode historique à une actualité brûlante : la disparition de Maurice Audin, arrêté à Alger par les parachutistes, torturé puis « évadé ». Vidal-Naquet reprend ce combat contre la torture dans d'autres ouvrages : *La Torture dans la république* (1972) ; *Les Crimes de l'armée française* (1975) et revient sur la guerre d'Algérie dans un recueil récent : *Face à la raison d'État* (1989). D'autres travaux sont centrés sur le monde juif, antique ou moderne : *Les Juifs, la mémoire et le présent* (I : 1981, II : 1991) ; on y retrouve la même conception du rôle de l'historien dans la cité, celui de témoin de la vérité, contre l'oubli et les falsifications, en particulier le « révisionnisme » auquel s'attaquent *Les Assassins de la mémoire* (1987). De l'étude érudite à l'intervention ponctuelle, c'est toujours en historien, indépendant et critique, que s'exerce la réflexion de Vidal-Naquet. À cela vient s'ajouter une importante œuvre éditoriale, de préfacier, de coordonnateur (avec Jacques Bertin) d'un *Atlas historique* (1986) ou de « passeur d'idées » : on lui doit l'introduction en France de bien des auteurs étrangers, en particulier Moses Finley et Arnaldo Momigliano.

FRANÇOIS LISSARRAGUE.

VIDMAR Josip. Critique et essayiste slovène. Né à Ljubljana le 14 novembre 1895. Il fait de longues études à Ljubljana et à Prague puis, après la guerre, à Vienne, Cracovie et Paris, acquérant une érudition qui le place au rang des plus éminents critiques de Yougoslavie. Par ses essais sur les écrivains russes (Tolstoï, Dostoïevski, Gogol), anglais (Shakespeare, Walter Scott), allemands (Goethe, Thomas Mann) et français (Molière, Stendhal), il contribue puissamment à l'européanisation de la culture slovène. Son œuvre critique s'attache à défendre les valeurs esthétiques pures et à réclamer pour l'artiste une totale liberté d'expression. Ses thèses sur les rapports entre l'esthétique réaliste et l'esthétique fantastique ont exercé une grande influence sur la jeune littérature slovène. Après la Seconde Guerre mondiale, il suit de près le développement de l'art dramatique en Europe et en Amérique, prenant parti contre l'anti-théâtre et traduisant de nombreuses pièces pour le répertoire slovène. Parmi ses essais, il faut citer *Le Problème culturel slovène* [*Kulturni problem slovenstva*, 1932], *Les Méditations* (*) (1954), *Critiques littéraires* [*Knijiżevne kritike*, 1955], *Petits essais* [*Drobni eseji*, 1963], *Pour et Contre* [*Za i protiv*, 1963] et *Pensées* [*Misli*, 1964].

VIDOCQ Eugène-François. Aventurier français, créateur et chef de la police de sûreté, auteur de célèbres *Mémoires* (*) (1828-29). Né à Arras le 24 juillet 1775, mort à Paris le 11 mai 1857. À dix-huit ans, il prend part aux batailles de Valmy et de Jemmapes, déserte, passe aux Autrichiens, puis, sous le nom de Rousseau, fait partie de ces bandes armées qui sévissent dans le nord de la France à l'époque de la Terreur. Une affaire de faux lui vaut en 1796 huit ans de travaux forcés : il est alors âgé de vingt et un ans, et il a plusieurs évasions à son actif. Jusqu'en 1809, sa vie ne sera qu'une suite de coups de main, d'incarcérations, d'évasions et d'aventures. Finalement résolu à « servir la société », il propose ses services à la police et devient indicateur et agent double dans les prisons. Deux ans plus tard, il est nommé chef de la police de sûreté. C'est à ce titre qu'en 1822 il connaîtra Balzac, auquel il inspirera, outre le personnage de Vautrin, divers thèmes et types de son œuvre. En 1827, il démissionne pour se consacrer aux affaires, mais réintègre son poste en 1832 et sauvera par son action le trône de Louis-Philippe. De nouveau démissionnaire, il se constitue une police particulière allant jusqu'à lutter contre la police officielle dont il dénonce les compromissions. Victime de deux procès montés contre lui en 1837 et 1843, il bénéficie de l'intervention de personnages influents et sera innocenté par un jugement de la cour royale. La police doit désormais composer avec lui. À la même époque, il collabore à l'action politique menée par Lamartine et prend une part active dans l'élection de Louis-Napoléon Bonaparte. En 1849, il entre en relation avec Victor Hugo, qui s'inspire de lui pour son Jean Valjean des *Misérables* (*). Il fréquente également Eugène Sue qui lui doit une grosse part de sa documentation pour *Les Mystères de Paris* (*). Personnage contradictoire et légendaire, il demeure comme l'une des figures les plus étonnantes du XIXe siècle.

RÉF. : Charles Ledru, *La Vie, la mort et les derniers moments de Vidocq après sa confession à l'heure suprême*, Paris, 1857. — Maurice Barthélemy, *Vidocq, vie et aventures*, Paris, 1858. — G. Lenôtre, *Dossiers de police*, Paris, 1935. — Jean Savant, *Les Vrais Mémoires de Vidocq*, Paris, 1950 ; *La Vie fabuleuse et authentique de Vidocq*, Paris, 1950 ; *Le Vrai Vidocq*, nouv. éd. 1970.

VIEIRA António. Écrivain portugais. Né à Lisbonne le 6 février 1608, mort à Bahia (Brésil) le 18 juillet 1697. Sa famille, d'humble condition, émigra au Brésil en 1614. Confié aux jésuites de Bahia, Vieira commença son noviciat à quinze ans et fut ordonné prêtre en décembre 1635. Après une période d'apostolat très actif, lors de la restauration au Portugal il partit (1641) avec l'amiral Mascarenas pour prêter serment de fidélité au roi João IV. Demeuré à Lisbonne comme prédicateur à la cour, il devint rapidement le collaborateur le plus écouté du roi, qui retint sa suggestion pour la fondation de deux compagnies de commerce en vue d'intensifier le trafic avec l'Inde et le Brésil ; le roi le chargea en outre d'importantes missions diplomatiques en Hollande, en France, en Angleterre, à Rome. Fatigué par les attaques de l'Inquisition, il retourna au Brésil en 1652 ; mais en 1654 il est à nouveau à Lisbonne pour demander au roi la libération des esclaves. Sous le règne d'Alphonse VI, il fut contraint de résider à Porto et à Coïmbre. Il fut jugé par l'Inquisition sous l'accusation d'hébraïsme et de prophétisme, pour son livre *Espoirs du Portugal, 5e empire du monde, 1re et seconde vies du roi Dom Joän IV*, et il passa deux années (1665-67) dans les prisons du Saint-Office. Mais, après la déposition d'Alphonse VI, il rentra en grâce à la Cour, au moins dans une certaine mesure. De 1669 à 1675, il subjugua Rome par sa prodigieuse éloquence et consacra les dernières années de sa vie à l'édition complète de ses *Sermons* (*) (1686-97), où il se révèle tantôt un politicien intrigant, tantôt un missionnaire héroïque. Ce deuxième aspect de sa personnalité se fait jour surtout dans ses *Lettres* [*Cartas*, 1735]. Au goût de l'action à travers la parole (critique des mœurs, prévisions et conseils politiques), il unit une prédilection pour un art désintéressé (imagination prodigieuse, extrême habileté, intuition musicale rare, recherche constante de la symétrie). Pour toutes ces qualités, bien qu'il soit un miroir fidèle de la mentalité baroque, Vieira est considéré comme le plus grand représentant de la prose portugaise classique.

RÉF. : Abbé E. Carel, *Vieira, sa vie et ses œuvres*, Paris, 1879. — R. P. Luiz Cabral, *Une grande figure de prêtre, Vieira : biographie, caractère, éloquence*, Paris, 1900. — J. L. d'Azevedo, *Historia de António Vieira*, 2 vol., Lisbonne, 1921. — Mary C. Gotaas, *Bossuet and Vieira, a Study in National Epochal and Individual Style*, thèse, Washington, 1953.

VIELÉ-GRIFFIN Francis. Poète français. Né à Norfolk (États-Unis, État de Virginie), le 26 mai 1864, mort à Bergerac (Dordogne), le 12 novembre 1937. Venu tout jeune en France, il s'y fixa et passa sa vie, toute consacrée au service de la poésie, soit à Paris, soit dans ses propriétés de Touraine qu'il a chantées en tant de vers. Ses premières pièces parurent en 1885 dans la revue *Lutèce* et furent réunies quelques mois plus tard dans une plaquette intitulée *Cueille d'avril* (+). Vielé-Griffin s'efforçait alors d'assouplir le vers parnassien ; mais déjà il fréquentait les fameux « mardis » de Mallarmé et, dans les recueils suivants : *Les Cygnes* (*) (1887), *Les Joies* (+) (1889), *Diptyque* (1891), *La Clarté de vie* (*) (1897), ne cesse de s'affirmer dans les procédés d'écriture l'influence de plus en plus forte du maître de la rue de Rome. De 1890 à 1892 en compagnie de Bernard Lazare et de Paul Adam, Vielé-Griffin fit paraître *Les Entretiens politiques et littéraires*, une des revues importantes de l'histoire du mouvement symboliste. Avec moins de rigidité dogmatique que René Ghil, Vielé-Griffin y prenait parti pour le vers libre, dicté par le rythme intérieur que chacun porte en soi, ce qui ne l'empêchera point, dans ses recueils postérieurs, de conserver bien souvent la rime. C'est que sa poésie dédaigne tout préjugé d'école : elle va se rafraîchir aux sources populaires, aux vieux refrains, aux complaintes naïves, dont on trouve des échos dans *La Partenza* (+) (1899), par exemple. Mais Vielé-Griffin a été également tenté par des compositions de plus grande envergure, inspirées par le folklore chrétien et les légendes germaniques . *La Chevauchée d'Yeldis* (1893), *La Légende ailée de Wieland le forgeron*, ou par la tradition homérique et pindarique : *La Lumière de Grèce* (+) (1912), *La Voix d'Ionie* (1914). Si diverses qu'elles soient de forme, ses *Poésies* (*) révèlent une unité d'inspiration : on y trouve de la tristesse, des plaintes, mais aucun relent de morbidesse « décadente ». Vielé-Griffin, poète du grand air et de la transparence, s'est voué à l'exaltation de la nature et de la vie.

RÉF. : Jean-Marc Bernard, in *Œuvres*, tome II, Paris, 1923. — Paul Souday, *Les Livres du temps*, Ire série, Paris, 1929. — Jean de Cours, *Francis Vielé-Griffin, son œuvre, sa pensée, son art*, Paris, 1930. — R. Kuhn, *The Return to Reality, A Study of Vielé-Griffin*, Genève, 1962. — H. de Paysac, *Francis Vielé-Griffin, poète symboliste et citoyen américain*, Paris, 1976. — R. Scalamandré, *F. Vielé-*

Griffin e il platonismo. Storia e miti di un poeta simbolista, Rome, 1981.

VIGENÈRE Blaise de. Écrivain et érudit français. Né à Saint-Pourçain le 5 avril 1523, mort à Paris le 19 février 1596. La vie, la personnalité et l'œuvre de Vigenère sont exactement représentatives de leur époque : foisonnantes, cosmopolites et érudites. Cet enfant du Centre s'attachera à la famille des ducs de Nevers, dont il sera le précepteur. Mais, formé à l'administration par Gilbert Bayard, le premier secrétaire des commandements de François Ier, il prend part à la guerre menée contre les Impériaux (1543), et accompagne l'envoyé de France à la diète de Worms (1545). Il voyage alors en Allemagne et aux Pays-Bas ; en 1549, on l'aperçoit à Rome où il rencontre Michel-Ange. À Mantoue, il est secrétaire d'ambassade. Il participe à plusieurs missions accréditées par la France auprès de puissances étrangères. En 1566, enfin, Charles IX l'envoie pour la seconde fois à Rome, voyage qui lui permet de découvrir les principales cités d'Italie.

Mais aussi bien le voit-on, vers 1560, entamer l'étude du grec et de l'hébreu, langues qu'il maîtrisera rapidement. Subissant l'influence de l'ésotérisme, il s'intéresse à l'alchimie dans un souci de vulgarisation. Son œuvre le montre porté tantôt aux questions d'ordre politique *(Discours sur l'histoire du roi Charles VII ; la somptueuse entrée du roi Henri III à Mantoue),* tantôt aux sujets scientifiques (*Traité des chiffres,* 1586 ; *Traité des comètes,* 1578 ; *Traité du feu et du sel,* posthume, 1618), toujours merveilleusement érudit. Mais c'est surtout par ses traductions et ses commentaires que Blaise de Vigenère se signale comme un humaniste. Traductions de *La Jérusalem délivrée* (*) du Tasse (1595), de César, de Cicéron, de Philostrate ou de Tite-Live qui valent aussi par la qualité de leurs annotations. Il publie et adapte des textes anciens comme *La Conquête de Constantinople* de Villehardouin (1584), les *Chroniques et annales de Pologne* (1573) ou l'*Histoire mémorable... du roi Charles VII* (1594). Sa traduction des *Pseaumes Penitentiels de David* (*) en « prose mesurée » révèle en lui plus que des qualités d'érudition linguistique, l'étoffe d'un véritable poète.

Il n'est pas d'aventure mentale ou spirituelle qui ne tente Vigenère. Il se réclame de la cabale, des Arabes et des « philosophes chimistes », sans renier l'héritage antique. À travers ce foisonnement se dessinent toutefois deux qualités « intellectuelles » propres à faire de lui une figure moderne : le souci de l'expérience et le refus du fanatisme. Le *Traité des chiffres* étudie en fait les différentes manières de chiffrer les dépêches. Initié aux expérimentations alchimiques, Vigenère en livre volontiers les recettes. Il donne d'ailleurs, dans le *Traité des comètes,* la formule de cet empirisme : « Lesquelles démonstrations sensibles sont bien plus à propos [...] pour nous introduire la connaissance de quelque chose que beaucoup d'argumentations frivoles, vaines et fantastiques à guise de chimères... » En matière religieuse, il rêve un syncrétisme entre cabale et christianisme, sans jamais vilipender les Réformés.

Esprit large et curieux, Vigenère fait songer à la fois à Pic de la Mirandole et à Montaigne. Son écriture, souvent entrecoupée d'incises, sa pensée embarrassée de digressions, trahissent pourtant l'absence d'une véritable maîtrise des idées. Savant submergé par son savoir, il nous rappelle que son époque brilla aussi du lyrisme de ses excès et de la ferveur de son sentiment religieux.

CHRISTIAN DOUMET.

RÉF. : Denyse Métral, *Blaise de Vigenère, archéologue et critique d'art,* Paris, 1939. – Michel Jeanneret, *Poésie et tradition biblique au XVIe siècle,* Paris, 1969.

VIGNOLE ou VIGNOLA Giacomo Barozzi da. Architecte italien. Né le 1er octobre 1507 à Vignola (Modène), mort le 7 juillet 1573 à Rome. Vignole étudia tout d'abord la perspective et la peinture à Bologne, puis en 1534 se rendit à Rome, où vers 1540 il assumait les fonctions de secrétaire de l'Académie vitruvienne. En 1541-1542, on le retrouve en France au service de François Ier, s'occupant de la décoration du parc de Fontainebleau ; en 1543, il est de retour à Bologne où il trace, entre autres, les plans d'une façade gothique pour S. Petronio et construit le palais des Banchi. Lors de son retour à Rome en 1546, Vignole se lança dans une activité intense et de premier plan, dont il demeure comme œuvres principales la villa Farnese à Caprarola (1559-1564), élevée sur des plans préexistants de Sangallo, et l'église du Jésus (commencée seulement en 1568 et achevée après la mort de Vignole) que les jésuites lui avaient expressément demandé de faire avec une seule grande nef et des chapelles latérales. Philippe II lui confia le soin d'établir les plans de l'Escorial à partir des plans des architectes les plus célèbres de l'époque, ce qui montre à quelle renommée atteignait l'artiste. Vignole écrivit, outre la *Règle des cinq ordres d'architecture* (*), éditée pour la première fois en 1562, *Les Deux Règles de la perspective pratique* [*Le Due regole della prospettiva pratica,* 1583], commentées et publiées par le mathématicien Egnazio Danti, livre qui connut un immense succès jusqu'à la fin du XIXe siècle.

RÉF. : A. Bertolotti, *Artisti modenesi a Roma,* Rome, 1888. – F. Gai et E. Gui, *Il palazzo Farnese di Caprarola,* Rome, 1895. – J. Burckhardt, *Geschichte der Renaissance in Italien,* Stuttgart, 1907. – H. Willich, *G. B. de Vignole,* Strasbourg, 1907. – H. Wölfflin, *Renaissance und Barok,* Munich, 1926. – J. Loukansky, *Jacques Vignole,* Paris, 1927. – G. Giovannoni, *Saggi sull'archittetura del Rinascimento,* Milan, 1935.

VIGNY Alfred Victor, comte de. Écrivain français. Né à Loches (Indre-et-Loire) le 27 mars 1797, mort à Paris le 17 septembre 1863. Il était très fier de la noblesse de sa famille dont les membres n'avaient cessé de s'illustrer dans les armées françaises. Son père avait participé à la guerre de Sept Ans. Plié en deux par d'anciennes blessures, devenu infirme, il avait une soixantaine d'années lors de la naissance d'Alfred Victor, tandis que sa femme, fille d'un officier de marine et descendante d'un condottiere piémontais, avait quelque trente ans de moins que lui : dans ce ménage assez mal assorti c'était elle qui détenait toute l'autorité. Les trois premiers enfants des Vigny étant morts en bas âge et les médecins tenant le « mauvais air » pour responsable, les deux époux, ne songeant qu'à sauver leur dernier-né, vinrent s'établir à Paris en 1799. Alfred de Vigny fut douloureusement marqué, dès sa première enfance et pour toute sa vie, par la pesante tristesse qui régnait dans la maison familiale ; les Vigny, qui avaient échappé à grand-peine à la Terreur, avaient été ruinés par la Révolution. Ils vivaient farouchement dans le passé et portaient le deuil solennel de la monarchie. Ce sentiment ne fit que s'accroître lorsque, en avril 1805, ses parents le placèrent à la pension Hix, dont les élèves suivaient les cours du lycée Bonaparte. Comme il remportait tous les prix, qu'il était frêle de constitution physique et hypersensible, qu'il était noble enfin, il devint le souffre-douleur de ses camarades. « Le temps le plus malheureux de ma vie fut celui du collège », devait-il écrire plus tard. Ce fut aussi cependant le temps de grands rêves. L'adolescent ne pouvait s'empêcher d'admirer et d'envier ses aînés de quelques années à peine qui, d'un bout à l'autre de l'Europe, étaient alors en train de se couvrir de gloire à la suite du « tyran ». Il lui sembla bientôt que la guerre était l'« état naturel » de la France. Il attendait donc fort impatiemment l'heure de faire ses preuves militaires, tout en préparant l'École polytechnique, lorsque l'Empire s'écroula. Mais le retour des Bourbons ne pouvait que confirmer le jeune royaliste Vigny dans sa vocation militaire. Il obtint le 6 juillet 1814 son admission dans le corps des mousquetaires rouges. Il avait dix-sept ans. Mais la première mission du mousquetaire ne fut guère glorieuse : il s'agissait en effet, en mars 1815, d'escorter jusqu'à Béthune Louis XVIII en fuite devant Napoléon débarqué de l'île d'Elbe... Lors de la seconde Restauration, la compagnie des mousquetaires rouges, jugée trop « ultra », ayant été supprimée, Vigny passa, le 4 avril 1816, dans le 5e régiment d'infanterie de la garde royale, avec le grade de sous-lieutenant, et il se remit, selon ses propres termes, « à attendre ces guerres que j'avais rêvées dans mon enfance et qui semblaient refusées à ma génération ». La politique pacifique de Louis XVIII n'offrait à l'impétueux et ambitieux officier que la monotonie de la vie de garnison et les grises perspectives de l'avancement à l'ancienneté. Vigny comprit qu'il avait pris l'épée au moment où elle devenait inutile, et c'est cette amertume qu'on retrouvera dans les nouvelles de *Servitude et grandeur militaires* (*) (1835). Était-il vraiment la victime d'une destinée manquée ? Se demandant s'il n'avait pas porté « dans une vie tout active une nature toute contemplative », il remit en question sa vocation. Il se retourna vers les livres, vers *La Bible* (*) d'abord. Cependant, dans la bibliothèque bien garnie de son père, il avait aussi, depuis longtemps, découvert les philosophes du XVIIIe siècle et, autant que ses déceptions d'adolescence, ces lectures lui avaient fait perdre la foi chrétienne ; enfin il avait lu les poètes, les petits maîtres de l'époque précédente, un Millevoye et un Delille, mais également André Chénier, Homère et Chateaubriand, qui lui révéla les ressources du merveilleux biblique et l'amena à la lecture de Milton. Dès les années 1816-17, dans ses garnisons de Paris et des places de la banlieue, Vigny composa ses premiers poèmes ainsi que deux tragédies qu'il devait brûler par la suite. Puis son ancien condisciple du lycée Bonaparte, Émile Deschamps, le présenta au rédacteur en chef du *Conservateur littéraire*, un jeune homme âgé de dix-huit ans à peine : Victor Hugo. C'est celui-ci qui, en décembre 1820, publia dans sa revue le premier article de Vigny, consacré aux œuvres de Byron. Deux ans plus tard paraissait (anonymement) le premier recueil des *Poèmes* (mars 1822) qui devinrent en 1826 les *Poèmes antiques et modernes* (*) et furent encore augmentés dans les éditions de 1826, 1829 et 1837. Quant au volume de 1822, il passa à peu près inaperçu.

Entre-temps, la carrière militaire se poursuivait avec une morne régularité. Passé, à l'ancienneté, au grade de lieutenant en juillet 1822, Vigny fut nommé en mars 1823 capitaine au 55e de ligne à Strasbourg. La guerre d'Espagne éclatant peu après raviva un instant ses espoirs de gloire militaire ; et sans doute son régiment se mit-il en marche vers le sud, mais un ordre supérieur l'arrêta avant même qu'il ait franchi les Pyrénées, et Vigny dut se contenter d'aller stationner pendant quelques mois en sentinelle dans de paisibles petites villes de la région béarnaise. Il resta en garnison à Pau pendant l'hiver 1824-25 et c'est là (bien qu'encore ému par une passion récente pour Delphine Gay, la future Mme de Girardin, qu'il dut renoncer à épouser devant l'opposition résolue de sa mère) qu'il fit la connaissance de miss Lydia Bunburry, une Anglaise fort peu sympathique, semble-t-il, avec laquelle il contracta cependant en février 1825 un mariage de raison et d'intérêt. Mais les espoirs de Vigny, en cette occasion comme en tant d'autres, furent bien déçus : son beau-père, ancien gouverneur de la Jamaïque, millionnaire, mais fantaisiste, feignit toujours d'ignorer jusqu'au nom de son gendre, et déshérita sa fille dont la dot consista donc essentiellement en une île de la Polynésie, « toute pleine d'anthropophages », nous dit le poète qui dut s'engager dans de longs et coûteux procès pour parvenir à récupérer une partie de la fortune de sa femme. Celle-ci était entichée de préjugés nationaux et aristocratiques : elle refusait avec affectation d'apprendre à parler correctement le français et ne cachait pas son mépris pour les relations littéraires de son mari. Vigny, depuis la publication de ses premières poésies, fréquentait en effet assidûment les salons littéraires, en particulier celui de Nodier, à l'Arsenal. Il était devenu l'ami de Hugo, de Delacroix, de Sainte-Beuve. Il collaborait à *La Muse française* (*), revue qui prit une part décisive dans la naissance du romantisme. Mais son mariage commença à l'isoler de ses camarades, qui ne lui pardonnaient guère de vouloir être à la fois homme de lettres et homme du monde. On affectait donc de le prendre pour un amateur.

Toutefois, en dépit des envies, Alfred de Vigny allait remporter en 1826 un éclatant succès littéraire avec *Cinq-Mars* (*), le premier roman historique qui se soit imposé au public français. Peu après, le poète décida de quitter définitivement l'armée ; ses supérieurs lui avaient d'ailleurs fait comprendre qu'il ne pouvait continuer à demander d'aussi fréquents congés ; sa mise à la réforme, pour « pneumonie chronique et hémoptysie assez fréquente », fut prononcée le 22 avril 1827. Pouvant se consacrer désormais entièrement à sa carrière littéraire, Vigny fut attiré par la gloire théâtrale ; ce furent d'abord des traductions en vers de Shakespeare, assez fades, mais d'une exactitude remarquable. La première, celle de *Roméo et Juliette* (*), fut refusée à la Comédie-Française en 1827, mais, deux ans plus tard, *Le More de Venise* (*) était joué sur la scène du même théâtre. Se tournant alors vers ces premières années du XVIIe siècle qu'il avait déjà essayé de faire revivre dans *Cinq-Mars*, Vigny composa un drame en prose, *La Maréchale d'Ancre* (*), donné à l'Odéon le 25 juin 1831. Lors de la première, Mlle George tenait le rôle principal, mais, pour une reprise de la pièce au Théâtre Saint-Martin, l'héroïne fut interprétée par Marie Dorval : ce fut le début d'une des plus fameuses et des plus douloureuses passions romantiques, dans laquelle on vit le sceptique et si amer Vigny nourrir de curieuses illusions sur le compte d'une comédienne finalement assez coquette et vaine. Son mariage, il est vrai, n'avait pas été la moins douloureuse de ses déceptions : aussitôt après leur voyage de noces, sa « pauvre Lydia » avait été frappée d'une maladie nerveuse qui déroutait les médecins. Pendant plus de trente ans, Mme de Vigny allait passer la plus grande partie de son existence au lit, harcelée par des maux intermittents mais de toutes sortes, et la vie de Vigny s'écoula désormais entre le chevet de cette épouse devenue obèse et difforme, incapable de lui donner des enfants, et celui de sa vieille mère, paralysée mais toujours autoritaire ; lui-même enfin était d'une nature maladive ; dans sa jeunesse il avait eu des crachements de sang, et assez tôt il commença à souffrir de terribles migraines, d'insomnies, de crises d'estomac, annonciatrices du cancer dont il devait mourir. Il prit Marie Dorval pour un ange sauveur ; mais celle dont George Sand disait qu'elle « était le résumé de l'inquiétude féminine arrivée à sa plus haute puissance », après avoir tourmenté le poète par ses ambitions théâtrales, ses crises de jalousie, ses accès de mysticisme, ses infidélités surtout, finit par le ridiculiser publiquement. Au moins lui doit-on le proverbe intitulé *Quitte pour la peur* (*), que Vigny écrivit pour elle en 1833. C'est également Marie Dorval qui interpréta le rôle de Kitty Bell dans *Chatterton* (*), le chef-d'œuvre de Vigny au théâtre, dont la première représentation, le 12 février 1835, fut triomphale.

Ce n'est qu'en 1838 que le poète eut le courage de se séparer définitivement de la comédienne. Rupture difficile et qui laissa à l'amant, malgré d'autres liaisons passagères, une profonde blessure, comme suffisent à le prouver la terrible amertume exprimée dans *La Colère de Samson* (+), mais surtout le silence complet où Vigny, âgé de quarante ans seulement, en pleine maturité, s'enferma de 1835, date de la publication de *Servitude et grandeur militaires,* à 1843. Puis, jusqu'à sa mort, il publia seulement quelques poèmes isolés, espacés de plusieurs mois et souvent de plusieurs années. Aussi bien les deux tentatives qu'il fit encore pour se mêler au monde ne lui apportèrent que des humiliations : l'Académie française, après l'avoir fait attendre pendant plusieurs années, l'admit enfin le 8 mai 1845. Mais le 25 janvier de l'année suivante, jour de la réception, Vigny, après avoir fatigué l'assistance par un discours trop long, maladroit, et qui pouvait paraître prétentieux, dut subir sous les risées du public les impertinences que le comte de Molé s'était amusé à glisser dans sa réponse. Déboire analogue en politique : Vigny, qui avait vainement offert son épée à Charles X lors de l'émeute de juillet 1830, puis s'était intéressé au christianisme démocratique de Lamennais et au saint-simonisme, se présenta en 1849 devant les électeurs charentais qui restèrent insensibles à ses professions de foi d'un idéalisme pourtant majestueux. Le poète fut d'ailleurs beaucoup moins sensible à son échec politique qu'il ne l'avait été à l'accueil ironique de l'Académie. C'est à partir de cette époque qu'il cessa presque complètement de résider à Paris ; dans son domaine du Maine-Giraud, près de Blanzac, en Angoumois, il continua à tenir auprès de son épouse son rôle de prévenant garde-malade, se privant pour elle de toute distraction, de tout voyage de pur agrément. Enfermé dans sa « tour d'ivoire », tenant à l'« honneur de souffrir en silence », il écrivit alors quelques-uns de ses plus beaux poèmes, *La*

Bouteille à la mer (+) (1853), *Le Mont des oliviers* (+) (1862), *Les Oracles* (+) (1862), enfin son dernier, *L'Esprit pur* (+) (10 mars 1863) ; certains avaient paru dans *La Revue des Deux Mondes* (*) ; ils furent réunis dans le volume posthume des *Destinées* (*) (1864). Tous expriment un profond nihilisme, dans lequel on pourrait voir le reflet de la vie du poète dans son œuvre. Mais n'était-ce point déjà la philosophie des *Poèmes antiques et modernes,* parus quarante ans plus tôt, et qui peut être résumée par une formule du *Journal d'un poète* (*) : « La vérité sur la vie, c'est le désespoir. Il est bon et salutaire de n'avoir aucune espérance. » Pensée qui paraîtrait assez sommaire si on la réduisait en système mais que Vigny a vécue avec une singulière intensité, et qu'il n'a cessé d'affronter lucidement. À ce défi, que lui posaient les conclusions invinciblement amères de son intelligence, il répondit d'abord par une résignation méprisante et héroïque et en mettant une application rigoureuse à jouer son personnage social en dépit de l'absurdité de la vie, puis par la conscience quasi sacerdotale de sa mission de poète ; il en vint même à envisager une fraternité humaine fondée sur la primauté de l'esprit, rêve esquissé dès 1832 dans *Stello, les Consultations du docteur Noir* (*), puis repris et précisé plus tard dans des poèmes tels que *La Bouteille à la mer,* et surtout *L'Esprit pur.* Vigny n'était pas seulement trop pessimiste — ou trop lucide — pour plaire immédiatement à la foule, il avait aussi trop de dignité. Au contraire des autres romantiques, il a toujours refusé de se donner en spectacle dans son œuvre. Le *Journal d'un poète,* auquel on a joint quelques fragments de Mémoires, n'est en fait qu'un carnet de pensées, de jugements et de projets littéraires, nullement une confession intime ; il n'a d'ailleurs été publié qu'après la mort de Vigny, en 1867. En 1912 eut lieu une autre importante publication posthume, celle de *Daphné* (*), roman faisant suite à *Stello* et constituant le deuxième entretien du docteur Noir.

MICHEL MOURRE.

♦ *« Le style de M. de Vigny a des veines de bonheur. Il y a de l'invention dans sa grâce et son élégance. Mais la peur du commun le rend parfois obscur et bizarre. »* D. Nisard, 1829. ♦ *« Il est de cette élite de poètes qui ont dit des choses dignes de Minerve. »* Sainte-Beuve. ♦ *« Pauvre et cher Alfred de Vigny ! Il apparaît plus grand que les poètes de son temps qui ne sont que des poètes : car il fera l'effet d'une poésie — la poésie de ce désespoir silencieux qui ne se mettait pas de cendre sur la tête, mais qui en avait dans le cœur. »* Barbey d'Aurevilly. ♦ *« La nature de ce rare talent le circonscrit dans une sphère chastement lumineuse et hantée par une élite spirituelle très restreinte, non de disciples, mais d'admirateurs persuadés. »* Leconte de Lisle. ♦ *« Quel homme ! Il cumule dans le sublime ! »* Verlaine. ♦ *« Nous trouvons dans toute sa gravité l'homme qui eut entre tous la religion de la dignité humaine... Cet homme calme n'était pas insensible ; il eut ses souffrances ; mais il garda toujours la suprême pudeur de les cacher. »* Anatole France. ♦ *« Le seul romantique qui ait eu des idées générales et surtout une conception de la vie raisonnée, personnelle, philosophique. »* Brunetière. ♦ *« Vigny, au milieu de sa poésie incertaine et techniquement inhabile, a eu le bonheur de créer cinq ou six vers qui sont entrés et qui restent dans toutes les mémoires ; mais quand on se reporte au texte, ils sont trop souvent encadrés d'expressions assez médiocres. Il traîne après lui trop d'images usées, serties dans le métal équivoque d'une fausse éloquence. »* Remy de Gourmont. ♦ *« Âme plus grande que le talent. »* Maurice Barrès.

RÉF. : M. Paléologue, *A. de Vigny,* Paris, 1891. — Dorison, *A. de Vigny, poète et philosophe,* Paris, 1892 ; *Un symbole social, A. de Vigny et la poésie politique,* Paris, 1894. — L. Séché, *A. de Vigny et son temps,* Paris, 1902 ; *A. de Vigny, sa vie littéraire, politique, religieuse et amoureuse,* 2 vol., Paris, 1913. — E. Dupuy, *Alfred de Vigny, ses amitiés et son rôle littéraire,* 2 vol., Paris, 1910-12. — F. Baldensperger, *A. de Vigny,* Paris, 1912 ; *A. de Vigny, essais critiques,* Paris, 1929. — B. de La Salle, *A. de Vigny,* Paris, 1940. — É. Lauvrière, *A. de Vigny, sa vie et son œuvre,* 2 vol., nouvelle édition augmentée, Paris, 1945. — H. Guillemin, *M. de Vigny, homme d'ordre,* Paris, 1956. — F. Germain, *L'Imagination d'Alfred de Vigny,* 1962. — P. Viallaneix, *Vigny par lui-même,* 1964. — M. Eigeldinger, *Vigny,* 1965. — J. Ph. Saint-Gérand, *L'Intelligence et l'émotion. Fragments d'une esthétique vignyenne,* 1988.

VIITA Lauri. Poète et romancier finlandais d'expression finnoise. Né le 17 décembre 1916 à Pispala, mort le 22 décembre 1965 à Helsinki. Fils de bûcheron, Lauri Viita est né dans la banlieue rouge de Tampere, centre industriel en Finlande centrale. Il interrompt ses études pour travailler comme bûcheron. C'est donc un autodidacte qui, à 32 ans, commence à vivre de sa plume après le succès de son premier recueil *Le Moulineur de béton* [*Betonimyllari,* 1947]. Atteint de schizophrénie à partir de 1952, il sera définitivement interné en 1959. Il écrira jusqu'à sa mort, due à un accident de voiture en 1965. Auteur peu prolixe, Viita innove aussi bien en prose qu'en poésie. *Le Moulineur de béton* est une œuvre achevée et originale, et son roman *Moraine* (*) (1950) eut une influence féconde. Mais Viita est avant tout poète. En 1949, il publie un conte en vers, *Kukunor* (*), en 1954 un recueil de poèmes, *Enroulé* [*Käppyräinen*]. Son troisième recueil *Et le charpentier, le grand sage...* (*) (1965) paraît après sept ans de silence. *Et alors Leevi* [*Entäs sitten Leevi,* 1961], roman publié juste avant sa mort (il devait constituer le début d'une trilogie) n'est cependant qu'une ombre de *Moraine.*

Dans le contexte de l'après-guerre, Viita, avec une puissante vitalité, chante dans sa « poésie virile et éthique » le travail créatif (« Si tu crées, crée un monde : seule la création du monde mérite le nom de création »), le combat désespéré contre soi-même pour la connaissance et la vérité. Cette souffrance, par le rêve, engendre la poésie : le rêve rend la parole autonome, universelle, mobile comme le vent — élément vital dans l'œuvre de Viita. Dans *Le Moulineur de béton*, il s'affirme face au monde, contre le monde, en des poèmes rimés, parfois lapidaires comme des épigrammes, souvent ironiques, humoristiques, qui n'excluent pas la réflexion métaphysique ni les visions cosmiques. Avec *Kukunor* et surtout avec *Enroulé*, sa poésie évoluera et deviendra plus colorée, moins philosophique : la forme se libère, la frontière entre le poète et le monde n'est plus aussi tranchée. Son dernier recueil se compose de pièces laconiques, parfois à la limite du proverbe, dans le mètre traditionnel de la poésie populaire finnoise.

La poésie et la prose de Viita ont en commun bien des thèmes et des traits de style : sa région, présente, de son propre aveu, dans toute son œuvre (« Tout ce qui s'est passé en moi s'est passé à Pispala »), et sa mère, une mère protectrice, grâce à laquelle l'enfance reste pour le poète une période de bonheur idéal. Par ailleurs, Viita est un orfèvre de la langue et il manie les rythmes très consciemment. Ceux-ci sont variés, mouvants, et structurent aussi bien sa poésie que son écriture en prose. À la fin de sa vie, il prend goût à l'incantation, au jeu, à une sorte d'« improvisation quasi automatique ». Son objectif : « Faire naître l'illusion de la réalité. » Comme poète, Viita est trop personnel pour faire école : son originalité et sa puissance lui assurent cependant une place centrale dans la littérature finnoise de l'après-guerre.

EVA TOULOUZE.

VIK Bjørg. Femme de lettres norvégienne. Née le 11 septembre 1935 à Oslo. Elle est la représentante la plus en vue de cette littérature féminine (Kvinnelitteratur) dont s'enrichit la Norvège littéraire des années 70. Définissant le nouveau courant comme une littérature écrite par des femmes pour des femmes, ses tenantes posent que seule une femme peut véritablement ressentir puis faire comprendre ce que la condition féminine a d'aliénant et ainsi provoquer une prise de conscience. Ce disant, elles se réclament volontiers d'illustres devancières, telles Camilla Collett (1813-1895) et Torborg Nedreaas (1906-1987). Après plusieurs recueils de nouvelles dont *Le Cœur vorace* [*Det grådige hjerte,* 1968], où elle s'attache volontiers aux escapades amoureuses de cœurs incompris, Bjørg Vik donne à la nouvelle littérature féminine son œuvre programme, le recueil de nouvelles *L'Aquarium des femmes* (*) (1972), puis développe dans les recueils suivants des thèmes similaires. Ainsi, dans *Récits sur la liberté* [*Fortellinger om frihet,* 1975], qu'elle situe dans les milieux défavorisés de la capitale, elle s'attache à montrer combien le rôle dévolu aux filles les prépare mal à mener ensuite une vie indépendante. Mais elle sait aussi insister, comme dans *Une poignée de nostalgie* [*En håndfull lengsel,* 1979] sur les riches possibilités qu'offre l'amitié féminine. Excellente dramaturge, l'auteur a également traité dans ses pièces la condition féminine, en particulier dans *Deux actes pour cinq femmes* [*To akter for fem kvinner,* 1978].

ÉRIC EYDOUX.

VILDRAC Charles (pseudonyme de Charles Messager). Auteur dramatique français. Né à Paris le 22 novembre 1882, mort à Saint-Tropez en 1971. Fondateur, à l'automne 1906, du fameux groupe de l'Abbaye de Créteil où il alla s'installer avec ses amis Georges Duhamel, René Arcos, Albert Gleizes, il débuta par des recueils de poèmes : *Images et Mirages* (1907), *Livre d'amour* (1914), inspirés par l'unanimisme le plus sincère, par un appel incessant à la puissance de l'amour universel, seul capable de résoudre le problème de la vie. Dans ses *Notes sur la technique poétique* (1910), écrites en collaboration avec Duhamel, il avait donné l'esthétique du groupe de l'Abbaye, effort pour styliser le langage courant dans une strophe libre permettant d'exprimer la « poésie immédiate ». L'amitié virile, idéal de l'unanimisme, fournit encore à Vildrac le thème de sa première pièce, *Le Paquebot « Tenacity »* (*), qui fut en 1920 un des grands succès du Vieux-Colombier et qu'on salua comme le signe d'un renouveau dramatique. Vildrac s'affirmait comme le promoteur d'un théâtre d'intimité qui met en scène des personnages ordinaires, banals, peints dans leur existence quotidienne, mais dont les élans cachés, les ressources de sensibilité et de poésie apparaissent soudain à l'occasion d'une crise. La même inspiration intimiste se retrouve dans les pièces suivantes de Vildrac, *Michel Auclair* (1923), *Madame Béliard* (1925), *Le Pèlerin* (1926), *La Brouille* (1931), etc.

VILLA-LOBOS Heitor. Compositeur brésilien. Né et mort à Rio de Janeiro (5 mars 1887 - 17 novembre 1959). Fils d'un amateur qui favorisa ses dispositions précoces, Villa-Lobos perdit son père en 1899. Son éducation musicale s'en ressentit. Il n'eut pas les moyens de suivre l'enseignement de l'Institut national de musique ; il apprit cependant à jouer du violoncelle. Il aimait retrouver dans les rues ces groupes de « choroes », musiciens ambulants que l'on retrouve dans toutes les fêtes populaires du Brésil. Puis à 18 ans, c'est le départ pour une suite de voyages qui lui feront explorer toutes les régions du Brésil. « Mon premier traité d'harmonie fut la carte du Brésil », dit-il plus tard. Ces périples, au cours desquels il devait découvrir toutes les formes de la musique populaire de son pays, dureront jusqu'en 1912 et procureront au jeune musicien un répertoire inépuisable qui alimentera toute son œuvre. Quand il rentre à Rio, il est riche de plusieurs partitions, dont sa première sonate pour piano et violon et un opéra. Les musiciens qu'il admire le plus à l'époque sont Wagner et Puccini, et surtout Bach à qui il restera toujours fidèle. Pendant les années qui suivent son retour à Rio, il compose abondamment, ayant lu, sur le tard, le *Cours de composition musicale* de d'Indy ; tous les genres l'intéressent : deux nouveaux opéras, de la musique d'église, de nombreux poèmes symphoniques, douze symphonies, deux *Concertos pour violoncelle*, de très nombreuses pièces de musique de chambre, de la musique pour piano, dont la charmante *Famille de bébé* [*Prole do bebe*] de 1918. Ce n'est qu'en 1915 qu'il peut organiser le premier concert public de ses œuvres. Il aura d'ailleurs du mal à s'imposer, et ce n'est qu'en 1920 que son succès commence à s'affirmer. En 1921, il fait jouer son *Malazarte*, opéra en trois actes ; l'année suivante, il reçoit une subvention gouvernementale qui lui permet d'effectuer le premier de ses séjours parisiens. Il se lie d'amitié avec Florent Schmitt, retrouve Rubinstein qui avait été un de ses premiers admirateurs au Brésil, découvre l'art de Ravel et de Debussy. De retour à Rio, il se remet à la composition. À côté d'une production de forme traditionnelle, il publie une suite de *Chôros* (*), œuvres typiquement brésiliennes. Leur nom même est celui des improvisations des chanteurs des rues. La publication des seize *Chôros* s'étalera jusqu'en 1929 ; ce sont de courtes pièces pour orchestre et solistes, faisant appel à des combinaisons chaque fois différentes. C'est d'ailleurs la même formule que Villa-Lobos retiendra pour la plus connue de ses œuvres, les *Bachianas Brasileiras* (*), qui l'occuperont de 1930 à 1944. Dans ces neuf pièces, il tente une synthèse entre les formes de la musique de Bach et les thèmes mélodiques et rythmiques du folklore brésilien. En 1937, il publie les quatre suites *La Découverte du Brésil* [*Descobrimento do Brasil*], où il se plaît à rapprocher des éléments de musique indienne et de vieux chants portugais autour du thème de l'arrivée des premiers Européens. Une production musicale exubérante (pas moins de 1 500 numéros d'opus), de nombreux voyages à l'étranger, n'ont pas empêché Villa-Lobos de jouer un rôle important dans l'organisation de l'enseignement musical au Brésil. Devenu un personnage très officiel, il passa les dernières années de sa vie dans le rôle de représentant consacré de la musique brésilienne.

JEAN-FRANÇOIS LABIE.

RÉF. : M. Beaufils, *Villa-Lobos, musicien et poète du Brésil*, Paris, 1967. – V. Mariz, *Villa-Lobos*, Paris, 1967. – A.-S. Schic, *Heitor Villa-Lobos : souvenirs de l'Indien blanc*, Arles, 1987. – S. Wright, *Villa-Lobos*, Oxford, 1992.

VILLANI Giovanni. Chroniqueur italien. Né entre 1270 et 1280 (peut-être vers 1276 ?) à Florence, où il mourut de la peste en 1348. Il appartenait à une de ces familles de négociants venus s'installer dans la ville entre le XIIe et le XIIIe siècle, dont l'activité et la culture s'alliaient au souci du bien public. Il accomplit à l'étranger plusieurs voyages dont le citoyen de Florence ne profita pas moins que l'homme d'affaires. Il remplit différentes charges dans cette ville. Villani est le plus grand historien, non seulement florentin, mais italien du XIVe siècle. Sa *Nouvelle chronique* – v. *Chronique* (*) – fournit une documentation de premier ordre sur la vie économique, civique et sociale à Florence dans la seconde moitié du XIIIe siècle et la première du XIVe.

RÉF. : E. Mehl, *Die Weltanschauung des Giovanni Villani*, Leipzig, 1927. – F.P. Luiso, *Indagini biografiche su Giovanni Villani*, Rome, 1936.

VILLANI Matteo. Chroniqueur italien. Né à Florence vers la fin du XIIIe siècle (1295 ?), il y mourut le 12 septembre 1363. Frère de Giovanni, auteur de la célèbre *Chronique* (*), il exerçait à Naples en 1319 la profession de représentant de la compagnie Buonaccorsi, et il semble qu'il demeura dans cette ville jusqu'en 1329 et peut-être au-delà. Il voyagea beaucoup ; en 1334, il se trouvait en Avignon ; revenu à Florence, il ne prit point part à la vie publique de la cité ; et en 1363 il fut mis sous surveillance comme gibelin. Il devait mourir de la peste lors de l'épidémie qui sévit dans cette ville la même année. Dans sa *Chronique* (*), il poursuivit l'œuvre homonyme de son frère, que celui-ci avait abandonnée en 1348.

VILLARD DE HONNECOURT. Architecte français. Né à Honnecourt (Nord) vers le début du XIIIe siècle, mort probablement vers 1270. Il reçut une très bonne éducation pour son temps et apprit à écrire en latin. C'est en suivant la construction de la riche abbaye de Honnecourt qu'il dut s'initier à l'architecture. Il se rendit ensuite à Cambrai et collabora sans doute aux plans de la cathédrale. On pense que sa première œuvre personnelle fut la construction de l'église cistercienne de Vaucelles qui fut consacrée en 1225. Cette église est aujourd'hui ruinée mais ses fondations témoignent encore de l'originalité de sa conception. Entre 1230 et 1250, il résida en Hongrie et y dirigea de nombreuses constructions d'églises et de monastères. À son retour, il s'occupa de l'achèvement de l'église de Saint-Quentin dont on lui attribue le chœur et la tour occidentale. Il est à peu près certain qu'il collabora ensuite avec Pierre de Corbie à l'élaboration des plans de la cathédrale de Tolède. Ces divers renseignements nous sont parvenus grâce à son *Album* (*), sorte de carnet de voyage et d'aide-mémoire, qu'il avait sans doute tenu en vue de l'enseignement de l'architecture.

RÉF. : J. Quicherat, *Notice sur l'Album de Villard de Honnecourt*, in *Mélanges*, Paris, 1860. – P. Benard, *Recherches sur la patrie et les travaux de Villard de Honnecourt*, Paris, 1867. – C. Eulard, *Villard de Honnecourt et les cisterciens*, in *Bibliothèque de l'École des chartes*, tome LVI, 1895. – W. Worringer, *L'Art gothique*, Paris, 1967. – J. Gimpel, *La Révolution industrielle du Moyen Âge*, Paris, 1975.

VILLAURRUTIA Xavier. Poète mexicain. Né à Mexico le 27 mars 1903, mort dans la même ville le 25 décembre 1950. Après des études au collège français et des études de droit, il se consacre entièrement à la littérature et au théâtre. Il dirige en 1927 et en 1928 la revue *Ulysse* ; il est nommé professeur de littérature à l'université de Mexico. Membre du groupe « Contemporáneos » avec Carlos Pellicer, José Gorostiza et Salvador Novo, Villaurrutia est influencé par Rilke et le surréalisme, bien qu'il évolue au cours de son œuvre vers des formes de plus en plus strictes. C'est sans conteste le poète le plus « métaphysique » de tout ce groupe. Après *Reflets* [*Reflejos*, 1926], il publie son recueil le plus fameux, *Nostalgie de la mort* (*) (1938), qui révèle un univers presque borgien – en plus angoissé – où se répètent les thèmes du double, des miroirs envahissants, des dieux qui rêvent les hommes, des labyrinthes et de la solitude. Le sentiment de la mort, présent dans toute la culture mexicaine, acquiert ici une présence poétique presque insoutenable : « La nuit verse sur nous son mystère / et quelque chose nous dit que mourir est se réveiller... » *Dixième Mort* [*Décima muerte*, 1941] poursuit cette exploration de la « nostalgie de la mort ». Selon Octavio Paz, la mort permettait à Villaurrutia de trouver « une révélation que la vie temporelle ne lui avait pas fournie : celle d'une vie véritable ». Villaurrutia a également publié *Chant au printemps et Autres poèmes* (+) (1948), et des pièces de théâtre, les *Autos profanes* [*Autos profanos*, 1943], qui rappellent à la fois le théâtre expressionniste allemand et le théâtre plus moderne de l'absurde.

ANTOINE BERMAN.

VILLAVERDE Cirilo. Écrivain cubain. Né à San Diego de Núñez (Pinar del Río) le 28 octobre 1812, mort à New York le 23 octobre 1894. En 1823, il quitte la plantation où son père, médecin, est aussi chasseur d'esclaves, pour La Havane. Ses études terminées, il mènera une double carrière de journaliste et de professeur, tout en s'adonnant à la littérature. Nouvelles et romans se succèdent. De 1841 à 1844 paraissent *La Jeune Fille à la flèche d'or* [*La joven de la flecha de oro*], volumineux roman sentimental, *Le Paysan* [*El guajiro*], *Deux Amours* [*Dos amores*] et un roman historique, *Le Pénitent* [*El penitente*]. C'est la notoriété. Cependant, en 1848, il conspire contre la couronne espagnole aux côtés du général annexionniste Narciso López. Arrêté, il s'évade pour les États-Unis, où il passera le reste de sa vie, sauf un intermède de deux ans à la faveur d'une amnistie. Il fonde diverses revues, donne des cours d'espagnol et poursuit son activité politique. Devenu séparatiste, il prône l'abolition de l'esclavage. En 1855, à Philadelphie, il épouse Emilia Casanova, fondatrice de la *Ligue des filles de Cuba*. Lors de la première guerre d'indépendance, il adresse au général de Céspedes le mémoire *La Révolution de Cuba vue de New York* [*La Revolución de Cuba vista desde Nueva York*, 1869]. Son chef-d'œuvre, *Cecilia Valdés ou la Colline de l'Ange* (*), paraît à New York en 1882, quatre ans avant l'abolition de l'esclavage à Cuba.

LILIANE HASSON.

RÉF. : Imeldo Alvarez, *Acerca de Cirilo Villaverde*, La Havane, 1982.

VILLEDIEU, Marie-Catherine Desjardins, dite Mme de. Femme de lettres française née à Paris vers 1640, morte le 20 octobre 1683 à Clinchemore. D'origine modeste, elle vit avec sa mère à Paris après la séparation de ses parents et tente de faire carrière en fréquentant les milieux littéraires. Remarquée pour son poème *Jouissance* en 1658, elle publie un *Récit de la farce des précieuses* (1660) puis un *Recueil de poésies* (1662) au ton élégiaque et galant qui la font apprécier du public mondain. Protégée par d'Aubignac, elle écrit pour le théâtre *Manlius* (1662), *Nitetis* (1663), et *Le Favori*, représenté par Molière en 1665. Amoureuse du capitaine Antoine Boesset de Villedieu rencontré à dix-huit ans, elle échange avec lui une promesse de mariage en 1664 et le suit dans ses campagnes militaires jusqu'à sa mort en 1668. Mais celui-ci, pour se procurer l'argent nécessaire à son équipement, avait vendu au libraire Barbin les *Lettres et Billets galants* de sa fiancée, qui paraissent contre le gré de leur auteur (1668). Prenant le nom de Mme de Villedieu, elle s'attache au genre romanesque, cultivé dès *Alcidamie* (1661) et *Carmente* (1668), et particulièrement à la nouvelle historique et galante : *Cléonice* (1669), *Le Journal amoureux* (1669), les *Annales galantes* (1670), *Les Galanteries grenadines* (1673), *Le Portefeuille* (1674), les *Mémoires de la vie d'Henriette Sylvie de Molière* (1672-74), pseudo-autobiographiques. Après 1674, peut-être janséniste, elle mène une vie dévote et retirée et publie *Les Désordres de l'amour* (*) (1675) pour illustrer les dangers des passions. En 1677, elle épouse Claude-Nicolas de Chaste de Châlons et se retire, ne publiant plus rien : *Le Portrait des faiblesses humaines* (1685) et *Les Annales galantes de Grèce* (1687) sont posthumes.

ALAIN GÉNETIOT.

RÉF. : M. Cuénin, *Roman et société sous Louis XIV, Mme de Villedieu*, 1978. – *Actes de Wake Forest*, Biblio 17, n° 37, 1987.

VILLEHARDOUIN Geoffroy de. Maréchal de Champagne et chroniqueur. Né vers 1150, certainement avant 1154 et probablement avant 1152, sans doute au château de Villehardouin, dont il ne reste plus que des ruines au village du même nom dans le canton de Piney, près de Troyes (Aube) ; mort après

1212 mais avant 1218, en Orient, on ne sait où. Geoffroy de Villehardouin était fils du premier seigneur de ce lieu, Vilain de Villehardouin, qui avait eu au moins huit enfants dont six fils. Le nom du chroniqueur apparaît pour la première fois en 1172 dans une liste des vassaux des comtes de Champagne. En 1185, Geoffroy portait le titre de maréchal de Champagne, ayant succédé dans cette charge à Erard d'Aulnay. Ses fonctions, les alliances de sa famille et les siennes propres — il fut marié deux fois — lui valurent d'avoir à s'occuper des affaires administratives et politiques du comté. On sait qu'il servit d'arbitre en plusieurs circonstances à partir de 1195 ; il devait participer plus tard aux négociations qui, en 1201, amenèrent le roi de France à prendre sous sa protection la comtesse de Champagne, veuve de Thibaut. Ce n'est toutefois qu'à partir de 1199 que la vie de Villehardouin nous est relativement bien connue et ce, grâce à sa chronique, *La Conquête de Constantinople* (*). Le 28 novembre 1199, au tournoi d'Écry, Thibaut de Champagne prit la croix. Villehardouin, qui était peut-être présent à ces fêtes, suivit immédiatement l'exemple de son suzerain. Et aussitôt, il eut, avec cinq autres commissaires, à régler les questions matérielles que posait le problème du transport des croisés en Orient. C'est à Venise que se rendit la commission et Villehardouin fut chargé de porter la parole devant l'assemblée du peuple vénitien dans l'église Saint-Marc. L'accord obtenu, Villehardouin revint en Champagne. La mort de Thibaut survenue le 24 mai 1201 plongea les croisés dans un grand embarras. On hésita longtemps avant de nommer un autre chef et on essuya plusieurs refus ; finalement Villehardouin suggéra le nom du marquis Boniface de Montferrat qui accepta. L'embarquement de la croisade était prévu pour le mois de juin 1202. Entre-temps, nous voyons Villehardouin prendre les dispositions nécessaires à sa longue absence. Afin sans doute de se procurer les ressources indispensables, il cède ses droits féodaux à plusieurs églises et abbayes. En avril 1202, au plus tard, il avait résigné ses fonctions de maréchal de Champagne. Nous connaissons par lui-même le rôle capital de négociateur qu'il joua lorsque les opérations eurent commencé. Bien qu'il n'ait au début commandé qu'en second, c'est à lui qu'on recourut constamment pour les missions diplomatiques difficiles. C'est ainsi qu'il fut envoyé auprès de Louis de Blois pour l'engager à rejoindre sans plus tarder l'expédition qu'il hésitait à rallier (1202), qu'il fut chargé d'obtenir de l'empereur byzantin Isaac la confirmation des conditions qui avaient été acceptées par son fils Alexis. Lorsque des contestations se furent élevées entre le nouvel empereur latin de Constantinople Baudoin et Boniface de Montferrat, on délégua Villehardouin auprès de ce dernier pour lui faire accepter l'accord qui avait été mis au point entre les chefs de l'expédition (1204). En 1205, et après la mort de Mathieu de Montmorency, sous lequel il avait jusque-là commandé, Villehardouin se vit placer à la tête d'une armée, celle qui fut envoyée par Baudoin vers Andrinople. La même année l'ancien maréchal de Champagne était nommé maréchal de Romanie, c'est-à-dire de tout l'empire latin. On sait par lui qu'il participa à plusieurs autres campagnes, à celle qui alla délivrer Renier de Trit abandonné par les siens en 1206, à celle qui fut porter secours à la ville d'Équise menacée par Théodore Lascaris, à celle enfin que l'empereur Henri, successeur de Baudoin, dirigea contre les Bulgares. Après cette date, il ne semble pas que Villehardouin ait pris une part active aux opérations militaires, aucune mention en tout cas n'en est faite. Il est vrai que le maréchal de l'empire avait alors au moins cinquante-six ans. Bien que sa chronique s'arrête avant 1208, nous possédons quelques renseignements épars sur sa biographie pour les années 1208 à 1212. En 1207, Boniface, devenu roi de Salonique, avait fait son fidèle Villehardouin seigneur de Messinople. Cependant le maréchal ne quitta pas Constantinople et en 1208, lorsque l'empereur Henri se rendit à Salonique pour y affermir ses droits de suzeraineté remis en cause par la mort de Boniface, c'est à Villehardouin que fut confiée la garde de la capitale impériale. Nous savons qu'il était encore en Orient en 1212. Il semble donc probable que le maréchal ne revit pas la France. On ne connaît pas l'année de sa mort. Tout ce qu'on peut dire, c'est qu'elle eut lieu avant 1218.

On ne sait ni comment ni à quelle époque Geoffroy de Villehardouin entreprit de mettre par écrit ses souvenirs. Étant donné la très rigoureuse exactitude historique de son récit, il est à présumer qu'il s'inspira en l'écrivant, peut-être lorsqu'il cessa de prendre une part active aux combats, vers 1208, de notes bien antérieures. On peut affirmer également qu'il eut recours à de nombreuses pièces d'archives, car il cite tout au long les conventions signées durant la période dont il traite. Cette rigueur n'a pas empêché maints historiens de montrer quelque scepticisme quant à la bonne foi de l'auteur. Parce qu'il avait participé de très près aux tractations et siégé dans les conseils, on s'est demandé s'il n'avait pas voulu répondre par son *Histoire* aux accusations qu'on n'avait pas manqué de porter contre les chefs d'une croisade qui n'atteignit même pas la Terre sainte, qui ruina un empire chrétien bien que schismatique et eut apparemment pour principal effet de procurer de vastes domaines à quelques grands seigneurs et de les enrichir considérablement. Villehardouin aurait été plus ou moins complice de la rapacité de ceux-ci. À cela on peut répondre que les responsabilités mêmes de ce détournement de la croisade de son but sont singulièrement partagées et qu'elles ne sont pas certaines. Il est difficile ici de faire la part respective des circonstances et des hommes. Les censeurs les plus indulgents relèvent beaucoup de naïveté dans le caractère du chroniqueur et prétendent qu'il a été dupe, dupe des machinations du doge de Venise, Dandolo : dupe de Montferrat auquel il fut attaché jusqu'à la mort de ce dernier. Il conviendrait de ne pas confondre une naïveté qui est plus peut-être dans le langage et dans l'époque que dans l'homme Villehardouin. Car, enfin, celui à qui l'on confiait les négociations les plus ardues passait-il vraiment pour un naïf auprès de ses contemporains ? Au surplus, Villehardouin ne se montre pas particulièrement tendre pour ceux qui manquèrent le rendez-vous de Venise ; ce sont eux, estime-t-il, qui doivent être tenus pour responsables des accords désavantageux que le manque d'hommes et d'argent obligèrent les chefs de l'expédition à conclure ; il stigmatise énergiquement les déserteurs, les lâches, ceux qui n'écoutèrent que leur intérêt personnel, ceux qui manquèrent à la parole donnée. Mais surtout Villehardouin est un croyant convaincu, il voit en toutes choses la main de Dieu. Si la croisade a été détournée de son but sur Constantinople, c'est que la divine Providence voulait que fussent châtiés l'insolence des schismatiques, l'orgueil de la nation la plus riche de la Terre. Tout ainsi après coup s'expliquait et les malices des hommes ne pouvaient que servir les desseins de Dieu. C'est à travers son interprétation des événements que nous apparaît la personnalité du maréchal. Il se montre en son ouvrage comme un typique chevalier français de la fin du XIIe siècle, fidèle à Dieu et à sa parole, loyal mais avisé, mû par un sentiment intransigeant de l'honneur : « Bien mal fait, dit-il, qui par peur de mort fait chose qui lui sera reprochée à toujours. » Dans la composition de son œuvre se révèlent d'autres traits : la clarté d'esprit, le goût de l'ordre qui ne vont pas sans sécheresse ; de là ce style exact et net, cette simplicité, cette rudesse de bon aloi qui à la fin ne sont pas sans quelque agrément.

JACQUES BROSSE.

♦ *« Villehardouin, tel qu'il apparaît et se dessine dans son* Histoire, *est bien un homme de son temps, non pas supérieur à son époque, mais y embrassant tous les horizons ; pieux, loyal, croyant, crédule même, mais sans petitesse ; des plus capables d'ailleurs de s'entremettre aux grandes affaires ; homme de conciliation, de prudence et même d'expédients ; vivant avec suite à son but ; éloquent à bonne fin : non pas de ceux qui mènent, mais de première qualité dans le second rang, et sachant au besoin faire tête dans les intervalles ; attaché féalement, avec reconnaissance, mais sans partialité, à ses princes et seigneurs, et gardant sous son armure de fer et du haut de ses châteaux de Macédoine ou de Thrace, des mouvements de cour et des attaches pour son pays de Champagne. »* Sainte-Beuve.

RÉF. : H. d'Arbois de Jubainville, *Nouvelles recherches sur le chroniqueur Geoffroy de Villehardouin,* in *Rev. des soc. sav.,* 3e série, t. 1, 1863. – Jaquot, *Étude sur Geoffroy de Villehardouin le chroniqueur et sur les Villehardouin, princes d'Achaïe* in *Mémoires de la Soc. académique de l'Aube,* t. XXXIII, 1869. – A. Kressner, *Über den epischen Charakter der Sprache Villehardouins* in *Archiv dür das Studium der neuer en Sprachen und Literat.,* t. LVII, 1877. – Ed. Sayous, *G. de V. : Du caractère moral de sa chronique,* in *Séances et trav. de l'Académie des sciences morales et politiques,* t. XXV, 1886. – H. Moeser, *Gottfried von V. und der Lateinerzug gegen Byzanz,* Breslau, 1897. – Ed. Faral, Introd. à l'édit. de *La Conquête de Constantinople,* Paris, 1938. – J. Dufournet, *Les Écrivains de la quatrième croisade. Villehardouin et Clari,* 2 vol., Paris, 1973. – J. Longnon, *Les Compagnons de Villehardouin,* Genève, 1978.

VILLEMAIN Abel François. Écrivain et homme politique français. Né et mort à Paris (11 juin 1790-8 mai 1870). Esprit d'une étonnante précocité, Villemain venait à peine d'achever ses études au lycée Louis-le-Grand qu'il fut nommé par Fontane professeur de rhétorique au lycée Charlemagne : il n'avait pas encore vingt ans ! En 1816, il reçut la chaire d'éloquence de la Sorbonne, et en 1822, à trente-deux ans, il entrait à l'Académie française. Ses leçons, accueillies avec enthousiasme, lui fournirent la matière des six volumes de son *Cours de littérature française* (*) (1828-29), puis de son *Tableau de la littérature française au XVIIIe siècle* (*) (1838) et de son *Tableau de la littérature française au Moyen Âge* (*) (1840). Il s'essaya également au genre historique dans son *Histoire de Cromwell* (1819) et dans *Lascaris ou les Grecs du XVe siècle* (1825). Directeur de la Librairie de 1815 à 1820, conseiller d'État en 1819, il entra dans la politique active à la suite de sa protestation contre les lois de censure de 1827 et, élu député deux ans plus tard, fit partie de l'opposition et signa l'« adresse des 221 ». Nommé pair de France en 1832, il fut ministre de l'Instruction publique de mars 1839 à mars 1840, puis d'octobre 1840 à 1844. L'intense activité qu'il déploya pour la réforme de l'enseignement (*Rapport sur l'instruction secondaire*, 1843) altéra brusquement sa santé et, atteint de troubles mentaux, Villemain dut donner sa démission en décembre 1844. Rétabli trois ans plus tard, il reparut à la Chambre des pairs, mais n'y joua plus un rôle de premier plan et abandonna complètement la politique lors de la révolution de 1848. Critique plus brillant que profond, Villemain a laissé encore de nombreux autres ouvrages, parmi lesquels : *Tableau de l'éloquence chrétienne au IVe siècle* (1846), *Études de littérature ancienne et étrangère* (1846), *Souvenirs contemporains d'histoire et de littérature* (1853), *Histoire de Grégoire VII* (1873), etc.

RÉF. : Mirecourt, *Villemain*, Paris, 1853. – Sainte-Beuve, *Causeries du Lundi*, tomes I et VI, Paris, 1853-54. – G. Vauthier, *Villemain, essai sur sa vie, son rôle et ses ouvrages*, Paris, 1913.

VILLENA Enrique de Aragón, marquis de. Écrivain espagnol. Né le 18 janvier 1384 à Torralba, mort à Madrid le 15 décembre

1434. Il fut l'un des personnages les plus connus et les plus curieux de la littérature espagnole du xve siècle, en même temps qu'un humaniste de grande valeur. Sa personne morale a été très discutée. Il vécut à la cour d'Enrique III de Castille. Sa culture raffinée le poussa à parcourir tous les domaines de la création artistique. Il écrivit abondamment sur les sujets les plus disparates. On le considéra comme un mage, comme une sorte de sorcier, et cette renommée se perpétua au cours des siècles suivants, en particulier à cause de son *Traité du mauvais œil ou de la fascination* [*Libro de Aojamiento a fascinología*], qui fut la raison fondamentale pour laquelle, à la mort de Villena, le roi Jean II ordonna que sa bibliothèque fût brûlée. Opportuniste avisé, Villena, en toute occasion, célébra les souverains dont il espérait des récompenses : toutefois, il trouva moyen de faire preuve de bon goût et d'intelligence dans sa manière de diriger les Jeux floraux organisés en l'honneur de Fernando de Antequera, élu roi d'Aragon. C'est dans un semblable climat de finesse et de bon goût que se situent le traité d'*Art poétique* et les traductions de l'*Énéide* (*) et de *La Divine Comédie* (*). Parmi les ouvrages sur des sujets rares qui complètent le panorama de sa personnalité, citons le *Traité de l'art de tailler au couteau* [*Arte cisorio o de cortar con el cuchillo*], précieux document sur l'étude des mœurs de l'époque à laquelle vécut Villena. Rappelons en dernier lieu son livre intitulé *Les Travaux d'Hercule* (*), ouvrage de mythologie morale.

RÉF. : Emilio Cotarelo Mori, *Don Enrique de Villena*, Madrid, 1896. – Sánchez Cantón, *El arte de trovar*, étude in *Revista de Filología española*, 1919.

VILLIERS DE L'ISLE-ADAM Jean-Marie Mathias Philippe Auguste de. Écrivain français, né à Saint-Brieuc le 7 novembre 1838, mort à Paris le 19 août 1889. Il appartenait à l'une des familles les plus anciennes et les plus illustres de l'armorial français et pouvait se flatter de compter parmi ses ancêtres un maréchal de France et le fondateur de l'ordre de Malte. Sa famille, ruinée par la Révolution, ne disposait qu'à peine de l'aisance, mais il grandit dans la croyance absolue qu'une fortune et une gloire sans pareilles l'attendaient. Il fit des études très décousues à Saint-Brieuc, à l'institution Saint-Vincent-de-Paul de Rennes et au lycée de Laval. Maladif, solitaire, sensible, anxieux, il vivait presque continuellement dans son monde intérieur. Il fut marqué par un premier amour pour une jeune fille qui mourut quelques mois après leur rencontre, et il essaya de se consoler par un intense travail de création poétique. Un autre amour sans doute purement sensuel, pour une femme demeurée mystérieuse et qui le trahit, acheva de le marquer et de le vouer à une quête tantôt désabusée et tantôt désespérée de l'amour sublime. Au début de 1855, sa famille, persuadée de son génie, réalisa tous ses biens pour l'accompagner à Paris et lui permettre de tenter la gloire. Il débarqua aussitôt à la Brasserie des Martyrs, s'y lia avec Baudelaire, y rencontra Murger, Vallès, Banville, Courbet, Monet et Mendès, qui le fit collaborer à la *Revue fantaisiste*. À tous il donnait « l'impression du jeune homme le plus magnifiquement doué de sa génération » tandis qu'il expliquait à ses amis qu'il allait donner « une série d'œuvres où le rêve se baserait sur la logique, une littérature philosophique qui rénoverait les idées ». En juillet 1858, Villiers fit paraître *Deux Essais de poésie*. En février 1859, il alla à Lyon surveiller l'impression de ses *Premières Poésies* qui ne recueillirent aucun succès et qu'il rebaptisa plus tard *Les Sillons stériles*. Il était hanté par le désir de retrouver Paris où il se fixa vers la fin de 1860. Baudelaire lui révéla Poe avec lequel il se sentait de profondes affinités, mais son grand maître, celui auquel il doit toute l'armature de son œuvre, est Hegel ; avec lui il paria toute sa vie sur l'esprit, « substance infinie de toute réalité finie ».

En 1862 parut son premier roman, *Isis* (*), testament chaotique de son adolescence avide de penser, dans lequel Banville reconnut la « griffe du génie ». Fascinant pour tous ceux qui le rencontraient, Villiers ne cessa plus pendant vingt-cinq ans de poursuivre un rêve qui n'arriva pas à s'incarner dans la réalité, de poursuivre une gloire et une fortune également rebelles. Il compta parmi ses meilleurs amis Mallarmé et Charles Cros, il partagea, faute de mieux, leur gloire secrète. Ses premiers drames : *Ellen* (1865), *Morgane* (1866), ne furent pas même joués de son vivant ; rédacteur à la *Revue des lettres et des arts* d'octobre 1867 à mars 1868, il y publia ses premiers contes et découvrit ainsi l'une des voies où son génie devait le mieux s'exprimer. *La Révolte*, jouée au Vaudeville le 6 mai 1870, n'eut que cinq représentations, *Le Nouveau Monde* (*), écrit en 1875, ne trouva un théâtre qu'en 1883 et également pour cinq représentations. L'échec s'attachait à Villiers, l'obligeait à s'en tenir à son monde intérieur et à creuser en lui toujours plus loin. Sa grande œuvre le hantait sans trêve, le double dans lequel il se réaliserait : *Axël* (*), drame aux proportions goethéennes, sans doute unique dans la littérature française. La première partie d'*Axël* parut en 1872, la dernière version dans *La Jeune France* de novembre 1885 à juin 1886. Les dernières années de Villiers furent les plus fécondes. Il donna ses *Contes cruels* (*) en 1883, *L'Ève future* (*), son chef-d'œuvre, et *L'Amour suprême* (*) en 1886 ; *Tribulat Bonhomet* (*) en 1887 ; *Les Histoires insolites* (*) et *Les Nouveaux Contes cruels* (*) en 1888. Son œuvre, pour quelques-uns, prenait place au premier rang, mais la gloire et la fortune n'étaient pas venues. Toujours dans la gêne, Villiers passa les dernières années de sa vie avec une « pauvre servante » qui lui donna un fils en 1881. À lire *Axël* ou *L'Ève future*, on ne peut douter du génie de Villiers, et pourtant on n'arrive pas à se débarrasser d'une sensation d'échec. Le génie est là mais il ne trouve jamais pleinement sa force, il ne s'incarne pas avec une continuité suffisante pour marquer toute l'œuvre, et l'on dirait que l'absolu auquel il a tendu toute sa vie a été partout refusé et le demeure.

BERNARD NOËL.

♦ *« Génie, tôt en proie à la fatalité de sa glorieuse supériorité sur même l'élite. »* Verlaine. ♦ *« La langue, vraiment d'un Dieu partout. »* Mallarmé. ♦ *« N'ayant pas, comme le chrétien qu'il eût pu être et qu'il croyait être, une règle rigide, faussé par l'hégélianisme et saccagé par les curiosités les plus dangereuses, parfois incroyablement privé d'équilibre, je crois qu'il ne comprit jamais le pressentiment grandiose dont il suffoqua trente ou quarante ans. »* Léon Bloy.

RÉF. : Verlaine, *Les Poètes maudits*, Paris, 1888. – Mallarmé, *Villiers de L'Isle-Adam*, Bruxelles, 1892. – R. du Pontavice de Heussey, *Villiers de L'Isle-Adam, l'écrivain, l'homme*, Paris, 1893. – L. Bloy, *La Résurrection de Villiers de L'Isle-Adam*, Paris, 1906. – L. Deffoux, *Les Derniers Jours de Villiers de L'Isle-Adam*, Paris, 1930. – M. Daireaux, *Villiers de L'Isle-Adam, l'homme et l'œuvre*, Paris, 1936. – J. Bollery, *Biblio-Iconographie de Villiers de L'Isle-Adam*, Paris, 1939. – A. Lebois, *Villiers de L'Isle-Adam, révélateur du verbe*, Neuchâtel, 1952. – Allan W. Raitt, *Villiers de L'Isle-Adam et le mouvement symboliste*, Paris, 1965. – J.-P. Gourevitch, *Villiers de L'Isle-Adam*, Paris, 1971. – J. H. Bornecque, *Villiers de L'Isle-Adam créateur et visionnaire*, Lille, 1974. – J. Decottignies, *Villiers le taciturne*, Paris, 1983. – A. Néry, *Les Idées politiques et sociales de Villiers de L'Isle-Adam*, 1983. – Allan W. Raitt, *Villiers de L'Isle-Adam exorciste du réel*, 1987. – P.G. Castex et J.-P. Avice, *Villiers de L'Isle-Adam*, catalogue d'exposition de la Bibliothèque historique de la Ville de Paris, 1990.

VILLON François. Le premier en date des poètes français modernes, bien qu'il ait sa préfigure dans Rutebeuf au XIIIe siècle, né vers 1431 et mort après 1463. Cette fois, par exception, nous avons sur lui des renseignements biographiques, avec dates authentiques et précises, ce qui tient à ce que ce grand poète fut aussi un fort mauvais garçon dont la conduite n'a laissé que trop de traces dans les annales judiciaires où un historien, Auguste Longnon, et un lettré, Marcel Schwob, les ont découvertes. Cependant, il subsiste, dans sa passionnante biographie, bien des incertitudes, quand ce ne serait que sur sa date de naissance, qu'on peut placer entre le 1er avril 1431 (ancien style où l'année commençait à Pâques) et le 19 avril 1432 (transcrit en nouveau style). Le nom aussi est incertain, étant emprunté au professeur chanoine de Saint-Benoît-le-Bétourné, son « plus-que-père », peut-être son père naturel, Guillaume de Villon (il s'agit d'un village de l'Yonne, où ce lieu se prononce par l mouillé). Les premiers documents officiels qui le mentionnent le nomment François de Montcorbier, alias des Loges. En mars 1449, ledit François de Montcorbier est reçu bachelier à la faculté des arts (Lettres) de l'université de Paris, grade d'enseignement conquis par lui à dix-huit ans. Ceci ne l'empêche pas de prendre part aux désordres qui, sur la montagne Sainte-Geneviève, accompagnent l'enlèvement et le transfert par les étudiants, de chez Mlle Bruyère, en son hôtel de Saint-Jean-des-Grèves, de la pierre du Pet au Diable, incident dont Villon dit avoir fait un roman, malheureusement, ou peut-être heureusement perdu. Cependant, il poursuit ses études universitaires et la conquête, en 1452, des grades supérieurs de licencié et maître ès arts. En 1455, le 5 juin, dans une rixe au cloître de Saint-Benoît-le-Bétourné (près du jardin de l'hôtel de Cluny), il tue un prêtre, Philippe Chermoye (ou Sermoise), ce qui le force à quitter Paris en attendant les doubles lettres de rémission accordées, l'une à François de Montcorbier, maître ès arts, l'autre à « maître François des Loges, autrement dit Villon ».

1456. Vers Noël, ce fameux maître ès arts, donc professeur et non plus étudiant, perpètre, avec des complices, un vol par effraction, de cinq cents écus d'or, dans le collège de Navarre, mais, comme pour se créer un alibi, il compose à la même date son *Lai* – v. *Testaments* (*) – qui commence ainsi : « L'an quatre cent cinquante six, / Je, François Villon, escolier, / En ce temps que j'ai dit devait / Sur le Noël, morte saison / Me vint un vouloir de briser / La très amoureuse prison / Qui soûlait mon cœur débriser. » Façon d'annoncer qu'il quitte Paris dans les derniers jours de décembre 1456, début de quatre ans d'errances à travers la France. On le trouve d'abord à Angers, où il va se préparer un nouveau vol aux dépens d'un vieil oncle, à Bourges, Blois, où il est reçu chez Charles d'Orléans, le poète, et où il célèbre la naissance de Marie, la fille du duc. – 1461. L'été le trouve condamné, pour un méfait inconnu, dans les prisons de Thibaut d'Aussigny, évêque d'Orléans, à Meung-sur-Loire, patrie d'un autre poète de la seconde moitié du XIIIe siècle : Jean de Meung. Vers le 2 octobre, Louis XI y passant l'en délivre et il va chercher refuge à Moulins, chez le duc de Bourbon. Mais Paris exerce sur lui son attirance natale, et dans le premier trimestre de 1462, c'est là qu'il compose et met au point son *Testament* (*), où il enchâsse beaucoup des petites pièces antérieures : *Ballades* (*) ou rondeaux. *Le Débat du cœur et du corps* est écrit aux environs de Paris où il cherche refuge comme naguère, de nouveau, afin d'échapper à d'autres poursuites judiciaires. – 1462. Le 3 novembre, il se trouve encore en prison, cette fois au Châtelet, sous l'inculpation de vol. À la faculté de théologie qui déterre l'affaire du collège de Navarre, il signe une promesse de restitution de cent vingt écus d'or. Il sort de prison le 7 novembre. – 1463. Le voilà derechef attrait en justice à l'occasion d'une nouvelle rixe d'un soir, en la rue de la Parcheminerie, qui est celle des copistes et « stationnaires » (libraires), devant l'« escriptoire » de François Ferrebourg. « Le pauvre Villon » est comdamné par sentence du Châtelet à « être pendu et étranglé ». C'est alors qu'il compose le *Quatrain* et l'*Épitaphe* qu'on nomme parfois la *Ballade des pendus* (*). Il interjette appel et un arrêt du Parlement, en date du 5 janvier 1463 (nouveau style), annule le jugement, mais « eu égard à la mauvaise vie dudit Villon, bannit ce dernier, pour dix ans de la ville, prévôté et vicomté de Paris ». C'est à l'occasion de cette dernière sentence qu'il écrit la *Requête à la cour du Parlement,* pour demander un délai, et la Ballade : « Était-il lors temps de moi taire ? » Ensuite, on perd sa trace, à moins qu'il ne faille tenir pour authentique le témoignage de François Rabelais – *Quart Livre,* 67 (+) – faisant allusion à un séjour du poète en Angleterre, sous le règne d'Édouard IV, en Belgique (mention de l'usage de Bruxelles) et en Poitou « sur ses vieux jours », à Saint-Maixent, où le grand satirique situe, mi-plaisante, mi-triste, l'histoire de la jument du frère Tappecoue – *Quart Livre,* XIII.

LE CAS VILLON. Pour qui y réfléchit, il y a ici un problème, le cas Villon, dont on cherche en vain dans l'histoire littéraire de toutes les nations l'équivalent. On peut bien penser au Verlaine de *Mes prisons* ou à Rimbaud, à l'Oscar Wilde de la *Ballade de la geôle de Reading* (*), à un Francis Carco qui se plaît à écrire une *Vie de François Villon* et étudia avec dilection le « milieu » mais sans y recueillir pour autant de casier judiciaire, cependant les différences restent grandes et essentielles, entre un inculpé ou condamné d'occasion et un récidiviste impénitent du vol et peut-être du crime, que la misère seule n'explique pas et dont l'attirance se traduit par la constante fréquentation des escarpes. On serait tenté de douter de la sincérité des aveux (il existe une forfanterie du vice), mais ceux-ci se rapportent aux peines encourues et non aux méfaits, que les archives judiciaires attestent sans discussion possible, avec des précisions chronologiques et topographiques incontestables. Or, en presque toutes ces scandaleuses aventures, il n'est jamais seul, il est entouré de complices, comme Tabarie, qui « mangea le morceau », Regnier de Montigny, Colin de Cayeux, encore un universitaire dévoyé, affilié à la compagnie des malfaiteurs des Coquillards, dont le procès de Dijon, en 1455, révéla l'existence et le jargon argotique que Villon, ayant la curiosité aussi bien de l'argot que du « vieil françois », fit sien au point d'en rédiger des *Ballades* pour nous peu compréhensibles. Quant à Colin de Cayeux, l'« amboureux » (bourreau) lui rompit le « suc » (cou) ; son sort tragique fait appréhender le même à François Villon et lui dicte sa *Ballade,* son épitaphe, plus connue sous le nom de *Ballade des pendus.* Voilà les mauvais compagnons, mais il en est d'autres, qui appartiennent aux plus hautes sphères universitaires. Le Tout-Paris de la rive gauche et de la cité : Pierre de Brézé, grand sénéchal, Nicolas de Louviers, échevin, receveur des aides, Jean de Bailly, procureur au Parlement, Robert d'Estouteville, prévôt de Paris, à l'épouse duquel il dédie une ballade dont le refrain est : « Et c'est la fin pourquoi sommes ensemble » (*Testament,* 1385). Un notaire au Châtelet, maître Jehan Cotart, un prévôt des marchands comme Denis Hesselin, des grands commerçants, des changeurs du Pont au Change, le capitaine des archers, le maître juré des rôtisseurs, et que sais-je ? S'il les a connus dans les frasques de la jeunesse dorée, il est cependant resté en relation avec la plupart, qui le protègent, lui faisant obtenir ses « lettres de rémission » qui rompent l'extrême rigueur de la justice. Le duc de Bourbon, à Moulins, le duc d'Orléans, aussi bien que le cruel Louis XI, sont de connivence dans cette étonnante conspiration en faveur du « bon folâtre » et du « pauvre Villon ». Et les femmes ? Il en est de toutes vie et mœurs : la femme de Robert d'Estouteville et la Belle Heaulmière, dont une ballade transcrit les regrets et qui est la maîtresse de Nicolas d'Orgemont, archidiacre de Paris. Mais plus encore, il fréquente la grosse Margot : « En ce bourdeau où tenons notre état » (*Testament,* 1503), Marion d'Idole, la belle Gantière, Blanche la Savetière, Guillemette la Tapissière, la gente Saucissière, Jeanneton la Chaperonnière, Catherine la Boursine et la grande Jehanne de Bretagne.

Mais il y a surtout celles dont Villon fut vraiment amoureux et dont nous savons trop peu de chose, d'abord celle dont les rigueurs, à ce qu'affirme le début du *Lai* de 1456, le firent quitter Paris pour Angers. S'agit-il de celle qu'ailleurs il appellera Rose, « Ma demoiselle au nez tortu » (*Testament,* 939) ? C'est bien possible. Ou Catherine de Vaucelles (*ibid.,* 661), qui le fit « déshabiller et battre comme toile au ruisseau », ou Marthe ? Amoureux, il le fut (comment eût-il pu en être autrement ?), mais éconduit il le fut aussi, ce qui le fit s'appeler lui-même « l'amant remis [rejeté] et renié » (*ibid.,* 712). Quoi d'étonnant ? Il était petit, laid, on peut l'en croire, ce sont choses dont, généralement on ne se vante point : « sec et noir comme escouvillon [brosse] » (*Lais,* 316), rasé, tondu, surtout après sa prison de Meung, « comme un navet qu'on ret ou pêle » (*Testament,* 1897). Il devait donc être repoussé par les jeunes filles et femmes qui, sans exiger de l'homme la même beauté qui est leur privilège, le veulent cependant présentable. L'adoration, les mots dorés ne suffisent point, et pourtant comme il sait louer : « Corps féminin, qui tant est tendre / Poli, souef et précieux » (*ibid.,* 325-6). Elle s'étend même aux beautés du temps jadis, auxquelles il dédie le refrain mélancolique : « Mais où sont les neiges d'antan ? » (*ibid.,* 336). Beautés fugitives, dont, avant Ronsard, il a dit, dans ces vers ailés, la fragilité : « Un temps viendra qui fera dessécher / Jaunir, flétrir votre épanie fleur / Vieil je serai, vous, laide, sans couleur. » Par une de ces contradictions qui sont, comme nous le verrons, de son essence, il va jusqu'à louer ou, du moins, mentionner les charmes flétris et galvaudés de la grosse Margot, cette p... vers laquelle le dédain des prétendues honnêtes femmes le rejette (*ibid.*, 1600). Mais n'est-il pas davantage lui-même, quand il écrit pour le compte d'un autre, en un rondel (*ibid.*, 978-989) ce vers immortel : « Deux étions et n'avions qu'un cœur. » La contradiction foncière qu'on pourrait nommer aussi le conflit entre « le pauvre Villon » et le « bon folâtre », comme il s'est lui-même appelé, à l'occasion, il l'a exprimée avec une prenante éloquence dans un *Débat du corps et du cœur,* que l'on comprend mieux si on l'imprime, comme j'ai fait dans ma *Vie littéraire en France au Moyen Âge* (2e éd. 1953, p. 362-5) en faisant précéder les répliques par le nom des interlocuteurs en petites capitales, comme pour une scène théâtrale, et c'en est une que celle qui met aux prises le corps et le cœur du poète, dualité retrouvée plus tard par Musset, où le premier représente les mauvais instincts et l'indolence auxquels il s'abandonne, et le cœur, sa conscience, qui les lui reproche. Ainsi est exposé par lui-même le paradoxe Villon.

Villon s'inspire de deux muses : Melpomène et Thalie, de la tragédie et de la comédie, unissant le sens le plus exquis de la poésie : « Sur le Noël, morte saison, / Que les loups se vivent de vent / Et qu'on se tient en sa maison, / Pour le frimas, près du tison » (*Lais,* 10-13), à l'observation aiguë de la réalité, surtout des vices, tics et travers de ses contemporains, en commençant par lui-même. Elle est à l'origine de ces legs comiques, dont il a emprunté l'idée à son prédécesseur de la seconde moitié du XIVe siècle, Eustache Deschamps, qui constituaient le thème essentiel de son *Lai* de 1456 auquel il refuse le nom de petit Testament, et de son *Testament* de 1462, faisant des dons « post mortem » d'autant moins de valeur (comme la rognure de ses cheveux à son barbier) qu'ils vont à des gens fortunés qui n'en feront compte. Il y a là une prodigalité d'ironie et d'esprit éblouissante que nous n'apercevons pas toujours, faute de connaître assez la condition des personnes que ses legs doivent combler, mais que le lecteur contemporain reconnaissait, comme nous faisons, aujourd'hui, de ceux que blasonnent nos chansonniers. Souvent, cependant, le ton s'élève, atteignant une mélancolie délicieuse comme dans la ballade développant le thème de dissertation scolaire : *Ubi sunt... ?* dont le refrain est (*Testament,* 336) : « Mais où sont les neiges d'antan ? », ou encore dans l'évocation du cimetière des Innocents (à l'emplacement de la fontaine de Jean Goujon, près des Halles) où les fresques des Macchabées (de là notre mot argotique) représentent la Danse des Morts, plus tard reprise par Holbein. D'ailleurs, tout le XVe siècle où elle était, pour ainsi dire, bradée, comme on dit dans le Nord, où elle traînait le long des chemins de la guerre de Cent Ans, des villes assiégées, affamées et pestilentielles, est sous le signe de la mort. Mais aucun poète, ni Pierre de Nesson, en ses *Vigiles des morts,* ni Jehan Régnier, en ses *Fortunes et Aversitez* (*), n'en a donné une vision plus réaliste qui rappelle plutôt celle du peintre Gheraert David, dans le supplice des juges prévaricateurs (*ibid.*, 313-328). Contre elle, il n'y a ni recours ni remède. Si, il y en a, la foi dans le pardon suprême de Dieu bon et dans les destinées éternelles. Ce mauvais garçon est un grand croyant, tel qu'on pouvait l'être dans le « moyen âge énorme et délicat », que chantera son successeur, Verlaine, dans un poème de *Sagesse* (*). Foi des simples, qu'il fait exprimer par sa pauvre mère « ancienne » et illettrée dans la célèbre ballade qu'il fit pour elle, pour célébrer Notre-Dame, dont le refrain est (*ibid.*, 882) : « En cette foi je veuil vivre et mourir. » Foi de théologien, rompu aux exercices et disputes de l'École dont sa jeunesse s'est imprégnée et qui l'ont initié au mystère du dogme de la Trinité (*ibid.*, 833) : « Premier, je donne ma pauvre âme / À la benoite Trinité. » La doctrine augustinienne n'a pas de secrets pour lui et c'est un poème de la grâce que celui qu'on appelle improprement *La Ballade des pendus.*

Tort presque universel de la critique de s'attacher, avant tout, à la vie du poète, à son inspiration, à sa vision, à ses idées et à ses sentiments, et de négliger sa technique, qui est, pour lui, comme pour le peintre, l'essentiel, le reste n'étant souvent que l'occasion de les manifester. Ce métier, où l'avait-il appris ? Certes, point à la faculté des Arts (où arts veut dire sciences) où l'on n'entendait et pratiquait que la « verbocination latiale » c'est-à-dire le latin, souvent estropié. Plutôt par la lecture des bons auteurs auxquels lui donnait accès la « librairie » de ses amis haut placés, les d'Estouteville et les Cotart : auteurs de la seconde moitié du XIIIe siècle comme Jean de Meun, en sa continuation du *Roman de la Rose* (*), ou de la seconde moitié du XIVe siècle, comme Eustache Deschamps, auquel il emprunte l'idée des legs comiques et dont l'*Art de seconde rhétorique* lui a appris le secret de ces poèmes à forme fixe, rondel, rondeau, chant royal, lai, virelai et ballade, et de la première moitié du XVe : Alain Chartier, auteur de *La Dame sans merci* (*), sans parler de son contemporain, Charles d'Orléans, qui les pratiquait aussi. Puis il y avait l'éducation par l'oreille que lui donnait l'audition des « farces, jeux, moralités » (*ibid.*, 1705), des mystères auxquels il assistait à la Table de marbre des clercs du Palais, sans parler des harengères du Petit-Pont (*ibid.*, 1522) : « Il n'est bon bec que de Paris. » Mais c'est en lui-même qu'il trouvait le secret de la métaphore (ou comparaison abrégée) que toutes ces œuvres-là ne pouvaient lui apprendre. L'octosyllabe, instrument traditionnel du roman, du théâtre et de la poésie, depuis le XIIe siècle, et qui peut être facilement monotone en sa fluidité, il l'a doté d'une solidité et d'une harmonie nouvelles, sans pourtant avoir découvert ce secret, faveur réservée à ces maîtres prosodistes que sont les grands rhétoriqueurs, ses successeurs immédiats comme Molinet de Valenciennes : l'alternance des rimes masculines et féminines que Ronsard, lui, n'arrive à imposer qu'à partir de sa *Continuation des Amours* (1555-1556) — v. *Les Amours* (*). Conscient de ses limites, il se dérobe aussi bien qu'au large poème à l'alexandrin, que pratique parfois Charles d'Orléans, mais accepte souvent le décasyllabe, traditionnel, des chansons de geste, se servant toutefois de la quadrature synaléphée, comme diront pédantesquement les mêmes, c'est-à-dire éliminant la césure épique qui traite la quatrième syllabe comme une fin de vers et permet de la faire suivre d'une syllabe dite « muette » et qui, d'ailleurs, ne l'était pas. Avant tout, il est, et pour jamais, le maître de la ballade. Il y acquit une telle supériorité sur celle du *Livre des cent ballades* (de 1935) qu'il donne l'impression d'une aisance et d'une facilité qui sont, en fait, le comble de l'art. J'en dirai autant de sa langue, si simple et si naturelle, qui ne doit pas même (sauf quelques termes et formes verbales) être traduite à l'intention du lecteur d'aujourd'hui, mais ceci ne doit pas non plus nous donner le change. Il n'en était peut-être point ainsi pour ses contemporains des années 60 du XVe siècle, où sa langue devait avoir les couleurs crues de la toile ou du panneau de bois sortant de l'atelier. Toutefois, il a renié et dédaigné l'accompagnement musical traditionnellement imposé à notre poésie lyrique, et il est un des premiers — est-ce un bien, est-ce un mal ? — à avoir prononcé la séparation de la musique et de la poésie, celle-ci se contentant, désormais, de son harmonie propre. Son « farfadet » comporte quelque deux mille vers dont on peut encore éliminer un grand nombre qui ne nous intéressent pas, parce que les allusions personnelles ou historiques nous empêchent de les comprendre. Imprimé, il tient dans le creux de la main ; aussi ces deux mille vers valent leur pesant d'or et défieront toute insulte du temps.

GUSTAVE COHEN.

♦ *« Le reste des œuvres de notre Villon... est de tel artifice, tant plein de bonne doctrine et tellement peint de mille belles couleurs que le temps qui tout efface jusqu'ici n'a pu l'effacer. »* Clément Marot. ♦ *« Villon sut le premier, dans ces siècles grossiers / Débrouiller l'art confus de nos vieux romanciers. »* Boileau. ♦ *« Je ne veux que mettre en garde sur un point : c'est de ne pas prêter à Villon plus de mélancolie qu'il n'en a eu, ni une tristesse plus amère. Ne venons pas à prononcer à son sujet le nom de Bossuet, ni même celui de Byron. »* Sainte-Beuve. ♦ *« Voilà une poésie qui est la résonance d'une pauvre âme, battue d'outrageuses misères, et qui n'est que cela : et dans cette voix bouffonne ou plaintive, qui crie son vice ou son mal, passe parfois le cri de l'éternelle humanité : nous, honnêtes gens, paisibles bourgeois, ce louche rôdeur du XVe siècle parle de nous, parle pour nous, nous le sentons, c'est ce qui le fait grand. »* G. Lanson. ♦ *« Quand on a passé en revue tous ces témoignages, toutes ces preuves de l'admiration provoquée et de l'influence exercée depuis quatre siècles par le mince recueil de Villon, on est émerveillé de cette intensité de succès de "pauvre petit écolier" qui osait à peine souhaiter qu'il restât de lui quelque mémoire. »* G. Paris. ♦ *« Villon est le premier poète à la moderne : le premier où l'on reconnaisse l'âme du poète étonnant, tel que la France l'a conçu, tel que Paris l'a créé, tel qu'il est resté, et tel qu'il devait être depuis maître François... Les émotions de Villon sont violentes et profondes. Mais elles ne le privent pas de raison, si elles le privent de volonté. »* André Suarès.

RÉF. : Gaston Paris, *François Villon,* Paris, 1901. — Pierre Champion, *François Villon, sa vie et son temps,* Paris, 1913. — Fernand Desonay, *Villon,* Paris, 1933. — Italo Siciliano, *François Villon et les thèmes poétiques du M. A.,* Paris, 1934. — Louis Cons, *État présent des études sur Villon,* Paris, 1936. — Brunelli, *Villon : le rime, comment, et note,* s. l., 1953. — Armand Ziwès et Anne de Bercy, *Le Jargon de M. François Villon,* Paris, 1954. — Gustave Cohen, *Un poète vagabond : François Villon* in *Revue générale de Belgique,* février 1955. — P. Le Gentil, *Villon,* Paris, 1967. — P. Demarolle, *Villon, un testament ambigu,* Paris, 1973. — J. Dufournet, *Villon et sa fortune littéraire,* Paris, 1970 ; *Recherches sur le Testament de Villon,* 2 vol., Paris, 1971-1972 ; *Nouvelles Recherches sur Villon,* Paris, 1980 ; *François Villon, Poésies,* Paris, 1984. — Jean Favier, *François Villon,* Paris, 1982.

VILMORIN Louise Levêque de. Écrivain français. Née et morte à Verrières-le-Buisson (Essonne) : 4 avril 1902 - 26 décembre 1969. Issue de la célèbre famille des grainetiers, mais aussi, par sa mère et par son père, de deux familles illustres de la noblesse française, elle est également liée à Jeanne d'Arc par l'arrière-grande-tante de son ancêtre Philippe-Victoire de Vilmorin. Elle ne se destinait pas à la littérature, mais elle fréquenta, toute jeune, des hommes de lettres, par exemple Antoine de Saint-Exupéry. En 1934, poussée par André Malraux, elle publia un premier ouvrage, *Sainte-Unefois*, où elle montrait déjà les vertus d'une écriture à la fois mélancolique et sans lourdeur, et le tragique de situations et d'intrigues sentimentales difficiles, si ce n'est inextricables. Elle poursuivit dans cette voie, avec une très grande sûreté de style, fruit d'un patient travail. De ses autres romans, on peut dire qu'ils sont tous réussis, aussi bien dans la forme, toujours élégante, que dans le fond, insolite et souvent fantasque : *La Fin des Villavide* (1937), histoire d'un couple sans postérité qui fait d'un fauteuil son enfant et va jusqu'à le marier ; dans ce récit, Louise de Vilmorin réussit à dépasser la satire des milieux d'argent pour atteindre à l'expression du pathétique de deux personnages solitaires et déchirés. Dans un roman publié quelques années plus tard, *Le Lit à colonnes* (1941), on voit comment « un prisonnier devient l'instrument du destin ». Peu à peu, Louise de Vilmorin développe ses thèmes, celui du hasard qui n'en n'est jamais totalement un, de la réalité transformée par le bizarre, des destins qui se compliquent, des sentiments et des passions qui entrent dans des labyrinthes sans issue ; elle le fait toujours avec une sorte de logique, de grâce, de charme et souvent d'humour qui permettent de détourner le drame vers la tragi-comédie. Louise de Vilmorin donnera le meilleur de son œuvre dans *Julietta* (1951) : une jeune femme qui a raté son train s'installe, sur son invitation, dans la maison d'un homme et refuse de partir. L'équivoque de la situation, l'angoisse de l'homme, des situations souvent intolérables, tout cela se termine par la naissance de l'amour. De son côté, *Madame de* (*) (1951) exprime l'éphémère des amours perdues et oubliées à travers une sorte de ronde dans le monde des ambassades. D'autres romans suivront, où Louise de Vilmorin n'a rien perdu de son élégance et de son inspiration si particulière : *Les Belles Amours* (1954), *La Lettre dans un taxi* (1958), *Migraine* (1959), et *L'Heure Maliciose* (1967). Cette romancière qui avait le goût délicat et aérien de la musique, des fleurs et de la peinture a manifesté maintes fois son sens de la poésie en composant des sortes de chants, pétillants de grâce et de charme au milieu d'une mélancolie sans regret : *Fiançailles pour rire* (1939), *Le Sable du sablier* (1945), *L'Alphabet des aveux* (1954), *Solitude, ô mon éléphant* (posth., 1972) et un poème, « J'ai Vu », qui parut après sa mort, en 1970, dans un recueil préfacé par André Malraux, auprès duquel elle était morte. Celui-ci rendait ainsi hommage à un écrivain qui, plus encore qu'une romancière, avait été une musicienne accomplie du verbe.

JOËL SCHMIDT.

RÉF. : Jean Bothorel, *Louise ou la Vie de Louise de Vilmorin*, Paris, 1993.

VINCENT de Beauvais. Écrivain français d'expression latine. Né probablement à Beauvais entre 1184 et 1194. Il est à peu près certain qu'il mourut au couvent des dominicains de Beauvais en 1264. Il fit sans doute ses études au couvent des frères prêcheurs de Saint-Dominique, rue Saint-Jacques à Paris, et fut ensuite détaché au monastère fondé par son ordre, vers 1228, à Beauvais. Lorsque Saint Louis fonda l'abbaye de Royaumont, Vincent fut appelé à y être lecteur, mais il semble bien qu'il ne remplit jamais que les fonctions de lecteur particulier du roi qui venait très fréquemment se reposer dans la maison qu'il s'était réservée près de l'abbaye. Saint Louis fournissait aux dépenses entraînées par ses travaux littéraires, payait les copistes et les achats de livres ; Vincent de son côté fournissait la famille royale et la Cour en abrégés, en conseils et en leçons, et tenait en quelque sorte le rôle de bibliothécaire. Insatiable de lectures, il passa sa vie à réunir la somme des connaissances accessibles à son époque et donna avec *Le Grand Miroir* [*Speculum majus*] (*), connu aussi sous les titres de *Bibliotheca mundi* et de *Speculum triplex*, la véritable encyclopédie du XIIIe siècle. Qualifié de saint par ses contemporains à cause de son savoir, de sa piété, de ses vertus cénobitiques et de ses bonnes mœurs, Vincent jouit à partir de 1256 d'une célébrité qui ne devait pas se démentir durant plusieurs siècles. Il nous est parvenu plus de quatre-vingts manuscrits de son œuvre et une infinité d'abrégés et d'extraits. Parmi les œuvres nombreuses qui ont été attribuées à Vincent de Beauvais, on lui doit certainement : le *Livre de la pénitence*, le *Traité de la Sainte-Trinité*, l'*Explication de l'oraison dominicale et de la salutation angélique*, l'*Institution morale du prince*, le *Panégyrique de la Vierge Marie* et le *Traité de consolation*.

RÉF. : Daunou, *Vincent de Beauvais*, in *Histoire littéraire de la France*, tome XVIII, Paris, 1835. – J.-B. Bourgeat, *Études sur Vincent de Beauvais*, Paris, 1856. – E. Boutaric, *Examen des sources du Speculum historiale de Vincent de Beauvais*, Paris, 1863. – R. Friedrich, *Vincentius von Beauvais als Pädagog*, Leipzig, 1883. – L. Lieser, *Vincent von Beauvais als Kompilator und Philosoph*, Munich, 1928. – A. Steiner, *Vincent de Beauvais*, Boston, 1933. – P. Delahaye, *Un dictionnaire d'éthique attribué à Vincent de Beauvais*, Lille, 1951. – *La Pensée encyclopédique au Moyen Âge*, Neuchâtel, 1966, p. 77-86.

VINCENT de Lérins, saint. Cet écrivain latin chrétien de la Gaule est connu sous le nom du monastère de l'île de Lérins dans lequel il passa, comme moine et comme prêtre, la seconde partie de sa vie. Né dans la deuxième moitié du IVe siècle, mort vers 450, son souvenir est demeuré vivant dans l'histoire de l'Église et de la théologie catholique grâce à son *Commonitorium* (*). On a retrouvé, en 1940, un de ses écrits, des *Excerpta*. De ses autres écrits *Objections de Vincent* [*Objectiones Vincentianae*] ne subsiste plus aucune trace.

RÉF. : G. Bardy, *Dictionnaire de théologie catholique*, 15, p. 3045-3055.

VINCENT DE PAUL saint. Né à Pouy, près de Dax en 1581, mort à Paris en 1660. Fils de paysans, prêtre à 19 ans, enlevé par des pirates et captif à Tunis (1605-1607), aumônier de Marguerite de Valois (1610), aumônier des galères (1619), fondateur de compagnies religieuses, notamment des lazaristes, Vincent de Paul (canonisé en 1737) est une des grandes personnifications de la charité chrétienne au XVIIe siècle. La vigueur et la chaleur de son action se retrouvent dans ses écrits – voir *Œuvres* (*) de Vincent de Paul.

RÉF. : J.-F. Six, *Saint Vincent de Paul*, Paris, 1980. – A. Dodin, *L'Esprit vincentien*, Paris, 1981, et *La Légende et l'Histoire : de M. Depaul à saint Vincent de Paul*, Paris, 1985.

VINEA Ion (pseud. de Ion Iovanaki). Poète et romancier roumain. Né à Giurgiu (Valachie) le 30 avril 1895, mort à Bucarest le 7 juillet 1964. Il fait des études de droit à Bucarest et à Iaşi, et publie, dès 1912, avec Tristan Tzara et le peintre Marcel Iancou, la revue *Symbole* [*Simbol*], puis devient directeur de la revue d'avant-garde *Le Contemporain* (+). Le poète avait classé ses poèmes dans un ensemble manuscrit dont il a extrait, l'année de sa mort, un seul recueil, *L'Heure des fontaines* (*) (posthume, 1964). En vers classiques ou en vers blancs, sa poésie séduit par des images d'une tonalité discrète et subtile. Le romancier analyse des processus psychologiques greffés sur l'obsession sexuelle, sur la volupté dégradante ou sur l'amour cynique des adolescents. Ses romans sont : *Le Paradis des soupirs* [*Paradisul suspinelor,* 1930] et, publiés après sa mort, *Les Lunatiques* [*Lunatecii,* 1965] et *Venin de mai* (1971).

VINJE Aasmund Olavsson. Homme de lettres norvégien. Né le 6 avril 1818 à Vinje (Telemark), mort le 30 juillet 1870 à Gran (Oppland). Issu d'une très modeste famille rurale, il exerça d'abord les métiers les plus divers : berger, instituteur itinérant, bouilleur de cru ; puis, ayant passé son baccalauréat, entreprit des études de droit et devint avocat mais pour immédiatement revenir au journalisme dont il avait déjà tâté. Et sans doute la multiplication de ses expériences n'est-elle pas étrangère à ce qui est une de ses attitudes les plus caractéristiques dans l'existence, le refus des a priori : « La vérité n'est pas quelque chose de stable et de fixe, mais un processus, quelque chose qui évolue. Il n'y a que les gens grossiers pour prendre la vérité et la mettre dans la poche. » Cependant, cet homme, dans lequel on se plaît à voir la personnification de la Norvège en pleine mutation des années 1850 et 1860, devait embrasser une cause et s'y tenir, celle de la « langue du pays » (landsmaal) d'origine rurale qui, créée par Ivar Aasen au début des années 1850, allait devenir une des deux langues officielles de la Norvège. Vinje allait être le premier à utiliser cet instrument nouveau et à montrer toutes ses possibilités, principalement à travers le journal *Dølen* [*L'Habitant des vallées*] qu'il fit paraître entre 1858 et 1870. Héritier du romantisme, Vinje annonce aussi le réalisme. En témoigne spécialement son meilleur livre *Souvenirs de voyage de l'été 1860* (*).

ÉRIC EYDOUX.

VIOLLET-LE-DUC Eugène Emmanuel. Architecte et écrivain français. Né à Paris le 27 janvier 1814, mort à Lausanne le 17 septembre 1879. Fils du bibliothécaire du palais des Tuileries, il étudia l'architecture sous Achille Le Clère, se passionnant surtout pour l'architecture gothique. Ayant parcouru (1836-1837) à pied une partie de l'Italie, il en rapporta un grand nombre de croquis de monuments ; puis il visita également de nombreux sites de France, rassemblant une documentation qui lui valut d'être choisi, en 1840, pour restaurer l'église abbatiale de Vézelay et surveiller la restauration de la Sainte-Chapelle à Paris. Après avoir rénové un grand nombre d'autres édifices religieux, il fut appelé, en 1845, conjointement avec Lassus, pour restaurer Notre-Dame de Paris ; il dirigea également les travaux de réparation des cathédrales d'Amiens et de Laon, de l'église Saint-Denis, de l'enceinte fortifiée de Carcassonne, des châteaux de Pierrefonds et de Coucy, etc. Longtemps considéré comme une sorte d'oracle pour tout ce qui concernait l'art médiéval, il fut nommé en 1853 inspecteur général des services diocésains en France, poste qui lui donnait la haute main sur toutes les richesses diocésaines. Ne se contentant pas des travaux de restauration, Viollet-le-Duc élabora des théories personnelles sur l'art en général et l'architecture médiévale en particulier, publiant un grand nombre d'articles dans *Le Moniteur*, le *Journal des débats*, etc., ainsi que des monographies diverses : *Dictionnaire raisonné du mobilier français de l'époque carolingienne à la Renaissance* (1885), *Entretiens sur l'architecture* (1858-68), et, en collaboration avec F. Denis et Charnay, *Cités et ruines américaines...* (1863). En 1863, il fut nommé professeur d'histoire de l'art et d'esthétique à l'École des beaux-arts, mais il dut démissionner. Ses théories finirent par soulever des critiques véhémentes, qui tendaient à démontrer l'incapacité de Viollet-le-Duc de comprendre le symbolisme religieux. Bien en cour sous Louis-Philippe et sous Napoléon III, Viollet-le-Duc, après avoir joué un certain rôle dans la défense de Paris en 1870, devint résolument républicain dès les débuts de la IIIe République, se déclarant même athée, ce qui obligea les autorités diocésaines à se priver de ses services. Son œuvre la plus importante reste le *Dictionnaire raisonné de l'architecture française du XIe au XVe siècle* (*), dont les dix volumes virent le jour entre 1854 et 1868. En 1863, Viollet-le-Duc fut élu membre de l'Académie royale des beaux-arts de Belgique.

RÉF. : Claude Sauvageot, *Viollet-le-Duc et son œuvre dessinée*, Paris, 1880. — Paul Gout, *Viollet-le-Duc. Sa vie, son œuvre, sa doctrine*, Paris, 1914.

VIRGILE (Publius Vergilius Maro). Le plus célèbre des poètes latins. Né dans la cité de Mantoue aux environs de 70 av. J.-C. (des traditions qui n'apparaissent que deux siècles plus tard précisent une date, le 15 octobre 70, et un lieu, Andes, l'actuel village de Pietola), mort à Brindes le 21 septembre 19 av. J.-C. Nous ne savons rien de sa famille et de son milieu social. Le futur poète grandit pendant l'une des périodes les plus tourmentées de l'histoire romaine ; en 63, la conjuration de Catilina ; en 49, la guerre civile engagée entre

César et Pompée ; en 44, le meurtre de César ; en 43, celui de Cicéron et les luttes inexpiables entre le parti républicain (le Sénat) et les héritiers de César (Antoine et Octave qui sera plus tard l'empereur Auguste). Ces circonstances impriment dans l'âme de Virgile une horreur des discordes civiles, un amour de la paix instaurée dans l'ordre, qui marqueront toutes ses œuvres. On peut supposer que ses origines provinciales, en le mettant en contact avec la vie rurale et les spectacles de la nature, ont développé chez lui l'amour d'une humanité laborieuse et estimable, un sentiment de la vie universelle teinté de religiosité. Son premier recueil de vers paraît vers 37. Il est intitulé *Bucoliques* (*), d'un titre qu'il reprend à la tradition grecque de Théocrite et qui évoque les chansons des bouviers de la Sicile. Les dix pièces qui constituent ce recueil d'environ huit cents vers ne représentent sans doute qu'un choix opéré par le poète dans une production beaucoup plus ample, qui paraît s'être étendue sur sept ou huit ans, et dont rien d'autre ne nous a été conservé. Par ces *Bucoliques,* par les témoignages contemporains du poète Horace, Virgile nous apparaît alors engagé dans des liens d'amitié et des affaires : Cornelius Gallus qui sera préfet d'Égypte, Asinius Pollion, gouverneur de la Gaule Cisalpine. Mais dans ce milieu très raffiné, la littérature est à l'honneur, tout le monde compose des vers ; comme il arrive souvent dans les époques troublées où la poésie fournit une évasion, Virgile et ses amis se retrouvent avec bonheur sous les travestissements de la bergerie. Les « bergers » de Virgile sont donc à certains égards des créatures de pure fantaisie qui, au milieu des chèvres et des moutons, agitent des problèmes littéraires, se congratulent ou se querellent gentiment, chantent leurs amours pour des bergères, où l'on est parfois tenté de reconnaître aussi des femmes à la mode. On forcerait à peine en imaginant des charades ou des « fêtes galantes » organisées sous les ombrages de ces grands parcs qui ont toujours été à Rome l'orgueil de la noblesse et le théâtre des manifestations artistiques les plus subtiles. L'artifice de la mise en scène n'exclut d'ailleurs ni la délicatesse et la sincérité des sentiments, ni la précision, ici ou là, du réalisme. En deux de ces poèmes (I et IX), les bergers déplorent les calamités que les guerres civiles font peser sur les petites gens : exils, expropriations, en des termes si pathétiques que depuis l'Antiquité beaucoup de commentateurs veulent y voir une confidence sur des malheurs qui auraient personnellement atteint le poète, dépossédé de son domaine familial au bénéfice des vétérans que les généraux de guerres civiles veulent récompenser en terre italienne. Dans la IVe *Bucolique,* adressée à Pollion à l'occasion de son consulat, lors d'une accalmie dans les discordes civiles (paix de Brindes entre Octave et Antoine en octobre 40), Virgile s'enhardit à prophétiser le retour de temps plus heureux : cette félicité qu'il entrevoit, c'est essentiellement celle de la concorde restaurée mais — et c'est ici que les conventions du genre pastoral approfondissent et élargissent singulièrement l'horizon affectif du poème — ce sera aussi le retour à une innocence universelle, à l'âge des bergers, à l'âge d'or des origines ; un enfant (peut-être un fils d'Octavie, sœur d'Octave et femme d'Antoine) est mêlé à cette restauration que garantissent d'antiques prophéties et que déjà préparent silencieusement les influences astrales ; la ferveur de l'espérance humaine a rarement trouvé des accents plus pénétrants, animés de plus de foi, et l'on comprend assez qu'à d'innombrables générations chrétiennes le Christ seul ait paru assez grand pour être le héros de ce poème. D'autres pièces (II, VIII, X) déplorent les ravages de l'amour, représenté à la manière antique comme la passion qui aliène, égare, enferme dans la solitude. D'autres, en revanche, les plus belles peut-être (V et VII), exaltent la poésie comme la médiatrice universelle qui réconcilie l'homme et la nature. Les conventions de la mise en scène, la diversité des inspirations n'empêchent pas les *Bucoliques* de tenir à la terre ; le décor naturel y occupe une place considérable et jusque dans l'imagination, dans les propos, de ceux dont Virgile a voulu faire des bergers : ce ne sont ni la Sicile, ni l'Italie du Nord, ni exclusivement le décor des grands parcs suburbains ; les saisons y confondent leurs fleurs et leurs fruits ; mais tous les détails ont un accent de vérité, une prise sur l'imagination, supérieurs à ceux de la réalité même où ils sont empruntés : la vérité d'un bouquet artistement composé, plus vrai, plus pénétrant qu'une prairie d'herbes folles. L'unité du recueil est assurée, outre les traits généraux qui tiennent au genre pastoral, par des arrangements méticuleux qui, alternant pièces monologuées et pièces dialoguées, le font graviter circulairement autour d'un centre idéal en distribuant de façon symétrique celles que leur sujet semblerait rapprocher : I répond à IX, II à VIII, III à VII, IV à VI. On a même observé que les correspondances numériques lient les diverses pièces dans tout un faisceau d'égalités contrastées qui culminent dans un « chiffre philosophal » (666) et ses sous-multiples : ce secret de Virgile, comme on a dit, n'a peut-être pas une bien grande portée philosophique, il témoigne en tout cas d'un goût extrême pour les raffinements formels, et pour les meilleurs, ceux qui sont de pur luxe et que pourra sereinement ignorer le lecteur superficiel.

Quand nous retrouvons Virgile dix ans plus tard, à propos des *Géorgiques* (*) (publiées en 28), il vit en Campanie, dans la région de Naples ou de Nole, et il est devenu l'ami de ce Mécène, qui est alors le conseiller le plus écouté du jeune Octave, bientôt l'empereur Auguste. Depuis le 2 septembre 31, date de la bataille d'Actium et de la déroute définitive d'Antoine, la paix est revenue dans l'univers : ce n'est pas encore l'âge d'or, mais celui de la reconstruction. Il s'agit moins, d'ailleurs, d'une reconstruction économique que d'une reconstruction humaine ; il faut ramener les esprits vers les valeurs d'ordre, de travail, de fidélité, de stabilité qui ont été si affreusement bafouées pendant les trente dernières années et qui tendent à faire glisser toute la population italienne dans les avilissements d'une plèbe urbaine déracinée. Les *Géorgiques,* poème de la terre, affectent les apparences d'un poème didactique ; on ne méprisait pas alors ce genre littéraire, et c'était un moyen de se couvrir du manteau d'Hésiode, comme les *Bucoliques* s'étaient couvertes de celui de Théocrite. Mais l'objet du poème n'est pas de promouvoir ni de codifier des techniques de culture ; il est de rendre leur honneur aux gens qui vivent près de la terre, propriétaires petits ou grands, et aux vertus, aux dispositions d'âme, sans lesquelles il n'est guère possible de vivre cette vie : certains affinements de la sensibilité, l'ouverture à certaines perspectives philosophiques et religieuses n'y étant pas moins nécessaires que la connaissance de l'agronomie. Ce n'est pas à dire que, pour composer son poème, Virgile ait négligé de consulter les écrits des techniciens ; les rapprochements que nous pouvons faire entre son œuvre et le *De l'agriculture* (*) de son contemporain Varron témoignent de la solidité de sa documentation. Le poète a choisi pour son poème quatre centres d'intérêt : le blé et les saisons du laboureur (livre I), la vigne et l'olivier (livre II), l'élevage du bétail (livre III), le rucher (livre IV). Mais il s'est efforcé de donner un caractère différent à chacun de ses livres, si bien qu'en chacun, dépassant chaque fois l'objet avoué du livre, ce sont, sur l'ensemble de la vie rurale, des perspectives, des éclairages nouveaux qui apparaissent. Le livre I est dans la tonalité hésiodique : culte de l'effort, sagesse un peu terre à terre, décousu de la composition comme qui feuilletterait un vieil almanach ; çà et là, des notations extrêmement précises sur les floraisons, sur la construction de l'araire, et, pour finir, une admirable météorologie pratique. Le livre II exprime sur le mode lyrique l'admiration de l'homme des champs pour la fécondité des sols, l'initiative des plantes, l'incroyable diversité de leurs espèces (les crus de la vigne), la joie qu'il y a à en revêtir la terre. Au livre III, la peinture du monde animal, livré comme l'homme aux tyrannies de l'amour et de la mort, est traitée en des couleurs plus sombres ; Virgile rappelle ici Lucrèce et cette nature inexorable devant qui se confondent les vivants. Le livre IV est toute lumière et légèreté : c'est un autre aspect de la communication de l'homme aux mystères du monde animal : dans les abeilles se découvre visiblement à lui qu'en tout ce qui l'entoure il y a, comme en lui, esprit. Selon une technique de composition dont Lucrèce lui donnait l'exemple et qu'il reprendra dans l'*Énéide,* Virgile n'hésite pas à prendre parfois quelque distance vis-à-vis de son exposé ; il ne s'agit pas de hors-d'œuvre : c'est au contraire en ces passages que s'exprime le plus clairement l'esprit du livre ; c'est de ces passages que rayonne, pour l'interprétation, la plus grande lumière. Des *Bucoliques* aux *Géorgiques,* il est tentant de croire retrouver les marques d'un approfondissement humain ; les *Bucoliques* sont souvent pénétrantes, mais dans un genre un peu spécial. Les *Géorgiques* sont un poème de plein air, de nature, d'humanité : le poète sait renoncer aux conventions sans devenir banal ; il a assez d'étoffe pour rester un grand artiste et s'installer dans la totalité de la vie.

Même à ne pas tenir compte du prestige de l'épopée, les préoccupations civiques, nationales, qui ont toujours été si vives chez Virgile, suffiraient à expliquer que parvenu à la pleine possession et conscience de lui-même, il ait, sans doute dès l'achèvement des *Géorgiques,* songé à écrire un poème national. À lire les *Géorgiques* elles-mêmes et en particulier le début du livre III, on voit que Virgile avait songé d'abord à un poème centré sur le grand événement qu'il avait jadis appelé de ses vœux et dont il s'assurait désormais d'année en année qu'il était bien réel : le retour de la paix parmi les Romains, l'ordre revenu dans le monde sous la présidence d'Auguste. C'est bien cela, en définitive, qui reste le vrai sujet de l'*Énéide* (*), mais les habitudes de composition des Anciens, leur souci de s'insérer dans une tradition font que nous rencontrons ici une troisième fois ce que nous avons dû marquer déjà pour les *Bucoliques* et les *Géorgiques ;* ici encore Virgile se revêt du manteau d'un Ancien, Homère cette fois ; les apparences sont conformes, mais c'est pour faire tout autre chose. Dans le bric-à-brac de légendes qui s'étaient, au cours des siècles, constituées autour des origines de Rome, l'une, moins ancienne peut-être qu'on ne l'a cru, mais dont la provenance et l'occasion restent encore disputées, racontait qu'après la prise de Troie un prince de la famille royale, Énée, fut par les dieux conduit en Italie ; on avait, avant Virgile, imaginé des étapes à ce voyage ; une des plus célèbres le menait à Carthage auprès de la reine Didon ; une autre était fixée en Épire tout près des lieux où plus tard devait s'engager entre Octave et Antoine la décisive bataille d'Actium. En Italie, Énée avait consulté la Sibylle de Cumes, bénéficié de révélations surnaturelles sur l'avenir de son œuvre. Parvenu au Latium, il entrait en rapport avec le roi du pays ; diverses péripéties surgissaient encore, un conflit armé suscité par la jalousie de divinités contraires ; finalement, un accord était conclu, Énée s'unissait à la fille du roi et il était entendu que c'est de leurs descendants que naîtraient un jour Romulus et Rémus, les jumeaux fondateurs de Rome. On tient là, dans cette légende préexistante, tout le canevas de l'*Énéide.* Mais ce n'en est que le canevas. Entre plusieurs autres, Virgile paraît avoir retenu cette légende comme particulièrement apte à se charger des intentions et des symboles qui lui tiennent à cœur. La fondation de Rome par un héros troyen, venu d'Asie, porteur des bénédictions attachées à la ville de Priam, la sainte Troie comme disait Homère, illustre la vocation de Rome à réunir sous son autorité toute la terre ; plus particulièrement, l'enracinement des antiquités romaines dans les traditions les plus vénérables de la Grèce annule en le transcendant un antagonisme culturel qui avait longtemps déchiré la conscience des Romains. À partir du moment où Énée parvient en Italie, toute la seconde partie du poème est une étonnante peinture de l'Italie primitive, guerrière, pleine de jeunesse et d'avenir, mais barbare encore, avant que viennent l'adoucir et l'ennoblir les dieux d'Énée : Rome, creuset des civilisations, Rome tête de l'Italie. Le conflit qui, à sa grande douleur, oppose Énée aux Latins, la réconciliation terminale, les honneurs rendus par le poète aux combattants de l'un et l'autre camp sont une figuration transparente de guerres civiles dont Rome vient à peine de sortir. En descendant dans un détail plus menu, on reconnaît, dans l'épisode de Didon, le souvenir d'une autre reine africaine, c'est Cléopâtre qui détourna et perdit Antoine, ce dont les dieux gardèrent Énée. En passant par l'esprit de Virgile, tout dans cette légende, en soi un peu prosaïque, s'est chargé de significations : il n'est rien de la lointaine histoire d'Énée qui ne soit préfiguration, écho anticipé d'un épisode important du destin romain : ce ne sont pas seulement les prophéties qui, nombreuses, lient le passé mythique à l'histoire réalisée ; le plus souvent le poète s'en remet à la sagacité de son lecteur, et le lecteur d'aujourd'hui, que ne soutiennent pas toujours de suffisantes connaissances, risque de ne voir dans le texte que la moindre partie de ce que le poète a su faire entendre à ses contemporains. Plus que tout, on peut penser que c'est la figure d'Énée, déjà mieux qu'esquissée dans l'*Iliade* (*), qui a retenu l'attention et décidé le choix de Virgile. Énée n'est pas un héros épique à la mode d'Homère : trop moderne, a-t-on dit, pour les aventures où il se trouve engagé. Mais c'est un héros selon la sensibilité du temps et peut-être, oserons-nous dire, selon le cœur de Virgile : pieux, attentif, réfléchi, compatissant ; Virgile a espéré pouvoir faire de la littérature avec de bons sentiments, avec des sentiments vrais, et faire de l'épopée autre chose qu'un guignol sublime. Il s'est attaché aussi à décrire l'évolution d'une psychologie qui part des humiliations et des doutes d'une catastrophe initiale (la chute de Troie) pour s'affirmer progressivement, se déprendre des tentations rencontrées (Didon), s'élever à la hauteur où l'appelle le destin. Grande nouveauté à une époque où l'on croyait que le héros épique devait être tout d'une pièce. Les dieux tiennent dans le progrès des événements une place considérable ; il ne faut pas voir là une mythologie de convention, des figurants d'opéra : il est absurde d'attribuer à un homme du Ier siècle, et quelque admiration qu'on ait pour lui, le type de vie religieuse dont se fût honoré un universitaire éclairé du XIXe siècle. Dans une civilisation où un culte, où des traditions polythéistes forment l'imagination et l'affectivité des hommes, la pensée religieuse, même chez les plus philosophes, qu'il s'agisse des platoniciens, des épicuriens ou des stoïciens, s'accommode spontanément d'une multiplicité d'êtres surnaturels, dieux, « démons », génies, dont les vouloirs et les initiatives contrariés pèsent sur l'histoire. L'*Énéide* perd la moitié de sa substance si l'on ne comprend pas que le dénouement, en même temps qu'il est paix parmi les hommes, est aussi paix parmi les dieux, préparée par la piété des hommes et gage de toute félicité pour l'avenir romain. L'unité d'une œuvre aussi complexe que l'*Énéide* est chose fragile qui tend à se défaire quand on n'arrive plus à l'entendre exactement comme faisaient les contemporains.

Nous ne savons ni quand Virgile est mort, ni en quelles circonstances. Selon une tradition qui remonte au moins à Pline l'Ancien (mort en 79 ap. J.-C.), le poète au moment d'achever l'*Énéide* aurait entrepris le voyage de Grèce pour mettre au point sur place certaines de ses descriptions. Frappé d'une insolation à Mégare, il serait, en hâte, revenu en Italie, mais pour y mourir sitôt débarqué à Brindes, le 21 septembre 19 av. J.-C. Ses dernières volontés auraient été pour prescrire la destruction de son *Énéide* inachevée, presque achevée certes, mais sans ces ultimes perfections qui sont tout pour l'artiste. Puis la volonté d'Auguste se serait interposée et l'*Énéide* aurait été publiée par des amis du poète. Il est, en effet, vraisemblable que notre texte actuel de l'*Énéide* ait subi à date très ancienne une série de petites interpolations de détails dont portent témoignage au cours du poème une soixantaine de vers incomplets. Traces d'une publication posthume ou origine de légendes relatives à une telle publication ? Au début du IIe siècle de notre ère, on attribuait encore à Virgile divers petits poèmes : *Le Héron blanc, Le Moustique, L'Ailloli, La Cabaretière,* et un recueil d'épigrammes, *Le Catalepton.* Plusieurs philosophes y voient aujourd'hui des œuvres de jeunesse du poète. D'autres leur dénient toute authenticité virgilienne.

JACQUES PERRET.

♦ *« Les muses amies de la campagne ont donné à Virgile le charme et la tendresse. »* Horace. ♦ *« Il a bien mérité du genre humain. »* Sénèque. ♦ *« Tu es mon maître et mon père : à toi seul je dois le beau style qui m'a honoré... »* Dante. ♦ *« J'estime Virgile plus excellent et plus rond, plus serré et plus parfait que tous les autres. »* Ronsard. ♦ *« Si je pense exprimer un auteur sans défaut, / La raison dit Virgile... »* Boileau. ♦ *« Quand Virgile est grand, il est lui-même : s'il bronche quelquefois, c'est lorsqu'il se plie à suivre la marche d'un autre. »* Voltaire. ♦ *« Quand on lit l'*Énéide*, on sent que cet ouvrage est fait par un régent de collège qui n'a jamais rien fait. »* Napoléon. ♦ *« Virgile est l'ami du solitaire,* *le compagnon des heures secrètes de la vie... Les tableaux de Virgile ne sont pas bornés à de certaines perspectives de la vie ; ils représentent toute la nature : ce sont les profondeurs des forêts, l'aspect des montagnes, les rivages de la mer, où des femmes exilées regardent, en pleurant, l'immensité des flots... »* Chateaubriand. ♦ *« Poète dont le désir et les artifices se développent ; homme des champs, mais homme menacé d'expropriation, quasi ruiné par les exactions de la soldatesque victorieuse, réduit à s'adresser aux puissances du jour et de se ménager des protecteurs, telle est la triple condition de l'auteur des* Bucoliques. *»* Paul Valéry. ♦ *« C'est le plus grand génie que l'humanité ait produit, inspiré d'un souffle vraiment divin, le prophète de Rome... »* Paul Claudel.

RÉF. : Sainte-Beuve, *Étude sur Virgile,* Paris, 3e édit. 1878. – Richard Heinze, *Virgils epische Technik,* 3e éd. 1915, rééd. 1976, Darmstadt. – A. Bellesort, *Virgile, son œuvre et son temps,* Paris, 1920. – R. Billiard, *L'Agriculture dans l'Antiquité d'après les* Géorgiques *de Virgile,* Paris, 1928. – J. Carcopino, *Virgile et le mystère de la IVe Églogue,* Paris, 1930. – A. M. Guillemin, *Virgile, poète artiste et penseur,* Paris, 1951. – J. Perret, *Virgile, l'homme et l'œuvre,* Paris, 1952. – P. Renucci, *L'Aventure de l'humanisme européen au Moyen Âge* et *Dante disciple et juge du monde gréco-latin,* Paris, 1953-54. – Pierre Grimal, *Virgile ou la seconde naissance de Rome,* Paris, 1985.

VIŚĀKHADATTA ou VIŚĀKHADEVA. Écrivain indien. De l'auteur du drame *Mudrārākṣasa* (*), nous ne savons que ce que lui-même nous dit dans le prologue de cette œuvre : qu'il était le fils de Bhāskaradatta et neveu de Sāmanta Vatevarsádatta. Viśakhadatta vécut probablement à Pātaliputra, aujourd'hui Patna, peut-être au VIIIe siècle.

VITAL Hayim. Cabaliste et mystique d'origine italienne. Né à Safed en 1542 et mort à Damas en 1620. Écrivain prolifique, on lui doit entre autres la version principale de la doctrine de son maître Isaac Louria, consignée dans *L'Arbre de vie* (*). Mais il fut d'abord le disciple du cabaliste Moïse Cordovéro. Il passa deux ans à l'étude de l'alchimie puis reçut l'ordination de rabbin à Jérusalem, et il exerça cette fonction dans cette ville puis à Damas. Il souffrait d'une maladie nerveuse qui lui imposait périodiquement des états dépressifs qu'il expliquait par la haute origine de son âme affectée par sa descente dans l'abîme de la matière. Il mêle dans ses œuvres personnelles – parmi lesquelles *Les Portes de la sainteté* (*) occupent une place à part – la cabale théosophique des sefirot et la cabale extatique et prophétique d'Abraham Aboulafia. On lui doit l'une des rares autobiographies que des mystiques juifs aient laissées, le *Livre des visions* [*Sefer ha-Hezionot*], dans lequel il inclut surtout des récits et des témoignages de sa grandeur mais aussi la relation de ses rêves. Un volume de sermons sur des sujets esotériques et de cabale populaire a été préservé en manuscrit. Il est aussi l'auteur d'un *Livre d'astronomie* [*Sefer ha-Tekhouna*]. Il écrivit un commentaire du *Zohar* (*) et un commentaire sur *La Bible,* qu'il intégra dans son grand ouvrage, *L'Arbre de la connaissance* [*'Ets ha-da'at*], mais ce qu'il nomme le « sens littéral » et le « sens allusif » dans cet ouvrage est en fait le sens ésotérique de la cabale classique. On lui doit aussi un traité de morale, *Le Cœur de David* [*Lev David*].

CHARLES MOPSIK.

VITRAC Roger. Écrivain et dramaturge français. Né à Puisac (Lot) le 17 novembre 1899, mort à Paris le 22 janvier 1952. Il vint à Paris, en 1910, avec son père, et entra au lycée Buffon où il fit ses études secondaires et commença à s'intéresser passionnément à la poésie et au théâtre, lisant Lautréamont et Alfred Jarry. Après une année d'études de médecine, il partit faire son service militaire, en 1920, et eut la chance de rencontrer à l'armée Marcel Arland, René Crevel, Georges Limbour et André Dhôtel, avec lesquels il fonda le groupe et la revue *Aventure*. En 1922, il participa à la manifestation Dada de Saint-Julien-le-Pauvre et se lia avec André Breton, qui le considérait comme l'un des plus doués de ses amis. En 1923, André Masson lui fit rencontrer Antonin Artaud, et il prit part, aux côtés d'Aragon, Breton et Morise, au fameux « voyage magique ». Il se rallia au surréalisme dès sa fondation et collabora aux premiers numéros de *La Révolution surréaliste* (*), mais fut exclu du groupe vers la fin de 1926. Ses œuvres théâtrales de cette époque, de courtes pièces comme *Mademoiselle Piège et Poison* (« drame sans paroles »), sont inédites. En 1927, il fit paraître deux recueils poétiques parmi les plus significatifs de cette période : *Cruautés de la nuit* et *Connaissance de la mort* (*), et fonda, avec Artaud et Robert Aron, le théâtre Alfred-Jarry, qui débuta par une représentation au théâtre de Grenelle de *Ventre brûlé ou la Mère folle*, d'Artaud. En 1928, le théâtre Alfred-Jarry donna à la Comédie des Champs-Élysées *Victor ou les Enfants au pouvoir* (*), qui est le chef-d'œuvre de Vitrac et probablement de tout le théâtre surréaliste. Il compose ensuite *Les Mystères de l'amour* (*) et *Le Peintre*, sketch-farce représenté chez Lise Deharme en 1930. À partir de 1931, il collabore à *Comœdia* et à *L'Intransigeant*, et, bien que sa santé soit bien altérée, il continue à écrire des pièces pour rechercher un succès que ne lui apporteront ni *Le Coup de Trafalgar* (*) (1934), dont la valeur n'est découverte que plus tard, ni *Le Camelot* (1936), ni *Les Demoiselles du large* (1938), ni *Le Loup-Garou* (1939), ni enfin *Le Sabre de mon père* (1951). Il se lie d'amitié avec Jean Anouilh tout au long de ces années. Vitrac fut aussi, dans un but alimentaire, l'auteur de quelques dialogues de films. Il réunit, peu de temps avant sa mort, un certain nombre de ses poèmes sous le titre *Dés-lyre* (*).

♦ *« Roger Vitrac pratique une merveilleuse chirurgie vitale. Il connaît vraiment la répartition de l'esprit.*

Il en élucide l'activité occulte et illogique avec le bonheur d'un théorème de la raison. Décalage des sentiments, des sensations, des actes avec leur signification générale, humaine, leur magie vitale. En même temps qu'il remonte l'esprit, il en fait vibrer la substance. Ce qu'il écrit a un caractère de révélation. Ce n'est pas le moyen, c'est l'acte élucidé, et de telle sorte que l'acte, en même temps qu'il s'explique, se détache de la confusion des phénomènes, de la virtualité des possibles, et vit. » Antonin Artaud.

RÉF. : H. Béhar, *Roger Vitrac, un réprouvé du surréalisme*, Paris, 1966. – *R. Vitrac, théâtre ouvert sur le rêve*, Paris, 1981. – M. Antle, *Théâtre et poésie surréalistes, Vitrac et la scène virtuelle*, Birmingham, Alabama, 1988.

VITRUVE (Marcus Vitruvius Pollio). Architecte latin. Il vécut au temps de César et d'Auguste (Ier s. av. J.-C.). On ignore les dates et lieux de sa naissance et de sa mort, mais il est certain que sa vie fut longue et active. Sous César, il fut soldat en Gaule, en Espagne, en Grèce ; ensuite il enseigna à Rome, en théorie et en pratique, l'architecture. Dans le domaine de la technique, on lui doit l'invention du module quinaire dans la construction des aqueducs. Vitruve inventa aussi des machines de guerre et construisit beaucoup de monuments, mais les traces de son existence, comme celles de ses travaux, ont été entièrement effacées par le temps ; il n'en subsiste une que dans la petite ville de Fano qui lui devait une célèbre basilique et un arc de triomphe pour Auguste, qui existe encore, quoique remanié. Le nom du grand architecte demeure, de nos jours, attaché à son « traité », les *Dix Livres d'architecture* (*).

RÉF. : L. Sontheimer, *Vitruvius*, Tübingen, 1908. – A. Choisy, *Vitruve*, Paris, 1909. – H. Koch, *Von Nachleben des Vitruv*, Baden-Baden, 1951. – A. Novara, *Les Raisons d'écrire de Vitruve...*, Paris, 1983.

VITTORINI Elio. Romancier italien. Né le 25 juillet 1908 à Syracuse, mort à Milan le 12 février 1966. D'origines modestes – le père est cheminot –, il entreprend des études techniques, qu'il ne tarde pas à abandonner et, en Vénétie où il suit les siens, Elio Vittorini travaille temporairement comme assistant sur un chantier de constructions. Établi à Florence à partir de 1927, il y demeurera pendant une dizaine d'années. Il y entre en contact avec le jeune groupe littéraire de la revue *Solaria* d'Alberto Carocci, dont le rôle dans l'entre-deux-guerres est capital ; dans le refus net de toute adhésion au fascisme et une opposition culturelle précise, elle est le laboratoire de la poésie que l'on appellera « hermétique » (Montale) et d'une problématique nouvelle dans le roman (Moravia, Pavese, Gadda). C'est là que se révèle la vocation de Vittorini (ainsi que celle de son futur beau-frère, Salvatore Quasimodo) ; vocation double, à la fois de créateur littéraire et d'animateur éditorial – et celle-ci, comme on le dira, est importante car, dans les vingt dernières années de sa vie, elle prendra le pas sur la création. Toutefois, c'est l'écrivain qui se fait connaître le premier, vers la fin de sa période florentine, par la publication en fragments successifs dans la revue *Letteratura* (qui a succédé à *Solaria*) de sa *Conversation en Sicile* (*) (1938-1939), qui réussit d'abord à échapper à l'attention de la censure fasciste, mais sera inexorablement interdite lors de sa parution en volume (1941). À Milan, à partir de 1940, Vittorini va jouer un rôle de premier plan dans la résistance des partisans – *Les Hommes et les Autres* (*) (1945) en apporteront un témoignage poignant. Membre du parti communiste italien, il deviendra temporairement après la Libération le directeur de *L'Unità,* tout en assumant avec Cesare Pavese la direction littéraire des éditions Einaudi à Turin. Par la suite, sans renier son engagement, il prendra une position politique en retrait (polémique avec Togliatti), en lançant sa revue *Politecnico,* dont l'influence sera profonde, et en se consacrant de plus en plus à ses activités éditoriales (création, avec Italo Calvino, de la collection *Menabo'* (ou « maquette »), qui a révélé nombre de jeunes auteurs de qualité). Sa production romanesque est pratiquement tarie à partir de la fin des années 40. En tant que traducteur, il sied de rappeler les auteurs qu'il a pratiqués – Faulkner, Steinbeck et Caldwell – en raison de l'influence que ces romanciers américains ont pu avoir dans la formation de sa personnalité littéraire, et plus spécialement sur son style et son sens de la composition.

L'œuvre de Vittorini n'est pas abondante, quantitativement, et d'une certaine manière disproportionnée au rôle qu'il tient, historiquement, dans l'évolution des lettres italiennes. On peut l'articuler en trois périodes distinctes : d'abord les livres de jeunesse – « romans (ou récits) de formation », pour utiliser la désignation allemande –, *Les Petits Bourgeois* (*) (1931), *L'Œillet rouge* (*) (1934), et, à la suite d'un voyage en Sardaigne, *Chez les Morlaques* [*Nei Morlacchi,* 1936] : on peut en retenir l'esprit vaguement polémique et sentimental. Vient ensuite la période qui se situe en quelque sorte à la veille du combat : la *Conversation en Sicile* (*) (1938-1939), et, écrit pendant les mêmes années, le roman *Érica* (*), que suivront, après la chute du fascisme, *Les Hommes et les Autres* (*) (1945), *Le Simplon fait un clin d'œil au Fréjus* (*) (1947), et *Les Femmes de Messine* (*) (1949). À partir de ce moment l'écrivain, entièrement absorbé, ou presque, par son action éditoriale, ne se manifeste plus que de loin en loin ; par le récit un peu décevant de *La Garibaldienne* [*La Garibaldina,* 1956] et du *Journal en public* (*) (1957), enfin par l'*Histoire de Renato Guttuso* [*Storia di Renato Guttuso,* 1960], qui est celle du célèbre peintre communiste. Deux textes posthumes ont paru : *Les Deux Tensions* [*Le Due tensioni,* 1968] et *Les Villes du monde* [*Le città del mondo,* 1969].

Ainsi que le montre cette énumération,

Vittorini n'est pas l'écrivain d'une création régulière et nourrie ; il n'est inspiré que par l'événement, et l'événement auquel il prend part. Bien que leurs personnalités soient très éloignées, on peut rapprocher son cas de celui d'André Malraux semblablement animé par l'événement vécu (ou intensément imaginé), et, par ailleurs « disponible ». Du reste, il y aurait un parallèle singulier à établir entre deux livres comme *L'Espoir* (*) et *Les Hommes et les Autres* — même ferveur dans l'action et le dialogue, même articulation du souffle épique. Et, pour les deux écrivains, la question peut se poser de l'influence exercée par les Américains découverts et popularisés pendant les années 30... Dans le cas de Vittorini toutefois, et dans le contexte des lettres italiennes contemporaines, deux éléments contribuent à donner à l'œuvre un caractère exemplaire : sa responsabilité spécifique dans l'orientation qui se dessine sous le nom de « néo-réalisme », et d'autre part l'engagement dont il se fait l'apôtre dès ses débuts.

Qu'était-ce donc, pour les lettres, que ce néo-réalisme, popularisé vers la même époque par son homologue cinématographique (Zavattini, De Sica, Rossellini) ? Une optique nouvelle, bien sûr, face à la misère du prolétariat, notamment sous l'ère fasciste et en même temps, une réaction contre un romanesque usé et conventionnel, dans une prise de conscience du réel ; plus précisément encore, un acte formel dont une affirmation de langage, l'affranchissement définitif des carcans professoraux et grandiloquents hérités de Carducci et de D'Annunzio, le retour à la langue parlée des grands siècles et, aussi, à l'authenticité des patois sous-tendant l'idiome national. Avec *Érica* et *Conversation en Sicile,* puis *Les Hommes et les Autres* (comme, parallèlement, avec les premiers récits de Cesare Pavese), c'est une petite révolution qui s'accomplit, contemporaine de celle qui se produisait en France avec l'œuvre de L.-F. Céline.

Écrivain profondément « engagé » donc, et conscient, d'une manière quelque peu ostentatoire, de cet engagement (on pense à l'action en France, vers la même époque, d'un Aragon...), Vittorini sera amené, avec le temps, à en marquer lui-même les limites ; « Un écrivain, qu'il le veuille ou non, est toujours, dans les lignes de son œuvre, socialement et politiquement engagé [...] Toutefois, point continuellement, point chaque fois que le coq chante. J'irai jusqu'à recommander qu'il ne le fasse que dans l'urgence. Il arrive autrement que l'écrivain s'en fasse un plaisir, un habit, une gageure, qui réduisent, peuvent même neutraliser tout à fait une sensibilité historique et idéologique. »

Il reste que, bien que peu abondante, bien que précocement épuisée, l'œuvre de Vittorini demeure exemplaire, par ce qu'elle a à la fois de frémissant et d'achevé ; on n'oubliera pas la « mythologie de la faim et du froid » (D. Fernandez) d'*Érica,* l'interrogation polémique de *Conversation en Sicile,* l'âpreté des combats de rues dans *Les Hommes et les Autres,* et surtout, dans *Le Simplon,* peut-être son chef-d'œuvre, la stature monumentale du vieil ouvrier des tunnels épiques...

NINO FRANK.

♦ *« La grandeur de Vittorini est d'avoir débarrassé "l'homme" de ses expressions fausses, gratuites ou frivoles, pour lui rendre sa dignité métaphysique absolue. »* Dominique Fernandez. ♦ *« Parti d'une exigence globale de renouvellement, Vittorini finit par aboutir, au niveau de l'art, à cette autre exigence aristocratique d'isolement et d'expérimentation qui révèle, chez lui, le disciple de* Solaria *qu'il avait été à l'origine. »* A. Asor Rosa. ♦ *« Caractéristique fondamentale de son œuvre : l'oscillation entre réalisme et allusion, dans une alternance continuelle entre un diagnostic précis et une dénonciation* "généralisante" *des maux de l'homme "dans l'abstrait". »* Leonardo Sciascia.

RÉF. : — R. Crovi, *Vittorini,* Milan 1968. — S. Briosi, *Vittorini,* Florence, 1970. — S. Pautasso, *Vittorini,* Milan, 1977.

VIVALDI Antonio. Compositeur italien. Né à Venise le 4 mars 1678, mort le 25 ou 26 juillet 1741 à Vienne. Il reçut le premier enseignement musical de son père, Giovanni Battista, violoniste réputé et membre de la Chapelle du doge de Saint-Marc à partir de 1685. Vivaldi fut ordonné prêtre le 23 mars 1703. En septembre de cette même année, il figure déjà comme « maître de violon » sur les registres comptables du séminaire musical de l'hôpital de la Pitié. Il continue à y figurer, de manière ininterrompue, jusqu'en 1718, sous le titre également de « maître des concerts » ou de « maître de chœur ». Connu sous le nom de « prêtre roux » à cause de la couleur de sa chevelure, il dut bientôt cesser de dire la messe en raison d'une maladie de poitrine, qui l'empêchera pratiquement de marcher pendant toute sa vie. Ayant dû abandonner la vie religieuse active, il se consacra entièrement à la musique. Malgré le continuel accroissement de sa renommée de violoniste et de maître de chapelle, nous ne trouvons pas trace d'œuvre éditée de lui jusqu'en 1709, quand paraissent les douze *Sonates* pour violon et basse, op. 2, chez Antonio Bortoli, à Venise. Ce recueil sera réédité, aux environs de 1712-13, par Roger d'Amsterdam, en même temps que l'op. 1 — douze *Sonates de chambre à trois* [*Suonate da camera a tre*] — dont manque toute trace de première édition, que l'on peut considérer comme contemporaine de celle de l'op. 2, ou antérieure de peu. Toutefois, les dates d'édition ne disent pas grand-chose sur l'époque effective de composition des ouvrages, l'usage étant alors de réunir des travaux écrits à diverses périodes. Comme, cependant, deux *Concertos* (*) nous sont parvenus avec la date de 1712, l'un « fait pour la solennité de la Sainte-Langue de saint Antoine de Padoue », et l'autre « pour la solennité de Saint-Laurent » dans cette même ville, quelques biographies en ont conclu à un séjour de Vivaldi à Padoue. Un fait est certain, c'est qu'en 1713 les administrateurs de la « Pietà » lui accordent un mois de congé pour lui permettre « l'emploi de son activité de musicien » hors de Venise. C'est le premier document sur une longue série de voyages qui le porteront à travers l'Italie et l'Europe. À 1712 remonte probablement l'édition de la première grande œuvre que Vivaldi ait publiée, *L'Estro armonico*, op. 3 : douze concertos en deux livres. Ici apparaissent encore les formes du « concerto grosso » avec l'alternance du « concertino » ou groupe d'instruments principaux et du « ripieno » ou orchestre, ainsi que la structure quadripartite en laquelle alternent deux mouvements lents et rapides, mais la vivacité et la fantaisie de l'invention dépassent tous les cadres et témoignent d'une tendance résolue vers une conception individualiste, et donc de soliste, du « concerto ».

La révolution opérée par Vivaldi en ce domaine se précise dans les douze concertos de l'op. 4, eux aussi en deux livres, intitulés *L'Extravagance* [*La stravaganza*], édités aux environs de 1712-13. Désormais est définitivement adoptée, sauf exception isolée, la structure en trois mouvements ; l'écriture est notablement plus rapide et allégée, presque exclusivement homophonique (il ne sera pas rare que Vivaldi en arrive, dans ce qui est presque toujours le centre de sa composition, à savoir le mouvement lent, à isoler le soliste, lui laissant le seul soutien de la basse continue) ; la modulation devient un élément dynamique et expressif, à la fois impulsion au développement du processus créatif et source de variété d'émotions et de nouveauté d'inventions. Il n'est pas étonnant que des œuvres de ce genre aient paru aux contemporains « sauvages et irrégulières », précisément par la continuité et la nouveauté irrésistibles de la création, qui, aujourd'hui, nous apparaissent comme leur qualité fondamentale. En 1713 se place aussi le début de la production théâtrale de Vivaldi, avec *Othon à la campagne* [*Ottone in Villa*], qui fut joué à Vicence. Vinrent ensuite *Roland feignant la folie* [*Orlando finto pazzo*, Venise, 1714], *Néron* (+) (1715), *Le Couronnement de Darius* [*L'Incoronazione di Dario*] et *Arsilda, reine du Pont* [*Arsilda regina di Ponto*, 1716], l'oratorio *Juditha Triumphans* (*), donné à la « Pietà » en 1716, et *Armide au camp d'Égypte* [*Armida al campo d'Egitto*, 1718]. Les dates et les lieux des premières représentations des œuvres théâtrales de Vivaldi constituent une excellente source pour suivre les déplacements de l'auteur, car il avait coutume de s'occuper personnellement de leur mise en scène, assumant, outre les fonctions de chef d'orchestre, un véritable rôle d'imprésario. Il y eut, dans sa troupe, des cantatrices fameuses, parmi lesquelles Anna Giraud, dont l'amitié lui fut un soutien pendant presque toute sa vie.

Ces mêmes années, où il séjourna presque en permanence à Venise, paraissent (probablement en 1716-17) les opus 5, 6 et 7, le premier comprenant six *Sonates*, le second six *Concertos* à cinq, et le troisième douze autres *Concertos* à cinq (en deux livres). De l'année 1717 doit être daté un *Concerto en fa majeur* pour violon solo, deux hautbois, deux cors, basson, quatuor à cordes et basse continue, qui fut exécuté par le meilleur élève de Vivaldi, Pisendel, à la demande du prince-électeur de Saxe, et qui est conservé de nos jours à la Landesbibliothek de Dresde. De 1718 à 1722, le nom de Vivaldi manque sur les registres de la « Pietà ». Les dates et lieux des premières représentations de ses ouvrages de théâtre nous le montrent en tournée à travers l'Italie : pour *La Candance* à Mantoue, au carnaval de 1720, de nouveau à Venise, à l'automne, pour *La Vérité à l'épreuve* [*La verità in cimento*], de là à Vicence pour *Les Tromperies par vengeance* [*Gli inganni per vendetta*]. À l'automne de 1721, il joue *Silvia* à Milan, au carnaval de 1723 ; à Rome, *Hercule sur le Thermodon* [*Ercole sul Termodonte*] ; l'année suivante, il est de nouveau à Rome pour *Il Giustino*, et son succès est tel que le pape Innocent XIII lui-même, qui connaissait déjà Arcangelo Corelli, demande à l'entendre et le comble de louanges. Le fait qu'à partir de 1720 le nom de Vivaldi soit accompagné aussi de titre « maître de chapelle de chambre » du prince Philippe de Hesse-Darmstadt fait raisonnablement supposer qu'il faut rattacher à cette période le séjour de trois ans à Mantoue (où ce prince exerçait l'autorité de gouverneur), dont Vivaldi lui-même parle dans une lettre de 1737 au marquis Bentivoglio. Pendant l'été de 1723, son nom réapparaît sur les registres de la « Pietà » et y demeure, avec des intermittences, jusqu'en 1725. Cette année-là est édité l'op. 8, *Il cimento dell'armonia e dell'invenzione*, composé de douze concertos, parmi lesquels la série des *Quatre Saisons* (*). Ici aussi, nous nous trouvons devant un recueil de compositions antérieures : dans la dédicace, il y a un rappel particulier, par Vivaldi lui-même, de l'énorme succès obtenu par les quatre concertos des *Saisons* ; d'autre part, on considère que les quatre sonnets descriptifs, probablement de la main du musicien lui-même, furent ajoutés, après la composition, à l'occasion de l'édition gravée. Entre l'automne de 1725 et celui de 1726, il fait jouer au théâtre Sant'Angelo de Venise cinq œuvres : *La Tromperie triomphante en amour* [*L'inganno trionfante in amore*], *Cunegonda, La Foi trahie et vengée* [*La fede tradita e vendicata*], *Pharnace* [*Farnace*] et *Dorilla dans la vallée de Tempé* [*Dorilla in Tempe*]. Pendant le carnaval de 1727, nous le trouvons à Florence, où il fait jouer *Hypermnestre* [*Ipermnestra*], en mai à Reggio Emilia pour *Siroès roi de Perse* [*Siroe re di Persia*], sur un livret de Métastase, en automne de nouveau à Venise pour le *Roland furieux* [*Orlando furioso*]. Là, il dirige aussi un concert dans les fêtes données à l'occasion de la naissance des princesses royales françaises ; c'est vraisemblablement à cette occasion ou à une autre de ce genre qu'il faut rapporter la sérénade intitulée *La Seine en fête* [*La Senna festeggiante*], qui a éveillé chez quelques critiques l'idée d'un séjour non précisé de Vivaldi à Paris.

En 1728, il se rendit très probablement à Vienne pour présenter à l'empereur Charles VI, à qui il l'avait dédié, l'op. 9, intitulé *Le Bouclier* [*La cetra*]. En tout cas, il eut une rencontre avec l'empereur cette année-là à Trieste, et fut de sa part l'objet de manifestations de haute estime, ainsi qu'en témoigne l'abbé Conti. Dans *La cetra*, qui est aussi un ensemble de douze concertos en deux livres, également édité à Amsterdam, il fait usage de colorations particulièrement vives et variées, et montre une extraordinaire richesse d'invention, qui abolit tout cadre préétabli et résout la structure tripartite elle-même du concerto de soliste dans le flot unitaire d'un discours tout de mobilité et de surprises, riche de détours et de découvertes. En 1729 fut représentée à Florence *Athénaïs* [*Atenaide*]. À la fin de 1729 et au commencement de 1730 sont publiés, toujours à Amsterdam, trois autres recueils d'œuvres instrumentales : l'opus 10 (six *Concertos* pour flûte traversière), 11 (six *Concertos* pour violon) et 12 (six autres *Concertos* pour violon), où l'affirmation de la conception de soliste du concerto apparaît définie, et du point de vue de la structure et du point de vue logique, pendant que l'art de Vivalvi y confirme le haut degré de maturité qu'il a maintenant atteint dans l'expression. En 1731, on constate qu'il est absent de Venise : *La Haine vaincue par la constance* [*Odio vinto dalla costanza*], remaniement de *La Constance triomphante* [*La costanza trionfante*] de 1716, est en effet montée par Antonio Galeazzi. Le 6 janvier 1732, Vivaldi est à Vérone pour y faire jouer *La Nymphe fidèle* [*La fida ninfa*] à l'occasion de l'inauguration du Théâtre philharmonique. De la même année date *Sémiramis* (+). De nouveau à Venise, c'est le tour, à l'automne de 1733, de *Montezuma*, et, pendant le carnaval de 1734, de l'*Olympiade* (+), sur un livret de Métastase, et qui est considérée comme le chef-d'œuvre de Vivaldi en matière d'opéra. En 1735, Vivaldi reprend son service à la « Pietà » comme « maître des concerts » ; les registres spécifient qu'il exercera ces fonctions « sans l'idée de partir désormais comme il l'avait fait les années passées ». Ce qui ne veut pas dire qu'il renoncera à son activité hors de Venise, mais seulement que ses absences seront moins fréquentes et moins prolongées. C'est du printemps de cette même année que date la rencontre de Vivaldi et de Goldoni, qui avait entrepris de remanier le livret de *Griselda* de Zeno, et qui la rapporte en termes d'une expression si heureuse et si vive dans ses *Mémoires*. À Vérone sont représentés *Tamerlano* en 1735 et *Caton à Utique* (+), troisième et dernière œuvre de Vivaldi sur un livret de Métastase, en 1737. En janvier 1738, il est, à Amsterdam, hôte d'honneur à la célébration du centenaire du théâtre de cette ville, et il y dirige l'exécution d'une œuvre de lui, un *Concerto grosso* à dix instruments, mentionné, avec d'autres d'auteur inconnu, dans l'opuscule célébrant l'événement. De la même année datent *Rosmira* et *L'Oracle en Messénie* [*L'Oracolo in Messenia*] ; de 1739, *Phéraspe* [*Feraspe*], la dernière œuvre dramatique de Vivaldi ; et, de cette année aussi probablement, l'« églogue de pêcheur » [egloga pescatoria], *Il Mopso*, chantée « par les jeunes filles de l'hôpital religieux de la Pitié à Venise » en présence du prince-électeur de Bavière.

Entre-temps, la réputation de Vivaldi s'étant répandue dans toute l'Europe, d'autres éditeurs s'étaient mis sur les rangs pour s'assurer la publication de ses œuvres ; avec un privilège du 17 avril 1737 paraît, à Paris, l'opus 13, intitulé *Le Berger fidèle* [*Il pastor fido*], composé de six *Sonates* « pour la musette, vielle, flûte, hautbois, violon, avec la basse continue », qui conservent encore la structure de la suite de danses, adoptée précédemment dans les opus 1, 2 et 5 ; plus tardive est l'édition, annoncée en décembre 1740, mais sur la base de privilèges déjà accordés en 1737, des six *Sonates* « pour violoncelle solo avec basse continue » qui constituent l'opus 14. À part le curieux recueil de l'opus 13, les *Sonates* de Vivaldi se tiennent strictement dans le cadre déterminé par Corelli et ne révèlent pas la même originalité que les *Concertos*. Ses œuvres vocales offrent plus d'intérêt et de vitalité, celles de théâtre encore plus que celles de caractère sacré (un *Kyrie*, trois *Gloria*, un *Credo*, deux *Salve Regina*, un *Stabat Mater*, un *Beatus Vir*, un *Lauda Jerusalem*, un *Laudate pueri* et deux *oratorios*, sans compter de nombreuses œuvres de moindre portée). Mais le nom de Vivaldi est indissolublement lié à sa production de concertos et œuvres symphoniques (comptant respectivement quatre cent quarante-sept et vingt-trois numéros). Celle-ci eut une importance déterminante dans le développement historique qui conduisit à l'affirmation du style symphonique. En 1739, Vivaldi était encore à Venise, ainsi qu'en témoigne sa rencontre avec le président de Brosses ; en 1740, aussi : il dirigea en effet, le 21 mars, à la « Pietà », un concert en l'honneur du prince royal de Pologne et électeur de Saxe, Frédéric-Christian, où furent exécutés trois *Concertos* et une *Symphonie* [*Sinfonia*], aujourd'hui conservés sous le titre *Concertos pour nombreux instruments* [*Concerti con molti istromenti*] et avec l'indication « Venise en l'an 1740 » [Venezia nell'anno 1740] à la Landesbibliothek de Dresde ; parmi eux se trouve le fameux *Concerto avec l'écho au loin* [*Concerto con l'eco in lontano*]. Nous ne possédons aucune autre information sur Vivaldi après le 27 avril 1740, date à laquelle il était encore à Venise ; nous connaissons seulement par les registres de la paroisse Saint-Étienne de Vienne la date de son enterrement, qui eut lieu le 28 juillet 1741. Il était mort deux ou trois jours avant, dans la maison d'un certain Satler, située près de la Kärntnerthor, et – car il était excessivement prodigue – dans un état de pauvreté extrême, si bien que ses restes furent ensevelis dans la fosse commune du « Bürgerspital ». Ses *Lettres et Dédicaces* [*Lettres e dediche*] furent rassemblées par Olga Rudge et publiées à Sienne en 1942.

CARLO MARINELLI.

♦ *« J'ai trouvé, à mon grand étonnement, qu'il n'est pas aussi estimé qu'il le mérite en ce pays-ci* [l'Italie] *où tout est de mode ... et où la musique de l'année précédente n'est plus de recette. »* De Brosses. ♦ *« Cet ecclésiastique, excellent joueur de violon et compositeur médiocre... »* Goldoni. ♦ *« Initiateur de J. S. Bach, vulgarisateur, on pourrait dire inventeur, non seulement d'une forme à laquelle l'*Estro armonico *a fourni ses premiers chefs-d'œuvre, mais de tout un style instrumental nouveau, précurseur dans la symphonie et – on s'en avise maintenant – compositeur d'une musique dramatique et d'une musique sacrée imposantes par la qualité non moins que par le volume, Vivaldi n'a cessé, même au temps où son nom était le plus complètement oublié, de contribuer puissamment au progrès de la technique. Mais on lui rendra grâce, par-dessus tout, d'avoir été, de la façon la plus directe, un créateur, un poète. »* M. Pincherle.

RÉF. : A. Salvadori, *Antonio Vivaldi, il prete rosso*, Venise, 1922. – *Antonio Vivaldi, note e documenti sulla vita et sulle opere* (publiés par l'Académie Chigi à Sienne), Rome, 1939. – S. A. Luciani, *Antonio Vivaldi*, Rome, 1939. – M. Pincherle, *Antonio Vivaldi et la musique instrumentale* (2 vol.), Paris, 1948. – G. Gerrini, *Vivaldi*, Florence, 1951. – Cl. Baignères, *Vivaldi*, Paris, 1955. – M. Marnat, *Vivaldi*, Paris, 1965. – R. de Candé, *Vivaldi*, Paris, 1967. – M. Talbot, *Vivaldi*, Londres, 1978. – E. Cross, *The Late Operas of Antonio Vivaldi, 1727-1738*, Ann Arbor, 1980. – M.-T. Bouquet-Boyer, *Vivaldi et le concerto*, Paris, 1985. – N. Bridgman, *La Musique à Venise*, Paris, 1985. – P. Ryom, *Répertoire des œuvres d'Antonio Vivaldi*, Copenhague, 1987.

VIVANT DENON (pseud. de Dominique Vivant de Non). Écrivain français. Né à Chalon-sur-Saône le 4 janvier 1747, mort à Paris le 2 avril 1825. Issu de la petite noblesse, le baron Dominique de Non adoptera pendant la Révolution le patronyme d'apparence roturière, sous lequel il est connu aujourd'hui en tant qu'artiste et écrivain. La chance, le charme, l'intelligence, le courage, et, sans aucun doute, un sens remarquable des relations sociales expliquent la triple carrière artistique, diplomatique et littéraire de ce séduisant personnage. Excellent dessinateur, il vient à Paris en 1769 pour y être graveur. Son esprit et ses belles manières, ses succès auprès des femmes lui ouvrent rapidement le chemin de Versailles. Il obtient de Louis XV la direction du Cabinet des Médailles créé pour la marquise de Pompadour. Il entre à l'Académie royale de peinture en 1787. Entre-temps, des missions diplomatiques l'ont conduit à Saint-Pétersbourg en 1774, en Suisse en 1775, ce qui lui permet de séjourner chez Voltaire, et à Naples en 1777, où il assiste à une éruption du Vésuve et s'intéresse aux fouilles de Pompéi. Il en rapporte un *Voyage pittoresque de Naples et de Sicile,* qui n'est pas son premier ouvrage littéraire. En 1769, il a donné à la Comédie-Française une pièce, *Julie ou le Bon Père,* qui est tombée lamentablement, et en 1777, sous les initiales impénétrables « M.D.G.O.D.R. », un chef-d'œuvre de la nouvelle libertine au XVIIIe siècle, *Point de lendemain* (*). Convaincu d'avoir déniché une rareté, Balzac insère ce texte, en l'attribuant à Dorat, dans sa *Physiologie du mariage* (*), en 1830. La Révolution de 1789 trouve Vivant Denon en Suisse, d'où il revient courageusement. Grâce à l'amitié de David, il est rayé de la liste des immigrés, obtient des commandes de la Convention, et de Robespierre le titre de « graveur national », ce qui le met à l'abri de la Terreur. En 1797, il fréquente le salon de Joséphine de Beauharnais, y attire l'attention de Bonaparte, qui lui permet de participer à l'expédition d'Égypte. En 1802, il publie, avec un grand succès, son *Voyage dans la Basse et la Haute-Égypte pendant les campagnes du général Bonaparte,* en deux volumes in-folio richement illustrés de ses propres dessins, que l'on peut considérer comme l'ouvrage fondateur de l'égyptologie en France. Nommé directeur des Musées nationaux, il accomplit au Louvre un remarquable travail d'organisation et de conservation. Il suit même les armées napoléoniennes en campagne, pour choisir avec un discernement remarquable, dans les villes occupées, les œuvres d'art qui orneront son musée. C'est pourquoi, maintenu dans son poste par Louis XVIII, il préfère, en 1815, démissionner plutôt que d'accepter, après Waterloo, la restitution de ces chefs-d'œuvre aux Alliés. Il achève sa vie au milieu de ses collections personnelles, rédigeant une *Histoire de l'art depuis les temps les plus reculés jusqu'au commencement du XIXe siècle.*

CATHERINE BONFILS.

VIVEKANANDA (pseud. de Narendranath Dutta). Maître spirituel bengali. Né à Calcutta en 1863, mort à Belur, près de Calcutta, en 1902. Narendranath Dutta est né dans une famille aristocratique de la caste kshatrya : son père, avocat à la Haute Cour de justice, affichait son dédain pour toute convention religieuse, tandis que sa mère était passionnée par l'histoire mystique de l'Inde. La crise d'adolescence coïncide pour le jeune Naren avec la lecture des philosophes du XIXe siècle. Insatisfait à la fois d'une raison universelle abstraite et d'une mystique dont il rejette les manifestations spectaculaires, il se rend auprès de Keshub Chandra Sen. Ce dernier, successeur et rival de Devendranath

Tagore (le père du poète Rabindranath Tagore) à la tête du Brāhmasamaj, mouvement fondé en 1826 pour l'adoration universelle d'un dieu unique, était aussi un ami de Ramakrishna. Malgré des premières rencontres assez réticentes, Ramakrishna et Narendranath « se reconnurent ». À la mort de son père en 1884, ce dernier rejoignit l'ashram de Ramakrishna et se fit sannyasin (« renonçant »). Il restait à Ramakrishna deux ans à vivre : il accueillit aussitôt le disciple comme son futur successeur. À la mort du maître, les talents d'organisateur et d'orateur de Narendranath firent merveille. En 1892 il prend son nom de Vivekananda (qui signifie « la joie par le discernement ») à l'occasion d'une tournée mondiale de quatre ans. Le grand public des États-Unis et de la vieille Europe découvre l'hindouisme, tandis que l'Inde découvre et glorifie en lui son missionnaire : il crée un véritable ordre monastique qu'il double de la « Ramakrishna Mission » qui diffuse partout la pensée du maître. Après une dernière tournée à l'étranger il meurt du diabète, à 39 ans, laissant une œuvre de conférences, de souvenirs et de commentaires dont on retiendra surtout le recueil intitulé *Entretiens et Causeries* (*).

JEAN PIE LAPIERRE.

VIVES Juan Luis. Humaniste et philosophe espagnol d'expression latine. Né à Valence le 6 mars 1492, mort à Bruges le 6 mai 1540. À dix-sept ans, en 1509, on trouve Vives à Paris, centre de la Renaissance ; dès lors, sa vie ne fut qu'un continuel déplacement dans le nord de l'Europe ; il déploya en même temps les activités les plus diverses, parmi lesquelles celle de professeur à l'université de Louvain où il se lia avec Érasme, et la période pendant laquelle il fut le précepteur de la princesse Marie d'Angleterre, fille d'Henri VIII, et professeur au Corpus Christi d'Oxford. L'atmosphère internationale dans laquelle se déroula l'existence de Vives exerça une influence profonde sur sa pensée et sur son œuvre. Ayant débuté comme brillant humaniste — ainsi dans son commentaire ou « songe » sur *Le Songe de Scipion* (*) de Cicéron —, de Louvain, le 13 février 1519, il lança son pamphlet *Contre les pseudo-dialecticiens* [*Adversus pseudodialecticos*] contre les philosophes décadents de la Sorbonne, raillant le bas niveau où était tombée la science des universités européennes, par la faute du « nominalisme ». Cependant, la critique de Vives, typiquement celle d'un partisan de la Renaissance, ne fut pas simplement négative ; elle fut suivie d'autres ouvrages constructifs, tels que *De l'instruction* (*) (1531) et *Des arts* (+) [*De artibus,* 1531]. À la demande d'Érasme, Vives s'occupa de la révision de *La Cité de Dieu* (*) de saint Augustin, en rétablissant le texte et en écrivant un commentaire qui parut à Bâle en 1522. À la mort de Nebrija, l'université d'Alcalá offrit à Vives la chaire vacante, mais le philosophe ne put l'accepter. Les ennuis de Vives s'accentuèrent à la mort prématurée du pape Adrien VI, son ami, dont il aurait certainement pu obtenir une aide quelconque. Les choses se modifièrent lorsqu'il fut appelé à la cour d'Angleterre comme précepteur de la princesse Marie : il fut également le lecteur de la reine Catherine d'Aragon, femme d'Henri VIII ; en outre, comme nous l'avons déjà dit, il enseigna à Oxford. Le 26 mai 1524, à Bruges, Vives épousa Marguerite Valldaura, qui avait été son élève. En 1527, il tomba en disgrâce auprès d'Henri VIII pour ne pas l'avoir soutenu dans son dessein de divorcer ; il perdit ainsi la pension royale. Arrêté, il dut quitter l'Angleterre définitivement. Tous ces événements expliquent l'évolution psychologique de Vives, son croissant attachement à la foi catholique, et le caractère de ses œuvres à partir de cette époque. En avril 1523, il terminait *L'Institution de la femme chrétienne* (*), dédiée à la reine Catherine ; en 1529, il en publiait le complément dans *Des devoirs d'un mari* [*De officio mariti*], qu'il dédia à don Juan Borja, troisième duc de Gandia et père de saint François Borja. Pour l'éducation de la princesse Marie, en 1523, il rédigea *De la raison des études enfantines* [*De ratione studii puerilis*] et, en 1524, *La Garde de l'âme* [*Satellitium animae*]. C'est à Louvain, en 1524, qu'il donna l'*Introduction à la sagesse* [*Introductio ad sapientiam*], suivie en 1526 du : *Des conflits européens et de la guerre turque* [*De dissidiis Europea et bello Turco*], motivé par la Réforme protestante en pleine activité, et de cette même année : *Les Conditions de vie des chrétiens sous l'oppression turque* [*De conditione vitae christianorum sub Turca*]. Les quatre volumes *De la concorde et de la discorde dans la race humaine* [*De concordia et discordia in humano genere*] sont dédiés, en date du 1er juillet 1529, à l'empereur Charles Quint : la même année, Vives donne *De la pacification* [*De pacificatione*], court ouvrage qui contient toutes ses idées sages et fécondes sur la paix, et dont le dédicataire est Alfonso Manrique, archevêque de Séville. Parmi les œuvres de caractère social de Vives, il ne faut pas oublier son magnifique traité *De la subvention des pauvres* [*De subventione pauperum*], dédié au bourgmestre du sénat de Bruges le 6 janvier 1526, ouvrage qui eut une grande influence à cette époque. Enfin, arrivé à sa pleine maturité, Vives écrivit celle que beaucoup considèrent comme sa meilleure œuvre, *L'Âme et la Vie* (*), composée à Bruxelles en 1538. Atteint de la goutte depuis 1533, il fut finalement contraint à l'immobilité, mais cela n'arrêta pas sa plume. Après la mort de sa femme, il rassembla ses derniers papiers, ceux du traité *De la vérité de la foi chrétienne* [*De veritate fidei christianae*], que son disciple Granevelt fit éditer en 1543, dédiant l'œuvre au pape Paul III, croyant interpréter ainsi les sentiments de son maître disparu. Tout l'ouvrage est consacré à la louange et à la défense de la foi catholique et constitue, en quelque sorte, le testament spirituel de ce savant humaniste de renommée universelle qui mérita à juste titre le nom de « christianisateur de la Renaissance ». Rappelons en outre de lui les *Exercices de langue latine* [*Exercitatio linguae latinae*], *Veritas fucata, sive licentia poetica,* et *De l'éducation libérale des adolescents et des jeunes filles* [*De ingenuarum adolescentium acpuellarum institutione*].

JUAN ROIG GIRONELLA.

♦ *« Vives est l'écrivain qui résume et personnifie le plus fidèlement les idées et le savoir accumulés par la Renaissance. »* Menéndez y Pelayo.

RÉF. : Paquot, *Mémoires pour servir à l'histoire littéraire des Pays-Bas,* Louvain, 1763-1770. — A. J. Namèche, *Mémoire sur la vie et les écrits de Jean Louis Vives,* Bruxelles, 1841. — A. Lange, *Luis Vives,* Madrid, 1894. — O. Burger, *Erasmus von Rotterdam und der Spanier Vives,* Munich, 1914. — F. Watson, *Luis Vives, el gran Valenciano,* Oxford, 1922. — M. Valentini, *Erasmo y Luis Vives,* Buenos Aires, 1934. — R. Sarmiento, *Juan Luis Vives,* Barcelone, 1940 ; *Vives, humaniste espagnol,* Paris, 1941.

VIVIEN Renée (pseud. de Pauline Mary Tarn). Femme de lettres d'expression française. Née à Londres de père anglais et de mère américaine, le 8 juin 1877, morte le 18 novembre 1909 à Paris. Après avoir passé son enfance entre l'Angleterre et le continent et fait, jeune fille, des voyages en Grèce et aux Indes, elle vécut presque constamment en France. À partir de 1901, sous son pseudonyme qui resta quelque temps mystérieux, elle commença à publier des volumes de vers, *Études et Préludes* (+) (1901), *Cendres et Poussières* (+) (1902), *Évocations* (1903), et des poèmes en prose, *Brumes de fjords* (+) (1902), *Du vert au violet* (+) (1903). Cependant, aux effets d'un tempérament nordique s'allie, chez Renée Vivien, le culte sensuel de la Grèce et avant tout de Sappho dont elle a traduit les œuvres, très librement, en 1903, ainsi que celles des autres poètes de Lesbos (*Les Kitharèdes,* 1904). Menant une vie élégante, toujours entourée de fleurs aux senteurs fortes, organisant chez elle des dîners de femmes, où vint en particulier Colette, Renée Vivien a vécu dans le souvenir d'une amie morte à Nice et semble bien s'être elle-même laissée mourir de faim, par désespoir sentimental. À ses premières *Poésies* (*), d'une langueur voluptueuse et morbide, d'un « baudelairisme profond, central, générateur », les recueils suivants : *À l'heure des mains jointes* (1906), *Les Flambeaux éteints* (1907), et surtout *Dans un coin de violettes* (+), *Le Vent des vaisseaux* (+), *Haillons* (+), œuvres posthumes parues en 1910, ajoutent une touche de mélancolie de plus en plus sincèrement religieuse. En 1917 furent publiés les *Vagabondages* (+).

RÉF. : Charles Maurras, *Le Romantisme féminin,* Paris, 1926. — Y.-G. Le Dantec, *Renée Vivien, femme damnée, femme sauvée,* Aix-en-Provence, 1930. — J. P. Goujon, *Tes blessures sont plus douces que leurs caresses. Vie de Renée Vivien,* Paris, 1986.

VIVIER Robert. Écrivain belge d'expression française. Né à Chênée le 16 mai 1894, mort à La Celle-Saint-Cloud en 1989. Docteur en philologie romane, professeur à l'université de Liège et à la Sorbonne, auteur d'un maître livre sur *L'Originalité de Baudelaire* (+) (1927) et de divers travaux dont le très beau *Et la poésie fut langage* (*) (1954), ainsi que de traductions poétiques pour le recueil desquelles il a écrit de remarquables propos sur le métier de traducteur. Poète, il est l'auteur de *Déchirures* (+) (1927), *Au bord du temps* (+) (1936), *Le Miracle enfermé* (1939) et *Tracé par l'oubli* (1951) où s'affirme une poésie fraternelle, mais intellectuellement raffinée et nourrie de culture classique. Ce qui est particulièrement sensible dans *Chronos rêve* (1958), où des traditions millénaires sont repensées et comme actualisées par un homme d'aujourd'hui, mais aussi dans *Un cri du hasard* (1956), *Dans le secret du temps* (1972) ou *S'étonner d'être* (1978). On rattachera à cette œuvre poétique les proses méditées du *Calendrier du distrait* (1961) et *À quoi l'on pense* (1965). Romancier, Robert Vivier a transposé dans *Non* (+) (1931) un épisode guerrier de sa jeunesse, cependant que *Folle qui s'ennuie* (+) (1933) est une tranche de vie populiste vue avec les yeux du cœur et *Mesures pour rien* (1946) le récit d'une formation qui pourrait être la sienne. Il excelle aussi dans le récit court, ainsi qu'en témoignent *Écumes de la mer* (1959), *Cahier perdu* (1962) et *Avec les hommes* (1963).

RÉF. : R. Foulon, *Robert Vivier,* Bruxelles, 1974.

VLADIMIR II VSEVOLODOVITCH, dit Vladimir II Monomaque. Grand-prince de Moscou, qui régna sur l'État kiévien. Né à Kiev en 1053, mort sur les bords de la rivière Alta, près de Péréjaslav le 19 mai 1125. Du vivant de son père, Vsevolod Jaroslavitch, il fut prince de Smolensk et annexa Tchernigov. Lorsque mourut Vsevolod, il laissa le trône de Kiev à son cousin Svjatopolk, et l'occupa de nouveau à la mort de ce dernier (1113). Il se distingua en maintes occasions par sa résistance aux envahisseurs polonais. Mais ce qui caractérise surtout son règne, ce sont ses pacifiques initiatives pour favoriser l'unification du royaume. Quelques-unes de ses réalisations font partie intégrante de la *Vérité russe* [*Russkaja pravda*], recueil général des lois russes. Quant à ses idées, elles nous sont parvenues dans une sorte de testament spirituel, *Enseignement de Vladimir Monomaque à ses fils* (*). Ce recueil de préceptes moraux et religieux et de remarques psychologiques offre, du point de vue documentaire, le plus grand intérêt. Vladimir y est appelé « prince excellent et pieux ». Son titre de Monomaque lui serait venu de ses aïeux maternels, descendants de

Constantin Monomaque, empereur de Byzance.

VODNIK Anton. Poète slovène. Né près de Ljubljana le 28 mai 1901, mort à Ljubljana le 2 octobre 1965. Après des études de lettres à Ljubljana, il s'occupe d'édition tout en s'imposant comme poète. Il est l'un des représentants les plus éminents de la poésie expressionniste d'inspiration catholique. De 1922 à 1964, il publie plusieurs recueils de poèmes, dont le plus célèbre est *La Voix du silence* [*Glas tišine*, 1959], sorte d'élégie dans laquelle, s'opposant résolument aux poètes « sociaux », il développe les grands thèmes du christianisme en d'amples visions métaphysiques. Ses dernières œuvres sont marquées par l'influence de Rilke et de García Lorca, et par l'esthétisme grandissant de l'expression poétique. Ses principaux recueils de vers sont : *Les Mains tristes* (*) (1922), *Vigiles* [*Vigilije*, 1923], *À travers les jardins* [*Skozi vrtove*, 1941], *La Corne d'argent* [*Srebrni rog*, 1948]. Un choix de poèmes a été publié en 1964 sous le titre de *Les Moulins du soleil* [*Sončni mlini*].

VODUŠEK Božo. Poète et essayiste slovène. Né à Ljubljana le 30 janvier 1905. Il fait des études de droit et exerce après la guerre la profession d'avocat. Transfuge du christianisme, il est l'auteur d'une œuvre lyrique qui s'inspire essentiellement de la révolte contre l'injustice, l'hypocrisie et le mensonge. Ses vers, simples de facture, sont pleins d'une ironie qu'il emprunte souvent à Baudelaire et à Villon, traduits par lui en langue slovène. Dans *Présent précieux* [*Dar dragani*], *Printemps* [*Proleče*], *Nature morte* [*Mrtva priroda*], *Le Monde désenchanté* (*) (poèmes publiés en 1939), ce sont surtout les grands thèmes de l'amour et de la nature qu'il développe. On lui doit en outre des sonnets aux formes modernes souples et libres. Ses dernières poésies reflètent des préoccupations existentielles et un sentiment profond de l'aliénation humaine, comme dans *La Naissance d'Adam* [*Rodenje Adama*] et *Le Thème d'Ulysse* [*Odisejski motiv*] réunis en un volume en 1966. Il est en outre l'auteur d'essais sur la création artistique et les problèmes de la langue slovène.

VOGÜÉ Eugène Melchior de. Écrivain français. Né à Nice, le 24 février 1848, mort à Paris le 24 mars 1910. Il entra dans la carrière diplomatique, et de 1871 à 1882 fut secrétaire d'ambassade à Constantinople, au Caire et à Saint-Pétersbourg. Mais il donna sa démission pour se consacrer à la littérature et débuta en collaborant à *La Revue des Deux Mondes* (*) et au *Journal des débats* (*). L'œuvre qui lui a valu toute sa renommée est un essai sur *Le Roman russe* (*) (1886). Ce livre a le mérite d'avoir révélé en France les grands romanciers russes du XIXe siècle. Parmi les autres essais du même auteur, citons : *Souvenirs et Visions* (1887), *Spectacles contemporains* (1891), *Heures d'histoire* (1893), *Cœurs russes* (1894), *Regards historiques et littéraires* (1897), *Histoire et Poésie* (1898), *Maxime Gorki* (1905), et *Trois drames de l'histoire de Russie* (1911). Il a en outre laissé deux romans. Le premier, *Jean d'Agrèves* (1897), raconte sous forme de lettres et de journal les sombres amours d'un officier de marine français et d'une princesse russe ; le second, *Les Morts qui parlent* (1899), est un roman de mœurs parlementaires. Vogüé fut élu à l'Académie française en 1888 et représenta l'Ardèche à la Chambre des députés de 1893 à 1898.

RÉF. : L. Le Meur, *L'Adolescence et la jeunesse d'E. M. de Vogüé*, Paris, 1932. – M. Röhl, *Le Roman russe de M. de Vogüé*, 1976.

VOICULESCU Vasile. Écrivain roumain. Né à Pârscov (Valachie) le 13 octobre 1884, mort à Bucarest le 26 avril 1963. Ayant fait ses études à la faculté de médecine de Bucarest, il pratique en province. Mobilisé comme médecin pendant la Première Guerre mondiale, il attrape le typhus. Guéri, il exerce de nouveau la médecine auprès de l'administration des domaines de la Couronne, fait partie de la rédaction littéraire de Radio-Bucarest et sera incarcéré plusieurs années sous le régime communiste. Le poète peint d'abord des miracles de la nature auxquels s'ajoutent des évocations bibliques majestueuses, puis sa poésie devient psychologique et un moyen d'introspection. Son théâtre fait place au mystère, ainsi qu'au paradoxe et à l'absurde, anticipant ainsi sur un certain théâtre d'avant-garde. Ses contes évoquent un monde primaire vivant dans l'éternel présent et son seul roman aborde un fantastique atroce. Il convient de citer parmi ses recueils de poèmes : *Mûrissement* [*Pârgă*, 1921], *Poèmes avec des anges* (+) (1927), *Destin* (*) (1933), *Montée* (+) (1937), *Entrevisions* (*) (1939) et, écrits en partie en prison, comme ses autres œuvres posthumes, *Les Derniers Sonnets supposés de Shakespeare* (*) (1964) ; parmi ses pièces de théâtre : *L'Ombre* [*Umbra*] et *La Fille de l'ours* [*Fata ursului*], toutes deux datant de 1930 mais publiées en 1943 sous le titre commun de *L'Esprit de la terre* [*Duhul pământului*] ; enfin, ses *Contes* [*Povestiri*, 2 vol., 1966] et son roman *Zahei l'aveugle* [*Zahei orbul*, 1970].

NICOLAS GHEORGHIU.

VOITURE Vincent. Écrivain français. Né le 24 février 1597 à Amiens, mort le 26 mai 1648 à Paris. Son père était un riche marchand de vins, fournisseur de la Cour. Voiture avait deux frères et deux sœurs, dont l'une épousa M. de Pinchesne, père de Martin de Pinchesne, lequel rassemblera et fera éditer les œuvres de Voiture. Voiture passa ses premières années à Amiens dans la maison de son père, puis, lorsque celui-ci vint s'installer à Paris (1605), on l'envoya aux collèges de Calvi et de

Boncourt, où il reçut la meilleure éducation. Il eut pour condisciples des fils de nobles de la Cour, parmi lesquels le comte d'Avaux, qui devait l'aider plus tard de ses protections continuelles. Au physique, Voiture était petit et faible, d'expression mélancolique, et avait les traits féminins ; mais son esprit ravissait déjà maîtres et élèves. Après le collège, il alla étudier le droit à l'université d'Orléans. De retour à Paris, il entra au service du duc d'Orléans comme « contrôleur général de la maison ». Dès sa jeunesse, il se fit une réputation grâce à des poésies latines et à des stances adressées à Gaston d'Orléans, au service duquel il restera longtemps attaché et qui sera son bienfaiteur – v. *Poésies* (*). Il fut introduit à l'Hôtel de Rambouillet en 1625 par M. de Chaudebonne, chambellan de la duchesse d'Orléans. Voiture y fut très fêté, très apprécié des dames, notamment de Mlle Paulet. Il fut nommé en 1628 Introducteur des ambassadeurs près de Gaston d'Orléans, et en 1629, celui-ci étant en disgrâce auprès de Richelieu, il le rejoignit sur les terres du duc de Lorraine. À Nancy, Voiture fut accueilli et fêté à l'envi, mais il s'ennuya pourtant. En 1630, le duc d'Orléans rentra en grâce et Voiture en profita pour revenir à Paris. Peu après, Gaston d'Orléans, incriminé de lèse-majesté, quitta de nouveau le royaume pour la Lorraine, puis le Languedoc, afin d'y rejoindre Montmorency, et Voiture, transformé en guerrier malgré lui, suivit toujours son maître. Après la bataille de Castelnaudary, où les troupes du roi défirent celles des nobles rebelles et où Montmorency fut fait prisonnier, Gaston d'Orléans passa en Belgique en 1631. De là, Voiture fut envoyé par lui en mission en Espagne en 1632, où il fut très bien reçu, et aussitôt introduit dans la société madrilène où il séjourna en qualité de résident de Monsieur. Mais il commença à souffrir de sa santé, s'occupa peu de politique et il se mit à écrire en espagnol. Il s'ennuya, décida de voyager à travers l'Espagne et passa même en Afrique du Nord, à Ceuta. Ses relations de voyages montrent qu'il sut voir clair sur la situation de l'Espagne, et découvrir, sous sa richesse, les premières traces de la décadence prochaine – v. *Lettres* (*) de Voiture. De Lisbonne, Voiture s'embarqua pour l'Angleterre et les Flandres. Après la réconciliation de Monsieur avec la Cour (1633), Voiture rentra en grâce par une jolie lettre sur la prise de Corbie aux Espagnols (1636). Membre de l'Académie française dès sa fondation (1634), en 1638 il alla annoncer à Florence la naissance du fils de Louis XIII ; il voyagea alors à travers l'Italie et la Savoie. À son retour, après la conjuration de Cinq-Mars où il craignit de perdre toutes les faveurs, il devint maître d'hôtel du roi et de Madame, puis commis des finances. Entre-temps, il se brouilla avec Mlle Paulet, mais eut les grâces de Mme de Saintot et de Mme de Sablé. En 1646, il fut reçu membre de l'Académie des humoristes de Rouen. Il souffrait à nouveau de la goutte, ce qui ne l'empêcha pas de se battre en duel avec Chavaroche, intendant de Mme de Rambouillet, à cause d'une des filles de celle-ci. Quelque temps après, la fièvre le reprit et il mourut.

Voiture possédait au plus haut degré le bel esprit de l'époque, le goût des louanges et un charme tout particulier dans sa conversation. Richelieu et Anne d'Autriche n'échappèrent pas à sa séduction ; le moindre de ses mots, de ses quatrains était célèbre dans une société dont il était l'animateur. Il fut l'auteur du *Sonnet d'Uranie* que l'on opposa au *Sonnet de Job* (*), dont l'auteur était Benserade, lors de la célèbre querelle qui divisa les salons, la Cour et la ville au début de la Fronde (1648-1649). Bel esprit, qui rencontra partout le bonheur et la fortune, Voiture était souvent regardé comme le premier écrivain de son temps. Cependant, malgré la vogue dont il jouissait, il ne fit rien imprimer de son vivant. Il se considérait seulement comme un homme du monde et de salon. Il savait que ses *Lettres* (*) étaient lues avec empressement et recherchées avec avidité. Son esprit fin a rendu d'incontestables services à la langue française. Il contribua à créer en France l'art de la conversation, qui commença à l'hôtel de la marquise de Rambouillet, pour atteindre la perfection chez Mmes de Coulanges, de La Fayette et de Sévigné.

♦ *« À la différence de tant d'hommes distingués et d'écrivains de renom, qui, ayant eu une partie de leur fortune viagère, en ont une autre partie durable et immortelle, Voiture a tout mis en viager : il n'a été qu'un charme et une merveille de société ; il a voulu plaire et il y a réussi, mais il s'y est consumé tout entier... »* Sainte-Beuve.

RÉF. : É. Magne, *Voiture et les origines de l'hôtel de Rambouillet, 1597-1635 ; Voiture et les années de gloire de l'hôtel de Rambouillet,* réédit. Paris, 1929. – R. Lathuillère, *La Préciosité*, Genève, 1969. – A. Génetiot, *Les Genres lyriques mondains (1630-1660)*, Paris, 1990.

VOLLARD Ambroise. Marchand de tableaux et éditeur d'art français. Né à Saint-Denis (île de la Réunion) en 1865 et mort à Paris en 1939. Sous prétexte d'études de droit, Vollard vint de bonne heure à Paris où il se mit à fréquenter la salle des ventes. Dès 1894, à la vente Tanguy, il achètera des Cézanne. On lui doit les premières expositions de Manet, Cézanne (1895), Van Gogh et les nabis (1899), Picasso (1901), Matisse (1904), Vlaminck et Derain (1906), Rouault (1907). Il fit également connaître Rodin et Maillol. Entre 1900 et 1910, il eut aussi une boutique au 6, rue Laffitte, à Paris. Cézanne, Renoir, Dufy, Bonnard, Picasso et Rouault firent son portrait. Avant les surréalistes, il s'intéressa également au Douanier Rousseau, auquel il acheta une série de toiles dans les années 1909-1910. Enfin, il édita des œuvres de Redon (*L'Apocalypse* en 1899) et lui consacra deux expositions (1898 et 1901). Avec Félix Fénéon et Daniel-Henry Kahnweiler, il fut sans doute l'un des plus grands découvreurs de talents – picturaux ou littéraires – de l'art moderne. Outre des souvenirs sur les peintres qu'il connut, *Paul Cézanne* (1914), *Renoir* (1920), *Degas* (1924), on lui doit un truculent témoignage sur la vie artistique de son temps, *Souvenirs d'un marchand de tableaux* (*) (1937). Parallèlement à son activité de marchand, il fut aussi l'un des plus grands éditeurs d'art des premières décennies du siècle et publia de nombreux ouvrages illustrés par Émile Bernard, Bonnard et Rouault, notamment.

PIERRE-EMMANUEL DAUZAT.

VOLNEY Constantin François de Chassebœuf, comte de. Érudit et écrivain français. Né à Craon (Mayenne) le 3 février 1757 ; mort à Paris le 25 avril 1820. Après avoir commencé ses études de médecine à Paris, Volney se consacra bientôt à des travaux d'érudition. Il se fit connaître par un mémoire *Sur la chronologie d'Hérodote* (1781) qui lui valut l'amitié de d'Holbach et de se faire admettre dans la société de Mme Helvétius. Il entreprit en Orient un long voyage qui le conduisit au Liban, où il apprit l'arabe dans un couvent situé en territoire druze, en Syrie et en Égypte. De retour en France, il publia un *Voyage en Égypte et en Syrie* (1787), remarquable par l'exactitude des observations et qui lui valut une grande réputation, laquelle devait atteindre à la gloire lorsqu'il publia en 1791 *Les Ruines ou Méditations sur les révolutions des empires* (*). Élu en 1789 député du tiers par la sénéchaussée d'Anjou, Volney soutint les idées nouvelles à l'Assemblée constituante. Son petit ouvrage *La Loi naturelle ou Catéchisme du citoyen* (août 1793) eut un immense succès, mais, sous la Terreur, l'auteur fut accusé de royalisme et incarcéré à ce titre. Sauvé par le 9 Thermidor, Volney fut nommé en 1794 professeur d'histoire aux Écoles normales, et devint membre de l'Institut dès sa création. En 1795, il entreprit un voyage aux États-Unis et y fut bien accueilli grâce à son ami Franklin. Partisan du coup d'État du 18 Brumaire, Volney fut nommé membre du Sénat dont il fut par la suite vice-président. Mais, après s'être opposé au Concordat, à l'expédition de Saint-Domingue et à la proclamation de l'Empire, il disparut de la scène politique. Cette circonstance n'empêcha pas Napoléon de le créer comte d'Empire. La dernière partie de la vie de Volney fut exclusivement consacrée à ses travaux d'érudition. Il publia encore *Simplification des langues orientales* (1795) ; *Leçons d'histoire, professées à l'École normale* (1799) ; *Tableau du climat et du sol des États-Unis d'Amérique* (1803) ; *Recherches nouvelles sur l'histoire ancienne* (1804) qui contient son mémoire sur Hérodote ; *Histoire de Samuel, inventeur du sacre des rois* (1819) ; *L'Alphabet européen appliqué aux langues asiatiques* (1819), où il propose une transcription de ces langues plus simple que celle en usage ; *Discours sur l'étude philosophique des langues* (1820).

RÉF. : A. Bossange, *Notice sur la vie et les écrits de Volney*, Paris, 1821. – Eugène Berger, *Volney, étude sur sa vie et sur ses œuvres*, Paris, 1852. – Sainte-Beuve, *Causeries du lundi*, t. VII, Paris, 1854. – J. Barni, *Les Moralistes français au* XVIII*e siècle*, Paris, 1873. – G. Chinard, *C. F. Volney et l'Amérique*, Paris, 1924. – J. Gaulmier, *L'Idéologue Volney*, Beyrouth, 1951 ; *Un grand témoin de la Révolution et de l'Empire : Volney*, Paris, 1959.

VOLOCHINE Maximilien Alexandrovitch (pseud. de M.A. Kirienko-Volochine). Poète russe. Né à Kiev le 28 mai 1878, mort à Koktébel (Crimée) le 11 août 1932. De famille noble, il fit ses études au lycée de Théodosie (Crimée de l'Est) et à la faculté de droit de l'université de Moscou. Le jeune poète qui publiait des textes depuis 1900 était proche des milieux symbolistes (des revues *La Balance, La Toison d'or*) et acméistes (de la revue *Apollon*). En 1910, un premier recueil, *Poésie 1900-1910* (*), opéra un choix dans ce qu'il avait écrit jusqu'alors. Puis il vécut plusieurs années à Paris (1910-1917) qu'il célébra dans son œuvre lyrique. Volochine s'inspira aussi de sujets puisés dans l'histoire française (Moyen Âge, Révolution). Pendant la Première Guerre mondiale, il publia un recueil de poésies patriotiques et philosophiques, *Anno mundi ardentis* (1915-1916). Revenu de France juste avant la Révolution, il se fixa à Koktébel, au bord de la mer Noire, où il demeura jusqu'à sa mort, peignant des paysages et écrivant des poèmes dont l'inspiration devenait de plus en plus tragique. La maison de Koktébel fut un endroit de refuge pour « le chef rouge et l'officier blanc » (*La Maison du poète,* 1930) et son maître réussit à rester au-dessus de la mêlée. Volochine est un des meilleurs poètes russes du XXe siècle : la gravité majestueuse de sa démarche, la fulgurance de sa rhétorique, l'archaïsme de ses sources stylistiques et littéraires, ses associations nombreuses puisées dans la culture mondiale depuis l'Antiquité jusqu'à la France moderne, lui donnent une place spécifique dans les lettres de son temps. Œuvres : *Les Faces de la création* [*Likitvortchestra,* 1914], *Tverni* (1918), *Les Démons sourds-muets* [*Demony gloukhonemye,* 1919], *Poèmes sur la terreur* [*Stikhi o terroré,* 1923], *Les Voies de Caïn* [*Poutiami Kaina,* 1926].

EFIM ETKIND.

VOLPONI Paolo. Romancier italien. Né le 6 février 1924 à Urbino. Deux images, deux symboles s'attachent immédiatement au nom de Volponi. La première est liée à ce mouvement littéraire des années 60 qu'on nomma « Littérature et Industrie » : avec

Ottiero Ottieri, Nanni Balestrini et d'autres, Paolo Volponi fut l'un des représentants les plus en vue de cette école qui cherchait, par littérature interposée, à décrire les effets sur l'homme – sur le rural surtout – de l'irruption d'une société industrielle désormais omniprésente, avec ses lois propres et les dangers d'aliénation de l'individu qu'elle comporte. La seconde s'attache à Albino, ce raté de l'insertion dans le nouveau monde des machines et de la cybernétique, ce personnage mi-dément, mi-visionnaire, protagoniste du premier roman de Paolo Volponi, *Pauvre Albino* (*) (1961).

L'auteur a occupé un poste de responsabilité chez Olivetti, puis dans diverses autres entreprises : il a été secrétaire de la fondation Agnelli, membre du conseil d'administration de la R.A.I. ; il a aussi été élu du parti communiste italien. C'est bien sûr son expérience de cadre d'entreprise, de spécialiste des questions sociales, qui a guidé ses choix d'écrivain.

Mais, au-delà de la mise en scène de l'inadaptation à un monde en passe de devenir hégémonique, Volponi nous montre des personnages qui n'ont pas besoin de l'essor industriel pour présenter, d'entrée de jeu, des signes de folie, de profonde terreur face à une société jugée elle-même en proie au déséquilibre. Ses romans, *Le Système d'Anteo Croccioni* (*) (1965) et *Corporel* [*Corporale,* 1974] en disent long à ce sujet : dans le premier, l'exclu du système n'est plus un ouvrier, mais une espèce de philosophe autodidacte, Anteo, qui finit par se suicider ; dans le second, la question de la perte des points de repère idéologiques est évoquée, et le héros, ancien communiste, mais aussi ancien dirigeant d'entreprise, ne peut s'en remettre au bout du compte qu'aux lois de son propre corps.

Plus récemment, avec *Le Lanceur de javelot* [*Il lanciatore di giavellotto,* 1981], l'auteur semble avoir voulu s'éloigner de ses précédents pôles d'intérêt, utilisant comme toile de fond la période fasciste pour mettre en lumière les difficultés personnelles d'un adolescent ; mais ne s'agit-il pas d'un nouvel exemple d'inadaptation ? Le dernier roman de Volponi, *Les Mouches du capital* [*Le mosche del capitale*], a été publié en 1989.

ALAIN SARRABAYROUSE.

VOLTA Alessandro. Physicien italien. Né le 18 févier 1745 à Côme, où il mourut le 5 mars 1827. Son père, Filippo, était un patricien et sa mère, Maddalena, appartenait à la famille des comtes Inzaghi. Tout jeune, Volta montra une grande inclination pour la recherche et l'étude des phénomènes naturels. Il fréquenta l'école des jésuites de Côme et, contrairement au désir de ses parents et de ses maîtres, il abandonna les études régulières et se mit à étudier tout seul la physique. À dix-huit ans, il correspond déjà avec les plus grands physiciens d'Europe. En 1764, il compose un petit poème latin sur la pierre à feu et les feux follets. De 1765 à 1769, aidé par son ami le prêtre Giulio Cesare Gattoni, il se consacre à l'étude des phénomènes électriques dont il parvient à donner un mode original de représentation et d'interprétation. En 1767, Volta communique à Giovan Battista Beccaria, professeur à Turin et à cette époque le plus grand physicien d'Italie, ses observations et ses réflexions sur certaines particularités de quelques phénomènes, mais Beccaria ne les approuve pas. Volta réplique en 1769 par son premier ouvrage édité, *De vi attractiva ignis electri ac phaenomenis inde pendentibus,* ouvrage qu'il faut considérer comme le germe à partir duquel se développa toute la théorie de Volta sur l'électricité, tant en ce qui concerne l'expérimentation que l'interprétation des phénomènes électriques jusqu'aux travaux – à cette date encore impossibles – qui découlent des découvertes de Galvani. La conception des phénomènes électriques que Volta avait élaborée de lui-même pendant sa jeunesse eut comme premier résultat l'invention, en 1755, de l'« électrophore perpétuel », appareil qui souleva l'admiration des plus grands physiciens de ce temps. Cependant, les mérites de Volta comme physicien avaient été reconnus et récompensés par sa nomination de professeur titulaire de physique expérimentale dans les écoles de Côme.

Volta s'était, en outre, intéressé vers 1755 à la chimie des « airs », nous dirions aujourd'hui des corps gazeux. En 1776, en remuant avec un bâton le fond des champs de roseaux du lac Majeur en face d'Argera, il découvrit et recueillit l'« air inflammable né des marais », c'est-à-dire le méthane. il se mit alors, en 1776 et 1777, à étudier la combustion des mélanges d'air ordinaire avec l'« air inflammable métallique » (hydrogène) ou avec l'air inflammable des marécages. En comparant les caractères physiques de la combustion, il découvrit que le rapport de la quantité d'air ordinaire nécessaire à la combustion complète de volumes égaux d'hydrogène ou de gaz des marais est égal à 4. De l'étude de la combustion des gaz inflammables à l'air libre, Volta passa en 1777 à celle de la combustion provoquée par une étincelle dans des récipients clos, étude qui aboutit à l'invention du « pistolet » et de l'« eudiomètre », appareil ainsi baptisé par Volta et dont le dernier, pour reprendre l'opinion de Gay-Lussac et de Humboldt, fut « très précieux » pour l'analyse chimique. À partir de l'étude des effets dynamiques obtenus avec le pistolet, Volta découvrit en 1777 que le rapport des volumes entre l'« air déphlogistiqué » (oxygène) et l'air métallique doit être de 1 à 2 pour que la combustion soit complète. Mais en même temps intervenait le problème de savoir quelle était la chose née de cette combustion ; Volta tenta de nombreuses expériences avec l'eudiomètre. Mais comme l'eau qui servait de fermeture à l'appareil lui cachait le produit de la combustion, il chercha désespérément à se procurer une quantité de mercure suffisante pour remplacer l'eau. Sa nomination de professeur à l'université de Pavie en 1778 ne lui fournit pas de meilleurs moyens d'expérimentation. Cependant les années passaient, ses amis le pressaient de faire cette expérience et son désappointement et son amertume allaient croissant. Ce petit drame trouva une conclusion en 1783, lorsque Gaspard Monge, se basant sur la méthode de Volta relative aux explosions en milieu clos, lui ravit la gloire d'obtenir la synthèse de l'eau.

De 1776 à 1789, outre ses études de chimie des corps gazeux qu'il poursuivit jusqu'en 1783, il étudia la métrologie électrique ; il découvrit la relation existant entre capacité, charge électrique et « tension » d'un conducteur isolé, construisit des électrodes très sensibles, inventa l'« appareil agrandisseur » ou « condensateur », élabora plusieurs ingénieuses méthodes comparatives entre des électromètres de sensibilités différentes, réalisa des dispositifs pour des « mesures absolues » des tensions, proposa un électromètre étalon et définit le « degré fondamental » de tension, c'est-à-dire l'unité de mesure des tensions, qui, exprimée en unités modernes, vibre aux alentours de 13 350 volts. Ces études, expériences et recherches sont en grande partie consignées dans ses *Lettres sur la météorologie électrique* [*Lettere sulla meteorologia elettrica*] adressées à Georg Christoph Lichtenberg. Le but de Volta était de doter la météorologie de méthodes comparatives des données relatives aux phénomènes électriques atmosphériques en des lieux et des temps divers. Aussi devons-nous considérer Volta comme le fondateur à la fois de la météorologie et de la métrologie électrique. Aux alentours de 1790, Volta se consacra aussi à l'étude de la propriété des aériformes. En faisant des expériences sur la dilatation relative de l'air sous pression constante pour chaque degré Réaumur du thermomètre à mercure, dans l'intervalle entre la température de la glace fondante et celle de l'eau en ébullition, ou peu au-delà de ces limites, il découvrit que cette dilatation est constante. Les recherches de Volta, publiées en 1793 dans son mémoire *De l'uniforme dilatation de l'air* [*Dell'uniforme dilatazione dell'aria*], sont conceptuellement et substantiellement différentes de celles de Gay-Lussac en 1802, lequel se borna à déterminer seulement la dilatation totale dans l'intervalle de température entre la glace fondante et l'eau bouillante, sans se servir d'un thermomètre ni s'occuper des variations subies degré par degré. Dans le domaine de la physique des aériformes, Volta traita expérimentalement le comportement des vapeurs à différentes températures ; en 1793, il découvrit que leur densité et leur tension sont indépendantes d'une éventuelle présence d'air et il parvint à en donner une représentation numérique en combinant deux progressions, une progression géométrique indiquant l'« accroissement » des quantités de vapeur et une progression arithmétique indiquant le « renfort de l'élasticité ».

En 1791, Galvani communiqua à l'académie de Bologne les résultats de quelques-unes de ses recherches sur ce qu'il appelait l'électricité « animale » sui generis particulière aux corps organiques, différente de celle des corps physiques et suscitée par le contact, les décharges, etc. La découverte de Galvani fut publiée en 1792 dans *Des forces électriques dans le mouvement musculaire* (*). Sur l'instigation de Carminati et de Rezia, Volta se mit à faire des expériences sur les phénomènes découverts par Galvani le 24 mars 1792. D'abord sceptique, quelques jours après il était « enthousiasmé » par ces recherches. Il accepta d'abord les idées de Galvani, mais après quelques mois il les mettait en doute et les réfutait, pensant que les phénomènes en question étaient en réalité l'effet d'une excitation des nerfs par l'électricité ordinaire. S'il en allait ainsi, se dit Volta, en excitant électriquement d'autres nerfs que ceux du mouvement, par exemple ceux du goût ou de la vue, on devrait obtenir des sensations de saveur ou de lumière. L'expérience réalisée soit à l'aide de décharges minimes au moyen de petites bouteilles de Leyde, soit par des contacts avec deux métaux, expérience effectuée sur lui-même, confirmèrent ses conjectures. Or, dans le cas de l'expérience de Galvani, où placer le siège moteur de l'électricité ? « C'est la différence des métaux qui la provoque », répond Volta et il l'explique dans deux de ses ouvrages, *Deuxième mémoire sur l'électricité animale* [*Memoria seconda sull'elettricità animale*] et *Quelques nouvelles propriétés du fluide électrique* [*Alcune nuove proprietà del fluido elettrico*], publiés à la fin du printemps de 1792. Dans le même ordre d'idées, en confrontant expérimentalement les effets obtenus par l'accouplement de métaux différents, Volta réussit à ranger les métaux eux-mêmes dans une « échelle », d'après leur aptitude plus ou moins grande à susciter le fluide électrique dans un sens ou dans le sens contraire, c'est-à-dire en l'« absorbant » ou en le « repoussant ». Galvani et ses partisans ripostèrent aux critiques et aux expériences de Volta en publiant en 1794 de nouveaux résultats selon lesquels, si on supprimait l'objet métallique, on obtenait des contractions en mettant directement en contact le nerf et le muscle. Pour toute réponse, Volta généralisa son principe en affirmant l'existence d'un déséquilibre électrique provoqué par tout contact hétérogène ; vers 1796-1797, il réussit à prouver expérimentalement, à l'aide de ses merveilleux électroscopes et de son condensateur, qu'il existe toujours un déséquilibre électrique (il disait une « tension ») entre deux métaux différents, quels qu'ils soient. À la fin de 1799, il construisit le « nouvel appareil à secousses » : la pile.

Cette invention fut rendue publique par une lettre du 20 avril 1800 à Joseph Banks, président de la Royal Society de Londres, lettre qui fut publiée dans les *Philosophical Transactions* de cette société sous le titre *On the Electricity excited by the mere Contact of conducting Substances of different Kinds.* En novembre 1801, invité à Paris par l'Académie de France, Volta exposa devant cette assemblée et en présence de Napoléon ses expériences fondamentales et lut son *Mémoire sur l'identité du fluide électrique avec le fluide appelé « galvanique »* [*Memoria sull'identità del fluide elettrico col cosi detto fluido galvanico*]. Ce fut un véritable triomphe qui toutefois n'altéra en rien la débonnaire sérénité du grand savant. Après avoir inventé la pile, Volta se mit à en étudier les propriétés électriques particulières et il consigna une foule de résultats dont beaucoup sont inédits. Nous rappellerons seulement la découverte, communiquée en 1808 à von Marum, de la proportionnalité de la « rapidité » (nous disons aujourd'hui l'intensité) du courant au nombre de couples de plaques, c'est-à-dire à la tension électrique aux extrémités de la pile ; il montra qu'à tension égale la « rapidité » varie en raison directe de la « liberté ou facilité du passage », c'est-à-dire de la conductibilité du circuit, et enfin que cette « liberté » varie en raison directe de la section et en raison inverse de la longueur du conducteur par lequel se termine la pile. Cet ensemble de propriétés est la base même de la loi que vingt-cinq ans plus tard devait formuler Ohm. Tel est l'aboutissement, la dernière conquête d'un chemin de soixante années que Volta parcourut tout seul, traçant sa voie dans le domaine de la recherche sur les phénomènes physiques que lui avait révélés la découverte de Galvani. Les *Œuvres* (*) de Volta furent réunies en cinq tomes, en 1816 à Florence. Sa culture, son ouverture d'esprit, sa puissance de pensée, sa force dialectique, son habileté expérimentale, sa droiture morale et sa foi religieuse faisaient de Volta un homme exceptionnel.

GIOVANNI POLVANI.

♦ « *Intelligence forte et rapide, idées grandes et justes, caractère affectueux et sincère* [...] *L'ambition, la soif de l'or, l'esprit de rivalité ne dictèrent aucune de ses actions. Chez lui, l'amour de l'étude, unique passion qu'il ait éprouvée, resta pur de toute alliance mondaine.* » Arago.

VOLTAIRE (pseud. de François-Marie Arouet). Écrivain et philosophe français. Né et mort à Paris (21 novembre 1694 - 30 mai 1778). Voltaire assista au déclin du Grand Siècle. Son père, notaire, puis receveur à la Chambre des comptes où il avait son logement, était l'homme d'affaires des ducs de Richelieu et de Saint-Simon ; il avait connu le vieux Corneille ; il fréquentait Boileau-Despréaux et son frère l'abbé. Milieu de bourgeoisie frondeuse, janséniste, austère. Le frère aîné de François-Marie donnera dans les convulsions de Saint-Médard, contresignera des miracles du diacre Pâris. Bourgeoisie libertine aussi : le parrain de l'enfant, l'abbé de Châteauneuf, l'a présenté à Ninon de Lenclos, âgée de quatre-vingt-quatre ans ; François-Marie fut couché sur le testament de la vieille demoiselle pour une somme de mille francs. Il venait d'entrer au collège Louis-le-Grand, le meilleur établissement français des jésuites. Il y reçut une excellente éducation littéraire, toute fondée sur le latin. Voltaire conservera des relations avec ses anciens régents, les pères Porée et de Tournemine. Sa première œuvre fut imprimée par les soins des pères : une *Ode à sainte Geneviève*, imitée d'une ode latine de son professeur de rhétorique. Ce très brillant élève était déjà, au dire de son confesseur, « dévoré de la soif de la célébrité ». Au sortir du collège, il refuse de faire son droit et prétend se consacrer à la littérature. Exilé à Caen par décision paternelle, il y fait esclandre. Secrétaire de l'ambassadeur à La Haye, il s'amourache de Pimpette et est renvoyé à son père, qui veut le faire déporter en Amérique. Au début de 1714, il travaille quelque temps dans l'étude d'un notaire, où il rencontre Thiriot, qui devient son confident. Admis aux soupers du Temple, auprès du duc et du grand prieur de Vendôme et de leur intendant l'abbé de Chaulieu, fréquentant la société des Caumartin, le « petit Arouet » est l'amuseur de la Régence. On colporte ses épigrammes sur le Régent, on lui en attribue qui ne sont peut-être pas de lui. Ce qui lui vaut un exil à Sully-sur-Loire, chez son ami le duc (1716), puis un séjour de près d'un an à la Bastille (1717).

Mais cet évaporé a des ambitions sérieuses. Il fait jouer *Œdipe* (+) (1718), tragédie philosophique et satirique, qui remporte un grand succès ; on salue Voltaire (c'est alors qu'il adopte ce pseudonyme) comme le successeur de Corneille et de Racine. Dans les années suivantes, il va « de château en château » : Sully, Le Bruel, Ussé, Richelieu... Il regarde du côté de l'Angleterre : il est reçu à l'ambassade, fait sa cour à lord Bolingbroke, envoie des vers au roi d'Angleterre. Songe-t-il à faire carrière dans la diplomatie ? Il flatte Dubois et lui offre ses services. Il continue cependant à tenter fortune dans les voies de la haute littérature. Il sera le Virgile qui manque à la France, grâce à sa *Henriade* (*), épopée polémique, dirigée contre le fanatisme de la Ligue : la première édition de cette adroite fabrication (1723) soulève l'enthousiasme. Ses succès littéraires l'introduisent à la Cour. Il est dans les bonnes grâces de Mme de Prie, maîtresse régnante. Au mariage de Louis XV, on joue trois de ses pièces. La jeune reine l'appelle « mon pauvre Voltaire ». Il est en passe de devenir le poète attitré de la nouvelle Cour. Mais il est aussi, déjà, un philosophe militant. « À la toilette des jeunes seigneurs », il se moque de *La Bible*, des Apôtres, des Pères de l'Église. Il professe un déisme agressif : en 1722, à Bruxelles, il a lu à Jean-Baptiste Rousseau son *Épître à Uranie*,

ardemment antichrétienne. Sur le conseil de Bolingbroke il s'applique à lire Locke. Un accident va précipiter cette évolution : il se querelle au théâtre avec le chevalier de Rohan, triste rejeton d'une illustre famille ; ce noble personnage fait bastonner le poète à la porte de l'hôtel de Sully. Courtisans et grands seigneurs trouvent l'aventure fort plaisante. Voltaire, furieux, veut provoquer en duel l'insulteur. Le cardinal de Rohan, par précaution, le fait embastiller. Voltaire sort de prison au bout de quelques jours à condition de partir pour l'Angleterre. La chute est profonde. Sa carrière de poète courtisan est brisée. Tout se réunit pour l'accabler. Les deux banquiers de Londres qui détiennent son argent font faillite. Coup sur coup, il apprend la mort de sa sœur aînée, qui l'avait élevé, et la trahison de son « janséniste de frère », qui profite de ses malheurs pour lui dérober sa part d'héritage. Seul en terre étrangère, malade, il paraphrase, dans une lettre à Thiriot, le monologue de *Hamlet* (*) qu'il vient de voir jouer à Londres.

Mais à la fin de 1726 la crise est surmontée. En janvier, Voltaire est présenté à George Ier ; il prépare l'édition définitive de *La Henriade*, publiée à Londres par souscription, et dédiée à la reine d'Angleterre. Ces deux années d'exil restent mal connues. Il semble s'être brouillé avec Bolingbroke, son premier protecteur. Il a connu Pope, Swift, Samuel Clarke. Il est frappé surtout par la hardiesse et l'activité de la nation anglaise. Hôte du négociant Falkener, il comprend que l'Angleterre doit sa puissance à son commerce. La supériorité intellectuelle de ces ennemis traditionnels des Français est la conséquence de la tolérance religieuse et du rationalisme pratique des philosophes anglais. En comparaison, le royaume de Louis XV lui paraît un pays attardé, tout rempli de superstitions, agité de vaines querelles théologiques, incapable de progrès. Voltaire médite d'écrire une sorte de reportage sur cette « île de la Raison » pour faire honte à ses compatriotes : ce seront les *Lettres philosophiques* (*) (1734). Rentré en France (fin de 1728 ou début de 1729), il met à profit la leçon anglaise. Il tente de faire passer dans ses tragédies quelque chose de l'énergie shakespearienne : *Brutus* (*) (1730), *Zaïre* (*) (1732), qui est un triomphe, *Adélaïde du Guesclin* (1734), *La Mort de César* (*) (1735), *Alzire ou les Américains* (*) (1736). Ce qui importe davantage, il fait ses débuts comme prosateur : jusqu'alors il n'était, il n'avait voulu être qu'un poète. Il publie l'*Histoire de Charles XII* (*) (1731), histoire dramatique, mais aussi philosophique, qui oppose au héros conquérant le grand homme véritable (Pierre le Grand). Voltaire partage son temps entre Paris et Rome, où l'attendent Mme de Bernières, l'aimable Cideville, le philosophe Formont. Mais, en juin 1733, il rencontre Mme du Châtelet et commence avec elle une association qui ne sera rompue que par la mort de la « divine Émilie ».

La crise des *Lettres philosophiques* achève de classer Voltaire au nombre des auteurs subversifs. Le libraire Jore débite soudain le livre, imprimé depuis plusieurs mois (avril 1734). Scandale énorme. Un mandat d'arrêt est lancé. Voltaire se réfugie dans le château de Cirey que M. et Mme du Châtelet possèdent en Champagne. L'alerte passée, Voltaire pourra revenir à Paris, mais la capitale n'est plus pour lui un lieu sûr. À Cirey même, le cardinal de Fleury le fait surveiller. Après l'affaire du *Mondain*, petit poème effrontément épicurien diffusé en manuscrit (novembre 1736), Voltaire, qui a dû s'exiler quelques semaines en Hollande, est tenu à une grande prudence. En outre Cirey est un lieu assez solitaire, où les visiteurs sont rares. Toutes circonstances favorables au travail : c'est alors que Voltaire, encouragé par Mme du Châtelet, prend ses habitudes studieuses. Il compose un *Traité de métaphysique*, des *Éléments de la philosophie de Newton mis à la portée de tout le monde* (*), il commence *Le Siècle de Louis XIV* (*) et cette histoire universelle connue sous le titre d'*Essai sur les mœurs et l'esprit des nations* (*). Mme du Châtelet se livre à de nombreux travaux de physique, traduit et commente *La Fable des abeilles*, rédige un commentaire très critique de *La Bible* (*), dont le manuscrit nous est parvenu. À Cirey et en partie grâce à son amie, Voltaire acquiert cette culture encyclopédique qu'il mettra bientôt au service de son action militante. Et pour se distraire il écrit *La Pucelle d'Orléans* (*) ou broche des tragédies.

Cette période de retraite prend fin le 8 mai 1739 : Voltaire et Mme du Châtelet partent pour Bruxelles où les appelle un procès. Les dix années qui suivent se passent en voyages continuels entre la Belgique, Paris et Cirey. Voltaire est toujours suspect : l'édition des premiers chapitres du *Siècle de Louis XIV* est saisie (1739) ; la tragédie de *Mahomet* — v. *Le Fanatisme ou Mahomet le Prophète* (*) — est interdite après la troisième représentation (1742). Pourtant, à Versailles, sa position s'améliore peu à peu. Depuis 1736, Voltaire correspond avec le prince royal de Prusse, le futur Frédéric II, grand admirateur de la culture française. Il dispose là d'un atout appréciable : pendant la guerre de Succession d'Autriche, le ministère français le charge de missions officieuses auprès de Frédéric II (1742 et 1743). Après l'entrée au ministère de son ancien condisciple le marquis d'Argenson, Voltaire, protégé par Mme de Pompadour, connaît la grande faveur. Il fait jouer *La Princesse de Navarre* au mariage du Dauphin, célèbre en alexandrins la victoire de Fontenoy, dédie son *Mahomet* au pape, qui lui envoie des médailles, entre à l'Académie. Voltaire est « arrivé ». Par des spéculations sur les vivres, il a accru considérablement la fortune amassée depuis son retour d'Angleterre. Il est bien accueilli à Nancy, Lunéville et Commercy, où Stanislas Leszczyński tient sa cour. À Versailles, il a été nommé historiographe et gentilhomme

ordinaire de la chambre du roi. Après la première du *Temple de la gloire*, opéra en l'honneur de Louis XV, il demande, de façon à être entendu du roi : « Trajan est-il content ? » Mais « Trajan » le boude, et Voltaire a trop de pétulance pour faire un bon courtisan. Sa vie privée se complique : tout en restant à Mme du Châtelet, il devient l'amant de sa nièce, Mme Denis, veuve légère. Tant d'agitations l'usent : revenant de Paris à Commercy, en septembre 1748, il a failli mourir en route, dans une auberge. En octobre, il surprend Mme du Châtelet dans les bras de Saint-Lambert. L'humeur noire le ramène à la philosophie. Il cesse de croire au libre arbitre. Il écrit ses premiers contes, *Vision de Babouc, Zadig* (*), sur le thème du pessimisme. Cette période se termine par une crise où le tragique se mêle au ridicule : le 4 septembre 1749, Mme du Châtelet accouche d'un enfant dont la paternité officielle est attribuée à M. du Châtelet. Voltaire annonce la nouvelle en badinant. Mais, le 10, Mme du Châtelet meurt. À la porte de la chambre, frappé par la terrible nouvelle, Voltaire tombe évanoui. En octobre, à Paris, dans la maison qu'il a naguère habitée avec son amie, il se lève la nuit et erre dans l'obscurité, appelant à voix haute son Émilie. Par surcroît, le public, las de ses succès, siffle ses pièces : *Oreste* (+), *Nanine ou le Préjugé vaincu* (+). Désemparé, Voltaire accepte l'offre que lui faisait depuis longtemps Frédéric II de se fixer à Berlin. Il quitte Paris le 28 juin 1750, et n'y reviendra qu'en 1778.

Une nouvelle génération entrait en scène, avec Diderot, d'Holbach, d'Alembert, Rousseau, génération encyclopédiste et préromantique, plus hardie, plus détachée de la tradition classique que la précédente. Les nouveaux venus aiment Richardson, la musique italienne, le drame bourgeois. Du point de vue de l'art, Voltaire se laisse distancer, malgré quelques tentatives pour se mettre au goût du jour : *L'Orphelin de la Chine* (*) (1755), où pour la première fois les actrices jouent sans panier, *L'Écossaise* (*) (1760), comédie dramatique, *Tancrède* (*), tragédie médiévale, pour laquelle la Comédie-Française déploie une importante mise en scène. Mais Voltaire, éloigné de Paris, a perdu le contact avec son public. Ses dernières pièces sont mal accueillies. Ses satires, épîtres, discours en vers – *La Loi naturelle* (1756), *Épître à Horace* (1772) –, d'allure toute classique, ne témoignent d'aucun effort de renouvellement. En revanche, dans le domaine de la pensée, Voltaire se maintient à l'avant-garde. À Potsdam, il compte que son ami le roi appuiera de son pouvoir une campagne philosophique. Le *Sermon des cinquante*, le plus violent pamphlet antichrétien qui soit sorti de la plume d'un grand écrivain, a été rédigé avant 1753. Autour de Frédéric II, un cénacle de penseurs aventureux est rassemblé : d'Argens, La Mettrie, Maupertuis, directeur de l'Académie de Berlin, auxquels se joindra bientôt l'abbé de Prades, théologien de l'*Encyclopédie* (*), condamné par la Sorbonne. Au souper du roi, on dresse le plan d'un *Dictionnaire philosophique* (*). Mais ces projets n'aboutiront pas. Frédéric II méprise trop la canaille pour souhaiter l'éclairer. Voltaire s'aperçoit qu'il est l'amuseur et non le conseiller de Sa Majesté. On lui a rapporté le mot du maître : « On presse l'orange, et on jette l'écorce. » Tout se gâte, à la fin de 1752, quand une querelle le met aux prises avec Maupertuis. Le roi, furieux, fait brûler *La Diatribe du docteur Akakia*, où Voltaire a tourné en ridicule son adversaire, haut fonctionnaire de l'État prussien. Il faut sauver l'« écorce ». Non sans peine, Voltaire réussit à quitter Berlin (27 mars 1753). Mais Frédéric II se venge : à Francfort, ville impériale, Voltaire est emprisonné par ordre du résident prussien, ainsi que Mme Denis qui était venue à sa rencontre. Brimades, humiliations : il se peut que le résident ait outrepassé ses consignes, mais Frédéric II se garda bien de le désavouer.

Voltaire traverse la phase la plus critique de sa carrière : Paris lui est interdit, un retour en Allemagne serait périlleux ; l'impératrice Marie-Thérèse, le roi d'Angleterre, pressentis, déclinent l'honneur de l'héberger. Après une attente d'une année à Colmar, il découvre enfin le port de salut : il loue une maison à Lausanne, il achète dans la banlieue de Genève la propriété des Délices. En ces lieux qui paraissent sûrs, il reprend son activité philosophique. Voltaire collabore maintenant à l'*Encyclopédie*. Il se flatte de gagner à sa cause ses amis les calvinistes libéraux : Vernet, Vernes, Abauzit, Allamand. Mais, comme naguère à Potsdam, il lui faut en rabattre. Le Consistoire lui interdit de jouer des pièces de théâtre chez lui. On s'indigne qu'il ait osé, à propos de l'affaire Servet, qualifier d'« atroce » l'âme de Calvin. L'article *Genève* de l'*Encyclopédie*, concerté aux Délices avec d'Alembert, où il était dit que les pasteurs de cette ville étaient au fond de simples déistes, déchaîne la tempête. Voilà Voltaire au plus mal avec les « sociniens honteux » : Vernet, Vernes, et quelques autres. Cependant, à Paris, le parti dévot fait interdire l'*Encyclopédie* ; Rousseau rompt bruyamment avec Diderot ; d'Alembert, découragé, abandonne l'entreprise. Voltaire lui-même cesse sa collaboration et se retire à Ferney, dans le canton français de Gex (décembre 1760). Tandis que la guerre de Sept Ans fait rage, il « cultive son jardin » ; il écrit *Candide ou l'Optimisme* (*) (publié en janvier 1759). Mais Voltaire ne serait pas Voltaire s'il se résignait à l'inaction. En secret, il sert d'intermédiaire entre Frédéric II, avec lequel il a repris sa correspondance, et le ministère français : il juge, avec raison, que l'intérêt de la France exige le rétablissement rapide de la paix. Sa vie prend alors son orientation définitive. Seigneur de village, il construit, défriche, plante, installe des horlogers émigrés

de Genève. Dans son château, il mène grand train ; des visiteurs viennent le voir de toutes les parties de l'Europe. Il continue d'avoir d'innombrables querelles avec ses curés, son évêque, les pasteurs de Genève, Rousseau, etc. Il dirige la campagne philosophique pour la réforme de la justice et de l'État, pour la liberté, et surtout pour la tolérance, et contre l'« infâme » ; il ne se propose rien moins que de réduire la religion chrétienne à un déisme étroitement subordonné à l'autorité politique. Contre le clergé, il cherche l'alliance des souverains et des ministres, en particulier celle du duc de Choiseul. L'offensive se développe surtout à partir de 1762 : tandis que les parlements font le procès des jésuites, Voltaire entreprend la réhabilitation de Calas, protestant de Toulouse, accusé sans preuve d'avoir assassiné son fils pour un motif de religion, et roué vif. L'affaire Calas, suivie de l'affaire assez semblable du protestant Sirven, fait admettre définitivement à l'opinion le principe de la tolérance religieuse. Voltaire, « don Quichotte des malheureux », jouit alors d'une immense popularité. Il a des correspondants — v. *Lettres* (*) —, des admirateurs, des « séides », dans tous les milieux et dans tous les pays. Il veut exploiter son succès pour mener à bien son grand dessein : « écraser l'infâme ». Entre 1764 et 1770, les événements du Portugal, de Pologne, la politique du comte d'Aranda en Espagne, les conflits des Bourbons et de la cour de Vienne avec la papauté lui font espérer comme imminente la dislocation de l'Église catholique. Pour hâter le dénouement, Voltaire intensifie sa production littéraire. Un flot ininterrompu d'ouvrages sort de Ferney : facéties, contes, tragédies, œuvres historiques, dictionnaires... Mais, après ces furieux coups de boutoir, l'« infâme » est à peine entamée. C'est Voltaire qui faiblit. À partir de 1770, vieilli, aigri par la vogue de Jean-Jacques et par celle de Shakespeare, alarmé par la propagande athéiste du baron d'Holbach, Voltaire écrit moins. Il se replie sur la politique locale. Il obtient la suppression de la barrière douanière qui séparait le pays de Gex de Genève, son débouché naturel. Il réclame, sans l'obtenir, l'affranchissement des serfs du Jura. Voltaire aurait pu s'éteindre doucement dans son canton montagnard. Mais il fallait qu'il finît comme il avait vécu. L'envie lui prend soudain, au début de 1778, de revoir Paris, qu'il a quitté depuis plus d'un quart de siècle. C'est une apothéose ; il meurt épuisé par son triomphe, le 30 mai 1778. Sa dernière aventure fut son enterrement. Son neveu l'abbé Mignot, trompant le curé de Saint-Sulpice, l'archevêque de Paris, le lieutenant de police et le ministre de la maison du roi, lui procure, par surprise, une sépulture chrétienne dans la chapelle de Scellières. Mais Voltaire, qui aimait les redites, fut enterré une seconde fois, au Panthéon, le 11 juillet 1791, par la Révolution en corps constitué.

Voltaire a vu passer le père Bourdaloue, et il a rendu compte du premier livre de Marat. Par son art comme par sa pensée, il tient au passé autant qu'il annonce l'avenir. L'homme, mesquin et généreux à la fois, est capable du pire et du meilleur ; il a fait l'un et l'autre, au long d'une des existences les plus pleines qui aient été. L'œuvre immense qu'il a laissée a perdu peu à peu de son actualité au cours du XIXe siècle. Elle reste, en dépit de ses inégalités, le témoignage d'un esprit toujours en éveil. Dans ce style frémissant de vie, on aime sentir la présence d'une intelligence admirablement lucide et cultivée. À une humanité si différente de celle pour laquelle il écrivit, il continue d'enseigner à n'être point dupe, à ne point prendre pour des vérités essentielles ce qui n'est que mensonge, imposture, illusion du cœur, ou routine de la pensée.

RENÉ POMEAU.

XVIIIe siècle. ♦ *« C'est de Voltaire qui écrit pour cette malheureuse famille* [les Calas]. *Oh ! mon amie, le bel emploi du génie ! Il faut que cet homme ait de l'âme, de la sensibilité, que l'injustice le révolte, et qu'il sente l'attrait de la vertu. Eh ! que lui sont les Calas ? Qui est-ce qui peut l'intéresser pour eux ? Quelle raison a-t-il de suspendre des travaux qu'il aime, pour s'occuper de leur défense ? Quand il y aurait un Christ, je vous assure que Voltaire serait sauvé. »* Diderot.

XIXe siècle. ♦ *« Vous n'avez aucune idée de l'importance que Voltaire et ses illustres contemporains avaient au temps de ma jeunesse, de la souveraineté dont ils jouissaient dans le monde intellectuel. On ne voit pas assez clairement, d'après ma biographie, l'influence que ces hommes ont exercée sur ma jeunesse et combien il m'en a coûté de me défendre contre eux et de conquérir mon indépendance. »* Goethe. ♦ *« Sa merveilleuse variété dans les formes extérieures, loin de prouver la richesse de son esprit intérieur, la fait plutôt mettre en doute : car, malgré toutes ces formes, il n'en a pas trouvé « une » dans laquelle puisse s'exprimer un cœur. »* Schiller. ♦ *« Excepté dans quelques-uns de ses chefs-d'œuvre, il n'aperçoit que le côté ridicule des choses et des temps, et montre sous un jour hideusement gai l'homme à l'homme. Il charme et fatigue par sa mobilité, il vous enchante et vous dégoûte ; on ne sait quelle est la forme qui lui est propre : il serait insensé s'il n'était si sage, et méchant si sa vie n'était remplie de traits de bienfaisance. »* Chateaubriand. ♦ *« Voltaire, dans ses tragédies, est plein de boursouflure, de clinquant, toujours faux, ne connaissant ni les hommes, ni les choses, ni la vérité, ni les grandeurs, ni les passions. »* Napoléon Ier. ♦ *« Grand maître dans l'art de l'ironie, il sapa un culte solennel par un mépris réfléchi. »* Byron. ♦ *« Il ne donna pas de chef-d'œuvre littéraire à la langue, excepté dans le badinage, mais il lui donna la liberté de style, et avec la liberté dix langues pour une. Il lui donna l'instrument de la polémique... Il créa la langue improvisée, rapide, concise, du journalisme. »* Lamartine. ♦ *« Nommer Voltaire, c'est caractériser tout le XVIIIe siècle ; c'est fixer d'un seul trait la double physionomie historique et littéraire de cette époque qui ne fut, quoi qu'on en dise, qu'une époque de transition, pour la société comme pour la poésie. »* V. Hugo. ♦ *« Le rire porte en lui quelque chose de révolutionnaire... Seuls les égaux rient entre eux. Le rire de Voltaire a détruit davantage que les pleurs de Rousseau. »* Herzen. ♦ *« Voltaire a fait plus de tort aux études historiques qu'une invasion de barbares... »* E. Renan. ♦ *« Voltaire fut le dernier des grands poètes dramatiques qui entrava par la mesure grecque son âme aux mille formes, née même pour les plus grands orages tragiques. Il pouvait ce qu'aucun Allemand ne pouvait encore, parce que la nature du Français est beaucoup plus parente de la grecque que la nature de l'Allemand ; de même qu'il fut aussi le dernier grand écrivain qui, dans le maniement de la langue de la prose, eut l'oreille d'un Grec, la conscience d'artiste d'un Grec, la simplicité et l'agrément d'un Grec... »* Nietzsche.

XXe siècle. ♦ *« Il est l'homme d'esprit par excellence ; le plus délié des humains, le plus prompt, le plus éveillé. Tous les autres semblent dormir ou rêvasser auprès de lui. Il passe à travers ses erreurs en homme capable de les exterminer aussi lestement qu'il les épouse. Il interroge en tous les domaines et il répond de toutes parts. Il prononce sur toutes choses, parfois à l'étourdie, toujours avec cette vivacité qui, chez lui, semble croître avec l'âge. Cet homme est une merveille physiologique. Il est la vitalité même, usant et abusant d'un corps fragile, corps toujours égrotant, en proie aux malaises, aux vapeurs, aux faiblesses et qui, de maux en maux et de reprises en reprises, le porte à l'extrême vieillesse, au décharnement le plus prononcé, mais possédant, jusqu'au dernier jour, des ressorts de réaction comme inépuisables. »* Paul Valéry. ♦ *« Il n'est pas malaisé de dire simplement des choses simples. Voltaire commence par simplifier sa pensée, il se fait la part trop belle... Sa plume est trop fine ; il ne réussit que les « déliés »... »* André Gide.

RÉF. : Frédéric II, *Éloge de Voltaire*, Berlin, 1778. – Duvernet, *La Vie de Voltaire*, Genève, 1786. – Collini, *Mon séjour auprès de Voltaire*, Paris, 1807. – Longchamp et Wagnière, *Mémoires sur Voltaire*, Paris, 1826. – G. Desnoiresterres, *Voltaire et la société française au XVIIIe siècle*, 8 vol., Paris, 1867-1876. – G. Bengesco, *Voltaire, La Bibliographie de ses œuvres*, 3 vol., Paris, 1822-1889. – G. Lanson, *Voltaire*, Paris, 1906. – N. L. Torrey, *The Spirit of Voltaire*, New York, 1938. – R. Naves, *Le Goût de Voltaire*, Paris, 1938. – I. O. Wade, *Studies on Voltaire*, Princeton, 1947. – V. P. Volguine, *Voltaire*, Moscou et Leningrad, 1948. – R. Pomeau, *La Religion de Voltaire*, Paris, 1956. – A. Delattre, *Voltaire l'Impétueux*, Paris, 1957. – I. O. Wade, *The Intellectual Development of Voltaire*, Princeton, 1969. – F. Diaz, *Voltaire storico*, Turin, 1958. – J. Van der Heuvel, *Voltaire dans ses contes*, Paris, 1967. – A. M. Rousseau, *L'Angleterre et Voltaire*, Oxford, Studies on Voltaire, 1976. – Ch. Mervaud, *Voltaire et Frédéric II, une dramaturgie des Lumières*, Oxford, Studies on Voltaire, 1985. – Ch. Mervaud et S. Menant, *Le Siècle de Voltaire*, 2 vol., Oxford, 1987. – R. Poneau et coll., *Voltaire en son temps* (biographie), 5 vol., 1985 sq. Consulter les Studies on Voltaire, Oxford.

VONDEL Joost van den. Poète et dramaturge hollandais. Né à Cologne le 17 novembre 1587, mort à Amsterdam le 5 février 1679. Les parents de Joost étaient des artisans du Brabant, anabaptistes, émigrés à Cologne pour fuir l'intolérance religieuse des Espagnols. De là, ils partirent s'établir, en 1597, dans la tolérante Amsterdam. Joost y reçut une modeste instruction scolaire, et pour le reste il fut un autodidacte. En 1608, il hérita de son père un florissant commerce de chaussures dont s'occupa, à partir de 1610, sa bonne épouse Maria de Wolff (morte en 1635), tandis qu'il consacrait la majeure partie de son temps aux études et aux lettres. En 1612 Vondel publia son premier drame, *Pâques ou la Délivrance d'Israël d'Égypte* [*Het Pascha, ofte de Verlossinge Israëls uit Egypten*], qui met en scène l'exode des Hébreux se libérant de l'esclavage égyptien, ce qui sous-entendait la libération des Pays-Bas de la servitude espagnole. La *Jérusalem détruite* [*Hierusalem Verwoest*], qui date de 1620 et montre que son auteur a étudié Sénèque, témoigne d'intentions très différentes. La même année paraît *Palamède ou l'Innocence massacrée* [*Palamedes, oft Vermoorde Onnooselheyd*] qui, sous son apparence classique, est une tragédie inspirée par la passion politique : Vondel y prend parti pour le vieux et illustre « pensionnaire » Olden Barneveldt, condamné à mort par le prince Maurice de Nassau ; cela valut à Vondel un procès et une condamnation à trois cents florins d'amende. L'œuvre fut ensuite interdite mais, dans les années suivantes, elle fut rééditée trente fois. *Gysbrecht van Aemstel* (*) (1637) célèbre la ville d'Amsterdam où la pièce fut jouée pendant plus d'un siècle, la nuit de la Saint-Sylvestre ; elle fut suivie par *Les Vierges* [*De Maeghden*, 1639], histoire dramatique de sainte Ursule et du martyre des onze mille vierges, hommage de Vondel à sa ville natale de Cologne. Ensuite parurent trois importants ouvrages dramatiques : *Les Frères Bataves* [*Batavische Gebroeders*], *Joseph en Égypte* [*Joseph in Egypten*, 1644] et *Joseph vendu par ses frères* (+), l'une des pièces les mieux réussies du point de vue de l'organisation dramatique.

En 1641, Vondel se convertit au catholicisme, sans que cela lui causât d'ennuis à Amsterdam ; cependant, par la suite, son zèle lui coûtera l'amitié du poète Pieter Hooft. Sa *Marie Stuart* (*) (1646), violemment antipuritaine, témoigne de son zèle ardent de néophyte, qui ne l'empêcha pourtant pas de célébrer la victoire de la République des sept provinces et la gloire des Orange. À l'occasion de la paix de Westphalie, il publia une comédie pastorale, la seule comédie qu'il ait écrite, *Leeuwendalers*. En 1654 parut sa plus grande tragédie : *Lucifer* (*), dont la représentation fut interdite par l'Église protestante, qui ne voulait pas « voir profaner les mystères célestes sur la scène d'un théâtre » ; mais l'édition fut épuisée en quelques jours. Il faut aussi signaler que Milton se souvint de cette œuvre quand il écrivit *Le Paradis perdu* (*). Mais la gloire poétique de Vondel coïncida avec sa ruine matérielle. Son fils, Joost, qui dirigeait la boutique, fit faillite et, pour le sauver de la prison, son père paya ses dettes, sacrifiant tout ce qu'il possédait : âgé, il dut occuper pendant dix ans un petit emploi au mont-de-piété. La pauvreté ne tarit pas pour autant sa veine poétique, et il trouva un grand réconfort à traduire les *Psaumes* (*). En 1659, il publia *Jephté* (*), et en 1664 la grande tragédie *Adam exilé* (*) ; en 1667, ce fut *Zungchin*, mettant en valeur le dévouement des missionnaires jésuites en Chine. La même année parut *Noé* *ou la Destruction du premier monde* [*Noach*], dont le sujet est la punition de ces « géants » qui, vivant selon un rationalisme hédoniste, ne se souciaient guère des avertissements du pieux Noé. Vondel a encore écrit deux grands poèmes didactiques : *Les Mystères de l'autel* [*Altaergeheimenissen*, 1645] et *La Splendeur de l'Église* [*De Heerlijckheit der Kercke*, 1663]. Il faut y ajouter, outre quelques poèmes lyriques, de nombreux éloges, des pièces satiriques et de circonstance, qui reflètent toujours la promptitude et la passion de ses sentiments politiques et religieux – v. *Phaéton* (+) (1663). Citons encore ses traductions du grec, du latin, de l'italien et du français. La grandeur baroque de Vondel fait un vif contraste avec le réalisme du temps, et elle se déploie au maximum dans les chœurs de ses tragédies. Vondel est aussi une figure de premier plan dans la littérature européenne de l'âge baroque, et il se situe nettement entre Calderón et Milton. Une statue lui fut érigée à Amsterdam en 1867.

ADRIAN H. LUIJDJENS.

♦ *« Prince des poètes néerlandais. »* L. V. Ollefen. ♦ *« Bourgeois modeste et pieux, il fut avec une sérieuse et ardente conviction le poète de sa patrie, de son parti et de sa religion. »* P. Van Tieghem.

RÉF. : Ollefen, *Leven van den prins der Nederlandsche dichteren J. van den Vondel*, 2 vol., Amsterdam, 1783. – K. Sijbrandi, *Verhandeling over Vondel en Shakespeare als treurpeldichters*, Haarlem, 1841. – A. Baumgartner, *J. van den Vondel, sein Leben und seine Werke*, Fribourg, 1882. – G. Edmundson, *Milton and Vondel : a Curiosity of Literature*, Londres, 1885. – Abbé C. Looten, *Étude littéraire sur le poète néerlandais Vondel*, Lille, 1889. – A. Müller, *Über Miltons Abhängigkeit von Vondel*, thèse, Berlin, 1891. – P. Leendertz, *Het Leven van Vondel*, Amsterdam, 1910. – Père J. Noé, S. J., *De Religieuze bezieling van Vondels Werk*, Tielt, 1951. – W. A. P. Smit, *Van Pascha tot Noah. Een verkenning van Vondels drama naar continuiteit en ontwikkeling in hun grondmotief en structuur*, 3 tomes, Zwolle, 1956-1962. – K. L. Johannesen, *Zwischen Himmel und Erde. Eine Studie über Joost van den Vondels biblische Tragödie in gattungsgeschichtlicher Perspektive*, Oslo, 1963. – M. Spies (en collab.), *Joost van den Vondel 1587-1987*, Leyde, 1987. – B. J. P. Salemans et F. A. M. Schaars, *Concordantie van het dramatisch werk von Joost van den Vondel*, 5 tomes, Assen, 1990.

VONNEGUT Kurt. Romancier américain. Né le 11 novembre 1922 à Indianapolis (Indiana). Il fait ses études à Cornell University, Ithaca (New York), de 1940 à 1942, et à l'université de Chicago, de 1945 à 1947. Incorporé dans l'infanterie américaine pendant la Seconde Guerre mondiale, il se retrouve prisonnier de guerre en Allemagne. Abrité dans les sous-sols d'un abattoir, il survit au bombardement de Dresde de février 1945 : cette expérience marque la plupart de ses romans. Dès ses débuts, Vonnegut est apparu comme un écrivain « protestataire » qui a surtout représenté la sensibilité d'une génération (celle des années 60 et 70) opposée à la guerre du Vietnam, inquiète des excès de la technologie. Ses romans sont construits autour de quelques thèmes : l'épouvante de la guerre, le désastre écologique qui menace la planète, les abus de la science, l'abandon dans lequel la société laisse certaines catégories d'individus, les rapports détériorés entre personnes. Dès son premier livre, *Le Pianiste déchaîné* [*Player Piano*, 1952], Vonnegut pose les mêmes questions qu'il a lui-même définies avec humour comme des questions « de jeune étudiant ». « Pourquoi sommes-nous sur terre ? » « Que pouvons-nous y faire ? » « Que pouvons-nous savoir du monde et de ce qui l'organise ? » « Pourquoi ce gâchis ? » Questions fondamentales après tout, mais surtout formulées chez lui originalement sur le ton du comique, du satirique, du fantastique, du grotesque.

La science-fiction est le mode qu'il préfère pour élaborer son œuvre. Si, dans la plupart de ses treize romans, il choisit de parler d'autres planètes, c'est dans des buts comparatistes, pour mieux comprendre notre triste Univers. Dans *Le Pianiste déchaîné,* Vonnegut met en scène ses fantasmes d'automation, en imaginant une société dirigée par une poignée de savants, où les individus ne sont plus utiles qu'en tant que consommateurs. Dans *Les Sirènes de Titan* [*The Sirens of Titan*, 1959], une intrigue intersidérale s'ébauche. La planète Tralfamadore utilise pour envoyer des messages ce que sur Terre on prend pour des monuments (mégalithes, muraille de Chine, etc.). On verra à la fin du roman que l'histoire humaine a été déterminée par les caprices des Tralfamadoriens. Dans *Le Berceau du chat* (*) (1963), la science encore une fois travaille au détriment des hommes et rend impossibles de « vrais » rapports entre eux. *Nuit noire* [*Mother Night,* 1961], *R. Comme Rosewater* [*God Bless You, Mr. Rosewater,* 1965], *Bienvenue à la maison du singe* [*Welcome to the Monkey House,* 1965] et *Le Breakfast du champion* (*) (1973) continuent cette réflexion, et avec un humanisme triste et humoristique demandent « à quoi servent les gens ? », ou « comment aimer des gens qui n'ont aucune utilité ? ». *Abattoir 5* (*) (1969), qui se passe dans Dresde bombardée, est une analyse de l'addiction du XXe siècle à la guerre.

L'ironie amère des livres de Vonnegut est tempérée par un stoïcisme amusé, par la découverte de la bonté de quelques-uns, ou la consolation de « non-vérités inoffensives », comme la bizarre religion, le « bokononisme », du *Berceau du chat.*

Le dernier roman de Vonnegut, *Hocus Pocus* (1990), est situé en 2001 dans un avenir qui ressemble à la réalité. L'économie va mal, les ressources naturelles s'épuisent, les problèmes des villes semblent sans solution, la criminalité et la pauvreté sont effroyables. Une fois encore Vonnegut combine ironie et fausse naïveté pour jouer le rôle qu'il a choisi de jouer depuis qu'il écrit, celui de moraliste.

Vonnegut est-il, comme il le prétend, un

« pessimiste absolu » ? Ou pouvons-nous considérer comme optimiste la vision qu'il présente de l'avenir de l'humanité dans *Galapagos* [*Galapagos,* 1985] ? Dix rescapés de diverses catastrophes cosmiques se retrouvent aux îles Galapagos ; par une sorte de darwinisme à rebours, ils se transforment petit à petit en gros mammifères marins « au cœur pur ».

CLAUDE GRIMAL.

VORONSKI Alexandre Konstantinovitch (Aleksandr Konstantinovič Voronskij). Critique russe. Né le 19 (31) août 1884 à Dobrinka (gouvernement de Tambov), mort au goulag le 13 octobre 1943. Fils d'un prêtre, Alexandre Voronski a fait ses études au séminaire de Tambov, d'où il est exclu en 1905 comme « politiquement suspect ». Déjà converti au marxisme, il se lie à la fraction bolchevique du parti social-démocrate et devient un militant révolutionnaire clandestin : arrêté trois fois, il est emprisonné pendant un an en 1906-1907, exilé pour deux ans dans le gouvernement de Vologda en 1908-1909, puis pour trois ans dans le gouvernement d'Arkhangelsk en 1912-1915. En 1911, il a fait ses débuts de critique et de journaliste, sous le pseudonyme de Nourmine, dans le quotidien d'Odessa *Aube claire* [*Jasnaja zarja*]. En 1917-1918, il est élu au Comité exécutif révolutionnaire du gouvernement d'Odessa. En 1919-1920, le parti l'envoie dans l'important centre industriel d'Ivanovo-Voznessensk pour y diriger le journal local, *Pays ouvrier* [*Rabočij kraj*], qui attire l'attention de Lénine. Adjoint de son épouse, Nadejda Kroupskaïa, à la direction de l'éducation politique du commissariat du peuple à l'Instruction, il fonde en février 1921, sous le patronage de Lénine et de Gorki, la première « grosse revue » russe depuis la Révolution, le mensuel *Friches rouges* [*Krasnaja Nov'*], qui rassemblera les meilleurs écrivains de la nouvelle génération et deviendra le foyer du renouveau littéraire postrévolutionnaire.

Il y contribue lui-même par de très nombreux articles, essais, notes de lecture, consacrés soit à des œuvres et des écrivains importants (Zamiatine, Essenine, Babel, Vsevolod Ivanov), soit à l'ensemble du mouvement littéraire contemporain, soit à des problèmes généraux d'esthétique : il les réunira dans plusieurs recueils, notamment *À la soudure* [*Na styke,* 1923], *L'Art et la Vie* [*Uskusstvo i žizn',* 1924], *Types littéraires* [*Literaturnye tipy,* 1925], *Notes de littérature* [*Literaturnye zapisi,* 1926], *M. Britling boit la coupe jusqu'à la lie* [*Mister Britling p'et čašu do dna,* 1927], *L'Art de voir l'univers* (*) (1928), *Portraits littéraires* [*Literaturnye portrety,* t. I et II, 1928-1929]. Il y prône un « nouveau réalisme », qui serait une « combinaison originale de romantisme, de symbolisme et de réalisme », « mais où le réalisme resterait malgré tout le principe dominant ». Dans ces articles, aussi bien que dans ses choix de rédacteur, ce marxiste convaincu se montre un critique ouvert et pénétrant, l'un des plus fins et des plus sûrs de sa génération.

A la tête également depuis 1922 de la maison d'édition « Le Cercle » [Kroug] et, depuis 1923, du bimensuel puis hebdomadaire littéraire et satirique illustré *Le Projecteur* [*Prožektor*], il est, jusqu'en 1925, le principal interprète de la politique littéraire du parti. Il justifie une attitude libérale à l'égard des « compagnons de route » (qui ont accepté la Révolution sans adhérer au communisme) par le rejet de la notion prétendument marxiste de « culture prolétarienne » : la période de la « dictature du prolétariat », dont l'issue est la « société sans classes » (engendrant une littérature « sans classes », et non « prolétarienne »), sera trop brève, pense-t-il à la suite de Trotski, pour permettre au prolétariat d'édifier sa propre culture. A défaut, il devra se contenter d'une littérature « révolutionnaire », mais encore « bourgeoise » par son contenu de classe, comme l'est celle des « compagnons de route ».

Violemment attaqué, à partir de 1923, par l'Association des écrivains prolétariens (R.A.P.P., puis V.A.P.P.), qui regroupe de jeunes militants communistes sans expérience littéraire, Voronski voit encore sa politique libérale confirmée par la résolution du parti sur la littérature du 18 juin 1925, qui condamne leurs excès. Mais ses positions théoriques sur la « littérature prolétarienne » sont déjà qualifiées de « capitulardes ». Ses liens avec l'opposition trotskiste (il est exclu du parti en 1929, mais réadmis en 1930) le compromettent : évincé pendant quelques mois de *Friches rouges* à la fin de 1924, il en est définitivement écarté en octobre 1927. Employé aux éditions d'État, il poursuit la rédaction de ses souvenirs romancés, commencés en 1927-1929 avec l'évocation de sa formation de révolutionnaire dans *En quête de l'eau vive et de l'eau morte,* [*Za živoj i mertvoj vodoj*], en racontant son enfance et son adolescence de séminariste dans *Le Séminaire* [*Bursa,* 1933]. Il publie encore en 1934 une biographie du révolutionnaire Jéliabov et une étude biographique sur Gogol, mais celle-ci est aussitôt retirée de la vente. Il est arrêté le 1er février 1937 et meurt au bagne en 1943.

MICHEL AUCOUTURIER.

VÖRÖSMARTY Mihály. Il est le plus grand poète du romantisme magyar. Né à Kápolnásnyék le 1er décembre 1800, de parents nobles mais pauvres, mort à Pest le 19 novembre 1855. Ayant perdu son père à dix-sept ans, il dut, pour continuer ses études, commencées au lycée de Székesfehérvár, à Pest, accepter un poste de précepteur. Dans la famille d'un illustre propriétaire terrien, le jeune homme connut quelques années de bonheur et d'études qui lui permirent de devenir avocat et de parfaire sa culture en lisant les grands poètes hongrois et étrangers, notamment Shakespeare, le Tasse, Goethe, Schiller et Ossian. Après s'être essayé dans la poésie latine, il composa des poèmes lyriques inspirés par l'amour qu'il vouait en secret à la sœur d'un de ses élèves, et plus encore par son culte de l'Antiquité. Dès l'âge de vingt-trois ans, à travers une facture classique perçaient dans ses vers un romantisme, une fantaisie très personnels. Et son style, renonçant à la solennité, était tout rajeuni par une lumière et une couleur nouvelles. La première ambition du poète fut de donner à son pays l'épopée nationale qui lui manquait. En 1825, il publia *La Fuite de Zalán* [*Zalán futása*], exaltation en hexamètres de la geste légendaire d'Arpad, le célèbre conquérant national, où le lyrisme, toutefois, est plus puissant que le sens épique. Lyriques encore sont les poèmes *Cserhalom* (1825), *Tündérvölgy, Eger* (1827), qui eurent un grand succès. Préférant au barreau la fréquentation des cercles littéraires de Pest, il prit en 1828 la direction d'une grande revue : *Le Magasin scientifique* [*Tudományos Gyüjtemény*], et, deux ans plus tard, fut élu membre associé de l'Académie des sciences. Ce furent ensuite dix années d'activité fiévreuse, consacrées en grande partie au théâtre. Citons la charmante saynète *Csongor et Tünde* [*Csongor és Tünde*, 1831], des drames historiques – tels *Les Sans-Patrie* [*Bujdosók*, 1828] – écrits dans une langue exquise, et surtout ces chefs-d'œuvre épiques : *Les Deux Châteaux voisins* [*Két szomszéd vár*, 1831] et *Le Ban Marot* [*Marót bán*, 1838]. À la tête de la revue *Althenaeum*, le poète exerça en outre une grande influence sur la vie littéraire de son temps. Il donna notamment au lyrisme une orientation en grande partie civique et patriotique. Non moins inspiré par la renaissance hongroise est son *Appel* (1837), qui allait devenir, ainsi que *L'Hymne* de Ferenc Kölcsey, une prière nationale où la vision du tragique destin magyar est atténuée par les services que ce peuple rendit au monde. Mais avec les années ce double amour de la Hongrie et de l'humanité prit chez Vörösmarty les teintes du pessimisme le plus sombre avec *Le Sacrifice* (1840) et *La Statue vivante* (1841). Même les joies d'un bonheur conjugal tardif (il avait quarante-trois ans) ne suffirent pas à rasséréner Vörösmarty. La tristesse du poète en vint à bouleverser son œuvre, par exemple, dans *Les Hommes* [*Az emberek*, 1846], et se fit plus exaspérée encore après le fiasco de la guerre d'indépendance hongroise (1849). À de rares instants, néanmoins, sa fantaisie tentait de prendre son vol, mais pour se heurter partout à des ruines d'autant plus terrifiantes qu'elles étaient illuminées par le désespoir. Dans *Le Vieux Tzigane* (*) (1854), cette désolation prend plus d'ampleur encore : c'est le supplice titanesque de tout le genre humain, qui frémit et hurle. Ce furent les derniers vers de Vörösmarty, alors malade et à la veille de mourir.

EMERICO VARADY.

VORPOUNI Zareh. Romancier arménien, de son vrai nom Euksuzian. Né à Ordou (région du Pont en Turquie) le 24 mai 1902, mort à Paris le 1er décembre 1980. Le nom de cet écrivain, sous ses deux formes, porte la marque de l'orphelin (« vorb » en arménien, « euksuz » en turc). Vorpouni a perdu son père en 1915, comme des dizaines de milliers d'autres enfants arméniens. Jusqu'au bout, son œuvre romanesque a été un effort pour enregistrer cette perte. Réfugié en Crimée, il vient à Istanbul en 1919, où il étudie avec les maîtres rescapés de la littérature arménienne. En 1922, il s'enfuit en France, où il s'installe à Marseille avec sa famille, puis à Strasbourg (1929), et enfin à Paris en 1939, où il revient en 1945 après cinq années passées en captivité. En 1929, alors que *La Retraite sans chanter*, roman rival de son contemporain Chahnour, paraît à Paris, il publie *La Tentative* [*P'ordze*] à Marseille. *La Tentative* est le premier roman d'une série qui a pour titre *Les Persécutés*, conçue par l'auteur sur le modèle proustien, mais dont le second volume, *Le Candidat* [*T'eknatsoun*], ne paraîtra qu'en 1967, et les deux suivants en 1971 et 1973. Entre-temps, Vorpouni a publié plusieurs recueils de nouvelles, qui ont pour sujet le destin d'Arméniens exilés. En 1964, pour son retour au roman, il fait paraître *Et l'homme fut* (*), son œuvre maîtresse.

MARC NICHANIAN.

VOSKOVEC Jiří (pseud. de Jiří Wachsmann). Auteur dramatique et acteur tchèque. Né le 19 juin 1905 à Sávaza-Budy, mort le 4 juillet 1981 en Californie. Issu d'une famille d'ascendance et de culture françaises, il termine ses études secondaires au lycée Carnot de Dijon et suit les cours aux facultés des lettres et de droit à Prague. De 1927 à 1948, il forme, avec son ami de jeunesse Jan Werich, le célèbre tandem d'auteurs et d'acteurs V + W qui marque de manière indélébile le théâtre tchèque moderne ; leur action d'avant-garde s'exerce au « Théâtre libéré » [Osvobozené divadlo], scène expérimentale du groupe Devětsil (voir l'article Karel Teige), qu'ils dirigeront eux-mêmes de 1929 à 1938. À l'origine, l'intention de ces deux jeunes « étudiants », auteurs-acteurs fantaisistes, imaginatifs, blagueurs, optimistes, influencés par le dadaïsme et le « poétisme », était d'amuser le public en riant et en se moquant de tout et de rien. Outre les moyens du théâtre, ils utilisent musique, chansons, danses, récitations, sketches, dialogues à bâtons rompus « devant le rideau » et élaborent ainsi, sous deux formes scéniques, revues et comédies, leur style spécifique, d'une extraordinaire force poétique. Pendant quatre ou cinq ans, leurs cibles sont l'esprit de sérieux, le patriotisme, les slogans, la « politicaillerie », le sentimentalisme, le théâtre « sérieux » d'un Ibsen ou celui d'avant-garde d'Emil František Burian, autre grand chef de file d'époque (1904-1959)... ou eux-mêmes. Vers 1932, avec le changement du climat social et politique dans le pays et dans toute l'Europe, ils évoluent de l'humour et des parodies « pures » à la satire engagée contre les défauts du libéralisme, la montée du fascisme, pour la défense de la démocratie, sans toutefois modifier leurs moyens scéniques. En onze ans, V + W écrivent et jouent ensemble près d'une trentaine de « revues » et de pièces, notamment : *Vest Pocket Revue* (1927), *Smoking Revue* (1928), *Nord contre Sud* [*Sever proti jihu*, 1930], *Le Golem* (1931), *Caesar* (1932), *L'Âne et l'Ombre* [*Osel a stín*, 1933], *Le Bourreau et le Fou* [*Kat a blázen*, 1934], *Ballade des chiffons* (*), *L'Envers et l'Endroit* [*Rub a líc*, 1937], *La Lourde Barbe* [*Těžká Barbora*, 1937], *Le Poing sur l'œil* [*Pěst na oko*, 1938], etc. V + W travaillent aussi, avec succès, pour le cinéma. La capitulation de Munich et ses suites arrêtent tout : alors que leur metteur en scène Jindřich Honzl (1894-1953) reste au pays, V + W partent pour les États-Unis où, avec leur compositeur de musique Jaroslav Ježek (1906-1942), ils continuent le combat par des pièces radiophoniques et des chansons. Leur tentative de recréer un théâtre échoue au moment du « Coup de Prague » : Werich reste sur place, Voskovec s'expatrie de nouveau, travaille deux ans à Paris, à l'U.N.E.S.C.O., puis regagne les États-Unis où il fait voir son talent d'acteur au théâtre, au cinéma, à la télévision. Dans sa patrie, l'aventure du Théâtre libéré devient une épopée légendaire des temps de liberté : les pièces de V + W sont éditées (1954-57 et 1968, 5 volumes), des dizaines de disques sont « repiqués », et un volume de textes en vers (chansons, etc.), écrits jadis ensemble, est rassemblé et annoté par Voskovec : *Le Chapeau dans les broussailles* [*Klobouk ve křoví*, 1965]. Homme de deux, et même de trois cultures, Voskovec aime rappeler l'apport français ; à ses traductions de Cocteau, Jarry, etc. en tchèque s'ajoutent celles de Molière, Labiche, Courteline en anglais. Ses idées sur le théâtre, sur ses convictions politiques (il admire Masaryk), ses souvenirs paraissent à l'occasion dans des revues tchèques éditées à l'étranger.

VLADIMIR PESKA.

VOZNESSENSKI Andreï Andreïevitch [Andrej Andrejevič Voznesenskij]. Poète russe. Né à Moscou le 12 mai 1933. Il a achevé en 1957 à l'Institut d'architecture de Moscou des études qui ont profondément marqué sa vision du monde et sa démarche poétique. Il a fait dans la poésie russe une entrée météorique en 1960 avec deux petits livres, *Mosaïque* [*Mozaika*] et *La Parabole* [*Parabola*]. Mais il écrit des vers depuis l'âge de quatorze ans, a osé en envoyer à Pasternak, qui lui a fait don de son amitié. Son influence le marqua profondément ainsi que celle du Maïakovski de la première période.

Alors que la facture traditionnelle domine, il renoue résolument avec les recherches expérimentales des années 10 et 20 du siècle. *La Poire triangulaire* [*Treugoljnaja gruša*], publiée en 1962, le rend d'un coup célèbre. Le titre, programmatique, est l'emblème de son désir de modernité. Elle est manifeste dans le lexique (argot estudiantin et terminologie des nouvelles technologies), dans la thématique, les métaphores audacieuses, les rimes inattendues, les sonorités faisant pivoter le sens, les recherches rythmiques, la prose poétique mêlée aux vers... Voznessenski commence à courir le monde, se produit avec succès à Paris...

Peu après intervient un événement crucial : au cours d'une rencontre des dirigeants soviétiques avec les intellectuels, Khrouchtchev interrompt brutalement et invective vertement Voznessenski qui est à la tribune. La santé du poète en sera quelque temps sérieusement ébranlée. Après une brève et éprouvante éclipse, il revient sur le devant de la scène. En 1964 paraît un nouveau recueil, *Les Anti-Mondes* [*Antimiry*] qui obtient un vif succès et fait l'objet de non moins vives controverses. Il sera adapté à la scène au théâtre de la Taganka. Voznessenski fait partie du groupe de poètes qui viennent donner en décembre 1965, à l'occasion de la sortie de l'*Anthologie de la poésie russe* d'Elsa Triolet, une triomphale soirée à la Mutualité, à Paris.

Voznessenski reprend ses tournées internationales, est reçu par les grands de ce monde et les célébrités de l'art. Lui-même acquiert la popularité d'une star de cinéma. Doué d'une très grande finesse d'oreille, il compose, le plus souvent oralement, une poésie raffinée qui exige une très grande dextérité déclamatoire, largement fondée sur l'analogie phonétique produisant des rapprochements surprenants ; elle réclame un contact permanent avec de larges auditoires et un renouvellement constant. Dans son œuvre, Voznessenski se fait le défenseur résolu de l'innovation et de l'ouverture au monde. Il devient la cible privilégiée de la critique traditionaliste et nationaliste russe. On lui fait un procès de snobisme, de vedettariat, de trahison des valeurs nationales. Cependant, il ne se laisse pas détourner de sa voie, cherche de nouveaux modes d'expression dans ses *Izopes*, poèmes « concrets » reprenant la tradition des « Carmina figurata » et des calligrammes. Avec *Le Cœur d'Achille* [*Akilesovo serdce*], publié en 1966, se renforcent les notes grotesques, la verve satirique et la prise de position sociale du poète. Le poème *Skrymtymnym* (*), écrit en 1970, en devient comme l'emblème. Ces tendances iront en s'accentuant au cours des années 70. Poussé par la force de son propre chant et par l'exigence sociale, le poète ne livre plus seulement le combat de la modernité, il défend la souveraineté de la poésie, la dignité de l'intelligentsia : *Incontrôlable* (*) (1979). Explorant de nouvelles voies, il se tourne vers la prose poétique avec *J'ai quatorze ans* [*Mne četyrnadcatj let*, 1980], fervente évocation de la figure de Pasternak ; *O* (1983) – v. *Incontrôlable* –, fantaisie à base de science-fiction se servant des mots en O pour en former la chaîne de la mémoire.

Voznessenski a reçu en 1978 le prix Lénine. Il a été élu membre étranger de l'Académie américaine, de l'Académie Mallarmé, de l'Académie bavaroise. Toujours inquiet de la façon dont il est perçu par le public, il fait des lithographies ; se souvenant de son passé d'architecte, il érige à Moscou un poème de bronze composé des lettres de l'alphabet géorgien, propose le projet d'une sphère gonflable, monument mobile aux littératures du monde entier ; il crée des affiches et jusqu'à des tee-shirts poético-plastiques ! Voznessenski a participé par ses articles et interventions au mouvement de soutien à la perestroïka. Il a patronné des soirées de la nouvelle avant-garde poétique, il s'est fait élire « pape de l'avant-garde » en Sibérie. Il semble compter sur le retour du religieux pour acquérir une nouvelle popularité. Son dernier livre, poésie, prose et photographies mêlées, publié en 1990 sous le titre palindromique de *Aksioma Samoiska* (Axiome de la recherche de soi), en forme de croix de Saint-André, a été tiré à deux cent mille exemplaires.

LÉON ROBEL.

VRCHLICKÝ Jaroslav (pseud. d'Emil Bohuslav Frida). Écrivain tchèque. Né à Laun (actuel Louny, Bohême) le 17 février 1853, mort le 9 septembre 1912 à Domažlice. Il étudia les lettres à Prague. En qualité de précepteur de la famille du comte Montecuccoli-Laderchi, il passa en Italie les années 1875-76 ; ce séjour eut une influence décisive sur son orientation spirituelle. Nommé professeur de littérature comparée à l'université de Prague en 1893, il s'éteignit dix-neuf ans plus tard après une longue maladie. L'ampleur de l'œuvre littéraire de Vrchlický est de nature à effrayer le critique le plus appliqué. La diversité de sa production est telle qu'elle constitue, à elle seule, une bibliothèque : poèmes, épopées, récits, drames, comédies, études critiques, anthologies, traductions. Il ne cessa d'alterner la production d'œuvres originales avec son inlassable activité de traducteur. Dans ses propres œuvres, la facilité l'entraîne vers l'improvisation. Qu'il nous suffise de rappeler que, de la seule littérature italienne, il traduisit en tchèque *La Divine Comédie* (*), *Roland furieux* (*) et *La Jérusalem délivrée* (*), Pétrarque, Michel-Ange, Parini, Leopardi, Manzoni, Foscolo, Carducci et autres. Mais c'est Victor Hugo et les parnassiens français qu'il adopta pour modèles. Sur les pas de ces derniers, il donna à sa poésie une forme rigoureuse, calme, harmonieuse ; la poésie tchèque y gagna une forme ornementale que l'on peut qualifier de romane. S'inspirant de Victor Hugo, de Sully Prudhomme et de Leconte de Lisle, il conçut ses *Fragments d'épopée* [*Zlomky epopeje*], petits poèmes, ballades, romances, qui devaient constituer une symbolique *Légende des siècles* (*), une vaste histoire des religions, des mythes et des fables héroïques. Parmi ses nombreux « zlomky » lourds de motifs ornementaux et de pathos, citons : *Esprit et Monde* [*Duch a svět*, 1878] ; *Mythes* [*Mýthy*, 1879-1880] ; *Nouveaux poèmes épiques* [*Nové epické básně*, 1881] ; *Perspectives* [*Perspektivy*, 1884] ; *Ballades champêtres* [*Selské balady*, 1885] ; *Fresques et Tapisseries* [*Fresky a gobeliny*, 1891] ; *Bar Kochba* (1897) ; *Ex-voto* [*Votivní desky*, 1902] ; *Chanson sur Vineta* [*Píseň o Vinetě*, 1906].

Mais, plus qu'à cette vaste construction allégorique, le nom de Vrchlický demeure attaché aux poèmes où il chante harmonieusement l'univers et la nature ; ils se déroulent devant nous comme une trame richement colorée, aux vibrations scintillantes. Tout comme Théodore de Banville, il essaya, avec une rare virtuosité, les différents modes : rondeaux, sonnets, tercets, couplets, sixains, ballades, madrigaux, refrains. Citons parmi ses innombrables recueils : *De profundis* [*Z hlubin*, 1875] ; *Un an dans le Sud* [*Rok na jihu*, 1878] ; *Églogues et Chansons* [*Eklogy a písně*, 1880] ; *Impressions et Fantaisies* [*Dojmy a rozmary*, 1880] ; *Poudre d'or* [*Zlatý prach*, 1887] ; *Noyaux amers* [*Hořká jádra*, 1889] ; *Vie et Mort* [*Život a smrt*, 1892] ; *Illusions fugitives et Vérités éternelles* [*Prchavé iluse a věčné pravdy*, 1904] ; *L'Arbre de vie* [*Strom života*, 1909] ; *L'Épée de Damoclès* [*Meč Damoklův*, 1912]. Parmi ses œuvres théâtrales, il importe de rappeler la comédie intitulée *Une nuit à Karlstein* [*Noc na Karlštejně*, 1884], qui se passe à l'époque de Charles IV, et la trilogie dramatique *Hippodamie* (*) (1883-1890), qui fut mise en musique par Fibich (1891). Rappelons encore *La Légende de saint Procope* (*) (1880-84), *Julien l'Apostat* (*) (1885) et *Le Bréviaire de l'homme moderne* (*). Vrchlický fut parmi les poètes tchèques du XIXe siècle les plus discutés ; il attend encore aujourd'hui un examen critique pertinent qui, écartant la masse inconsistante de ses œuvres les moins significatives, mette en relief les valeurs durables d'un auteur qui annonce l'impressionnisme et d'autres courants de la poésie moderne.

ANGELO MARIA RIPELLINO.

RÉF. : A. Jensen, *Jaroslav Vrchlický*, Stockholm, 1894. – G. Stuparich, *La Letteratura italiana in Cecoslovacchia. Le traduzioni di Vrchlický*, in *Europa Orientale*, nº 2, Rome, 1921. – W. Giusti, *Vrchlický e Carducci* in *Rivista di letterature slave*, I, Rome, 1926. — Arne Novák, *Die tschechische Literatur*, Potsdam, 1931-32.

VRIES Hugo de. Botaniste hollandais. Né le 16 février 1848 à Haarlem (Hollande septentrionale), mort le 21 mai 1935 à Lunteren (Gueldre). Il fit ses études à Leyde où il obtint son doctorat en 1870, puis se rendit en Allemagne, à Heidelberg et Würzburg. En 1878, il devint professeur de botanique à l'université d'Amsterdam, où il resta jusqu'en 1918. Ayant pris sa retraite, il continua de se livrer à des recherches expérimentales à Lunteren, jusqu'à sa mort. Il s'occupa d'abord de mécanique cellulaire, étudiant la perméabilité du plasme, la turgescence, la plasmolyse et l'osmose. Mais son attention fut surtout appelée par l'évolution quand, en 1886, il observa un groupe de plantes (Oenothera Lamarkiana) qui offraient un exemple très clair de variations discontinues. Grâce à une étude expérimentale très poussée, il parvint à établir la théorie des mutations et publia un ouvrage intitulé *Sur l'origine expérimentale d'une nouvelle espèce végétale* (*) (publié en français, 1900) et un autre *Sur la mutabilité de l'Oenothera Lamarkiana* (1900). Dans ces travaux, de Vries admet une discontinuité dans les petites variations, et la brusque apparition de nouveaux caractères, donc de nouvelles espèces. L'espèce continue à se transformer lentement par sélection à des époques déterminées, et, sous l'influence de circonstances particulières, elle peut donner naissance non seulement à des variations individuelles, mais également à des formes nouvelles, qui diffèrent de la souche mère par des caractères constants et transmissibles. Cette apparition n'est pas due à des fluctuations dans le sens darwinien, mais à des mutations. Les ouvrages de de Vries les plus connus sont, en plus des traités déjà cités : *La Théorie de la mutation* (1901-1903), *Les Mutations et les périodes de mutation par rapport à la formation des espèces* (1901), *Espèces et variétés. Leur naissance par mutation* [*Soorten en varieteiten. Hoe zij ontstaan door mutatie*, 1906 ; tr. fr. 1909], *La Formation de l'espèce par groupes* [*Gruppenweise Artbildung*, 1913]. De nombreuses études mineures ont été réunies en sept volumes sous le titre d'*Opera e periodicis collata* (1918-1927).

VRIESLAND Victor van. Poète, romancier et critique hollandais. Né à Haarlem le 27 octobre 1892, mort à Amsterdam le 29 octobre 1974. Homme de lettres très complet, il s'est distingué par une activité intense et variée dans le monde littéraire hollandais ; l'image du critique averti et du pionnier l'emporte sur celle du poète et du romancier. Il collabora à plusieurs revues et quotidiens, fut président du « Pen-Club » de 1945 à 1965 et composa quelques anthologies fort appréciées. Signalons, parmi ses œuvres critiques, *Base d'entente* [*Grondslag van verstandhouding*, 1946], *Enquête et Démonstration* [*Onderzoek en vertoog*, 2 vol., 1958] et *La Réalité dans la littérature néerlandaise* [*Het werkelijkheidsgehalte in de Nederlandse letterkunde*, 1962]. Sa poésie est empreinte d'intellectualisme : *Perspective conditionnelle* (1929), *Exercices périodiques* (*) (1935), *Enquête préalable* [*Vooronderzoek*, 1946], *Contre-Poison* [*Tegengif*, 1959], *Irréfléchi* [*Ondoordacht*, 1965] et *Arrière-Pensées* [*Bijbedoelingen*, 1972].

VU Trong Phung. Écrivain vietnamien. Né le 20 octobre 1912 à Hao (Hung Yên), mort le 13 octobre 1939 à Hanoi. Très tôt orphelin de père, il connaît une vie matérielle difficile et doit gagner sa vie dès seize ans (petit employé puis journaliste et écrivain). Jamais auteur n'a été aussi fécond pendant une si courte vie. Il s'affirme rapidement comme grand romancier réaliste. Peintre d'une société en décomposition, avec sa justesse de ton, son mépris des bourgeois parvenus, routiniers, vaniteux et égoïstes, il s'attaque aux fléaux sociaux dans des livres comme *Piège tendu à l'homme* [*Cam bây nguòi*] ; *Visite médicale des prostituées* [*Luc xì*] qui sont les reportages d'un conteur talentueux et d'un moraliste. Ses œuvres romanesques sont des peintures de mœurs qui dénoncent la pourriture d'une société où liberté individuelle et idées nouvelles ne sont que prétextes : *Le Veinard* [*Sô do*], *Prostitution* [*Lâm di*], *Mariage d'amour* [*Lây nhau vì tinh*], *Ruptures de digues* (*), *Orage* (*) sans doute son meilleur roman. Tuberculeux, opiomane, marqué par l'exécution de son ami Ky Con, un révolutionnaire, il laisse voir sa conception pessimiste de la vie, son scepticisme (procès du romantisme). Mais cela ne le pousse ni vers la résignation, ni vers la misanthropie, ni vers la foi en un communisme sauveur : sa personnalité et son œuvre, pleines de paradoxes, suscitent de son vivant comme après sa mort polémiques et discussions.

THANH-TÂM LANGLET.

VUČO Aleksandar. Poète et romancier serbe. Né à Belgrade le 25 novembre 1897, il fit ses études à Paris et fut l'un des fondateurs et des animateurs du mouvement surréaliste serbe — v. *L'Impossible* (*), almanach surréaliste yougoslave. Il dirigea un grand nombre de revues, parmi lesquelles *Notre réalité* [*Naša stvarnost*, 1936-1939] qui rassemblait les écrivains progressistes. Il fut pendant longtemps secrétaire général de l'Association des écrivains de Yougoslavie. Résolument moderne dans son orientation, il se distingue par l'originalité d'une expression inspirée de tous les idiomes, jargons et patois urbains de Belgrade. *L'Humour-Sommeil* (+) (1933) est un exemple typique d'écriture automatique et de littérature expérimentale. Avec *Les Exploits de* *la confrérie des cinq petits coqs* (*) (1933), il se détourne du surréalisme pour se consacrer à la poésie pour enfants. Dans le domaine du roman, il convient de signaler surtout la trilogie *Dissolution* (+) (1954), *Les Consignes mortes* (*) (1957) et *Les Mérites* (+) (1963), histoire d'une famille belgradoise depuis le début du siècle jusqu'à la Seconde Guerre mondiale, qu'elle vit comme une sorte d'apocalypse. Citons encore le recueil de poèmes *Le Toit au-dessus de la fenêtre* [*Krov nad prozorom*, 1926], un roman, *La Racine de la vue* [*Koren vida*, 1928], et le poème *Mastodontes* (+) (1951) – v. *Si je m'en souviens encore une fois* (*).

RÉF. : M. Bogdanović, *Marko Ristić i Aleksandar Vučo*, Belgrade, 1972.

W

WACE Robert. Poète anglo-normand. Né dans l'île de Jersey vers 1110, mort en Angleterre entre 1180 et 1184. Il était d'origine noble. Sa famille l'envoya vers sa dixième année à Caen pour qu'il y étudiât le latin et se préparât à entrer dans les ordres. Il se rendit ensuite, pour étudier la théologie, à l'université de Paris, et revint à Caen vers 1130. On pense qu'il y résida durant la majeure partie de sa vie et qu'il eut très vite accès à la cour du roi Henri Ier d'Angleterre, qui siégeait ordinairement dans cette ville. Ses premières œuvres sont d'inspiration religieuse. Il débuta par une *Vie de saint Nicholas de Myre*, suivie bientôt par la *Vie de sainte Marguerite* et un poème sur *L'Établissement de la feste de la Conception, dicte la feste as Normanz.* La deuxième partie de son œuvre comprend, sous le titre général de *Geste des Bretons,* deux romans et une chronique rimée qui comptent parmi les écrits les plus importants de la littérature du XIIe siècle. Il donna à ses deux longs poèmes la dénomination de « romans » parce qu'ils étaient écrits en langue romane. Le plus fameux est *Le Roman de Rou* (*), qui raconte l'histoire des ducs de Normandie, depuis l'invasion de Rollon jusqu'à la bataille de Tinchebray en 1106. Ce livre, qui dut être terminé vers 1160, est dédié à Henri II, qui récompensa son auteur en lui offrant un bénéfice à Bayeux. *Le Roman de Brut* (*) est sans doute antérieur au précédent, et fut dédié à la célèbre Éléonore d'Aquitaine, reine de France, puis d'Angleterre. Il s'agit d'une traduction très libre de l'*Histoire des rois de « Bretagne »* (*) de Geoffroy de Monmouth, qui a le mérite d'être considérée comme le germe du fameux cycle des *Romans de la Table ronde.* C'est vers 1172 qu'il entreprit la *Chronique ascendante des ducs de Normandie,* mais il fut découragé par le fait qu'Henri II ait chargé Benoît de Sainte-More du même travail que lui, et cessa d'écrire. On lui attribue aussi, parfois, le *Roman du Chevalier au lion* et le *Roman d'Alexandre* (*), sans preuves vraiment convaincantes.

RÉF. : H. Jimonsky, *Essai d'analyse des procédés littéraires de Wace,* Montpellier, 1926. – M. Pelan, *L'Influence du « Brut » de Wace sur les romanciers français de son temps,* Paris, 1931. – H. Houck, *Sources of the Roman de Brut of Wace,* Berkeley, 1941. – H. E. Keller, *Étude descriptive sur le vocabulaire de Wace,* Berlin, 1952. – H. E. Keller, *Wace, La Vie de sainte Marguerite,* Tubingen, 1990.

WACKENRODER Wilhelm Heinrich. Écrivain allemand. Né le 13 juillet 1773 à Berlin, où il mourut le 13 février 1798. Fils d'un conseiller de guerre privé, il fréquenta le Friedrichs-Werder Gymnasium à Berlin, où il se lia d'amitié avec son condisciple Ludwig Tieck. Il commença ses études supérieures à Erlangen, et c'est de là qu'il partit avec son ami pour un voyage à Nuremberg et Bamberg (1793). Il découvrit dans l'enthousiasme la grandeur, le charme évocateur de la ville d'Albrecht Durer et de Hans Sachs, l'art et la piété du Moyen Âge allemand. Il poursuivit ensuite ses études à Göttingen ; en 1794, on le retrouve à Berlin avec Tieck. En 1796, toujours avec Tieck, il fait un voyage à Dresde. Ensuite Wackenroder revint vivre à Berlin, où il était rapporteur au tribunal de cour lorsqu'une mort prématurée l'emporta. De son vivant, il publia quelques ouvrages d'une importance relative mais qui donnent bien le ton de ses préoccupations. En 1794, il fit paraître *Les Invisibles* [*Die Unsichtbaren*], d'après le roman de chevalerie d'Ernst Winter ; en 1796 *Le Démocrate* [*Der Demokrat*], traduction de l'anglais ; puis, la même année, quelques histoires moyenâgeuses telles que *Le Château Montford ou le Chevalier à la rose blanche* [*Das Schloss Montford oder der Ritter von der weissen Rose*] et *Le Cloître Netley* [*Das Kloster Netley*]. L'ouvrage le plus important qu'il donna avant de mourir est celui qu'il écrivit en collaboration avec Tieck, et où les deux jeunes gens ont fait passer tout le lyrisme de leur enthousiasme juvénile : *Épanchements d'un moine ami des arts* (*). Ils y célèbrent l'unité de l'art et de la foi et la mission divine de l'artiste. Après la mort de Wackenroder, Tieck fit paraître un ouvrage de son ami dans lequel il eut aussi une part : *Fantaisies sur l'art pour tous les amis de l'art* (*) (1799). Ces deux ouvrages représentent la première tentative radicale en Allemagne de constituer une esthétique sur la base du fond commun de la foi.

RÉF. : Koldewey, *Wackenroder und sein Einfluss auf Tieck*, Leipzig, 1904. – I. Rouge, *Wackenroder et le romantisme* in *Mélanges Lichtenberger*, Paris, 1934. – Jean Boyer, introduction à la traduction française des *Fantaisies sur l'art*, Paris, 1945. – R. Kahnt, *Die Bedeutung der bildenden Kunst und der Musik bei W. H. Wackenroder*, Marburg, 1969. – R. Littlejohns, *Wackenroder-Studien. Gesammelte Aufsätze zur Biographie und Reception eines Romantikers*, Francfort-sur-le-Main, 1987.

WAGNER Heinrich Leopold. Écrivain allemand. Né le 17 février 1747 à Strasbourg, mort à Francfort-sur-le-Main le 4 mars 1779. Fils d'un commerçant, Wagner étudie le droit. Après une année de préceptorat à Sarrebruck, il vit en 1775 à Francfort de leçons particulières et de petits travaux littéraires. En 1776, il achève ses études, s'installe comme avocat à Francfort et épouse une veuve plus âgée que lui de dix-sept ans. Il meurt le 4 mars 1779 de la tuberculose. Wagner a connu la plupart des représentants du mouvement littéraire des années 1770, Goethe, Lenz, Klinger, Maler Müller entre autres, et fustige en 1775, dans une farce intitulée *Prométhée, Deucalion et ses censeurs* [*Prometheus, Deukalion und seine Recensenten*], les critiques du *Werther* (*) de Goethe. Son œuvre variée est à l'image de l'époque : poésies de circonstance et poèmes à la Bürger, *Récits destinés à être mis à l'Index* [*Konfiskable Erzählungen*] à la manière de Lessing et de Gellert, traduction du traité de Louis Sébastien Mercier « Du théâtre ou nouvel essai sur l'art dramatique » ainsi que, du même auteur, *La Brouette du vinaigrier*, prologues et épilogues dans le goût du temps pour la troupe de Seyler, une adaptation de *Macbeth* (*), enfin un roman inachevé, *Vie et mort de Sébastien Silling* [*Leben und Tod Sebastian Sillings*]. Deux drames, *Le Remords après la faute* [*Die Reue nach der Tat*] et *L'Infanticide* (*), sont plus particulièrement représentatifs du « Sturm und Drang ». Bousculant les règles du théâtre classique, ces pièces réalistes mêlent intentions didactiques et sentimentalisme et expriment les revendications éthiques et sociales de la nouvelle génération. Enfin, une satire en un acte, « Voltaire au soir de son apothéose » [Voltaire am Abend seiner Apotheose], confirme cet engagement.

JEAN-PAUL SOULÉ-THOLY.

RÉF. : E. Schmidt, *H. L. Wagner, Goethes Jugendgenosse*, Iéna, 1879. – J. Froitzheim, *Goethe und H. L. Wagner*, Strasbourg, 1889. – E. Genton, *Lenz-Klinger-Wagner, Studien über die rationalistischen Elemente in Denken und Dichten des « Sturm und Drang »*, Masch. Diss, Berlin, 1955 ; *La Vie et les opinions de H. L. Wagner*, Francfort/Bern/Cirencester, 1981.

WAGNER Richard. Compositeur allemand. Né le 22 mai 1813 à Leipzig, mort le 13 février 1883 à Venise. De famille bourgeoise, il eut dès son enfance des contacts avec le théâtre : son parrain, Ludwig Geyer, était un homme de théâtre, trois de ses sœurs, ainsi qu'un de ses frères, étaient des acteurs. Tant que son parrain vécut, la famille habita à Dresde, où Weber était directeur de l'Opéra ; à cette époque, ce dernier était plongé dans la composition de son *Freischütz* (*). Sa figure fit une impression profonde sur l'enfant, qui vit en lui une espèce de modèle idéal du musicien allemand, et se proposa de continuer l'œuvre qu'il avait entreprise pour la création d'un théâtre national. La famille de retour à Leipzig (1821), Wagner y fréquenta l'école secondaire et l'université, s'intéressant chaque jour davantage à la littérature et au théâtre, mais étudiant la musique de façon assez irrégulière. Il ne suivit jamais de cours au Conservatoire ni à aucune autre école de musique ; cette formation explique en grande partie ce caractère de « dilettantisme génial » (comme l'écrivit Thomas Mann) qui lui permit de pousser, en toute liberté, aux extrêmes conséquences la révolution romantique. Dès son enfance, il avait commencé à griffonner des tragédies et des essais dramatiques ; à partir de seize ans, il se tourna plus intensément vers la musique et commença à composer des ouvertures et autres morceaux symphoniques, dont certains furent même exécutés en public à Leipzig. Par contre, ses premières tentatives d'opéras : *Les Noces* [*Die Hochzeit*, 1833] et *Les Fées* (*) (1833-34), restèrent dans ses tiroirs. Cependant, il fut choisi comme chef d'orchestre d'une compagnie de théâtre lyrique qui jouait à Magdebourg (1834-1836), et il put ainsi monter une unique représentation de son nouvel opéra : *La Défense d'aimer* (+) (1834-35), peu de temps avant la faillite de cette compagnie. Wagner avait épousé une actrice de la troupe, et il trouva à ce moment un poste de chef d'orchestre au théâtre de Riga (1837-1839). Il y eut bientôt la réputation d'être un chef exigeant, animé d'idéaux artistiques élevés, qui savait électriser ses exécutants.

Mais l'argent allait bientôt manquer et Wagner, poursuivi par ses créanciers, dut s'éloigner de Riga. Ce fut une fuite romanesque ; ils partirent, sa femme et lui, en bateau, emmenant leur énorme chien et, au cours de la traversée, ils essuyèrent de terribles tempêtes dans la mer du Nord ; ils débarquèrent finalement à Londres. Puis Wagner s'établit à Paris, où il espérait faire représenter *Rienzi* (*), un grandiose opéra qu'il avait commencé à Riga et qu'il termina à Paris (1840). De

1839-42 date l'ouverture de *Faust* (+). Les années passées dans la capitale furent pleines de désillusions amères, et le musicien connut une extrême misère ; ces années devaient laisser une empreinte décisive sur l'esprit du compositeur et déterminer le sens que prendrait son activité artistique. Le profond dégoût que lui inspiraient les bas travaux musicaux qu'il était contraint d'exécuter pour vivre nourrit en lui le dédain de la prostitution commerciale à laquelle lui paraissaient voués l'opéra français et l'opéra italien, réduits, d'après lui, à une industrie du spectacle savamment organisée en vue des recettes, sans égard pour les idéaux artistiques. Au cours de ces années d'exil à Paris, le mirage d'un opéra national s'ancra de plus en plus en lui, d'un opéra qui refléterait les caractères de sérieux fondamental et de simplicité du peuple allemand, et qui serait par là ce que la tragédie classique avait été pour les Grecs : l'expression profonde du peuple même, qui prendrait dans ce drame conscience de ses origines et de ses principes idéaux, grâce à la somme de tous les arts, fondue dans une œuvre d'art totale, de nature essentiellement religieuse. C'est à la réalisation de cet idéal dont il s'approcha progressivement — cela comportait une rupture complète avec les habitudes théâtrales et même musicales du temps — que Wagner travailla durant les neuf années de sécurité et de bien-être dont il put jouir enfin, à partir du moment où il fut nommé chef d'orchestre au théâtre royal de Dresde. C'est dans cette ville que *Rienzi* fut représenté le 20 octobre 1842, et le succès en fut triomphal. Mais Wagner avait terminé *Le Vaisseau fantôme* (*) en 1843, et il nourrissait des projets encore plus ambitieux avec *Tannhäuser* (*) (1845) et *Lohengrin* (*) (1850). Dans ces œuvres, la réforme du théâtre lyrique dont il rêvait, se dépouillant des éléments utopistes empruntés au théâtre antique, se réalisait peu à peu de manière concrète, par l'abandon des vieilles formes d'opéra traditionnelles, fondées sur l'antithèse du récitatif et de l'air, et grâce au choix de sujets pris non plus dans l'histoire — comme c'était l'usage pour le « grand opéra » — mais empruntés au mythe, aux anciennes légendes nordiques où le peuple allemand pouvait reconnaître ses origines et ses caractères nationaux. De 1848 datent *Wieland le Forgeron* (+) et *Jésus de Nazareth* (+).

Toutefois, le bien-être dont il jouissait à Dresde et les avantages d'une situation sociale pourtant ardemment désirée finirent par peser à Wagner, qui sentit le besoin de se soustraire à la routine professionnelle d'un théâtre lyrique et à la mesquinerie de l'étiquette de Cour. Les événements historiques l'en débarrassèrent fortuitement ; des relations personnelles et de vagues idées révolutionnaires — v. *Art et Révolution* (*) (1849) — plus artistiques et messianiques que concrètement politiques, impliquèrent Wagner dans les mouvements révolutionnaires de 1849, qui atteignirent à Dresde un des points culminants, avec insurrection armée, fuite de la Cour, gouvernement provisoire, etc. La révolution réprimée, Wagner se trouva condamné à mort et recherché par la police presque sans se rendre compte de ce qui était arrivé. Fraternellement secouru par Liszt, qui eut en 1850 le courage de faire représenter *Lohengrin* à Weimar, Wagner se réfugia en Suisse et vécut à Zurich de 1849 à 1858. Il y travailla intensément à la rédaction et à la composition de *L'Anneau du Nibelung* (*) — qui comprend *L'Or du Rhin* (*) (1868), *La Walkyrie* (*) (1870), *Siegfried* (*) (1876) et *Le Crépuscule des dieux* (*) (1876) — et exposa ses idées sur l'art dans d'importants écrits théoriques, entre autres *Opéra et Drame* (*) (1851). Mais le séjour à Zurich fut interrompu par des complications sentimentales survenues dans ses rapports avec Mathilde Wesendonck, la jeune femme d'un homme d'affaires qui avait hébergé Wagner près de Zurich. L'admiration romantique de la jeune femme pour l'indomptable et inquiet artiste incompris, exilé et persécuté, avait fini par prendre la teinte de sentiments plus tendres ; ils avaient inspiré au musicien un nouveau drame musical, complètement différent de la conception rude et primitive de *L'Anneau du Nibelung*. La femme de Wagner, aigrie par une existence de privations et de discorde conjugale s'aggravant de jour en jour, ne se montra pas persuadée du caractère platonique des rapports instaurés avec leur propriétaire, et elle précipita le dénouement par une terrible scène. Wagner s'enfuit à Venise, où il acheva dans une solitude ulcérée la composition de *Tristan et Isolde* (*) (1859). Puis il passa quelques années errantes, entre Paris (où fut représenté *Tannhäuser* qui connut un échec mémorable), Vienne et Munich, essayant vainement de faire représenter *Tristan*. L'intervention providentielle du jeune roi Louis II le sauva de la ruine financière totale ; à peine monté sur le trône de Bavière, Louis II l'appela et lui offrit la protection d'un mécénat idéal. Après la représentation de *Tristan* à Munich (1865), Wagner s'établit de nouveau en Suisse, à Triebschen sur le lac de Lucerne, toujours soutenu matériellement par Louis II, et réconforté spirituellement par la tendre présence de Cosima, fille de Liszt, qui avait abandonné son mari — le chef d'orchestre von Bülow — pour consacrer son existence à ce génie tourmenté. (Elle divorça, puis, la première femme de Wagner étant morte, elle épousa ce dernier en 1870.) De la même année datent *Beethoven* (*) et *Siegfried-Idyll* (*). Deux ans plus tôt (1868), Wagner avait fait représenter *Les Maîtres Chanteurs de Nuremberg* (*).

C'est dans la quiétude enfin trouvée d'une atmosphère familiale prospère et agréable, et stimulé intellectuellement par les visites fréquentes du jeune Nietzsche, que Wagner se remit à la composition du cycle de *L'Anneau du Nibelung*. Ses idées avaient quelque peu changé depuis qu'il s'était initié à la philosophie de Schopenhauer, et son optimisme révolutionnaire était tombé. L'accomplissement de ses invraisemblables rêves de jeunesse était à présent à portée de sa main, et il travailla avec une énergie inflexible à le réaliser. Après des dizaines d'années de désillusions, de défaites, ravageant sans égard sa propre vie et celle des autres, il avait gardé sa foi en ce projet fou d'une œuvre d'art, qui non seulement renversait les lieux communs du métier et ignorait effrontément les désirs du public, non seulement défiait la tyrannie de l'habitude et du mauvais goût, mais encore exigeait la construction d'un théâtre fait exprès pour elle, la rééducation des chanteurs, des musiciens, des acteurs, imposait une nouvelle conception du spectacle théâtral et une nouvelle estimation de ses rapports avec la vie de l'État, et celle de la société. Or, tout ceci était, incroyablement, en train de se réaliser avec la création du théâtre que Wagner fit construire à Bayreuth, en recueillant des fonds à droite et à gauche, et en s'enfonçant intrépidement dans une forêt de complications financières et administratives. La ténacité de son impitoyable volonté vint à bout de tous les obstacles, et, en 1876, les quatre journées de *L'Anneau du Nibelung* étaient représentées au théâtre modèle de Bayreuth, du 13 au 17 août, devant un public choisi d'invités, avec un cérémonial qui devait, par la suite, faire ressembler ce théâtre au temple d'une nouvelle religion. Cosima Wagner, qui vécut jusqu'en 1930, puis son fils Siegfried (1869-1930) en furent les tuteurs et les continuateurs dévoués. Wagner avait transféré sa résidence à Bayreuth, et c'est là qu'il composa sa dernière œuvre, *Parsifal* (*), qui marqua la fin de son amitié avec Nietzsche, alarmé par cette régression religieuse qu'il lui semblait découvrir dans la pensée et dans l'art du maître. L'hiver, le musicien se rendait en Italie, où la nouveauté de son art lui avait très vite gagné des groupes de fervents admirateurs, malgré l'existence d'une puissante tradition lyrique nationale. C'est en Italie que Wagner mourut, frappé d'apoplexie, dans le palais Vendramin à Venise. Outre les œuvres dont nous avons parlé, il convient de rappeler ses *Wesendonck-Lieder* (*), ses *Lettres* (*), et son autobiographie intitulée *Ma vie* (*) (1870-74).

MASSIMO MILA.

♦ *« Du Berlioz sans mélodie. »* Auber, après *Tannhäuser.* ♦ *« Aujourd'hui la curiosité est satisfaite, et l'indifférence est venue ; cette musique qui devait être celle de l'avenir est déjà celle du passé. »* Fétis, 1860. ♦ *« Ce qui me paraît avant tout marquer d'une manière inoubliable la musique de ce maître, c'est l'intention nerveuse, la violence dans la passion et dans la volonté. Cette musique-là exprime avec la voix la plus suave ou la plus stridente tout ce qu'il y a de plus caché dans le cœur de l'homme. »* Baudelaire. ♦ *« Un tapage dont nul ne peut donner une idée ; un mélange de motifs italiens ; bizarre et mauvais style : musique de décadence plutôt que de l'avenir. Des morceaux détestables ! Des morceaux admirables ! Au total : une œuvre étonnante,* vivant *prodigieusement ! une grandeur, un souffle olympien ! du génie, sans mesure, sans ordre, mais du génie. »* Georges Bizet, après une représentation de *Rienzi,* 1869. ♦ *« Une nature hyperdivine [...] le précurseur et le rédempteur à la fois... »* Villiers de l'Isle-Adam, 1869. ♦ *« Wagner est-il vraiment un homme ? N'est-il pas une maladie ? Il rend malade tout ce qu'il touche, il a rendu malade la musique* [...] *Un décadent type, qui se sent nécessaire avec son goût corrompu dont il a la prétention de faire un goût supérieur* [...] *Et l'on ne se met pas en défense. Sa puissance de séduction atteint au prodige* [...] *Une incroyable sexualité maladive... »* Nietzsche. ♦ *« Wagner rejette tous les vêtements, toutes les formules dont l'homme civilisé est recouvert, alourdi, déformé. Il réclame le bel être humain primitif, en qui la vie était une sève puissante* [...] *Être un individu, voilà l'enseignement de Wagner... »* Maurice Barrès. ♦ *« Ce qui caractérise le drame de Wagner, que l'action soit historique, légendaire ou mythique, c'est l'emploi des mobiles psychologiques qui font agir les personnages ; cette façon de reporter le drame de l'extérieur à l'intérieur et de nous le rendre sensible par la musique, dont la fonction dans le drame, comme dans la symphonie, est d'exprimer l'inexprimable. »* Paul Dukas. ♦ *« Wagner tend à se rapprocher de la parole, parlée ; ou plutôt il prétend s'en rapprocher, tout en traitant les voix très* vocalement [...] *Il surajoute les paroles à une symphonie continue, tout en subordonnant cette symphonie aux paroles. Pas assez toutefois. Ses œuvres ne réalisent qu'en partie les principes, qu'il a déclarés, de cette subordination nécessaire* [...] *Et ça chante trop souvent. Il faut chanter seulement par endroits* [...] *Je ne suis pas tenté d'imiter ce que j'admire dans Wagner. Je conçois une forme dramatique autre ; la musique y commence là où la parole est impuissante à exprimer. »* Claude Debussy. ♦ *« Toute musique à écouter la figure dans les mains est suspecte. Wagner, c'est le type de la musique qui s'écoute dans les mains... »* Jean Cocteau. ♦ *« Il fallait que Wagner eût été bien fort pour rompre la forme essentielle de l'opéra avec une telle énergie que nous sommes encore accablés sous le fatras et le tintamarre de son drame musical. »* Igor Stravinski.

RÉF. : Houston Stewart Chamberlain, *Richard Wagner, sa vie, ses œuvres,* Paris, 1894. — Carl Friedrich Glasenapp, *Das Leben Richard Wagners,* 6 vol., 1894-1911. — Albert Lavignac, *Le Voyage artistique à Bayreuth,* Paris, 1894. — H. Lichtenberger, *Richard Wagner poète et penseur*, Paris, 1898 ; *Wagner*, dernière édition, Paris, 1948. — Édouard Schuré, *Richard Wagner, son œuvre et son idée*, Paris, 1900. — Max Koch, *Richard Wagner*, Berlin, 1907-1918. — Guido Adler, *R. Wagner,* Paris, 1909. — Richard Wagner, *Œuvres complètes en prose,* Leipzig, 1914, trad. française, Paris, 1907-24. ; *L'Œuvre d'art de l'avenir,* Paris, 1928 ; *Opéra et Drame,* Paris, 1928. — Bernard Shaw, *Le Parfait Wagnérien,* Paris, 1933. — Ernst Newmann, *The Life of Richard Wagner,* Londres, 1933-47. — Marcel Beaufils, *Wagner et le wagnérisme,* Paris, 1947. — René Dumesnil, *Richard Wagner,* Paris, 1954. — Jacques Bourgeois, *Wagner,* Paris, 1958. — Jean Mistler, *À Bayreuth avec Richard Wagner,* Paris, 1960. — Marcel Schneider, *Wagner,* Paris, 1960. — André Cœuroy, *Wagner et l'esprit romantique,* Paris, 1965. — Theodor W. Adorno, *Essai sur Wagner,* Paris, 1966. — Martin Gregor-Dellin, *Wagner au jour le jour,* Paris, 1976. — Thomas Mann, *Wagner et notre temps,* Paris, 1977. — Cosima Wagner, *Journal,* Paris, 1977-79. — Friedrich Wilhelm Nietzsche, *Le Cas Wagner. Nietzsche contre Wagner,* Paris, 1980. — Martin Gregor-Dellin, *Wagner,* Munich, 1980, trad. française, Paris, 1981. — Philippe Godefroid, *Le Jeu de l'écorché, dramaturgie wagnérienne,* 1985. – Jean-Claude Berton, *Richard Wagner et la Tétralogie,* Paris, 1986 ; *Mathilde Wesendonck, journal et lettres, 1853-1871,* Paris, 1986. – Geoffrey Skelton, *Richard et Cosima Wagner, radioscopie d'un couple,* Paris, 1986. – *R. Wagner-Lexikon,* Bergisch Gladbach, 1988. – Michel Pazdro, *Guide des opéras de Wagner,* Paris, 1988. – Philippe Godefroid, *Richard Wagner, les opéras imaginaires,* Paris, 1989. – Carl Dalhaus, *Wagners Konzeption des musikalischen Dramas,* Munich/Kassel, 1991.

WAHL Jean. Philosophe français. Né le 25 mai 1888 à Marseille, mort le 19 juin 1974 à Paris. Son père, enseignant, ayant été muté à Paris, Jean Wahl l'y suivra naturellement et cette ville conservera pour lui jusqu'à sa mort un attrait affectif tout particulier. En 1907, il entre à l'École normale et, en 1910, il est agrégé de philosophie, précédant Gabriel Marcel son ami. Par la suite, il assumera différents postes de professeur dans l'enseignement secondaire en province. Docteur ès lettres en 1920, il enseigne à Lyon, Nancy, Besançon et sa carrière débouche en 1936 sur la Sorbonne où il enseignera continuellement (sauf pendant la guerre) jusqu'à sa mort. Durant soixante ans, Jean Wahl va former des générations de jeunes intellectuels français, assurant son magistère sans relâche et avec un sens aigu de la pédagogie. Il ne s'enferme pas dans la philosophie et ses centres d'intérêt sont multiples : la poésie, la musique, la peinture qu'il interroge sans relâche. 1939 : éclate la guerre. Jean Wahl s'exile à Bayonne mais il est rappelé à la Sorbonne. Le gouvernement de Vichy décide de mettre à la retraite forcée les professeurs d'origine juive et Jean Wahl recevra ses élèves dans sa chambre d'hôtel. Il déclara ouvertement son opinion sur ses collègues que « la terreur a rendu bègues et qui, par lâcheté ou par peur, feront le jeu d'un gouvernement collaborateur ». En 1941, il est arrêté, incarcéré au camp de Drancy où il subit mille humiliations ; jeté au cachot, il échappe miraculeusement à la déportation, grâce à des interventions amies. Il exige de reprendre son poste, mais le climat de l'époque n'étant point salutaire pour un philosophe – juif ou non –, ses amis vont l'encourager à passer la ligne de démarcation et à rejoindre les U.S.A. À son retour, son appartement devient le lieu privilégié d'une réflexion anticonformiste et critique, regroupant artistes, écrivains et philosophes.

Les premiers écrits de Jean Wahl paraissent en 1920 *(Le Rôle de l'instant dans la philosophie de Descartes* et *Les Philosophes pluralistes d'Angleterre et d'Amérique).* Le philosophe y démontre que le « royaume de l'éternel et la transcendance n'occultent ni l'acte créateur de l'esprit ni le sens du particulier concret ». 1939 voit la publication de *Malheur de la conscience dans la philosophie de Hegel,* ouvrage qui aidera considérablement la réflexion de deux autres philosophes, Kojève et Hippolite. Sur le plan religieux, le Christ de Jean Wahl est celui de Hegel. En 1949, il publie ses *Études kierkegaardiennes* (*), monument de savoir, puis en 1953 son *Traité de métaphysique,* et en 1964 *L'Expérience métaphysique.* Pendant la même période, à Royaumont, il fera un exposé demeuré célèbre sur « L'Ordre et le désordre dans la pensée de Nietzsche ». Jean Wahl, rétif à « toute foi qui se formule », intitulera un de ses commentaires (*Mélanges Koyré,* Paris, 1963) « Notre monde fermé, c'est un monde infini ». Fasciné par la transcendance, il n'en demeura pas moins un analyste aigu du réel.

YANN BARBÉ.

WALAFRID ou **WALAHFRIED STRABO**, appelé également Gaufroy le Louche. Moine bénédictin célèbre durant tout le Moyen Âge pour ses poèmes et son œuvre théologique. Né en Allemagne vers 808-809, mort le 18 août 849 au cours d'un voyage en Franconie. Il étudia les arts libéraux et la théologie à l'abbaye de Saint-Gall, puis à celle de Fulda sous la direction de Raban Maur qui avait été élève d'Alcuin. Il fut, vers 840, ambassadeur de Louis le Germanique auprès de Charles le Chauve. Nommé doyen de l'abbaye de Reichenau, il en devint abbé en 842. Il a écrit des poèmes hagiographiques et un abrégé exégétique, la *Glossa Ordinaria,* qui fit longtemps autorité dans l'Église catholique. La facture et la technique de ses poèmes rappellent la manière des classiques latins, surtout celle de Virgile et d'Ovide, en particulier dans *Le Jardinet* (*). Son œuvre la plus célèbre est connue sous le titre de *Vision de Wettin* (*). On possède également de cet auteur un poème intitulé *Versus de imagine Tetrici* qui célèbre les mérites des Carolingiens, ainsi qu'un *Libellus de exordiis et incrementis quarundarum in rebus ecclesiasticis rerum* (841) qui traite de l'origine et de l'évolution des différents objets de culte avec une érudition et un sens critique assez remarquables pour l'époque. Signalons enfin plusieurs *Vies de saints,* en prose et en vers, et un abrégé en latin de la *Vie de Charlemagne* (*) d'Eginhard.

RÉF. : L. Eigl, *Walahfrid Strabo, ein Mönchs- und Dichterleben,* Vienne, 1908. – P. Godman, *Poets and Emperors,* Oxford, 1987.

WALCOTT Derek. Poète et dramaturge de la Caraïbe. Né le 24 janvier 1930 à Castries (Sainte-Lucie). Orphelin en bas âge dans une famille métisse réduite à la pauvreté, il se trouve séparé par son anglophonie de la majorité francophone et par un méthodisme austère de la majorité catholique, tandis que sa mère fait des travaux de couture pour l'envoyer en classe. Bientôt, il mêlera la tradition classique et les éléments du folklore – Shakespeare et le calypso – dans ses premiers essais poétiques et dramatiques. Ses thèmes sont la réunification plus que le déchirement, l'harmonieuse complémentarité plus que le partage. À ses yeux, l'esthétique véritable du Nouveau Monde ne renie ni n'explique l'histoire, mais elle s'abreuve à Saint-John Perse autant qu'à Pablo Neruda ou à Aimé Césaire, qui rejettent tous un héritage ethnique exclusif au nom de l'homme élémental.

Walcott publie des poèmes depuis la fin des années 40. Les premiers sont pour la plupart réunis dans *Dans une nuit verte* [*In a Green Night,* 1962], suivi de *Poèmes choisis* [*Selected Poems*] en 1964. Puis *Le Rejeté* [*The Castaway,* 1965], *Le Golfe* [*The Gulf,* 1970], *Une autre vie* (*), *Varechs* [*Sea Grapes,* 1976], *Au royaume du fruit étoile* [*The Star Apple Kingdom,* 1979], *À la Saint-Jean* [*Midsummer,* 1984] et *Omeros* (1990) sont ses principaux recueils. Tandis que son ami Edward K. Brathwaite préfère les rythmes saccadés et les références africaines, Walcott reste assez classique et les tensions subtiles que véhicule sa poésie entre diverses traditions littéraires sont maîtrisées dans une forme tout européenne.

Walcott débute au théâtre dans le genre historique et lyrique avec *Henri Christophe,* « chronique en sept scènes » consacrée au souverain haïtien en 1949. En 1959, il fonde un atelier théâtral qu'il dirigera jusqu'en 1976, il a écrit plus de vingt pièces. Son recueil le plus célèbre demeure *Un rêve sur le mont Singe* [*Dream on Monkey Mountain,* 1970], qui rassemble la pièce du même titre, « Malcochon » et « P'tit Jean et ses frères » [Ti Jean and his Brothers]... Walcott y allie l'humour paysan à la violence, la poésie à la passion et surtout un emploi tantôt amusant, tantôt sérieux du parler créole qui voisine avec des passages lyriques dignes de Shakespeare, auquel Walcott emprunte volontiers son mélange des genres. *Le Trompeur de Séville* [*The Joker of Seville*] est une ambitieuse adaptation du thème de Don Juan, plus directement inspiré de Tirso de Molina que de Molière. Il est publié en 1979, en même temps que *Oh, Babylone !* [*O, Babylon !*], pièce largement comique, quoique revendicatrice, consacrée à l'évocation des buts et des pratiques de la secte des Rastafariens, si importante en Jamaïque et dans le domaine expressif du « reggae ». En 1986 paraissent encore, sous le titre *Trois pièces* [*Three Plays*], « Le Dernier Carnaval » [*The Last Carnival*], qui évoque l'événement culturel majeur de Trinidad, « Du bœuf, pas du poulet » [Beef, No Chicken], et « Un bras du Nil bleu » [A Branch of the Blue Nile]. Derek Walcott vit aujourd'hui principalement aux États-Unis. Le prix Nobel de littérature lui a été décerné en 1992.

MICHEL FABRE.

RÉF. : Michel Fabre, « The Poetry of Derek Walcott », *New Letters,* 1974. — Merwyn Morris, « Derek Walcott » in King, Bruce, ed. *West indian Literature,* Londres, 1979. — Joseph Brodsky, « Le Bruit de la marée » in *Loin de Byzance,* Paris, 1990.

WALĪD IBN YAZĪD (al-). Poète arabe et onzième calife de la dynastie omeyyade. Né et mort dans le désert de Syrie (707-744). Écarté de la succession califale en raison de son jeune âge, au profit de son oncle Hishām, il voua à ce dernier une profonde rancune, aggravée encore par le fait que Hishām mettait obstacle à son union avec sa cousine Salmā, qu'il aima toute sa vie. Condamné au désœuvrement, al-Walīd passa sa jeunesse dans les châteaux du désert syrien ; sa vie débauchée et scandaleuse et son goût de la provocation le mirent plusieurs fois en conflit avec Hishām, dans des scènes d'une violence et d'une truculence inouïes. À la mort de ce dernier (743), ayant accédé au trône, il put enfin épouser sa bien-aimée, mais celle-ci mourut quelques jours plus tard. Al-Walīd, qui lui consacra alors quelques-uns de ses plus beaux vers, ne lui survécut pas de beaucoup : il fut assassiné après dix mois de règne par ses cousins, inquiets du discrédit que sa conduite scandaleuse jetait sur toute la dynastie. Abondamment pillée après sa mort (notamment par Abū Nuwās), son œuvre poétique survivante, rassemblée dans son *Dīwān* (*), ne comprend que quelques dizaines de vers ; elle contient cependant quelques pièces qui, par la vérité et la délicatesse du sentiment autant que par l'extrême sobriété des moyens, suffisent à conférer à ce dandy tragique que fut al-Walīd une place à part dans la poésie arabe classique.

JEAN-PATRICK GUILLAUME.

WALLACE Lewis. Romancier, juriste, diplomate et général américain. Né le 10 avril 1827 à Brookville (Indiana), mort le 15 février 1905 à Crawfordsville (Indiana). Il fut volontaire pour la guerre du Mexique, puis pour la guerre de Sécession et quitta l'armée, en 1865, avec le grade de major général. Il occupa le poste de gouverneur du Nouveau-Mexique de 1878 à 1881 et celui d'ambassadeur en Turquie de 1881 à 1885. Entre-temps, la passion d'écrire l'avait saisi, parce que c'était pour lui une manière de donner une forme à ses diverses connaissances et à ses expériences. Le roman historique lui parut le cadre le plus propre à exprimer sa pensée tout en lui permettant de donner libre cours à son imagination, et il fit paraître *Le Dieu juste* [*The Fair God*] en 1873. Vinrent ensuite : *Ben Hur* (*) (1880), qui connut aussitôt un énorme succès et fut pratiquement traduit dans toutes les langues, et *Le Prince de l'Inde* [*The Prince of India,* 1893]. Wallace s'adonnait aussi à la musique et à la peinture, et a laissé les portraits de quelques hommes célèbres. Son *Autobiographie* [*Autobiography*] a paru en 1906.

RÉF. : I. Mc Kee, *Ben Hur Wallace, The Life of General Lewis Wallace,* Berkeley, 1947.

WALLON Henri. Psychologue et psychopédagogue français. Né et mort à Paris (15 juin 1879-1er décembre 1962). Issu d'une famille bourgeoise, il entre à l'École normale supérieure où il subit l'influence de Rauh, de Lévy Brühl et de Dumas. En 1909, il passe son doctorat en médecine et commence l'étude de la psychologie infantile. Il fonde un Institut médico-pédagogique à Boulogne-Billancourt, qui servira de base à ses travaux. De 1927 à 1950, il dirige le laboratoire de psychologie infantile de l'École pratique des hautes études. En 1937, on crée pour lui une chaire de psychopédagogie au Collège de France. L'évolution philosophique d'Henri Wallon le conduit au marxisme, et il entre au parti communiste en 1942. Après la guerre, il fonde successivement deux revues : *La Pensée* (1944) et *La Raison* (1951).

L'œuvre de Wallon, aussi bien institutionnelle que littéraire, est considérable. Parmi les ouvrages qu'il a publiés, il faut citer : *Les Origines du caractère* (1934), *L'Évolution psychologique de l'enfant* (*) (1941-47), *De l'acte à la pensée, essais de psychologie comparée* (1942), *Les Origines de la pensée chez l'enfant* (deux tomes, 1947). Mais Wallon a publié aussi de très nombreux articles, dont certains sont devenus classiques, comme *L'Évolution dialectique de la personnalité, Les Étapes personnelles chez l'enfant, Espace naturel et espace d'environnement, Le Rôle de l'« autre » dans la conscience du « moi »*. Son œuvre, en bien des points, anticipe les intuitions les plus fécondes de la phénoménologie de Merleau-Ponty ou de la psychanalyse de Lacan. C'est ainsi qu'il a été le premier à donner une analyse du célèbre « stade du miroir », analyse qui, par l'intermédiaire de Lacan, a permis un élargissement important de la doctrine freudienne des « stades ». L'orientation marxiste de la pensée de Wallon, nettement affirmée, n'a jamais appauvri, comme chez d'autres penseurs de l'époque, son travail proprement psychologique et pédagogique. C'est pourquoi il est considéré unanimement, avec Jean Piaget, comme le maître fondateur de la psychopédagogie et de la psychologie de l'enfant.

ANTOINE BERMAN.

WALPOLE Horatio ou Horace. Politicien et écrivain anglais. Né et mort à Londres (24 septembre 1717-2 mars 1797). Il était le cinquième enfant de Robert Walpole, premier comte d'Oxford, et de Catherine Shorter, mais beaucoup ont prétendu que son véritable père était lord Hervey. Élevé à Eton et au King's College de Cambridge, il entra au Parlement en mai 1741, mais renonça assez vite à la vie politique. Il acheta, en 1747, une maison de campagne à Strawberry Hill, près de Twickenham, sur les bords de la Tamise, et y installa une presse qu'il baptisa « Officina arbuteana ». C'est sur cette presse que furent imprimées la plupart des éditions originales de ses œuvres. Son premier livre connu est une tentative de réhabilitation historique ; il s'intitule *Doutes historiques sur la vie et le règne du roi Richard III* [*Historic Doubts on the Life and Reign of King Richard III,* 1760], et essaie de laver ce personnage des diverses accusations d'infamie qui s'attachent à sa mémoire. Son succès et sa réputation s'établirent avec *Anecdotes sur la peinture anglaise* (*), dont la publication en quatre volumes dura de 1762 à 1771, et le *Catalogue de graveurs nés et résidant en Angleterre* [*Catalogue of Engravers Born and Resident in England,* 1763], qui fut souvent réimprimé. Son *Journal*, qui s'étend de 1750 à 1783, couvre une des périodes les plus importantes de l'histoire anglaise. Il y a consigné les principaux événements de la vie politique et fait preuve d'une grande impartialité, sauf en ce qui concerne les ennemis de son père. Ce *Journal* ne fut publié qu'au cours du siècle suivant et parut en trois parties : *Mémoires concernant le règne de George III* [*Memoirs of the Reign of King George III,* 4 vol., 1845], *Mémoires concernant les dix dernières années du règne de George II* [*Memoirs of the Last Ten Years of the Reign of George II,* 1846], *et Journal du règne de George III depuis 1771 jusqu'à 1783* [*Journal of the Reign of George III from 1771 to 1783,* 2 vol., 1859]. Un volume de souvenirs écrit en 1788 pour les sœurs Berry et publié en 1819 complète le *Journal ;* il s'intitule *Réminiscences.* Mais l'œuvre qui, de son vivant, valut à Walpole le plus de louanges est son *Château d'Otrante* (*) (1764), qui est le prototype du roman romantique. Il a connu à notre époque la faveur du groupe surréaliste, et Paul Éluard en a préfacé la dernière traduction en français. Sa tragédie *La Mère mystérieuse* [*Mysterious Mother,* 1768] est médiocre. La partie la plus importante de son œuvre, et celle qui lui assure une place privilégiée dans l'histoire de la littérature anglaise, est sa *Correspondance.* Elle fut adressée à de nombreux personnages pour la plupart célèbres. Plusieurs éditions de ces lettres ont été imprimées à diverses époques, l'une en seize volumes, réalisée de 1903 à 1905 par Mrs. Paget Toynbee ; la plus complète est celle de l'université de Yale (trente et un volumes parus depuis 1937). On a coutume d'ajouter à cette énorme correspondance les lettres que Walpole reçut de son amie Mme Du Deffand, et qui ne composent pas moins de quatre volumes. Les manuels lui réservent le titre de « meilleur épistolier de langue anglaise ».

BERNARD NOËL.

♦ « *Ce qui m'attache à vous est ce qui en paraît détacher beaucoup d'autres : votre extrême vérité. Elle vous fait dire souvent des paroles malsonnantes mais elle ne me fâche pas.* » Mme Du Deffand. ♦ « *Sans parler de ses incomparables lettres, il est le père du premier roman et de la dernière tragédie qui aient été écrits en anglais.* » Byron.

RÉF. : J. Pinkerton, *Walpolania,* Londres, 1799. – A. Dobson, *Horace Walpole,* 1910. – A. M. Killen, *Le Roman terrifiant ou roman noir de Walpole à Ann Radcliffe et son influence sur la littérature française jusqu'en 1840,* Paris, 1924. – P. Yvon, *La Vie d'un dilettante, Horace Walpole,* Caen, 1924. – D. M. Stuart, *Horace Walpole (English Men of Letters),* Londres, 1927. – R. V. Ketton-Cremer, *Horace Walpole, a Biography,* Londres, 1943. – H. Honour, *Horace Walpole,* Londres, 1957. – W. S. Lewis, *Horace Walpole,* Londres, 1961. – R. Ketton Cremer, *Horace Walpole,* Londres, 1964. – B. Fothergill, *The Strawberry Hill Set : Horace Walpole and his Circle,* Londres, 1983.

WALPOLE sir Hugh Seymour. Écrivain anglais. Né à Auckland (Nouvelle-Zélande) le 13 mars 1884, mort à Keswick le 1er juin 1941. Ses parents l'envoyèrent en Cornouailles (Angleterre) dès l'âge de cinq ans, puis, son père étant devenu principal du Bede College de Durham, il passa toute sa jeunesse dans cette ville. C'est de ces années d'étudiant que datent ses premiers essais littéraires, mais il en détruisit la majeure partie et attendit plus de cinq ans avant de publier son premier roman. À sa sortie d'Oxford, il se consacra quelque temps à l'enseignement en province mais, cette existence ne lui convenant pas, il se rendit à Londres pour essayer d'y vivre de sa plume. Il devint critique littéraire au *Standard* tandis que paraissaient sans grand succès ses premiers livres. Sa renommée de romancier s'établit en 1913 avec la publication de *La Force d'âme* [*Fortitude*]. Il vivait en solitaire entre son appartement londonien de Piccadilly et sa maison de campagne de Keswick, dans la région des Lacs. Il fut fait commandeur de l'ordre de l'Empire britannique en 1918 et chevalier en 1937. Le prix James Tait Black lui fut attribué deux fois, en 1919 et 1920. Il publiait un roman par an, plus des ouvrages de critique, des biographies, des pièces et des souvenirs de voyages. Cette prolixité lui valut d'amicales satires dans le *Punch* (*), et explique que son œuvre ait un caractère si disparate, où le pire voisine avec le meilleur. Ses œuvres principales sont : *L'Épouvantail doré* [*The Golden Scarecrow,* 1915], *Jérémie* (*) (1919), *La Cathédrale* (*) (1922), *Rogue Herries* (*) (1930), premier d'un cycle de quatre romans – v. *Les Herries* (*) – *John Cornelius* (1937), *La Tour de mer* [*The Sea Tower,* 1939] pour le roman ; *La Jeune Chasseresse* [*The Young Huntress,* 1933], *Les Haxtons* [*The Haxtons,* 1939] au théâtre ; et *Joseph Conrad* (1916) et *Le Roman anglais* [*The English Novel,* 1926] pour les essais.

RÉF. : Henry James, *Notes on Novelists,* Londres, 1914. – C. Dane, *Tradition and Hugh Walpole,* s. l, 1930. – Katherine Mansfield, *Novels and Novelists,* Londres, 1930. – Rupert Hart-Davis, *Hugh Walpole,* Londres, 1952.

WALSCHAP Gérard. Romancier, dramaturge et poète belge d'expression néerlandaise. Né à Londerzeel le 9 juillet 1898 ; mort à Anvers le 25 octobre 1989. Ses débuts sont marqués par la publication de quelques recueils de vers, de pièces de théâtre et d'un roman expressionniste, *Waldo,* (1928). Mais c'est après cette date qu'il se signale comme un des pionniers du renouveau romanesque en Flandre. Comme Roelants, il rejette le régionalisme ancestral et place au centre de ses romans l'étude de l'homme et de ses grands problèmes psychologiques, moraux et sociaux. Il refuse cependant l'analyse psychologique et se fait le chaud défenseur de « l'histoire » dans le roman, celle-ci devant extérioriser les problèmes psychologiques par son seul contenu épique. De plus, Walschap accélère le rythme de la narration, comprime le temps et perfectionne à ces fins un style qui lui est propre. Pas plus que la description ni le lyrisme, le dialogue ne prend pied dans une narration où foisonnent récits d'action, styles indirect et direct. Walschap atteint par là à une spontanéité d'expression qui fait écho à la fois à sa philosophie vitaliste – il admire Hamsun – et à la mentalité assez primaire de ses protagonistes. Ce vitalisme tant formel que thématique s'élabore en une série de romans qui resteront le meilleur de son œuvre : *Adélaïde* (+) (1929), *Éric* (+) (1931) et *Carla* (+) (1933), groupés plus tard en une trilogie, *La Famille Roothooft* [*De Familie Roothooft,* 1939], chronique de trois générations marquées par la maladie, la folie et la dépravation morale mais réalisant en dernier ressort une saine régénération. Décadence et catharsis sont aussi les thèmes de *Mariage* (+) (1933) et de *Célibat* (+) (1934). Les valeurs fondamentales auxquelles il convient aux héros de donner leur adhésion pour être sauvés témoignent, comme chez Dostoïevski – qui a fortement influencé Walschap –, d'une nostalgie du christianisme original. On les trouve à nouveau exprimés dans *Un homme de bonne volonté* [*Een mensch van goede wil,* 1936] et *L'Enfant* [*Het kind,* 1939], ainsi que dans *Houtekiet* (*) (1939), considéré comme un chef-d'œuvre. Ici, Walschap confronte son héros, incarnation de l'instinct, à la naissance et au développement d'une société qu'il a créée mais qu'il ne peut faire prospérer sur la seule base d'un vitalisme à l'état brut. Dans *Sibylle* (1938), *À la rencontre du Christ* [*Bejegening van Christus,* 1940] et *Sœur Virgilia* [*Zuster Virgilia,* 1951], Walschap traite des problèmes de la foi – il expliquera son rejet du catholicisme dans deux essais : *Adieu* [*Vaarwel dan,* 1940] et *Salut en merci* (1955). Signalons encore *Denise* (1942), *Le Consul* [*De Consul,* 1943], *Notre bonheur* [*Ons Geluk,* 1946], *Noir et Blanc* [*Zwart en wit,* 1948], *Soulèvement au Congo* [*Oproer in Kongo,* 1953], *La Française* [*De Française,* 1957], *Le Nouveau Deps* [*Nieuw Deps,* 1961], *Le Banquet* [*Het Gastmaal,* 1967] et *Le Souper* [*Het Avondmaal,* 1968].

MICHEL DUPUIS.

RÉF. : J.C. Brandt-Corstius, *Gérard Walschap,* Bruxelles, 1960. – J. Borré, *Gérard Walschap,* Bruxelles, 1987.

WALSER Martin. Romancier, auteur dramatique, essayiste allemand. Né le 24 avril

1927 à Wasserburg, sur le lac de Constance. Il conclut ses études de littérature et de philosophie à Ratisbonne et Tübingen par une thèse sur Franz Kafka, collabore ensuite à différents programmes radiophoniques (Süddeutscher Rundfunk) et entre, en 1953, au sein du Groupe 47, dont il reçoit le prix deux ans plus tard et qui décide de sa carrière d'écrivain.

Le premier recueil de nouvelles, *Un avion sur la maison et autres histoires* [*Ein Flugzeug über dem Haus und andere Geschichten,* 1955], donne le ton de toute l'œuvre walsérienne. Atmosphère d'étrange banalité, comme celle qui entoure ce personnage qui décide « un jour, comme ça, sans savoir où cela va le mener » de quitter la fenêtre où il passe chaque après-midi des heures à observer les gens pour rester désormais allongé sur son lit, envers et contre tout ; un geste sans raison apparente qui introduit un décalage avec l'ordre quotidien soudain faussement anodin. Tous les héros de Martin Walser répéteront une expérience à peu près identique de l'étrangeté. D'un livre à l'autre cependant, ils reconnaîtront avec plus ou moins de lucidité, sans pour autant trouver d'issue véritable, que l'origine de leur sentiment tient sans doute autant à eux-mêmes qu'à la « machinerie du conditionnement social ».

Hans Beumann, le personnage central de *Quadrille à Philippsburg* [*Ehen in Philippsburg,* 1957], a choisi de jouer coûte que coûte le jeu de l'intégration et de la réussite sociale ; il accumule avec acharnement, dans sa vie privée et professionnelle, tous les signes d'appartenance à l'establishment local, sans jamais cependant parvenir à coller tout à fait à l'image qu'il donne de lui. *Mi-temps* (*), en 1960, inaugure une vaste trilogie romanesque focalisée sur la figure d'Anselme Kristlein. Comme Beumann, voici un citoyen moyen de R.F.A. prêt au compromis pour conquérir une reconnaissance sociale, mais qui doit s'avouer, à chaque étape de son existence, qu'il obéit davantage à ce que les autres attendent de lui qu'à ce que lui-même attend ; une maladie biliaire vient d'ailleurs lui interdire, littéralement, de « digérer » le monde. On le retrouve dans *La Licorne* [*Das Einhorn,* 1966] dans la peau d'un écrivain qui, sous prétexte d'écrire enfin un roman d'amour, se complaît à ressasser ses déceptions et ses contradictions.

Parallèlement à ces œuvres de « l'épique du quotidien », Martin Walser construit également une dramaturgie sur le même thème du décalage irrévocable de l'individu par rapport à son être social. *Chêne et lapins angora* (*) (1962), à travers la figure grotesque d'Aloïs Grübel, met en scène les malheurs d'un paysan toujours en retard d'une idéologie par rapport à la situation historique à laquelle il voudrait se conformer : interné comme « rouge » sous le nazisme, il se déclare national-socialiste au moment où arrivent les Alliés, devient pacifiste au moment où la R.F.A. reconstruit son armée, etc. *Le Cygne noir* [*Der Schwarze Schwan,* 1964] renverse la perspective en choisissant comme héros un Hamlet moderne, un fils torturé par la question de savoir si, placé dans la même situation, il eût agi comme son père et accepté le crime.

À partir de 1972, avec la publication du roman *Je ne sens pas bon* [*Die Gallistl'sche Krankheit*], on a cru reconnaître chez Martin Walser, pour la première fois, un ton « plus positif » (c'est effectivement la période où l'écrivain, sans adhérer au parti communiste, s'expose politiquement, à travers ses prises de position publiques). Au fond de sa maladie, de son mal de vivre schizophrénique, Gallistl saisit la main tendue vers lui par un militant. Mais c'est davantage un éclat de rire qu'une conviction arrêtée qui le fait monter, à la fin, dans la guimbarde rouillée de Pancrace... La dernière pièce de la trilogie d'Anselme Kristlein, *La Chute* [*Der Sturz,* 1973], fournit d'ailleurs aussitôt une contre-utopie. Les prochains héros de Martin Walser – Franz Horn, le cadre supérieur de *Au-delà de l'amour* [*Jenseits der Liebe,* 1976], Helmut Halm, le professeur de *Un cheval qui fuit* [*Ein fliehendes Pferd,* 1978], Gottlieb Zürn, le courtier de *La Maison des cygnes* [*Das Schwanenhaus,* 1980] – sont avant tout préoccupés, au-delà de toute réponse morale à leur environnement social, de défendre les « stratégies de survie » qu'ils se sont bâties. Ce sont tous, selon le mot de Walser, des « spécialistes en sentiment d'infériorité ». Ils ne sont pas médiocres, seulement puérils.

Dans ses conférences de Francfort sur la poétique, Martin Walser définit, comme condition possible de l'écriture ironique, non pas la distance aristocratique qui permet à un Thomas Mann, par exemple, de se situer au-dessus de la mêlée, mais au contraire, aujourd'hui, l'obligation faite à l'existence petite-bourgeoise de conquérir, défendre ou même simuler une conscience de soi. En somme, ramasser les bribes d'une « identité diffuse ». C'est exactement cette forme d'ironie que travaille toute son œuvre, qui revendique ici le double héritage de Franz Kafka et Robert Walser. Inspiration qui s'affirme avec un rare bonheur d'expression dans ses derniers romans : *Lettre à lord Liszt* [*Brief an Lord Liszt,* 1982], *Ressac* [*Brandung,* 1985], *Wolf et Doris* [*Dorle und Wolf,* 1987], *La Chasse* [*Jagd,* 1988], *Dorn ou le Musée de l'Enfance* (*) (1991).

JEAN-JACQUES POLLET.

RÉF. : T. Beckermann (édit.), *Über Martin Walser,* Francfort, 1970. – K. Pezold, *Martin Walser,* Berlin, 1971. – U. Hick, *Martin Walsers Prosa,* Stuttgart, 1983.

WALSER Robert Otto. Écrivain suisse d'expression allemande. Né à Bienne (canton de Berne) le 15 avril 1878, mort à Herisau (Appenzell) le 25 décembre 1956. Auteur de prédilection de Franz Kafka, reconnu de bonne heure par certains des meilleurs écrivains de son temps, Robert Walser, qui aimait à se dire « si joliment à l'écart », est parvenu à le demeurer sa vie durant et au-delà : il a fallu attendre que son œuvre soit redécouverte après la Seconde Guerre mondiale et intégralement publiée dans les années 70 pour qu'il s'impose, lentement, comme l'un des auteurs de langue allemande les plus importants de ce siècle. Esprit singulier et, à bien des égards, inclassable, il réunit paradoxalement en lui certains des traits les plus constants de la tradition romantique allemande : l'attirance pour l'échec d'un Kleist (« Je suis terrorisé à l'idée de réussir quelque chose », avouait-il), le tempérament mélancolique d'un Lenau, la fragilité mentale d'un Hölderlin – comme ce dernier, il a laissé tomber le voile d'une folie supposée sur tout le dernier tiers de sa vie, pour se retrancher du monde de 1929 à 1956 – et, enfin, une inépuisable « Wanderlust » qui lui a fait élever la marche et la promenade au rang d'un art de vivre, de voir et, peut-être, d'écrire. Maints de ses personnages semblent façonnés à son image : volontiers solitaire, parfois fantasque, foncièrement nomade et donc voué à une pauvreté subie et acceptée, sans autres ressources à opposer au monde que la fuite, la rêverie, une ironie légère qu'il sait à l'occasion tourner contre lui-même, et la faculté de s'épanouir librement dans les rapports de plus forte dépendance et sujétion.

Avant-dernier d'une famille de huit enfants, Walser interrompt prématurément ses études pour voyager et exercer les métiers les plus divers : employé aux écritures dans une banque de Bienne, apprenti acteur à Stuttgart, homme à tout faire d'un ingénieur zurichois, élève d'une école militaire à Berne, domestique dans un château de Haute-Silésie, il publie ses premiers poèmes à l'âge de vingt ans et son premier livre, *Les Rédactions de Fritz Kocher* (+), en 1904. En 1905, il va rejoindre son frère Karl, peintre et illustrateur de renom, à Berlin, où il passera sept années, fréquentant les milieux de la bohème littéraire et écrivant une demi-douzaine de romans dont trois seulement ont été conservés et publiés : *Les Enfants Tanner* (*) (1907), *Le Commis* (*) (1908) et *L'Institut Benjamenta* (*) (1909). Mais ces publications, auxquelles il faut ajouter un recueil de *Poèmes* [*Gedichte,* 1909] et deux volumes de prose : *Compositions* [*Aufsätze,* 1913] et *Histoires* (*), ne suffisent pas à établir sa notoriété et, harcelé par sa piètre situation financière autant que par une grave crise morale, Walser se résout à revenir en Suisse en 1913. Il passera les sept années suivantes dans la mansarde d'un hôtel de Bienne, employant ses journées à lire, à se promener et à « mener (ses) affaires d'écriture » : outre de multiples contributions aux journaux, une demi-douzaine d'ouvrages verront ainsi le jour entre 1916 et 1920, exclusivement composés de ces petites proses translucides qu'il comparait à de petites ballerines qui « dansent jusqu'à ce qu'elles soient totalement usées et s'écroulent de fatigue » : *Petites poésies* [*Kleine Dichtungen,* 1914] ; *Proses* [*Prosastücke,* 1917] ; *La Promenade* [*Der Spaziergang*] et *Petites Proses* [*Kleine Prosa,* 1917] ; *Vie de poète* [*Poetenleben,* 1918] ; *Comédie* [*Komödie*] et *Seeland* (1919). Mais, si la portée et l'originalité de cette œuvre kaléidoscopique n'échappent pas à quelques écrivains et critiques, aucun de ces recueils ne parvient à toucher plus de quelques centaines de lecteurs et, en 1921, ayant le sentiment « d'avoir brouté tous les thèmes », Walser prend la décision d'émigrer à Berne. Après un éphémère emploi de bibliothécaire, il y renoue avec une existence instable, change très fréquemment de domicile, fait paraître un nouveau recueil de petites proses (*La Rose,* 1925, dernier livre publié de son vivant) et revient au roman, recourant pour cela – à la suite, dit-il, d'un « effondrement de la main » – à une écriture micrographique qui sera longtemps tenue pour illisible et déchiffrée seulement un demi-siècle plus tard : *Le Brigand* [*Der Räuber*], composé en 1925, *Theodor, Scènes de Felix* [*Felixszenen*]. C'est durant son séjour à Berne, également, que se précisent les premiers indices d'un déséquilibre mental qui ira s'aggravant et nécessitera son internement, d'abord consentant, à l'asile de Waldau (où l'un de ses frères est mort schizophrène) de 1929 à 1933, puis contre son gré à celui de Herisau, dans son canton natal. Cessant définitivement d'écrire, il ne rompra plus cette dernière retraite – seulement éclairée, jusqu'à la fin, par l'amitié de l'éditeur et écrivain Carl Seelig – et se montrera jusqu'à sa mort, survenue le 25 décembre 1956 au cours d'une promenade, indifférent aux rééditions de ses ouvrages anciens et aux premières biographies qui lui sont consacrées.

GILLES ORTLIEB.

♦ « *On peut se demander si cet étrange rêveur ne confirmera pas une fois de plus cette phrase de Cromwell* : "Celui-là ira le plus loin, qui ne sait où il va." » Christian Morgenstern. ♦ « *Quand Walser s'exalte ou s'indigne, il ne perd jamais de vue qu'il le fait plume à la main et que ses sentiments sont montés sur fil de fer.* » Robert Musil. ♦ « *Les personnages de Walser viennent de la nuit la plus noire, d'une nuit vénitienne si on veut, faiblement éclairée des lampions de l'espoir,* [...] *mais chavirés et tristes à pleurer. Car le sanglot est la mélodie du bavardage de Walser.* » Walter Benjamin. ♦ « *Sa poésie est la tentative incessante de faire taire l'angoisse. Et il s'échappe n'importe où avant que l'angoisse ne s'accumule trop en lui. Son aversion profonde et instinctive de toute "hauteur", de toute élévation ou prétention, fait de lui un des poètes essentiels de notre époque bouffie de puissance.* » Elias Canetti.

RÉF. : C. Seelig, *Wanderungen mit Robert Walser,* Francfort, 1974. – R. Mächler, *Das Leben Robert Walsers,* Francfort-sur-le-Main, 1976. – K. Kerr, *Über Robert Walser* (3 vol.), Francfort-sur-le-Main, 1978-79. – *Robert Walser, Leben und Werk in Daten und Bildern,* Francfort-sur-le-Main, 1980. – Pro Helvetia, *Dossier Robert Walser,* Lausanne, 1987. – C. Seelig, *Promenades avec Robert Walser,*

Marseille, 1989. – C. Sauvat, *Robert Walser,* Paris, 1989.

WALSH Maurice. Romancier irlandais. Né à Ballydonohere (comté de Kerry) le 2 mai 1879, mort à Dublin le 18 février 1964. Maurice Walsh trouva son premier emploi dans les douanes, en Écosse. Il écrivit une vingtaine de romans d'aventures, généralement situés en Irlande ou dans les hautes terres d'Écosse. Le premier fut publié en 1909. Mais il ne devait devenir un romancier populaire qu'à partir de 1923. Il est surtout connu comme l'auteur d'un recueil de cinq nouvelles, *L'Homme tranquille* (*) (1952) – dont la plus significative donne son titre à l'ouvrage. John Ford en a tiré un film.

WALTARI Mika. Écrivain finlandais. Né le 19 septembre 1908 à Helsinki où il mourut en 1979. Lorsqu'il débuta, en 1925, avec un modeste recueil de poèmes religieux, il eût été difficile de prédire le triomphe, trois ans plus tard, de *La Grande Illusion* [*Suuri illusioni*], un roman d'amour à l'esprit fitzgeraldien des années vingt, qui enthousiasma le public de l'époque par ce que celui-ci considérait alors comme une audace, et encouragea – sinon obligea ! – son auteur à renoncer à ses études théologiques. Depuis lors, ses succès ne se comptent plus et sa capacité de travail prodigieuse, doublée d'une curiosité intellectuelle peu commune, lui a permis de s'exprimer dans plusieurs domaines littéraires : le roman, la nouvelle, le théâtre (sur scène comme à la radio et à la télévision) ; il a également écrit les scénarios d'une trentaine de films, dont certains ont été tirés de ses propres livres. Parmi les œuvres qui composent sa vaste production, doivent, pour le moins, être citées la trilogie *L'Âme et la Flamme* (+), *L'Homme et le Rêve* (*) (1933), *Jeunesse ardente* (+) ; les romans historiques *Sinouhé l'Égyptien* I-II (*) (1945), traduit en vingt-cinq langues, *Mikael Karvajalka* (1948), *L'Ange noir* [*Johannes Angelos*, 1952] et *Ennemis de l'humanité* [*Ihmiskunnan viholliset*, 1964], dans lesquels son scepticisme indulgent met en doute les prétendus progrès de l'homme ; les récits courts des années quarante *Fine van Brooklyn, Boucle d'or* [*Kultakuki*], *Les Quatre Couchers du soleil* [*Neljä päivänlaskua*] et *Un étranger vint à la ferme* [*Vieras mies tuli taloon*], ainsi que les pièces de théâtre humoristiques *Le Visiteur nocturne* [*Yövieras*] et *La pomme tombe* [*Omena putoaa*] qui datent de la même époque. Waltari a toujours su se faire l'écho des problèmes de son temps et estime qu'un engagement, aussi justifié soit-il, est contraire à la philosophie d'un écrivain, qui devrait se trouver à la fois à l'extérieur et à l'intérieur des camps, prêt à exercer son esprit critique. Grâce à sa séduction certaine – et malgré elle –, il bénéficie d'une situation à part dans la littérature finlandaise et d'une renommée assurée à l'étranger, surtout dans les pays de langue anglaise.

INKERI TUOMIKOSKI.

WALTHER VON DER VOGELWEIDE. Poète allemand. Né à Wipthal, dans le Tyrol, vers 1170, mort vers 1230. Il est curieux que le plus célèbre des « minnesänger » ait laissé si peu de traces dans les écrits de ses contemporains, ses propres poèmes constituant encore notre plus abondante source d'informations à son sujet. Son lieu de naissance doit être situé non loin de la petite ville de Storzing, où se trouve un lieu nommé Hintervogelweide. Tous les « minnesänger » donnent à Walther le titre de « hêr » qui atteste ses origines nobiliaires ; il est probable que son père était un officier au service de quelque puissant seigneur. À la fin du XIIe siècle, le Tyrol apparaît comme une pépinière de « minnesänger », la cour de Vienne, relativement proche, étant devenue sous le règne du duc Frédéric Ier un des grands centres artistiques de l'Allemagne. C'est là que Walther fit son apprentissage de poète et de chanteur, sous la direction de Reinmar de Haguenau, dont il devait faire plus tard l'oraison funèbre dans deux de ses plus beaux poèmes. Le connaisseur qu'était le duc Frédéric sut l'apprécier dès ses débuts, mais à la mort du souverain commença pour Walther von der Vogelweide l'existence hasardeuse et assez misérable de poète ambulant. Pendant des années, il pérégrina à travers toute l'Europe centrale, de la haute Italie à la Baltique, de la Hongrie à la Lorraine, se liant avec de nombreux princes tels que le duc de Carinthie, le duc de Bavière, le margrave Dietrich de Meissen, à la merci de la charité de ses hôtes, souvent payé de quelques louanges et rien de plus, parfois même expulsé comme un valet, car sa verve sarcastique ne manquait pas de lui faire des ennemis.

En embrassant la cause des empereurs contre la papauté, Walther von der Vogelweide allait trouver un sujet à sa mesure. En 1197, il se mit au service du prétendant Philippe de Souabe et mena pour lui, en poèmes, une ardente campagne électorale contre le parti guelfe ; c'est un peu comme à un triomphe personnel qu'il assista au couronnement de Philippe, qui eut lieu à Mayence le 18 septembre 1198. Après avoir fait une apparition à la cour tenue à Magdebourg à la Noël 1199 par le nouvel empereur, Walther reprit sa course ; on le signale à Vienne pour la Pentecôte 1203 ; en novembre de la même année, il voyage en compagnie de l'évêque de Passau, Wolfger von Ellenbrechtskirchen ; en 1204, il est l'hôte à Eisenach du landgrave Hermann de Thuringe, dont la générosité lui laissera longtemps un souvenir ébloui. Mais voici que le combat patriotique l'appelle à nouveau : Philippe étant mort, Walther entre en lice pour la cause de l'empereur Othon en lutte contre le pape Innocent III, qui soutenait Friedrich de

Hohenstaufen ; pourtant, lorsqu'il deviendra évident que Friedrich seul incarne l'avenir impérial, Walther se rangera à ses côtés et en sera récompensé par l'attribution d'un petit fief en Franconie, où il prit pendant quelques années un repos bien gagné. Dès 1217 cependant, il est de retour à Vienne et va apporter le renfort de son éloquence à la croisade entreprise par Frédéric II. Un de ses chants, qui célèbre l'émotion des pèlerins apercevant pour la première fois la Terre sainte, semblerait indiquer que Walther prit personnellement part au lointain voyage de 1228, à la suite de l'Empereur. Il est plus probable que, parti en effet avec les croisés, il n'alla pas au-delà de son Tyrol natal. Il est certain en tout cas qu'il mourut en Allemagne et fut enterré dans le cloître de la cathédrale de Wurzbourg.

En partie parce qu'il fut le défenseur infatigable des droits de sa patrie contre les prétentions de la papauté (ce qui ne l'empêchait pas d'être fort religieux), Walther von der Vogelweide a conquis une place à part dans les groupes des « minnesänger ». Dépassant les limites superficielles de la courtoisie, il a été le premier chantre national de l'Allemagne. Pourtant, s'il reste un témoin hors de pair de la mentalité de son époque et s'il a su donner souvent à sa veine politique une expression passionnée, comme dans son *Chant en l'honneur des femmes allemandes* (*), il se montre encore supérieur, au point de vue littéraire, dans ses vers d'amour — v. *Poésies* (*).

PIERRE DELANOS.

RÉF. : A. Lange, *Un trouvère allemand*, Paris, 1879. — W. Leo, *Die gesamte Literatur Walthers von der Vogelweide*, Vienne, 1880. — Wilmann, *Leben und Dichten Walthers von der Vogelweide*, Bonn, 1882. — A. Schönbach, *Walther von der Vogelweide, ein Dichterleben*, Dresde, 1895. — G. Hahn, *Walther von der Vogelweide. Eine Einführung*, Munich/Zurich, 1986.

WALTON Izaak. Écrivain anglais. Né à Stafford le 9 août 1593, mort à Winchester (Hampshire) le 15 décembre 1683. Établi à Londres comme quincaillier, il se maria en décembre 1626 avec Rachel Floud, arrière-petite-nièce de l'archevêque Crammer. Veuf en 1640, il se remaria bientôt après avec Anne Ken, demi-sœur de Thomas Ken, futur évêque de Bath et Wells. Après la défaite royaliste de Marston Moor, il abandonna les affaires. Comme il avait acheté quelques terres près de Stafford, il s'y retira. Sa deuxième femme étant morte en 1662, il mena dès lors une vie tout entière consacrée à l'étude, et entrecoupée de courts voyages et de visites à ses amis, la plupart hauts dignitaires de l'Église. La première édition de son célèbre ouvrage *Le Parfait Pêcheur à la ligne* (*) avait paru en 1653. Il consacra les trente dernières années de sa vie à compléter ce traité, compilant tous les ouvrages susceptibles de l'enrichir et recueillant toutes les anecdotes capables de l'illustrer. C'est ainsi que, sur la base d'un simple traité de pêche, il a écrit l'une des plus grandes œuvres de la littérature anglaise. Walton a laissé en outre une élégie sur la mort de son ami Donne (1633) et des « vies », celles de Donne (1641), de Wotton (1644), de Richard Hooker (1665) et de George Herbert (1670). Ses divers poèmes et proses ont été réunis en 1678 sous le titre de *Waltoniana*.

RÉF. : S. Martin, *Izaak Walton and his Friends*, Londres, 1904. — M. Bottrall, *Izaak Walton*, Londres, 1955. — F. Costa, *L'Œuvre d'I. Walton 1593-1683*, Montréal, 1973.

WALTON William. Compositeur anglais. Né à Oldham (Lancashire) le 29 mars 1902, mort à Ischia (Italie) le 8 mars 1983. À l'exception de quelques conseils reçus de Busoni ou d'Ansermet, Walton est pratiquement autodidacte. On lui doit quelques œuvres qui ne manquent pas de charme : *Façade*, un divertissement écrit en 1925 pour accompagner une lecture publique de poèmes d'Edith Sitwell, qui provoqua un scandale, une *Symphonie concertante avec piano* (1927), un *Concerto pour alto et orchestre* (1929). Malheureusement, Walton est devenu l'auteur académique type, chargé de toutes les musiques pour cérémonies officielles : il a eu l'occasion d'officier aux deux derniers couronnements, dans la tradition des musiciens anglais du XIXe siècle, un Parry ou un Elgar. C'est dans cette même tradition que se situe l'œuvre la plus connue de Walton, l'oratorio *Le Festin de Balthazar* (*) (1931), où quelques beaux passages n'arrivent pas à masquer le victorianisme triomphant de l'ensemble. On lui doit aussi deux opéras, *Troïlus and Cressida* (1954) et *L'Ours* d'après Tchekhov (1967).

JEAN-FRANÇOIS LABIE.

RÉF. : S. Craggs, *William Walton : A Thematic Catalogue of His Musical Works*, Londres, 1977. — S. Walton, *William Walton : Behind the Façade*, Oxford, 1988. — M. Kennedy, *Portrait of Walton*, Oxford, 1989.

WAMBAUGH Joseph. Auteur de romans policiers américain. Né à Pittsburgh en Pennsylvanie le 22 janvier 1937. Son père, d'origine irlandaise, était chef de police dans une petite ville. En 1954, Wambaugh s'engage dans les Marines et y reste trois ans tout en suivant des cours du soir à l'université. Il épouse Dee Allsup en 1955 et travaille dans une aciérie. En 1960, il entre dans la police de Los Angeles et poursuit des études universitaires d'anglais. En 1971, Wambaugh publie *Les Nouveaux Centurions* [*The New Centurions*], un roman qui suit la carrière de trois policiers de Los Angeles depuis leur entrée à l'école de police jusqu'aux émeutes de Watts. En 1972 paraît un autre best-seller, *Le Chevalier bleu* [*The Blue Knight*], et Wambaugh quitte la police avec le grade de sergent détective pour vivre de sa plume. C'est un excellent auteur de romans policiers. Il faut lire : *Patrouilles de nuit* [*The Choirboys*, 1975] et *Le Crépuscule des flics* (*) (1981).

DENIS BOUTET DE MONVEL.

WANG AN-CHE (appellation honorifique : Tsie-pou, surnoms : Pan Chan ou, également You Siang Kong, c'est-à-dire « ministre obstiné »). Homme d'État et écrivain chinois qui compte parmi les « huit grands auteurs des T'ang et des Song ». Né à Lin-tch'ouan (Tsiang-si), en 1021, et mort en 1086. Dès sa jeunesse il se montra calligraphe habile : sa plume « volait sur le papier ». Il passa son doctorat et devint magistrat du district de Yin (Tcheu-tsiang), où il s'employa à faire construire des digues et à améliorer les conditions économiques du peuple. Il passa ensuite au ministère de la Justice et fréquenta la Cour sous Ying-Tsong (1063-1067). En 1068, Chen-Tsong le nomma préfet de Tsiang-ning, et peu après membre de l'académie Han-Lin. Devenu, en 1069, conseiller d'État, il entreprit alors d'imposer des réformes, les « lois nouvelles », qui rencontrèrent l'opposition extrêmement vive du parti conservateur, dirigé par d'éminents confucianistes, tels Se-ma Kouang et O-yang Sio ; Wang tenta une réforme des examens d'État, demandant moins au candidat un style impeccable qu'une large connaissance des questions pratiques, économiques spécialement, en vue de laquelle il imposa dans les écoles l'étude de l'histoire, de la géographie et de l'économie politique. Il fit aussi approuver par Chen-Tsong de nouvelles lois qui modifièrent les anciens régimes de la propriété, des octrois, des douanes, du service militaire, des industries, du commerce. Wang s'efforça de baser ses innovations sur une nouvelle interprétation des classiques. Il était malheureusement entêté, impulsif, sûr de ne jamais se tromper (d'où son surnom) et il échoua totalement dans son noble but de rajeunir les anciennes institutions ; les « lois nouvelles » furent abrogées en 1085. Tombé en disgrâce, il rentra dans la vie privée et mourut peu après, triste et déçu. Du poète, philosophe et moraliste d'inspiration bouddhiste, rappelons l'ouvrage intitulé *La Nature originelle* (*).

WANG CHE-FOU [Wang Shifu] (ou Wang Te-sin). Dramaturge chinois, originaire de Ta-tou (Pékin), et qui vécut au XIIIe siècle (il serait né à la fin des Tsin, 1115-1234, et mort peut-être entre 1297 et 1307). De sa vie on sait infiniment peu de chose, que l'on déduit de ses écrits littéraires. Il aurait servi comme fonctionnaire dès sa jeunesse, et ce jusqu'à une retraite assez tardive. D'autre part il semble qu'il fut déjà très estimé comme auteur dramatique de son vivant. Wang Che-fou a composé la plus célèbre pièce en genre « tsa-tsiu » des Yuan (1279-1368) : *Le Pavillon de l'Ouest* (*). On lui attribue douze autres titres, dont deux seulement nous sont parvenus dans leur intégralité ; ce sont *La Salle du joli printemps* [*Li-tch'ouen-t'ang*] et *La Grotte* [*P'o-yao-tsi*] – qui a pu être écrite par un célèbre contemporain de Wang, Kouan Han-ts'ing (v. 1230 - v. 1307).

RÉF. : Shih Chung-wen, *The Golden Age of Chinese Drama : Yuan tsa-chü*, New Jersey, 1976.

WANG FOU-TCHE [Wang Fuzhi] (surnoms Tsiang-tchai, Tch'ouan-chan Sien-cheng). Célèbre érudit chinois, philosophe, historien et poète. Né en 1619 à Heng-yang (province du Hou-nan), et mort en 1692. Originaire d'une famille de lettrés, Wang Fou-tche fut un étudiant aussi précoce que brillant. Sa carrière en tant que fonctionnaire fut cependant compromise par la chute de la dynastie Ming (en 1644) à laquelle il resta fidèle en suivant l'empereur Yong-li (souverain des Ming du Sud de 1644 à 1660) jusqu'au Kouang-tong. Il se retira ensuite au mont Tch'ouan-chan (d'où son surnom), où il se consacra à l'étude et à la rédaction d'une œuvre prolifique qui compte une centaine de titres. Cette œuvre, assez mal connue du vivant de Wang Fou-tche, ne fut éditée intégralement qu'au XIXe siècle, mais son auteur reste l'un des penseurs les plus marquants de son époque. Proche de son aîné Houang Tsong-si (1610-1695), il partageait ses idées libérales et anti-absolutistes, et fut comme lui membre de la Société du Renouveau [Fou-cheu]. « Légitimiste » ou patriote, sa poésie comme sa prose sont inspirées par les sentiments de la tragédie provoquée par la défaite des Ming et de l'hostilité envers les envahisseurs mandchous. Wang Fou-tche fut aussi un commentateur des textes classiques, dont on a retenu la méthode philologique. Mais sa pensée se montre la plus originale à la fois lorsqu'elle s'attache à la théorie de la littérature – v. les *Propos sur la littérature de Tsiang-tchai* (*) –, et lorsqu'elle se fait historique. Le *Commentaire sur le Miroir de l'histoire* [*Tou T'ong-tsien louen*] et le *Traité des Song* [*Song-louen*] sont dominés notamment par l'idée que la transformation des sociétés et des institutions est commandée par des forces naturelles, dans un progrès constant. À chaque société correspond historiquement un type d'institutions, et aucun modèle n'est reproductible, l'Antiquité ne devant donc point être imitée ni conçue comme un « âge d'or ». Cette idée, ainsi que les préceptes d'un bon gouvernement au service du peuple, eurent une très grande fortune parmi les intellectuels progressistes de la fin des Qing (1644-1911), du début de notre siècle, et jusqu'à Mao Tseu-tong (1893-1976).

VALÉRIE LAVOIX.

RÉF. : F. Jullien, *Procès ou Création*, Paris, 1989.

WANG KOUO-WEI [Wang Gouwei]. Philosophe et érudit chinois. Né en 1877 dans un lieu inconnu et mort en 1927 à Pékin. Il fut le grand spécialiste de la civilisation chinoise qui, tout en possédant l'érudition de ses prédécesseurs, fit entrer la philologie et la critique littéraire chinoises dans l'ère moderne, en s'inspirant notamment de la philosophie occidentale, de Kant, Schopenhauer et Nietzsche. Il commença par étudier les inscriptions sur os et écailles de tortue de la haute Antiquité avec Louo Tchen-yu. Puis il se tourna vers la littérature avec une étude (1902) sur le roman *Rêves au pavillon rouge* (*) : au lieu d'en rechercher les aspects autobiographiques ou le côté roman à clés comme on l'avait fait jusque-là, il en dégagea la pensée sous-jacente et les qualités esthétiques. Puis en 1908 il se lança dans l'étude des poèmes chantés de la dynastie Song, ce qui l'amena à s'intéresser au théâtre chanté ; et en 1912 il publia une *Histoire du théâtre chanté sous les Song et les Yuan* (*). Moderne dans ses travaux, il était conservateur en politique, et, travaillant dans les collections du palais impérial, il tenta de se suicider quand le dernier empereur, P'ou-yi, en fut chassé en novembre 1924. Finalement, il se noya dans le lac du Palais d'été en juin 1927, par protestation contre l'arrivée des armées révolutionnaires de l'Expédition contre le Nord.

JACQUES PIMPANEAU.

WANG TCH'ONG [Wang Chong] (appellation honorifique : Tchong-Jen). Philosophe chinois. Né à Chang-yu (Tcheu-tsiang) vers 27, mort en 97. Extrêmement pauvre, il en était réduit pour pouvoir s'instruire à lire les livres qui se trouvaient aux étalages. Il retenait ce qu'il n'avait lu qu'une seule fois. Avide et brillant étudiant, il fut collectionneur de livres et l'élève de Pan Piao, père de Pan Kou, l'historien fameux des Han antérieurs. Fonctionnaire pendant une courte période, il se retira insatisfait et se voua à la compilation de son *Examen critique* (*). Selon les *Annales des Han* (*) de Pan Kou, il avait coutume de placer en tous endroits de sa maison pinceaux et encre, afin de se livrer en toute liberté à l'écriture. En 86, il fut appelé à un poste de sous-préfet, et encore une fois il donna assez vite sa démission. Enfin, alors qu'il vivait dans une misère extrême, un de ses amis le recommanda à l'empereur Heu-ti (89-106) qui lui donna un nouvel emploi. Mais il mourut avant d'être entré en fonction. Brillant écrivain au point de vue littéraire, athée convaincu au point de vue philosophique et religieux, il fut le premier à donner une valeur nouvelle à la pensée philosophique de son temps, même s'il paraît s'en gausser. L'homme, dont le caractère dut être peu commun, aimait semble-t-il autant à disputer que le penseur se passionnait pour la réflexion critique et l'éreintement des mystifications de son temps.

WANG T'ONG (appellation honorifique : Fou-tsiao ou Fou-tche). Écrivain chinois. Né en 583, mort en 617, originaire du Chan-si. À dix-neuf ans, il avait élaboré une bonne douzaine de projets destinés à assurer la tranquillité de l'empire ; ces projets ne rencontrant aucune compréhension, il préféra se retirer en province, entouré d'un groupe de disciples. Par la suite, on lui offrit un emploi public qu'il refusa, voulant garder sa liberté. De ses écrits, il ne reste que *À propos du milieu* (*), rédigé dans un style qui rappelle celui des dialogues de Confucius, et la sagesse de certaines de ses maximes. Il fut honoré par la postérité sous le nom de Wen Tchong-tse.

WANG WEI (connu également sous le pseudonyme : Wang Yo-tch'eng ; appellation honorifique : Mo-ts'i ; surnom : Wang ts'iuan). Poète et peintre chinois. Né à P'ou-tcho (Chan-si) vers 699, et mort entre 759 et 761. Il vécut sous la dynastie T'ang (618-907), au grand siècle de la littérature chinoise. Après avoir passé avec succès l'examen impérial du doctorat (721), il acquit comme poète une prompte célébrité. Il fut nommé administrateur impérial de la musique, puis envoyé en province pour avoir commis une faute légère. Rappelé à la Cour en 734, il bénéficia de la protection du Premier ministre, dont la chute mit ensuite un nouveau frein à une éventuelle carrière politique. Quand éclata en 755 la révolte de An Lou-chan, il fut fait prisonnier et peut-être compromis dans la rébellion, si bien que, lorsque celle-ci eut échoué, il dut à l'intervention de son frère d'être gracié. Wang Wei reprit du service au gouvernement, et jusqu'à y tenir un poste assez élevé, mais il se désintéressa peu à peu des « affaires du monde ». Converti au bouddhisme, aux arts et à la contemplation de la nature, il partit s'installer dans sa demeure de Wang-tch'ouan, et vécut à la campagne dont il chanta les paysages dans des vers immortels. Il finit sa vie dans un monastère. En lui le poète et le peintre s'identifient harmonieusement, le premier inspirant le second. On a parfois opposé la peinture de Wang Wei à celle, d'un réalisme plus sévère, de Li-se Suen (657-716). La poésie de Wang Wei, tout en se réclamant de l'école de Li Po et de Tou Fou, se distingue surtout par ses thèmes bouddhiques et sa manière contemplative, sa musicalité – l'homme étant aussi excellent musicien –, et enfin par la concision du quatrain « brisé » [tsue-tsiu] et du pentasyllabe – v. *Recueil des poésies de Wang Yo-tch'eng* (*). Wang Wei fut le contemporain et l'ami du poète de la nature Meng Hao-jan (mort en 740) auquel il a dédié une très belle poésie d'adieu. Il collabora, ainsi que Song Lien, à la compilation de l'*Histoire de la dynastie des Yuan* [*Yuan-che*].

RÉF. : O. Siren, *Histoire de la peinture chinoise*, Paris, 1934. – P. Daudin, *L'Idéalisme bouddhique chez Wang Wei*, in *Bulletin de la Société des études indochinoises* 43, 1968. – D. B. Walmsley, *Wang Wei, the Painter-Poet*, Tokyo, 1968.

WANG YANG-MING (surnom de Wang Cho-jen ; appellation honorifique : Po-an). Philosophe chinois. Né à Yu-yao (Tcheu-tsiang) en 1479, mort en 1529. Il était issu d'une ancienne famille noble – son père était vice-préfet du ministère des Rites ; en 1499, il passa son doctorat et entra plus tard à l'académie Han-Lin. De tendance taoïste dès sa jeunesse, il changea par la suite pour suivre l'école de Tchou Si. Cependant, on raconte qu'une fois, ayant étudié pendant sept jours consécutifs le « li » ou « Raison » du bambou, il ne réussit pas à découvrir quoi que ce soit. Exilé dans les montagnes du Sud-Ouest, dans le Kouei-tcho, il eut une nuit une illumination subite, qui lui fit comprendre le « li » du bambou, et, en même temps, le « li » de toutes choses. Il se consacra ensuite à interpréter dans le sens « intuitionniste » le classique *Ta Siue* ou *La Grande Étude* – v. *Classiques chinois* (*) –, transformant en système l'ancienne « école de l'esprit ». Wang Yang-ming se montra également un grand général : commandant impérial en 1518, il jugula deux insurrections dans le Tsiang-si, dont la seconde était menée par Tch'en Hao, prince rebelle des Ming, et, en 1527, il fit une campagne victorieuse contre les tribus sauvages du Kouang-si. Pour ces différents services, il fut élu président du ministère de la Guerre et élevé à la dignité de prince. L'envie et la jalousie de ses rivaux ainsi que sa santé instable le contraignirent par la suite à démissionner. Wang Yang-ming mourut peu après ; il fut enterré à Hong-tch'e, à dix milles de Hang Tcho. Il fut canonisé sous le nom de Wen Tch'eng (« Perfection littéraire ») et sa stèle fut admise en 1584 dans le temple de Confucius, immédiatement après celle de Confucius. Philosophe génial qui synthétisa et perfectionna le mouvement « intuitionniste » inauguré par l'école de Tch'eng Yi et par Lou Tsio yuan, il exposa sa doctrine dans *la Collection complète* (*).

RÉF. : F. G. Henke, *The Philosophy of Wang Yang-ming,* Chicago-Londres, 1916. – Wang Tch'ang-tche, *La Philosophie morale de Wang Yang-ming,* Shanghai, 1936.

WARBURG Aby. Historien d'art allemand. Né et mort à Hambourg : 13 juin 1866 - 29 octobre 1929. Aby Warburg commence par étudier l'histoire de l'art et la psychologie à Bonn puis à Strasbourg, où il soutient en 1891 sa thèse sur *La Naissance de Vénus* et *Le Printemps* de Botticelli. En 1889, d'abord, puis entre 1897 et 1904, il séjournera longtemps à Florence avant de se fixer à Hambourg pour créer une bibliothèque, métamorphosée en 1920 en Institut de recherche qui se donnera pour mission d'ébaucher un « atlas » de l'expression visuelle et où professèrent, entre autres, Cassirer, Pauli et Panofsky. Dans une œuvre qui se déploie aux confins de l'anthropologie, de la psychologie sociale et de l'histoire de l'art, le souci constant de Warburg fut toujours de comprendre chaque œuvre d'art en fonction d'une tradition modifiée au gré des besoins psychologiques de l'heure. Ainsi fut-il conduit à s'intéresser plus particulièrement à l'art florentin du Quattrocento, et notamment au passage du gothique au style classique de la haute Renaissance. En réaction contre le formalisme de Wölfflin ou de Riegl, il s'efforça de retrouver les véritables préoccupations des artistes mais aussi de leurs mécènes en entrant dans l'imaginaire même de leurs contemporains (d'où son intérêt pour la métamorphose des dieux, les symboles astrologiques et les résurgences de traditions autochtones ou extérieures sous des dehors divers). Pour Cassirer, cependant, sa contribution majeure aura été la découverte du « principe d'inertie » qui régit la transmission des formes.

Père de l'histoire sociale de l'art, sa conception de la *Kulturwissenschaft* reste attachée à la célèbre bibliothèque de l'Institut qu'il organisa avec le concours d'Edgar Wind et que ses successeurs (Fritz Saxl, notamment) réussirent à transporter à Londres en 1934. D'Erwin Panofsky à Kenneth Clark en passant par Ernst Gombrich et Edgar Wind, tout ce que l'histoire de l'art au XXe siècle a créé d'original porte la marque, sinon de son œuvre, du moins de sa curiosité encyclopédique et de son approche interdisciplinaire. À l'expression d'« histoire de l'art », Warburg devait cependant préférer celle de « psychologie historique de l'expression humaine ». Par ailleurs, il faut noter que c'est lui qui, le premier en 1912, reprit à Cesare Ripa le terme d'« iconologia » dans sa conférence sur l'astrologie au Palazzo di Schifanoia – v. *Essais florentins* (*). L'œuvre proprement dite consiste en une mosaïque d'études qui ne cessent de se répondre et de se compléter : rassemblés par G. Bing en 1932 sous le titre de *Gesammelte Schriften,* ces essais seront traduits trente ans plus tard en italien sous le titre *La Renaissance du paganisme antique* [*La Rinascita del Paganismo Antico*] et avec plus de retard encore en français : *Essais florentins* (1990) et *Le Rituel du serpent* (1993).

PIERRE-EMMANUEL DAUZAT.

WARD Mrs. Humphrey (née Mary Augusta Arnold). Femme de lettres anglaise. Née le 11 juin 1851 à Hobart Town, en Tasmanie, où son père, Thomas Arnold, frère du poète Matthew, était inspecteur scolaire, morte à Londres, le 24 mars 1920. L'ambiance cultivée qui régnait dans sa famille, établie à Oxford en 1865, influença profondément la vie et l'œuvre de Mrs. Ward. Elle se maria, en 1872, avec Thomas Humphrey Ward, « fellow » et « tutor » du Brasenose College, et en eut trois fils. En 1881, elle s'établit à Londres avec son mari et y publia son premier roman : *Miss Bretherton,* en 1884, année où elle donna aussi une magistrale traduction des *Fragments d'un journal intime* (*) d'Amiel. En 1888 parut son chef-d'œuvre : *Robert Elsmere* (*), le seul de ses romans qui soit encore lu. Parmi les romans qu'elle fit paraître par la suite et dans lesquels elle continue sa « critique de la vie » sans faire preuve d'égales qualités artistiques, on peut citer : *Sir George Tressady* (1896) ; *Helbeck of Bannisdale* (1898) ; *Eleanor* (1900) ; *La Fille de lady Rose* [*Lady Rose's Daughter*, 1903] ; *Le Mariage de William Ashe* [*The Marriage of William Ashe*, 1905] et *L'Affaire Richard Meynell* [*The Case of Richard Meynell*, 1911] ; mentionnons aussi un ouvrage autobiographique : *Souvenirs d'un écrivain* [*A Writers' Recollections*, 1918].

RÉF. : W. S. Peterson, *Victorian Heretic : Mrs. Humphrey Ward's Robert Elsmere*, Lancs, 1976. – F. Rives, *Mrs. Humphrey Ward romancière*, 2 vol., Lille, 1978.

WARNER Rex. Écrivain anglais. Né à Birmingham le 9 mars 1905, mort le 24 juin 1986. Fils d'un pasteur anglican, il acheva ses études à Oxford (Wadham College), où il étudia les lettres classiques et anglaises. Par la suite, il devait les enseigner en Angleterre et en Égypte. Il fut quelque temps directeur du « British Council » à Athènes. Son premier recueil de poèmes, publié en 1937, fut réédité en 1945, après révision, sous le titre *Poèmes et Contradictions* (+). Rex Warner a traduit la *Médée* (*) d'Euripide en 1944, et en 1947 *Le Prométhée enchaîné* (*) d'Eschyle. Comme romancier, marqué par l'influence de Kafka (en tout cas dès son second titre), il a publié : *Le Cerf-Volant* (+) (1936), *Le Professeur* (*) (1939), *L'Aérodrome* (+) (1941), *Pourquoi j'ai été tué* (+) (1943), *Hommes de pierre* (+) (1949). Warner est aussi l'auteur de deux essais : l'un consacré au culte du pouvoir (1946), l'autre aux philosophes grecs (1958).

RÉF. : A. L. McLeod, *Rex Warner*, Sidney, 1960.

WARREN Robert Penn. Poète et romancier américain. Né le 24 avril 1905 à Guthrie (Kentucky), mort à Stratton (Vermont) le 15 septembre 1989. C'est à un accident qui lui fit perdre la vue d'un œil que Robert Penn Warren a dû d'abandonner la carrière à laquelle il se destinait dans la marine, et son orientation vers l'université. Après l'université Vanderbilt (Caroline du Nord), où il rencontra les poètes John Crowe Ransom et Allen Tate, avec lesquels il allait former le groupe des Fugitifs et créer la revue *The Fugitive* (*) (1922-25), collaborer à *I'll Take My Stand* (+) (1930), le manifeste de l'agrarianisme du Sud, puis contribuer à fonder la *Southern Review* en 1935, il enseigna la littérature à Louisiana State University (1934-1942), à l'université du Minnesota (1942-1950), et enfin à Yale. On a pu dire de lui qu'il était le plus « versatile » des écrivains contemporains de langue anglaise. On pourrait dire aussi qu'il est le modèle même de l'écrivain universitaire, type qui devait remplacer rapidement l'autodidacte de la génération des Faulkner et des Hemingway. Il est le seul Américain à avoir reçu le prix Pulitzer une première fois pour son œuvre romanesque (1947), et une seconde pour sa poésie (1958). En 1944-45, il fut poète-consultant à la Bibliothèque du Congrès de Washington. En 1950, il prit à l'université Yale une chaire qu'il conserva jusqu'à sa retraite. En 1952, il épousa en secondes noces Eleanor Clark, une femme de lettres.

Ainsi qu'en témoignent *Poèmes choisis, 1923-1943* [*Selected Poems, 1923-1943*, 1944], sa carrière littéraire commença par la poésie, qu'il ne devait d'ailleurs pas abandonner : *Frère des Dragons* [*Brother to Dragons*, 1953], *Promesses, poèmes 1954-1956* [*Promises, Poems 1954-1956*, 1957], *Poèmes choisis, d'hier et d'aujourd'hui, 1923-1966* [*Selected Poems, New and Old, 1923-1966*, 1966] et, la même année, *Incarnations*. Dans *Audubon ; A Vision* (1969), le naturaliste est le héros adamique d'un grand poème consacré au thème de la « wilderness » américaine.

Mais Warren est incontestablement plus connu pour son œuvre en prose qui, après une biographie de John Brown (*John Brown : The Making of a Martyr*, 1929), s'ouvre en 1939 avec *Le Cavalier de la nuit* (*), roman social sur les planteurs de tabac et les industriels du Kentucky au début du siècle. Suivront : *Aux portes du ciel* (*) (1943) et *Les Fous du roi* (*) (1946), deux romans aux sujets politiques dont le second lui vaudra le prix Pulitzer ; *Le Grand Souffle* (*) (1950), *Troupe d'anges* [*Band of Angels*, 1955], *La Grotte* [*The Cave*, 1959], *La Grande Forêt* (*) (1961), *Déluge* [*Flood*, 1964], *Rendez-vous dans la clairière* [*Meet me in the Green Len*, 1971], et enfin *Un endroit où aller* [*A Place to Come To*, 1977].

Outre ces dix romans, qui ont tous pour cadre le Sud familier à l'auteur, Warren a aussi publié des nouvelles sous le titre *Le Cirque sous le toit* [*The Circus in the Attic*, 1949], et enfin des essais sur de grands sujets d'actualité : *Ségrégation* (1956), *L'Héritage de la guerre de Sécession* (+) (1961) et *La Voix des Noirs* [*Who Speaks for the Negro*, 1965]. Enfin, il a joué un rôle important dans l'histoire de la « nouvelle » critique littéraire américaine en publiant, avec Cleanth Brooks (l'un des meilleurs représentants de la « New Criticism »), *Pour comprendre la poésie* [*Understanding Poetry*, 1938], puis *Pour comprendre le roman* [*Understanding Fiction*, 1943] et *Pour bien écrire* [*Fundamentals of Good Writing*, 1950]. Warren est mort couvert d'honneurs, et beaucoup plus connu chez lui qu'en France, où son meilleur avocat reste Michel Mohrt. En 1986, il avait été nommé (le premier) poète-lauréat des États-Unis.

MICHEL GRESSET.

RÉF. : James Justus, *The Achievement of Robert Penn Warren*, Baton Rouge (Louisiana),

1977. – Neill Nakadate, *Robert Penn Warren : A Reference Guide*, New York, 1977, et *Robert Penn Warren : Critical Perspectives*, Lexington (Kentucky), 1981. – James Grimshaw, *Robert Penn Warren : A Descriptive Bibliography*, Charlottesville (Virginia), 1982. – Katherine Snipes, *Robert Penn Warren*, New York, 1984.

WARSZAWSKI Oser (ou Varshavski Oyzer). Écrivain polonais d'expression yiddish, né en 1898 à Sochaczew près de Varsovie, mort en 1944 à Auschwitz. Après des études juives traditionnelles, il devient précepteur d'hébreu, puis sillonne la Pologne en tant que photographe ambulant. En 1920, il publie, grâce à l'aide de Weissenberg, son premier roman *Les Contrebandiers* (*), qui fait date dans la littérature yiddish. Warszawski se lie avec Singer, Peretz Markish, Marc Chagall, et participe au premier numéro de la revue *La Bande* [*Khalyastra*] à Varsovie en 1922. Il émigre à Paris en 1923, où il fréquente, à la Rotonde et au Café du Dôme à Montparnasse, les artistes juifs de la Ruche (Chagall, Krémègne, Kikoïne), peignant lui-même des gouaches expressionnistes. Avec Peretz Markish, il édite à Paris le deuxième volume de la revue littéraire *Khalyastra*, illustrée par Chagall. Il publie un second roman, *La Moisson* [*Shnittsayt*, 1926]. Engagé volontaire en 1939, il fuit Paris occupé pour Marseille en 1942. Il est évacué en Italie en 1943, arrêté en 1944 et déporté à Auschwitz, où il est assassiné en 1944. Parmi ses manuscrits, il laisse également des textes en français, et des études sur l'art juif.

DELPHINE BECHTEL

WARTON Thomas, dit le Jeune. Poète et historien de la littérature anglaise. Né à Basingstoke (Hampshire) le 9 janvier 1728, mort à Oxford le 21 mai 1790. Frère de Joseph Warton, il poussa jusqu'au doctorat (1747) ses études au Trinity College d'Oxford. Entré dans les ordres, il fut comblé de prébendes et d'honneurs, et remplit les fonctions de « tutor » – ou assistant – auprès des étudiants de l'Université. En 1757, il succéda à son père comme professeur de poésie à Oxford, et occupa cette chaire jusqu'en 1767. Il fut nommé en 1785 professeur d'histoire et devint poète lauréat. Étudiant, il faisait déjà des vers et collabora à des revues universitaires, notamment à l'anthologie humoristique *La Saucisse d'Oxford* [*The Oxford Sausage*], parue en 1764. Sa première publication poétique *Les Plaisirs de la mélancolie* [*The Pleasures of Melancoly*] date de 1747 et fut suivie des *Triomphes d'Isis* [*The Triumphs of Isis*, 1749], d'un poème à la louange d'Oxford et de Newmarket, de *Une satire* [*A Satire*, 1751]. Sa réputation de critique littéraire s'affirma avec les *Observations sur la « Reine des Fées » de Spencer* (+) (1754). Mais son ouvrage le plus important est l'*Histoire de la poésie anglaise de la fin du XIe au début du XVIIIe siècle* (*) (1774-81), considérée aujourd'hui encore comme un des monuments les plus importants de la critique littéraire anglo-saxonne.

WASHINGTON Booker Taliaferro. Éducateur et écrivain américain. Né le 5 avril 1856 à Hale's Ford, dans le Franklin Country (Virginie), mort à Tuskegee (Alabama) le 14 novembre 1915. Né d'un père blanc et d'une mère noire, il partit pour Malden (West Virginia) après l'émancipation des esclaves noirs ; là, il fut manœuvre et domestique et, en même temps, il apprit à lire et à écrire. À dix-sept ans, il entra à l'école de Hampton réservée aux Indiens et aux Noirs et paya ses frais d'études en donnant des leçons. Il passa son doctorat en 1875 et se consacra aussitôt à l'enseignement. Washington se voua entièrement à la cause des Noirs américains, s'intéressant surtout au problème de leur instruction professionnelle et industrielle ; aussi, lorsqu'en 1881 fut fondé le Tuskegee Institute, Washington fut-il choisi comme directeur ; il en fit une des principales écoles pour l'instruction des Noirs. C'est lui qui devait, en 1900, fonder à Boston la National Negro Business League. À partir de 1884, devenu célèbre, il fit à travers les États-Unis des cycles de conférences où il traitait de la culture et des rapports raciaux. Il ne revendiqua pas pour les Noirs les droits politiques, mais préconisa une collaboration réciproque entre les deux races dans le domaine de l'éducation technique. Il se maria trois fois, écrivit dix ouvrages et collabora à deux autres. Ses œuvres les plus connues sont *Autobiographie d'un nègre* (*) (1901) et *Mon éducation au sens large* [*My Larger Education*, 1911]; toutes deux ont un caractère autobiographique.

RÉF. : B. F. Riley, *The Life and Time of B. T. Washington*, New York, 1916. – *Slavery and the Literary Imagination* (éd. par D. E. McDowell), Baltimore, 1989.

WASHINGTON George. Homme d'État américain. Né dans le comté de Westmoreland (Virginie) le 11 février 1732, mort à Mount Vernon (Virginie) le 14 décembre 1799. Élevé dans la tradition de l'aristocratie coloniale, il débuta de bonne heure dans l'administration et l'armée anglaises. L'habileté dont il fit preuve au cours des campagnes contre les Français et les Indiens lui valut d'être nommé, en 1755, commandant en chef des forces de Virginie. Cette guerre sauvage fut pour lui une rude école de courage et d'humanité, de volonté, de foi et d'amour pour la patrie. Les quinze années qu'il passa, après avoir quitté l'armée coloniale (1759), dans sa propriété de Mount Vernon, furent certainement les plus heureuses de sa vie. Cependant, la domination anglaise étant devenue de plus en plus pesante, Washington acquit la conviction qu'il était nécessaire d'obtenir pour son pays l'indépendance par degrés, et, si possible, pacifiquement. Mais lorsque s'envenima l'insoluble conflit sur la question des taxes coloniales, Washington, repoussant toute idée de compromis, opta pour la révolution, considérée par lui comme un devoir. Connu pour sa valeur militaire, sa personnalité s'était également affirmée aux Congrès continentaux de 1774 et 1775. Aussi fut-il nommé commandant en chef des forces révolutionnaires. D'une bande d'hommes mal nourris et sans préparation, à la tête desquels il se trouva (Cambridge, 3 juillet 1775), il fit en deux ans, malgré la défiance et les intrigues du Congrès, une armée relativement forte et toute pénétrée de sa foi religieuse. Prudent et temporisateur, son histoire, dès lors, se confondit avec celle de la guerre elle-même : siège et prise de Boston (1775-76), tentative de défense de New York et retraite habile dans le New Jersey (1776), perte de Philadelphie, suivie d'autres défaites jusqu'à l'alliance avec la France et la victoire de Monmouth (1778). Ce furent ensuite le siège de New York par les Alliés et la victoire de Yorktown (1781), précédés et suivis d'années sombres. En avril 1783, Washington victorieux faisait son entrée à New York et, dès Noël, il avait regagné sa propriété. En 1787, il était nommé président de la Convention fédérale et, en 1789, élu à l'unanimité premier président des États-Unis. Cette charge qu'il avait acceptée avec modestie, l'homme d'État s'en acquitta avec prudence et modération. Certes, on peut critiquer son conservatisme excessif, sa souplesse envers son fidèle collaborateur Alexander Hamilton, ses attitudes conventionnelles. Il était le premier à douter de ses qualités d'homme d'État et, dans l'ensemble, maintint habilement l'équilibre entre des tendances opposées et dangereuses. Washington se retira en 1797, lorsque John Adams, redoutant l'éventualité d'une guerre avec la France, le réclama à la tête de l'armée. Nul mieux que lui, peut-être, n'a fait coïncider l'ambition et le devoir. Il nous reste de lui des *Mémoires* (1748-49) — v. *Écrits divers, essais et mémoires* (*) — et c'est sous sa direction que fut rédigée la *Constitution des États-Unis d'Amérique* (*) (1777).

RÉF. : D. Ramsay, *Vie de Washington*, 2 vol., Paris, 1809. — Ch. Bara, *Le Général George Washington. Constitution de la République des États-Unis*, Valenciennes, 1889. — J. O'Boyle, *Life of George Washington, the Father of Modern Democracy*, Londres, 1915. — J. Fitzpatrick, *List of the Manuscripts of George Washington*, Washington, 1919. — J. Schrœder, *Life and Times of Washington*, New York, s. d. — S. Decatur, *Private Affairs of George Washington*, Boston, 1933. — G. Chinard, *George Washington as the French knew him*, Princeton, 1940. — N. Stephen et W. Dunn, *George Washington*, 2 vol., New York et Londres, 1940. — B. Knollenberg, *Washington and the Revolution*, New York, 1941. — G. Stein, *Four in America*, New Haven, 1947. — D. S. Freeman, *George Washington*, New York, 1948. — A. Maurois, *Washington*, Paris, 1949. — F. R. Bellamy, *The Private Life of George Washington*, New York, 1951. — W. M. Brown, *George Washington Freemason*, Richmond, 1952. — G. Forster, *George Washington et son temps*, Paris, 1952. — Marcus Cunliffe, *George Washington, Man and Monument*, Boston, 1958. — James Thomas Flexner, *George Washington in the American Revolution*, Boston, 1967.

WASSERMANN Jakob. Écrivain allemand. Né à Fürth, près de Nuremberg, le 10 mars 1873, mort à Alt-Aussee le 1er janvier 1934. Fils d'un marchand juif, il abandonna le commerce paternel et se jeta dans la bohème de Munich. Il eut une jeunesse désordonnée et aventureuse, solitaire, difficile. Il dut travailler un certain temps dans une usine ; enfin l'écrivain Ernst von Wolzogen l'engagea comme secrétaire. Son premier roman : *Les Juifs de Zirndorf* [*Die Juden von Zirndorf*, 1897], mi-historique mi-fictif, qui se passe dans un ghetto du XVIIe siècle, attira l'attention sur son auteur. On trouve déjà là l'illustration d'un conflit qui sera celui de sa propre vie : juif en Allemagne, il est un juif qui se sent allemand. Le héros du livre est un prophète et un rêveur, qui va à l'aventure en assumant d'une manière toujours plus consciente sa condition d'homme. *L'Histoire de la jeune Renate Fuchs* [*Die Geschichte der jungen Renate Fuchs*, 1900] allie le romantisme tendre à l'acuité de l'étude psychologique. Dans *Moloch* (1902), Wassermann décrit plus objectivement l'histoire d'un dur combat contre l'injustice sociale. Moraliste romantique, Wassermann se tient pour responsable de l'humanité. Au premier plan de son œuvre apparaissent les hommes, pleins d'un sentiment de justice passionnée, menant le combat contre la société. En 1903 paraît un livre de moindre importance, *Hilperic*. Dans *Les Masques d'Erwin Reiner* [*Die Masken Erwin Reiners*, 1910], le millionnaire séducteur échoue devant l'innocence de sa proie ; *Gaspard Hauser ou la Paresse du cœur* [*Caspar Hauser oder die Trägheit des Herzens*, 1908] raconte l'histoire de cet enfant trouvé dont on ne sut jamais vraiment s'il était ou non un enfant royal, le symbole de l'innocence opprimée dans un monde impitoyable. *L'Homme aux oies* [*Das Gänsemännchen*, 1916] est la tragédie de l'artiste pauvre et tourmenté. L'accusation de Wassermann contre le monde bourgeois d'avant la guerre se situe sur le plan de l'humain, pour la défense des hommes qui ont tous en partage « la même solitude... la même mort ». *Christian Wahnschaffe* (*) (1919), « roman de la formation », est l'illustration majeure de cette revendication. En 1923 paraît *Ulrique* (*), en 1924 *Faber ou Années perdues* [*Faber oder verlorene Jahren*], et en 1928 *L'Or de Caxamalca*. La même année, avec *L'Affaire Maurizius* (*), qui est une partie d'un cycle intitulé *Tropique* [*Der Wendekreis*], Wassermann donne un livre au style dense, à la tension profonde. La suite, *Etzel Andergast* (*) (1931), met en scène la vie allemande et la jeunesse d'après la guerre. Wassermann apprit beaucoup de la psychanalyse qu'il utilise pour son diagnostic de la maladie européenne. Le roman social le conduit à l'idée d'une réorganisation de l'existence humaine par l'éducation. En 1934 parut en Suisse une œuvre posthume, *La Troisième Existence de Joseph Kerkhoven* [*Joseph Kerkhovens dritte Existenz*], roman de la quête divine. L'œuvre de Wassermann possède une grande richesse dans l'expérience profonde de l'homme aux prises avec le chaos du temps et de la réalité sociale mais qui inclut toujours son combat dans l'épuration volontaire et le dépassement cosmique.

RÉF. : Félix Berteaux, *Panorama de la littérature allemande,* Paris, 1928. – W. Böhm, *Die Idee der Gerechtigkeit im Werke Jakob Wassermanns,* Paris, 1937. – *Jakob Wassermann Werk und Wirkung,* R. Wolff (ed.), Bonn, 1987.

WASSMO Herbjørg. Femme de lettres norvégienne. Née le 6 décembre 1942 sur l'île de Langøy (Vesterålen). Auteur estimée de deux recueils de poèmes, *Battements d'ailes* [*Vingeslag,* 1976] et *Marée* [*Flotid,* 1977], cette enseignante ne tenait qu'une place modeste dans la constellation littéraire norvégienne. Avec la publication du roman *La Véranda aveugle* (*) en 1981, elle se retrouva brusquement au zénith. Salué unanimement par la critique, le livre rallia également les suffrages du public et atteignit des tirages vertigineux. Ce succès ne devait pas se démentir avec les deux romans qui en constituent la suite, *La Chambre muette* (*) (1982) et *Le Ciel écorché* (*) (1987), ce dernier obtenant en 1987 le Grand Prix de la littérature nordique. La Norvège tout entière s'intéressa passionnément au destin malheureux de la jeune Tora, et elle s'y intéressa d'autant plus que l'auteur abordait directement deux problèmes restés jusqu'alors entourés d'un voile de pudique discrétion : d'une part l'inceste, d'autre part le sort des femmes qui, pendant la guerre, avaient lié leur sort à celui de l'occupant. Devenue un des rares écrivains norvégiens à vivre de sa plume, Herbjørg Wassmo a également publié le roman *La Voie à suivre* [*Veien å gå,* 1984], qui retrace l'odyssée d'une famille norvégienne obligée de se réfugier en Suède au cours de l'hiver 1944-1945, puis, en 1989, *Le Livre de Dina* [*Dinas bok*], portrait d'une femme étrange et passionnée dans la Norvège septentrionale du XIXe siècle.

ÉRIC EYDOUX.

WAT Alexandre (pseud. d'Alexandre Chawat). Poète, écrivain et traducteur polonais. Né le 29 juillet 1900 à Varsovie, mort à Anthony le 29 juillet 1967. Il fut l'un des principaux fondateurs du courant futuriste polonais et co-rédacteur des revues d'avant-garde *L'Art nouveau* [*Nowa Sztuka*] et *L'Almanach de l'art nouveau* [*Almanach Nowej Sztuki*]. Il publia un recueil de proses d'inspiration dadaïste, *Moi d'un côté et moi de l'autre côté de mon petit poêle en roquofonte* [*Ja z jednej strony i ja z drugiej strony mojego mopsożelaznego piecyka,* 1920] ainsi que des nouvelles : *Lucifer au chômage* [*Bezrobotny Lucifer,* 1927], vision grotesque et catastrophiste du déclin de la culture et de la civilisation modernes. Sa collaboration à la revue communiste *Le Mensuel littéraire* [*Miesięcznik Literacki*], de 1929 à 1931, lui valut un séjour en prison. Il fut ensuite directeur littéraire chez le grand éditeur Gebethner et Wolf, de 1932 à 1939. Arrêté par les Soviétiques en 1940, à Lwów, en raison du pacte germano-soviétique, il passa plusieurs années dans les prisons et les camps staliniens. Rentré en Pologne en 1946, accusé de déviationnisme politique en 1949, interdit de publication, sa participation à la vie culturelle du pays pendant les années du réalisme socialiste resta minime. Il se consacra alors à la traduction : Dostoïevski, Tolstoï, Tourgueniev, Tchekhov, Ehrenburg, Bernanos, Mann. Quelques beaux poèmes parus en 1956-57 annoncèrent son œuvre majeure : *Poèmes méditerranéens* [*Wiersze śródziemnomorskie,* 1962], puis *Sombres clinquants* [*Ciemne świecidło*], publiés en 1968 à Paris, où il s'était installé en 1958. En 1964, invité par l'université de Berkeley aux États-Unis, il eut des entretiens avec Czesław Miłosz, qui furent publiés ultérieurement sous le titre *Mon siècle* (*) (1977).

LAURENCE DYÈVRE.

WATKINS Vernon. Poète gallois. Né à Maesteg, dans le sud du Pays de Galles, le 27 juin 1906, mort à Seattle le 8 octobre 1967. Il fit ses études à Swansea, à Repton, puis à Cambridge, avant de gagner sa vie comme employé puis comme cadre de banque. Vernon Watkins fut un poète accompli, qui travaillait lentement et à qui les éditeurs devaient faire violence. Le meilleur de son œuvre s'impose par la qualité musicale de cadences subtiles et surprenantes, et renouvelle la tradition romantique du recueillement. Plus qu'à Dylan Thomas, qui fut son ami, et qui, déclara-t-il, l'aida à se dégager de nombreuses influences, c'est, par la source de son inspiration, à Wordsworth qu'il fait penser. Ses principaux recueils sont : *La Ballade de la Mari Lwyd* (+) (1941), *La Lampe et le Voile* (*) (1945), *La Dame à la licorne* (+) (1948), *Poèmes choisis* (*) (1967).

WAUGH Evelyn (pseud. d'Evelyn Arthur St. John Waugh). Romancier anglais. Né à Londres le 28 octobre 1903, mort dans sa maison de Combe Florey, dans le sud-ouest de l'Angleterre, le 10 avril 1966. Son père, Arthur Waugh, dirigeait la maison d'édition Chapman and Hall, où lui-même devait être édité pour la première fois vingt-six ans plus tard (sans avoir besoin d'intervention paternelle). Ses ascendants exerçaient tous des professions libérales. Lui-même regrettait ou feignait de regretter de ne pas être né dans l'aristocratie. À treize ans, ses parents le mirent en pension à la « public school » de Lancing (exactement, Lancing College), sur la côte sud. Là, il devait obtenir une bourse pour Oxford (Hertford College) où il commença ses études au début de l'année 1922. Il adore cette ville médiévale et vivante, s'enivre assez souvent, dessine des illustrations de livres, travaille très peu, et de temps à autre continue de tenir le journal qu'il avait entrepris très jeune – en réalité avant même de savoir l'orthographe. Également à Oxford, il tient un rôle dans un court métrage, *La Femme vêtue d'écarlate* [*The Scarlet Woman*] : une improvisation plus ou moins surréaliste. À l'époque, l'un de ses futurs amis l'a décrit ainsi : « Petit, farouche, les joues colorées, spirituel, personnage fascinant aux yeux d'un nouveau dans la place. » Néanmoins, le moment venu de passer ses examens d'histoire, il n'obtint que la « troisième classe » réservée aux étudiants très dilettantes ou très peu doués. Nous sommes en 1924. En 1928, il publie *Grandeur et Décadence* (*). C'est un désopilant roman de mœurs, conduit avec une somptueuse économie de moyens. En 1926, il avait écrit, pour un ami qui venait d'acquérir une petite imprimerie, un essai sur *La Fraternité préraphaélite* [*The Preraphaelite Brotherhood*], mais si ce fut son premier livre, il ne devait pas persister dans cette voie. Ce sera plutôt le côté dru et la part d'insolite de ses autres farces ou satires (toutes désignées comme des romans) qui fera – et durablement – le meilleur de son œuvre ; tout d'abord : *Ces corps vils* (*) (1930), *Diablerie* (*) (1933), *Une Poignée de cendre* (*) (1934) et *Scoop* (*) (1938). En dépit d'une transposition vigoureuse – par laquelle l'auteur entre dans l'imaginaire et prolonge la galerie des excentriques du roman anglais – il semble qu'il existe des modèles à ses personnages. (Certaines sources sont suggérées dans l'*Evelyn Waugh* de Christopher Sykes.) Cependant, l'auteur a beaucoup évolué entre 1928 *(Grandeur et Décadence)* et 1938 *(Scoop)*. Il s'est marié une première fois en 1928, mais divorce en 1930 et, cette même année, se convertit au catholicisme. En 1937, il épousera une dame de la noblesse qui lui donnera six enfants : trois garçons et trois filles. Et comme il vit conformément à son personnage, il sera pendant la guerre un officier brave, intrépide même, engagé dans les « marines » en Crète, en Yougoslavie. La guerre lui inspira une trilogie, *L'Épée d'honneur* (*), composée de *Hommes en armes* (*) (1952), *Officiers et Gentlemen* (*) (1955) et *La Capitulation* (*) (1961). Comparativement à la prose des premiers romans, le récit est ici fort dilué, quoique les moments picaresques le nourrissent d'une vie alerte. Parmi les romans de la première veine, le dernier, *Le Cher Disparu* (*) (1948), satire des mœurs funéraires américaines, est parfois regardé comme le meilleur. *Hissez le grand pavois* (+) (1942) se présente comme une œuvre assez sentimentale et, à cet égard, annonce *Retour à Brideshead* (*) (1944-45). Evelyn Waugh est encore l'auteur de Vies religieuses, de livres de voyages (écrits en partie avec ses souvenirs de correspondant du *Daily Mail*), de nouvelles, d'un récit inspiré par ses rêves ou ses cauchemars, *L'Épreuve de Gilbert Pinfold* (*) (1957) et d'une autobiographie, *Un médiocre bagage* (*) (1964).

JEAN QUEVAL.

RÉF. : D. Lodge, *Evelyn Waugh*, Londres, 1971. – D. Ryce-Jones, *Evelyn Waugh and his World*, Londres, 1973. – C. Sykes, *Evelyn Waugh, a Biography*, Glasgow, 1975. – A. Blayac, *Evelyn Waugh, romancier satirique*, (thèse sur microfiches) Lille, 1980.

WAŻYK Adam. Poète et critique littéraire polonais. Né le 17 novembre 1905 à Varsovie, mort dans la même ville le 13 août 1982. Il fit partie, à vingt ans, du groupe de la première « Avant-Garde » de Cracovie et crut, comme Peiper et Przyboś, que l'époque des découvertes scientifiques devait également susciter des découvertes poétiques. Ses premiers recueils, *Sémaphores* [*Semafory*, 1924] et *Les Yeux et les Lèvres* [*Oczy i usta*, 1925] témoignent d'une poétique très personnelle, reposant sur des chocs d'images qui font penser aux techniques du surréalisme, mais sont calculés et amenés de façon très intellectuelle. En prose, Ważyk passe de l'avant-garde à la convention réaliste et au roman de mœurs ou d'analyse psychologique, *Mythes familiaux* [*Mity rodzinne*, 1938]. La guerre, que Ważyk passe en U.R.S.S. dans la Première Armée polonaise, le ramène à la poésie, mais à une poésie militante et politique. *Le Cœur de la grenade* [*Serce granatu*], publié en 1944, rassemble les vers de guerre du poète, très traditionnels dans leur parodie et leur vocabulaire. De 1945 à 1953, Ważyk sera d'ailleurs, en prose comme en vers, un adepte du réalisme socialiste. La crise politique et intellectuelle qui accompagne le phénomène de la déstalinisation lui apporte la célébrité grâce au très beau *Poème pour adultes* (*) (1955) qui dénonce le mensonge et l'hypocrisie de la propagande et de la littérature politique des années noires. Plus tard, le poète reviendra aux thèmes et au ton de sa jeunesse dans les poèmes très constructivistes de *Labyrinthe* [*Labirynt*, 1961] ou *Wagon* (1963). Essayiste et historien de la littérature avec *Du côté de l'humanisme* [*W stronę humanizmu*, 1951] et *Mickiewicz et la versification nationale* [*Mickiewicz i wersyfikacja narodowa*, 1951], Ważyk a aussi traduit – fort bien – *L'Hérésiarque & Cie* (*) d'Apollinaire, *Eugène Onéguine* (*) de Pouchkine, *La Condition humaine* (*) et *Les Conquérants* (*) de Malraux, et une anthologie de la poésie française de Hugo à Aragon.

JEAN LAJARRIGE.

WEBB Mary Gladys. Romancière anglaise. Né à Leighton (Shropshire) le

25 mars 1881, morte à St. Leonards (Sussex) le 8 octobre 1927. Issue d'une famille nombreuse, fille d'un instituteur d'origine galloise, elle hérite toute jeune de ses parents un amour passionné pour sa province, un respect enthousiaste pour les traditions celtiques, qui enrichissent son tempérament nostalgique et rêveur, déjà tourné vers la poésie. À trente et un ans, en 1912, lorsqu'elle épouse un professeur sorti de Cambridge, elle est déjà profondément enracinée dans sa province qu'elle se hâtera de revenir habiter, après un séjour de deux ans à Weston-super-Mare. C'est pendant la guerre qu'elle fait ses débuts dans la littérature, avec un recueil d'études de campagne, *La Source de la joie* [*The Spring of Joy*, 1917], puis deux romans, *La Flèche d'or* [*The Golden Arrow*, 1917] — où elle nous donne un portrait de son père dans le sympathique personnage de John Arden — et *La Renarde* (*) (1917), suivi du *Poids des ombres* [*The House in Dormer forest*, 1920]. Ayant dû s'installer à Londres après la nomination de son mari comme professeur dans cette ville en 1920, Mary Webb donne des critiques littéraires aux journaux et poursuit son œuvre romanesque avec *Sept pour un secret* [*Sevent for a secret*, 1922] et *Sarn* (*) (1924), son premier véritable succès. Mais cette femme fragile, qui parut toujours comme hors du monde, ne parvient pas à s'habituer à l'atmosphère de la capitale : elle doit quitter Londres en septembre 1927 et meurt un mois plus tard d'anémie pernicieuse. Sa disparition est à peine remarquée, bien que de son vivant Mary Webb ait eu des défenseurs de marque. Sans doute manque-t-elle des qualités du véritable romancier : l'invention dans l'intrigue et surtout le don de faire vivre des personnages fortement caractérisés ; mais elle touche par sa sensibilité extrême devant toutes les cruautés de la vie, et reste une interprète frémissante des puissances de la nature.

RÉF. : Th. Moult, *Mary Webb, her Life and Work*, Londres, 1932. — A. Coles, *The Flower of Light, a biography of Mary Webb*, Londres, 1978.

WEBB Sidney et Beatrice (née Potter). Économistes anglais. Sydney naquit à Londres le 13 juillet 1859 et mourut le 13 octobre 1947 à Liphook (Hampshire). Simple employé de bureau, il entra sur concours au ministère de la Guerre en 1878, puis devint en 1879 inspecteur des taxes. De 1881 à 1891, il fut membre du Colonial Office. Il avait été l'un des premiers adhérents de la Fabian's Society et avait collaboré en 1889 aux *Fabian Essays*. Très vite, il devint l'un des sujets les plus en vue de la nouvelle société socialiste, tant par ses écrits que par ses discours. Élu au London County Council en 1892, il abandonna toutes ses charges pour se consacrer à cette tâche et à des études économiques. De 1903 à 1906, il travailla à la Royal Commission on Trade Union Law, et fit partie de toutes les commissions importantes chargées d'étudier les problèmes sociaux. En 1924, il fut promu secrétaire aux colonies dans le premier ministère Macdonald, puis devint secrétaire aux Dominions dans le second cabinet travailliste. En reconnaissance de ses activités, il fut créé pair en 1929, sous le titre de lord Passfield. Il avait épousé en 1892 miss Beatrice Potter (22 janvier 1858-30 avril 1943), économiste et sociologue déjà réputée pour son ouvrage intitulé *Le Mouvement coopératif en Grande-Bretagne* [*The Co-operative Movement in Great Britain*, 1891], et collaboratrice de *Vie et travail des peuples* [*Life ans Labor of the People*, 1891-1903]. Ils travaillèrent désormais ensemble et publièrent sous leurs deux noms toutes leurs études. Ils ont participé à toute la vie du socialisme anglais. Leurs principaux ouvrages sont : *L'Histoire du Trade Unionisme* [*The History of Trade Unionism*, 1894] ; *La Démocratie industrielle* (*) (1897) ; *Problèmes de l'industrie moderne* [*Problems of Modern Industry*, 1898] ; *Gouvernement local anglais* [*English Local Government*, 15 vol., 1906] ; *Législation anglaise concernant les pauvres* [*English Poor Law Policy*, 1910] ; *Une constitution pour le Commonwealth socialiste de Grande-Bretagne* [*A Constitution for the Socialist Commonwealth of Great Britain*, 1920] ; *Communisme soviétique : une nouvelle civilisation* [*Soviet Communism : a New Civilisation*, 2 vol., 1935] ; *La Vérité sur la Russie* [*The Truth about Russia*, 1942].

RÉF. : Beatrice Webb, *My apprenticeship*, Londres, 1926. — R. H. Tawney, *The Webbs in perspective*, Londres, 1953. — S. R. Lewin, *The Pursuit of Certainty : David Hume, Jeremy Bentham, John Stuart Mill, Beatrice Webb*, Cambridge, 1965. — K. Muggeridge, *Beatrice Webb, a Life, 1858-1943*, Londres, 1967.

WEBER Carl Maria von. Compositeur allemand. Né à Eutin (Oldenbourg) le 18 décembre 1786, mort à Londres le 5 juin 1826. Son père, le baron Franz Anton von Weber, ancien officier, quitta Eutin pour prendre la direction d'une troupe théâtrale qui donnait des représentations dans différentes villes d'Allemagne. Le jeune Weber, très doué, grandit donc dans une atmosphère artistique, mais la vie ambulante de sa famille l'empêcha de poursuivre des études régulières. Son premier maître fut son frère aîné Fridolin ; il prit en 1796 des leçons de piano à Hildburghausen avec Heuschkel. À Salzbourg, il eut pour maître Michael Haydn ; doué d'une facilité extraordinaire, après un an d'études à peine, il composa les *Six Petites Fugues* (op. 1, 1798). L'année suivante, il écrivit un opéra : *La Puissance de l'amour et du vin* [*Die Macht der Liebe und des Weins*]. C'est à Fribourg en Saxe qu'il composa un autre opéra : *La Fille des bois* [*Das Waldmädchen*], représenté avec succès en 1800, et à Salzbourg, où il était retourné auprès de Haydn, qu'il composa son troisième opéra, *Peter Schmoll et ses voisins* [*Peter Schmoll und seine Nachbarn*, 1803]. Ce sont là des œuvres de débutant. Il compléta ses études à Vienne (1803-1804) auprès de Vogler, qui lui fit obtenir un poste de chef d'orchestre au théâtre de Breslau. Mais il abandonna ces fonctions en 1806 pour se mettre au service du duc de Wurtemberg, qu'il suivit à Stuttgart après l'invasion napoléonienne. Il mena dans cette ville une existence déréglée, ce qui lui valut deux mois de prison et le bannissement (1810). Il erra de ville en ville tout en travaillant beaucoup. De 1810 à 1811, il composa deux opéras : *Silvana,* représenté à Francfort, et *Abu-Hassan.* Après avoir séjourné à Munich, à Leipzig, à Berlin, etc., il obtint en 1818 le poste de chef d'orchestre du théâtre national de Prague. Trois ans plus tard, le roi de Saxe l'appela pour lui donner la direction de l'Opéra de Dresde. C'est en 1817 qu'il commença *Le Freischütz* (*), qui ne fut achevé qu'en 1820 et représenté à Berlin en juin 1821. Le succès fut grand. Dans cette œuvre typiquement romantique, pleine de merveilleux, Weber poursuivait un idéal primitif et cherchait à dévoiler l'essentiel de la nature humaine. Après *Le Freischütz,* il composa *Preciosa* (+) et *Les Trois Pintos* [*Die Drei Pintos*], qui ne furent jamais joués, puis *Euryanthe* (*), représentée à Vienne en 1823. Son travail intensif avait nui à sa santé. Il fut obligé de prendre un long repos à Marienbad. Il reprit son activité en 1825 et composa son dernier opéra : *Obéron* (*), représenté à Londres en avril 1826. C'est dans cette ville qu'il mourut quelques mois plus tard. Sa dépouille mortelle fut transportée à Dresde. À ses funérailles, le jeune Wagner prononça un émouvant éloge funèbre dans lequel il exaltait le caractère national de l'œuvre du musicien. En plus des œuvres de Weber que nous avons déjà citées, rappelons : *La Princesse Turandot* (+) (1809), *Concertos* (+) (1810-12), *Boléro* (+) (1817), *Henri IV* (1818), *L'Invitation à la valse* (*) (1819), *Konzertstück* (*) (1821) et *Sonates pour piano* (*).

♦ *« Jamais musicien ne fut plus allemand que toi ; dans quelque région du royaume lointain et vague de la fantaisie que te menât ton génie, mille tendres liens l'enchaînèrent toujours à ce cœur du peuple allemand avec lequel il riait et pleurait comme un enfant crédule qui écoute les contes de fées de sa nourrice. »* Wagner dans l'éloge funèbre de C.-M. von Weber. ♦ *« Le premier musicien qui ait été inquiété par le rapport qu'il doit y avoir entre l'âme de la nature et l'âme d'un personnage. »* Debussy.

RÉF. : H. Berbedotte, *Charles Marie de Weber, sa vie et ses œuvres,* Paris, 1862. – M. M. von Weber, *Carl Maria von Weber, ein Lebensbild,* 3 vol., Leipzig, 1864. – J. Benedict, *Weber,* Londres, 1881. – G. Servières, *Weber, biographie critique,* Paris, 1907. – H. de Curzon, *Weber d'après ses lettres à sa femme,* Paris, s. d. – J. Kapp, *Carl Maria von Weber, ein Biographie,* Stuttgart, 1922. – A. Cœuroy, *Weber,* Paris, 1925. – E. Kroll, *Carl Maria von Weber,* Potsdam, 1934. – W. Saunders, *Weber,* trad. franç., Paris, 1947. – John Warrack, *Carl Maria von Weber,* Londres, 1968, trad. franç., Paris, 1987. – *Carl Maria von Weber, La Vie d'un musicien et autres écrits,* éd. par Gérard Condé, Paris, 1986. – H. Hoffmann, *Carl Maria von Weber : Biographie eines realistischen Romantikers,* Düsseldorf, 1986. – J. Veit, *Der junge Carl Maria von Weber,* Mayence, 1991.

WEBER Max. Sociologue, historien, juriste, économiste allemand. Né à Erfurt le 21 avril 1864, mort à Munich le 14 juin 1920. Max Weber commença sa carrière universitaire comme professeur de droit à l'université de Berlin, où il avait d'abord été étudiant, mais il s'intéressa très vite à l'économie et à l'histoire, publiant dès 1892 les résultats d'une enquête de terrain sur *La Situation des ouvriers agraires à l'est de l'Elbe* [*Die Lage der Landarbeit im ostelbischen Deutschland*]. Dès lors, sa carrière se caractérise par la diversité des questions qu'il traite successivement, et l'extraordinaire érudition dont il fait preuve. Weber a mis à profit dans son travail sociologique ses compétences diverses : mélomane et musicien, il publie des ouvrages techniques sur l'évolution de l'écriture en musique. Juriste, il rédige une *Sociologie du droit* [*Rechtssoziologie*] qui est encore lue par les spécialistes. Mais on peut néanmoins dégager quelques préoccupations essentielles, qui font que « son œuvre s'impose comme le modèle d'une sociologie historique et systématique à la fois » (Raymond Aron). Comme historien, il s'intéresse notamment à la naissance du capitalisme et à l'évolution des grandes religions. Son étude sur *Le Judaïsme antique* [*Gesammelte Aufsätze zur Religionssoziologie : Das anticke Judentum,* 1922] reste un modèle. Son travail sur *L'Éthique protestante et l'esprit du capitalisme* (*) est au carrefour de ces deux thèmes de recherche. L'auteur y montre comment l'ethos des calvinistes les conduit à devenir entrepreneurs capitalistes, afin de se convaincre de leur prédestination par leur réussite dans le monde. Mais le fait que cet ouvrage soit le plus connu de Max Weber ne doit pas tromper : le calvinisme n'est pour lui qu'un des facteurs qui favorisent le développement du capitalisme. *La Ville* [*Die Stadt*] montre en quoi les structures des villes médiévales d'Europe du Nord y étaient elles aussi favorables. Weber explique donc le développement du capitalisme par des analogies de structures, et non par un déterminisme strict. Les analogies de structures sont repérées grâce à la construction d'idéaux types, c'est-à-dire par la mise en évidence des caractéristiques les plus significatives des phénomènes étudiés, par comparaison avec d'autres phénomènes : le capitalisme est comparé aux autres formes d'activité économique ; la ville médiévale d'Europe du Nord aux villes d'autres pays et d'autres époques. De plus, le capitalisme n'est lui-même qu'un des aspects d'un changement social que Weber nomme « processus de rationalisation ». Pour comprendre ce processus, il faut se référer à ses ouvrages plus théoriques, principalement *Économie et Société* [*Wirtschaft und Gesell-*

schaft], ce qui témoigne de l'unité profonde de son œuvre. Weber y dresse une typologie des orientations des actions, qui peuvent être plus ou moins rationnelles. Un des aspects du processus de rationalisation est que les actions rationnelles par rapport à une fin tendent à devenir de plus en plus importantes, au détriment des actions traditionnelles, émotionnelles et rationnelles par rapport à une valeur. Dans la sphère administrative, cette rationalisation se caractérise par la bureaucratisation et la professionnalisation des activités. Leur étude fait de Weber le père fondateur de la sociologie des organisations, du travail et des professions. Les *Essais sur la théorie de la science* [*Gesammelte Aufsätze zur Wissenschaftslehre,* 1922] peuvent être rapprochés d'*Économie et Société,* dont ils complètent les développements sur la théorie de l'action. Max Weber y explique que les actions individuelles ne peuvent être comprises que parce qu'elles « se rapportent de façon subjectivement significative au comportement d'autrui ». Cette formulation introduit à l'analyse compréhensive qui, en conduisant le sociologue à tenir compte de la subjectivité des acteurs sociaux, fonde la spécificité des sciences humaines par rapport aux sciences de la nature. Elle a sans doute aussi contribué à faire de Weber le précurseur de l'analyse des rapports sociaux en termes d'interactions. Cependant les structures sociales gardent pour lui une importance décisive, puisqu'il en dresse aussi une typologie en fonction des caractéristiques des normes sociales qui régulent l'action (normes écrites ou tacites, intentionnellement prescrites ou non) et de la possibilité pour l'individu de sortir du groupe. Dans les *Essais sur la théorie de la science,* Weber s'intéresse aussi aux problèmes moraux liés au rapport du savant à la politique. Ce thème est développé dans deux conférences prononcées en 1919 et traduites en français sous le titre *Le Savant et le Politique* (*). Weber est toutefois resté lui-même à l'écart de la politique, dont les exigences morales lui semblaient incompatibles avec celles de l'activité scientifique, même si, comme l'a écrit Raymond Aron, « il a été, toute sa vie, passionnément soucieux de la chose publique, [...] comme si la fin ultime de sa pensée aurait dû être la participation à l'action ».

FLORENT CHAMPY.

RÉF. : Raymond Aron, *La Sociologie allemande contemporaine,* 1935 ; *Les Étapes de la pensée sociologique,* 1967. – Julien Freund, *Sociologie de Max Weber,* 1966. – Wolfgang J. Mommsen, *Max Weber et la politique allemande 1890-1920,* 1985. – Monique Hirschhorn, *Max Weber et la sociologie française,* 1988. – Philippe Raynaud, *Max Weber et les dilemmes de la raison moderne,* 1987.

WEBERN Anton. Compositeur autrichien. Né à Vienne le 13 décembre 1883, mort à Mittersill (Salzbourg) le 15 septembre 1945. De famille modeste, il commença ses études musicales très jeune tout en suivant les cours du gymnase et du lycée. En 1902, il s'inscrivit à l'Université de Vienne et y fréquenta les facultés de philosophie et de musicologie. Il devint l'élève de Schönberg en 1904 et obtint ses diplômes universitaires en 1906 avec une thèse sur Heinrich Isaak. Ses premières compositions ayant un certain caractère personnel remontent à ces années, c'est le cas des *Lieder* op. 3 et op. 4 écrits sur des textes de Stefan George. La tonalité est supprimée et l'influence de Schönberg évidente. La personnalité de Webern apparaît cependant déjà « dans la conduite originale des voix en amples intervalles ascendants et descendants, dans la totale indépendance rythmique de chaque partie, dans la structure des morceaux construits sur des motifs de deux, trois ou quatre sons comprenant dans l'ensemble une tierce majeure » (Stückenschmidt). Webern cessa de suivre l'enseignement de Schönberg en 1908 et commença dès lors une fructueuse carrière de chef d'orchestre. Cependant, il poursuivit en tant que compositeur la voie qu'avait tracée son maître et montra, par sa rupture définitive avec la tonalité, la volonté de se soustraire à l'atmosphère de catastrophe spirituelle propre à l'expressionnisme en optant pour un rationalisme formel absolu. Les *Cinq Pièces pour quatuor à cordes*, op. 5 (*) (1909), les *Quatre Pièces pour violon et piano*, op. 7 (1910), et surtout les *Six Pièces pour quatuor à cordes*, op. 9 (1910) manifestent la tendance de Webern à concevoir l'atonalité en tant qu'expression sonore abstraite libérée de tous les liens et de tous les procédés formels de la tradition.

Webern fut mobilisé en 1914 et s'établit, en 1918, à Mödling, près de Vienne, où il s'adonna à l'enseignement privé et collabora au Verein für musikalische Privataufführungen, fondé par Schönberg. Cette participation cessa en 1922 et Webern retourna à Vienne où il assuma la direction des Arbeiter-Symphonie-Konzerte et celle d'un chœur d'opéra. Il dut mettre brusquement fin à ces activités, en 1933, par suite des événements politiques, mais, dès 1927, il avait repris sa fonction de chef d'orchestre et accompli de nombreuses tournées en Europe. Au cours de toute cette période, il n'avait naturellement pas abandonné son œuvre personnelle bien que son tempérament extrêmement critique lui interdît une production abondante et continue. De 1924 datent les *Trois Chants populaires sacrés*, op. 17, sa première œuvre dodécaphonique et de 1928, sa *Symphonie*, op. 21, qui est l'une de ses œuvres les plus importantes. Vinrent ensuite les *Variations pour piano*, op. 27 (1936), les *Variations pour orchestre*, op. 30 (1936) et la *Cantate*, op. 31 (*) pour soprano, basse, chœur et orchestre, sur un texte de Hildegard Jone, œuvres qui réalisent parfaitement cet « espace sonore multipolaire » où l'on peut voir l'essentiel du message de Webern. On a qualifié cette musique de « pointilliste » parce que chacun de ses instants sonores a une importance « harmonique » égale, mais elle n'en constitue pas moins une solide réalisation des principes dodécaphoniques. Il est même possible qu'elle en représente l'état le plus avancé, ce qui expliquerait la fortune dont a joui Webern dans les milieux d'avant-garde de l'après-guerre qui se sont servis de ces principes pour partir à la conquête d'un nouvel avenir musical.

Durant les années où sa recherche et son art parvinrent à leur géniale originalité, Webern ne cessa d'être en butte aux difficultés matérielles et spirituelles. En 1939, après l'annexion de l'Autriche par les nazis, Webern n'eut plus le droit d'enseigner et quand, en 1941, quelques amis préoccupés par ses difficultés lui obtinrent une chaire de composition à l'Académie de Vienne, il la refusa parce qu'il lui était interdit de faire la moindre allusion aux méthodes et à l'œuvre de Schönberg. Complètement isolé et réduit à peu près à la misère, il mourut dans des circonstances tragiques au lendemain de la libération de sa patrie alors qu'il se trouvait dans la maison de campagne de sa fille. Penché à une fenêtre, il était en train d'admirer le couchant quand il fut mortellement frappé par une balle perdue, tirée, sans doute, par un soldat des forces d'occupation.

LUIGI PESTALOZZA.

♦ *« Tandis que Schoenberg et Berg se rattachent à la décadence du grand courant romantique allemand et l'achèvent... par le style le plus luxueusement flamboyant, Webern — à travers Debussy, pourrait-on dire — réagit violemment contre toute rhétorique d'héritage en vue de réhabiliter le pouvoir du son. »* P. Boulez. ♦ *« Précurseur d'une* musique abstraite... *Webern, le premier, rejette tout appareil sentimental pour ne plus localiser la sensibilité que dans la beauté de la forme. »* A. Hodeir.

RÉF. : A. Hodeir, *La Musique étrangère contemporaine*, Paris, 1954. — Étude sur Anton Webern dans *Die Reihe, Information über serielle Musik*, Vienne, 1955. — H. H. Stuckenschmidt, *Musique nouvelle*, Paris, 1956. — C. Rostand, *Anton Webern*, Paris, 1969.

WEBSTER John. Dramaturge anglais. Né vers 1580, mort vers 1625. L'on ne sait rien de précis sur sa vie, et l'une des seules indications que nous possédions se trouve dans sa préface à *Monuments d'honneur* [*Monuments of Honor*], où il dit faire partie de la compagnie des marchands tailleurs. On en a déduit qu'il devait être fils de tailleur, mais rien n'est moins sûr. Son œuvre témoigne d'une assez vaste culture et d'une grande connaissance de la littérature latine, ce qui permet de supposer qu'il reçut une bonne éducation. Le journal d'Henslowe relate qu'il collabora à la *Chute de César* [*Caesar's Fall*] avec Drayton en 1602, et à *Noël n'a lieu qu'une fois par an* [*Christmas Comes but Once a Year*] avec Chettle, Dekker et Heywood. On retrouve un peu plus tard son nom en compagnie de celui de Dekker à propos de *Cap à l'Ouest* (*) et de *Cap au Nord* (*), et l'on sait qu'il collabora en 1604 au *Mécontent* (*) de Marston. *La Fameuse Histoire de sir Thomas Wyatt* [*The famous History of Sir Thomas Wyatt*, 1607] est signée par Mr. Dickens et Mr. Webster. On pense qu'il prit part à la composition de *N'importe quoi pour une vie tranquille* [*Anything for a Quiet Liefe*] avec Middleton, de *La Belle Fille* [*The Fair Maid*] avec Massinger et Ford, et de *Une cure pour un cocu* [*A Cure for à Cuckold*] avec Rowley. Les érudits sont d'ailleurs extrêmement gênés par l'habitude, courante à cette époque, d'écrire en collaboration, habitude qui rend difficile la tâche de définir avec certitude les caractéristiques d'un style. Jusqu'en 1916, on attribua *Appius et Virginie* (*) au seul Webster, mais l'étude de Rupert Brooke a jeté un doute sérieux sur cette attribution. La gloire de Webster ne repose donc plus que sur les deux pièces suivantes : *Le Démon blanc* (*) et *La Duchesse de Malfi* (*). La première fut composée vers 1610 et publiée en 1612. Elle est précédée d'une importante préface sur les écrivains contemporains et sur les méthodes de travail de l'auteur. La deuxième doit dater de 1614. Toutes deux appartiennent à ce qu'on a nommé « la tragédie du sang ». C'est dire qu'elles ont pour éléments moteurs : la cruauté, les catastrophes et la fatalité. Leur technique dramatique est médiocre, car la description l'emporte bien souvent sur l'action, mais le génie y éclate à chaque mot et emporte toutes les imperfections. Personne sauf Shakespeare n'a eu à un tel point le don de l'expression concise chargée au maximum de sens. Personne, non plus, n'a su comme lui faire naître l'horrible du moindre détail et préférer le sinistre au pathétique. Il s'ensuit que son œuvre fait jaillir du sein de l'atroce une image extraordinairement poignante de la vie humaine aux prises avec le destin, et qu'il se place ainsi au premier rang des génies dramatiques.

BERNARD NOËL.

♦ *« C'est peut-être le plus grand après Shakespeare, mais il « perd quelque couleur » du fait qu'il ressemble justement à Shakespeare et lui emprunte parfois des thèmes et constructions. »* Hazlitt. ♦ *« Le développement de réplique en réplique ou d'idée en idée est, chez Webster, absolument original. Ses idées ne s'appellent pas l'une l'autre, comme chez Shakespeare, elles ne se lient pas l'une à l'autre, comme chez Beaumont et Fletcher. Il les fait jaillir du courant même de la pensée et les laisse, pour ainsi dire, tomber l'une à côté de l'autre. »* Ruper Brooke.

RÉF. : W. Hazlitt, *Lectures on the Dramatic Literature of the Age of Elizabeth*, Londres, 1821. — K. Deighton, *Webster*, Westminster, 1896. — E. E. Stoll, *John Webster, the Periods of his Work*, Boston, 1905 ; *John Webster*, Boston, 1905. — C. Leech, *John Webster*, Londres, 1951. — T. Bogard, *The Tragic Satire of John Webster*, Berkeley, 1955. — F. Lagarde, *John Webster*, Toulouse, 1968. — R. Berry, *The Art of John Webster*, Oxford, 1972. — M. C. Bradbrook, *John Webster, Citizen and Dramatist*, Londres, 1980. — L. Bliss, *The*

World's Perspective : John Webster and the Jacobean Drama, New Jersey, 1983.

WEDEKIND Frank. Écrivain allemand. Né à Hanovre le 24 juillet 1864 ; mort à Munich le 9 mars 1918. Son père, médecin, était un globe-trotter qui vécut dix ans en Turquie et quinze ans en Californie, où il épousa une jeune actrice d'origine hongroise. Frank fut leur deuxième enfant. En 1872, son père, qui avait dû, pour des raisons politiques, s'exiler en Suisse, y acheta le château de Lenzbourg, près d'Aarau, et s'y établit avec toute sa famille. Après avoir étudié à Lausanne, Frank Wedekind partit à Munich pour faire son droit. Cependant il s'y occupa aussi de littérature et de gynécologie et commença à s'intéresser au journalisme. Son père lui coupa les vivres et il dut alors chercher du travail : en 1886, il devint directeur de l'agence publicitaire des « Bouillons Maggi » à Zurich. Il reprit ses études juridiques pendant un an pour donner satisfaction à son père, mais, lorsque celui-ci mourut en 1888, il s'adonna entièrement à ses préoccupations littéraires. À Zurich, il avait lu Ibsen et fréquenté les cercles des écrivains naturalistes d'avant-garde, parmi lesquels les deux Hauptmann, sans pour cela devenir lui-même un auteur naturaliste. Le théâtre l'attirait et, pour apprendre le métier, il se fit embaucher pendant six mois par le cirque Herzog. Cette expérience marquera profondément son œuvre. Son premier drame, *L'Éveil du printemps* (*) (1891), causa un scandale. Cette tragédie mettant en scène des enfants parvenus à la maturité sexuelle, que la peur et les menaces des parents conduisent au suicide, constituait une accusation passionnée contre l'hypocrisie qui caractérise l'éducation bourgeoise. Lenz et Büchner avaient ouvert la vie à ce style dramatique, âpre et imagé, souvent imité par la suite. Pendant cinq ans encore il mène une vie errante et désordonnée entre Londres, Paris, Zurich et plusieurs villes allemandes, parmi les clowns, les artistes et la bohème, tenant lui-même le rôle d'acteur et de mime à l'occasion. En 1895, il écrit *L'Esprit de la terre* (*), revendication pour la liberté des mœurs et révolte contre la société – il en donnera en 1902 une suite, *La Boîte de Pandore* (*) –, refusée par les théâtres et les éditeurs. En 1896, Wedekind devient rédacteur du journal humoristique *Simplicissimus* et, en 1898, il est appelé comme dramaturge au Schauspielhaus de Munich où il se fixe. La même année, condamné pour lèse-majesté suite à la publication d'un poème satirique, il prend la fuite pour pouvoir achever *Le Marquis de Keith* (*) (1900). Le drame terminé, il se constitue prisonnier et fait un an de forteresse. Il fonde en 1901, à Munich, le « Cabaret des onze bourreaux » qu'il anime avec succès.

Après 1900, les théâtres accueillent ses œuvres dramatiques, et Wedekind peut enfin vivre de sa profession d'auteur-acteur, interprétant ses propres œuvres à Berlin et surtout à Munich, où il devait mourir. Outre *Le Chanteur* [*Der Kammersänger,* 1897], pièce en un acte, Wedekind donna successivement : *Nicolò* (1901-07), image symbolique de la vie du poète, *Karl Hetmann, le géant nain* [*Karl Hetmann der Zwergriese*], *Hidalla* (1904), *Censure* [*Zensur,* 1907]. Ses drames, *Danse macabre* [*Totentanz,* 1905], *Musique* [*Music,* 1906], *La Mort et le Diable* (*) (1906), *Le Château de Wetterstein* (*) (1910) apparaissent encore comme des répétitions du même thème fondamental, mais lorsque avec *Samson* (1913) et *Héraclès* (1917), drames symphoniques en vers, Wedekind tenta d'imposer un sujet d'inspiration héroïque et antique, ce fut un échec. Il composa encore pour le théâtre une œuvre historique et réaliste, *Bismark* (1915). Il publia également, sous le titre *Princesse Roussalka* [*Die Fürstin Russalka,* 1897], une série de nouvelles psychologiques et de critique sociale, ainsi qu'un roman utopiste, *Mine-Haha* (1903), où sous la forme d'un journal il traitait de l'éducation physique des filles.

Pour montrer le véritable esprit de ses œuvres, Wedekind jouait lui-même ses propres pièces. C'est au cours d'une de ses tournées à Vienne qu'il rencontra une jeune actrice de Graz, Tilly Newes, qui avait divorcé d'avec son premier mari, August Strindberg, et qu'il épousa en 1906. Le succès de Wedekind alla toujours croissant : les persécutions ne l'abattirent point, il continua à lutter pour la défense de son théâtre, convaincu de sa mission de moraliste, se frayant subtilement un chemin entre le sérieux et la mystification, reprenant inlassablement l'exposé des thèmes principaux de sa pensée : la valeur de l'impulsion sexuelle, l'hypocrisie des prescriptions de la morale sociale, la croyance en la possibilité d'une libre communauté des hommes vouée au beau et au bien. Brisant les formes dramatiques traditionnelles, la nouveauté de sa technique théâtrale, avec ses acrobaties intellectuelles et sa déformation grotesque du monde, annonce déjà l'expressionnisme à venir. Avec Wedekind commence l'expérience littéraire personnelle du théâtre.

♦ *« Exalté aux nues autant que vilipendé, F. Wedekind est de tous les écrivains allemands contemporains sinon le plus discuté, assurément le plus diversement jugé : alors que d'aucuns voient en lui une sorte de Shakespeare moderne, beaucoup, haussant les épaules, affectent de ne le considérer que comme un cabotin de la littérature, aussi vulgaire que bruyant. »* L. Pineau. ♦ *« Le père de l'expressionnisme et de l'activisme en Allemagne. »* A. Eloesser.

RÉF. : H. Kempner, *F. Wedekind als Mensch und Künstler,* Berlin, 1911. – L. Pineau, *Frank Wedekind* in *Revue germanique,* mars-avril, 1913, Paris. – P. Fechter, *Frank Wedekind, Der Mensch und Werke,* Munich, 1920. – A. Kutscher, *Frank Wedekind, sein Leben und seine Werke,* 3 vol., Munich, 1922-1931. – F. Gundolf, *Frank Wedekind,* Munich, 1954. – G. Seehaus, *Frank Wedekind und das Theater,* Munich, 1964. – K. Völker, *Frank*

Wedekind, Velber, 1965. – F. Rothe, *Frank Wedekinds Dramen*, Stuttgart, 1968.

WEGENER Alfred Lothar. Astronome, météorologue et géophysicien allemand, théoricien de la dérive des continents. Né le 1er novembre 1880 à Berlin, mort en novembre 1930 au Groënland. Après ses études, Wegener est nommé à l'Observatoire astronomique de Tegel. Avec son frère, il réalise des voyages scientifiques en aéronef – ils détiennent à l'époque le record de durée du vol en ballon. Première expédition polaire en 1906, suivie d'une seconde en 1912. Après la guerre, il est nommé professeur de météorologie à l'université de Hambourg, puis, en 1924, à celle de Graz. Il meurt sur l'Inlandsis groënlandais. Les travaux de Wegener ont donné à la théorie de la dérive continentale une impulsion décisive. Dans ses articles et son ouvrage essentiel, refondu plusieurs fois et traduit en six langues, *La Genèse des continents et des océans* (*) (1915), Wegener justifie sa théorie des translations continentales sur un fond océanique visqueux par une série d'arguments empruntés aux principales sciences de la Terre. Controversée en son temps, sa théorie mobiliste s'est vu vérifiée a posteriori par les découvertes portant sur le paléomagnétisme et la sismologie.

RÉF. : M. Schwarzbach, *Wegener : 1880-1930 : le père de la dérive des continents*, Paris, 1985.

WEIL Jiří. Écrivain tchèque. Né à Praskolesy le 6 août 1900, mort à Prague le 13 décembre 1959. Issu d'une famille juive tchèque de la campagne, il suivit à l'université de Prague des études en langues slaves et littérature comparée, qui le menèrent en 1928 à une thèse sur *Gogol et le roman anglais du XVIIIe siècle* [*Gogol a anglický román 18. století*]. De 1922, date de son premier voyage en U.R.S.S., à 1931, il travailla à l'ambassade soviétique à Prague, écrivit pour la presse du parti communiste tchécoslovaque et, l'un des premiers, fit des traductions de la poésie soviétique. À Moscou de 1932 à 1935, il devint traducteur de classiques marxistes-léninistes aux Éditions du Komintern. En 1935, à l'époque des purges, il fut dénoncé, exclu du P.C. et envoyé en « rééducation » au Kazakhstan. Revenu en Tchécoslovaquie un an plus tard, il publia un livre de reportage sur les Tchèques en U.R.S.S., mais c'est surtout par ses proses littéraires qu'il devait porter un témoignage sévère sur ses expériences soviétiques : son roman *Moscou-frontière*, [*Moskva-hranice*, 1937], qui suscita le même émoi qu'en France le *Retour de l'U.R.S.S.* (*) de Gide, relate le destin de Jan Fischer, intellectuel tchèque militant, victime des purges. Dans son deuxième roman *La Cuiller en bois* [*Dřevěná lžíce*, 1938], Weil écrit les nouvelles aventures de son héros, qui, exclu du Parti, se retrouve en camp de concentration. *La Cuiller en bois*, restée inédite en Bohême, est l'un des premiers romans consacrés au « goulag ». Sous l'occupation nazie, Weil, fuyant la déportation, vécut dans l'illégalité à partir de 1942. Il écrivit alors *Makanna, père des miracles* [*Makanna, otec divů*, 1945] qui, quoique la figure principale en soit un personnage historique, est d'abord une parabole moderne de l'ascension et de la chute d'un faux prophète. Après 1945, Weil fit quelques voyages en Europe de l'Ouest, dont il tira une série de récits édités dans *La Paix* [*Mír*, 1949] qui dénoncent avec ironie les absurdités de l'humanité. Ce thème se retrouve dans son chef-d'œuvre, *Vivre avec une étoile* (*), publié en 1949. Cette œuvre d'inspiration autobiographique raconte l'histoire d'un homme que son origine et l'étoile de son manteau excluent du monde des hommes et qui, comme le héros du *Procès* (*) de Kafka, attend le verdict dans la crainte et la misère : résignation face à la mort dont le tirera seule la découverte de la solidarité humaine. En 1950, exclu de l'Union des écrivains et interdit de publication, Weil obtint un emploi au Musée juif de Prague, dans les archives duquel il trouva la matière de son roman *Le Harpiste* [*Harfeník*], l'histoire, dans la Prague du XIXe siècle, de deux destins juifs opposés, celui d'un pauvre musicien et celui d'un riche industriel. Les documents trouvés sur le génocide des Juifs tchèques lui inspirèrent un impressionnant collage littéraire, la *Complainte pour 77 297 victimes* [*Žalozpěv za 77 297 obětí*]. Les deux livres ne parurent qu'en 1958, après la réhabilitation de l'auteur. Le destin des Juifs de Prague a aussi fourni le thème du dernier roman achevé de Weil, *Mendelssohn est sur le toit* [*Na střeše je Mendelssohn*, édition posthume en 1960] ; le buste de Mendelssohn orne le Rudolfinum, une salle de concert de Prague, mais le Reichsprotektor de Bohême-Moravie, Heydrich, juste avant qu'un attentat ne le fasse périr, le condamne à disparaître : symbole tragiquement absurde du destin juif. Sa mort prématurée empêcha Weil d'achever quelques romans en cours, dont *Ici on danse le lambeth-walk* [*Zde se tančí lambeth-walk*], qui devait être une fresque romanesque de l'Europe d'avant-guerre.

XAVIER GALMICHE.

WEIL Simone. Philosophe et essayiste française. Née le 3 février 1909 à Paris, morte en Angleterre à Ashford (Comté de Kent) le 24 août 1943. De famille juive, mais assimilée dès la génération de ses parents, Simone Weil vit comme en exil de sa propre identité. (Durant la guerre, le statut des juifs, en octobre 1940, vient brutalement, trop tard sans doute, poser la question.) L'enfant connaît les déplacements dus à la guerre, et une certaine fragilité physique l'éloigne de temps à autre de l'école. Devant elle, il y a un frère aîné, à la fois un modèle d'intelligence et le complice de luttes intellectuelles et de défis. Bien que d'une intelligence très personnelle et ample, S. Weil refuse de se séparer des autres ou d'en être séparée. Elle rejette tout traitement particulier à son égard. En 1919, la famille retourne à Paris, S. Weil rentre au lycée Fénelon. À quatorze ans (1923), S. Weil vit une crise décisive relative à ladite médiocrité de son intelligence. Désir de vérité et attention lui paraissent alors la seule voie. Après l'enseignement de Le Senne (1924) au lycée Victor-Duruy, elle entre en 1925 en « khâgne » au lycée Henri-IV. Suivent trois années de formation : Alain lui apprend à travailler les textes sans l'aide des commentaires, S. Weil approfondit l'héritage grec, change son écriture, rédige des « topos » pour Alain qui les reprend dans son journal *Libres propos*. Dès son admission à l'École normale supérieure en 1928, S. Weil prend part à des actions syndicales et antimilitaristes. L'année 1930 voit l'apparition de ces fameux maux de tête qui feront obstacle à son enseignement. Reçue agrégée de philosophie en 1931, elle est nommée professeur au Puy. À présent, S. Weil mène de front l'activité syndicaliste et la vie d'enseignante. Elle publie de nombreux articles dans *L'Effort* de Lyon ou dans *La Révolution prolétarienne* et dans les *Libres propos* (article sur Trotsky). Son enseignement est moins une méthode qu'une réflexion. Elle est nommée à Roanne en octobre 1933 et collabore à *La Critique sociale* (*) (revue de Boris Souvarine). Sa pensée politique la rapproche de Trotsky, qu'elle rencontre et héberge en décembre. À travers le prisme de l'histoire ancienne, elle juge les dangers de la situation présente, et la Grèce constitue une sorte de norme et d'idéal qui la maintient hors du jeu communiste (fin 1933-début 1934, S. Weil donne deux conférences sur le marxisme). En fait, S. Weil porte son attention sur les conditions de vie, de travail, de développement de l'ouvrier, plus que sur sa fonction dans l'État. Elle considère l'individu en l'ouvrier et non le groupe auquel il appartient. Le 8 avril 1934, elle prend un congé de maladie, puis un « congé pour études personnelles ». La décision est prise. Elle achève la rédaction de *Réflexions sur les causes de la liberté et de l'oppression sociale* (*) — ce qu'elle appelle son « grand œuvre » —, et fait l'expérience de l'usine (Alsthom, fin 1934 et Renault, juin à août 1935). Elle consigne son expérience dans les deux parties de *La Condition ouvrière*, à savoir son « Journal d'usine » et sa « Lettre ouverte à Jules Romains » écrite à la fin de cette année, lorsqu'elle enseigne à Bourges, et jamais envoyée. Elle s'engage en août 1936 dans la guerre d'Espagne, puis obtient un nouveau congé. C'est l'époque des premiers procès de Moscou. Dans les *Nouveaux Cahiers* fondés en mars 1937, S. Weil publie « Ne recommençons pas la guerre de Troie ». Elle part pour l'Italie et découvre à Assise, à l'âge de vingt-huit ans, un sentiment spirituel nouveau qui ouvre en elle un regard vers le christianisme. Fin septembre, elle assiste au congrès Bourbaki. Tout se précipite. Elle séjourne à Solesmes, découvre les poètes métaphysiques anglais (dont « Love » de George Herbert), part à nouveau pour l'Italie. Et les anciennes valeurs soudain basculent : fin décembre, elle connaît une expérience mystique et, après l'entrée des forces allemandes en Tchécoslovaquie (mars 1939), S. Weil écrit « Réflexions en vue d'un bilan », rompant ainsi avec le pacifisme. À l'automne elle entreprend « Quelques réflexions sur les origines de l'hitlérisme » et « L'*Iliade* ou le Poème de la force ». D'autres valeurs se mettent en place : au printemps 1940, S. Weil lit la *Bhagavad-gītā* (*), conçoit le plan de *Venise sauvée* (*) et le « Projet d'une formation d'infirmières de première ligne ». Elle quitte Paris en juin et arrive à Marseille en septembre. C'est sans aucun doute la période la plus féconde de S. Weil. Elle prend contact avec les *Cahiers du Sud* (*) dirigés par Jean Ballard. En janvier 1941, elle se met à l'étude du sanskrit avec René Daumal qu'elle retrouve à Marseille. Elle lit les textes sacrés de l'Inde, les philosophes taoïstes, réagit à la théorie des « quanta », commence la rédaction de ses *Cahiers* (*) et, grâce au père Perrin, elle se fait vendangeuse. Dans cette période s'inscrivent « La Science et nous » et pendant l'hiver 1941-1942 un article pour « Le Génie d'oc », et « L'Avenir de la science ». Elle commente des textes grecs, publiés sous le titre d'*Intuitions préchrétiennes* (*) et de *La Source grecque*, écrit des poèmes. De retour à Marseille, elle compose ce qui forme *L'Attente de Dieu* (*) et son autobiographie spirituelle dans une lettre d'adieu au père Perrin (mai 1942). Elle gagne Oran, puis Casablanca et atteint New York en juillet 1942, mais ne reprendra qu'en septembre l'écriture de ses *Cahiers*, connus sous le nom de *Connaissance surnaturelle*. S. Weil arrive en Angleterre en novembre 1942. Le séjour est fructueux intellectuellement : elle compose *L'Enracinement* (*) et ce qui constitue les *Écrits de Londres*, reprend l'étude et les traductions du sanskrit. Mais, alors qu'elle est rédactrice à la direction de l'Intérieur de la « France libre », elle n'obtient aucune mission en France : l'incompréhension qu'elle ressent et l'impossibilité d'agir semblent détourner toute valeur d'ici-bas et comme suspendre plus radicalement cette vie qu'elle sent menacée. Atteinte de tuberculose, elle est transférée dans un état grave au sanatorium d'Ashford, où elle s'éteint calmement peu de temps après, à l'âge de trente-quatre ans.

S. Weil attire les interprétations les plus contradictoires et les plus passionnées. Elle dérange, et le lecteur risque de vouloir la ramener à un modèle familier. D'aucuns la veulent chrétienne à travers une vie où s'inscrit la rupture. D'autres semblent étonnés de ne trouver nul système dans sa pensée, mais un inacceptable syncrétisme, ou considèrent sa démarche comme sans intérêt. Bien qu'ayant une formation universitaire, S. Weil mène sa pensée à la façon d'une autodidacte. Elle travaille avec une intelligence « à nu », selon les seules ressources de cette dernière qu'elle tend à la limite de son interrogation et sans jamais recourir à un quelconque enseignement traditionnel. Sa démarche, où prend place une expérience spirituelle qui dépasse la raison, montre combien la raison tendue à l'extrême porte un ordre qui n'est pas le sien, qu'elle assimile mais ne dicte pas. Que ce soit l'ordre grec où s'inscrit l'exil, ou le désir de transcendance qui verrait la fin de cet exil, S. Weil ne prend pas la voie simple d'un désir réalisé pour lui-même. Elle impose une exigence temporelle pleinement assumée qui diffère la satisfaction d'obtenir pour soi. S. Weil représente « l'autre », celui qui est insitué, extérieur et à sa propre tradition et à une tradition d'accueil, l'autre par rapport auquel on doit se situer, presque malgré soi. Aussi tente-t-elle de définir un lieu neuf à la pensée à partir d'une expérience de l'individu lié au monde. Dans son époque, elle repose la question de Dieu selon d'autres normes, sans le souci des preuves, mais selon la nécessité d'un autre discours qu'elle suggère par la recherche d'une méthode et de structures.

En observant attentivement son chemin, on ne peut qu'être frappé par la rigueur du questionnement. Tous les faits marquants de sa vie constituent alors de très précises étapes. L'origine se nomme « malheur » : c'est la condition d'homme dont le point extrême, donc le plus évident, est celui du travailleur. Malheur commun, sa fonction pourrait être rédemptrice. Le malheur de l'homme reconduit celui du monde, et lui seul permet un mouvement d'extension à l'univers. La condition du malheur se situe dans le « travail » : d'un travail servile que S. Weil a connu dans sa chair à l'usine (selon lequel il faut comprendre son engagement politique initial), auquel elle tente de redonner une autre dimension. La matière que l'homme méprise, et par laquelle il est méprisé, ne peut être purifiée sans la purification de notre regard. Il faut apprendre à lire, à transmuer le travail en force spirituelle, à contempler toutes choses selon l'ordre du monde (c'est l'idée grecque et le souci de la beauté du monde), à accomplir ce passage à l'éternité par le fait de ne pas se situer au centre de l'espace, à reconnaître l'espace en notre centre, mais un espace non défini selon nos lois. S. Weil veut bâtir et, pour cela, trace des plans, des « intermédiaires » (les « metaxu » grecs) de façon à réaliser une inscription consciente dans le temps. De là la troisième et la dernière étape, « l'action ». Agir sciemment, c'est apprendre à connaître. De l'action (n'oublions pas le temps de guerre) vécue contre un autre, d'une action qui impose immédiatement une réaction, S. Weil désire se dégager. Si, au départ, S. Weil veut délier l'homme de l'emprise destructrice de la machine et du machinisme, elle circonscrit ensuite le mécanisme qui enchaîne tout homme à une action-réaction pour considérer une certaine modalité de l'acte incluant l'autre (acte non violent en soi) bien qu'efficace (et que le pacifisme ne permet pas). Il ne s'agit plus que l'homme privilégie des conditions favorables. Il nous faut inclure et définir toutes les conditions par lesquelles nous pré-agissons pour dégager une conscience enfin plus libre où l'homme n'agit plus selon lui et parvient à « manier la nécessité ».

Si S. Weil définit et ajuste un certain discours à un mode de rapport entre l'homme et le monde — et que ce modèle semble être le modèle grec —, il ne faut cependant pas s'y tromper. S. Weil détermine une pensée dans son adéquation à un certain espace conçu comme un tout, mais elle ne clôt pas. Sa délimitation d'une pensée indique à la fois cet espace et simultanément, à qui veut lire, le « désenclavement » de cet espace qui, lui, exige la constitution d'un autre rapport, d'une pensée nouvelle où la relation de l'homme au monde serait pleinement réalisée et notre réalisation même.

ALYETTE DEGRÂCES.

♦ *« Une mathématicienne de Dieu. »* André Rousseaux. ♦ *« Il me paraît impossible d'imaginer pour l'Europe une renaissance qui ne tienne pas compte des exigences que Simone Weil a définies. »* Albert Camus. ♦ *« L'amour surnaturel de Dieu dans le christianisme de Simone Weil, s'il va au-delà de la compassion pour le malheur de la créature, ne peut signifier que l'amour du mal lui-même. »* Emmanuel Levinas. ♦ *« Elle constitue le lien entre Juifs de la société moderne, qui ont un souci spirituel, sont tournés vers le monde, attendent le messie et sont engagés intellectuellement et moralement, et ceux qui ne peuvent accepter les normes de la religion, des rites et de la société. »* Rabbin Richard A. Freund.

RÉF. : J. M. Perrin et Gustave Thibon, *Simone Weil, telle que nous l'avons connue*, Paris, 1952. — M. M. Davy, *Introduction au message de Simone Weil*, Paris, 1954. — Karl Epting, *Der geistiche Weg des Simone Weil*, Stuttgart, 1955. — Eugène Fleuré, *Simone Weil ouvrière*, Paris, 1955. — Jacques Cabaud, *L'Expérience vécue de Simone Weil*, Paris, 1956. — Eulalie Piccard, *Simone Weil*, Paris, 1960. — Miklos Vetö, *La Métaphysique religieuse de Simone Weil*, Paris, 1971. — Simone Pétrement, *La Vie de Simone Weil*, Paris, 1973. — Philippe Dujardin, *Simone Weil : idéologie et politique*, Paris, 1975. — Paul Giniewski, *Simone Weil ou la haine de soi*, Paris, 1978. — Gilbert Kahn, *Simone Weil, philosophe, historienne et mystique*, Paris, 1978. — Domenico Canciani, *Simone Weil prima di Simone Weil*, Padoue, 1983. — Gabriella Fiori, *Simone Weil, une femme absolue*, Paris, 1987. — Bertrand Saint-Sernin, *L'Action politique selon S. Weil*, Paris, 1988. — Patricia Little, *Simone Weil, waiting on truth*, Oxford, 1988. — « Simone Weil, la soif de l'absolu », Revue *Sud*, nº 87/88, Marseille, 1990. — « Simone Weil et les langues », Revue *Philosophie et Langage*, nº 13, Grenoble, 1991. À noter la parution trimestrielle des *Cahiers Simone Weil* publiés par *L'Association pour l'étude de la pensée de Simone Weil*, sous la direction de Michel Narcy.

Les *Œuvres Complètes* de Simone Weil sont en cours de parution aux Éditions Gallimard. Seize volumes sont prévus selon le plan suivant : – Tome I : *Premiers écrits philosophiques.* – Tome II : *Écrits historiques et politiques* (1927-1940), 3 vol. – Tome III : *Poèmes et Venise sauvée.* – Tome IV : *Écrits de Marseille (Philosophie, science et religion / Civilisations inspiratrices)*, 2 vol. – Tome V : *Écrits de New York et de Londres (Questions politiques et religieuses / L'Enracinement)*, 2 vol. – Tome VI : *Cahiers*, 4 vol. – Tome VII : *Correspondance (familiale / générale)*, 3 vol.

WEILL Kurt. Compositeur allemand. Né à Dessau le 2 mars 1900, mort à New York le 3 avril 1950. Il eut pour maîtres, d'abord Albert Bing, puis, pour peu de temps, Humperdinck et Krasselt à Berlin, mais surtout Ferruccio Busoni auquel Weill doit la formation de sa personnalité. Ses premiers ouvrages pour instruments entrent dans le cadre de l'expérience atonale du début du siècle ; tels sont la *Fantaisie, Passacaille et Hymne* pour orchestre (1923), le *Divertissement* pour orchestre de chambre (1923), le *Quodlibet* pour orchestre (1924), et d'autres encore. Rapidement Kurt Weill renonce à l'expérience atonale. À l'opposé de la tentation de Schoenberg destinée à réorganiser le langage sonore dans la nouvelle syntaxe de la dodécaphonie, Weill, qui entend conserver à la musique son pouvoir communicatif direct, propose le retour au système tonal et à sa fonction mélodique. Mais c'est sa rencontre avec le dramaturge Bertolt Brecht qui devait donner à l'œuvre de Weill son orientation définitive. Dès sa première œuvre, *Le Protagoniste* [*Der Protagonist*, 1926], sur un livret du poète expressionniste Georg Kaiser, on apercevait la direction dans laquelle se développera toute l'œuvre de Weill. Suivront, sur les textes de Brecht, *L'Ascension et le déclin de la ville de Mahagonny* [*Aufstieg und Fall der Stadt Mahagonny*, 1927], *L'Opéra de quat'sous* (+) [*Die Dreigroschenoper*, 1928], et *Celui qui dit amen* [*Der Ja-sager*, 1930], les trois ouvrages les plus importants qui dessinent avec exactitude sa conception théâtrale et, à travers elle, sa vision du monde. En Allemagne encore, avant l'avènement du régime hitlérien qui le chassa de son pays à cause de son ascendance juive et de ses opinions politiques, il écrivit deux autres œuvres : *La Caution* [*Die Bürgschaft*, 1932] sur un texte de Caspar Neher et *Le Lac d'argent* [*Der Silbersee*, 1933] sur un texte de Georg Kaiser. Ensuite, après deux ans de pérégrinations entre Paris et Londres, il prit la route de l'exil vers l'Amérique où il demeura pendant les quinze années qui lui restèrent à vivre. Par sa position délibérément anticonformiste, par la manière dont il utilise, dans ses œuvres théâtrales, la chanson, le thème de jazz, la gesticulation de cabaret, par sa volonté d'écrire dans un langage accessible à tous, Kurt Weill a exercé une importante influence sur les compositeurs allemands et américains plus jeunes que lui.

♦ *« Le style personnel de Weill, son économie de moyens musicaux (qui dénote son adhésion aux idées artistiques de Busoni), et sa prédilection pour la musique de chambre... devinrent un modèle pour beaucoup de jeunes compositeurs. »* H. F. Redlich.

RÉF. : P. Bekker, *Briefe an zeitgenossische Musiker*, Berlin, 1932. – J. Schebera, *Kurt Weill, Leben und Werk*, Leipzig, 1983 ; *Kurt Weill 1900-1950. Eine Biographie in Texten, Bildern und Dokumenten*, Leipzig, 1990. – D. Drew, *Kurt Weill. A Handbook*, Londres, 1987. – K. H. Kowalke, *A New Orpheus : Essays on Kurt Weill*, New Haven, 1988.

WEINER Richard. Poète tchèque. Né le 6 novembre 1884 à Písek (Bohême méridionale), mort le 3 janvier 1937 à Prague. Après des études de chimie, il s'expatrie en 1909 et commence une prometteuse carrière d'ingénieur en Allemagne, avant de s'installer à Paris en janvier 1912. Il s'y fait petit à petit un nom comme journaliste, travaillant notamment pour les *Lidové noviny* de Brno, organe non officiel de la tendance politique représentée par T. G. Masaryk, et fait paraître à Prague, à compte d'auteur, deux recueils de vers – *L'Oiseau* [*Pták*, 1913] et *Renoncements souriants* [*Usměvavé odříkání*, 1914] – marqués par une joie de vivre teintée de mélancolie, sans écho dans la suite de son œuvre si ce n'est dans les récits réunis sous le titre *Le Spectateur impassible* [*Netečný divák*, 1917]. La Première Guerre mondiale met fin à l'idylle parisienne. Pour Weiner, mobilisé sur le front serbe, elle se termine, à peine commencée, par une dépression nerveuse. Rendu à la vie civile, il reprend à l'automne 1915 son métier de journaliste à Prague, publiant un recueil de poésie, *La Croisée des chemins* [*Rozcestí*, 1918], et deux volumes de récits, *Les Furies* [*Lítice*, 1916] et *La Grimace* [*Škleb*, 1919], traversés de la double obsession du double et de la faute, qui font d'ores et déjà pressentir la poétique du « désespoir conséquent » qui caractérisera sa seconde période créatrice et que le critique Jindřich Chalupecký classera, avec les œuvres de Klíma, Deml, Hašek et Kafka, sous l'étiquette d'« expressionnisme tchèque ». En contrepoint paraît un recueil de chroniques, *En marge des jours historiques* [*Třásničky dějinných dnů*, 1919], où celui qui se dit « ni juif, ni Tchèque, ni Allemand, ni Français » enregistre avec enthousiasme la proclamation de l'indépendance tchécoslovaque pour aussitôt confirmer son déracinement en retournant définitivement à Paris. Suivent des années de routine journalistique dont l'arrache, en 1926, la rencontre des jeunes « simplistes » de Reims (René Daumal, Roger Gilbert-Lecomte, Roger Vailland, Robert Meyrat). Rapprochement passionné suivi d'une rupture brutale, l'expérience amorcée là fournira l'inspiration de cinq livres : trois recueils de poésie, *De nombreuses nuits* [*Mnoho nocí*, 1928], *Nature morte à la chevêche, à l'herbier et aux dés* [*Zátiší s kulichem, herbářem a kostkami*, 1929] et *Mésopotamie* [*Mezopotamie*, 1930], le quasi-roman antithétique *Jeu pour de vrai* (+) (1933) et *Le Barbier* (*) (1929), sous-titré « poétique ».

Point de rencontre unique entre la France et l'Europe centrale, cette seconde période est aussi une réalisation hors pair de l'esthétique du *Grand Jeu* (*), dont Weiner reprend surtout la conception du mot vécu comme acte magique, alourdi toutefois d'une culpabilité existentielle qui justifierait la comparaison avec Kafka s'il n'y avait la langue qui la dit, d'une luxuriance qui combine la violence et l'ironie expressionnistes avec l'intrication syntaxique de Proust (qu'il a traduit) et une casuistique cartésienne sans la moindre complaisance. Sans résonance en Tchécoslovaquie, l'œuvre de Weiner est mise à l'index en 1948.

WEINGARTEN Romain. Auteur dramatique français. Né le 5 décembre 1926 à Paris. Weingarten appartient à la frange surréaliste du théâtre d'après-guerre. Deux composantes typiquement weingartiennes se greffent sur l'héritage surréaliste : le merveilleux (univers des contes, des fées, des chats, à mi-chemin entre l'humain et l'animal comme chez Lewis Carroll) et la critique du monde de l'adulte. Chez Weingarten, ce sont les enfants qui observent d'un œil lucide les comédies dérisoires des adultes. À vingt ans, Romain Weingarten écrit des poèmes qui devaient beaucoup à l'influence d'Artaud (influence perceptible dans le *Théâtre de la Chrysalide* publié en 1950). À la Libération, pour assurer sa subsistance, Weingarten travaille comme ouvrier (encadreur rue des Beaux-Arts, correcteur-typographe) et c'est en 1946 que se produit l'« événement » théâtral *Akara*. Composée en 1946 et jouée en 1948 par de futurs grands noms de la scène, Roland Dubillard, Claude Sarraute et l'auteur lui-même, l'œuvre scandalise. La critique parle d'un « Hernani 48 ». En effet, dans cette pièce, le monde de Weingarten se révèle pour la première fois à un public qui n'est pas habitué à une telle innovation. Innovation linguistique : Weingarten « triture » le langage de tous les jours : dans une partie de cartes, un des joueurs lance : « Trigle dièse avec cynique jumelé. » Nouvelle conception de l'intrigue : plus d'intrigue au sens classique. Weingarten n'enchaîne pas des actes en y subordonnant des scènes mais compose des tableaux. Successions de tableaux où alternent le jour et la nuit. Ce n'est qu'un an plus tard (1949) que Ionesco donnera sa *Cantatrice chauve* (*) et c'est en 1955 qu'il s'étonnera de trouver en Weingarten un précurseur de son propre théâtre. Contrairement au succès de Ionesco, Weingarten va connaître de longues années d'oubli et de silence. Il faut attendre 1960 pour qu'il donne *Les Nourrices*, une « charge bouffonne et grinçante » du milieu des affaires. Ce sera un succès d'estime. Six ans plus tard, Weingarten va connaître son premier grand retentissement avec *L'Été* (*) : dans un jardin deux gamins et deux chats assistent à un spectacle que nous ne verrons jamais, l'histoire d'amour de deux adultes. Cette réussite permet la reprise d'*Akara* (en 1967 au Studio des Champs-Élysées) et la création en 1970 de *Comme la pierre* et *Alice dans les jardins du Luxembourg*. Le thème de la « danse » fait son apparition dans cette dernière pièce. *Alice* conte l'histoire de la « gravitation d'un personnage autour d'un autre personnage immobile » (de la mère autour de sa fille, Alice). À partir des années 70, le théâtre de Weingarten s'axe sur la création d'un lieu clos, ramassé sur lui-même. C'est l'immeuble de *La Mandore* (1973), isolé pour insalubrité, ou la cabane du poète amoureux de *Neige* (1979). Rétrécissement de l'espace scénique et dépouillement dramatique culminent dans *La Mort d'Auguste*, au titre trompeur : l'œuvre est un spectacle pour trois clowns. Weingarten a non seulement été acteur dans ses propres pièces (il joue le chat dans *Akara*) mais aussi en a assuré parfois la mise en scène (notamment de : *Les Nourrices* et *Neige*). En 1980, il a dirigé *Le Loup-Garou* de son ami Audiberti.

HENRI RAILLARD.

WEININGER Otto. Essayiste autrichien, d'origine juive. Né à Vienne le 3 avril 1880, mort suicidé dans cette même ville, dans la maison où mourut Beethoven, le 4 octobre 1903. En mai 1903 paraît *Sexe et Caractère* (*), sa seule œuvre, à laquelle il travaillait depuis plusieurs années. De façon posthume paraîtra un recueil d'essais auquel il consacra les derniers mois de sa courte vie : *Des fins ultimes* [*Uber die letzten Dinge*]. Très doué pour les langues, c'est cependant vers les sciences naturelles et la philosophie (Platon et Kant avant tout) que va son intérêt. Le 21 juillet 1902, jour où il est reçu licencié, il se convertit sincèrement au protestantisme, continuant à mener une vie ascétique dominée par l'idée d'une culpabilité que rien ne peut effacer. Taciturne, solitaire, Weininger passe ses derniers mois à voyager en Italie, voyage qui fut un véritable cauchemar ; de retour à Vienne, le 23 septembre, il met fin à son existence quelques jours plus tard « pour ne pas avoir à tuer quelqu'un ». Tout à la fois en rupture avec les idées de la Vienne de son époque et profondément enracinée dans cette culture « fin de siècle », la singularité de son œuvre (où s'exprime un antijudaïsme et un antiféminisme quasi « métaphysiques »), sa lucidité sans concession lui vaudront, par-delà un énorme succès public, la reconnaissance de personnalités telles que Freud, Wittgenstein, Stefan Zweig, Karl Kraus ou August Strindberg. Avec un esprit de sérieux rarement atteint, Weininger aura su pousser et endurer jusqu'au bout les ultimes conséquences des fourvoiements d'une époque, voire d'une civilisation.

FRANCIS WYBRANDS.

WEISENBORN Günther. Dramaturge allemand. Né le 10 juillet 1902 à Velbert

(Rhénanie), mort le 26 mars 1969 à Berlin. Après son premier succès d'auteur dramatique, l'ancien étudiant en médecine partit comme fermier en Argentine (1930), pour revenir l'année suivante à Berlin. En 1933, les nazis interdirent ses livres. Il émigra quelque temps après aux États-Unis, où il devint journaliste. Revenu à Berlin en 1937, il se joignit au noyau de résistance « Rote Kapelle ». Arrêté en 1942 et condamné aux travaux forcés, il fut libéré par les troupes soviétiques en 1945 (il relatera son expérience du monde carcéral dans *Mémorial* (+), 1947). Après la guerre, il fonda à Berlin, en collaboration avec Karl-Heinz-Martin, le « Théâtre Hebbel ». Plus tard, il créa à Hambourg le « Dramatisches Kollegium », centre dramatique né de la conviction « que notre époque ne peut plus se contenter des formes littéraires héritées du siècle de la bourgeoisie ».

Dans les années trente, Weisenborn participa aux recherches scéniques menées par Piscator, collabora avec Brecht – notamment pour l'adaptation de *La Mère* (*) de Gorki. *Sous-marin 54* (+) (1928) est un premier essai de théâtre documentaire, dans une mise en scène utilisant les « effets de distanciation » brechtiens.

C'est immédiatement après la guerre que Weisenborn s'affirma comme dramaturge, avec *Les Clandestins* [*Die Illegalen*, 1946] – suite de tableaux sur la vie des résistants – et *Babel* (+) (1946), parabole du capitalisme rappelant à maints égards *Sainte Jeanne des Abattoirs* (*) de Brecht. Suivirent des comédies, comme *Trois messieurs honorables* (*) (1951) et *Deux anges descendent* (+) (1954) qui exigent, selon la propre formule de l'auteur, une « dramaturgie de nulle part », un décor abstrait. À l'occasion d'un congrès du parti socialiste (S.P.D.), en 1958, il écrivit *Cantate de Göttingen* (+), plaidoyer contre la bombe atomique. À travers toutes ses pièces, Weisenborn est resté fidèle à sa définition de l'écriture dramatique : « La plus importante fonction du théâtre est de réveiller le public, de secouer les esprits sagement engourdis. » Dans quelques romans également, comme *Bâti sur le sable* [*Auf Sand gebaut*, 1956] ou *L'Exécuteur* (*) (1961), Weisenborn stigmatise la « restauration » ouest-allemande.

JEAN-JACQUES POLLET.

RÉF. : I. Brauer, W. Kayser, *Günther Weisenborn*, Hambourg, 1971.

WEISS Peter. Dramaturge allemand naturalisé suédois. Né à Nowawes, près de Potsdam, le 8 novembre 1916, mort à Stockholm le 10 mai 1982. Son père, originaire d'une famille juive de Hongrie, est industriel dans le textile et émigre en Allemagne en 1915. Dans un premier récit autobiographique, *Adieu aux parents* [*Abschied von den Eltern*], qu'il publiera en 1961, Weiss évoque une enfance et une adolescence crispées, et surtout les conflits qui l'opposent à l'autorité paternelle. L'année 1929, où la famille s'installe à Berlin, marque un tournant essentiel dans l'évolution du jeune Weiss. Il y découvre les musées, les pièces de Brecht, les peintres expressionnistes, s'inscrit à une école de dessin et commence à peindre. L'émigration de la famille en Angleterre à la fin de 1934 ne le fait pas renoncer à la voie artistique qu'il s'est choisie. La période londonienne se caractérise par une activité picturale intense (dessins et grandes compositions sur bois) et par un début d'activité littéraire qui exprime déjà les grands thèmes qui seront développés dans le premier volet de l'autobiographie : intégration sociale difficile, sentiment profond d'isolement, création artistique considérée comme la seule issue possible au désarroi. En automne 1937, il s'inscrit à l'Académie de Prague et décide de se consacrer à la peinture. Contraint à un nouvel exil en 1939, il s'installe avec sa famille à Alingsas en Suède, puis se libère de l'emprise familiale et va habiter Stockholm en 1940. Il obtiendra en 1946 la nationalité suédoise et vivra en Suède jusqu'à sa mort en 1982. Il tente en 1947, sans grand succès, une expérience journalistique à Berlin, écrit quelques textes en prose, se passionne pour le cinéma expérimental. Entre 1952 et 1961, il tourne six films surréalistes et cinq courts métrages documentaires sur des problèmes sociaux graves de la société suédoise : la diffusion de ces films se heurte si fréquemment à la censure que Weiss abandonne le cinéma et se tourne vers la littérature. Son premier récit publié en Allemagne en 1960, *L'Ombre du corps du cocher* [*Der Schatten des Körpers des Kutschers*] est un « microroman » à l'écriture sèche et laconique qui exercera une influence certaine sur la génération d'auteurs des années 60 en R.F.A. Ce sont les récits *Adieu aux parents* et *Point de fuite* [*Fluchtpunkt*], qui paraîtront successivement en 1961 et 1962, qui révèlent Peter Weiss au public allemand. La carrière de Weiss en tant qu'auteur dramatique se réalise en dix ans avec six pièces de théâtre écrites entre 1962 et 1971. Il sort de son isolement, la recherche de sa propre voie politique est intimement liée à son travail littéraire. Par l'originalité d'écriture de ses pièces, il s'impose en tant que dramaturge sur les scènes allemandes et internationales. En avril 1964 a lieu à Berlin la première de *La Persécution et le meurtre de Jean-Paul Marat, représentés par la troupe théâtrale de l'hospice de Charenton sous la direction de Monsieur de Sade* (*), généralement appelée *Marat-Sade,* dont les décors sont réalisés par Gunilla Palmstierna, que Weiss a épousée en 1963. Contestée par certains critiques pour ses audaces dramaturgiques, la pièce connut un immense succès, par son sujet politique certes, mais surtout en raison de ces audaces qui devaient apporter au théâtre allemand des années 60 une nouvelle vigueur. L'arsenal éblouissant des effets dramaturgiques permet une actualisation originale du problème posé. Le prix Lessing de la ville de Hambourg, décerné à Peter Weiss en 1965, peut être considéré comme le signe d'une reconnaissance officielle de l'auteur en R.F.A. En 1965, Peter Weiss met en scène *L'Instruction* [*Die Ermittlung*], d'après des documents sur le procès d'Auschwitz qui s'est déroulé à Francfort. Par la structure rigoureuse de la pièce, une confrontation entre les témoins de la vie au camp et les accusés sous la forme de onze chants, par l'utilisation très élaborée du matériel documentaire, la pièce posait au public le problème de la responsabilité collective. Elle fut jouée le même jour sur quinze scènes de R.F.A., de R.D.A. et de Grande-Bretagne.

Les deux pièces suivantes, *Chant du fantoche lusitanien* [*Gesang vom lusitanischen Popanz*], jouée à Stockholm en 1967, et *Discours sur le Vietnam* [*Viet Nam Diskurs*], jouée à Francfort en 1968, recevront un accueil plus tiède du public. Weiss part d'un ensemble de faits réels concernant les sociétés des deux pays et les met en scène par des moyens dramatiques originaux pour dénoncer le colonialisme et l'impérialisme. Dans *Trotski en exil* [*Trotzki im Exil*], présentée au public le 20 janvier 1970 lors de l'inauguration du Schauspielhaus de Düsseldorf, Weiss se montre très critique envers la vision stalinienne de l'histoire et tente de réhabiliter Trotski, prise de position idéologique qui lui fermera les portes des théâtres des pays de l'Est. La dernière pièce, *Hölderlin* (création à Stuttgart en 1971), met en scène le poète allemand dans un rôle de penseur « révolutionnaire » dont l'œuvre est une réflexion sur la Révolution française et sur le processus révolutionnaire en général. Hölderlin, le poète idéaliste, se heurte en permanence au poids de la réalité et, brisé par le dilemme dans lequel il se débat, passera de longues années enfermé dans la Tour de Tübingen. Par rapport aux premières œuvres, la pièce exprime un certain désenchantement : le dramaturge Peter Weiss s'y interroge sur la fonction de l'art et de l'artiste dans la société.

Au cours des années 1971-1980, Peter Weiss abandonne l'écriture théâtrale pour se consacrer au roman qui peut être considéré comme une œuvre bilan. *L'Esthétique de la résistance* [*Die Ästhethik des Widerstandes*] est composé de trois tomes à structure complexe, dans lesquels l'écrivain part de sa propre histoire qu'il inscrit, en s'appuyant sur des sources précises et des témoignages nombreux, dans un cadre historique plus vaste. Il intègre dans son récit une pertinente analyse politique, ses réflexions sur l'art et sur les possibilités d'action et les devoirs de l'écrivain.

CHRISTIANE RAVY.

WELCH Maurice Denton. Écrivain anglais. Né le 29 mars 1915 à Shangaï, mort le 30 décembre 1948 à Tonbridge. Il fait ses études à Repton School d'où il s'enfuit à l'âge de seize ans. En juin 1935, alors qu'il sort de Londres à bicyclette, il est renversé par une automobile et grièvement blessé à la colonne vertébrale. Partiellement guéri, il succombe finalement à ses blessures dix ans plus tard. De son vivant a été publié *En la jeunesse se trouve le plaisir* [*In Youth is Pleasure,* 1945]. Après sa mort ont été publiés un autre roman, *Une voix à travers un nuage* [*A Voice through the Cloud,* 1950] et un recueil de nouvelles, *Courageux et Cruel* [*Brave and Cruel,* 1948]. Ces livres se situent à mi-chemin de l'autobiographie et de l'imaginaire. La vie même de Welch se reflète directement dans *La Promenade interrompue* (1950) et son *Journal* (*) (1952). Dans ses premières œuvres, il se livre à une recherche personnelle en termes presque uniquement sexuels. Un jeune homme explore et traduit ses fantasmes homosexuels. Que le roman se passe en Chine ou en milieu hospitalier, la même fraîcheur des sensations se fait jour, avec une honnêteté teintée d'une innocence naturelle.

GUY LE CLEC'H.

WELHAVEN Johan Sebastian Cammermeyer. Homme de lettres et esthéticien norvégien. Né le 22 décembre 1807 à Bergen, mort le 21 octobre 1873 à Christiania (Oslo). Fils de pasteur, il commença lui-même à étudier la théologie mais y renonça assez rapidement pour exercer des activités critiques et littéraires, puis finalement embrasser une carrière universitaire à Christiania. Cependant, sa célébrité lui vient avant tout du rôle de premier plan qu'il joua dans le grand débat politico-culturel qui agita la Norvège des années 1830. À l'origine, il y a la situation du pays qui, libéré en 1814 d'une tutelle danoise vieille de plus de quatre siècles et en quête de son identité, se divise sur la notion même de « norvégianité ». Pour certains, la seule solution envisageable est de parachever la rupture politique par la rupture culturelle. La Norvège se doit de rejeter tout ce que lui a légué le Danemark pour retrouver des valeurs purement nationales. À leur tête, on trouve le bouillant Henrik Wergeland, devenu le symbole même de la littérature norvégienne renaissante, qui, fustigeant « l'âge intermédiaire », incite ses compatriotes à se tourner vers leur ancien passé et son digne rejeton, un monde rural où, à l'abri des pernicieuses influences étrangères, se sont perpétuées les traditions. Toutefois, ce point de vue ne fait pas l'unanimité et suscite plus spécialement l'hostilité du « parti de l'intelligence » qui, regroupant quelques-uns des plus brillants esprits de la capitale, souligne, au contraire, sa parenté avec le Danemark intellectuel et littéraire. Leur opposition est aussi esthétique. Grand admirateur des classiques allemands mais aussi d'Heine, ils ont pour maître à penser le critique danois J. L. Heiberg

(1791-1860), un hégelien convaincu pour qui la création littéraire ne saurait se confondre avec la seule inspiration. Au stade du bouillonnement intérieur doit succéder celui de la réflexion et du travail conscient. C'est en se réclamant de ces idées que Welhaven, figure dominante de « l'intelligence », va lancer ses brûlots contre Wergeland. Après un premier poème de 1830 où, reprochant à celui-ci de « sévir contre la raison », il déclenche une célèbre bataille d'épigrammes (« Stumpefeider »), il publie, en 1832, un traité critique, *La Poésie et la polémique de Henrik Wergeland* [*Henrik Wergeland digtekunst og polemik*] pour montrer que, voulant à tout prix être génial, Wergeland « l'apôtre de la sauvagerie » est incapable de se plier à la discipline qui lui permettrait de devenir le vrai poète. Puis à cette attaque « ad hominen » succède en 1834 un cycle de poèmes intitulé *L'Aube de la Norvège* (*) où l'auteur s'en prend, cette fois, à l'ensemble de son pays menacé par un retour à la barbarie. Quelque peu pimentée par l'amour malheureux que la sœur de Wergeland, Camilla Collet, devait porter à Welhaven, cette polémique ne cessa qu'à la fin de la décennie. Dans quatre recueils de poèmes parus entre 1839 et 1860, Welhaven sut aussi se montrer le raffiné poète du rêve et de la nostalgie.

ÉRIC EYDOUX.

WELLS Herbert George. Écrivain anglais. Né à Bromley, dans le Kent, le 21 septembre 1866, mort à Londres le 13 août 1946. Fils d'un petit boutiquier et d'une ancienne femme de chambre, il appartenait donc par ses origines à la couche la plus basse de la classe moyenne anglaise de l'époque victorienne. Son enfance et son adolescence se déroulèrent dans un décor de misère qui rappelle celui des romans de Dickens ; le négoce de son père périclitait, et ce n'est qu'à travers bien des difficultés que Herbert George, infatigable autodidacte, parvint à faire ses études. Il fut cependant élève du Royal College of Science de South Kensington et, en 1888, après avoir eu comme maître le célèbre T. S. Huxley, fut reçu licencié ès sciences de l'université de Londres, avec la meilleure mention. Des deux ans qu'il avait passés comme apprenti dans une boutique de drapier, tout ne fut pas complètement perdu pour la littérature, comme le montrent de nombreuses pages de *Kipps* (*) (1905) et de *L'Histoire de M. Polly* (*) (1910). Une fois diplômé, Wells dut d'abord se contenter d'un humble poste de professeur dans une école par correspondance et son premier écrit fut un manuel de biologie. En 1895, après s'être fait la main en collaborant à d'assez obscures publications, il publia *La Machine à explorer le temps* (*), son premier roman. Le succès fut immédiat ; Wells avait, du premier coup, trouvé sa voie originale.

Exploitant toutes les ressources du merveilleux scientifique, il allait s'imposer, avec Jules Verne, comme le grand pionnier de la « science-fiction », annonçant successivement le phonographe, la radio, les dirigeables, les tanks, les voyages interplanétaires, la bombe atomique, dans de nombreux volumes parmi lesquels : *Le Bacille volé et autres récits* [*The Stolen Bacillus and Other Stories,* 1895], *L'Île du docteur Moreau* (*) (1896), *L'Homme invisible* (*) (1897), *La Guerre des mondes* (*) (1897), *Les Premiers Hommes dans la Lune* [*The First Men in the Moon,* 1901], etc. Mais, à la rêverie sur le futur s'ajoutait déjà une mise en question de la société anglaise contemporaine. De plus en plus, Wells se posera en réformateur, en prophète d'un véritable messianisme, en particulier avec *Récits de l'espace et du temps* [*Tales of Space and Time,* 1899], *L'Amour et M. Lewisham* [*Love and Mr. Lewisham,* 1900] et surtout *Place aux géants* [*The Food of the Gods,* 1904], tandis que dans *Anticipations* (1901), il annonce une ère prochaine de plus grand confort par l'augmentation de la production. L'idéal de Wells se résume en une foi assez simpliste dans le progrès technique. Moins romancier que journaliste, il ne considère pas ses livres comme des œuvres d'art mais de combat et il mène systématiquement une entreprise de vulgarisation idéologique. Vaguement socialiste, mais non marxiste, et fondant ses espoirs non sur la lutte des classes mais sur la seule éducation scientifique ouvrant à l'homme les voies d'un pouvoir absolu sur la nature et sur lui-même, Wells finira par se détacher de la Société fabienne, à laquelle il avait adhéré en 1903. Dans *Une utopie moderne* [*A Modern Utopia,* 1905], qui est une des meilleures synthèses de sa pensée, il apparaît surtout comme un « technocrate », préoccupé d'instaurer une aristocratie nouvelle, dont le rôle serait assez proche de celui des « gardiens » de *La République* (*) de Platon. Après *Kipps* (1905), probablement son chef-d'œuvre, au point de vue littéraire du moins, et *La Guerre dans les airs* [*The War in Air,* 1908], nouveau volume d'anticipation, Wells aborde plus directement l'histoire contemporaine à partir de *Tono-Bungay* (1909). Son messianisme humanitaire se donne libre cours dans *Anne-Véronique* [*Anna Veronica,* 1909], où il traite avec beaucoup d'audace et d'idéalisme à la fois le problème de l'émancipation des sexes, puis dans *Le Nouveau Machiavel* (*) (1911), *Mariage* [*Marriage,* 1912], *Les Amis passionnés* [*The Passionate Friends,* 1913], *La Femme de sir Isaac Harman* [*The Wife of Sir Isaac Harman,* 1914], etc.

La guerre mondiale ne pouvait pas ne pas laisser de traces dans cette œuvre qui retentit de tous les échos du monde moderne. Dans *M. Britling commence à voir clair* (*) (1916), Wells décrit le « front de l'intérieur » ; *Que va-t-il arriver ?* [*What Is Coming ?,* 1916] et *Dans la quatrième année* [*In the Fourth Year,*

1918] traitent également du conflit en cours. En 1917, année où il expose ses idées philosophiques dans *Dieu l'invisible roi* [*God the Invisible King*] et dans *L'Âme d'un évêque* [*The Soul of a Bishop*], l'écrivain, par une lettre retentissante au *Times,* salue la révolution russe comme un éveil du sentiment républicain à travers le monde. En 1920, il se rend en Russie, est reçu par Lénine, mais revient assez sceptique sur les chances d'industrialisation du nouvel État soviétique. Dans les années d'après-guerre, au cours desquelles il publie de nombreux volumes de commentaires politiques, son œuvre capitale sera *L'Esquisse de l'histoire universelle* [*The Outline of History,* 1920], hymne au héros humain et prédication rationaliste et matérialiste qui suscita une vive réplique du catholique Hilaire Belloc. Dans cet ouvrage, qui forme une trilogie avec *La Science de la vie* [*The Science of Life,* 1929] et *Le Travail, la richesse et le bonheur de l'humanité* [*The Works, Wealth and Happiness of Mankind,* 1932], Wells prenait position en faveur d'un État mondial. Jusqu'à la fin de sa vie, il ne cessera de combattre avec le même mysticisme scientifique, mais des nombreuses œuvres qu'il a encore publiées, on ne peut guère retenir que : *Brève histoire du monde* [*A Short History of the World,* 1922], *La Flamme immortelle* [*The Undying Fire,* 1919], *Le Monde de William Clissold* [*The World of William Clissold,* 1926], *Conspiration ouverte* [*The Open Conspiracy,* 1928], qu'il tenait pour la somme de ses idées et *Une tentative d'autobiographie* (*) (1934). La fin de sa vie fut assez mélancolique. Wells était devenu millionnaire, mais il avait perdu à peu près toute influence. Son œuvre, trop attachée à un temps, n'avait guère de chances de lui survivre. Elle restera cependant comme un témoignage historique : en aucune autre les problèmes capitaux de la civilisation moderne n'ont été posés avec une telle force.

JACQUES PATRY.

RÉF. : Édouard Guyot, *H. G. Wells,* Paris, 1920. – Ivor Brown, *H. G. Wells,* Londres, 1924. – N. Nicholson, *H. G. Wells,* Londres, 1950. – Antonina Vallentin, *H. G. Wells, ou la Conspiration au grand jour,* Paris, 1952. – B. Berjonzi, *The Early H. G. Wells,* Manchester, 1961. – J. P. Vernier, *H. G. Wells et son temps,* Paris, 1971 (thèse). – N. Mackenzie, *H. G. Wells : a Biography,* New York, 1973. – R. D. Haynes, *H. G. Wells, Discoverer of the Future,* Londres, 1980. – William J. Scheick, *The Splintering Frame : the Later Fiction of H. G. Wells,* Victoria, Canada, 1984. – John Batchelor, *H. G. Wells,* Cambridge, 1985.

WELTY Eudora. Nouvelliste et romancière américaine. Née le 13 avril 1909 à Jackson (Mississippi), Eudora Welty y a vécu toute sa vie – au moins depuis 1931, après ses études à l'université du Wisconsin et à Columbia (New York). Sa première nouvelle, « Mort d'un commis voyageur », parut dans *Manuscript* en 1936 ; en 1941, pour une autre nouvelle intitulée « Sentier battu », elle gagna le premier d'une demi-douzaine de « prix O'Henry », et elle publia son premier recueil, *L'Homme pétrifié* (*). En 1942, elle publie un court roman féerique, *Le Forban de mon cœur* [*The Robber Bridegroom*] et, en 1943, un second recueil de nouvelles, *Le Chapeau violet* [*The Wide Net*]. En 1946, elle revient au roman avec *Mariage au delta* [*Delta Wedding*], mais c'est en tant que nouvelliste à la réputation bien établie, surtout dans le Sud, qu'elle atteint à une sorte de perfection, comme le prouvent encore son troisième recueil, *Les Pommes d'or* (*) (1949), et *La Fiancée de l'Innisfallen* [*The Bride of the Innisfallen,* 1954]. Cependant, la même année, elle publie un nouveau bref roman sous forme de monologue et sur le mode comique, *Le Cœur méditatif* [*The Ponder Heart*], qui lui vaut la médaille de l'Académie américaine des arts et des lettres (laquelle lui sera remise par William Faulkner). Les quinze années qui suivent sont relativement silencieuses (à part un livre pour enfants et quelques essais critiques d'ailleurs généralement remarquables), puis, en 1970, c'est l'impressionnant et vibrant roman intitulé *Batailles perdues* [*Losing Battles*]. Comme tout le reste de son œuvre située dans le Mississippi, ce livre, qui étudie avec beaucoup d'honnêteté et non moins de subtilité l'état d'une famille réunie pour le quatre-vingt-dixième anniversaire de la grand-mère, a incontestablement ajouté une dimension nationale à la stature de son auteur, souvent jusqu'alors considérée comme une merveilleuse miniaturiste mais dans le genre régionaliste. *La Fille de l'optimiste* [*The Optimist's Daughter,* 1972], qui lui valut le prix Pulitzer en 1973, se situe exactement à mi-chemin de ces deux genres. Eudora Welty a réuni ses essais et comptes rendus critiques sous le titre *L'Œil de la nouvelle* [*The Eye of the Story : Selected Essays and Reviews,* 1977]. Elle y reprend la Préface d'un recueil de photos intitulé *Un temps, un lieu* [*One Time, one Place : A Snapshot Album,* 1970] : car Eudora Welty fut aussi, à l'époque de la Dépression, une excellente photographe. Ses *Nouvelles complètes* [*Collected Stories*] ont été recueillies en 1981, et en 1984, avec *Les Débuts d'un écrivain* [*One Writer's Beginnings*], un essai autobiographique en trois courts chapitres tirés de conférences et intitulés respectivement « Écouter », « Apprendre à voir », « Trouver une voix », elle a donné un best-seller au Presses de l'université de Harvard.

MICHEL GRESSET.

RÉF. : Ruth Vande Kieft, *Eudora Welty,* New York, 1962. – Peggy Prenshaw (éd.), *Eudora Welty : Critical Essays,* Jackson (Mississippi), 1979. – Danièle Pitavy, *La Mort de Méduse : la technique dans l'œuvre d'Eudora Welty,* Lyon, 1991.

WEN T'IEN-SIANG [Wen Tianxiang] (surnom Wen-chan). Homme d'État et de lettres chinois. Né en 1236 à Tsi'an dans la province du Tsiang-si, mort en 1283 à Pékin. Reçu premier à l'examen impérial du doctorat en 1256, il fut ministre et préfet, avant de combattre comme général contre les armées de Khoubilai à partir de 1275. Héros de la lutte contre l'envahisseur mongol, il fut cependant vaincu et définitivement emprisonné en 1278 ; mort après cinq ans de captivité, il refusa toujours de se soumettre, comme le dit l'Histoire. On trouve dans son œuvre poétique – v. *Recueil des œuvres de monsieur Wen-chan* (*) – un constant écho de ce patriotisme et de ce loyalisme obstinés.

VALÉRIE LAVOIX.

WEN T'ING-YUN [Wen Tingyun]. Poète chinois. Né vers 812 à Ts'i-sien (dans le Chan-si), mort en 866 dans un lieu inconnu. Il a une place importante non pas tant pour ses poèmes réguliers que pour ses poèmes chantés. Ce lettré, qui n'a réussi à passer les examens impériaux qu'à quarante-huit ans et qui jusque-là n'avait obtenu que des postes de secrétaire et d'assistant à l'école des Fils du Pays, était un musicien remarquable qui jouait de la cithare à sept cordes et de la flûte, ce qui explique que ce soit lui qui ait lancé ce nouveau genre de poèmes en vers de longueurs irrégulières écrits sur différentes mélodies ; et c'est son œuvre qui figure en tête du grand recueil de poèmes chantés, le *Recueil parmi les fleurs* (*).

JACQUES PIMPANEAU.

WEN YI-TOUO [Wen Yiduo]. Poète chinois. Né en 1899 à Pa-heu dans la province du Hou-pei et mort en 1946 à K'ouen-ming. Il fut le véritable créateur de la poésie moderne chinoise. Il reçut une éducation traditionnelle basée sur l'étude des *Classiques*, mais aussi ouverte sur la pensée moderne et les sciences. Très tôt il prit goût à la peinture et s'y consacra épisodiquement tout au long de sa vie. Pendant ses études à Wou-han puis à l'université Ts'ing-houa, il commença à publier dans des revues d'étudiants et participa au Mouvement du 4 mai 1919. En 1922, il partit étudier les beaux-arts aux États-Unis, à Chicago, à l'université du Colorado, puis à New York, et s'y familiarisa avec les littératures occidentales. Il continua à écrire des poèmes, et son premier recueil, *La Bougie rouge* [*Hong-teng*], fut publié en 1923 pendant son absence. Revenu en Chine en 1925, il fit une carrière d'enseignant à l'École des beaux-arts de Pékin, à Nankin, puis à l'université Ts'ing-houa où il occupa la chaire de littérature chinoise. En 1928 il lança avec le poète Siu Tche-mo le mouvement de la Nouvelle Lune pour défendre une poésie moderne qui ait droit de cité sans être inféodée à des impératifs sociaux ou politiques, et qui ne se réduise pas à des cris ou au sentimentalisme. Il publia la même année *Eaux stagnantes* (*). Mais ensuite il cessa d'écrire des poèmes et se consacra entièrement à des études sur la littérature chinoise, en particulier sur la poésie, et aux *Élégies de Tch'ou* (*) ; utilisant l'ethnographie et la philologie, il put donner un éclairage nouveau à la culture ancienne. Replié avec les universités à K'ouen-ming pendant la guerre, il s'insurgea contre la guerre civile entre nationalistes et communistes qui suivit. Adversaire des deux partis qui déchiraient la Chine, il fut l'un des principaux animateurs du mouvement démocratique, et quand, à cause de la violence de ses discours, il périt assassiné, on se demanda lequel des deux antagonistes était responsable du crime.

JACQUES PIMPANEAU.

WEÖRES Sandor. Écrivain hongrois. Né le 22 juin 1913 à Szombathely et mort en 1989 à Budapest. La figure complexe de Sandor Weöres domine la poésie hongroise de la deuxième moitié du XXe siècle. Il s'est exprimé dans bien des genres – drame, prose – mais c'est avant tout comme poète qu'il laisse une œuvre. Il a tout juste quatorze ans quand il commence à écrire et la qualité de ses premiers écrits est déjà surprenante. C'est à Mihaly Babits qu'il doit sa première rencontre avec la poésie. Il fait ses études universitaires à Pécs : après un an de droit, il opte pour la faculté des lettres. C'est en 1932 que la revue *Nyugat* (*) publie son premier poème. Il ne cessera de publier. Bientôt paraissent de lui des recueils autonomes, à intervalle d'un ou deux ans : *Il fait froid* [*Hideg van*, 1934], *Pierre et Homme* [*Kö és ember*, 1935]. Déjà Kodāly met en musique certains de ses poèmes.

En 1935-36, le prix Baumgarten reconnaît son talent et lui permet de vivre d'une bourse. Dans les années suivantes, il voyage beaucoup en Asie (Chine, Inde, Ceylan), et cette rencontre ne manquera pas d'influer sur sa poésie : il s'est en fait intéressé à l'Orient et aux philosophies orientales depuis son enfance. De retour dans son pays, il s'installe à Pécs, où il travaille comme bibliothécaire jusqu'en 1951. C'est pendant les années 40 qu'il publie *Méduse* [*Meduza*, 1944], recueil qui ouvre sa période de maturité, et *Panier de fruits* [*Gyümölcskosár*, 1946]. Ce recueil inaugure un genre particulièrement cher à Weöres : celui de la poésie destinée aux enfants. C'est en 1947 qu'il s'installe à Budapest et se marie avec la poétesse Ami Kàrolyi. L'année suivante, il obtient une bourse à Rome. Les années qui suivent sont des années de silence. Il perd sa place comme bibliothécaire, et publie, entre 1949 et 1956, des traductions et des poèmes pour enfants, dont *Bobita* [1955]. Son retour à la vie littéraire se fait en 1957 par une œuvre au titre éloquent *La Tour du silence* (*), mais il n'a jamais cessé d'écrire pour les enfants. En 1959, il retourne en Chine. Sept ans après *La Tour du silence* paraît son deuxième grand recueil : *La Fontaine de feu* (*) (1964). C'est en 1970 qu'il est consacré dans son pays par le principal prix hongrois, le prix Kossuth.

Tous les genres abordés par Sandor Weöres sont d'emblée caractérisés par une très grande richesse formelle. Avec une curiosité d'expérimentateur, il tire de la langue hongroise tous les effets phoniques possibles. Son vers est toujours musical, envoûtant ou percutant ; il fait un large usage de l'harmonie imitative et des allitérations — ce qui le rend difficilement traduisible. Les genres sont eux-mêmes très variés : poèmes de quelques lignes, larges épopées, devinettes, poèmes philosophiques.

Cette importance donnée au traitement de la langue n'est pas sans rapport avec son goût du jeu et son abondante production poétique pour les enfants. Il renouvellera complètement ce genre, élargissant le champ thématique, abordant de manière plus complexe la dimension didactique, jouant sur l'émotion et sur la sensibilité esthétique. Il donne au poème pour enfants une épaisseur nouvelle : avec lui, ce n'est plus un genre mineur. Mais l'enfance figure presque toujours à l'arrière-plan de toute son œuvre. Il le dit lui-même : « En tout adulte vit l'enfant, peut-être plus nettement chez l'artiste qu'ailleurs. » Ses poèmes sont pleins de souvenirs, de visions de la nature étroitement liées à l'enfance. L'enfant est d'ailleurs un être à part : « ni homme ni dieu », il est en même temps l'un et l'autre.

La nature l'inspire : à partir de l'après-guerre, la poésie de Weöres n'est guère anthropocentriste et elle apparaît très originale. Weöres ne médite ni sur les états d'âme ni sur la politique — qui n'est nullement présente dans son œuvre. L'un de ses thèmes fétiche est celui de l'« autre monde » : « ce monde n'est pas le mien » ou encore « j'ai été chassé d'un autre monde... » Un « autre monde » qu'il cherche à saisir, dans le mouvement et dans le rythme, dans la nature — avec laquelle il se fond, pierre, animal, plante —, dans ce reflet qu'est la réalité. Le monde concret est chimère, et il éprouve un profond sentiment d'aliénation. Dans certains poèmes, ces deux mondes vont jusqu'à s'opposer frontalement, de même que s'opposent le soleil et l'eau, l'homme et la femme. Le parfait est en tout cas fait de contradictions : « Le bonheur parfait : sans joie / le son parfait : sans voix. » On sent bien ici l'influence des philosophies orientales et des mythologies. La dimension philosophique prend une place de plus en plus importante dans l'œuvre poétique de Weöres : il suit alors le combat interne des idées dans l'homme. Ses sources d'inspiration sont diverses : outre les philosophes orientaux, citons Héraclite, Épictète, saint Thomas d'Aquin ou Otto Weininger, ainsi que Füst et Babits. Mais Weöres n'empreinte pas un système, il assimile des éléments. Il s'intéresse également aux folklores, qui lui ouvriront des horizons notamment dans le domaine du rythme : c'est dans le folklore d'autres peuples finno-ougriens qu'il puisera par exemple le vers de huit pieds, les répétitions, les oppositions, les allitérations.

Finalement, ce qui caractérise l'œuvre de Weöres, c'est une très grande créativité : chaque poème, de manière inattendue, est source de renouvellement : poèmes sentimentaux, érotiques, douloureux, hommages à d'autres artistes et à leur œuvre, visions historiques ou mythiques. Enfin, il faut mentionner une œuvre étrange, *Psyché* (*) (1972), où le poète invente une poétesse dont il retranscrit les œuvres. Ce dédoublement, dédoublé lui-même à l'infini dans ce miroir qu'est *Psyché*, illustre et synthétise admirablement la richesse et l'étendue de son talent.

EVA TOULOUZE.

WERFEL Franz. Écrivain autrichien. Né à Prague le 10 septembre 1890, mort à Beverly Hills (Californie) le 26 août 1945. Fils d'un commerçant aisé, il fréquenta le Gymnase et l'université allemande de Prague, et grandit dans l'atmosphère des cercles juifs de langue allemande. Il entretint des relations amicales avec Kafka et Max Brod, et Rilke exerça sur lui une certaine influence. Encore étudiant, il publia un premier recueil de poèmes, *L'Ami du monde* [*Der Weltfreund,* 1911], puis d'autres suivirent : *Nous sommes* [*Wir sind,* 1913], *L'un l'autre* [*Einander,* 1915]. Il vécut alors à Vienne, Hambourg, Leipzig. Dans cette dernière ville, il fut lecteur chez Kurt Wolff, l'éditeur de l'avant-garde, avec lequel il fonda les cahiers de poésie moderne intitulés *Le Jour du jugement* [*Der Gerichtstag,* 1919]. Ses recueils lyriques sont animés d'un désir passionné de sacrifice, d'une soif d'unité sociale et cosmique. Cette lutte intérieure pour un idéal d'amour, de pureté et de paix, toujours mis en doute et toujours poursuivi, a de profondes racines dans le monde de la foi judéo-chrétienne. Sa pensée va jusqu'à la vision et la prophétie. Les drames expressionnistes qui vinrent par la suite sont moitié vision magique, moitié opéra lyrique. En 1915, il mit en vers *Les Troyennes* (+) d'Euripide, plein du désespoir où le plongeait la guerre (de 1915 à 1917, il fut soldat sur le front de Galicie). En 1920 sa trilogie « magique » *L'Homme au miroir* [*Der Spiegelmensch*] devait être son Faust. Mais le combat allégorique entre son Je apparent et son Je essentiel est trop impénétrable et surchargé. Cette tentative d'allier dans un drame de la rédemption le théâtre et le sens profond du magique ne réussit guère. Le drame historique *Juarez et Maximilien* (1925) fut plus heureux, peut-être parce qu'il exigeait moins. Dans *Paul parmi les Juifs* [*Paulus unter den Juden,* 1926], Werfel développe le thème du combat de la foi créatrice contre la loi rigide et morte. Après la guerre, il se fixe à Vienne, puis dans un chalet du Semmering, après avoir épousé la veuve du compositeur Gustav Mahler en 1929. Dans ses nouvelles, qu'il réunit en 1937 sous le titre *Le Crépuscule d'un monde* (*), et dans ses romans, Werfel trouve enfin son style propre, au-delà de l'expressionnisme. En 1920, son récit *Le Coupable c'est la victime* [*Nicht der Mörder, der Ermordete ist schuldig*] avait fait sensation. Son roman *Verdi* (1924) témoigne de son goût passionné pour la musique. *Le Jour des bacheliers* (+) (1928) porte les traces de ses expériences psychanalytiques. *Barbara ou la Piété* (*) (1929) est une œuvre d'une grande richesse d'observation réaliste qui se joue dans le chaos de l'après-guerre. *Les Frères de Naples* [*Die Geschwister von Neapel,* 1931] sont une large fresque qui évoque la multiplicité et la richesse des destinées de l'homme. *Le Royaume de Dieu en Bohême* [*Das Reich Gottes in Böhmen,* 1930] est la tragédie d'un chef de religion. Le grand roman historique intitulé *Les Quarante Jours du Mussa Dagh* (*) (1933) est une œuvre puissante, peut-être la plus accomplie de Werfel. En 1938, après l'Anschluss, il quitta l'Autriche pour la France. En 1940, fuyant devant l'invasion allemande, il est à Lourdes, et en 1942 il publie à Stockholm *Le Chant de Bernadette* (*), son action de grâces. Réfugié aux États-Unis, il écrit *Jakobowski et le colonel* [*Jakobowski und der Oberst,* 1944], la comédie d'une tragédie : celle des réfugiés de 1940. Peu de jours avant sa mort, Werfel put achever sa dernière œuvre, *L'Étoile des hommes qui ne sont pas nés* (*) (1946), une œuvre d'anticipation, satire polémique et vision prophétique, mais aussi une œuvre où, une fois encore, sont mis en cause la foi et l'amour. Le conflit entre la foi et l'incroyance est du reste le thème dominant de toute l'œuvre de Werfel, comme reprenant à son compte une remarque de Goethe, il l'a noté lui-même dans ses *Théologoumènes* [*Theologumena,* 1946]. En plus de ses ouvrages déjà évoqués, citons pour terminer *Écoutez la voix* (1938).

♦ « *Il y a en Werfel le besoin de polyphonie d'un individu astucieusement divers plus que l'exigence d'une harmonie entre les parties profondes de l'être. Sa poésie, qui est prenante, tient à des effets de clair-obscur, sans que l'on sente très grandes ni l'ombre ni la lumière qui la traversent* [...] *Touchant à une foule de choses mystérieuses et vivantes, il leur garde à la fois du mystère et de la vie, mais sans porter la vie à une puissance supérieure.* » F. Berteaux.

RÉF. : R. Specht, *Franz Werfel, Versuch einer Zeitspiegelung,* Vienne, 1926. – A. Rheinländer-Möhl, *Umbruch des Geistes in seiner Auswirkung auf die literarische Situation der Gegenwart,* Bochum, 1936. – M. Turian, *Dostojewskij und Franz Werfel,* thèse, Berne, 1950. – A. von Puttkamer, *Franz Werfel, Wort und Antwort,* Wurzbourg, 1952. – P. S. Jungk, *Franz Werfel,* Francfort, 1987.

WERGELAND Henrik Arnold. Homme politique et écrivain norvégien. Né à Kristiansand (Norvège occidentale) le 17 juin 1808, mort à Christiania le 12 juillet 1845. Il fit ses études à Christiania et, tout jeune encore, se lança dans la polémique politique et littéraire qui, depuis la constitution d'Eidsvold du 10 avril 1814, était centrée autour des questions d'indépendance et de souveraineté nationale. En 1830, Wergeland écrivit d'un seul jet son œuvre la plus représentative, qu'il définissait comme une « épopée de l'humanité », une « Bible des républicains » : *La Création, l'Homme et le Messie* – v. *L'Homme* (*) ; il s'agit d'un indigeste ouvrage théologique où se mêlent les différents courants de la pensée illuministe et romantique. Après un séjour d'un mois à Paris, Wergeland exprima son enthousiasme pour les mouvements révolutionnaires européens dans le poème lyrique *L'Europe libérée* [*Det befriede Europa,* 1831]. De 1835 à 1837, il fut directeur du journal *Le Citadin* [*Statsborgeren*] et se consacra avec une infatigable activité à sa tâche d'éducateur populaire, agissant principalement auprès des paysans pauvres et socialement arriérés. Il traita les sujets les plus divers dans une multitude d'articles, de discours, de poésies, de nouvelles et de farces, passant de la religion à la géographie, de l'émancipation des juifs à la botanique, de l'hygiène à l'économie et à l'histoire. Parmi ses œuvres principales, nous mentionnerons encore *Le Pilote anglais* [*Den engelske lods,* 1844]. Il occupa ensuite un emploi à la bibliothèque universitaire de Christiania (1839) et, après son mariage avec Amalie Sophie Bekkevold, il fut nommé archiviste royal en 1840 : le républicanisme mystique de Wergeland accordait une place d'honneur au roi Charles-Jean (Jean-Baptiste Bernadotte), monté sur le trône norvégien à cause de son opposition à la politique napoléonienne. La renommée littéraire de Wergeland est directement liée à son importance politique et sociale, qui fut grande. C'est en effet sous son influence que fut aboli le paragraphe II de la Constitution norvégienne, interdisant aux juifs le séjour en Norvège.

RÉF. : O. Skavlan, *H. Wergeland,* Christiania, 1892. – R. Myhre, *H. Wergeland,* Oslo, 1950.

WERICH Ján. Auteur dramatique et acteur tchèque (nommé « artiste national » en 1963). Né le 6 février 1905 et mort le 31 octobre 1980 à Prague. Issu d'une famille modeste, il fait ses études de droit mais, à partir de 1927, se consacre, avec son ami Voskovec, uniquement au théâtre comme auteur et acteur. Après la période du « Théâtre libéré » [Osvobozené divadlo, 1927-1938], c'est l'exil combatif américain, puis la tentative interrompue d'un nouveau théâtre à Prague (1946-48). Alors que son ami reprend le chemin de l'exil, Werich survit comme directeur temporaire de deux théâtres, mais surtout comme acteur de cinéma, de théâtre, de télévision et de radio, comme adaptateur et metteur en scène de plusieurs pièces (dont certaines de l'ancien « Théâtre libéré »). Il publie également un livre de récits de voyage,

Vacances italiennes [*Italské prázdniny*, 1960], un volume de conte de fées, *Fimfarum* (1960 et 1963)... Il a la joie de voir éditées les pièces écrites en collaboration avec Voskovec (5 vol. 1954-57, 1968) dont *Ballade des chiffons* (*), et leurs textes en vers (1965). Mais, autour de 1960, il est surtout témoin de l'inspiration donnée par leur théâtre d'avant-garde à de nombreux jeunes qui créent de « petites formes théâtrales », qui tentent d'échapper à l'idéologie mais qui, hélas, ne survivront pas longtemps au Printemps de Prague. (Pour le détail de leur œuvre théâtrale commune, voir l'article consacré à Jiří Voskovec.)

VLADIMIR PESKA.

WERNER Zacharias. Écrivain allemand. Né le 18 novembre 1768 à Königsberg, mort le 17 janvier 1823 à Vienne. Son père, professeur d'université, mourut peu de temps après sa naissance. En 1784, il entreprit des études de droit qu'il ne termina jamais, et suivit les cours de philosophie de Kant. En 1796, il est fonctionnaire à Varsovie, alors ville prussienne. Il se marie, mais se sépare de sa femme très rapidement : il devient membre de la franc-maçonnerie. En 1799, il se marie à nouveau avec une jeune fille de Königsberg d'avec laquelle il divorce pour épouser la fille d'un tailleur de Varsovie qui se séparera de lui, mais pour laquelle il gardera son attachement sa vie durant. De 1801 à 1804, il vit à Königsberg où il donne sa première œuvre dramatique, *Les Fils de la « Vallée »* (*) (1803). En 1805, des protecteurs lui procurent un emploi administratif à Berlin ; il y fréquente Itzig et surtout E. T. A. Hoffmann, qui est très enthousiasmé par le talent bouillonnant de Werner. Mais celui-ci renonce à ses fonctions et, tourmenté par sa constante inquiétude, il part en 1807 pour de longs voyages. Entretemps, il continue à donner de nombreux drames dont *La Croix sur la Baltique* (*) (1806), *Martin Luther ou la Consécration de la force* (*) (1807), *Attila, roi des Huns* (*) (1808) et *Wanda, reine des Sarmates* (+) (1809). Sa gloire littéraire est désormais assurée, mais la littérature n'était pour lui que l'un des moyens de cristalliser l'amour, l'art et la religion pour la réalisation d'une humanité toujours plus élevée. Il reprit ainsi les idées de Schleiermacher, Novalis et surtout Jakob Böhme pour les refondre dans une espèce de « catholicisme épuré ». En 1809, pensionné par le prince de Dalberg, il part pour Rome où il reste jusqu'en 1813 ; il s'y convertit au catholicisme (1810). Il renie alors toute son œuvre passée et, pour mieux signifier sa position, écrit *La Consécration de la faiblesse* (*) (1814).

En 1814, il est ordonné prêtre à Aschaffenburg, puis vit à Vienne où il devient un prédicateur célèbre, mettant dès lors sa plume exclusivement au service de la religion. Malade des poumons, il meurt dans le couvent des rédemptoristes de Vienne. Le fait qu'il renia sa première vie publique est peut-être en partie à l'origine de l'oubli dans lequel il tomba trop vite. Goethe, avec lequel il rompit ses relations après sa conversion, n'avait pas manqué de proclamer son génie, quand, en 1810, il monta à Weimar, et pour la première fois, sa pièce *Le Vingt-Quatre Février* (*), qui marqua le point de départ de la « tragédie de la destinée » [Schiksalstragödie], laquelle devait connaître un tel développement dans l'Allemagne du XIXe siècle. Ainsi Werner reste-t-il, après Kleist, le plus grand dramaturge du romantisme allemand.

FRANÇOIS SÉGURET.

RÉF. : Hitzig, *Lebensabriss Werners,* Berlin, 1823. — Schütz, *Zacharias Werners Biographie und Charakteristik, nebst Original-Mittheilung aus dessen handschriftlichen Tagebüchern,* 2 vol., Grimma, 1841. — Philarète Chasles, étude in *Études sur l'Allemagne au XIXe siècle,* Paris, 1861. — E. Vierling, *Zacharias Werner, la conversion d'un romantique,* Nancy, 1908. — Hankamer, *Zacharias Werner,* Bonn, 1920. — E. Klein, *Z. Werner, der Roman eines Lebens,* Bielefeld, 1926. — Stuckert, *Das Drama, Z. Werners,* Francfort-sur-le-M., 1926. — G. Kozielek, *Z. Werner. Sein Weg zur Romantik,* Breslau, 1963.

WERNHER DER GARTENAERE. Poète allemand de la seconde moitié du XIIIe siècle. Il est l'auteur d'une nouvelle communément appelée *Helmbrecht le fermier* (*), qui nous fournit (y compris par son titre), les uniques, minces et incertaines indications sur sa vie. Les influences austro-bavaroises de sa langue et ses connaissances des particularités géographiques nous indiquent que sa patrie est la région de l'Inn ou la zone autrichienne du lac de Garde. Les suppositions selon lesquelles il aurait été frère Wernher, un auteur de vers sentencieux de la première moitié du XIIIe siècle, ou un père jardinier du couvent de Ranshofen ne sont pas convaincantes. Il fut peut-être un jongleur (un bouffon), sans néanmoins montrer le pédantisme et l'effronterie coutumiers à cette corporation. Toutefois, son appartenance à la classe de la petite noblesse terrienne est plus probable : dans son œuvre transparaît une bonne connaissance de la vie laborieuse des paysans, pour laquelle il manifeste un grand respect. En revanche, Wernher condamne l'arrogance de celui qui cherche à s'élever au-dessus de sa propre condition. Sa familiarité avec la littérature et les valeurs de la société courtoise est évidente. Le thème central de son œuvre est commun à d'autres auteurs tels que l'historien Ottokar von Steiermark, Siegfried Helblinc et surtout Neithart von Reuenthal. De ce dernier est empreintée la figure du jeune homme de la campagne, maladroit, qui affecte des airs de cavalier, ainsi que la capacité d'utiliser sur un plan poétique la langue des paysans. De Wolfram von Eschenbach, Wernher imite le maniérisme stylistique et le jeu entre la situation réelle et la fiction poétique. Wernher ne fut cependant pas un simple imitateur, mais sut fondre tous les éléments empruntés dans une œuvre cohérente et personnelle, sur laquelle se projette l'ombre de l'effondrement des valeurs surnaturelles qui portaient son époque. Wernher donne à un cas exemplaire les dimensions d'un événement universel. Les points critiques et satiriques de son œuvre sont dirigés contre un monde dans lequel il représente non seulement la noblesse et les paysans, mais également toutes les autres classes de la société. Bien que n'étant pas le seul à faire une telle esquisse dans son œuvre, Wernher se révélera supérieur à ses contemporains par l'universalité et la profondeur des idées dans lesquelles il transpose les manifestations individuelles de la réalité, dans leur multiplicité occasionnelle, en un phénomène universel : le non-respect de l'ordre divin. Toutefois sa pensée n'est jamais théorique, mais intégrée au récit, riche d'événements passionnants et de personnages au caractère vif.

WERTHEIMER Max. Psychologue américain d'origine austro-hongroise. Né le 15 avril 1880 à Prague, mort le 12 octobre 1943 à New Rochelle (État de New York). Fils d'un directeur de collège privé et d'une violoniste, son éducation scolaire puis universitaire s'est déroulée à Prague. Wertheimer étudia la philosophie, l'art et le droit à l'université. Son professeur le plus influent fut von Ehrenfels, qui dès 1880 s'était opposé à la psychologie associationniste de Wundt en défendant l'idée d'une qualité des formes non réductibles à leurs éléments. Il obtint son doctorat à Würzburg en 1904 pour un travail sur la découverte des criminels par une technique d'association de mots, technique qu'il appliqua ensuite aux études sur l'aphasie. En 1910, il se passionna pour le phénomène perceptif du mouvement apparent (le cinéma) et ce fut le point de départ de l'école gestaltiste (la psychologie de la forme) avec Köhler et Koffka. D'origine juive, Wertheimer et sa famille durent quitter l'Autriche pour les États-Unis en 1933 où il enseigna à New York. Sa contribution importante au courant gestaltiste fut un article en 1923 sur l'analyse gestaltiste des principes d'organisation perceptive. Son intérêt pour la psychologie de la pensée créative et particulièrement la résolution de problèmes est consigné dans un ouvrage édité après sa mort, *La Pensée créative* (*) (1945).

ARLETTE STRERI.

WESCOTT Glenway. Poète et romancier américain. Né à Kawaskun (Wisconsin) le 11 avril 1901, mort le 22 février 1987 à Rosemont (New Jersey). Quoique légèrement plus jeune, Wescott fut d'abord associé à la « génération perdue » puisque, sans achever ses études à l'université de Chicago (1917-1919), il s'expatria en Angleterre, en Allemagne, puis dans le sud de la France, où il passa huit ans. En 1934, il rentra aux États-Unis et s'installa dans le New Jersey. Son œuvre commence par des poèmes *The Bitterns* (1920), et *Natives of Rock* (1921-1922), mais il est surtout connu comme auteur de fictions qui ont pour cadre soit son État d'origine – *La Prunelle* [*The Apple of the Eye*, 1924], *Les Grand-Mères* (*) (1927) –, soit l'Europe : ainsi *Le Faucon pèlerin* [*The Pilgrim Hawk*, 1940], situé à Paris, et *Appartement à Athènes* [*Apartment in Athens*, 1945], qui a trait à la résistance des Grecs aux nazis. Dans *Adieu Wisconsin* (*) (1928), il opposait ces deux univers. Il a encore publié *Le Lit d'enfant* [*The Babe's Bed*, 1930], *Peur et Tremblement* [*Fear and Trembling*, 1932], et *Un calendrier des saints pour mécréants* [*A Calendar of Saints for Unbelievers*, 1932]. Mais après la guerre, il n'a plus produit qu'un recueil de portraits d'écrivains, dont Thomas Mann et Katherine Ann Porter, intitulé *Images de la vérité* [*Images of Truth*, 1962].

RÉF. : Ira Johnson, *Glenway Wescott : the Paradox of Voice*, Kennikat Press, 1971.

MICHEL GRESSET.

WESKER Arnold. Écrivain anglais. Né à Stepney (Londres) le 24 mai 1932. Wesker appartient à cette génération des « Angry Young Men », qui s'est immédiatement reconnue dans le *Jeune homme en colère* (*) (1956) de John Osborne. Sentiment que Wesker est un des seuls à avoir explicité : « Nous étions tous plus ou moins plongés dans le même genre d'atmosphère : la guerre avait été pour nous une période de formation, suivie par l'espoir de 1945, puis le déclin général à partir de là. » Wesker n'a pas seulement trouvé en Jimmy Porter son alter ego ; *Jeune homme en colère* l'a aussi confirmé dans ce sentiment que le théâtre était la forme d'expression appropriée.

Comme un certain nombre de ces « jeunes gens en colère », Wesker est issu d'un milieu ouvrier. Né dans un faubourg de Londres, de parents juifs immigrés, il quitte l'école à seize ans. Attiré très jeune par le théâtre, ses moyens ne lui permettent pas de payer les cours de la Royal Academy. Il pratique alors presque tous les métiers, jusqu'à son engagement dans la Royal Air Force : c'est là qu'il commence à écrire. Revenu à la vie civile en 1952, il travaille comme garçon de cuisine, et deviendra même pâtissier en chef, à Londres, puis à Paris. De cette vie laborieuse, ses œuvres témoigneront. Car son théâtre, à la fois autobiographique et réaliste, peut bien s'appeler engagé, du moins pour ses pièces les plus célèbres. Son œuvre n'est pas séparable de ses prises de position politiques et éthiques : campagne pour le désarmement nucléaire, création d'un mouvement culturel (le Centre

42), destiné à favoriser la vulgarisation en matière artistique.

C'est en 1956 qu'Arnold Wesker écrit *La Cuisine* (*), qui ne sera représentée intégralement qu'en 1961. *La Cuisine* est une métaphore du monde social, impitoyable dans ses hiérarchies, ses rivalités, le rythme insoutenable imposé à l'individu. Cet univers aliénant – et Wesker sait de quoi il parle – sera encore évoqué dans *Soupe de poulet à l'orge* [*Chicken Soup with Barley,* 1958]. Des fils autobiographiques courent ainsi d'une pièce à l'autre, mais Wesker a su donner âme et corps à ses expériences, au point de « faire concurrence à l'état civil » : sa trilogie retrace la vie d'une famille d'ouvriers juifs venus de Hongrie et établis en Angleterre. Chaque pièce évoque avec réalisme, humour et tendresse une forme de désillusion : l'ébranlement des idéaux socialistes entre 1936 et 1956 dans *Soupe de poulet à l'orge ;* le mythe de l'intellectuel donneur de leçons dans *Racines* [*Roots,* 1959] ; l'utopie du retour à la nature dans *Je vous parle de Jérusalem* [*I'm Talking about Jerusalem,* 1960]. C'est toujours d'une mise à l'épreuve des idées par le réel qu'il s'agit. Sans doute est-ce cette première manière, essentiellement réaliste et didactique, que l'on retiendra du théâtre de Wesker, parce qu'y domine un humanisme chaleureux. On le retrouve encore dans *Des frites, des frites, des frites* [*Chips with Everything,* 1962], son plus grand succès commercial. Les pièces suivantes se font plus intimistes : *Les Quatre Saisons* [*The Four Seasons,* 1965], ou idéalistes. Mais Wesker, auteur dramatique, essayiste, journaliste, scénariste, est avant tout un citoyen vigilant et actif, pour qui le théâtre est l'instrument privilégié d'une découverte de la réalité : chez lui, la prise de parole s'identifie à une prise de conscience.

ANOUCHKA VASAK.

RÉF. : « Arnold Wesker » in *The Plays of the Sixties,* R. Cornish & V. Ketels, Methuen, Londres, 1985. – « Le Roman et le théâtre en Grande-Bretagne, 1970-1980 » in *Études anglaises.*

WESSEL Johan Herman. Écrivain norvégien. Né le 6 octobre 1742 à Vestby (Akershus, Norvège méridionale), mort à Copenhague le 29 décembre 1785. Il était le fils d'un pasteur protestant et, après avoir fréquenté l'école secondaire à Christiania, il se rendit en 1761 à Copenhague pour y faire ses études universitaires où, éternel étudiant, il finit par demeurer toute sa vie. Il y vécut de leçons et de traductions (outre le français et l'anglais, il connaissait l'allemand, l'italien et l'espagnol) ; incapable de se plier à une quelconque activité régulière, il était content s'il pouvait boire et se divertir avec ses amis de la « Société norvégienne ». C'est pour eux principalement qu'il écrivit ses parodies et ses récits, tel son célèbre *Amour sans bas* (1772). Sa vie ne changea pas davantage après son mariage avec une Norvégienne (1780) et son heureuse paternité. Sa tentative de fonder un journal, *Votre Serviteur Otiosis* (1784-85), fut malheureuse et, conscient de son inaptitude à la vie pratique, Wessel écrivit lui-même cette épitaphe pour sa propre tombe : « Il but volontiers, se contenta de peu, porta des bottes éculées et se satisfit à ne rien faire, tant qu'à la fin la vie aussi l'ennuya » ; ces mots et leur raillerie amère sont le meilleur commentaire à la vie de ce bohème génial – v. *Contes comiques* (*) (1787).

WESSELY Naphtali Herz. Poète, exégète, essayiste allemand d'expression hébraïque. Né et mort à Hambourg (9 décembre 1725 - 28 février 1805). Issu d'une famille d'origine polonaise, qui s'installa à Wesel sur le Rhin (d'où son nom) lors des pogromes perpétrés en 1648 par les cosaques de Chmielnicki. Il fit de solides études talmudiques tout en étudiant les matières profanes, en particulier plusieurs langues. Lorsque sa vie professionnelle l'appela à Amsterdam où il passa une vingtaine d'années, il fut séduit par la vitalité et la culture des Juifs séfarades et s'en inspira. Lorsqu'il s'installa à Berlin, il fut l'un des proches collaborateurs de Moses Mendelssohn. Il termina sa vie auprès d'une de ses filles à Hambourg. Son principal centre d'intérêt était *La Bible.* Il traduisit en hébreu, à partir de la version allemande de Luther, l'apocryphe *Sagesse de Salomon* (*), entreprise originale qui ouvrit la voie à d'autres traducteurs d'œuvres extérieures au canon juif (il considérait l'ouvrage qu'il traduisait comme une œuvre authentique du roi Salomon, inconnue en hébreu car destinée aux peuples païens). Il commenta quelques chapitres de la *Genèse* (*), mais surtout contribua à la traduction commentée de Mendelssohn – traduction commentée de l'*Exode* (*), commentaire du *Lévitique* (*). Les problèmes auxquels est confronté le traducteur l'incitèrent à composer des ouvrages de linguistique : *Le Jardin fermé ou le Liban* [*gan naul o levanon,* 1765-66] traite des synonymes ; *Le Vin du Liban* [*Yeyn levanon,* 1775] est un commentaire philologique du *Traité des Pères* de la *Mishna* (*). Ses ouvrages les plus connus sont *Paroles de Paix et de Vérité* (*), réaction à l'Édit de tolérance de Joseph II (1782), et *Poèmes de splendeur* (*), poème narratif entrepris en 1785. Juif religieux, il ne cessa de prôner les idéaux de la Haskala – les Lumières hébraïques – d'ouverture vers l'extérieur sans renoncement à la tradition. Son œuvre exerça une grande influence sur les écrivains et penseurs ultérieurs.

JANINE STRAUSS.

WEST Nathanael (pseud. de Nathan Wallenstein Weinstein). Écrivain américain. Né à New York le 17 octobre 1903, mort à

El Centro (Californie), dans un accident de voiture où périt aussi sa femme, le 22 décembre 1940. Il appartient à une famille juive, aisée et cultivée. Admis à Tufts University en 1921, il est renvoyé en 1922 et se glisse à Brown University en profitant du dossier d'un brillant homonyme. De 1924 à 1926, il vit à Paris, comme nombre d'expatriés américains. Il s'intéresse aux mouvements dada et surréaliste. À partir de 1926, de retour aux États-Unis, il dirige différents hôtels tout en commençant à écrire. Il ouvre aussi le courrier de ses clients. Il se rend à Hollywood où il s'occupe de différents scénarios pour une firme commerciale. Nathanael West occupe dans la littérature de son époque une place à part. C'est un précurseur de l'école juive américaine qui s'épanouira avec Saul Bellow, Philip Roth, Bernard Malamud... Il rompt avec le roman « engagé » des James T. Farrell, Erskine Caldwell, Steinbeck. *La Vie rêvée de Balso Snell* (*) (1931), *Miss Lonelyhearts* (« Mademoiselle Cœur-Brisé ») (*) (1933), *Un million tout rond* (*) (1934), *L'Incendie de Los Angeles* (*) (1939 – v. *Romans* (*) – sont des satires destructrices de la vie américaine.

RÉF. : Jay Martin, *Nathanael West : The Art of His Life*, New York, 1970.

WEST Rebecca (pseud. de Cicily Isobel Fairfield). Journaliste et romancière anglaise. Née et morte à Londres (21 décembre 1892 – 15 mars 1983). Lorsque son père, un ancien officier, partit chercher fortune au Sierra Leone en 1901 – il mourut en 1906 sans avoir revu sa famille –, elle suivit ses sœurs et sa mère dans la famille de celle-ci, à Edimbourg. À l'âge de quinze ans, elle y publia son premier article pour soutenir les fondatrices du « National Women's Social and Political Union » qui avaient rompu avec le parti libéral, et commença à militer activement en faveur du suffrage des femmes. En 1910, la famille Fairfield s'installa à Londres où « Cissie », comme on l'appelait alors, eut une courte carrière d'actrice, tout en commençant à écrire pour la presse féministe et socialiste. Son activité de journaliste l'emporta définitivement à partir de 1911, quand elle adopta le pseudonyme de « Rebecca West », un personnage de la pièce d'Ibsen, *Rosmersholm* (*), qui est la maîtresse d'un homme marié. Au même moment sa liaison durable avec H. G. Wells, dont elle eut un fils, faisait scandale dans les milieux politico-littéraires de Londres. En 1916, elle publia son premier livre, une étude iconoclaste consacrée à Henry James quelques mois seulement après la mort de celui-ci. Deux ans plus tard, son premier roman, *Le Retour du soldat* [*The Return of the Soldier*], prenait pour héros un blessé de guerre. Il connut un grand succès en Angleterre comme aux États-Unis, fut porté à la scène en 1928, puis à l'écran beaucoup plus tard, en 1981. Écrivain célèbre, journaliste reconnue des deux côtés de l'Atlantique, Rebecca West incarna au moins jusqu'à son mariage avec le banquier Henry Andrews, en 1930, la femme libérée des années 20. Le style éblouissant du *Juge* [*The Judge*], paru en 1922, fit l'admiration de Somerset Maugham et de Virginia Woolf. Aujourd'hui, on le lit surtout à cause de l'inoubliable peinture de l'Edimbourg de l'enfance de « Cissie », et d'un portrait de mère aux tonalités freudiennes. Personnage clef de la vie littéraire de l'entre-deux-guerres – elle fut un des fondateurs du P.E.N. Club –, elle séjourna fréquemment aux États-Unis, en France et en Italie où elle se lia d'amitié avec D. H. Lawrence. *L'Étrange Nécessité* [*The Strange Necessity*], un recueil d'articles et d'essais paru en 1928, contenait une des premières défenses de l'*Ulysse* (*) de Joyce, qui eut pourtant le don d'irriter l'écrivain irlandais par son ton trop léger. Elle se brouilla également, à l'occasion de ce livre, avec H. G. Wells, vexé d'avoir été rangé parmi les « oncles de la littérature anglaise » aux côtés de George Bernard Shaw et d'Arnold Bennett. Après *Harriet Hume*, un autre roman, *Lions et Agneaux* [*Lions and Lambs*, 1929] et *La Carrière d'un libertin moderne* [*The Modern Rake's Progress*, 1934] rassemblaient des portraits pleins d'humour des célébrités de l'époque, dessinés par David Low. Rebecca West aurait alors pu devenir un écrivain mondain et charmant lorsque plusieurs voyages en Yougoslavie lui donnèrent l'occasion d'écrire son livre le plus important, *L'Agneau noir et le faucon gris* (*), qui parut en 1941. Chef-d'œuvre du récit de voyage, il demeure un ouvrage essentiel pour comprendre les rapports conflictuels entre les peuples yougoslaves. Après la guerre, pendant laquelle elle soutint contre Tito la cause de Mihailovitch et de ses « tchetniks » – ce qui fit d'elle une anti-communiste passionnée, en dépit de ses convictions socialistes –, elle rendit compte des procès de Nuremberg pour la presse anglaise et américaine. Cette expérience l'amena à écrire *Le Sens de la trahison* [*The Meaning of Treason*, 1947], belle réflexion sur la trahison en temps de guerre qui lui valut d'être considérée par *Time* comme « sans conteste l'écrivain de sexe féminin le plus important du monde ». En 1957 parut son roman le plus personnel, *La Famille Aubrey* (*), chronique d'une famille où la mère et les enfants se défendent par la musique contre un père médiocre et absent, comme l'avait été le sien. Devenue une grande dame des lettres anglaises, anoblie par la reine, elle continua jusqu'à la fin de sa vie de donner au *Sunday Times* puis au *Daily Telegraph* des articles toujours très brillants sur la littérature contemporaine et sur des sujets d'actualité. À partir de 1978, l'œuvre romanesque et les premiers articles de cette pionnière furent intégralement republiés par la maison d'édition féministe Virago.

FRANÇOIS DUPUIGRENET DESROUSSILLES.

RÉF. : F. Weldon, *Rebecca West*, Londres, 1985. — H. Orel, *The Literary Achievement of Rebecca West*, Londres, 1986. — V. Glendinning, *Rebecca West. A Life*, New York, 1987.

WESTLAKE Donald. Auteur de romans policiers américain. Né à New York le 12 juillet 1933. C'est à onze ans qu'il se découvre une vocation d'écrivain. Après avoir fait des études universitaires et son service dans l'armée de l'air, il travaille pour un agent littéraire et publie son premier roman *Le Zèbre* [*The Mercenaries*] en 1960. Il écrit sous le pseudonyme de Richard Stark les aventures de Parker, un malfrat solitaire qui réalise ses « coups » avec sang-froid et minutie ; il signe Tucker Coe cinq romans qui mettent en scène Mitch Tobin, un ancien policier rongé par un sentiment de culpabilité, devenu détective privé ; sous son propre nom, il laisse libre cours à son humour et cela nous vaut les délectables et hilarantes aventures de Dortmunder et de ses complices qui montent des « casses » très étudiés et repartent avec à peine de quoi couvrir leurs frais ; *Adios Scheherazade* (1970) qui raconte les déboires d'un auteur de livres pornographiques en panne d'inspiration ; *Un jumeau singulier* [*Two Much*], un homme se fait passer pour des frères jumeaux pour épouser des sœurs jumelles. Parmi ses meilleurs ouvrages, citons : *Les Cordons du poêle* [*The Busy Body*, 1966], *Pierre qui brûle* [*The Hot Rock*, 1970] et *Le Paquet* (*) (1972).

DENIS BOUTET DE MONVEL.

WHARTON Edith (née Newbold Jones). Romancière américaine. Née le 23 janvier 1862 à New York, morte le 11 août 1937 à Saint-Brice-sous-Forêt (Val d'Oise). Elle appartient à une ancienne et très riche famille de la haute société américaine. Profondément attachée à son milieu, et gardant la nostalgie de cette aristocratie moribonde, elle s'en dégagea pour devenir le peintre très averti et plein d'ironie de sa décadence et de sa corruption. À dater de 1906, la plus grande partie de sa vie s'écoula en France. La France, du reste, était pour elle synonyme de « civilisation ». Elle avait commencé à écrire dès l'âge de onze ans, mais c'est seulement à quarante ans, après son mariage avec Edward Wharton, un aristocrate neurasthénique de Boston, que fut achevé le premier de ses nombreux romans. La publication, en 1905, de *Chez les heureux du monde* (*) révéla sa maîtrise. L'œuvre d'Edith Wharton doit beaucoup à ses deux grands amis Paul Bourget et Henry James ; mais on ne peut dire pour autant qu'elle ait été le disciple de l'un ou de l'autre. Son roman *Ethan Frome* (*) (1911) est une sombre évocation des rigueurs de l'esprit puritain dans la Nouvelle-Angleterre. Elle donna ensuite *L'Écueil* (*) (1912), puis *La Coutume du pays* (*) (1913). Écrivain fécond, elle peint tour à tour, dans *Le Temps de l'innocence* (*) (1920) — qui eut un grand succès et obtint le prix Pulitzer — les coutumes et la moralité de la société new-yorkaise en 1870, et, dans *Leurs enfants* (*) (1928), le déclin des mêmes familles à la génération suivante. Edith Wharton reçut d'innombrables honneurs officiels (elle avait rendu de grands services dans les œuvres d'assistance durant la première guerre européenne). Mais elle vécut assez pour assister à l'écroulement définitif du monde qu'elle avait si bien décrit, et pour voir une esthétique nouvelle se substituer, en littérature, aux principes qui lui étaient chers.

STANLEY GEIST.

RÉF. : E. K. Brown, *Edith Wharton, étude critique*, Paris, 1935. — P. Lubbock, *Portrait of Edith Wharton*, Londres, 1947. — B. Nevius, *Edith Wharton, a Study of Her Fiction*, Berkeley, 1953. — L. Auchinclass, *Edith Wharton*, Minneapolis, 1961. — R. H. Lawson, *Edith Wharton*, New York, 1977. — P. Vita-Finzi, *Edith Wharton and The Art of Fiction*, New York, 1990.

WHISTLER James Abbott McNeill. Peintre américain. Né à Lowell (Massachusetts) le 10 juillet 1834, mort à Londres le 17 juillet 1903. Il commença d'étudier les beaux-arts en Amérique, et vint à Paris en 1857. Il y travailla dans l'atelier de Gleyre, et produisit une première série de gravures qui appela l'attention de quelques critiques et amateurs. En 1859, il s'installa à Londres et donna une nouvelle série de seize remarquables gravures ayant pour thème la Tamise. Sa réputation dès lors ne cessa de croître et il devint, avec ses tenues excentriques, son arrogance, son humour et sa causticité, l'un des principaux personnages de la vie mondaine londonienne fréquentant les préraphaélites et parlant d'art avec le poète Swinburne. C'est une querelle avec Ruskin qui l'amena à écrire un petit pamphlet satirique : *Whistler et Ruskin : art et critiques d'art* [*Whistler and Ruskin : Art and Art Critics*, 1877], qui fut suivi de plusieurs autres et qui, avec les lettres qu'il adressa à la presse, fut ensuite publié dans *L'Art aimable de se faire des ennemis* (*) (1890), dans lequel il insiste sur le droit pour l'artiste de composer en ne se fiant qu'à ses yeux, et sur l'incapacité du public et des critiques à juger de la valeur de ce regard. Il vécut la majeure partie de ses dernières années à Paris et devint, en 1886, président de la Royal Society of British Artists. Le 20 février 1885, à dix heures du soir, il avait donné à Londres une conférence où il exposait ses idées sur l'art que Mallarmé traduisit en français sous le titre *Le « Ten O' Clock » de M. Whistler* (1888).

RÉF. : T. R. Way et J. R. Dennis, *The Art of James McNeill Whistler*, Londres, 1903. — Duret, *Histoire de James McNeill Whistler et son œuvre*, Paris, 1904. — H. Gregory, *The Life of J. Mc N. Whistler*, New York, 1959. — T. Prideaux, *The World of Whistler*, New York, 1970. — S. Weintraub, *Whistler, A Biography*, New York, 1988.

WHITE Patrick. Écrivain australien. Né à Londres le 28 mai 1912, mort à Sydney le 30 septembre 1990. Né pendant le long voyage de noces de ses parents, une famille terrienne aisée établie dans la vallée de la Hunter, le garçonnet asthmatique passa sa jeunesse dans les Blue Mountains avant d'être envoyé à treize ans dans un collège privé anglais. Il revint au pays en 1929 travailler comme gardien d'élevage, tout en écrivant poèmes et nouvelles, et en préparant son entrée à l'université de Cambridge. Diplômé en 1935, il commença sa carrière littéraire à Londres avec une pièce et un roman. Il s'engagea dans l'aviation pendant la guerre et servit au Moyen-Orient, notamment en Grèce, comme officier du renseignement. Un voyage en Australie le persuada de s'y établir et, durant la traversée de retour, il écrivit *L'Histoire de la tante* [*The Aunt's Story*, 1948]. Il s'installa avec son ami Manoly Lascaris dans une ferme, à Castle Hill, dans les faubourgs de Sydney qu'il évoquera dans *L'Arbre de l'homme* (*), entre autres choses, évocation romanesque de l'urbanisation de la région. En 1964, il s'installe à Centennial Park, au centre de la capitale.

D'abord poète, il s'était lancé en 1939 dans le roman avec *Eden-Ville* [*Happy Valley*], chronique des amours adultères et autres manquements des habitants d'une petite ville où les passions frustrées, les espoirs déçus, le crime occasionnel n'ont jamais les dimensions de la vraie tragédie. Ses dettes stylistiques envers Joyce, Eliot, Virginia Woolf et Lawrence placent déjà White au confluent de la modernité. Son écriture très consciente privilégie l'humour et l'épigramme. Moins foisonnants, *Les Vivants et les Morts* [*The Living and the Dead*, 1941] explorent les changements sociaux à travers les relations changeantes entre les membres d'une famille, leurs amis et voisins. La note moderniste éclate dans la peinture de Catherine Standish et des siens.

C'est seulement avec *L'Histoire de la tante* que White atteint sa pleine originalité dans un roman expérimental. Theodora Goodman, le premier de ses personnages majeurs, cherche la réalité ultime à la mort de sa mère. Après un retour en arrière qui couvre cinq chapitres du livre, la vieille fille quitte l'Australie en quête de liberté et d'elle-même. Cette exploration du contraste entre l'essence et l'existence suit un déroulement lyrique, dont l'unité profonde s'accompagne de l'association d'images contrastées et d'épiphanies dans un style parfois un peu rhétorique et répétitif.

En 1955, paraît *L'Arbre de l'homme* puis *Voss* (*) à la forme classique. Par contraste, structures discordantes, ruptures, satires et caricature de la société contemporaine caractérisent l'écriture de la décennie suivante. Le *Char des élus* [*Riders in the Chariot*, 1961] et *Le Mystérieux Mandala* [*The Solid Mandala*, 1966] reflètent une certaine misanthropie, et un net dédain pour la vulgarité de la vie moderne. Le premier roman mêle satire sociale et réflexion sur la religion ; son échec partiel montre une ambition toute faulknérienne — avec le cadre de Salsaparilla, des scènes gothiques de crucifixion et de lynchage. L'épileptique Mary Hare, héritière de Xanadu, son ami allemand Mordecai Himmelfarb, sa voisine anglaise Mrs. Godbold et l'aborigène métis Alf Dubbo — quatre visionnaires — sont symboliquement liés aux évangélistes et rachetés par la souffrance. Dubbo fournit à White son premier personnage d'artiste, représentatif de son contexte historico-social.

En 1964, les nouvelles de *Les Échaudés* [*The Burnt Ones*] mêlent une présentation comique de thèmes romantiques, la farce et le pathétique dans des textes incisifs comme contrastant par exemple deux familles, la riche et la pauvre. *Le Mystérieux Mandala*, moins tendu et ambitieux que *Le Char des élus*, présente alternativement des jumeaux, Waldo et Arthur Brown. Le premier, intellectuel conscient et employé brimé, est un artiste aux talents limités. Le second a plus d'étoffe mais il est brouillon, il s'exprime davantage à travers des fantaisies œdipiennes et gothiques qu'à travers son art. Leurs personnalités reflètent les aspects antithétiques du même être, ce sont des jumeaux platoniques cherchant une complémentarité perdue. Dans les années 70, *Le Vivisecteur* (*) revient à des thèmes et à une forme traditionnels pour évoquer la vie du peintre Hurtle Duffield. *L'Œil du cyclone* [*The Eye of the Storm*] est plus conventionnel et plus « écrit », donnant sa justification au prix Nobel. Les quelques jours qui entourent la mort d'Elizabeth Hunter, la révélation progressive de son passé et le dévoilement des vies de ceux qui entourent cette riche grabataire, jadis séduisante épouse d'un prince, se font par retours dans le passé. Deux infirmières aux noms symboliques incarnent des attitudes opposées envers la vie : l'acceptation et la jouissance de Flora Manhood contre la peur et le refus de Mary De Santis. L'écriture pourtant peu conventionnelle donne l'impression d'un courant narratif nonchalant, porteur de détails innombrables et qui cache une composition soigneuse, marquée par la récurrence de métaphores de théâtralité, de déguisement, et les caricatures de la réussite sociale. Ironiquement, c'est Elizabeth, sensuelle, riche, vaine et matérialiste qui accède à la vision la plus lucide de la spiritualité ; dépouillée de l'inessentiel, elle trouve dans l'« œil du cyclone » un état de grâce, de pureté et de bonheur.

Les Cacatoès [*The Cockatoos*, 1974], un recueil de nouvelles plus proches de la production des années 60, rappelle *Les Échaudés*, avec la passion sexuelle qui éclate dans la monotonie des banlieues aseptisées, mais l'ironie dominante tient davantage les personnages à distance et donne une allure schématique au recueil, aussitôt suivi de la grandeur imaginative d'*Une ceinture de feuilles* (*). *Les Grands Jouets* [*Big Toys*], pièce produite en

1977, montre la persistance de l'intérêt de White pour le théâtre (il a fait jouer une douzaine de pièces). Cette pièce presque engagée évoque les malversations de l'administration et l'exploitation illicite du sous-sol, mais c'est surtout une comédie des mœurs contemporaines. Avec *Les Incarnations d'Eddie Twyborn* (*), White reprend une veine complexe, grandiose, qui réussit à établir un équilibre délicat entre une écriture brillante et une histoire fourmillant de détails. Même teneur dans son récent roman *Mémoires éclatés d'Alex Xenophon Demirjian Gray* [*Memoirs of Many in One*] attribué à Alex Xenophon Demirjian Gray, cette grande dame dont le romancier est censé présenter le récit à la première personne à la requête de sa fille Hilda. Alex est un palimpseste de tout ce qu'elle a éprouvé dans ses précédentes existences. Elle est la nonne Cassiani aux yeux bleus, amoureuse du moine Onuphrios et répudiée comme sorcière par les chrétiens de Nixos ; sœur Bénédicte qui conduit une consœur dans la brousse pour lui révéler la source du Bien ; Dolly Formosa, la star d'une tournée théâtrale, ou, plus prosaïquement une mère de famille dans un foyer de banlieue, entre bien d'autres avatars. Amusant, plein de situations et de transmutations inattendues, ce roman témoigne d'une imagination pétillante. Son opposition à la guerre au Viêt-nam, ses critiques d'une société australienne violente et fruste, son refus du conservatisme, ses origines « patriciennes » n'ont pas valu à White, de son vivant et dans son pays, l'indiscutable estime et popularité dont il jouit dans le monde entier.

RÉF. : Brian Kiernan, *Patrick White*, Londres, Macmillan, 1980.

MICHEL FABRE.

WHITEHEAD Alfred North. Philosophe américain d'origine anglaise. Né le 15 février 1861 à Ramsgate, dans le comté de Kent (Angleterre), mort à Cambridge, Massachusetts (U.S.A.) le 30 décembre 1947. Comme il l'a lui-même rapporté dans ses *Notes autobiographiques* [*Autobiographical Notes*, 1941], qui constituent les souvenirs les plus vivants qu'ait écrits un philosophe contemporain, il fut successivement « fellow » et « lecturer » de mathématiques au Trinity College de Cambridge (1885) et enseigna les mathématiques appliquées et la mécanique à l'université de Londres (1911), puis la géométrie à l'University College et à l'Imperial College. L'activité purement scientifique de Whitehead trouva son expression la plus haute dans la publication (en collaboration avec Russell) des *Principia mathematica* (1910-13), un des monuments intellectuels de notre époque. En 1924, il venait de prendre sa retraite lorsque l'université Harvard l'appela pour enseigner, non plus les mathématiques, mais la philosophie. À cette époque, il avait déjà écrit les *Principes de la connaissance naturelle* [*An Enquiry concerning the Principles of Natural Knowledge*, 1919] et *Le Concept de nature* [*The Concept of Nature*, 1920], ouvrages dans lesquels s'affirme l'intérêt qu'il portait à la philosophie. Cette évolution de la science à la philosophie eut pour principales étapes *La Science et le Monde moderne* (*) (1926), *Processus et Réalité* (*) (1929) et *Aventures des idées* [*Adventures of Ideas*, 1933]. La philosophie de Whitehead, où chaque concept est relié à quelque « objet éternel », est également applicable à la religion et à l'éducation, comme il a tenté de le démontrer dans *Le Développement de la religion* [*The Making of Religion*, 1926] et *Les Buts de l'éducation* [*Aims of Education*, 1928]. Sous les influences conjuguées de Dewey et de Whitehead, en ce qui concerne respectivement les sciences et l'humanisme, Harvard eut, du point de vue éducatif et particulièrement en Amérique, une influence décisive. « L'éducation, a écrit Whitehead, consiste dans une vision habituelle de la grandeur. » Cette réflexion résume bien son enseignement. Le penseur, tout en restant citoyen anglais, se plaisait beaucoup en Amérique et il admirait les institutions américaines.

RÉF. : D. Emmet, *Whitehead's Philosophy of Organism*, Londres, 1932. – J. Wahl, *La Philosophie spéculative de Whitehead*, in *Vers le concret*, Paris, 1932. – C. Malick, *The Metaphysics of Time in the Philosophies of Whitehead and Heidegger*, Harvard, 1937. – E. P. Schaham, *Whitehead's Theory of Experience*, New York, 1950. – F. Cesselin, *La Philosophie organique de Whitehead*, Paris, 1950. – R. M. Palter, *Whitehead's Philosophy of Science*, Chicago, 1960. – L. S. Ford, *The Emergence of Whitehead's Metaphysics, 1925-1929*, New York, 1984. – F. Wood, *Whiteheadian Thought as a Basis for a Philosophy of Religion*, Lanham, 1986.

WHITMAN Walt. Poète américain. Né le 31 mai 1819 à West Hills (Long Island), mort le 26 mars 1892 à Camden (New Jersey). Son père, charpentier, était quaker, libre penseur et partisan convaincu du parti démocrate. L'aîné de ses quatre frères mourut syphilitique et aliéné, le cadet était alcoolique et tuberculeux, et le benjamin handicapé physique et mental, tandis que sa plus jeune sœur souffrit toute sa vie d'hypocondrie. En 1823, sa famille s'installa à Brooklyn, ce qui n'empêcha pas le jeune Walter (« Walt » ne devait voir le jour qu'en 1855) de rendre de nombreuses visites à ses grands-parents, à Long Island, où il aimait marcher au bord de l'océan. Il quitta l'école très tôt (probablement à dix ou onze ans) et fut tour à tour garçon de courses, apprenti typographe – ce qui lui permit de réaliser lui-même la première édition de *Feuilles d'herbe* (*) en 1855 –, instituteur, et enfin journaliste, à partir de 1838. Ses premières œuvres furent des articles assez insipides et sacrifiant aux codes journalistiques de l'époque, ainsi que des nouvelles et un roman médiocre décrivant les méfaits de l'alcoolisme : rien n'y fait pressentir l'émergence ultérieure du poète. En revanche, le jeune Whitman était déjà fasciné par la ville de New York, ses foules immenses et son bouillonnement culturel ; il était en particulier grand amateur d'opéra. Son activité de journaliste le conduisit à devenir rédacteur en chef de plusieurs journaux, et à faire une tentative malheureuse de transplantation à La Nouvelle-Orléans et à Saint-Louis (1848). Il se métamorphosa pendant trois ans (1851-54) en charpentier, sur les chantiers de son père.

Cependant, il lisait goulûment toutes sortes de livres, qui allaient de *La Bible* (*) à Hawthorne, en passant par les classiques grecs ou romains et les ouvrages scientifiques. Il commençait également (depuis 1847) à prendre des notes sur des sujets divers, dans des carnets qui allaient être le laboratoire du futur poète. On sait fort peu de chose sur la gestation des douze poèmes qui constituèrent la première édition de *Feuilles d'herbe* (1855), et que précédait une véritable profession de foi démocratique. Cette œuvre passa généralement inaperçue, ou n'eut qu'un succès de scandale — le poète Whittier jeta au feu l'exemplaire qu'il venait de lire. Seul des écrivains reconnus, Emerson salua l'apparition d'un grand créateur, dans une lettre personnelle à l'auteur dont ce dernier osa publier un extrait (à l'insu d'Emerson !) dans la deuxième édition amplifiée du livre, en 1856. Une troisième édition suivit en 1860, beaucoup plus ample, publiée à Boston. Certains poèmes (les « Enfants d'Adam », qui chantaient ouvertement la sexualité) firent scandale, au point qu'Emerson ne parvint pas à faire rencontrer à l'auteur les gloires littéraires du temps — Longfellow, Lowell, et Holmes : aucun d'eux n'accepta un contact aussi compromettant.

Pendant la guerre de Sécession, Whitman se rendit à Washington, où il soigna des blessés des deux camps. Nommé en 1865 (à un poste subalterne) dans un bureau ministériel, il devait perdre cet emploi lorsque l'un de ses supérieurs découvrit qu'il était l'auteur d'un livre scandaleux ; mais à la suite d'une véritable campagne de ses amis, célébrant la générosité du « bon poète aux cheveux gris », il put occuper un autre poste dans un ministère, qui lui laissait de nombreux loisirs. Un volume de poèmes écrits pendant la guerre, *Roulements de tambour* (+), fut intégré en 1867 à la quatrième édition de *Feuilles d'herbe*, ainsi qu'aux suivantes (1871-72, 1881-82, 1891-92). La permanence du thème démocratique, dans nombre de poèmes, contraste avec le pessimisme et l'amertume d'un ouvrage au titre trompeur, *Perspectives démocratiques* [*Democratic Vistas*], publié en 1871. Whitman y dénonce la trahison des idéaux révolutionnaires par l'Amérique de « l'Âge doré ». Deux ans plus tard, après une sérieuse attaque de paralysie, il s'installa à Camden, dans la maison de son frère, et y passa le reste de sa vie, à compléter et corriger ses *Feuilles* et à rédiger un livre autobiographique, publié en 1882-83 sous le titre *Jours exemplaires* [*Specimen Days*]. Sa réputation commença à croître au cours des années 1870 et 1880, en Amérique et surtout en Europe, et il vécut en guru, entouré de disciples qui devaient célébrer sa mémoire, après sa mort. Ses dernières années furent marquées par la maladie — suprême ironie pour ce chantre inlassable de la santé. Il mourut en 1892.

YVES CARLET.

♦ *« Avec Luther, Goethe, Nietzsche et Poe, Whitman fait partie de ceux qui furent possédés par leur génie et n'auraient pu s'en libérer même s'ils l'avaient voulu. »* Theodore Dreiser. ♦ *« Ses fresques gonflées et pullulantes sont comme les hymnes védiques de notre âge. Elles tressaillent de l'émotion qui accompagne le commencement d'une ère. »* Léon Bazalgette. ♦ *« Je fais un pacte avec toi, Walt Whitman / Je t'ai détesté assez longtemps... / C'est toi qui as coupé le bois neuf, / Il est temps maintenant de le tailler. »* / Ezra Pound. ♦ *« Le texte de Whitman me séduit précisément parce qu'il brouille constamment la perception structurale, parce qu'il crée des effets de stase, de trouble, de tourbillon, de déchirure, ou encore de vide, dans lesquels ma lecture se perd. »* Régis Durand.

RÉF. : Roger Asselineau, *L'Évolution de Walt Whitman*, Paris, 1954. — G. W. Allen, *The Solitary Singer, A Critical Biography of Walt Whitman*, New York, 1955. — Edwin H. Miller, *Walt Whitman's Poetry : A Psychological Journey*, Boston, 1968. — Stephen Black, *Whitman's Journey into Chaos : A Psychoanalytic Study of the Poetic Process*, Princeton, 1975. — *Walt Whitman, Delta* n° 16 (Montpellier). — Paul Zweig, *Walt Whitman : The Making of a Poet*, Londres, 1986.

WHITTIER John Greenleaf. Poète américain. Né à Haverhill (Massachusetts) le 17 décembre 1807, mort à Hampton Falls (New Hampshire) le 7 septembre 1892. Fils de fermier, éduqué dans la foi quaker, il avait quinze ans lorsque la lecture de Burns lui donna le désir d'écrire. Il entreprit dès lors de se faire une culture en lisant tout ce qui lui tombait sous la main, mais ce surmenage, joint aux pénibles travaux de la ferme, lui valut une attaque qui le laissa à demi invalide à dix-sept ans. L'un de ses poèmes, envoyé par sa sœur au *Newburyport Free Press*, fit une telle impression sur W. Garrison, directeur de cette publication, que celui-ci non seulement fit paraître le poème, mais se déplaça pour faire la connaissance de son auteur. Ce fut le début de sa réussite et, après avoir collaboré à divers autres journaux, Whittier fut appelé à diriger l'*American Manufacturer* de Boston. Il avait vingt-deux ans. Puis il accepta la direction de la *New England Weekly Review* de Hartford. Durant un an et demi, il y fit paraître récits, essais, poèmes et controverses, qui marquent l'un des moments les plus actifs de sa production. Il se jeta dans la lutte politique et devint l'un des champions de l'abolitionnisme en publiant, en 1832, son fameux pamphlet *Justice et Expédients* [*Justice and Expediency*]. Il vendit en 1836 la ferme qu'il avait héritée de son père, s'installa à Amesbury et dirigea plusieurs journaux antiesclavagistes. À partir de 1847, il devint correspondant du *National Era* de Washington, où devait paraître la majorité de ses articles et de ses poèmes d'après 1860. Tous ces travaux ne l'empêchèrent pas de publier en moyenne un recueil par an et de devenir l'un des fondateurs du parti républicain. Ce n'est qu'après la guerre de Sécession qu'il abandonna peu à peu la politique et mena une vie de plus en plus retirée tandis que sa renommée allait croissant. Aucun poète américain, à l'exception peut-être de Longfellow, n'a connu pareille gloire. Son soixante-dixième anniversaire fut l'occasion de fêtes nationales ; ses admirateurs assiégeaient sa maison ; les universités lui décernaient titre sur titre. Il faisait figure de héros et aimait, quant à lui, à se considérer comme « le poète de la liberté humaine ». On ne le lit plus guère aujourd'hui, car son style est conventionnel jusqu'à la banalité, mais il fait véritablement partie de l'histoire des États-Unis. Parmi la cinquantaine de recueils qu'il a publiés, il convient de mentionner : *Mogg Megone* (1836), *Poèmes écrits pendant le progrès de la question de l'abolition aux États-Unis* [*Poems Written During the Progress of the Abolition Question in the United States*, 1838], *Lais de chez moi* [*Lays of My Home*, 1843], *Voix de la liberté* [*Voices of Freedom*, 1846], *Chants de travail* [*Songs of Labor*, 1850], *Ballades du pays, poèmes et chansons* [*Home Ballads, Poems and Lyrics*, 1860], *Le Pèlerin de Pennsylvanie* [*The Pennsylvanian Pilgrim*, 1872], *La Vision d'Échard* [*The Vision of Echard*, 1872], *Chants de trois siècles* [*Songs of Three Centuries*, 1876], etc. — v. *Poésies* (*).

BERNARD NOËL.

♦ *« Il a retrouvé le plein sens du mot de poète ; il construit un monde nouveau. »* Emerson. ♦ *« C'est le plus représentatif des poètes de la Nouvelle-Angleterre. Il en chante les pensées, les défauts et la vie... Quel que soit le sort que lui fasse le temps, il aura eu le mérite d'être le premier chantre de ce pays. »* J. R. Lowell.

RÉF. : Lewis Leary, *John Greenleaf Whittier*, New York, 1961. — Edward Wagenknecht, *John Greenleaf Whittier : A Portrait in Paradox*, New York, 1967.

WHITTINGTON Harry. Auteur de romans policiers américain. Né le 4 février 1916 à Ocala en Floride, il est mort dans cet État, à Clearwater, le 11 juin 1989. Son père, qui dirigeait une chaîne de magasins d'alimentation, avait été ruiné par la crise de 1929. Étudiant pauvre, lecteur de Maupassant et admirateur de Scott Fitzgerald, Whittington renonce à ses ambitions « littéraires » pour gagner sa vie en écrivant des westerns et des romans policiers. Il épouse Kathryn Odorn le 9 février 1936 et travaille à l'office postal de Saint-Petersburg (U.S.A.). Il fait son service militaire dans l'U.S. Navy, stationné à Pearl Harbor et c'est à la fin de la guerre qu'il devient écrivain professionnel. Son premier roman policier, *Chevauchée sanglante pour une dame* [*Slay Ride for a Lady*, 1950], est un des rares romans inédits à paraître dans une collection de poche. Déçu par sa carrière, il abandonne la littérature entre 1968 et 1975 pour travailler pour le département d'État à Washington. Auteur de plus de cent quarante romans parus parfois sous des pseudonymes, il se dit influencé par James Cain. Ses héros sont des solitaires qui combattent l'injustice et la corruption mais ils sont souvent eux-mêmes détruits par la passion qu'ils vouent à une femme. Ses romans du Sud comme *Frénésie pastorale* (*) (1956) le rapprochent des « grands », de Faulkner et de Caldwell. Il faut lire dans la série noire : *La Boîte à moustiques* [*The Huming Box*, 1956] ; *T'as des visons* [*Mink*, 1956], *Secrets d'alcôve* [*Backwoods Tramp*, 1957], *22 long riffle* [*Hell can't wait*, 1959], *Eden fantôme* [*A Heaven for the Damned*, 1962].

DENIS BOUTET DE MONVEL.

WICKRAM Jörg. Écrivain allemand. Né à Colmar vers 1505, mort vers 1562 à Burgheim sur le Rhin. Fils illégitime d'un magistrat, bourgeois aisé de la ville, il n'eut pas le moyen de s'instruire et exerça successivement les professions d'orfèvre, de peintre et d'écrivain public auprès du tribunal. Mais c'étaient les lettres qui l'attiraient, et de préférence leurs manifestations les plus populaires. Il dirigea, probablement en 1534, les représentations de la « Passion » à Colmar, et sans doute cette expérience théâtrale lui donna-t-elle l'idée de composer les farces de Gengenbach, inspirées des œuvres de Sebastian Brant et de Murner. La répugnance des luthériens à représenter la « Passion » l'incita à exploiter d'autres thèmes bibliques. C'est ainsi qu'il mit en scène la parabole de *L'Enfant prodigue* (*) en 1540, et l'histoire de *Tobie* (*) en 1550. En 1546, à l'exemple des habitants de Fribourg-en-Brisgau, il fonda à Colmar une école de maîtres chanteurs. La même année, il se maria et parvint à recueillir l'héritage de son père. De 1554 à 1558, il fut écrivain public à Burgheim. Dans les dernières années de sa vie, Wickram se consacra au roman et à la satire, pour lesquels il avait une prédilection. Moraliste, il publia *Le Fidèle Eckart* (+) (1557), mais ce sont les facéties des *Récits de la patache* (*) (1555) qui lui valurent pour tout un siècle le meilleur de sa réputation.

RÉF. : W. Scherer, *Die Anfänge des deutschen Prosaromans und Jörg Wickram von Colmar*, Strasbourg, 1877. — R. Jacobi, *Jörg Wickrams Romane*, Bonn, 1970. — W. F. Michael, *Das deutsche Drama der Reformationszeit*, Berne, 1984.

WIDMANN Joseph Viktor. Pasteur et écrivain suisse d'expression allemande. Né le 20 février 1842 à Nennovitz en Moravie, mort le 6 novembre 1911 à Berne. Son père, d'abord moine du couvent cistercien de Heiligenkreuz près de Vienne, passé au protestantisme, était devenu pasteur à Liestal. Joseph Viktor fréquenta le collège de Bâle et étudia ensuite la théologie à l'université de cette même ville, puis à celles de Heidelberg et d'Iéna. Il se rendit en Italie et il a laissé de son voyage des récits intéressants. Il fut organiste à Liestal, pasteur assistant à Frauenfeld, puis en 1868 directeur d'école à Berne ; à partir de 1880, il fut nommé dans cette ville rédacteur de la revue littéraire *L'Alliance* [*Der Bund*]. L'université de Berne le nomma docteur « honoris causa ». Écrivain fécond, influencé par Spitteler dont il fut l'ami, par Meyer et par Keller, il a laissé des drames, des contes et des poèmes, entre autres une pièce charmante : *La Comédie des hannetons* (*) (1897), imprégnée d'un sentiment de fraternité universelle que nous retrouvons exprimé sur un ton plus élevé dans *Le Saint et les animaux* [*Der Heilige und die Tiere*, 1905], où l'influence de Schopenhauer et du positivisme ne parvient pas à éteindre la note d'optimisme serein, note dominante dans son idylle en vers intitulée *Bins le passionné* (1896). Parmi ses romans, citons *La Patricienne* [*Die Patrizierin*, 1888], document biographique important et reflet de son caractère ; citons enfin les *Lettres d'amour du jeune Widmann* [*Liebesbriefe des jungen Widmann*], publiées par son frère en 1921.

RÉF. : Fränkel, *J. V. Widmann, eine Gedächtnisschrift*, Berne, 1912. – M. et E. Widmann, *J. V. Widmann, ein Lebensbild*, 2 vol., Frauenfeld, 1922-24. – J. Fränkel, *J. V. Widmann*, Sankt Gallen, 1960.

WIDOR Charles-Marie. Compositeur français. Né à Lyon le 21 février 1844, mort à Paris le 12 mars 1937. Il fait ses études musicales à Bruxelles sous la direction de Lemmens (orgue) et Fétis (composition). Entre 1870 et 1934, il est organiste de l'église Saint-Sulpice, à Paris. Il est également professeur au Conservatoire de Paris où il enseigne l'orgue (à partir de 1890), le contrepoint et la fugue (1896-1904) et la composition (à partir de 1905). En 1910, il est élu à l'Académie des beaux-arts dont il devient secrétaire perpétuel en 1914. Widor a beaucoup écrit pour l'orgue. Ses œuvres sont conçues dans un style plus proche du concert que de l'église. Il faut surtout retenir ses dix *Symphonies pour orgue*, composées entre 1876 et 1900, qui allient le contrepoint de Bach aux grandes envolées romantiques. La *Toccata* (*) de sa *Symphonie n° 5* est devenue l'une des pièces pour orgue les plus populaires. Il a également écrit trois opéras (notamment *Les Pêcheurs de la Saint-Jean*, 1905), des ballets (*La Korrigane*, 1880 ; *Jeanne d'Arc*, 1890).

ALAIN PÂRIS.

RÉF. : C.-M. Widor, *La Technique de l'orchestre moderne, supplément au traité de Berlioz*, Paris, 1904. – N. Dufourcq, *La Musique d'orgue de J. Titelouze à J. Alain*, Paris, 1941. – A. Thomson, *The Life and Times of Charles-Marie Widor, 1844-1937*, Oxford, 1987.

WIECHERT Ernst Emil. Écrivain allemand. Né à Kleinort, au milieu des forêts de la Prusse-Orientale le 18 mai 1887, mort le 24 août 1950 à Urikon dans le canton de Zurich (Suisse). Il passe toute son enfance dans sa forêt natale, recueillant l'ineffaçable souvenir des lacs, des bois, d'une nature austère, mystérieuse et religieuse, avant d'entrer à onze ans au collège de Königsberg. Devenu à vingt-quatre ans, en 1911, professeur au lycée de cette ville, il commence à écrire et donne vers 1913 son premier roman, *La Fuite* [*Die Flucht*]. Mobilisé en 1914, combattant à Verdun, blessé physiquement et plus encore moralement et spirituellement par la guerre moderne – v. *La Grande Permission* [*Jedermann*, 1931] –, c'est à la simplicité rude de son pays natal que Wiechert vient demander de lui rendre la paix intérieure : guérison par la nature, conforme à la meilleure tradition germanique, que traduiront deux romans, *Le Loup* [*Der Totenwolf*, 1924] et *Des forêts et des hommes* [*Wälder und Menschen*, 1936]. Continuant à exercer ses fonctions de professeur, Ernst Wiechert est nommé à Berlin en 1930, mais il abandonne sa charge trois ans plus tard et va s'installer dans le Sud bavarois pour se consacrer entièrement à la littérature. C'est l'époque de l'avènement du national-socialisme, envers lequel l'écrivain ne cache guère sa réserve. Un discours libéral aux étudiants de Munich lui vaut même, en 1939, quelques mois d'internement au camp de Buchenwald qu'il a évoqués dans *Le Bois des morts* (*) (1945). Il avait publié *La Commandante* (*) (1934), *La Forêt* [*Der Wald*, 1935], *La Vie simple* (*) (1939). Après la Seconde Guerre mondiale, accablé par un sentiment religieux de la responsabilité de son pays, il se réfugie en Suisse, où il mourra. Ses dernières années, très fécondes, furent marquées par la publication de deux volumes de *Nouvelles* [*Novellen*, 1946-47], des *Enfants Jéromine* (*) (1945-47) et de *Missa sine nomine* (*) (1950). Dans la littérature européenne contemporaine, Wiechert est sans doute le représentant le plus complet de ce puissant courant irrationaliste, mystique, et plus encore magique, issu du romantisme allemand. Il échappe cependant aux classifications littéraires, comme aux alchimies modernes du rêve. Son initiateur, son maître n'a pas été tel ou tel livre, mais avant tout son hérédité paysanne, forestière. Et c'est de son propre drame intérieur qu'il a fait ses livres, de l'opposition personnellement vécue entre la culture intellectualiste et la sagesse de la vie élémentaire. L'homme moderne, pour Wiechert, ne peut trouver de salut qu'en renouant la vieille alliance avec le monde végétal. Ce mystique est en effet puissamment enraciné dans la Prusse-Orientale, il exalte cette terre brumeuse, traversée d'influences et de présences mystérieuses. Son réalisme, tout spontanément, aboutit à un symbolisme : protestant, mais ayant rejeté tout dogme et toute Église, il pense qu'on ne peut résister au déchirement, à la « désintégration » du monde moderne, que par un amour qui ne s'adressera pas seulement à Dieu ni aux hommes, ni à tel ou tel être particulier, mais embrassera le divin et l'humain, le social et le physique. La nature est bien plus pour Wiechert que le décor d'un roman régionaliste ; elle est la vérité même de sa foi, un « sacrement » (c'est le thème en particulier de *Missa sine nomine*) pour la médiation duquel l'homme peut entrer en communion avec l'Esprit divin et renaître en lui.

♦ *« L'œuvre de Wiechert se caractérise par son sentiment très haut, très noble et très profond de l'humain ; cet humain ne s'accomplit toutefois que par une communion intime avec la nature, animée à son tour par le spirituel* [...] *Tous les livres* [de Wiechert], *animés par cette communion, reflètent une conception de la vie à la fois naturiste et mystique. »* Marcel Brion.

RÉF. : Hans Ebeling, *Ernst Wiechert, das Werk des Dichters,* Wiesbaden, 1947. – H. A. Boag, *Ernst Wiechert, The Prose Works in Relation to the Life and Times,* Stuttgart, 1987.

WIELAND Christoph Martin. Poète et écrivain allemand. Né à Oberholzheim, près de Biberach (Souabe) le 5 septembre 1733, mort à Weimar le 20 janvier 1813. Fils d'un pasteur protestant, il grandit dans une atmosphère piétiste. Son amour juvénile pour Sophie Gutermann, qui deviendra Mme de Laroche, aïeule de Clémens et Bettina Brentano, s'exprimera dans le poème didactique *La Nature des choses* [*Die Natur der Dinge*, 1751]. En 1752, Wieland se rend à Zurich où l'a appelé Bodmer ; il y écrit des poèmes d'une religiosité sentimentale directement imitée de Klopstock et de modèles anglais : *Sympathies* [*Sympathien*, 1755], *Sentiments d'un chrétien* [*Empfindungen eines Christen*, 1756] où déjà se révèle l'étonnante maturité de sa langue. Il est de retour à Biberach en 1760, où il est nommé directeur de la chancellerie en 1764. Sensible à tous les courants de l'époque, il sut les utiliser pour trouver sa véritable originalité. Son roman, *Les Aventures de don Sylvio de Rosalva ou la Victoire de la nature sur la rêverie* [*Die Abenteuer des Don Sylvio von Rosalva oder Der Sieg der Natur über die Schwärmerei*, 1764], composé d'après le *Don Quichotte* (*) de Cervantès, et *Les Histoires comiques* [*Komischen Erzählungen*, 1765], qu'il écrivit pour le comte Stadion, sont les premières créations du style rococo allemand : ironique, musical et gracieux. Simultanément, Wieland entreprend la première traduction allemande en prose de vingt-deux pièces de Shakespeare (1762-1766), qui marque une date à l'origine du « Sturm und Drang ». En 1766-67, il donne la première version de l'*Histoire d'Agathon* (*) (dernière version : 1794), premier roman d'analyse allemand. Partagé entre la vertu, la rêverie, la spéculation intellectuelle d'une part, l'appétit sensuel, l'hédonisme égocentriste d'autre part, le héros va de la contingence et du désespoir moral jusqu'à l'élévation vers un idéal d'harmonie classique entre la réalité et l'idée. *Agathon* marque les débuts du roman moderne que développeront par la suite Goethe et les romantiques. Plus théorique sera *Le Miroir d'or* [*Der Goldene Spiegel,* 1772] où, sous un déguisement emprunté de l'Orient, Wieland traite de problèmes politiques importants comme l'absolutisme, le cléricalisme, la démocratie, problèmes dont il montre une solution possible dans le despotisme éclairé. Devenu la même année précepteur du futur duc Charles-Auguste, Wieland sera ainsi l'initiateur spirituel du classicisme de Weimar. En 1768, son *Musarion* (*) avait eu un vif succès. En 1768 encore paraît le conte de fées *Idris et Zénide* [*Idris und Zenide*], en 1770 *Les Grâces* [*Die Grazien*], en 1771 *Le Nouvel Amadis* [*Der neue Amadis*], productions pleines de fantaisie et d'humour. Au contact de Goethe, les investigations de Wieland s'approfondissent ; coup sur coup paraissent, en 1772, *Le Conte d'été* [*Sommermärchen*], légende moyenâgeuse, *Le Conte d'hiver* [*Wintermärchen*], satire politique, *La Cuve d'eau* [*Die Wasserkünfte*], farce moyenâgeuse, *Sixte et Clairette* [*Sixt und Clärchen*], ballade populaire, en 1773 l'*Alceste* (*) d'après Euripide, d'autres œuvres encore. Cependant le grand ouvrage de ces années-là sera l'*Histoire des Abdéritains* – v. *Les Abdéritains* (*) (1774-1781). Dans ce livre toujours actuel, plein d'une ironie détendue, fourmillant d'anecdotes comiques, Wieland fait une satire des philistins de tous les temps, stigmatisés plus tard par Jean-Paul, Keller et Raabe. Avec son épopée romantique, *Obéron* (*) (1780), Wieland fait une création poétique pleine d'un charme tout musical. La révolution de 1789 paraîtra à Wieland une menace pour la culture humaniste et esthétique du siècle. Il se réfugie dans l'Antiquité, sa patrie spirituelle : il traduit Horace, Lucien, Aristophane, il écrit des romans, souvent trop rhétoriques : *Le Pèlerin Protée* [*Peregrinus Proteus,* 1791], *Agathodémon* [*Agathodämon,* 1799], *Aristippe* [*Aristipp,* 1800-01] et, avant de mourir, il a le temps de saluer, en la personne de Heinrich von Kleist, le génie naissant de la tragédie allemande. L'activité de Wieland fut immense tant par son œuvre littéraire personnelle et le rôle joué par sa revue, *Le Mercure allemand* (*) [*Der Deutsche Mercur,* 1773-1810], que par ses préoccupations pédagogiques ou politiques, tendant à une éducation spirituelle libérée et réfléchie. Il est, avec Klopstock et Lessing, l'initiateur de l'Allemagne aux deux tentations, classique et romantique, qui vont réveiller son génie endormi.

FRANÇOIS SÉGURET.

♦ *« Ne tenant à aucune opinion particulière, Wieland était assez agile pour courir après toutes à la fois. Il était semblable à un roseau, que le vent de la mode faisait aller et venir mais qui n'en restait pas moins toujours ferme sur ses frêles racines. Toute l'Allemagne de la bonne société doit son style à Wieland. Elle a reçu de lui beaucoup de dons, dont le moindre n'est pas la faculté de s'exprimer convenablement.* » Goethe. ♦ « *Wieland a écrit l'allemand mieux que n'importe qui, et, dans la perfection et l'imperfection il y a gardé sa maîtrise..., mais ses idées ne nous donnent plus à réfléchir. Nous supportons ses moralités joyeuses tout aussi peu que ses joyeuses immoralités : toutes deux sont inséparables. Les hommes qui y prenaient plaisir étaient certainement, au fond, des hommes meilleurs que nous – mais ils étaient aussi passablement plus lourds, ce qui fait qu'ils eurent besoin d'un pareil écrivain.* » Nietzsche. ♦ « *C'est précisément parce que nous sommes « lourds » et rarement joyeux qu'il doit nous être cher, comme un des rares moments lumineux de notre histoire. Il atteste à lui seul que nous autres Allemands ne sommes pas, a priori et pour l'éternité, destinés à nous perdre dans le transcendant et le fantastique ou à nous enfermer dans le tragique, mais qu'au contraire il existe en nous, comme en tout peuple, la possibilité de nous accomplir dans la sociabilité et la sérénité.* » Friedrich Sengle.

RÉF. : *C. M. Wielands Leben*, en 4 parties, au début de l'édition des *Œuvres complètes* par Gruber, 53 volumes, Leipzig, 1818-28. – Dœring, *Wieland*, Iéna, 1853. – Prœhle, *Lessing, Wieland, Heinse*, Berlin, 1877. – A. Fuchs, *Les Apports français dans l'œuvre de Wieland de 1772 à 1789*, Paris, 1934 (rééd. Genève, 1977). – W. Michel, *Wieland*, Paris, 1938. – H. Wolffheim, *Wielands Begriff der Humanität*, Hambourg, 1949. – J. MacCarthy, *Fantasy and Reality. An Epistemological Approach to Wieland*, Francfort, 1974. – W. Paulsen, *Ch. M. Wieland*, Berne et Munich, 1975. – J. Hecker, *Wieland*, Berlin, 1975. – H. J. Schelle, *Ch. M. Wieland*, Darmstadt, 1981. – T. Starnes, *C. M. Wieland. Leben und Werk*, Sigmaringen, 1987.

WIENER Norbert. Mathématicien américain. Né le 26 novembre 1894 à Columbia, Missouri, mort le 18 mars 1964 à Stockholm. Zoologiste de formation, Norbert Wiener devient rapidement, comme il le disait lui-même, « philosophe malgré lui ». À la suite d'une thèse sur la philosophie et les mathématiques, il s'oriente définitivement, sur les conseils de Bertrand Russell, vers les mathématiques. Il apporte d'importantes contributions dans l'analyse fonctionnelle et la théorie des processus stochastiques. Entré au MIT (Massachusetts Institute of Technology), il y développe en 1940 une théorie de la communication qui, sous le nom de cybernétique – v. *Qu'est-ce que la cybernétique* (*) –, deviendra un courant de pensée très fructueux d'où émergeront, trente ans plus tard, les recherches sur l'intelligence artificielle. Synthèse de la théorie des jeux, de la théorie de l'information et de la neurobiologie, la cybernétique visait à simuler sur des machines l'organisation du vivant.

NICOLAS WITKOWSKI.

WIERZYŃSKI Kazimierz. Poète polonais. Né à Drohobycz le 27 août 1894, mort à Londres le 14 février 1969. Avec Tuwim, Słonimski et Iwaszkiewicz, il fut, à la fin de 1918, l'un des animateurs du cabaret de poètes « Pikador », puis appartint au groupe « Skamander ». Volontaire des Légions, puis soldat de l'armée autrichienne, il n'était rentré de captivité qu'au cours de l'été 1918. Ses premiers vers, *Le Printemps et le Vin* [*Wiosna i wino*, 1919] et *Moineaux sur le toit* [*Wróble na dachu*, 1921] qu'emplissent la joie de vivre et l'enthousiasme pour le pittoresque quotidien de l'existence, connurent un succès immédiat. Vainqueur avec *Le Laurier olympique* (*) (1927) du concours poétique des Olympiades d'Amsterdam, Wierzyński, chantre de la beauté du sport et de l'héroïsme solitaire, s'oriente vers une conception plus classique de la poésie. La maturité venant, le poète, sans abandonner la forme classicisante qui lui est propre, passe de l'insouciance à l'indignation devant l'injustice sociale, avec *Chants fanatiques* [*Pieśni fanatyczne*, 1929], et à la réflexion politique avec *Liberté tragique* [*Wolność tragiczna*, 1936] ou *Tertres* [*Kurhany*, 1938]. Lié à Piłsudski, qu'il a célébré, membre de l'Académie de littérature en 1938, Wierzyński se réfugia à New York pendant la guerre, puis à Londres. Il y écrivit des recueils patriotiques *La Barbacane de Varsovie* [*Barbakan Warszawski*, 1940], *Croix et Épées* [*Krzyże i miecze*, 1946] et, en anglais, une remarquable vie de Chopin, *The Life and Death of Chopin*.

WIESEL Élie. Écrivain américain d'expression française. Né à Sighet (Roumanie) le 30 septembre 1928. Élie Wiesel vit son enfance dans l'univers religieux des communautés juives d'Europe centrale. Mystique, il n'envisage pas d'autres préoccupations que la quête de Dieu et du Messie. Mais la guerre bouleverse ce monde et ce destin, et le 28 avril 1944 la population de Sighet est déportée pour Birkenau. La sœur cadette et les parents du jeune Éliezer n'en reviendront pas. Cette épreuve fera de sa vie une « nuit longue et sept fois verrouillée ». Durant neuf mois, il luttera aux côtés de son père, impuissant toutefois à sauver ce dernier qui mourra quelques jours avant la libération des camps. Une fois libéré, Élie Wiesel est envoyé en France. Là, torturé par le doute autant que par le besoin de gagner sa vie, il entame plusieurs petits métiers et, parallèlement, des études de philosophie à la Sorbonne. Il veut comprendre comment l'horreur des camps a été possible. Sans avoir perdu la foi, il ne peut plus rendre grâce à Dieu, et il entame contre ce dernier un étrange procès, où il joue à la fois le rôle de l'accusateur, du juge et du défenseur. Devenu journaliste, il rencontre en 1954 François Mauriac qui, ému par le jeune Juif, convainc ce dernier de quitter son silence pour témoigner. S'ensuivra un long récit en yiddish, *Et le monde se taisait* [*Und die Velt hot gehsvign*], publié au Brésil en 1956, et dont Élie Wiesel tirera une version française condensée, *La Nuit* (*), éditée en 1958 à Paris et préfacée par Mauriac. À dater de ce jour, Wiesel ne cessera plus d'écrire : romans, pièces de théâtre, essais, dialogues, récits et légendes hassidiques, autant de genres qu'il utilisera pour mener à bien son procès contre Dieu et pour témoigner. Très rapidement, deux courts récits viendront s'ajouter au premier, *L'Aube* (+) en 1960 et *Le Jour* (+) en 1961, ce dernier évoquant un très grave accident survenu à l'auteur à New York, et qui une fois encore l'a confronté à la mort. En 1965, un voyage en U.R.S.S. sera à la base d'un témoignage, *Les Juifs du silence,* et d'une pièce de théâtre, *Zalmen, ou la Folie de Dieu,* par lesquels Wiesel tente d'attirer l'attention sur la situation difficile des Juifs soviétiques. 1967 et la guerre des Six Jours donneront naissance au *Mendiant de Jérusalem,* roman qui se distingue des autres tant par son ton que par sa thématique, essentiellement axée ici sur l'événement de la guerre et sur les liens pouvant exister entre la Shoah et l'existence d'un État juif. Outre *Un Juif, aujourd'hui,* publié en 1977, et *Paroles d'étranger,* paru en 1982, tous deux recueils de légendes, de récits et d'essais qui illustrent parfaitement les préoccupations majeures de Wiesel, le plus intéressant de sa production réside dans ses romans – dix à ce jour –, qui s'enchaînent les uns aux autres et constituent chacun une étape dans le processus de deuil d'un auteur traumatisé par son expérience, et qui a choisi la voie difficile de la littérature pour porter témoignage. À ceux déjà cités, il faut ajouter, en 1962, *La Ville de la chance,* en 1964, *Les Portes de la forêt,* en 1973, *Le Serment de Kolvillàg* (*). En 1980, *Le Testament d'un poète juif assassiné* (*) marque un point culminant dans l'œuvre de Wiesel. À l'instar de *La Peste* (*) de Camus – qui, avec Saint-Exupéry et Dostoïevsky, l'a fort influencé –, Wiesel quitte le champ clos d'un drame de conscience pour s'ouvrir à la collectivité et à l'histoire en mouvement. Publié en 1983, *Le Cinquième Fils* (*) met en scène les problèmes spécifiques aux enfants des survivants. *Le Crépuscule, au loin,* paru en 1987, signe l'impasse et la folie dans lesquelles échoue le procès que l'auteur intente à Dieu depuis la fin des camps, et *L'Oublié,* en 1989, consacré à la maladie d'Alzheimer, traduit la complexité des rapports père-fils et de l'héritage du passé.

Le prix Nobel de la paix attribué à Wiesel en 1986 révèle l'ambiguïté qui entoure l'écrivain. S'il sanctionne son action pour la mémoire et pour la paix, il semble abonder dans le sens de ceux qui voient en Wiesel davantage un témoin qu'un écrivain, certains n'hésitant pas à lui reprocher l'utilisation médiatique et littéraire qu'il ferait de la Shoah. Toutefois, il s'agit bel et bien d'une action menée par le biais de la littérature, et certains textes, par leur ampleur dramatique autant que par leur retenue et leur concision, constituent des œuvres marquantes de ce siècle, tant pour le témoignage qu'elles offrent de notre histoire que pour leurs qualités littéraires réelles.

VINCENT ENGEL.

WILAMOWITZ - MOELLENDORF Ulrich von. Philologue allemand. Né le 22 décembre 1848 à Markowitz (province de Posen), mort à Berlin le 25 avril 1931. Il fit ses études à Bonn et à Berlin, voyagea en Italie et en Grèce, puis fut professeur à Greifswald, Göttingen et Berlin. Il fut influencé profondément par le célèbre historien Th. Mommsen (dont il devint le gendre) dans le sens d'une saisie globale de la civilisation antique, intégrant l'histoire et la sociologie. Il s'est attaché à dégager le visage véritable de l'hellénisme, dont on se faisait encore à son époque une représentation exagérément classicisante, héritée de Winckelmann. Toutefois, il n'a pas admiré Nietzsche, reprochant à l'auteur de *La Naissance de la tragédie* (*) d'avoir abandonné la science philologique pour devenir un faux prophète et un faux philosophe. Wilamowitz-Moellendorf a considérablement enrichi notre connaissance de la tragédie grecque. Mais son apport le plus original est d'avoir fait mieux connaître et même réhabilité la littérature alexandrine. À partir de la guerre de 1914-1918, sa vie fut assombrie par la perte d'un fils très doué, tué au front, puis par l'effondrement de la monarchie impériale, suivie par la République de Weimar qu'il abominait. Il ne cessa pas cependant, jusqu'à la fin de sa vie, de faire des cours et de rassembler autour de lui, dans sa villa berlinoise, un cercle de philologues. Parmi ses ouvrages les plus remarquables, il faut citer : *Introduction à la tragédie grecque* (*) (1889), *La Littérature grecque de l'Antiquité* (1910), *La Poésie alexandrine* [*Die hellenistische Dichtung*, 1924] et *La Religion grecque* [*Der Glaube der Hellenen*, 1931-1932].

PIERRE VAYDAT.

RÉF. : U. v. Wilamowitz-Moellendorf, *Erinnerungen, 1848 bis 1914*, Leipzig, 1928. – Karl Reinhardt, *Ulrich von Wilamowitz-Moellendorf* dans Carl Becker (éd.), *Vermächtnis der Antike*, Göttingen, 1960. – William Calder III, H. Flasher, Th. Lindken, *Wilamowitz nach 50 Jahren*, Darmstadt, 1985.

WILDE Oscar Fingall O'Flahertie Wills. Écrivain irlandais. Né le 16 octobre 1854 à Dublin, mort le 30 novembre 1900 à Paris. Sa mère, Jane Francesca (Speranza) Elgee (1821-1896), nationaliste convaincue, poétesse, essayiste et traductrice (de Lamartine et Dumas père notamment), fréquenta les cercles littéraires irlandais, puis londoniens. Son père, sir William Wilde (1815-1876), fut un pionnier de la chirurgie oculaire et auriculaire, passionné d'archéologie et de folklore irlandais. Après des études secondaires à Portora Royal School, Oscar Wilde poursuit des études classiques, d'abord à Trinity College (Dublin), puis à Magdalen College (Oxford), où il se montre aussi brillant qu'excentrique. Éclectique, il s'enthousiasme pour les fastes du catholicisme, tout en demeurant protestant selon le vœu de son père, se fait recevoir franc-maçon en 1875, tandis qu'un séjour en

Grèce au printemps 1877 redouble sa ferveur d'helléniste ; il se frotte, par ailleurs, à l'influence conjointe et opposée de Ruskin et de Pater, qu'il rencontre tous deux à Oxford. Porté par son esprit, ses dons de causeur et ses excentricités vestimentaires plutôt que par son œuvre alors limitée – « Ravenne » [Ravenna, 1878], poème pour lequel il reçut le Newdigate Prize ; *Poèmes* [*Poems*, 1881] –, il devient la figure de proue de l'esthétisme, ce qui lui vaut de servir de modèle à la parodie qu'en font Gilbert et Sullivan dans l'opérette *Patience* (1881), et se voit invité à venir répandre la bonne parole sur le continent américain, qu'il parcourt pendant un an (1882). Cette tournée de conférences lui vaut un surcroît de notoriété et lui permet d'affiner son discours esthétique. À son retour, il s'installe à Paris (janvier 1883) où il écrit *La Duchesse de Padoue* (*) et achève *Véra ou les Nihilistes* [*Vera ; or, The Nihilists*], tandis qu'il se lie avec les décadents français et rencontre Paul Bourget, Catulle Mendès et Edmond de Goncourt. Rentré à Londres, il épouse Constance Lloyd le 29 mai 1884, avec laquelle il aura deux fils, Cyril et Vyvyan, nés en 1885 et 1886. Très vite, il déserte son foyer pour des chambres d'hôtel où il retrouve des jeunes gens d'Oxford généreux de leur corps, qu'il entretient non moins généreusement. De 1887 à 1889, il est le rédacteur en chef du magazine féminin et féministe *The Woman's World*. Il publie des contes : *Le Prince heureux et autres contes* (*) (1888), *Une maison de grenades* (*) (1891) ; des nouvelles : *Le Crime de lord Arthur Savile et autres histoires* (*) (1891) ; et des essais réunis en 1891 dans *Intentions* (*). Il publie son unique roman, *Le Portrait de Dorian Gray* (*), en 1891 et, la même année, écrit *Salomé* (*) en français à l'intention de Sarah Bernhardt ainsi que sa première grande comédie, *L'Éventail de lady Windermere* (*). Entre 1892 et 1895, il écrit et fait jouer *Une femme sans importance* (*), *Un mari idéal* (*) et *De l'importance d'être constant* (*), ses trois autres grandes comédies, accueillies avec enthousiasme par le public et la plupart des critiques. Il séjourne à nouveau à Paris en 1891, fréquente les Mardis de Mallarmé et se lie avec Marcel Schwob, André Gide et Pierre Louÿs. En 1892, il devient l'amant de lord Alfred Douglas, avec lequel il vit une passion tumultueuse. À la suite de provocations lancées par le père de ce dernier, le marquis de Queensberry, et sous la pression de Douglas qui en profite pour régler ses comptes avec son père, Wilde intente au marquis un procès pour diffamation et le perd (avril 1895). Les révélations occasionnées par ce procès conduisent à l'ouverture d'un deuxième puis d'un troisième procès, la même année, dans lesquels il est cette fois l'accusé. Payant pour son arrogance et ses excentricités passées, et mis au pilori par une société victorienne hypocrite et puritaine, il est condamné à deux ans de travaux forcés pour indécence et sodomie (mai 1895). Son séjour à la prison de Reading, où il entre en novembre 1895, lui inspirera le *De profundis* (*) et, plus tard, *La Ballade de la geôle de Reading* (*), ainsi que deux longues lettres au *Daily Chronicle*, parues en 1897 et 1898, sur les conditions de vie des prisonniers. Il sort de prison affaibli et ruiné et, après avoir tenté de se réconcilier avec sa femme, séjourne à Naples avec Douglas avant de s'installer – sous le pseudonyme de Sebastian Melmoth – à Paris où, seul et démuni, il finit par succomber à une méningite. Ses restes sont transférés de Bagneux au cimetière du Père-Lachaise en 1909.

VÉRONIQUE BÉGHAIN.

♦ *« C'était un homme du XVIIIe siècle qui condescendait parfois à jouer le jeu du symbolisme. »* Jorge Luis Borges. ♦ *« Il était grand, gras et blême, une masse d'une sensibilité anormale, une figure d'homme obèse et nocturne touchée par la lueur divine de la poésie. »* Pierre Mac Orlan. ♦ *« Le plus grand causeur de son époque. »* William Butler Yeats.

RÉF. : A. Ransome, *Oscar Wilde*, Paris, 1914. – F. Harris, *La Vie et les confessions d'Oscar Wilde*, Paris, 1928. – K. Hartley, *Oscar Wilde, l'influence française dans son œuvre*, Paris, 1935. – V. O'Sullivan, *Aspects of Wilde*, Londres, 1936. – H. Pearson, *The Life of Oscar Wilde*, Londres, 1946. – A. Gide, *Oscar Wilde*, Paris, 1948. – R. Merle, *Oscar Wilde*, Paris, 1948. – Lord A. Douglas, *Oscar Wilde, A Summing Up*, Londres, 1950. – R. Merle, *Oscar Wilde ou la Destinée de l'homosexuel*, Paris, 1955. – V. Holland, *Fils d'Oscar Wilde*, Paris, 1955. – H. Montgomery Hyde, *Les Procès d'Oscar Wilde*, Paris, 1966 ; *Oscar Wilde, Les Années maudites*, Paris, 1968 ; *Oscar Wilde*, New York, 1975. – P. Jullian, *Oscar Wilde*, Paris, 1967. – J. de Langlade, *Oscar Wilde, écrivain fançais*, Paris, 1975 ; *Oscar Wilde*, Paris, 1987. – R. Ellmann, *Oscar Wilde*, Londres, 1987.

WILDENWEY Herman. Poète norvégien. Né le 20 juillet 1886 à Eiker, mort le 27 septembre 1959 à Latvik. Il publia un premier recueil, *Campanula,* en 1902 sous son véritable nom, Portaas. Il se rendit ensuite aux États-Unis. Le navire sur lequel il voyageait fit naufrage et il fut parmi les rares survivants. Après quelques années aventureuses, il revint en Norvège et y publia ce qui constitua ses véritables débuts, le recueil *Feux de camp* [*Nyinger,* 1907]. Il apportait un rythme nouveau et souple, un vocabulaire empruntant aussi bien à la ballade qu'au langage quotidien des mots qui parurent tout neufs, il chantait l'amour, la joie de vivre. Il connut une popularité extraordinaire, confirmée par les recueils qui suivirent, comme *Prismes* [*Prismer*, 1911] ou *Caresses* [*Kjaertegn*, 1916]. L'adoration de la nature s'approfondit en une réflexion sur les mystères de l'univers dans *Le Miroir des étoiles* [*Stjernenes speil*, 1935]. Ses derniers recueils ont la même facilité, mais le ton est devenu plus sombre dans *Filomele* (1945) ou *Cadran solaire* [*Soluret*, 1956]. Ses *Poésies complètes* (*) ont été réunies et éditées en 1957. Il a également écrit des nouvelles et des mémoires et fait de magnifiques traductions de Heine, Shakespeare, Ésope.

WILDER Thornton. Romancier et dramaturge américain. Né le 17 avril 1897 à Madison (Wisconsin), mort le 7 décembre 1975 à Hamden (Connecticut). Thornton Wilder alla à l'école en Chine, puis à l'université Yale ; il étudia l'archéologie à Rome, et le français à Princeton : il était donc voué à une certaine « versatilité ». En 1926, il publie *La Cabale* (*) dans la veine jamesienne ; en 1927, *Le Pont du roi Saint-Louis* (*), roman philosophique qui lui vaut un grand succès et le prix Pulitzer ; en 1938, *L'Ange qui troubla l'eau* [*The Angels that Troubled the Waters*] ; en 1930, *La Femme d'Andros* (*), dont l'action se passe dans la Grèce préchrétienne ; en 1931, *Le Long Repas de Noël* [*The Long Christmas Dinner*] et, en 1934, *En voiture pour le ciel* (*), satire de l'évangélisme mercantile aux États-Unis. Mais, simultanément, Wilder double cette abondante production romanesque de pièces de théâtre dont la première, *On entendra la trompette* [*The Trumpet Shall Sound*, 1926], fut suivie de pièces en un acte (recueillies en 1928 et en 1931) jusqu'aux succès, également récompensés chacun par un prix Pulitzer, de *Notre petite ville* (*) en 1938 et de *La Peau des dents* (*) (inspirée de Joyce) en 1942. Depuis la guerre, cet écrivain aussi célèbre qu'éclectique a encore donné *Les Ides de mars* (*) (1948), bon roman épistolaire consacré à Jules César et, presque vingt ans plus tard, *Le Huitième Jour* [*The Eighth Day*, 1967], qui n'est pas, tant s'en faut, son meilleur livre.

MICHEL GRESSET.

WILLAERT Adrien. Compositeur flamand. Né à Bruges vers 1490, mort le 8 décembre 1562 à Venise. Il était probablement le fils d'un musicien d'église. D'abord dirigé vers des études juridiques, il fut dans ce but envoyé à Paris aux alentours de 1514. Mais là il devint l'élève de Jean Mouton. En 1516, nous le trouvons en Italie. Trois de ses compositions manuscrites portent la date de 1518. Après un bref séjour en Flandre, il revient en Italie et, en 1522, il est admis au service d'Alphonse Ier d'Este, duc de Ferrare. En 1527 il fut nommé maître de chapelle à Saint-Marc de Venise où il resta jusqu'à sa mort et où il créa une « école » célèbre qui compta entre autres parmi ses élèves Andrea Gabrieli, Cyprien de Rore, Nicola Vicentino et Gioseffo Zarlino. Ce dernier, qui devint un théoricien très en renom, attribue à son maître la création de la composition à « deux chœurs » pour laquelle Willaert aurait utilisé les particularités architecturales de Saint-Marc. On attribue aussi à Willaert les premières réactions contre la prédominance de la polyphonie qui conduisirent au développement du chromatisme, à la formation de la « recherche » et peut-être du madrigal. Il reste de nombreuses compositions de Willaert, éditées ou manuscrites. Parmi les premières, citons : les cinq *Messes* (1536), six livres de *Motets* (*) (1539-1545 et 1561), deux de *Madrigaux* (1546 et 1563), deux de *Chansons* (1536 et 1545), un de *Fantaisies et recherches* (1559), un d'*Hymnes* (1542), les *Psaumes saints et sacrés* (+) (1555) et la *Musica nova* (1559), recueil de motets et de madrigaux.

WILLIAMS Charles. Auteur de romans policiers américain. Né à San Angelo (Texas) le 13 août 1909, il se serait donné la mort sur son bateau en avril 1975. Opérateur radio à partir de 1929, il va pendant dix ans parcourir les mers du globe. Il est ensuite inspecteur radio au Texas et ne commence sa carrière d'écrivain qu'en 1951 avec *La Fille des collines* [*Hill Girl*]. Ses romans ont souvent pour cadre la mer ou la campagne, il en écrira en moyenne un par an jusqu'à sa mort : des récits très noirs comme *Bye Bye Bayou* (*) (1951) ou très roses comme ce chef-d'œuvre d'humour explosif : *Fantasia chez les ploucs* (*) (1956).

DENIS BOUTET DE MONVEL.

WILLIAMS Roger. Prédicateur américain. Né à Londres le 16 janvier 1603 ou 1604, mort à Providence (Rhode Island) le 15 mars 1684. La précocité de son intelligence lui valut la protection de sir Edward Coke qui le fit entrer, en 1621, au Pembroke College de Cambridge. Il reçut les ordres en 1629 et devint chapelain de sir William Masham, mais, tombé amoureux de la nièce de ce dernier, il fut brutalement éconduit et, par déception, émigra en Amérique. Devenu instituteur dans la paroisse de Salem, il se fit bientôt détester pour ses idées démocratiques et séparatistes et, banni de la colonie, ne dut qu'à l'amitié des Indiens Narragansett d'échapper à un enlèvement. Il alla s'établir alors sur le territoire de cette tribu indienne, et fonda la cité de Providence en 1636. Sa colonie était une petite démocratie ouverte à toutes les religions, et il se proclamait lui-même « chrétien fondamental », c'est-à-dire libre de toute appartenance à l'une quelconque des confessions chrétiennes. Un voyage en Angleterre, en 1651, lui permit d'obtenir une charte reconnaissant la création de la « Plantation de Providence », mais un gouverneur envoyé par Londres vint, l'année suivante, occuper la moitié de son territoire. Il retourna en Angleterre et dut attendre jusqu'en 1663 que justice lui fût rendue et que Charles II lui octroyât une nouvelle charte. Cette dernière, qui consacrait ses diverses institutions démocratiques, était tellement en avance sur son temps qu'elle est demeurée en vigueur jusqu'en 1842. Ses écrits, qui sont surtout des œuvres polémiques, sont les suivants : *Une clé pour le langage américain* [*A Key into the Language of America*, 1643], *La Doctrine sanguinaire des* *persécutions pour motifs de conscience* (*) (1644), *Le baptême ne fait pas le chrétien* (1645), *La doctrine sanguinaire de M. Cotton rendue plus sanguinaire encore par sa tentative de la laver dans le sang de l'Agneau* (+) (1652), *Le ministre mercenaire n'a rien à voir avec le Christ ; Discours sur la propagation de l'Évangile de Jésus-Christ* (+) (1652).

RÉF. : Elton, *Life of Roger Williams*, Boston, 1850. – O. Strauss, *Roger Williams, the Pioneer of Religious Liberty*, Londres, 1814. – J. Carpenter, *Roger Williams*, Londres, 1910. – J. Dos Passos, *The Ground we stand on, some Examples from the History of a Political Creed*, Londres, 1942.

WILLIAMS Tennessee (pseud. de Thomas Lanier Williams). Écrivain américain. Né à Columbus (Mississippi) le 26 mars 1911, mort à New York dans la nuit du 24 février 1983. Auteur de deux recueils de poèmes : *Dans l'Hiver des villes* [*In the Winter of Cities* 1956] et *Androgyne, mon amour* (1977) ; de deux romans, *Le Printemps romain de Mrs. Stone* [*The Roman Spring of Mrs. Stone,* 1950] et *Une femme nommée Moïse* [*Moise and the World of Reason* 1975] ; de cinq volumes de nouvelles [*One Arm,* 1948 ; *Hard Candy,* 1954 ; *The Knightly Quest,* 1966 ; *Eight Mortal Ladies Possessed,* 1974 ; *It Happened the Day the Sun Rose,* 1982] réunies en français sous le titre *Tennessee Williams : Toutes ses nouvelles* – v. *Nouvelles* (*) ; d'une douzaine de scenarii, d'un livret d'opéra, d'une autobiographie : *Mémoires* [*Memoirs,* 1975], d'essais [*Where I Live,* 1978] et d'articles. Il reste surtout le dramaturge qui, à travers plus de vingt-cinq longues pièces et une quarantaine de pièces en un acte – v. *Vingt-sept charrettes pleines de coton et autres pièces* (*) –, a suscité les superlatifs (l'homme de théâtre le plus célèbre et le plus riche des États-Unis et, selon le mot du critique Walter Kerr, « le meilleur – au diable les réserves ! ») et représenté pendant plus de quinze ans (du milieu des années 40 au début des années 60) l'un des deux pôles du théâtre américain, face à Arthur Miller. Le cinéma, enfin, a donné à ses œuvres (dont la plupart ont été filmées avec talent) une renommée universelle.

Tom Williams voit le jour dans le Sud profond – qui ne survit qu'en soumettant la réalité à la métamorphose du mythe, auquel Williams, comme Faulkner, a beaucoup contribué. Après une vie paradisiaque dans sa petite ville natale, où son grand-père maternel est pasteur épiscopalien, Tom ne peut que se détourner de la réalité qui s'impose à lui : celle d'une famille divisée (sa mère rêve sa vie au lieu de la vivre alors que son père ne s'intéresse qu'au concret), de la solitude (il doit garder la chambre plus d'un an à la suite d'une crise de diphtérie) et de la pauvreté (qu'il découvre quand son père emmène la famille à Saint Louis, dans un quartier laid et populaire). Il prend alors conscience de sa différence (ses bonnes manières et son accent du Sud) et de sa sensibilité (délicate et efféminée). Il est déchiré par ce qu'il découvre en lui : « Un mélange de tendances – puritain et cavalier – qui est peut-être à l'origine du conflit d'impulsions que je peins souvent dans les personnages que je crée. » L'œuvre projette en effet ce monde intérieur cassé et joue le rôle d'exorcisme, dans l'espoir que l'artiste trouvera le salut refusé à l'homme. Il commence à écrire à onze ans, l'année où il fait la connaissance d'une voisine de son âge, Hazel Kramer, le « grand amour de ma vie. » Son père les sépare et il sombre dans le désespoir quand il apprend le mariage de son amie. À partir de là, écrire devient un « fatal besoin ». Il trouve ses trois maîtres (Tchekhov, le poète symboliste Hart Crane et D. H. Lawrence) et vit la bohème, de la Nouvelle-Orléans à Hollywood. Hanté par la culpabilité quand il découvre que sa chère sœur Rose a subi une lobotomie qui la laisse irresponsable à vie, il transforme l'histoire de sa sœur en pièce, *La Ménagerie de verre* (*), créée à Chicago à la fin de 1944 puis le 31 mars 1945 à Broadway : « Depuis ce moment-là, devait écrire le *New York Times* vingt ans après, le théâtre américain, en fait le théâtre mondial, n'a plus jamais été le même. » Dès lors, timide et secret, haïssant le succès dont il ne peut bientôt plus se passer, Tennessee (surnom qu'il choisit en hommage à ses ancêtres sudistes) traverse les amitiés (de Carson McCullers à Anna Magnani) et les liaisons homosexuelles sans jamais cesser d'écrire, reprenant ses œuvres sous des formes successives, touché par ses échecs (dont celui de sa pièce la plus ambitieuse, *Camino Real,* 1953) mais remportant plus de triomphes qu'aucun dramaturge américain : *Un tramway nommé désir* (*) (1947), *La Rose tatouée* [*The Rose Tattoo*, 1951], *La Chatte sur un toit brûlant* (*) (1955), *Soudain l'été dernier* (*) (1958), *Doux oiseau de jeunesse* [*Sweet Bird of Youth*, 1959], *La Nuit de l'iguane* (*) (1961). À partir de là, miné par l'abus des calmants et des drogues, solitaire et assailli par d'injustes critiques, Williams sombre tout au long des années 60 ; émergeant à grand-peine de ce naufrage, il achève son œuvre sur le mode mineur (*Vieux Carré,* 1977 ; *Crève Cœur* [*A Lovely Sunday for Crève Cœur,* 1979]) et meurt dans une chambre d'hôtel, comme O'Neill, sur une dernière ironie – étouffé par le bouchon d'un tube de médicaments.

Son apport au théâtre est considérable. Dans son œuvre, l'homme est mis en accusation (joueurs de cartes vulgaires, brutes racistes) et sublimé dans ses moments de désespoir (Big Daddy découvrant qu'il va mourir, dans *La Chatte*) ou de tendresse (les deux gosses de *Propriété condamnée* [*This Property Is Condemned,* 1945]). C'est l'aspect romantique de cet écrivain pour qui « toute œuvre créatrice, toute vie en un sens, est un cri du cœur ». Ensuite Dieu fait l'objet d'une redéfinition capitale. À la divinité de vengeance et de colère de l'Ancien Testament vient se substituer le principe d'amour et de tendresse du Nouveau Testament (« La cruauté délibérée est le seul crime impardonnable », dit Blanche dans *Un tramway*). L'œuvre devient l'instant où l'homme a la révélation qu'il lui incombe de jouer le rôle de Dieu par un geste d'amour dans un monde où ce rôle n'est pas distribué. Enfin la technique utilisée, qui est très racinienne (privilégiant les rôles féminins, réduisant l'intrigue à peu de matière et la faisant commencer près de l'instant de la crise) s'appuie sur l'union très rare de l'expressionnisme (suggérant une vérité subjective basée sur les émotions) et de la poésie visionnaire. Williams apparaît de plus en plus comme l'un des seuls poètes tragiques du théâtre de notre temps.

CLAUDE COULON.

♦ *« T. W. est le poète de la frustration, et le sens de son œuvre est que l'élévation, la sensibilité, le refus du conformisme sont condamnés à la blessure, à la disgrâce dans notre monde et notre temps. »* Harold Clurman. ♦ *« La maladie, le malaise et la mort préoccupent M. Williams, et cette préoccupation en vient à prendre les proportions d'une obsession. »* R. H. Gardner. ♦ *« Une flamboyance tragique masque une sensibilité torturée. »* Max Reed. ♦ (Comme dans les drames élizabéthains mineurs) *« il y avait le même effort honnête mais inutile pour se retrouver du côté de la vie et de la rédemption, alors que la vision de l'auteur était liée par un contrat indissoluble à la corruption et à la mort. »* John Gassner. ♦ *« Comme les romantiques, il assigne à l'artiste la fonction de révélateur de l'absolu. Mais, comme Bergson, il conçoit le théâtre en termes d'individus. Chacune de ses pièces prend la forme d'une vision née de la conscience du protagoniste. »* E. M. Jackson. ♦ *« Il était damné, comme ses personnages. »* Brooks Atkinson.

RÉF. : Benjamin Nelson, *Tennessee Williams : His Life & Work*, Londres, 1961. — Nancy Tischler, *Tennessee Williams : Rebellious Puritan*, New York, 1961. — Signi Falk, *Tennessee Williams*, New Haven 1961. — Esther Merle Jackson, *The Broken World of Tennessee Williams*, Madison, 1965. — Stephen Stanton, *Tennessee Williams*, Englewood Cliffs, 1977. — Jac Tharpe, *Tennessee Williams : A Tribute*, Jackson, 1977. — Maurice Yacowar, *Tennessee Williams & Film*, New York, 1977. — C. W. E. Bigsby, *A Critical Introduction to 20th Century American Drama*, volume 2, New York, 1984. — Coup de Théâtre n° 5 : *Tennessee Williams*, Dijon, 1985. — Donald Spoto, *The Kindness of Strangers : the Life of Tennessee Williams*, Londres, 1985. — Album Masques : *Tennessee Williams*, Paris, 1986. — Roger Boxill, *Tennessee Williams*, Londres, 1987.

WILLIAMS William Carlos. Poète américain. Né et mort à Rutherford (New Jersey) : 17 septembre 1883-4 mars 1963. Ces simples faits indiquent déjà un trait remarquable de la carrière de Williams : sa fidélité locale. C'est cette fidélité locale qui va l'opposer à Eliot et à Pound qui tous les deux fuient le sol culturellement stérile de l'Amérique pour trouver un terrain plus propice en Europe. Selon Williams, médecin de son état (il exerça la profession de pédiatre toute sa vie), c'est dans les « conditions locales » qu'il faut travailler si l'on veut redécouvrir « l'impulsion première, le principe élémentaire de tout art ». La correspondance entre Williams et Pound — v. les *Lettres choisies* (+) (1957) —, du moins dans les premiers temps, tourne entièrement autour de ce problème. La parution du *Prufrock* (*) d'Eliot (1917) porte un coup à Williams. Dans le Prologue de *Kora en enfer* [*Kora in Hell*, 1920], il écrit : « Je sentais violemment qu'Eliot avait trahi ce en quoi je mettais ma foi. Il regardait en arrière, je regardais en avant [...] Je savais qu'il allait influencer tous les poètes américains à venir et les enlever à la sphère. » Quant à *La Terre vaine* (*) d'Eliot (1922), pour Williams cette œuvre « rendait le poème aux universitaires ». Williams, lui, reste obstinément dans « sa sphère » et poursuit son travail sans nul recours « aux connotations des maîtres ». Dans les essais qu'il ne cesse d'écrire tout au long de sa vie, et notamment dans le livre *Au grain d'Amérique* [*In the American Grain*, 1925], il essaie de voir clair dans sa situation américaine et de préciser exactement où il veut en venir. Ce que veut Williams, ce n'est ni plus ni moins qu'un nouveau monde. Les États-Unis ne sont pas, malgré la propagande et l'idéologie, un nouveau monde. Au contraire, la nation américaine a *raté* la possibilité de devenir un nouveau monde, par peur de l'inconnu, de l'inculte et du nouveau (le continent sauvage lui-même et l'Indien qui seul savait l'habiter). Dans *Au grain d'Amérique*, Williams relate les contacts entre certains hommes blancs — Eric le Rouge, Cortés, De Soto, Champlain, le père Sébastien Rasles, Aaron Burr, Daniel Boone, Sam Houston — et le continent inconnu, dans le but de voir quelle aurait pu être une culture américaine authentique, c'est-à-dire fondée sur un contact réel et non sur la peur et la séparation. C'est ce thème de la séparation qui va parcourir le long poème *Paterson* (*), portrait d'une ville, portrait d'une civilisation, dont Williams publie la première partie en 1946 et qu'il laissera inachevée à sa mort. « Ce qui marque la connaissance à notre époque, dit Williams, c'est le divorce. » Le problème esthétique de ce long poème est aussi un problème épistémologique : comment organiser tout le matériel hétérogène que présente la ville, comment élever « toutes ces choses » vers « une totalité ordonnée » et arriver ainsi à une connaissance qui soit en même temps jouissance ? *Paterson* est loin d'être une œuvre d'art pur. C'est plutôt un immense collage. Il contient en plus du texte poétique des fragments de journal, des lettres, des extraits de livres, son esthétique étant celle de la profusion plutôt que celle de la distinction. Les détails s'entassent mais Paterson (le citoyen-poète de la ville du même nom) ne trouve pas, dans l'accumulation, la mathématique complexe qui lui permettrait de structurer un ensemble et de le faire rayonner. C'est seulement à partir du Livre V du poème, publié en 1958, que Paterson-Williams quitte la masse des détails pour entrer dans une nouvelle dimension où il n'est plus question des rues de la cité mais du jeu de la pensée (une pensée qui tient cependant à rester collée aux choses) dans la langue, car la ville de Paterson est le reflet de l'état d'une langue. L'intérêt se porte, sans qu'il y ait rupture absolue, de la carte de la ville au champ du poème, des événements urbains à un acte imaginatif. Williams avait dès ses débuts conscience de la nécessité de cet acte imaginatif qui seul peut faire rayonner la réalité, cette réalité américaine où « tout sens de la vie a été systématiquement tué », où « les âmes périssent misérablement ou bien, essayant de s'échapper, dégénèrent en formes grotesques de violence et de désespoir ». Déjà dans le petit livre publié en 1923, *Le Printemps et tout ça* (+), dont on remarquera le titre volontairement non lyrique, il écrit : « C'est le bond depuis la prose jusqu'au processus imaginatif même qui constituera le prochain grand pas en avant de l'intelligence. » Au moment où Pound et Eliot avaient déjà leurs théories (puisées dans Aristote et Longinus, que Pound le pédagogue recommandait à Williams), Williams n'avait que son désir. C'est un homme du désir (le titre d'un de ses premiers livres, paru en 1917, est *Al que quiere !*) alors que Pound peut sembler parfois être l'homme de la mégalomanie galopante et Eliot l'homme de la délectation morose. Ce désir, poétique et érotique à la fois, ne trouve que difficilement sa théorie. Williams passe beaucoup de temps à tâtonner. Tout le poème de *Paterson* jusqu'au cinquième livre est un tel tâtonnement, et de même que dans ce long texte touffu et confus il y a des moments d'illumination sporadiques, de même tout au long des essais de Williams il y a des aperçus théoriques qui, tout en ne constituant pas une unité, indiquent le champ qu'il sent vaguement être son « nouveau monde », monde « où il y a liberté de mouvement, nouveauté et fraîcheur ». En fait, pour la théorie de son désir, Williams regarde moins du côté de textes théoriques littéraires ou paralittéraires (Freud ne l'intéresse aucunement) que du côté de la mathématique et de la physique. « Suivre quelques cours de mathématiques », écrit-il dans un essai sur Marianne Moore, *Essais choisis* [*Selected Essays,* 1954], « ne serait pas une perte de temps pour un poète, même s'il n'en retenait qu'une seule chose, la notion du lieu géométrique : à partir d'angles multiples, des lignes qui convergent et qui s'entrecroisent établissent des points. Il pourrait transférer cette notion au champ de l'imagination et se dire qu'il y a des lieux où l'appréhension pénètre jusqu'à la compréhension – de même que le blanc se trouve à l'intersection du bleu, du vert, du jaune et du rouge. C'est cette lumière blanche qui constitue le fond de tout travail valable. » On comprend mieux, à la lumière de ces théories mathématico-poétiques, l'attachement de Williams aux conditions locales et son refus de suivre Pound vers Aristote : il cherche, dans le champ local, c'est-à-dire celui avec lequel il est en contact physique, à localiser le point de convergence où l'appréhension, comme il dit, pourra pénétrer jusqu'à la compréhension : « La chose difficile à réaliser, c'est que la poussée doit arriver jusqu'au blanc, au moins quelque part. » *Paterson* en particulier était la recherche de ce point de convergence de lignes multiples où la « pénétration blanche » serait possible. La théorie, jamais complètement élaborée, de Williams, est donc moins une théorie littéraire qu'une théorie de « physique poétique ». Pour Williams, le « e pur si muove » de Galilée n'a jamais pénétré la littérature comme il a pénétré la géographie ou la cosmologie : « La littérature est restée médiévale, formaliste, dogmatique. » Si, à ses débuts, Williams pouvait paraître moins sûr dans ses intentions et dans sa pratique que Pound et Eliot, c'est qu'il travaillait, en plein champ, selon un principe d'incertitude, celui-ci étant le seul moyen d'entrer en contact avec le réel, en brisant, au passage, « les structures de l'ancien » qui « disent non à tout ce qui, programmatiquement et poétiquement, veut dire oui ». C'est ici que Williams rejoint Whitman, le premier à « briser les formes sclérosées ». *Paterson* est en grande partie le tableau de ces formes sclérosées de l'expression qui empêchent toute pénétration de la réalité, et de la détresse psychique qui en résulte. Les citoyens de Paterson « marchent incommunicado », « le langage leur manque », ce sont des « voies inarticulées ». Dans son effort pour libérer le langage de son « ennui ancestral », Pound a recours à l'anglo-saxon, au provençal et au chinois ; Williams, lui, voulant trouver le langage qui lui permettra la « pénétration blanche » une fois qu'il aura trouvé le « lieu », se tourne, après Mencken, avec Cummings, vers le langage de la rue américaine : l'idiome américain, le rythme américain. Un nombre considérable des textes de Williams réunis dans *L'Œuvre poétique 1906-1938* (*) sont à peine des poèmes, plutôt des exercices, des improvisations dans le but de fixer cet idiome, ce rythme, et de décharger la langue de toutes connotations symboliques et sentimentales, et tout cela en vue de la structure nouvelle qui ouvrirait le « nouveau monde ». *Paterson* était sans doute une défaite, comme les *Cantos* (*) de Pound, mais « aucune défaite n'est entièrement défaite » et dans *L'Œuvre poétique 1938-1950* (*), Williams arrive à articuler cette « musique du désert » [*The Desert Music,* titre d'un recueil de 1954] qu'il avait toujours cherchée, découvrant « une blanche clarté au-delà des faits ». Williams qui, en 1962, publie son dernier recueil de poèmes, *Tableaux de Brueghel* [*Pictures from Brueghel*], est également l'auteur d'une trilogie romanesque : *Mule blanche* [*White Mule,* 1937], *La Fortune* [*In the Money,* 1940], *Le Succès* (*) (1952) et d'une *Autobiographie* [*Autobiography,* 1951].

KENNETH WHITE.

♦ *« Si Williams avait été aussi bon théoricien qu'il était poète, il serait sans doute le poète américain le plus connu de nos jours. Mais Williams ne sait pas s'expliquer, et quand il essaie de le faire il s'en acquitte très mal. Tout son travail est dans le poème. Et le poème tel que le conçoit Williams est sans doute le développement principal du poème américain depuis "Feuilles d'Herbe". »* Karl Shapiro. ♦ *« Nous avons eu devant nous l'exemple très spécifique de William Carlos Williams qui, vers 1945, n'était même pas considéré comme un poète mineur. Il est curieux de se souvenir de cela. Vers 1950-1955 je me rappelle avoir lu dans un article de la* Hudson Review *que Williams était « un balbutieur paranoïde ». Le même journal ne dirait pas cela aujourd'hui. Il y a donc eu ce changement-là. »* Robert Creeley. ♦ *« C'est le plus pragmatique des écrivains, et si américain que l'adjectif même semble inadéquat. »* R. Jarrell.

RÉF. : J.M. Brinnin, *William Carlos Williams*, Minneapolis, 1963. – H. Dupeyron-Marchessou, *W.C. Williams et le renouveau du lyrisme*, Poitiers, 1964. – L. W. Wagner, *The Poems of William Carlos Williams*, Middletown (Connecticut), 1963. – J.H. Miller (éd.), *A Collection of Critical Essays*, Englewood Cliffs (New Jersey), 1966 ; *Poets of Reality : Six Twentieth Century Writers*, Oxford, 1966. – W.S. Peterson, *An Approach to Paterson*, New Haven, 1967. – Tomlinson (éd.), *Penguin Critical Anthologies, W.C. Williams*, Harmondsworth, 1972. – L. Veza, *William Carlos Williams*, Paris, 1974. – I. Mazzaro, *William Carlos Williams : The Later Poems*, Ithaca et Londres, 1973. – N. Baldwin, *To All Gentleness : W. C. Williams, the Doctor-Poet*, New York, 1984. – N. Frail, *The Early Politics and Poetics of W. C. Williams*, Ann Arbor, 1987.

WILLIAMSON Henry. Romancier et conteur anglais. Né à Parkstone dans le Dorset le 1er décembre 1896, mort dans le Berkshire le 13 août 1977. Il combattit en France à la fin de la Première Guerre mondiale dont il garda le reste de sa vie un souvenir plus qu'amer. Il en rapporta aussi de l'estime pour l'ennemi allemand. De là, son pacifisme en 1939, et les ennuis qu'il encourut auprès des autorités. En fait, Williamson avait été si marqué par ses expériences de 14-18 qu'il y trouva les matériaux de deux suites romancées : *Le Lin du rêve* (+) (1943-48) puis *Une chronique de l'ancienne lumière du soleil* (*) (quinze volumes, 1951-1969). Entre ces deux romans-fleuves existent des liens : un lien du sang, pour ainsi dire, puisque deux cousins occupent le centre de la scène, l'un dans la première chronique, l'autre dans la seconde ; puis les liens des thèmes, très forts. En regard des désastres de l'époque, Williamson souhaite une purification de l'idée de « gentleman » : le mot même n'est plus guère sérieusement employé aujourd'hui, mais lui le prenait au sérieux. Il croyait que cette idée trouverait un sens meilleur loin des agglomérations industrielles et des spéculations financières. Il y avait en lui un élément mystique (il lui arrive de citer Blake) et une compréhension de la nature, cousine de celle de D. H. Lawrence. Qui d'autre que lui – même en Angleterre – aurait envoûté de si nombreux lecteurs en évoquant une loutre puis un saumon ? *Tarka la Loutre* [*Tarka the Otter*] est de 1927 et *Salar le Saumon* [*Salar the Salmon*] de 1935. Williamson a d'ailleurs consacré une quinzaine d'ouvrages à la chasse et aux animaux.

RÉF. : H. F. West, *The Dreamer of Devon, An Essay on Henry Williamson*, Londres, 1931. – D. Farson, *Henry Williamson, A Portrait*, Londres, 1986.

WILMOTTE Maurice. Professeur et critique belge. Né à Liège en 1861, mort à Bruxelles en 1942. Universitaire et médiéviste, il fut aussi critique littéraire, conférencier, directeur de revues, auteur d'essais politiques, éditeur, animateur de mouvements tels que l'Association pour la culture et l'extension de la langue française. Son œuvre, qui est importante puisqu'il a écrit sur la *Chanson de Roland* (*), Chrétien de Troyes, le roman au Moyen Âge, la tradition théâtrale, le Graal et la poésie lyrique, se caractérise par la clarté et la netteté, celles-là mêmes des grands philologues, Gaston Paris, Paul Meyer, dont il se proclamait le disciple, et qu'il manifesta aussi bien dans la philologie wallonne et les enquêtes dialectologiques que dans les lettres médiévales dont il créa l'enseignement en Belgique. Il s'est beaucoup intéressé au passé et au présent de la Belgique (*L'Influence allemande en Belgique, La Belgique morale et politique*, 1902) et surtout à l'importance de *La Culture française en Belgique* (*) (1912). Historien de la littérature autant que philologue, il aimait le style incisif et, peu conformiste, se plaisait à surprendre. D'une ample culture et d'une curiosité universelle, il admirait Sainte-Beuve et Taine dont l'influence se fait sentir dans ses *Études critiques sur la tradition littéraire en France* (1909) et dans son dernier livre, *Les Origines du roman en France. L'évolution du sentiment romanesque jusqu'en 1241* (1941). De là son goût des œuvres classiques et des études historiques, son souci de ne pas rester enfermé en un cercle étroit, son besoin constant de s'informer et de dialoguer qu'il manifesta dans ses nombreux comptes rendus et à la direction de la revue *Le Moyen Âge*, tâches prenantes qui l'empêchèrent d'écrire des sommes, mais firent de lui un professeur hors de pair dont les disciples enseignèrent avec succès la littérature et la philologie du Moyen Âge français et wallon.

Doué de l'esprit de finesse, il fut d'emblée séduit par Chrétien de Troyes, dont, avant Gustave Cohen, son élève, il révéla le génie et l'importance dans la littérature médiévale. Hardiment, il défendit, à la suite d'un autre directeur du *Moyen Âge*, A. Marignan, la filiation entre les lettres latines et les textes médiévaux, entre, d'un côté, le *Waltharius*, les poèmes carolingiens, l'*Énéide* (*) et *La Pharsale* (*), et, de l'autre, la *Chanson de Roland*, ce qui lui valut de rompre des lances avec Joseph Bédier dans ses deux ouvrages sur la chanson de geste : *Le Français a la tête épique* (1917) et *L'Épopée française, origine et élaboration* (1938).

JEAN DUFOURNET.

RÉF. : *Mélanges de philologie romane et d'histoire littéraire offerts à M. Maurice Wilmotte*, Paris, 1910. – M. Wilmotte, *Études de philologie wallonne*, Paris, 1937. – R. Lejeune, « Hommage à Maurice Wilmotte médiéviste », dans *Le Moyen Âge*, t. 52, 1946, p. 1-9.

WILSON Angus. Écrivain anglais. Né le 11 août 1913 à Bexhill, petite station balnéaire du Sussex, mort le 31 mai 1991 à Bury-Saint-Edmunds. Il vint au monde vingt-quatre ans après le mariage de ses parents ; son père allait sur ses quarante-huit ans et sa mère sur ses quarante-quatre. De ses cinq frères, le plus proche avait treize ans de plus que lui. Ainsi l'enfance et la jeunesse de Wilson furent-elles marquées par un isolement que renforça, de sept à onze ans, un séjour à Durban, en Afrique du Sud, d'où sa mère était originaire. Après la Première Guerre mondiale, la famille vécut des heures difficiles, si bien qu'à l'instar de Joyce et de Sillitoe il connut les déménagements successifs d'hôtels en pensions de famille et les efforts quotidiens pour sauvegarder les apparences (thèmes souvent traités dans ses nouvelles). Enfant sensible, gâté, solitaire, son imagination y conçut de nombreuses images dont celle du « jardin dans la jungle », symbole d'un bonheur primordial inaccessible. En 1923, de retour en Angleterre, la famille s'installa à Kensington, et Angus entra dans une école fondée par son frère. Ses parents, sans être intellectuels (des « lumpen bourgeois » selon leur fils), tenaient, noblesse oblige, à ce qu'il aille dans une « public school ». En 1924, il fut donc admis comme externe à la très célèbre Westminster School où il développa son goût pour le théâtre, l'opéra et la danse classique. Tandis que s'affirmaient ses tendances homosexuelles, il découvrait les littératures russe et française ainsi que des auteurs anglais tels que Waugh et Huxley. En 1927, il entra à Merton College (Oxford) pour y étudier l'histoire médiévale ; aucun de ses frères n'avait suivi d'études supérieures mais sa mère, décédée subitement, lui avait laissé une petite rente qui lui permit de financer ses études. Pas plus à Oxford qu'à Westminster, Wilson ne laissa un souvenir impérissable, mais ces années de formation lui permirent de découvrir, outre la bonne chère, la grande littérature et les plaisirs raffinés de l'intellectualisme. Il prit contact avec de nouveaux milieux, conforta ses idées de gauche, se prit de sympathie pour ces petites gens ordinaires qui peuplent son œuvre. En 1935, il quitta Oxford non sans avoir obtenu une fort honorable licence (B.A.) et chercha sa voie pendant quelques années avant de trouver un poste à la bibliothèque du British Museum où il demeura jusqu'à la guerre. La mort de son père, en 1938, l'ébranla profondément. Pour lutter contre l'ennui et la solitude, il avait milité contre la guerre, défendu la politique gouvernementale (et quasi nationale) d'apaisement, mais Munich lui fit comprendre l'inanité de ses efforts en cette période d'affaiblissement et de déclin du libéralisme. Crise personnelle, crise politique, solitude accentuée par sa mobilisation et son incorporation dans les services du Foreign Office, tout semblait se liguer contre lui au point de déclencher une grave dépression nerveuse. Sur les conseils d'un médecin il chercha alors un dérivatif dans l'écriture qui, de thérapeutique, devint rapidement violon d'Ingres, puis occupation professionnelle. « Je n'avais rien écrit... avant novembre 1946... Un week-end, j'écrivis une nouvelle – « Confiture de framboise » [Raspberry Jam] – et poursuivis sur ma lancée en écrivant une nouvelle par week-end pendant douze semaines. » Ainsi furent rédigées et publiées en 1949 *Saturnales* [*The Wrong Set and other Stories*]. L'année suivante il fut nommé directeur adjoint de la bibliothèque, et son deuxième recueil de nouvelles *La Girafe et les Vieillards* [*Such Darling Dodos*] fut choisi par la Société du livre et suivi d'un premier roman, *La Ciguë et après* (*) (1952), et d'un *Émile Zola* qui contribua à relancer en France l'intérêt pour ce romancier. Fort de ses succès, mais guère plus riche pour autant, il démissionna du British Museum, s'installa dans le Suffolk et fit de l'écriture son métier. *Attitudes anglo-saxonnes* (*) parurent en 1956. Deux ans plus tard *Les Quarante Ans de Mrs Eliot* (*) reçurent le James Tait Black Prize, et Wilson fut élu membre de la Société royale de littérature. Son existence est dès lors entrecoupée de voyages, jalonnée de livres. La lecture des *Carnets* de Zola lui avait suggéré une méthode à laquelle il resta toujours fidèle. Avant d'entamer la rédaction proprement dite, il remplit des cahiers de notes, portraits, scènes, dialogues jusqu'à ce qu'il se persuade de la vérité de l'univers imaginé. Alors il écrit son roman d'une traite, tape le manuscrit après l'avoir corrigé mais sans éprouver le besoin de le ré-écrire, et l'envoie à son éditeur. Depuis 1960, il a alterné œuvres d'imagination, *En jouant le jeu* [*No Laughing Matter*, 1962], *Embraser le monde* [*Setting the World on Fire*, 1980], et travaux critiques, telles ses monographies *Le Monde de Charles Dickens* [*The World of Charles Dickens*, 1970] ou *L'Étrange Parcours de Rudyard Kipling* [*The Strange Ride of Rudyard Kipling*, 1976]. Écrivain, critique, biographe, homme de radio et de télévision, président de sociétés littéraires, de comités du « Arts Council », Angus Wilson est étroitement associé à tout ce qui touche de près ou de loin aux arts et aux lettres. De 1966 à 1978, année où il prit sa retraite à l'âge légal de soixante-cinq ans, il enseigna à temps partiel la littérature dans la chaire que lui avait personnellement attribuée l'université d'East Anglia, mais aussi, dès 1960, aux États-Unis et en Extrême-Orient. Ces responsabilités publiques si souvent assumées lui valurent une reconnaissance hautement méritée. Commandeur de l'Empire britannique en 1968, chevalier du même ordre quelque dix ans plus tard, cet ami de la France avait entre-temps été fait chevalier des arts et des lettres (1972). Militant anti-apartheid, défenseur des droits des homosexuels, représentant de la culture britannique à l'étranger comme envoyé du British Council, il illustre dans son métier d'écrivain l'autorité morale d'une fiction romanesque susceptible d'éveiller l'imagination de ses lecteurs. Angus Wilson, mieux que quiconque, force l'admiration en parvenant à s'imposer à tous comme le parfait honnête homme de notre temps.

ALAIN BLAYAC.

RÉF. : D. Escudié, *Deux aspects de l'aliénation mentale dans le roman anglais contemporain (1945-1956) : Angus Wilson et William Golding,* Paris, 1975. – P. Faulkner, *Angus Wilson, Mimic and Moralist,* Londres, 1980. – A. Gardner, *Angus Wilson,* Boston, 1985. – J. L. Halio, *Critical Essays on Angus Wilson,* Boston, 1985. – J. Ruer et al, *Le Roman en Grande-Bretagne depuis 1945,* Paris, 1981.

WILSON Edmund. Écrivain américain. Né le 8 mai 1895 à Red Bank (New Jersey), mort le 12 juin 1972 à Wellfleet (Massachusetts). Ce diplômé de Princeton (1916) à l'époque de Fitzgerald (dont il devait beaucoup plus tard « éditer » *La Fêlure*) devint, après la guerre (qu'il fit en France), le familier de la plupart des grands écrivains américains de l'entre-deux-guerres. Il travailla d'abord dans le journalisme pour *Vanity Fair* (1920-21), pour *The New Republic* (1926-31) et pour *The New Yorker* (1944-48). Mais Edmund Wilson, comme, à leur manière, devaient en témoigner ses quatre mariages (1923, 1930, 1938 avec Mary McCarthy, et 1946) était bien trop indépendant pour être l'homme d'une politique éditoriale. Son importance, considérable, dans l'histoire des lettres américaines, n'est d'ailleurs pas due à son unique roman, *J'ai pensé à Daisy* [*I Thought of Daisy*, 1929] ; à son unique recueil de nouvelles, *Mémoire du comté d'Hécate* (*) (1946, révisé en 1960) ; à ses *Cinq pièces* [*Five Plays*, 1954] ; à ses poèmes et pensées, *Les Carnets de la nuit* [*Notebooks of Night*, 1942] et *Pensers nocturnes* [*Night Thoughts*, 1961], ou même à ses récits de voyage (*L'Europe sans Baedecker*, 1947) ou autobiographiques, comme cet *Upstate* (1971) qui fut son avant-dernier livre, consacré au nord de l'État de New York et à son enfance. Non, l'importance d'Edmund Wilson repose surtout sur son œuvre de critique littéraire et, plus généralement, d'historien des idées – de critique tout court, somme toute, à la fois stimulant et fustigeant ses contemporains dans un style au-delà de tout reproche. Citons donc l'étude classique de la littérature symboliste qu'est *Le Château d'Axel* (*) (1931) ; la superbe réflexion sur l'histoire intitulée *La Gare de Finlande* (*) (1940), une étude sur les relations entre névrose et création littéraire, *L'Arc et la Blessure* (1951) ; la célèbre anthologie critique et commentée de la « grande » littérature américaine du XIXᵉ siècle intitulée *Le Choc de la reconnaissance* [*The Shock of Recognition*, 1943] ; un ouvrage consacré à l'entre-deux-guerres, *Les Rivages de lumière* [*The Shores of Light*, 1952], et enfin *La Boucherie patriotique* [*Patriotic Gore*, 1962], non moins célèbre étude sur la guerre de Sécession dans les lettres américaines. À cela il convient d'ajouter sa correspondance – par exemple avec Vladimir Nabokov. Il ne fait aucun doute qu'Edmund Wilson restera longtemps, comme le dit Fitzgerald, « la conscience intellectuelle » des lettres américaines pendant la première moitié du XXᵉ siècle.

MICHEL GRESSET.

WINCKELMANN Johann Joachim. Archéologue et critique d'art allemand. Né le 9 décembre 1717 à Stendal (Prusse saxonne), mort assassiné à Trieste le 8 juin 1768. Fils d'un cordonnier, il fréquenta l'école de Salzwedel et le lycée à Berlin, puis continua ses études à Bâle et Iéna (théologie, médecine et sciences naturelles). De 1743 à 1748, il est correcteur à Seehauser (Vieille Marche) ; de 1748 à 1754, bibliothécaire du comte Bünau à Nöthnitz près de Dresde, où il devient l'élève d'Oeser. Là, il rencontre l'archéologue Heyne entre autres, et s'oriente de plus en plus vers l'étude des antiquités. En 1754, il se convertit au catholicisme ; la même année, il devient bibliothécaire du cardinal Passionei. En 1755, il publie les *Réflexions sur l'imitation des artistes grecs dans la peinture et la sculpture* (*). Auguste III, électeur de Saxe et roi de Pologne, octroie alors à Winckelmann une pension de deux cents thalers pour continuer ses études à Rome. En 1757-1758, Winckelmann est bibliothécaire du cardinal-secrétaire d'État Archinto, puis secrétaire et conservateur de la galerie d'antiquités du cardinal Albani, enfin en 1763 président des antiquités et « Scriptor » de la Vaticane. C'est en occupant ces divers postes qu'il acquiert sa profonde connaissance des œuvres antiques, et grâce aux voyages qu'il effectue à travers l'Italie. Une série de communications et de publications d'un style tout nouveau rend compte de ses recherches. En 1760 paraît en français sa *Description des pierres gravées du feu baron de Stosch*, en 1762 *Remarques sur l'architecture des Anciens* [*Anmerkungen über die Baukunst der Alten*], augmentées d'un compte rendu sur les temples de Paestum. La même année, après un voyage à Naples, il rend compte, dans deux ouvrages, de la découverte des trésors mis au jour à Pompéi et Herculanum. Puis, après quelques remarques sur les temples de la Sicile (1762), il donne un premier ouvrage de critique théorique : *Dissertation sur la capacité de sentir le beau dans l'art et sur la pénétration de celui-ci* [*Abhandlung von der Fähigkeit der Empfindung des Schönen in der Kunst und dem Unterrichte* *in derselben*, 1763]. Tous les matériaux et les réflexions qu'il rassembla dans ses précédentes études et recherches servirent de base à la composition de son chef-d'œuvre, *Histoire de l'art chez les Anciens* (*) (1764). En 1768, Winckelmann se rendit à Vienne où Marie-Thérèse le reçut avec de grands honneurs. Pendant son voyage de retour, il fut assassiné dans un hôtel de Trieste par un nommé Arcangeli, auquel il avait montré des pièces offertes par Marie-Thérèse. Son *Histoire de l'art*, qui témoigne non seulement de sa science considérable, exhaustive à l'époque de l'art grec, mais aussi de sa grande connaissance artistique et de la valeur de son jugement esthétique, fait de Winckelmann le fondateur de l'archéologie. De plus, il enseigna à comprendre l'œuvre d'art selon des données intérieures. À partir de la plastique gréco-romaine, il entrevoit un idéal d'humanité épurée dans un équilibre harmonieux du corps et de l'âme. La « noble simplicité et la grandeur silencieuse » devinrent les caractéristiques « classiques » d'une humanité parfaitement accomplie.

FRANÇOIS SÉGURET.

♦ *« Son goût va toujours à cela seul qui est grand ; il est semblable à Christophe Colomb, lorsqu'il n'avait pas encore découvert le Nouveau Monde mais que déjà pourtant il le portait en lui sous forme de pressentiment. En lisant Winckelmann, on n'*apprend *pas, on* devient *quelque chose. »* Goethe.

RÉF. : Goethe, *Étude sur Winckelmann*, in *Hamburger Ausgabe*, vol. XII, 1805. – Carl Justi, *Winckelmann und seine Zeitgenossen*, 2 vol., Leipzig, 1866 1872 ; rééd. Cologne, 1956. – Berthold Vallentin, *Winckelmann*, Berlin, 1931. – Henry Caraway Hatfield, *Winckelmann and his German Critics 1755-1781. A Prelude to the Classical Age*, New York, 1943. – Walther Rehm, *Griechentum und Goethezeit*, Berne, 1952 ; *Götterstille und Göttertrauer. Aufsätze zur deutsch-antiken Begegnung*, Berne, 1951. – Franz Schulz, *Klassik und Romantik der Deutschen*, t. 1, Stuttgart, 1951. – Léon Mis, introduction à l'édition française des *Réflexions sur l'imitation des œuvres grecques*, Paris, 1954. – Wolfgang Leppmann, *Winckelmann*, Francfort, 1986.

WIND Edgar. Historien d'art anglais d'origine allemande. Né à Berlin le 14 mai 1900, mort à Londres le 12 septembre 1971. Il commença par étudier l'histoire de l'art à l'université de Berlin avec Goldschmidt en même temps qu'il suivit les cours du théologien protestant Troeltsch et du néo-kantien Ernst Cassirer. Wind compléta sa formation à Vienne, auprès de Julius von Schlosser et de Max Dvorak. Disciple d'Aby Warburg, qu'il connut en 1927 à Hambourg, il fut l'un des tout premiers philosophes formés à l'école de Cassirer et de sa *Philosophie des formes symboliques* (*) à suivre la voie tracée par Panofsky. En 1929, il obtint son habilitation avec *L'Expérience et la Métaphysique* [*Das Experiment und die Metaphysik*], traitant du problème des antinomies cosmologiques auquel est consacrée la seconde partie de la dialectique transcendantale de la *Critique de la raison pure* (*) de Kant. Mais c'est à la fin des années 30 que Wind se consacrera plus spécifiquement à l'histoire de l'art, traitant de la « divine peur » dans la philosophie de l'art de Platon, avant de produire l'une de ses contributions majeures en appliquant pour la première fois à l'étude de l'art anglais les nouvelles méthodes élaborées par Warburg. Ce sera « Hume and the Heroic Portrait », où il démontre que les styles de portrait opposés que représentent Reynolds et Gainsborough s'expliquent par les notions différentes de l'humanité auxquelles souscrivaient, respectivement, les philosophes James Beattie et David Hume. Radié de l'université par les nazis, il émigra en Angleterre et fut un moment directeur de la Bibliothèque Warburg, dont il avait été l'un des principaux organisateurs. En 1939, il quitta l'Angleterre pour les États-Unis, où il fut chargé de divers enseignements, notamment au Smith College, où il mûrit les conférences ensuite publiées sous le titre *Art et Anarchy* (1963). À son retour, en 1955, il devint le premier titulaire de la chaire d'histoire de l'art à Oxford. Sa rigueur conceptuelle et philologique l'amena à développer de sévères critiques de certains travaux de Gombrich (dont il « démolit » la biographie intellectuelle d'Aby Warburg) et d'André Chastel. Ses principaux essais ont été réunis en volume : *Hume et le portrait héroïque* [*Hume and the Heroic Portrait,* 1986], consacré à l'imagerie anglaise du XVIIIe siècle, *La Tempête de Giorgione* [*Giorgione's Tempesta,* 1969], qui reste l'une des interprétations iconologiques les plus solides du chef-d'œuvre du Vénitien, et *L'Éloquence des symboles* [*The Eloquence of Symbols,* 1983], études sur l'art humaniste de la Renaissance italienne, consacrées à la « résurrection » d'Origène, à la *Derelitta* de Botticelli, dont il s'attache à définir le sujet, et à l'énigme de Terminus sur l'emblème d'Érasme, qu'il réussit à élucider. Dans un texte de 1953 sur « Religion traditionnelle et art moderne », Wind montre la fécondité de sa démarche pour analyser l'œuvre d'un Matisse ou d'un Rouault. Son chef-d'œuvre reste *Les Mystères païens de la Renaissance* (*) (1958).

PIERRE-EMMANUEL DAUZAT.

WINNICOTT Donald Woods. Psychanalyste anglais né le 7 avril 1896 à Plymouth (Devon), mort le 25 janvier 1971 à Londres. Il appartenait à une famille méthodiste (jeune homme, il se convertira à l'Église anglicane). Son père, négociant, devint maire de Plymouth et fut fait chevalier. Dès le début de sa vie, Winnicott désira être médecin. Ses études médicales à l'université de Cambridge furent interrompues par la guerre : chirurgien sur un destroyer, il passa le temps, sauf lors d'un unique combat, avec les livres de Henry James. 1919 le retrouve en psychothérapie – voir la lettre à sa sœur Violet dans *Lettres vives* [*The Spontaneous Gesture*]. Quelques années plus tard, à une époque où la lecture de *L'Interprétation des rêves* (*) — même dans la traduction de Brill — suscitait encore passion et vocation, ce futur pédiatre était en analyse avec James Strachey. Il sera d'ailleurs le premier pédiatre en Angleterre à se former de la sorte. La même année 1923, il est chef de service à l'hôpital pour enfants de Paddington Green — d'où il prendra sa retraite quarante ans plus tard — et consulte au Queens Hospital, dans l'East End, là où affluent les « ordinary mothers ». C'est également l'époque où il se marie, avec une céramiste, et où il commence à Londres sa pratique privée.

En 1926, l'analyste d'origine hongroise Melanie Klein s'installa à Londres. Elle devait exercer une énorme influence sur le destin de la psychanalyse britannique, et une influence singulière sur Winnicott, puisque quelques-uns de ses principaux travaux furent faits en réaction aux idées de Melanie Klein, tandis qu'entre 1933 et 1938, après dix ans d'analyse chez Strachey, il entreprenait une deuxième cure avec une des plus proches élèves de Melanie Klein, Joan Riviere. À la même époque, Melanie Klein demandait à Winnicott d'analyser son fils, gravement perturbé, en imposant de contrôler cette analyse, ce que Winnicott refusa. De très nombreux épisodes, touchants et violents, émailleront les rapports de Winnicott avec Klein, et il en ira de même avec Anna Freud, autre grande dame de l'analyse en Angleterre. Par horreur du fanatisme et de son inévitable langue de bois, Winnicott contribuera à installer entre les clans dits kleinien et freudien une façon inédite de penser et de communiquer : ce sera le « Middle group ».

En 1931, il publia son premier livre, *Notes cliniques sur les troubles de l'enfance* [*Clinical Notes on Disorders of Childhood*] : ce titre discret cachait une approche psychanalytique et donc révolutionnaire des troubles psychosomatiques de l'enfant. Mais c'est pendant la Seconde Guerre mondiale qu'il se fit connaître, en donnant des émissions de T. S. F. pour les mères, tandis qu'il s'occupait de l'évacuation des enfants londoniens dans la campagne d'Oxford. Il eut d'ailleurs toute sa vie une activité intense de conférencier, avec des auditoires de profanes les plus variés devant qui il s'interdisait tout terme savant. À force de n'employer qu'un vocabulaire d'usage courant, il fabriqua d'ailleurs des concepts proprement intraduisibles, voire « inexportables » comme l'a souligné Pontalis, mettant à l'épreuve de l'interlocuteur ou du lecteur un style de pensée autant que d'écriture assez proche dans son apparente insouciance de ce jeu qu'il inventa, le *squiggle game,* où le crayon passait alternativement de la main de l'enfant à celle du médecin pour quelques traits gribouillés, et fulgurants.

L'après-guerre est la période des deuils, de la maladie cardiaque débutante, du divorce, et du remariage, avec Clare Britton, assistante sociale en milieu psychiatrique. 1957, publication de deux recueils de ces fameuses conférences pour profanes, *L'Enfant et la famille,* [*The Child and the Family*], *L'Enfant et le monde extérieur* [*The Child and the Outside World*]. Président de la Société britannique de psychanalyse entre 1956 et 1959, D. W., comme l'appellent désormais ses collègues et ses patients, publie son premier livre de psychanalyse, *De la pédiatrie à la psychanalyse* [*Through Pediatrics to Psychoanalysis*] en 1958. En 1965, deuxième livre de psychanalyse [*The Maturational Process and the Facilitating Environment*]. Et réélection à la présidence de la Société. *Jeu et Réalité* (*), probablement son meilleur ouvrage, fut publié l'année de sa mort.

Bien peu de concepts winnicottiens tiennent compte de ce que, de ce côté-ci du Channel, nous appellerions le « désir inconscient ». L'« objet transitionnel » (décrit à partir du linge ou du nounours dont l'enfant ne peut, à un certain âge, se séparer, *Jeu et Réalité*) est peut-être, et paradoxalement, le seul concept à échapper à une description de la relation mère-enfant. Par ailleurs, en omettant que les mères sont des femmes, et en omettant les pères et les hommes de ses préoccupations théoriques, la psychanalyse winnicottienne semble parfois bien loin des données fondamentales de la découverte freudienne. Cependant il est frappant de voir que l'influence de cette vive pensée s'étend (sauf en... Angleterre) aux psychanalystes de tous bords, aux plus orthodoxes comme aux plus déviants. Est-ce toujours pour les meilleures raisons ? Il est probable que ce qu'on a dit de Winnicott : que la question n'était pas qu'il comprenait les enfants, mais bien plutôt que les enfants le comprenaient, vaut pour les enfants que, chance ou malchance, nous sommes restés.

MICHEL GRIBINSKI.

WINTHER Rasmus Villads Christian Ferdinand. Écrivain danois. Né dans la paroisse de Fensmark (Naestved) le 29 juin 1796, mort à Paris le 30 décembre 1876. Fils d'un pasteur protestant, il fit ses études de théologie et obtint son diplôme en 1824 mais n'exerça jamais le sacerdoce. Pour vivre, il donnait des leçons et s'enamoura de l'une de ses élèves qu'il chanta dans les poèmes sentimentaux de *L'Épouse de l'elfe* [*Alfens Brud,* 1834]. Un voyage en Italie (1830-31) et des fiançailles malheureuses eurent de l'influence sur ses poèmes lyriques rassemblés sous les titres : *Dans une hôtellerie romaine* [*I et romersk Osteri*] et *La Chanson du corbeau* [*Ravnens Kvide*]. Il rencontra, en 1834, Julie Werlin - l'« unique » du poème *À l'unique* [*Til Een*] ; en 1848, après qu'elle eut divorcé, il put enfin l'épouser. Les inquiétudes qui marquèrent toutes ces années se reflètent dans ses diverses poésies de ton byronien du recueil *Le*

Confessionnal [*Skriftestolen*]. Malgré les difficultés financières et familiales, son œuvre prit, à partir de 1848, un ton de plus en plus idyllique, qui est celui de son chef-d'œuvre : *La Fuite du cerf* (*) (1855).

WISEMAN Nicholas Patrick Stephen. Cardinal et écrivain irlandais. Né le 2 août 1802 à Séville, mort à Londres le 15 février 1865. Il ne vécut guère en Espagne où son père, catholique irlandais, était commerçant, car celui-ci mourut subitement en 1804. Sa famille retourna alors en Irlande et s'installa à Waterford. L'enfant fit ses études au collège Saint-Cuthbert à Ushaw ; il eut de bonne heure la vocation religieuse. Il reçut à seize ans les ordres mineurs, et fut envoyé à l'« English College » de Rome pour y faire ses études de théologie. Wiseman devint rapidement un érudit qui se fit remarquer. En 1824, préparant son doctorat en théologie, il eut à discuter des propositions et des objections ; parmi ses auditeurs se trouvaient le cardinal Capellani (future Grégoire XVI), et l'abbé de Lamennais. Il fut ordonné prêtre l'année suivante. Linguiste de valeur, les recherches sur la langue syriaque qu'il effectuait à ce moment sont groupées dans son ouvrage intitulé *Horae syriacae.* Il occupa la chaire d'hébreu et de syro-chaldéen à l'« English College » dont il fut nommé vice-recteur en 1829, puis recteur. Il garda ce poste jusqu'en 1840, date à laquelle il fut nommé évêque dans son pays. Il fonda à cette époque la *Dublin Review*, à laquelle il collabora activement. C'est dans cette revue que paraîtront ses articles sur saint Augustin et les donatistes. D'autre part, il contribua certainement au développement du « mouvement d'Oxford » (mouvement social chrétien) et ne fut sans doute pas étranger à la conversion de Newman. En 1849, il est vicaire apostolique de Rome, en 1850 archevêque de Westminster et, peu après, cardinal. Cette nomination marque le rétablissement de la hiérarchie catholique en Angleterre, événement important dans l'histoire religieuse de ce pays. Malgré les devoirs de ses charges, Wiseman avait trouvé le temps d'écrire *Fabiola ou l'Église des catacombes* (*) (1854). On disait plaisamment que c'était un « bon livre qui avait remporté le succès d'un mauvais ». Wiseman l'avait écrit alors que, malade, il se dirigeait lentement vers Rome. En 1858, il composa un drame en deux actes : *Le Joyau caché* [*The Hidden Gem*], à l'occasion du jubilé du collège de Saint-Cuthbert. Un autre de ses ouvrages parut la même année : *Souvenirs sur les quatre derniers papes* (Pie VII, Léon XII, Pie VIII, Grégoire XVI) [*Recollections of the Last Four Popes*, 1858]. Il prononça de nombreuses conférences. Certaines d'entre elles furent publiées, notamment celles *Sur les rapports entre la science et la religion révélée* [*On the Connection between Science and Revealed Religion*, 1836]. Ses *Sermons* ont été réunis en volumes.

RÉF. : W. Ward, *Le Cardinal Wiseman, sa vie, son temps,* trad., 2 vol., Paris, 1900. – D. Gwynn, *Cardinal Wiseman*, Dublin, 1950.

WITKIEWICZ Stanisław Ignacy (connu aussi sous le pseudonyme de Witkacy). Peintre et théoricien de l'art, philosophe, dramaturge et romancier polonais. Né le 24 février 1885 à Varsovie, mort le 18 septembre 1939 à Jeziory (Volhynie). Fils d'un peintre et critique d'art célèbre, il étudia à l'Académie des beaux-arts de Cracovie, puis voyagea en Europe, et jusqu'en Nouvelle-Guinée et en Australie, via l'Inde et Ceylan, avec l'ethnologue Bronisław Malinowski. Citoyen russe, à la déclaration de la guerre, il se rendit à Saint-Pétersbourg où il fréquenta une école d'officiers et fut témoin de la révolution bolchevique. À son retour en Pologne, de 1918 à 1922, il collabora avec les poètes et les peintres « formistes » et avec la revue *L'Aiguillage* [*Zwrotnica*]. Il fonda en 1928 l'atelier de portraits S. I. Witkacy, exécutant ces portraits sous l'effet de diverses drogues et imposant à ses clients des conditions fantasques. Il formula son esthétique générale fondée sur la « forme pure » dans plusieurs essais, dont *Les Formes nouvelles en peinture et les malentendus qui en découlent* [*Nowe formy w malarstwie i wynikające stąd nieporozumienia,* 1919]. Dans un austère traité, *Notions et assertions impliquées par la notion d'existence* [*Pojęcie i twierdzenia implikowane przez pojęcie Istnienia,* 1935], il fait une synthèse de sa philosophie qui, méconnue de son vivant, marquera profondément la littérature un quart de siècle plus tard. Analysant la décadence de la culture occidentale, due selon lui à l'apparition d'une société mécanisée et de la culture des masses, Witkiewicz lie la fin inévitable des élites et de la bourgeoisie à celle de la religion, de l'art et de la philosophie, et donc à la disparition de la forme pure. Cependant l'art est toujours vivant, et des œuvres d'art peuvent naître pour apaiser l'anxiété due au « sentiment métaphysique du mystère de l'existence ».

Pour Witkiewicz, le théâtre était le plus à même d'atteindre la forme pure, comme il l'exposa dans *Le Théâtre. Introduction de la forme pure au théâtre* [*Teatr. Wstęp do Czystej Formy w teatrze,* 1923]. Il écrivit une trentaine de pièces aux titres évocateurs, comme *La Métaphysique du veau bicéphale* [*Metafizyka dwygłowego cielęcia,* 1921], *Le Fou et la Nonne ou Il n'y a pas de malheur qui n'en amène un pire* [*Wariat i zakonnica czyli nie ma zlego, co by na jeszcze gorszego nie wyszlo,* 1923]. Il rompait avec toute vraisemblance, voulant, par le caractère inhabituel des événements, provoquer une impression de rêve ou d'hallucination. L'accueil réservé du public lui fit abandonner le théâtre après 1930, à l'exception d'une pièce, *Les Cordonniers* (*), écrite en 1931-34. Son théâtre sera redécouvert avec la vogue de l'absurde, vers 1960.

Le roman, lui, n'était pas une œuvre d'art. Il lui servit à présenter ses opinions sur divers sujets et à régler ses comptes avec ses contemporains. Ses romans se rapprochent de ceux du XVIIIe siècle, avec des aventures extraordinaires et des digressions d'auteur. Héritier stylistique du mouvement littéraire la Jeune Pologne, Witkiewicz alla encore plus loin. Les héros de *L'Adieu à l'automne* (*) (1927), de *L'Inassouvissement* (*) (1930) et de *La Seule Issue* [*Jedyne wyjście*, 1933], qui resta inachevée, font des expériences érotiques, découvrent des paradis artificiels et artistiques, pour mourir ou devenir fous au moment de la transformation de la société, située dans un futur fantastique qui rappelle un peu la Pologne de l'entre-deux-guerres. Principal représentant du « catastrophisme » polonais, Witkiewicz réagit à la tragédie du monde par le grotesque, la parodie, un humour destructeur et un pessimisme radical quant à l'avenir de l'art, de la religion, de la philosophie. Dans toute son œuvre se manifestent son esprit d'invention, son sens du fantastique. Considérée comme celle d'un dilettante talentueux, parfois même d'un homme scandaleux, mystificateur et excentrique, son œuvre fut taboue pendant de nombreuses années dans la Pologne d'après-guerre, mais les critiques de la jeune génération virent dans ce visionnaire, déchiré par l'émergence d'une société nouvelle, l'une des figures les plus fascinantes de la littérature moderne.

LAURENCE DYÈVRE.

WITTENWEILER Heinrich. Poète suisse d'expression allemande (XIVe-XVe siècles). Nous n'avons quasiment pas de précisions sur sa vie, excepté qu'il est né à Lichtensteig, dans le comté de Toggenburg (Suisse). Il est peut-être cet Heinrich von Wittenweiler qui fut avocat, entre 1387 et 1395, à la cour épiscopale de Constance. Nous savons cependant qu'il est l'auteur de *L'Anneau* (*), poème didactique et burlesque dans lequel il représente allégoriquement les vicissitudes du monde à travers les luttes de deux villages voisins. L'œuvre a été composée vers 1450.

RÉF. : J. Belitz, *Studien zur Parodie in Wittenweilers « Ring »*, Göppingen, 1978.

WITTGENSTEIN Ludwig. Philosophe autrichien, naturalisé anglais. Né le 26 avril 1889 à Vienne, mort à Cambridge le 29 avril 1951. Wittgenstein n'était pas un philosophe au sens ordinaire du terme. Sa formation fut initialement celle d'un ingénieur qui étudia d'abord, manifestement par goût, la construction mécanique. Il était le dernier des huit enfants de l'une des familles les plus riches et les plus connues de Vienne. Son père, Karl Wittgenstein, était un industriel dont la puissance et la fortune étaient alors comparables à celles de la famille Krupp en Allemagne ; il fut aussi un généreux mécène qui finança le bâtiment de la « Sécession », et aida de nombreux artistes dont plusieurs fréquentèrent sa maison : Klimt, Brahms, Mahler, le jeune Pablo Casals ou le chef d'orchestre Bruno Walter, par exemple. Au reste, les autres enfants Wittgenstein, qui ne manquaient pas de talents, jouèrent aussi un rôle dans la vie artistique viennoise : Paul était un pianiste de réputation internationale, Hans, prématurément disparu, fut un musicien exceptionnellement doué, et Margarete, en peinture comme en musique, apporta personnellement son soutien à plus d'un artiste d'alors.

Comparé à ses frères et sœurs, Ludwig connut un destin particulier qui, après des études secondaires à Linz, le conduisit à fréquenter l'École supérieure technique de Berlin-Charlottenburg, où il étudia la construction mécanique pendant deux ans, en 1906 et 1907. Immédiatement après, au printemps de 1908, il s'inscrivit au collège de technologie de Manchester, en Angleterre, et, dès l'automne, il commença des études techniques à l'université. À ce moment-là, ses recherches aboutissent à la construction d'un turboréacteur dont on peut encore voir les plans à Manchester. Mais les épisodes qui le conduisirent ainsi à quitter Vienne et sa famille, tout au moins pendant une partie de l'année, se révélèrent d'autant plus décisifs qu'ils furent étroitement liés à son intérêt pour les mathématiques, et par là à une évolution qui ne tarda pas à le détourner de son métier d'ingénieur pour le conduire à Cambridge.

Dès 1911, en effet, Wittgenstein se rend à Iéna pour y rencontrer Gottlob Frege, qui lui conseille d'aller étudier auprès de Bertrand Russell. À cette époque, Russell vient de publier, avec A. N. Whitehead, les *Principia mathematica* (+) (1910). Les intérêts de Wittgenstein se concentrent sur ce qu'il appelle « Le problème de la logique ». En 1912, il est admis à Trinity College. Commence alors une période d'intense activité intellectuelle, sous la protection de Bertrand Russell, littéralement fasciné par « son Autrichien » ; c'est à ce moment-là qu'il fait également la connaissance de G. E. Moore, et se lie d'amitié avec J. M. Keynes. Pendant cinq trimestres, Wittgenstein suit les cours de Russell et de Moore ; jusqu'au mois d'août 1914, il se consacre à la logique. Les *Notes sur la logique* datent de 1913 ; en 1914, à l'occasion d'un premier séjour en Norvège en compagnie de Moore, il dicte à celui-ci les *Notes sur la logique et la philosophie* qui ont été éditées à titre posthume. Le 20 janvier 1913, son père meurt : Wittgenstein hérite d'une importante fortune dont il ne tardera cependant pas à se défaire au bénéfice de ses frères et sœurs, non sans avoir distribué cent mille couronnes, auparavant, à plusieurs artistes dans le besoin. Rilke, Trakl, Kokoschka, Loos, notamment, en bénéficieront sur la recommandation de Ludwig von Ficker.

Outre le geste, somme toute naturel chez un Wittgenstein, on retiendra le nom de von Ficker, qui dirigeait alors la revue *Der Brenner*, et à qui fut confié le choix des bénéficiaires. Wittgenstein s'en remit en effet à celui-ci en raison des liens qui l'unissaient à Karl Kraus. Kraus, au demeurant, fut certainement l'un des hommes pour qui Wittgenstein éprouva le plus de respect sa vie durant. L'attitude critique du directeur et unique rédacteur de la revue *Le Flambeau* [*Die Fackel*], le combat permanent qu'il mena contre l'hypocrisie et le mensonge en faisaient à ses yeux une sorte de héros intellectuel et moral qui lui donne une place à côté de ceux qui ont influencé l'auteur du *Tractatus* : Boltzmann, Hertz, Schopenhauer, Frege, Russell, Loos, Weininger, Spengler et Sraffa.

En 1914, Wittgenstein se rend à Vienne. À la veille de la guerre, il se porte volontaire dans un régiment d'artillerie, et, en 1915, il est envoyé sur le front. De ces années de guerre, successivement passées en Galicie, à Olmütz, dans les Carpates orientales, puis sur le front du sud, datent ses *Carnets*. Une partie en a été publiée sous le titre : *Carnets 1914-1916*, il s'agit de celle qui correspond à la période d'élaboration du *Tractatus logico-philosophicus* (*) ; une autre, plus récemment, sous le titre : *Diari segreti*, en Italie en 1987. Cette dernière contient des notes plus intimes. On peut y apprécier à leur juste mesure l'état d'esprit de Wittgenstein, la nature de ses tourments ou les préoccupations éthiques et religieuses qui l'animèrent, et dont son œuvre peut difficilement être dissociée. On se souviendra, à cet égard, de la question de Russell à Wittgenstein, alors que celui-ci semblait plongé dans un état de concentration extrême : « À quoi pensez-vous, Wittgenstein, à la logique ou à vos péchés ? » Russell ne fut pas peu surpris de s'entendre dire : « Aux deux ».

De la guerre et de la période de captivité qui suivit, lorsque Wittgenstein fut fait prisonnier par les Italiens, datent diverses rencontres, plusieurs amitiés : la rencontre de Paul Engelmann, par exemple, en 1916, élève de Loos et ami de Kraus. À Monte Cassino, Wittgenstein fit également la connaissance de Ludwig Hänsel qui joua, après la guerre, un rôle important dans la vaste réforme scolaire en Autriche. C'est à ce moment-là que, le manuscrit du *Tractatus logico-philosophicus* ayant été achevé, Wittgenstein tenta en vain de le faire publier, avant qu'il ne finît par être accueilli, grâce à l'appui de Russell, par les *Annalen der Naturphilosophie* en 1921. Entre-temps, Wittgenstein avait été libéré. Il était rentré en Autriche, s'était défait de sa fortune et avait décidé de devenir instituteur. Pendant un an, il suivit alors les cours de l'École de formation de la Kundmanngasse, tout près du futur emplacement de la maison qu'il devait construire plus tard, avec Paul Engelmann, pour sa sœur Margarete. C'est dans ces conditions que, le 5 juillet 1921, il obtint son diplôme d'instituteur, avant de passer l'été comme jardinier dans un monastère. Ensuite, pendant six années, Wittgenstein enseignera en Basse-Autriche, à Hassbach, Puchberg am Schneeberg et à Otterthal. Sans doute faut-il y voir l'une des périodes les plus sombres de son existence, mais cela ne l'empêcha pas de prendre son nouveau métier très au sérieux, comme en témoigne le *Vocabulaire à l'usage des écoles publiques* [*Wörterbuch für Volksschulen*], qu'il publie en 1926, peu avant de démissionner et de rentrer à Vienne. C'est alors que sa sœur Margarete le persuade de prendre en main la construction de la maison dont elle avait initialement confié le projet à Paul Engelmann. À nouveau, Wittgenstein investit toute son énergie dans cette tâche, avec enthousiasme et scrupule. La construction de la maison durera de 1926, l'année de la mort de sa mère, à 1928. Dès 1927, toutefois, sa sœur Margarete avait organisé une rencontre avec Moritz Schlick, le fondateur du « Cercle de Vienne », avec qui un premier contact avait eu lieu en 1924. Ainsi s'opéra un retour à la philosophie, pour ne pas dire un nouveau tournant, marqué par des entretiens qui eurent lieu avec Schlick, Carnap, Neurath, Waismann, et qui se prolongèrent jusqu'en 1932. Mais en 1929 Wittgenstein retourne à Cambridge : il y finira ses jours. Le *Tractatus*, qui a été publié en anglais en 1922, est accepté comme thèse de doctorat, et, cette année-là, Wittgenstein commence à établir les différents cahiers et les fiches qui fourniront la matière des œuvres publiées après sa mort : les *Recherches philosophiques* (*), les *Remarques sur les fondements des mathématiques* [*Bemerkungen über die Grundlagen der Mathematik*, 1956], *Le Cahier brun et le Cahier bleu* (+) 1958, les *Carnets* (+) 1961, les *Remarques philosophiques* [*Philosophische Bemerkungen*, 1965], les *Leçons et Conversations* [*Lectures and Conversations on Aesthetics, Psychology and Religious Belief*, 1966], les *Remarques sur le Rameau d'or de Frazer* [*Bermerkungen über Frazers Golden Bough*, 1967], les *Fiches* [*Zettel*, 1967], *Ludwig Wittgenstein et le Cercle de Vienne* [*L. W. und der Wienerkreis*, 1967], les *Notes sur l'expérience privée et les sense data* [*Wittgenstein's Notes for Lectures on « Private Experience » and « Sense Data »*, 1968], *De la certitude* [*Über Gewissheit*, 1969], la *Grammaire philosophique* [*Philosophische Grammatik*, 1969], le *Prototractatus* (+) (1969), les *Remarques sur les couleurs* [*Bemerkungen über die Farben*, 1978], les *Remarques mêlées* [*Vermischte Bemerkungen*, 1978], les *Remarques sur la philosophie de la psychologie* [*Bemerkungen über die Philosophie der Psychologie*, 1980], les *Études préparatoires à la seconde partie des « recherches philosophiques »* [*Last Writings on the Philosophy of Psychology*, 1982], sans compter les textes issus des leçons que Wittgenstein donna à Cambridge, sur différents sujets comme les mathématiques ou la psychologie, au cours des dernières années de sa vie.

Le 11 février 1939, Wittgenstein succède à Moore. Il prend la nationalité britannique le 14 avril et rédige la troisième partie des *Remarques sur les fondements des mathématiques* en octobre 1939. En 1941, il s'engage dans les services de santé. En 1944, il retourne à Cambridge. De ces années datent les manuscrits d'où sont issus les *Remarques sur la philosophie de la psychologie,* les *Conversations sur Freud* (1942-1946), ainsi que les *Derniers écrits sur la philosophie de la psychologie* [*Letzte Schriften über die Philosophie der Psychologie*]. De 1949 à 1951, date à laquelle il s'installe chez son médecin, le docteur Bevan, il voyage aux États-Unis (1949) et en Norvège (1950). Au moment où il meurt, le 29 avril 1951, il laisse deux manuscrits, de composition récente, les *Remarques sur les couleurs* et *De la certitude.*

Mis à part le *Tractatus,* les *Remarques sur la forme logique* et le *Dictionnaire* qu'il rédigea pendant les années passées en Basse-Autriche, Wittgenstein n'a rien publié de plus de son vivant. Les livres que l'on possède aujourd'hui ont été édités, au fil des ans, par ses exécuteurs testamentaires, à partir de ses différents carnets. À partir de 1951, plusieurs découvertes ont été faites à Vienne. Un important manuscrit dactylographié, l'un des textes les plus élaborés que Wittgenstein ait laissés : « Grand manuscrit » [Big Typescript] en fait notamment partie. À l'heure qu'il est, malgré des projets tout à fait précis, en particulier un projet norvégien établi sous la responsabilité de G. E. von Wright, une édition du « Big Typescript » n'a pu être envisagée. Malgré ce que pensent certains spécialistes de Wittgenstein, comme J. Hintikka, il n'est pas certain que cette publication, si elle devait avoir lieu, modifierait significativement la connaissance de Wittgenstein.

On distingue ordinairement deux périodes dans la pensée de Wittgenstein : celle du *Tractatus* et celle des *Recherches philosophiques,* malencontreusement traduites sous le titre : « Investigations ». Le passage du « premier » au « second » Wittgenstein est notamment marqué par deux visions différentes du langage, l'une qui y voit le reflet de la réalité sur le modèle d'une correspondance formelle avec le monde, l'autre qui, à travers une recherche tournée vers ce que Wittgenstein appelle désormais les « jeux de langage », privilégie l'« usage », l'appartenance de tout langage à une « forme de vie », et se sépare du paradigme de la « représentation » qui marquait les premières orientations de la pensée wittgensteinienne. Ces deux composantes successives ont exercé une influence décisive, la première sur les thèses du Cercle de Vienne et, en se conjuguant à l'influence respective de Russell et de Moore, sur les premières orientations de la philosophie analytique anglo-saxonne ; la seconde, sur des théories comme celle des actes de langage qui, avec J. L. Austin d'abord, puis J. Searle, ont donné un prolongement à la dimension pragmatique de la philosophie des jeux de langage.

Wittgenstein a souvent dit qu'il ne souhaitait pas voir son œuvre continuée par d'autres que lui. Certaines de ses réflexions le montrent même très réservé, pour ne pas dire hostile, à l'endroit des signes annonciateurs de la « philosophie du langage ». Mais son importance pour la philosophie se mesure peut-être moins aux idées ou aux courants que sa pensée a nourris, parfois malgré lui, qu'à ce qui le sépare des ambitions théoriques en tous genres auxquelles la philosophie a donné lieu. Car la philosophie, pour Wittgenstein, ne consistait pas à édifier des thèses ou des systèmes. Le but en était plutôt, pour lui, thérapeutique et descriptif : défaire les nœuds dont souffre notre langage, ainsi que les « crampes mentales » qui en sont issues, lui paraissait une tâche beaucoup plus importante que de céder à la fièvre théorique et aux ravages qu'elle cause sur les esprits. Sa contribution philosophique, en ce sens, ne doit pas grand-chose, il faut bien le dire, à l'héritage d'une tradition dont il s'est assez peu soucié. L'auteur du *Tractatus* est venu à la philosophie à partir d'un horizon étranger et il ne s'est jamais comporté en autochtone ; les dettes qu'il y a contractées sont relativement modestes au regard de celles de ses contemporains, et on ne peut dire que les pratiques de ces derniers lui soit devenues familières, même si son œuvre a investi la philosophie d'un sens neuf qu'elle tient désormais en réserve.

JEAN-PIERRE COMETTI.

♦ *« Les traits les plus caractéristiques de Wittgenstein étaient la grandeur et la pureté de son sérieux et la puissance de son intelligence. Je n'ai jamais rencontré un homme qui m'ait plus fortement impressionné de ces deux points de vue. » « Wittgenstein n'était pas à proprement parler un érudit. Son tempérament était fort différent de celui du savant typique. La "froide objectivité", "la méditation détachée" sont des étiquettes qui ne lui conviennent en rien. Il mettait toute son âme dans tout ce qu'il faisait. Sa vie fut un voyage perpétuel, et le doute était, à l'intérieur de lui, la force motrice. Ce n'est que rarement qu'il jetait un regard en arrière sur ses positions premières, et, lorsqu'il le faisait, c'était habituellement pour les répudier. »* Georg Henrik von Wright.

RÉF. : G. G. Granger, *Ludwig Wittgenstein,* Paris, 1969 ; *Invitation à la lecture de Wittgenstein,* Aix-en-Provence, 1990. – J. Bouveresse, *Wittgenstein, la rime et la raison,* Paris, 1973 ; *Le Mythe de l'intériorité,* Paris, 1976 ; *La Force de la règle,* Paris, 1987 ; *Le Pays des possibles,* Paris, 1988 ; *Philosophie, mythologie et pseudo-science,* Combas, 1991. – G. Hottois, *La Philosophie du langage de Wittgenstein,* Paris, 1976. – A. Janik et S. Toulmin, *Wittgenstein, Vienne et la modernité,* Paris, 1978. – J.-P. Cometti (dir.), « Ludwig Wittgenstein », n° spécial du *Sud,* Marseille, 1986 ; *Aspects de Wittgenstein,* Marseille, 1989 ; *Philosopher avec Wittgenstein,*

Paris, 1993. – G. H. von Wright, *Ludwig Wittgenstein*, Mauvezin, 1986. – P.-L. Assoun, *Freud et Wittgenstein*, Paris, 1988. – F. Schmitz, *Wittgenstein, la philosophie et les mathématiques*, Paris, 1988. – « Wittgenstein (1889-1989) », *Revue internationale de philosophie*, n° 169, 1989. – C. Chauviré, *Ludwig Wittgenstein*, Paris, 1990. – *Tradition et rupture : Wittgenstein et la critique du monde moderne*, Bruxelles, 1990. – F. Dumoncel, *Le Jeu de Wittgenstein*, Paris, 1991. – B. MacGuinness, *Ludwig Wittgenstein*, Paris, 1991. – J. Hintikka, *Investigations sur Wittgenstein*, Bruxelles, 1991. – J. Schulte, *Lire Wittgenstein ; Dire et montrer*, Combas, 1992. – A. Soulez et J. Sébestik, *Wittgenstein et la philosophie aujourd'hui*, Paris, 1992. – « Ludwig Wittgenstein et l'esthétique », *La Part de l'œil*, Bruxelles, 1992.

WITTKOWER Rudolf. Historien d'art américain d'origine allemande. Né le 22 juillet 1901 à Berlin, mort à New York le 11 octobre 1971. (Émigré en Grande-Bretagne en 1934.) Il avait étudié, de même que Panofsky, auprès de Goldschmidt à Berlin avant de passer dix ans (1923-1933) à Rome à la Biblioteca Hertziana, où il réalisa une monumentale bibliographie de Michel-Ange (1927) et un catalogue raisonné des dessins de Bernin (en collaboration avec Brauer, 1931). Mais son domaine de prédilection allait être l'architecture et la sculpture de l'Italie aux XVIe et XVIIe siècles. Citons, notamment, ses travaux sur Bernin (1931) et la coupole de Saint-Pierre (1955). De 1934 à 1955, il participa aux travaux de l'Institut Warburg à Londres, où il poursuivit des recherches sur les symboles figurés et les systèmes de proportions en architecture. Dans les *Principes de l'architecture à l'âge de l'humanisme* [*Architectural Principles in the Age of Humanism*, 1940], il montra pour la première fois comment, par l'adoption de formes antiques, Alberti et Palladio réussirent à donner à des édifices une valeur intellectuelle, voire religieuse. Il restera toujours très attaché à l'Italie et à son baroque somptueux, auquel il consacra un *Art et architecture en Italie, 1600-1750* [*Art and Architecture in Italy, 1600-1750*, 1958] qui demeure un ouvrage de référence irremplacé, à côté de son *Palladio* [*Palladio and Palladianism*] et de *La Tradition classique à la Renaissance* [*The Classical Tradition in the Renaissance*].

De 1949 à 1956, il enseigna l'histoire de l'art à l'université de Londres, avant de devenir, pour quinze ans, le patron du département d'histoire de l'art et d'archéologie de l'université de Columbia qui, sous sa direction, devint l'un des meilleurs centres de recherche. Mais de son passage à l'Institut Warburg, il conserva un autre centre d'intérêt qui le rapprocha des préoccupations d'un Baltrušaitis, d'un Seznec ou d'un Edgar Wind : il s'agit du problème des « échanges culturels », et plus précisément de l'influence des civilisations non européennes sur l'art occidental. Ses essais sur « Marco Polo et la tradition picturale des Merveilles de l'Orient » et, surtout, ceux qu'il a consacrés aux hiéroglyphes et à l'impact conceptuel de l'Égypte à partir du XVe siècle sont autant de chefs-d'œuvre d'une rigueur de pensée et d'une érudition exemplaires. Ses recherches, dans l'esprit de Warburg, sur l'allégorie et ce qu'il appelait la « migration des symboles » occupèrent les dernières années de sa vie tandis que, avec le concours de sa femme Margot, il poursuivit une grande enquête sur la mélancolie des artistes de l'Antiquité à la Révolution française sous le titre *Les Enfants de Saturne* (*) (1963). Plusieurs volumes d'essais et de conférences inédites ont été publiés après sa mort sous la direction de D. M. Reynolds et de son épouse et collaboratrice Margot Wittkower.

PIERRE-EMMANUEL DAUZAT.

WITTLIN Józef. Homme de lettres polonais. Né à Dmytrow (Galicie) le 17 août 1896, mort à New York le 28 février 1976. Élevé à Lwów, puis à Vienne, il fait la guerre dans les Légions, puis dans l'armée autrichienne. Lié après 1919 au groupe littéraire de la revue expressionniste *Zdrój* [*La Source*], puis aux poètes du mouvement « Skamander », fixé un moment à Łódź, puis à Varsovie, il vit surtout de traductions : *L'Odyssée* (*), *L'Épopée de Gilgamesh* (*), *Don Quichotte* (*), *Les Mille et Une Nuits* (*), *Pinocchio* (*), *Le Brave Soldat Švejk* (*). C'est seulement en 1936 que son roman *Le Sel de la terre* (*) lui apporte la célébrité. Cette geste du « fantassin patient » comporte une bonne part d'observations personnelles et de souvenirs précis. C'est un tableau de la guerre vue par les yeux d'un paysan houtsoule mobilisé dans l'armée hongroise, qui ne comprend rien, obéit, souffre sans oser se plaindre, et devient le symbole de la condition humaine face à l'absurdité du monde. Avec beaucoup de pudeur et de discrétion, Wittlin a dressé là un réquisitoire que la date de sa publication rend étrangement prémonitoire et émouvant. Réfugié en France en 1939, puis au Portugal, Wittlin s'est fixé aux États-Unis, publiant jusqu'à sa mort des articles politiques dans les revues de l'émigration polonaise.

WOESTIJNE Karel van de. Écrivain belge d'expression néerlandaise. Né à Gand le 10 mars 1878, mort à Zwijnaarde le 23 août 1929. Auteur marquant du symbolisme néerlandais, Woestijne n'a cessé dans ses œuvres d'exprimer le tiraillement incessant et angoissant que suscitait la lutte entre l'esprit et la sensualité. Le recueil de poèmes *La Maison paternelle* (1913) puise dans les souvenirs du temps de l'enfance où s'introduit déjà le désir de la mort. Avec *Le Verger des oiseaux et des fruits* (1905), *L'Ombre d'or* (1910), *L'Homme de boue* (*) (1920), s'exaltent la jouissance, l'amour, la volupté, mais aussi parallèlement les sentiments d'insatisfaction et de culpabilité.

Dieu devant la mer (1926), *Le Lac de montagne* (1928) traduisent une spiritualité grandissante. L'œuvre de Woestijne n'est pas sans parenté avec celle de Rainer Maria Rilke ou de Stephan George et peut-être plus encore avec l'esthétique de Baudelaire. Woestijne est aussi un brillant essayiste dont les travaux ont été réunis dans *Esprit et art en Flandre* (1904-1911) et *Pas de vis* (1928). Les articles qu'il écrivit pour un journal hollandais pendant vingt-six ans révèlent un journaliste hors pair.

RÉF. : A. Westerlinck, *De psychologische figuur von Karel van de Woestijne als dichter*, Amsterdam, 1952. – M. Rutten, *Karel van de Woestijne*, Bruges, 1970. – A. M. Musschoot, *Karel van de Woestijne en het symbolisme*, Gand, 1975. – A. Westerlinck, *De eerste rijpe jaren van Karel van de Woestijne*, Nimègue, 1982.

WOLF Christa. Romancière allemande, née le 8 mars 1929 à Landsberg (Gorzow Wielkopolski). Christa Wolf est à la fois indissolublement ancrée dans l'histoire de l'ex-R.D.A. et résolument atypique de la culture développée dans cette société. Elle a été sans doute la seule, parmi sa génération d'écrivains, à pouvoir prétendre en son temps à une reconnaissance de part et d'autre du Mur. Un parcours exemplaire, dans la jeune République démocratique, la conduit, après des études de germanistique à Iéna et Leipzig, à travailler comme assistante auprès de l'Union des écrivains allemands et rédactrice de la revue *Neue Deutsche Literatur*. Elle va vivre dès lors dans la difficile conciliation entre un engagement politique orthodoxe et une revendication insistante de singularité qui fera d'elle une personnalité à la fois officielle et marginale du pouvoir, contradictoirement soutenue et rejetée, jusqu'à la rupture à l'amiable, consommée au moment de l'affaire Biermann. Au cours des événements de novembre-décembre 1989, elle et son mari, l'essayiste Gerhard Wolf, militent activement pour le renouveau démocratique, mais sans pour autant souhaiter, semble-t-il, l'abolition pure et simple de l'identité de la R.D.A.

Son premier roman, *Le Ciel partagé* [*Der geteilte Himmel*, 1963], raconte la déchirure allemande à travers le destin d'un couple qui se défait ; lui, Manfred, ingénieur chimiste, choisit de faire carrière en R.F.A. tandis qu'elle, Rita, préfère participer en R.D.A. à la construction de la société socialiste, malgré toutes les difficultés et contradictions qu'elle aperçoit. « Le crépuscule descend peu à peu au fond des rues ; les gens sortent de leur travail et rentrent chez eux ; sur les murs sombres des maisons surgissent brusquement des carrés de lumière [...] Elle n'a pas peur de ne pas en avoir sa part. Elle sait qu'elle sera parfois fatiguée, parfois en colère ou de mauvaise humeur [...] Mais elle n'a pas peur. » Idéologiquement, voici un roman encore parfaitement « acceptable », dans la mesure où, malgré ses notations critiques, il encourage à persévérer dans la bonne voie, nourrit l'espoir de sortir un jour de la phase de transition de l'édification du socialisme (*Le Ciel partagé* reçoit d'ailleurs, à sa publication, en 1963, le prix Heinrich Mann) ; mais la manière de raconter porte déjà en germe toute la subversion de l'écriture de Christa Wolf : la fiction obéit à la perspective narrative délibérément « subjective » de Rita qui recompose sa vie après sa tentative de suicide – la prétendue lucidité politique se conquiert, quoi qu'on en ait, dans l'après-coup.

Le roman suivant de Christa Wolf, *Christa T.* [*Nachdenken über Christa T.*, 1968], accentue encore cet hiatus. Le message politique est plus désenchanté : la conciliation entre la revendication individuelle et la sphère sociale semble de plus en plus douteuse. À travers la biographie « réfléchie » [nachdenken] de l'héroïne qui, après avoir partagé le rêve et milité pour une société meilleure, meurt en 1963 de leucémie, se lit l'histoire de toute une génération déçue. La forme romanesque dilue les repères spatio-temporels et pronominaux. Qui parle ? Qui est qui ? Au bout de cette logique de la nostalgie de l'identité, le recueil de nouvelles *Trois histoires invraisemblables* [*Unter den Linden. Drei unwahrscheinliche Geschichten*, 1974] plonge, sur les traces d'E.T.A. Hoffmann, aux sources du romantisme : le fantastique est utilisé non pas comme l'instrument d'une fuite, mais paradoxalement comme la seule écriture adéquate de l'aliénation sociale. *Trame d'enfance* (*) (1976) regarde en arrière – récit du nazisme ordinaire vécu par la jeune Nelly Jordan dans la petite ville de Landsberg –, sans pour autant se concevoir comme un roman historique, mais au contraire comme une tentative pour mieux comprendre le présent : « Je crois que tout ce que fait, ou ne fait pas, notre génération d'aujourd'hui tient à son enfance. » *Aucun lieu. Nulle part* [*Kein Ort. Nirgends*, 1979] imagine la rencontre, en 1804, entre Heinrich von Kleist et Caroline de Günderode, habités de conserve par « l'impossibilité de se couler dans une relation conventionnelle au monde ». Enfin *Cassandre* [*Kassandra*, 1983], que Christa Wolf compose parallèlement à un cycle de conférences sur la poétique données à l'université de Francfort-sur-le-Main, offre une méditation sur la société contemporaine à la lumière du mythe grec : la princesse troyenne est celle qui a osé dire sa propre vérité avant que la parole des femmes soit colonisée et confisquée par les hommes ; la femme-prêtresse, poétesse, « intellectuelle », est tenue pour folle et son verbe interprété irrévocablement comme une menace. Face au dogme du « réalisme » officiel en R.D.A., toute l'œuvre de Christa Wolf obéit à l'irrévérence de ce qu'elle appelle l'« authenticité subjective » : « On écrit toujours à partir du moment où la réalité ne va plus de soi. »

JEAN-JACQUES POLLET.

RÉF. : A. Stephan, *Christa Wolf*, Munich, 1976. – M. Jurgensen (éd.), *Wolf*, Berne, 1984.

WOLF Hugo. Compositeur autrichien. Né à Windischgrätz en Styrie le 13 mars 1860, mort à Vienne le 22 février 1903. Il eut une vie inquiète et tourmentée. Alors qu'il était à Vienne élève du Conservatoire, il eut l'occasion, en 1875, de rencontrer Wagner qui dirigeait *Tannhäuser* (*) et *Lohengrin* (*) dans cette ville, ce qui exerça une grande influence sur son orientation musicale. Mais son caractère anxieux et agité, son refus de se plier aux usages établis, le firent renvoyer du Conservatoire après deux ans d'études. Il restait seul, sans appui, et dut donner des leçons de piano pour vivre. C'est de cette sombre époque que datent ses *Lieder* (*), qui furent accueillis avec hostilité car il s'était fait beaucoup d'ennemis par ses critiques musicales. Après un séjour à Bayreuth, il publia son *Livre de chansons espagnoles* (+) (1889). Son agitation nerveuse l'obligea de cesser tout travail, juste au moment où sa réputation s'affirmait dans le monde allemand. En 1896, il retrouva un certain équilibre et composa *Le Corrégidor* [*Der Corregidor*], qui fut accueilli favorablement mais n'atteignit pas le grand public. L'année suivante, alors qu'il travaillait à son *Manuel Venegas* et aux *Chants de Michel-Ange* [*Michelangelos Gesänge*], il fut pris d'une crise de folie.

RÉF. : Claude Rostand, *Hugo Wolf*, Paris, 1967. – Erik Werba, *Hugo Wolf oder der zornige Romantiker*, Vienne, 1971 ; *Hugo Wolf und seine Lieder*, Vienne, 1984. – Mosco Carner, *Hugo Wolf's Songs*, Londres, 1982, trad. *Les Lieder de Hugo Wolf*, Arles, 1987.

WOLFE Thomas (pseud. de Thomas Clayton). Romancier américain. Né le 3 octobre 1900 à Asheville (Caroline du Nord), mort le 15 septembre 1938 à Baltimore. Fils d'un tailleur de pierre devenu alcoolique et d'une tenancière de pension de famille, Wolfe eut une jeunesse malheureuse et tourmentée. Il fit ses études à l'université de la Caroline du Nord, puis à Harvard. Professeur de littérature à New York pendant plusieurs années, il mit dans son enseignement cette même ardeur indisciplinée qu'il employait à écrire, lire, parler, manger. Géant, au physique comme au moral, il mettait à tout ce qu'il faisait une sorte de frénésie. Maxwell Perkins, son « editor » chez Scribner, eut à réduire à quelques centaines de milliers de mots des romans en totalisant plusieurs millions. Le premier de ses romans : *Aux sources du fleuve* (*) (1929) fut, en fait, le premier volume d'une autobiographie étirée jusqu'aux dimensions imaginaires de quelque fable grandiose où ses parents, ses concitoyens prennent la stature des dieux germaniques. Narrées à la première personne, les aventures du jeune homme, consumé par la « contagion merveilleuse de la pensée et de la passion », et qui explore l'Amérique et l'Europe à la recherche du « fleuve de vie souterrain et terrible », se continuent dans *Au fil du temps* (*) (1935), où le héros nous est présenté, à la troisième personne cette fois (décision à laquelle Perkins avait poussé Wolfe), comme une réincarnation d'Oreste, de Jason, d'Antée, de Faust, de Télémaque... Dans les deux romans suivants : *La Toile et le Roc* (*) (1939) et *Tu ne peux plus retourner à la maison* [*You Can't Go Home Again*, 1940], Wolfe rebaptisa son héros George Webber, espérant ainsi (mais vainement) « sortir » de ce personnage ; il était impossible de discerner s'il s'y référait comme à « il » ou comme à « je ». Ces deux derniers romans furent publiés après sa mort : il mourut à trente-sept ans des suites d'une pneumonie. Il n'a pas d'égal dans la littérature américaine comme rhapsode et satiriste de l'atmosphère métropolitaine, dont son imagination s'empara avec un mélange de haine, d'horreur et d'insatiable fascination, ni comme créateur de personnages imaginaires (portraits de personnages réels qu'il avait dotés d'un génie démoniaque) ; mais son génie même se trouva pris dans un verbalisme incontrôlé, indiscriminé, et dans une intensité soutenue avec une telle monotonie qu'à la longue elle finit par se neutraliser ou devenir seulement ennuyeuse. Cela n'empêche nullement son œuvre de faire l'objet d'un culte, et la production critique d'aller croissant.

♦ *« Je sens couler en moi comme un grand fleuve et ce que je dois faire, c'est lui creuser un canal dans lequel son flot et sa puissance pourront s'écouler. »* Thomas Wolfe. ♦ *« Je nous ai classés [mes contemporains et moi] non selon ce que nous avons accompli, mais selon la splendeur de notre échec, et j'ai classé Thomas Wolfe en tête, non en raison de ce qu'il a accompli, mais parce que c'est lui qui a – qui a osé le plus, à mon avis. »* William Faulkner. ♦ *« Bien qu'il aspire à devenir un artiste, il n'a ni le temps ni le goût de discipliner des dons qui lui paraissent secondaires au regard de cette faculté qu'il a d'accoucher la vie, de donner naissance à une matière vivante, chaude, palpitante, fût-elle enduite de glaires et d'humeurs... Il se voit comme un phénomène de la nature. »* Maurice Nadeau.

RÉF. : Bibliographie : John S. Phillipson, *Thomas Wolfe : A Reference Guide*, Boston, 1977.

Biographie : David Donald, *Look Homeward : A Life of Thomas Wolfe*, Boston, 1987.

Critique : Malcolm Cowley, *A Second Flowering : Works and Days of the Lost Generation*, New York, 1973. – Louis Rubin, Jr., *Thomas Wolfe : A Collection of Critical Essays*, Englewood Cliffs (New Jersey), 1973. – Hugh Holman, *The Loneliness at the Core : Studies in Thomas Wolfe*, Baton Rouge (Louisiana), 1975. – Monique Decaux, *La Création romanesque chez Thomas Wolfe*, Paris, 1977. – John Phillipson, *Critical Essays on Thomas Wolfe*, Boston, 1985. – John Idol, Jr., *A Thomas Wolfe Companion*, New York, 1988.

WÖLFFLIN Heinrich. Historien suisse d'expression allemande. Né à Winterthur le 21 juin 1864, mort à Zurich le 19 juillet 1945. Il fit ses études à Munich, puis à Bâle où il subit l'influence de Heinrich Brunn et de Jakob Burckhardt. En 1885, il écrit à ses parents son projet d'étudier l'histoire de l'art de manière philosophique. En 1887, il fait un séjour à Rome et y amasse des observations sur l'architecture et la peinture qui serviront à l'élaboration de son grand ouvrage : *Renaissance et Baroque* (*) (1888), qui a exercé une très grande influence sur l'évolution de l'historiographie des arts. En 1889, à Florence, il se lie d'amitié avec Konrad Fiedler. Nommé professeur, Wölfflin enseigna successivement à Bâle (1893-1901), Berlin (1901-12), Munich (1912-24) et Zurich où il demeura dès lors jusqu'à la fin de sa vie. Son œuvre se poursuivit avec la publication, en 1899, de *L'Art classique* (*). La personnalité de Wölfflin commence à se dégager à travers les thèmes traités dans ce livre, mais ce n'est qu'avec *Principes fondamentaux de l'histoire de l'art* (*) (1915), où il fait une synthèse personnelle des différentes tentatives de Burckhardt, Fiedler et Hildebrand, qu'il donnera à ses idées une expression originale. Cet immense ouvrage admirablement construit est l'une des étapes les plus marquantes de l'historiographie de l'art. Parmi les autres œuvres de Wölfflin on peut citer : *L'Art d'Albert Dürer* [*Die Kunst Albrecht Dürers,* 1905] ; *Le Sentiment de l'art en Italie et en Allemagne* [*Italien und das deutsche Formgefühl,* 1931] et *Réflexions sur l'histoire de l'art* [*Gedanken zur Kunstgeschichte,* 1941].

RÉF. : F. Landsberger, *Heinrich Wölfflin,* Berlin, 1924. – H. Levy, *Heinrich Wölfflin, sa théorie, ses prédécesseurs,* Rottweil, 1936. – F. Strich, *Zu Heinrich Wölfflins Gedächtnis,* Berne, 1956. – B. Teyssèdre, « Présentation » de *Renaissance et Baroque* d'H. Wölfflin, Bâle, 1961. – J. Goldhammer Hart, *Heinrich Wölfflin : An Intellectual Biography,* Berkeley, 1981. – M. Lurz, *Heinrich Wölfflin, Biographie einer Kunstheorie,* Worms, 1981.

WOLFRAM VON ESCHENBACH. Poète épique allemand. Né vers 1170 à Eschenbach (Franconie centrale) où il mourut après 1216. Le peu que nous savons de sa vie est déduit des rares allusions qu'il y fait dans ses œuvres. Il était de noble famille féodale, sans doute fils cadet, car il se plaint de sa pauvreté ; ainsi s'explique également le fait qu'il ne résida que dans ses premières années au domaine paternel, mais erra de château en château dans les petites cours environnantes. Il ne fut cependant pas poète de cour, mais chevalier et homme d'armes qui offrait son épée aux seigneurs. Au début du XIIIe siècle, devenu un poète connu, il fut accueilli à la cour du landgrave de Thuringe qui réunissait à cette époque les poètes allemands les plus renommés. Mais cette vie de cour ne satisfit sans doute pas encore le chevalier avide de nobles entreprises ; il dut quitter cette résidence, car il passa ses dernières années dans le domaine familial où il mourut. Certains passages laissent penser qu'il eut une femme et une fille, ou peut-être plusieurs enfants. Mais, pour connaître l'homme et le poète, nous avons pour tout recours ses œuvres, c'est-à-dire ses quelques poésies lyriques – v. *Minnesang* (*) –, et son chef-d'œuvre *Parzival* (*), que l'on pense être son premier ouvrage. L'autre poème épico-narratif, *Willehalm* (*), serait postérieur (car, en outre, il est demeuré inachevé), contemporain peut-être de ces deux petits poèmes à strophes également fragmentaires, auxquels l'on a donné le nom de *Titurel ou Sigune et Schionatulander* (*). Jamais comme dans le chef-d'œuvre de Wolfram la description du monde chevaleresque n'a atteint dans la littérature allemande une expression aussi élevée moralement et d'une telle perfection artistique.

RÉF. : M. Paetzel, *Wolfram von Eschenbach und Crestien de Troyes,* Berlin, 1931. – M. Wilmotte, *Le Poème du Graal* Paris, 1933. – H. H. Glunz, *Die Literarästhetik des europäischen Mittelalters,* Bochum, 1937. – J. Fourquet, *Wolfram d'Eschenbach et le conte du Graal,* Strasbourg, 1938. – G. Baümer, *Wolfram von Eschenbach,* Stuttgart, 1939. – J. Bumke, *Wolfram von Eschenbach,* Stuttgart, 1981.

WOLLSTONECRAFT Mary. Écrivain anglais. Née à Londres le 27 avril 1759, morte dans cette même ville le 10 septembre 1797. Considérée aujourd'hui comme la première féministe britannique digne de ce nom, Mary connut une enfance difficile sous la domination d'un père ivrogne et tyrannique, et la préférence marquée des deux parents pour son jeune frère Ned fit naître en elle un profond sentiment d'amertume et d'injustice. À l'âge de dix-neuf ans, elle partit travailler comme dame de compagnie jusqu'à la mort de sa mère en 1782. Deux ans plus tard, en 1784, Mary lançait un premier défi à la société en convainquant sa sœur cadette Eliza de quitter son mari. Puis, avec le concours de celle-ci et de Fanny Blood, son amie de longue date, Mary ouvrit une école à Newington Green, qu'elle fut malheureusement contrainte de fermer au bout de quelques mois. Cet épisode constitue une étape importante dans la vie de Mary Wollstonecraft, car ce fut pour elle l'occasion de se lier avec plusieurs personnalités de tendance libérale et de se pencher sur le problème de l'éducation des filles auquel elle consacra son premier ouvrage, *Réflexions sur l'éducation des filles* [*Thoughts on the Education of Daughters*] qui parut en 1787. Dans l'intervalle, la jeune femme avait dû prendre un emploi de gouvernante chez lord et lady Kingsborough qu'elle suivit successivement à Michelstown, près de Cork, puis à Dublin et à Bristol. Mais, congédiée en août 1787, elle décida alors de vivre de sa plume et grâce à Joseph Johnson, éditeur aux idées radicales, elle travailla comme critique et traductrice au nouveau magazine *The Analytical Review* et rencontra à cette occasion de nombreux écrivains et intellectuels de renom, comme William Blake et Thomas Paine. En 1788,

Johnson publia son roman *Mary* ainsi que ses *Histoires originales* [*Original Stories*], puis en 1790, mais cette fois-ci anonymement, le texte que Mary Wollstonecraft écrivit en réponse aux *Réflexions sur la révolution française* (*) d'Edmund Burke, intitulé *Défense des droits de l'homme* [*A Vindication of the Rights of Man*]. À la suite du succès rencontré par cet ouvrage, Mary, encouragée par Paine et Johnson, rédigea en six semaines *Défense des droit de la femme* (*) qui parut en 1792.

Partie en France à la fin de cette année-là, Mary Wollstonecraft y vécut, témoin des soubresauts de la Révolution, jusqu'en septembre 1795. Ce séjour fut marqué par une aventure tumultueuse avec un Américain, nommé Gilbert Imlay, dont elle eut une fille Fanny en 1794. De retour à Londres, où son ouvrage *Analyse historique et morale de la Révolution française* [*A Historical and Moral View of the French Revolution*] avait été publié en 1794, Mary recommença à travailler pour l'*Analytical Review* et écrivit un roman, *Maria ou le Malheur d'être femme* [*Maria or the Wrongs of Woman*], qui ne fut publié qu'après sa mort. La fin de sa vie fut marquée par sa liaison avec William Godwin qui l'épousera en mars 1797. Leur enfant, future épouse du poète Shelley et auteur de *Frankenstein* (*), naquit le 30 août 1797, mais Mary Wollstonecraft mourut des suites de l'accouchement quelques jours plus tard.

Mary Wollstonecraft connut une renommée indéniable dans les milieux intellectuels britanniques et internationaux de son temps. Mais si sa notoriété a survécu jusqu'à notre époque, c'est grâce à son livre *Défense des droits de la femme* qui fait date dans l'histoire du féminisme à laquelle son nom reste associé.

MARIE-FRANÇOISE CACHIN.

RÉF. : H. L. Brailsford, *Shelley, Godwin and their Circle,* Londres, 1913. – R. M. Wardle, *Mary Wollstonecraft : A Critical Biography,* Londres, 1951. – M. Ferguson et J. Todd, *Mary Wollstonecraft,* Boston, 1984.

WOOD Ellen (née Price, plus connue comme Mrs. Henry Wood). Écrivain anglais. Née à Worcester le 17 janvier 1814, morte d'une crise cardiaque le 20 février 1887. Fille aînée du propriétaire d'une fabrique de gants à Worcester, elle épousa en 1836 Henry Wood, directeur d'une importante compagnie bancaire, et vécut pendant une vingtaine d'années avec son mari en France, dans le Dauphiné. C'est là qu'elle commença à écrire des récits et nouvelles pour un périodique anglais. Rentrée en Angleterre et établie à Norwood, un petit roman intitulé *Danesbury House* lui valut de gagner un prix décerné par une ligue de tempérance. Mais le grand succès devait lui venir l'année suivante avec le roman *Lady Isabel* (*), qui connut une immense popularité et fut traduit dans presque toutes les langues européennes. Suivront beaucoup d'autres romans aujourd'hui oubliés parmi lesquels *Les Channing* [*The Channings,* 1862], *L'Ombre d'Ashlydiat* [*The Shadow of Ashlydyat,* 1863], *Roland Yorke* (1869). En 1867, elle fonda et dirigea sa propre revue, *The Argosy,* où elle publia la plus grande partie de ses propres travaux littéraires.

WOOLF Virginia. Romancière et essayiste anglaise. Née à Londres le 25 janvier 1882, elle se suicida le 28 mars 1941 près de Lewes dans le Sussex. Sa mère meurt lorsqu'elle a treize ans. Son père, sir Leslie Stephen, est connu comme l'une des figures les plus originales de l'Angleterre victorienne. Successeur de Thackeray à la direction du *Cornhill Magazine,* il s'attelle à de nombreux travaux philosophiques et littéraires, est l'un des premiers membres du Club alpin, et l'auteur de la fameuse *Histoire de la pensée anglaise au XVIIIe siècle* [*History of English Thought in Eighteenth Century*]. Ce « vieux monsieur adorable et un peu terrible » eut sur sa fille cadette une influence décisive. C'est avec lui qu'elle lut Platon et Spinoza, Montaigne et Hume, car une santé fragile lui interdisait de suivre un cycle normal d'études. Après sa mort, en 1904, les enfants de sir Leslie prirent l'habitude de recevoir leurs amis dans leur maison de Bloomsbury, qui donna bientôt son nom au groupe. Parmi eux se trouvaient les membres de la « Société de minuit » [Midnight Society], association universitaire de Cambridge d'où étaient sortis la plupart des amis d'Adrian et Thoby Stephen. Au cours des années, le « Bloomsbury Group » réunit des écrivains (Roger Fry, Duncan Grant), des historiens et des économistes (Lytton Strachey, J. Maynard Keynes), des critiques (Clive Bell, Desmond McCarthy). Vanessa Stephen, sœur de Virginia, ne tarda pas à devenir Mrs. Clive Bell, tandis qu'en 1912 Virginia épousait Leonard Woolf. Le groupe se dissocia au début de la Première Guerre, puis se reconstitua avec de nouveaux éléments, mais l'idéal restait le même, vérité et libre parole, amour de l'art et respect de la morale, goût de la tradition et culture de l'individu. En 1917, Virginia Woolf fonda avec son mari une maison d'édition, la « Hogarth Press », qui ne comportait au début qu'une machine à main, mais grandit rapidement. L'une des premières publications fut *Prélude* (+), de Katherine Mansfield. Suivirent des poèmes de T. S. Eliot, des nouvelles de Virginia Woolf, des œuvres de romanciers français et russes, de psychologues allemands. Le succès vint non du grand public, mais de cette petite aristocratie intellectuelle de « highbrows », dont Virginia Woolf resta toujours l'un des plus éminents spécimens. L'histoire de sa vie est alors indissociable de l'histoire de ses œuvres. Partagée entre ses occupations de directrice de maison d'édition et ses activités critiques (elle est correspondante de grands journaux londoniens), entre ses romans et ses amis, ses voyages et ses séjours sur la côte d'Écosse et de Cornouailles, elle publie, en vingt-six années, neuf romans, cinq essais importants et laisse – ils furent publiés après sa mort par Leonard Woolf – trois recueils d'essais, un de nouvelles, un roman posthume et le fameux *Journal d'un écrivain,* qui permet de suivre la genèse de cette œuvre abondante.

Le nom et l'exemple de Samuel Johnson paraissent avoir inspiré le titre de ses deux volumes d'essais les plus célèbres : *Le Lecteur ordinaire* [*The Common Reader*]. La fantaisie critique de Virginia Woolf s'exerce sur de grands auteurs anglais comme sur quelques figures féminines oubliées. Elle prend prétexte de l'un ou de l'autre pour exprimer ses idées sur le féminisme contemporain, idées qui sous les déguisements du roman se retrouvent dans toute son œuvre. Réunies sous le titre *Une chambre à soi* (*) et publiées en 1929, les conférences qu'elle prononce devant les étudiantes des grands collèges féminins de Cambridge analysent la transformation des mœurs dans le domaine politique et économique, et préconisent une évolution semblable dans celui de l'indépendance matérielle et de l'émancipation intellectuelle. Les deux premiers romans, *Croisière* [*The Voyage out*] et *Nuit et Jour* (*), sont publiés en 1915 et 1919. Ils doivent beaucoup encore à Bloomsbury pour le choix des personnages, le reflet des conversations et des préoccupations intellectuelles ou artistiques. Mais l'objet du roman apparaît déjà comme un désir d'éclaircir le mystère individuel d'une âme au moyen d'une description d'expériences psychologiques privilégiées, et les héroïnes sont comme les premières représentations de la figure féminine centrale qui, d'un bout à l'autre de l'œuvre romanesque, anime le roman de V. Woolf.

En 1922, 1925, 1927, Virginia Woolf abandonne progressivement la théorie du roman conventionnel doué d'une intrigue, de personnages bien individualisés, auxquels il arrive quelque chose à un moment précis. Jacob Flanders – v. *La Chambre de Jacob* (*) –, qui rappelle singulièrement le plus jeune frère de Virginia, Thoby, mort accidentellement en 1906, est moins un héros qu'une suite d'impressions multiples se déroulant à un rythme plus ou moins accéléré. Et Clarissa – v. *Mrs. Dalloway* (*) – n'est pas la plus parfaite hôtesse de Londres sans qu'on lise derrière sa vitalité indomptable une tristesse, une insensibilité et déjà une fascination de la mort. La *Promenade au phare* (*), qui devait valoir à la romancière, en 1927, le prix Fémina-Vie heureuse, étudie aussi le problème de la réalité de l'existence. Qu'est-ce que la vie ? Comment pénétrer « dans les galeries de l'esprit et du cœur », comment croire à une réalité extérieure, alors qu'elle est sans cesse modifiée par le flux de la vie intérieure ? C'est à ces questions qu'essaye de répondre Virginia Woolf, influencée par les notions de durée bergsonienne, par l'exemple de Marcel Proust et de James Joyce, autant que par la méthode des philosophes empiristes anglais. *Orlando* (*) (1928) est une allégorie romanesque d'un genre unique dans la littérature anglaise et dont la signification dépasse de loin l'apparente fantaisie. En imaginant un héros homme puis femme, mais surtout homme et femme, Virginia Woolf essaye de se libérer de l'espace et du temps, elle croit retrouver derrière la diversité des modes d'existence l'être continu, le « moi » présent, total. Qu'est-ce que la vie, qui suis-je ? « Des pièces, des morceaux, des fragments » qu'il est impossible de réunir. Pas davantage de solution dans *Les Vagues* (*) (1931), le plus important et le plus difficile des romans de Virginia Woolf. Rien ne permet ici de différencier les six personnages dont l'histoire individuelle est à peu près semblable, ainsi que le langage dans lequel ils l'expriment. Puisque la vie n'est qu'un tissu hâtif fait de pièces rapportées, Virginia Woolf romancière ne cherche pas une structure, une logique romanesque artificielle ; elle s'emploie à donner la même impression de discontinuité, d'incohérence que nous procure la vie de « lundi ou mardi ». Elle choisit dans la succession des instants le « moment d'être » qui cristallise une réalité mouvante. Son effort ne se porte pas sur la construction du roman, mais sur sa signification. Comme tant de ses contemporains, elle abandonne le roman panoramique pour le roman descriptif. D'où l'usage, sur le plan des techniques, celui du monologue intérieur, sonde de notre inconscient, d'une composition musicale, comme dans la *Promenade au phare,* autour d'un leitmotiv, de soliloques lyriques auxquels se mêlent des descriptions impersonnelles – d'où le manque apparent de cohérence, d'une écriture aussi décousue que les impressions fugitives qu'enregistre, comme une plaque sensible, la plume du romancier.

C'est ainsi que, d'autant plus audacieuse que le roman est devenu après la Première Guerre le genre littéraire le plus malléable, le plus souple qui soit, Virginia Woolf renverse la conception traditionnelle du roman, celle que les grand romanciers victoriens avaient mise à l'honneur. L'intrigue s'amenuise au point de disparaître tout à fait, le « character » s'évanouit : « La vie n'est pas une série de lanternes disposées symétriquement ; la vie est un halo lumineux, une enveloppe à demi transparente où nous sommes enfermés depuis la naissance de notre conscience jusqu'à la mort. » En faisant du monde invisible, celui qui habite le plus profond de notre conscience et aussi de notre inconscience, l'essence du roman, Virginia Woolf atteint à l'essence de la poésie. On trouvera dans cette appréhension « poétique » du monde les caractéristiques du roman de Virginia Woolf comme de celui de Marcel Proust avec lequel elle a beaucoup en commun : intérêt pour les problèmes de la durée romanesque et souci d'une forme d'art

qui puisse « redessiner », recréer le monde discontinu de la vie. Cette recherche tenace d'une forme de plus en plus souple, rompant chaque fois avec la précédente, amène Virginia Woolf, dans *Entre les actes* (*), à faire une espèce de synthèse de toutes les techniques précédemment utilisées. Elle est à l'œuvre lorsque éclate la Seconde Guerre mondiale. Déjà victime de dépressions assez graves et ayant à plusieurs reprises tenté de se suicider, elle supporte avec peine l'isolement né de la guerre, les raids quotidiens, et surtout elle est hantée par l'idée que cette fois-ci elle ne se remettra pas d'une crise semblable aux précédentes. Elle a alors près de soixante ans. Deux mois après la disparition de Joyce, au même âge que lui, fidèle à cet appel de l'eau qui s'entend à travers toute son œuvre, elle met fin à ses jours, laissant un nombre considérable d'essais inédits, une correspondance, un *Journal* (*) et le roman inachevé *Entre les actes* qui paraîtra après sa mort. Parmi ses romans, il convient de rappeler encore *Flush* (*) (1933) et *Années* (*) (1937).

MONIQUE NATHAN.

♦ *« Je ne veux rien écrire que je n'y aie du plaisir... Je n'écrirai jamais pour convertir ou pour plaire. »* V. Woolf. ♦ *« Elle écrit avec grand soin, extrêmement bien... et son style est quelquefois d'une étonnante beauté... Elle n'illumine pas par éclairs soudains mais répand une lumière douce et tranquille... Son œuvre est la perfection d'un type... Elle est peut-être plus représentative que l'œuvre de Joyce. »* T. S. Eliot. ♦ *« D'une main sévère et subtile ensemble, elle exclut de son œuvre tout ce qui n'est pas significatif de sa « vision » personnelle... Sa marque personnelle, en face de la puissance de Proust ou de l'âpre robustesse de Joyce, est l'affinement. »* F. Delattre. ♦ *« Les personnages de Virginia Woolf, si vous vous fondez sur le « caractère » ou le pittoresque pour les reconnaître, vous ne les verrez pas, vous ne les rencontrerez jamais... Ils sont, si j'ose dire, impressifs et non pas expressifs. Ou plutôt, s'ils sont expressifs, c'est de ce qui ne s'exprime pas. De merveilleuses méduses et délicates, portées par le flot jusqu'à nos rives, pour témoigner des mêmes abysses et de l'unique profondeur. »* M. P. Fouchet.

RÉF. : F. Delattre, *Le Roman psychologique de Virginia Woolf,* Paris, 1932. — D. Daiches, *Virginia Woolf,* Londres, 1935. — E. M. Foster, *Virginia Woolf,* Cambridge, 1942. — J. Bennett, *Virginia Woolf, her art as a novelist,* New York, 1945. — M. Chastaing, *La Philosophie de Virginia Woolf,* Paris, 1951. — J. K. Johnstone, *The Bloomsbury Group,* New York, 1954. — J. Hapley, *The Glass Roof : Virginia Woolf as novelist,* Berkeley, 1954. — M. Nathan, *Virginia Woolf par elle-même,* Paris, 1956. — J. Guiguet, *Virginia Woolf et son œuvre — L'art et la quête du réel* (thèse), Paris, 1962. — H. Richter, *Virginia Woolf — The Inward Voyage,* Princeton, 1970. — Q. Bell, *Virginia Woolf : a Biography* (2 vol.), Londres, 1972-1973. — T. E. Apter, *Virginia Woolf : a Study of her Novels,* Londres, 1979. — M. Dibattista, *Virginia Woolf's Major Novels, The Fables of Anon,* Yale, 1980. — B. J. Kirkpatrick, *A Bibliography of Virginia Woolf,* Oxford, 1980. — L. Gordon, *Virginia Woolf : a Writer's Life,* Oxford, 1984. — C. R. Miller, *Virginia Woolf : The Frames of Art and Life,* Londres, 1989.

WORDSWORTH William. Poète anglais. Né le 7 avril 1770 à Cockermouth (Cumberland), mort à Rydal Mount (Westmoreland) le 23 avril 1850. De celui qui écrivit que « l'enfant est le père de l'homme » il n'est pas vain de rappeler la vie, tant son œuvre, y compris lorsqu'elle chante la nature et décrit les paysages, apparaît comme la tentative pour s'en ressaisir selon les trois modalités mêlées de la réminiscence, de l'imagination créatrice et — moins heureusement peut-être — de la conscience critique.

À huit ans, l'année même où il entra à la « grammar school » d'Hawkshead, à proximité du lac d'Esthwaite, Wordsworth perdit sa mère. Cinq ans plus tard, ce fut au tour de son père, qui gérait en tant qu'avoué les propriétés du comte de Lonsdale, de disparaître. William, ses trois frères et sa sœur Dorothy, plus jeune que lui d'un an, vécurent alors de mornes années à Penrith, auprès de leurs grands-parents, gens bornés et mesquins. Grâce à des oncles, William put néanmoins poursuivre ses études à Cambridge (1787-1791). S'il y lut apparemment beaucoup, il ne montra guère de zèle, scolairement parlant. Durant l'été 1790, il entreprit en compagnie de Robert Jones un voyage à pied dans les Alpes françaises, en Suisse et en Italie du Nord, occasion d'un premier contact avec la France révolutionnaire. Bachelier ès arts en 1791, il y retourna, après un séjour de trois mois à Londres, dans l'intention d'y apprendre le français et de pouvoir ainsi servir de guide à des fils de grandes familles anglaises lors de leur « grand tour » quasi obligé à travers l'Europe. Un autre destin l'attendait. Après un bref séjour à Paris, Wordsworth s'installa d'abord à Orléans, puis à Blois, période cruciale s'il en fut de son existence, tant du point de vue politique qu'au regard de sa vie sentimentale. D'une part, en effet, la rencontre d'un officier partisan des idées républicaines le convertit un temps à la cause révolutionnaire. D'autre part, il s'éprit d'une jeune femme, Marie-Anne (dite Annette) Vallon, dont, en décembre 1792, il eut une fille, Caroline. Bien qu'ayant reconnu l'enfant, Wordsworth avait cependant, pour des raisons mal connues, regagné Paris avant sa naissance, puis l'Angleterre. La guerre, qui éclata en février 1793, l'empêcha de revenir épouser, comme il semble l'avoir désiré, celle qui devint en tout cas dès lors, abandonnée avec sa fille, l'objet d'un tourment et de remords durables, dont l'œuvre porte la trace. Il revit cependant deux fois Annette et Caroline, en août 1802 à Calais, alors qu'il était déjà fiancé avec Mary Hutchinson, puis en 1820, l'année même où il publia *Vaudracour et Julia* [*Vaudracour and Julia*], un récit en vers qui a trait à cet épisode de sa vie et qui figurait à l'origine au livre IX du *Prélude* (*). Il y eut également une correspondance suivie, dont quelques fragments ont subsisté, mais la plupart des documents relatifs à cette malheureuse idylle

furent détruits après la mort du poète par son neveu et premier biographe, l'évêque anglican Wordsworth, alors même que, de son vivant, tous ses proches étaient au fait de celle-ci et avaient manifesté la plus grande compréhension.

Wordsworth avait commencé à écrire des vers dès avant son entrée à Cambridge et pris conscience très tôt de sa vocation poétique. Après son retour en Angleterre il publia deux courts poèmes de facture encore assez conventionnelle *Promenade du soir* [*An Evening Walk*] et *Esquisses descriptives* [*Descriptive Sketches,* 1793]. Mais il traversa alors une crise morale. L'attitude offensive de la France – davantage d'ailleurs que la Terreur – le conduisit progressivement à réviser ses positions politiques. D'abord séduit par le rationalisme et les idées libertaires de William Godwin, il vira ensuite de plus en plus au conservatisme. De cette crise *Le Prélude* fut à la fois le récit et la thérapeutique. L'apaisement vint d'abord du contact retrouvé avec la nature, en premier lieu à Racedown, dans le Dorset, puis à Alfoxden, près du canal de Bristol, enfin, après un important séjour en Allemagne, dans sa région natale des Lacs, où, à partir de 1799, il se fixa de manière définitive. Il vint aussi sans doute de l'aplanissement des difficultés matérielles grâce à un legs de neuf cents livres de son ami Raisley Calvert. Il vint enfin de la présence de sa sœur à ses côtés, et de sa rencontre avec l'autre grand poète de la première génération des romantiques, tout imprégné de culture germanique, Samuel Taylor Coleridge. C'est en particulier au contact quasi quotidien de ce dernier que Wordsworth dégagea et formula ce que l'on peut appeler sa doctrine poétique, exposée dans la préface des *Ballades lyriques* (*), un recueil de poèmes que les deux amis firent paraître conjointement en 1798 et qui scelle l'avènement du romantisme anglais.

En octobre 1802, Wordsworth épouse Mary Hutchinson. Hormis quelques voyages, et malgré des malheurs domestiques (perte de deux enfants), il mène dès lors une vie calme et réglée, définitivement à l'abri du besoin lorsqu'il est nommé au poste de « préposé au timbre » en 1812. Après Dove Cottage, Grasmere, c'est à Rydal Mount qu'il s'établit en 1813, non loin de Keswick où sont installés Coleridge, mais aussi le troisième de ceux que l'on baptisera les poètes lakistes, Robert Southey. C'est à ce dernier que Wordsworth succédera comme poète-lauréat, en 1843.

Son conservatisme politique et religieux de plus en plus marqué ne fut sans doute pas étranger à cette reconnaissance qui, malgré des publications nombreuses et régulières, fut longue à venir de la part de la majorité des critiques et du public. Parmi ces publications, citons, outre celles déjà mentionnées : les *Poésies* (*) de 1807 ; *Le Fleuve Duddon* (+) en 1820 ; *Petits poèmes ou Mélanges* (+) (1849-1850), ou encore *Description du paysage des lacs dans le nord de l'Angleterre* (*). Le succès ne vint qu'à partir des années 1830-1840, pour une poésie qui s'était attachée à des sujets humbles, empruntés à la vie quotidienne des bergers, des paysans et des artisans du pays natal, et qui ne correspondait sans doute pas à l'idée « noble » que l'on se faisait généralement de cet art. D'un autre côté Wordsworth s'était aliéné, par ses positions conservatrices, ceux qui avaient été ses plus fervents admirateurs de la première heure, les romantiques de la seconde génération, Shelley et Keats notamment, ainsi que tous les « radicaux » ou les libéraux du cercle Leigh Hunt. Ceux-ci l'attaquèrent avec la virulence de fils que leur père spirituel a déçus. Peut-être n'eurent-ils d'ailleurs pas entièrement tort, car, lorsque vint la reconnaissance officielle tant recherchée, elle alla, comme toujours, au moins autant à ce qu'il y avait de plus didactique et moralisant dans son œuvre qu'à ce qu'il y avait de plus authentiquement poétique. Ainsi est-il permis de penser que *Le Prélude* a plus souffert que gagné aux remaniements que Wordsworth n'a cessé de faire subir à sa première version, achevée en 1804. Il est vrai qu'il avait conçu ce poème (publié juste après sa mort, en 1850) comme le simple préambule d'une œuvre plus ambitieuse encore sur l'homme, la nature et la société, qui devait s'intituler *Le Reclus* (+). De celle-ci seules furent publiées la seconde partie, *L'Excursion* (*), en 1814, et, en 1888 seulement, sous le titre de *Home at Grasmere*, la première partie de ce qui aurait dû en constituer le Livre I. Peut-être Wordsworth a-t-il, en définitive, trop résisté à son propre génie, éclatant chaque fois que resurgit l'enfance et que s'efface la distinction du sujet et de l'objet, du moi et du monde.

ROBERT DAVREU.

♦ *« Je pense que Wordsworth était un poète philosophique de plus de génie qu'aucun des hommes que j'ai connus, il est même probable que depuis Milton l'Angleterre n'avait pas produit son semblable... »* Coleridge. ♦ *« Je suis désolé que Wordsworth ait laissé une mauvaise impression partout où il est allé à Londres – par son égotisme, sa vanité et sa bigoterie – pourtant c'est un grand poète, sinon un philosophe. »* John Keats.

REF. : Coleridge, *Biographia Literaria*, chap. XIV à XXII, Londres, 1817. – Sainte-Beuve, *Causeries du lundi*, t. XI, Paris, 1851-1862. – D. Wordsworth, *Journals*, Londres, 1897. – H. Grierson, *Milton and Wordsworth, Poets and Prophets*, Cambridge, 1937. – J. Miles, *Wordsworth and the Vocabulary of Emotion*, Berkeley, 1942. – M. Moorman, *Wordsworth, a Biography*, 1957 et 1965, 2 vols. – G. H. Hartman, *Wordsworth's Poetry*, New Haven, 1964. – G. Durant, *Wordsworth*, Cambridge, 1969. – A. S. Byatt, *Wordsworth and Coleridge in their Time*, Londres, 1970. – M. H. Abrams éd., *Wordsworth, a Collection of Critical Essays*, New Jersey, 1972. – F. Ferguson, *Language as Counterspirit*, New Haven, 1976. – J. R. Watson, *Wordsworth's Vital Soul : the Sacred and the Profane in Wordsworth's Poetry*, Londres, 1982. – J. P. Ward, *Wordsworth's Language of Man*, Londres, 1984. – Levinson, *Wordsworth's Great Period Poems*, Cambridge, 1986. – Kelley, *Wordsworth's Revisio-*

nary Aesthetics, Cornell, 1988. – S. Gill, *Wordsworth, a Life,* 1989.

WORRINGER Wilhelm. Historien d'art allemand. Né le 13 janvier 1881 à Aix-la-Chapelle, mort le 29 mars 1965 à Munich. Professeur à Bonn (1925), Königsberg (1928), Halle (1946) et Munich (1953), Worringer jette les bases philosophiques de sa conception de l'art dans son premier ouvrage, *Abstraction et Intuition* (+) (1908) : l'expression artistique obéirait, selon lui, à deux forces créatrices dominantes : l'« intuition », qui implique une adhésion spontanée et totale à la vie, qui suppose une harmonie entre le moi et le monde ; l'« abstraction » qui, au contraire, naît de l'« inquiétude profonde de l'homme devant le monde ». Cette opposition fondamentale, que Worringer retrouve d'ailleurs dans les religions – au niveau de la différence entre transcendance (monothéisme) et immanence (panthéisme) –, lui permet de reconstituer dans une perspective originale l'histoire de l'art. Au début régna l'abstraction – v. *L'Art égyptien* (*) (1927) : la pyramide est la preuve que « la force créatrice originelle n'a rien à voir avec la représentation de la nature, qu'elle cherche au contraire dans l'abstraction géométrique un moyen d'échapper au chaos et à l'incertitude du monde et de l'histoire ». L'art grec représente une tentative de conciliation entre les deux forces créatrices que sont l'abstraction et l'intuition, bien qu'il accorde la prépondérance à l'élément « naturaliste » dans sa célébration du corps et de la terre. La cathédrale gothique *L'Art gothique* (*) (1927) – offre aux yeux de Worringer une autre forme originale de synthèse, dans la mesure où les « valeurs abstraites » cherchent ici à s'adresser à « notre pouvoir intuitif ». Les thèses de Worringer, qui permettent de dépasser l'esthétique normative, ne sont pas restées lettre morte : elles ont nourri les discussions théoriques relatives à l'art contemporain.

JEAN-JACQUES POLLET.

WOU-MEN. Maître du bouddhisme chinois. Né à Hang Tchéou en 1182, mort vers 1260. Gai, franc, toujours hirsute et en guenilles, il avait l'art de mettre en valeur un mot, une signification inattendue, comme tous ceux qui pratiquent le koân. Élève de Yue Lin, il composa vers 1229 *Passe sans porte* (*), qui est un des textes essentiels du bouddhisme zen.

JEAN-PIE LAPIERRE.

WOU TCH'ENG-EN [Wu Chengen] (appellation honorifique Jou-tchong, surnom Che-yang Chan-jen). Écrivain chinois. Né à Houai-an vers 1500, mort vers 1582. Né dans une famille de petits marchands instruits, Wou Tch'eng-en était doué d'une vive intelligence, aimait l'étude, et s'imprégna autant de littérature populaire que des récits fantastiques de la dynastie T'ang (618-907). Il échoua aux examens mandarinaux qui auraient pu lui ouvrir la voie d'une carrière officielle brillante, et dut accepter, souvent par nécessité, plusieurs petits postes, dont celui de « magistrat assistant » à Tch'ang-sing (province du Tche-tsiang). À la fin de sa vie, il se retira à la campagne, et l'on suppose, sans pouvoir le certifier, qu'il composa à cette période le roman qui l'a rendu célèbre, *La Pérégrination vers l'Ouest* (*). Celui-ci s'inspire du véridique périple du moine Siuan Tsang (602-664) jusqu'en Inde (à la recherche de soutra bouddhiques), et plus encore de la très riche tradition populaire (orale, théâtrale et fictionnelle) qui, très tôt, s'est emparée de l'histoire et l'a métamorphosée en récit fantastique, plein de divinités et de magie. Wou Tch'eng-en puisa dans des sources aussi nombreuses que diverses, et composa avec sa propre et fertile imagination l'un des plus célèbres romans chinois. Il fut aussi un poète et un prosateur assez prolifique, mais la majorité de cette partie de son œuvre a été perdue. Il reste sous le titre *Manuscrits de Monsieur Che-yang* quatre fascicules, dont un de poèmes réguliers [che] et trente-huit poèmes « à chanter » [ts'e]. Sa prose s'insère dans la tradition du « style ancien » [kou-wen], et plus particulièrement dans la filiation de O-yang Sio (1007-1072). Wou Tch'eng-en compila par ailleurs un recueil de « ts'e » intitulé *Houa-ts'ao sin-pien.*

RÉF. : Liu Ts'un-yan, *The Prototypes of Monkey,* in *T'oung Pao* n° 51, 1964 ; *Wu Ch'en-en : His Life and Career,* in *T'oung Pao* n° 53, 1967. – G. Dudbridge, *The Hsi-yu chi : A Study of Antecedents to the 16th-Century Chinese Novel,* Cambridge, 1970. – A. C. Yu, *Heroic Verse and Heroic Mission : Dimensions of the Epic in the Hsi-yu chi,* in *Journal of Asiatic Studies* n° 31, 1972.

WOU TSING-TSE [Wu Jing-zi] (appellation honorifique : Min-siuan, surnom Wen-mou). Écrivain chinois. Né à Ts'uan-tsiao (An-houei) en 1701, mort à Yang-tcho en 1754. Petit-fils d'un académicien de Han-lin et fils d'un licencié, il ne dépassa pas le grade de bachelier (1720). Ayant dissipé les biens de famille, il alla vivre à Nankin, où il devait passer le reste de ses jours dans une telle pauvreté que, la nuit, pour combattre le froid, il avait coutume de se promener avec d'autres miséreux comme lui hors des murs de la ville, bavardant et composant des vers. Opposé au système d'examen en vigueur, il exprima cette opinion dans son poème *En me lamentant sur le sort de mon oncle* [*K'ou-tsio che*]. Il a laissé quatre fascicules de poèmes et récitatifs, mais il se fit surtout connaître par son grand roman *Chronique indiscrète des mandarins* (*), l'œuvre satirique la plus puissante que la Chine ait produite, et qui connut de nombreuses rééditions.

WOU WO-YAO [Wu Woyao]. Écrivain chinois. Né à Fo-chan en 1866, mort en 1910. Il fut un des précurseurs du roman réaliste moderne. Originaire de Fo-chan près de Canton, il passa sa vie surtout à Shanghai. Comme Li Pao-tsia avec qui il collabora, il fut journaliste et, des connaissances acquises par son expérience professionnelle, il tira la matière de ses romans. Il participa au mouvement de boycott des produits américains pour protester contre le traitement des coolies chinois aux États-Unis. Il fut rédacteur en chef de la revue *Romans de chaque mois* [*Yue yue siao-chono*], puis, celle-ci ayant été interdite en 1908, il finit sa vie pauvrement comme directeur d'école primaire. Virulent contre les néo-confucianistes et leurs descendants, il souhaitait la modernisation de la Chine. Dans *Événements étranges survenus au cours des vingt dernières années* (*) (publiés entre 1905 et 1910), il voulut donner un tableau général de la société chinoise à la fin du XIXe siècle et de sa décadence.

JACQUES PIMPANEAU.

WRIGHT Frank Lloyd. Architecte américain. Né le 8 juin 1867 à Richland Center (Wisconsin), mort le 9 avril 1959 à Phoenix (Arizona). Son père était pasteur baptiste (puis « unitarien »). Après des études à l'université Madison, Frank Lloyd Wright part pour Chicago, où il travaille avec Louis Sullivan, architecte dégagé des anciennes normes. En 1893, il devient indépendant et la période des « maisons de la Prairie » commence : il projette l'espace intérieur dans le paysage et privilégie l'horizontale dans une perspective de « ligne de terre », de vie vécue (Conley House, Riverside, Ill. 1908). Il construit aussi des bâtiments commerciaux, gratte-ciel de verre et de métal (R.C.A. building à New York, 1912). Sa lutte contre l'académisme est en passe de triompher, son influence s'étend lorsqu'il quitte femme et enfants pour s'enfuir en Europe (en 1909) avec la femme d'un client. (Il en subira les conséquences financières et sociales pendant vingt ans.) Ce geste ouvre sa seconde période de créativité. En 1914, il construit les « Midway Gardens » de Chicago, « L'Imperial Hotel » de Tokyo (1916-22) – seul bâtiment qui résiste au tremblement de terre de 1923 –, des villas en Californie. Les années 30 marquent le départ d'un nouvel élan créateur (« Johnson Wax build » à Racine, Wisconsin, l'ensemble de « Talesin West » près de Phoenix, « Hanna House » à Palo Alto, Californie, parmi d'autres). Citons enfin le musée Guggenheim de New York et la synagogue de Philadelphie, inaugurée quelques mois après la mort de l'architecte. Son *Autobiographie* (*) date de 1932, *Une architecture organique* (*) paraît en 1939, *Une architecture américaine* [*An American Architecture*] en 1955 et *Testament* en 1957.

JEANINE PAROT.

RÉF. : Daniel Treiber, *Frank Lloyd Wright*, Paris, 1986. – Jean Castex, *F. Lloyd Wright, le printemps de la Prairie House*, Paris, 1988.

WRIGHT Richard. Romancier américain. Né le 4 septembre 1908 dans une plantation près de Natchez (Mississippi), mort le 28 novembre 1960 à Paris. Abandonné par son père et sa mère devenue paralysée quand il a 10 ans, il connaît la vie difficile d'un enfant noir dans l'un des États les plus racistes des U.S.A. Élevé par des parents et dans des orphelinats, il va à l'école des « Adventistes du 7e Jour ». À 15 ans, il s'enfuit à Memphis où, après diverses occupations, il travaille à la poste. En 1927, il est à Chicago où il s'initie à la littérature sous l'égide du parti communiste et publie dans *New Masses* poèmes et nouvelles. Il part en 1937 pour New York, où paraît son recueil de nouvelles *Les Enfants de l'Oncle Tom* (*) (1938) dont le succès est immédiat. *Un Enfant du pays* (*) sort en 1940, et est adapté pour le théâtre l'année suivante. Richard Wright voyage. Il s'installe quelque temps à Mexico. *Douze millions de voix noires* [*Twelve Millions Black Voices*], dont le thème est la persécution des Noirs américains, sort en 1941. C'est l'époque où il s'éloigne du parti communiste et écrit son autobiographie, *Black Boy* (*) (1945), qui consacre sa renommée. En 1947, il s'installe définitivement à Paris, mais voyage souvent en Europe, en Argentine, en Afrique, en Indonésie (conférence de Bandoeng). Intéressé par l'existentialisme, il écrit *Le Transfuge* [*The Outsider*, 1953]. Il participe à la fondation du groupe « Présence africaine » et dans *Puissance noire* (*) il peint l'émergence du Ghana de N'Krumah. Montrant le contraste entre la décadence de l'Europe et la solidarité africaine, il publie *Espagne païenne* [*Pagan Spain*], puis *Bandoeng* (*) (1955). *Écoute, homme blanc* [*White Man, Listen*, 1957] résume son credo politique. Il y dénonce le néo-colonialisme, destructeur de culture et d'identité, et le silence de l'Amérique maccarthyste. Avec ses dernières œuvres, Richard Wright retourne aux sources de son inspiration : *Fishbelly* (*) (1958) décrit les relations raciales d'une petite ville du sud des États-Unis. Fin 1960, l'écrivain est terrassé par une crise cardiaque. *Huit hommes* [*Eight Men*], recueil de nouvelles, paraît en 1961, et *Bon sang de bonsoir* [*Laws, To-day*], bien qu'écrit en 1937, ne sort qu'en 1964. Ces deux derniers livres révèlent un humour qui semble absent du reste de l'œuvre.

JEANINE PAROT.

RÉF. : Edward Margolies, *The Art of Richard Wright*, Southern Illinois University Press, 1968. – Constance Webb, *Richard Wright*, New York, 1968. – Michel Fabre, *The Unifinished Quest of Richard Wright*, New York, 1973 ; *Richard Wright : la quête inachevée*, Paris, 1986. – « Richard Wright », *Delta* nº 18 (Montpellier), avril 1984.

WROŃSKI Joseph-Marie HOENE-. Mathématicien et philosophe polonais. Né le 24 août 1776 à Wolsztyn (Posnanie), mort le 9 août 1853 à Paris. À la fois rationaliste et mystique, il fut tiraillé entre la science et le prophétisme, la rigueur et l'audace. Il se battit dans les rangs de l'armée de Kościuszko dès 1792, puis dans l'armée russe. Il rejoignit les légions de Dąbrowski à Marseille. Dans son premier ouvrage : *Philosophie critique découverte par Kant, fondée sur le premier principe du savoir humain* (+) (1803), il dépassa la philosophie kantienne pour affirmer la possibilité qu'a l'homme d'atteindre l'absolu, qu'il découvrit dans une illumination le 15 août 1803. Il se tourna alors vers la philosophie des mathématiques. De 1811 à 1821, il composa presque chaque année un ouvrage, notamment *La Philosophie de l'infini* (*), en 1814. Selon lui, le « messianisme devait dévoiler les directions finales de toutes les réalités que l'homme en sa qualité d'être raisonnable, doué d'une spontanéité créatrice, devait produire pour accomplir l'univers », messianisme dans l'élaboration duquel la Pologne doit jouer son rôle en préparant la « future fédération morale des nations ». Cette idée fut reprise par Mickiewicz, Słowacki et Towiański. Wroński étonna ses contemporains : Balzac le mettra en scène dans plusieurs de ses romans, notamment dans *La Recherche de l'absolu* (*). Son influence s'exerça par la suite surtout dans les milieux occultistes.

LAURENCE DYÈVRE.

WULFF Johannes. Poète danois. Né le 11 janvier 1902 à Copenhague, mort dans la même ville le 30 décembre 1980. Son premier recueil de poésie porte le titre *Chants cosmiques* [*Kosmiske sange*, 1928], qui montre bien son émerveillement devant le monde et la façon volontairement naïve et humble dont il chante ses mystères. Les recueils suivants *Chants de la terre* [*Sange fra jorden*, 1932], *De minuit à l'aube* [*Fra midnat til daemring*, 1933], *Les Portes* [*Dørene*, 1952] et *Jours des hommes* [*Menneskedage*, 1954] témoignent d'un approfondissement et d'une simplicité plus grande, d'une religiosité sincère. Son principal roman est *Ô Jeunesse !* (*) (1929), qui a été suivi de plusieurs romans poétiques ou fantastiques. L'expression la plus originale de Wulff est cependant dans *Radoteries* (+) (1939-50), intermédiaire entre l'essai, la nouvelle, la méditation, sorte de causerie à voix basse. Le même ton, très personnel, se retrouve dans ses nouvelles et son récit d'enfance *Trollerolle* (1939).

WUNDT Wilhelm. Philosophe allemand. Né à Neckerhau, près de Mannheim, le 16 août 1832, mort à Leipzig le 31 août 1920. Fils d'un pasteur protestant, il eut une jeunesse studieuse et recueillie, et commença des études supérieures à l'université de Tübingen ; un an plus tard il entra à l'université d'Heidelberg. Il passa le doctorat en médecine en 1857, et devint l'année suivante l'assistant du grand Helmholtz. Comme Wundt se sentait toujours plus d'inclination pour la philosophie et la psychologie, il se rendit en 1874 à Zurich, puis à Leipzig pour y occuper la chaire de psychologie à la faculté de philosophie. Leipzig devint sa seconde patrie et la citadelle de la nouvelle science, la psychologie expérimentale, qu'il avait contribué à fonder. Si bien qu'en 1879 Wundt créa un institut de psychologie expérimentale, qui fut tout d'abord incorporé à l'université, puis devint, en 1897, un organisme autonome. C'est là que Wundt travailla inlassablement jusqu'à sa mort et qu'il put former les élèves capables de défendre la psychologie en tant que science indépendante, dans le monde entier. L'exemple de Leipzig fut imité partout, et nombre d'universités créèrent une chaire de psychologie expérimentale, et montèrent des laboratoires appropriés. L'activité de Wundt fut considérable : il n'écrivit pas moins de cinquante mille pages ; une importante partie en fut publiée dans la revue *Études philosophiques* [*Philosophische Studien*], organe de l'Institut de Leipzig, devenu par la suite les *Archives de psychologie générale* [*Archiv für die gesamte Psychologie*]. Mais c'est seulement à la suite de la publication par Külpe, l'un de ses disciples, d'un *Précis de psychologie* [*Grundriss der Psychologie*] où celui-ci refusait d'admettre l'une des thèses fondamentales de son maître, sur la distinction entre causalité psychique et causalité physique, que Wundt se décida à publier lui-même un manuel, le *Précis de psychologie* [*Grundriss der Psychologie*, 1896], dont il y eut de nombreuses éditions et traductions. La réputation de Wundt était alors très grande, indiscutée, et en quelque sorte unique. À côté de l'élan qu'il a donné aux études psychologiques, il importe de souligner la persévérance avec laquelle il n'a cessé de faire des recherches dans le domaine de la philosophie, et l'attachement qu'il a toujours montré pour cette discipline, allant jusqu'à mener de front ses expériences de psychologie et de rédaction de plusieurs livres de logique, d'éthique, de métaphysique grâce auxquels — en particulier *Le Système de philosophie* (*) (1889) — il eut une influence marquante sur la philosophie du temps. Ses œuvres les plus importantes sont, bien entendu, des ouvrages de psychologie. Les *Éléments de psychologie physiologique* [*Grundzüge der physiologischen Psychologie*] et les *Éléments de la psychologie des peuples* (*) sont devenus des textes classiques. Le premier de ces ouvrages parut en 1874 et peut être considéré comme la rédaction définitive d'une longue série de travaux commencée d'avec les *Remarques sur la théorie de la perception sensorielle* [*Beiträge sur Theorie der Sinneswahrnehmung*] qui datent de 1858. Le second, auquel Wundt travailla pendant plus de vingt ans, ne fut terminé qu'en 1920, peu de temps avant la mort de son auteur. Rappelons encore la *Logique ; recherche des principes de la connaissance* (*) (1880-83) et *Éthique ; enquête sur les faits et les lois de la vie morale* (*) (1886).

FRANCO AMERIO.

RÉF. : E. König, *W. Wundt*, Stuttgart, 1901. – P. Petersen, *W. Wundt und seine Zeit*, Stuttgart, 1925. – A. Arnold, *Wilhelm Wundt, seine philosophisches System*, Berlin, 1980. – R. W. Rieber (éd.), *W. Wundt and the Making of Scientific Psychology*, Londres, 1980.

WUOLIJOKI Hella (née Ella Murrik). Auteur dramatique finlandais d'expression finnoise. Née le 21 (9) juillet 1886, à Taagepera, en Estonie centrale, morte le 2 février 1954 à Helsinki. Hella Wuolijoki, comme Aino Kallas, appartient à deux pays, à deux littératures. Cette Estonienne, fille d'instituteur, a reçu une instruction exceptionnelle pour une jeune fille de cette époque : élève du lycée Pouchkine de Tartu, elle fait ses études universitaires en Finlande et se spécialise en poésie populaire, tout en écrivant pour la presse estonienne et en fréquentant les milieux socialistes. Elle y rencontre Sulo Wuolijoki avec qui elle se marie en 1908. Elle commence par écrire dans sa langue maternelle. Sa première pièce *Les Enfants de la ferme* [*Talulapsed*] paraît en 1912 ; elle est interdite en 1913 à Tallinn et en 1914 à Helsinki. Après cet échec, confrontée à des difficultés matérielles, Hella Wuolijoki s'éloigne pendant vingt ans de la littérature. Pour faire face aux problèmes d'argent, elle travaille en Suède et en Amérique comme représentante d'entreprises finlandaises. En 1922, elle divorce et prend en main une entreprise de bois, qui fait cependant faillite en 1931. En 1932, une de ses pièces, à thème estonien et en langue estonienne, *Koidula*, est jouée en Finlande et en Estonie. Elle écrira en estonien jusqu'en 1933.

À partir de 1936, ses pièces en langue finnoise sur le domaine de *Niskavuori* (*) connaissent un très grand succès. Elle essaye d'étudier les moyens d'établir un pont entre la jeunesse qui s'éveille et la vieille génération en place. Cette suite de pièces, qui renouvellent la dramaturgie finlandaise, pose les grands problèmes éthiques et sociaux du monde rural de son temps. De 1943 à septembre 1944, Hella Wuolijoki sera incarcérée pour s'être opposée à l'entrée en guerre de la Finlande contre l'U.R.S.S. À la fin de la guerre cependant, elle sera directrice de la Radio et, entre 1946 et 1948, député du Front populaire démocratique de Finlande. Elle est également connue pour avoir étroitement collaboré avec Bertolt Brecht pendant l'exil de celui-ci en Finlande : ils écrivent ensemble *Le Maître d'Iso Heikkilä et son valet Kalle* [*Iso Heikkilän isäntä ja hänen renkinsä Kalle*, 1946], que Brecht reprendra sous le titre *Maître Puntila et son valet Matti* (*). Hella Wuolijoki est une personnalité isolée dans la vie littéraire finlandaise ; elle n'en domine pas moins toute la littérature dramatique finlandaise des années 30.

ÉVA TOULOUZE.

WYCHERLEY William. Dramaturge anglais. Né à Clive près de Shrewsbury (Shropshire) vers 1640, mort à Londres le 1er janvier 1716. Il fut envoyé en France vers sa quinzième année pour y être éduqué dans l'entourage de Mme de Montausier. Ce fut pour lui l'occasion de se convertir au catholicisme, qu'il devait abjurer lors de son retour à Oxford, pour d'ailleurs se reconvertir plus tard sous le règne de Jacques II. Il étudia la philosophie à Oxford, mais une seule passion l'habitait, celle du théâtre. C'est probablement en 1671 que fut représentée sa première pièce : *L'Amour dans un bois* (*), au Théâtre Royal ; il l'avait dédiée à la duchesse de Cleveland, favorite de Charles II, qui le prit sous sa protection et assura sa fortune d'auteur dramatique que son succès n'aurait pas, en ce temps, suffi à établir. *Le Gentleman maître de danse* vint, l'année suivante, confirmer sa jeune célébrité et, dès lors, il fit jouer chaque hiver une nouvelle pièce : *Le Relapse* [*The Relapse*], comédie-farce, en 1672, et ses chefs-d'œuvre : *La Provinciale* (*) et *L'Homme franc* (*), en 1674 et 1676. Ces deux dernières pièces, par leur habileté, leur entrain et la vivacité de leurs caractères, font de Wycherley l'un des premiers auteurs comiques anglais et lui valurent d'exercer une très grande influence. Cette brillante carrière fut, hélas, brusquement interrompue parce que l'idéal de Wycherley, comme celui de la plupart des hommes du règne de Charles II, était d'épouser une jeune veuve très riche. Il y réussit et épousa secrètement la comtesse de Drogheda, mais cet exploit lui enleva pour toujours la faveur royale. Sa femme mourut un an après leur mariage en lui laissant une grande fortune, mais la succession entraîna un procès si coûteux que Wycherley y perdit tout ce qu'il possédait et dut considérablement s'endetter. Incapable de rembourser, il fut emprisonné, et demeura incarcéré pendant sept ans jusqu'à ce que Jacques II, après avoir vu l'une de ses pièces, le fît relâcher et lui accordât une pension de deux cents livres par an. Wycherley renonça cependant au théâtre et ne donna plus qu'un recueil de poèmes que Pope l'aida à mettre au point ; ce dont, d'ailleurs, il prit ombrage. Le dramaturge avait fait de nouvelles dettes et il mourut dans la plus grande misère.

RÉF. : L. Hunt, *The Dramatic Works of Wycherley, Congreve, Vanbrugh and Farquhar*, Londres, 1840. – C. Perromat, *William Wicherley, sa vie, son œuvre*, Paris, 1921. – N. Holland, *The First Modern Comedies : the Significance of Etherege, Wycherley and Congreve*, Cambridge, U.S.A., 1959. – P. F. Vernon, *William Wycherley*, Londres, 1965. – R. Z. Zimbardo, *Wycherley's Drama*, New Haven, 1965. – W. R. Chadwick, *The Plays of William Wycherley*, Londres, 1975. – B. E. McCarthy, *William Wycherley*, Ohio, 1979.

WYCLIFFE John (ou Wyclif, Wickliffe, etc.). Théologien anglais. Né à Wiclif, près de Richmond (Surrey), entre 1320 et 1330, d'une famille de la petite noblesse du Yorkshire, mort le 31 décembre 1384 à Lutterworth (Leicester). Il étudia à Oxford vers 1344, et, très doué pour les mathématiques et la philosophie, se consacra néanmoins d'une façon toute particulière à la théologie, au droit canon et au droit civil anglais. Recteur du collège Balliol (1361), il y professa la philosophie ainsi que la théologie (à partir de 1372). En sa double qualité d'expert en droit canon et de juriste anglais, il fut chargé de rédiger une défense des droits de la couronne anglaise contre le pape. Mais sa défense des droits royaux dans la controverse avec Urbain V fut pour Wycliffe le point de départ d'une critique toujours plus étendue et profonde qui, exacerbée par les exigences des papes relatives à la suprématie et par les richesses excessives de l'Église, finit par s'adresser aussi à la nécessité de la confession pour quiconque, à la contrition, à la transsubstantiation dans l'eucharistie, à la primauté du siège de Rome, etc. « En conclusion », il affirma l'autorité exclusive de l'Écriture et traduisit *La Vulgate* – v. *La Bible* (*) – du latin en anglais. Cette traduction, écrite en collaboration – *The Wycliffe Bible* (+) (1378) –, est une date essentielle dans l'histoire de la langue anglaise, comme *La Bible* de Luther dans celle de la langue allemande. L'attitude de l'opinion publique à l'égard de Wycliffe évolua dans la mesure même où s'amplifiait sa critique. Alors que, dans la première phase, juridique et nationale, de l'affaire, Wycliffe avait pu compter sur la faveur et la protection, même armée, de la noblesse et sur celle du Parlement, les classes dirigeantes montrèrent moins d'enthousiasme quand il s'en prit aux pouvoirs sacramentels de l'Église, et surtout lorsque éclata une insurrection de paysans contre l'oppression fiscale de la noblesse (1381) qui pouvait avoir pour origine la diffusion des idées de Wycliffe. Un concile, convoqué à Londres en 1382 par l'archevêque de Canterbury, Guillaume de Courtenay, condamna comme hérétiques, erronées ou pernicieuses vingt-quatre propositions extraites de ses écrits, en particulier sa conception de l'eucharistie. La Cour elle-même ne put l'empêcher d'être expulsé d'Oxford, mais à cela se bornèrent les sanctions épiscopales. Le réformateur se retira dans sa paroisse de Lutterworth où il écrivit son œuvre principale, le *Trialogue entre la vérité, le mensonge et la prudence* (+) (1382) – v. *Traités* (*). On lui doit également les traités *Du pouvoir papal* (+), *De l'Église* (+), dans lequel il développe sa conception de l'Église, « communauté des prédestinés », et, au point culminant de son évolution, *De la vérité de l'Écriture sainte* [*De veritate sacrae scripturae,* 1378]. L'influence de Wycliffe fut considérable : elle a suscité Jean Huss et le schisme de la Bohême, et préparé la Réforme. Le concile de Constance, lorsqu'il condamna les doctrines de Jean Huss, ordonna que les os de Wycliffe fussent exhumés, brûlés, et que ses cendres fussent dispersées (1415).

♦ « *Wyclif est cet Anglais choisi par Dieu pour être le premier prédicateur d'une réforme générale en Europe ; celui qui, en luttant contre l'endurcissement et les violences du clergé, est devenu notre maître.* » Milton.

RÉF. : *La Vie de M. Jean Wiclif : avec la copie de la lettre que le Pape envoya au Roy d'Angleterre pour persécuter le dit Wiclif,* s. l, 1565. – T. James, *Apology for Wicleffe,* Oxford, 1609. – *Wiclefianisme,* Lyon, 1682. – T. Murray, *Life of Wicliffe,* Londres, 1829. – Vm. Hanna, *Wicliffe and the Huguenots,* Édimbourg, 1860. – H. Cowell, *The Character and Place of Wickliffe as a Reformer,* Londres, 1867. – H. B. Workman, *John Wiclif. A Study of the English Medieval Church,* Oxford, 1926. – O. Odložilík, *Wyclif and Bohemia,* Prague, 1937. – K. B. Mac Farlane, *John Wycliffe and the Beginnings of English non Conformity,* Londres, 1952. – J. H. Dahmus, *The Prosecution of John Wyclif,* New Haven, 1952. – J. A. Robson, *Wycliffe and the Oxford Schools,* Cambridge, 1961. – W. Farr, *John Wyclif as legal Reformer,* Leiden, 1974. – V. Murdoch, *The Wycliff Tradition,* Ohio, 1979. – I. J. Mueller, *The Central Role of Universals in Wyclif's Thought,* Fribourg, 1987.

WYKA Kazimierz. Historien de la littérature, critique et essayiste polonais. Né le 19 mars 1910 à Krzeszowice, mort le 19 janvier 1975 à Cracovie. Fondateur de la fameuse revue littéraire *La Création* [*Twórczość*] en 1945, il insista dans ses œuvres critiques, dont *La Zone frontière du roman* [*Pogranicze powieści,* 1948], sur la responsabilité morale et sociale de la littérature, et soutint les aspirations des tenants du réalisme socialiste. Vers 1949 il adopta les méthodes marxistes. Selon lui, pour narrer la terrible expérience de l'occupation nazie, le récit traditionnel ne pouvait convenir, mais plutôt un mélange des genres, où la personne du narrateur prédominerait en tant que participant aux événements. Ce point de vue se retrouve dans ses essais *La Vie comme si* (*) (1957). Il s'intéressa aussi à l'histoire de la littérature : *Le Besoin d'une histoire de la littérature* [*O potrzebie historii literatury,* 1969], en particulier au romantisme et au mouvement la Jeune Pologne : *Le Modernisme polonais* [*Modernizm polski,* 1939] ; *Cyprian Norwid, poète et prestidigitateur* [*Cyprian Norwid, poeta i sztukmistrz,* 1948] ; *La Légende et la vérité des « Noces »* [*Legenda i prawda « Wesela »,* 1950]. Doué d'une rare sensibilité esthétique et capable d'interprétations multiples, ce critique remarquable exerça une très grande influence dans la vie littéraire polonaise d'après-guerre.

LAURENCE DYÈVRE.

WYSPIAŃSKI Stanisław. Dramaturge, poète, peintre, metteur en scène polonais. Né et mort à Cracovie (15 janvier 1869-1er novembre 1907). Après des études de littérature et d'histoire de l'art à l'université de Cracovie en 1887-1890, il voyagea en Italie, en Allemagne, et surtout à Paris, où il prit le goût du théâtre. De retour en Pologne en 1894, il vécut le reste de sa vie dans une intense activité artistique : peinture, illustration, typographie, musique et surtout théâtre. Il collabora avec la revue littéraire *La Vie* [*Życie*].

Il renouvela entièrement le théâtre du début du XXe siècle, alliant classicisme et romantisme, naturalisme et symbolisme, dans une langue archaïque ou populaire. *Les Noces* (*) (1901), sommet de la dramaturgie polonaise, et *Libération* [*Wyzwolenie*, 1903], pièce symboliste qui appelle à dépasser les élans romantiques de Mickiewicz, traitent de la réalité polonaise, de ses illusions et de ses mythes. *La Varsovienne* [*Warszawianka*, 1898], *Lelewel* (1899), *Légion* (*) (1900), *Nuit de novembre* [*Noc listopadowa*, 1904], sur l'insurrection de 1863, qui mêle mythes polonais et grecs, *Acropolis* [*Akropolis*, 1904], évocation fantastique du château royal du Wawel, symbole de la vie et de la culture nationale, abordent des thèmes historiques. *Protésilas et Laodamie* (1899), *Le Retour d'Ulysse* [*Powrót Odysa*, 1907], inspirés par l'Antiquité grecque, expriment sa philosophie d'après laquelle l'héroïsme est nécessaire pour lutter contre la malédiction tragique. Il eut également un cycle médiéval : *La Légende* [*Legenda*, 1894], *Le Rocher* [*Skałka*], *Boleslas le Hardi* [*Bolesław Śmiały*, 1903]. Wyspiański pensait que l'art, décadent, avait besoin de puiser des forces nouvelles au contact du peuple des campagnes. Ses deux pièces les plus connues sont *Les Noces* et *Les Juges* (*) (1907), qui posent aussi les problèmes de la destinée et de la responsabilité morale dans le sens de la tragédie grecque.

Wyspiański, représentant majeur du modernisme de la Jeune Pologne, peut, par la diversité de son talent, être comparé aux artistes de la Renaissance italienne.

LAURENCE DYÈVRE.

X

XENAKIS Iannis. Compositeur et architecte français d'origine grecque. Né le 29 mai 1922 à Bràila en Roumanie. Ingénieur de l'École polytechnique d'Athènes, il étudie la musique auprès d'Aristote Kondourov. Résistant communiste très actif durant la Seconde Guerre mondiale en Grèce, il est gravement blessé à l'œil gauche en décembre 1944 par un tir d'obus. Entré dans la clandestinité, il est condamné à mort par contumace et s'enfuit tel un hors-la-loi. Réfugié à Paris en 1947, il est jusqu'en 1959 le collaborateur attitré de l'architecte Le Corbusier, avec lequel il concevra entre autres les plans du pavillon Philips de l'Exposition de Bruxelles (1958). Entre-temps, il devient l'élève de grands maîtres dans diverses institutions musicales : Honegger, Milhaud, Messiaen et Scherchen. Devenu français à part entière en 1965, il obtient un doctorat d'État en 1976. Son œuvre est fondée sur les légendes mythiques de la Grèce antique, la spéculation abstraite, la réflexion à l'image du cosmique, l'expression mathématique du sonore et les données philosophiques de l'Histoire : peuvent alors se côtoyer dans l'univers musical de Xenakis l'inspiration de sources poétiques (*Oresteia,* 1965-66) et le formalisme mathématique des calculs de probabilités ou de la théorie des ensembles (*Morsima-Amorsima,* 1962, calculé sur ordinateur I.B.M.). Ainsi il a composé des pages de musique stochastique : *Metastasis* (*) (1954), stratégique : *Duel* (1959, jeu pour deux orchestres), symbolique : *Nomos Alpha* (*) (1966). Il a fondé à Paris en 1966 le Centre d'études de mathématique et automatique musicales (C.É.M.A.M.U.) et inventé en 1974 un ordinateur de réalisation pédagogique appelé U.P.I.C. (Unité polyagogique informatique du C.É.M.A.M.U.). Cet outil de composition utilisable par tous comme une table à dessin digital a permis d'élaborer *Mycènes* en 1978 et *Voyage absolu des Unari vers Andromède* en 1989. Nuages de sons : *Nuits* (*) (1968), « cribles » (séries de notes), glissandi, arborescences, effets de masse et d'espace (*Terretektorh,* 1965-66 pour quatre-vingt-huit musiciens éparpillés dans le public), passages de l'ordre au chaos, et du lisse au discontinu caractérisent l'esthétique singulière de l'artiste indépendant. Il s'est aussi intéressé à l'électroacoustique (*Diamorphoses,* 1957), a créé plusieurs spectacles multimédias (*Polytope,* 1967 ; *La Légende d'Eer,* 1977 avec flashes électroniques et rayons laser) et écrit des pièces complexes pour instruments traditionnels dont la virtuosité est poussée à l'extrême : *Pithoprakta* (1955-56), *À Hélène* (1977), *Mists* (1981), *Kyania* (1990). Auteur de textes sur la musique et l'architecture, l'art/science, la théorie des musiques formelles, la métamusique, la crise de la musique sérielle ; il a enseigné dans diverses universités à Paris et aux États-Unis.

PIERRE-ALBERT CASTANET.

XÉNOPHANE de Colophon. Poète et philosophe grec. Né à Colophon en Asie Mineure vers 580 av. J.-C., mort on ne sait exactement en quelle année, mais certainement à un âge très avancé, vers 470 à Élée. Il est probable qu'il quitta sa ville natale en 540 lorsqu'elle fut conquise par les Perses. Il mena la vie errante du rhapsode, écrivant et récitant des poèmes épiques tel la *Fondation de Colophon.* Il passa par plusieurs villes de la Grande Grèce et de la Sicile, et se fixa enfin à Élée (Velia), colonie des Phocéens de Alalia fondée vers 540 et située sur la côte tyrrhénienne de la Lucanie au sud de Posidonia (Paestum). La tradition le considère comme le fondateur de la célèbre école philosophique dite « éléatique ». Mais il resta certainement toute sa vie un rhapsode, celui qui chanta en hexamètres la *Colonisation d'Élée.* Il écrivit en outre des poèmes épiques, des *Élégies* (*), cinq livres de *Silles* (poèmes satiriques et moqueurs) en hexamètres, ainsi qu'un autre poème en hexamètres que les grammairiens désignèrent ensuite sous le titre de *La Nature* [Περί φύσεος]. Le trait dominant de ce singulier poète et philosophe est le mépris qu'il affiche pour les croyances et les traditions chères à son peuple. De longs passages de ses *Élégies* s'en prennent vivement aux jeux du stade si prisés par les Grecs et il proclame hardiment la supériorité de la sagesse sur la force, car la sagesse est bien plus utile à la République que la force de l'athlète. Dans *Les Silles*, Xénophane critique âprement les mythes qui attribuaient aux dieux des actions immorales et il n'hésite pas à blâmer des poètes comme Homère et Hésiode. Dans un autre passage, il raille spirituellement l'image que les hommes se font des dieux. Comme l'on voit, le qualificatif de « Voltaire grec » donné à Simonide par Lessing conviendrait mieux à Xénophane. Dans le poème *La Nature*, Xénophane exposait le résultat de ses méditations philosophiques. Les fragments que nous en possédons sont très rares et très brefs. Xénophane avait certainement une conception très pure de la divinité, très proche du monothéisme : un seul dieu, tout-puissant parmi les dieux et les hommes, immobile, ne ressemblant en rien aux hommes ni par le corps ni par l'intelligence, et qui dirige toute chose sans aucune altération de son esprit.

RÉF. : A. Lumpe, *Die Philosophie des Xenophanes aus Kolophon*, Munich, 1952. — N. Marinone, *Lessico di Senofane*, Rome, 1967.

XÉNOPHON. Écrivain grec. Né à Erchia, petit village du nord-est d'Athènes, dans les premières années de la guerre du Péloponnèse, peut-être en 426 av. J.-C., un ou deux ans après Platon ; mort en 355 av. J.-C. ? Sa mère s'appelait Diodora ; et son père, Gryllos, devait être de condition aisée — appartenant sans doute à la classe des cavaliers — puisqu'il offrit à son fils l'enseignement onéreux de quelques sophistes, et peut-être d'Isocrate lui-même, son aîné de dix ans, qui devint son ami. Mais le jeune Athénien, exceptionnellement doué, subit moins leur influence, et moins aussi l'influence de son père, que celle de Socrate. Il a pu le fréquenter à partir de 408 environ lorsqu'il eut dix-huit ans, jusqu'au printemps de 401, date de son départ pour l'Asie. Sans doute la guerre contre Sparte, la chute d'Athènes en 404, la guerre civile ne lui permirent-elles pas de vivre au jour le jour dans l'entourage de Socrate, mais le jeune homme a suivi son sillage, vécu dans un climat socratique et reçu pour la vie entière l'empreinte d'un maître sans égal. Il dut être mobilisé dès l'âge où l'on accomplissait le service militaire, pour prendre part au conflit mondial du temps, pendant les dernières années de la guerre du Péloponnèse (406-404). Il n'est pas impossible qu'il ait fait ses premières armes à la bataille navale des Arginuses, face à Lesbos, une victoire sans lendemain, dont les tristes suites civiles l'ont douloureusement frappé. Non sans souffrir encore, il vit l'entrée de l'ennemi vainqueur, le Spartiate Lysandre, dans les eaux du Pirée, et la démolition des murs d'Athènes rythmée par les joueuses de flûtes. De gré ou de force, il fut ensuite acteur de la guerre civile, dans les rangs des cavaliers des Trente. Il réprouva sûrement les abus des maîtres provisoires d'Athènes, et sans être un partisan convaincu de Théramène, il dut déplorer sa condamnation à mort. La victoire de Thrasybule et la restauration démocratique rendaient l'air d'Athènes peu respirable à cet ancien cavalier des Trente. Il peut avoir eu le temps, cependant, d'obéir à ses goûts littéraires d'historien. Incité par l'exemple et peut-être à la demande de Thucydide revenu d'exil en 404, il se peut que ce soit alors qu'il entreprit de terminer l'œuvre inachevée de son illustre devancier, et qu'il rédigea les deux premiers livres de ses *Helléniques* (*) (sauf les lignes finales), en dépassant un peu le terme que s'était fixé Thucydide puisqu'il inclut la guerre civile dans un récit poussé jusqu'à l'année 403. Mais il ne manqua pas l'occasion qui s'offrait à lui d'aller faire de l'Histoire active. Cyrus le jeune, allié de Sparte, rassemblait en effet des mercenaires grecs pour diriger contre son frère Artaxerxès une expédition destinée à lui remettre l'Empire perse. Grâce à l'entremise du Béotien Proxène déjà au service du jeune prince, Xénophon se laissa séduire par l'espoir de faire fortune en Orient, d'autant plus volontiers qu'il se sentait et se savait politiquement menacé dans sa patrie ; il fut d'emblée conquis par le Perse enthousiaste et imprudent qui lançait dix mille Grecs dans une équipée déraisonnable.

Tout le monde connaît le vivant récit de *L'Anabase* (*), qui nous permet de suivre pas à pas les traces de Xénophon de mars 401 à mars 399, les deux seules années de sa vie que nous connaissons bien, trop bien même peut-être, car il ne résiste pas toujours au plaisir d'embellir son rôle.

Débarqué à Éphèse, devant le sanctuaire d'Artémis, il rejoint l'armée de Cyrus à Sardes sur la rive droite du Pactole. Le début de la campagne est une partie de plaisir, en des paysages exotiques charmants pour l'imagination des Grecs ; mais en septembre 401 la bataille de Cunaxa, un peu au nord de Babylone, entre le Tigre et l'Euphrate, devait ruiner un rêve et beaucoup d'illusions. Cyrus était tué, son armée barbare vaincue ; cependant si les dix mille mercenaires grecs pouvaient se dire officiellement vainqueurs, a-t-on le droit de parler de victoire quand on est à la merci des satrapes du Roi, loin de la Grèce, au cœur de contrées inconnues ? Ce fut bien pis quand cinq chefs des Grecs, Proxène inclus, furent tombés dans le guet-apens lâchement tendu par le fourbe Tissapherne. Xénophon se révèle alors et, s'il ne devient pas d'un coup le commandant des dix mille, on ne peut douter qu'il ait entrepris de relever les courages abattus ni qu'il ait exercé une influence croissante dans les opérations de la retraite. La course à la mer fut dure et dangereuse jusqu'au Pont-Euxin, salué à grands cris comme le symbole de la délivrance. Mais la discipline, maintenue jusque-là tant bien que mal par le péril même, se relâcha dès lors au point de compromettre le retour, et Xénophon fut tenté d'abandonner le gros des Grecs pour fonder une colonie sur les bords de la mer Noire : il en serait le débonnaire fondateur et se verrait à la tête d'une république militaire, hiérarchisée selon les lois d'une discipline idéale, librement consentie. Projet trop beau pour réussir. Xénophon fut entraîné par les dix mille à Byzance, ancienne colonie d'Athènes, alors gouvernée par les représentants de Sparte en mission, qui oscillaient entre la crainte de la horde arrivante et le souhait de mettre au service de Sparte une troupe aguerrie. Après quelque mois d'une campagne d'hiver en Thrace, décevante par les fautes et les tromperies du roitelet Seuthès, Xénophon fut bien obligé de prendre une décision longtemps ajournée, et il remit les anciens de Cyrus, les derniers des dix mille, entre les mains du stratège spartiate Thibron, à Pergame, en mars 399. Il le fit sûrement à contrecœur, sachant que ce geste serait critiqué, mais put se consoler à l'idée que les institutions de Sparte, sinon tous ses hommes, méritaient l'admiration. Au même instant, Socrate buvait la ciguë. Est-il surprenant que les Athéniens, dans leur passion populaire contre le prince des philosophes, se soient souvenus de Xénophon quand les nouvelles des aventures des dix mille, et de leur terme surprenant, venaient à leurs oreilles ? L'ancien cavalier des Trente, disciple d'un condamné à mort, accusé de servir Sparte et d'avoir servi en Cyrus un ennemi d'Athènes, fut frappé par contumace d'une sentence d'exil (399). Athènes, en lui fermant ses portes, le jetait pour longtemps dans les bras de Sparte. Il fut reçu d'abord dans ceux de Philésia dont, cette même année sans doute, il fit sa femme, et qui devait bientôt, vers 398-397, lui donner deux fils, Gryllos, puis Diodore. Nous ne savons rien sur cette épouse discrète, mais le lieu du mariage et de séjour du jeune ménage, probablement dans la région de Dardanos, au bord de la grande voie de passage de l'Hellespont (Dardanelles), donne à penser qu'elle n'était ni athénienne ni nécessairement bien née.

Exilé, jeune marié, coupé de sa fortune d'Athènes, animé d'un besoin de revanche sur le Roi et ses satrapes, Xénophon prit part, en Ionie, à la guerre fragmentaire et fructueuse de Sparte contre les Perses ; il aimait l'aventure et avait besoin d'elle pour subvenir aux besoins de son foyer. De 399 à 397, il se trouva successivement sous les ordres de Thibron et de Dercylidas, et resta quelque temps lui-même à la tête de ce qui restait des anciens de Cyrus. Puis, jusqu'en 394, le roi de Sparte Agésilas étant chargé de la guerre, il fit campagne auprès de lui, et devint probablement son ami et certainement son admirateur ; s'il fit bénéficier le chef d'hoplites de son expérience de cavalier, il ne fut pas de toutes les batailles, comme en témoignent les lacunes du récit des *Helléniques,* à partir du livre III. Cependant, en 395, la première rupture depuis la paix de 404 entre Athènes et Sparte obligea cette dernière à rappeler Agésilas et ses soldats. L'ordre des éphores, coupant tous les espoirs asiatiques, parvint au roi en Mysie, quand Xénophon se trouvait auprès de lui (printemps 394). L'exilé pouvait-il choisir ? Abandonnant par force les grands rêves de Pactole et de colonie, laissant sa famille derrière lui, il suivit Agésilas ; et tandis que l'amiral athénien Conon prenait contre Sparte à Cnide la revanche d'Aigos Potamoi, lui se battait à Coronée, en Béotie, dans les rangs lacédémoniens, contre les soldats d'Athènes. La rupture est consommée. Xénophon a bien mérité de Sparte. Il est admis dans la cité la plus xénophobe du monde grec. Dès que la chose est possible, il y fait venir, avec sa femme, ses deux fils, destinés à recevoir, dès l'âge de six ans, les rudes bienfaits de l'éducation spartiate. Mais lorsque, en 388, à l'occasion d'un voyage aux jeux Olympiques, le prêtre d'Artémis, auquel il avait confié ses parts de butin avant de quitter l'Asie six ans plus tôt, lui remit fidèlement son argent, il put arrondir le domaine que les Spartiates lui avaient donné le droit d'occuper à Scillonte en Triphylie, à quatre kilomètres au sud d'Olympie (près du bourg moderne de Crestena) ; peut-être furent-ils moins généreux qu'ils n'en avaient l'air, car de fait la Triphylie, prise aux Éléens, n'était lacédémonienne que par le droit de la force : il est facile de donner ce qui appartient à d'autres. Ayant passé à Sparte cinq ou six années entrecoupées de quelques nouvelles campagnes, cette fois en Grèce, avec Agésilas, Xénophon se retira dans ses terres, où il allait vivre plus de quinze ans, citadin et soldat devenu rural.

Il y eut sûrement des heures longues, à Scillonte, pour un homme entreprenant, actif, ami de l'aventure. Mais la Triphylie est un pays riche, riant, fertile, giboyeux. La proximité de la côte permet d'assister au passage des navires cinglant vers l'ouest, qui font escale près de l'embouchure de l'Alphée. Elis est proche, avec son école philosophique fondée par Phédon après la mort de Socrate. Tous les quatre ans, la foule des pèlerins, accourue des quatre coins du monde grec, afflue autour du sanctuaire et du stade d'Olympie, et les lettrés se pressent aux conférences des sophistes, au milieu du paysage le plus souriant de la terre. Xénophon, proxène de Sparte, organise des fêtes et des chasses, reçoit les personnages officiels de Lacédémone, et sans doute aussi des amis, parmi ceux qu'il a conservés notamment dans les milieux socratiques athéniens. Retiré de la vie militaire, il s'abandonne aux joies familiales, aux plaisirs de la campagne, donne à sa femme des leçons d'économie domestique, forme ses esclaves, et également ses fils, pour lesquels il rêve la carrière qu'il n'a pu lui-même mener à sa fin. Il leur enseigne l'art de la chasse, qui fait partie de l'éducation de la jeunesse ; pour leur former le corps et le caractère, il leur apprend à monter à cheval. Toujours fidèle à la mémoire de Socrate et bon humaniste, il est aussi leur maître en matière morale, historique et littéraire.

Car il a reçu des dieux les dons les plus divers. Et après avoir réparé certaines offenses qu'il a pu commettre envers eux, consacré pieusement un petit sanctuaire à la déesse Artémis, il emploie ses loisirs à répondre à sa vocation littéraire. Et tout en se livrant lui-même aux utiles distractions de la chasse, de la pêche, du cheval et de l'hospitalité, il se crée, chose rare dans la Grèce du temps, une bibliothèque ; il prend volontiers la plume, pas très longtemps de suite, pour écrire des livres d'Histoire, des mémoires, des traités techniques. C'est du temps de Sparte et surtout de Scillonte qu'il faut dater successivement l'*Art de la chasse* — v. *Cynégétique* (*) (391-390 ?) — *La République des Lacédémoniens* (*) sauf l'épilogue (387), *L'Anabase* (la première partie vers 387 et la seconde vers 377), l'*Apologie de Socrate* (*) (385-382), la première moitié des *Mémorables* (*) et de l'*Économique* (*) (vers 381), l'*Art équestre* — v. *De l'équitation* (*) — sauf le dernier chapitre (vers 380), et deux livres et demi d'*Helléniques,* le nouvel ensemble qui va du début du livre III au chapitre III du livre V (379-378). On mesure par cette simple liste la diversité de ses connaissances et l'étendue de son information. Il est plus important toutefois de se rendre compte qu'aucun de ces ouvrages ne fut immédiatement complet ni définitif. Usant une fois par prudence d'un pseudonyme, dans le cas de *L'Anabase,* il écrivait en général pour sa femme, ses fils, pour ses amis, pour Agésilas et son entourage, ou pour la satisfaction de sa conscience quand il avait à répondre à des attaques sur son passé. Ses livres d'alors, si l'on peut appeler ainsi des groupes de chapitres encore mouvants, susceptibles de s'agglomérer autrement sous des titres différents, ne peuvent dépasser de beaucoup le cercle assez fermé de ses intimes. Comme il ne « publie » pas à proprement parler ses œuvres, leurs objets demeurent limités autour de lui ; il lui est refusé d'atteindre le grand public d'Athènes, de développer une propagande nationale ou de décocher contre Platon, le disciple rival, des traits capables d'atteindre sûrement leur cible. Peut-être a-t-il moins de chances encore de se faire lire à Sparte où le mouvement intellectuel est plutôt ralenti. Aussi garde-t-il en réserve tous ses écrits, avec la pieuse pensée que les dieux lui permettront un jour de leur donner une forme définitive, et de trouver la large audience que son talent mérite. On doit donc se garder d'assigner à des livres qui se chevauchent, et s'échelonnent quelquefois sur de longues années, une date unique de composition. La grande œuvre des *Helléniques* offre à cet égard l'exemple le plus typique : si les deux premiers livres ont été rédigés dans Athènes en 402, avant le départ de Xénophon pour l'Asie, elle ne s'achèvera selon toute vraisemblance (au livre VII) qu'en 356, ainsi répartie sur quarante-six années de la vie de son auteur. On peut même dire qu'il n'y a guère d'œuvres de Xénophon qui ne portent la marque de préoccupations successives et différentes. Les derniers temps du séjour à Scillonte furent assombris par une inquiétude politique grandissante (à partir de 377). La tension aggravée entre les éphores et Agésilas faisait pâlir l'étoile du roi de Sparte, son protecteur. Il commençait de plus à douter fortement de l'habileté, de la légitimité même de la politique étrangère lacédémonienne, assez étroitement égoïste pour discréditer Sparte devant les Grecs, au moment précis où un renouveau des appétits impérialistes de la démocratie athénienne conduisait à regarder d'un œil méfiant ou jaloux l'exilé installé loin des tourments dans le bien-être de son domaine péloponnésien ; il devenait la victime désignée des à-coups dans les rapports entre les deux cités qui se disputaient depuis toujours l'hégémonie sur le monde hellénique. Il avait besoin de Sparte pour vivre, mais il regardait avec plus d'insistance et d'espoir du côté d'Athènes, la vraie patrie pour lui comme pour ses fils qui ne l'avaient jamais vue. La paix grecque qui porte le nom de son ami le riche Athénien Callias (371) n'apporta qu'un soulagement provisoire à ses inquiétudes. Car Thèbes, la cité haïe entre toutes, s'exclut immédiatement du traité, et le général béotien Épaminondas remportait la victoire de Leuctres aux dépens des hoplites lacédémoniens. Cette bataille, en accentuant le péril thébain, eut pour effet de resserrer l'entente entre Athènes et Sparte, et à cet égard elle servait les intérêts de Xénophon. Mais elle eut une autre conséquence, en déchaînant l'audace des Éléens qui reprirent, les armes à la main, leur ancienne possession de Scillonte, où le séjour devenait impossible. Avenir sombre pour un exilé approchant de la soixantaine qui, après avoir respiré plus de vingt ans un air laconien, sentait le terrain fuir du côté de Sparte. Pendant cinq ans environ (370-366 inclus), il trouva un refuge provisoire à Corinthe, symbole de son espoir en direction d'Athènes et, si nous ne savons pratiquement rien de sa vie dans la région de l'isthme, on peut croire au moins qu'il y écrivit un chapitre des *Helléniques* (V, 4), et coiffa *La République des Lacédémoniens* d'un épilogue sévère pour Sparte à laquelle il tournait le dos. En 367 selon toute vraisemblance, et sur la proposition d'Eubule, l'Athénien qui allait prendre la direction d'une politique pacifiste à laquelle Xénophon devait se rallier, le décret d'exil qui l'avait frappé trente-trois ans plus tôt fut rapporté. Prenant une décision enfin facile en une heure où Athènes entretenait de bons rapports avec Sparte, il rentre certainement dans une patrie qui, épuisée par de longues guerres, ne peut faire grise mine à un citoyen d'élite, aux compétences diverses, accompagné par surcroît de deux cavaliers dans la force de l'âge, prêts à combattre, formés à bonne école auprès de leur père. Si le patriotisme de Xénophon coïncide avec son intérêt d'alors, il n'y a pas lieu pourtant d'en suspecter la sincérité : il rentre librement et franchement dans sa patrie, sans amertume, avec la conviction qu'il lui reste encore un rôle national à jouer. Après avoir manifesté son allégresse dans le charmant petit dialogue du *Banquet* (*) (entre 365 et 362 ?), consacré à la mémoire de Socrate, il est frappé dans ses affections les plus chères par la mort de son fils Gryllos, tué dans un engagement de cavalerie quelques jours avant la bataille de Mantinée (362). Il rachetait par le sacrifice d'un enfant sa propre faute de Coronée, et l'on en fut très conscient dans Athènes puisque l'on y composa de nombreux « éloges » de Gryllos ; il sut d'ailleurs souligner discrètement la chose quelques années plus tard en arrêtant à Mantinée le récit des *Helléniques*. Reprenant courageusement sa tâche, politique et littéraire à la fois, il terminait alors et publiait le traité-dialogue de l'*Économique* (fin 362-début 361 ?), destiné à soutenir une propagande de retour à la terre au moment où Athènes voyait chanceler son empire et commençait à comprendre qu'elle ne pouvait désormais compter que sur ses propres ressources.

Puis, de même qu'il avait voulu en remontrer à Platon, dans son petit *Banquet* ou *Symposium* [Συμπόσιον], il entreprend encore de s'opposer à la *République* (*) de son rival dans la longue *Cyropédie* (*), commencée sans doute après 365 et terminée avant 358 mais après la campagne d'Agésilas en Égypte et la mort de son ami le roi de Sparte (360). Il s'efforce de construire là une cité idéale dont le chef, un vrai pasteur d'hommes, doit mériter l'amour et l'admiration de ses subordonnés ; il existe un art de commander, comme un art de former le souverain. Le *Hiéron* (*) (358-357) reprend et précise quelques-unes des idées politiques de *La Cyropédie :* le chef ne peut trouver son propre bonheur que dans celui de ses sujets.

Xénophon, malgré son âge, considère que sa mission n'est pas achevée. Maintenant jusqu'au bout son étonnante activité littéraire, il saisit toutes les occasions que lui fournit la situation internationale pour dire son mot sur les problèmes de l'heure. Il écrit un traité sur le « Commandement de cavalerie » ou *Hipparque* (*) (357 ?), donne une fin à l'*Art équestre* sur un problème d'armement et termine enfin sa grande œuvre des *Helléniques* (356) ; il soude leur dernière partie au groupe des deux premiers livres et met l'accent, pour conclure, sur l'éternelle discorde entre les cités grecques ; converti aux idées d'Isocrate, il estime que l'hellénisme n'a quelque chance de durer que si Sparte et Athènes ont enfin la sagesse de se partager l'hégémonie. C'est toujours l'actualité politique athénienne et ses rapports avec les problèmes étrangers qui l'amènent à composer ses derniers livres. Par l'*Agésilas* (*) (360 ?), tout en fondant le genre de la biographie, il ajoute un portrait un peu arrangé de la galerie de ses grands hommes, en accentuant le sens hostile à la Perse. Dans *Les Revenus* (*) (355-354), il aborde, lui qui n'est jamais resté insensible aux questions d'argent, les problèmes financiers et, apportant sa contribution à l'œuvre d'Eubule, conseille l'intégration d'Athènes dans un ordre international nouveau. Lutteur et optimiste jusqu'au bout et quelquefois prophète, au cours de l'hiver 355-354, il livre enfin son testament politique en ajoutant aux deux premiers, déjà vieux, les deux derniers livres des *Mémorables*, qui prennent ainsi leur forme définitive ; dans cette œuvre suprême, sans dénaturer la pensée d'un maître dont il reste un des plus fidèles témoins sans jamais avoir entrepris de la restituer intégralement, il a tendance, avec l'autorité que lui donne son âge, à se servir de Socrate pour en faire le porte-parole de ses propres idées ; mais il reste ainsi dans le sillage du philosophe pour traiter des problèmes pédagogiques, militaires, politiques de l'Athènes contemporaine. Par là il achève la mise en œuvre d'écrits destinés d'abord à d'autres objets, et dont Socrate est en fin de compte chargé de constituer le lien qui fait la gerbe. La mort peut alors saisir Xénophon (354 ?) ; elle ne le surprend pas. Il peut quitter une vie qu'il a aimée, même dans le danger, sous toutes ses formes, avec la satisfaction d'avoir racheté ses erreurs, mené son œuvre à son terme et, sans perdre de vue la notion de l'utile, travaillé jusqu'à son dernier souffle dans les domaines de l'action et de la pensée.

ÉDOUARD DELEBECQUE.

♦ *« Ce fut un homme remarquable à beaucoup d'égards... Il était pieux, aimait à offrir des sacrifices, se connaissait aux choses religieuses, et fut un disciple fidèle de Socrate. »* Diogène Laerce. ♦ *« L'abeille attique... »* Suidas. ♦ *« Parlerai-je de Xénophon, de la douceur de son style où règne une simplicité que l'art tenterait en vain d'imiter ? Ne dirait-on pas que les Grâces elles-mêmes ont pétri son langage ? Et à qui pourrait-on plus justement appliquer ce témoignage... que la déesse de la persuasion avait choisi son siège sur ses lèvres ? »* Quintilien. ♦ *« Écrivain original, dont le caractère semble appartenir plutôt à notre époque qu'à l'Antiquité. »* Mérimée. ♦ *« Si on voulait exprimer* [la langue de Xénophon] *par une image, on devrait la comparer à l'eau d'un ruisseau au sortir de la source, encore sans mélange, légère et limpide, plus belle que lorsqu'elle sera grossie et troublée par le progrès de son cours. » « Tout le monde aujourd'hui connaît et admire, dans* La Chartreuse de Parme *de Stendhal, le récit de la bataille de Waterloo. Il semble, quand on l'a lu, qu'on vient d'apprendre pour la première fois ce que c'est qu'une bataille. Il m'a semblé souvent, en lisant la retraite des dix mille, que j'apprenais pour la première fois ce qu'est la marche d'une armée. »* Taine. ♦ *« Le fond de sa nature, qui lui vient probablement de sa race aristocratique, est le goût de la vie pratique et active, de la vie harmonieuse, à la fois philosophique et morale, où le corps dépense sa vigueur et se joue sous la discipline d'une âme bien réglée. » « Il est avant tout un* honnête homme... *Il ramène à Athènes le parfait naturel et la grâce. On s'attendait à trouver un auteur, on est ravi de trouver un homme. »* A. Croiset. ♦ *« Xénophon est un grand bourgeois. Possesseur d'un beau domaine, il aime la chasse, les chevaux, a une femme bien soumise et de beaux enfants, très polis. C'est l'homme rangé ; de nos jours, il irait à la messe de onze heures et serait de l'Académie. Comment voulez-vous qu'il comprenne ce déclassé qu'est Socrate ? »* A. Valensin.

RÉF. : A. Croiset, *Xénophon, son caractère et son talent,* Paris, 1873. – A. Roquette, *De Xenophontis vita,* Ratisbonne, 1884. – P. Masqueray, introduction à l'édition de *L'Anabase,* Paris, 1930. – J. Luccioni, *Les Idées politiques et sociales de Xénophon,* Paris, 1947 ; *Xénophon et le socratisme,* Paris, 1953. – É. Delebecque, *Essai sur la vie de Xénophon,* Paris, 1957. – J.K. Anderson, *Xénophon,* Londres, 1974.

XÉNOPHON d'Éphèse. Écrivain grec. Nous ne connaissons ni sa vie, ni même les dates entre lesquelles il vécut. Certains critiques pensent que ce fut au IIe siècle, d'autres proposent le IIIe, le IVe et parfois le Ve siècle en se basant sur les caractéristiques de son style. Mais Xénophon parle du temple d'Artémis à Éphèse comme d'un monument contemporain ; aussi, puisque ce temple fut détruit par les Goths en 265, est-il probable que Xénophon vécut avant cette date. De lui, on ne possède qu'un roman, *Les Éphésiaques* (*). Le premier livre contient des descriptions qui nous permettent de nous faire une idée des cérémonies religieuses qui se déroulaient à Éphèse et, à ce titre, demeure un document fort important.

PAUL SCHUBERT.

RÉF. : K. Bürger, « Zu Xenophon von Ephesus », in *Hermes* 27, 1892. – Xénophon d'Éphèse, *Les Éphésiaques,* introd. et trad. de G. Dalmeyda, C.U.F., Paris, 1926. – G. L. Schmeling, *Xenophon of Ephesus*, Boston, 1980.

XÉNOPOULOS Grigorios. Romancier, dramaturge et journaliste grec. Né à Constantinople en 1867, mort à Athènes le 14 janvier 1951. Après avoir passé toute sa jeunesse dans l'île de Zante parmi les souvenirs de l'occupation vénitienne, puis anglaise, il vint terminer ses études à Athènes, où il vécut quasiment sans interruption jusqu'à sa mort. S'étant tourné très tôt vers la littérature, il écrivit ses premières nouvelles en langue puriste, mais se rallia à la langue démotique en 1890, en même temps qu'il devenait codirecteur de la revue *Hestia*. Auteur d'une vingtaine de romans, d'autant de recueils de nouvelles, il s'est illustré dans tous les genres, y compris le théâtre et le journalisme, avec une prolificité qui n'est pas sans nuire, parfois, à la qualité de son œuvre. Écrivant dans une langue transparente et accessible au plus grand nombre, c'est l'un des premiers à avoir appliqué au roman grec les critères de l'école naturaliste, en s'effaçant devant la réalité sociale qu'il dépeint. Son œuvre la plus marquante demeure la trilogie intitulée *Riches et Pauvres* [*Πλούσιοι και φτωχοί*, 1926], *Honnêtes et Malhonnêtes* [*Τίμιοι και Άτιμοι*, 1927] et *Chanceux et Malchanceux* [*Τυχεροί και Άτυχοι*, 1928]. Adepte du roman social avec *Thérésa Varma Dacosta* (*) (1926), il se montra également perméable aux courants de la pensée contemporaine et aux découvertes de la psychanalyse, comme en témoigne *Kosmakis* [*Ο Κοσμάκης*], roman-fleuve relatant les tribulations d'un séducteur. Malgré tout, à travers son évocation de la bourgeoisie athénienne, alors en pleine mutation, et de la vie foisonnante de la capitale, Xénopoulos apparaît davantage aujourd'hui comme l'observateur d'une époque révolue que comme l'expression d'un tempérament littéraire original. Dans le domaine du théâtre, en revanche, où il a introduit un ton nouveau, à la fois réaliste et intimiste, nombre de ses pièces sont devenues des « classiques » du répertoire grec : *Photina Sandri* (*), *Stella Violanti* (*), *La Tentation* [*Ο Πειρασμός*, 1910], etc. Citons enfin ses activités de critique : collaborateur de tous les grands journaux de l'époque, nommé membre de l'Académie d'Athènes à partir de 1931, il fut notamment l'un des tout premiers à découvrir et à imposer l'œuvre de Cavafy.

GILLES ORTLIEB.

RÉF. : A. Mirambel, *La Littérature grecque moderne*, Paris, 1954. – M. Vitti, *Histoire de la littérature grecque moderne*, Athènes, 1989.

XIPHILIN Jean. Érudit, philosophe, théologien et historien byzantin. Né à Trébizonde vers 1010. Il se rendit à Constantinople où il acquit un vaste savoir et se lia d'amitié avec Psellos. D'abord avocat, Xiphilin remplit par la suite de hautes charges dans la magistrature. En 1054, attristé par les calomnies, il s'éloigna de la capitale et se retira dans un monastère sur le mont Olympe, en Bithynie, où pendant dix ans il se plongea dans la composition d'œuvres philosophiques et d'érudition. Après la mort du patriarche Constantin III, en 1065, Jean Xiphilin fut appelé par l'empereur Constantin Doucas à lui succéder. Même au cours de son patriarcat (1065-1075), malgré la grande activité que réclamait l'accomplissement de sa tâche, il trouva le temps de composer un recueil d'homélies pour chaque dimanche de l'année, ainsi que de nombreux écrits de droit et de philosophie. Aujourd'hui encore on se souvient de son *Épitomé de l'« Histoire romaine » de Dion Cassius* (*).

RÉF. : C. Sathas, *Bibliotheca graeca medii aevi*, t. IV. – Chr. Zervos, *Un philosophe néo-platonicien du XIe siècle, Michel Psellos*, Paris, 1920.

XUÂN DIÊU : v. **Ngô Xuân Diêu.**

Y

YAGHMA Abol-Hassan. Poète et satiriste persan. Né vers 1782 à Khor-é Biyabanak, près de Jandaq (dans le désert central de l'Iran), mort en 1859. Il est gardien de chameaux, mais dès l'âge de sept ans ses dons de poète le font remarquer par le maître de l'oasis, Ismâ'el Khân, dont il devient le secrétaire. Son premier nom de plume est Majnoun [le fou]. En 1802, Ismâ'el Khân se révolte contre le gouvernement et doit s'enfuir au Khorassân. Jandaq est occupé par le représentant du gouverneur de Simnân. Yaghma est recruté comme simple soldat, mais ses talents de poète lui valent, à Simnân, le poste de secrétaire du gouverneur. Vers 1808, à la suite d'une fausse accusation, il reçoit une bastonnade, est mis en prison, et ses biens sont donnés en pillage [yaghma]. Une fois son innocence reconnue, Yaghma est libéré, mais l'injustice subie exacerbe son caractère.

Il prend alors le nom de plume de Yaghma et compose sa satire *Sardâriyya* – v. *Satires* de Yaghma (*) – contre le général [sardâr] Dhol-Fikr Khân. Il revêt la bure des derviches et erre pendant des années de ville en ville, voyage jusqu'à Kerbéla et Baghdâd, et ne revient à Khor qu'après la mort du sardâr. Reparti presque aussitôt pour Téhéran, il se gagne les faveurs de Hajji Mirza Aqasi, vizir de Mohammad Châh, le souverain qadjar. Il est nommé vizir du gouverneur de Kâchân, mais une nouvelle satire, *Description courte de l'ignominie*, dirigée contre une famille d'aristocrates, lui vaut d'être mis à l'Index, et il est traité d'infidèle par le mollah, en pleine mosquée. Il quitte alors Kâchân, se remet à voyager et accompagne Mohammad Châh à Hérat. Puis il rentre à Khor et y meurt en 1859.

Yaghma s'est exercé dans tous les genres poétiques, notamment les « ghazals », faisant preuve d'une grande maîtrise de la langue et de la forme. Mais la partie la plus originale de son œuvre est représentée par les chants funèbres (*nowha-yé sinazani*) qu'il compose pour les processions de Moharram. Ils ont la forme des « mostazâd », où chaque vers est prolongé par un refrain que l'auditoire murmure comme un écho spontané ; leur langue est fraîche et simple. Ces « lamentations », dérivées de la poésie populaire, seront peut-être prises comme modèle par les satiristes de l'époque révolutionnaire (1906-1912).

Toutefois, Yaghma doit sa réputation à ses *Satires* injurieuses et obscènes, qui ont la forme des « ghazals ». Il a certainement été influencé par les satiristes de la vieille école. Bertels a vu dans ces œuvres une amorce de révolte contre les injustices politiques et sociales. En réalité, Yaghma ne semble pas s'élever au-dessus de ses griefs personnels. Sa raillerie s'exerce même aux dépens de son protecteur, le vizir Hajji Mirza Aqasi ; le poète est toujours emporté par son tempérament mordant et sa langue trop bien pendue.

Yaghma, sans doute à cause de son éducation médiocre, connaît mal l'arabe, et montre même de l'aversion pour cette langue. Dans plusieurs de ses lettres, il tâche d'écrire un persan pur « farsi nigari ». En cela, il est le précurseur des puristes qui, plus tard, emportés par leur nationalisme, tenteront de purger de façon radicale le persan. Homme de grand talent, il libère le langage poétique des figures de rhétorique et emploie des expressions populaires. Il augmente de considérables annotations le fameux dictionnaire persan, le *Burhân-é qâti*. Quant aux thèmes de ses poèmes, on y retrouve le même dilemme : il veut purifier la société mais, se heurtant à un échec, il se réfugie dans un pessimisme mystico-philosophique et renonce au monde.

MARIE-HÉLÈNE PONROY.

YAGÜE DE SALAS Juan. Écrivain espagnol. Né à Téruel (Aragon) vers la fin du XVIe siècle. Notaire du royaume, puis secrétaire de la commune de Téruel, il écrivit *Les Amants de Téruel* (*), « épopée tragique, avec la restauration de Sobrarbe et la conquête du royaume de Valence ». Cervantès, Lope et bien d'autres l'admiraient. On ignore où Yagüe mourut. On suppose que ce fut à Téruel, ville où il passa sa vie et à laquelle il était très attaché.

YAMIN Muhammad. Écrivain indonésien (1903-1963). Muhammad Yamin fait partie de la génération des écrivains originaires de Sumatra qui purent poursuivre à Java, sous l'administration hollandaise, des études supérieures qui leur permirent ensuite de jouer un rôle de tout premier plan au moment de l'Indépendance. Dès sa jeunesse, il milita dans les mouvements nationalistes et se fit remarquer par l'intransigeance de son attitude vis-à-vis du colonisateur. Sous la présidence de Sukarno, il fut à plusieurs reprises ministre, en particulier de l'Éducation nationale.

Seules ses premières œuvres relèvent de la recherche littéraire, avec des poèmes qui s'inspirent souvent de thèmes nationalistes : *Ma patrie* (*) (1922), *Indonésie ma patrie* [*Indonesia Tumpah Darahku,* 1928]. Son goût pour l'Histoire et l'évocation d'un grand passé national apparaît dans la pièce *Kén Arok dan Kén Dédés* (1934) et surtout dans la biographie de deux personnages historiques célèbres : *Gajah Mada* (1946) et *Pangeran Diponegoro* (1950). Muhammad Yamin est également l'auteur de traductions de Tagore et de Shakespeare *(Jules César).* Mais la lutte politique a fait par la suite appel à toute son énergie, pour des discours dont la fougue est comparable à celle de Sukarno.

PIERRE LABROUSSE.

YANAGIDA Kunio. Ethnologue japonais. Né le 31 juillet 1875 dans le département de Hyôgo, mort le 8 août 1962. Après des études de droit à l'université de Tôkyô, il entame en 1901 au Bureau ministériel des affaires agricoles une carrière de haut fonctionnaire, qui lui fournira l'occasion de visiter les régions les plus diverses du pays : entre une conférence agronomique et l'inspection d'un réseau d'irrigation, Yanagida se prendra bientôt d'un intérêt de plus en plus prononcé pour les traditions populaires encore vivantes auxquelles il se trouve confronté. Et c'est en 1909, avec un *Document sur la chasse* au sanglier dans l'île méridionale de Kyûshû [*Nochi kari no kotoba no ki*], l'acte de naissance de l'ethnographie japonaise, bientôt suivi des *Contes de Tôno* [*Tôno monogatari*, 1910] et des *Légendes des montagnes et des îles* [*Santô mintanshû*, 1914], où l'élégance de la forme le dispute à l'originalité du matériau : c'est que l'agronome est chez Yanagida doublé d'un écrivain distingué qui, jusqu'alors partagé entre la poésie et le récit de voyage – *La Baie d'Ise* [*Ise no umi*, 1903] –, va désormais opter définitivement pour la littérature ethnographique, fondant notamment en 1912 la revue *Études locales* [*Kyôdo kenkyû*]. Il n'en néglige pas pour autant la carrière administrative : directeur du Secrétariat de la Chambre des pairs (1914), il est nommé en 1922 à la délégation japonaise auprès de la Société des Nations, et effectue à cette occasion un long voyage à travers l'Europe. De retour au pays, il consacrera le reste d'une longue existence à la recherche, regroupant ses désormais nombreux disciples dans un Institut d'études ethnographiques (1935), bientôt muni d'un impressionnant réseau de bonnes volontés locales. Initiateur au Japon de l'étude scientifique de la tradition orale – *Mémoires sur le conte populaire* [*Mukashibanashi kakusho*, 1943] –, Yanagida témoigne d'un intérêt de linguiste pour l'idiome japonais et ses variantes locales – *L'Avenir de notre langue* [*Kokugo no shôrai*, 1939], *Mémoire sur les dialectes* [*Hôgen kakusho*, 1942] –, ainsi que pour les divers vocabulaires de la vie quotidienne. Il n'aura cependant de plus grande ambition que d'élucider le problème de la croyance populaire qui n'a cessé de le solliciter depuis ses *Considérations sur les miko* [*Miko-kô*, 1913-14] : à cet égard, *Les Fêtes japonaises* [*Nihon no matsuri*, 1942] et *Shintô et ethnologie* [*Shintô to minzokugaku*, 1943] témoigneront, entre autres publications, d'un effort pratiquement ininterrompu. Ainsi, le folklore appelant la linguistique, et l'ethnologie l'histoire des religions, les disciplines se mêlent et se soutiennent l'une l'autre pour appréhender la réalité multiple d'une tradition où survivent, selon Yanagida, les éléments les plus distinctifs du caractère national et qu'il lui apparaît d'autant plus urgent de mettre en évidence qu'il la sait, qu'il la voit, menacée d'un inexorable dépérissement. Du patriarche de l'ethnologie japonaise, mort à 87 ans au milieu de la vénération – le mot n'est pas trop fort – de tout un peuple de lecteurs, d'auditeurs, de téléspectateurs, on retiendra notamment, au sein d'une immense production, *Le Printemps du pays de neige* [*Yukiguni na haru*, 1928], *Conte populaire et littérature* [*Mukashibanashi to bungaku*, 1938], *Avant le coton* [*Momen izen no koto*, 1939], *Les Traditions du Japon* (*) (1940), *Le Feu, autrefois* [*Mukashi no hi*, 1944] et *Les Mots de tous les jours* [*Mainichi no kotoba*, 1946].

MICHEL WASSERMAN.

YÁÑEZ Agustín. Écrivain mexicain. Né le 4 mai 1904 à Guadalajara, dans l'État de Jalisco. Mort à Mexico en 1980. Après des études pour être avocat, il devient journaliste et universitaire. En 1925, il fonde la revue *Bandera de provincias,* qui connaît un vif succès. Son œuvre est abondante et inégale. En 1938 paraît *Passion et Convalescence* (+), suivi de *Fleur de jeux anciens* [*Flòr de Juegos antiguos,* 1942], d'*Archipel de femmes* (+) (1943), et de *C'est un manque de chance* [*Esto es mala suerte,* 1945]. Mais son œuvre la plus connue est *Demain la tempête* (*) (1947) qui décrit la vie léthargique d'un petit village du sud du Mexique, marquée par une religiosité morbide. L'action se passe avant la Révolution, et l'auteur a très bien su rendre l'ambiance oppressante du village et l'aliénation religieuse de ses habitants. Après *Demain la tempête,* Yáñez a encore publié *La Création* [*La creación,* 1959], *La Terre prodigue* (*) (1960) et *Les Terres maigres* [*Las tierras flacas,* 1962]. Ce dernier ouvrage étudie les changements que le progrès technique amène dans la mentalité des paysans mexicains.

YANG SIONG [Yang Xiong] (prénom public Tse-yun). Philosophe et poète chinois. Né en 53 av. J.-C. à Tch'eng-tou (province du Se-tch'ouan), et mort en l'an 18 apr. J.-C. Yang Siong est l'un des plus célèbres auteurs de « fou » (genre de « dithyrambes » descriptifs ou narratifs en prose poétique rythmée et souvent rimée) de la fin des Han antérieurs (206-23 av. J.-C.). Grand admirateur de Ts'u Yuan (340 ?-278 ? av. J.-C.) et de Se-ma Siang-jou (179-117 av. J.-C.) dont il imita le style, il se rendit si bien célèbre pour son talent littéraire qu'il fut appelé à la capitale comme conseiller, et pour faire office de « poète de cour », auprès de l'empereur Tch'eng (régnant de 32 à 7 av. J.-C.). Il accompagnait celui-ci dans ses chasses et dans les cérémonies sacrificielles – qu'il décrivit dans ses « fou » les plus célèbres – v. *Fou de Yang Siong* (*) –, non sans y exprimer discrètement certains avis ou reproches destinés à l'empereur. Vers 50 ans, Yang Siong délaissa toute création poétique pour se consacrer à l'étude de la cosmologie divinatoire. Il devint un spécialiste du *Classique des mutations* (*), dont il écrivit ce qu'il considérait lui-même comme un développement : le *T'ai-suan* [*Grand Mystère*]. Certains présages, ou certains textes « non orthodoxes » qu'il aurait transmis, pouvaient lui attirer les représailles de l'« usurpateur » Wang Mang (qui prit le pouvoir en l'an 9 av. J.-C.). Yang Siong se sentit si menacé qu'il tenta de se suicider ; il resta handicapé et se retira. Les principaux enseignements du philosophe furent rassemblés par lui-même dans le *Fa-yen* [*Parole modèle*], imitant les *Entretiens de Confucius* (*), et qui le fit considérer par la postérité à l'égal des autres « penseurs » [tse]. On trouve incidemment dans le *Fa-yen* une condamnation assez rigoureuse du genre du « fou » qui a fait la réputation de Yang Siong durant la première partie de sa vie.

VALÉRIE LAVOIX.

RÉF. : B. Belpaire, *Le Catéchisme philosophique de Yang Hiong-ts'e,* Bruxelles, 1960. – D. R. Knechtges, *The Han Rhapsody, A Study of the fu of Yang Hsiung,* Cambridge, 1976.

YAO NAI (noms honorifiques : Tsi-tchouan et Meng-kou, surnom Si-pao). Écrivain chinois. Né le 17 janvier 1732 à T'ong-tch'eng (An-houei), mort le 15 octobre 1815 à Nankin. Son grand-père était médecin et ministre de la Justice, il fut élevé par son oncle Yao Fan (1702-1771), médecin également ; il eut pour professeur le célèbre Lio Ta-k'ouei (1698-1779). Yao Nai fut nommé en 1766 secrétaire de seconde classe au ministère de la Guerre et par la suite remplit cette même fonction au ministère des Cultes. Il fut ensuite directeur départemental au ministère de la Justice en 1771 ; il collabora également à la rédaction du *Se-k'ou ts'uan-chou* (*). Puis, renonçant à tout, il se consacra à l'enseignement à Hang-tcho (1776-78). Pendant quarante ans il dirigea diverses académies et rassembla autour de lui de nombreux disciples qui devaient exercer une grande influence en propageant les principes du « kou wen » ou style ancien, énoncés par Fang Pao et Lio Ta-k'ouei, qui avec Yao Nai ont formé l'« École de T'ong-tch'eng », appelée ainsi parce que tous les trois étaient originaires de cette ville. Son *Anthologie de la prose classique* (*) est restée célèbre, mais il a laissé aussi un *Recueil de poèmes « che » en pentamètres et en heptamètres* [*Wou-ts'i-yen tsin-t'i-che-tch'ao*], ainsi que de nombreuses préfaces, éditions critiques et éloges.

YASAVÎ Khwâja Ahmad ibn Ibrâhîm. Soufi et poète turc de l'Asie centrale. Né à Sayrâm (Isfijâb) dans la seconde moitié du XIe siècle, mort à Yasî (actuel Turkestan) en 1165 ou 1166/67. Comme la biographie des grands mystiques et des saints populaires de l'islam, l'histoire de la vie d'Ahmad Yasavî est tout auréolée de légende, et ce que nous en savons tient en quelques péripéties. À la mort de son père, alors qu'il n'a que sept ans, sa famille vient s'installer à Yasî, où le jeune Ahmad commence ses études. Il part ensuite à Boukhara, où il devient le disciple du grand maître spirituel Yûsuf Hamadânî, avant de lui succéder en 1160. Il passera cependant ses dernières années à Yasî, poursuivant son enseignement mystique et achevant de poser les fondements d'un nouvel ordre soufi qui reçoit son nom, la Yasavîya. Afin de populariser sa doctrine, Ahmad Yasavî laissa une œuvre poétique en dialecte turc, aujourd'hui perdue. Toutefois les poèmes apocryphes assemblés dans *Le Dîvân-i hikmat* (*), qui lui est attribué, ont le mérite de restituer l'esprit et le style original d'Ahmad Yasavî, imité par ses successeurs d'Asie centrale et d'Anatolie. La confrérie Yasavîya, particulièrement bien implantée au Turkestan, se répand bientôt dans tout le Moyen-Orient, jusqu'à l'Asie Mineure grâce à l'émigration de maîtres spirituels tel Hâjjî Bektâsh. Et l'importance de l'héritage d'Ahmad Yasavî, son abondante postérité, en font une des personnalités les plus marquantes du soufisme. Sa tombe à Turkestan, au-dessus de laquelle Tamerlan fit élever un somptueux mausolée, ne cessa jamais d'être un lieu de pèlerinage.

STÉPHANE A. DUDOIGNON.

YASHAR KEMAL (pseud. de Kemal Sadïk Göghçeli). Romancier, nouvelliste et journaliste turc. Né à Hémité (province d'Adana) le 20 avril 1922. Fils de paysans, issu d'une famille dont les origines étaient kurdes, Yashar Kemal a reproduit dans ses romans la dure vie et les légendes des monts Taurus, sa région natale, la plus arriérée de Turquie, où les villageois en proie à une misère noire se trouvent soumis à la terrible exploitation des grands propriétaires terriens. Le règne de la violence s'inscrit très tôt dans l'existence du futur écrivain : Kemal assiste à l'assassinat de son père par un frère adoptif alors qu'il n'a que quatre ans. Sa famille ne survit pas à ce drame. Dès la fin de l'école primaire, à quatorze ans, le jeune Kemal doit partir travailler en usine à Adana, où il découvre un autre type d'aliénation. À la ville, il entre vite en politique à la suite de la rencontre de spartakistes turcs ; Kemal a choisi son camp : il sera membre du comité central du parti ouvrier de Turquie jusqu'à son interdiction en 1971. Soupçonné d'activités subversives, il passe un an en prison. Mais, acquitté, il continue de faire l'objet des tracasseries endémiques de la police politique, qui l'obligent à changer constamment de métier (il en exercera une quarantaine avant d'atteindre l'âge de trente ans). Devenu écrivain public, Kemal écrit à Adana « Une sale histoire », sa première nouvelle publiée en 1941 : l'histoire d'un viol que lui a raconté la victime, et dont la sauvagerie lui arrache ce premier cri de révolte en littérature. C'est pendant cette période que Kemal découvre également les grands auteurs : Cervantès, lu en prison, puis Zola, le Flaubert de *Madame Bovary* (*), Dostoïevski. Il gagne Istanbul dès 1951, où il entre au prestigieux quotidien *La République* [*Cumhuriyet*], et prend son actuel pseudonyme. Yashar Kemal conquiert bientôt la célébrité grâce à ses nouvelles, dont un premier recueil est publié en 1952, et à ses articles d'un ton nouveau sur la vie quotidienne du peuple, la misère, le chômage, le désespoir. Son premier roman, *Memed le Mince* (*) paraît en feuilleton dans le journal, avant sa publication en volume, en 1955 : lauréat du prix du Premier Roman, il remporte un immense succès populaire. Yashar Kemal est consacré auteur national, ses « romans paysans » emmènent les lecteurs des villes vers un monde du Moyen Âge, étrange et violent : l'Anatolie rurale. Le héros de *La Boîte en fer blanc* [*Teneke,* 1955, dont la mise en scène fut primée à Nancy], arrive, à peine diplômé de l'université, dans une bourgade anatolienne où il est nommé gouverneur de district. À la gare un autochtone le prévient : « La vie est dure ici, mon bon monsieur, c'est le cas de le dire. Vous verrez vous-même, et vous serez étonné de voir comment ils ont fait ici pour ne pas tous crever. C'est un miracle qu'ils soient encore en vie [...] Ils vivent avec leur bétail, mangent tous les jours la même bouillie de grain, cuite à l'eau. Parfois ils ont du pain. Le printemps ils se nourrissent d'herbe. Ils la font bouillir, l'herbe, et ils la mangent. Leur mets le plus recherché, c'est le yaourt liquide. C'est un vrai miracle, je vous dis, qu'ils soient encore en vie ! » Le jeune fonctionnaire réformiste croit naïvement qu'il suffit d'apprendre aux ruraux une nouvelle façon de vivre. Mais les propriétaires ont planté du riz près des lieux habités, en proie à la malaria. Or les paysans gagnent à peine de quoi acheter de la toile moustiquaire ! Le gouverneur inexpérimenté dépouille les paysans de leurs villages au profit du rendement et des puissants aghas. Les terres leur seront restituées mais les propriétaires auront la démission du gouverneur. La victoire revient à la force, et se solde par le retour à la situation antérieure. *Le Pilier* [*Ortadirek,* 1960] et sa suite *Terre de fer, ciel de cuivre* [*Yer demir, Gök bakïr,* 1963] offrent de nouvelles descriptions réalistes de la pauvreté et de l'injustice sociale qui règnent dans une Anatolie encore en proie à la tyrannie des propriétaires terriens. La récolte de coton a beau être catastrophique, l'agha prélève le lourd loyer de la terre, et ôte aux paysans leurs derniers moyens de subsistance. La famine commence l'hiver venu. Mustafa le Fou perd ses trois enfants : il décide de tuer Adil Efendi (« le seigneur juste ! »). Les paysans, qui dépendent de l'agha pour leurs fournitures, parviennent à apaiser le désespéré, mais l'année suivante les conflits ne feront que s'exacerber. Le dernier volume de la trilogie, *L'Herbe qui ne meurt pas* [*Ölmez otu,* 1968], traite des effets de l'urbanisation et de l'arrivée tonitruante d'une modernité qui apporte de nouvelles formes d'aliénation. Après le succès immense de ses premiers cycles romanesques, Yashar Kemal peut se consacrer à l'écriture de grands romans, interrompue seulement de quelques articles de presse et de scénarios de cinéma, tandis que sa femme, Thilda Kemal, supervise la traduction en anglais de ses œuvres.

Yashar Kemal a développé un style très particulier de prose en « vers blancs », dans laquelle il emploie un riche registre de mots, d'expressions, d'images, voire de néologismes turcs inhabituels, empruntés pour une bonne part à la langue vernaculaire de sa région natale, la Turquie du Sud-Est. C'est là qu'on parle la langue turque la plus pure, n'hésite-t-il pas à déclarer, et c'est la seule région qui conserve la tradition des conteurs d'épopée. Hémité, le village natal de Yashar Kemal, était un ancien lieu de campement de nomades turkmènes récemment sédentarisés : toute l'enfance de l'écrivain a été bercée par les récits des conteurs et par les fêtes villageoises qu'agrémentaient les joutes des ashîq, bardes anatoliens. La tradition populaire y était représentée par les vers de Karacaoghlan, poète lyrique du XVIIe siècle, et ceux de Dadaloghlu, chantre de la révolte au XIXe siècle. Mais la plupart des récits relevaient de l'épopée du brigand d'honneur Köroghlu, dont le récit pouvait durer vingt jours. L'identification au personnage de légende est facile pour l'enfant, dont le grand-père avait été à la fois un poète renommé et un grand brigand. Le jeune Kemal se met à recueillir tous les contes, toutes les épopées. « Et si je suis allé à l'école primaire dans un village voisin, déclarera-t-il bien plus tard, c'était pour savoir écrire et donc pour conserver tous ces chants. » Vers l'âge de onze ans, célèbre dans toute la région par sa mémoire et sa capacité d'invention, il concourt déjà avec les poètes les plus chevronnés. Devenu romancier, le chantre de la plaine de Tchoukourova considère comme son devoir de fonder tous ses écrits sur sa société d'origine, mais pas seulement dans le but de faire connaître au monde les traditions vivantes de son pays. Car « le travail d'un romancier épique, c'est de savoir s'identifier ». C'est seulement en sondant la profondeur de son univers et de son être propre que le poète peut rencontrer celle des autres. La force de l'épopée, selon Yashar Kemal, c'est le pouvoir donné à son auteur, Homère moderne, de se mettre à la place des autres, de « savoir dire les autres ». Derrière Memed le Mince il y avait deux générations de bandits au grand cœur, dont Yashar Kemal a su faire des personnages universels. Toute son œuvre fonde une notion nouvelle de « littérature nationale » construite autour du vécu individuel et d'une restitution du monde des origines. Cette société moyenâgeuse des paysans et des aghas de la Tchoukourova, qui représente une phase prémoderne de l'histoire de l'humanité, est aujourd'hui en proie à de multiples aliénations, véritable tragédie du XXe siècle. Ashîq contemporain, Yashar Kemal tente d'élaborer une « forme tragique nouvelle qui combinerait à la fois l'héritage grec de la destinée et la tragédie contemporaine de l'aliénation ». Le seul remède possible aux formes nouvelles de dépossession de l'homme est à ses yeux de jeter un pont entre le passé et l'avenir : « Un peuple qui perd la mémoire est un peuple qui meurt. »

STÉPHANE A. DUDOIGNON.

YEATS William Butler. Poète irlandais. Né à Dublin le 13 juin 1865, mort à Roquebrune (Alpes-Maritimes) le 28 janvier 1939. Issu d'une famille protestante, il est de ces poètes qui élèvent leur généalogie au rang de mythe intime. Dans son autobiographie, mais aussi dans certains poèmes de sa maturité, un grand-père maternel très redouté, William Pollexfen, armateur de Sligo, acquiert une dimension quasi légendaire ; à son oncle George Pollexfen, et à sa famille maternelle en général, Yeats sera tenté de rattacher son propre goût de l'astrologie et des sciences occultes. Quant au père, John Butler Yeats, peintre irlandais issu d'une vieille famille de pasteurs, il joua un rôle déterminant dans l'éducation du poète ; c'est à lui que Yeats doit toute son éducation artistique. En 1907, J. B. Yeats devait partir peindre aux États-Unis, où il mourut en 1922 sans être jamais revenu en Irlande, mais le dialogue entre eux ne cessa jamais. D'une manière générale, le lien très fort qui unit le poète à sa patrie irlandaise (jusqu'à une identification totale au pays en quête d'indépendance) ainsi que ses positions « traditionalistes » s'expliquent d'abord par le sentiment d'une très forte dette à l'égard des générations antérieures.

Dès 1867, après la vente du château familial de Sandymount, Yeats vient vivre à Londres avec ses parents (il allait être l'aîné de cinq enfants) et conçoit très vite pour l'Irlande une grande nostalgie alimentée par de fréquents séjours à Sligo. Les injures de ses camarades anglais contribuent à développer le sentiment de son identité irlandaise. De retour en Irlande, en 1880, sa famille l'envoie étudier à la High School de Harcourt Street à Dublin ; élève médiocre, il renonce aux études universitaires et s'inscrit à l'École des beaux-arts. C'est là qu'il rencontre George Russell, poète qui se fera connaître sous le pseudonyme de A. E., avec lequel il partage une passion qui ne le quittera jamais pour les préraphaélites, les religions orientales et la théosophie. C'est en fréquentant le vieux poète irlandais O'Leary que Yeats entrevoit la possibilité de se consacrer au développement d'une littérature nationale autonome. Jusqu'en 1901, partageant sa vie entre Londres et Dublin, Yeats sera un postromantique, un esthète influencé par Oscar Wilde, puis Walter Pater. Néanmoins, l'influence de William Blake cent fois relu, de Keats et de Shelley, des penseurs de la Renaissance italienne, des néo-platoniciens anglais toujours plus admirés, l'étude assidue de Swedenborg, de Jakob Böhme et de Paracelse font avant tout de Yeats un poète de l'imagination, au sens où l'entendait le Wordsworth du *Prélude* (*) : un pouvoir créateur directement issu de l'entendement divin, par lequel nous communiquons avec les secrets de la nature, et dont la Raison au sens étroit du terme n'est que la partie utilitaire, la moins intéressante et la plus asservie.

Ces influences comptent sans doute davantage que l'initiation à l'ordre rosicrucien de la « Golden Dawn » et aux pratiques occultes : certes, l'intérêt de Yeats pour l'occultisme demeurera une constante de toute sa vie, mais les différentes doctrines auxquelles il s'initie alors avec un grand éclectisme semblent avant tout constituer pour lui des réservoirs d'images, des vecteurs de l'imagination, des systèmes de symboles où puiser pour alimenter la création poétique, et plonger au cœur de l'inconscient collectif de l'Irlande et, par-delà, de l'humanité. C'est notamment par l'observation de ses propres rêves qu'il y parvient : peu importe, au fond, que cette étude lui soit d'abord recommandée par les Rose-Croix. Peu à peu, Yeats travaille à modifier ses rêves et expérimente l'effet de symboles préétablis que le rêveur doit tenter de retrouver au cours du rêve, reprenant en cela d'antiques techniques d'oniromancie.

En août 1896, Yeats rencontre Lady Gregory, qui l'invite dans son château de Coole Park, dans le comté de Galway. C'est le début d'une longue amitié qui va constituer un épisode fondamental de la « renaissance irlandaise » du XXe siècle. Coole Park va devenir pour Yeats le lieu par excellence de l'Irlande retrouvée, et la famille de Lady Gregory le modèle aristocratique qui convient à celle-ci : ce que Yeats appelle une « unité de culture », caractéristique essentielle de toute civilisation à son apogée. Surtout, Lady Gregory, elle-même brillant écrivain et auteur d'admirables recueils de légendes irlandaises, finance un Théâtre national irlandais dont elle confie la direction à Yeats, qui s'y consacrera corps et âme. Il fera jouer à l'Abbey Theatre de Dublin non seulement ses propres poèmes dramatiques, tous inspirés de légendes irlandaises – *La Comtesse Cathleen* (*), *Le Pays du désir du cœur* (*), *Cathleen à Houlihan* (*), *Le Seuil du roi* [*The King's Threshold*], *Sur le Rivage de Baile* [*On Baile's Strand*], *Deidre* (*), (pour n'en citer que quelques-uns), mais aussi les pièces de son ami Synge, révélation la plus importante de ces années-là, et des pièces de Moore, A. E., ou Martyn. Il a publié en 1889 son long poème narratif *Les Errances d'Ossian* [*The Wanderings of Usheen*] et, en 1893, un recueil de contes populaires recueillis auprès de sa mère et des paysans de Sligo, *Le Crépuscule celtique* (*), dont le titre devient l'emblème de toute cette époque littéraire. Avec *La Croisée des chemins* [*Crossways*] puis *Le Vent parmi les roseaux* (*), Yeats publie en 1899 ses premiers recueils au ton véritablement personnel. Avec des essais en prose – dont *La Taille d'une agate* [*The Cutting of an Agate*] écrite en 1912 pour défendre l'œuvre de Synge – et d'autres recueils de poèmes marquants, *Dans les sept bois* [*In the Seven Woods*, 1908], *Le Heaume vert et autres poèmes* [*The Green Helmet and Other Poems*, 1910], et enfin *Responsabilités* [*Responsibilities*, 1914], le plus personnel et le plus neuf de tous, Yeats est désormais reconnu comme un dramaturge de premier plan et l'un des poètes les plus importants de son temps. Mais il n'est encore que cela, car ses poèmes appartiennent franchement au XIXe siècle et au mouvement, général en Europe, d'affirmation des littératures nationales. Or, à cinquante ans, la partie la plus importante de son œuvre est encore devant lui, et tout ce qui la précède ne semble en être que la préparation.

Bouleversé par sa rencontre en 1912 avec Rabindranāth Tagore, dont il traduira un choix de poèmes, influencé par son ami Ezra Pound qui lui fait découvrir les traditions théâtrales de l'Orient – le nô, notamment, dont il reprendra la technique dans *Quatre pièces pour danseurs* (*) en 1917 –, Yeats va être transformé par deux événements, l'un collectif et l'autre personnel. Absurdité collective qui pose violemment la question du sens de l'histoire, la Première Guerre mondiale (au cours de laquelle son ami Robert Gregory, le fils de Lady Gregory, trouve la mort) n'est pas un événement purement extérieur : à Pâques 1916, un soulèvement nationaliste irlandais est violemment réprimé par les Anglais. Plusieurs amis de Yeats (Pearse et MacDonagh notamment) y trouvent la mort, ou sont exécutés les jours suivants. Ce moment marque pour Yeats le début d'une identification plus profonde à la terre d'Irlande. Quelques mois plus tard, après une violente crise spirituelle, il décide de se marier ; il épousera George Hyde-Lees à Londres le 20 octobre 1917. Cette union tardive met fin à une très longue errance sentimentale, et notamment, depuis 1891, à la longue histoire d'amour malheureux qui liait Yeats à l'actrice irlandaise Maud Gonne, qui ne voulut jamais de lui. Maud Gonne, féministe, pasionaria de l'indépendantisme irlandais, modèle classique de la beauté cruelle (mais l'amour que Yeats lui portait était si confus qu'il put se reporter quelque temps sur sa fille Yseut) est en fait d'abord pour Yeats un personnage, une figure recréée par le rêve et la poésie.

Il en ira tout autrement de George Hyde-Lees qui donnera à Yeats ses deux enfants, Anne (1919) et Michael (1921). Peut-être par intérêt réel pour les sciences occultes, peut-être pour transformer en passion une union trop raisonnable, la jeune Mrs. Yeats (elle avait vingt-six ans) commença à se livrer à des expériences d'écriture automatique en compagnie de son mari. Elle devient vite le médium par lequel il entre en dialogue avec de mystérieux « instructeurs » qui lui livrent les clés d'une doctrine des âges de l'humanité et du destin des âmes à travers leurs incarnations successives. Les critiques discutent encore sur le statut exact de ces expériences, racontées sous forme voilée dans le poème narratif « Le Don de Haroun Al-Rachid », et d'où sortira le livre *Une vision* (*) : il est certain que Yeats avait d'abord trouvé dans son épouse une excellente lectrice, et que tout ce qui sortit des conversations de Yeats avec les esprits était d'abord nourri de son œuvre antérieure. Il s'agit d'un affrontement analogue à celui des tables tournantes dans l'œuvre de Victor Hugo, mais auquel Yeats ose donner un tout autre retentissement, en en publiant les résultats. Ce qui frappe à la lecture de *Une vision* est moins le caractère occulte de la révélation que la mise en ordre, sur une sorte de cadran composé des vingt-huit phases de la lune, d'un ensemble de symboles jusque-là épars dans l'œuvre de Yeats. De même, les artistes les plus admirés (Dante, Raphaël, Nietzsche, Shakespeare...)

deviennent ici autant d'éléments d'une typologie de caractères dans laquelle Yeats peut chercher et trouver sa place : proche des uns, loin des autres, dosant ressemblances et différences. Issus de la mystique juive, les symboles du soleil et de la lune (représentant le masculin et le féminin, l'objectif et le subjectif, etc.) deviennent pour Yeats les deux pôles d'une vaste réorganisation de son univers mental, qui lui permet de faire communiquer sa démarche consciente avec l'inconscient longtemps exploré sans méthode. C'est le moment où Yeats, notamment, thématise ses propres contradictions dans une théorie de l'œuvre d'art comme masque : tout artiste tend à construire son œuvre comme le masque par lequel il déguise son « moi » en « anti-moi » (la rationalité profonde en superstition, la chasteté en peinture de la débauche et réciproquement, etc.). L'ancienne image du masque dionysiaque reprend ici toute sa force.

En même temps qu'il se marie, Yeats achète près du château de Lady Gregory le cottage de Thoor Ballylee, flanqué d'une tour normande qui va devenir l'un des symboles les plus puissants de sa poésie. Cette tour représente d'une part la veille du guetteur dans la nuit, le retrait aristocratique du poète ; mais, d'autre part, son escalier en spirale reproduit le mouvement des phases de l'Histoire tel que le conçoit Yeats dans *Une vision*, et ouvre l'imagination du poète à l'infinité du temps et du monde. Pour lui, en effet, les grands mouvements historiques sont le produit de deux spirales [gyres] qui tournent en sens contraire et s'emboîtent l'une dans l'autre, faisant alterner des époques où domine l'objectivité (solaire) et d'autres où la subjectivité (lunaire) prend le dessus : des phases d'équilibre et d'autres de décadence alternent ainsi régulièrement, selon un processus à la fois cyclique et apocalyptique. Les différents recueils qu'il publie à partir de 1919 : *Les Cygnes sauvages à Coole* (*) (1919), *Michael Robartes et la danseuse* [*Michael Robartes and the Dancer*, 1921], *La Tour* (*) (1928), *L'Escalier en spirale* (*) (1933), *Pleine lune en mars* [*The Full Moon in March*, 1935], recueil dont il ne se montre pas satisfait, et enfin les *Nouveaux poèmes* [*New Poems*, 1938], devenant après sa mort la première partie des *Derniers poèmes* [*Last Poems*], sont autant d'ouvrages majeurs où prennent place les différents éléments qui précèdent. Ils constituent l'apogée incontestée de son œuvre. Dans une forme toujours classique d'une extrême densité, Yeats inscrit un ensemble extraordinairement cohérent d'images nouvelles, édifiant une sorte de théâtre intérieur (dont son œuvre de dramaturge est le complément), où défilent sous des masques familiers les figures les plus obsédantes de l'inconscient universel. Toujours déchirée entre l'aspiration à un ailleurs mythique (Byzance notamment) et un amour passionné, quoique pessimiste, de la réalité la plus proche et la plus concrète, sa poésie se dépasse elle-même sans cesse et va bien au-delà des positions politiques passablement réactionnaires de son auteur. Yeats, de toute manière, n'abandonnera jamais le pouvoir d'indignation généreuse et la rage qui le saisit à la vision des médiocrités de son temps. Le prix Nobel de littérature, attribué à Yeats en 1923, consacre définitivement sa célébrité sans pour autant l'assagir. Mais, plus que l'Irlande (c'est elle dont les jurés du prix reconnaissent l'existence littéraire autonome à travers lui), c'est désormais la construction de son propre mythe qui occupe Yeats, au sommet de son génie. *L'Autobiographie* (*) magistrale qu'il rédige de 1916 à sa mort structure et accompagne le développement de ce mythe du moi.

L'affaiblissement physique des années de vieillesse, mal accepté, lui inspire encore quelques-uns de ses plus beaux poèmes. L'un des derniers, « La Désertion des animaux du cirque », où le poète semble renvoyer au néant tous les symboles dont il s'est servi, est sans doute l'un des textes les plus commentés de toute la littérature anglaise : conclusion résolument pessimiste de l'œuvre, c'est paradoxalement le texte qui contribue le plus à la projeter tout entière vers le siècle à venir. Ce qui compte aux yeux de Yeats dans son propre itinéraire est en définitive moins la recherche d'une vérité occulte que l'effort de l'homme pour donner sens à sa vie par l'œuvre d'art. Tout ce qui n'est pas vérité intérieure, politique comprise, est rejeté comme mensonger. L'œuvre de Yeats est ainsi définitivement ancrée dans le XXe siècle et prend place au rang des plus hautes entreprises d'exploration de l'inconscient universel.

JEAN-YVES MASSON.

♦ *« Yeats, une fois pour toutes, a libéré la poésie anglaise de sa déplorable rhétorique. Il a fait disparaître tout ce qui n'est pas poésie et a éliminé une bonne partie de ce qui en était. »* Ezra Pound. ♦ *« La langue anglaise est maintenant entre les mains des Irlandais : Yeats et Joyce. »* Ezra Pound. ♦ *« Il fait partie de ces rares hommes dont l'histoire personnelle se confond avec celle de leur propre temps, dont la conscience est tellement intégrée à celle de leur époque que leur époque ne saurait être comprise sans eux. Si haute que soit cette place, elle lui revient de droit. »* T. S. Eliot. ♦ *« Les symboles de la poésie de Yeats sont devenus toujours .plus étranges et singuliers, mais parce qu'ils étaient du moins dépourvus de clinquant et doués d'énergie, ils l'ont aidé à affirmer une joie vitale qui était relativement absente de son crépuscule celtique et préraphaélite. La grande découverte du dernier Yeats a été que la Joie n'implique pas forcément la douceur. »* Louis MacNeice. ♦ *« La création selon Yeats n'est certainement pas ce que Mallarmé avait voulu pour sa part dans sa propre critique de l'illusoire du monde : c'est-à-dire un texte reconnu, une fin en soi.* [...] *Non, la poésie de Yeats n'est pas de ces textes que la peur de la mort referme sur le réseau de leurs relations internes supposées, la seule beauté* [...] *Sa poésie, cet emploi des mots si tenté de se dégager du fini, de se rabattre sur l'écriture, non seulement ne l'a pas voulu, mais demeure chant, un chant instinctif fait de tout le corps* [...] *Précisément parce que Yeats ne décrie jamais la réalité sensible que par intérêt fasciné pour elle, sa poésie a beau désespérer, elle n'en va que plus vite à cette île d'Innisfree, le rythme profond de l'Univers [...] Ni Rimbaud ni Mallarmé ne furent capables de l'étrange mais vrai bonheur dont résonnent les plus fortes pages de Yeats. »* Yves Bonnefoy (1989). ♦ *« Bien que la grandeur de la poésie de Yeats soit universellement reconnue, la nature de sa pensée poétique, enracinée comme elle l'est dans une tradition sacrée, n'est que rarement perçue dans les cercles universitaires, quand elle n'est pas franchement méconnue, et ses études de philosophie pérenne, comme ses autres travaux ésotériques, ne sont excusés qu'au nom de l'excentricité : c'est ainsi que l'ignorance statue sur le savoir [....] Je crois que ce « savoir de l'imagination » qui fut le sien sera la source de la poésie et des autres arts à l'avenir comme il le fut dans l'antiquité de toutes les civilisations. »* Kathleen Raine.

RÉF. : Louis MacNeice, *The Poetry of W. B. Yeats*, Londres, 1940. – Georges Cattaui, *Trois Poètes : Hopkins, Yeats, Eliot*, Paris, 1947. – Richard Ellman, *Yeats, the Man and the Masks*, New York, 1948. – A. Norman Jeffares, *Yeats, Man and Poet*, Londres, 1949. – Patrick Kavanagh, *The Permanence of Yeats*, New York, 1950. – Allan Wade, *A Bibliography of the Writings of W.B. Yeats*, Londres, 1951. – Vivienne Koch, *Yeats : the Tragic Phase*, Londres, 1951. – M. Rudd, *Divided Image, a Study of W. Blake and W. B. Yeats*, Londres, 1953. – Edmund Wilson, *Axel's Castle*, New York, Londres, 1953. – M.-L. Cazamian, introduction à *W. B. Yeats : Poèmes choisis*, Paris, 1954. – Richard Ellman, *The Identity of Yeats*, Londres, 1954. – Frank Kermode, *Romantic Image*, Londres, 1957. – F. A. C. Wilson, *Yeats and Tradition*, Londres, 1958. – Kathleen Raine, *Defending Ancient Springs*, Londres, 1967. – Richard Ellman, *Eminent Domain*, Oxford, New York, 1967. – A. Norman Jeffares, *A Commentary on the Collected Poems of W. B. Yeats*, Londres, 1968. 2e éd. : *A New Commentary on* – ibid., 1988. – Patrick Rafroidi, *L'Irlande et le Romantisme*, Lille, 1972. – B. S. Webster, *W. B. Yeats, a Psychoanalytic Study*, Londres, 1973. – Denis Donoghue, *W. B. Yeats*, Londres, 1971, trad. française Paris, 1973. – René Fréchet, introduction à *W. B. Yeats : Choix de poèmes*, Paris, 1975. – Jacqueline Genet : *W. B. Yeats, les fondements et l'évolution de la création poétique*, Lille, 1976. – *William Butler Yeats*, Cahier de L'Herne dirigé par Jacqueline Genet, Paris, 1981. – Anthony L. Johnson, introduction et notes à *W. B. Yeats : La Torre* (traduction italienne de *The Tower*), Milan, 1984. – Kathleen Raine, *Yeats the Initiate*, Mountrath, Londres, 1986. – Yves Bonnefoy, introduction à *Quarante-cinq poèmes de Yeats*, Paris, 1989. – Jacqueline Genet, *La poétique de W. B. Yeats*, Lille, 1990. – Jean-Yves Masson, introduction et notes à *W. B. Yeats : Les Cygnes sauvages à Coole*, Paris, 1990. – *Yeats Annual*, recueil annuel édité par R. J. Finneran (nos 1 et 2), Warwick Gould (nos 3 à 8) et Deirdre Tooney (no 9 : *Yeats and Women*), Londres, 1992.

YEHOSHUA Avraham B. Écrivain israélien. Né le 19 décembre 1936 à Jérusalem. C'est un des auteurs les plus marquants de la nouvelle littérature israélienne. Après des études à l'université hébraïque de Jérusalem, il est nommé professeur de littérature comparée à l'université de Haïfa. Yehoshua milite pour la paix israélo-arabe dans les rangs de la gauche. Les nouvelles de son premier recueil, *La Mort du vieillard* [*Mot Ha-zaken*, 1962], allégoriques et symboliques, évoquent les univers de Kafka et d'Agnon. La lassitude de la vie, l'absurdité de l'existence, conduisent les protagonistes à un désir de destruction et de mort, dans un monde situé en dehors d'un cadre spatio-temporel défini et dans lequel cohabitent pathétique et tragique, grotesque et parodie. Dans le second recueil, *Face aux forêts* [*Moul Ha-yearot*, 1968] – paru en français sous le titre *Trois jours et un enfant* (*) –, la réalité israélienne est à nouveau présente, mais la nature profonde des personnages reflète toujours les thèmes abordés dans le premier recueil. *Au début de l'été 1970* [*Bi-thilat kaitz 70*], publié en 1972, se trouve à mi-distance entre nouvelle et roman avec, en arrière-plan, la guerre d'usure qui a opposé Israéliens et Égyptiens et laisse apparaître en filigrane le motif réactualisé du sacrifice d'Isaac. Dans *L'Amant* (*) (1977), son premier roman, Yehoshua évoque, par-delà les avatars de la vie d'une famille israélienne à l'époque de la guerre du Kippour, les raisons ancrées dans le conscient et le subconscient collectifs qui ont provoqué cette guerre. Au demeurant, dans ce roman comme dans les deux suivants, *Un divorce tardif* [*Gueroushim Mé'ouḥarim*, 1981], et *L'Année des cinq saisons* (*), l'idée maîtresse, exposée par le biais d'une intrigue psychologique, est celle de l'incompatibilité entre la réalisation de l'idéologie sioniste et les impératifs de la vie quotidienne en Israël. Le dernier roman de Yehoshua, *Monsieur Mani* [*Mar Mani*, 1990], suit une chronologie inversée, allant du présent vers le passé. On lui doit également des pièces de théâtre comme *Nuit de mai* [*Laïla be-may*, 1969], qui se déroule à la veille de la guerre des Six Jours, et *Derniers soins* [*Tipoulim 'Aḥaronim*, 1975], où règne une atmosphère d'angoisse et de détresse.

LILY PERLEMUTER.

YEHOYESH ou Yehoyash (pseud. de Yehoyesh-Shloyme Blumgarten). Poète et prosateur américain d'expression yiddish et hébraïque, né le 16 septembre 1872 à Viezbolavo (Lituanie) et mort à New York le 10 janvier 1927. Issu d'une famille pieuse et éclairée, Yehoyesh reçut une éducation traditionnelle de qualité où l'hébreu et son évolution vers une expression plus vivante tint une place de choix. C'est en cette langue qu'il écrivit ses premiers poèmes et les montra à Perets qui à l'époque, en 1899, était le guide spirituel et le père protecteur des écrivains juifs de son temps. L'année suivante, il s'installa aux U.S.A., où il exerça les métiers les plus divers pour subsister (colporteur, professeur d'hébreu...) et continua à écrire poèmes, fables et ballades. En 1900, atteint de tuberculose, il se rendit au sanatorium de Denver où il résida près de dix ans sans pour cela interrompre son activité, éditant un dictionnaire des quarante mille mots hébreux et araméens appartenant à la langue yiddish et commençant un peu avant 1910 ce qui sera son œuvre maîtresse : la traduction de *La Bible* en yiddish – v. *Bible* (*). Après quatre années à New York, Yehoyesh partit pour la Palestine, où il séjourna pendant un an, apprenant l'arabe ancien qui lui servira plus tard à traduire en yiddish des parties du Coran et les *Rubaiyyat* (*) d'Omar Khayyam. Il rentra à New York en 1915, puis publia son récit de voyage, *De New York à Rehovot et retour* [*Fun New York biz Rekhovot un Tsurik,* 1917-18], plusieurs volumes de poèmes (1917-1919-1921) qui l'attachèrent au courant littéraire yiddish moderniste de New York (« Inzikhizm », ou « Introspectisme »). Malgré son appartenance à la modernité, Yehoyesh resta enraciné dans une certaine forme de tradition à laquelle il sut apporter un souffle nouveau (vers bibliques, légendes talmudiques, traductions de textes anciens dont *La Bible*). Yehoyesh fut aussi marqué par le romantisme et, lorsqu'il s'éteignit en 1927, il avait consacré environ un tiers de son existence à la traduction de *La Bible,* s'était intéressé à l'Islam et la culture occidentale (Ésope, La Fontaine, Lessing), les mettant à la portée d'un large public yiddishophone.

ARIEL SION.

YEHUDA ha-Qadosh (le Saint) ou rabbi Yehuda ha-Nasi (le Prince). Le plus illustre des patriarches tannaïtes de l'époque de la diaspora juive. Né entre 131 et 137 de notre ère, vraisemblablement à l'époque de la révolte de Bar Kochba ; mort entre 201 et 207 à Beth-Shearim. Le lieu exact de sa naissance n'est pas connu, le père de Yehuda, le patriarche tannaïte Simeon ben-Gamaliel II ayant dû quitter la Palestine pour fuir les persécutions ordonnées par l'empereur Hadrien. Ayant reçu une excellente instruction englobant non seulement l'étude de la *Torah* (*) et la tradition orale, mais également celle de la langue grecque, qui était à l'époque la langue parlée des classes cultivées de l'Empire romain, Yehuda fut, à la mort de son père (170), élu président du sanhédrin, qui faisait tout à la fois office de synode religieux et de haute cour de justice. Tout en entretenant – grâce à sa connaissance du grec – des relations amicales avec les empereurs philosophes (on ne sait pas s'il s'agissait de Marc Aurèle ou d'Antonin le Pieux), Yehuda prônait en Palestine l'usage de l'hébreu et défendait qu'on l'abâtardît en y introduisant des expressions araméennes ou étrangères. Autoritaire à l'extrême, il était intraitable lorsqu'il s'agissait de questions qui avaient trait à la foi de ses pères ; il cherchait néanmoins à rendre plus aisée l'observation de la « halacha » (prescriptions rituelles, si nombreuses dans le judaïsme). Son plus grand titre de gloire est la compilation de la *Mishnah* (*), où Yehuda rassembla l'ensemble des lois et des prescriptions orales, tant religieuses que juridiques, venues s'ajouter au cours des siècles à l'enseignement de la *Torah.* Pour mener à bien ce travail de grande envergure – qu'il termina vers l'an 200, peu de temps avant sa mort –, il voyagea dans toute la Palestine, recueillant les matériaux auprès des sages et des « anciens ». Un grand nombre d'enseignements oraux donnés par rabbi Yehuda à ses disciples fut incorporé plus tard dans les *Béraïtot* et dans la *Tosefta* (*).

RÉF. : Bodeck, *Marcus Aurelius Antoninus als Zeitgenosse des Rabbi Jehuda ha-Nasi,* Leipzig, 1868. – Schneeberger, *The Life and Works of Rabbi Yehuda ha-Nassi,* Berlin, 1870. – Gelbhaus, *R. Jehuda ha-Nassi und die Redaktion der Mishnah,* Vienne, 1876. – G. Foot More, *Judaism in the First Centuries of Christian Era,* Cambridge (Mass.), 1927. – D. J. Bornstein, Article « Jehuda ha-Nassi » in t. VIII de l'*Encyclopaedia Judaica,* Berlin, 1931. – J. Klausner, *The Messianic Idea in Israel. From the Beginning to the Completion of the « Mishnah »,* New York, 1955. – J. N. Epstein, *Introduction to Tannaitic Literature : « Mishnah », « Tosephta » and « Malakhic Midrashim »,* Jérusalem, 1957. – J. Neusner, *Redaction, Formulation, and Form : The Case of « Mishnah »,* 1980 ; *The « Mishnah ». An Introduction,* Northvale, 1989.

YEN FOU [Yan Fu] (ou Yen T'i-ts'ien). Traducteur et poète chinois. Né à Fou-tcho (province du Fou-tsien) en 1853 et mort en 1921. Yen Fou fut principalement formé à l'École navale, tout d'abord à Fou-tcho, de 1867 à 1871, puis en Angleterre à partir de 1877. Il s'initia pendant plus de dix années à la politique et à la philosophie sociale européennes, tandis qu'il avait durant toute sa jeunesse poursuivi des études « confucéennes » traditionnelles. Après son retour en Chine en 1889, il voulut passer les examens mandarinaux, échoua à la licence, et composa des essais en faveur de réformes politiques et sociales. Son *Mémoire à l'empereur en 10 000 caractères* [*Chang Houang-ti wan-yen-chou*] lui valut une convocation à la Cour, à laquelle il eut la prudence de ne pas répondre alors que sévissait la répression (suite aux « cent jours de réforme »). Sa carrière de fonctionnaire le mena de l'Académie navale de T'ien-tsin (jusqu'en 1900) à l'université impériale de Pékin, à l'université Fou-tan de Shanghai, pour devenir en 1911 recteur de l'université de Pékin. Après l'établissement de la République, il soutint Yuan Che-k'ai (1859-1916), et ses positions évoluèrent dès lors vers un plus franc conservatisme. Retiré en 1916, il vécut toute la fin de sa vie de ses traductions. Car, s'il fut une figure assez importante du mouvement réformiste de la fin du siècle dernier, s'il fut aussi un poète méconnu, Yen Fou doit sa très grande célébrité à ses traductions des grands textes occidentaux de philosophie politique, économique et sociale. Il introduisit en effet en Chine Adam Smith, Huxley, Stuart Mill, Spencer, Jenks, Montesquieu et Rousseau, et façonna presque à lui seul l'image que se firent de la pensée européenne les jeunes intellectuels chinois du début du siècle. Ses choix délaissaient toute la philosophie spéculative, en en retardant peut-être l'influence. Ainsi l'idée apparut-elle en Chine que l'importance de l'individu était l'atout – la condition – du dynamisme de l'Occident. Les traductions de Yen Fou, qui ne se privent ni de paraphraser ni d'employer un vocabulaire confucéen, sont rédigées dans une langue classique admirable.

VALÉRIE LAVOIX.

RÉF. : B. Schwartz, *In Search of Wealth and Power, Yen Fu and the West*, Cambridge (Mass.), 1964.

YI Ch'ŏngjun. Romancier coréen. Né à Changhŭng en Corée du Sud le 9 août 1939. Après une licence de littérature allemande, il travaille dans différentes revues avant de débuter en 1965, avec sa nouvelle *Sortie de l'hôpital* [*T'oewŏn*]. D'autres courts récits, comme *L'Île de Iŏ* [*Iŏdo*, 1974] sont très vite distingués par des prix littéraires. Il publie beaucoup, représentant ce qu'on a appelé la littérature conceptuelle. Sur fond de couleur locale très marquée, une écriture très moderne fait que le sujet cède le pas à l'aventure de la conscience. On distingue souvent ses textes entre récits familiaux, provinciaux, du type *Les Gens du Sud* [*Namdo saram*, 1978] et les romans spéculatifs et symboliques. Dans ce second cas, la tension entre le héros et la société peut être lue comme celle d'un roman policier sans crime. Il s'agit, derrière des aventures souvent fantastiques, de révéler la complexité de l'existence. C'est encore le cas avec *Je vous montre les étoiles* [*Pyŏlŭl poyŏdŭlimnida*, 1971], *Votre paradis* (*) (1976), *La Porte de la liberté* [*Chayuŭimun*, 1988].

PATRICK MAURUS.

YI Munyŏl (pseud. de Yi Yŏl). Romancier coréen. Né à Yangyong en Corée du Sud, le 18 mai 1948. Largement autodidacte, il débute en 1977 avec la nouvelle *Connaissez-vous Nazareth?* [*Najarerŭl ashimnikka*] dans le *Quotidien de Taegu*. Dès 1979, avec son roman court *Chant sous une forteresse* [*Saehagok*], il impose un style dont il ne se départira plus : réaliste, engagé, mais distancié, interdisant l'identification et obligeant le lecteur à s'interroger sur sa propre attitude politique. Couverts de prix littéraires, *Le Fils de l'homme* [*Saramŭiadŭl*, 1979], *L'Oiseau aux ailes d'or* [*Kŭmshijo*, 1982], *À l'empereur* [*Hwangjerŭlwihayŏ*, 1983], *L'Époque du héros* [*Yôngungshidae*, 1984], *Notre héros défiguré* [*Ulidŭlŭi ilgŭlŏjin yŏngung*, 1987] et *Le Poète* (*) réussissent le tour de force d'attirer un immense public, de plaire à la critique, et d'imposer des questions que peu souhaitent se poser.

PATRICK MAURUS.

YI KWANGSU (pseud. de Ch'unwŏn). Romancier coréen. Né à Chongju (Corée du Nord) le 1er février 1892, mort en 1954 (?), dans un camp d'internement près de Pyongyang. Orphelin, il profite de l'aide du mouvement religieux nationaliste Chondogyo pour aller étudier au Japon en 1910, mais part rapidement pour la Sibérie et rentre en Corée en 1912 pour enseigner au lycée de sa ville natale. En 1915, il retourne à Tōkyō étudier à l'université Waseda. Il publie alors son roman *Sans cœur* (*) (1917), que beaucoup considèrent comme le texte fondateur du roman coréen moderne, et où il exprime sa volonté de réformes sociales et son désir d'instruire le peuple. Après avoir participé au mouvement indépendantiste du 1er mars 1919 à Séoul, il rejoint le gouvernement provisoire de Corée à Shanghai, et en dirige le journal. Son retour en Corée en 1921 n'en apparaît alors que plus surprenant. Il y est d'ailleurs arrêté par la police japonaise d'occupation, mais relâché aussitôt. Il commence alors une série de romans largement historiques et passéistes : *Prince héritier en habit de chanvre* [*Muŭit'aeja*, 1926]. Il tente de donner une image authentique du passé au lieu d'utiliser les héros pour défendre des idées modernes, mais tombe dans un tel luxe de détails que ses romans virent au dictionnaire, comme *Yi Sunshin* (1937). Il est arrêté une seconde fois, en 1937, mais relâché six mois après et, dès lors, tourne entièrement à la collaboration avec le fascisme japonais, allant jusqu'à appeler les jeunes Coréens à s'enrôler dans les rangs de l'armée d'occupation. Il continue à publier : *L'Obscurité* [*Mumyŏng*, 1939], *L'Amour* [*Sarang*, 1939]. À la libération, en 1945, il est arrêté, mais libéré pour raisons de santé. Pendant la guerre de Corée, il est interné près de Pyongyang par les autorités nord-coréennes.

PATRICK MAURUS.

YÏLDÏZ Bekir. Romancier et journaliste turc. Né à Harran (Urfa) en 1933. L'un des tout premiers représentants de la littérature turque de l'émigration, Bekir Yïldïz a suivi une formation de typographe avant d'émigrer en Allemagne aussitôt achevé son service militaire. Ce sont ces quatre années de travail (1962-66) qui forment sa vision de la société, et l'inciteront plus tard à écrire. En Allemagne, Bekir Yïldïz a exercé tous les métiers, il a éprouvé la réalité du capitalisme, et du rapport de la Turquie à l'Europe, à une époque où « des gens qui connaissaient en Anatolie une existence primitive ont été lancés comme des missiles dans une Europe vivant à l'âge atomique ». Il a gagné assez d'argent pour fonder à son retour la typographie Asya Press. La conquête d'une relative aisance ne fait cependant pas taire sa critique de l'exploitation économique en Turquie et à l'étranger. Dans *Les Turcs en Allemagne* [*Türkler Almanya'da*, 1966], roman sur la vie des émigrés d'Anatolie en RFA, il dénonce l'aliénation par l'argent des travailleurs turcs émigrés. Puis, orientant son intérêt vers les campagnes, il s'impose, en quelques années, comme l'un des meilleurs auteurs de la littérature paysanne. Dans la lignée de Yashar Kemal et d'Orhan Kemal, Bekir Yïldïz raconte dans ses nombreux recueils de nouvelles la vie impitoyable des paysans et des contrebandiers turcs et kurdes de sa région natale, le sud-ouest, l'une des plus déshéritées de Turquie. Dans l'histoire de « Chahane le contrebandier » – v. *Chahane le contrebandier* (*) (recueil du même titre, 1970, prix Sait Faik en 1971), il évoque un autre type d'émigration, celle de Chahane, contrebandier par nécessité, qui rapporte avec lui, d'une excursion illégale en Syrie, deux pièces d'or destinées à sa famille.

STÉPHANE A. DUDOIGNON.

YI SANG (pseud. de Kim Haekyŏng). Poète et romancier coréen. Né le 14 septembre 1910 à Séoul, mort le 17 avril 1937 à Tōkyō. Élevé par son oncle, il fait des études d'architecture et d'arts plastiques. En 1930, il publie son premier feuilleton *Le 12 Décembre* [*Sipiwol shipiil*] dans la revue *Chosŏn*. En 1933, à cause de la tuberculose, il abandonne son travail et tient un débit de boisson. Il entre en contact avec des écrivains et participe en 1934 à la « Société des neuf » [Kuinhoe]. Il publie alors de nombreux poèmes en japonais et en coréen, rassemblés pour certains sous le titre *À vol de corbeau* (*). À la suite de l'échec de ses différents cafés, il entre dans la maison d'édition Changmun où il ne reste pas. Vers juin 1936, après son mariage avec Pyŏn Tongrim, il se rend à Tōkyō, où il est arrêté et inculpé de divulgation d'idées subversives. Sa santé se détériore et il meurt à l'hôpital. Sa prose, *Les Ailes* [*Nalgae*, 1936], *Chronique de la fin de la vie* [*Chongsaenggi*, 1937], est aussi importante pour le modernisme que ses poèmes.

PATRICK MAURUS.

YOSHIDA KENKÔ (dans le siècle, Urabe Kaneyoshi). Poète japonais. Né en 1283, mort à Tai, village de la province d'Iga, aux confins du mont Kunimi (aujourd'hui département de Mie), en 1350. Il appartenait à la famille des Urabe, qui, de génération en génération, s'était consacrée au culte shintoïste. Kenkô fut tout d'abord « takiguchi » (garde au Palais), puis, sous le règne des empereurs Go Nijô (1301-1308) et Go Hanazono (1308-1318), il fut chambellan de sixième classe, et au nombre de ceux qui servaient le souverain à table. En 1324, à la mort de Go Uda – empereur de 1274 à 1287, qui avait abdiqué, et qui s'était pris d'affection pour Kenkô et le protégeait tout particulièrement – le poète se trouva si fort affligé qu'il se rasa la tête et entra en religion, prenant alors le nom de Kenkô. C'est alors que commença l'époque de désordres que fut l'ère Genkô (1331-1333) ; l'empereur Go Daigo (1318-1339) réussit à se maintenir au pouvoir en se débarrassant des Hôjô. Pour fuir les horreurs de la guerre, Kenkô se réfugia sur les montagnes de Kiso, aux alentours de Misaka ; de là, il chemina à travers les provinces orientales et gagna Kyôto. Il se retira ensuite, en pleine solitude, dans une cabane, sur la colline de Narabi, non loin de Ninnaji, un temple bouddhiste célèbre. Vers la fin de sa vie, il se rendit à Tai, village où il mourut. Esprit curieux, Kenkô étudia la philosophie et la littérature chinoises, le bouddhisme et le shintoïsme, et acquit une grande compétence dans le domaine des institutions anciennes. Mais il est surtout connu en tant que poète, et sa réputation fut telle qu'il alla de pair avec Ton-a (1289-1372), avec Kyô-un et Jôben (mort en 1356) et fit partie des « waka shi-tennô » (les quatre plus grands poètes du temps). On possède un recueil de ses poèmes, mais sa gloire reste liée aux *Heures oisives* (*).

YOUNG Arthur. Agronome anglais. Né et mort à Londres (10 septembre 1741-12 avril 1820). Bien que né et mort dans la capitale, Arthur Young, fils d'un pasteur du Suffolk, se considéra toujours provincial et homme de la terre. Quoique publiciste et auteur de nombreux traités d'agronomie, il se voulut toujours « gentleman farmer », praticien de l'agriculture. Après des études médiocres, sans diplôme universitaire, sans formation scientifique, mais doué d'un esprit curieux et méthodique, il affirma toujours la primauté de l'observation et de l'expérimentation sur la spéculation et les théories. S'il ne réussit guère dans l'exploitation agricole, ses ouvrages de vulgarisation connurent une très large diffusion qui se poursuivit longtemps. *Le Calendrier du fermier* [*The Farmer's Calendar*, 1771] par exemple était encore imprimé en 1865. La renommée de ses travaux fut telle que, lorsqu'on créa en 1793 un *Board of Agriculture* pour le Royaume-Uni, Young en fut nommé le secrétaire, et que le Directoire fit traduire l'essentiel de son œuvre sous le titre *Le Cultivateur anglois* (+), en dix-huit volumes, en 1800-01.

Toutefois, et bien que depuis Hésiode les traités d'agronomie ou d'« économie rustique » soient devenus un genre littéraire, Arthur Young serait aujourd'hui oublié si les relations de ses voyages d'enquêtes ou « Tours » à travers l'Angleterre et l'Irlande, publiés de 1768 à 1780, ne témoignaient d'un art d'observer et de sentir, d'un talent pour décrire, analyser, dépeindre et évoquer tout un patrimoine culturel et esthétique, autant qu'agricole et économique, qui va bien au-delà du didactique et du technique.

Ces qualités se retrouvent dans ses *Voyages en France* (*), publiés en 1792 et 1794, toujours considérés comme une somme sur la France à l'aube du cataclysme révolutionnaire. Les « Tours » de Young, suscités par l'esprit physiocratique, mais se plaçant dans une vieille tradition périégétique, renouvelée par les Lumières, vivifiée par la spontanéité et la sensibilité anglaise, auront bien des émules en France et en Angleterre.

JACQUES GURY.

YOUNG Edward. Poète anglais. Né à Upham, près de Winchester (Hampshire), en juin 1683, mort à Welwyn (Oxfordshire) le 5 avril 1765. Il fit ses premières études au collège de Winchester et entra, en 1702, à Oxford, où il fréquenta d'abord le New College, puis le Corpus Christi. Sa vie ne fut longtemps qu'une pénible poursuite des faveurs, des recommandations et du succès sanctionnée par une longue suite d'échecs, ce qui fit dire à Pope qu'il avait « plus de génie que de bon sens ». Sa première publication fut, en 1713, celle de l'*Épître... à lord Lansdowne* [*Epistle... to Lord Lansdowne*], suivie, en 1714, d'*Un poème sur le dernier jour* [*A Poem on the Last Day*], dédié à la reine Anne. Il donna la même année une œuvre de courtisan intitulée : *Sur la mort de la feue reine et l'accession au trône de Sa Majesté* [*On the Late Queen's Death and His Majesty Accession*], où il fait montre d'une hâte indécente à louer le nouveau roi. Toutes ces platitudes ne réussissent cependant pas à lui attirer bénéfices et notoriété. Il fit alors jouer au Drury Lane deux tragédies, *Busiris, roi d'Égypte* [*Busiris, King of Egypt,* 1719] et *La Vengeance* [*The Revenge,* 1721], mais, malgré un petit succès, le théâtre ne lui réussit pas mieux que ses tentatives précédentes. Une série de satires publiées entre 1725 et 1728, et réunies sous le titre général de *La Passion universelle* [*The Universal Passion*], ne fit pas plus pour sa célébrité. Rongé de tristesse et de déception, il se décida, passé la quarantaine, à se retirer du monde et à entrer dans les ordres. Il débuta dans cette nouvelle voie comme chapelain de George II, et reçut ensuite la cure de Welwyn dans l'Oxfordshire. En 1731, il épousa lady Elizabeth Lee, fille du comte Lichfield, et vécut avec elle dix ans de paix et probablement de bonheur. Mais la mort de sa femme, en 1741, le fit sombrer dans la mélancolie, et c'est alors qu'il se mit à écrire ses fameuses *Nuits* (*) qui furent publiées sous le titre de *The Complaint, or Night-Thoughts on Life, Death and Immortality* (1742-1745). Le succès fut immense et gagna toute l'Europe. Klopstock en Allemagne, Diderot et, plus tard, Mme de Staël en France ne trouvaient pas de mots assez forts pour dire leur admiration. La gloire dont il avait autrefois tant rêvé atteignait enfin le poète, mais il était trop tard. Il n'avait plus de goût pour elle.

Young continua de mener une vie très retirée à Welwyn, et mourut à l'âge de quatre-vingt-deux ans sans que rien eût pu l'arracher à sa misanthropie.

♦ « *Sa versification est de son invention ; ni ses vers rimés, ni ses vers blancs ne ressemblent à ce qui s'est écrit avant lui ; on dirait qu'il n'a fait provision ni de règles, ni de pensées mais tout tiré des fortuites suggestions de l'instant présent. Il semble n'avoir jamais étudié la prosodie mais avoir eu pour maître ses seules oreilles. Avec tous ses défauts, c'est un homme de génie et un poète.* » Johnson. ♦ « *Young, que le fantôme du monde poursuit jusqu'au milieu des tombeaux, ne décèle dans ses déclamations sur la mort qu'une ambition trompée ; il prend son humeur pour de la mélancolie. Point de naturel dans sa sensibilité, d'idéal dans sa douleur ; c'est toujours une main pesante qui se traîne sur sa lyre.* » Chateaubriand.

RÉF. : J. Texte, *Rousseau et les origines du cosmopolitisme littéraire,* Paris, 1895. – W. Thomas, *Le Poète Edward Young,* Paris, 1901. – J. L. Kind, *Edward Young in Germany,* New York, 1906. – H. Clark, *The Romanticism of Edward Young,* 1929. – H. C. Shelley, *The Life and Letters of Edward Young,* 1914.

YOUNG Thomas. Médecin et égyptologue anglais. Né à Milverton (Somerset) le 13 juin 1773, mort à Londres le 10 mai 1829. Il appartenait à une famille quaker. Il fit ses études de médecine à Londres (1792), Édimbourg et Göttingen où il obtint ses diplômes. En 1797, on l'invita à occuper une chaire à l'université de Cambridge ; de là il passa à Londres en 1799 et à la chaire de philosophie naturelle de la Royal Institution (1801-1802), tout en continuant, jusqu'en 1814, à exercer la profession de médecin. Il occupa de nombreux emplois et charges : secrétaire étranger de la Royal Society de Londres, conseiller technique de l'Amirauté (1814), secrétaire de la commission chargée de déterminer la longueur du pendule donnant la seconde (1816), secrétaire du Bureau des longitudes (1818), et, enfin, directeur du *Nautical Almanac.* Young, médecin, savant et mathématicien, doit sa renommée, principalement, à ses travaux d'optique physique et physiologie — il est d'ailleurs considéré comme le fondateur de cette dernière science ; les résultats de ses recherches dans ce domaine sont exposés dans ses *Mémoires sur la lumière et sur la couleur* (*) (1800-1802), où se trouvent formulées pour la première fois les théories de l'interférence de la lumière et de la nature ondulatoire de cette même lumière. On a encore de lui des *Conférences sur la philosophie de la nature* [*Course of Lectures on Natural Philosophy,* 1807] qui sont également intéressantes. Enfin, Young s'acquit une solide réputation dans un ordre d'idées et d'études tout à fait différent, en égyptologie, science à laquelle il apporta une précieuse contribution, en particulier dans le domaine de la lecture des papyrus et du déchiffrage des hiéroglyphes ; il fut, en outre, un remarquable polyglotte. Ses ouvrages en matière d'égyptologie sont nombreux ; citons *Notes sur l'Égypte, sur les papyrus égyptiens et sur la pierre de Rosette* [*Remarks on Egypt, on Egyptian Papyri and on the Inscription of Rosetta,* 1815], l'article *Égypte* [*Egypt*] dans l'*Encyclopaedia Britannica* (1819), *Hiéroglyphes* [*Hieroglyphics,* 1823-

1829], *Rudiments d'un dictionnaire égyptien* [*Rudiments of an Egyptian Dictionary,* 1831].

RÉF. : H. Gurney, *Memoirs of the Life of Th. Young, with a Catalogue of his Works and Essays,* Londres, 1831. — F. Arago, *Éloge historique du Dr Thomas Young,* lu à l'Académie des sciences le 26 novembre 1832, Paris. — G. Peacock, *Life of Th. Young,* Londres, 1858. — A. Wood, *Thomas Young natural philosopher, 1773-1829,* Cambridge, 1954.

YOURCENAR Marguerite (pseud. de Marguerite de Crayencour). Romancière française. Née à Bruxelles le 8 juin 1903 « d'un Français appartenant à une vieille famille du Nord, et d'une Belge dont les ascendants avaient été durant quelques siècles établis à Liège, puis s'étaient fixés dans le Hainaut » ; morte à Mount Desert Island (États-Unis) le 18 décembre 1987. Sa mère, qui appartenait à une famille de petits aristocrates terriens, mourut quelques jours après l'avoir mise au monde. Le père avait rompu avec les traditions bourgeoises. Jeune homme, il s'était engagé dans l'armée, avait déserté par deux fois et avait dû s'exiler. Il avait la passion du jeu et ne semblait pas devoir être un bon éducateur. Mais il ne voulut pas mettre sa fille en pension et lui assura une excellente éducation privée : c'est bien lui qui encouragea l'enfant Marguerite dans l'étude des langues anciennes et de la littérature. Sans doute lui donna-t-il aussi le goût des voyages. Avec lui, elle découvrit l'Italie, la Suisse, la Grèce. Elle ne suivit jamais de cours réguliers, mais n'en obtint pas moins, à seize ans, son baccalauréat, à Aix-en-Provence. C'est peu après qu'elle forme le projet d'écrire sur la vie de l'empereur Hadrien et sur le médecin Zénon. Ou peut-être faut-il simplement dire que, dès son adolescence, elle choisit ces deux grands personnages comme compagnons imaginaires et comme sujets de rêveries. Ils se développeraient en elle à mesure qu'elle-même engrangerait une moisson de connaissances et d'expériences. Yourcenar n'est pas un écrivain aux inspirations subites, mais un artiste qui laisse mûrir longuement ses œuvres. Au reste, elle ne considère jamais un de ses textes comme accompli. Les rééditions de ses ouvrages se présentent comme de nouvelles versions — et parfois assez différentes — des versions originales. C'est que Yourcenar considère qu'un écrivain ne doit cesser de creuser ses thèmes et d'affermir son style. Son premier roman, *Alexis ou le Traité du vain combat* (*) (1929) s'inscrit dans la ligne des récits gidiens, et il en va de même pour *La Nouvelle Eurydice* (1931). Yourcenar fait ses débuts d'essayiste et de traductrice avec un *Pindare* (1932). L'histoire contemporaine lui inspire *Denier du rêve* (*) (1934), qui se situe dans l'Italie mussolinienne. En 1934, le médecin Zénon apparaît pour la première fois dans une des nouvelles de *La mort conduit l'attelage* (1935) — voir *Comme l'eau qui coule* (*). En 1936, Yourcenar publie *Feux* (*), un recueil de réflexions et de proses poétiques sur les passions, dont le style rappelle parfois Cocteau. En 1938, voici un nouveau recueil de nouvelles, *Nouvelles orientales* (*), et un essai, *Les Songes et les Sorts*. En 1939, un bref roman raconte le drame d'amours non partagées, au cours de la lutte antibolchevique dans les pays baltes : *Le Coup de grâce* (*), qui est sans doute le chef-d'œuvre de la première époque de Yourcenar. À ce moment, elle a pourtant achevé une première version des *Mémoires d'Hadrien* (*). En 1937-1938, elle avait fait un premier voyage aux États-Unis. Elle y retourne après l'invasion de la France par les Allemands. Bien que dépourvue de diplômes et de toute expérience universitaire, elle occupe un poste de professeur, successivement dans deux collèges. C'est en 1950 qu'elle s'installe dans l'île des Monts Déserts, sur la côte atlantique, à l'extrémité nord des États-Unis. Ce sera désormais son port d'attache, qu'elle quittera d'ailleurs de moins en moins volontiers. Elle y vit en compagnie d'une amie et de plusieurs chiens. Sa seconde période littéraire commence en 1951, quand paraissent enfin les *Mémoires d'Hadrien*, qui connaissent aussitôt un très vif succès. On découvrait avec surprise qu'on pouvait encore composer une œuvre humaniste de haute culture, traitant de problèmes éternels et capable de trouver des lecteurs fervents. Un deuxième roman historique, situé cette fois pendant la Renaissance, et constituant également un livre de sagesse, *L'Œuvre au noir* (*), parut en 1968. Il établit définitivement la renommée de Yourcenar. Entre ces deux romans, elle avait publié quelques pièces de théâtre, divers essais historiques et littéraires (*Sous bénéfice d'inventaire*, 1962), d'admirables traductions du poète grec Cavafy et de « negro spirituals ». Tout cela montrait l'étendue et la variété de ses curiosités. Élue à l'Académie royale belge de langue et de littérature françaises, elle fut reçue le 19 mars 1971. Une troisième période s'ouvrit pour elle : elle allait devenir un de ces « monstres sacrés » que sont les écrivains considérés de leur vivant comme auteurs classiques. Elle s'était lancée dans une entreprise très originale : une espèce de « recherche du temps passé » qui se présente comme une enquête sur ses ascendants, *Le Labyrinthe du monde* (*). Le premier volume, intitulé *Souvenirs pieux* (1974), est consacré à la famille du côté maternel, et l'auteur essaie de remonter le cours de l'Histoire. Au contraire, dans *Archives du Nord* (1977), où il est question de la famille paternelle, le livre commence par une rêverie sur les origines de l'humanité. Un troisième volume devait être consacré aux souvenirs déterminants de l'auteur lui-même, *Quoi ? L'Éternité*, qui paraît posthumement en 1988. Le 6 mars 1980, Marguerite Yourcenar avait été élue à l'Académie française en remplacement de Roger Caillois. Après sa mort paraissent des recueils de textes : *En* *pèlerin et en étranger* (1989), *Le Tour de la prison* (1991).

JACQUES BRENNER.

♦ *« Mme Yourcenar connaît à merveille l'époque et la civilisation qu'elle retrace ; et tout ce que l'on peut connaître du héros qu'elle anime, nul doute qu'elle le connaisse aussi. Elle n'introduit rien dans son œuvre qui ne soit vraisemblable. »* Marcel Arland. ♦ *« Une œuvre poétique pleine d'érudition qui m'a enchanté. »* Thomas Mann. ♦ *« Marguerite Yourcenar fait partie de cette famille spirituelle pour qui les frontières étanches, imposées autrefois par la raison, peuvent et doivent être traversées, pour qui passé, présent et futur ne sont qu'une affaire de perspectives, pour qui l'imaginaire est une catégorie du réel. »* Jacques Brosse.

RÉF. : Josyane Savigneau, *Marguerite Yourcenar : l'invention d'une vie*, Paris, 1990.

YOVKOV Yordan. Écrivain et dramaturge bulgare. Né le 9 novembre 1880 à Géravna, mort le 15 octobre 1937 à Sofia. Novateur, sans appartenir à l'avant-garde littéraire, en s'appuyant sur des observations très précises, il élabore une écriture de portée psychologique et éthique moderne, souvent imprégnée d'utopisme romantique, pour aboutir au modèle le plus achevé du récit, centré sur les notions de la beauté et de la noblesse de l'âme.

Dans ses œuvres les plus réussies, traduites en plusieurs langues étrangères, il utilise avec bonheur les sources du folklore, combinant ainsi principes éthiques et nationaux. L'auteur structure un monde idéal qui, le plus souvent, nous renvoie aux valeurs traditionnelles nationales, seules capables d'après lui de nous ennoblir. Faisant appel à la légende, son recueil de récits *Les Légendes de Stara planina* (*) (1927) exprime de façon éclatante les convictions de l'auteur. Yovkov ne vise point la restauration du passé mais la création d'un monde d'esprit patriarcal, où la conscience nationale puisse s'affermir et contribuer au perfectionnement moral individuel.

La deuxième œuvre marquante de Yovkov, *Les Soirées à l'auberge d'Antimovo* [*Vetchéri v Antimovskya han,* 1928], impressionne par la richesse des thèmes, des associations et des symboles. La narration associe la finesse de l'analyse psychologique des personnages et la signification complexe du déroulement de l'action. L'œuvre est organisée comme un ensemble de nouvelles, étroitement liées par la signification symbolique de l'auberge, un véritable carrefour de destins individuels et de voies historiques. Le dépassement de la solitude existentielle, la recherche de l'esprit communautaire, du bonheur, de la bonté et de la beauté définissent une conception romantique de l'homme et du monde. Le personnage principal, Sarandovitsa, est la synthèse des représentations populaires de la femme alliant vitalité et beauté. Il incarne un éternel féminin très suggestif mais, tributaire de la chasteté populaire traditionnelle, Yovkov l'a fortement esthétisé et moralisé. Ainsi l'auberge devient-elle le modèle d'un monde contradictoire et ambivalent : tourné vers l'extérieur, il reste néanmoins indépendant, fondé sur son propre système de valeurs, de traditions et de coutumes où la vie se déroule dans des formes spécifiques et originales.

Le cycle de récits *S'ils pouvaient parler* [*Ako mogéha da govoryat,* 1936], sommet de l'œuvre de l'écrivain, considéré comme son testament spirituel, est écrit dans la pure tradition de la prose animalière bulgare : l'animal est vu comme un maillon de la chaîne de la vie, indissolublement uni à l'homme, son compagnon et complice, dans une existence simple et primitive au sein de la nature à laquelle l'auteur voue une vénération presque mystique. Les animaux, fortement humanisés par le sens moral de l'homme, nous révèlent ainsi la richesse de son existence.

ÉLÉNA FOULLIARON.

YUAN Mei (prénom public Tse-ts'ai, surnoms Tsien-tchai et Souei-yuan). Poète, essayiste, conteur et gourmet chinois. Né à Hang-Tcho le 24 février 1716, mort à Nankin le 2 janvier 1798. Yuan Mei vint au monde dans une famille d'aisance moyenne, son père et son oncle étant employés d'administration préfectorale. À la différence de ces derniers, Yuan emprunta très jeune la voie royale des examens mandarinaux et fut reçu comme docteur à l'âge encore tendre de 23 ans (1739). Nommé étudiant à l'académie Hanlin, il y échoua dans son apprentissage de la langue mandchoue. Cet insuccès (1742) lui ôta tout espoir d'une carrière précoce dans la capitale. Il occupa pendant plusieurs années divers postes de magistrat de district [Tche-sien], essentiellement au Tsiang-Sou, laissant derrière lui un certain renom d'administrateur vertueux.

Il décida vers l'âge de quarante ans d'abandonner la carrière mandarinale. Ayant fait restaurer dans les faubourgs de Nankin un ensemble de pavillons et de jardins, le « Jardin du Bon Gré » [Souei-yuan], qu'il se plaisait à imaginer être celui qu'évoque Ts'ao Siue-ts'in dans le roman *Le Rêve du pavillon rouge* (*), Yuan y mena une vie de « retraité » actif et mondain jusqu'à sa mort à l'âge de 82 ans.

Entouré de nombreux amis et ayant gardé de son passage dans l'administration des relations bien placées parmi les hauts fonctionnaires chinois et mandchous, Yuan connut toute sa vie durant l'existence d'un écrivain courtisé et admiré, habile à s'exprimer dans tous les genres. Il se flattait d'avoir parfois vendu fort cher certaines de ses compositions. C'est sans grand succès que ses détracteurs, au premier rang desquels l'historiographe et essayiste Tchang Siue-tch'eng, lui reprochèrent la promiscuité qu'il entretenait avec les poétesses qu'il avait prises pour disciples, ses aventures galantes avec de jeunes acteurs d'opéra, ou, pis encore à leurs yeux, son goût trop prononcé, parmi les textes de la tradition confucéenne, pour les chansons d'amour du *Che-tsing* (*), le Classique des poèmes.

Dans sa propre poésie, qui constitue l'essentiel de son œuvre (plus de quatre mille pièces), Yuan s'adresse à ses amis et protecteurs, note des impressions de voyage ou exprime dans une langue simple et directe les émotions suscitées en lui par les événements de la vie. Il se reconnaissait dans l'école du « sing-ling » [génie naturel], autrefois illustrée par Yuan Hong-tao, et qui prône en poésie une expression personnelle et originale du sentiment, refusant la pure imitation des anciens (cette dernière pouvant en revanche librement s'exercer en prose). Yuan explique en détail ses vues dans les *Propos et anecdotes sur la poésie* [*Souei-yuan che-houa*], une des plus longues et célèbres collections de notes d'un amateur de poème de la littérature chinoise, ainsi que dans *Une suite à l'évaluation des poèmes* [*Siu che-p'in*]. Il composa également des *Notes au fil du pinceau* [*Souei-yuan souei-pi*], essentiellement consacrées à des réflexions sur l'histoire et les classiques, et les *Menus du jardin du Bon Gré* [*Souei-yuan che-tan*], où il prodigue aux amateurs de bonne chère ses conseils de gourmet averti. Sa *Correspondance* [*Siao ts'ang-chan-fang tch'e-tou*], pleine de verve et d'ironie, ainsi que ses compositions aux examens mandarinaux, furent également publiées par ses soins pour servir d'exemple aux amateurs. Yuan Mei est enfin connu par un recueil d'histoires de fantômes, *Ce dont le maître ne parlait pas* (*).

GABRIÈLE GOLDFUSS
et VINCENT DURAND-DASTÈS.

RÉF. : Camille Imbault-Huart, *Un poète chinois du XVIIIe siècle, Yuan Ts'eu-ts'ai, sa vie et ses œuvres*, dans *Journal of the China Branch of the Royal Asiatic Society*, XIX, Shanghai, 1886. – Panking, *Livre de cuisine d'un gourmet poète* (*le Brillat-Savarin chinois*), Pékin, 1924. – Arthur Waley, *Yuan Mei, Eighteenth Century Chinese Poet*, London, 1956. – Bruno Belpaire, *L'Epistolier Yuan Mei (1715-1797), deuxième série de la lettre 75 à la lettre 149*, Bruxelles, 1977. – Jonathan Spence, *Food in Chinese Culture*, New Haven, 1977. – Jonathan Chaves, *The Columbia Book of Later Chinese Poetry : Yuan, Ming and Ch'ing dynasties* (*1279-1911*), New York, 1986.

YUAN HAO-WEN. Poète chinois. Né en 1190 dans la province du Chan-si, mort en 1257. Fidèle à la dynastie étrangère Tsin, qui régnait sur la moitié nord de la Chine depuis 1127, il en devint le fonctionnaire, et ce fut la période la plus féconde de sa vie. Après l'occupation mongole, il se réfugia dans la province du Chan-tong et il se consacra à recueillir et éditer les textes littéraires datant de la dynastie Tsin pour qu'ils puissent passer à la postérité. Son œuvre a été publiée sous le titre *Œuvre complète de Yuan Yi-chan* (*) (Yuan Yi-chan étant son nom de plume).

JACQUES PIMPANEAU.

YUAN HONG-TAO [Yuan Hongdao]. Né en 1568 à Hou-Kouang (Hou-pei), et mort en 1610 à Cho-che (Hou-pei). Avec ses deux frères, Yuan Tsong-tao et Yuan Tchong-tao, il a formé l'école littéraire de Kong-an (nom de leur région natale). Influencé par le philosophe Wang Yang-ming et Li Tche, il s'est opposé à la littérature orthodoxe, a défendu une littérature authentique, plus personnelle, basée sur l'inspiration du sentiment, évoluant avec l'époque. Il s'est exprimé en poésie et surtout dans des essais en prose et des notes de voyage. Son œuvre a été réunie dans *Les Œuvres complètes du tchong-lang Yuan* (*).

JACQUES PIMPANEAU.

RÉF. : Martine Valette-Hémery, *Yuan Hongdao (1568-1610), théorie et pratique littéraires*, Paris, 1982.

YUAN TCHEN [Yuan Zhen] (prénom public Wei-tche). Poète et prosateur chinois, né en 779 à Tch'ang-an et mort en 831 à Wou-tch'ang. Ayant perdu son père, petit fonctionnaire, lorsqu'il avait 7 ans, Yuan Tchen connut dans son enfance la pauvreté, mais se montra précoce et brillant dans ses études. En 803, il fut nommé collationneur à la Bibliothèque impériale, en compagnie du célèbre poète Po (ou Pai) Tsiu-yi (772-846), avec lequel il entretint toute sa vie une amitié illustre et très fidèle. Trois ans plus tard, Yuan Tchen occupait un poste gouvernemental et présenta à l'empereur dix propositions de réforme quant à l'administration de l'Empire, qui lui valurent bannissement et dégradation. Il fut nommé à diverses fonctions dans des préfectures, et rappelé à plusieurs reprises à la Cour, mais toujours brièvement. Séparé de Po Tsiu-yi, il échangea avec lui de nombreux poèmes et une abondante correspondance convoyée par des messagers spéciaux. Les deux amis se retrouvèrent à la capitale vers 820 ; à la même époque, Yuan Tchen était membre de l'académie Han-lin et promut une réforme du langage officiel dans le sens de la simplicité « classique ». En 822, il occupa un poste de ministre impérial pendant trois mois, mais fut à nouveau écarté de la Cour par des luttes entre factions et eunuques. L'année suivante, il rassembla ses propres œuvres complètes en cent fascicules, avant d'éditer celles de Po Tsiu-yi. Les deux poètes furent à l'origine du mouvement du « nouveau yue-fou » (genre de « poèmes à chanter » florissant sous les Han [206 av. J.-C.-220 ap. J.-C.]), prônant la simplicité de style et d'idée, l'affranchissement des strictes règles prosodiques de l'époque. Les œuvres poétiques de Yuan Tchen sont d'ailleurs caractérisées par un langage assez dénué d'affectation et par le sérieux de leurs sujets ; satire des fonctionnaires avides de richesses et de pouvoir, peinture de la misère du peuple – comme dans *Les Tisserandes* ou *Le Paysan*, ou encore critique des gouvernements bellicistes (*Le Palais Lien-tch'ang*). Mais sa composition la plus célèbre est sans aucun doute la

Biographie de Ying-ying (*), aussi intitulée *Rencontre d'une immortelle,* qui constitue la plus célèbre histoire d'amour chinoise, reprise ou transformée en d'innombrables œuvres littéraires, théâtrales ou orales. Maints critiques se sont acharnés à y trouver un contenu autobiographique.

VALÉRIE LAVOIX.

RÉF. : J.R. Hightower, *Yüan Chen and « The Story of Ying-ying », Harvard Journal of Asiatic Studies,* n° 33, 1973.

YUN Sŏndo. Poète coréen. Né en 1589, mort en 1671. Fils de gouverneur, ce Saint-Simon coréen connaît l'exil dès 1616. Il en profite pour écrire ses premiers poèmes, marqués par la Chine, sur le thème de l'exil et de la fidélité. Revenu à la Cour, tuteur du prince héritier, ministre, il est pris dans les luttes de factions et destitué. Alternent alors exils et suppliques au roi, qui ne font qu'allonger la liste de ses ennemis, en même temps que celle de ses poèmes, comme ces *Chants des montagnes* qu'il complétera tout au long de sa vie et le célébrissime *Cinq amis* [*Ouga*]. En 1650, la montée sur le trône de son ancien élève, le roi Hyojong, ne change rien à sa situation. En 1651, il écrit son chef-d'œuvre *Le Calendrier du pêcheur* (*). Les vingt années qui lui restent à vivre lui valent le même type d'existence : appels au roi, exils, et poèmes exprimant son désespoir.

PATRICK MAURUS.

YÛNUS EMRE. Poète et mystique turc. Né au milieu du XIIIe siècle, mort vers 1320. Yûnus Emre est la « personnalité la plus marquante du mysticisme et de la première littérature turque d'Anatolie » (A. Bombaci). Sa biographie, que l'on ne connaît que par quelques notations éparses du *Dîvân* (*), est tout entière auréolée de légende. Yûnus aurait vécu dans l'ancienne Galatie, au confluent des rivières Sakarya et Porsuk, sur le site de Gordium : région frontière face à Byzance, où de petites confréries de derviches, combattants de la foi [*ghâzî*], formaient les avant-postes de la grande migration vers l'ouest des tribus turques. Celles-ci apportaient d'Asie centrale des croyances islamiques hétérodoxes, teintées de shiisme, et des traditions chamaniques qui ne restèrent pas sans influence sur les conceptions religieuses appelées à prévaloir dans les monastères anatoliens du XIIIe siècle. Yûnus vécut donc à un carrefour des cultures de l'Orient, à une époque riche de bouleversements pour l'Anatolie. La souffrance de la paysannerie soumise au double joug des féodaux seldjoukides et des envahisseurs mongols s'exprimait par des révoltes durement réprimées, comme celle des Bâbâ'î, de peu antérieure à la naissance de Yûnus. La confusion était accrue par la décomposition de l'Empire byzantin, sous les coups de boutoir conjugués des croisés et de la nouvelle puissance ottomane. En cette période d'éclatement de l'autorité politique, les couvents de derviches jouèrent un rôle décisif dans l'élaboration d'une nouvelle culture religieuse et littéraire, initiée par l'œuvre de Yûnus. Le surnom « emre », que reçut le poète, semble d'ailleurs avoir désigné les aèdes mystiques qui joignaient à la pratique soufie une activité poétique en langue vernaculaire, instrument de propagande populaire plus adapté que le persan en usage dans les cours anatoliennes.

De même que les péripéties de son existence, le nombre des poésies composées par Yûnus Emre est aujourd'hui encore sujet à caution. En effet, l'œuvre du poète derviche fut très tôt soumise à un procédé d'imitation analogue à celui qui avait affecté l'héritage de son prédécesseur d'Asie centrale Ahmad Yasavî (mort en 1166/67). Et il reste difficile de juger de l'authenticité de la « masse de vers » attribués à Yûnus, au point que Gölpïnarlï, éditeur du *Dîvân,* a établi un double recueil : celui du poète proprement dit (à partir de manuscrits datés du XIVe siècle), et celui des apocryphes. Dans son œuvre, Yûnus apparaît d'abord comme un « propagateur populaire de la religiosité mystique » (A. Bombaci) cultivée dans les monastères des « ghâzî ». La rudesse de ton, la bonhomie du propos étaient en effet destinées à émouvoir le menu peuple. Le lexique de Yûnus, la syntaxe condensée de son vers sont d'ailleurs spécifiques à la langue turque populaire. De même, sur le plan de la prosodie, la primauté est donnée au vers syllabique turc – malgré l'essai d'intégration de la métrique quantitative arabo-persane. En cela, les liens paraissent évidents entre cette première littérature anatolienne et les littératures turques de l'Asie centrale depuis le XIIe siècle. « Poète du peuple », Yûnus se rapproche en effet de Khwâja Ahmad Yasavî, dont il représente peut-être une continuation vers l'Occident.

Cependant, si Yûnus utilise la langue du vulgaire et se proclame « illettré » [ümmî], sa profession d'ignorance est affirmation de sagesse. Car son œuvre témoigne d'une culture religieuse et mystique très étendue. Sa poésie, fondée en partie sur les règles complexes de la prosodie persane, reste d'une remarquable puissance au-delà de ses variations stylistiques. Du reste cette diversité des styles et des inspirations peut s'expliquer par l'évolution spirituelle de Yûnus au contact de l'œuvre de Mowlânâ Jalâl ul-Dîn Rûmî et de celle de Nizâmî, dont il avait une connaissance profonde. Yûnus cherche sans cesse à atteindre le niveau conceptuel le plus élevé au moyen d'un langage simple, voire quotidien (A. Bombaci) et pousse la tension interne de son verbe jusqu'à le charger de l'expression tantôt d'un amour divin, et tantôt d'une ferveur terrestre – en des paradoxes qui parfois évoquent Hallâj de Bagdad, l'une des figures majeures de la mystique en Islam, et source spirituelle de Yûnus. De même que Mowlânâ, Yûnus fut l'initiateur d'un courant poétique et mystique : ses disciples poursuivirent ses différents genres ; ses hymnes furent adoptés par diverses confréries de soufis, les Bektashî en particulier, et continuaient naguère d'être chantés dans les villages anatoliens par les bardes itinérants. Au XXe siècle, avec le triomphe en Turquie de l'idéologie nationaliste, l'œuvre de Yûnus Emre devint à la mode, et fut honorée comme l'expression d'un génie national, en opposition à la poésie de cour « cosmopolite » du *Dîvân*. La poésie de Yûnus fut promue modèle de versification en mètre syllabique, à l'usage des générations nouvelles, symbole d'une langue et d'une poésie authentiquement turques – au dam de la compréhension de son message mystique. Connus en Europe dès le XVIe siècle par des éditions et des traductions dues aux plus grands représentants de l'humanisme, et grâce à la relation d'un Transsylvain prisonnier des Ottomans de 1438 à 1458, auteur d'un ouvrage intitulé *Tractatus de moribus, conditionibus, et nequitia Turcorum*, les vers de Yûnus sont également accessibles grâce à quelques traductions en français, parmi lesquelles nous mentionnerons le *Livre de l'amour sublime*, dû à D. Halbout du Tanney et Pierre Seghers, Paris, 1987.

STÉPHANE A. DUDOIGNON.

YUŠIJ Nimā. Écrivain iranien. Né en 1897 à Yuš, village du Nazandaran, il mourut à Téhéran le 6 janvier 1960. Nimā – Ali Es Fandyāri pour l'état civil – publia ses premiers vers à partir de 1919. *Afsaneh* (*) (1923) (littéralement : Légende et conte populaire) fut son premier ouvrage. Son deuxième livre fut *La Famille du soldat* (+) (1925). Yušij fut un universitaire dont l'effacement contraste singulièrement avec la passion et le ton fougueux de ses récits. Il a voulu rénover la poésie persane dans son fond en lui donnant un sens plus actuel, et dans sa forme en substituant le vers libre aux mètres classiques. Il se fait, à cet égard, théoricien dans divers textes en prose. Son originalité est d'avoir montré de façon magistrale dans ses vers la nécessité et la réussite d'une telle mutation et d'une telle recherche. Toutes les beautés sont réunies dans ce dialogue entre la légende et l'amour, le verbe et le rythme, l'image et la sensation des splendeurs mythiques. L'inspiration de Yušij renouvelle les thèmes éternels de l'amour, de la mort face au spectacle de la nature. Son lyrisme n'est pas sans évoquer le souffle, puissant et fort, que l'on trouve chez les auteurs mystiques du *Divan* (*) et chez Masnavi, mais il reste très personnel. Il faut dire que peu d'œuvres aussi riches sont passées aussi inaperçues du grand public du vivant de leur auteur. Cependant, moins de vingt ans après sa mort, il est devenu le grand Nimā – le « saint » de la poésie moderne iranienne. Il s'est créé autour de son personnage une double image : celle d'un grand génie et celle d'un fou. Citons encore, dans son œuvre : *Conte pâle* (1920), *La Prison* (+) – v. *Poésies* (*).

RÉF. : B. Simon-Hamidi, *Contribution à l'étude de la vie et de l'œuvre du poète Nimā Yušij*, thèse, Paris, 1981.

YŪSUF. Poète turc. Il vivait au XIe siècle à Kashghar, sous la domination des Turcs Karakhanidi pendant le règne du souverain Hasan. De la vie de Yūsuf dit Hagib – « le ministre » –, on sait seulement qu'il fut « Khasshagib » ou « ministre de la cour » du souverain turc. Il est l'auteur d'un poème, *Qutadgu Bilik* (*), présenté à Hasan en l'an 462 de l'hégire (1069-70) et publié en 1947 dans une édition critique.

YU TA-FOU [Yu Dafu]. Romancier chinois. Né le 7 décembre 1896 à Fouyang, mort à Sumatra (Indonésie) le 17 septembre 1945. Il est l'un des créateurs de la littérature moderne. Il perdit son père quand il avait trois ans et sa famille tomba dans la misère, mais il parvint à faire des études et, en autodidacte, acquit une bonne connaissance des littératures classique et populaire chinoises. En 1913, il partit au Japon avec son frère aîné et il en revint en 1922 diplômé d'économie de l'université impériale de Tokyo. Au cours de son séjour au Japon, il apprit plusieurs langues étrangères et lut des centaines de livres. Il s'y lia avec d'autres étudiants chinois, dont Kouo Mo-jo, et à son retour en Chine il créa avec eux à Shanghai la Société Création [*Tch'ouang-tsao cheu*], qui publia une revue et défendit l'art pour l'art et le romantisme. Il publia alors *Naufrage* (*), qui fit un joli scandale, puis en 1923 un autre recueil de nouvelles. Comme la plupart des écrivains de son groupe, il passa de la révolution littéraire à la littérature révolutionnaire, ou d'un romantisme à l'autre.

En 1926, il rejoignit Canton où s'était installé le gouvernement de Sun Yat-sen, puis, après son retour à Shanghai la même année, il continua à vouloir participer à la lutte politique. Il quitta le groupe Création, collabora avec Lou Siun, fit partie de la Ligue des écrivains de gauche, puis, en 1933, à la Ligue démocratique fondée par la veuve de Sun Yat-sen. Cet engagement politique transparaît par exemple dans sa nouvelle *Nuit enivrante de printemps* [*Tch'ouen-feng tch'en tsouei te wan-chang*] sur l'amour entre une ouvrière et son voisin, un écrivain dans la misère. Mais, s'il était très sensible à la situation de la Chine, cette participation à la politique était pour lui un devoir d'homme différent de son travail d'écrivain. Finalement, il préféra prendre ses distances avec les intellectuels qui confondaient intrigues et querelles personnelles avec la politique ; il se retira à Hang-tcho en 1933 grâce à la protection d'un dignitaire local et y vécut une histoire d'amour qui défraya la chronique. Les années 20 avaient été sa grande période créatrice de nouvelles ; à partir de 1928 il les avait réunies dans les huit volumes de ses œuvres complètes. Ensuite, à part un roman court, *Elle est une faible femme* [*T'a che yi-ke jouo niu-tse*, 1932], il écrivit surtout des essais, des journaux intimes, et à Hang-tcho il se tourna vers une poésie de facture traditionnelle.

En 1936, il fut invité au Japon. La guerre le ramena en Chine, mais, après un court passage à Wou-han, il se rendit à Singapour où il travailla comme journaliste au *Quotidien de Singapour* [*Sing tcho je pao*]. Devant l'avance japonaise, il alla se réfugier à Sumatra, où il tint un débit de boisson sous un faux nom. Mais, quand les Japonais occupèrent l'Indonésie, il fut recruté malgré lui comme traducteur et fut assassiné quelques jours après la fin de la guerre, le 17 septembre 1945, sans que l'on ait jamais su si ce fut par des Japonais ou par des Chinois craignant son témoignage.

JACQUES PIMPANEAU.

Z

ZABOLOTSKI Nikolaï Alexeevitch [Zabolotskij Nikolaj Alexejevič]. Poète russe. Né le 24 avril (7 mai) 1903 à Kazan, mort le 14 octobre 1958 à Moscou. Après des études à l'Institut Herzen de Leningrad, il fonde avec Daniil Harms et Alexandre Vvedenski le mouvement des « Oberioutes » qui se réclame de l'aile radicale du futurisme (Kroutchonykh, Khlebnikov), publie les poèmes de *Colonnes* (*) 1929) qui lui valent la célébrité ; la parution de son long poème *Le Triomphe de l'agriculture* [*Toržestvo zemledelia,* 1929-1930], coïncidant avec la collectivisation, lui vaut une virulente campagne de presse qui provoque chez lui un changement de style radical : il s'oriente à partir de 1932 vers une poétique du classicisme, du monumental. Il ne publie son livre suivant, *Le Deuxième Livre* [*Vtoraïa kniga*] qu'en 1937. Arrêté en 1938, torturé, il passe sept ans dans les camps sibériens (dont il ramène des souvenirs étonnants, publiés trente ans après sa mort). En 1946, il retrouve le droit de vivre à Moscou, vit de traductions. Il reste, à l'égal de Boris Pasternak, l'un des traducteurs les plus talentueux de son temps ; on lui doit ainsi une anthologie de la poésie géorgienne, et une traduction du *Chevalier à la peau de tigre* (*) de Chota Roustaveli, qui reste insurpassée. Il meurt en 1958, miné par les épreuves.

Zabolotski est un poète de la violence et de la nostalgie du repos. Une violence qu'il ne cesse d'exprimer, même si l'on ne peut qu'être frappé par son évolution formelle. Dans *Les Colonnes* et les poèmes des années 1926-1932, il emploie le grotesque pour décrire d'abord le monde des hommes, comme dans « Au marché » [Na rynke, 1927] ou « Les Ivanov » [Ivanovy, 1928], puis celui de la nature – poèmes qu'il regroupe sous le titre « Colonnes mêlées » [Smešannye stolbtsy] dans ses publications d'après-guerre – ainsi « La Promenade » [Progulka, 1929]. Si le monde des hommes est sordide et ridicule, naïf dans sa bêtise, celui de la nature n'est qu'une prison, un enchaînement ininterrompu de luttes mortelles.

Le seul espoir pour échapper à la douleur de l'existence est l'humanisation : la nature de Zabolotski – arbres, feuilles, animaux – ne demande qu'à être civilisée, c'est-à-dire mise au travail et rendue raisonnable. Zabolotski adhère pleinement à une utopie de son époque, celle de la grande transformation économique et sociale du monde. Mais il y adhère avec une fougue telle qu'il ne peut que se trouver en décalage. Son poème essentiel (celui, du moins, auquel il attachait le plus de prix), resté inédit de son vivant, *Le Loup privé de raison* [*Bezumny volk*], presente, dans un mélange d'ironie et de pathos caractéristique du style de Zabolotski, le sort d'un loup dont l'ambition est d'avoir « un cou vertical » et de voler. Ses expériences le mènent à la mort, mais le cataclysme que celle-ci provoque transforme la vie des loups et les civilise. Le dernier chapitre peint l'assemblée des loups modernes, et les discours des jeunes loups contre les vieux rappellent à s'y méprendre les diatribes des jeunes staliniens.

La dernière manière de Zabolotski revient (exacerbant, là encore, le mot d'ordre de son temps), au classicisme le plus pur, celui de l'ode monumentale du XVIIIe siècle. Chez lui, c'est une ode délibérément lourde, suite de lieux communs revendiqués comme tels et retournés de l'intérieur, dans laquelle la respiration n'est assurée que par quelques détails saugrenus qui prennent alors une dimension réellement métaphysique. Ainsi, une ode somptueuse à la ville de « Gourzouf » (1949) commence-t-elle par une tournure, et une rime, ahurissantes : Gourzouf, allégorisée, arrive en « ayant déchaussé [razouf, en russe] ses pieds obscurs ». Tel est le monde de Zabolotski – celui, aussi, de son époque : une sorte de mammouth grandiose, hurlant, imperturbable – comme celui de *La Caverne* (*) de l'écrivain qui fut l'un de ses maîtres, Evgueni Zamiatine.

Zabolotski est cependant très loin de n'être que cela. Le poème « Souvenir » [Vospominanié, 1952] est resté inédit du vivant de l'auteur ; basé sur le mètre du célèbre poème de Lermontov « Je suis seul, je marche sur la route », il évoque, d'une voix lente et posée, une femme qui rentre épuisée de son travail, et n'a plus goût à rien. Cette femme pense à quelqu'un, sans doute en Sibérie – un homme enfoui dans les glaces, sur lequel flotte une « lune ensanglantée ». L'intonation finale, humaine, de Zabolotski est cette voix basse, fatiguée, pleine de compassion.

ANDRÉ MARKOWICZ.

ZACH Nathan. Poète israélien. Né à Berlin le 13 décembre 1930. Dès l'âge de 5 ans, il émigre en Israël avec ses parents. Durant la guerre d'indépendance, il sert en tant qu'officier de renseignements. Par la suite, il enseigne la littérature et la philosophie à l'université hébraïque de Jérusalem. Son premier poème paraît dans la revue *Ashmoret* en 1950, bientôt suivi d'autres publications dans différentes revues littéraires. Son tout premier recueil, *Premiers poèmes* [*shirim rishonim*] voit le jour en 1955, suivi en 1960 de *Poèmes divers* [*shirim shonim*], œuvre très remarquée et très controversée. En 1960, Zach publie le recueil *Tout le lait et le miel* [*kol héhalav ve-ha-devash*], *Vers le Nord-Est* [*Tsfonit-mizrahit*] en 1979 et enfin *Contre l'oubli* [*neged shikheḥa*] en 1984. Un choix de ces divers recueils a été publié en français sous le titre *Continent perdu* (*). Il occupe en outre une place importante au sein de la critique littéraire et en tant que théoricien de la poésie, avec l'essai : *Temps et rythme chez Bergson et dans la poésie moderne* [*zman ve-ritmous etsel Bergson ou-va shira ha-modernit*]. Dès son apparition sur la scène littéraire israélienne, au début des années 50, Nathan Zach est considéré comme le chef de file de la « jeune garde poétique », qui opère une véritable révolution face à l'hégémonie des deux grands poètes de la génération précédente Avraham Shlonsky et Nathan Alterman. Le besoin d'un style nouveau se fait jour, plus proche de la réalité – une réalité qui n'est plus celle, si exaltante, des pionniers bâtisseurs de l'État, mais une réalité grise et terne où se font jour les problèmes existentiels de l'homme en général. Zach, las des conventions poétiques, se met en quête de moyens d'expression nouveaux, d'une extrême simplicité, qui puissent servir une écriture en prise sur la vie et ouverte au monde. Conscient du pouvoir qu'a le langage, il essaie de le dépouiller à l'extrême et utilise la langue parlée. Mais si le choix des mots demeure très simple, la poésie de l'auteur est souvent difficile, voire hermétique. Elle se prête à de multiples interprétations, parfois même contradictoires, tout en gardant son authenticité. Se rapprochant de Vogel et Steinberg, Zach redécouvre, entre autres procédés stylistiques, les techniques de composition propres au poème liturgique et au « midrah ». Il récuse la versification traditionnelle au profit de rimes intérieures, d'enjambements ou de chutes brutales. Il utilise parfois des métaphores ou des clichés tombés en désuétude. S'il met en scène des héros bibliques qu'il humanise, Zach puise également dans le Nouveau Testament, la mythologie grecque ou les romans du XIXe siècle. Oscillant entre sentimentalisme et cynisme, pathos et ironie, poèmes lyriques et poèmes ludiques, Zach, grand poète de la modernité, reste le modèle de nombreux écrivains de sa génération.

MONIQUE OHANA.

ZACHARIÄE Friedrich Wilhelm. Écrivain allemand. Né le 1er mai 1726 à Frankenhausen en Thuringe, mort le 30 janvier 1777 à Brunswick. Fils d'un avocat et bien que destiné à la magistrature, il s'est très tôt adonné à la poésie (dès sa dix-septième année), avant d'aller à l'université de Leipzig. Il y fit la connaissance de Johann Christoph Gottsched, grand pontife de la littérature imitant les classiques, et compta parmi ses disciples, groupés autour de la revue littéraire *Belustigungen des Vestandes und des Witzes,* dans laquelle il publia en 1747 *Le Fanfaron* (*), son poème héroï-comique où sont mises en opposition les coutumes violentes des étudiants d'Iéna et les façons raffinées de ceux de Leipzig. Mais, rapidement, il se détacha de Gottsched et devint même un de ses adversaires. En 1746, il abandonna Leipzig pour Göttingen. En 1748, il fut appelé à occuper une chaire au collège Caroline de Brunswick, où il passa le reste de sa vie, tout entière consacrée à la littérature. Nous possédons de lui un poème satirique, inspiré de *La Boucle dérobée* (*) de Pope, intitulé *Le Mouchoir* [*Das Schnupftuch,* 1754], une traduction de Milton, une pièce parodique *Phaéton,* défavorable à Ovide, ainsi que d'autres petits poèmes satiriques, œuvres de faible résonance. La production de Zachariäe, pauvre sur les plans de l'originalité et de la valeur artistique, vaut surtout comme témoignage historique de l'influence exercée par la littérature anglaise sur les lettres allemandes du milieu du XVIIIe siècle. En revanche, un fait est littérairement considérable : Zachariäe fut le premier à utiliser les thèmes des contes populaires allemands.

ZACHARIE (forme grecque de l'hébreu Zekarya, qui signifie : « Yahvé s'est souvenu »). Prophète du VIe siècle av. J.-C., dont l'œuvre – v. *Zacharie (Livre de)* (*) – occupe l'avant-dernière place dans la série des douze petits prophètes de *La Bible* (*). Prêtre, fils de Barachie, il naquit pendant l'exil babylonien et fut, avec Zorobabel, l'un des principaux reconstructeurs de la nouvelle communauté judaïque de Jérusalem. Fidèle au pontife Joshuah, il le grandit d'une dignité nouvelle à la face du peuple par la vision où Yahvé fait revêtir au grand-prêtre « un diadème pur et une robe blanche » (*Zach.*, III, 5). L'autorité civile de Zorobabel, de la race de David, chef de la communauté, fut elle aussi soutenue par Zacharie, qui l'entoura d'une auréole de messianisme (*Zach.*, IV, 7-14). Quand les difficultés arrêtèrent la reconstruction du Temple, ce fut lui qui, avec Aggée (en 520 av. J.-C.), fortifia les bras hésitants et entraîna les anciens de Juda à terminer l'œuvre entreprise. Put-il assister à sa consécration ? Le fait que le nom du nouveau Temple est plutôt lié à Aggée qu'à Zacharie pourrait nous faire supposer la mort brusque de celui-ci avant le jour désiré. Sa disparition est enveloppée de l'obscurité la plus profonde. À tort, quelques écrivains anciens – le confondant avec un homonyme qui l'a précédé (2 *Paralipomènes*, XXIV, 20-22) – le font mourir martyr, assassiné entre « le portique et l'autel ».

ZAGORTCHINOV Stoyan. Écrivain bulgare. Né à Plovdiv le 3 décembre 1889, mort à Sofia le 31 janvier 1969. Diplômé d'histoire et de français à l'université de Sofia, et à l'université de Genève, il est nommé professeur de français à l'École militaire de Varna (1920-25) et à l'École militaire de Sofia (1925-49). Sa passion pour l'Histoire ainsi que son talent font de lui un des maîtres du roman historique bulgare. Dans son premier roman, *La Légende de sainte Sophie* (*) (1926), Zagortchinov ressuscite l'époque du VIe siècle, où Byzance est envahie par les Slaves. Au centre du roman se trouve un conflit cornélien, celui de la fille de l'empereur Justin II, Sophie, qui doit choisir entre sa patrie et sa foi chrétienne et son amour pour un prince slave et païen. Le roman *Le dernier jour est celui de Dieu* (*) (1931-34) décrit le crépuscule du deuxième royaume bulgare. Le livre ne manque pas de souffle épique. En une vaste fresque est dépeint le règne du roi Ivan-Alexandre. L'auteur a capté le pouls accéléré de cette époque de convulsions, où le pays, affaibli par des luttes intestines féodales, secoué par des révoltes paysannes, bouleversé par des mouvements religieux nombreux et contradictoires (l'hésychiasme, le bogomilisme, etc.) finit par s'effondrer sous l'invasion turque. Deux personnages historiques figurent dans le roman, celui de Théodosij de Tirnovo, fondateur du monastère de Kilifarevo et propagateur de l'hésychiasme, et celui de Momtchil, chef d'une armée populaire, mort dans une bataille contre l'envahisseur turc.

ANTONIA PÉEVA.

ZAHIRI de Samarcande Mohammad. Écrivain persan du XIIe siècle. Après avoir fait ses études à Samarcande, il devient chef de chancellerie du prince qara-khanide Qilij Tamghaj Khâqân Mas'oud, qui est le dédicataire de ses deux ouvrages. La première œuvre de l'auteur, datant du troisième quart du XIIe siècle, est écrite après la mort du sultan seldjoukide Sanjar : ce sont les *Buts de la politique dans les situations où s'exerce le commandement* [*Akhrâz al-siyâsat fi a'râz al-riyâsat*], sentences d'ordre politique et moral attribuées à soixante-quatorze personnages de la tradition iranienne. Chaque sentence est énoncée en arabe, traduite et commentée en persan, et parfois illustrée par une anecdote. Selon la tradition des « Miroirs des princes », Zahiri soumet les paroles et les exemples des rois à la réflexion du prince. Il se montre attaché à la culture iranienne et défend ses convictions de musulman sunnite. Son œuvre essentielle est *Le Livre des sept vizirs* (*), sans doute composé à Samarcande vers 1160. Écrite pour l'éducation d'un jeune prince, elle enseigne, entre autres, comment découvrir la perfidie des femmes et pourquoi ne pas se hâter de châtier. Le célèbre anthologue Owfi cite ces deux livres, ainsi qu'un troisième, qui semble perdu.

MARIE-HÉLÈNE PONROY.

ZAHRADNÍČEK Jan. Poète tchèque. Né le 17 janvier 1905 à Mastnik, mort le 7 octobre 1960 à Uhřínov. Né dans une famille paysanne et catholique, il abrège ses études universitaires à Prague pour se consacrer à la littérature : il travaille dans des maisons d'édition, dirige la revue *Akord*, traduit Thomas Mann, Rilke, Hölderlin, Wassermann, et publie ses recueils de poésies. Peu à peu, ce descendant spirituel du symboliste Březina et ce méditatif proche, d'une certaine façon, de ses contemporains Halas et Holan, trouve son originalité. Il s'élève de l'expression douloureuse de la condition mortelle et de la célébration de la terre natale au chant ample et harmonique de l'existence qui repose sur les certitudes transcendantes, chrétiennes, du salut et repousse les ténèbres de la nuit : *Tentation de la mort* [*Pokušení smrti*, 1930], *Retour* [*Návrat*, 1931], *Sureaux* [*Jeřáby*, 1933], *Salut au soleil* [*Pozdravení slunci*, 1937]. Sous l'Occupation, il exalte la tradition catholique tchèque. Après 1945, il redoute la catastrophe pour sa nation et pour un monde qui renie Dieu : *Étendards* [*Korouhve*, 1941], *Sous le fouet de la grâce* [*Pod bičem milostným*, 1944], *La Vieille Terre* [*Stará země*, 1946] et deux longs poèmes sur *Saint Venceslas* [*Svatý Václav*, 1946] et *La Salette* (1947). Rejeté dans l'ombre par le « coup de Prague », il est bientôt arrêté, accusé de menées contre l'État socialiste et condamné, en 1952, à treize ans de prison ; il en sort, amnistié, en 1960, pour succomber quelques mois plus tard. Il est complètement « réhabilité » en 1967. Le « dégel » et le Printemps de Prague permettent la réédition de ses *Sureaux* et surtout la parution de ses poèmes de prison (1956-1960), *Quatre années* [*Čtyři léta*, 1969], mais non de ceux des années 1951-56 – titre prévu : *La*

Maison de la peur [*Dum strachu*]. Le recueil *Le Voile de Véronique* [*Rouška Veroničina*, 1968], paru à Rome, renferme des inédits et surtout un long poème, *Le Signe du pouvoir* (*), écrit en 1950, peut-être le sommet de sa création : placé en « situation-limite », le poète dit, en des vers poignants, la tragédie de l'homme et de l'histoire humaine dans leur ressemblance avec la Passion. Toutefois, bien des poèmes écrits en prison sont apparemment « perdus ». Zahradníček est devenu, avec Palivec, le symbole des victimes de l'oppression stalinienne.

VLADIMIR PESKA.

ZALAMEA Jorge. Écrivain colombien. Né à Bogota en 1905, mort en 1969. Fondateur avec Alberto Lleras Camargo du groupe et de la revue *Los Nuevos* dont les membres, parmi lesquels le poète León de Greiff, se réunissent à Bogota au Café Windsor. Dans ses romans dialogués ou « comédies pour être lues », il révèle des tendances freudiennes : *Le Retour d'Ève* [*El regreso de Eva,* 1927], *L'Enlèvement des Sabines, Pastorale, L'Auberge de Bethléem* [*El rapto de las Sabinas, Pastoral, El Hostal de Belén,* 1941]. Intellectuel engagé, il prend dès ses débuts la tête de la contestation littéraire devant la violence et l'incohérence politiques nationales dans des articles et des essais allant de l'interprétation sociologique (*El departamento de Nariño,* 1937) à la critique d'art : *Neuf artistes colombiens* [*Nueve artistas colombianos,* 1941], *Introduction à l'art ancien* [*Introducción al arte antiguo,* 1941]. Grand lecteur de littératures étrangères, il consacre à la création française une analyse critique souvent consultée en Amérique latine pour l'étendue des connaissances : *La Vie merveilleuse des livres* [*La vida maravillosa de los libros,* 1941], étudie la littérature anglaise dans *Minerve sur la quenouille et autres essais* [*Minerva en la rueca y otros ensayos,* 1943], et traduit en espagnol l'œuvre poétique de Saint-John Perse : *Elogios* (1946), *Lluvias, Nieves, Exilio* (1946), *Anabasis* (1946), *Vientos* (1960), *Mares* (1961). Après un essai sur la politique internationale, *Réunion à Pékin* (1952), il s'intéresse aux *Antécédents historiques de la Révolution cubaine* (1961) et reçoit à La Havane le prix Casa de las Américas 1965 pour *La Poésie ignorée et oubliée* [*La poesía ignorada y olvidada*]. Poète lyrique dans *El sueño de las escalinatas* (1963), il est l'auteur de deux impressionnants poèmes surréalistes en prose sur le thème de la dictature, traduits en plusieurs langues : *Le Grand Burundun-Burunda est mort* (*) (1952) et *La Métamorphose de Son Excellence* (+) (1963).

CLAUDE COUFFON.

♦ *« Cet orfèvre du style, ce poète de l'écriture est en même temps un artisan actif et convaincu dans la lutte qui, en Amérique latine, met aux prises l'épée et la plume. »* Juan Liscano.

ZAMFIRESCU Duiliu. Écrivain roumain. Né à Plăginesti (Valachie) le 30 octobre 1858, mort à Focşani le 3 juin 1922. Il fut étudiant à Bucarest et se fit connaître par des poésies qui parurent dans la revue de Macedonski : *Literatorul,* adhérant ainsi au groupe « Junimea », qui s'était déplacé de Iaşi dans la capitale. En 1885, il entra dans la diplomatie, et fut premier secrétaire de la légation à Rome, Bruxelles, Constantinople, puis de nouveau à Rome. Élu en 1908 à l'Académie roumaine, son discours sur le *Populisme en littérature* [*Poporanismul in literatură,* 1909] suscita un véritable scandale. Zamfirescu fut président de la Société des écrivains roumains, ministre des Affaires étrangères (1920) et président de la Chambre des députés (1921). Sa poésie est tantôt d'une sensualité « vaporeuse et douceâtre », tantôt d'une forme classique, comme il ressort des *Hymnes païens* [*Imnuri păgâne,* 1897] et des *Poésies nouvelles* [*Poezii nouă,* 1899], qui se ressentent d'une influence de Carducci sans en avoir la vigueur. Comme romancier, on a dit de lui qu'il était un précurseur qui réalisait les aspirations de la littérature roumaine. Son mérite a été de décrire en un vaste cycle les différents aspects de la société roumaine alors en pleine évolution. Le premier volume de ce cycle est *Mathieu Damian ou la Vie à la campagne* (*) (1894) ; puis parurent : *Tanase Scatiu* (+) (1896), *Temps de guerre* (*) (1898), *Dirigeant* [*Indreptări,* 1900] et *Anna* (1916). De Zamfirescu rappelons enfin *Histoire des Comănesteanu* (+).

ZAMIATINE Evgueni Ivanovitch [Evgenij Ivanovič Zamjatin]. Écrivain russe. Né le 1er janvier 1884 à Lebedian, mort le 10 mars 1937 à Paris. Originaire de la Russie profonde, Zamiatine était de profession ingénieur naval. Le tableau incisif de la vie cruelle et somnolente de la province russe qu'il trace dans ses *Récits de la vie de province* [*Uezdnoe,* 1911], et *Au diable vauvert* [*Na kuličkah,* 1913] lui vaut l'attention de la critique. Hérétique né, esprit non conformiste toujours en lutte contre les pharisiens de tout poil, Zamiatine sera arrêté en 1905 en tant que membre du parti bolchevik. Octobre 1917 le trouvera en Angleterre, d'où il rapportera le roman *Les Insulaires* [*Ostrovitiane,* 1918], satire mordante des petits bourgeois bien pensants. Il en tirera un drame *La Société des honorables sonneurs* [*Obščestvo početnyh zvonarej*]. Après la Révolution (il la vécut d'abord comme une fête, mais rejeta d'emblée les prétentions du nouveau pouvoir à régenter l'art et la pensée), Zamiatine sera l'une des grandes figures de la vie culturelle russe. Son nom est lié à l'activité d'un groupe de jeunes écrivains, « Les Frères de Sérapion », qui défendaient l'indépendance de l'art par rapport à la politique ; il y jouera le rôle de pont entre l'ancienne et la nouvelle culture. L'anti-utopie *Nous autres* (*) (1920)

oppose un monde mécanisé aux aspirations libertaires et irrationnelles de l'homme. On ne voulut y voir qu'un libelle antisoviétique et sa publication partielle à Prague en 1927 donna le signal d'une véritable chasse à l'homme dirigée contre Zamiatine et son confrère Pilniak — également coupable d'avoir fait paraître à l'étranger le roman *L'Acajou* (*). Il s'agissait en fait de purger le champ littéraire de tous les esprits indépendants. Dans une célèbre lettre à Staline, Zamiatine demandera à quitter le pays et émigrera en 1931. Il y mourra prématurément en 1937 sans avoir pu achever son grand roman *Attila* issu de la pièce du même nom (1927) ; il y confrontait l'époque contemporaine à celle des grandes invasions et se proposait d'y représenter les peuples « neufs » montant à l'assaut d'une culture occidentale déjà fatiguée.

Outre de nombreux récits — *La Caverne* (*) (1922), *Le Récit du plus important* (*) (1924), *L'Inondation* (+) (1929) — et articles critiques, Zamiatine est l'auteur de deux pièces. *La Puce* [*Bloha,* 1925], d'après le récit de Leskov *Le Gaucher,* renouvelle le théâtre russe par le mélange de procédés issus de la « commedia dell arte » et du théâtre populaire russe. Son autre pièce *Les Bûchers de saint Dominique* (1923), publiée mais non jouée, met en scène hérétiques et inquisiteurs, démontant les mécanismes du totalitarisme et les méthodes de la police politique.

« Il n'est de vraie littérature, écrit Zamiatine, que produite non par des fonctionnaires bien pensants et zélés mais par des fous, des ermites, des hérétiques, des rêveurs, des rebelles et des sceptiques. » L'auteur de cette déclaration est un styliste extrêmement brillant. S'inscrivant dans la lignée de Gogol et Saltykov-Chtchedrine, son « néo-réalisme » porte à un point de perfection l'ornementalisme de Rémizov ; il regarde l'univers au microscope et en donne une représentation « étrangéifiée ». Cet art exigeant, concis, extrêmement achevé et qui sait toujours prendre ses distances, joue de la métaphore (souvent venue de l'univers mathématique), du symbole, du raccourci grotesque, de la composition sophistiquée. Zamiatine a exercé une influence notable sur les écrivains russes du XXe siècle, tant par son œuvre que par sa position littéraire tout à fait indépendante.

MARIANNE GOURG.

ZANDONAI Riccardo. Compositeur italien. Né à Sacco di Rovereto le 28 mai 1883, mort à Pesaro le 12 juin 1944. Disciple de Mascagni à Pesaro, il a consacré l'essentiel de sa carrière à l'opéra. On le considère généralement comme le successeur de Puccini, dont il reprend la sensualité mélodique et l'orchestration riche et colorée. Le seul opéra resté au répertoire est *Francesca da Rimini* (*) sur un livret de Gabriele D'Annunzio (1914). Il a également écrit un *Giulietta e Romeo* (+) (1922).

ALAIN PÂRIS.

RÉF. : A. Bassi, *Riccardo Zandonai*, Milan, 1989.

ZANGWILL Israel. Écrivain anglais. Né à Londres le 14 février 1864, mort à Midhurst (Sussex) le 1er août 1926. Il était fils d'un Juif russe réfugié en Angleterre. C'est à Plymouth et à Bristol qu'il passa sa première enfance, avant de se fixer avec ses parents à Spitalfields où il entra à l'école libre juive. Il y devint par la suite instituteur, tout en poursuivant ses études à l'université de Londres. En 1888, un différend l'opposant à la direction de l'école, il donna sa démission et se lança dans le journalisme. Il fonda un journal humoristique : *Ariel,* et fit paraître, en collaboration avec Louis Cowen, un récit fantastique : *Le « Premier » et le Peintre* [*The Premier and the Painter*], puis un roman policier : *Le Mystère du grand arc* [*The Big Bow Mystery,* 1891]. Ces premiers travaux étaient surtout alimentaires, mais avec la publication en 1892 des *Enfants du ghetto* (*), roman de mœurs sur la vie juive, il commença de se faire une très grande réputation dans les milieux littéraires. Ses œuvres suivantes, qui ne cessèrent d'élargir son audience et lui valurent le surnom de « Dickens juif », témoignent d'une profonde connaissance de son peuple et d'une générosité toujours en éveil qui en firent le champion des causes perdues et des minorités persécutées. Ses principaux romans sont : *Tragédies du ghetto* [*Ghetto Tragedies*, 1893], *Le Maître* [*The Master,* 1895] et *Le Manteau d'Élisée* [*The Mantle of Elijah*, 1901]. Dans *Rêveurs du ghetto* [*Dreamers of the Ghetto*, 1898], il étudie quinze des plus grands penseurs ou écrivains juifs des temps modernes, dont Heine et Spinoza. En 1899, *Les Enfants du ghetto* furent portés au théâtre, à New York, avec un immense succès. Cette réussite poussa Zangwill à écrire pour le théâtre, et c'est toujours à New York que furent présentées ses principales pièces : *Seulement Mary Ann* [*Merely Mary Ann*] ; *La Gouvernante comico-sérieuse* [*The Serio-Comic Governess*] ; *Nurse Marjorie ; Le Creuset* [*The Melting Pot*] et *Nous, modernes* [*We, Moderns,* 1924], sa dernière œuvre. Zangwill fut, en outre, l'un des principaux animateurs du mouvement sioniste.

RÉF. : A. Spire, *Quelques Juifs : Israel Zangwill, Otto Weininger, James Darmester*, Paris, 1913. — J. Ben Guigui, *Israel Zangwill, penseur et écrivain,* Toulouse, 1972. — J. H. Udelson, *Dreamer of the Ghetto : The Life and Works of Israel Zangwill,* Gainesville (Alabama), 1990.

ZANZOTTO Andrea. Poète italien. Né le 10 octobre 1921 à Pieve di Soligo (Trévise). Avant l'âge de quinze ans, il « dévore » Pascoli et D'Annunzio. Dès l'âge de dix-sept ans, poussé par les nécessités familiales, il commence à enseigner. En 1942, il obtient sa maîtrise à l'université de Padoue : l'un de ses maîtres est le poète Diego Valeri. Il poursuit sa carrière de professeur d'italien et de latin et enseigne, jusqu'à sa retraite, au lycée de Pieve de Soligo. À l'exception d'un séjour en France et en Suisse, dans l'après-guerre, et de quelques voyages en Italie et à l'étranger, il n'a guère quitté Pieve di Soligo, le haut lieu de sa poésie. Il a collaboré à de nombreuses revues littéraires : *Tempo Presente, Paragone, Comunità, Letteratura, La Fiera Letteraria, Il Verri,* etc. Européen par sa culture, Zanzotto est fortement enraciné dans sa région, dont la culture et les traditions populaires dessinent la mémoire collective d'un paysage humain menacé de disparition. Tout en se réclamant d'Ungaretti, de Quasimodo, d'Éluard et, au-delà, de Rilke, de Hölderlin, de Leopardi, de Pétrarque, Zanzotto a très tôt manifesté, tant à l'égard de sa propre région que de sa langue, une vocation de frontalier. S'il les habite, c'est pour montrer que la vie les a quittées : c'est pour entreprendre un pèlerinage nostalgique aux sources du pays et du langage. Ce grand solitaire explore les frontières d'un monde dans lequel il ne se reconnaît plus, et d'un univers de signes nouveaux, peut-être sans rapport avec le premier. *Derrière le paysage* [*Dietro il paesaggio,* 1951] met en place le décor. Le captivant paysage vénitien invite à une fusion sentimentale, élégiaque, avec la nature. Mais la Vénétie bien-aimée est défigurée par des transformations irréversibles, liées à l'industrialisation, à la spéculation immobilière. Chantre d'une civilisation paysanne en voie de disparition, Zanzotto ne cède à aucune illusion : il n'ignore ni la misère paysanne des temps passés, ni les risques de récupération idéologique de son attitude. *Élégie et autres vers* [*Elegia e altri versi,* 1954], puis *Vocatif* [*Vocativo,* 1957], prise de conscience que le « moi » est voué à l'aphasie, éclairent le cheminement du poète. *IX Églogues* [*IX Ecloghe,* 1962] fait s'entrechoquer le langage poétique de la tradition haute et des expériences poussées de plurilinguisme. La nature est sans doute une source de consolation et une évasion de l'histoire. Mais la vocation pastorale, « bucolique », du poète est contrariée par la désagrégation du langage, signe peut-être que la réalité s'est effritée. *La Beauté* (*) (1968), un recueil majeur dans l'œuvre de Zanzotto, marque une dérive plus accentuée vers une autre langue, préconceptuelle. Elle seule, dans ses tâtonnements dialectaux, dans ses calembours, ses analogies, ses itérations, dans sa découverte magique du réel, est à même de bâtir ce discours « beau », cette célébration du monde qui demeure l'ambition du poète. Cette nouvelle langue n'est au fond que le rêve d'une langue originelle, qui aurait la faculté de nommer une réalité vierge, de faire jaillir du néant des mots et des choses. Le dialecte apparaît comme une sorte d'invisible « logos » qui garantirait d'hypothétiques raccords entre des morceaux d'un discours définitivement éclaté. Le poème *Les Regards les Faits et Senhal* [*Gli sguardi i fatti e Senhal,* 1969] et les recueils suivants – *Les Pâques* (1974), *Filo* (1976) – confirment l'importance de cette œuvre poétique originale, volontiers prolongée par des dessins. Le séduisant volume *Le Galaté au bois* (*) (1978) inaugure un triptyque que prolongent *Phosphènes* [*Fosfeni,* 1983] et *Idiome* (*) (1986). Les réminiscences culturelles, l'art de la citation, en constituent une dimension majeure. L'expérience hermétique de la poésie italienne, l'aventure surréaliste, les recherches sémiologiques et psychanalytiques, la tendresse et l'émotion nourrissent, au même titre que le latin, le provençal, les langues modernes, le « petèl » (le jargon enfantin de la province de Trévise), cette poésie difficile et fascinante. Elle apparaît à Zanzotto comme un constant « tourner autour de ». « Ce n'est que rarement – dit le poète en parlant à la troisième personne –, en revoyant certaines de ses pages, qu'il a l'impression d'avoir atteint à cette gratitude, à cette grâce, à cette gratuité qui appartient à la poésie. » Ungaretti, Montale, Quasimodo, Sereni, Pasolini et bien d'autres ont dit l'importance de cette expérience lucide et désabusée de la poésie. Zanzotto apparaît comme le maître de la « quatrième génération » poétique italienne de ce siècle. *À quoi bon ?* [*A che valse ?,* 1970] réunit les premiers poèmes de Zanzotto (1938-1942). *Sur le haut plateau* [*Sull'altipiano,* 1964] est un volume de récits, rédigés de 1942 à 1954. *Fantaisies d'approche* [*Fantasie di avvicinamento,* 1991] réunit, dans un ordre partiellement chronologique, des textes critiques consacrés à Montale, Ungaretti, Michaux, Éluard, Leopardi, Pessoa, Manzoni, Foscolo, Pétrarque, Lorca, etc. Un autre volume suivra, consacré à des auteurs de notre siècle. Zanzotto a traduit en italien plusieurs ouvrages de Georges Bataille et de Balzac.

FRANÇOIS LIVI.

ZARIAN Costant. Écrivain arménien. Né le 2 février 1885 à Chamakhi, dans le Caucase, mort le 11 décembre 1969 à Erevan. Ayant fait ses études secondaires et supérieures en France et en Belgique, ayant vécu longtemps en Italie, connaissant bien la littérature russe, Zarian est un écrivain protéiforme, essayiste, poète et romancier, qui a écrit dans les diverses langues avec lesquelles il a été en contact. Il a choisi pourtant l'arménien pour langue de sa littérature ; et même précisément la variante orientale de l'arménien moderne, alors qu'il a presque toujours été en contact avec les Arméniens occidentaux, d'abord à Constantinople, où il a voulu insuffler à la revue *Mehyan*, en 1914, des tendances futuristes héritées d'Italie, puis en diaspora. La période la plus marquante de sa vie est celle de son séjour en Arménie (1922-1925), à l'invitation de l'université nouvellement fondée. Il revient plusieurs fois dans ses œuvres romanesques sur la réalité arménienne, telle qu'il l'a vécue ou imaginée, notamment dans *Le Bateau sur la montagne* (*), roman publié en 1942 à Boston. Les œuvres les plus importantes de cet auteur restent toutefois ses essais autobiographiques et récits de voyage, publiés entre 1926 et 1937, qui retracent ses séjours en Europe et au Caucase. Après avoir vécu longtemps aux États-Unis, Zarian est revenu en Arménie en 1962. Il y a subi l'humiliation de voir ses écrits censurés et dénaturés.

MARC NICHANIAN.

ZÁVADA Vilém. Poète tchèque (nommé « artiste national » en 1966). Né le 22 mai 1905 à Ostrava-Hrabová, mort le 30 novembre 1982 à Prague. Fils d'un ouvrier métallurgiste (tué à la guerre), il arrive néanmoins à faire ses études universitaires ; il travaille dans l'édition, les rédactions de revues littéraires, puis à la Bibliothèque nationale et universitaire dont il devient directeur ; finalement, il assume des fonctions au sein de l'Union des écrivains. Quoique influencé d'abord, sur le plan formel, par le « poétisme » — v. l'article Teige —, il n'arrive pas à se défaire de ses souvenirs de guerre, de son pessimisme foncier, de son sentiment de solitude, et se fraie péniblement un chemin vers un peu plus de confiance dans la vie, sous le signe du retour à son « pays noir » d'Ostrava ; survient alors un nouveau malheur avec la mutilation et l'occupation de sa patrie. Citons ses recueils : *Requiem* [*Panychida*, 1927], *La Sirène* [*Siréna*, 1932], *Le Voyage à pied* [*Cesta pěšky*, 1937], *La Tour du château* (*) (1940), *La Résurrection des Morts* [*Povstání z mrtvých*, 1946]. À ce stade d'une grande poésie personnelle, portée par le sentiment tragique de la vie, succède le temps de son adhésion au communisme et à ses « perspectives optimistes » que symbolise *La Ville de lumière* [*Město světla*, 1950] face à la « ville d'or », symbole du capitalisme, et *Les Fleurs des champs* [*Polní kvítí*, 1955], quelque peu didactiques mais couverts de louanges officielles. *Une vie* [*Jeden život*, 1962] recueil autobiographique, marque un certain retour à sa poétique personnelle. Après la secousse du Printemps de Prague et l'intervention soviétique, il tente de vaincre ses doutes et son sentiment de désespoir pour soutenir le régime de la « normalisation ». *Les Paysages de mon cœur* [*Krajiny mého srdce*, 1976] renferment un choix de ses essais, réflexions et souvenirs littéraires.

VLADIMIR PESKA.

ZAWIEYSKI Jerzy. Auteur dramatique et romancier polonais. Né à Radogoszcz (près de Łódź) le 2 octobre 1902, mort à Varsovie le 18 juin 1969. D'abord acteur dans la troupe « Reduta » de Osterwa, puis au théâtre « Ateneum », il séjourne en France de 1929 à 1932 comme animateur d'ensembles polonais de théâtre d'amateurs. Ses premières œuvres, romans, *Où es-tu, mon ami ?* [*Gdzie jesteś, przyjacielu ?*, 1932] ou drames, *Le Retour de Przełęcki* [*Powrót Przełęckiego*, 1937] se situent, par leur goût du style artiste et leur socialisme sentimental, dans le sillage de S. Żeromski. Après 1945, Zawieyski devient une des figures marquantes du catholicisme progressiste. Il collabore au *Tygodnik Powszechny* [*L'Hebdomadaire Universel*] et à la revue *Znak* [*Le Signe*], proches de l'épiscopat, devient député à la Diète en 1957 et membre du Conseil d'État. Ses œuvres, parfois marquées par l'expérience de l'Occupation, comme le roman *Le Chemin du retour* [*Droga do domu*, 1946], traitent alors surtout de problèmes de morale sociale et de conflits psychologiques, souvent présentés dans une perspective religieuse, comme dans *Le Dédale de l'amour* (*) (1947), drame, et *La Paix des profondeurs* [*Pokój głębi*], récits de 1950-1958, ou *L'Homme parfait* [*Mężsdoskonaly*, 1945], drame dont l'action se déroule sur le fond du soulèvement de Varsovie. La dernière œuvre de Zawieyski, *Konrad ne veut pas quitter la scène* [*Konrad nie chce zejść ze sceny*], roman publié en 1966, revient sur le thème majeur de la littérature polonaise, celui de l'héroïsme romantique et de la lutte inutile pour l'indépendance nationale.

ZAYDĀN Ǧurǧi. Homme de lettres, historien et journaliste libanais. Né en 1861 à Beyrouth, mort en 1914 au Caire. C'est un des grands noms de la renaissance culturelle et littéraire arabe moderne. Ǧurǧi Zaydān fait ses études primaires et secondaires dans des institutions scolaires chrétiennes puis, se destinant à la carrière médicale, s'inscrit à la faculté de médecine de l'université américaine de Beyrouth. Le jeune homme y découvre avec émerveillement le darwinisme et manifeste même à l'égard de cette doctrine rationaliste, et donc suspecte aux yeux des autorités religieuses, un tel enthousiasme qu'il est contraint de quitter l'université. Son goût pour les langues le conduira à se doter d'une solide formation en philologie des langues classiques tant indo-européennes que sémitiques. Dès 1887 il rédigera dans ce domaine un petit opuscule, tout à fait remarquable pour l'époque, sur *La Philosophie du langage et les mots arabes* [*Falsafat al-lugha wa-l-'alfāẓ al-'arabiyya*]. Cet opuscule, dans lequel il soutient précisément des thèses évolutionnistes sur le développement du système grammatical de la langue arabe, lui vaut d'être élu membre correspondant de la société asiatique d'Italie. Ǧurǧi Zaydān avait donc tout pour devenir un pionnier de la linguistique arabe — v. *Mémoires* (*) de Zaydān. Mais les impératifs de l'histoire vont lui désigner des tâches plus vastes encore : en effet, l'Empire ottoman, qui domine officiellement toute la région, est en crise, et les idées de modernité et de progrès, nées du choc de l'expédition d'Égypte conduite par Bonaparte entre 1798 et 1801, ont commencé à faire leur chemin dans les milieux cultivés de la bourgeoisie arabe des villes d'Orient, et notamment dans la communauté chrétienne à laquelle appartient Zaydān. Celui-ci veut, avec certains de ses amis, se faire l'écho des idées nouvelles notamment par la presse. Mais ni les autorités politiques vassales de la Sublime Porte (sur laquelle règne alors l'autoritariste Abdul- Ḥamīd II) ni l'Église ne sont prêtes à accepter la diffusion des thèmes de rationalité, de liberté et de réforme que prônent les jeunes partisans de la renaissance arabe. Zaydān, comme de nombreux intellectuels de son pays, quitte donc le Liban pour l'Égypte où Mehemet Ali a inauguré, quelques décennies auparavant, une politique de réformes. Il y passera le reste de ses jours. Il fonde en 1892 la revue *al-Hilāl* qui se dotera quelques années plus tard d'une maison d'édition qui va devenir un des phares de la culture et des lettres du monde arabe moderne. C'est désormais dans ce cadre qu'il inscrira sa très abondante et très remarquable production littéraire. Il rédige deux ouvrages monumentaux, *L'Histoire de la civilisation islamique* [*Tārīkh al-tamaddun al-'islāmī*] (1902-1906) et *L'Histoire des lettres de langue arabe* [*Tārīkh ādāb al-lugha al-ʿarabiyya*] (1911-1914), d'autres études savantes, ainsi que près d'une trentaine de romans historiques, chacun centré sur un personnage célèbre et une époque significative du développement de la civilisation arabo-musulmane. Ces romans à visée didactique sont publiés par livraisons périodiques dans la revue *al-Hilāl*, et connaissent un immense succès populaire. C'est ce qu'espérait leur auteur qui ne concevait pas la renaissance culturelle arabe comme un phénomène purement élitiste, mais comme un processus complexe qui devait toucher de façon progressive toutes les couches sociales et tous les domaines de l'activité humaine, scientifique, littéraire, politique et sociale. C'est donc à juste titre que l'on considère Ǧurǧi Zaydān comme un pionnier de ce grand mouvement.

DJAMEL-EDDINE KOULOUGHLI.

ZEAMI (pseud. de Kanze Saburô Motokiyo). Acteur, auteur et théoricien du théâtre japonais. Né vers 1363, mort en 1443. Le théâtre de nô lui doit sa perfection classique, et l'art dramatique au Japon son premier théoricien. Appelé successivement Oniyasha dans sa petite enfance, puis Fujiwaka, Kanze Saburô Motokiyo reste connu sous le pseudonyme de Zeamidabutsu, abrégé en Zeami. En dehors de quelques dates historiques qui jalonnent sa carrière, des témoignages contemporains et de ce qu'il en dit lui-même dans ses écrits, la biographie de Zeami repose, en grande partie, sur des hypothèses. Est-il né en 1363 ou en 1364 ? Les archives d'un monastère conservent la mention du jour anniversaire de sa mort sans indication de l'année. La date de 1443 est établie sur la tradition qui situe sa mort au cours de sa quatre-vingtième année.

C'est à son père Kanze Kiyotsugu, dit Kan-ami, que revient le mérite d'avoir fondé la lignée artistique des Kanze et créé le théâtre de nô. Le terme de « nô » désignait, alors, une action dramatique en général. Ce n'est que vers la fin du XVe siècle qu'il deviendra le nom générique du théâtre créé par Kan-ami et qui perdra, de ce fait, son nom originel de sarugaku.

Vieux genre de spectacles rituels représentés à l'occasion des fêtes religieuses, le « sarugaku », comme son rival le « dengaku », peu à peu désacralisé, était en voie de théâtralisation depuis le début du XIVe siècle. Fortes de traditions artistiques anciennes, des troupes théâtrales patronnées par les temples et les monastères favorisaient l'aspect esthétique du spectacle et recevaient le soutien de l'élite cultivée. À l'époque de la naissance de Zeami, Kan-ami dirigeait la troupe du sarugaku de la province de Yamato basée à Yûzaki (région de Nara) et commençait à se faire connaître en allant se produire dans les grands sanctuaires de Kyôto. Un calme relatif avait succédé aux violences du conflit des cours du Nord et du Sud, et la dynastie shôgunale des Ashikaga consolidait son pouvoir.

Zeami avait une douzaine d'années quand, en 1374, le jeune shôgun Ashikaga Yoshimitsu (1358-1408) décida d'assister à la fête de l'An neuf dans un temple où se produisait le sarugaku de la province de Yamato. Enthousiasmé par l'art du père et par la grâce juvénile du fils, il introduisit les Kanze à sa cour et, avec eux, le sarugaku, jusqu'alors méprisé par l'élite qui lui préférait le dengaku. Kan-ami réussit à imposer son théâtre en faisant subir au sarugaku traditionnel une véritable mutation esthétique. Son nouveau sarugaku constitue le prototype du nô.

Fujiwaka sera, pendant quelques années, le favori de Yoshimitsu. Des documents attestent qu'il était sollicité par les plus grands seigneurs. En 1378, il est comblé d'honneurs pour sa performance lors de la fête de Gion et, la même année, le grand maître de poésie fait un vibrant éloge de son habileté dans l'art des enchaînements de poèmes. Ces témoignages prouvent que le futur Zeami a su tirer profit de sa position pour cultiver ses dons artistiques et littéraires et parfaire son éducation.

Kan-ami meurt en 1384. Motokiyo lui succède à la tête du sarugaku du Yamato. Avec le prix du meilleur acteur en 1399, sa célébrité croissante l'a vraisemblablement amené à réfléchir sur son art et, en 1400, il écrit son premier traité d'esthétique dramatique. C'est sans doute peu après qu'il adopta le pseudonyme de Zeami. Or sa position dans le monde théâtral se trouvera sérieusement menacée par un acteur prestigieux, Inuô, chef d'une troupe du sarugaku d'Ômi. Ce dernier avait créé un style dont le raffinement répondait aux nouveaux critères esthétiques du shôgun, qui le mit directement en concurrence avec Zeami. Les documents sont rares. On sait qu'en 1408 l'empereur Go-komatsu, en visite à la capitale, est allé assister au spectacle d'Inuô en ignorant celui de Zeami. C'est peut-être cette rivalité qui a amené Zeami à repenser son théâtre, à renforcer le lyrisme de son style et à orienter le sarugaku vers une sorte de fantastique épuré dont les « nô rêvés » qu'il écrit – v. *Le Vêtement de plumes* (*), *Shunkan* (*), *Takasago* (*) – sont la plus parfaite expression.

Peu après la visite impériale, en mai 1408, Yoshimitsu meurt subitement. Zeami perdait avec lui son principal soutien et un critique avisé. Le nouveau shôgun, Ashikaga Yoshimochi (1386-1428), entend revenir aux traditions artistiques de la dynastie et favorise la nouvelle troupe de dengaku dirigée par Zôami. Zeami n'en conservait pas moins de solides appuis, et l'hypothèse de sa mise à l'écart par Yoshimochi est sans fondement. On sait qu'en 1413 il a donné une représentation payante de sept jours à Kitano et que la mort d'Inuô l'a consacré premier acteur de sarugaku. C'est peut-être pour répondre aux critiques de Yoshimochi, amateur d'art encore plus difficile que son père Yoshimitsu, que Zeami a donné la dernière main à son théâtre, le futur nô classique. Ses théories sont remarquablement exprimées dans ses *Traités sur le nô* (*).

Vers la soixantaine, aux alentours de 1422, il adhère au bouddhisme zen et lègue à son fils aîné Motomasa le titre de Grand Maître des Kanze. Il n'en quitte pas pour autant le monde du théâtre et se consacre, avec ardeur, à l'éducation artistique de ses deux fils, Motomasa et Motoyoshi, qu'accompagne son neveu Motoshige. L'avenir du sarugaku des Kanze semble assuré, et cette époque a sans doute été l'âge d'or du nô.

Yoshimochi meurt en 1428. Son frère cadet Yoshinori prend le pouvoir. Depuis longtemps entiché de Motoshige, le neveu que Zeami méprisait, il entreprend de mettre en avant ce dernier au détriment des Kanze père et fils sur qui s'abattent les vexations. On leur interdit le palais en 1429 ; une partie des droits de Motomasa sur la lignée lui sont enlevés l'année suivante. Motoyoshi, après avoir complété les propos de son père sur le théâtre dans ses *Entretiens sur le Sarugaku* [*Sarugaku dangi*], se retire dans un monastère en 1430, et Motomasa, sur qui reposaient tous les espoirs de son père, meurt en 1432. « Plus personne à qui transmettre notre art », estime Zeami.

En 1433, rebaptisé On-ami, Motoshige reçoit le titre de Grand Maître des Kanze. On suppose que l'opposition de Zeami à cette succession suscita la colère du shôgun qui l'exila, malgré son âge, dans l'île lointaine de Sado, au nord de la mer du Japon. Zeami y compose encore un recueil de chants et de danses et épanche sa tristesse dans ses *Écrits de l'île d'or* [*Kintôsho*]. On sait, par cet ouvrage, qu'il était encore en bonne santé en 1436, mais on ignore la date de son retour d'exil et s'il a jamais pu regagner la capitale.

Le monastère Fugan-ji de la région de Nara, où il s'était retiré, a conservé la mention du jour anniversaire de sa mort, le 8 de la huitième lune, sans précision de l'année. La tradition lui fait quitter à quatre-vingts ans une vie mouvementée qui s'est achevée dans la solitude et le malheur.

GÉRARD MARTZEL.

RÉF. : René Sieffert, *Zeami : la tradition secrète du Nô*, Gallimard, 1960. – *Nô et Kyô-gen* in *Théâtre du Moyen Âge*, P.O.F., 1978. – Tamba Akira, *La Structure musicale du nô*, Klincksiek, 1974. – Gérard Martzel, *Le Dieu masqué : Fêtes et théâtre au Japon*, P.O.F., 1982. – Nobuko Albery, *Le Démon du nô*, Gallimard, 1988. – S. Murakami-Giroux, *Zeami et ses entretiens sur le nô*, Publications orientalistes de France, 1991.

ZEITLIN Aaron. Poète, dramaturge et essayiste américain d'origine polonaise et d'expression yiddish et hébraïque. Né à Ouvarovitchi (Biélorussie) le 22 mai 1898, mort à New York le 28 septembre 1973. Résidant à Varsovie de 1907 à 1939 (sauf un an passé en Palestine en 1920-21), Zeitlin fit sienne la sensibilité mystique de son père, le philosophe religieux Hillel Zeitlin. Les motifs prédominants dans son œuvre des années 20 et 30 sont la quête d'une révélation, la tension entre mysticisme et écriture, et l'affirmation, notamment dans le poème *Métatron* [*Metatren,* 1922], d'une foi dans la transcendance opposée aux conceptions matérialistes et anthropocentristes en vogue à l'époque, conceptions qu'il fustige dans ses pièces de théâtre : *Jacob Frank* [*Yankev Frank,* 1929], *Jacob Jacobson* (*), *Weizmann II* [*Veytsman der tsveyter,* 1934]. Son unique roman, *Terre brûlante* [*Brenendike erd,* 1937], exprime une approche spirituelle des enjeux politiques juifs contemporains. La Seconde Guerre mondiale, qui surprend Aaron Zeitlin à New York, et le génocide des Juifs de Pologne qui coûta la vie à toute sa famille deviennent le grand sujet de l'œuvre postérieure à 1939, où sa vision mystique est reformulée dans une alternance de motifs de désespoir et de foi, particulièrement dans le poème dramatique écrit en hébreu, *Entre le feu et le salut* [*Ben ha-esh ve-ha-yesha,* 1957]. Zeitlin s'est voulu héritier et continuateur de l'œuvre des fondateurs du mysticisme juif, notamment des maîtres hassidiques, auxquels il consacra grand nombre de poèmes.

ITZHOK NIBORSKI.

ZELENKA Jan Dismas. Compositeur tchèque. Né le 16 octobre 1679 à Lounovice (Bohême), mort le 22 décembre 1745 à Dresde. On ne sait presque rien de son enfance, sinon qu'il est le fils aîné de l'organiste du village de Lounovice, dans les environs de Prague, et qu'il reçoit de son père ses premières leçons de musique. Il faut attendre 1709 pour le retrouver musicien au service du baron (puis comte) Ludwig Joseph von Hartig. En 1770 il est engagé comme contrebassiste dans l'Orchestre électoral saxon et royal polonais, à Dresde. Grâce à une bourse de travail qu'on lui accorde en 1715, Zelenka suit à Vienne les cours de Johann Joseph Fux (1660-1741) puis à Venise ceux d'Antonio Lotti (vers 1667-1740). De retour à Dresde, il reçoit en 1721 le titre de maître de chapelle adjoint, puis est nommé directeur de la musique d'église. Mort dans une très grande solitude, Zelenka ne fut pas reconnu par ses contemporains, malgré l'estime que lui portaient des compositeurs tels Bach, Telemann et Quantz, qui fut lui-même son élève. La découverte des œuvres de Zelenka date des années 60. Sa musique d'église, très personnelle et chatoyante, d'un esprit très différent de la littérature baroque de l'époque, comporte une vingtaine de messes, des psaumes, des oratorios, deux *Magnificat,* un *Requiem,* et sous forme de cantate pour solo accompagné d'un ensemble de cordes et de bois, des *Lamentationes Jeremiae Prophetae.* L'œuvre instrumentale comprend *Six Sonates en trio* (*), *Cinq Capriccios* pour orchestre, une *Sinfonia a otto concertanti, Hipocondria a sette concertanti,* deux *Ouvertures* et un *Concerto a otto concertanti.*

DOMINIQUE JACCOTTET.

ŻELEŃSKI Tadeusz (également connu sous le nom de Boy-Zelénski). Critique littéraire et traducteur polonais. Né le 21 décembre 1874 à Varsovie, mort le 3 juillet 1941 à Lwów. Animateur du cabaret littéraire « Le Petit Ballon vert » [Zielony Balonik], à Cracovie, il débuta par des vers satiriques. Ses poèmes de cabaret, publiés de 1908 à 1917, dont *Petits mots* (*) (1913), lui assurèrent une grande popularité. Installé à Varsovie en 1922, il rejoignit les milieux littéraires de gauche. Libéral, il lutta contre la suprématie de l'Église dans le domaine de la culture et des mœurs. *Les Vierges du consistoire* [*Dziewice konsystorskie,* 1929], *L'Enfer des femmes* [*Piekło kobiet,* 1930], *Nos occupants* [*Nasi okupanci,* 1932], suscitèrent les attaques des milieux cléricaux et d'extrême droite.

Auteur de critiques de théâtre rassemblées dans *Flirt avec Melpomène* [*Flirt o Melpomeną,* 1920-1932], il s'opposa à la règle établie qui voulait que l'on « dorât » l'image des écrivains célèbres dans des biographies à caractère hagiographique : *Des hommes vivants* [*Ludzie żywi,* 1929], *Les Doreurs* [*Brązownicy* 1930]. Sa biographie, parue en 1937, de Marysieńka Sobieska, née Marie de la Grange d'Arquien, attira l'attention sur la valeur artistique des lettres de Jean III à son épouse. Il élabora également, en 1939, une anthologie des poètes du mouvement littéraire la Jeune Pologne. Il faut aussi rendre hommage chez lui au traducteur de la littérature française. « La Bibliothèque de Boy » compte plus de cent titres, de *La Chanson de Roland* (*) à Proust, en passant par presque toute *La Comédie humaine* (*) de Balzac. Il reçut les palmes de l'Académie française pour ses traductions de Molière, et est l'auteur d'une anthologie de la littérature française parue en 1922. Extrêmement populaire pendant l'entre-deux-guerres, son œuvre très riche témoigne de sa puissance de travail. Il fut fusillé par les nazis.

LAURENCE DYÈVRE.

ZEMLINSKI Alexander von. Compositeur autrichien. Né le 14 octobre 1871 à Vienne, mort le 15 mars 1942 à Larchmont (État de New York). Il étudie le piano au Conservatoire de Vienne et travaille la composition avec Fuchs (1890-92). En 1893, ses œuvres jouées en concert retiennent l'attention de Brahms, et il rencontre Schoenberg qui plus tard épousera Mathilde, la sœur de Zemlinski. Celui-ci reste comme le seul à avoir enseigné la composition à Schoenberg. Il dirige beaucoup, surtout à Vienne entre 1900 et 1911, au Carlstheater, Theater an der Wien, Volksoper et à l'Opéra de Vienne de 1907 à 1908. Son œuvre est dominée par le lyrique ; il compose une dizaine d'opéras et un très grand nombre de mélodies avec orchestre ou ensemble d'instruments. Mahler l'encourage à remanier son opéra *Es war einmal* qu'il dirigera. Zemlinski continue à diriger l'opéra de Prague jusqu'en 1927 où il joue les *Six Mélodies* opus 8 de Schoenberg et surtout le monodrame *Erwartung* en 1924. Zemlinski se consacre à la promotion de la nouvelle musique. Il est entre Mahler et Schoenberg un personnage essentiel de la vie musicale viennoise. Il a toujours conservé son style post-romantique tonal à l'instar de Strauss. Il faut mentionner sa musique de chambre et particulièrement ses quatre quatuors à cordes (1895-1915-1924-1936), les six mélodies pour voix et orchestre sur des poèmes de Maeterlinck (1913). La *Symphonie lyrique* (*) pour soprano baryton et orchestre sur des poèmes de Tagore (1923) est son œuvre la plus connue. Il a composé ses deux opéras les plus marquants d'après Wilde *Une tragédie florentine* [*Eine florentinische Tragödie,* 1916] et *Le Nain* [*Der Zwerg,* 1921].

MICHEL RIGONI.

ZÉNON de Citium. Philosophe grec. Né à Citium dans l'île de Chypre vers 366 av. J.-C., mort à Athènes vers 264. On suppose que Zénon était d'origine phénicienne, en raison de son usage fautif de la langue grecque et d'après les affirmations des auteurs grecs postérieurs. Très jeune, il aida son père dans le commerce de la pourpre, mais très vite il eut le goût des études et se rendit à Athènes, où il devait demeurer toute sa vie. *Les Mémorables* (*) de Xénophon exercèrent sur lui une profonde influence, ainsi que l'enseignement du cynique Cratès, qui fut son vrai maître. Il assista aussi aux leçons de Stilpon de Mégare et du platonicien Xénocrate. Entre 310 et 300, il créa à Athènes la nouvelle école philosophique qui, parce qu'il avait coutume de donner des leçons publiques sous un fameux portique orné de peintures sur l'agora, fut appelé l'école stoïcienne. Sévère de tempérament, d'expression mordante, écrivain efficace dans l'énoncé de ses paradoxes, il prêcha un idéal de vertu rigoureuse fondé sur un exercice constant et cohérent de la raison et inculqua par l'exemple le rigorisme moral et le principe de la maîtrise de soi. De ses œuvres, nous ne possédons que quelques *Fragments* (*). La plus célèbre, parce qu'on l'opposait à l'œuvre homonyme de Platon, était *La République* que les Anciens disaient avoir été écrite « sur la queue d'un chien » parce qu'elle exprimait un idéal cynique. Il écrivit aussi une *Logique* et des traités divers *Sur la nature humaine*, sur les *Passions*, sur le *Devoir*, sur l'*Éducation grecque*, etc. Son système philosophique allie aux doctrines platoniciennes et aristotéliciennes des éléments tirés d'Héraclite : c'est un monisme panthéiste qui, dans la nature comme dans l'homme, distingue le principe actif [logos] et le principe passif [matière], subordonnant le second au premier. En raison de son matérialisme dynamique et de son exaltation de la rationalité, la philosophie stoïque de Zénon répond à presque toutes les exigences du spiritualisme. Le roi de Macédoine, qui l'admirait, aurait voulu qu'il devienne le précepteur de son fils, mais le philosophe refusa, envoyant à sa place à la cour son élève Persée. On raconte que Zénon se serait ôté volontairement la vie, mais ce n'est peut-être qu'une invention destinée à souligner que la doctrine stoïque admettait le suicide.

ZERNICKE Frederik. Physicien hollandais. Né à Amsterdam le 16 juillet 1888, mort à Amersfoort en 1966. Il fut lecteur puis, à partir de 1920, professeur de physique mathématique et théorique à l'université de Groninge en Hollande. Sa formation était à la fois technique et théorique. En 1953, il se voit attribuer le prix Nobel pour sa découverte du microscope à contraste de phase — v. *Le Contraste de phase* (*) (1932). La même année, il devient « docteur honoris causa » de l'université d'Amsterdam. En 1927, il avait mis au point, en collaboration avec Prins, la formule de la diffusion des rayons X à travers les liquides.

ŻEROMSKI Stefan. Romancier et nouvelliste polonais. Né le 1er novembre 1864 à Strawczyn, mort le 20 novembre 1925 à Varsovie. Issu d'une famille de la petite noblesse désargentée, il fut d'abord instituteur, puis bibliothécaire au musée polonais de Rapperswill, en Suisse, et à la bibliothèque Zamoyski à Varsovie. Il débuta par des nouvelles, réalistes, écrites dans une prose retenue, *Corbeaux et corneilles nous déchireront* [*Rozdziobią nas kruki, wrony*, 1895], sur la tragédie de 1863 et la misère morale. *Les Travaux de Sisyphe* [*Syzyfowe prace*, 1898], aux accents autobiographiques, montrent la vanité des efforts de la russification. *Les Sans-Abri* [*Ludzie bezdomni*, 1900], portrait d'un médecin qui renonce à son bonheur personnel pour combattre la misère des hommes, bouleversèrent l'opinion. Un grand roman historique, *Cendres* (*) (1904), épopée de la Pologne à l'époque napoléonienne, marquée par le lyrisme flamboyant du mouvement littéraire la Jeune Pologne, fut un véritable succès et lui permit de se consacrer à la littérature. Il voyagea alors en Italie et séjourna à Paris. Un autre roman, *L'Histoire d'un péché* [*Dzieje grzechu*, 1908], qui raconte la déchéance d'un jeune idéaliste, fit scandale. Trois poèmes en prose ont une philosophie plus élevée : *Ahriman se venge* [*Aryman mści się*, 1904], *Histoire d'U. Walgierz* [*Powieść o Udałym Walgierzu*, 1906] et *Élégie de l'hetman* [*Duma o Hetmanie*, 1908]. *Le Fleuve aux eaux fidèles* [*Wierna rzeka*, 1912] évoque une nouvelle fois l'insurrection de 1863. Après l'indépendance de son pays, Żeromski écrivit *Vent de mer* [*Wiatr od morza*, 1922], qui illustre les liens de la Pologne avec son littoral baltique. *L'Aube du printemps* (*) (1925), dont le héros hésite entre l'idéal et l'horreur de la révolution bolchevique, fut son chant du cygne et l'une de ses œuvres maîtresses. Il faut également mentionner ses œuvres dramatiques néoromantiques : *La Rose* [*Róża*, 1909], qui reflète les événements de 1905 et l'inévitable décadence de la noblesse, *Sułkowski* (1910), pièce de théâtre consacrée à un aide de camp de Bonaparte mort en Égypte, et une bonne comédie, *La petite caille s'est enfuie* [*Uciekła mi przepióreczka*], qui connut un grand succès. Si cet écrivain fécond, représentant de l'intelligentsia socialiste et progressiste, que l'on surnomma le « cœur inassouvi », la « conscience de la littérature polonaise », pécha par des défauts de construction et par sa prolixité, il sut conquérir ses lecteurs par sa « sincérité pathétique, par son extrémisme moral, par son imagination poétique, et cela d'autant plus que sa langue est riche, nerveuse et belle ».

LAURENCE DYÈVRE.

ZÉVACO Michel. Écrivain français. Né à Ajaccio le 1er février 1860, mort à Paris le 8 août 1918. Après des études au lycée Saint-Louis à Paris, il est nommé, à 20 ans, professeur au collège de Vienne (Isère). Révoqué dix mois plus tard, il s'engage en avril 1882 dans l'armée. Peu soucieux de discipline, il en gardera pourtant un bon souvenir qu'il évoque dans *Le Boute-Charge* (1888) ; la même année, il se lance dans le journalisme politique, ayant rencontré les milieux militants de Guesde ou de Louise Michel. Il signe à

L'Égalité de Jules Roques et adhère à la Ligue socialiste de ce dernier ; il se présente aux élections législatives de 1889, publie son premier feuilleton (*Roublard et Cie*, roman de propagande), fonde divers syndicats et multiplie les articles polémiques. Cela lui vaut sa première condamnation et un séjour de quatre mois à Sainte-Pélagie. De 1892 à 1896 il collabore au *Courrier français* où il côtoie Willette et Jean Lorrain ; ses sympathies marquées pour l'anarchisme lui valent d'autres démêlés judiciaires et un second emprisonnement. 1900 marque un tournant décisif dans sa carrière : désormais il se consacrera surtout au feuilleton, publiant sans relâche les titres qui lui ont valu la célébrité. À *La Petite République socialiste* de Jaurès, il propose *Borgia* (1900), *Triboulet* (1900-1901), *Le Pont des Soupirs* (1901), *Fleur de Paris* (1904) et *Les Mystères de la Tour de Nesles* (1905) ; c'est là surtout qu'il entame l'immense cycle des *Pardaillan* (*), sans conteste son plus grand succès. Il entre en 1905 au *Matin*, dont il devient le fournisseur attitré en romans de cape et d'épée : il y publie notamment *Le Capitan* (1906), *Nostradamus* (1907), *L'Héroïne* (1908), *L'Hôtel Saint-Pol* (1909). Sa dernière œuvre, *Le Pré-aux-Clercs*, paraît en guise d'hommage le 8 août 1918, tout juste un an après sa mort. Comparé à juste titre à Dumas pour sa fertilité autant que pour son imagination, Zévaco se révèle un maître au royaume du feuilleton historique, sachant allier précision documentaire et goût du mélodrame. Son originalité tient sans doute à son engagement politique, esquissé à travers quelques figures héroïques (dont l'inoubliable chevalier de Pardaillan) auxquelles il confie un idéal républicain volontiers anticlérical et libertaire.

LAURENT BAZIN.

ZEYER Julius. Poète tchèque. Né et mort à Prague (26 avril 1841-29 janvier 1901). Son père se targuait de ses origines aristocratiques françaises, sa mère appartenait à une famille d'origine juive. Sa formation ressembla à celle que reçurent beaucoup d'écrivains de langue allemande de Prague, tels Werfel et Kafka. Zeyer était l'oncle de Valerie Davidová-Rhonfeldová, le premier amour de Rilke (il figure même dans une poésie du recueil intitulé *Larenopfer*, du jeune Rilke). Zeyer est un romantique. Son caractère inquiet, qui le poussa à voyager dans toute l'Europe et, comme Rilke, à s'imprégner du mysticisme russe, apparaît dans son œuvre qui se teinte de couleurs changeantes au contact de différentes cultures. Parmi ses poèmes épiques, il faut citer *Vyšehrad* (1880), rhapsodie en cinq parties qui, d'après la chronique de Hájek z Libočan et les *Manuscrits* de Václav Hanka, évoque la brumeuse mythologie de la Bohême, le *Chant d'Igor vengé* [*Zpěv o pomstě za Igora*, 1882], tiré des anciennes annales russes, la *Chronique de saint Brandan* [*Kronika o svatém Brandanu*, 1886], *L'Épopée carolingienne* [*Karolinská epopeja*, 1896], en quatre parties, *Trois souvenirs de Vít Choráz* [*Troje paměti Víta Chozáze*, 1899], *Chant sur la douleur du jeune héros Roman Vasiliče* [*Píseň o hoři dobrého juna Romana Vasiliče*, 1899]. Parmi ses œuvres en prose, il faut retenir : *Ondřej Černyšev* (1875), roman d'atmosphère russe, *Roman sur la fidèle amitié d'Amise et Amile* [*Román o věrném přátelsví Amise a Amila*, 1880], *Aventures de Madrána* [*Dobrodružství Madrány*, 1882], *Sœur Pascaline* [*Sestra Paskalina*, 1887], *Jean-Marie Plojhar* (*) (1891), dont le cadre est italien, *Trois légendes sur le Crucifix* [*Tři legendy o krucifixu*, 1894], *Le Jardin de Marie* [*Zahrada mariánská*, 1897], *La Maison de l'étoile qui plonge* [*Dům u tonoucí hvězdy*, 1897]. De ses nombreux essais théâtraux, on ne peut citer qu'une légende, *Raduz et Mahulena* [*Radúz a Mahulena*, 1896], mise en musique par Josef Suk. Peu compris de son vivant, Zeyer fut plus tard exalté par les poètes ; il faut se rappeler qu'il inspira en outre le peintre moderne Jan Zrzavý.

RÉF. : J. Voborník, *Julius Zeyer*, Prague, 1907. – J. Š. Kvapil, *Gotický Zeyer*, Prague, 1942.

ZIDAROV Kamen (pseud. de Todor Manev). Dramaturge bulgare. Né dans le village de Draganovo (région de Tirnovo) le 16 septembre 1902, mort à Sofia le 10 décembre 1987. Après avoir publié des poèmes, il se consacre à partir de 1949 au théâtre. Sa première pièce, *La Grâce du roi* (*) (1949), se situe pendant la guerre de 1914-1918. Après *Ivan Shisman* (1962), Zidarov écrit une série de pièces historiques inspirées par les époques les plus dramatiques du passé de la Bulgarie. Il se sert avec art de la forme versifiée. Son œuvre la plus populaire, *Ivan Shisman*, tente d'expliquer comment les pays balkaniques se sont effondrés lors de l'invasion turque et proclame, à travers la leçon du passé, la nécessité de l'union de ces pays. Cette œuvre est considérée comme une des meilleures pièces du théâtre bulgare.

ZIEGLER Leopold. Philosophe allemand. Né le 30 avril 1881 à Karlsruhe, mort le 25 novembre 1958 à Uberlingen. Professeur à Uberlingen, il a publié : *La Conception du monde d'E. von Hartmann* [*Das Weltbild E. von Hartmanns*, 1910], *Métamorphose des dieux* [*Gestaltwandel der Götter*, 1920], *La Dernière Épiphanie d'Apollon* [*Apollos letzte Epiphanie*, 1937], *Incarnation* (*) (1948). Ziegler, qui se veut disciple d'E. von Hartmann, conçoit la pensée religieuse comme partagée entre deux pôles : l'interprétation cosmogonique de l'Univers (le mythe) ou la déification de l'Homme. C'est à la lumière de cette dualité qu'il interprète l'histoire des religions de l'Occident, depuis le monde homérique, le platonisme, jusqu'aux différentes expressions du christianisme, Thomas d'Aquin, saint François d'Assise, maître Eckhart et Luther. La science moderne, selon Ziegler, aurait substitué au Dieu chrétien une « cosmogonie athée ».

ZIEGLER und KLIPPHAUSEN Heinrich Anselm von. Écrivain allemand. Né le 6 janvier 1663 à Radmeritz en Haute-Lusace, mort le 8 septembre 1696 à Lichertwolkwitz près de Leipzig. Fils d'un aristocrate, propriétaire terrien, il entame d'abord des études juridiques à Francfort-sur-l'Oder, mais les interrompt lors du décès de son père et se retire sur ses terres pour se consacrer à leur gestion. Faible et maladif, il vécut plutôt à l'écart du monde, consacrant sa vie à la lecture, et à l'écriture de sa propre œuvre. Son roman héroïque *Banise l'Asiatique ou le Pays sanguinaire mais courageux de Pegu* (*) lui assura vite une grande renommée, et est encore aujourd'hui considéré comme une des œuvres les plus caractéristiques du baroque allemand par les descriptions de cruauté horrifiante qu'il contient, ainsi que par un certain exotisme faste et coloré. Dans *L'Amour des héros dans les Écritures de l'Ancien Testament* [*Heldenliebe in der Schrift des Alten Testaments*], il imite Hoffmannswaldau en reprenant le thème des *Héroïdes* (*) d'Ovide qu'il transfère au monde biblique. Son style emphatique et la recherche des effets font de Ziegler le continuateur de l'œuvre de Kaspar von Lohenstein et, en quelque sorte, un épigone de l'école silésienne.

ZILAHY Lajos. Écrivain hongrois. Né le 27 mars 1891 à Nagyszalonta, mort en 1976 à New York. Docteur en droit, journaliste, secrétaire général du Pen Club hongrois, Zilahy prit part au mouvement des populistes. En 1947, il quitta la Hongrie pour s'établir aux États-Unis. Il est l'auteur de plusieurs romans à succès, d'inspiration souvent romantique : *Un printemps mortel* [*Halálos tavasz,* 1922], *Ce que charrient les eaux* [*Valamit visz a viz,* 1928], *Deux prisonniers* (*) (1927), roman qui traite de la vie des prisonniers de la guerre de 1914-18 ; *Les Bradlay* [*Ararat,* 1947], tableau critique de l'aristocratie hongroise d'avant-guerre.

ZILLIACUS Emil. Poète finlandais d'expression suédoise. Né à Tampere le 1er septembre 1878, mort le 7 décembre 1961 à Helsinki. Ayant soutenu en 1905 une thèse sur *La Nouvelle Poésie française et l'Antiquité,* il fréquenta les milieux littéraires, collaborant aux revues *Euterpe* et *Argus,* et publia en 1911 un essai sur *La Poésie grecque* [*Grekish lyrik*], qui fut suivi de *Lance et Lyre* [*Lans och lyra,* 1933], *Choros* (1939) et *Éros et Éris* (*) (1948). La mort de son fils le poussa à publier un recueil de poèmes, *Le Feu du sacrifice* [*Offereld,* 1915]. Il publia encore huit recueils, dont le dernier fut *Automne d'argent* [*Silverhöst,* 1943]. La poésie de Zilliacus est une poésie classique, stoïque et sincère, inspirée de l'Antiquité et des Parnassiens. Cependant, sa principale contribution à la littérature de langue suédoise, à côté de ses beaux essais, fut ses admirables traductions des tragédies grecques, en particulier de celles d'Eschyle.

ZIMMERMANN Bernd Aloïs. Compositeur allemand. Né le 20 mars 1918 à Bliesheim, mort le 10 août 1970 à Cologne. Il a suivi des études philologiques et artistiques dans un couvent de Rhénanie où il tenait les orgues. Adepte des cours d'été de Darmstadt à la fin des années 40, il a composé avec le système dodécaphonique sous l'influence de Fortner et de Leibowitz *Perspectives* [*Perspektiven,* 1954-56], musique pour un ballet imaginaire. Dès 1950, il a enseigné la musicologie à l'université et la composition à l'École supérieure de Cologne. Habitée par de très fortes visions mystiques et apocalyptiques, influencée par les maîtres novateurs du XXe siècle (Schoenberg, Bartók, Stravinski et surtout Webern puis Kagel), son œuvre a été tantôt d'essence expressionniste (*Symphonie en un mouvement,* 1947-53), tantôt surréaliste (*Die Soldaten* (*), opéra d'avant-garde). Outre son attirance pour le ballet « contemporain » (*Alagoana,* 1940-50 ; *Caprichos brasileiros / Caprices brésiliens ; Présence,* 1961 ; ballet blanc), l'art de la citation a été une des caractéristiques du style de l'auteur dès les années 60 (*Musique pour les soupers du Roi Ubu,* 1966, ballet noir). Amoureux du violoncelle, il a enrichi considérablement le répertoire de cet instrument par diverses pièces virtuoses (concerto, 1957 et 1965 ; sonate, 1960 ; études, 1970). S'il a écrit plus de soixante-dix partitions pour la scène (*Le Marquis de Sade* ; *Till l'Espiègle* (*) ; *Judith* (*) de Giraudoux), et moult manuscrits pour des pièces radiophoniques, baptisées « Hörspiel » (de Claudel, *Le Repos du 7e jour* [*Die Ruhetag*]), s'il s'est accaparé des formations comme celle des jazz-bands de La Nouvelle-Orléans (*Die Befristeten,* 1967, Ode à la liberté sous forme d'une danse des morts), il n'a pas délaissé pour autant la modernité de la lutherie électronique (*Tratto,* 1966). Dépressif à l'excès, incompris dans un monde en crise, il a sombré dans le grand désespoir cosmique que représente son *Requiem pour un jeune poète* [*Requiem für einem jungen Dichter,* 1967-69]. Avant de se suicider, il écrivait une action musicale ecclésiastique inspirée des *Frères Karamazov* (*) de Dostoïevski et de *La Bible* (*) de Luther, pièce intitulée « *Ich wandte mich und sah an alles unrecht das Geschahunter der Sonne* » [*Je me détournai et considérai toute l'oppression qui se fait sous le soleil,* été 1970]. Humaniste chrétien, il s'est engagé toute sa vie contre les atrocités d'un monde moderne violent et sans concession. Il a rendu hommage à Stravinski (*Concerto pour hautbois,* 1952), Debussy (*Dialogue* pour deux pianos et orchestre, 1960), Frescobaldi (*Cinque Capricci,* 1962) et laissé une trentaine d'articles musicologiques à propos de Mozart, de l'impressionnisme, des jeunes compositeurs des années 50, du jazz, des nouveaux aspects de l'opéra, de l'avenir du ballet, de la musique électronique, de la signification nouvelle du violoncelle dans la musique contemporaine, de l'intervalle et du temps.

PIERRE-ALBERT CASTANET.

ZINOVIEV Alexandre Alexandrovitch [Aleksandr Aleksandrovič Zinov'ev]. Écrivain russe. Né le 29 octobre 1922 à Pakhtino (province de Kostroma). Alexandre Zinoviev est issu d'une famille paysanne de onze enfants. Il s'en souvient comme d'une communauté reposant avant tout sur les femmes, puisque les hommes, ainsi qu'il était de tradition dans cette région du Nord-Est, étaient des ouvriers-paysans travaillant à Moscou. La collectivisation, la création des kolkhozes, que les Zinoviev refusent mais auxquels la mère se résigne pour pouvoir élever les jeunes enfants, accélèrent ce processus de migration vers Moscou. Alexandre, qui se révèle excellent élève, va rejoindre en 1933 son père et son frère aîné à la capitale, afin de poursuivre ses études secondaires.

Condamné à affronter la dureté et la solitude de sa nouvelle existence, Zinoviev développe des qualités de pugnacité et parvient à s'imposer dans un milieu urbain qui lui paraît d'emblée hostile. Il adhère profondément à l'idéologie communiste dont les principes idéaux lui semblent correspondre à l'éthique paysanne traditionnelle. Mais, à cette époque de stalinisme triomphant, il se heurte rapidement à des mécanismes, tels que le système des privilèges, l'inégalité fondée sur la hiérarchie au sein du Parti, le mensonge généralisé de la propagande, la flagornerie ambiante, qui le font souffrir, douter et, plus encore, s'interroger sur les raisons d'être de ces fléaux.

En 1939, Zinoviev poursuit ses études à la faculté de philosophie du M.I.F.L.I., institut très prisé à Moscou. Ce choix obéit à son souci de comprendre la société soviétique, lequel s'avère plus fort que son attirance pour les arts et la littérature. Son rejet du régime se concentre sur la personne de Staline qu'il projette même d'assassiner avec des camarades. À la suite d'une réunion du Komsomol où, provoqué par des compagnons mal intentionnés, il dit tout le mal qu'il pense des kolkhozes, il est exclu de l'institut, arrêté par le N.K.V.D. Comme celui-ci le relâche afin de lui trouver des complices imaginaires, Zinoviev s'enfuit vers la Sibérie. Pendant une année d'errances, il s'embauche sur des chantiers, essaie cent métiers et continue de fuir dès qu'il se sent en danger. Enfin, revenu à Moscou, il se porte volontaire à l'armée et part en octobre 1940 pour l'Extrême-Orient. La guerre, l'école d'aviation, puis de nouveau le front sont pour lui l'occasion de prendre pied dans la réalité soviétique. Promu lieutenant, il s'exerce dans les feuilles volantes de l'armée à des poèmes satiriques qui laissent présager ses œuvres futures. La fin des hostilités, la démobilisation, qu'il obtient malgré ses supérieurs, le plongent dans un nouveau désarroi : cette fois, ses errances le mettent en contact avec le Moscou des gargotes et des terrains vagues qu'on retrouvera dans ses romans.

En 1947, Zinoviev s'inscrit à la faculté de philosophie de l'université de Moscou, et sa vie prend un cours différent. Divorcé de sa première femme, il se remarie avec une étudiante, s'intéresse à la logique et à la psychologie. La mort de Staline le pousse à se concentrer davantage sur ses études. Il écrit une thèse sur *Le Capital* (*) de Marx qui connaît un succès de scandale, car elle est hétérodoxe. Grâce à quelques appuis, il est enfin engagé à l'Institut de philosophie de l'Académie des sciences et devient logicien.

Pendant la période du « dégel », Zinoviev fait partie de groupes réputés « révisionnistes » et finit même par constituer une école. Ses premières publications, toujours plus hétérodoxes, datent de 1958 et lui valent d'être remarqué à l'étranger, notamment en Pologne et en Allemagne. Au cours des années 60 et au début des années 70, ses travaux sont traduits dans plusieurs langues européennes, il devient professeur, titulaire d'une chaire de logique, membre de l'Académie des sciences de Finlande. Après son troisième mariage en 1967, il connaît une vie plus stable qu'auparavant, tout en participant activement à la « subculture » moscovite, faite d'humour et de satire politique.

Au milieu des années 70, Zinoviev devient de plus en plus frondeur. Il se plaint de toutes les restrictions de liberté (refus de publication, interdiction de se rendre à l'étranger) dont il est victime. En été 1974, il commence la rédaction des *Hauteurs béantes* (*), dont il fait passer le manuscrit par morceaux en Occident, par crainte d'une intervention du K.G.B. En 1976, il proteste publiquement contre un nouveau refus de visa pour la Finlande. Licencié, privé de ses grades et titres, il devient d'autant plus isolé que la parution des *Hauteurs béantes*, en août, achève d'exaspérer les autorités. Au terme de deux années d'existence précaire, Zinoviev, qui a été entre-temps invité par l'université de Munich, doit quitter l'U.R.S.S. avec sa famille. Installé à Munich, il rédige une œuvre littéraire abondante : après *L'Avenir radieux* (*) en 1978, les *Notes d'un veilleur de nuit* [*Zapiski nočnogo storoža*, 1979], *L'Antichambre du paradis* [*V preddverii raja*, 1979], *La Maison jaune* [*Želtyj dom*, 1980], *Homo sovieticus* [*Gomo sov'etikus*, 1982], *Le Héros de notre jeunesse* [*Našej junosti polet*, 1983], *Va au Golgotha* [*Idi na Gol'gofu*, 1985], *Para Bellum* [*Para Bellum*, 1987], *Vivre* [*Živi*, 1989], *Katastroïka* [*Katastrojka*, 1990] ainsi que des œuvres théoriques comme *Le Communisme comme réalité* [*Kommunizm kak* *real'nost'*, 1981] ainsi qu'un livre de Mémoires, *Les Confessions d'un homme en trop* (*) (1990). Ses idées, souvent paradoxales, le situent en marge du monde dissident et émigré, de sorte qu'il retrouve dans son exil, qu'il ressent douloureusement, une situation d'exclu.

WLADIMIR BERELOWITCH.

ZINZENDORF Nikolaus Ludwig von. Restaurateur de l'ordre des Frères moraves. Né le 26 mai 1700 à Dresde, mort à Herrnhut le 9 mai 1760. Issu d'une vieille famille autrichienne qui avait émigré au moment des guerres de religion, orphelin de père, sa mère, la baronne de Gersdorf, s'étant remariée, il fut élevé par sa grand-mère maternelle dans une atmosphère piétiste. À Halle, centre du piétisme allemand où il fit ses études, ses tendances ne firent que s'accentuer. Il étudia le droit à Wittenberg, centre du protestantisme orthodoxe, et eut un moment l'idée de réconcilier, sur le plan religieux, les deux universités. Il voyagea ensuite en Hollande et en France, et prit contact avec des milieux protestants et catholiques (à Paris, il rencontra le cardinal de Noailles). En 1721, il fut nommé conseiller à la cour de Dresde, chargé spécialement des questions juridiques, et épousa en 1722 Erdmuthe Dorothee de Reuss-Ebensdorf qui lui donna douze enfants, morts presque tous en bas âge, et qui en outre fut la Mère spirituelle de la « Communauté des Frères » qu'il avait fondée. En effet, il avait accueilli sur ses terres un groupe de religieux fugitifs venant de Moravie ; il les avait installés sur la colline de Hutberg (qui fut nommée dès lors Herrnhut, « la garde du Seigneur ») en une sorte de communauté luthérienne, de « petite Église de chrétiens convertis et vivants », réalisant ainsi l'idéal du piétisme. La plus large tolérance y régnait ; les confessions luthérienne, réformée, morave étaient considérées comme des « tropes », ou « formes » différentes de la religion chrétienne pratiquée sans raideur dogmatique, comme doit l'être cette religion du cœur. Zinzendorf envisageait même d'accueillir des catholiques. Il donna à la communauté une organisation patriarcale et théocratique ; elle était divisée en « chœurs » d'hommes, de femmes, de jeunes gens, d'enfants, menés par des « anciens ». Pour répondre à certaines objections, Zinzendorf se fit ordonner pasteur luthérien, et dut solliciter l'affiliation de sa communauté à la « Confessio Augustana ». De plus, il connut aussi des difficultés causées par des excès de mysticisme chez certains de ses adeptes : il en fut jugé responsable et fut exilé temporairement de Saxe. Toujours au service de la « Nouvelle communauté des Frères moraves » (ainsi s'appelait son œuvre pour se distinguer de la vieille souche hussite), il voyagea et amorça une vaste campagne missionnaire. Il envoya des frères en Laponie, à Ceylan, aux Antilles, où il se rendit personnellement, et en Amérique où il ne resta que quelques semaines. Devenu veuf en 1756, il épousa en secondes noces Anna Nitschmann (27 juin 1757), et s'établit définitivement à Herrnhut en 1759. Son œuvre lui survécut. La communauté des Frères moraves est encore aujourd'hui l'un des centres les plus vivants de l'Église luthérienne — v. *Chants sacrés des Herrnhuter* (*).

ZIYÁ GÖK ALP Mehmed. Écrivain politique turc. Né à Diyarbekir (Anatolie) en 1875, mort à Istanbul le 25 octobre 1924. Venu à Istanbul pour faire ses études universitaires, il fut attiré par le mouvement des jeunes Turcs révolutionnaires qui conspiraient contre le régime absolu du sultan Abd-ul-Hamid ; il fut pour cette raison mis en prison puis renvoyé dans sa province. Toutefois, en 1907, il était de nouveau en Turquie européenne, à Salonique, où les jeunes Turcs préparaient le mouvement révolutionnaire qui devait amener la chute du sultan et la proclamation de la Constitution. L'orientation patriotique et nationaliste de Ziyá s'appuyait sur l'étude de l'histoire turque et sur des méditations philosophiques. Il joua un rôle au comité « Union et Progrès » qui, sous la direction d'Enver Pacha, allait entraîner l'Empire ottoman dans la guerre de 1914 et le conduire à la défaite de 1918 ; déporté en 1921 à Malte par les Anglais, libéré l'année suivante, Ziyá participa à la lutte pour l'indépendance lancée par Mustapha Kemal (Ataturk), dont l'action lui semblait être une mise à exécution de ses idées de renaissance politico-sociale et culturelle de la nation turque ; il se fit le fervent propagandiste de ces idées dans des ouvrages de sociologie (il fut d'ailleurs professeur de sociologie à l'université d'Istanbul) et dans ses poèmes. Le plus remarquable de ces derniers est intitulé *Qīzīl Elma* (*) et fut publié en 1914.

ZOBEL Joseph. Écrivain français. Né à Rivière Salée (Martinique), le 26 avril 1915. Son enfance dans une famille très modeste d'un village de pêcheurs a commandé l'orientation de sa vie et de son œuvre. Une bourse lui permet de poursuivre des études secondaires à Fort-de-France. Après avoir exercé différents petits emplois, il est un temps journaliste. Son premier roman, *Diab'là,* d'abord interdit par l'administration (vichyste) de la Martinique, paraît en 1946 à Paris : à travers l'histoire d'un robuste paysan qui vient s'établir dans un village du bord de mer pour vendre ses légumes aux pêcheurs, le romancier pose discrètement le problème de la propriété de la terre. Zobel excelle à rendre la réalité concrète antillaise dans ses romans (*Les Jours immobiles,* 1946) et nouvelles (*Laghia de la mort,* 1946) : scènes de la misère quotidienne ou humbles plaisirs du bal ou des combats ritualisés. Il donne en 1950 avec *La Rue Cases-Nègres* (*), roman d'une enfance pauvre, tout nourri de son expérience personnelle, un chef-d'œuvre d'émotion et de justesse, promis à un succès durable. Il évoque sa découverte de la France dans *La Fête à Paris* (1953). En 1951, il s'installe au Sénégal, où il est pendant vingt et un ans professeur et animateur culturel, mais ce long séjour ne retentit guère sur son inspiration littéraire. Depuis 1978, il s'est retiré dans une petite ville du midi de la France où il pratique la poterie et l'art des bouquets japonais. Il a continué de publier des nouvelles (*Le Soleil partagé,* 1964 ; *Et si la mer n'était pas bleue,* 1982) et il a refondu des romans anciens (*Les Mains pleines d'oiseaux,* 1978, reprise des *Jours immobiles* ; *Quand la neige aura fondu,* 1979, d'après *La Fête à Paris*).

JEAN-LOUIS JOUBERT.

ZOCHTCHENKO Mikhaïl Mikhaïlovitch. Écrivain russe. Né le 10 août 1895 à Saint-Pétersbourg, mort à Leningrad le 22 juillet 1958. Fils d'un peintre, il a fait ses études à la faculté de droit de l'université de sa ville natale (1913-1915), a participé à la guerre en tant que volontaire (1915-1918) et y fut grièvement blessé, puis à la guerre civile (1918-1919). Ayant quitté l'armée Rouge, Zochtchenko a exercé plusieurs professions : il fut successivement cordonnier, acteur, téléphoniste, agent de la P.J., comptable ; enfin, en 1921, il devint membre du groupe des « Frères de Sérapion » et depuis lors, ne s'occupa plus que de littérature. Son premier livre, *Histoires contées par Nazar Ilitch, Monsieur Sinebrioukhov* (1922), était un recueil de petites nouvelles humoristiques moquant le monde des nouveaux petits-bourgeois de formation soviétique ; le narrateur s'affuble d'un langage bizarre, typique du milieu des sous-lettrés, qui ont adopté la phraséologie creuse et grandiloquente des journaux, mêlée au style liturgique de l'Église orthodoxe, au lexique bureaucratique des institutions post-révolutionnaires et à l'argot urbain – v. *Contes et récits* (*). Zochtchenko connut beaucoup de succès auprès des lecteurs et beaucoup d'ennuis provenant de la critique officielle, qui l'accusait de calomnier ses compatriotes, de ne remarquer que le laid et de ne pas apprécier les changements socialistes du pays. Malgré ces attaques ininterrompues, il a été publié plus que la plupart de ses confrères, en vingt-cinq ans (1922-1946) les œuvres de Zochtchenko étant sorties en quatre-vingt-onze éditions : ses récits satiriques ont même formé une collection en six volumes (1929-1931).

Zochtchenko a essayé plusieurs genres. L'un d'eux, proche de ses récits, fut le « feuilleton » de journal : un récit basé sur un fait authentique, l'autre étant l'essai autobiographique tel que, par exemple, *Avant le lever du soleil* [*Pered voshodom solnca,* 1943], le troisième étant le roman biographique comprenant de faibles éléments de satire, ou plutôt d'ironie : *Kérenski* (1937) et une biographie romancée du poète ukrainien, *Taras Chevtchenko* (1939), le quatrième, le roman humoristique *Michel Siniaguine* (1930), le cinquième, le roman à la fois lyrique et ironique, *La Jeunesse retrouvée* (+) (1935) : un vieux professeur, tombé amoureux d'une jeune fille légère, essaye de retrouver sa jeunesse, le sixième formant un groupe de récits humoristiques sur un seul sujet comme chez les auteurs de la Renaissance (Boccace), *Le Livre bleu* [*Goloubaja kniga,* 1947] – l'auteur disait que ce livre de nouvelles devait être « une histoire abrégée des relations humaines » – enfin les septième et huitième étant des comédies pour le théâtre et le cinéma.

L'apogée de la condamnation officielle de l'œuvre de Zochtchenko fut atteinte en août 1946 dans le discours de Jdanov, secrétaire du Comité central du P.C.U.S., qui a accusé Zochtchenko d'avoir condamné le socialisme dans son récit pour enfants *Les Aventures d'un petit singe* [*Priključenija obezjanki,* 1945], accusation d'une totale absurdité, mais Zochtchenko eut la naïveté de ne pas le comprendre et d'espérer en Staline, auquel il avait adressé une lettre. Pour toute réponse, Zochtchenko fut exclu de l'Union des écrivains et traité dans les journaux d'ennemi du pouvoir soviétique ; il avait déjà été maltraité trois ans plus tôt lors de la publication d'*Avant le lever du soleil :* un des dirigeants de l'Union des écrivains, Tikhonov, ayant écrit à cette occasion que l'œuvre de Zochtchenko était parfaitement étrangère à l'esprit de la littérature soviétique. Zochtchenko a perdu plusieurs années à gagner sa vie avec des traductions de textes écrits dans des langues qu'il ne connaissait d'ailleurs pas (par exemple le finnois) ! L'encyclopédie de la littérature soviétique décrit cette époque de la vie du grand écrivain satirique écrasé par le pouvoir de la façon suivante : « Au milieu des années 40, les œuvres de Zochtchenko cessèrent de paraître, et lui-même s'efforça d'aller au-delà du cercle de ses genres habituels » (Vol. 2, 1964, p. 1049). Les droits de l'écrivain Zochtchenko ne lui furent restitués qu'après la mort de Staline, en 1953, quand il fut redevenu membre de l'Union des écrivains, puis en 1956 quand, pour la première fois depuis 1945, on eut publié un petit recueil de ses récits. Mais Zochtchenko était mortellement atteint et devait mourir deux ans plus tard.

EFIM ETKIND.

RÉF. : *Histoire de la littérature russe,* t. 2, Paris, 1988.

ZOLA Émile. Écrivain français né et mort à Paris : 2 avril 1840-29 septembre 1902. Son père, ingénieur d'origine italienne, s'installe à Aix-en-Provence en 1843 pour y construire un système de canal et de barrages destiné à alimenter la ville en eau. Il mène la vie d'un bourgeois aisé. Mais il meurt le 27 mars 1847, alors que les travaux commencent. Il ne laisse que des dettes à son fils et à sa jeune femme, de famille modeste, épousée le 16 mars 1839 pour sa beauté : comme tous les ingénieurs civils de l'époque, il a dû s'endetter pour mettre au point ses projets. Ce père mort trop tôt laisse aussi à l'enfant l'image d'un héros du progrès, d'un de ces conquérants auxquels il donnera dans son œuvre une place capitale : de pensée saint-simonienne, passionné par son époque, François Zola conçut des projets audacieux (percement de port, canaux d'irrigation, fortification de Paris ou de la plaine de la Mitidja), dont certains furent réalisés après sa mort. La famille affronte une situation matérielle de plus en plus difficile. Les parents de Mme Zola, de petits artisans beaucerons désargentés mais courageux, viennent vivre avec elle et leur petit-fils. Celui-ci entre, grâce à une bourse, au collège Bourbon. Il s'y lie avec Paul Cézanne, le futur peintre, et avec Jean-Baptistin Baille, futur polytechnicien et astronome. Il forme avec eux un trio d'inséparables. Les trois adolescents fuient la petite ville endormie – dont *La Fortune des Rougon* (*) restitue l'atmosphère et les intrigues sournoises – et se réfugient dans la nature et la lecture. *L'Œuvre* (*) évoque leurs longues promenades dans la campagne aixoise, dont Zola gardera la nostalgie et qu'il peindra souvent, et leur découverte des grands romantiques : Lamartine, Hugo et, surtout, Musset. Ils composent pièces de théâtre et vers. Zola rêve d'un avenir poétique.

Mais, s'estimant lésée par les anciens associés de son mari, sa mère décide de venir à Paris pour les poursuivre en justice. Pour l'adolescent, ce déménagement est un véritable arrachement, dont les conséquences ont été déterminantes. La vie de la famille est plus difficile à Paris qu'à Aix-en-Provence. « Être pauvre à Paris, c'est être pauvre deux fois », lit-on dans *La Curée* (*). Les Zola changent sept fois de domicile entre 1858 et 1862. Expérience de la pauvreté et des grandes maisons ouvrières qui nourrira des œuvres comme *L'Assommoir* (*), et explique son attitude à l'égard de l'argent qui a choqué des écrivains contemporains : sans relations, sans fortune, il s'est fait seul, sa plume est, comme il le dit, un outil avec lequel il gagne sa vie, non un passe-temps, conception toute moderne. Il entre comme boursier en seconde ès sciences au lycée Saint-Louis. D'excellent élève qu'il était, il devient médiocre. Il échoue aux deux sessions du baccalauréat en 1859. Il abandonne ses études pour ne plus être à la charge de sa mère. Il cherche, en vain, un emploi qui lui permettrait de concilier ses rêves de gloire poétique et la nécessité de gagner sa vie. 1860 et 1861 sont deux années difficiles. Il a le sentiment d'avoir trahi les espoirs mis en lui par sa mère. Son œuvre frappe par le nombre de pères faibles, inexistants ou mourant jeunes et par celui de mères autoritaires et ambitieuses pour leur(s) fils – ainsi Félicité dans *La Fortune des Rougon* ou Mme Chanteau dans *La Joie de vivre* (*), roman où Zola a mis beaucoup de lui. Cette période, toutefois, ne lui laisse pas de mauvais souvenirs. Il lit beaucoup, découvre en particulier *L'Amour* (*) et *La Femme* (*) de Michelet, son nouveau maître, les romans de George Sand. Il habite seul pendant quelques mois, fréquente avec de jeunes peintres aixois qu'il a retrouvés les ateliers de peinture, visite le Salon, fait « l'expérience de l'amour réel » (ce sont ses termes) avec une fille galante, Berthe, tout en composant des contes de fées et des centaines de vers imités de Musset, dans lesquels il rêve de créatures éthérées, d'amours idéales. Il conservera toujours ce goût des belles histoires, le désir de se réfugier dans l'utopie consolatrice – comme le montrent *Le Rêve* (*) ou *Les Quatre Évangiles* (*), par exemple. Cinq années plus tard, il écrit *Thérèse Raquin* (*) : c'est une véritable métamorphose.

Le 1er mars 1862, il entre comme employé à la librairie Hachette. Il devient très vite chef de la publicité. Il reste quatre ans dans cette maison spécialisée dans les livres scolaires, les journaux destinés aux enseignants et la vulgarisation scientifique. Il comprend l'importance de l'enseignement, qui deviendra un des leitmotive de son œuvre. Il pénètre les rouages du monde de l'édition et de la presse, se fait de nombreuses relations et des amitiés durables, se lie avec les auteurs de la maison : Sainte-Beuve, Taine, Littré, Duranty, voit fonctionner de l'intérieur une grande entreprise à la croissance extraordinaire, expérience dont il se souviendra pour *Au bonheur des dames* (*). Ces années passées dans ce foyer positiviste, d'opposition libérale et anticléricale, ont été des années de grand enrichissement et d'intense activité. Il délaisse les vers pour la prose, écrit des contes, qu'il recueille en volume en 1864, *Contes à Ninon,* un roman, inspiré de son aventure avec Berthe, *La Confession de Claude* (1865), des articles de journaux, il s'essaie au théâtre, qui restera toute sa vie une grande tentation. Il reçoit chez lui le jeudi. En décembre 1865, il se lie avec Alexandrine Meley avec laquelle il se met en ménage. Grâce à Cézanne venu à Paris, il se lie avec Pissarro, Guillemet, Francisco Oller, un peu plus tard, en 1866, avec Manet, Monet, Renoir, Sisley,... Il fréquente le café Guerbois, où se réunissent peintres et critiques défendant une nouvelle manière de voir en peinture. Finalement, il quitte la librairie Hachette le 31 janvier 1866 : il a décidé de vivre de sa plume.

Il se lance dans le journalisme, écrit régulièrement dans *Le Petit Journal, Le Salut public de Lyon, L'Événement,* où il tient une rubrique littéraire, « Livres d'aujourd'hui et de demain ». Il recueille un certain nombre de ces articles de critique littéraire sous le titre *Mes haines* (juin 1866). Il fait aussi, pour *L'Événement,* le compte rendu du Salon, articles qui font scandale parce qu'il y défend Manet et ses amis peintres. Il les reprend en volume sous le titre *Mon Salon* (juillet). Période faste ! Mais un second roman, *Le Vœu d'une morte,* n'a aucun succès, *L'Événement* cesse de paraître, il doit espacer ses contributions au *Salut public.* Les positions qu'il a prises en faveur d'une certaine littérature et d'une certaine peinture le font craindre des directeurs de journaux. 1867 est, sur le plan matériel, une très mauvaise année. Pas sur le plan littéraire : il écrit le matin, « pour faire bouillir la marmite », un roman-feuilleton, *Les Mystères de Marseille,* histoire d'amour entre un plébéien républicain et la riche fille d'un aristocrate tout-puissant, sur fond de tripotages financiers et de Révolution de 1848, œuvre intéressante qui rassemble les thèmes à venir, et, l'après-midi, *Thérèse Raquin,* sa première grande réussite. En 1868, il compose un cinquième roman, *Madeleine Férat.* Une dernière expérience achève cette longue période d'apprentissage, qui, en quelque dix ans, a fait du poète idéaliste le futur maître du naturalisme et l'auteur des *Rougon-Macquart* (*) : celle du journalisme politique et de l'action.

La presse étant libéralisée, de nouveaux journaux d'opposition à l'Empire sont créés : Zola entre dans les équipes de *La Tribune,* du *Rappel,* de *La Cloche.* Il y prend des positions très critiques contre le régime. On en retrouve l'écho dans les premiers *Rougon-Macquart,* contemporains et marqués par cette polémique journalistique : *La Fortune des Rougon, La Curée, Le Ventre de Paris* (*). Fils de veuve et myope, il n'est pas mobilisable. Le 7 septembre 1870, il quitte Paris avec sa mère et Alexandrine, qu'il a épousée le 31 mai précédent. Il va à Marseille, où il fonde un journal, *La Marseillaise,* qu'il revend peu après pour se rendre à Bordeaux où siège le gouvernement provisoire. Il souhaite obtenir un poste de sous-préfet à Aix-en-Provence ou dans la région. En attendant, il est secrétaire d'un des membres du gouvernement, âgé et sans influence, Glais-Bizouin. Quand l'Assemblée nouvellement élue se réunit à Bordeaux, il fait le compte rendu de ses séances pour *La Cloche.* Il revient avec elle à Paris le 14 mars 1871. Il assure ce travail de journaliste parlementaire jusqu'au 3 mai 1872, plus de huit cents articles ! Il acquiert ainsi une solide connaissance du monde politique, qui lui servira pour ses romans, en particulier pour *La Conquête de Plassans* (*) et *Son Excellence Eugène Rougon* (*). Pour avoir vu de près, dans les équipes de journalistes ou dans les couloirs de l'Assemblée, la « cuisine » et les luttes entre « boutiques », il ne sera jamais tendre à l'égard des hommes politiques, et, particulièrement, à l'égard des républicains qui le déçoivent.

Le 22 juillet suivant, il signe contrat avec Georges Charpentier qui deviendra son grand ami. L'éditeur lui assure la sécurité matérielle : 500 francs par mois. 1872 marque ainsi le véritable point de départ de sa carrière de romancier. Il abandonne tout désir d'entrer dans l'administration pour se consacrer entièrement à la littérature avec laquelle sa vie se confond désormais : il publie sauf exception un roman par an ! De véritables travaux forcés littéraires. Il ne renonce pas pour autant, en effet, au journalisme, source de revenus non négligeable et, surtout, tribune d'où il peut affirmer, dans des centaines d'articles, ses idées sur les arts (sur la peinture en particulier), le théâtre, la littérature. Il écrit aussi pour le théâtre : il tire un drame de *Thérèse Raquin* (1873), compose *Les Héritiers Rabourdin* (1874), *Le Bouton de rose* (1876), deux échecs. Mais il s'est fait une place dans le monde des lettres. Il a de nouveaux amis : Flaubert, qu'il admire profondément, Goncourt, Daudet, Tourgueniev. Ses nombreux articles de critique littéraire dans lesquels il parle avec autorité, au nom de ses amis, et le succès étonnant de *L'Assommoir* (1877), le septième volume des *Rougon-Macquart,* attirent à lui de jeunes romanciers. Du chef d'école, il a les qualités d'initiative et de rassembleur. Ils fréquentent ses « jeudis » ou sa maison de Médan. Avec la notoriété, en effet, est venue l'aisance. Zola peut réaliser un de ses grands rêves : il achète, pour 9 000 francs, une maison sur les bords de la Seine, à Médan, une « cabane à lapins » à laquelle il fera ajouter deux ailes. Au fil des années, il acquiert les terrains avoisinants. Le petit village devient célèbre, il entre même en littérature : avec cinq de ses jeunes « fidèles », Alexis, Céard, Huysmans, Hennique, Maupassant, Zola publie *Les Soirées de Médan* (*) (1880).

Quelques grandes crises bouleversent cette vie tout entière consacrée au travail. N'a-t-il pas fait peindre sur le manteau de la cheminée de l'immense cabinet de travail qu'il s'est fait aménager à Médan : *Nulla dies sine linea ?* La première, en 1880 : les morts de Duranty et de Flaubert, puis celle de sa mère, qui, sauf quelques mois, a toujours vécu avec lui, surviennent lorsqu'il traverse un moment de grande fatigue physique et morale dont *La Joie de vivre* (1884) témoigne. Mais il s'anéantit dans le travail. Il publie cinq volumes d'articles déjà parus : *Le Roman expérimental* (*) (octobre 1880), *Les Romanciers naturalistes, Le Naturalisme au théâtre, Nos auteurs dramatiques, Documents littéraires* (1881). Il multiplie les chefs-d'œuvre. Après *L'Assommoir* et *Une page d'amour* (*) (1878), *Nana* (*) (1880), *Pot-Bouille* (*) (1882), *Au bonheur des dames* (1883), *Germinal* (*) (1885), *L'Œuvre* (*) (1886)... Ses œuvres sont traduites à l'étranger en même temps qu'elles paraissent en France. Le naturalisme triomphe en Europe en 1884-1885. Zola est vivement controversé mais il est accepté et célèbre. Il gagne désormais de 80 000 à 100 000 francs par an. Il court brocanteurs et antiquaires pour meubler ses domiciles d'objets, de meubles, de tableaux hétéroclites, où dominent, selon le goût du temps, le Moyen Âge et le religieux, de quoi satisfaire aussi son vieux fond romantique ! Il peut écrire à Van Santen Kolff le 30 décembre 1883 : « Il suffit de mettre sur une enveloppe : “Émile Zola, France”, pour que cela arrive. » Mais il est jalousé. Cinq jeunes romanciers, probablement poussés par Goncourt et Daudet, publient un violent pamphlet contre *La Terre* (1887). Plus graves, quelques confessions échappées à sa plume dans le dossier du *Rêve* (1888) révèlent combien il est fatigué de la fresque des *Rougon-Macquart,* commencée en 1869, et du travail. Le groupe des *Soirées de Médan* s'est dispersé, Huysmans, par exemple, critique le naturalisme. Enfermé à Médan pendant de longs mois, attelé à une tâche énorme, Zola se sent seul, même si de nouveaux amis l'ont rejoint, parmi lesquels le musicien Alfred Bruneau qui met en musique deux de ses œuvres : *Le Rêve* (1891), et une nouvelle, *L'Attaque du moulin* (1893).

En 1888, autre grand bouleversement, il découvre l'amour et, peu après, la paternité : Jeanne Rozerot, une jeune et belle lingère, engagée par sa femme, lui donne deux enfants, Denise (20 septembre 1889) et Jacques (25 septembre 1891). Après une période très difficile, Mme Zola finit par accepter la situation. Elle s'occupera des deux enfants et leur donnera le nom de Zola après la mort du romancier. Celui-ci, qui a installé Jeanne rue Saint-Lazare et qui lui loue, l'été, une maison à proximité de Médan, vit cette double vie dans le déchirement, mais il est métamorphosé, il rajeunit : « Je me retrouve comme à vingt ans, lorsque je voulais manger les montagnes », confie-t-il à Charpentier. Les conséquences de cette double découverte sont déjà visibles dans *Le Docteur Pascal* (*) (1893), le dernier des *Rougon-Macquart,* qui se termine sur l'image d'un jeune enfant sur les genoux de sa mère. Elle explique les dernière œuvres. *Les Rougon-Macquart* achevés, Zola, qui a retrouvé sa vigueur, se lance dans deux autres grands ensembles, *Les Trois Villes* (*) (*Lourdes,* 1894, *Rome,* 1896, *Paris,* 1898), et *Les Quatre Évangiles* (*) (*Fécondité,* 1899, *Travail,* 1901, *Vérité,* 1903, le quatrième, *Justice* étant resté inachevé). Il écrit des livrets d'œuvres lyriques, il découvre la photographie et prend des milliers de clichés tout à fait exceptionnels. Mais la fin de sa vie est bouleversée par sa courageuse prise de position en faveur du capitaine Dreyfus.

Il séjourne à Rome quand « l'Affaire » éclate. Il est indigné par le récit de la dégradation du capitaine, le 5 janvier 1895, dans la grande cour de l'École militaire, que Léon Daudet fait devant lui. Mais, pris par le travail, il se borne à cette réaction de générosité, assez rare à l'époque. Quelques mois plus tard, il dénonce dans des articles publiés dans *Le Figaro* les 25 décembre 1895, 9 et 16 mai 1896 les dangers que font courir à la France les campagnes de presse odieuses menées contre la République et les Juifs. Bernard Lazare vient le trouver sans le convaincre encore de s'engager réellement pour la défense de Dreyfus. Il va le faire lorsqu'il apparaîtra clairement que le vrai coupable est le commandant Esterhazy. Lorsque celui-ci, protégé par l'armée, est acquitté à l'unanimité le 11 janvier 1898, Zola, indigné, publie dans *L'Aurore* du 13 le fameux *J'accuse* (*), lettre adressée au président de la République, dans laquelle il attaque nommément les membres de l'état-major, cherchant à se faire inculper pour que la vérité éclate dans un procès. Il sera bien inculpé, mais, au terme de deux procès, condamné à un an d'emprisonnement et à 3 000 francs d'amende (la plus lourde peine). Il quitte la France le 18 juillet 1898 pour l'Angleterre, d'où il ne reviendra que le 5 juin 1899. Il a été abreuvé d'injures, calomnié, radié de l'ordre de la Légion d'honneur, il n'a, malgré ce que l'on a ignominieusement insinué, rien touché d'un « syndicat » juif, mais, lui qui ne vit que de sa plume, il a perdu le calme propice au travail, et une grande partie de ses lecteurs. Il meurt, asphyxié, le 29 septembre 1902, sans avoir vu triompher la vérité pour la défense de laquelle il s'est engagé, la loi d'amnistie du 14 décembre 1900 visant tous les faits relatifs à l'Affaire, les coupables comme les défenseurs de Dreyfus ! Mais ce très grand écrivain, dont l'Académie française avait rejeté toutes les candidatures, avait su mettre en jeu son immense notoriété, accomplir un acte dont la valeur morale et sociale a été déterminante, et devenir un modèle pour les intellectuels épris de justice et de vérité.

COLETTE BECKER.

♦ *« Ceux qui vous accusent de n'avoir pas écrit pour le peuple se trompent, dans un sens, autant que ceux qui regrettent un idéal ancien ; vous en avez trouvé un qui est moderne, c'est tout... »* Mallarmé, lettre à Zola, 1877. ♦ *« M. Zola a magnifiquement rendu ce qu'il y a de fatal, d'aveugle, d'impersonnel, d'irrésistible dans un drame de cette sorte, la contagion des colères rassemblées, l'âme collective des foules, violente et aisément furieuse. »* J. Lemaître, à propos de *Germinal,* 1885. ♦ *« Le plaisir de puer... »* Nietzsche. ♦ *« J'ai pris Zola – et je n'ai pu qu'à grand-peine lire une telle laideur. Et l'on nous crie que Zola est une célébrité, un astre du réalisme... »* Dostoïevski. ♦ *« Soutenu par la force seule de son génie, par l'âpre ténacité de son courage, il a marché droit devant lui, et il a fait sa trouée magnifiquement. Il ne s'est abaissé à aucune concession, il n'est point entré dans le compromis, les soumissions, les grandes intrigues et les petites lâchetés dont se compose la vie des lettres. »* O. Mirbeau, 1885. ♦ *« L'œuvre de Zola est un des grands monuments de la littérature mondiale. »* Upton Sinclair. ♦ *« Je tiens le discrédit actuel de Zola pour une monstrueuse injustice qui ne fait pas grand honneur à nos critiques littéraires d'aujourd'hui. Il n'est pas de romancier français plus personnel ni plus représentatif. »* A. Gide. ♦ *« Émile Zola m'est toujours apparu comme l'un des représentants les plus fortement marqués, les plus exemplaires, du* XIX*e siècle. Jadis, il y a déjà des décennies, à l'effroi immotivé de mes compatriotes les Allemands, je l'ai comparé à Richard Wagner ; j'établissais un lien entre les* Rougon-Macquart *et* L'Anneau des Nibelungen. *Et ce lien n'existe-t-il pas ? La parenté de l'esprit des intentions, des moyens même, saute aujourd'hui aux* *yeux. Ce qui les relie [...] c'est avant tout un naturalisme qui rejoint le symbole et qui est en étroite connexion avec le mythe. Car comment méconnaître dans l'épopée de Zola le symbolisme et le penchant au mythe qui, malgré toute la force drastique et une brutalité autrefois scandaleuse au service de la vérité, hausse son univers jusqu'au surnaturel ? »* Thomas Mann. ♦ *« Beaucoup d'artistes illustres sont, dans un certain sens, des inconnus. J'estime que Zola est un grand poète, un grand lyrique inconnu. »* J. Cocteau.

RÉF. : P. Alexis, *Zola, Notes d'un ami,* 1882. – L. Tolstoï, *Zola, Dumas, Guy de Maupassant,* 1886. – L. Daudet, *Les Œuvres dans les hommes... Émile Zola ou le romantisme de l'égout,* 1922. – H. Barbusse, *Zola,* 1932. – G. Robert, *Émile Zola, principes généraux de son œuvre,* 1952. – A. Lanoux, *Bonjour, Monsieur Zola,* 1954. – R. Ternois, *Zola et son temps,* 1961. – H. Mitterand, *Zola journaliste,* 1963. – F. W. J. Hemmings, *Émile Zola,* 1966. – J. Borie, *Zola et les mythes,* 1971. – J. Lapp, *Les Racines du naturalisme. Zola avant les Rougon-Macquart,* 1972. – A. Dezalay, *Lectures de Zola,* 1973. – M. Serres, *Feux et signaux de brume. Zola,* 1975. – H. Suwala, *Naissance d'une doctrine. Formation des idées littéraires et esthétiques de Zola,* 1976. – Ch. Jennings, *L'Éros et la femme chez Zola,* 1977. – H. Mitterand, *Le Discours du roman,* 1980. – J. Noiray, *Le Romancier et la machine* (t. I : *Zola*), 1981. – R. Ripoll, *Réalité et mythe chez Zola,* 1981. – A. Dezalay, *L'Opéra des Rougon-Macquart. Essai de rythmologie romanesque,* 1983. – Ph. Hamon, *Le Personnel du roman. Le système des personnages dans les Rougon-Macquart d'Émile Zola,* 1983. – C. Becker, *La fabrique de « Germinal »,* 1985. – H. Mitterand, *Zola et le naturalisme,* 1986 ; *Zola. L'histoire et la fiction,* 1990. – C. Becker, *Zola en toutes lettres,* 1990. – A. Pagès, *Émile Zola. Un intellectuel dans l'affaire Dreyfus,* 1991.

ZORRILLA José. Poète et dramaturge espagnol. Né à Valladolid (León) le 21 février 1817, mort à Madrid le 23 janvier 1893. Il fut élevé au séminaire de la noblesse, à Madrid. Son père l'envoya à Tolède, puis à Valladolid pour y étudier le droit, mais il s'enfuit en 1836 à Madrid et se mit à écrire. Il se fit connaître par les vers qu'il composa pour les funérailles de Larra. En 1839, il se maria avec une veuve beaucoup plus âgée que lui et débuta dans la carrière d'auteur dramatique ; son plus grand succès fut *Don Juan Tenorio* (*) (1844). Il publia à Paris, en 1852, le début d'un poème, *Grenade* [*Granada*], qui ne fut jamais achevé. Séparé de sa femme, il vécut à Londres, puis alla en 1854 se fixer à Mexico, qu'il ne quitta que pour un rapide voyage à Cuba. Il y vivait obscurément, très épris, dit-on, d'une Mexicaine. Nommé par l'empereur Maximilien, en 1864, directeur du futur théâtre national, il dut néanmoins retourner en Espagne à cause de la mort de sa femme. Entre-temps, son protecteur avait été fusillé, et Zorrilla ne revint plus à Mexico. Ses nombreuses œuvres de cette époque, vers et prose, sont médiocres. Il voyageait beaucoup et donnait des séances de lectures publiques de ses poèmes. S'étant remarié, il habita successivement Barcelone, Valladolid et Madrid, et fit de longs séjours en France et en Italie. Il avait été reçu en 1855 à l'Académie royale des lettres, dont il avait été élu membre en 1848. Il obtint une pension du gouvernement en 1886. La ville de Grenade le couronna solennellement en 1889. Quand il mourut, ses restes furent transportés à Valladolid. Parmi ses œuvres, citons encore *À bon juge, témoin meilleur* (*) (1837), *Romances* (*) (1837-1882), *Marguerite la gardienne* (1839), *Cantos del Trovador* (1840-41), *La copa de marfil* (1844), *Recuerdos y fantasías* (1844), *Sancho García* (1846), *La Justice du roi don Pedro* (1852) et *La leyenda del Cid* (1885).

RÉF. : N. A. Cortés, *Zorrilla, su vida y sus obras,* 3 vol., Valladolid, 1916-20. – F. R. Marín, *Zorrilla comentador póstumo de sus biógrafos*, Madrid, 1934. – F. Jiménez Placer et autres, *Centenario del estreno de « Don Juan Tenorio »*, Madrid, 1944.

ZORRILLA DE SAN MARTÍN Juan. Écrivain uruguayen. Né à Montevideo le 28 décembre 1855, mort aux environs de cette ville en 1931. Fils d'un noble espagnol, il perdit sa mère à l'âge de un an et demi, mais lui voua toute sa vie un culte fervent. Éduqué par les jésuites de Santa Fe, puis de Buenos Aires, il fit ses études supérieures chez les jésuites de Santiago du Chili. Lecteur de Shakespeare et de Gustavo Adolfo Bécquer, il écrivit des poèmes et des légendes romantiques influencés par ce dernier et publia à Santiago, en 1877, son premier recueil : *Notes d'un hymne* [*Notas de un Himno*]. Revenu à Montevideo avec le titre d'avocat, il se maria, fonda le journal catholique *El Bien Público,* et participa aux affrontements du *Club Católico* avec l'*Ateneo,* défenseur de la libre-pensée, alors très populaire en Uruguay. En 1879, le poème « La Leyenda Patria », présenté à un concours national organisé pour accompagner l'inauguration d'un monument commémorant l'Indépendance, lui valut la célébrité en le faisant proclamer « poète de la patrie ». Trois ans plus tard, opposé à la dictature du nouveau président, le général Máximo Santos, il dut s'enfuir à Buenos Aires. C'est là qu'il poursuivit et acheva son chef-d'œuvre : *Tabaré* (*), qui fut imprimé à Paris en 1888. De retour en Uruguay en 1887, veuf, avec cinq enfants, il fut élu député et exerça cette charge jusqu'en 1890. Remarié, il partit pour l'Europe comme ministre plénipotentiaire, notamment auprès du Vatican. Ses impressions de voyage à travers l'Espagne, le Portugal, la France, l'Italie, la Suisse, l'Angleterre, constituent *Échos du chemin* [*Resonancias del camino,* 1896]. Un changement politique le ramena en Uruguay en 1897 ; il reprit à Montevideo son combat spirituel dans *El Bien Público* et dans un livre d'essai, *Jardin clos* [*Huerto cerrado,* 1900], ainsi que dans *Conférences et Discours* [*Conferencias y Discursos*, 1905]. En mars 1907, le gouvernement le chargea de consacrer une étude au fondateur de l'Uruguay, livre qu'il termina en 1910 sous le titre *L'Épopée d'Artigas* [*La epopeya de Artigas*], édité à Barcelone en 1917. C'est en patriarche, entouré de ses treize enfants et vingt-six petits-enfants, qu'il mourut dans sa petite maison proche de Montevideo, après avoir publié *Le Sermon de la paix* [*El sermón de la paz*, 1924] et *Le Livre de Ruth* [*El libro de Ruth*, 1928].

CLAUDE COUFFON.

RÉF. : Robert Bazin, Introduction à *Tabaré*, Paris, 1954.

ZOSIME. Historien grec tardif, auteur d'une *Histoire nouvelle* (*) narrant les destinées de l'Empire romain d'Auguste à 410. On ne peut déterminer l'époque où il a vécu qu'en se fondant sur des allusions dans son *Histoire*, et sur des mentions de cet ouvrage chez des auteurs plus tardifs. Ces indices permettent de conclure que l'œuvre fut rédigée au début du VIe siècle. Peut-être originaire de la région de Gaza, Zosime, qui fut fonctionnaire impérial comme juriste dans l'administration fiscale (ainsi qu'il est précisé dans le titre de son *Histoire*), a sans doute passé une partie de sa vie à Constantinople. Son œuvre révèle son attachement passionné au paganisme.

FRANÇOIS PASCHOUD.

ZRÍNYI comte Miklós. Écrivain politique et militaire hongrois, auteur du premier poème épique national. Né le 1er mai 1620 à Csáktornya (Croatie), où il mourut le 18 novembre 1664. À l'âge de huit ans, la mort de son père le mit en possession d'une immense fortune et du titre de gonfalonier du royaume, dont la signature devait être apposée sur les lois nouvelles. Sous la tutelle du primat Péter Pázmány, il fit ses études dans les écoles de jésuites de Nagyszombat et de Graz. Ses entreprises militaires hardies contre les Turcs ne tardèrent pas à le rendre célèbre et redouté. À vingt-cinq ans, il fut nommé général et peu après « ban » de Croatie. Son renom de condottiere se répandit dans toute l'Europe, et les patriotes hongrois mirent en lui toutes leurs espérances, mais par là même il s'attira la jalousie de la cour de Vienne ; en 1655, il se vit refuser la charge de comte palatin (lieutenant du roi), et, bien que sa glorieuse campagne de l'hiver 1664 lui eût valu les plus grands honneurs du pape, du Roi-Soleil et de Philippe IV d'Espagne, le commandement suprême de la campagne d'été de la même année ne fut pas confié à lui mais à Montecuccoli qui, après sa victoire de Saint-Gothard (sur la Raab), devait conclure avec le sultan une paix humiliante et néfaste aux intérêts hongrois. Plein d'amertume, Zrínyi se retira dans ses terres et, à l'âge de quarante-quatre ans, au cours d'une partie de chasse, fut mortellement blessé par un sanglier. Il rêvait d'un royaume hongrois autonome et indépendant, à l'exemple de celui du roi Mathias Corvin (dont la vie lui inspira des « méditations » significatives), et il consacra à cet idéal toutes ses activités politiques et militaires et ses meilleurs dons d'écrivain. Son œuvre poétique la plus importante, le poème sur *Le Siège de Sziget* (*), écrit en latin et traduit en hongrois en 1651, ne fut pas composée dans un but littéraire mais pour donner à sa nation l'admirable exemple de patriotisme de son arrière-grand-père, commandant de la forteresse. Une vaste et profonde préparation théorique et pratique (Zrínyi parlait sept langues et possédait une des plus riches bibliothèques de Hongrie), une grande vigueur et une originalité de pensée, un enthousiasme ardent et, parfois, une clairvoyance prophétique se révèlent dans ses écrits politiques ; ses écrits militaires, souvent inspirés de Machiavel, nous montrent un grand maître dans l'art de la guerre.

ZSCHOKKE Heinrich. Écrivain allemand. Né à Magdebourg le 22 mars 1771, mort le 27 juin 1848 à Aarau. Appartenant à une famille de la petite bourgeoisie, il interrompit ses études pour suivre, en tant qu'acteur, une troupe de comédiens ambulants. Entre 1790 et 1793, il écrivit des nouvelles, des romans et une tragédie. Le roman intitulé *Abellin, le grand bandit* (*), publié en 1793 et transformé en drame, lui valut une sorte de gloire. En 1792, il fut nommé pasteur protestant à Magdebourg, mais un édit du gouverneur prussien, édit qu'il crut ne point pouvoir accepter, l'incita à quitter l'Allemagne, et à se rendre successivement en France, en Italie, en Suisse. En 1796, il se trouvait à Reichenau dans les Grisons, en qualité de directeur d'école. À cette époque, il écrivit des romans et des drames historiques. La sympathie qu'il marquait pour les idées des révolutionnaires français le contraignit à quitter la Suisse, où il ne revint qu'en 1799 avec les armées françaises. Après être entré au service du nouveau gouvernement, il vécut à Bâle, à Lugano et à Bellinzona. Congédié en 1801, il se rendit à Berne où il connut Pestalozzi, Kleist et Wieland. En 1807, il s'installa à Biberstein, près d'Aarau, et se consacra à ses activités d'écrivain et de directeur de différentes revues : *Isis, Miszellen für neueste Weltkunde, Prometheus*, qui lui permettaient de faire connaître et de répandre ses idées libérales, de discuter certaines questions économiques et sociales. Parmi ses œuvres, il faut retenir *Addrich im Moos* (1825), roman historique ; il écrivit également des essais sur l'histoire suisse et bavaroise, des notes de voyages et de brefs récits humoristiques.

RÉF. : E. Zschokke, *Heinrich Zschokke*, Aarau, 1873. – M. Schneiderreit, *Heinrich Zschokke. Seine Weltanschauung und Lebensweisheit*, Berlin, 1902. – C. Günther, *Heinrich Zschokkes Jugend und Bildungsjahre*, Zurich, 1918. – M. Prieger, *Heinrich Zschokkes Erzählungskunst*, Munich, 1924. – W. Hartmann, *Heinrich Zschokkes Stunden der Andacht*, Halle, 1932. – P. Schaffroth, *Zschokke als Politiker und Publizist*, 1950.

ZUCKMAYER Carl. Dramaturge allemand. Né le 27 décembre 1896 à Nackenheim (Rhénanie), mort le 18 janvier 1977 à Visp (Valais suisse). Issu d'un milieu aisé, il fait des études secondaires au lycée de Mayence, avant d'être jeté dans la bataille de la Grande Guerre. Cette expérience lui inspire un violent sentiment de révolte qu'il traduit dans quelques poèmes publiés par la revue *Die Aktion* (1917). Rendu à la vie civile, il est un temps étudiant à Francfort, Heidelberg, avant de partir pour Berlin où l'attire l'intense activité théâtrale (1920). De cette époque date sa « vocation irrémédiable de dramaturge ». Il est un moment, avec Erich Engel et Bertolt Brecht, pensionnaire du théâtre de Max Reinhardt. Après quelques essais, restés sans écho, dans le style de la scène expressionniste, Zuckmayer recueille son premier succès en 1925 avec *Le Joyeux Vignoble* [*Der fröhliche Weinberg*], comédie truculente sur la province rhénane. Il reprend en 1931 la célèbre histoire du *Capitaine de Köpenick* [*Der Hauptmann von Köpenick*], déjà maintes fois exploitée par les satiristes de l'Allemagne wilhelmienne, et qui lui permet de dénoncer le « prussianisme » à un moment où se profile la menace hitlérienne. Les fonctionnaires nazis ne tardent d'ailleurs pas à mettre les œuvres de Zuckmayer à l'Index, puis à le contraindre à prendre le chemin de l'exil : après une halte en Autriche, puis en Suisse, Zuckmayer part pour les États-Unis (1939). Deux pièces sur le nazisme lui ont valu une renommée considérable. La première, *Le Général du diable* (*) (1946), raconte l'histoire d'un général de l'aviation nommé Harras qui, après avoir été un hitlérien convaincu, prend conscience de son aveuglement et se suicide. La seconde, *Le Chant dans la fournaise* (*) (1950), évoque l'occupation allemande dans un village de Savoie : un « collaborateur », Louis Creveaux, comparaît le soir de Noël devant un tribunal de résistants qui ont tous péri brûlés vifs sur sa dénonciation... L'action dramatique tend ici à la parabole : Français et Allemands portent les mêmes prénoms, des figures allégoriques (père Vent, mère Glace, frère Brouillard, etc.) soulignant le pathétique de la situation.

JEAN-JACQUES POLLET.

RÉF. : H. Wagener, *Carl Zuckmayer*, Munich, 1983.

ZUKOFSKY Louis. Poète américain. Né le 23 janvier 1904 à New York City, mort le 12 mai 1978 à Port Jefferson, New York. Louis Zukofsky est sans nul doute le grand poète américain le plus méconnu du XXe siècle. À sa charge, l'immense difficulté de son œuvre majeure — un poème de huit cents pages, « modestement » intitulé *A* (*) —, monstrueuse épopée du langage qui évoque James Joyce et Ezra Pound. À sa charge aussi, son esthétisme exacerbé qui l'éloignera du monde extérieur.

Issu d'une famille russe récemment immigrée dans le ghetto juif de New York, Zukofsky apprend l'anglais seul et fait de brillantes études qui le mènent à l'université de Columbia. Jeune intellectuel des années 20, sa colossale érudition ne l'écarte pas de préoccupations politiques et sociales. Dans sa première œuvre importante, « Poème commençant par "Le" » [Poem Beginning « The », 1926], il tente de concilier la conscience qu'il a d'un écroulement des valeurs et son idéal poétique, proche en cela de Pound avec qui il se lie à cette époque (des divergences politiques les éloigneront par la suite).

Dès 1928, Zukofsky projette l'écriture de *A*, qui l'occupera jusqu'en 1974. Il l'interrompra périodiquement cependant pour composer des poèmes plus brefs, tel le superbe « Mante religieuse » [Mantis, 1933-34] — réflexion politique sur la société industrielle, couchée dans la forme contraignante de la sextine —, ou pour écrire des essais — réunis dans *Prépositions* [*Prepositions*, 1967, 1981]. Le plus fameux de ces derniers reste le manifeste objectiviste « Sincérité et chosification » [Sincerity and Objectification] que lui avait commandé Harriet Monroe pour sa revue *Poetry* en 1931. À côté de poèmes de William Carlos Williams, George Oppen, Carl Rakosi, Charles Reznikoff, et de lui-même, Zukofsky y expose sa totale confiance en la technique poétique comme gage de sincérité du poète, et l'idée que le poème doit par cette technicité même devenir un objet à part entière, une « totalité parfaitement au repos ».

Pourtant, Zukofsky n'est pas un dogmatique, et il a su faire varier son style tout au long de *A* pour y donner à entendre toutes les voix du monde contemporain : la dernière partie du poème en particulier est un très opératique concert de voix intitulé « L. Z. Masque », que l'on a pu comparer à la musique poly-orchestrale de Charles Ives.

ANTOINE CAZÉ.

RÉF. : Hugh Kenners, *A Homemade World : The American Modernist Writers*, New York, 1975. — *Louis Zukofski : Man and Poet*, éd. C. F. Terrell, Orono, 1979. — B. Ahearn, *Zukofski's « A », An Introduction*, Berkeley, 1983.

ZUNZUNEGUI Juan Antonio de. Romancier espagnol. Né à Portugalete le 21 décembre 1901, mort à Madrid le 31 mai 1982. Fils de famille bourgeoise, il étudie chez les jésuites à Orduña, à Deusto, puis à Salamanque, où il fut l'élève d'Unamuno. Se tenant dans un cocon de neutralité volontaire, il observe à travers ses romans l'Espagne et les Espagnols de son temps. Analyste consciencieux, attiré par Maupassant et Zola, il veut être le spectateur, le documentaliste d'une réalité fidèlement observée, sans tomber cependant dans l'impressionnisme barojien. Son premier roman, *Chiripi* (1931), est l'histoire d'un joueur de football, victime de sa popularité éphémère. La gloire passée, il reprendra sa livrée de chauffeur de grande maison, sa vie médiocre. Chroniqueur objectif, Zunzunegui le sera également dans *Le Chiplichandle* (*) (1940), essai de roman picaresque promenant le lecteur dans la bourgeoisie espagnole de 1914 à 1934, aux basques de l'arriviste Joselin, un « pícaro » de Bilbao. La guerre va encore accentuer l'attitude critique de l'écrivain et sa recherche de l'objectivité. *Ah... ces enfants* [*Ay... estos hijos*, 1943], *La Barque de Caron* [*El barco de la muerte*, 1945], *La Faillite* [*La quiebra*, 1947], *L'Ulcère* [*La ulcera*, 1949] sont autant de témoignages de notaire de village contre la bourgeoisie médiocre et hypocrite et ses riches héritiers sans morale. L'humour, ou plutôt le sarcasme, est l'arme seconde utilisée par l'auteur. Zunzunegui semble avoir amorcé sa meilleure période avec *Les Rats du navire* [*Las ratas del barco*, 1950] et *Le Bien suprême* [*El supremo bien*, 1951]. Alors viennent ses romans les plus représentatifs : *Cette obscure débandade* [*Esta obscura desbandada*, 1952], *La Vie comme elle est* [*La vida como es*, 1954], *Le Fils fait sur commande* [*El hijo hecho a contrata*, 1956], toute une vaste fresque grouillante de profiteurs, de dégénérés, de prostituées et de marginaux. Son souci de dénoncer les scandales de la société décadente inspire également : *Une femme sur la terre* [*Una mujer sobre la tierra*, 1959], *Le Camion justicier* [*El camion justiciero*], *Le Chemin de la joie* [*El camino alegre*, 1962], *Tout reste à la maison* [*Todo queda en casa*, 1965], *Un homme entre deux femmes* [*Un hombre entre dos mujeres*, 1966], etc. Le romancier se pose constamment en témoin à charge de la société espagnole contemporaine.

LOUIS URRUTIA.

ZWEIG Arnold. Écrivain allemand. Né à Glogau (Silésie) le 10 novembre 1887, mort à Berlin le 26 novembre 1968. Fils d'un bourrelier, Arnold Zweig, qui se destine au professorat, poursuit ses études de philosophie, de philologie contemporaine, d'histoire : « sept années durant, dans sept universités différentes ». Il est mobilisé de 1915 à 1918 et se bat à Verdun, en Hongrie, en Serbie. De retour à Berlin, au sortir de la guerre, il devient rédacteur du journal sioniste *Jüdische Rundschau*. Il se consacre entièrement à la littérature à partir de 1925. Sous l'hitlérisme, Zweig cherche refuge en Palestine : il restera quatorze ans à Haïfa, séjour entrecoupé de fréquents voyages, dont un à New York au cours duquel il rencontre les grandes figures de l'émigration allemande. Zweig s'installe à Berlin-Est dès 1948. Il devient député de la jeune République démocratique. Il succède à Heinrich Mann à la présidence de l'Académie des arts. Il reçoit les plus hautes distinctions, comme le prix Lénine, et demeure, jusqu'à sa mort, l'une des personnalités les plus marquantes de la vie culturelle de la R.D.A.

À l'aube de sa carrière d'écrivain, Arnold Zweig s'essaye dans le genre de la nouvelle : prenant modèle sur Thomas Mann, les grands auteurs « réalistes » du XIXe siècle, nourri également de psychanalyse, il peint le désarroi, la décadence bourgeoise « fin de siècle » dans *Notes sur la famille Klopfer* [*Aufzeichnungen über eine Familie Klopfer*, 1911], et *Nouvelles autour de Claudia* [*Novellen um Claudia*, 1912].

Arnold Zweig acquiert la notoriété avec son roman *Le Cas du sergent Grischa* (*) (1927) : Il y raconte l'histoire d'un prisonnier de guerre russe qui, pour revoir son pays et sa famille, s'évade du camp où il est interné ; il trouve un temps asile auprès d'un groupe de partisans, avant d'être repris par les soldats allemands dans la région frontalière ; il est finalement condamné à mort pour espionnage malgré l'indignation de certains officiers qui ont reconnu son innocence ; mais le chef d'état-major Schieffenzahn (derrière lequel se profile Ludendorff) a décidé de faire un exemple pour dissuader les troupes de toute menée subversive. Zweig, au-delà des idéologies, prend ici le parti de l'individu.

C'est à partir de ce premier ouvrage que l'écrivain conçoit le projet de son vaste cycle romanesque consacré à la Première Guerre mondiale sous le titre *La Grande Guerre des hommes blancs* (+) [*Der Grosse Krieg der weissen Männer*]. À travers les différents livres qui composent cette épopée ambitieuse — *Jeune Femme de 1914* (+) (1931), *Éducation héroïque devant Verdun* (*) (1935), *Le Couronnement d'un roi* (+) (1937), *La Trêve* (+) (1954), etc. — nous suivons l'évolution d'un certain Werner Bertin, intellectuel d'origine bourgeoise, humaniste fervent, qui, au fil des événements, prend conscience de ses contradictions et se tourne vers le socialisme. Cet ensemble monumental, conçu dans l'esprit du « réalisme socialiste », révèle, de manière exemplaire aux yeux de certains, le grand dessein et les limites de cette esthétique : l'écrivain se voit contraint de ressasser éternellement le thème de la « conversion du héros ».

Arnold Zweig, pourtant, sait s'écarter avec bonheur de ce schéma, dans quelques ouvrages étrangers au cycle sur la Grande Guerre. Le plus significatif demeure sans aucun doute *La Hache de Wandsbek* (*) (1947), dont l'intrigue se déroule sous le nazisme : un boucher, pour échapper à la ruine, accepte de devenir bourreau d'occasion et de décapiter quatre ennemis du régime ; mais le silence des « autres », sa forfaiture commise, le pousse bientôt au suicide. Il revient en définitive un mérite premier à Arnold Zweig (comme à Anna Seghers) : celui d'avoir essayé d'ouvrir la voie à une littérature est-allemande originale.

JEAN-JACQUES POLLET.

RÉF. : J. Rudolph, *Der Humanist Arnold Zweig, Ein Versach*, Berlin, 1955. — G. Salomon, *Arnold*

Zweig, Boston, 1975. – A. Dussau, *Arnold Zweig romancier*, Metz, 1986. – E. Hilscher, *Arnold Zweig Leben und Werk*, Berlin, 1987.

ZWEIG Stefan. Écrivain autrichien naturalisé anglais. Né à Vienne le 28 novembre 1881, mort à Petrópolis (Brésil) le 23 février 1942. Fils d'un riche industriel juif, il put mener ses études en toute liberté, n'écoutant que son goût qui l'inclinait à la fois vers la littérature, la philosophie et l'histoire. L'atmosphère cosmopolite de la Vienne impériale favorisait chez le jeune Zweig la curiosité du vaste monde. Resté toute sa vie un infatigable voyageur, ayant parcouru à plusieurs reprises tous les pays d'Europe, il visita encore l'Amérique du Nord, le Mexique, Cuba, les Indes, Ceylan et l'Afrique, avant d'aller mourir à Rio de Janeiro. À la découverte des autres pays s'ajouta dès sa jeunesse la découverte des autres langues littéraires. Zweig fut traducteur avant d'être écrivain : il a rendu magnifiquement en allemand le lyrisme de Verhaeren, qui fut son ami intime, et, plus tard, a donné des versions de Baudelaire, Verlaine, Rimbaud, etc. Il fit ses débuts avec de jolis poèmes où dominait l'influence d'Hofmannsthal et de Rilke, *Cordes d'argent* [*Silberne Saiten*, 1900] et *Les Guirlandes précoces* [*Die frühen Kränze*, 1907]. Passionné de théâtre, comme tout bon Viennois, il allait, les soirs de première, admirer les grands de l'époque, Hauptmann, Südermann, et se mit bientôt à écrire des drames : *Tersites* (1907), *La Maison au bord de la mer* [*Das Haus am Meer*, 1911], mais son chef-d'œuvre scénique reste *Volpone* (1927). Lorsque éclata la guerre de 1914, Zweig, comme Romain Rolland en France, ne put se résigner à sacrifier aux nationalismes déchaînés la réalité supérieure de la communion spirituelle des élites par-dessus les frontières. La première tourmente mondiale fut la grande rupture de sa vie. Non seulement elle lui inspira de violentes protestations antimilitaristes, dans des drames comme *Jérémie* [*Jeremias*, 1916] et *L'Agneau du pauvre* [*Das Lamm des Armen*, 1930], mais c'est elle encore qui fut à l'origine de ce souci constant de n'être pas dupe des valeurs morales factices d'une société en décadence, qu'on retrouvera à travers toutes ses nouvelles, qui doivent une grande part de leur lucidité à la psychanalyse de Freud. On citera en particulier *Amok* (*) (1922), *La Confusion des sentiments* (*) (1926), *Les Heures étoilées de l'humanité* [*Sternstunden der Menschheit*, 1928], *Vingt-quatre heures de la vie d'une femme* (*) (1934), *La Pitié dangereuse* (*) (1938), *Brûlant secret* [*Brennendes Geheimnis*, 1938, trad. 1945], etc. Tandis que dans ses œuvres d'imagination Zweig s'emploie à démasquer les vrais ressorts de la conduite morale, en soulignant l'importance des instincts et de la sexualité, il ne cessera dans ses œuvres de critique de rechercher un dialogue avec les plus grands et les plus divers esprits du passé. Il a interrogé tour à tour Stendhal et Balzac, Tolstoï et Dostoïevski, Freud et Mesmer, Dickens, Casanova, Hölderlin, Nietzsche : *Trois maîtres* [*Drei Meister*, 1919], *Le Combat avec le démon* (*) (1925), etc. À la même veine, mais d'une réalisation moins heureuse, appartiennent les nombreuses biographies romancées de Fouché, Marie-Antoinette, Marie Stuart, Magellan, etc. Peut-être est-ce à cette instinctive curiosité pour toute figure caractéristique ou pittoresque d'humanité que Zweig a dû d'échapper à la tentation du nihilisme qui l'a pourtant fortement menacé, ainsi que le révèle une œuvre comme *Les Yeux du Frère éternel* [*Die Augen des ewigen Bruders*, 1925].

Établi à Salzbourg de 1919 à 1934, Stefan Zweig quitta l'Autriche à cette date et vint s'établir à Londres. Son départ n'avait aucun motif politique : l'écrivain voulait simplement se consacrer aux recherches exigées par la rédaction de *Marie Stuart*. Mais, inquiet sur l'avenir de l'Autriche, il resta en Angleterre et obtint en 1940 la citoyenneté britannique. Passé ensuite en Amérique, il résida pendant quelques mois dans la banlieue de New York, puis, en août 1941, décida de se fixer au Brésil, à Petrópolis. Ce nouveau séjour lui semblait agréable, mais Zweig, qui croyait voir sombrer l'Europe, était déjà complètement désespéré. Il allait bientôt s'empoisonner en compagnie de sa seconde femme, Elisabeth, une jeune secrétaire qu'il avait épousée en Angleterre. Il venait juste d'achever son autobiographie, *Le Monde d'hier* (*) (1948).

MICHEL MOURRE.

RÉF. : Maurice Muret, *Le Désarroi de l'esprit allemand*, Lyon, 1937 – Jules Romains, *Stefan Zweig, grand européen*, New York, 1941. – Friederike Zweig, *Stefan Zweig, wie ich ihn erlebte*, Berlin, 1948. – Hanns Arens, *Stefan Zweig, sein Leben, sein Werk*, Esslingen, 1949. – D. D. Nedeljkovic, *Romain Rolland et Stefan Zweig*, Paris, 1970. – J. Strelka, *S. Zweig. Freier Geist der Menschlichkeit*, Vienne, 1981. – *Der Große Europäer S. Zweig*, Francfort-sur-le-Main, 1983. – D. Prater, *S. Zweig*, Paris, 1988.

ZWINGLI Ulrich (Huldrych). Réformateur suisse. Né le 1er janvier 1484 à Wildhaus, tué le 11 octobre 1531 à la bataille de Cappel. Wildhaus, situé à onze cents mètres d'altitude, se trouvait dans le territoire cédé par les comtes de Toggenbourg à l'abbaye de Saint-Gall en 1468. Le père de Zwingli en était premier magistrat et le jeune garçon grandit dans un milieu animé par des intérêts politiques et civils très vifs, tandis que son oncle paternel Bartolomaeus Zwingli, curé de Wesen sur le Walensee, chargé de la direction de ses études, l'élevait dans un catholicisme généreux et ouvert à des exigences, sinon à des influences directes, humanistes. Influences qu'il devait subir à peine eut-il quitté sa vallée montagnarde pour les grandes villes : Bâle, puis Berne, où il étudia sous la direction de Lupulus (Heinrich Wölfflin), Vienne (où il eut pour maître Konrad Celtes), et de nouveau Bâle, où il suivit pendant le dernier semestre de ses études les cours du théologien et humaniste Thomas Wittenbach, venant alors de Tübingen, et qui lui parut personnifier une harmonie possible de la nouvelle culture avec la théologie thomiste. Il subit également l'influence des écrits de Pic de la Mirandole, surtout des traités *De la dignité de l'homme* (*) et *De l'être et de l'unité* (*). Mais il faut également mentionner le neveu du Florentin platonicien Giovanni Francesco Pic de la Mirandole, auteur d'un ouvrage sur la Providence, dont on retrouve la trace dans *La Providence divine* (*) de Zwingli. Toutefois, ce fut Érasme qui eut sur lui l'influence la plus marquante, bien que plus tardive. Bachelier en 1504, « magister artium » en 1506, Zwingli n'avait pas encore reçu les ordres quand, grâce à son oncle, il fut nommé curé de Glaris où il devait exercer son sacerdoce jusqu'en 1516. Il en partit pour devenir prédicateur au couvent de Sainte-Marie d'Einsiedeln. Ce célèbre couvent, siège d'une image miraculeuse, objet de pèlerinage pour toute la Suisse et l'Allemagne méridionale, était à l'époque, grâce à l'influence de son administrateur Diebold von Geroldseck, un grand centre d'humanisme. Dans la très riche bibliothèque arrivaient, à peine imprimées par l'éditeur Froben de Bâle, les œuvres d'exégèse et de patrologie d'Érasme, et elles étaient lues et étudiées avec vénération. Zwingli, qui en 1515 avait eu l'honneur de faire la connaissance d'Érasme et lui avait dédié une épître de louange, se passionne pour les Pères grecs, qu'il considère comme supérieurs aux latins, perfectionne sa connaissance de la langue grecque, se consacre à une étude personnelle du Nouveau Testament, sur la base de l'édition d'Érasme de 1515, et fait même une copie manuscrite des épîtres de saint Paul ; de saint Paul et de saint Augustin, il prend une vision personnelle du christianisme qui ressemble, par certains aspects, à celle de Luther, tout en restant indépendante ; il étudie l'hébreu dans la grammaire de Reuchlin et incline avec Érasme et les Pères grecs vers une interprétation allégorique de l'Ancien Testament ; et il commence à rêver à une renaissance humaniste de l'Église.

À sa formation intellectuelle humaniste s'allie une vive conscience politique qui le pousse à s'opposer aux coutumes moralement déplorables, très fructueuses pour la noblesse, des levées mercenaires au service des puissances étrangères. Zwingli, qui en qualité d'aumônier militaire accompagne les troupes de Glaris à la bataille de Novare (1513) et à celle de Marignan (1515) et doit faire preuve de fidélité catholique à la cause papale, réagit devant le service mercenaire avec un patriotisme chrétien et humaniste, et en 1522 il obtient la suppression des levées mercenaires à Zurich, où l'a conduit à la fin de 1518 sa nomination de prédicateur à la cathédrale. Il est maintenant lancé dans sa brève mais décisive carrière de réformateur. Dans ce domaine jusqu'en 1519 il suit ses voies propres, celles d'un réformisme illuminé et humaniste, entouré de la sympathie bienveillante des autorités civiles et religieuses. En 1518, de même que Luther, il prêche contre la campagne pour les indulgences conduite par le franciscain Samson ; ses prédications sont appuyées par le clergé progressiste et par l'évêque de Constance, et la vente des indulgences est interdite par la diète des Cantons suisses. Mais, à dater des entretiens de Leipzig (1519), l'influence de Luther se fait plus vive et oriente l'humaniste érasmien vers des positions toujours plus réformatrices. Tandis que la population de Zurich est en effervescence à cause de la grave question des levées mercenaires (1522), certains citoyens sont rappelés à l'ordre par l'évêque de Constance pour avoir violé, au cours d'un repas entre amis en présence de Zwingli, le jeûne de Carême. Zwingli se défend en déclarant avoir voulu affirmer la liberté chrétienne ; il expose son point de vue dans un écrit intitulé *Du choix et de la liberté des mets* [*Vom Erkiesen und Freiheit der Speisen*]. Ce banal incident est le début des revendications du parti réformateur. Au cours de l'été de la même année, Zwingli formule une *Supplique* [*Supplicatio*] à laquelle s'associent dix prêtres, demandant que les ecclésiastiques aient le droit de se marier et de prêcher l'Évangile conformément aux idées de la Réforme. Il écrit ensuite l'apologie de la *Supplique* sous le titre de *Apologeticus Archeteles appellatus ;* et, traduisant en actes ses convictions, il épouse secrètement — puis, deux ans après, publiquement (2 avril 1524) — une veuve, mère d'un de ses élèves, Anna Reinhard. La victoire de la Réforme à Zurich devint décisive à la suite des discussions publiques des 22 janvier 1523 et 26 et 28 octobre de la même année. Au cours de la première, Zwingli présenta soixante-sept thèses — qu'il publiera en 1523, après la victoire de la Réforme, sous le titre : *L'Exposition et les preuves des thèses* [*Auslegung und Gründe der Schlussreden*]. Son œuvre principale, *De la vraie et fausse religion* (*), paraîtra en 1525.

À partir de ces années, la biographie de Zwingli s'identifie avec les événements de la Réforme à Zurich et dans la Suisse allemande ; réforme de nature en un sens plus radicale que la réforme luthérienne tant dans l'ordonnance du culte, extrêmement simple, que dans la pensée théologique, moins originale et profonde, mais répondant mieux aux exigences rationnelles de l'humanisme et à l'intense vie civique des cantons suisses. Comme organisateur, Zwingli chercha à répandre la Réforme dans la Suisse allemande, à unir les forces des cantons protestants, à établir des rapports avec la Réforme allemande : mais en cela sa tentative ne réussit pas, en raison de la divergence de conception entre lui et Luther sur la Cène (rationnelle et symbolique chez Zwingli, mystique et réaliste chez Luther) ; les entretiens de Marbourg (1519) marquent la séparation définitive des deux Réformes. La question de l'extension de la Réforme à certains territoires, sur lesquels les cantons catholiques et les cantons protestants possédaient des droits en commun (les bailliages), amena entre les deux parties une rencontre armée ; l'alliance entre Berne et Zurich se montra défaillante ; les forces bernoises hésitèrent à venir en aide aux Zurichois, et la petite armée populaire d'environ deux mille cinq cents hommes fut défaite par les milices catholiques à la bataille de Cappel, le 11 octobre 1531. Zwingli, qui avait accompagné les Zurichois comme aumônier militaire, avec casque et cuirasse, fut entraîné dans la déroute des siens et tué. Son cadavre, reconnu, fut écartelé et brûlé par le bourreau. La bataille de Cappel, dans laquelle périrent cinq cents des plus actifs militants de la Réforme suisse, devait marquer un arrêt de son expansion. On doit encore à Zwingli un *Bref et clair exposé de la religion chrétienne* [*Fidei christianae brevis, clara expositio,* 1536].

GIOVANNI MIEGGE.

♦ *« La mort de Zwingli est le châtiment mérité de son orgueil incommensurable. »* Luther. ♦ *« Il faut avouer qu'il avait beaucoup de force dans l'esprit. Rien ne lui manquait que la règle, qu'on ne peut jamais avoir que dans l'Église et sous le joug d'une autorité légitime. »* Bossuet. ♦ *« Ce fameux Zwingli, en établissant sa secte, avait paru plus zélé pour la liberté que pour le christianisme. »* Voltaire. ♦ *« Ce novateur s'exprime dans tous ses discours d'une manière simple, nette, allant ordinairement droit à son but, si ce n'est qu'il est quelquefois trop rhéteur. »* Richard Simon.

RÉF. : V. Chauffour-Kestner, *Études sur la Réforme du XVIe s.*, t. II, Paris, 1853. — L. Cristiani, article *Zwingli,* et J.-V.-M. Pollet, article *Zwinglianisme* in t. XV, 2 du *Dictionnaire de théologie catholique* de Vacant et Mangenot, Paris, 1950. — M. Haas, *H. Zwingli und seine Zeit,* Zurich, 1969. — G. W. Loches, *Zwingli und Die schweizerische Reformation,* Göttingen, 1982. — J. V. Pollet, *Huldrych Zwingli,* Genève, 1988.

DANS LA MÊME COLLECTION

LITTÉRATURE

ALLAIS, Alphonse

Œuvres anthumes : A se tordre — Vive la vie ! — Pas de bile ! — Le Parapluie de l'escouade — Rose et Vert-pomme — Deux et deux font cinq — On n'est pas des bœufs — Le Bec en l'air — Amours, délices et orgues — Pour cause de fin de bail — Ne nous frappons pas —Le Captain Cap *(1 volume)*

Œuvres posthumes, 1877-1905 : Le Tintamarre — L'Hydropathe — Le Chat-Noir — Gil Blas — Le Journal *(1 volume)*

AVENTURES POUR TOUS LES TEMPS

Léon Cahun : La Bannière bleue — Edmond About : Le Roi des montagnes — Alfred Assolant : Aventures merveilleuses mais authentiques du capitaine Corcoran — Théophile Gautier : Le Capitaine Fracasse *(1 volume)*

BALZAC, Honoré de

Le Père Goriot — Les Illusions perdues — Splendeurs et misères des courtisanes *(1 volume)*

Lettres à Madame Hanska *(2 volumes sous coffret)* : *Tome 1* : 1832-1844 — *Tome 2* : 1844-1850

BARBEY D'AUREVILLY, Jules

Une vieille maîtresse — Un prêtre marié — L'Ensorcelée — Les Diaboliques — Une page d'histoire *(1 volume)*

BARRÈS, Maurice

Œuvres romanesques *(2 volumes sous coffret)* : *Tome 1* : Le Culte du moi — Du Sang, de la Volupté et de la Mort — Le Roman de l'énergie nationale — *Tome 2* : Amori et dolori sacrum — Les Amitiés françaises — Les Bastions de l'Est — La Colline inspirée — Le Voyage à Sparte — Greco ou le Secret de Tolède — Un jardin sur l'Oronte — Le Mystère en pleine lumière

BENOIT, Pierre

Romans : Kœnigsmark — L'Atlantide — Pour Don Carlos — Le Puits de Jacob — Le Roi Lépreux — Le Désert de Gobi *(1 volume)*

BIBLE (LA)

Édition établie par Philippe Sellier *(1 volume sous coffret)*

BIGGERS, Earl Derr

Charlie Chan : Le Perroquet chinois — Derrière le rideau — Le Chameau noir — Charlie Chan à la rescousse — Le Gardien des clefs — La Maison sans clef *(1 volume)*

BLONDIN, Antoine

L'Europe buissonnière — Les Enfants du bon Dieu — L'Humeur vagabonde — Un singe en hiver — Monsieur Jadis — Quat' saisons — Certificats d'études — Ma vie entre des lignes — L'Ironie du sport *(1 volume)*

BOILEAU-NARCEJAC

Quarante ans de suspense *(5 volumes)* : *Tome 1* : L'Ombre et la Proie — Celle qui n'était plus — Les Visages de l'ombre — L'Ange gardien — D'entre les morts — Les Louves — Le Dernier Mot — Le Mauvais Œil — Au bois dormant — Meurtre au ralenti — Les Magiciennes — L'ingénieur aimait trop les chiffres — Le Grand Secret — Le Retour — A cœur perdu — *Tome 2* : Sylvestre à qui je dois la vie — Maléfices — Maldonne — Les Victimes — 6 — 1 = 6 — Le Mystère de Sutton Place — ... Et mon tout est un homme — Le Train bleu s'arrête treize fois... —Les Apprenties détectives — La Mort a dit : peut-être — Télé-crime — La Bête noire —

La Porte du large — La Clef — *Tome 3* : Delirium — L'Ile — Les Veufs — Récital pour une blonde —Sans Atout et le cheval fantôme — Sans Atout contre l'homme à la dague — Trois Indispensables Alibis —Manigances — La Vie en miettes — Trois Nouvelles pour *Le Journal du Dimanche* — Les Pistolets de Sans Atout — Opération Primevère — Nouvelles 1973-1974 — Frère Judas — *Tome 4* : L'Étrange Traversée — La Tenaille — Nouvelles 1975-1976 — La Lèpre — Nouvelles 1977 — Les Apprenties détectives — L'Âge bête — Impunité — Carte vermeil —Les Intouchables — Terminus — A une heure près — Box-office — Mamie — Un cas unique — Les Eaux dormantes — Dans la gueule du loup — *Tome 5* : L'Invisible Agresseur — Les Énigmes littéraires de Boileau-Narcejac — La Dernière Cascade — Le Soupçon — Schuss — Une étrange disparition — L'As de pique — Mr. Hyde — Le cadavre fait le mort — Champs clos — La Brebis galeuse — Nouvelles Pièces retrouvées — Tandem ou 35 ans de suspense

BRONTË, Anne, Charlotte, Emily et Patrick Branwell *(3 volumes)*

Tome 1 : E. Brontë : Wuthering Heights ; A. Brontë : Agnès Grey ; C. Brontë : Villette — *Tome 2* : C. Brontë : Jane Eyre ; A. Brontë : La Châtelaine de Wildfell Hall ; C. Brontë : Le Professeur — *Tome 3* : C. Brontë : Shirley — Caractères des hommes célèbres — Albion et Marina — Le Grand Monde à Verdopolis — Le Sortilège — Quatre Ans plus tôt ; P. B.Brontë : Branwell's Blackwood's Magazine — L'Histoire des jeunes hommes — Le Pirate — La Mort de Mary Percy — Et ceux qui sont las se reposent ; A., C. et E. Brontë : Choix de poèmes

CASANOVA

Histoire de ma vie, *suivi de* Textes inédits *(3 volumes sous coffret)*

CARROLL, Lewis *(2 volumes sous coffret)*

Tome 1 : Les Aventures d'Alice sous terre — Les Aventures d'Alice au pays des merveilles — De l'autre côté du miroir et ce qu'Alice y trouva — Le Frelon à perruque — Alice racontée aux petits enfants — Autour du pays des merveilles — Lettres à ses amies-enfants — Visite d'Isa à Oxford — Visite de Maggie à Oxford — Jeux, casse-tête, inventions — Nuages matinaux — La Guida di bragia — Fantasmagorie et poésies diverses — Journaux — *Tome 2* : La Chasse au Snark — Sylvie et Bruno — Tous les contes et nouvelles — Une histoire embrouillée — Le Magazine du presbytère — Le Parapluie du presbytère — Méli-Mélo — Logique sans peine — La Vie à Oxford — Essais et Opinions

CESBRON, Gilbert

Notre prison est un royaume — Les saints vont en enfer — Chiens perdus sans collier — Il est plus tard que tu ne penses *(1 volume)*

COLETTE

Romans, récits, souvenirs *(3 volumes sous coffret)* : *Tome 1* : (1900-1919), Claudine à l'école — Claudine à Paris — Claudine en ménage — Claudine s'en va — La Retraite sentimentale — Les Vrilles de la vigne — L'Ingénue libertine — La Vagabonde — L'Envers du music-hall — L'Entrave — La Paix chez les bêtes — Les Heures longues — Dans la foule — Mitsou — *Tome 2* : (1920-1940) : Chéri — La Chambre éclairée — Le Voyage égoïste — La Maison de Claudine — Le Blé en herbe — La Femme cachée — Aventures quotidiennes — La Fin de Chéri — La Naissance du jour — La Seconde — Sido — Douze Dialogues de bêtes — Le Pur et l'Impur — Prisons et Paradis — La Chatte — Duo — Mes apprentissages — Bella-Vista — Le Toutounier — Chambre d'hôtel — *Tome 3* : (1941-1949), suivi de *Critique dramatique* (1934-1938) : Journal à rebours — Julie de Carneilhan — De ma fenêtre — Le Képi — Trois... Six... Neuf... — Gigi —Belles Saisons — L'Étoile Vesper — Pour un herbier — Le Fanal bleu — Autres bêtes — En pays connu — La Jumelle noire

COURTELINE, Georges

Théâtre, contes, romans, nouvelles, écrits divers et fragments retrouvés : Boubouroche — La Peur des coups — Un client sérieux — Hortense couche-toi ! — Monsieur Badin — Théodore cherche des allumettes — La Voiture versée — Les Boulingrin — Le gendarme est sans pitié — Le commissaire est bon enfant — L'Article 330 — Les Balances — La Paix chez soi — Mentons bleus — Le Miroir concave — Lieds de Montmartre — Dindes et grues — Les Miettes de la table — Scènes de la vie de bureau — Les Fourneaux — L'Ami des lois — Messieurs les ronds de cuir — Les Linottes — Le Train de 8 h 47 — Les Gaîtés de l'escadron — Philosophie — Pochades et chroniques — L'Affaire Champignon — Rimes — X..., roman impromptu *(1 volume)*

CURWOOD, James Oliver

Bêtes et gens du grand Nord : Kazan — Bari, chien-loup, fils de Kazan — Le Grizzly — Nomades du Nord — Rapide-éclair — Les Chasseurs de loups — Les Chasseurs d'or — L'Honneur des grandes neiges — Le Piège d'or — Le Fils des forêts *(1 volume)*

DAUDET, Léon

Souvenirs des milieux littéraires, politiques, artistiques et médicaux de 1880 à 1905 — Député de Paris (1919-1924) — Paris vécu — Le stupide XIXe siècle *(1 volume)*

DICKENS, Charles

Les Grandes Espérances — Le Mystère d'Edwin Drood — Récits pour Noël *(1 volume)*

DIDEROT, Denis

Philosophie : Pensées philosophiques — Addition aux pensées philosophiques — De la suffisance de la religion naturelle — La Promenade sceptique — Lettre sur les aveugles — Additions à la lettre sur les aveugles — Encyclopédie — Suite de l'apologie de M. l'abbé de Prades — Pensées sur l'interprétation de la nature — Le Rêve de D'Alembert — Principes philosophiques sur la matière et le mouvement — Observations sur Hemsterhuis — Réfutation d'Hélvétius — Entretien d'un philosophe avec la Maréchale de *** — Sur les femmes — Essai sur les règnes de Claude et de Néron — Éléments de physiologie *(1 volume)*

DOYLE, Conan

Sherlock Holmes *(2 volumes)* : *Tome 1* : Une étude en rouge — Le Signe des quatre — Les Aventures de Sherlock Holmes — Les Mémoires de Sherlock Holmes — Le Retour de Sherlock Holmes — *Tome 2* : La Vallée de la peur — Le Chien des Baskerville — Les Archives de Sherlock Holmes — Son dernier coup d'archet — Les Exploits de Sherlock Holmes

Les Exploits du Pr Challenger et autres aventures étranges : Le Monde perdu — La Ceinture empoisonnée — La Machine à désintégrer — Quand la terre hurla — Au pays des brumes — Le Monde perdu sous la mer — Contes de terreur — Contes de crépuscule — Contes d'aventures — La Tragédie du « Korosko » — Contes de l'eau bleue — Contes de pirates *(1 volume)*

Le Brigadier Gérard : Les Exploits du brigadier Gérard — L'Oncle Bernac — Les Aventures du brigadier Gérard — La Grande Ombre — Contes du camp — Les Réfugiés — Contes d'autrefois — Contes du ring — Contes de médecins — Contes de mystère *(1 volume)*

Inédits et introuvables : Le Mystère de Cloomber — L'oncle Jérémie et les siens — Mystères et aventures — Autres mystères et aventures — Le parasite — Faffles Haw — Gidlestone et Cie — Idylle de banlieue — Les Lettres de Stark Munro — Un duo *(1 volume)*

DUMAS, Alexandre

Mes mémoires *(2 volumes)* : *Tome 1* : (1802-1830) — *Tome 2* : (1830-1833) *suivi d'un* Quid d'Alexandre Dumas

Romans du XVIIIe siècle : Mémoires d'un médecin *(3 volumes) : Tome 1* : Joseph Balsamo, suivi d'un Dictionnaire des personnages — *Tome 2* : (1830-1833) Le Collier de la reine, Ange Pitou — *Tome 3* : La Comtesse de Charny — Le Chevalier de Maison-Rouge

Romans du XVIIe siècle : Les Mousquetaires *(3 volumes)* : *Tome 1* : Les Trois Mousquetaires — Vingt ans après, suivi d'un Dictionnaire des personnages — *Tome 2* : Le Vicomte de Bragelonne — *Tome 3* : Le Vicomte de Bragelonne (*suite*)

Les Valois *(2 volumes) : Tome 1* : La Reine Margot — La Dame de Monsoreau, suivi d'un Dictionnaire des personnages — *Tome 2* : Les Quarante-cinq, *suivi des* Adaptations théâtrales.

Le Comte de Monte Cristo *(1 volume)*

ENFANTS SUR LES ROUTES (DES)

Hector Malot : Romains Kalbris ; Sans famille — G. Bruno : Le Tour de la France par deux enfants — Jules Verne : P'tit Bonhomme *(1 volume)*

ÉRASME, édition établie par Claude Blum.

Éloge de la folie — Adages — Colloques — Lettres, *précédé d'un* Dictionnaire d'Érasme

ÉVADÉS DES TÉNÈBRES (LES)

Ann Radcliffe : Les Mystères du château d'Udolphe ; Mary W. Shelley : Frankenstein ou le Prométhée moderne ; Joseph Sheridan Le Fanu : Carmilla ; Bram Stocker : Dracula ; Gustav Meyrink : Le Golem *(1 volume)*

FABRE, Jean-Henri

Souvenirs entomologiques : études sur l'instinct et les mœurs des insectes, suivis d'un Répertoire analytique *(2 volumes illustrés sous coffret)*

FÉVAL, Paul

Les Habits Noirs *(2 volumes)* : *Tome 1* : Les Habits Noirs — Cœur d'acier — La Rue de Jérusalem — L'Arme invisible — *Tome 2* : Maman Léo — L'Avaleur de sabres — Les Compagnons du trésor — La Bande Cadet

FLAUBERT, Gustave

Madame Bovary — L'Éducation sentimentale — Bouvard et Pécuchet, suivi du Dictionnaire des idées reçues — Trois Contes *(1 volume)*

FLEMING, Ian

James Bond 007 *(2 volumes)* : *Tome 1* : Casino Royal — Vivre et laisser mourir — Entourloupe dans l'azimut — Les diamants sont éternels — Les Contrebandiers du diamant — Bons Baisers de Russie — Docteur No — *Tome 2* : Goldfinger — Bons Baisers de Paris — Opération Tonnerre — Motel 007 ou l'Espion qui m'aimait — Au service secret de Sa Majesté — On ne vit que deux fois — L'Homme au pistolet d'or — Meilleurs Vœux de la Jamaïque

FONTANE, Theodor

Errements et Tourments — Jours disparus — Frau Jenny Treibel — Effi Briest *(1 volume)*

GALLO, Max

La Baie des anges — Le Palais des fêtes — La Promenade des Anglais *(1 volume)*

GALSWORTHY, John

L'Histoire des Forsyte *(2 volumes)* : *Tome 1* : La Saga des Forsyte : L'Homme de biens — L'Été de la Saint-Martin — Sous le joug — L'Éveil — A louer — A la bourse des Forsyte — Le Sauvetage d'un Forsyte — *Tome 2* : Comédie moderne : Le Singe blanc — Cour silencieuse — La Cuillère d'argent — Les Passants — Chant du cygne — Fin de chapitre : Demoiselle de compagnie — Fleur du désert — Au-delà du fleuve

GONCOURT, Edmond et Jules de

Journal. Mémoires de la vie littéraire, 1851-1896 *(3 volumes sous coffret)*

GREENE, Graham

La Puissance et la Gloire — Le Fond du problème — La Fin d'une liaison *(1 volume)*
Un Américain bien tranquille — Notre agent à La Havane — Le Facteur humain *(1 volume)*

HESSE, Hermann

Romans et nouvelles : Peter Camenzind — L'Ornière — Rosshalde — Knulp — Demian — Le Dernier Été de Klingsor — Le Loup des steppes — Une petite ville d'autrefois — Souvenir d'un Européen *(1 volume)*

HIGHSMITH, Patricia

L'Inconnu du Nord-Express — Monsieur Ripley (Plein Soleil) — Ripley et les ombres — Ripley s'amuse (L'Ami américain) — Sur les pas de Ripley *(1 volume)*
Eaux profondes — Les Deux Visages de janvier — Ceux qui prennent le large — L'Empreinte du faux — La Rançon du chien — Carol *(1 volume)*
Dernières nouvelles du crime : L'Amateur d'escargots — Le Rat de Venise — Toutes à tuer — L'Épouvantail — La Proie du chat — Le Jardin des disparus — Les Sirènes du golf — Catastrophes *(1 volume)*

HOUGRON, Jean

La Nuit indochinoise *(2 volumes)* : *Tome 1* : Tu récolteras la tempête — Soleil au ventre — Rage blanche — *Tome 2* : Mort en fraude — Les Portes de l'aventure — Les Asiates — La Terre du barbare

INDES FLORISSANTES (LES), édition établie par Guy Deleury

Anthologie des voyageurs français au XVIIIe siècles *(1 volume)*

ITALIES, édition établie par Yves Hersant

Anthologie des voyageurs français aux XVIIIe et XIXe siècle *(1 volume)*

JAMES, Henry

Daisy Miller — Les Ailes de la colombe — Les Ambassadeurs *(1 volume)*

KIERKEGAARD, Soren

Œuvres : Ou bien... Ou bien — La Reprise — Stades sur le chemin de la vie — La Maladie à la mort *(1 volume)*

KIPLING, Rudyard

Le Livre de la jungle — Le Second Livre de la jungle — La Première Apparition de Mowgli — Kim — Simples Contes des collines — Fantômes et Prodiges de l'Inde — Capitaines courageux *(1 volume)*

Au hasard de la vie — Histoires en noir et blanc — Trois Soldats — Le Naulahka — Sous les cèdres de l'Himalaya — Wee Willie Winkie — L'Administration Smith — Le Rickshaw fantôme et autres contes étranges — Monseigneur l'éléphant *(1 volume)*

Puck, lutin de la colline — Le Retour de Puck — La Lumière qui s'éteint — Histoires comme ça — Ce chien, ton serviteur — Stalky et Cie — L'Histoire des Gadsby — Les Yeux de l'Asie — Souvenirs — Un peu de moi-même — Histoire des mers violettes *(1 volume)*

KOESTLER, Arthur

Œuvres autobiographiques : La Corde raide — Hiéroglyphes — Dialogue avec la mort — La Lie de la terre — L'Étranger du square *(1 volume)*

LABICHE, Eugène

Théâtre *(2 volumes) : Tome 1 :* Rue de l'Homme-Armé n° 8 bis — Embrassons-nous, Folleville ! — Un garçon de chez Véry — La Fille bien gardée — Un chapeau de paille d'Italie — Un monsieur qui prend la mouche — Le Misanthrope et l'Auvergnat — Edgard et sa bonne — Le Chevalier des dames — Mon Isménie — Si jamais je te pince... ! — L'Affaire de la rue de Lourcine — L'Avocat d'un grec — Voyage autour de ma marmite — La Sensitive — Les Deux Timides — Le Voyage de M. Perrichon — Les Vivacités du capitaine Tic — Le Mystère de la rue Rousselet — La Poudre aux yeux — *Tome 2 :* La Station Champbaudet — Les 37 sous de M. Montaudoin — La Dame au petit chien — Permettez, madame !... — Célimare le bien-aimé — La Cagnotte — Moi — Premier Prix de piano — Un Pied dans le crime — La Grammaire — Les Chemins de fer — Le Papa du prix d'honneur — Le Dossier de Rosafol — Le plus heureux des trois — Doit-on le dire ? — 29 degrés à l'ombre — Garanti dix ans — Madame est trop belle — Les trente millions de Gladiator — Un mouton à l'entresol — Le Prix Martin — La Cigale chez les fourmis

LAWRENCE, T. E.

Tome 1 : Les Dépêches secrètes d'Arabie — Correspondance et autres textes — *Tome 2* : Les Sept Piliers de la sagesse

LEBLANC, Maurice

Arsène Lupin *(5 volumes)* : *Tome 1* : La Comtesse de Cagliostro — Arsène Lupin, gentleman cambrioleur — Les Confidences d'Arsène Lupin — Le Retour d'Arsène Lupin — Arsène Lupin — Le Bouchon de cristal — Arsène Lupin contre Herlock Sholmès — L'Aiguille creuse — *Tome 2* : La Demoiselle aux yeux verts — Les Huit Coups de l'horloge — « 813 » — L'Éclat d'obus — Le Triangle d'or — L'Ile aux trente cercueils — *Tome 3* : Les Dents du tigre — L'Homme à la peau de bique — L'Agence Barnett et Cie — Le Cabochon d'émeraude — La Demeure mystérieuse — La Barre-y-va — La Femme aux deux sourires — Victor de la brigade mondaine — La Cagliostro se venge — *Tome 4* : Boileau-Narcejac : Le Secret d'Eunerville — La Poudrière — Le Second Visage d'Arsène Lupin — La Justice d'Arsène Lupin — Le Serment d'Arsène Lupin — L'Affaire Oliveira ; Maurice Leblanc : Dorothée danseuse de corde — Le Prince de Jéricho — Les Milliards d'Arsène Lupin ; Valère Catogan : Le Secret des rois de France — *Tome 5* : Les Rivaux d'Arsène Lupin : La dent d'Hercule Petitgris — De minuit à sept heures — La Vie extravagante de Balthazar — Le Chapelet rouge — Le Cercle rouge — La Frontière — La Forêt des aventures — Le Formidable Événement — Les Trois Yeux — Un gentleman

LE CARRÉ, John *(3 volumes)*

Tome 1 : L'Appel du mort — Chandelles noires — L'Espion qui venait du froid — Le Miroir aux espions — La Taupe — Comme un collégien — *Tome 2* : Les Gens de Smiley — Une petite ville en Allemagne — La Petite Fille au tambour —Le Bout du voyage — *Tome 3* : Un amant naïf et sentimental — Un pur espion — La Maison Russie

LÉGENDE ARTHURIENNE (LA)

Le Graal et la Table Ronde. Récits du XIIe au XVe siècle : Perceval le Gallois, par Chrétien de Troyes — Perlesvaus — Merlin et Arthur — Le Chevalier à l'épée — L'Âtre périlleux — Hunbaut — La Demoiselle à la mule — Le Livre de Caradoc — Gliglois — Méraugis de Portlesguez, par Raoul de Houdenc — Le Roman de Jaufré — Blandin de Cornouaille — Les Merveilles de Rigomer — Méliador, par Jean Froissart — Le Chevalier au Papegau *(1 volume)*

LE ROUGE, Gustave

Le Mystérieux Docteur Cornélius — Le Prisonnier de la planète Mars — La Guerre des vampires — L'Espionne du grand Lama — Cinq Nouvelles retrouvées — Les Poèmes du Docteur Cornélius *(1 volume)*

L'Amérique des dollars et du crime : La Conspiration des milliardaires — A coups de milliards — Le Régiment des hypnotiseurs — La Revanche du Vieux Monde — L'Héroïne du Colorado *(1 volume)*

LEROUX, Gaston

Le Fantôme de l'Opéra — La Reine du sabbat — Les Ténébreuses — La Mansarde en Or *(1 volume)*

Les Aventures extraordinaires de Rouletabille, reporter *(2 volumes)* : *Tome 1* : Le Mystère de la chambre jaune — Le Parfum de la dame en noir — Rouletabille chez le tsar — Le Château noir — Les Étranges Noces de Rouletabille — *Tome 2* : Rouletabille chez Krupp — Le Crime de Rouletabille — Rouletabille chez les bohémiens, *suivis de* : La Double Vie de Théophraste Longuet — Balaoo — Les Fils de Balaoo

Chéri-Bibi : Les Cages flottantes — Chéri-Bibi et Cécily — Palas et Chéri-Bibi — Fatalitas ! — Le Coup d'État de Chéri-Bibi — Les Mohicans de Babel *(1 volume)*

Aventures incroyables : Le Capitaine Hyx — La Bataille invisible — La Poupée sanglante — La Machine à assassiner — L'Homme qui a vu le diable — Le Cœur cambriolé — L'Homme qui revient de loin — Histoires épouvantables — Mister Flow *(1 volume)*

Les Assassins fantômes : Le Fauteuil hanté — La Colonne infernale — Tue-la-mort — Le Sept de trèfle *(1 volume)*

LONDON, Jack

Romans, récits et nouvelles du Grand Nord : L'Appel de la forêt — Le Fils du loup — Croc-Blanc — Construire un feu — Histoires du pays de l'or — Les Enfants du froid — La Fin de Morganson — Souvenirs et aventures du pays de l'or — Radieuse Aurore *(1 volume)*

Romans maritimes et exotiques : Le Loup des mers — Histoires des îles — L'Ile des lépreux — Jerry, chien des îles — Contes des mers du Sud — Fils du soleil — Histoires de la mer — Les Mutinés de l'Elseneur *(1 volume)*

Du possible à l'impossible : Michael, chien de cirque — Trois Cœurs — Le Vagabond des étoiles — Le Bureau des assassinats — Le Dieu tombé du ciel — Histoires des siècles futurs — Avant Adam *(1 volume)*

Romans et récits autobiographiques : Martin Eden — Les Pirates de San Francisco — La Croisière du Dazzler — Les Vagabonds du rail — Le Peuple de l'abîme — La Croisière du Snark — Le Mexique puni — Le Cabaret de la dernière chance *(1 volume)*

Aventures des neiges et d'ailleurs : Belliou la Fumée — L'Amour de la vie — En pays lointain — Fille des neiges — L'Aventureuse — Cherry ou les Yeux de l'Asie — La Petite Dame de la grande maison *(1 volume)*

Épisodes de la lutte quotidienne : Le Talon de fer — Les Temps maudits — Le Jeu du ring — La Brute des cavernes — La Vallée de la lune — Avec vous pour la révolution *(1 volume)*

LOTI, Pierre

Voyages (1872-1913) : L'Ile de Pâques — Une relâche de trois heures — Mahé des Indes — Obock (en passant) —Japoneries d'automne — Au Maroc — Le Désert — Constantinople en 1890 — Jérusalem — La Galilée — L'Inde (sans les Anglais) — Les Pagodes d'or — En passant à Mascate — Vers Ispahan — Les Derniers Jours de Pékin — Un pèlerin d'Angkor — La Mort de Philae —Suprêmes visions d'Orient *(1 volume)*

LOVECRAFT, Howard Phillips *(3 volumes)*

Tome 1 : Les Mythes de Cthulhu — Légendes et mythes de Cthulhu — Premiers contes — L'Art d'écrire selon Lovecraft — *Tome 2* : Contes et Nouvelles — L'Horreur dans le musée et autres révisions — Fungi de Yuggoth et autres poèmes fantastiques — Épouvante et surnaturel en littérature — Documents — *Tome 3* : Le Monde du rêve — Parodies et Pastiches — Les « collaborations » Lovecraft-Derleth — Rêve et Réalité — Documents

MALET, Léo *(5 volumes)*

Tome 1 : Les Enquêtes de Nestor Burma et les Nouveaux Mystères de Paris : 120, rue de la Gare — Nestor Burma contre C.Q.F.D. — Solution au cimetière — Le Cinquième Procédé — Faux-Frère — Pas de veine avec le pendu — Poste restante — Le soleil se lève derrière le Louvre — Des kilomètres de linceuls —Fièvre au Marais — La Nuit de Saint-Germain-des-Prés — Les Rats de Montsouris —M'as-tu vu en cadavre ? — *Tome 2* : Les Enquêtes de Nestor Burma et les Nouveaux Mystères de Paris : Corrida aux Champs Élysées — Pas de bavards à la Muette — Brouillard au pont de Tolbiac — Les Eaux troubles de Javel — Boulevard... ossements — Casse-pipe à la Nation — Micmac moche au Boul'Mich — Du rébecca rue des Rosiers — L'Envahissant Cadavre de la plaine Monceau — Trois Enquêtes inachevées de Nestor Burma — Cinq chansons — *Tome 3* : Dernières enquêtes de Nestor Burma — L'Homme au sang bleu — Nestor Burma et le monstre — Gros plan du macchabée — Hélène en danger — Les Paletots sans manches — Nestor Burma en direct — Nestor Burma revient au bercail — Drôle d'épreuve pour Nestor Burma — Un croque-mort nommé Nestor — Nestor Burma dans l'île — Nestor Burma court la poupée — *Tome 4* : Les Confrères de Nestor Burma : Johnny Metal — Aux mains des réducteurs de têtes — Miss Chandler est en danger — Le Dé de jade — Affaire double — Le Gang mystérieux — La Mort de Jim Licking — L'Ombre du grand mur — L'Enveloppe bleue — Erreur de destinataire —Derrière l'usine à gaz — L'Auberge de banlieue — Le Dernier Train d'Austerlitz — La Cinquième Empreinte — Recherché pour meurtre — Cité interdite — Mort au bowling — Énigme aux Folies-Bergère — Abattoir ensoleillé — *Tome 5* : Romans, nouvelles et poèmes, La vie est dégueulasse — Le soleil n'est pas pour nous — Sueur aux tripes — « Contes doux » — La Forêt aux pendus — La Louve du Bas-Graoul — Le Diamant du Huguenot — Un héros en guenilles —Le Capitaine Cœur-en-Berne — Gérard Vindex gentilhomme de fortune — La Sœur du flibustier — L'Évasion du Masque de Fer — Le Voilier tragique —Vengeance à Ciudad-Juarez — Vacances sous le pavillon noir — Contes et nouvelles divers — Poèmes — Pièces radiophoniques et téléfilm

MAUPASSANT, Guy de *(2 volumes sous coffret)*

Tome 1 : Quid de Guy de Maupassant — Contes divers (1875-1880) —La Maison Tellier — Contes divers (1881) — Mademoiselle Fifi — Contes divers (1882) —Contes de la Bécasse — Clair de lune — Contes divers (1883) — Une vie — Miss Harriet — Les Sœurs Rondoli — *Tome 2* : Yvette — Contes divers (1884) — Contes du jour et de la nuit — Bel-Ami — Contes divers (1885) — Toine — Monsieur Parent — La Petite Roque — Contes divers (1886) — Le Horla — Contes divers (1887) — Le Rosier de Mme Husson — La Main gauche — Contes divers (1889) — L'Inutile Beauté

MAUROIS, André

Prométhée ou la Vie de Balzac — Olympio ou la Vie de Victor Hugo — Les Trois Dumas *(1 volume)*

MILLE ET UNE NUITS (LES)

Dans la traduction du Dr J.-C. Mardrus *(2 volumes sous coffret)*

MONTESQUIEU

Pensées — Le Spicilège *(1 volume)*

MORALISTES DU XVIIe SIÈCLE (LES), édition établie par J. Lafond *(1 volume)*

La Rochefoucauld : Maximes et réflexions diverses ; Mme de Sablé : Maximes ; Abbé d'Ailly : Pensées diverses ; Étienne de Vernage : Nouvelles Réflexions ; Pascal : Pensées ; Jean Domat : Pensées ; Discours sur les passions de l'amour ; La Bruyère : Les Caractères ; Dufresny : Amusements sérieux et comiques

NIETZSCHE, Friedrich

Œuvres *(2 volumes)* : *Tome 1* : La Naissance de la tragédie — Considérations inactuelles — Humain, trop humain — Aurore — *Tome 2* : Le Gai Savoir — Ainsi parlait Zarathoustra — Par delà le bien et le mal — La Généalogie de la morale — Le Cas Wagner — Le Crépuscule des idoles — L'Antéchrist — Ecce Homo — Nietzsche contre Wagner — Dithyrambes de Dionysos

POE, Edgar Allan

Contes, essais, poèmes *(1 volume)*

PONSON DU TERRAIL

Rocambole *(2 volumes sous coffret)* : *Tome 1* : Les Exploits de Rocambole — *Tome 2 :* La Résurrection de Rocambole

PROUST, Marcel

A la recherche du temps perdu *(3 volumes sous coffret)* : *Tome 1* : Quid de Marcel Proust — Du côté de chez Swann — A l'ombre des jeunes filles en fleurs — *Tome 2* : Le Côté de Guermantes — Sodome et Gomorrhe — *Tome 3* : La Prisonnière — La Fugitive — Le Temps retrouvé

RENAN, Ernest

Œuvres diverses. *Morceaux extraits* de : Correspondance — Lettres intimes — Cahiers de jeunesse — Fragments intimes — L'Avenir de la science — Essais de morale et de critique — Vie de Jésus — Les Apôtres — Saint Paul — L'Antéchrist — L'Église chrétienne — Marc-Aurèle — La Réforme intellectuelle et morale — Dialogues philosophiques — Drames philosophiques — Examen de conscience philosophique — Souvenirs d'enfance et de jeunesse — Feuilles détachées — Histoire du peuple d'Israël — Conférences d'Angleterre.

RENARD, Jules

Journal (1887-1910) *(1 volume)*

RENARD, Maurice

Romans et contes fantastiques : Fantômes et Fantoches — Le Docteur Lerne, sous-dieu — Le Péril bleu — Monsieur d'Outremort — Les Mains d'Orlac — L'Homme truqué — Un homme chez les microbes — Le Professeur Krantz — Le Maître de la lumière — Contes des « Mille et Un Matins » *(1 volume)*

RENDELL, Ruth

L'Été de Trapellune — Un enfant pour un autre — L'Homme à la tortue — La Maison des escaliers — La Gueule du loup *(1 volume)*

RESTIF DE LA BRETONNE et MERCIER, Sébastien

Paris le jour, Paris la nuit : Tableau de Paris — Les Nuits de Paris *(1 volume)*

RIDER HAGGARD, Henry

Elle-qui-doit-être-obéie : Elle ou la Source du feu — Le Retour d'Elle — La Fille de la sagesse — Les Mines du roi Salomon — Elle et Allan Quatermain *(1 volume)*

ROMAINS, Jules

Les Hommes de bonne volonté *(4 volumes sous coffret)* : *Tome 1*: Le 6 octobre — Crime de Quinette — Les Amours enfantines — Éros de Paris — Les Superbes — Les Humbles — Recherche d'une Église — *Tome 2* : Province — Montée des périls — Les Pouvoirs — Recours à l'abîme — Les Créateurs — Mission à Rome — Le Drapeau noir — *Tome 3*: Prélude à Verdun — Verdun — Vorge contre Quinette — La Douceur de la vie — Cette grande lueur à l'Est — Le monde est ton aventure — Journées dans la montagne — *Tome 4* : Les Travaux et les Joies — Naissance de la bande — Comparutions — Le Tapis magique — Françoise — Le 7 octobre

ROMANS LIBERTINS DU XVIIIe SIÈCLE (LES), édition établie par Raymond Trousson

Crébillon fils : Les Égarements du cœur et de l'esprit ; Charles Pinot Duclos : Les Confessions du comte de *** ; Godard d'Aucour : Thémidore ou Mon histoire et celle de ma maîtresse ; La Morlière : Angola, histoire indienne ; Voisenon : Le Sultan Misapouf - Histoire de la félicité ; Boyer d'Argens : Thérèse philosophe ou Mémoires pour servir à l'histoire du père Dirrag et de mademoiselle Éradice ; Fougeret de Monbron : Margot la ravaudeuse ; François-Antoine Chevrier : Le Colporteur ; Claude-Joseph Dorat : Les Malheurs de l'inconstance ; Andréa de Nerciat : Félici ou Mes fredaines ; Vivant Denon : Point de lendemain

ROMANS TERRIFIANTS

Horace Walpole : Le Château d'Otrante ; Ann Radcliffe : L'Italien ou le Confessionnal des pénitents noirs ; Matthew Gregory Lewis : Le Moine ; Ernst Theodor Amadeus Hoffmann : Les Élixirs du diable ; Charles Robert Maturin : Melmoth ou l'Homme errant *(1 volume)*

ROSNY aîné, J.-H.

Romans préhistoriques : Vamireh — Eyrimah — La Guerre du feu — Le Félin géant — Helgvor du fleuve Bleu — Elem d'Asie — Nomaï — Les Xipéhuz — La Grande Énigme — Les Hommes sangliers *(1 volume)*

SAGAN, Françoise

Bonjour tristesse — Un certain sourire — Dans un mois, dans un an — Château en Suède — Aimez-vous Brahms… — Les Merveilleux Nuages — La Chamade — Le Garde du cœur — Un peu de soleil dans l'eau froide — Des bleus à l'âme — Le Lit défait — Le Chien couchant — La Femme fardée — La Laisse — Les Faux-fuyants *(1 volume)*

SAINTE-BEUVE

Portraits littéraires *(1 volume)*

SCOTT, Walter

Waverley — Rob-Roy — La Fiancée de Lammermoor *(1 volume)*

SÉGUR, comtesse de *(3 volumes sous coffret)*

Tome 1 : Lettres à son éditeur — Nouveaux Contes de fées — Les Petites Filles modèles — Les Malheurs de Sophie — Les Vacances — Mémoires d'un âne — Pauvre Blaise, précédé d'un dictionnaire de la Comtesse de Ségur — *Tome 2* : La Sœur de Gribouille — Les Bons Enfants — Les Deux Nigauds — L'Auberge de l'Ange Gardien — François le Bossu — Le Général Dourakine — Comédies et Proverbes — Un bon petit diable — *Tome 3* : Jean qui grogne et Jean qui rit — La Fortune de Gaspard — Quel amour d'enfant ! — Le Mauvais Génie — Diloy le chemineau — Après la pluie le beau temps — La Santé des enfants

SOUVESTRE, Pierre et ALLAIN, Marcel

Fantômas *(3 volumes)* : *Tome 1* : Le Train perdu — Les Amours d'un prince — Le Bouquet tragique — Le Jockey masqué — *Tome 2* : Le Cercueil vide — Le Faiseur de reines — Le Cadavre géant — Le Voleur d'or — *Tome 3* : La Série rouge — L'Hôtel du crime — La Cravate de chanvre — La Fin de Fantômas — Dictionnaire des personnages de Fantômas

STENDHAL

Le Rouge et le Noir — La Chartreuse de Parme — Lamiel — Armance *(1 volume)*

STEVENSON, Robert Louis

L'Île au trésor — Le Maître de Ballantrae — Enlevé ! — Catriona — Veillées des îles — Un mort encombrant — L'Étrange Cas du Dr Jekyll et de Mr. Hyde *(1 volume)*

SUE, Eugène

Le Juif errant *(1 volume)*

Les Mystères de Paris *(1 volume)*

Romans de mort et d'aventures : Kernok le pirate — El Gitano — Atar-Gull — La Salamandre — La Vigie de Koat-Vën — Le Morne-au-diable *(1 volume)*

TWAIN, Mark

Les Aventures de Tom Sawyer — Les Aventures de Huckleberry Finn, l'ami de Tom Sawyer — Tom Sawyer à travers le monde — Tom Sawyer détective — Le Prince et le Pauvre — Un Yankee à la cour du roi Arthur — Wilson Tête-de-Mou — Les Jumeaux extraordinaires *(1 volume)*

VOYAGE EN ASIE CENTRALE ET AU TIBET (LE), édition établie par Michel Jan

Anthologie des voyageurs occidentaux, du Moyen Âge à la première moitié du XXe siècle *(1 volume)*

VOYAGE EN CHINE (LE), édition établie par Ninette Boothroyd et Muriel Détrie

Anthologie des voyageurs occidentaux, du Moyen Âge à la chute de l'Empire chinois *(1 volume)*

VOYAGE EN ORIENT (LE), édition établie par Jean-Claude Berchet

Anthologie des voyageurs français dans le Levant au XIXe siècles *(1 volume)*

VOYAGE EN POLYNÉSIE (LE), édition établie par Jean Scemla

Anthologie des voyageurs occidentaux *(1 volume)*

VOYAGE EN RUSSIE (LE), édition établie par Claude de Grève

Anthologie des voyageurs français en Russie au XVIIIe et au XIXe siècles *(1 volume)*

VOYAGES AUX PAYS DE NULLE PART

Lucien de Samosate : Histoire véritable d'un voyage à la Lune ; Benoît : Navigation de saint

Brendan à la recherche du paradis ; H. de Saltray : Le Purgatoire de Saint-Patrick ; Anonyme : La Vision d'Albéric ; Thomas Morus : L'Utopie ; Tommaso Campanella : La Cité du Soleil ou Idée d'une république philosophique ; Savinien Cyrano de Bergerac : L'Autre Monde : les États et empires de la Lune et du Soleil ; John Bunyan : Voyage du pèlerin, de ce monde à celui qui doit venir ; Jonathan Swift : Voyages de Gulliver dans des contrées lointaines — Charles-François Tiphaigne de La Roche : Giphantie ; Anonyme : Le Passage du pôle arctique au pôle antarctique ; Restif de La Bretonne : La Découverte australe par un homme-volant ou le Dédale français *(1 volume)*

ZÉVACO, Michel *(3 volumes)*
Tome 1 : Les Pardaillan — L'Épopée d'amour — La Fausta — *Tome 2* : La Fausta (*suite*) — Fausta vaincue — Pardaillan et Fausta — Les Amours du Chico — *Tome 3* : Le Fils de Pardaillan — La Fin de Pardaillan — La Fin de Fausta

ZINOVIEV, Alexandre
Les Hauteurs béantes — L'Avenir radieux — Notes d'un veilleur de nuit *(1 volume)*

ZOLA, Émile
Les Rougon-Macquart *(5volumes)* : *Tome 1* : La Fortune des Rougon — La Curée — Le Ventre de Paris — La Conquête de Plassans — *Tome 2* : La Faute de l'abbé Mouret — Son Excellence Eugène Rougon — L'Assommoir — Une page d'amour — *Tome 3* : Nana — Pot-Bouille — Au Bonheur des dames — La Joie de vivre — *Tome 4* : Germinal — L'Œuvre — La Terre — Le Rêve — *Tome 5 :* La Bête Humaine — L'Argent — La Débâcle — le Docteur Pascal
Dictionnaire d'Émile Zola. *Voir* Ouvrages de références - Ouvrages pratiques

POÉSIE

ANTHOLOGIE DE LA POÉSIE FRANÇAISE (UNE), édition établie par Jean-François Revel *(1 volume)*

BAUDELAIRE, Charles
Œuvres complètes *(1 volume)*

MILLE ET CENT ANS DE POÉSIE FRANÇAISE
Anthologie établie par Bernard Delvaille *(1 volume)*

RIMBAUD, Arthur
Œuvres complètes et correspondance, *précédé d'un* Dictionnaire d'Arthur Rimbaud *(1 volume)*

RIMBAUD — CROS — CORBIÈRE — LAUTRÉAMONT
Œuvres poétiques complètes *(1 volume)*

TOULET, Paul-Jean
Œuvres complètes *(1 volume)*

VERLAINE, Paul
Œuvres poétiques complètes, *précédé d'un* Dictionnaire de Paul Verlaine *(1 volume)*

Aubin Imprimeur
LIGUGÉ, POITIERS

Achevé d'imprimer en août 1994
N° d'édition L 07718 / N° d'impression L 45911
Dépôt légal octobre 1994
Imprimé en France